Cassell's
Dutch
Dictionary

Cassell's
Handwoordenboek
Engels-Nederlands
Nederlands-Engels

Redactie onder leiding van
drs. H. Coenders

Achtendertigste druk

Continuum
London and New York

Cassell's
Dictionary
English-Dutch
Dutch-English

Managing editor
drs. H. Coenders

Thirty-eighth edition

Continuum
London and New York

First published in the United Kingdom in 2000 by
Continuum, Wellington House, 125, Strand,
London
WC2R 0BB

© Elsevier bedrijfsinformatie bv 1996

Thirty-eighth edition 1996

British Library Cataloging-in-Publication Data

A catalogue record for this book is available from
the British Library

ISBN 0-8264-4751-1

Samenstellers

Algemene leiding
drs. H. Coenders

Eindredactie
P.S. Vermeer

Redactie Nederland
mevr. J.M.W. Kirkaldy-Matthee
mevr. drs. B.A.D. Kooijman
mevr. S. Massotty
H. van der Meulen
E.J. Schouten

Redactie Groot-Brittannië
J.B. Whitlam

Invoer/correctie
mevr. J. Heesen-Zuurbier
mevr. A. van der Hoeven-Matzinger
mevr. J. den Hollander-van den Bos
mevr. T.J.A. Jongstra-van Lieshout
mevr. C. van Steenhardt Carré-Hustinx
H.M. van der Wal
mevr. drs. M.G.C.M. Winnubst

Bandontwerp
mevr. M. Gerritse

Productie
mevr. L. Mes

Uitgever
A.C.H. Bekkers

Inhoudsopgave / Contents

Voorwoord

bij de achtenderstigste druk

Voor u ligt de nieuwe druk van het Kramers Handwoordenboek Engels. In deze druk is de nieuwe spelling van het Nederlands verwerkt die sinds 1 augustus 1996 wettelijk verplicht is gesteld voor het onderwijs en de overheid. Bij de omspelling is de officiële *Woordenlijst Nederlandse taal* gevolgd, beter bekend als het *Groene Boekje*.

De redactie heeft van de gelegenheid gebruik gemaakt om vele honderden nieuwe trefwoorden toe te voegen en een groot aantal artikelen aan te passen aan de actualiteit, zodat de inhoud van het woordenboek een goede afspiegeling vormt van de huidige woordenschat van het Engels en het Nederlands.

Door de vele Zuid-Nederlandse trefwoorden en uitdrukkingen in het deel Nederlands-Engels zal het woordenboek ook Belgische gebruikers goede diensten bewijzen.

Zowel in het deel Nederlands-Engels als in het deel Engels-Nederlands zijn de (soms moeilijk herkenbare) onregelmatige meervouds- en vervoegingsvormen als aparte trefwoorden opgenomen. Aan het slot van beide delen vindt u een apart overzicht van de onregelmatige werkwoorden in beide talen.

In het deel Nederlands-Engels zijn bij werkwoorden de belangrijkste vervoegingsvormen vermeld (de verleden tijd enkelvoud, het voltooid deelwoord en het hulpwerkwoord van tijd). Alleen bij een aantal samengestelde werkwoorden (werkwoorden die bestaan uit een grondwoord en een voorvoegsel, zoals **aanraken** en **besturen**) hebben wij ons beperkt tot de vermelding van [1] en [2] achter het trefwoord.
Een [1] geeft aan dat het gaat om een scheidbaar samengesteld werkwoord. Voor de vervoegingsvormen moet u bij het grondwoord kijken (van **aanraken** is dat **raken**) en de vervoeging verloopt volgens het model: *aanraken - raakte aan - h. aangeraakt*.
Een [2] duidt een niet-scheidbaar samengesteld werkwoord aan. Dat betekent dat u voor de vervoegingsvormen bij het grondwoord moet kijken (van **besturen** is dat **sturen**) en dat het werkwoord wordt vervoegd volgens het model: *besturen - bestuurde - h. bestuurd* (dus met het voorvoegsel altijd aan het grondwoord vast en zonder invoeging van *-ge-* in het voltooid deelwoord).

Voor niet-Nederlandstalige gebruikers is in het deel Engels-Nederlands aangegeven wat het lidwoord is van Nederlandse zelfstandige naamwoorden die als vertaling worden gegeven. Staat achter een vertaalwoord een *o*, dan is het een onzijdig zelfstandig naamwoord. Het bijbehorende lidwoord is dan *het*. Ontbreekt deze *o*, dan betreft het een vrouwelijk of mannelijk zelfstandig naamwoord. Het bijbehorende lidwoord is dan *de*.

Aan het slot van het deel Engels-Nederlands is voor Engelstalige gebruikers een beknopte, in het Engels geschreven grammatica van het Nederlands opgenomen (*Dutch grammar*).
Aan het eind van het deel Nederlands-Engels treft u een beknopte *Engelse grammatica* aan, alsmede een bijlage met handige tips voor het schrijven van brieven in het Engels (*Brieven schrijven in het Engels*).

Voor het overige behoeft dit woordenboek geen nadere toelichting. Alles wat u verder voor een juist begrip van de artikelen dient te weten, vindt u in de *Lijst van tekens en afkortingen*.

Tot slot willen wij allen bedanken die een bijdrage hebben geleverd aan dit woordenboek. Mede dankzij hun inspanning is er een actueel en toegankelijk naslagwerk ontstaan voor een breed publiek, boordevol informatie over de huidige Engelse woordenschat.
Geen werk van deze omvang mag pretenderen feilloos of zonder omissies te zijn. De redactie houdt zich dan ook aanbevolen voor op- of aanmerkingen.

Amsterdam, najaar 1996
De redactie

Preface

to the 38th edition

You now have in front of you the latest Kramers Dutch Dictionary.
This edition follows the new Dutch spelling rules required in schools
and government offices since 1 August 1996. The spelling is in line
with the official *Woordenlijst Nederlandse taal* (List of Dutch Words),
better known in the Netherlands as the *Groene Boekje* (Green Book).

We took the opportunity to add hundreds of new headwords and update a large number of entries, so that the dictionary reflects current
usage. It also contains many words and expressions used in northern
Belgium, making it more attractive to Belgian users.

Irregular plurals and irregular verbs are often difficult to recognize.
Therefore, they are given here in seperate entries. In addition you will
find a list of irregular verbs at the end of each section. The list of
Dutch irregular verbs gives the two most important verb conjugations:
the singular form of the past tense and the past participle (together
with the auxiliary verb).

Most compound verbs (i.e. verbs that consist of a stem and a prefix,
such as **aanraken** and **besturen**) are simply marked with a ^{1} or a ^{2}.

A ^{1} denotes a separable verb. To conjugate it, you need to look at the
stem. For example, the stem of **aanraken** is **raken**. Separable verbs
are conjugated as follows: *aanraken - raakte aan - h. aangeraakt.*

A ^{2} denotes an inseparable verb. To conjugate it, you also need to
look at the stem. For example, the stem of **besturen** is **sturen**. Inseparable verbs are conjugated as follows: *besturen - bestuurde - h. bestuurd.* In other words, the prefix cannot be detached from the stem
and *ge* is not added to the past participle (see also the *Dutch grammar*
at the end of the English-Dutch section).

As an aid to the non-Dutch users of the dictionary, the gender of
Dutch nouns is indicated in the English-Dutch section. Neuter nouns
(those that take the article *het*) are marked with an *o*. Masculine and
feminine nouns (those that take the article *de*) are left unmarked.

The *Dutch grammar* at the end of the English-Dutch section is a concise guide for English users. The *Engelse grammatica* (English grammar) at the end of the Dutch-English section is aimed at Dutch users. *Brieven schrijven in het Engels* (Writing letters in English) contains many useful tips.

For the rest, this dictionary is self-explanatory. Any other information you may need to understand the entries can be found in the *List of symbols and abbreviations*.

To conclude, we would like to express our gratitude to all those who contributed to this dictionary in some form. Thanks to their efforts, an up-to-date dictionary, teeming with information about current usage, can easily be accessed by a wide variety of users.
No work of this magnitude can claim to be complete or without error. Therefore, your comments and suggestions are most welcome.

Amsterdam, Autumn 1996
The Editors

Lijst van tekens en afkortingen

List of symbols and abbreviations

'	klemtoonteken	the main stress of a word
~	herhaling van het trefwoord	swung dash (replaces the headword)
±	ongeveer hetzelfde	approximately the same
&	enzovoort; en	et cetera; and
1	(zie Voorwoord)	(see the Preface)
2	(na trefwoord: zie Voorwoord)	(after a headword: see the Preface)
	(na vertaling:) in letterlijke en figuurlijke betekenis	(after a translation:) literally and figuratively
°	in velerlei betekenis	in many senses
*	onregelmatig werkwoord	irregular verb
aanw vnw	aanwijzend voornaamwoord	demonstrative pronoun
abs ww	absoluut gebruikt werkwoord	absolute verb
afk.	afkorting	abbreviation
Am	vooral in de Verenigde Staten	mainly in the United States
anat	anatomie	anatomy
archeologie	archeologie	archeology
astron	astronomie	astronomy
Austr	vooral in Australië	mainly in Australia
auto	automobilisme; wegverkeer	motoring; road traffic
betr vnw	betrekkelijk voornaamwoord	relative pronoun
bijbel	bijbelse term, uitdrukking	biblical term, expression
bijw	bijwoord	adverb
bilj	biljarten	billiards
biol	biologie	biology
bn	bijvoeglijk naamwoord	adjective
boksen	boksen	boxing
bouwk	bouwkunst	architecture
Br	vooral in Groot-Brittannië	mainly in Great Britain
bridge	bridge	bridge
chem	chemie, scheikunde	chemistry
comput	computerterm	computer term
cricket	cricket	cricket
dial	dialect	dialect
dierk	dierkunde	zoology
eig	eigenlijk, letterlijk	literally
elektr	elektrotechniek	electronics, electrical engineering
eufemisme	eufemisme	euphemism
fig	figuurlijk	figuratively
filos	filosofie	philosophy
fotogr	fotografie	photography
Fr	Frans	French
gemeenz	gemeenzaam, informeel	colloquial, informal
geol	geologie	geology
geringsch	geringschattend	derogatory
godsd	godsdienst	religion
golf	golf	golf
gramm	grammatica	grammar
h.	in de voltooide tijd vervoegd met *hebben*	conjugated with *hebben* as auxiliary verb
handel	handelsterm	business term

XI

herald	heraldiek, wapenkunde	heraldry
hist	historische term	historical term
honkbal	honkbal	baseball
iem.	iemand	
iems.	iemands	
in 't alg.	in het algemeen	in general
Ir	Iers	Irish
ironisch	ironisch	ironical
is	in de voltooide tijd vervoegd met *zijn*	conjugated with *zijn* as auxiliary verb
kaartsp	kaartspelen	card games
kindertaal	kindertaal	child language, baby talk
Lat	Latijn	Latin
letterkunde	letterkunde	literature
lidwoord	lidwoord	article
logica	logica	logic
luchtv	luchtvaart	aviation
m	mannelijk	masculine
med	medische term	medical term
meerv.	meervoud	plural
mil	militaire term	military term
muz	muziek	music
m-v	mannelijk-vrouwelijk	either masculine or feminine
mv	meervoud	plural
natuurkunde	natuurkunde	physics
o	onzijdig	neuter
onbep vnw	onbepaald voornaamwoord	indefinite pronoun
onderwijs	onderwijs	education
onoverg	onovergankelijk werkwoord	intransitive verb
onpers ww	onpersoonlijk werkwoord	impersonel verb
overg	overgankelijk werkwoord	transitive verb
pers vnw	persoonlijk voornaamwoord	personal pronoun
plantk	plantkunde	botany
plat	plat, vulgair	vulgarly
plechtig	plechtig, dichterlijk	solemnly, poetically
pol	politieke term	political term
post	posterijen	postal service
Prot	protestant	Protestant
psych	psychologie	psychology
radio	radio	radio
recht	rechtskundige term	legal term
rekenkunde	rekenkunde	arithmetic
RK	rooms-katholiek	Roman Catholic
RTV	radio, televisie	radio, television
rugby	rugby	rugby
sbd.		somebody
sbd.'s		somebody's
schaken	schaken	chess
scheepv	scheepvaart, marine	nautical term, shipping
scheldwoord	scheldwoord	term of abuse
schertsend	schertsend	joking(ly)
Schots	Schots	Scottish
slang	slang, argot	slang
sp	sport en spel	sports & games
sth.		something
taalk	taalkunde	linguistics
techn	technische term	technical term

telec	telecommunicatie	telecommunications
telw	telwoord	numeral
tennis	tennis	tennis
thans	thans	nowadays
theat	theater en toneel	theatre
tsw	tussenwerpsel	interjection
T.T.	tegenwoordige tijd	present tense
TV	televisie	television
typ	typografie	typography
v	vrouwelijk	feminine
v.	van	of
v.d.	van de	of the
V.D.	voltooid deelwoord	past participle
v.e.	van een	of a(n)
verk.	verkorting	abbreviation
vero	verouderd	obsolete
versterkend	versterkend	amplifier
visserij	visserij	fishing-industry
vnw	voornaamwoord	pronoun
voegw	voegwoord	conjunction
voetbal	voetbal	football
vogelk	vogelkunde	ornithology
vooral	vooral	especially
voorv	voorvoegsel	prefix
voorz	voorzetsel	preposition
vroeger	vroeger	formerly
V.T.	verleden tijd	past tense
wederk	wederkerend	reflexive
wisk	wiskunde	mathematics
ww	werkwoord	verb
ijshockey	ijshockey	ice hockey
ZA	Zuid-Afrikaans	South African
ZN	Zuid-Nederlands	Flemish (Dutch as spoken in the northern part of Belgium)
znw	zelfstandig naamwoord	noun
zwemmen	zwemmen	swimming

Overzicht van fonetische tekens

List of phonetic symbols

KLINKERS EN TWEEKLANKEN

a:	als **a**	in **fast**
æ	als **a**	in **fat**
ʌ	als **u**	in **but**
ə:	als **ur**	in **burst**
e	als **e**	in **let**
ɛə	als **a**	in **care**
i	als **i**	in **will**
i:	als **ee**	in **free**
iə	als **ere**	in **here**
ou	als **o**	in **stone**
ɔ	als **o**	in **not**
ɔ:	als **aw**	in **law**
u	als **oo**	in **foot**
u:	als **oo**	in **food**
uə	als **oor**	in **poor**
ə	als **a**	in **ago**
ai	als **i**	in **wine**
au	als **ow**	in **how**
ei	als **a**	in **fate**
ɔi	als **oy**	in **boy**
ã	als **a**	in het Franse **blanc**
ɔ̃	als **o**	in het Franse **bon**
ɛ̃	als **i**	in het Franse **vin**

MEDEKLINKERS

g	als **g**	in **get**
j	als **y**	in **yes**
ŋ	als **ng**	in **sing**
ʒ	als **j**	in het Nederlandse **journaal**
dʒ	als **j**	in **joke**
ʃ	als **sh**	in **she**
ð	als **th**	in **this**
θ	als **th**	in **thin**
w	als **w**	in **well**
x	als **ch**	in het Nederlandse **lach**

KLEMTOON

Het teken ' voor een lettergreep duidt aan dat deze de klemtoon krijgt, zoals in **father** ['fa:ðə].

EERSTE DEEL / FIRST VOLUME

Engels-Nederlands

English-Dutch

A

1 a [ei] *znw* (de letter) a; <u>muz</u> a of la
2 a [ə; met nadruk: ei] *lidw* een; ~ Mr Jones een zekere meneer Jones; *50 p* ~ *pound* 50 pence per pond; *twice* ~ *year* tweemaal per jaar
A *afk.* <u>onderw</u> *advanced (level)*, zie: *level*
A1 <u>scheepv</u> eerste klasse [in *Lloyd's Register*]; <u>fig</u> eersteklas, prima, uitstekend
AA *afk.* = *Automobile Association* (de Britse ANWB); *Alcoholics Anonymous* AA, Anonieme Alcoholisten
AB *afk.* = *able-bodied (seaman)*
aback [ə'æk] *bijw: to be taken* ~ verbluft zijn
abacus ['æbəkəs] *znw* telraam *o*
abaft [ə'ba:ft] **I** *bijw* (naar) achter; op het achterschip; **II** *voorz* achter
abandon [ə'bændən] **I** *overg* (aan zijn lot) overlaten, verlaten, opgeven, loslaten, ophouden met; ~ *oneself to* zich overgeven aan [de drank &]; ~ *drinking* stoppen met drinken; ~*ed* ook: verdorven; **II** *znw* losheid, ongedwongenheid, ongeremdheid
abandonment [ə'bændənmənt] *znw* prijsgeven *o*, afstand doen *o*; afstand, overgave; verlatenheid; losheid, ongedwongenheid
abase [ə'beis] *overg* vernederen; ~ *oneself* zich verlagen
abasement *znw* (zelf)vernedering
abash [ə'bæʃ] *overg* beschamen, verlegen maken; *be* ~*ed* verlegen zijn, zich schamen
abashment *znw* verlegenheid, schaamte
abate [ə'beit] *onoverg & overg* (ver)minderen, afnemen, bedaren, gaan liggen, verflauwen
abatement *znw* vermindering, afslag, korting; *noise* ~ lawaaibestrijding
abattoir ['æbətwa:] *znw* abattoir *o*, slachthuis *o*
abbacy ['æbəsi] *znw* waardigheid, rechtsgebied *o* v.e. abt
abbatial [ə'beiʃiəl] *bn* abdij-, abts-
abbess ['æbis] *znw* abdis
abbey ['æbi] *znw* abdij; abdijkerk
abbot ['æbət] *znw* abt
abbreviate [ə'bri:vieit] *overg* af-, be-, verkorten
abbreviation [əbri:vi'eiʃən] *znw* af-, be-, verkorting
ABC [eibi:'si:] *znw* alfabet *o*; abc *o*, de allereerste beginselen; ~ *(railway guide)* spoorboekje *o*
abdicate ['æbdikeit] *onoverg (& overg)* afstand doen (van), aftreden; afschuiven [verantwoordelijkheid]
abdication [æbdi'keiʃən] *znw* (troons)afstand
abdomen ['æbdəmən, æb'doumen] *znw* abdomen *o*: (onder)buik; achterlijf *o* [v. insecten]
abdominal [æb'dɔminəl] *znw* onderbuik-, buik-
abduct [æb'dʌkt] *overg* ontvoeren

abduction ontvoering *znw*
abductor *znw* ontvoerder; <u>anat</u> afvoerder, abductor
abeam [ə'bi:m] *bijw* <u>scheepv</u> dwars(scheeps)
abed [ə'bed] *bijw* te bed, in bed
aberrance [æ'berəns] *znw* afdwaling, afwijking
aberrant *bn* afdwalend, afwijkend
aberration [æbə'reiʃən] *znw* afwijking, zedelijke misstap, (af)dwaling²
abet [ə'bet] *overg* de hand reiken, steunen, bijstaan (in het kwade); zie ook: *aid I*
abetment *znw* medeplichtigheid
abetter, abettor *znw* handlanger, medeplichtige
abeyance [ə'beiəns] *znw: in* ~ hangende, tijdelijk onbeheerd of opgeschort, vacant; <u>fig</u> sluimerend; onuitgemaakt; *fall into* ~ in onbruik raken; *hold it in* ~ het nog aanhouden; *leave (the question) in* ~ laten rusten
abhor [əb'hɔ:] *overg* verfoeien, verafschuwen
abhorrence *znw* afschuw, gruwel
abhorrent *bn* afschuw inboezemend, weerzinwekkend, met afgrijzen vervullend
abide [abode/abided; abode/abided] **I** *onoverg* (ver)toeven; blijven; volharden; ~ *by* zich houden aan [een contract &]; ~ *with me* verlaat mij niet; **II** *overg* dulden, uitstaan, (ver)dragen, uithouden; verbeiden
abiding *bn* blijvend, duurzaam
ability [ə'biliti] *znw* bekwaamheid, bevoegdheid, vermogen *o*, <u>handel</u> solvabiliteit; *abilities* (geestes-) gaven, talenten
abject ['æbdʒekt] *bn* laag, verachtelijk; ellendig
abjection [æb'dʒekʃən] *znw* laagheid, verachtelijkheid; (diepe) vernedering
abjuration [æbdʒu'reiʃən] *znw* afzwering
abjure [əb'dʒuə] *overg* afzweren, herroepen
ablative ['æblətiv] *znw* ablatief, zesde naamval
ablaze [ə'bleiz] *bn* brandend, in vlam; in lichterlaaie; gloeiend² (van *with*)
able ['eibl] *bn* bekwaam, kundig, knap, bevoegd; *be* ~ kunnen, vermogen, in staat zijn (te *to*)
able-bodied *bn* sterk en gezond, lichamelijk geschikt
abloom [ə'blu:m] *bn* in bloei
ablution [ə'blu:ʃən] *znw* ablutie, (af)wassing, reiniging
ably ['eibli] *bijw* bekwaam, kundig, knap
abnegate ['æbnigeit] *overg* afzweren; zich ontzeggen
abnegation [æbni'geiʃən] *znw* (zelf)verloochening
abnormal [æb'nɔ:məl] *bn* abnormaal, onregelmatig; ~ *psychology* psychopathologie
abnormality [æbnɔ:'mæliti] *znw* abnormaliteit; onregelmatigheid
aboard [ə'bɔ:d] **I** *bijw* aan boord; **II** *voorz* aan boord van; in [een trein, bus &]; *all* ~*!* ook: instappen!; zie ook: *fall*
1 abode [ə'boud] *znw* woning, woonplaats, verblijfplaats; verblijf *o*

abode

2 abode [ə'boud] V.T. & V.D. van *abide*

abolish [ə'bɔliʃ] *overg* afschaffen, opheffen, buiten werking stellen, vernietigen

abolition [æbə'liʃən] *znw* afschaffing, opheffing, vernietiging

abolitionism [æbə'liʃənizm] *znw* beweging ter afschaffing van de slavernij

abolitionist *znw* voorstander van afschaffing van de slavernij

abominable [ə'bɔminəbl] *bn* afschuwelijk, verfoeilijk, walg(e)lijk

abominate *overg* verafschuwen, verfoeien

abomination [əbɔmi'neiʃən] *znw* afschuw; gruwel

aboriginal [æbə'ridʒinəl] **I** *bn* oorspronkelijk, inheems, oer- [vooral m.b.t. oorspronkelijke bewoners van Australië]; **II** *znw* oorspronkelijke bewoner (van Australië), aboriginal

aborigine I *znw* oorspronkelijke bewoner van Australië, aboriginal; **II** *bn* van, betreffende de Australische aboriginals

abort [ə'bɔːt] **I** *onoverg* voortijdig bevallen, een miskraam hebben; niet tot ontwikkeling komen; wegkwijnen; mislukken [plan &]; **II** *overg* aborteren; doen mislukken

abortion [ə'bɔːʃən] *znw* miskraam; abortus; mislukking; misbaksel o

abortionist *znw* aborteur

abortive *bn* mislukt, vruchteloos

abound [ə'baund] *onoverg* overvloedig zijn, in overvloed aanwezig zijn; ~ *with* overvloeien van; vol zijn van; vol... zijn

about [ə'baut] **I** *voorz* om...(heen), rondom; omstreeks, omtrent; ongeveer, zowat; betreffende, over; aan, bij; in; *be* ~ *to...* op het punt staan om...; *what are you* ~? wat voer je in je schild?; *mind what you're* ~! kijk een beetje uit!; *he was not long* ~ *it* hij deed er niet lang over; *that's* ~ *it* dat is het wel zo'n beetje, dat moet het zo ongeveer zijn; *I've had* ~ *enough* ik heb er genoeg van, ik ben het zat; *no one* ~ niemand in de buurt; *week (and week)* ~ om de (andere) week; **II** *bijw* om, in omloop; *be* ~ in omloop zijn; op de been zijn; in de buurt zijn; heersen; *come* ~ gebeuren; *all* ~ overal

about-face *znw* ommekeer, ommezwaai

above [ə'bʌv] **I** *voorz* boven; boven... uit; boven... verheven; meer dan; ten noorden van; ~ *all* boven alles, bovenal, vooral, in de eerste plaats; *that's quite* ~ *me* dat gaat (me) boven mijn pet; **II** *bijw* boven; hierboven; boven mij (ons); **III** *bn* bovengenoemd; bovenstaand of -vermeld; **IV** *znw: the* ~ het bovenstaande; (de) bovengenoemde

above-board *bn bijw* eerlijk, open(hartig)

above-mentioned *bn* bovenvermeld, bovengenoemd

abracadabra [æbrəkə'dæbrə] *znw* abracadabra; toverspreuk; wartaal

abrade *overg* (af)schaven, afschuren

abrasion *znw* (af)schaving, geschuurde plek; schaafwond

abrasive I *bn* schurend, schuur-; fig bits, scherp; **II** *znw* schuurmiddel o, slijpmiddel o

abreact ['æbriækt] *overg* afreageren

abreaction [æbri'ækʃən] *znw* afreageren o

abreast [ə'brest] *bijw* naast elkaar; zij aan zij; ~ *of (with)* op de hoogte van, gelijke tred houdend met

abridge [ə'bridʒ] *overg* be-, verkorten, beperken, verminderen

abridg(e)ment *znw* be-, verkorting; beperking; korte inhoud, uittreksel o

abroad [ə'brɔːd] *bijw* van huis, in (naar) het buitenland, buitenslands; in het rond; in omloop; ruchtbaar; *from* ~ uit het buitenland

abrogate ['æbrəgeit] *overg* afschaffen, opheffen

abrogation [æbrə'geiʃən] *znw* afschaffing, opheffing

abrupt [ə'brʌpt] *bn* abrupt, bruusk, kortaf; onverwacht, plotseling; steil

abscess ['æbsis] *znw* abces o

abscond [əb'skɔnd] *onoverg* zich uit de voeten maken, er (stil) vandoor gaan, weglopen

abseil ['æbseil, -si:l] *onoverg* afdalen langs een dubbelbevestigd touw

absence ['æbsəns] *znw* afwezigheid; gebrek o; ~ *of mind* verstrooidheid; in the ~ *of* bij afwezigheid van, bij ontstentenis van; bij gebrek aan; *condemned in one's* ~ recht bij verstek veroordeeld

absent ['æbsənt] **I** *bn* afwezig², absent²; **II** *wederk* [əb'sent]: ~ *oneself (from)* wegblijven; zich verwijderen

absentee [æbsən'ti:] *znw* afwezige

absenteeism *znw* absenteïsme o, (stelselmatige) afwezigheid, verzuim o

absent-minded ['æbsənt'maindid] *bn* verstrooid, er niet bij

absinth(e) ['æbsinθ] *znw* alsem; absint o & m

absolute ['æbsəl(j)u:t] **I** *bn* absoluut, volstrekt; onbeperkt; volkomen; volslagen; **II** *znw* absolute o

absolutely *bijw* v. *absolute* I; gemeenz gegarandeerd; versterkend werkelijk, zonder meer; zowaar, warempel

absolution [æbsə'l(j)u:ʃən] *znw* vrijspraak; absolutie, vergiffenis

absolutism ['æbsəl(j)u:tizm] *znw* absolutisme, (de leer of de beginselen van de) onbeperkte macht

absolve [əb'zɔlv] *overg* vrijspreken; RK de absolutie geven; ontslaan [van belofte &]

absorb [əb'sɔːb] *overg* opzuigen, opslorpen, (in zich) opnemen, absorberen; fig geheel in beslag nemen [aandacht]; ~*ed in* (geheel) opgaand in; ~*ed in thought* in gedachten verdiept of verzonken

absorbent I *bn* absorberend; **II** *znw* absorberend materiaal o

absorbing *bn* fig boeiend

absorption [əb'sɔːpʃən] *znw* absorptie, opslorping; fig opgaan o [in werk &]

abstain [əb'stein] *onoverg* zich onthouden (van

2

from)

abstainer *znw*: *(total)* ~ geheelonthouder

abstemious [əb'sti:miəs] *bn* matig, sober

abstention [əb'stenʃən] *znw* onthouding

abstinence ['æbstinəns] *znw* onthouding; *total* ~ geheelonthouding

abstract ['æbstrækt] **I** *bn* abstract, theoretisch; ~ *number* wisk onbenoemd getal *o*; *in the* ~ in theorie, in abstracto; **II** *znw* samenvatting; uittreksel *o*, excerpt *o*, resumé *o*; abstract kunstwerk *o*; **III** *overg* [əb'strækt] abstraheren; afleiden; een uittreksel maken van, excerperen; onttrekken; zich toe-eigenen, wegnemen

abstracted *bn* afwezig, verstrooid

abstraction *znw* abstractie; verstrooidheid; onttrekking; ontvreemding

abstruse [əb'stru:s] *bn* diepzinnig, duister, cryptisch

absurd [əb'se:d] *bn* ongerijmd, onzinnig, absurd, belachelijk

absurdity *znw* ongerijmdheid, onzinnigheid, absurditeit

abundance [ə'bʌndəns] *znw* overvloed, rijkdom

abundant *bn* overvloedig; rijk (aan *in*)

abuse I *overg* [ə'bju:z] misbruiken, mishandelen; uitschelden, beledigen; **II** *znw* [ə'bju:s] misbruik *o*, mishandeling; misstand; gescheld *o*, belediging

abusive *bn* verkeerd; grof; ~ *language* beledigende taal, scheldwoorden; *become* ~ beginnen te schelden

abut [ə'bʌt] *onoverg* grenzen (aan *on*, *on to*)

abutment *znw* bouwk beer, schoor; bruggenhoofd *o*

abysmal [ə'bizməl] *bn* onmetelijk, onpeilbaar; hopeloos, verschrikkelijk

abyss [ə'bis] *znw* afgrond (van de hel)

a/c *afk.* handel current account

AC *afk.* elektr *alternating current* wisselstroom

acacia [ə'keiʃə] *znw* acacia

academic [ækə'demik] **I** *bn* academisch (ook = zuiver theoretisch, schools); ~ *freedom* academische vrijheid; ~ *year* academisch jaar *o*; **II** *znw* hoogleraar; student, academicus

academician [əkædi'miʃən] *znw* lid *o* v.e. academie

academy [ə'kædəmi] *znw* academie, hogeschool; ~ *of music* conservatorium *o*

acanthus [ə'kænθəs] *znw* acanthus, akant (plantk & bouwk)

accede [ək'si:d] *onoverg* toetreden (tot *to*); ~ *to* [ambt] aanvaarden, [troon] bestijgen; instemmen met, toestemmen in

accelerate [ək'seləreit] **I** *overg* bespoedigen, verhaasten; versnellen; **II** *onoverg* versnellen; auto optrekken

acceleration [əkselə'reiʃən] *znw* bespoediging, versnelling; auto acceleratie

accelerative [ək'seləretiv] *bn* versnellend

accelerator *znw* versneller; auto gaspedaal *o* & *m* (ook: ~ *pedal*)

accent ['æksənt] **I** *znw* accent *o*, nadruk[2], klemtoon; tongval; **II** *overg* [ək'sent] accentueren[2], van accenten voorzien, de nadruk leggen op[2]

accentuate *overg* accentueren, de klemtoon of nadruk leggen op

accept [ək'sept] *overg* accepteren, aannemen, aanvaarden

acceptable *bn* aannemelijk, aanvaardbaar, acceptabel; aangenaam, welkom

acceptance *znw* aanvaarding; ontvangst; opname [in gemeenschap &]; handel acceptatie, accept *o*

acceptation [æksep'teiʃən] *znw* standaardbetekenis van een woord

accepted [ək'septid] *bn* erkend, gangbaar, algemeen (aanvaard)

access ['ækses] **I** *znw* toegang; aanval [v. ziekte]; opwelling, vlaag; *easy of* ~ gemakkelijk te bereiken, genaakbaar, toegankelijk; ~ *road* toegangsweg; Am oprit naar snelweg; **II** *overg* comput opvragen

accessible *bn* toegankelijk[2], bereikbaar; ontvankelijk [voor indrukken]

accession *znw* toetreding; aanwinst, vermeerdering; (ambts)aanvaarding, (troons)bestijging

accessory I *bn* bijkomstig, bijbehorend, bij-; betrokken (in *to*); medeplichtig; **II** *znw* bijzaak; medeplichtige; *accessories* toebehoren *o*, accessoires; onderdelen; bijwerk *o*

accidence ['æksidəns] *znw* gramm vormleer

accident ['æksidənt] *znw* toeval *o*, ongeval *o*, ongeluk *o*; *in an* ~ bij een ongeluk; *by* ~ bij toeval, per ongeluk

accidental [æksi'dentəl] **I** *bn* toevallig; bijkomend, bij-; ~ *death* dood ten gevolge van een ongeluk; **II** *znw* muz verplaatsingsteken *o*, toevallige verhoging of verlaging

accident-prone *bn* [v. persoon] een grotere kans lopend om ongelukken te maken

acclaim [ə'kleim] **I** *overg* toejuichen, begroeten (als); uitroepen (tot); **II** *znw* toejuiching, gejuich *o*, bijval

acclamation [æklə'meiʃən] *znw* acclamatie; toejuiching, bijvalsbetuiging

acclimate [ə'klaimət] = *acclimatize*

acclimatization [əklaimətai'zeiʃən] *znw* acclimatisatie

acclimatize [ə'klaimətaiz] *onoverg* & *overg* acclimatiseren

acclivity [ə'kliviti] *znw* (opgaande) helling

accolade [ækə'leid, ækə'la:d] *znw* accolade, (omhelzing bij de) ridderslag; eerbetoon *o*; muz accolade

accommodate [ə'kɔmədeit] **I** *overg* aanpassen, accomoderen; bijleggen [ruzie]; helpen, van dienst zijn; plaatsruimte hebben voor, onder dak brengen, herbergen; ~ *with* voorzien van; *be well* ~*d* goed wonen; **II** *wederk*: ~ *oneself to...* zich aanpas-

3

sen aan...

accommodating *bn* (in)schikkelijk, meegaand, coulant, behulpzaam

accommodation [əkɔmə'deiʃən] *znw* aanpassing; vergelijk *o*, schikking; inschikkelijkheid; (plaats-) ruimte, onderdak *o*, logies *o*, huisvesting; accommodatie; faciliteiten; ~ *address* tijdelijk postadres *o*; schuiladres *o*; ~ *ladder* scheepv valreep

accompaniment [ə'kʌmpənimənt] *znw* muz accompagnement *o*, begeleiding; *to the* ~ *of* begeleid door

accompanist *znw* muz begeleider

accompany *overg* begeleiden; muz accompagneren; fig samengaan met, gepaard gaan met; vergezellen; vergezeld doen gaan (van *with*); ~*ing* ook: bijgaand

accomplice [ə'kɔmplis] *znw* medeplichtige (van *of*, aan *in*)

accomplish [ə'kɔmpliʃ] *overg* volbrengen, tot stand brengen; bereiken; volvoeren, vervullen

accomplished *bn* beschaafd; talentvol; volleerd, deskundig; voldongen (feit)

accomplishment *znw* vervulling; voltooiing; prestatie; *his (her)* ~s zijn (haar) talenten

accord [ə'kɔ:d] **I** *onoverg* overeenstemmen, harmoniëren (met *with*); **II** *overg* toestaan, verlenen; **III** *znw* overeenstemming, akkoord *o*, overeenkomst; *of one's own* ~ uit eigen beweging, vanzelf; *with one* ~ eenstemmig, eenparig

accordance *znw* overeenstemming

according *voorz* in: ~ *as* naar gelang (van); ~ *to* al naar; overeenkomstig, volgens

accordingly *bijw* dienovereenkomstig, dus

accordion [ə'kɔ:diən] *znw* accordeon *o & m*

accordionist *znw* accordeonist

accost [ə'kɔst] *overg* aanspreken, aanklampen, [iem.] aanschieten

account [ə'kaunt] **I** *overg* rekenen tot, rekenen onder, houden voor, beschouwen als, achten; **II** *onoverg*: ~ *for* rekenschap geven van, verklaren; verantwoorden, voor zijn rekening nemen; neerleggen [wild]; uitmaken, vormen [een groot percentage van...]; *that* ~*s for it* dat verklaart de zaak; *there is no* ~*ing for tastes* over smaak valt niet te twisten; *all casualties have been* ~*ed for* alle slachtoffers zijn gevonden; **III** *znw* (af)rekening, factuur; rekenschap, verklaring, reden; relaas *o*, bericht *o*, verslag *o*, beschrijving; (vaste) klant [v. reclamebureau &]; *call to* ~ ter verantwoording roepen; *demand an* ~ rekenschap vragen; *give an* ~ *of* verslag uitbrengen over; een verklaring geven van; *give a good* ~ *of oneself* zich waar maken, zich (duchtig) weren; *have an* ~ *to settle with sbd.* een appeltje te schillen hebben met iem.; *leave out of* ~ geen rekening houden met, buiten beschouwing laten; *make no* ~ *of* niet tellen, geringachten; *render (an)* ~ rekenschap geven; *take* ~ *of* rekening houden met; *take into* ~ rekening houden met; *turn to (good)* ~ te baat nemen, (goed) gebruik maken van;

munt slaan uit; *by all* ~*s* naar men beweert; *by his own* ~ volgens hemzelf; *of no* ~ van geen belang of betekenis; *on* ~ op afbetaling; *on* ~ *of* vanwege, wegens, door, om; *on his own* ~ op eigen verantwoording; op eigen houtje; voor zich(zelf); *on no* ~, *not on any* ~ in geen geval; *on that* ~ om die reden, daarom

accountable *bn* verantwoordelijk; toerekenbaar; verklaarbaar; *hold sbd.* ~ *for sth.* iets op iems. conto schrijven

accountancy *znw* beroep(sbezigheid) v. accountant

accountant *znw* (hoofd)boekhouder, administrateur; *(chartered)* ~ accountant (gediplomeerd)

account book [ə'kauntbuk] *znw* huishoudboek(je) *o*; boekhoudboek *o*, register *o*

accounting *znw* boekhouden *o*, accountancy

account sales *znw mv* handel verkooprekening

accoutrement(s) [ə'ku:təmənt(s)] *znw (mv)* uitrusting

accredit [ə'kredit] *overg* geloof schenken aan; accrediteren (bij *to*); ~... *to him*, ~ *him with*... hem... toeschrijven

accretion [ə'kri:ʃən] *znw* aanwas, aanslibbing

accrue [ə'kru:] *onoverg* aangroeien, toenemen, oplopen; voortspruiten (uit *from*); ~ *to* toekomen, toevloeien, toevallen; ~*d interest* gekweekte rente

accumulate [ə'kju:mjuleit] *(onoverg &) overg* (zich) op(een)hopen, (zich) op(een)stapelen

accumulation [əkju:mju'leiʃən] *znw* op(een-)hoping, hoop

accumulative [ə'kju:mjulətiv] *bn* (zich) ophopend; (steeds) aangroeiend

accumulator *znw* **1** verzamelaar; **2** accumulator, accu

accuracy ['ækjurəsi] *znw* nauwkeurigheid, nauwgezetheid, stiptheid, accuratesse

accurate ['ækjurit] *bn* nauwkeurig, nauwgezet, stipt, accuraat

accursed [ə'kə:sid], **accurst** [ə'kə:st] *bn* vervloekt, verdoemd; gehaat

accusal [ə'kju:zəl], **accusation** [ækju'zeiʃən] *znw* beschuldiging

accusative [ə'kju:zətiv] *znw* accusatief, vierde naamval

accusatory *bn* beschuldigend

accuse *overg* beschuldigen, aanklagen; *(the)* ~*d* recht (de) verdachte(n)

accuser *znw* beschuldiger, aanklager

accustom [ə'kʌstəm] *overg* wennen (aan *to*)

accustomed *bn* gewoon, gewend

AC/DC *bn* alternating current/direct current schertsend biseksueel, bi

ace *znw* [eis] kaartsp aas *m of o*; tennis ace; één [op dobbelsteen &]; uitstekend (oorlogs)vlieger; uitblinker; *not an* ~ geen greintje (zier); *within an* ~ *of death* de dood nabij; *he was within an* ~ *of ...ing* het scheelde niet veel of hij...; ~ *up one's sleeve, Am* ~

in the hole achter de hand, in reserve; *play one's* ~ fig zijn troef uitspelen

acerbic [ə'sə:bik] *bn* wrang²; fig scherp, bitter

acerbity *znw* wrangheid²; fig scherpheid, bitterheid

acetate ['æsiteit] *znw* acetaat *o*

acetic [ə'si:tik, ə'setik] *bn*: ~ *acid* azijnzuur *o*

acetone ['æsitoun] *znw* aceton *o & m*

acetylene [ə'setili:n] *znw* acetyleen *o*

ache [eik] **I** *znw* pijn; ~*s and pains* gemeenz kwaaltjes; **II** *onoverg* zeer doen; pijn lijden; hunkeren (naar, om *for, to*)

achievable [ə'tʃi:vəbl] *bn* uitvoerbaar

achieve *overg* volbrengen, presteren; verwerven; het brengen tot, bereiken, behalen

achievement *znw* stuk *o* werk, prestatie, succes *o*; daad, bedrijf *o*, wapenfeit *o*

achromatic [ækrə'mætik] *bn* kleurloos

acid ['æsid] **I** *bn* zuur²; fig scherp, bijtend, sarcastisch; **II** *znw* zuur *o*; slang LSD; ~ *drops* zuurtjes; ~-*head* slang LSD-gebruiker; ~ *test* fig vuurproef

acidify [ə'sidifai] *overg & onoverg* zuur maken of worden

acidity ['æsiditi] *znw* zuurheid; zuurgraad

acidness *znw* zuurheid; fig sarcasme *o*

ack-ack ['æk'æk] *znw* mil, slang (lucht)afweer

acknowledge [ək'nɔlidʒ] *overg* erkennen, bekennen; berichten (de ontvangst van); bedanken voor; beantwoorden [een groet]

acknowledg(e)ment *znw* bekentenis, erkenning; dank(betuiging), (bewijs *o* van) erkentelijkheid; bericht *o* van ontvangst; beantwoording [v. groet]

acme ['ækmi] *znw* toppunt² *o*; summum *o*

acne ['ækni] *znw* med acne, jeugdpuistjes

acolyte ['ækəlait] *znw* RK misdienaar, acoliet; fig volgeling, aanhanger

aconite ['ækənait] *znw* plantk akoniet, monnikskap

acorn ['eikɔ:n] *znw* eikel

acoustic [ə'ku:stik] *bn* gehoor-, akoestisch

acoustics I *znw* geluidsleer; **II** *znw mv* akoestiek

acquaint [ə'kweint] **I** *overg* in kennis stellen, op de hoogte brengen (van *with*); *be* ~*ed with* kennen, op de hoogte zijn van; **II** *wederk*: ~ *oneself with* zich op de hoogte stellen van

acquaintance *znw* bekendheid; kennismaking; bekende, kennis(sen); *have some* ~ *with* enige kennis hebben van; *make sbd.'s* ~ kennis met iem. maken; zie ook: *improve*

acquiesce [ækwi'es] *onoverg* berusten (in *in*); (stilzwijgend) instemmen (met *in*), toestemmen

acquiescence *znw* berusting, instemming, toestemming

acquire [ə'kwaiə] *overg* verwerven, (ver)krijgen, opdoen; zich eigen maken; (aan)kopen; ~*d* ook: aangeleerd; *Schönberg's music is rather an* ~ *taste* de muziek van Schönberg moet je leren waarderen

acquirement *znw* verwerving; verworvenheid; verworven kennis

acquisition [ækwi'ziʃən] *znw* verwerving, verkrijging; aankoop, aanschaf; aanwinst

acquisitive [ə'kwizitiv] *bn* hebzuchtig

acquit [ə'kwit] **I** *overg* vrijspreken, ontslaan; kwijten; **II** *wederk*: ~ *oneself* zich kwijten

acquittal *znw* vrijspraak; ontheffing; vervulling; vereffening

acquittance *znw* handel afbetaling; kwitantie

acre ['eikə] *znw* acre: landmaat van 4840 vierkante yards [± 0,4047 ha]; *God's* ~ kerkhof *o*

acreage ['eikəridʒ] *znw* oppervlakte, aantal *acres*

acrid ['ækrid] *bn* scherp, wrang, bijtend, bits

acrimonious [ækri'mounjəs] *bn* scherp, bits

acrimony ['ækriməni] *znw* scherpte, scherpheid, bitsheid

acrobat ['ækrəbæt] *znw* acrobaat

acrobatic [ækrə'bætik] *bn* acrobatisch

acrobatics [ækrə'bætiks] **I** *znw* acrobatiek; **II** *znw mv* acrobatische toeren

acronym ['ækrənim] *znw* acroniem *o*, letterwoord *o*

across [əkrɔs] **I** *bijw* (over)dwars, kruiselings of gekruist (over elkaar); aan de overkant, naar de overkant, erover; horizontaal [kruiswoordraadsel]; *come (run)* ~ onverwachts tegenkomen; *get (come, put)* ~ overkomen [bij publiek]; **II** *voorz* (dwars) over; aan de overkant van; (dwars)door

acrostic [ə'krɔstik] *znw* acrostichon *o*, naamdicht *o*

act [ækt] **I** *onoverg* handelen, (iets) doen, te werk gaan, optreden, (in)werken; acteren, toneelspelen; ~ *as* optreden (fungeren) als; ~ *for sbd.* als vertegenwoordiger optreden voor iem.; ~ *up* lastig zijn, kuren hebben; ~ *(up)on a suggestion* een raad opvolgen; ~ *up to a principle* overeenkomstig een beginsel handelen; **II** *overg* opvoeren, spelen (voor); ~ *out* **1** in daden omzetten [v. ideeën]; **2** psych [onbewuste verlangens] naar buiten brengen; **III** *znw* daad, handeling, bedrijf, *o*; nummer *o*, act [van artiest]; wet; akte; ~ *of God* natuurramp; recht overmacht; ~ *of grace* recht gunst; amnestie; *be in the* ~ *of...* op het punt zijn om...; (juist) aan het... zijn; *caught in the* ~ op heterdaad betrapt

actable *bn* speelbaar [op het toneel]

acting I *bn* fungerend, waarnemend; tijdelijk (aangesteld), beherend [vennoot]; **II** *znw* acteren *o*, actie, spel *o*, toneelspel(en)² *o*

action ['ækʃən] *znw* actie, handeling, daad, bedrijf *o*, (in)werking; recht proces *o*; mil gevecht *o*; techn mechaniek *o*; ~ *committee*, ~ *group* actiegroep, actiecomité *o*; *take* ~ optreden, stappen ondernemen; *in* ~ in actie, in werking, actief; zie ook: *bring*

actionable *bn* recht vervolgbaar

action replay *znw* herhaling [bij sportverslag op de televisie]

activate ['æktiveit] *overg* activeren; ontketenen; radioactief maken

active *bn* werkend, werkzaam, bedrijvig, actief°; gramm bedrijvend

activism *znw* (politiek of sociaal) activisme

activist *bn* activist(isch)

activity [æk'tiviti] *znw* werkzaamheid, bedrijvigheid, bezigheid, activiteit

actor ['æktə], **actress** *znw* toneelspeler, acteur; toneelspeelster, actrice

actual ['æktjuəl] *bn* werkelijk; feitelijk; huidig

actuality [æktju'æliti] *znw* werkelijkheid; bestaande toestand; actualiteit

actually *bijw* werkelijk, wezenlijk; feitelijk, eigenlijk, in werkelijkheid; momenteel; waarachtig, zowaar

actuary ['æktjuəri] *znw* actuaris, wiskundig adviseur bij een verzekeringsmaatschappij

actuate ['æktjueit] *overg* in beweging brengen, (aan)drijven; ~*d by fear* ingegeven door vrees

acuity [ə'kju:iti] *znw* scherpte, scherp(zinnig)heid, opmerkzaamheid; *visual* ~ gezichtsscherpte

acumen [ə'kju:men] *znw* scherpzinnigheid

acupuncture ['ækjupʌŋtʃə] *znw* acupunctuur

acute [ə'kju:t] *bn* scherp; scherpzinnig; intens, hevig; acuut; nijpend [tekort &]

AD *afk. Anno Domini* na Christus, n.Chr.

ad [æd] *znw* gemeenz advertentie

adage ['ædidʒ] *znw* spreekwoord *o*, gezegde *o*

Adam ['ædəm] *znw* Adam[2]; ~*'s apple* adamsappel; *I don't know him from* ~ ik heb geen idee wie hij is

adamant ['ædəmənt] *bn* onvermurwbaar, onbuigzaam, keihard

adapt [ə'dæpt] **I** *overg* pasklaar maken, aanpassen; bewerken (naar *from*) (roman &); **II** *onoverg* zich aanpassen

adaptability [ədæptə'biliti] *znw* aanpassingsvermogen *o*; geschiktheid (tot bewerking)

adaptable [ə'dæptəbl] *bn* pasklaar te maken (voor *to*), te bewerken; zich gemakkelijk aanpassend, plooibaar

adaptation [ædæp'teiʃən] *znw* aanpassing; bewerking [v. roman &]

adapter, adaptor [ə'dæptə] *znw* bewerker [v. roman &]; techn tussenstuk *o*; adapter, verloopstekker

add [æd] **I** *overg* bij-, toevoegen, bijdoen, optellen (ook: ~ *up*), samenstellen (ook: ~ *together*); ~ *in* bijtellen, meerekenen; ~*ed to which*... waarbij nog komt, dat...; *an* ~*ed reason* een reden te meer, (nog) meer reden; **II** *onoverg* optellen; ~ *to* bijdragen tot, vermeerderen; vergroten, verhogen; ~ *up* kloppen, deugen; *things didn't* ~ *up* er klopte iets niet; ~ *up to* tezamen bedragen (uitmaken, vormen), neerkomen op

addendum [ə'dendəm] *znw* (*mv*: addenda [-də]) toevoeging, bijlage, addendum *o*

adder ['ædə] *znw* adder

addict [ə'dikt] **I** *overg* verslaven; ~*ed to heroin* verslaafd aan de heroïne; **II** *znw* ['ædikt] verslaafde; fig fanaat

addiction [ə'dikʃən] *znw* verslaafdheid, verslaving

addictive *bn* verslavend[2]

addition [ə'diʃən] *znw* bij-, toevoeging; vermeerdering; optelling; bijvoegsel *o*; versterking [v. team &]; *in* ~ bovendien, alsook; *in* ~ *to* behalve, bij

additional *bn* bijgevoegd, bijkomend; extra-, neven-, nog meer ...

additionally *bijw* als toevoeging of toegift, erbij, bovendien

additive ['æditiv] *znw* toevoeging, additief *o*

addle ['ædl] *onoverg* bederven [v. eieren]; verwarren

addled *bn* bedorven [ei]; hersenloos, warhoofdig

address [ə'dres] **I** *overg* aanspreken, toespreken; adresseren; richten (tot *to*); aanpakken [probleem]; **II** *wederk:* ~ *oneself to* zich richten tot; zich toeleggen op, zich bezighouden met, aanpakken; **III** *znw* adres *o*, oorkonde; toespraak; optreden *o*; handigheid, tact

addressee [ædre'si:] *znw* geadresseerde

addressograph [ə'dresəgra:f] *znw* adresseermachine

adduce [ə'dju:s] *overg* aanvoeren, aanhalen

adductor *znw* anat aanvoerder, adductor

ademption [ə'dempʃən] *znw* recht herroeping van een toezegging

adenoids ['ædənɔidz] *znw mv* adenoïde vegetaties

adept ['ædept] **I** *bn* ervaren; **II** *znw* meester (in *in, at*)

adequacy ['ædikwəsi] *znw* toereikendheid, geschiktheid [voor doel]

adequate ['ædikwit] *bn* gepast, geschikt, bevredigend, adequaat; toereikend, voldoende (voor *to*)

adhere [əd'hiə] *onoverg* (aan)kleven, aanhangen; blijven bij, zich houden (aan *to*)

adherence *znw* (aan)kleven *o*; aanhankelijkheid, trouw

adherent **I** *bn* (aan)klevend; verbonden (met *to*); **II** *znw* aanhanger

adhesion [əd'hi:ʒən] *znw* (aan)kleving; adhesie[2]

adhesive **I** *bn* (aan)klevend, kleverig; ~ *plaster* hechtpleister; ~ *tape* kleef-, plakband *o*; **II** *znw* plakmiddel *o*

ad hoc [æd'hɔk] [Lat] *bn bijw* ad hoc, voor dit speciale geval

adieu [ə'dju:] *znw* (*mv*: -*s of* adieux [ə'dju:z]) vaarwel *o*, afscheid *o*

ad infinitum [ædinfi'naitəm] [Lat] *bijw* ad infinitum, tot in het oneindige

ad interim [æd'intərim] [Lat] *bn bijw* ad interim, waarnemend

adipose ['ædipous] **I** *znw* (dierlijk) vet *o*; **II** *bn* vet, vettig; ~ *tissue* vetweefsel

adit ['ædit] *znw* horizontale mijnschacht; toegang[2]

adjacent [ə'dʒeisənt] *bn* aangrenzend, aanliggend, belendend; nabijgelegen

adjectival [ædʒek'k'taivəl] *bn* bijvoeglijk

adjective ['ædʒiktiv] *znw* bijvoeglijk naamwoord *o*

adjoin [ə'dʒɔin] **I** *onoverg* grenzen aan; **II** *overg* toe-, bijvoegen

adjoining [ə'dʒɔiniŋ] *bn* naastgelegen, aangren-

zend
adjourn [ə'dʒə:n] **I** *overg* uitstellen; verdagen; **II** *onoverg* op reces gaan, uiteengaan; ~ *to* zich begeven naar
adjournment *znw* uitstel *o*; verdaging, reces *o*
adjudge [ə'dʒʌdʒ] *overg* aanwijzen als, uitroepen tot; toekennen, toewijzen; ~ *guilty* schuldig bevinden
adjudicate [ə'dʒu:dikeit] **I** *onoverg* uitspraak doen (over *upon*); **II** *overg* beslissen, berechten
adjudication [ədʒu:di'keiʃən] *znw* berechting; toewijzing; (ook = ~ *order*) faillietverklaring
adjunct ['ædʒʌŋkt] *znw* bijvoegsel *o*, aanhangsel *o*; bijkomstige omstandigheid; toegevoegde; assistent; gramm bepaling
adjure [ə'dʒuə] *overg* bezweren
adjust [ə'dʒʌst] **I** *overg* regelen, in orde brengen, schikken; op maat brengen; (ver-, in)stellen; aanpassen; **II** *wederk*: ~ *oneself to* zich aanpassen aan
adjustable *bn* verstelbaar, regelbaar
adjustment *znw* schikking, regeling; aanpassing; techn instelling
adjutant ['ædʒutənt] *znw* mil adjudant
ad-lib **I** *onoverg & overg* improviseren; **II** *znw* improvisatie; **III** *bn bijw* geïmproviseerd
adman ['ædmæn] *znw* reclamemaker; gemeenz reclamejongen
administer [əd'ministə] *overg* besturen, beheren; toepassen [wetten]; toedienen [voedsel &]; afmeen (eed); ~ *justice* rechtspreken
administration [ədminis'treiʃən] *znw* bestuur *o*, beheer *o*, bewind *o*, regering, ministerie *o*; dienst [= openbare instelling]; toepassing [v. wet]; toediening; ~ *of justice* rechtsbedeling, rechtspraak
administrative [əd'ministrətiv] *bn* besturend, bestuurs-
administrator *znw* bestuurder, beheerder, bewindvoerder
admirable ['ædmərəbl] *bn* bewonderenswaardig; prachtig, uitstekend, voortreffelijk
admiral ['ædmərəl] *znw* scheepv admiraal; scheepv vlaggenschip *o*; red ~ dierk admiraalsvlinder
admirality *znw* admiraliteit
admiration [ædmə'reiʃən] *znw* bewondering
admire [æd'maiə] *overg* bewonderen
admirer *znw* bewonderaar, aanbidder
admissible [əd'misibl] *bn* toelaatbaar, geoorloofd
admission *znw* toelating, aan-, opneming; toegang, entree; toegangsprijs, entreegeld *o* (ook: ~ *fee*); erkenning; bekentenis
admit [əd'mit] **I** *overg* toelaten, toegang verlenen; geldig zijn voor; aan-, opnemen; erkennen, toegeven; recht ontvankelijk verklaren; *(the theatre)* ~*s only (200 persons)* biedt slechts plaats aan; **II** *onoverg*: ~ *of doubt* twijfel toelaten
admittance *znw* toegang, toelating; *no* ~ verboden toegang
admittedly *bijw* inderdaad; weliswaar

admixture *znw* vermenging, bijmenging; mengsel *o*, bijmengsel *o*
admonish [əd'mɔniʃ] *overg* vermanen, waarschuwen; terechtwijzen; berispen
admonition [ædmə'niʃən] *znw* vermaning, waarschuwing
admonitory [əd'mɔnitəri] *bn* vermanend
ado [ə'du:] *znw* drukte, beweging, ophef, omslag, moeite; *much* ~ *about nothing* veel drukte om niets, veel geschreeuw en weinig wol; *without further* ~ zonder verdere omhaal
adolescence [ædə'lesəns] *znw* adolescentie: rijpere jeugd, pubertijd
adolescent **I** *bn* opgroeiend; puber-, puberteits-; **II** *znw* adolescent, puber
adopt [ə'dɔpt] *overg* aannemen°, adopteren; overnemen, ontlenen (aan *from*); kiezen, (gaan) volgen [tactiek &]
adoption *znw* aanneming, adoptie; overneming, ontlening [van een woord]; kiezen *o*, volgen *o* [van tactiek &]
adoptive *bn* aangenomen, pleeg- [kind, vader]
adorable [ə'dɔːrəbl] *bn* aanbiddelijk
adoration [ædə'reiʃən] *znw* aanbidding[2]
adore [ə'dɔː] *overg* aanbidden[2]; gemeenz dol zijn op
adorn [ə'dɔːn] *overg* (ver)sieren, verfraaien
adornment *znw* versiering, sieraad *o*
adrenal [ə'driːnəl]: ~ *gland znw* bijnier
adrenalin(e) [ə'drenəlin] *znw* adrenaline
Adriatic [eidri'ætik] *bn* Adriatisch; *the* ~ *(Sea)* de Adriatische Zee
adrift [ə'drift] *bn bijw* scheepv drijvend, losgeslagen, op drift; *be* ~ drijven, ronddobberen; fig aan zijn lot overgelaten zijn; *turn sbd.* ~ iem. wegsturen
adroit [ə'drɔit] *bn* handig, bijdehand, pienter
adspeak ['ædspiːk] *znw* reclamejargon *o*, reclametaal
adulation [ædju'leiʃən] *znw* pluimstrijkerij
adulatory ['ædjuleitəri] *bn* kruiperig vleiend
adult ['ædʌlt, ə'dʌlt] **I** *bn* volwassen; van, voor volwassenen; ~ *film* pornofilm; **II** *znw* volwassene
adult education *znw* volwassenenonderwijs *o*
adulterate *overg* vervalsen; versnijden [v. dranken]
adulteration [ədʌltə'reiʃən] *znw* vervalsing
adulterer, adulteress [ə'dʌltərə, -ris] *znw* overspelige echtgenoot, overspelige echtgenote
adulterous *bn* overspelig, ontrouw
adultery *znw* overspel *o*, echtbreuk
adulthood ['ædʌlt-, ə'dʌlthud] *znw* volwassenheid
adumbrate ['ædʌmbreit] *overg* afschaduwen; schetsen; aankondigen
ad valorem [æd və'lɔːrəm] [Lat] *bn* overeenkomstig de waarde
advance [əd'vaːns] **I** *overg* vooruitbewegen; vooruitbrengen; vervroegen [datum], verhaasten; bevorderen, promoveren; verhogen [prijzen]; opperen [plan &]; aanvoeren [reden]; voorschieten

[geld]; **II** *onoverg* vooruitkomen; vooruitgang boeken; naderen; oprukken; stijgen [v. prijzen]; ~ *in years* ouder worden; **III** *znw* vordering, vooruit-, voortgang, voortrukken *o*, opmars, (toe)nadering; voorschot *o*; bevordering; handel prijsverbetering, (prijs)verhoging, stijging; ~*s* toenaderingspogingen; *(is there) any ~ (on...)?* (biedt) niemand meer (dan...)?; *in ~* bij voorbaat, vooruit; *in ~ of* voor(uit); **IV** als *bn* voor-; *~ booking* voorbespreking, voorverkoop

advanced *bn* (ver)gevorderd; mil vooruitgeschoven [post]; voor gevorderden [v. leerboek &]; fig progressief, geavanceerd [v. ideeën]; *the day was far ~* het was al laat geworden; *~(d) guard* mil voorhoede; zie ook: *level I; ~ standing* Am erkenning v.e. diploma als gelijkwaardig

advancement *znw* (be)vordering, vooruitgang; promotie; voorschot *o*

advantage [əd'va:ntidʒ] **I** *znw* voordeel *o*; ... *(is) an ~* ...strekt tot aanbeveling, ... is een pluspunt; *have an ~ over sbd.* iets op iem. voorhebben; *have the ~ over sbd.* iem. overtreffen; *you have the ~ of me, sir* ik ken u niet, meneer; *take ~ of* profiteren van; misbruik maken van; bedotten; verleiden [een vrouw]; *turn sth. to one's ~* zijn voordeel doen met iets; *to ~* gunstig, voordelig, in een goed licht; *to the ~ of* in het voordeel van; *use to good ~, use to the best ~* zo goed mogelijk gebruiken; *with ~* met kans op goed gevolg; **II** *overg* bevoordelen, bevorderen

advantageous [ædvən'teidʒəs] *bn* voordelig, gunstig

advent ['ædvənt] *znw* **1** advent; **2** komst; *before the ~ of television* voor de komst van de televisie

adventitious [ædvən'tiʃəs] *bn* toevallig, bijkomstig

adventure [əd'ventʃə] *znw* avontuur *o*; onderneming; waagstuk *o*; speculatie; ~*s* lotgevallen

adventurer *znw* avonturier, avonturierster

adventurous *bn* gewaagd, stout, vermetel; avontuurlijk

adverb ['ædvə:b] *znw* bijwoord *o*

adverbial [əd'və:biəl] *bn* bijwoordelijk

adversary ['ædvəsəri] *znw* tegenstander, vijand

adversative [əd'və:sətiv] *bn* gramm tegenstellend

adverse ['ædvə:s] *bn* vijandig, nadelig, ongunstig, handel passief; tegenoverliggend; tegen-; *~ winds* tegenwinden

adversity [əd'və:siti] *znw* tegenspoed

advert [əd'və:t] **I** *onoverg*: *~ to* aandacht schenken aan; verwijzen naar; wijzen op; **II** *znw* ['ædvə:t] gemeenz advertentie

advertise ['ædvətaiz] *overg* aankondigen, bekendmaken, adverteren, reclame maken (voor); fig te koop lopen met

advertisement [əd'və:tismənt] *znw* advertentie;

bekendmaking; ~*s* RTV reclame(spots)

advertising ['ædvətaisiŋ] **I** *bn* advertentie-, reclame-; **II** *znw* adverteren *o*, reclame

advice [əd'vais] *znw* raad; advies *o*; bericht *o*; *take ~ om raad vragen*; inlichtingen inwinnen; *take medical ~* een dokter raadplegen; *take legal ~* een advocaat in de arm nemen

advisable [əd'vaizəbl] *bn* raadzaam

advise **I** *overg* (aan)raden, raad geven, adviseren; berichten; **II** *onoverg*: *~ against* ontraden

advised *bn* weloverwogen; *he will be well ~ to...* hij zal er goed aan doen...; *ill ~* onverstandig; ~*ly* bewust, met opzet

adviser, advisor *znw* raadsman, adviseur

advisory *bn* raadgevend, adviserend, advies-

advocacy ['ædvəkəsi] *znw* voorspraak, verdediging

advocate ['ædvəkit] **I** *znw* verdediger, voorspreker; voorstander; Schots advocaat; **II** *overg* ['ædvəkeit] bepleiten, pleiten voor, verdedigen, voorstaan

adze [ædz] *znw* dissel [bijl]

Aegean [i:'dʒi:ən] **I** *bn* Egeïsch; **II** *znw* (gebied *o* rond de) Egeïsche Zee

aegis ['i:dʒis] *znw* aegis; fig schild *o*, schut *o*, bescherming; *under the ~ of* onder auspiciën van

aeon ['i:ən] *znw* onmetelijke tijdsduur, eeuwigheid

aerate ['eiəreit] *overg* luchten; met koolzuur verzadigen

aeration [eiə'reiʃən] *znw* luchten *o*; verzadiging met koolzuur

aerator ['eiəreitə] *znw* luchtpomp [v. aquarium]

aerial ['eəiəl] **I** *bn* lucht-; etherisch; **II** *znw* RTV antenne

aerobatics [eərə'bætiks] *znw* luchtv stuntvliegen *o*

aerobics [eə'roubiks] *znw* aerobic(s), aerobic dansen *o*

aerodrome ['eərədroum] *znw* vliegveld *o*

aerodynamics [eərədai'næmiks] *znw* aërodynamica

aero-engine ['eərəendʒin] *znw* vliegtuigmotor

aerofoil *znw* luchtv draagvlak *o*

aerogram(me) [eərə'græm] *znw* luchtpostblad *o*

aeronaut ['eərəno:t] *znw* luchtschipper

aeronautical [eərə'no:tikl] *bn* luchtvaart-

aeronautics *znw* luchtvaart; luchtvaartkunde

aeroplane ['eərəplein] *znw* vliegtuig *o*

aerosol *znw* aërosol *o*; spuitbus

aerospace ['eərouspeis] **I** *znw* ruimte, heelal *o*; **II** *bn* betreffende de ruimtevaart, ruimtevaart-; *~ research* ruimtevaartonderzoek *o*

aesthete *znw* ['i:sθi:t] estheet

aesthetic [i:s'θetik] **I** *bn* esthetisch; **II** *znw*: ~*s* esthetiek, esthetica

aether- zie ether-

aetiology, etiology [i:ti:'ɔlədʒi] *znw* etiologie: leer v.d. ziekteoorzaken

afar [ə'fa:] *bijw* ver, in de verte; *from ~* van verre

affable ['æfəbl] *bn* vriendelijk, minzaam

affair [ə'feə] *znw* zaak, aangelegenheid; ding *o*;

zaakje *o*, geschiedenis; gevaarte *o*; ook = *love-affair;*
(public) ~s (staats)zaken
affect [ə'fekt] **I** *overg* (in)werken op, aandoen; aantasten, beïnvloeden, raken, (be)treffen; (be)roeren,
bewegen; voorwenden; neiging hebben tot, (een
aanstellerige) voorliefde tonen voor; ~ *the free-
thinker* de vrijdenker uithangen; ~*ed with* aangetast
door, lijdend aan; **II** *znw* psych affect *o*
affectation [æfek'teiʃən] *znw* geaffecteerdheid,
gemaaktheid, aanstellerij; voorwending
affected [ə'fektid] *bn* aangedaan, geroerd, geëmotioneerd; geaffecteerd, gemaakt; geveinsd
affecting *bn* aandoenlijk
affection *znw* aandoening, kwaal; (toe-)
genegenheid, liefde
affectionate *bn* liefhebbend, toegenegen, aanhankelijk; hartelijk
affective *bn* affectief, emotioneel, gemoeds-
affidavit [æfi'deivit] [Lat] *znw* beëdigde verklaring
affiliate [ə'filieit] **I** *overg* als lid opnemen; ~ *to,
with* aansluiten bij; **II** *onoverg* zich aansluiten (bij
to, with); **III** *znw* [ə'filiit] *znw* Am filiaal *o*
affiliation [əfili'eiʃən] *znw* fig band; connectie,
verwantschap; filiaal *o*
affined [ə'faind] *bn* verwant, verbonden (aan *to*)
affinity [ə'finiti] *znw* affiniteit, verwantschap
affirm [ə'fə:m] *overg* bevestigen, verzekeren
affirmation [æfə'meiʃən] *znw* bevestiging, verzekering; (plechtige) verklaring, belofte (in plaats van
eed)
affirmative [ə'fə:mətiv] **I** *bn* bevestigend; **II** *znw:
answer in the* ~ bevestigend of met ja (be-)
antwoorden
affix **I** *overg* [ə'fiks] (vast)hechten (aan *on, to*), toevoegen; verbinden [salaris &]; ~ *one's signature to*
zijn handtekening zetten onder; **II** *znw* ['æfiks]
toevoeging, aanhangsel *o*; achtervoegsel *o*, voorvoegsel *o*
afflict [ə'flikt] *overg* bedroeven, kwellen; bezoeken,
teisteren; ~*ed at* bedroefd over; ~*ed with* lijdend
aan
affliction [ə'flikʃən] *znw* droefheid, droefenis, leed
o, kwelling; ernstige aandoening; bezoeking,
ramp(spoed)
affluence ['æfluəns] *znw* rijkdom, welvaart
affluent **I** *bn* rijk; ~ *society* welvaartsstaat, wel-
vaartsmaatschappij; **II** *znw* zijrivier
afford [ə'fɔ:d] *overg* verschaffen; opleveren; *he can
~ to...* hij kan zich (de weelde) veroorloven...; *I
cannot ~ it* ik kan het niet bekostigen; *can you ~
the time?* hebt u er (de) tijd voor?
affordable *bn* op te brengen; binnen iems. bereik
afforest [ə'fɔrist] *overg* bebossen
affray [ə'frei] *znw* vechtpartij, handgemeen *o*, oploop
affront [ə'frʌnt] **I** *overg* beledigen; trotseren; **II** *znw*
affront *o*, belediging
Afghan ['æfgæn] **I** *znw* Afghaan; Afghaans *o* [de

taal]; Afghaanse windhond; **II** *bn* Afghaans
Afghanistan [æf'gænistæn] *znw* Afghanistan *o*
aficionado [əfisiə'na:dou] *znw* liefhebber, fan; *he's
an ~ of jazz* hij is een jazzfreak
afield [ə'fi:ld] *bijw: far* ~ ver van huis; ver mis
afire [ə'faiə] *bn bijw* in brand; gloeiend (van *with*)
aflame [ə'fleim] *bn bijw* in vlammen; fig gloeiend
(van *with*)
afloat [ə'flout] *bn bijw* vlot, drijvend; in de vaart;
op zee; overstroomd; fig (weer) boven water, erbovenop, op dreef; in de lucht hangend
afoot [ə'fut] *bn bijw* vero te voet; aan de gang, aan
de hand; op touw (gezet)
aforementioned, aforesaid [ə'fɔ:menʃiənd, -sed]
bn bovengenoemd, voornoemd
afraid [ə'freid] *bn* bang, bevreesd (voor *of*); *I am* ~
... ook: 't spijt me, (maar)..., helaas..., jammer
(genoeg)...; *I am ~ (to...)* ik durf het niet aan (om...)
afresh [ə'freʃ] *bijw* opnieuw, wederom
African ['æfrikən] **I** *znw* Afrikaan; **II** *bn* Afrikaans
Afrikaans [æfri'ka:ns] *znw* Afrikaans *o* [aan Nederlands verwante taal in Zuid-Afrika]
Afrikaner [æfri'ka:nə] *znw* Afrikaner [blanke, Afrikaans sprekende bewoner van Zuid-Afrika]
Afro ['æfrou] *znw* Afro-kapsel *o*
Afro-American ['æfrouə'merikən] **I** *znw* zwarte in
de Verenigde Staten; **II** *bn* van, betreffende de
zwarten in de Verenigde Staten
Afro-Asian ['æfrou'eiʃən] **I** *bn* Afro-Aziatisch; **II**
znw: ~s Afro-Aziaten
aft [a:ft] *bijw* scheepv (naar) achter
after ['a:ftə] **I** *bijw & voorz* achter; achterna; naar;
na, daarna, later; ~ *all* alles wel beschouwd, per
slot van rekening, toch (nog); *be* ~ in de zin hebben; uit zijn op, streven naar, het gemunt hebben
op; **II** *voegw* nadat; **III** *znw:* ~s gemeenz toetje *o*,
nagerecht *o*; **IV** *bn* later; scheepv achter-
afterbirth *znw* nageboorte, placenta
afterburner ['a:ftəbə:nə] *znw* nabrander [in
vliegtuigmotor]
after-care *znw* nazorg; reclassering
after-deck *znw* achterdek *o*
after-effect *znw* nawerking
afterglow *znw* avondrood *o*; naglans; fig nagenieten *o*
afterlife *znw* leven *o* hiernamaals
aftermath *znw* nasleep, naweeën
aftermost *bn* scheepv achterst-
afternoon [ə:fta'nu:n, a:ftə'nu:n] *znw* (na)middag
aftershave ['a:ftəʃeiv] *znw* aftershave
aftertaste *znw* nasmaak
afterthought *znw* later invallende, vaak impul-
sieve gedachte
afterwards *bijw* naderhand, daarna
again [ə'gen, ə'gein] *bijw* weer, opnieuw, nog eens;
verder, ook; aan de andere kant; van de weeromstuit, ervan; ~ *and* ~ telkens en telkens (weer), herhaaldelijk; *as big (much)* ~ eens zo groot (veel); *then*

~, *why...?* bovendien waarom...?; *what's his name*
~*?* hoe heet hij ook weer?; *come* ~ gemeenz wat
(zeg je)?

against [ə'genst, a'geinst] *voorz* tegen(over); in
strijd met; *they had no insurance* ~ *an earthquake* ze
waren niet verzekerd tegen aardbevingen

agape [ə'geip] *bn bijw* met open mond; stom verbaasd

agate ['ægit] **I** *znw* agaat *o* [stofnaam], agaat *m*
[voorwerpsnaam]; **II** *bn* agaten

agaze [ə'geiz] *bijw* starend

age [eidʒ] **I** *znw* ouderdom, leeftijd; eeuw, tijdperk
o, tijd; ~ *of consent* recht leeftijd waarop seksueel
verkeer niet meer strafbaar is; ~ *of discretion* jaren
des onderscheids; *(old)* ~ ouderdom, oude dag;
what ~ *is he?* hoe oud is hij?; *when I was your* ~
toen ik zo oud was als jij; *be/act your* ~*!* doe niet zo
flauw!, stel je niet aan!; *for* ~*s* een hele tijd; *of* ~
meerderjarig; *be of an* ~ *with* even oud zijn als;
come of ~ meerderjarig worden; fig volwassen worden; *ten years of* ~ tien jaar oud; *over* ~ boven de
jaren; *under* ~ beneden de vereiste leeftijd; *A* ~ *of
Reason* de Verlichting; **II** *onoverg* verouderen, oud
worden; **III** *overg* oud(er) maken; *his war experiences had* ~*d him* zijn oorlogservaringen hadden
hem veel ouder gemaakt

age-bracket *znw* leeftijdsgroep

aged *bn* **I** ['eidʒid] oud, bejaard; **II** [eidʒd]: ~ *six* zes
jaar oud

age group *znw* leeftijdsgroep

ageing, aging ['eidʒiŋ] *znw* ouder worden *o*; veroudering

ageless *bn* niet verouderend; eeuwig

age limit *znw* leeftijdsgroep

agency ['eidʒənsi] *znw* agentschap *o*, agentuur,
handel vertegenwoordiging; bureau *o*, instantie,
lichaam *o*; bemiddeling, middel *o*; werking

agenda [ə'dʒendə] *znw* agenda

agent ['eidʒənt] *znw* handelende persoon, agens;
fig werktuig *o*; tussenpersoon, agent (ook = *secret* ~
spion); rentmeester; handel vertegenwoordiger;
agens *o*, middel *o*

agent-provocateur [æʒãn prɔvɔkə'tə:] [Fr] *znw*
betaalde opruier

age-old *bn* eeuwenoud, reeds zeer lang bestaand

age range *znw* leeftijdsgroep

agglomerate [ə'glɔməreit] *(onoverg &) overg* (zich)
opeenhopen

agglomeration [əglɔmə'reiʃən] *znw* opeenhoping

agglutinate [ə'glu:tineit] *overg & onoverg* aaneen-
lijmen, samenkleven; in lijm veranderen; aggluti-
neren

agglutination [əglu:ti'neiʃən] *znw* samenkleving;
agglutinatie

aggrandize [ə'grændaiz] *overg* vergroten[2]

aggrandizement [ə'grændizmənt] *znw* vergroting

aggravate ['ægrəveit] *overg* verzwaren; verergeren;
ergeren, tergen

aggravating *bn* verzwarend [omstandigheid]; ergerlijk, vervelend

aggravation [ægrə'veiʃən] *znw* verzwaring; verergering, ergernis

aggregate ['ægrigit] **I** *bn* gezamenlijk; totaal; **II**
znw verzameling, totaal *o*, massa; *in (the)* ~ globaal
(genomen); **III** *overg* ['ægrigeit] verenigen; in totaal
bedragen

aggregation [ægri'geiʃən] *znw* verzameling

aggression *znw* aanval, agressie

aggressive *bn* aanvallend, agressief

aggressor *znw* aanvaller, agressor

aggrieved [ə'gri:vd] *bn* gegriefd, verongelijkt, gekwetst (door *by*)

aggro ['ægrou] *znw* gemeenz aggressie, geweld *o*;
aggressiviteit; moeilijkheden

aghast [ə'ga:st] *bn* ontzet (van *at*); verbijsterd

agile ['ædʒail] *bn* rap, vlug; alert

agility [ə'dʒiliti] *znw* beweeglijkheid; alertheid

agin [ə'gin] *voorz* Schots tegen

agitate ['ædʒiteit] **I** *overg* bewegen, schudden; in
beroering brengen, opwinden, ontroeren; **II** *onoverg* ageren, actie voeren (voor, tegen *against*)

agitated *bn* opgewonden, verontrust, zenuwachtig

agitation [ædʒi'teiʃən] *znw* beweging, onrust; beroering, opschudding, opwinding; hetze;
(politieke) campagne, actie

agitator ['ædʒiteitə] *znw* agitator, onruststoker

aglow [ə'glou] *bn bijw* verhit, gloeiend[2] (van *with*)

AGM *afk. annual general meeting* jaarlijkse algemene
vergadering

agnostic [æg'nɔstik] **I** *bn* agnostisch; **II** *znw* agnos-
ticus

ago [ə'gou] *bijw* geleden; *as long* ~ *as ...* reeds in ...

agog [ə'gɔg] *bn* benieuwd; nieuwsgierig; *she was all*
~ ze brandde van nieuwsgierigheid

agogic [æ'gɔdʒik] *bn* agogisch; geestelijk welzijn
bevorderend

agonize ['ægənaiz] **I** *onoverg* met de dood worstelen; doodsangsten uitstaan; ~ *over a question* fig
worstelen met een probleem; **II** *overg* martelen,
folteren, kwellen; *agonizing* ook: afgrijselijk, hartverscheurend

agony *znw* (doods)strijd; worsteling; helse pijn;
(ziels)angst, foltering; bezoeking; *the* ~ *of war* de
ellende van de oorlog

agony aunt *znw* schrijfster van een rubriek waarin
persoonlijke problemen van lezers worden besproken, 'lieve Lita'

agony column *znw* rubriek waarin persoonlijke
problemen van lezers worden besproken

agoraphobia ['ægərə'foubiə] *znw* ruimte-, pleinvrees

agrarian [ə'grɛəriən] *bn* agrarisch, landbouw-

agrarianism *znw* beweging voor landbouw-
hervormingen

agree [ə'gri:] **I** *onoverg* overeenstemmen, overeenkomen; afspreken; het eens worden of zijn (over

(up)on, about); toestemmen (in *to*), akkoord gaan (met *to*); wel willen [gaan &]; overweg kunnen (met *with*); **II** *overg* overeenkomen; afspreken; goedkeuren; beamen; *beer does not* ~ *with me* bier bekomt mij slecht; *the sea air really* ~*s with her* de zeelucht doet haar echt goed; ~*d!* akkoord!; *an* ~*d principle* een beginsel waarover overeenstemming is bereikt

agreeable *bn* aangenaam, prettig, welgevallig; overeenkomstig (met *to*); gemeenz bereid (om, tot *to*); *if you are* ~ gemeenz als u het goed vindt

agreement *znw* overeenstemming, overeenkomst; verdrag *o*, akkoord *o*; afspraak; *be in* ~ ook: het eens zijn; *collective* ~ collectieve arbeidsovereenkomst

agricultural [ægri'kʌltʃərəl] *bn* landbouw-, landbouwkundig, agrarisch; ~ *labourer (worker)* landarbeider

agriculture ['ægrikʌltʃə] *znw* landbouwkunde; landbouw, akkerbouw

agronomics [ægrə'nɔmiks] *znw* landbouwkunde

aground [ə'graund] *bn bijw* scheepv aan de grond

ague ['eigju:] *znw* (malaria)koorts; (koorts)rilling

ahead [ə'hed] *bijw* voor(uit), vooraan; *get* ~ vooruitkomen, carrière maken; *get* ~ *of* voorbijstreven, overvleugelen; *go* ~ van start gaan; voortgaan; vooruitgang boeken; *the task (that lies)* ~ de komende taak (de taak die wij voor de boeg hebben, die ons wacht); ~ *of* voor

ahem [ə'hem] *tsw* hm!

ahoy [ə'hɔi] *tsw* scheepv aho(o)i!

AI *afk.* **1** *artificial insemination* KI, kunstmatige inseminatie; **2** *artificial intelligence* kunstmatige intelligentie; **3** *Amnesty International*

aid [eid] **I** *overg* helpen, bijstaan; bijdragen tot, bevorderen; ~ *and abet* de hand reiken, handlangersdiensten bewijzen; **II** *znw* hulp, bijstand; financiële (nood)hulp; helper, -ster; hulpmiddel *o*; *in* ~ *of* ten bate van

aide-de-camp ['eiddə'kã:ŋ] [Fr] *znw* (*mv*: aides-de-camp) mil aide-de-camp, adjudant

Aids, AIDS *znw* [eidz] *acquired immune deficiency syndrom* aids

aid worker *znw* ontwikkelingswerker

ail [eil] *onoverg*: *what* ~*s you* plechtig wat scheelt je?

aileron ['eilərən] *znw* luchtv rolroer *o*

ailing ['eiliŋ] *bn* ziekelijk, sukkelend; ~ *area* achtergebleven gebied *o*

ailment *znw* ziekte, kwaal

aim [eim] **I** *onoverg* richten, mikken, aanleggen (op *at*); ~ *at* ook: fig doelen op; 't gemunt hebben op; streven naar, beogen [iets], aansturen op; ~ *high* eerzuchtig zijn; **II** *overg* richten (op of tegen *at*), aanleggen (op *at*); *that was* ~*ed at you* dat doelde op u, dat was op u gemunt; **III** *znw* oogmerk *o*, doel(wit) *o*; *take* ~ aanleggen, mikken

aimless *bn* doelloos

ain't [eint] gemeenz = *am (is, are) not* en *have (has)*

not

air [ɛə] **I** *znw* lucht; windje *o*; tocht; radio ether; muz wijs, wijsje *o*, melodie, aria; voorkomen *o*; air *o*, houding; ~*s and graces* kokette maniertjes; *hot* ~ gemeenz gezwam *o*, kale kak; *give oneself* ~*s* verwaand zijn; *put on* ~*s* verwaand doen; *clear the* ~ fig de lucht zuiveren; *take the* ~ een luchtje scheppen; luchtv opstijgen; *walk on* ~ in de zevende hemel zijn; *by* ~ door de lucht: per vliegtuig (of luchtschip); *be in the* ~ in de lucht zitten; in de lucht hangen; *vanish into thin* ~ in rook opgaan; *out of thin* ~ uit het niets; *off the* ~ radio uit de ether; *on the* ~ radio in de ether; *over the* ~ radio door de ether; **II** *overg* lucht geven (aan)[2], luchten[2]; geuren met

air base *znw* luchtmachtbasis

airbed *znw* luchtbed *o*

airborne *bn* door de lucht vervoerd of aangevoerd; opgestegen, in de lucht; mil luchtlandings-; ~ *landing* luchtlanding

air brake *znw* luchtdrukrem; remklep [v. vliegtuig]

airbrick *znw* gaatsteen

air bridge *znw* luchtbrug

airbrush I *znw* verfspuit, airbrush; **II** *overg* met een verfspuit werken

airbus *znw* luchtbus, airbus

air conditioning *znw* airconditioning, klimaatregeling

air-cooled *bn* luchtgekoeld; ~ *room* Am kamer met airconditioning

aircraft *znw* luchtvaartuig *o*, luchtvaartuigen, vliegtuig *o*, vliegtuigen; ~-*carrier* vliegdekschip *o*

air crash *znw* luchtramp

aircrew *znw* vliegtuigbemanning

air cushion *znw* windkussen *o*

airdrome *znw* Am vliegveld *o*

airfield *znw* vliegveld *o*

airfoil *znw* Am luchtv draagvlak *o*

air force *znw* luchtmacht, luchtstrijdkrachten

air-freight *znw* luchtvracht

airgun *znw* windbuks

air hostess *znw* (lucht)stewardess

airily *bijw* luchtig, luchthartig

airiness *znw* luchtigheid; goede ventilatie

airing *znw*: *give an* ~ luchten; fig lucht geven aan

airing cupboard *znw* droogkast

airless *bn* zonder lucht; bedompt; windstil; drukkend [weer]

air letter *znw* luchtpostblad *o*

airlift I *znw* luchtv luchtbrug; **II** *overg* per luchtbrug vervoeren

airline *znw* lucht(vaart)lijn

air liner *znw* lijnvliegtuig *o*, verkeersvliegtuig *o*

airlock *znw* luchtsluis [v. caisson, kolenmijn &]; dampslot *o* [in een buis]

airmail *znw* luchtpost, vliegpost

airman *znw* vlieger

air mattress *znw* luchtbed *o*

11

airplane *znw* <u>Am</u> vliegtuig *o*
air pocket *znw* luchtzak [valwind]
airport *znw* luchthaven, vlieghaven
air pump *znw* luchtpomp
air raid *znw* luchtaanval; *air-raid precautions* luchtbescherming; *air-raid warning* luchtalarm *o*; zie
ook: *shelter, warden*
air rifle *znw* windbuks, luchtbuks
airscrew *znw* <u>luchtv</u> schroef
airship *znw* luchtschip *o*, zeppelin
airsick *bn* luchtziek
airsickness *znw* luchtziekte
airspace *znw* luchtruim *o* [v.e. land]
airspeed *znw* luchtsnelheid
airstrike *znw* luchtaanval
airstrip *znw* <u>luchtv</u> landingsstrook
air supremacy *znw* heerschappij in de lucht
air terminal *znw* bus- of treinstation *o* voor vervoer van en naar een vliegveld
airthreads *znw mv* herfstdraden
air ticket *znw* vliegbiljet *o*
airtight *bn* luchtdicht
air time *znw* <u>radio</u> zendtijd
air-traffic control *znw* luchtverkeersleiding
air-traffic controller *znw* luchtverkeersleider
air view *znw* gezicht *o* uit de lucht (op *of*), ook:
luchtfoto
airwaves *znw mv* ethergolven, radiogolven; radio
airway *znw* luchtgalerij [in mijn]; <u>luchtv</u> luchtroute, luchtvaartlijn; ~*s* ook: luchtwegen
airwoman *znw* pilote; vrouwelijk lid v.h. vliegtuig-
personeel, *vooral* in de luchtmacht
airworthy *bn* <u>luchtv</u> luchtwaardig
airy *bn* (hoog) in de lucht, luchtig; ijl
airy-fairy *bn* luchtig, dartel; oppervlakkig, quasi
aisle [ail] *znw* zijbeuk; gangpad *o* [tussen banken &]
aitch [eitʃ] *znw* (de letter) h
Aix-la-Chapelle ['eiksla:ʃæpel] *znw* Aken *o*
ajar [ə'dʒa:] *bijw* op een kier, half open, aan
akimbo [ə'kimbou] *bijw: (with) arms* ~ met de handen in de zij(de)
akin [əkin] *bn* verwant² (aan *to*)
alabaster ['æləba:stə] *znw (& bn)* albast(en)
alacrity [ə'lækriti] *znw* gretigheid; enthousiasme *o*
alarm [ə'la:m] **I** *znw* alarm(sein) *o*; ontsteltenis,
schrik, ongerustheid; alarminstallatie;
wekker(klok); *raise/sound the* ~ alarm slaan; <u>fig</u> aan
de bel trekken; *the* ~ *was given* er werd alarm geslagen; **II** *overg* alarmeren, verontrusten, beangstigen,
ontstellen
alarmbell *znw* alarmklok
alarmclock *znw* wekker(klok)
alarming *bn* verontrustend
alarmist *znw* paniekzaaier
alas [ə'læs, ə'la:s] *tsw* helaas!, ach!; ~ *for John!* die
arme John!
alb [ælb] *znw* albe
Albania [æl'beinjə] *znw* Albanië *o*

Albanian [æl'beinjən] *bn & znw* Albanees
albatross ['ælbətrɔs] *znw (mv* idem *of* -es) albatros
albeit [ɔ:l'bi:it] *voegw* (al)hoewel, ofschoon
albino [æl'bi:nou] *znw* albino
Albion ['ælbjən] *znw* Albion *o*: Engeland *o*
album ['ælbəm] *znw* album *o*
albumen ['ælbjumin] *znw* eiwit *o*, eiwitstof
albuminous [æl'bju:minəs] *bn* eiwithoudend
alchemist ['ælkimist] *znw* alchimist
alchemy *znw* alchimie
alcohol ['ælkəhɔl] *znw* alcohol
alcoholic [ælkə'hɔlik] **I** *bn* alcoholisch; **II** *znw* alcoholist
alcoholism ['ælkəhɔlizm] *znw* alcoholisme *o*
alcove ['ælkouv] *znw* alkoof; prieel *o*
aldehyde ['ældihaid] *znw* aldehyd(e) *o*
alder ['ɔ:ldə] *znw* <u>plantk</u> els, elzenboom
alderman ['ɔ:ldəmən] *znw* wethouder, schepen
ale [eil] *znw* ale *o*; Engels bier *o*
alert [ə'lə:t] **I** *bn* waakzaam, op zijn hoede; vlug;
levendig; **II** *znw* alarm *o*; luchtalarm *o*; *on the* ~ op
zijn hoede; **III** *overg* waarschuwen, alarmeren
alexandrine [ælig'zændrain] *znw* alexandrijn
alfalfa [æl'fælə] *znw* alfalfa, luzerne
alga ['ælgə] *znw (mv:* algae ['ældʒi:]) zeewier *o*, alge
algebra ['ældʒibrə] *znw* algebra, stelkunde
algebraic [ældʒi'breiik] *bn* algebraïsch, stelkundig
Algeria [æl'dʒiəriə] *znw* Algerije *o*
Algerian [æl'dʒiəriən] *znw (& bn)* Algerijn(s)
algorism ['ælgərizm], **algorithm** ['ælgəriðm] *znw*
1 algoritme; **2** tientallig stelsel
alias ['eiliæs] **I** *bijw* alias, anders genoemd; **II** *znw*
alias, andere naam, aangenomen naam
alibi ['ælibai] *znw* alibi *o*; <u>gemeenz</u> smoes, excuus *o*
alien ['eiljən] **I** *bn* vreemd²; strijdig; weerzinwekkend; buitenlands; buitenaards; **II** *znw* vreemdeling; buitenaards wezen *o*
alienable *bn* vervreemdbaar
alienate *overg* vervreemden² (van *from*)
alienation [eiljə'neiʃən] *znw* vervreemding;
(mental) ~ krankzinnigheid
1 alight [ə'lait] *bn* aangestoken, aan, brandend, in
brand; verlicht; schitterend
2 alight [ə'lait] *onoverg* uitstappen (uit *from*), afstij-
gen (van *from*), neerkomen, neerstrijken (op *on*),
<u>luchtv</u> landen; afstappen (in *at*)
align [ə'lain] *overg* op één lijn plaatsen, opstellen;
richten; aanpassen; ~ *oneself with* zich scharen aan
de zijde van; zich aansluiten bij
alignment *znw* op één lijn brengen *o*; richten *o*;
aanpassing; opstelling; groepering, verbond *o*;
(rooi)lijn; *out of* ~ ook: ontwricht
alike [ə'laik] **I** *bn* gelijk, eender; **II** *bijw* evenzeer; op
dezelfde manier; ... *and*... ~ zowel ... als...
alimentary [æli'mentəri] *bn* voedend; voedings-;
~ *canal* spijsverteringskanaal *o*
alimony ['æliməni] *znw* alimentatie, onderhoud *o*
alive [ə'laiv] *bn* in leven, levend; levendig; ~ *and*

kicking springlevend; ~ *to* zich bewust van, met een open oog voor, ontvankelijk of gevoelig voor; ~ *with* wemelend van, krioelend van; *look* ~ voortmaken; *(the best man)* ~ ter wereld

alkali ['ælkəlai] *znw* alkali *o*

alkaline *bn* alkalisch

alkaloid ['ælkələid] *znw* chem alkaloïde

all [ɔ:l] **I** *bn* (ge)heel, gans, al(le), iedere, elke; ~ *day* de hele dag; ~ *London* heel Londen; ~ *night* (gedurende) de hele nacht; ~ *the children were watching Sesamy Street* alle kinderen zaten naar Sesamstraat te kijken; *and* ~ *that* en zo; **II** *bijw* geheel, helemaal, één en al; ~ *clear* gevaar geweken, alles veilig; ~ *the best!* het beste (ermee)!; ~ *the better* des te beter; *give one's* ~ zijn uiterste best doen; **III** *znw* al(les) *o*; ~ *and sundry* allen zonder onderscheid; ~ *but* nagenoeg, zo goed als, bijna; allen (alles) met uitzondering van, op ... na; ~ *in* alles (allen) inbegrepen; gemeenz kapot, afgepeigerd; ~ *in* ~ alles bijeen(genomen), al met al; ~ *of 500* niet minder dan 500, wel 500; ~ *or-none* alles of niets; *at* ~ in het minst, (ook) maar (enigszins); wel, misschien; toch?; überhaupt; *not at* ~ in het geheel niet, volstrekt niet; graag gedaan, niets te danken [na bedanken]; *in* ~ in totaal; *twenty* ~ sp twintig gelijk; ~ *'s well that ends well* eind goed, al goed; *A* ~ *Fools' Day* 1 april; *A* ~ *Hallows, A* ~ *Saint's Day* Allerheiligen; *A* ~ *Souls' Day* Allerzielen; zie ook: *after, along, for, in, of, out, over, right, round, same, there, things* &

Allah ['ælə, 'æla:] *znw* Allah

allay [ə'lei] *overg* (doen) bedaren; stillen, verlichten, verzachten, matigen, verminderen

allegation [æli'geiʃən] *znw* bewering, aantijging, beschuldiging

allege [ə'ledʒ] *overg* aanvoeren; beweren

alleged *bn* zogenaamd, vermoedelijk

allegedly *bijw* naar beweerd wordt (werd)

allegiance [ə'li:dʒəns] *znw* trouw (van onderdanen) (aan *to*); band

allegoric [æli'gɔrik] *bn* allegorisch

allegory ['æligəri] *znw* allegorie

allergen ['ælədʒin] *znw* allergeen *o*

allergic [ə'lə:dʒik] *bn* allergisch; *be* ~ *to* gemeenz allergisch zijn voor, een afkeer (hekel) hebben van (aan)

allergist ['ælədʒist] *znw* allergoloog

allergy *znw* allergie; gemeenz afkeer (van *to*)

alleviate [ə'li:vieit] *overg* verlichten, verzachten

alleviation [əli:vi'eiʃən] *znw* verlichting, verzachting

alley ['æli] *znw* steeg, gang; laantje *o*; doorgang; (kegel)baan

alley cat *znw* zwerfkat; *she's got the morals of an* ~ zij is heel losbandig

alleyway *znw* steeg

alliance [ə'laiəns] *znw* verbond *o*, bond, bondgenootschap *o*, verbintenis, huwelijk *o*; verwant-

schap

allied [ə'laid, 'ælaid] *bn* verbonden, geallieerd, bondgenootschappelijk; verwant

alligator ['æligeitə] *znw* alligator, kaaiman

all-important [ɔ:lim'pɔ:tənt] *bn* van het grootste gewicht, hoogst belangrijk

all-in *bn* alles (allen) inbegrepen; ~ *tour* geheel verzorgde reis; ~ *wrestling* vrij worstelen

alliterate [ə'litəreit] *onoverg* allit(t)ereren

alliteration [əlitə'reiʃən] *znw* alliteratie, stafrijm *o*

alliterative [ə'litərətiv] *bn* allit(t)ererend

allocate [' æləkeit] *overg* toewijzen; aanwijzen; bestemmen

allocation [ælə'keiʃən] *znw* toewijzing; bestemming; portie; te besteden bedrag *o*

allot [ə'lɔt] *overg* toe(be)delen, toewijzen (aan *to*)

allotment *znw* toe(be)deling, toewijzing; aandeel *o*; (levens)lot *o*; perceel *o*; volkstuintje *o*

all-out |'ɔ:laut] *bn* met alle middelen, intensief, geweldig, groot(scheeps)

allow [ə'lau] **I** *overg* toestaan, toelaten, toekennen, veroorloven; erkennen; in staat stellen, mogelijk maken; uittrekken [geld, tijd &]; **II** *onoverg*: ~ *for* (als verzachtende omstandigheid) in aanmerking nemen; rekening houden met; ~ *of* toestaan, toelaten

allowable *bn* geoorloofd

allowance *znw* portie, rantsoen *o*; toelage; toeslag, bijslag [voor kinderen]; tegemoetkoming, vergoeding; handel korting; *make* ~*s for* in aanmerking nemen; *make* ~*s for him* toegeeflijk zijn voor hem

alloy ['ælɔi, ə'lɔi] **I** *znw* allooi *o*, gehalte *o*; legering; (bij)mengsel *o*; **II** *overg* legeren; mengen

all-powerful ['ɔ:l'pauəful] *bn* almachtig

allspice ['ɔ:lspais] *znw* piment *o*

all-time ['ɔ:ltaim] *bn* ongekend, nooit eerder voorgekomen

allude [ə'l(j)u:d] *onoverg*: ~ *to* zinspelen op, doelen op; (terloops) vermelden, het hebben over

allure [ə'ljuə] *znw* verlokking; verleidelijkheid; *the* ~ *of travel is ...* het heerlijke van reizen is ...

alluring [ə'ljuəriŋ] *bn* aanlokkelijk, verleidelijk

allusion [ə'l(j)u:ʒən] *znw* zin-, toespeling (op *to*)

allusive *bn* zinspelend

alluvial [ə'l(j)u:viəl] *bn* alluviaal, aangeslibd

alluvium [ə'l(j)u:viəm] *znw* alluvium *o*, aanslibbing, aangeslibd land *o*

ally [ə'lai] **I** *overg* verbinden (met *to, with*), verwant maken (aan *to*); verenigen; **II** *znw* ['ælai, ə'lai] bondgenoot; geallieerde

almanac ['ɔ:lmənæk] *znw* almanak

almighty [ɔ:l'maiti] **I** *bn* almachtig; gemeenz enorm; **II** *znw*: *the A* ~ de Almachtige

almond ['a:mənd] *znw* amandel; ~ *eyed* met amandelvormige ogen; ~ *paste* amandelspijs

almoner [a:mənə, 'ælmənə] *znw* aalmoezenier; maatschappelijk werker in een ziekenhuis

almost ['ɔ:lmoust, 'ɔ:lməst] *bijw* bijna, nagenoeg

13

alms

alms [a:mz] *znw (mv)* aalmoes, aalmoezen
alms-box *znw* offerblok *o*, offerbus
almshouse *znw* armenhuis *o*
aloft [ə'lɔft] *bijw* hoog, omhoog², in de lucht²; scheepv in de mast; in het want
alone [ə'loun] **I** *bn* alleen; **II** *bijw* slechts, alleen
along [ələŋ] *voorz & bijw* langs...; voort, door; mee; *(I ran)* ~ *the corridor* door de gang; *(I limped)* ~ *the sand* over het zand; *(the bottles)* ~ *the shelf* (in een rijtje) op de plank; *all* ~ aldoor, altijd (wel), steeds; ~ *with* samen (tegelijk) met; *come* ~*!* kom mee!; *get* ~ het (goed, slecht) maken; *get* ~*!* donder op!; *get* ~ *with* goed overweg kunnen met
alongshore *bijw* langs de kust
alongside *bijw* langszij; ~ *(of)* langs; naast²; *free* ~ *(ship)* handel vrij langszij
aloof [ə'lu:f] **I** *bijw* op een afstand², ver²; **II** *bn* in hogere sferen verkerend; gereserveerd, koel, afzijdig (van *from*); *keep (hold, stand)* ~ distantie bewaren, zich afzijdig houden
alopecia [ælo'pi:ʃiə] *znw* haaruitval, kaal(hoofdig-)heid
aloud [ə'laud] *bijw* luid(e), hardop
alp [ælp] *znw* (hoge) berg, bergweide; *the Alps* de Alpen
alpha [ælfə] *znw* alfa; ~ *minus* voldoende; ~ *plus* uitmuntend; ~ *rays* alfastralen
alphabet *znw* alfabet *o*, abc *o*
alphabetical [ælfə'betikl] *bn* alfabetisch
Alpine [ælpain] *bn* alpen-
Alpinist ['ælpinist] *znw* alpinist, bergbeklimmer
already [ɔ:l'redi] *bijw* al, reeds
alright = *all right* (zie onder *right*)
Alsatian [æl'seiʃən] **I** *bn* Elzassisch; **II** *znw* Elzasser; Duitse herder(shond)
also ['ɔ:lsou] *bijw* ook, eveneens, bovendien
also-ran *znw* verliezer, 'loser'; onbeduidend persoon, nul
altar ['ɔ:ltə] *znw* altaar *o*; Avondmaalstafel; *lead to the* ~ [iem.] trouwen
altar-rails *znw mv* koorhek *o*
alter ['ɔ:ltə] *overg* veranderen, wijzigen; vermaken [kleding]
alteration [ɔ:ltə'reiʃən] *znw* verandering, wijziging; ~*s* ook: verbouwing
altercation [ɔ:ltə'keiʃən] *znw* (woorden)twist
alter ego ['æltə 'i:gou] *znw* alter ego *o*; boezemvriend(in)
alternate [ɔ:ltəneit] **I** *overg & onoverg* (elkaar) afwisselen; **II** *bn* [ɔ:ltə'nit] afwisselend; ~ *angles* wisk verwisselende hoeken; *on* ~ *days* om de andere dag; **III** *znw* Am plaatsvervanger
alternately *bijw* afwisselend, beurtelings, om de beurt
alternation [ɔ:ltə'neiʃən] *znw* afwisseling
alternative [ɔ:l'tə:nətiv] **I** *bn* alternatief, ander (van twee); ~ *energy sources* alternatieve energiebronnen; **II** *znw* alternatief *o*, keus (uit twee)

alternator ['ɔ:ltəneitə] *znw* wisselstroomdynamo
although [ɔ:l'ðou] *voegw* (al)hoewel, ofschoon, al; ~ *he was ill, he kept working* hij was ziek, maar hij bleef doorwerken
altimeter ['æltimi:tə] *znw* hoogtemeter
altitude ['æltitju:d] *znw* hoogte; verhevenheid
alto ['æltou] *znw* alt; altpartij
altogether [ɔ:ltə'geðə] *bijw* alles bij elkaar, over het geheel; in totaal; helemaal, volkomen; *in the* ~ gemeenz poedelnaakt
altruism ['æltruizm] *znw* altruïsme *o*
altruist *znw* altruïst
altruistic [æltru'istik] *bn* altruïstisch
alum ['æləm] *znw* aluin
aluminium [ælju'minjəm] *znw* aluminium *o*
aluminum [ə'lu:minəm] *znw* Am aluminium *o*
alumnus [ə'lʌmnəs] [Lat] *znw (mv:* alumni [-nai]) (oud-)leerling, (oud-)student
always [ɔ:lweiz] *bijw* altijd (nog, al), altoos; *I'll* ~ *love you* ik zal altijd van je blijven houden; *it's* ~ *raining* het regent de hele tijd maar
am [æm] 1e pers. enk. v. *to be*
a.m. *afk.* = *ante meridiem* 's morgens, voor de middag, v.m.
amalgam [ə'mælgəm] *znw* amalgama *o*, mengsel² *o*
amalgamate *overg & onoverg* amalgameren, (zich) vermengen, (zich) verbinden, samensmelten, handel fuseren, een fusie aangaan
amalgamation [əmælgə'meiʃən] *znw* vermenging, handel fusie
amanuensis [əmænju'ensis] *znw (mv:* -ses [-si:z]) schrijver, secretaris
amass [ə'mæs] *overg* opeenhopen, vergaren
amateur ['æmətə:,æmə'tə:] *znw* amateur, liefhebber
amateurish [æmə'tə:riʃ] *bn* amateuristisch, dilettanterig
amateurism *znw* amateurisme *o*
amatory *bn* liefde(s)-, amoureus
amaze [ə'meiz] *overg* verbazen
amazement *znw* verbazing
amazing *bn* verbazend, verbazingwekkend, gemeenz fantastisch
Amazon ['æməzən] Amazone [de rivier]; amazone *znw* [(strijdbare) vrouw], grote, sterke vrouw
ambassador [æm'bæsədə] *znw* ambassadeur; (af-)gezant
ambassadorial [æmbæsə'dɔ:riəl] *bn* van een ambassadeur, ambassadeurs-
amber ['æmbə] *znw* amber, barnsteen *o & m; the* ~ *(light)* het oranje (verkeers)licht
ambidextrous *bn* ambidexter; fig zeer handig
ambience ['æmbiəns] *znw* ambiance, entourage, sfeer
ambient *bn* omringend
ambiguity [æmbi'gju:iti] *znw* ambiguïteit, dubbelzinnigheid

14

ambiguous [æm'bigjuəs] *bn* ambigu, dubbelzinnig
ambit ['æmbit] *znw* omvang, omtrek, grenzen; *fig* reikwijdte
ambition [æm'biʃən] *znw* eerzucht; vurig verlangen *o*, streven *o*, aspiratie, ideaal *o*
ambitious *bn* eerzuchtig; begerig (naar *of*); groots, grootscheeps, ambitieus [plan]
ambivalence [æm'bivələns] *znw* ambivalentie
ambivalent *bn* ambivalent
amble ['æmbl] **I** *onoverg* in de telgang gaan; (kalm) stappen; **II** *znw* telgang; kalme gang
ambrosia [æm'brouziə] *znw* ambrozijn *o*, godenspijs
ambulance ['æmbjuləns] *znw* ambulance(wagen), ziekenwagen
ambulatory I *bn* ambulant, wandelend; rondgaand; **II** *znw* (klooster)gang; kooromgang [in kerk]
ambush ['æmbuʃ] **I** *znw* hinderlaag; *lie in ~* in een hinderlaag liggen; *fig* op het vinkentouw zitten; **II** *overg* in een hinderlaag lokken; *be ambushed* in een hinderlaag vallen
ameliorate [ə'mi:liəreit] **I** *overg* beter maken, verbeteren; **II** *onoverg* beter worden
amelioration [əmi:liə'reiʃən] *znw* verbetering
amenable [ə'mi:nəbl] *bn* meegaand, gezeglijk, handelbaar; ontvankelijk, vatbaar (voor *to*); te brengen (voor *to*), verantwoording schuldig (aan *to*)
amend [ə'mend] *overg* (ver)beteren; wijzigen; amenderen
amendment *znw* verbetering, verandering; amendement *o*; rectificatie
amends *znw (mv)* vergoeding; vergelding; *make ~* het goedmaken; schadeloos stellen; herstellen
amenity [ə'mi:niti] *znw* aangenaamheid, lief(e-)lijkheid; attractie; *amenities* vriendelijkheden, beleefdheden; gemakken, genoegens
America [ə'merikə] *znw* Amerika *o*
American [ə'merikən] **I** *znw* Amerikaan; **II** *bn* Amerikaans
Americanize *overg & onoverg* veramerikaansen, amerikaniseren
amethyst ['æmiθist] *znw* amethist *o* [stofnaam], amethist *m* [voorwerpsnaam]
amiable ['eimjəbl] *bn* beminnelijk, lief
amicable ['æmikəbl] *bn* vriend(schapp)elijk
amid [ə'mid] *voorz* te midden van, onder
amidships *bijw* midscheeps
amidst *voorz* te midden van, onder
amino ['æminou]: *~-acid znw* aminozuur *o*
amiss [ə'mis] *bn bijw* verkeerd, niet in orde; kwalijk, te onpas, mis; *take sth. ~* iets kwalijk nemen
amity ['æmiti] *znw* vriendschap; goede betrekkingen [tussen landen]
ammeter ['æmitə] *znw* ampèremeter
ammonia [ə'mounjə] *znw* ammonia(k)
ammoniac *bn* ammoniak-
ammonium *znw* ammonium *o*

ammunition [æmju'niʃən] *znw* (am)munitie
amnesia [æm'ni:zjə] *znw* geheugenverlies *o*
amnesty ['æmnisti] **I** *znw* amnestie; **II** *overg* amnestie verlenen (aan)
amniotic [æmni'ɔtik] *bn*: *~ fluid* vruchtwater *o*
amoeba, Am **ameba** [ə'mi:bə] *znw* (*mv*: *-s of* amoebae [-bi:]) amoebe
amok zie *amuck*
among(st) [əmɔŋ(st)] *voorz* onder, te midden van, tussen, bij; *be ~* behoren tot
amorous ['æmərəs] *bn* verliefd; liefdes-, amoureus
amorphous [ə'mɔ:fəs] *bn* amorf, vormloos
amortization [əmɔ:ti'zeiʃən] *znw* amortisatie, afbetaling [v. schuld]
amortize [ə'mɔ:tiz] *overg* amortiseren, afbetalen [v. schuld]
amount [ə'maunt] **I** *onoverg*: *~ to* bedragen; gelijkstaan met; [weinig, niets] te betekenen hebben; *it ~s to the same thing* het komt op hetzelfde neer; **II** *znw* bedrag *o*; hoeveelheid, mate; *cause any ~ of trouble* heel veel moeite veroorzaken; *no ~ of trouble will suffice* geen moeite zal voldoende zijn; *to the ~ of* ten bedrage van
amour-propre [əmur'prɔpr] [Fr] *znw* gevoel *o* v. eigenwaarde; ijdelheid
ampere ['æmpeə] *znw* ampère
ampersand ['æmpəsænd] *znw* het teken &
amphetamine [æm'fetəmi:n] *znw* amfetamine [pepmiddel]
amphibian [æm'fibiən] **I** *bn* tweeslachtig, amfibie-; **II** *znw* amfibie, tweeslachtig dier *o*
amphibious *bn* tweeslachtig, amfibisch; *~ vehicle* amfibievoertuig *o*
amphitheatre ['æmfiθiətə] *znw* amfitheater *o*
amphora ['æmfərə] *znw* (*mv*: *-s of* -rae [-ri:]) amfora, kruik
ample ['æmpl] *bn* wijd, ruim, breed(voerig), uitvoerig, overvloedig, ampel
amplification [æmplifi'keiʃən] *znw* aanvulling, uitbreiding; versterking [v. geluidssignaal]
amplifier ['æmplifaiə] *znw* versterker [v. geluidssignaal]
amplify *overg* aanvullen; uitbreiden; ontwikkelen; radio versterken
amplitude *znw* wijdte, omvang, uitgestrektheid; overvloed; amplitude
amply *bijw* v. *ample*; ook: ruimschoots, rijkelijk
ampoule, **ampule** ['æmpu:l] *znw* med ampul
amputate ['æmpjuteit] *overg* amputeren, afzetten
amputation [æmpju'teiʃən] *znw* amputatie, afzetten *o*; *fig* bekorting, besnoeiing
amputee *znw* geamputeerde, iem. die één of meer ledematen mist
amuck [ə'mʌk] *bijw*: *run ~ (against, at, on)* amok maken, tekeergaan (tegen), te lijf gaan
amulet ['æmjulit] *znw* amulet
amuse [ə'mju:z] *overg* amuseren, vermaken
amusement *znw* amusement *o*, vermaak *o*, tijdver-

drijf *o*; geamuseerdheid; ~ *arcade* amusementshal, gokhal; ~ *park* pretpark *o*; ~ *tax* vermakelijkheidsbelasting

amusing *bn* amusant, vermakelijk

an [ən; met nadruk: æn] *lidw* een; zie ook: ²*a*

anabaptist [ænə'bæptist] *znw* wederdoper

anachronism [ə'nækrənizm] *znw* anachronisme *o*

anachronistic [ənækrə'nistik] *bn* anachronistisch

anaconda [ænə'kɔndə] *znw* reuzenslang

anaemia, Am **anemia** [ə'ni:miə] *znw* anemie, bloedarmoede

anaemic, Am **anemic** *bn* anemisch, bloedarm

anaesthesia, Am **anesthesia** [ænis'θi:zjə] *znw* gevoelloosheid; verdoving, anesthesie

anaesthetic, Am **anesthetic** [ænis'θetik] *bn (znw)* pijnverdovend (middel *o*)

anaesthetist, Am **anesthetist** [æ'ni:sθitist] *znw* anesthesist, narcotiseur

anaesthetize, Am **anesthetize** *overg* gevoelloos maken, verdoven, wegmaken

anagram ['ænəgræm] *znw* anagram *o*

anal ['einəl] *bn* aars-, anaal

analgesic [ænæl'dʒi:sik] *znw* pijnstillend middel *o*

analogical [ænə'lɔdʒikl] *bn* analogisch

analogous [ə'næləgəs] *bn* analoog, overeenkomstig

analogue ['ænəlɔg] *bn*: ~ *computer* analoge rekenmachine

analogy [ə'nælədʒi] *znw* analogie°, overeenkomst(igheid), overeenstemming; *on the ~ of, by ~ with* naar analogie van

analysable ['ænəlaizəbl] *bn* analyseerbaar

analyse ['ænəlaiz] *overg* analyseren, ontleden, ontbinden; onderzoeken

analysis [ə'nælisis] *znw* (*mv*: analyses [-si:z]) analyse, ontleding, ontbinding; overzicht *o* (van de inhoud); onderzoek *o*; *in the final* ~ uiteindelijk

analyst ['ænəlist] *znw* analist, scheikundige; psych analyticus

analytic(al) [ænə'litik(l)] *bn* analytisch, ontledend; ~ *chemist* analist

analyze *overg* = *analyse*

anamnesis [ænəm'ni:sis] *znw* (*mv*: anamneses [-si:z]) ziektegeschiedenis, anamnese

anarchic [æ'na:kik] *bn* regeringloos, wetteloos, ordeloos, anarchistisch; fig chaotisch

anarchism ['ænəkizm] *znw* anarchisme *o*

anarchist *bn* anarchist(isch)

anarchy *znw* anarchie²

anathema [ə'næθimə] *znw* ban, (ban)vloek; ... *is ~ to him...* is hem een gruwel

anatomical [ænə'tɔmikl] *bn* anatomisch, ontleedkundig

anatomist [ə'nætəmist] *znw* anatoom, ontleedkundige

anatomy *znw* anatomie, ontleding; gemeenz lichaam *o*

ancestor ['ænsistə] *znw* voorvader, stamvader

ancestral [æn'sestrəl] *bn* voorvaderlijk, voor-ouderlijk

ancestry ['ænsistri] *znw* voorouders, voorvaderen; afstamming, geboorte

anchor ['æŋkə] **I** *znw* scheepv anker *o*; fig steun en toeverlaat; *cast (drop)* ~ het anker laten vallen (uitwerpen); *up (weigh)* ~ het anker lichten; *at* ~ voor anker; *come to* ~ voor anker gaan; **II** *overg* (ver)ankeren; **III** *onoverg* ankeren

anchorage *znw* ankeren *o*; ankergrond, -plaats

anchorite ['æŋkərait] *znw* anachoreet, kluizenaar

anchorman ['æŋkəmæn, -mən], **anchorwoman** ['æŋkəwumən] *znw* centrale presentator (presentatrice) van een nieuws- of actualiteitenprogramma op tv

anchovy ['æntʃəvi, æn'tʃouvi] *znw* ansjovis

ancient ['einʃənt] *bn* (al)oud; *the A~s* de Ouden; fig antiek, ouderwets

ancillary [æn'siləri] *bn* ondergeschikt (aan *to*); hulp-, neven-, toeleverings- [v. bedrijf] ~ *workers* ondersteunend personeel; ~ *costs* bijkomende kosten

and [ænd, ənd, ən] *voegw* en; ~ *so on* enzovoort; *smaller — smaller* hoe langer hoe kleiner, al kleiner (en kleiner); *the clock ticked on* ~ *on* de klok tikte almaar voort; *come* ~ *see me* kom me opzoeken

andiron ['ændaiən] *znw* vuurbok, haardijzer *o*

Andorra [æn'dɔrə] *znw* Andorra *o*

Andorran [æn'dɔrən] **I** *znw* Andorrees; **II** *bn* Andorrees

androgynous [æn'drɔdʒinəs] *bn* androgyn, tweeslachtig

anecdotal ['ænikdoutl] *bn* anekdotisch

anecdote *znw* anekdote

anemia *znw* = *anaemia*

anemone [ənemøni] *znw* anemoon

aneroid ['ænərɔid] *bn*: ~ *barometer* doosbarometer

anesth- = *anaesth-*

aneurism ['ænjuərizm] *znw* slagadergezwel *o*

anew [ə'nju:] *bijw* opnieuw, nog eens; anders

angel ['eindʒəl] *znw* engel²

angel-fish *znw* zee-engel

angelic [æn'dʒelik] *bn* engelachtig; engelen-

angelica *znw* engelwortel

anger ['æŋgə] **I** *znw* gramschap, toorn, verbolgenheid, boosheid, grote ergernis; **II** *overg* tergen, boos maken

angina [æn'dʒainə] *znw* angina; ~ *pectoris* ['pektəris] angina pectoris

angle ['æŋgl] **I** *znw* hoek; fig gezichtspunt *o*; kijk; kant; vero hengel, vishaak; **II** *onoverg* hengelen²; **III** *overg* gemeenz kleuren [berichtgeving]

angler *znw* hengelaar

Angles ['æŋglz] *znw* Angelen

Anglian *bn* v.d. Angelen

Anglican I *znw* anglicaan; **II** *bn* anglicaans

Anglicanism ['æŋglikənizm] *znw* anglicanisme *o*

anglicism *znw* anglicisme *o*

Anglicist *znw* beoefenaar v.d. anglistiek; anglist

Anglicize *overg* verengelsen
angling ['æŋgliŋ] *znw* hengelen *o*; hengelsport
Anglo ['æŋglou] *voorv* Engels
Anglo-Indian I *bn* Engels-Indisch; II *znw* Engelsman of halfbloed in (uit) het voormalige Brits-Indië
Anglophile I *bn* anglofiel: met een voorliefde voor al wat Engels is; II *znw* anglofiel
Anglo-Saxon I *bn* Angelsaksisch; (typisch) Engels; II *znw* Angelsaksisch *o*; Anglo-Saks; (typische) Engelsman
Angola [æŋ'goulə] *znw* Angola
Angolan [æŋ'goulən] *znw* & *bn* Angolees
angostura [æŋgɔs'tjuərə] *znw* angostura (bitter *o* & *m*)
angry ['æŋgri] *bn* kwaad, boos; med ontstoken; ~ *at (about)* boos om (over); ~ *with* boos op
anguish ['æŋgwiʃ] I *znw* angst, smart, (hevige) pijn; II *overg* kwellen, pijnigen; ~ed ook: vertwijfeld
angular ['æŋgjulə] *bn* hoekig², hoek-
angularity [æŋgju'læriti] *znw* hoekigheid²
animal ['ænimǝl] I *znw* dier *o*, beest *o*; wezen *o*; II *bn* dierlijk; dieren-; ~ *kingdom* dierenrijk *o*; ~ *spirits* opgewektheid, levenslust
animalcule [æni'mælkju:l] *znw* microscopisch diertje *o*
animality *znw* dierlijkheid
animate ['ænimeit] I *overg* animeren, bezielen; leven geven, doen leven; opwekken, aanvuren; II *bn* ['ænimit] levend, bezield, levendig
animated ['ænimeitid] *bn* geanimeerd, bezield, levend, levendig, opgewekt; ~ *cartoon* tekenfilm
animation [æni'meiʃən] *znw* bezieling, leven *o*, levendigheid, animo; animatie: het maken van teken- en animatiefilms
animosity [æni'mɔsiti] *znw* animositeit, wrok; antipathie
animus ['ænimǝs] *znw* drijfveer; animositeit, vijandigheid (jegens *against*)
anise ['ænis] *znw* anijsplant
aniseed ['ænisi:d] *znw* anijszaad *o*; anijs(smaak)
ankle ['æŋkl] *znw* enkel
ankle-deep *bn* tot de enkels
ankle-length *bn*: ~ *dress* jurk tot op de enkels
anklet *znw* sok; enkelring; voetboei; mil enkelstuk *o*
annals ['ænəlz] *znw mv* annalen, jaar-, geschiedboeken
annex [ə'neks] I *overg* aanhechten, toe-, bijvoegen, verbinden, annexeren; inlijven (bij *to*); II ['æneks] *znw* aanhangsel *o*, bijlage; aanbouw, bijgebouw *o*, dependance
annexation [ænek'seiʃən] *znw* aanhechting, bijvoeging; annexatie; inlijving
annexe *znw* = *annex* II
annihilate [ə'nai(h)ileit] *overg* vernietigen
annihilation [ənai(h)i'leiʃən] *znw* vernietiging

anniversary [æni'və:səri] *znw* (ver)jaardag, jaarfeest *o*, gedenkdag
annotate ['ænouteit] *overg* annoteren, van verklarende aantekeningen voorzien
annotation [ænou'teiʃən] *znw* (verklarende) aantekening
announce [ə'nauns] *overg* aankondigen, bekendmaken, kennis geven van, mededelen
announcement *znw* aankondiging, bekendmaking, mededeling, bericht *o*
announcer *znw* aankondiger; RTV omroeper, -ster
annoy [ə'nɔi] *overg* lastig vallen; ergeren, kwellen, hinderen; *be* ~*ed (at sth., with sbd.)* geërgerd zijn (over iets), boos zijn (op iem.)
annoyance *znw* irritatie, ergernis; last, hinderlijk iets *o*
annoying *bn* lastig, hinderlijk, ergerlijk; *how* ~*!* wat vervelend!
annual ['ænjuǝl] I *bn* jaarlijks; eenjarig [van gewassen]; jaar-; ~*accounts* handel jaarstukken; II *znw* jaarboek(je) *o*; eenjarige plant
annuity *znw* jaargeld *o*, lijfrente, annuïteit
annul [ə'nʌl] *overg* tenietdoen, herroepen, opheffen, annuleren
annulment [ə'nʌlmǝnt] *znw* herroeping, opheffing, annulering
annunciation [ənʌnsi'eiʃən] *znw* aankondiging; *Annunciation (Day)* Maria-Boodschap
annunciator [ə'nʌnʃieitə] *znw* paneel *o* dat aangeeft waar gebeld is, bijv. in een hotel
anode ['ænoud] *znw* anode, positieve pool
anodyne ['ænoudain] I *znw* pijnstiller, kalmerend middel *o*; fig zoethoudertje *o*; II *bn* pijnstillend, kalmerend; fig onschuldig, niet controversieel, saai
anoint [ə'nɔint] *overg* zalven; insmeren
anomalous [ə'nɔmǝlǝs] *bn* afwijkend; abnormaal
anomaly *bn* afwijking, onregelmatigheid, anomalie
anon [ə'nɔn] *bijw* dadelijk, aanstonds; straks
anon. *afk.* = *anonymous*
anonymity [ænə'nimiti] *znw* anonimiteit
anonymous [ə'nɔniməs] *bn* anoniem, naamloos
anorak ['ænəræk] *znw* anorak, windjack *o* met capuchon
anorexia [ænərǝksiə] *znw* med anorexie; ~ *nervosa* anorexia nervosa
anorexic ['ænərǝksik] I *bn* lijdend aan anorexie; II *znw* iem. die aan anorexie lijdt
another [ə'nʌðə] *bn* & *onbep vnw* een ander; nog een, (al)weer een, ook een; een tweede; *do you like* ~ *biscuit?* wil je nog een koekje?; zie ook: *ask I, one I*
answer ['ɑ:nsə] I *overg* antwoorden (op), beantwoorden (aan); voldoen aan; verhoren [gebed]; zich verantwoorden wegens; fig oplossen; ~ *the bell (the door)* de deur opendoen; ~ *the phone* de telefoon aannemen; ~ *a problem* een vraagstuk oplossen; II *onovergov* antwoorden; ~ *back* (brutaal) wat terugzeggen; ~ *for* verantwoorden; instaan voor;

boeten voor; *have a lot to* ~ *for* ook: heel wat op
zijn geweten hebben; ~ *to* antwoorden op; verantwoording schuldig zijn; beantwoorden aan; luisteren naar [de naam...]; **III** *znw* antwoord *o*; fig oplossing; *there is no* ~ er behoeft niet op antwoord
gewacht te worden; *know (all) the* ~*s* gemeenz goed
bij zijn, alwetend zijn; *make (an)* ~ antwoorden
answerable *bn* te beantwoorden; verantwoordelijk, aansprakelijk
answering machine *znw* antwoordapparaat *o*,
telefoonbeantwoorder
ant [ænt] *znw* mier
antagonism [æn'tægənizm] *znw* antagonisme *o*,
tegenstand, vijandschap
antagonist *znw* tegenstander
antagonistic [æntægə'nistik] *bn* vijandig
antagonize [æn'tægənaiz] *overg* bestrijden, tegenwerken; prikkelen, tegen zich in het harnas jagen
Antarctic [æn'ta:ktik] **I** *znw* zuidpool, zuidpoolge-
bied *o*, Antarctica; Zuidelijke IJszee (ook: *A*~
Ocean); **II** *bn* zuidpool-
ante ['ænti] **I** *znw* inzet [bij pokeren &]; **II** *overg*: ~
(up) inzetten; betalen
ant-eater ['ænti:tə] *znw* miereneter
ante-bellum ['ænti'beləm] [Lat] *bn* Am vooroorlogs (vaak: voor de Amerikaanse Burgeroorlog
1861-1865)
antecedent *znw* voorafgaande *o*; antecedent *o*; ~*s*
voorouders
antechamber ['æntitʃeimbə] *znw* = *anteroom*
antedate ['æntideit] *overg* antedateren, vroeger
dagtekenen; vooruitlopen op; voorafgaan aan
antediluvian [æntidi'l(j)u:viən] *bn* hopeloos
ouderwets, uit het jaar nul, voorwereldlijk
antelope ['æntiloup] *znw* (*mv* idem *of* -*s*) antilope
ante meridiem *bijw* 's morgens, in de voormiddag,
v.m.
antenatal [ænti'neitl] *bn* prenataal: (van) voor de
geboorte
antenna [æn'tenə] *znw* (antennae [-ni:]) voelhoren, voelspriet; RTV antenne (*mv* ook: ~ s)
antenuptial ['æntinʌpʃəl] *bn* vóórhuwelijks, vóór
het huwelijk plaatsvindend
antepenultimate [æntipi'nʌltimit] *znw* derde
(lettergreep) van achteren
anterior [æn'tiəriə] *bn* voorafgaand, vroeger; voorste
anteroom ['æntirum] *znw* antichambre, voorvertrek *o*, wachtkamer
anthem ['ænθəm] *znw* Engelse kerkzang; lofzang;
the national ~ het volkslied
anther ['ænθə] *znw* plantk helmknop
ant-hill ['ænthil] *znw* mierennest *o*, mierenhoop
anthology *znw* bloemlezing
anthracite ['ænθrəsait] *znw* antraciet
anthrax ['ænθræks] *znw* miltvuur *o*
anthropoid ['ænθrəpoid] **I** *bn* op een mens gelijkend; **II** *znw* mensaap

anthropologist [ænθrə'pɔlədʒist] *znw* antropo-
loog
anthropological [ænθrəpə'lɔdʒik(ə)l] *bn* antropo-
logisch
anthropology *znw* antropologie
anthropomorphic [ænθrəpə'mɔ:fik] *bn* antropo-
morf
anti ['ænti] **I** *voorz* tegenstander van, gekant tegen;
II *znw* tegenstander
anti- ['ænti] *voorv* tegen-, strijdig met; anti-
anti-aircraft ['ænti'ɛəkra:ft] *znw* mil (lucht-)
afweer-, luchtdoel-; ~ *battery* luchtafweerbatterij;
~ *missile* luchtdoelraket
antibiotic [æntibai'ɔtik] *znw* antibioticum *o*
antibody ['æntibɔdi] *znw* antilichaam *o*, antistof,
afweerstof
antic ['æntik] *znw* (meestal *mv*): ~*s* capriolen, dolle
sprongen, fratsen, grillen
anticipate *overg* voorkómen, vóór zijn; vooruitlopen op; een voorgevoel hebben (van); verwachten,
voorzien; verhaasten
anticipation [æntisi'peiʃən] *znw* voorgevoel *o*,
verwachting, afwachting; *in* ~ vooruit, bij voorbaat; *in* ~ *of* in afwachting van
anticipatory [æn'tisipeitəri] *bn* vooruitlopend
anticlerical ['ænti'klerikl] *bn* antiklerikaal: gericht
tegen de wereldlijke invloed v.d. geestelijkheid
anticlimax ['ænti'klaimæks] *znw* anticlimax: teleurstellende afloop na hooggespannen verwachtingen
anticlockwise ['ænti'klɔkwais] *bn bijw* tegen de
wijzers v.d. klok in
anticyclone ['ænti'saikloun] *znw* hogedrukge-
bied *o*
antidazzle ['ænti'dæzl] *bn* ontspiegeld
antidepressant ['æntidi'presənt] *znw* antidepressi-
vum *o*
antidote ['æntidout] *znw* tegengif *o*, antidotum[2] *o*;
remedie[2]
antifreeze ['ænti'fri:z] *znw* antivriesmiddel *o*
antigen ['æntidʒen] *znw* antigeen *o*
Antigua and Barbuda [æn'ti:gə end ba:'budə]
znw Antigua en Barbuda *o*
antihero ['ænti'hiərou] *znw* antiheld
antimacassar ['æntimə'kæsə] *znw* antimakassar
antimatter *znw* antimaterie
antimony ['æntiməni] *znw* antimonium *o*
antipathetic [æntipə'θetik] *bn* soms: antipathiek
(= antipathie inboezemend), maar meestal: *I am* ~
to her zij is mij antipathiek (= ik ben afkerig van
haar)
antipathy [æn'tipəθi] *znw* antipathie (tegen *to*)
antiphon ['æntifən] *znw* antifoon, beurtzang, tegenzang
antiquarian [ænti'kwɛəriən] **I** *bn* oudheidkundig;
antiquarisch; ~ *bookseller* antiquaar; ~ *bookshop*
antiquariaat *o*; **II** *znw* oudheidkundige; antiquair
antiquary ['æntikwəri] *znw* = *antiquarian* II

antiquated ['æntikweitid] *bn* verouderd; ouderwets

antique [æn'ti:k] **I** *bn* oud(erwets), antiek; **II** *znw* antiquiteit; antiek kunstwerk *o*; ~ *dealer* antiquair

antiquity [æn'tikwiti] *znw* antiquiteit°; ouderdom; *A*~ Oudheid

anti-Semite [ænti'si:mait, - 'semait] *znw* antisemiet

anti-Semitic [æntisi'mitik] *bn* antisemitisch

anti-Semitism [ænti'semitizm] *znw* antisemitisme *o*

antiseptic [ænti'septik] *znw* antiseptisch (middel *o*)

antisocial [- 'souʃəl] *bn* onmaatschappelijk, asociaal

antitank [- 'tæŋk] *bn* mil antitank-; ~ *ditch* tankgracht

antithesis [æn'tiθisis] *znw* (*mv*: antitheses [-si:z]) antithese, tegenstelling

antitoxin [ænti'tɔksin] *znw* tegengif *o*

antitrade ['ænti'treid] **I** *bn* antipassaat; ~ *wind* antipassaat(wind); **II** *znw* antipassaat(wind)

antitrust legislation *znw* antitrustwetgeving

antler ['æntlə] *znw* tak [v. geweij]; ~*s* gewei *o*

antonym ['æntənim] *znw* antoniem *o*, woord *o* met tegengestelde betekenis

Antwerp ['æntwə:p] **I** *znw* Antwerpen *o*; **II** *bn* Antwerps

anus ['einəs] *znw* anus, aars

anvil ['ænvil] *znw* aambeeld *o* (ook gehoorbeentje *o*)

anxiety [æŋ'zaiəti] *znw* ongerustheid, bezorgdheid, zorg; psych angst; (groot) verlangen *o*

anxious ['æŋkʃəs] *bn* bang (soms: angstig), ongerust, bezorgd (over *about*); verlangend (naar *for*); zorgelijk [situatie &]

any ['eni] *bn bijw* & *onbep vnw* enig; een; ieder(e), elk(e), welk(e)... ook, enigerlei, de (het) eerste de (het) beste; *not* ~... geen...; *I'm not having* ~ *gemeenz* daar bedank ik feestelijk voor, ik moet er niets van hebben; *not* ~ *one*... geen enkel...; *not* ~ *too well* niet al te best; *as good as* ~ heel goed; *are there* ~ *apples?* zijn er (ook) appels?; *(are you)* ~ *better?* (wat) beter?; ~ *more?* (nog) meer?; ~ *number of*... een groot aantal, heel veel...; ~ *one* één, welk(e) ook

anybody I *onbep vnw* iedereen, wie dan ook, de eerste de beste; **II** *znw* iemand van betekenis, een belangrijk iemand; zie ook: *guess II*

anyhow *bijw* **1** = *anyway*; **2** slordig, lukraak; *you can't do it just* ~ - *you must be more organized* je kunt dit niet op zijn janboerenfluitjes doen - je moet systematischer te werk gaan

anyone = *anybody*

anyplace ['enipleis] *bijw* Am = *anywhere*

anything *onbep vnw* & *znw* iets (wat ook maar); alles; van alles; ~ *but* allesbehalve; ~ *for a change* verandering is toch heel alles; ~ *up to 500* wel 500; zie ook: *if I, ¹like II*

anyway *bijw* hoe het ook zij, in ieder geval, al-

thans, tenminste, toch, met dit al, enfin..., nou ja, eigenlijk, trouwens; hoe dan ook, op de een of andere manier

anywhere *bijw* & *onbep vnw* ergens; overal, waar dan ook

aorta [ei'ɔ:tə] *znw* aorta: grote slagader

apace [ə'peis] *bijw* snel, vlug; hard

apart [ə'pa:t] *bijw* afzonderlijk; van-, uit elkaar; terzijde; alleen; op zichzelf; ~ *from* afgezien van; behalve

apartheid [ZA] *znw* apartheid, rassenscheiding

apartment *znw* (groot, mooi) vertrek *o*; Am flat; ~ *house* flatgebouw *o*, huurkazerne

apathetic [æpə'θetik] *bn* apathisch, lusteloos, onverschillig (jegens *towards*)

apathy ['æpəθi] *znw* apathie

ape [eip] **I** *znw* **1** aap zonder staart; **2** aap, kwajongen; **II** *overg* na-apen; *go* ~ *gemeenz* buiten zichzelf raken v. enthousiasme

ape-man ['eipmæn] *znw* aapmens

apéritif [Fr] *znw* aperitief *o* & *m*

aperture ['æpətjuə] *znw* opening, spleet

apex ['eipeks] *znw* (*mv*: -es *of* apices [-iz, 'eipisi:z]) punt, top, toppunt² *o*

aphasia [æ'feizjə] *znw* afasie: stoornis in het spreken

aphid ['eifid] *znw* (*mv*: aphides [-idi:z]) bladluis

aphonia [æ'fəniə], **aphony** ['æfəni] *znw* afonie, onvermogen om stemgeluid voort te brengen

aphorism ['æfərizm] *znw* aforisme *o*, kernspreuk

aphrodisiac *znw* afrodisiacum *o*

apiarist ['eipiərist] *znw* bijenhouder, imker

apiary *znw* bijenstal

apiculture *znw* bijenteelt

apiece [ə'pi:s] *bijw* het stuk, per stuk, elk

aplomb [ə'plɔ̃] [Fr] *znw* aplomb *o*, zelfverzekerdheid

apocalyptic [əpoke'liptik] *bn* apocaliptisch, fig onheil voorspellend

apocope [ə'pɔkəpi] *znw* apocope: weglating v.e. lettergreep aan het eind(e) v.e. woord

apocrypha [ə'pɔkrifə] *znw* apocriefe boeken

apocryphal *bn* apocrief; twijfelachtig; onecht

apogee ['æpədʒi:] *znw* apogeum *o*; hoogste punt *o*

apologetic [əpɔlə'dʒetik] *bn* verontschuldigend; deemoedig; apologetisch, verdedigend

apologia [æpə'loudʒiə] *znw* verdediging; verweerschrift *o*

apologist [ə'pɔlədʒist] *znw* apologeet, verdediger

apologize *onoverg* zich verontschuldigen, excuses maken (wegens *for*); *I* ~ mijn excuses

apology [ə'pɔlədʒi] *znw* verontschuldiging, excuus *o*; apologie, verdediging, verweer(schrift) *o*; *an* ~ *for a letter* iets wat een brief moet voorstellen

apoplectic [æpə'plektik] *bn* apoplectisch; ~ *fit* (aanval van) beroerte

apoplexy ['æpəpleksi] *znw* beroerte

apostasy [ə'pɔstəsi] *znw* afvalligheid

apostate I *bn* afvallig; **II** *znw* afvallige
a posteriori ['eipɔsteri'ɔːrai] [Lat] *bn bijw* a posteriori: achteraf bedacht (gevonden)
apostle [ə'pɔsl] *znw* apostel
apostolic [æpəs'tɔlik] *bn* apostolisch
apostrophe [ə'pɔstrəfi] *znw* apostrof: afkappingsteken *o*, weglatingsteken *o*
apothecary [ə'pɔθikəri] *znw* <u>vero</u> apotheker
apotheosis [əpɔθi'ousis] *znw* (*mv*: apotheoses [-siːz]) apotheose: vergoddelijking, verheerlijking
appal [ə'pɔːl] *overg* doen schrikken, ontzetten
apalling *bn* verschrikkelijk (slecht)
apparatus [æpə'reitəs] *znw* (*mv* idem *of* -es) apparaat *o*, toestel *o*, gereedschappen; organen
apparel [ə'pærəl] *znw* <u>plechtig</u> kleding, gewaad *o*, kleren, dracht; uitrusting; tooi, versiering
apparent [ə'pæ-, a'pɛərənt] *bn* blijkbaar, duidelijk, aanwijsbaar; ogenschijnlijk, schijnbaar
apparition [æpə'riʃən] *znw* (geest)verschijning, spook *o*
appeal [ə'piːl] **I** *onoverg* in beroep komen of gaan, appelleren; ~ *to* een beroep doen op; zich beroepen op; smeken; <u>fig</u> appelleren aan, aanspreken, aantrekken, bekoren; *it does not* ~ *to me* ik voel er niet veel voor; ~ *to the country* algemene verkiezingen uitschrijven; **II** *znw* appel *o*, (hoger) beroep *o*, smeekbede, verzoek *o*; bezwaarschrift *o*; <u>fig</u> aantrekkingskracht; *lodge an* ~, *give notice of* ~ (hoger) beroep (appel, cassatie) aantekenen
appealing *bn* **1** smekend; **2** aantrekkelijk
appear [ə'piə] *onoverg* (ver)schijnen, optreden; zich vertonen; vóórkomen; blijken, lijken
appearance *znw* verschijning; verschijnsel *o*; schijn, voorkomen *o*, uiterlijk *o*; optreden *o*; *to/by all* ~*s* zo te zien; naar het schijnt; ~*s are deceptive* schijn bedriegt; zie ook: *go by, put in*
appease [ə'piːz] *overg* stillen [honger]; bedaren, kalmeren, sussen, bevredigen, apaiseren
appeasement *znw* bevrediging; kalmering; verzoeningspolitiek door concessies
appellant [ə'pelənt] **I** *bn*: *an* ~ *court* rechtbank van appel; **II** *znw* appellant; smekeling
appellate [ə'pelit] *bn* <u>recht</u> van appel
appellation [æpe'leiʃən] *znw* benaming, naam
append [ə'pend] *overg* (aan)hechten; toe-, bijvoegen
appendage *znw* aanhangsel *o*
appendectomy [æpən'dektəmi] *znw* blindedarmoperatie
appendicitis [əpendi'saitis] *znw* blindedarmontsteking
appendix [ə'pendiks] *znw* (*mv*: -es *of* appendices [-iz, -disiːz]) appendix, aanhangsel *o*, bijlage, bijvoegsel *o*, toevoegsel *o*; <u>med</u> blindedarm
appertain [æpə'tein] *onoverg* toebehoren (aan *to*), behoren (bij *to*)
appetite ['æpitait] *znw* (eet)lust, trek, begeerte
appetizer *znw* de eetlust opwekkende spijs of drank, voorafje *o*; aperitief
appetizing *bn* de eetlust opwekkend; appetijtelijk[2]
applaud [ə'plɔːd] *onoverg* applaudisseren, toejuichen[2]
applause *znw* applaus *o*, toejuiching
apple ['æpl] *znw* appel; ~ *of discord* twistappel; ~ *of the eye* oogappel[2]
applecart *znw*: *upset the* ~ een plan verijdelen
apple dumpling *znw* appelbol
apple-pie *znw* appeltaart; *in* ~ *order* tot in de puntjes (geregeld)
apple-sauce *znw* appelmoes *o* & *v*; <u>Am</u> gemeenz onzin; smoesjes
appliance [ə'plaiəns] *znw* toestel *o*, middel *o*; *domestic* ~*s, household* ~*s* huishoudelijke apparaten
applicable ['æplikəbl] *bn* toepasselijk, van toepassing (op *to*)
applicant *znw* aanvrager; sollicitant; gegadigde; inschrijver [op lening]
application [æpli'keiʃən] *znw* aanwending, toepassing, gebruik *o*; aanvraag, sollicitatie, aanmelding, inschrijving; vlijt; <u>med</u> omslag, smeersel *o*; ~ *form* aanvraagformulier *o*; sollicitatieformulier *o*
applied [ə'plaid] *bn* toegepast
appliqué [æ'pliːkei] [Fr] *znw* appliqué, applicatie (op stoffen &)
apply [ə'plai] **I** *overg* aanleggen; aanwenden, toepassen, aanbrengen, opbrengen, leggen (op *to*); **II** *onoverg* van toepassing zijn (op *to*), gelden (voor *to*); zich aanmelden, zich vervoegen; solliciteren (naar *for*); ~ *for* ook: aanvragen, inwinnen [inlichtingen], inschrijven op [een aandelenemissie]; ~ *to* ook: zich wenden tot; betrekking hebben op, slaan op; **III** *wederk*: ~ *oneself to* zich toeleggen op
appoggiatura [əpɔdʒə'tuərə] *znw* <u>muz</u> appoggiatura, voorslag
appoint [ə'pɔint] *overg* bepalen, vaststellen; benoemen (tot), aanstellen, voorschrijven, bestemmen; inrichten, uitrusten; ~*ed* bepaald &; aangewezen; voorbestemd
appointee [əpɔin'tiː] *znw* aangestelde, benoemde
appointment [ə'pɔintmənt] *znw* afspraak; aanstelling, benoeming; functie, ambt *o*, betrekking; bepaling, voorschrift *o*; beschikking; *by* ~ volgens afspraak; *to keep/make an* ~ een afspraak nakomen/maken; *by* ~ *(to His Majesty)* hofleverancier
apportion [ə'pɔːʃən] *overg* verdelen, toebedelen
apportionment *znw* verdeling
apposite ['æpəzit] *bn* passend, geschikt (voor *to*), toepasselijk
apposition [æpə'ziʃən] *znw* <u>gramm</u> bijstelling, appositie
appraisal [ə'preizl] *znw* schatting, taxatie; waardering; beoordeling
appraise *overg* schatten, taxeren (op *at*); waarderen
appreciable [ə'priːʃəbl] *bn* schatbaar, te waarderen; merkbaar

appreciate [ə'pri:ʃieit] **I** *overg* (naar waarde) schatten, waarderen, op prijs stellen; begrijpen, beseffen, aanvoelen; doen stijgen (in waarde); **II** *onoverg* stijgen (in waarde)

appreciation [əpri:ʃi'eiʃən] *znw* schatting, waardering; kritische beschouwing; begrip *o*, besef *o*, aanvoelen *o*; stijging (in waarde)

appreciative [ə'pri:ʃiətiv] *bn* waarderend

apprehend [æpri'hend] *overg* aanhouden; vatten, (be)grijpen, beseffen; vrezen

apprehension *znw* aanhouding, gevangenneming; bevatting, begrip *o*; vrees, beduchtheid, bezorgdheid

apprehensive *bn* bevattelijk; begrips-; bevreesd (voor *of*); bezorgd

apprentice [ə'prentis] **I** *znw* leerjongen, leerling; **II** *overg* op een ambacht, in de leer doen

apprenticeship *znw* leer(tijd), leerjaren; *serve one's* ~ in de leer zijn

apprise [ə'praiz] *overg* onderrichten, bericht of kennis geven (van *of*)

appro ['æprou]: *on* ~ op proef

approach [ə'proutʃ] **I** *overg* naderen; zich wenden tot; polsen; benaderen; *fig* aanpakken; **II** *onoverg* naderen; **III** *znw* nadering; toegang(sweg); oprit [v. brug]; benadering; *fig* (manier van) aanpakken *o*, aanpak (van *to*); ~ *road* invalsweg

approachable *bn* toegankelijk, benaderbaar

approbation [æprə'beiʃən] *znw* goedkeuring

appropriate [ə'proupriit] **I** *bn* (daarvoor) bestemd, vereist, bevoegd [instantie]; geschikt, passend; eigen; **II** *overg* [ə'prouprieit] zich toe-eigenen; toewijzen, aanwijzen, bestemmen (voor *to, for*)

appropriation [əproupri'eiʃən] *znw* toe-eigening; toewijzing, aanwijzing, bestemming; krediet *o* [op begroting]

approval [ə'pru:vəl] *znw* bijval, goedkeuring; goedvinden *o*; *on* ~ op zicht; op proef

approve *overg* goedkeuren; goedvinden (ook: ~*of*)

approved *bn* bekwaam [geneesheer]; beproefd [middel]; erkend [v. instelling]; gebruikelijk; ~ *school* opvoedingsgesticht *o*

approximate [ə'prɔksimeit] **I** *overg & onoverg* (be-)naderen; nabijkomen; nader brengen (bij *to*); **II** *bn* [ə'prɔksimit] (zeer) nabij(komend), benaderend, bij benadering *the* ~ *number of cars in London is*... het aantal auto's in Londen bedraagt ongeveer...

approximately *bijw* bij benadering, ongeveer, omstreeks

approximation [əprɔksi'meiʃən] *znw* (be-) nadering

appurtenance [ə'pə:tinəns] *znw* (meestal *mv*): ~*s* toebehoren *o*, uitrusting; *fig* bijkomstigheden, ornamenten

apricot ['eiprikət] *znw* abrikoos

April ['eipril] *znw* april; ~ *fool* aprilgek; ~ *Fools' Day* 1 april; ~ *showers* maartse buien

a priori ['eiprai'ɔ:rai] [Lat] *bn bijw* [oordeel] a priori,

vooraf, zonder voorafgaand onderzoek

apron ['eiprən] *znw* schort, voorschoot; schootsvel *o*, leren dekkleed *o*; proscenium *o* [v. toneel]; luchtv platform *o* [v. vliegveld]

apron-string *znw*: *tied to one's mother's* ~*s* aan moeders rokken; *tied to his wife's* ~*s* onder de plak van zijn vrouw

apropos ['æprəpou] **I** *bn* passend, geschikt, terzake; **II** *bijw* op het juiste ogenblik; à propos, tussen twee haakjes; ~ *of* naar aanleiding van

apse [æps] *znw* apsis, apside [v. kerkgebouw]

apt [æpt] *bn* geschikt, gepast, to the point, juist; geneigd; bekwaam, handig (in *at*), pienter; *an* ~ *student* een goede student; *be* ~ *to do it again* het waarschijnlijk weer doen; *pregnant women are* ~ *to eat a lot* zwangere vrouwen hebben de neiging om veel te eten

aptitude *znw* geschiktheid; aanleg, handigheid, bekwaamheid; geneigdheid, neiging

aptly *bijw* geschikt; naar behoren; van pas; ad rem, juist; bekwaam, handig

aqualung ['ækwəlʌŋ] *znw* zuurstofcilinder [v. duiker]

aquarium [ə'kwɛəriəm] *znw* (*mv*: -s *of* aquaria [-riə]) aquarium *o*

Aquarius [ə'kwɛəriəs] *znw* Waterman

aquatic [ə'kwætik] *bn* water-

aqua vitae [ækwə'vaiti:] *znw* brandewijn

aqueduct ['ækwidʌkt] *znw* aquaduct *o* [waterleiding]

aqueous ['eikwiəs] *bn* water(acht)ig, water-

aquiline ['ækwilain] *bn* arends-; ~ *nose* haviksneus

Arab ['ærəb] **I** *znw* Arabier; Arabisch paard *o*; **II** *bn* Arabisch

arabesque [ærə'besk] *znw* arabesk

Arabian [ə'reibiən] **I** *bn* Arabisch; *the* ~ *Nights* Duizend-en-een-nacht; **II** *znw* Arabier

Arabic ['ærəbik] **I** *bn* Arabisch; **II** *znw* Arabisch *o*

Arabist *znw* beoefenaar v.h. Arabisch, arabist

arable ['ærəbl] *bn* bebouwbaar, bouw-

arbiter ['a:bitə] *znw* scheidsrechter, scheidsman, arbiter

arbitrary ['a:bitrəri] *bn* arbitrair, willekeurig, eigenmachtig

arbitrate **I** *overg* beslissen; scheidsrechterlijk uitmaken; **II** *onoverg* als scheidsrechter optreden

arbitration [a:bi'treiʃən] *znw* arbitrage

arbitrator ['a:bitreitə] *znw* scheidsrechter

arbor ['a:bə] *znw* = arbour

arboreal [a:'bɔriəl] *bn* boom-

arboretum [a:bə'ri:təm] *znw* (*mv*: -s *of* arboreta [-tə]) bomentuin

arboriculture ['a:bərikʌltʃə] *znw* kweken *o* v. bomen &

arbour ['a:bə] *znw* prieel *o*

arc [a:k] *znw* (arc)boog

arcade [a:'keid] *znw* bouwk arcade; winkelgalerij, passage

arcane [a:'kein] *bn* geheim(zinnig); duister
1 arch- [a:tʃ] *voorv* aarts-
2 arch [a:tʃ] *bn* schalks, schelms, olijk
3 arch [a:tʃ] **I** *znw* boog, gewelf *o*; *fallen ~* doorgezakte voet; *~ support* steunzool; **II** *overg* welven;
   overwelven; *the cat ~ed his back* de kat zette een
   hoge rug op; **III** *onoverg* zich welven
archaeological [a:kiə'lɔdʒikl] *bn* archeologisch,
   oudheidkundig
archaeologist [a:ki'ɔlədʒist] *znw* archeoloog,
   oudheidkundige
archaeology *znw* archeologie, oudheidkunde
archaic [a:'keiik] *bn* archaïsch, verouderd, oud
archaism ['a:keiizm] *znw* verouderd woord *o* of verouderde uitdrukking, archaïsme *o*; ouderwets fenomeen *o* [bijv. gebruik]
archangel ['a:keindʒəl] *znw* aartsengel
archbishop [a:tʃ'biʃəp] *znw* aartsbisschop
archbishopric *znw* aartsbisdom *o*
archdeacon *znw* aartsdeken
archdiocese *znw* = *archbishopric*
archducal *bn* aartshertogelijk
archduchess *znw* aartshertogin
archduchy *znw* aartshertogdom *o*
archduke *znw* aartshertog
arch-enemy *znw* aartsvijand; *the A~* Satan
archer ['a:tʃə] *znw* boogschutter
archery *znw* boogschieten *o*
archetype ['a:kitaip] *znw* oorspronkelijk model *o*,
   voorbeeld *o*; archetype *o*: oerbeeld *o*
archipelago [a:ki'pelagou] *znw* (*mv*: -s *of* -goes) archipel
architect ['a:kitekt] *znw* architect, bouwmeester
architectonic [a:kitek'tɔnik] *bn* architectonisch
architectural [a:ki'tektʃərəl] *bn* bouwkundig, ar-
   chitecturaal
architecture ['a:kitektʃə] *znw* architectuur, bouwkunst, bouwstijl, bouw
architrave ['a:kitreiv] *znw* <u>bouwk</u> architraaf
archives ['a:kaivz] *znw mv* archieven; archief
archivist ['a:kivist] *znw* archivaris
archway ['a:tʃwei] *znw* boog, gewelfde gang, poort
arc-lamp ['a:klæmp] *znw* booglamp
arc-light ['a:klait] *znw* booglicht *o*
arctic ['a:ktik] **I** *bn* noordpool-; *~ fox* poolvos; **II**
   znw: *A~* noordpool, noordpoolgebied *o*; Noordelijke IJszee (ook: *~ Ocean*)
ardent *bn* brandend, vurig[2], warm[2], blakend,
   gloeiend; ijverig
ardour ['a:də] *znw* vurigheid, hartstocht, (liefdes-)
   vuur *o*, warmte[2], gloed[2]; ijver, onstuimigheid,
   geestdrift
arduous ['a:djuəs] *bn* steil [v. pad]; zwaar, moeilijk
   [v. taak]
are [a:] 2e pers. enk., 1e, 2e, 3e pers. mv. tegenw.
   tijd v. *to be*
area ['ɛəriə] *znw* oppervlakte, oppervlak *o*; vrije
   open plaats; <u>fig</u> gebied *o*, terrein *o*, domein *o*

area-code *znw* netnummer *o*
arena [ə'ri:nə] *znw* arena[2], strijdperk *o*
aren't [a:nt] = *are not*
Argentine ['adʒəntain] **I** *bn* Argentijns; **II** *znw* Ar-
   gentijn; *the ~, Argentina* Argentinië *o*
argon ['a:gɔn] *znw* argon *o* [een edel gas]
argosy ['a:gəsi] *znw* <u>hist</u> **1** koopvaardijschip *o* uit de
   16de en 17de eeuw; **2** handelsvloot
argot ['a:gou] *znw* slang *o*, dieventaal, groepstaal
arguable ['a:gjuəbl] *bn* betwistbaar, aanvechtbaar;
   aantoonbaar; *it is ~ that* men kan betogen
   (aanvoeren) dat; *it is ~ whether* het is discutabel of
argue I *onoverg* redeneren, disputeren, discussiëren;
   ruzie maken; **II** *overg* bewijzen (te zijn), duiden op;
   betogen; aanvoeren; beredeneren (*~ out*)
argument *znw* argument *o*, argumentatie, bewijs *o*,
   bewijsgrond; debat *o*, discussie, dispuut *o*; woordentwist, ruzie; korte inhoud, onderwerp *o*
argumentation [a:gjumen'teiʃən] *znw* bewijsvoe-
   ring; debat *o*; argumentatie
argumentative [a:gju'mentətiv] *bn* twistziek
argy-bargy ['a:dʒi'ba:dʒi] *znw* <u>gemeenz</u> geruzie *o*,
   gekibbel *o*
aria ['a:riə] *znw* aria; melodie
arid ['ærid] *bn* droog[2], dor[2], onvruchtbaar[2]
aridity [ə'riditi] *znw* droogte, dorheid[2], onvruchtbaarheid[2]
Aries ['ɛərii:z] *znw* Ram
aright [ə'rait] *bijw* juist, goed
arise [ə'raiz] (arose; arisen) *onoverg* ontstaan, voortspruiten, voortkomen (uit *from*), zich voordoen,
   rijzen; <u>vero</u> opstaan, zich verheffen
arisen [ə'rizn] V.D. van *arise*
aristocracy [æris'tɔkrəsi] *znw* aristocratie
aristocrat ['æristəkræt] *znw* aristocraat
aristocratic [æristə'krætik] *bn* aristocratisch
arithmetic [ə'riθmətik] *znw* rekenkunde
arithmetical [æriθ'metikl] *bn* rekenkundig, reken-
ark [a:k] *znw* ark; *out of the ~* uit het jaar nul, hopeloos ouderwets
1 arm [a:m] *znw* arm°; mouw; armleuning; wiek [v.
   molen]; tak; *babe (child, infant) in ~s* zuigeling;
   with folded ~s met de armen over elkaar; *with open
   ~s* met open armen, enthousiast; *(hold, keep) at ~'s
   length* voor zich uit (houden); op eerbiedige afstand (houden); *cost an ~ and a leg* een fortuin kosten
2 arm [a:m] **I** *znw* wapen *o*; *~s* ook: <u>herald</u> wapen *o*;
   bewapening; *brother (companion, comrade) in ~s*
   wapenbroeder; *in ~s, under ~s* <u>mil</u> onder de wapenen; *up in ~s* in het geweer; in opstand; <u>fig</u> sterk
   protesterend tegen; *~s race* bewapeningswedloop;
   II *overg* (be)wapenen; beslaan; pantseren; scherp
   stellen [bom]; **III** *onoverg* zich wapenen
armada [a:'ma:də] *znw* armada; grote oorlogsvloot
armadillo [a:mə'dilou] *znw* gordeldier *o*
Armageddon [a:mə'gedn] *znw* (hel van) het slagveld; de oorlog

armament ['a:məmənt] *znw* bewapening

armature *znw* anker *o* [v. magneet]; armatuur [v. lamp &]

armband ['a:mbænd] *znw* band om de arm of mouw

armchair I *znw* fauteuil, leun(ing)stoel; II *bn* theoretisch [geredeneer &]; salon- [communist &]

Armenia [a:'mi:niə] *znw* Armenië *o*

Armenian [a:'mi:niən] I *bn* Armeens; II *znw* Armeniër

armful ['a:mful] *znw* armvol

armhole *znw* armsgat *o*

armistice ['a:mistis] *znw* wapenstilstand

armorial [a:'mɔriəl] I *bn* wapen-; ~ *bearings* herald wapen(schild) *o*; II *znw* wapenboek *o*

armour ['a:mə] I *znw* wapenrusting; harnas *o*; pantser *o*; mil tanks, pantserwagens; II *overg* (be-) pantseren, blinderen; ~*ed* ook: pantser-

armour-clad *bn* gepantserd

armourer *znw* wapensmid

armour-plated *bn* = *armour-clad*

armoury *znw* wapenkamer, arsenaal *o*

armpit ['a:mpit] *znw* oksel

arms control *znw* wapenbeheersing

arms dealer *znw* wapenhandelaar

arm-wrestling ['a:m'restliŋ] *znw* armworstelen *o*

army ['a:mi] *znw* leger *o*; legeronderdeel *o*

aroma [ə'roumə] *znw* aroma *o*, geur

aromatic [ærə'mætik] *bn* aromatisch, geurig

arose [ə'rouz] V.T. van *arise*

around [ə'raund] I *voorz* rondom, om... (heen), (in het) rond; II *bijw* in het rond, hier en daar, verspreid; om en nabij; in de buurt, omstreeks, ongeveer &; *the best chocolate cake* ~ de lekkerste chocoladetaart van de wereld; *to have been* ~ heel wat van de wereld gezien hebben; het klappen van de zweep kennen; zie verder: *about*; ~*-the-clock*, ~ *the corner* & = *round-the-clock*, *round the corner* &

arouse [ə'rauz] *overg* (op)wekken; prikkelen; aansporen

arrack ['ærək] *znw* arak

arraign [ə'rein] *overg* voor een rechtbank dagen, aanklagen, beschuldigen

arraignment *znw* aanklacht

arrange [ə'rein(d)ʒ] I *overg* (rang)schikken, ordenen; in orde brengen of maken; beschikken; regelen, inrichten; beredderen, afspreken; organiseren; op touw zetten; muz arrangeren, zetten; II *onoverg* **1** het eens worden; **2** maatregelen treffen; zorgen (voor *about, for*)

arrangement *znw* (rang)schikking, ordening, regeling; inrichting; afspraak; akkoord *o*; muz zetting

arrant ['ærənt] *bn* doortrapt, aarts-; ~ *nonsense* klinkklare onzin

arras ['ærəs] *znw* wandtapijt *o*

array [ə'rei] I *overg* scharen; mil (in slagorde) opstellen; (uit)dossen, tooien; II *znw* rij, reeks; mil (slag)orde; plechtig dos, tooi, kledij

arrears [ə'riəz] *znw mv* achterstand, achterstallige schuld; *be in* ~ *with* achterstallig zijn met; achter zijn met

arrest [ə'rest] I *overg* tegenhouden, stuiten, tot staan brengen; aanhouden, arresteren; ~ *the attention* de aandacht boeien; II *znw* arrest *o*, arrestatie; tegenhouden *o* of stuiten *o*; *under* ~ in arrest; *you're under* ~ u bent gearresteerd

arresting *bn* fig pakkend, boeiend

arrival [ə'raivəl] *znw* (aan)komst; aangekomene

arrive *onoverg* (aan)komen, arriveren; gebeuren; gemeenz 'er komen'; ~ *at* aankomen te; komen tot, bereiken²; *sell to* ~ handel zeilend verkopen

arriviste [ari'vist] [Fr] *znw* carrièrejager, streber

arrogance ['ærəgəns] *znw* aanmatiging, laatdunkendheid, arrogantie

arrogant *bn* aanmatigend, arrogant

arrogate *overg* (zich) aanmatigen, wederrechtelijk toe-eigenen; (ten onrechte) toeschrijven

arrow ['ærou] *znw* pijl

arrowhead *znw* pijlpunt; pijlkruid *o*

arrowroot *znw* arrowroot *o*, pijlwortel

arse [a:s] *znw* plat kont, gat *o*, reet

arsehole ['a:shoul] *znw* plat gat *o*, reet, kont; [scheldwoord] klootzak, lul

arsenal ['a:sinl] *znw* arsenaal *o*

arsenic [a:'snik] *znw* arsenicum *o*, rattenkruit *o*

arson ['a:sn] *znw* brandstichting

arsonist *znw* brandstichter, ± pyromaan

art [a:t] *znw* kunst; vaardigheid; list, geveinsdheid; *fine* ~ beeldende kunst; *have sth. down to a fine* ~ iets tot een kunst verheffen; ~*s* onderw alfawetenschappen; ~*s subject* onderw alfavak *o*; ~*s and crafts* kunstnijverheid

artefact ['a:tifækt] *znw* artefact *o* (ook med)

arterial [a:'tiəriəl] *bn* slagaderlijk; ~ *road* hoofdverkeersweg, in-, uitvalsweg

arteriosclerosis [a:'tiəriouskliə'rousis] *znw* aderverkalking

artery ['a:təri] *znw* slagader; verkeersader; ~ *of trade* handelsweg

artesian [a:'ti:zjən] *bn*: ~ *well* artesische put

artful ['a:tful] *bn* listig, handig, gewiekst

arthritic [a:'θritik] *bn* artritisch, reumatisch

arthritis [a:'θraitis] *znw* artritis, gewrichtsontsteking, reuma *o*

artichoke ['a:titʃouk] *znw* artisjok

article ['a:tikl] I *znw* artikel° *o*; gramm lidwoord *o*; ~*s of association* statuten [van een vennootschap]; ~ *of clothing* kledingstuk *o*; ~ *of furniture* meubel *o*; *the genuine* ~ gemeenz je ware; *the (ship's)* ~*s* scheepv de monsterrol; II *overg* in de leer doen; *be* ~*d to* als stagiair(e) werkzaam zijn bij

articular [a:'tikjulə] *bn* gewrichts-

articulate [a:'tikjulit] I *bn* geleed; gearticuleerd; duidelijk (uitgedrukt), helder; zich goed uitdrukkend; II *overg* [a:'tikjuleit] articuleren; verbinden; met flexibele onderdelen construeren; ~*d lorry*

(truck) vrachtwagen met aanhanger
articulation [a:tikju'leiʃən] *znw* geleding; articulatie, duidelijke uitspraak
artifact *znw* = *artefact*
artifice ['a:tifis] *znw* kunst(greep), list(igheid)
artificial [a:ti'fiʃəl] *bn* kunstmatig; gekunsteld; kunst-; ~ *insemination* kunstmatige inseminatie; ~ *intelligence* kunstmatige intelligentie; ~ *respiration* kunstmatige ademhaling
artillery [a:'tiləri] *znw* artillerie, geschut *o*
artisan [a:ti'zæn] *znw* handwerksman
artist ['a:tist] *znw* (beeldend) kunstenaar; kunstschilder; artiest
artiste [a:'ti:st] *znw* artiest(e)
artistic [a:'tistik] *bn* artistiek, kunstzinnig
artistry ['a:tistri] *znw* kunstenaarschap *o*; artisticiteit, kunstzinnigheid
artless *bn* onhandig; ongekunsteld; naïef
art-paper *znw* kunstdrukpapier *o*
arty-crafty, Am **artsy-craftsy** *bn* gemeenz artistiekerig
arum ['ɛərəm] *znw* aronskelk
Aryan ['ɛəriən] I *bn* Arisch; II *znw* Ariër
as [æz] I *bijw* (even)als, (even)zo, zoals, even(als), gelijk; *this is ~ good a time ~ any to...* dit is een zeer goede tijd om...; *they cost ~ little – £2* ze kosten maar £2; *~ many ~ fifty* wel vijftig; *~ early ~ the Middle Ages* in de middeleeuwen al; II *voegw* (zo-) als; toen, terwijl; daar; aangezien; naar gelang, naarmate; zowaar; *rich ~ he is* hoe rijk hij ook is, al is hij dan rijk; *~ it is, ~ it was zo*, nu (echter); toch al; *~ it were als het ware; ~ you were!* mil herstel!; *do – I say* doe wat ik zeg; *he sang ~ he went* hij zong onder het lopen; *~ compared with* vergeleken met; *~ contrasted with, ~ distinct from, ~ distinguished from, ~ opposed to* in tegenstelling tot (met); tegen(over); *~ against* tegen(over); *~ for* wat betreft; *~ from...* met ingang van... [1 mei]; *~ if* alsof; *it wasn't ~ if he could...* hij kon ook niet...; *~ of = ~ from; ~ per* volgens [factuur &]; *~ though = ~ if; ~ to* wat betreft; *~ yet* tot nog toe; III *vnw: such* – zie *such II*
asafoetida [æsə'fetidə] *znw* duivelsdrek
asbestos [æz'bestəs] *znw* asbest *o*
ascend [ə'send] I *onoverg* (op)klimmen, (op)stijgen, omhooggaan, zich verheffen; II *overg* beklimmen, bestijgen; opgaan; opvaren
ascendancy *znw* overwicht *o*, (overheersende) invloed
ascendant I *bn* (op)klimmend, opgaand; fig overheersend; II *znw* ascendant; *be in the ~* stijgen, rijzen; overheersen
ascension *znw* (be)stijging; *A~* Hemelvaart; *Ascension Day* hemelvaartsdag
ascent *znw* beklimming; opgang, (op)klimming, -stijging; steilte, helling; fig opkomst
ascertain [æsə'tein] *overg* nagaan, uitmaken, bepalen, vaststellen, zich vergewissen van

ascertainable *bn* na te gaan, achterhaalbaar, vast te stellen
ascertainment *znw* bepaling, vaststelling
ascetic [ə'setik] I *bn* ascetisch; II *znw* asceet
ascetism [ə'setisizm] *znw* ascese, ascetisme *o*
ascorbic [əs'kɔ:bik] *bn*: ~ *acid* ascorbinezuur *o*, vitamine C
ascribe [ə'skraib] *overg* toeschrijven (aan *to*)
aseptic *bn* aseptisch, steriel
asexual [ei'sekʃuəl] *bn* aseksueel, geslachtloos
1 ash [æʃ] *znw* as; ~*es* 1 asdeeltjes; 2 as (overblijfselen van verbrand lijk &)
2 ash [æʃ] *znw* plantk es; (van) essenhout *o*
ashamed [ə'ʃeimd] *bn* beschaamd (over *of*); *be ~, feel ~* ook: zich schamen
ashcan *znw* Am vuilnisbak
ashen ['æʃn] *bn* as-, askleurig, asgrauw (ook: ~*-grey*)
ashore [ə'ʃɔ:] *bijw* aan land, aan wal; aan de grond, gestrand
ash-pan ['æʃpæn] *znw* aslade [v. kachel]
ashtray *znw* asbak
ashy *bn* asachtig; asgrauw; met as bestrooid, as-
Asian ['eiʃən], **Asiatic** [eiʃi'ætik] I *bn* Aziatisch; II *znw* Aziaat
aside [ə'said] I *bijw* ter zijde, opzij; II *znw* terzijde *o*
asinine ['æsinain] *bn* ezelachtig, ezels-
ask [a:sk] I *overg* vragen, vragen naar, verzoeken, verlangen, uitnodigen; ~ *a question* een vraag stellen; interpelleren; ~ *me another!* weet ik veel!; *I ~ you!* nu vraag ik je!; ~ *round* vragen om even langs te komen; II *onoverg* vragen; ~ *about (after)* vragen naar; ~ *for* vragen om (naar); *that is simply ~ing for it* gemeenz dat is gewoon vragen om moeilijkheden; ~ *of* [iem. iets] vragen
askance [ə'skæns] *bijw* van terzijde; schuin(s); wantrouwend
askew [ə'skju:] *bn bijw* scheef, schuin
asking ['a:skiŋ]: *they may be had for the ~* je hoeft er maar om te vragen
asking price *znw* vraagprijs
asleep [ə'sli:p] *bn bijw* in slaap
asparagus [ə'spærəgəs] *znw* asperge
aspect ['æspekt] *znw* uitzicht *o*, voorkomen *o*, aanblik; oog-, gezichtspunt *o*; zijde, kant, aspect *o*; *have a southern ~* op het zuiden liggen
aspen ['æspən] I *znw* esp, espenboom; II *bn* espen(-)
asperity [æs'periti] *znw* ruwheid, scherpte
asperse [ə'spə:s] *overg* vero besprenkelen; belasteren
aspersion *znw* vero besprenkeling; belastering, laster; *cast ~s on* belasteren
asphalt ['æsfælt] I *znw* asfalt *o*; II *overg* asfalteren
asphyxia [æs'fiksiə] *znw* verstikking
asphyxiate *overg* verstikken, doen stikken
asphyxiation [æsfiksi'eiʃən] *znw* verstikking, stikken *o*
aspic ['æspik] *znw* aspic [koude schotel in dril]
aspidistra [æspi'distrə] *znw* aspidistra

aspirant [ə'spaiərənt] **I** *bn* naar hoger strevend, eerzuchtig; **II** *znw* aspirant

aspirate ['æspirit] **I** *bn* aangeblazen; **II** *znw* geaspireerde letter; **III** *overg* ['æspireit] met hoorbare h of aanblazing uitspreken; wegzuigen

aspiration [æspi'reiʃən] *znw* aanblazing; inzuiging [v. adem]; streven *o* (naar *for, after*), aspiratie

aspire [ə'spaiə] *onoverg* streven, dingen, trachten

aspirin ['æspirin] *znw* aspirine

aspiring [ə'spaiəriŋ] *bn* ambitieus, eerzuchtig

1 ass [æs, ɑ:s] *znw* ezel[2]; *to make an* ~ *of oneself* zichzelf belachelijk maken

2 ass [æs] *znw* **1** Am = *arse*; **2** Am stoot, lekker wijf *o*

assail [ə'seil] *overg* aanranden, aanvallen; attaqueren (over *on*); bestormen[2] (met *with*)

assailant *znw* aanrander, aanvaller; opponent

assassin [ə'sæsin] *znw* (sluip)moordenaar

assassinate *overg* vermoorden

assassination [æsæsi'neiʃən] *znw* (sluip)moord

assault [ə'sɔ:lt] **I** *overg* aanvallen, aanranden, bestormen; **II** *znw* aanval, aanranding, bestorming; ~ *and battery* recht het toebrengen van lichamelijk letsel; *by* ~ stormenderhand

assay [ə'sei] **I** *znw* toets; **II** *overg* toetsen, keuren

assemblage [ə'semblidʒ] *znw* verzameling; vereniging; vergadering; assemblage, montage [auto's]

assemble *overg & onoverg* (zich) verzamelen; samenkomen, vergaderen; bijeenbrengen; in elkaar zetten, monteren, assembleren [auto's]

assembler *znw* monteur

assembly *znw* bijeenkomst; vergadering, assemblee; samenscholing; dagopening [school &]; techn montage, assemblage; ~ *line* techn montagelijn, lopende band; ~ *room* vergader-, feestzaal; ~ *hall* vergaderzaal; ~ *shop* techn montagewerkplaats

assent [ə'sent] **I** *znw* toestemming; instemming, goedkeuring; *with one* ~ unaniem; **II** *onoverg* toestemmen; ~ *to* instemmen met, beamen; toestemmen in

assert [ə'sə:t] *overg* doen (laten) gelden, opkomen voor; handhaven; beweren, verklaren; ~ *oneself* zich laten gelden, op z'n recht staan

assertion *znw* bewering, verklaring; staan *o* op z'n recht

assertive *bn* aanmatigend; stellig; zelfbewust, assertief

assess [ə'ses] *overg* schatten, taxeren (op *at*); vaststellen; beoordelen

assessment *znw* belasting, aanslag [in de belasting]; schatting[2], taxatie; vaststelling [v. schade]; beoordeling

assessor *znw* taxateur, belastinginspecteur; bijzitter, deskundig adviseur

asset ['æset] *znw* bezit *o*, goed[2] *o*, fig voordeel *o*, pluspunt *o*, aanwinst; ~s baten; ~s and liabilities baten en lasten, activa en passiva

asseverate [ə'sevəreit] *overg* plechtig verzekeren, betuigen

asseveration [əsevə'reiʃən] *znw* plechtige verzekering, betuiging

asshole ['æshoul] *znw* Am plat = *arsehole*

assiduity [æsi'djuiti] *znw* (onverdroten) ijver, volharding

assiduous [ə'sidjuəs] *bn* volijverig, naarstig, volhardend

assign [ə'sain] *overg* aan-, toewijzen; bepalen, vaststellen, bestemmen; [goederen] overdragen; toeschrijven; opdragen; cederen

assignation [æsig'neiʃən] *znw* aanwijzing, toewijzing, afspraak, rendez-vous *o*; overdracht

assignee [æsi'ni:] *znw* gevolmachtigde; rechtverkrijgende; cessionaris; ~ *in bankruptcy* curator in een faillissement

assignment [ə'sainmənt] *znw* aan-, toewijzing, bestemming; (akte van) overdracht; taak, opdracht

assimilate [ə'simileit] **I** *overg* gelijkmaken (aan *to, with*), gelijkstellen (met *to, with*); opnemen[2], verwerken, assimileren; **II** *onoverg* gelijk worden (aan *with*); opgenomen worden, zich assimileren

assimilation [əsimi'leiʃən] *znw* gelijkmaking; verwerking [v. kennis &], opneming, assimilatie

assist [ə'sist] **I** *overg* helpen, bijstaan; **II** *onoverg*: ~ *at* tegenwoordig zijn bij, bijwonen

assistance *znw* hulp, bijstand; *be of* ~ *to sbd.* iem. helpen

assistant I *bn* hulp-; **II** *znw* helper, assistent, adjunct; hulponderwijzer, secondant; *shop* ~ winkelbediende

assizes [ə'saiziz] *znw mv* periodieke zittingen van rondgaande rechters

associate [ə'souʃiit] **I** *znw* metgezel, kameraad; bond-, deelgenoot; medeplichtige; lid *o* van een genootschap; **II** *bn* toegevoegd; verbonden, mede-; **III** *overg* [ə'souʃieit] verenigen; verbinden; in verband brengen (met *with*); **IV** *onoverg* zich verenigen of associëren; omgaan (met *with*)

association [əsousi'eiʃən] *znw* bond, verbinding, vereniging, genootschap *o*, associatie; omgang; ~s ook: banden, herinneringen; *Association football* sp voetbal *o* (tegenover *rugby*)

assonance ['æsənəns] *znw* assonantie

assonant *bn* assonerend

assorted *bn* gemengd, gesorteerd; *ill* ~ slecht bij elkaar passend

assortment *znw* sortering; assortiment *o*

assuage [ə'sweidʒ] *overg* verzachten, lenigen, stillen, doen bedaren

assume [ə'sju:m] *overg* op zich nemen, op-, aannemen; (ver)onderstellen; aanvaarden; zich aanmatigen

assuming *bn* aanmatigend

assumption [ə'sʌm(p)ʃən] *znw* op-, aanneming; (ver)onderstelling; aanvaarding; aanmatiging; *A*~ Maria-Hemelvaart, Maria-Tenhemelopneming

assurance [ə'ʃuərəns] *znw* verzekering; zekerheid; zelfvertrouwen *o*; onbeschaamdheid

assure *overg* verzekeren, overtuigen (van *of*)

assured *bn* zelfverzekerd; stellig, zeker

Assyrian [ə'siriən] **I** *bn* Assyrisch; **II** *znw* Assyriër; Assyrisch *o*

aster ['æstə] *znw* aster

asterisk ['æstərisk] *znw* asterisk, sterretje *o*

astern [ə'stə:n] *bijw* scheepv achteruit, achter

asteroid ['æstərɔid] *znw* asteroïde, kleine planeet

asthma ['æs(θ)mə] *znw* astma *o*

asthmatic [æs(θ)'mætik] **I** *bn* astmatisch; **II** *znw* astmalijder

astir [ə'stə:] *bn bijw* **1** op de been; **2** opgewonden

astonish [ə'stɔniʃ] *overg* verbazen, verwonderen

astonishing *bn* verbazend, verwonderlijk

astonishment *znw* verbazing (over *at*)

astound [ə'staund] *overg* zeer verbazen; ontzetten

astounding *bn* verbazingwekkend, ontzettend, onthutsend

astrakhan [æstrə'kæn] *znw* astrakan *o*

astral ['æstrəl] *bn* astraal, sterren-

astray [ə'strei] *bn bijw* het spoor bijster; verdwaald; *go ~* verdwaald raken, verdwalen; *lead ~* verleiden, op een dwaalspoor of op de verkeerde weg brengen

astride [ə'straid] **I** *bijw* schrijlings, met aan weerszijden een been; wijdbeens; **II** *voorz* schrijlings op/over, aan beide kanten van; *stand ~* overbruggen[2], een brug vormen tussen

astringent [ə'strindʒənt] *znw* med samentrekkend (middel *o*); fig hard, scherp, streng

astrologer [əs'trɔlədʒə] *znw* sterrenwichelaar, astroloog

astrological [æstrə'lɔdʒikl] *bn* astrologisch

astrology [əs'trɔlədʒi] *znw* sterrenwichelarij, astrologie

astronaut ['æstrənɔ:t] *znw* astronaut, ruimtevaarder

astronomer [əs'trɔnəmə] *znw* astronoom, sterrenkundige

astronomical [æstrə'nɔmikl] *bn* astronomisch

astronomy [əs'trɔnəmi] *znw* astronomie, sterrenkunde

astrophysicist ['æstroufizisist] *znw* astrofysicus

astrophysics ['æstroufiziks] *znw* astrofysica

astute [əs'tju:t] *bn* scherpzinnig; slim, sluw, geslepen

asunder [ə'sʌndə] *bijw* gescheiden, van- of uiteen, in stukken

asylum [ə'sailəm] *znw* asiel *o*, wijk-, vrij-, schuilplaats; gesticht *o*; *(lunatic) ~* krankzinnigengesticht *o*

asymmetric(al) [æsi'metrik(l)] *bn* asymmetrisch

at [æt, ət] *voorz* tot, te, op, in, ter, van, bij, aan, naar, om, over, voor, tegen, met; *~ 15 pence each* à 15 p. per stuk; *be ~ it* er (druk) aan bezig zijn; aan de gang zijn; *be ~ sbd.* het op iem. gemunt hebben; iem. lastig vallen; *what are you ~?* waar ben je aan bezig?; waar wil je toch heen?; wat voer je in je schild?; *~ Brill's* bij Brill, in de winkel van Brill; *~*

that bovendien, ...ook; *be ~ the centre (~ the heart) of* centraal staan bij (in), de kern vormen van

atavism ['ætəvizm] *znw* atavisme *o*

atavistic [ætə'vistik] *bn* atavistisch

ate [et, eit] V.T. van *eat*

atelier [ætəljei] [Fr] *znw* (kunstenaars)atelier *o*

atheism ['eiθiizm] *znw* atheïsme *o*, godloochening

atheist *znw* atheïst, godloochenaar

atheistic [eiθi'istik] *bn* atheïstisch

Athenian [ə'θi:niən] **I** *bn* Atheens; **II** *znw* Athener

athirst [ə'θə:st] *bn* fig dorstend, hongerig [kennis &] (naar *for*)

athlete ['æθli:t] *znw* atleet[2]

athlete's foot *znw* voetschimmel

athletic [æθ'letik] **I** *bn* atletisch; atletiek-; gymnastiek-; **II** *znw*: *~s* atletiek

athleticism [æθ'letisizm] *znw* atletiek

at-home [ət'houm] *znw* receptie (bij iem. thuis)

athwart [ə'θwɔ:t] **I** *bijw* dwars, schuin; **II** *voorz* dwars over; tegen ...in

Atlantic [ət'læntik] **I** *bn* Atlantisch; **II** *znw* Atlantische Oceaan

atlas ['ætləs] *znw* atlas [ook: eerste halswervel]

atmosphere ['ætməsfiə] *znw* atmosfeer[2]; fig sfeer

atmospheric [ætməs'ferik] *bn* **1** atmosferisch, dampkrings-; *~ pressure* luchtdruk; **2** sfeervol, sfeer-; *~ music* sfeermuziek

atmospherics *znw mv* luchtstoringen

atoll ['ætɔl, æ'tɔl] *znw* atol *o*

atom ['ætəm] *znw* atoom[2] *o*, fig greintje *o*; *to ~s* in gruzelementen

atom bomb *znw* atoombom

atomic [ə'tɔmik] *bn* atomair, atomisch, atoom-; *~ bomb* atoombom; *~ pile* kernreactor; *~ weight* atoomgewicht *o*

atomize ['ætəmaiz] *overg* in deeltjes oplossen; verstuiven

atomizer *znw* verstuiver

atonal [æ'tounəl] *bn* muz atonaal

atonality [ætə'næliti] *znw* muz atonaliteit

atone [ə'toun] *onoverg* boeten (voor *for*), goedmaken; verzoenen

atonement *znw* boete; vergoeding; verzoening; *Day of A ~* Grote Verzoendag

atonic [æ'tɔnik] *bn* **1** onbeklemtoond; **2** muz atonaal

atop [ə'tɔp] **I** *voorz* boven (op); **II** *bijw* bovenaan, bovenop; *~ of* bovenop

atrocious [ə'trouʃəs] *bn* gruwelijk, afgrijselijk

atrocity [ə'trɔsiti] *znw* gruwel(ijkheid), afgrijselijkheid

atrophy ['ætrəfi] **I** *znw* atrofie, verschrompeling; **II** *(overg &) onoverg* doen verschrompelen[2], langzaam wegkwijnen[2]

attaboy ['ætəbɔi] *tsw* Am goed zo!

attach [ə'tætʃ] **I** *overg* vastmaken, -hechten; hechten; toevoegen; in beslag nemen; **II** *onoverg*: *~ to* verbonden zijn aan/met, aankleven, kleven; **III**

wederk: ~ *oneself to* zich aansluiten bij

attaché [ə'tæʃei] *znw* attaché

attaché case *znw* diplomaten-, attachékoffertje *o*

attachment [ə'tætʃmənt] *znw* verbinding[2], band; aanhechting, gehechtheid, aanhankelijkheid, verknochtheid; techn hulpstuk *o*; recht beslag *o*, beslaglegging

attack [ə'tæk] **I** *overg* aanvallen[2], aantasten[2], attaqueren[2]; aanpakken; **II** *znw* aanval[2]; wijze van aanpak; muz aanslag

attacker *znw* aanvaller

attain [ə'tein] *overg* bereiken, verkrijgen

attainable *bn* bereikbaar, te bereiken

attainment [ə'teinmənt] *znw* verworvenheid; ~*s* talenten, capaciteiten

attempt [ə'tem(p)t] **I** *overg* trachten, beproeven, proberen, pogen, ondernemen; ~*ed murder* poging tot moord; **II** *znw* poging, proeve; aanslag [op leven]

attend [ə'tend] **I** *overg* begeleiden, vergezellen; bedienen, verzorgen, behandelen, verplegen, oppassen; bezoeken, bijwonen, volgen [colleges]; **II** *onoverg* aanwezig zijn; ~ *(up)on* bedienen; het gevolg vormen van [de koningin]; zijn opwachting maken bij; ~ *to* letten op, luisteren naar; passen op, oppassen, zorgen voor; behartigen; zich bezighouden met; {klanten] bedienen, helpen

attendance *znw* aanwezigheid; bediening, behandeling; zorg; dienst; opwachting; gevolg *o*, bedienden; bezoek *o*, opkomst, publiek *o*; schoolbezoek *o*, colleges volgen *o*; *be in* ~ dienst hebben, bedienen; het gevolg vormen van; aanwezig zijn; ~ *register* presentielijst

attendant I *bn* aanwezig; bedienend (ook: ~ *on*); bijbehorend; *war and its* ~ *horrors* oorlog en alle verschrikkingen van dien; **II** *znw* bediende, oppasser, bewaker [v. auto's], suppoost [v. museum]; begeleider; *lavatory* ~ toiletjuffrouw; *the* ~*s* het gevolg; *medical* ~ dokter

attention [ə'tenʃən] *znw* aandacht, oplettendheid; attentie; ~*!* mil geef acht!; *come to* ~ mil de houding aannemen; *stand to* ~ mil in de houding staan

attentive *bn* oplettend, aandachtig; attent

attenuate [ə'tenjueit] *overg* & *onoverg* verdunnen, vermageren, verzwakken; verzachten, verminderen

attenuation [ətenju'eiʃən] *znw* verdunning, vermagering, verzwakking; verzachting, vermindering

attest [ə'test] *overg* verklaren, betuigen, bevestigen, getuigen van (ook: ~ *to*)

attestation [ætes'teiʃən] *znw* getuigenis *o* & *v*, betuiging, attestatie

Attic ['ætik] *bn* Attisch

attic ['ætik] *znw* zolder, vliering, dak-, zolderkamer; *in the* ~ op zolder

attire [ə'taiə] **I** *overg* kleden, (uit)dossen, tooien; **II** *znw* kleding, tooi, dos, opschik

attitude ['ætitju:d] *znw* houding; standpunt *o*, instelling; psych attitude; ~ *of mind* denkwijze

attorney [ə'tə:ni] *znw* procureur; gevolmachtigde; Am advocaat; *Attorney General* procureur-generaal; *power of* ~ volmacht

attorneyship *znw* procureurschap *o*; procuratie

attract [ə'trækt] *overg* (aan)trekken, boeien

attraction *znw* aantrekking(skracht); aantrekkelijkheid, attractie; fig trekpleister, attractie

attractive *bn* aantrekkend; aantrekkings-; aantrekkelijk, attractief

attributable [ə'tribjutəbl] *bn* toe te schrijven, toe te kennen (aan *to*)

attribute [ə'tribju:t] **I** *overg* toeschrijven (aan *to*); **II** *znw* ['ætribju:t] *znw* eigenschap, attribuut *o*, kenmerk *o*; gramm bijvoeglijke bepaling

attribution [ætri'bju:ʃən] *znw* toeschrijving

attributive [ə'tribjutiv] **I** *bn* attributief; **II** *znw* attributief woord *o*

attrition [ə'triʃən] *znw* wrijving, (af)schuring, afslijting; berouw *o*; *war of* ~ uitputtingsoorlog

attune [ə'tju:n] *overg* in overeenstemming brengen (met *to*), aanpassen (aan *to*); fig afstemmen (op *to*)

atypical [ei'tipikl] *bn* atypisch: afwijkend v.d. norm

auburn ['ɔ:bən] *bn* goudbruin, kastanjebruin

auction ['ɔ:kʃən] **I** *znw* veiling; *put up for* ~, *sell by* ~ veilen; **II** *overg* veilen

auctioneer [ɔ:kʃə'niə] *znw* veilingmeester

audacious [ɔ:'deiʃəs] *bn* vermetel; driest; gedurfd; brutaal, onbeschaamd

audacity [ɔ:'dæsiti] *znw* vermetelheid; driestheid; gedurfdheid; brutaliteit

audibility [ɔ:di'biliti] *znw* hoorbaarheid

audible ['ɔ:dibl] *bn* hoorbaar

audience ['ɔ:djəns] *znw* audiëntie (bij *of*), (aan-)horen *o*; auditorium *o*, toehoorders, publiek *o*

audio- ['ɔ:diou-] *voorv* audio-, geluids-, gehoor-

audio-cassette ['ɔ:dioukə'set] *znw* cassettebandje *o*, geluidscassette

audiometer [ɔ:di'ɔmitə, -mətə] *znw* apparaat *o* om het gehoor te testen, audiometer

audiophile ['ɔ:dioufail] *znw* groot liefhebber van hifi-apparatuur en -geluid, hifi-freak

audiotape ['ɔ:diouteip] **I** *znw* geluidsband; **II** *overg* een bandopname (geluidsopname) maken van

audio-typist ['ɔ:diou'taipist] *znw* dictafonist(e)

audio-visual [ɔ:'diou'viʒuəl] *bn* audio-visueel

audit ['ɔ:dit] **I** *znw* **1** accountantsonderzoek *o*; doorlichting van een bedrijf, audit; **2** verslag *o* hiervan; **II** *overg* & *onoverg* **1** [de boeken] controleren, [een bedrijf] doorlichten; **2** [colleges] volgen als auditor

audition [ɔ:'diʃən] **I** *znw* beluisteren *o*; auditie [proef v. zanger &]; **II** *onoverg* een auditie doen; **III** *overg* een auditie afnemen

auditive ['ɔ:ditiv] *bn* gehoor-, auditief

auditor ['ɔ:ditə] *znw* (toe)hoorder; auditor; accountant

auditorium [ɔ:di'tɔ:riəm] *znw* (*mv*: -s *of* auditoria [-riə]) gehoorzaal; aula

auditory ['ɔ:ditəri] *bn* gehoor-, auditief
au fait [o'fɛ] [Fr] *bn* op de hoogte
Augean [ɔ:'dʒi:ən] *bn* Augias-; *an augean task* een vreselijk vies karweitje *o*
auger ['ɔ gə] *znw* avegaar, boor
aught [ɔ:t] *znw* plechtig iets; *for ~ I care* voor mijn part; *for ~ I know* voorzover ik weet
augment [ɔ:g'ment] **I** *overg* vermeerderen, verhogen, vergroten; **II** *onoverg* aangroeien, toenemen, (zich) vermeerderen
augmentation [ɔ:gmen'teiʃən] *znw* vermeerdering, verhoging, vergroting, aangroei
augur ['ɔ:gə] *overg & onoverg* voorspellen; *it ~s well (ill)* het belooft (niet) veel
augury *znw* voorteken *o*
August ['ɔ:gəst] *znw* augustus
august [ɔ:'gʌst] *bn* verheven, hoog, groots
Augustan [ɔ:'gʌstən] *bn* van keizer Augustus; klassiek; neoklassiek [v.d. Engelse letterkunde van het begin van de 18de eeuw]
auk [ɔ:k] *znw* alk
auld lang syne ['ɔ:ldlæŋ'sain] *znw* Schots de goede oude tijd; *for ~* uit oude vriendschap
aunt [a:nt] *znw* tante; *~ Sally* bep. werpspel *o*; fig mikpunt *o*
auntie, aunty *znw* gemeenz (lieve) tante, tantetje *o*
au pair [ou'pɛə] *bn & znw* au pair
aura ['ɔ:rə] *znw* (*mv:* -s of aurae [-ri:]) aura; uitstraling, emanatie
aural ['ɔ:rəl] *bn* oor-, via het gehoor
aureola [ɔ:'riələ], **aureole** ['ɔ:rioul] *znw* aureool, stralenkrans, lichtkrans
auricle ['ɔ:rikl] *znw* **1** oorschelp; **2** hartboezem
aurora [ɔ:'rɔ:rə] *znw* (*mv:* -s of aurorae [-ri:]) dageraad; *~ australis* [ɔ:s'treilis] zuiderlicht *o*; *~ borealis* [bɔ:ri'eilis] noorderlicht *o*
auscultation [ɔ:skəl'teiʃən] *znw* auscultatie
auspice ['ɔ:spis] *znw: under the ~s of* onder de auspiciën (bescherming) van
auspicious [ɔ:s'piʃəs] *bn* veelbelovend, gelukkig, gunstig
Aussie ['ɔsi] *znw* gemeenz = *Australian*
austere [ɔ:s'tiə] *bn* streng; sober; wrang
austerity [ɔ:s'teriti] *znw* strengheid; soberheid; versobering; (vaak *mv*) bezuiniging(en); schaarste; *~ measure* bezuinigingsmaatregel
austral ['ɔ:strəl] *bn* zuidelijk
Australasian ['ɔ:streil'eiʃn] *bn* uit, betreffende Austraal-Azië, Austraal-Aziatisch
Australian [ɔ:s'treiljən] **I** *bn* Australisch; **II** *znw* Australiër
Austrian ['ɔ:striən] **I** *bn* Oostenrijks; **II** *znw* Oostenrijker
authentic [ɔ:'θentik] *bn* authentiek, echt
authenticate *overg* bekrachtigen, staven, legaliseren, waarmerken; de echtheid bewijzen van
authentication [ɔ:'θenti'keiʃən] *znw* waarmerking
authenticity [ɔ:θen'tisiti] *znw* authenticiteit, echtheid

author ['ɔ:θə] *znw* schepper, (geestelijke) vader, bewerker; maker, schrijver, auteur; *~'s copy* handexemplaar *o*
authoress *znw* maakster; schrijfster
authoritarian [ɔ:θɔri'tɛəriən] *bn* autoritair
authoritarianism *znw* autoritair stelsel *o*; autoritair optreden *o*
authoritative [ɔ:'θɔritətiv] *bn* gezaghebbend; autoritair
authority [ɔ:'θɔriti] *znw* autoriteit, gezag *o*, macht; machtiging; overheid(spersoon), gezagsdrager, instantie; zegsman; bewijsplaats; *on good ~* uit goede bron
authorization [ɔ:θərai'zeiʃən] *znw* machtiging, bekrachtiging, autorisatie
authorize ['ɔ:θəraiz] *overg* machtigen, bekrachtigen, autoriseren, flatteren; fig wettigen; *~d capital* handel maatschappelijk kapitaal *o*; *~d dealer* erkende distributeur; *~d persons* bevoegde personen; *the Authorized Version* de Engelse bijbelvertaling (1611)
authorship ['ɔ:θəʃip] *znw* auteurschap *o*; schrijverschap *o*, schrijversloopbaan
autism ['ɔ:tizm] *znw* autisme *o*
autistic [ɔ:'tistik] *bn* autistisch
auto ['ɔ:tou] *znw* Am auto
autobiographical [ɔ:təbaiə'græfikl] *bn* autobiografisch
autobiography [ɔ:təbai'ɔgrəfi] *znw* autobiografie
autocracy [ɔ:'tɔkrəsi] *znw* autocratie, alleenheerschappij
autocrat ['ɔ:təkræt] *znw* autocraat[2], alleenheerser
autocratic [ɔ:tə'krætik] *bn* autocratisch[2]
Autocue ['ɔ:tɔkju:] *znw* voor het publiek onzichtbaar apparaat *o* waarvan een tv-presentator zijn tekst kan aflezen
autocycle ['ɔ:tousaikl] *znw* (lichte) bromfiets
autograph ['ɔ:təgra:f] **I** *znw* handtekening (v. beroemd persoon); **II** *overg* signeren
automat ['ɔ:təmæt] *znw* Am automatiek; automaat [voor sigaretten, snoep enz.]
automate ['ɔ:təmeit] *overg* automatiseren
automatic [ɔ:tə'mætik] **I** *bn* automatisch[2]; werktuiglijk; *~ machine* automaat [toestel]; *~ pilot* luchtv automatische piloot; **II** *znw* automatisch wapen *o*
automatically *bijw* automatisch; werktuiglijk, vanzelf
automation [ɔ:tə'meiʃən] *znw* automatisering
automaton [ɔ:'tɔmətən] *znw* (*mv:* -s of automata [-tə]) automaat, robot
automobile ['ɔ:təməbi:l] *znw* auto(mobiel)
automotive [ɔ:tə'moutiv] *bn* met eigen voortstuwing; auto-
autonomous [ɔ:'tɔnəməs] *bn* autonoom
autonomy *znw* autonomie
autopsy ['ɔ:tɔpsi] *znw* lijkschouwing, autopsie

autumn ['ɔ:təm] *znw* herfst, najaar *o*
autumnal [ɔ:'tʌmnəl] *bn* herfstachtig, herfst-
auxiliary [ɔ:g'ziliəri] **I** *bn* hulp-; extra, reserve-; **II** *znw* helper, hulp(kracht), assistent; hulpmiddel *o*; gramm hulpwerkwoord *o*; *auxiliaries* mil hulptroepen
avail [ə'veil] **I** *onoverg & overg* baten; **II** *wederk*: ~ *oneself of* gebruik maken van, benutten; **III** *znw* baat, hulp, nut *o*; *of no* ~ van geen nut; *tot niets* dienend, nutteloos; *to little* ~ van weinig nut; *without* ~ vruchteloos
availability [əveilə'biliti] *znw* beschikbaarheid, aanwezigheid
available [ə'veiləbl] *bn* beschikbaar, ter beschikking, waarvan gebruik kan worden gemaakt (door *to*); aanwezig, voorhanden, voorradig, verkrijgbaar, leverbaar; geldig
avalanche ['ævəla:nʃ] *znw* lawine[2]
avant-garde ['ævəŋ'ga:d] **I** *znw* avant-garde; **II** *bn* avant-gardistisch, avant-garde-
avarice ['ævəris] *znw* gierigheid, hebzucht
avaricious [ævə'riʃəs] *bn* gierig, hebzuchtig
avast [ə'va:st] *tsw* scheepv hou!, stop!
avdp. *afk.* = *avoirdupois*
Ave., ave. *afk.* = *avenue*
avenge [ə'vendʒ] *overg* wreken; ~ *oneself* wraak nemen
avenger *znw* wreker
avenue ['ævinju:] *znw* toegang[2], weg[2], (oprij)laan; Am brede boulevard of straat
aver [ə'və:] *overg* betuigen, verzekeren; beweren, verklaren; recht bewijzen
average ['ævərids] **I** *znw* **1** gemiddelde *o*; *(up)on an (the)* ~, *on* ~ gemiddeld, in doorsnee; **2** averij; ~ *adjuster*, ~ *stater* dispacheur; ~ *adjustment*, ~ *statement* dispache; **II** *bn* gemiddeld, doorsnee, gewoon; **III** (vaak met *out*) *overg & onoverg* het gemiddelde berekenen van; gemiddeld komen op &
averse [ə'və:s] *bn* afkerig (van *to, from*)
aversion *znw* afkeer, tegenzin, weerzin, aversie; antipathie; *he is my pet* ~ ik heb een gruwelijke hekel aan hem
avert [ə'və:t] *overg* afwenden, afkeren (van *from*)
aviary ['eiviəri] *znw* volière, vogelhuis *o*
aviation ['eivi'eiʃən] *znw* luchtvaart; vliegen *o*; vliegsport
aviator ['eivietə] *znw* luchtv vlieger
aviculture ['eivikʌltʃə] *znw* vogelteelt
avid ['ævid] *bn* gretig, begerig (naar *of, for*)
avidity [ə'viditi] *znw* begeerte, begerigheid, gretigheid
avionics ['eiviɔniks] *znw* luchtvaartelektronica
avocado [ævə'ka:dou] , **avocado pear** *znw* avocado, advocaatpeer
avocation [ævə'keiʃən] *znw* **1** hobby, nevenbezigheid; **2** beroep *o*
avocet ['ævəset] *znw* dierk kluut, kluit
avoid [ə'vɔid] *overg* (ver)mijden, ontwijken; ontlo-

pen; uitwijken voor; *I could not* ~ ...*ing* ik moest wel...
avoidable *bn* vermijdbaar
avoidance *znw* **1** vermijding; **2** vacature
avoirdupois [ævədə'pɔiz] *znw* Engels handelsgewicht *o* [het pond ~ is 453,59 gram]; gemeenz gewicht *o*, zwaarlijvigheid
avow [ə'vau] *overg* bekennen, erkennen; *an* ~*ed enemy* een gezworen vijand
avowal *znw* bekentenis
avowedly *bijw* openlijk, uitgesproken; volgens eigen bekentenis
avuncular [ə'vʌŋkjulə] *bn* (als) van een oom; fig vaderlijk
await [ə'weit] *overg* wachten, wachten op; afwachten, verbeiden; te wachten staan
1 awake [ə'weik] (awoke/awaked; awoke/awaked) **I** *overg* (op)wekken[2]; **II** *onoverg* ontwaken, wakker worden; ~ *to* (gaan) beseffen
2 awake *bn* wakker, ontwaakt; *be* ~ *to* beseffen
awaken **I** *overg* wekken[2]; ~ *sbd. to* iem. doen beseffen; **II** *onoverg* ontwaken
awakening *znw* ontwaken[2] *o*
award [ə'wɔ:d] **I** *overg* toekennen; opleggen [boete &]; **II** *znw* prijs, onderscheiding, bekroning, beloning, studiebeurs
aware [ə'wɛə] *bn* weet hebbend (van *of*), gewaar; *be* ~ *of* zich bewust zijn van, beseffen, merken, weten
awareness *znw* besef *o*, bewustzijn *o*
awash [ə'wɔʃ] *bn* overspoeld; ronddrijvend; scheepv op waterniveau [v. zandbank &]
away [ə'wei] **I** *bijw* weg, van huis; voort, mee; ver; versterkend erop los; *(get)* ~ *from it all* er (eens) helemaal uit (zijn, gaan); *put* ~ [geld] opzij leggen; *talk* ~ erop los praten; *work* ~ flink (door)werken; **II** *bn* sp uit-; ~ *game* uitwedstrijd; **III** *znw* sp uitwedstrijd; overwinning in een uitwedstrijd
awe [ɔ:] **I** *znw* vrees, ontzag *o*; *stand in* ~ *of* ontzag hebben voor; **II** *overg* ontzetten; ontzag inboezemen; imponeren
awe-inspiring ['ɔ:in'spairiŋ] *bn* ontzagwekkend; verbluffend, prachtig
awesome ['ɔ:səm] *bn* **1** ontzagwekkend; ontzettend; **2** eerbiedig
awestruck *bn* met ontzag vervuld
awful *bn* ontzagwekkend; versterkend ontzaglijk, verschrikkelijk, vreselijk; *an* ~ *lot of money* een gigantische hoop geld
awhile [ə'wail] *bijw* voor enige tijd, (voor) een poos
awkward ['ɔ:kwəd] *bn* onhandig, onbehouwen, lomp; niet op zijn gemak; lastig, gevaarlijk, penibel, ongelukkig; ~ *age* vlegeljaren, puberteit
awkwardness *znw* onhandigheid &
awl [ɔ:l] *znw* els, priem
awn [ɔ:n] *znw* plantk baard [aan aar]
awning ['ɔ:niŋ] *znw* dek(zeil *o*, (zonne)scherm *o*, markies; kap, luifel
awoke [ə'wouk] V.T. & V.D. van *awake*

AWOL, awol ['eiwɔ:l] *afk.* = *absent without leave* <u>mil</u> ongeoorloofd afwezig

awry [ə'rai] *bn bijw* scheef, schuin; verkeerd

axe, Am ax [æks] **I** *znw* bijl; *have an ~ to grind* zelf-zuchtige bijbedoelingen hebben; **II** *overg* ontslaan, de laan uitsturen; schrappen [v. banen, projecten &]; drastisch beperken [v. kosten]

axial ['æksiəl] *bn* axiaal

axiom ['æksiəm] *znw* axioma *o*, grondstelling

axiomatic [æksiə'mætik] *bn* axiomatisch, vanzelf-sprekend

axis ['æksis] *znw* (*mv*: axes [-si:z]) as, aslijn, spil; draaier [tweede halswervel]

axle ['æksl] *znw* (wagen)as, spil

ay, aye [ai, ei] **I** *tsw* ja!; **II** *znw* ja *o*; stem vóór; *the ~(e)s have it* de meerderheid is er voor

azalea [ə'zeiliə] *znw* azalea

Azerbaijan [æzə'baidʒɑn] **I** *znw* **1** Azerbaidzjan *o*; **2** Azerbaidzjaan; **II** *bn* Azerbaidzjaans

azimuth ['æziməθ] *znw* azimut *o*

Aztec ['æztek] **I** *znw* Azteek; **II** *bn* Azteeks, Azteken-

azure ['æʒə, 'eiʒə] **I** *znw* hemelsblauw *o*, azuur *o*; **II** *bn* hemelsblauw, azuren

B

b [bi:] *znw* (de letter) b; <u>muz</u> b of si; *~ movie, picture* B-film

BA *afk.* = *Bachelor of Arts*

baa [bɑ:] *znw* geblaat *o*

babble ['bæbl] **I** *onoverg* keuvelen, wauwelen; bab-belen; kabbelen (v. water); **II** *overg* verklappen; **III** *znw* gekeuvel *o*, gepraat *o*, gewauwel *o*; gekabbel *o*

babbler *znw* wauwelaar, kletskous

babe [beib] *znw* baby, kindje *o*; <u>fig</u> onnozele hals, doetje *o*; liefje *o*, schat

Babel ['beibl] *znw* (toren van) Babel *o*; (spraak-)verwarring

baboon [bə'bu:n] *znw* baviaan

baby ['beibi] **I** *znw* kind[2] *o*; zuigeling, baby, kleintje *o*; jong *o* [v.e. dier]; jongste; <u>slang</u> meisje *o*, liefje *o*; *it's his ~* <u>Am</u> gemeenz 't is zijn zaak; *he was left holding the ~* gemeenz hij bleef met de gebakken peren zitten; **II** *bn* kinder-, klein; jong; *~ grand* <u>muz</u> kleine vleugel(piano), babyvleugel

babyhood *znw* babytijd

babyish *bn* kinderachtig; kinderlijk

Babylonian [bæbi'louniən] **I** *bn* Babylonisch; **II** *znw* Babyloniër

baby-sit ['beibisit] *onoverg* babysitten, oppassen

baby-sitter *znw* babysit(ter), oppas

baccalaureate [bækə'lɔ:riit] *znw* de graad of titel van *bachelor*, (laagste academische graad) ± kandi-daats

bacchanal ['bækənəl] *znw* bacchanaal *o*, zwelgpar-tij

bacchanalian *bn* bacchantisch

baccy ['bæki] *znw* gemeenz tabak

bachelor ['bætʃələ] *znw* vrijgezel; bachelor, (laag-ste academische graad) ± kandidaat

bachelorhood *znw* vrijgezellenstaat, -leven *o*

bacillus [bə'siləs] *znw* (*mv*: bacilli [-lai]) bacil

back [bæk] **I** *znw* rug, rugzijde, rugpand *o*; keer-zijde, achterkant; leuning; <u>sp</u> back; *~ to front* achterstevoren; *put their ~s into the work* flink aanpak-ken, de handen uit de mouwen steken; *put (set) sbd.'s ~ up* iem. nijdig maken; *see the ~ of* zie [2]*see* **I**; *turn one's ~* zich omkeren; *turn one's ~ on* de rug toekeren; in de steek laten; niets meer willen weten van; *break one's ~ to do* zich kapot werken om te...; *get off sbd.'s ~* iemand met rust laten; *at the ~ of* achter(aan, -in, -op); aan de achterkant van; *the ~ of beyond* (verloren) uithoek, gat *o*; *at the ~ of his mind* in zijn binnenste, <u>fig</u> in zijn achterhoofd; *be on sbd.'s ~* iem. tot last zijn; *have... on one's ~* met... opgescheept zitten; *have no clothes on one's ~* geen kleren aan zijn lijf hebben; **II** *bn* achter-; achterstallig; afgelegen; oud [v. tijdschrift]; tegen-; **III** *bijw* terug; naar achteren, achteruit; geleden; ~ *and forth* heen en weer; ~ *in* daar in, ginds [in Tibet]; reeds in [1910]; **IV** *voorz*: ~ *of* Am achter; **V** *overg* doen achteruitgaan, achteruitschuiven, achteruitrijden; (onder)steunen, fig staan achter; endosseren; berijden [paard &]; ~ *up* steunen; comput een back-up maken; ~ *a horse* op een paard wedden; een paard berijden; ~ *the oars (water)* de riemen strijken; **VI** *onoverg* terug-, achteruitgaan, achteruitrijden; krimpen [v. wind]; ~ *down* terugkrabbelen; ~ *off* terugdeinzen, ophouden met; ~ *onto* aan de achterkant grenzen aan; ~ *out (of an engagement)* terugkrabbelen; ~ *out of a difficulty* zich eruit redden, zich er doorheen slaan; ~ *up* achteruitrijden

backache ['bækeik] *znw* rugpijn

backbencher *znw* gewoon Lagerhuislid *o* (zonder regeringsfunctie) (ook: *backbench M.P.*)

backbenches ['bækbenʃiz] *znw mv: the* ~ de gewone kamerleden [niet de ministers]

backbite *overg* belasteren, roddelen, kwaadspreken (over)

backbiting *znw* achterklap, geroddel

backbone *znw* ruggengraat; fig flinkheid, vastheid van karakter

back-breaking *bn* vermoeiend

backchat *znw* brutaal antwoord *o*; theat woordenwisseling tussen komieken

backcloth *znw* achterdoek *o*; fig achtergrond

back-comb ['bækkoum] *overg* touperen

backdate *overg* met terugwerkende kracht laten ingaan

back-door I *znw* achterdeur²; **II** *bn* heimelijk, achterbaks

backdrop *znw* = *backcloth*

backer *znw* iemand die (financiële) steun verleent, sponsor; wedder [op paard], gokker

backfire I *znw* techn terugslag [v. motor]; **II** *onoverg* techn terugslaan; gemeenz een averechtse uitwerking hebben; mislukken

backgammon [bæk'gæmən] *znw* backgammon *o*

background ['bækgraund] *znw* achtergrond²; ~ *information* achtergrondinformatie; ~ *reading* inlezen *o* [voor studie &]

backhand I *znw* sp backhand (slag); **II** *bn* = *backhanded*

backhanded *bn* met de rug van de hand; dubbelzinnig, geniepig, achterbaks; indirect

backhander *znw* **1** sp backhand(slag); **2** (klein bedrag *o* aan) smeergeld *o*; **3** dubbelzinnige opmerking, indirecte aanval, steek onder water

backing *znw* steun; rugdekking; zie ook: *back V & VI*

backlash *znw* fig tegenbeweging, verzet *o*, reactie

backlog *znw* fig overschot *o*; achterstand

backmost *bn* achterste

back number *znw* oud nummer *o* [v. tijdschrift]

backpack I *znw* rugzak; **II** *onoverg* trekken (met een rugzak)

backpacker *znw* rugzaktoerist

back passage *znw* endeldarm

back pay *znw* nabetaling [van salaris]

back-pedal *onoverg* terugtrappen; fig terugkrabbelen

backroom *znw* achterkamer; ~ *boy* werker op de achtergrond

back seat *znw* achterbank; *take a* ~ op de achtergrond raken of treden; ~ *driver* iem. die een autobestuurder ongevraagd adviezen geeft; fig betweterige bemoeial

backside *znw* achterste *o*, achterwerk *o*

backslide *onoverg* afvallig worden; recidiveren; ~ *into* weer vervallen tot

backslider *znw* afvallige; recidivist

backspacer *znw* terugsteltoets op schrijfmachine

backstage *bijw* achter de schermen

backstairs *znw* achtertrap, geheime trap

backstreet I *znw* achterafstraat, straat in een rustige buurt; **II** *bn* illegaal, duister; *a* ~ *abortionist* een illegale aborteur; *a* ~ *company* een duister bedrijf

backstroke *znw* rugslag [zwemmen]

backtrack *onoverg* op zijn schreden terugkeren; fig terugkrabbelen

back-up *znw* back-up, reservekopie; fig ondersteuning

backward I *bn* achterwaarts; achterlijk, traag, laat; beschroomd; onwillig; ~ *countries* achtergebleven gebieden; **II** *bijw* = *backwards*

backwards *bijw* achterwaarts, -uit, -over; van achter naar voren, terug; *bend (fall) over* ~ in het andere uiterste vervallen; zijn uiterste best doen, al het mogelijke doen; *know* ~ op zijn duimpje kennen, wel kunnen dromen; ~ *and forwards* op en neer, heen en terug

backwash *znw* boeggolf; terugloop [v. water]; luchtv deining [v. lucht]; fig terugslag

backwater *znw* (geestelijk, cultureel) isolement *o*; achtergebleven gebied *o*

backwoods *znw* oerwouden [in Amerika]; binnenland *o*

backwoodsman *znw* iemand uit het oerwoud of het binnenland [in Amerika]

backyard *znw* achterplaats, achtererf *o*; Am achtertuin

bacon ['beikən] *znw* bacon *o & m*, (gerookt) spek *o*; *save sbd.'s* ~ iemand redden, uit de brand helpen; *bring home the* ~ de kost verdienen, de centjes binnenbrengen

bacteria [bæk'tiəriə] *znw* bacteriën

bacterial *bn* bacterieel

bacteriological [bæktiəriə'lɔdʒikl] *bn* bacteriologisch

bacteriologist [bæktiəri'ɔlədʒist] *znw* bacterioloog

bacteriology *znw* bacteriologie

bacterium [bæk'tiəriəm] *znw* (*mv*: bacteria [-iə])

bacterie

bad [bæd] *bn* kwaad, slecht, kwalijk, ernstig, erg; ondeugend; bedorven, rot [fruit &]; naar, ziek; zwaar [verkoudheid &]; vals, nagemaakt, ondeugdelijk; *too* ~ ook: jammer, (maar niets aan te doen); ~ *cheque* handel ongedekte cheque; ~ *debts* handel dubieuze posten; *go* ~ bederven [voedsel]; *go from* ~ *to worse* van kwaad tot erger vervallen; *go to the* ~ de verkeerde weg opgaan, naar de kelder gaan, mislopen; *[10 pounds] to the* ~ schuldig, te kort

baddy ['bædi] *znw* slechterik, boef, schurk [*vooral* in film, boek &]

bade [bæd, beid] V.T. van ²*bid*

badge [bædʒ] *znw* ken-, ordeteken *o*; insigne *o*, badge; distinctief *o*; penning

badger ['bædʒə] I *znw* dierk das; II *overg* lastig vallen; plagen, sarren, pesten

badinage ['bædina:dʒ] [Fr] *znw* schertsend gepraat *o*

badly ['bædli] *bijw* kwalijk, slecht, erg; versterkend danig, hard, zeer; ~ *wounded* zwaar gewond

badminton ['bædmintən] *znw* badminton *o*

bad-tempered [bæd'tempəd] *bn* slechtgehumeurd

baffle ['bæfl] I *overg* verbijsteren; in de war brengen; *he was* ~*d* hij stond voor een raadsel; II *znw* techn leiplaat (ook: ~ *plate*)

baffling *bn* verwarrend; verbijsterend, niet te geloven

bag [bæg] I *znw* zak, baal, (wei)tas; vangst, geschoten wild *o*, tableau *o*; buidel; uier; ~ *and bagage* (met) pak en zak; *(he is) a* ~ *of bones* vel over been; *the whole* ~ *of tricks* gemeenz alles, van alles en nog wat; *in the* ~ fig voor de bakker; ~*s of* ruim voldoende; ~*s under the eyes* wallen onder de ogen; *old* ~ gemeenz oud wijf *o*; II *overg* in zakken doen, (op)zakken; schieten, vangen; gemeenz in zijn zak steken, buitmaken, weten te bemachtigen; ~*s I!* mijn!

bagatelle [bægə'tel] *znw* bagatel, kleinigheid

baggage ['bægidʒ] *znw* (mil & Am) bagage

baggy ['bægi] *bn* flodderig; ~ *cheeks* hangwangen

bagman ['bægmən] *znw* gemeenz handelsreiziger; iem. die geld ophaalt en uitdeelt namens een (misdaad)organisatie (bijv. maffia)

bagnio [bænjou] *znw* bagno *o* [gevangenis]

bagpipe ['bægpaip] *znw* doedelzak (vaak: ~*s*)

bah [ba:] *tsw* bah!

Bahamas [bə'ha:məz] *znw mv* Bahama's, Bahama-eilanden

Bahamanian [bəha:'meinjən] I *znw* Bahamaan [bewoner van de Bahama's]; II *bn* Bahamaans

Bahrain [ba:'rein] *znw* Bahrein *o*

Bahraini [ba:'reini] *znw* & *bn* Bahreini

bail [beil] I *znw* 1 borg, borgtocht, cautie, borgstelling; 2 bail [v. wicket]; *released on* ~ onder borgtocht vrijgelaten uit voorarrest; *go (stand)* ~ *(for)* borg staan (voor), instaan voor; II *overg* borg staan

voor; ~ *out* 1 door borgtocht het ontslag van voorarrest verkrijgen voor; 2 uithozen; III *onoverg:* ~ *out* eruit (uit het vliegtuig) springen met een parachute

bailey ['beili] *znw* binnenplein *o*; vero buitenmuur (v. kasteel, stad)

bailiff ['beilif] *znw* gerechtsdienaar, deurwaarder; rentmeester; hist schout, baljuw

bailiwick ['beiliwik] *znw* rechtsgebied *o* van een *bailiff*; hist baljuwschap *o*

bairn [bɛərn] *znw* Schots & Ir kind *o*

bait [beit] I *znw* aas² *o*, lokaas *o*, lokmiddel *o*; valstrik; hapje *o*; *rise to (take) the* ~ aan-, toebijten, toehappen, in een valstrik lopen; II *overg* van (lok-) aas voorzien; sarren, kwellen; op de kast jagen; ~ *a bull with dogs* honden aanhitsen tegen een stier

baize [beiz] *znw* baai [stof]; (groen) laken *o*

bake [beik] *overg* bakken, braden; ~*d beans* witte bonen in tomatensaus; ~*d potato* ongeschilde aardappel in de oven gebakken

bakehouse *znw* bakkerij

bakelite ['beikəlait] *znw* bakeliet *o*

baker ['beikə] *znw* bakker; *a* ~*'s dozen* dertien

bakery *znw* bakkerij

baking I *znw* bakken *o*; baksel *o*; ~*-powder* bakpoeder, -poeier *o* & *m*; ~*-sheet* bakblik *o*; II *bn:* ~*(-hot)* gloeiend heet, snikheet

baksheesh, bakhshish ['bækʃi:ʃ] *znw* baksjisj, fooi

balaclava [bælə'kla:və] *znw* bivakmuts (ook: ~*helmet*)

balance ['bæləns] I *znw* balans, weegschaal²; evenwicht² *o*, tegenwicht² *o*; fig harmonie; handel saldo *o*; rest; techn onrust [in horloge]; ~ *due* handel debetsaldo *o*; ~ *in hand* handel creditsaldo *o*; ~ *of payments* betalingsbalans; ~ *of trade* handelsbalans; ~ *of power* machtsevenwicht *o*; *hold the* ~ op de wip zitten [in de politiek]; *strike a* ~ handel het saldo trekken; fig de balans opmaken; *strike a* ~ *between* fig het evenwicht vinden tussen, het juiste midden vinden tussen; *tip the* ~ de schaal doen doorslaan; *be in the* ~ op het spel staan, in het geding zijn; *hang in the* ~ 1 (nog) niet beslist zijn; 2 = *be in the* ~; *off (one's)* ~ fig uit zijn evenwicht, van streek; *on* ~ per saldo²; II *overg* wegen², overwegen; opwegen tegen, in evenwicht (harmonie) brengen of houden; handel afsluiten, sluitend maken [begroting]; [rekening] vereffenen; ~ *each other out* elkaar in evenwicht houden, tegen elkaar opwegen; III *onoverg* in evenwicht (harmonie) zijn, balanceren; fig kloppen, sluiten [rekening, begroting &]; ~ *out* elkaar compenseren

balanced *bn* uitgebalanceerd, evenwichtig; *a* ~ *diet* een uitgebalanceerd dieet; *a* ~ *personality* een evenwichtige persoonlijkheid; *a* ~ *opinion* een afgewogen oordeel

balance-sheet *znw* handel balans

balancing act *znw* koorddansnummer *o*; *attempt a*

~ *act between* het midden proberen te vinden tussen

balcony ['bælkəni] *znw* balkon *o*

bald [bɔːld] *bn* kaal, naakt; onopgesmukt, nuchter; *as* ~ *as a coot* zo kaal als een biljartbal

baldachin ['bɔːldəkin] *znw* baldakijn *o & m*

balderdash ['bɔːldədæʃ] *znw* wartaal, kletspraat

baldheaded [bɔːld'hedid] *bn* kaal(hoofdig); *go at it* ~ er onbesuisd op los gaan

bale [beil] **I** *znw* baal; **II** *overg* **1** (in balen ver-) pakken; persen [hooi]; **2** (uit)hozen (ook: ~ *out*); **III** *onoverg:* ~ *out* eruit (uit het vliegtuig) springen met een parachute

baleen [bə'liːn] *znw* balein *o*

baleful ['beilful] *bn* noodlottig, verderfelijk; onheilspellend

balk [bɔːk] **I** *znw* balk; **II** *overg* hinderen, de pas afsnijden; verijdelen; ~ *sbd. of sth.* iem. iets onthouden, ontnemen; **III** *onoverg* weigeren; plotseling blijven steken; terugdeinzen (voor *at*)

ball [bɔːl] *znw* **1** bal *m* [voorwerpsnaam], bol, kogel; kluwen *o*; **2** teelbal; **3** bal *o* [danspartij]; ~*s!* plat gelul *o*, flauwekul; *they kept the* ~ *rolling (up)* zij hielden het gesprek (het spelletje) aan de gang; *the* ~ *is in your court* nu ben jij aan zet, nu is het jouw beurt; *have a* ~ gemeenz zich uitstekend vermaken; *play* ~ gemeenz samenwerken, meedoen; *set/ start the* ~ *rolling* de bal aan het rollen brengen; *on the* ~ actief; goed bij; ~ *and socket joint* kogelgewricht *o*

ballad ['bæləd] *znw* lied(je) *o*, ballade

ballast ['bæləst] **I** *znw* ballast; **II** *overg* ballasten

ball-bearing ['bɔːlbɛəriŋ] *znw* techn kogellager *o*

ball-cock *znw* techn balkraan, flotteur [v. W.C.]

ballerina [bælə'riːnə] *znw* ballerina

ballet ['bælei] *znw* ballet *o*

balletic [bə'letik] *bn* gracieus

ballgame ['bɔːlgeim] *znw* Am honkbalwedstrijd; *that's a whole different/new ballgame* dat is een heel ander verhaal, dat is heel wat anders

ballistic [bə'listik] *bn* ballistisch; ~*s* ballistiek

balloon [be'luːn] **I** *znw* (lucht)ballon; tekstballon; *the* ~ *goes up* gemeenz het feest begint, nu heb je de poppen aan het dansen; **II** *onoverg* bol (gaan) staan; fig de pan uit rijzen; ballontochten maken

balloonist *znw* ballonvaarder, luchtschipper

ballot ['bælət] **I** *znw* stemrecht *o*, stembriefje *o*; aantal *o* uitgebrachte stemmen; (geheime) stemming, loting; **II** *onoverg* stemmen, loten (om *for*)

ballot-box *znw* stembus

ballot-paper *znw* stembriefje *o*

ball-point ['bɔːlpɔint] *znw* ballpoint, balpen

ballpark ['bɔːlpaːk] *znw* Am honkbalstadion *o*; ~ *figure* ruwe schatting

ballroom ['bɔːlrum] *znw* balzaal, danszaal

balls up [bɔːlz ʌp] *overg* gemeenz verknoeien, verprutsen, verknallen, naar de kloten helpen

balls-up ['bɔːlzʌp] *znw* gemeenz knoeiboel, rotzooi,

soepzootje *o*

bally ['bæli] *bn bijw* gemeenz verduiveld, verdomd

ballyhoo [bæli'huː] *znw* luidruchtige, opdringerige reclame, (hoop) drukte; kretologie

balm [baːm] *znw* balsem[2]

balmy ['baːmi] *bn* balsemachtig, balsemend[2]; zoel; ~ *weather* zacht weer; slang = barmy getikt, krankjorum

baloney [bə'louni] *znw* slang klets(koek)

balsam ['bɔːlsəm] *znw* balsem

balsamic [bɔːl'sæmik] *bn* balsamiek, verzachtend

Baltic ['bɔːltik] *bn* Baltisch; *the* ~ de Oostzee; *the* ~ *States* de Baltische staten

balustrade [bæləs'treid] *znw* balustrade

bamboo [bæm'buː] *znw* plantk bamboe *o & m*

bamboozle [bæm'buːzl] *overg* beetnemen, verlakken, bedriegen

ban [bæn] **I** *znw* ban(vloek), (rijks)ban; verbod *o* (van *on*); *put a* ~ *upon* verbieden; *under a* ~ in de ban; **II** *overg* verbieden; verbannen (uit *from*); uitbannen ~ *the bomb!* weg met de atoombom!

banal [beinəl,bə'naːl] *bn* banaal, triviaal

banality [bə'næliti] *znw* banaliteit

banana [bə'naːnə] *znw* banaan, pisang; *go* ~*s* knettergek worden; *have one's* ~ peeled plat neuken

banana republic [bə'naːnə ri'pʌblik] *znw* bananenrepubliek

band [bænd] **I** *znw* band°, (smal) lint *o*, snoer *o*; strook, rand, streep; ring, bandje *o* [om sigaar]; drijfriem; schare, troep, bende; muziekkorps *o*, kapel, dansorkest *o*; (pop)groep, band; **II** *onoverg:* ~ *(together)* zich verenigen

bandage ['bændidʒ] **I** *znw* verband *o*, zwachtel; **II** *overg:* ~ *(up)* verbinden, (om)zwachtelen

bandan(n)a [bæn'dænə] *znw* grote gekleurde zakdoek/halsdoek, veelal met witte vlekken

b and b, b & b *afk.* bed and breakfast (pension *o* met) logies en ontbijt

bandbox ['bæn(d)bɔks] *znw* hoedendoos; *as if he came out of a* ~ om door een ringetje te halen

bandit ['bændit] *znw* (mv: -s *of* banditti [bæn'ditai]) bandiet, (struik)rover

banditry *znw* banditisme *o*

bandleader ['bændliːdə] *znw* muz bandleider

bandmaster *znw* kapelmeester

bandoleer, bandolier [bændə'liə] *znw* bandelier, patronengordel

band-saw ['bændsɔː] *znw* lintzaag

bandsman ['bændzmən] *znw* muzikant

bandstand *znw* muziektent

bandwagon *znw* praalwagen met muzikanten; *climb (get, jump) on the* ~ ook van de partij (willen) zijn, met de mode meedoen

bandy ['bændi] *overg* heen en weer smijten; (uit-) wisselen; ~ *about* ook: rondbazuinen; ~ *words* ruzie maken

bandy(-legged) *bn* met o-benen

bane [bein] *znw* vergif(t)[2] *o*, verderf *o*, pest, vloek;

bang

he's the ~ of my life hij is een nagel aan mijn doodskist

1 bang [bæŋ] **I** *overg* slaan, stompen, rammen, (dicht)smakken; ranselen; *plat* neuken, een beurt geven; **II** *onoverg* knallen, dreunen; **III** *znw* slag, smak, knal, klap; *with a* ~ fig met energie; **IV** *tsw* pats!, boem!, pang!; **V** *bijw* vlak, net, precies, vierkant, pardoes; *go* ~ dreunen, met een klap dichtgaan [deur]; exploderen; fig naar de maan gaan; ~ *goes my holiday* ik kan mijn vakantie wel vergeten

2 bang [bæŋ] *znw* (meestal *mv*): ~s ponyhaar *o*, pony

banger ['bæŋə] *znw* gemeenz worstje *o*; rotje *o*; rijdend wrak *o*

Bangladesh [bæŋgləˈdeʃ] *znw* Bangladesh

Bangladeshi [bæŋgləˈdeʃi] **I** *znw* inwoner v. Bangladesh; **II** *bn* van, uit Bangladesh

bangle ['bæŋgl] *znw* armband; voetring

banish ['bæniʃ] *overg* (ver)bannen[2]; verbannen uit

banishment *znw* verbanning, ballingschap

banister ['bænistə] *znw* spijl, stijl; ~s trapleuning

banjo ['bændʒou] *znw* (*mv*: -s *of* -joes) banjo

banjoist *znw* banjospeler

bank [bæŋk] **I** *znw* **1** bank, (speel)bank; oever; zandbank; mistbank; wal, dijk, glooiing, berm; **2** luchtv slagzij, dwarshelling; overhellen *o* [in bocht]; **3** groep, rij [toetsen &]; **II** *overg* **1** indammen; **2** handel op de bank zetten, deponeren; **3** luchtv doen overhellen [in bocht]; ~ *up* opstapelen; indammen; banken: inrekenen; **III** *onoverg* **1** een bankrekening hebben; bankzaken doen (met *with*); sp op de (reserve)bank zitten; **2** luchtv overhellen [in bocht]; ~ *on* vertrouwen op; ~ *up* zich opstapelen

bank account *znw* bankrekening

bank balance *znw* banksaldo *o*

bank card *znw* betaalpas

bank discount *znw* handel bankdisconto *o*

banker *znw* handel bankier, kassier; bankhouder

banker's card *znw* betaalpas

banker's draft ['bæŋkəz 'dra:ft] *znw* bankwissel

banker's order *znw* bankopdracht

bank holiday *znw* algemene vrije dag

banking *znw* bankwezen *o*; bankbedrijf *o* (ook: ~ *business*); ~ *house* bankiershuis *o*

bank manager *znw* bankdirecteur

banknote *znw* bankbiljet *o*

bank rate *znw* (bank)disconto *o*

bankroll Am **I** *znw* geld *o*, fondsen; **II** *overg* financieren, financieel steunen

bankrupt I *znw* iem. die failliet is; **II** *bn* bankroet, failliet; ~ *of* beroofd van, verstoken van; *be adjudged (adjudicated)* ~, *go* ~ failliet gaan; **III** *overg* failliet doen gaan, ruïneren

bankruptcy *znw* bankroet *o*, faillissement *o*

bank statement *znw* bankafschrift *o*

banner ['bænə] *znw* banier[2], vaan, vaandel *o*; spandoek *o* & *m*

banner headline *znw* brede kop [in krant]

bannock ['bænək] *znw* gerstebrood *o*

banns [bænz] *znw mv* huwelijksafkondiging; *publish, put up the* ~ de huwelijksafkondiging doen van de preekstoel

banquet ['bæŋkwit] *znw* feest-, gastmaal *o*, banket *o*

banshee [bænˈʃi:] *znw* Ir & Schots geest die met geweeklaag een sterfgeval aankondigt

bantam ['bæntəm] *znw* dierk bantammer, kriel(haan); sp (~ *weight*) bokser van het bantamgewicht

banter ['bæntə] **I** *onoverg* schertsen; **II** *znw* gekscherende plagerij, plagerige spot, gescherts *o*

Bantu ['bæntu, bænˈtu:] *znw* (*mv* idem *of*-s) Bantoe

baobab ['beiɔbæb] *znw* apebroodboom

baptism ['bæptizm] *znw* doop, doopsel *o*

baptismal [bæpˈtizməl] *bn* doop-

baptist(e)ry ['bæptist(ə)ri] *znw* doopkapel; doopbekken *o* [v. baptisten]

baptize [bæpˈtaiz] *overg* dopen[2]

bar [ba:] **I** *znw* (slag)boom, barrière, sluitboom; streep; baar, staaf, stang; reep [chocolade]; lat; spijl, tralie; muz (maat)streep, maat; herald balk; recht balie; bar, buffet *o*; zandbank [vóór haven of riviermond]; recht exceptie; fig belemmering, hindernis; *horizontal* ~ rekstok, rek *o*; *parallel* ~s brug; *behind (prison)* ~s achter de tralies; *he was admitted (called) to the* ~ hij werd als advocaat toegelaten; **II** *overg* met boom of barrière sluiten; traliën; uitsluiten; afsluiten, versperren, beletten, verhinderen; strepen; **III** *voorz* = *barring* ~ *accidents* als er niks tussen komt

barb [ba:b] *znw* (weer)haak; ~*ed* fig stekelig; ~*ed wire* prikkeldraad *o* & *m*

Barbadian [ba:ˈbeidiən, -djən] **I** *znw* Barbadaan; **II** *bn* Barbadaans

Barbados [ba:ˈbeidɔs] *znw* Barbados *o*

barbarian [ba:ˈbɛəriən] *bn* barbaar(s)

barbaric [ba:ˈbærik] *bn* barbaars

barbarism ['ba:bərizm] *znw* barbaarsheid, barbarij; gramm barbarisme *o*

barbarity [ba:ˈbæriti] *znw* barbaarsheid

barbarous *bn* barbaars

barbecue ['ba:bikju:] **I** *znw* barbecue; barbecuefeest *o*; op barbecue geroosterd stuk vlees; **II** *overg* barbecuen; roosteren (op de barbecue)

barbel ['ba:bəl] *znw* dierk barbeel; tastdraad [v. vis]

bar-bell ['ba:bel] *znw* lange halter

barber ['ba:bə] *znw* kapper, barbier

barbershop ['ba:bəʃɔp] *znw* **1** kapperszaak; **2** Am bep. stijl van close-harmonyzang voor vier heren

barbican ['ba:bikən] *znw* (dubbele) wachttoren buiten kasteel of stadswallen

barbiturate [ba:ˈbitjurit] *znw* barbituraat *o*

barbituric *bn*: ~ *acid* barbituurzuur *o*

barcarol(l)e ['ba:kəroul] *znw* barcarolle, gondellied *o*

bar code *znw* streepjescode, barcode

bard [ba:d] *znw* bard, troubadour; (volks)dichter
bare [bɛə] **I** *bn* bloot, naakt, kaal, ontbloot[2]; klein [meerderheid]; gering [kans]; *the* ~ *idea* het idee alleen al; ~ *of* zonder; **II** *overg* ontbloten; blootleggen; *lay* ~ blootleggen[2]
bareback *bn bijw* zonder zadel
barefaced *bn* ongemaskerd; fig onverbloemd, schaamteloos, onbeschaamd
barefoot(ed) *bn* blootsvoets, barrevoets
bareheaded *bn* blootshoofds
barely *bijw* ternauwernood, amper
barf [ba:f] *overg* Am slang overgeven
bargain ['ba:gin] **I** *znw* koop, koopje *o*; reclameaanbieding; overeenkomst, afspraak; *drive a* ~ een koop sluiten; *drive a hard* ~ *with sbd.* iem. het vel over de oren halen; *it's a* ~! afgesproken!; *into the* ~ op de koop toe; **II** *onoverg* (af)dingen, loven en bieden; onderhandelen; ~ *for* onderhandelen over; bedingen; rekenen op, verwachten; **III** *overg*: ~ *away* verkopen met verlies, verkwanselen
bargain basement *znw* koopjesafdeling [in warenhuis]
bargainer *znw* onderhandelaar
bargaining *znw* onderhandelen *o* &; *collective* ~ onderhandelingen over een collectieve arbeidsovereenkomst, cao-onderhandelingen; ~ *power* koopkracht
barge [ba:dʒ] **I** *znw* praam, aak, pakschuit, (woon-)schuit; scheepv (officiers)sloep; staatsieboot; **II** *onoverg* stommelen; ~ *in* gemeenz zich ermee bemoeien; ~ *in on sbd.* gemeenz iem. lastig vallen; ~ *into (against)* gemeenz aanbotsen tegen
bargee [ba:'dʒi:] *znw* (aak)schipper; *swear like a* ~ vloeken als een ketter
barge-pole ['ba:dʒpoul] *znw* vaarboom; *I wouldn't touch him with a* ~ ik moet niets van hem hebben
baritone ['bæritoun] *znw* bariton
barium ['bɛəriəm] *znw* barium *o*; ~ *meal* bariumpap [als contrastmiddel bij röntgenonderzoek]
bark [ba:k] **I** *znw* **1** bast, schors; run; kina; **2** scheepv bark; **3** geblaf *o*; *his* ~ *is worse than his bite, barking dogs seldom bite* blaffende honden bijten niet; **II** *overg* ontschorsen, afschillen; gemeenz [de huid] schaven; **III** *onoverg* blaffen[2], aanslaan [v. hond]; ~ *at* blaffen tegen; fig afblaffen; *be* ~*ing up the wrong tree* het mis hebben; aan het verkeerde adres zijn
barker ['ba:kə] *znw* klantenlokker
barley ['ba:li] *znw* gerst
barleycorn *znw* gerstekorrel
barley sugar *znw* **1** gerstesuiker; **2** lolly
barley water *znw* gerstewater *o* (met citroensmaak)
barley wine *znw* donker bier *o* met hoog alcoholpercentage
barm [ba:m] *znw* (bier)gist
barmaid ['ba:meid] *znw* vrouw/meisje *o* achter de bar/tap, barmeisje *o*

barman *znw* barkeeper, barman
barmy ['ba:mi] *bn* gistend; schuimend; slang getikt, krankjorum
barn [ba:n] *znw* schuur
barnacle ['ba:nəkl] *znw* eendenmossel
barndance ['ba:nda:ns] *znw* volksdansfeest *o* [oorspronkelijk in een schuur]; bep. soort rondedans
barn-owl *znw* kerkuil
barnstormer ['ba:nstɔ:mə] *znw* rondtrekkend acteur; Am de boer opgaande kandidaat [bij verkiezingen]
barnyard ['ba:nja:d] *znw* boerenerf *o*
barometer [bə'rɔmitə] *znw* barometer; fig graadmeter
barometric [bærə'metrik] *bn* barometrisch, barometer-
baron ['bærən] *znw* baron; magnaat; ~ *of beef* niet verdeeld lendenstuk *o* v.e. rund
baroness *znw* barones
baronet *znw* Eng. adellijke titel; afk. *Bart.*, *Bt.*
baronetcy *znw* baronetschap *o*
baronial [bə'rouniəl] *bn* baronnen-
barony ['bærəni] *bn* baronie
baroque [bə'rouk] *znw* barok
barque [ba:k] *znw* bark
barrack ['bærək] **I** *znw* kazerne (meestal ~s); **II** *overg* mil in kazernes onderbrengen; uitjouwen; **III** *onoverg* joelen; tieren
barrage ['bæra:ʒ, bæ'ra:ʒ] *znw* (stuw-, keer)dam; mil & fig spervuur *o*; versperring [v. ballons &]; ~ *balloon* versperringsballon
barred [ba:d] *bn* getralied
barrel ['bærəl] *znw* vat *o*, ton, fust *o*; barrel [± 159 l olie]; cilinder; loop [v. geweer]; trommel(holte); romp [v. paard]; buis; *scrape the* ~ zijn laatste centen bij elkaar schrapen; *have sbd. over the* ~ iemand in zijn macht hebben
barrel-organ *znw* draaiorgel *o*
barren ['bærən] *bn* onvruchtbaar; kaal[2], dor; fig vruchteloos
barricade [bæri'keid] **I** *znw* barricade, versperring; **II** *overg* barricaderen, versperren
barrier ['bæriə] *znw* slagboom[2]; barrière; afsluiting, hek *o*; hinderpaal; controlepost
barring ['ba:riŋ] *voorz* met uitzondering van, uitgezonderd, behalve, behoudens
barrister ['bæristə] *znw* advocaat (~-*at-law*); Am jurist
bar-room ['ba:rru:m] *znw* Am bar
barrow ['bærou] *znw* **1** berrie; kruiwagen; handkar; **2** grafheuvel
Bart. [ba:t] *afk.* = *Baronet, Bartholomew*
bartender ['ba:tendə] *znw* Am = *barman*
barter ['ba:tə] **I** *onoverg* ruilen, ruilhandel drijven; **II** *overg* (ver)ruilen; ~ *away* verkwanselen; **III** *znw* ruil(handel)
basal ['beisl] *bn* fundamenteel
basalt ['bæsɔ:lt, bə'sɔ:lt] *znw* basalt *o*

base

1 base [beis] *bn* laag-bij-de-gronds, gemeen, slecht, laag; onedel [metaal]; min(derwaardig), vuig; vals [geld]

2 base [beis] **I** *znw* basis, grondslag, grond; wisk grondtal *o*; voet, voetstuk *o*; fundament *o*; chem base; sp honk *o*; **II** *overg* baseren, gronden; mil & scheepv als basis aanwijzen; *~d there* aldaar gevestigd (woonachtig); *broad-~d*, *broadly ~d* op brede basis; *Burma-~d planes* vliegtuigen met basis in Birma

baseball ['beisbɔ:l] *znw* honkbal *o*

baseless ['beislis] *bn* ongegrond

basement ['beismənt] *znw* souterrain *o*; kelder(ruimte)

base metal *znw* onedel metaal *o*

base rate *znw* rentestandaard, rentevoet

bash [bæʃ] **I** *overg* slaan, beuken; fig de grond in boren; *~ up* in elkaar slaan, afrossen; *~ in* inslaan; **II** *znw* slag, opstopper, dreun; *have a ~ at sth.* slang 't eens proberen

bashful ['bæʃful] *bn* verlegen, schuchter, bedeesd

basic ['beisik] *bn* fundamenteel, grond-, basis-; chem basisch

Basic, Basic English *znw* vereenvoudigd Engels *o* [beperkt tot 850 kernwoorden]

basil ['bæzil] *znw* plantk basilicum *o*

basilica [bə'silikə] *znw* basiliek

basin ['beisn] *znw* bekken *o*, kom, schaal; wasbak, -tafel; dok *o*, bassin *o*; keteldal *o*; stroomgebied *o*

basis ['beisis] *znw* (*mv*: bases [-si:z]) grondslag², basis

bask [ba:sk] *onoverg* zich koesteren²

basket ['ba:skit] *znw* korf, mand, ben; sp basket

basketball *znw* basketbal *o*

basket case *znw* invalide wiens armen en benen geamputeerd zijn; *a total ~* fig Am slang volslagen idioot

basketwork, basketry *znw* manden, mandenwerk *o*

Basque [bæsk, ba:sk] **I** *bn* Baskisch; **II** *znw* Bask; het Baskisch

basque [bæsk] *znw* (verleng)pand [aan lijfje]

bas-relief ['bæsrili:f, 'ba:rili:f] *znw* bas-reliëf *o*

1 bass [beis] *znw* muz bas; baspartij; basstem; *~ horn* tuba; *~ viol* viola da gamba, Am contrabas

2 bass [bæs] *znw* (*mv* idem *of* -es) **1** dierk baars; **2** lindenbast

basset ['bæsit] *znw* basset

bassoon [bə'su:n] *znw* fagot

bassoonist *znw* fagottist

bastard ['bæstəd] **I** *znw* bastaard²; gemeenz schoft, smeerlap; **II** *bn* bastaard-, onecht; gemeenz verrekt

bastardize *overg* verbasteren

baste [beist] *overg* **1** bedruipen (met vet of boter); **2** (aaneen)rijgen

bastion ['bæstiən] *znw* bastion *o*

1 bat [bæt] *znw* vleermuis; *be ~s* kierewiet (= niet goed snik) zijn

2 bat [bæt] **I** *znw* knuppel, kolf, slaghout *o*, bat *o*; *off one's own ~* op eigen houtje; zonder iems. hulp, alléén; *at (full) ~* in volle vaart; **II** *onoverg* batten [bij cricket]; **III** *overg: not ~ an eyelid* geen spier vertrekken

Batavian [bə'teiviən] **I** *znw* Bataaf; **II** *bn* Bataafs

batch [bætʃ] *znw* **1** baksel *o*; **2** troep, groep, partij

bate [beit] *znw* gemeenz woedeaanval; *with ~d breath* met ingehouden adem, gespannen

bath [ba:θ] **I** *znw* bad(je) *o*, badkuip; *~s* badhuis *o*, badinrichting; badplaats; **II** *overg* baden, een bad geven

Bath bun ['ba:θbʌn] *znw* koffiebroodje *o*

Bath chair ['ba:θ'tʃɛə] *znw* rol-, ziekenstoel

bathe [beið] **I** *znw* bad *o* in zee of in rivier; **II** *overg* baden, betten, afwassen; **III** *onoverg* (zich) baden

bather *znw* bader; badgast

bathing-cap *znw* badmuts

bathing-costume *znw* badpak *o*, zwempak *o*

bathing-suit *znw* zwempak *o*

bathing-trunks *znw mv* zwembroek

bathmat *znw* badmat

bathos ['beiθɔs] *znw* onverwachte overgang van het verhevene tot het platte; anticlimax

bathrobe *znw* badjas

bathroom ['ba:θrum] *znw* badkamer; gemeenz wc

bath salts *znw mv* badzout *o*

bathtub *znw* badkuip

bathwater *znw* badwater *o*; *throw out the baby with the ~* het kind met het badwater wegwerpen

batik ['bætik] *znw* batik

batiste [bæ'ti:st] *znw* batist *o*

batman ['bætmən] *znw* mil oppasser (v.e. officier)

baton ['bætən] *znw* (commando-, maarschalks)staf; (dirigeer)stok; wapenstok; sp stok [bij estafetteloop]

bats [bæts] *bn* gemeenz kierewiet, niet goed snik

batsman ['bætsmən] *znw* sp batsman, slagman, batter

battalion [bə'tæljən] *znw* bataljon *o*

1 batten ['bætn] **I** *znw* lat; plank; scheepv badding; **II** *overg* met latten bevestigen; *~ down* scheepv schalmen of sluiten [de luiken]

2 batten ['bætn] *onoverg* zich tegoed doen (aan on), parasiteren (op on)

batter ['bætə] **I** *overg* beuken; beschieten; havenen; slaan, mishandelen; *~ed* ook: gedeukt; vervallen, gammel; **II** *onoverg* beuken (op at); **III** *znw* **1** beslag *o* [v. gebak]; **2** sp = batsman

battering-ram *znw* stormram

battery ['bætəri] *znw* batterij; accu; stel *o* (potten en pannen); recht aanranding

battery farming *znw* bio-industrie

battery hen *znw* batterijkip

battle ['bætl] **I** *znw* (veld)slag, strijd, gevecht *o*; *do ~* strijden, vechten; *fight a losing ~* vechten tegen de bierkaai; *join ~* de strijd aanbinden; *slaags raken; ... is half the ~* ...is het halve werk; **II** *onoverg*

strijden, vechten
battle-array *znw* slagorde
battle-ax(e) *znw* strijdbijl; gemeenz kenau, feeks
battle-cruiser *znw* slagkruiser
battle-cry *znw* strijdleus; slogan
battledress *znw* mil veldtenue *o* & *v*
battlefield *znw* slagveld *o*
battleground *znw* slagveld *o*, gevechtsterrein *o*; fig strijdperk *o*
battlement *znw* kanteel, tinne
battle royal *znw* algemeen gevecht *o*
battleship *znw* slagschip *o*
batty ['bæti] *bn* gemeenz kierewiet, niet goed snik
bauble ['bɔ:bl] *znw* (stuk *o*) speelgoed *o*, snuisterij, prul *o*
baulk [bɔ:k] = *balk*
bauxite ['bɔ:ksait] *znw* bauxiet *o*
Bavarian [bə'veəriən] *bn* Beier(s)
bawd [bɔ:d] *znw* koppelaar(ster); hoerenmadam
bawdiness *znw* ontuchtigheid
bawdy *bn* obsceen, rauw; ontuchtig, schuin
bawl [bɔ:l] *overg* schreeuwen, bulken; fig balken, bleren (tegen *at, against*); ~ *out* slang uitfoeteren [iem.]
bay [bei] **I** *znw* **1** inham, baai, golf; **2** nis, uitbouw, afdeling, vleugel; overkapping; **3** vak *o*, ruimte; **4** plantk laurier(boom); **5** vos [paard]; **6** geblaf *o*; *at* ~ in het nauw gedreven; *be (stand) at* ~ **1** zich niet weten te redden; **2** een verdedigende houding aannemen; *keep (hold)... at* ~ zich... van het lijf houden; **II** *overg* & *onoverg* (af)blaffen, blaffen (tegen *at*); **III** *bn* roodbruin, voskleurig; ~ *horse* vos (rood-bruin paard)
bayonet ['beiənit] **I** *znw* bajonet[2]; **II** *overg* met de bajonet neer-, doorsteken
bayonet catch, bayonet joint *znw* bajonetsluiting
bay-window ['bei'windou] *znw* erker
bazaar, bazar *znw* [bə'za:] bazaar, markt(plaats); (liefdadigheids)bazaar, fancyfair
bazooka [bə'zu:kə] *znw* bazooka [antitankwapen *o*]
BBC *afk.* = *British Broadcasting Corporation*
BC *afk.* = *before Christ; British Colombia*
be [bi:] (*was; been*) *ww* zijn, wezen; staan, liggen, worden, ontstaan, duren; *his... -to-*~ zijn aanstaande..., zijn... in spe, zijn toekomstige...; *how are you?* hoe gaat het?; *you are not to think* je moet niet (hebt niet te) denken; *(this right) is (was) to* ~ *granted when...* zal (zou) verleend worden als; *you are not to touch that* je mag daar niet aankomen; *were it not for my friendship for him...* als hij geen vriend van me was geweest dan...; zie *about, after* &
beach [bi:tʃ] **I** *znw* strand *o*, oever; **II** *overg* op het strand zetten, drijven of trekken
beachcomber *znw* strandjutter
beachhead *znw* mil bruggenhoofd *o* [aan zee]
beacon ['bi:kən] *znw* baak, baken[2] *o*, bakenvuur *o*; verkeerspaal

bead [bi:d] **I** *znw* kraal, druppel; mil vizierkorrel; **II** *overg* aaneenrijgen; van kralen voorzien; **III** *onoverg* parelen
beadle ['bi:dl] *znw* bode, pedel; onderkoster
beady ['bi:di] *bn:* ~ *eyes* kraaloogjes
beagle ['bi:gl] *znw* dierk brak
beak [bi:k] *znw* **1** bek, (s)neb, snavel; **2** tuit; **3** gemeenz politierechter of -dienaar; schoolmeester
beaker ['bi:kə] *znw* beker, bokaal
be-all ['bi:ɔ:l]: *the* ~ *and end-all* de alfa en omega; essentie
beam [bi:m] **I** *znw* balk, boom; ploegboom; weversboom; juk *o* [v. balans]; scheepv dekbalk, grootste wijdte [v. schip]; (licht)straal; bundel; radio bakenstraal [als sein voor vliegtuig]; *broad in the* ~ scheepv breed; gemeenz breedheupig; *be off the* ~ gemeenz er naast zitten; **II** *overg* uitstralen (ook: ~ *forth*); ~ *to* RTV speciaal uitzenden voor; *a programme* ~*ed to the elderly* een programma voor ouderen; **III** *onoverg* stralen; glunderen
beam-ends: *the ship is on her* ~ het schip ligt bijna overzij; *he was on his* ~ hij was erg in verlegenheid, aan lagerwal
beaming *bn* stralend [v. geluk]
beam transmitter *znw* straalzender
bean [bi:n] *znw* boon; *old* ~ gemeenz ouwe jongen; *full of* ~*s* gemeenz in goede conditie, energiek; *I haven't got a* ~ ik heb geen rooie cent
bean-feast ['bi:nfi:st] *znw* fuif, partijtje *o*; keet
beanie ['bi:ni] *znw* Am muts; keppeltje *o*
beano ['bi:nou] *znw* = *bean-feast*
beanpole ['bi:npoul] *znw* bonenstaak (ook fig)
beanshoots ['bi:nʃu:ts], **beansprouts** ['bi:n-sprauts] *znw mv* taugé
1 bear [beə] *znw* (*mv* idem *of* -s) dierk beer; fig ongelikte beer, bullebak; handel baissier; *like a* ~ *with a sore head* uiterst prikkelbaar
2 bear [beə] (*bore; borne*) **I** *overg* (ver)dragen, dulden, toelaten, uitstaan; voortbrengen, baren; toedragen; behalen; inhouden, bevatten, hebben; handel doen dalen; *vgl: bearish* zie ook: *comparison, grudge, malice* &; **II** *onoverg* dragen; gaan, lopen, zich uitstrekken [in zekere richting]; handel à la baisse speculeren; ~ *left (right)* links(rechts)af buigen [bij een tweesprong]; *bring to* ~ richten (op *upon*), aanwenden, uitoefenen [pressie], doen gelden [invloed &]; ~ *down upon* aanhouden of aansturen op, afstevenen op; ~ *on* = ~ *upon;* ~ *out* steunen, staven, bevestigen; ~ *up* drijvend houden; steunen; zich flink (goed) houden; standhouden, overeind blijven; ~ *up against* het hoofd bieden (aan); ~ *upon* mil gericht zijn op; fig betrekking hebben op; ~ *with* verdragen, dulden; geduld hebben met, toegeeflijk zijn voor [iem.]
bearable *bn* draaglijk, te dragen
beard [biəd] **I** *znw* baard[2]; **II** *overg* trotseren, tarten; ~ *the lion in his den* zich in het hol van de leeuw wagen

bearded *bn* bebaard, met een baard

bearer ['bɜərə] *znw* drager, brenger; handel toonder; *by* ~ met brenger dezes; *to* ~ aan toonder; ~ *share,* ~ *bond* handel aandeel *o* aan toonder

bear-garden ['bɛəga:dn] *znw* zootje *o*, janboel

bear hug *znw* stevige omhelzing

bearing ['bɛəriŋ] *znw* dragen *o*; houding, gedrag *o*; verhouding, betrekking; ligging; scheepv & luchtv peiling; richting, strekking; portee, betekenis; techn lager *o*, kussen *o*; herald wapenbeeld *o*; ~*s* ligging; *they had lost their* ~*s* zij konden zich niet oriënteren; zij waren de kluts kwijt; *get/find one's* ~*s* zich oriënteren; *beyond* ~ onverdraaglijk; *in all its* ~*s* van alle kanten

bearish ['bɛəriʃ] *bn* lomp, nors; handel à la baisse (gestemd)

bearskin ['bɛəskin] *znw* berenvel *o*, berenhuid; berenmuts

beast [bi:st] *znw* beest[2] *o*, viervoeter, dier *o*; fig beestachtig mens, mispunt *o*; rund *o*

beastly *bn* beestachtig[2]; versterkend smerig, walgelijk

1 beat [bi:t] (beat; beaten, gemeenz ook: beat) **I** *overg* slaan (met, op), kloppen (op), uitkloppen, klutsen, beuken; stampen, braken [vlas]; verslaan, overtreffen; afzoeken [bij jagen]; banen [pad]; ~ *the air* tegen windmolens vechten; *that* ~*s everything!* dat overtreft alles!; nu nog mooier!; ~ *it!* slang sodemieter op!; *they* ~ *it* slang ze gingen er vandoor; *it* ~*s me* dat gaat mijn verstand te boven; **II** *onoverg* slaan, kloppen; ~ *about the bush* eromheen praten, eromheen draaien; ~ *down* neerslaan; afdingen (op); met kracht neerkomen, fel schijnen [v. zon]; ~ *in* inslaan; ~ *it into sbd.'s head* het iem. inhameren; ~ *off* afslaan; Am plat (zich) afrukken; ~ *out* uitkloppen, uitslaan; ~ *sbd. to it* het van iem. winnen, iem. te gauw af zijn; ~ *up* klutsen [eieren]; in elkaar slaan; ~ *upon* slaan, kletteren & tegen

2 beat I *znw* slag, klap, klop, tik; muz maat(slag); muz beat(muziek); ronde [v. politieagent, post of wacht]; wijk [v. agent, bezorger]; jachtveld *o*; *off one's* ~ uit zijn gewone doen; op onbekend terrein; *on the* ~ op ronde [v. politieagent]; *go on the* ~ op ronde gaan [v. politieagent]; **II** *bn* doodop; ~ *generation* generatie der *beatniks*

beaten I V.D. van *beat*; **II** *bn* begaan, veel betreden; afgezaagd; zie ook: track I

beaten-up *bn* gemeenz versleten, oud [auto's, kleren]

beater *znw* klopper, stamper, drijver [bij jagen]

beatific [biə'tifik] *bn* zaligmakend; (geluk)zalig

beatification [biætifi'keiʃən] *znw* zaligverklaring

beatify [bi'ætifai] *overg* zalig maken; zalig verklaren

beating ['bi:tiŋ] *znw* pak *o* slaag, afstraffing; kloppen *o*, beuken *o*; nederlaag; *Liverpool took a* ~ *against Ajax* Liverpool verloor van Ajax; *to take some* ~ moeilijk te verslaan/overtreffen zijn

beatitude [bi'ætitju:d] *znw* zaligheid; *the B*~*s* de acht zaligsprekingen

beatnik [bi:tnik] *znw* beatnik (noncomformistische jongere in de jaren vijftig)

beau [bou] *znw* (*mv*: -*s of* beaux [bouz]) dandy, fat; aanbidder, bewonderaar, galant

beauteous ['bju:tiəs] *bn* plechtig schoon, mooi

beautician [bju:'tiʃən] *znw* schoonheidsspecialist(e)

beautiful ['bju:tiful] *bn* schoon, mooi, fraai

beautify *overg* mooier maken, verfraaien

beauty *znw* schoonheid; fraai uiterlijk *o*; pracht-exemplaar *o*, prachtstuk *o*; *what a* ~*!* wat is ze (dat) mooi!; *the* ~ *of it was...* gemeenz het mooie ervan was...

beauty contest *znw* schoonheidswedstrijd, miss-verkiezing

beauty parlour *znw* schoonheidsinstituut *o*

beauty sleep *znw* schoonheidsslaapje *o*

beauty queen *znw* schoonheidskoningin

beauty salon *znw* schoonheidssalon

beauty spot *znw* schoonheidsvlekje *o*

beaver ['bi:və] **I** *znw* (*mv* idem *of* -*s*) dierk bever; *eager* ~ gemeenz werkpaard *o*; fanatiekeling; **II** *onoverg*: ~ *away* zwoegen, keihard werken

becalm [be'ka:m] *overg*: *be* ~*ed* scheepv door windstilte worden overvallen

became [bi'keim] V.T. van *become*

because [bi'kɔz, bi'kɔ:z] *voegw* omdat; ~*!* daarom!; ~ *of* wegens, vanwege, om, door

beck [bek]: *be at sbd.'s* ~ *and call* altijd klaarstaan voor iem.

beckon ['bekn] *overg & onoverg* wenken, een wenk geven; lonken[2], uitnodigen

become [bi'kʌm] (became; become) **I** *onoverg* worden; *what has* ~ *of it?* ook: waar is het (gebleven)?; **II** *overg* goed staan; passen[2]; betamen, voegen

becoming *bn* gepast, betamelijk, netjes; flatteus

bed [bed] **I** *znw* bed *o*; bedding; (onder)laag; leger *o*; ~ *and board* kost en inwoning; *separated from* ~ *and board* recht gescheiden van tafel en bed; ~ *and breakfast* logies en ontbijt; *get out of* ~ *on the wrong side* met het verkeerde been uit bed stappen; **II** *overg* slang naar bed gaan met; ~ *down* naar bed brengen, [paarden] van een leger voorzien; ~ *out* (uit)planten; vastzetten; **III** *onoverg*: ~ *down* **1** een slaapplaats opzoeken; **2** een laag vormen [grond]

bed-bath ['bedba:θ] *znw* wassen *o* van een zieke in bed

bed-bug ['bedbʌg] *znw* wandluis

bedchamber *znw* slaapkamer

bed-clothes *znw mv* beddengoed *o*

bedding *znw* beddengoed *o*; ligstro *o*; (onder)laag

bedeck [bi'dek] *overg* (op)tooien, versieren

bedevil [bi'devl] *overg* in de war maken, verwarren, compliceren, bemoeilijken; bederven, verknoeien

bedfellow ['bedfelou] *znw* fig kameraad

bedlam ['bedləm] *znw* gekkenhuis[2] *o*

Bedouin ['beduin] *znw* bedoeïen(en)

bed-pan ['bedpæn] *znw* (onder)steek
bedpost *znw* beddenstijl; *between you and me and the* ~ onder ons gezegd en gezwegen
bedraggled [bi'drægld] *bn* verregend; sjofel
bedridden ['bedridn] *bn* bedlegerig
bedrock ['bedrɔk] *znw* vast gesteente *o*; grond(slag); *get down to* ~ ter zake komen
bedroom ['bedrum] *znw* slaapkamer; ~ *scene* bedscène
bed-settee *znw* bedbank
bedside *znw* (bed)sponde, bed *o*; ~ *manner* tactvol optreden *o* v. arts bij het ziekbed; ~ *reading* lectuur voor in bed; ~ *table* bed-, nachttafeltje *o*
bedsit, bed-sitter *znw* gemeenz zitslaapkamer
bed-sittingroom *znw* zitslaapkamer
bedsore *znw* doorgelegen plek
bedspread *znw* beddensprei
bedstead *znw* ledikant *o*
bedtime *znw* bedtijd; ~ *reading* bedlectuur; ~ *story* verhaaltje *o* voor het slapen gaan
bedwetting *znw* bedwateren *o*
bee [bi:] *znw* bij; *he has a* ~ *in his bonnet* hij heeft een idee-fixe; *the* ~'s *knees* gemeenz de beste, je ware, nummer één
beech [bi:tʃ] **I** *znw* beuk(enboom); beukenhout *o*; **II** *bn* van beukenhout, beuken
beech-nut *znw* beukennoot
beef [bi:f] **I** *znw* **1** bief, ossen-, rundvlees *o*; **2** gemeenz spierballen, spierkracht; **3** (*mv:* beeves [bi:vz], *Am* -s) voor de slacht vetgemest rund *o*; kadaver *o* daarvan; **4** gemeenz klacht, protest *o*; *there's too much* ~ *on him* gemeenz hij is veel te dik; **II** *onoverg* gemeenz mopperen, klagen; ~ *up* versterken
beefburger *znw* hamburger, biefburger
beefcake *znw* slang (afbeelding van) gespierde mannen, spierbundels
Beefeater *znw* hist een hellebaardier v.d. *Tower of London*
beefsteak *znw* biefstuk, runderlapje *o*
beef tea *znw* bouillon
beefy *bn* vlezig, gespierd
beehive ['bi:haiv] *znw* bijenkorf; hoog opgemaakt kapsel *o*
bee-keeper ['bi:ki:pə] *znw* imker, bijenhouder
bee-keeping ['bi:ki:piŋ] *znw* imkerij
bee-line *znw:* *make a* ~ *for* regelrecht afgaan op
been [bi:n, bin] V.D. van *to be*
beep [bi:p] **I** *onoverg* **1** piepen; **2** toeteren; **II** *znw* **1** pieptoon; gepiep *o*; **2** getoeter *o*
beer [biə] *znw* bier *o*; *life is not all* ~ *and skittles* het leven is niet altijd rozengeur en maneschijn; het leven is geen lolletje
beer-can *znw* bierblik(je) *o*
beer-mat *znw* bierviltje *o*
beery *bn* bierachtig; bier-; dronkemans-
beeswax ['bi:zwæks] **I** *znw* was; **II** *overg* boenen
beet [bi:t] *znw* beetwortel, biet, kroot

beetle ['bi:tl] **I** *znw* tor, kever; **II** *onoverg* **1** zich uit de voeten maken; ~ *off!* smeer 'm!, wegwezen!; **2** snellen
beetle-browed *bn* met zware wenkbrauwen; nors, stuurs
beetroot ['bi:tru:t] *znw* beetwortel, kroot
befall [bi'fɔ:l] (befell; befallen) **I** *overg* overkómen, gebeuren (met), treffen; **II** *onoverg* gebeuren, voorvallen
befallen V.D. van *befall*
befell V.T. van *befall*
befit [bi'fit] *overg* passen, betamen
befitting *bn* passend, gepast, betamelijk
befog [bi'fɔg] *overg* in mist hullen, vertroebelen[2], verwarren
before [bi'fɔ:] **I** *voorz* vóór; in het bijzijn van; ~ *long* eerlang, weldra; ~ *now* reeds eerder; **II** *bijw* voor, vooruit, voorop, vooraf; (al) eerder, tevoren, voordezen, voordien, voorheen; **III** *voegw* voor(dat), eer(dat); *(he would die)* ~ *he lied* liever dan te liegen
beforehand *bijw* van tevoren, vooruit, vooraf
befoul [bi'faul] *overg* bevuilen[2]
befriend [bi'frend] *overg* vriendschap betonen, bijstaan, beschermen
beg [beg] **I** *onoverg* bedelen; ~*!* opzitten! [tegen hond]; ~ *for* vragen (bidden, smeken, verzoeken) om; **II** *overg* vragen, bidden, smeken, verzoeken; (af)bedelen; *I* ~ *to differ* ik ben het niet geheel met u eens; ~ *the question* als bewezen aannemen, wat nog bewezen moet worden; niet ingaan op de vraag (kwestie) zelf; ~ *off* excuus, kwijtschelding vragen; *go* ~*ging* fig geen liefhebbers vinden; *I'll eat that last biscuit if it's going* ~*ging* ik neem het laatste koekje hoor, als niemand 't opeet
begad [bi'gæd] *tsw* verdorie!
began [bi'gæn] V.T. van *begin*
begat [bi'gæt] vero V.T. van *beget*, bijbel gewon (verwekte)
beget [bi'gæt] (begat/begot; begot(ten)) *overg* verwekken[2]
beggar ['begə] **I** *znw* bedelaar; gemeenz kerel, vent; schooier[2]; *B*~*s* hist geuzen; ~*s can't be choosers* een gegeven paard moet men niet in de bek kijken; **II** *overg* verarmen, tot de bedelstaf brengen; *it* ~*s description* het tart iedere beschrijving
beggarly *bn* armoedig, armzalig
beggary *znw* grote armoede
begin [bi'gin] (began; begun) **I** *overg* beginnen, aanvangen; **II** *onoverg* beginnen; *you can't* ~ *to understand* je kunt helemaal niet begrijpen; *to* ~ *with* om te beginnen, ten eerste
beginner *znw* beginner, beginneling
beginning *znw* begin *o*, aanvang; ~*s* beginstadium *o*, allereerste begin *o*
begird [bi'gə:d] (begirt; begirt) *overg* omgorden, omringen
begone [bi'gɔn] *tsw* ga weg!, ga heen!
begot [bi'gɔt] V.T. van *beget*

begotten V.D. van *beget; the only* ~ de eniggeboren (Zoon van God)

begrimed [bi'graimd] *bn* vuil, besmeurd

begrudge [bi'grʌdʒ] *overg* **1** misgunnen; **2** een hekel hebben aan; *I* ~ *spending money on repairs* ik vind het zonde om geld aan reparaties uit te geven

beguile [bi'gail] *overg* bedriegen, bedotten; verleiden; ~ *the time* de tijd verdrijven of korten; ~ *into* verleiden tot; ~ *of* ontlokken, afhandig maken

beguilement *znw* verlokking

beguiling [bi'gailiŋ] *bn* bekoorlijk, verleidelijk

Beguine [bə'gi:n] *znw* begijn, begijntje *o*

begum ['beigəm] *znw* oosterse vorstin, prinses

begun [bi'gʌn] V.D. van *begin; well* ~ *is half done* een goed begin is het halve werk

behalf [bi'ha:f]: *on* ~ *of* uit naam van; ten bate van; *on your* ~ om uwentwil, voor u; namens u, uit uw naam

behave [bi'heiv] **I** *onoverg* zich (netjes) gedragen; **II** *wederk*: ~ *oneself* zich netjes gedragen, zijn fatsoen houden

behaviour, Am **behavior** *znw* gedrag *o*, houding; *be on one's best* ~ extra goed oppassen of zoet zijn; zijn fatsoen houden

behavioural, Am **behavioral** *bn* gedrags-; ~ *disturbance* gedragsstoornis; ~ *sciences* gedragswetenschappen

behaviourism, Am **behaviorism** [bi'heivjə-riz(ə)m] *znw* behaviorisme *o* [richting in de psychologie]

behaviourist, Am **behaviorist** [bi'heivjərist] *znw* behaviorist

behead [bi'hed] *overg* onthoofden

beheld [be'held] V.T. & V.D. van *behold*

behest [bi'hest] *znw* plechtig bevel *o*; verzoek *o*

behind [bi'haind] **I** *voorz* achter; *what's* ~ *this?* wat zit hier achter?; **II** *bijw* achter, van (naar) achteren, ten achteren; achterom; **III** *znw* gemeenz achterste *o*

behindhand *bn & bijw* niet bij, achter; achterstallig, ten achteren; achterlijk

behold [bi'hould] (beheld; beheld) *overg* aanschouwen, zien

beholden [bi'houldn] *bn* verplicht (voor, aan *for, to*)

beholder [bi'houldə] *znw* aanschouwer

behove [bi'houv] *overg* passen, betamen

beige [beiʒ] *bn & znw* beige (*o*)

being ['bi:iŋ] **I** zijnde; **II** *znw* aanzijn *o*, bestaan *o*; wezen *o*; *in* ~ bestaand; *bring (call) into* ~ in het leven roepen; *come into* ~ ontstaan; *human* ~ mens; *the Supreme Being* het Opperwezen

belabour [bi'leibə], Am **belabor** *overg* afrossen; er van langs geven[2]

belated [bi'leitid] *bn* verlaat, (te) laat

belatedly *bijw* laat op de dag, te elfder ure, (te) laat

belch [bel(t)ʃ] **I** *onoverg* boeren; **II** *overg* uitbraken [vuur, rook]; **III** *znw* boer; oprisping, uitbarsting

beleaguered [bi'li:gəd] *bn* veel geplaagd, onder zware druk

belfry ['belfri] *znw* klokkentoren; klokkenstoel; belfort *o*

Belgian ['beldʒən] **I** *bn* Belgisch; **II** *znw* Belg

Belgium ['beldʒəm] *znw* België *o*

belie [bi'lai] *overg* logenstraffen, verkeerd voorstellen

belief [bi'li:f] *znw* geloof *o*; overtuiging, mening; *beyond* ~ ongelofelijk

believable *bn* geloofwaardig, te geloven

believe *overg & onoverg* geloven; gelovig zijn; *make* ~ doen alsof; *make sbd.* ~ *sth.* iem. iets wijsmaken; ~ *in* geloven aan (in); een voorstander zijn van, zijn voor, houden van

believer *znw* gelovige; *a* ~ *in* wie gelooft aan; voorstander van, wie voor, wie houdt van

Belisha beacon [bi'li:ʃə'bi:kən] *znw* knipperbol

belittle [bi'litl] *overg* verkleinen; kleineren

Belize [be'li:z] *znw* Belize *o*

bell [bel] **I** *znw* bel, klok, schel; plantk klokje *o*; scheepv glas *o* [half uur]; muz paviljoen *o* [v. blaasinstrument]; zie ook: *ring*; **II** *overg* een bel omdoen; *to* ~ *the cat* fig de kat de bel aanbinden

belladonna [belə'dɔnə] *znw* belladonna, wolfskers

bell-bottomed *bn* met wijd uitlopende pijpen [v. broek]

bellboy *znw* piccolo, chasseur

bell-bottoms *znw mv* broek met wijd uitlopende pijpen

bell-buoy *scheepv* belboei

belle [bel] *znw* (gevierde) schoonheid; *she was the* ~ *of the ball* ze was het mooiste meisje/de mooiste vrouw (van het gezelschap, op het feest &)

belles-lettres [bel'letr] *znw* bellettrie

bell-founder ['belfaundə] *znw* klokkengieter

bell-glass *znw* glazen stolp

bell-heather *znw* dopheide

bell-hop *znw* Am slang piccolo, chasseur

bellicose ['belikous] *bn* oorlogszuchtig

-bellied ['belid] *achterv* -buikig

belligerence [bi'lidʒərens] *znw* strijdlust, oorlogszuchtigheid

belligerent *bn* **1** oorlogvoerend; **2** agressief; strijdlustig

bellow ['belou] **I** *onoverg* brullen, loeien; bulderen; **II** *overg*: ~ *forth (out)* uitbulderen; **III** *znw* gebrul *o*, geloei *o*; gebulder *o*

bellows ['belouz] *znw (mv)* blaasbalg; balg; *a pair of* ~ een blaasbalg

bell-pull ['belpul] *znw* schelkoord *o & v*

bell-push *znw* belknopje *o*

bell-ringing *znw* klokkenluiden *o*

bell-rope *znw* belkoord *o & v*; klokkentouw *o*

bell-tower *znw* klokkentoren

belly ['beli] **I** *znw* buik; schoot; *go* ~ *up* gemeenz failliet gaan, op zijn gat liggen; **II** *onoverg (& overg)*: ~ *out* opbollen, bol (doen) staan

bellyache I *znw* buikpijn; **II** *onoverg* <u>slang</u> jammeren, klagen, kankeren
belly-band *znw* buikriem
belly-button *znw* <u>gemeenz</u> navel
belly dance *znw* buikdans
belly dancer *znw* buikdanseres
belly flop *znw*: *do a* ~ een platte duik maken
bellyful *znw* buik vol, <u>gemeenz</u> bekomst; *I've had a* ~ *of that* daar heb ik m'n buik van vol
belly landing *znw* buiklanding
belly laugh *znw* luide, schaterende lach
belong [bi'lɔŋ] *onoverg* (toe)behoren (aan *to*); thuishoren; er bij horen; ~ *to* behoren tot (bij)
belongings *znw mv* bezittingen, hebben en houden *o*; bagage, spullen
Belorussia(n) = *Byelorussia(n)*
beloved [bi'lʌvd] **I** *bn* geliefd, bemind; **II** *znw* [bi'lɔvid] geliefde, beminde
below [bi'lou] **I** *voorz* beneden, onder, lager dan; **II** *bijw* omlaag, beneden, naar beneden, hierbeneden
belt [belt] **I** *znw* gordel, riem, band, ceintuur, <u>mil</u> koppel; zone, gebied *o*; *have under one's* ~ **1** achter de kiezen, binnen hebben; **2** op zak, in bezit hebben; *hit below the* ~ onder de gordel slaan, een stoot onder de gordel toebrengen[2]; *tighten one's* ~ de buikriem aanhalen; **II** *overg* een gordel, riem of ceintuur omdoen; omgorden; omringen; <u>gemeenz</u> een oorvijg verkopen; **III** *onoverg* <u>slang</u> jakkeren, pezen, er vandoor gaan; ~ *out* brullen, balken, blèren; ~ *up* <u>slang</u> zijn bek houden
belvedere ['belvidiə] *znw* uitzichttoren
bemoan [bi'moun] *overg* bejammeren, betreuren
bemuse [bi'mju:z] *overg* benevelen, verbijsteren
bench [ben(t)ʃ] *znw* bank; werkbank; doft: roeibank; rechtbank; zetel in het parlement; regeringszetel; <u>sp</u> reservebank; *King's* ~, *Queen's* ~ naam van een hooggerechtshof [Engeland]; *sit on the* ~ rechter zijn; *raise to the* ~ tot rechter benoemen
benchmark ['ben(t)ʃma:k] *znw* maatstaf, vast punt *o*, referentiepunt *o*
benchwarmer ['ben(t)ʃwɔ:mə] *znw* <u>sp</u> bankzitter
bend [bend] (bent; bent) **I** *overg* buigen, krommen, spannen; verbuigen; richten (op *on*); <u>scheepv</u> aanslaan [zeilen]; ~ *the rules* de regels naar eigen goeddunken toepassen; **II** *onoverg* (zich) buigen[2] of krommen; richten[2]; ~ *one's efforts to a problem* zich over een probleem buigen; zie ook: *backwards*; **III** *znw* bocht, kromming; buiging; <u>herald</u> balk [in wapen]; ~ *sinister* linkerschuinbalk (aanduiding v. bastaardij); *the* ~*s* <u>med</u> caissonziekte; *round the* ~ <u>slang</u> gek
bender ['bendə] *znw* <u>gemeenz</u> drankfestijn *o*, zuippartij, fuif
bendy ['bendi] *bn* bochtig; buigzaam
beneath [bi'ni:θ] **I** *voorz* onder, beneden, beneden zijn waardigheid; **II** *bijw* beneden[2], (er)onder
benediction [beni'dikʃən] *znw* (in)zegening, zegen, gebed *o*; <u>RK</u> benedictie; lof *o*

benefaction [beni'fækʃən] *znw* weldaad; schenking
benefactor *znw* weldoener
benefice ['benifis] *znw* prebende, predikantsplaats
beneficence [bi'nefisəns] *znw* lief-, weldadigheid
beneficent *bn* lief-, weldadig
beneficial [beni'fiʃəl] *bn* weldadig, heilzaam, nuttig, voordelig (voor *to*)
beneficiary I *bn* beneficie-; **II** *znw* begunstigde
benefit ['benifit] **I** *znw* baat, voordeel *o*, nut *o*, weldaad; benefiet *o*; uitkering; toelage; *give sbd. the* ~ *of the doubt* <u>recht</u> iem. vrijspreken wegens niet voldoende overtuigend bewijs; <u>fig</u> iem. het voordeel van de twijfel geven; **II** *overg* tot voordeel strekken, goeddoen; bevorderen; **III** *onoverg* baat vinden (bij *by, from*), voordeel trekken (uit *by, from*)
benefit concert *znw* benefietconcert *o*
benefit society *znw* onderling steunfonds *o*
benevolence [bi'nevələns] *znw* welwillendheid; weldadigheid; weldaad
benevolent *bn* welwillend; weldadig; ~ *fund* ondersteuningsfonds *o*
Bengal [beŋ'gɔ:l] *znw* Bengalen *o*
Bengali [beŋ'gɔ:li] **I** *znw* Bengalees, Bengalezen; Bengali *o*; **II** *bn* Bengaals; ~ *light* Bengaals vuur
benighted [bi'naitid] *bn* achterlijk, onwetend
benign [bi'nain] *bn* vriendelijk; heilzaam; <u>med</u> goedaardig
Benin [be'nin] *znw* Benin *o*
Beninese I *znw* (*mv* idem) inwoner v. Benin; **II** *bn* van, uit Benin
benison ['benizn, 'benisn] *znw* <u>vero</u> zegen(ing)
1 bent [bent] *znw* (geestes)richting, aanleg, neiging; voorliefde
2 bent [bent] **I** V.T. & V.D. van *bend*; **II** *bn* gebogen, krom; <u>gemeenz</u> afwijkend; oneerlijk, vals; corrupt; pervers; 'van de verkeerde kant'; *be* ~ (*up*)*on* gericht zijn op; erop uit of besloten zijn om
bent-grass ['bentgra:s] *znw* <u>plantk</u> helm, helmgras *o*
benthos ['benθɔs] *znw* (flora en fauna op de) oceaanbodem
benumb [bi'nʌm] *overg* verkleumen, doen verstijven, verdoven
benzine ['benzi:n] *znw* benzine
bequeath [bi'kwi:ð] *overg* vermaken, nalaten
bequest [bi'kwest] *znw* legaat *o*
berate [bi'reit] *overg* de les lezen
bereaved [bi'ri:vd] *bn* beroofd (van familielid & door overlijden); diepbedroefd [door sterfgeval]; *the* ~ de nabestaanden
bereavement *znw* (zwaar) verlies *o*, sterfgeval *o*
bereft [bi'reft] *bn*: ~ *of* verstoken van
beret ['berei, 'berit] *znw* baret
berg [bə:g] *znw* = *iceberg*
bergamot ['bə:gəmɔt] *znw* bergamot(peer); bergamotcitroen; bergamotolie
berk [bə:k] *znw* <u>gemeenz</u> sufferd, oen

Berlin

Berlin [bə:'lin] **I** znw Berlijn o; **II** bn Berlijns

Bermuda [bə:'mju:də] znw Bermuda o

Bermudan, Bermudian I znw Bermudaan; **II** bn Bermudaans

berry ['beri] znw bes; viseitje o; (koffie)boon

berserk [bə'sə:k] bn: go ~ razend worden

berth [bə:θ] **I** znw <u>scheepv</u> hut, kooi; couchette; ligplaats; schuilplaats; baantje o; give a wide ~ to uit het vaarwater (uit de weg) blijven; **II** overg meren; een hut & aanwijzen; **III** onoverg voor anker gaan, aanleggen

beryl ['beril] znw beril o [stofnaam], beril m [voorwerpsnaam]

beseech [bi'si:tʃ] (besought; besought) overg smeken

beset [bi'set] overg omringen; insluiten; aanvallen, overvallen; het [iemand] lastig maken, in het nauw drijven, belagen; ook V.T. & V.D.; ~ by, ~ with ook: vol...; ~ting sin (hardnekkige) slechte gewoonte, hebbelijkheid

beshrew [bi'ʃru:] overg: ~ me! <u>vero</u> ik mag vervloekt zijn!, de duivel hale mij!

beside [bi'said] voorz naast, bij, buiten; he was ~ himself hij was buiten zichzelf

besides I voorz bovendien, daarbij; **II** bijw behalve, naast, benevens

besiege [bi'si:dʒ] overg belegeren; <u>fig</u> bestormen

besieger znw belegeraar

besmear [bi'smiə] overg besmeren; besmeuren

besmirch [bi'smə:tʃ] overg bekladden[2], besmeuren[2]

besom ['bi:zəm] znw bezem; jump the ~ over de puthaak trouwen

besotted [bi'sɔtid] bn <u>fig</u> verblind (door with); gek (van with)

besought [bi'sɔ:t] V.T. & V.D. van beseech

bespatter [bi'spætə] overg bespatten; bekladden

bespeak [bi'spi:k] overg **1** bespreken, bestellen; **2** verraden, getuigen van

bespoke [bi'spouk] bn op maat gemaakt, maat-; ~ suit maatpak

bespoken [bi'spoukn] V.D. van bespeak

besprinkle [bi'spriŋkl] overg besprenkelen

best [best] **I** bn best; the ~ part of ook: het grootste deel van; bijna; **II** bijw het best; you had ~... je kunt maar het beste...; as ~ we could (might) zo goed mogelijk; zo goed en zo kwaad als we konden; **III** znw best(e); get (have) the ~ of it het winnen, de overhand hebben; give ~ zich gewonnen geven; er mee ophouden; give (of one's) ~ zijn uiterste best doen; make the ~ of it zich schikken in iets, iets voor lief nemen, er het beste van maken, zo goed mogelijk iets benutten; make the ~ of one's way home zo gauw mogelijk thuis zien te komen; (I wish you) all the ~, the ~ of luck alle geluk (succes); at ~ hoogstens; op zijn best, in het gunstigste geval; for the ~ met de beste bedoelingen [handelen]; het beste [zijn]; in his (Sunday) ~ op zijn zondags; to the ~ of my ability (power) naar mijn beste vermogen; with the ~ als de beste

bestial ['bestiəl] bn dierlijk, beestachtig

bestiality [besti'æliti] znw **1** beestachtigheid; **2** bestialiteit, sodomie

bestir [bi'stə:] wederk: ~ oneself voortmaken, aanpakken

best man [best'mæn] znw getuige v.d. bruidegom, bruidsjonker

bestow [bi'stou] overg bergen; geven, schenken; besteden [zorg]; verlenen (aan on, upon)

bestowal znw gift, schenking; verlening

bestrew [bi'stru:] overg bestrooien

bestrewn [bi'stru:n] V.D. van bestrew

bestridden [bi'stridn] V.D. van bestride

bestride [bi'straid] overg schrijlings zitten op of staan over

bestrode [bi'stroud] V.T. van bestride

best-seller ['bestselə] znw bestseller; succesproduct o

1 bet [bet] (bet/betted; bet/betted) overg & onoverg (ver)wedden, wedden (om); ook V.T. & V.D.; I ~ he'll come! wedden dat hij komt?; you ~! nou en of!, wat dacht je!

2 bet znw weddenschap; a better ~, the best ~ <u>gemeenz</u> beter, het beste

beta ['bi:tə] bn bèta; ~ rays bètastralen

betake [bi'teik] (betook; betaken) wederk: ~ oneself to <u>plechtig</u> zich begeven naar; zijn toevlucht nemen tot

betaken V.D. van betake

bête noire ['beit'nwa:] [Fr] znw bête noire; persoon of zaak waaraan men een grote hekel heeft

bethel ['beθəl] znw <u>bijbel</u> gewijde plaats

bethink [bi'θiŋk] (bethought; bethought) wederk: ~ oneself <u>plechtig</u> (zich) bedenken; ~ oneself of denken aan; zich herinneren, zich te binnen brengen

bethought [bi'θɔ:t] V.T. & V.D. van bethink

betide [bi'taid] overg & onoverg <u>plechtig</u> overkomen; wedervaren; gebeuren; woe ~ him! wee hem!

betimes [bi'taimz] bijw <u>vero</u> bijtijds, op tijd; spoedig

betoken [bi'toukn] overg aan-, beduiden; blijk geven van; voorspellen, betekenen

betook [bi'tuk] V.T. van betake

betray [bi'trei] overg verraden°; ontrouw worden; bedriegen [echtgenoot]; beschamen [vertrouwen]

betrayal znw verraad° o; ontrouw, bedrog o

betrayer znw verrader

betroth [bi'trouð] overg <u>plechtig</u> verloven (met to)

betrothal znw <u>plechtig</u> verloving

betrothed <u>plechtig</u> **I** bn verloofd; **II** znw verloofde

better ['betə] **I** znw **1** wedder; **2** meerdere [in kennis &]; one's ~s meerderen, superieuren; **II** bn bijw beter; the ~ part of het grootste deel van; meer dan; no ~ than a peasant maar een boer; no ~ than she should be niet veel zaaks; be ~ beter zijn; het beter maken; be ~ than one's word meer doen dan beloofd was; like ~ meer houden van, liever hebben;

the more the ~ hoe meer hoe liever; *the sooner the* ~ hoe eerder hoe beter; *so much the* ~ des te beter; *the cupboard will be all the* ~ *with a coat of paint* die kast kan wel een likje verf gebruiken; *be the* ~ *for it* voordeel van iets hebben, er bij profiteren; *like him the* ~ *for it* zoveel te meer van hem houden; *get the* ~ *of* de overhand krijgen op, de baas worden, het winnen van; te slim af zijn; *a change for the* ~ een verandering ten goede, een verbetering; *he took her for* ~ *or for worse* hij nam haar tot vrouw (in lief en leed); *you had* ~ *go* je moest maar liever gaan; ~ *off* **1** beter af; **2** rijker; *she'll be* ~ *off in hospital* het is beter voor haar als ze naar het ziekenhuis gaat; *the* ~ *off* de beter gesitueerden, de welgestelden; **III** *onoverg* beter worden; **IV** *overg* verbeteren; overtreffen; **V** *wederk*: ~ *oneself* zijn positie verbeteren

betterment *znw* verbetering (van positie &); waardevermeerdering

betting ['betiŋ] *znw* wedden *o*

between [bi'twi:n] **I** *voorz* tussen; ~... *and...* deels door..., deels door..., half..., half...; ~ *times (whiles)* tussen het werk (de bedrijven) door, zo af en toe; ~ *ourselves,* ~ *you and me* onder ons gezegd (en gezwegen); ~ *us* met of onder ons beiden (allen); **II** *bijw* ertussen(in)

between-decks I *bijw* tussendeks; **II** *znw* tussendek *o*

betwixt [bi'twikst] *voorz* & *bijw* vero tussen; *(it is)* ~ *and between* gemeenz zo half en half; zozo, lala

bevel ['bevl] **I** *znw* beweegbare winkelhaak, hoekmeter; schuine rand, helling; **II** *overg* afschuinen, afkanten; **III** *onoverg* schuin lopen, hellen

beverage ['bevəridʒ] *znw* drank

bevy ['bevi] *znw* vlucht, troep, schare[2], horde[2], gezelschap *o*

bewail [bi'weil] *overg* betreuren, bejammeren

beware [bi'wɛə] *onoverg* & *overg* oppassen, zich hoeden, zich wachten, zich in acht nemen (voor *of*); ~ *of the dog* pas op voor de hond

bewilder [bi'wildə] *overg* verbijsteren, verwarren

bewildering *bn* verbijsterend

bewilderment *znw* verbijstering

bewitch [bi'witʃ] *overg* betoveren[2], beheksen[2]

bewitching *bn* betoverend, verrukkelijk

bewitchment *znw* betovering[2]

beyond [bi'jɔnd] **I** *voorz* & *bijw* aan gene zijde (van), boven (uit), over, buiten, meer (dan), verder (dan), voorbij, (daar)achter; behalve; *it is* ~ *me (my comprehension)* het gaat mijn verstand te boven; **II** *znw* hiernamaals *o*; *the back of* ~ het andere eind van de wereld

bezel ['bezl] *znw* schuine kant [v. beitel]; kas [v. ring]

Bezique [bi'zi:k] *znw* bezique *o* [kaartspel]

Bhutan [bu:'ta:n] *znw* Bhoetan *o*

Bhutanese I *znw* (*mv* idem) inwoner van Bhoetan; **II** *bn* Bhoetaans

bi- [bai-] *voorv* tweemaal, dubbel, tweevoudig, gedu-

rende twee, iedere twee &

biannual [bai'ænjuəl] *bn* halfjaarlijks

bias ['baiəs] **I** *znw* (*mv*: biases *of* biasses) schuinte; effect *o*; overhelling, neiging; vooroordeel *o*, partijdigheid; *cut on the* ~ schuin geknipt; **II** *overg* doen overhellen[2]; *be* ~*(s)ed* bevooroordeeld zijn; ~ *binding* biaisband *o*

bib [bib] *znw* slabbetje *o*; *best* ~ *and tucker* zondagse kleren

bibber ['bibə] *znw* pimpelaar, drinkebroer

bible ['baibl] *znw* bijbel[2]

biblical ['biblikl] *bn* bijbels, bijbel-

biblio- *voorv* boeken betreffende

bibliographer [bibli'ɔgrəfə] *znw* bibliograaf

bibliographic(al) [bibliə'græfik(l)] *bn* bibliografisch

bibliography [bibli'ɔgrəfi] *znw* bibliografie

bibliophile ['biblioufail] *znw* bibliofiel

bibulous ['bibjuləs] *bn* drankzuchtig

bicarbonate [bai'ka:bənit] *znw* dubbelkoolzuurzout *o*; ~ *of soda* dubbelkoolzure soda, zuiveringszout *o*

bicentenary, bicentennial [baisen'ti:nəri, baisen'tenjəl] *znw* tweehonderdjarig jubileum *o*, tweehonderdste gedenkdag

biceps ['baiseps] *znw* biceps

bicker ['bikə] *onoverg* kibbelen, hakketakken

bickering *znw* gekibbel *o*

bicycle ['baisikl] **I** *znw* fiets; **II** *onoverg* fietsen

bicyclist *znw* wielrijder, fietser

1 bid [bid] (bid; bid) *overg* & *onoverg* [op veiling] bieden (*on for*); ~ *fair to...* beloven te..., een goede kans maken om te...

2 bid (bade/bid; bidden/bid) *overg* gebieden, bevelen, gelasten; verzoeken, zeggen, wensen, heten; ~ *farewell to* ook: afscheid nemen van

3 bid *znw* bod[2] *o* (op *for*); poging; *make a* ~ *for* fig dingen naar

bidden V.D. van ²*bid*

bidder *znw* bieder

bidding *znw* bevel *o*; verzoek *o*; bod *o*, bieden *o*

bide [baid] *overg*: ~ *one's time* afwachten (tot *until*)

biennial [bai'enjəl] **I** *bn* tweejarig; tweejaarlijks; **II** *znw* tweejarige plant; gebeurtenis die elke twee jaar plaatsvindt

biennially *bijw* om de twee jaar

bier [biə] *znw* baar, lijkbaar

biff [bif] gemeenz **I** *znw* stomp, dreun, peut; **II** *overg* stompen, slaan; beuken

bifocal [bai'foukəl] **I** *bn* bifocaal, dubbelgeslepen, dubbelfocus-; **II** *znw*: ~*s* bril met dubbelfocuslenzen

bifurcate I ['baifə:keit] *(onoverg &) overg* (zich) splitsen; **II** ['baifə:kit]: *bn* gevorkt

bifurcation [baifə'keiʃən] *znw* splitsing; tak

big [big] **I** *bn* dik, groot[2], zwaar; ~ *with child* hoogzwanger; ~ *business* de grote zakenwereld; een belangrijke transactie; ~ *dipper* grote roetsjbaan; Am astron Grote Beer; ~ *end* techn grote kop van een drijfstang; *the* ~ *film* de hoofdfilm; ~ *fish* hoge ome; ~ *name* beroemdheid, beroemde persoon; ~ *noise*, ~ *pot*, ~ *shot* gemeenz hoge ome, kopstuk *o*, hotemetoot; *the* ~ *time* het grote succes, de top [voor een artiest]; ~ *top* circustent; *get (grow) too* ~ *for one's boots* naast zijn schoenen gaan lopen (van verwaandheid); *in a* ~ *way* groots, grootschalig; *that's* ~ *of you!* ironisch ontzettend bedankt!, dank je feestelijk!; **II** *bijw* gewichtig, belangrijk; *think* ~ het groots aanpakken; *talk* ~ opscheppen; *make it* ~ beroemd worden, veel succes hebben

bigamist ['bigəmist] *znw* bigamist

bigamous *bn* in bigamie levend

bigamy *znw* bigamie

big-boned ['bigbound] *bn* zwaargebouwd, grof

big game *znw* groot wild *o*

biggish *bn* tamelijk groot, nogal dik

big-headed ['big'hedid] *bn* gemeenz verwaand

big-hearted ['big'ha:tid] *bn* groothartig, ruimhartig, genereus

bight [bait] *znw* bocht; baai, kreek

bigmouth ['bigmauθ] *znw* schreeuwlelijk, opschepper

bigot ['bigət] *znw* dweper, fanaticus

bigoted *znw* dweepziek, fanatiek; onverdraagzaam, vol vooroordelen

bigotry *znw* dweepzucht, fanatisme *o*

big-timer ['bigtaimə] *znw* topper, topartiest, topspeler

bigwig ['bigwig] *znw* gemeenz hoge ome, hoge piet, bons

bijou ['bi:ʒu:] **I** *znw* juweel(tje)[2] *o*; **II** *bn* schattig, snoezig; chic

bike [baik] gemeenz **I** *znw* fiets; Am ook: motorfiets; **II** *onoverg* fietsen

bikini [bi'ki:ni] *znw* bikini

bilabial [bai'leibjəl] *bn* tweelippig, bilabiaal

bilateral [bai'lætərəl] *bn* tweezijdig, bilateraal

bilberry ['bilbəri] *znw* blauwe bosbes

bilbo ['bilbou] *znw (mv. -s of -boes)* hist degen

bilboes ['bilbouz] *znw mv* scheepv (voet)boeien

bile [bail] *znw* gal[2]; *stir (up) sbd.'s* ~ iem. de gal doen overlopen

bilge [bildʒ] *znw* buik [v. vat, schip]; scheepv kim; gemeenz kletskoek

bilge-water *znw* water *o* onder in een schip; fig slootwater *o*

bilingual [bai'lingwəl] *bn* tweetalig

bilious ['biljəs] *bn* gal-, galachtig; walg(e)lijk; misselijk; cholerisch, driftig; *a* ~ *colour* een vieze kleur

bilk [bilk] *overg* zich aan betaling onttrekken; er vandoor gaan; beetnemen, bedotten

bill [bil] **I** *znw* rekening; wissel; ceel, lijst, programma *o*; aanplakbiljet *o*, strooibiljet *o*; bek, snavel; recht aanklacht, akte van beschuldiging; wetsontwerp *o*; Am bankbiljet *o*; ~ *of exchange* wissel(brief); ~ *of fare* spijskaart, menu *o & m*; ~ *of*

health scheepv gezondheidspas [verklaring over de aan- of afwezigheid van besmettelijke ziekten]; *a clean* ~ *of health* gezondheidsattest; ~ *of lading* cognossement *o*; ~ *of rights* wettelijke vastlegging van grondrechten; **II** *overg* (door biljetten) aankondigen, op het programma zetten; de rekening sturen, op de rekening zetten; **III** *onoverg:* ~ *and coo* koeren, kwelen, kirren

billboard *znw* aanplakbord *o*

bill-broker *znw* wisselmakelaar

billet ['bilit] **I** *znw* inkwartieringsbevel *o*; mil kwartier *o*; verblijfplaats; **II** *overg* inkwartieren (bij *on*)

bill-fold ['bilfould] *znw* Am portefeuille

billhook ['bilhuk] *znw* snoeimes *o*

billiards ['biljədz] *znw* biljart(spel) *o*

billiard-table *znw* biljart *o*

billing ['biliŋ] *znw* aankondiging; *top* ~ bovenste plaats op het affiche

Billingsgate ['biliŋzgit] *znw* vismarkt in Londen; *talk b~* schelden als een viswijf

billion ['biljən] *znw* biljoen *o*; Am miljard *o*

billionaire [biljə'neə] *znw* Am miljardair

billow ['bilou] **I** *znw* baar, golf; ~*s of smoke* grote rookwolken; **II** *onoverg* opzwellen, golven

billowy *bn* golvend

billposter ['bilpoustə] *znw* **1** (aan)plakker; **2** poster, affiche, aanplakbiljet *o*

billy ['bili] *znw* (water)keteltje *o* of kookpotje *o*

billy-goat ['biligout] *znw* geitenbok

billy-oh, billy-(h)o ['bili(h)ou] *znw: like* ~ uit alle macht

bimetalism [bai'metəlizm] *znw* bimetallisme *o*

bimonthly [bai'mʌnθli] *znw* tweemaandelijks (tijdschrift *o*); soms: halfmaandelijks

bin [bin] *znw* mand, bak; afvalemmer, vuilnisbak; [brood]trommel

binary ['bainəri] *bn* binair, dubbel, tweeledig, tweetallig

1 bind [baind] (bound; bound) **I** *overg* (in)binden, verbinden, verplichten; omboorden, beslaan; constiperen; ~ *over* (onder borgstelling) verplichten zich voor het gerecht te verantwoorden; ~ *up* verbinden [een wond]; samen-, inbinden; zie ook: [2]*bound*; **II** *onoverg* vast worden, hard worden

2 bind *znw* muz boog; gemeenz vervelende taak, verplichting, corvee

binder *znw* (boek)binder; losse band, omslag; band; bindmiddel *o*

bindery *znw* boekbinderij

binding I *bn* (ver)bindend; verplichtend (voor *on*); **II** *znw* (boek)band; verband *o*; omboordsel *o*, rand, beslag *o*; (ski)binding

bindweed ['baindwi:d] *znw* plantk (akker)winde

binge [bindʒ] *znw* slang braspartij; fig uitbarsting, vlaag, bui

bingo ['biŋgou] **I** *znw* bingo *o* [gokspel]; **II** *tsw* bingo!, raak!

bin liner ['binlainə] *znw* vuilniszak

binnacle ['binəkl] *znw* scheepv kompashuisje *o*

binoculars [bai-, bi'nɔkjulərs] *znw mv* verrekijker, veldkijker, toneelkijker; ook: *a pair of* ~

binomial [bai'noumiəl] *znw* tweeledige grootheid; *the* ~ *theorem* het binomium van Newton

bint [bint] *znw* slang stuk *o* [meisje]

biochemist [baiou'kemist] *znw* biochemicus

biochemistry [baiou'kemistri] *znw* biochemie

biodegradable [baioudi'greidəbəl] *bn* biologisch afbreekbaar

biogenesis [baiou'dʒenisis] *znw* biogenese

biographer [bai'ɔgrəfə] *znw* biograaf

biographical [baiə'græfikl] *bn* biografisch

biography [bai'ɔgrəfi] *znw* biografie, levensbeschrijving

biological [baiə'lɔdʒikl] *bn* biologisch

biologist [bai'ɔlədʒist] *znw* bioloog

biology *znw* biologie

bionic ['baiɔnik] *bn* bionisch

biophysics [baiou'fiziks] *znw* biofysica

biosphere ['baiosfiə] *znw* biosfeer

biotechnology [baioutek'nɔlədʒi] *znw* biotechnologie

biotope ['baiotoup] *znw* biotoop

bipartisan ['baipa:ti'zæn] *bn* tussen/van twee partijen

bipartite [bai'pa:tait] *bn* tweedelig; tussen of van twee partijen, bilateraal

biped ['baiped] *znw* tweevoetig dier *o*

biplane ['baiplein] *znw* luchtv tweedekker, dubbeldekker

birch [bə:tʃ] **I** *znw* berk; tucht-, (straf)roede; **II** *bn* berken, berkenhouten; **III** *overg* (met) de roe geven

birching *znw* pak *o* slaag met de roe

bird [bə:d] *znw* vogel; slang kerel; slang meisje *o*; ~ *of paradise* paradijsvogel; ~ *of passage* doortrekker, trekvogel[2]; ~ *of prey* roofvogel; *the early* ~ *catches the worm* de morgenstond heeft goud in de mond; *a queer* ~ slang een rare snoeshaan, een vreemde vogel; ~*s of a feather flock together* soort zoekt soort; *a* ~ *in the hand is worth two in the bush* één vogel in de hand is beter dan tien in de lucht; *do* ~ slang zitten (in de bajes); *get the* ~ slang uitgefloten worden; *give the* ~ slang uitfluiten; *kill two* ~*s with one stone* twee vliegen in één klap slaan; *strictly for the birds* gemeenz helemaal niks voor mij (u &); *he'll have to be told about the* ~*s and the bees* het kan geen kwaad hem eens te vertellen waar de kindertjes vandaan komen

bird-brained *bn* dom, onnozel

birdcage *znw* vogelkooi

bird-call *znw* vogelfluitje *o*

bird-fancier *znw* liefhebber van vogels; vogelkoopman

birdie ['bə:di] *znw* **1** vogeltje *o*; **2** golf een slag minder dan par

bird's-eye *znw* plantk ereprijs; soort tabak; ~ *view* gezicht *o* in vogelvlucht

bird's nest *znw* (eetbaar) vogelnestje *o*

bird watcher *znw* vogelwachter, vogelaar

biro ['bairou] *znw* gemeenz balpen

birth [bə:θ] *znw* geboorte, afkomst; *give* ~ *to* het leven schenken aan, ter wereld brengen; *by* ~ van geboorte

birth control *znw* geboorteregeling, -beperking

birthday *znw* verjaardag, geboortedag; *birthday honours* Br lintjesregen; *in one's* ~ *suit* in adamskostuum

birthmark *znw* moedervlek

birthplace *znw* geboorteplaats

birth rate *znw* geboortecijfer *o*

birthright *znw* geboorterecht *o*

biscuit ['biskit] *znw* biscuit *o* of *m*, koekje *o*; cracker; *that takes the* ~! gemeenz dat is het toppunt!

bisect [bai'sekt] *overg* in tweeën delen

bisection *znw* deling in tweeën

bisector *znw* wisk bissectrice

bisexual [bai'seksjuəl] *bn* biseksueel; tweeslachtig

bishop ['biʃəp] *znw* bisschop; raadsheer, loper [v. schaakspel]

bishopric *znw* bisdom *o*

bison ['baisn] *znw (mv* idem) dierk bizon

bissextile [bi'sekstail] *bn*: ~ *year* schrikkeljaar *o*

1 bit [bit] *znw* **1** beetje *o*, stuk(je) *o*, hapje *o*; **2** ogenblikje *o*, poosje *o*; **3** geldstukje *o*; **4** bit *o* [v. toom]; **5** comput bit *m*; **6** boorijzer *o*; **7** bek [v. nijptang]; sleutelbaard; **8** episode, nummer *o*; *every* ~ *a German* een Duitser in alle opzichten; *every* ~ *as good* net zo goed; *not a* ~ geen zier; *not a* ~ *(of it)!* volstrekt niet!; *quite a* ~ aardig wat, een heleboel; *do one's* ~ het zijne (zijn plicht) doen; zich niet onbetuigd laten; *take the* ~ *between one's teeth* op eigen gezag ingrijpen; zijn eigen koers volgen; ~ *by* ~ stukje voor stukje; *take to* ~*s* uit elkaar halen

2 bit [bit] V.T. van *bite*

bitch [bitʃ] **I** *znw* dierk teef[2], wijfje *o*; fig kreng *o*, sloerie; *have a* ~ *about sbd.* kwaadspreken, roddelen over iem.; **II** *onoverg* gemeenz kankeren (over *about*)

bitchy *bn* vuil, gemeen, hatelijk

1 bite [bait] (bit; bitten) **I** *overg* bijten[2] (in, op); fig in zijn greep krijgen; ~ *the dust* in het zand (stof) bijten; ~ *one's lip(s)* zich verbijten; *many people have been bitten by the fitness craze* veel mensen zijn in de ban van de fitness-rage; ~ *off more than one can chew* te veel hooi op zijn vork nemen; *what's biting you?* wat scheelt je?, wat mankeert eraan?, wat hindert je?; **II** *onoverg* (aan)bijten, toehappen; zich doen voelen; techn pakken, grip krijgen; ~ *at* happen naar, trachten te bijten

2 bite *znw* beet, hapje *o*, hap; eten *o*; bijten *o*; pakken *o*; iets bijtends of pikants; *get a* ~ beet hebben

biting *bn* bijtend, bits, scherp

bitten ['bitn] V.D. van *bite*; *once* ~ *twice shy* een ezel stoot zich geen tweemaal aan dezelfde steen; ~ *with* vervuld (weg) van

bitter ['bitə] **I** *bn* bitter, verbitterd; bitter koud; *to the ~ end* tot het bittere eind *o*; **II** *znw* bittere *o*, bitterheid; bitter bier *o*; *~s* bitter *o & m* [stofnaam], bitter *m* [voorwerpsnaam]
bittern ['bitən] *znw* dierk roerdomp
bitter-sweet ['bitə'swi:t] *bn* bitterzoet
bitty ['biti] *bn* onsamenhangend, samengeflanst
bitumen ['bitjumin] *znw* bitumen *o*, asfalt *o*
bituminous *bn* bitumineus
bivalent [bai'veilant] *bn* tweewaardig, bivalent
bivalve ['baivælv] **I** *bn* dierk tweeschalig; plantk tweekleppig; **II** *znw* tweeschalig weekdier *o*
bivouac ['bivuæk] **I** *znw* bivak *o*; **II** *onoverg* bivakkeren
biweekly [bai'wi:kli] **I** *bn bijw* **1** veertiendaags; om de veertien dagen; **2** tweemaal per week; **II** *znw* **1** veertiendaags tijdschrift *o*; **2** tweemaal per week verschijnend tijdschrift *o*
biz [biz] *znw* slang verk. van *business*
bizarre [bi'za:] *bn* bizar, grillig
BL *afk.* **1** Schots & Ir = *Bachelor of Law*; **2** *British Library*
B/L *afk.* = *bill of lading*
blab [blæb] **I** *onoverg* (uit de school) klappen; **II** *overg* eruit flappen
blabber *onoverg* ouwehoeren, (door)zeuren (over *about*)
blabbermouth ['blæbəmauθ] *znw* gemeenz kletskous, ouwehoer
black [blæk] **I** *bn* zwart[2], donker[2], duister[2], somber; vuil; boos(aardig), kwaad, dreigend; *~ box* luchtv zwarte doos; *~ cap* zwarte baret v. rechter bij uitspreken v. doodvonnis; *~ economy* clandestiene economie, schaduweconomie; *~ eye* blauw oog [door een stomp]; *~ friar* dominicaan; *~ hole* cachot *o*; astron zwart gat *o*; *~ ice* ijzel; *~ mark* slechte aantekening; *~ market* zwarte markt; *~ marketeer* zwarthandelaar; *~ pepper* zwarte peper; *~ pudding* bloedworst; *~ sheep* zwart schaap *o* [ook fig]; *~ spot* gevaarlijk punt *o*, plaats waar veel ongelukken gebeuren; *an unemployment ~ spot* gebied *o* met hoge werkloosheid; *~ tie* gemeenz avondkostuum *o*; *~ work* besmet werk *o* [bij stakingen]; *beat ~ and blue* bont en blauw slaan; *he's not as ~ as he is painted* hij is niet zo slecht als beweerd wordt; **II** *znw* zwart *o*; zwartsel *o*; zwarte vlek, vuiltje *o*; zwarte (man/vrouw), neger; *in the ~* gemeenz positief [saldo]; *~ and white* zwart-wit; *in ~ and white* zwart op wit; **III** *overg* zwart maken; poetsen; *~ sbd.'s eye* iem. een blauw oog slaan; *~ in* zwart maken; *~ out* zwart maken; verduisteren [een stad &]; onleesbaar maken [door censuur]; **IV** *onoverg*: *~ out* tijdelijk het bewustzijn (geheugen) verliezen
blackamoor *znw* Moriaan, neger
blackball *overg* stemmen tegen iems. toetreden [tot club &]
blackbeetle *znw* kakkerlak
blackberry *znw* braam(bes)

blackberrying *znw* bramen plukken/zoeken *o*
blackbird *znw* merel
blackboard *znw* (school)bord *o*
blackcurrant *znw* zwarte bes
blacken **I** *overg* zwart maken[2]; **II** *onoverg* zwart worden
blackguard *znw* gemene kerel, schavuit, smeerlap
blackhead *znw* mee-eter, vetpuistje *o*
blacking *znw* schoensmeer *o & m*
blackish *bn* zwartachtig
black jack *znw* geteerde leren kruik; kaartsp eenentwintigen *o*; Am ploertendoder; piratenvlag
blacklead ['blæk'led] *znw* kachelpoets, grafiet *o*; **II** *overg* potloden [v. kachel]
blackleg **I** *znw* onderkruiper [bij staking]; **II** *onoverg* onderkruipen
blacklist **I** *znw* zwarte lijst; **II** *overg* op de zwarte lijst zetten
blackmail **I** *znw* chantage, (geld)afpersing; *levy ~ on* afpersen; **II** *overg* chanteren, geld afpersen; *~ sbd. into...* iem. door het plegen van chantage dwingen tot...
blackmailer *znw* chanteur, afperser
blackout *znw* verduistering [tegen luchtaanval]; kortstondig verlies *o* van bewustzijn of geheugen; uitval [v. licht, elektriciteit &]; verzwijging, stilzwijgen *o* (om veiligheidsredenen), persblokkade, berichtenstop; [in theater] doven v. alle lichten voor een changement
blacksmith *znw* smid
blackthorn *znw* sleedoorn
bladder ['blædə] *znw* blaas; binnenbal; fig blaaskaak
blade [bleid] *znw* spriet, halm; blad *o* [ook v. zaag &]; techn schoep [v. turbine]; lemmet *o*, kling, (scheer)mesje *o*; gemeenz joviale kerel
blah [bla:], **blah-blah** *znw* slang blabla *o*, gezwam *o*
blain [blein] *znw* blaar
blame [bleim] **I** *overg* afkeuren, berispen, laken; *who is to ~?* wiens schuld is het?; *they have themselves to ~* het is hun eigen schuld, ze hebben het aan zichzelf te wijten (te danken); *I don't ~ him* ook: ik geef hem geen ongelijk, ik neem het hem niet kwalijk; *~ it on him*, *~ him for it* er hem de schuld van geven, het hem verwijten; **II** *znw* blaam, schuld; kritiek, afkeuring
blameful *bn* = *blameworthy*
blameless *bn* onberispelijk; onschuldig
blameworthy *bn* afkeurenswaardig, laakbaar
blanch [bla:nʃ] **I** *overg* wit maken, bleken; doen verbleken; pellen; **II** *onoverg* (ver)bleken, wit worden
bland [blænd] *bn* zacht, vriendelijk, minzaam, (poes)lief; oppervlakkig, clichématig; *a ~ diet* een licht verteerbaar dieet *o*
blandish *overg* vleien, paaien, strelen
blandishment *znw* (meestal *mv*): *~s* vleierij, lievig-

heid; verlokking

blank [blæŋk] **I** *bn* wit, blanco, oningevuld, onbeschreven, open; louter, zuiver; bot, vierkant; wezenloos, leeg; beteuterd; sprakeloos [verbazing]; ~ *cartridge* losse patroon; *a* ~ *cheque* handel een blanco cheque; fig carte blanche; ~ *door* blinde deur; ~ *verse* rijmloze verzen; ~ *wall* blinde muur; *my mind has gone* ~ ik herinner me niets meer; **II** *znw* onbeschreven blad *o*, open plaats, wit *o*, witte ruimte; leegte, leemte; streepje *o* [in plaats van woord]; blanco formulier *o*; niet [in loterij]; blank [v. domino]; doelwit[2] *o*; *Mr. Blank* de heer N. N.; *draw a* ~ met een niet uitkomen; bot vangen

blanket ['blæŋkit] **I** *znw* (wollen) deken; [wolken]dek *o*, (mist)sluier; **II** *overg* met een deken bedekken, (over)dekken; fig smoren, onderdrukken; **III** *bn* algemeen, alles insluitend

blanketing *znw* (stof voor) dekens

blankly ['blæŋkli] *bijw* wezenloos, beteuterd; botweg, vierkant

blare [blɛə] **I** *onoverg* loeien, brullen; schallen, schetteren; **II** *overg* uitbrullen, (rond)trompetten; **III** *znw* geschal *o*, geschetter *o*

blarney ['bla:ni] **I** *znw* (mooie) praatjes, vleierij; **II** *overg & onoverg* vleien, slijmen

blasé ['bla:zei] *bn* blasé

blaspheme [blæs'fi:m] *onoverg & overg* (God) lasteren, vloeken, spotten

blasphemous ['blæsfiməs] *bn* (gods)lasterlijk

blasphemy *znw* godslastering, blasfemie

blast [bla:st] **I** *znw* luchtstroom, (ruk)wind, windstoot; luchtdruk(werking); stoot [op blaasinstrument], geschal *o*; ontploffing; springlading; *at full* ~ in volle werking (gang); *the radio was on at full* ~ stond keihard aan; **II** *overg* verdorren, verzengen; laten springen; aantasten, doen mislukken, vernietigen, verwoesten; ~*!* vervloekt!; ~ *off* ontsteken [raket]

blasted *bn & bijw* vervloekt

blast-furnace *znw* hoogoven

blast-off *znw* ontsteking [v. raket], start

blatancy ['bleitənsi] *znw* geschetter *o*, geschreeuw *o*

blatant *bn* schetterend[2], schreeuwerig[2]; schaamteloos; duidelijk, flagrant [leugen]

blather ['blæðə] = *blether*

blaze [bleiz] **I** *znw* **1** vlammenzee; (vuur)gloed, brand; fig vlaag, uitbarsting; **2** schel licht *o*; **3** bles; merk *o*; *in a* ~ in lichterlaaie; *go to* ~*s!* loop naar de hel!; *what the* ~*s are you doing?* wat ben je in vredesnaam aan het doen?; zie ook: [1]*like II*; **II** *onoverg* vlammen, (op)laaien, fel branden; gloeien, flikkeren, stralen; schitteren, lichten; ~ *away* (er op los) paffen, schieten; ~ *away at* hard werken aan; ~ *up* uitslaan, oplaaien; opstuiven; **III** *overg* merken [bomen]; fig banen [pad]; ~ *(abroad)* ruchtbaar maken

blazer ['bleizə] *znw* blazer; sportjasje *o*

blazing ['bleiziŋ] *bn* opvallend, hel [v. kleur]; bla-

kend [zon]; slaande [ruzie]

blazon ['bleizn] **I** *znw* blazoen *o*; wapenkunde; **II** *overg* blazoeneren; versieren; fig rondbazuinen (ook: ~ *abroad, forth, out*)

bleach [bli:tʃ] **I** *overg & onoverg* bleken; (doen) verbleken; **II** *znw* bleken *o*; bleekmiddel *o*

bleacher *znw* bleker; bleekmiddel *o*; ~*s* Am onoverdekte tribune

bleaching-powder *znw* bleekpoeder *o & m*

bleak [bli:k] *bn* kil, koud, guur, naar; onbeschut, open, kaal; somber

2 bleak [bli:k] *znw* dierk alvertje *o*

blear [bliə] **I** *bn* tranend; dof; vaag; **II** *overg* doen tranen; verduisteren, benevelen

bleary *bn* = *blear I*

bleary-eyed ['bliəriaid] *bn* met waterige ogen; fig suffig

bleat [bli:t] **I** *onoverg* blaten, mekkeren; **II** *znw* geblaat *o*

bleb [bleb] *znw* blaasje *o*, blaar

bled [bled] V.T. & V.D. van *bleed*

bleed [bli:d] (bled; bled) **I** *onoverg* bloeden[2]; afgeven, uitlopen [v. kleuren in de was]; **II** *overg* aderlaten, doen bloeden; ~ *sbd. dry*, ~ *sbd. white* iem. het vel over de oren halen

bleeder *znw* med hemofiliepatiënt; gemeenz schoft

bleeding *znw* bloeding; aderlating; **II** *bn* gemeenz = *bloody I 2*

bleep [bli:p] **I** *onoverg* piepen, een pieptoon geven; **II** *overg* oppiepen, oproepen; **III** *znw* piep, pieptoontje *o*

bleeper ['bli:pə] *znw* pieper [om iem. op te roepen]

blemish ['blemiʃ] **I** *overg* bekladden; bezoedelen; **II** *znw* vlek, fout, smet, klad

blench [blenʃ] *onoverg* terugdeinzen, wijken

1 blend [blend] (blended/blent; blended/blent) **I** *overg* (ver)mengen; **II** *onoverg* zich vermengen; zich laten mengen; ~ *in* goed samengaan; opgaan in

2 blend *znw* vermenging, mengsel *o*, melange

blender ['blendə] *znw* blender [mengapparaat]

bless [bles] *overg* zegenen, loven, (zalig) prijzen; ~ *me*, ~ *my soul!*, *well I'm* ~*ed!* goede genade!, wel heb ik ooit!; ~ *you!* gezondheid!

blessed ['blesid] **I** *bn* gezegend; gelukzalig; zalig; vervloekt; *of* ~ *memory* zaliger gedachtenis: **II** *znw*: *the* ~ de gelukzaligen

blessedness *znw* gelukzaligheid

blessing *znw* zegen(ing), zegenwens; *ask a* ~ bidden [vóór of na het eten]; *a* ~ *in disguise* een geluk bij een ongeluk; *a* ~ *mi:ed* ~ iets met voor- en nadelen, geen onverdeeld genoegen

blest I V.T. & V.D. van *bless*; **II** *bn* gezegend, gelukzalig, zalig; *I'm* ~ *if...* ik laat me hangen als...

blether ['bleðə] **I** *onoverg* kletsen, wauwelen; **II** *znw* klets, geklets *o*, gewauwel *o*

blew [blu:] V.T. van *blow*

blight [blait] **I** *znw* plantenziekte: meeldauw, roest, brand &; verderfelijke invloed; **II** *overg* aantasten, verzengen; vernietigen

blighter *znw* gemeenz ellendeling; *(lucky)* ~ (gelukkige) kerel

Blighty ['blaiti] *znw* slang Engeland *o*

blimey ['blaimi] *tsw* slang verdomme!

blimp [blimp] *znw* blimp [klein luchtschip voor verkenning &]; *(Colonel) Blimp* het type van de geborneerde conservatief (uit de militaire stand)

blind [blaind] **I** *bn* blind[2]; verborgen; ~ *drunk* gemeenz stomdronken; ~ *alley* doodlopend straatje *o*, slop *o*, als *bn*: zonder vooruitzichten; ~ *letter* onbestelbare brief; *sbd.'s* ~ *side* iems. zwakke zijde; *get on sbd.'s* ~ *side* iem. in zijn zwakke plek raken; ~ *spot* blinde vlek; dode hoek; fig gebied *o* waarin men niet thuis is; ~ *date* afspraakje met iem. die men nog nooit ontmoet heeft; ~ *in one eye* blind aan één oog; *as* ~ *as a bat* stekeblind, zo blind als een mol; *not a* ~ *bit of use* dient absoluut nergens toe; *turn a* ~ *eye to sth.* een oogje dichtknijpen voor iets; **II** *overg* blind maken, verblinden, blinddoeken, verduisteren; mil blinderen; **III** *znw* gordijn *o* & *v*, rolgordijn *o*, zonneblind *o*, jaloezie; scherm *o*; blinddoek[2]; oogklep; mil blindering; fig voorwendsel *o*, smoesje *o*; slang drinkgelag *o*

blindfold I *bn bijw* geblinddoekt; blindelings; **II** *overg* blind maken, verblinden; blinddoeken; **III** *znw* blinddoek

blinding ['blaindiŋ] *bn* verblindend [licht]; ~ *headache* knallende hoofdpijn

blindly *bijw* blindelings[2]

blindman's buff *znw* blindemannetje *o*

blindness *znw* blindheid[2], verblinding

blindworm *znw* hazelworm

blink [bliŋk] **I** *onoverg* knipperen (met de ogen), knipogen; gluren; flikkeren; **II** *znw* knipperen (met de ogen) *o*; glimp, schijnsel *o*; *on a* ~ gemeenz defect, niet in orde

blinkers *znw mv* oogkleppen

blinking ['bliŋkiŋ] *bn & bijw* deksels, verdraaid

blip [blip] **I** *znw* stip op radarscherm; piep, bliep; tijdelijke situatie; *the increase in unemployment is just a* ~ de stijging van de werkloosheid is slechts van tijdelijke aard; **II** *overg:* ~ *the throttle* gemeenz tussengas geven

bliss [blis] *znw* (geluk)zaligheid, geluk *o*

blissful *bn* (geluk)zalig; *in* ~ *ignorance, ~ly ignorant* argeloos

blister ['blistə] **I** *znw* blaar; trekpleister; **II** *onoverg (& overg)* blaren (doen) krijgen; (doen) bladderen

blistering *bn* fig bijtend, striemend

blithe [blaið] *bn* plechtig blij, vrolijk, lustig; zorgeloos, argeloos

blithering ['bliðəriŋ] *bn:* ~ *idiot* gemeenz stomme idioot

blithesome ['blaiðsəm] *bn* plechtig = *blithe*

blitz [blits] **I** *znw* **1** blitzkrieg; **2** hevige (lucht-)aanval; fig actie, campagne; *the B*~ de luchtslag om Londen (in 1940-'41); *have a* ~ *on the house* een

schoonmaakactie houden; **II** *overg* een hevige (lucht)aanval doen op, (door een luchtaanval) verwoesten

blizzard ['blizəd] *znw* hevige sneeuwstorm

bloat [blout] **I** *overg* doen (op)zwellen; roken [v. haring]; **II** *onoverg* (op)zwellen

bloated *bn* opgezwollen; opgeblazen[2]

bloater *znw* bokking

blob [blɔb] *znw* klont, kwak, druppel, mop, klodder

bloc [blɔk] *znw* blok *o* [in de politiek]

block [blɔk] **I** *znw* blok *o*, huizenblok *o*; vorm [voor hoeden]; katrolblok *o*, katrol; cliché *o*; pakket *o*, serie; stremming; fig belemmering; obstructie; blokkering; ~ *and tackle* blok-en-touw *o*; ~ *of flats* flatgebouw *o*; ~ *(of shares)* aandelenpakket *o*; *knock sbd.'s* ~ *off* gemeenz iemand afranselen; **II** *overg &* *onoverg* belemmeren, versperren, verstoppen, stremmen; afsluiten, blokkeren; tegenhouden, verhinderen; ~ *out* wegwerken, wegstoppen; ~ *in* ruw schetsen; insluiten; ~ *up* versperren, verstoppen, blokkeren, af-, insluiten, dichtmetselen

blockade [blɔ'keid] **I** *znw* blokkade; **II** *overg* blokkeren

blockage ['blɔkidʒ] *znw* opstopping, verstopping; stagnatie

block booking *znw* reservering van een groot aantal plaatsen tegelijk

blockbuster ['blɔkbʌstə] *znw* **1** monsterproductie, vooral groots opgezette film; **2** krachtige bom [waarmee een heel huizenblok kan worden vernietigd]

block capitals ['blɔkkæpitlz] *znw mv* hoofdletters

blockhead *znw* domkop

blockhouse *znw* vero blokhuis *o*, mil bunker [klein]

block letters *znw mv* blokletters

block vote *znw* stem waarvan de waarde afhankelijk is van het aantal personen dat de stemmer vertegenwoordigt

bloke [blouk] *znw* gemeenz kerel, vent, knul

blond(e) [blɔnd] **I** *bn* blond; **II** *znw* blondine

blood [blʌd] **I** *znw* bloed *o*; bloedverwantschap; vero dandy; *bad* ~ fig kwaad bloed; *in cold* ~ in koelen bloede; *new* ~ fig nieuw bloed; ~ *is thicker than water* het bloed kruipt waar het niet gaan kan; *his* ~ *was up* zijn bloed kookte; *it's like trying to get* ~ *from a stone* ± je kunt net zo goed tegen een muur praten; **II** *overg* [hond] aan bloed wennen; fig de vuurdoop laten ondergaan

blood bank *znw* bloedbank

blood bath *znw* bloedbad *o*

blood cell *znw* bloedcel

blood-clot *znw* bloedstolsel *o*

blood count *znw* bloedonderzoek *o*

blood-curdling *bn* ijselijk

blood donor *znw* bloeddonor

blood group *znw* bloedgroep

bloodhound *znw* bloedhond; fig detective

bloodily *bijw* bloedig
bloodless *bn* bloedeloos; onbloedig
bloodletting *znw* aderlating[2]; bloedvergieten *o*
blood lust *znw* bloeddorstigheid
blood-money *znw* bloedgeld *o*
blood-poisoning *znw* bloedvergiftiging
blood-relation *znw* bloedverwant
bloodshed *znw* bloedvergieten *o*; slachting
bloodshot *bn* met bloed doorlopen
blood sport *znw* jacht
blood-stained *bn* met bloed bevlekt
bloodstock *znw* raspaarden
bloodstream *znw* bloedbaan
bloodsucker *znw* bloedzuiger; *fig* parasiet
blood sugar *znw* bloedsuiker, glucose
bloodthirsty *bn* bloeddorstig
blood transfusion *znw* bloedtransfusie
bloodvessel *znw* bloedvat *o*
bloody ['blʌdi] **I** *bn* **1** bloed(er)ig, bebloed, met bloed (bevlekt), vol bloed, bloed-; bloeddorstig; **2** *gemeenz* verdomd, verrekt, rot-; **II** *bijw gemeenz* hartstikke; **III** *overg* met bloed bevlekken
bloody mary ['blʌdi'mɛəri] *znw* bloody mary, cocktail van wodka, tomatensap en kruiden
bloody-minded [blʌdi'maindid] *bn gemeenz* dwars, stijfkoppig
bloom [blu:m] **I** *znw* bloesem; bloei[2]; *fig* bloem; gloed, blos, waas *o* [op vruchten]; **II** *onoverg* bloeien[2]
2 bloom [blu:m] *techn* **I** *znw* walsblok *o*, loep; **II** *overg* uitwalsen
bloomer ['blu:mə] *znw gemeenz* flater
bloomers ['blu:məs] *znw mv* ouderwetse damespofbroek
blooming ['blu:miŋ] *bn* bloeiend, blozend van gezondheid; *gemeenz* versterkend aarts-, vervloekt &
blossom ['blɔsəm] **I** *znw* bloesem; **II** *onoverg* bloeien; ~ *out as* ... zich ontpoppen als...
blot [blɔt] **I** *znw* klad, (inkt)vlek, smet; **II** *overg* bekladden[2]; droogmaken, vloeien; ~ *(out)* uitwissen, uitvlakken, doorhalen; aan het zicht onttrekken; wegvagen, vernietigen, uitroeien; **III** *onoverg* kladden, vlekken
blotch [blɔtʃ] **I** *znw* puist, blaar; vlek, klad, klodder; **II** *overg* bekladden, bevlekken
blotter ['blɔtə] *znw* vloeiblok *o*, -map, -boek *o*
blotting-pad *znw* vloeiblok *o*
blotting paper *znw* vloei(papier) *o*
blotto ['blɔtou] *bn slang* dronken
blouse [blauz] *znw* kiel; blouse
1 blow [blou] (blew; blown) **I** *onoverg* **1** blazen, waaien; **2** hijgen, puffen; **3** spuiten [v. walvis]; **4** *elektr* doorslaan, -smelten, doorbranden; **5** *slang* blowen; **II** *overg* **1** blazen, aan-, op-, uit-, wegblazen; blazen op; **2** afmatten, uitputten; **3** *gemeenz* erdoor jagen, uitgeven; verknallen, verpesten [kans &]; **4** *gemeenz* verraden; *I am ~ed if*... *gemeenz* ik mag doodvallen als...; ~ *grass slang* blowen, (weed)

roken; ~ *sbd.'s mind gemeenz* een kick geven (ook *fig*); enorm aanspreken [boek &]; ~ *it! gemeenz* verdomme!, shit!; ~ *the money! gemeenz* wat kunnen mij die rotcenten schelen!; ~ *hot and cold* weifelen; ~ *a kiss* een kushandje toewerpen; ~ *one's nose* zijn neus snuiten; ~ *one's top*, ~ *a fuse gemeenz* razend worden; ~ *away* wegwaaien; wegblazen; wegschieten, wegslaan; ~ *down* omwaaien, omblazen; ~ *in* binnenwaaien; inblazen; aanwaaien; ~ *off* overwaaien[2]; afwaaien; afblazen[2], afzeggen [afspraak]; afschieten, wegslaan; *Am slang* verlinken; ~ *out* uitwaaien; uit-, opblazen; *elektr* doorslaan, -smelten; (doen) springen [band]; ~ *out one's brains* zich voor de kop schieten; ~ *over* omwaaien; overwaaien[2]; ~ *up* in de lucht (laten) vliegen; opblazen, oppompen vergroten [foto]; komen opzetten [v. storm &]; *gemeenz* een standje geven; *gemeenz* van de kook raken
2 blow *znw* slag[2], klap[2]; windvlaag; *without (striking) a* ~ zonder slag of stoot; *come to ~s* slaags raken, handgemeen worden
blow-by-blow *bn & bijw* omstandig, gedetailleerd
blow-dry *overg* föhnen
blower *znw* blazer; *techn* aanjager; *slang* telefoon
blow-fly *znw* aasvlieg
blow-hole *znw* spuitgat *o* [v. walvis]; luchtgat *o*; wak *o* [in het ijs]
blow job *znw plat* pijpen *o*
blowlamp *znw* soldeerlamp, brandlamp [v. huisschilders]
blown [bloun] **I** *V.D.* van *blow*; **II** *bn* buiten adem
blow-out ['blou'aut] *znw elektr* doorslaan *o*, -smelten *o*; springen *o* [v. band], klapband; *gemeenz* etentje *o*, smulpartij
blowpipe *znw* blaaspijp; blaasroer *o*
blowtorch *znw* soldeerbout; (verf)afbrander
blow-up *znw* vergroting [foto]
blowy *bn* winderig
blowzy ['blauzi] *bn* met rood aangelopen gezicht; verfomfaaid
blub [blʌb] *onoverg gemeenz* grienen, huilen
blubber ['blʌbə] **I** *znw* walvisspek *o*; **II** *onoverg* grienen, huilen
bludgeon ['blʌdʒən] **I** *znw* knuppel, ploertendoder; **II** *overg* knuppelen, slaan
blue [blu:] **I** *bn* blauw; neerslachtig, somber; schuin [mop]; obsceen, pornografisch; ~ *funk* radeloze angst; **II** *znw* blauw *o*; blauwsel *o*; azuur *o*, lucht, zee; zijn universiteit vertegenwoordigende sportbeoefenaar (*dark* ~ = Oxford; *light* ~ = Cambridge); ~*s muz* blues; *the* ~*s* neerslachtigheid; *have (a fit of) the* ~*s* landerig zijn; *out of the* ~ plotseling, onverwachts; als een donderslag bij heldere hemel; **III** *overg* blauwen, doorhalen, blauw verven; *gemeenz* erdoor jagen [geld]
bluebell *znw plantk* wilde hyacint
blueberry *znw* blauwe bosbes
bluebird *znw* Amerikaanse blauwe lijster

blue-blooded *bn* met blauw bloed, van adel

bluebottle *znw* korenbloem; bromvlieg, aasvlieg; <u>slang</u> smeris

blue-chip *bn* goed, betrouwbaar [aandeel]

blue-collar *bn* (hand)arbeiders-

blue-eyed boy *znw* lieveling(etje) (*o*), favoriet

blue jeans *znw mv* spijkerbroek

blue-pencil *overg* doorstrepen; schrappen, censureren

blueprint *znw* blauwdruk²; fig plan *o*

blue ribbon [blu:'ribən] *znw* lint *o* van de Orde van de Kouseband; blauw lint *o*, blauwe wimpel [hoogste onderscheiding]; blauwe knoop

bluestocking ['blu:stɔkiŋ] *znw* blauwkous

blue tit *znw* pimpelmees

bluff [blʌf] **I** *bn* bruusk, openhartig, rond(uit); **II** *znw* steile oever, steil voorgebergte *o*; bluffen *o* [bij poker]; brutale grootspraak; *call sbd.'s* ~ iem. dwingen de kaarten open te leggen²; iems. grootspraak als zodanig ontmaskeren; **III** *onoverg* bluffen²; **IV** *overg* overbluffen, overdonderen, beduvelen

bluish ['blu:iʃ] *bn* blauwachtig

blunder ['blʌndə] **I** *znw* misslag, flater, bok; **II** *onoverg* strompelen; een misslag begaan, een bok schieten; ~ *along*, ~ *on* voortstrompelen, -sukkelen; ~ *upon* toevallig vinden

blunderbuss ['blʌndəbʌs] *znw* <u>hist</u> donderbus

blunt [blʌnt] **I** *bn* stomp, bot; dom; kortaf, ronduit, bruusk; **II** *overg* stomp maken, bot maken, afstompen, ongevoelig maken

bluntly *bijw* botweg, kortaf, ronduit

blur [blə:] **I** *znw* klad², vlek², smet², veeg; iets vaags; **II** *overg* bekladden²; benevelen, verdoezelen, verduisteren; **III** *onoverg* vervagen; ~ *red* ook: vervaagd, wazig, onscherp

blurb [blə:b] *znw* korte inhoud, flaptekst [op boekomslag]; informatie, folders

blurt [blə:t] *overg:* ~ *out* eruit flappen

blush [blʌʃ] **I** *onoverg* blozen, rood worden; ~ *for* zich schamen voor; **II** *znw* blos; kleur; *at (the) first* ~ op het eerste gezicht; *without a* ~ zonder blikken of blozen; *spare sbd.'s* ~*es* iem. niet in verlegenheid brengen

bluster ['blʌstə] **I** *onoverg* bulderen², tieren, razen; opscheppen, snoeven; **II** *znw* geraas *o*, gebulder² *o*; snoeverij

blusterer *znw* opschepper, snoever; bullebak

blustery ['blʌstəri] *bn* **1** opschepperig, snoeverig, brallerig; **2** [v. wind] hard, stormachtig

BM *afk.* = *Bachelor of Medicine; British Museum*

BO *afk.* = *body odour*

boa ['bouə] *znw* boa constrictor; boa

boar [bɔ:] *znw* beer [mannetjesvarken]; wild zwijn *o* (ook: *wild* ~)

board [bɔ:d] **I** *znw* plank, deel; bord *o*; tafel; kost, kostgeld *o*; <u>scheepv</u> boord *o* & *m*; bestuurstafel; raad, commissie, bestuur *o*, college *o*, departement *o*, ministerie *o*; bordpapier *o*, karton *o*; *the* ~*s* de

planken: het toneel; *full* ~ vol pension *o*; ~ *and lodging* kost en inwoning; ~ *of directors* raad van bestuur, raad van beheer, directie; *above* ~ open, eerlijk; *go by the* ~ overboord gaan²; overboord gezet worden²; *in* ~*s* gekartonneerd; *on* ~ aan boord (van); in de trein (bus &); *across the* ~ algemeen, over de hele linie; *take on* ~ op zich nemen [taak &]; *tot zich nemen* [kennis &]; *sweep the*~ alle prijzen in de wacht slepen; **II** *overg* beplanken, met planken beschieten; <u>scheepv</u> aanklampen², enteren; aan boord gaan van; stappen in [trein &]; in de kost nemen, hebben of doen; ~ *out* uitbesteden; ~ *up* dichtspijkeren (met planken); **III** *onoverg* in de kost zijn (bij *with*)

boarder *znw* kostganger, interne leerling v.e. kostschool; <u>scheepv</u> enteraar

board game *znw* bordspel *o*, gezelschapsspel *o*

boarding card *znw* instapkaart

boarding-house *znw* familiehotel *o*, pension *o*

boarding-school *znw* kostschool, internaat *o*, pensionaat *o*

boardroom *znw* directie-, bestuurskamer; fig bedrijfsleiding, directie

boardschool *znw* hist volksschool

boardwalk *znw* Am [langs het strand] pad *o* van planken; promenade

boast [boust] **I** *onoverg* bluffen, pochen, dik doen, zich beroemen (op *of*); **II** *overg* zich beroemen op, (kunnen) bogen op; **III** *znw* bluf, grootspraak; roem, trots

boaster *znw* bluffer, pocher, snoever

boastful *bn* bluffend, grootsprakig

boat [bout] **I** *znw* boot, schuit; sloep; (saus)kom; *we are in the same* ~ wij zitten in hetzelfde schuitje; **II** *onoverg* uit varen gaan

boat-drill *znw* <u>scheepv</u> sloepenrol

boater ['boutə] *znw* matelot [hoed]

boat-hook ['bouthuk] *znw* bootshaak, pikhaak

boathouse *znw* botenhuis *o*

boating *znw* spelevaren *o*, roeien *o*

boatman *znw* botenverhuurder; (gehuurde) roeier

boat-race *znw* roeiwedstrijd

boatswain ['bousn] *znw* bootsman

boat train *znw* boottrein

Bob [bɔb] *znw* <u>gemeenz</u> Rob(ert); ~*'s your uncle* zo gaat-ie goed!, in orde!

bob [bɔb] **I** *znw* lood *o* [van peillood]; polkahaar *o*, jongenskop, pagekopje *o*; korte staart; (knie-)buiging; knik, stoot, ruk, rukje *o*; <u>gemeenz</u> vero shilling; bob(slee); **II** *onoverg* op en neer gaan, dobberen; happen (naar *for*); buigen, knikken; ~ *up* bovenkomen, opduiken; **III** *overg* op en neer bewegen; knikken met; kort knippen; recht afknippen; ~*bed hair* polkahaar *o*, pagekopje *o*

bobbin ['bɔbin] *znw* klos, spoel, haspel

bobble ['bɔbl] *znw* klein wollen balletje *o* [als versiering]

bobby ['bɔbi] *znw* <u>gemeenz</u> bobby, (Engelse) politieagent

bobby-pin ['bɔbipin] *znw* haarspeld, schuifspeldje *o*

bobbysoxer ['bɔbisɔksə] *znw* gemeenz bakvis, tiener

bob-sled, bob-sleigh ['bɔbsled,-slei] *znw* bobslee

bobtail ['bɔbteil] *znw* korte staart; kortstaart [hond of paard], bobtail

bobtailed *bn* gekortstaart, gecoupeerd

bod [bɔd] *znw* gemeenz persoon, vent; ~s lui, lieden

bode [boud] *overg*: ~ well (ill) (niet) veel goeds voorspellen

bodge [bɔdʒ] = *botch*

bodice ['bɔdis] *znw* lijfje *o*, keurs(lijf) *o*

bodily I *bn* lichamelijk, lijfelijk; II *bijw* lichamelijk, in levenden lijve; in zijn (hun) geheel, compleet

bodkin ['bɔdkin] *znw* rijgpen; priem; lange haarspeld; vero dolk

body ['bɔdi] I *znw* lichaam² *o*, lijf *o*, romp; voornaamste (grootste) deel *o*; bovenstel *o*, bak [v. wagen], carrosserie [v. auto], casco *o*, laadbak [v. vrachtauto]; lijk *o* (ook: dead ~); persoon, mens; corporatie; groep, troep; verzameling, massa; *keep ~ and soul together* in leven blijven; *corporate ~* rechtspersoon; *foreign ~* vreemd lichaam *o*; *the ~ politic* de Staat; *in a ~* gezamenlijk, en corps, en bloc; *of a good ~* krachtig, pittig [v. wijn]; *over my dead ~!* over mijn lijk!; II *overg* belichamen (~ forth, ~ out)

body blow *znw* fig zware tegenslag

body-builder *znw* bodybuilder

body-building *znw* bodybuilding

bodyguard *znw* lijfwacht

body language *znw* de taal van het lichaam, lichaamstaal

body odour *znw* (onaangename) lichaamsgeur

body shop *znw* bedrijf *o* voor reparaties aan de carrosserie van auto's

body snatcher *znw* lijkendief, lijkenrover

body stocking *znw* bodystocking

bodywork *znw* carrosserie; ~ damage plaatschade

Boer ['bouə] I *znw* Boer; II *bn* Boeren-

boffin ['bɔfin] *znw* slang wetenschappelijk onderzoeker

bog [bɔg] I *znw* moeras *o*, laagveen *o* gemeenz plee; II *overg & onoverg*: ~ down in de modder wegzinken (vastraken); fig vastlopen, in een impasse raken, vertraagd worden

bogey ['bougi] *znw* 1 boeman²; schrikbeeld *o*; 2 golf bogey [score van een slag boven par]; 3 gemeenz snotje *o*, stukje *o* uit de neus

boggle ['bɔgl] *onoverg*: ~ at terugschrikken voor; aarzelen; *your mind ~s* daar kan je met je verstand niet bij

boggy ['bɔgi] *bn* moerassig, veenachtig, veen-

bogie ['bougi] *znw* techn draaibaar onderstel *o*

bog-trotter ['bɔgtrɔtə] *znw* geringsch Ier

bogus ['bougəs] *bn* onecht, pseudo-, vals; ~ company zwendelmaatschappij

bogy ['bougi] *znw* = *bogey*

Bohemian [bou'hi:mjən] I *bn* Boheems; van de bohémien (ook: b~); II *znw* Bohemer; zigeuner; bohémien (ook: b~)

boil [bɔil] I *overg & onoverg* koken, uitkoken; zieden²; fig stikken (van de hitte); ~ away verkoken; verdampen; ~ down inkoken; fig bekorten [van verslagen &]; *it ~s down to this* het komt hierop neer; ~ over overkoken; fig zieden (van with); II *znw* 1 koken *o*; kookpunt *o*; 2 zweertje *o*; off (on) the ~ van (aan) de kook

boiler *znw* (kook-, stoom)ketel; warmwaterreservoir *o*; soepkip

boiler-suit *znw* overall

boiling I *znw* koken *o*; kooksel *o*; *the whole ~* slang de hele zooi; II *bn* kokend; snikheet; *I'm ~* ik stik van de hitte

boiling-point *znw* kookpunt² *o*

boisterous ['bɔistərəs] *bn* onstuimig, rumoerig, roe(zemoe)zig; luidruchtig

bold [bould] *bn* stout(moedig), koen; fors, vrijpostig, driest; fors, kloek; vet [drukletter]; *as ~ as brass* zo brutaal als de beul; *make ~ to, be so ~ as to* zo vrij zijn om

bold-faced *bn* onbeschaamd; vet [drukletter]

bole [boul] *znw* boomstam

bolero *znw* 1 ['bɔlərou] bolero [kort damesjasje]; 2 [bə'lɛərou] bolero [Spaanse dans en de muziek daarvoor]

Bolivia [bə'liviə, -jə] *znw* Bolivia *o*

Bolivian [bə'liviən, -jən] I *znw* Boliviaan; II *bn* Boliviaans

boll [boul] *znw* plantk bol [zaaddoos van vlas &]

bollard ['bɔləd] *znw* verkeerspaaltje *o*, -zuil; meerpaal [voor schip]; scheepv bolder [op schip]

bollocks ['bɔləks] *znw mv* plat 1 kloten, ballen; 2 gelul *o*, onzin

boloney [bə'louni] *znw* slang klets(koek)

Bolshevik ['bɔlʃivik] I *znw* bolsjewiek; II *bn* bolsjewistisch

Bolshevism *znw* bolsjewisme *o*

bolshie ['bɔlʃi] I *znw* gemeenz revolutionair, rode, rooie; II *bn* rood, links, opstandig

bolster ['boulstə] I *znw* peluw; techn kussen *o*; steun; II *overg* (onder)steunen; opvullen; ~ up steunen², versterken, schragen

bolt [boult] I *znw* bout, grendel; (korte) pijl; bliksemstraal; rol [stof, behang]; weglopen *o*, sprong; *a ~ from the blue* een donderslag bij heldere hemel; *he made a ~ for it* hij ging er vandoor; *he made a ~ for the door* hij vloog naar de deur; *have shot one's ~* al zijn pijlen verschoten hebben; II *overg* 1 grendelen; met bouten bevestigen; 2 (door)slikken², naar binnen slaan; III *onoverg* 1 vooruit schieten, springen; 2 er vandoor gaan, op hol slaan (gaan); 3 overlopen; IV *bijw*: ~ upright kaarsrecht

bolt-hole *znw* vluchtgat *o*; fig uitweg

bolus ['bouləs] *znw* med (grote) pil

bomb [bɔm] **I** *znw* bom; gemeenz bom duiten; hit, klapper; *go like a* ~ lopen als een trein; **II** *overg* bombarderen; ~ *out* uitbombarderen; **III** *onoverg* bombardementen uitvoeren; slang op een mislukking uitlopen, floppen [boek, film]; zakken (voor een examen); ~ *along* gemeenz racen, scheuren

bombard [bɔm'ba:d] *overg* bombarderen[2]

bombardier [bɔmbə'diə] *znw* korporaal bij de artillerie

bombardment [bɔm'ba:dmənt] *znw* bombardement *o*

bombast ['bɔmbæst] *znw* bombast, holle retoriek

bombastic [bɔm'bæstik] *bn* bombastisch

bomber *znw* mil & luchtv bommenwerper

bombing *znw* bombardement *o*

bomb disposal *znw* onschadelijk maken *o* van een bom; ~ *unit* explosievenopruimingsdienst

bomber jacket *znw* bomberjack *o*, vliegersjack

bomb-proof *bn* bomvrij

bomb-shell *znw* bom[2]

bombsite ['bɔmsait] *znw* door bombardement ontstane open plek

bona fide ['bouna'faidi] [Lat] *bn & bijw* te goeder trouw, bonafide

bonanza [bə'nænzə] *znw* rijke mijn of bron; buitenkansje *o*; goudmijn; paradijs *o*, walhalla *o*

bond [bɔnd] **I** *znw* band; contract *o*, verbintenis, verplichting; schuldbrief, obligatie; verband *o*; chem verbinding; ~*s* boeien, ketenen; *in* ~ in entrepot; **II** *overg* in entrepot opslaan; verhypothekeren; verbinden; chem binden; **III** *onoverg* zich hechten[2]

bondage *znw* slavernij, knechtschap *o*

bonded *bn* in entrepot (opgeslagen); ~ *debt* obligatieschuld; ~ *warehouse* entrepot *o*

bondholder *znw* obligatiehouder

bonding *znw* (emotionele) binding, band

bondsman *znw* borg

bone [boun] **I** *znw* been *o*, bot *o*; graat; balein *o* [stofnaam], balein *v* [voorwerpsnaam]; kern, essentie; ~*s* gebeente *o*, beenderen, knoken; dobbelstenen; castagnetten; *she's a bag of* ~*s* ze is vel over been; ~ *of contention* twistappel; *make no* ~*s about...* er geen been in zien om...; het niet onder stoelen of banken steken; *I've a* ~ *to pick with you* ik heb een appeltje met je te schillen; *what is bred in the* ~ *will not come out of the flesh* een vos verliest wel zijn haren, maar niet zijn streken; *to the* ~ tot in het gebeente, in merg en been, door en door; *close to the* ~ (te) gewaagd [opmerking &]; **II** *bn* benen; **III** *overg* uitbenen; ontgraten; slang gappen; **IV** *onoverg*: ~ *up on* slang blokken op

bone china *znw* (beender)porselein *o*

bone-dry *bn* kurkdroog

bone meal *znw* beendermeel *o*

bonehead *znw* slang stommeling

boneheaded *bn* slang stom

bone-idle *bn* gemeenz ontzettend lui

boneless *bn* zonder beenderen, zonder graat; fig krachteloos, slap

boner ['bounə] *znw* Am gemeenz flater, bok; plat stijve (pik)

boneshaker ['bounʃeikə] *znw* wrakkige auto, rammelkast, oude bak

bonfire ['bɔnfaiə] *znw* vreugdevuur *o*, vuur(tje) *o*; *B*~ *Night* 5 november (herdenkingsfeest van het Buskruitverraad in 1605)

bonhomie [bɔnɔ'mi:] [Fr] *znw* jovialiteit

bonkers ['bɔŋkəz] *bn* gemeenz gek, geschift

bon mot [bɔn'mou] [Fr] *znw* kwinkslag, geestig gezegde *o*

bonnet ['bɔnit] *znw* vrouwenhoed: kapothoed; muts; auto motorkap

bonny ['bɔni] *bn* aardig, mooi, lief

bonsai ['bɔnsai] *znw* bonsai; bonsaiboompje *o*

bonus ['bounəs] *znw* handel premie; extradividend *o*; tantième *o*; toeslag, gratificatie; extraatje *o*, meevaller; ~ *share* handel bonusaandeel *o*

bony ['bouni] *bn* beenachtig, benig; gratig, vol graten; potig, knokig, benig, schonkig

boo [bu:] **I** *tsw* boe!, hoe!; *he wouldn't say* ~ *to a goose* hij durft geen mond open te doen; **II** *znw* geloei *o*; gejouw *o*; **III** *onoverg* loeien; jouwen; **IV** *overg* uitjouwen

boob [bu:b] **I** *znw* slang flater; tiet; **II** *onoverg* slang een flater slaan

booby ['bu:bi] *znw* domoor; sul; dierk jan-van-gent

booby-prize *znw* poedelprijs

booby-trap *znw* **1** boobytrap, valstrikbom; **2** geintje *o*, practical joke [zoals een voorwerp leggen op een op een kier staande deur]; **II** *overg* een boobytrap plaatsen in (bij)

boogie ['bu:gi] gemeenz **I** *znw* dans (op popmuziek); **II** *onoverg* dansen (op popmuziek), swingen

boohoo [bu:'hu:] **I** *tsw* boe!, joe!; **II** *onoverg* grienen

book [buk] **I** *znw* boek *o*; schrift *o*, cahier *o*; map; (tekst)boekje *o*, libretto *o*; boekje *o* [kaartjes, lucifers &]; lijst van weddenschappen; *the (Good) B*~ de Bijbel; *I am in his bad (black)* ~*s* ik ben bij hem uit de gratie; *I am in his good* ~*s* ik sta bij hem in een goed blaadje; *bring sbd. to* ~ *for sth.* iem. voor iets ter verantwoording roepen; *in my* ~ volgens mij; *by the* ~ volgens het boekje; *he is (up) on the* ~*s* hij is lid, hij is ingeschreven; **II** *overg & onoverg* boeken, noteren, inschrijven, (plaats) bespreken; een kaartje nemen of geven; gemeenz op de bon zetten, erbij lappen; sp een gele kaart geven; ~ *in* zich inschrijven; inchecken; ~*ed up* bezet, volgeboekt

bookable *bn* bespreekbaar, te reserveren

bookbinder *znw* boekbinder

bookbinding *znw* boekbinden *o*

bookcase *znw* boekenkast

book club *znw* boekenclub

book-end *znw* boekensteun

bookie ['buki] *znw* gemeenz = *bookmaker*
booking ['bukiŋ] *znw* bespreking, reservering
booking-clerk ['bukiŋkla:k] *znw* lokettist, loketbeambte
booking-office *znw* plaatskaartenbureau *o*, bespreekbureau *o*, loket *o* [op stations]
bookish *bn* geleerd, pedant; theoretisch, schools, boekachtig; leesgraag
bookkeeper *znw* boekhouder
bookkeeping *znw* boekhouden *o*; ~ *by double (single) entry* dubbel (enkel) boekhouden *o*
book-learning *znw* boekengeleerdheid
booklet *znw* boekje *o*; brochure [als reclame]
bookmaker *znw* bookmaker [bij wedrennen]
bookmark(er) *znw* boekenlegger
book-plate *znw* ex-libris *o*
book post *znw* post verzending van boeken als drukwerk
bookseller *znw* boekhandelaar, -verkoper
bookselling *znw* boekhandel
bookshelf *znw* boekenplank
bookshop *znw* boekwinkel
bookstall *znw* boekenstalletje *o* (*second-hand* ~); stationsboekhandel, -kiosk (*railway* ~)
bookstore *znw* boekwinkel
book token *znw* boekenbon
bookworm *znw* boekworm; fig boekenwurm
boom [bu:m] **I** *znw* **1** (haven)boom; **2** scheepv spier, spriet; **3** hengel [v. microfoon]; **4** gedaver *o*, gedonder *o*, gedreun *o*; **5** handel hoogconjunctuur, plotselinge stijging of vraag, hausse; **II** *bn* snel opgekomen, explosief groeiend [stad]; **III** *onoverg* **1** daveren, donderen, dreunen; **2** in de hoogte gaan, een hoge vlucht nemen, kolossaal succes hebben
boomerang ['bu:məræŋ] **I** *znw* boemerang[2]; **II** *onoverg* als een boemerang werken
boon [bu:n] **I** *znw* geschenk *o*; gunst; zegen, weldaad; **II** *bn*: ~ *companion* vrolijke metgezel
boor ['buə] *znw* boer, lomperd, pummel
boorish *bn* boers, lomp, pummelig
boost [bu:st] **I** *overg* duwen, een zetje geven[2], in de hoogte steken, reclame maken voor; opdrijven, opvoeren, versterken, stimuleren; **II** *znw* gemeenz zetje[2] *o*, ophef, opkammerij, reclame; stimulans; techn aanjaagdruk
booster *znw* versterker, booster, hulpdynamo, aanjager, startmotor, startraket
1 boot [bu:t] **I** *znw* **1** laars, hoge schoen; auto koffer(ruimte), bagageruimte; *the* ~*s* de schoenpoetser, de knecht [in hotel]; *the* ~ *is on the other foot* de situatie is net andersom; *he had his heart in his* ~*s* de moed zonk hem in de schoenen; *get the* ~ de bons (zijn congé) krijgen; *give him the* ~ hem de bons geven, eruit trappen; **II** *overg* trappen, schoppen; ~ *out* gemeenz eruit trappen[2]
2 boot [bu:t]: *to* ~ daarbij, op de koop toe, bovendien

boot-black ['bu:tblæk] *znw* schoenpoetser
bootee [bu:'ti] *znw* dameslaarsje *o*; babysokje *o*
booth [bu:ð] *znw* kraam, tent; hokje *o*, cabine, telefooncel
bootlace *znw* (schoen)veter
bootleg ['bu:tleg] **I** *bn* gesmokkeld; illegaal verkocht; **II** *overg* smokkelen; illegaal produceren/verkopen
bootlegger *znw* Am (drank)smokkelaar
bootless *bn* **1** vergeefs; **2** ongelaarsd
bootlicker *znw* pluimstrijker
bootmaker *znw* laarzenmaker
boot-polish *znw* schoensmeer *o* & *m*
bootstrap *znw* laarzenstrop; *pull oneself up by one's* ~*s* zichzelf uit het moeras trekken, uit eigen kracht er weer bovenop komen
boot-tree *znw* leest [voor laarzen &]
booty ['bu:ti] *znw* buit, roof
booze [bu:z] gemeenz **I** *onoverg* zuipen, zich bezuipen; **II** *znw* drank; *on the* ~ aan de zuip
boozer ['bu:zə] *znw* gemeenz **1** zuiper, drankorgel *o*; **2** Br kroeg
booze-up ['bu:zʌp] *znw* gemeenz zuippartij
boozy *bn* bezopen, dronken
bop [bɔp] gemeenz **I** *znw* **1** tik, slag, klap; **2** dans [vooral op popmuziek]; **II** *overg* meppen, slaan; **III** *onoverg* dansen [vooral op popmuziek]
bo-peep [bou'pi:p] *znw*: *play (at)* ~ kiekeboe spelen[2]
boracic [bə'ræsik] *bn* boor-; ~ *acid* boorzuur *o*
borax ['bɔræks] *znw* borax
border ['bɔ:də] **I** *znw* rand[2], kant, boordsel *o*, zoom; border [in tuin]; grens, grensstreek (ook: ~ *area*); **II** *overg* omranden, omzomen, begrenzen; **III** *onoverg* grenzen; ~ (*up*)*on* grenzen aan
borderer *znw* grensbewoner
borderland *znw* grensgebied[2] *o*
borderline *znw* grens(lijn); ~ *case* grensgeval *o*
1 bore [bɔ:] **I** *overg* (aan-, door-, uit)boren; vervelen, zeuren; *be* ~*d stiff (to death)* zich dood vervelen; **II** *znw* boorgat *o*; ziel, kaliber *o*, diameter; vervelend mens; gemeenz zanik; vervelende zaak; vervelend werk *o*; vloedgolf
2 bore [bɔ:] *V.T. van* [2]*bear*
boredom ['bɔ:dəm] *znw* verveling
borehole ['bɔ:houl] *znw* boorgat *o*
borer ['bɔ:rə] *znw* boor; boorder
boric ['bɔ:rik] *bn* boor-; ~ *acid* boorzuur *o*
boring ['bɔ:riŋ] *bn* vervelend
born [bɔ:n] *bn* (aan)geboren; *not* ~ *yesterday* niet van gisteren; ~ *and bred* geboren en getogen; *never in all my* ~ *days* van mijn leven niet; ~ *of* geboren uit[2], fig voortgekomen (ontstaan) uit, het product van
borne [bɔ:n] *V.D. van* [2]*bear*
borough ['bʌrə] *znw* stad, gemeente; *parliamentary* ~ kiesdistrict *o*
borrow ['bɔrou] **I** *overg* borgen, lenen [van], ontlenen (aan *from*); *live on* ~*ed time* langer leven dan

verwacht; ~*ed light* indirect (dag)licht; **II** *onoverg* lenen

borrower *znw* lener, ontlener

borrowing *znw* (ont)lenen *o*; leenwoord *o*, ontlening

Borstal ['bɔːstəl] *znw* Br hist jeugdgevangenis

bosh [bɔʃ] *znw* onzin

bosk(et) ['bɔsk(it)] *znw* bosje *o*; struikgewas *o*

Bosnia ['bɔsniə] *znw* Bosnië

Bosnian I *znw* Bosniër; **II** *bn* Bosnisch

bosom ['buzəm] *znw* boezem; borst; buste; fig schoot

bosom friend *znw* boezemvriend(in)

boss [bɔs] **I** *znw* ronde, verhoogde versiering bij drijfwerk; gemeenz baas[2], piet, kopstuk *o*, bonze, bons, leider; **II** *overg* gemeenz besturen, de leiding hebben over; de baas spelen over; ~ *sbd. about/ around* iem. commanderen

boss-eyed ['bɔsaid] *bn* scheel

bossy ['bɔsi] *bn* gemeenz bazig

bossy-boots ['bɔsibuːts] *znw* gemeenz bazig persoon

bosun ['bousn] *znw* bootsman

botanic(al) [bə'tænik(l)] *bn* botanisch, planten-

botanist ['bɔtənist] *znw* botanicus, plantkundige

botanize *onoverg* botaniseren

botany ['bɔtəni] *znw* botanie, plantkunde

botch [bɔtʃ] **I** *znw* (ook: ~-*up*) knoeiwerk *o*; **II** *overg* (ook: ~ *up*) verknoeien, een puinhoop maken van; (op)lappen, samenflansen, slordig repareren

both [bouθ] *telw* beide; ~... *and*... zowel... als, (en)... en...

bother ['bɔðə] **I** *onoverg* zich druk/ongerust maken (om *about*); moeite doen; **II** *overg* lastig vallen, hinderen, kwellen; ~! wat vervelend, verdorie!; *I can't be* ~*ed* ik heb geen zin; **III** *znw* soesa, gezeur *o*, gezanik *o*; moeite; last; *go to (all) the* ~ *of* de moeite nemen om

botheration [bɔðə'reiʃən] **I** *znw* soesa, gezeur *o*, gezanik *o*; moeite; last; **II** *tsw* verdorie

bothersome ['bɔðəsəm] *bn* lastig, vervelend

Botswana [Bɔ'tswaːnə] *znw* Botswana

bottle ['bɔtl] **I** *znw* **1** fles; karaf; **2** moed, lef *o*; *hit the* ~ aan de drank raken; *on the* ~ aan de drank; **II** *overg* bottelen, in flessen doen, wecken; ~ *up* opkroppen [woede]; ~ *out* (op het laatste moment) de moed verliezen

bottle bank *znw* glasbak

bottle-fed child *znw* flessenkind *o*

bottle-feed *overg* de fles geven [baby]

bottle-green *bn* donkergroen

bottleneck *znw* nauwe doorgang, vernauwing, flessenhals[2], bottleneck, knelpunt° *o*; fig belemmering, struikelblok *o*

bottle-opener *znw* flesopener

bottlewasher *znw* duvelstoejager, manusje-van-alles *o*

bottom ['bɔtəm] **I** *znw* bodem; grond; zitting; voet;

basis; laagste (achterste, verste) deel *o*; gemeenz achterste *o*; *bikini* ~ bikinibroekje *o*; *pyjama* ~*s* pyjamabroek; ~ *up* ondersteboven; ~*s up* ad fundum; *at* ~ in de grond, au fond; *at the* ~ *of* onder aan, onder in, achter in, op de bodem van; *he is at the* ~ *of* it hij zit erachter; *get to the* ~ *of this matter* deze zaak grondig onderzoeken; *go (send) to the* ~ (doen) zinken; **II** *bn* onderste; laagste; **III** *onoverg* de bodem raken; ~ *out* het laagste punt bereiken; **IV** *overg* van een bodem voorzien; fig doorgronden

bottom gear *znw* eerste versnelling

bottomless *bn* bodemloos, grondeloos, peilloos

bottom-line *znw* gemeenz **1** uiteindelijke waarheid; **2** einduitkomst, resultaat *o* [*vooral* financieel]

botulism ['bɔtjulizm] *znw* botulisme *o*

bouffant [buː'faːn(t)] *bn* opbollend [v. kapsel, kleding]

bough [bau] *znw* tak

bought [bɔːt] V.T. & V.D. van *buy*

boulder ['bouldə] *znw* rolsteen, kei

bounce [bauns] **I** *onoverg* (op)springen, stuiten; fig geweigerd worden [v. cheque]; ~ *into* binnenstormen; **II** *overg* laten stuiten; fig weigeren [v. cheque]; **III** *znw* sprong, slag, stoot; fut, pit; veerkracht(igheid)

bouncer *znw* uitsmijter [in nachtclub &]

bouncing *bn* stevig

bouncy *bn* opgewekt

1 bound [baund] **I** *znw* sprong; ~*s* ook: perken, grenzen; *out of* ~*s* verboden terrein &; verboden; *set* ~*s to* paal en perk stellen aan; **II** *onoverg* springen; terugstuiten; **III** *overg* beperken; begrenzen

2 bound [baund] V.T. & V.D. van *bind*; verschuldigd, verplicht; ~ *for Cadiz* op weg naar Cadiz; *be* ~ *to* moeten...; zeker...; *I'll be* ~ daar sta ik voor in; ~ *up with* nauw verbonden met

boundary ['baundəri] *znw* grens(lijn)

bounden ['baundn] **I** vero V.D. van *bind*; **II** *bn*: ~ *duty* dure plicht

bounder ['baundə] *znw* gemeenz patser, proleet

boundless *bn* grenzeloos, eindeloos

bounteous ['bauntiəs], **bountiful** *bn* mild, milddadig; rijkelijk, royaal, overvloedig

bounty *znw* mild(dadig)heid; gulheid; gift; premie

bouquet ['bukei] *znw* ruiker, boeket *o* & *m* [ook v. wijn]

bourbon ['bəːbən] *znw* whisky uit maïs, bourbon

bourgeois ['buəʒwaː] [Fr] *bn* (klein)burgerlijk

bourn(e) ['buən] *znw* plechtig grens; doel *o*, beek

bout [baut] *znw* partij, wedstrijd, partijtje *o*; keer, beurt; aanval [v. koorts &], vlaag, periode

boutique [buː'tiːk] *znw* boetiek

bovine ['bouvain] *bn* rund(er)-; stupide

bovver ['bɔvə] *znw* slang herrieschopperij, geweld *o*; ~ *boy* relschopper, herrieschopper

1 bow [bau] **I** *overg* buigen; doen buigen; *be* ~*ed down with* gebukt gaan onder; ~ *in (out)* buigend binnenbrengen (uitgeleide doen); **II** *onoverg* (zich)

buigen[2]; ~ down zich schikken (naar, in to); ~ out
(of) fig zich terugtrekken (uit); ~ and scrape stroop-
smeren, hielen likken; **III** znw buiging; scheepv
boeg (ook: ~s); boeg: voorste roeier; make one's ~
(van het toneel) verdwijnen; opkomen; take a ~
een buiging maken, applaus in ontvangst nemen

2 bow [bou] **I** znw boog; muz strijkstok; (losse)
strik; zie ook: bowtie; techn beugel; **II** onoverg &
overg muz strijken

bowdlerize ['baudləraiz] overg kuisen [v. boek]

bowel ['bauəlz] znw **1** darm; **2** ~s ingewanden; fig
hart o; empty one's ~, move one's ~ afgaan, zijn behoefte doen; have one's ~ open behoorlijke stoelgang hebben; keep the ~ open voor goede ontlasting zorgen; open the ~ laxeren

bower ['bauə] znw prieel o

bowery bn schaduwrijk

bowie-knife ['bouinaif] znw Am lang jachtmes o

bowl [boul] **I** znw schaal, kom, bokaal, nap; pot [v.
closet]; bekken o; pijpenkop; (lepel)blad o; (kegel-)
bal; ~s op jeu de boules gelijkend balspel o; kegelen o; **II** onoverg ballen; kegelen; bowlen [ook:
cricket]; (voort)rollen (ook: ~ along); **III** overg
(voort)rollen; ~ out uitbowlen: het wicket omwerpen van [cricket]; ~ over omverwerpen; doen omvallen van [verbazing]; in de war maken

bow-legged ['boulegd] bn met o-benen

bowler ['boulə] znw sp bowler; bolhoed (~ hat)

bowline ['boulin] znw scheepv boelijn, boelijnsteek

bowling-alley ['boulinæli] znw kegelbaan

bowling-green znw veld o voor op jeu de boules gelijkend balspel

bowman ['boumən] znw boogschutter

bowsprit znw boegspriet

bowstring znw boogpees

bowtie znw vlinderdas, strikdas, vlindertje o,
strikje o

bow-window znw ronde erker

bow-wow ['bauwau] **I** znw kindertaal hond(je o);
geblaf o; **II** tsw wafwaf [klanknabootsing]

box [bɔks] **I** znw **1** doos, kist, koffer, kistje o, trommel, cassette [voor boekdeel], bak [voor plant]; bus;
postbus; **2** kijkkast, (beeld)buis; **3** loge; afdeling [in
stal &], box; **4** kader o [in krant &]; hokje o [v. in-
vulformulier]; vakje o [v. drukletter]; vak o [op de
weg]; sp strafschopgebied o; **5** kamertje o, huisje o,
kompashuisje o; seinhuisje o; telefooncel; **6** naaf-
bus; **7** bok [v. rijtuig]; **8** sp (spring)kast; **9** plantk
buks(boom), palm; **10** klap, oorvijg; **II** onoverg
boksen; **III** overg **1** in een doos & sluiten; **2** boksen
met [iem.]; ~ sbd.'s ears iem. om de oren geven; ~
in insluiten; ~ up opeenpakken

boxer ['bɔksə] znw bokser, boxer [hond]

Boxing Day ['bɔksiŋdei] znw tweede kerstdag

boxing ['bɔksiŋ] znw boksen o

boxing glove ['bɔksiŋglʌv] znw bokshandschoen

box number ['bɔksnʌmbə] znw nummer v.e. advertentie

box office znw bespreekbureau o, kassa; box-office;
~ success succes o, kasstuk o

boxroom znw rommelkamer, -zolder; bergruimte

box spanner znw pijpsleutel

box tree znw plantk buksboom, palm

boxwood ['bɔkswu:d] znw hout o van de buksboom

boy [bɔi] znw knaap, jongen (ook: bediende); old ~
ouwe jongen; oud-leerling; oh ~! o jee!

boycott ['bɔikɔt] **I** overg boycotten; **II** znw boycot

boyfriend ['bɔi'frend] znw vriendje o, jongen

boyhood znw jongensjaren

boyish bn jongensachtig, jongens-

boy scout znw padvinder

bra [bra:] znw beha, bustehouder

brace [breis] **I** znw paar o, koppel o; klamp, anker o,
haak, beugel, booromslag, stut; accolade; riem, bretel, band; scheepv bras; ~s bretels; ~ and bit boor;
II overg spannen, (aan)trekken, scheepv brassen;
versterken, opwekken, [zenuwen] stalen; ~ oneself
zich vermannen; ~d for voorbereid op, klaar voor

bracelet ['breislit] znw armband; gemeenz handboei

bracer ['breisə] znw gemeenz hartversterking, borrel

bracing ['breisiŋ] bn versterkend, opwekkend

bracken ['brækn] znw plantk (adelaars)varen(s)

bracket ['brækit] **I** znw console; klamp; etagère;
(gas)arm; haak, haakje o; categorie, klasse, groep; **II**
overg met klampen steunen; tussen haakjes plaatsen; fig in één adem noemen, op één lijn stellen
(met with); samenvoegen, groeperen

brackish ['brækiʃ] bn brak

brad [bræd] znw spijkertje o zonder kop, stift

bradawl ['brædɔ:l] znw els

brag [bræg] **I** overg brallen, pochen, bluffen (op of);
II znw gepoch o, bluf; bluffen o [kaartspel]

braggadocio [brægə'doutʃjou] znw gesnoef o, pocherij

braggart ['brægət] znw praalhans, pocher, bluffer,
snoever, schreeuwer

Brahman ['bra:mən], **Brahmin** ['bra:min] znw
brahmaan

braid [breid] **I** znw vlecht; boordsel o, galon o & m;
tres; (veter)band o & m; **II** overg vlechten; boorden,
met tressen garneren

Braille [breil] znw braille(schrift) o

brain [brein] **I** znw brein o, hersenen; verstand o;
knappe kop; ~s hersens; have ... on the ~ malen
over..., bezeten zijn van...; pick sbd.'s ~s iem. om
raad (informatie, advies) vragen; **II** overg de hersens inslaan

brainchild znw geesteskind o, geestesproduct o

brain death znw hersendood

brain-drain znw emigratie v. academici naar landen met meer mogelijkheden

brainless bn hersenloos

brain-pan znw hersenpan

brain-storm I znw plotselinge heftige geestesstoring, 'gekke' inval; **II** *onoverg* brainstormen: het aanpakken v.e. probleem door groepsdiscussie

Brains Trust *znw* groep van wijze mannen, adviescollege *o*, brain trust

brain teaser *znw* breinbreker

brainwash *overg* hersenspoelen

brainwashing *znw* hersenspoeling

brainwave *znw* gemeenz inval, lumineus idee *o* & *v*

brainy *bn* gemeenz pienter

braise [breiz] *overg* [vlees] smoren

brake [breik] **I** *znw* rem; *put on the* ~ remmen; *put a ~ on...* [iets] remmen; **II** *overg* remmen

brake light *znw* remlicht *o*

brakesman *znw* remmer

bramble ['bræmbl] *znw* braamstruik

bran [bræn] *znw* zemelen

branch [bra:n(t)ʃ] **I** *znw* (zij)tak, arm; (leer)vak *o*, afdeling, filiaal *o*; ~ *line* zijlijn; ~ *office* bijkantoor *o*, agentschap *o*; **II** *onoverg* zich vertakken; ~ *off* zich vertakken, zich splitsen, afslaan; fig afdwalen; ~ *out* uitbreiden [onderneming]; *our company thinks of ~ing out into manufacturing toys* ons bedrijf overweegt om ook speelgoed te gaan maken

branchy *bn* vertakt

brand [brænd] **I** *znw* brandend hout *o*; plantk brand [ziekte]; brandijzer *o*, brandmerk *o*, schandmerk *o*; merk *o*; soort, kwaliteit; **II** *overg* brandmerken[2], merken; *~ed goods* merkartikelen

branding-iron *znw* brandijzer *o*

brandish ['brændiʃ] *overg* zwaaien (met)

brand name ['brændneim] *znw* merknaam, woordmerk *o*

brand-new ['bræn(d)'nju:] *bn* fonkelnieuw, gloednieuw, splinternieuw

brandy ['brændi] *znw* cognac; brandewijn, brandy

bran-tub ['bræntʌb] *znw* grabbelton

brash [bræʃ] *bn* onstuimig, opdringerig, overhaast; schreeuwend [v. kleur]

brass [bra:s] **I** *znw* geelkoper *o*, messing *o*; muz koper *o*; gedenkplaat; gemeenz 'centen'; fig brutaliteit; *(top)* ~ slang (hele) hogen; **II** *bn* (geel)koperen, van messing

brass band ['bra:s'bænd] *znw* blaaskapel, fanfare, fanfarekorps *o*

brassed off [bra:st ɔ(:)f] *bn*: *be* ~ *with sth.* gemeenz iets beu zijn

brass hat *znw* slang stafofficier; hoge

brassière ['bræsiɛə] *znw* bustehouder

brass tacks ['bra:s'tæks]: *get down to* ~ spijkers met koppen slaan

brass winds *znw mv* muz koperblazers

brassy ['bra:si] **I** *bn* koperachtig, koperkleurig; fig brutaal; **II** *znw* golfstok

brat [bræt] *znw* blaag, vlegel, dondersteen, kreng *o*

bravado [brə'va:dou] *znw* overmoed; waaghalzerij

brave [breiv] **I** *bn* dapper, moedig, kloek, flink, nobel; **II** *znw* (indiaans) krijgsman; **III** *overg* tarten,

trotseren, uitdagen; ~ *it out* zich er (brutaal) doorheen slaan

bravery *znw* moed

bravo ['bra:vou, bra:'vou] *tsw* bravo!

bravura [bra'vjuərə] *znw* bravoure

brawl [brɔ:l] **I** *onoverg* knokken; **II** *znw* knokpartij, vechtpartij

brawler *znw* ruziemaker, lawaaischopper

brawn [brɔ:n] *znw* spieren; spierkracht; hoofdkaas, preskop

brawny *bn* gespierd, sterk

bray [brei] **I** *onoverg* balken, schetteren; **II** *znw* gebalk *o*; geschetter *o*

braze [breiz] *overg* solderen

brazen [breizn] **I** *bn* (geel)koperen; fig brutaal, onbeschaamd; **II** *overg*: ~ *it out* brutaal volhouden, zich er brutaal doorheen slaan

brazen-faced *bn* onbeschaamd

brazier ['breizjə] *znw* komfoor *o*

Brazil [brə'zil] *znw* Brazilië

Brazilian [brə'ziljən] **I** *znw* Braziliaan; **II** *bn* Braziliaans

Brazil nut [brə'zil'nʌt] *znw* paranoot

breach [bri:tʃ] **I** *znw* breuk[2], bres; inbreuk; schending; *step into the* ~ in de bres springen; ~ *of the peace* vredebreuk; rustverstoring; ~ *of promise* woordbreuk; **II** *overg* (een) bres schieten; doorbreken; fig schenden, inbreuk maken op

bread [bred] **I** *znw* brood[2] *o*; slang poen (= geld *o*); fig broodwinning; ~ *and butter* **1** boterham(men); **2** broodwinning; *~-and-butter issues like healthcare and housing* essentiële zaken als gezondheidszorg en huisvesting; *~-and-butter letter* dankbetuiging voor genoten gastvrijheid; *know which side one's* ~ *is buttered* eigen belang voor ogen houden; **II** *bn* om den brode, de primaire levensbehoeften betreffend

breadbasket *znw* broodmand; graanschuur [van een land]

bread-bin *znw* broodtrommel

bread-board *znw* broodplank

breadcrumb **I** *znw* broodkruimel; *~s* ook: paneermeel *o*; **II** *overg* paneren

breaded *bn* gepaneerd

breadfruit *znw* broodboom; vrucht van de broodboom

breadline *znw* armoedegrens; *be on the* ~ van de bedeling moeten leven

breadth [bredθ] *znw* breedte, baan; brede blik; ruime opvatting

breadthways, breadthwise *bijw* in de breedte

breadwinner ['bredwinə] *znw* kostwinner

1 break [breik] (broke; broken) **I** *overg* breken; aan-, af-, door-, onder-, stuk-, verbreken; overtreden [regels], schenden; banen [weg]; opbreken [kamp]; [vlas] braken; doen springen [bank]; ruïneren; bij stukjes en beetjes mededelen [nieuws]; dresseren; mil casseren; ontplooien [vlag]; ~ *the*

back of... het voornaamste (moeilijkste) deel van...
klaar krijgen, het ergste achter de rug krijgen; **II**
onoverg breken; aan-, af-, door-, los-, uitbreken,
los-, uitbarsten; de gelederen verbreken; veranderen, omslaan [v. weer]; springen [v. bank], bankroet
gaan; achteruit gaan; ophouden; pauzeren; ~ *away*
weg-, af-, losbreken, zich losrukken, -scheuren,
zich afscheiden (van *from*); ~ *down* mislukken, het
begeven, blijven steken, zich niet langer kunnen
inhouden, bezwijken, het afleggen; afbreken, breken [tegenstand], (zich laten) splitsen; ~ *forth* los-,
uitbarsten; tevoorschijn komen; ~ *free* losbreken[2],
zich bevrijden[2]; ~ *in* inbreken; africhten, dresseren; inlopen [schoeisel]; inrijden [auto &]; in de
rede vallen; ~ *in to* gewennen aan; ~ *in upon* (ver-)
storen, onderbreken; ~ *into* inbreken in; fig aanbreken, aanspreken [kapitaal]; overgaan in, beginnen te; een positie verwerven in; ~ *sbd. of a habit*
iem. een gewoonte afleren; ~ *oneself of a habit* met
een gewoonte breken; iets afleren; ~ *off* afbreken[2];
~ *it off* het [engagement] afmaken; ~ *open* openbreken; ~ *out* uitslaan; uitbreken; losbarsten; ~
through doorbreken; overtreden, afwijken van; ~ *to
the saddle* wennen aan het zadel; ~ *up* uiteengaan,
eindigen; met de schoolvakantie beginnen; uiteenvallen; stukbreken, afbreken[2], slopen; scheuren [v.
weidegrond]; verdelen; doen uiteenvallen; ontbinden, een einde maken aan, doorbreken; breken
[dag]; uiteenslaan, oprollen [bende, complot], in
de war sturen [bijeenkomst]; ~ *with* breken met
2 break *znw* breuk; af-, ver-, onderbreking; aanbreken *o*; verandering, omslag [van weer]; afbrekingsteken *o*; pauzering, pauze, rust; onderw vrij kwartier *o*, speelkwartier *o*; biljart serie; (afrij)brik; kans;
bof, pech; *give me a ~! gemeenz* doe me een lol, wil
je!, laat me met rust!; *make a ~ (for it) slang* 'm
smeren
breakable *bn* breekbaar
breakage *znw* breken *o*, breuk
breakaway I *znw* afscheiding; **II** *bn* afgescheiden,
afscheidings-
break-dancing *znw* breakdancing, breakdansen *o*
breakdown *znw* in(een)storting; (zenuw)inzinking
(ook: *nervous ~*); mislukking; blijven steken *o*, storing, panne, defect *o*, averij; splitsing, onderverdeling, analyse; afbraak; ~ *gang* hulpploeg; ~ *lorry*
takelwagen; ~ *product* afbraakproduct *o*
breaker *znw* breker; sloper; 27 MC'er; brekende
golf; ~*s* branding
breakfast ['brekfəst] **I** *znw* ontbijt *o*; **II** *onoverg* ontbijten
breakfast television *znw* ontbijttelevisie
break-in *znw* inbraak
breaking-point ['breikɪnpɔint] *znw* breekpunt *o*;
strained to ~ tot het uiterste gespannen
breakneck *bn* halsbrekend; *at ~ speed* in razende
vaart
break-out *znw* uitbraak, ontsnapping uit gevange-

nis &
breakthrough *znw* doorbraak
break-up *znw* ineenstorting, ontbinding, uiteenvallen *o* [v. partij]; uiteengaan *o*
breakwater *znw* golfbreker, havendam
bream [bri:m] *znw* (*mv* idem *of* -s) brasem
breast [brest] **I** *znw* borst, boezem; borststuk *o*;
make a clean ~ of it alles eerlijk opbiechten; **II** *overg*
het hoofd bieden aan; (met kracht) tegen... in
gaan; (met moeite) beklimmen of doorklieven
breastbone *znw* borstbeen *o*
breast-fed *bn*: ~ *baby* baby die borstvoeding krijgt
breast-feed *overg* de borst geven, borstvoeding geven
breastplate *znw* borstplaat, harnas *o*, borststuk *o*
breast pocket *znw* borstzak
breaststroke *znw* sp schoolslag, borstslag
breastwork *znw* mil borstwering
breath [breθ] *znw* adem(tocht), luchtje *o*, zuchtje *o*;
zweem, spoor; *he caught his ~* zijn adem stokte;
draw ~ ademhalen; *hold one's ~* de adem inhouden; *save one's ~* zijn mond houden, niets meer
zeggen; *waste one's ~* voor niets praten; *take a ~*
adem scheppen, even op adem komen; *take sbd.'s
~ away* iem. de adem benemen; iem. paf doen
staan; *in the same ~* in één adem; *under one's ~*
fluisterend, binnensmonds; *out of ~* buiten adem
breathalyse, breathalyze ['breθəlaiz] *overg* een
ademtest laten doen
breathalyzer *znw* blaaspijpje *o*
breathe [bri:ð] **I** *onoverg* ademen[2], ademhalen; **II**
overg (in-, uit)ademen; (laten) uitblazen; fluisteren;
te kennen geven; ~ *one's last* de laatste adem uitblazen; *don't ~ a word (of it)* houd je mond erover;
~ *new life into* nieuw leven inblazen; ~ *down sbd.'s
neck* iem. op de hielen zitten, iem. op de vingers
kijken
breathed [breθt, bri:ðd] *bn* stemloos
breather ['bri:ðə] *znw* adempauze; *have (take) a ~*
even uitblazen
breathing *znw* ademhaling; ~ *space* ogenblik *o* om
adem te scheppen, respijt *o*, adempauze
breathless ['breθlis] *bn* ademloos; buiten adem
breathtaking *bn* adembenemend; verbluffend
breath test *znw* ademtest
bred [bred] V.T. & V.D. van *breed*
breech [bri:tʃ] *znw* kulas [v. kanon], staartstuk *o* [v.
geweer]; ~*es* ['britʃiz] korte (rij)broek
breechblock ['bri:tʃblɔk] *znw* mil sluitstuk *o*
breeches-buoy ['britʃizbɔi] *znw* broek, wippertoestel *o* [voor het redden v. schipbreukelingen]
breech-loader ['bri:tʃloudə] *znw* achterlader
1 breed [bri:d] (bred; bred) **I** *overg* verwekken[2], telen, (aan)fokken, (op)kweken[2], grootbrengen, opleiden; voortbrengen, veroorzaken; **II** *onoverg* jongen, zich voortplanten
2 breed *znw* ras *o*, soort
breeder *znw* verwekker, fokker; ~ *reactor* kweek-

reactor

breeding *znw* verwekken *o* &, zie *breed*; opvoeding; beschaafdheid; *(good)* ~ welgemanierdheid; ~ *ground* broedplaats; *fig* voedingsbodem, broeinest *o*

breeze [bri:z] **I** *znw* bries; Am *gemeenz* makkie *o*, eitje *o*; ~ *block* cementbetontegel; **II** *overg gemeenz* ~ *in* binnenstuiven

breezy *bn* winderig²; luchtig², opgewekt, joviaal

brent(-goose) ['brent('gu:s)] *znw* rotgans

brethren ['breðrin] *znw* broeders

Breton ['bretən] **I** *znw* Breton; **II** *bn* Bretons

breve [bri:v] *znw muz* dubbele hele noot; *gramm* teken *o* ter aanduiding van een korte klinker

breviary ['bri:viəri] *znw* RK brevier *o*

brevity ['breviti] *znw* kortheid, beknoptheid

brew [bru:] **I** *overg* & *onoverg* brouwen², *fig* (ook: ~ *up*) (uit)broeien; zetten [thee]; ~ *up gemeenz* thee zetten; **II** *znw* treksel *o*, brouwsel *o*

brewer *znw* brouwer

brewery *znw* brouwerij

briar ['braiə] *znw* = *brier*

bribe [braib] **I** *znw* steekpenning, gift of geschenk *o* tot omkoping; lokmiddel *o*; **II** *overg* omkopen

bribery *znw* omkoping, omkoperij

bribes *znw mv* steekpenningen

bric-a-brac ['brikəbræk] *znw* curiosa, rariteiten, bric-à-brac *o*

brick [brik] **I** *znw* (bak-, metsel)steen *o* & *m* [stofnaam], (bak-, metsel)steen *m* [voorwerpsnaam]; blok *o* [uit blokkendoos]; *gemeenz* patente kerel, beste vent (meid); *drop a* ~ een flater slaan; *make* ~s *without straw* het onmogelijke verrichten; **II** *bn* (bak)stenen; **III** *overg:* ~ *up* dicht-, toemetselen

brick bat ['brikbæt] *znw* stuk *o* baksteen; *fig* afkeuring, schimpscheut, verwensing

brick-dust *znw* steengruis *o*

brick-field *znw* steenbakkerij

brick-kiln *znw* steenoven

bricklayer *znw* metselaar

bricklaying ['brikleiiŋ] *znw* metselen *o*

brickwork *znw* metselwerk *o*; ~s steenbakkerij

brickyard *znw* steenbakkerij

bridal ['braidəl] *bn* bruids-, bruilofts-, trouw-

bride *znw* bruid; jonggehuwde (vrouw)

bridegroom *znw* bruidegom

bridesmaid *znw* bruidsmeisje *o*

bridge [bridʒ] **I** *znw* brug; kam [v. strijkinstrument]; rug van de neus; *kaartsp* bridge *o*; **II** *overg* overbruggen

bridgehead *znw* bruggenhoofd *o*

bridge loan, **bridging loan** *znw* overbruggingskrediet *o*

bridle ['braidl] **I** *znw* toom, teugel; breidel²; **II** *overg* (in-, op)tomen, beteugelen², breidelen²; **III** *onoverg:* het hoofd in de nek werpen (uit trots, verachting &)

bridle-path *znw* ruiterpad *o*

brief [bri:f] **I** *bn* kort, beknopt; *in* ~ kortom; in het

kort; *to be* ~ om kort te gaan; **II** *znw* instructie over de hoofdpunten van een rechtszaak; opdracht [v. advocaat]; breve [v. paus]; instructie, briefing; ~*s* ook: onderbroekje *o*; *I hold no* ~ *for...* ik ben hier niet om de belangen te bepleiten van...; **III** *overg* [een advocaat] een zaak in handen geven; instructies geven, briefen

briefcase *znw* aktetas

briefing *znw* instructies; instructieve bijeenkomst, briefing

briefly *bijw* (in het) kort, beknopt; kort(stondig), even

briefness *znw* beknoptheid, kortheid

brier ['braiə] *znw* wilde roos; wit heidekruid *o*; pijp van de wortel daarvan

brig [brig] *znw scheepv* brik

brigade [bri'geid] *znw* brigade; korps *o*

brigadier [brigə'diə] *znw mil* brigadecommandant

brigand ['brigənd] *znw* (struik)rover

brigandage *znw* (struik)roverij

bright [brait] *bn* helder², licht, lumineus; blank; fonkelend, schitterend, levendig; vlug, pienter, snugger; opgewekt, vrolijk, blij, fleurig; rooskleurig [v. toekomst &]; ~ *and early* voor dag en dauw (op)

brighten **I** *overg* glans geven aan, op-, verhelderen, doen opklaren; opvrolijken, opfleuren (ook: ~ *up*); **II** *onoverg* opklaren, verhelderen, (beginnen te) schitteren

brill [bril] *znw* griet [vis]

brilliance ['briljəns] *znw* glans, schittering²; uitzonderlijke begaafdheid

brilliant *bn* schitterend², stralend², briljant; fantastisch

brilliantine [briljən'ti:n] *znw* brillantine

brim [brim] **I** *znw* rand; boord, kant; **II** *onoverg* vol zijn; ~ *(over) with* overvloeien van

brimful(l) *bn* boordevol

brimstone [brimstən] *znw* zwavel; ~ *butterfly* citroenvlinder

brindle(d) ['brindl(d)] *bn* bruingestreept

brine [brain] *znw* pekel, pekelnat *o*; *the* ~ het zilte nat, de zee

bring [briŋ] (brought; brought) *overg* (mee)brengen, opbrengen, halen; indienen, inbrengen, aanvoeren; ~ *about* teweegbrengen, tot stand brengen; aanrichten; ~ *along* meebrengen; ~ *an action against* een proces aandoen; ~ *back* terugbrengen; weer te binnen brengen; ~ *before the public* in het licht geven; ~ *down* doen neerkomen, neerleggen, -schieten; aanhalen [bij deelsom]; verlagen [v. prijzen]; vernederen, fnuiken; ten val brengen; ~ *the house down* stormachtige bijval oogsten; ~ *forth* voortbrengen; baren; aan het daglicht brengen; ~ *forward* vooruit brengen; vervroegen; indienen [motie]; aanvoeren [bewijzen]; transporteren [bij boekhouden]; ~ *in* binnenbrengen; inbrengen, aanvoeren; erbij halen, erin betrekken, inschakelen; meekrijgen, winnen [voor zeker doel]; invoeren; ter tafel brengen, indienen; opbrengen; ~ *in guilty* schuldig verklaren; ~ *off* in veiligheid brengen, redden; (het) voor elkaar krijgen; (af)leveren [stuk *o*, werk *o* &]; ~ *on* veroorzaken, tot stand brengen; berokkenen; ~ *out* uitbrengen; tevoorschijn halen; aan de dag brengen; doen uitkomen; opbloeien; ~ *over* overbrengen; overhalen; transporteren [bij boekhouden] ; ~ *round* iem. (weer) bijbrengen, bij kennis brengen; [iem.] overhalen; ~ *to* bijbrengen; scheepv bijdraaien; ~ *to book* ter verantwoording roepen (en straffen); *I could not ~ myself to do it* ik kon er niet toe komen het te doen; ~ *under* onderwerpen; ~ *up* opvoeden, opkweken; voor (de rechtbank) doen komen, voorleiden; op het tapijt brengen, aankaarten, -lijnen; scheepv voor anker brengen; braken; ~ *up to date (up to 1992)* bijwerken tot op heden (tot 1992); bij de tijd brengen, moderniseren; ~ *up short* kopschuw maken; ~ *upon* berokkenen

bring-and-buy sale *znw* liefdadigheidsbazar, fancy-fair

brink [briŋk] *znw* kant, rand; *on the ~ of...* ook: op het puntje (randje) van...

brinkmanship *znw* gewaagd manoeuvreren *o* in hachelijke omstandigheden, va-banque-politiek

briny ['braini] *znw* zilt, zout; *the ~* gemeenz het zilte nat, de zee

briquet(te) [bri'ket] *znw* briket [brandstof]

brisk [brisk] **I** *bn* levendig, vlug, wakker, flink; fris; **II** *overg* verlevendigen; ~ *up* aanvuren, aanwakkeren; **III** *onoverg*: ~ *up* opleven

brisket ['briskit] *znw* borst, borststuk *o* [v. dier]

bristle ['brisl] **I** *znw* borstels; borstelhaar *o*; **II** *onoverg* de borstels [haren, veren] overeind zetten; overeind staan; opstuiven; ~ *up* de kam (kuif) opzetten; ~ *with* bezet zijn met, wemelen van, vol zijn van

bristly *bn* borstelig

Brit [brit] *znw* gemeenz Brit

Britain ['britn] *znw* (Groot-)Brittannië *o*

Britannic [bri'tænik] *bn* Brits

British ['britiʃ] *bn* Brits; *the ~* de Britten

Britisher *znw* Am Brit

Briton ['britn] *znw* Brit

Brittany ['britəni] *znw* Bretagne *o*

brittle ['britl] *bn* bro(o)s, breekbaar; kil, koel

broach [broutʃ] **I** *znw* stift; priem; (braad)spit *o*; (toren)spits; **II** *overg* aansteken, aanboren, aanbreken; fig ter sprake brengen

broad [brɔːd] **I** *bn* breed[2], ruim[2], wijd; ruw, grof, plat; ~ *beans* tuinbonen; *the Broad Church* de vrijzinnige richting in de Engelse Kerk; ~ *daylight* klaarlichte dag; *a ~ hint* een duidelijke wenk; *as ~ as it is long* zo lang als het breed is; **II** *znw* Am slang wijf *o*, mokkel *o*, hoer, slet

broadcast ['brɔːdkɑːst] **I** *bn bijw* verspreid gezaaid; wijd verspreid; RTV uitgezonden, radio-/tv-; **II** *overg & onoverg* uit de hand zaaien; op ruime schaal verspreiden; RTV uitzenden; voor de radio of de televisie optreden (spreken &); rondbazuinen; **III** *znw* RTV uitzending; **IV** V.T. & V.D. van *broadcast II*

broadcaster *znw* RTV omroeper

broadcasting *znw* RTV uitzending; uitzenden *o*; ~ *station* radio- en tv-station *o*

broadcloth ['brɔːdklɔθ] *znw* fijne, zwarte, wollen stof

broaden [brɔːdn] *overg & onoverg* (zich) verbreden, breder worden/maken, (zich) verruimen

broadly (speaking) *bijw* globaal, in grote trekken, in het algemeen

broadminded *bn* ruimdenkend

broadsheet *znw* aan één zijde bedrukt blad *o*; ± kwaliteitskrant

broadside *znw* scheepv brede zijde; volle laag

broadsword *znw* slagzwaard *o*

broadways, broadwise *bijw* in de breedte

Brobdingnagian ['brɔbdiŋ'nægiən] **I** *bn* reusachtig; **II** *znw* reus

brocade [brə'keid] *znw* brokaat *o*

broccoli ['brɔkəli] *znw* broccoli

brochure ['brouʃjuə, brɔ'ʃjuə] *znw* brochure; folder

brock [brɔk] *znw* dierk das

brogue [broug] *znw* **1** stevige schoen, brogue; **2** plat (Iers) accent *o*

broil [brɔil] *overg* op een rooster braden, roosteren, blakeren; *it is ~ing* Am het is snikheet

broiler *znw* rooster; braadkip, -kuiken *o*; gemeenz bloedhete dag

broiler house *znw* kuikenmesterij

broke [brouk] V.T. & vero V.D. van *break*; gemeenz geruïneerd, blut, pleite

broken V.D. van *break*; gebroken &; ~ *ground* oneffen terrein; ~ *home* ontwricht gezin *o*

broken-down *bn* geruïneerd; terneergeslagen; (dood)op; kapot, bouwvallig

broken-hearted *bn* gebroken (door smart), diep bedroefd

brokenly *bijw* onsamenhangend, verbrokkeld

broken-winded *bn* dampig [v. paard]

broker ['broukə] *znw* makelaar; uitdrager

brokerage *znw* makelarij; makelaarsprovisie, courtage

brolly ['brɔli] *znw* slang paraplu

bromic ['broumik] *bn* broom-

bromide *znw* bromide *o*; zeurkous; gemeenplaats

bromine *znw* broom *o*

bronchi [brɔŋkai] *znw* luchtpijpvertakkingen, bronchiën

bronchial *bn* bronchiaal; ~ *tubes* bronchiën

bronchitis [brɔŋ'kaitis] *znw* bronchitis

bronco ['brɔnkou] *znw* Am klein halfwild paard

bronze [brɔnz] **I** *znw* brons *o*; bronskleur; bronzen kunstvoorwerp *o*; **II** *overg* bronzen; bruinen; **III** *bn* bronzen, bronskleurig

Bronze Age *znw* bronstijd

brooch

brooch [brout∫] *znw* broche, borstspeld
brood [bru:d] **I** *onoverg* broeden² (op *on, over*); *fig* peinzen; tobben (over *over*); **II** *znw* broed(sel) *o*; gebroed *o*
brooding *bn* dreigend
brood-mare *znw* fokmerrie
broody *bn* **1** [v.e. kip] broeds; **2** tobberig, somber; **3** *gemeenz* [v. vrouw] verlangend naar een baby
1 brook [bruk] *overg* verdragen, dulden
2 brook [bruk] *znw* beek
brooklet *znw* beekje *o*
broom [bru:m] *znw* bezem; plantk brem
broomstick ['bru:mstik] *znw* bezemsteel
Bros. *afk.* = *Brothers* Gebr(oeders)
broth [brɔθ] *znw* bouillon, dunne soep
brothel ['brɔθl] *znw* bordeel *o*
brother ['brʌðə] *znw* (*mv*: -s; godsd ook: brethren [breðrin]) broe(de)r², ambtsbroeder, confrater, collega
brotherhood *znw* broederschap *o & v*
brother-in-law *znw* (*mv*: brothers-in-law) zwager
brotherly *bn & bijw* broederlijk
brougham ['bru:əm, bru:m] *znw* coupé [rijtuig]
brought [brɔ:t] V.T. & V.D. van *bring*
brouhaha ['bru:ha:ha:] *znw* gemeenz opschudding, gedoe *o*
brow [brau] *znw* wenkbrauw, voorhoofd *o*; kruin, top, uitstekende rand
browbeat ['braubi:t] *overg* intimideren, overdonderen
brown [braun] **I** *bn* bruin; ~ *coal* bruinkool; ~ *owl* dierk bosuil; ~ *paper* pakpapier *o*; **II** *znw* bruin *o*; **III** *overg & onoverg* bruinen; ~*ed off* slang het land hebbend, landerig
brownie *znw* kabouter [ook jonge padvindster]; brownie [soort chocoladekoek]; *get* ~ *points with sbd.* bij iem. in een goed blaadje komen, een wit voetje halen
brownish *bn* bruinachtig
brownstone *znw* Am (huis *o* van) roodbruine zandsteen *o*
browse [brauz] **I** *overg & onoverg* (af)knabbelen, (af-)grazen; **II** *onoverg* fig grasduinen, neuzen (in boeken)
Bruges [bru:ʒ] *znw* Brugge *o*
Bruin [bruin] *znw* Bruin(tje) de beer
bruise [bru:z] **I** *overg* kneuzen; ~*d* beurs; fig aangedaan, gekwetst; **II** *onoverg* beurs worden; blauwe plekken hebben (krijgen), zich bezeren; **III** *znw* kneuzing, buil, blauwe plek
bruiser *znw* slang (ruwe) bokser, krachtpatser
bruising *znw* kneuzing
brunch [brʌn∫] *znw* brunch [laat ontbijt *o*, tevens lunch]
Brunei ['bru:nai] *znw* Brunei *o*
Bruneian **I** *znw* inwoner v. Brunei; **II** *bn* Bruneis
brunette [bru:'net] *znw* brunette
brunt [brʌnt] *znw*: *bear the* ~ *of* het meest te lijden

hebben van
brush [brʌ∫] **I** *znw* borstel, schuier, veger, kwast, penseel *o*; vossenstaart; kreupelhout *o*; streek, (lichte) aanraking, (vluchtig) contact *o*; aanvaring (fig); **II** *overg* (af)borstelen, (af)vegen, (af)schuieren; strijken langs, rakelings gaan langs; ~ *aside* opzij zetten, naast zich neerleggen, negeren, afpoeieren; ~ *away* wegvegen; fig aan de kant zetten; ~ *by*, ~ *past* rakelings passeren; ~ *down* afborstelen; ~ *off* af-, wegvegen; (iemand) afschepen; ~ *over* aanstrijken; ~ *up* opborstelen; fig opfrissen, ophalen [kennis]
brush-off *znw* slang botte weigering, afscheping
brushwood *znw* kreupelhout *o*; rijs(hout) *o*
brushwork *znw* penseelbehandeling, touche [v. kunstschilder]
brusque [brusk] *bn* bruusk, kortaf
Brussels ['brʌslz] **I** *znw* Brussel; **II** *bn* Brussels; ~ *sprouts* spruitjes
brutal ['bru:təl] *bn* beestachtig, wreed, bruut, ruw, grof
brutality [bru:'tæliti] *znw* beestachtigheid, wreedheid, bruutheid, grofheid
brutalize ['bru:təlaiz] *overg* verdierlijken; wreed behandelen
brute [bru:t] **I** *znw* (redeloos) dier *o*; woesteling, beest *o*, bruut; gemeenz onmens; **II** *bn* redeloos, dierlijk, woest, bruut
brutish ['bru:ti∫] *bn* = *brutal*
B.Sc. *afk.* = *Bachelor of Science*
BSE *afk.* = *bovine spongiform encephalopathy* BSE, mad cow disease, dolle koeieziekte
BST *afk.* = *British Summer Time*
Bt. *afk.* = *Baronet*
bubble ['bʌbl] **I** *znw* blaas, lucht-, (zeep)bel²; ~ *bath* schuimbad *o*; ~ *and squeak* gerecht *o* van opgewarmde restjes aardappelen, kool en andere groenten (en soms vlees); **II** *onoverg* borrelen, murmelen, pruttelen; ~ *over* overkoken; fig overvloeien (*with* van)
bubble gum *znw* klapkauwgum *o & m*
bubbly **I** *bn* borrelend, vol luchtbelletjes; fig sprankelend, levenslustig; **II** *znw* slang champagne
bubo ['bju:bou] *znw* (*mv*: buboes) lymfklierzwelling
bubonic [bju:'bɔnik] *bn*: ~ *plague* builenpest
buccaneer [bʌkə'niə] *znw* boekanier, zeerover
Bucephalus [bju:'sefələs] *znw* strijdros *o* van Alexander de Grote; schertsend (oude) knol
buck [bʌk] **I** *znw* (*mv* idem of *-s*) (ree)bok, rammelaar, mannetje *o* [van vele diersoorten]; fig fat; zaagbok; schuld, zwartepiet; dollar; *pass the* ~ de schuld op een ander schuiven, de zwarte piet doorspelen; *the* ~ *stops here* de verantwoordelijkheid kan niet verder worden doorgeschoven; **II** *overg* afwerpen [berijder]; tegenwerken; vermijden; ~ *up* opvrolijken; ~*ed* in zijn nopjes; **III** *onoverg* bokken [v. paard]; ~ *up* moed houden; voortmaken
bucket ['bʌkit] **I** *znw* emmer; emmervol, grote hoe-

veelheid; grijper; schoep [v. waterrad]; *kick the ~ slang* doodgaan; **II** *onoverg*: *~ (down)* gemeenz stortregenen, gieten, plenzen

bucketful *znw* emmer(vol); *I've had a ~ of him* ik ben hem spuugzat

bucket seat *znw* kuipstoel; klapstoel

bucket shop *znw* reisagentschap *o* gespecialiseerd in goedkope vliegtickets

buckle ['bʌkl] **I** *znw* gesp; **II** *overg* (vast)gespen; verbuigen, omkrullen; **III** *onoverg* omkrullen, zich krommen (ook: *~ up*); *~ down to* aanpakken; de handen uit de mouwen steken; zich toeleggen op

buckler ['bʌklə] *znw* schild *o*

buck naked *bn* Am spiernaakt

buckram ['bʌkrəm] **I** *znw* stijf linnen *o*; buckram *o*; fig stijfheid; **II** *bn* van stijf linnen

buckshot ['bʌkʃɔt] *znw* grove hagel

buckskin ['bʌkskin] *znw* suède *o & v*; *~ breeches*, *~s* suède broek; *~ cloth* bukskin *o*

buck teeth *znw* vooruitstekende tanden

buckwheat ['bʌkwi:t] *znw* boekweit

bucolic [bju'kɔlik] **I** *bn* herderlijk, landelijk, bucolisch; **II** *znw* herderszang, -dicht *o*

bud [bʌd] **I** *znw* plantk knop; kiem; *in the ~* in de kiem[2]; fig in de dop; **II** *onoverg* uitkomen, (uit-)botten, ontluiken; *~ding* ook: fig in de dop

Buddhism ['budizm] *znw* boeddhisme *o*

Buddhist I *znw* boeddhist; **II** *bn* boeddhistisch

buddy ['bʌdi] *znw* Am gemeenz vriend, vriendje *o*, kameraad, maat

budge [bʌdʒ] *onoverg* (zich) verroeren, bewegen; veranderen; van mening veranderen; *not ~ an inch* geen duimbreed wijken; *~ up* opschuiven, plaats maken

budgerigar ['bʌdʒəriga:] *znw* zangparkiet

budget ['bʌdʒit] **I** *znw* (staats)begroting, budget *o*; **II** *bn* voordelig, goedkoop, budget-; **III** *onoverg* budgetteren; *~ for* uittrekken voor, op het budget zetten

budgetary *bn* budgettair, budget-, begrotings-

budgie ['bʌdʒi] *znw* gemeenz = *budgerigar*

buff [bʌf] **I** *znw* buffel-, zeemleer *o*, zeemkleur; liefhebber, fan; *in the ~* poedelnaakt; **II** *overg* polijsten, poetsen; **III** *bn* zeemkleurig, lichtgeel

buffalo ['bʌfəlou] *znw* (mv idem of -loes) buffel

buffer ['bʌfə] **I** *znw* stootkussen *o*, stootbok, stootblok *o*, buffer; gemeenz kerel; *old ~* gemeenz ouwe vent; *~ state* bufferstaat; **II** *overg* als buffer optreden (dienen) voor

1 buffet ['bʌfit] *overg* slaan, beuken, worstelen met

2 buffet ['bʌfit] *znw* buffet *o* [meubel]

3 buffet ['bufei] *znw* buffet *o* [v. station &]; *~ car* restauratiewagen; *~ dinner*, *~ luncheon* lopend buffet *o*

buffoon [bʌ'fu:n] *znw* potsenmaker, hansworst, pias

buffoonery *znw* potsenmakerij

bug [bʌg] **I** *znw* wandluis; Am insect *o*, kever, tor; gemeenz bacil; fig rage, manie; afluisterapparaat *o*; comput bug; *big ~* gemeenz hoge ome, hoge piet; **II** *overg* afluisterapparaatuur aanbrengen bij en gebruiken tegen [iem.]; Am lastig vallen, ergeren

bugbear ['bʌgbɛə] *znw* boeman; spook *o*, schrikbeeld *o*

bugger ['bʌgə] **I** *znw* **1** recht sodomiet, pederast; **2** plat flikker, kontneuker; **3** slang klootzak, lul; *silly ~* stomme lul; *poor little ~* arme drommel; **4** slang klerezooi, gesodemieter *o*, klerewerk *o*; **II** *overg* **1** recht sodomie bedrijven, anale gemeenschap hebben; **2** slang: *~ it!* sodeju!; *~ him!* hij kan m'n rug op!, hij kan de klere krijgen!; *~ around, about* sollen met; *~ up* verknallen, naar de sodemieter helpen; **III** *onoverg*: *~ about, around* (rond-) klooien, sodemieteren, rotzooien; *~ off* opsodemieteren, oprotten

buggered ['bʌgəd] *bn* afgepeigerd, doodmoe

buggery *znw* sodomie

buggy ['bʌgi] *znw* buggy; wandelwagen; Am kinderwagen

bugle ['bju:gl] **I** *znw* muz bugel [hoorn]; **II** *onoverg* op de bugel blazen

bugler *znw* mil bugel: horenblazer

1 build [bild] (built; built) **I** *overg* bouwen, aanleggen, maken, stichten[2]; *~ up* opbouwen; vormen; vergroten, ontwikkelen, uitbouwen; aansterken [v. patiënt]; **II** *onoverg* bouwen; *~ on (upon)* zich verlaten op, bouwen op, voortbouwen op; *~ up* ontstaan, zich ontwikkelen; toenemen, aanzwellen, aangroeien

2 build *znw* (lichaams)bouw

builder *znw* bouwer; aannemer

building *znw* gebouw *o*, bouwwerk *o*; bouw; *~-plot*, *~-site* bouwterrein *o*; *~ society* bouwfonds *o*

build-up *znw* opbouw; vorming; gemeenz tamtam

built [bilt] V.T. & V.D. van *build*; *I am ~ that way* gemeenz zo ben ik nu eenmaal

built-in *bn* ingebouwd; fig inherent

built-up *bn* samengesteld, opgebouwd, geconstrueerd; bebouwd; *~ area* bebouwde kom

bulb [bʌlb] *znw* (bloem)bol; (gloei)lamp

bulbous *bn* bolvormig, bol-

Bulgaria [bʌl'gɛəriə] *znw* Bulgarije *o*

Bulgarian [bʌl'gɛəriən] **I** *znw* **1** Bulgaar; **2** Bulgaars *o*; **II** *bn* Bulgaars

bulge [bʌldʒ] **I** *znw* (op)zwelling, uitpuiling, uitstulping; geboortegolf; **II** *(overg &) onoverg* (doen) uitpuilen, (op)zwellen, (op)bollen

bulk [bʌlk] **I** *znw* omvang, grootte, volume *o*; massa, gros *o*, grootste deel *o*, meerderheid; scheepv lading; *~ cargo* lading met stortgoederen; *~ grain*, grain in *~* gestort graan *o*; *sell in ~* in het groot verkopen; **II** *onoverg*: *~ large* groot lijken; een grote rol spelen

bulkhead ['bʌlkhed] *znw* scheepv schot *o*

bulky ['bʌlki] *bn* dik, groot, lijvig, omvangrijk

bull [bul] **I** *znw* **1** stier; mannetje *o* [v. olifant &];

2 handel haussier; **3** (schot *o* in de) roos; **4** slang flauwekul; **5** (pauselijke) bul; *take the ~ by the horns* de koe bij de horens vatten; **II** *bn* mannetjes-; stieren-; handel hausse-; **III** *onoverg* handel à la hausse speculeren; de koersen opdrijven

bull-calf *znw* stierkalf *o*, jonge stier

bulldog ['buldɔg] *znw* buldog

bulldog clip *znw* veerklem [voor papieren]

bulldoze ['buldouz] *overg* met een bulldozer banen of opruimen; intimideren

bulldozer *znw* bulldozer

bullet ['bulit] *znw* (geweer)kogel

bullet-headed *bn* met een ronde kop

bulletin ['bulitin] *znw* bulletin *o*

bulletin board *znw* prikbord *o*, mededelingenbord *o*

bullet-proof ['bulitpru:f] *bn* kogelvrij

bullfight, bullfighting ['bulfait(iŋ)] *znw* stierengevecht *o*, stierenvechten *o*

bullfighter ['bulfaitə] *znw* stierenvechter

bullfinch ['bulfintʃ] *znw* goudvink

bull-frog ['bulfrɔg] *znw* brul(kik)vors

bull-headed *bn* koppig

bullion ['buljən] *znw* ongemunt goud *o* of zilver *o*

bullish ['buliʃ] *bn* handel à la hausse (gestemd)

bullock ['bulək] *znw* dierk os

bullring ['bulriŋ] *znw* arena [v. stierengevecht]

bull's-eye ['bulzai] *znw* **1** (schot *o* in de) roos; **2** halfbolvormig, dik glas *o*; **3** rond venster(gat) *o*

bullshit ['bulʃit] **I** *znw* plat flauwekul, gelul *o*; **II** *onoverg* plat zeiken, ouwehoeren; **III** *overg* plat iem. grote onzin verkopen

bully ['buli] **I** *znw* **1** tiran, bullebak; **2** vlees *o* uit blik; **II** *bn* ruw; **III** *overg & onoverg* tiranniseren, kwellen; pesten; *~ into (out of)* door bedreigingen dwingen iets te doen (te laten)

bully-beef ['bulibi:f] *znw* vlees *o* uit blik

bulrush ['bulrʌʃ] *znw* plantk (matten)bies; lisdodde

bulwark ['bulwək] *znw* bolwerk[2] *o*, golfbreker; scheepv verschansing (meestal ~s)

bum [bʌm] **I** *znw* gemeenz kont, reet, achterste *o*; Am zwerver, schooier; **II** *bn* gemeenz waardeloos, prul-, snert-; **III** *onoverg* gemeenz klaplopen; *~ around* gemeenz rondhangen, lummelen; **IV** *overg* gemeenz bietsen

bumble ['bʌmbl] *onoverg* **1** zoemen, gonzen; **2** stuntelen, schutteren; *~ on* hakkelen, stamelen

bumble-bee ['bʌmblbi:] *znw* hommel

bumbledom ['bʌmbldəm] *znw* gewichtigdoenerij van kleine ambtenaren

bumboat ['bʌmbout] *znw* scheepv parlevink(er)

bumf [bʌmf] *znw* gemeenz pleepapier *o*; paperassen

bummer ['bʌmə] *znw* Am slang **1** afknapper, teleurstelling; **2** klaploper

bump [bʌmp] **I** *znw* buil; knobbel; stoot, schok, slag, plof, bons; **II** *onoverg* bonzen, botsen, stoten; hotsen; *~ into sbd.* gemeenz iem. tegen het lijf lo-

pen; **III** *overg* bonzen, stoten tegen; kwakken; *-- off* slang uit de weg ruimen [iem.]; *-- out* uitdeuken; *-- up* gemeenz opvijzelen, opkrikken, opvoeren

bumper [bʌmpə] *znw* vol glas *o*; auto bumper; Am buffer, stootblok *o*; *a ~ crop (number &)* overvloedig, overvol, buitengewoon, record- &

bumph [bʌmf] *znw* = bumf

bumpkin ['bʌm(p)kin] *znw* (boeren)pummel

bumptious ['bʌm(p)ʃəs] *bn* verwaand

bumpy ['bʌmpi] *bn* hobbelig; hotsend

bun [bʌn] *znw* **1** (krenten)broodje *o*; **2** knot [haar]

bunch [bʌn(t)ʃ] **I** *znw* tros [druiven]; bos; gemeenz troep, stel *o*; sp peloton *o* [wielrenners]; **II** *overg* bundelen, samenbinden; **III** *onoverg* trossen of bosjes vormen; zich troepsgewijze verenigen

bundle [bʌndl] **I** *znw* bundel, bos, pak *o*; *a ~ of nerves* één bonk zenuwen; *I don't go a ~ on it* gemeenz ik ben er niet dol op; **II** *overg* tot een pak maken, samenbinden (*~ up*); *~ into* haastig gooien, smijten; *~ off* wegsturen; *~ out* eruit gooien

bung [bʌŋ] **I** *znw* spon, stop (v.e. vat); **II** *overg* dichtstoppen, verstoppen, afsluiten (ook: *~ up*); gemeenz gooien

bungalow ['bʌŋgəlou] *znw* bungalow

bungle ['bʌŋgl] **I** *onoverg* broddelen, knoeien; **II** *overg* verknoeien; afraffelen

bungler *znw* knoeier, prutser

bunion ['bʌnjən] *znw* eeltknobbel [aan voet]

bunk [bʌŋk] *znw* **1** kooi, couchette, slaapbank; **2** gemeenz gezwam *o*, geklets *o*; *do a ~* 'm smeren

bunk bed ['bʌŋkbed] *znw* stapelbed *o*

bunker ['bʌŋkə] **I** *znw* bunker, kolenruim *o*, sp bunker [zandige holte bij het golfspel]; **II** *onoverg* bunkeren, kolen innemen

bunkum ['bʌŋkəm] *znw* gezwam *o*, geklets *o*

bunny ['bʌni] *znw* gemeenz konijn *o*; *~ (girl)* serveerster in een nachtclub

Bunsen burner ['bʌnsən'bə:nə] *znw* bunsenbrander

bunting ['bʌntiŋ] *znw* vlaggendoek *o & m*; vlag(gen); gors [vogel]

buoy [bɔi] **I** *znw* boei, ton; redding(s)boei[2]; **II** *overg* betonnen; *~ up* drijvend houden; fig steunen, staande houden; (iem.) opmonteren

buoyancy *znw* drijfvermogen *o*; opwaartse druk; fig veerkracht, opgewektheid

buoyant *bn* drijvend; opwaarts drukkend; fig veerkrachtig, opgewekt; handel levendig [vraag]

bur [bə:] *znw* stekelige bast [van kastanje &]; klis[2]

burble ['bə:bl] *onoverg* murmelen, borrelen

burden ['bə:dn] **I** *znw* last, vracht; druk [v. belastingen]; scheepv tonneninhoud; refrein *o*, hoofdthema *o*; *beast of ~* lastdier *o*; *~ of proof* bewijslast; **II** *overg* beladen; belasten; bezwaren, drukken (op)

burdensome ['bə:dnsəm] *bn* zwaar, bezwarend, drukkend, lastig

burdock ['bə:dɔk] *znw* kliskruid *o*, klit

bureau ['bjuərou, bjuə'rou] znw (mv: -s of bureaux [-rouz]) bureau o, schrijftafel; Am ladekast; (bij-) kantoor o, dienst

bureaucracy [bju'rɔkrəsi] znw bureaucratie

bureaucrat ['bjuərəkræt] znw bureaucraat

bureaucratic [bjuərə'krætik] bn bureaucratisch

burgeon ['bəːdʒən] onoverg uitkomen, (uit)botten, uitlopen; ontluiken, als paddestoelen uit de grond schieten

burgess ['bəːdʒis] znw burger; hist afgevaardigde

burgh ['bʌrə] znw Schots stad; kiesdistrict o

burgher ['bəːgə] znw burger

burglar ['bəːglə] znw (nachtelijke) inbreker

burglar alarm znw alarminstallatie (tegen inbraak)

burglarize ['bəːgləraiz] overg Am inbreken in/bij

burglar-proof bn inbraakvrij

burglary znw inbraak (bij nacht)

burgle onoverg & overg inbreken (in, bij)

burgomaster ['bəːgəmaːstə] znw burgemeester

Burgundian [bəː'gʌndiən] I bn Bourgondisch; II znw Bourgondiër

burial ['beriəl] znw begrafenis; ~ mound grafheuvel; ~-ground, ~-place begraafplaats; ~-service kerkelijke begrafenisplechtigheid

burin ['bjuərin] znw graveernaald

burk [bəːk] znw = berk

burke [bəːk] overg doodzwijgen, in de doofpot stoppen

Burkina [bəː'kiːnə] znw Boerkina

Burkinese bn & znw (mv idem) Boerkinees

burl [bəːl] znw oneffenheid in weefsel, nop

burlap ['bəːlæp] znw zakkengoed o, jute

burlesque [bəː'lesk] I bn boertig, burlesk; II znw parodie; burleske; III overg parodiëren

burly ['bəːli] bn zwaar(lijvig), groot, dik; fors

Burma ['bəːmə] znw Birma o

Burmese ['bəː'miːz] I bn Birmaans; II znw (mv idem) Birmaan

1 burn [bəːn] (burnt/burned; burnt/burned) onoverg & overg branden; gloeien; verbranden; aan-, op-, uitbranden; bakken [stenen]; ~ one's boats zijn schepen achter zich verbranden; ~ the candle at both ends smijten met zijn krachten, te veel hooi op zijn vork nemen; ~ one's fingers zijn vingers branden; ~ away blijven branden; ~ down afbranden; platbranden; ~ in(to) inbranden, inprenten; ~ out uitbranden; doorbranden [v. elektrisch apparaat]; (geestelijk, lichamelijk) uitgeput raken; ~ oneself out zich over de kop werken; ~ with branden (gloeien) van

2 burn znw 1 brandwond; brandplek; brandgat o; 2 Schots beek; third degree ~s derdegraads brandwonden

burner znw brander, pit [v. gas]; put on the back ~ op een laag pitje zetten

burning I bn brandend; intens, vurig; dringend, urgent; II znw brand, branden o

burnish ['bəːniʃ] I overg polijsten; glanzend maken; II znw glans

burnisher znw polijster; polijststaal o

burnt [bəːnt] V.T. & V.D. van burn; ~-offering, ~-sacrifice brandoffer o

burp [bəːp] I znw boer, boertje o, oprisping; II onoverg boeren, een boer(tje) laten

burr [bəː] I znw braam [aan metaal &]; gebrouwde uitspraak van de r; = bur; II overg & onoverg brouwen [bij het spreken]

burrow ['bʌrou] I znw hol o; II onoverg (een hol) graven; fig wroeten [in archief &]; zich ingraven; in een hol wonen

bursar [bəːsə] znw thesaurier, schatbewaarder; bursaal, beursstudent

bursary znw ambt o v. thesaurier; studiebeurs; travel ~ reisbeurs

1 burst [bəːst] (burst; burst) I overg doen barsten, doen springen; (open-, door-, ver)breken; II onoverg (open-, los-, uit)barsten, breken, springen; op barsten staan; ~ in binnenstormen; ~ into uitbarsten in; binnenstormen; zie ook: flame I; ~ out uit-, losbarsten, uitbreken; ~ upon zich plotseling voordoen aan; ~ with barsten van

2 burst [bəːst] znw uit-, losbarsting; barst, breuk; ren; explosie, vlaag; mil vuurstoot, ratel

burthen ['bəːðən] = burden

burton ['bəːt(ə)n] znw: go for a ~ gemeenz naar de haaien zijn, gedood zijn, vermist zijn

Burundi [bu'rundi] znw Boeroendi o

Burundian I znw Boeroendiër; II bn Boeroendisch

bury ['beri] overg begraven; bedekken, bedelven; verbergen

bus [bʌs] I znw (mv: buses; Am ook: busses) (auto-) bus; miss the ~ de boot missen, een kans voorbij laten gaan; II overg per bus vervoeren; ~ it met de bus gaan

busby ['bʌzbi] znw kolbak

bus conductor znw busconducteur

bush [buʃ] znw struik(en); haarbos; Austr wildernis; rimboe; techn (naaf)bus; good wine needs no ~ goede wijn behoeft geen krans

bushbaby ['buʃbeibi] znw galago [halfaap]

bushed [buʃt] bn Am gemeenz uitgeput, doodop

bushel ['buʃl] znw schepel o & m; hide one's light under a ~ zijn licht onder de korenmaat zetten

bush fire znw bosbrand

bushman ['buʃmən] znw Austr kolonist

Bushman ['buʃmən] znw ZA Bosjesman

bushranger ['buʃrein(d)ʒə] znw hist ontsnapte boef en struikrover [in Australië]

bush telegraph ['buʃteligraːf] znw verspreiden o v. geruchten, geruchtencircuit o

bushy ['buʃi] bn ruig; gepluimd, pluim-

business ['biznis] znw zaak, zaken, handel, bedrijf o, beroep o, werk o, taak; kwestie, geval o, gedoe o; spel o (ook: stage ~) [v. acteur]; good ~! goed zo!; ~ as usual we gaan gewoon door; you had no ~ there je had er niets te maken; *you had no ~ to...* het was uw zaak niet te...; *what ~ is it of yours?* wat gaat het u aan?; *make it one's ~ to...* zich tot taak stellen te...; *like nobody's ~* buitengewoon, weergaloos; *mean ~ gemeenz* het ernstig menen; *be in ~ zaken doen*; bestaan; actief zijn; *go into ~* in het zakenleven gaan; beginnen; *on ~* voor zaken; *go out of ~* ophouden te bestaan, sluiten, ermee stoppen; *put out of ~* het bestaan onmogelijk maken; *fig* [iem.] nekken, kapot maken; techn onklaar maken

business administration *znw* bedrijfskunde

business end *znw* belangrijkste gedeelte *o*, gedeelte *o* waar het om gaat; *he had a knife in his hand with the ~ pointing at my throat* hij hield het mes met de punt op mijn keel gericht

business gift *znw* relatiegeschenk *o*

business hours *znw mv* kantooruren

business-like *bn* zaakkundig; praktisch; zakelijk

business machine *znw* kantoormachine

businessman *znw* zakenman

business school *znw* school voor bedrijfskunde, school voor economisch en administratief onderwijs

business woman *znw* zakenvrouw

1 busk [bʌsk] *znw* balein

2 busk *onoverg* als straatartiest optreden

busker ['bʌskə] *znw* straatartiest, straatmuzikant

buskin ['bʌskin] *znw* toneellaars; *the ~* het treurspel

busman ['bʌsmən] *znw* bestuurder of conducteur van een autobus; *~'s holiday* vrije tijd besteed aan het dagelijkse werk

buss [bʌs] *znw* (smak)zoen

bus shelter *znw* abri, bushokje *o*

bus stop *znw* bushalte

1 bust [bʌst] *znw* buste: borst; borstbeeld *o*; *~ size* bovenwijdte

2 bust [bʌst] *slang* = *burst*

2 bust [bʌst] **I** *onoverg* stuk gaan[2]; *~ up* failliet gaan; **II** *overg* **1** stuk maken, mollen; **2** *slang* arresteren, opbrengen

buster ['bʌstə] *znw Am* fors kind; kerel [aanspreekvorm]; iets wat doet barsten; *safe ~* brandkastkraker

bustle ['bʌsl] **I** *onoverg* druk in de weer zijn (ook: *~ about*); zich reppen; **II** *overg* jachten (ook: *~ up*); **III** *znw* beweging, gewoel *o*, drukte

bustling *bn* bedrijvig, druk

bust-up ['bʌstʌp] *znw gemeenz* ruzie, mot

busy ['bizi] **I** *bn* (druk) bezig, aan het werk, in de weer; druk; nijver; *I am very ~* ik heb het erg druk; *get ~* aan de slag gaan; iets doen [in een zaak]; **II** *overg* bezighouden; **III** *znw slang* stille [detective]

busybody *znw* bemoeial

busyness *znw* bezig zijn *o*, bedrijvigheid

but [bʌt] **I** *voegw* maar; of; **II** *voorz* zonder, buiten, behalve, op... na; (anders) dan; *~ for* ware het niet dat, zonder (dat); **III** *bijw* slechts; **IV** *znw* maar; **V**

overg: ~ me no ~s geen maren

butane ['bju:tein] *znw* butaan *o*

butch [butʃ] *znw slang* lesbienne

butcher ['butʃə] **I** *znw* slager; moordenaar; **II** *overg* slachten[2], afmaken[2]; *fig* verknoeien

butchery *znw* slagerij; slachting

butler ['bʌtlə] *znw* butler; chef-huisknecht

butt [bʌt] **I** *znw* **1** kogelvanger, doel(wit) *o*, mikpunt *o*; **2** dik eind *o*, stomp, stompje *o*; peukje *o*; **3** kolf; **4** vat *o* [± 5 hl]; **5** stoot; **6** *Am gemeenz* kont, reet; *~s* schietbaan; *they made a ~ of him* zij maakten hem tot mikpunt van hun grappen; **II** *onoverg* stoten, botsen (tegen *against, upon*), grenzen (aan *on*); *~ in* zich ermee bemoeien; *~ in (with)* komen aanzetten (met); *~ in on sbd.* iem. op het lijf vallen; **III** *overg* zetten (tegen *against*); **IV** *bijw* pardoes

butt-end *znw* (uit)einde *o*, peukje *o*; kolf

butter ['bʌtə] **I** *znw* (room)boter; *fig* vleierij; *lay on the ~* = *butter up*; *look as if ~ would not melt in one's mouth* kijken of men niet tot tien kan tellen; **II** *overg* boteren, (be)smeren; *~ up* honing om de mond smeren

buttercup *znw* boterbloem

butter-dish *znw* botervlootje *o*

butter-fingered *bn* onhandig

butterfly *znw* vlinder[2], kapel [insect]; *butterflies* slang (last van) zenuwen; *~ collar* puntboord *o & m*; *~ nut* vleugelmoer; *~ stroke* vlinderslag

buttermilk *znw* karnemelk

butter-scotch *znw* soort toffee

buttery **I** *bn* boterachtig; **II** *znw* onderw provisiekamer

buttock ['bʌtək] *znw* bil; *~s* achterste *o*

button ['bʌtn] **I** *znw* knoop; knop; dop; *the ~s gemeenz* piccolo, chasseur & [in livrei met veel knoopjes]; **II** *overg* knopen aanzetten; *~ (up)* (toe)knopen, met een knoop vastmaken; *~ed up* ook: *fig* gesloten, stijf; slang dik in orde, kant en klaar; **III** *onoverg* dichtgaan

buttonhole I *znw* knoopsgat *o*; bloem(en) in knoopsgat; **II** *overg* festonneren; van knoopsgaten voorzien; *fig* aanklampen

button-hook *znw* knopehaak

button-through *bn* doorknoop- [jurk &]

buttress ['bʌtris] **I** *znw* schraagpijler, (steun)beer, steunpilaar[2]; *flying ~* luchtboog; **II** *overg: ~ (up)* schragen, steunen

buxom ['bʌksəm] *bn* mollig, knap

1 buy [bai] (bought; bought) *overg* kopen, omkopen; bekopen; slang geloven, aanvaarden, pikken [een verhaal, excuus]; *~ in* terugkopen; *~ off* af-, loskopen; *~ out* uitkopen; *~ over* omkopen; *~ up* opkopen

2 buy [bai] *znw* koop(je *o*)

buyer *znw* koper, inkoper; liefhebber, gegadigde; *~s' market handel* meer aanbod dan vraag

buzz [bʌz] **I** *onoverg* gonzen, zoemen; ronddraven;

~ *about (around)* doelloos heen en weer draven; ~ *off* slang weggaan, 'm smeren; **II** *overg* fluisteren; heimelijk verspreiden; gemeenz laag overvliegen [v. vliegtuig]; **III** *znw* gegons *o*; gemeenz lekker gevoel *o*, kick; *give sbd. a* ~ gemeenz iem. bellen

buzzard ['bʌzəd] *znw* buizerd

buzzer ['bʌzə] *znw* elektr zoemer; sirene

buzzword ['bʌzwə:d] *znw* modewoord *o*, modekreet

by [bai] *voorz* door, bij, van, aan, naar, volgens, met, per, op, over, voorbij, jegens, tegenover, tegen, voor &; ~ *himself (herself)* alleen; ~ *itself* ook: op zichzelf; *(it's) all right (OK)* ~ *me* Am ('t is) mij best; *higher* ~ *a foot* een voet hoger; ~ *and* ~ straks, zo meteen; na een poosje, weldra; ~ *and large* over het geheel, globaal; ~ *the* ~*(e)* tussen haakjes

by-blow ['baiblou] *znw* buitenechtelijk kind *o*

bye-bye ['bai'bai] *tsw* gemeenz dag!; *go to* ~ ['bai-bai] gemeenz naar bed gaan, gaan slapen

by-effect ['baiifekt] *znw* neveneffect *o*

by-election *znw* tussentijdse verkiezing

Byelorussia [bjelou'rʌʃə] *znw* Wit-Rusland

Byelorussian I *znw* Witrus; **II** *bn* Wit-Russisch

by-end *znw* bijbedoeling

bygone ['baigɔn] *bn* vroeger, voorbij, vervlogen [dagen]; *let* ~*s be* ~*s* haal geen oude koeien uit de sloot

by-law ['bailɔ:] *znw* plaatselijke verordening

bypass I *znw* omloopleiding; rondweg, ringweg (ook: ~ *road*); med bypass; **II** *overg* om... heen gaan, lopen, trekken; fig passeren, omzeilen, ontduiken, mijden, links laten liggen

bypass operation *znw* med bypassoperatie

byplay *znw* stil spel *o* [toneel]

by-product *znw* bijproduct *o*

byre ['baiə] *znw* koeienstal

by-road ['bairoud] *znw* landweg, binnenweg, zijweg

bystander *znw* omstander, toeschouwer

byte [bait] *znw* comput byte

by-way *znw* zijweg[2]

byword *znw* spreekwoord *o*; synoniem *o*; *a* ~ *for* berucht (bekend) wegens

byzantine ['bizəntain] *bn* byzantijns: kruiperig, vleiend

C

c [si:] *znw* (de letter) c; muz c of do; C = 100 [als Romeins cijfer]; *C. of E.* (lid v.d.) *Church of England* [de Anglicaanse staatskerk]

cab [kæb] **I** *znw* huurrijtuig *o*; taxi; kap: overdekte plaats v. machinist op locomotief; cabine [v. vrachtauto &]; **II** *overg*: ~ *it* gemeenz per huurrijtuig of taxi gaan

cabal [kə'bæl] *znw* complot *o*, intrige, (hof)kliek

cabaret ['kæbərei] *znw* cabaret *o*

cabbage ['kæbidʒ] *znw* plantk kool; fig slome, saaie piet

cabbage butterfly *znw* koolwitje *o*

cabby ['kæbi] *znw* gemeenz = *cabman*

cabin ['kæbin] *znw* hut, kajuit; cabine

cabin class *znw* tweede klas (op een boot)

cabin cruiser *znw* motorjacht *o*

cabinet ['kæbinet] *znw* kabinet *o*; (uitstal)kast, vitrine(kast); vero privévertrek *o*

cabinet-maker *znw* meubelmaker

cable ['keibl] **I** *znw* kabel(lengte); telegraafkabel; (kabel)telegram *o*; kabeltelevisie; **II** *overg* kabelen: telegraferen

cable car *znw* kabine van een kabelbaan of kabelspoorweg, gondel; Am kabeltram

cablegram *znw* (kabel)telegram *o*

cable television *znw* kabeltelevisie

cabman ['kæbmən] *znw* (huur)koetsier; (taxi-) chauffeur

caboodle [kə'bu:dl] *znw*: *the whole* ~ gemeenz de hele zwik

caboose [kə'bu:s] *znw* scheepv kombuis, keuken; Am wagen voor treinpersoneel

cabotage ['kæbəta:ʒ] *znw* kustvaart; het recht om een binnenlandse lucht- of waterverbinding te onderhouden

cab-rank ['kæbræŋk] *znw* standplaats voor huurrijtuigen; taxistandplaats

ca'canny [ka:'kæni] **I** *tsw* Schots rustig aan!; **II** *znw* langzaam-aan-actie, stiptheidsactie

cacao [kə'ka:ou, kə'keiou] *znw* cacao(boom)

cache [kæʃ] **I** *znw* geheime bergplaats; verborgen voorraad; **II** *overg* verbergen

cachet ['kæʃei] *znw* cachet *o*; capsule met geneesmiddel

cachinnation [kæki'neiʃən] *znw* geschater *o*, gebulder *o*

cackle ['kækl] **I** *onoverg* kakelen[2], snateren[2], kletsen; **II** *znw* gekakel[2] *o*, gesnater[2] *o*; geklets *o*; *cut the* ~ laten we ter zake komen

cacophony [kæ'kɔfəni] *znw* kakofonie

cactus ['kæktəs] *znw* (*mv*: cacti [-tai]) cactus

cad [kæd] *znw* schoft, proleet, ploert
cadastral [kə'dæstrəl] *bn* kadastraal
cadaver *znw* Am lijk *o*, kadaver *o*
cadaverous [kə'dævərəs] *bn* lijkachtig, lijkkleurig
caddie [kædi] *znw* caddie: golf-jongen
caddish ['kædiʃ] *bn* schofterig, ploertig
caddy ['kædi] *znw* **1** theekistje *o*; **2** = *caddie*
cadence ['keidəns] *znw* cadans, ritme *o*
cadency ['keidənsi] *znw* **1** = *cadence*; **2** herald afstamming v.e. jongere zoon
cadenza [kə'denzə] *znw* muz cadens
cadet [kə'det] *znw* cadet; jongere broer, jongste zoon
cadge [kædʒ] **I** *onoverg* klaplopen; **II** *overg* (gratis) weten te versieren
cadger *znw* klaploper
cadre ['ka:də] *znw* kader *o*
caducous [kə'dju:kəs] *bn* vergankelijk; verwelkend, afstervend, te vroeg afvallend
caecum ['si:kəm] *znw* (*mv:* caeca [-kə]) blindedarm
Caesarean [si'zɛəriən] *bn* van/als Julius Caesar; ~ *section*, ~ *operation* keizersnede
caesura [si'zjuərə] *znw* cesuur
café ['kæfei] *znw* café *o*, vero koffiehuis *o*
cafetaria [kæfi'tiəriə] *znw* cafetaria
caff [kæf] *znw* gemeenz café *o*; cafetaria
caffeine ['kæfii:n] *znw* cafeïne
caftan ['kæftən] *znw* kaftan
cage [keidʒ] **I** *znw* kooi; hok *o*, gevangenis; **II** *overg* in een kooi (gevangen) zetten
cagey ['keidʒi] *znw* gemeenz sluw; terughoudend
cagily *bijw* v. *cagey*
cagoule [kə'gu:l] *znw* windjack *o* met capuchon
cahoot [kə'hu:t]: *be in* ~*s with sbd.* met iem. onder één hoedje spelen
caiman ['keimən] *znw* = *cayman*
Cain [kein] *znw* Kaïn[2]; zie ook: *raise I*
cairn [kɛən] *znw* steenhoop [als grafmonument, grens]; dierk cairn terriër
caisson ['keisən] *znw* caisson
caitiff ['keitif] *znw* vero ellendeling, schelm
cajole [kə'dʒoul] *overg* vleien
cajolery *znw* vleierij
cake [keik] **I** *znw* koek, gebak *o*, taart, tulband, cake; stuk *o* [zeep &]; ~*s and ale* pret, vreugd; feest *o*, kermis; *you cannot have your* ~ *and eat it* je moet kiezen of delen; *like hot* ~*s* razendsnel; *a piece of* ~ een makkie *o*, een eitje *o*; *take the* ~ de kroon spannen; het toppunt zijn; **II** (*overg &*) *onoverg* (doen) (aan-) koeken
cake tin *znw* bakvorm voor cake, cakevorm
cakewalk *znw* cake-walk [soort Afro-Amerikaanse dans]
calabash ['kæləbæʃ] *znw* kalebas [pompoen]
calaboose [kælə'bu:s] *znw* Am slang gevangenis, nor
calamitous [kə'læmitəs] *bn* rampspoedig
calamity *znw* ramp, onheil *o*, ellende

calcareous [kæl'kɛəriəs] *bn* kalkhoudend, kalk-
calciferous [kæl'sifərəs] *bn* kalkhoudend
calcification [kælsifi'keiʃən] *znw* verkalking
calcify ['kælsifai] *overg & onoverg* (doen) verkalken
calcimine ['kælsimain] **I** *znw* witkalk; **II** *overg* witten
calcine ['kælsain] **I** *onoverg* verkalken; **II** *overg* verbranden
calcium ['kælsiəm] *znw* calcium *o*
calculable ['kælkjuləbl] *bn* berekenbaar
calculate **I** *onoverg* rekenen; **II** *overg* berekenen; Am geloven, denken; *calculating* bereken(en)d, egoïstisch; ~*d* bereken(en)d, weloverwogen; ~*d for* berekend op, geschikt voor; *the consequences are* ~*d to be disastrous* de gevolgen moeten noodlottig zijn; ~*d risk* ingecalculeerd risico *o*
calculating *bn* berekenend
calculation [kælkju'leiʃən] *znw* berekening[2]
calculator ['kælkjuleitə] *znw* rekenmachine; wisk verzameling rekentafels
calculous ['kælkjuləs] *bn* med lijdend aan blaas-, niersteen; blaas-; niersteen-
calculus ['kælkjuləs] *znw* (*mv:* -es *of* calculi [-lai]) **1** med blaas-, niersteen; **2** (be)rekening; infinitesimaalrekening; differentiaal- en integraalrekening (ook: *infinitisimal* ~)
caldron ['kɔ:ldrən] *znw* = *cauldron*
Caledonian [kæli'dounjən] **I** *znw* Schot; **II** *bn* Schots
calendar ['kælində] *znw* kalender; lijst; recht rol; **II** *overg* optekenen; rangschikken
calender ['kælində] *znw* kalander, glansmachine; **II** *overg* kalanderen
calends ['kælindz] *znw* eerste van de maand bij de Romeinen; *at (on) the Greek* ~ met sint-jut(te)mis
calenture ['kælintʃə] *znw* hevige tropische koorts
calf [ka:f] *znw* (*mv:* calves [ka:vz]) **1** kalf[2] *o*; **2** kalfsleer *o*; **3** jong *o* van een hinde &; **4** kuit [van het been]
calflove *znw* kalverliefde
caliber *znw* Am = *calibre*
calibrate ['kælibreit] *overg* ijken
calibre ['kælibə] *znw* kaliber[2] *o*; fig gehalte *o*, formaat *o*
calico ['kælikou] *znw* (*mv:* -s *of* calicoes) bedrukt katoen *o* & *m*
Californian [kæli'fɔ:njən] **I** *bn* Californisch; **II** *znw* Californiër
caliph ['kælif] *znw* kalief
caliphate *znw* kalifaat *o*
calk [kɔ:k] **I** *znw* (ijs)spoor, ijskrap; **II** *overg* **1** van ijssporen voorzien (paardenhoef of laars) om uitglijden te voorkomen; **2** Am = *caulk*
calkin *znw* = *calk I*
call [kɔ:l] **I** *overg* (be-, bijeen-, in-, op-, af-, uit-, aan-, toe)roepen; afkondigen; telec opbellen; (be-) noemen, heten; ~ *attention to* de aandacht vestigen op; ~ *it a day* (laten we) ermee uitscheiden; ~*a*

meeting ook: een vergadering beleggen; ~ *names* uitschelden; ~ *the roll* appel houden; ~ *the tune* de toon aangeven, de leiding hebben, het voor het zeggen hebben; **II** *onoverg* roepen; (op)bellen; aanlopen, een bezoek afleggen, komen; balderen [v. vogels]; kaartsp inviteren; [bij bridge] bieden; annonceren; ~ *after* noemen naar; naroepen; ~ *at* aanlopen bij; aandoen, stoppen bij [trein &]; ~ *back* terug-, herroepen; terugbellen; ~ *down* afsmeken; ~ *for* komen (af)halen; vragen om of naar, bestellen; roepen om; vereisen; *to be (left till)* ~*ed for* wordt (af)gehaald, post poste restante; ~ *forth* oproepen, uitlokken; ~ *in* binnenroepen; (erbij) roepen, inroepen, inschakelen, laten komen; opvragen; aankomen, aanlopen; zie ook: *being, play III, question I*; ~ *off* terugroepen, wegroepen[2]; afzeggen [afspraak]; tot de orde roepen [hond]; afgelasten [staking]; ~ *on* een bezoek afleggen bij, opzoeken; aanroepen; een beroep doen op; vragen; aanmanen; ~ *out* uitroepen; afroepen; oproepen; laten uitrukken [brandweer &]; het stakingsbevel geven; naar buiten roepen; uitdagen; ~ *over* aflezen, -roepen; ~ *round* eens aankomen; ~ *to* toeroepen; ~ *to mind* zich herinneren; herinneren aan; ~ *up* oproepen, wakker roepen, voortoveren, wekken [herinneringen]; telec opbellen; ~ *upon* = ~ *on*; *I don't feel* ~*ed upon to...* ik voel me niet geroepen te...; **III** *znw* geroep *o*, roep, (roep)stem, (op)roeping; oproep; appel *o*; kaartsp invite; vraag; aanmaning; aanleiding; beroep *o*; bezoek *o*, visite; telec gesprek *o*, telefoontje *o*; signaal *o*; (bootsmans)fluitje *o*; lokfluitje *o*; fig lokstem; handel optie; *it was a close* ~ het hield (spande) erom; *have first* ~ *on* het eerst aanspraak hebben op; *have no* ~ *to* niet behoeven te...; zich niet geroepen voelen om...; *at (on)* ~ handel direct vorderbaar [geld]; ter beschikking

call-box *znw* spreekcel, telefooncel
call-boy *znw* jongen die de acteurs waarschuwt; chasseur
caller *znw* roeper; telec (op)beller, aanvrager; bezoeker
call-girl *znw* callgirl, (luxe) prostituee
calligrapher [kəˈligrəfə] *znw* kalligraaf, schoonschrijver
calligraphic [kæliˈgræfik] *bn* kalligrafisch
calligraphy [kəˈligrəfi] *znw* kalligrafie, schoonschrijfkunst
calling [ˈkɔːliŋ] *znw* roeping; beroep *o*
callipers [ˈkælipəz] *znw mv* **1** schuifmaat; **2** beenbeugel
callisthenics [kælisˈθeniks] *znw (mv)* (ritmische) gymnastiek
call loan [ˈkɔːlloun] *znw* call-lening, daggeldlening
call money *znw* callgeld *o*, daggeld *o* (geld dat direct teruggevorderd kan worden)
callosity [kæˈlɔsiti] *znw* eeltachtigheid; vereelting, eeltknobbel

callous [ˈkæləs] *bn* vereelt, eeltachtig; fig verhard, ongevoelig, hardvochtig
calloused *bn* vereelt, eeltachtig
call-over [ˈkɔːlouvə] *znw* = *roll-call*
callow [ˈkælou] *bn* zonder veren, kaal; fig groen, onervaren
call rate [ˈkɔːlreit] *znw* rentepercentage *o* op basis van daggeld
call-sign [ˈkɔːlsain], **call-signal** [ˈkɔːlsignəl] *znw* radio roepletters [ter identificatie v.e. zender]
call-up [ˈkɔːlʌp] *znw* oproep [voor militaire dienst]
callus [ˈkæləs] *znw* eeltknobbel, eeltplek; litteken-weefsel *o*
calm [kaːm] **I** *bn* kalm, bedaard; rustig; windstil; **II** *znw* kalmte, rust; windstilte; **III** *overg & onoverg* kalmeren, (doen) bedaren (ook: ~ *down*)
calmative [ˈkælmətiv, ˈkaːmətiv] **I** *znw* kalmerend middel *o*; **II** *bn* kalmerend
Calor gas [ˈkæləgæs] *znw* butagas *o*
caloric [kəˈlɔrik] **I** *znw* warmte; **II** *bn* warmte afgevend
calorie, calory [ˈkæləri] *znw* calorie, warmte-eenheid
calorific [kæləˈrifik] *bn* verwarmend, warmte-
calorimeter *znw* warmtemeter
calotte [kəˈlɔt] *znw* kalotje *o*
caltrop [ˈkæltrɔp] *znw* mil kraaienpoot, viertandspijker
calumet [ˈkæljumet] *znw* lange tabakspijp van de indianen, vredespijp
calumniate [kəˈlʌmnieit] *overg* belasteren
calumniation [kəlʌmniˈeiʃən] *znw* (be)lastering
calumniator [kəˈlʌmnieitə] *znw* lasteraar
calumnious *bn* lasterlijk
calumny [ˈkæləmni] *znw* laster(ing)
calve [kaːv] **I** *onoverg* kalven; afkalven [ijsberg]; **II** *overg* [een kalf] baren
Calvinism [ˈkælvinizm] *znw* calvinisme *o*
calvinist **I** *znw* calvinist; **II** *bn* calvinistisch
calvinistic [kælviˈnistik] *bn* calvinistisch
calyx [ˈkei-, ˈkæliks] *znw* plantk (bloem)kelk
cam [kæm] *znw* techn kam, nok
camaraderie [kaːməˈraːdəri] [Fr] *znw* kameraadschap
camber [ˈkæmbə] **I** *znw* welving; **II** *overg* welven
cambric [ˈkeimbrik] *znw* batist *o*
came [keim] V.T. van *come*
camel [ˈkæməl] *znw* kameel; camel(kleur)
camelia [keˈmiːljə, kəˈmeljə] *znw* plantk camelia
cameo [ˈkæmiou] *znw* **1** camee; **2** korte, treffende typering; ~ *part (appearance)* kort optreden *o* (v. steracteur)
camera [ˈkæmərə] *znw* camera; *in* ~ recht met gesloten deuren
cameraman [ˈkæmərəmæn] *znw* cameraman
camera-shy [ˈkæmərəˈʃai] *bn* bang voor de camera
camisole [ˈkæmisoul] *znw* kamizool *o*
camomile [ˈkæməmail] *znw* kamille

camouflage ['kæmufla:ʒ] **I** *znw* camouflage; **II** *overg* camoufleren; laten doorgaan voor

camp [kæmp] **I** *znw* kamp² *o*, legerplaats; **II** *overg* & *onoverg* (zich) legeren, kamperen (ook: ~ *out*); **III** *bn* gemeenz geaffecteerd, verwijfd, nichterig; kitsch(erig), theatraal

campaign [kæm'pein] **I** *znw* veldtocht, campagne; **II** *onoverg* te velde staan; vechten; een campagne voeren

campaigner *znw* actievoerder; *old* ~ oudgediende, ouwe rot, veteraan

campanile [kæmpə'ni:li] *znw* (vrijstaande) klokkentoren

campanology [kæmpə'nɔledʒi] *znw* campanologie: kennis van klokken(spel)

campanula [kəm'pænjulə] *znw* plantk klokje *o*

camp-bed ['kæmpbed] *znw* veldbed *o*

camp-chair *znw* vouwstoel

camper *znw* kampeerder; kampeerauto (ook: ~ *van*)

camp-follower *znw* sympathisant; hist marketentster; met een leger meereizende prostitué(e)

campground *znw* Am = camping site

camphor ['kæmfə] *znw* kamfer

camping ['kæmpŋ] *znw* kamperen *o*

camping-site *znw* kampeerterrein *o*, camping

camping stove *znw* primus

campshed ['kæmpʃed] *overg* beschoeien

campsite *znw* = camping site

camp-stool ['kæmpstu:l] *znw* vouwstoeltje *o*

campus ['kæmpəs] *znw* Am terrein *o* van universiteit of school, campus

camshaft ['kæmʃa:ft] *znw* techn nokkenas

1 can [kæn] **I** *znw* kan; blik; bus; slang nor, lik; Am slang plee; *carry the* ~ gemeenz de schuld dragen; ervoor opdraaien (ook: *take the* ~ *back*); **II** *overg* inblikken; ~*ned* gemeenz dronken; ~*ned music* muzak; ~*ned laughter* ingeblikt gelach

2 can [kæn] (could; (been able)) *hulpww* **1** kunnen; **2** mogen; *you* ~ *not but know it* het kan u niet onbekend zijn, u moet het wel weten; ~ *I go now?* mag ik nu gaan?

Canadian [kə'neidjən] *znw* & *bn* Canadees

canal [kə'næl] *znw* kanaal² *o*, vaart, gracht

canalization [kænəlai'zeiʃən] *znw* kanalisatie

canalize ['kænəlaiz] *overg* kanaliseren

canapé ['kænəpei] *znw* **1** canapé, belegd sneetje brood [als voorgerecht]; **2** canapé, sofa

canary [kə'nɛəri] *znw* kanarie(vogel)

cancel ['kænsəl] **I** *overg* (door)schrappen, doorhalen, afstempelen; intrekken, opheffen, laten vervallen, afgelasten, afbestellen, afschrijven, annuleren, ongedaan maken, vernietigen, tenietdoen; laten wegvallen, wegvallen tegen (~ *out*); **II** *onoverg*: ~ *out* tegen elkaar wegvallen, elkaar opheffen, elkaar tenietdoen

cancellation [kænsə'leiʃən] *znw* v. *cancel*

cancer ['kænsə] *znw* kanker²; *C~* astron Kreeft

cancerous *bn* kankerachtig

candelabra [kændi'la:brə] *znw* kandelaber; kandelabers (= *mv* v. *candelabrum*)

candelabrum ['kændi'la:brəm] *znw* -s *of* candelabra, Am ook: candelabras) kandelaber

candid ['kændid] *bn* oprecht, openhartig

candidacy ['kændidəsi] *znw* = *candidature*

candidate *znw* kandidaat

candidature *znw* kandidatuur

candied ['kændid] *bn* geconfijt, gesuikerd

candle ['kændl] *znw* kaars; licht *o*; *burn the* ~ *at both ends* dag en nacht werken; *she cannot hold a* ~ *to her sister* zij haalt (het) niet bij, kan niet in de schaduw staan van haar zuster

candlelight *znw* kaarslicht *o*

candlelit ['kændllit] *bn* bij kaarslicht

candle-power *znw* kaarssterkte [lichtsterkte uitgedrukt in kaarsen]

candlestick *znw* kandelaar; *flat* ~ blaker

candour ['kændə], Am **candor** *znw* oprecht-, openhartigheid

candy ['kændi] **I** *znw* kandij; Am suikergoed *o*, snoep; **II** *overg* konfijten, versuikeren; kristalliseren; **III** *onoverg* kristalliseren

candy floss *znw* suikerspin, gesponnen suiker

candy-striped *bn* met zuurstokstrepen

cane [kein] **I** *znw* riet *o*, rotting, rotan *o*; (wandel-) stok; suikerriet *o*; stengel, rank [v. framboos]; **II** *overg* matten (met riet); afrossen, slaan

canine ['kænain, 'keinain] **I** *bn* honds-; ~ *tooth* hoektand; **II** *znw* hoektand

caning ['keiniŋ] *znw* pak slaag (met rotting)

canister ['kænistə] *znw* bus, trommel, blik *o*; mil granaatkartets; ~ *of teargas* traangasgranaat

canker ['kæŋkə] **I** *znw* (mond)kanker, hoefkanker, boomkanker; bladrups; knagende worm; fig kwaad dat aan iets vreet; **II** *onoverg* (ver)kankeren; **III** *overg* wegvreten

cankerous *bn* kankerachtig, in-, wegvretend

cannabis ['kænəbis] *znw* cannabis, marihuana

cannery ['kænəri] *znw* conservenfabriek

cannibal ['kænibəl] *znw* kannibaal

cannibalism *znw* kannibalisme *o*

cannibalistic [kænibə'listik] *bn* kannibaals, kannibalistisch

cannibalize ['kænibəlaiz] *overg* techn gebruiken v. onderdelen v.d. ene voor een andere machine

cannon ['kænən] **I** *znw* mil kanon *o*, kanonnen, geschut *o*; biljart carambole; **II** *onoverg* biljart caramboleren; (aan)botsen (tegen *into*)

cannonade [kænə'neid] *znw* kanonnade

cannon-ball *znw* kanonskogel

cannon-fodder *znw* kanonnenvlees *o*

cannon shot *znw* kanonschot *o*; bereik *o* v.e. kanon

cannot ['kænɔt, ka:nt] = *can not*

canny ['kæni] *bn* slim; voorzichtig; zuinig

canoe [kə'nu:] **I** *znw* kano; **II** *onoverg* kanoën

canoeist *znw* kanovaarder

cañon ['kænjən] *znw* Am = *canyon*

canon ['kænən] *znw* canon, kerkregel; regel; gecanoniseerd oeuvre *o*; domheer, kanunnik; canon [drukletter]; muz canon; ~ *law* canoniek (kerkelijk) recht

canonical [kə'nɔnikl] **I** *bn* canoniek, kerkrechtelijk, kerkelijk; **II** *znw*: ~*s* priestergewaad *o*

canonization [kænənai'zeiʃən] *znw* heiligverklaring

canonize ['kænənaiz] *overg* heilig verklaren

canoodle [kə'nu:dl] *overg* gemeenz liefkozen, knuffelen

can opener ['kænoupnə] *znw* blikopener

canopy ['kænəpi] **I** *znw* (troon)hemel, baldakijn *o* & *m*; gewelf *o*; kap; **II** *overg* overwelven

1 cant [kænt] **I** *onoverg* gemaakt, huichelachtig spreken; femelen, kwezelen, huichelen; **II** *znw* dieventaal[2], vakjargon *o*; clichés; hypocriet geleuter *o*

2 cant [kænt] **I** *znw* schuine kant, helling; stoot; kanteling; **II** *overg* op zijn kant zetten, kantelen; doen overhellen; (af)kanten; **III** *onoverg* overhellen

can't [ka:nt] samentrekking van *cannot*

cantankerous [kæn'tæŋkərəs] *bn* wrevelig, kribbig, lastig, twistziek

cantata [kæn'ta:tə] *znw* cantate

canteen [kæn'ti:n] *znw* kantine; veldfles; mil eetketeltje *o*; cassette [voor bestek]

canter ['kæntə] **I** *onoverg* in korte galop rijden of gaan; **II** *overg* in korte galop laten gaan; **III** *znw* korte galop; *win in (at) a* ~ op zijn sloffen winnen

cantharides [kæn'θæridi:z] *znw* Spaanse vlieg

canticle ['kæntikl] *znw* lofzang; *the Canticles* bijbel het Hooglied

cantilever ['kæntili:və] *znw* bouwk console; techn cantilever

canting ['kæntiŋ] *bn* huilerig; schijnheilig

canto ['kæntou] *znw* zang [van een gedicht]

canton [kæn'tɔn] **I** *znw* kanton *o*; **II** *overg* verdelen in kantons; [kæn'tu:n] mil kantonneren

cantor ['kæntɔ:] *znw* cantor, voorzanger

canvas ['kænvəs] *znw* zeildoek *o* & *m*; canvas *o*; doek *o*, schilderij *o* & *v*; zeil *o*, zeilen; *under* ~ scheepv onder zeil; mil in tenten (ondergebracht)

canvass ['kænvəs] **I** *overg* onderzoeken; werven; bewerken; **II** *onoverg* (stemmen &) werven; **III** *znw* onderzoek *o*; (stemmen)werving

canvasser *znw* stemmen-, klantenwerver, (werf-) agent, colporteur, acquisiteur

canyon ['kænjən] *znw* cañon (diepe, steile bergkloof)

cap [kæp] **I** *znw* muts, pet, baret, kap; dop, dopje *o*; klappertje *o* [v. kinderpistooltje]; ~ *and bells* zotskap; ~ *in hand* nederig, onderdanig; *she sets her* ~ *at him* zij tracht hem in te palmen; *if the* ~ *fits, wear it* wie de schoen past, trekke hem aan; **II** *overg* een muts opzetten; van een dopje voorzien; met een (nog) sterker verhaal uit de bus komen; overtreffen; onderw Schots een graad verlenen; *he was* ~*ped for England* sp hij kwam uit voor het Engelse

nationale elftal

capability [keipə'biliti] *znw* bekwaamheid, vermogen *o*, vermogens; aanleg

capable ['keipəbl] *bn* bekwaam, knap, geschikt, flink; in staat (om of tot *of*), kunnende, vatbaar (voor *of*)

capacious [kə'peiʃəs] *bn* ruim, veelomvattend

capacitor [kə'pæsitə] *znw* elektr condensator

capacity [kə'pæsiti] *znw* bekwaamheid, vermogen *o*, capaciteit; bevoegdheid; hoedanigheid, ruimte, inhoud; volle zaal; *full (filled) to* ~ helemaal vol

cap-a-pie [kæpə'pi:] *bijw* van top tot teen

caparison [kə'pærisn] **I** *znw* sjabrak [v. paard]; uitrusting; **II** *overg* optuigen[2]

Cape [keip] **I** *znw*: *the* ~ de Kaap; **II** *bn* Kaaps

cape [keip] *znw* **1** kaap; **2** kap, pelerine, cape

caper ['keipə] **I** *onoverg* (rond)springen, huppelen; **II** *znw* **1** (bokken)sprong, capriool; gemeenz streek, poets; slang illegale praktijken, smerig zaakje *o*; *and all that* ~ en meer van die onzin; **2** plantk kapper(struik)

capercaillie, capercailzie [kæpə'keilji] *znw* auerhaan, auerhoen *o*

Cape Town ['keip'taun] *znw* Kaapstad

capillary [kə'piləri] **I** *bn* haarvormig, capillair, haar-; **II** *znw* haarbuisje *o*; haarvat *o*

capital ['kæpitl] **I** *bn* hoofd-; kapitaal, uitmuntend, prachtig, best; ~ *crime (offence)* halsmisdaad; ~ *gain* vermogensaanwas; ~ *goods* handel kapitaalgoederen; ~ *punishment* doodstraf; ~ *stock* handel aandelenkapitaal *o*; **II** *znw* kapitaal *o*; hoofdstad; kapiteel *o*; hoofdletter; *make* ~ *out of* munt slaan uit

capital-intensive *bn* kapitaalintensief

capitalism *znw* kapitalisme *o*

capitalist **I** *znw* kapitalist; **II** *bn* kapitalistisch

capitalistic [kæpitə'listik] *bn* kapitalistisch

capitalization [kæpitalai'zeiʃən] *znw* kapitalisatie

capitalize ['kæpitəlaiz] *overg* kapitaliseren; ~ *on* munt slaan uit; ~*d* met een hoofdletter

capitally *bijw* kapitaal, uitmuntend, prachtig, best

capitation [kæpi'teiʃən] *znw* hoofdgeld *o*

capitulate [kə'pitjuleit] *onoverg* capituleren

capitulation [kəpitju'leiʃən] *znw* capitulatie

capon ['keipən] *znw* kapoen

caprice [kə'pri:s] *znw* luim, gril, kuur, nuk, grilligheid

capricious *bn* grillig, nukkig

Capricorn [kæprikɔ:n] *znw* astron Steenbok

capsicum ['kæpsikəm] *znw* Spaanse peper

capsize [kæp'saiz] *(overg &) onoverg* (doen) kapseizen, omslaan

capstan ['kæpstən] *znw* kaapstander; gangspil; ~ *lathe* revolverdraaibank

capsular ['kæpsjulə] *bn* (zaad)doosvormig

capsule *znw* capsule; plantk zaaddoos; doosvrucht

Capt. *afk.* = *Captain*

captain ['kæptin] **I** *znw* aanvoerder, veldheer, kapitein, gezagvoerder; ploegbaas, primus; leider; ~ *of*

69

industry grootindustrieel; **II** *overg* aanvoeren, aanvoerder & zijn van

caption ['kæpʃən] *znw* titel, opschrift *o*, onderschrift *o*, ondertiteling, kopje *o*

captious ['kæpʃəs] *bn* vitterig

captivate ['kæptiveit] *overg* boeien, bekoren, betoveren

captivation [kæpti'veiʃən] *znw* bekoring, betovering

captive ['kæptiv] **I** *bn* gevangen; **II** *znw* gevangene; ~ *balloon* kabelballon

captivity [kæp'tiviti] *znw* gevangenschap

captor ['kæptə] *znw* wie gevangen neemt of buitmaakt

capture I *znw* vangst, buit, prijs; gevangenneming; inneming, verovering; **II** *overg* vangen, gevangen nemen, buitmaken; innemen; veroveren (op *from*); weergeven, schetsen, schilderen [sfeer &]

car [ka:] *znw* wagen; auto; tram; Am spoorwagen; Am liftkooi

carafe [kə'ra:f] *znw* karaf

caramel ['kærəmel] *znw* karamel

carapace ['kærəpeis] *znw* rugschild *o*

carat ['kærət] *znw* karaat *o*

caravan [kærə'væn, 'kærəvæn] *znw* karavaan; kermis-, woonwagen; kampeerwagen, caravan

caravanning ['kærəvæniŋ] *znw* trekken *o* met een caravan

caravanserai [kærə'vænsərai] *znw* karavanserai

caraway ['kærəwei] *znw* karwij

carbide ['ka:baid] *znw* carbid *o*

carbine ['ka:bain] *znw* karabijn

carbohydrate ['ka:bou'haidreit] *znw* koolhydraat *o*

carbolic [ka:'bɔlik] *bn* carbol-; ~ *acid* carbolzuur *o*, carbol *o* & *m*

carbon ['ka:bən] *znw* kool(stof); koolspits; carbon(papier) *o*; doorslag

carbonaceous [ka:bə'neiʃəs] *bn* kool(stof)houdend

carbonate ['ka:bənit] *znw* carbonaat *o*

carbon copy *znw* doorslag, kopie (ook fig

carbon dating *znw* datering d.m.v. koolstofanalyse

carbon dioxide ['ka:bəndai'ɔksaid] *znw* kool(stof)dioxide *o*, koolzuur(gas) *o*

carbonic [ka:'bɔnik] *bn* kool-; ~ *acid* koolzuur *o*

carboniferous [ka:bə'nifərəs] *bn* kool(stof)houdend

carbonize ['ka:bənaiz] *overg* verkolen; carboniseren

carbon monoxide ['ka:bənmɔ'nɔksaid] *znw* koolmonoxide *o*, kolendamp

carbon paper *znw* carbonpapier *o*

carboy ['ka:bɔi] *znw* grote fles, kruik, kan

carbuncle ['ka:bʌŋkl] *znw* karbonkel, puist

carburettor, carburetter, Am **carburetor** ['ka:bjuretə] *znw* carburateur

carcass, carcase ['ka:kəs] *znw* geslacht beest *o*; lijk *o*; karkas *o* & *v*; geraamte *o*; wrak *o*

carcinogen [ka:'sinədʒən] *znw* carcinogeen *o* [kan-

kerverwekkende stof]

carcinogenic [ka:sinə'dʒenik] *bn* carcinogeen: kankerverwekkend

card [ka:d] **I** *znw* **1** (speel)kaart; **2** (visite)kaartje *o*; **3** dun karton *o*; **4** programma *o*; **5** scheepv kompasroos; **6** (wol)kaarde; **7** gemeenz rare snuiter, vreemde snoeshaan; grapjas; *a sure* ~ wat zeker succes heeft; *have a* ~ *up one's sleeve* iets in petto hebben; *it was on the* ~*s* het was te voorzien, te verwachten; *play one's* ~*s right* 't slim aanpakken; *lay one's* ~*s on the table* open kaart spelen; *play one's* ~*s close to one's chest* zich niet in de kaarten laten kijken; **II** *overg* **1** kaarden, ruwen; **2** op kaartjes schrijven, catalogiseren

cardboard I *znw* karton *o*, bordpapier *o*; **II** *bn* fig onecht

card-carrying *bn* in het bezit van een lidmaatschapskaart; ~ *member* lid [*vooral* v. politieke partij, vakbond]

cardiac ['ka:diæk] *bn* hart-; ~ *arrest* hartstilstand

cardigan ['ka:digən] *znw* gebreid vest *o*

cardinal ['ka:dinəl] **I** *bn* voornaamst, hoofd-; kardinaal; ~ *number* hoofdtelwoord *o*; ~ *points* hoofdstreken [op kompas]; ~ *red* donkerpurper; ~ *sin* doodzonde; **II** *znw* kardinaal

card-index ['ka:dindeks] **I** *znw* kaartsysteem *o*, cartotheek; **II** *overg* in een kaartsysteem opnemen, ficheren

cardiogram ['ka:diougræm] *znw* cardiogram *o*

cardiograph *znw* cardiograaf

cardiologist [ka:di'ɔlədʒist] *znw* cardioloog, hartspecialist

cardiology *znw* cardiologie

card-sharper ['ka:dʃa:pə] *znw* valsspeler [bij het kaarten]

card-table ['ka:dteibl] *znw* speeltafeltje *o*

card-vote ['ka:dvout] *znw* Am stemming waarbij de zwaarte van de stem van elke afgevaardigde evenredig is met het aantal mensen dat hij vertegenwoordigt [vooral bij vakbondsvergaderingen]

care [kɛə] **I** *znw* zorg, voorwerp *o* van zorg, bezorgdheid; verzorging; ~ *of...* per adres...; *have a* ~! pas op!; *take* ~! pas op!; *take* ~ *of* zorgen voor; passen op; *that matter will take* ~ *of itself* die zaak komt vanzelf terecht; *in (under) his* ~ aan zijn zorg toevertrouwd; *onder zijn hoede; handle with* ~ voorzichtig, breekbaar; *she's been in* ~ *since the age of three* ze zit sinds haar derde in een kindertehuis; **II** *onoverg & overg* (wat) geven om; ~ *about* geven om, bezorgd zijn of zich bekommeren om; ~ *for* (veel) geven om, houden van; zorgen voor, verzorgen; willen; zin hebben in; *I don't* ~ *(a jot &)* ik geef er geen zier om; *I don't* ~ *if I do* het zal mij een zorg wezen; *do you* ~ *to...?* heb je zin om...?; *he didn't* ~ *to...* hij voelde er niet voor te...; [soms:] hij wilde wel...; *would you* ~ *to...?* zoudt u willen...?; wilt u zo vriendelijk zijn te...?; *who cares?* wat kan dat schelen?, wat zou het?; *I couldn't* ~ *less* ik geloof het wel, het kan me niets schelen; *he really does* ~ het doet hem echt wat

careen [kə'ri:n] **I** *onoverg* overhellen; **II** *overg* scheepv krengen, kiel(hal)en; doen overhellen

career [kə'riə] **I** *znw* vaart; loopbaan, carrière; beroep *o*; levensloop; *in full* ~ in volle vaart; **II** *onoverg* (voort)jagen, (voort)snellen

careerist *znw* carrièrejager

career woman *znw* carrièrevrouw

care-free ['kɛəfri:] *bn* zorgeloos, onbezorgd, onbekommerd, zonder zorgen

careful *bn* zorgvuldig, nauwkeurig, zorgzaam, voorzichtig; *be* ~! pas op!; *be* ~ *of* oppassen voor; *be* ~ *to* er voor zorgen te, niet nalaten te, speciaal [erop wijzen &]

careless ['kɛəlis] *bn* zorgeloos, onverschillig, onachtzaam, slordig, nonchalant

carer ['kɛərə] *znw* verzorger

caress [kə'res] **I** *znw* liefkozing; **II** *overg* liefkozen, strelen, aaien, aanhalen

caret ['kærət] *znw* caret *o* (het teken ʌ om in een tekst aan te geven waar iets moet worden ingelast)

caretaker ['kɛəteikə] *znw* huisbewaarder, -ster, conciërge; opzichter [v. begraafplaats &]; ~ *government* zakenkabinet *o*

careworn *bn* door zorgen gekweld of verteerd, afgetobd

Carey street ['kæristri:t]: *in* ~ gemeenz bankroet

carfax ['ka:fæks] *znw* viersprong

car ferry ['ka:feri] *znw* autoveer *o*; Am spoorpont

cargo ['ka:gou] *znw* (*mv*: -s *of* -goes) scheepv (scheeps)lading, vracht

Caribbean [kæri'bi:ən] **I** *bn* Caraïbisch; **II** *znw* Caraïbisch gebied *o*; Caraïbische Zee

caricature [kærikə'tjuə] **I** *znw* karikatuur; **II** *overg* een karikatuur maken van

caricaturist *znw* karikatuurtekenaar

caries ['kɛərii:z] *znw* wolf, cariës [in tanden]

carillon ['kæriljən, kə'riljən] *znw* carillon *o* & *m*, klokkenspel *o*

carious ['kɛəriəs] *bn* aangevreten, rot, carieus

Carlovingian [ka:lə'vindʒiən] **I** *bn* Karolingisch; **II** *znw* Karolinger

carmine ['ka:main] *znw* karmijn(rood) *o*

carnage ['ka:nidʒ] *znw* bloedbad *o*, slachting

carnal ['ka:nəl] *bn* vleselijk, seksueel; zinnelijk; *have* ~ *knowledge of* vleselijke gemeenschap hebben met

carnality [ka:'næliti] *znw* vleselijkheid, zinnelijkheid

carnation [ka:'neiʃən] *znw* inkarnaat *o*; plantk anjer

carnival ['ka:nivəl] *znw* carnaval *o*; Am lunapark *o*, kermis

carnivore ['ka:nivɔ:] *znw* vleesetend dier *o* of plant, carnivoor

carnivorous [ka:'nivərəs] *bn* vleesetend

carob ['kærəb] *znw* **1** johannesbroodboom; **2** johannesbrood *o*

carol ['kærəl] **I** *znw* (kerst)lied *o*, zang; **II** *onoverg* zingen

Caroline ['kærəlain] *bn* (uit de tijd) van Karel I & II

Carolingian ['kærə'lindʒiən] *bn* = *Carlovingian*

carotid [kə'rɔtid] *znw* halsslagader (~ *artery*)

carousal [kə'rauzəl] *znw* drinkgelag *o*, slemppartij

carouse *onoverg* zuipen, zwelgen, slempen

1 carp [ka:p] *znw* (*mv* idem *of* -s) karper

2 carp [ka:p] *onoverg* vitten (op *at*)

carpal ['ka:pəl] *bn* van de handwortel

car park ['ka:pa:k] *znw* parkeerterrein *o*, -plaats, -gelegenheid

carpenter ['ka:pintə] **I** *znw* timmerman; **II** *onoverg* timmeren

carpentry *znw* timmermansambacht *o*; timmerwerk *o*

carpet ['ka:pit] **I** *znw* tapijt *o*, (vloer)kleed *o*, karpet *o*, loper; *be on the* ~ in behandeling (aan de orde) zijn; gemeenz berispt worden; *sweep under the* ~ in de doofpot stoppen; **II** *overg* (als) met een tapijt bedekken

carpet-bag *znw* reiszak, valies *o*

carpeting *znw* tapijt(goed) *o*

carpet-knight *znw* held op sokken, salonsoldaat

carpet-sweeper *znw* rolveger

carport ['ka:pɔ:t] *znw* open aanbouwsel *o* als garage

carpus ['ka:pəs] *znw* (*mv*: carpi [-pai]) handwortel

carrel ['kærəl] *znw* studiecel in bibliotheek

carriage ['kæridʒ] *znw* rijtuig *o*; wagon; wagen; onderstel *o*; affuit; techn slede; vervoer *o*, vracht; houding; gedrag *o*; ~ *free*, ~ *paid* vrachtvrij, franco; *a* ~ *and four* een vierspannig rijtuig *o*

carriage drive *znw* oprijlaan

carriageway *znw* rijweg, rijbaan; *dual* ~ vierbaansweg

carrier ['kæriə] *znw* drager; vrachtrijder, besteller, bode, voerman; vervoerder; vrachtvaarder; bacillendrager; bagagedrager; vliegdekschip *o*; mitrailleurswagen; ~ *bag* draagtas; ~ *pigeon* postduif; ~ *rocket* draagraket

carrion ['kæriən] *znw* kreng *o*, aas *o*

carrot ['kærət] *znw* plantk gele wortel, peen

carroty *bn* rood(harig)

carry ['kæri] **I** *overg* dragen, (ver)voeren, houden; bij zich hebben [geld], (aan boord) hebben; (over-) brengen; meevoeren; erdoor krijgen; behalen, wegdragen; mil nemen; bevatten, inhouden; meebrengen [verantwoordelijkheid]; *it carries a salary of...* er is een salaris aan verbonden van...; *(the motion) was carried* werd aangenomen; ~ *it too far* het te ver drijven; ~ *weight* gewicht in de schaal leggen; zie ook: *coal, conviction, day* &; **II** *onoverg* dragen; **III** *wederk*: ~ *oneself* zich houden of gedragen, optreden; ~ *along* meedragen; wegvoeren; meeslepen; ~ *away* wegdragen; wegvoeren; meenemen[2]; meeslepen; ~ *back* terugvoeren; ~ *all before one* over de hele linie zegevieren; ~ *forward* handel transporteren; ~ *off* weg-, afvoeren [water]; ontvoeren; de dood veroorzaken; wegdragen, behalen; ~ *it off* (het) er (goed) afbrengen; ~ *on* voortzetten; (de lopende zaken) waarnemen; doorzetten, (ermee) doorgaan, volhouden; uitoefenen, drijven, voeren [actie]; fig huishouden; zich aanstellen; het aanleggen (met *with*); ~ *out* ten uitvoer brengen, uitvoeren, vervullen [plichten]; ~ *over* overdragen; overhalen; laten liggen, handel transporteren; ~ *through* doorzetten; doorvoeren, tot stand of tot een goed einde brengen; volhouden, erdoor helpen; ~... *with one...* meeslepen, meekrijgen

carrycot *znw* reiswieg

carryings-on [kæriiŋ3'ɔn] *znw* aanstellerig gedrag *o*

carry-on *znw* gemeenz gedoe *o*

carsick ['ka:sik] *bn* wagenziek

cart [ka:t] **I** *znw* kar, wagen; *in the* ~ in de penarie; *put the* ~ *before the horse* het paard achter de wagen spannen; **II** *overg* met een kar vervoeren; slepen, zeulen

cartage *znw* sleeploon *o*; vervoer *o* per sleperswagen

carte blanche ['ka:t'blã:nʃ] [Fr] *znw* onbeperkte volmacht; *have* ~ de vrije hand hebben

cartel [ka:'tel] *znw* handel kartel *o*

carthorse ['ka:thɔ:s] *znw* trekpaard *o*

cartilage ['ka:tilidʒ] *znw* kraakbeen *o*

cartographer [ka:'tɔgrəfə] *znw* cartograaf

cartography [ka:'tɔgrəfi] *znw* cartografie

carton ['ka:tən] *znw* karton *o*, kartonnen doos, slof [v. sigaretten]

cartoon [ka:'tu:n] **I** *znw* karton *o*; modelblad *o* voor schilders &, voorstudie; spotprent; tekenfilm; beeldverhaal *o*; **II** *onoverg (& overg)* spotprenten & maken (van)

cartoonist *znw* tekenaar van spotprenten &

cartridge ['ka:tridʒ] *znw* patroon(huls); vulling, inktpatroon

cartridge-belt *znw* patroongordel

cartridge paper *znw* kardoespapier *o* [voor patroonhulzen]; grof tekenpapier *o*

cart-wheel ['ka:twi:l] *znw* wagenwiel *o*; *turn* ~*s* gemeenz radslaan, radslagen maken

cart-wright *znw* wagenmaker

carve [ka:v] *overg* (voor)snijden, kerven, beeldsnijden, graveren; ~ *up* verdelen; ~ *out* met veel moeite opbouwen/veroveren

carver *znw* (beeld)snijder; voorsnijder; voorsnijmes *o*; ~*s* voorsnijmes en -vork

carving *znw* beeldsnijkunst, snijwerk *o*; ~*knife* voorsnijmes *o*

caryatid [kæri'ætid] *znw* kariatide (zuil in de vorm v.e. vrouwenfiguur)

cascade [kæs'keid] **I** *znw* cascade, waterval; **II** *onoverg* in golven (neer)vallen

case [keis] **I** *znw* **1** (pak)kist, koffer, doos; **2** kast; **3** dek *o*, overtrek *o* & *m*, huls, foedraal *o*, etui *o*, tas, schede; koker, trommel; **4** geval² *o*; toestand;

5 (rechts)zaak, geding *o*, proces *o*; **6** argument *o*, argumenten; **7** naamval; **8** patiënt, gewonde; *he has a strong* ~ hij (zijn zaak) staat sterk; *it is still the* ~ het is nog zo; *make (out) a* ~ *for* argumenten aanvoeren voor; *make out (prove) one's* ~ zijn goed recht bewijzen, zijn bewering waar maken; *put one's* ~ zijn standpunt uiteenzetten; *in* ~ ingeval, zo; ...(want) je kunt nooit weten, voor alle zekerheid (ook: *just in* ~); *in* ~ *of...* in geval van..., bij...; *in any* ~ in ieder geval; toch; *in no* ~ in geen geval; *a* ~ *in point* een typisch voorbeeld; *as the* ~ *may be* al naar gelang de omstandigheden; *in the* ~ *of* tegenover, voor, bij, wanneer (waar) het geldt (betreft); **II** *overg* in een kist & doen, insluiten, overtrekken; gemeenz verkennen, opnemen

casebook *znw* boek *o* met verslagen van behandelde gevallen [v. arts, jurist &]

case-harden ['keisha:dn] *overg* (ver)harden aan de buitenkant; ~*ed* verhard, verstokt

case-history *znw* voorgeschiedenis, anamnese

casein ['keisiin] *znw* caseïne: kaasstof

case-law ['keislɔ:] *znw* precedentenrecht *o*

caseload *znw* praktijk, werklast [v. arts, jurist &]

casemate ['keismeit] *znw* kazemat

casement ['keismənt] *znw* (klein) openslaand venster *o*, draairaam *o*

caseous ['keisiəs] *bn* kaasachtig, kaas-

case-shot ['keisʃɔt] *znw* hist mil schroot *o*

cash [kæʃ] **I** *znw* geld *o*, gereed geld *o*, contanten; kas; *hard* ~ baar geld *o*, klinkende munt; ~ *(down)* (à) contant; ~ *on delivery* (onder) rembours *o*; ~ *with order* handel vooruitbetaling; *be in (out of, short of)* ~ goed (niet, slecht) bij kas zijn; **II** *overg* verzilveren, wisselen; innen; **III** *onoverg*: ~ *in* profiteren (van *on*), verdienen (aan *on*)

cash-book *znw* kasboek *o*

cash-box *znw* geldkistje *o*, geldtrommel

cash crop *znw* cash crop, voor de handel gekweekt gewas *o*

cash-desk *znw* kassa

cash dispenser *znw* geldautomaat

cashew [kæ'ʃu:], **cashew nut** *znw* cashewnoot

cashflow ['kæfflou] *znw* cashflow

1 cashier [kæ'ʃiə] *znw* kassier, caissière

2 cashier [kə'ʃiə] *overg* mil casseren [officier]; afdanken, zijn congé geven

cashmere ['kæʃmiə] *znw* kasjmier *o*

cash payment ['kæʃpeimənt] *znw* contant(e betaling)

cashpoint ['kæʃpɔint] *znw* geldautomaat

cash price *znw* handel prijs à contant

cash prize *znw* geldprijs [loterij &]

cash-register *znw* kasregister *o*

casing ['keisiŋ] *znw* foedraal *o*; overtrek *o* & *m*, omhulsel *o*, bekleding, verpakking, mantel

casino [kə'si:nou] *znw* casino *o*, speelbank

cask [ka:sk] *znw* vat *o*, ton

casket ['ka:skit] *znw* kistje *o*, cassette; Am lijkkist

Caspian ['kæspiən] *bn*: ~ *Sea* Kaspische Zee
cassava [kə'sɑːvə] *znw* plantk cassave
casserole ['kæsəroul] *znw* (braad-, kook-, tafel)pan,
 kasserol; stoofschotel, eenpansmaaltijd
cassette [kə'set] *znw* cassette; cassettebandje *o*
cassette deck *znw* cassettedeck *o*
cassette recorder *znw* cassetterecorder
cassock ['kæsək] *znw* toog [priesterkleed]
cassowary ['kæsəwɛəri] *znw* kasuaris
1 cast [kɑːst] (cast; cast) **I** *overg* werpen; neerwerpen,
 uitwerpen, afwerpen; afdanken; [zijn stem] uitbrengen; recht veroordelen; techn gieten; casten;
 ~ *a horoscope* een horoscoop trekken; ~ *lots* loten;
 be ~ *as Hamlet* de rol van H. (toebedeeld) krijgen;
 II *onoverg* scheepv wenden; kromtrekken; zie ook:
 aspersion; ~ *about for...* zoeken naar (een middel
 om...); ~ *aside* weg-, terzijde gooien; aan de kant
 zetten; ~ *away* wegwerpen; verkwisten; *be* ~ *away*
 scheepv verongelukken[2]; ~ *back* plechtig teruggaan (naar *to*); ~ *one's mind back to* zich herinneren; ~ *down* neerwerpen; terneerslaan; neerslaan;
 ~ *in one's lot with* het lot delen (willen) van, zich
 aan de zijde scharen van; ~ *off* afwerpen; verstoten, afdanken; loslaten; afkanten [breien]; scheepv
 losgooien; omvang berekenen [v. manuscript]; ~
 on opzetten [breiwerk]; ~ *oneself on* zich overgeven
 aan; een beroep doen op; ~ *out* uitwerpen[2], uitdrijven, verjagen; ~ *up* opwerpen, opslaan; optellen
2 cast I *znw* worp, (uit)werpen *o*; (rol)bezetting, rolverdeling; cast, spelers; (giet)vorm, afgietsel *o*,
 (pleister)model *o*; gipsverband *o*; type *o*, soort,
 aard; tint, tintje *o*, tikje *o*; *have a* ~ *in one's eye*
 loensen; *(the paper) has a bluish* ~ zweemt naar het
 blauw; **II** *bn* gegoten, giet-; zie ook: *cast-iron*
castanets [kæstə'nets] *znw mv* castagnetten
castaway ['kɑːstəweɪ] **I** *bn* gestrand; verongelukt;
 verstoten, verworpen; **II** *znw* schipbreukeling; verworpeling, paria
caste [kɑːst] *znw* kaste; *lose* ~ in stand achteruitgaan
caster ['kɑːstə] *znw* = *castor*
castigate ['kæstɪgeɪt] *overg* kastijden, straffen, gispen; verbeteren [een tekst]; zwaar bekritiseren
castigation [kæstɪ'geɪʃən] *znw* kastijding; gisping;
 verbetering; zware kritiek
castigator ['kæstɪgeɪtə] *znw* kastijder; gisper; verbeteraar
casting ['kɑːstɪŋ] *znw* gieten *o* &, zie *cast;* rolverdeling, -bezetting; gietstuk *o*, gietsel *o*; hoopje *o* [v.
 aardworm]; braaksel *o*, uilenbal
casting-net *znw* werpnet *o*
casting-vote *znw* beslissende stem
cast-iron ['kɑːst'aɪən] **I** *znw* gietijzer *o*; **II** *bn*
 ['kɑːstaɪən] van gietijzer; fig hard, vast, ijzersterk
castle ['kɑːsl] **I** *znw* burcht, slot *o*, kasteel *o*; ~*s in
 the air* luchtkastelen; **II** *onoverg* schaken rokeren
cast-off ['kɑːstɔːf] **I** *bn* afgedankt; **II** *znw* afleggertje
 o, afdankertje *o*
castor ['kɑːstə] *znw* rolletje *o* [onder meubel];

strooier
castor oil *znw* wonderolie
castor sugar *znw* poedersuiker, basterdsuiker
castrate [kæs'treɪt] *overg* castreren
castrato [kæs'trɑːtou] *znw (mv:* castrati [-taɪ])
 castraatzanger
casual ['kæʒuəl] **I** *bn* toevallig; terloops, zonder
 plan; ongeregeld; los, nonchalant; slordig; ~ *labour*
 tijdelijk werk *o*; ~ *wear* informele kleding, vrijetijdskleding; **II** *znw* tijdelijke (arbeids)kracht
casually *bijw* toevallig; terloops; zie verder: *casual* I
casualty *znw* slachtoffer *o*; *casualties* mil doden en
 gewonden, verliezen; ~ *(ward)* (afde-
 ling) eerste hulp [in ziekenhuis]
casuist ['kæʒuɪst] *znw* haarklover
casuistry *znw* casuïstiek; spitsvondigheid, haarkloverij
cat [kæt] *znw* kat[2]; ~*(-o'nine-tails)* kat [knoet]; *he let
 the* ~ *out of the bag* hij klapte uit de school; *he
 thinks he's the* ~*'s whiskers* hij heeft het hoog in de
 bol; *put the* ~ *among the pigeons* de knuppel in het
 hoenderhok gooien; *see which way the* ~ *jumps* de
 kat uit de boom kijken; *there's no room to swing a* ~
 je kunt er je kont niet keren; *when the* ~*'s away the
 mice will play* als de kat van huis is, dansen de muizen op tafel
cataclysm ['kætəklɪzm] *znw* overstroming; geweldige beroering, omwenteling, cataclysme *o*
cataclysmic ['kætəklɪzmɪk] *bn* desastreus, rampzalig
catacomb ['kætəkuːm] *znw* catacombe
Catalan ['kætələn, -læn] **I** *znw* **1** Catalaan; **2** Catalaans *o*; **II** *bn* Catalaans
catafalque ['kætəfælk] *znw* katafalk
catalogue ['kætələg] **I** *znw* catalogus; lijst, reeks,
 opeenvolging; **II** *overg* catalogiseren; rangschikken;
 ± opsommen
catalyst ['kætəlɪst] *znw* katalysator
catalytic converter [kætə'lɪtɪk kən'vɜːtə] *znw* katalysator [v. auto]
catamaran [kætəmə'ræn] *znw* scheepv vlot *o*, catamaran [zeilboot met twee rompen]
catamite ['kætəmaɪt] *znw* schand-, lustknaap
catapult ['kætəpʌlt] **I** *znw* katapult; **II** *overg* met
 een katapult (be-, af)schieten; slingeren; *she was
 ~ed to stardom* van de ene op de andere dag werd
 zij een ster
cataract ['kætərækt] *znw* waterval; med grauwe
 staar
catarrh [kə'tɑː] *znw* catarre, slijmvliesontsteking
catarrhal *bn* catarraal
catastrophe [kə'tæstrəfi] *znw* catastrofe, ramp
catastrophic [kætə'strɔfik] *bn* catastrofaal, rampzalig
cat-burglar ['kætbɜːglə] *znw* geveltoerist
catcall ['kætkɔːl] **I** *znw* schel fluitje *o* [om uit te flui-
 ten]; fluitconcert *o*; **II** *overg* uitfluiten, weghonen
cat car ['kætkɑː] *znw* auto met katalysator

catch

1 catch [kætʃ] (caught; caught) **I** *overg* vatten; (op-) vangen; pakken, vat krijgen op, grijpen; betrappen; verstaan, snappen; (in)halen; oplopen, te pakken krijgen; raken, treffen; toebrengen, geven [een klap]; vastraken met, blijven haken of hangen met; klemmen; ~ *sbd.'s attention* iems. aandacht trekken; ~ *cold* kouvatten; ~ *sbd.'s eye* iems. blik opvangen; *it caught my eye* mijn blik viel erop; ~ *the Speaker's eye* het woord krijgen; ~ *sbd.'s name* iems. naam goed verstaan; ~ *it* er (ongenadig) van langs krijgen; **II** *onoverg* pakken [v. schroef]; klemmen [v. deur]; blijven haken/zitten; aangaan, vlam vatten; aanbranden; ~ *at* grijpen naar, aangrijpen; *if I* ~ *him at it* als ik hem erop betrap; ~ *him in a lie* hem op een leugen betrappen; *be caught in the rain* door de regen overvallen worden; *get caught straight in* erin luizen; ~ *on* gemeenz pakken, aanslaan, opgang maken, ingang vinden; 't snappen; ~ *out* sp uitspelen [cricket]; gemeenz betrappen; verrassen; ~ *up* inhalen; ~ *up on (with)* inhalen; weer op de hoogte komen van

2 catch *znw* (op)vangen *o*; greep; vangst, buit, voordeel *o*, aanwinst; gemeenz goede partij [voor huwelijk]; strikvraag, valstrik; muz canon; vang, klink, haak, pal, knip; stokken *o* [v. stem]; sp vangbal; overgooien *o*; *there is a* ~ *in it* er schuilt (steekt) iets achter

catch-as-catch-can *znw* vrij worstelen *o*, catch(-as-catch-can) *o*

catching *bn* besmettelijk, aanstekelijk; pakkend

catchment area *znw* verzorgingsgebied *o*, regio, rayon *o*

catchment basin *znw* stroomgebied *o*

catchpenny I *bn* waardeloos [artikel], louter om klanten te lokken; **II** *znw* lokkertje *o*

catch-phrase *znw* leus; gezegde

catchword *znw* wachtwoord *o*; trefwoord *o*; voorbijgaande modeuitdrukking, modewoord *o*; frase, kreet, (partij)leus

catchy *bn* pakkend, boeiend, aantrekkelijk; goed in 't gehoor liggend

catechism ['kætikizm] *znw* catechismus

catechist *znw* catecheet, catechiseermeester

catechize *overg* catechiseren, ondervragen

categorical [kæti'gɔrikl] *bn* categorisch, onvoorwaardelijk, stellig, uitdrukkelijk

categorize ['kætigəraiz] *overg* categoriseren, in categorieën indelen

category ['kætigəri] *znw* categorie

catenary [kə'ti:nəri] *bn* ketting-

catenate ['kætineit] *overg* aaneenschakelen, verbinden

cater ['keitə] *onoverg* provianderen, cateren, voedsel leveren of verschaffen; ~ *for* leveren aan, zorgen voor, tegemoet komen aan [behoefte, smaak &]

caterer *znw* leverancier (van levensmiddelen), kok, restaurateur; catering-bedrijf *o*

catering *znw* catering, diner-/receptieverzorging; proviandering

caterpillar ['kætəpilə] *znw* rups; techn rupsband

caterwaul ['kætəwɔ:l] **I** *onoverg* krollen, schreeuwen v. kat in de paartijd; **II** *znw* krols gemiauw *o*, kattengejank

catfish ['kætfiʃ] *znw* zeewolf; meerval

catgut ['kætgʌt] *znw* darmsnaar; med catgut *o*, kattendarm

catharsis [kə'θa:sis] *znw* (*mv*: catharses [-si:z]) katharsis; geestelijke reiniging; med purgering

cathartic [kə'θa:tik] *bn* laxerend

cathedra [kə'θi:drəl] *ex* ~ met gezag, officieel, ex cathedra

cathedral [kə'θi:drəl] **I** *bn* kathedraal; **II** *znw* kathedraal, dom(kerk)

Catherine ['kæθərin] *bn*: ~ *wheel* soort roosvenster *o*; vuurrad *o*

catheter ['kæθitə] *znw* katheter

cathode ['kæθoud] *znw* kathode

cathode-ray tube ['kæθoudrei tju:b] *znw* kathodestraalbuis

catholic ['kæθəlik] **I** *bn* algemeen; ruim; veelzijdig; *C*~ RK katholiek; **II** *znw*: *C*~ RK katholiek

Catholicism [kə'θɔlisizm] *znw* katholicisme *o*

catholicity [kæθə'lisiti] *znw* algemeenheid; ruime opvattingen; veelzijdigheid; het katholiek zijn, katholiciteit

catkin *znw* plantk katje *o* [van wilg &]

catlike *bn* katachtig

cat-nap *znw* hazenslaap, dutje *o*

cat's-cradle *znw* sp afnemertje *o*, afneemspel *o*

cat's-eye *znw* kattenoog [edelsteen]

cat's-paw *znw* dupe, werktuig *o*; *be made a* ~ *of* de kastanjes voor een ander uit het vuur moeten halen

cat suit *znw* nauwsluitende jumpsuit [als dameskleding]

catsup ['kætsəp] *znw* Am = ketchup

cattle ['kætl] *znw* vee[2] *o*, rundvee *o*

cattle-breeding *znw* veeteelt

cattle-grid *znw* wildrooster *o*

cattleman *znw* Am veehouder

cattle market *znw* veemarkt

cattle-plague *znw* runderpest

cattle-ranch *znw* veeboerderij

catwalk *znw* lang, smal podium *o* [voor modeshows]; loopplank; loopbrug

caucus ['kɔ:kəs] *znw* kiezersvergadering, verkiezingscomité *o*; hoofdbestuursvergadering; geringsch kliek

caudal ['kɔ:dl] *bn* staart-

caught [kɔ:t] V.T. & V.D. van *catch*

caul [kɔ:l] *znw*: *born with a* ~ met de helm geboren[2]

cauldron ['kɔ:ldrən] *znw* ketel

cauliflower ['kɔliflauə] *znw* bloemkool; ~ *ear* bloemkooloor *o*

caulk [kɔ:k] *overg* kalefateren, breeuwen

causal ['kɔ:zəl] *bn* causaal, oorzakelijk

causality [kɔː'zæliti] *znw* causaliteit, oorzakelijk verband *o*

causation [kɔː'zeiʃən] *znw* veroorzaken *o*, veroorzaking

causative ['kɔːzətiv] *bn* veroorzakend; oorzakelijk; causatief

cause [kɔːz] **I** *znw* oorzaak, reden, aanleiding; (rechts)zaak, proces *o*; *in a good* ~ voor een goede zaak, liefdadig doel; *in the* ~ *of...* voor de (het)...; *make common* ~ *with* de kant kiezen van; **II** *overg* veroorzaken, aanrichten, bewerken, maken dat..., doen, laten; wekken [teleurstelling &], aanleiding geven tot

causeway ['kɔːzwei] *znw* opgehoogde weg; dijk, dam; straatweg

caustic ['kɔːstik] *bn* brandend, bijtend[2]; *fig* scherp, sarcastisch

cauterize ['kɔːtəraiz] *overg* uitbranden, dicht schroeien

cautery *znw* brandijzer *o*

caution ['kɔːʃən] **I** *znw* om-, voorzichtigheid; waarschuwing, waarschuwingscommando *o*; ~ *money* borg(tocht); **II** *overg* waarschuwen (voor *against*)

cautionary *bn* waarschuwend, waarschuwings-

cautious *bn* omzichtig, behoedzaam, voorzichtig

cavalcade [kævəl'keid] *znw* cavalcade; ruiterstoet

cavalier [kævə'liə] **I** *znw* ruiter, ridder; cavalier [ook: aanhanger van Karel I]; **II** *bn* achteloos, nonchalant; hooghartig; *hist* royalistisch

cavalry ['kævəlri] *znw* cavalerie, ruiterij

cave [keiv] **I** *znw* hol *o*, grot; **II** *onoverg:* ~ *in* af-, inkalven, instorten; zwichten, het opgeven; **III** *overg* uithollen; ~ *in* inslaan, indeuken

caveat ['keiviæt] [Lat] *znw* waarschuwing; *recht* schorsingsbevel *o*

cave-dweller ['keivdwelə] *znw* holbewoner

cave-man *znw* holenmens; holbewoner

caver *znw* holenonderzoeker, speleoloog

cavern ['kævən] *znw* spelonk, hol *o*, grot

cavernous *bn* spelonkachtig, hol

caviar(e) ['kævia:, kævi'a:] *znw* kaviaar

cavil ['kævil] **I** *znw* haarkloverij, vitterij, chicanes; **II** *onoverg* haarkloven, vitten (op *at*)

caving ['keiviŋ] *znw* holenonderzoek *o*, speleologie

cavity ['kæviti] *znw* holte, gat *o*; ~ *wall* spouwmuur

cavort [kə'vɔːt] *onoverg* (rond)springen

cavy ['keivi] *znw* Guinees biggetje *o*, cavia

caw [kɔː] **I** *onoverg* krassen [v. raaf]; **II** *znw* gekras *o*

cay [kei] *znw* rif, zandbank

cayenne [kei'en] *znw* (ook: ~ *pepper*) cayennepeper

cayman ['keimən] *znw* kaaiman

Cayman Islands *znw mv* Kaaimaneilanden

Cayman Islander *znw* inwoner v.d. Kaaimaneilanden

CB *afk. = Companion of the Order of the Bath; Citizens' Band*

CBE *afk. = Commander of the Order of the British Empire*

CBI *afk. = Confederation of British Industry* [werkgeversorganisatie]

CB radio *afk. = citizens' band radio* ± radio op de 27 MC-band

CCTV *afk. = closed circuit television*

CD *afk. = compactdisc; Civil Defence; Corps Diplomatique*

CD player *znw* cd-speler

CE *afk. = Church of England; civil engineer*

cease [siːs] **I** *onoverg* ophouden (met *from*); **II** *overg* ophouden met, staken

cease-fire *znw* staakt-het-vuren *o*

ceaseless *bn* onophoudelijk

cedar ['siːdə] *znw* ceder; cederhout *o*

cede [siːd] *overg* cederen, afstaan; toegeven

cedilla [si'dilə] *znw* cedille

ceilidh ['keili] *znw* bijeenkomst met Schotse of Ierse muziek en dans

ceiling ['siːliŋ] *znw* bouwk plafond *o*, zoldering; luchtv hoogtegrens; *fig* plafond *o*, (toelaatbaar) maximum *o*

celebrant ['selibrənt] *znw* celebrant

celebrate **I** *overg* vieren; loven, verheerlijken; celebreren, opdragen [de mis], voltrekken [huwelijk]; **II** *onoverg* feestvieren, fuiven

celebrated *bn* beroemd, vermaard

celebration [seli'breiʃən] *znw* viering; feest *o*, fuif

celebrity [si'lebriti] *znw* vermaardheid, beroemdheid; beroemd persoon

celerity [si'leriti] *znw* snelheid, spoed

celery ['seləri] *znw* selderij

celestial [si'lestjəl] *bn* hemels; hemel-; ~ *bodies* hemellichamen; ~ *globe* hemelbol

celibacy ['selibəsi] *znw* celibaat *o*; ongehuwde staat

celibate *bn* celibatair, ongehuwd(e)

cell [sel] *znw* cel

cellar ['selə] *znw* kelder; wijnkelder

cellarage *znw* kelderruimte; opslag in kelder; kelderhuur

cellist ['tʃelist] *znw* cellist

cello ['tʃeləu] *znw* cello

cellophane ['seləufein] *znw* cellofaan *o*

cellphone ['selfoun] *znw* draagbare telefoon

cellular ['seljulə] *bn* celvormig; cel-; ~ *phone* draagbare telefoon; ~ *tissue* celweefsel *o*

celluloid ['seljulɔid, -jələid] *znw* celluloid *o*

cellulose ['seljulous] *znw* cellulose

Celt [kelt] *znw* Kelt

Celtic *bn* Keltisch

cement [si'ment] **I** *znw* cement *o* & *m*; bindmiddel[2] *o* (hardwordende) lijm; *fig* band; **II** *overg* cementeren; verbinden[2]; *fig* bevestigen

cementation [siːmen'teiʃən] *znw* cement storten *o*

cement mixer *znw* betonmolen

cemetery ['semitri] *znw* begraafplaats

cenotaph ['senətaːf] *znw* cenotaaf

censer *znw* wierookvat *o*

censor ['sensə] **I** *znw* censor, zedenmeester; *board of*

film ~*s* filmkeuring(scommissie); **II** *overg* (als censor) nazien, censureren; ~*ed* door de censuur nagelezen (goedgekeurd, geschrapt)
censorious [sen'sɔːriəs] *bn* vitterig, bedillerig
censorship ['sensəʃip] *znw* censuur
censurable ['senʃərəbl] *bn* afkeurenswaardig
censure I *znw* berisping, afkeuring, (ongunstige) kritiek; **II** *overg* (be)kritiseren, afkeuren, gispen, berispen, bedillen
census ['sensəs] *znw* (volks)telling
cent [sent] *znw* Amerikaanse cent
centaur ['sentɔː] *znw* centaur, paardmens
centenarian [senti'nɛəriən] **I** *bn* honderdjarig; **II** *znw* honderdjarige
centenary [sen'tiːnəri] **I** *bn* honderdjarig; **II** *znw* eeuwfeest *o*
centennial [sen'tenjəl] = *centenary*
centesimal [sen'tesiməl] *bn* honderddelig
centigrade ['sentigreid] *znw* Celsius; *40 degrees ~* 40 graden Celsius
centigramme *znw* centigram *o*
centilitre *znw* <u>Am</u> centiliter
centimetre *znw* <u>Am</u> centimeter
centipede *znw* duizendpoot
central ['sentrəl] *bn* centraal, midden-; kern-, hoofd-; belangrijkst, voornaamst
Central African Republic *znw* Centraal-Afrikaanse Republiek
central heating *znw* centrale verwarming
centralism *znw* <u>pol</u> centralisme *o*, centralisatie
centrality [sen'træliti] *znw* centrale ligging
centralization [sentrəlai'zeiʃən] *znw* centralisatie
centralize ['sentrəlaiz] *overg* centraliseren
central processing unit *znw* <u>comput</u> centrale verwerkingseenheid
central reservation *znw* middenberm
centre ['sentə] **I** *znw* centrum *o*, middelpunt *o*, spil; fig kern, haard [v. onrust &]; vulling [v. bonbon]; sp middenspeler; voorzet [bij voetbal]; *the ~ of attraction* fig het middelpunt *o*, de grote attractie; ~ *of gravity* zwaartepunt *o*; **II** *bn* midden-; **III** *onoverg* zich concentreren (in *in*); *the novel ~s round (upon, on) a Dutch family* een Hollands gezin vormt het middelpunt van de roman, staat centraal in (bij) de roman; **IV** *overg* concentreren; in het midden plaatsen, centreren; sp centeren, voorzetten [bij voetbal]
centre-bit *znw* centerboor
centre-board *znw* (boot met) middenzwaard *o*
centre-fold *znw* uitneembare middenpagina v.e. tijdschrift; centerfold, ± pin up[2]
centre-forward *znw* mid(den)voor, spits [bij voetbal]
centre-half *znw* centrale middenvelder, (stopper-) spil [bij voetbal]
centre-piece *znw* middenstuk *o*, pièce de milieu *o*; tafelkleedje *o*
centrifugal [sen'trifjugəl] *bn* middelpuntvliedend,

centrifugaal
centrifuge ['sentrifjuːdʒ] *znw* centrifuge
centripetal [sen'tripitl] *bn* middelpuntzoekend, centripetaal
centrist ['sentrist] *znw* <u>pol</u> man (vrouw) van het midden, gematigde
century ['sentʃuri] *znw* eeuw; sp 100 runs [bij cricket]
cephalic [kə'fælik] *bn* schedel-
ceramic [si'ræmik] **I** *bn* ceramisch; **II** *znw*: ~*s* ceramiek: pottenbakkerskunst
cereal ['siəriəl] **I** *bn* graan-; **II** *znw* graansoort; ~*s* graan *o*, graangewassen; uit graan bereide voedingsartikelen (cornflakes &)
cerebellum [seri'beləm] *znw* (*mv*: -s *of* cerebella [-lə]) kleine hersenen
cerebral ['seribrəl] *bn* hersen-; cerebraal[2]; ~ *palsy* <u>med</u> spastische verlamming
cerebration [seri'breiʃən] *znw* hersenactiviteit, denken *o*
cerebro-spinal ['seribrou'spainəl] *bn*: ~ *meningitis* nekkramp
cerebrum ['seribrəm] *znw* (*mv*: cerebra [-brə]) hersenen
ceremonial [seri'mounjəl] **I** *bn* ceremonieel, formeel; **II** *znw* ceremonieel *o*
ceremonious *bn* vormelijk, plechtig, plechtstatig
ceremony ['seriməni] *znw* plechtigheid, vormelijkheid; *stand on ~* hechten aan de vormen; *without ~* zonder complimenten
cerise [sə'riːz] *znw & bn* kersrood
cert [səːt] *znw*: *dead ~* geheid(e winnaar)
certain ['səːt(i)n] **I** *bn* zeker (van *of*), vast, (ge)wis, bepaald; **II** *onbep vnw* enige, bepaalde, zekere; *make ~* zich vergewissen; *for ~* (heel) zeker, met zekerheid
certainly *bijw* zeker (wel); voorzeker
certainty *znw* zekerheid; een stellig iets; *to a ~* zeker; *for a ~* zonder enige twijfel; *it is a ~ that...* het staat vast dat...
certifiable ['səːtifaiəbl] *bn* <u>gemeenz</u> krankzinnig
certificate [sə'tifikit] *znw* getuigschrift *o*, certificaat *o*, bewijs *o*, brevet *o*, attest *o*, diploma *o*, akte
certified ['səːtifaid] *bn* gediplomeerd; schriftelijk gegarandeerd; ± officieel (verklaard, gegarandeerd &); zie ook *certify*
certify *overg* verzekeren, be-, getuigen, verklaren; waarmerken, certificeren, attesteren; krankzinnig verklaren
certitude ['səːtitjuːd] *znw* zekerheid
cerulean [si'ruːliən] *znw & bn* hemelsblauw
cerumen [si'ruːmən] *znw* oorsmeer *o*
cervical ['səːvikl] *bn* hals-
cervix ['səːviks] *znw* (*mv*: -es *of* cervices [-siːz]) <u>anat</u> baarmoederhals
cessation [se'seiʃən] *znw* ophouden *o*, stilstand
cession ['seʃən] *znw* afstand [v. rechten], cessie
cesspit, cesspool ['sespit, 'sespuːl] *znw* zinkput; fig

poel
cetacean [si'teiʃən] **I** *bn* walvisachtig; **II** *znw* walvisachtige, walvisachtig dier *o*
cf *afk.* = *confer (compare)* vergelijk, vgl.
Chad [tʃæd] *znw* Tsjaad *o*
Chadian I *znw* Tsjadiër; **II** *bn* Tsjadisch
chafe [tʃeif] **I** *overg* (warm) wrijven, schuren, schaven [de huid]; irriteren, ergeren; **II** *onoverg* (zich) wrijven (tegen *against*); zich ergeren, zich opwinden (over *at*); **III** *znw* schaafwond; ergernis
chaff [tʃɑ:f] **I** *znw* kaf *o*, haksel *o*; waardeloos spul *o*; scherts, plagerij; **II** *overg* gekscheren met; plagen
chaffinch ['tʃæfin(t)ʃ] *znw* boekvink
chafing-dish ['tʃeifiŋdiʃ] *znw* komfoor *o*, rechaud
chagrin ['ʃægrin] **I** *znw* verdriet *o*, teleurstelling, ergernis; **II** *overg* verdrieten, krenken
chain [tʃein] **I** *znw* ketting; trekker; keten²; reeks; filiaalbedrijf *o*; guirlande; **II** *overg* met ketens afsluiten; ketenen; aan de ketting leggen, vastleggen (ook: ~ *up*)
chain letter *znw* kettingbrief
chainmail *znw* maliënkolder
chain reaction *znw* kettingreactie
chain-saw *znw* kettingzaag
chain-smoke *znw* kettingroken *o*
chain-smoker *znw* kettingroker
chain-store *znw* grootwinkelbedrijf *o*; filiaal *o* van een grootwinkelbedrijf
chair [tʃɛə] **I** *znw* stoel, zetel, voorzittersstoel, draagstoel; katheder, leerstoel; voorzitterschap *o*, voorzitter; Am elektrische stoel; *be in the* ~, *take the* ~ voorzitter zijn, presideren; *leave (take) the* ~ ook: de vergadering sluiten (openen); **II** *overg* op een stoel of de schouders ronddragen; installeren (als voorzitter), voorzitten, voorzitter zijn van
chair-lift *znw* stoeltjeslift
chairman *znw* voorzitter; ~ *of directors* handel president-commissaris
chairmanship *znw* voorzitterschap *o*
chairperson *znw* voorzitter, voorzitster
chairwoman *znw* voorzitster
chalice ['tʃælis] *znw* kelk; (Avondmaals)beker; miskelk
chalk [tʃɔ:k] **I** *znw* krijt *o*, kleurkrijt *o*; krijtstreepje *o*; *by a long* ~ verreweg; *not by a long* ~ op geen stukken na; **II** *overg* met krijt besmeren, tekenen of schrijven, biljart krijten [de keu]; ~ *out* schetsen, aangeven; ~ *up* opschrijven; behalen [10 punten &]
chalk-pit *znw* krijtgroeve
chalky *bn* krijtachtig; vol krijt
challenge ['tʃælin(d)ʒ] **I** *znw* uitdaging; tarting, mil aanroeping; recht wraking; ~ *cup* wisselbeker; **II** *overg* uitdagen, tarten; aanroepen; betwisten, aanvechten, in discussie brengen; aanspraak maken op, eisen, vragen; recht wraken [jury]; *challenging* ook: interessant, tot nadenken stemmend
challenger ['tʃælin(d)ʒə] *znw* uitdager

chamber [tʃeimbə] *znw* kamer, vero slaapkamer; kolk [v. sluis]; kamer [v. hart &]; po, nachtspiegel (ook ~ *pot*); (advocaten)kantoor *o*; raadkamer [van rechter]; ~ *of commerce* kamer van koophandel; ~ *of horrors* gruwelkamer
chamberlain *znw* kamerheer; *Lord* C~ hofmaarschalk
chambermaid *znw* kamermeisje *o*
chameleon [kə'mi:ljən] *znw* kameleon *o* & *m*
chamfer ['tʃæmfə] **I** *znw* groef; schuine kant; **II** *overg* groeven; afschuinen
chamois ['ʃæmwɑ:] *znw* (*mv* idem) gems; ~ *leather* ['ʃæmi 'leðə] zeemleer *o*, gemzenleer *o*
1 champ [tʃæmp] *onoverg* & *overg* smakken; op het bit kauwen [v. paard]; *be* ~*ing to* staan te popelen om; ~ *at the bit* zijn ongeduld nauwelijks kunnen verbergen
2 champ *znw* gemeenz kampioen
champagne [ʃæm'pein] *znw* champagne
champers ['ʃæmpəz] *znw* gemeenz = *champagne*
champion ['tʃæmpjən] **I** *znw* kampioen; voorvechter; **II** *overg* strijden voor, voorstaan, verdedigen; **III** *bn* gemeenz reuze, prima
championship *znw* kampioenschap *o*; fig verdediging, voorspraak
chance [tʃɑ:ns] **I** *znw* toeval *o*, geluk *o*; kans; mogelijkheid; vooruitzicht *o*; *stand a good* ~ goede kans(en) hebben; *take one's* ~*s* het erop aan laten komen; de kans wagen; *by* ~ toevallig; *on the* ~ *of* ...*ing* met het oog op de mogelijkheid dat ...; zie ook: *main I*; **II** *bn* toevallig; **III** *onoverg* gebeuren; *I* ~*d to see it* bij toeval (toevallig) zag ik het; ~ *upon* toevallig vinden; ontmoeten; **IV** *overg* wagen; ~ *it (one's arm)* gemeenz het erop wagen; het erop aan laten komen
chancel [tʃɑ:nsəl] *znw* koor *o* [v. kerk]
chancellery ['tʃɑ:nsələri] *znw* kanselarij
chancellor *znw* kanselier; titulair hoofd *o* van universiteit; *C*~ *of the Exchequer* minister van Financiën
chancellorship *znw* kanselierschap *o*
Chancery ['tʃɑ:nsəri] *znw*: *(Court of)* ~ afdeling van het hooggerechtshof
chancre ['ʃæŋkə] *znw* sjanker, venerische zweer
chancy ['tʃɑ:nsi] *bn* gemeenz onzeker, gewaagd, riskant
chandelier [ʃændi'liə] *znw* kroonluchter
chandler *znw* ['tʃɑ:ndlə]: *ship's* ~ = *ship-chandler*
change [tʃein(d)ʒ] **I** *overg* (ver)wisselen, (om-, ver-) ruilen, veranderen (van); ~ *trains* & overstappen; *all* ~! iedereen uitstappen!; ~ *a baby* (een baby) een schone luier omdoen; ~ *the bed* het bed verschonen; ~ *one's clothes* zich verkleden; ~ *colour* zie *colour I*; ~ *gear* auto overschakelen; ~ *hands* in andere handen overgaan, van eigenaar veranderen; ~ *one's linen* zich verschonen; ~ *one's mind* van gedachte veranderen; ook: zich bedenken, zich bezinnen; ~ *one's tune* een andere toon aanslaan²; **II**

onoverg & abs ww (om)ruilen; veranderen; overstappen; zich om-, verkleden; ~ *down* auto terugschakelen; ~ *over* om-, overschakelen[2]; overgaan; elkaar aflossen [v. wacht]; **III** *znw* verandering; overgang; af-, verwisseling; kleingeld *o*; schoon goed *o*; *a* ~ *of heart* een verandering van gezindheid; een bekering; *the* ~ *of life* de overgangsleeftijd, de menopauze; *for a* ~ voor de variatie; *get no* ~ *out of him* er bij hem bekaaid afkomen; *no* ~ *given!* (af)gepast geld s.v.p.!; *you may keep the* ~ laat maar zitten! [tegen kelner]; *ring the* ~*s* op honderd manieren herkauwen of herhalen; *take your* ~ *out of that!* steek dat maar in je zak!

Change *znw* de beurs

changeable *bn* veranderlijk

changeless *bn* onveranderlijk

changeling *znw* ondergeschoven kind *o*, wisselkind *o*

change-over *znw* om-, overschakeling[2]

channel ['tʃænl] **I** *znw* (vaar)geul, stroombed *o*, kanaal[2] *o* [ook RTV], kil; groef; cannelure; *the Channel* het Kanaal; *the C*~ *tunnel* de Kanaaltunnel; *through diplomatic* ~*s* langs diplomatieke weg; **II** *overg* kanaliseren; sturen, pompen [v. geld in industrie &]; richten, in bepaalde banen leiden

chant [tʃɑ:nt] **I** *znw* gezang *o*, koraalgezang *o*; dreun; spreekkoor *o*; **II** *overg* (be)zingen; opdreunen; in koor roepen; scanderen; **III** *onoverg* zingen, galmen

chanty ['tʃɑ:nti] *znw* matrozenlied *o*

chaos ['keiɔs] *znw* chaos, baaierd, verwarring; *bring order out of* ~ orde scheppen in de chaos

chaotic [kei'ɔtik] *bn* chaotisch

1 chap [tʃæp] **I** *znw* scheur, spleet, barst, kloof [in de handen]; ~*s* kaak; **II** *onoverg & overg* scheuren, splijten, (doen) barsten, kloven

2 chap [tʃæp] *znw* gemeenz knaap, jongen, vent, man

chap-book ['tʃæpbuk] *znw* hist volksboek *o*, liedjesboek *o*

chapel ['tʃæpəl] *znw* kapel; bedehuis *o*, kerk; drukkerij, vergadering (in de grafische sector); ~ *of ease* hulpkerk

chapel-goer *znw* niet-Anglicaanse protestant

chapelry *znw* kerkdorp *o*, parochie

chaperon(e) ['ʃæpəroun] **I** *znw* chaperonne [zelden: chaperon]; **II** *overg* chaperonneren

chaplain ['tʃæplin] *znw* (huis)kapelaan; veldprediker, (leger-, vloot-, gevangenis-, ziekenhuis)predikant, RK aalmoezenier, (studenten)pastor

chaplet ['tʃæplit] *znw* krans; (hals)snoer *o*; RK rozenkrans

chapman ['tʃæpmən] *znw* hist marskramer

chapter ['tʃæptə] *znw* hoofdstuk *o*, kapittel *o*; chapiter *o*, punt *o*; reeks, aaneenschakeling; Am afdeling [v. vereniging]; *give* ~ *and verse* tekst en uitleg geven, man en paard noemen

1 char [tʃɑ:] **I** *znw* werkster; **II** *onoverg* uit werken gaan

2 char [tʃɑ:] *overg & onoverg* verkolen; blakeren

char-à-banc, charabanc ['ʃærəbæŋ] *znw* touringcar; vero janplezier

character ['kæriktə] *znw* karakter *o*; kenmerk *o*; kenteken *o*; aard, hoedanigheid; rol; reputatie; persoon, personage *o & v*, figuur, gemeenz type *o*; letter; *in (out of)* ~ (niet) typisch; *be in* ~ *with* passen bij, horen bij

characteristic [kæriktə'ristik] **I** *bn* karakteristiek, typerend (voor *of*); **II** *znw* kenmerk *o*

characterization [kæriktərai'zeiʃən] *znw* karakterschets, typering

characterize ['kæriktəraiz] *overg* kenmerken, kenschetsen, typeren, karakteriseren

characterless *bn* karakterloos, nietszeggend, gewoon

charade [ʃə'rɑ:d] *znw* charade, lettergreepraadsel *o*; schertsvertoning, poppenkast; ~*s* sp charade

charcoal ['tʃɑ:koul] *znw* houtskool

charge [tʃɑ:dʒ] **I** *znw* last[2], lading; opdracht; (voorwerp *o* van) zorg; pupil; gemeente [v. geestelijke]; schuld; (on)kosten; mil charge, aanval; recht beschuldiging, aanklacht; *have* ~ *of* belast zijn met (de zorg voor); *take* ~ *of* onder zijn hoede nemen; *at a* ~ tegen betaling; *at his own* ~ op eigen kosten; *official in* ~ dienstdoende beambte; *be in* ~ dienst hebben, in functie zijn; *be in* ~ *of* belast zijn met (de zorg voor); aan het hoofd staan van; *be in* ~ *of* onder de hoede (leiding) staan van, toevertrouwd zijn aan (de zorg van); *take in* ~ arresteren; *take* ~ *of* onder zijn hoede nemen; *on a* ~ *of* op beschuldiging van; **II** *overg* (be)laden, vullen; belasten, gelasten; opdragen; in rekening brengen, vragen (voor *for*); beschuldigen (van *with*); aansprakelijk stellen (voor *with*); mil aanvallen; ~ *sth. (up) to one's account* iets op zijn rekening laten schrijven; **III** *onoverg* mil chargeren; ~ *at* losstormen op; ~ *into* aanrennen tegen, opbotsen tegen

chargeable *bn* ten laste komend (van *to*), in rekening te brengen, belastbaar

charge account *znw* Am lopende rekening [bij winkel]

charged *bn* emotioneel; geladen

chargé d'affaires ['ʃa:ʒei da:'fɛəz] *znw* (*mv*: chargés d'affaires) zaakgelastigde

charge-hand *znw* onderbaas

charge nurse *znw* hoofdverpleegster, hoofdverpleger

charger ['tʃɑ:dʒə] *znw* **1** oplader, acculader; **2** strijdros *o*

charge sheet ['tʃɑ:dʒʃi:t] *znw* strafblad *o*

chariot ['tʃæriət] *znw* (strijd-, triomf)wagen

charioteer [tʃæriə'tiə] *znw* wagenmenner

charisma [kə'rizmə] *znw* charisma *o*, (persoonlijke) uitstraling

charismatic [kæriz'mætik] *bn* charismatisch

charitable ['tʃæritəbl] *bn* liefdadig, barmhartig,

menslievend; welwillend, liefderijk, mild, zacht
charity *znw* liefdadigheid, (christelijke) liefde, barmhartigheid; mildheid, aalmoes, liefdadigheidsinstelling; ~ *begins at home* het hemd is nader dan de rok; *collect for* ~ collecteren voor een goed doel
charivari ['ʃaːriˈvaːri] *znw* ketelmuziek; kabaal *o*
charlady ['tʃaːleidi] *znw* werkster, schoonmaakster
charlatan ['ʃaːlətən] *znw* kwakzalver; charlatan
charlatanry *znw* kwakzalverij
Charlemagne ['ʃaːləˈmein] *znw* Karel de Grote
Charlie ['tʃaːli] *znw: a proper (right)* ~ *gemeenz* een volstrekte idioot
charlock ['tʃaːlək] *znw* plantk herik
charm [tʃaːm] **I** *znw* tovermiddel *o*; toverwoord *o*, -formule; betovering, bekoring; bekoorlijkheid, charme; amulet; hangertje *o* [aan horlogeketting], bedeltje *o*; **II** *overg* betoveren, bekoren; ~ *away* wegtoveren; ~ *sth. out of sbd.* iem. iets weten te ontlokken; *to lead a ~ed life* onkwetsbaar lijken, ± een onbezorgd leven leiden
charm bracelet *znw* bedelarmband
charmer *znw* charmeur; tovenaar
charming *bn* bekoorlijk; charmant, innemend, alleraardigst, verrukkelijk
charnel-house ['tʃaːnlhaus] *znw* knekelhuis *o*
chart [tʃaːt] **I** *znw* (zee-, weer)kaart; tabel; grafiek; *the ~s* de hitparade; **II** *overg* in kaart brengen; plannen
charter ['tʃaːtə] **I** *znw* charter *o*, handvest *o*, oorkonde; octrooi *o*; voorrecht *o*; **II** *overg* bij charter oprichten; een octrooi verlenen aan, beschermen [beroep]; octrooieren; scheepv bevrachten, huren, charteren
chartered accountant *znw* accountant (gediplomeerd)
charter-flight *znw* charter(vlucht)
chartering-agent, chartering-broker *znw* scheepsbevrachter
charter-party ['tʃaːtəpaːti] *znw* scheepv chertepartij, bevrachtingscontract *o*
Chartist ['tʃaːtist] *znw* hist chartist [Eng. radicaal]
charwoman ['tʃaːwumən] *znw* werkster
chary ['tʃɛəri] *bn* voorzichtig; karig (met *of*); *be ~ of (in)... ing* schromen te...
chase [tʃeis] **I** *znw* jacht, najagen *o*, vervolging, jachtgrond, -veld *o*; (nagejaagde) prooi; jachtstoet; *give ~ to* najagen, achterna zitten; **II** *overg* **1** jagen, najagen; achtervolgen; verdrijven; **2** drijven, ciseleren; **3** groeven
chaser *znw* **1** jager; achtervolger; **2** ciseleur; **3** glas *o* water (fris, bier &) na het gebruik van sterke drank
chasm [kæzm] *znw* kloof; afgrond
chassis ['ʃæsi] *znw* (*mv* idem ['ʃæsiz]) chassis *o*, onderstel *o*
chaste [tʃeist] *bn* kuis, eerbaar, zuiver, rein; ingetogen
chasten ['tʃeisn] *overg* kastijden; zuiveren [van dwalingen]; fig louteren; verootmoedigen
chastise [tʃæsˈtaiz] *overg* kastijden, tuchtigen

chastisement ['tʃæstizmənt] *znw* kastijding, tuchtiging
chastity ['tʃæstiti] *znw* kuisheid, eerbaarheid, reinheid, zuiverheid; ingetogenheid
chasuble ['tʃæzjubl] *znw* kazuifel
chat [tʃæt] **I** *onoverg* keuvelen, babbelen; ~ *up* [iem.] opvrijen; **II** *znw* gepraat *o*, praatje *o*, gekeuvel *o*; ~ *show* RTV praatprogramma *o*
chatelaine ['ʃætəlein] *znw* burchtvrouw; gastvrouw; chatelaine [kettinkje voor sleutels &]
chattel ['tʃætl] *znw* goed *o*, bezitting; *(goods and)* ~*s* bezittingen, have en goed
chatter ['tʃætə] **I** *onoverg* snateren², snappen², kakelen²; klapperen [v. tanden]; **II** *znw* gesnater *o*, gekakel *o*; gesnap *o*; geklapper *o*
chatter-box *znw* babbelkous
chatty *bn* spraakzaam; babbelziek; vlot
chauffeur ['ʃoufə, ʃouˈfɔː] *znw* chauffeur
chauvinism ['ʃouvinizm] *znw* chauvinisme *o*
chauvinist *znw* chauvinist
chauvinistic [ʃouviˈnistik] *bn* chauvinistisch
chaw [tʃɔː] *overg & onoverg dial* = *chew*
cheap [tʃiːp] *bn* goedkoop²; prullerig, van slechte kwaliteit, klein, nietig, armoedig; flauw; vulgair; *feel* ~ *gemeenz* zich schamen, zich niet lekker voelen; *hold* ~ geringachten; *on the* ~ op een koopje
cheapen **I** *onoverg* in prijs dalen, goedkoper worden; **II** *overg* in prijs doen dalen, goedkoper maken; afdingen; geringschatten; ~ *oneself* zich verlagen
cheat [tʃiːt] **I** *overg* bedriegen, beetnemen; ~ *(out) of* afzetten, ontnemen; **II** *onoverg* bedriegen, vals doen (spelen); ~ *on one's wife* zijn vrouw bedriegen [overspel]; **III** *znw* bedrog *o*, afzetterij; bedrieger, afzetter
check [tʃek] **I** *znw* **1** schaak *o*; **2** beteugeling, belemmering, tegenslag; **3** controle, toets; reçu *o*, bonnetje *o*; **4** Am cheque, fiche *o & v*; rekening; **5** ruit; ~*s* geruite stof(fen); *keep in* ~ in toom houden; **II** *overg* **1** schaak zetten; **2** beteugelen, tegenhouden, tot staan brengen, stuiten, belemmeren; **3** controleren, verifiëren, nagaan, toetsen; **4** Am in bewaring geven of nemen, afgeven, aannemen; ~ *in* inchecken, inschrijven; ~ *off* aanstippen, aftikken, aankruisen; ~ *out* natrekken, nagaan; ~ *up* controleren; **III** *onoverg:* ~ *in* binnenkomen, aankomen; ~ *on* controleren; ~ *out* weggaan, heengaan; afrekenen [in hotel], zich afmelden; ~ *up on* controleren; ~ *with* Am kloppen met; raadplegen; **IV** *bn* geruit [pak &]
check-book *znw* Am chequeboek *o*
checked *bn* geruit
checker *znw* controleur; Am damschijf; ~*s* Am damspel *o*; zie ook: *chequer*
check-in *znw* **1** inschrijving, aanmelding, inchecken *o*; **2** incheckbalie
checking account *znw* Am rekening-courant [bij bank]

check-list *znw* overzichtelijke (controle)lijst, checklist

checkmate I *bn* & *znw* schaakmat² (*o*); **II** *overg* schaakmat zetten²

check-out *znw* kassa [v. zelfbedieningswinkel] (ook: ~ *desk*)

checkpoint *znw* (verkeers)controlepost, doorlaatpost

check-up *znw* controle; onderzoek *o*; algemeen gezondheidsonderzoek *o*

cheek [tʃi:k] **I** *znw* wang; gemeenz brutaliteit; ~ *by jowl* wang aan wang; zij aan zij; *turn the other* ~ de andere wang toekeren; **II** *overg* gemeenz brutaal zijn tegen

cheek-bone *znw* wangbeen *o*, jukbeen *o*

cheeky *bn* gemeenz brutaal

cheep [tʃi:p] **I** *onoverg* tjilpen, piepen; **II** *znw* getjilp *o*, gepiep *o*

cheer [tʃiə] **I** *znw* vrolijkheid, opgeruimdheid; aanmoediging; toejuiching, bijvals(betuiging), hoera(geroep) *o*; ~*s!* proost!; gemeenz bedankt!; dag!; *of good* ~ opgeruimd; goedsmoeds; **II** *overg* toejuichen; opvrolijken, opmonteren (ook: ~ *up*); ~ *on* aanmoedigen; **III** *onoverg* juichen, hoera roepen; ~ *up* moed scheppen, opmonteren; ~ *up!* kop op!

cheerful *bn* blij(moedig), vrolijk, opgewekt, opgeruimd

cheerio [tʃiəri'ou] *tsw* gemeenz proost!; dag!, tot ziens!, ciao!, doeg!

cheerleader [tʃi:li:də] *znw* cheerleader

cheerless [tʃiəlis] *bn* troosteloos, somber

cheery *bn* vrolijk, opgewekt

cheese [tʃi:z] **I** *znw* kaas; **II** *overg:* ~ *it!* gemeenz wegwezen!

cheeseboard *znw* kaasplateau *o* [als dessert]

cheesecake *znw* kwarktaart; slang (afbeelding van) prikkelend vrouwelijk schoon *o*

cheese cloth *znw* kaasdoek *o*

cheesed off: *be* ~ *with sth.* gemeenz de balen van iets hebben, iets beu zijn

cheese-paring I *znw* krenterigheid; **II** *bn* krenterig

cheesy *bn* kaasachtig; Am miezerig

cheetah [tʃi:tə] *znw* jachtluipaard *o*

chef [ʃef] *znw* chef-kok

chemical [kemikl] **I** *bn* chemisch, scheikundig; **II** *znw* chemisch product *o*; ~*s* ook: chemicaliën

chemise [ʃə'mi:z] *znw* (dames)hemd *o*

chemist [kemist] *znw* chemicus, scheikundige; apotheker, drogist

chemistry *znw* chemie, scheikunde; *they work so well together because the* ~ *is right* fig zij werken zo goed samen omdat het klikt tussen hen

chemotherapy [kemou'θerəpi] *znw* chemotherapie

cheque [tʃek] *znw* cheque

chequebook [tʃekbuk] *znw* chequeboekje *o*

cheque card, **cheque guarantee card** *znw* bankpas, betaalpas

chequer [tʃekə] **I** *overg* ruiten, een ruitpatroon aanbrengen op; schakeren; afwisseling brengen in; *a* ~*ed career* een carrière waarin hoogte- en dieptepunten elkaar afwissel(d)en; **II** *znw:* ~*s* geruit patroon *o*; damspel *o*

cherish [tʃeriʃ] *overg* liefhebben, beminnen; koesteren, voeden [hoop]; ~*ed* ook: dierbaar

cheroot [ʃə'ru:t] *znw* manillasigaar

cherry [tʃeri] **I** *znw* kers; **II** *bn* kersrood

cherub [tʃerəb] *znw* (*mv:* -s *of* cherubim [-bim]) cherubijn², engel

cherubic [tʃe'ru:bik] *bn* engelachtig

chervil [tʃə:vil] *znw* kervel

chess [tʃes] *znw* schaak(spel) *o*

chessboard *znw* schaakbord *o*; ~ *and men* schaakspel *o*

chessman *znw* schaakstuk *o*

chest [tʃest] *znw* kist, koffer, kas; borst(kas); ~ *of drawers* ladekast, vero latafel, commode; *get sth. of one's* ~ over iets zijn hart luchten

chesterfield [tʃestəfi:ld] *znw* soort sofa, chesterfield

chestnut [tʃesnʌt] **I** *znw* kastanje; kastanjebruin paard *o*; *old* ~ gemeenz oude mop; **II** *bn* kastanjebruin

chesty [tʃesti] *bn* gemeenz **1** het op de borst hebbend; **2** met een flinke boezem, met een flinke bos hout voor de deur; **3** Am arrogant

cheval-glass [ʃə'vælgla:s] *znw* psyché [om een horizontale as draaibare spiegel]

chevron [ʃevrən] *znw* mil streep (als onderscheidingsteken); V-vormige lijn of streep

chew [tʃu:] *overg* & *onoverg* kauwen, pruimen; ~ *on (over) sth.* over iets nadenken; ~ *the cud* herkauwen; ~ *the rag* (blijven) kletsen, ouwehoeren

chewing-gum *znw* kauwgom *m of o*

chewy [tʃu:wi] *bn* gemeenz taai

chic [ʃi:k] **I** *znw* chic, elegantie; **II** *bn* chic, elegant

chicane [ʃi'kein] *znw* sp chicane (bocht)

chicanery *znw* chicane

chichi [ʃi:ʃi:] *bn* precieus

chick [tʃik] *znw* dierk kuiken *o*; kind *o*; gemeenz stuk *o*, (lekker) grietje *o*; slang chick

chicken I *znw* kuiken *o*; kip [als gerecht]; lafaard; *no* ~ ook: niet zo jong meer; *don't count your* ~*s (before they are hatched)* je moet de huid niet verkopen vóór de beer geschoten is; ~ *and egg situation* situatie waarbij het de vraag is wat er eerder was, de kip of het ei; **II** *onoverg:* ~ *out* gemeenz ertussenuit knijpen

chicken-feed *znw* gemeenz kleingeld *o*; witvis; *that's no* ~ dat is geen kattendrek

chicken-hearted *bn* laf(hartig)

chicken-pox *znw* waterpokken

chickpea [tʃikpi:] *znw* kikkererwt

chickweed [tʃikwi:d] *znw* muur [plant]

chicory [tʃikəri] *znw* cichorei; Brussels lof *o*

chide [tʃaid] (chid; chid(den)) *overg & onoverg* (be-) knorren, berispen

chief [tʃi:f] **I** *bn* voornaamste, opperste, eerste, hoofd-; ~ *clerk* chef (de bureau); **II** *znw* (opper-) hoofd *o*, hoofdman, chef, leider; *C~ of Staff* <u>mil</u> chef-staf; ... *in* ~ opper-

chiefly *bijw* hoofdzakelijk, voornamelijk, vooral

chieftain *znw* (opper)hoofd *o*

chiff-chaff ['tʃiftʃæf] *znw* <u>dierk</u> tjiftjaf

chiffon ['ʃifɔn] *znw* chiffon *o* [fijn zijden weefsel]

chihuahua ['tʃi'wa:wə] *znw* chihuahua

chilblain ['tʃilblein] *znw* winterhanden; wintervoeten

child [tʃaild] *znw* (*mv:* children [tʃildrən]) kind *o*; *from a* ~ van kindsbeen af; *with* ~ zwanger

child-bearing *znw* baren *o*, bevallen *o* (v.e. kind); *a woman of* ~ *age* een vrouw in haar vruchtbare jaren

childbed *znw: be in* ~ in het kraambed liggen

childbirth *znw* bevalling, baring

childhood *znw* kinderjaren; *second* ~ kindsheid [v.d. ouderdom]

childish *bn* kinderachtig, kinderlijk, kinder-

childless *bn* kinderloos

childlike *bn* kinderlijk

child-minder *znw* kinderoppas

child prodigy *znw* wonderkind *o*

childproof *bn* kindveilig, veilig voor kinderen

children ['tʃildrən] *mv* v. *child*

children's home *znw* kindertehuis *o*

child's play ['tʃaildzplei] *znw* fig kinderspel *o*

Chile ['tʃili] *znw* Chili *o*

Chilean ['tʃiliən] **I** *znw* Chileen; **II** *bn* Chileens

chill [tʃil] **I** *bn* koud, kil, koel²; **II** *znw* kilheid, koude, koelheid²; verkoudheid; koude rilling; *catch a* ~ kouvatten; **III** *overg* koud maken; koelen; afkoelen; laten bevriezen [vlees]; bekoelen; beklemmen; **IV** *onoverg* koud worden, verkillen; ~ *out* <u>slang</u> kalmeren, tot zichzelf komen

chilli ['tʃili] *znw* gedroogde Spaanse peper

chill(i)ness ['tʃil(i)nis] *znw* kilheid², koude; koelheid²; rilling; kouwelijkheid

chilling *bn* kil; ijskoud, ijzig; fig huiveringwekkend

chilly *bn* kil², koel²; huiverig; kouwelijk

chime [tʃaim] **I** *znw* (klok)gelui *o*; klokkenspel *o*; **II** *onoverg* luiden; ~ *in* invallen; ~ *(in) with* overeenstemmen met; instemmen met; **III** *overg* luiden

chimera [kai'miərə] *znw* hersenschim

chimerical [kai'merikl] *bn* hersenschimmig

chimney ['tʃimni] *znw* schoorsteen; schouw; lampenglas *o*; bergkloof

chimney-piece *znw* schoorsteenmantel

chimney-pot *znw* schoorsteen(pot) [boven het dak]; ~ *(hat)* gemeenz hoge hoed, 'kachelpijp'

chimney-stack *znw* (meervoudige) schoorsteen; rij schoorstenen

chimney-sweep *znw* schoorsteenveger

chimp *znw* gemeenz chimpansee

chimpanzee [tʃimpæn'zi:] *znw* chimpansee

chin [tʃin] *znw* kin; *double* ~ onderkin; *keep one's* ~ *up* geen krimp geven

China ['tʃainə] **I** *znw* China *o*; **II** *bn* Chinees

china ['tʃainə] **I** *znw* porselein *o*; <u>slang</u> kameraad, vriend(in); **II** *bn* porseleinen

china-clay *znw* porseleinaarde, kaolien *o*

chinagraph *znw* glaspotlood *o*

china shop *znw* porseleinwinkel

Chinatown *znw* (de) Chinezenbuurt

chinaware *znw* porselein(goed) *o*

Chinese ['tʃai'ni:z] **I** *znw* (*mv* idem) Chinees *m*, Chinees *o*; **II** *bn* Chinees; ~ *puzzle* Chinese puzzel [moeilijke puzzel v. hout]; fig lastig probleem *o*

chink [tʃiŋk] **I** *znw* **1** spleet, kier, opening; *a* ~ *in one's armour* iemands zwakke plek, achilleshiel; **2** geklingel *o*, gerinkel *o* [v. geld]; **3** *C~* <u>slang</u> geringsch spleetoog [Chinees]; **II** *onoverg* klingelen, rinkelen; **III** *overg* laten klingelen, laten rinkelen

chinless wonder *znw* <u>gemeenz</u> slapjanus, nietsnut [*vooral* van gegoede komaf]

chintz [tʃints] *znw* chintz *o*, sits *o*

chintzy *bn* Am <u>gemeenz</u> ouderwets; goedkoop (v. smaak)

chin-wag ['tʃinwæg] <u>gemeenz</u> **I** *znw* kletspraatje *o*, babbeltje *o*; **II** *onoverg* kletsen, babbelen; roddelen

chip [tʃip] **I** *znw* spaan(der), splinter, snipper, schilfer; fiche *o & v*; <u>comput</u> & <u>techn</u> chip; ~*s* frites; Am chips; *he is a* ~ *off the old block* hij heeft een aardje naar zijn vaartje; *with a* ~ *on one's shoulder* vol wrok, verbitterd; *the* ~*s are down* 't is menens; *he's had his* ~*s* hij is erbij; het is met hem gedaan; **II** *overg* afbikken; snipperen; **III** *onoverg* afsplinteren, schilferen; ~ *in* gemeenz invallen, ook wat zeggen; bijdragen; meedoen

chipboard *znw* spaanplaat

chipmunk ['tʃipmʌŋk] *znw* wangzakeekhoorn

chippings *znw mv* blik *o & v*, fijn steenslag *o*

chippy ['tʃipi] *znw* gemeenz tent waar *fish and chips* worden verkocht

chiropodist [ki'rɔpədist] *znw* pedicure [persoon]

chiropody *znw* pedicure [handeling]

chirp [tʃə:p] *onoverg* tjilpen, sjilpen [v. vogels]; kwetteren [v. kinderen]

chirpy *bn* gemeenz vrolijk

chirrup ['tʃirəp] *onoverg* tjilpen, sjilpen

chisel ['tʃizl] **I** *znw* beitel; **II** *overg* (uit)beitelen; <u>slang</u> bedriegen, bezwendelen, oplichten

chit [tʃit] *znw* **1** jong kind *o*, hummel; jong ding *o*; <u>geringsch</u> geit; **2** briefje *o*

chit-chat ['tʃittʃæt] *znw* gekeuvel *o*; geroddel *o*

chitty ['tʃiti] *znw* briefje *o*, memo *o*

chivalrous ['ʃivəlrəs] *bn* ridderlijk

chivalry *znw* ridderwezen *o*; ridderlijkheid; ridderschap

chives [tʃaivz] *znw mv* bieslook *o*

chiv(v)y ['tʃivi] *overg* achternazitten, (na)jagen

chloral ['klɔ:rəl] *znw* chloraal *o*

chloride *znw* chloride *o*

chlorinate

chlorinate *overg* chloreren
chlorination [klɔːriˈneiʃən] *znw* chlorering
chlorine [ˈklɔːriːn] *znw* chloor
chloroform [ˈklɔrəfɔːm] **I** *znw* chloroform; **II** *overg* onder narcose brengen
chlorophyll [ˈklɔːrəfil] *znw* chlorofyl *o*, bladgroen *o*
choc [tʃɔk] *znw* gemeenz chocolaatje *o*
choc-ice [ˈtʃɔkais] *znw* ijsje *o* met een laagje chocola erover
chock [tʃɔk] **I** *znw* (stoot)blok *o*, klos, klamp; **II** *overg* vastzetten; ~ *up* volstoppen
chock-a-block *bn bijw* volgepropt, tjokvol
chock-full *bn & bijw* overvol, eivol
chocolate [ˈtʃɔk(ə)lit] **I** *znw* chocola(de); chocolatje *o*; **II** *bn* chocoladekleurig; chocolade-
choice [tʃɔis] **I** *znw* keus, verkiezing, (voor)keur; bloem (het beste van); *Hobson's* ~ waarbij men te kiezen of te delen heeft; geen (echte) keus hebben; graag of niet; *make one's* ~ een keus doen, een keus maken; *take your* ~ kies maar uit; *by* ~ bij voorkeur; *from* ~ uit eigen verkiezing; *of* ~ bij voorkeur; **II** *bn* uitgelezen, uitgezocht, fijn, keurig
choir [ˈkwaiə] **I** *znw* koor *o*; **II** *overg & onoverg* in koor zingen
choirboy *znw* koorknaap
choirmaster *znw* koordirigent, koordirecteur, vero kapelmeester
choir organ *znw* positief *o* [v. orgel]
choke [tʃouk] **I** *overg* doen stikken, verstikken; smoren; verstoppen; ~ *back* onderdrukken, inslikken [v. woede &]; ~ *off sbd.* iem. afpoeieren, afschepen; ~ *up* verstoppen; **II** *onoverg* stikken; zich verslikken; **III** *znw* auto gasklep, choke
choker *znw* gemeenz hoge das, hoge boord *o & m*; kort halssnoer
choler [ˈkɔlə] *znw* vero gal; plechtig toorn
cholera [ˈkɔlərə] *znw* cholera
choleric [ˈkɔlərik] *bn* cholerisch, oplopend
cholesterol [kɔˈlestərɔl] *znw* cholesterol [galvet]
chomp [tʃɔmp] *onoverg & overg* gemeenz = ¹champ
choose [tʃuːz] *overg* (chose; chosen) *overg* (uit-, ver)kiezen (tot); besluiten, wensen (te *to*); *there is nothing (little, not much) to* ~ *between them* er is weinig verschil tussen hen
choosy *bn* gemeenz kieskeurig
chop [tʃɔp] **I** *overg* kappen, hakken, kloven; gemeenz ± bezuinigen, beperken, verminderen; ~ *down* omhakken, omkappen; ~ *off* afhakken, afslaan; ~ *up* fijnhakken; **II** *onoverg* hakken; ~ *and change* telkens veranderen; **III** *znw* **1** slag; *get the* ~ gemeenz de zak krijgen, ontslagen worden; **2** karbonade, kotelet; **3** korte golfslag; ~*s and changes* veranderingen, wisselvalligheden; **4** kaak; *lick one's* ~*s* likkebaarden
chophouse [ˈtʃɔphaus] *znw* goedkoop restaurant *o*
chopper *znw* hakmes *o*; slang helikopter
chopping board *znw* hakbord *o*
choppy *bn* kort [golfslag]; woelig; telkens veranderend [wind]; ~ *sea* ruwe zee
chopstick *znw* eetstokje *o*
choral [ˈkɔːrəl] *bn* koraal-, koor-, zang-
chorale [kɔˈrɑːl] *znw* muz koraal *o*
chord [kɔːd] *znw* snaar; wisk koorde; muz akkoord *o*; *strike (touch) a* ~ *with* een gevoelige snaar treffen (aanraken) bij
chore [tʃɔː] *znw* werk *o*, karwei *o*
choreograph [ˈkɔriəgrɑːf] *overg* de choreografie ontwerpen voor
choreographer [kɔriˈɔgrəfə] *znw* choreograaf
choreographic [kɔriəˈgræfik] *bn* choreografisch
choreography [kɔriˈɔgrəfi] *znw* choreografie
chorister [ˈkɔristə] *znw* koorzanger, -knaap
chortle [ˈtʃɔːtl] *onoverg* grinniken
chorus [ˈkɔːrəs] **I** *znw* koor *o*; refrein *o*; **II** *onoverg & overg* in koor zingen (herhalen)
chorus-girl *znw* balletdanseres en zangeres [bij revue &]
chose [tʃouz] V.T. van *choose*
chosen V.D. van *choose*; uitverkoren
chow [tʃau] *znw* chowchow [hond]; slang voedsel *o*, kostje *o*; eten *o*
chowder [ˈtʃaudə] *znw* soort vissoep
Christ [kraist] *znw* Christus
christen [ˈkrisn] *overg* dopen²; noemen
Christendom *znw* christenheid
christening *znw* doop
Christian [ˈkristjən] **I** *bn* christelijk, christen-; ~ *name* doopnaam, voornaam; **II** *znw* christen, christin
Christianity [kristiˈæniti] *znw* christendom *o*
christianization [kristjənaiˈzeiʃən] *znw* kerstening
christianize [ˈkristjənaiz] *overg* kerstenen
Christmas [ˈkrisməs] *znw* Kerstmis; kerst-
Christmas box *znw* kerstfooi
Christmas carol *znw* kerstlied *o*
Christmas Day *znw* eerste kerstdag
Christmas Eve *znw* kerstavond
Christmas pudding *znw* speciale kerstpudding, soms geflambeerd
Christmassy *bn* gemeenz kerstmisachtig, kerst-
Christmas tree *znw* kerstboom
chromatic [krəˈmætik] *bn* muz chromatisch; kleuren-
chrome, chromium [kroum, ˈkroumiəm] *znw* chroom *o*
chromium-plated *bn* verchroomd
chromosome [ˈkrouməsoum] *znw* chromosoom *o*
chronic [ˈkrɔnik] *bn* **1** chronisch; *he's a* ~ *liar* hij is een onverbeterlijke leugenaar; *a* ~ *invalid* een blijvend invalide; **2** gemeenz vreselijk, erg; *he's* ~ hij is onuitstaanbaar
chronicle [ˈkrɔnikl] **I** *znw* kroniek; **II** *overg* boekstaven
chronicler *znw* kroniekschrijver
chronological [krɔnəˈlɔdʒikl] *bn* chronologisch

chronology [krɔ'nɔlədʒi] *znw* tijdrekening, chronologie; opeenvolging in de tijd

chronometer [krə'nɔmitə] *znw* chronometer

chrysalis ['krisəlis] *znw* (*mv:* -es *of* chrysalides [kri'sælidi:z]) pop [v. insect]

chrysanthemum [kri'sænθəməm] *znw* chrysant(hemum)

chubby ['tʃʌbi] *bn* bolwangig, mollig

chuck [tʃʌk] **I** *overg* (weg)gooien; gemeenz de bons geven; de brui geven aan; ~ *away* weg-, vergooien; ~ *out* gemeenz eruit gooien; ~ *up (in)* gemeenz de brui geven aan, opgeven, ophouden met; de bons geven; ~ *it!* gemeenz schei uit!; **II** *onoverg* klokken; **III** *znw* **1** streek, aaitje *o* [onder de kin]; **2** ruk; worp; **3** techn klauwplaat [v. draaibank]; boorhouder

chucker-out [tʃʌkə'raut] *znw* uitsmijter

chuckle ['tʃʌkl] **I** *onoverg* inwendig, onderdrukt lachen, zich verkneukelen, gnuiven, gniffelen; **II** *znw* onderdrukte lach

chuck steak *znw* schouderstuk *o* [v. rund]

chuck-wag(g)on ['tʃʌkwægən] *znw* kantinewagen (v. cowboys)

chuffed [tʃʌft] *bn* gemeenz opgetogen, verrukt, in zijn sas

chug [tʃʌg] *onoverg* ronken, tuffen [v. motor]

chum [tʃʌm] **I** *znw* kameraad; kamergenoot; **II** *onoverg* samenwonen; ~ *up* goede maatjes worden

chummy *bn* intiem, gezellig

chump [tʃʌmp] *znw* gemeenz uilskuiken *o*, stomkop; *off his* ~ *slang* niet goed wijs

chunk [tʃʌŋk] *znw* brok *m & v of o*, homp, bonk

chunky ['tʃʌŋki] *bn* gemeenz **1** gedrongen [v. postuur]; **2** in grote brokken

church [tʃə:tʃ] *znw* kerk; *go into (enter) the* ~ predikant (RK geestelijke) worden

church-goer *znw* kerkganger, -ster

church hall *znw* wijkgebouw *o*

churchman *znw* kerkelijk persoon, geestelijke; lid *o* van de (staats)kerk

church mouse *znw: as poor as a* ~ zo arm als een kerkrat (als Job, als de mieren)

churchwarden *znw* **1** kerkmeester, kerkvoogd; **2** gouwenaar

churchy *bn* kerks

churchyard *znw* kerkhof *o*

churl [tʃə:l] *znw* boer(enpummel), vlerk; vrek

churlish *bn* lomp, onheus

churn [tʃə:n] **I** *znw* karn; melkbus; **II** *overg* karnen; (om)roeren, (om)schudden; ~ *out* aan de lopende band produceren; ~ *up* omwoelen [de grond]; **III** *onoverg* koken, zieden [v. golven]; omdraaien, opspelen [v. maag]

chute [ʃu:t] *znw* stroomversnelling, waterval; glijbaan, helling; stortkoker; gemeenz = *parachute*

chutney ['tʃʌtni] *znw* chutney [zoetzure saus]

CIA *afk.* = *Central Intelligence Agency* (geheime inlichtingendienst v.d. VS)

cicada [si'ka:də] *znw* cicade, krekel

cicatrice ['sikətris] *znw* litteken *o*

cicerone [tʃitʃə'rouni] *znw* (*mv:* -s *of* ciceroni) cicerone, gids[2]

CID *afk.* = *Criminal Investigation Department*

cider ['saidə] *znw* cider, appelwijn

c.i.f., cif *afk.* = *cost, insurance, freight* beding dat bij levering de kosten voor vracht en verzekering voor rekening v.d. afzender zijn

cigar [si'ga:] *znw* sigaar

cigarette [sigə'ret] *znw* sigaret

cigarette butt, cigarette end *znw* sigarettenpeuk

cigarette case *znw* sigarettenetui *o*

cigarette holder *znw* sigarettenpijpje *o*

cigarette machine *znw* sigarettenautomaat

cigarette paper *znw* vloeitje *o*

ciliary *bn* ciliair; de trilharen betreffend

C.-in-C. *afk.* = *Commander-in-Chief* zie bij: *commander*

cinch [sin(t)ʃ] *znw* Am zadelriem; greep, vat, houvast *o*; gemeenz iets wat zeker is, gemakkelijk is; *it's a* ~ het staat vast; dat is een makkie

cinder ['sində] *znw* sintel, slak; ~*s* ook: as; ~ *track* sintelbaan

cine- ['sini] *voorv* film-

cine-camera *znw* filmcamera

cine-film *znw* smalfilm

cinema ['sinimə] *znw* bioscoop, cinema; filmkunst

cinematic [sini'mætik] *bn* filmisch, film-

cinematography [sinimə'tɔgrəfi] *znw* filmkunst, cinematografie

cinerary ['sinərəri] *bn* as-

cinnabar ['sinəba:] *znw* vermiljoen *o*

cinnamon ['sinəmən] *znw* kaneel

cipher ['saifə] **I** *znw* cijfer *o*; nul[2]; cijferschrift *o*, sleutel daarvan, code; monogram *o*; *a mere* ~ een (grote) nul, een onbenul; **II** *overg* in cijferschrift schrijven, coderen

circa ['sə:kə] *voorz* ongeveer

circle ['sə:kl] **I** *znw* cirkel, ring, kring[2]; balkon *o* [in theater]; *they were going/running round in* ~*s* zij zaten op een dood spoor; *come full* ~ weer bij het begin terugkomen; **II** *onoverg* (rond)draaien, rondgaan; cirkelen; **III** *overg* cirkelen om; omringen

circlet *znw* cirkeltje *o*; ring, band

circuit ['sə:kit] *znw* kring(loop), omtrek, gebied *o*, circuit *o*, (ronde) baan; omweg; tournee, rondgang (van rechters); elektr stroomkring; schakeling [in elektronische apparatuur]; *closed* ~ *television* gesloten tv-circuit

circuit breaker *znw* elektr stroomonderbreker

circuitous [sə:'kjuitəs] *bn* niet recht op het doel afgaand; *a* ~ *route* een omweg

circuitry ['sə:kjuə] *znw* elektronische schakelingen

circular ['sə:kitri] **I** *bn* rond; kring-, cirkel-; ~ *argument* cirkelredenering; ~ *letter* circulaire; rondschrijven *o*; ~ *saw* cirkelzaag; ~ *ticket* rondreisbiljet *o*; ~ *tour* rondreis; **II** *znw* circulaire, rondschrijven *o*

circularize *overg* per circulaire bekendmaken, re-clame maken

circulate [sə:kjuleit] **I** *onoverg* circuleren, in omloop zijn; rondlopen, van de een naar de ander gaan [op receptie &]; *circulating capital* vlottend kapitaal *o*; *circulating decimal* repeterende breuk; *circulating library* leesbibliotheek; leeskring; *circulating medium* betaalmiddel *o*; **II** *overg* laten circuleren of rondgaan; in omloop brengen

circulation [sə:kju'leiʃən] *znw* circulatie [bloed, geld], doorstroming; omloop; verspreiding; oplaag; *out of (back in)~* uit (weer in) de roulatie

circulatory *bn* circulatie-

circumcise ['sə:kəm'saiz] *overg* besnijden

circumcision [sə:kəm'siʒən] *znw* besnijdenis; *(the) C~* Besnijdenisfeest *o*

circumference [sə'kʌmfərəns] *znw* omtrek

circumflex ['səkʌmfleks] **I** *znw* accent circonflexe *o*, dakje *o*; **II** *bn* anat gebogen

circumlocution [sə:kəmlə'kju:ʃən] *znw* omschrijving, omslachtigheid, omhaal van woorden; het eromheen praten

circumlocutory [sə:kəm'lɔkjutəri] *bn* omschrijvend, omslachtig

circumnavigate [sə:kəm'nævigeit] *overg* omvaren

circumscribe ['sə:kəmskraib] *overg* omschrijven; beperken, begrenzen

circumscription [sə:kəm'skripʃən] *znw* omschrijving; omschrift *o*; beperking; omtrek

circumspect ['sə:kəmspekt] *bn* omzichtig

circumspection [sə:kəm'spekʃən] *znw* omzichtigheid

circumstance ['sə:kəmstəns] *znw* **1** omstandigheid; *in (under) no ~s* in geen geval; **2** *pomp and ~* pracht en praal

circumstantial [sə:kəm'stænʃəl] *bn* bijkomstig; omstandig, uitvoerig; *~ evidence* recht indirect bewijs *o*, bewijs *o* door aanwijzingen

circumstantiate [sə:kəm'stænʃieit] *overg* omstandig beschrijven, met omstandigheden staven

circumvent [sə:kəm'vent] *overg* om de tuin leiden, misleiden; ontduiken [de wet], omzeilen

circumvention *znw* misleiding; ontduiking, omzeiling

circumvolution [sə:kəmvə'lju:ʃən] *znw* draai(ing), kronkel(ing); omwenteling

circus ['sə:kəs] *znw* circus *o* & *m*, paardenspel *o*; rond plein *o*

cirrhosis [si'rousis] *znw* cirrose, levercirrose

cirrus ['sirəs] *znw* (*mv*: cirri ['sirai]) **1** hechtrank; **2** vederwolk, cirrus

CIS *afk.* = *Commonwealth of Independent States* GOS, Gemenebest van Onafhankelijke Staten

cissy ['sisi] *znw* = *sissy*

cistern ['sistən] *znw* (water)bak, -reservoir *o*, stortbak [v. wc], regenbak

citadel ['sitədl] *znw* citadel

citation [sai'teiʃən] *znw* dagvaarding; aanhaling; eervolle vermelding

cite [sait] *overg* dagvaarden; citeren, aanhalen; aanvoeren; noemen; eervol vermelden

citizen ['sitizn] *znw* burger; staatsburger

citizen's band *znw* radio ± 27 MC band [voor zend-amateurs]

citizenship *znw* burgerrecht *o*, (staats)burgerschap *o*

citric ['sitrik] *bn*: *~ acid* citroenzuur *o*

citrus *znw* citrus(vruchten)

city ['siti] *znw* (grote) stad; *the C~* de City v. Londen, als economisch en financieel centrum

city hall *znw* Am stadhuis

City man *znw* beurs-, handelsman

civet ['sivit] *znw* civet(kat)

civic ['sivik] **I** *bn* burgerlijk, burger-, stads-; *~ reception* officiële ontvangst (door de burgerlijke overheid); **II** *znw*: *~s* maatschappijleer, burgerschapskunde

civil ['sivil] *bn* burger-, burgerlijk; civiel; beleefd, beschaafd; *~ defence* civiele verdediging, ± Bescherming Burgerbevolking; *~ disobedience* burgerlijke ongehoorzaamheid; *~ engineer* weg- en waterbouwkundig ingenieur, civiel ingenieur; *~ engineering* weg- en waterbouwkunde; *~ law* burgerlijk recht; *~ liberties* burgerlijke vrijheden; *~ rights* grondrechten (v.d. burgers); *~ servant* ambtenaar; *~ service* overheidsdienst; ambtenarenapparaat *o*; *~ war* burgeroorlog

civilian [si'viljən] **I** *znw* burger; **II** *bn* burger-

civility *znw* beleefdheid

civilization [sivilai'zeiʃən] *znw* beschaving

civilize ['sivilaiz] *overg* beschaven

civvies ['siviz] *znw mv* gemeenz burgerkleding, burgerkloffie *o*

civvy *znw* gemeenz burger; *~ Street* gemeenz de burgermaatschappij

clack [klæk] **I** *onoverg* klappen, klapperen, ratelen[2]; snateren; **II** *znw* klap, klepper; geratel *o*; geklets *o*; gesnater *o*

clad [klæd] V.T. & V.D. van *clothe*

cladding ['klædiŋ] *znw* bekleding, coating

claim [kleim] **I** *overg* (op)eisen, aanspraak maken op, reclameren; beweren; **II** *znw* eis; aanspraak, (schuld)vordering, recht *o*; reclame; claim; bewering; *lay ~ to* aanspraak maken op; *stake one's ~ (to)* aanspraak maken op

claimant *znw* eiser, (uitkerings)gerechtigde

clairvoyance [klɛə'vɔiəns] *znw* helderziendheid

clairvoyant [klɛə'vɔiənt] *bn* helderziend; **II** *znw* helderziende

clam [klæm] *znw* (eetbaar) schelpdier *o*; strandgaper [soort mossel]; Am dollar; blunder; *clam up* gemeenz geen bek opendoen, zijn bek houden

clamber ['klæmbə] *onoverg* klauteren

clammy ['klæmi] *bn* klam, kleverig; klef

clamor Am = *clamour*

clamorous ['klæmərəs] *bn* luid(ruchtig), tierend

clamour I *znw* geroep *o*, roep; geschreeuw *o*, misbaar *o*, herrie, getier *o*; protest *o*, verontwaardiging; II *onoverg* roepen, schreeuwen, tieren; ~ *against* luid protesteren tegen; ~ *for* roepen om

clamp [klæmp] I *znw* kram; klamp; klem; kuil [voor aardappelen]; wielklem; II *overg* (op)klampen; krammen; inkuilen [aardappelen]; stevig zetten (drukken &); (een) wielklem bevestigen, omdoen; ~ *down on* de kop indrukken

clamp-down ['klæmpdaun] *znw* beperkende maatregel

clan [klæn] *znw* clan: stam, geslacht *o*; geringsch kliek

clandestine [klæn'destin] *bn* heimelijk, geheim, clandestien, illegaal

clang [klæŋ] I *znw* schelle klank; gerammel *o*, geratel *o*, gekletter *o*; geschal *o*; luiden *o*; II *onoverg & overg* klinken, (doen) kletteren [de wapens], schallen, luiden

clanger ['klæŋə] *znw* gemeenz flater; *drop a* ~ een flater slaan

clangour ['klæŋgə] *znw* gerinkel *o*, geschal *o*, gekletter *o*

clank [klæŋk] = *clang*

clansman ['klænzmən] *znw* lid *o* van een clan

clap [klæp] I *znw* slag, klap; donderslag; handgeklap *o*; the ~ slang gonorroea, een druiper; II *onoverg* klappen; III *overg* klappen met (in), slaan, dichtklappen, -slaan; (met kracht) zetten, drukken, leggen &; (in de handen) klappen voor, toejuichen; ~ *in prison* in de gevangenis stoppen; zie ook: *eye*, *spur*

clapboard *znw* dakspaan

clapped-out ['klæpt'aut] *bn* gemeenz versleten, op [auto, machine]; afgepeigerd, kapot [mens]

clapper *znw* klepel, bengel; *to go like the* ~*s* gemeenz als de gesmeerde bliksem ervandoor gaan

clapperboard *znw* clapperboard *o* [bij filmopnamen gebruikt]

claptrap *znw* onzin, flauwekul; mooie praatjes, bombast

claret ['klærət] I *znw* bordeaux(wijn); II *bn* bordeauxrood, paarsrood

clarification [klærifi'keiʃən] *znw* zuivering; verheldering, verduidelijking, opheldering

clarify ['klærifai] I *overg* klaren, zuiveren; verhelderen, verduidelijken, ophelderen; II *onoverg* helder worden

clarinet [klæri'net] *znw* klarinet

clarinettist *znw* klarinettist

clarion ['klæriən] I *znw* klaroen; ~ *call* klaroengeschal *o*; fig ± noodkreet, oproep, aanmoediging; II *bn* schallend als een klaroen; III *overg* plechtig bazuinen

clarity ['klæriti] *znw* klaarheid, helderheid

clash [klæʃ] I *onoverg & overg* (doen) klinken; botsen, rinkelen, kletteren, rammelen (met); ~ *with* in botsing komen (in strijd zijn, vloeken) met; indruisen tegen; *your party clashes with my sister's wedding* jouw feest valt samen met de bruiloft van mijn zuster; II *znw* klank; gekletter *o*; conflict *o*, botsing[2]

clasp [kla:sp] I *znw* slot *o*, kram, haak, gesp [aan decoratie]; handdruk, omhelzing; greep; II *overg* sluiten, toehaken; grijpen, omvatten, omklemmen; omhelzen

class [kla:s] I *znw* klas(se); stand; categorie; rang, soort; kwaliteit; onderw klas, cursus, les, lesuur *o*; gemeenz stijl, distinctie; *in a* ~ *of it's own* een klasse apart zijn; II *overg* classificeren, klasseren, rangschikken, indelen

class-conscious *bn* klassenbewust; standsbewust

classic ['klæsik] I *bn* klassiek; kenmerkend; II *znw* klassiek schrijver of werk *o*; klassieker [sport, film &]; ~*s* klassieken [in kunst, letterkunde]; onderw klassieke talen

classical *bn* klassiek, conventioneel; classicistisch

classicism ['klæsisizm] *znw* classicisme *o*

classicist ['klæsisist] *znw* navolger (aanhanger) der klassieken; classicus

classification [klæsifi'keiʃən] *znw* classificatie, klassering; klassement *o*

classify ['klæsifai] *overg* classificeren, klasseren; niet voor algemene kennisneming verklaren [v. documenten &]; *classified* ook: geheim, vertrouwelijk; *classified advertisements* kleine advertenties; *classified results* klassement *o* [bij wedstrijden]

classless ['kla:slis] *bn* klasseloos

classmate *znw* klasgenoot, jaargenoot

classroom *znw* klas(lokaal *o*), leslokaal *o*, schoollokaal *o*

class-war(fare) *znw* klassenstrijd

classy *bn* gemeenz fijn, chic

clatter ['klætə] I *onoverg & overg* klepperen, kletteren, rammelen (met); II *znw* geklepper *o*, gekletter *o*, gerammel *o*

clause [klɔ:z] *znw* clausule, artikel *o*; zinsnede, passage; gramm bijzin

claustral ['klɔ:strəl] *bn* kloosterachtig; kloosterclaustrophobia** [klɔ:strə'foubiə] *znw* claustrofobie, ruimtevrees

claustrophobic [klɔ:strə'foubik] *bn* claustrofobisch

clavicle ['klævikl] *znw* sleutelbeen *o*

claw [klɔ:] I *znw* klauw[2]; poot[2]; schaar; haak; II *overg* grijpen[2], klauwen, graaien; ~ *back* terugvorderen; *he* ~*ed his way to the top* hij worstelde zich naar de top

claw-hammer *znw* klauwhamer

clay [klei] I *znw* klei, leem *o & m*, aarde; II *bn* aarden, lemen

clayey *bn* kleiachtig, klei-

claymore ['kleimɔ:] *znw* hist slagzwaard *o*

clean [kli:n] I *bn* schoon, zuiver, rein, zindelijk, net; welgevormd; onschuldig; clean, geen drugs gebruikend/bezittend; blanco [v. strafblad]; glad; vlak; scherp (= duidelijk); eerlijk [v. strijd]; II *bijw*

clean-cut

schoon; versterkend totaal, helemaal; glad; vlak; come ~ slang eerlijk opbiechten; **III** overg zuiveren, reinigen, schoonmaken, poetsen; ~ out schoonmaken, leeghalen; gemeenz [iem.] blut maken; ~ up opknappen, opruimen, schoonmaak houden in; gemeenz opstrijken [v. grote winst]; **IV** znw (schoonmaak)beurt

clean-cut bn scherp omlijnd, helder; netjes

cleaner znw schoonmaker, schoonmaakster, reiniger, -ster; stofzuiger; ~s stomerij; take sbd. to the ~'s gemeenz iemand uitschudden

cleaning znw schoonmaken o; reiniging, schoonmaak; ~woman schoonmaakster

cleanly ['klenli] bn zindelijk; kuis

2 cleanly ['kli:nli] bijw schoon &, zie: clean I

clean-out znw schoonmaak; opruimen o

cleanse [klenz] overg reinigen, zuiveren

cleanser znw reinigingsmiddel o

clean-shaven bn gladgeschoren

clean-up ['kli:nʌp] znw schoonmaak[2]

clear [kliə] **I** bn klaar, helder, duidelijk, transparant, zuiver; dun [soep]; vrij, onbezwaard; veilig (all ~); absoluut [v. meerderheid]; netto, volle, hele; ~ of vrij van; niet rakend aan; **II** bijw klaar; vrij; los; versterkend totaal, glad; **III** znw: in the ~ vrij (van schuld, verdenking, verplichtingen), niet meer in gevaar; **IV** overg klaren, helder maken, verhelderen; zuiveren, leegmaken, lichten [bus], vrijmaken [terrein], ontruimen [straat &], schoonvegen[2], ontstoppen [buis]; opruimen; verduidelijken, ophelderen; aanzuiveren, aflossen, afdoen; afnemen; banen; schoon verdienen; clearen [v. cheques]; goedkeuren; handel uit-, inklaren; recht vrijspreken; ~ accounts de rekening vereffenen; ~ the decks alles voorbereiden; ~ a ditch, ~ a hedge springen over, "nemen"; ~ the ground, ~ the water by a foot een voet boven (van) de grond hangen (zich bevinden), boven het water uitsteken; ~ the table de tafel afnemen; ~ one's throat de keel schrapen; ~ the way ruim baan maken; **V** onoverg opklaren; overgeboekt worden [v. cheque]; ~ away op-, wegruimen; ~ off gemeenz zijn biezen pakken, verdwijnen; ~ out leeghalen; zijn biezen pakken; ~ up ophelderen, opklaren; opruimen; gemeenz gaan strijken met, binnenhalen

clearance znw opheldering; opruiming; ontruiming; in- of uitklaring; vrije ruimte [v. voertuig], zie ook: headroom; techn schadelijke ruimte, vrijslag; ~ sale uitverkoop; zie ook: clearing

clear-cut bn scherp omlijnd, duidelijk

clear-headed bn heldere van geest

clearing znw opengekapt bosterrein o om te ontginnen; ontginning; handel verrekening van vorderingen, clearing

clearing-house znw handel (bankiers-) verrekenkantoor o; informatiecentrale

clearly bijw klaar, duidelijk; klaarblijkelijk, kennelijk; natuurlijk

clear-out znw gemeenz grote opruiming, schoonmaakbeurt

clear-sighted bn scherpziend; schrander

clearway znw autoweg waarop niet gestopt mag worden

cleat [kli:t] znw klamp; scheepv kikker

cleavage ['kli:vidʒ] znw kloof; splijting; scheiding, scheuring, breuk; decolleté o, gleuf tussen de borsten (bij laaguitgesneden jurk)

cleave (cleft; cleft) **I** overg kloven, splijten, (door-) klieven; **II** onoverg aanhangen, trouw blijven

cleaver znw hak-, kapmes o

clef [klef] znw muz (muziek)sleutel

cleft [kleft] **I** znw kloof, spleet, reet, barst; **II** V.T. & V.D. van cleave; in a ~ stick in het nauw; ~ palate gespleten gehemelte

clematis ['klemətis] znw clematis

clemency ['klemənsi] znw zachtheid [v. weer]; goedertierenheid, clementie

clement bn zacht [weer]; goedertieren, genadig, clement

clench [klenʃ] overg op elkaar klemmen; (om-) klemmen; ballen [de vuist]

clerestory ['kliəstəri, 'kliəstɔːri] znw (muur met) bovenlicht o

clergy ['klədʒi] znw geestelijkheid; geestelijken

clergyman znw geestelijke, priester

clergywoman znw vrouwelijke priester

cleric ['klerik] znw geestelijke

clerical bn geestelijk; klerikaal; schrijvers-, klerken-; administratief; ~ error schrijffout; ~ student RK priesterstudent

clericalism znw klerikalisme o

clericalist bn klerikaal

clerihew ['klerihju:] znw vierregelig geestig versje o

clerk [kla:k] znw klerk, schrijver, (kantoor-) bediende; griffier; secretaris; vero geleerde; geestelijke; ~ of (the) works (bouw)opzichter

clever ['klevə] bn bekwaam, handig, knap, pienter, spits, glad

clew [klu:] znw kluwen o; = clue

cliché ['kli:ʃei] znw cliché[2] o

clichéd ['kli:ʃeid] bn afgezaagd, clichématig

click [klik] **I** onoverg (& overg) tikken; klikken, klakken, klappen (met); gemeenz succes hebben; het eens worden (zijn); goed bij elkaar passen, klikken; plotseling duidelijk worden, beginnen te dagen; **II** znw geklik o, getik o; klink; pal

client ['klaiənt] znw cliënt(e); klant, afnemer

clientele [kli:a:n'teil] znw clientèle, klantenkring

cliff [klif] znw steile rots, rotswand [aan zee]

cliffhanger ['klifhæŋə] znw spannend verhaal o &; spannende scène als open einde van een aflevering van een vervolgverhaal, cliffhanger

cliff-hanging bn gemeenz adembenemend, vol suspense

climacteric [klai'mæktərik] **I** znw climacterium o, overgang, menopauze; **II** bn climacterisch

climactic [klai'mæktik] *bn* een climax vormend
climate ['klaimit] *znw* klimaat *o*, luchtstreek
climatic [klai'mætik] *bn* klimaat-
climatology [klaimə'tɔlədʒi] *znw* klimatologie
climax ['klaimæks] **I** *znw* climax, hoogtepunt *o*; **II** *onoverg* een hoogtepunt bereiken
climb [klaim] **I** *onoverg* (op)klimmen, klauteren; stijgen; ~ *down* naar beneden klimmen; een toontje lager zingen, inbinden; **II** *overg* klimmen in of op, beklimmen; **III** *znw* klim(partij); luchtv stijgvermogen *o*
climb-down *znw* fig vermindering van zijn eisen, inbinden *o*
climber *znw* (be)klimmer; klimplant; klimvogel; streber
climbing ['klaimiŋ] *znw* bergbeklimmen *o*, bergsport
climbing frame *znw* klimrek *o*
clime [klaim] *znw* (lucht)streek
clinch [klinʃ] **I** *overg* (vast)klinken; fig de doorslag geven; **II** *overg* in de clinch gaan [bij boksen]; gemeenz elkaar omhelzen; **III** *znw* omklemming; clinch [vastgrijpen bij boksen]; omarming, omhelzing
clincher *znw* gemeenz argument waartegen je niets (meer) kunt inbrengen
cling [kliŋ] (clung; clung) *onoverg* (aan)kleven; aanhangen; trouw blijven; nauw sluiten [aan het lijf]; plakken, klitten; zich vastklemmen; dicht blijven bij, hangen; vastzitten; zich vastklampen (aan)
clingfilm ['kliŋfilm] *znw* plastic (huishoud)folie
clinging, clingy *bn* klevend; nauwsluitend; aanhankelijk, plakkerig
clinic ['klinik] *znw* kliniek
clinical *bn* klinisch [2]; onbewogen, koel, zakelijk, emotieloos; ~ *thermometer* koortsthermometer
clink [kliŋk] **I** *onoverg & overg* (doen) klinken, klinken met; **II** *znw* **1** klinken *o*; **2** slang nor, cachot *o*
clinker ['kliŋkə] *znw* **1** klinker(steen); **2** techn slak [in kachels]; **3** Am slang mislukking; **4** Br slang prachtexemplaar *o*
clinker-built *bn* scheepv overnaads
clip [klip] **I** *overg* **1** (af-, kort)knippen; scheren; (be-)snoeien; **2** afbijten, niet uitspreken [woorden]; **3** klemmen, hechten; ~ *sbd.'s wings* iem. kortwieken; **II** *znw* **1** scheren *o*; scheerwol; **2** fragment *o*, stuk *o*, clip; **3** mep; **4** gemeenz vaart; **5** knijper, klem, haak, clip
clipboard ['klipbɔ:d] *znw* klembord *o*
clip-clop ['klipklɔp] *znw* geklepper *o* [v. paardenhoeven]
clip-joint *znw* neptent, ballentent
clip-on *bn* klem-
clipper *znw* scheepv klipper; ~*s* wolschaar, tondeuse
clippie *znw* gemeenz conductrice
clipping *znw* snoeisel *o*; (kranten)knipsel *o*; scheerwol

clique [kli:k] *znw* kliek, coterie
cliquey ['kli:ki] *bn* gemeenz een kliek vormend, gesloten, kliek-
clitoris ['klaitəris] *znw* clitoris, kittelaar
cloak [klouk] **I** *znw* cape, (schouder)mantel, dekmantel; **II** *overg* met een mantel bedekken, bemantelen
cloak-and-dagger *bn* geheim, heimelijk; *the* ~ *boys* geheime agenten; *a* ~ *story* spionageroman
cloak-room *znw* garderobe, vestiaire, kleedkamer; toilet *o*, wc
clobber ['klɔbə] slang **I** *znw* plunje, spullen, kleren; **II** *overg* er van langs geven, (ver)slaan, hard treffen
cloche [klɔ:ʃ] *znw* beschermkap [over jong gewas], stolp; klokhoed
clock [klɔk] **I** *znw* **1** uurwerk *o*, klok; meter, teller, taximeter; **2** plantk kaarsje *o* [v. paardebloem]; **3** slang facie, tronie; *against the* ~ gehaast; *round the* ~ 24 uur per dag, het klokje rond; *put (turn) the* ~ *back* fig de klok terugzetten; **II** *onoverg* **1** klokken [met prikklok]; **2** sp klokken, timen; ~ *in,* ~ *on* inklokken; ~ *out,* ~ *off* uitklokken; **III** *overg:* ~ *up* de tijd opnemen; laten noteren [tijd, meterstand, successen &]
clock card *znw* prikkaart [bij een prikklok]
clockwise *bn & bijw* met de wijzers v.d. klok mee
clockwork *znw* (uur)werk *o*, raderwerk *o*; *like* ~ regelmatig; machinaal; vanzelf; ~ *toy* speelgoed *o* met mechaniek
clod [klɔd] *znw* (aard)kluit; (boeren)knul
clodhopper *znw* (boeren)pummel; *a pair of* ~*s* gemeenz stevige stappers
clog [klɔg] **I** *znw* klompschoen; blok *o* aan het been [2]; belemmering; **II** *overg* een blok aan het been doen; tegenhouden, belemmeren; overladen; verstoppen; **III** *onoverg* verstopt raken; klonteren
cloister ['klɔistə] **I** *znw* kruisgang [bij kerk], kloostergang; klooster *o*; **II** *wederk* zich terugtrekken, zich afzonderen; ~*ed* fig in afzondering (levend)
clone [kloun] **I** *znw* kloon; **II** *overg* klonen
1 close [klous] **I** *bn* gesloten, dicht [2]; dicht opeen; streng (bewaakt), nauwkeurig, scherp; vinnig [strijd]; besloten [jachttijd, vennootschap]; (aaneen)gesloten; geheimhoudend; grondig; op de voet volgend; getrouw; nabij, naast, nauw, innig, dik [v. vrienden, familie &]; nipt, kort; op de penning; benauwend, benauwd, drukkend, bedompt; *it was a* ~ *thing* zie *near*; **II** *bijw* (dicht)bij; heel kort [knippen]; ~ *by,* ~ *at hand* dichtbij; vlakbij; ~ *up(on)* (dicht)bij, bijna; ~ *up,* ~ *to* van nabij, van dichtbij [bekijken &]; **III** *znw* ingesloten ruimte, erf *o*, speelplaats; doodlopende straat; zie ook: [2]*close III*
2 close [klouz] **I** *overg* sluiten [2], af-, insluiten, besluiten, eindigen; ~*d shop* bedrijf *o* dat slechts leden v. bepaalde vakbond(en) in dienst neemt; *he* ~*d the door on me* hij sloeg de deur in mijn gezicht dicht; ~ *down* sluiten [fabriek]; ~ *off* afsluiten; ~ *up* slui-

ten; verstoppen; **II** *onoverg* (zich) sluiten, dichtgaan, zich aaneensluiten; (achterstand) inlopen;
eindigen; ~ *down* sluiten; ~ *in* opschikken; korten
[dagen]; (in)vallen [avond]; ~ *in (up)on* insluiten,
omsingelen; invallen [v. duisternis]; ~ *up* (aan-)
sluiten, op-, bijschikken; de gelederen sluiten; **III**
znw slot *o*, einde *o*, besluit *o*; handgemeen *o*; zie
ook: *¹close III*

closed-circuit television *znw* gesloten televisie-
circuit *o*; camerabewaking

close-cropped ['klous'krɔpt] *bn* kortgeknipt [v.
haar]

close-down ['klouzdaun] *znw* sluiting, beëindiging
[v. bedrijf, RTV-programma &]

close-fitting *bn* nauwsluitend

close-grained *bn* fijnkorrelig

close-knit ['klous'nit] *bn* hecht

close-set ['klous'set] *bn* dicht op elkaar staand

closet ['klɔzit] **I** *znw* kamertje *o*, kabinet *o*; studeerkamer; (muur)kast; *come out of the* ~ *gemeenz* kleur
bekennen, zijn homoseksualiteit bekennen; **II**
overg opsluiten

close-up ['klousʌp] *znw* close-up: filmopname v.
nabij; detailfoto

closing ['klouziŋ] **I** *bn* sluitings-, slot-, laatste; **II**
znw sluiting, afsluiting

closure *znw* sluiting²; slot *o*

clot [klɔt] **I** *znw* klonter; klodder; *gemeenz* idioot; **II**
onoverg klonteren, stollen; ~*ted cream* dikke room

cloth [klɔθ] *znw* laken *o*, stof, doek *o* & *m* [stof-
naam]; doek *m* = lap; tafellaken *o*, linnen *o*, linnen
band [v. boek]; *the* ~ de geestelijke stand

cloth-cap *bn* als van de arbeidersklasse, arbeiders-

clothe [klouð] *overg* kleden, bekleden²; inkleden

clothes *znw mv* kleren, kleding

clothes-horse *znw* droogrek *o*; *gemeenz* fat, dandy,
modepop

clothes-line *znw* drooglijn, waslijn

clothes-peg, clothes-pin *znw* wasknijper

clothes-press *znw* kleerkast

clothier *znw* stoffenhandelaar; handelaar in herenkleding

clothing *znw* (be)kleding

cloud [klaud] **I** *znw* wolk²; *be in the* ~*s* zweverig
zijn, onpraktisch zijn; *have one's head in the* ~*s* in
hogere sferen zijn; *he is under a* ~ hij is uit de gratie; *every* ~ *has a silver lining* achter de wolken
schijnt de zon; *on* ~ *nine gemeenz* in de zevende
hemel; **II** *overg* bewolken; verduisteren²; *fig* benevelen; vertroebelen; **III** *onoverg* betrekken; ~ *over*
betrekken

cloud-burst *znw* wolkbreuk

cloud-capped *bn* in wolken gehuld

cloud-cover *znw* bewolking

cloud-cuckoo-land *znw* dromenland *o*

cloudless *bn* onbewolkt

cloudy *bn* bewolkt, wolkig; troebel, betrokken²

clout [klaut] **I** *znw gemeenz* oplawaai; (politieke)

invloed; **II** *overg* een klap geven

1 clove [klouv] V.T. van *cleave I*

2 clove [klouv] *znw* kruidnagel; *a* ~ *of garlic* een
teentje *o* knoflook

clove hitch ['klouvhitʃ] *znw* scheepv mastworp

cloven ['klouvən] V.D. van *cleave I*

cloven-footed, cloven-hoofed *bn* met gespleten
hoeven

clover ['klouvə] *znw* klaver; *be in* ~ het goed hebben, een heerlijk leven hebben

cloverleaf *znw* klaverblad *o* [voor verkeer]

clown [klaun] **I** *znw* clown, hansworst; lomperd; **II**
onoverg: ~ *(around)* de clown spelen/uithangen

clownish *bn* pummelachtig, lomp; clownerig,
clownesk

cloy [klɔi] *overg* overladen, oververzadigen, overvoeren, doen walgen, ziek maken

cloying *bn* walg(e)lijk; overdreven

club [klʌb] **I** *znw* knuppel, knots; sp golfstok; club,
nachtclub, vereniging, sociëteit; ~*(s)* kaartsp klaveren; *join the* ~*! gemeenz* je bent (echt) niet de
enige!; **II** *onoverg:* ~ *together* zich verenigen, medewerken; botje *o* bij botje leggen

clubbable *bn* gezellig, geschikt voor het clubleven

clubbing *znw gemeenz* gaan stappen *o*, uitgaan *o*

club-foot *znw* horrelvoet

club-house *znw* club, clubgebouw *o*

cluck [klʌk] *onoverg* klokken [v. kip]

clue [klu:] *znw* vingerwijzing, aanwijzing, hint, tip;
not have a ~ er niets van snappen

clued-up ['klu:d'ʌp] *bn* op de hoogte, goed geïnformeerd

clueless *bn* niets wetend, aartsdom

clump [klʌmp] **I** *znw* klomp; blok *o*; groep [bomen
&]; *gemeenz* klap; **II** *onoverg* klossend lopen; **III**
overg bijeenplanten; *gemeenz* een klap geven

clumsy ['klʌmzi] *bn* lomp, onhandig, plomp; tactloos

clung [klʌŋ] V.T. & V.D. van *cling*

clunk ['klʌŋk] **I** *znw* klap, bons; **II** *onoverg* bonzen,
bonken

cluster ['klʌstə] **I** *znw* tros, bos; groep, groepje *o*,
zwerm, troep; **II** *onoverg* in trossen (bosjes) groeien;
zich groeperen, zich scharen; **III** *overg* groeperen,
in trossen binden

clutch [klʌtʃ] **I** *overg* grijpen, vatten, beetpakken;
zich vastklampen aan; **II** *onoverg* grijpen (naar *at*);
III *znw* **1** greep, klauw; **2** techn koppeling; **3** dierk
broedsel *o*; **4** stel *o*, groep; *let in the* ~ auto koppelen; *let out the* ~ auto ontkoppelen; ~ *pedal*
koppelingspedaal

clutch bag *znw* enveloptas, dameshandtas zonder
hengsel

clutter ['klʌtə] **I** *znw* warboel, troep; gestommel *o*;
herrie; **II** *overg:* ~ *(up)* rommel maken; volstoppen,
-proppen, -gooien (met *with*)

co- *voorv* co-, mede-, samen-

CO *afk.* = *Commanding Officer*; *conscientious objector*;

Colorado

Co. *afk.* = *Company*; *County*; *and* ~ geringsch en consorten

c/o *afk.* **1** = *care of* p/a, per adres; **2** handel = *carried over* transport *o*

coach [koutʃ] **I** *znw* koets; diligence; spoorrijtuig *o*; touringcar, bus; onderw repetitor; sp trainer; **II** *onoverg* als trainer werken; **III** *overg* onderw klaarmaken (voor een examen); sp trainen

coach-and-four *znw* wagen met 4 paarden

coaching *znw* bijles; repeteren *o* voor een examen &; sp speciale training

coachload *znw* bus vol, buslading [toeristen]

coachman *znw* koetsier

coach park *znw* parkeerterrein *o* voor bussen

coach station *znw* busstation *o*

coachwork *znw* carrosserie, koetswerk *o*

coadjutant [kou'ædʒutənt] *znw* (mede)helper, assistent

coagulate [kou'ægjuleit] *overg & onoverg* stremmen, (doen) stollen

coagulation [kouægju'leiʃən] *znw* stremming, stolling

coal [koul] **I** *znw* (steen)kool, kolen; *carry* ~*s to Newcastle* water naar de zee dragen; zie: *haul I*; **II** *overg* van kolen voorzien; verkolen; **III** *onoverg* kolen innemen of laden

coal-black *bn* pikzwart

coal-box *znw* kolenbak

coal bunker *znw* kolenruim *o* [op schip]

coalesce [kouə'les] *onoverg* samengroeien, samenvloeien, zich verenigen

coalescence *znw* samengroeien *o*, samenvloeiing, vereniging

coal-face ['koulfeis] *znw* (kolen)front *o*, vlak *o* waar de steenkool gewonnen wordt [in mijn]

coalfield *znw* kolenbekken *o*

coal-gas *znw* lichtgas *o*

coaling-station *znw* bunkerstation *o*

coalition [kouə'liʃən] *znw* verbond *o*, coalitie

coalman ['koulmæn, -mən] *znw* kolenman, kolenboer

coalmine ['koulmain] *znw* kolenmijn

coalminer ['koulmainə] *znw* mijnwerker

coal-scuttle *znw* kolenkit

coal-seam *znw* kolenader

coal-tar *znw* koolteer

coarse [kɔːs] *bn* grof², ruw

coarse fish *znw* gewone zoetwatervis [uitgezonderd zalm en forel]

coarse fishing *znw* hengelen *o*

coarsen *overg & onoverg* vergroven, verruwen

coast [koust] **I** *znw* kust; *the* ~ *is clear* de kust is veilig, het gevaar is voorbij; **II** *onoverg* langs de kust varen; (een helling af)glijden; freewheelen [van helling]; in de vrijloop afdalen [v. auto]; fig iets op zijn sloffen doen; de kantjes eraf lopen

coastal *bn* kust-

coaster *znw* kustvaarder; onderzettertje *o*

coast-guard *znw* kustwacht(er)

coastline *znw* kustlijn

coat [kout] **I** *znw* jas; (dames)mantel; bedekking, bekleding; vacht, pels, vel *o*, huid; vlies *o*; laag [verf]; ~ *and skirt* mantelpak *o*; ~ *of arms* wapen(schild) *o*; ~ *of mail* maliënkolder; *cut one's* ~ *according to one's cloth* de tering naar de nering zetten; **II** *overg* bekleden; bedekken; aanstrijken [met verf]

coated *bn* med beslagen [tong]; ~ *paper* glanspapier *o*

coat-hanger *znw* kleerhanger

coating *znw* laag [v. verf &]

coat-rack *znw* kapstok

coat-tail *znw* jaspand, slippen (v. jacquet &); *ride on the* ~*s of* ± (zonder al te veel eigen inspanning) profiteren van andermans succes

co-author [kou'ɔːθə] *znw* mede-auteur

coax [kouks] flemen, vleien; *overg* ~... *from sbd.* iem. ... ontlokken; ~ *sbd. into*... door vleien van iem. gedaan krijgen, dat...; ~ *sbd. out of sth.* iem. iets aftroggelen

cob [kɔb] *znw* plantk maïskolf; hazelnoot; dierk klein, gedrongen paard *o*; dierk mannetjeszwaan

cobalt [kə'bɔːlt] *znw* kobalt *o*

cobble ['kɔbl] **I** *znw* (straat)kei; **II** *overg* met keien bestraten; ~ *together* in elkaar flansen

cobbler *znw* schoenmaker, schoenlapper; Am vruchtenpastei; *that's a load of* ~*s* slang dat is volslagen lulkoek

cobble-stone *znw* (straat)kei

cobra ['koubrə] *znw* cobra: brilslang

cobweb ['kɔbweb] *znw* spinnenweb *o*, spinrag *o*; *blow (clear) away the* ~*s* lekker uitwaaien

cocaine [kə'kein] *znw* cocaïne

coccyx ['kɔksiks] *znw* stuitbeen *o*, staartbeen *o*

cochlea ['kɔkliə] *znw* (*mv*: cochleae [-lii:]) slakkenhuis *o* [v. oor]

cock [kɔk] **I** *znw* **1** dierk mannetje *o*, haan, kemphaan; **2** weerhaan; **3** kraan; **4** haantje *o* de voorste; **5** optrekken *o* [v.d. neus, het hoofd]; **6** opzetten *o*; **7** plat lul, pik; *old* ~ gemeenz ouwe jongen; *the* ~ *of the walk* haantje de voorste; *at (full)* ~ met gespannen haan; *at half* ~ half gespannen of overgehaald; **II** *overg* optomen, schuin (op één oor) zetten [hoed], scheef houden [hoofd], optrekken, opzetten; de haan spannen van; spitsen [de oren]; ~ *up* slang in het honderd laten lopen, verpesten, verknoeien

cockade [kɔ'keid] *znw* kokarde

cock-a-doodle(-doo) ['kɔkədu:dl('du:)] *tsw* kukeleku

cock-a-hoop ['kɔkə'hu:p] *bn & bijw* uitgelaten

Cockaigne [kɔ'kein]: *land of* ~ *znw* luilekkerland *o*

cock-and-bull story [kɔkən'bul'stɔːri] *znw* ongerijmd verhaal *o*

cockatoo [kɔkə'tu:] *znw* kaketoe

cockchafer ['kɔktʃeifə] *znw* meikever

cock-crow ['kɔkkrou] *znw* hanengekraai *o*; dageraad

cocked hat [kɔkt hæt] *znw* steek [hoofddeksel]; *beat (knock) into a ~* volledig verslaan, wegvagen

cocker ['kɔkə] *znw* cockerspaniël

cockerel ['kɔkərəl] *znw* haantje² *o*

cock-eyed ['kɔkaid] *bn* gemeenz scheel; fig scheef; krankzinnig

cock-fight ['kɔkfait] *znw* hanengevecht *o*

cock-horse ['kɔk'hɔːs] *znw* stokpaardje *o*; hobbelpaardje *o*

cockle ['kɔkl] **I** *znw* kokkel; oneffenheid; *it warms the ~s of my heart* het doet mijn hart goed; **II** *overg & onoverg* krullen, rimpelen

cockle-shell *znw* (hart)schelp; notendop [v. een scheepje]

cockney ['kɔkni] *znw* cockney [geboren Londenaar]; cockney *o* [Platlondens]

cockpit ['kɔkpit] *znw* hanenmat; cockpit [v. vliegtuig, raceauto, jacht]; fig strijdperk *o*

cockroach ['kɔkroutʃ] *znw* kakkerlak

cockscomb ['kɔkskoum] *znw* hanenkam [ook plantk]; zie verder: *coxcomb*

cocksure ['kɔk'ʃuə] *bn* verwaand en zelfbewust

cocktail ['kɔkteil] *znw* cocktail; *Molotov ~* benzinebom; molotovcocktail; *~ dress* cocktailjapon

cock-up ['kɔkʌp] *znw* slang miskleun; klerezooi

cocky ['kɔki] *bn* verwaand, eigenwijs

cocoa ['koukou] *znw* cacao(boom); warme chocolade(melk)

coconut ['koukənʌt] *znw* kokosnoot, klapper; *~ matting* kokosmat; *~ palm* kokospalm; *~ shy* gooi-en-smijtkraam

cocoon [kə'kuːn] **I** *znw* cocon [v. zijderups], pop; omhulsel *o*; **II** *overg* als in een cocon wikkelen, inkapselen, omhullen; **III** *onoverg* fig cocoonen

COD *afk. = cash on delivery* post onder rembours

cod [kɔd] *znw* (*mv* idem *of* -s) kabeljauw

coddle ['kɔdl] *overg* zacht laten koken; vertroetelen, verwennen

code [koud] **I** *znw* code; geheimtaal; wetboek *o*; reglement *o*; regels, gedragslijn; voorschriften; netnummer *o*; *~ name* codenaam; *~ number* codenummer *o*; *~ word* codewoord *o*; *~ of practice* gedragscode; **II** *overg* coderen: in code overbrengen

codeine ['koudiːn] *znw* med codeïne

co-determination [kouditə:mi'neiʃən] *znw: right of ~* medebeslissingsrecht *o*

codex ['koudeks] *znw* (*mv*: codices [-disi:z]) **1** oud handgeschreven boek *o*, handschrift *o*; **2** receptenboek *o*

cod-fish ['kɔdfiʃ] *znw* kabeljauw

codger ['kɔdʒə] *znw* gemeenz ouwe vent

codicil ['kɔdisil] *znw* codicil *o*; aanvulling op een testament; informeel testament *o*

codification [kɔdifi'keiʃən] *znw* codificatie; systematisering

codify ['kɔdifai] *overg* codificeren; in een systeem onderbrengen

cod-liver oil ['kɔdlivə'rɔil] *znw* levertraan

codswallop ['kɔdz'wɔləp] *znw* gemeenz onzin, flauwekul

coed ['kou'ed] *znw* Am gemeenz meisjesstudent

coeducation ['kouedju'keiʃən] *znw* coëducatie

coeducational ['kouedju'keiʃən(ə)l] *bn* gemengd [onderwijs]

coefficient [koui'fiʃənt] *znw* coëfficiënt: constante factor v.e. grootheid

coequal [kou'i:kwəl] **I** *bn* gelijk; **II** *znw* gelijke

coerce [kou'əːs] *overg* dwingen (tot *into*); in bedwang houden

coercion *znw* dwang

coercive *bn* dwingend; dwang-

coeval [kou'i:vəl] **I** *bn* even oud (als *with*); **II** *znw* tijdgenoot

coexist [kouig'zist] *onoverg* gelijktijdig of naast elkaar bestaan, coëxisteren

coexistence *znw* gelijktijdig of naast elkaar bestaan *o*, coëxistentie

coexistent *bn* gelijktijdig of naast elkaar bestaand

coffee ['kɔfi] *znw* koffie

coffee bar *znw* koffiebar

coffee-bean *znw* koffieboon

coffee break *znw* koffiepauze

coffee grinder *znw* koffiemolen

coffee-grounds *znw mv* koffiedik *o*

coffee house *znw* koffiehuis

coffee machine *znw* koffiezetapparaat *o*; koffieautomaat

coffee morning *znw* bijeenkomst rond koffietijd [voor liefdadigheid, als gespreksgroep &]

coffee pot *znw* koffiepot, koffiekan

coffee shop *znw* koffiewinkel; koffieshop, koffiehuis *o*

coffee-table *znw* salontafeltje *o*

coffee-table book *znw* boek *o* voor op de salontafel [groot formaat en rijk geïllustreerd]

coffer ['kɔfə] *znw* (geld)kist; *~s* schatkist; fondsen

coffer-dam ['kɔfədæm] *znw* kistdam, kisting

coffin ['kɔfin] *znw* doodkist

cog [kɔg] *znw* tand of kam [v. rad]; *he's only a ~ in the wheel* fig hij is slechts een klein radertje in het geheel

cogency ['koudʒənsi] *znw* (bewijs)kracht

cogent *bn* krachtig, dringend, klemmend [betoog]

cogitate ['kɔdʒiteit] **I** *onoverg* denken; **II** *overg* overpeinzen, uitdenken, verzinnen

cogitation [kɔdʒi'teiʃən] *znw* overpeinzing

cognac ['kɔnjæk, 'kɔnjaːk] *znw* cognac

cognate ['kɔgneit] **I** *bn* verwant² (aan *with*); **II** *znw* verwant woord *o*; verwant

cognition [kɔg'niʃən] *znw* cognitie

cognitive ['kɔgnitiv] *bn* cognitief

cognizable ['kɔ(g)nizəbl] *bn* kenbaar, waarneembaar; recht vervolgbaar

cognizance *znw* kennis, kennisneming; <u>herald</u> kenteken *o*, insigne *o*; <u>recht</u> onderzoek *o*; competentie; (rechts)gebied *o*
cognizant *bn* kennend, wetend; ~ *of* kennis dragend van
cognomen [kɔg'noumen] *znw* familienaam; bijnaam
cognoscenti [kɔnjou-, kɔgnou'ʃenti] *znw mv* kenners
cog-railway ['kɔgreilwei] *znw* tandradbaan
co-guardian ['kou'gaːdiən] *znw* toeziend voogd
cog-wheel ['kɔgwiːl] *znw* kamrad *o*, tandrad *o*
cohabit [kou'hæbit] *onoverg* als man en vrouw leven; samenwonen
cohabitation [kouhæbi'teiʃn] *znw* samenwonen *o*, bijslaap
coheir, coheiress ['kou'ɛə(ris)] *znw* mede-erfgenaam, -gename
cohere [kou'hiə] *onoverg* samenkleven, samenhangen (met *with*)
coherence *znw* samenhang[2]
coherent *bn* samenhangend[2]
cohesion [kou'hiːʒən] *znw* cohesie; samenhang[2]
cohesive *bn* samenhangend, bindend
cohort ['kouhɔːt] *znw* cohorte; trawant, makker
coif [kɔif] *znw* huif, kap, mutsje *o*
coiffure [kwaː'fjuə] *znw* kapsel *o*, coiffure
coil [kɔil] **I** *overg & onoverg* oprollen, kronkelen; **II** *znw* bocht, kronkel(ing); spiraal; tros (touw); winding; <u>elektr</u> spoel, klos
coin [kɔin] **I** *znw* geldstuk *o*, munt; geld *o*; *pay sbd. in his own* ~ iem. met gelijke munt betalen; *the other side of the* ~ <u>fig</u> de keerzijde van de medaille; **II** *overg* [geld] slaan, (aan)munten; verzinnen; [een nieuw woord] maken; ~ *money*, ~ *it* gemeenz geld als water verdienen
coinage *znw* aanmunting; munt(en); muntwezen *o*; maken *o* [v.e. nieuw woord]; nieuw gevormd woord *o*
coin box *znw* munttelefoon
coincide [kouin'said] *onoverg* samenvallen; overeenstemmen; het eens zijn (met *with*)
coincidence [kou'insidəns] *znw* samenvallen *o*; overeenstemming; samenloop (van omstandigheden); toeval *o*
coincident *bn* samenvallend; overeenstemmend
coincidental [kouinsi'dentl] *bn* toevallig; gelijktijdig; = *coincident*
coir ['kɔiə] *znw* kokosvezel(s)
coital ['kɔuitəl] *bn* betreffende het geslachtsverkeer
coitus ['kɔuitəs] *znw* geslachtsgemeenschap, coïtus
coke [kouk] *znw* **1** cokes; **2** gemeenz cocaïne; **3** gemeenz cola [drank]
coking coal ['koukiŋkoul] *znw* cokeskolen
col [kɔl] *znw* bergpas
col. *afk.* = *column*
Col. *afk.* = *Colonel*
cola ['koulə] *znw* cola

colander ['kʌləndə] *znw* vergiet *o & v*, vergiettest
cold [kould] **I** *bn* koud[2], koel[2]; ~ *comfort* schrale troost; *get* ~ *feet* gemeenz bang worden; *it leaves me* ~ het laat me koud, het interesseert me niet; **II** *znw* kou(de); verkoudheid; *be left out in the* ~ er bekaaid afkomen, er buiten gehouden worden, mogen toekijken; *come in out of (from) the* ~ schuilen, dekking zoeken; uit de kou (brand) zijn; **III** *bijw* volledig, helemaal; onvoorbereid; spontaan, zonder meer
cold-blooded *bn* koudbloedig; koelbloedig, in koelen bloede; ongevoelig
cold-call *znw* ongevraagd telefoontje *o*, ongevraagd bezoek [v. verkopers]
cold chisel *znw* koubeitel
cold cream *znw* huidcreme
coldcuts *znw mv* <u>Am</u> koud vlees *o*, koude vleesschotel
cold fish *znw* kouwe kikker
coldish *bn* ietwat koud
cold remedy *znw* middeltje *o* tegen verkoudheid
cold-shoulder *overg* met de nek aanzien, negeren
cold sore *znw* koortsuitslag [bij de lippen]
cold-storage *znw* bewaren *o* in een koelcel; *to put stb. in* ~ <u>fig</u> iets in de ijskast zetten[2]
cold store *znw* koelhuis *o*
cold turkey *znw* gemeenz ernstige ontwenningsverschijnselen; abrupt afkicken *o*
cold war *znw* koude oorlog
coleoptera [kɔli'ɔptərə] *znw* schildvleugeligen
coleslaw ['koulslɔː] *znw* koolsla
cole-seed ['koulsiːd] *znw* koolzaad *o*
coley ['kouli] *znw* koolvis
colic ['kɔlik] *znw* koliek *o & v*
colitis [kɔ'laitis, kou-] *znw* <u>med</u> onsteking aan de dikke darm
collaborate [kə'læbəreit] *onoverg* mede-, samenwerken; collaboreren [met de vijand]
collaboration [kəlæbə'reiʃən] *znw* mede-, samenwerking; collaboratie [met de vijand]
collaborator [kə'læbəreitə] *znw* medewerker; collaborateur [met de vijand]
collage [kɔ'laːʒ] *znw* collage
collapse [kə'læps] **I** *onoverg* invallen, in(een-) storten; ineenzakken, bezwijken; mislukken; **II** *overg* opvouwen; bekorten, inkorten; **III** *znw* in(een)storting; verval *o* van krachten; <u>med</u> collaps; mislukking
collapsible *bn* opvouwbaar, klap-
collar ['kɔlə] **I** *znw* kraag, boord *o & m*, boordje *o*, halsband; ordeteken *o*; gareel *o*, ring; **II** *overg* bij de kraag vatten; gemeenz aanpakken, pikken, grijpen; ~*ed beef* rollade; ~*ed herring* rolmops
collar-bone *znw* sleutelbeen *o*
collate [kɔ'leit] *overg* vergelijken, collationeren; een kerkelijk ambt verlenen
collateral [kɔ'lætərəl] **I** *bn* zijdelings, zij-; parallel[2]; **II** *znw* **1** onderpand *o*, zekerheidstelling; **2** bloed-

collation

verwant in de zijlinie

collation [kɔ'leiʃən] *znw* vergelijking, collatie; begeving (v. kerkelijk ambt); lichte maaltijd

colleague ['kɔli:g] *znw* ambtgenoot, collega

1 collect ['kɔlekt] *znw* collecte [gebed]

collect [kə'lekt] **I** *overg* verzamelen, bijeenbrengen, inzamelen, collecteren, innemen [kaartjes] (ook: ~ *up*); [postzegels &] sparen; (op-, af)halen; innen, incasseren; (weer) onder controle krijgen; ~ *oneself* zijn zelfbeheersing terugkrijgen; **II** *onoverg* zich verzamelen

collect call *znw* vooral Am telefoongesprek *o* waarvan de kosten voor rekening zijn van degene die wordt gebeld, collect call

collected *bn* verzameld, compleet; bedaard, zichzelf meester

collection *znw* collectie, verzameling; collecte, inzameling, (op-, af)halen *o*; inning, incassering; buslichting

collective I *bn* verzameld; verenigd, collectief, gezamenlijk, gemeenschappelijk; ~ *bargaining* caoonderhandelingen; ~ *noun* verzamelnaam; **II** *znw* collectief *o*

collectivism [kə'lektivizm] *znw* collectivisme *o*

collectivize [kə'lektivaiz] *overg* tot collectief bezit maken

collector *znw* verzamelaar; inzamelaar, collectant; incasseerder; ontvanger; ~'s *item* (gezocht) verzamelobject *o*, collector's item *o*

colleen ['kɔli:n, kɔ'li:n] *znw* Ir meisje *o*

college ['kɔlidʒ] *znw* instelling voor voortgezet en hoger onderwijs; (afdeling van) universiteit; Br particuliere school; college *o*

collegial [kɔ'li:dʒiəl] *bn* van een college

collegiate *bn* een college hebbend, college-; ~ *church* collegiale kerk

collide [kə'laid] *onoverg* (tegen elkaar) botsen, in botsing (aanvaring) komen; ~ *with [a car]* aanrijden

collie ['kɔli] *znw* collie: Schotse herdershond

collier ['kɔliə] *znw* mijnwerker; kolenschip *o*

colliery *znw* kolenmijn

collision [kə'liʒən] *znw* botsing[2], aanvaring; fig tegenspraak, conflict *o*; ~ *course* scheepv ramkoers; fig houding, politiek gericht op confrontatie; *be on a* ~ *course* op een confrontatie afstevenen

collocate I *znw* ['kɔləkət] gramm collocatie; **II** *onoverg* ['kɔləkeit] samengaan van woorden

collocation [kɔlə'keiʃən] *znw* **1** uitdrukking, zinswending; **2** bijeenplaatsing, groepering

collogue [kə'loug] *onoverg* gemeenz samenspannen; een apartje hebben

collop ['kɔləp] *znw* lapje *o* [vlees]

colloquial [kə'loukwiəl] *bn* tot de omgangstaal behorende, gemeenzaam, spreektaal-

colloquialism *znw* gemeenzame zegswijze

colloquy ['kɔləkwi] *znw* (*mv*: colloquies) samenspraak, gesprek *o*

collude [kə'lu:d] *onoverg* samenspannen

collusion *znw* geheime verstandhouding; samenspanning

collywobbles ['kɔliwɔblz] *znw (mv)* gemeenz (gevoel *o* v.) 'vlinders in de buik', buikpijn [v.d. zenuwen &]

cologne [kə'loun] *znw* eau de cologne

Colombia [kə'lɔmbiə] *znw* Colombia *o*

Colombian I *znw* Colombiaan; **II** *bn* Colombiaans

colon ['koulən] *znw* dubbelepunt; dikke darm

colonel ['kə:nəl] *znw* kolonel

colonial [kə'lounjəl] **I** *bn* koloniaal; **II** *znw* bewoner van de koloniën, iem. uit de koloniën

colonialism *znw* kolonialisme *o*

colonialist I *bn* kolonialistisch; **II** *znw* kolonialist

colonist ['kɔlənist] *znw* kolonist

colonization [kɔlənai'zeiʃən] *znw* kolonisatie

colonize ['kɔlənaiz] *overg* koloniseren

colonizer *znw* kolonisator

colonnade [kɔlə'neid] *znw* colonnade, zuilenrij, zuilengang

colony ['kɔləni] *znw* kolonie

colophon ['kɔləfən] *znw* colofon *o* & *m*

color *znw* Am = *colour*

coloration [kʌlə'reiʃən] *znw* kleur(ing)

colossal [kə'lɔsl] *bn* kolossaal, reusachtig

colossus [kə'lɔsəs] *znw* (*mv*: colossi [-sai]) kolos, gevaarte *o*; gigant

colour ['kʌlə] **I** *znw* kleur; tint; verf; huidskleur; mil vaandel *o*; fig schijn, dekmantel; ~s mil vaandel *o*, vlag; *change* ~ van kleur verschieten; een kleur krijgen; *show one's* ~s, *nail one's* ~s *to the mast* kleur bekennen; *in one's true* ~s in zijn ware gedaante; *of* ~ gekleurd, zwart [ras]; *off* ~ bleek en miezerig; Am schuin, smerig [v. mop]; *under false* ~s onder valse vlag; *under* ~ *of* onder de schijn (het voorwendsel) van; *with flying* ~s met vlag en wimpel; **II** *overg* kleuren[2]; verven, inkleuren; beïnvloeden, een verkeerde voorstelling geven (van); **III** *onoverg* een kleur krijgen, blozen

colour-bar *znw* scheiding of discriminatie tussen blanken en niet-blanken

colour-blind *bn* kleurenblind

colour-blindness *znw* kleurenblindheid

colour code *znw* kleurencode

colour-code *overg* identificeren door middel van een kleurencode

coloured I *bn* gekleurd[2]; ~ *man* kleurling, (Am) neger; ~ *pencil* kleurpotlood *o*; **II** *znw* kleurling

colour-fast *bn* kleurecht

colourful *bn* kleurig, bont, schilderachtig, kleurrijk, interessant

colouring *znw* kleur(ing), kleursel *o*, koloriet *o*; kleurstof

colourist *znw* kolorist; schilder die werkt met kleureffecten

colourless *bn* kleurloos; fig saai, mat

colour slide, colour transparency *znw* kleuren-

dia
colour supplement *znw* kleurenbijlage
colt [koult] *znw* (hengst)veulen *o*, jonge hengst; **fig** spring-in-'t-veld; beginneling
coltish *bn* als (van) een veulen; **fig** speels
coltsfoot ['koultsfut] *znw* (klein) hoefblad *o*
columbine ['kɔləmbain] *znw* akelei
column ['kɔləm] *znw* zuil, kolom; rubriek, kroniek [in krant]; colonne; *fifth* ~ vijfde colonne: verkapte aanhangers v.d. vijand (*vooral* in tijd van oorlog)
columnist *znw* columnist, journalist met een vaste rubriek in een krant
colza ['kɔlzə] *znw* koolzaad *o*; ~ *oil* raapolie
coma ['koumə] *znw* coma *o*
comatose *bn* comateus, diep bewusteloos
comb [koum] **I** *znw* kam; (honing)raat; **II** *overg* kammen; af-, doorzoeken; ~ *out* uitkammen[2]; **fig** schiften; af-, doorzoeken; zuiveren
combat ['kɔm-,'kʌmbət] **I** *znw* gevecht *o*, kamp, strijd; *single* ~ tweegevecht *o*; **II** *onoverg* vechten, kampen, strijden; **III** *overg* bestrijden
combatant I *bn* strijdend; **II** *znw* strijder, **mil** combattant
combative *bn* strijdlustig
combe [ku:m] *znw* = *coomb*
combination [kɔmbi'neiʃən] *znw* combinatie, verbinding, vereniging; samenspel *o*; ~*s* ondergoed aan één stuk met mouwen en pijpen; ~ *lock* combinatieslot *o*, letterslot *o*, cijferslot *o*
combinative ['kɔmbinətiv] *bn* verbindend, verbindings-
combine [kəm'bain] **I** *onoverg* zich verbinden, zich verenigen; samenwerken; **II** *overg* verbinden, verenigen, samenvoegen, combineren; paren (aan *with*); in zich verenigen; **III** *znw* ['kɔmbain] belangengemeenschap, kartel *o*; combine: maaidorser, maaidorsmachine (ook: ~ *harvester*)
combo ['kɔmbou] *znw* combo [kleine jazzband]; Am gemeenz = *combination*
combustibility [kəmbʌsti'biliti] *znw* brandbaarheid
combustible [kəm'bʌstibl] **I** *bn* brandbaar, verbrandbaar; **II** *znw* brandstof; brandbare stof
combustion *znw* verbranding
come [kʌm] (came; come) *onoverg* komen, aan-, er bij-, op-, over-, neer-, uitkomen; (mee)gaan; verschijnen, komen opzetten; worden; gemeenz klaarkomen; ~!! komaan, kom op, kop op!; ~, ~ kom nou toch!; och kom!; *it comes easy to him* het gaat hem gemakkelijk af; *easy* ~ *easy go* zo gewonnen zo geronnen; ~ *good* doen wat van je verwacht wordt; zichzelf bewijzen; *how* ~? gemeenz hoe komt dat?; ~ *right* uitkomen, in orde komen; ~ *short* tekortschieten; ~ *true* uitkomen, bewaarheid worden, in vervulling gaan; ~ *undone* (*untied*) losgaan, -raken; ~ *what may* wat er ook gebeure; ~ *Christmas* aanstaande Kerstmis; ~ *hell or high water* al moet de onderste steen boven komen; *(as)* ... *as they* ~ zo ...

als wat, echt...; ... *to* ~ (toe)komende, aanstaande; *when it* ~*s to* wat... betreft; *for years to* ~ nog jaren; *not for years to* ~ nog in geen jaren; *have* ~ *(a long way)* afgelegd hebben; ~ *sbd.'s way* iems. kant of buurt uitkomen; iem. ten deel vallen; *if it should ever* ~ *your way* als je het ooit eens tegenkomt; als het je ooit eens overkomt; ~ *it (too) strong* het te ver drijven, overdrijven; zie ook: *cropper*; ~ *about* zich toedragen, gebeuren; tot stand komen; ~ *across* (toevallig) aantreffen, ontmoeten of vinden; **fig** (goed) overkomen; ~ *after* komen na, volgen op; ~ *again* terugkomen; ~ *again?* gemeenz wat zeg je?; ~ *along* komen (aanzetten); meegaan; vorderen; ~ *along!* vooruit!, kop op!; ~ *apart* uit elkaar gaan, losgaan, stukgaan; ~ *at* aan (bij)... komen, bereiken, (ver)krijgen; achter... komen; ~ *away* losraken; weggaan, scheiden; ~ *back* terugkomen; antwoorden, reageren; weer te binnen schieten; zich herstellen (ook: in de gunst), er weer in (d.i. in trek, in de mode) komen; ~ *between* (ergens) tussenkomen, vervreemden; ~ *by* voorbijkomen, passeren; aan ... komen, (ver)krijgen; ~ *down* afkomen, afdalen, afzakken; naar beneden komen (vallen); afgebroken worden [huis]; van de universiteit komen; dalen; (neer)komen, reiken; ~ *down against (for, in favour of)* zich verklaren tegen (voor); ~ *down in the world* aan lagerwal raken; ~ *down on sbd. (like a ton of bricks)* (vreselijk) tegen iem. te keer gaan; ~ *down on the side of* zich verklaren voor; ~ *down to* neerkomen op; reiken tot, teruggaan tot; ~ *down with* krijgen, oplopen [ziekte]; ~ *for* komen om, komen (af)halen; dreigend (op iem.) afkomen; ~ *forth* tevoorschijn komen, zich vertonen; ~ *forward* zich (aan)melden (aanbieden); naar voren treden; ~ *from* komen van (uit); ~ *in* binnenkomen[2]; aankomen; verkozen, benoemd worden; meedoen, meebetalen, bijdragen; ~ *in again* weer in de mode of aan het bewind komen; *where do I* ~ *in?* waar blijf ik nu?, en ik dan?, wat heb ik daar nu voor voordeel bij?; wat heb ik er mee te maken?; ~ *in handy (useful)* van (te) pas komen; ~ *in for* krijgen; ~ *into* komen in; deel uitmaken van; in het bezit komen van; meedoen, in het spel komen; ~ *into a fortune (a thousand)* krijgen als zijn (erf)deel, erven; ~ *into one's own* erkend worden, op zijn plaats zijn, zichzelf worden; zie ook: *force &*; ~ *near doing* bijna doen; ~ *of* komen van, afstammen van; ~ *off* afkomen van; eraf gaan, loslaten, afgeven [kleuren], uitvallen [haar], ontsnappen [gassen]; doorgaan, plaatshebben; lukken; uitkomen; ~ *off badly* er slecht afkomen, het er slecht afbrengen; ~ *off it!* gemeenz schei uit!; ~ *on* (aan-)komen, gedijen, tieren; opkomen [onweer &]; optreden [acteur]; vinden; aangaan [van het licht]; ter sprake komen; loskomen, op dreef komen; opkomen [v. acteur]; ~ *on!* vooruit!; schei uit!; ~ *on to...* beginnen te...; behandelen, spreken over [een onderwerp]; ~ *out* uitkomen, (naar) buiten komen, uit de gevangenis komen; <u>gemeenz</u> openlijk voor zijn homoseksualiteit uitkomen; in staking gaan (ook: ~ *out on strike*); uitlekken; aan het licht komen, verschijnen [publicaties] opkomen [pokken]; <u>plantk</u> uitlopen; debuteren; optreden; eruit gaan [vlekken]; ~ *out against (for, in favour of)* opkomen tegen (voor); ~ *out of it well* er goed afkomen; ~ *out in spots* vol uitslag zitten; ~ *out of oneself (one's shell)* uit zijn schulp komen, opbloeien; ~ *out with* komen aanzetten, voor den dag komen, uit de hoek komen met; ~ *over* overkomen[2], aankomen[2]; oversteken [de zee]; overlopen (naar *to*); *I came over all shy* ik werd er helemaal verlegen van; ~ *over sbd.* iem. overvallen, bekruipen, bevangen; iem. overkómen, <u>gemeenz</u> bezielen; ~ *round* aankomen, aanwippen; vóórkomen [auto &]; <u>fig</u> een gunstige wending nemen, in orde komen; bijkomen; bijdraaien, van mening veranderen (over *to*); ~ *round again* weer komen, er weer zijn [v. datum]; ~ *through* er door komen; doorkomen [v. geluid, bericht &]; zijn belofte houden; ~ *to* (weer) bijkomen; komen bij, naar, tot, op; ~ *to believe* gaan geloven; ~ *to know sbd.* iem. leren kennen; ~ *to think of it* erover beginnen te denken; eigenlijk; *it is coming to be regarded as...* het wordt langzamerhand (gaandeweg, allengs) beschouwd als...; *how did you ~ to lose your keys?* hoe kan dat nou, dat je je sleutels hebt verloren?; ~ *to blows* slaags raken; ~ *to harm* een ongeluk krijgen, verongelukken; ~ *to nothing* zie *nothing* I; ~ *to sbd.* iem. te beurt vallen, overkómen; te binnen schieten; *he had it coming to him* het was zijn verdiende loon; ~ *easy (easily) to sbd.* iem. gemakkelijk afgaan; *it ~s natural(ly) to him* het gaat hem goed af, het ligt hem; ~ *to pass* gebeuren; *if it ~s to that* wat dat aangaat; *what are girls coming to!* waar moet het toch met onze meisjes heen!; ~ *under* te verduren krijgen; ~ *under this head* vallen onder; ~ *up* boven komen; opkomen; ter sprake komen (ook: ~ *up for discussion*); in behandeling komen; gehouden worden, voor de deur staan [verkiezingen &]; aankomen [studenten]; ~ *up against* stuiten op; in botsing komen met; ~ *up to* naar [iem.] toe komen; gelijk zijn of beantwoorden aan, halen bij; ~ *up with* opperen; op de proppen komen met; ~ *upon sbd. (sth.)* iem. (iets) aantreffen, tegen het lijf lopen; aanvallen; te binnen schieten; ~ *upon the parish(town)* armlastig worden; ~ *upon the scene* ten tonele verschijnen

comeback ['kʌmbæk] *znw* <u>gemeenz</u> terugkeer; herstel *o*; comeback

comedian [kə'mi:diən] *znw* blijspelacteur; komiek

comedienne [kəmeidi'en, kə'mi:djən] *znw* blijspelactrice; vrouwelijke komiek

come-down ['kʌmdaun] *znw* val, vernedering, achteruitgang; tegenvaller

comedy ['kɔmidi] *znw* blijspel *o*, komedie

come-hither [kʌm'hiðə] *bn* (ver)lokkend

comely ['kʌmli] *bn* bevallig, knap; gepast

come-on ['kʌmɔn] *znw* <u>gemeenz</u> lokmiddel *o*, lokkertje *o*

comer ['kʌmə] *znw* aangekomene, bezoeker, deelnemer, gegadigde; Am veelbelovend iemand; *the first* ~ de eerste de beste; ~*s and goers* de gaande en komende man; *all* ~*s* iedereen

comestibles [kə'mestiblz] *znw mv* levensmiddelen

comet ['kɔmit] *znw* komeet

come-uppance [kʌm'ʌpəns] *znw* <u>gemeenz</u> verdiende loon, straf

comfit ['kʌmfit] *znw* snoepje *o*

comfort ['kʌmfət] I *znw* troost, vertroosting; opbeuring; welgesteldheid; gemak *o*, gemak *o*, geriefelijkheid, comfort *o*; *take* ~ zich troosten; *too hot & for* ~ veel te warm &; II *overg* (ver)troosten, opbeuren

comfortable *bn* behaaglijk, aangenaam, geriefelijk, gemakkelijk, op zijn gemak; genoeglijk; welgesteld; gerust; ruim [inkomen]

comforter *znw* trooster, troosteres; gebreide wollen das; Am fopspeen; Am gewatteerde deken

comfortless *bn* troosteloos; ongeriefelijk

comfort station *znw* Am (openbaar) toilet *o*

comfrey ['kʌmfri] *znw* smeerwortel [plant]

comfy *bn* <u>gemeenz</u> = *comfortable*

comic ['kɔmik] I *bn* komisch, humoristisch, grappig; ~ *strip* (aflevering v.e.) stripverhaal *o*; II *znw* komiek; humoristisch blad *o*; stripverhaal *o*, stripboek *o* (ook: ~*s*)

comical *bn* grappig, komisch, kluchtig, koddig

coming ['kʌmiŋ] I *bn* (toe)komend; II *znw* komst; ~*s and goings* komen en gaan *o*

comity ['kɔmiti] *znw* beleefdheid; *the* ~ *of nations* gedrag *o* zoals tussen beschaafde volken gebruikelijk

comma ['kɔmə] *znw* komma

command [kə'ma:nd] I *overg* bevelen, gebieden, mil commanderen, aanvoeren, het commando voeren over; mil bestrijken; fig beheersen; beschikken over; afdwingen; opbrengen [v. prijzen]; hebben [aftrek]; doen [huur]; II *onverg* bevelen; het commando voeren; III *znw* bevel *o*; gebod *o*, opdracht; mil commando *o*; leiding; legerleiding; legerdistrict *o*; luchtv afdeling, dienst; fig beheersing; beschikking; *Coastal C*~ mil luchtvaartdienst langs de kust; *high* ~ opperbevel *o*; *at his* ~ op zijn bevel; te zijner beschikking; *by his* ~ op zijn bevel; *be in* ~ *of* het bevel voeren over; fig ...meester zijn, ...onder controle hebben; *second in* ~ onderbevelhebber

commandant [kɔmən'dænt] *znw* mil commandant

commandeer *overg* rekwireren, vorderen, confisqueren

commander [kə'ma:ndə] *znw* bevelhebber; aanvoerder; commandeur [v. ridderorde]; mil kapitein-luitenant-ter-zee; mil commandant; ~-*in-chief* mil opperbevelhebber, legercommandant

commanding *bn* bevelend; bevelvoerend; de omtrek bestrijkend; **fig** imposant, imponerend, indrukwekkend

commandment *znw* gebod *o*

commando [kə'ma:ndou] *znw* mil 1 commando *o* [bevel]; 2 (lid *o* v.e.) commando-eenheid

command post *znw* commandopost

commemorate [kə'meməreit] *overg* herdenken, gedenken, vieren

commemoration [kəmemə'reiʃən] *znw* herdenking; gedachtenisviering; *in ~ of* ter herdenking van

commemorative [kə'memərətiv] *bn* herdenkings-, gedenk-

commence [kə'mens] *overg & onoverg* beginnen

commencement *znw* begin *o*; Am promotieplechtigheid

commend [kə'mend] *overg* (aan)prijzen, aanbevelen; plechtig de groeten doen van; *~ me to Alex* breng mijn groeten over aan Alex; *~ itself to* in de smaak vallen bij, instemming vinden bij

commendable *bn* prijzenswaardig, loffelijk

commendation [kɔmen'deiʃən] *znw* aanbeveling, lof(tuiting)

commendatory [kə'mendətəri] *bn* prijzend, aanbevelend, aanbevelings-; lof-

commensurable [kə'menʃərəbl] *bn* onderling meetbaar, deelbaar; evenredig

commensurate *bn* evenredig (aan *to, with*); gelijk (aan *with*)

comment ['kɔment] I *znw* aantekening; uitleg, commentaar² *m of o*; II *onoverg* opmerken; *~ on* aantekeningen maken bij; opmerkingen maken over, commenteren

commentary *znw* uitleg, opmerking(en), commentaar² *m of o*; RTV reportage

commentate ['kɔmenteit] I *overg* het commentaar geven bij, verslaan; II *onoverg* commentaar geven

commentator *znw* uitlegger, verklaarder, commentator; RTV reporter, verslaggever

commerce ['kɔmə:s] *znw* 1 handel, verkeer *o*; 2 vero omgang, verkeer *o*, interactie

commercial [kə'mə:ʃəl] I *bn* commercieel, handels-, bedrijfs-, beroeps-, zaken-, zakelijk; *~ traveller* handelsreiziger; *~ vehicle* bedrijfsauto; *~ art* toegepaste grafische kunst; II *znw* RTV reclameboodschap, -spot

commercialism *znw* commercialisering, commercie

commercialize *overg* vercommercialiseren

commie ['kɔmi] *znw* gemeenz communist

commiserate [kə'mizəreit] *onoverg & overg* beklagen, medelijden hebben (met *with*)

commiseration [kəmizə'reiʃən] *znw* deernis, medelijden *o*, deelneming

commissariat [kɔmi'sɛəriət] *znw* mil intendance, voedselvoorziening

commissary ['kɔmisəri] *znw* commissaris; mil

intendance-officier; (leger)kantine

commission [kə'miʃən] I *znw* last, lastbrief, (officiers)aanstelling; opdracht; commissie; provisie; begaan *o* [v. misdaad]; *in ~* [v.e. oorlogsvaartuig] gereed om uit te varen; *on ~ handel* in commissie; *out of ~* buiten dienst; buiten werking; II *overg* machtigen; opdracht verstrekken; bestellen; aanstellen; mil in dienst stellen

commission-agent *znw* handel commissionair; bookmaker

commissionaire [kəmiʃə'nɛə] *znw* kruier; portier

commissioned [kə'miʃənt] *bn*: *~ officer* officier; *non-~ officer* onderofficier

commissioner [kə'miʃənə] *znw* commissaris, gevolmachtigde, lid *o* van een commissie; hoofdcommissaris van politie; hist resident; *High C~* hoge commissaris

commissure ['kɔmisjuə] *znw* voeg, naad

commit [kə'mit] I *overg* bedrijven, begaan, plegen; toevertrouwen (aan *to [the flames, the grave, paper &]*); prijsgeven; compromitteren; binden; inzetten [strijdkrachten]; *~ted* fig geëngageerd [v. letterkunde &]; *~ for trial* recht ter terechtzitting verwijzen; *~ to memory* van buiten leren; *~ to prison* gevangen zetten; II *wederk*: *~ oneself* zich toevertrouwen (aan *to*); zich verbinden (tot *to*); zich binden

commitment *znw* verplichting, verbintenis; engagement *o*; overtuiging; = *committal*

committal *znw* plegen *o &*; toevertrouwen *o*, prijsgeven *o*; toewijzing; opname in een psychiatrische inrichting; (bevel *o* tot) gevangenneming

committee [kɔ'miti:] *znw* commissie; comité *o*; bestuur *o*

commode [kə'moud] *znw* 1 stilletje *o*, kakstoel; 2 commode

commodious [kə'moudiəs] *bn* ruim en gerieffelijk

commodity [kə'mɔditi] *znw* (koop)waar, (handels-) artikel *o*, goed *o*, product *o*

commodore ['kɔmədɔ:] *znw* mil & scheepv commodore; mil commandeur [kapitein]; president [v. zeilclub]

common ['kɔmən] I *bn* gemeen(schappelijk); algemeen, alledaags, gewoon; plat, ordinair; *~ or garden...* gewoon, huis-, tuin- en keuken...; *for the ~ good* in het algemeen belang; *it is ~ knowledge that...* het is algemeen bekend dat...; *~ ground* iets waarover men het eens kan zijn (of is), een gemeenschappelijke basis; *~ law* gewoonterecht *o*; *~ noun* soortnaam; *(Book of) Common Prayer* (dienstboek *o* met) de liturgie der Anglicaanse Kerk; *~ room* onderw docentenkamer, kamer voor de *fellows*; gemeenschappelijke ruimte: recreatielokaal *o* e.d.; II *znw* gemeenteweide; *in ~* gemeen(schappelijk); zie ook: *commons, sense &*

commonality [kɔmə'næliti] *znw* gemeenschap

commoner *znw* (gewoon) burger; niet-beursstudent

common-law ['kɔmən'lɔ:] *znw* volgens het gewoonterecht; ~ *marriage* ± duurzame samenleving, concubinaat *o*; ~ *husband*, ~ *wife* partner met wie men (buitenechtelijk) samenleeft

commonly *bijw* gemeenlijk, gewoonlijk; gewoon; ordinair, min

Common Market *znw* gemeenschappelijke markt v.d. Europese Unie, Euromarkt

commonplace I *bn* gewoon, alledaags; **II** *znw* gemeenplaats

commons *znw mv* burgerstand; (gewone) volk *o*; dagelijks rantsoen *o*; portie eten van het gewone menu; *(House of) Commons* Lagerhuis *o*; *be on short* ~ het mondjesmaat hebben

commonwealth *znw* gemenebest *o*; *the C~* het Britse Gemenebest (= *the British C~*); het Australische Gemenebest (= *the C~ of Australia*); hist het Protectoraat onder Cromwell van 1649-1660 (= *the C~ of England*)

commotion [kə'mouʃən] *znw* beweging, beroering, opschudding

communal ['kɔmjunl] *bn* gemeente-; gemeenschaps-, gemeenschappelijk

1 commune ['kɔmju:n] *znw* gemeente; commune [v. jongeren, kunstenaars &]; *the Commune* hist de Commune [i.h.b. v. 1871]

2 commune [kə'mju:n] *onoverg* zich onderhouden (met *with*); Am ten Avondmaal gaan, RK communiceren

communicable [kə'mju:nikəbl] *bn* overdraagbaar

communicant [kə'mju:nikənt] *znw* Avondmaalsganger, RK communicant

communicate [kə'mju:nikeit] **I** *overg* mededelen (aan *to*); overbrengen (op *to*); **II** *onoverg* gemeenschap hebben; in verbinding staan, zich in verbinding stellen (met *with*); ten Avondmaal gaan; communiceren[2]

communication [kəmju:ni'keiʃən] *znw* mededeling; gemeenschap, aansluiting, communicatie, verbinding(sweg); ~ *cord* noodrem; ~ *satellite* communicatiesatelliet

communicative [kə'mju:nikətiv] *bn* mededeelzaam, spraakzaam, openhartig; communicatief

communicator *znw* mededeler; iemand met goede contactuele eigenschappen

communion [kə'mju:njən] *znw* gemeenschap; verbinding, omgang; kerkgenootschap *o*; Avondmaal *o*, RK communie

communiqué [kə'mju:nikei] *znw* communiqué *o*

communism ['kɔmjunizm] *znw* communisme *o*

communist I *znw* communist; **II** *bn* communistisch

community [kə'mju:niti] *znw* gemeenschap, gemeente, maatschappij; bevolkingsgroep; kolonie (van vreemdelingen); ~ *of interests* belangengemeenschap; ~ *care* bijstand [financieel]; ~ *centre* gemeenschaps-, buurthuis *o*; ~ *chest* Am noodfonds *o*; ~ *policeman* wijkagent; ~ *service* vrijwilli-

gerswerk *o*; recht alternatieve straf; ~ *singing* samenzang

communize ['kɔmjunaiz] *overg* tot gemeenschappelijk bezit maken; communistisch maken

commutable [kəm'ju:təbl] *bn* die verzacht/omgezet kan worden [v. straf]

commutate [kəmju'teit] *overg* gelijkrichten

commutation *znw* omzetting; verzachting; Am abonnement *o*, traject-, ritten-, weekkaart & (~ *ticket*)

commutative [kə'mju:tətiv] *bn* verwisselend, verwisselbaar; wisk commutatief

commutator ['kɔmjuteitə] *znw* stroomwisselaar

commute [kə'mju:t] **I** *overg* veranderen, verwisselen; omzetten; verzachten [v. vonnis]; **II** *onoverg* heen en weer reizen, pendelen, forenzen

commuter *znw* pendelaar, forens

Comoros ['kɔmərouz] *znw mv* Komoren

1 compact ['kɔmpækt] *znw* **1** overeenkomst, verdrag *o* **2** poederdoosje *o*; **3** Am kleine auto

2 compact [kɔm'pækt] **I** *bn* compact, dicht, vast, beknopt, gedrongen [stijl]; **II** *overg* verdichten; fig condenseren

compact disc ['kɔmpækt 'disk] *znw* compactdisc

compact disc player *znw* cd-speler

companion [kəm'pænjən] **I** *znw* **1** (met)gezel, makker, kameraad; gezellin, gezelschapsdame; ~*s in arms* wapenbroeder; **2** laagste graad in ridderorde; **3** pendant *o* & *m*, tegenhanger; **4** mil bovenste achterdek *o*; ~ *hatch* kajuitskap; ~ *picture* pendant *o* & *m*; ~ *way* kajuitstrap; **II** *overg* vergezellen; **III** *onoverg*: ~ *with* omgaan met

companionable *bn* gezellig

companionship *znw* kameraadschap; gezelschap *o*; gezelligheid

company ['kʌmpəni] *znw* gezelschap *o*; maatschappij; vennootschap; genootschap *o*, gilde *o* & *v*; compagnie; bezoek *o*, gasten; scheepv bemanning; *be good* ~ zijn gezelschap waard zijn; *keep* ~ gezelschap houden; *have* ~ mensen [te eten &] hebben; *keep* ~ *with* verkering hebben met; omgaan met; *for* ~ voor de gezelligheid; *in* ~ *with* samen met; *in the* ~ *of* in het gezelschap van

company car *znw* bedrijfsauto

company law *znw* vennootschapsrecht *o*

comparable ['kɔmpərəbl] *bn* vergelijkbaar, te vergelijken

comparative [kəm'pærətiv] **I** *bn* vergelijkend; betrekkelijk; ~ *degree* vergrotende trap; **II** *znw* vergrotende trap

comparatively *bijw* bij, in vergelijking; betrekkelijk

compare [kəm'pɛə] **I** *overg* vergelijken (bij, met *to*, met *with*); ~ *notes* over en weer bevindingen meedelen; **II** *onoverg* vergeleken kunnen worden; ~ *(un)favourably with* (on)gunstig afsteken bij; **III** *znw*: *beyond (past, without)* ~ onvergelijkelijk, zonder weerga

comparison *znw* vergelijking; *bear (stand)* ~ *with* de vergelijking doorstaan met; *beyond* ~ niet te vergelijken; *by (in)* ~ vergelijkenderwijs; *by* ~ *with* in vergelijking met; *in* ~ *with (to)* vergeleken met

compartment [kəm'pa:tmənt] *znw* afdeling, vak(je) *o*, compartiment *o*, coupé

compartmentalize [kəmpa:t'mentəlaiz] *overg* in hokjes indelen, verzuilen; categoriseren, onderverdelen

compass ['kʌmpəs] **I** *znw* omtrek, omvang; bestek *o*, bereik *o*; kompas *o*; **II** *overg* omvatten, omvamen², insluiten, omringen; zie ook: *compasses*

compass-card *znw* scheepv kompasroos: kaart met alle windstreken erop

compasses *znw mv* passer; *a pair of* ~ een passer

compassion [kəm'pæʃən] *znw* medelijden *o*, mededogen *o*, erbarmen *o* (met *on*)

compassionate *bn* medelijdend, meewarig, meedogend; ~ *leave* verlof *o* wegens familieomstandigheden

compatibility [kəmpætə'biliti] *znw* bestaanbaarheid; verenigbaarheid; overeenstemming, combineerbaarheid, compatibiliteit [techniek &]

compatible [kəm'pætəbl] *bn* verenigbaar, aanpasbaar, combineerbaar, compatibel

compatriot [kəm'pætriət] *znw* landgenoot

compel [kəm'pel] *overg* dwingen, afdwingen; ~*ling* ook: onweerstaanbaar, meeslepend

compendious [kəm'pendiəs] *bn* beknopt, kort

compendium [kəm'pendiəm] *znw* (*mv*: -s *of* compendia [-diə]) compendium *o*, overzicht *o*, kort begrip *o*, samenvatting; ~ *of games* spelletjesdoos

compensate ['kɔmpenseit] *overg* compenseren, opwegen tegen, goedmaken, vergoeden (ook: ~ *for*), schadeloos stellen

compensation [kɔmpen'seiʃən] *znw* compensatie, (schade)vergoeding, schadeloosstelling, smartengeld *o*

compensatory, compensative [kəm'pensətəri, -tiv] *bn* compenserend

compère ['kɔmpeə] **I** *znw* conferencier [v. cabaret], RTV presentator, -trice; **II** *overg* conferencier zijn van, RTV presenteren

compete [kəm'pi:t] *onoverg* concurreren, wedijveren, mededingen (naar *for*, met *with*)

competence ['kɔmpitəns] *znw* bevoegdheid, bekwaamheid, competentie

competent *bn* bevoegd, bekwaam, competent; behoorlijk, recht handelingsbekwaam

competition [kɔmpi'tiʃən] *znw* concurrentie, mededinging, wedijver; wedstrijd, prijsvraag

competitive [kəm'petitiv] *bn* concurrerend; vergelijkend [v. examen]; competitief [karakter]; ~ *sport(s)* wedstrijdsport

competitor *znw* concurrent; mededinger, deelnemer

compilation [kɔmpi'leiʃən] *znw* compilatie; verzamelwerk *o*

compile [kəm'pail] *overg* samenstellen; verzamelen

compiler *znw* compilator; comput compiler

complacence, complacency [kəm'pleisəns(i)] *znw* (zelf)voldoening, zelfvoldaanheid; (zelf)behagen *o*

complacent *bn* (zelf)voldaan, met zichzelf ingenomen

complain [kəm'plein] *onoverg* klagen (over *of*, bij *to*), zich beklagen

complaint *znw* beklag *o*; (aan)klacht; kwaal

complaisance [kəm'pleizəns] *znw* inschikkelijkheid

complaisant *bn* voorkomend; inschikkelijk

complement ['kɔmplimənt] **I** *znw* aanvulling; getalsterkte, vol getal *o*, vereiste hoeveelheid, taks; (voltallige) bemanning; complement *o*; **II** *overg* aanvullen

complementary [kɔmpli'mentəri] *bn* complementair [hoek, kleur], aanvullend, aanvullings-

complete [kəm'pli:t] **I** *bn* compleet, volledig, totaal, voltallig; klaar, voltooid; volslagen, volmaakt; ~ *with* voorzien van, uitgerust met; *a room* ~ *with furniture* een gemeubileerde kamer; **II** *overg* voltooien, voleinden, afmaken; aanvullen, voltallig maken, completeren; invullen [formulier]

completely *bijw* compleet, totaal, geheel en al, volkomen, volslagen

completion [kəm'pli:ʃən] *znw* voltooiing, voleindiging; aanvulling; invulling [v. formulier]; ~ *dat* opleveringstermijn

complex ['kɔmpleks] **I** *bn* samengesteld, ingewikkeld, gecompliceerd; **II** *znw* complex *o*, geheel *o*

complexion [kəm'plekʃən] *znw* gelaatskleur, teint; fig aanzien *o*, voorkomen *o*; aard

complexity *znw* samengesteldheid, ingewikkeldheid, gecompliceerdheid, complexiteit

compliance, compliancy [kəm'plaiəns(i)] *znw* inschikkelijkheid; toestemming; *in compliance with* overeenkomstig

compliant *bn* inschikkelijk

complicate ['kɔmplikeit] *overg* ingewikkeld maken, verwikkelen; ~*d* ook: gecompliceerd

complication [kɔmpli'keiʃən] *znw* ingewikkeldheid, verwikkeling; complicatie

complicity [kəm'plisiti] *znw* medeplichtigheid (aan *in*)

compliment I *znw* ['kɔmplimənt] compliment *o*; plichtpleging; **II** *overg* [kɔmpli'ment] gelukwensen (met *on*), complimenteren, een compliment maken; vereren (met *with*)

complimentary [kɔmpli'mentəri] *bn* complimenteus; ~ *copy* presentexemplaar *o*; ~ *ticket* vrijkaart

comply [kəm'plai] *onoverg* zich onderwerpen, berusten, zich voegen (naar *with*); ~ *with a request* aan een verzoek voldoen, gevolg geven

component [kəm'pounənt] **I** *bn* samenstellend; ~ *part* bestanddeel *o*; **II** *znw* bestanddeel *o*

comport [kəm'pɔ:t] **I** *onoverg* overeenstemmen

comportment

(met *with*); **II** *wederk:* ~ *oneself* zich gedragen
comportment *znw* gedrag *o*, houding
compose [kəm'pouz] **I** *overg & onoverg* samenstellen, vormen, (uit)maken; (op)stellen [brief]; zetten [drukwerk]; muz componeren; *be* ~*d of* ook: bestaan uit; **II** *wederk:* ~ *oneself* zich herstellen; bedaren
composed *bn* bedaard, kalm
composer *znw* componist
composing room *znw* zetterij
composing-stick *znw* zethaak
composite ['kɔmpəzit] **I** *bn* samengesteld; gemengd; gecombineerd; ~ *photograph (picture, set)* fotomontage; **II** *znw* samenstelling
composition [kɔmpə'ziʃən] *znw* samenstelling; mengsel *o*; aard; compositie; opstel *o*; schikking, akkoord *o*; (letter)zetten *o*
compositor [kəm'pɔzitə] *znw* letterzetter
compost ['kɔmpɔst] *znw* compost *o & m*
composure [kəm'pouʒə] *znw* kalmte, bedaardheid
compote ['kɔmpout] *znw* compote: vruchtenmoes
1 compound ['kɔmpaund] **I** *bn* samengesteld; med gecompliceerd [v. breuk]; nevenschikkend [zinsverband]; **II** *znw* **1** samenstelling, mengsel *o*, chem verbinding; **2** erf *o* [van oosters huis]; afgepaald terrein *o*, kamp *o*
2 compound [kəm'paund] **I** *overg* samenstellen, verenigen, (ver)mengen, bereiden; vergroten, verergeren [v. problemen &]; **II** *onoverg* een schikking treffen; het op een akkoordje gooien
comprehend [kɔmpri'hend] *overg* omvatten, insluiten, bevatten[2]; begrijpen, verstaan
comprehensible *bn* te begrijpen[2], begrijpelijk
comprehension *znw* bevatting, bevattingsvermogen *o*, begrip *o*; verstand *o*; onderw toets v.d. kennis van een tekst, tekstverklaring
comprehensive *bn* veelomvattend, uitgebreid, ruim; ~ *faculty* bevattingsvermogen *o*; ~ *(school)* scholengemeenschap, middenschool
compress [kəm'pres] **I** *overg* samendrukken, samenpersen, comprimeren, inkorten; **II** *znw* ['kɔmpres] kompres *o*
compressed [kəm'presd] *bn* samengedrukt; gecomprimeerd; fig beknopt, bondig
compression *znw* samendrukking, -persing, compressie; bondigheid
compressor *znw* techn compressor
comprise [kəm'praiz] *overg* om-, bevatten; samenvatten; insluiten; uitmaken; ~ *of* bestaan uit, opgebouwd zijn uit
compromise ['kɔmprəmaiz] **I** *znw* compromis *o*, vergelijk *o*, overeenkomst; schikking; **II** *overg* compromitteren, in opspraak brengen; in gevaar brengen; **III** *onoverg* tot een vergelijk komen; een compromis sluiten;, fig schipperen; **IV** *wederk:* ~ *oneself* zich compromitteren
comptroller [kən'troulə] *znw* schatmeester, administrateur; controleur

compulsion [kəm'pʌlʃən] *znw* onweerstaanbare drang; dwang; psych dwangvoorstelling; psych dwanghandeling; *under* ~ gedwongen
compulsive *bn* dwingend, onweerstaanbaar, dwang-; psych dwangmatig; *he's a* ~ *smoker* hij is een verstokt roker; hij is een verslaafd roker
compulsory *bn* dwingend, dwang-, gedwongen, verplicht; ~ *education* leerplicht; ~ *(military) service* dienstplicht
compunction [kəm'pʌŋkʃən] *znw* (gewetens-)wroeging; berouw *o*, spijt
computation [kɔmpju'teiʃən] *znw* (be)rekening
compute [kəm'pju:t] *overg & onoverg* (be)rekenen (op *at*)
computer *znw* computer
computerization [kɔmpju:təraiˈzeiʃən] *znw* automatisering
computerize [kəm'pju:təraiz] *overg* automatiseren; op computers overschakelen
computer science *znw* informatica
computing [kəm'pju:tiŋ] *znw* informatica; *he works in* ~ hij zit in de computerbranche
comrade ['kɔmrid] *znw* kameraad, makker; ~ *in arms* wapenbroeder
comradely ['kɔmridli] *bn* kameraadschappelijk
comradeship ['kɔmridʃip] *znw* kameraadschap
1 con [kɔn] zie: [2]*pro*
2 con [kɔn] *overg* gemeenz oplichten, afzetten; ~ *sbd. out of his money* iemand zijn geld aftroggelen; ~ *sbd. into doing* iemand op slinkse/oneerlijke wijze tot iets bewegen
3 con *znw* oplichterij; boef
concatenate [kɔn'kætineit] *overg* aaneenschakelen
concatenation [kɔnkæti'neiʃən] *znw* aaneenschakeling; ketting, keten
concave ['kɔnkeiv] *bn* concaaf, hol
concavity [kɔn'kæviti] *znw* holheid, holte
conceal [kən'si:l] *overg* verbergen, verhelen, verstoppen; geheim houden; verzwijgen
concealment *znw* verberging, verheling; verzwijging; schuilplaats (ook: *place of* ~)
concede [kən'si:d] **I** *onoverg* opgeven [sport &]; **II** *overg* toestaan; toegeven; inwilligen [eis]; ~ *defeat* zijn nederlaag erkennen
conceit [kən'si:t] *znw* verbeelding, (eigen)dunk, verwaandheid; gekunstelde beeldspraak; *in his own* ~ in zijn eigen ogen
conceited *bn* waanwijs, verwaand, eigenwijs
conceivable [kən'si:vəbl] *bn* denkbaar
conceive **I** *overg* (be)vatten, begrijpen, denken, zich voorstellen; opvatten; concipiëren[2]; ~*d in plain terms in...* vervat; **II** *onoverg* zwanger worden; ~ *of* zich een voorstelling maken van, zich voorstellen
concentrate ['kɔnsəntreit] **I** *overg & onoverg* (zich) in een punt samentrekken, (zich) concentreren; **II** *znw* concentraat *o*
concentration [kɔnsən'treiʃən] *znw* samentrekking, concentratie; ~ *camp* concentratiekamp *o*

concentric [kɔn'sentrik] *bn* concentrisch

concept ['kɔnsept] *znw* begrip *o*

conception [kɔn'sepʃən] *I* bevatting, begrip *o*; voorstelling, gedachte; opvatting; ontwerp *o*; bevruchting, conceptie

conceptual *bn* conceptueel, begrips-

conceptualize [kən'septjuəlaiz] *overg* (zich) een beeld vormen van, conceptualiseren

concern [kən'sə:n] *I overg* aangaan, betreffen, raken; met zorg vervullen, verontrusten; *II wederk*: ~ *oneself* zich bekommeren, zich ongerust maken (over *about, for, with*); zich interesseren (voor *about, in, with*); zie ook: *concerned*; *III znw* zaak, aangelegenheid; onderneming, bedrijf *o*, concern *o*; deelneming; zorg, bezorgdheid; belang *o*, gewicht *o*; *it is no* ~ *of mine* het is mijn zaak niet; het interesseert me niet

concerned *bn* bezorgd; betrokken; *the parties (persons)* ~ de betrokkenen; *be* ~ *about* zich interesseren voor, belang stellen in; bezorgd zijn over; *we are* ~ *at...* het spijt ons dat...; we zijn bezorgd over; ~ *for* bezorgd over; *be* ~ *in* te maken hebben met, betrokken zijn bij; ~ *over* bezorgd over; *I am* ~ *to hear that...* het spijt me te moeten horen, dat...; *he is* ~ *to show that...* het is hem erom te doen aan te tonen, dat...; *I am not* ~ *to...* het is mijn zaak niet om...; *be* ~ *with* zich bezighouden met; te maken hebben met

concerning *voorz* betreffende

concert ['kɔnsət] *znw* concert *o*; *in* ~ *with* overeenkomstig; samen met, in samenwerking met

concerted *bn* gezamenlijk; ~ *action* gezamenlijke actie, samenwerking; ~ *effort* verwoede poging(en); eensgezinde pogingen

concert grand ['kɔnsətgrænd] *znw* concertvleugel

concertina [kɔnsə'ti:nə] *znw* soort harmonica

concertmaster *znw* Am concertmeester

concerto [kən'tʃə:tou] *znw* (*mv*: -s *of* concerti [-ti]) concerto *o*, concert *o* [= muziekstuk]

concert pitch ['kɔnsətpitʃ] *znw* concerttoonhoogte [v. muziekinstrument]; *at* ~ in staat van verhoogde paraatheid, tot het uiterste gespannen, in topvorm

concession [kən'seʃən] *znw* bewilliging, vergunning, concessie

concessionaire [kənseʃə'neə] *znw* concessionaris, concessiehouder

concessionary [kən'seʃənəri] *I bn* concessie-; *II znw* concessionaris, concessiehouder

concessive [kən'sesiv] *bn* concessief, toegevend

conch [kɔŋk, kɔntʃ] *znw* (zee)schelp

conciliate [kən'silieit] *overg* (met elkaar) verzoenen

conciliation [kənsili'eiʃən] *znw* verzoening; bemiddeling

conciliator [kən'silieitə] *znw* verzoener, bemiddelaar

conciliatory *bn* verzoenend, bemiddelend; verzoeningsgezind

concise [kən'sais] *bn* beknopt

conciseness, concision [kən'siʒən] *bn* beknoptheid

conclave ['kɔnkleiv] *znw* conclaaf *o*; *in (secret)* ~ in geheime zitting

conclude [kən'klu:d] *I overg* besluiten, afleiden, opmaken, concluderen (uit *from*); (af)sluiten, aangaan [een overeenkomst &]; beëindigen (met *by, with*); *II onoverg* eindigen, aflopen; tot een conclusie komen; *to be* ~*d* slot volgt

conclusion *znw* besluit *o*, einde *o*, slot *o*; slotsom; gevolgtrekking, conclusie; sluiten *o*; *in* ~ tot besluit, ten slotte

conclusive *bn* beslissend, afdoend

concoct [kən'kɔkt] *overg* bereiden; brouwen; smeden, beramen, bekokstoven, verzinnen

concoction *znw* bereiding; beraming; brouwsel *o*; verzinsel *o*

concomitant [kən'kɔmitənt] *I bn* vergezellend, begeleidend; *II znw* begeleidend verschijnsel *o*, bijverschijnsel *o*

concord ['kɔŋkɔ:d, 'kɔnkɔ:d] *znw* eendracht, overeenstemming, harmonie[2]

concordance [kən'kɔ:dəns] *znw* overeenstemming; concordantie

concordant *bn* overeenstemmend, harmonisch

concordat [kɔn'kɔ:dæt] *znw* concordaat *o*

concourse ['kɔŋkɔ:s, 'kɔnkɔ:s] *znw* toeloop, samenloop; menigte; vereniging; hal

concrete ['kɔnkri:t] *I bn* concreet; grijpbaar, stoffelijk; vast, hard; beton-; *II znw* concrete *o*; beton *o*; *III overg* betonneren, beton storten

concrete cancer *znw* betonrot

concrete mixer ['kɔnkri:tmiksə] *znw* betonmolen

concretion [kən'kri:ʃən] *znw* verdichting; samengroeiing; verharding, verstening

concubinage [kɔn'kju:binidʒ] *znw* concubinaat *o*

concubine ['kɔŋkjubain] *znw* bijzit, bijvrouw, concubine

concupiscence [kən'kju:pisns] *znw* lust; zinnelijke begeerte

concur [kən'kə:] *onoverg* samenvallen; overeenstemmen (in *in*, met *with*); het eens zijn; samenwerken, medewerken (tot *to*)

concurrence [kən'kʌrəns] *znw* samenkomst, samenloop, overeenstemming, instemming, goedkeuring

concurrent *bn* gelijktijdig (optredend)

concuss [kən'kʌs] *overg* schudden, schokken

concussion *znw* schudding, schok; hersenschudding (ook: ~ *of the brain*)

condemn [kən'dem] *overg* veroordelen; afkeuren; opgeven [een zieke]; onbewoonbaar verklaren; ~*ed cell* cel voor ter dood veroordeelde, dodencel

condemnable *bn* te veroordelen, laakbaar, afkeurenswaardig

condemnation [kɔndem'neiʃən] *znw* veroordeling, afkeuring

condemnatory

condemnatory [kən'demnətəri] *bn* veroordelend, afkeurend

condensation [kɔnden'seiʃən] *znw* condensatie, verdichting

condense [kən'dens] *overg & onoverg* condenseren, verdichten, verdikken, comprimeren, samenpersen; samenvatten; ~*d milk* gecondenseerde melk

condenser *znw* condens(at)or

condescend [kɔndi'send] *onoverg* afdalen (tot *to*), zich verwaardigen; neerbuigend/uit de hoogte doen

condescending *bn* neerbuigend (minzaam)

condescension *znw* neerbuigende minzaamheid

condign [kən'dain] *bn* verdiend [v. straf]

condiment ['kɔndimənt] *znw* specerij, kruiderij

condition [kən'diʃən] **I** *znw* staat, toestand, conditie; gesteldheid; voorwaarde, bepaling; rang, stand; [hart &] kwaal; ~*s* ook: omstandigheden; *on ~ that* op voorwaarde dat; *out of ~* niet in conditie/vorm; **II** *overg* bedingen; bepalen; verzorgen, in conditie brengen; psych conditioneren; ~*ed reflex* geconditioneerde reflex

conditional I *bn* voorwaardelijk; ~ (*up*)*on* afhankelijk van; **II** *znw* gramm voorwaardelijke wijs

conditioner [kən'diʃənə] *znw* verzorgingsmiddel *o*, conditioner [*vooral* voor haar]

condo ['kɔndou] *znw* Am gemeenz = *condominium*

condolatory [kən'doulətəri] *bn* van rouwbeklag

condole *onoverg*: ~ *with sbd. on...* iem. condoleren met...

condolence *znw* deelneming, medeleven *o*; ~*s* betuiging van deelneming, condoléance(s)

condom ['kɔndəm] *znw* condoom *o*

condominium [kɔndə'miniəm] *znw* Am (flatgebouw *o* met) koopflat(s), appartement *o*; condominium *o*

condone [kən'doun] *overg* vergeven, door de vingers zien; vergoelijken

condor [kɔndɔ:] *znw* condor

conduce [kən'dju:s] *onoverg* leiden, bijdragen, strekken (tot *to*)

conduct ['kɔndʌkt] **I** *znw* gedrag *o*, houding, optreden *o*; leiding; behandeling; **II** *overg* [kən'dʌkt] (ge)leiden, (aan)voeren, dirigeren, besturen, houden, doen [zaken]; ~*ed tour* gezelschapsreis; **III** *wederk*: ~ *oneself well* zich goed gedragen

conduction *znw* geleiding

conductive *znw* geleidend (m.b.t. stroom, warmte &)

conductivity [kɔndʌk'tiviti] *znw* geleidingsvermogen *o*

conductor [kən'dʌktə] *znw* (ge)leider; muz dirigent; conducteur; geleidraad; bliksemafleider

conductress [kən'dʌktris, -tres, -trəs] *znw* conductrice

conduit ['kɔndit, elektr 'kɔndjuit] *znw* leiding, buis

cone [koun] **I** *znw* kegel, conus; dennenappel, pijnappel; horentje *o* (met ijs); **II** *overg*: ~ *off* met

pylonen afzetten/markeren [bij wegwerkzaamheden &]

cone-shaped *bn* kegelvormig

coney ['kouni] *znw* = *cony*

confab ['kɔnfæb] *znw* gemeenz babbeltje *o*, praatje *o*

confabulate [kən'fæbjuleit] *onoverg* praten, keuvelen, kouten

confabulation [kənfæbju'leiʃən] *znw* praatje *o*

confection [kən'fekʃən] *znw* bereiding; suikergoed *o*; (dames)confectieartikel *o*

confectioner *znw* fabrikant (handelaar) in suikergoed, banket &

confectionery *znw* suikergoed *o*, banket *o*, banketbakkerij

confederacy [kən'fedərəsi] *znw* verbond *o*, (staten)bond; complot *o*

confederate [kən'fedərit] **I** *bn* verbonden; bonds-; *the C~ States of America* de Geconfedereerde Staten (v. Amerika); **II** *znw* bondgenoot; medeplichtige; **III** *overg* [kən'fedəreit] federaliseren, verenigen; **IV** *onoverg* een verbond sluiten, een federatie vormen, zich verbinden; medeplichtig zijn

confederation [kənfedə'reiʃən] *znw* verbond *o*, bondgenootschap *o*, (staten)bond

confer [kən'fə:] **I** *overg* verlenen, schenken aan (*upon*); **II** *onoverg* beraadslagen, confereren

conference ['kɔnfərəns] *znw* conferentie; bespreking

conferment [kən'fə:mənt] *znw* verlening

confess [kən'fes] **I** *overg* bekennen, erkennen; belijden, (op)biechten; [iem.] de biecht afnemen; ~*ed* erkend; **II** *onoverg* bekennen; ~ *to* be-, erkennen, toegeven dat

confessant *znw* biechteling

confessedly *bijw* volgens eigen bekentenis; ontegenzeglijk

confession *znw* bekentenis, (geloofs)belijdenis; biecht

confessional *bn* belijdenis-; biecht-; ~ (*box*) biechtstoel

confessor *znw* biechtvader; belijder [heilige nietmartelaar]; *Edward the C~* hist Eduard de Belijder

confetti [kən'feti] *znw* confetti

confidant(e) [kɔnfi'dænt] *znw* vertrouweling(e)

confide [kən'faid] **I** *onoverg*: ~ *in* in vertrouwen nemen; **II** *overg* toevertrouwen (aan *to*)

confidence ['kɔnfidəns] *znw* (zelf)vertrouwen *o*, vrijmoedigheid; vertrouwelijke mededeling, confidentie; *in ~* in vertrouwen; ~ *man* oplichter; ~ *trick* oplichterij; ~*trickster* oplichter

confident *bn* vol vertrouwen; zeker overtuigd, vrijmoedig

confidential [kɔnfi'denʃəl] *bn* vertrouwelijk; vertrouwens-; ~ *clerk* procuratiehouder

confidentiality ['kɔnfidenʃi'æləti] *znw* vertrouwelijkheid

confiding [kən'faidiŋ] *bn* vol vertrouwen; geen

kwaad vermoedend, onbevangen; openhartig
confidingly *bijw* ook: op vertrouwelijke toon, vertrouwelijk
configuration [kənfigju'reiʃən] *znw* uiterlijke gedaante, vorm, schikking; configuratie
confine ['kɔnfain] **I** *znw* grens (meestal ~*s*); **II** *overg* [kən'fain] bepalen, beperken, begrenzen; in-, opsluiten, mil in arrest stellen; *be ~d* in het kraambed liggen; ~ *to barracks* mil consigneren; kwartierarrest geven; *be ~d to one's room* kamerarrest hebben, op de kamer moeten blijven; **III** *wederk*: ~ *oneself to* zich bepalen tot
confinement [kən'fainmənt] *znw* beperking, begrenzing; opsluiting; (kamer)arrest *o*; bevalling; ~ *to barracks* mil kwartierarrest *o*
confirm [kən'fə:m] *overg* bevestigen, (ver)sterken, bekrachtigen; arresteren [notulen &]; aannemen, RK vormen; *be ~ed* zijn belijdenis doen; ~*ed drunkard* verstokte dronkaard; ~*ed typhoid cases* geconstateerde gevallen van tyfus
confirmation [kɔnfə'meiʃən] *znw* bevestiging, versterking, bekrachtiging; aanneming, belijdenis, RK vormsel *o*; ~ *candidate, candidate for* ~ aannemeling; ~ *class(es)* catechisatie
confirmatory [kən'fə:mətəri] *bn* bevestigend
confirmed *bn* verstokt, onverbeterlijk, aarts-
confiscate ['kɔnfiskeit] *overg* verbeurd verklaren, confisqueren
confiscation [kɔnfis'keiʃən] *znw* confiscatie, verbeurdverklaring
conflagration [kɔnflə'greiʃən] *znw* (zware) brand
conflate [kən'fleit] *overg* samensmelten
conflict ['kɔnflikt] **I** *znw* conflict *o*, botsing², strijd; **II** *onoverg* [kən'flikt] botsen, strijden, in botsing komen; ~*ing* (tegen)strijdig
confluence ['kɔnfluəns] *znw* samenvloeiing, samenkomst; samenloop; toeloop
confluent I *bn* samenvloeiend, samenkomend; **II** *znw* zijrivier
conform [kən'fɔ:m] **I** *overg* richten, schikken, regelen (naar *to*), in overeenstemming brengen (met *to*); **II** *onoverg* zich schikken, richten, regelen, voegen (naar *to*), zich conformeren (aan *to*), niet strijdig zijn (met *to*)
conformist [kən'fɔ:mist] **I** *znw* conformist, lid *o* van de Engelse staatskerk; **II** *bn* conformistisch
conformity *znw* inschikkelijkheid; conformisme *o*; *in* ~ *with* in overeenstemming met, overeenkomstig
confound [kən'faund] *overg* verwarren, in de war brengen, dooreengooien; beschamen; verijdelen; ~ *it!* verdraaid!, verdorie!
confounded *bn* versterkend verduiveld, bliksems, verdraaid
confoundedly *bijw* versterkend geweldig, verduiveld, kolossaal, verdraaid
confraternity [kɔnfrə'tə:niti] *znw* broederschap
confront [kən'frʌnt] *overg* staan (stellen) tegen-

over, tegenover elkaar stellen; het hoofd bieden; vergelijken (met *with*); confronteren²
confrontation [kɔnfrʌn'teiʃən] *znw* vergelijking; confrontatie²
confuse [kən'fju:z] *overg* verwarren, verbijsteren; door elkaar halen
confusedly *bijw* verward, verbijsterd, verlegen, bedremmeld
confusing *bn* verwarrend
confusion *znw* verwarring, verwardheid, wanorde; bedremmeldheid, verlegenheid, beschaming; ~ *of tongues* spraakverwarring
confute [kən'fju:t] *overg* weerleggen
congé [kɔ̃:n'ʒei] [Fr] *znw* afscheid *o*; ontslag *o*
congeal [kən'dʒi:l] *onoverg & overg* (doen) stremmen, stollen, bevriezen
congelation [kɔndʒi'leiʃən] *znw* stremming, stolling, bevriezing; gestolde (bevroren) massa
congenial [kən'dʒi:niəl] *bn* sympathiek; prettig, passend
congenital [kən'dʒenitl] *bn* aangeboren, congenitaal; erfelijk, van de geboorte af
conger, conger eel ['kɔŋgə] *znw* zeepaling
congest [kən'dʒest] *overg* verstoppen, congestie veroorzaken; ~*ed* ook: overbevolkt, overladen, overvol, verstopt
congestion *znw* congestie², aandrang, ophoping, opstopping [van verkeer]; bloedaandrang
conglomerate [kən'glɔmerit] *znw* conglomeraat *o*, (samen)klontering; handel conglomeraat *o*, concern *o*
conglomeration [kənglɔmə'reiʃən] *znw* samenpakking, opeenhoping; conglomeraat *o*
Congo ['kɔŋgou] *znw* Kongo(-Brazzaville) *o*
Congolese [kɔŋgou'li:z] **I** *znw* (*mv* idem) Kongolees, Kongolezen; **II** *bn* Kongolees
congratulate [kən'grætjuleit] *overg* gelukwensen, feliciteren (met *on, upon*)
congratulation [kəngrætju'leiʃən] *znw* gelukwens, felicitatie
congratulatory [kən'grætjulətəri] *bn* gelukwensend, felicitatie-
congregate ['kɔŋgrigeit] **I** *onoverg* vergaderen, zich verzamelen, bijeenkomen; **II** *overg* bijeenbrengen, verzamelen
congregation [kɔŋgri'geiʃən] *znw* (kerkelijke) gemeente; RK broederschap, congregatie
congregational *bn* gemeente-; *C*~ congregationalistisch [v. kerk]
congress ['kɔŋgres] *znw* congres *o*, vergadering, bijeenkomst; *the C*~ Am het Congres [wetgevende vergadering]; zie ook: *Trades Union Congress*
congressional [kɔŋ'greʃənəl] *bn* congres-; Am betreffende het Congres
Congressman, Congresswoman ['kɔŋgresmən, -wumən] *znw* Am lid *o* van het Congres
congruence ['kɔŋgruəns] *znw* overeenstemming; congruentie

congruent *bn* overeenstemmend; congruent
congruity [kɔŋ'gruiti] *znw* overeenstemming
conic(al) ['kɔnik(l)] *bn* kegelvormig, kegel-
conifer ['kounifə] *znw* conifeer, naaldboom
coniferous [kou'nifərəs] *bn* kegeldragend
conjectural [kən'dʒektʃərəl] *bn* conjecturaal: op gissingen berustend
conjecture I *znw* vermoeden *o*, gissing, veronderstelling, conjectuur; II *overg* vermoeden, gissen, veronderstellen
conjoin [kən'dʒɔin] I *overg* samenvoegen, verbinden, verenigen; II *onoverg* zich verenigen
conjoint ['kɔndʒɔint] *bn* samengevoegd, verenigd; toegevoegd; mede-
conjointly *bijw* gezamenlijk, tegelijk (met *with*)
conjugal ['kɔndʒugəl] *bn* echtelijk, huwelijks-
conjugate ['kɔndʒugeit] *overg* gramm vervoegen
conjugation [kɔndʒu'geiʃən] *znw* gramm vervoeging
conjunct [kən'dʒʌŋkt] *bn* verenigd; toegevoegd
conjunction *znw* vereniging; conjunctie [v. sterren]; samenloop (van omstandigheden); gramm voegwoord *o*; *in* ~ *with* samen met
conjunctiva [kɔndʒʌŋk'taivə] *znw* bindvlies *o*
conjunctive [kən'dʒʌŋktiv] I *bn* gramm aanvoegend; verbindings-; II *znw* gramm aanvoegende wijs
conjunctivitis [kən'dʒʌŋkti'vaitis] *znw* med bindvliesontsteking
conjuncture [kən'dʒʌŋktʃə] *znw* samenloop (van omstandigheden); crisis
conjuration [kɔndʒu'reiʃən] *znw* bezwering
conjure ['kʌndʒə] I *overg:* ~ *(up)* oproepen [beelden &]; tevoorschijn toveren; *gemeenz* vandaan halen, ophoesten; II *onoverg* toveren; goochelen; *conjuring trick* goocheltruc; *a name to* ~ *with* een grote, invloedrijke naam; een naam waarvoor alle deuren opengaan
conjurer, conjuror *znw* goochelaar
conk [kɔŋk] I *znw* gemeenz kokkerd (van een neus); II *onoverg:* ~ *out* gemeenz het begeven, het opgeven
conker ['kɔŋkə] *znw* wilde kastanje; ~*s* kinderspel waarbij men elkaars kastanje tracht stuk te slaan
con-man ['kɔnmæn] *znw* = *confidence man*
connect [kə'nekt] I *overg* verbinden (ook: ~ *up*), verenigen, aan(een)sluiten; in verband brengen; ~*ed* ook: samenhangend; *well* ~*ed* van goede familie; II *onoverg* aansluiten, aansluiting hebben, in verbinding staan
connecting-rod *znw* drijfstang
connection *znw* verbinding, verband *o*, samenhang, band; aansluiting [v. treinen &]; connectie; familie(betrekking), familielid *o*; relatie(s); *in this* ~ in dit verband, in verband hiermee
connective I *bn* verbindend; ~ *tissue* bindweefsel *o*; II *znw* verbindingswoord *o*
connexion [kə'nekʃən] *znw* = *connection*

conning-tower ['kɔniŋtauə] *znw* commandotoren
connivance [kə'naivəns] *znw* oogluikend toelaten *o*
connive *onoverg:* ~ *at* oogluikend toelaten, door de vingers zien; ~ *(with)* heulen met
connoisseur [kɔni'sə:] *znw* (kunst)kenner
connotation [kɔnou'teiʃən] *znw* connotatie, (bij-) betekenis
connote [kɔ'nout] *overg* (mede)betekenen
connubial [kə'nju:biəl] *bn* echtelijk, huwelijks-
conquer ['kɔŋkə] *overg* veroveren (op *from*); overwinnen
conqueror *znw* overwinnaar; veroveraar
conquest ['kɔŋkwest] *znw* overwinning; verovering
consanguinity *znw* (bloed)verwantschap
conscience ['kɔnʃəns] *znw* geweten *o*; *in (all)* ~, *upon my* ~ in gemoede, waarachtig; ~ *money* gewetensgeld *o*; ~ *stricken* door geweten gekweld
conscientious [kɔnʃi'enʃəs] *bn* consciëntieus, nauwgezet, angstvallig; gewetens-; zie ook: *objector*
conscious ['kɔnʃəs] *bn* bewust; bij kennis; ~ *of* zich bewust van
consciousness ['kɔnʃəsnis] *znw* bewustheid; bewustzijn *o*
conscript ['kɔnskript] I *znw* mil dienstplichtige, loteling, milicien; II *overg* [kən'skript] oproepen [voor militaire dienst], inlijven, onder de wapenen roepen
conscription *znw* dienstplicht
consecrate ['kɔnsikreit] *overg* toewijden, (in)wijden, inzegenen, heiligen; RK consecreren
consecration [kɔnsi'kreiʃən] *znw* (in)wijding, inzegening, heiliging; RK consecratie
consecution [kɔnsi'kju:ʃən] *znw* (logisch) gevolg *o*; opeenvolging, reeks
consecutive [kən'sekjutiv] *bn* opeenvolgend; gramm gevolgaanduidend, ... van gevolg
consensus [kən'sensəs] *znw* overeenstemming, unanimiteit
consent [kən'sent] I *onoverg* toestemmen (in *to*), zijn toestemming geven (om *to*); II *znw* toestemming; *by common* ~ zoals algemeen erkend wordt; eenstemmig; *by mutual* ~ met onderling goedvinden; *with one* ~ eenstemmig, eenparig; *age of* ~ huwbare leeftijd
consentient *bn* welgezind, toestemmend; gelijkgezind, eenstemmig; samenwerkend
consequence ['kɔnsikwəns] *znw* gevolg *o*; belang *o*, betekenis, gewicht *o*, invloed; *in* ~ dientengevolge; *in* ~ *of* ten gevolge van; *of* ~ van groot belang
consequent I *bn* daaruit volgend; volgend (op *on, upon*); II *znw* erop volgende/eruit voortvloeiende gebeurtenis
consequential [kɔnsi'kwenʃəl] *bn* volgend; belangrijk, gewichtig
consequently ['kɔnsikwəntli] *bijw* bijgevolg, dus
conservancy [kən'sə:vənsi] *znw* = *conservation*
conservation [kɔnsə'veiʃən] *znw* behoud *o*, in-

standhouding; natuurbehoud o, milieubeheer o; ±
monumentenzorg

conservationist znw natuurbeschermer, milieube-
schermer

conservatism [kən'sɜːvətizm] znw conservatisme
o, behoudzucht

conservative I bn behoudend, conservatief; voorzichtig, aan de lage kant, matig [v. schatting]; **II**
znw conservatief; C~ lid v.d. *Conservative Party* [in
Groot-Brittannië]

conservatoire [kən'sɜːvwaː] znw conservatorium o

conservator [kən'sɜːvətə] znw bewaarder

conservatory znw serre, broeikas; conservatorium o

conserve [kən'sɜːv] **I** overg conserveren, in stand
houden; zuinig zijn met (iets), sparen; **II** znw ingemaakt fruit o, ingemaakte groente (meestal ~s)

consider [kən'sidə] overg beschouwen, overdenken,
letten op; overwegen, (na)denken over, nagaan,
(be)denken; in aanmerking nemen, rekening houden met, ontzien; beschouwen als, achten, houden
voor, van mening zijn; *all things ~ed* alles in aanmerking genomen, alles welbeschouwd; *his ~ed
opinion* zijn weloverwogen mening; zie ook: *considering*

considerable bn aanzienlijk, aanmerkelijk; vrij
wat; geruime [tijd]

considerate bn attent, voorkomend, vriendelijk,
kies

consideration [kənsidə'reiʃən] znw beschouwing,
overweging, beraad o, achting; consideratie, attentie; aanzien o; vergoeding; *that is a ~* een punt van
gewicht; *the cost is no ~* op de prijs zal niet gelet
worden; *in ~ of* met het oog op; ter wille (vergelding) van, voor; *take into ~* in overweging nemen;
in aanmerking nemen; *on no ~, not on any ~* voor
geen geld (ter wereld); in geen geval; *out of ~ for*
met het oog op, ter wille van; *it is under ~* het is in
overweging (in behandeling)

considering [kən'sidəriŋ] **I** voorz in aanmerking
genomen; **II** bijw naar omstandigheden; *not so bad,
~* onder de gegeven omstandigheden zo slecht nog
niet

consign [kən'sain] overg overdragen, toevertrouwen; deponeren; zenden; handel consigneren; *~ to
oblivion* aan de vergetelheid prijsgeven

consignee [kɔnsai'niː] znw handel geconsigneerde,
geadresseerde

consigner, consignor [kən'sainə] znw handel
consignatiegever, afzender

consignment znw overdracht; handel consignatie;
zending; *~ note* vrachtbrief; *on ~* in consignatie

consist [kən'sist] onoverg bestaan; *~ in (of)* bestaan
in (uit); *~ with* samengaan met

consistency znw consequent zijn o, samenhang;
vastheid, dichtheid; dikte; trouw, standvastigheid

consistent bn consequent; *~ with* bestaanbaar of

verenigbaar met, overeenstemmend met, overeenkomstig

consolation [kɔnsə'leiʃən] znw troost; *~ prize*
troostprijs

consolatory [kən'sɔlətəri] bn troostend, troost-

1 console [kɔn'soul] znw toetsenbord o; techn bedieningspaneel o, schakelbord o, controlepaneel o;
comput console

2 console [kən'soul] overg troosten

consolidate [kən'sɔlideit] **I** overg vast (hecht) maken, versterken, bevestigen; samenvoegen, verenigen; stabiliseren, verstevigen, consolideren; **II** onoverg vast (hecht) worden; zich verenigen,
aaneensluiten

consolidation [kənsɔli'deiʃən] znw versterking,
bevestiging; vereniging; consolidatie, stabilisatie

consols [kən'sɔlz,'kɔnsɔlz] znw mv Britse
staatsschuldpapieren

consommé ['kɔnsɔmei, kən'sɔmei] znw consommé,
heldere soep

consonant I bn gelijkluidend, overeenstemmend,
in overeenstemming (met *with & to*); **II** znw consonant, medeklinker

1 consort ['kɔnsɔːt] znw gemaal, gemalin; consort o,
(instrumentaal) ensemble o

2 consort [kən'sɔːt] onoverg omgaan, optrekken
(met *with*); samengaan, overeenstemmen (met
with); (goed)komen (bij *with*)

consortium [kən'sɔːtiəm] znw (mv: -s of consortia
[-tiə]) consortium o

conspectus [kən'spektəs] znw (beknopt) overzicht
o; samenvatting

conspicuous [kən'spikjuəs] bn in het oog vallend,
opvallend, duidelijk zichtbaar, uitblinkend, uitstekend; pronkzuchtig; *he made himself ~* hij maakte,
dat aller ogen op hem gevestigd werden; *~ by one's
absence* schitteren door afwezigheid

conspiracy [kən'spirəsi] znw samenzwering, samenspanning, complot o; *~ of silence* het doodzwijgen, doodzwijgcampagne

conspirator znw samenzweerder

conspiratorial [kənspirə'tɔːriəl] bn samenzweerderig

conspire [kən'spaiə] onoverg samenzweren, samenspannen, complotteren; samenwerken, meewerken

constable ['kʌnstəbl] znw politieagent; hist opperstalmeester; slotvoogd; *chief ~* ± commissaris van
politie

constabulary [kən'stæbjuləri] znw politiemacht,
-korps o, politie

constancy ['kɔnstənsi] znw standvastigheid, bestendigheid, vastheid, trouw (aan *to*)

constant I bn standvastig, bestendig, vast, voortdurend, constant, trouw; **II** znw constante

constellation [kɔnstə'leiʃən] znw constellatie, sterrenbeeld o, gesternte o

consternation [kɔnstə'neiʃən] znw ontsteltenis,
verslagenheid

constipated

constipated [kɔnsti'peitid] *bn* geconstipeerd, verstopt

constipation [kɔnsti'peiʃən] *znw* constipatie, verstopping, hardlijvigheid

constituency [kən'stitjuənsi] *znw* (gezamenlijke kiezers van een) kiesdistrict *o*

constituent I *bn* samenstellend; constituerend; ~ *part* bestanddeel *o*; **II** *znw* kiezer; bestanddeel *o*, onderdeel *o*

constitute ['kɔnstitju:t] *overg* samenstellen, (uit-)maken, vormen; instellen, vestigen, benoemen, aanstellen (tot); constitueren; ~ *oneself the...* zich opwerpen tot...; *the* ~*d authorities* de (over ons) gestelde machten

constitution [kɔnsti'tju:ʃən] *znw* samenstelling, vorming; constitutie, (lichaams)gestel *o*; staatsregeling, grondwet; beginselverklaring, statuten, statuut *o* [v.d. bank]

constitutional I *bn* van het gestel; grondwettelijk, -wettig, constitutioneel; (volgens de statuten) geoorloofd; **II** *znw* wandeling (als lichaamsbeweging)

constitutive ['kɔnstitju:tiv] *bn* samenstellend, wezenlijk; bepalend, wetgevend, constitutief

constrain [kən'strein] *overg* bedwingen, dwingen, noodzaken; vastzetten, opsluiten; ~*ed* gedwongen, onnatuurlijk

constraint *znw* dwang; opsluiting; gedwongenheid

constrict [kən'strikt] *overg* samentrekken; insnoeren; samendrukken; zich laten samentrekken; fig beperken

constriction *znw* samentrekking; beklemming, benauwdheid (op de borst)

constrictor *znw* sluitspier; boa constrictor: reuzenslang

constringent [kən'strindʒənt] *bn* samentrekkend

construct I *znw* ['kɔnstrʌkt] conceptie, constructie; denkbeeld *o*, concept *o*; **II** *overg* [kən'strʌkt] (op-)bouwen, aanleggen, construeren

construction I *znw* bouw; samenstelling, inrichting; aanleg; maaksel *o*; constructie; zinsbouw; uitlegging, verklaring; *under* ~ in aanbouw

constructional *bn* constructie-

constructive *bn* opbouwend, constructief

constructor *znw* bouwer, maker; scheepsbouwmeester

construe [kən'stru:] *overg* uitleggen, verklaren; construeren; ontleden

consul ['kɔnsəl] *znw* consul

consular *znw* consulair

consulate *znw* consulaat *o*

consult [kən'sʌlt] **I** *overg* consulteren, raadplegen, rekening houden met; **II** *onoverg* beraadslagen (over *on, about*; met *with*), overleggen

consultancy *znw* (verstrekking van) advies *o*; ~ *(firm)* adviesbureau *o*

consultant *znw* in consult geroepen geneesheer; medisch specialist; adviseur; consultant

consultation [kɔnsəl'teiʃən] *znw* raadpleging, beraadslaging, overleg *o*, inspraak, ruggespraak; consult *o* [v. dokter]

consultative [kən'sʌltətiv] *bn* raadgevend, adviserend; overleg-

consulting-room *znw* spreekkamer

consume [kən'sju:m] *overg* verbruiken, gebruiken, verteren[2]; ~*d with* verteerd door

consumer *znw* verbruiker, koper, consument; ~ *durables* duurzame gebruiksgoederen; ~ *goods* verbruiks-, consumptiegoederen; ~ *society* consumptiemaatschappij

consumerism [kən'sju:mərizm] *znw* bescherming van consumentenbelangen

consummate I *bn* ['kɔn'sjəmət] volkomen, volmaakt, volleerd, doortrapt; **II** *overg* ['kɔnsjəmeit] voltrekken, voltooien, in vervulling doen gaan

consummation [kɔnsə'meiʃən] *znw* voltrekking, voltooiing, voleindiging, einde *o*; vervulling

consumption [kən'sʌm(p)ʃən] *znw* consumptie, vertering; verbruik *o*; <u>med</u> tering: longtuberculose

consumptive I *bn* consumptief, consumptie-, verbruiks-; tuberculeus; **II** *znw* t.b.c.-patiënt

contact ['kɔntækt] **I** *znw* contact *o* (ook = <u>med</u> contactpersoon; ook = ~ *man* verbindingsman); aanraking; *make* ~ contact maken; *make* ~*s* contacten leggen; **II** *overg* contact maken of (op)nemen met

contact lens *znw* contactlens

contagion [kən'teidʒən] *znw* besmetting; besmettelijkheid; smetstof; fig verderfelijke invloed

contagious *bn* besmettelijk; fig aanstekelijk [enthousiasme &]

contain [kən'tein] **I** *overg* bevatten, inhouden, behelzen, insluiten; in bedwang houden, bedwingen; <u>mil</u> vasthouden, binden; *be* ~*ed in* vervat zijn in; **II** *wederk*: ~ *oneself* zich inhouden, zich bedwingen

container *znw* reservoir *o*, houder, vat *o*, bak, bus, blik *o*, doos, koker &; container, laadkist [v. spoorwegen]; ~ *port* containerhaven; ~ *ship* containerschip *o*

containment [kən'teinmənt] *znw* indamming, bestrijding van expansie

contaminate [kən'tæmineit] *overg* besmetten, bezoedelen, bevlekken; bederven

contamination [kəntæmi'neiʃən] *znw* besmetting, bezoedeling, bevlekking; bederf *o*

contemplate ['kɔntempleit] **I** *overg* beschouwen, overpeinzen; denken over; van plan zijn, in de zin hebben, beogen; ~*d* ook: voorgenomen; **II** *onoverg* peinzen

contemplation [kɔntem'pleiʃən] *znw* beschouwing; contemplatie, (godsdienstige) bespiegeling; overpeinzing; *in* ~ in overweging

contemplative [kən'templətiv] *bn* beschouwend, beschouwelijk, contemplatief, bespiegelend, peinzend

contemporaneous [kəntempə'reinjəs] *bn* gelijktijdig, van (uit) dezelfde (leef)tijd

contemporary [kən'tempərəri] **I** *bn* gelijktijdig,

van dezelfde (leef)tijd (als *with*); van die tijd; hedendaags, van onze tijd, eigentijds, contemporain; **II** *znw* tijdgenoot; leeftijdgenoot

contempt [kən'tem(p)t] *znw* minachting, verachting; *beneath ~* beneden kritiek; *~ of court* niet opvolgen *o* v.e. bevel v.e. rechtbank; [v.d. pers] oordelen *o* over een nog hangende rechtzaak; *hold in ~* verachten

contemptible *bn* verachtelijk

contemptuous *bn* minachtend, verachtend, verachtelijk; *~ of* minachting hebbend voor

contend [kən'tend] **I** *onoverg* strijden, twisten, vechten, worstelen, kampen (met *with*; voor, om *for*); **II** *overg* beweren, betogen

contender *znw* mededinger

1 content [kən'tent] **I** *znw* tevredenheid, voldoening; *to one's heart's ~* naar hartelust; **II** *bn* tevreden, voldaan; **III** *overg* tevreden stellen; **IV** *wederk*: *~ oneself* zich tevreden stellen, genoegen nemen met

2 content ['kɔntent] *znw* inhoud; gehalte *o*; *~s* inhoud

contented [kən'tentid] *bn* tevreden

contention [kən'tenʃən] *znw* twist, strijd; bewering, standpunt *o*, opvatting

contentious *znw* twistziek; twist-; controversieel

contentment [kən'tentmənt] *znw* tevredenheid

conterminous [kɔn'tə:minəs] *bn* (aan)grenzend (aan *to, with*); samenvallend (met *with*)

contest ['kɔntest] **I** *znw* geschil *o*, twist, (wed)strijd, prijsvraag, kamp; **II** *overg* [kən'test] betwisten; *~ (a seat in Parliament)* zich kandidaat stellen (voor); **III** *onoverg* twisten (met *with*); strijden (om *for*)

contestable *bn* betwistbaar

contestant *znw* deelnemer [aan wedstrijd], mededinger

context ['kɔntekst] *znw* samenhang, verband *o*, context

contextual [kɔn'tekstjuəl, -tʃwəl] *bn* contextueel

contiguity [kɔnti'gjuiti] *znw* aangrenzing, nabijheid

contiguous [kən'tigjuəs] *bn* belendend, rakend, aangrenzend

continence ['kɔntinəns] *znw* onthouding, matigheid, zelfbeheersing; kuisheid

continent I *bn* zich onthoudend, sober; kuis; de beheersing hebbend over de urineblaas; **II** *znw* vasteland *o*; werelddeel *o*; *the C~* het Continent, het vasteland van Europa

continental [kɔnti'nentl] **I** *bn* van het vasteland, vastelands-; continentaal; Europees [tegenover Brits]; *~ breakfast* (eenvoudig) ontbijt met koffie of thee, broodjes, jam etc.; *~ quilt* donsdeken, (donzen) dekbed *o*; **II** *znw* bewoner v.h. vasteland v. Europa

contingency [kən'tindʒənsi] *znw* toevalligheid; mogelijkheid; eventualiteit, (toevallige) gebeurtenis; onvoorziene uitgave; *~ plan* rampenplan *o*

contingent I *bn* toevallig; mogelijk; onzeker; afhankelijk (van *on*), gepaard gaande (met *on*); **II** *znw* contingent *o*, aandeel *o*, bijdrage; vertegenwoordiging, afvaardiging

continual [kən'tinjuəl] *bn* aanhoudend, gestadig, voortdurend, gedurig, bestendig

continuance *znw* gestadigheid, voortduring, voortzetting, bestendiging, duur; verblijf *o*

continuation [kɔntinju'eiʃən] *znw* voortduring, voortzetting, vervolg *o*; prolongatie

continuative [kən'tinjuətiv] *bn* voortzettend, voortdurend

continue I *onoverg* aanhouden, voortduren; voortgaan (met); **II** *overg* voortzetten, vervolgen, bestendigen; verlengen; doortrekken; handhaven; *~d* ook: aanhoudend, voortdurend, onafgebroken; *to be ~d* wordt vervolgd

continuity [kɔnti'njuːiti] *znw* samenhang, verband *o*; continuïteit; draaiboek *o* [v. film]; *~ girl* scriptgirl

continuous [kən'tinjuəs] *bn* samenhangend; onafgebroken; doorlopend; aanhoudend, voortdurend; continu

contort [kən'tɔːt] *overg* (ver)draaien, (ver)wringen; *a face ~ed by pain* een van pijn verwrongen gezicht

contortion *znw* verdraaiing, verwringing, verrekking

contortionist *znw* slangenmens

contour ['kɔntuə] *znw* omtrek; *~ line* hoogtelijn; *~ map* hoogtekaart

contraband ['kɔntrəbænd] **I** *znw* contrabande, sluikhandel; smokkelwaar; **II** *bn* smokkel-; verboden

contrabass ['kɔntrə'beis] *znw* contrabas

contraception [kɔntrə'sepʃən] *znw* anticonceptie, contraceptie

contraceptive I *znw* anticonceptiemiddel *o*, voorbehoedmiddel *o*; **II** *bn* anticonceptioneel

contract ['kɔntrækt] **I** *znw* contract *o*, verdrag *o*, overeenkomst, verbintenis; *~s have been let for the work* het werk is aanbesteed (gegund); *by private ~* onderhands; *under ~ to* onder contract bij; *~ work* aangenomen werk *o*; **II** *overg* [kən'trækt] samentrekken; inkrimpen; aangaan, sluiten; aannemen; oplopen, zich op de hals halen; contracteren; *~ out* uitbesteden [werk]; **III** *onoverg* zich samentrekken, inkrimpen; contracteren; *~ing parties* verdragsluitende partijen; *~ing out clause* ontsnappingsclausule; *~ for* zich verbinden tot, aannemen [werk], contracteren; *~ in* meedoen, deelnemen, zich verplichten tot; *~ out* niet meer meedoen, bedanken (voor *of*)

contractible *bn* samentrekbaar; (zich) samentrekkend

contraction *znw* samentrekking, verkorting; inkrimping; (barens)wee

contractive *bn* samentrekkend

contract-note *znw* handel (ver)koopbriefje *o*

contractor *znw* aannemer, leverancier; anat sa-

105

mentrekker [spier]

contractual *bn* contractueel

contradict [kɔntrə'dikt] *overg* tegenspreken

contradiction *znw* tegenspraak, tegenstrijdigheid

contradictory *bn* tegenstrijdig, strijdig, in tegenspraak (met *to*)

contradistinction [kɔntrədis'tiŋ(k)ʃən] *znw* onderscheid *o; in ~ to* in tegenstelling met

contra-indication [kɔntrəindi'keiʃən] *znw* contra-indicatie

contralto [kən'træltou] *znw* alt(stem)

contraption [kən'træpʃən] *znw* gemeenz (gek uitziende) machine of instrument *o;* toestand, geval *o,* ding *o,* apparaat *o*

contrapuntal [kɔntrə'pʌntl] *bn* contrapuntisch

contrariety [kɔntrə'raiəti] *znw* tegenstrijdigheid; contrast *o;* tegenwerking, tegenslag[2]

contrariness [kən'treərinis] *znw* gemeenz dwarsdrijverij

contrariwise ['kɔntrəriwaiz, kən'treəriwaiz] *bijw* integendeel; in tegenovergestelde of andere zin, andersom, verkeerd

1 contrary ['kɔntrəri] **I** *bn* tegengesteld, strijdig; ander; tegen-; *~ to* in strijd met, tegen; **II** *bijw: ~ to* tegen (... in); **III** *znw* tegen(over)gestelde *o,* tegendeel *o; on the ~* integendeel; daarentegen; *hear to the ~* tegenbericht krijgen, het tegendeel horen

2 contrary [kən'treəri] *bn* gemeenz in de contramine, dwars, tegendraads

contrast ['kɔntra:st] **I** *znw* tegenstelling, contrast[2] *o; by ~* daarentegen; *by ~ with* in vergelijking met; *in ~ to (with)* in tegenstelling tot; **II** *overg* [kən'tra:st] tegenover elkaar stellen; stellen (tegenover *with*); **III** *onoverg* een tegenstelling vormen (met *with*), afsteken (bij *with*), contrasteren

contravene [kɔntrə'vi:n] *overg* tegenwerken, ingaan tegen; overtreden

contravention *znw* overtreding; *in ~ of* in strijd met

contretemps [kõtrə'tã] [Fr] *znw* tegenvaller, tegenspoed, pech

contribute [kən'tribjut] **I** *overg* bijdragen; **II** *onoverg* medewerken, bijdragen; *~ to* ook: bevorderen

contribution [kɔntri'bju:ʃən] *znw* bijdrage; belasting, brandschatting

contributor [kən'tribjutə] *znw* medewerker (aan een krant &)

contributory I *bn* bijdragend, medebepalend; **II** *znw* handel (mede)aansprakelijke aandeelhouder [bij liquidatie]

contrite ['kɔntrait] *bn* berouwvol, door wroeging verteerd

contrition [kən'triʃən] *znw* diep berouw *o,* wroeging

contrivance [kən'traivəns] *znw* vindingrijkheid, (uit)vinding, list; middel *o,* toestel *o,* inrichting, ding *o*

contrive *overg* vinden, uit-, bedenken, verzinnen,

beramen, overleggen, het aanleggen; *~ to weten te..., kans zien om te...*

contrived *bn* gekunsteld, onnatuurlijk, gezocht

control [kən'troul] **I** *znw* beheer *o,* bestuur *o;* leiding, regeling; techn bediening, besturing, [volume- &] regelaar, bedieningspaneel *o;* controle, toezicht *o;* beperking; bedwang *o;* (zelf)beheersing, macht; zeggenschap; bestrijding [v. ziekten &]; *~s* techn stuurinrichting, stuurorganen; staatsbemoeiing, staatstoezicht *o; gain ~ (of, over)* de baas worden; *be in ~* de baas zijn; *be in ~ of* het beheer voeren, de leiding hebben over; beheersen, meester zijn; *beyond ~* onhandelbaar; *beyond (outside) one's ~* buiten zijn schuld; *financial matters are outside my ~* met de financiën bemoei ik me niet; *out of ~* niet te regeren (besturen), stuurloos, onbestuurbaar; uit de hand gelopen [v. toestand]; *bring (get) inflation under ~* de inflatie de baas worden; *have the fire under ~* de brand meester zijn; **II** *overg* beheren, besturen; leiden, regelen; techn bedienen; bedwingen, in bedwang houden, beheersen, regeren; bestrijden [ziekten &]; controleren, nakijken

control column *znw* stuurknuppel

controllable *bn* bestuurbaar, te regeren &, zie *control II*

controller *znw* controleur; afdelingshoofd *o;* penningmeester; controller

control lever *znw* versnellingshendel [v. auto]

control panel *znw* techn bedieningspaneel *o*

control room *znw* techn controlekamer, vluchtleidingscentrum *o,* schakelkamer

control tower *znw* luchtv verkeerstoren

controversial [kɔntrə'və:ʃəl] *bn* polemisch, twist-, strijd-; omstreden, controversieel

controversy [kən'trɔvəsi, 'kɔntrəvə:si] *znw* geschil *o,* controverse, twistgeschrijf *o,* polemiek, dispuut *o; beyond (without) ~* buiten kijf

controvert ['kɔntrəvə:t, kɔntrə'və:t] *overg* betwisten, bestrijden, twisten over

contumacious [kɔntju'meiʃəs] *bn* weerspannig, zich verzettend; recht ongehoorzaam aan een bevel v.e. rechter, wederspannig

contumacy ['kɔntjuməsi] *znw* weerspannigheid; recht ongehoorzaamheid, wederspannigheid

contumelious [kɔntju'mi:liəs] *bn* smalend, honend, minachtend

contumely ['kɔntjumili] *znw* smaad, hoon, minachting

contusion *znw* kneuzing

conundrum [kə'nʌndrəm] *znw* raadsel *o*

conurbation [kɔnə:'beiʃən] *znw* stedelijke agglomeratie

convalesce [kɔnvə'les] *onoverg* herstellende zijn

convalescence *znw* herstel *o*

convalescent I *bn* herstellend; *~ home* herstellingsoord *o;* **II** *znw* herstellende zieke

convection [kən'vekʃ(ə)n] *znw* natuurkunde, meteorologie convectie; *~ heater = convector*

convector [kən'vektə] *znw* convector, convectie-kachel

convene [kən'vi:n] I *overg* bijeen-, samenroepen, oproepen; II *onoverg* bijeen-, samenkomen

convener *znw* = *convenor*

convenience [kən'vi:njəns] *znw* geschiktheid, gepastheid; gerief *o*, geriefelijkheid, gemak *o*; *(public)* ~ (openbaar) toilet *o*; *marriage of* ~ verstandshuwelijk *o*; *at your* ~ als het u gelegen komt; bij gelegenheid; op uw gemak; *at your earliest* ~ zodra het u schikt; *for* ~ voor het gemak, gemakshalve

convenience food *znw* kant-en-klaarmaaltijd, diepvriesmaaltijd

convenience store *znw* avondwinkel; zondagswinkel

convenient *bn* gemakkelijk, geriefelijk, geschikt; gelegen (komend)

convenor [kən'vi:nə] *znw* voorzitter

convent ['kɔnvənt] *znw* (vrouwen)klooster *o*; ~ *school* nonnenschool

conventicle [kən'ventikl] *znw* conventikel *o*, sektarische godsdienstige bijeenkomst

convention [kən'venʃən] *znw* bijeenkomst, vergadering; overeenkomst, verdrag *o*, verbond *o*, afspraak; (de) conventie

conventional *bn* conventioneel

conventionality [kənvenʃə'næliti] *znw* conventionele *o*

conventionalize [kən'venʃə'nəlaiz] *overg* conventioneel maken; stileren

converge [kən'və:dʒ] *onoverg* convergeren, in één punt samenkomen

convergence *znw* convergentie

convergent, converging *bn* convergerend, in één punt samenkomend

conversable [kən'və:səbl] *bn* gezellig, onderhoudend, spraakzaam

conversant [kən'və:sənt, 'kɔnvəsənt] *bn* bedreven, thuis, ervaren, vertrouwd (met *with*)

conversation [kɔnvə'seiʃən] *znw* conversatie, gesprek *o*; *make* ~ wat zeggen

conversational *bn* van de omgangstaal; gemeenzaam; spraakzaam

conversationalist *znw* causeur

1 converse [kən'və:s] *onoverg* converseren, spreken, zich onderhouden

2 converse ['kɔnvə:s] I *bn* omgekeerd; II *znw* omgekeerde *o*

conversion [kən'və:ʃən] *znw* **1** omkering, omzetting, verandering, verbouwing [v. winkel &], conversie; herleiding, omrekening, *fig* omschakeling; bekering; *recht* verduistering; **2** huis *o* opgesplitst in appartementen

convert [kən'və:t] I *overg* omkeren, omzetten, veranderen; verbouwen [winkel &]; herleiden; omrekenen; converteren; *fig* omschakelen; bekeren; aanwenden (ten eigen bate), verduisteren; II *onoverg* (een) verandering(en) ondergaan, omzetbaar

zijn (in); zich bekeren (tot); III *znw* ['kɔnvə:t] bekeerling(e)

converter [kən'və:tə] *znw* elektr convertor, omzetter; techn bessemerpeer

convertibility [kənvə:ti'bility] *znw* omzet-, omkeerbaarheid; in-, verwisselbaarheid, convertibiliteit

convertible [kən'və:tibl] I *bn* omzet-, omkeerbaar; in-, verwisselbaar, converteerbaar; II *znw* auto cabriolet

convertor [kən'və:tə] *znw* = *converter*

convex ['kɔnveks] *bn* convex, bol(rond)

convey [kən'vei] *overg* overbrengen, vervoeren; overdragen; mededelen; uitdrukken; geven

conveyance *znw* overbrengen *o*, vervoer *o*; overdracht; vaartuig *o*, voertuig *o*

conveyancer *znw* notaris die akten v. overdracht opmaakt

conveyancing [kən'veijənsiŋ] *znw* recht overdracht

conveyer, conveyor *znw* overbrenger; vervoerder; techn transportband (~ *belt*); lopende band

convict ['kɔnvikt] I *znw* (crimineel) veroordeelde, boef; dwangarbeider; II *overg* [kən'vikt] schuldig verklaren, veroordelen

conviction *znw* schuldigverklaring, veroordeling; (vaste) overtuiging; *carry* ~ overtuigend zijn

convince [kən'vins] *overg* overtuigen

convincing *bn* overtuigend

convivial [kən'viviəl] *bn* feestelijk, vrolijk, gezellig

conviviality [kənvivi'æliti] *znw* feestelijkheid, vrolijkheid, gezelligheid

convocation [kɔnvə'keiʃən] *znw* op-, bijeenroeping, convocatie, bijeenkomst; provinciale synode van de Engelse staatskerk

convoke [kən'vouk] *overg* op-, bijeenroepen, convoceren

convoluted ['kɔnvəlu:tid] *bn* gekronkeld; ingewikkeld, gecompliceerd

convolution [kɔnvə'lu:ʃən] *znw* kronkel(ing)

convolvulus [kɔn'vɔlvjuləs] *znw* plantk winde

convoy ['kɔnvɔi] I *overg* konvooieren, escorteren, begeleiden; II *znw* konvooi *o*, escorte *o*, geleide *o*

convulse [kən'vʌls] I *overg* doen schokken, doen stuiptrekken, in beroering brengen; doen schudden van het lachen; II *onoverg* krampachtig samentrekken, stuiptrekken; *be* ~*d with laughter* schudden van het lachen, zich een stuip lachen

convulsion *znw* stuiptrekking, schok[2]; schudden *o* [v.h. lachen]; *fig* opschudding; ~*s* stuipen; onbedaarlijk gelach *o*

convulsive *bn* kramp-, stuipachtig, spastisch

cony ['kouni] *znw* dierk konijn *o*; konijnenvel *o*

coo [ku:] I *onoverg* koeren, roekoeën, kirren[2]; II *znw* gekoer *o*; III *tsw* jeetje, jemine

cook [kuk] I *znw* keukenmeid, kookster, kokkin; kok; *too many* ~*s spoil the broth* veel koks bederven de brij; II *overg* koken, klaarmaken, bereiden; *fig* vervalsen, flatteren [balans &]; ~ up gemeenz verzinnen, bekokstoven; **III** onoverg koken, voedsel bereiden; *what's* ~*ing*? wat is er aan de hand?

cooker *znw* kook(toe)stel *o*, -fornuis *o*, -pan; stoofappel, -peer &

cookery *znw* kookkunst; de "keuken"; ~ *book* kookboek *o*

cookery house *znw* kookhok *o*; kampkeuken; kombuis

cookie *znw* chocoladekoekje *o*; Am koekje *o*; gemeenz vent, kerel; leuk meisje *o*; *tough* ~ taaie rakker

cooking I *znw* koken *o*, kookkunst, de 'keuken'; **II** *bn* kook-, keuken-, stoof-; ~ *range* fornuis *o*

cool [ku:l] **I** *bn* koel, fris; kalm; (dood)leuk (ook: *as* ~ *as a cucumber*), brutaal, onverschillig; gemeenz uitgekookt; cool; *a* ~ *hundred* een slordige £ 100; *play it* ~*!* gemeenz wind je niet op!; **II** *znw* koelte; *keep (lose) one's* ~ zijn zelfbeheersing bewaren (verliezen); **III** *onoverg & overg* koelen, ver-, be-, afkoelen (ook: ~ *down²*, ~ *off*); ~ *one's heels* moeten wachten, antichambreren; ~ *it* slang maak je niet zo dik, rustig maar; *cooling-off period* afkoelingsperiode

coolant *znw* koelmiddel *o*

cooler *znw* koeltas, -cel, -emmer; Am ijskast; techn koelinrichting; slang petoet, bak [gevangenis]

cool-headed *bn* koel, kalm

coolie ['ku:li] *znw* koelie

cooling tower *znw* koeltoren

coolly ['ku:li] *bijw* koeltjes; doodleuk, brutaal

coolness *znw* koelheid, koelte; koelbloedigheid, kalmte; aplomb *o*; verkoeling

coomb [ku:m] *znw* diepe vallei; kom

coon [ku:n] *znw* dierk wasbeer; geringsch roetmop, zwartjoekel

co-op ['kouɔp, kou'ɔp] *znw* gemeenz coöperatie

coop [ku:p] **I** *znw* kippenmand, kippenhok *o*; **II** *overg:* ~ *up* opsluiten

cooper [ku:pə] *znw* kuiper

cooperate, co-operate [kou'ɔpəreit] *onoverg* mede-, samenwerken

cooperation, co-operation *znw* [kouɔpə'reifən] mede-, samenwerking, coöperatie

cooperative, co-operative [kou'ɔpərətiv] *bn* mede-, samenwerkend; coöperatieve winkel, coöperatie (= ~ *store*); *be* ~ meewerken [v. patiënt, leerling &]

cooperator, co-operator *znw* medewerker

co-opt [kou'ɔpt] *overg* coöpteren

co-option [kou'ɔpfən] *znw* coöptatie

co-ordinate [kou'ɔ:dinit] **I** *bn* gelijkwaardig; coördinatief, nevenschikkend; **II** *znw* coördinaat; **III** *overg* [kou'ɔ:dineit] coördineren, rangschikken, ordenen; **IV** *onoverg* harmonieus samenwerken

co-ordination [kouɔ:di'neifən] *znw* coördinatie, rangschikking, ordening

co-ordinator [kou'ɔ:dineitə] *znw* coördinator

coot [ku:t] *znw* (meer)koet

cop [kɔp] **I** *znw* gemeenz smeris; *it's a fair* ~ ik (je) stink(t) erin; ~*s and robbers* diefje met verlos [spel]; *not much* ~ slang niet veel zaaks; **II** *overg* te pakken krijgen; ~ *it* ook: er van langs krijgen, last krijgen, het gelag betalen; ~ *out* ervandoor gaan

copartner [kou'pa:tnə] *znw* compagnon

copartnership *znw* vennootschap; winstdeling

1 cope [koup] *znw* kap, koorkap, mantel

2 cope [koup] **I** *onoverg:* ~ *with* het hoofd bieden aan; af-, aankunnen; helpen [patiënten]; verwerken, voorzien in, voldoen aan [aanvragen]; **II** *abs ww* het klaarspelen

copier ['kɔpiə] *znw* kopieerapparaat *o*

co-pilot ['kou'pailət] *znw* tweede piloot; bijrijder

coping ['koupiŋ] *znw* kap [v. muur], (muur)afdekking, deksteen

coping-stone *znw* deksteen; fig kroon op het werk

copious ['koupjəs] *bn* overvloedig, uitvoerig, rijk(elijk), ruim

cop-out ['kɔpaut] *znw* gemeenz terugtrekking, afhaken *o*; uitvlucht

copper ['kɔpə] **I** *znw* **1** (rood)koper *o*; **2** ketel; **3** koperen geldstuk *o*; **4** gemeenz smeris; **II** *bn* koperen; **III** *overg* (ver)koperen

copperplate *znw* koperplaat; kopergravure; ~ *printing* koper(diep)druk; ~ *writing* keurig schrift *o*

copper-smith *znw* koperslager

coppice ['kɔpis] *znw* hakhout *o*, kreupelhout *o*, kreupelbosje *o*

copra ['kɔprə] *znw* kopra

copse [kɔps] *znw* = *coppice*

Coptic ['kɔptik] *bn* Koptisch

copula ['kɔpjulə] *znw* koppel(werk)woord *o*; verbinding; muz koppeling

copulate ['kɔpjuleit] *onoverg* paren, copuleren

copulation [kɔpju'leifən] *znw* paring, copulatie, geslachtsgemeenschap

copulative ['kɔpjulətiv] *bn* verbindend

copy ['kɔpi] **I** *znw* afschrift *o*, kopie, fotokopie; kopij; exemplaar *o*, nummer *o*; (schrijf)voorbeeld *o*; *it makes good* ~ er zit kopij in; **II** *overg* overschrijven, een kopie maken, kopiëren (ook: ~ *out*), naschrijven, natekenen; nabootsen, nadoen, namaken; overnemen

copy-book I *znw* (schoon)schrijfboek *o*, (schoon-)schrift *o*; *blot one's* ~ zijn reputatie bevlekken; **II** *bn* perfect, volgens het boekje

copycat *znw* gemeenz na-aper, afkijker

copy editor *znw* bureauredacteur

copyholder *znw* erfpachter

copying paper *znw* doorslagpapier *o*

copyist *znw* kopiist

copyright I *znw* auteursrecht *o*, copyright *o*; **II** *overg* het auteursrecht/copyright beschermen van; **III** *bn* waarvan het auteursrecht/copyright beschermd is; nadruk verboden

copywriter *znw* tekstschrijver [v. reclame], copywriter

coquetry ['koukitri] *znw* koketterie, behaagzucht

coquette [kou'ket] *znw* behaagzieke vrouw

coquettish *bn* koket, behaagziek

cor! [kɔ:] *tsw* gemeenz verrek!

coracle ['korəkl] *znw* soort vissersboot

coral ['korəl] **I** *znw* koraal *o*; koralen bijtring; **II** *bn* koralen; koraalrood

cor anglais ['kɔ: a:ŋ'glɛ] *znw* althobo, Engelse hoorn

cord [kɔ:d] *znw* koord *o & v*, touw *o*, snoer *o*, band, streng; ribfluweel *o*, corduroy *o*; ~s corduroy broek; ~ed ook: geribd [v. stoffen]

cordage *znw* touwwerk *o*

cordial ['kɔ:diəl] **I** *bn* hartelijk; hartgrondig; **II** *znw* hartversterking; (ingedikt) vruchtensap *o*

cordiality [kɔ:di'æliti] *znw* hartelijkheid

cordon ['kɔ:dən] **I** *znw* (orde)lint *o*; bouwk muurlijst; kordon *o*; **II** *overg* door een kordon afsluiten (~ *off*)

cordon bleu ['kɔ:dɔ:(n) 'blə:] *znw* eersteklas kok; ~ *cookery* fijne keuken

corduroy ['kɔ:dərɔi] *znw* manchester *o*, corduroy *o*, ribfluweel *o*; ~s manchester- of corduroy broek

core [kɔ:] **I** *znw* binnenste *o*, hart[2] *o*, kern[2], klokhuis *o* [v. appel]; *rotten at the* ~ van binnen rot; *rotten to the* ~ door en door rot; **II** *overg* boren [appels &]

co-religionist [kouri'lidʒənist] *znw* geloofsgenoot

corer ['kɔ:rə] *znw* appelboor

co-respondent ['kouris'pɔndənt] *znw* als medeplichtig gedaagde (bij echtscheidingsproces)

corgi ['kɔ:gi] *znw* dierk corgi [klein soort hond]

coriander [kori'ændə] *znw* koriander

Corinthian [kə'rinθiən] **I** *bn* Corinthisch; **II** *znw* Corinthiër

cork [kɔ:k] **I** *znw* kurk *o & m* [stofnaam], kurk *v* [voorwerpsnaam]; **II** *bn* kurken; **III** *overg* kurken; ~ *up* kurken; ~ed ook: naar de kurk smakend

corker *znw* gemeenz kanjer; dooddoener, afdoend argument *o*; geweldige leugen

corkscrew *znw* kurkentrekker; ~ *curls* kurkentrekkers

corky *bn* kurkachtig; naar de kurk smakend

cormorant ['kɔ:mərənt] *znw* dierk aalscholver

corn [kɔ:n] *znw* **1** koren *o*, graan *o*; Am maïs; korrel; **2** likdoorn; **3** Am bourbon; **4** gemeenz sentimenteel gedoe *o*; melige, flauwe humor

corncob *znw* maïskolf

cornea ['kɔ:niə] *znw* (*mv*: -s *of* corneae [-nii:]) hoornvlies *o* [v. oog]

corneal *bn* hoornvlies-; ~ *graft(ing)* hoornvliestransplantatie

corner [kɔ:nə] **I** *znw* hoek; tip, punt; sp & handel corner; *be in a (tight)* ~ (erg) in het nauw gebracht zijn; *cut the* ~ de bocht afsnijden; *cut* ~s bochten afsnijden; fig zich er met een Jantje van Leiden vanaf maken; *out of the* ~ *of one's eye* van terzijde; *round the* ~ om de hoek; = *just (a)round the* ~ niet

ver(af)[2]; *turn the* ~ fig de crisis te boven komen; **II** *overg* in het nauw brengen; handel ± een marktmonopolie verwerven (in een product); **III** *onoverg* een hoek nemen [met auto]

cornering ['kɔ:nəriŋ] *znw* bochtenwerk *o*

corner kick *znw* sp hoekschop, corner

corner shop *znw* winkel op de hoek, buurtwinkel [met levensmiddelen]

corner-stone *znw* hoeksteen[2]

cornerwise *bn* diagonaal

cornet ['kɔ:nit] *znw* horentje *o*, puntzakje *o*; muz kornet; piston, cornet à pistons; pistonist

cornetist *znw* pistonist

cornfield *znw* korenveld *o*; Am maïsveld *o*

cornflakes *znw mv* cornflakes

cornflour *znw* maïsmeel *o*, maïzena, rijstemeel *o*

cornflower *znw* korenbloem

cornice ['kɔ:nis] *znw* lijst, kroonlijst, lijstwerk *o*

Cornish ['kɔ:niʃ] **I** *bn* van Cornwall; **II** *znw* vroegere taal van Cornwall

cornmeal ['kɔ:nmi:l] *znw* Am maïsmeel *o*

corn poppy ['kɔ:npɔpi], **corn rose** *znw* klaproos

corn-salad *znw* veldsla

cornstarch ['kɔ:nsta:tʃ] *znw* = *cornflour*

cornucopia [kɔ:nju'koupjə] *znw* hoorn des overvloeds

corny ['kɔ:ni] *bn* gemeenz afgezaagd, clichématig, oubollig, melig, flauw

corolla [kə'rɔlə] *znw* plantk bloemkroon

corollary [kə'rɔləri] *znw* gevolg *o*, gevolgtrekking

corona [kə'rounə] *znw* (*mv*: coronae [-ni:]) kring [om zon of maan]; corona [bij zonsverduistering, elektr]; kroon

coronary ['kɔrənəri] **I** *bn* coronair: van de kransslagaderen; ~ *artery* kransslagader; ~ *thrombosis* coronaire trombose, (hart)infarct *o*; **II** *znw* hartinfarct *o*

coronation [kɔrə'neiʃən] *znw* kroning

coroner ['kɔrənə] *znw* lijkschouwer

coronet ['kɔrənit] *znw* krans; herald kroontje *o*

Corp. *afk.* mil = [1]*corporal*

1 corporal ['kɔ:pərəl] *znw* mil korporaal

2 corporal ['kɔ:pərəl] *bn* lichamelijk, lichaams-; ~ *punishment* lijfstraf

corporate ['kɔ:pərit] *bn* geïncorporeerd, van een corporatie, gezamenlijk, collectief; rechtspersoonlijkheid bezittend; ~ *tax* Am vennootschapsbelasting; zie ook: *body I*

corporation [kɔ:pə'reiʃən] *znw* corporatie, rechtspersoon; gilde *o & v*; Am (naamloze) vennootschap; gemeenz buik, buikje *o*; *(municipal)* ~ gemeentebestuur *o*; *public* ~ publiekrechtelijk lichaam *o*; ~ *tax* Br vennootschapsbelasting

corporeal [kɔ:'pɔ:riəl] *bn* lichamelijk; stoffelijk

corps [kɔ:] *znw* (*mv* idem [kɔ:z]) (leger)korps *o*, (leger)korpsen

corpse [kɔ:ps] *znw* lijk *o*

corpulence ['kɔ:pjuləns] *znw* corpulentie

corpulent

corpulent *bn* corpulent, gezet
corpus ['kɔ:pəs] *znw* (*mv:* -es *of* corpora [-pərə]) corpus *o*, lichaam *o*; verzameling [v. wetten &]
corpuscle ['kɔ:pʌsl] *znw* lichaampje *o*
corpuscular [kɔ:'pʌskjulə] *bn* corpusculair: uit kleine lichaampjes bestaand
corral [kɔ'ra:l] **I** *znw* kraal: omsloten ruimte voor het vee; wagenburg; **II** *overg* in-, opsluiten (v. vee)
correct [kə'rekt] **I** *bn* juist, precies; goed, correct; *he is ~ in this* hierin heeft hij gelijk; *he is ~ in calling it a..* hij noemt het terecht een...; **II** *overg* corrigeren, verbeteren, rechtzetten, herstellen, verhelpen; berispen, (af)straffen; reguleren; *I stand ~ed* ik neem mijn woorden terug
correction *znw* correctie; verbetering; berisping, afstraffing; *house of ~* opvoedingsgesticht *o*, tuchtschool
correctitude *znw* correctheid
corrective **I** *bn* verbeterend; **II** *znw* correctief *o*: middel *o* ter verbetering
correlate ['kɔrileit] **I** *znw* correlaat *o*; **II** *onoverg (& overg)* correleren
correlation [kɔri'leiʃən] *znw* correlatie
correlative [kɔ'relətiv] *bn* correlatief
correspond [kɔris'pɔnd] *onoverg* corresponderen, beantwoorden (aan *to*); overeenkomen, overeenstemmen, briefwisseling voeren (met *with*)
correspondence, *znw* correspondentie, briefwisseling; overeenkomst, overeenstemming; *~ course* schriftelijke cursus
correspondent *znw* correspondent; handel handelsrelatie
corresponding *bn* overeenkomstig
corridor ['kɔridɔ:] *znw* gang, galerij, corridor; *the ~s of power* pol de wandelgangen; *~ train* D-trein, harmonicatrein
corrigible ['kɔridʒəbl] *bn* vatbaar voor verbetering
corroborate *overg* versterken, bekrachtigen, bevestigen
corroboration [kɔrɔbə'reiʃən] *znw* versterking, bekrachtiging, bevestiging
corroborative [kə'rɔbərətiv] *bn* versterkend, bekrachtigend, bevestigend
corrode [kə'roud] *overg & onoverg* weg-, invreten, in-, uitbijten, aantasten[2], verroesten, verteren
corrosion *znw* invreting, corrosie
corrosive *bn (znw)* bijtend, invretend (middel *o*)
corrugated ['kɔrugeitid] *bn* gerimpeld; *~ cardboard* golfkarton *o*; *~d iron* gegolfd ijzer *o*
corrugation [kɔru'geiʃən] *znw* rimpeling
corrupt [kə'rʌpt] **I** *bn* bedorven, verdorven; onecht, verknoeid, corrupt, omkoopbaar, veil; **II** *overg* bederven, vervalsen [v. tekst]; omkopen, corrumperen; **III** *onoverg* bederven, (ver)rotten
corruptible *bn* aan bederf onderhevig; omkoopbaar
corruption *znw* bederf *o*; verdorvenheid; vervalsing; verknoeiing; corruptie; omkoping

corruptive *bn* bedervend; verderfelijk
corsage [kɔ:sa:ʒ] *znw* lijfje *o*; corsage
corsair ['kɔ:sɛə] *znw* zeerover; kaperschip *o*
corset ['kɔ:sit] *znw* korset *o* (ook: *~s*)
cortège [kɔ:'teiʒ] *znw* stoet, gevolg *o*
cortex ['kɔ:teks] *znw* (*mv:* cortices [-tisi:z]) cortex, hersenschors, schors
cortisone ['kɔ:tizoun] *znw* cortisone *o*
coruscate ['kɔrəskeit] *onoverg* flikkeren, schitteren
corvette [kɔ:'vet] *znw* korvet
corvine ['kɔ:vain] *bn* raafachtig; kraaiachtig
corybantic [kɔri'bæntik] *bn* uitgelaten, woest
cos [kɔs] *znw* bindsla
cosh [kɔʃ] gemeenz **I** *znw* ploertendoder; **II** *overg* (neer)slaan met een ploertendoder
co-signatory ['kou'signətəri] **I** *znw* medeondertekenaar; **II** *bn* medeondertekenend
cosine ['kousain] *znw* cosinus
cos lettuce ['kɔs ('letis)] *znw* bindsla
cosmetic [kɔz'metik] **I** *bn* cosmetisch, schoonheids-; fig oppervlakkig; **II** *znw* schoonheidsmiddel *o*, cosmetiek; *~s* ook: cosmetica
cosmic ['kɔzmik] *bn* kosmisch; wereld-
cosmography [kɔz'mɔgrəfi] *znw* kosmografie
cosmology [kɔz'mɔlədʒi] *znw* kosmologie
cosmonaut ['kɔzmənɔ:t] *znw* kosmonaut
cosmopolitan [kɔzmə'pɔlitən] **I** *bn* kosmopolitisch; **II** *znw* kosmopoliet, wereldburger
cosmopolite [kɔz'mɔpəlait] *znw* = *cosmopolitan*
cosmos ['kɔzmɔs] *znw* kosmos, heelal *o*
cossack ['kɔsæk] *znw* kozak
cosset ['kɔsit] *overg* vertroetelen, verwennen
1 cost [kɔ:st, kɔst] *znw* prijs, kosten, uitgave; schade, verlies *o*; *~ of living* kosten van levensonderhoud; *~s* (proces)kosten; *at all ~s* wat het ook koste; *at any ~* tot elke prijs; *at my ~* op mijn kosten, voor mijn rekening; *at the ~ of* ten koste van; *count the ~* de risico's overwegen, zich bezinnen op; de balans van iets opmaken; *I know it to my ~* ik heb leergeld betaald
2 cost (cost; cost) *overg* kosten; de kosten berekenen van; *~ dear(ly)* duur (te staan) komen
cost accountant *znw* calculator [in een bedrijf]
cost accounting *znw* calculeren *o*, kostenberekening
costal ['kɔstl] *bn* van de ribben, ribben-
co-star ['kou'sta:] **I** *znw* één v.d. hoofdrolspelers, co-star, tegenspeler; **II** *onoverg* één v.d. hoofdrollen spelen, als tegenspeler hebben, als co-star optreden
Costa Rica [kɔstə'ri:kə] *znw* Costa Rica *o*
Costa Rican **I** *znw* Costaricaan; **II** *bn* Costaricaans
cost benefit analysis *znw* kosten-batenanalyse
cost-effective [kɔ:sti'fektiv] *bn* rendabel
coster(monger) ['kɔstə(mʌŋgə)] *znw* straatventer van fruit, groenten, vis
costing ['kɔstiŋ] *znw* calculatie, kostenberekening
costive ['kɔstiv] *bn* geconstipeerd, hardlijvig; krenterig; traag

costly ['kɔ:stli] *bn* kostbaar; duur
cost price *znw* kostprijs
costume ['kɔstju:m] *znw* kostuum *o*, (kleder)dracht
costume drama *znw* kostuumstuk *o*
costume jewellery *znw* onechte juwelen
costumier [kɔs'tju:miə] *znw* costumier
cosy ['kouzi] **I** *bn* gezellig, behaaglijk; **II** *znw* theemuts; eierwarmer
cot [kɔt] *znw* kooi, krib; bedje *o*; (veld)bed *o*
cotangent ['kou'tændʒənt] *znw* cotangens
cot death ['kɔtdeθ] *znw* wiegendood
cote [kout] *znw* hok *o*, *vooral* schaapskooi
co-tenant ['kou'tenənt] *znw* medehuurder
coterie ['koutəri] *znw* coterie: kliek
cottage ['kɔtidʒ] *znw* hut; huisje *o*, kleine villa
cottage cheese *znw* hüttenkäse
cottage industry *znw* huisnijverheid, thuiswerk *o*
cottage loaf *znw* boerenbrood *o* [bestaande uit een kleinere en een grotere bol op elkaar]
cottage pie *znw* gerecht *o* van gehakt onder een krokante laag aardappelpuree
cottager *znw* Br landarbeider, dorpeling; Am huurder/eigenaar van een vakantiebungalow
cottar ['kɔtə] *znw* keuterboer
cotter ['kɔtə] *znw* **1** techn spie, keil; **2** keuterboer; ~ *pin* techn splitpen
cotton ['kɔtn] **I** *znw* katoen *o* & *m*; (absorbent) ~ Am watten; ~*s* katoenen stoffen; **II** *bn* katoenen; **III** *onoverg*: ~ *on* tot besef/inzicht komen, doorkrijgen; ~ *to* vriendschap aanknopen met, contact leggen met
cotton candy *znw* Am suikerspin
cotton-mill *znw* katoenfabriek
cotton print *znw* bedrukte katoenen stof, katoentje *o*
cottontail *znw* Amerikaans konijn *o*
cotton waste *znw* poetskatoen *o* & *m*
cotton-wool *znw* watten; Am ruwe katoen *o* & *m*, katoenpluis *o*
cotyledon [kɔti'li:dən] *znw* zaadlob, kiemblad *o*
couch [kautʃ] **I** *znw* rustbed *o*, -bank, canapé, divan; **II** *overg* inkleden, uitdrukken, vervatten; omsluieren [met woorden]; ~ *in writing* op schrift brengen; **III** *onoverg* (gaan) liggen
couchette [ku:'ʃet] *znw* couchette
couch-grass ['kautʃgra:s] *znw* plantk kweek
couch potato *znw* Am slang jongen die/meisje dat maar wat rondhangt thuis, dooie
cougar ['ku:gə] *znw* poema
cough [kɔ:f, kɔf] **I** *znw* hoest; **II** *onoverg* hoesten; ~ *up* opgeven; ~ *up* gemeenz onwillig betalen
could [kud] V.T. van ²*can*; *he was as friendly as* ~ *be* hij was zeer vriendelijk
couldn't = *could not*
council ['kauns(i)l] *znw* raad, raadsvergadering; gemeenteraad; (lokale) bestuur *o*; concilie *o*; ~ *of war* krijgsraad
council house *znw* gemeentewoning, ± woning-

wetwoning
councillor *znw* raad, raadslid *o*
council school *znw* gemeentelijke basisschool
counsel ['kauns(ə)l] **I** *znw* raadgeving, beraadslaging; advocaat; (de) advocaten; rechtskundig adviseur; ~ *for the defence, defending* ~ recht verdediger; ~ *for the prosecution, prosecuting* ~ recht openbare aanklager; *King's (Queen's) C*~ eminente barrister die het recht heeft een zijden toga te dragen; *keep one's (own)* ~ zijn mond (weten te) houden, kunnen zwijgen; *take* ~ raadplegen, beraadslagen, overleggen (met *with*); **II** *overg* (aan)raden
counselling, Am **counseling** ['kauns(ə)liŋ] *znw* raadgeving en begeleiding [*vooral* m.b.t. psychische en sociale problemen]
counsellor, Am **counselor** *znw* raadgever, raadsman/vrouw, adviseur; psych counseler
1 count [kaunt] *znw* graaf
2 count [kaunt] **I** *overg* tellen, op-, meetellen; rekenen, achten; aanrekenen; ~ *in* meetellen; ~ *me in* ik doe mee; ~ *out* uittellen; aftellen; niet meetellen, uitschakelen; ~ *up* optellen; **II** *onoverg* (mee-) tellen, gelden; van belang zijn; ~ *against* pleiten tegen; ~ *for nothing* niet meetellen; geen gewicht in de schaal leggen; ~ *(up)on* staat maken op, rekenen op; **III** *znw* tel, aantal *o*; telling; punt *o* (van aanklacht); *keep* ~ *(of)* tellen; *have lost* ~ de tel kwijt zijn; *take the* ~ uitgeteld worden [v. bokser]; *on any (every)* ~ in ieder opzicht; *out for the* ~ uitgeteld
countable ['kauntəbl] *bn* telbaar
count-down *znw* aftellen *o*
countenance ['kauntinəns] **I** *znw* (aan)gezicht *o*, gelaat *o*; bescherming; steun; *give* ~ *to* steunen; *he kept his* ~ hij bewaarde zijn zelfbeheersing, hij hield zich goed [*vooral* bij iets lachwekkends]; *lose* ~ van zijn stuk raken; *out of* ~ van zijn stuk gebracht; **II** *overg* goedkeuren, aanmoedigen, steunen
counter ['kauntə] **I** *znw* fiche *o* & *v*; teller; toonbank, balie, loket *o* [in postkantoor]; tegenstoot, sp counter; *under the* ~ onder de toonbank, clandestien; **II** *bn* tegen(gesteld); **III** *bijw* tegen (...in); **IV** *overg* & *onoverg* tegenspreken; tegenwerken; ingaan tegen; afslaan; pareren, een aanval afweren; sp counteren
counteract [kauntə'rækt] *overg* tegenwerken; neutraliseren, opheffen
counter-attack ['kauntərətæk] **I** *znw* tegenaanval; **II** *onoverg* (& *overg*) een tegenaanval doen (op)
counterbalance ['kauntə'bæləns] *znw* tegenwicht *o*; **II** *overg* [kauntə'bæləns] opwegen tegen, opheffen, compenseren
counter-charge ['kauntətʃa:dʒ] *znw* tegenbeschuldiging
countercheck I *znw* (dubbele) controle; **II** *overg* & *onoverg* nogmaals checken
counter-claim *znw* recht tegeneis
counter clerk *znw* loketbeambte

counter-clockwise

counter-clockwise *bn & bijw* <u>Am</u> tegen de wijzers v.d. klok in
counter-current *znw* tegenstroom
counterfeit I *bn* nagemaakt, onecht, vals; **II** *overg* namaken, nabootsen, vervalsen; **III** *znw* namaak
counterfoil *znw* souche, strook, stok
countermand [kauntə'ma:nd] **I** *onoverg* tegenbevel geven; **II** *overg* afzeggen, herroepen, afgelasten, afbestellen, annuleren
counter-measure *znw* tegenmaatregel
countermove *znw* tegenzet
counter-offensive *znw* tegenoffensief *o*
counterpane *znw* beddensprei
counterpart *znw* <u>muz</u> tegenstem; <u>fig</u> tegenhanger, equivalent *o*, pendant *o & m*; collega, ambtgenoot, evenknie
counter-plea *znw* repliek
counterpoint *znw* contrapunt *o*
counterpoise I *znw* tegenwicht *o*, contragewicht *o*; evenwicht *o*; **II** *overg* opwegen tegen; in evenwicht houden
counter-productive *bn* averechts, met averechts effect, contraproductief
counter-revolution *znw* contrarevolutie
countersign I *znw* <u>mil</u> wachtwoord *o*; **II** *overg* contrasigneren
countersink *overg* verzinken [v. schroeven &]
counter-tenor *znw* mannelijke altstem; contratenor, castraatalt
countervailing *bn*: ~ *duties* retorsierechten
counterweight *znw* tegenwicht *o*, contragewicht *o*
countess ['kauntis] *znw* gravin
counting-frame ['kauntiŋfreim] *znw* telraam *o*
counting-house *znw* kantoor *o*
countless ['kauntlis] *bn* talloos, ontelbaar
countrified ['kʌntrifaid] *bn* boers, landelijk
country ['kʌntri] *znw* (vader)land *o*, (land)streek; (platte)land *o*; *the old* ~ het moederland: Engeland *o*; *in the* ~ op het land, buiten, in de provincie; *go to the* ~ verkiezingen uitschrijven; *that's not my line of* ~ dat is niets voor mij, dat is niet mijn pakkie-an; *across* ~ via binnenwegen, dwars door het land
country club *znw* buitensociëteit
country-cousin *znw* familielid *o* van buiten (de stad)
country-dance *znw* soort volksdans
country-house *znw* landhuis *o*
country-life *znw* buiten-, landleven *o*
countryman *znw* buitenman, landman, plattelander, boer; landsman, landgenoot
country-seat *znw* buitenplaats, landgoed *o*
countryside *znw* landstreek; *the* ~ het platteland, buiten; de provincialen
country-town *znw* provinciestad
country-wide *bn* door het hele land, landelijk
country-woman *znw* boerin; plattelandsvrouw; landgenote
county ['kaunti] *znw* graafschap *o*; bestuurlijke een-

heid; ~ *council* graafschapsraad; ~ *court* graafschapsrechtbank; ~ *town* hoofdstad van een graafschap
coup [ku:] *znw* prestatie, zet; coup, staatsgreep
coup de grâce [ku:də'gra:s] *znw* genadeslag
coup d'état [ku:dei'ta:] *znw* staatsgreep, coup (d'état)
coupé ['ku:pei] *znw* coupé [auto, rijtuig]
couple ['kʌpl] **I** *znw* paar *o*; echtpaar *o*; **II** *overg* koppelen, verbinden, verenigen; paren
coupler *znw* <u>techn</u> koppeling; <u>muz</u> koppel *o* [v. orgel]
couplet ['kʌplit] *znw* tweeregelig vers *o*
coupling ['kʌpliŋ] *znw* <u>techn</u> koppeling
coupon ['ku:pɔn] *znw* coupon; bon
courage ['kʌridʒ] *znw* moed; *Dutch* ~ jenevermoed; *the* ~ *of one's convictions* de moed om voor zijn overtuiging uit te komen; *take* ~ moed vatten; *take one's* ~ *in both hands* al zijn moed verzamelen, de stoute schoenen aantrekken
courageous [kə'reidʒəs] *bn* moedig
courgette [ku:'ʒet] *znw* courgette
courier ['kuriə] *znw* koerier; reisleider
course [kɔ:s] **I** *znw* loop, koers, gang, verloop *o*, beloop *o*; (ren)baan; cursus, leergang (ook: ~ *of lectures*), <u>onderw</u> colleges; reeks, opeenvolging, laag [stenen]; gerecht *o*; <u>med</u> kuur; <u>fig</u> weg, handelwijze, gedragslijn (~ *of action*); ~ *of exchange* wisselkoers; *let things take their* ~ de zaken op hun beloop laten, Gods water over Gods akker laten lopen; *stay (stick) the* ~ tot het einde toe volhouden; *take (run) its* ~ zijn beloop hebben; *in due* ~ te zijner tijd; na verloop van tijd; *in the* ~ *of* in de loop van, gedurende; *in* ~ *of construction* in aanbouw; *in (the)* ~ *of time* mettertijd; na verloop van tijd; *of* ~ natuurlijk, dat spreekt vanzelf, allicht; *a matter of* ~ iets vanzelfsprekends; *off* ~ uit de koers; **II** *onoverg* jagen; stromen
coursing *znw* lange jacht (jacht met windhonden)
court [kɔ:t] **I** *znw* hof *o*; gerechtshof *o*, rechtbank (ook: ~ *of justice*, ~ *of law*), rechtszaal, terechtzitting; raad; hofhouding, hofstoet; ontvangst aan het hof; (binnen)plaats; plein *o*; hofje *o*; (tennis-)baan; ~ *of appeal* hof van appel/beroep; ~ *of inquiry* gerechtelijke commissie van onderzoek; *go to* ~ naar de rechter stappen; *laugh sth. out of* ~ iets weghonen; *pay* ~ *to* het hof maken; *rule out of* ~ niet ontvankelijk verklaren; wraken, niet toelaten; uitsluiten; *settle out of* ~ in der minne schikken; **II** *overg* het hof maken[2]; streven naar; zoeken, uitlokken; **III** *onoverg* verkering hebben
court-card *znw* <u>kaartsp</u> pop
court circular *znw* dagelijks bulletin *o* over de activiteiten v.d. koninklijke familie
courteous ['kɔ:tjəs, 'kɔ:tjəs] *bn* hoffelijk, beleefd
courtesan [kɔ:ti'zæn] *znw* courtisane, lichtekooi
courtesy ['kɔ:tisi, 'kɔ:tisi] **I** *znw* hoffelijkheid, vriendelijkheid, gunst; *by* ~ *of* met toestemming van,

welwillend ter beschikking gesteld door; **II** *bn:* ~
title adellijke titel, gedragen door de zoon v.d. eigenlijke rechthebbende
court-house *znw* gerechtsgebouw *o*
courtier *znw* hoveling
courtly *bn* hoofs, heus, hoffelijk
court-martial [ˈkɔːtˈmɑːʃəl] **I** *znw* (-s *of* courts-
martial) krijgsraad; **II** *overg* voor de krijgsraad brengen
court-room *znw* rechtszaal
courtship *znw* vrijen *o*, verkering
courtyard *znw* (binnen)plaats, -plein *o*
cousin [ˈkʌzn] *znw* neef, nicht; *first* ~ volle neef
(nicht); *our (American)* ~s ook: fig onze stamver-
wanten (in Amerika)
couth [kuːθ] *bn* gemeenz welgemanierd
cove [kouv] *znw* **1** kreek, inham; **2** slang vent, kerel
coven [kʌvn] *znw* heksensabbat
covenant [ˈkʌvinənt] **I** *znw* overeenkomst, akte,
verdrag *o*, verbond *o; the Covenant* het Verbond
(van 1643) der Schotse presbyterianen; **II** *onoverg*
overeenkomen
Coventry [ˈkɔvəntri] *znw* Coventry *o; send sbd. to* ~
iedere vorm v. sociale omgang met iem. verbreken,
iemand mijden, links laten liggen
cover [ˈkʌvə] **I** *overg* bedekken; overdekken; beschermen, afdekken; dekken; verbergen; overtrekken, bekleden, kaften; zich uitstrekken over, beslaan; omvatten; voorzien in; gaan over, behandelen; mil aanleggen op, onder schot houden of
krijgen, bestrijken; afleggen [afstand]; verslaan [als
verslaggever]; ~ *up* toedekken, over-, bedekken;
inpakken; verbergen; verborgen houden; in de
doofpot stoppen; **II** *onoverg:* ~ *up for sbd.* iemand
dekken; *these policemen are covering up for each other*
die agenten dekken elkaar; **III** *znw* dek(sel) *o;* (be-)
dekking; omslag, kaft *o & v;* plat *o* [v. boek]; overtrek *o & v,* hoes, omhulsel *o;* buitenband; bekleding; envelop, foedraal *o;* stolp; kap; couvert *o*
[bord, mes, vork, lepel]; handel & mil dekking; fig
bescherming, beschutting; schuilplaats, leger *o* [v.
wild]; *from* ~ *to* ~ van a tot z, van het begin tot het
einde; *under* ~ ingesloten [in brief]; beschut, onder
dak; mil gedekt; *under (the)* ~ *of* onder dekking (bescherming) van; fig onder de schijn (dekmantel)
van; zie ook: *take I*
coverage *znw* wat bestreken (bereikt) wordt door
radio, tv, reclame &; verslag *o,* reportage; handel
dekking; risicodekking
cover charge *znw* bedieningsgeld *o* (in restaurant)
cover girl *znw* covergirl
covering I *znw* (be)dekking; dek *o;* **II** *bn* dekkings-;
~ *letter* begeleidend schrijven *o*
coverlet *znw* beddensprei
cover note *znw* sluitnota
cover story *znw* omslagverhaal *o,* coverstory
cover-up *znw* dekmantel; doofpotaffaire
covert [ˈkʌvət] **I** *bn* bedekt, heimelijk, geheim, ver-

borgen; **II** *znw* schuilplaats, struikgewas *o* [als
schuilplaats voor wild], leger *o*
covet [ˈkʌvit] *overg* begeren
covetous *bn* begerig, hebzuchtig
covey [ˈkʌvi] *znw* dierk vlucht; troep
1 cow [kau] *znw* koe; wijfje *o* [v. olifant &]; plat wijf
o; till the ~s *come home* tot je een ons weegt
2 cow [kau] *overg* bang maken, vrees inboezemen,
intimideren
coward [ˈkauəd] *znw* lafaard, bangerik
cowardice [ˈkauədis] *znw* laf(hartig)heid
cowardly *bn & bijw* laf(hartig)
cowboy [ˈkaubɔi] *znw* Am cowboy; dolle Dries,
wegpiraat; ± beunhaas
cowcatcher [ˈkaukætʃə] *znw* Am baanschuiver
[aan locomotief]
cower [ˈkauə] *onoverg* neerhurken, ineenkrimpen,
(weg)kruipen
cowherd [ˈkauhəːd] *znw* koeherder
cowl [kaul] *znw* monnikskap; schoorsteenkap, gek;
luchtv kap [v. motor]
cowlick [ˈkaulik] *znw* weerbarstige lok; spuuglok
cowling [ˈkauliŋ] *znw* luchtv kap [v. motor]
cowpat [ˈkaupæt] *znw* koeienvlaai
cowpox [ˈkaupɔks] *znw* koepokken
cow puncher Am *znw* gemeenz cowboy
cowrie [ˈkau(ə)ri] *znw* porseleinslak
cowshed *znw* koeienstal
cowslip *znw* sleutelbloem
cox [kɔks] **I** *znw* stuurman [v. roeiboot]; **II** *overg* als
stuurman optreden voor, besturen; ~*ed four* sp vier
met stuurman; **III** *onoverg* stuurman zijn
coxcomb [ˈkɔkskoum] *znw* kwast, dandy, modegek
coxswain [ˈkɔksn] *znw* stuurman
coy [kɔi] *bn* (quasi-)verlegen, bedeesd, schuchter,
terughoudend, preuts
coyote [ˈkɔiout, kɔiˈout] *znw* prairiewolf, coyote
coypu [ˈkɔipuː] *znw* dierk nutria, beverrat, moeras-
bever
cozy Am = *cosy*
crab [kræb] **I** *znw* krab; med schaamluis, platje *o;*
plantk wilde appel, fig gemeenz zuurpruim, mopperkont; *C*~ Kreeft [teken v.d. dierenriem]; *catch a*
~ een snoek maken, slaan [bij roeien]; **II** *overg* gemeenz afmaken, bekritiseren; bederven
crab-apple *znw* wilde appel; fig zuurpruim, mopperkont
crabbed [ˈkræbid] *bn* zuur, kribbig, nors, korzelig;
kriebelig (geschreven); gewrongen [v. stijl]
crabby *bn* kribbig, humeurig
crab cactus [ˈkræbkæktəs] *znw* lidcactus
crack [kræk] **I** *znw* gekraak *o,* kraak, krak, knak,
knal; kier, spleet, barst, breuk; slag, klap; crack
[cocaïne-derivaat]; gemeenz kei, uitblinker, crack;
have a ~ *at* een gooi doen naar; *a fair* ~ *of the whip*
een eerlijke kans; *the* ~ *of dawn* het krieken van de
dag; *the* ~ *of doom* de dag des oordeels; **II** *bn* chic,
prima, best, keur-, elite; **III** *onoverg & overg* kraken,

knappen, breken [glas, ijs]; (doen) barsten, springen, doen knallen, (laten) klappen; de oplossing vinden van [een probleem], ontcijferen [v. een code], ~ *a bottle* een fles soldaat maken; ~ *jokes* moppen tappen; *get* ~*ing* gemeenz aan de slag gaan, opschieten, voortmaken (met *on*); ~ *down on* gemeenz hard aanpakken; ~ *up* gemeenz aanprijzen; gemeenz bezwijken, het afleggen, te pletter vallen; in lachen uitbarsten; *he's not all he's* ~*ed up to be* hij is helemaal niet zo goed als algemeen beweerd wordt; **IV** *tsw* krak!

crackdown ['krækdaun] *znw* gemeenz strenge maatregelen, streng optreden *o*

cracked *bn* gemeenz getikt

cracker *znw* (zeven)klapper, knalbonbon, pistache; cracker, Am beschuit; ~*(s)* notenkraker

crackers *bn* gemeenz krankjorum, knetter, gek; zie ook: *cracker*

cracking *bn* gemeenz zeer snel; fantastisch, uitstekend, geweldig

crack-jaw *bn* gemeenz onuitspreekbaar [naam]

crackle ['krækl] **I** *onoverg* knetteren, knappen; **II** *znw* geknetter *o*, knappen *o*; craquelure, haarscheurtjes; [v. porselein] craquelé *o* (ook: ~ *ware*)

crackling *znw* geknetter *o*; gebraden randje *o* aan varkensvlees

cracknel ['kræknəl] *znw* krakeling

crackpot ['krækpɔt] **I** *bn* gemeenz excentriek, bizar, gek; **II** *znw* excentriekeling, zonderling

cracksman ['kræksmən] *znw* slang inbreker

cradle ['kreidl] **I** *znw* wieg^2, bakermat; scheepv slede; med spalk; hangstelling; haak [v. telefoon]; *from the* ~ van kindsbeen af; **II** *overg* wiegen; op de haak leggen [v. telefoon]

cradle-snatcher ['kreidl'snætʃə] *znw* gemeenz iem. die een verhouding heeft met een veel jonger persoon, ouwe snoeper

craft [kra:ft] *znw* handwerk *o*, ambacht *o*; kunst(nijverheid), vak *o*; gilde *o* & *v*; list(igheid), sluwheid, bedrog *o*; scheepv vaartuig *o*, vaartuigen [van allerlei soort]

craft guild ['kra:ftgild] *znw* (ambachts)gilde *o* & *v*

craftiness *znw* listigheid, sluwheid, boerenslimheid

craftsman *znw* (bekwaam) handwerksman; vakman

craftsmanship *znw* vakmanschap *o*, bedrevenheid; handwerk *o*

crafty *bn* loos, listig, sluw, berekenend

crag [kræg] *znw* rots(punt)

craggy *bn* steil, ruw, onregelmatig, grillig ingesneden; verweerd [v. gezicht]

cragsman *znw* geoefend bergbeklimmer

cram [kræm] **I** *overg* in-, volstoppen, volproppen; onderw inpompen, klaarstomen [voor examen]; **II** *onoverg* onderw blokken

cram-full *bn* tjokvol, propvol

crammer *znw* repetitor; particuliere school die leer-

lingen in korte tijd klaarstoomt voor een examen

cramp [kræmp] **I** *znw* kramp; kram, klemhaak; belemmering; **II** *overg* kramp veroorzaken (in); krammen; belemmeren; *be* ~ *ed for room* zich niet vrij bewegen kunnen, eng behuisd zijn; ~*ed handwriting* kriebelig schrift *o*; ~*ed style* gewrongen stijl; ~ *sbd.'s style* iem. in zijn doen en laten/ontplooiing belemmeren

cramped [kræmpt] *bn* klein, krap [v. behuizing]; priegelig [v. handschrift]

cramp iron *znw* kram, klimijzer *o*

crampon ['kræmpən] *znw* ijsspoor, klimijzer *o*

cranberry ['krænbəri] *znw* veenbes, cranberry

crane [krein] **I** *znw* dierk kraanvogel; techn (hijs-) kraan; **II** *onoverg*: ~ *one's neck* de hals uitstrekken, reikhalzen

crane-fly ['kreinflai] *znw* langpootmug

cranial ['kreiniəl] *bn* schedel-

cranium ['kreiniəm] *znw* (*mv*: -s *of* crania [-niə]) schedel

crank [kræŋk] **I** *znw* kruk, handvat *o*, crank, slinger; zonderling, maniak; **II** *overg*: ~ *(up)* aanzwengelen [motor]

crankcase *znw* carter

crankshaft *znw* techn krukas

cranky *bn* Am nukkig, humeurig; excentriek, raar

cranny ['kræni] *znw* scheur, spleet

crap [kræp] **I** *znw* plat stront; gelul *o*, stom geouwehoer *o*; snertding *o*, troep, shit; **II** *onoverg* plat schijten, kakken

crape [kreip] *znw* crêpe

crappy ['kræpi] *bn* plat waardeloos, kut-

craps [kræps] *znw* Am bepaald dobbelspel *o*

crash [kræʃ] **I** *overg* botsen op/tegen, te pletter laten vallen; neersmijten; gemeenz onuitgenodigd verschijnen [op feest]; **II** *onoverg* kraken, dreunen, ratelen; krakend ineenstorten; botsen, verongelukken, neerstorten, neerkomen, te pletter vallen [v. vliegtuig]; ineenstorten [beurs], failliet gaan; ~ *out* gemeenz maffen, pitten; ~ *against (into)* aanbotsen tegen; **III** *znw* **1** gekraak *o*, geratel *o*, geraas *o*; slag; botsing, aanrijding; val; luchtv vliegtuigongeluk *o*; **2** handel krach, debacle

crash barrier *znw* vangrail

crash course *znw* spoedcursus

crash-helmet *znw* valhelm

crash-land *onoverg* een noodlanding/buiklanding maken

crash-landing *znw* noodlanding, buiklanding

crass [kræs] *bn* lomp, grof, erg; stomp

crassness *znw* grofheid, lompheid, stommiteit; stompheid

crate [kreit] *znw* krat, kist; brik, oude auto

crater ['kreitə] *znw* krater; (granaat)trechter

cravat [krə'væt] *znw* sjaaltje *o*

crave [kreiv] **I** *overg* smeken, vragen (om); **II** *onoverg*: ~ *for* snakken naar, hunkeren naar

craven ['kreivn] **I** *bn* laf; **II** *znw* lafaard

craving ['kreiviŋ] *znw* hevig verlangen *o*

craw [krɔ:] *znw* krop [van vogel]

crawfish ['krɔ:fiʃ] *znw* Am rivierkreeft

crawl [krɔ:l] **I** *onoverg* kruipen², sluipen; schuifelen [v. slang]; snorren [van taxi &]; ~ *with* wemelen van; **II** *znw* kruipen *o*; gekrieuwel *o*; crawl [zwemslag]

crawler *znw* kruiper

crayfish ['kreifiʃ] *znw* rivierkreeft

crayon ['kreiən, 'kreiɔn] **I** *znw* crayon *o* & *m*, tekenkrijt *o*; pastel *o*, pasteltekening; **II** *overg* crayoneren, met krijt tekenen

craze [kreiz] *znw* krankzinnigheid, rage, manie

crazed *bn* krankzinnig, gek; gecraqueleerd

crazy *bn* krankzinnig, gek; ~ *about* dol op

crazy bone *znw* Am = *funny bone*

crazy paving *znw* mozaïekplaveisel *o*

creak [kri:k] **I** *onoverg* kraken; knarsen, piepen; **II** *znw* knarsend, krakend of piepend geluid *o*

creaky *bn* krakend; knarsend, piepend

cream [kri:m] **I** *znw* room²; crème²; beste *o*, fig bloem; bonbon; ~ *of tartar* cremortart *o*; **II** *bn* crème; **III** *overg* (af)romen²; kloppen, dooreenroeren; inwrijven, smeren [huid]; ~ *off* fig afromen

cream cheese *znw* roomkaas

cream cracker *znw* cracker

creamery *znw* boterfabriek, zuivelfabriek; roomhuis *o*, melksalon

cream tea *znw* theemaaltijd met jam, cake en room

creamy *bn* roomachtig, roomhoudend

crease [kri:s] **I** *znw* kreuk(el), vouw, plooi; **II** *overg* & *onoverg* kreuk(el)en, vouwen, plooien; ~ *up* gemeenz omvallen van het lachen

crease-proof, crease-resistant *bn* kreukherstellend, -vrij

create [kri'eit] **I** *overg* scheppen; in het leven roepen, doen ontstaan, teweegbrengen, wekken; creëren, maken; benoemen tot; **II** *onoverg* gemeenz tekeergaan, drukte maken

creation *znw* schepping; instelling; creatie

creative *bn* creatief, scheppend, scheppings-

creativeness *znw* = *creativity*

creativity [kriei'tiviti] *znw* creativiteit, scheppingsvermogen *o*, scheppende kracht

creator [kri'eitə] *znw* schepper

creature ['kri:tʃə] *znw* schepsel *o*; geringsch creatuur *o*, werktuig *o*; beest *o*, dier *o*; ~ *comforts* materiële welstand

crèche [kreiʃ] *znw* crèche, kinderbewaarplaats

credence ['kri:dəns] *znw:* give (lend) ~ to geloof hechten aan

credentials [kri'denʃəls] *znw mv* geloofsbrieven; fig papieren [getuigschriften &]

credibility [kredi'biliti] *znw* geloofwaardigheid; ~ *gap* vertrouwenscrisis, ongeloofwaardigheid

credible ['kredibl] *bn* geloofwaardig

credit ['kredit] **I** *znw* geloof *o*, reputatie, goede naam, gezag *o*, invloed; eer; krediet *o*; credit *o*, cre-

ditzijde; ~*s* ook: aftiteling [v. film]; *be a* ~ *to, do* ~ *to* tot eer strekken; *give him* ~ *for* hem de eer geven... te zijn; *give* ~ *to* geloof schenken aan; *take* ~ *for* het zich tot een eer (verdienste) rekenen dat; *to his* ~ tot zijn eer (strekkend), op zijn naam (staand) [v. boeken &]; in zijn credit (geboekt); **II** *overg* geloven; crediteren; ~ *him with...* hem de eer geven van...; hem... toeschrijven; hem crediteren voor...

creditable *bn* eervol, verdienstelijk

credit card *znw* kredietkaart, creditcard

credit note *znw* tegoedbon

creditor *znw* crediteur, schuldeiser

credit titles *znw mv* titels, aftiteling [v. film]

credit transfer *znw* giro-, bankoverschrijving

creditworthy *bn* kredietwaardig

credo ['kri:dou] *znw* credo *o*

credulity [kri'dju:liti] *znw* lichtgelovigheid

credulous ['kredjuləs] *bn* lichtgelovig

creed [kri:d] *znw* geloof *o*, geloofsbelijdenis; overtuiging, richting

creek [kri:k] *znw* kreek, inham, bocht; Am zijrivier, riviertje *o*; *up the* ~ (without a paddle) gemeenz in moeilijkheden

creel [kri:l] *znw* viskorf

1 creep [kri:p] (crept; crept) *onoverg* kruipen, sluipen; ~ *in* binnensluipen; ~ *up on* besluipen; *it made my flesh* ~ ik kreeg er kippenvel van; ~*ing paralysis* progressieve verlamming

2 creep *znw* gemeenz genieperd, engerd; *it gives me the* ~*s* ik krijg er de kriebels van, ik vind het doodeng

creeper *znw* kruipend dier *o*; kruipende plant; dierk boomkruiper

creepy *bn* griezelig

creepy-crawly *znw* gemeenz (eng) beestje *o* [insect]

cremate [kri'meit] *overg* verbranden [lijken], verassen, cremeren

cremation *znw* lijkverbranding, verassing, crematie

crematorium [kremə'tɔ:riəm] *znw* (*mv:* -s *of* crematoria [-riə]) crematorium *o*

crenel ['krenl] *znw* kanteel, tinne

crenellated *bn* van kantelen voorzien, ommuurd, versterkt

creole ['kri:oul] **I** *znw* creool(se); **II** *bn* creools

creosote ['kri(:)əsout] **I** *znw* creosoot *m* & *o*; **II** *overg* met creosoot behandelen

crêpe [kreip] *znw* crêpe; ~ *paper* crêpepapier; ~ *shoes* schoenen met crêperubber zolen

crepitate ['krepiteit] *onoverg* knetteren

crepitation [krepi'teiʃən] *znw* geknetter *o*

crept [krept] V.T. & V.D. van *creep*

crepuscular [kri'pʌskjulə] *bn* schemerend, schemerig, schemer-

crescent ['kresənt] **I** *bn* wassend, toenemend; halvemaanvormig; **II** *znw* wassende maan; halvemaan; halfcirkelvormige rij huizen

cress [kres] *znw* tuinkers, waterkers

crest [krest] *znw* kam, kuif, pluim; kruin, top; (schuim)kop [op golven]; herald helmteken *o*

crested ['krestid] *bn* met kuif, gekuifd, kuif-

crestfallen ['krestfɔ:l(ə)n] *bn* terneergeslagen

cretaceous [kri'teiʃəs] *bn* krijtachtig, krijt-

Cretan ['kri:tən] I *bn* Kretenzisch; II *znw* Kretenzer

cretin ['kre, 'kri:tin] *znw* cretin, idioot, stomkop

cretinous ['kre-, 'kri:tinəs] *bn* 1 med lijdend aan cretinisme; 2 gemeenz idioot, achterlijk

cretonne [kre'tɔn, 'kretɔn] *znw* cretonne *o*

crevasse [kri'væs] *znw* gletsjerspleet

crevice ['krevis] *znw* spleet, scheur

1 crew [kru:] I *znw* scheepsvolk *o*, bemanning; bediening(smanschappen); ploeg; troep, bende; gespuis *o*; II *onoverg (& overg)* deel uitmaken van de bemanning (van)

2 crew V.T. van ²*crow (1)*

crew cut ['kru:kʌt] *znw* stekeltjeshaar *o*, kort Amerikaans

crewel ['kru:il] *znw* borduurwol

crewman ['kru:mæn, -mən] *znw* bemanningslid *o*

crib [krib] I *znw* krib; hut, koestal; kribbe, kinderbedje *o*; spiekbriefje *o*; ook: gemeenz = *cribbage*; II *overg* overkalken, spieken

cribbage ['kribidʒ] *znw* bepaald kaartspel

crick [krik] I *znw* kramp; II *overg* kramp krijgen in

cricket ['krikit] *znw* 1 krekel; 2 cricket(spel) *o*; *not (quite)* ~ *to...* niet eerlijk om...

cricketer *znw* cricketspeler

crier ['kraiə] *znw* omroeper

crikey! ['kraiki] *tsw* uitroep van verbazing

crime [kraim] *znw* misdaad; criminaliteit; wandaad

Crimean [krai-, kri'miən] *bn* Krim-

criminal ['kriminl] I *bn* crimineel; misdadig; schandalig; *C~ Investigation Department* recherche; ~ *law* strafrecht *o*; ~*lawyer* strafpleiter; criminalist; II *znw* misdadiger, gemeenz boef

criminality [krimi'næliti] *znw* criminaliteit: misdadigheid; aantal *o* misdaden

criminologist [krimi'nɔlədʒist] *znw* criminoloog

criminology *znw* criminologie

crimp [krimp] *overg* 1 plooien, krullen; 2 krimp snijden, levend snijden [vis]

crimson ['krimzn] I *bn* karmozijnrood; [v. gezicht] vuurrood; II *znw* karmozijn *o*; III *overg* karmozijn verven; IV *onoverg* karmozijnrood worden, blozen

cringe [krindʒ] I *onoverg* ineenkrimpen; fig kruipen (voor *to*); *the very thought of it makes me* ~ ik krijg al kromme tenen als ik eraan denk; II *znw* kruiperige buiging

crinkle ['kriŋkl] I *overg & onoverg* (doen) kronkelen, rimpelen, (ver)frommelen; II *znw* kronkel, rimpel, frommel

crinkly *bn* kronkelig, rimpelig

crinoline ['krinəli:n] *znw* hoepelrok

cripple ['kripl] I *znw* kreupele, gebrekkige, ver-

minkte; II *overg* kreupel maken, verminken; onklaar maken; fig verlammen, belemmeren

crisis ['kraisis] *znw* (crises [-si:z]) crisis, keerpunt *o*

crisp [krisp] I *bn* kroes; gerimpeld; knappend, krakend [papier], bros, krokant; opwekkend [lucht]; gedecideerd; scherp; fris, levendig, pittig, ongezouten [antwoord]; II *znw* (potato)chip; *burnt to a* ~ zwartverbrand; III *overg* krullen, kroezen, friseren; rimpelen

crispy *bn* kroes; bros; fris

criss-cross ['kriskrɔ(:)s] I *znw* netwerk *o*, wirwar; II *bijw & bn* kriskras (liggend, lopend)

criterion [krai'tiəriən] *znw (mv: -s of* criteria [-riə]) criterium *o*, toets, maatstaf; graadmeter

critic ['kritik] *znw* criticus

critical *bn* kritisch; kritiek; *be* ~ *of* kritiek hebben op, kritisch staan tegenover

criticism ['kritisizm] *znw* kritiek (op *of*), beoordeling; kritische op-, aanmerking

criticize *overg* kritiseren, beoordelen; aanmerkingen maken op, bekritiseren, hekelen

critique [kri'ti:k] *znw* kritiek, beoordeling

croak [krouk] I *onoverg* kwaken, krassen; slang doodgaan; II *overg* met schorre stem zeggen

croaker *znw* iets wat kwaakt; onheilsprofeet, doemdenker; Am gemeenz pil [dokter]

Croatia [krou'eiʃə] *znw* Kroatië *o*

Croatian [krou'eiʃən] I *znw* Kroaat; Kroatisch *o*; II *bn* Kroatisch

crochet ['krouʃei, 'krouʃi] I *znw* haakwerk *o*; II *overg & onoverg* haken

crochet-hook *znw* haakpen

crock [krɔk] *znw* pot; gemeenz wrak

crockery ['krɔkəri] *znw* aardewerk *o*

crocodile ['krɔkədail] I *znw* krokodil; krokodillenleer *o*; II *bn* krokodillen-; krokodillenleren

crocus ['kroukəs] *znw* krokus

croft [krɔ(:)ft] *znw* klein stuk wei- of bouwland *o* van een keuterboerderij

crofter *znw* keuterboertje *o*

cromlech ['krɔmlek] *znw* prehistorisch steengraf *o*

crone [kroun] *znw* oud wijf *o*

crony ['krouni] *znw* makker, maatje *o*

crook [kruk] I *znw* kromte, bocht; kromming; haak; herdersstaf, kromstaf, bisschopsstaf; gemeenz oplichter, boef; II *overg & onoverg* (zich) krommen; buigen

crook-back *znw* bochel

crook-backed *bn* gebocheld

crooked *bn* krom, gebogen, verdraaid, verkeerd; slinks, oneerlijk

croon [kru:n] *onoverg & overg* half neuriën, croonen

crooner *znw* crooner

crop [krɔp] I *znw* krop; gewas *o*, oogst (ook: ~*s*); aantal *o*, menigte, hoop; kortgeknipt haar *o*; knippen *o*; jachtzweep; II *overg* plukken, oogsten; afknippen; kortstaarten, (de oren) afsnijden, couperen; afknabbelen; ~ *up* opduiken, zich op-, voordoen, er tussen komen

cropper ['krɔpə] *znw* gemeenz val, smak; produc-
tieve plant; *come a* ~ gemeenz languit vallen; over
de kop gaan; afgaan, op je bek gaan

crop rotation ['krɔprouteiʃən] *znw* wisselbouw

croquet ['kroukei, -ki] *znw* croquet(spel) *o*

croquette [krou'ket] *znw* kroket

crosier, crozier ['krouʒə] *znw* bisschopsstaf, kromstaf

cross [krɔːs, krɔs] **I** *znw* kruis *o*; kruisje *o*; kruising; sp
pass dwars over het veld; voorzet; *on the* ~ diago-
naal, schuin; **II** *overg* kruisen; kruisgewijs over elkaar leggen, [armen, benen] over elkaar slaan,
doorkruisen, strepen [een cheque]; een kruis maken over; met een kruis(je) merken; kruiselings berijden; overschrijden, oversteken, overvaren,
(dwars) lopen (gaan) door (over); dwarsbomen,
tegenwerken; ~ *one's fingers, keep one's fingers* ~*ed*
in stilte bidden (hopen), het beste hopen; ± even
afkloppen, duimen; ~ *sbd.'s mind* bij iem. opkomen; ~ *off (out)* doorhalen, schrappen; **III** *onoverg*
elkaar kruisen; **IV** *wederk:* ~ *oneself* een kruis slaan
(maken); **V** *bn* uit zijn humeur, kwaad, boos

cross-bar *znw* dwarshout *o*, dwarslat, stang [v. he-
renfiets]; sp (doel)lat [bij voetbal]

crossbeam *znw* dwarsbalk

crossbearing *znw* kruispeiling

crossbones *znw mv* gekruiste botten [als zinnebeeld
van de dood]

crossbow *znw* kruisboog

cross-bred *bn* van gekruist ras

cross-breed I *znw* gekruist ras *o*, kruising; bastaard;
II *overg* kruisen [rassen]

cross bun *znw* broodje *o* met een kruis erop [op
Goede Vrijdag] (*hot* ~)

cross-Channel *bn* over het Kanaal, Kanaal-

cross-check I *overg* nogmaals, op een andere manier controleren; **II** *znw* extra controle (op een andere manier)

cross-country I *bn* dwars door het land, terrein-;
II *znw* veldloop, terreinrit &

cross-cut *bn* overdwars gesneden of gezaagd

cross-examination *znw* kruisverhoor *o*

cross-examine *overg* aan een kruisverhoor onderwerpen, scherp ondervragen

cross-eyed *bn* scheel

crossfire *znw* **1** kruisvuur *o*; **2** spervuur *o* van vragen

cross-grained *bn* dwars op de draad [hout]; fig
dwars

crossing *znw* kruising, oversteken *o*; overvaart,
-tocht; kruispunt *o*; overweg; oversteekplaats

cross-legged *bn* met gekruiste benen; met de benen over elkaar

crosspatch *znw* nijdas

cross-purpose *znw: be at* ~*s* elkaar onbedoeld tegenwerken; elkaars bedoelingen niet begrijpen

cross-question *overg* scherp ondervragen, aan een

kruisverhoor onderwerpen

cross-reference *znw* verwijzing

crossroad *znw* dwarsweg, kruisende weg; ~*s* wegkruising, twee-, viersprong; fig tweesprong, cru-
ciaal moment *o*, keerpunt *o*

cross-section *znw* dwars(door)snede[2]; representatieve steekproef

cross-street *znw* dwarsstraat

crosstalk *znw* snelle, flitsende dialoog

crosswalk *znw* Am voetgangersoversteekplaats

crossways, crosswise *bn & bijw* kruisgewijze

crosswind *znw* zijwind

crossword, crossword puzzle *znw* kruiswoordraadsel *o*

crotch [krɔtʃ] *znw* kruis *o* [v. mens, broek]

crotchet ['krɔtʃit] *znw* muz kwartnoot

crotchety *bn* gemeenz chagrijnig, knorrig

crouch [krautʃ] **I** *onoverg* (ook: ~ *down*) bukken; **II**
znw gebukte (kruipende) houding

croup [kru:p] *znw* **1** kruis *o* [v. paard]; **2** med kroep

croupier ['kru:piə] *znw* croupier

1 crow [krou] *znw* dierk kraai; gekraai *o*; *as the* ~
flies hemelsbreed

2 crow (crowed (*in bet. 1 ook:* crew); crowed) *onoverg*
1 kraaien [v. haan]; **2** kraaien [v. baby]; ~ *over sbd.*
victorie kraaien

crowbar *znw* koevoet, breekijzer *o*

crowd [kraud] **I** *znw* gedrang *o*, menigte, schare,
(grote) hoop, massa; figuratie [in film]; gemeenz
gezelschap *o*, stel *o*, troep, bende, lui; *follow (go
with, move with) the* ~ in de pas lopen, zich conformeren; **II** *onoverg* dringen, duwen, zich verdringen,
drommen; **III** *overg* (opeen)dringen, (opeen-)
pakken, duwen; zich verdringen in (op); vullen,
volproppen; ~ *in on sbd.* iemand zwaar onder druk
zetten; ~*ed* (stamp)vol; druk; ~ *out* verdringen

crown [kraun] **I** *znw* kroon; krans; kruin; top; bol
[v. hoed], hoofd *o*; kroon [v. tand/kies]; kruis *o* [v.
anker] *the* ~ de kroon, de vorstelijke macht; **II**
overg kronen (tot), bekronen; slang op het hoofd
slaan; ~ *a man* sp dam halen; *to* ~ *it all* om de
kroon op het werk te zetten; tot overmaat van
ramp

crown colony *znw* kroonkolonie

crown court *znw* gerechtshof *o* voor strafzaken

crowned *bn* gekroond, met een kroon (kam, kuif
&)

crowning I *znw* kroning, voltooiing; **II** *bn*
allesovertreffend, het toppunt vormend van

crown jewels *znw mv* kroonjuwelen

crown land *znw* kroondomein *o*

crown law *znw* Br strafrecht *o*

crown prince *znw* kroonprins

crown princess *znw* kroonprinses

crown wheel *znw* auto kroonwiel *o*

crown witness *znw* recht kroongetuige

crow's-feet ['krouzfit] *znw mv* kraaienpootjes: rim-
peltjes (bij de ogen)

crow's-nest *znw* scheepv kraaiennest *o*
crozier *znw = crosier*
crucial ['kru:ʃiəl] *bn* kritiek, beslissend, doorslaggevend
crucible ['kru:sibl] *znw* smeltkroes; fig vuurproef
cruciferous [kru:'sifərəs] *bn* plantk kruisbloemig
crucifix ['kru:sifiks] *znw* crucifix *o*, kruisbeeld *o*
crucifixion [kru:si'fikʃən] *znw* kruisiging
cruciform ['kru:sifɔ:m] *bn* kruisvormig
crucify *overg* kruisigen; martelen, kastijden; de grond in boren (in een debat, westrijd &)
crude [kru:d] **I** *bn* rauw, ruw, grof, onbereid, ongezuiverd, onrijp; primitief; **II** *znw* ruwe olie (~ *oil*)
crudeness, crudity *znw* rauwheid, ruwheid, grofheid, onrijpheid; primitiviteit
cruel ['kruəl] *bn* wreed, gemeen; bar, guur
cruelty *znw* wreedheid
cruet ['kruit] *znw* (olie-, azijn)flesje *o*; RK ampul; = *cruet-stand*
cruet-stand *znw* olie-en-azijnstel *o*
cruise [kru:z] **I** *onoverg* cruisen, een cruise maken; kruisen, (langzaam) rondrijden; kruisen [marine], patrouilleren; **II** *znw* cruise, pleziervaart (ook: *pleasure* ~)
cruise missile *znw* kruisraket, kruisvluchtwapen *o*
cruiser *znw* kruiser; motorjacht *o*
cruising speed *znw* kruissnelheid
crumb [krʌm] **I** *znw* kruim, kruimel[2]; ~*s!* verdraaid!, jeetje!; **II** *overg* kruimelen; paneren
crumble [krʌmbl] **I** *overg & onoverg* (ver)kruimelen, brokkelen, verbrokkelen, afbrokkelen; **II** *znw* kruimeltaart
crumbly *bn* kruimelig, brokkelig
crummy ['krʌmi] *bn* gemeenz smerig, vies, sjofel; waardeloos
crump [krʌmp] *znw* slag, klap, luide explosie
crumpet ['krʌmpit] *znw* plaatkoek; *a bit of* ~ plat een lekker wijf
crumple ['krʌmpl] *overg & onoverg* (ver)kreukelen, kreuken, verfrommelen; verschrompelen; verbuigen; verbogen worden; in elkaar (doen) zakken; ~*d* ook: krom, gebogen
crunch [krʌnʃ] **I** *onoverg* kraken, knarsen; **II** *overg* hoorbaar kauwen op iets knisperends; **III** *znw* krak; geknars *o*; crisis, kritiek ogenblik *o*
crunchy *bn* knappend; krakend
crupper ['krʌpə] *znw* staartriem; kruis *o* [v. paard]
crusade [kru:'seid] **I** *znw* kruistocht[2]; fig campagne; **II** *onoverg* een kruistocht ondernemen, te velde trekken, een campagne voeren
crusader *znw* kruisvaarder; fig deelnemer aan een campagne, strijder, ijveraar
crush [krʌʃ] **I** *overg* (samen-, uit)persen, (samen-, plat)drukken, stampen [erts]; verpletteren, vernietigen, onderdrukken; verfrommelen; ~ *out* uitpersen; dempen [oproer]; **II** *onoverg* pletten [v. stoffen]; ~ *into* binnendringen; **III** *znw* gedrang *o*; gemeenz verliefdheid; *have a* ~ *on sbd.* smoorver-

liefd zijn op iem.
crush-barrier *znw* dranghek *o*
crusher *znw* pletter, plethamer; stampmolen, maalmachine
crushing *bn* verpletterend, vernietigend
crust [krʌst] **I** *znw* korst, schaal, aanzetsel *o* [in een fles]; **II** *onoverg* aanzetten, een korst vormen
crustacean [krʌs'teiʃiən] *znw* schaaldier *o*
crusted ['krʌstid] *bn* aangezet [v. wijn]; ingeworteld, ouderwets, vastgeroest; eerbiedwaardig
crusty *bn* korstig; fig korzelig, kribbig, gemelijk
crutch [krʌtʃ] *znw* kruk; fig steun
crux [krʌks] *znw* (*mv*: cruces ['kru:si:z]) crux, struikelblok *o*, (onoplosbare) moeilijkheid; kardinale punt *o*, essentie, kwintessens, kardinale vraag
cry [krai] **I** *znw* roep, schreeuw, kreet, geroep *o*, geschreeuw *o*, gebrul *o*; geblaf *o*, gejank *o*; gehuil *o*, huilbui; *it is a far* ~ het is heel ver; *have a good* ~ eens goed uithuilen; **II** *onoverg* roepen, schreeuwen, schreien, huilen; blaffen, janken; *for* ~*ing out loud* in vredesnaam, allemachtig; **III** *overg* (uit-) roepen, omroepen; ~ *one's eyes out* hartverscheurend huilen; ~ *oneself to sleep* zichzelf in slaap huilen; ~ *down* afbreken; ~ *for...* roepen, schreeuwen, huilen, schreien om..., van.. [vreugde &]; ~ *for the moon* het onmogelijke verlangen; ~ *off* terugkrabbelen, het laten afweten; ervan afzien; ~ *out* uitroepen, het uitschreeuwen; ~ *out against* zijn stem verheffen tegen, luide protesteren tegen; ~ *(out) for* schreeuwen, roepen om; ~ *over spilt milk* gedane zaken die toch geen keer nemen betreuren; ~ *to*, ~ *unto* toe-, aanroepen; ~ *to heaven* ten hemel schreien; ~ *up* ophemelen
cry-baby *znw* huilebalk
crying *bn* schreeuwend, hemeltergend; dringend
cryogen ['kraiədʒən] *znw* vriesmengsel *o*; vriesmiddel *o*
crypt [kript] *znw* crypt(e), grafgewelf *o*
cryptic ['kriptik] *bn* cryptisch, geheim, verborgen; duister; ~ *crossword* cryptogram *o*
crypto- *bn* crypto-, verborgen, geheim, verkapt
cryptogam *znw* bedektbloeiende plant
cryptogram *znw* in geheimschrift geschreven stuk *o*
cryptographer [krip'tɔgrəfə] *znw* codeur
cryptography *znw* geheimschrift *o*
crystal ['kristl] **I** *znw* kristal *o*; **II** *bn* kristallen
crystal-gazing *znw* toekomst voorspellen *o* met een kristallen bol
crystalline *bn* kristalachtig, kristallen, plechtig kristallijnen
crystallization [kristəlai'zeiʃən] *znw* kristallisatie
crystallize ['kristəlaiz] **I** *onoverg* (uit)kristalliseren[2]; de definitieve vorm krijgen [plannen &]; **II** *overg* laten (uit)kristalliseren; de definitieve vorm geven; konfijten, versuikeren
crystalloid I *bn* kristalachtig; **II** *znw* kristalloïde *o*
CSE *afk. = Certificate of Secondary Education* ± einddi-

ploma v.d. middelbare school [tegenwoordig: GCSE]

cub [kʌb] **I** znw jong o, welp; gemeenz aankomend verslaggever (~ reporter); **II** onoverg jongen werpen, jongen

Cuba ['kju:bə] znw Cuba o

Cuban ['kju:bən] **I** znw Cubaan; **II** bn Cubaans

cubby-hole ['kʌbihoul] znw huisje o, kamertje o, hoekje o; vakje o; hok o

cube [kju:b] **I** znw kubus; dobbelsteen; blok o, blokje o; (suiker)klontje o; wisk derde macht; ~ root derdemachtswortel; **II** overg tot de derde macht verheffen

cubic ['kju:bik] bn kubiek, derdemachts-, inhouds-

cubicle ['kju:bikl] znw kamertje o, hokje o; pashokje o, kleedhokje o

cubism ['kju:bizm] znw kubisme o

cubist ['kju:bist] **I** bn kubistisch; **II** znw kubist

cubit ['kju:bit] znw elleboogslengte

cucking-stool ['kʌkiŋstu:l] znw hist schandpaal, -stoel

cuckold ['kʌkould] **I** znw bedrogen echtgenoot; **II** overg bedriegen, ontrouw zijn

cuckoo ['kuku:] **I** znw dierk koekoek; **II** bn gemeenz gek

cuckoo clock znw koekoeksklok

cucumber ['kju:kʌmbə] znw komkommer

cud [kʌd] znw geweekt voedsel o van herkauwend dier; chew the ~ herkauwen; fig nadenken

cuddle ['kʌdl] **I** onoverg dicht bij elkaar liggen; ~ up zich nestelen; **II** overg knuffelen, liefkozen; **III** znw knuffel, geknuffel o

cuddly bn aanhalig, schattig; ~ toy knuffelbeestje o

cudgel ['kʌdʒəl] **I** znw knuppel; take up the ~s for het opnemen voor; **II** overg knuppelen, afrossen; ~one's brains zich het hoofd breken

cue [kju:] **I** znw **1** wacht, wachtwoord o [v. acteur]; wenk, aanwijzing; **2** biljart keu; give sbd. the ~ iem. een wenk geven; take one's ~ from zich laten leiden door, de aanwijzing volgen van, zich richten naar, een voorbeeld nemen aan; on ~ op het juiste moment; **II** overg: ~ in inseinen, informeren

cuff [kʌf] **I** znw slag, klap, oorveeg; Am omslag [v. broek]; manchet; off the ~ gemeenz geïmproviseerd, ex tempore, voor de vuist; **II** overg slaan

cuff-link znw manchetknoop

cuirass [kwi'ræs] znw kuras o, (borst)harnas o

cuisine [kwi'zi:n] [Fr] znw keuken: wijze van koken

cul-de-sac ['kuldə'sæk] [Fr] znw doodlopende straat, doodlopende steeg; fig impasse, dood punt o

culinary ['kju:linəri] bn culinair, keuken-, kook-

cull [kʌl] **I** overg plukken, verzamelen, vergaren; selecteren, afschieten, slachten [v. zwakke, overtollige dieren]; **II** znw selectie, afschot o, slachting; slachtdier o

culminate ['kʌlmineit] onoverg culmineren, het toppunt bereiken

culmination [kʌlmi'neiʃən] znw culminatie,

hoogtepunt[2] o

culottes [kju'lɔts] znw mv broekrok

culpable ['kʌlpəbl] bn schuldig, misdadig

culprit ['kʌlprit] znw schuldige, boosdoener

cult [kʌlt] znw cultus, eredienst, rage; sekte; cult, incrowd, (artistieke) subcultuur; ~ of personality, personality ~ persoonsverheerlijking; ~ book (film &) cultboek o (-film &)

cultivable ['kʌltivəbl] bn bebouwbaar

cultivate ['kʌltiveit] overg bouwen, bebouwen, bewerken; verbouwen, (aan)kweken, telen; beschaven; beoefenen; cultiveren; in de smaak willen vallen bij, vleien

cultivation [kʌlti'veiʃən] znw bebouwing, bewerking, verbouwen o, cultuur, aankweking, teelt; beschaving; beoefening

cultivator znw bebouwer; kweker; beoefenaar; wiedvork cultivator [ploeg]

cultural ['kʌltʃərəl] bn cultureel

culture znw cultuur [ook = kweek (van bacteriën)], aankweking, teelt, bebouwing; beschaving; physical ~ lichamelijke opvoeding, lichaamsoefeningen; ~ shock cultuurschok; ~ vulture cultuurfreak, culturele alleseter

cultured bn beschaafd; ~ pearl gekweekte (cultivé-) parel

cultus ['kʌltʌs] znw verering van (of als) een godheid, cultus

culvert ['kʌlvət] znw duiker [onder dijk]

cum [kʌm] voorz cum, met; ballet-~-opera ballet en (tevens) opera

cumbersome, **cumbrous** bn log, hinderlijk, lastig, omslachtig

cumin, **cummin** ['kʌmin] znw komijn

cummerbund ['kʌməbʌnd] znw brede band, rond het middel gedragen [bij smoking]

cumulate ['kju:mjuleit] overg & onoverg (zich) opeenhopen, cumuleren

cumulation [kju:mju'leiʃən] znw opeenhoping

cumulative ['kju:mjulətiv] bn cumulatief

cumulus ['kju:mjuləs] znw (mv: cumuli [-lai]) stapelwolk

cuneiform ['kju:niifɔ:m] bn wigvormig; ~ writing spijkerschrift o

cunning ['kʌniŋ] **I** bn listig, sluw; handig; Am aardig, lief, leuk; **II** znw listigheid, sluwheid; handigheid

cunt [kʌnt] znw plat kut; trut, klootzak

cup [kʌp] **I** znw kop, kopje o beker, cup [sp wedstrijdbeker; ook v. beha]; bowl; (not) my ~ of tea gemeenz (n)iets voor mij; in one's ~s boven zijn theewater; **II** overg in de holte van de hand houden (opvangen); ~ped hand holle hand

cup-bearer znw schenker

cupboard ['kʌbəd] znw kast; ~ love baatzuchtige liefde, liefde om het gewin

cupidity [kju:'piditi] znw hebzucht

cupola ['kju:pələ] znw koepel

119

cuppa ['kʌpə] *znw* gemeenz kop thee
cupric *bn* koper-
cup tie ['kʌptai] *znw* bekerwedstrijd
cur [kə:] *znw* straathond; fig hond, vlegel
curability [kjuərə'biliti] *znw* geneeslijkheid
curable ['kjuərəbl] *bn* geneeslijk
curacy ['kjuərəsi] *znw* (hulp)predikantsplaats; RK kapelaanschap *o*
curate *znw* (hulp)predikant; RK kapelaan
curative ['kjuərətiv] **I** *bn* genezend; heilzaam; **II** *znw* geneesmiddel *o*
curator [kju'reitə] *znw* curator; directeur; conservator
curb [kə:b] **I** *znw* fig teugel, toom, keurslijf *o*; Am rand(steen); Am (trottoir)band; **II** *overg* beteugelen, in toom houden, intomen, bedwingen
curd [kə:d] *znw* wrongel, gestremde melk, kwark (ook: ~s)
curd cheese *znw* ± kwark
curdle ['kə:dl] *(overg &) onoverg* (doen) klonteren; stremmen, stollen
cure [kjuə] **I** *znw* genezing; geneesmiddel *o*; kuur; (ziel)zorg; predikantsplaats; **II** *overg* genezen (van *of*); (verduurzamen door) inmaken, drogen, pekelen, roken &
cure-all *znw* panacee
curfew ['kə:fju:] *znw* avondklok; uitgaansverbod *o*
curie ['kjuəri] *znw* curie [eenheid v. radioactiviteit]
curio ['kjuəriou] *znw* rariteit
curiosity [kjuəri'ɔsiti] *znw* nieuwsgierigheid, weetgierigheid; curiositeit, rariteit
curious ['kjuəriəs] *bn* nieuwsgierig, weetgierig, benieuwd; curieus, eigenaardig
curl [kə:l] **I** *znw* krul, kronkel(ing); **II** *overg* krullen, kronkelen, rimpelen; minachtend optrekken of omkrullen (ook: ~ *up*); **III** *onoverg* (om)krullen, (ineen)kronkelen, rimpelen (ook: ~ *up*); ~ *up* zich oprollen; ineenkrimpen; in elkaar zakken
curler *znw* krulspeld, roller
curlew ['kə:lju:] *znw* dierk wulp
curling ['kə:liŋ] *znw* curling *o* [balspel op het ijs]
curling tongs *znw mv* krultang
curl-paper *znw* papillot
curly *bn* krullend, gekruld, krul-, kroes-
curly-pate *znw* krullenbol
currant ['kʌrənt] *znw* krent; *black & ~s* zwarte & bessen; *dried ~s* krenten; ~ *loaf* krentenbrood *o*
currency ['kʌrənsi] *znw* gangbaarheid; ruchtbaarheid; (gang)baar geld *o*, munt(soort), betaalmiddel *o*, valuta, deviezen; ~ *note* muntbiljet *o*; ~ *reform* geldzuivering, -sanering
current I *bn* courant, gangbaar, in omloop, lopend; algemeen verspreid of aangenomen; actueel, van de dag; tegenwoordig, laatst (verschenen) [nummer]; *be ~* gangbaar[2] of in omloop zijn; ~ *account* handel rekening-courant; ~ *affairs* lopende zaken, actualiteiten; **II** *znw* stroming, stroom, loop, gang; *alternating ~* elektr wisselstroom; *direct ~* elektr

gelijkstroom; *low-tension ~* elektr zwakstroom
current account *znw* rekening-courant
currently *bijw* tegenwoordig, momenteel, op het ogenblik
curriculum [kə'rikjuləm] *znw* (*mv*: curricula [-lə]) cursus, programma *o*, leerplan *o*
curriculum vitae [kə'rikjuləm 'vi:tai, -'vaiti:] *znw* curriculum vitae *o*, korte levensbeschrijving
1 curry ['kʌri] **I** *znw* kerrie; kerrieschotel; **II** *overg* met kerrie bereiden
2 curry ['kʌri] *overg* roskammen; afrossen; ~ *favour with sbd.* iems. gunst proberen te winnen
curry-comb *znw* roskam
curry powder *znw* kerrie, kerriepoeder *o & m*
curse [kə:s] **I** *onoverg* vloeken; **II** *overg* uit-, vervloeken; ~ *with* bezoeken met; **III** *znw* vloek, vervloeking, verwensing; *the ~* gemeenz de menstruatie
cursed ['kə:sid] *bn* vervloekt
cursive ['kə:siv] *znw* lopend [schrift *o*]
cursory ['kə:səri] *bn* terloops (gedaan of gemaakt), vluchtig, haastig
curst [kə:st] *bn = cursed*
curt [kə:t] *bn* kort, kort en bondig, kortaf, bits
curtail [kə:'teil] *overg* korten, besnoeien, beknotten, beperken, verminderen
curtailment *znw* verkorting, inkorting, beperking
curtain ['kə:t(i)n] **I** *znw* gordijn *o & v*, schuifgordijn *o*, overgordijn *o*; scherm *o*, doek *o*; *iron ~* ijzeren gordijn *o*; **II** *overg:* ~ *off* afscheiden met een gordijn
curtain-call *znw: take three ~s* driemaal op het podium teruggeroepen worden
curtain-raiser *znw* kort toneelstuk *o* vóór het eigenlijke stuk; voorprogramma *o*; fig voorspel *o*
curts(e)y ['kə:tsi] **I** *znw* revérence; *do a ~* een revérence maken; **II** *onoverg* een revérence maken
curvaceous [kə:'veiʃəs] *bn* gemeenz volslank
curvature ['kə:vətʃə] *znw* kromming, boog; ~ *of the spine* ruggengraatsverkromming
curve [kə:v] **I** *znw* kromming, curve, kromme (lijn), bocht; **II** *onoverg* een bocht maken, buigen, zich krommen; **III** *overg* (om)buigen, krommen
curvet [kə:'vet] *znw* courbette: hoge-schoolsprong [v. paard]
curvilinear [kə:vi'liniə] *bn* kromlijnig
curvy ['kə:vi] *bn* 1 bochtig; 2 welgevormd, goed geproportioneerd [v. vrouw]
cushion ['kuʃən] **I** *znw* kussen *o*; kussentje *o*; biljart band; **II** *overg* van kussens voorzien; opvangen [de slag], breken [de val], verzachten
cushy ['kuʃi] *bn* gemeenz jofel, fijn, makkelijk
cusp [kʌsp] *znw* punt; horen [v.d. maan]
cuspidor ['kʌspidɔ:r] *znw* kwispedoor
cuss [kʌs] gemeenz **I** *znw* vloek; kerel; *not a tinker's ~* geen snars; **II** *(overg &) onoverg* (ver-, uit)vloeken
cussed *bn* gemeenz balorig, koppig
custard ['kʌstəd] *znw* vla [v. eieren en melk], custard

custard pie *znw* taart zoals gebruikt in slapsticks; slapstick-

custodian [kʌs'toudiən] *znw* bewaker, beheerder, conservator [v. museum]; voogd

custody ['kʌstədi] *znw* bewaking, hoede, zorg, voogdij; berusting, bewaring; hechtenis

custom ['kʌstəm] **I** *znw* gewoonte, gebruik *o*; klandizie, nering; ~s douane; douanerechten; **II** *bn* speciaal (gemaakt), op maat, maat- [v. kleding &]

customary *bn* gewoon, gebruikelijk

custom-built *bn* = custom II

customer *znw* klant; gemeenz kerel, vent

customize ['kʌstəmaiz] *overg* op bestelling maken; aanpassen aan persoonlijke verlangens

custom-made *bn* = custom II

customs-house *znw* douanekantoor *o*; douane

customs officer *znw* douanebeambte, commies

1 cut [kʌt] (cut; cut) **I** *overg* snijden[2], af-, aan-, be-, door-, stuk-, open-, uitsnijden; verminderen, verlagen [prijzen]; afschaffen [ter bezuiniging]; couperen, afnemen; (af-, door)knippen; hakken, (af-) kappen; maaien; [zoden] steken, [een dijk] doorsteken; (door)graven; doorhakken; (door)klieven; banen [een weg]; [glas] slijpen; af-, verbreken; weglaten; gemeenz Am negeren, wegblijven van [les &]; gemeenz eraan geven; ~ *it fine* op het nippertje komen &; ~ *one's stick* gemeenz 'm smeren; ~ *one's teeth* tanden krijgen; **II** *onoverg* snijden, couperen; zich laten snijden; ~ *and run* slang er vandoor gaan, vliegen, rennen; ~ *both ways* van twee kanten snijden; ~ *sbd. short* iem. in de rede vallen; ~ *sbd. dead* iem. totaal negeren; ~ *a figure* een figuur slaan; ~ *across* doorsnijden; (dwars) oversteken; fig in strijd zijn met, ingaan tegen; doorbreken, overstijgen; ~ *at* steken of een uitval doen naar; ~ *along* gemeenz snel gaan, voorbijschieten; 'm smeren; ~ *away* wegsnijden; ~ *back* snoeien; besnoeien; inkrimpen; terugkeren naar een vorig beeld of toneel [in film]; gemeenz rechtsomkeert maken; ~ *down* (geleidelijk) verminderen, besnoeien[2]; vellen; zie ook: [1]size; ~ *in* insnijden; in de rede vallen, invallen; ~ *off* afsnijden[2]; onderbreken; wegmaaien; afknippen, afhakken, afslaan; afzetten [ledematen; motor], afsluiten [gas &]; afbreken [onderhandelingen]; ~ *off with a shilling* onterven; ~ *out* (uit)knippen, uitsnijden; uitsluiten; gemeenz verdringen, een beentje lichten; achterwege laten, couperen; gemeenz uitscheiden (ophouden) met; elektr uitschakelen; afslaan, weigeren [v. motor]; zie ook: work III; *be ~ out for* geknipt zijn voor; ~ *under* onderkruipen; ~ *up* (stuk-) snijden, hakken, knippen, versnijden; verdelen; fig afmaken, afbreken; in de pan hakken; *be ~ up by* ontdaan, kapot zijn van; ~ *up rough* boos of nijdig worden

2 cut I *bn* gesneden; los [bloemen]; geslepen [glas]; ~ *price* sterk verlaagde prijs, spotprijs; ~ *and dried* gemeenz vooraf pasklaar gemaakt [theorieën],

oudbakken; kant en klaar [plannen]; **II** *znw* snede, snijwond, knip, hak, houw; slag, tik [met zweep]; stuk *o*, (aan)deel *o*, (stuk) vlees *o*; fig veeg uit de pan; snit, coupe, fatsoen *o*; houtsnede, plaat; couperen *o* [kaarten]; coupure; nummer *o*, liedje *o* [op plaat]; vermindering, verlaging [v. prijs, loon]; *whose ~ is it?* kaartsp wie moet afnemen?; *a ~ above* een graadje hoger dan; *the ~ and thrust* het houwen en steken [bij sabelschermen]; de felle strijd

cutaneous [kju:'teiniəs] *bn* van de huid, huid-

cut-away ['kʌtəwei] *znw* jacquet *o & v*

cut-back *znw* beperking, verlaging, reductie; flashback, terugblik

cute [kju:t] *bn* gemeenz pienter, bijdehand, spits, kien; lief, snoezig, charmant, aantrekkelijk, cute

cut-glass ['kʌtgla:s] *bn* geaffecteerd, bekakt [v. spraak]

cuticle ['kju:tikl] *znw* opperhuid; vliesje *o*; nagelriem

cutie ['kju:ti] *znw* gemeenz snoes, meisje *o*

cutlass ['kʌtləs] *znw* hartsvanger: korte sabel

cutler ['kʌtlə] *znw* messenmaker

cutlery ['kʌtləri] *znw* tafelgerei *o*

cutlet ['kʌtlit] *znw* kotelet, karbonade

cut-off ['kʌtɔf] *znw* afsluiter; scheiding, grens; Am kortere weg; *a pair of ~s* gemeenz (spijker)broek met afgeknipte pijpen

cut-out *znw* elektr schakelaar; techn vrije uitlaat [v. motor]; uitknipsel *o*; bouwplaat

cut-price, cut-rate *bn* goedkoop, tegen verlaagde prijs

cutter *znw* snijder; coupeur; (snij)mes *o*; snijmachine; snijbrander; techn frees; houwer, hakker; cutter [v. film]; scheepv kotter, boot

cut-throat I *znw* moordenaar; schertsend ouderwets scheermes *o*; **II** *bn*: ~ *competition* moordende, meedogenloze concurrentie

cutting I *bn* snijdend, scherp, bijtend, vinnig; snij-; **II** *znw* plantk stek; (uit)knipsel *o*; (afgesneden, afgeknipt) stuk *o*, coupon [v. stof]; snijden *o*, knippen *o* &; doorgraving, holle weg; doorkomen *o* [v. tanden]; montage [v. film]; ~ *room* montageruimte [v. films]

cuttlefish ['kʌtlfiʃ] *znw* inktvis

CV *afk.* = curriculum vitae cv

cwt. *afk.* = hundredweight

cyanide ['saiənaid] *znw* cyanide *o*

cyanose [saiə'nouz] *znw* med cyanose, blauwzucht

cybernetic [saibə:'netik] **I** *bn* cybernetisch; **II** *znw*: ~s cybernetica: stuurkunde

cyclamen ['sikləmən] *znw* cyclaam, cyclamen, alpenviooltje *o*

cycle ['saikl] **I** *znw* tijdkring, kringloop; cyclus; rijwiel *o*, fiets; ~ *per second* hertz; **II** *onoverg* fietsen

cyclic(al) *bn* tot een cyclus behorend; periodiek

cycling *znw* fietsen *o*, wielrennen *o*; wielersport

cyclist *znw* wielrijder, fietser

cyclone ['saikloun] *znw* cycloon
cyclonic [sai'klɔnik] *bn* cyclonaal
cyclopean [sai'kloupjən] *bn* gigantisch
cyclops ['saiklɔps] *znw* (*mv:* cyclopes [sai'kloupi:z]) cycloop
cyclostyle ['saikləstail] I *znw* stencilmachine; II *overg* stencilen
cyclotron ['saiklətrɔn] *znw* cyclotron *o*, deeltjesversneller
cygnet ['signit] *znw* jonge zwaan
cylinder ['silində] *znw* cilinder, wals, rol
cylindrical [si'lindrikl] *bn* cilindervormig
cymbal ['simbəl] *znw* cimbaal, bekken *o*
cynic ['sinik] I *bn* cynisch; II *znw* cynisch wijsgeer; cynicus
cynical *bn* cynisch
cynicism ['sinisizm] *znw* cynische houding; cynische opmerking
cynosure ['sainəʃuə] *znw* astron Kleine Beer; fig middelpunt *o* (v. belangstelling)
cypher ['saifə] = *cipher*
cypress ['saipris] *znw* cipres
Cyprus ['saiprəs] *znw* Cyprus *o*
Cypriot ['sipriət] I *znw* Cyprioot; II *bn* Cyprisch
cyrillic [si'rilik] *znw* cyrillisch (schrift) *o*
cyst [sist] *znw* cyste: blaas, beursgezwel *o*
cystitis [sis'taitis] *znw* blaasontsteking
cytology [sai'tɔlədʒi] *znw* cytologie: celleer
Czar [za:] *znw* tsaar
Czarina [za:'ri:nə] *znw* tsarina
czarist ['za:rist] I *bn* tsaristisch; II *znw* tsarist
Czech [tʃek] I *znw* Tsjech; Tsjechisch *o*; II *bn* Tsjechisch
Czechoslovakia [tʃekouslou'vækiə] *znw* Tsjechoslowakije *o*
Czechoslovakian I *znw* Tsjechoslowaak; II *bn* Tsjechoslowaaks
Czech Republic *znw* Tsjechië *o*

D

d [di:] *znw* (de letter) d; muz d of re
D = 500 [als Romeins cijfer]
d. *afk.* = penny of pence
'd = had, could, should
DA Am = district attorney
dab [dæb] I *znw* 1 tikje *o*, por; 2 klompje *o*, spat, kwak; 3 dierk schar; 4 slang: ~s vingerafdrukken; ~ hand gemeenz uitblinker (in *at*); II *overg & onoverg* 1 (aan)tikken; 2 betten, deppen; ~ *at* betasten of even bestrijken
dabble ['dæbl] I *overg* bespatten, nat maken, plassen met; II *onoverg* doen aan, liefhebberen (in *in*)
dabbler *znw* beunhaas, knoeier, prutser
dace [deis] *znw* (*mv* idem) serpeling [vis]
dachshund ['dækshund] *znw* dierk taks, teckel
dactyl ['dæktil] *znw* dactylus
dactylogram [dæk'tiləgræm] *znw* vingerafdruk
dactyloscopy [dækti'lɔskəpi] *znw* identificering door vingerafdrukken
dad, daddy [dæd, 'dædi] *znw* gemeenz pa, pappie, pap(s)
daddy-longlegs ['dædi'lɔŋlegz] *znw* langpootmug; Am hooiwagen [spin]
dado ['deidou] *znw* lambrisering, beschot *o*
daemon *znw* = demon
daffodil ['dæfədil] *znw* gele narcis
daffy ['dæfi] *bn* gemeenz gek, getikt
daft [da:ft] *bn* dwaas, dom, mal, gek, getikt
dagger ['dægə] *znw* dolk; kruisje *o* (†); be at ~s drawn op uiterst gespannen voet staan; look ~s at sbd. venijnige blikken werpen op iem.
dago ['deigou] *znw* geringsch benaming voor iem. v. Spaanse, Portugese of Italiaanse afkomst
daguerreotype [də'gerətaip] *znw* daguerreotype
dahlia ['deiljə] *znw* dahlia
Dail (Eireann) [dail('ɛərən)] *znw* Lagerhuis *o* van de Ierse Republiek
daily ['deili] I *bn & bijw* dagelijks, dag-; II *znw* dagblad *o*; dagmeisje *o*
dainty ['deinti] I *bn* fijn, sierlijk, keurig; aardig; lekker; kieskeurig; II *znw* lekkernij
dairy ['dɛəri] *znw* melkinrichting, zuivelfabriek
dairy-farm *znw* zuivelbedrijf *o*
dairyman *znw* melk-, zuivelboer
dairy produce *znw* zuivelproducten
dais ['deiis] *znw* podium *o*, verhoging
daisy ['deizi] *znw* madeliefje *o*; push up the daisies gemeenz onder de groene zoden liggen
daisy-chain *znw* ketting van madeliefjes
daisy wheel *znw* daisy wheel, margrietwieltje *o* [in printers, schrijfmachines]

dale [deil] *znw* dal *o*

dalliance ['dæliəns] *znw* geflirt[2] *o*, flirt

dally *onoverg* stoeien, rondlummelen; beuzelen; talmen; ~ *with an idea* spelen met een idee; ~ *with sbd.* flirten met iemand

Dalmatian [dæl'meiʃən] **I** *bn* Dalmatisch; **II** *znw* Dalmatische hond

dam [dæm] **I** *znw* **1** dam, dijk; **2** ingesloten water *o*; **3** moeder [v. dier]; **II** *overg*: ~ *(up)* een dam opwerpen tegen[2], afdammen, bedijken; opkroppen [v. gevoelens]

damage ['dæmidʒ] **I** *znw* schade, beschadiging, averij; ~*s* schadevergoeding; *what's the* ~? gemeenz wat kost het?; wat is de schade?; **II** *overg* beschadigen, havenen, toetakelen; schaden, in diskrediet brengen

damaging *bn* fig nadelig, schadelijk, bezwarend, ongunstig

damask ['dæməsk] **I** *znw* damast *o*; gevlamd staal *o*; zacht rood *o*; **II** *bn* damasten; zacht rood

dame [deim] *znw* dame; vrouwelijk lid *o* van de *Order of the British Empire*; Am wijf *o*

dammit ['dæmit] *tsw = damn it*

damn [dæm] **I** *overg* vervloeken; verdoemen; veroordelen; afkraken; afbreken; ~ *it!* verdomme!; ~ *the rain!* die verdomde regen!; *I'll be* ~*ed if...* gemeenz ik mag hangen als...; *as near as* ~ *it* gemeenz zo goed als; **II** *znw* reet, zak; *it is not worth a* ~ het is geen moer waard; *I don't care (give) a* ~ *(about it)* het kan me geen donder (barst) schelen; **III** *bn bijw* gemeenz verdomd

damnable *bn* gemeenz vervloekt; afschuwelijk; godsgruwelijk, pokken-

damnation [dæm'neiʃən] *znw* verdoemenis, verdoeming; ~! (wel) vervloekt!

damned *bn & bijw* vervloekt, verdo(e)md; donders; *I'll see you* ~ *fast!* gemeenz over mijn lijk!; *do one's* ~*est* gemeenz alles in het werk stellen

damning *bn* fig bezwarend, vernietigend

damp [dæmp] **I** *bn* vochtig, klam; **II** *znw* **1** vocht *o*, vochtigheid; **2** mijngas *o*; **III** *overg* vochtig maken, bevochtigen; ~ *down* temperen[2]

damp course *znw* vochtwerende laag

dampen *overg = damp III*

damper *znw* (toon)demper; sleutel, schuif [in kachelpijp]; fig teleurstelling, domper; *put a* ~ *on* een domper zetten op

dampish *bn* ietwat vochtig, klammig

damp-proof course *znw = damp course*

damsel ['dæmzəl] *znw* jongedame; jonkvrouw

dance [da:ns] **I** *onoverg* dansen; ~ *to sbd.'s tune* naar iems. pijpen dansen; **II** *overg* dansen; ~ *attendance on* achternalopen; **III** *znw* dans(je *o*); bal *o*, dansavondje *o*; *lead the* ~ voordansen; *lead sbd. a merry* ~ iem. het leven zuur maken, er van laten lusten

dancer *znw* danser, danseres

dance floor *znw* dansvloer

dance hall *znw* dancing

dance studio *znw* dansschool [vooral voor (jazz-) ballet]

dancing ['da:nsiŋ] *znw* dansen *o*; danskunst

dancing hall *znw* danszaal

dandelion ['dændilaiən] *znw* paardebloem

dander ['dændə] *znw: he got my* ~ *up* hij maakte mij woedend

dandified ['dændifaid] *bn* als een dandy gekleed

dandle ['dændl] *overg* laten dansen op de knie; liefkozen; vertroetelen

dandruff ['dændrəf] *znw* roos [op het hoofd]

dandy ['dændi] **I** *znw* dandy, fat; scheepv soort sloep; **II** *bn* gemeenz Am prima, puik

dandyism *znw* fatterigheid

Dane [dein] *znw* Deen

danger ['dein(d)ʒə] *znw* gevaar *o*; ~! 'gevaarlijk'!; ~ *list* lijst met ernstig zieke patiënten in een ziekenhuis; *be on (off) the* ~ *list* in (buiten) levensgevaar zijn; ~ *money* gevarenpremie, -toeslag; ~ *point* kritisch punt *o*; ~ *signal* onveilig sein *o*, waarschuwingsteken *o*; ~ *zone* gevarenzone; *be in* ~ *of* het gevaar lopen te; *out of danger* buiten (levens)gevaar

dangerous *bn* gevaarlijk

dangle ['dæŋgl] **I** *onoverg* slingeren, bengelen, bungelen; *keep sbd. dangling* fig iemand aan het lijntje houden; **II** *overg* laten bengelen, zwaaien met; ~ *sth. before sbd.* fig iemand iets voorspiegelen, iemand ergens lekker mee maken

Danish ['deiniʃ] **I** *bn* Deens; **II** *znw* Deens *o*

dank [dæŋk] *bn* vochtig

dapper ['dæpə] *bn* keurig, parmantig

dapple ['dæpl] **I** *overg* (be)spikkelen; **II** *onoverg* spikkels krijgen

dapple-grey I *bn* appelgrauw; **II** *znw* dierk appelschimmel

dare [dɛə] **I** *overg* durven, het wagen; trotseren, tarten, uitdagen; *he dare not...* hij waagt het niet om...; *I* ~ *say* ik denk, denk ik, zeker, wel; *how* ~ *you?* hoe durf je?; **II** *znw* uitdaging

daredevil I *znw* waaghals, durfal; **II** *bn* roekeloos, doldriest

daring I *bn* stout(moedig), koen, vermetel, gewaagd, gedurfd; **II** *znw* stout(moedig)heid, vermetelheid, koenheid, durf

dark [da:k] **I** *bn* duister[2], donker[2]; fig somber; snood; *keep it* ~ het geheim houden; *the D*~ *Ages* de (vroege, duistere) middeleeuwen; ~ *glasses* zonnebril; ~ *horse* outsider; onbekende mededinger; **II** *znw* donker *o*, duister *o*, vallen *o* van de avond, duisternis, duisterheid; *after, before* ~ na, voor het donker worden; *be in the* ~ in het duister tasten; *keep sbd. in the* ~ iem. in onwetendheid laten

darken I *onoverg* donker (duister) worden; **II** *overg* donker (duister) maken, verdonkeren, verduisteren; *you shall never* ~ *my door again* je zult nooit een voet meer over mijn drempel zetten

darkish ['da:kiʃ] *bn* vrij donker, schemerig

darkness *znw* duisternis, duisterheid, duister *o*,

donker o, donkerheid

darkroom znw fotogr donkere kamer, doka

darky, **darkey** znw geringsch zwartje o

darling ['da:liŋ] I znw lieveling, schat, dot; II bn geliefkoosd, geliefd, lief

1 darn [da:n] I overg stoppen, mazen; II znw stop, gestopte plaats

2 darn [da:n] = damn

darning ['da:niŋ] znw stoppen, mazen o; stopwerk o

darning-needle znw stopnaald

dart [da:t] I znw pijl(tje o), werpspies; sprong, (plotselinge) uitval; coupenaad; ~s sp pijltjes werpen o; II overg schieten, werpen; III onoverg: ~ off wegschieten

dash [dæʃ] I onoverg snel bewegen; ~ into [een huis] inschieten; ~ off voort-, wegstuiven; ~ on voortstormen; ~ up komen aanstuiven; II overg werpen, smijten; slaan; verpletteren, terneerslaan, teleurstellen, de bodem inslaan; verijdelen; ~ it! eufemisme verdikkeme!; ~ off a few lines op papier gooien; III znw 1 slag, stoot; klets; tikje o; 2 scheutje o [bier &]; 3 veeg [verf]; 4 spurt, sprint, plotselinge aanval; 5 fig zwier, elan o, durf; 6 streepje o, kastlijntje o; 7 dashboard o; ~ of the pen pennenstreek; cut a ~ de show stelen; make a ~ for... in vliegende vaart zien te bereiken; ergens heen schieten; make a ~ for freedom een snelle uitbraakpoging doen

dash-board znw dashboard o, instrumentenbord o [v. auto &]

dashed [dæʃt] znw eufemisme vervloekt

dashing ['dæʃiŋ] bn kranig, flink; zwierig, chic

dastardly bn lafhartig

data ['deitə] znw gegevens, informatie, data; ~ processing informatieverwerking

database ['deitəbeis] znw comput database, databank

date [deit] I znw 1 dadel(palm); 2 datum, dagtekening; jaartal o; tijdstip o; vero (leef)tijd, duur; 3 gemeenz afspraak, afspraakje o; 4 Am gemeenz meisje o, vriendinnetje o; Am gemeenz knul, vriendje o; at a later ~ later; out of ~ uit de tijd, ouderwets, verouderd, achterhaald; to ~ tot (op) heden; under ~ June 1 gedagtekend 1 juni; up to ~ op de hoogte (van de tijd); "bij"; modern; zie ook: bring; II overg dateren; de ouderdom vaststellen; dagtekenen; Am gemeenz afspraakjes hebben met, uitgaan met; ~ from rekenen vanaf; III onoverg verouderen, dateren; Am gemeenz afspraakjes hebben, uitgaan; ~ back to, ~ from dateren uit (van)

dated ['deitid] bn ouderwets, gedateerd

dateless bn tijdloos

date-line znw datumlijn, datumgrens; dagtekening

date-palm znw dadelpalm

date stamp znw datumstempel

dative ['deitiv] znw datief, derde naamval

daub [dɔ:b] I overg smeren, besmeren, bepleisteren, bekladden, kladden; II znw pleister(werk) o; kladschilderij o

daub(st)er znw kladschilder

daughter ['dɔ:tə] znw dochter[2]

daughter-in-law znw (mv: daughters-in-law) schoondochter

daughterly bn als (van) een dochter

daunt [dɔ:nt] overg afschrikken, ontmoedigen; nothing ~ed onversaagd

dauntless bn onverschrokken

davenport ['dævnpɔ:t] znw lessenaar; Am sofa, canapé

davit ['dævit] znw davit

Davy Jones ['deivi'dʒounz]: go to ~'s locker naar de haaien gaan

Davylamp ['deivi'læmp] znw veiligheidslamp v. mijnwerkers

daw [dɔ:] znw dierk kauw

dawdle ['dɔ:dl] I onoverg treuzelen, talmen, beuzelen; slenteren; II overg: ~ away verbeuzelen

dawdler znw treuzel(aar), beuzelaar

dawn [dɔ:n] I znw dageraad[2]; aanbreken o van de dag; ~ chorus morgenlied [v. vogels]; II onoverg licht worden; dagen, aanbreken, ontluiken; it ~ed on me het werd mij duidelijk

dawning znw dageraad[2]; oosten o

day [dei] znw dag, daglicht o; tijd (ook: ~s); ~ off vrije dag; ~s of grace respijtdagen; the good old ~s die goede ouwe tijd; she is fifty if she is a ~ zij is op zijn minst vijftig; it is early ~s yet to... het is nu nog wel wat vroeg om..., nog de tijd niet om...; that'll be the ~ dat wil ik nog eens zien; those were the ~s! dat waren nog eens tijden!; the ~ is ours de zege is ons; call it a ~ ophouden met iets; carry (win) the ~ de slag winnen, de overwinning behalen; lose the ~ de slag verliezen, de nederlaag lijden; make a ~ of it het er een dagje van nemen; make sbd.'s ~ maken dat iemands dag niet meer stuk kan; save the ~ de situatie (de zaak) redden; win the ~ = carry the ~; zie ook: name II; a ~ after the fair te laat; all ~ (long) de gehele dag; any ~ now binnenkort, binnen de kortste tijd; one ~ op zekere dag; eenmaal, eens; one of these ~s vandaag of morgen; one of those ~s zo'n dag waarop alles tegenzit; ~ in ~ out dag in dag uit; by ~ overdag; ~ by ~ dag aan dag; in the ~ overdag; in this ~ and age vandaag de dag; in my ~ in mijn tijd; of the ~ van die (van deze) tijd; to this ~ tot op heden; zie ook: this

day-boarder znw kind o dat overblijft op school en een maaltijd krijgt

daybook znw dagboek o

dayboy znw externe leerling

daybreak znw aanbreken o v.d. dag

day care znw kinderopvang; ~ centre kinderdagverblijf o

daydream I znw mijmering, dromerij; II onoverg dagdromen

day-labourer znw dagloner, -gelder

deal

daylight *znw* daglicht *o*, dag; dageraad, zonsopgang; *in broad ~ op* klaarlichte dag; *beat (knock) the living ~s out of sbd.* iem. een enorm pak op zijn lazer geven; *scare the living ~s out of sbd.* iem. de stuipen op het lijf jagen; *~ robbery* brutale afzetterij; *~ saving time* zomertijd

day nursery *znw* kinderbewaarplaats, crèche
day pupil *znw* externe leerling
day release *znw* vormingsdag(en)
day return *znw* dagretour *o*
day school *znw* school waar de leerlingen niet 's nachts verblijven [in tegenstelling tot internaat]
day shift *znw* dagploeg; dagtaak
day-spring *znw* plechtig dageraad
daystar *znw* morgenster
day's-work *znw* scheepv middagbestek *o*; dagtaak; *it is all in a ~* het hoort er zo bij
daytime *znw* dag; *in the ~* overdag
day-to-day *bn* van dag tot dag; dagelijks
day-tripper *znw* dagrecreant; *~s* ook: dagjesmensen
daze [deiz] I *overg* verdoven, bedwelmen; verbijsteren; *~d* ook: als versuft; II *znw* verdoving, bedwelming; verbijstering
dazzle ['dæzl] I *overg* verblinden²; verbijsteren; *dazzling* ook: fig oogverblindend, schitterend; II *znw* verblinding²; verbijstering
DC *afk.* = Direct Current; Decimal Classification; District of Columbia [Washington DC]
DD *afk.* = Doctor of Divinity
D-day ['di:dei] *znw* mil D-dag: de dag voor het beginnen van een operatie (i.h.b. van de geallieerde invasie op 6 juni 1944); fig de grote dag
deacon ['di:kən] *znw* diaken; ouderling; geestelijke in rang volgend op *priest*
deaconess *znw* diacones
deactivate ['di:'æktiveit] *overg* buiten werking stellen, onklaar maken; onschadelijk maken [bom]
dead [ded] I *bn* 1 dood; (af)gestorven, overleden, doods; 2 uitgedoofd, uitgestorven, dof, mat; 3 elektr niet ingeschakeld, uitgevallen, stroomloos, op, leeg [accu, batterij]; 4 absoluut, compleet, totaal [fiasco &]; 5 gevoelloos, ongevoelig; *~ to* ongevoelig voor [smeekbede &]; 6 gemeenz uitgeput, kapot; *~ and gone* ter ziele, dood; *~ to the world* in diepe slaap; *more ~ than alive* afgepeigerd, doodop; *there was a ~ calm* het was bladstil; *a ~ certainty, gemeenz a ~ cert* absolute zekerheid; *~ centre* dood punt *o*; *~ door (window)* blinde deur (venster *o*); *~ duck* mislukkeling, mislukking; *~ end* doodlopende straat; dood spoor² *o*; zie ook: *blind (I) alley; ~ heat* sp loop & waarbij de deelnemers gelijk eindigen; *~ letter* onbestelbare brief; dode letter [v. wet]; *on a ~ level* volkomen vlak; *he is a ~ man* hij is een kind des doods; *the ~ season* de slappe tijd; *he is a ~ shot* hij mist nooit; *~ steam* afgewerkte stoom; *~ water* stilstaand water *o*; kielwater *o*; *~ wood* dood hout *o*; fig ballast; niet-productief (overbodig) personeel;

as ~ as a (the) dodo (as a doornail, as mutton &) zo dood als een pier, morsdood; *I wouldn't be seen ~ with...* gemeenz ik zou me voor geen geld willen vertonen met...; *I wouldn't be seen ~ in that bar* gemeenz ik zou me voor geen goud in die bar willen vertonen; II *bijw* 1 dood; 2 versterkend absoluut, compleet, zeer erg, totaal; 3 vlak; 4 plotseling [ophouden &]; *~ drunk* zwaar beschonken; *~ slow* zeer langzaam; *~ sure* zo zeker als wat; III *znw* dode(n); stilte; *the ~ of night* het holst van de nacht; *the ~ of winter* het hartje van de winter
dead-beat I *bn* gemeenz doodop, volkomen uitgeput; II *znw* Am klaploper; leegloper
deaden I *overg* dempen, temperen, verzwakken, verdoven; af-, verstompen; II *onoverg* verflauwen, vervlakken, de glans verliezen
dead end I *znw* doodlopende straat; II *bn* fig uitzichtloos
deadline *znw* (tijds)limiet, (uiterste, fatale) termijn, deadline
deadlock I *znw* impasse; *at a ~* op het dode punt, in een impasse; II *onoverg* op het dode punt komen, in een impasse geraken; III *overg* vastzetten, doen vastlopen
deadly *bn* dodelijk, doods; versterkend vreselijk; *~ sin* hoofdzonde; *in ~ earnest* in alle ernst
dead-man's handle *znw* dodemansknop
dead march *znw* treurmars
deadness *znw* doodsheid²
dead nettle *znw* dovenetel
deadpan I *znw* stalen gezicht *o*, pokerface; II *bn* onverstoorbaar, onbewogen, met een stalen gezicht, droogkomiek
dead reckoning *znw* scheepv gegist bestek *o*
dead weight *znw* eigen gewicht *o*; scheepv laadvermogen *o*; fig zware (drukkende) last
deaf [def] *bn* doof² (voor *to*); *as ~ as a post* zo doof als een kwartel; *~ and dumb* doofstom; *~ in one ear* doof aan één oor; *turn a ~ ear to* zich doof houden (doof blijven) voor; *that did not fall on ~ ears* dat was niet aan dovemansoren gezegd; *his cries for help fell on ~ ears* niemand hoorde zijn hulpgeroep
deaf-aid *znw* (ge)hoorapparaat *o*
deafen *overg* doof maken; verdoven, dempen; *~ing* ook: oorverdovend
deaf mute *znw* doofstomme
1 deal [di:l] *znw* 1 (grote) hoeveelheid; *a ~ (of sth.)* een boel; *a great (good) ~ (of)* heel wat, heel veel; 2 geven *o* [bij het kaarten]; 3 transactie; overeenkomst; gemeenz deal, koehandel; *it's a ~!* afgesproken!; *do (make) a ~* een koop sluiten; *get a good (bad) ~* er goed (slecht) afkomen; *give sbd. a fair (square) ~* iem. eerlijk behandelen; *big ~!* gemeenz is dat alles?; het heeft niet veel om het lijf; dank je feestelijk!; *what's the (big) ~?* gemeenz wat is er aan de hand?; wat is het probleem?; nou, en?
2 deal [di:l] (dealt; dealt) *overg & onoverg* uitdelen (ook: *~ out*); ronddelen (ook: *~ round*); toe-, bede-

len; toebrengen; geven [de kaarten]; uitdelen; geven; handelen; slang dealen [drugs &]; slang dealen [drugs &]; ~ in handel drijven in, doen in of aan; ~ with handel drijven met, kopen bij; omgaan met, te doen hebben met; zich bezighouden met; behandelen, bejegenen, aanpakken; afrekenen met; het hoofd bieden aan; verwerken [bestellingen]

dealer znw gever [v. kaarten]; handel koopman, handelaar; dealer; slang (drugs)dealer

dealing znw (be)handeling, handelwijze; ~s transacties, zaken; relaties, omgang; have (no) ~s with (niets) te maken hebben met

dealt [delt] V.T. & V.D. van deal

dean [di:n] znw deken; domproost; onderw hoofd o (v. faculteit), decaan; ~ and chapter domkapittel o

deanery znw decanaat o; proosdij

deanship znw decanaat o

dear [diə] I bn lief, waard, dierbaar; duur, kostbaar; Dear Sir Geachte heer; II bijw duur; III tsw: ~ me!, ~, ~! och, och!, o jee!, lieve hemel!; IV znw lieve, liefste; schat; do, there's a ~ dan ben je een beste

dearie znw = deary

dearly bijw duur; innig, zeer, dolgraag

dearth [də:θ] znw schaarsheid (en duurte); schaarste, nood, gebrek o (aan of)

deary, dearie ['diəri] znw gemeenz liefje o, schat: ~ me! gunst!, hemeltjelief!

death [deθ] znw dood; (af)sterven o, overlijden o; sterfgeval o; be at ~'s door de dood nabij zijn; be the ~ of sbd. iems. dood zijn; catch one's ~ of cold zeer ernstig kou vatten; like ~ warmed up op sterven na dood; to ~ dodelijk, dood-; scare someone to ~ iemand dood laten schrikken; put (do) to ~ ter dood brengen, doden; to the ~ tot de dood (toe), tot in de dood; fight to the ~ vechten op leven en dood

deathbed znw sterfbed o; be on one's ~ het niet lang meer maken, op het randje van de dood zweven

death-blow znw doodklap, genadeslag

death certificate znw overlijdensakte

death-duties znw mv successierechten

death-knell znw doodsklok; sound the ~ of fig de doodsklok luiden over

deathless bn onsterfelijk

deathlike bn doods, dodelijk

deathly bn & bijw doods, dodelijk, dood(s)-

death-mask znw dodenmasker o

death notice znw overlijdensbericht o

death penalty znw doodstraf

death-rate znw sterftecijfer o

death-rattle znw gerochel o

death row znw dodencellen

death sentence znw doodvonnis o

death squad znw moordcommando o, doodseskader o

death throes znw mv doodsstrijd

death toll znw dodencijfer o

death-trap znw levensgevaarlijk(e) plaats, val, vervoermiddel o

death-warrant znw bevelschrift o tot voltrekking van het doodvonnis; sign one's own ~ fig zijn eigen doodvonnis tekenen

death-watch beetle znw doodkloppertje o [soort houtworm]

death wish znw doodsverlangen o, doodsdrift

deb [deb] znw gemeenz debutante

débâcle, debacle [dei'ba:kl] [Fr] znw debacle, volslagen mislukking

debar [di'ba:] overg uitsluiten (van from), onthouden, weigeren, verhinderen

debark [di'ba:k] I overg & onoverg (zich) ontschepen, aan land gaan/zetten; II overg ontschorsen [bomen]

debarkation [di:ba:'keiʃən] znw ontscheping

debase [di'beis] overg vernederen, verlagen

debasement [di'beismənt] znw verlaging, vernedering; (waarde-, kwaliteits)vermindering

debatable [di'beitəbl] bn betwist(baar), discutabel

debate I znw debat o; discussie, woordenstrijd; open to ~ betwistbaar, discutabel; II overg debatteren over, bespreken; overleggen; betwisten; III onoverg debatteren; redetwisten

debater znw deelnemer aan een debat, debater

debating znw dispuut o, debat o; ~ team dispuutgezelschap

debauch [di'bɔ:tʃ] I overg verleiden, bederven, op het slechte pad brengen; II znw orgie, uitspatting(en)

debauchee [debɔ:'(t)ʃi:] znw schuinsmarcheerder, brasser

debauchery [di'bɔ:tʃəri] znw liederlijkheid; uitspatting(en)

debenture [di'bentʃə] znw schuldbrief, obligatie

debilitate [di'biliteit] overg verzwakken

debility znw zwakheid, zwakte

debit ['debit] I znw handel debet o, debetzijde; II overg debiteren (voor with); ~... against (to) him hem debiteren voor...

debonair [debə'nɛə] bn charmant, galant, voorkomend

debouch [di'bautʃ] onoverg uitkomen (op in), uitmonden (in in); mil deboucheren

Debrett's [də'brets] znw (= ~ Peerage) adelboek o (van Debrett)

debrief ['di:'bri:f] overg [een piloot, diplomaat &] ondervragen over het verloop van een voltooide opdracht

debriefing ['di:'bri:fiŋ] znw nabespreking

debris ['deibri:] znw puin o; overblijfselen

debt [det] znw schuld; owe someone a ~ of gratitude iem. dank verschuldigd zijn; he is in my ~ hij staat bij mij in het krijt; be in ~ to verplichting(en) hebben aan, schulden hebben, rood staan; get (run) into ~ schulden maken; get out of ~ uit de rode cijfers komen

debtor znw schuldenaar, debiteur

debug ['di:'bʌg] *overg* <u>comput</u> de fouten verwijderen uit, debuggen

debunk [di:'bʌŋk] *overg* <u>gemeenz</u> de ware aard aan het licht brengen; ontluisteren

début ['deibu:], **debut** ['deibju:] *znw* debuut *o*, eerste optreden *o*

débutante ['debju(:)ta:nt] *znw* debutante: meisje *o* dat officieel wordt geïntroduceerd in de uitgaande wereld

decade ['dekeid] *znw* tiental *o* [jaren &], decennium *o*

decadence ['dekədəns] *znw* verval *o*, decadentie

decadent *bn* decadent

decaffeinated ['di:'kæfineitid] *bn* cafeïnevrij

decagon ['dekəgən] *znw* tienhoek

decagram(me) ['dekəgræm] *znw* decagram *o*

decalcify [di:'kælsifai] *overg* ontkalken

decalitre, Am **decaliter** ['dekəli:tə] *znw* decaliter

Decalogue ['dekələg] *znw* de Tien Geboden

decametre, Am **decameter** ['dekəmi:tə] *znw* decameter

decamp [di'kæmp] *onoverg* (het kamp) opbreken; er vandoor gaan, uitknijpen, 'm smeren

decant [di'kænt] *overg* af-, overschenken, decanteren

decanter *znw* karaf

decapitate [di'kæpiteit] *overg* onthoofden

decarbonize [di:'ka:bənaiz] *overg* <u>techn</u> ontkolen

decathlon [di'kæθlɔn] *znw* <u>sp</u> tienkamp

decay [di'kei] **I** *onoverg* achteruitgaan, vervallen, in verval geraken; bederven, (ver)rotten; **II** *znw* achteruitgang, verval *o*; aftakeling; bederf *o*, (ver)rotting; *fall into* ~ in verval geraken

decease [di'si:s] **I** *onoverg* overlijden; **II** *znw* overlijden *o*

deceased I *bn* overleden; **II** *znw* overledene

deceit [di'si:t] *znw* bedrog *o*, bedrieglijkheid, bedriegerij, misleiding

deceitful *bn* vol bedrog, bedrieglijk; oneerlijk

deceive *overg* bedriegen, misleiden; ~ *oneself* jezelf voor de gek houden

decelerate [di:'seləreit] *onoverg* vaart minderen; langzamer gaan

deceleration ['di:selə'reiʃn] *znw* vertraging, snelheidsvermindering

December [di'sembə] *znw* december

decency ['di:snsi] *znw* betamelijkheid, fatsoen *o*; *the decencies* het decorum

decennial [di'senjəl] *bn* tienjarig; tienjaarlijks

decent ['di:snt] *bn* betamelijk, welvoeglijk, behoorlijk, fatsoenlijk, geschikt, aardig; met goed fatsoen; *I can't come to the door, I'm not* ~ ik kan niet opendoen, want ik ben nog niet aangekleed

decentralization [di:sentrəlai'zeiʃən] *znw* decentralisatie

decentralize [di:'sentrəlaiz] *overg* decentraliseren

deception [di'sepʃən] *znw* bedrog *o*, misleiding

deceptive [di'septiv] *bn* bedrieglijk, misleidend

dechristianization [di:kristʃənai'zeiʃən] *znw* ontkerstening

decibel ['desibel] *znw* decibel

decide [di'said] **I** *overg* beslissen, bepalen; (doen) besluiten; tot de conclusie komen (dat...); **II** *onoverg* een beslissing of besluit nemen; <u>recht</u> uitspraak doen; ~ *against* besluiten niet te...; <u>recht</u> beslissen ten nadele van; ~ *for* besluiten te...; <u>recht</u> beslissen ten gunste van; ~ *on* besluiten tot (te...)

decided *bn* beslist, vastbesloten; ontegenzeglijk

decidedly *bijw* ongetwijfeld, absoluut

decider *znw* <u>sp</u> beslissende partij; beslissingswedstrijd; beslissende (doel)punt *o*

deciduous [di'sidjuəs] *bn* loofverliezend, winterkaal [v. boom]

decigram(me) ['desigræm] *znw* decigram *o*

decilitre *znw* deciliter

decimal I *bn* decimaal: tientallig; tiendelig; ~ *point* decimaalteken *o*; *three* ~ *places* drie decimalen; **II** *znw* tiendelige breuk

decimate *overg* decimeren

decimetre *znw* decimeter

decipher [di'saifə] *overg* ontcijferen, ontraadselen

decision [di'siʒən] *znw* beslissing, uitslag, besluit *o*; beslistheid [v. karakter]

decision-making *znw* besluitvorming

decisive [di'saisiv] *bn* beslissend, afdoend, doorslaggevend; maatgevend; beslist

deck [dek] **I** *znw* 1 <u>scheepv</u> dek *o*; 2 deck *o* [v. cassetterecorder &]; 3 spel *o* (kaarten); 4 verdieping [van dubbeldeks bus]; *clear the* ~*s* <u>mil</u> zich opmaken voor de strijd; <u>gemeenz</u> het werk aan kant maken, zorgen dat je een 'schoon' bureau hebt; *hit the* ~ <u>slang</u> op je bek vallen/gaan; **II** *overg* (ver)sieren, tooien (ook: ~ *out*)

deckchair *znw* dekstoel

deckhand *znw* dekmatroos

declaim [di'kleim] **I** *overg* voordragen, declameren; **II** *onoverg* uitvaren (tegen *against*)

declamation [deklə'meiʃən] *znw* voordracht, declamatie

declamatory [di'klæmətəri] *bn* hoogdravend

declaration [deklə'reiʃən] *znw* declaratie, verklaring, bekendmaking [van verkiezingsuitslag], aangifte; ~ *of intent* beginselverklaring

declarative [di'klærətiv], **declaratory** *bn* verklarend

declare [di'klɛə] **I** *overg* 1 verklaren; bekendmaken, te kennen geven, declareren, aangeven [bij douane]; 2 afkondigen, uitroepen; 3 <u>kaartsp</u> troef maken, annonceren; ~ *one's hand* <u>fig</u> zijn kaarten op tafel leggen; ~ *off* af-, opzeggen, afgelasten, afbreken; **II** *wederk*: ~ *oneself* zijn mening zeggen, zich (nader) verklaren; zich openbaren, uitbreken; **III** *onoverg* zich verklaren (voor, tegen *for, against*); *well, I* ~! heb je van je leven!

declared *bn* verklaard, openlijk

declaredly *bijw* openlijk; volgens eigen bekentenis

declassify ['di:'klæsifai] *overg* vrijgeven [v. geheime informatie]

declension [di'klenʃən] *znw* gramm verbuiging

declination [dekli'neiʃən] *znw* declinatie

decline [di'klain] **I** *onoverg* afnemen, achteruitgaan, dalen; kwijnen; bedanken, weigeren; *in his declining years* op zijn oude dag; **II** *overg* gramm verbuigen; afwijzen, afslaan, bedanken voor, weigeren; **III** *znw* achteruitgang, verval *o* (van krachten); (uit)tering; handel (prijs)daling; *be on the ~* achteruitgaan; *go (fall) into ~* in verval raken

declivity *znw* (af)helling

declutch [di:'klʌtʃ] *onoverg* auto ontkoppelen, debrayeren

decoction *znw* afkooksel *o*; afkoking

decode [di'koud] *overg* decoderen, ontcijferen

décolleté(e) [dei'kɔltei] [Fr] *bn* gedecolleteerd, met laag uitgesneden hals [japon]

decolonize ['di:'kɔlənaiz] *overg* dekoloniseren

decompose [di:kəm'pouz] **I** *onoverg* oplossen, tot ontbinding overgaan; **II** *overg* ontbinden, in de samenstellende delen uiteen doen vallen

decomposition [di:kɔmpə'ziʃən] *znw* ontbinding, oplossing, ontleding

decompress [di:kəm'pres] *overg* [hoge] druk opheffen/verlagen

decompression ['di:kəm'preʃn] *znw* decompressie

decompression chamber *znw* decompressiekamer

decongestant ['di:kən'dʒestənt] *znw* med decongestivum *o*, middel *o* tegen congestie

deconsecrate [di:'kɔnsikreit] *overg* verwereldlijken, seculariseren

decontaminate [dikən'tæmineit] *overg* ontsmetten, schoonmaken

decontrol [di:kən'troul] *overg* vrijgeven, vrijlaten

decor, décor ['dekɔ:] [Fr] *znw* decor *o*

decorate ['dekəreit] *overg* versieren; decoreren; schilderen en behangen [kamer]

decoration [dekə'reiʃən] *znw* versiering; decoreren *o*; decoratie, onderscheiding; schilderwerk *o* en behang *o* [v. kamer]

decorative ['dekərətiv] *bn* decoratief, versierings-, sier-; fraai

decorator *znw* decorateur, huisschilder en behanger

decorous ['dekərəs, di'kɔ:rəs] *bn* welvoeglijk, betamelijk, fatsoenlijk

decorum [di'kɔ:rəm] *znw* welvoeglijkheid, betamelijkheid, fatsoen *o*, decorum *o*

decoy ['di:kɔi] **I** *overg* (ver)lokken; **II** *znw* lokeend; lokaas² *o*, lokvogel²; eendenkooi

decoy-duck *znw* lokeend; fig lokvogel

decrease [di'kri:s] **I** *onoverg & overg* verminderen, (doen) afnemen, minderen; **II** *znw* ['di:kri:s] vermindering, afneming, mindering

decree [di'kri:] **I** *znw* decreet *o*, (raads)besluit *o*, bevel *o*; Am vonnis *o*; *~ absolute* definitief echtscheidingsvonnis *o*; *~ nisi* voorlopig echtscheidingsvonnis *o*; **II** *overg* bepalen, beslissen, bevelen, verordenen

decrement ['dekrimənt] *znw* vermindering

decrepit [di'krepit] *bn* afgeleefd, vervallen, gammel

decrepitude *znw* verval *o* [v. krachten]

decretal [di'kri:təl] *znw* pauselijk besluit *o*, decretaal

decry [di'krai] *overg* uitkrijten (voor *as*), afgeven op, (openlijk) afkeuren, afbreken

dedicate ['dedikeit] *overg* (toe)wijden, opdragen; voor het publiek openstellen [natuurmonument]; plechtig, officieel openen [v. gebouw &]; *~d* ook: toegewijd, bezield, enthousiast

dedication [dedi'keiʃən] *znw* opdracht; openstelling voor het publiek [v. natuurmonumenten]; plechtige, officiële opening [v. gebouw &]; toewijding, overgave, bezieling, enthousiasme *o*

dedicatory ['dedikeitəri] *bn* als opdracht

deduce [di'dju:s] *overg* afleiden (van, uit *from*)

deducible *bn* af te leiden

deduct [di'dʌkt] *overg* aftrekken; *after ~ing expenses* na aftrek(king) van de onkosten

deductible *bn* aftrekbaar

deduction *znw* aftrek(king); korting; gevolgtrekking; deductie

deductive *bn* deductief

deed [di:d] *znw* daad; akte

deed box *znw* doos, kist waarin documenten worden bewaard

deed-poll *znw* akte waarin een eenzijdige rechtshandeling wordt vastgelegd

deejay ['di:dʒei] *znw* gemeenz diskjockey, deejay, d.j.

deem [di:m] *overg* oordelen, achten, denken

deep [di:p] **I** *bn* diep², diepliggend, diepzinnig; verdiept (in *in*); *(drawn up) six ~* in zes rijen achter elkaar; *go off the ~ end* gemeenz uit zijn vel springen van woede; *throw sbd. in at the ~ end* iemand (meteen) in het diepe gooien; *go (jump) in at the ~ end* een sprong in het duister wagen; *in ~ water* in hachelijke omstandigheden (zitten); *~ end* diepe *o* [v. zwembad]; *~ fat* frituurvet *o*; **II** *bijw* diep; **III** *znw* diepte, zee

deepen I *overg* verdiepen, uitdiepen; fig versterken; **II** *onoverg* dieper, donkerder worden; fig toenemen

deep-freeze I *znw* diepvrieskast, -kist; **II** *overg* diepvriezen, invriezen; **III** *bn* diepvries-

deep-fry *overg* in frituurvet bakken

deeply *bijw* v. deep I; ook: zeer

deep-rooted *bn* ingeworteld

deep-sea *bn* diepzee-

deep-seated *bn* diep(liggend)

deep-set *bn* diepliggend [v. ogen]

deer [diə] *znw* (mv idem) hert *o*, herten

deerskin *znw* hertenvel *o*; hertsleer *o*

deer-stalker *znw* jager die het hert besluipt; petje *o* met klep voor en achter

deer-stalking *znw* sluipjacht op herten

de-escalate ['di:'eskəleit] *overg & onoverg* deëscaleren

deface [di'feis] *overg* schenden, beschadigen, ontsieren, bevuilen; uitwissen, doorhalen

defacement *znw* schending &

de facto [di:'fæktou] [Lat] *bn bijw* feitelijk, de facto

defamation [defə'meiʃən] *znw* laster, smaad

defamatory [di'fæmətəri] *bn* lasterlijk, smaad-

defame [di'feim] *overg* (be)lasteren, smaden

default [di'fɔ:lt] **I** *znw* afwezigheid; verzuim *o*; in gebreke blijven *o*; niet nakomen *o* [v. betalingsverplichting], wanbetaling; recht verstek *o*; comput standaardwaarde, systeemgekozen waarde, default; *by ~* recht bij verstek; sp door het niet opdagen van de tegenstander [winnen]; bij gebrek aan beter; *in ~ of* bij gebreke (ontstentenis) van; **II** *onoverg* zijn verplichting(en) niet nakomen; in gebreke blijven; niet (op tijd) betalen; recht niet verschijnen; **III** *overg* recht bij verstek veroordelen

defaulter *znw* wanbetaler; recht niet opgekomene; mil gestrafte

defeat [di'fi:t] **I** *znw* nederlaag, vernietiging; **II** *overg* verslaan; verwerpen [voorstel]; recht nietig verklaren; verijdelen [aanval]; voorbijstreven [doel]

defeatism *znw* defaitisme *o*

defeatist [di'fi:tist] **I** *znw* defaitist; **II** *bn* defaitistisch

defecate [defi'keit] *onoverg* zich ontlasten, zijn gevoeg doen

defect I ['difekt] *znw* gebrek *o*, fout; **II** [di'fekt] *onoverg* overlopen (naar *to*), afvallen (van *from*), ontrouw worden (aan *from*)

defection *znw* overlopen *o* (naar *to*), afvalligheid (van *from*), ontrouw

defective *bn* gebrekkig, onvolkomen; defect; zwakzinnig

defector [di'fektə] *znw* overloper, afvallige

defence [di'fens] *znw* verdediging[2]; verweer *o*; psych afweer; *~ mechanism* afweermechanisme *o*; *~s* mil verdedigingswerken; *in ~ of* ter verdediging van; *come to sbd.'s ~* het voor iem. opnemen

defenceless *bn* zonder verdediging, weerloos

defend [di'fend] *overg* verdedigen; beschermen; *~ from* bewaren voor

defendant *znw* gedaagde

defender *znw* verdediger°

defense *znw* Am = *defence*

defensible [di'fensəbl] *bn* verdedigbaar

defensive I *bn* defensief, verdedigend, verdedigings-; psych afweer-; **II** *znw*: *be on the ~* een verdedigende houding aannemen, in het defensief zijn, defensief optreden

defer [di'fə:] **I** *overg* uitstellen; **II** *onoverg* uitstellen, dralen; *~ to* zich neerleggen bij [het oordeel van], zich onderwerpen aan, zich voegen naar; *~ red payment system* afbetalingsstelsel *o*

deference ['defərəns] *znw* eerbied, eerbiediging,

achting; *in ~ to* uit achting voor; *with due ~ to* met alle respect voor

deferential [defə'renʃəl] *bn* eerbiedig

deferment [di'fə:mənt], **deferral** [di'fə:rəl] *znw* uitstel *o*, aanhouding

defiance [di'faiəns] *znw* uitdaging, tarting, ongehoorzaamheid, verzet *o*, opstandigheid; *in ~ of* trots, ...ten spijt, in strijd met; *act in ~ of* zich niets aantrekken van

defiant *bn* uitdagend, tartend

deficiency [di'fiʃənsi] *znw* gebrek *o*, ontoereikendheid, tekort *o*, tekortkoming, leemte; onvolkomenheid; defect *o*; zie ook: *mental*; *~ disease* deficiëntieziekte [avitaminose]

deficient *bn* gebrekkig, ontoereikend; onvolkomen; zwakzinnig, debiel, geestelijk minderwaardig (*mentally ~*); *be ~ in* tekortschieten in, arm zijn aan

deficit ['defisit, 'di:fisit] *znw* handel deficit *o*, tekort *o*

1 defile ['di:fail] *znw* (berg)engte, pas

2 defile [di'fail] **I** *overg* bezoedelen[2]; ontwijden, ontheiligen, schenden; **II** *onoverg* mil defileren

defilement *znw* bevuiling, verontreiniging; bezoedeling[2]; ontwijding

definable [di'fainəbl] *bn* definieerbaar

define [di'fain] *overg* bepalen, begrenzen, afbakenen, beschrijven, omschrijven, definiëren

definite ['definit] *bn* bepaald, begrensd, duidelijk omschreven; precies; scherp; definitief; beslist; *~ article* bepaald lidwoord *o*

definitely *bijw* bepaald; definitief; vast en zeker; beslist, gegarandeerd

definition [defi'niʃən] *znw* bepaling, omschrijving, definitie; scherpte [v. beeld]; *by ~* per definitie, uit de aard der zaak

definitive [di'finitiv] *bn* bepalend, beslissend, bepaald, definitief; (meest) gezaghebbend, niet beter kunnend

deflate [di'fleit] **I** *overg* leeg laten lopen; fig minder belangrijk maken, doorprikken [v. pretenties &]; handel de waarde vermeerderen van geld [door inkrimping van de geldhoeveelheid]; **II** *onoverg* leeglopen [v. band &]

deflation *znw* leeglopen *o*; handel deflatie

deflationary *bn* deflatoir

deflect [di'flekt] *overg & onoverg* (doen) afwijken; (doen) uitslaan [naald, wijzer]; buigen

deflection, deflexion *znw* afwijking; uitslag [v. naald, wijzer]; buiging

defloration [di:flɔ'reiʃən] *znw* ontmaagding; verkrachting

deflower [di'flauə] *overg* ontmaagden; van bloemen (schoonheid) beroven

defoliant [di'fouliənt] *znw* ontbladeringsmiddel *o*

defoliate *overg* ontbladeren

defoliation [difouli'eiʃən] *znw* ontbladering

deforest [di:'fɔrist] *overg* ontbossen

deforestation [di:fɔris'teiʃən] *znw* ontbossing

deform [di'fɔ:m] *overg* misvormen, ontsieren

deformation [di:fɔ:'meiʃən] *znw* vormverandering; vervorming; misvorming

deformed [di'fɔ:md] *bn* mismaakt, wanstaltig

deformity *znw* mismaaktheid, wanstaltigheid

defraud [di'frɔ:d] *overg* bedriegen, te kort doen; ~ *of* onthouden; ~ *sbd. of sth.* iemand iets ontfutselen, aftroggelen, afhandig maken

defray [di'frei] *overg* [de kosten] bestrijden, betalen

defrayment *znw* bekostiging, bestrijding [van onkosten], betaling

defrock [di:'frɔk] *overg* = *unfrock*

defrost [di:'frɔst] *overg & onoverg* ontdooien

deft [deft] *bn* vlug, handig

defunct [di'fʌŋkt] **I** *bn* overleden, ter ziele; niet meer bestaand; **II** *znw: the* ~ de overledene(n), afgestorvene(n)

defuse [di:'fju:z] *overg* onschadelijk maken (ook fig)

defy [di'fai] *overg* tarten, trotseren, uitdagen

degeneracy [di'dʒenərəsi] *znw* ontaarding

degenerate [di'dʒenəreit] **I** *onoverg* degenereren, ontaarden, verbasteren; **II** *bn (& znw)* [di'dʒenərit] gedegenereerd(e), ontaard(e), verbasterd(e)

degeneration [didʒenə'reiʃən] *znw* ontaarding, verbastering, degeneratie

degenerative [di'dʒenərətiv] *bn* verslechterend, degeneratief

degradation [degrə'deiʃən] *znw* degradatie, verlaging; vernedering; ontaarding

degrade [di'greid] *overg* degraderen, verlagen; vernederen; doen ontaarden; *degrading* vernederend, mensonwaardig

degrease [di'gri:z] *overg* ontvetten

degree [di'gri:] *znw* graad, mate, trap²; rang, stand; *honorary* ~ eredoctoraat *o*; *third* ~ derdegraads verhoor *o*; *he took his* ~ hij promoveerde; *by* ~*s* langzamerhand; *to a (high)* ~ in hoge mate; *to some* ~ in zekere mate; tot op zekere hoogte; *to the highest* ~ in de hoogste mate

degression [di'greʃən] *znw* daling, afname; afnemende belastingdruk

dehumanize [di:'hju:mənaiz] *overg* ontmenselijken, ontaarden

dehydrate [di:'haidreit] *overg* dehydreren; drogen [groente]; fig de pittigheid ontnemen aan

de-ice ['di:'ais] *overg* ontdooien, ontijze(le)n

de-icer *znw* ijsbestrijder; ijsbestrijdingsmiddel *o*

deification [di:ifi'keiʃən] *znw* vergoding

deify ['di:ifai] *overg* vergoden, vergoddelijken

deign [dein] *onoverg* zich verwaardigen

deism ['di:izm] *znw* deïsme *o*, een op de rede gebaseerd geloof *o* in God

deist *znw* deïst

deistic [di'istik] *bn* deïstisch

deity ['di:iti] *znw* godheid

déjà vu [deʒa'vy] [Fr] *znw* déjà-vu(-gevoel *o*, -ervaring)

deject [di'dʒekt] *overg* neerslachtig maken

dejected *bn* neerslachtig, terneergeslagen, ge-, bedrukt; verslagen

dejection *znw* neerslachtigheid, bedruktheid; verslagenheid

de jure [di'dʒuəri] [Lat] *bn bijw* in rechte, rechtens, de jure

dekko ['dekou] *znw* gemeenz blik, kijkje *o*

delay [di'lei] **I** *overg* uitstellen, vertragen, ophouden; *all is not lost that is* ~*ed* uitstel is geen afstel; **II** *onoverg* dralen, talmen; ~*ing tactics* vertragingstactiek; ~*ed-action bomb* tijdbom; **III** *znw* uitstel *o*, oponthoud *o*, vertraging; *without* ~ onverwijld

delectable [di'lektəbl] *bn* verrukkelijk

delectation [di:lek'teiʃən] *znw* genoegen *o*, genot *o*

delegacy ['deligəsi] *znw* delegatie

delegate I ['deligit] *znw* gedelegeerde, gemachtigde, afgevaardigde; **II** *overg* ['deligeit] delegeren, afvaardigen, opdragen, overdragen

delegation [deli'geiʃən] *znw* delegatie, afvaardiging, opdracht, overdracht

delete [di'li:t] *overg* (weg)schrappen, doorhalen

deleterious [deli'tiəriəs] *bn* schadelijk, verderfelijk, giftig

deletion [di'li:ʃən] *znw* schrapping, doorhaling

delft [delf(t)], **delftware** *znw* Delfts aardewerk *o*

deli ['deli] *znw* gemeenz delicatessenwinkel

deliberate [di'libərit] **I** *bn* weloverwogen; opzettelijk, welbewust; bedaard, bezadigd, beraden; **II** *overg* [di'libəreit] overwegen; overléggen; **III** *onoverg* delibereren, zich beraden, beraadslagen (over *on*)

deliberation [dilibə'reiʃən] *znw* beraadslaging, beraad *o*, overweging; overleg *o*; bedaardheid, bezadigdheid

deliberative [di'libərətiv] *bn* beraadslagend

delicacy ['delikəsi] *znw* fijnheid, zachtheid, teer(gevoelig)heid, zwakheid; kiesheid, fijngevoeligheid; neteligheid, delicaatheid; (kies)keurigheid; finesse; lekkernij, delicatesse

delicate *bn* fijn, zacht, teer, zwak; delicaat, kies, fijngevoelig, fijnbesnaard; (kies)keurig; gevoelig [v. instrument]; netelig [v. situatie]

delicatessen ['delikə'tesn] *znw* delicatessenwinkel

delicious [di'liʃəs] *bn* heerlijk

delight [di'lait] **I** *znw* genoegen *o*, vermaak *o*, behagen *o*, verrukking, lust, genot *o*; *take* ~ *in* behagen scheppen in; **II** *overg* verheugen, verrukken, strelen; *I shall be* ~*ed to...* het zal mij aangenaam zijn...; **III** *onoverg* behagen scheppen, genot vinden (in *in*)

delightful *bn* heerlijk, verrukkelijk; prachtig, uitstekend, voortreffelijk

delimit [di:'limit] *overg* afbakenen

delimitation [dilimi'teiʃən] *znw* afbakening

delineate [di'linieit] *overg* tekenen², schetsen; fig schilderen

delineation [dilini'eiʃən] *znw* tekening, schets; fig (af)schildering

delinquency [di'liŋkwənsi] *znw* plichtsverzuim *o*, overtreding, misdrijf *o*; zie ook: *juvenile*

delinquent I *bn* delinquent, schuldig; **II** *znw* delinquent, misdadiger, schuldige

deliquescence *znw* vervloeiing; (weg)smelting

delirious [di'liriəs] *bn* ijlend, dol; uitzinnig (enthousiast)

delirium *znw* ijlen *o*, waanzin, razernij; extase, uitzinnigheid

deliver [di'livə] *overg* bevrijden, verlossen; (over-)geven, ter hand stellen; uitreiken; (in-, af-, uit-)leveren, opleveren, afgeven (ook: ~ *over*); bezorgen; overbrengen; toebrengen; (uit)werpen; uitspreken; houden [een rede, lezing &]; *to be ~ed of a child* bevallen van een kind; ~ *the goods* gemeenz zijn belofte nakomen; 't 'm leveren; ~ *up* afstaan, af-, overgeven; *she will* ~ *on her promise* ze zal doen wat ze beloofd heeft

deliverance *znw* bevrijding, redding, verlossing; uitspraak, vonnis *o*

deliverer *znw* bevrijder; bezorger

delivery *znw* verlossing, bevalling, baring; (af-, in-)levering; overhandiging; mil overgave; bezorging, bestelling; toebrengen *o*; werpen *o* [v. bal]; voordracht; houden *o* [v. rede]; *take* ~ *of* handel in ontvangst nemen; *for future (forward)* ~ handel op termijn

delivery man *znw* bezorger, besteller

delivery note *znw* afleveringsbewijs *o* [bij aflevering v. goederen], vrachtbrief

delivery order *znw* volgbriefje *o*

delivery room *znw* med verloskamer

delivery van *znw* bestelwagen

dell [del] *znw* nauw en bebost dal *o*

delouse [di:'laus] *overg* ontluizen; zuiveren van

Delphic ['delfik] *bn* van Delphi, Delphisch; duister, raadselachtig

delphinium [del'finiəm] *znw* plantk ridderspoor

delta ['deltə] *znw* Griekse letter d; delta

deltoid ['deltoid] **I** *bn* deltavormig; ~ *muscle* deltaspier; **II** *znw* deltaspier

delude [di'l(j)u:d] *overg* misleiden, bedriegen, begoochelen; ~ *oneself into the belief that...* zich wijsmaken dat...

deluge ['delju:dʒ] **I** *znw* zondvloed, overstroming[2]; (stort)vloed[2]; **II** *overg* overstromen[2]

delusion [di'l(j)u:ʒən] *znw* (zelf)bedrog *o*, (zins-)begoocheling; waan(voorstelling); ~*s of grandeur* grootheidswaan

delusive, delusory *bn* misleidend, bedrieglijk

de luxe [də'lyks] *bn* luxe-, luxueus

delve [delv] *onoverg* delven, graven, spitten; vorsen, snuffelen, zoeken

demagogic [demə'gɔgik, -dʒik] *bn* demagogisch

demagogue ['deməgɔg] *znw* demagoog, volksmenner

demagogy *znw* demagogie

demand [di'ma:nd] **I** *overg* (ver)eisen, vorderen, verlangen, vergen, vragen (van *of, from*); **II** *znw* eis, vordering, verlangen *o*, (aan)vraag; *supply and* ~ vraag en aanbod; *I have many* ~*s on my time* ik heb het verschrikkelijk druk; *(much) in* ~ zeer gezocht (gewild, gevraagd); *on* ~ op aanvraag; op zicht

demanding *bn* veeleisend

demarcate ['di:ma:keit] *overg* afbakenen; (af-)scheiden

demarcation [di:ma:'keiʃən] *znw* afbakening, demarcatie, afscheiding, grens(lijn); ~ *dispute* competentiestrijd

démarche ['deima:ʃ] *znw* diplomatieke stap, demarche

dematerialize ['di:mə'tiariəlaiz] **I** *onoverg* onstoffelijk worden; **II** *overg* onstoffelijk maken

demean [di'mi:n] *overg* verlagen, vernederen; ~ *oneself* zich verlagen

demeanour, Am demeanor *znw* houding, gedrag *o*

dement [di'ment], **demented** *bn* waanzinnig, dement

dementia *znw* waanzin; dementie

demerara sugar [demə'reərə 'ʃu:gə] *znw* bruine rietsuiker [oorspronkelijk uit Demerara in Guyana]

demerit [di:'merit] *znw* fout, gebrek *o*

demesne [di'mein] *znw* domein *o*, gebied *o*

demigod ['demigɔd] *znw* halfgod

demijohn ['demidʒɔn] *znw* mandenfles

demilitarize [di:'militəraiz] *overg* demilitariseren

demise [di'maiz] **I** *znw* overdracht [bij akte of testament]; overlijden *o*, dood, het ter ziele gaan; fig ondergang, einde *o*; **II** *overg* overdragen; verpachten (aan *to*); bij uiterste wil vermaken

demi-semiquaver [demisemi'kweivə] *znw* 32ste noot

demist [di:'mist] *overg* vrij van condens maken [autoruit &]

demister ['di:'mistə] *znw* vooruitverwarming, blower [in auto]

demo ['deməu] *znw* gemeenz betoging, demonstratie; demo [bandje]

demob [di'mɔb] *overg* gemeenz = *demobilize*

demobilization [di:moubilai'zeiʃən] *znw* demobilisatie

demobilize [di:'moubilaiz] *overg* demobiliseren

democracy [di'mɔkrəsi] *znw* democratie

democrat ['deməkræt] *znw* democraat

democratic [demə'krætik] *bn* democratisch

democratization [dimɔkrətai'zeiʃən] *znw* democratisering

democratize [di'mɔkrətaiz] *overg* democratiseren

demographic [di:mə'græfik] *bn* demografisch

demographics *znw mv* bevolkingsstatistiek(en)

demography [di:'mɔgrəfi] *znw* demografie

demolish [di'mɔliʃ] *overg* afbreken, slopen; fig omverwerpen, vernietigen; gemeenz verorberen

demolition [demə'liʃən] *znw* afbreken *o*, sloping; vernietiging; afbraak; sloop; ~ *company* slopersbe-

demon

drijf *o*; ~ *derby* Am ± stockcarrace

demon ['di:mən] *znw* geleigeest; boze geest, duivel, demon; gemeenz bezetene; *a* ~ *for work* een echte werkezel

demonetize [di:'mʌnitaiz] *overg* buiten koers stellen, ontmunten

1 demoniac *znw* bezetene

2 demoniac [di'mouniæk], **demoniacal** [di:mə-'naiəkl] *bn* demonisch°, duivels; bezeten

demonic [di'mɔnik] *bn* demonisch

demonstrable ['demənstrəbl] *bn* aantoonbaar, bewijsbaar

demonstrate I *overg* aantonen, bewijzen; demonstreren; aan de dag leggen; **II** *onoverg* een demonstratie houden

demonstration [demən'streiʃən] *znw* bewijs *o*; betoging, manifestatie, demonstratie; betoon *o*, vertoon *o*

demonstrative [di'mɔnstrətiv] **I** *bn* aanwijzend; demonstratief, expansief; extravert, open; **II** *znw* **1** aanwijzend (voornaam)woord *o*; **2** extravert

demonstrator ['demənstreitə] *znw* betoger, demonstrant, manifestant; assistent [v. professor]; demonstrateur, -trice *(sales* ~)

demoralization [dimɔrəlai'zeiʃən] *znw* demoralisatie

demoralize [di'mɔrəlaiz] *overg* demoraliseren

demote [di'mout] *overg* degraderen

demotic [di'mɔtik] *bn*: ~ *speech* volksspraak, -taal

demotion [di'mouʃən] *znw* degradatie

demur [di'mə:] **I** *onoverg* aarzelen, weifelen; bezwaar maken, protesteren (tegen *at, to*); recht excepties opwerpen; **II** *znw* aarzeling, weifeling; bezwaar *o*, protest *o*

demure [di'mjuə] *bn* stemmig, (gemaakt) zedig, preuts, uitgestreken

demurrage [di'mʌridʒ] *znw* handel overliggeld *o*; *days of* ~ overligdagen

demurrer [di'mʌrə] *znw* recht exceptie, verweermiddel *o*

demystify ['di:'mistifai] *overg* ontraadselen, ophelderen; uit de mystieke sfeer halen

den [den] *znw* hol *o*, hok *o*, kuil; gemeenz kamer; ~ *of thieves* dievenhol *o*

denary ['di:nəri] *bn* tientallig

denationalize [di'næʃənəlaiz] *overg* privatiseren, denationaliseren

denaturalize [di'nætʃərəlaiz] *overg* de burgerrechten ontnemen

denature [di:'neitʃə] *overg* denatureren: ongeschikt maken voor consumptie; verbasteren

dendrology [den'drɔlədʒi] *znw* bomenleer

denial [di'naiəl] *znw* weigering, ontkenning, dementi *o*, (ver)loochening, ontzegging, onthouden *o* [v.e. recht aan]

denier ['denjə] *znw* denier [dikteaanduiding v. nylon, rayon]

denigrate ['denigreit] *overg* denigreren, afkammen,

zwart maken

denim ['denim] *znw* denim *o*; ~*s* spijkergoed *o*; spijkerbroek *blue* ~*s* blauwe overall

denizen ['denizn] *znw* bewoner; genaturaliseerd vreemdeling; ingeburgerd woord *o* &

Denmark ['denma:k] *znw* Denemarken *o*

denominate [di'nɔmineit] *overg* (be)noemen

denomination [dinɔmi'neiʃən] *znw* naamgeving, benoeming, benaming, naam; sekte, gezindte; coupure [van effect &], (nominale) waarde [v. munt, postzegel], bedrag *o*

denominational *bn* confessioneel; ~ *education* bijzonder onderwijs

denominative [di'nɔminətiv] *bn* benoemend; gramm denominatief

denominator *znw* wisk noemer; *a common* ~ één noemer; *(lowest) common* ~ kleinste gemene veelvoud *o*; fig de grote massa, het grote publiek; *reduce to a common* ~ gelijknamig maken

denotation [di:nou'teiʃən] *znw* denotatie, aanduiding

denote [di'nout] *overg* aanduiden, aanwijzen, wijzen op, te kennen geven

dénouement [dei'nu:mã:ŋ], **denouement** [Fr] *znw* ontknoping

denounce [di'nauns] *overg* opzetten [verdrag]; uitvaren tegen, aan de kaak stellen (als *as*); veroordelen, zijn afkeuring uitspreken over, wraken

denouncement *znw* = denunciation

dense [dens] *bn* dicht, compact, ondoordringbaar, niet door te komen; stom, stompzinnig; ~ *with* dichtbegroeid met

density *znw* dichtheid; compactheid, concentratie

dent [dent] **I** *znw* deuk, bluts, indruk, gat *o*; knauw; **II** *overg* (in)deuken; een knauw geven

dental ['dentl] **I** *bn* tand-; tandheelkundig; ~ *floss* tandzijde; ~ *hygienist* mondhygiënist(e); ~ *plaque* tandplak; ~ *surgeon* tandarts; ~ *technician* tandtechnicus; **II** *znw* tandletter, dentaal

dentifrice *znw* tandpoeder *o* & *m*, tandpasta

dentine *znw* tandbeen *o*

dentist *znw* tandarts

dentistry *znw* tandheelkunde

dentition *znw* tanden krijgen *o*; tandstelsel *o*

dentures ['dentʃəz] *znw mv* (kunst)gebit *o*

denudation [di:nju'deiʃən] *znw* ontbloting, blootlegging

denude [di'nju:d] *overg* ontbloten, blootleggen; ~ *of* ontdoen van

denunciation [dinʌnsi'eiʃən] *znw* aan de kaak stellen *o*, veroordeling, afkeuring

deny [di'nai] *overg* ontkennen, (ver)loochenen; ontzeggen, onthouden, weigeren

deodorant [di:'oudərənt] *znw* deodorant

deodorize [di:'oudəraiz] *overg* desodoriseren, de kwalijke lucht verdrijven uit

deontology [di:ɔn'tɔlədʒi] *znw* plichtenleer

deoxidize [di:'ɔksidaiz] *overg* zuurstof onttrekken

aan, reduceren

depart [di'pa:t] *onoverg* (weg)gaan, vertrekken, heengaan²; ~ *from* afwijken van, laten varen; *~ed glory* vergane grootheid; *the ~ed* de overledene(n)

department [di'pa:tmənt] *znw* afdeling, departement² *o*, gebied *o*; ~ *store(s)* warenhuis *o*

departmental [dipa:t'mentl] *bn* departementaal, departements-, afdelings-

departure [di'pa:tʃə] *znw* vertrek *o*, afreis; heengaan² *o*; afwijking; *a new* ~ iets nieuws, een nieuwe koers

depend [di'pend] *onoverg:* ~ *(up)on* afhangen van, afhankelijk zijn van, aangewezen zijn op; rekenen op, vertrouwen op, zich verlaten op; *that ~s* dat hangt ervan af

dependable *bn* betrouwbaar

dependance *znw* Am = *dependence*

dependant *znw* iem. die aan de zorg v.e. ander is toevertrouwd

dependence *znw* afhankelijkheid (van *on*); vertrouwen *o*, toeverlaat

dependency *znw* = *dependence*; onderhorigheid

dependent I *bn* <u>vero</u> afhangend (van *from*); afhankelijk (van *on, upon*); ondergeschikt; onderhorig; **II** *znw* = *dependant*

depending: ~ *on* afhankelijk van; al naar gelang (van)

depersonalize ['di:'pə:snəlaiz] *overg* van de eigen persoonlijkheid beroven, onpersoonlijk maken, depersonaliseren

depict [di'pikt] *overg* (af)schilderen, afbeelden

depiction *znw* (af)schildering

depilate ['depileit] *overg* ontharen, epileren

depilation [depi'leiʃən] *znw* ontharing

depilatory [di'pilətəri] **I** *bn* ontharings-; **II** *znw* ontharingsmiddel *o*

deplane ['di:'plein] <u>Am</u> **I** *onoverg* uit een vliegtuig stappen; **II** *overg* uit een vliegtuig laden

deplenish [di'pleniʃ] *overg* ledigen

deplete [di'pli:t] *overg* uitputten; leeghalen; verminderen, verkleinen

depletion *znw* lediging; uitputting; vermindering, verkleining

deplorable [di'plɔːrəbl] *bn* betreurenswaardig, erbarmelijk, jammerlijk, bedroevend

deplore *overg* betreuren, bewenen, beklagen, bejammeren

deploy [di'plɔi] *overg* <u>mil</u> opstellen, inzetten, plaatsen [raketten, troepen]; aanvoeren [argumenten]

deployment [di'plɔimənt] *znw* inzetten *o* [v. troepen]; in stelling brengen *o*, aanvoeren *o* [v. argumenten &]

deponent [di'pounənt] *znw* <u>recht</u> getuige

depopulate [di:'pɔpjuleit] *overg & onoverg* ontvolken

depopulation ['di:pɔpju'leiʃən] *znw* ontvolking

deport² [di'pɔ:t] *overg* deporteren; over de grens zetten (als ongewenste vreemdeling)

deportation [di:pɔ:'teiʃən] *znw* deportatie

deportee [dipɔ:'ti:] *znw* gedeporteerde

deportment [di'pɔ:tmənt] *znw* houding, gedrag *o*, manieren, optreden *o*

depose [di'pouz] **I** *overg* afzetten; (onder ede) verklaren; **II** *onoverg* getuigen

deposit [di'pɔzit] **I** *znw* deposito *o*, storting, inleg, aanbetaling, pand *o*, waarborgsom, statiegeld *o*; neerslag; bezinksel *o*; laag [v. erts]; *on* ~ in deposito; ~ *account* depositorekening; **II** *overg* (neer-) leggen; in bewaring geven, inleggen; deponeren, storten; afzetten; **III** *onoverg* neerslaan

depositary *znw* bewaarder

deposition [de-, di:pə'ziʃən] *znw* bezinking; afzetting; (getuigen)verklaring

depositor [di'pɔzitə] *znw* inlegger; bewaargever

depository *znw* bewaarplaats; bewaarder

depot ['depou] *znw* depot *o & m*; opslagplaats, magazijn *o*; (tram)remise

depravation [deprə'veiʃən] *znw* verdorvenheid, bederf *o*

deprave [di'preiv] *overg* bederven; *~d* verdorven

depravity [di'præviti] *znw* verdorvenheid

deprecate ['deprikeit] *overg* opkomen tegen, waarschuwen voor, afkeuren; laken

deprecation [depri'keiʃən] *znw* protest *o*

deprecatory ['deprikeitəri] *bn* afkeurend

depreciate [di'pri:ʃieit] **I** *overg & onoverg* devalueren, in waarde (doen) dalen; **II** *overg* geringschatten, depreciëren

depreciation [dipri:ʃi'eiʃən] *znw* (waarde-)vermindering, daling, depreciatie; geringschatting; afschrijving [voor waardevermindering]

depreciatory [di'pri:ʃətəri] *bn* geringschattend, minachtend

depredation [depri'deiʃən] *znw* plundering, verwoesting

depress [di'pres] *overg* (neer)drukken²; verlagen; <u>fig</u> terneerslaan; deprimeren; *~ed area* probleemgebied *o*, onderontwikkeld gebied *o*

depressing *bn* ontmoedigend

depression *znw* (neer)drukking; verlaging; depressie; gedruktheid, neerslachtigheid; <u>handel</u> malaise, slapte

depressive *bn* depressief, neerslachtig

deprivation [depri'veiʃən] *znw* beroving, ontneming; verlies *o*; ontbering, ± verwaarlozing, armoede

deprive [di'praiv] *overg* beroven; ~ *sbd. of* ook: iem... ontnemen, iem... onthouden; *~d of* ook: misdeeld; *~d of* ook: verstoken van, gespeend van, zonder

Dept. *afk.* = *Department*

depth [depθ] *znw* diepte², diepzinnigheid; *the ~(s)* dieptepunt² *o*, diepste *o*; het binnenste² *o*, midden *o*; hevigste *o*; *in* ~ grondig, diepgaand; *in the* ~ *of night, winter* in het holst van de nacht, in het hartje van de winter; *he was out of his* ~ hij voelde geen

depth-charge

grond meer, fig hij was totaal de kluts kwijt
depth-charge ['deptθtʃa:dʒ] znw dieptebom
depth gauge znw dieptemeter
deputation [depju'teiʃən] znw deputatie, afvaardiging
depute [di'pju:t] overg afvaardigen; opdragen, overdragen
deputize ['depjutaiz] onoverg: ~ for invallen voor, vervangen
deputy I znw afgevaardigde; (plaats)vervanger, waarnemer, invaller; **II** bn plaatsvervangend, vice-, onder-, substituut-
derail [di'reil] overg & onoverg (doen) ontsporen
derailment znw ontsporing
derange [di'reindʒ] overg (ver)storen, in de war brengen, verwarren; [verstand] krenken; ~d geestelijk gestoord
derangement znw storing, verwarring; (mental) ~ geestesstoornis
derby ['da:bi] znw **1** sp (plaatselijke, streek)derby; **2** Am bolhoed, derby
derelict ['derilikt] **I** bn verlaten; onbeheerd; vervallen; **II** znw verlaten schip o; onbeheerd goed o; wrak o; zwerver
dereliction [deri'likʃən] znw nalatigheid; verwaarlozing, verval o; ~ of duty plichtsverzuim o
deride [di'raid] overg bespotten, uitlachen, belachelijk of bespottelijk maken
de rigueur [dəri'gə:(r)] [Fr] bn verplicht, een must
derision [di'riʒən] znw spot(ternij), bespotting; bring into ~ bespottelijk maken; have (hold) in ~ de spot drijven met
derisive [di'raisiv] bn spottend, spot-
derisory bn bespottelijk, belachelijk, spot-
derivation [deri'veiʃən] znw afleiding; verkrijging
derivative [di'rivətiv] **I** bn afgeleid, niet oorspronkelijk; derivatief; **II** znw afgeleid woord o, afleiding; derivaat o, afgeleid product o
derive [di'raiv] **I** overg afleiden (uit, van from); (ver-)krijgen, trekken, putten (uit from); ontlenen (aan from); **II** onoverg afkomen, afstammen, voortkomen, voortspruiten (uit from)
dermatitis [də:mə'taitis] znw med huidontsteking
dermatologist [də:mə'tɔlədʒist] znw dermatoloog, huidarts
dermatology znw dermatologie: leer der huidziekten
derogate ['derəgeit] onoverg zich verlagen; ~ from te kort doen aan, afbreuk doen aan
derogation [derə'geiʃən] znw schade, afbreuk (aan of, from); verlaging
derogatory [di'rɔgətəri] bn afbreuk doend (aan to); venederend, geringschattend, denigrerend
derrick ['derik] znw scheepv kraan, laadboom, bok; techn boortoren
derring-do ['deriŋ'du:] znw vermetelheid
derv [də:v] znw brandstof voor dieselmotoren
dervish ['də:viʃ] znw derwisj

desalinate [di:'sælineit] overg ontzilten
desalination [di:sæli'neiʃən] znw ontzilting
descale [di:'skeil] overg van ketelsteen ontdoen
descant ['deskænt] znw muz discant: sopraan
descend [di'send] onoverg (neer)dalen, afdalen[2] (tot to); zich verlagen (tot to); neerkomen, -vallen, -stromen; naar beneden gaan; afgaan, afkomen, afzakken; uitstappen; overgaan (op to, upon); afstammen van; be ~ed from afstammen van; ~ (up-) on een inval doen in, landen op (in), overvallen, neerschieten op
descendant znw afstammeling
descent [di'sent] znw af-, (neer)daling; (af)helling, afzakken o, verval o; landing, in-, overval; overgang [v. rechten]; afkomst; afstamming; geslacht o; ~ from the Cross kruisafneming
describe [dis'kraib] overg beschrijven; omschrijven, weergeven, voorstellen; ~ as ook: noemen, aanduiden (bestempelen, kwalificeren) als
description [dis'kripʃən] znw beschrijving; omschrijving; benaming; signalement o; soort, type o, slag o, klasse, aard; beyond (past) ~ onbeschrijf(e-)lijk
descriptive bn beschrijvend
descry [dis'krai] overg gewaarworden, ontwaren, onderscheiden, ontdekken, bespeuren
desecrate ['desikreit] overg ontheiligen, ontwijden
desecration [desi'kreiʃən] znw ontheiliging, ontwijding
desegregate [di:'segrigeit] overg de rassenscheiding opheffen in [scholen &]
1 desert ['dezət] znw woestijn, woestenij; ~ island onbewoond eiland o
2 desert [di'zə:t] **I** overg verlaten, in de steek laten, weglopen van; ~ed verlaten, onbewoond, leeg; **II** onoverg deserteren
3 desert [di'zə:t] znw: get one's just ~s zijn verdiende loon krijgen
deserter [di'zə:tə] znw deserteur
desertion znw verlating, afvalligheid, verzaking; desertie; verlatenheid
deserve [di'zə:v] overg verdienen
deservedly bijw naar verdienste; terecht
deserving bn verdienstelijk; ~ of... ... verdienend
deshabillé [dezæbi:ei], **deshabille** [dezæbi:l] znw nog niet geheel geklede staat, bijna ontklede staat
desiccant ['desikənt] bn (znw) opdrogend (middel o)
desiccate ['desikeit] overg drogen, ontwateren
desiccation [desi'keiʃən] znw (op-, uit)droging
desiderata [dizidə'reitə] znw mv v. **desideratum** [dizidə'reitəm] gevoelde behoefte, gewenst iets, desideratum o
design [di'zain] **I** overg schetsen, ontwerpen; dessineren [stoffen]; bedoelen; bestemmen; **II** znw tekening, ontwerp o, plan o; dessin o, patroon o, model o; vormgeving; opzet o; fig bedoeling, oogmerk o, doel o; by ~ met opzet; have ~s on een oogje heb-

134

ben op [een meisje]

designate ['dezigneit] **I** *overg* aanduiden, aanwijzen; noemen, bestempelen; bestemmen (tot, voor *to, for*); **II** *bn* ['dezignit] nieuwbenoemd

designation [dezig'neiʃən] *znw* aanduiding, aanwijzing, bestemming; naam

designedly [di'zainidli] *bijw* opzettelijk

designer I *znw* ontwerper; modeontwerper, couturier; dessinateur [v. stoffen]; techn tekenaar; constructeur [v. vliegtuigen]; vormgever; **II** *bn* designer-; haute couture-; ~ *drug* in laboratorium ontwikkelde drug

designing *bn* intrigerend, listig

desirable [di'zaiərəbl] *bn* begeerlijk, wenselijk, gewenst; handel aantrekkelijk [v. villa &]

desire I *overg* wensen, begeren, verlangen, verzoeken; *leave a lot (a great deal, much) to be ~ed* veel te wensen overlaten; **II** *znw* wens, verlangen *o*, begeerte, zucht (naar *for*), verzoek *o*; *at your ~* op uw verzoek; *by ~* op verzoek; *one's heart's ~* iemands (grootste) hartenwens

desirous *bn* begerig, verlangend (naar *of*)

desist [di'zist] *onoverg* afzien, ophouden, aflaten

desk [desk] *znw* lessenaar, schrijftafel, balie, bureau² *o*; kassa; (school)bank

desk clerk *znw* Am receptionist(e)

desk editor *znw* bureauredacteur

desk lamp *znw* bureaulamp

desk sergeant *znw* sergeant van de wacht [politie]

desk telephone *znw* tafeltoestel *o*, tafelmodel *o* [telefoon]

desktop *bn* bureau-, tafel-; ~ *computer* computer voor gebruik aan een gewoon bureau; ~ *publishing* vervaardiging van te publiceren drukwerk met behulp van een personal computer

desolate I *bn* ['desəlit] *bn* verlaten, eenzaam, woest, troosteloos, naargeestig; **II** *overg* ['desəleit] verwoesten, ontvolken; diep ongelukkig maken; ~*d* ontroostbaar

desolation [desə'leiʃən] *znw* verwoesting; ontvolking; verlatenheid, troosteloosheid

despair [dis'pɛə] **I** *znw* wanhoop; **II** *onoverg* wanhopen (aan *of*)

despairing *bn* wanhopig

despatch [dis'pætʃ] = *dispatch*

desperado [despə'ra:dou] *znw* (*mv*: -does; Am -s) desperado: dolle waaghals, nietsontziend, roekeloos persoon

desperate ['despərit] *bn* wanhopig, hopeloos, vertwijfeld; roekeloos; versterkend verschrikkelijk, zwaar; *be ~ for* snakken naar

desperately *bijw* v. *desperate*; *need ~* zitten te springen om, erg nodig hebben

desperation [despə'reiʃən] *znw* wanhoop, vertwijfeling

despicable [dis'pikəbl] *bn* verachtelijk

despise [dis'paiz] *overg* verachten, versmaden

despite [dis'pait] **I** *znw*: *(in) ~ of* in weerwil van; **II**

voorz ondanks, ...ten spijt

despoil [dis'pɔil] *overg* beroven; plunderen

despondency *znw* moedeloosheid, mismoedigheid

despondent *bn* moedeloos

despot ['despɔt] *znw* despoot, dwingeland

despotic [des'pɔtik] *bn* despotisch

despotism ['despətizm] *znw* despotisme *o*

dessert [di'zə:t] *znw* dessert *o*, nagerecht *o*; ~ *spoon* dessertlepel

destination [desti'neiʃən] *znw* (plaats van) bestemming; ~ *board* richtingbord *o* [v. bus &]

destine ['destin] *overg* bestemmen; ~*d for* op weg naar [Londen]; ~*d to* bestemd om te [vergaan]

destiny ['destini] *znw* bestemming, noodlot *o*, lot *o*; *man of ~* Napoleon

destitute ['destitju:t] *bn* behoeftig, berooid; ontbloot, verstoken (van *of*)

destitution [desti'tju:ʃən] *znw* armoede, behoeftigheid, gebrek *o*

destroy [dis'trɔi] **I** *overg* vernielen, vernietigen, verwoesten, tenietdoen; afbreken, slopen; verdelgen; afmaken; **II** *wederk*: ~ *oneself* zich van het leven beroven

destroyer *znw* vernieler, verwoester; scheepv torpedojager

destructible [dis'trʌktibl] *bn* vernielbaar

destruction *znw* vernieling, vernietiging, verwoesting, verdelging; ondergang

destructive *bn* vernielend, verwoestend; vernielzuchtig; afbrekend, destructief

destructor *znw* vuilverbrandingsoven

desuetude [di'sjuitju:d, 'deswitju:d] *znw*: *fall into ~* in onbruik raken

desultory ['desəltəri] *bn* onsamenhangend, zonder methode, terloops gemaakt, van de hak op de tak springend; vluchtig

detach [di'tætʃ] **I** *overg* losmaken², scheiden; uitzenden, mil detacheren; **II** *wederk*: ~ *oneself (from)* zich losmaken (van); zich distantiëren (van)

detachable *bn* afneembaar

detached *bn* gedetacheerd &; vrij-, alleenstaand [huis]; los [zin], afstandelijk, objectief

detachment *znw* losmaking; scheiding; onverschilligheid voor zijn omgeving; objectiviteit; isolement *o*; mil detachement *o*; detachering

detail ['di:teil] **I** *znw* bijzonderheid, bijzaak; detail *o*, kleinigheid; onderdeel *o*; opsomming; mil detachering; detachement *o*; ~*s* (nadere) informatie; *in ~* omstandig; *go into ~* in bijzonderheden afdalen (treden); **II** *overg* omstandig verhalen, opsommen; mil detacheren, aanwijzen

detailed [di'teild] *bn* gedetailleerd, omstandig

detain [di'tein] *overg* ophouden, terug-, vast-, aan-, achter-, afhouden; gevangen of in bewaring houden, detineren

detainee [ditei'ni:] *znw* gedetineerde

detect [di'tekt] *overg* ontdekken; opsporen; bespeuren, betrappen

detection *znw* ontdekking; opsporing

detective I *bn* opsporings-; rechercheurs-; *the ~ force* de recherche; **II** *znw* detective, rechercheur, speurder; *~ story* misdaadroman

detector [di'tektə] *znw* ontdekker; verklikker [aan instrumenten &]; detector

detente [dei'ta:nt] [Fr] *znw* ontspanning [politiek]

detention [di'tenʃən] *znw* achterhouding; oponthoud *o*; aanhouding, gevangenhouding; onderw schoolblijven *o*

detention centre *znw* ± tuchtschool

detention room *znw* mil arrestantenkamer

deter [di'tə:] *overg* afschrikken, terughouden (van *from*)

detergent [di'tə:dʒənt] *bn* & *znw* zuiverend (middel *o*); wasmiddel *o*

deteriorate [di'tiəriəreit] **I** *overg* slechter maken; **II** *onoverg* slechter worden, verslechteren, achteruitgaan, ontaarden

deterioration [ditiəriə'reiʃən] *znw* verslechtering, achteruitgang, ontaarding

determinable [di'tə:minəbl] *bn* bepaalbaar

determinant *bn* & *znw* beslissend(e factor); bepalend (woord *o*)

determination [ditəmi'neiʃən] *znw* bepaling; vaststelling; besluit *o*, beslissing; beslistheid, vastberadenheid; richting, stroming

determinative [di'tə:minətiv] *bn* bepalend; beslissend

determine *overg* & *onoverg* bepalen, vaststellen, (doen) besluiten; beslissen; *~ on* besluiten tot

determined *bn* (vast)beraden, vastbesloten, resoluut

determinism [di'tə:minizm] *znw* determinisme *o*; leer die de vrijheid v.d. wil ontkent

deterministic [di'tə:ministik] *bn* deterministisch

deterrence [di'terəns] *znw* afschrikking [door (kern)bewapening]

deterrent *bn (znw)* afschrikkend (middel *o*); *the nuclear ~* het 'afschrikwapen' *o* [= kernwapen(s)]

detest [di'test] *overg* verfoeien

detestable *bn* verfoeilijk

detestation [di:tes'teiʃən] *znw* verfoeiing; afschuw

dethrone [di'θroun] *overg* onttronen, afzetten

dethronement *znw* onttroning

detonate ['detəneit] *overg* & *onoverg* (doen) ontploffen, (doen) knallen, (doen) detoneren

detonation [detə'neiʃən] *znw* ontploffing, knal, detonatie

detonator ['detəneitə] *znw* detonator, ontsteker, slaghoedje *o*

detour ['di:tuə, di'tuə] **I** *znw* omweg; **II** *onoverg* een omweg maken; **III** *overg* Am omleiden [v. verkeer]

detract [di'trækt] *overg*: *~ from* afbreuk doen aan, verminderen, verkleinen

detraction *znw* afbrekende kritiek, kleinering; kwaadsprekerij

detractor *znw* kleineerder; kwaadspreker

detrain [di:'trein] **I** *onoverg* uitstappen; **II** *overg* (uit een trein) uitladen [troepen]

detriment ['detrimənt] *znw* nadeel *o*, schade (aan *to*); *to the ~ of* ten nadele van

detrimental [detri'mentl] *bn* nadelig, schadelijk (voor *to*)

detritus [di'traitəs] *znw* **1** door erosie losgekomen materiaal *o* [zand, grind &]; **2** afval *o*, rommel, rotzooi

de trop [də'trou] *bn* overbodig, te veel

deuce [dju:s] *znw* **1** twee [op dobbelstenen en speelkaarten]; **2** deuce, veertig gelijk [tennis]; **3** duivel, drommel; *what (who) the ~?* wat (wie) voor de drommel?; *a ~ of a...* (zo) een drommelse...; zie verder: *devil I*

deuced ['dju:st,'dju:sid] *bn* & *bijw* drommels, verduiveld

devaluate [di:'væljueit] *overg* & *onoverg* devalueren; in waarde (doen) dalen

devaluation [di:vælju'eiʃən] *znw* devaluatie, geldontwaarding; waardevermindering

devalue [di:'vælju:] *overg* & *onoverg* devalueren; in waarde (doen) dalen

devastate ['devəsteit] *overg* verwoesten, vernietigen; diep schokken

devastating *bn* verwoestend; vernietigend[2], verschrikkelijk

devastation [devəs'teiʃən] *znw* verwoesting, vernietiging, vernieling

develop [di'veləp] **I** *overg* ontwikkelen; tot ontwikkeling brengen; aan de dag leggen; uitbreiden; ontginnen; bebouwen [met gebouwen]; krijgen [koorts &]; **II** *onoverg* zich ontwikkelen (tot *into*); tot ontwikkeling komen; optreden [v. koorts &], ontstaan, zich ontspinnen; *a crisis ~ed* het kwam tot een crisis; *~ing countries* ontwikkelingslanden

developer *znw* **1** chem ontwikkelaar; **2** projectontwikkelaar (ook: *project ~, property ~*)

development *znw* ontwikkeling; uitbreiding; ontginning; bebouwing, (op)bouw; verloop *o*; nieuwbouwproject *o*; *await ~s* verdere ontwikkelingen afwachten; *~ aid* ontwikkelingshulp; *~ area* ontwikkelingsgebied *o*

developmental [di'veləp'mentl] *bn* ontwikkelings-

deviance ['di:viəns] *znw* afwijkend gedrag *o*, afwijking

deviant ['di:viənt] **I** *bn* afwijkend, met afwijkend gedrag (vooral m.b.t. seksualiteit); **II** *znw* iem. met afwijkend gedrag

deviate ['di:vieit] *onoverg* afwijken (van *from*)

deviation [di:vi'eiʃən] *znw* afwijking[2]

deviationist *znw* (communistische) dissident

device [di'vais] *znw* middel *o*; list; (uit)vinding; apparaat *o*, toestel *o*; zinspreuk, devies *o*, motto *o*; emblemische figuur; *leave sbd. to his own ~s* iem. zijn eigen gang laten gaan; iem. aan zijn lot overlaten

devil ['devl] **I** *znw* duivel[2]; kerel; *poor ~* gemeenz arme drommel; *(the)* ~ *a bit* geen zier; *the (a)* ~ *of a...* een geweldige(e)...; *a* ~ *of a job* een heksentoer; *between the* ~ *and the deep blue sea* tussen twee vuren; *be a* ~! gemeenz kom op, doe niet zo flauw (saai)!; spring eens uit de band!; *better the* ~ *you know (than the* ~ *you don't)* elke verandering is nog geen verbetering; *talk of the* ~ *(and he's sure to appear)* als je van de duivel spreekt, dan trap je op zijn staart; *you have the luck of the* ~ je hebt stom geluk; *give the* ~ *his due* ieder het zijne geven; *there was the* ~ *to pay* daar had je de poppen aan het dansen; **II** *overg* pittig kruiden, heet peperen

devilish *bn & bijw* duivels; verduiveld, deksels, bliksems

devil-may-care *bn* onverschillig; roekeloos, doldriest

devilry *znw* duivelskunsten(arij), snoodheid, dolle streken; roekeloze moed

devil's advocate *znw* RK advocatus diaboli, advocaat van de duivel

devious ['di:viəs] *bn* **1** slingerend, kronkelend; *a* ~ *route* een omweg; **2** sluw, onoprecht, achterbaks; *by* ~ *means* op een slinkse manier

devise [di'vaiz] **I** *overg* uit-, bedenken, verzinnen, smeden, beramen; overleggen; legateren; **II** *znw* legaat *o*

devisor [di'vaizə] *znw* recht erflater

devoid [di'void] *bn:* ~ *of* ontbloot van, verstoken van, gespeend van, zonder

devolution [di:və'l(j)u:ʃən] *znw* overgang; overdracht [v. rechten, eigendom &]; decentralisatie

devolve [di'vɔlv] **I** *overg* doen overgaan, overdragen, opleggen (aan *upon*); **II** *onoverg:* ~ *upon* neerkomen op[2], overgaan op, toevallen aan

devote [di'vout] *overg* (toe)wijden, bestemmen (voor *to*), overleveren (aan *to*)

devoted *bn* (toe)gewijd, (aan elkaar) gehecht, verknocht

devotee [devou'ti:] *znw* (bekrompen) dweper (met), ijveraar (voor), dwepend aanhanger of enthousiast liefhebber (van *of*)

devotion [di'vouʃən] *znw* (toe)wijding, gehechtheid, verknochtheid; godsvrucht, vroomheid, devotie; godsdienstoefening, gebed *o*; ~ *to duty* plicht(s)betrachting

devotional *bn* godsdienstig, stichtelijk

devour [di'vauə] *overg* verslinden[2]; fig verteren

devout [di'vaut] *bn* godsdienstig, godvruchtig, vroom, devoot; oprecht, vurig

dew [dju:] *znw* dauw

dew-drop *znw* dauwdruppel

dewlap ['dju:læp] *znw* kwab onder de hals v.e. rund

dew-worm ['dju:wə:m] *znw* worm, pier

dewy ['dju:wi] *bn* dauwachtig, bedauwd

dewy-eyed [dju(:)'i'aid] *bn* kinderlijk onschuldig, met kinderlijk vertrouwen

dexter ['dekstə] *bn* rechts, rechter(-)

dexterity [deks'teriti] *znw* behendigheid, handig-

heid, vaardigheid

dext(e)rous ['dekst(ə)rəs] *bn* behendig, handig, vaardig

dextrose ['dekstrous] *znw* druivensuiker

d-flat ['di:flæt] *znw* muz des

diabetes [daiə'bi:ti:z] *znw* diabetes, suikerziekte

diabetic [daiə'betik] **I** *bn* suikerziekte-; ~ *chocolate* chocola (geschikt) voor diabetici; **II** *znw* diabeticus, suikerpatiënt

diabolic [daiə'bɔlik], **diabolical** *bn* duivels; afgrijselijk, beroerd, miserabel

diaconal [dai'ækənl] *bn* van een *deacon*

diacritic [daiə'kritik] **I** *znw* diacritisch teken *o*; **II** *bn* diacritisch: onderscheidend

diadem ['daiədem] *znw* diadeem

diaeresis [dai'iərisis] *znw (mv:* diaereses [-si:z]) diaeresis: deelteken *o*, trema *o*

diagnose [daiəg'nouz] *overg* diagnostiseren, de diagnose opmaken (van), constateren, vaststellen [ziekte]

diagnosis [daiəg'nousis] *znw (mv:* diagnoses [-si:z]) diagnose

diagnostic [daiəg'nɔstik] **I** *bn* diagnostisch; **II** *znw* symptoom *o*, kenmerkend verschijnsel *o*; ~*s* ook: diagnostiek

diagonal [dai'ægənl] *bn & znw* diagonaal, overhoeks

diagram ['daiəgræm] **I** *znw* diagram *o*, figuur, schematische voorstelling, grafiek; **II** *overg* schematisch of grafisch voorstellen

diagrammatic [daiəgrə'mætik] *bn* schematisch, grafisch, in diagrammen

dial ['daiəl] **I** *znw* wijzerplaat; (kies)schijf; (afstem-)schaal; slang facie *o & v*, bakkes *o*; **II** *overg* (een nummer) draaien, kiezen, opbellen; ~*(ling) tone* kiestoon; ~*ling code* netnummer *o*; direct ~*ling* doorkiezen *o*

dialect ['daiəlekt] *znw* streektaal, tongval, dialect *o*

dialectal [daiə'lektl] *bn* dialectisch

dialectic [daiə'lektik] *znw* dialectiek (ook ~*s*)

dialectical *bn* dialectisch

dialectician [daiəlek'tiʃən] *znw* dialecticus

dialogue [daiəlɔg], Am **dialog** *znw* dialoog, samenspraak, gesprek *o*

dial tone ['daiəlpleit] *znw* Am kiestoon

diameter [dai'æmitə] *znw* diameter, middellijn

diametrical [daiə'metrikl] *bn* diametraal, lijnrecht

diamond ['daiəmənd] **I** *znw* diamant *o* [stofnaam], diamant *m* [voorwerpsnaam]; ruit; sp (binnenveld *o* van) honkbalveld *o*; ~*s* kaartsp ruiten; *black* ~ steenkool; *he's a rough* ~ onder zijn ruwe bolster zit een blanke pit; **II** *bn* diamanten; ruitvormig; ~ *jubilee* zestigjarig jubileum *o*; ~ *wedding* diamanten bruiloft

diapason [daiə'peizn] *znw* muz (stem-, toon-) hoogte; (toon)omvang; diapason

diaper ['daiəpə] *znw* Am luier

diaphanous [dai'æfənəs] *bn* doorschijnend

diaphragm

diaphragm ['daiəfræm] *znw* middenrif *o*; dia-fragma *o* [v. lens]; tussenschot *o*; membraan *o*; pessarium *o*

diarist ['daiərist] *znw* dagboekschrijver

diarrhoea [daiə'riə] *znw* diarree

diary ['daiəri] *znw* dagboek *o*; agenda

diaspora [dai'æspərə] *znw* diaspora

diatribe ['daiətraib] *znw* diatribe: scheldkanon-nade, hekelschrift *o*

dibble ['dibl] **I** *znw* pootijzer *o*; **II** *overg* met een pootijzer bewerken of planten

dice [dais] **I** *znw* dobbelstenen (*mv* v. *die*; ook als *enk* gebruikt:) dobbelsteen; dobbelspel *o*; **II** *onoverg* dobbelen; ~ *with death* zijn leven (gezondheid &) in de waagschaal stellen; **III** *overg* aan dobbelste-nen snijden

dicey ['daisi] *bn* gemeenz riskant, gevaarlijk, link

dichotomy [dai'kɔtəmi] *znw* dichotomie, (twee-)deling; splitsing

dick [dik] *znw* slang detective; plat pik, lul

dickens ['dikinz] *znw*: *what/how/why the* ~ *didn't you...?* gemeenz waarom heb je verdorie (in vredesnaam) niet...?

dicker ['dikə] *onoverg* sjacheren, afdingen

dicky ['diki] **I** *znw* frontje *o*; ~-*bird* vogeltje *o*; *not say a* ~-*bird* gemeenz geen stom woord zeggen; **II** *bn* gemeenz wankel, niet solide²

dicta ['diktə] *znw mv* v. *dictum*

dictaphone *znw* dicteerapparaat *o*

dictate I *overg* [dik'teit] voorzeggen, dicteren, inge-ven; commanderen, opleggen, voorschrijven; **II** *znw* ['dikteit] voorschrift *o*, bevel *o*; ingeving

dictation [dik'teiʃən] *znw* dictee *o*, dictaat *o*; bevel *o*, oplegging

dictator *znw* dictator

dictatorial [diktə'tɔ:riəl] *bn* gebiedend, heerszuch-tig, dictatoriaal

dictatorship *znw* dictatuur

diction ['dikʃən] *znw* dictie, voordracht

dictionary ['dikʃən(ə)ri] *znw* woordenboek *o*

dictum ['diktəm] *znw* (*mv*: dicta [-tə]) uitspraak, gezegde *o*

did [did] V.T. van *do*

didactic [di'dæktik] *bn* didactisch, belerend, leer-; ~*s* didactiek

diddle ['didl] *overg* gemeenz bedotten; ~ *sbd. out of sth.* iem. iets slinks afhandig maken

didn't = *did not*

1 die [dai] *znw* (*mv*: dice [dais]) dobbelsteen, teer-ling; muntstempel; matrijs; snij-ijzer *o*; *the* ~ *is cast* de teerling is geworpen

2 die [dai] *onoverg* sterven, overlijden; doodgaan; (het) besterven [v. schrik &]; uit-, wegsterven, ver-flauwen, uitgaan, voorbijgaan, bedaren; ~ *a mil-lionaire* sterven als (een) miljonair; ~ *a natural death* een natuurlijke dood sterven; ~ *hard* een taai leven hebben; zich taai houden; ~ *away* wegster-ven [v. geluid]; ~ *down* afnemen, luwen, bedaren;

uitgaan, doven, wegsterven²; ~ *for* sterven voor; snakken naar; ~ *from* (*of*) sterven aan; ~ *of grief* sterven van verdriet; ~ *of laughter* zich doodla-chen; ~ *out* weg-, uitsterven; ~ *to the world* der we-reld afsterven; *be dying to...* branden van verlangen om..., dolgraag willen...; ~ *of thirst* van dorst ster-ven (vergaan)

die-hard ['daiha:d] **I** *bn* onverzoenlijk; **II** *znw* on-verzoenlijk persoon; conservatief politicus

dielectric [daii'lektrik] *bn* isolerend; niet-geleidend [materiaal]

diesel ['di:zl] *znw* diesel

diet ['daiət] **I** *znw* **1** rijksdag, landdag; **2** voedsel *o*, kost, voeding; leefregel, dieet *o*; *on a* ~ op dieet; **II** *overg* een leefregel voorschrijven, op dieet stellen; **III** *onoverg* op dieet zijn

dietary ['daiətəri] **I** *bn* dieet-, voedsel-; ~ *fibre* ruwe vezel; **II** *znw* dieet *o*; kost

dieter ['daiətə] *znw* iem. die een dieet volgt, die aan het lijnen is

dietetic [daii'tetik] **I** *bn* dieet-, voedings-, diëtis-tisch; **II** *znw*: ~*s* voedingsleer, diëtetiek

dietician, dietitian, dietist ['daiətist] *znw* voedingsspecialist(e), diëtist(e)

differ ['difə] *onoverg* (van elkaar) verschillen; van mening verschillen; ~ *form sbd. on (about) sth.* het met iem. oneens over iets zijn; *agree to* ~ zich erbij neerleggen dat men niet tot overeenstemming kan komen; *I beg to* ~ neemt u me niet kwalijk, maar ik ben het (helaas) niet met u eens

difference ['difrəns] *znw* verschil *o*, onderscheid *o*; geschil(punt) *o*; *it makes no* ~ dat maakt niets uit; *that makes all the* ~ dat maakt veel uit, daar zit 'm nou net de kneep; *split the* ~ het verschil delen

different *bn* verschillend (van *from, to*), onder-scheiden, verscheiden, anders (dan *from, to*), ander (dan *from*); *as* ~ *again* volkomen anders(om)

differentiable *bn* scheidbaar (v. begrippen), gedif-ferentieerd kunnende worden

differential [difə'renʃəl] **I** *bn* differentieel (= een onderscheid makend naar herkomst) [v. rechten]; differentiaal; ~ *calculus* wisk differentiaalrekening; ~ *gear* techn differentieel; **II** *znw* wisk differentiaal; techn differentieel *o*; loongeschil *o*; loonklassen-verschil *o*

differentiate I *overg* onderscheiden, doen verschil-len, verschil maken tussen; **II** *onoverg* differentiëren, zich onderscheiden

differentiation [difərenʃi'eiʃən] *znw* verschil *o*, onderscheiding; differentiatie

difficult ['difikəlt] *bn* moeilijk, lastig

difficulty *znw* moeilijkheid, moeite, zwarigheid, bezwaar *o*

diffidence ['difidəns] *znw* gebrek *o* aan zelfvertrou-wen; schroomvalligheid

diffident *bn* bedeesd, zonder zelfvertrouwen, verle-gen

diffluence ['difluəns] *znw* vloeibaarheid; vloeibaar

worden o

diffraction [di'frækʃən] znw diffractie, buiging [v. lichtstralen of geluidsgolven]

diffuse [di'fju:s] **I** bn verspreid, verstrooid, diffuus [v. licht]; breedsprakig, wijdlopig; **II** overg [di'fju:z] verspreiden, uitstorten, uitgieten; diffunderen: doordringen in [v. vloeistoffen, gassen]; ~d diffuus [v. licht]

diffusion znw verspreiding, verbreiding, uitstorting; diffusie: vermenging v. gassen of vloeistoffen

diffusive bn (zich) verspreidend; wijdlopig

1 dig [dig] (dug; dug) **I** overg graven, delven, (om-) spitten; rooien [aardappelen]; duwen, porren; slang snappen, begrijpen, genieten (van), leuk vinden, 'te gek' vinden; ~ at sbd. iem. een steek onder water geven; ~ in onderwerken [mest]; (zich) ingraven; ~ in one's heels het been stijf houden; ~ one's nails into doen dringen, slaan of boren in; ~ out (up) uitgraven, opgraven; opbreken; rooien; fig opdiepen, voor de dag halen; oprakelen; ~ through doorgraven; **II** onoverg graven, spitten; slang wonen; ~ in mil zich ingraven; gemeenz aanvallen [op eten]

2 dig znw graafwerk o; [archeologische] opgraving; por, duw; fig steek, insinuatie; ~s gemeenz huurkamer

digest [di-, dai'dʒest] **I** overg verteren, verwerken, in zich opnemen; **II** onoverg verteren; **III** znw ['daidʒest] overzicht o, resumé o, verkorte weergave; recht pandecten

digestible [di'dʒestəbl] bn licht verteerbaar

digestion znw spijsvertering; verwerking [van het geleerde], digestie

digestive I bn (znw) de spijsvertering bevorderend (middel o); spijsverterings-; **II** znw volkorenbiscuitje o

digger ['digə] znw (goud)graver, delver; graafmachine

digging znw graven o; ~s goudveld o, goudvelden; gemeenz huurkamer

dight [dait] bn vero getooid; bereid

digit ['didʒit] znw vinger(breedte); dierk teen, vinger; cijfer o beneden 10

digital bn digitaal; ~ computer digitale rekenmachine; ~ recording digitale opname; ~ watch digitaal horloge o

dignified ['dignifaid] bn waardig, deftig

dignify overg meer waardigheid geven, sieren, adelen; vereren (met with)

dignitary znw dignitaris, hoogwaardigheidsbekleder

dignity znw waardigheid; beneath one's ~ beneden zijn stand

digress [dai'gres] onoverg afdwalen [van het onderwerp], uitweiden

digression znw afdwaling [v. het onderwerp], uitweiding

digressive bn uitweidend

dike, dyke [daik] **I** znw dijk, dam; sloot; slang pot, lesbo; **II** overg indijken; een sloot graven om

dike-reeve ['daikri:v] znw dijkgraaf

dilapidated [di'læpideitid] bn verwaarloosd, vervallen, bouwvallig; versleten [v. kleren &]

dilapidation [dilæpi'deiʃən] znw verwaarlozing, verval o, bouwvalligheid

dilate [dai'leit] **I** overg uitzetten, verwijden; ~d eyes opengesperde ogen; **II** onoverg uitzetten, zich verwijden; ~ (up)on uitweiden over

dilation znw uitzetting, verwijding, opzetting

dilatory ['dilətəri] bn talmend

dilemma [di'lemə, dai'lemə] znw dilemma o

dilettante [dili'tænti] znw (mv: dilettanti [-ti:]) dilettant

diligence ['dilidʒəns] znw ijver, naarstigheid, vlijt

diligent bn ijverig, naarstig, vlijtig

dill [dil] znw plantk dille

dilly-dally ['dilidæli] onoverg treuzelen

diluent ['diljuənt] bn (znw) verdunnend (middel o)

dilute [dai'lju:t] **I** overg verdunnen; versnijden, aanlengen; doen verwateren, afzwakken; **II** bn verdund

dilution znw verdunning

dim [dim] **I** bn dof, schemerig, donker, duister; vaag; flauw; zwak, onduidelijk; gemeenz gering, pover; onbeduidend, onbenullig, sloom, dom [iemand]; take a ~ view of sth. niets moeten hebben van iets, niets ophebben met iets; ~ and distant past het grijze verleden; **II** onoverg dof & worden; verflauwen; tanen; **III** overg dof & maken, verduisteren, benevelen; ontluisteren

dime [daim] znw ¹/₁₀ dollar; ~ novel stuiversroman

dimension [di'menʃən] znw afmeting, dimensie, omvang, grootte

dimensional bn dimensionaal; three-~ driedimensionaal

diminish [di'miniʃ] **I** overg verminderen [ook muz], verkleinen; afbreuk doen aan; **II** onoverg (ver)minderen, afnemen

diminished bn verminderd, verzwakt; ~ responsibility verminderde toerekeningsvatbaarheid

diminution [dimi'nju:ʃən] znw vermindering, afneming, verkleining

diminutive [di'minjutiv] **I** bn klein, gering, verkleinings-, miniatuur-; **II** znw verkleinwoord o

dimity ['dimiti] znw witte, gekeperde katoenen stof

dimmer ['dimə], **dimmer switch** znw dimschakelaar, dimmer

dimorphic [dai'mɔ:fik] bn dimorf: in twee vormen voorkomend

dimple ['dimpl] **I** znw (wang)kuiltje o; **II** onoverg (& overg) kuiltjes vormen (in); ~d met kuiltjes

dimwit ['dimwit] znw gemeenz stommerd, sufferd

dimwitted bn gemeenz stom, oenig

din [din] **I** znw leven o, geraas o, lawaai o, gekletter o; **II** overg: ~ sth. into someone iets er bij iem. instampen

dine

dine [dain] *onoverg* dineren, eten; *I ~d off (on) boiled meat* ik deed mijn maal met gekookt vlees; ~ *out* uit eten gaan; buitenshuis eten; ~ *out on sth.* iets overal rondbazuinen

diner *znw* eter, gast; restauratiewagen; <u>Am</u> eethuisje *o*

dinette [dai'net] *znw* eethoek

dingbat ['diŋbæt] *znw* <u>Am</u> <u>gemeenz</u> sufferd, kluns, oen

ding-dong ['diŋ 'dɔŋ] **I** *znw* gebimbam *o*, gebeier *o*; <u>gemeenz</u> vechtpartij; twistgesprek *o*, hevige woordenwisseling; **II** *bn* vinnig; (nagenoeg) onbeslist

dinghy ['diŋgi] *znw* <u>scheepv</u> kleine jol; rubberboot (ook: *rubber* ~)

dingo ['diŋgou] *znw (mv: -goes)* Australische wilde hond

dingy [din(d)ʒi] *bn* groezelig, vuil, goor; (deprimerend) armoedig

dining-car ['dainiŋka:] *znw* restauratiewagen

dining-room, dining-hall *znw* eetkamer, -zaal

dining table *znw* eettafel

dinkey ['diŋki] *znw* iets kleins, dingetje *o*

dinkum ['diŋkəm] *bn* <u>Austr</u> <u>slang</u> echt; ~ *oil* de volle waarheid

dinky ['diŋki] *bn* <u>gemeenz</u> leuk, snoezig, aardig, sierlijk

dinner ['dinə] *znw* middagmaal *o*, eten *o*, diner *o*

dinner-dance *znw* diner dansant *o*

dinner-jacket *znw* smoking

dinner-party *znw* diner *o*

dinner-plate *znw* plat bord *o*

dinner-service, dinner-set *znw* eetservies *o*

dinner table *znw* eettafel

dinner-time *znw* etenstijd

dinner-wag(g)on *znw* dientafel, serveerwagen

dint [dint] *znw* **1** *by ~ of* door; **2** = *dent*

diocesan [dai'ɔsisən] **I** *bn* diocesaan; **II** *znw* bisschop; diocesaan

diocese ['daiəsis, 'daiəsi:s] *znw* diocees *o*, bisdom *o*

diopter, dioptre [dai'ɔptə] *znw* dioptrie

diorama [daiə'ra:mə] *znw* diorama *o*, kijkdoos

dioxide [dai'ɔksaid] *znw* dioxide *o*

dip [dip] **I** *overg* (in)dopen, (in)dompelen; neerlaten; laten hellen; ~ *one's flag (to)* salueren [een schip]; ~ *the headlights* dimmen; *drive on ~ped headlights* met dimlicht(en) rijden; **II** *onoverg* duiken, dalen, (af)hellen; doorslaan [v. balans]; ~ *into* duiken in; zich verdiepen in; in-, doorkijken, doorbladeren; aanspreken [voorraad]; ~ *into one's pocket* in de zak tasten; **III** *znw* indoping; onderdompeling; wasbeurt; <u>gemeenz</u> duik, bad *o*; del, (duin-) vallei; duiken *o*; (af)helling; dipsaus; ~ *of the needle* inclinatie van de magneetnaald; *have a ~ into a book* hier en daar (even) inkijken

dippy ['dipi] *bn* <u>gemeenz</u> getikt, gek, idioot

diptheria [dif'θiəriə] *bn* difterie, difteritis

diphthong ['difθɔŋ] *znw* tweeklank, diftong

diploma [di'ploumə] *znw* diploma *o*

diplomacy [di'plouməsi] *znw* diplomatie[2]

diplomat ['dipləmæt] *znw* diplomaat[2]

diplomatic [diplə'mætik] *bn* diplomatisch[2]; diplomatiek; ~ *bag* zak met diplomatieke post; ~ *corps* corps *o* diplomatique; ~ *immunity* diplomatieke onschendbaarheid; ~ *service* diplomatieke dienst

dipper ['dipə] *znw* **1** schepper, pollepel; **2** <u>dierk</u> waterspreeuw; *big* ~ achtbaan [op kermis]; *the Big Dipper* <u>Am</u> <u>astron</u> de Grote Beer

dipso ['dipsou] *znw* <u>gemeenz</u> = *dipsomaniac*

dipsomania [dipsou'meiniə] *znw* drankzucht

dipsomaniac *znw* alcoholist, drankzuchtige

dipstick ['dipstik] *znw* <u>auto</u> peilstok

dip-switch ['dipswitʃ] *znw* dimschakelaar

dipterous ['diptərəs] *bn* tweevleugelig

dire ['daiə] *bn* akelig, ijselijk, verschrikkelijk; ~ *necessity* harde noodzaak; *they are in ~ need of food* zij snakken naar voedsel; *be in ~ straits* ernstig in het nauw zitten

direct [di'rekt, dai'rekt] **I** *bn* direct, recht, rechtstreeks, onmiddellijk; <u>fig</u> ronduit; **II** *bijw* rechtstreeks, direct; ~ *mail* direct mail; **III** *overg* richten, besturen, (ge)leiden, regisseren [film]; voorschrijven, orders (last) geven; dirigeren; instrueren; adresseren; de weg wijzen; ~ *action* stakingen en demonstraties; ~ *current* gelijkstroom; ~ *debit* automatische afschrijving; ~ *evidence* rechtstreeks bewijs *o*; ~ *hit* voltreffer [bom]; ~ *line* rechte lijn (van vader op zoon); rechtstreekse verbinding [spoorwegen &]; ~ *method* taalonderwijs *o* direct in de vreemde taal; ~ *object* lijdend voorwerp *o*; ~ *speech* <u>gramm</u> directe rede; ~ *tax* directe belasting

direction *znw* directie, leiding, bestuur *o*; regie [v. film]; richting; aanwijzing, instructie, voorschrift *o*; *sense of ~* oriënteringsvermogen *o*

directional *bn* richting-; <u>radio</u> gericht

direction-finder *znw* <u>radio</u> richtingzoeker, radiopeiler

direction-finding *znw* radiopeiling; ~ *station* radiopeilstation *o*

directive **I** *bn* leidend, regelend, richt-; **II** *znw* richtlijn, directief *o*

directly **I** *bijw* direct, recht(streeks), aanstonds, dadelijk; **II** *voegw* <u>gemeenz</u> zodra

directness *znw* directheid; openhartigheid

director [di-, dai'rektə] *znw* directeur, leider, bestuurder, bewindhebber; (film)regisseur; ~ *general* directeur-generaal, algemeen directeur; *board of ~s* raad van bestuur

directorate *znw* directoraat *o*

directorial ['di-, 'dairek'tɔːriəl] *bn* van de directie, directie-; regie- [debuut &]

directorship *znw* directeurschap *o*

directory [di-, dai'rektəri] *znw* adresboek *o*; telefoongids, -boek *o* (*telephone* ~); stratenlijst; ~ *enquiries* <u>telec</u> inlichtingen [omtrent telefoonnummers]

dirge [də:dʒ] *znw* lijk-, klaag-, treurzang

dirigible ['dɪrɪdʒɪbl] **I** *bn* bestuurbaar; **II** *znw* bestuurbare luchtballon, luchtschip *o*

dirk [dəːk] *znw* dolk, ponjaard [v. adelborst]

dirndl ['dəːndl] [Duits] *znw* dirndl [jurk met nauwsluitend lijfje en wijde rok]

dirt [dəːt] *znw* vuil *o*, vuilnis, modder², slijk² *o*, vuiligheid; grond, aarde; *treat sbd. like ~* iemand als oud vuil behandelen

dirt-cheap *bn* spotgoedkoop

dirt road *znw* onverharde weg

dirt-track *znw* sintelbaan

dirty I *bn* vuil; smerig; gemeen; vies, obsceen [woord &]; *give sbd. a ~ look* iem. vuil aankijken; *he's got a ~ mind* hij heeft een dirty mind; *~ linen* fig vuile was; *~ money* toeslag voor vuil en zwaar werk; oneerlijk verdiend geld; *~ old man* ouwe snoeper; *~ trick* vuile streek; **II** *overg* vuilmaken; bezoedelen; **III** *onoverg* vuil worden; **IV** *znw: do the ~ on sbd.* gemeenz iem. een gemene streek leveren

disability [dɪsə'bɪlɪti] *znw* belemmering, handicap; invaliditeit

disable [dɪs'eɪbl, di'zeɪbl] *overg* buiten gevecht stellen; invalide maken; uitsluiten

disabled *bn* arbeidsongeschikt, invalide; buiten gevecht gesteld; verminkt; ontredderd, stuk

disablement *znw* invaliditeit

disabuse [dɪsə'bjuːz] *overg* uit een dwaling of uit de droom helpen; *~ of* genezen van, afhelpen van

disaccord [dɪsə'kɔːd] **I** *onoverg* niet overeenstemmen; **II** *znw* gebrek *o* aan overeenstemming

disaccustom [dɪsə'kʌstəm] *overg* ontwennen

disadvantage [dɪsæd'vaːntɪdʒ] *znw* nadeel *o*; bezwaar *o*, ongemak *o*; *be at a ~* in een nadelige positie zijn; *work to sbd.'s ~* iem. benadelen

disadvantaged *bn* kansarm, minder bevoorrecht

disadvantageous [dɪsædvaːn'teɪdʒəs] *bn* nadelig (voor *to*)

disaffected [dɪsə'fektɪd] *bn* ontevreden, afvallig, ontrouw

disaffection *znw* ontevredenheid, ontrouw, onvrede

disafforest [dɪsə'fɔrɪst] *overg* ontbossen

disagree [dɪsə'griː] *onoverg* verschillen, het oneens zijn, een tegenstander zijn van, niet passen (bij *with*); *... ~s with me ...* bekomt me niet goed

disagreeable I *bn* onaangenaam; slecht gehumeurd; **II** *znw: ~s* onaangenaamheden

disagreement *znw* afwijking, verschil *o*, onenigheid, geschil *o*, tweedracht; ruzie

disallow [dɪsə'lau] *overg* niet toestaan, weigeren; verwerpen, afkeuren [v. doelpunt &]

disappear [dɪsə'pɪə] *onoverg* verdwijnen

disappearance [dɪsə'pɪərəns] *znw* verdwijning

disappoint [dɪsə'pɔint] *overg* teleurstellen

disappointment *znw* teleurstelling, tegenvaller, deceptie

disapprobation [dɪsæprə'beɪʃən] *znw* afkeuring

disapproval [dɪsə'pruːvəl] *znw* afkeuring

disapprove *overg & onoverg* afkeuren; *they ~d of his attitude* zij keurden zijn houding af

disarm [dɪs'aːm, di'zaːm] *overg* ontwapenen

disarmament *znw* ontwapening

disarrange [dɪsə'reɪndʒ] *overg* in de war brengen

disarrangement *znw* verwarring, wanorde

disarray [dɪsə'reɪ] *znw* wanorde; verwarring

disassociate ['dɪsə'souʃi'eɪt] = *dissociate*

disaster [di'zaːstə] *znw* ramp, onheil *o*, catastrofe

diastrous *bn* rampspoedig, noodlottig, catastrofaal, desastreus

disavow [dɪsə'vau] *overg* (ver)loochenen, ontkennen, niet erkennen; desavoueren

disavowal *znw* (ver)loochening, ontkenning, nieterkenning

disband [dɪs'bænd] **I** *onoverg* uiteengaan, zich verspreiden; **II** *overg* afdanken; ontbinden

disbar [dɪs'baː] *overg* recht uitsluiten (van de balie)

disbelief ['dɪsbi'liːf] *znw* ongeloof *o*

disbelieve *overg & onoverg* niet geloven (aan *in*)

disburden [dɪs'bəːdn] *overg* ontlasten; uitstorten

disbursal *znw* = *disbursement*

disburse [dɪs'bəːs] *overg & onoverg* (uit)betalen, uitgeven, voorschieten

disbursement *znw* uitbetaling, uitgave

disc [dɪsk] *znw* = *disk*

discard [dɪs'kaːd] *overg* af-, wegleggen, opzij zetten, terzijde leggen; afdanken

discern [di'səːn] *overg* onderscheiden, onderkennen, bespeuren, ontwaren, waarnemen

discernible *bn* (duidelijk) te onderscheiden, waarneembaar

discerning *bn* schrander, scherpziend

discernment *znw* onderscheiding, onderscheidingsvermogen *o*, oordeel *o* des onderscheids, doorzicht *o*, schranderheid, scherpe blik

discharge [dɪs'tʃaːdʒ] **I** *overg* af-, ontladen, afschieten, afvuren, lossen; [water] lozen; ontlasten; ontheffen, kwijtschelden, vrijspreken (van *from*); ontslaan, scheepv afmonsteren; handel rehabiliteren; (zich) kwijten (van); voldoen, betalen; vervullen [plichten]; *~ a patient* een patiënt ontslaan, naar huis sturen; **II** *onoverg* zich ontlasten; etteren, dragen [v. wond]; **III** *znw* ontlading; lossen *o*, losbranding, afschieten *o*; schot *o*; etter; afscheiding; ontlasting, lozing; ontheffing, kwijtschelding, vrijspraak; kwijting, kwijtbrief, ontslag *o*; scheepv afmonstering; handel rehabilitatie; vervulling [van zijn plicht]

disciple [di'saɪpl] *znw* volgeling, leerling, discipel

disciplinarian [dɪsɪpli'neəriən] *znw* strenge leermeester

disciplinary ['dɪsɪplinəri] *bn* disciplinair, tucht-

discipline I *znw* (krijgs)tucht, orde, discipline (ook: vak *o* van wetenschap); tuchtiging, kastijding; **II** *overg* disciplineren; tuchtigen, kastijden

disc jockey ['dɪskdʒɔki] *znw* diskjockey

disclaim [dɪs'kleɪm] *overg* niet erkennen, afwijzen;

141

disclaimer

verwerpen, ontkennen

disclaimer *znw* afwijzing, verwerping; ontkenning, dementi *o*; afstand

disclose [dis'klouz] *overg* blootleggen, openbaren, onthullen, aan het licht brengen; openbaar maken, bekendmaken, uit de doeken doen

disclosure *znw* openbaring, onthulling, openbaarmaking, bekendmaking

disco ['diskou] *znw* disco; Am diskjockey

discoid ['diskɔid] *bn* diskusvormig, schijfvormig

discolour, Am **discolor** [dis'kʌlə] *overg & onoverg* (doen) verkleuren, verschieten of verbleken

discolo(u)ration [diskʌlə'reiʃən] *znw* verandering van kleur, verkleuring, vlek

discomfit [dis'kʌmfit] *overg* in verlegenheid brengen, verwarren; ~ed onthutst, beduusd, verlegen

discomfiture *znw* verwarring; verbijstering; verlegenheid

discomfort [dis'kʌmfət] *znw* ongemak *o*, ontbering; onbehaaglijkheid; vero leed *o*

discomposure *znw* ontsteltenis, verontrusting, onrust; verwarring

disconcert [diskən'sət] *overg* verontrusten, in verlegenheid brengen, van zijn stuk brengen; ~ed ontdaan, onthutst, verbijsterd

disconnect [diskə'nekt] *overg* losmaken; los-, afkoppelen, uitschakelen; afsluiten; ~ed onsamenhangend, los

disconnection *znw* ontkoppeling, onderbreking, afsluiting

disconsolate [dis'kɔnsəlit] *bn* troosteloos, ontroostbaar

discontent [diskən'tent] I *bn* misnoegd; II *znw* ontevredenheid, onbehagen *o*

discontented *bn* ontevreden, misnoegd

discontiguous [diskən'tigjuəs] *bn* niet aangrenzend

discontinuation [diskəntinju'eiʃən] *znw* afbreking, uitscheiden *o*, ophouden *o*, staking; intrekking; opzegging; opheffing

discontinue [diskən'tinju:] I *onoverg* ophouden; II *overg* staken, afbreken, ophouden met; intrekken; opzeggen [abonnement]; opheffen [zaak]

discontinuity [diskɔnti'nju:iti] *znw* discontinuïteit

discontinuous [diskən'tinjuəs] *bn* onderbroken; onsamenhangend

discord ['diskɔ:d] *znw* disharmonie, onenigheid, wrijving, tweedracht; wanklank; dissonant

discordance *znw* disharmonie

discordant *bn* onharmonisch, niet overeenstemmend[2], uiteenlopend; onenig; wanluidend

discotheque ['diskoutek] *znw* discotheek, disco

discount I ['diskaunt] *znw* handel disconto *o*; korting; disagio *o*; *be at a ~* handel beneden pari staan; II [dis'kaunt] *overg* handel (ver)disconteren; buiten rekening laten, niet tellen; niet serieus nemen, weinig geloof hechten aan; buiten beschouwing laten; iets afdoen [v. prijs]

discountable *bn* handel disconteerbaar

discountenance [dis'kauntənəns] *overg* verlegen maken, van zijn stuk brengen; zijn steun onthouden aan, zijn afkeuring uitspreken over

discourage [dis'kʌridʒ] *overg* ontmoedigen; afschrikken; niet aanmoedigen, ont-, afraden, (ervan) afhouden, tegengaan

discouragement *znw* ontmoediging; tegenwerking

discourse I ['diskɔ:s] *znw* verhandeling, voordracht, lezing, rede(voering); vero gesprek *o*; II [dis'kɔ:s] *onoverg* spreken (over *on*), praten

discourteous [dis'kə:tjəs, - 'kɔ:tjəs] *bn* onhoffelijk, onheus, onbeleefd

discourtesy *znw* onhoffelijkheid, onheusheid, onbeleefdheid

discover [dis'kʌvə] *overg* ontdekken, onthullen; vero openbaren, tonen, verraden

discoverer *znw* ontdekker

discovery *znw* ontdekking

discredit [dis'kredit] I *znw* diskrediet *o*, schande; *he is a ~ to his family* hij doet zijn familie geen eer aan; II *overg* niet geloven, in twijfel trekken, wantrouwen; in diskrediet brengen, te schande maken; verdacht maken

discreditable *bn* schandelijk

discreet [dis'kri:t] *bn* kunnende zwijgen, discreet, voorzichtig [in zijn uitlatingen]; tactvol; onopvallend

discrepancy [dis'krepənsi] *znw* gebrek *o* aan overeenstemming; tegenstrijdigheid; verschil *o*, discrepantie

discrepant *bn* tegenstrijdig, niet overeenstemmend

discrete [dis'kri:t] *bn* afzonderlijk, niet samenhangend

discretion [dis'kreʃən] *znw* oordeel *o* (des onderscheids), verstand *o*, wijsheid, voorzichtigheid, beleid *o*; *at the ~ of...* naar goedvinden van...; overgeleverd aan de willekeur van...; *it is at your ~* het is (staat) tot uw dienst; zoals u verkiest; *act on (use) one's own ~* naar (eigen) goedvinden handelen; *~ is the better part of valour* beter blo Jan dan do Jan

discretionary *bn* onbeperkt, willekeurig; naar eigen believen te bepalen; *~ power(s)* macht om naar goeddunken te handelen

discretive [dis'kri:tiv] *bn* onderscheidend

discriminate [dis'krimineit] I *onoverg* onderscheiden (van *from*), onderscheid maken (tussen *between*); discrimineren (ten ongunste van *against*; ten gunste van *in favour of*); II *overg* onderscheiden; *learn to ~ the birds* de vogels leren kennen

discriminating *bn* scherpzinnig, kritisch, schrander

discrimination [diskrimi'neiʃən] *znw* onderscheiding, onderscheidingsvermogen *o*; scherpzinnigheid; onderscheid *o*; discriminatie [v. rassen &]

discriminative [dis'kriminətiv] *bn* onderscheidend, nauwlettend; kenmerkend

discriminatory *bn* discriminatoir, discriminerend

discursive [dis'kə:siv] *bn* niet-intuïtief, beredenerend, discursief; van de hak op de tak springend, onsamenhangend, afdwalend

discus ['diskəs] *znw* sp discus

discuss [dis'kʌs] *overg* behandelen, bespreken

discussion *znw* discussie, bespreking; *under ~* in behandeling

disdain [dis'dein] **I** *overg* minachten; versmaden, beneden zich achten, zich niet verwaardigen; **II** *znw* minachting, versmading

disdainful *bn* minachtend, versmadend

disease [di'zi:z] *znw* ziekte, kwaal; *~d* ziek, ziekelijk

disembark [disim'ba:k] **I** *overg* ontschepen, aan land zetten, lossen; **II** *onoverg* zich ontschepen, landen, aan wal gaan, van boord gaan, uitstappen

disembarkation [disemba:'keiʃən] *znw* ontscheping, landing

disembodied [disim'bɔdi:d] *bn* zonder lichaam, van het lichaam gescheiden, onstoffelijk, niet tastbaar

disembowel [disim'bauəl] *overg* ontweien [wild &]; [vis] uithalen; de buik openrijten van

disenchant [disin'tʃa:nt] *overg* ontgoochelen, desillusioneren

disenchantment *znw* ontgoocheling, ontnuchtering, desillusie

disencumber [disin'kʌmbə] *overg* vrijmaken, [van overlast] bevrijden

disenfranchise(ment) = *disfranchise(ment)*

disengage [disin'geidʒ] *overg* los-, vrijmaken, bevrijden

disengaged *bn* bevrijd; los, vrij

disengagement *znw* los-, vrijmaking, bevrijding; vrijheid, vrij zijn *o*; onbevangenheid; verbreking van engagement; scheiden *o* van vijandelijke legers

disentangle [disin'tæŋgl] *overg* ontwarren; losmaken; vrijmaken, bevrijden

disentanglement *znw* ontwarring; los-, vrijmaking, bevrijding

disequilibrium ['disi:kwi'libriəm] *znw* onevenwichtigheid

disestablish [disis'tæbliʃ] *overg* losmaken v.d. banden tussen Staat en Kerk

disestablishment *znw* scheiding van Kerk en Staat

disfavor, disfavour [dis'feivə] **I** *znw* afkeuring; ongenade, ongunst; *fall into ~ (with sbd.)* bij iem. uit de gunst raken; *to his ~* te zijnen nadele; *regard with ~* niet gaarne zien; **II** *overg* uit de gunst doen geraken; niet gaarne zien, geen voet geven

disfeature [dis'fi:tʃə] *overg* verminken; ontsieren

disfigure [dis'figə] *overg* mismaken, schenden, verminken, ontsieren

disfigurement *znw* mismaaktheid, schending, verminking, ontsiering

disfranchise [dis'fræn(t)ʃaiz] *overg* de voorrechten, het kiesrecht ontnemen

disfranchisement *znw* ontneming de voorrechten, van het kiesrecht

disgorge [dis'gɔ:dʒ] **I** *overg* uitbraken, ontlasten; **II** *onoverg* zich ontlasten of uitstorten, leegstromen

disgrace [dis'greis] **I** *znw* ongenade; schande; schandvlek; *in ~* in ongenade gevallen; **II** *overg* in ongenade doen vallen, zijn gunst onttrekken aan; onteren, te schande maken; tot schande strekken; schandvlekken; **III** *wederk* : *~ oneself* zich schandelijk gedragen

disgraceful *bn* schandelijk

disgruntled [dis'grʌntld] *bn* ontevreden, knorrig

disguise [dis'gaiz] **I** *overg* vermommen, verkleden; handig verbergen, verbloemen; *a ~d hand* verdraaid handschrift *o*; *~d subsidies* verkapte subsidies; *we cannot ~ from ourselves the difficulty of...* wij kunnen ons de moeilijkheid om... niet ontveinzen; **II** *znw* vermomming, verkleding; dekmantel, masker *o*; *in ~* vermomd; verkapt

disgust [dis'gʌst] **I** *znw* walg, afkeer (van *at, for*), walging; ergernis; **II** *overg* doen walgen, afkerig maken (van *with*); ergeren; *be ~ed at* walgen van

disgusting *bn* walg(e)lijk; misselijk, ergerlijk

dish [diʃ] **I** *znw* schotel, schaal; gerecht *o*; *do the ~es* de afwas doen; **II** *overg* opscheppen [uit ketel]; *~ out* rondstrooien, uitdelen; *~ up* opdissen, opdienen, voorzetten

disharmony [dis'ha:məni] *znw* disharmonie

dish-cloth ['diʃklɔθ] *znw* vaatdoek

dishearten [dis'ha:tn] *overg* ontmoedigen

dishevelled [di'ʃevəld] *bn* slonzig, onverzorgd, met verwarde haren; verward; slordig; verfomfaaid

dish liquid *znw* Am afwasmiddel *o*

dish-mop ['diʃmɔp] *znw* vatenkwast, vaatkwast

dishonest [dis'ɔnist] *bn* oneerlijk

dishonesty *znw* oneerlijkheid

dishonour, Am dishonor [dis'ɔnə] **I** *znw* oneer, schande; **II** *overg* onteren, te schande maken; handel [een wissel] niet honoreren

dishonourable *bn* schandelijk; eerloos; oneervol

dishtowel *znw* Am droogdoek, theedoek

dishwasher ['diʃwɔʃə] *znw* bordenwasser; vaatwasmachine, afwasmachine, -automaat

dishwater *znw* afwaswater *o*; slootwater *o* [thee &]

dishy ['diʃi] *bn* gemeenz aantrekkelijk, lekker; sexy

disillusion [disi'l(j)u:ʒən] **I** *znw* desillusie: ontgoocheling; **II** *overg* ontgoochelen

disillusionment *znw* desillusie: ontgoocheling

disincentive [disin'sentiv] *znw* belemmering, ontmoediging, remmende factor, hinderpaal

disinclination [disinkli'neiʃən] *znw* ongeneigdheid, tegenzin, afkerigheid

disincline [disin'klain] *overg* afkerig maken; *~d to* niet genegen om, afkerig van, niet gestemd tot

disinfect [disin'fekt] *overg* ontsmetten

disinfectant I *bn* ontsmettend; **II** *znw* ontsmettingsmiddel *o*

disinfection *znw* ontsmetting

disinfest [disin'fest] *overg* van ongedierte zuiveren, ontluizen

disinflation *znw* = *deflation*

disinformation ['disinfə'meiʃən] *znw* misleidende informatie, valse informatie

disingenous [disin'dʒenjuəs] *bn* onoprecht, geveinsd

disinherit [disin'herit] *overg* onterven

disinheritance *znw* onterving

disintegrate [dis'intigreit] *overg & onoverg* tot ontbinding (doen) overgaan, (doen) uiteenvallen

disintegration [disinti'greiʃən] *znw* ontbinding, uiteenvallen *o*, desintegratie

disinter [disin'tə:] *overg* opgraven, opdelven; fig aan het licht brengen

disinterested [dis'int(ə)restid] *bn* belangeloos, onbaatzuchtig; ongeïnteresseerd, zonder belangstelling; ~ *in* niet geïnteresseerd bij

disjointed [dis'dʒɔintid] *bn* onsamenhangend, los, verward

disjunction [dis'dʒʌŋkʃən] *znw* scheiding

disjunctive *bn* scheidend

disk [disk] *znw* schijf, discus; (grammofoon)plaat; *slipped* ~ med hernia; *floppy* ~ comput floppy, diskette; *hard* ~ comput harde schijf; ~ *drive* comput diskettestation *o*, diskdrive

diskette [dis'ket, 'disket] *znw* diskette

dislike [dis'laik] **I** *overg* niet houden van, niet mogen; een hekel hebben aan; **II** *znw* afkeer, tegenzin, antipathie; *take a* ~ *to* een hekel krijgen aan

dislocate ['disləkeit] *overg* ontwrichten[2]

dislocation [dislə'keiʃən] *znw* ontwrichting[2]

dislodge [dis'lɔdʒ] *overg* losmaken; [uit een stelling &] verdrijven, op-, verjagen

disloyal [dis'lɔiəl] *bn* ontrouw, trouweloos, oncollegiaal, deloyaal

disloyalty *znw* ontrouw, trouweloosheid, trouwbreuk, oncollegialiteit, deloyaliteit

dismal ['dizməl] *bn* akelig, naar, treurig, triest, somber, chagrijnig; erbarmelijk, armzalig, nietszeggend

dismantle [dis'mæntl] *overg* ontmantelen, onttakelen; techn demonteren, uit elkaar halen

dismay [dis'mei] **I** *overg* ontmoedigen, doen ontstellen; ~*ed* verslagen, ontsteld; **II** *znw* ontsteltenis, verslagenheid, ontzetting, verbijstering

dismember [dis'membə] *overg* uiteenrukken, in stukken scheuren, (in stukken) verdelen, verbrokkelen; verminken[2]

dismemberment *znw* verdeling, verbrokkeling, versnippering, verminking[2], verscheuring, verdeling

dismiss [dis'mis] *overg* wegzenden, ontslaan, afdanken, afzetten; laten gaan, mil laten inrukken; van zich afzetten [gedachte]; [een idee] laten varen; afpoeieren, zich afmaken van; recht afwijzen; ~*!* mil ingerukt!

dismissal *znw* ontslag *o*, congé *o & m*, afdanking, afzetting; recht afwijzing

dismissive *bn* geringschattend, minachtend, neerbuigend

dismount [dis'maunt] **I** *onoverg* afstijgen, afstappen; **II** *overg* doen vallen, uit het zadel werpen[2]; techn demonteren, uit elkaar halen

disobedience [disə'bi:djəns] *znw* ongehoorzaamheid

disobedient *bn* ongehoorzaam

disobey [disə'bei] **I** *overg* niet gehoorzamen, niet luisteren naar, overtreden; **II** *onoverg* ongehoorzaam zijn, niet luisteren

disoblige [disə'blaidʒ] *overg* weigeren van dienst te zijn; voor het hoofd stoten

disobliging *bn* weinig tegemoetkomend, onvriendelijk, onheus

disorder [dis'ɔ:də] **I** *znw* wanorde, verwarring; stoornis, kwaal, ongesteldheid; oproer *o*, ordeverstoring; **II** *overg* in de war brengen, van streek (ziek) maken

disordered *bn* verward; in de war, van streek

disorderly *bn* on-, wanordelijk, ongeregeld, slordig; oproerig, weerspannig; losbandig, aanstootgevend; ~ *conduct* wangedrag; ~ *house* bordeel *o*, goktent

disorganization [disɔ:gənai'zeiʃən] *znw* desorganisatie, ontwrichting

disorganize [dis'ɔ:gənaiz] *overg* desorganiseren, ontwrichten, in de war brengen

disorientate [dis'ɔ:riənteit], Am **disorient** *overg* desoriënteren

disorientation [disɔ:riən'teiʃn] *znw* verwardheid, gedesoriënteerdheid[2]

disown [dis'oun] *overg* niet erkennen, verloochenen, verstoten

disparage [dis'pæridʒ] *overg* verkleinen, kleineren, neerhalen, afbreken

disparagement *znw* verkleining, kleinering

disparaging *bn* kleinerend

disparate ['dispərit] *bn* ongelijk, onvergelijkbaar, ongelijksoortig

disparity [dis'pæriti] *znw* ongelijkheid, verschil *o*

dispassionate [dis'pæʃənit] *bn* bezadigd, koel, onpartijdig

dispatch [dis'pætʃ] **I** *overg* (met spoed) (af-, uit-, ver)zenden of afdoen, afhandelen, afmaken, van kant maken; **II** *znw* af-, uit-, verzending, zenden *o*; (spoedige) afdoening, spoed; (spoed)bericht *o*, dépêche; *with* ~ snel, direct

dispatch box *znw* documentenkoffertje *o*; spreekgestoelte *o* in het Britse Lagerhuis voor de ministers

dispatch rider *znw* koerier; mil motorordonnans

dispel [dis'pel] *overg* verdrijven, verjagen

dispensable [dis'pensəbl] *bn* ontbeerlijk; waarvan vrijstelling verleend kan worden

dispensary [dis'pensəri] *znw* apotheek

dispensation [dispen'seiʃən] *znw* uitdeling, toediening; beschikking, bedeling; dispensatie, vergunning, ontheffing, vrijstelling

dispense [dis'pens] **I** *overg* uitdelen; toedienen; klaarmaken [recept]; vrijstellen, ontheffen (van *from*); *dispensing chemist* apotheker; **II** *onoverg*: ~ *with* het stellen buiten; onnodig maken

dispenser *znw* apotheker; dispenser [voor mesjes &]; automaat [voor kop koffie &]

dispeople [dis'pi:pl] *overg* ontvolken

dispersal [dis'pə:sl] *znw* verstrooiing, verspreiding

disperse I *overg* verstrooien, verspreiden; uiteenjagen, -drijven; **II** *onoverg* zich verstrooien, zich verspreiden, uiteengaan

dispersion *znw* verspreiding, verstrooiing, uiteenjagen *o*; verstrooid liggen *o*; versnippering [van stemmen &]

dispirit [dis'pirit] *overg* ontmoedigen

dispirited *bn* ontmoedigd, gedeprimeerd

displace [dis'pleis] *overg* verplaatsen, verschuiven; afzetten; vervangen; verdringen; ~*d person* ontheemde

displacement *znw* (water)verplaatsing; verschuiving; vervanging

display [dis'plei] **I** *overg* ontplooien; uitstallen, (ver)tonen, ten toon spreiden, aan de dag leggen; te koop lopen met, geuren met; in beeld brengen, zichtbaar maken; comput displayen; **II** *znw* vertoning, uitstalling, vertoon *o*; comput beeldscherm *o*; display *o*; *air* ~ luchtv vliegdemonstratie; *firework* ~ vuurwerk *o*; *make a* ~ *of* ten toon spreiden, pralen met

displease [dis'pli:z] *overg* mishagen, onaangenaam aandoen, niet aangenaam zijn; ~*d* misnoegd, ontstemd, ontevreden (over *with, about, at*)

displeasing *bn* onaangenaam

displeasure [dis'pleʒə] *znw* mishagen *o*, misnoegen *o*, ongenoegen *o*, ontstemming; onlustgevoel *o*

disport [dis'pɔ:t] *onoverg* zich vermaken, spelen, dartelen

disposable [dis'pouzəbl] *bn* beschikbaar; weggooi-, wegwerp- [luiers &]

disposal *znw* van de hand doen *o*; verkoop; verwijdering, opruiming [v. bommen &]; *at your* ~ te uwer beschikking

dispose *overg* (rang)schikken, plaatsen; stemmen, bewegen; ~ *of* beschikken over; afdoen; weerleggen [argumenten], ontzenuwen; afrekenen met; afmaken, uit de weg ruimen; kwijtraken, opruimen; zich ontdoen van, van de hand doen, verkopen

disposed *bn* gehumeurd, gestemd, geneigd (tot *to*); *are you* ~ *to...?* ook: hebt u zin om...?; ~ *of* ook: geleverd, overgedragen, verkocht

disposition [dispə'ziʃən] *znw* (rang)schikking, plaatsing; beschikking; neiging, aanleg, gezindheid, neiging, stemming; *at your* ~ te uwer beschikking

dispossess [dispə'zes] *overg* uit het bezit stoten, beroven (van *of*); onteigenen; *the* ~*ed* de misdeelden; ~ *someone of sth.* iem. iets ontnemen

disproportion [disprə'pɔ:ʃən] *znw* onevenredigheid, wanverhouding

disproportional, disproportionate, disproportioned *bn* onevenredig, niet in verhouding (met *to*)

disprove [dis'pru:v] *overg* weerleggen

disputable [dis'pju:təbl] *bn* betwistbaar

disputation [dispju'teiʃən] *znw* dispuut *o*, redetwist

disputatious *bn* twistziek

dispute [dis'pju:t] **I** *onoverg* (rede)twisten, disputeren; **II** *overg* discussiëren over; betwisten; **III** *znw* dispuut *o*, twistgesprek *o*, (rede)twist, woordenstrijd, verschil *o* van mening, conflict *o*, geschil *o*; *be in* ~ ter discussie staan; *beyond (without)* ~ buiten kijf; *the matter in* ~ het geschilpunt, de zaak in kwestie

disqualification [diskwɔlifi'keiʃən] *znw* onbevoegdheid; uitsluiting, diskwalificatie

disqualify [dis'kwɔlifai] *overg* onbekwaam of ongeschikt maken, zijn bevoegdheid ontnemen, uitsluiten, diskwalificeren

disquiet [dis'kwaiət] **I** *znw* onrust, ongerustheid; **II** *overg* verontrusten

disquietude *znw* verontrusting, ongerustheid, onrust

disquisition [diskwi'ziʃən] *znw* verhandeling

disregard [disri'ga:d] **I** *overg* geen acht slaan op, veronachtzamen; **II** *znw* veronachtzaming; terzijdestelling, geringschatting

disrepair [disri'peə] *znw* vervallen staat, bouwvalligheid

disreputable [dis'repjutəbl] *bn* berucht, minder fatsoenlijk, schandelijk, slecht

disrepute [disri'pju:t] *znw*: *bring (fall) into* ~ in opspraak brengen (komen), een slechte reputatie bezorgen (krijgen), in diskrediet brengen (geraken)

disrespect [disris'pekt] *znw* gebrek *o* aan eerbied

disrespectful *bn* oneerbiedig

disrobe [dis'roub] *overg* (zich) ontkleden; het ambtsgewaad afleggen; beroven [v. functie, bevoegdheid &]

disroot [dis'ru:t] *overg* ontwortelen

disrupt [dis'rʌpt] *overg* ontwrichten, verstoren

disruption *znw* ontwrichting, verstoring

disruptive *bn* vernietigend, ontwrichtend

dissatisfaction [dissætis'fækʃən] *znw* ontevredenheid, onvoldaanheid, misnoegen *o* (over *with*)

dissatisfactory *bn* onbevredigend, teleurstellend

dissatisfied [dis'sætisfaid] *bn* onvoldaan, ontevreden

dissatisfy *overg* geen voldoening schenken, teleurstellen, tegenvallen, mishagen; ontevreden stemmen

dissect [di'sekt] *overg* ontleden[2]; ~*ing room* snij- of ontleedkamer

dissection *znw* sectie, ontleding

disseise, disseize [di'si:z] *overg* recht wederrechtelijk onteigenen

dissemble [di'sembl] **I** *overg* (zich) ontveinzen, verbergen; **II** *onoverg* huichelen, veinzen

dissembler *znw* huichelaar, veinzer

disseminate [di'semineit] *overg* (uit)zaaien², uitstrooien², verspreiden

dissemination [disemi'neiʃən] *znw* zaaien² o, verspreiding

dissension [di'senʃən] *znw* verdeeldheid, onenigheid, tweedracht

dissent I *onoverg* verschillen in gevoelen of van mening; zich afscheiden [in geloofszaken]; **II** *znw* verschil o van mening; afscheiding [v.d. staatskerk]

dissenter *znw* dissenter, andersdenkende

dissentient I *bn* afwijkend [in denkwijze]; andersdenkend; *with one ~ voice* met één stem tegen; **II** *znw* andersdenkende; tegenstemmer

dissertation [disə'teiʃən] *znw* verhandeling (over *on*); ± proefschrift o, dissertatie; scriptie

disservice *znw* slechte dienst, schade

dissidence ['disidəns] *znw* (menings)verschil o; dissidentie, afvalligheid

dissident I *bn* dissident, andersdenkend; **II** *znw* dissident, andersdenkende

dissimilar [di'similə] *bn* ongelijk(soortig) (met *to*)

dissimilarity [disimi'læriti] *znw* ongelijk(soortig-)heid

dissimilate [di'simileit] *overg & onoverg* ongelijk maken of worden

dissimulate [di'simjuleit] **I** *overg* ontveinzen, verbergen; **II** *onoverg* veinzen, huichelen

dissimulation [disimju'leiʃən] *znw* geveinsdheid, veinzerij, huichelarij; ontveinzen o

dissipate ['disipeit] **I** *overg* verstrooien; verdrijven; doen optrekken of vervliegen; verkwisten, verspillen; *~d* ook: losbandig, verboemeld; **II** *onoverg* verdwijnen

dissipation [disi'peiʃən] *znw* verstrooiing; verdrijving; verkwisting, verspilling; losbandigheid

dissociable [di'souʃiəbl] *bn* ongezellig; (af-)scheidbaar

dissociate I *overg* (af)scheiden; **II** *wederk*: *~ oneself* zich afscheiden of losmaken, zich distantiëren (van *of*)

dissociation [disousi'eiʃən] *znw* (af)scheiding

dissoluble [di'sɔljubl] *bn* oplosbaar, ontbindbaar

dissolute ['disəl(j)u:t] *bn* ongebonden, los(bandig), liederlijk

dissolution [disə'l(j)u:ʃən] *znw* (weg)smelting, oplossing; ontbinding

dissolvable [di'zɔlvəbl] *bn* oplosbaar, ontbindbaar

dissolve I *overg* oplossen, ontbinden, scheiden; **II** *onoverg* (zich) oplossen, smelten; uiteengaan; *~ into tears* in tranen uitbarsten

dissolvent *bn* (*znw*) oplossend (middel o)

dissonance ['disənəns] *znw* wanklank, dissonant², wanluidendheid; onenigheid

dissonant *bn* wanluidend, onharmonisch, niet overeenstemmend (met *from, to*)

dissuade [di'sweid] *overg* af-, ontraden; afbrengen (van *from*)

dissuasion *znw* waarschuwing, negatief advies o

dissuasive *bn* af-, ontradend

distaff ['dista:f] *znw*: *~ (side)* hist spillezijde, vrouwelijke linie

distance ['distəns] **I** *znw* afstand; afstandelijkheid; verte; *middle ~* middenplan o, tweede plan o [v. schilderij]; sp middellange afstand; *in the ~* in de verte; *go (stay) the ~* tot het einde volhouden; *keep one's ~* afstand bewaren; **II** *overg* (zich) distantiëren; verwijderen; *~ oneself from sbd.* iem. op een afstand houden

distant *bn* ver, verwijderd, afgelegen; terughoudend, op een afstand

distaste [dis'teist] *znw* afkeer, tegenzin

distasteful *bn* onaangenaam, akelig

distemper [dis'tempə] **I** *znw* **1** hondenziekte; **2** tempera [verf]; muurverf; **II** *overg* sausen, kalken [plafond &]

distend [dis'tend] *overg & onoverg* rekken, openspalken, (doen) uitzetten, opzwellen

distension, Am **distention** *znw* uitzetting, (op-)zwelling, rekking; omvang

distich ['distik] *znw* distichon o: tweeregelig vers o

distil, Am **distill** [dis'til] *overg* distilleren

distillation [disti'leiʃən] *znw* distillatie

distiller *znw* distillateur

distillery *znw* distilleerderij, stokerij, branderij

distinct [dis'tiŋ(k)t] *bn* onderscheiden, verschillend; gescheiden, apart; helder, duidelijk; bepaald, beslist; zie ook: *as II*

distinction *znw* onderscheiding, onderscheid o; aanzien o, distinctie, uitmuntendheid, voornaamheid; *of ~* gedistingeerd, eminent, vooraanstaand; *dubious ~* twijfelachtige eer; *draw a ~ between* een onderscheid maken tussen

distinctive *bn* onderscheidend, kenmerkend; apart

distingué [distæŋ'gei] [Fr] *bn* voornaam, gedistingeerd

distinguish [dis'tiŋgwiʃ] **I** *overg* onderscheiden; onderkennen; *be ~ed by (for)* zich onderscheiden door; *as ~ed from* in tegenstelling tot, tegenover; **II** *wederk*: *~ oneself* zich onderscheiden; **III** *onoverg* onderscheid maken (tussen *between*)

distinguishable *bn* te onderscheiden

distinguished *bn* voornaam; gedistingeerd; eminent, van naam, van betekenis

distort [dis'tɔ:t] *overg* verwringen, verdraaien²; vervormen; *~ing mirror* lachspiegel

distortion [dis'tɔ:ʃən] *znw* verwringing, verdraaiing²; vervorming

distract [dis'trækt] *overg* afleiden; verwarren, verbijsteren

distracted *bn* verward, verbijsterd

distraction *znw* afleiding; ontspanning, vermaak *o*; verwarring; *drive sbd. to ~* iem. horendol maken

distrain [dis'trein] *onoverg* <u>recht</u> beslag leggen (op *upon*)

distraint [dis'treint] *znw* <u>recht</u> beslag *o*, beslaglegging

distraught [dis'tro:t] *bn* radeloos, buiten zichzelf, wanhopig

distress [dis'tres] **I** *znw* nood, ellende, leed *o*, benauwdheid, angst, zorg, smart; armoede; tegenspoed; **II** *overg* benauwen, bedroeven, pijnlijk zijn, kwellen; *~ed area* probleemgebied *o*; *a vessel in ~* een schip *o* in nood; *~-signal* <u>scheepv</u> noodsein *o*

distressful *bn* rampspoedig; kommervol

distressing *bn* pijnlijk, onrustbarend, <u>versterkend</u> schrikbarend

distress-sale *znw* executoriale verkoop

distress-warrant *znw* dwangbevel *o*

distribute [dis'tribjut] *overg* verspreiden, rond-, uitdelen, verdelen, distribueren; verhuren [film]

distribution [distri'bju:ʃən] *znw* uit-, verdeling, verspreiding; distributie; (film)verhuur

distributive [dis'tribjutiv] *bn* uit-, verdelend, distributief; *~ trades* distributiebedrijven [transport-, winkelbedrijf &]

distributor *znw* uitdeler; verdeler; verspreider; <u>handel</u> wederverkoper; (film)verhuurder

district ['distrikt] *znw* district *o*, arrondissement *o*, streek, wijk, gebied[2] *o*; *~ attorney* <u>Am</u> officier van justitie; *~ nurse* wijkverpleegster

distrust [dis'trʌst] **I** *overg* wantrouwen; **II** *znw* wantrouwen *o*

distrustful *bn* wantrouwig

disturb [dis'tə:b] *overg* (ver)storen, in de war brengen, verontrusten, beroeren, opjagen

disturbance *znw* (ver)storing, stoornis; verontrusting, rustverstoring, verwarring, beroering, relletje *o*; *a ~ of the peace* ordeverstoring

disturbed *bn* verstoord, veranderd; gestoord; verontrust, opgejaagd; *a very ~ childhood* een zeer ongelukkige jeugd

disturbing *bn* verontrustend [nieuws]

disunion [dis'ju:njən] *znw* scheiding; onenigheid

disunite [disju'nait] **I** *overg* scheiden, verdelen; **II** *onoverg* onenig worden; uiteengaan

disunity [dis'ju:niti] *znw* onenigheid, verdeeldheid, verscheurdheid

disuse [dis'ju:s] *znw* onbruik; inactiviteit [m.b.t. organen]; *fall into ~* in onbruik raken

disused *bn* niet meer gebruikt, in onbruik, verlaten

ditch [ditʃ] **I** *znw* sloot, gracht, greppel; **II** *overg* de bons geven; lozen, dumpen

ditch-water *znw*: *as dull as ~* oersaai

dither ['diðə] **I** *onoverg* weifelen; **II** *znw* paniek; *in a ~, all of a ~* in alle staten, in paniek

ditto ['ditou] *znw* de- of hetzelfde, dito; *~ marks* aanhalingstekens

ditty ['diti] *znw* deuntje *o*, wijsje *o*

diurnal [dai'ə:nl] *bn* dagelijks, dag-

div. *afk.* = *dividend*

diva ['di:və] *znw* (*mv*: *-s of* dive [-vi]) gevierde zangeres, danseres, prima donna

divan [di'væn] *znw* divan

dive [daiv] **I** *onoverg* **1** (onder)duiken; **2** tasten [in zak]; *~ in!* <u>gemeenz</u> tast toe!; **3** doordringen, zich verdiepen (in *into*); **II** *znw* **1** (onder)duiking; **2** duik(vlucht); **3** plotselinge snelle beweging, greep; **4** <u>gemeenz</u> kroegje *o*, kit

dive-bomb *onoverg (& overg)* in duikvlucht bommen werpen (op)

dive-bomber *znw* duikbommenwerper

diver *znw* **1** duiker [ook <u>dierk</u>]; **2** <u>sp</u> schoonspringer

diverge [dai-, di'və:dʒ] *onoverg & overg* (doen) afwijken, uiteen (doen) lopen, (doen) divergeren

divergence, divergency *znw* divergentie, afwijking

divergent *bn* afwijkend, uiteenlopend, divergerend

divers ['daivəz] *bn* <u>vero</u> verscheidene, ettelijke

diverse [dai'və:s] *bn* onderscheiden, verschillend

diversification [daivə:sifi'keiʃən] *znw* diversificatie, variatie, verscheidenheid; afwisseling

diversiform [dai'və:sifɔ:m] *bn* veelvormig

diversify *overg* diversifiëren, verscheidenheid aanbrengen (in), variëren, afwisseling aanbrengen

diversion [dai-, di'və:ʃən] *znw* afleiding, afwending, om-, verlegging, omleiding; ontspanning, vermaak *o*, verzet(je) *o*; afleidingsmanoeuvre

diversionary [dai-, di'və:ʃən(ə)ri] *bn* afleidend, afleidings-

diversity [dai-, di'və:siti] *znw* verscheidenheid, ongelijkheid, diversiteit

divert [dai-, di'və:t] *overg* afwenden, afleiden[2]; om-, verleggen [een weg], omleiden [verkeer], doen uitwijken [vliegtuig], dwingen te vliegen (naar *to*); aan zijn bestemming onttrekken, tot een ander doel aanwenden; vermaken, afleiding geven

diverting *bn* afleiding gevend, amusant, vermakelijk

divest [dai-, di'vest] **I** *overg* ontkleden, ontdoen, ontbloten, beroven (van *of*); **II** *wederk*: *~ oneself (of)* zich ont-, uitkleden; zich ontdoen van, afleggen, neerleggen

divide [di'vaid] **I** *overg* (ver)delen, indelen, scheiden; *~ off* afscheiden [d.m.v. een scheidingswand &]; *~ up* verdelen; *~ the House* laten stemmen; **II** *onoverg* delen; zich verdelen, zich splitsen; **III** *znw* waterscheiding; <u>fig</u> scheidingslijn

divided *bn* gescheiden, verdeeld; *~ counsel* onenigheid; *~ highway* <u>Am</u> vierbaansweg; *~ skirt* broekrok; *they were ~* zij waren het onderling niet eens

dividend [di'vidend] *znw* dividend *o*; uitkering; *pay ~s* <u>fig</u> lonend zijn

divider [di'vaidə] *znw* scheidingswand, kamerscherm *o*; wie verdeeldheid zaait; *~s* steekpasser

dividing line

dividing line *znw* scheidslijn, scheilijn, scheidingslijn, demarcatielijn

divination [divi'neiʃən] *znw* waarzeggerij, voorspelling

divine [di'vain] **I** *bn* goddelijk; godsdienstig; ~ *service* godsdienstoefening, kerkdienst; **II** *znw* godgeleerde; geestelijke; **III** *overg* raden; voorspellen

diviner *znw* voorspeller, waarzegster; roedeloper

diving ['daivin] *znw* **1** duiken *o*; **2** sp schoonspringen *o*; *high* ~ sp torenspringen *o*

diving-bell *znw* duikerklok

diving-board *znw* springplank

diving-suit *znw* duikerpak *o*

divining-rod [di'vainiŋrɔd] *znw* wichelroede

divinity [di'viniti] *znw* goddelijkheid, god(heid); godgeleerdheid

divisible [di'vizibl] *bn* deelbaar

division *znw* (ver)deling, in-, afdeling, sectie, divisie; (kies)district *o*; verdeeldheid; (af)scheiding; stemming; ~ *sign* deelteken *o*; ~ *of labour* arbeidsverdeling

divisional *bn* divisie-; afdelings-

divisive [di'vaiziv] *bn* verdeeldheid zaaiend

divisor *znw* deler

divorce [di'vɔ:s] **I** *znw* (echt)scheiding; ~ *suit* echtscheidingsprocedure; **II** *overg* scheiden (van *from*); zich laten scheiden van; **III** *onoverg* scheiden

divorcee [divɔ:'si:] *znw* gescheiden man (vrouw)

divot ['divət] *znw* losgeslagen stuk *o* gras [bij het golfen]

divulge [dai-, di'vʌldʒ] *overg* onthullen, openbaar maken, ruchtbaar maken

divvy ['divi] **I** *znw* gemeenz deel *o*, portie; dividend *o*; **II** *overg:* ~ *up* gemeenz samsam doen

dixie ['diksie] *znw* slang veldketel

DIY *afk.* = *do-it-yourself*

dizzy ['dizi] **I** *bn* duizelig; duizelingwekkend; **II** *overg* duizelig maken

DJ *afk.* = *disc jockey*

Djibouti [dʒi'bu:ti] *znw* Djibouti *o*

djinn [dʒin] *znw* djinn [geest in het volksgeloof van islamitische volken]

D.Lit. *afk.* = *Doctor of Literature*

DNA *afk.* = *desoxyribonucleic acid* DNA (desoxyribonucleïnezuur)

1 do [du:] (did; done) **I** *onoverg* doen; dienen, baten; gedijen, tieren; *that will* ~ zo is het goed (voldoende, genoeg); *that won't* ~ dat gaat niet aan, dat kan zo niet; *he is* ~*ing well* het gaat hem goed; *he did very well* hij bracht het er heel goed af; ~ *oneself well* het er goed van nemen; ~ *well by sbd.* iem. goed behandelen; ~ *well by sth.* ergens wel bij varen; *how do you* ~? hoe maakt u het?; ~ *or die* erop of eronder; *make* ~ *with* het stellen (doen) met, zich behelpen met; **II** *overg* doen, uitvoeren, verrichten; maken, op-, klaarmaken, koken, braden &; aanrichten [schade]; uithangen, spelen (voor); verhandelen; afleggen [kilometer]; rijden [1 op 3]; zit-

ten, opknappen [tijd in gevangenis]; gemeenz te pakken nemen; 'doen' [bezoeken v. land, stad &]; ~ *it* ook: gemeenz het voor elkaar krijgen, het hem leveren; het doen [neuken]; *that does it* gemeenz nou breekt mijn klomp; nu is de maat vol; *that's done it!* gemeenz nou is het uit!; dat deed wel de deur dicht!; ~ *one's thing* gemeenz doen waar je zin in hebt en waardoor je jezelf bent; [omschrijvend:] ~ *you see?* ziet u?; *I* ~ *not know* ik weet het niet; *you don't think so,* ~ *you?* wel?; [nadrukkelijk:] ~ *come* kom toch; kom toch vooral; *they* ~ *come* ze komen wel (degelijk), inderdaad, werkelijk, zeer zeker; [plaatsvervangend:] *he likes it, and so* ~ *I* en ik ook; ~ *something about it* er iets aan doen; ~ *away with* van zich afzetten; wegnemen; afschaffen; uit de wereld helpen; van kant maken; ~ *by others as you would be done by* wat gij niet wilt dat u geschiedt, doe dat ook een ander niet; ~ *down* gemeenz beetnemen, afzetten; ~ *sbd./sth. down* iem./iets kleineren; ~ *for* dienen als; deugen voor; voldoende zijn voor; gemeenz huishoudelijk werk doen voor; gemeenz zijn vet geven, de das omdoen; ~ *in* gemeenz vermoorden; (zich) blesseren; *done into French* in het Frans vertaald; ~ *out* gemeenz grondig opruimen, schoonmaken; ~ *out of 20 pounds* afzetten voor; ~ *well out of the war* wel varen bij de oorlog; ~ *over* Am gemeenz overdoen, weer doen; opnieuw inrichten, moderniseren; Br slang afranselen, aftuigen; beroven [bank &]; ~ *up* in orde maken; opsteken, opmaken [haar]; repareren, opknappen; inpakken, dichtmaken; gemeenz uitputten; (zich) opdoffen; *I have done with him* ik wil niets meer met hem te maken hebben; *it is nothing to* ~ *with ...* het heeft niets te maken (niets van doen, niets uit te staan) met ...; het gaat ... niets aan; *I could* ~ *with a glass* ik zou wel een glaasje willen hebben; ~ *without* het stellen zonder

2 do [du:] *znw* (*mv:* dos *of* do's) gemeenz bedrog *o*; fuif, fuifje *o*; *a to-do* gemeenz opschudding, verwarde situatie; *the* ~*s and don'ts* gedragsregels, wat mag en niet mag; zie ook: *doing, done, have* &

3 do [dou] *znw* muz do, ut

do. *afk.* = *ditto*

doc [dɔk] *znw* gemeenz = *doctor*

docile ['dousail, 'dɔsail] *bn* dociel, leerzaam, volgzaam; handelbaar, gedwee, gezeglijk

docility [dou'siliti] *znw* leerzaamheid, volgzaamheid, handelbaarheid, gezeglijkheid

dock [dɔk] **I** *znw* **1** scheepv dok *o*; haven (meestal ~s); **2** plantk zuring; **3** hokje *o* voor de verdachte, bank der beschuldigden; **II** *overg* **1** scheepv dokken; **2** kortstaarten, couperen; **3** korten, af-, inhouden [v. loon]; **III** *onoverg* **1** scheepv dokken; **2** koppelen v. ruimtevaartuigen

docker *znw* bootwerker, havenarbeider

docket ['dɔkit] **I** *znw* briefje *o*; bon; borderel *o*; etiket *o*; korte inhoud; **II** *overg* de korte inhoud vermelden op, merken en nummeren [op een briefje],

etiketteren
docking ['dɔkiŋ] *znw* koppelen *o* v. twee ruimtevaartuigen
dockland ['dɔklænd] *znw* havenkwartier *o*
dockyard *znw* scheepv (marine)werf, scheepswerf
doctor ['dɔktə] **I** *znw* doctor, dokter; vero leraar; **II**
overg (geneeskundig) behandelen; 'helpen' [sterili-
seren, castreren van huisdieren]; opknappen;
knoeien met, vervalsen; vergiftigen [v. voedsel &]
doctoral *bn* doctoraal, doctors-
doctorate *znw* doctoraat *o*, doctorstitel
doctrinaire [dɔktri'nɛə] *bn* doctrinair
doctrinal [dɔk'trainl, 'dɔktrinl] *bn* leerstellig
doctrine ['dɔktrin] *znw* doctrine, leer, leerstuk *o*;
party ~ partijlijn
document ['dɔkjument] **I** *znw* bewijs(stuk) *o*, akte,
document *o*; **II** *overg* documenteren
documentary [dɔkju'mentəri] **I** *bn* documentair;
II *znw* documentaire (ook ~ *film*)
documentation [dɔkjumen'teiʃən] *znw* documen-
tatie
dodder ['dɔdə] *onoverg* beven; schuifelen
doddery ['dɔdəri] *bn* gemeenz beverig, trillend,
wankel
doddle ['dɔdl] *znw* gemeenz makkie *o*
dodecagon [dou'dekəgən] *znw* twaalfhoek
dodecahedron [doudikə'hi:drən] *znw* twaalfvlak *o*
dodge [dɔdʒ] **I** *onoverg* terzijde springen, opzijgaan,
uitwijken; uitvluchten zoeken; **II** *overg* ontduiken,
vermijden, behendig ontwijken; **III** *znw* zijsprong;
ontwijkende manoeuvre; kneep, kunstje *o*, foefje *o*,
truc, slimmigheidje *o*
dodgem (car) ['dɔdʒəm(ka:)] *znw* botsautootje *o*,
autoscooter [op kermis]
dodger ['dɔdʒə] *znw* ontwijker, ontduiker [belasting
&]; slimmerd
dodgy *bn* gewiekst; gemeenz verraderlijk, lastig,
hachelijk
dodo ['doudou] *znw* (*mv*: -s *of* -does) dierk dodo; *as
dead as a* ~ zo dood als een pier, morsdood
doe [dou] *znw* (*mv* idem *of* -s) hinde; wijfje *o*
doer ['duə] *znw* dader; man van de daad
does [dʌz] 3e pers. enk. v. *to do*
doeskin ['douskin] *znw* suède *o* & *v*; soort bukskin
doesn't [dʌznt] = *does not*
doest [du:ist] plechtig 2e pers. enk. v. *to do*
doeth ['du:iθ] plechtig 3e pers. enk. v. *to do*
doff [dɔf] *overg* afdoen, afleggen, afzetten
dog [dɔg] **I** *znw* hond; mannetje *o*: rekel [v. hond,
vos, wolf &], reu [v. hond]; geringsch kerel; Am
gemeenz misbaksel *o*, troep, rotzooi; Am slang gedrocht *o*, monster *o* [v.e. meisje]; *the ~s* gemeenz
hondenrennen; *go to the ~s* gemeenz naar de bliks-
sem gaan; *a gay* ~ een vrolijke Frans; *a lucky* ~ een
geluksvogel; *a sly* ~ een slimme vogel; ~ *eat* ~
moordende concurrentie, niets ontziend eigenbelang *o*; ~ *'s dinner* gemeenz janboel, troep; *give a* ~
a bad name and hang him als je een slechte naam

hebt, krijg je van alles de schuld; *treat sbd. like a* ~
iem. honds behandelen; *let sleeping ~s lie* geen slapende honden wakker maken; *he is a* ~ *in the manger* hij kan de zon niet in het water zien schijnen;
every ~ *has his day* iedereen krijgt zijn beurt, het
gaat iedereen wel eens goed; **II** *overg* op de hielen
zitten, (op de voet) volgen, iemands gangen nagaan; achtervolgen, vervolgen[2]
dog-biscuit *znw* hondenbrok, stuk *o* hondenbrood
dogcart *znw* hondenkar
dog-collar *znw* halsband; gemeenz hoge boord *o* &
m, priesterboord *o* & *m*
dog-days *znw mv* hondsdagen
doge [doudʒ] *znw* doge [v. Venetië]
dog-eared ['dɔgiəd] *bn* met ezelsoren
dog-end *znw* gemeenz sigarettenpeuk
dog fancier *znw* hondenliefhebber, -kenner,
-fokker
dogfight *znw* hondengevecht *o*; luchtgevecht *o*
dogfish *znw* hondshaai
dogged ['dɔgid] *bn* vasthoudend; taai; hardnekkig
doggerel ['dɔgərəl] **I** *bn* rijmelend; **II** *znw* rijmela-
rij; kreupelrijm *o*
doggie, doggy ['dɔgi] *znw* hondje *o*; ~ *paddle*
zwemmen *o* op zijn hondjes
doggo ['dɔgou] *bijw*: *lie* ~ gemeenz zich gedeisd
houden
doggone ['dɔgɔn] *bn*, *bijw* & *tsw* Am slang verduiveld, verdraaid, verdomd
doghouse *znw* Am = *dog-kennel*; *be in the* ~ gemeenz eruit liggen, uit de gratie zijn
dog-kennel *znw* hondenhok *o*, hondenkennel
dog Latin *znw* potjeslatijn *o*
dogleg *znw* scherpe bocht, scherpe hoek
dogma ['dɔgmə] *znw* (*mv*: -s *of* dogmata [-mətə])
dogma *o*, leerstuk *o*
dogmatic [dɔg'mætik] *bn* dogmatisch
dogmatism ['dɔgmətizm] *znw* dogmatisme *o*
dogmatist *znw* dogmaticus
dogmatize *overg* & *onoverg* dogmatiseren
do-gooder ['du:gu:də] *znw* geringsch
(sentimentele) filantroop, (wereld)verbeteraar
dogsbody ['dɔgzbɔdi] *znw* gemeenz manusje-van-
alles *o*, duvelstoejager, factotum *o*
dog-sleep *znw* hazenslaapje *o*
dog's life *znw* hondenleven *o*
dogstar *znw* astron hondsster, Sirius
dog-tag *znw* **1** hondenpenning; **2** Am mil identiteitsplaatje *o*
dog-tired *bn* doodmoe
dog track *znw* hondenrenbaan
dog trot *znw* sukkeldrafje *o*
dog-watch *znw* scheepv platvoetwacht
doily ['dɔili] *znw* kleedje *o* onder vingerkom, fles &
doings ['du:iŋz] *znw mv* handelingen, daden; *his* ~
zijn doen en laten *o*
do-it-yourself [duitju'self] *bn* doe-het-zelf
doldrums ['dɔldrəmz] *znw mv* streek rond de eve-

dole

naar waar vaak windstilte heerst; *be in the* ~ in een gedrukte stemming zijn

dole [doul] **I** *znw* (werkloosheids)uitkering, steun; ~ *office* sociale dienst(kantoor *o*), stempellokaal *o*; ~ *queue* ± aantal *o* werklozen; *be on the* ~ steun trekken; **II** *overg*: ~ *out* uit-, rond-, toebedelen

doleful *bn* treurig

doll [dɔl] **I** *znw* pop²; Am slang spetter, stuk *o*; **II** *(onoverg &) overg*: ~ *up* (zich) mooi maken, opdirken

dollar ['dɔlə] *znw* dollar; *the 64000* ~ *question* de hamvraag; *bet one's bottom* ~ *gemeenz* er alles onder verwedden (dat)

dollop ['dɔləp] *znw gemeenz* kwak [jam &]

dolly ['dɔli] *znw* popje *o*; dolly [verrijdbaar onderstel]; camerawagen; ~ *bird gemeenz* aantrekkelijke meid, stuk *o*; ~ *shot* opname met een rijdende camera

dolmen ['dɔlmen] *znw* dolmen [soort hunebed]

dolphin ['dɔlfin] *znw* dierk dolfijn

dolt [doult] *znw* botterik, lomperik; sul, uilskuiken *o*

doltish *bn* bot, dom, sullig

domain [də'mein] *znw* domein *o*, gebied² *o*

dome [doum] *znw* koepel; gewelf *o*; *gemeenz* kop

domestic [də'mestik] **I** *bn* huiselijk, huishoudelijk, huis-, tam; binnenlands, inlands; ~ *animal* huisdier *o*; ~ *quarrels* pol interne twisten; ~ *science* huishoudkunde; ~ *servant* (huis)bediende, dienstbode; ~ *(dispute) gemeenz* echtelijke ruzie; **II** *znw* (huis)bediende, dienstbode

domesticate *overg* aan het huiselijk leven gewennen; tam maken

domesticity [doumes'tisiti] *znw* huiselijkheid; huiselijk leven *o*

domicile ['dɔmisail] **I** *znw* domicilie *o*, woonplaats; **II** *overg* vestigen; ~*d at* zijn zetel hebbend in, gevestigd zijn in

dominance ['dɔminəns] *znw* dominantie, overheersing

dominant I *bn* (over)heersend, dominerend; **II** *znw* muz dominant

dominate *overg* be-, overheersen, heersen, domineren, uitsteken boven

domination [dɔmi'neiʃən] *znw* be-, overheersing, heerschappij

domineer [dɔmi'niə] *onoverg & overg* heersen, de baas spelen (over *over*)

domineering *bn* heerszuchtig, bazig

Dominica [dɔmi'ni:kə] *znw* Dominica *o*

Dominican I *znw* [dɔ-, də'minikən] **1** dominicaan [lid v. geestelijke orde]; **2** Dominicaan [inwoner v.d. Dominicaanse Republiek of het eiland Dominca]; **II** *bn* [dɔmi'ni:kən] **1** dominicaans [de geestelijke orde betreffend]; **2** Dominicaans [de Dominicaanse Republiek of het eiland Dominica betreffend]

Dominican Republic *znw* Dominicaanse Republiek

dominie ['dɔmini] *znw* Schots schoolmeester

dominion [də'minjən] *znw* heerschappij; beheersing; gebied *o*; zelfbesturend deel *o* v.h. Britse Gemenebest

domino ['dɔminou] *znw (mv*: -noes) dominosteen; ~*es* dominospel *o*; ~ *effect* domino-effect *o*

1 don [dɔn] *znw* don; invloedrijk persoon, hoge piet (in *at*); onderw hoofd *o*, *fellow* of *tutor* van een *college*

2 don [dɔn] *overg* aantrekken, aandoen, opzetten

donate [dou'neit] *overg* schenken; begiftigen

donation *znw* gift; schenking

done [dʌn] **I** V.D. van *do*; gaar; klaar; voorbij, achter de rug; uit, op &; netjes; *the* ~ *thing* wat hoort, wat betamelijk is; *it's not* ~ zoiets doet men niet; ~ *for* verloren, weg; [ten dode] opgeschreven; versleten [v. kleren]; ~ *in gemeenz* doodop, kapot; *what is* ~ *cannot be undone* gedane zaken nemen geen keer; **II** *tsw* akkoord!; *well* ~! goed zo!, bravo!; zie ook: ²*do*

donjon ['dɔn-, 'dʌndʒən] *znw* versterkte verdedigingstoren v.e. kasteel, donjon

donkey ['dɔŋki] *znw* ezel²; ~*(-engine)* techn donkey: hulpmachine; ~*'s years gemeenz* járen; ~ *work gemeenz* zwaar werk *o*, koeliewerk *o*; *talk the hindleg(s) off a* ~ *gemeenz* iem. de oren van het hoofd praten, honderduit praten

donnish ['dɔniʃ] *bn* als een *don*, pedant

donor ['dounə] *znw* schenker, gever, med donor

don't [dount] **I** samentrekking van *do not*: doe (het) niet, laat het; **II** *znw* verbod *o*

doodah ['du:da] *znw gemeenz* dingetje *o*, dinges

doodle ['du:dl] **I** *znw* droedel, krabbeltje *o*; **II** *onoverg & overg* krabbelen

doom [du:m] **I** *znw* noodlot *o*, lot *o*; ondergang; **II** *overg* vonnissen, doemen; ~*ed* ten dode opgeschreven, ten ondergang (tot mislukking) gedoemd

doomsday *znw* het laatste Oordeel

door [dɔ:] *znw* deur; portier *o* [v. auto &]; *answer the* ~ naar de deur gaan, opendoen; *get in by the back* ~ ergens door de achterdeur binnenkomen; *lay it at his* ~ het hem ten laste leggen, het hem in de schoenen schuiven; *it lies at his* ~ het is aan hem te wijten, het is zijn schuld; *open the* ~ *to* fig uitzicht bieden op, mogelijk maken; *close the* ~ *on* fig de weg afsluiten, onmogelijk maken; *show sbd. the* ~ iem. de deur wijzen; *show sbd. to the* ~ iem. uitlaten; *out of* ~*s* buitenshuis, buiten; *two* ~*s off/ down/away* twee huizen verder; *(from)* ~*(-)to(-)* ~ huis(-)aan(-)huis; aan huis [bezorgen]

doorbell *znw* deurbel

door-frame *znw* deurkozijn *o*

door-handle *znw* deurklink

doorknob *znw* deurknop

doorman *znw* portier

doormat *znw* deurmat; fig voetveeg

doornail *znw*: *as dead as a* ~ zo dood als een pier

door-plate *znw* naamplaatje *o*

door-post *znw* deurstijl; *as deaf as a* ~ zo doof als

een kwartel

doorstep *znw* drempel, stoep; *on the* ~ fig vlakbij

doorway *znw* ingang; deuropening; portiek [v. winkel]

dope [doup] **I** *znw* gemeenz verdovend middel *o*, drugs; doping; gemeenz inlichting, nieuws *o*; gemeenz uilskuiken *o*, domoor; **II** *overg* gemeenz drugs/doping toedienen; drogeren; iets doen in [wijn, bier &], vervalsen

dopey, dopy ['doupi] *bn* verdoofd, bedwelmd, onder de drugs (zittend); suf; dom

Doric ['dɔrik] *bn* Dorisch

dormant ['dɔ:mənt] *bn* slapend, sluimerend[2]; niet werkend; handel stil [vennoot]

dormer(-window) [dɔ:mə'windou] *znw* dakvenster *o*

dormitory ['dɔ:mitri] *znw* slaapzaal; ~ *(suburb)*, ~ *town* slaapstad, forensenstad

dormouse ['dɔ:maus] *znw* relmuis, zevenslaper

dorsal ['dɔ:səl] *bn* rug-

dosage ['dousidʒ] *znw* dosering; toediening; dosis

dose I *znw* dosis[2]; slang sief, sjanker; **II** *overg* afpassen, afwegen, doseren; een geneesmiddel *o* toedienen (ook: ~ *up*); ~ *sbd. with* iem. ... ingeven, iem. behandelen met...

doss [dɔs] *onoverg* slang maffen, slapen

doss-house *znw* goedkoop hotel *o*, logement *o*

dossier ['dɔsiei] *znw* dossier *o*

dost [dʌst] plechtig 2de pers. enk. v. *to do*

dot [dɔt] **I** *znw* stip, punt; *on the* ~ gemeenz stipt (op tijd); *the year* ~ het jaar nul; **II** *overg* stippelen; ~ *one's i's* de puntjes op de i zetten[2]; ~ *and carry one* gemeenz mank lopen; ~*ted line* stippellijn; *sign on the* ~*ted line* (maar) tekenen; zonder meer met alles akkoord gaan; ~*ted with* bezaaid met

dotage ['doutidʒ] *znw* kindsheid; *be in one's* ~ seniel zijn

dote *onoverg* kinds worden; verzot of dol zijn (op *on, upon*)

doth [dʌθ] plechtig 3de pers. enk. v. *to do*

doting ['doutiŋ] *bn* kinds; verzot, mal

dotty ['dɔti] *bn* gemeenz (van lotje) getikt, halfgaar; *be* ~ *about sbd./sth.* dol op iem./iets zijn

double ['dʌbl] **I** *bn bijw* dubbel, tweeledig; dubbelhartig; tweepersoons-; *ride* ~ met zijn tweeën op één paard zitten; ~ *standard* het meten met twee maten; **II** *znw* het dubbele; dubbelganger, tegenhanger; doublet *o*, duplicaat *o*; doublure; dubbelspel *o* [bij tennis]; looppas; scherpe draai; ~ *or quits* quitte of dubbel; *at the* ~ mil in looppas; gemeenz en vlug een beetje!; **III** *overg* verdubbelen, (om-)vouwen; doubleren; scheepv omzeilen; ~ *down* omvouwen; ~ *up* om-, dubbelvouwen; **IV** *onoverg* (zich) verdubbelen; een scherpe draai maken; een dubbelrol spelen; mil in de looppas marcheren; ~ *back* haastig terugkeren; ~ *up* dubbel slaan, ineenkrimpen; delen [v.e. kamer]

double act *znw* act voor twee artiesten; duo [artiesten]

double agent *znw* dubbelspion

double-barrel(l)ed *bn* dubbelloops; dubbel [v. naam]

double-bass *znw* contrabas

double-bassoon *znw* contrafagot

double bed *znw* lits-jumeaux *o*: tweepersoonsledikant *o*

double bill *znw* programma *o* met twee hoofdnummers

double bind *znw* onoplosbaar dilemma *o*

double bluff *znw* poging tot misleiding door de waarheid zo te vertellen dat zij ongeloofwaardig wordt

double-breasted *bn* met twee rijen knopen [v. kledingstukken]

double-check I *znw* dubbele controle; **II** *overg* opnieuw controleren, dubbel controleren

double-chin *znw* onderkin

double cream *znw* dikke room

double-cross *overg* gemeenz (zowel de een als de ander) bedriegen, (een medeplichtige, een kameraad &) verraden

double-date *onoverg* Am met twee stellen/met zijn vieren uitgaan

double-dealer *znw* gluiperd

double-dealing I *znw* dubbelhartigheid; **II** *bn* dubbelhartig, gluiperig

double-decker *znw* dubbeldekker: (auto)bus met twee verdiepingen

double Dutch *znw* onbegrijpelijk gewauwel *o*, koeterwaals *o*, gebrabbel *o*

double-edged *bn* tweesnijdend[2]

double entendre [dubl ã:n'tã:dr] [Fr] *znw* dubbelzinnigheid

double entry *znw* dubbel boekhouden *o*

double-faced *bn* huichelachtig

double-glaze *overg* van dubbele beglazing voorzien

double glazing *znw* dubbele beglazing

double-hearted *bn* vals

double-jointed *bn* buitengewoon lenig, als van elastiek

double-lock *overg* het slot tweemaal omdraaien, op het nachtslot doen

double-park *overg* dubbel parkeren

double-quick *bn* razendsnel; *in* ~ *time* in een wip, oogwenk

double room *znw* tweepersoonskamer

doublet ['dʌblit] *znw* doublet *o*; hist (wam)buis *o*

double-take ['dʌbl'teik] *znw* vertraagde reactie; *do a* ~ grote ogen opzetten

double-talk *znw* dubbelzinnige taal; onzin

double-time *znw* mil looppas

doubly *bijw* tweemaal zo ... [veel, moeilijk &], extra

doubt [daut] **I** *znw* twijfel, onzekerheid; *beyond* ~ stellig; *in* ~, *open to* ~ twijfelachtig; *without* ~, *no* ~ ongetwijfeld, zonder twijfel; *be in* ~ twijfelen; *cast* ~ *on* twijfel opperen omtrent; *have one's* ~*s*

doubter

about (as to) twijfelen aan, betwijfelen; *I have no ~ about it* ik twijfel er niet aan; **II** *onoverg* twijfelen (aan *of*), weifelen; **III** *overg* betwijfelen
doubter *znw* twijfelaar
doubtful *bn* twijfelachtig; dubieus; bedenkelijk; weifelend; *be ~ of (about)* twijfelen aan
doubting Thomas *znw* ongelovige Thomas
doubtless *bn* ongetwijfeld
douche [du:ʃ] *znw* douche; spoeling [met irrigator]; *a cold ~ gemeenz* onaangename verrassing
dough [dou] *znw* deeg *o*; *slang* splint o: geld *o*
dough-nut *znw* oliekoek, -bol
doughty ['dauti] *bn* plechtig & schertsend manhaftig, flink
doughy ['doui] *bn* deegachtig, klef; pafferig
dour [duə] *bn* hard, streng, koppig
douse [daus] *overg* nat gooien; uitdoen [licht]
dove [dʌv] *znw* duif², duifje² *o*; voorstander van politieke ontspanning
dovecot(e) ['dʌvkɔt] *znw* duiventil
dovetail **I** *znw* zwaluwstaart [houtverbinding]; **II** *overg* (met zwaluwstaart) verbinden², in elkaar doen grijpen; **III** *onoverg* in elkaar grijpen, passen (in *into*)
dowager ['dauədʒə] *znw* douairière
dowdy ['daudi] *bn* slonzig, slecht gekleed
dowel ['dauəl] *znw* pen of bout die twee stukken hout of steen verbindt
dowlas ['dauləs] *znw* grof linnen *o*
down [daun] **I** *voorz* (van)... af; langs; *~ the wind* met de wind mee; **II** *bijw* (naar) beneden, neer, onder, af; minder, achter [aantal punten, bij spel]; verticaal [kruiswoordraadsel]; *~!* koest! af!; *I have you ~* u staat al op mijn lijst; *hit him when he is ~* fig hem een trap na geven; *~ and out gemeenz* aan de grond geraakt, berooid; *~ at heel* afgetrapt [v. schoenen]; sjofel; *be ~ for* in het krijt staan voor; getekend hebben voor; aan de beurt zijn voor; op de agenda staan om ...; te wachten hebben; *~ (in the mouth)* neerslachtig, down; *be ~ on sbd.* iem. aanpakken; iem. 'zoeken'; *put ~ in writing* opschrijven; *go ~ comput* uitvallen; zie ook: *come*, *luck*; *~ to our time* tot op onze tijd; *three ~ and four to go* drie gespeeld en nog vier te gaan; *~ under gemeenz* in Australië en/of Nieuw-Zeeland; *~ with ...!* weg met ...!; *be ~ with influenza* (te pakken) hebben; **III** *bn* benedenwaarts, neergaand, afwaarts; contant; **IV** *overg gemeenz* eronder krijgen of houden; neerleggen, -schieten; fig naar binnen slaan [borrel]; *~ tools* (het werk) staken; **V** *znw* **1**: *have a ~ on* de pik hebben op; **2** dons² *o*; **3** heuvelachtig land *o*; duin; *the Downs* (de rede van) Duins
down-and-out *znw* armoedzaaier, schooier
downbeat **I** *znw* muz sterk maatdeel *o*, eerste tel (van een maat); **II** *bn* ontspannen, cool, relaxed
downcast *bn* (ter)neergeslagen, neerslachtig
down draught *znw* benedenwaartse trek [vooral in schoorsteen]

downer *znw* gemeenz kalmeringsmiddel *o*; deprimerende ervaring, klap
Downing Street ['dauniŋ stri:t] *znw* straat in Londen met de ambtswoning van de premier; fig de premier, de regering
downfall *znw* val², ondergang, instorting
downgrade **I** ['daungreid] *znw* afwaartse helling; fig achteruitgang; *on the ~* achteruitgaand, zich in dalende lijn bewegend; **II** ['daun'greid] *overg* in rang verlagen, lager stellen
down-hearted ['daun'ha:tid] *bn* ontmoedigd
downhill **I** *bijw* bergaf, naar beneden; *go ~* fig achteruitgaan; **II** *bn* hellend²; *~ work* dat als vanzelf gaat; **III** *znw* helling²; sp afdaling [ski]; *the ~ of life* de levensavond
downland *znw* heuvelachtig grasland *o*
download *overg* comput kopiëren naar; *~ files from the hard disk onto floppies* bestanden van de harde schijf naar diskette kopiëren
down payment *znw* afbetalingstermijn, aanbetaling
down-pipe *znw* afvoerbuis, regenpijp
downpour *znw* stortbui, stortregen
downright *bn & bijw* oprecht, rechtuit (gezegd), rond(uit), vierkant, bot(weg), gewoon(weg), bepaald, echt, volslagen
Down's syndrome *znw* med syndroom *o* van Down, mongolisme *o*
downstage *bn & bijw* op de voorgrond v.h. toneel
downstairs [daun'steəz] **I** *bijw* (naar) beneden; **II** *bn* beneden, op de begane grond; **III** *znw* benedenverdieping
downstream ['daun'stri:m] *bn & bijw* stroomafwaarts
downstroke *znw* neerhaal
downtime *znw* leeglooptijd
down-to-earth *bn* nuchter
downtown **I** ['dauntaun] *znw* binnenstad; **II** *bn* in (van) de binnenstad; **III** [daun'taun] *bijw* naar (in) de binnenstad
downtrodden *bn* vertrapt²
downturn *znw* teruggang
downward(s) *bijw* naar beneden, neerwaarts; *from ... ~ van ... af*
downwind *bijw* met de wind mee
downy ['dauni] *bn* donsachtig, donzig
dowry ['dau(ə)ri] *znw* bruidsschat
dowse [dauz] *onoverg* met de wichelroede water & opsporen; *= douse*
dowser *znw* roedeloper
dowsing-rod *znw* wichelroede
doxology [dɔk'sɔlədʒi] *znw* lofzang
doxy ['dɔksi] *znw* vero slang onbeschaamd meisje *o*; snol
doyen ['dɔiən] *znw* de oudste, nestor (v.e. groep &)
doze [douz] **I** *onoverg* soezen, dutten; *~ off* indutten; **II** *znw* dutje *o*, dommeling
dozen ['dʌzn] *znw* dozijn *o*; *a baker's ~* dertien; *~s*

of people heel wat (tientallen) mensen; *talk nineteen to the* ~ honderduit praten

dozy ['douzi] *bn* soezerig, doezelig

DPP *afk.* = Director of Public Prosecutions openbare aanklager

Dr. *afk.* = Doctor, Drive [in adressering]

drab [dræb] *bn* vaal(bruin); *fig* kleurloos, grauw, saai

drachma ['drækmə] *znw* (*mv*: -s *of* drachmae [-mi:]) drachme

draft [dra:ft] **I** *znw* trekken *o*; ontwerp *o*, concept *o*, schets, klad *o*; mil detachement *o*; lichting; Am conscriptie, dienstplicht; handel traite, wissel; handel stille uitslag; ~ *dodger* dienstweigeraar; iem. die zich aan de dienstplicht onttrekt; **II** als *bn* ontwerp-; **III** *overg* ontwerpen, opstellen, concipiëren; detacheren (ook: ~ *off*); oproepen; Am aanwijzen voor de militaire dienst; Am = *draught*

draftee [dræf'ti:] *znw* Am dienstplichtige

draftsman ['dra:ftsmən] *znw* = *draughtsman*

drafty *bn* = *draughty*

drag [dræg] **I** *overg* slepen (met), sleuren; (af-) dreggen; met een sleepnet (af)vissen; ~ *one's feet* over traineren met; **II** *onoverg* slepen; *fig* traineren; niet vlotten, niet opschieten; omkruipen [v. tijd]; ~ *along* voortslepen; ~ *by* omkruipen [tijd]; ~ *down* uitputten, slopen; neerhalen, ± op het slechte pad brengen; ~ *in* er bij halen, met de haren er bij slepen; ~ *on* (zich) voortslepen; omkruipen [tijd]; ~ *out* eruit trekken [de waarheid &]; rekken, lang aanhouden; voortslepen [zijn leven]; ~ *up* slecht opvoeden [v. kinderen]; weer naar voren brengen, oprakelen; **III** *znw* slepen *o* &; dreg; sleepnet *o*; eg; soort diligence; rem(schoen); (lucht- &)weerstand; fig rem, blok *o* aan het been; door een man gedragen vrouwenkleding; travestie; *in* ~ in travestie; gemeenz trekje *o* [aan sigaret]; sterkriekend voorwerp *o* als kunstmatig spoor, (club voor) slipjacht (~ *hunt*); gemeenz saai figuur *o*; duffe bedoening, boel

drag-net *znw* sleepnet *o*; dregnet *o*; fig razzia

dragoman ['drægəmən] *znw* drogman, tolk

dragon ['drægən] *znw* draak

dragon-fly *znw* libel, waterjuffer

dragoon [drə'gu:n] **I** *znw* dragonder; **II** *overg* (met geweld) dwingen (tot *into*)

drag queen [dræg kwi:n] *znw* slang travestiet

drag race [dræg reis] *znw* drag race [race voor speciaal aangepaste auto's over korte afstand]

drail [dreil] *znw* grondangel

drain [drein] **I** *overg* droogleggen, afwateren, laten leeglopen; draineren; aftappen; op-, uitdrinken; laten afdruipen of wegvloeien; onttrekken; uitputten; ~ *away (off)* afvoeren [water]; ~ *of* beroven van; **II** *onoverg* af-, wegvloeien, weglopen, wegstromen, uitlekken, afdruipen; afwateren; fig afnemen; **III** *znw* afvoerbuis, -pijp; afvoerkanaal *o*; afwatering; riool *o* & *v*; fig onttrekking; uitputting; aderla-

ting; *a great* ~ *on my pocket* een zware aanslag op mijn portemonnee; *the money goes down the* ~ het geld verdwijnt in een bodemloze put, dat is weggegooid geld; *go down the* ~ gemeenz failliet gaan; naar de knoppen gaan

drainage *znw* drooglegging, (water)afvoer; afwatering; riolering; drainering

drain-cock *znw* aftapkraan

drainer *znw* vergiet *o*; afdruiprek *o*

draining board *znw* aanrechtblad *o*

drain-pipe *znw* draineerbuis; ~*s*, ~ *trousers* broek met smalle pijpen

drake [dreik] *znw* dierk woerd, mannetjeseend

dram [dræm] *znw* beetje *o*; borreltje *o*

drama ['dra:mə] *znw* drama[2] *o*; (het) toneel

dramatic [drə'mætik] *bn* dramatisch, toneel-; indrukwekkend, aangrijpend

dramatics *znw mv* toneel *o*; gemeenz overdreven theatraal gedoe *o*

dramatis personae ['dræmətis 'pɔ:'sounai] *znw mv* personen in toneelstuk; rolverdeling

dramatist ['dræmətist] *znw* toneelschrijver, dramaturg

dramatization ['dræmətai'zeiʃən] *znw* dramatiseren *o*; toneelbewerking

dramatize ['dræmətaiz] *overg* dramatiseren; voor het toneel bewerken

drank [dræŋk] V.T. van *drink*

drape [dreip] **I** *overg* bekleden, draperen; **II** *znw* Am gordijn *o*

draper *znw* manufacturier

drapery *znw* manufacturen, manufacturenhandel, stoffenwinkel; draperie; drapering

drastic ['dræstik] *bn* drastisch, radicaal

dratted ['drætid] *bn* gemeenz vervloekt, verwenst

draught [dra:ft] **I** *znw* trek, trekken *o*; tocht; teug, slok; drank, drankje *o*; klad *o*, schets, concept *o*, ontwerp *o*; scheepv diepgang; damschijf; ~*s* damspel *o*; *feel the* ~ gemeenz fig in moeilijke omstandigheden verkeren; *at a* ~ in één teug; *beer on* ~, ~ *beer* bier *o* van het vat; **II** *overg* zie: *draft*

draught-board *znw* dambord *o*

draught-horse *znw* trekpaard *o*

draughtsman, Am **draftsman** *znw* tekenaar; ontwerper, opsteller; damschijf

draughtsmanship, Am **draftsmanship** *znw* tekenkunst

draughty *bn* tochtig

1 draw [drɔ:] (drew; drawn) **I** *overg* trekken; aantrekken; dicht-, op-, uit-, open-, voort-, wegtrekken; slepen; halen, putten, tappen; in ontvangst nemen; opnemen [krediet, geld &]; (uit)rekken; spannen; uithalen, schoonmaken; maken [vergelijking &]; halen, behalen, krijgen [applaus, reacties &]; [iem.] uit zijn tent lokken, aan het praten krijgen, uithoren; afvissen; laten trekken [thee]; tekenen; sp onbeslist laten; ~ *attention to* ... de aandacht vestigen op; ~ ... *feet of water* scheepv een diepgang hebben van ...; ~ *lots* loten; **II** *onoverg* trekken[2]; de revolver trekken; (uit)loten; tekenen; komen [dichterbij], gaan, schuiven; sp gelijkspelen; ~ *away* af-, wegtrekken; zich verwijderen; ~ *back* (zich) terugtrekken[2]; opentrekken [gordijnen]; ~ *from* [iem.] ontlokken, trekken uit, halen uit, (ver)krijgen uit (van), opdoen uit, putten uit, ontlenen aan, rekruteren uit; ~*n from all ranks of society* ook: (voort)gekomen uit alle standen der maatschappij; ~ *a person from a course* iemand afbrengen[2] van een handelwijze; ~ *from nature* tekenen naar de natuur; ~ *in* intrekken, binnenkomen; inademen; aanhalen; korter worden [v. dagen]; vallen [avond]; (gaan) bezuinigen; ~ *into* ergens bij betrokken raken; betrekken in; ~ *near* (vero *nigh*) naderen; ~ *off* aftrekken, afleiden [aandacht]; aftappen; ~ *on* aantrekken; naderen; vorderen [v. avond &]; trekken aan [zijn sigaret]; zie verder: ~ *upon*; ~ *out* uittrekken; opvragen [geld]; (uit)rekken, langer maken; voortzetten; lengen [dagen]; uitschrijven, opmaken, opstellen; muz lang aanhouden; fig ontlokken; aan het praten krijgen, uithoren; ~ *to a close (to an end* op een eind lopen; ~ *together* samentrekken, samenbrengen; bij (tot) elkaar komen; ~ *up* optrekken, opmaken, ontwerpen, opstellen; mil (zich) opstellen; stilhouden, tot staan komen (brengen); bijschuiven [stoel]; ~ *up to* dichter bij... komen; ~ *up with* inhalen; ~ *oneself up* zich oprichten, zich in postuur zetten; ~ *upon* handel trekken op; gebruik maken van, putten uit, aanspreken [zijn kapitaal]; zie ook: *drawn*

2 draw *znw* trek; loterij; (ver)loting; trekking; trekken *o*; attractie, succesnummer *o*, -stuk *o*, reclameartikel *o*; onbesliste wedstrijd, gelijkspel *o*, remise; *it (she) was a* ~ het (zij) was een trekpleister; *end in a* ~ onbeslist blijven, gelijk eindigen; *it's the luck of the* ~ het is een kwestie van geluk

drawback *znw* handel teruggave van betaalde (invoer)rechten; fig bezwaar *o*, schaduwzijde, nadeel *o*, gebrek *o*

draw-bridge *znw* ophaalbrug

drawee [drɔː'iː] *znw* handel betrokkene, trassaat

drawer ['drɔə] *znw* trekker; handel trassant; tekenaar; (schuif)lade; *(pair of)* ~*s* onderbroek

drawing I *znw* trekken *o* &; trekking; opneming [v. geld]; tekening; tekenkunst, tekenen *o*; **II** als *bn* teken-

drawing board *znw* tekenbord *o*; *go back to the* ~ helemaal opnieuw beginnen, teruggaan naar af

drawing-pin *znw* punaise

drawing-rights *znw mv* handel trekkingsrechten

drawing-room *znw* ontvangkamer, salon; ~ *manners* goede manieren; ~ *red* saloncommunist

drawl [drɔːl] **I** *onoverg* lijzig spreken, temen; **II** *znw* temerige spraak, geteem *o*

drawn [drɔːn] **I** V.D. van *draw*; **II** *bn* (uit)getrokken; opgetrokken; be-, vertrokken; afgetrokken [gezicht]; onbeslist

drawn-(thread)work *znw* open zoomwerk *o* [handwerken]

drawstring *znw* trekkoord *o* [aan een tas, aan kleding &]

draw-well [drɔːwel] *znw* waterput (met touw en emmer)

dray [drei] *znw* sleperswagen, brouwerswagen

dray-horse *znw* sleperspaard *o*

dread [dred] **I** *znw* vrees (voor *of*); **II** *bn* gevreesd; vreselijk; **III** *overg* vrezen, duchten; opzien tegen; niet durven

dreadful *bn* vreselijk, verschrikkelijk

dreadlocks ['dredlɔks] *znw mv* dreadlocks, rastakapsel *o*

dreadnought *znw* (stof voor) dikke overjas; dreadnought [slagschip]

1 dream [driːm] *znw* droom[2]; fig ideaal *o*; *that's beyond my wildest* ~*s* dat overtreft mijn stoutste verwachtingen; *it goes like a* ~ het gaat boven verwachting goed

2 dream (dreamt/dreamed; dreamt/dreamed) *onoverg & overg* dromen; ~ *away* verdromen; *I wouldn't* ~ *of asking you for money* ik pieker er niet over om jou om geld te vragen; *I never* ~*t that this would happen* ik had nooit gedacht dat zoiets zou gebeuren; ~ *up* gemeenz uitdenken, verzinnen, fantaseren

dream-boat *znw* gemeenz aangebedene; schat, liefje *o*

dreamer *znw* dromer

dreamless *bn* zonder dromen, droomloos

dreamlike *bn* als in een droom

dreamt [dremt] V.T. & V.D. van [2]*dream*

dreamy ['driːmi] *bn* dromerig; vaag

dreary ['driəri] *bn* akelig, somber, triest(ig), woest

dredge [dredʒ] **I** *znw* sleepnet *o*; dreg; baggermachine, baggerschuit; **II** *overg & onoverg* **1** (uit)baggeren; dreggen; ~ *up* fig ophalen [v. herinneringen &]; **2** (be)strooien

dredger *znw* **1** baggermachine, baggermolen; **2** strooier, strooibus

dregs [dregz] *znw mv* droesem, drab, moer, grondsop *o*, bezinksel *o*; fig heffe, uitschot *o*, schuim *o*; *to the* ~ tot de bodem

drench [drenʃ] *overg* (door)nat maken, doorweken; [de aarde] drenken

drencher *znw* gemeenz stortbui, plasregen

Dresden ['drezdən] *znw* Dresden *o*; Saksisch porselein *o* (~ *china*, ~ *ware*)

dress [dres] **I** *overg* (aan)kleden, tooien; klaarmaken, aanmaken [salade]; bereiden, bewerken; roskammen; schoonmaken [vis]; verbinden [wonden]; mil richten; ~ *down* gemeenz een schrobbering geven, afstraffen; ~ *up* opsmukken, uitdossen; kostumeren, verkleden; ~*ed to kill* gemeenz tiptop/prachtig/fantastisch/uiterst snel gekleed; **II** *onoverg* zich kleden, (avond)toilet maken; mil zich richten; ~ *down* ± vrijetijdskleding dragen [op kantoor, bij concerten &]; *get* ~*ed* zich aankleden; ~ *up* zich opsmukken, zich uitdossen; zich kostumeren, zich verkleden; **III** *znw* kleding, dracht, kleren, tenue *o* & *v*; kleed[2] *o*, toilet *o*, kostuum *o*, japon, jurk; avondtoilet *o* (ook: *evening* ~); gala *o*

dressage ['dresa:ʒ] *znw* dressuur [bij paardensport]

dress circle *znw* (eerste) balkon *o* [in schouwburg]

dress coat *znw* rok [v. heer]

dresser *znw* (aan)kleder, -kleedster; bereider; verbinder; aanrecht *o* & *m*

dressing *znw* (aan)kleden *o* &; (aan)kleding, kledij, toilet *o*; bereiding; mest; saus; verband *o*

dressing-down *znw* gemeenz schrobbering; afstraffing

dressing-gown *znw* kamerjas, peignoir

dressing room *znw* kleedkamer

dressing table *znw* toilettafel

dressmaker *znw* kleerma(a)k(st)er

dressmaking *znw* kleding maken *o*, naaien *o*

dress-shirt *znw* wit overhemd *o* gedragen bij een rokkostuum

dress rehearsal *znw* generale repetitie

dress-suit *znw* rokkostuum *o* [v. heer]

dress uniform *znw* uitgaanstenue *o*

dressy *bn* smaakvol, chic (gekleed); fig opgedirkt

drew [dru:] V.T. van *draw*

drib [drib] *znw*: *in* ~*s and drabs* bij stukjes en beetjes

dribble ['dribl] **I** *onoverg* & *overg* (laten) druppelen; kwijlen; sp dribbelen [voetbal]; **II** *znw* druppelen *o*; druppeltje *o*; dun straaltje *o*, stroompje *o*; kwijl; sp dribbel [voetbal]

driblet ['driblit] *znw* drupje *o*; klein sommetje *o*; *by (in)* ~*s* bij kleine beetjes

dried [draid] *bn* gedroogd; in poedervorm; ~ *milk* melkpoeder *o* & *m*

dried-up ['draidʌp] *bn* verschrompeld, gerimpeld

drier ['draiə] *znw* droger; droogtoestel *o*; droogmiddel *o*

drift [drift] **I** *znw* scheepv & luchtv drift; (af)drijven *o*, afwijking; drijfkracht; stroom, trek; massa; trend, geleidelijke ontwikkeling; opeenhoping [ijsgang, zandverstuiving], (sneeuw)jacht; fig bedoeling, strekking; ZA wed *o*; **II** *onoverg* drijven, af-, meedrijven (met de stroom)[2], (rond)zwalken, rondzwerven; (op)waaien, verstuiven, zich opeenhopen [v. sneeuw]; *let things* ~ Gods water over Gods akker laten lopen; ~ *apart* elk zijn eigen weg gaan, van elkaar vervreemden; ~ *away/off* geleidelijk verdwijnen; ~ *off to sleep* in slaap dommelen; **III** *overg* meevoeren; op hopen jagen [sneeuw &]

drift-anchor *znw* drijfanker *o*

drifter *znw* iem. die op drift is, zwerver

drift-ice *znw* drijfijs *o*

drift-net *znw* drijfnet *o*

drift-wood *znw* drijfhout *o*

drill [dril] **I** *overg* **1** (door)boren; **2** drillen, africhten; ~ *sth. into sbd.* iets er bij iem. inhameren, instampen; **3** in rijen zaaien; **II** *onoverg* **1** boren; ~ *for sth.* naar iets boren; **2** exerceren; **III** *znw* **1** techn dril *m* = drilboor, boor(machine); **2** drillen *o*, exercitie; oefening; **3** gemeenz ding *o*, zaakje *o*, manier; **4** zaaivoor; rijenzaaimachine; **5** dril *o* [weefsel]; *know the* ~ gemeenz weten hoe het hoort, hoe het toegaat, waar het om gaat (op aankomt)

drilling platform *znw* booreiland *o*

drilling rig *znw* boorinstallatie, booreiland *o*

drill-sergeant *znw* sergeant-instructeur

drily ['draili] *bijw* = *dryly*

1 drink [driŋk] (drank; drunk) **I** *onoverg* drinken; **II** *overg* (uit-, op)drinken; ~ *away* verdrinken [zijn geld]; ~ *down* opdrinken; ~ *in* indrinken[2], in zich opnemen; ~ *to the health of* drinken op de gezondheid van; ~ *oneself into a stupor* zich (compleet) bedrinken; ~ *sbd. under the table* iem. onder de tafel drinken; ~ *up* uitdrinken

2 drink *znw* drank; dronk; borrel, glas *o*, slokje *o*; *have* ~*s* borrelen; *the* ~ gemeenz het water, de zee; *on the* ~ aan de drank; *take to* ~ aan de drank raken

drinkable *bn* drinkbaar

drinker *znw* drinker; drinkebroer

drinking I *znw* drinken *o* [vooral v. sterke drank]; **II** *bn* drink-

drinkingbout *znw* drinkgelag *o*

drinking song *znw* drinklied *o*

drinking-water *znw* drinkwater *o*

drip [drip] **I** *onoverg* druipen, druppelen; **II** *overg* laten druppelen; **III** *znw* drup; druiplijst; gemeenz slome duikelaar

drip-dry *bn* wasvoorschrift: nat ophangen, niet strijken

dripping *znw* druppelen *o*; braadvet *o*; ~ *wet* druipnat

dripping-pan *znw* druippan

1 drive [draiv] (drove; driven) **I** *overg* drijven; aan-, voort-, ver-, indrijven; jagen; besturen, mennen, rijden; ~ *mad* gek maken; ~ *away* verdrijven, ver-, wegjagen; ~ *in(to)* inslaan [spijker]; ~ *off* terugdringen [v. vijand], afslaan [v. aanval]; ~ *out* verdrijven, verjagen; verdringen; ~ *up* opdrijven, opjagen [prijzen]; **II** *onoverg* rijden [in wagen], mennen, sturen; jagen; drijven; *driving rain* slagregen; *what's he driving at?* wat wil hij?, wat voert hij in zijn schild?; ~ *away* wegrijden; ~ *up* aan komen rijden; voorrijden

2 drive *znw* rit, ritje *o*; rijtoer; oprijlaan; drijfjacht; drijven *o*, jagen *o*; sp drive, slag; techn aandrijving, overbrenging, drijfwerk *o*; auto [links, rechts] stuur *o*, besturing; fig drijf-, stuwkracht; voortvarendheid, energie, vaart, gang; drang; campagne, actie; mil opmars

drive-in *znw* drive-in, inrij(bank, postkantoor &); ~ *theater* Am drive-inbioscoop

drivel ['drivl] **I** *onoverg* (ook: ~ *on*) bazelen, wauwelen; **II** *znw* gebazel *o*, gewauwel *o*, gezeur *o*, rimram

driven ['drivn] V.D. van *drive; hard* ~ met werk
overladen, afgebeeld; gedreven, bezield
driver ['draivə] *znw* drijver; menner; mil stukrijder;
voerman, koetsier, chauffeur, bestuurder, machinist; techn drijfwiel *o*; ~ *'s license* Am rijbewijs *o*
drive shaft ['draivʃa:ft] *znw* aandrijfas
driveway ['draivwei] *znw* oprijlaan
driving I *znw* rijden *o*, mennen *o* &; II *bn* techn
drijf-; auto rij-; ~ *band (belt)* techn drijfriem; ~ *gear
(mechanism)* techn drijfwerk *o*; ~ *instructor* auto
rij-instructeur; ~ *licence* rijbewijs *o*; ~ *mirror* auto
achteruitkijkspiegel; ~ *school* autorijschool; ~ *seat*
auto bestuurdersplaats; *be in the* ~ *seat* fig het voor
het zeggen hebben; ~ *test* auto rijexamen *o*; ~
wheel techn drijfwiel *o*; auto stuurrad *o*
drizzle ['drizl] I *onoverg* motregenen; II *znw* motregen
drizzly *bn* miezerig, druilerig, mottig
droll [droul] *bn* snaaks, kluchtig, grappig, komiek
drollery *bn* boerterij, snaaksheid
dromedary ['drɔm-, 'drʌmidəri] *znw* dromedaris
drone [droun] I *znw* **1** dar, hommel[2]; **2** klaploper;
3 gegons *o*, gesnor *o*, gebrom *o*, geronk *o*; **4** dreun;
II *onoverg* **1** gonzen, snorren, brommen, ronken;
2 dreunen; ~ *on* opdreunen, eindeloos doorzeuren;
3 klaplopen; III *overg* opdreunen
drool [dru:l] *onoverg* kwijlen; ~ *over* dwepen met,
weglopen met
droop [dru:p] I *onoverg* kwijnend hangen; af-, neerhangen; fig (weg)kwijnen, verflauwen; ~*ing eyes*
neergeslagen ogen; II *overg* laten hangen; [de ogen]
neerslaan; III *znw* hangende houding; kwijning,
verflauwing; *brewer's* ~ impotentie [veroorzaakt
door overmatige alcoholconsumptie]
drop [drɔp] I *znw* drop, drup(pel); borrel, slokje *o*;
zuurtje *o*, pastille, flikje *o*; dropping; vrachtje *o*; valluik *o* [v. galg]; val; (prijs)daling; slang geheime
bergplaats; *at the* ~ *of a hat* subiet, op slag, zonder
dralen; *it's a* ~ *in the ocean (in a bucket)* het is een
druppel op een gloeiende plaat; II *overg* laten vallen, neerlaten, af-, uitwerpen, droppen [uit vlieg-
tuig]; afleveren; laten druppelen; neerslaan [ogen];
laten dalen [stem]; laten varen, opgeven, laten
schieten; weglaten; zich laten ontvallen; [een pas-
sagier] afzetten, [pakje] aanreiken; neerleggen
[wild]; verliezen [bij het spel]; ~ *it!* schei uit!; ~ *a
brick (clanger)* gemeenz een flater begaan; ~ *a hint*
een wenk geven; ~ *a line* een briefje schrijven; III
onoverg (om-, neer)vallen, komen te vallen; dalen;
zakken; gaan liggen [v. wind]; ophouden; ~ *dead!*
gemeenz val dood!; *his face* ~*ped* zijn gezicht betrok; hij zette een lang gezicht; *they let the matter* ~
for a while zij lieten de zaak een tijdje rusten; ~
away afvallen [v. partij], zich verwijderen; langzaam achteruitgaan; ~ *behind (back)* achter raken;
~ *down* neerzinken; [de rivier] afzakken; ~ *in* binnenvallen; even aan-, oplopen (bij iem. *on sbd.*); ~
off komen te vallen; in slaap vallen; zie ook: ~

away; ~ *off sbd.* iem. afzetten [bij het station &]; ~
out afvallen, uitvallen; vroegtijdig verlaten [school
&]; ~ *out of use* in onbruik raken; ~ *round* even
aanwippen
drop-forge *znw* valhamer, smeedhamer
drop-leaf table *znw* klaptafel
droplet *znw* druppeltje *o*
drop-out *znw* onderw afvaller, studiestaker; gemeenz drop-out
dropper *znw* druppelbuisje *o*
dropping-bottle *znw* druppelflesje *o*
droppings *znw mv* uitwerpselen, mest, drek
drop seat *znw* klapstoel, -bankje *o*
drop-shot [tennis] *znw* slag waarbij de bal over het
net gaat en dan plotseling valt
dropsical ['drɔpsikl] *bn* waterzuchtig
dropsy *znw* waterzucht
dross [drɔs] *znw* slakken, schuim[2] *o*; fig afval, waardeloos spul *o*
drought [draut] *znw* droogte
1 drove [drouv] V.T. van *drive*
2 drove [drouv] *znw* kudde, drift, school, drom,
hoop, troep
drover *znw* veedrijver, veehandelaar
drown [draun] I *overg* verdrinken; onder water zetten, overstromen; overstemmen, smoren [de stem]
(ook: ~ *out*); ~ *one's sorrows* zijn leed verdrinken;
they were ~*ed* zij verdronken; II *onoverg* verdrinken;
a ~*ing man* een drenkeling
drowse [drauz] I *onoverg* soezen, dommelen; II *znw*
soes, dommel(ing)
drowsy *bn* soezerig, doezelig, dommelig, slaperig;
slaapwekkend
drub [drʌb] *overg* afrossen, slaan; stampen
drubbing *znw* afrossing, pak *o* slaag
drudge [drʌdʒ] *znw* sloven, zwoegen, zich afsloven; II *znw* werkezel, zwoeger, sloof
drudgery *znw* gesloof *o*; geestdodend werk *o*
drug [drʌg] I *znw* drogerij; kruid *o*; farmaceutisch
artikel *o*, geneesmiddel *o*; verdovend middel *o*,
drug; II *overg* mengen met [iets]; [iem.] medicijnen
toedienen, drogeren; bedwelmen, verdoven
druggist *znw* Am drogist; apotheker
drug store *znw* Am apotheek, drogisterij (waar van
alles en nog wat wordt verkocht, zoals versnaperin-
gen, tijdschriften enz.)
druid ['dru:id] *znw* druïde: keltische priester
drum [drʌm] I *znw* trommel(holte), trom, tamboer;
muz drum; techn cilinder; bus, blik *o*; ~*s* muz slagwerk *o*, drums; II *onoverg* trommelen, muz drummen; III *overg* trommelen met of op; ~ *into* inhameren, instampen; ~ *out* iem. verwijderen,
uitstoten [met veel herrie]; ~ *up* optrommelen, bijeenroepen
drum brake *znw* trommelrem
drumhead *znw* trommelvel *o*
drum kit *znw* drumstel *o*
drum-major *znw* tamboer-majoor

drum majorette *znw* majorette
drummer *znw* trommelslager, tamboer; muz drummer, slagwerker
drum roll *znw* roffel [op een trommel]
drumstick *znw* trommelstok; boutje *o* [v. gebraden gevogelte]
drunk [drʌŋk] **I** V.D. van *drink*; **II** *bn* dronken[2]; *get ~ on* dronken worden van, zich bedrinken aan; **III** *znw* dronkeman
drunkard *znw* dronkaard
drunken *bn* dronken[2]; dronkemans-
drupe [dru:p] *znw* steenvrucht
dry [drai] **I** *bn* droog[2]; gemeenz dorstig; sec: niet zoet [wijn]; fig 'drooggelegd'; dor; *~ goods* manufacturen; **II** *overg* (laten) drogen, afdrogen; doen uitdrogen; **III** *onoverg* (op-, uit)drogen; *~ out* uitdrogen; afkicken [v. alcoholverslaafden]; *~ up* op-, verdrogen; minder worden, kwijnen, ophouden; gemeenz zijn mond houden, sprakeloos zijn; zijn tekst kwijt zijn [bij acteren &]
dry-as-dust *znw* schoolmeesterig persoon
dry-clean ['drai'kli:n] *overg* chemisch reinigen
dry cleaner('s) ['drai'kli:nə(z)] *znw* stomerij
dry-cleaning ['drai'kli:niŋ] *znw* chemisch reinigen *o*, (uit)stomen *o*
dry-dock *znw* droogdok *o*
dryer *znw* = *drier*
dry ginger *znw* gemberdrank [veelal gemixt met whisky gedronken]
dry ice *znw* koolzuursneeuw
drying-up *znw: do the ~* afdrogen
dryish *bn* vrij droog
dryly *bijw* droogjes, droogweg
dry-rot *znw* vuur *o* [in hout]
dry run *znw* repetitie, proefdraaien *o*
dry-salter *znw* drogist en handelaar in verduurzaamde levensmiddelen
dry-saltery *znw* drogisterij en zaak in verduurzaamde levensmiddelen
dry-shod *bn* droogvoets
dry-stone *bn: ~ wall* stapelmuur [zonder metselspecie]
D.Sc. *afk.* = *Doctor of Science*
DSC *afk.* = *Distinguished Service Cross*
DSM *afk.* = *Distinguished Service Medal*
DSO *afk.* = *Distinguished Service Order*
DT, DT's ['di:'ti:(z)] *afk.* gemeenz = *delirium tremens*
dual ['dju:əl] *bn* dubbel; tweevoudig, tweeledig; *~ carriageway* vierbaansweg
duality [dju'æliti] *znw* tweevoudigheid
dualism ['dju:əlizm] *znw* dualisme *o*
dub [dʌb] *overg* noemen; nasynchroniseren, dubben [film &]
dubbin *znw* leervet *o*
dubiety [dju'baiəti] *znw* onzekerheid, twijfel
dubious [dju:biəs] *bn* twijfelachtig[2]; dubieus
ducal ['dju:kəl] *bn* hertogelijk, hertogs-
ducat ['djukət] *znw* dukaat

duchess ['dʌtʃis] *znw* hertogin
duchy *znw* hertogdom *o*
duck [dʌk] **I** *znw* (*mv* idem *of* -s) **1** dierk eend(en), eendvogel; **2** gemeenz liefje *o* [aanspreekvorm]; **3** duik(ing); **4** sp nul(score) [cricket]; *dead ~* gemeenz fiasco, miskleun; doodgeboren kind, ten dode gedoemde; regering die machteloos de rit uitzit; *lame ~* invalide, kreupele; zwakkeling, behoeftig persoon; noodlijdende onderneming; Am functionaris [*vooral* de president] nadat zijn opvolger al is gekozen; *play ~s and drakes* steentjes over het water keilen, kiskassen; *take to sth. like a ~ to water* in zijn element zijn; *run like water off a ~'s back* niet het minste effect hebben, iem. niet raken; **II** *overg* (in-, onder)dompelen; buigen; ontduiken; trachten te ontwijken; **III** *onoverg* (onder)duiken; (zich) bukken; *~ out of* gemeenz zich drukken, zich onttrekken (aan)
duckbill, duck-billed platypus *znw* vogelbekdier *o*
duckboard *znw* loopplank
ducking *znw* onderdompeling; *to get a ~* kletsnat worden
duckling *znw* jong eendje *o*
ducks *znw* gemeenz liefje *o*, schat
duckweed *znw* plantk (eende)kroos *o*
ducky *znw* gemeenz snoes
duct [dʌkt] *znw* kanaal *o*, buis, leiding
ductile ['dʌktail] *bn* smeedbaar, rekbaar, buigzaam[2]; fig handelbaar
dud [dʌd] **I** *znw* gemeenz lor *o* & *v*, prul *o*, nepding *o*, sof; mil blindganger: niet ontplofte granaat; **II** *bn* vals; niets waard, ... van niks
dude [dju:d] *znw* Am slang dandy; kerel, vent; *~ ranch* Am ± vakantieboerderij
dudgeon ['dʌdʒən] *znw: in high ~* zo nijdig als een spin
due [dju:] **I** *bn* verplicht, schuldig, verschuldigd; behoorlijk, gepast, rechtmatig; handel vervallen [v. wissel]; *in ~ time (course)* (precies) op tijd; te zijner tijd; *the mail is ~* de post moet aankomen; *~ to* door, vanwege; *it was ~ to him* hem te danken (te wijten); het kwam hem toe; *with all ~ respect* (het zij) met alle respect (gezegd); *become (fall) ~* handel vervallen; **II** *bijw* vlak; *~ east* vlak (pal) oost; **III** *znw* het iem. toekomende; *give sbd. his ~* iem. geven wat hem toekomt; *~s* handel schulden, schuld; recht rechten en leges; contributie [voor vakbond &]
duel ['dju:əl] **I** *znw* duel *o*, tweegevecht *o*; *fight a ~* duelleren; **II** *onoverg* duelleren
duellist *znw* duellist
duet [dju'et] *znw* muz duet *o*; *play ~s* quatre-mains spelen
duff [dʌf] *bn* gemeenz waardeloos, kapot, onbruikbaar
duffel, duffle ['dʌfl] *znw* duffel: ruwe wollen stof
duffel(-coat) *znw* montycoat, houtje-touwtjejas

157

duffer

duffer ['dʌfə] *znw* stommerd, sukkel, kruk, sufferd

duffle bag *znw* plunjezak

duff up [dʌf ʌp], **duff over** *overg* slang aftuigen, in elkaar slaan

1 dug [dʌg] *znw* tepel [v. dier]; uier

2 dug [dʌg] V.T. & V.D. van *dig*

dug-out *znw* boomstamkano; uitgegraven woonhol *o*; mil bomvrije schuilplaats; sp dug-out

duke [dju:k] *znw* hertog; ~s slang knuisten

dukedom *znw* hertogelijke waardigheid of titel; hertogdom *o*

dulcet ['dʌlsit] *bn* zoet, zacht(klinkend)

dulcimer ['dʌlsimə] *znw* hakkebord *o*

dull [dʌl] **I** *bn* bot, stomp, afgestompt, dom; dof; suf, loom, traag, sloom; saai, vervelend, taai; mat, flauw, gedrukt; druilerig; ~ *of hearing* hardhorig; *the* ~ *season* de slappe tijd; **II** *overg* bot, stomp, dom, dof, suf maken; af-, verstompen; flauw stemmen; verdoven; **III** *onoverg* afstompen; verflauwen, dof worden

dullard *znw* sufferd, botterik, domkop

dull-eyed *bn* met doffe blik

duly ['dju:li] *bijw* behoorlijk, naar behoren; op tijd; terecht, dan ook; *we* ~ *received your letter* handel wij hebben uw brief in goede orde ontvangen

dumb [dʌm] *bn* stom, sprakeloos; niet kunnen, willen spreken; gemeenz sloom, dom; ~ *blonde* dom blondje *o*

dumb-bell ['dʌmbel] *znw* halter; slang domkop

dumbfound [dʌm'faund] *overg* verstomd doen staan, verbluffen

dumbo ['dʌmbou] *znw* slang oen, sufferd, klojo

dumb-show ['dʌm'ʃou] *znw* gebarenspel *o*, pantomime

dumbstruck ['dʌmstrʌk] *bn* sprakeloos

dumb-waiter *znw* dientafeltje *o*; etenslift

dumdum ['dʌmdʌm] *znw* dumdum(kogel)

dummy ['dʌmi] **I** *znw* kaartsp blinde; figurant, stroman; (kostuum)pop; iets wat nagemaakt is, leeg fust *o*, lege fles &; fopspeen; gemeenz stommeling; *play* ~ kaartsp met de blinde spelen; **II** *bn* onecht, nagemaakt, schijn-; ~ *cartridge* mil exercitiepatroon; ~ *run* 1 mil oefenaanval; 2 proefdraaien *o*

dump [dʌmp] **I** *znw* vuilnisbelt; opslagplaats; hoop [kolen &]; autokerkhof *o*; gemeenz gat *o*, oord *o*, negorij; krot *o*; comput print van het scherm; *be down in the* ~s moedeloos (in de put) zijn; **II** *overg* (neer)ploffen, -gooien; [puin] storten; [waren] beneden de kostprijs in het buitenland verkopen, dumpen; (iem.) afzetten; achterlaten [v. auto &]; gemeenz wegsmijten; comput dumpen

dumper ['dʌmpə], **dumper truck** *znw* kipkar

dumping ground *znw* stortplaats, vuilnisbelt

dumpling *znw* meelballetje *o*

dump truck *znw* kiepauto, kiepwagen

dumpy ['dʌmpi] *bn* kort en dik

1 dun [dʌn] **I** *bn* muisvaal, vaalgrijs, donkerbruin, donker; **II** *znw* donkerbruin paard *o*

2 dun [dʌn] *overg* manen, lastig vallen

dunce [dʌns] *znw* domoor, ezel

dunderhead ['dʌndəhed] *znw* domoor, domkop

dune [dju:n] *znw* duin

dung [dʌŋ] *znw* mest, drek

dungaree [dʌŋgə'ri:] *znw* overall, tuinbroek, jeans

dungeon ['dʌndʒən] *znw* kerker; vero = *donjon*

dunghill ['dʌŋhil] *znw* mesthoop

dunk [dʌŋk] *overg* (in)dopen, soppen

duo ['dju:ou] *znw* duo *o* [zoals Laurel en Hardy]; muz = *duet*

duodecimal [dju:ou'desiməl] *bn* twaalftallig, -delig

duodenal [dju:ou'di:nl] *bn* van de twaalfvingerige darm

duodenum *znw* twaalfvingerige darm

dupe **I** *znw* bedrogene, dupe; onnozele hals; **II** *overg* bedriegen, beetnemen

duplex ['dju:pleks] *bn* tweevoudig, dubbel; ~ *(house)* Am halfvrijstaand huis *o*; ~ *apartment* maisonnette

duplicate ['dju:plikit] **I** *bn* dubbel, duplicaat-; ~ *train* extra trein; **II** *znw* dubbele [v. postzegel]; afschrift *o*, duplicaat *o*; *in* ~ in duplo; **III** *overg* ['dju:plikeit] verdubbelen, in duplo (op)maken; overschrijven; verveelvuldigen; kopiëren; stencilen

duplication [dju:pli'keiʃən] *znw* verdubbeling

duplicator ['dju:plikeitə] *znw* stencilmachine; duplicator

duplicity [dju:'plisiti] *znw* dubbelhartigheid

durability [djuərə'biliti] *znw* duurzaamheid

durable ['djuərəbl] **I** *bn* duurzaam; **II** *znw*: ~s duurzame verbruiksgoederen

duration [dju'reiʃən] *znw* duur; *for the* ~ voor zolang als het duurt; gemeenz tot sint-juttemis

duress [dju'res] *znw* dwang; *under* ~ gedwongen

during ['djuəriŋ] *voorz* gedurende, tijdens, onder; ~ *the day* ook: overdag

durst [də:st] vero V.T. van *dare*

dusk [dʌsk] *znw* schemering, schemerdonker *o*, donker *o*, donkerheid

dusky *bn* schemerachtig, donker, zwart

dust [dʌst] **I** *znw* stof *o*; *allow the* ~ *to settle* iets eerst even laten betijen; *bite the* ~ in het zand bijten; *kick up (raise) a* ~ gemeenz herrie schoppen; stof opjagen[2]; *throw* ~ *in sbd.'s eyes* iem. zand in de ogen strooien; **II** *overg* afstoffen; bestuiven; bestrooien; ~ *down (off)* afstoffen, afkloppen, afborstelen

dustbin *znw* vuilnisbak

dust-bowl *znw* Am gebied *o* geteisterd door droogte en zandstormen

dust-cart *znw* vuilniskar

duster *znw* stoffer, stofdoek; Am ochtendjas

dusting *znw* gemeenz pak *o* slaag

dust-jacket *znw* stofomslag *o* [v. boek]

dustman *znw* asman, vuilnisman

dustpan *znw* stof-, (vuilnis)blik *o*

dust-proof *bn* stofdicht, -vrij

dust-sheet *znw* hoes, stoflaken *o*

dust-up *znw* gemeenz kloppartij, ruzie

dusty *bn* stoffig, bestoven; ~ *answer* vaag antwoord *o*; *not (none) so* ~ slang (lang) niet mis, niet zo kwaad

Dutch [dʌtʃ] **I** *bn* Nederlands, Hollands; Am (soms ook:) Duits; ~ *auction* verkoping bij afslag; ~ *bargain* overeenkomst die met een dronk bezegeld wordt; ~ *cap* pessarium *o*; ~ *comfort* schrale troost; *a* ~ *concert* een leven als een oordeel; ~ *gold* blad-, klatergoud *o*; *a* ~ *treat* gemeenz uitje *o* waarbij ieder voor zichzelf betaalt; *talk to sbd. like a* ~ *uncle* gemeenz iem. behoorlijk de les lezen; ~ *wife* rolkussen *o*; *go* ~ gemeenz ieder voor zichzelf betalen; sam-sam doen; zie ook: *courage &*; **II** *znw* Nederlands *o*, Hollands *o*; *double* ~ gemeenz koeterwaals *o*; *the* ~ de Hollanders; *my old* ~ slang moeder de vrouw

Dutchman *znw* Nederlander, Hollander [ook: schip]; Am (soms ook:) Duitser; ... *or I'm a* ~ gemeenz ... of ik ben een boon

Dutchwoman ['dʌtʃwumən] *znw* Nederlandse, Hollandse

dutiable ['dju:tjəbl] *bn* belastbaar

dutiful ['dju:tiful] *bn* gehoorzaam, eerbiedig; plichtmatig, verschuldigd

duty *znw* plicht; dienst; functie, bezigheid, werkzaamheid, taak; recht *o*, rechten, accijns; *do one's* ~ zijn plicht doen; *do* ~ *for* dienst doen als of voor; ~*-bound* verplicht; *be off* ~ geen dienst hebben, vrij zijn; *on* ~ op wacht, dienstdoend

duty-free *bn* belastingvrij; ~ *shop* belastingvrije winkel

duvet [dju'vet] *znw* dekbed *o*; ~ *cover* dekbedovertrek *o*

dwarf [dwɔ:f] **I** *znw* (*mv*: *-s of* dwarves [dwɔ:vz]) dwerg²; **II** *bn* dwerg-, miniatuur-; ~ *breeds* dwergrassen; **III** *overg* in de groei belemmeren; nietig doen lijken, in de schaduw stellen

dwarfish *bn* dwergachtig

dwell [dwel] (dwelt/dwelled; dwelt/dwelled) *onoverg* wonen, verblijven; ~ *(up)on* blijven rusten op [v. het oog]; (lang) stilstaan bij, uitweiden over [iets]

dweller *znw* bewoner

dwelling *znw* woning

dwelling-house *znw* woonhuis *o*

dwelling-place *znw* woonplaats, woning

dwelt [dwelt] V.T. & V.D. van *dwell*

dwindle ['dwindl] *onoverg* afnemen, verminderen, achteruitgaan, slinken, inkrimpen

dye [dai] **I** *znw* verf(stof), kleur, tint; ... *of the deepest* ~ ... van de ergste soort; **II** *overg* verven [v. stoffen of haar]; ~*d-in-the-wool* fig door de wol geverfd; **III** *abs ww* zich laten verven

dyer *znw* verver [van stoffen]

dye-stuff *znw* verfstof

dye-works *znw mv* ververij [v. stoffen]

dying ['daiiŋ] *bn* stervend(e); doods-; op zijn sterf-

bed gegeven; laatste; *till one's* ~ *day* tot de laatste snik; *I am* ~ *for...* gemeenz ik zou vreselijk graag...

dyke [daik] *znw* & *overg* = *dike*

dynamic [dai'næmik] **I** *bn* dynamisch; **II** *znw* dynamiek; ~*s* dynamica; dynamiek

dynamism ['dainəmizm] *znw* dynamiek

dynamite ['dainəmait] **I** *znw* dynamiet *o*; **II** *overg* met dynamiet laten springen, bestoken &

dynamo ['dainəmou] *znw* dynamo; energiek persoon

dynamometer [dainə'mɔmitə] *znw* dynamometer

dynastic [di'næstik] *bn* dynastiek

dynasty ['dinəsti] *znw* dynastie

dysentery ['disntri] *znw* dysenterie

dyslexia [dis'leksiə] *znw* woordblindheid, dyslexie

dyslexic [dis'leksik] **I** *bn* woordblind, dyslectisch; **II** *znw* iem. die woordblind is, dyslecticus

dyspepsia [dis'pepsiə] *znw* slechte spijsvertering

dyspeptic I *bn* moeilijk verterend; **II** *znw* lijder aan moeilijke spijsvertering

dystrophy ['distrəfi] *znw* med dystrofie; *muscular* ~ spierdystrofie

E

e [i:] *znw* (de letter) e; <u>muz</u> e of mi

E. *afk.* = *East(ern)*

each [i:tʃ] *bn* & *onbep vnw* elk, ieder; *cost a pound ~* een pond per stuk kosten; *~ other* elkaar

eager ['i:gə] *bn* vurig, begerig, verlangend, gretig; enthousiast; gespannen

eagle ['i:gl] *znw* arend, adelaar

eagle-eyed *bn* met arendsogen, -blik

eaglet *znw* jonge arend, arendsjong *o*

eagre ['eigə, 'i:gə] *znw* hoge vloedgolf

ear [iə] *znw* **1** oor *o*, oortje *o*; **2** aar; *be all ~* een en al oor zijn; *be out on one's ~* <u>gemeenz</u> de zak krijgen; *give ~ to* het oor lenen aan; *go in one ~ and out the other* het ene oor in en het andere oor uitgaan; *have an ~ for music* muzikaal zijn; *he had the king's ~* de koning luisterde graag naar zijn woorden; *listen with only half an ~* slechts met een half oor luisteren; *keep (have) one's ~ to the ground* zijn oor te luisteren leggen, op de hoogte blijven [v. nieuwtjes, roddels &]; *play it by ~* <u>fig</u> improviseren; *play by ~* op het gehoor spelen; *set by the ~s* tegen elkaar in het harnas jagen; *up to one's ~s (in debt)* tot over de oren (in de schuld); zie ook: *deaf*

earache ['iəreik] *znw* oorpijn

ear-drop *znw* oorbel, -knop

ear-drum *znw* trommelvlies *o*, trommelholte

earful *znw* flinke reprimande; *give sbd. an ~* <u>gemeenz</u> iem. zeggen waar het op staat

earl [ə:l] *znw* graaf [Eng. titel]

earl-dom *znw* graafschap *o*; grafelijke waardigheid of titel

earlobe ['iəloub] *znw* oorlelletje *o*

early ['ə:li] **I** *bn* vroeg, pril; vroegtijdig; spoedig; *~ bird* iem. die vroeg opstaat; zie ook: *bird; it's ~ days yet* het is nog te vroeg (om er iets zinnigs over te zeggen); *have an ~ night* vroeg naar bed gaan; **II** *bijw* vroeg, bijtijds; *an hour ~* een uur te vroeg; *as ~ as September* reeds in september; *~ in the year, ~ next month* in het begin van...

early-warning *znw* & *bn* vooralarm(-) [radar]

earmark ['iəma:k] **I** *znw* oormerk *o*, merk *o*; kenmerk *o*; **II** *overg* oormerken, merken; <u>fig</u> [gelden] bestemmen, uittrekken [op begroting]

earn [ə:n] *overg* verdienen, verwerven; bezorgen

earner ['ə:nə] *znw* verdiener; *a nice little ~* <u>gemeenz</u> een leuke bron van inkomsten

earnest ['ə:nist] **I** *bn* ernstig (gemeend); ijverig; vurig; **II** *znw* **1** ernst; **2** handgeld *o*; (onder)pand *o*; **3** belofte, voorproef; *be in ~* het menen; *in ~* in alle ernst, menens

earnest-money *znw* handgeld *o*, godspenning, aanbetaling

earnings ['ə:niŋz] *znw mv* verdiensten, inkomsten; *~-related* inkomensafhankelijk

earphone ['iəfoun(z)] *znw* koptelefoon

earpiece *znw* oortelefoon; poot v.e. bril

earplug ['iəplʌg] *znw* oordopje *o*

earring *znw* oorring

earshot *znw: out of ~* ver genoeg om niet te worden gehoord; ver genoeg om niet te horen; *within ~* dichtbij genoeg om te worden gehoord; dichtbij genoeg om te horen

ear-splitting *bn* oorverdovend

earth [ə:θ] **I** *znw* aarde, grond; aarde, wereld; mensheid; <u>elektr</u> aarde, massa; *how on ~ could you...?* hoe kon je nu toch (in 's hemelsnaam, in godsnaam)...?; *like nothing on ~* <u>gemeenz</u> verschrikkelijk; *come back to ~, be brought down to ~* tot de werkelijkheid terugkeren, ontnuchterd worden; *cost (pay) the ~* een fortuin kosten (betalen); *promise sbd. the ~* iem. van alles en nog wat beloven; *run sbd./sth. to ~* iets/iem. te pakken krijgen, opsnorren; *run (go) to ~* zich verschuilen; **II** *overg* <u>elektr</u> aarden; *~ up* aanaarden

earthbound *bn* aan de aarde gebonden; gehecht aan aardse zaken; op weg naar de aarde

earthen *bn* van aarde, aarden

earthenware *znw* aardewerk *o*

earthling *znw* aardbewoner

earthly *bn* aards; *of no ~ use* van hoegenaamd geen nut

earth-moving equipment ['ə:θmuviŋ i'kwipmənt] *znw* grondverzetmachines

earthquake *znw* aardbeving

earth satellite *znw* aardsatelliet

earth-shattering *bn* wereldschokkend

earth tremor *znw* aardschok, lichte aardbeving

earthward(s) *bn bijw* naar de aarde (toe)

earthwork *znw* grondwerk *o*

earthworm *znw* aardworm [2], regenworm

earthy *bn* aards; aard-; <u>fig</u> laag-bij-de-gronds, alledaags, prozaïsch, zonder omhaal

ear-trumpet ['iətrʌmpit] *znw* spreekhoren, -hoorn

earwax *znw* oorsmeer *o*

earwig *znw* oorworm

ease [i:z] **I** *znw* rust, gemak *o*, verlichting; gemakkelijkheid, los-, ongedwongenheid; *at ~* op zijn gemak; *ill at ~* niet op zijn gemak; zie ook: *stand;* **II** *overg* geruststellen; verlichten, ontlasten (van *of*); gemakkelijker, minder gespannen maken, verminderen [de spanning]; behoedzaam, voorzichtig, omzichtig bewegen; *~ her!* <u>scheepv</u> halve kracht; **III** *onoverg: ~ off* minder gespannen worden, afnemen, verminderen; *~ up* (het) kalmer aan gaan doen; *~ up on sbd.* iem. niet te hard aanpakken, minder streng zijn tegen iem.

easel ['i:zl] *znw* (schilders)ezel

easement ['i:zmənt] *znw* servituut *o*

easily ['i:zili] *bijw* gemakkelijk; licht; op zijn gemak;

versterkend verreweg; *he might ~ have been a German* hij had wel (best) een Duitser kunnen zijn

east [i:st] **I** *znw* oosten *o*; oostenwind; *the Far E~* het Verre Oosten; *the Middle E~* het Midden-Oosten; *the Near E~* het Nabije Oosten; **II** *bn* oostelijk, oosten-, ooster-, oost-; **III** *bijw* naar het (ten) oosten

eastbound ['i:stbaund] *bn* oostwaarts, in oostelijke richting

Easter ['i:stə] *znw* Pasen; paas-, Paas-

easterly ['i:stəli] *bn & bijw* oostelijk, oosten-

eastern *bn* oosters; oostelijk, oosten-, oost-

easterner *znw* oosterling

easternmost *bn* oostelijkst

eastward(s) *bn & bijw* oostwaarts

easy ['i:zi] **I** *bn* gerust; gemakkelijk, ongedwongen; welgesteld; *~ does it!* voorzichtig!, kalmpjes aan!; *in ~ circumstances* in goeden doen, welgesteld; *~ terms* gunstige voorwaarden [bij afbetaling]; *I'm ~* gemeenz mij best, ik vind alles goed; *make your mind ~* wees maar gerust; *~ on the eye* aantrekkelijk, knap; *as ~ as pie* heel makkelijk, een eitje; *~ come, ~ go* zo gewonnen, zo geronnen; *stand ~!* mil op de plaats rust!; **II** *bijw* gemakkelijk; scheepv langzaam!; *~!* kalm!; *go ~!* kalmpjes aan!, maak je niet druk!; *go ~ on the salt* niet te veel zout gebruiken; *go ~ on sbd.* iem. wat ontzien; *take it ~* kalm aan doen; *take it ~!* blijf kalm!, rustig maar!

easygoing *bn* makkelijk [alles licht opnemend], laconiek; gemakzuchtig

eat [i:t] (ate; eaten) **I** *overg* eten, opeten, (in)vreten; *~ one's words* zijn woorden terugnemen; *she ~s your heart out* zij zou jaloers op je zijn; *what's ~ing you?* gemeenz wat zit je dwars?; *I'll ~ my hat if...* ik mag hangen als...; *I could ~ a horse* ik heb honger als een paard; *~ sbd. out of house and home* iem. de oren van het hoofd eten; *~ up* opeten; fig verteren; *~en up with pride* hoogst verwaand; **II** *onoverg* eten; *it ~s well* het laat zich goed eten; *~ into* invreten; aantasten; *~ in* thuis eten; *~ out* buitenshuis eten

eatable I *bn* eetbaar; **II** *znw:* *~s* eetwaren

eaten V.D. van *eat*

eater *znw* eter, eetster; handappel

eaterie ['i:təri] *znw* eethuisje *o*, eetcafé *o*

eating apple *znw* handappel

eating-house *znw* (eenvoudig) eethuis *o*

eau-de-cologne [oudəkə'loun] *znw* eau de cologne

eaves [i:vz] *znw* onderste dakrand

eavesdrop *onoverg* staan (af)luisteren [aan de deuren], luistervinken; *~ on a conversation* een gesprek afluisteren

eavesdropper *znw* luistervink, afluisteraar

ebb [eb] **I** *znw* eb(be)^2; fig afneming; *at a low ~* in de put (zitten); aan lagerwal; in verval; *... is at its lowest ~ ...* heeft het dieptepunt bereikt; *be on the ~* afnemen; **II** *onoverg* ebben^2, afnemen (ook: *~ away*)

eb-tide *znw* eb

ebonite *znw* eboniet *o*

ebony **I** *znw* ebbenhout *o*; ebbenboom; **II** *bn* ebbenhouten; zwart als ebbenhout

ebullience [i'bʌljəns] *znw* uitbundigheid

ebullient *bn* uitbundig

eccentric [ik'sentrik] **I** *bn* excentrisch; excentriek, buitenissig; **II** *znw* excentriekeling; techn excentriek *o*

eccentricity [iksen'trisiti] *znw* excentriciteit, zonderlingheid

Ecclesiastes [ikli:zi'æsti:z] *znw* bijbel Prediker

ecclesiastic [ikli:zi'æstik] *znw* geestelijke

ecclesiastical *bn* geestelijk; kerkelijk

echelon ['eʃələn] *znw* echelon; groep, rang

echo ['ekou] **I** *znw* (*mv:* echoes) weerklank^2, echo^2; **II** *overg* weerkaatsen; herhalen; nazeggen; **III** *onoverg* weerklinken

echo-sounder *znw* echolood *o*

éclair ['eikleə] *znw: chocolate ~* ± moorkop

éclat ['eikla:] [Fr] *znw* schittering, luister, groot succes *o*; toejuiching

eclectic [e'klektik] **I** *bn* eclectisch, schiftend, uitzoekend; **II** *znw* eclecticus

eclecticism [e'klek-, i(:)'klektisizm] *znw* eclecticisme *o*

eclipse [i'klips] **I** *znw* verduistering, eclips; fig op de achtergrond raken *o*, aftakeling; *in ~* fig op zijn retour; **II** *overg* verduisteren, in de schaduw stellen

eclogue ['eklɔg] *znw* herdersdicht *o*

ecological [i:kə'lɔdʒikl] *bn* ecologisch

ecologist [i:'kɔlədʒist] *znw* ecoloog

ecology *znw* ecologie

econometrics [ikɔnə'metriks] *znw* econometrie

economic [i:kə'nɔmik] **I** *bn* economisch, staathuishoudkundig; **II** *znw: ~* economie, (staat-) huishoudkunde; (de) economische aspecten (van)

economical *bn* spaarzaam, zuinig, voordelig, economisch

economist [i'kɔnəmist] *znw* econoom, staathuishoudkundige

economize *onoverg* bezuinigen (op *on*)

economy *znw* huishoudkunde, huishouding, economie, bedrijfsleven *o*; spaarzaamheid, zuinigheid; besparing, bezuiniging; *false ~* verkeerde zuinigheid; *economies of scale* besparingen door schaalvergroting; *~ pack, ~ size* voordeelpak *o*

ecosystem ['i:kə-, 'ekəsistəm] *znw* ecosysteem *o*

ecru [ei'kru:] *znw* de kleur v. ongebleekt linnen, ecru

ecstasy ['ekstəsi] *znw* (ziels)verrukking, geestvervoering, opgetogenheid, extase

ecstatic [ek'stætik] *bn* extatisch, verrukt

ecu ['eikju:] *znw = European currency unit* ecu

Ecuador ['ekwədɔ:] *znw* Ecuador

Ecuadorean I *znw* Ecuadoriaan; **II** *bn* Ecuadoriaans

ecumenical [i:kju:'menikl, ekju-] *bn* oecumenisch; wereldomvattend

ecumenicism [i(:)'kju:mənisizm], **ecumenism** [i(:)'kju:mənizm] *znw* oecumenische beweging, oecumene

eczema ['eksimə] *znw* eczeem *o*

ed. *afk.* = *editor; edition*

edacious [i'deiʃəs] *bn* gulzig, begerig

Edam ['i:dæm] *znw* edammer [kaas]; Edam *o*

eddy ['edi] **I** *znw* draaikolk; maalstroom; wervel-, dwarrelwind; **II** *(overg &) onoverg* (doen) ronddwarrelen, wervelen

edema *znw* = *oedema*

edentate [i'denteit] *znw* tandeloos (dier *o*)

edge [edʒ] **I** *znw* sne(d)e, scherp *o*, scherpte; rand, kant, zoom; fig voorsprong; *give an ~ to* scherper maken, verscherpen; een voorsprong geven; *he has the ~ on (over) John* hij is net iets beter dan Jan; *on ~* op zijn kant; fig in gespannen toestand; geprikkeld; *set the teeth on ~* door merg en been gaan, doen griezelen; *take the ~ off sth.* de scherpe kantjes van iets afhalen; *the cutting (leading) ~* de voorhoede, het voorste gelid; **II** *overg* (om)zomen; (om)boorden, (om)randen (met *with*); schuiven, dringen; **III** *onoverg* langzaam/voorzichtig bewegen; *~ away, ~ off* voorzichtig wegsluipen

edged *bn* scherp, snijdend; gerand

edgeways edgewise *bijw* op zijn kant (gezet); schuin tegen elkaar; *not get a word in ~* er geen woord (geen speld) tussen krijgen

edging *znw* rand; boordsel *o*

edgy *bn* gespannen, prikkelbaar; geprikkeld

edible ['edibl] *bn* = *eatable I & II*

edict ['i:dikt] *znw* edict *o*, bevelschrift *o*

edification [edifi'keiʃən] *znw* stichtend gesprek, toespraak &; stichting

edifice ['edifis] *znw* gebouw² *o*

edify ['edifai] *overg* (innerlijk) stichten

edifying *bn* stichtelijk

edit ['edit] *overg* (voor de druk) bezorgen, bewerken, persklaar maken; redigeren; monteren [een film]; *~ out* (van redactiewege) schrappen

editing *znw* vooral montage [v. film]

edition [i'diʃən] *znw* uitgaaf, druk, editie, aflevering

editor ['editə] *znw* redacteur, bewerker; hoofdredacteur [v.e. krant]; cutter [v. film]

editorial [edi'tɔ:riəl] **I** *bn* redactioneel, redactie-; *~ staff* redactie; **II** *znw* hoofdartikel *o*

editorialize [edi'tɔ:riəlaiz] *onoverg* subjectief schrijven, de eigen mening weergeven [in de jounalistiek]

editship ['editəʃip] *znw* bewerking, leiding; redacteurschap *o*

educate ['edjukeit] *overg* opvoeden, vormen, onderwijzen; voorlichten; *~d* beschaafd (ontwikkeld)

education [edju'keiʃən] *znw* opvoeding, vorming, ontwikkeling, onderwijs *o*; pedagogie; kennis

educational *bn* de opvoeding betreffend, educatief; onderwijs-, school-; *~ film* onderwijsfilm

education(al)ist *znw* opvoed(st)er, opvoedkundige, pedagoog

educative ['edjukətiv] *bn* opvoedend

educator ['edjukeitə] *znw* onderwijzer(es); onderwijsdeskundige

educe [i'dju:s] *overg* aan het licht brengen; trekken (uit *from*), afleiden; afscheiden

Edwardian [ed'wɔ:diən] *bn* uit de tijd van Koning Eduard VII [1901-1910]

EEC *afk.* = *European Economic Community* Europese Economische Gemeenschap, EEG

eel [i:l] *znw* aal, paling

e'en [i:n] verk. van ³*even* en van *evening*

e'er [ɛə] verk. van *ever*

eerie, eery ['iəri] *bn* angstwekkend, akelig, eng

efface [i'feis] **I** *overg* uitwissen², uitvegen; fig overschaduwen, in de schaduw stellen; **II** *wederk*: *~ oneself* zich terugtrekken of op de achtergrond houden; zich wegcijferen

effect [i'fekt] **I** *znw* (uit)werking, invloed, gevolg *o*, resultaat *o*, effect *o*; *~s* bezittingen, goed *o*, goederen; *take ~* uitwerking hebben; effect maken; in werking treden; *for ~* uit effectbejag; *in ~* in werkelijkheid, in feite; *carry (bring, put) into ~* ten uitvoer brengen; *come into ~* van kracht worden [v. wet &]; *be of no ~* geen uitwerking hebben; *to no ~* zonder resultaat; tevergeefs; *to such good ~ that* zodat; *(a notice) to the ~ that...* behelzende, inhoudende, hierop neerkomend, dat...; *assurances to this ~* verzekeringen in deze geest (zin), van deze strekking; *with ~ from* met ingang van; **II** *overg* uitwerken, teweegbrengen, bewerkstelligen, tot stand brengen, uitvoeren, verwezenlijken; handel (af)sluiten

effective I *bn* werkzaam, krachtig; krachtdadig; doeltreffend; raak; effect hebbend; effectief; *become ~* ook: van kracht worden; **II** *znw* mil effectief *o*

effectual *bn* krachtig; doeltreffend; geldig, van kracht, bindend

effectuate *overg* bewerkstelligen, uitvoeren, volvoeren, volbrengen

effeminacy [i'feminəsi] *znw* verwijfdheid

effeminate *bn* verwijfd

effervesce [efə'ves] *onoverg* mousseren, (op)bruisen, borrelen

effervescence *znw* mousseren *o*, (op)bruising²; fig uitgelatenheid, opgewondenheid

effervescent *bn* mousserend, (op)bruisend²; fig uitgelaten, opgewonden

effete [e'fi:t] *bn* zwak, afgeleefd, versleten

efficacious [efi'keiʃəs] *bn* werkzaam, doeltreffend, probaat, kracht(dad)ig, efficiënt

efficaciousness, efficacy ['efikəsi] *znw* kracht(dadigheid), werkzaamheid, doeltreffendheid, uitwerking

efficiency [i'fiʃənsi] *znw* kracht(dadigheid), efficiëntie, doeltreffendheid; bekwaamheid, geschiktheid; techn nuttig effect *o*, rendement *o*, productiviteit

efficient *bn* werkend, kracht(dad)ig, efficiënt, productief, doeltreffend; bekwaam, geschikt, competent; techn renderend, efficiënt

effigy ['efidʒi] *znw* afbeeldsel *o*; beeld *o*, beeldenaar, borstbeeld *o* [op een munt]; *in* ~ in effigie

effloresce [eflɔ:'res] *onoverg* ontbloeien, zich ontplooien; chem zoutkristallen aanzetten; uitslaan [v. muren]

efflorescence [eflɔ:'resəns] *znw* ontluiking, bloei; chem verschijning van zoutkristallen; uitslag [op muren]

effluence ['efluəns] *znw* uitvloeiing, uitstroming; uitvloeisel *o*

effluent *znw* uitstromende vloeistof; afvalwater *o* [v. fabriek in rivier]

effluvium [e'flu:viəm] *znw* (*mv*: -s *of* effluvia [-viə]) uitwaseming; (onaangename) geur

effort ['efət] *znw* poging, (krachts)inspanning; prestatie; *make an* ~ een poging doen; zich geweld aandoen; zich inspannen; *make every* ~ *to* er alles aan doen om; *make the* ~ je best doen; *worth the* ~ de moeite waard; ~ *of will* wilskracht

effortless *bn* moeiteloos, ongedwongen

effrontery [i'frʌntəri] *znw* onbeschaamdheid

effulgent [e'fʌldʒənt] *bn* stralend, schitterend

effuse [e'fju:z] *overg* uitgieten, (uit)storten, uitstralen, verspreiden[2]

effusion [i'fju:ʒən] *znw* vergieten *o*, uitstorting[2]; fig ontboezeming

effusive *bn* zich geheel gevend, (over)hartelijk, expansief, uitbundig

EFL *afk.* = *English as a Foreign Language*

eft [eft] *znw* dierk salamander

EFTA Efta ['eftə] *znw* = *European Free Trade Association* Europese Vrijhandelsassociatie, EVA

e.g. *afk.* = *exempli gratia* bijvoorbeeld, bijv., b.v.

egad [i'gæd] gemeenz *afk.* v. *by God!*

egalitarian [igæli'tæriən] **I** *bn* gelijkheid voorstaand, gelijkheids-; **II** *znw* voorstander van gelijkheid

egalitarism *znw* streven *o* naar gelijkheid

egest [i:'dʒest] *overg* uitscheiden

egg [eg] **I** *znw* ei *o*; eicel; *a bad* ~ gemeenz een waardeloze figuur; *a good* ~ gemeenz een patente kerel; *he put all his* ~*s in one basket* hij zette alles op één kaart; *have* ~ *on one's face* in zijn hemd staan, voor joker staan; *as sure as* ~*s is* ~*s* zo zeker als wat; **II** *overg*: ~ *on* aanzetten, aan-, ophitsen

egg cell *znw* eicel

egg-cup *znw* eierdopje *o*

egg flip *znw* = *egg nog*

egghead *znw* gemeenz geringsch intellectueel

egg nog *znw* drankje *o* v. geklutst ei met drank

eggplant *znw* Am aubergine

eggshell I *znw* eierdop, eierschaal; **II** *bn* halfmat, halfglanzend [v. verf]

egg-spoon *znw* eierlepeltje *o*

egg-timer *znw* eierwekker, zandloper

egg-whisk *znw* eierklopper

eglantine ['egləntain] *znw* egelantier

ego ['egou, 'i:gou] *znw* ik *o*: ikheid; psych ego *o*

ego boost ['egou-, 'i:gou'bu:st] *znw*: *give sbd. an* ~ gemeenz iems. gevoel van eigenwaarde strelen

egocentric [egou'sentrik] *bn* egocentrisch

egoism ['egouizm] *znw* egoïsme *o*, zelfzucht, eigenbaat; zie ook: *egotism*

egoist *znw* egoïst, zelfzuchtige

egoistic [egou'istik] *bn* egoïstisch

egomania *znw* ziekelijk egoïsme *o*

egomaniac *znw* ziekelijke egoïst

egotism *znw* egotisme *o*, eigenliefde; zelfzucht

egotist *znw* iemand die gaarne over zichzelf spreekt; egoïst

egotistic(al) *bn* van zichzelf vervuld, ikkerig; zelfzuchtig

egotrip *znw* gemeenz egotrip

egregious [i'gri:dʒəs] *bn* groot, kolossaal [ironisch]

egress ['i:gres] *znw* uitgang; uitgaan *o*

egret ['i:gret] *znw* dierk kleine witte reiger; reigerveer; aigrette; plantk zaadpluim

Egypt ['i:dʒipt] *znw* Egypte *o*

Egyptian [i'dʒipʃən] **I** *bn* Egyptisch; **II** *znw* Egyptenaar

Egyptologist [i(:)dʒip'tɔlədʒist] *znw* egyptoloog

Egyptology [i(:)dʒip'tɔlədʒi] *znw* egyptologie

eh [ei] *tsw* he!, wat?

eider ['aidə] *znw* eidereend, eidergans

eiderdown ['aidədaun] *znw* eiderdons *o*; dekbed *o* (van dons)

eight [eit] *telw* acht

eighteen ['ei'ti:n, 'eiti:n] *telw* achttien

eighteenth ['ei'ti:nθ, 'eiti:nθ] *telw (znw)* achttiende (deel *o*)

eightfold ['eitfould] *bn bijw* achtvoudig

eighth [eitθ] *telw (znw)* achtste (deel *o*)

eightieth ['eitiiθ] *telw (znw)* tachtigste (deel *o*)

eighty *telw* tachtig; *the eighties* de jaren tachtig; *in one's eighties* ook: in de tachtig

Eire ['ɛərə] *znw* Ierland

eisteddfod [ais'teðvɔd] *znw* zang-, muziek-, toneel- en dichtconcours *o* in Wales

either ['aiðə, 'i:ðə] **I** *bn* (één van) beide; ~ *way* in elk geval, hoe dan ook; **II** *vnw* de één zowel als de andere; ~ *of us* één van ons; **III** *voegw*: ~... *or* (of)... of; **IV** *bijw* ook; *if... I won't go* ~ dan ga ik ook niet

ejaculate [i'dʒækjuleit] *overg* uitbrengen, uitroepen; uitstorten [zaad], ejaculeren

ejaculation [idʒækju'leiʃən] *znw* uitroep; zaaduitstorting, ejaculatie

eject [i'dʒekt] **I** *overg* uitwerpen; (met geweld) uitzetten, verdrijven; **II** *onoverg* luchtv gebruik maken van schietstoel

ejection [i'dʒekʃən] *znw* uitwerping, uitschieting; uitzetting, verdrijving

ejector seat *znw* luchtv schietstoel

eke out [i:k 'aut] *overg* aanvullen; rekken; ~ *out a livelihood (living, existence)* zijn kostje bijeenscharre-

len
elaborate [i'læbərit] **I** *bn* doorwrocht, fijn af-, uitgewerkt; ingewikkeld; uitgebreid, uitvoerig, nauwgezet; **II** *overg* [i'læbəreit] nauwkeurig, grondig uit-,
bewerken; **III** *onoverg* uitweiden (over *on*)
elaboration [ilæbə'reiʃən] *znw* (grondige) uit-, bewerking
élan [ei'lã:ŋ] [Fr] *znw* elan *o*, zwier; vuur *o*
eland ['i:lənd] *znw* eland-antilope
elapse [i'læps] *onoverg* verlopen, verstrijken
elastic [i'læstik] **I** *bn* veerkrachtig, elastisch; rekbaar[2]; ~ *band* elastiekje *o*; **II** *znw* elastiek(je) *o*
elasticity [elæs'tisiti] *znw* veerkracht, rekbaarheid,
elasticiteit
elate [i'leit] *overg* triomfantelijk (opgetogen) maken,
verrukken
elated *bn* triomfantelijk, opgetogen
elation *znw* verrukking; opgetogenheid
elbow ['elbou] **I** *znw* elleboog; bocht; *at one's* ~
vlakbij; *out at the* ~*s* met de ellebogen door zijn
mouwen; *up to one's* ~*s in work* tot over de oren in
het werk; **II** *overg* met de ellebogen duwen, dringen; ~ *one's way* zich een weg banen; ~ *out* verdringen
elbow-grease *znw* gemeenz zwaar werk *o*
elbow-room *znw* ruimte om zich te roeren, bewegingsruimte, armslag
1 elder ['eldə] **I** *bn* ouder, oudste [v. twee]; **II** *znw*
oudere; ouderling
2 elder ['eldə] *znw* plantk vlier(struik)
elderberry *znw* vlierbes
elderly ['eldəli] *bn* bejaard, op leeftijd, oudachtig
eldest *bn* & *znw* oudste
elect [i'lekt] **I** *overg* (ver)kiezen (tot); **II** *bn* (uit-)
verkoren, gekozen
election *znw* verkiezing°
electioneer [ilekʃə'niə] *onoverg* stemmen werven,
meedoen aan een verkiezingscampagne
elective [i'lektiv] *bn* kies-, verkiezings-; ge-, verkozen, verkiesbaar; Am keuze-
elector *znw* kiezer; kiesman; keurvorst
electoral *bn* kies-, kiezers-, verkiezings-, electoraal
electorate *znw* electoraat *o*, kiezers, kiezerskorps *o*;
keurvorstendom *o*
electric [i'lektrik] *bn* elektrisch; elektriseer-; ~ *blanket* elektrische deken; ~ *blue* staalblauw; ~ *chair*
elektrische stoel; ~ *eel* sidderaal; ~ *fence* schrikdraad *o*; ~ *motor* elektromotor; ~ *shock* elektrische
schok; med elektroshock
electrical *bn* elektrisch; elektriseer-; ~ *engineer* elek-
trotechnicus; ~ *storm* onweer *o*
electrician [ilek'triʃən] *znw* elektricien
electricity *znw* elektriciteit; ~ *board* elektriciteits-
bedrijf *o*
electrification [ilektrifi'keiʃən] *znw* elektrisering;
elektrificatie
electrify [i'lektrifai] *overg* elektriseren; elektrifice-
ren; fig geestdriftig maken, opwinden

electrocute [i'lektrəkju:t] *overg* elektrocuteren: terechtstellen d.m.v. de elektrische stoel
electrocution [ilektrə'kju:ʃən] *znw* elektrocutie
electrode [i'lektroud] *znw* elektrode
electro-dynamics [i'lektroudai'næmiks] *znw* elek-
trodynamica
electrolysis [ilek'trolisis] *znw* elektrolyse
electrolytic [ilektrə'litik] *bn* elektrolytisch
electrolyze [i'lektrəlaiz] *overg* elektrolyseren: ontleden v. chem. verbindingen door elektriciteit
electromagnetic [i'lektrə'mægnetik] *bn* elektro-
magnetisch
electrometer [ilek'trɔmitə] *znw* elektrometer
electron [i'lektrɔn] *znw* elektron *o*; ~ *microscope*
elektronenmicroscoop
electronic [ilek'trɔnik] **I** *bn* elektronisch; ~ *mail*
comput elektronische post, e-mail; **II** *znw:* ~*s* elek-
tronica
electroplate [i'lektroupleit] *overg* elektrolytisch
verzilveren, galvaniseren
electroscope [i'lektrəskoup] *znw* elektroscoop
elegance ['eligəns] *znw* sierlijkheid, keurigheid, bevalligheid, elegantie
elegant *bn* sierlijk, keurig, bevallig, elegant
elegiac [eli'dʒaiək] **I** *bn* elegisch; **II** *znw:* ~*s* elegi-
sche poëzie
elegy ['elidʒi] *znw* elegie, treurzang, -dicht *o*
element ['elimənt] *znw* element *o*, bestanddeel *o*,
grondstof; ~*s* ook: (grond)beginselen; *in one's* ~ in
zijn element; *there is an* ~ *of danger* het is niet geheel van gevaar ontbloot
elemental [eli'mentl] *bn* van de elementen,
natuur-; wezenlijk, onvermengd
elementary *bn* elementair, aanvangs-, grond-,
basis-; ~ *school* Am basisschool
elephant ['elifənt] *znw* olifant
elephantine [eli'fæntain] *bn* als (van) een olifant
elevate ['eliveit] *overg* opheffen, verheffen, verhogen; veredelen
elevated *bn* verheven, hoog, gedragen [toon]; ~
railway luchtspoorweg
elevation [eli'veiʃən] *znw* op-, verheffing, bevordering, verhoging, hoogte (boven zeespiegel), verhevenheid, bouwk opstand; *front* ~ vóóraanzicht *o*
elevator ['eliveitə] *znw* techn elevator; Am lift;
luchtv hoogteroer *o*
eleven [i'levn] *telw* elf; *an* ~ een elftal *o*
eleven-plus *znw* toelatingsexamen *o* voor een inrichting van middelbaar onderwijs (voor leerlingen
van elf jaar of ouder)
elevenses *znw mv* lichte maaltijd omstreeks 11 uur
's ochtends
eleventh *telw (znw)* elfde (deel *o*); *at the* ~ *hour* ter
elfder ure
elf [elf] *znw* elf, fee, kaboutermannetje[2] *o*; dreumes
elfin *bn* elfen-, elfachtig; feeëriek
elfish *bn* elfen-; fig ondeugend
elicit [i'lisit] *overg* uit-, ontlokken, aan het licht

brengen, ontdekken; krijgen (uit *from*); ~ *the truth about a case* in een zaak de waarheid aan het licht brengen

elide [i'laid] *overg* taalk elideren, weglaten

eligibility [eli'dʒibiliti] *znw* geschiktheid, bevoegdheid

eligible ['elidʒibl] *bn* (ver)kiesbaar; in aanmerking komend, geschikt, bevoegd; begeerlijk, begeerde

eliminate [i'limineit] *overg* elimineren, wegwerken [factor]; verdrijven, verwijderen (uit *from*); buiten beschouwing laten, uitschakelen

eliminator [ilimi'neitə] *znw* sp voorronde

elimination [ilimi'neiʃən] *znw* eliminatie: wegwerking, verwijdering, terzijdestelling, uitschakeling; ~ *contest* afvalwedstrijd

elision [i'liʒn] *znw* taalk elisie, weglating

élite [ei'li:t] [Fr] *znw* elite, keur

elitism [ei'li:tizm] *znw* elitarisme o

elitist [ei'li:tist] I *bn* elitair; II *znw* elitair persoon

elixir [i'liksə] *znw* elixir[2] o

Elizabethan [ilizə'bi:θən] I *bn* van (Koningin) Elizabeth I, Elizabethaans; II *znw* schrijver enz. uit de tijd van Koningin Elizabeth I

elk [elk] *znw* (*mv* idem *of* -s) eland

ell [el] *znw* el, ellemaat

ellipse [i'lips] *znw* ellips

ellipsis *znw* (*mv*: ellipses [-si:z]) uitlating

elliptical *bn* elliptisch, onvolledig, beknopt

elm [elm] *znw* plantk iep, olm

elocution [elə'kju:ʃən] *znw* voordracht, dictie

elocutionist *znw* voordrachtskunstenaar; leraar in de dictie

elongate ['i:lɔngeit] *overg* verlengen; (uit)rekken; ~*d* ook: lang, slank, spichtig

elongation [i:lɔngeiʃən] *znw* verlenging; techn rek

elope [i'loup] *onoverg* weglopen, zich laten schaken (door *with*)

elopement *znw* weglopen o [om te kunnen trouwen], vlucht; schaking

eloquence ['eləkwəns] *znw* welsprekendheid

eloquent *bn* welsprekend[2], veelbetekenend [gebaar &]

El Salvador [el'sælvədɔ:] *znw* El Salvador o

else [els] *bijw* anders; *what* ~? wat nog (meer)?, nog iets?; wat... anders?; *shut up, or* ~! kop dicht of er zwaait wat!

elsewhere *bijw* ergens anders, elders

ELT *afk.* = *English Language Teaching*

elucidate [i'l(j)u:sideit] *overg* ophelderen, toelichten, duidelijk maken, verklaren

elucidation [il(j)u:si'deiʃən] *znw* opheldering, toelichting, verklaring

elucidatory [i'l(j)u:sideitəri] *bn* ophelderend, verklarend

elude [i'l(j)u:d] *overg* ontgaan, ontsnappen (aan); ontwijken, ontduiken, ontkomen aan

elusion *znw* ontsnapping; ontwijking, ontduiking, ontkoming

elusive *bn* ontwijkend, ontduikend; (aan alle nasporing) ontsnappend, moeilijk of niet te benaderen of te bepalen, elusief

elves [elvz] *znw mv* v. elf

elvish ['elviʃ] *bn* = *elfish*

'em [əm] gemeenz verk. v. *them*

emaciate [i'meiʃieit] *overg* doen vermageren, uitteren

emaciation [imeiʃi'eiʃən] *znw* vermagering, uittering

email, e-mail ['i:meil] *znw* = *electronic mail* comput elektronische post, e-mail

emanate ['eməneit] I *onoverg* uitstromen; ~ *from* voortvloeien uit, voortkomen uit, uitgaan van, afkomstig zijn van; II *overg* uitstralen, uitzenden, afgeven

emanation [emə'neiʃən] *znw* uitstroming, uitstraling, emanatie

emancipate [i'mænsipeit] *overg* bevrijden, vrijlaten, vrijmaken, ontvoogden, emanciperen

emancipation [imænsi'peiʃən] *znw* bevrijding, vrijlating, vrijmaking, ontvoogding, emancipatie

emasculate [i'mæskjuleit] *overg* verzwakken

emasculation [imæskju'leiʃən] *znw* verzwakking, verzwaktheid

embalm [im'ba:m] *overg* balsemen

embank [im'bæŋk] *overg* indijken, bedijken

embankment *znw* in-, bedijking; (spoor)dijk; kade, wal

embargo [em'ba:gou] I *znw* (*mv*: embargoes) embargo o, beslag o [op schepen]; verbod o, belemmering; II *overg* beslag leggen op, onder embargo leggen

embark [im'ba:k] (*onoverg &*) *overg* (zich) inschepen; ~ *on (upon)* zich wagen (begeven) in, beginnen (aan)

embarkation [emba:'keiʃən] *znw* inscheping

embarrass [im'bærəs] *overg* in verlegenheid brengen, verwarren, in verwarring brengen; in moeilijkheden brengen

embarrassing *bn* lastig, pijnlijk, gênant

embarassment *znw* (geld)verlegenheid, verwarring, gêne; moeilijkheid

embassy ['embəsi] *znw* ambassade; gezantschap o

embattled [im'bætld] *bn* omsingeld; in het nauw gebracht, ingeklemd

embed [im'bed] *overg* insluiten, (in)zetten, (vast-) leggen, inbedden; *be* ~*ded* in ook: vastzitten in

embellish [im'beliʃ] *overg* versieren, verfraaien, opsieren, mooi(er) maken

embellishment [im'beliʃmənt] *znw* verfraaiing, versiering

ember ['embə] *znw* gloeiende kool; ~*s* gloeiende as of sintels

embezzle [im'bezl] *overg* verduisteren [v. geld &]

embezzlement [im'bezlmənt] *znw* verduistering [v. geld &]

embitter [im'bitə] *overg* verbitteren; vergallen; verergeren

emblazon [im'bleizn] *overg* versieren

emblem ['embləm] *znw* zinnebeeld *o*, symbool *o*

emblematic ['embli'mætik] *bn* zinnebeeldig, symbolisch

embodiment [im'bɔdimənt] *znw* belichaming

embody *overg* belichamen; verenigen, inlijven; be-, omvatten

embolden [im'bouldən] *overg* aanmoedigen

embolism ['embəlizm] *znw* embolie

embolus ['embələs] *znw* embolus: geronnen bloed *o* in bloedvat

embosom [em'buzəm] *overg* plechtig omarmen, aan het hart drukken; in het hart sluiten, koesteren; omsluiten, omhullen

emboss [im'bɔs] *overg* in reliëf maken, drijven

embouchure [ɔmbu'ʃuə(r)] *znw* muz mondstuk *o* [v. blaasinstrument]; aanzet [bij blazen]

embrace [im'breis] **I** *overg* omhelzen; omvatten, insluiten; aangrijpen; **II** *onoverg* elkaar omarmen; **III** *znw* omhelzing

embrangle [im'bræŋgl] *overg* gemeenz verstrikken; verwarren

embrasure [im'breiʒə] *znw* bouwk nis; mil schietgat *o*

embrocation [embrə'keiʃən] *znw* smeersel *o*

embroider [im'brɔidə] *overg* borduren[2], fig opsieren, opsmukken, verfraaien; ~ *(on) a story* een verhaal mooier maken dan het is

embroidery *znw* borduurwerk *o*, borduursel[2] *o*; ~ *frame* borduurraam *o*

embroil [im'brɔil] *overg* betrekken, verwikkelen (in *in*); verwarren, in de war brengen; *be ~ed with* overhoop liggen met, gebrouilleerd zijn met

embryo ['embriou] *znw* embryo *o*, kiem; eerste ontwerp *o*; *in* ~ in embryonale toestand[2]

embryonic [embri'ɔnik] *bn* embryonaal

emend [i'mend] *overg* emenderen, verbeteren

emendation [i:men'deiʃən] *znw* (tekst)verbetering

emerald ['emərəld] **I** *znw* smaragd *o* [stofnaam], smaragd *m* [voorwerpsnaam]; **II** *bn* van smaragd, smaragdgroen; *the E~ Isle* het groene Erin: Ierland *o*

emerge [i'mə:dʒ] *onoverg* opduiken, oprijzen; tevoorschijn komen, naar voren komen, ontstaan, opkomen; uitkomen, blijken; zich voordoen; ontwaken

emergence *znw* verschijning

emergency *znw* onverwachte of onvoorziene gebeurtenis; moeilijke omstandigheid; noodtoestand; spoedgeval *o*; *in case of* ~, *in an* ~ in geval van nood; *state of* ~ noodtoestand; ~ *services* ± politie, ambulance(s) en brandweer

emergency door *znw* nooddeur

emergency meeting *znw* spoedvergadering

emergent *bn* oprijzend, opkomend

emeritus [i'meritəs] *bn* emeritus, rustend

emersion [i'mə:ʃən] *znw* opduiken *o*, opkomen *o*

emery ['eməri] *znw* amaril

emery board *znw* nagelvijltje *o* [met een laagje amaril]

emery-cloth *znw* schuurlinnen *o*

emery-paper *znw* schuurpapier *o*

emetic [i'metik] *znw* braakmiddel *o*

emigrant ['emigrənt] **I** *bn* (naar een ander land) trekkend, uitwijkend; uitgeweken; trek-; **II** *znw* emigrant, landverhuizer

emigrate *onoverg* emigreren, uit het land trekken, uitwijken

emigration [emi'greiʃən] *znw* emigratie

émigré ['emigrei] *znw* hist [Franse] emigré, [Russische] emigrant

eminence ['eminəns] *znw* hoogte[2], hoge positie, grootheid, verhevenheid, uitstekendheid, voortreffelijkheid, uitmuntendheid; eminentie; heuvel

eminent *bn* hoog, verheven, uitstekend, uitnemend, eminent

eminently *bijw* eminent; in hoge mate, uiterst, bijzonder

emir [e'miə] *znw* emir

emirate [e'miərət, -rit, -reit] *znw* emiraat *o*

emissary ['emisəri] *znw* afgezant

emission [i'miʃən] *znw* uitzending [v. geluid, licht]; uitstraling, uitstorting; handel emissie, uitgifte; uitlaatgas *o*; uitstoot [van schadelijke gassen &]

emit [i'mit] *overg* uitzenden, uitstralen, uitstorten, afgeven; uit-, voortbrengen [geluid], uiten, uitspreken, (ten beste) geven; handel uitgeven; uitvaardigen [bevelen]

emollient [i'mɔliənt] *bn (znw)* verzachtend (middel *o*)

emolument [i'mɔljumənt] *znw* emolument *o*, honorarium *o*, salaris *o*, verdienste

emotion [i'mouʃən] *znw* emotie, aandoening, ontroering

emotional *bn* emotioneel: tot het gevoel sprekend; affectief, gevoels-; licht geroerd, geëmotioneerd

emotive [i'moutiv] *bn* gevoels-, op het gemoed/gevoel werkend

empanel [im'pænl] *overg* recht op de lijst van gezworenen plaatsen, [een jury] samenstellen; tot jurylid (forumlid) benoemen

empathize [im'empəθaiz] *onoverg* zich invoelen, meevoelen

empathy [em'pəθi] *znw* empathie, invoeling(svermogen *o*)

emperor ['empərə] *znw* keizer

emphasis ['emfəsis] *znw (mv: emphases [-si:z])* nadruk[2], klem(toon)[2], fig accent *o*

emphasize *overg* de nadruk leggen op[2]

emphatic [im'fætik] *bn* uit-, nadrukkelijk, indringend, met klem; krachtig; beslist; gedecideerd

emphysema [emfi'si:mə] *znw* emfyseem *o*

empire ['empaiə] **I** *znw* (keizer)rijk *o*, imperium *o*; **II** *bn* empire [meubelen, stijl]

empirical [em'pirikəl] *bn* empirisch, op ervaring gegrond

empiricism [em'pirisizm] *znw* empirisme *o*, empirie: ervaringsleer

empiricist *znw* empirist, empiricus

emplacement [im'pleismənt] *znw* emplacement *o*; terrein *o*; plaatsing

employ [im'plɔi] **I** *overg* gebruiken, besteden, aanwenden; bezighouden, in dienst hebben, tewerkstellen; ~ed in agriculture werkzaam in de landbouw; be ~ed on bezig zijn met (aan); employers and ~ed werkgevers en werknemers; **II** *znw* dienst; werk *o*; in the ~ of in dienst bij

employable [im'plɔiəbl] *bn* inzetbaar

employee [emplɔi'i:] *znw* employé(e), geëmployeerde, bediende; werknemer

employer [im'plɔiə] *znw* werkgever, patroon, gemeenz broodheer

employment *znw* gebruik *o*, aanwending; tewerkstelling; werkgelegenheid; bezigheid, werk *o*, emplooi *o*, beroep *o*; full ~ volledige werkgelegenheid; out of ~ zonder werk; ~ agency uitzendbureau *o*; ~ exchange arbeidsbureau *o*

employment scheme *znw* banenplan *o*

emporium [em'pɔ:riəm] *znw* (*mv*: -s of emporia [-riə]) grootwarenhuis *o*

empower [im'pauə] *overg* machtigen; in staat stellen

empress ['empris] *znw* keizerin

emptiness ['em(p)tinis] *znw* leegheid, leegte

empty ['em(p)ti] **I** *bn* ledig, leeg; ijdel; ~ of ontbloot van, zonder; **II** *znw* lege wagon, fust *o*, fles &; **III** *overg* ledigen, leegmaken, leeg-, uithalen, ruimen; **IV** *onoverg* leeg raken, leeglopen; zich uitstorten

empty-handed *bn* met lege handen

empty-headed *bn: be ~* oerdom zijn

empyreal [empai'ri:əl] *bn* hemels

empyrean [empai'ri:ən] **I** *znw* hoogste hemel; **II** *bn* hemels

emu ['i:mju:] *znw* emoe

emulate ['emjuleit] *overg* wedijveren met, trachten te evenaren, navolgen

emulation [emju'leiʃən] *znw* wedijver, poging iem. te evenaren

emulative ['emjulətiv] *bn* wedijverend

emulator *znw* mededinger, navolger, ± imitator

emulsifier [i'mʌlsifaiə] *znw* emulgator

emulsify [i'mʌlsifai] *overg* emulgeren

emulsion *znw* emulsie; ~ (paint) emulgerende verf, (muur)verf op waterbasis

enable [i'neibl, e'neibl] *overg* in staat stellen, (het) mogelijk maken; machtigen

enact [i'nækt] *overg* vaststellen, bepalen; tot wet verheffen; opvoeren, spelen; be ~ed ook: zich afspelen

enactment *znw* vaststelling; bepaling; verordening; opvoering

enamel [i'næməl] **I** *znw* email *o*, brandverf, verglaassel *o*, glazuur *o*, vernis *o & m*; lak *o & m*; brandschilderwerk *o*; email kunstvoorwerp *o*; **II** *overg* emailleren, verglazen, glazuren, vernissen; lakken, moffelen; brandschilderen

enameller, Am **enameler** *znw* emailleur

enamour [i'næmər] *overg* verliefd maken, bekoren; ~ed of/with dol/verliefd op

encage [in'keidʒ] *overg* opsluiten (als) in een kooi

encamp [in'kæmp] **I** *onoverg* (zich) legeren, kamperen; **II** *overg* een kampeerplaats geven

encampment *znw* legering, kampering; legerplaats, kamp(ement) *o*

encapsulate [in'kæpsjuleit] *overg* inkapselen²

encase [in'keis] *overg* steken in

encash [in'kæʃ] *overg* handel verzilveren, innen

encephalic [enkə'fælik] *bn* de hersenen betreffend; hersen-

encephalitis [enkəfə'laitis] *znw* hersenontsteking

enchain [in'tʃein] *overg* ketenen, boeien²

enchant [in'tʃa:nt] *overg* betoveren; bekoren, verrukken

enchanter *znw* tovenaar

enchanting *bn* betoverend, verrukkelijk

enchantment *znw* betovering; bekoring, verrukking

enchantress [in'tʃa:ntris] *znw* tovenares; betoverende vrouw

enchase [in'tʃeis] *overg* zetten [edelstenen]; omlijsten; graveren, ciseleren

encircle [in'sə:kl] *overg* omringen, omsluiten, insluiten, omsingelen

enclave ['enkleiv] *znw* enclave

enclose [in'klouz] *overg* om-, insluiten, omheinen, omringen, omvatten, bevatten; bijsluiten, insluiten [brief, bijlage &]

enclosure *znw* insluiting; (om)heining; besloten ruimte; handel bijlage

encode [in'koud] *overg* coderen

encomiast [en'koumiæst] *znw* lofredenaar

encomium *znw* (*mv*: -s of encomia [-miə]) lof(rede, -zang)

encompass [in'kʌmpəs] *overg* omgeven, omringen, omsluiten; om-, bevatten

encore [ɔŋ'kɔ:] **I** *tsw* nog eens, bis!; **II** als *znw* bis(nummer) *o*, toegift; **III** *overg & onoverg* bisseren

encounter [in'kauntə] **I** *znw* ontmoeting; treffen *o*, gevecht *o*, confrontatie; **II** *overg* ontmoeten, tegenkomen, aantreffen, (onder)vinden; geconfronteerd worden met; tegemoet treden; het hoofd bieden

encourage [in'kʌridʒ] *overg* be-, aanmoedigen, aanzetten, animeren, voet (voedsel) geven aan, in de hand werken, bevorderen

encouragement *znw* be-, aanmoediging, aanwakkering, aansporing

encouraging *bn* bemoedigend; hoopvol

encroach [in'kroutʃ] *onoverg* inbreuk maken (op *on, upon*); zich indringen, veld winnen

encroachment *znw* inbreuk; binnendringen *o*, uitbreiding, aanmatiging

encrust [in'krʌst] **I** *overg* om-, overkorsten, met een korst bedekken; incrusteren; **II** *onoverg* een korst vormen

encumber [in'kʌmbə] *overg* belemmeren, hinderen; versperren; belasten, bezwaren

encumbrance *znw* belemmering, hindernis, last; *no ~(s), without ~(s)* zonder kinderen

encyclical [en'siklikl] **I** *bn*: *~ letter* encycliek; **II** *znw* encycliek

encyclopaedia [ensaiklə'pi:diə] *znw* encyclopedie

encyclopaedic *bn* encyclopedisch

encyst [in'sist] **I** *overg* in een cyste inkapselen; **II** *onoverg* in een cyste ingekapseld worden

end [end] **I** *znw* eind(e) *o* [ook = dood]; uiteinde *o*; besluit *o*, afloop, uitslag; doel *o*, oogmerk *o*; eindje *o*, stukje *o* [touw, kaars], peukje *o* [sigaret]; fig kant, afdeling; *and there's an ~ (of it)* en daarmee uit, basta; *no ~ of...* een hoop..., verbazend veel...; *achieve one's ~(s)* zijn doel bereiken; *have got hold of the wrong ~ of the stick* het bij het verkeerde eind hebben; aan het kortste eind trekken; *keep (hold) one's ~ up* zijn mannetje staan; *make ~s meet* de eindjes aan elkaar knopen, rondkomen; *make an ~ of it, put an ~ to it* er een eind aan maken; *be at an ~* voorbij (om, op, uit) zijn; zie ook: *loose I*; *at the ~* aan het einde (van *of*); *for that ~* te dien einde; *in the ~* ten slotte, uiteindelijk; op den duur; *he is near his ~* hij is de dood nabij; *on ~* overeind; achtereen; *it makes your hair stand on ~* het doet je de haren te berge rijzen; *bring to an ~* een eind maken aan; *come to an ~* ten einde lopen; *come to a bad ~* lelijk (ongelukkig) aan zijn eind komen; *at the ~ of the day* fig aan het eind van de rit, uiteindelijk; *this is the ~!* dat is het toppunt!; *to the bitter (very) ~* tot het bittere einde; *to no ~* tevergeefs; *to what ~?* waarvoor?, waartoe zou het dienen?; *to the ~ that* opdat; *~ to ~* in de lengte, achter elkaar; zie ook: *world*; **II** *overg* eindigen, besluiten, ophouden, aflopen; *~ by ...ing* eindigen met..., ten slotte...; *~ in* uitgaan op [een letter]; uitlopen op; *~ up* eindigen, besluiten; belanden; **III** *overg* eindigen, een eind maken aan; *~ it all* er een eind aan maken [zelfmoord]

end-all *znw* einde, afsluiting; zie ook: *be-all*

endanger [in'dein(d)ʒə] *overg* in gevaar brengen

endear [in'diə] *overg* bemind maken (bij *to*); *~ing* innemend, sympathiek; lief

endearment *znw* tederheid, liefkozing, liefdeblijk *o*

endeavour [in'devə] **I** *znw* poging, streven *o*; **II** *onoverg* beproeven, trachten, pogen, streven

endemic [en'demik] **I** *bn* endemisch, inheems; **II** *znw* endemische ziekte

end-game ['endgeim] *znw* slotfase; eindspel *o* [schaken]

ending *znw* einde *o*; uitgang [v. woord]

endive ['endiv] *znw* andijvie; Am witlof

endless ['endlis] *bn* eindeloos, oneindig (veel &)

endlong *bijw* in de lengte; verticaal

endmost *bn* laatst, uiterst

endo- ['endou-] *voorv* in(wendig)-, binnen-

endocrine ['endoukrain] **I** *bn* endocrien, met interne secretie [klieren]; **II** *znw* klier met interne secretie

endocrinologist *znw* endocrinoloog

endorse [in'dɔ:s] *overg* handel endosseren; (iets) op de rugzijde vermelden van; aantekening maken op [rijbewijs &]; fig steunen, onderschrijven, bevestigen [mening &]

endorsee [endɔ:'si:] *znw* handel geëndosseerde

endorsement [in'dɔ:smənt] *znw* handel endossement *o*; vermelding op de rugzijde; aantekening [op rijbewijs &]; fig goedkeuring, steun, bevestiging

endorser *znw* handel endossant

endow [in'dau] *overg* begiftigen, doteren; bekleden (met *with*)

endowment *znw* begiftiging; dotatie, schenking; gave, talent *o*; *~ assurance, ~ policy* kapitaalverzekering

endpaper ['endpeipə] *znw* schutblad *o*

endue [in'dju:] *overg* bekleden[2]; begiftigen

end-product ['endprɔdʌkt] *znw* eindproduct *o*; fig (het) uiteindelijke resultaat

end result *znw* eindresultaat *o*

endurable [in'djuərəbl] *bn* te verdragen

endurance *znw* lijdzaamheid, geduld *o*; uithoudingsvermogen *o*, weerstandsvermogen *o*; verdragen *o*

endure **I** *overg* verduren, verdragen, lijden, dulden, ondergaan, doorstaan, uithouden; **II** *onoverg* (voort)duren, blijven (bestaan)

enduring *bn* blijvend; duurzaam

end user *znw* eindgebruiker

endways ['endweiz] *bijw* overeind; met het eind naar voren; in de lengte

enema ['enimə] *znw* (*mv*: *-s of* enemata [i'nemətə]) klysma *o*

enemy ['enimi] **I** *znw* vijand; **II** *bn* vijandelijk

energetic [enə'dʒetik] *bn* energiek, actief, krachtig, flink, doortastend

energize ['enədʒaiz] **I** *overg* stimuleren; **II** *onoverg* energiek werken of handelen

energy *znw* energie, (wils)kracht, flinkheid; arbeidsvermogen *o*; *put all one's energies into sth.* al zijn krachten inzetten voor iets

enervate ['enəveit] *overg* ontzenuwen, verslappen, verzwakken, krachteloos maken

enervation [enə'veiʃən] *znw* ontzenuwing, verslapping, verzwakking

enface [en'feis] *overg* aan de voorzijde stempelen of beschrijven [wissel, document]

enfeeble [in'fi:bl] *overg* verzwakken

enfeoff [in'fef] *overg* hist belenen

enfold [in'fould] *overg* wikkelen, hullen (in *in*); omvatten; omarmen, omhelzen

enforce [in'fɔːs] *overg* afdwingen, dwingen tot; kracht bijzetten; uitvoeren, de hand houden aan; ~ *(up)on* opleggen, dwingen tot; ~*d* ook: gedwongen

enforceable [in'fɔːsəbl] *bn* af te dwingen; uitvoerbaar

enforcement *znw* handhaving, tenuitvoerlegging, uitvoering; dwang

enfranchise [in'fræn(t)ʃaiz] *overg* **1** kiesrecht geven; **2** Br [een stad] een vertegenwoordiger in het parlement geven; **3** hist bevrijden, vrijlaten

enfranchisement [in'fræn(t)ʃaizmənt] *znw* **1** verlening van kiesrecht; **2** Br vertegenwoordiging [v.e. stad] in het parlement; **3** hist bevrijding

engage [in'geidʒ] **I** *overg* verbinden, engageren, aannemen, in dienst nemen, aanmonsteren, huren; in beslag nemen, bezetten; wikkelen [in strijd]; mil aanvallen, de strijd aanbinden met; techn grijpen in; inschakelen; *be* ~*d* bezig zijn (aan *in, on*), bezet zijn; geëngageerd zijn (met *to*); *number* ~*d* telec in gesprek; ~ *sbd. in conversation* een gesprek met iem. aanknopen; **II** *onoverg* techn grijpen (in *with*), in elkaar grijpen; ~ *in* zich mengen in, zich begeven in, zich inlaten met; zich bezighouden met; ~ *to* zich verbinden te..., zich nemen te...

engagement *znw* verplichting, afspraak, verbintenis; engagement *o*, verloving; bezigheid; dienst; in dienst nemen *o*, aanmonstering; mil treffen *o*, gevecht *o*; *without* ~ handel vrijblijvend

engaging *bn* innemend, aantrekkelijk, sympathiek

engender [in'dʒendə] *overg* verwekken, voortbrengen, baren, veroorzaken

engine ['endʒin] *znw* machine; brandspuit; locomotief; motor; fig middel *o*, werktuig *o*; *three* ~*d plane* driemotorig vliegtuig *o*

engine-driver *znw* machinist

engineer [endʒi'niə] **I** *znw* ingenieur; mil genist; techn machinebouwer, technicus; scheepv machinist; luchtv boordwerktuigkundige; *the (Royal) Engineers* mil de genie; **II** *overg* als ingenieur leiden, bouwen; fig op touw zetten, (weten te) bewerken, gemeenz klaarspelen

engineering I *znw* machinebouw(kunde); (burgerlijke) bouwkunde; [elektro-, verwarmings-&] techniek; ingenieurswezen *o*; **II** *bn* technisch [wonder &]; ~*-works* machinefabriek

engird(le) [in'gə:dl] *overg* omgorden, omsluiten

England ['iŋlənd] *znw* Engeland *o*

English ['iŋliʃ] **I** *bn* Engels; ~ *breakfast* Engels ontbijt *o* [met eieren en spek]; **II** *znw* (het) Engels; *the* ~ de Engelsen; *the King's (Queen's)* ~ de (zuivere) Engelse taal

Englishman *znw* Engelsman

Englishwoman *znw* Engelse

engorge [en'gɔ:dʒ] *overg* gulzig verslinden; volstoppen

engraft [in'gra:ft] *overg* enten (op *into, upon*), in-

planten[2], fig inprenten, griffelen

engrave [in'greiv] *overg* graveren; inprenten

engraver *znw* graveur

engraving *znw* graveerkunst; gravure, plaat

engross [in'grous] *overg* geheel in beslag nemen; ~*ed in* verdiept in

engrossing *bn* fig boeiend

engrossment *znw* grosse: afschrift *o* v.e. akte; fig opgaan *o* (in iets)

engulf [in'gʌlf] *overg* opslokken[2], verzwelgen[2], overspoelen[2]

enhance [in'ha:ns] *overg* verhogen, verheffen, vergroten, vermeerderen, verzwaren, versterken; verbeteren

enhancement *znw* vermeerdering, verhoging; verbetering, verfraaiing

enigma [i'nigmə] *znw* raadsel *o*

enigmatic [enig'mætik] *bn* raadselachtig

enjoin [in'dʒɔin] *overg* opleggen, gelasten, bevelen; ~ *upon* op het hart drukken (binden)

enjoy [in'dʒɔi] **I** *overg* genieten (van), zich (mogen) verheugen in, zich laten smaken, schik hebben in, graag mogen; **II** *wederk:* ~ *oneself* zich amuseren, genieten

enjoyable *bn* genoeglijk; prettig, fijn

enjoyment *znw* genot *o*, genoegen *o*

enkindle [en'kindl] *overg* doen ontvlammen[2], ontsteken

enlace [in'leis] *overg* om-, ineenstrengelen

enlarge [in'la:dʒ] **I** *overg* vergroten, uitbreiden, verwijden, vermeerderen, uitzetten, verruimen; **II** *onoverg* groter worden, zich verwijden, zich uitbreiden; ~ *up on* uitweiden over

enlargement *znw* vergroting, uitbreiding

enlighten [in'laitn] *overg* verlichten[2]; fig in-, voorlichten, opheldering geven, verhelderen

enlightenment *znw* verlichting[2]; fig in-, voorlichting, op-, verheldering

enlink [en'liŋk] *overg* aaneenschakelen, vast verbinden (met *to, with*)

enlist [in'list] **I** *overg* mil (aan)werven; fig (voor zich) winnen, te hulp roepen, gebruik maken van, inschakelen; **II** *onoverg* mil dienst nemen

enlistment *znw* mil werving; dienstneming

enliven [in'laivn] *overg* verlevendigen, opvrolijken

en masse [ã:'mæs] [Fr] *bijw* massaal; gezamenlijk, in groten getale

enmesh [in'meʃ] *overg* verstrikken

enmity ['enmiti] *znw* vijandschap

ennead ['eniæd] *znw* negental *o*

ennoble [i'noubl] *overg* veredelen, adelen; tot de adelstand verheffen

ennui [ã:'nwi:] [Fr] *znw* verveling

enormity [i'nɔ:miti] *znw* gruwelijkheid, snoodheid; gruwel(daad); enorme omvang; enorme flater, stommiteit

enormous *bn* enorm, ontzaglijk, kolossaal

enough [i'nʌf] *bn & bijw* genoeg, voldoende; *well* ~

vrij goed; heel (zeer) goed; ~ *is* ~ basta; *strangely &*
~ vreemd & genoeg; ~ *said* daarmee is alles wel
gezegd; *I've had* ~ *of it* ik ben het zat; *he was fortu-*
nate (kind &) ~ *to...* hij was zo gelukkig (vriendelijk
&) te...; ~ *is as good as a feast* tevredenheid is beter
dan rijkdom; zie ook: *good I, sure II*

enounce [i'nauns] *overg* uitspreken; aankondigen

en passant [a:m'pæsa:ŋ, -'pa:sa:ŋ] [Fr] *bijw* tussen
neus en lippen, en passant

enquire = *inquire*

enrage [in'reidʒ] *overg* woedend maken; ~*d* woedend

enrapture [in'ræptʃə] *overg* verrukken, in verrukking brengen

enregister [en'redʒistə] *overg* inschrijven, registreren

enrich [in'ritʃ] *overg* verrijken[2]

enrobe [in'roub] *overg* kleden, (uit)dossen

enrol, *Am* **enroll** [in'roul] **I** *overg* inschrijven, registreren; inlijven, in dienst nemen, aanmonste-
ren, aanwerven; **II** *onoverg* zich laten inschrijven,
zich opgeven (als lid &); dienst nemen

enrolment, *Am* **enrollment** *znw* inschrijving;
registratie; aanmonstering, werving

ensanguine [en'sæŋgwin] *overg* met bloed bevlekken

ensconce [in'skɔns] *onoverg* (behaaglijk) nestelen,
veilig wegkruipen

ensemble [ã:n'sã:mbl] *znw* ensemble *o*; complet *m*
of o [dameskostuum]

enshrine [in'ʃrain] *overg* in-, wegsluiten; in een reliekschrijn zetten; bevatten, omsluiten, vatten in

enshroud [in'ʃraud] *overg* (om)hullen

ensign ['ensain] *znw* (onderscheidings)teken *o*;
vaandel *o*, (natie)vlag; hist vaandrig; *Am* luitenant
ter zee derde klas; *blue* ~ vlag van de Britse marine-
reserve; *red* ~ Britse koopvaardijvlag; *white* ~ Britse
marinevlag

ensilage ['ensilidʒ] **I** *znw* inkuiling; kuilvoer *o*; **II**
overg (in)kuilen

ensile [in'sail] *overg* (in)kuilen

enslave [in'sleiv] *overg* tot (zijn) slaaf maken,
knechten; ~*d to* verslaafd aan

ensnare [in'snɛə] *overg* verstrikken, (ver)lokken

ensue [in'sju:] *onoverg* volgen, voortvloeien (uit
from)

en suite [a:n'swi:t] *bijw*: *bedroom with bathroom* ~
slaapkamer met eigen badkamer

ensure [in'ʃuə] *overg* garanderen, instaan voor,
waarborgen; veilig stellen; verzekeren van

entablature [en'tæblətʃə] *znw* bouwk dekstuk *o*

entail [in'teil] **I** *znw* onvervreemdbaar erfgoed *o*; **II**
overg recht onvervreemdbaar maken [v. erfgoed];
fig meebrengen, na zich slepen

entangle [in'tæŋgl] *overg* in de war maken, verwarren[2], verstrikken[2], verwikkelen[2]

entanglement *znw* verwikkeling, verwarring; affaire

entente [ã:n'tã:nt] *znw* entente (cordiale): het
Engels-Franse bondgenootschap v. 1904

enter ['entə] **I** *overg* binnentreden, in-, binnengaan,
-komen, -dringen &, betreden, zich begeven in,
zijn intrede doen in, deelnemen aan, in dienst treden bij; gaan in (bij); (laten) inschrijven, boeken;
aangeven; toelaten; handel inklaren; comput invoeren [v. gegevens]; ~ *one's name* zich opgeven; *it*
never ~*ed my head* het kwam niet bij (in) mij op; **II**
onoverg binnentreden; binnengaan, -komen; opkomen [acteur]; zich laten inschrijven, zich opgeven;
~ *Hamlet* Hamlet komt op; ~ *against* [goederen] op
rekening schrijven van; ~ *into* aanknopen [ge-
sprek]; aangaan [verdrag]; beginnen, gaan in [za-
ken]; zich verplaatsen in, iets voelen voor, [ergens]
inkomen; ingaan op; deel uitmaken van; er aan te
pas (er bij) komen; ~ *(up)on* aanvaarden; in bezit
nemen; beginnen (aan); zich mengen in [een ge-
sprek]; ingaan [zijn 60ste jaar]

enteric [en'terik] **I** *bn* darm-, ingewands-; ~ *fever*
buiktyfus; **II** *znw* buiktyfus

enteritis [entə'raitis] *znw* darmontsteking

enterprise ['entəpraiz] *znw* onderneming, waagstuk *o*; speculatie; ondernemingsgeest, initiatief *o*;
free ~ vrij ondernemerschap *o*; *free-*~ *economy*
vrijemarkteconomie

enterprising *bn* ondernemend

entertain [entə'tein] **I** *overg* onderhouden, ontvangen, onthalen; in overweging nemen [voorstel];
ingaan op [aanbod]; koesteren [gevoelens]; vermaken, amuseren, bezighouden; ~ *to lunch* een lunch
aanbieden; **II** *onoverg* ontvangen, recipiëren

entertainer *znw* entertainer: conferencier, chan-
sonnier, goochelaar &

entertaining *bn* onderhoudend

entertainment *znw* onthaal *o*, (feestelijke) receptie, partij, feestelijkheid, uitvoering, vermakelijk-
heid, vermaak *o*, amusement *o*; ~ *film*
amusementsfilm; ~ *industry* amusementsbedrijf *o*

enthral [in'θrɔ:l] *overg* tot slaaf maken; fig betoveren; boeien, meeslepen

enthrone [in'θroun] *overg* op de troon plaatsen;
[een bisschop] installeren

enthuse [in'θju:z] **I** *overg* enthousiast maken; **II** *on-*
overg: ~ *about (over) sth.* enthousiast zijn over iets;
ergens enthousiast over praten

enthusiasm *znw* enthousiasme *o*, geestdrift

enthusiast *znw* enthousiasteling

enthusiastic [inθju:zi'æstik] *bn* enthousiast, geestdriftig

entice [in'tais] *overg* (ver)lokken, verleiden

enticement *znw* verlokking

enticing *bn* aanlokkelijk, verleidelijk

entire [in'taiə] *bn* algeheel, (ge)heel, volkomen,
onverdeeld, volledig

entirely *bijw* geheel, helemaal, volkomen, zeer

entirety *znw* geheel *o*

entitle [in'taitl] *overg* noemen, betitelen; ~ *to* recht,

aanspraak geven op; *be ~d to* recht hebben op, het
recht hebben...; *~d* ook: getiteld [v. boek &]
entitlement *znw* bedrag *o*, uitkering & waar iem.
recht op heeft; betiteling
entity ['entiti] *znw* zijn *o*, wezen *o*, entiteit
entomb [in'tu:m] *overg* begraven; tot graf dienen
entomology [entə'mɔlədʒi] *znw* insectenkunde
entourage [ɔntu'ra:ʒ] [Fr] *znw* entourage, gevolg *o*
entr'acte ['ɔntrækt] [Fr] *znw* pauze tussen twee bedrijven [toneel]; muziek daarin gespeeld
entrails ['entreilz] *znw mv* ingewanden
entrain [in'trein] **I** *onoverg* instappen (in de trein);
II *overg* inladen [troepen]; met zich meevoeren
1 entrance ['entrəns] *znw* ingang, inrit, intrede;
entree, opkomen *o*, binnenkomst, inkomst, intocht; toegang; scheepv invaart; aanvaarding [v.
ambt]; *~ examination* toelatingsexamen *o*; *~ fee*
entree [als lid]
2 entrance [in'tra:ns] *overg* verrukken
entrancing *bn* verrukkelijk
entrant ['entrənt] *znw* deelnemer [bij wedstrijd];
nieuweling
entrap [in'træp] *overg* in een val lokken of vangen,
verstrikken
entreat [in'tri:t] *overg* bidden, smeken (om)
entreaty *znw* (smeek)bede
entrée ['ɔntrei] [Fr] *znw* **1** voorgerecht *o*; **2** Am
hoofdgerecht *o*; **3** toegang, entree
entremets ['ɔntrəmei] [Fr] *znw* tussengerecht *o*, bijgerecht *o*
entrench [in'trenʃ] **I** *overg* verschansen; met een
loopgraaf omgeven; stevig verankeren (bijv. v.
rechten in de wetgeving); **II** *onoverg* zich verschansen; *~ upon* schenden; *an ~ed clause* een fundamentele, onveranderlijke clausule; *an ~ed habit*
een diep verankerde gewoonte; *(well-)~ed party
bosses* vaste voet gekregen hebbende, vast in het
zadel zittende partijbonzen
entrenchment *znw* mil verschansing[2], schans
entrepot ['ɔntrəpou] [Fr] *znw* entrepot *o*, opslagplaats, magazijn *o*
entrepreneur [ɔntrəprə'nə:] *znw* ondernemer
entrepreneurial [ɔntrə-, a:ntrəprə'nə:riəl] *bn*
ondernemers-
entropy ['entrəpi] *znw* natuurkunde entropie
entrust [in'trʌst] *overg* toevertrouwen (aan *sth. to
sbd., sbd. with sth.*)
entry ['entri] *znw* intocht, binnenkomst, intrede;
toe-, ingang; sp inschrijving(en), deelnemer; handel boeking, post; notitie, aantekening [in dagboek
&]; artikel *o* [in woordenboek]; inzending; declaratie, inklaring; comput **1** invoeren *o* [v. gegevens];
2 ingang, entry; *~ fee* toegangsprijs, entreeprijs; *~
visa* inreisvisum *o*; zie ook: *bookkeeping*
entryism ['entriizm] *znw* infiltratie in een politieke
organisatie
entryphone ['entrifoun] *znw* deurtelefoon
entwine [in'twain] *overg* ineen-, omstrengelen, om-

winden, vlechten
enucleate [i'nju:klieit] *overg* vero verhelderen, verklaren; med verwijderen v. gezwel
E-number ['i:nʌmbə] *znw* code ter aanduiding van
toegevoegde conserverings-, smaak- en kleurstof-
fen in voedingsmiddelen
enumerate [i'nju:məreit] *overg* opsommen, (op-)
tellen, opnoemen
enumeration [inju:mə'reiʃən] *znw* opsomming,
(op)telling, opnoeming
enunciate [i'nʌnsieit] *overg* verkondigen, uitdrukken, uiten, uitspreken
enunciation [inʌnsi'eiʃən] *znw* verkondiging, uiteenzetting; uiting; uitspraak
enuresis [enju'ri:sis] *znw* bedwateren *o*
envelop [in'veləp] *overg* (om)hullen, (in-, om)wik-
kelen
envelope ['envəloup] *znw* envelop, couvert *o*, omslag
envelopment [in'veləpmənt] *znw* in-, omwikke-
ling
envenom [in'venəm] *overg* vergiftigen[2]; verbitteren
enviable ['enviəbl] *bn* benijdenswaard(ig)
envious ['enviəs] *bn* afgunstig, jaloers (op *of*)
environ [in'vaiərən] *overg* omringen; omgeven
environment *znw* omgeving, entourage, milieu *o*
environmental [invaiərən'mentl] *bn* van (door)
het milieu, milieu-; *~ pollution* milieuvervuiling; *~
health inspection* ± keuringsdienst van waren
environs ['envairənz, in'viərənz] *znw mv* omstreken
envisage [in'vizidʒ], **envision** [in'viʒən] *overg* onder de ogen zien; beschouwen, overwegen; zich
voorstellen
envoy ['envɔi] *znw* (af)gezant; opdracht [als slot van
gedicht]
envy ['envi] **I** *znw* afgunst, jaloezie, naijver, nijd;
she is the ~ of her sisters zij wordt benijd door haar
zusters, haar zusters zijn jaloers (afgunstig) op
haar; **II** *overg* benijden, afgunstig zijn op, misgunnen; *~ sbd. sth.* iem. om iets benijden
enwrap [in'ræp] *overg* (om)hullen, (om-, in-)
wikkelen
enwreathe [en'ri:θ] *overg* omkransen, doorvlechten
enzyme ['enzaim] *znw* enzym *o*, giststof, ferment *o*
eon [i:ən] *znw* = *aeon*
EP *afk.* = *extended play (record)* e.p.
epaulet(te) ['epoulet, 'epɔ:let] *znw* epaulet
ephemera [i'femərə] *znw* wat kortstondig duurt,
eendagsvlieg[2]
ephemeral *bn* kortstondig, efemeer, vluchtig, voorbijgaand
ephemeron *znw* = *ephemera*
epic ['epik] **I** *bn* episch; verhalend; helden-, heldhaftig; buitengewoon, gedenkwaardig; *~ poem* heldendicht *o*; **II** *znw* heldendicht *o*, epos *o*
epicentre ['episentə] *znw* epicentrum *o*
epicure ['epikjuə] *znw* epicurist, genotzoeker

171

epicurean [epikju'ri:ən] *znw (bn)* epicurist(isch)
epicurism ['epikjuərizm] *znw* epicurisme *o*
epidemic [epi'demik] **I** *znw* epidemie; fig ± rage;
II *bn* epidemisch; fig zich snel verbreidend
epidermis [epi'dəmis] *znw* opperhuid
epiglottis [epi'glɔtis] *znw* strotklepje *o*
epigone ['epigoun] *znw* epigoon
epigram ['epigræm] *znw* epigram *o*, puntdicht *o*
epigrammatic [epigrə'mætik] *bn* epigrammatisch, puntig
epigrammatist [epi'græmətist] *znw* puntdichter
epigraph ['epigra:f] *znw* opschrift *o*, motto *o*
epilepsy ['epilepsi] *znw* epilepsie, vallende ziekte
epileptic [epi'leptik] **I** *bn* epileptisch; ~ *fit* toeval;
II *znw* epilepticus
epilogue ['epilɔg] *znw* epiloog, naschrift *o*, slotrede
Epiphany [i'pifəni] *znw* Driekoningen(dag)
episcopacy [i'piskəpəsi] *znw* bisschoppelijke regering; *the* ~ de bisschoppen, het episcopaat
episcopal *bn* bisschoppelijk; *E*~ *Church* Anglicaanse Kerk, Episcopale Kerk
episcopalian [ipiskə'peiliən] **I** *bn* episcopaal; **II** *znw* lid v.e. episcopale kerk
episcopate [i'piskəpit] *znw* episcopaat *o* [bisschoppelijke waardigheid; bisdom *o*; bisschoppen], bisschopsambt *o*
episode ['episoud] *znw* episode
episodic(al) [epi'sɔdik(l)] *bn* episodisch
epistemology [ipisti'mɔlədʒi] *znw* kennisleer
epistle [i'pisl] *znw* (zend)brief, epistel *o of m*
epistolary [i'pistələri] *bn* epistolair, brief-
epitaph ['epita:f] *znw* grafschrift *o*
epithet ['epiθet] *znw* epitheton *o*, bijnaam
epitome [i'pitəmi] *znw* belichaming, personificatie; kort overzicht *o*, samenvatting
epitomize *overg* belichamen, in zich verenigen; samenvatten, een uittreksel maken van
epoch ['i:pɔk] *znw* tijdperk *o*, tijdvak *o*; tijdstip *o*
epochal ['epɔkl], **epoch-making** ['i:pɔkmeikiŋ] *bn* van grote betekenis, baanbrekend
eponymous [i'pɔ-, e'pɔniməs] *bn* titel-; *the* ~ *role of a play* de titelrol van een toneelstuk
epopee ['epəpi:] *znw* heldendicht *o*
epos ['epɔs] *znw* epos *o*, heldendicht *o*
epoxy resin [i'pɔksi 'rezin] *znw* epoxyhars *o & m*
Epsom salts ['epsəm sɔ:lts] *znw mv* Engels zout *o*
equability [ekwə'biliti] *znw* gelijkheid, gelijkmatigheid, gelijkvormigheid
equable ['ekwəbl] *bn* gelijkmoedig, gelijkmatig
equal ['i:kwəl] **I** *bn* gelijk(matig), gelijkwaardig, gelijkgerechtigd; de-, hetzelfde; *on* ~ *terms with* op voet van gelijkheid met; *other things being* ~ onder overigens gelijke omstandigheden, ceteris paribus; ~ *to the occasion* tegen de moeilijkheden opgewassen, wel raad wetend; *he is not* ~ *to the task* hij is niet berekend voor die taak; **II** *znw* gelijke, weerga; *it has no* ~ het is ongeëvenaard, zonder weerga; **III** *overg* gelijkmaken; gelijk zijn aan, evenaren; *two*

plus two ~*s four* twee plus twee is vier
equalitarian [ikwɔli'tɛəriən] *bn* = *egalitarian*
equality [i'kwɔliti] *znw* gelijkheid; gelijkwaardigheid, gelijkgerechtigdheid, rechtsgelijkheid
equalization [i:kwəlai'zeiʃən] *znw* gelijkmaking; gelijkstelling; egalisatie
equalize ['i:kwəlaiz] **I** *onoverg* sp gelijkmaken, de gelijkmaker scoren; **II** *overg* gelijkmaken°; gelijkstellen; egaliseren
equalizer ['i:kwəlaizə] *znw* **1** sp gelijkmaker; **2** gemeenz blaffer, proppenschieter; **3** elektr equalizer
equally *bijw* gelijk(elijk), even(zeer)
equals sign *znw* is-gelijk-teken *o* (=)
equanimity [ekwə'nimiti] *znw* gelijkmoedigheid
equate [i'kweit] *overg* gelijkstellen of -maken; ~ *to (with)* vergelijken met; ~ *with* gelijkstellen met, over één kam scheren (met)
equation *znw* vergelijking; gelijkmaking; equatie
equator [i'kweitə] *znw* equator, evenaar
Equatorial Guinea *znw* Equatoriaal Guinee *o*
equatial [ekwə'tɔ:riəl] *bn* equatoriaal
equerry [i'kweri, 'ekwəri] *znw* stalmeester; ± adjudant (van vorstelijk persoon)
equestrian [i'kwestriən] *bn* te paard, ruiter-, rij-; ~ *statue* ruiterstandbeeld *o*
equestrianism [i'kwestriənizm] *znw* paardensport, ruitersport, rijsport
equiangular [i:kwi'æŋgjulə] *bn* gelijkhoekig
equidistant [i:kwi'distənt] *bn* op gelijke afstand (van *from*)
equilateral [i:kwi'lætərəl] *bn* gelijkzijdig
equilibrate [i:kwi'laibreit] *overg & onoverg* in evenwicht brengen (houden, zijn)
equilibration [i:kwilai'breiʃən] *znw* evenwicht *o*
equilibrist [i:'kwilibrist] *znw* equilibrist, koorddanser, balanceerkunstenaar
equilibrium [i:kwi'libriəm] *znw* (*mv*: -s *of* equilibria [-riə]) evenwicht[2] *o*
equine ['ekwain] *bn* paarden-
equinoctial [i:kwi'nɔkʃəl] **I** *bn* nachtevenings-; **II** *znw* evennachtslijn, linie, hemelequator; ~*s* herfststormen
equinox ['i:kwinɔks] *znw* (dag-en-)nachtevening
equip [i'kwip] *overg* toe-, uitrusten; outilleren
equipage ['ekwipidʒ] *znw* toe-, uitrusting; benodigdheden; equipage
equipment [i'kwipmənt] *znw* toe-, uitrusting, outillage, installatie(s), apparatuur
equipoise ['ekwipɔiz] *znw* evenwicht *o*
equiponderant [i:kwi'pɔndərənt] *bn* van gelijk gewicht
equitable ['ekwitəbl] *bn* billijk, onpartijdig; recht op de billijkheid berustend; ~ *mortgage* krediethypotheek
equitation [ekwi'teiʃən] *znw* paardrijkunst
equity ['ekwiti] *znw* billijkheid, rechtvaardigheid; handel aandeel *o*; aandelenkapitaal *o* (ook: ~ *capital*)

equivalence [i'kwivələns] *znw* gelijkwaardigheid

equivalent I *bn* gelijkwaardig, gelijkstaand (met *to*); equivalent; **II** *znw* equivalent *o*

equivocal [i'kwivəkl] *bn* dubbelzinnig; twijfelachtig; verdacht

equivocate [i'kwivəkeit] *onoverg* dubbelzinnig spreken, draaien, een slag om de arm houden

equivocation [ikwivə'keiʃən] *znw* dubbelzinnigheid; draaierij

equivocator [i'kwivəkeitə] *znw* fig draaier

er [ə:] *tsw* eh [aarzeling]

era ['iərə] *znw* jaartelling; tijdperk *o*, era

eradicate [i'rædikeit] *overg* uitroeien[2]

eradication [irædi'keiʃən] *znw* uitroeiing[2]

erase [i'reiz] *overg* uitschrappen, doorhalen, uitwissen, raderen, uitgommen, wegvegen

eraser *znw* bordenwisser; vlakgom

erasure *znw* uitschrapping, doorhaling, uitwissing, radering

ere [ɛə] *voegw* & *voorz* eer, voor(dat); ~ *long* binnenkort

erect [i'rekt] **I** *bn* recht(op), opgericht; overeind(staand); **II** *overg* oprichten, (op)bouwen, opzetten; techn monteren

erection *znw* oprichting, verheffing; erectie; opstelling, bouw, gebouw *o*; techn montage

erectness *znw* rechtopstaande houding

erector *znw* oprichter; techn monteur; ~ *set* ± bouwdoos

erelong [ɛə'lɔŋ] *bijw* binnenkort

eremite ['erimait] *znw* kluizenaar

ere now [ɛə'nau] *bijw* vroeger, voordien

erewhile [ɛə'wail] *bijw* vero eertijds, vóór dezen

erg [ə:g] *znw* erg [eenheid van energie]

ergo ['ə:gou] *bijw* ergo, dus, bijgevolg

ergonomic ['ə:gənɔmik] *bn* ergonomisch

ergonomics ['ə:gənɔmiks] *znw* ergonomie, arbeidsleer

ergot ['ə:gət] *znw* (extract *o* uit) moederkoren *o*

Erin ['iərin] *znw* plechtig Erin *o*: Ierland *o*

erk [ə:k] *znw* slang rekruut

ermine ['ə:min] *znw* dierk hermelijn *m*; hermelijn *o* [bont]

erode [i'roud] *overg* eroderen: wegvreten, aanvreten, uitslijpen; fig uithollen

erogenous [i'rɔdʒənəs] *bn* erogeen

erosion *znw* erosie: wegvreting, aanvreting, uitslijping; fig uitholling

erotic [i'rɔtik] *bn* erotisch

eroticism [i'rɔtisizm] *znw* erotiek

err [ə:] *onoverg* dolen, dwalen, een fout begaan, zich vergissen; falen; zondigen; ~ *on the side of caution* het zekere voor het onzekere nemen; *to* ~ *is human* vergissen is menselijk

errand ['erənd] *znw* boodschap; *run* ~*s* boodschappen doen

errant ['erənt] *bn* zondigend, van het rechte pad geraakt, ontrouw; rondtrekkend; dolend

erratic [i'rætik] *bn* onregelmatig, ongeregeld; grillig

erratum [i'reitəm, *mv* **-ta** -tə] *znw* (druk)fout, vergissing

erroneous [i'rounjəs] *bn* foutief, onjuist, verkeerd; ~ *notion* dwaalbegrip *o*

erroneously *bijw* ook: abusievelijk, per abuis

error ['erə] *znw* dwaling; vergissing, fout, overtreding; ~ *of judg(e)ment* beoordelingsfout; *in* ~ per abuis; *be in* ~ het mis hebben

ersatz ['eəzæts, 'ə:sa:ts, ɛr'za:ts] *bn* namaak-, nep-, surrogaat-

Erse [ə:s] *znw* Keltisch *o*

erstwhile ['ə:stwail] **I** *bijw* vroeger, voorheen; **II** *bn* voormalige, vroeger, van eertijds

eructate [i'rʌkteit] *onoverg* boeren, oprispen

eructation [i'rʌk'teiʃən] *znw* oprisping

erudite ['erudait] *bn* geleerd

erudition [eru'diʃən] *znw* geleerdheid

erupt [i'rʌpt] *onoverg* uitbarsten (vulkaan &]; barsten, uitbreken, losbarsten; opkomen [van huiduitslag &]; *he* ~*ed into the room* hij stormde de kamer binnen

eruption *znw* uitbarsting; losbarsten *o*, uitbreken *o* [v. geweld &]; med uitslag

eruptive *bn* uitbarstend; eruptief; uitslaand, met uitslag (gepaard gaand)

erysipelas [eri'sipiləs] *znw* med belroos

erythema [eri'θi:mə] *znw* med erythema, vlekkerige roodheid v.d. huid

escalade [eskə'leid] **I** *znw* beklimming met stormladders; **II** *overg* met stormladders beklimmen

escalate ['eskəleit] **I** *onoverg* escaleren, geleidelijk toenemen; **II** *overg* doen escaleren, verhevigen

escalation [eskə'leiʃən] *znw* escalatie, geleidelijk opvoeren *o* (v. oorlog &)

escalator ['eskəleitə] *znw* roltrap

escalope ['eskəloup] *znw* kalfslapje *o*; kalfsoester

escapade [eskə'peid] *znw* escapade[2], dolle of moedwillige streek; kromme sprong

escape [is'keip] **I** *znw* ontsnapping, ontvluchting, ontkoming; fig vlucht (uit de werkelijkheid); lek *o* [van gas]; *fire* ~ redding(s)toestel *o*, brandladder; *make good one's* ~ (weten te) ontsnappen; zie ook: *narrow*; ~ *clause* ontsnappingsclausule; ~ *hatch* noodluik *o*; ~ *velocity* ontsnappingssnelheid (v.e. ruimtevaartuig); **II** *onoverg* ontsnappen, ontvluchten, ontkomen, ontglippen (aan *from*), ontvallen, ontgaan, ontlopen

escapee [eskei'pi:] *znw* ontsnapte

escapement [is'keipmənt] *znw* echappement *o*

escape-valve *znw* uitlaatklep

escapism *znw* escapisme *o*: zucht om te vluchten (uit de werkelijkheid)

escapist *bn* & *znw* escapist(isch); ~ *literature* ontspanningslectuur

escapologist [eskei'pɔlədʒist] *znw* boeienkoning

escarp [is'ka:p] **I** *znw* escarpe, glooiing, steile helling; **II** *overg* afschuinen, escarperen

escarpment *znw* steile wand; glooiing

eschar ['eska:] *znw* roofje *o*, korstje *o* op brandwond

eschatology [eskə'tɔlədʒi] *znw* eschatologie: leer der laatste dingen (dood, laatste oordeel &)

escheat [is'tʃi:t] *recht* **I** *onoverg* vervallen; **II** *overg* verbeurd verklaren; **III** *znw* vervallen *o*; vervallen (leen)goed *o*

eschew [is'tʃu:] *overg* schuwen, (ver)mijden

escort ['eskɔ:t] **I** *znw* (gewapend) geleide *o*, escorte *o*; begeleider; metgezel; **II** *overg* [is'kɔ:t] escorteren, begeleiden

esculent ['eskjulənt] **I** *bn* eetbaar; **II** *znw* eetwaar

escutcheon [is'kʌtʃən] *znw* (wapen)schild *o*, (familie)wapen *o*

Eskimo ['eskimou] *znw* (*mv* idem *of* -s) Eskimo

ESL *afk.* = *English as a Second Language*

esophagus [i(:)sɔ'fəgəs] *znw* (*mv*: -es *of* esophagi [-dʒai]) Am = *oesophagus*

esoteric [esou'terik] *bn* esoterisch, alleen voor ingewijden, insiders

esp. *afk.* = *especially*

ESP *afk.* = *extrasensory perception*

espalier [is'pæljə] *znw* leiboom, spalier *o*

especial [is'peʃəl] *bn* bijzonder, speciaal

especially *bijw* (in het) bijzonder, vooral, inzonderheid

espial [is'paiəl] *znw* ver-, bespieding

espionage [espiə'na:ʒ] *znw* spionage

esplanade [esplə'neid] *znw* esplanade

espousal [is'pauzəl] *znw* *fig* omhelzing, aannemen *o* [v.e. godsdienst &]

espouse *overg* [een zaak] omhelzen, tot de zijne maken

espresso [e'spresou] *znw* expresso [koffie]

esprit ['espri:] [Fr] *znw* geest(igheid); ~ *de corps* teamgeest

espy [is'pai] *overg* in het gezicht krijgen, ontwaren, bespeuren, ontdekken

Esq. *afk.* = *Esquire* [is'kwaiə]: *Robert Bell* ~ De weledelgeb. heer Robert Bell

esquire [is'kwaiə] *znw* vero = *squire I*

essay ['esei] **I** *znw* poging, proef; essay *o*, verhandeling, opstel *o*; **II** *overg* [e'sei] pogen, beproeven

essayist *znw* essayist

essence ['esns] *znw* wezen *o*, essentiële *o*; essence: af-, uittreksel *o*, vluchtige olie, reukwerk *o*; *in* ~ in wezen, wezenlijk; *be of the* ~ van wezenlijk belang zijn, eesentieel zijn; *he is the* ~ *of politeness* hij is de beleefdheid zelf

essential [i'senʃəl] **I** *bn* wezenlijk, werkelijk, volstrekt noodzakelijk, essentieel; ~ *oil* vluchtige olie; **II** *znw* wezenlijke *o*, volstrekt noodzakelijke *o*, hoogst noodzakelijke *o*, hoofdzaak; ~*s* (ook:) grondbeginselen [v.e. vak &]

essentially [i'senʃəli] *bijw* ook: in wezen, in de grond, volstrekt

establish [is'tæbliʃ] *overg* vestigen, grondvesten, oprichten, stichten, instellen; tot stand brengen; aanknopen [betrekkingen]; vaststellen, (met bewijzen) staven, bewijzen; [een feit] constateren; ~ *oneself* zich vestigen; ingebrugerd zijn, raken; *the E~ed Church* de Staatskerk; *a well ~ed salesman* een goed ingevoerde vertegenwoordiger; *an ~ed truth* een uitgemaakte zaak

establishment *znw* vestiging; grondvesting, oprichting; stichting, inrichting, instelling, etablissement *o*; (handels)huis *o*; totstandkoming; vaststelling, staving; *the* ~ het heersende bestel, de heersende kliek, het establishment

estate [is'teit] *znw* rang; (land)goed *o*; bezit *o*, bezitting; boedel, nalatenschap; terrein *o*, land *o*, plantage, onderneming; *the fourth* ~ de pers; *housing* ~ woonwijk; *industrial* ~ industrieterrein *o*; *real* ~ onroerende goederen; *the (three)* ~*s* de drie standen: adel, geestelijkheid en burgerij

estate agent *znw* Br makelaar in onroerende goederen

estate (car) *znw* stationcar

estate duty *znw* successierecht *o*

esteem [is'ti:m] **I** *overg* achten, schatten, waarderen; **II** *znw* achting, aanzien *o*, schatting, waardering; *hold in (high)* ~ = **I** *overg*

esthete *znw* Am = *aesthete*

esthetic *bn* Am = *aesthetic*

estimable ['estiməbl] *bn* achtenswaardig

estimate *znw* ['estimit] *znw* schatting, raming, prijsopgave, begroting, waardering; oordeel *o*; *at a rough* ~ ruwweg, grof geschat; **II** *overg* ['estimeit] schatten, ramen, begroten (op *at*)

estimation [esti'meiʃən] *znw* schatting; waardering, achting; oordeel *o*, mening; *in my* ~ naar mijn mening

estival [i:s'taivəl] *bn* zomer-, zomers

Estonia [es'touniə] *znw* Estland *o*

Estonian [es'touniən] **I** *znw* Est; Estisch *o*; **II** *bn* Estisch

estrange [is'trein(d)ʒ] *overg* vervreemden; *become* ~*d (from)* breken met [echtgenoot &]

estrangement *znw* vervreemding

estrogen ['estrədʒən] *znw* Am = *oestrogen*

estuary ['estjuəri] *znw* estuarium *o* [wijd uitlopende, trechtervormige riviermond]

esurient [i'sjuəriənt] *bn* hongerig, vraatzuchtig

et al *afk.* = *et alii* en anderen

et cetera [it'setrə] *bijw* enzovoort, enz., etc.

etceteras *znw* *mv* allerlei, extra's

etch [etʃ] *overg* etsen; *it is* ~*ed on my mind/memory* het staat in mijn geheugen gegrift

etcher *znw* etser

etching *znw* etsen *o*; etskunst; ets

eternal [i'tɔ:nl] **I** *bn* eeuwig; ~ *triangle* driehoeksverhouding; **II** *znw*: *the E~* de Eeuwige (Vader): God

eternalize *overg* vereeuwigen, eeuwig (lang) doen duren

eternity *znw* eeuwigheid

eternize *overg* = *eternalize*
etesian [i'ti:ʒən] *bn* jaarlijks; periodiek; ~ *winds* noordelijke winden in de Middellandse Zee
ether ['i:θə] *znw* ether
ethereal [i'θiəriəl] *bn* etherisch, vluchtig, iel, hemels
etherize ['i:θəraiz] *overg* hist etheriseren, met ether verdoven
ethic ['eθik] **I** *znw* ethiek; **II** *bn* ethisch
ethical *bn* ethisch
ethics *znw (mv)* ethica, ethiek, zedenleer; gedragsnormen, gedragscode, (de) ethische aspecten (van)
Ethiopia [i:θi'oupjə] *znw* Ethiopië o
Ethiopian [i:θi'oupjən] **I** *bn* Ethiopisch; **II** *znw* Ethiopiër
ethnic ['eθnik] *znw* etnisch; ± exotisch; ~ *German* Volksduitser
ethnographer [eθ'nɔgrəfə] *znw* etnograaf
ethnographic [eθnə'græfik] *bn* etnografisch
ethnography [eθ'nɔgrəfi] *znw* etnografie: volkenbeschrijving
ethnological [eθnou'lɔdʒikl] *bn* etnologisch
ethnologist [eθ'nɔlədʒist] *znw* etnoloog
ethnology *znw* volkenkunde
ethology [i'θɔlədʒi] *znw* ethologie: biol studie v.h. dierlijk gedrag; filos karakterkunde
ethos ['i:θɔs] *znw* ethos o; karakter o, geest
etiolate ['i:tiouleit] *overg* bleek maken, (doen) verbleken, doen kwijnen
etiology [i:ti'ɔlədʒi] *znw* oorzakenleer; med leer v.d. oorzaken van ziekten
etiquette [eti'ket, 'etiket] *znw* etiquette
Etna ['etnə] *znw* de Etna; e~ spiritustoestel o
Eton ['i:tn] *znw* Eton o; ~*crop* jongenskop; ~ *jacket* kort jongensjasje o
Etonian [i'tounjən] **I** *bn* van Eton; **II** *znw* (oud-) leerling van Eton College
Etruscan [i'trʌskən] **I** *bn* Etruskisch; **II** *znw* Etruskiër; Etruskisch o
etymological [etimə'lɔdʒikl] *bn* etymologisch
etymologist [eti'mɔlədʒist] *znw* etymoloog
etymology *znw* etymologie
etymon ['etimɔn] *znw* grondwoord o
eucalyptus [ju:kə'liptəs] *znw (mv:* -es *of* eucalypti [-tai]) eucalyptus
Eucharist ['ju:kərist] *znw* eucharistie
Eucharistic [ju:kə'ristik] *bn* eucharistisch
eugenic [ju:'dʒenik] **I** *bn* eugenetisch; **II** *znw:* ~*s* eugenetica: rasverbetering
eulogist ['ju:lədʒist] *znw* lofredenaar
eulogistic [ju:lə'dʒistik] *bn* prijzend, lovend, lofeulogize** ['ju:lədʒaiz] *overg* prijzen, roemen, loven
eulogy *znw* lof(spraak), lofrede
eunuch ['ju:nək] *znw* eunuch
eupeptic [ju:'peptik] *bn* met goede spijsvertering; fig opgewekt, vrolijk
euphemism ['ju:fimizm] *znw* eufemisme o

euphemistic [ju:fi'mistik] *bn* eufemistisch: verzachtend, bedekt, verbloemend
euphonic [ju:'fɔnik] *bn* welluidend
euphony ['ju:fəni] *znw* welluidendheid
euphoria [ju:'fɔ:riə] *znw* euforie
euphoric *bn* euforisch
Eurasian [juə'reiʒən] **I** *bn* Europees-Aziatisch; Indo-europees; **II** *znw* Euraziër; Indo-europeaan, Indo, halfbloed
Eurocrat ['juərəkræt] *znw* geringsch hoge EG-functionaris
European [juərə'pi:ən] **I** *bn* Europees; **II** *znw* Europeaan, Europese
Europeanize [juərə'piənaiz] **I** *onoverg* Europees worden, vereuropesen; **II** *overg* Europees maken, vereuropesen
Eustachian [ju:'steiʃjən] *bn:* ~ *tube* buis v. Eustachius
euthanasia [ju:θə'neizjə] *znw* euthanasie: het pijnloos doden v. ongeneeslijk zieken
evacuate [i'vækjueit] *overg* ledigen, lozen; ontlasten; evacueren, (ont)ruimen [een stad]
evacuation [ivækju'eiʃən] *znw* evacuatie, lediging, ontlasting, lozing, ontruiming
evacuee [ivækju'i:] *znw* evacué, geëvacueerde
evade [i'veid] *overg* ontwijken, ontduiken, ontgaan, ontsnappen aan
evaluate [i'væljueit] *overg* de waarde bepalen van, evalueren
evaluation [ivælju'eiʃən] *znw* waardebepaling, evaluatie
evanesce [i:və'nes] *onoverg* verdwijnen, vervagen
evanescent [i:və'nesənt] *bn* verdwijnend, vluchtig, voorbijgaand
evangelical [i:vaen'dʒelikəl] *bn* evangelisch
Evangelical *znw* aanhanger van de Low Church
evangelist [i'vændʒilist] *znw* evangelist
evangelize *onoverg* evangeliseren; het evangelie prediken of verkondigen
evaporate [i'væpəreit] *overg* & *onoverg* (doen) verdampen, uitdampen, uitwasemen; vervluchtigen, vervliegen[2]; ~*d milk* koffiemelk
evaporation [ivæpə'reiʃən] *znw* verdamping, vervluchtiging, uitdamping, uitwaseming
evaporator [i'væpəreitə] *znw* verdamper; verdampingstoestel o
evasion [i'veiʒən] *znw* ontwijking, ontduiking, uitvlucht
evasive *bn* ontwijkend[2]; *take* ~ *action* moeilijkheden uit de weg gaan; mil contact met de vijand vermijden
eve [i:v] *znw* vooravond; avond (dag) vóór (een feest); vero avond
1 even ['i:vn] *znw* plechtig avond
2 even ['i:vn] **I** *bn* gelijk(matig), effen, egaal; even; rond, vol [v. som &]; *the odds (chances) are about* ~ de kans is ongeveer fifty-fifty, er is sprake van ongeveer gelijke kansen; *we are* ~ we staan gelijk; we

zijn quitte; *I'll get* ~ *with him* ik zal het hem betaald zetten; *break* ~ uit kunnen [zonder verlies of winst]; quitte spelen (zijn); **II** *overg* effenen, gelijkmaken; gelijkstellen; ~ *out* vlakker worden (maken), afvlakken; (gelijkmatig) spreiden, gelijk maken, gelijk verdelen; ~ *up* gelijk worden, gelijk maken; (het) evenwicht herstellen

3 even ['i:vn] *bijw* (ja) zelfs; <u>vero</u> juist, net; ~ *as...* net toen...; ~ *more* nog meer; ~ *now* zo pas nog; op dit ogenblik; ~ *so* ook: toch, zelfs dan, dan nog; ~ *then* ook: toen al; ~ *though* (al)hoewel; *not* ~ zelfs niet, niet eens

even-handed ['i:vn'hændid] *bn* onpartijdig

evening ['i:vniŋ] *znw* avond; (gezellig) avondje *o*; ~ *classes* avondschool, avondcursus; ~ *dress* avondkleding; avondjurk; smoking, rokkostuum *o*; ~ *paper* avondkrant; ~ *star* avondster

evening primrose *znw* teunisbloem; ~ *oil* teunisbloemolie

evenly ['i:vnli] *bijw* gelijk(matig)

evensong ['i:vnsɔŋ] *znw* vesper; avonddienst

event [i'vent] *znw* gebeurtenis; evenement *o*; voorval *o*; geval *o*; *sp* nummer *o*, wedstrijd, race; *(wise) after the* ~ achteraf (wijs); *at all* ~s in elk geval; *in any* ~ wat er ook gebeuren moge; hoe het ook zij, toch, in ieder geval; *in either* ~ in beide gevallen; *in the* ~ uiteindelijk; *in the* ~ *of* in geval van

even-tempered ['i:vn'tempəd] *bn* gelijkmatig van humeur

eventful *bn* rijk aan gebeurtenissen, veelbewogen, belangrijk

eventide ['i:vntaid] *znw* <u>plechtig</u> avond

eventing [i'ventiŋ] *znw* deelname aan een military [meerdaags paardenconcours]

eventual [i'ventʃuəl] *bn* daaruit voortvloeiend; later volgend; aan het slot; mogelijk, eventueel; uiteindelijk, eind-

eventuality [iventju'æliti] *znw* mogelijke gebeurtenis, mogelijkheid

eventually [i'ventʃuəli] *bijw* ten slotte, uiteindelijk

eventuate [i'ventʃueit] *onoverg* [goed &] aflopen; uitlopen (op *in*); gebeuren

ever ['evə] *bijw* ooit, weleens; altijd, immer, eeuwig; *did you* ~! heb je ooit (van je leven)!; *the biggest* ~ de (het) grootste (ooit voorgekomen &); *yours* ~ steeds de uwe; ~ *and again (anon)* van tijd tot tijd; telkens weer; ~ *so (much)* heel veel, o zo veel; *thank you* ~ *so much!* mijn bijzondere dank!; *be he* ~ *so rich* hoe rijk hij ook is, al is hij nog zo rijk; *as... as* ~ *he could zo...* als hij maar kon; *as much as* ~ nog even veel; *for* ~ *(and* ~*, and a day)* (voor) altijd, eeuwig; *X for* ~! hoera voor X!; *how (who, why, when &)* ~? hoe (wie, waarom, wanneer &)... toch?; *not...* ~ nooit; *never* ~ <u>gemeenz</u> nooit; *do I* ~! <u>gemeenz</u> en hoe!; *was he* ~ *mad!* <u>Am</u> wat was hij kwaad!; ~ *since* sinds(dien); van die tijd af; ~ *after* daarna

evergreen *znw* & *bn* <u>plantk</u> altijdgroen (gewas *o*);

evergreen

everlasting [evəla:stiŋ] *bn* eeuwig(durend), onsterfelijk; onverwoestbaar

evermore ['evə'mɔ:] *bijw* (voor) altijd, eeuwig

every ['evri] *bn* ieder, elk, al; ~ *day* alle dagen; ~ *man Jack* <u>gemeenz</u> iedereen, zonder uitzondering; ~ *now and then* af en toe; ~ *one (of them)* ieder (van hen); ~ *other day, ~ second day* om de andere dag; ~ *third day, ~ three days* om de drie dagen; ~ *third man* één van elke drie mannen; ~ *bit as corrupt (as)* in elk opzicht even verdorven (als); ~ *which way* <u>Am</u> overal (heen, vandaan); *in* ~ *way* in alle opzichten, alleszins; *his* ~ *word* elk zijner woorden

everybody *onbep vnw* iedereen

everyday *bijw* (alle)daags; gewoon

everyone *onbep vnw* iedereen

everyplace ['evripleis] *bijw* <u>Am</u> overal

everything *onbep vnw* alles

everyway *bijw* in alle opzichten, alleszins

everywhere *bijw* overal

evict [i'vikt] *overg* <u>recht</u> uitzetten

eviction *znw* <u>recht</u> uitzetting

evidence ['evidəns] **I** *znw* getuigenis *o* & *v*; bewijs *o*, bewijsstuk *o*, bewijsmateriaal *o*, bewijzen; *turn King's/Queen's* (<u>Am</u> *State's*) ~ getuigen tegen medeverdachten [om strafvermindering te krijgen]; *on the* ~ *of* naar blijkt uit, op grond van; *give* ~ getuigenis afleggen; *bear (show)* ~ getuigen, blijk geven (van *of*); *be in* ~ de aandacht trekken; *call in* ~ als getuige oproepen; **II** *overg* bewijzen, (aan)komen; getuigen van

evident *bn* blijkbaar, klaarblijkelijk, kennelijk, duidelijk

evidential [evi'denʃəl] *bn* tot bewijs dienend, bewijs-; *be* ~ *of* bewijzen, getuigen van

evil ['i:v(i)l] **I** *bn* slecht, kwaad, kwalijk, boos, snood; *the E*~ *One* de Boze; **II** *znw* kwaad *o*, onheil *o*; euvel *o*; kwaal; *the lesser of two* ~s van twee kwaden het minste

evil-doer *znw* boosdoener

evil-minded *bn* kwaadaardig

evince [i'vins] *overg* bewijzen, (aan)tonen, aan de dag leggen

evincive *bn* bewijzend, tekenend (voor-)

eviscerate [i'visəreit] *overg* ingewanden uithalen, (buik) openrijten

evocation [evə'keiʃən] *znw* oproeping, evocatie

evocative [i'vɔkətiv] *bn* evocatief

evoke [i'vouk] *overg* oproepen, tevoorschijn roepen

evolution [i:və'l(j)u:ʃən] *znw* ontplooiing, ontwikkeling; evolutie

evolutionary [i:və'l(j)u:ʃən(ə)ri] *bn* evolutionair, evolutie-

evolve [i'vɔlv] *overg* & *onoverg* (zich) ontvouwen, ontplooien, ontwikkelen; evolueren

evulsion [i'vʌlʃən] *znw* (krachtig) uittrekken *o*, uitrukken *o*

ewe [ju:] *znw* ooi

ewe-lamb *znw* ooilam *o*

ewer ['juə] *znw* lampetkan

ex [eks] **I** *voorv* ex-, vroeger, voormalig, gewezen, oud-; **II** *voorz* uit, af [fabriek]; zonder

exacerbate [eks'æsəbeit] *onoverg* verergeren, toespitsen

exacerbation [eksæsə'beiʃən] *znw* verergering

exact [ig'zækt] **I** *bn* nauwkeurig, stipt, juist, precies; afgepast; exact; *to be* ~ om precies te zijn; **II** *overg* vorderen; eisen, afpersen; *too* ~*ing* te veeleisend; ~*ing work* inspannend werk *o*

exaction *znw* vordering, buitensporige eis, afpersing

exactitude *znw* nauwkeurigheid, stiptheid; juistheid

exactly *bijw* nauwkeurig, stipt, juist, precies; *what did he say* ~? wat zei hij eigenlijk?; *not* ~ ook: nu niet bepaald

exactness *znw* = *exactitude*

exactor *znw* afperser

exaggerate [ig'zædʒəreit] *overg* overdrijven; chargeren

exaggeration [igzædʒə'reiʃən] *znw* overdrijving; overdrevenheid; charge

exalt [ig'zɔ:lt] *overg* verheffen, verhogen; verheerlijken, prijzen, loven

exaltation [egzɔ:l'teiʃən] *znw* verheffing, verhoging; verheerlijking; (geest)vervoering, verrukking

exalted [ig'zɔ:ltid] *bn* verheven[2], gedragen [stijl]; hoog, aanzienlijk; in verrukking, geestdriftig

exam [ig'zæm] *znw* examen *o*

examination [igzæmi'neiʃən] *znw* examen *o*, onderzoek *o*, visitatie, <u>recht</u> ondervraging, verhoor *o*; *on (closer)* ~ bij (nader) onderzoek, op de keper beschouwd; *be under* ~ in onderzoek zijn; <u>recht</u> verhoord worden

examine [ig'zæmin] *overg* examineren, onderzoeken, visiteren, inspecteren, controleren, nakijken, bekijken, onder de loep nemen; <u>recht</u> ondervragen, verhoren

examinee [igzæmi'ni:] *znw* examinandus

examiner [ig'zæminə] *znw* examinator; ondervrager; <u>recht</u> rechter van instructie

example [ig'za:mpl] *znw* voorbeeld *o*, model *o*; exemplaar *o* [v. kunstwerk]; opgave, som; *for* ~ bijvoorbeeld; *make an* ~ *of him (them &)* hem (ze) als voorbeeld stellen; *set an* ~ een voorbeeld geven; *take sbd. as an* ~ een voorbeeld nemen aan iem.; zich spiegelen aan iem.; *follow sbd.'s* ~ een voorbeeld nemen aan iem.; iems. voorbeeld volgen

exanimate [ig'zænimit] *bn* levenloos, dood

exanthema [eksæn'θimə] *znw* huiduitslag

exasperate [ig'za:s-, ig'zæspəreit] *overg* prikkelen, verbitteren

exasperating *bn* ergerlijk, onuitstaanbaar, tergend

exasperation [igza:s-, igzæspə'reiʃən] *znw* prikkeling, verbittering

excavate ['ekskəveit] *overg* op-, uitgraven, uithollen

excavation [ekskə'veiʃən] *znw* op-, uitgraving, uitholling, holte

excavator ['ekskəveitə] *znw* graafmachine

exceed [ik'si:d] *overg* overtreffen, overschrijden, te boven (buiten) gaan

exceedingly *bijw* bijzonder, uiterst

excel [ik'sel] **I** *overg* overtreffen, uitmunten, uitsteken boven; ~ *oneself* zichzelf overtreffen; **II** *onoverg* uitmunten, uitblinken

excellence ['eksələns] *znw* uitmuntendheid, uitstekendheid, voortreffelijkheid

excellency *znw* excellentie

excellent *bn* uitmuntend, uitstekend, uitnemend, voortreffelijk

except [ik'sept] **I** *overg* uitzonderen; **II** *voorz* behalve, uitgezonderd; ~ *for* behalve; behoudens; **III** *voegw:* ~ *he be a traitor* als hij tenminste geen verrader is

excepting *voorz* uitgezonderd

exception *znw* uitzondering (op *to*); exceptie; *take* ~ *to* aanstoot nemen aan; opkomen tegen; een exceptie opwerpen tegen

exceptionable *bn* aanstotelijk, laakbaar, berispelijk; betwistbaar

exceptional *bn* bijzonder, uitzonderlijk, exceptioneel; uitzonderings-

exceptionally *bijw* ook: bij wijze van uitzondering

excerpt ['eksə:pt] *znw* passage; uittreksel *o*

excess ['ekses] *znw* overmaat, overdaad, buitensporigheid; uitspatting, wreedheid, mishandeling [seksueel &], marteling, exces *o*; surplus *o*, extra *o*; *in (to)* ~ bovenmatig, overdadig; *in* ~ *of* boven, meer (groter) dan; ~ *fare* toeslag [op spoorkaartje]; ~ *baggage* overvracht; ~ *profit* overwinst

excessive *bn* overdadig, buitensporig, overdreven, ongemeen

exchange [iks'tʃein(d)ʒ] **I** *znw* (om-, uit-, in-, ver-) wisseling; ruil(ing); woordenwisseling; schermutseling; wisselkoers; valuta, deviezen; beurs; <u>telec</u> telefooncentrale; ~ *rate* <u>handel</u> wisselkoers; ~ *student* student die deelneemt aan een uitwisselingsprogramma; ~ *value* ruilwaarde; **II** *overg* (uit-, in-, ver)wisselen, (ver)ruilen; ~ *words with* een woordenwisseling hebben met; ~ *sth. for sth.* iets ruilen voor iets anders

exchangeable *bn* in-, verwisselbaar, ruilbaar

exchequer [iks'tʃekə] *znw* schatkist; kas; *the E*~ <u>Br</u> Ministerie *o* v. Financiën

excisable [ik'saizəbl] *bn* accijnsplichtig

excise [ik'saiz] **I** *overg* uit-, afsnijden, wegnemen, schrappen (uit *from*); **II** *znw* ['eksaiz] accijns; ~ *duties* accijnzen

exciseman *znw* commies

excision [ik'siʒən] *znw* uit-, afsnijding; wegneming, schrapping; uitsluiting

excitability *znw* [iksaitə'biliti] prikkelbaarheid

excitable [ik'saitəbl] *bn* prikkelbaar

excitant I *bn* opwindend; **II** *znw* <u>med</u> pepmiddel *o*

excitation [eksi'teiʃən] *znw* prikkeling, opwekking; opwinding

excite [ik'sait] *overg* prikkelen, opwekken, aanzetten; opwinden; (ver)wekken

excitement *znw* opwinding

exciting *bn* ook: boeiend, interessant, spannend

exclaim [iks'kleim] *overg* uitroepen; ~ *at sth.* luid protesteren tegen iets

exclamation [eksklə'meiʃən] *znw* uitroep; ~ *mark*, Am *point* uitroepteken *o* [!]

exclamatory [eks'klæmətəri] *bn* uitroepend

exclude [iks'klu:d] *overg* buiten-, uitsluiten

excluding *voorz* = *exclusive of*

exclusion *znw* buiten-, uitsluiting; *to the* ~ *of* met uitzondering van; ~ *zone* ± territoriale wateren

exclusive I *bn* uitsluitend; exclusief; ~ *of* met uitsluiting van; ongerekend, niet inbegrepen; **II** *znw* exclusief interview *o*, exclusieve reportage

excogitate [eks'kɔdʒiteit] *overg* uitdenken, bedenken

excogitation [ekskɔdʒi'teiʃən] *znw* uitdenken *o*; plan *o*

excommunicate [ekskə'mju:nikeit] *overg* excommuniceren, in de ban doen²

excommunication [ekskəmju:ni'keiʃən] *znw* excommunicatie, (kerk)ban

excoriate [eks'kɔ:rieit] *overg* ontvellen, schaven

excoriation [ekskɔ:ri'eiʃən] *znw* ontvelling

excrement ['ekskrimənt] *znw* uitwerpselen (ook: ~*s*), ontlasting, feces

excrescence [iks'kresns] *znw* uitwas

excreta [eks'kri:tə] *znw mv* uitscheidingsstoffen, *vooral* uitwerpselen en urine

excrete [eks'kri:t] *overg* uit-, afscheiden

excretion *znw* excretie, secretie, uit-, afscheiding

excretory *bn* uit-, afscheidend; uit-, afscheidings-

excruciating [iks'kru:ʃieitiŋ] *bn* martelend; ondraaglijk, verschrikkelijk, vreselijk

exculpate ['ekskʌlpeit] *overg* van blaam zuiveren, verontschuldigen, vrijpleiten

exculpation [ekskʌl'peiʃən] *znw* zuivering van blaam, verontschuldiging, vrijpleiten *o*

excursion [iks'kə:ʃən] *znw* excursie, uitstapje *o*; uitweiding; afdwaling

excursionist *znw* excursionist, deelnemer aan een excursie, plezierreiziger

excursive [iks'kə:siv] *bn* afdwalend, uitweidend

excursus [iks'kə:səs] *znw* nadere uiteenzetting (in bijlage, voetnoot &)

excusable [iks'kju:zəbl] *bn* vergeeflijk, te verontschuldigen

excusatory *bn* verontschuldigend, rechtvaardigend

excuse [iks'kju:s] **I** *znw* verschoning, verontschuldiging, excuus *o*; *send an* ~ (een uitnodiging) afschrijven; **II** *overg* [iks'kju:z] verontschuldigen; excuseren; vergeven; vrijstellen, schenken [v. lessen &]; ~ *me* pardon, neemt u me niet kwalijk, sorry; *beg to be* ~*d*, ~ *oneself* zich verontschuldigen; bedanken [voor uitnodiging], afschrijven

ex-directory ['eksdi'rektəri] *bn*: ~ *number* telec geheim nummer *o*

execrable ['eksikrəbl] *bn* afschuwelijk

execrate *overg* (ver)vloeken, verafschuwen

execration [eksi'kreiʃən] *znw* vervloeking; afschuw; gruwel

executant [ig'zekjutənt] *znw* uitvoerend musicus

execute ['eksikju:t] *overg* uitvoeren; verrichten, volbrengen; voltrekken; passeren [een akte]; terechtstellen, ter dood brengen

execution [eksi'kju:ʃən] *znw* uitvoering, volbrenging; recht voltrekking; executie, terechtstelling; passeren *o* [v.e. akte]

executioner *znw* beul

executive [ig'zekjutiv] **I** *bn* uitvoerend; leidend [functie &]; directie-; luxe-; ~ *car* directiewagen; **II** *znw* uitvoerende macht; uitvoerend comité *o*, (dagelijks) bestuur *o*; bestuurder, leider, hoofd *o*, directeur

executor [ik'zekju:tə] *znw* executeur(-testamentair)

exegesis [eksi'dʒi:sis] *znw* (*mv*: exegeses [-si:z]) exegese

exegetic(al) [eksi'dʒetik(l)] *bn* exegetisch

exemplar [ig'zemplə] *znw* model *o*, voorbeeld *o*

exemplary *bn* voorbeeldig

exemplification [igzemplifi'keiʃən] *znw* verklaring

exemplify [ig'zemplifai] *overg* verklaren, toelichten door voorbeelden, een voorbeeld zijn van

exempt [ig'zem(p)t] **I** *overg* ontslaan, vrijstellen; **II** *bn* vrij(gesteld) (van *from*)

exemption *znw* vrijstelling

exequies ['eksikwiz] *znw mv* plechtig uitvaart

exercise ['eksəsaiz] **I** *overg* uitoefenen, aanwenden, gebruiken; in acht nemen, betrachten [zorg &]; (be)oefenen; laten exerceren, drillen; beweging laten nemen; bezighouden; op de proef stellen [het geduld]; ~ *the minds* de gemoederen bezighouden; **II** *onoverg* (zich) oefenen; mil exerceren; beweging nemen; **III** *znw* oefening; uitoefening; aanwending, gebruik *o*; betrachting, beoefening; operatie, onderneming, campagne; opgave, thema *o*; mil manoeuvre, exercitie; (lichaams)beweging, -oefening

exercise-book *znw* schrift *o*, cahier *o*; oefenboek *o*

exert [ig'zə:t] **I** *overg* aanwenden, inspannen, gebruiken; uitoefenen; **II** *wederk*: ~ *oneself* zich inspannen

exertion *znw* aanwending; inspanning [van krachten]; krachtige poging

exeunt ['eksiʌnt] (zij gaan) af [regieaanwijzing]

exfoliate [eks'foulieit] *onoverg* afschilferen; ontbladeren

exfoliation [eksfouli'eiʃən] *znw* afschilfering; ontbladering

ex gratia ['eks'greiʃə] *bn* [Lat] niet verplicht, als gunst, als gratificatie

expectancy

exhalation [eks(h)ə-, egzə'leiʃən] *znw* uitademing
exhale [eks'heil, eg'zeil] *overg* uitademen
exhaust [ig'zɔːst] **I** *overg* uitputten, leegmaken; grondig behandelen [onderwerp]; **II** *wederk*: ~ one-self zich uitputten, zich uitsloven; **III** *znw* uitlaat; uitlaatgas *o*; ~ *centre* bedrijf *o* dat is gespecialiseerd in reparaties aan uitlaten; ~ *pipe* uitlaatpijp
exhausted *bn* uitgeput, geradbraakt; handel uitverkocht; op
exhaustion *znw* uitputting²
exhaustive *bn* uitputtend, grondig
exhibit [ig'zibit] **I** *znw* recht bewijsstuk *o*; inzending [op tentoonstelling], voorwerp *o* & [in museum]; **II** *overg* tentoonstellen, exposeren, (ver-)tonen, aan de dag leggen; overleggen, indienen; **III** *onoverg* exposeren
exhibition [eksi'biʃən] *znw* vertoning, tentoonstelling; recht overlegging, indiening; onderw (studie)beurs; *make an ~ of oneself* zich (belachelijk) aanstellen, zich bespottelijk maken
exhibitioner *znw* bursaal, beursstudent
exhibitionism [eksi'biʃənizm] *znw* **1** aanstellerij, buitensporig gedrag *o*; **2** exhibitionisme *o*
exhibitionist *znw* **1** aansteller; **2** exhibitionist
exhibitor [ig'zibitə] *znw* vertoner; exposant
exhilarate [ig'ziləreit] *overg* opvrolijken
exhilaration [igzilə'reiʃən] *znw* opvrolijking; vrolijkheid
exhort [ig'zɔːt] *overg* aan-, vermanen, aansporen
exhortation [egzɔː-, eksɔː'teiʃən] *znw* aan-, vermaning, aansporing
exhortative [ig'zɔːtətiv], **exhortatory** *bn* vermanend
exhorter *znw* vermaner
exhumation [eks(h)juː'meiʃən] *znw* opgraving
exhume [eks'hjuːm] *overg* opgraven; fig opdiepen
exigency [ek'sidʒənsi] *znw* nood, behoefte, eis
exigent ['eksidʒənt] *bn* urgent, dringend; veeleisend; ~ *of* (ver)eisend
exiguity [eksi'gjuiti] *znw* klein-, onbeduidendheid
exiguous [eg'zi-, ek'sigjuəs] *bn* klein, onbeduidend
exile ['eksail, 'egzail] **I** *znw* verbanning, ballingschap; balling; **II** *overg* (ver)bannen
exist [ig'zist] *onoverg* bestaan, leven, zijn, existeren
existence *znw* bestaan *o*, aanwezigheid, wezen *o*, zijn *o*, existentie; *the best... in* ~ die of dat er bestaat; *bring (call) into* ~ in het leven roepen; *come into* ~ ontstaan
existent *bn* bestaand
existential [egzis'tenʃəl] *bn* existentieel
existentialism *znw* existentialisme *o*
existentialist **I** *znw* existentialist; **II** *bn* existentialistisch
exit ['eksit] **I** *onoverg* afgaan [v.h. toneel]; fig van het toneel verdwijnen; **II** *znw* afgaan² [v.h. toneel]; uitrit, afslag [v. autoweg]; uitgang; uitreis; *he made his* ~ hij ging heen²
ex-libris [eks'laibris] *znw* ex-libris *o*

exodus ['eksədəs] *znw* exodus²; uittocht
ex officio [eksə'fiʃiou] [Lat] *bijw* ambtshalve; ambtelijk
exogamy [ek'sɔgəmi] *znw* exogamie: huwen *o* buiten de eigen sociale groep
exogenous [ek'sɔdʒinəs] *bn* exogeen: van buitenaf komend
exonerate [ig'zɔnəreit] *overg* ontlasten, ontheffen; (van blaam) zuiveren
exoneration [igzɔnə'reiʃən] *znw* ontlasting, ontheffing; zuivering (van blaam)
exorbitance [ig'zɔːbitəns] *znw* buitensporigheid
exorbitant *bn* buitensporig, overdreven
exorcise ['eksɔːsaiz] *overg* = exorcize
exorcism *znw* (geesten)bezwering
exorcist *znw* geestenbezweerder
exorcize, excorcise *overg* uitdrijven, (uit)bannen, bezweren; (van boze geesten) bevrijden
exordium [ek'sɔːdiəm, eg'zɔːdiəm] *znw* (*mv*: -s *of* exordia [-diə]) inleiding
exoteric [eksou'terik] *bn* exoterisch; populair
exotic [eg'zɔtik] **I** *bn* uitheems; exotisch; **II** *znw* uitheemse plant &
expand [iks'pænd] **I** *overg* uitspreiden, uitbreiden; (doen) uitzetten; ontwikkelen, ontplooien; ~ *on sth.* uitweiden over iets; iets dieper op iets ingaan; **II** *onoverg* uitzetten; toenemen, zich uitbreiden (uitspreiden), uitdijen; zich ontwikkelen (ontplooien); ontluiken
expandable, expansible *bn* uitzetbaar, expandeerbaar
expanse *znw* uitgestrektheid; uitspansel *o*
expansion *znw* uitbreiding, expansie, uitzetting, uitdijing; spankracht; ontwikkeling; ontplooiing; ontluiking
expansionism [iks'pænʃənizm] *znw* expansionisme *o*, streven *o* naar (gebieds)uitbreiding
expansionist **I** *znw* expansionist; **II** *bn* expansionistisch
expansive *bn* uitgebreid, uitgestrekt, wijd; expansief, mededeelzaam
ex parte [eks'paːti] *bn* recht van één der partijen
expat [eks'pæt] *znw* gemeenz = expatriate
expatiate [eks'peiʃieit] gemeenz *onoverg* uitweiden (over *on*)
expatiation [ekspeiʃi'eiʃən] gemeenz *znw* uitweiding
expatriate [eks'pætrieit, -'peitrieit] **I** *overg* verbannen, het land uitzetten; **II** *znw* [eks'pætriit] (vooral Am) (vrijwillige) balling; **III** *bn* in het buitenland wonend
expatriation [ekspætri'eiʃən, -peitri'eiʃən] *znw* verbanning, uitzetting
expect [ik'spekt] *overg* verwachten, rekenen op; gemeenz vermoeden; denken; *she is ~ing* gemeenz zij is in verwachting
expectancy *znw* verwachting; vooruitzicht *o*; *life ~* vermoedelijke levensduur

179

expectant *bn* af-, verwachtend; hoopvol; aanstaande [moeder]
expectantly *bijw* afwachtend; vol verwachting, hoopvol
expectation [ekspek'teiʃən] *znw* af-, verwachting, vooruitzicht *o*; ~ *of life* vermoedelijke levensduur; *have* ~*s* vooruitzichten [op een erfenis], iets te wachten hebben
expectorant [ek'spektərənt] *znw & bn* slijm oplossend of losmakend (middel *o*)
expectorate *overg* [uit de borst] opgeven, spuwen
expectoration [ekspektə'reiʃən] *znw* opgeving [bij het hoesten]; opgegeven slijm *o & m*
expedience, expediency [iks'pi:diəns(i)] *znw* gepastheid, geschiktheid, raadzaamheid, dienstigheid, opportuniteit
expedient I *bn* gepast, geschikt, raadzaam, dienstig, opportuun; **II** *znw* (red-, hulp)middel *o*
expedite ['ekspidait] *overg* bevorderen, bespoedigen, verhaasten, (vlug) afdoen
expedition [ekspi'diʃən] *znw* expeditie; spoed, snelheid
expeditionary force *znw* expeditieleger *o*
expeditious *bn* snel, vaardig
expel [iks'pel] *overg* uit-, verdrijven, verwijderen, (ver)bannen, uitzetten, wegjagen, -zenden, royeren
expend [iks'pend] *overg* uitgeven, besteden, verbruiken
expendable *bn* overtollig; zonder veel waarde
expenditure *znw* uitgeven *o*, uitgaaf; uitgaven; (nutteloos) verbruik *o*
expense [iks'pens] *znw* (on)kosten, uitgaaf; moeite; *at the* ~ *of* op kosten van; fig ten koste van; *go to great* ~ veel kosten maken; *on* ~*s* met vergoeding van alle (gemaakte) onkosten [door firma's &]
expense account *znw* onkostenrekening
expense allowance *znw* onkostenvergoeding
expensive *bn* kostbaar, duur
experience [iks'piəriəns] **I** *znw* ondervinding; ervaring; belevenis, wedervaren *o* (ook: ~*s*), bevinding [vooral religieus]; praktijk [v. kantoorbediende &]; *by (from)* ~ bij (door) ondervinding, bij (uit) ervaring; **II** *overg* ondervinden, ervaren, door-, meemaken, beleven
experienced *bn* ervaren, bedreven
experiential [iks'piəri'enʃəl] *bn* op de ervaring gebaseerd, ervarings-, empirisch
experiment I *znw* [iks'perimənt] experiment *o*, proef(neming); **II** *onoverg* [iks'perimənt] experimenteren, proeven nemen
experimental [eksperi'mentl] *bn* proefondervindelijk, experimenteel, ervarings-; proef-; bevindelijk [v. godsdienst]
experimentalize *onoverg* proeven nemen, experimenteren
experimentation [eksperimen'teiʃən] *znw* proefneming, experimenteren *o*
experimenter [iks'perimentə] *znw* proefnemer,

experimentator
expert ['ekspə:t] **I** *bn* bedreven (in *at, in*); vakkundig, vakbekwaam, deskundig; geroutineerd; **II** *znw* deskundige, vakman, expert (in *in, at*)
expertise [ekspə:'ti:z] *znw* deskundigheid
expiate ['ekspieit] *overg* boeten [een misdaad]
expiation [ekspi'eiʃən] *znw* boete(doening)
expiatory ['ekspiətəri] *bn* boete-, zoen-
expiration [ekspaiə'reiʃən] *znw* uitademing; einde *o*; vervallen *o*, verstrijken *o*, afloop, vervaltijd
expire [iks'paiə] *onoverg* de laatste adem uitblazen; aflopen, verstrijken, vervallen, verlopen; uitgaan
expiry *znw* vervallen *o*, verstrijken *o*, afloop, vervaltijd; ~ *date* datum waarop de geldigheid van iets vervalt
explain [iks'plein] *overg* uitleggen, verklaren, uiteenzetten; ~ *away* wegredeneren, goedpraten, vergoelijken; ~ *oneself* zich nader verklaren
explainable *bn* verklaarbaar
explanation [eksplə'neiʃən] *znw* verklaring, uitleg(ging), uiteenzetting, explicatie
explanatory *bn* [iks'plænətəri] verklarend
expletive [iks'pli:tiv] **I** *bn* aanvullend; overtollig; **II** *znw* stopwoord *o*, vloek, krachtterm
explicable [eks'plikəbl] *bn* verklaarbaar
explicate [eks'plikeit] *overg* uitleggen, verklaren, verhelderen
explicit [iks'plisit] *bn* duidelijk, uitdrukkelijk, niets verhullend; expliciet; stellig; openhartig
explode [iks'ploud] **I** *onoverg* exploderen, ontploffen, springen, (uit-, los)barsten²; snel (plotseling) stijgen; **II** *overg* tot ontploffing brengen, doen (uit-) barsten; laten springen; fig de nekslag geven; ~*d theory* theorie die afgedaan heeft
exploit I ['eksploit] *znw* (helden)daad; wapenfeit *o*; prestatie; **II** [iks'ploit] *overg* exploiteren; uitbuiten
exploitable [eks'ploitəbl] *bn* exploiteerbaar
exploitation [eksploi'teiʃən] *znw* exploitatie; uitbuiting
exploitative [eks'ploitətiv] *bn* uitbuitend; exploitatie-, ontginnings-
exploiter [eks'ploitə] *znw* exploitant; uitbuiter
exploration [eksplɔ:'reiʃən] *znw* navorsing, nasporing, onderzoeking
exploratory [eks'plɔ:rətəri] *bn* onderzoekend; ~ *drilling* proefboring
explore [iks'plɔ:] *overg* navorsen, onderzoeken
explorer *znw* ontdekkingsreiziger
explosion [iks'plouʒən] *znw* ontploffing, springen *o*, los-, uitbarsting²; explosie; plotselinge groei
explosive I *bn* ontplofbaar, ontploffings-, spring-; explosief; opvliegend; **II** *znw* springstof; *high* ~ brisante springstof
exponent [eks'pounənt] *znw* exponent, vertegenwoordiger, fig vertolker, vertolking, uitdrukking, belichaming, drager [v. idee]
exponential [ekspou'nenʃəl] *znw* exponentieel
export I ['ekspɔ:t] *znw* uitgevoerd goed *o*; uitvoerar-

tikel *o*; uitvoer, export (ook: ~*s*); **II** [eks'pɔ:t] *overg* uitvoeren, exporteren

exportable *bn* exporteerbaar

exportation [ekspɔ:'teiʃən] *znw* uitvoer, export

exporter [eks'pɔ:tə] *znw* exporteur

exposal [iks'pouzl] *znw* = *exposure*

expose *overg* uitstallen; (ver)tonen; tentoonstellen; blootstellen; bloot (onbedekt, onbeschut) laten; blootleggen; belichten [foto]; te vondeling leggen; *fig* uiteenzetten [theorieën]; aan de kaak stellen; ontmaskeren, aan de dag brengen; ~ *oneself* zich blootgeven; recht zich schuldig maken aan exhibitionisme; ~*d* onbeschut; open, vrij; kwetsbaar; ~*d to the East* op het oosten liggend

exposé [eks'pouzei] *znw* [Fr] uiteenzetting; onthulling (v. schandaal &)

exposition [ekspou'ziʃən] *znw* uiteenzetting; exposé *o*, uitleg [v. drama]; tentoonstelling

expositive [eks'pɔsitiv] *bn* verklarend, verhelderend

expostulate [iks'pɔstjuleit] *onoverg* protesteren; ~ *with sbd. about (for, on, upon)* iem. onderhouden over

expostulation [ikspɔstju'leiʃən] *znw* vertoog *o*, vermaning, protest *o*

expostulatory [iks'pɔstjulətəri] *bn* vermanend

exposure [iks'pouʒə] *znw* blootstellen *o*, blootgesteld zijn *o*; ontbloting; med onderkoeling; uitstalling; ontmaskering; publiciteit; fotogr opname, belichting; te vondeling leggen *o*; gebrek *o* aan beschutting; *with a southern* ~ op het zuiden liggend; ~ *meter* belichtingsmeter

expound [iks'paund] *overg* uiteenzetten, verklaren

express [iks'pres] **I** *bn* uitdrukkelijk; speciaal; snel, expres-; ~ *company* Am koeriersbedrijf *o*; ~ *delivery* snelpost; ~ *goods* handel ijlvracht; ~ *messenger* expresse; **II** *bijw* per expresse; **III** *znw* post expresse; expres(trein); **IV** *overg* uitpersen; uitdrukken², te kennen geven, betuigen, uiten

expressible *bn* uit te drukken

expression *znw* uitpersing; uitdrukking, expressie; uiting, gezegde *o*; *beyond (past)* ~ onuitsprekelijk

expressionist [iks'preʃənist] *znw & bn* expressionist(isch)

expressionistic [ikspreʃə'nistik] *bn* expressionistisch

expressive [iks'presiv] *bn* expressief, beeldend; veelzeggend; ~ *of* ... ... uitdrukkend

expressiveness *znw* (zeggings)kracht, expressiviteit

expressly [iks'presli] *bijw* duidelijk; uitdrukkelijk; in het bijzonder

expressway [iks'preswei] *znw* Am snelweg

expropriate [eks'prouprieit] *overg* onteigenen

expropriation [eksproupri'eiʃən] *znw* onteigening

expulsion [iks'pʌlʃən] *znw* uit-, verdrijving, uitzetting, verbanning; wegjagen *o*, -zenden *o*; royement *o*

expulsive *bn* uit-, af-, verdrijvend

expunge [eks'pʌn(d)ʒ] *overg* uitwissen, schrappen

expurgate ['ekspə:geit] *overg* zuiveren, castigeren [boek], schrappen; ~*d* ook: gekuist [uitgave]

expurgation [ekspə:'geiʃən] *znw* zuivering, castigatie [v.e. boek], schrapping

exquisite ['ekskwizit, iks'kwizit] *bn* uitgelezen, uitgezocht, fijn, keurig; volmaakt

ex-serviceman ['eks'sə:vismæn] *znw* oud-strijder

ext. *afk.* = *extension* [telec]; *exterior; external*

extant [eks'tænt] *bn* (nog) bestaande, voorhanden, aanwezig

extemporaneous [ekstempə'reinjəs], **extempore** [eks'tempəri] *bn* voor de vuist (bedacht), onvoorbereid

extemporization [ekstempərai'zeiʃən] *znw* improvisatie

extemporize [eks'tempəraiz] *onoverg* voor de vuist spreken, improviseren

extend [iks'tend] **I** *overg* (uit)strekken; uit-, toesteken; uitbreiden; groter/langer maken, (uit)rekken; verlengen; dóórtrekken; doen toekomen, te beurt doen vallen, verlenen [hulp]; (over) hebben (voor *to*); tot het uiterste belasten; **II** *onoverg* zich uitstrekken; zich uitbreiden; mil zich verspreiden; ~*ed order* mil verspreide orde; *an* ~*ed period* een langere tijd; ~*ing table* schuif-, uittrektafel

extendable *bn* rekbaar; voor uitbreiding vatbaar; uitschuifbaar, verlengbaar

extensibility [ikstensi'biliti] *znw* rekbaarheid; vatbaarheid voor uitbreiding

extension *znw* (uit)strekking, (uit)rekking, uitbreiding, uitgebreidheid; omvang; verlenging; verlengstuk² *o* (ook: ~ *piece*); aanbouw [v. huis]; telec neventoestel *o*; ~ *13* telec toestel 13; ~ *apparatus* med rekverband *o*; ~ *cord (lead)* verlengsnoer *o*; ~ *course(s)* onderw ± deeltijdstudie; ~ *instrument* telec neventoestel *o*; ~ *ladder* schuifladder; ~ *table* schuif-, uittrektafel

extensive *bn* uitgebreid, uitgestrekt, omvangrijk, extensief, op grote schaal; *travel* ~*ly* veel reizen

extensor *znw* strekspier

extent [iks'tent] *znw* uitgebreidheid, uitgestrektheid, omvang; hoogte, mate; *to the* ~ *of* ten bedrage van; zó (ver gaand) dat; *to a large* ~ grotendeels; *to some (a certain)* ~ in zekere mate, tot op zekere hoogte; *to the* ~ *that...* zozeer, dat...; *to what* ~ in hoeverre

extenuate [eks'tenjueit] *overg* verzachten, vergoelijken; *extenuating circumstances* verzachtende omstandigheden

extenuation [ekstenju'eiʃən] *znw* verzachting, vergoelijking

exterior [eks'tiəriə] **I** *bn* uitwendig, uiterlijk; buitenste, buiten-; **II** *znw* buitenkant; uiterlijk *o*, uiterlijkheid, uitwendigheid

exteriorize *overg* uiterlijke vorm geven aan; psych projecteren

exterminate [iks'tə:mineit] *overg* uitroeien, verdel-

gen

extermination [iksta:mi'neiʃən] *znw* uitroeiing, verdelging

exterminator [iks'ta:mineita] *znw* uitroeier, (ongedierte)verdelger

exterminatory [iks'ta:minatari] *bn* verdelgings-

external [eks'ta:nal] **I** *bn* uitwendig; uiterlijk; extern, buiten-; buitenlands; *for ~ use only* alleen voor uitwendig gebruik; **II** *znw* uiterlijk *o*; *~s* uiterlijkheden; bijkomstigheden

externalize *overg* uiterlijke vorm geven aan; belichamen; psych projecteren

exterritorial [eksteri'tɔ:riəl] *bn* extraterritoriaal: buiten de jurisdictie van een staat vallend

extinct [iks'tiŋkt] *bn* (uit)geblust, uitgedoofd; niet meer bestaand, uitgestorven; afgeschaft; *life is ~* de levensgeesten zijn geweken

extinction *znw* (uit)blussing, uitdoving; delging (v. schuld); vernietiging; opheffing; uitroeiing; ondergang; uitsterving

extinguish [iks'tiŋgwiʃ] *overg* (uit)blussen[2], (uit-)doven[2]; delgen [schuld]; uitroeien; vernietigen; opheffen; in de schaduw stellen

extinguishable *bn* te blussen

extinguisher *znw* blusser; blusapparaat *o*

extirpate ['eksta:peit] *overg* uittrekken; uitroeien[2]

extirpation [eksta:'peiʃən] *znw* uittrekken *o*; uitroeiing[2]

extirpator ['eksta:peita] *znw* vernietiger; uitroeier; wiedmachine

extn. *afk.* = *extension* [telec]

extol [iks'tɔl, iks'toul] *overg* verheffen, prijzen, ophemelen, verheerlijken

extort [iks'tɔ:t] *overg* ontwringen, afdwingen, afpersen

extortion *znw* afpersing; afzetterij

extortionate *bn* exorbitant

extortioner *znw* (geld)afperser, knevelaar, uitzuiger; afzetter

extra ['ekstra] **I** *bn* bijw extra; **II** *znw* iets extra's; extra nummer *o*, dans, schotel &; extraatje *o*; figurant; *no ~s* alles inbegrepen

extract [iks'trækt] **I** *overg* (uit)trekken, trekken, aftrekken [kruiden], extraheren, halen (uit *from*); afpersen; **II** *znw* ['ekstrækt] extract *o*, uittreksel *o*; fragment *o*, passage

extraction [iks'trækʃən] *znw* uittrekking, extractie [v. tand &]; afkomst

extractor *znw* raamventilator; afzuigkap

extracurricular [ekstrəkə'rikjələ] *bn* buiten het gewone (studie)programma om

extradite ['ekstrədait] *overg* uitleveren

extradition [ekstrə'diʃən] *znw* uitlevering

extrajudicial ['ekstrədʒu'diʃəl] *bn* buitengerechtelijk; wederrechtelijk

extra-marital ['ekstrə'mæritl] *bn* buitenechtelijk

extramural ['ekstrə'mjuərəl] *bn* buiten de muren van de school of van de universiteit; *~ activities*

buitenschoolse activiteiten; *~ student* extraneus

extraneous [eks'treinjəs] *bn* vreemd (aan *to*), niet behorend (bij *to*)

extraordinary [iks'trɔ:dnri] *bn* buitengewoon°, ongemeen

extrapolate [iks'træpouleit] *overg* extrapoleren: uit iets bekends iets onbekends berekenen

extrapolation [ikstræpə'leiʃən] *znw* extrapolatie

extrasensory ['ekstrə'sensəri] *bn* paragnostisch; *~ perception* buitenzintuiglijke waarneming

extraterrestrial ['ekstrəti'restriəl] **I** *bn* buitenaards; **II** *znw* buitenaards wezen *o*

extraterritorial ['ekstrəteri'tɔ:riəl] *bn = exterritorial*

extravagance [iks'trævigəns] *znw* buitensporigheid; overdrijving, ongerijmdheid; verkwisting; uitspatting

extravagant *bn* buitensporig; overdreven, ongerijmd; verkwistend

extravaganza [ekstrævə'gænzə] *znw* buitensporigheid; muz extravaganza

extravasate [eks'trævəseit] *onoverg* (zich) uitstorten [v. bloed]

extreme [iks'tri:m] **I** *bn* uiterst, laatst, hoogst, verst; buitengewoon; extreem; *E~ Unction* RK heilig oliesel *o*; **II** *znw* uiterste *o*; uiteinde *o*; wisk uiterste term; *in the ~* in de hoogste mate, uiterst; *carry (take) to the ~s* op de spits drijven; *go to ~s* in het uiterste vervallen

extremely *bijw* versterkend bijzonder, zeer

extremism [iks'tri:mizm] *znw* extremisme *o*

extremist [iks'tri:mist] *znw* & *bn* extremist(isch)

extremity [iks'tremiti] *znw* uiterste *o*, (uit)einde *o*; uiterste nood; *extremities* uiterste, extreme maatregelen; ledematen, extremiteiten; *the ~ of someone's beliefs* het extreme karakter van iems. opvattingen

extricate ['ekstrikeit] *overg* los-, vrijmaken, ontwarren, bevrijden, helpen (uit *from*)

extrication *znw* [ekstri'keiʃən] los-, vrijmaking, ontwarring, bevrijding

extrinsic [eks'trinsik] *bn* uiterlijk, van buiten; *~ to...* liggende buiten...

extrovert ['ekstrouvə:t] **I** *bn* psych extravert, extravert: naar buiten gekeerd; **II** *znw* extravert

extrude [eks'tru:d] *overg* uit-, verdrijven, uitwerpen; techn (uit)persen, uitstoten

extrusion *znw* uit-, verdrijving, uitwerping; techn (uit)persing, uitstoting, extrusie

extrusive *bn* uitstotend; *~ rocks* geol stollingsgesteente

exuberance [ig'zju:bərəns] *znw* weelderigheid [v. groei]; overvloed; overdrevenheid; uitbundig-, uitgelatenheid; (over)volheid

exuberant *bn* weelderig, overvloedig, overdreven, uitbundig, uitgelaten; overvloeiend, overvol, rijk

exudation [eksju:'deiʃən] *znw* uitzweting

exude [ig'zju:d] *overg* uitzweten, afscheiden; fig uitstralen

exult [ig'zʌlt] *onoverg* juichen, jubelen (over *at*); ~ *in* zich verkneukelen in; ~ *over* triomferen over

exultant *bn* juichend, triomfantelijk

exultation [egzʌl'teiʃən] *znw* gejuich *o*, gejubel *o*; uitbundige vreugde

exuviate [ig'zu:vieit] *onoverg* van huid verwisselen, vervellen

eye [ai] **I** *znw* oog *o*; gezichtsvermogen *o*; middelpunt *o*, centrum *o* [v. storm &]; plantk kiem, oog, pit [v. aardappel]; *my* ~*(s)!* slang hemeltjelief!, godallemachtig!; onzin!, kletskoek!; *my* ~*!* gemeenz onzin!, klets!, je kan me wat!, kom nou!; ~*s right* mil hoofd rechts!; *be all* ~*s* een en al oog zijn; *cast (run) one's* ~ *over* een kritische blik werpen op; *catch sbd.'s* ~ iems. aandacht trekken; *clap* ~*s on* gemeenz te zien krijgen; *have one's* ~ *on* een oogje hebben op, uit zijn op; *have an* ~ *for* oog hebben voor; *have an* ~ *to* het oog houden op; *keep an* ~ *on* in het oog houden; *keep one's* ~*s open, keep an* ~ *out (for)* uitkijken naar; *keep one's* ~*s peeled (skinned)* goed opletten; *lay* ~*s on* zijn oog laten vallen op; *make* ~*s at a girl* naar een meisje lonken; *open one's* ~*s* grote ogen opzetten; *open sbd.'s* ~*s* iem. de ogen openen; *I never set* ~*s on him again* ik kreeg hem nooit weer onder mijn ogen; *there's more to it than meets the* ~ er zit veel meer achter; *turn a blind* ~ *to* niet willen zien, geen notitie nemen van; een oogje toedoen voor; *an* ~ *for an* ~ oog om oog; *in my* ~*s* in mijn ogen; *that's one in the* ~ *for him!* gemeenz daar kan hij het mee doen; die zit!; *his* ~*s are too big for his belly* zijn ogen zijn groter dan zijn maag; *do in the* ~ slang in de nek zien, beetnemen; *see* ~ *to* ~ *with* het volkomen eens zijn met; *up to one's* ~*s* tot over de oren; *with an* ~ *to* met het oog op; **II** *overg* aankijken, kijken naar, beschouwen; ~ *sbd. up* lonken naar

eyeball I *znw* oogappel, -bal; **II** *overg* gemeenz aankijken, aanstaren, bekijken

eyebrow *znw* wenkbrauw; *raise an* ~ de wenkbrauwen optrekken [over iets]

eye-catcher *znw* blikvanger

eye-catching *bn* opvallend, in het oog springend

eyeful *znw* gemeenz blik; beetje *o*; iets moois, knap meisje *o*, knappe jongen

eyeglass *znw* monocle; ~*es* lorgnet; face-à-main

eyehole *znw* oogholte; kijkgat *o*; (veter)gaatje *o*

eyelash *znw* wimper, ooghaar *o*

eyeless *bn* blind

eyelet *znw* oogje *o*; vetergaatje *o*

eyelid *znw* ooglid *o*

eye-opener *znw* wat iemand de ogen opent, verrassing

eye patch *znw* ooglapje *o*

eyepiece *znw* occulair *o*, oogglas *o*

eye-shade *znw* oogscherm *o*

eye-shadow *znw* oogschaduw

eyeshot *znw:* *out of* ~ ver genoeg om niet te worden gezien; *within* ~ dichtbij genoeg om te worden gezien

eyesight *znw* gezicht(svermogen) *o*

eye socket *znw* oogholte

eyesore *znw* belediging voor het oog; onooglijk iets; doorn in het oog

eye strain *znw* vermoeidheid van het oog/de ogen

eye-tooth *znw* oogtand; *I would give my eyeteeth* ik zou er alles voor over hebben

eyewash *znw* oogwatertje *o*; *all* ~ gemeenz allemaal smoesjes

eyot [eit] *znw* eilandje *o* in rivier

eye-witness ['aiwitnis] *znw* ooggetuige

eyrie ['aiəri] *znw* nest *o* [v. roofvogel], horst; arendsnest *o*

F

f [ef] *znw* (de letter) f; muz f of fa

F *afk.* Fahrenheit

fa [fa:] *znw* muz fa

fab [fæb] *bn* gemeenz fantastisch, te gek

Fabian ['feibjən] *znw & bn* niet-revolutionair socialist(isch)

fable ['feibl] *znw* fabel, sprookje *o*, verzinsel *o*, praatje *o*

fabled *bn* vermaard, legendarisch, fabelachtig

fabric ['fæbrik] *znw* gebouw *o*, bouw, samenstel *o*, werk *o*; maaksel *o*; weefsel *o*, stof; ~ *softener* wasverzachter

fabricate *overg* bouwen; vervaardigen, maken; fig fabuleren, verzinnen

fabrication [fæbri'keiʃən] *znw* vervaardiging; verzinnen *o*, verzinsel *o*, fabeltje *o*

fabulist ['fæbjulist] *znw* fabeldichter

fabulous *bn* fabelachtig², geweldig

façade [fə'sa:d] *znw* (voor)gevel, façade²

face [feis] **I** *znw* (aan)gezicht *o*; aanzien *o*, vóórkomen *o*; (voor)zijde, (voor)kant, platte kant; oppervlakte; berg-, rotswand; vlak *o*; front *o* [v. kolenlaag]; beeldzijde; beeld *o* [v. drukletter]; wijzerplaat; onbeschaamdheid, brutaliteit; prestige *o*; *blow up (explode) in one's* ~ volstrekt misgaan, verkeerd uitpakken; *lose* ~ afgaan, zijn prestige verliezen; *make (pull) a* ~ *at someone* een gezicht tegen iem. trekken; *put a brave (good)* ~ *(on it)* faire bonne mine à mauvais jeu; zich groot houden; *put a different* ~ *on sth.* iets in een ander licht stellen, iets van een andere kant bekijken; *save (one's)* ~ zijn prestige of de schijn weten te redden; *set one's* ~ *against* zich verzetten tegen, niet dulden; *show one's* ~ acte de présence geven; *before sbd.'s* ~ onder iems. ogen, waar iem. bij staat; *in* ~ *of* tegenover; *in (the)* ~ *of* tegen ... in; ondanks; tegenover; *he was going red in the* ~ hij begon rood aan te lopen; *on the* ~ *of it* op het eerste gezicht, oppervlakkig beschouwd, zo gezien; *to sbd.'s* ~ (vlak) in iems. gezicht; ~ *to* ~ van aangezicht tot aangezicht; tegenover elkaar; ~ *to* ~ *with* tegenover; **II** *overg* in het (aan)gezicht zien; (komen te) staan tegenover²; tegemoet treden; tegemoet zien [straf &]; onder ogen zien, trotseren, confronteren, het hoofd bieden; gekeerd zijn naar, liggen op [het zuiden &]; bekleden [met tegels]; afzetten [met lint &]; uitmonsteren [een uniform]; *let's* ~ *it* gemeenz laten we eerlijk zijn; ~ *it out* brutaal volhouden, doorzetten; ~ *sbd. down (out)* iem. overbluffen, overdonderen; ~*d with the choice* geplaatst voor, gesteld voor, staande voor, geconfronteerd met de keuze; *I can't* ~ *it (doing)* ik voel me er niet tegen opgewassen (om te); **III** *onoverg* gekeerd zijn naar; ~ *about* mil rechtsomkeert (laten) maken; *about* ~*!* Am rechtsomkeert!; ~ *up to* onder de ogen zien, het hoofd bieden; aandurven

face-card *znw* kaartsp Am pop

face-cloth, face-flannel *znw* waslapje *o*, washandje *o*

face cream *znw* gezichtscrème

faceless *bn* geen gezicht hebbend, anoniem

face-lift *znw* facelift; fig verjongingskuur, opknapbeurt [v.e. stad, gebouwen &]

face off ['feisɔf] *znw* ijshockey face-off, begin *o*

face-pack *znw* pakking, masker *o*

facer *znw* klap in het gezicht; moeilijkheid waar men voor staat, lastig geval *o*

face-saver *znw* voorstel *o*, toezegging & waarmee gezichtsverlies wordt voorkomen

face-saving *bn* waarmee gezichtsverlies wordt voorkomen

facet ['fæsit] *znw* facet *o*

facetious [fə'si:ʃəs] *bn* (ongepast) grappig, schertsend, zogenaamd leuk

face value ['feis'vælju:] *znw* nominale waarde; *accept (take) at (its)* ~ (iets) kritiekloos accepteren; *taken at* ~ op het oog, op het eerste gezicht

face-worker ['feiswə:kə] *znw* mijnwerker

facia ['feiʃə] *znw = fascia*

facial ['feiʃəl] **I** *bn* gezichts-; gelaats-; **II** *znw* gezichtsmassage

facile ['fæsail] *bn* gemakkelijk, vaardig [met de pen], vlug, vlot; meegaand; oppervlakkig

facilitate [fə'siliteit] *overg* verlichten, vergemakkelijken

facilitation [fəsili'teiʃən] *znw* verlichting, vergemakkelijking

facility [fə'siliti] *znw* gemakkelijkheid, gemak *o*; faciliteit, voorziening, mogelijkheid; tegemoetkoming; inrichting, installatie; vaardigheid, vlugheid, vlotheid

facing ['feisiŋ] *znw* bekleding; garneersel *o*, opslag [aan uniform]; revers; zie ook: *face II & III*

facsimile [fæk'simili] *znw* facsimile *o*

fact [fækt] *znw* feit *o*; daad; werkelijkheid; *in* ~ inderdaad; eigenlijk, feitelijk, in feite; *in actual* ~ in werkelijkheid, in feite; *the* ~ *(of the matter) is...* de zaak is...; *is that a* ~*?* is dat waar?; ja toch?; *the* ~*s of life* de bijzonderheden van geslachtsleven en voortplanting; de realiteiten; ~ *and fiction* schijn en werkelijkheid; ~*s and figures* (kei)harde gegevens; *know for a* ~ (iets) absoluut zeker weten

fact-finding *bn* onderzoeks-

faction ['fækʃən] *znw* **1** partij(schap), factie, splintergroep [binnen partij]; (interne) partijtwist; **2** docudrama *o*

factious *bn* partijzuchtig; oproerig

factitious [fæk'tiʃəs] *bn* nagemaakt, kunstmatig

factor ['fæktə] *znw* factor²; factoor, agent; *highest common* ~ wisk grootste gemene deler

factorize *overg* wisk ontbinden in factoren
factory ['fæktəri] *znw* fabriek; hist factorij
factory farming *znw* bio-industrie
factory floor *znw* werkvloer (ook fig)
factory inspectorate *znw* arbeidsinspectie
factory ship *znw* fabrieksschip *o*
factotum [fæk'toutəm] *znw* factotum *o*, duivelstoejager
factual ['fæktjuəl] *bn* feitelijk, feiten-
faculty ['fækəlti] *znw* vermogen *o*; faculteit; Am wetenschappelijk personeel *o*
fad [fæd] *znw* gril, manie, rage, bevlieging
faddist *znw* maniak
faddy *bn* grillig, maniakaal
fade [feid] **I** *onoverg* verwelken, verschieten; verbleken, tanen; ~ *(away, out)* verflauwen, vervagen; (weg)kwijnen, wegsterven; verdwijnen; ~ *in* geleidelijk verschijnen; (in)faden, invloeien [v. filmbeeld]; ~ *into* geleidelijk overgaan in; ~ *out* (uit-) faden, uitvloeien [v. filmbeeld]; **II** *overg* doen verwelken &; **III** *znw* fade, in-, uitvloeier [v. filmbeeld, geluid]
fade-in *znw* geleidelijk verschijnen *o* van een beeld [in film], geleidelijk aanzwellen *o* van geluid [bij geluidsopname], fade-in
fade-out *znw* geleidelijk vervagen *o* van een beeld [in film], wegsterven *o* van geluid [bij geluidsopname], fade-out
faecal ['fi:kəl] *bn* faecaal
faeces ['fi:si:z] *znw mv* feces, fecaliën
faerie, faery ['feiəri] **I** *znw* feeënland *o*; feeën; **II** *bn* feeën-, droom-
fag [fæg] **I** *onoverg* zich afsloven; onderw als *fag* (bet. III) dienen; **II** *overg*: ~ *(out)* uitputten, afmatten; **III** *znw* vermoeiend werk *o*; onderw schooljongen die een oudere leerling diensten moet bewijzen; slang sigaret, saffie *o*; slang flikker
fag-end ['fæg'end] *znw* vestje *o*; eind(je) *o*; stompje *o*, sigarettenpeukje *o*
faggot ['fægət] *znw* mutsaard, takkenbos; bundel; Am slang flikker; Br bal gehakt
faience [fai'ã:ns] *znw* faience
fail [feil] **I** *onoverg* ontbreken; mislukken, -lopen, niet uitkomen; tekortschieten; falen; achteruitgaan, minder worden, uitvallen, uitgaan [v. licht]; failliet gaan; in gebreke blijven, niet kunnen; niet verder kunnen; zakken [bij examen]; *you cannot ~ to...* u moet wel...; *it never ~s to amaze me* ik ben altijd weer verbaasd (als...) **II** *overg* teleurstellen; in de steek laten, begeven [krachten]; zakken voor [examen]; laten zakken [kandidaat]; *words ~ me* ik ben sprakeloos; **III** *znw*: *without ~* zeker, zonder mankeren; onderw onvoldoende [bij examen]
failing I *voorz*: ~ *this* bij gebrek hieraan; bij gebreke hiervan; ~ *whom* bij wiens ontstentenis; **II** *znw* fout, zwak *o*, gebrek *o*, tekortkoming
fail-safe *bn* absoluut veilig, goed beveiligd [tegen storing]

failure *znw* mislukking, fiasco *o*, afgang; failliet *o*, faillissement *o*; onvermogen *o*; fout, gebrek *o*, defect *o*, storing, uitvallen *o* [v. stroom]; mislukkeling; med hartstilstand
fain [fein] *bijw* vero: *he would ~...* gaarne, met vreugde
faint [feint] **I** *bn* zwak, (afge)mat; flauw(hartig), laf; zwoel [v. lucht of geur]; vaag; flauw [v. lijn]; gering; *I've not the ~est (idea)* gemeenz geen flauw idee; **II** *znw* bezwijming, flauwte; **III** *onoverg*: ~ *(away)* in zwijm vallen, flauwvallen
faint-hearted *bn* laf-, flauwhartig
fainting *znw* bezwijming; ~ *fit* flauwte
faintly *bijw* zwak(jes), flauw(tjes); lichtelijk, enigszins
1 fair [fɛə] *znw* jaarmarkt, kermis; jaarbeurs; *horse ~* paardenmarkt; *trade ~* jaarbeurs; *world('s) ~* wereldtentoonstelling
2 fair [fɛə] *bn* schoon, mooi, fraai; licht, blond [haar], blank [v. huid]; gunstig; billijk, eerlijk, geoorloofd; behoorlijk, tamelijk, vrij aanzienlijk, redelijk, aardig; *a ~ copy* een in het net geschreven afschrift *o*, net *o*; ~ *play* eerlijk (spel *o*); *the ~ sex* het schone geslacht; ~ *and square* eerlijk, ronduit; ~ *'s ~* eerlijk is eerlijk; *he's ~ game* hij is een gemakkelijke (ideale) prooi (voor...); ~ *enough!* dat is niet onredelijk!, o.k.!
fair-ground ['fɛəgraund] *znw* kermisterrein *o*, lunapark *o*
fairing ['fɛəriŋ] *znw* **1** stroomlijnkap, -bekleding; vloeistuk *o*; **2** het stroomlijnen
fairly ['fɛəli] *bijw* eerlijk, billijk, behoorlijk; nogal, tamelijk, vrij(wel); bepaald, gewoonweg, werkelijk; goed en wel, totaal, geheel en al
fairness *znw* schoonheid; blondheid; blankheid; eerlijkheid, billijkheid; *in (all)* ~ eerlijkheidshalve
fairspoken *bn* minzaam, hoffelijk
fairway ['fɛəwei] *znw* scheepv vaargeul, -water *o*; sp verzorgde golfbaan
fair-weather ['fɛəweðə] *bn* mooiweer-; onbetrouwbaar; ~ *friends* schijnvrienden
fairy ['fɛəri] **I** *znw* tovergodin, fee; slang homo, nicht; **II** *bn* toverachtig, feeën-, tover-; ~ *godmother* goede fee (van Assepoester)
fairyland *znw* feeënland *o*; sprookjesland *o*
fairy-lights *znw mv* kerstboom-, feestverlichting
fairy-like *bn* = fairy II
fairy ring *znw* heksenring
fairy-tale, fairy-story *znw* sprookje² *o*
fait accompli [feit-, fetəə'kɔ(:)(m)pli:] [Fr] *znw* (*mv*: faits accomplis) voldongen feit *o*, fait accompli *o*
faith [feiθ] *znw* geloof *o*, (goede) trouw; vertrouwen *o*; (ere)woord *o*; *in good ~* te goeder trouw, bonafide; *in bad ~* met kwade bedoeling; *break (keep) ~ with* zijn woord breken (houden) jegens
faithful I *bn* (ge)trouw; nauwgezet; gelovig; *a ~ promise* een eerlijke belofte; **II** *znw*: *the ~* de gelovi-

gen

faithfully *bijw* (ge)trouw; nauwgezet; *yours* ~ zie *yours*; *promise* ~ eerlijk beloven

faith-healer *znw* gebedsgenezer

faith-healing *znw* gebedsgenezing

faithless *bn* trouweloos; ongelovig

fake [feik] **I** *znw* **1** bedrieglijke namaak, namaaksel *o*, vervalsing; **2** oplichter, bedrieger; **II** *overg*: ~ *(up)* knoeien met, namaken; vervalsen; fingeren, voorwenden, simuleren; **III** *bn* vals

fakir ['fa:kiə] *znw* fakir

falchion ['fɔ:l(t)ʃən] *znw* kromzwaard *o*

falcon ['fɔ:lkən, 'fɔ:kn] *znw* valk

falconer *znw* valkenier

falconry *znw* valkerij, valkenjacht

falderal ['fældə'ræl] *znw* = folderol

faldstool ['fɔ:ldstu:l] *znw* stoel v.e. bisschop; knielbank; lessenaar [voor de litanie]

1 fall [fɔ:l] (fell; fallen) *onoverg* vallen, neer-, vervallen; invallen [v. duisternis]; uit-, ontvallen; neerkomen; dalen, verminderen, afnemen; sneuvelen; ~ *ill* ziek worden; *his face fell* zijn gezicht betrok; hij zette een lang gezicht; *her eyes fell* zij sloeg de ogen neer; ~ *asleep* in slaap vallen; ~ *to bits (pieces)* kapot vallen, uiteenvallen; ~ *on one's feet* op zijn pootjes terechtkomen, boffen; ~ *among* geraken onder [dieven &]; ~ *away* afvallen, vervallen; achteruitgaan, dalen; afvallig worden; ~ *back* wijken, terugtreden, -deinzen; terugvallen; ~ *back on* terugtrekken op; zijn toevlucht nemen tot; ~ *behind* ten achter raken, achterop raken, achter blijven (bij); ~ *by the wayside* afvallen; (iets) niet kunnen bijbenen; ~ *down* neer-, omvallen, vallen van; mislukken; tekortschieten; ~ *for* zich laten inpalmen door, geen weerstand kunnen bieden aan, weg zijn van; er inlopen, erin trappen; ~ *for sbd.* voor iem. vallen, verliefd raken op iem.; ~ *in* invallen; instorten; gemeenz plotseling beseffen, realiseren; mil aantreden; ~ *in love (with)* verliefd worden (op); ~ *in with* (aan)treffen, tegen het lijf lopen; zich voegen naar [inzichten], akkoord gaan met [voorstel]; ~ *into* vallen of uitlopen in; raken in, op [achtergrond]; vervallen tot; ~ *into line* mil aantreden; fig zich aansluiten; ~ *into place* duidelijk worden, een verklaring vinden (voor); ~ *into a rage* woedend worden; ~ *off* afvallen, vervallen, achteruitgaan; dalen; afnemen; afvallig worden; ~ *on* vallen op; neerkomen op; vallen om [de hals]; (aan)treffen, stoten op; aan-, overvallen; ~ *on bad times* slechte tijden doormaken; ~ *out* uitvallen; mil uittreden; komen te gebeuren; ruzie krijgen (met *with*); ~ *out of use* in onbruik raken; ~ *over* omvallen; ~ *over oneself (to do)* zich uitsloven (om); zie ook: *backwards*; ~ *through* in duigen vallen, mislukken, vallen [v. voorstel of motie]; ~ *to* aanpakken, aan het werk gaan; toetasten; vervallen, ten deel (te beurt) vallen aan (ook: ~ *to one's lot, share*); ~ *to talking* beginnen te praten; ~ *under* behoren tot, vallen

onder [een klasse]; ~ *upon* zie *fall on*; ~ *within* vallen binnen of onder

2 fall *znw* val; verval *o*, helling; daling; waterval (meestal ook: ~*s*); ondergang, dood; Am herfst; *the Fall* de zondeval; *have a* ~ een val maken

fallacious [fə'leiʃəs] *bn* bedrieglijk, vals

fallacy ['fæləsi] *znw* valse schijn, bedrieglijkheid, bedrog *o*, drogreden, dwaalbegrip *o*, denkfout

fallen ['fɔ:l(ə)n] V.D. van *fall*

fall-guy ['fɔ:lgai] *znw* gemeenz slachtoffer *o*, dupe; zondebok

fallibility [fæli'biliti] *znw* feilbaarheid

fallible ['fælibl] *bn* feilbaar

falling ['fɔ:liŋ] **I** *bn* vallend; **II** *znw* val

falling-off [fɔ:liŋ'ɔf] *znw* vermindering, achteruitgang, afneming

Fallopian tube [fə-, fæ'loupiən tju:b] *znw* anat eileider

fall-out ['fɔ:laut] *znw* radioactieve neerslag

fall-out shelter *znw* atoomschuilkelder

fallow ['fælou] **I** *bn* braak; **II** *znw* braakland *o*

fallow deer *znw* damhert *o*

false [fɔ:ls] *bn* vals, onwaar, onjuist, verkeerd; scheef [v. verhouding]; onecht; pseudo; trouweloos, ontrouw (aan *to*); loos, dubbel [bodem]; ~ *alarm* loos alarm *o*; ~ *start* valse start; fig verkeerd begin *o*; *a* ~ *move (step)* een misstap[2]

false-hearted *bn* vals

falsehood *znw* leugen(s); valsheid

falsetto [fɔ:l'setou] *znw* falset(stem)

falsies ['fɔ:lsiz] *znw mv* gemeenz vullingen [in beha]; kunstborsten

falsification [fɔ:lsifi'keiʃən] *znw* vervalsing

falsifier ['fɔ:lsifaiə] *znw* vervalser

falsify *overg* vervalsen; weerleggen

falsity *znw* valsheid; onjuistheid

falter ['fɔ:ltə] *overg* & *onoverg* stamelen, stotteren; haperen, aarzelen, weifelen, wankelen[2]; teruglopen [v. belangstelling &]

fame [feim] *znw* faam, vermaardheid; roem, (goede) naam; *house of ill* ~ vero bordeel *o*; *of ...* ~ wiens naam verbonden is met, de bekende ...

famed *bn* befaamd, beroemd, vermaard

familial [fə'miljəl] *bn* familie-, familiaal

familiar [fə'miljə(r)] gemeenzaam; bekend; vertrouwd; vertrouwelijk, intiem; (al te) familiair

familiarity [fəmili'æriti] *znw* gemeenzaamheid, bekendheid, vertrouwdheid, vertrouwelijkheid, familiariteit

familiarize [fə'miljəraiz] *overg* gemeenzaam maken, bekend maken, vertrouwd maken

family ['fæmili] *znw* (huis)gezin *o*, huis *o*; familie; geslacht *o*; kinderen; *in the* ~ *way* gemeenz in verwachting; *start a* ~ een gezin stichten; *have you any* ~*?* heb je kinderen?

family allowance *znw* kinderbijslag

family car *znw* gezinsauto

family doctor *znw* huisarts

family hotel *znw* hotel-pension
family likeness *znw* familietrek
family man *znw* huisvader; huiselijk man
family name *znw* achternaam, familienaam
family planning *znw* geboortebeperking
family show *znw* amusementsprogramma *o* voor het hele gezin
family size *znw* in gezinsverpakking
family tree *znw* stamboom
famine ['fæmin] *znw* hongersnood
famished ['fæmiʃt] *bn* uitgehongerd; *I'm absolutely* ~ *gemeenz* ik sterf van de honger
famous ['feiməs] *bn* beroemd, vermaard, bekend
famously *bijw* fantastisch, fameus, prachtig
fan [fæn] **I** *znw* **1** waaier; ventilator; **2** bewonderaar, fan [van voetbal &]; **II** *overg* waaien, koelte toewuiven; aanwakkeren, aanblazen; ~ *(out)* (zich) waaiervormig ver-, uitspreiden
fanatic [fə'nætik] *znw* (godsdienstige) dweper, fanaticus; fan, fanaat [sport &]
fanatical *bn* fanatiek, dweepziek
fanaticism [fə'nætisizm] *znw* dweepzucht, fanatisme *o*
fan belt *znw* ventilatorriem
fancier ['fænsiə] *znw* liefhebber; fokker, kweker
fanciful ['fænsiful] *bn* fantastisch; wonderlijk, grillig; denkbeeldig, hersenschimmig
fan club *znw* fanclub
fancy ['fænsi] **I** *znw* fantasie, ver-, inbeelding; verbeeldingskracht; hersenschim; idee *o & v*; inval, gril; (voor)liefde, liefhebberij; lust, zin, smaak; klein taartje *o*, gebakje *o; take (tickle) sbd.'s* ~ in iems. smaak vallen; *take a* ~ *to* lust of zin krijgen in; op krijgen met; **II** *overg* zich verbeelden, zich voorstellen, wanen, denken; zin (trek) krijgen of hebben van, op krijgen of hebben met, houden van; een hoge dunk hebben van; ~ *(that)!* stel je voor!; *I don't* ~ *him* ik voel me helemaal niet tot hem aangetrokken; ik vind hem niet aantrekkelijk [seksueel]; **III** *wederk:* ~ *oneself* met zichzelf ingenomen zijn; **IV** *bn* fantasie-; fantastisch; chic; ~ *ball* gekostumeerd bal *o;* ~ *bread* luxebrood *o*
fancy cake *znw* taart, taartje *o*
fancy-dress *znw* kostuum *o* [v. gekostumeerd bal]; ~ *ball* gekostumeerd bal *o*
fancy fair *znw* liefdadigheidsbazaar
fancy-free *bn* niet verliefd
fancy-goods *znw mv* galanterieën
fancy man *znw* minnaar, vrijer, minnaar
fancy price *znw* fabelachtige prijs
fancy woman *znw* maîtresse, maintenée, minnares
fancy-work *znw* handwerkje *o*, handwerkjes
fandangle [fæn'dæŋgəl] *znw* **1** malligheid; **2** tierelantijntje *o*
fandango [fæn'dæŋgəu] *znw* (*mv:* -s *of* -goes) fandango [Spaanse dans]
fane [fein] *znw* plechtig tempel

fanfare ['fænfɛə] *znw* fanfare
fanfaronade ['fænfærə'na:d] *znw* snoeverij, opschepperij
fang [fæŋ] *znw* slagtand, giftand
fanlight ['fænlait] *znw* (waaiervormig) bovenlicht *o*, bovenraam *o*, puiraam *o*
fan mail *znw* fanmail
fanny ['fæni] *znw* Am slang kont; Br plat kut; *sweet F~* Adams slang niks en niemendal
fantail ['fænteil] *znw* dierk pauwstaart [duif]
fantasia [fæn'teizjə] *znw* muz fantasia
fantasize ['fæntəsaiz] *overg* fantaseren
fantast ['fæntæst] *znw* znw ziener; dromer
fantastic [fæn'tæstik(l)] *bn* fantastisch, grillig
fantasy ['fæntəsi] *znw* fantasie; illusie
far [fa:] **I** *bn* ver, afgelegen; *the* ~ *end* het andere einde [van de straat &]; *on the* ~ *right of the platform* helemaal rechts op het podium; **II** *znw: by* ~ verreweg; *versterkend* veel; **III** *bijw* ver, verre(weg), *versterkend* veel; ~ *(and away) the best* verreweg de beste; ~ *and near,* ~ *and wide* wijd en zijd, (van) heinde en ver; ~ *from it* verre van dien; ~ *off* ver weg; ver; *as* ~ *as* tot aan, tot; *as* ~ *back as 1904* reeds in 1904; *as (so)* ~ *as, in so* ~ *as* voorzover, inzover(re); *so* ~ tot zover, tot nu toe, tot dusver; inzover(re); *so* ~ *from ...* wel verre van...; *so* ~ *so good* tot zover is alles (het) in orde; *thus* ~ tot nu toe; *how* ~ hoe ver; in hoever(re); ~ *be it from me, to...* het zij verre van mij, te...; ik ben wel de laatste om...; ~ *from good enough* lang niet goed genoeg, verre van goed
far-away *bn* afgelegen, ver[2]; verstrooid
farce [fa:s] *znw* klucht[2], kluchtspel *o*; paskwil *o*
farcical *bn* bespottelijk; kluchtig
fare [fɛə] **I** *znw* vracht; vrachtprijs, tarief *o*; reisgeld *o; gemeenz* (geld *o* voor) kaartje *o* [in bus &]; passagier, vrachtje *o* [v. taxi]; kost, voedsel *o*; **II** *onoverg* (er bij)varen, gaan, zich bevinden; ~ *badly* er bekaaid afkomen; *they* ~*d badly* ook: het (ver)ging ze slecht; ~ *forth* vero vertrekken; ~ *well* zich wel bevinden; ~ *(you, thee) well!* vero vaarwel!
farewell [fɛə'wel] **I** *tsw* vaarwel!; **II** *znw* afscheid *o*, vaarwel *o;* **III** *bn* afscheids-
far-fetched ['fa:'fetʃt] *bn* vergezocht
far-flung *bn* ver verspreid, uitgestrekt; verafgelegen
farina [fə'rainə] *znw* bloem van meel; plantk stuifmeel *o*; zetmeel *o*
farinaceous [færi'neiʃəs] *bn* (zet)meelachtig, melig, meel-
farm [fa:m] **I** *znw* boerderij, fokkerij, kwekerij, (pacht)hoeve; **II** *overg* bebouwen; ~ *out* uitbesteden; **III** *onoverg* boeren, het boerenbedrijf uitoefenen; **IV** *bn* ook: landbouw-
farmer *znw* boer, landman, landbouwer, agrariër; [schapen- &] fokker, [pluimvee- &] houder, [oester- &] kweker; vero pachter [v. belastingen &]
farmhand *znw* boerenarbeider, boerenknecht
farmhouse ['fa:mhaus] *znw* boerderij, boerenhoeve

farming I *znw* landbouw, boerenbedrijf *o*; [pluimvee-, varkens-, fruit- &] teelt; **II** *bn* landbouw-, pacht-

farmland *znw* bouwland *o*

farm products *znw mv* landbouwproducten; agrarische producten

farmstead *znw* boerderij

farmyard *znw* boerenerf *o*

far-off ['fɑːrɔːf] *bn* ver(afgelegen); lang geleden

far-out ['fɑːraut] *bn* **1** bizar; avant-gardistisch; **2** fantastisch, uitstekend

farrago [fəˈrɑːgou] *znw* (*mv*: -s; *Am* -goes) mengelmoes *o* & *v*

far-reaching ['fɑːˈriːtʃiŋ] *bn* verreikend; verstrekkend; ingrijpend

farrier ['færiə] *znw* hoefsmid

farriery *znw* hoefsmederij; paardenartsenijkunde

farrow ['færou] **I** *znw* worp (biggen); **II** (*onoverg &*) *overg* (biggen) werpen

far-seeing ['fɑːˈsiːiŋ] *bn* (ver) vooruitziend

far-sighted *bn* verziend; (ver) vooruitziend

fart [fɑːt] gemeenz **I** *onoverg* winden laten; ~ *about* (*around*) aan-, rondklooien; **II** *znw* wind

farther ['fɑːðə] *bn* verder; zie ook: *further*

farthermost *bn* verst

farthest *bn* verst; *at* (*the*) ~ op zijn verst; op zijn hoogst; op zijn laatst

farthing [fɑːðiŋ] *znw* hist ¼ penny; fig cent, duit

f.a.s. *afk.* = *free alongside ship* vrij langs boord [inlading voor rekening van de koper]

fasces ['fæsiːz] *znw* hist bijlbundel, fasces

fascia ['feiʃə] *znw* naambord *o* boven winkel (ook: ~-*board*); auto dashboard *o*

fascicle ['fæsikl] *znw* bundeltje *o*, bosje *o* aflevering [v. tijdschrift, boek]

fascinate ['fæsineit] *overg* betoveren, bekoren, boeien, fascineren, biologeren

fascination [fæsiˈneiʃən] *znw* betovering

fascism ['fæʃizm] *znw* fascisme *o*

fascist I *znw* fascist; **II** *bn* fascistisch

fashion ['fæʃən] **I** *znw* manier, wijze, mode; trant; fatsoen *o*; vorm, snit; de mode; *after a* ~ tot op zekere hoogte; *in the latest* ~ naar de laatste mode; *in* (*out of*) ~ in (uit) de mode; **II** *overg* vormen, fatsoeneren; pasklaar maken (voor *to*)

fashionable *bn* in de mode, naar de mode; chic, modieus, mode-; gangbaar

fashion magazine *znw* modeblad *o*

fashion model *znw* mannequin

fashion-plate *znw* modeplaat

1 fast [fɑːst] **I** *znw* vasten *o*; **II** *onoverg* vasten

2 fast [fɑːst] **I** *bn* vast, kleurhoudend, wasecht; hecht; flink; hard; snel, vlug, vlot; ~ *and furious* geweldig; *pull a* ~ *one on sbd.* gemeenz iem. een loer draaien, een poets bakken; *my watch is* ~ mijn horloge loopt vóór; **II** *bijw* vast; flink, hard; snel, vlug, vlot; ~ *asleep* in diepe slaap; ~ *beside*, ~ *by* vero vlak naast; *play* ~ *and loose* zijn woord niet

houden; het zo nauw niet nemen [in gewetenszaken]

fast breeder (reactor) ['fɑːstbriːdə (riˈæktə)] *znw* snelle-kweekreactor

fast-day ['fɑːstdei] *znw* vastendag

fasten ['fɑːsn] **I** *overg* vastmaken, -zetten, -binden, -leggen, bevestigen; sluiten, dichtdoen (ook: ~ *up*; **II** *onoverg* dichtgaan, sluiten; ~ (*up*)*on* aangrijpen, zich vastklampen aan

fastener *znw* klem, knijper, sluiting

fastening *znw* sluiting, slot *o*, verbinding; haak, kram

fast food ['fɑːstfuːd] *znw* fastfood *o* [voedsel dat snel bereid en geserveerd wordt, zoals snacks]

fastidious [fæsˈtidiəs] *bn* lastig, kieskeurig; veeleisend

fasting ['fɑːstiŋ] *znw* het vasten

fast-moving ['fɑːstmuːviŋ] *bn* snel; fig spannend [toneelstuk]

fastness *znw* vastheid, hechtheid; snelheid; bolwerk *o*

fast train *znw* sneltrein

fat [fæt] **I** *bn* vet, vlezig, dik; rijk; ~ *cattle* mestvee *o*; (*a*) ~ *lot* gemeenz geringsch nogal wat; ~ *stock* slachtvee *o*; **II** *znw* vet *o*; vette *o*; *the* ~ *is in the fire* nu heb je de poppen aan het dansen; *live on one's* ~ interen; *live on the* ~ *of the land* van het goede der aarde genieten

fatal ['feitl] *bn* noodlottig, ongelukkig, dodelijk, fataal

fatalism *znw* fatalisme *o*

fatalist *znw* & *bn* fatalist(isch)

fatalistic [feitəˈlistik] *bn* fatalistisch

fatality [fəˈtæliti] *znw* noodlot *o*, noodlottigheid; slachtoffers, dodelijk ongeval *o*

fate [feit] *znw* noodlot *o*, fatum *o*; lot *o*; dood; *the Fates* de schikgodinnen

fated *bn* voorbeschikt, (voor)bestemd; (ten ondergang) gedoemd

fateful *bn* fataal, profetisch; gewichtig

fat-free ['fætfriː] *bn* mager, vetarm [v. voedsel]

fat-head ['fæthed] *znw* gemeenz stomkop

father ['fɑːðə] **I** *znw* vader; grondlegger; uitvinder; pater, ook: pastoor; *the Holy F*~ de paus; *F*~ *Christmas* het kerstmannetje; *F*~'*s Day* vaderdag; *the F*~*s* (*of the Church*) de kerkvaders; ~*s of the city*, *city* ~*s* vroede vaderen; **II** *overg* vader zijn/worden van, een vader zijn voor; (als kind) aannemen; zich de maker, schrijver & van iets verklaren; ~ (*up*)*on* toeschrijven aan, in de schoenen schuiven

father-figure *znw* vaderfiguur

fatherhood *znw* vaderschap *o*

father-in-law *znw* (*mv*: fathers-in-law) schoonvader

fatherland *znw* vaderland *o*

fatherless *bn* zonder vader, vaderloos

fatherly *znw* vaderlijk

fathom ['fæðəm] **I** *znw* vadem; **II** *overg* (ook ~ *out*) peilen², doorgronden

fathomless *bn* peilloos; fig ondoorgrondelijk

fatigue [fə'tiːg] **I** *znw* afmatting, vermoeidheid, vermoeienis; moeheid [v. metaal]; mil corvee; ~s mil gevechtspak *o*; **II** *overg* afmatten, vermoeien

fatless *bn* vetvrij, zonder vet

fatten ['fætn] **I** *onoverg* dik worden; **II** *overg* dik maken, vetmesten

fatty I *bn* vettig, vet; ~ *tissue* vetweefsel *o*; **II** *znw* dikzak

fatuity [fə'tjuiti] *znw* onzinnigheid, onbenulligheid, dwaasheid

fatuous ['fætjuəs] *bn* onzinnig, onbenullig, dwaas, idioot

faucet ['fɔːsit] *znw* Am (tap)kraan

faugh [pf, fɔː] *tsw* bah!, foei!

fault [fɔːlt] **I** *znw* fout, feil, schuld; gebrek *o*; techn defect *o*; storing; breukvlak *o* in aardlaag (ook: ~-plane); *find* ~ aanmerking(en) maken, vitten (op *with*); *be at* ~ niet in orde zijn; schuldig zijn; schuld hebben; *kind to a* ~ overdreven (al te) goed; **II** *overg* aanmerking(en) maken op, vitten op

fault-finder *znw* muggenzifter; elektr storingzoeker

fault-finding I *bn* vitterig; **II** *znw* gevit *o*, muggenzifterij; elektr opsporen *o* van defecten

faultless *bn* feilloos, onberispelijk, foutloos

faulty *bn* onjuist, verkeerd, gebrekkig; niet in orde, defect

faun [fɔːn] *znw* faun, bosgod

fauna ['fɔːnə] *znw* fauna

faux pas [fou'pɑː] *znw* [Fr] miskleun, -stap

favour, Am favor ['feivə] **I** *znw* genegenheid, goedkeuring; gunst, gunstbewijs *o*, genade; begunstiging, voorkeur; lint *o*, strik; rozet, insigne; *in* ~ *of* ten gunste van; *in (out of)* ~ *with sbd.* in de gunst (uit de gratie) zijn bij iem.; *be in* ~ *of*, *look with* ~ *on* gunstig gezind zijn, zijn vóór; *find* ~ *(with)* goedkeuring krijgen; *do me a* ~! zeg, doe me een lol!; **II** *overg* gunstig gezind zijn, (geporteerd) zijn vóór; begunstigen; bevorderen, steunen, aanmoedigen; bevoorrechten; voortrekken

favourable *bn* gunstig

favourite ['feivərit] **I** *bn* geliefkoosd, geliefd, lievelings-; **II** *znw* gunsteling(e); favoriet [bij races]; lieveling

favouritism *znw* onrechtvaardige begunstiging, bevoorrechting, vriendjespolitiek

fawn [fɔːn] **I** *znw* jong hert *o*, reekalf *o*; **II** *bn* lichtbruin; **III** *onoverg*: ~ *(up)on* vleien, flemen, pluimstrijken, kruipen voor

fawner *znw* vleier, pluimstrijker

fax [fæks] **I** *znw* fax; **II** *overg* faxen

fay [fei] *znw* plechtig fee

faze [feiz] *overg* gemeenz in verwarring brengen, van streek maken

FBI *afk.* = *Federal Bureau of Investigation* recherche, opsporingsdienst [in de V.S.]

fealty ['fiːəlti] *znw* (leenmans)trouw

fear [fiə] **I** *znw* vrees (voor *of*), angst; *no* ~! geen sprake van!; *for* ~ *of (that)* uit vrees voor (dat); *be (go) in* ~ *of* vrezen voor; *without* ~ *or favour* zonder aanzien des persoons; **II** *overg* vrezen; *I* ~ *that I can't come tomorrow* ik ben bang dat ik morgen niet kan komen; **III** *onoverg*: ~ *for* bezorgd zijn om, vrezen voor

fearful *bn* vreselijk; ~ *lest* bang dat; ~ *of* bang voor

fearfully *bijw* vreselijk°

fearless *bn* onbevreesd, onvervaard

fearsome *bn* vreselijk, angstaanjagend

feasibility ['fiːzibiliti] *znw* haalbaarheid, uitvoerbaarheid; ~ *study* haalbaarheidsonderzoek *o*

feasible ['fiːzibl] *bn* doenlijk, uitvoerbaar, mogelijk

feast [fiːst] **I** *znw* feest *o*, festijn *o*, gastmaal *o*; **II** *onoverg* feestvieren, smullen; ~ *on* zich vergasten aan²; **III** *overg* onthalen; ~ *on* [de ogen] vergasten aan

feat [fiːt] *znw* (helden)daad; (wapen)feit *o*; kunststuk *o*, toer, prestatie

feather ['feðə] **I** *znw* veer; pluim(en); *a* ~ *in one's cap* een pluim op iemands hoed; *in full* ~ gemeenz in pontificaal; *they are birds of a* ~ het is één pot nat; ze hebben veel van elkaar weg; *fine* ~s *make fine birds* de kleren maken de man; **II** *overg* met veren versieren, met veren bedekken; ~ *one's nest* zijn beurs spekken; ~ *the oars* de riemen plat leggen

feather-bed I *znw* veren bed *o*; **II** *overg* in de watten leggen

feather-brained *bn* leeghoofdig

feather duster *znw* plumeau

featherweight *znw* sp vedergewicht *o* [boksen]; fig lichtgewicht, nul

feathery *bn* vederachtig, luchtig

feature ['fiːtʃə] **I** *znw* (gelaats)trek; fig kenmerk *o*, hoofdtrek, (hoofd)punt *o*, glanspunt *o*, 'clou'; speciaal artikel *o* &; hoofdfilm of speelfilm (ook: ~ *film*); klankbeeld *o* (ook: *radio* ~); **II** *overg* een beeld geven van, karakteriseren; laten optreden als ster, vertonen, brengen [enz &], speciale aandacht besteden aan; **III** *onoverg* een rol spelen

featureless *bn* onopvallend, saai

febrifuge ['febrifjuːdʒ] *znw* koortsmiddel *o*

febrile ['fiːbrail] *bn* koortsig, koorts-; koortsachtig

February ['februəri] *znw* februari

feces *znw mv* Am = *feces*

feckless ['feklis] *bn* zwak; onhandig; nutteloos; lichtvaardig

fecund [fiːkənd] *bn* vruchtbaar

fecundate *overg* vruchtbaar maken, bevruchten

fecundation [fiːkən'deiʃən] *znw* vruchtbaar maken *o*, bevruchting

fecundity [fi'kʌnditi] *znw* vruchtbaarheid

fed [fed] V.T. & V.D. van *feed*

Fed [fed] *znw* **1** Am slang federaal ambtenaar; ± rijksambtenaar; vooral FBI-agent; **2** = *Federal Reserve Board* Amerikaanse nationale bank

189

federal

federal ['fedərəl] *bn* federaal, bonds-
federalism ['fedərəlizm] *znw* federalisme *o*
federalist *znw* & *bn* federalist(isch)
federate I *bn* ['fedərit] verbonden; II *(onoverg &)*
overg ['fedəreit] (zich) tot een (staten)bond verenigen
federation [fedə'reiʃən] *znw* (staten)bond
federative ['fedərətiv] *bn* federatief
fee [fi:] *znw* loon *o*, honorarium *o*; leges; (school-,
examen)geld *o*; ~s ook: contributie, entreegeld *o*
feeble ['fi:bl] *bn* zwak
feeble-minded *bn* zwakzinnig
1 feed [fi:d] (fed; fed) I *overg* voeden, spijz(ig)en; te
eten (voedsel) geven; voe(de)ren, (laten) weiden;
onderhouden [het vuur]; voedsel geven aan, stimuleren; bevoorraden, toevoeren, aanvoeren; techn
aan-, invoeren; ~ *up* flink voeden; (vet)mesten; *fed
up gemeenz* landerig; *be fed up with gemeenz* zijn
bekomst hebben van, balen hebben van, beu zijn
van; II *onoverg* zich voeden; eten; weiden; ~ *on*
leven van, zich voeden met
2 feed *znw* voe(de)r *o*, maal *o*, maaltijd, eten *o*; portie; techn voeding, aan-, invoer
feedback *znw* terugkoppeling; feedback, respons;
het rondzingen [v. geluidsinstallatie]
feeder *znw* voeder, eter; zijlijn [van spoor]; zuigfles;
techn inlader, aanvoerwals; in-, toevoer-
mechanisme *o*; elektr voedingskabel, -leiding
feeding *znw* voeden *o*, voe(de)ren *o*; ~ *bottle*
zuigfles
feed-pipe *znw* techn voedingspijp
1 feel [fi:l] (felt; felt) I *overg* (ge)voelen, bevoelen,
aftasten, betasten; vinden, menen, van mening
zijn, achten, denken; ~ *one's way* op de tast gaan;
fig het terrein verkennen; II *onoverg* (zich) voelen;
aanvoelen; een zeer besliste mening hebben (omtrent *about, on*); *I don't* ~ *like it* ik heb er geen zin
in; *I don't* ~ *quite myself* ik voel me niet erg prettig;
~ *around* rondtasten; *how I* ~ *about this* hoe ik hierover denk, wat ik ervan vind; ~ *for* (tastend) zoeken naar; meelij hebben met; *not* ~ *like food (going
&)* geen trek hebben in eten (om te gaan); ~ *out of
it* zich voelen als een kat in een vreemd pakhuis;
not ~ *up to* iets niet aandurven
2 feel *znw* gevoel *o*, tast; aanvoelen *o*; *get the* ~ *of
sth.* iets in de vingers krijgen
feeler *znw* voeler, voelhoorn; *put out* ~*s* een proefballon oplaten
feeling I *bn* gevoelvol, gevoelig; II *znw* gevoel *o*;
sympathie; gevoeligheid; geraaktheid, ontstemming, opwinding; stemming; ~*s* gevoelens; *bad* ~
wrok; *hard* ~*s* kwaad bloed *o*, wrok; *no hard* ~*s!*
even goeie vrienden!; ~*s were running high* de gemoederen waren verhit (opgewonden); *have mixed
~s (about)* gemengde gevoelens hebben (over); *hurt
sbd.'s* ~*s* iem. (diep) kwetsen; *stir strong* ~*s* kwaad
bloed zetten; *with a touch of* ~ een tikje geraakt
feet [fi:t] *znw mv* v. *foot*

feign [fein] *overg* veinzen, voorwenden, huichelen
feint [feint] I *znw* schijnbeweging, schijnaanval;
voorwendsel *o*; list; II *bn* flauw [v. lijnen]; III *onoverg* een schijnbeweging maken
feldspar ['feldspa:] *znw* veldspaat *o*
felicitate [fi'lisiteit] *overg* gelukwensen (met *on*)
felicitation [filisi'teiʃən] *znw* gelukwens
felicitous [fi'lisitəs] *bn* gelukkig (bedacht &)
felicity *znw* geluk *o*, gelukzaligheid; *felicities* gelukkige vondsten, gedachten &
feline ['fi:lain] *bn* katten-, katachtig, kattig
1 fell [fel] *znw* **1** vel *o*, huid; **2** heuvel, berg
2 fell [fel] *bn* plechtig wreed, woest; dodelijk; *at one
~ swoop* om één (enkele) klap
3 fell [fel] *overg* vellen, neervellen
4 fell V.T. van *fall*
fella *znw* gemeenz vent, gozer, kerel; vriendje *o*
feller *znw* **1** houthakker; **2** gemeenz = *fella*
fellmonger ['felmʌŋgə] *znw* huidenkoper
felloe ['felou] *znw* velg [v. wiel]
fellow [felou] I *znw* maat, makker, kameraad gemeenz kerel, vent, knul; andere of gelijke (van
twee), weerga; lid *o*; onderw lid *o* v. *college* aan de
Hogescholen; gepromoveerde die een beurs geniet;
II *bn* mede-
fellow-countryman, fellow-countrywoman
znw landgenoot, -genote
fellow-creature *znw* medeschepsel *o*
fellow-feeling *znw* medelijden *o*, medegevoel *o*;
sympathie
fellowship *znw* kameraadschap, collegialiteit;
broederschap; (deel)genootschap *o*; omgang, gemeenschap; lidmaatschap *o* [v. *college*]; beurs [v.e.
fellow]
fellow-soldier *znw* wapenbroeder
fellow-student *znw* medestudent, schoolmakker
fellow-traveller *znw* medereiziger, tochtgenoot;
meeloper, sympathiserende [vooral van communistische partij]
fellow-worker *znw* medearbeider
felly ['feli] *znw* = *felloe*
felon ['felən] *znw* misdadiger, booswicht
felonious [fi'lounjəs] *bn* misdadig
felony [feləni] *znw* (hals)misdaad
felspar ['felspa:] *znw* = *feldspar*
felt [felt] I *znw* vilt *o*; II *overg* vilten, tot vilt maken; IV V.T. & V.D. van *feel*
felt-tip, felt-tip pen *znw* viltstift
felty ['felti] *bn* viltachtig
female ['fi:meil] I *bn* vrouwelijk, vrouwen-, wijfjes-;
~ *screw* techn moer; II *znw* dierk wijfje *o*; vrouw,
vrouwspersoon *o*
femineity [femi'ni:iti] *znw* vero vrouwelijkheid,
verwijfdheid
feminine ['feminin] *bn* vrouwelijk; vrouwen-
femininity [femi'niniti] *znw* vrouwelijkheid
feminism ['feminizm] *znw* feminisme *o*
feminist ['feminist] *znw* & *bn* feminist(isch)

feminize *overg* & *onoverg* vervrouwelijken

femoral ['femərəl] *bn* dij-

femur ['fi:mə] *znw* (*mv*: femora ['femərə]) dijbeen *o*; dij [v. insect]

fen [fen] *znw* moeras *o*; *the Fens* het lage land in Cambridgeshire

fence [fens] **I** *znw* schutting, (om)heining, hek *o*, heg; sp hindernis; gemeenz heler; *electric* ~ schrikdraad *o*; *be* (*sit, stay*) *on the* ~ neutraal blijven, de kat uit de boom kijken; **II** *overg* omheinen (ook: ~ *in, round*); beschutten, beschermen; pareren[2]; ~ *off* afslaan; **III** *onoverg* schermen; hindernissen nemen

fencer *znw* schermer

fencing ['fensiŋ] *znw* schermen *o*, schermkunst; omheining

fencing-master *znw* schermmeester

fend [fend] *overg* & *onoverg*: ~ *off* afweren; ~ *for oneself* voor zichzelf zorgen

fender *znw* haardscherm *o*; scheepv stootkussen *o*, -mat, -blok *o*; Am spatbord *o*

Fenian ['fi:niən] *znw* hist Fenian: aanhanger v.d. Ierse revolutionaire beweging

fennel ['fenl] *znw* plantk venkel

feoffment ['fefmənt] *znw* hist in leen geven *o*

feral ['fiərəl], **ferine** ['fiərain] *bn* wild; ongetemd; beestachtig

ferial ['fiəriəl] *bn* godsd doordeweeks, gewoon [niet op een zondag of een religieuze feestdag]

ferment I *znw* ['fə:ment] gist; gisting; ferment *o*; onrust; **II** (*overg* &) *onoverg* [fə:'ment] (doen) gisten, (doen) fermenteren; in beroering brengen

fermentation [fə:men'teiʃən] *znw* gisting; fermentatie; onrust, beroering

fern [fə:n] *znw* plantk varen(s)

fernery *znw* kweekplaats voor varens

ferny *bn* met varens begroeid

ferocious [fə'rouʃəs] *bn* woest; wreed; fel

ferocity [fə'rɔsiti] *znw* woestheid; wreedheid; felheid

ferret ['ferit] **I** *znw* dierk fret *o*; **II** *onoverg* fretten; snuffelen; **III** *overg*: ~ *out* uitvissen; opscharrelen, opsporen

ferriage ['feriidʒ] *znw* veergeld *o*; overzetten *o*

ferric ['ferik] *bn* ijzer-

Ferris wheel ['feriswi:l] *znw* Am reuzenrad *o* [op kermis]

ferroconcrete ['ferou'kɔnkri:t] *znw* gewapend beton *o* (ook: *reinforced concrete*)

ferrous ['ferəs] *bn* ijzerhoudend, ferro-

ferruginous [fe'ru:dʒinəs] *bn* ijzerhoudend; roestkleurig

ferrule ['feru:l, 'ferəl] *znw* metalen ring, busje *o* [aan mes, rotting, stok], beslag *o*

ferry ['feri] **I** *znw* veer *o*, veerboot, ferry; **II** *overg* & *onoverg* overzetten, overbrengen, overvaren; vervoeren

ferry-boat *znw* veerpont, -boot

ferryman *znw* veerman

fertile ['fə:tail] *bn* vruchtbaar; fig overvloedig, rijk [fantasie &]

fertility [fə'tiliti] *znw* vruchtbaarheid

fertilization [fə:tilai'zeiʃən] *znw* vruchtbaar maken *o*; plantk bevruchting; bemesting (met kunstmest)

fertilize ['fə:tilaiz] *overg* vruchtbaar maken; plantk bevruchten; bemesten (met kunstmest)

fertilizer *znw* mest(stof), kunstmest(stof)

fervency ['fə:vənsi] *znw* gloed, vuur *o*, vurigheid

fervent *bn* vurig[2], warm, fervent

fervid ['fə:vid] *bn* heet[2]; gloeiend[2], vurig

fervour ['fə:və] *znw* ijver, vurigheid, gloed

festal ['festəl] *bn* feestelijk, feest-

fester ['festə] **I** *onoverg* (ver)zweren, (ver)etteren, (ver)rotten, invreten; irriteren, knagen; **II** *znw* verzwering

festival ['festivəl] **I** *bn* feestelijk; feest-; **II** *znw* feest *o*, feestviering; feestdag; muziekfeest *o*, festival *o*

festive *bn* feestelijk, feest-

festivity [fes'tiviti] *znw* feestelijkheid; feestvreugde

festoon [fes'tu:n] **I** *znw* festoen *o* & *m*, guirlande, slinger; **II** *overg* met guirlandes & behangen

fetch [fetʃ] **I** *overg* (be)halen, brengen; opbrengen; tevoorschijn brengen [bloed, tranen]; toebrengen, geven [een klap]; **II** *onoverg*: ~ *and carry* apporteren; fig voor loopjongen (knechtje) spelen; ~ *up* terechtkomen, belanden

fetching *bn* gemeenz pakkend, aantrekkelijk

fete [feit] **I** *znw* feest *o*; RK naamdag; **II** *overg* fêteren, feestelijk onthalen

fetid ['fetid, 'fi:tid] *bn* stinkend

fetish ['fi:tiʃ, 'fetiʃ] *znw* fetisj[2]; *she almost makes a* ~ *of cleanliness* het lijkt wel of ze aan smetvrees lijdt

fetishism ['fi:ti-, 'fetiʃizm] *znw* fetisjisme *o*

fetlock ['fetlɔk] *znw* vetlok (v. paard)

fetor ['fi:tə] *znw* stank

fetter ['fetə] **I** *znw* keten, boei, kluister; **II** *overg* boeien, kluisteren; binden[2]

fettle ['fetl] *znw*: *in fine* ~ in uitstekende conditie

1 feud [fju:d] **I** *znw* vijandschap, vete, onenigheid; **II** *onoverg* strijden, twisten, onenigheid hebben

2 feud [fju:d] *znw* hist leen(goed) *o*

feudal ['fju:dəl] *bn* feodaal, leenroerig; ~ *system* leenstelsel *o*

feudalism *znw* hist feodalisme *o*, leenstelsel *o*

feudality [fju:'dæliti] *znw* hist feodaliteit; leenroerigheid; leenstelsel *o*; leen *o*

feudatory ['fju:dətəri] **I** *bn* hist leenroerig, -plichtig; **II** *znw* hist leenman

fever ['fi:və] *znw* koorts; grote opwinding

fevered, feverish *bn* koortsachtig; koortsig

feverous *bn* koortsig; koorts-

few [fju:] *bn* & *znw* weinig; *a* ~ enige; een paar, enkele; *every* ~ *days* om de paar dagen; *a good* (*fair*) ~, *quite a* ~ heel wat; *as* ~ *as* niet meer dan, nog maar; *no* ~*er than* niet minder dan, maar liefst; *the* ~ de weinigen, de enkelen; de minderheid; ~ *and* *far between* zeldzaam; *in* ~ vero om kort te gaan; *the last (next)* ~ *days* de laatste (volgende) (paar) dagen; *he's had a* ~ *(too many)* hij heeft een glaasje te veel op

fey [fei] *bn* fantastisch, elfachtig; ten dode opgeschreven; helderziend; extatisch

fez [fez] *znw* (*mv*: fezzes) fez [hoofddeksel]

fiancé(e) [fi'ã:nsei] *znw* aanstaande, verloofde

fiasco [fi'æskou] *znw* fiasco *o*, flop

fiat ['faiæt] *znw* fiat *o*, goedkeuring, besluit *o*

fib [fib] **I** *znw* leugentje *o*; *tell* ~*s* jokken; **II** *onoverg* jokken

fibber *znw* leugenaar(ster), jokkebrok

fibre, *Am* **fiber** ['faibə] *znw* vezel; fiber *o & m*; wortelhaar *o*; *fig* aard, karakter *o*; *moral* ~ ruggengraat, karaktervastheid; *with every* ~ *of one's being* met elke vezel van het lichaam, hartgrondig

fibre-board *znw* vezelplaat

fibreglass ['faibəgla:s], *Am* **fiberglass** *znw* glasvezel, fiberglas *o*

fibril ['faibril] *znw* vezeltje *o*; wortelhaartje *o*

fibrin [faibrin] *znw* fibrine

fibrous ['faibrəs] *bn* vezelachtig, vezelig

fibula ['fibjulə] *znw* (*mv*: -s *of* fibulae [-li:]) anat kuitbeen *o*

fichu ['fi:ʃu:] *znw* halsdoek, omslagdoekje *o*

fickle ['fikl] *bn* wispelturig, grillig

fictile ['fiktail] *bn* aarden; kneedbaar, plastisch; ~ *art* pottenbakkerskunst

fiction [fikʃən] *znw* verdichting; verdichtsel *o*, fabeltje *o*; fictie; romanliteratuur, romans

fictional *bn* van (in) de romanliteratuur, roman-; zie ook: *fictitious*

fictionalize ['fikʃnəlaiz] *overg* tot een roman bewerken

fictitious [fik'tiʃəs] *bn* verdicht; verzonnen, fictief, gefingeerd; denkbeeldig, onecht, vals

fictive ['fiktiv] *bn* vormend, scheppend; fictief, verzonnen, aangenomen, geveinsd

fiddle [fidl] **I** *znw* gemeenz viool, vedel, fiedel; knoeierij, zwendel, zwendeltje *o*; *be on the* ~ gemeenz knoeien, oneerlijk bezig zijn; *play first* ~ de eerste viool spelen; *play second* ~ *to sbd.* een ondergeschikte rol spelen; **II** *onoverg* gemeenz viool spelen, vedelen, fiedelen; lummelen; friemelen; ~ *about (around)* rondlummelen; ~ *with* morrelen aan; spelen met; *fiddle while Rome burns* net doen of z'n neus bloedt; **III** *overg* gemeenz knoeien (met), foezelen (met); vervalsen

fiddle-de-dee ['fidldi'di:] *znw* gemeenz onzin, malligheid

fiddle-faddle ['fidlfædl] *znw* larie

fiddler ['fidlə] *znw* vedelaar, speelman; gemeenz bedrieger, oplichter

fiddlestick *tsw*: ~*s!* gemeenz larie!, flauwekul!

fiddling ['fidliŋ] *bn* onbeduidend, nietig

fidelity [fi-, fai'deliti] *znw* getrouwheid, trouw

fidget ['fidʒit] **I** *znw* zenuwachtig, gejaagd persoon;

have the ~*s* niet stil kunnen zitten; **II** *onoverg* zenuwachtig zijn, de kriebels hebben; (zenuwachtig) draaien; ~ *about* niet stil kunnen zitten

fidgety *bn* onrustig, ongedurig, onrustig

fiduciary [fi'dju:ʃjəri] **I** *bn* fiduciair: van vertrouwen; **II** *znw* bewaarnemer

fie [fai] *tsw* foei!

fief [fi:f] *znw* hist leen(goed) *o*

field [fi:ld] **I** *znw* veld *o*, akker; terrein *o*; gebied *o*; sp veld[2] *o*; mil slagveld *o* (~ *of battle*); ~ *of ice* ijsvlakte; *hold the* ~ standhouden; fig opgeld doen; *lead the* ~ sp & fig voorop lopen; *take the* ~ mil te velde trekken; sp het veld opkomen; *in the* ~ ter plaatse; mil te velde; in de praktijk, in het veld; *in the* ~ *of finance* op financieel gebied (terrein); ~ *of fire* mil schootsveld *o*; **II** *onoverg* sp veldspeler zijn; fielden [bij cricket]; **III** *overg* sp terugspelen; fielden [cricket]; in het veld brengen, inzetten [v. team]; fig afhandelen, pareren, ± ad rem beantwoorden [v. een vraag]; **IV** *bn* veld-, mil te velde; buiten-, in het (open, vrije) veld, in de natuur; ter plaatse

field-day *znw* mil manoeuvredag; fig grote dag; *Am* sportdag

fielder *znw* sp veldspeler, fielder [bij cricket, honkbal]

field-event *znw* sp veldnummer *o*: springen, werpen [geen hardlopen]

field-glass *znw* veldkijker

field goal *znw* sp doelpunt vanuit een gewone spelsituatie, gewoon doelpunt *o*

field hockey *znw* hockey *o*

field hospital *znw* veldhospitaal *o*

field-marshal *znw* veldmaarschalk

fieldmouse *znw* veldmuis

field-officer *znw* hoofdofficier

field service *znw* buitendienst

fieldsman *znw* veldspeler [bij honkbal]

field-sports *znw mv* sporten zoals jagen, vissen &

field test *znw* praktijkproef

field-work *znw* mil veldwerk *o*, veldonderzoek *o*; vergaring van gegevens

fieldworker *znw* veldwerker, wetenschapper die veldwerk doet

fiend [fi:nd] *znw* boze geest; duivel[2], Boze; gemeenz maniak; aan ... verslaafde

fiendish *bn* duivelachtig, duivels

fierce ['fiəs] *bn* woest, verwoed; wreed; onstuimig, heftig, fel; gemeenz erg, bar

fiery ['faiəri] *bn* vurig[2], brandend, scherp, vlammend, licht ontbrandbaar; vuur-; fig onstuimig, fel, vurig; cholerisch, driftig

fife [faif] *znw* muz (dwars)fluit

fifer *znw* fluitist

fifteen ['fif'ti:n, 'fifti:n] *telw* vijftien

fifteenth *telw* (*znw*) vijftiende (deel *o*)

fifth [fifθ] *telw* (*znw*) vijfde (deel *o*); muz kwint; ~ *columnist* lid van de vijfde colonne

fifthly *bijw* ten vijfde

fiftieth ['fiftiiθ] *telw (znw)* vijftigste (deel *o*)

fifty *telw* vijftig; *the fifties* de jaren vijftig; *in one's fifties* in de vijftig; *in the fifties* in de jaren vijftig; ~ fifty-fifty, half om half; *go* ~-~ fifty-fifty, samsam doen; *a* ~-~ *chance* 50% kans

fig [fig] *znw* vijgenboom; vijg; *I don't care a* ~ het kan me geen snars schelen

fig. *afk.* = *figure*

1 fight [fait] (fought; fought) **I** *onoverg* vechten; strijden; **II** *overg* bevechten, vechten met of tegen, strijden tegen, bestrijden; uitvechten; laten vechten; ~ *a battle* slag leveren; ~ *one's way* zich al vechtende een weg banen; ~ *one's way out of a difficult situation* zich uit een benarde positie bevrijden; ~ *a losing battle* een bij voorbaat verloren strijd voeren; tevergeefs strijden; ~ *back* terugdringen; zich (ver)weren; ~ *down* bedwingen, onderdrukken; ~ *off* afweren, verdrijven; ~ *it out* het uitvechten; ~ *shy of* uit de weg gaan, ontwijken

2 fight *znw* gevecht *o*, strijd; kamp; vechtpartij; *he had* ~ *in him yet* hij weerde zich nog kranig; *put up a* ~ zich te weer stellen

fighter *znw* strijder, vechter(sbaas); luchtv gevechtsvliegtuig *o*, jager; ~-*bomber* luchtv jachtbommenwerper; ~ *pilot* luchtv jachtvlieger

fighting I *znw* gevecht *o*, gevechten, strijd, vechten *o*; **II** *bn* strijdlustig; strijdbaar; gevechts-, strijd-, vecht-; *a* ~ *chance* (met grote inspanning) een kans op succes; ~ *fit* in perfecte conditie

fig-leaf ['figli:f] *znw* vijgenblad *o*

figment ['figmənt] *znw* verdichtsel *o*, fictie

fig-tree ['figtri:] *znw* vijgenboom

figuration [figju'reiʃən] *znw* (uiterlijke) vorm(geving), (symbolische) voorstelling, afbeelding; ornamentatie

figurative ['figjurətiv] *bn* figuurlijk, oneigenlijk; zinnebeeldig; figuratief; beeldrijk

figure ['figə] **I** *znw* figuur, gedaante, gestalte; afbeelding; beeld *o*; persoonlijkheid, personage *o*, persoon; cijfer *o*; *double* ~'s getallen van twee cijfers; *her (the)* ~ ook: haar (de) [= slanke] lijn; ~ *of fun* schertsfiguur; ~ *of speech* metafoor; manier van spreken; *cut a* ~ een figuur maken (slaan); *at a low* ~ tegen een lage prijs; *be quick at* ~'s vlug zijn in rekenen; *a six-* ~ *salary* een inkomen van boven de 99.999 pond (per jaar); *put a* ~ *on* schatten, taxeren; *a fine* ~ *of a man/woman* een knappe verschijning; *keep (lose) one's* ~ zijn (goede) figuur behouden (verliezen); **II** *overg* zich voorstellen, denken; ~ *on* Am rekenen op; ~ *out* becijferen, uitrekenen; begrijpen; **III** *onoverg* figureren, vóórkomen; cijferen; ~ *as* optreden als, doorgaan voor; *it* ~ *s out at...* het komt op...; *(it)* ~ *s (that)* het is nogal logisch (dat)

figurehead *znw* scheepv scheg-, boegbeeld *o*; fig iem. die een louter decoratieve functie heeft, stroman

figure-hugging *bn* [jurk &] waarin het figuur goed

tot uiting komt

figure-skater *znw* kunstrijder, kunstrijdster

figure-skating *znw* kunstrijden *o* op de schaats

figurine ['figjuri:n] *znw* beeldje *o*

figwort ['figwə:t] *znw* helmkruid *o*; speenkruid *o*

Fiji [fi:'dʒi:] *znw* Fiji *o*

Fijian I *znw* Fijiër; **II** *bn* Fijisch

filament ['filəmənt] *znw* vezel; elektr (gloei)draad; plantk helmdraad

filamentous [filə'mentəs] *bn* vezelig

filature ['filətʃə] *znw* zijdespinnerij

filbert ['filbət] *znw* hazelaar; hazelnoot

filch [fil(t)ʃ] *overg* kapen, gappen

file [fail] **I** *znw* **1** vijl; **2** slang (slimme) vent; **3** rij, file, mil gelid *o*; **4** lias; **5** legger, ordner, klapper, map; dossier *o*; opbergkast; comput bestand *o*; ~*s* ook: archief *o* [v. kantoor]; *in Indian (single)* ~ achter elkaar, in ganzenmars; **II** *overg* **1** vijlen, afvijlen; **2** rangschikken, opbergen; opslaan, invoegen; inzenden [kopij voor krant, tijdschrift]; **3** deponeren; [een aanklacht] indienen; ~ *for bankruptcy (divorce)* faillissement (scheiding) aanvragen; **III** *onoverg* achter elkaar lopen (rijden); ~ *off* mil afmarcheren

filial ['filjəl] *bn* kinderlijk

filiation [fili'eiʃən] *znw* filiatie, afstamming; verwantschap

filibuster ['filibʌstə] **I** *znw* vrijbuiter; Am obstructie; vertragingstactiek; obstructievoerder; **II** *onoverg* Am obstructie voeren

filigree ['filigri:] *znw* filigraan *o*

filing cabinet ['failiŋkæbinit] *znw* opbergkast, cartotheek

filing card *znw* fiche *o* & *v* [v. kaartsysteem]

filing clerk *znw* archiefbediende

filings ['failiŋz] *znw* vijlsel *o*

fill [fil] **I** *overg* vullen, aan-, in-, vervullen; vol maken, vol gieten; stoppen; plomberen [tand]; uitvoeren [bestelling]; verzadigen; bezetten, bekleden, innemen, beslaan [plaats]; doen zwellen [zeilen]; ~ *the bill* gemeenz voldoen, geschikt zijn, precies zijn wat nodig is; ~ *in* invullen; dichtmaken, -stoppen, -gooien, dempen; *it* ~*s you up* het vult de maag; ~ *in time* de tijd doden; ~ *sbd. in* iem. op de hoogte brengen (*on* van); ~ *out* vullen, opvullen; Am [formulier] invullen; ~ *up* (geheel) vullen, beslaan, innemen; op-, bij-, aan-, invullen; dichtgooien, dempen; **II** *onoverg* zich vullen, vol lopen, raken &; ~ *in* invallen, waarnemen; ~ *out* groter worden, uitzetten, zwellen, dikker worden; ~ *up* zich geheel vullen; dichtslibben; dempen; (bij)vullen [benzine &], tanken; **III** *znw* vulling; *drink (eat) one's* ~ zijn buik vol eten; *look one's* ~ zich de ogen uitkijken; *I've had my* ~ *of him/it* ik ben hem/het zat

filler *znw* vulsel *o*, bladvulling; plamuur; ~ *cap* auto dop [v. benzinetank]

fillet ['filit] **I** *znw* haar-, hoofdband; lendenstuk *o*, filet; **II** *overg* fileren [vis]

filling ['filiŋ] **I** *znw* vulling, vulsel *o*, plombeersel *o*;

II *bn* zwaar, machtig, voedzaam

filling station *znw* tankstation *o*

fillip ['filip] *znw* knip (met de vingers); prikkel, aansporing, aanmoediging; stimulans

filly ['fili] *znw* (merrie)veulen² *o*; gemeenz wildebras

film [film] **I** *znw* vlies *o*; film, rolprent; waas *o*; draad; **II** *overg* filmen; verfilmen; **III** *onoverg* filmen; ~ *over* zich met een vlies of waas bedekken

film maker *znw* cineast, filmer

film producer *znw* filmproducent

film star *znw* filmster

filmy *znw* dun, doorzichtig; ragfijn; wazig; beslagen [v. raam]

Filofax ['failoufæks] *znw* losbladige agenda

filter ['filtə] **I** *znw* filter; **II** *overg* filtreren, filteren; zuiveren; **III** *onoverg* door een filtreertoestel gaan; (door)sijpelen; voorsorteren [in het verkeer]; ~ *in* invoegen [auto]; ~ *through* doorsijpelen; doorschemeren; fig uitlekken (ook: ~ *out*)

filter lane *znw* voorsorteerstrook

filter-paper *znw* filtreerpapier *o*

filter-tip(ped) *bn* [sigaret] met filter

filth [filθ] *znw* vuil² *o*, vuiligheid; fig obsceniteit; *the* ~ slang de smerissen; de kit

filthy *bn* vuil, smerig; obsceen; laag, gemeen; gemeenz heel onplezierig; ~ *rich* stinkend rijk

filtrate I *znw* ['filtrit] filtraat *o*; **II** *overg* ['filtreit] filtreren

filtration [fil'treiʃən] *znw* filtreren *o*

fin [fin] *znw* dierk vin; techn rib [v. radiator &]; luchtv kielvlak *o*

finable ['fainəbl] *bn* bekeurbaar, beboetbaar

finagle [fi'neigl] *overg* gemeenz beduvelen; oplichten

final ['fainl] **I** *bn* laatste, beslissend, definitief, uiteindelijk, eind-, slot-; *is that* ~? is dat uw laatste woord?; **II** *znw* sp finale; onderw eindexamen *o* (ook: ~*s*)

finale [fi'na:li] *znw* finale

finalist ['fainəlist] *znw* finalist; onderw eindexamenkandidaat

finality [fai'næliti] *znw* definitief zijn *o*, beslistheid; doelleer; *in a tone of* ~ op besliste toon

finalize ['fainəlaiz] *overg* definitief regelen &; afwerken

finally *bijw* eindelijk, ten slotte, uiteindelijk; afdoend, beslissend, definitief

finance [fi-, fai'næns] **I** *znw* financiën; geldelijk beheer *o*; geldwezen *o*; ~*s* financiën, geldmiddelen, fondsen; **II** *overg* financieren, geldelijk steunen

financial *bn* financieel, geldelijk; ~ *year* boekjaar *o*

financier *znw* financier

finch [fin(t)ʃ] *znw* dierk vink

1 find [faind] (found; found) **I** *overg* vinden; onder-, bevinden; (be)merken; aantreffen, ontdekken; zoeken, halen; aan-, verschaffen; recht [een vonnis] vellen, [schuldig] verklaren; *all found* alles inbegrepen, met kost en inwoning; *they were found to be ...*

zij bleken ... te zijn, het bleek dat zij ... waren; ~ *one's feet* beginnen te lopen; fig erin komen; ~ *one's way to* erin slagen naar... te komen; *the book found it's way into my bag* het boek belandde in mijn tas; *morning found him in Paris* 's morgens was hij in Parijs; ~ *expression in* tot uitdrukking komen in; *I* ~ *it easy* het valt me gemakkelijk; *he could not* ~ *it in his heart to ...* hij kon het niet van zich (over zijn hart) verkrijgen; ~ *out* ontdekken, tot de ontdekking komen, te weten komen; opsporen; betrappen; niet thuis treffen; ~ *out about it* er achter (zien te) komen; **II** *wederk* ~ *oneself* zich bevinden of zien; zijn ware roeping ontdekken; **III** *onoverg*: ~ *for the plaintiff* uitspraak doen ten gunste van de eiser

2 find *znw* vondst; vindplaats

finder *znw* vinder; fotogr zoeker; ~ *keepers* wie wat vindt mag het houden

finding *znw* vondst, bevinding; recht uitspraak; conclusie; bevinding

1 fine [fain] **I** *bn* mooi [ook ironisch], fraai, schoon; fijn; uitstekend; *when* ~ bij mooi weer; ~ *by (with) me!* mij best!; ~ *arts* schone kunsten; ~ *print* kleine lettertjes; *the* ~*r points of* de fijne kneepjes van; **II** *bijw* mooi; goed; *cut it a bit* ~ het precies afpassen; fig zichzelf weinig speelruimte geven, de tijd krap bemeten; **III** *overg*: ~ *down* fijner maken; afklaren

2 fine [fain] **I** *znw* (geld)boete; **II** *overg* beboeten (met)

fine-draw ['fain'drɔ:] *overg* onzichtbaar stoppen of aan elkaar naaien; ~*n* fijn (gesponnen)

finery ['fainəri] *znw* opschik, mooie kleren

fine-spun *bn* ragfijn; fig subtiel

finesse [fi'nes] **I** *znw* loosheid, list; kneep, finesse; **II** *overg* snijden [bij bridge]

fine-tooth(ed) comb ['faintu:θ(t)koum] *znw* fijne kam, luizenkam, stofkam; *go over sth. with a* ~ iets onder de loep nemen

finger ['fingə] **I** *znw* vinger; *little* ~ pink; *ring* ~, *third* ~ ringvinger; *not lift (raise) a* ~ geen vinger uitsteken; *he's all* ~*s and thumbs* hij heeft twee linkerhanden; *get one's* ~*s burnt, burn one's* ~*s* zijn vingers branden; *have (keep) one's* ~ *on the pulse (of)* de vinger aan de pols (van...) houden; *have one's* ~ *in the till* regelmatig een greep in de kas doen; *have a* ~ *in every pie* overal een vinger in de pap hebben; *have at one's* ~*-(s') ends* op zijn duimpje kennen; *lay a* ~ *on* raken, kwaad doen; *point a* ~ *at sbd.* (iem.) met de vinger nawijzen; *point the* ~ *of scorn at sbd.* (iem.) verachten; *pull one's* ~ *out* gemeenz laat je handen eens wapperen; *put the* ~ *on sbd.* verlinken; *twist round one's little* ~ [iem.] om de vinger winden; *work one's* ~*s to the bone* zich doodwerken; ~*s crossed!* duimen!; **II** *overg* bevoelen, betasten, met zijn vingers zitten aan; ~*ed by* muz met vingerzetting van

finger-board *znw* muz toets [= greepplank v. snaarinstrument]

finger-bowl *znw* vingerkom

fingering *znw* **1** betasten *o*; **2** <u>muz</u> vingerzetting

fingermark *znw* vingerafdruk, vieze vinger

fingernail *znw* vingernagel

finger painting *znw* met vingerverf gemaakt schilderij *o*

finger-post *znw* wegwijzer

fingerprint I *znw* vingerafdruk; *the F~ Department* de Dactyloscopische Dienst; **II** *overg* vingerafdrukken nemen

finger puppet *znw* poppetje *o* dat op de vingertop wordt geschoven

finger-stall *znw* vingerling, rubber vinger

fingertip *znw* vingertop; *have at one's ~s* op zijn duimpje kennen; altijd bij de hand hebben; *to one's ~s* op-en-top

finicky ['finiki] *bn* gemaakt, peuterig, kieskeurig; overdreven netjes

finish ['finiʃ] **I** *overg* eindigen, voleind(ig)en, voltooien, aflopen, afmaken [ook = doden]; de laatste hand leggen aan, afwerken; appreteren; uitlezen; op-, leegeten; leeg-, uitdrinken; *I'm ~ed* ik ben klaar; ik ben op; *I have ~ed packing* ik ben klaar met pakken; *~ off (up)* de laatste hand leggen aan; afwerken; opeten, uitdrinken; *~ sth. off* iets beëindigen, afmaken; *~ sbd. off* iem. afmaken; **II** *onoverg* eindigen, ophouden, uitscheiden (met); <u>sp</u> finishen; *~ up* belanden; eindigen; besluiten; ten slotte...; *~ with* afmaken; zich afmaken van; het uitmaken met; *I have ~ed* ook: ik ben uitgesproken; *he is ~ed* het is afgelopen met hem; **III** *znw* einde *o*, slot *o*; afwerking; glans, vernis *o & m*, appretuur; <u>sp</u> finish; *fight to the ~* tot het laatst doorvechten

finished *bn* geëindigd &; ook: afgestudeerd, volleerd, volmaakt, op-en-top; *~ goods (products)* eindproducten

finisher *znw* afwerker; appreteur; <u>sp</u> afmaker; wie finisht; laatste slag, stoot &

finishing I *znw* afwerking; <u>sp</u> het afmaken; **II** *bn:* *~ school* school ter voltooiing van de opvoeding [veelal in Zwitserland]; *~ stroke* genadeslag; *~ touch* laatste hand, afwerking

finite ['fainait] *bn* eindig, beperkt; *~ verb* persoonsvorm [v. werkwoord]

fink [fiŋk] *znw* stakingsbreker; verklikker, tipgever

Finland ['finlənd] *znw* Finland *o*

Finn [fin] *znw* Fin, Finse

Finnish ['finiʃ] *bn (znw)* Fins (*o*)

fiord [fjɔ:d] *znw* fjord

fir [fə:] *znw* den, dennenboom; zilverspar; dennenhout *o*

fir-cone *znw* pijnappel

fire ['faiə] **I** *znw* vuur *o*; brand, hitte; [elektrische &] kachel, haard; zie ook: *house; on ~* brandend, in brand; gloeiend; *set on ~, set ~ to* in brand steken; in brand doen vliegen; *between two ~s* <u>fig</u> tussen twee vuren; *go through ~ and water* door het vuur gaan [voor iem.]; *catch ~* vuur (vlam) vatten², in

brand raken (vliegen); *come under ~* <u>fig</u> zich aan kritiek blootstellen; *open ~* <u>mil</u> het vuur openen; *return sbd.'s ~* <u>mil</u> iems. vuur beantwoorden, terugschieten; *strike ~* vuur slaan; **II** *overg* in brand steken, ont-, aansteken; stoken [oven]; bakken [steen]; schieten met, afschieten, afvuren, lossen [schot]; <u>fig</u> aanvuren, aanwakkeren, doen ontvlammen; <u>gemeenz</u> ontslaan; *~ off* afvuren; *be ~d with* gloeien van; <u>fig</u> onoverg vlam vatten; vuren, schieten; aanslaan, ontsteken [v. motor]; *~ away!* <u>gemeenz</u> vooruit!; begin maar!; *~ up (at)* in vuur raken (over), opstuiven (bij)

fire-alarm *znw* brandschel; brandalarm *o*

firearm *znw* vuurwapen *o*

fire-ball *znw* grote meteoor; vuurbol; <u>hist</u> brandkogel

fire-bomb *znw* brandbom

firebrand *znw* brandend stuk *o* hout; stokebrand

fire-break *znw* brandstrook

fire-brick *znw* vuurvaste steen *o & m* [stofnaam], vuurvaste steen *m* [voorwerpsnaam]

fire-brigade *znw* brandweer

fire-bucket *znw* brandemmer

fire-bug *znw* glimworm; <u>gemeenz</u> brandstichter, pyromaan

fire chief *znw* brandweercommandant

fire-clay *znw* vuurvaste klei

firecracker *znw* stuk *o* vuurwerk; rotje *o*

fire-curtain *znw* brandscherm *o*

firedamp *znw* mijngas *o*, moerasgas *o*

fire department *znw* <u>Am</u> brandweer

fire-dog *znw* haardijzer *o*, vuurbok

fire-eater *znw* vuurvreter, ijzervreter; <u>fig</u> ruziezoeker

fire-engine *znw* brandspuit; brandweerauto

fire-escape *znw* reddingstoestel *o* [bij brand]; brandtrap

fire-extinguisher *znw* blusapparaat *o*

fire fighter *znw* brandbestrijder

fire-fighting I *znw* brandbestrijding; **II** *bn* brandblus-

firefly *znw* glimworm, vuurvliegje *o*

fire-guard *znw* vuur-, haardscherm *o*; brandwacht

fire-hose *znw* brandslang

fire hydrant *znw* brandkraan

fire insurance *znw* brandverzekering

fire-irons *znw* haardstel *o*

firelight *znw* vuurgloed, vuurschijnsel *o*

fire-lighter *znw* vuurmaker

fire-lock *znw* <u>hist</u> vuurroer *o*, snaphaan

fireman *znw* brandweerman; stoker; *~'s carry (lift)* brandweergreep

fire-office *znw* kantoor v.e. brandverzekeringsmaatschappij

fireplace *znw* haardstede, haard

fire-plug *znw* brandkraan

fire-policy *znw* brandpolis

fire-power *znw* vuurkracht

fireproof I *bn* vuurvast, brandvrij; **II** *overg* brandvrij, vuurvast maken
fire-raiser *znw* brandstichter
fire-raising *znw* brandstichting
fire-retardant *znw* brandvertragend
fire sale *znw* uitverkoop van goederen met brand-
of rookschade
fire-screen *znw* vuurscherm *o*
fire-service *znw* brandweer
fire-ship *znw* scheepv brander
fireside *znw* haard, haardstede; hoekje *o* van de
haard; fig huiselijk leven *o*, thuis; ~ *chair* clubfauteuil; gemakkelijke stoel; haardstoel
fire station *znw* brandweerkazerne
fire storm *znw* vuurstorm
fire-trap *znw* brandgevaarlijk gebouw *o*
fire-truck *znw* Am brandweerauto
fire-watcher *znw* brandwacht
fire-water *znw* gemeenz (alcoholische) drank(en)
firewood *znw* brandhout *o*
firework *znw* stuk *o* vuurwerk; ~s vuurwerk *o*; fig
woedeuitbarsting
firing *znw* techn ontsteking; (af)vuren *o* &; ~ *line*
vuurlinie[2]; ~-*squad* vuurpeloton *o*, executiepelo-
ton *o*; ~ *pin* mil slagpin (v. geweer)
firkin ['fə:kin] *znw* vaatje *o* (± 25 kg, ± 40 l)
1 firm [fə:m] *znw* firma
2 firm [fə:m] **I** *bn* vast, standvastig; vastberaden;
hard, stevig, flink; ~ *friends* dikke vrienden; *be*
(stand) ~ op zijn stuk blijven staan; **II** *overg* vast
maken (zetten); ~ *up* versterken, sterker maken;
vast (stevig, hard) maken; **III** *onoverg* vast worden;
~ *up* handel vaster worden [prijzen]
firmament ['fə:məmənt] *znw* uitspansel *o*
firmly ['fə:mli] *bijw* vast, stevig; vastberaden; met
vaste hand; stellig, met beslistheid
firry ['fə:ri] *bn* met dennen, dennen-
first [fə:st] **I** *bn* eerst; ~ *cousin* volle neef (nicht); *at*
(the) ~ in het begin; eerst, aanvankelijk; *at* ~ *hand*
uit de eerste hand; *from the* ~ van het begin, al dadelijk; *from* ~ *to last* van het begin tot het eind; *in*
the ~ *instance* in de eerste plaats; *in the* ~ *place* om
te beginnen, meteen; ~ *things* ~ wat het zwaarst is
moet het zwaarst wegen; *I haven't the* ~ *idea* ik heb
niet het geringste idee; **II** *bijw* (voor het) eerst; ten
eerste; eerder, liever; ~ *of all,* ~ *and foremost* aller-
eerst; ~ *and last* alles samengenomen, door elkaar
gerekend; ~ *off* om te beginnen; ~ *come,* ~ *served*
wie eerst komt, eerst maalt; **III** *znw* eerste; eerste
prijs(winnaar); nummer één; onderw ± cum laude;
auto eerste versnelling; ~s handel eerste soort;
come an easy ~ gemakkelijk winnen
first aid *znw* EHBO, eerstehulp-; ~ *kit* verbandkist
first-born *znw* & *bn* eerstgeboren(e)
first-class *bn* prima, eersteklas; *a* ~ *row* een ge-
duchte ruzie; ~ *mail* briefpost
first-day cover *znw* eerstedagenvelop
first-degree *bn* eerstegraads [brandwonden]

first floor *znw* 1ste verdieping, Am parterre
first-fruits *znw mv* eersteling(en)
first-hand *bn* uit de eerste hand
first lady *znw* vrouw v.d. (Amerikaanse) president
firstly *bijw* ten eerste
first name *znw* voornaam; *be on* ~ *terms* elkaar tu-
toyeren
first night *znw* avond van de première; ~ *nerves*
plankenkoorts
first offender *znw* iem. die voor de eerste keer een
misdrijf pleegt
first-rate *bn* eersterangs, prima
first refusal *znw* optie
firth [fə:θ] *znw* zeearm, brede riviermond
fir-tree ['fə:tri:] *znw* dennenboom; den; zilverspar
fiscal ['fiskəl] *bn* fiscaal, belasting-
fish [fiʃ] **I** *znw* (*mv* idem *of* -es) vis; ~ *and chips* gebakken vis met patat; *a queer* ~ een rare snuiter; *he*
drinks like a ~ hij zuipt als een ketter; *feed the* ~es
gemeenz overgeven (bij zeeziekte); verdrinken; *I*
have other ~ *to fry* ik heb wel wat anders aan mijn
hoofd/te doen; *neither* ~, *nor fowl* vlees noch vis;
there are other (plenty more) ~ *in the sea* er zijn nog
andere(n) die even goed zijn, je moet niet denken
dat jij de enige bent (die goed is); *like a* ~ *out of*
water als een vis op het droge; **II** *overg* vissen; op-,
be-, afvissen; ~ *for* vissen naar, afvissen; hengelen
naar (ook fig); ~ *out* opvissen[2]; fig uitvissen; **III**
onoverg vissen; ~ *in troubled waters* in troebel water
vissen
fishball, fishcake *znw* viskoekje
fish-bone *znw* (vis)graat
fish bowl *znw* viskom
fisher *znw* vero visser
fisherman *znw* visser
fishery *znw* visserij; visplaats; visrecht *o*
fish-eye lens *znw* visooglens
fish farm *znw* viskwekerij
fish finger *znw* visstick
fish-glue *znw* vislijm
fish-hook *znw* vishaak, angel
fishing *znw* vissen *o*; visrecht *o*; viswater *o*
fishing-boat *znw* vissersboot
fishing fleet *znw* vissersvloot
fishing-line *znw* vissnoer *o*
fishing-net *znw* visnet *o*
fishing-pole *znw* Am = *fishing-rod*
fishing-rod *znw* hengel
fishing-smack *znw* visserspink
fishing-tackle *znw* vistuig *o*
fish knife *znw* vismes *o*
fishmonger *znw* viskoper, vishandelaar
fishnet stockings *znw mv* netkousen
fish-plate *znw* lasplaat
fish-pond *znw* visvijver
fish-slice *znw* visspaan
fish stick *znw* Am = *fish finger*
fishtail I *bn* als een vissenstaart; ~ *wind* verander-

lijke wind; **II** *onoverg* afremmen [vliegtuig]

fishwife *znw* viswijf *o*, visvrouw

fishy *bn* visachtig; visrijk; gemeenz verdacht, met een luchtje eraan, twijfelachtig; ~ *eyes* schelvisogen

fissile ['fisail] *bn* = *fissionable*

fission ['fiʃən] *znw* splijting, deling, splitsing

fissionable *bn* splijtbaar; ~ *material* splijtstof

fissure ['fiʃə] **I** *znw* kloof, spleet, scheur; **II** *overg* & *onoverg* kloven, splijten

fist [fist] *znw* vuist

fistful *znw* handjevol *o*

fistic(al) *bn* schertsend boksers-, boks-

fisticuffs *znw mv* bokspartij; *resort to* ~ op de vuist gaan, gaan knokken

fistula ['fistjulə] *znw* (*mv:* -s *of* fistulae [-li:]) fistel; buis [v. insecten]

fit [fit] **I** *bn* geschikt; bekwaam; behoorlijk, gepast, voegzaam; gezond, fris, fit; *as* ~ *as a fiddle* in uitstekende conditie; kiplekker; ~ *for a king* een koning waardig; *not* ~ *to be seen* ontoonbaar, niet presentabel; *see* (*think*) ~ goeddunken, het gepast achten; **II** *overg* passend (geschikt, bekwaam) maken (voor *for*, *to*); aanbrengen, zetten, monteren; voorzien (van *with*), uitrusten, inrichten; passen (op, bij, voor), goed zitten; ~*ted carpet* vaste vloerbedekking; ~*ted cupboards* kastenwand; ~ *kitchen* volledig uitgeruste keuken; aanbouwkeuken; ~*ted sheet* hoeslaken *o*; ~*ted washbasin* vaste wastafel; ~ *in* inpassen; plaats (tijd) vinden voor; ~*on* (aan)passen; aanbrengen, op-, aanzetten; ~ *out* uitrusten; ~ *up* aanbrengen [toestel]; techn monteren; uitrusten; ~ *sbd. up* slang iem. erin laten luizen; **III** *onoverg* passen; zich aanpassen aan, aangepast zijn; op zijn plaats zijn; ~ *in nicely* precies (erin)passen; mooi uitkomen; ~ *in with* passen bij; stroken met, kloppen met; **IV** *znw* **1** passen *o*, pasvorm; **2** stuip, toeval, beroerte; aanval, insult *o*, vlaag, bevlieging, bui; *it was a good* (*bad*) ~ het zat (niet) goed; *a shivering* ~ een (koorts)rilling; *it is a tight* ~ het zit nauw; het kan nog net; *in* ~*s and starts* met horten en stoten, bij vlagen; *be in* ~*s* (*of laughter*) in een deuk liggen (van het lachen); *throw a* ~ gemeenz heel kwaad (ongerust) worden

fitchew ['fitʃu:] *znw* bunzing

fitful ['fitful] *bn* ongestadig, onbestendig; ongeregeld; grillig; bij vlagen

fitment ['fitmənt] *znw* inrichting, montering; ~*s* = *fittings*

fitness ['fitnis] *znw* geschiktheid; bekwaamheid; gepastheid, voegzaamheid; gezondheid; fitness, (goede) conditie

fitness centre *znw* fitnesscentrum *o*

fitter ['fitə] *znw* bankwerker, monteur; fitter

fitting ['fitiŋ] **I** *bn* passend[2]; gepast; **II** *znw* passen *o* &; maat [v. schoenen &]; zie: *fit II*; ~*s* benodigdheden voor het inrichten v.e. huis, winkel &, inrichting, installatie, bekleding, (winkel)opstand; acces-

soires, hulpstukken; ~ *room* paskamer

five [faiv] *telw* vijf; ~*s* (hand)schoenen & maat vijf; vijfprocentsobligaties; sp soort squash waarbij de bal met de hand wordt geslagen

fivefold *bn* vijfvoudig

five o'clock shadow [faivə'klɔk 'ʃædou] *znw* stoppelbaard aan het eind van de dag

fiver *znw* gemeenz biljet *o* van 5 pond (dollar)

fivescore *znw* (een)honderdtal *o*

fix [fiks] **I** *znw* gemeenz moeilijkheid, lastig geval *o*; slang narcotische injectie, spuit; scheepv luchtv positie(bepaling); *I was in an awful* (*bad, regular*) ~ gemeenz ik zat lelijk in de knel, in het nauw; **II** *overg* vastmaken, -hechten, -zetten, -leggen, -houden, (be)vestigen; bepalen, vaststellen; aanbrengen, plaatsen, monteren; fixeren; regelen; gemeenz repareren, in orde brengen, opknappen; slang omkopen; slang spuiten [met narcotica]; mil opzetten [bajonet]; ~ *in the memory* in het geheugen prenten; ~ *up* aanbrengen, plaatsen, inrichten; gemeenz opknappen, in orde brengen, regelen, organiseren; voorzien (van *with*); ~ *sbd. up* (*for the night*) iem. logeren; **III** *onoverg* vast worden; stollen; zich vestigen; ~ *up(on*) kiezen; besluiten (tot)

fixate [fik'seit] *overg* fixeren, vasthouden; fig verstarren, stagneren; psych gefixeerd zijn

fixation *znw* vaststelling, vastlegging; bevestiging; vasthouden *o*; stolling; fixering; fixatie

fixative ['fiksətiv] **I** *bn* fixerend; **II** *znw* fixatief *o*; fixeermiddel *o*

fixed *bn* vast[2]; strak; niet vluchtig; bepaald

fixer *znw* fixeermiddel *o*

fixture *znw* al wat spijkervast is; vast iets; vaste klant (bezoeker &), vast nummer[2] *o*; (datum voor) wedstrijd; ~*s* opstand [v. winkel]

fizz [fiz] **I** *onoverg* sissen, bruisen; **II** *znw* gesis *o*, gebruis *o*; gemeenz pittigheid; gemeenz champagne

fizzle ['fizl] **I** *onoverg* (zachtjes) sissen, sputteren; ~ *out* op niets uitdraaien; **II** *znw* gesis *o*, gesputter *o*

fizzy ['fizi] *bn* mousserend, gazeus

fjord [fjɔ:d] *znw* fjord

flabbergast ['flæbəga:st] *overg* gemeenz geheel van zijn stuk brengen; ~*ed* ook: beduusd

flabby ['flæbi] *bn* zacht, week, slap[2]

flaccid ['flæksid] *bn* slap[2]

flaccidity ['flæk'siditi] *znw* slapheid[2]

flag [flæg] **I** *znw* **1** vlag; **2** platte steen, tegel; **3** plantk lis; **4** omissieteken *o* [drukproeven]; ~ *of convenience* [varen onder] vreemde vlag; ~ *of truce* witte vlag; *show the* ~ gemeenz zich in het gezicht laten zien; *strike* (*hoist*) *one's* ~ fig het commando overgeven (overnemen); *strike* (*lower*) *the* ~ de vlag strijken; **II** *overg* **1** bevlaggen; seinen (met vlaggen), **2** doen stoppen (ook: ~ *down*); **3** bevloeren, beleggen (met vloerstenen); **III** *onoverg* mat hangen; verslappen, verflauwen, kwijnen[2]

flag-captain *znw* scheepv vlaggenkapitein

flag-day *znw* speldjesdag

flagellant

flagellant [ˈflædʒilənt] *znw* flagellant, geselbroeder
flagellate *overg* geselen
flagellation [flædʒiˈleiʃən] *znw* geseling
flageolet [flædʒouˈlet] *znw* muz flageolet; plantk witte boon
flagging [ˈflægiŋ] **I** *bn* verflauwend; **II** *znw* plaveisel *o*, flagstones
flagitious [fləˈdʒiʃəs] *bn* verdorven; schandalig
flag-lieutenant [ˈflæɡleˈtenənt] *znw* adjudant van een admiraal
flag-officer *znw* vlagofficier
flagon [ˈflægən] *znw* grote fles; schenkkan
flag-pole *znw* vlaggenstok
flagrancy [ˈfleigrənsi] *znw* het flagrante; verregaande schandaligheid
flagrant *bn* flagrant, in het oog lopend; schandalig; schreeuwend
flagship [ˈflægʃip] *znw* vlaggenschip *o*
flagstaff *znw* vlaggenstok
flagstone *znw* platte steen, tegel
flag-wagging *znw* **1** gemeenz seinen *o* met vlaggen; **2** agressief patriottisme *o*
flagwaving *znw* = flagwagging 2
flail [fleil] **I** *znw* dorsvlegel; **II** *overg* (met de vlegel) dorsen, slaan, ranselen; **III** *onoverg*: with arms ~ing met zwaaiende armen
flair [ˈflɛə] *znw* flair
flak [flæk] *znw* licht afweergeschut *o*, -vuur *o*; fig storm van kritiek
flake [fleik] **I** *znw* vlok; schilfer, flinter; vonk; lapje *o* (vel); laag; ~ of ice ijsschots; **II** *(overg &) onoverg* (doen) (af)schilferen; vlokken; ~d out slang beroerd, slap
flaky *bn* vlokkig; schilferachtig
flambeau [ˈflæmbou] *znw* fakkel, flambouw
flamboyant [flæmˈbɔiənt] *bn* flamboyant [v. bouwstijl]; kleurrijk, zwierig; opzichtig
flame [fleim] **I** *znw* vlam; hitte, vuur *o*; *burst into* ~(s) opvlammen; plotseling in brand vliegen; *fan the* ~s, *add fuel to the* ~s olie op het vuur gooien; *go up in* ~s in brand vliegen; **II** *onoverg* op-, ontvlammen, vlammen, schitteren; ~ *up* opvlammen; *flaming* ook: gemeenz verrekt, verdomd
flameproof *bn* vuurvast, onbrandbaar
flame-thrower *znw* mil vlammenwerper
flamingo [fləˈmiŋgou] *znw* (*mv*: -s *of* -goes) flamingo
flammable [ˈflæməbl] *bn* brandbaar
flamy [ˈfleimi] *bn* vlammend, vurig, vlammen-
flan [flæn] *znw* ronde, open taart; vlaai
Flanders [ˈflɑːndəz] **I** *znw* Vlaanderen *o*; **II** *bn* Vlaams
flange [flæn(d)ʒ] *znw* scheepv flens
flank [flæŋk] **I** *znw* flank; zijde; ribstuk *o*; **II** *overg* flankeren; mil in de flank dekken; in de flank aanvallen; omtrekken
flannel [ˈflænl] **I** *znw* flanel *o*; lap, doekje *o*; Br washandje *o*, gemeenz (mooie) praatjes [om iem. over

te halen]; ~s flanellen broek; **II** *bn* flanellen; **III** *overg & onoverg* stroop smeren, mooie praatjes ophangen
flannelette [flænəˈlet] *znw* katoenflanel *o*
flap [flæp] **I** *znw* klep; flap; neerslaand blad *o* of luik *o*; slip, pand [jas]; luchtv vleugelklep; lel; gemeenz consternatie, paniek; **II** *overg* slaan (met), klapp(er)en met; **III** *onoverg* flappen, klapp(er)en; klapwieken
flapdoodle *znw* larie, kletskoek
flap-eared *bn* met flaporen
flapjack *znw* **1** Am pannenkoek; **2** Br rond, plat (haver)koekje *o*
flapper *znw* gemeenz vroeger bakvis, tiener
flare [ˈflɛə] **I** *onoverg* flikkeren, (op)vlammen, schitteren; klokken, uitstaan [v. rok] (ook: ~ *out*); ~ *up* opvlammen[2]; opstuiven; **II** *znw* geflikker *o*, vlam; licht(signaal) *o*, lichtfakkel; klokken *o*, uitstaan *o* [v. rok]; ~s broek met wijd uitlopende pijpen
flared *bn* uitlopend, wijd uitlopend [v. broekspijpen, rok]
flare-path *znw* verlichte landingsbaan/startbaan
flare-up *znw* uitbarsting, aanval van woede, scène; wild feest *o*
flash [flæʃ] **I** *znw* glans, (op)flikkering, straal; schicht, flits; vlaag, opwelling; nieuws *o* in het kort, nieuwsflits; Am zaklantaarn; ~ *of lightning* bliksemschicht; *a ~ in the pan* fig een strovuur *o*, iets veelbelovends dat op een anticlimax uitloopt; *a ~ of wit* een geestige inval; *in a ~* in een oogwenk; **II** *bn* gemeenz opzichtig, fijn; plotseling (opkomend); **III** *onoverg* flikkeren, bliksemen, schitteren, blikkeren, opvlammen; (voort)schieten; flitsen; gemeenz potloodventen [exhibitionisme plegen]; ~ *back* in de herinnering teruggaan; in een flits terugdenken; een flashback gebruiken [in film]; *it ~ed through my mind* het flitste mij door het hoofd; **IV** *overg* schieten, doen flikkeren &; (over)seinen; (iets) plotseling, opvallend laten zien, tonen; gemeenz geuren met; ~ *one's money about* gemeenz zijn geld rondstrooien
flashback *znw* beeld *o* (klank) uit het verleden, terugblik
flash bulb *znw* flitslampje *o*
flash burn *znw* brandwond [vooral door een kernexplosie]
flashcard *znw* kaart met informatie [gebruikt in het onderwijs]
flashcube *znw* fotogr flitsblokje *o*
flasher *znw* knipperlicht *o* [v. auto]; gemeenz potloodventer
flash flood *znw* plotseling opkomend hoogwater *o* [door zware regenval &]
flashgun *znw* fotogr flitser, flitsapparaat *o*
flashing *znw* techn (metalen) strip als waterwering tussen dak en muur
flashing light *znw* flikkerlicht *o*, knipperlicht *o*
flash-light *znw* flitslicht *o*, magnesiumlicht *o*; zak-

lantaarn

flash-point *znw* ontvlammingspunt *o*; *fig* kookpunt *o*

flashy *bn* opzichtig

flask [fla:sk] *znw* flacon; fles, thermosfles, zakfles

flat [flæt] **I** *bn* vlak, plat; smakeloos, laf, verschaald [bier]; leeg, plat [batterij, band]; dof, mat; saai; handel flauw; muz mineur, mol; op de kop af, precies; *that is* ~ gemeenz daarmee is 't uit; *fall* ~ mislukken; niet inslaan; niets uithalen; *sing* ~ muz vals (te laag) zingen; *a* ~ *refusal* gemeenz een botte (vierkante) weigering; ~ *race* wedloop op de vlakke baan; *a* ~ *rate* een uniform tarief *o*, een vast bedrag *o*; *a* ~ *wage* een uniform loon *o*; ~ *broke* volledig platzak; **II** *znw* vlak terrein *o*, vlakte; plat *o*; platte kant; etage(woning), appartement *o*, flat; schoen met platte hak: flat; scheepv platboomd vaartuig *o*, vlet; ondiepte, zandbank; moeras *o*; muz mol; sp vlakke baan; platte (lekke) band; *the* ~ *of the hand* de vlakke hand

flat-bottomed *bn* platboomd

flatcar *znw* platte goederenwagon

flat-chested *bn* plat [zonder boezem]

flatfish *znw* platvis

flat-foot *znw* platvoet; Am slang smeris; ~*ed* met platvoeten; fig onhandig, lomp; *to catch sbd.* ~*ed* gemeenz iem. overrompelen; iem. op heterdaad betrappen

flat-iron *znw* strijkijzer *o*

flatlet *znw* flatje *o* [woning]

flatly *bijw* vlak, plat; botweg; versterkend vierkant, totaal

flatmate *znw* flatgenoot, medebewoner v.e. flat

flat out *bijw* op volle kracht, op volle snelheid

flatten I *overg* plat, vlak maken; (ter)neerdrukken of -slaan; vernederen, klein krijgen; pletten; afbreken, slopen; muz verlagen; laten verschalen; **II** *onoverg*: ~ *(out)* plat, vlak worden; verschalen

flatter ['flætə] *overg* vleien, strelen; flatteren; *he* ~*s himself he's a good writer* hij vleit zich met de gedachte dat hij een goede schrijver is

flatterer *znw* vleier

flattering *bn* flatterend, flatteus

flattery *znw* vleierij, gevlei *o*, vleitaal

flatting-mill ['flætiŋmil] *znw* pletmolen, pletterij

flat-top ['flættɔp] *znw* Am slang vliegdekschip *o*

flatulence ['flætjuləns] *znw* winderigheid

flatulent *bn* winderig

flatus ['fleitəs] *znw* (buik)wind

flaunt [flɔ:nt] *overg* pralen met, pronken met; ~ *oneself* pronken

flautist ['flɔ:tist] *znw* muz fluitist

flavour, Am **flavor** ['fleivə] **I** *znw* geur, smaak; aroma[2] *o*; fig tintje *o*; karakter *o*; **II** *overg* geur geven, smakelijk maken, kruiden[2]

flavouring *znw* kruiderij; aroma *o* [stof]

flavourless, Am **flavorless** *bn* geurloos, smaakloos

flaw [flɔ:] **I** *znw* **1** barst, breuk, scheur; **2** fout, onge-

rechtigheid, gebrek *o*; **3** vlek, smet; **II** *(overg &) onoverg* (doen) barsten; bederven, ontsieren

flawless *bn* vlekkeloos, smetteloos, onberispelijk, gaaf

flax [flæks] *znw* vlas *o*

flaxen *bn* vlassig, van vlas; vlaskleurig, (vlas)blond, vlas-

flay [flei] *overg* villen[2], (af)stropen[2]; fig hekelen

flea [fli:] *znw* vlo; *come away with a* ~ *in one's ear* van een koude kermis thuiskomen, er bekaaid afkomen; *send him away with a* ~ *in his ear* hem afschepen, nul op het rekest geven

flea-bag *znw* gemeenz **1** smeerpoets, slons; **2** Am goedkoop (vies) hotelletje *o*; **3** Am zwijnenstal

flea-bite *znw* vlooienbeet; onbelangrijke afwijking; fig kleinigheid

flea-bitten *bn* onder de vlooien; gemeenz sjofel, goor

flea circus *znw* vlooientheater *o*

flea market *znw* vlooienmarkt, rommelmarkt

fleapit ['fli:pit] *znw* gemeenz goedkope, smerige bioscoop

fleck [flek] **I** *znw* vlek; plek; **II** *overg* vlekken; plekken

fled [fled] V.T. & V.D. van *flee*

fledged [fledʒd] *bn* (vlieg)vlug [v. jonge vogels]; *fully* ~*d* geheel ontwikkeld, volwassen; ervaren, volleerd

fledg(e)ling *znw* (vlieg)vlugge vogel; fig beginneling, melkbaard, melkmuil

flee [fli:] (fled; fled) *overg & onoverg* (ont)vlieden, (ont)vluchten

fleece [fli:s] **I** *znw* (schaaps)vacht; vlies *o*; **II** *overg* scheren; fig het vel over de oren halen, afzetten; (met een vacht) bedekken

fleecy *bn* wollig, wolachtig; vlokkig; ~ *clouds* schapenwolkjes

fleer [fliə] **I** *onoverg* spotten; spottend of brutaal lachen, honen; **II** *znw* hoongelach *o*; spotternij

1 fleet [fli:t] *znw* vloot; groep; *our* ~ *of motor-cars* ons wagenpark *o*

2 fleet [fli:t] *bn* plechtig snel, vlug, rap

3 fleet [fli:t] *onoverg* (voorbij-, heen)snellen

fleeting *bn* snel voorbijgaand, vergankelijk, vluchtig

Fleet Street [fli:t stri:t] *znw* **1** de Londense pers; **2** de Britse journalistiek, de Britse pers

Fleming ['flemiŋ] *znw* Vlaming

Flemish *bn* Vlaams; *the* ~ de Vlamingen

flench, flense [flentʃ, flens] *overg* [zeehond] villen; spek afsnijden [v.e. walvis]

flesh [fleʃ] **I** *znw* vlees *o*; *in the* ~ in levenden lijve; in leven; *it is more than* ~ *and blood can bear* het is meer dan een mens kan verdragen; *one's own* ~ *and blood* je eigen vlees en bloed, naaste verwanten; **II** *overg*: ~ *out* verrijken, verlevendigen, meer gestalte geven, aankleden, uitwerken, (op)vullen

flesh-coloured *bn* vleeskleurig

fleshly

fleshly bn vleselijk: zinnelijk
flesh-pot znw bordeel o, hoerenkast; striptent
fleshy bn vlezig; gevleesd; vlees-; dik
flew [flu:] V.T. van *fly*
flex [fleks] **I** onoverg & overg buigen; buigen en strekken; ~ one's muscles, ~ oneself ook: fig zijn krachten beproeven, zich oefenen; **II** znw elektr snoer o
flexibility [fleksi'biliti] znw buigzaam-, soepelheid², flexibiliteit²
flexible ['fleksibl] bn buigzaam², soepel², flexibel²; ~ hours variabele werktijden
flexion znw buiging; bocht; gramm verbuiging
flexional bn gramm buigings-
flexitime ['fleksitaim] znw variabele werktijden
flexor znw buigspier
flexure znw buiging; bocht
flibbertigibbet ['flibəti'dʒibit] bn lichthoofdig, fladderig, wispelturig iem.
flick [flik] **I** znw tikje o; knip; rukje o; the ~s gemeenz de bios; at the ~ of a switch ± met een druk op de knop; give sbd. the ~ gemeenz iem. de bons geven; **II** overg een tik(je) geven, tikken; ~ away (off) wegknippen; ~ off uitdoen; ~ on aanknippen, aanzetten; ~ over snel omslaan [de bladzijden]; ~ through snel doorbladeren [boek]; ± zappen
flicker ['flikə] **I** onoverg flakkeren, flikkeren; trillen; fladderen, klappen; **II** znw geflakker o, (op-)flikkering, geflikker o; ongestadig licht o; gefladder o; fig vleugje o, sprankje o
flick-knife ['fliknaif] znw springmes o, stiletto
flier ['flaiə] znw = flyer
flight [flait] znw vlucht; loop, vaart; reeks; zwerm, troep, luchtv eskader o; ~ of stairs trap; ~ of steps bordes o; ~ of fancy inval; ~ of wit geestige zet; put to ~ op de vlucht drijven; take (to) ~ op de vlucht gaan, de vlucht nemen; ~-deck scheepv vliegdek o; ~-engineer luchtv boordwerktuigkundige; ~ lieutenant mil kapiteinvlieger; ~ path luchtv (aan)vliegroute; ~ recorder luchtv vluchtrecorder, zwarte doos; ~ sergeant mil sergeant-vlieger
flightless ['flaitlɔs] bn niet in staat tot vliegen; ~ birds loopvogels
flighty ['flaiti] bn grillig; wispelturig, wuft; halfgaar
flimsy ['flimzi] **I** bn dun, onsolide, ondeugdelijk; armzalig; **II** znw gemeenz dun papier o; doorslag
flinch [flinʃ] onoverg aarzelen, terugdeinzen, wijken (voor from); without ~ing onwrikbaar; zonder een spier te vertrekken
flinders ['flindəz] znw mv splinters; scherven
1 fling [fliŋ] (flung; flung) **I** onoverg vliegen, stormen [uit vertrek]; **II** overg gooien, (af)werpen, smijten; ~ at gooien naar, naar (het hoofd) werpen; ~ down neergooien, tegen de grond smijten; ~ in op de koop toegeven; ~ into a room binnenstormen; ~ off afwerpen; van het spoor brengen; ~ off (on) one's clothes uit (in) zijn kleren schieten; ~ out plotseling (achteruit) slaan; uitspreiden [zijn armen]; weggooien; [woorden] eruit gooien; ~ up ten he-

mel heffen [de armen]; fig laten varen [plan]
2 fling znw worp, gooi; the Highland ~ een Schotse dans; uitspatting, verzetje o; avontuurtje o; have one's ~ gemeenz aan de rol gaan, uitrazen; zie verder: throw
flint [flint] znw keisteen, vuursteen o & m [stofnaam], vuursteen m [voorwerpsnaam]; steentje o [v. aansteker]
flint-glass znw flintglas o
flint-lock znw steenslot o; vuursteengeweer o
flinty bn steenachtig, vuursteen-; fig onvermurwbaar, hardvochtig
flip [flip] **I** znw 1 flip: warme drank v. melk, ei, suiker en wijn (bier of brandewijn); 2 knip, tik; ruk; 3 salto; **II** bn ongepast, brutaal, niet serieus; **III** overg 1 een tikje geven; 2 (weg)knippen; ~ one's lid gemeenz over de rooie gaan, uit zijn vel springen; ~ over (through) = flick over (through); **IV** onoverg 1 tikken; 2 knippen [met de vingers]; 3 gemeenz flippen, compleet gek worden
flip-flop ['flipflɔp] znw 1 teenslipper, sandaal; 2 achterwaartse salto; 3 techn flipflop [bep. type elektronische schakeling]
flippancy ['flipənsi] znw oneerbiedige, spottende opmerking; spotternij
flippant bn spotziek, oneerbiedig, ongegeneerd; ongepast
flipper ['flipə] znw vin; zwempoot; sp zwemvlies o [duiksport]
flipping ['flipiŋ] bn gemeenz verdraaid, verdomd
flip side znw B-kant [v. grammofoonplaat]; fig schaduwzijde
flirt [flə:t] **I** onoverg flirten; ~ with spelen of koketteren met; **II** znw flirt
flirtation [flə:'teiʃən] znw flirt, geflirt o
flirtatious [flə:ti] bn graag flirtend
flit [flit] **I** onoverg fladderen, zweven, vliegen; (snel) heen en weer gaan (schieten), (weg)trekken; Schots verhuizen; **II** znw: do a (moonlight) ~ met de noorderzon vertrekken
flitch [flitʃ] znw zijde spek
flitter ['flitə] onoverg fladderen; ~ mouse vleermuis
flivver ['flivə] znw Am goedkoop autootje o
float [flout] **I** znw vlot o; techn vlotter; luchtv drijver; dobber; lage wagen, praalwagen; handel kasgeld o; voorschot o; **II** onoverg vlot zijn; zweven, vlotten, drijven, dobberen; wapperen; ~ around rondgaan [v. gerucht &]; **III** overg laten drijven; vlot maken; onder water zetten; in omloop brengen, lanceren [gerucht &]; oprichten [v. bedrijf door uitgifte v. aandelen]
floatation [flou'teiʃən] znw = flotation
float-board ['floutbɔ:d] znw schepbord o, schoep
floating bn drijvend; vlottend; zwevend; ~ bridge pontonbrug; ~ currency zwevende munt(eenheid), valuta; ~ population vlottende bevolking; ~ voter zwevende kiezer
floccule ['flɔkju:l] znw (wol)pluisje o, vlokje o

flock [flɔk] **I** *znw* **1** kudde[2], troep, zwerm, schare; **2** vlok, pluis; **II** *onoverg*: ~ *(together)* samenkomen, samenscholen, stromen (naar *to*)

flocky *bn* vlokkig

floe [flou] *znw* ijsschots, stuk *o* drijfijs

flog [flɔg] *overg* slaan, (af)ranselen; recht geselen; slang organiseren, (in)pikken; verpatsen, aansmeren; ~ *a dead horse* belangstelling trachten te wekken voor wat afgedaan heeft; vergeefse moeite doen

flogging *znw* (pak *o*) slaag/ransel; recht geseling, geselstraf

flood [flʌd] **I** *znw* vloed[2], stroom[2], overstroming; zondvloed; *the F*~ de zondvloed; *a* ~ *of reactions* een stortvloed van reacties; *the river is in* ~ de rivier is buiten haar oevers getreden; **II** *onoverg* (over-)stromen; buiten zijn oevers treden [rivier]; *be* ~*ed out* door overstroming een huis moeten verlaten; **III** *overg* onder water zetten, overstromen[2] (met *with*), doen onderlopen; fig overspoelen, verzuipen [motor]

floodgate *znw* sluisdeur; fig sluis

floodlight **I** *znw* (schijnwerper voor) strijklicht *o*; **II** *overg* verlichten door middel van strijklicht

floodlit V.T. & V.D. van *floodlight*

flood-tide *znw* vloed

floor [flɔː] **I** *znw* vloer; bodem; verdieping; zaal [v. parlement &]; *first* ~ eerste verdieping; Am benedenverdieping, parterre *o* & *m*; *get* (*have, hold*) *the* ~ het woord krijgen (hebben, voeren); *take the* ~ het woord nemen; ten dans gaan; *wipe the* ~ *with sbd.* de vloer met iem. aanvegen; **II** *overg* bevloeren; vloeren: op de grond werpen; fig onder krijgen; in de war maken; het winnen van, verslaan

floorboard *znw* vloerplank

floor-cloth *znw* dweil

flooring *znw* bevloering, vloer

floor-manager *znw* **1** floormanager [bij tv-productie]; **2** afdelingschef [in warenhuis]

floor show *znw* floorshow

floor-walker *znw* afdelingschef (in winkel &)

floozy ['flu:zi] *znw* Am slet, snol

flop [flɔp] **I** *znw* klap, flap; plof; gemeenz fiasco *o*, flop, afgang, misser; **II** *onoverg* flappen, ploffen, klossen; gemeenz een flop worden; ~ *down* neerploffen

floppy *bn* flodderig, slap; ~ *(disk)* comput floppy, diskette

flora ['flɔːrə] *znw* flora

floral *bn* bloemen-, bloem-

Florentine ['flɔrəntain] *znw* (& *bn*) Florentijn(s)

florescence [flɔ'resəns] *znw* bloeien *o*; bloeitijd

floret ['flɔːrit] *znw* bloempje *o*

floriculture ['flɔːrikʌltʃə] *znw* bloementeelt

floriculturist [flɔːri'kʌltʃərist] *znw* bloemkweker

florid ['flɔrid] *bn* bloemrijk; blozend; zwierig

floridity [flɔ'riditi] *znw* bloemrijke taal; blozende kleur; zwierigheid

florin ['flɔrin] *znw* vroeger tweeshillingstuk *o*

florist ['flɔrist] *znw* bloemist

floruit ['flɔruit] *znw* actieve periode [v.e. kunstenaar &]

floss ['flɔs] **I** *znw* **1** vloszijde; **2** *(dental)* ~ tandzijde; **II** *overg* & *onoverg* flossen, (de tanden) met tandzijde schoonmaken

flossy *bn* vlossig

flotation *znw* drijven *o* &; oprichting [v. bedrijf door uitgifte aandelen]; het zweven *o* [v.e. munteenheid]

flotilla [flou'tilə] *znw* flottielje

flotsam ['flɔtsəm] *znw* zeedrift, wrakgoederen; ~ *and jetsam* rommel

1 flounce [flauns] *znw* volant: strook

2 flounce [flauns] **I** *onoverg* plonzen, ploffen; stuiven; **II** *znw* plof, ruk

flounder ['flaundə] **I** *onoverg* [in de modder &] baggeren, spartelen; steigeren; hakkelen, knoeien; **II** *znw* (*mv* idem *of* -s) dierk bot, schar

flour ['flauə] **I** *znw* bloem (van meel), meel *o*, poeder *o* & *m*; **II** *overg* met meel bestrooien

flourish ['flʌriʃ] **I** *onoverg* bloeien[2], tieren, gedijen; in zijn bloeitijd zijn [v. kunstenaar]; **II** *overg* zwaaien met; pronken met; **III** *znw* zwaai; zwierige wending, versiering, krul; muz fanfare, trompetgeschal *o*; *in full* ~ in volle bloei

floury ['flauəri] *bn* melig; kruimig; met meel bedekt

flout [flaut] *overg* negeren, in de wind slaan, aan zijn laars lappen, zich niets aantrekken van, spotten met

flow [flou] **I** *onoverg* vloeien, overvloeien, stromen[2]; golven [v. kleed, manen] opkomen [getij]; ~ *from* voortvloeien uit; **II** *znw* (over)vloed, stroom[2], (uit-)stroming, doorstroming; golving; ~ *of language* (*words*) woordenvloed; *he has a ready* ~ *of conversation* hij is een uiterst vlotte prater

flow chart ['floutʃɑːt] *znw* stroomschema *o*

flower ['flauə] **I** *znw* bloem[2], bloesem; bloei; **II** *onoverg* bloeien

flower arrangement *znw* **1** bloemschikkunst; **2** bloemstuk *o*

flower-bed *znw* bloembed *o*

flowered *bn* gebloemd

floweret *znw* bloempje *o*

flowerpot *znw* bloempot

flower-show *znw* bloementoonstelling

flowery *bn* bloemrijk[2], bloem(en)

flown [floun] V.D. van *2fly*

fl. oz. *afk.* = *fluid ounce(s)*

flu [flu:] *znw* gemeenz influenza, griep

fluctuate ['flʌktjueit] *onoverg* op en neer gaan[2], golven, dobberen, schommelen, weifelen

fluctuation [flʌktju'eiʃən] *znw* schommeling [v. prijzen &]; dobbering, weifeling

flue [flu:] *znw* rookkanaal *o*, vlampijp

fluency ['flu:ənsi] *znw* vaardigheid, vlotheid; bespraaktheid

fluent

fluent *bn* vloeiend[2], bespraakt; vlot

fluff [flʌf] **I** *znw* dons *o*, pluis *o*; **II** *onoverg* pluizen; **III** *overg* pluizen; gemeenz verknoeien; ~ *out* doen uitstaan

fluffy *bn* donsachtig, donzig, dons-; luchtig

fluid ['flu:id] **I** *bn* vloeibaar; niet vast; vloeiend; beweeglijk; ~ *ounce* [inhoudsmaat van] 28,4 cm³; Am 29,6 cm³; **II** *znw* vloeistof; fluïdum *o* [= vloeistof; niet-vast lichaam *o*]

fluidity [flu'iditi] *znw* vloeibaarheid; niet vast zijn *o*; vloeiende *o*; beweeglijkheid

fluke [flu:k] *znw* **1** scheepv ankerblad *o*; punt [v. pijl]; ~s staart [v. walvis]; **2** (lever)bot; **3** gemeenz mazzel, meevaller, biljart beest *o*

fluky *bn* gemeenz (stom)gelukkig; bof-; onzeker

flume [flu:m] *znw* kunstmatige waterloop

flummery ['flʌməri] *znw* meelpap; gemeenz vleierij

flummox ['flʌməks] *overg* gemeenz verwarren, ontstellen

flump [flʌmp] **I** *onoverg* & *overg* ploffen; **II** *znw* plof

flung [flʌŋ] V.T. & V.D. van *fling*

flunk [flʌŋk] Am gemeenz **I** *overg* laten zakken [bij examen]; **II** *onoverg* stralen, zakken [bij examen]; ~ *out* van school gestuurd worden

flunkey ['flʌŋki] *znw* lakei[2], stroopsmeerder, hielenlikker

fluorescence [flua'resəns] *znw* fluorescentie

fluorescent *bn* fluorescerend; ~ *lamp*, ~ *tube* fluorescentielamp, tl-buis

fluoridate ['fluəraideit] *overg* fluorideren

fluoridation [fluərai'deiʃən] *znw* fluoridering

fluoride ['fluəraid] *znw* fluoride *o*

fluorine ['fluəri:n] *znw* fluor *o*

flurried ['flʌrid] *bn* geagiteerd, de kluts kwijt

flurry I *znw* (wind)vlaag, bui; agitatie, gejaagdheid; **II** *overg* zenuwachtig maken, agiteren, jachten; in de war brengen

flush [flʌʃ] **I** *onoverg* doorspoelen, doortrekken [toilet]; kleuren, blozen; **II** *overg* doorspoelen; onder water zetten; verjagen; het bloed naar het hoofd jagen; aanvuren, overmoedig doen worden; ~ *the toilet* de wc doortrekken; ~*ed* ook: verhit; ~*ed with joy* dolblij; ~*ed with succes* in de roes van het succes; **III** *znw* (plotselinge) toevloed, stroom[2]; opwelling[2]; blos; gloed; roes, opwinding; kaartsp suite; plantk uitlopende blaadjes; **IV** *bn* overvloedig (voorzien van *of*), vol [v. water]; effen, gelijk, vlak; *be ~ (with money)* goed bij kas zijn

Flushing ['flʌʃiŋ] *znw* Vlissingen *o*

fluster ['flʌstə] **I** *overg* agiteren, in de war brengen, zenuwachtig maken, enerveren; **II** *znw* opwinding, verwarring

flute [flu:t] **I** *znw* muz fluit; groef, cannelure, plooi; **II** *overg* groeven, canneleren; plooien

flutist *znw* fluitist

flutter ['flʌtə] **I** *onoverg* fladderen; wapperen; dwarrelen; flakkeren, trillen [licht]; popelen [v. hart]; gejaagd doen; **II** *overg* doen wapperen, haasten;

agiteren; **III** *znw* gefladder *o*, fladderen *o* &; gejaagdheid, agitatie; gemeenz speculatie, gokje *o*; *cause a ~* sensatie maken; *put in a ~* zenuwachtig maken

fluty ['flu:ti] *bn* helder en zacht [toon]

fluvial ['flu:viəl] *bn* rivier-

flux [flʌks] *znw* vloed; vloeiing; vloei-, smeltmiddel *o*; stroom; buikloop; fig voortdurende verandering

1 fly [flai] *znw* **1** vlieg; kunstvlieg; **2** vliegwiel *o*; onrust [v. klok]; **3** klep, gulp (ook: *flies*) [v. broek &]; *a ~ in the ointment* een haar in de soep; *there are no flies on him!* gemeenz die is bij de pinken!; *I wish I were a ~ on the wall* ik wou dat ik stiekem kon kijken (meeluisteren)

2 fly [flai] (flew; flown) **I** *onoverg* vliegen; vluchten; omvliegen, (voorbij)snellen; wapperen; *I must ~* ik moet er gauw vandoor; *let ~* laten schieten, vieren; afschieten [een pijl]; *let ~ at* er op los gaan of slaan, er van langs geven; *he's ~ing high* hij heeft grootse plannen, is zeer ambitieus; ~ *about* rondvliegen, rondfladderen; ~ *at sbd.* iem. aanvliegen; ~ *apart* uit elkaar spatten, springen; ~ *in the face of* trotseren; ingaan tegen; ~ *into a passion (rage)* woedend worden; ~ *off* wegvliegen; zie ook: *handle I*; ~ *out* uitvliegen; opstuiven, uitvaren (tegen *at*); ~ *to arms* te wapen snellen; *send sth. ~ing* iets omkieperen, omgooien; *go ~ing* omvallen, op de grond kieperen; *time flies* de tijd vliegt voorbij; **II** *overg* laten vliegen of wapperen, voeren [de vlag]; luchtv vliegen over [oceaan], bevliegen [een route], vliegen [een toestel], per vliegtuig vervoeren; ~ *a kite* een vlieger oplaten; gemeenz een proefballon oplaten, een balletje over iets opgooien; gemeenz handel een schoorsteenwissel trekken

3 fly [flai] *bn* gemeenz uitgeslapen, geslepen, sluw

fly-away ['flaiəwei] *bn* los, loshangend [haar, kleding]; frivool, wuft

fly-blown *bn* door vliegen bevuild

flyby *znw* **1** Am = *flypast*; **2** vliegend passeren *o*, vooral de baan waarin een ruimtevaartuig een planeet passeert

fly-by-night *bn* gemeenz louche, onbetrouwbaar

flycatcher *znw* vliegenvanger [voorwerp en vogel]

flyer *znw* luchtv vlieger; hardloper: renpaard *o*, snelzeilend schip *o* &; vlugschrift *o*, folder

fly-fishing *znw* vissen *o* met een (kunst)vlieg als aas, vliegvissen *o*

flying-bridge *znw* noodbrug; gierpont

flying-boat *znw* vliegboot

flying-bomb *znw* vliegende bom, V1

flying buttress *znw* bouwk luchtboog

flying doctor *znw* dokter die zich per vliegtuig verplaatst

flying fish *znw* vliegende vis

flying fox *znw* vliegende hond

flying officer *znw* mil eerste-luitenant-vlieger

flying range *znw* actieradius

flying saucer *znw* vliegende schotel

flying squad *znw* vliegende brigade, mobiele eenheid

flying start *znw* vliegende start; bliksemstart; *get off to a* ~ zeer goed beginnen

flying visit *znw* bliksembezoek *o*

fly-leaf *znw* schutblad *o* [v. boek]

fly-over *znw* viaduct *m & o*, ongelijkvloerse (weg-) kruising

flypaper *znw* vliegenpapier *o*

flypast *znw* luchtparade

fly-sheet *znw* buitentent

fly-trap *znw* vliegenvanger

flyweight *znw* vlieggewicht *o* [bokser]

fly-wheel *znw* vliegwiel *o*

foal [foul] **I** *znw* veulen *o*; **II** *onoverg* [veulen] werpen

foam [foum] **I** *znw* schuim *o*; ~ *rubber* schuimrubber; **II** *onoverg* schuimen; ~ *at the mouth* schuimbekken

foamy *bn* schuimig, schuimend

f.o.b. *afk.* = *free on board* vrij aan boord [alle kosten tot in het schip voor rekening v.d. verkoper]

fob [fɔb] **I** *znw* horlogeketting; ~ *watch* zakhorloge *o*; *key* ~ sleutelhanger; **II** *overg*: ~ *off* afschepen; ~ *sth. off on sbd.* iem. iets aansmeren

focal ['foukəl] *bn* brandpunts-, brand-, focaal; ~ *length* brandpuntsafstand; ~ *point* brandpunt[2] *o*

fo'c'sle ['fouksl] *znw* = *forecastle*

focus ['foukəs] **I** *znw* (*mv.* focuses *of* foci ['fousai]) brandpunt *o*; haard [v. ziekte]; centrum *o*; *in* ~ scherp (gesteld), duidelijk; *out of* ~ onscherp, onduidelijk; **II** *overg* in een brandpunt verenigen (brengen); instellen [lens &]; concentreren [gedachten], vestigen [aandacht]; **III** *onoverg* zich concentreren

fodder ['fɔdə] *znw* voe(de)r *o*

foe [fou] *znw* plechtig vijand

foetal ['fi:təl], Am **fetal** ['fi:təl] *bn* van de, betreffende de foetus

foetus, Am **fetus** ['fi:təs] *znw* foetus, ongeboren vrucht

fog [fɔg] **I** *znw* **1** mist; **2** sluier [op foto]; *in a* ~ ook: de kluts kwijt; **II** *overg* in mist hullen; onduidelijk maken; vertroebelen; doen beslaan; **III** *onoverg*: ~ *(up)* beslaan

fog bank *znw* mistbank

fog-bound *bn* door mist opgehouden; in mist gehuld

fogey ['fougi] *znw* ouwe zeur, ouwe sok

foggy ['fɔgi] *bn* mistig, nevelig; vaag

foghorn *znw* misthoorn

fog lamp *znw* mistlamp

fog-signal *znw* mistsignaal *o*

fogy ['fougi] *znw* = *fogey*

foible ['fɔibl] *znw* zwak *o*, zwakke zijde, zwak punt *o*

foil [fɔil] **I** *znw* **1** schermdegen, floret; **2** foelie [achter spiegel, juweel], folie, zilverpapier *o*; *be a* ~ *to* beter doen uitkomen; **II** *overg* (iems. plannen) verijdelen

foist [fɔist] *overg*: ~ *sth. on sbd.* iem. iets aansmeren (ook: aanwrijven); ~ *oneself on someone* zich aan iem. opdringen

fold [fould] **I** *znw* **1** vouw, plooi, kronkel; **2** kudde[2]; **3** schaapskooi; **4** schoot (der Kerk); **II** *overg* **1** vouwen, plooien; **2** wikkelen, sluiten, slaan; ~ *back (down)* omvouwen; ~ *in* toevoegen, doorroeren, bijmengen; ~ *in one's arms* in de armen sluiten; ~ *up* op-, dichtvouwen; **III** *onoverg* **1** zich laten vouwen; **2** gemeenz het afleggen; op de fles gaan; het bijltje erbij neergooien (ook: ~ *up*)

foldaway ['fouldəwei] *bn* opvouwbaar, vouw-, opklap-

folder *znw* folder: vouwblad *o*, gevouwen circulaire; map, mapje *o*

folderol ['fɔldə'rɔl] *znw* falderalderiere & [refrein]; prul *o*

folding ['fouldiŋ] *bn* opvouwbaar, vouw-; ~-*bed* opklapbed *o*; veldbed *o*; kermisbed *o*; ~ *camera* klapcamera; ~-*chair* vouwstoel; ~-*door* harmonicadeur; ~ *money* Am papiergeld *o*; ~ *picture* uitslaande plaat

foldup ['fouldʌp] *bn* = *foldaway*

foliage ['fouliidʒ] *znw* loof *o*, lover *o*, gebladerte *o*, lommer *o*; bladversiering, loofwerk *o*

foliate ['foulieit] *overg* met folie bedekken; [bladen] nummeren; met loofwerk versieren

foliation [fouli'eiʃən] *znw* bladvorming; foeliën *o*; foliëring; versiering met loofwerk

folio ['fouliou] *znw* folio(vel) *o*; foliant

folk [fouk] **I** *znw* volk *o*; mensen; gemeenz familieleden (meestal ~s); luitjes; volkje *o*; *the old* ~s de oudjes; **II** *bn* volks-, inheems

folk etymology *znw* volksetymologie

folklore *znw* folklore: volkskunde

folk music *znw* volksmuziek

folk singer *znw* zanger(es) van volksliedjes

folk-song *znw* (oud) volkslied *o*

folksy *bn* **1** gemeenz gezellig, hartelijk, eenvoudig; **2** m.b.t. volkskunst

follicle ['fɔlikl] *znw* (haar)zakje *o*

follow ['fɔlou] **I** *overg* volgen (op), navolgen, nazetten; achternagaan; fig najagen; [een beroep] uitoefenen; voortvloeien uit; ~ *the sea* zeeman zijn; ~ *suit* kaartsp kleur bekennen; fig het voorbeeld volgen; ~ *out* opvolgen, voldoen aan; vervolgen, doorvoeren; ~ *through* (nauwkeurig) uitvoeren; afmaken, afwerken; ~ *up* nagaan, nader ingaan op; voortzetten; zich ten nutte maken; (na)volgen; laten volgen (door *by, with*); ~ *one's nose* zijn instinct volgen; **II** *onoverg* volgen; ~ *in sbd.'s footsteps* in de voetsporen treden van iem.

follower *znw* volger; volgeling, aanhanger; navolger

following I *bn* volgend; **II** *znw* gevolg *o*, aanhang; **III** *voorz* na, volgend op

follow-through *znw* **1** afwerking; **2** sp afmaken *o* van de slag [bij tennis, golf &]

follow-up *znw* voortzetting, nabehandeling, vervolg *o*; ~ *care* med nazorg

folly ['fɔli] *znw* dwaasheid, gekkenwerk *o*, zotheid; stommiteit; folly: merkwaardig maar nutteloos gebouw &

foment [fou'ment] *overg* (warm) betten; fig voeden, koesteren, kweken, aanstoken, stimuleren

fomentation [foumen'teiʃən] *znw* betting; warme omslag *m* & *o*; fig aanmoediging, (het) aanstoken *o*, (het) aanwakkeren *o*

fond [fɔnd] *bn* liefhebbend, teder, innig; dierbaar, lief; *be ~ of* houden van

fondle ['fɔndl] *overg* strelen, liefkozen, aanhalen

fondly ['fɔndli] *bijw* teder, innig, vol liefde

fondness *znw* tederheid, liefde, genegenheid, zwak *o* (voor *for*)

font [fɔnt] *znw* doopvont; lettertype *o* [v. printer &]

fontanel [fɔntə'nel] *znw* fontanel

food [fu:d] *znw* voedsel *o*, spijs, eten *o*, voe(de)r *o*; ~*s* voedingsmiddelen, levensmiddelen; ~ *for thought* stof tot nadenken; *be off one's* ~ geen eetlust hebben

food chain *znw* voedselketen

food poisoning *znw* voedselvergiftiging

food processor *znw* keukenmachine

foodstuffs *znw mv* voedingsmiddelen, levensmiddelen

fool [fu:l] **I** *znw* **1** dwaas, gek, zot; nar; **2** (kruisbessen)vla; *a ~'s errand* een dwaze onderneming; *act (play) the* ~ de pias uithangen, zich aanstellen; *send sbd. on a ~'s errand* iem. voor gek laten lopen; *a ~'s paradise* een denkbeeldige hemel; *make a ~ of* voor de gek houden[2]; *make a ~ of oneself* zich belachelijk maken, zich dwaas aanstellen; *he's nobody's* ~, *no* ~ hij laat zich niet voor de gek houden; **II** *bn* Am gemeenz gek, idioot; **III** *onoverg* beuzelen, gekheid maken; ~ *about (around)* spelen met; dollen; rondlummelen; **IV** *overg* voor de gek houden, bedotten[2]; ~ *into ...ing* verleiden om te ...; ~ *out of* aftroggelen

foolery *znw* dwaasheid, scherts, gedol *o*

foolhardy *bn* roekeloos, doldriest

fooling *znw* voordegekhouderij, gekke streken

foolish *bn* dwaas, gek, mal, zot, idioot, stom

fool-proof *bn* overduidelijk; onfeilbaar; absoluut veilig

foolscap *znw* klein-foliopapier *o*

foot [fut] **I** *znw* (*mv*: feet [fi:t]) voet [ook: Eng. maat v. 12 duim = 30,48 cm]; poot; voetvolk *o*, infanterie; voeteneind *o*; *fall on one's feet* mazzel hebben; *put one's best ~ forward* zijn beste beentje voorzetten; *put one's ~ down* (krachtig) optreden (tegen *on*); gemeenz plankgas geven; *put one's ~ in it* gemeenz een flater begaan; *never put a ~ wrong* nooit verkeerde dingen doen (zeggen); *put one's feet up* zie [1]*put*; zie ook: *find* I, *keep* I &; *at ~* onderaan [de voet v.d. bladzij]; onderstaand; *be under sbd.'s feet*

iem. voor de voeten lopen; *swift of ~* vlug (ter been); *carry sbd. off his feet* iem. meeslepen (in zijn enthousiasme); *on ~* te voet; *get off on the wrong ~* verkeerd beginnen; *be on one's feet* op de been zijn; het woord voeren; goed gezond zijn; *be dying on one's feet* ten dode opgeschreven zijn; *set on one's feet* op de been (er bovenop) helpen; *stand on one's own feet* op eigen benen staan; *get (rise) to one's feet* opstaan; *jump (leap, spring) to one's feet* overeind springen, opspringen; **II** *overg*: ~ *(the bill)* gemeenz dokken; ~ *it* te voet gaan; dansen

footage *znw* **1** (film)lengte; **2** sequentie, (stuk *o*) film, ± beelden

foot-and-mouth disease *znw* mond- en klauwzeer *o*

football *znw* **1** Br voetbal *o*; Am football, Amerikaans voetbal *o*; **2** voetbal [voorwerpsnaam]; Am rugbybal

footballer *znw* voetballer

football pool *znw* voetbalpool, -toto

foot-board *znw* treeplank; voetplank

foot-bridge *znw* loopbrug

footer *znw* slang spelletje *o* voetbal; *a six ~* boot & van 6 voet [lengte]

footfall *znw* (geluid *o* van een) voetstap

foot-fault *znw* sp voetfout

foot-hill *znw* heuvel aan de voet van een gebergte

foothold *znw* steun voor de voet; fig vaste voet

footing *znw* voet[2]; vaste voet, steun, houvast *o*; fig basis; *on an equal ~* op voet van gelijkheid; *lose one's ~* uitglijden, z'n houvast verliezen; *miss one's ~* misstappen, uitglijden

footle ['fu:tl] *onoverg* leuteren, bazelen; ~ *about (around)* rondlummelen; ~ *away one's time* lanterfanten, zijn tijd verdoen

footlights ['futlaits] *znw mv* voetlicht *o*

footling ['fu:tliŋ] *bn* gemeenz onbetekenend, onbeduidend; dom

footloose ['futlu:s] *bn* vrij, vrij om te gaan en te staan waar men wil

footman *znw* lakei

footmark *znw* voetspoor *o*

footnote *znw* voetnoot

foot-pace *znw* tred; *at a ~* stapvoets

footpad *znw* struikrover

footpath *znw* voetpad *o*; trottoir *o*, stoep

footplate *znw* staanplaats v. machinist op locomotief

footprint *znw* voetspoor *o*

foot-rule *znw* maatstok [v. 1 Eng. voet]

footsie ['futsi] *znw*: *play ~ (with)* gemeenz voetjevrijen (met)

foot-slog *onoverg* gemeenz marcheren, sjokken

foot soldier *znw* infanterist

footsore *bn* met zere voeten

footstep *znw* voetstap, tred

footstool *znw* voetenbankje *o*

footway *znw* = footpath

footwear *znw* schoeisel *o*, schoenwerk *o*
footwork *znw* voetenwerk *o* [sp, dans]
foozle ['fuːzl] *overg* (ver)knoeien
fop [fɔp] *znw* fat, dandy, kwast, modegek
foppery *znw* kwasterigheid
foppish *bn* fatterig, dandyachtig
for [fɔː] I *voegw* want; II *voorz* voor, in plaats van; gedurende; naar; uit; om, vanwege, wegens; wat betreft; niettegenstaande; [kiezen] tot, als; *oh, ~ a cigarette!* had ik (hadden we) maar een sigaret!; *I know him ~ a ...* ik weet, dat hij een ... is; *~ all I care* voor mijn part; *~ all I know* voorzover ik weet; *~ all that* toch; *~ her (him)* voor haar (hem); voor haar (zijn) doen; *it is ~ her to ...* het staat aan haar, het past haar om ...; *think ~ oneself* zelf denken; *~ joy* van vreugde; *~ years* jarenlang; *not ~ years* in geen jaren; *you are ~ it!* gemeenz je bent erbij!; *now ~ it!* nu erop los!, nu komt het erop aan!; *there is nothing ~ it but...* er zit niets anders op dan...
forage ['fɔridʒ] I *znw* 1 voe(de)r *o*, foerage; 2 mil foeragering; II *onoverg* mil foerageren; III *overg* mil foerageren; (af)stropen; (door)zoeken; plunderen
forage-cap *znw* kwartiermuts
forasmuch [fɔrəz'mʌtʃ] *voegw*: *~ as* aangezien
foray ['fɔrei] I *znw* 1 rooftocht; 2 uitstapje *o*; II *on-overg* roven, plunderen
forbad(e) [fɔː'bæd , -'beid] V.T. van *forbid*
1 forbear ['fɔːbɛə] *znw* = *forebear*
2 forbear [fɔː'bɛə] (forbore; forborne) I *overg* nalaten, zich onthouden van, zich wachten voor; II *onoverg* geduld hebben, wat door de vingers zien; *~ from* zich onthouden van
forbearance *znw* onthouding; verdraagzaamheid, geduld *o*, toegevendheid
forbearing *bn* verdraagzaam, toegevend, geduldig
forbid [fɔː'bid] (forbade; forbidden) *overg* verbieden; *God (Heaven) ~!* dat verhoede God!; zie ook: *banns*
forbidden *bn* verboden
forbidding *bn* afschrikwekkend, af-, terugstotend, onaanlokkelijk
forbore [fɔː'bɔː] V.T. van *²forbear*
forborne V.D. van *²forbear*
force [fɔːs] I *znw* kracht, macht, geweld *o*; noodzaak; *the ~* de politie; *the (armed) ~s* de strijdkrachten; *by ~* met geweld; *by ~ of* door middel van; *from (by) force of habit* uit gewoonte; *in ~* van kracht; in groten getale; *come into ~* van kracht worden, in werking treden; *join ~ with* zich aansluiten bij, zich verenigen met; II *overg* dwingen, noodzaken, geweld aandoen; met geweld nemen; [een doortocht] banen; duwen, dringen, drijven; afdwingen; openbreken; forceren; trekken, in kassen kweken; fig klaarstomen; *~ sbd.'s hand* iem. dwingen (tot een handeling); *~ back* terugdringen, terugdrijven, onderdrukken [neiging &]; *~ down* met geweld doorkrijgen of slikken; drukken [de markt]; zie ook: *throat*; *~ from* afdwingen [tranen

&]; *~ into* dringen, duwen of drijven in; dwingen tot; *~ sth. on sbd.* iem. iets opdringen; *~ one's way (through)* (naar voren) dringen; *~ up the prices* de prijzen opdrijven; *it was ~d upon us* het werd ons opgedrongen
forced *bn* gedwongen, onvrijwillig, geforceerd; *~ landing* noodlanding
force-feed ['fɔːsfiːd] *overg* dwingen te eten
forceful *bn* krachtig, sterk, overtuigend
force majeur [fɔrs ma'ʒəːr] *znw* [Fr] overmacht
forcemeat ['fɔːsmiːt] *znw* farce: gehakt *o*
forceps ['fɔːseps] *znw mv* forceps: tang
force-pump [fɔːspʌmp] *znw* perspomp
forcible ['fɔːsibl] *bn* krachtig; gewelddadig; gedwongen; overtuigend [argument]
forcibly *bijw* met klem; met geweld
forcing-house ['fɔːsiŋhaus] *znw* broeikas
ford [fɔːd] I *znw* waadbare plaats; II *overg* doorwaden
fore [fɔː] I *bn* voor(ste); II *bijw* scheepv vooruit; *he soon came to the ~* hij raakte (trad) spoedig op de voorgrond; scheepv *~ and aft* van boeg naar achtersteven, langsscheeps
1 forearm ['fɔːraːm] *znw* onderarm, voorarm
2 forearm [fɔː'raːm] *overg* vooraf wapenen
forebear [fɔː'bæː] *znw* voorvader, voorzaat
forebode [fɔː'boud] *overg* voorspellen; een voorgevoel hebben van
foreboding *znw* voorspelling; voorgevoel *o*
forecast I *znw* ['fɔːkaːst] (voorafgaande) berekening, verwachting, (weer)voorspelling; II *overg* [fɔː'kaːst] (vooraf) berekenen, ontwerpen, voorzien; voorspellen
forecastle ['fouksl] *znw* scheepv bak, vooronder *o*
foreclose [fɔː'klouz] *overg* recht beslag leggen op, in beslag nemen; *~ on a mortgage* een hypotheek executeren
forecourt ['fɔːkɔːt] *znw* voorhof, buitenhof; voorplein *o*; voorkant, voorzijde
foredoom [fɔː'duːm] *overg* voorbeschikken, doemen
forefather ['fɔːfaːðə] *znw* voorvader
forefinger *znw* wijsvinger
forefoot *znw* voorbeen *o*; voorpoot
forefront *znw* voorste gedeelte *o*; *be in (at) the ~ of* een vooraanstaande plaats innemen in (onder, bij)
foregather [fɔː'gæðə] *onoverg* = *forgather*
forego [fɔː'gou] (forewent; foregone) *overg* voorafgaan (aan); zie *forgo*; zie ook: *foregone*
foregoing *bn* voor(af)gaand(e)
foregone I V.D. van *forego*; II *bn* ['fɔːgɔn]: *a ~ conclusion* een uitgemaakte zaak, vanzelfsprekend iets
foreground ['fɔːgraund] *znw* voorgrond²; ook: eerste plan *o* [v. schilderij]
forehand *znw* voorhand [tennis];
forehead ['fɔrid] *znw* voorhoofd *o*
foreign ['fɔrin] *bn* vreemd, buitenlands, uitheems; *~ legion* vreemdelingenlegioen *o*; *in ~ parts* in het

buitenland; Br F~ *Secretary (Office)* Minister (Ministerie *o*) van Buitenlandse Zaken; ~ *affairs* buitenlandse zaken; ~ *aid* ontwikkelingshulp; ~ *body* vreemd lichaam *o*; ding *o* dat er niet hoort; ~ *exchange* deviezen(handel); *the ~ exchange market* valutamarkt

foreigner *znw* vreemdeling, buitenlander

forejudge [fɔːˈdʒʌdʒ] *overg* vooruit be-, veroordelen

foreknow *overg* vooraf weten

foreknowledge [ˈfɔːˈnɔlidʒ] *znw* voorkennis

foreland [ˈfɔːlənd] *znw* landpunt, voorland *o*, uiterwaard

foreleg *znw* voorpoot

forelock *znw* (haar)lok, voorhaar *o*; *take time by the ~* de gelegenheid (het gunstige ogenblik) niet laten voorbijgaan

foreman *znw* voorman, meesterknecht, ploegbaas; voorzitter [v. jury]; *touch (tug) one's ~ to someone* iem. eerbiedig groeten; (overdreven) respect tonen t.a.v. iemand

foremast *znw* fokkenmast

forementioned [fɔːˈmenʃənd] *bn* voormeld

foremost [ˈfɔːmoust, ˈfɔːməst] *bn* belangrijkste, voorste, eerste

forename [ˈfɔːneim] *znw* vóórnaam

forenoon *znw* voormiddag

forensic [fəˈrensik] *bn* gerechtelijk, rechts-, forensisch

foreordain [ˈfɔːrɔːˈdein] *overg* voorbestemmen

forepart [ˈfɔːpɑːt] *znw* voorste deel *o*; eerste deel *o*

foreplay *znw* voorspel *o* [bij het vrijen]

forequarter *znw* voorste vierendeel *o* [v. geslacht dier]

forerunner [fɔːˈrʌnə] *znw* voorloper, voorbode

foresail [ˈfɔːseil, ˈfɔːsl] *znw* scheepv fok

foresee [fɔːˈsiː] *overg & onoverg* voorzien, vooruitzien

foreseeable *bn* voorzienbaar, te voorzien; *in the ~ future* binnen afzienbare tijd

foreshadow *overg* (voor)beduiden, de voorbode zijn van, aankondigen

foreshore *znw* **1** stuk strand *o* dat bij eb droogvalt; **2** waterkant

foreshorten *overg* in verkorting zien of tekenen [in perspectief]

foresight [ˈfɔːsait] *znw* vooruitziende blik; overleg *o*; voorzichtigheid, beleid *o*

foreskin *znw* voorhuid [v.d. penis]

forest [ˈfɔrist] **I** *znw* woud *o*, bos *o*; **II** *overg* bebossen

forestall [fɔːˈstɔːl] *onoverg* vóór zijn, voorkomen, vooruitlopen op, verhinderen

forester [ˈfɔristə] *znw* houtvester; boswachter

forestry *znw* bosbouw(kunde), boswezen *o*

foretaste [ˈfɔːteist] *znw* voorproefje *o*, voorsmaak

foretell [fɔːˈtel] *overg* voorzeggen, voorspellen

forethought [ˈfɔːθɔːt] *znw* voorbedachtheid; voorzorg, overleg *o*

foretoken *znw* voorbode, voorteken *o*

foretold [fɔːˈtould] V.T. & V.D. van *foretell*

---

forever [fəˈrevə] *bijw* zie *(for) ever*

forewarn [fɔːˈwɔːn] *overg* (vooraf) waarschuwen; *~ed is forearmed* een gewaarschuwd mens telt voor twee

forewent [fɔːˈwent] V.T. van *forego*

forewoman [ˈfɔːwumən] *znw* hoofd *o*, cheffin [in winkel]; presidente van een jury

foreword *znw* voorwoord *o*

forfeit [ˈfɔːfit] **I** *znw* verbeuren *o*; verbeurde *o*, boete, pand *o*; *play (at) ~s* pand verbeuren; **II** *overg* verbeuren, verliezen, verspelen; **III** *bn* verbeurd

forfeiture *znw* verbeuren *o*; verlies *o*; verbeurdverklaring

forfend [fɔːˈfend] *overg* vero verhoeden, afwenden

forgather [fɔːˈgæðə] *onoverg* vergaderen; samenkomen; omgang hebben (met *with*)

forgave [fəˈgeiv] V.T. van *forgive*

forge [fɔːdʒ] **I** *znw* smidse, smederij, smidsvuur *o*; smeltoven; **II** *overg* smeden[2]; verzinnen; namaken, vervalsen; **III** *onoverg*: *~ ahead* met moeite (langzaam maar zeker) vooruitkomen

forger *znw* smeder[2]; verzinner; wie namaakt, vervalser

forgery *znw* vervalsing, valsheid in geschrifte; namaak

forget [fəˈget] (forgot; forgotten) **I** *overg & onoverg* vergeten; *I ~* ik ben/heb vergeten; **II** *wederk*: *~ oneself* zich vergeten, zijn zelfbeheersing verliezen

forgetful *bn* vergeetachtig

forget-me-not *znw* vergeet-mij-nietje *o*

forgive [fəˈgiv] (forgave; forgiven) *overg* vergeven, kwijtschelden

forgiven V.D. van *forgive*

forgiveness *znw* vergiffenis, kwijtschelding; vergevensgezindheid

forgiving *bn* vergevensgezind

forgivingness *znw* vergevensgezindheid

forgo [fɔːˈgou] (forwent; forgone) *overg* afzien van, afstand doen van, opgeven, derven, zich onthouden van

forgot [fəˈgɔt] V.T. van *forget*

forgotten V.D. van *forget*

fork [fɔːk] **I** *znw* vork, gaffel; vertakking[2], tweesprong; afslag; **II** *onoverg* zich vertakken, afslaan [links, rechts]; **III** *overg* met de vork bewerken of aangeven; *~ out* gemeenz opdokken, schokken

forked *bn* gevorkt, gaffelvormig, gespleten

fork-lift (truck) *znw* vorkheftruck

forlorn [fəˈlɔːn] *bn* verlaten, hopeloos, ellendig, zielig, wanhopig; *~ hope* mil verloren post (troep vrijwilligers voor een gevaarlijke onderneming); wanhopige onderneming, laatste redmiddel *o*

form [fɔːm] **I** *znw* vorm[2], soort, gedaante; formulier *o*; formaliteit; fatsoen *o*; bank (zonder leuning); onderw klasse; leger *o* [v. haas]; *bad ~* niet 'netjes'; *good ~* correctheid; netjes, zoals het hoort; *as a matter of ~*, *for ~'s sake* pro forma; *in ~* in vorm, in goede conditie; *in due ~* naar de eis, behoorlijk; *in* *good (bad)* ~ (niet) in goede conditie; (on)gepast; *on* ~ op dreef, in vorm; *out of* ~ sp niet in conditie; *take* ~ vaste vorm(en) aannemen; *as a matter of* ~ bij wijze van formaliteit; *true to* ~ naar regel en gewoonte; **II** *overg* vormen; (uit)maken; mil formeren; **III** *onoverg* zich vormen, de vorm aannemen; zich opstellen; ~ *(up)* mil aantreden

formal *bn* formeel; stellig, uitdrukkelijk; vormelijk, plecht(stat)ig-officieel; vorm-; ~ *dress* avondkleding

formalism *znw* formalisme *o*, vormendienst, vormelijkheid

formalist *znw* formalist, man van de vorm (de vormen)

formalistic [fɔːməˈlistik] *bn* formalistisch

formality [fɔːˈmæliti] *znw* formaliteit, vorm; vormelijkheid

formalize [ˈfɔːməlaiz] *overg* in de vorm brengen; formeel maken (doen), formaliseren

format [ˈfɔːmæt] *znw* formaat *o* [v. boek]

formation [fɔːˈmeiʃən] *znw* vorming, formatie

formative [ˈfɔːmətiv] *bn* vormend, vormings-

1 former [ˈfɔːmə] *znw* vormer, schepper; *sixth* ~ zesdeklasser: leerling van de zesde klas

2 former [ˈfɔːmə] *bn* vorig, eerste, vroeger, voormalig; *the* ~ ... *the latter* de eerste (gene) ..., de laatste (deze)

formerly *bijw* vroeger, eertijds

formica [ˈfɔːˈmaika:] *znw* formica

formic acid [ˈfɔːmik ˈæsid] *znw* chem mierenzuur *o*

formidable [ˈfɔːmidəbl] *bn* ontzaglijk, geducht, formidabel

formless [ˈfɔːmlis] *bn* vormloos

formula [ˈfɔːmjulə] *znw* (*mv:* -s *of* formulae [-liː]) formule; recept *o*; cliché *o*; melkpoeder *o* (voor zuigflessen), flesvoeding

formulary I *znw* formulier(boek) *o*; **II** *bn* vormelijk, voorgeschreven

formulate *overg* formuleren

formulation [fɔːmjuˈleiʃən] *znw* formulering

formwork [ˈfɔːmwəːk] *znw* bekisting

fornicate [ˈfɔːnikeit] *onoverg* overspel plegen; bijbel ontucht plegen

fornication [fɔːniˈkeiʃən] *znw* ontucht; overspel *o*

fornicator [ˈfɔːnikeitə] *znw* ontuchtige

forrader [ˈfɔrədə] *bijw* slang verder; *to get no* ~ niet opschieten

forsake [fəˈseik] (forsook; forsaken) *overg* verzaken, in de steek laten, verlaten, begeven

forsaken V.D. van *forsake*

forsook V.T. van *forsake*

forsooth [fəˈsuːθ] *bijw* vero voorwaar, waarlijk, waarachtig [ironisch]

forswear [fɔːˈswɛə] **I** *overg* afzweren; **II** *wederk:* ~ *oneself* een meineed doen

forswore [fɔːˈswɔː] V.T. van *forswear*

forsworn I V.D. van *forswear;* **II** *bn* meinedig

forsythia [fɔːˈsaiθjə] *znw* forsythia

fort [fɔːt] *znw* mil fort *o*; *hold the* ~ gemeenz de boel aan het draaien houden, waarnemen, invallen (voor een ander)

1 forte [fɔːt] *znw* fort *o* & *m*: sterke zijde

2 forte [ˈfɔːti] *bn* & *bijw* muz forte: krachtig

forth [fɔːθ] *bijw* uit, buiten; voort(s); *from that day* ~ van die dag af; *and so* ~ enzovoorts

forthcoming [fɔːθˈkʌmiŋ] *bn* op handen (zijnd), aanstaande; beschikbaar; aanwezig (zijnd); toeschietelijk; *be* ~ er komen, er zijn; *no answer was* ~ het antwoord bleef uit

forthright [ˈfɔːθrait] *bn* rechtuit, openhartig; onomwonden

forthwith [ˈfɔːθˈwiθ, ˈfɔːθˈwið] *bijw* op staande voet, onmiddellijk, aanstonds

fortieth [ˈfɔːtiiθ] *bn (znw)* veertigste (deel *o*)

fortification [fɔːtifiˈkeiʃən] *znw* versterking

fortify [ˈfɔːtifai] *overg* versterken; sterken; alcoholiseren

fortitude [ˈfɔːtitjuːd] *znw* zielskracht, vastberadenheid, standvastigheid

fortnight [ˈfɔːtnait] *znw* veertien dagen; *Monday* ~ maandag over 14 dagen

fortnightly I *bn* veertiendaags; **II** *bijw* alle veertien dagen; **III** *znw* veertiendaags tijdschrift *o*

fortress [ˈfɔːtris] *znw* mil sterkte, vesting

fortuitous [fɔːˈtjuitəs] *bn* toevallig

fortuity *znw* toevalligheid, toeval *o*

fortunate [ˈfɔːtʃ(ə)nit] *bn* gelukkig

fortunately *bijw* gelukkig, gelukkigerwijs

fortune *znw* geluk *o*, lot *o*, fortuin *o* [geluk, geldelijk vermogen], fortuin *v* [lot, noodlot]; ~ *favours the bold* wie niet waagt, die niet wint; ~ *favours fools* het geluk is met de dommen; *tell sbd.'s* ~ waarzeggen; iem. de toekomst voorspellen

fortune-hunter *znw* gelukzoeker (door rijk huwelijk)

fortune-teller *znw* waarzegger, -ster

fortune-telling *znw* waarzeggerij

forty [ˈfɔːti] *telw* veertig; *in the forties* in de jaren veertig; *the Forties* zeegebied tussen Noordoost Schotland en Noorwegen; *the roaring forties* stormachtige zone op de Atlantische Oceaan tussen 40° en 50° noorderbreedte; *in one's forties* in de veertig [leeftijd]; *the temperature was in the forties* het was boven de veertig graden

forum [ˈfɔːrəm] *znw* forum *o*

forward [ˈfɔːwəd] **I** *bn* voorwaarts; voorste, voor-; (ver)gevorderd; vooruitstrevend, progressief, geavanceerd; voorlijk [kind]; vroeg, vroegrijp; bereidwillig; toeschietelijk; brutaal, vrijpostig; handel op termijn; **II** *bijw* vooruit, voorwaarts; naar voren, voorover; *from this day* ~ van nu af (aan); *carriage* ~ handel vracht betaalbaar ter plaatse; **III** *znw* sp voorhoedespeler; **IV** *overg* bevorderen, vooruithelpen; handel af-, op-, door-, (o)verzenden

forwarder *znw* afzender; expediteur

forwarding znw bevordering; afzending; expeditie; ~ *agency* handel expeditiezaak; ~ *agent* handel expediteur; ~ *address* nazendadres o; ~ *clerk* handel expeditieklerk

forward-looking bn toekomstgericht, vooruitziend

forwards ['fɔ:wədz] bijw = forward II

forwent [fɔ:'went] V.T. van forgo

fosse [fɔs] znw groeve (ook anat), kanaal o; (vesting)gracht

fossick ['fɔsik] onoverg slang rondsnuffelen, zoeken; Austr slang (in oude mijnen) goud zoeken

fossil ['fɔsl] I bn versteend, fossiel; ~ *fuel* fossiele brandstof; II znw verstening, fossiel² o

fossilization [fɔsilai'zeiʃən] znw verstening; fig verstarring

fossilize ['fɔsilaiz] overg & onoverg (doen) verstenen; fig verstarren

foster ['fɔstə] overg (aan)kweken, (op)voeden, bevorderen, koesteren²; als pleegkind opnemen

foster- voorv pleeg- [ouders, kind &]

fosterage znw opkweking; aankweking, bevordering, koestering

fosterer znw pleegvader; beschermer, bevorderaar

fosterling znw voedsterling; protégé

fought [fɔ:t] V.T. & V.D. van fight

foul [faul] I bn vuil, onrein, bedorven; beslagen; grof; slecht, onaangenaam; vies, smerig; laag, snood; gemeen, vals, oneerlijk; scheepv onklaar; a ~ *day* een rotdag; ~ *play* gemeen spel o, boze opzet; moord; ~ *temper* driftig karakter; ~ *weather* slecht weer o; scheepv zwaar weer o; ~ *wind* tegenwind; *cry* ~ protesteren; *fall* ~ *of* scheepv in aanvaring komen met; in botsing komen met; II znw sp overtreding; III overg bevuilen, bezoedelen, besmetten, verontreinigen; scheepv onklaar doen lopen, in het ongerede brengen; verstoppen; in de war maken [draad &]; sp een overtreding begaan tegen; ~ *up* verknoeien; IV onoverg scheepv onklaar lopen; botsen; in de war raken [draad &]; sp een overtreding begaan

foully bijw op een vuile, schandelijk lage of gemene wijze

foul-mouthed bn vulgair, vuil in de mond

foul-up ['faulʌp] znw gemeenz verwarring, verwarde situatie; (ver)storing, defect o

1 found [faund] V.T. & V.D. van find

2 found [faund] overg 1 stichten, grond(vest)en, funderen; oprichten; 2 [metaal] gieten

foundation [faun'deiʃən] znw grondslag²; fundament o, fundering; grond; grondvesting, stichting, oprichting; fundatie; fonds o; foundation [basiscrème v. make-up]; korset o, beha & (ook: ~ *garment*)

foundation course znw basiscursus

foundationer znw beursstudent, bursaal

foundation-stone znw eerste steen

1 founder znw 1 grondlegger, oprichter, stichter; 2 (metaal)gieter

2 founder ['faundə] onoverg scheepv vergaan; (ineen)zakken; mislukken; kreupel worden

founding father ['faundiŋ'fa:ðə] znw fig vader [van wie iets uitgaat, i.h.b. van de Grondwet van de V.S., stichter, grondlegger &]

foundling ['faundliŋ] znw vondeling

foundry ['faundri] znw (metaal)gieterij

fount [faunt] znw 1 plechtig bron; 2 typ compleet stel o letters van bep. type, font o

fountain ['fauntin] znw bron², fontein; reservoir o

fountain-head znw bron²

fountain-pen znw vulpen(houder)

four [fɔ:] I telw vier; II znw vier, viertal o; *on all* ~*s* op handen en voeten

four-flusher znw Am slang bluffer, oplichter

fourfold bn bijw viervoudig

four-footed ['fɔ:'futid, 'fɔ:futid] bn viervoetig

fourgon ['fu:rgɔn] znw bagagewagen

four-in-hand ['fɔ:rin'hænd] znw vierspan o

four-leaved bn: ~ *clover* plantk klaverblad o van vier(en), klaver(tje) vier o

four-letter word znw schuttingwoord o, drieletterwoord o

four-poster znw hemelbed o

fourscore znw tachtig

foursome znw vier, viertal o, kwartet o

four-square bn vierkant, potig, stevig, pal

fourteen ['fɔ:'ti:n, 'fɔ:ti:n] telw veertien

fourteenth ['fɔ:'ti:nθ, 'fɔ:ti:nθ] bn (znw) veertiende (deel o)

fourth [fɔ:θ] I bn vierde; II znw vierde (deel o); kwart o; vierde man

fourthly bijw ten vierde

fowl [faul] I znw vogel; kip, haan, hoen o; gevogelte o; II onoverg vogels vangen of schieten

fowler znw vogelliefhebber

fowling znw vogeljacht

fowl-run znw kippenren, kippenloop

fox [fɔks] I znw (mv idem of -es) vos²; II overg van de wijs brengen

fox-earth znw vossenhol o

foxglove znw vingerhoedskruid o

foxhole znw mil eenmansgat o, schuttersputje o

foxhound znw hond voor vossenjacht

fox-hunt(ing) znw vossenjacht

foxtrot znw foxtrot [dans]

foxy bn sluw; vosachtig; roodbruin; Am slang aantrekkelijk

foyer ['fɔiei] znw [Fr] foyer [in theater]; grote hal of wachtkamer

fracas ['fræka:] znw opschudding, ruzie

fraction ['frækʃən] znw fractie; breuk, gebroken getal o; onderdeel o

fractional bn gebroken; fractioneel; ~*ly softer* een ietsje zachter

fractious ['frækʃəs] bn kribbig, lastig, gemelijk

fracture ['fræktʃə] I znw breuk; II overg & onoverg

breken; ~*d skull* ook: schedel(basis)fractuur

fragile ['frædʒail] *bn* breekbaar, bro(o)s, zwak, fragiel

fragility [frə'dʒiliti] *znw* breekbaarheid, bro(o)sheid, zwakheid, fragiliteit

fragment ['frægmənt] **I** *znw* brok *m* & *v* of *o*, brokstuk *o*, fragment *o*; **II** *overg* & *onoverg* versplinteren, verbrokkelen, fragmenteren

fragmentary *bn* fragmentarisch

fragrance ['freigrəns] *znw* geur, geurigheid, welriekendheid

fragrant *bn* geurig, welriekend

1 frail [freil] *znw* (vijgen)korf, -mat

2 frail [freil] *bn* broos, zwak, teer

frailness, frailty *znw* broosheid, zwakheid[2], teerheid

fraise [freiz] *znw* **1** palissade; **2** (boor)frees

frame [freim] **I** *overg* bouwen, vormen, samenstellen; onder woorden brengen; ontwerpen, opstellen, op touw zetten, gemeenz een complot smeden tegen, vals beschuldigen; in-, omlijsten; **II** *onoverg*: *it ~s well* het laat zich goed aanzien; **III** *znw* raam *o*, geraamte *o*, frame *o*, chassis *o*; kader *o*; structuur, opzet; lijst; kozijn *o*; montuur *o*; loeprek *o*; (tv-, film)beeld *o*; broeibak; scheepv spant *o*; samenstel *o*, inrichting; bouw; lichaam *o*; gesteldheid; ~ *of mind* gemoedsgesteldheid, stemming; ~ *of reference* referentiekader *o*

frame-house *znw* vakwerkhuis *o*

framer *znw* lijstenmaker

frame-saw *znw* spanzaag

frame-up *znw* gemeenz konkelarij, complot *o*

framework *znw* raam *o*, lijstwerk *o*; geraamte *o*; kader *o*, opzet [v. stuk]

franc [fræŋk] *znw* frank [munt] *o*

France [fra:ns] *znw* Frankrijk *o*

franchise ['fræn(t)ʃaiz] *znw* verlenen *o* van rechtspersoonlijkheid; burgerrecht *o*; stemrecht *o*; concessie

franchised *bn* Am met een concessie

Franciscan [fræn'siskən] *znw* franciscaan

frangible ['frændʒibl] *bn* breekbaar, broos

frangipane ['frændʒipein], **frangipani** [frændʒi'pa:ni] *znw* met amandelspijs bereide room of taart; (parfum van) rode jasmijn

1 frank [fræŋk] *bn* openhartig, oprecht

2 frank *overg* frankeren

frankfurter ['fræŋkfətə] *znw* (Frankfurter) knakworstje *o*

frankincense ['fræŋkinsens] *znw* wierook

franking machine ['fræŋkiŋməʃi:n] *znw* frankeermachine

frankly ['fræŋkli] *bijw* openhartig, ronduit (gezegd), echt, bepaald, zonder meer

frantic ['fræntik] *bn* dol, razend; vertwijfeld; hectisch

frappé [fræ'pei] *bn* gemeenz (ijs)gekoeld

frass [fræs] *znw* (hout)molm

fraternal [frə'tə:nəl] *bn* broederlijk

fraternity *znw* broederschap *o* & *v*; Am (mannelijke) studentenvereniging

fraternization [frætənai'zeiʃən] *znw* verbroedering; vriendschappelijke omgang

fraternize ['frætənaiz] *onoverg* broederschap sluiten; zich verbroederen; vriendschappelijk omgaan (met *with*)

fratricidal ['frætrisaidl] *bn* broedermoordend

fratricide *znw* broedermoord; broedermoordenaar

fraud [frɔ:d] *znw* bedrog *o*; bedrieger

fraudulence *znw* bedrieglijkheid; bedrog *o*

fraudulent *bn* bedrieglijk; frauduleus

fraught [frɔ:t] *bn* vol, beladen; bezorgd, gespannen; ~ *with...* vol...

fray [frei] **I** *znw* krakeel *o*, twist, gevecht *o*, strijd[2]; **II** *overg* & *onoverg* verslijten; rafelen; fig overspannen worden; *tempers were getting ~ed* de stemming begon uiterst geprikkeld te worden

frazzle ['fræzl] *znw*: *beaten to a ~* tot moes geslagen; *burnt to a ~*, *worn to a ~* totaal op

frazzled ['fræzld] *bn* gemeenz versleten, op, kapot

freak [fri:k] **I** *znw* gril, kuur; speling der natuur, gedrocht *o*, freak, monster *o*, wonderdier *o* &; gemeenz grillige figuur, excentriekeling; fanaat, freak, fan; **II** *bn* ongewoon, buitengewoon, vreemd, bizar, abnormaal, raar; **III** *overg* & *onoverg*: ~ *out* gemeenz over de rooie gaan; (uit)freaken [na duggebruik]

freakish ['fri:kiʃ] *bn* bizar, freakachtig; vreemd, buitengewoon

freak-out *znw* heftige ervaring (hallucinaties &), vooral na drugsgebruik

freaky *bn* gemeenz = *freakish*

freckle ['frekl] *znw* sproet

freckled, freckly *bn* sproet(er)ig; gespikkeld

free [fri:] **I** *bn* vrij; ongedwongen, vrijwillig; vrijmoedig, ongegeneerd; onbezet; gratis, kosteloos, franco (ook: ~ *of charge*); los, open[2]; royaal [met geld]; ~ *and easy* ongedwongen, ongegeneerd; *be a ~ agent* geheel onafhankelijk zijn, vrij mens zijn; ~ *enterprise* vrije onderneming; *a ~ fight* een algehele klopartij; ~ *gift* premie [als reclamemiddel]; *give sbd. a ~ hand* iem. carte blanche geven; ~ *house* café *o* dat niet aan een brouwerij gebonden is; ~ *kick* sp vrije trap, vrije schop; ~ *pardon* gratie, begenadiging, genade; ~ *speech* het vrije woord, vrijheid van meningsuiting; ~ *spirit* onafhankelijke/ ongebonden geest; ~ *stories* ondeugende/pikante verhalen; ~ *vote* vrije stemming [zonder dwang v.d. partij]; *he is ~ to ...*, *it is ~ for (to) him to ...* hij mag gerust ...; hij heeft het recht te ...; *feel ~!* ga je gang!; *make ~ with* zich ongegeneerd van iets bedienen; **II** *bijw* vrij; gratis (ook: gemeenz *for ~*); **III** *overg* in vrijheid stellen; vrijmaken; vrijlaten, bevrijden

freebase ['fri:beis] *onoverg* slang cocaïne roken

freebie ['fri:bi] *znw* gemeenz cadeautje *o*, iets *o* voor nop, krijgertje *o*

freeboard *znw* scheepv deel v. schip tussen waterlijn en dek

freebooter *znw* vrijbuiter

freebooting *znw* vrijbuiterij

free-born ['friː'bɔːn, + 'friːbɔːn] *bn* vrijgeboren

freedman ['friːdmən] *znw* vrijgemaakte slaaf

freedom ['friːdəm] *znw* vrijdom, vrijstelling, ontheffing; vrijheid; ongedwongenheid; ereburgerschap *o*; ~ *of speech* vrijheid van meningsuiting; ~ *fighter* vrijheidsstrijder

free-floating ['friːfloutiŋ] *bn* zich vrij bewegend, niet-gebonden; vaag, onbestemd

freefone ['friːfoun] *znw* gratis telefoonnummer *o*, gratis 06-nummer *o*

free-for-all ['friːfərɔːl] *znw* algemeen gevecht *o* &

free-form *bn* experimenteel, onconventioneel [kunst, muziek]

free-hand *bn* & *bijw* uit de losse hand [getekend &]

free-handed *bn* royaal

free-hearted *bn* openhartig, vrijgevig

freehold I *bn* in volledig eigendom; II *znw* volledig eigendomsrecht *o* (ook: ~ *property*)

freeholder *znw* bezitter v. *freehold*

freelance I *znw* freelancer; hist huurling; II *onoverg* freelancen, freelance werken; III *bn* freelance-

freelancer *znw* freelancer

free-liver *znw* smulpaap, (levens)genieter

freeload ['friːloud] *onoverg* gemeenz klaplopen, bietsen, uitvreten

freeloader *znw* gemeenz klaploper, tafelschuimer, bietser, uitvreter

freely *bijw* vrij(elijk), vrijuit; overvloedig, royaal; flink, erg; graag

freeman *znw* vrije; burger; ereburger

freemason ['friːmeisn] *znw* vrijmetselaar

freemasonry *znw* vrijmetselarij

free pass ['friːpaːs] *znw* vrijkaartje *o*

free port ['friːpɔːt] *znw* vrijhaven

freepost ['friːpoust] *znw* antwoordnummer *o*

free-range ['friːreinʒ] *bn* scharrel- [kip, varken &]

freesia ['friːziə] *znw* fresia

free-spoken ['friː'spoukn] *bn* ronduit (zijn mening zeggend), vrijmoedig

free-standing *bn* vrijstaand

free-stone ['friː'stoun] I *znw* hardsteen *o* & *m*, arduin *o*; II *bn* hardstenen, arduinen

freestyle ['friːstail] *znw* sp vrije stijl; zwemmen vrije slag

freethinker [friː'θiŋkə] *znw* vrijdenker

free trade *znw* vrijhandel

freeway *znw* Am (auto)snelweg

free-wheel ['friː'wiːl] *onoverg* auto in de vrijloop een helling afgaan; fietsen zonder te trappen; zich nergens druk om maken

free will ['friːwil] *znw* vrije wil; *of one's own* ~ vrijwillig, uit (eigen) vrije wil

1 freeze ['friːz] (froze; frozen) I *onoverg* vriezen, bevriezen, stollen; verstijven, zich stokstijf (doodstil) houden; ~ *over* be-, dichtvriezen; ~ *up* vast-, dichtvriezen; II *overg* doen (laten) bevriezen; doen stollen; invriezen; handel blokkeren; ~ *wages* een loonstop afkondigen; ~ *out* wegwerken [een concurrent], wegkijken

2 freeze *znw* vorst(periode); [loon-, prijs- &] stop

freeze-dry *overg* vriesdrogen

freeze-frame *znw* stilstaand beeld *o*, bevroren beeld *o*

freezer *znw* vriesvak *o*; diepvriezer

freeze-up ['friːzʌp] *znw* vorstperiode

freezing I *bn* vriezend, vries-; ijskoud; II *znw* 1 invriezen *o*; bevriezing; verstijving, verstarring; 2 vriespunt *o*, 0 °C, 32 °F

freezing compartment *znw* vriesvak *o*

freezing fog *znw* ijzel

freezing point *znw* vriespunt *o*

freight [freit] I *znw* vracht, lading; zeevracht; *send* ~ *als* vrachtgoed verzenden; II *overg* bevrachten; laden; ~ *sth.* verzenden

freightage *znw* vracht(prijs); bevrachting

freight car *znw* Am goederenwagon

freighter *znw* bevrachter; vrachtschip *o*; vrachtvliegtuig *o*; vrachtauto

freightliner *znw* containertrein

freight train *znw* Am goederentrein

French [fren(t)ʃ] I *bn* Frans; ~ *bean* slaboon, snijboon, witte boon; ~ *Canadian* Franstalige Canadees; ~ *chalk* kleermakerskrijt *o*; ~ *door* openslaande glazen deur; ~ *dressing* slasaus; ~ *fried potatoes*, ~ *fries* frites, friet(en); ~ *horn* muz waldhoorn; ~ *kiss* tongzoen; *take* ~ *leave* er (stiekem) tussenuitknijpen; ~ *loaf* stokbrood *o*; ~ *toast* 1 geroosterd brood *o*; 2 wentelteefje *o*; ~ *letter* gemeenz condoom *o*; ~ *polish* politoer *o* & *m*; ~ *window* openslaande glazen (tuin-, balkon)deur; II *znw* het Frans; *the* ~ de Fransen

Frenchify *overg* & *onoverg* verfransen

Frenchman *znw* Fransman

Frenchwoman *znw* Française

Frenchy *znw* gemeenz Fransoos

frenetic [fri'netik] *bn* waanzinnig, razend, dol; koortsig, hectisch

frenzied ['frenzid] *bn* dol

frenzy *znw* razernij

frequency ['friːkwənsi] *znw* herhaald voorkomen *o*, gedurige herhaling; veelvuldigheid; frequentie

frequent I *bn* ['friːkwənt] herhaald, vaak voorkomend; veelvuldig, frequent; II *overg* [fri'kwent] (dikwijls) bezoeken, omgaan met, frequenteren

frequentation [friːkwen'teiʃən] *znw* bezoeken *o*; omgang

frequentative [fri'kwentətiv] *bn* (*znw*) frequentatief (werkwoord *o*)

frequenter *znw* (geregeld) bezoeker

frequently ['friːkwəntli] *bijw* herhaaldelijk, vaak, dikwijls, veelvuldig

fresco ['freskou] *znw* (*mv*: -s *of* -coes) fresco *o*; *in* ~ in (al) fresco

fresh [freʃ] *bn* fris, vers; nieuw; zoet [v. water]; ge-meenz brutaal; *as* ~ *as a daisy* zo fris als een hoen-tje; ~ *from England* net (pas) uit Engeland; ~ *col-ours* heldere kleuren; *make a* ~ *start* helemaal opnieuw beginnen

freshen I *overg* op-, verfrissen (ook: ~ *up*); bijschen-ken, bijvullen; II *onoverg* opfrissen; toenemen, aan-wakkeren [v. wind]; ~ *up* zich verfrissen; zich op-knappen; zich even opfrissen

fresher *znw* gemeenz = *freshman*

freshet *znw* overstroming (door bovenwater); stroompje *o*

fresh-faced *bn* met een fris gezicht

freshly *bijw* vers, fris; onlangs, pas

freshman *znw* eerstejaars(student), noviet, groen

freshwater *bn* zoetwater-

fret [fret] I *znw* 1 ongerustheid; 2 muz toets; II *overg* 1 ergeren; ongerust maken; 2 uitsnijden, uit-zagen, randen; III *onoverg* zich zorgen maken, zich opvreten, zich ergeren, kniezen; ~ *and fume* zich opwinden

fretful *bn* kribbig, gemelijk, prikkelbaar, geïrriteerd

fretsaw *znw* figuurzaag

fretwork *znw* (uitgezaagde) lijst, (Griekse) rand; snijwerk *o*

Freudian ['frɔidjən] *znw* & *bn* Freudiaan(s); ~ *slip* Freudiaanse vergissing

friabibility [fraiə'biliti] *znw* brosheid, brokkelig-heid

friable ['fraiəbl] *bn* bros, brokkelig

friar ['fraiə] *znw* monnik, (klooster)broeder

friary *znw* klooster *o*

fribble ['fribl] I *znw* beuzelaar; beuzelarij; II *onoverg* beuzelen

fricassee [frikə'si:] I *znw* fricassee: hachee; ragout; II *overg* fricassee maken van

fricative ['frikətiv] I *bn* schurend; II *znw* spirant, schuringsgeluid *o*

friction *znw* wrijving[2]

frictional *bn* wrijvings-

Friday ['fraidi , -dei] *znw* vrijdag; *girl* ~ (uiterst toegewijde) privé-secretaresse; *man* ~ rechterhand, toegewijd helper

fridge [fridʒ] *znw* ijskast

fridge-freezer ['fridʒfri:zə] *znw* gecombineerde koel- en vrieskast

fried [fraid] *bn* gebakken; ~ *egg* spiegelei *o*; zie ook: *French* I

friend [frend] *znw* vriend, vriendin; *a* ~ *at (in) court* een invloedrijke vriend, gemeenz een kruiwagen; *my honourable* ~ de geachte afgevaardigde; *my learned* ~ mijn geachte confrater [van twee advoca-ten]; *the (Society of) Friends* de Quakers; *make* ~s *(again)* (weer) goede vrienden worden; *make* ~s *with* vriendschap sluiten met; *a* ~ *in need is a* ~ *indeed* in de nood leert men zijn vrienden kennen

friendless *bn* zonder vrienden

friendly *bn* vriendelijk, vriendschappelijk, amicaal, toeschietelijk; goedgezind; bevriend; vrienden-; ~ *game (match)* vriendschappelijke wedstrijd; *a* ~ *so-ciety* een genootschap *o* tot onderlinge bijstand; *be on* ~ *terms* op vriendschappelijke voet staan

friendship *znw* vriendschap

frieze [fri:z] *znw* bouwk fries *v of o*; fries *o* [weefsel]

frig about [frig ə'baut], **frig around** *onoverg* plat rondhangen, maar wat aanklooien

frigate ['frigit] *znw* scheepv fregat *o*; dierk fregat-vogel

frigging ['frigiŋ] *bn* plat verdomd, klote-

fright [frait] *znw* schrik, vrees; spook *o*; *give a* ~ de schrik op het lijf jagen; *look a* ~ eruitzien als een vogelverschrikker; *take* ~ bang worden

frighten *overg* verschrikken, doen schrikken; ~ *away (off)* verjagen; afschrikken (van *from*); ~ *into* door vrees aan te jagen brengen tot; *be* ~*ed* bang zijn (voor *of*); ~ *the life (wits) out of sbd.*, ~ *sbd. to death* iem. dood laten schrikken, iem. de stuipen op het lijf jagen

frightening *bn* schrikwekkend, ontstellend

frightful *bn* verschrikkelijk°, vreselijk° (ook versterkend)

frigid ['fridʒid] *bn* koud, koel[2], kil[2], ijzig; frigide

frigidity [fri'dʒiditi] *znw* koud-, koelheid &; frigidi-teit

frill [fril] *znw* jabot *m* & *o*; ruche; franje; geplooide kraag; ~s aanstellerij; fig franje, (dure) extra's; *without any* ~s eenvoudig, zonder poespas

frilled, frilly *bn* met ruches en kantjes

frilling *znw* plooisel *o*

fringe [frin(d)ʒ] I *znw* franje; (uiterste) zoom, rand, periferie, marge, zelfkant [van de maatschappij]; randgroepering; ponyhaar *o*, pony; II *bn*: ~ *area* RTV randgebied *o* [v. zendbereik]; ~ *benefits* secun-daire arbeidsvoorwaarden; ~ *theatre* ± avant-gardetheater *o*; III *overg* met franje versieren; om-zomen, omranden

frippery ['fripəri] *znw* opschik; prullen; kwikjes en strikjes

frisbee ['frizbi] *znw* frisbee, werpschijf

Frisco ['friskou] *znw* gemeenz San Francisco *o*

Frisian ['friziən] I *bn* Fries; II *znw* 1 Fries [persoon]; 2 (het) Fries [taal]; 3 Fries rund *o*

frisk [frisk] I *onoverg* dartelen, springen; II *overg* fouilleren; III *znw* het fouilleren

frisky *bn* dartel, speels; hitsig

frisson ['fri:sɔ, fri:'sɔ:] *znw* huivering, rilling

fritter ['fritə] I *znw* beignet; II *overg*: ~ *away* ver-snipperen, verbeuzelen, verspillen

frivol ['frivəl] I *onoverg* beuzelen; II *overg*: ~ *away* verbeuzelen

frivolity [fri'vɔliti] *znw* frivoliteit, wuftheid; beuzel-achtigheid

frivolous ['frivələs] *bn* frivool, wuft; beuzelachtig

friz(z) [friz] I *overg* krullen, kroezen, friseren; II *znw*

frizzle

kroeskop

frizzle ['frizl] **I** *onoverg* sissen [in de pan]; **II** *overg* krullen, kroezen [haar]; doen sissen [in de pan]; braden, bakken

frizzy ['frizi] *bn* krullend, kroezelig, kroes-

fro [frou] *bijw: to and* ~ heen en weer

frock [frɔk] *znw* pij; jurk; kiel; geklede jas

frock-coat *znw* geklede jas

frog [frɔg] *znw* dierk kikvors, kikker; gemeenz Fransoos; brandebourg; ~ *in one's throat* kriebel in de keel, heesheid

frogman *znw* kikvorsman

frog-march *overg* met vier man [een weerspannige] wegdragen bij armen en benen, het gezicht omlaag

frog-spawn *znw* kikkerdril

frolic ['frɔlik] **I** *znw* pret, pretje *o*, gekheid, grap; **II** *onoverg* vrolijk zijn, pret maken, dartelen

frolicsome *bn* vrolijk, lustig, uitgelaten, dartel, speels

from [frɔm] *voorz* van (... af), vandaan, (van) uit; (te oordelen) naar; aan de hand van; door, (ten gevolge) van; [schuilen, verbergen] voor; ~ *among* (van) uit; *25 years* ~ *now* over 25 jaar; ~ *... onwards* vanaf..; ~ *out* (van) uit; ~ *under* onder ... uit

frond [frɔnd] *znw* plantk (palm-, varen)blad *o*

front [frʌnt] **I** *znw* voorste gedeelte *o*, voorkant, -zijde; façade, (voor)gevel; strandboulevard; voorkamer; front *o*; frontje *o* [v. hemd]; toer [vals haar]; gezicht *o*, plechtig voorhoofd *o*; gemeenz onbeschaamdheid; mantelorganisatie, fig stroman, façade; *home* ~ thuisfront[2] *o*; *in* ~ vooraan; *up* ~ helemaal vooraan; van tevoren; *in* ~ *of* tegenover, vóór; voor ... uit; *come to the* ~ voor het front komen[2]; op de voorgrond treden; **II** *overg* leiden, aan het hoofd staan van; ook: als stroman (façade) dienen voor; staan (liggen) tegenover; RTV [een show] presenteren; van voren voorzien van; *the house was* ~*ed with marble* de voorgevel van het huis was met marmer bekleed; **III** *onoverg* als façade dienen; ~ *(onto)* liggen op, uitzien op; *(eyes)* ~*!* mil staat!; **IV** *bn* voorste, voor-, eerste

frontage *znw* front° *o*; gevel(breedte); voorterrein *o*

frontal *bn* voorhoofds-; voor-, front-; frontaal

front bench *znw* ministersbank [Br. Lagerhuis]

frontbencher ['frʌntben(t)ʃə] *znw* **1** lid *o* van de regering; **2** leider van een oppositiepartij

front-door *znw* voordeur

frontier ['frʌntjə] *znw* grens

frontiersman ['frʌntjəzmən] *znw* pionier [*vooral* in de VS]

frontispiece ['frʌntispi:s] *znw* frontispice *o*; titelplaat, -prent

frontlet ['frʌntlit] *znw* hoofdband

front line *znw* frontlinie[2], vuurlijn

front man *znw* stroman

front-page ['frʌntpeidʒ] **I** *znw* voorpagina; **II** als *bn* voorpagina-[nieuws], belangrijk, sensationeel

front-room *znw* voorkamer

front-row *znw* eerste (voorste) rij

front runner *znw* koploper

frontward(s) *bijw* voorwaarts, recht vooruit

frost [frɔst] **I** *znw* vorst; rijm, rijp; *10 degrees of* ~ 10 graden onder nul; **II** *overg* (als) met rijp bedekken; glaceren [taart]; mat maken, matteren [glas]; **III** *onoverg:* ~ *over (up)* met rijp bedekt worden

frost-bite *znw* bevriezing, koudvuur *o*

frost-bitten *znw* bevroren, door koudvuur *o* aangetast

frost-bound *bn* be-, vast-, ingevroren

frosted *bn* berijpt, met rijp bedekt; mat; geglaceerd; ~ *glass* matglas *o*

frosting *znw* Am (suiker)glazuur *o*

frostwork *znw* ijsbloemen [op glas &]

frosty *bn* vriezend, vorstig, vries-; bevroren; kil[2], ijzig koud[2]

froth [frɔ:θ] **I** *znw* schuim *o*; gebazel *o*; **II** *(overg &)* *onoverg* (doen) schuimen, schuimbekken; ~ *at the mouth* schuimbekken

frothy *bn* schuimachtig; schuimend; ijdel, luchtig

frou-frou ['fru:fru:] *znw* geruis *o*, geritsel *o* [van zijde, jurk &]

frown [fraun] **I** *onoverg* het voorhoofd fronsen; stuurs (nors, dreigend) kijken; ~ *on (upon)* afkeuren; **II** *znw* frons; stuurse (norse, dreigende) blik

frowst [fraust] **I** *znw* broeierige kachelwarmte; **II** *onoverg* bij de kachel zitten te broeien

frowsty *bn* broeierig warm, bedompt; duf

frowzy ['frauzi] *bn* muf, vuns; vuil, slonzig

froze [frouz] V.T. van *freeze*

frozen V.D. van *freeze*; fig koud

fructification [frʌktifi'keiʃən] *znw* vruchtvorming; bevruchting; plantk vruchthoopjes

fructify ['frʌktifai] *onoverg* vrucht dragen, vruchten voortbrengen; bloeien[2]; winst opleveren

fructose ['frʌktous] *znw* vruchtensuiker

fructuous ['frʌktʃuəs] *bn* vruchtbaar; nuttig

frugal ['fru:gəl] *bn* matig, sober, karig, spaarzaam (met *of*)

frugality [fru'gæliti] *znw* matigheid, soberheid, karigheid, spaarzaamheid

fruit [fru:t] **I** *znw* vrucht[2], vruchten[2], fruit *o*; opbrengst; Am slang flikker; *(old)* ~ gemeenz (beste) vrind; makker; *bear* ~ vrucht dragen; **II** *onoverg (& overg)* vruchten (doen) dragen

fruitage ['fru:tidʒ] *znw* ooft *o*; vruchtdragen *o*

fruitarian [fru:'tɛəriən] *znw* vruchteneter

fruit cake ['fru:tkeik] *znw* vruchtencake

fruit cocktail *znw* vruchtencocktail, vruchtensalade

fruit cup *znw* vruchtenbowl

fruiter *znw* vruchtboom; fruitschip *o*; fruitkweker

fruiterer *znw* fruithandelaar

fruit fly *znw* fruitvlieg, bananenvlieg

fruitful *bn* vruchtbaar[2]

fruition [fru:'iʃən] *znw* rijpheid; verwezenlijking; *come to* ~ werkelijkheid worden; zich ontplooien

fruit juice *znw* vruchtensap *o*
fruitless ['fru:tlis] *bn* zonder vrucht(en); vruchte-loos, nutteloos
fruit machine *znw* fruitautomaat [gokautomaat]
fruit salad *znw* vruchtensla
fruit tree *znw* ooft-, vruchtboom
fruity *bn* vrucht(en)-; fruitig [v. wijn]; fig sappig; smakelijk; pikant; pittig
frumenty ['fru:mənti] *znw* pap van tarwemeel, ro-zijnen, eieren en suiker
frump [frʌmp] *znw* ouwe slons, flodderkous, tote-bel
frumpish, frumpy *bn* slonzig
frustrate [frʌs'treit] *overg* doen mislukken, verijde-len, (ver)hinderen; teleurstellen; frustreren
frustration *znw* mislukking, verijdeling; teleurstel-ling; frustratie
fry [frai] **I** *overg & onoverg* bakken, braden² (ook: ~ up); **II** *znw* **1** gebraden vlees *o*; **2** jonge vissen; broedsel *o*; *small ~* jong goedje *o*; klein grut *o*; on-belangrijke mensen
frying-pan *znw* bak-, braad-, koekenpan; *out of the ~ into the fire* van de regen in de drop
ft. *afk.* = foot, feet
fubsy ['fʌbzi] *bn* kort en dik, mollig
fuchsia ['fju:ʃə] *znw* fuchsia
fuck [fʌk] **I** *znw* plat het neuken *o*, neukpartij; *she's a good ~* ze is goed in bed, je kan lekker met haar neuken; *I don't give a ~!* het kan me geen reet ver-dommen!; *~!* godverdomme!; **II** *overg & onoverg* plat neuken; verdommen; *~ it!*, *~ you!*, *go ~ your-self!* sodemieter op!, krijg de klere!; *~ about (around)* aanrotzooien, rondklooien; *~ sbd. about ±* iem. met kutsmoezen aan het lijntje houden; *~ off* oplazeren, opsodemieteren; *~ up* verpesten, naar de sodemieter helpen; *~ sbd. up* iem. opfokken, (geestelijk) naar de verdommenis helpen
fuck all *znw* plat geen reet, geen klote
fucker *znw* plat lul, klootzak
fucking *bn* plat klote-, klere-, kut-
fuddled ['fʌdld] *bn* beneveld; verward, verbijsterd
fuddyduddy ['fʌdidʌdi] **I** *znw* ouwe sok; pietlut; **II** *bn* ouderwets, saai; pietluttig
fudge [fʌdʒ] **I** *znw* **1** (zachte) caramel; **2** uitvlucht, smoes; **3** kletspraat, larie; **II** *overg* (handig) ontwij-ken, omzeilen, uit de weg gaan
fuel ['fjuəl] **I** *znw* brandstof; *add ~ to the fire* olie op het vuur gooien; **II** *overg* van brandstof voorzien; voeden [het vuur]; **III** *onoverg* brandstof (benzine) innemen
fug [fʌg] *znw* gemeenz bedompte atmosfeer, muf-heid
fuggy *bn* gemeenz bedompt, muf
fugitive ['fju:dʒitiv] **I** *bn* vluchtig, voorbijgaand; kortstondig; voortvluchtig; **II** *znw* vluchteling, voortvluchtige
fugue [fju:g] *znw* fuga; psych fugues
fulcrum ['fʌlkrəm] *znw* (mv: -s of fulcra [-krə])

steun-, draai-, draagpunt *o*
fulfil, Am **fulfill** [ful'fil] *overg* vervullen, nakomen, voldoening schenken, ten uitvoer brengen, waar-maken, beantwoorden aan
fulfilment, Am **fulfillment** *znw* vervulling, be-vrediging
fulgent ['fʌldʒənt] *bn* plechtig schitterend
fulgurating ['fʌlgjureitiŋ] *bn* als bliksemstralen
fuliginous [fju:'lidʒinəs] *bn* roetachtig, -kleurig
full [ful] **I** *bn* vol, gevuld; volledig, voltallig; uitvoe-rig; verzadigd; vervuld (van *of*); *~ marks* het hoog-ste cijfer; fig tien met een griffel, alle lof; *~ of days* bijbel der dagen zat; *be ~ up* vol zijn [v. bus of ho-tel]; **II** *bijw* ten volle, helemaal; vlak [in het ge-zicht]; versterkend heel, zeer; **III** *znw: at the (her) ~* vol [v. maan]; *in ~* voluit; ten volle; volledig, ge-heel; *to the ~* ten volle, geheel
fullback ['fulbæk] *znw* sp verdediger, achterspeler
full-blooded ['ful'blʌdid] *znw* volbloed(ig); ro-buust; pittig
full-blown *bn* in volle bloei, geheel ontwikkeld; volleerd; fig volbloed, volslagen, op-en-top, in op-tima forma
full board *znw* volledig pension *o*
full-bodied *bn* zwaar(lijvig); gecorseerd [v. wijn]
full-cream *bn: ~ milk* volle melk
full dress I *znw* groot toilet *o*, groot tenue *o & v*, galakleding, ambtsgewaad *o*; **II** *bn full-dress* in ga-lakleding, in groot tenue, gala-; volledig, uitvoerig [debat &], in optima forma
fuller ['fulə] *znw* (laken)voller
full-face ['ful'feis] *bn* en face
full-faced *bn* met een vol gezicht; [foto] en face; vet [drukletter]
full-fledged ['ful'fledʒd] *bn* (vlieg)vlug [v. jonge vogels]; fig geheel ontwikkeld; volleerd; volslagen, op-en-top, volwaardig, in optima forma
full-grown *bn* volwassen
full house *bn* volle zaal, volle bak; kaartsp full house *o*
full-length *bn* [portret] ten voeten uit; lang [ro-man, film &], uitvoerig, volledig; tot op de enkels [v. jurk], tot op de grond [gordijn &]; zie verder: *length*
full-mouthed *bn* met een volledig gebit; luid blaf-fend; luid (klinkend)
fullness *znw* volheid; volledigheid; *in the ~ of time* als de tijd daar is; op den duur
full-page *bn* de (een) hele pagina beslaand; *~ illus-trations* illustraties buiten de tekst, buitentekst-platen
full-scale *bn* compleet, volledig, levensgroot
full-size(d) *znw & bn* (op de) ware grootte; *a ~ room* een grote kamer
full stop *znw* punt *o* [.]; *it's impossible, ~!* het is on-mogelijk, punt uit!; *come to a ~* plotseling tot stil-stand komen
full swing *znw: in ~* druk aan de gang, op z'n

hoogtepunt
full-throated *bn* uit volle borst
full-time *bn* fulltime, volledig; *it's a ~ job to...* je hebt (er) een volledige dagtaak aan (om)...
full-timer *znw* volledige (werk)kracht
fully ['fuli] *bijw* ten volle, geheel; volledig; uitvoerig; *~ paid shares* volgestorte aandelen; *~ 80* wel 80, ruim 80
fully-fashioned *bn* van goede pasvorm, geminderd [nylonkous]
fully-fledged *bn = full-fledged*
fulminate ['fʌlmineit] *onoverg* donderen², fulmineren²; heftig uitvaren (tegen)
fulmination [fʌlmi'neiʃən] *znw* knal, ontploffing, donder², fulminatie²
fulness ['fulnis] *znw = fullness*
fulsome ['fulsəm] *bn* walg(e)lijk; overdreven (lief &)
fulvous ['fʌlvəs] *bn* voskleurig
fumble ['fʌmbl] I *onoverg* voelen, tasten, morrelen; *~ along* zijn weg op de tast zoeken; II *overg* bevoelen, betasten, morrelen aan; verknoeien [kans]
fumbler *znw* onhandige knoeier
fumbling *bn* onhandig, stuntelig
fume [fju:m] I *znw* damp, uitwaseming; II *onoverg* roken, dampen; koken (van woede)
fumigate ['fju:migeit] *overg* uitroken, zuiveren
fumigation [fju:mi'geiʃən] *znw* uitroking, zuivering
fumous ['fju:məs] *bn* rokerig
fumy *bn* rokend; dampig
fun [fʌn] I *znw* grap, aardigheid; pret, pretje *o*, plezier *o*, lol, lolletje *o*; *for ~* voor de grap; *for the ~ of it* voor de aardigheid, voor de lol; *in ~* voor de aardigheid; *what ~!* wat leuk!; *be ~* aardig, leuk, fijn zijn; *not get any ~ out of it* er geen plezier van hebben; *make ~ of, poke ~ at* voor de mal houden, de draak steken met, op de hak nemen; *~ and games* spektakel *o*, pret, lol; II *bn* prettig, aardig, amusant
funambulist [fju'næmbjulist] *znw* koorddanser
function ['fʌŋkʃən] I *znw* ambt *o*, functie; plechtigheid, feestelijkheid, partij; II *onoverg* functioneren², werken
functional *bn* functioneel
functionalism ['fʌŋkʃnəlizm] *znw* doelmatigheid; in wetenschap functionalisme *o*; bouwk nieuwe zakelijkheid
functionary *znw* functionaris, ambtenaar; beambte
fund [fʌnd] I *znw* fonds² *o*; voorraad²; *~s* kapitaal *o*, geld *o*, contanten; staatspapieren; *in ~s* (goed) bij kas; II *overg* financieren, van fondsen voorzien; funderen, consolideren [schuld]
fundament ['fʌndəmənt] *znw* schertsend zitvlak *o*, achterste *o*
fundamental [fʌndə'mentəl] I *bn* principieel, grond-; II *znw* grondbeginsel *o*, grondslag, fundament *o*, basis; grondwaarheid; muz grondtoon
fundamentalism [fʌndə'mentəlizm] *znw* fundamentalisme *o*
fundamentalist [fʌndə'mentəlist] I *bn* fundamentalistisch; II *znw* fundamentalist
fundamentally *bijw* in de grond, au fond, principieel
fundoscope [fʌndou'skoup] *znw* oogspiegel
fund-raising ['fʌndreiziŋ] *znw* bijeenbrengen *o* van geld; *~ concert* benefietconcert *o*
funeral ['fju:nərəl] I *bn* begrafenis-, graf-, lijk-; *~ director* begrafenisondernemer; *~ march* treurmars; *~ parlo(u)r* Am rouwkamer, begrafenisonderneming; *~ pile* brandstapel; *~ procession* lijkstoet; II *znw* begrafenis; lijkstoet; *not my ~* gemeenz mijn zaak niet
funerary ['fju:nərəri] *bn* begrafenis-, lijk-
funereal [fju'niəriəl] *bn* begrafenis-, lijk-, doden-, graf-; treurig, somber
fun fair ['fʌnfɛə] *znw* kermis, lunapark *o*
fun-filled ['fʌnfild] *bn* amusant, leuk
fungible ['fʌndʒibl] *bn* recht vervangbaar [v. zaken]
fungicide ['fʌŋgisaid] *znw* schimmelbestrijdingsmiddel *o*
fungous ['fʌŋgəs] *bn* zwamachtig
fungus ['fʌŋgəs] *znw* (*mv*: -es *of* fungi [fʌndʒai, 'fʌŋgai]) zwam; paddestoel²; sponsachtige uitwas
funicular [fju'nikjulə] I *bn* snoer-; *~ railway* kabelspoorweg; II *znw* kabelspoor *o*
funk [fʌŋk] I *znw* **1** angst; bangerd; *blue ~* doodsangst; **2** muz funk; II *overg*: *~ it* bang zijn, niet (aan)durven
funky *bn* muz funky; slang mieters, super, jofel, tof; trendy, modieus
funnel ['fʌnl] *znw* trechter; schoorsteen, pijp [v. stoomschip]; (lucht)koker
funnies ['fʌniz] *znw mv* Am gemeenz = *comic strips*; de moppenpagina
funny *bn* grappig, aardig, leuk, komisch; vreemd, raar, gek; eigenaardig, excentriek; *there's some ~ business going on* er is hier iets niet in de haak; *feel ~* zich niet helemaal lekker voelen; *go ~* kuren vertonen [apparaat]
funny bone *znw* elleboogsknokkel; telefoonbotje *o*
funny man *znw* komiek(eling), pias
funny paper *znw* Am moppenblaadje *o*
fun-size ['fʌnsaiz] *bn* mini-
fur [fə:] I *znw* bont *o*, pels, pelswerk *o*, pelterij; pelsjas &; vacht; med beslag *o* [v.d. tong]; techn aanslag, ketelsteen *o* & *m*; *it will make the ~ fly* dat wordt donderen, daar komt rotzooi van; II *bn* bonten, bont-; III *overg* [de tong] doen beslaan; met aanslag, ketelsteen bedekken; IV *onoverg* aan-, beslaan [v. tong] (ook: *~ up*)
furbelow *znw* geplooide strook; *~s* ook: kwikjes en strikjes
furbish ['fə:biʃ] *overg* polijsten, bruineren, (op-)

poetsen
furcate(d) ['fə:keit(id)] *bn* gevorkt
furcation [fə:'keiʃən] *znw* vertakking
furious ['fjuəriəs] *bn* woedend, razend, woest (op *with*) furieus, verwoed
furl [fə:l] **I** *overg* scheepv [een zeil] vastmaken; oprollen, opvouwen; **II** *onoverg* zich oprollen
furlong ['fə:lɔŋ] *znw* ⅛ Eng. mijl = 201 m
furlough ['fə:lou] *znw* Am verlof *o*; *on ~* met verlof
furnace ['fə:nis] *znw* (stook-, smelt)oven
furnish ['fə:niʃ] *overg* verschaffen, leveren, fourneren; voorzien (van *with*), uitrusten; meubileren
furnisher *znw* meubelhandelaar; stoffeerder
furnishing *znw* woninginrichting; *~s* meubels, stoffering &
furniture *znw* meubelen, meubilair *o*, huisraad *o*; *~ polish* meubelwas; *~ van* verhuiswagen; *he's part of the ~* hij hoort tot het meubilair
furore [fju'rɔ:ri] *znw* furore
furrier ['fʌriə] *znw* pels-, bontwerker, -handelaar
furriery *znw* pels-, bontwerk *o*, pelterij
furrow ['fʌrou] **I** *znw* voor, groef; rimpel; **II** *overg* groeven, doorploegen, rimpelen
furry ['fə:ri] *bn* met bont gevoerd, bonten; zacht
further ['fə:ðə] **I** *bn* verder; verste [v. twee]; nog, meer, ander; fig nader; *the ~ bank (side)* de overzij; *~ education* voortgezet onderwijs *o*; *~ to ...* handel ten vervolge op (van) ...; **II** *bijw* verder; **III** *overg* bevorderen, behartigen
furtherance *znw* bevordering
furthermore ['fə:ðəmɔ:] *bijw* bovendien
furthermost *bn* verst
furthest *bn* verst(e), = *farthest*
furtive ['fə:tiv] *bn* heimelijk, steels; gestolen
furuncle ['fjurʌŋkl] *znw* steenpuist
fury ['fjuəri] *znw* woede, razernij; furie[2]
furze [fə:z] *znw* gaspeldoorn
fuse [fju:z] **I** *overg & onoverg* (samen)smelten; fus(ion)eren, een fusie aangaan; elektr doorslaan; **II** *znw* **1** zekering, veiligheid, stop; kortsluiting; **2** lont; **3** buis [v. granaat]; *~ box* stoppenkast, zekering; *~ wire* zekeringsdraad, smeltdraad; *blow a ~* een stop (laten) doorslaan; *have a short ~* fig opvliegend van aard zijn
fused [fju:zd] *bn* elektr gezekerd
fuselage ['fju:zila:ʒ] *znw* luchtv romp
fusibility [fiu:zə'biliti] *znw* smeltbaarheid
fusible ['fju:zəbl] *bn* smeltbaar
fusilier [fju:zi'liə] *znw* fuselier
fusillade [fju:zi'leid] *znw* fusillade, geweervuur *o*; fusilleren *o*; fig spervuur *o* [v. vragen &]
fusion ['fju:ʒən] *znw* smelten *o*; samensmelting, fusie
fuss [fʌs] **I** *znw* opschudding, herrie, (onnodige) drukte, ophef; *make a ~* heibel/herrie schoppen; *make a ~ about sth.* ergens veel tamtam over maken; *make a ~ of sbd.* overdreven aandacht aan iem. schenken, veel ophef van iem. maken; **II** *on-*overg drukte maken, zich druk maken, pietluttig doen; zeuren; *~ about* druk in de weer zijn, rondscharrelen; **III** *overg* Am lastig vallen; *~ over* veel drukte maken over
fuss-budget ['fʌs'bʌdʒit] *znw* Am = *fusspot*
fusspot *znw* gemeenz lastpost, druktemaker; pietlut
fussy *bn* druk; pietluttig; bedillerig; *I'm not ~* het is mij (allemaal) om het even
fustian ['fʌstiən] **I** *znw* fustein *o*, bombazijn *o*; bombast; **II** *bn* bombazijnen; bombastisch
fusty ['fʌsti] *bn* duf, muf
futile ['fju:tail] *bn* beuzelachtig, vergeefs, nutteloos, waardeloos, nietig
futility [fju'tiliti] *znw* beuzelachtigheid, beuzelarij, kinderachtigheid, nietigheid
future ['fju:tʃə] **I** *bn* toekomstig, aanstaand, (toe-)komend; **II** *znw* toekomst; aanstaande; gramm toekomende tijd; *~s* handel termijnzaken; *for the (in) ~* in het vervolg, voortaan
futurism ['fju:tʃərizm] *znw* futurisme *o*
futurist *znw & bn* futurist(isch)
futuristic [fju:tə'ristik] *bn* futuristisch
futurity [fju'tjuəriti] *znw* toekomst; ophanden zijnde gebeurtenis
futurology [fju:tju'rɔləʒi] *znw* futurologie
fuzz [fʌz] *znw* pluis *o*; dons *o*
fuzzy ['fʌzi] *bn* pluizig; vlokkig; donzig; kroes; vaag, wazig, beneveld
fylfot ['filfɔt] *znw* swastika, hakenkruis *o*

G

g [dʒi:] *znw* (de letter) g; muz g of sol

gab [gæb] **I** *znw* radheid van tong; gepraat *o*, geklets *o*, gebabbel *o*; zie ook: *gift I*; **II** *onoverg* kakelen, ratelen

gabardine ['gæbədi:n] *znw* gabardine [stof]; regenjas van dit materiaal

gabble ['gæbl] **I** *onoverg* kakelen, brabbelen, snateren; **II** *overg*: ~ *(over)* aframmelen [les &]; **III** *znw* gekakel *o*, gebrabbel *o*, gesnater *o*

gaberdine ['gæbədi:n] *znw* = *gabardine*

gable ['geibl] **I** *znw* geveltop, puntgevel; ~ *end* puntgevel; ~ *roof* zadeldak *o*; **II** *overg* met geveltoppen voorzien

Gabon [gæˈbɔn] *znw* Gabon *o*

Gabonese I *znw* (*mv* idem) Gabonner; **II** *bn* Gabons

Gad [gæd] *tsw* gemeenz God, wel verdorie, wel verdraaid, sapristi; *by* ~! jandorie!

gad [gæd] *onoverg* zwerven; ~ *about* rondlopen, rondzwerven

gadabout *znw* iem. die rusteloos rondloopt

gadfly ['gædflai] *znw* horzel; lastig iemand

gadget ['gædʒit] *znw* uitvindsel *o*, apparaat(je) *o*, instrumentje *o*, technisch snufje *o*, vernuftigheidje *o*, (hebbe)dingetje *o*

gadgetry *znw* apparatuur, technische snufjes, vernuftigheidjes

Gael [geil] *znw* Schotse (Ierse) Kelt

Gaelic *bn* Keltisch, *vooral* Gaelisch

gaff [gæf] *znw* haak, speer; scheepv gaffel, gemeenz nonsens; *blow the* ~ gemeenz doorslaan

gaffe [gæf] [Fr] *znw* grote blunder, tactloosheid

gaffer ['gæfə] *znw* (ouwe) baas, ouwe (heer); meesterknecht, ploegbaas; belichter [film]

gag [gæg] **I** *znw* mondprop; gemeenz grap, mop; gag [film]; **II** *overg* een prop in de mond stoppen; *fig* knevelen; de mond snoeren; **III** *onoverg* kokhalzen

gaga ['ga:ga:, 'gæga:] *bn* gemeenz seniel, gaga, kierewiet

gage [geidʒ] **I** *znw* pand *o*, onderpand *o*; handschoen, uitdaging; **II** *overg* Am = *gauge*

gaggle ['gægl] *znw* vlucht (ganzen); troep, kudde, zwerm, (luidruchtig, roerig) gezelschap *o*

gaiety ['geiəti] *znw* vrolijkheid, pret; bonte opschik, opzichtigheid, fleurigheid

gain [gein] **I** *overg* verwerven, (ver)krijgen; verdienen, winnen°; bereiken; behalen; ~ *ground* toenemen, (hoe langer hoe meer) ingang vinden; **II** *onoverg* (het) winnen; zich uitbreiden; vooruitgaan; voorlopen [klok &]; ~ *from* profiteren van, zijn voordeel doen met; ~ *on* veld (genegenheid) win-

nen; inhalen; **III** *znw* (aan)winst, gewin *o*, profijt *o*, voordeel *o*

gainer *znw* winner; *be the* ~ *by sth.* ergens wel bij varen

gainful *bn* voordelig, winstgevend; *a* ~ *occupation* een broodwinning

gainings *znw mv* winst; inkomsten; profijt *o*, voordeel *o*

gainsay [gein'sei] *overg* tegenspreken; ontkennen

gainst [geinst] *voorz* plechtig tegen

gait [geit] *znw* (manier van) lopen *o*, loopje *o*, gang, pas

gaiter ['geitə] *znw* slobkous, beenkap

gal [gæl] *znw* gemeenz meisje *o*, grietje *o*

gala ['ga:lə] *znw* gala *o*; feest *o*, feestelijkheid

galactic [gəˈlæktik] *bn* astron galactisch, melkweg-

galantine ['gælənti:n] *znw* galantine

galaxy ['gæləksi] *znw* astron melkweg; melkwegstelsel *o*; *fig* schitterende stoet, groep of verzameling

gale [geil] *znw* harde wind, storm; ~ *of laughter* lachsalvo *o*

gall [gɔ:l] **I** *znw* **1** gal², bitterheid; **2** brutaliteit, lef *o*; **3** schaafwond, ontvelling; **4** galnoot; **II** *overg* verbitteren, kwellen, ergeren

gallant [gəˈlænt] **I** *bn* dapper, fier, moedig; galant, hoffelijk; prachtig, schitterend; **II** *znw* galante heer, charmeur

gallantry ['gæləntri] *znw* dapperheid; galanterie

gall-bladder ['gɔ:lblædə] *znw* galblaas

galleon ['gæliən] *znw* galjoen *o*

gallery ['gæləri] *znw* galerij; schilderijenmuseum *o*; galerie (ook: *picture* ~); tribune; schellinkje² *o*; *play to the* ~ (goedkoop) effect najagen

galley ['gæli] *znw* scheepv galei; kombuis; techn galei [voor zetsel]

galley(-proof), galley(-sheet) *znw* galeiproef, onopgemaakte (eerste, vuile) drukproef

galley-slave *znw* galeislaaf

gall-fly ['gɔ:lflai] *znw* galwesp

Gallic ['gælik] *bn* Gallisch, Frans

gallicism ['gælisizm] *znw* gallicisme *o*

gallimaufry [gæliˈmɔ:fri] *znw* allegaartje *o*

gallinaceous [gæliˈneiʃəs] *bn* hoenderachtig

galling ['gɔ:liŋ] *bn* *fig* irritant, hinderlijk

gallipot ['gælipɔt] *znw* zalfpot

gallivant [gæliˈvænt] *onoverg* boemelen, stappen

gall-nut ['gɔ:lnʌt] *znw* plantk galnoot, -appel

gallon ['gælən] *znw* gallon = ± 4,54 liter

galloon [gəˈlu:n] *znw* galon *o & m*, lint *o*

gallop ['gæləp] **I** *znw* galop; *(at) a* ~ in galop; *fig* op een holletje; *(at) full* ~ in volle galop; **II** *onoverg* galopperen; ~ *through* (*over*) dóórvliegen; ~*ing consumption* vliegende tering; ~*ing inflation* zeer snel toenemende inflatie; **III** *overg* laten galopperen

gallows ['gælouz] *znw mv* galg

gallows-bird *znw* galgenaas *o*

gallows humour *znw* galgenhumor

gall-stone ['gɔːlstoun] *znw* galsteen
Gallup poll ['gæləp poul] *znw* opinieonderzoek *o*
galoot [gə'luːt] *znw* gemeenz onhandige lummel
galop ['gæləp] *znw* galop (dans)
galore [gə'lɔː] *bijw* in overvloed, bij de vleet
galosh [gə'lɔʃ] *znw* (gummi)overschoen
galumph [gə'lʌmf] *onoverg* triomfantelijk in het rond springen
galvanic [gæl'vænik] *bn* galvanisch
galvanism ['gælvənizm] *znw* galvanisme *o*
galvanize *overg* galvaniseren²
Gambia ['gæmbiə] *znw* Gambia *o*
Gambian I *znw* Gambiaan; **II** *bn* Gambiaans
gambit ['gæmbit] *znw* gambiet *o* [bij schaken]; fig aanloopje *o*, truc
gamble ['gæmbl] **I** *onoverg* spelen, dobbelen, gokken; een risico nemen; **II** *overg*: ~ *away* verspelen, verdobbelen; **III** *znw* gok, fig loterij
gambler *znw* speler, dobbelaar, gokker
gambol ['gæmbəl] **I** *znw* sprong, kromme sprong; **II** *onoverg* springen, huppelen, dartelen
game [geim] **I** *znw* spel *o*; spelletje *o*, partij [biljart], manche [bridge]; wedstrijd; (werk)terrein *o*, domein *o*; wild *o*; ~*s* sport [op school]; *fair* ~ vrij (= niet beschermd) wild *o*; fig overgeleverd (aan *for*) [willekeur, genade, spot &]; *it's all in (part of) the* ~ dat hoort er (nu eenmaal) bij; *none of your* ~*s!* geen fratsen!; *be on the* ~ slang in het leven zitten [als prostitué(e) werkzaam zijn]; *give the* ~ *away* gemeenz de boel verraden; *have a* ~ *of* ... een spelletje ... doen; *have the* ~ *in one's (own) hands* gewonnen spel hebben; *I (don't) know his* ~ ik weet (niet), wat hij in zijn schild voert; *make a* ~ *of* de spot drijven met; *the* ~ *is up* het spel is verloren, het is mis; *the* ~ *is not worth the candle* het sop is de kool niet waard; **II** *bn* **1** flink, dapper, branie-; **2** lam, mank; *be* ~ *for* aandurven, voor iets te vinden zijn; **III** *onoverg* spelen, dobbelen
gamebag *znw* weitas
gamecock *znw* vechthaan [voor hanengevechten]
gamekeeper *znw* jachtopziener, koddebeier
game-laws *znw mv* jachtwetten
game-licence *znw* jachtakte
gamely *bijw* flink, dapper
gameness *znw* dapperheid, durf
gameplan *znw* Am fig plan de campagne *o*, strategie
game reserve *znw* wildreservaat *o*
gamesmanship *znw* gewiekstheid
games-master *znw* gymnastiekleraar
games-mistress *znw* gymnastieklerares
gamesome *bn* speels, dartel
gamester ['geimstə] *znw* speler, dobbelaar
gaming *znw* gokken *o*
gaminghouse *znw* speelhuis *o*
game-table *znw* speeltafel
gamma ['gæmə] *znw* gamma *v & o*; ~ *rays*, ~ *radiation* gammastraling

gammer ['gæmə] *znw* vero oude vrouw, besje *o*
gammon ['gæmən] *znw* gerookte ham
gammy ['gæmi] *bn* gemeenz lam, mank
gamp [gæmp] *znw* gemeenz paraplu
gamut ['gæmət] *znw* toonladder, toonschaal, gamma *v & o*; scala, reeks; *the whole* ~ *of* alle ..., het hele scala van ...; *run the* ~ *of* fig het hele scala doorlopen
gamy ['geimi] *bn* adellijk [v. wild]
gander ['gændə] *znw* mannetjesgans: gent; *have a* ~ *(at)* slang effe kijken (naar)
gang [gæŋ] **I** *znw* ploeg (werklieden); bende, kliek, troep; **II** *onoverg*: ~ *up* zich verenigen (tot een bende), met vereende krachten optreden (tegen *on*)
gang-bang plat *znw* neukpartij van een aantal mannen met één vrouw; groepsseks
gangboard *znw* scheepv loopplank
ganger *znw* ploegbaas
gangland *znw* onderwereld
ganglion ['gæŋgliən] *znw (mv: -s of* ganglia [-liə]) zenuwknoop; ganglion *o*; fig centrum *o*, middelpunt *o*
gangling ['gæŋgliŋ], **gangly** *bn* slungelig
gang-plank ['gæŋplæŋk] *znw* scheepv loopplank
gang-rape ['gæŋreip] *znw* verkrachting door een aantal mannen, groepsverkrachting
gangrene ['gæŋgriːn] *znw* gangreen *o*, koudvuur *o*; fig verrotting, bederf *o*
gangrenous *bn* gangreneus, door koudvuur aangetast
gangster ['gæŋstə] *znw* gangster, bendelid *o*, bandiet
gangway ['gæŋwei] *znw* (gang-, midden)pad *o*, doorgang; dwarspad *o* in het Lagerhuis; scheepv gangboord *o & m*; scheepv loopplank, (loop)brug; scheepv valreep; ~*!* opzij!
gannet ['gænit] *znw* jan-van-gent
gantry ['gæntri] *znw* stelling, stellage; seinbrug [v. spoorweg]; rijbrug [v. loopkraan]
gaol(er) ['dʒeil(ə)] = *jail(er)*
gap [gæp] *znw* gat *o*, opening, gaping, leemte, hiaat *o*; tekort *o*; bres; onderbreking; fig kloof
gape [geip] **I** *onoverg* gapen², geeuwen; ~ *at* aangapen; **II** *znw* gaap; gaping
gap-toothed ['gæptuːθt, -tuːðd] *bn* met uiteenstaande tanden, met een spleetje tussen de tanden
gar [gaː] *znw* dierk geep (ook: *garfish*)
garage ['gæraːdʒ, 'gæridʒ] **I** *znw* garage; garagebedrijf *o*; ~ *sale* verkoop, meestal voor liefdadig doel [vaak in een garage gehouden]; **II** *overg* in de garage stallen
garb [gaːb] **I** *znw* kostuum *o*, dracht; **II** *overg* kleden
garbage ['gaːbidʒ] *znw* afval *o & m* [v. dier]; vuilnis *o & v*; fig rotzooi, onzin, flauwekul; ~ *can* Am vuilnisbak; ~ *man* Am vuilnisman; ~ *truck* Am vuilniswagen
garble ['gaːbl] *overg* verdraaien, verminken, verknoeien

garden

garden ['ga:dn] **I** *znw* tuin, hof; *public* ~ plantsoen
o; **II** *onoverg* tuinieren
garden centre *znw* tuincentrum *o*
garden city *znw* tuinstad
garden-cress *znw* tuinkers
gardener *znw* tuinman, -baas; tuinier
garden frame *znw* broeibak, -kas
gardenia [ga:'di:njə] *znw* gardenia [plant]
gardening *znw* tuinbouw, tuinieren *o*
garden-party *znw* tuinfeest *o*
garden-path *znw* tuinpad *o*; zie ook: ²*lead II*
garden pea *znw* doperwt
garden-stuff *znw* tuingewassen, groenten
gargantuan [ga:'gæntjuən] *bn* reusachtig
gargle ['ga:gl] **I** *onoverg* gorgelen; **II** *znw* gorgeldrank
gargoyle ['ga:gɔil] *znw* waterspuwer
garish ['gɛəriʃ] *bn* schel, hel, (oog)verblindend;
opzichtig, bont
garland ['ga:lənd] **I** *znw* guirlande, (bloem)krans²;
bloemlezing; **II** *overg* met guirlandes behangen,
be-, omkransen
garlic ['ga:lik] *znw* knoflook *o & m*; ~ *press*
knoflookpers
garment ['ga:mənt] *znw* kledingstuk *o*, gewaad *o*
garner ['ga:nə] *plechtig* **I** *znw* graan-, korenschuur;
fig bloemlezing; **II** *overg* in-, opzamelen, vergaren
garnet ['ga:nit] *znw* granaat *o* [stofnaam],
granaat(steen) *m* [voorwerpsnaam]
garnish ['ga:niʃ] **I** *overg* garneren, opmaken, versieren (met *with*); voorzien (van *with*); **II** *znw* garnering, versiering
garniture ['ga:nitʃə] *znw* garnituur *o*, garnering,
versiering; toebehoren *o*
garret ['gærət] *znw* vliering, zolderkamertje *o*
garrison ['gærisn] **I** *znw* garnizoen *o*; **II** *overg* bezetten, garnizoen leggen in; in garnizoen leggen
garrotte [gə'rɔt] **I** *znw* (ver)worging; worgtouw *o*
(met spanstok), worgpaal, garrot; **II** *overg* worgen;
garotteren
garrulity [gæ'ru:liti] *znw* praatzucht
garrulous ['gærələs] *bn* praatziek
garter ['ga:tə] *znw* kousenband; *the G*~ Br orde v.d.
Kousenband
gas [gæs] **I** *znw* (*mv*: gases; Am ook: gasses) gas *o*;
Am benzine; gemeenz gezwam *o*, geklets *o*, gebral
o; blabla; Am gemeenz lol, gein, leut, pret, grap;
step on the ~ gemeenz gas geven²; er vaart achter
zetten; **II** *onoverg* gemeenz zwammen, kletsen; **III**
overg (ver)gassen, door gas doen stikken; gemeenz
kletsen
gas-bag *znw* gaszak [v. luchtschip]; gemeenz
kletsmeier
gas board *znw* gasbedrijf *o*
gas-bracket *znw* gasarm
gas-burner *znw* gasbrander
gas chamber *znw* gaskamer
gas-cooker *znw* gasfornuis *o*

gaseous ['gæsjəs] *bn* gasachtig, gasvormig, gas-
gas-fire *znw* gaskachel, -haard
gas-fitter *znw* gasfitter
gash [gæʃ] **I** *znw* sne(d)e, jaap, houw; **II** *overg*
(open)snijden, een snee geven, japen
gas-holder ['gæshouldə] *znw* gashouder
gasification [gæsifi'keiʃən] *znw* gasvorming; ver-
gassing
gasify *overg & onoverg* vergassen
gas-jet *znw* gasbrander
gasket ['gæskit] *znw* techn pakking; scheepv seizing
gaslight ['gæslait] *znw* gaslamp; *by* ~ bij het licht
van een gaslamp
gas-main ['gæsmein] *znw* (hoofd)gasleiding
gasman *znw* man van het gasbedrijf; meteropnemer
gas mantle *znw* gloeikousje *o*
gas mask *znw* gasmasker *o*
gas-meter *znw* gasmeter
gasolene, gasoline ['gæsouli:n] *znw* gasoline; Am
benzine
gasometer [gæ'sɔmitə] *znw* gashouder
gas oven *znw* gasoven
gasp [ga:sp] **I** *onoverg* (naar adem) snakken, hijgen;
~ *for* snakken naar; **II** *overg*: ~ *out* er met moeite
uitbrengen; **III** *znw* hijgen *o*; stokken *o* van de
adem; snik; *be at the last* ~ zieltogen
gas pedal *znw* gaspedaal *o*
gas-range ['gæsreindʒ] *znw* Am gasfornuis *o*
gas-ring *znw* gaskomfoor *o*, gaspit
gas station *znw* Am tankstation *o*, benzinestation *o*
gas-stove *znw* gasfornuis *o*; gaskachel
gassy *bn* gasachtig; gas-; bruisend [v. drank]; gemeenz kletserig
gas-tank *znw* Am benzinetank
gastric ['gæstrik] *bn* gastrisch, maag-; ~ *juices*
maagsap(pen); ~ *ulcer* maagzweer
gastritis [gæ'straitis] *znw* med gastritis, maagont-
steking
gastro-enteritis ['gæstrouentə'raitis] *znw* med
maagdarmontsteking, gastro-enteritis
gastronome ['gæstrənoum] *znw* gastronoom, fijnproever
gastronomic [gæstrə'nɔmik] *bn* gastronomisch
gastronomist [gæs'trɔnəmist] *znw* = *gastronome*
gastronomy *znw* gastronomie
gasworks ['gæswɔ:ks] *znw mv* gasfabriek
gat [gæt] *znw* Am slang revolver
gate [geit] *znw* poort²; deur, uitgang, ingang; sluisdeur; hek *o*, slagboom; betalend publiek *o* [bij voet-
bal], entreegeld *o*, recette; *get the* ~ Am gemeenz de
zak krijgen, de laan uitgestuurd worden
gateau ['gætou] [Fr] *znw* taart
gatecrash *onoverg* gemeenz zich indringen, onuitgenodigd binnenvallen
gatecrasher *znw* gemeenz ongenode gast, indringer
gate-house *znw* portierswoning; gevangenpoort

gatekeeper *znw* poortwachter

gatelegged *bn*: ~ *table* (op)klaptafel

gateman *znw* portier; overwegwachter [bij spoorbaan]

gate-money *znw* entreegeld *o*, recette [bij voetbal &]

gatepost *znw* deurpost, stijl [v. hek]; *between you and me and the* ~ onder ons gezegd, in vertrouwen

gateway *znw* poort; fig toegangspoort

gather ['gæðə] I *overg* vergaren, vergaderen, bijeen-, in-, verzamelen; inwinnen; bijeenbrengen, ophalen; plukken, oogsten; samentrekken; rimpelen [stof], plooien; afleiden, opmaken; ~ *dust* stoffig worden; ~ *speed* vaart krijgen; fig opgang maken, 'erin' komen; ~ *way* vaart krijgen; ~ *in* binnen-, inhalen; ~ *up* oprapen, opnemen; optrekken [de benen]; verzamelen; *he was ~ed to his fathers* bijbel hij werd tot zijn vaderen vergaderd; II *onoverg* zich verzamelen; samenkomen, vergaderen; zich samenpakken [wolken &]; toenemen; ~ *oneself together* zich vermannen; III *znw*: ~*s* plooisel *o*

gathering *znw* in-, verzameling; katern *o*; bijeenkomst; gezelschap *o*; pluk; abces *o*

GATT *afk.* = *General Agreement on Tariffs and Trade* algemene overeenkomst inzake tarieven en handel

gauche [gouʃ] *bn* fig links, onhandig, lomp; tactloos

gaucheness *znw* fig linksheid; onhandigheid; tactloosheid

gaud [gɔːd] *znw* opzichtig sieraad *o*; opschik, ijdel vertoon *o*

gaudy *bn* opzichtig, pronkerig, felgekleurd

gauge [geidʒ] I *znw* peilstok, peilglas *o*, peil *o*, ijkmaat, maat[2], meter; fig maatstaf; spoorwijdte, spoor *o*; scheepv diepgang; techn mal; mil kaliber *o*; II *overg* peilen[2], ijken, meten, roeien; kalibreren; schatten [afstanden]; fig schatten, taxeren

gauging-rod *znw* roeistok, peilstok

Gaul [gɔːl] *znw* Gallië *o*; Galliër

Gaulish *bn* Gallisch

gaunt [gɔːnt] *bn* schraal, mager; hoekig; verlaten, naargeestig; luguber

gauntlet ['gɔːntlit] *znw* hist pantserhandschoen; (scherm-, rij)handschoen; *throw down the* ~ iem. uitdagen; *take (pick) up the* ~ de uitdaging aannemen; *run the* ~ spitsroeden lopen; *have to run the* ~ *of* onder handen genomen worden door, veel te verduren hebben van

gauze [gɔːz] I *znw* gaas *o*; II *bn* gazen

gauzy *bn* gaasachtig

gave [geiv] V.T. van *give*

gavel ['gævəl] *znw* (voorzitters)hamer

gawd [gɔːd, gaːd] *tsw* gemeenz god!; *oh my* ~! god allemachtig!

gawk *onoverg* [gɔːk] met open mond staren, staan aangapen

gawky *bn* onhandig, lomp, sullig

gay [gei] I *znw* homo(seksueel); II *bn* 1 homoseksueel; homo-, flikker-; 2 vrolijk[2], opgewekt; luchtig, luchthartig; los(bandig); bont, (veel)kleurig, fleurig

gaze [geiz] I *onoverg* staren (naar *at, on, upon*); II *znw* starende blik

gazebo [gə'ziːbou] *znw* (*mv*: -s *of* -boes) uitzichttoren, belvédère

gazelle [gə'zel] *znw* gazelle

gazette [gə'zet] I *znw* (Engelse) Staatscourant; hist nieuwsblad *o*; II *overg* (officieel) publiceren

gazetteer [gæzi'tiə] *znw* geografisch woordenboek *o*, geografische index

gazump [gaˈzʌmp] *overg* oplichten (na begonnen onderhandelingen de prijs verhogen)

GCE *afk.* = *General Certificate of Education*

GCSE *afk.* = *General Certificate of Secondary Education*

gdn(s) *afk.* = *garden(s)*

GDP *afk.* = *Gross Domestic Product* bbp, bruto binnenlands product *o*

GDR *afk.* = *German Democratic Republic* de voormalige DDR

gear [giə] I *znw* tuig *o*, gareel *o*; uitrusting, goed *o*, gerei *o*; toestel *o*, inrichting, techn overbrenging, drijfwerk *o*; versnelling; luchtv onderstel *o*; *change* ~, Am *shift* ~*s* auto schakelen; *in* ~ techn gekoppeld; *out of* ~ techn ontkoppeld, afgekoppeld; II *overg* instellen (op *to*), aanpassen (aan *to*); uitrusten; ~*ed (to)* ingesteld op, aangepast aan

gearbox *znw* versnellingsbak

gearing *znw* techn overbrenging, drijfwerk *o*

gearlever, gearshift, gearstick *znw* versnellingspook, pook

gear-shift *znw* versnellingshendel

gear-wheel *znw* tand-, kettingwiel *o* (v. fiets)

gecko ['gekou] *znw* (*mv:* -s *of* geckoes) gekko, toke

gee [dʒiː] I *tsw* 1 Am gemeenz hemel!, verdorie! (ook: ~ *whizz*!); 2 ~ *up*! hu! [tegen een paard]; II *znw* gemeenz paard(je) *o*

gee-gee *znw* gemeenz paard(je) *o*

geese [giːs] *znw* (*mv* v. *goose*) ganzen

geezer ['giːzə] *znw* slang (ouwe) knakker

Geiger counter ['gaigəkauntə] *znw* geigerteller

geisha (girl) ['geiʃə (gəːl)] *znw* geisha

gelatine [dʒelə'tiːn] *znw* gelatine

gelatinous [dʒi'lætinəs] *bn* gelatineachtig

geld ['geld] *overg* castreren

gelding *znw* castreren *o*; dierk ruin

gelid ['dʒelid] *bn* kil, (ijs)koud

gelignite ['dʒelignait] *znw* kneedbom

gem [dʒem] I *znw* edelsteen, juweel *o*; kleinood *o*, juweeltje *o*; II *overg* (met edelgesteenten) versieren

geminate I *bn* ['dʒeminit] dubbel, gepaard; II *overg* ['dʒemineit] verdubbelen; paarsgewijs plaatsen

gemination [dʒemi'neiʃən] *znw* verdubbeling; paarsgewijze plaatsing

Gemini ['dʒeminai] *znw* astron Tweelingen

gemstone ['dʒemstoun] *znw* edelsteen

gen [dʒen] **I** znw Br gemeenz (precieze) gegevens, informatie; **II** onoverg: ~ up on sth. zich over iets op de hoogte stellen, zich goed informeren over iets; **III** overg: ~ sbd. up on sth. iem. over iets helemaal bijpraten; iem. van alle benodigde gegevens over iets voorzien

Gen. afk. = General

gender ['dʒendə] znw geslacht o

gene [dʒi:n] znw gen o [erffactor]

genealogical [dʒi:njə'lɔdʒikl] bn genealogisch; ~ tree geslachts-, stamboom

genealogist [dʒi:ni'æIədʒist] znw genealoog, geslachtkundige

genealogy znw genealogie: geslachtkunde; stamboom

genera ['dʒenərə] znw mv v. genus

general ['dʒenərəl] **I** bn algemeen; ~ anaesthetic algehele verdoving; ~ cargo lading stukgoederen; ~ certificate of (secondary) education ± einddiploma o middelbare school; ~ delivery poste restante; ~ election algemene verkiezingen; ~ headquarters centraal hoofdkwartier o; ~ knowledge algemene ontwikkeling; ~ post post eerste bestelling; soort gezelschapsspel o; fig stuivertjewisselen o; G~ Post Office hoofdpostkantoor o; ~ practice huisartsen-praktijk; ~ practitioner genees- en heelkundige, huisarts; the ~ public het grote publiek, de goegemeente; the ~ reader het lezend publiek in het algemeen; ~ store warenhuis o; ~ strike algemene staking; **II** znw mil generaal, veldheer; in ~ in (over) het algemeen

generalissimo [dʒenərə'lisimou] znw generalissimus: opperbevelhebber

generality [dʒenə'ræliti] znw algemeenheid; the ~ (of people) de grote meerderheid

generalization [dʒenərəlai'zeiʃən] znw veralgemening, generalisatie

generalize ['dʒenərəlaiz] **I** overg algemeen maken of verbreiden; **II** onoverg generaliseren

generally bijw gewoonlijk; algemeen, in (over) het algemeen

generalship znw generaalsrang; veldheerstalent o; leiding, tact, beleid o

generate ['dʒenəreit] overg voortbrengen, verwekken; ontwikkelen [gas], opwekken [elektriciteit]; generating station (elektrische) centrale, krachtstation o

generation [dʒenə'reiʃən] znw voortbrenging; ontwikkeling, voortplanting; generatie, geslacht o; ~ gap generatiekloof; rising ~ nieuwe generatie; jonge mensen

generative ['dʒenərətiv] bn voortbrengend; vruchtbaar; gramm generatief

generator znw voortbrenger, verwekker; techn stoomketel; generator

generic [dʒi'nerik] bn generisch, geslachts-; algemeen; ~ drug merkloos geneesmiddel o

generosity [dʒenə'rɔsiti] znw edelmoedigheid, ge-

nerositeit, mildheid, milddadigheid, gulheid, goedgeefsheid, royaliteit

generous ['dʒenərəs] bn edel(moedig), genereus, mild(dadig), gul, goedgeefs; rijk [ook: v. kleur], royaal, overvloedig, flink, krachtig

genesis ['dʒenisis] znw (mv: geneses [-si:z]) genesis, genese: wording(sgeschiedenis), ontstaan o; G~ Genesis

genetic [dʒi'netik] bn genetisch; ~ engineering genetische manipulatie; ~ fingerprinting DNA-vingerafdruk, DNA-patroon o

geneticist znw geneticus

genetics znw genetica, erfelijkheidsleer

Geneva [dʒi'ni:və, dʒə-] znw Genève o

genial ['dʒi:niəl] bn opgewekt, gemoedelijk, joviaal, sympathiek; vriendelijk

geniality [dʒi:ni'æliti] znw opgewektheid, jovialiteit &, zie genial

genie ['dʒi:ni] znw (mv: genii ['dʒi:niai]) geest, djinn

genital ['dʒenitl] **I** bn genitaal, geslachts-; **II** znw: ~s genitaliën, geslachtsdelen

genitalia [dʒeni'teiliə] znw mv genitaliën, geslachtsdelen

genitive ['dʒenitiv] **I** znw genitief, tweede naamval; **II** bn genitief-

genius ['dʒi:niəs] znw (mv: -es of genii ['dʒi:niai]) genius: geest°; karakter o; beschermgeest; genie° o; talent o, genialiteit, (natuurlijke) aanleg; a man of ~ een geniaal mens, een genie o; evil ~ kwade genius

genocidal [dʒenou'saidl] bn genocide-

genocide ['dʒenousaid] znw genocide

genotype ['dʒenoutaip] znw genotype o

genre ['ʒɑ:ŋrə] znw genre o

gent [dʒent] znw gemeenz heer; ~s gemeenz ook: (openbaar) herentoilet o

genteel [dʒen'ti:l] bn fatsoenlijk, net, fijn, deftig

gentile ['dʒentail] **I** bn niet-joods; **II** znw niet-jood

gentility [dʒen'tiliti] znw fatsoen o, fatsoenlijkheid, fijne manieren; deftigheid; voorname afkomst

gentle ['dʒentl] bn zacht°, zachtaardig, -moedig, -zinnig; lief, vriendelijk; licht; the ~ sex het zwakke geslacht

gentlefolk znw mv voorname lieden, betere stand(en)

gentleman znw (mijn)heer; meneer; gentleman; fatsoenlijk man; ~'s agreement herenakkoord o, gentleman's agreement o; ~'s ~ herenknecht; ~ in waiting kamerheer

gentleman-at-arms znw kamerheer v.d. koninklijke lijfwacht

gentleman farmer znw herenboer

gentlemanly, gentlemanlike bn fatsoenlijk, gentlemanlike

gentlewoman znw vrouw uit gegoede stand, (beschaafde) dame

gently bijw zacht(jes), vriendelijk

gentry ['dʒentri] *znw* de deftige stand, komend na de adel; *these* ~ geringsch die 'heren'

genuflect ['dʒenjuflekt] *onoverg* een kniebuiging maken [uit eerbied]; fig zich onderwerpen

genuflection, genuflexion [dʒenju'flekʃən] *znw* kniebuiging; knieval; fig onderwerping

genuine ['dʒenjuin] *bn* echt, onvervalst, (ras-) zuiver; oprecht; serieus [v. aanvraag &]

genus ['dʒi:nəs] *znw* (*mv*: genera ['dʒenərə]) geslacht *o*, klasse, soort

geographer [dʒi'ɔgrəfə] *znw* geograaf, aardrijkskundige

geographic(al) [dʒiə'græfik(l)] *bn* geografisch, aardrijkskundig

geography [dʒi'ɔgrəfi] *znw* geografie, aardrijkskunde; *I don't know the* ~ *of the district* ik heb de kaart van de streek niet goed in mijn hoofd

geological [dʒiə'lɔdʒikl] *bn* geologisch

geologist [dʒi'ɔlədʒist] *znw* geoloog

geology *znw* geologie

geometer [dʒi'ɔmitə] *znw* meetkundige; dierk spanrups(vlinder)

geometric(al) [dʒiə'metrik(l)] *bn* meetkundig; ~ *drawing* lijntekenen *o*

geometrician [dʒioume'triʃən] *znw* meetkundige

geometry [dʒi'ɔmitri] *znw* meetkunde

geophysical [dʒiou'fizikl] *bn* geofysisch

geophysicist [dʒiou'fizisist] *znw* geofysicus

geophysics [dʒiou'fiziks] *znw* geofysica

geopolitical [dʒioupə'litikl] *znw* geopolitiek

geopolitics [dʒiou'pɔlitiks] *znw* geopolitiek

Geordie ['dʒɔ:di] *znw* gemeenz benaming voor een bewoner van Noord-Engeland en Zuid-Schotland; het aldaar gesproken dialect

George [dʒɔ:dʒ]: *by* ~! wel allemachtig!

Georgian ['dʒɔ:dʒiən] **I** *bn* uit de tijd der vier Georges [1714-1830]; van Koning George V [1910-1936]; van Georgië of Georgia; **II** *znw* inwoner van Georgië of Georgia

geranium [dʒi'reinjəm] *znw* geranium

gerbil ['dʒə:bil] *znw* woestijnrat, gerbil

geriatric [dʒeri'ætrik] **I** *bn* geriatrisch; **II** *znw* geringsch ouwetje *o*; ~s geriatrie

geriatrician [dʒeriə'triʃən] *znw* geriater

germ [dʒə:m] *znw* kiem[2]; fig oorsprong; med bacil, ziektekiem

german ['dʒə:mən] *bn* vol [neef, nicht &]

German ['dʒə:mən] **I** *bn* Duits; ~ *measles* med rode hond; **II** *znw* Duitser; (het) Duits

germane [dʒə:'mein] *bn*: ~ *to* betrekking hebbend op, toepasselijk

Germanic [dʒə:'mænik] *bn* Germaans

Germanism ['dʒə:mənism] *znw* germanisme *o*

Germanist *znw* germanist

Germanize *overg & onoverg* verduitsen

Germany *znw* Duitsland *o*

germ-carrier ['dʒə:mkæriə] *znw* bacillendrager

germinal *bn* kiem-; fig embryonaal

germinate *overg & onoverg* (doen) ontkiemen, ontspruiten

germination [dʒə:mi'neiʃən] *znw* ontkieming

germinative ['dʒə:mineitiv] *bn* kiemkrachtig

germ warfare ['dʒə:mwɔ:fɛə] *znw* bacteriologische oorlog(voering)

gerontologist *znw* gerontoloog

gerontology [dʒerɔn'tɔlədʒi] *znw* gerontologie

gerrymandering ['gerimændəriŋ] *znw* partijdig herindelen *o* (v.d. grenzen) v. kiesdistricten

gerund ['dʒerənd] *znw* gerundium *o*

gestation [dʒes'teiʃən] *znw* zwangerschap; *in* ~ fig in wording

gesticulate [dʒes'tikjuleit] **I** *onoverg* gesticuleren; **II** *overg* door gebaren te kennen geven

gesticulation [dʒestikju'leiʃən] *znw* gesticulatie, gebaar *o*, gebarenspel *o*

gestural ['dʒestʃər(ə)l] *bn* door/met gebaren, gebaren-

gesture ['dʒestʃə] **I** *znw* gebaar *o*; geste; **II** *onoverg* gebaren, gebaren maken; **III** *overg* door gebaren te kennen geven

get [get] (got; got, got (Am gotten)) **I** *overg* (ver)krijgen, in zijn macht (te pakken) krijgen, bekomen, opdoen, vatten; verdienen; halen, nemen; bezorgen; krijgen (brengen, overhalen) tot, ervoor zorgen dat; worden; hebben; gemeenz begrijpen, snappen; *what have you got there?* wat heb je daar?; *where does it* ~ *you?* wat bereik je ermee?, wat heb je eraan?; *it doesn't* ~ *you anywhere, it* ~s *you nowhere* je bereikt er niets mee; *you have got to...* je moet...; *it* ~s *me* gemeenz het hindert mij; ~ *it* er (ongenadig) van langs krijgen; ~ *it done (copied &)* iets laten doen (overschrijven &); **II** *onoverg* komen; worden, (ge-) raken; ~ *going* aan de gang (aan de slag) gaan; op gang komen (brengen); *I got ...ing* ik begon te ...; *it* ~s *nowhere, it does not* ~ *anywhere* het haalt niets uit; ~ *there* gemeenz het 'm leveren, slagen; *he could not* ~ *about* hij kon niet lopen; hij kon niet uit de voeten; *don't let it* ~ *about* vertel het niet verder; ~ *above oneself* verwaand worden; ~ *across* oversteken; ~ *across (over)* (goed) overkomen, 'het doen'; ~ *sth. across (over)* iets duidelijk maken, goed doen begrijpen; ~ *along* vooruitgaan, opschieten[2]; zich redden; *how are things* ~*ting along?* hoe staat het ermee?; ~ *along (with you)!* gemeenz ga nou door!, schiet toch op!; ~ *along* with het klaarspelen; ~ *around* = ~ *about*, ~ *round*; ~ *at* komen bij (aan, achter), bereiken, te pakken krijgen[2] (nemen); ~ *at sbd.* iem. dwars zitten; gemeenz knoeien met, omkopen; *what he is* ~*ting at* wat hij wil, wat hij bedoelt; ~ *away* wegkrijgen; wegkomen, ontkomen (aan *from*); ~ *away from the subject* afraken van het apropos, afdwalen; ~ *away from it all* zie *away*; ~ *away with it* er mee aan de haal gaan of gaan strijken; succes (ermee) hebben, het klaarspelen, het gedaan krijgen; ongestraft blijven; *there's no* ~*ting away from it* daar kom je niet onderuit; dat kun je niet ontkennen; ~ *back* terug-gaan, -komen; terugkrijgen; ~ *one's own back* zich schadeloos stellen, het betaald zetten; ~ *back at sbd.* het iem. betaald zetten; ~ *by* passeren; ge-meenz het klaren, het versieren; ~ *down* af-, uit-stappen, naar beneden gaan (krijgen); [eten] naar binnen krijgen; fig onder krijgen; gemeenz terneer-drukken, op de zenuwen werken; *don't let it* ~ *you down* gemeenz trek het je niet zo aan; ~ *sth. down* iets opschrijven; Am iets uit het hoofd leren, iets erin stampen; ~ *down to* aanpakken, beginnen aan, overgaan tot; zie ook: *brass tacks;* ~ *in* instappen; binnenkomen; aankomen; gekozen worden [voor Kamer]; binnenkrijgen, er in krijgen, [een woord] er tussen krijgen, plaatsen; [oogst] binnenhalen; ~ *in on sth.* meedoen aan iets; ~ *in with sbd.* intiem worden met iem.; ~ *into* krijgen in; komen (stap-pen, raken) in; toegelaten worden [tot een school]; aan (iets) gaan doen; ~ *sth. into sbd.* iets (bij) iem. aan het verstand peuteren; *what's got into you?* wat bezielt jou?; ~ *off* weggaan, vertrekken; af-, uitstappen; verwijde-ren [verf &]; verzenden; uittrekken [kleren &]; (iets) uit het hoofd leren; in slaap vallen; ~ *off cheap(ly)* er goedkoop afkomen; ~ *off a horse* afstij-gen; zie ook: [1]*ground I; tell him where to* ~ *off* het hem eens goed zeggen; ~ *your hands off!* afblijven!; *where do you* ~ *off telling me what to do!* gemeenz waar haal je het lef vandaan om me te vertellen wat ik moet doen!; ~ *off on sth.* slang vallen, kicken op iets; ~ *on* vooruitkomen[2], vorderen, op-schieten; op jaren komen; instappen; *how are you* ~*ting on?* hoe gaat het (met) je?; ~ *on one's boots* zijn laarzen aankrijgen; *it is (you are)* ~*ting on my nerves* het (je) maakt me zenuwachtig; *it is* ~*ting on for 12 o'clock* het loopt naar twaalven; ~ *on to* zie *on II;* ~ *on with* ook: overweg kunnen met; het stel-len met; ~ *out* uitkomen, uitlekken; uitstappen; eruit halen, krijgen; publiceren, uitbrengen; ontko-men; naar buiten gaan; ~ *out!* er uit!; loop heen!; ~ *out a boat* uitzetten; ~ *out a word* uitbrengen; ~ *out of* komen uit; verliezen; ~ *over* [een verlies] te bo-ven komen; [een weg] afleggen; afdoen; *not* ~ *over it* zich niet over iets heen kunnen zetten; iets niet op kunnen; *let's* ~ *it over (with) soon* laten we ma-ken dat we het gauw achter de rug hebben; zie ook: ~ *across;* ~ *round* ontduiken, omzeilen [wet &]; ~ *round sbd.* iem. inpalmen, beetnemen; *there is no* ~*ting round this* daaraan is niet te ontkomen; ~ *round to ...ing* er toe komen te ...; ~ *through* telec aansluiting krijgen; [spiritistisch] contact krijgen; zich een weg banen door, komen door; het er af brengen, er door komen; ~ *to* komen bij, bereiken; er toe komen (om); *where's my book got to?* geble-ven; ~ *to like it* er smaak (zin) in krijgen; ~ *together* bijeenbrengen, bijeenkomen, (zich) verenigen; ~ *up* opstaan; op-, instappen; opsteken [wind]; arran-geren, in elkaar of op touw zetten; monteren [to-

neelstuk]; maken [stoom]; opmaken [linnen]; (aan)kleden; uitvoeren [v.e. boek &]; ~ *up to sth.* iets uithalen; iets in zijn schild voeren; ~ *oneself up* zich mooi maken, zich opdirken

get-at-able [get'ætəbl] *bn* te bereiken; toegankelijk, genaakbaar

getaway ['getəwei] *znw* gemeenz ontsnapping; ~ *car* vluchtauto; *make one's* ~ zich uit de voeten ma-ken

get-together *znw* gemeenz bijeenkomst; instuif

get-up *znw* uitrusting, kostuum *o;* uitvoering

get-up-and-go [get'ʌpən'gou] *znw* gemeenz ener-gie; *he's got lots of* ~ hij is heel ondernemend, hij weet van aanpakken

gewgaw ['gju:gɔ:] *znw* prul(sieraad) *o*

geyser ['gaizə; techn 'gi:zə] *znw* geiser

Ghana ['ga:nə] *znw* Ghana *o*

Ghanaian [ga:'neiən] *bn* Ghanees

ghastly ['ga:stli] *bn & bijw* akelig, afschuwelijk, af-grijselijk, ijzingwekkend; doodsbleek

Ghent [gent] **I** *znw* Gent; **II** *bn* Gents

gherkin ['gə:kin] *znw* augurkje *o*

ghetto ['getou] *znw* getto *o*

ghost [goust] **I** *znw* geest, spook *o,* schim, verschij-ning, schijntje *o; not the* ~ *of a chance* geen schijn van kans; *give up the* ~ de geest geven, sterven; *to lay a* ~ een geest bezweren; **II** *overg* als ghostwriter schrijven

ghostly *bn* spookachtig

ghost-story *znw* spookverhaal *o*

ghost town *znw* spookstad

ghost-word *znw* door misverstaan gevormd woord *o;* volksetymologie

ghost-writer *znw* ghostwriter [iem. die in op-dracht en onder de naam van een ander schrijft]

ghoul [gu:l] *znw* lijken verslindend monster *o*

ghoulish *bn* als van een *ghoul;* macaber

GHQ *afk. = General Headquarters*

GI ['dʒi:'ai] Am *afk. = government issue* **I** *znw* soldaat; **II** *bn* soldaten-, leger-

giant ['dʒaiənt] **I** *znw* reus, gigant; **II** *bn* reuzen-, reusachtig, gigantisch

giaour ['dʒauə] *znw* Christenhond [oorspr. een Turks (scheld)woord]

gibber ['dʒibə] **I** *onoverg* brabbelen; **II** *znw* gebrab-bel *o*

gibberish ['dʒibəriʃ] *znw* brabbeltaal, koeterwaals *o;* baarlijke onzin

gibbet ['dʒibit] *znw* galg

gibbon ['gibən] *znw* dierk gibbon [aap]

gibbosity [gi'bɔsiti] *znw* uitpuiling, bult

gibbous ['dʒibəs] *bn* uitpuilend, bultig; astron tussen half en vol [v. maan]

gibe [dʒaib] **I** *onoverg* honen, schimpen, spotten (met *at);* **II** *znw* schimpscheut, hatelijkheid

giblets ['dʒiblits] *znw mv* eetbare organen van ge-vogelte

gibus ['dʒaibəs] *znw* flaphoed

giddy ['gidi] **I** *bn* duizelig, draaierig; duizelingwekkend; lichtzinnig, onbezonnen; *that's the ~ limit* gemeenz dat is (wel) het toppunt; **II** *onoverg & overg* duizelig worden/maken

gift [gift] **I** *znw* gift, geschenk *o*; (recht *o* van) be-, vergeving; gave; *have the ~ of the gab* goed van de tongriem gesneden zijn; *he thinks he's God's ~ to the human race* gemeenz hij heeft het hoog in de bol; **II** *bn: better not look a ~ horse in the mouth* men moet een gegeven paard niet in de bek zien

gifted *bn* begiftigd; begaafd

gift token, gift voucher *znw* cadeaubon

gift-wrap ['giftræp] *overg* als cadeautje inpakken

gig [gig] *znw* **1** cabriolet, sjees; scheepv lichte sloep; **2** gemeenz schnabbel, (eenmalig) optreden *o*; Am uitzendbaantje *o*, tijdelijke baan

gigantic [dʒai'gæntik] *bn* reusachtig, reuzen-, gigantisch

giggle ['gigl] **I** *onoverg* giechelen; **II** *znw* gegiechel *o*; *for a ~* gemeenz voor de grap, voor de lol; *have the ~s* de slappe lach hebben

giggly ['gigli] *bn* giechelig, lacherig

gigolo ['dʒigəlou] *znw* gigolo

gild [gild] *overg* vergulden; *~ed youth* (lid *o* van de) jeunesse dorée; *~ the lily* iets mooier maken dan nodig is

gilding *znw* vergulden *o*; verguldsel *o*

1 gill [gil] *znw* kieuw; *pale (green) about the ~s* bleek om de neus

2 gill [dʒil] *znw* ¼ pint

gillie ['gili] *znw* Schots bediende, oppasser

gillyflower ['dʒiliflauə] *znw* anjer; muurbloem

gilt [gilt] **I** *znw* verguldsel *o*; *the ~ is off the gingerbread* het aantrekkelijke (het nieuwtje) is er af; *~s = gilt-edged securities*; **II** *bn* verguld

gilt-edged *bn* verguld op snee; handel solide; *~ securities* veilige investeringen [*vooral* in staatspapieren]

gimbals ['dʒimbəlz] *znw* (kompas)beugel

gimcrack ['dʒimkræk] **I** *bn* prullig; **II** *znw* prul *o*

gimlet ['gimlit] *znw* spitsboor; schroefboor; handboor

gimmick ['gimik] *znw* gemeenz foefje *o*, truc

gimmickry *znw* gebruik *o* van foefjes, trucs

gimmicky *bn* vol foefjes; op effect gericht

gimp [gimp] *znw* passement *o*, boordsel *o*; zijden vissnoer *o* versterkt met metaaldraad *o*; slang mankepoot

gin [dʒin] *znw* gin, jenever; *a ~ and bitters* een bittertje *o*; *a ~ and lime* een schilletje *o*

ginger ['dʒindʒə] **I** *znw* gember; **II** *bn* ros, rood [v. haarkleur]; **III** *overg: ~ up* gemeenz opkikkeren; aanporren; pittiger maken

ginger ale, ginger beer *znw* gemberbier *o*

ginger bread *znw* peperkoek

ginger-group *znw* Br pressie-, actiegroep

gingerly *bn & bijw* behoedzaam, zachtjes

ginger-nut *znw* gemberkoekje *o*

ginger pop *znw* gemeenz gemberbier *o*

gingery *bn* gemberachtig, -kleurig

gingham ['giŋəm] *znw* gestreepte of geruite katoenen stof

gingivitis [dʒindʒi'vaitis] *znw* tandvleesontsteking

gink [giŋk] *znw* Am slang rare vent

gin-mill ['dʒinmil] *znw* Am gemeenz kroeg

gin-palace *znw* kroeg

ginseng ['dʒinseŋ] *znw* ginseng

gipsy ['dʒipsi] *znw* zigeuner(in)

gipsy-moth *znw* dierk plakker: soort vlinder

giraffe [dʒi'ra:f] *znw* giraffe

1 gird [gə:d] **I** *znw* hatelijkheid; **II** *onoverg: ~ at* spotten met, afgeven op

2 gird [gə:d] (girded/girt; girded/girt) *overg* aan-, omgorden; uitrusten; om-, insluiten, omgeven, omsingelen; *~ oneself (up), ~ (up) one's loins* zich ten strijde aangorden; *~ with power* bekleden met macht

girder *znw* steun-, dwarsbalk

girdle ['gə:dl] **I** *znw* gordel²; gaine, step-in, korset *o*; ring; RK singel; **II** *overg* omgorden, omgeven; ringen [boom]

girl [gə:l] *znw* (dienst)meisje *o*; jonge ongehuwde vrouw; dochter; *his best ~* gemeenz zijn meisje *o*, zijn vriendinnetje *o*; *old ~* gemeenz beste (meid); *onderw* oud-leerlinge

girlfriend *znw* vriendinnetje *o*, meisje *o*; vriendin

girl guide *znw* padvindster

girlhood *znw* meisjesjaren

girlie *znw* gemeenz meisje *o*; *~ magazine* seksblad *o*, blootblad *o*; *~ calendar* pin-upkalender

girlish *bn* meisjesachtig, meisjes-

girl scout *znw* padvindster, gids

giro ['dʒaiərou] *znw* Br (de) giro(dienst); *National G~* postgiro; *~ account* girorekening

1 girt [gə:t] **I** *znw* omvang; **II** *overg* meten

2 girt [gə:t] V.T. & V.D. van ²*gird*

girth [gə:θ] **I** *znw* buikriem, singel [v. paard]; gordel; omvang; **II** *overg* singelen; vastmaken; omringen; meten

gist [dʒist] *znw* hoofdpunt *o*, essentiële *o*, kern, pointe

git [dʒit] *znw* slang idioot, klootzak, stomme lul

1 give [giv] (gave; given) **I** *onoverg & abs ww* geven; meegeven, doorzakken, -buigen; bezwijken, het begeven, wijken; afnemen [kou]; zachter worden [v. weer]; *~ as good as one gets* met gelijke munt betalen; **II** *overg* geven, aan-, op-, afgeven²; verlenen, schenken, verstrekken, verschaffen, bezorgen, bereiden, veroorzaken, doen, maken [de indruk], houden [toespraak]; *~ a sigh (cough)* zuchten (hoesten); *I ~ you the ladies* ik stel voor op de gezondheid van de dames te drinken; *I'll ~ you (him &) that* dat kan ik niet ontkennen; *don't ~ me that* je kunt me nog meer vertellen!; *I can ~ him 10 years* hij is 10 jaar jonger dan ik; *~ it to sbd.* gemeenz iem. er flink van langs geven, streng straf-

give

fen; zie ook: *boot, ear, joy, way* &; ~ *away* weggeven, cadeau geven; fig verklappen, verraden (bijv. *a
secret, the whole thing*); ~ *away the bride* als bruids-
vader optreden; ~ *back* teruggeven; ~ *the case for
(against) sbd.* recht iem. in het (on)gelijk stellen; ~
forth geven, afgeven [hitte &]; bekendmaken, rondstrooien; ~ *in* [stukken &] inleveren; toegeven,
zwichten (voor *to*), het opgeven; ~ *off* afgeven
[warmte &], verspreiden; ~ *onto* uitkomen op; uitzicht geven op; ~ *or take a few minutes* een paar
minuten meer of minder; ~ *out* (af)geven; opgeven
[werk], uitdelen; bekendmaken, publiceren; opraken, uitgaan; *his strength will* ~ *out* zijn krachten
zullen uitgeput raken; ~ *over* (het) opgeven [v.e.
poging, een zieke &], ophouden; overleveren, uitleveren [aan politie]; ~ *over!* hou op!; *be* ~*n over to*
zich overgeven aan [ondeugd], verslaafd zijn aan;
bestemd zijn voor; ~ *up* opgeven; afstand doen
van, afzien van, [het roken, drinken] laten; af-,
overgeven, overleveren; wijden [zijn leven aan de
wetenschap &]; ~ *it up* het opgeven, zich gewonnen geven; ~ *up the ghost* de geest geven; ~ *sth./
sbd. up for lost*, ~ *up on sbd./sth.* als verloren (onoplosbaar &) beschouwen, opgeven; ~ *oneself up to*
zich aangeven bij [politie]; zich overgeven aan;
zich wijden aan

2 give *znw* meegeven *o*, elasticiteit, buigzaamheid,
flexibiliteit

give-and-take *znw* geven en nemen *o*, over en
weer *o*

give-away I *znw* **1** relatiegeschenk *o*; **2** onthulling,
(ongewild) verraad *o*; **II** *bn* weggeef-

given *bn* gegeven; bepaald; willekeurig; geneigd (tot
to), verslaafd (aan), ... aangelegd; ~ *name* doopnaam; ~ *that...* aangenomen dat; ~ *their weakness*
gezien hun zwakheid, hun zwakheid in aanmerking genomen

gizzard ['gizəd] *znw* spiermaag [v. vogels]; fig strot;
that sticks in his ~ dat staat hem helemaal niet aan,
zit hem dwars

glacé ['glæsei] *bn* geglaceerd, gekonfijt [vruchten]

glacial ['gleisjəl] *bn* ijzig; ijs-; gletsjer-, glaciaal

glaciated *bn* met ijs bedekt; vergletsjerd

glaciation [glæsi'eiʃən] *znw* ijsvorming; vergletsje-
ring, glaciatie

glacier ['glæsjə] *znw* gletsjer

glad [glæd] *bn* blij, verheugd (over *of, at*); ~ *rags*
gemeenz beste plunje, beste kloffie *o*; *we are* ~ *to
hear* het doet ons genoegen (te vernemen); *we shall
be* ~ *to hear* wij zullen gaarne (graag) vernemen

gladden *overg* verblijden, verheugen

glade [gleid] *znw* open plek in een bos

gladiator ['glædieitə] *znw* gladiator, zwaardvechter

gladly ['glædli] *bijw* blij; blijmoedig; met genoegen,
graag, gaarne

gladsome *bn* plechtig blij, heuglijk

Gladstone ['glædstən]: ~ *bag* leren koffer met twee
compartimenten

glair [glɛə] **I** *znw* eiwit *o*; **II** *overg* met eiwit bestrijken

glaive [gleiv] *znw* vero (slag)zwaard *o*

glamorize ['glæməraiz] *overg* romantiseren, verheerlijken, idealiseren, zeer aanlokkelijk maken

glamorous *bn* betoverend; aantrekkelijk

glamour *znw* betovering, begoocheling; (tover-)
glans; ~ *girl* seksueel aantrekkelijk meisje *o*

glance [gla:ns] **I** *znw* oogopslag, blik; flikkering; *at a*
~ met één oogopslag (blik); **II** *onoverg* blinken;
schitteren; kijken; afschampen (ook: ~ *off*); ~ *at*
aanblikken, een blik werpen op[2]; ~ *down* naar beneden kijken, de ogen neerslaan; ~ *over (through)*
even inzien, vluchtig dóórzien; ~ *up* opkijken; **III**
overg: ~ *one's eye at (over)* even een blik werpen op,
vluchtig overzien (doorlópen)

gland [glænd] *znw* klier

glanders *znw* (kwade) droes [paardenziekte]

glandular *bn* klier-; ~ *fever* ziekte van Pfeiffer

glans [glænz] *znw* (*mv*: glandes [-di:z]) eikel [v.d.
penis]

glare [glɛə] **I** *znw* verblindend of schel licht *o*;
gloed; (schitter)glans; schittering; vlammend oog
o; woeste blik; **II** *onoverg* schitteren, hel schijnen;
woest kijken; ~ *at each other* elkaar woedend aankijken

glaring *bn* schel, (oog)verblindend, schitterend,
vurig [v.d. ogen]; brutaal, schril [v. contrast], flagrant; ~ *error* grove fout

glass [gla:s] **I** *znw* glas[2] *o*; spiegel; (verre)kijker; barometer; ~*es* lorgnet; bril; **II** *bn* glazen, glas-; **III**
overg van ruiten, glas voorzien

glass bell *znw* stolp

glass case *znw* vitrine

glass-cloth *znw* glazendoek; droogdoek

glass eye *znw* glazen oog *o*

glass fibre, Am **glass fiber** *znw* glasvezel *o*

glasshouse *znw* serre, kas

glass-paper *znw* schuurpapier *o*

glassware *znw* glaswerk *o*

glass-works *znw mv* glasfabriek

glassy *bn* glasachtig, glazig; glas-; (spiegel)glad

glaucoma [glɔː'koumə] *znw* med glaucoom:
groene staar

glaucous ['glɔːkəs] *bn* zeegroen

glaze [gleiz] **I** *overg* van glas (ruiten) voorzien; achter (in) glas zetten; verglazen; glanzen, glaceren,
satineren; **II** *onoverg* glazig (glanzig) worden; (ook:
~ *over*); **III** *znw* glazuur *o*; glacé *o*; glans

glazed *bn* glasdicht; verglaasd; glazig [v. oog]; geglaceerd, gesatineerd, glanzig, blinkend; ~ *cabinet* glazenkast; ~ *paper* glanspapier *o*

glazer *znw* verglazer; polijster; polijstschijf

glazier *znw* glazenmaker

glazy *bn* glasachtig; glanzend

GLC *afk.* hist = *Greater London Council*

gleam [gli:m] **I** *znw* glans, schijnsel *o*, straal; fig
sprankje *o* [hoop; humor &]; **II** *onoverg* blinken,

glanzen, glimmen, schijnen

glean [gli:n] *overg* nalezen [v.e. veld], op-, in-, verzamelen [v. aren na de oogst]; opvangen, bij elkaar schrapen, meepikken, oppikken

gleaner *znw* arenlezer, -leesster, nalezer[2]; fig sprokkelaar

glebe [gli:b] *znw* pastorieland *o*; plechtig grond; land *o*

glee [gli:] *znw* vrolijkheid; meerstemmig lied *o*

glee club *znw* zangvereniging, (mannen)koor *o*

gleeful *bn* vrolijk, blij; triomfantelijk, met leedvermaak

glen [glen] *znw* dal *o*; vallei

glengarry [glen'gæri] *znw* Schotse muts

glib ['glib] *bn* glad, rad (van tong), welbespraakt; vlot [v. bewering]

glide [glaid] **I** *onoverg* glijden; glippen; zweven; **II** *znw* glijden *o*; luchtv glijvlucht, zweefvlucht; muz glissando *o*; gramm overgangsklank

glider *znw* luchtv zweefvliegtuig *o*; zweefvlieger

gliding *znw* zweefvliegen *o*

glimmer ['glimə] **I** *onoverg* schemeren, gloren, blinken, (even) opflikkeren; **II** *znw* zwak schijnsel *o*, glinster(ing), (licht)schijn, glimp, flauw idee *o*; eerste aanduiding

glimmering *znw* = *glimmer II*

glimpse [glimps] **I** *znw* glimp, (licht)straal; schijnsel *o*, (vluchtige) blik, kijkje *o*; *catch a ~ of* even zien; **II** *overg* even zien

glint [glint] **I** *znw* glimp, glinstering, schijnsel *o*, blinken *o*; *all that ~s is not gold* het is niet al goud wat er blinkt; **II** *onoverg* glinsteren, blinken

glissade [gli'sa:d] *znw* glijden *o* (van ijs-, sneeuwhelling); glijpas [dansen]

glisten ['glisn] *onoverg* glinsteren, flikkeren, fonkelen

glister ['glistə] vero = *glitter*

glitter ['glitə] **I** *onoverg* flikkeren, flonkeren, fonkelen, schitteren, blinken; *all that ~s is not gold* het is niet alles goud wat er blinkt; **II** *znw* flikkering, geflonker *o*, schittering, glans

glitterati [glitə'ra:ti] *znw mv* de jetset, de chic, beau monde

gloaming ['gloumiŋ] *znw* schemering

gloat [glout] *onoverg*: ~ *over/(up)on* met duivels leedvermaak aanzien, zich verkneukelen in, zich kwaadaardig verlustigen in

glob [glɔb] *znw* gemeenz druppel; kluit, klodder, kwak

global ['gloubl] *bn* wereldomvattend, wereld-; alles omvattend, totaal

globe *znw* bol, globe, aardbol; (oog)bal; ballon [v. lamp]; viskom; ~ *artichoke* artisjok

globe-trotter *znw* globetrotter, wereldreiziger

globose ['gloubous], **globular** ['glɔbjulə] *bn* bolvormig

globule *znw* bolletje *o*; druppel

glockenspiel ['glɔkənspi:l] *znw* muz klokkenspel *o*

[slaginstrument]

glomerate ['glɔmərit] *bn* samengebald, kluwenvormig

gloom [glu:m] *znw* duister-, donker-, somberheid; zwaarmoedigheid, droefgeestigheid; *doom and ~* ± doemdenken *o*

gloomy *bn* donker[2], duister, somber, droefgeestig; bedroevend, droevig

glorification [glɔ:rifi'keiʃən] *znw* verheerlijking

glorify ['glɔ:rifai] *overg* verheerlijken; (iets) mooier voorstellen (dan het is); ophemelen

glorious *bn* roem-, glorierijk, glansrijk, heerlijk°, stralend [v.d. ochtend]; gemeenz prachtig, kostelijk

glory I *znw* roem, glorie, heerlijkheid; stralenkrans; **II** *onoverg*: ~ *in* zich beroemen op, prat gaan op; ~ *hole* rommelhok *o*, -kast

gloss [glɔs] **I** *znw* **1** glans; (schone) schijn; ~ *(paint)* glansverf; **2** glosse: kanttekening; commentaar *m of o*; **II** *overg* **1** glanzen; een schone schijn geven, een glimp geven aan, vergoelijken, verbloemen (ook: ~ *over*); **2** kanttekeningen maken bij (op), uitleggen[2]

glossary *znw* verklarende woordenlijst, glossarium *o*

glossy I *bn* glanzend; schoonschijnend; ~ *magazine* duurder (op glad papier gedrukt) tijdschrift *o*; **II** *znw* = ~ *magazine*

glottal ['glɔtl] *bn* glottaal, stemspleet-; ~ *stop* glottisslag

glottis *znw* glottis, stemspleet

glove [glʌv] *znw* (boks)handschoen; *fit like a ~* als aangegoten, als (aan het lijf) gegoten (geschilderd) zitten; *take off the ~s* zich er voor zetten; flink aanpakken; *take up (throw down) the ~* de handschoen opnemen (toewerpen); *with the ~s off* strijdlustig; doodserieus

glove compartment *znw* handschoenenvakje *o* [v. auto]

glove-puppet *znw* poppenkastpop

glover *znw* handschoenmaker

glow [glou] **I** *onoverg* gloeien, branden (van *with*); **II** *znw* gloed[2], vuur *o*; *be in a ~*, *(all) of a ~* gloeien

glower ['glauə] *onoverg* boos of dreigend kijken (naar *at, upon*)

glowing ['glouiŋ] *bn* gloeiend, brandend; geestdriftig

glow-worm *znw* glimworm

gloze [glouz] **I** *overg*: ~ *over* verhelen, verbloemen, vergoelijken; **II** *onoverg*: ~ *(up)on* vero van commentaar voorzien, becommentariëren

glucose ['glu:kous] *znw* glucose, druivensuiker

glue [glu:] **I** *znw* lijm; ~-*sniffer* lijmsnuiver; **II** *overg* lijmen, (vast)kleven, (vast)plakken[2]; *keep one's eyes ~d to sbd.* zonder ophouden iem. aanstaren; zijn ogen niet van iem. kunnen afhouden; ~*d to the television* gekluisterd aan de televisie

gluey *bn* kleverig, plakkerig, lijmerig

glum [glʌm] *bn* somber, nors, stuurs

225

glut [glʌt] **I** *overg* (over)verzadigen; overladen; overvoeren [de markt]; **II** *znw* (over)verzadiging; overvoering [v.d. markt]

gluten ['glu:tən] *znw* gluten o: kleefstof

glutinous *bn* lijmerig, kleverig, plakkerig

glutton ['glʌtn] *znw* gulzigaard; *he is a ~ for...* hij is dol op...; *a ~ for work* een echte workaholic; *a ~ for punishment* een masochist

gluttonous *bn* gulzig, vraatzuchtig

gluttony *znw* gulzigheid, vraatzucht

glycerine [glisə'ri:n], *Am* **glycerin** *znw* glycerine

GMT *afk.* = *Greenwich Mean Time*

gnarl [na:l] *znw* knoest

gnarled *bn* knoestig; *fig* verweerd, ruig

gnash [næʃ] *overg*: *~ one's teeth* op de tanden knarsen, knarsetanden

gnat [næt] *znw* mug

gnaw [nɔ:] **I** *onoverg* knagen (aan *at*), knabbelen; **II** *overg* knagen aan; kwellen, pijnigen

gnome [noum] *znw* gnoom, kabouter

gnomic *bn* aforistisch

GNP *afk.* = *Gross National Product* bnp, bruto nationaal product o

gnu [nju:, nu:] *znw* gnoe

1 go [gou] (went; gone) **I** *onoverg* gaan°, lopen°; gangbaar zijn [v. geld]; reiken [v. geld, gezag &]; heen-, doodgaan; op-, wegraken, verdwijnen, er aan (moeten) geloven; uitvallen, stukgaan, bezwijken; verstrijken; aflopen; luiden; afgaan [v. geweer]; worden; (be)horen, thuishoren; zijn; blijven; *are you ready?, ~!* sp klaar? af!; *~ easy* het kalm aan doen (met *on*); *~ far* ver gaan (reizen); het ver brengen, voordelig in het gebruik zijn; *~ a long way towards* veel bijdragen aan; *this goes a long way towards showing that ...* dit bewijst vrij duidelijk dat ...; *the remark is (was) true as far as it goes (went) ...* tot op zekere hoogte; *as far as colours ~ (went)* inzake kleuren; *as ... ~* zoals ... nu eenmaal zijn; *... is ~ing strong* ... is (nog) kras, ... maakt het goed, ... gaat goed; *pay as you ~* betaal dadelijk alles contant; *as the phrase (term) goes* zoals het heet (luidt); *as things ~* naar omstandigheden; *as times ~* voor de tijd; *how goes the world?* hoe staat het ermee?; *twelve weeks to ~* nog twaalf weken; *two hamburgers to ~* Am twee hamburgers om mee te nemen; *here ~es!* daar gaat-ie!; *there you ~* daar heb je het al; asjeblieft; *anything ~es* (daar) is alles mogelijk, is alles toegestaan; *what he says ~es* wat hij zegt, gebeurt ook; *this ~es to show (prove)* uit dit (alles) blijkt dat; *~ all out* for alles op alles zetten om; zich voor 100% richten op; **II** *overg*: *~ halves* eerlijk delen, fifty-fifty doen; *~ places* gemeenz uitgaan, reizen; slagen, succes hebben; er zijn mogen; *~ it* hem raken; het ervan nemen, aan de zwier gaan; *~ it!* toe maar!; *~ it alone* het op zijn eentje doen; *~ one better* meer bieden; fig meer doen, overtreffen, de loef afsteken; *~ about* rondlopen; in omloop zijn; scheepv overstag gaan, wenden; *~ about with*

omgaan met [mensen]; *~ about it the wrong way* de zaak (het) verkeerd aanpakken; *~ about one's business* zich bezighouden met zijn zaken; zijn werk doen; *~ against* ingaan tegen; in het nadeel uitvallen van; [iem.] tegenlopen; *it goes against the grain with me* het stuit me tegen de borst; *~ ahead* beginnen; vooruitgaan; doorgaan (met); opschieten; *~ along* voortgaan, verder gaan; *~ along with* meegaan met, inspelen op; *~ along with you!* loop heen!; *as we ~ (went) along* onder de hand; gaandeweg; *~ at it* er op los gaan, aanpakken; *~ away* weggaan, vertrekken; *~back* achteruit- (terug)gaan; *~ back on (from) one's word* zich niet houden aan zijn woord, zijn belofte weer intrekken, terugkrabbelen; *~ before* voorafgaan; verschijnen voor; *~ behind sth.* iets nader onderzoeken; *~ behind sbd.'s words* iets achter iems. woorden zoeken; *~ by* voorbijgaan, passeren; zich laten leiden door; bepaald worden door; *~ by appearance* afgaan op het uiterlijk, oordelen naar de schijn; *~ by the book* zich stipt aan de instructies houden; *~ by the name of* bekend staan onder de naam...; *~ down* naar beneden gaan; ondergaan [de zon]; gaan liggen [de wind]; zakken [water]; onderw de universiteit verlaten (met vakantie; voorgoed); scheepv naar de kelder gaan; fig achteruitgaan, het afleggen, te gronde gaan, (komen te) vallen; uitvallen, niet meer functioneren; handel dalen [prijzen]; *~ down well* er goed ingaan; *~ down in history as...* de geschiedenis ingaan als...; *~ down on sbd.* plat iem. pijpen; *~ down to the 11th century* teruggaan tot de 11de eeuw; *~ down with* krijgen [ziekte]; *~ for* (gaan) halen; gelden (voor); gemeenz af-, losgaan op; gemeenz zijn voor, kiezen voor, graag hebben, houden van; *~ for a drive* een toertje gaan maken; *~ for a soldier* soldaat worden; *~ for it!* gemeenz zet 'm op!; *~ in* naar binnen gaan; schuilgaan [v. zon &]; *it goes in pocket-money* het gaat op aan zakgeld; *~ in for* zich aanschaffen [kledingstukken &]; meedoen aan, zich bemoeien (inlaten) met; opgaan [voor een examen]; (gaan) doen aan [een vak &]; *~ in for sports* doen aan sport, sporten; *~ into* gaan in; gaan op [bij deling]; besteed worden aan; *~ into the matter (things)* diep(er) op de zaak ingaan; *~ into particulars (details)* in bijzonderheden treden; *~ off* weggaan[2]; indutten; flauwvallen; heengaan (= sterven); van de hand gaan; van stapel lopen [v. iets], verlopen; afgaan [geweer &], aflopen [wekker]; ontploffen, losbarsten; slijten [v. gevoel]; achteruitgaan, bederven, minder worden; *~ off sbd.* iem. niet meer mogen; *~ on* doorgaan, voortgaan, verder gaan (met); voorbijgaan [tijd]; aan de gang (aan de hand, gaande) zijn; aangaan, aanspringen [licht &]; gebeuren, plaatshebben, zich afspelen; verlopen, gaan, [in iem.] omgaan; fig zich laten leiden door, zich baseren op [zekere principes]; gemeenz tekeergaan; *as time goes (went) on* met de tijd, na verloop van tijd; *he is ~ing on for forty* hij

loopt naar de veertig; *he went on to say...* hij zei vervolgens..., hij zei verder...; ~ *on together* met elkaar overweg kunnen; ~ *out* uitgaan°; uittrekken [v. leger], (gaan) duelleren; aftreden [minister]; uit de mode gaan; aflopen; in staking gaan; ~ *out of one's mind* het verstand verliezen, gek worden; *his heart went out to her (in sympathy)* hij had erg met haar te doen; ~ *over* overgaan [i.h.b. tot het katholicisme], overlopen; doorlezen, doorlopen, nakijken [rekening]; fig de revue laten passeren; ~ *round* achterom lopen; (rond)draaien, rondtrekken; ergens even aangaan; rondgaan [v. gerucht &]; *(not) enough to ~ round* (niet) genoeg voor allen (alles); ~ *through* doorgaan; doornemen [v. les]; doorzoeken [zijn zakken]; doorstaan, meemaken; beleven; door-, afwerken [programma &]; opmaken, erdoor jagen [v. spaargeld &]; vervullen [formaliteiten]; goedkeuren, aannemen [v. wet]; ~ *through the motions* doen alsof; ~ *through with it* doorzetten; ~ *to* toevallen [v. prijs]; ~ *to the country* verkiezingen uitschrijven; ~ *to much trouble* zich veel moeite getroosten; *it went to buy shoes* werd aan schoenen besteed; ~ *together* samengaan; fig goed bij elkaar passen; ~ *towards* ten goede komen, besteed worden voor (aan); leiden tot; ~ *under* ondergaan, te gronde gaan, bezwijken, het afleggen; ~ *under a name* onder zekere naam bekend zijn; ~ *up* (op-) stijgen (ook luchtv); opgaan (voor examen); handel omhoog gaan; ontploffen; opgaan [in rook &]; verrijzen [v. nieuw gebouw]; onderw naar de universiteit gaan; ~ *with* verkeren met; samengaan met, harmoniëren met, (be)horen (komen, passen, staan) bij; meegaan met; ~ *without (one's dinner, grog &)* het stellen zonder (buiten), niet krijgen
2 go *znw* vaart; elan *o*, gang, fut; mode; aanval; beurt; poging; keer; *(these hats are) all the ~* de mode; een rage; je ware; *it was a near ~ with him* dat was op het nippertje, op het kantje af met hem; *it is no ~* dat (het) gaat niet; het kan niet; het geeft (baat) niets; *have a ~ (at)* het eens proberen, aanpakken, onder handen nemen; *it's all ~* het is druk, het loopt als een trein; *it's your ~* nou is het jouw beurt; *make a ~ of it* er wat van terechtbrengen, het klaarspelen; *at (in) one ~* ineens; *on the ~* op de been, in de weer, in beweging; zie ook: *going, gone*
goad [goud] **I** *znw* stok met punt om vee op te drijven; **II** *overg* prikkelen, aansporen (tot *into, to*)
go-ahead ['gouǝhed] **I** *bn* voortvarend, ondernemend; **II** *znw* goedkeuring, verlof *o*; *give the ~* het licht op groen zetten (voor)
goal [goul] *znw* doel *o*; goal, doelpunt *o*
goal difference *znw* doelsaldo *o*
goalie *znw* gemeenz doelverdediger, keeper
goalkeeper *znw* doelverdediger, keeper
goalkick *znw* doeltrap
goalline *znw* doellijn
goalpost *znw* doelpaal

goat [gout] *znw* dierk geit; bok; *act (play) the ~* gemeenz zich mal aanstellen, idioot doen; *it gets my ~* gemeenz het maakt me kregel
goatee [gou'ti:] *znw* sik, sikje *o*
goatherd ['gouthǝ:d] *znw* geitenhoeder
goatskin *znw* geitenvel *o*, geitenleer *o*
gob [gɔb] *znw* slang fluim; mond
gobbet ['gɔbit] *znw* hap, brok *m & v of o*, mondvol
gobble ['gɔbl] **I** *onoverg* klokken, kokkelen [v. kalkoenen]; **II** *overg* opslokken (~ *down, up*); **III** *znw* geklok *o*
gobbledygook ['gɔbldi'guk] *znw* gemeenz (ambtelijk) jargon *o*; koeterwaals *o*, geklets *o*, blabla
gobbler ['gɔblǝ] *znw* kalkoen
gobelin ['goubǝlin] *znw* gobelin *o & m* (ook: ~ *tapestry*)
go-between ['goubitwi:n] *znw* bemiddelaar, tussenpersoon; postillon d'amour
goblet ['gɔblit] *znw* beker; bokaal; glas *o* met voet
goblin ['gɔblin] *znw* kobold, (boze) geest
go-by ['goubai] *znw:* *give the ~* links laten liggen; negeren; afdanken, laten vallen
go-cart *znw* kart, skelter
God, god [gɔd] *znw* God, (af)god; *by ~!* bij God!; *under ~* naast God; *the gods* gemeenz het schellinkje; *ye ~s!* o goden!; *why in G~'s name...* waarom in hemelsnaam...; *G~ (alone) knows...* God weet, mag weten...; *play G~* beslissen over leven en dood [door artsen &]
god-awful [gɔd'ɔ:ful] *bn* gemeenz vreselijk
godchild *znw* petekind *o*
goddam, goddamn, goddamned ['gɔdæm(d)] *bn bijw* gemeenz verdomd
goddammit [gɔ'dæmit] *tsw* Am slang godverdomme
goddaughter *znw* peetdochter
goddess *znw* godin[2]
godfather *znw* peet(oom, -vader)
god-fearing *bn* godvrezend
god-forsaken *bn* van God verlaten; godvergeten; ellendig
godhead *znw* godheid
godless *bn* goddeloos
godlike *bn* godgelijk; goddelijk
godly *bn* godvruchtig
godmother *znw* peettante, petemoei
God's acre *znw* kerkhof *o*
godsend *znw* onverwacht geluk *o*, uitkomst, buitenkansje *o*, meevaller
godson *znw* peetzoon
God-speed: *bid (wish) ~* succes of goede reis wensen
godwit *znw* grutto
goer ['gouǝ] *znw* (hard)loper; [bioscoop-, museum-, schouwburg- &] bezoeker; gemeenz echte liefhebber, iem. die er wel pap van lust [v. seks &]
go-getter ['gougetǝ] *znw* gemeenz doorzetter, streber

goggle

goggle ['gɔgl] **I** *onoverg* (met de ogen) rollen, gapen, scheel kijken; uitpuilen; **II** *znw:* ~s (veiligheids-, stof-, auto- &) bril; **III** *bn* uitpuilend

goggle-box *znw* gemeenz televisietoestel *o*

goggle-eyed *bn* met uitpuilende ogen

going ['gouiŋ] **I** *tegenwoordig deelwoord* gaande; *be ~ to* op het punt zijn te...; van plan zijn te...; *get ~* beginnen; *keep ~* doorgaan, voortgaan; ~, ~, *gone!* eenmaal, andermaal, verkocht!; **II** *bn* bestaand; *the finest business ~* de mooiste zaak die er is of van de wereld; *a ~ concern* een in (volle) bedrijf zijnde onderneming; *the ~ rate* het gewone tarief; **III** *znw* gaan *o*; [bioscoop-, museum-, schouwburg- &] bezoek *o*; (race)terrein *o*; *get out while the ~ is good* op het goede moment vertrekken, vertrekken wanneer de omstandigheden het toelaten; *when the ~ gets tough* als het moeilijk gaat, wanneer de omstandigheden tegenzitten

goings-on ['gouiŋ'zɔn] *znw* gemeenz gedrag *o*, doen (en laten) *o*, gedoe *o*

going-over ['gouiŋ'ouvə] *znw* gemeenz onderzoek *o*, controle(beurt); pak slaag *o*

goitre ['gɔitə] *znw* kropgezwel *o*

go-kart ['gouka:t] **I** *znw* skelter; **II** *onoverg* skelteren

gold [gould] **I** *znw* goud² *o*; **II** *bn* gouden

gold-digger *znw* goudzoeker; vrouw die rijke mannen uitbuit

gold-dust *znw* stofgoud *o*; *good secretaries are like ~ these days* een goede secretaresse moet je tegenwoordig met een lantaarntje zoeken

golden *bn* gouden, gulden; goud-; goudkleurig, goudgeel; *the ~ age* de Gouden Eeuw; *~ eagle* steenarend; *the ~ fleece* het gulden vlies; *~ handshake* gouden handdruk; *~ opportunity* gouden kans, buitenkans; *~ rule* gulden regel; *~ wedding (anniversary)* gouden bruiloft

golden boy, golden girl *znw* oogappel, lievelingetje *o*

goldfish *znw* goudvis

goldilocks *znw* iem. met goudblond haar; plantk bep. soort boterbloem (*Ranunculus auricomus*)

gold-lace *znw* goudkoord *o & v*

gold-leaf *znw* bladgoud *o*

gold mine *znw* goudmijn²

goldplated *bn* verguld, gouden

gold-rimmed *bn* met gouden randen

goldsmith *znw* goudsmid

golf [gɔlf] **I** *znw* sp golf *o*; **II** *onoverg* golf spelen

golfball *znw* golfbal; *~ typewriter* bolletjesschrijfmachine

golf-club *znw* golfclub; golfstok

golf-course, golf-links *znw* golfbaan

golfer *znw* golfer, golfspeler

golliwog ['gɔliwɔg] *znw* (lappen) negerpop

golly ['gɔli] *tsw* gemeenz gossie (ook: *by ~!*)

golosh [gə'lɔʃ] *znw = galosh*

gonad ['gounæd] *znw* biol geslachtsklier, gonade

gondola ['gɔndələ] *znw* gondel

gondolier [gɔndə'liə] *znw* gondelier

gone [gɔn] **I** V.D. van *go*; **II** *bn* verloren, weg, verdwenen; voorbij; op; dood; gemeenz voor de haaien; *in days ~ by* in vervlogen dagen; *far ~* ver heen [doodziek, stomdronken, diep in de schuld]; *be ~ on* gemeenz verkikkerd zijn op; *she was 6 months ~* gemeenz zij was 6 maanden zwanger; *it was ~ 4 before he came* het was over vieren toen hij (eindelijk) arriveerde

goner ['gɔnə] *znw: he is a ~* gemeenz hij is verloren

gong [gɔŋ] *znw* gong; schel, bel

goniometry [gouni'ɔmitri] *znw* goniometrie

gonorrhea [gɔnə'ri:ə] *znw* gonorrhoe

goo [gu:] *znw* slang kleverig spul *o*; zoetelijkheid

good [gud] **I** *bn* goed (voor, jegens *to*; voor, tegen *against, for*); zoet [v. kinderen], niet ondeugend, braaf; aanzienlijk, ruim, aardig; lief, aardig; prettig, heerlijk, fijn, lekker; flink, knap, kundig, sterk, goed (in *at*); *~ afternoon* goedemiddag; *~ evening* goedenavond; *~ morning* goedemorgen; *~ night* goedenacht, welterusten; *~!* gemeenz mooi (zo)!; *in ~ time* bijtijds, op tijd; *all in ~ time* alles op z'n tijd; *the ~ people* de feeën, de kaboutertjes; *a ~ while* een hele tijd; *is not ~ enough* deugt niet, is onbevredigend, niet voldoende; *~ for* goed voor [op bon]; *~ for you!*, *~ on you!* gemeenz fantastisch!, goed zo!; *make ~* (weer) goedmaken, vergoeden; goed terechtkomen, er komen; zich er goed doorheen slaan; zich kranig houden, bewijzen, waarmaken; gestand doen, ten uitvoer brengen; slagen in, weten te [ontsnappen]; *she's always ~ for a few pound* zij is altijd wel goed voor een paar pond; **II** *znw* goed(e) *o*, welzijn *o*, best *o*, voordeel *o*, baat; *he is no ~* het is een vent van niks, daar zit niet veel bij; *it is no (not a bit of) ~* het is van (heeft) geen nut, het geeft niet(s); *that's no ~ with me* daarmee hoef je bij mij niet aan te komen; *it is not much ~* het geeft niet veel; *what's the ~ (of it)?*; wat geeft (baat) het?; *he's up to no ~* hij heeft niets goeds in de zin; *he's no ~ at...* hij is niet goed in..., hij kan niet goed...; *for ~* ten goede; *for ~ (and all)* voorgoed; *it is for your own ~* om uw eigen bestwil; *he will come to no ~* er zal niet veel van hem terechtkomen, het zal niet goed met hem aflopen; *be £10 to the ~* £10 voordeel hebben, er £10 op over houden, nog £10 te goed of ter beschikking hebben; *be all to the ~* tot heil strekken, geen kwaad kunnen; zie verder: *goods*

good breeding [gud'bri:diŋ] *znw* welgemanierdheid, beschaafdheid, wellevendheid

goodbye I *tsw* (goeden)dag, vaarwel!; adieu; **II** *znw* afscheid *o*; *say ~* ook: afscheid nemen (van *to*), vaarwel zeggen

good-for-nothing *znw* deugniet

Good Friday *znw* Goede Vrijdag

good humour *znw* goede stemming, opgeruimdheid, vrolijkheid

good-humoured *bn* opgeruimd, goedgehumeurd,

joviaal
goodie *znw* = goody I
goodish *bn* goedig, tamelijk goed; *a* ~ *many* tamelijk veel, aardig wat
good-looking *bn* knap, mooi
goodly *bn* knap, mooi; flink
goodman *znw* <u>vero</u> man, huisvader
good nature *znw* goedaardigheid
good-natured [gud'neitʃəd] *bn* goedaardig, goedhartig, vriendelijk
goodness ['gudnis] *znw* goedheid, deugd; kracht, voedingswaarde; ~ *(gracious)!* goeie genade!; ~ *knows where* de hemel weet waar; *thank* ~*!* goddank!; *for* ~*' sake* om godswil; ... *I hope to* ~ ... hoop ik (maar)
goods *znw mv* goederen, goed *o*; waren; ~ *train* goederentrein; ~ *wagon* goederenwagen; *it is the* ~ <u>slang</u> je ware; *that's just the* ~ <u>slang</u> dat is precies wat we nodig hebben; *come up with (deliver) the* ~ precies doen wat beloofd is/wat verwacht wordt
good-tempered *bn* goedmoedig
goodwife *znw* <u>vero</u> (huis)vrouw
goodwill *znw* welwillendheid; klandizie, clientèle, goodwill
goody I *znw* 1 lekkernij, snoepje *o*; 2 held, goeie [in film]; II *tsw* jippie!, joepie!, leuk!
goody-goody *znw* schijnheilige, kwezel, kruiper
gooey ['gu:i] *bn* <u>slang</u> kleverig; klef; sentimenteel, zoeterig
goof [gu:f] *Am* <u>slang</u> I *znw* idioot; blunder; II *onoverg* blunderen; ~ *off* tijd verklungelen
goofy *bn* 1 <u>slang</u> idioot, belachelijk; 2: ~ *teeth* <u>Br</u> <u>gemeenz</u> vooruitstekende tanden
gook [gu:k] *znw Am* <u>slang</u> spleetoog
goon [gu:n] *znw Am* <u>slang</u> geweldenaar, lid *o* van een knokploeg; <u>gemeenz</u> uilskuiken *o*
goose [gu:s] *znw (mv:* geese [gi:s]) gans; <u>fig</u> gansje *o*, uilskuiken *o*; persijzer *o*; *kill the* ~ *that lays the golden eggs* de kip met de gouden eieren slachten; *cook someone's* ~ <u>gemeenz</u> iem. ruïneren; iem. van kant maken
gooseberry *znw* kruisbes; *play* ~ het vijfde rad (wiel) aan de wagen zijn
goose-flesh *znw* kippenvel *o*
gooseherd *znw* ganzenhoeder
goose-pimples *znw mv* kippenvel *o*
goose-quil *znw* ganzenveer
goose-step I *znw* paradepas; II *onoverg* in paradepas stappen
Gordian ['gɔ:diən] *bn*: *cut the* ~ *knot* de (Gordiaanse) knoop doorhakken
1 gore [gɔ:] I *znw* geronnen bloed *o*; II *overg* doorboren, (met de hoorns) spietsen
2 gore [gɔ:] *znw* geer; II *onoverg* geren
gorge [gɔ:dʒ] I *znw* bergengte, -kloof; brok *m & v* of *o* (eten); <u>vero</u> strot, keel; *my* ~ *rises at it* ik walg er van; II *overg* opslokken, inslikken; ~ *oneself* volstoppen (met *with*); III *onoverg* zich volproppen,

schrokken
gorgeous ['gɔ:dʒəs] *bn* prachtig, schitterend; <u>gemeenz</u> aantrekkelijk; *don't you think Woody Allen is just* ~*?* vind je Woody Allen ook geen ontzettende spetter?
Gorgon ['gɔ:gən] *znw* potig vrouwspersoon *o*
gorilla [gə'rilə] *znw* gorilla
gormandize ['gɔ:məndaiz] I *onoverg* gulzig eten, schrokken; II *overg* verslinden[2]
gormandizer *znw* schrokop
gormless ['gɔ:mlis] *bn* <u>gemeenz</u> stompzinnig
gorse [gɔ:s] *znw* gaspeldoorn
gory ['gɔ:ri] *bn* bebloed, bloederig; bloedig
gosh [gɔʃ] *tsw* <u>gemeenz</u> gossie (ook: *by* ~*!*)
goshawk ['gɔshɔ:k] *znw* havik
gosling ['gɔzliŋ] *znw* jonge gans, gansje *o*
go-slow ['gou'slou] *znw* langzaam-aan-actie, -tactiek, -staking
gospel ['gɔspəl] *znw* evangelie[2] *o*; gospel(muziek); *take sth. as* ~ *(truth)* iets zonder meer geloven/voor waar aannemen
gospeler *znw* voorlezer van het evangelie; *hot* ~ <u>gemeenz</u> dweepziek evangelist, vurig propagandist
gospel truth *znw* <u>fig</u> absolute waarheid
gossamer ['gɔsəmə] I *znw* herfstdraad, -draden; rag(fijn weefsel) *o*; II *bn* ragfijn
gossip ['gɔsip] I *znw* babbelaar(ster), kletstante, roddelaar(ster); (buur)praatje *o*, (buur)praatjes, gepraat *o*, gebabbel *o*, geroddel *o*; [journalistieke] ditjes en datjes; ~ *column* roddelrubriek; II *onoverg* babbelen, kletsen, roddelen
gossipy *bn* praatziek; roddelachtig
got [gɔt] V.T. & V.D. van *get*
Goth [gɔθ] *znw* Goot
Gothic I *bn* gotisch; ~ *novel (tale)* griezelroman (-verhaal *o*); II *znw* (het) Gotisch; gotiek; gotische letter
Gothicism *znw* gotiek
gotten ['gɔtn] <u>vero</u> & *Am* V.D. van *get*
gouge [gaudʒ] I *znw* <u>techn</u> guts; II *overg* <u>techn</u> gutsen; uitsteken (ook: ~ *out*)
gourd [gued] *znw* pompoen, kalebas
gourmand ['guəmənd] *znw* lekkerbek, gulzigaard
gourmet ['guəmei] *znw* fijnproever
gout [gaut] *znw* jicht; <u>vero</u> druppel
gouty *bn* jichtig
gov [gʌv] *znw* <u>slang</u> baas, chef; ouwe heer
govern ['gʌvən] *overg* regeren, besturen, leiden, regelen, beheersen; ~*ing body* (hoofd)bestuur *o*
governance *znw* bestuur *o*, leiding
governess *znw* gouvernante
government *znw* bestuur *o*, regering, ministerie *o*; overheid; leiding; gouvernement *o*; ~ *loan* staatslening
governmental [gʌvən'mentl] *bn* regerings-
governor ['gʌvənə] *znw* landvoogd, gouverneur; bestuurder; directeur; <u>onderw</u> curator; <u>gemeenz</u> ouwe heer; baas, chef, meneer; <u>techn</u> regulateur

governor general *znw* (*mv:* governor generals *of* governors general) gouverneur-generaal

Govt. *afk.* = *Government*

gowan ['gauən] *znw* Schots madeliefje *o*

gown [gaun] I *znw* japon, kleed *o*, jurk; tabberd, toga; zie ook: *town*; II *overg & onoverg* plechtig (zich) kleden

goy [gɔi] *znw* (*mv:* goyim ['gɔiim]) goi, niet-jood [vanuit joodse gezichtshoek]

GP *afk.* = *general practicioner* huisarts

GPO *afk.* = *General Post Office* hoofdpostkantoor *o*

grab [græb] I *znw* greep; roof; techn vanghaak, grijper; *make a ~ at* grijpen naar; *up for ~s* voor het grijpen; II *onoverg*: *~ at* grijpen naar; III *overg* naar zich toe halen, inpikken, pakken, grissen, graaien

grabble ['græbl] *onoverg* grabbelen, tasten (naar *for*); (liggen te) spartelen

grace [greis] I *znw* genade, gunst; bevalligheid, gratie; respijt *o*, uitstel *o*; tafelgebed *o*; muz versiering; *by the ~ of God* bij de gratie Gods; *the G~s* de Drie Gratiën; *social ~s* sociale vaardigheden, goede omgangsvormen; *good ~s* gunst; *Your G~* Uwe Hoogheid [titel v. hertog(in) of aartsbisschop]; *he had the ~ to...* hij was zo fatsoenlijk (beleefd) om...; *say ~* danken, bidden [aan tafel]; *in the year of ~* ... in het jaar onzes Heren ...; *with a bad ~* met tegenzin, niet van harte; *with a good ~* graag, van harte; met fatsoen; II *overg* (ver)sieren, luister bijzetten aan, opluisteren; vereren (met *with*); begunstigen

graceful *bn* bevallig, gracieus, sierlijk, elegant

graceless *bn* onbeschaamd; ondeugend; godvergeten; onbevallig

grace-note *znw* muz voorslag

gracile ['græsil] *bn* sierlijk, slank

gracious ['greiʃəs] *bn* genadig; goedgunstig; minzaam; hoffelijk; *good ~!*, *goodness ~!* goeie genade!, lieve hemel!

gradate [grə'deit] *onoverg & overg* geleidelijk (doen) overgaan

gradation *znw* gradatie, trapsgewijze opklimming, (geleidelijke) overgang; nuancering, nuance; gramm ablaut

gradational *bn* trapsgewijs

grade [greid] I *znw* graad, rang, trap; kwaliteit, gehalte *o*, soort, klasse; Am onderw klas v. lagere school; cijfer *o*; helling; *make the ~* slagen, succes hebben, aanslaan, het 'm leveren; *on the up ~* in stijgende lijn, opwaarts; *on the down ~* in neergaande lijn; II *overg* graderen, rangschikken, sorteren; Am beoordelen, cijfers geven; Am nivelleren [een weg]; (*~ up*) veredelen [v. dieren]; III *onoverg* geleidelijk overgaan (in *into*)

grade crossing *znw* Am overweg [v. spoorweg], gelijkvloerse kruising [v. wegen]

grader *znw* sorteermachine; grader, grondschaaf; *fourth ~* Am vierdeklasser: leerling van de vierde klas

grade school *znw* Am lagere school

gradient ['greidiənt] *znw* helling; hellingshoek; (barometrische) gradiënt

gradual ['gredjuəl] I *bn* trapsgewijze opklimmend &, geleidelijk; II *znw* RK graduale *o*

gradually *bijw* trapsgewijze, geleidelijk, langzamerhand, allengs, gaandeweg

graduate I *znw* ['grædjuət] onderw gegradueerde; Am gediplomeerde; II *overg* ['grædjueit] in graden verdelen; graderen; onderw promoveren; Am een diploma verlenen; *~d taxation* progressieve belasting; III *onoverg* (geleidelijk) overgaan (in *into*); promoveren (ook fig); Am een diploma behalen

graduate school *znw* Am universitaire vervolgopleiding na de eerste fase, ± doctoraalopleiding

graduation [grædju'eiʃən] *znw* geleidelijke opklimming; graadverdeling; gradering; onderw promotie

graffiti [græ'fi:ti] *znw mv* graffiti

graft [gra:ft] I *znw* ent; enting; med transplantaat *o*; transplantatie; gemeenz Am (door) politiek gekonkel *o* (verkregen voordeel *o*); gemeenz zware klus; II *overg* enten[2]; med transplanteren; III *onoverg* gemeenz Am konkelen, knoeien; gemeenz pezen, hard werken

grafter *znw* enter; gemeenz Am konkelaar, knoeier; gemeenz harde werker

Grail [greil] *znw* graal [v.d. Arthurlegende]

grain [grein] I *znw* graan *o*, koren *o*; (graan)korrel; grein° *o*, greintje *o*; korreling, kern, nerf, weefsel *o*; ruwe kant van leer, keper, structuur, draad[2]; aard, natuur; *~s* draf; *against the ~* tegen de draad; zie ook: *go*; *with the ~* op de draad; II *overg & onoverg* korrelen; grein(er)en; aderen, marmeren

grained *bn* korrelig, geaderd

grainy *bn* korrelig; grof(korrelig) [foto]

gram [græm] *znw* gram

graminaceous [greimi'neiʃəs] *bn* grasachtig

grammar ['græmə] *znw* spraakkunst, grammatica; *it is bad ~* ongrammaticaal

grammarian [grə'meəriən] *znw* grammaticus

grammar school ['græməsku:l] *znw* middelbare school [van 11 tot minstens 15 jaar]; ± gymnasium *o* of atheneum *o*; Am voortgezet lager onderwijs *o*

grammatical [grə'mætikəl] *bn* taalkundig, grammaticaal

gramme [græm] *znw* gram

gramophone ['græməfoun] *znw* grammofoon

grampus ['græmpəs] *znw* zwaardwalvis, orka; *puff like a ~* gemeenz hijgen als een postpaard *o*

granary ['grænəri] *znw* korenzolder, -schuur[2]

grand [grænd] I *bn* groot, groots; voornaam, edel; weids; gemeenz prachtig, luisterrijk; *~ total* totaalbedrag *o*; II *znw* muz vleugel [piano]; slang 1000 pond; Am slang 1000 dollar

grandam ['grændæm] *znw* vero grootje *o*

grandaunt *znw* oudtante

grandchild *znw* kleinkind *o*

grand(d)ad *znw* gemeenz opa

granddaughter *znw* kleindochter
grand duchess *znw* groothertogin; grootvorstin
grand duchy *znw* groothertogdom *o*
grand duke *znw* groothertog; grootvorst
grandee [græn'di:] *znw* (Spaanse) grande; grote heer
grandeur ['græn(d)ʒə] *znw* grootheid, grootsheid, pracht, staatsie, voornaamheid
grandfather ['græn(d)fa:ðə] *znw* grootvader; ~ *clock* staande klok
grandiloquence [græn'diləkwəns] *znw* bombast, hoogdravendheid; grootspraak
grandiloquent *bn* bombastisch, hoogdravend; grootsprakig
grandiose ['grændious] *bn* grandioos, groots, weids
grandiosity [grændi'ɔsiti] *znw* grootsheid
grand jury *znw* Am jury die beslist of er voldoende gronden voor rechtsvervolging aanwezig zijn
grandma ['grændma:] *znw* gemeenz grootmoeder
grandmother *znw* grootmoeder
grandnephew *znw* achterneef
grandpa *znw* gemeenz opa
grandparents *znw mv* grootouders
grand piano *znw* vleugel [muziekinstrument]
grandsire *znw* voorvader; grootvader [v. paard]
grand slam *znw* sp grand slam *o* [winst in alle belangrijke toernooien]; bridge groot slem *o*
grandson *znw* kleinzoon
grandstand *znw* (overdekte) tribune
grand tour *znw* hist rondreis door Europa als onderdeel van de opvoeding van jonge Britse aristocraten; thans lange rondreis
granduncle *znw* oudoom
grange ['grein(d)ʒ] *znw* herenboerderij
granite ['grænit] I *znw* graniet *o*; II als *bn* fig onbuigzaam, hardvochtig
granny ['græni] *znw* gemeenz grootje *o*, opoe
granny flat *znw* aparte woonruimte binnen een groter huis [voor ouder familielid]
granny knot *znw* oudewijvenknoop; slecht gelegde knoop
grant [gra:nt] I *overg* toestaan, inwilligen, verlenen, schenken; toegeven, toestemmen; *God* ~ *it* God geve het!; ~*ed* (~*ing*) *that* toegegeven of aangenomen dat; *take for* ~*ed* als vaststaand, als vanzelfsprekend, zonder meer aannemen; II *znw* schenking, bijdrage, toelage, subsidie (ook: ~*-in-aid*); onderw beurs
grantee [gra:n'ti:] *znw* begiftigde
grantor ['gra:ntə] *znw* begiftiger, schenker
granular ['grænjulə] *bn* korrelachtig, korrelig
granulate *overg & onoverg* korrelen, greineren; ~*d sugar* kristalsuiker
granulation [grænju'leiʃən] *znw* korreling, greinering
granule ['grænju:l] *znw* korreltje *o*
grape [greip] *znw* plantk druif; *sour* ~*s = the* ~*s are sour* de druiven zijn zuur

grapefruit *znw* grapefruit
grapery *znw* druivenkwekerij, -kas
grape-shot *znw* mil schroot *o*
grape-stone *znw* druivenpit
grapevine *znw* wijnstok; geruchtencircuit *o*, fluisterkrant
graph [gra:f, græf] *znw* grafische voorstelling, grafiek
graphic I *znw* grafiek; grafisch kunstwerk *o*; comput grafische voorstelling; ~*s* grafiek; grafische kunst; comput graphics; II *bn* grafisch; schrift-, schrijf-, teken-; fig plastisch, aanschouwelijk
graphite ['græfait] *znw* grafiet *o*
graphologist [græ'fɔlədʒist] *znw* grafoloog
graphology *znw* grafologie
graph paper *znw* ruitjespapier *o*
grapnel ['græpnəl] *znw* dreg, dreganker *o*
grapple ['græpl] I *overg* enteren; aanklampen; omvatten; omklemmen, beetpakken; II *onoverg*: ~ *with* vechten, worstelen met; fig onder handen nemen, aanpakken [moeilijkheden]; III *znw* (enter-)dreg; greep, omvatting, worsteling[2]
grappling-iron *znw* enterhaak
grapy ['greipi] *bn* druiven-, als (van) druiven
grasp [gra:sp] I *overg* (aan-, vast)grijpen, beetpakken, (om)vatten[2], begrijpen; omklemmen, vasthouden; II *onoverg*: ~ *at* grijpen naar; III *znw* greep[2], bereik[2] *o*; macht; houvast *o*; volledig beheersen *o* of omvatten *o* van een onderwerp; bevatting, bevattingsvermogen *o*
grasping *bn* inhalig, hebberig
grass [gra:s] I *znw* 1 gras *o*; grasland *o*; 2 slang marihuana, wiet; 3 slang verklikker; *not let the* ~ *grow under one's feet* er geen gras over laten groeien; *be out to* ~ in de wei lopen[2]; werkeloos rondhangen; *put out to* ~ in de wei doen; fig de wei insturen; wegsturen; II *overg* (~ *over*) gras zaaien, met gras(zoden) bedekken; ~ *sbd. up* slang iem. verlinken; III *onoverg*: ~ *on sbd.* slang iem. verlinken
grass-cutter *znw* grasmaaimachine
grasshopper *znw* sprinkhaan
grassland *znw* weiland *o*, grasland *o*
grass-roots I *znw (mv)* fig de gewone leden (v. partij &); basis(elementen), grondslagen; II *bn* met het volk verbonden, met de massa levend
grass snake *znw* ringslang
grass-widow *znw* gescheiden vrouw; onbestorven weduwe
grassy *bn* grasrijk, grazig; grasachtig, gras-
grate [greit] I *znw* rooster [v. haard &] *m & o*; zelden = *grating*; II *overg* wrijven, raspen, knarsen op [de tanden]; III *onoverg* knarsen, krassen, schuren; ~ *upon the ear* het gehoor pijnlijk aandoen; *it* ~*s on me* gemeenz het werkt me op de zenuwen
grateful ['greitful] *bn* dankbaar, erkentelijk; strelend, behaaglijk, aangenaam
grater ['greitə] *znw* rasp
gratification [grætifi'keiʃən] *znw* bevrediging, vol-

doening; genoegen *o*, genot *o*, behagen *o*

gratify ['grætifai] *overg* bevredigen, voldoen, voldoening schenken; behagen; *gratified shouts* kreten van voldoening

gratifying *bn* aangenaam, verheugend, strelend

grating ['greitiŋ] **I** *bn* knarsend, krassend; door merg en been gaand; irriterend; **II** *znw* traliewerk *o*; roosterwerk *o*

gratis ['greitis] *bn & bijw* om niet, gratis, kosteloos

gratitude ['grætitju:d] *znw* dankbaarheid

gratuitous [grə'tju:itəs] *bn* gratis, kosteloos; ongemotiveerd, uit de lucht gegrepen, ongegrond; niet gerechtvaardigd of te rechtvaardigen, nodeloos, gratuit

gratuity [grə'tju:iti] *znw* gift; fooi; gratificatie

gravamen [grə'veimen] *znw* (*mv:* gravamina [-minə]) recht hoofdpunt *o* van aanklacht; bezwaar *o*, grief

1 grave [greiv] *znw* graf *o*, grafkuil

2 grave [greiv] *onoverg* **1** graveren, beitelen; **2** scheepv schoonbranden; ~ *in* (*on*) inprenten, griffen in

3 grave [greiv] *bn* deftig, stemmig, statig, ernstig; donker [kleur]; diep [toon]

grave-digger ['greivdigə] *znw* doodgraver°

gravel ['grævəl] **I** *znw* kiezel *o & m*, kiezelzand *o*, grind *o*; gravel *o*; **II** *overg* met kiezelzand bestrooien, begrinten; fig verwarren, in verlegenheid brengen

gravelly *bn* vol kiezel(zand)

gravel-walk *znw* kiezelpad *o*

graven ['greivən] *bn* gegrift; ~ *image* bijbel gesneden beeld *o*

graver *znw* graveur; graveerstift

graveside ['greivsaid] *znw: at the* ~ aan het graf, bij de groeve

gravestone *znw* grafsteen

graveyard *znw* kerkhof *o*

gravid ['grævid] *bn* zwanger

graving-dock ['greiviŋdɔk] *znw* droogdok *o*

gravitate ['græviteit] *onoverg* graviteren, door de zwaartekracht bewegen naar; ~ *towards* overhellen, neigen naar, aangetrokken worden tot

gravitation [grævi'teiʃən] *znw* zwaartekracht

gravitational *bn:* ~ *field* zwaarteveld *o*; ~ *force* zwaartekracht

gravity ['græviti] *znw* gewicht *o*; gewichtigheid; deftigheid, ernst(igheid); zwaarte, zwaartekracht; *specific* ~ soortelijk gewicht *o*

gravy ['greivi] *znw* jus

gravy-boat *znw* juskom

gravy train *znw* gemeenz fig goudmijntje *o*

gray [grei] = *grey*

1 graze [greiz] **I** *onoverg* grazen, weiden; **II** *overg* laten grazen (weiden); afgrazen

2 graze [greiz] **I** *onoverg & overg* schaven; schampen; rakelings voorbijgaan, even aanraken; ~ *against* (*along, by, past*) gaan (strijken) langs; **II** *znw* schaving; schaafwond; schampschot *o*

grazing (land) *znw* weidegrond

grease I *znw* [gri:s] vet *o*, smeer *o & m*; **II** *overg* [gri:z, gri:s] smeren, insmeren, auto doorsmeren; invetten; ~ *sbd.'s palm* omkopen; *like* ~*d lightning* als de gesmeerde bliksem

grease-monkey *znw* Am gemeenz (auto)monteur

greasepaint *znw* schmink

greaseproof *bn* vetdicht; vetvrij [papier]

greaser *znw* slang **1** monteur, mecanicien; **2** motorrijder; **3** hielenlikker

greasy ['gri:zi, -si] *bn* smerig, vettig²; glibberig; zalvend; ~ *spoon* smerige eettent

great [greit] **I** *bn* groot²; belangrijk; hoog [leeftijd]; gemeenz prachtig, heerlijk, geweldig, fantastisch, fijn, leuk; *G*~ *Britain* Groot-Brittannië *o*; ~ *at* knap in; *a* ~ *while ago* lang geleden; **II** *znw* grote, vooraanstaande figuur; ~*s* (ook:) eindexamen *o* voor *B.A.* [Oxford]

great-aunt *znw* oudtante

greatcoat *znw* overjas; mil kapotjas

greater *bn* groter; *Greater Copenhagen* Kopenhagen met de voorsteden; *the* ~ *part* ook: het grootste deel

great-grandfather *znw* overgrootvader

great-grandson *znw* achterkleinzoon

greathearted *bn* moedig; edelmoedig

greatly *bijw* grotelijks, grotendeels; versterkend sterk, zeer, veel

great-uncle *znw* oudoom

greaves [gri:vz] *znw mv* **1** been-, scheenplaten [v. wapenrusting]; **2** kaantjes

grebe [gri:b] *znw* fuut

Grecian ['gri:ʃən] *bn* Grieks

Greece [gri:s] *znw* Griekenland *o*

greed [gri:d] *znw* hebzucht; begerigheid, gretigheid, gulzigheid

greediness *znw* = *greed*

greedy *bn* hebzuchtig, begerig (naar *of*), gretig, gulzig; belust (op *for*)

greedy-guts *znw* gemeenz vreetzak, veelvraat

Greek [gri:k] **I** *bn* Grieks; **II** *znw* Griek; Grieks² *o*; *that's* ~ *to me* daar begrijp ik geen snars van

green [gri:n] **I** *bn* groen°, onrijp²; nieuw, vers, fris; onervaren; milieubewust; milieuvriendelijk; ~ *beans* sperzie-, prinsessenbonen; ~ *belt* groenstrook, -zone [v. stad]; ~ *cheese* weikaas; *have* ~ *fingers, Am have a* ~ *thumb* groene vingers hebben [succes bij het kweken van planten]; ~ *fly* bladluis; ~ *light* groen licht *o*; fig goedkeuring, verlof *o*; *give the* ~ *light to* het licht op groen zetten voor [een plan &]; *G*~ *Paper* pol ± discussienota; ~ *pastures* bijbel grazige weiden; ~ *pea* doperwt; ~ *pepper* groene paprika; ~ *salad* (groene) salade, sla; ~ *stuff* groenten; groen(voer) *o*; ~ *with envy* scheel van afgunst; **II** *znw* groen *o*, grasveld *o*, dorpsplein *o*; sp green [bij golf]; ~*s* groente(n); groen *o*, loof *o*; *the G*~*s* pol de Groenen; **III** *overg* groen maken; groener maken, van meer groen voorzien [v. steden &]

greenback *znw* Am bankbiljet *o*

greenery *znw* groen *o*

green-eyed *bn* groenogig; *the ~ monster* de jaloezie

greenfinch *znw* groenvink

greengage *znw* reine claude

greengrocer *znw* groenteboer, -handelaar

greengrocery *znw* groentehandel, -winkel

greenhorn *znw* Am groentje *o*, onervarene, beginneling

greenhouse *znw* serre, kas, oranjerie; ~ *effect* broeikaseffect *o*

greenish *bn* groen(acht)ig

Greenland ['gri:nlənd] *znw* Groenland *o*

Greenlander *znw* Groenlander

Greenlandic I *bn* Groenlands; II *znw* Groenlands *o* [de taal]

greenroom ['gri:nrum] *znw* artiestenkamer

greensickness *znw* bleekzucht

greenstuff *znw* groen *o* [loof]; groene groente

greensward *znw* grasveld *o*

greeny *bn* groen(ig), groenachtig

greet [gri:t] *overg* begroeten, groeten

greeting *znw* begroeting, groet; ~s card wenskaart; ~s telegram gelukstelegram *o*

gregarious [gri'gɛəriəs] *bn* dierk in kudde(n) levend; fig gezelschaps-; van gezelligheid houdend

Gregorian [gri'gɔ:riən] *bn* gregoriaans

gremlin ['gremlin] *znw* denkbeeldige onheilbrengende geest; pechduiveltje *o* (vooral in luchtv)

Grenada [gre'neidə] *znw* Grenada *o* [West-Indisch eiland]

grenade [gri'neid] *znw* mil (hand)granaat

Grenadian I *znw* Grenadaan; II *bn* Grenadaans

grenadier [grenə'diə] *znw* mil grenadier

grew [gru:] V.T. van *grow*

grey, Am gray [grei] I *bn* grijs², grauw²; duister, vaag; bewolkt; fig somber, akelig; kleurloos; ~ *area* schemergebied *o*, grijze zone; ~ *horse* schimmel; ~ *matter* grijze stof [in het centrale zenuwstelsel]; fig hersens, verstand *o*; *go ~* grijs worden, vergrijzen; II *znw* grijs *o*, grauw *o*; schimmel; III *onoverg* (beginnen te) grijzen; IV *overg* grijs maken

greybeard *znw* grijsaard

grey friar *znw* franciscaan

grey-haired *bn* met grijs haar, grijs, vergrijsd

grey-hen *znw* korhoen *o*

greyhound *znw* hazewind, windhond

greyish *bn* grijs-, grauwachtig

grid [grid] *znw* rooster m & *o*; net *o*, centrale voorziening, netwerk *o* [v. elektriciteit, gas &]

griddle ['gridl] *znw* bakplaat

griddle-cake *znw* plaatkoek

gridiron ['gridaiən] *znw* (braad)rooster m & *o*; traliewerk *o*; Am voetbalveld *o*

grief [gri:f] *znw* droefheid, verdriet *o*, leed *o*, kommer, smart, hartzeer *o*; *(good) ~! goeie God!; come to ~* een ongeluk krijgen, verongelukken; een val

doen; de nek breken; mislukken, stranden²; schipbreuk lijden² (op *on, over*)

grievance ['gri:vəns] *znw* grief

grieve I *overg* bedroeven, verdrieten, smarten, leed (aan)doen; II *onoverg* treuren (over *about, at, over, for*)

grievous *bn* zwaar, pijnlijk, smartelijk, bitter, versterkend deerlijk, jammerlijk &; ~ *bodily harm* recht zwaar lichamelijk letsel *o*

griffin ['grifin] *znw* griffioen

grig [grig] *znw* zandaal; krekel, sprinkhaan; *merry as a ~* heel vrolijk

grill [gril] I *znw* rooster m & *o*; geroosterd vlees *o* &; = grill-room, grille; II *overg* roosteren, grilleren, braden²; een scherp verhoor afnemen

grille [gril] *znw* traliewerk *o*, -hek *o*, afsluiting

grill-room ['grilrum] *znw* grillroom, grillrestaurant *o*

grim [grim] *bn* grimmig, bars; bar, streng, onverbiddelijk, hard; somber; fel, verwoed, verbeten, woest, wreed, afschuwelijk; lelijk, bedenkelijk; *hang (hold) on like ~ death* niet loslaten; ~ *humour* galgenhumor

grimace [gri'meis] I *znw* grimas, grijns; II *onoverg* grimassen maken, grijnzen

grimalkin [gri'mælkin] *znw* **1** oude poes; **2** oud wijf *o*, oude heks

grime [graim] *znw* vuil *o*; roet *o*

grimy *bn* vuil, smerig

grin [grin] I *znw* brede glimlach; grijns, grijnslach; II *onoverg* het gezicht vertrekken; grijnzen, grijnslachen; ~ *and bear it* zich flink houden, zich niet laten kennen

1 grind [graind] (ground; ground) I *onoverg* (zich laten) malen of slijpen; knarsen; gemeenz zich afbeulen (op *away at*), ploeteren, blokken; ~ *to a halt* (met piepende remmen) tot stilstand komen; II *overg* (fijn)malen, (fijn)wrijven; slijpen; draaien [orgel]; ~ *the faces of the poor* de armen onderdrukken, uitzuigen, uitmergelen; ~ *one's teeth* knarsetanden; zie ook: axe; ~ *down* fijnmalen; onderdrukken; ~ *into dust* tot stof vermalen; ~ *out* afdraaien, voortbrengen, opdreunen; ~ *to dust* tot stof vermalen

2 grind *znw* gemeenz karwei *o*; koeliewerk *o*, sjouw

grinder *znw* slijper; kies, maaltand

grinding ['graindiŋ] *bn* schrijnend, nijpend

grindstone ['graindstoun] *znw* slijpsteen; *get back to the ~* weer aan het werk gaan; *keep one's nose to the ~* zich afbeulen

grip [grip] I *znw* greep°, houvast *o*, vat; begrip *o*; macht; handvat *o*; *come (get) to ~s with* vat krijgen op [probleem &]; *come to ~s (with someone)* beginnen te vechten met iem., slaags raken; *keep (take) a ~ on oneself* zichzelf in de hand houden, zich beheersen; II *overg* (vast)grijpen, beetpakken, klemmen; fig pakken, boeien; III *overg & onoverg* pakken, boeien

gripe [graip] I *onoverg* jammeren, klagen; II *znw*

klacht, bezwaar *o*, geklaag *o*; ~s koliek *o* & *v*, kramp(en)

grippe [grip] [Fr] *znw* griep

gripsack ['gripsæk] *znw* Am valies *o*

grisly ['grizli] *bn* akelig, griezelig

grist [grist] *znw* koren *o*; ~ *to his mill* koren op zijn molen; *that brings* ~ *to his mill* dat legt hem geen windeieren; *all is* ~ *that comes to his mill* alles is van zijn gading

gristle ['grisl] *znw* kraakbeen *o*

gristly *bn* kraakbeenachtig

grit [grit] **I** *znw* zand *o*, steengruis *o*; zand- of biksteen *o* & *m*; grein *o*; fig flinkheid, fut; ~s grutten; **II** *overg*: ~ *one's teeth* knarsetanden; ~ *a road* een weg met zand & bestrooien [bij slipgevaar]

grit stone *znw* zand- of biksteen *o* & *m*

gritty *bn* zanderig, korrelig; kranig, flink, pittig

grizzle ['grizl] *onoverg* gemeenz jengelen, jammeren

grizzled ['grizld] *bn* grijs, grauw, vergrijsd

grizzly (bear) ['grizli(beə)] *znw* grizzly(beer)

groan [groun] **I** *onoverg* steunen, kreunen, kermen (van *with*), zuchten (naar *for*, onder *under*); kraken [v. houtwerk]; **II** *znw* gesteun *o*, gekreun *o*

groat [grout] *znw: not a* ~ geen zier, geen bal

groats [grouts] *znw mv* grutten

grocer ['grousə] *znw* kruidenier

grocery *znw* kruideniersvak *o*, -winkel, -zaak (ook: ~ *business*); *groceries* kruidenierswaren; fig boodschappen

grog [grɔg] *znw* grog

groggy *bn* aangeschoten, dronken; onvast op de benen; zwak, wankel

groin [grɔin] *znw* lies; bouwk graatrib

groined *bn*: ~ *vault* bouwk kruisgewelf *o*

grommet *znw* = grummet

groom [gru:m] **I** *znw* stal-, rijknecht; bruidegom; kamerheer; **II** *overg* verzorgen, prepareren, opleiden [een opvolger]

groove [gru:v] **I** *znw* groef, sponning, gleuf; fig sleur; *in the* ~ slang in de juiste stemming; *get into a* ~ in een sleur vervallen; **II** *overg* groeven; techn ploegen; **III** *onoverg* gemeenz zich amuseren, zich prettig voelen

groovy *bn* slang hip, te gek; seksueel aantrekkelijk

grope [group] **I** *onoverg* (tastend) zoeken, (rond-) tasten (naar *for, after*); **II** *overg* gemeenz betasten, aanraken [met seksuele bedoelingen]

gross [grous] **I** *bn* dik, groot, lomp, grof, ruw, onbeschoft; bruto; schromelijk, erg, flagrant; **II** *znw* gros *o*; **III** *overg* verdienen; een brutowinst hebben van; ~ *out* Am slang doen walgen

grot [grɔt] *znw* plechtig grot; slang rotzooi

grotesque [grou'tesk] **I** *bn* grotesk; **II** *znw* groteske *o*

grotto ['grɔtou] *znw* (*mv*: -s *of*) grot

grotty ['grɔti] *bn* slang armzalig, vunzig; *feel* ~ zich niet lekker voelen

grouch [grautʃ] gemeenz **I** *znw* mopperige bui; hu-

meurigheid; brompot; **II** *onoverg* mopperen

grouchy *bn* gemeenz mopperig

1 ground [graund] **I** *znw* grond[^2] (ook = grondkleur); achtergrond; bodem; terrein[^2] *o*; Am elektr aarde; ~s gronden, redenen; grondsop *o*, droesem, (koffie)dik *o*; aanleg, park *o*; *break* ~ beginnen te graven, het terrein ontginnen[^2]; *break new (fresh)* ~ pionierswerk doen; *change one's* ~ zie: *shift one's* ~; *cover much* ~ een hele afstand afleggen; fig veel afdoen; zich over een groot gebied uitstrekken; *cut (dig, sweep) the* ~ *from under sbd.'s feet* iem. het gras voor de voeten wegmaaien; *gain* ~ veld winnen[^2], vorderen; *get off the* ~ op gang komen, van de grond komen; *give* ~ wijken; *go to* ~ zich verschuilen, onderduiken; *hold (keep) one's* ~ stand houden, voet bij stuk houden; *lose* ~ terrein verliezen[^2]; *maintain one's* ~ zie *hold one's* ~; *prepare the* ~ *for* de weg bereiden voor; de weg effenen tot; *run sbd. to the* ~ iem. te pakken krijgen, opsnorren; *shift one's* ~ van standpunt veranderen, het over een andere boeg gooien; *stand one's* ~ zie *hold one's* ~; *touch* ~ grond voelen; *above* ~ boven aarde; *it suits me down to the* ~ dat komt mij zeer gelegen, dat is een kolfje naar mijn hand; *on sure* ~ op veilig terrein; *on (the)* ~*s of* ... op grond van, wegens; *on the* ~(*s*) *that* op grond van het feit dat ..., omdat, daar; *on personal* ~s om redenen van persoonlijke aard; *fall to the* ~ op de grond vallen; **II** *overg* gronden; grondvesten, baseren; grondverven; de beginselen onderwijzen; scheepv laten stranden; luchtv aan de grond houden; mil aarden; Am elektr aarden; *well* ~*ed* gegrond [v. klachten &]; goed onderlegd (in *in*); **III** *onoverg* scheepv aan de grond lopen, stranden

2 ground [graund] V.T. & V.D. van *grind*; ~ *glass* matglas *o*

ground-bait ['graundbeit] *znw* lokaas *o*

groundcloth ['graun(d)klɔθ] *znw* Am = *groundsheet*

ground control *znw* vluchtleiding [bij ruimtevaart]

ground crew *znw* luchtv grondpersoneel *o*

ground floor *znw* benedenverdieping, parterre *o* & *m*; *get in on the* ~ van het begin af aan meedoen, meewerken [in firma &]

grounding *znw* grondverven *o*; grondslag[^2]; scheepv aan de grond raken *o*; *with a good* ~ goed onderlegd

ground ivy *znw* hondsdraf

groundless *bn* ongegrond

ground level *znw* begane grond; fig basis, achterban [v. politieke partij &]

ground-nut *znw* aardnoot, pinda

ground-plan *znw* plattegrond; (eerste) ontwerp *o*

ground-plot *znw* bouwterrein *o*

ground-rent *znw* grondpacht

ground rule *znw* grondregel, grondbeginsel *o*; ~s procedure, werkwijze; fig spelregels

groundsheet *znw* grondzeil *o*

groundsman *znw* <u>sp</u> terreinknecht

ground staff *znw* <u>luchtv</u> grondpersoneel *o*

groundswell *znw* vloedgolf[2], grondzee

ground wire *znw* aardleiding

groundwork *znw* grondslag[2], grond; onderbouw

group [gru:p] **I** *znw* groep; ~ *captain* kolonel [bij de luchtmacht]; ~ *practice* <u>med</u> groepspraktijk; ~ *therapy* <u>psych</u> groepstherapie; **II** *overg* groeperen; **III** *onoverg* zich groeperen

groupie ['gru:pi] *znw* <u>gemeenz</u> groupie

grouping *znw* groepering

grouse [graus] **I** *znw* (*mv* idem) **1** <u>dierk</u> korhoen *o*, korhoenders; **2** <u>gemeenz</u> gemopper *o*, gekanker *o*; grief; **II** *onoverg* <u>gemeenz</u> mopperen, kankeren

grout [graut] **I** *znw* dunne mortel; **II** *overg* met dunne mortel voegen

grove [grouv] *znw* bosje *o*, bosschage *o*

grovel ['grɔvl] *onoverg* kruipen[2], zich vernederen, zich in het stof wentelen (ook: ~ *in the dirt, in the dust*)

grovelling *bn* kruipend[2], kruiperig; verachtelijk

grow [grou] (grew; grown) **I** *onoverg* groeien, wassen, aangroeien; ontstaan; worden; ~ *away from someone* van iem. vervreemden; ~ *into* groeien in [kleren &]; ~ *into one* aaneen-, samengroeien; ~ *out of* voortspruiten, ontstaan uit; groeien uit, ontgroeien; ~ *together* samengroeien; ~ *up* (op-)groeien, groot (volwassen) worden; ontstaan; ~ *upon sbd.* vat op iem. krijgen; zich aan iem. opdringen [v. gedachte]; **II** *overg* laten groeien (staan); (ver)bouwen, kweken, telen; voortbrengen

grower *znw* kweker, planter

growing I *bn* groeiend, groei-; groeizaam [v. weer]; ~ *crops* te velde staande gewassen; ~ *pains* groeikoorts, groeistuip; <u>fig</u> kinderziekte(n); ~ *point* groeipunt *o*; ~ *season* groeitijd, groeiseizoen *o*; **II** *znw* (ver)bouw, cultuur, teelt

growl [graul] **I** *onoverg* snauwen, knorren, grommen, brommen (tegen *at*); **II** *overg:* ~ *(out)* brommen; **III** *znw* grauw, snauw, geknor *o*, gebrom *o*, gegrom *o*

growler *znw* knorrepot; <u>vero gemeenz</u> vigilante

grown [groun] **I** V.D. van *grow*; **II** *bn* begroeid; volgroeid, volwassen; groot

grown-up *bn* volwassen; **II** *znw:* *the* ~*s* de volwassenen, de groten

growth [grouθ] *znw* groei, wasdom, aanwas, toeneming, vermeerdering; gewas *o*, product *o*; gezwel *o*, uitwas; *a week's* ~ *(of beard)* een baard van een week

groyne, <u>Am</u> **groin** [grɔin] *znw* golfbreker

grub [grʌb] **I** *znw* larve, made, engerling; <u>gemeenz</u> eterij, kost; **II** *onoverg* graven, wroeten; **III** *overg* opgraven, om-, uitgraven, rooien (ook: ~ *up*)

Grub-street I *znw* brood-, prulschrijvers; **II** *bn* prullig

grubby ['grʌbi] *bn* vuil, vies, slonzig

grudge [grʌdʒ] **I** *overg* misgunnen, niet gunnen; *he* ~*s no labour* geen arbeid is hem te veel; **II** *znw* wrok; *bear a* ~, *have a* ~ *against* (een) wrok koesteren jegens, geen goed hart toedragen

grudging *bn* karig, gierig; gereserveerd, zuinig, aarzelend

grudgingly *bijw* met tegenzin, schoorvoetend, tegen heug en meug, ongaarne; tegen wil en dank

gruel ['gruel] *znw* dunne pap, brij

gruelling, <u>Am</u> **grueling** *bn* afmattend, zwaar, hard

gruesome ['gru:səm] *bn* ijselijk, griezelig, ijzingwekkend, akelig

gruff [grʌf] *bn* nors, bars

grumble ['grʌmbl] **I** *onoverg* morren, knorren; brommen, grommen, pruttelen, mopperen (over *at, about, over*); rommelen; **II** *overg:* ~ *(out)* grommen; **III** *znw* gegrom *o*, gemopper *o*, grauw; gerommel *o* [van donder]

grumbler *znw* knorrepot, brombeer, mopperaar

grummet, grommet ['grʌmit, 'grɔmit] *znw* <u>scheepv</u> lus [v. scheepstouw]; metalen lus of oog *o*

grumpy ['grʌmpi] *bn* humeurig, knorrig, mopperig

Grundy ['grʌndi]: *Mrs* ~ de boze, kwaadsprekende wereld

grunt [grʌnt] **I** *onoverg* knorren (als een varken); **II** *overg:* ~ *(out)* grommen; **III** *znw* knor, geknor *o*

grunter *znw* knorrepot, brombeer; <u>dierk</u> varken *o*

gruyère ['gru:jɛə] *znw* gruyère(kaas)

gs. *afk.* = *guineas*

G-spot ['dʒi:spɔt] *znw* g-plek, erotisch gevoelige plek in de vagina

G-string ['dʒi:striŋ] *znw* **1** <u>muz</u> g-snaar; **2** G-string, ± tangaslip

guano ['gwa:nou] *znw* guano

guarantee [gærən'ti:] **I** *znw* (waar)borg; garantie; <u>handel</u> aval *o* [v. wissel]; **II** *overg* waarborgen, vrijwaren (tegen, voor *against, from*), borg staan voor, garanderen; <u>handel</u> avaleren [wissel]

guarantor [gærən'tɔ:] *znw* garant, borg; <u>handel</u> avalist [v. wissel]

guaranty ['gærənti] *znw* waarborg, garantie

guard [ga:d] **I** *znw* wacht, hoede, waakzaamheid, dekking; bescherming, bewaking; bewaker, wachter; <u>Am</u> cipier, gevangenbewaarder; <u>mil</u> garde, lijfwacht (ook: ~s); conducteur; stootplaat [van degen]; beugel [van geweer]; (vuur)scherm *o*; (been)beschermer, leuning; (gevechts)positie [bij schermen]; ~ *of honour* erewacht; *catch sbd. off* ~ <u>fig</u> iem. overvallen; *lower (let down) one's* ~ zijn waakzaamheid laten verslappen; *mount (a)* ~ de wacht betrekken; *off one's* ~ niet op zijn hoede; *be on* ~, *stand* ~ <u>mil</u> op wacht staan; *on one's* ~ op zijn hoede; *under* ~ onder bewaking, gevankelijk; **II** *overg* (be)hoeden, beschermen (tegen *against, from*); bewaken[2]; **III** *onoverg* zich hoeden, zich wachten, op zijn hoede zijn, oppassen, waken (voor *against*)

guard dog *znw* waakhond

guarded *bn* voorzichtig, gereserveerd; afgeschermd; kaartsp gedekt

guardhouse ['ga:dhaus] *znw* = guardroom

guardian ['ga:djən] *znw* voogd; curator; bewaarder, bewaker; opziener; RK gardiaan; fig hoeder; ~ *angel* engelbewaarder, beschermengel; *board of* ~*s* hist armbestuur *o*

guardianship *znw* voogdij, voogdijschap *o*, bewaking, hoede, bescherming

guard-rail ['ga:dreil] *znw* leuning; vangrail

guardroom *znw* mil wachtlokaal *o*; mil arrestantenlokaal *o*; politiekamer

guardsman *znw* officier (soldaat) van de garde, gardist

Guatemala [gwæti'ma:lə] *znw* Guatemala *o*

Guatemalan I *znw* Guatemalteek; **II** *bn* Guatemalteeks

guava ['gwa:və] *znw* guave [boom, vrucht]

gubernatorial [gju:bərnə'tɔ:riəl] *bn* goeverneurs-, regerings-

gudgeon ['gʌdʒən] *znw* dierk grondeling; techn pen

guerdon ['gə:dən] *znw* plechtig beloning

guernsey ['gə:nzi] *znw* trui; *G~* Guernsey *o* [Kanaaleiland]

guerrilla [gə'rilə] *znw* **1** guerrilla (ook: ~ *war*); **2** guerrillastrijder

guess [ges] **I** *onoverg & overg* raden, gissen (naar *at*); Am denken, geloven; vermoeden; *keep sbd.* ~*ing* iem. aan het lijntje houden, iem. in het ongewisse laten; **II** *znw* gis(sing); *it's anybody's (anyone's)* ~ dat weet geen mens; *my* ~ *is ...* ik denk (geloof) ...; *have a* ~ *(at)* raden (naar); *at a* ~ naar gissing

guesstimate ['gestimeit] gemeenz **I** *znw* ruwe schatting; **II** *overg* met de natte vinger een schatting maken

guesswork *znw* gissing, gegis *o*, raden *o*; *by* ~ op het gevoel, op de gok

guest [gest] *znw* gast, logé; introducé; genodigde; *paying* ~ betalende logé; ~ *of honour* eregast; *be my* ~*!* ga je gang!, doe maar of je thuis bent!

guest-chamber *znw* = guestroom

guest-house *znw* pension *o*

guest-room *znw* logeerkamer

guest worker *znw* gastarbeider

guff [gʌf] *znw* gemeenz onzin

guffaw [gʌ'fɔ:] **I** *znw* luide (onbeschaafde) lach; **II** *onoverg* bulkend lachen

guidance ['gaidəns] *znw* leiding, bestuur *o*; fig begeleiding; geleide *o*; voorlichting

guide I *znw* leidsman, (ge)leider, gids; leidraad; reisgids; mil guide; Br padvindster, gids; **II** *overg* (ge-) leiden, (be)sturen, tot gids dienen[2], de weg wijzen[2]; ~*d missile* geleid projectiel *o*; ~*d tour* ook: rondleiding

guidebook *znw* (reis)gids, leidraad

guide-dog *znw* geleidehond

guide-line *znw* fig richtlijn, richtsnoer *o*, leidraad

guide-post *znw* wegwijzer

guide-rope *znw* sleepkabel, -touw *o* [v. ballon]; keertouw *o* [bij het hijsen]

guidon ['gaidən] *znw* vaantje *o*, wimpel

guild [gild] *znw* gilde *o & v*; vereniging

guilder ['gildə] *znw* gulden

guildhall ['gild'hɔ:l] *znw* gildenhuis *o*; stadhuis *o*

guile [gail] *znw* bedrog *o*; (arg)list, valsheid

guileful *bn* arglistig, vals

guileless *bn* onschuldig, argeloos

guillotine [gilə'ti:n] **I** *znw* guillotine: valbijl; techn snijmachine; **II** *overg* guilllotineren

guilt [gilt] *znw* schuld, schuldgevoel *o*

guiltless *bn* schuldeloos, onschuldig (aan *of*); ~ *of* ... ook: zonder ...

guilty *bn* schuldig (aan *of*); misdadig; schuldbewust; ~ *conscience* slecht geweten *o*; *be* ~ *of* ook: zich schuldig maken (bezondigen) aan

guinea ['gini] *znw* hist muntstuk *o* van 21 shilling

Guinea *znw* Guinee *o*

Guinea-Bissau *znw* Guinee-Bissau

guinea-fowl ['ginifaul] *znw* parelhoen *o*

Guinean I *znw* Guineeër; **II** *bn* Guinees

guinea-pig ['ginipig] *znw* dierk cavia, marmot, Guinees biggetje *o*; fig proefkonijn *o*

guise [gaiz] *znw* gedaante; uiterlijk *o*, voorkomen *o*, schijn; *in the* ~ *of* bij wijze van; *under the* ~ *of* onder de schijn van: als

guitar [gi'ta:] *znw* gitaar

guitarist *znw* gitarist, gitaarspeler

gulch [gʌltʃ] *znw* Am (goudhoudend) ravijn *o*

gules [gju:lz] *bn* herald keel, rood

gulf [gʌlf] *znw* golf, (draai)kolk, zeeboezem; afgrond[2], fig onoverbrugbare kloof; *G~ Stream* Golfstroom

gull [gʌl] **I** *znw* (zee)meeuw; **II** *overg* voor het lapje houden, wat wijsmaken, bedotten

gullet ['gʌlit] *znw* slokdarm, keel

gulley *znw* = gully

gullible ['gʌlibl] *bn* lichtgelovig, onnozel

gully ['gʌli] *znw* goot; riool *o*; geul; mui; slenk; ravijn *o*

gulp [gʌlp] **I** *overg* (in)slikken; ~ *down* (in)slikken[2], inslokken, naar binnen slaan; **II** *onoverg* slikken; slokken; **III** *znw* slik, slok; *at a (one)* ~ in één slok (teug)

gum [gʌm] **I** *znw* gom *m of o*; gomboom; gombal; kauwgom *m of o*; ~*s* tandvlees *o*; ~ *arabic* Arabische gom *m of o*; *by* ~*!* gemeenz verhip!, potverdikkie!; **II** *overg* gommen; ~ *up* gemeenz onklaar maken; ~ *up the works* de boel in de war sturen; **III** *onoverg* kleven

gumboil *znw* abcesje *o* op het tandvlees

gumboots *znw mv* rubberlaarzen

gum-drop *znw* gombal

gummy *bn* gomachtig, kleverig, dik, opgezet

gumption ['gʌm(p)ʃən] *znw* gemeenz gezond verstand *o*

gum-resin ['gʌm'rezin] *znw* gomhars *o* & *m*
gumshoe *znw* Am overschoen; ± sneaker; gemeenz detective, (politie)spion
gum-tree *znw* gomboom; *up a* ~ gemeenz in de knel
gun [gʌn] **I** *znw* geweer *o*, kanon *o*; revolver; spuitpistool *o*, spuit [voor verf &]; (saluut)schot *o*; jager; *big (great)* ~ gemeenz hoge piet, hoge ome; *blow (great)* ~*s* verschrikkelijk stormen; *be going great* ~*s* gemeenz lopen als een trein; *jump the* ~ te vroeg van start gaan; fig op de zaak vooruitlopen; *stick to one's* ~ voet bij stuk houden; **II** *onoverg:* *be* ~*ning for sbd.* gemeenz het op iem. gemunt hebben; **III** *overg:* ~ *sbd. down* iem. neerschieten
gunboat *znw* kanonneerboot
gun-carriage *znw* affuit
gun-case *znw* foedraal *o* v. geweer
gun-cotton *znw* schietkatoen *o* & *m*
gundog *znw* jachthond
gun-fire *znw* kanonvuur *o*; morgen-, avondschot *o*
gunge [gʌndʒ] *znw* gemeenz smurrie, derrie, kliederboel
gunman *znw* bandiet, gangster
gunmetal *znw* **1** geschutbrons *o* [bep. legering van koper en tin]; **2** dof blauwgrijze kleur
gunnel ['gʌnl] *znw* = gunwale
gunner ['gʌnə] *znw* mil artillerist, kanonnier; schutter; scheepv konstabel
gunnery *znw* ballistiek; kanonvuur *o*
gunny ['gʌni] *znw* gonje, jute; jutezak
gunpoint ['gʌnpɔint] *znw:* *at* ~ onder bedreiging met een vuurwapen
gunpowder ['gʌnpaudə] *znw* (bus)kruit *o*
gunroom ['gʌnrum] *znw* scheepv verblijf *o* voor subalterne officieren
gun-runner *znw* wapensmokkelaar
gun-running *znw* wapensmokkelarij
gunshot *znw* geweer-, kanonschot *o*; schootsafstand, reikwijdte; ~ *wound* schotwond
gunsmith *znw* geweermaker
gunwale ['gʌnl] *znw* dolboord *o* & *m*
guppy ['gʌpi] *znw* guppy
gurgle ['gə:gl] **I** *onoverg* klokken [als uit een fles]; murmelen; kirren [v. kind]; **II** *znw* geklok *o*; gemurmel *o*; gekir *o* [v. kind]
Gurkha ['guəkə] *znw* Gurka(soldaat)
guru ['gu:ru, gu'ru:] *znw* goeroe, leermeester
gush [gʌʃ] **I** *onoverg* gutsen, (uit)stromen; aanstellerig sentimenteel doen, dwepen (met *about*); **II** *znw* stroom, uitstroming, uitstorting, uitbarsting
gusher *znw* spuitende oliebron, spuiter; dweper, aansteller
gushing *bn* overvloeiend[2]; fig overdreven, sentimenteel, dwepend
gusset ['gʌsit] *znw* geer, okselstuk *o*, (driehoekig) inzetsel
gust [gʌst] **I** *znw* vlaag[2]; windvlaag; **II** *onoverg* met vlagen waaien

gustation [gʌs'teiʃən] *znw* proeven *o*; smaak
gustatory ['gʌstətəri] *bn* smaak-
gusto ['gʌstou] *znw* smaak, genot *o*, animo
gusty ['gʌsti] *bn* winderig, stormachtig; enthousiast
gut [gʌt] **I** *znw* darm; ~*s* ingewanden; gemeenz buik; gemeenz durf, lef *o* & *m*; *have the* ~*s to do sth.* het lef hebben iets te doen; *have sbd.'s* ~*s for garters* gemeenz iem. op zijn sodemieter geven; *work (flog) one's* ~*s out* gemeenz je uit de naad werken; zie ook: *hate I*; **II** *overg* uithalen, schoonmaken; leeghalen [een huis]; uitbranden [bij brand]; plunderen, excerperen [voor referaat]
gutless *bn* gemeenz futloos, laf
gutsy ['gʌtsi] *bn* gemeenz met pit, gedurfd; moedig
gutter ['gʌtə] **I** *znw* goot, geul; dakgoot; fig bittere armoede; *from the* ~ van de straat opgeraapt; **II** *onoverg* druipen [v. kaars]
gutter press *znw* schandaalpers
guttersnipe *znw* straatkind *o*
guttural ['gʌtərəl] **I** *bn* gutturaal, keel-; **II** *znw* keelklank, gutturaal
guv('nor) ['gʌv(nə)] *znw* slang = gov
1 guy [gai] *znw* borgtouw *o*; scheerlijn [v. tent]
2 guy [gai] **I** *znw* Guy-Fawkespop (op 5 nov. rondgedragen ter herinnering aan het Buskruitverraad); gemeenz vent, kerel, knaap, jongen; **II** *overg* voor het lapje houden; travesteren [op het toneel]
Guyana [gai'ænə, gi'a:nə] *znw* Guyana *o*
Guyanese [gaiə'ni:z] **I** *znw* (*mv* idem) Guyaan; **II** *bn* Guyaans
guy-rope ['gairoup] *znw* = [1]*guy*
guzzle ['gʌzl] *overg* & *onoverg* zuipen, brassen; (op-) schrokken
guzzler *znw* zuiplap, brasser; schrokker
gybe [dʒaib] *onoverg* & *overg* scheepv (doen) gijpen
gym [dʒim] *znw* gemeenz gymnastiek(zaal); ~ *shoes* gymnastiekschoenen; ~ *slip* Br overgooier, tuniek *o* [deel van het schooluniform van meisjes]
gymkhana [dʒim'ka:nə] *znw* gymkana, hindernisrace [vooral voor paarden]; sportterrein *o*
gymnasium [dʒim'neizjəm] *znw* (*mv:* -*s of* gymnasia [-zjə]) gymnastiekschool, -zaal; [buiten Engeland] gymnasium *o*
gymnast ['dʒimnæst] *znw* gymnast(e), turn(st)er
gymnastic [dʒim'næstik] **I** *bn* gymnastisch; gymnastiek-; **II** *znw:* ~*s* gymnastiek
gynaecological, Am **gynecological** [gainikə-'lɔdʒikl] *bn* gynaecologisch
gynaecologist, Am **gynecologist** [gaini'kɔlədʒist] *znw* gynaecoloog, vrouwenarts
gynaecology, Am **gynecology** *znw* gynaecologie
gyp [dʒip] *znw* onderw (studenten)oppasser; *give (someone)* ~ slang (iem.) op z'n donder geven, pijn doen
gypsum ['dʒipsəm] *znw* gips *o*
gypsy *znw* = gipsy
gyrate ['dʒaiəreit] *onoverg* (rond)draaien
gyration [dʒaiə'reiʃən] *znw* ronddraaiing, omwen-

teling, kringloop
gyratory ['dʒaiərətəri] *bn* draaiend, draai-
gyroscope ['dʒaiərəskoup] *znw* gyroscoop

H

h [eitʃ] *znw* (de letter) h
ha [ha:] *tsw* ha!, zie ook: *hum*
habeas corpus ['heibjəs'kɔ:pəs] <u>recht</u>: *(writ of)* ~
   bevelschrift *o* tot voorleiding van een gevangene
haberdasher ['hæbədæʃə] *znw* winkelier in fournituren; <u>Am</u> verkoper van herenkleding
haberdashery *znw* garen- en bandwinkel; fournituren; <u>Am</u> herenmodezaak
habit ['hæbit] *znw* gewoonte, hebbelijkheid, aanwensel *o*, habitus; verslaving; gesteldheid; (rij-)
   kleed *o*, amazone; habijt *o*, pij; dracht; *out of* ~,
   from force of ~ uit gewoonte; ~ *of mind* denkwijze;
   have a ~ *of* de (vervelende) gewoonte hebben te...;
   be in the ~ *of* de gewoonte hebben, gewoon zijn;
   fall (get) into the ~ *of* zich aanwennen; *have a* ~
   <u>slang</u> verslaafd zijn; *kick the* ~ afkicken; ophouden
   met roken, drinken &
habitable ['hæbitəbl] *bn* bewoonbaar
habitat *znw* verblijf-, vind-, groeiplaats [v. dier of
   plant]
habitation [hæbi'teiʃən] *znw* bewoning; woning,
   woonplaats
habit-forming ['hæbitfɔ:miŋ]: ~ *drug znw* versla-
   vingsvergift *o*
habitual [hə'bitjuəl] *bn* gewoon; gewoonte-
habituate *overg* wennen (aan *to*)
habitué [hə'bitjuei] *znw* [Fr] vaste bezoeker, stamgast
hack [hæk] **I** *znw* houw, snede, keep; droge kuch;
   huurpaard *o*, knol; broodschrijver; loonslaaf; **II** *bn*
   huur-; ~ *work* werk *o* om den brode; ~ *writer*
   broodschrijver; **III** *overg* **1** hakken, houwen, japen,
   kerven, inkepen; **2** voortdurend achter de computer zitten, een computerfreak zijn; **3** computers
   kraken; ~ *one's way through* zich worstelen door; *be*
   ~*ed off* <u>gemeenz</u> balen; *I can't* ~ *it* <u>Am</u> **1** het lukt
   me niet; **2** ik kan er niet tegen; **IV** *onoverg* erop inhakken (ook: ~ *at*); (droog) kuchen; paardrijden
hacker [hækə] *znw* computerkraker; computer-
   fanaat
hackle ['hækl] *znw* (vlas)hekel; (hanen)veer, kunstvlieg (met veer); ~*s* nekveren, kraag; nekharen²;
   with one's ~*s up* nijdig; strijdlustig; *my* ~*s rose at*
   the very idea het idee alleen al maakte mij razend
hackney cab ['hækni kæb], **hackney carriage**
   znw huurrijtuig *o*, taxi
hackneyed *bn* afgezaagd, banaal
hacksaw ['hæksɔ:] *znw* ijzer-, metaalzaag
had [hæd] V.T. & V.D. van *have*
haddock ['hædək] *znw* (*mv* idem *of* -s) schelvis
haematologist [hi:mə'tɔlədʒist] *znw* hematoloog

haematology [hi:mə'tɔlədʒi] *znw* hematologie
haemoglobin [hi:mə'gloubin] *znw* hemoglobine
haemophilia, Am **hemophilia** [hi:mou'filiə] *znw* hemofilie; bloederziekte
haemophiliac [hi:mə'filiæk] *znw* hemofiliepatiënt, bloeder
haemorrhage, Am **hemorrage** ['heməridʒ] *znw* bloeding
haemorrhoids, Am **hemorrhoids** ['hemərɔidz] *znw mv* aambeien
haft [ha:ft] *znw* heft *o*, handvat *o*
hag [hæg] *znw* heks², toverkol
haggard ['hægəd] *bn* verwilderd; uitgeput, afgetobd; mager
haggis ['hægis] *znw* haggis (Schots nationaal gerecht *o* van hart, longen en lever van het schaap)
haggish ['hægiʃ] *bn* als (van) een heks
haggle ['hægl] I *onoverg* knibbelen, kibbelen, pingelen, (af)dingen; II *znw* gekibbel *o*
hagiocracy [hægi'ɔkrəsi] *znw* priesterregering
hagiographer [hægi'ɔgrəfə] *znw* hagiograaf
hagiography [hægi'ɔgrəfi] *znw* hagiografie
hagiolatry [hægi'ɔlətri] *znw* overdreven heiligenverering
hagridden ['hægridn] *bn* (als) door een nachtmerrie gekweld
Hague (The) [ðə'heig] I *znw* Den Haag; II *bn* Haags
hail [heil] I *znw* 1 hagel; 2 (aan)roep; *within (out of)* ~ *binnen (buiten) gehoorsafstand; a* ~ *of criticism* een storm v. kritiek; II *onoverg* 1 hagelen; 2: ~ *from* komen van, afkomstig zijn van; III *overg* 1 doen neerdalen; 2 aanroepen, scheepv praaien; begroeten (als *as*); IV *tsw* heil (u); *H*~ *Mary* RK wees gegroet, Maria; *a Hail Mary* RK een weesgegroet(je) *o*
hail-fellow-well-met I *bn* (overdreven) familiair, (te) amicaal; II *znw* ouwe-jongens-krentenbrood *o*
hailstone *znw* hagelsteen, -korrel
hailstorm *znw* hagelbui, hagelslag
hair [hɛə] *znw* haar *o*; haartje² *o*; haren; *get in sbd.'s* ~ iem. op de zenuwen werken; *keep your* ~ *on* gemeenz maak je niet dik; *let one's* ~ *down* gemeenz een ongedwongen houding aannemen, loskomen; *make one's* ~ *stand on end* de haren te berge doen rijzen; *not turn a* ~ geen spier vertrekken; *split* ~*s* haarkloven, muggenziften; *to a* ~ op een haar, haarfijn; *try a* ~ *of the dog that bit you!* neem een borreltje tegen de kater!
hairbreadth, hair's breadth *znw* haarbreed *o*; *not by a* ~ geen haarbreed; *by a* ~ op het nippertje; *he had a* ~ *escape* het scheelde maar een haar of hij was er bij geweest
hairbrush *znw* haarborstel
haircloth *znw* haren stof; haren kleed *o*, boetekleed *o*
hair curler *znw* krultang
haircut *znw* knippen *o*; coupe
hairdo *znw* kapsel *o*, coiffure, frisuur

hairdresser *znw* kapper, coiffeur
hairdryer *znw* haardroger
hair gel *znw* (haar)gel
hairgrip *znw* haarspeld
hairless *bn* onbehaard, kaal
hairline *znw* ophaal [bij het schrijven]; haargrens [v. voorhoofdshaar]; haarlijntje *o*; ~ *crack* haarscheurtje *o*
hairnet *znw* haarnetje *o*
hairpiece *znw* haarstukje *o*
hairpin *znw* haarspeld; ~ *bend* haarspeldbocht
hair-raising *bn* waarvan je de haren te berge rijzen
hair-restorer *znw* haargroeimiddel *o*
hair's breadth *znw = hairbreadth*
hair-shirt *znw* (kemels)haren hemd *o*; boetekleed *o*
hair-slide *znw* haarspeld
hair-splitter *znw* haarklover
hair-splitting I *bn* haarklovend; II *znw* haarkloverij
hairspring *znw* spiraalveer [in horloge]
hair-style *znw* coiffure, kapsel *o*
hair stylist *znw* kapper
hairwash *znw* haarwassing; *have a* ~ zijn haar (laten) wassen
hairy *bn* harig, behaard; gemeenz gevaarlijk, angstaanjagend
Haiti ['heiti] *znw* Haïti *o*
Haitian ['heiʃjən, 'heitjən] I *znw* Haïtiaan; II *bn* Haïtiaans
hake [heik] *znw* soort kabeljauw
halberd ['hælbəd] *znw* hellebaard
halberdier [hælbə'diə] *znw* hellebaardier
halcyon ['hælsiən] I *znw* halcyon, ijsvogel; II *bn* vredig, stil, kalm, rustig; *the* ~ *days* de gelukkige tijden van toen
hale [heil] *bn* fris, gezond, kloek, flink; ~ *and hearty* fris en gezond, kras
half [ha:f] I *bn* half; ~ *a pound* een half pond; *in a* ~ *whisper* (zacht) fluisterend; II *bijw* half, halverwege; ~ *as much (many) again* anderhalf maal zoveel; ~ *past (five)* half (zes); *from two to* ~ *past* van twee tot half drie; *not* ~! gemeenz en of!, en niet zuinig ook!; *not* ~ *bad* gemeenz nog zo kwaad niet, lang niet slecht; *not* ~ *angry* gemeenz razend; *I* ~ *think* ik ben geneigd te denken; *he was* ~ *ashamed* hij schaamde zich 'n beetje; III *znw* [*mv*: halves [ha:vz]) helft, half; speelhelft; kaartje *o* voor half geld; semester *o*, halfback; kwart liter; *better (other)* ~ schertsend wederhelft; *go halves* samen delen; *bigger by* ~ de helft groter; *too ... by* ~ al te ...; *(do nothing) by halves* ten halve; *cut, fold in* ~ (into two halves) in tweeën, doormidden; *that was a party and a* ~! dat was me nog 'ns een feest!
half-and-half *bn bijw* half-en-half, half-om-half
half-back *znw* middenspeler
half-baked *bn* halfbakken; halfgaar², dom
half-binding *znw* halfleren band
half-blood *znw & bn* halfbloed; halfbroeder, half-

zuster
half board znw halfpension o
half-bred bn van gemengd bloed
half-breed znw & bn halfbloed[2]
half-brother znw halfbroer
half-caste znw & bn halfbloed
half cock znw: go off at ~ mislukken, de mist ingaan (door overijld handelen)
half-crown znw vroegere Br. munt met waarde v. 2
sh. 6 d.
half-day znw vrije middag
half-hearted bn niet van harte, lauw, halfslachtig,
weifelend
half holiday znw vrije middag
half-hourly bn & bijw om het halve uur, halfuur-
half-length znw portret 'te halven lijve' (~ picture)
half-life znw halveringstijd
half-light znw schemering
half-mast znw: at ~ halfstok
half-moon znw halvemaan
half-note znw Am muz halve noot
half-pay I znw non-activiteitstraktement o, wachtgeld o; **II** bn op non-activiteit
halfpence ['heip(ə)ns], **halfpenny** ['heipni] znw
vroeger halve penny
halfpennyworth ['heipniwə:θ, 'heipəθ] bn vroeger ter waarde van of voor een halve penny
half-price bn bijw voor halve prijs
half-seas-over ['ha:fsi:z'ouvə] bn halfdronken
half-sister znw halfzuster
half-term znw Br korte (school)vakantie
half-timbered bn: ~ house vakwerkhuis o
half-time I znw halftime o & m: rust; **II** bn & bijw
voor de halve tijd
halftone znw halftint; Am muz halve toon
halfway bijw halfweg, halverwege; ~ house compromis o, middending o, tussenstation o; meet sbd.
~ **1** iem. halverwege tegemoet komen; **2** een compromis sluiten met iem.
half-wit znw imbeciel, halve gare
halfwitted bn niet goed bij zijn hoofd, zwakzinnig, idioot
half-yearly bn halfjaarlijks
halibut ['hælibət] znw (mv idem of -s) heilbot
halitosis [hæli'tousis] znw slechte adem
hall [hɔːl] znw hal; vestibule; zaal; onderw eetzaal;
slot o, huizing; gildenhuis o stadhuis o; college o;
~ of residence studentenhuis o (op universiteits-
terrein)
hallelujah [hæli'lu:jə] znw halleluja, alleluja o
hallmark ['hɔːlmaːk] **I** znw stempel[2] o & m, keur [v.
essayeurs], waarmerk o; **II** overg stempelen[2], waarmerken
hallo [hə'lou, hæ'lou] tsw hela!; hé!; hallo!; say ~ to
sbd. iem. dag zeggen, iem. (be)groeten
halloo [hə'luː] **I** tsw & znw hallo, hei, ho, hola; geroep o, geschreeuw o; **II** onoverg hallo schreeuwen,
roepen; **III** overg aanhitsen

hallow ['hælou] overg heiligen, wijden; ~ed gewijd[2]
Hallowe'en ['hælou'iːn] znw vooravond van Allerheiligen
hall-porter ['hɔːlpɔːtə] znw portier
hallstand znw kapstok en paraplustandaard
hallucinate [hə'l(j)u:sineit] onoverg hallucineren,
aan waanvoorstellingen lijden
hallucination [həl(j)u:si'neiʃən] znw hallucinatie
hallucinatory [həl'(j)u:sinətəri] bn hallucinato-
risch
hallucinogen ['hælədʒen] znw hallucinogeen o
hallucinogenic [həl(j)u:sinə'dʒenik] bn hallucinogeen, geestverruimend
hallway ['hɔːlwei] znw hal, portaal o, vestibule
halo ['heilou] **I** znw (mv: -loes) halo: lichtkring om
zon of maan; stralenkrans; **II** overg met een halo
(stralenkrans) omgeven
halogen ['hælədʒen] znw chem halogeen o
halt [hɔːlt] **I** tsw halt!; **II** znw halt, stilstand; halte;
call a ~ halt (laten) houden; come (bring) to a ~ tot
stilstand komen (brengen); make a ~ halt houden;
III onoverg (& overg) halt (laten) houden, stoppen
halter [hɔːltə] **I** znw halster; strop; **II** overg halste-
ren, een touw of halster binden, een touw of
strop om de hals doen[2]
halterneck dress ['hɔːltənek dres] znw halterjurk
[met bandjes die in de nek worden gestrikt]
halting ['hɔːltiŋ] bn weifelend, stamelend; ~ly met
horten en stoten
halve [ha:v] overg halveren, in tweeën delen
halyard ['hæljəd] znw scheepv val o
ham [hæm] **I** znw dij, bil; ham; gemeenz slecht acteur (actrice) (ook: ~ actor); radioamateur; **II** overg
& onoverg overacteren, zich aanstellen (ook: ~ up)
hamburger ['hæmbə:gə] znw hamburger: (broodje
o met) gehakt o, gehaktbal
ham-fisted ['hæm'fistid], **ham-handed** bn onhandig, ruw
hamlet ['hæmlit] znw gehucht o
hammer ['hæmə] **I** znw hamer (ook als
gehoorsbeentje); haan [v. geweer]; ~ and tongs uit
alle macht; come under the ~ onder de hamer komen; throwing the ~ sp kogelslingeren o; **II** onoverg
hameren; ~ (away) at erop los hameren, beuken
op; ploeteren aan; **III** overg (uit)hameren slaan[2];
fig kraken, de grond in boren; compleet verslaan,
inmaken; ~ it into sbd.'s head het iem. instampen;
~ out uitvorsen; verzinnen; uitwerken
hammock ['hæmok] znw hangmat
hamper ['hæmpə] **I** znw dekselmand, picknick-
mand; Christmas ~ kerstpakket o; **II** overg bemoeilijken, belemmeren, verstrikken
hamster ['hæmstə] znw hamster
hamstring ['hæmstriŋ] **I** znw kniepees; **II** overg fig
verlammen
hamstrung V.T. & V.D. van hamstring II
hand [hænd] **I** znw hand° (ook: handbreed o; handschrift o; handtekening; handvol en vijf stuks);

(voor)poot [van dieren]; wijzer [v. uurwerk]; arbeider, <u>scheepv</u> man; <u>kaartsp</u> speler, spel *o*, kaart; (maat van) 4 inches; kam [bananen]; *all ~s* <u>scheepv</u> alle hens; *a big ~ for* <u>gemeenz</u> een hartelijk applaus *o* voor; *a new ~* een nieuweling, beginner; *an old ~* een ouwe rot; *be a poor (great) ~ at* slecht (goed) zijn in, geen bolleboos zijn in; *bound (tied) ~ and foot* aan handen en voeten gebonden[2]; *wait upon sbd. ~ and foot* iem. op zijn wenken bedienen; *be ~ in glove with sbd.* dikke vrienden zijn met iem.; *(win) ~s down* op zijn dooie gemak; *get one's ~ in* de slag van iets (weer) beetkrijgen; *have a ~ in it* er de hand in hebben; *keep one's ~ in* zorgen er niet uit te raken, het onderhouden; *~s off!* afblijven!; *~s up!* handen omhoog!; *lay ~s on* beslag leggen op; te pakken krijgen; vinden; *hold ~s* elkaar de hand vasthouden; *change ~s* in andere handen overgaan; *show one's ~* de kaarten openleggen, zich blootgeven; *tie sbd.'s ~* iem. in een dwangpositie brengen; *with one ~ tied behind one's back* <u>fig</u> met de ogen dicht, op zijn sloffen; *be (close, near) at ~* bij de hand zijn, in de buurt zijn; op handen zijn; *at first (second) ~* uit de eerste (tweede) hand; *at the ~s of* door toedoen van, van de kant van; *by ~* met de hand (gemaakt); met de fles (grootbrengen); *have a free ~* de vrije hand hebben; *bite the ~ that feeds one* stank voor dank geven; *force sbd.'s ~* <u>fig</u> iem. het mes op de keel zetten; *know sth. like the back of one's ~* iets kennen als zijn broekzak; *try one's ~ at sth.* iets (ook eens) proberen; *turn one's ~ to [painting &]* met [schilderen &] beginnen; *from ~ to mouth* van de hand in de tand; *in ~* in de hand[2], in handen, nog voorhanden, onverkocht; *the matter in ~* in voorbereiding, onder handen, de zaak in kwestie; *money in ~* gereed geld, contanten; *go ~ in ~ with* hand in (aan) hand gaan met; *have one's men (well, thoroughly) in ~* zijn manschappen (goed) onder appel hebben (houden); *have the situation in ~* de toestand meester zijn; *take it in ~* de hand aan het werk slaan, het aanpakken; het op zich nemen; *take sbd. in ~* iem. flink aanpakken; *carry one's life in one's ~s* voortdurend zijn leven wagen; *take one's life in one's ~s* zijn leven wagen; *be in the ~s of* in handen zijn van, berusten bij; *off ~* zo uit het blote hoofd; *that's off my ~* daar ben ik af, dat is aan kant; *be on ~* aanwezig zijn, voorradig zijn, ter beschikking zijn (staan); *have sth. on ~* iets nog in voorraad hebben; *have work on ~* werk voor de boeg hebben; *on all ~s* van (aan) alle kanten[2]; *on either ~* van (aan) beide zijden (kanten); *on the one ~* aan de ene kant; *on the other ~* aan de andere kant, anderzijds, daarentegen; *(the goods) left on my ~s* waar ik mee ben blijven zitten; *if you've got time on your ~s* als u tijd (over) hebt; *out of ~* op staande voet; *get out of ~* ongezeglijk worden; moeilijk (niet meer) te regeren zijn; uit de hand lopen [conflict]; *~ over ~* hand over hand [bij touwklimmen en -trekken]; *make money ~ over*

fist gouden zaken doen; *come to ~* in handen vallen; zijn bestemming bereiken [v. brieven]; *no ... to ~* geen ... bij de hand, geen ... ter beschikking; *your letter to ~* uw brief (hebben wij) ontvangen; *ready (made) to your ~* kant en klaar voor u; *~ to ~* <u>mil</u> man tegen man; *with all ~s (on board)* <u>scheepv</u> met man en muis; *with folded ~s* ook: <u>fig</u> met de handen in de schoot; *with a high (heavy) ~* uit de hoogte, aanmatigend; eigenmachtig, autoritair; **II** *overg* ter hand stellen, overhandigen, aan-, overreiken, aan-, afgeven; *~ around = ~ round*; *~ back* teruggeven; *~ down (van boven)* aanreiken; overleveren; overerven; *~ down a verdict* <u>Am</u> een vonnis wijzen; *~ in* inleveren, afgeven, aanbieden; *~ on* doorgeven; *~ out* aan-, afgeven; uitdelen; *~ over* in-, afleveren, overhandigen afgeven, uitreiken; <u>fig</u> afstaan, overdragen, overmaken, -leveren; de leiding (het bestuur, de zaak &) overdragen; <u>handel</u> doen toekomen, uitbetalen; *~ round* ronddelen, ronddienen; *I must ~ it to him, he was decent* <u>gemeenz</u> dat moet ik hem nageven; hij was fatsoenlijk; *you've got to ~ it to him* <u>gemeenz</u> ik neem mijn petje voor hem af

hand-bag *znw* handtas, handtasje *o*
handball *znw* handbal *o*; [bij voetbal] hands
hand-barrow *znw* (draag)berrie
handbill *znw* (strooi)biljet *o*
handbook *znw* leerboek *o*, inleiding, handboek *o*; gids
handbrake *znw* handrem
handcart *znw* handkar
handclap *znw: slow ~* langzaam handgeklap
handclasp *znw* handdruk
handcuff **I** *znw* handboei; **II** *overg* de handboeien aanleggen, boeien
hand-feed *overg* uit de hand voeren
handful *znw* handvol; <u>gemeenz</u> lastig persoon, ding *o* &
hand-grenade *znw* handgranaat
handgrip *znw* handgreep, stevige handdruk
handgun *znw* handvuurwapen *o*
handhold *znw* houvast *o*
handicap ['hændikæp] **I** *znw* handicap; <u>fig</u> hindernis, belemmering; nadeel *o*; **II** *bn* <u>sp</u> met voorgift; **III** *overg* handicappen; <u>fig</u> in minder gunstige positie brengen, belemmeren; *physically ~ped* lichamelijk gehandicapt; *mentally ~ped* geestelijk gehandicapt; *the ~ped* de gehandicapten
handicraft ['hændikra:ft] *znw* ambacht *o*, handwerk *o*, handenarbeid
handiwork *znw* werk *o* (van de handen); handwerk *o*
handkerchief ['hæŋkətʃi(:)f] *znw* (mv: -s of -chieves [-tʃi:vz]) zakdoek, (neus)doek
handle ['hændl] **I** *znw* handvat *o*, heft *o*, hengsel *o*, (hand)greep, <u>techn</u> handel *o* & *m*, steel, kruk, zwengel, gevest *o*, oor *o*; stuur *o*; (deur)knop, -kruk; <u>slang</u> (bij)naam, pseudoniem *o*; *have a ~ to one's*

name een titel voor (achter) zijn naam hebben; *fly off the* ~ gemeenz opstuiven; **II** *onoverg:* ~ *well (badly)* gemakkelijk (moeilijk) te hanteren, te bedienen zijn [auto, wapen &]; **III** *overg* betasten, bevoelen, hanteren; aanvatten, aanpakken[2]; behandelen, onder handen nemen, omgaan (omspringen) met; verwerken [het verkeer &]; mil bedienen [geschut]; sp met de handen aanraken [de bal]; handel handelen in; ~*d* met handvat

handlebar(s) *znw* stuur *o* [v. fiets]; *dropped* ~ omgekeerd stuur *o*

handlebar moustache *znw* schertsend 'fietsstuur' [lange, zware snor]

handler *znw* hondengeleider (ook: *dog* ~)

handling *znw* behandeling, hantering; verzending (v. goederen); voetbal hands

hand-made ['hænd'meid] *bn* uit (met) de hand gemaakt, handwerk; geschept [papier]

handmaid(en) *znw* vero dienstmaagd; fig dienares

hand-me-down *znw* Am gemeenz afdankertje *o*, afleggertje *o*

handout *znw* persbericht *o*; hand-out [korte samenvatting v. lezing &]; gift, aalmoes

hand-pick *overg* selecteren

handrail *znw* leuning

handsaw *znw* handzaag

handset *znw* telefoonhoorn

handshake ['hændʃeik] *znw* handdruk

handsome ['hænsəm] *bn* mooi, fraai, knap, nobel, royaal, mild; aardig, flink; ~ *is that* ~ *does* men moet niet op het uiterlijk afgaan

hands-on *bn* praktisch, praktijk-

handspring *znw* radslag

handstand *znw* handstand [gymnastiek]

hand-to-hand *bn:* ~ *fight* gevecht *o* van man tegen man, handgemeen *o*

hand-to-mouth *bn bijw* van de hand in de tand (levend)

handwork *znw* handenarbeid

handwriting *znw* handschrift *o*; ~ *expert* grafoloog, schriftkundige

handwritten *bn* met de hand geschreven

handy *bn* eig bij de hand; handig°; ~ *with* goed kunnende gebruiken; zie ook: *come*

handyman *znw* factotum *o* & *m*; knutselaar

1 hang [hæŋ] (hung; hung) **I** *overg* (op)hangen, behangen; laten besterven [vlees]; ~ *fire* mil 'nabranden' [v. patroon], fig niet opschieten; aarzelen; geen opgang maken; ~ *up* ophangen; fig aan de kapstok hangen; op de lange baan schuiven; **II** *onoverg* (af)hangen; zweven; traineren [v. proces]; ~ *about!* slang wacht even!; ~ *about (around)* rondlummelen; wachten; ~ *back* niet vooruit willen; achterblijven; fig aarzelen, terugkrabbelen; ~ *behind* achterblijven; ~ *down* afhangen, (neer)vallen [haar, stof]; ~ *on* [met klemtoon] wachten, blijven (hangen), zich vastklemmen (ook: ~ *on to*); vol-

houden; ~ *on!* wacht even!, een ogenblikje!; ~ *on in there* Am gemeenz volhouden, 't niet opgeven; ~ *on* [zonder klemtoon] afhangen van; ~ *on sbd.'s words* aan iemands lippen hangen; *time* ~*s heavy (on my hands)* de tijd valt me lang; ~ *out* uithangen [vlag], ophangen [was]; slang (ergens) uithangen, zich ophouden; *let it all* ~ *out* slang uit zijn bol gaan, zich uitleven; ~ *loose* Am slang zich niet druk maken, relaxen; ~ *together* aaneen-, samenhangen, eendrachtig samengaan; klitten; één lijn trekken; ~ *up* telec ophangen, het gesprek afbreken (met *on*); *be hung up* opgehouden zijn; gemeenz geobsedeerd zijn (door *on*), verslingerd zijn (aan *on*)

2 hang (hanged; hanged) **I** *overg* ophangen [als straf]; **II** *onoverg* opgehangen zijn (worden); *I'll be* ~*ed if...* ik mag hangen als ...; *I'll be* ~*ed first* ik zou nog liever hangen; ~ *it!* gemeenz verdorie!; ~ *the expense!* wat kunnen mij de kosten schelen!

3 hang *znw* hangen *o*; (steile) helling; fig (in-) richting; slag; *I don't give (care) a* ~ gemeenz het kan me geen fluit schelen; *get the* ~ *of it* gemeenz de slag ervan beetkrijgen; erachter komen

hangar ['hæŋə] *znw* hangar, (vliegtuig)loods

hangdog ['hæŋdɔg] *bn:* ~ *look* schuldige blik, armezondaarsgezicht *o*

hanger ['hæŋə] *znw* hanger; haak; hartsvanger

hanger-on ['hæŋə'rɔn] *znw* (*mv:* hangers-on) fig parasiet

hang-glider ['hæŋglaidə] *znw* deltavlieger, hangglider

hang-gliding ['hæŋglaidiŋ] *znw* deltavliegen *o*

hanging ['hæŋiŋ] **I** *znw* ophanging, hangen *o*; ~*s* draperie(ën), behang(sel) *o*; **II** *bn* (af)hangend, hang-; *a* ~ *affair (matter)* een halszaak, -misdaad

hangman *znw* beul

hang-nail *znw* nij(d)nagel

hang-out *znw* slang verblijf *o*, hol *o*, trefpunt *o*

hang-over *znw* gemeenz kater; overblijfsel *o*

hang-up *znw* gemeenz obsessie

hank [hæŋk] *znw* streng [garen]

hanker ['hæŋkə] *onoverg* (vurig) verlangen, hunkeren, haken (naar *after, for*)

hankering *znw* vurig verlangen *o*

hanky ['hæŋki] *znw* gemeenz zakdoek

hanky-panky ['hæŋki'pæŋki] *znw* gemeenz hocuspocus, trucs, knoeierij, kunsten; gefoezel *o*, geflikflooi *o*

Hansard ['hænsa:d] *znw* de Handelingen van het Parlement

hansom(cab) ['hænsəm ('kæb)] *znw* hansom: tweewielig huurrijtuig *o*

ha'penny *znw* = *halfpennny*

haphazard [hæp'hæzəd] *bn & bijw* op goed geluk, lukraak, toevallig; wanordelijk

hapless ['hæplis] *bn* ongelukkig

ha'p'orth ['heipniwə(:)θ, 'heipəθ] *bn* = *halfpennyworth*

happen ['hæpn] *onoverg* (toevallig, vanzelf) gebeuren, plaatsgrijpen, voorvallen; ~ *along* gemeenz toevallig (langs)komen; ~ *on (upon)* toevallig ontmoeten, aantreffen; ~ *to* overkomen [iem.], gebeuren met [iets]; *I ~ed to see him* toevallig zag ik hem; *as it ~ed, as it ~s* (nu) juist; *it so ~s that...* het toeval wil dat..., toevallig...

happening *znw* gebeurtenis; happening

happiness ['hæpinis] *znw* geluk *o*, blijheid, tevredenheid

happy *bn* gelukkig[2], blij, tevreden; *I shall be ~ to...* ik zal graag...; *(strike) a ~ medium* de gulden middenweg (bewandelen); zie ook: *trigger-happy*

happy-go-lucky *bn* zorgeloos

harangue [hə'ræŋ] I *znw* heftige of hoogdravende rede, toespraak; II *overg* (heftig en ernstig) toespreken

harass ['hærəs] *overg* kwellen, teisteren, afmatten, bestoken

harassment ['hærəsmənt] *znw* kwelling; *sexual ~* ongewenste intimiteiten

harbinger ['ha:bin(d)ʒə] *znw* (voor)bode, voorloper

harbour ['ha:bə] I *znw* haven[2], schuilplaats [v. hert]; II *overg* herbergen [ook: ongedierte &]; koesteren [gedachten]; III *onoverg* scheepv voor anker gaan

harbour-master *znw* havenmeester

hard [ha:d] I *bn* hard°, zwaar, moeilijk; moeizaam; streng, hardvochtig; handel vast; scherp [v. medeklinkers]; ~ *cash* klinkende munt; ~ *cheese!* gemeenz pech gehad!; ~ *copy* comput afdruk op papier; ~ *disk* comput harde schijf; ~ *drugs* harddrugs, verslavende drugs; ~ *evidence* concrete bewijzen; ~ *facts* harde (naakte) feiten; ~ *feelings* wrok, rancune; ~ *labour* dwangarbeid; ~ *liquor* zwaar alcoholische dranken; ~ *luck* pech; ~ *shoulder* vluchtstrook; *learn the ~ way* een harde leerschool doorlopen; ~ *words* moeilijke woorden; *a ~ and fast rule* een vaste (geen uitzondering of afwijking toelatende) regel; II *bijw* hard°; *drink ~* zwaar drinken; *look ~ at* streng, strak aankijken; *think ~* ingespannen denken, zich goed bedenken; *try ~* zijn uiterste best doen; ~ *behind (by)* vlak achter (bij); ~ *of hearing* hardhorend; ~ *on (upon)* dichtbij; vlak op [iets volgen]; hard voor [iem.]; ~ *up* slecht bij kas; verlegen (om *for*); *it will go ~ for them* ze zullen het zwaar te verduren krijgen; *feel ~ done by* zich slecht behandeld, belazerd voelen; *we'll be ~ pressed (pushed, put) (to finish tonight)!* het zal nog moeilijk worden (om het van-avond af te krijgen)!

hardback *znw* gebonden (boek *o*)

hardball *znw* Am honkbal *o*; *play ~* Am het keihard spelen

hardbitten *bn* taai [v. vechter]; verbeten

hardboard *znw* hardboard *o*

hard-boiled *bn* hardgekookt [ei]; gemeenz nuchter,

hard, berekenend, doortrapt

hard-bound *bn* gebonden [uitgave]

hard-core I *bn* doorgewinterd; verstokt; aartsconservatief; hard [porno]; II *znw* steenslag; kern [v.e. partij]; harde porno

hardcover *znw* gebonden (boek *o*)

hard currency *znw* harde valuta

hard-earned *bn* zuurverdiend

harden I *overg* harden, hard (gevoelloos) maken, verharden; II *onoverg* hard worden, verharden; een vaste(re) vorm aannemen; handel vaster (hoger) worden; ~*ed* ook: verstokt

hard-faced, **hard-featured** *bn* bars (streng) van uiterlijk

hard-got(ten) *bn* zuur verdiend

hard-headed *bn* nuchter, praktisch, onaandoenlijk

hard-hearted *bn* hardvochtig

hard-hitting *bn* hard toeslaand, vinnig

hardihood ['ha:dihud] *znw* onversaagdheid, koenheid, stoutmoedigheid; onbeschaamdheid

hardliner ['ha:dlainə] *znw* voorstander van de harde lijn

hard-luck *bn:* ~ *story* hartverscheurend verhaal *o* [om medelijden & te wekken]

hardly ['ha:dli] *bijw* nauwelijks, ternauwernood, bijna niet; eigenlijk niet; wel niet; bezwaarlijk, kwalijk; ~ *ever* bijna nooit; ~*... when* nauwelijks... of

hard-nosed *bn* nuchter, zakelijk, realistisch

hard-on *znw* plat stijve, erectie

hardpan *znw* verharde ondergrond, kern

hard-pressed *bn: be ~* in tijdnood zitten; geldgebrek hebben

hard sell *znw* agressieve verkoopmethode

hardship *znw* moeilijkheid, ongemak *o*; onbillijkheid; ontbering; tegenspoed

hard-tack *znw* scheepsbeschuit

hardtop *znw* [auto] zonder open dak *o*

hardware *znw* ijzerwaren; comput hardware; techn apparatuur, bouwelementen; mil zware wapens

hard-wearing *bn* sterk, niet gauw slijtend, solide

hardwood *znw* hardhout *o*; plantk loofhout *o*

hardy ['ha:di] *bn* gehard; onversaagd, stout(moedig), koen; flink; plantk winterhard; ~ *annual (perennial)* plantk vaste plant; fig (elk jaar) geregeld terugkerend onderwerp *o*

hare [hɛə] I *znw* (*mv* idem *of* -s) haas; ~ *and hounds* sp spoorzoekertje *o*; *run with the ~ and hunt with the hounds* beide partijen te vriend trachten te houden; II *onoverg* rennen; ~ *off* wegrennen; ~ *in* fig binnenvliegen

harebell *znw* grasklokje *o*

hare-brained *bn* onbesuisd

harelip *znw* hazenlip

harem ['hɛərəm] *znw* harem

haricot ['hærikou] *znw* snijboon (ook: ~ *bean*); ~ *mutton* ragout van schapenvlees

hark

hark [ha:k] *onoverg* <u>plechtig</u> & <u>schertsend</u> luisteren; ~ *back* <u>fig</u> terug(gaan); <u>fig</u> terugdenken (aan *to*); teruggaan (tot *to*), terugkomen (op *to*)

harlequin ['ha:likwin] *znw* harlekijn, hansworst[2]

harlot ['ha:lət] *znw* hoer

harm [ha:m] **I** *znw* kwaad *o*, schade, nadeel *o*; letsel *o; mean no* ~ geen kwaad in de zin hebben; *be out of* ~'s *way* **1** geen schade kunnen aanrichten; **2** zich op een veilige plaats bevinden; *no* ~ *done* geen man overboord; *no* ~ *in trying* je kunt het allicht proberen; *he will come to no* ~ er zal hem niets overkomen; **II** *overg* kwaad doen, schaden, benadelen, deren, letsel toebrengen

harmful *bn* nadelig, schadelijk

harmless *bn* onschadelijk; ongevaarlijk; argeloos, zonder erg, onschuldig; onbeschadigd

harmonic [ha:'mɔnik] **I** *bn* harmonisch; **II** *znw:* ~*s* <u>muz</u> boventonen; [op viool] flageolettonen

harmonica [ha:'mɔnikə] *znw* mondharmonica

harmonious [ha:'mounjəs] *bn* harmonieus, welluidend; harmonisch; eendrachtig

harmonium [ha:'mounjəm] *znw* harmonium *o*

harmonization [ha:mənai'zeiʃən] *znw* harmoniëring; <u>muz</u> harmonisering; harmonisatie [v. lonen, prijzen]

harmonize ['ha:mənaiz] **I** *onoverg* harmoniëren[2], overeenstemmen; **II** *overg* doen harmoniëren[2], in overeenstemming brengen; harmoniseren [v. muziek, lonen, prijzen]

harmony *znw* harmonie[2], overeenstemming, eensgezindheid

harness ['ha:nis] **I** *znw* (paarde)tuig *o*; gareel *o*; <u>vero</u> harnas *o; get back in(to)* ~ weer aan de slag gaan; *die in* ~ <u>fig</u> in het harnas sterven; **II** *overg* (op)tuigen [paard], aanspannen; <u>fig</u> aanwenden, gebruiken (voor *to*)

harp [ha:p] **I** *znw* <u>muz</u> harp; **II** *onoverg* op de harp spelen; ~ *on (about) sth.* het steeds weer over iets hebben

harpist *znw* harpspeler, harpist(e), <u>plechtig</u> harpenaar

harpoon [ha:'pu:n] **I** *znw* harpoen; **II** *overg* harpoeneren

harpsichord ['ha:psikɔ:d] *znw* clavecimbel

harpy ['ha:pi] *znw* harpij[2]

harquebus ['ha:kwibəs] *znw* haakbus

harridan ['hæridən] *znw* oude feeks, tang

harrier ['hæriə] *znw* hond voor de lange jacht; <u>sp</u> deelnemer aan veldloop; <u>dierk</u> kiekendief; <u>fig</u> plunderaar

harrow ['hærou] **I** *znw* eg; **II** *overg* eggen; pijnigen, folteren; ~*ing* ook: aangrijpend, hartverscheurend

harry ['hæri] *overg* kwellen, teisteren, plunderen, aflopen, afstropen, verwoesten; bestoken, lastig vallen

harsh [ha:ʃ] *bn* hard[2], scherp[2], grof[2], ruw[2], wrang, stroef, krijsend; streng

hart [ha:t] *znw* (mannetjes)hert *o*

hartebeest ['ha:tibi:st] *znw* hartenbeest: soort antilope

hartshorn ['ha:tshɔ:n] *znw* hertshoorn *o* & *m*

harum-scarum ['hɛərəm'skɛərəm] **I** *bn* wild, dol(zinnig), onbesuisd; **II** *znw* wildebras

harvest ['ha:vist] **I** *znw* oogst[2]; **II** *overg* oogsten, in-, opzamelen

harvester *znw* oogster; oogstmachine

harvest festival *znw* dankdienst voor het gewas

harvest home *znw* einde *o* van de oogst; oogstfeest *o*

has [hæz, (h)əz] derde pers. enk. T.T. v. *have*

has-been ['hæzbi:n] *znw* <u>gemeenz</u> wie heeft afgedaan

hash [hæʃ] **I** *overg* (fijn)hakken (ook: ~ *up*); **II** *znw* **1** hachee *m* & *o*; **2** <u>fig</u> mengelmoes *o* & *v*; <u>gemeenz</u> (rommel)zootje *o*; **3** <u>gemeenz</u> hasj; **4** 'hekje' *o* [het teken #]; *make a* ~ *of it* <u>gemeenz</u> de boel verknoeien; *settle sbd.'s* ~ <u>gemeenz</u> iem. zijn vet geven

hashish ['hæʃi:ʃ, 'hæʃiʃ] *znw* hasj(iesj)

hasp [ha:sp] *znw* klamp, klink, beugel; grendel

hassle ['hæsəl] **I** *overg* pesten, op de zenuwen werken (met woorden); **II** *znw* **1** gedoe *o*, heisa, beslommering; **2** ruzie

hassock ['hæsək] *znw* voet-, knielkussen *o*

hast [heist] <u>vero</u> tweede pers. enk. T.T. v. *have*

haste [heist] *znw* haast, spoed; overijling; *more* ~, *less speed* haastige spoed is zelden goed; *make* ~ zich haasten

hasten ['heisn] **I** *onoverg* zich haasten (spoeden); **II** *overg* verhaasten, bespoedigen

hasty *bn* haastig; gehaast, overijld; driftig

hat [hæt] *znw* hoed; pet [stijf, decoratief]; kardinaalshoed[2]; *cocked* ~ steek; punthoed; *knock into a cocked* ~ veel beter, mooier & zijn dan...; *old* ~ <u>slang</u> ouwe koek; ~ *in hand* nederig, onderdanig; *pass round the* ~ rondgaan (voor geldinzameling), collecteren; *talk through one's* ~ als een kip zonder kop praten; *under one's* ~ <u>gemeenz</u> vertrouwelijk; *throw one's* ~ *in the ring* zich in de strijd mengen

hatband *znw* hoedenband, -lint *o*

hatch [hætʃ] **I** *znw* **1** broeden *o*, broedsel[2] *o*; **2** <u>scheepv</u> luik(gat) *o*; halve deur; *down the* ~! <u>gemeenz</u> proost!; **II** *overg* **1** uitbroeden[2]; **2** arceren; ~ *up* beramen, verzinnen; **III** *onoverg* broeden; uitkomen

hatchback ['hætʃbæk] *znw* vijfde deur [v. auto], hatchback; auto met vijfde deur

hatchery *znw* broedplaats [voor vis]

hatchet ['hætʃit] *znw* bijl; bijltje *o; bury the* ~ de strijdbijl begraven; ~ *face* lang, scherp gezicht *o; do a* ~ *job on sbd.* iem. scherp bekritiseren; ~ *man* huurmoordenaar; <u>fig</u> iem. die vuile zaakjes voor anderen opknapt

hatching *znw* arcering

hatchway ['hætʃwei] *znw* <u>scheepv</u> luikgat *o*

hate [heit] **I** *overg* haten, het land (een hekel) hebben aan; *I* ~ *to do it* ik doe het niet graag; ~ *sbd.'s* *guts* gemeenz iem. niet kunnen uitstaan; **II** *znw* haat

hateful *bn* hatelijk; gehaat; afschuwelijk, akelig

hath [hæθ] plechtig derde pers. enk. T.T. v. *have*

hatpin ['hætpin] *znw* hoedenspeld

hat-rack ['hætræk] *znw* kapstok

hatred ['heitrid] *znw* haat, vijandschap (tegen *of*)

hat-stand ['hætstænd] *znw* kapstok

hatter *znw* hoedenmaker, -verkoper; *as mad as a ~* stapelgek

hattrick *znw* sp hattrick

hauberk ['hɔːbəːk] *znw* maliënkolder

haughty ['hɔːti] *bn* hoogmoedig, hooghartig, trots; uit de hoogte, hautain

haul [hɔːl] **I** *overg* trekken, slepen; vervoeren; halen; scheepv aanhalen, wenden; ~ *in* scheepv binnen boord halen; ~ *sbd. over the coals* iem. een uitbrander geven; *be ~ed up (in court, before the judge)* voor de rechter gesleept worden; **II** *onoverg* draaien [wind]; trekken [aan touw]; ~ *off* scheepv afhouden; ~ *to (upon) the wind* scheepv oploeven; **III** *znw* trek, haal; traject *o*, afstand, weg; vangst[2]; winst; buit; *it will be a long ~* fig dat wordt een lange ruk; het zal heel wat moeite gaan kosten

haulage *znw* (beroeps-, weg)vervoer *o*; vervoerprijs

haulier *znw* transportonderneming; (beroeps-, weg)vervoerder; vrachtwagenchauffeur

haunch [hɔːn(t)ʃ] *znw* heup [v. dier], lenden(stuk *o*); bout; dij [v. paard]

haunt [hɔːnt] **I** *onoverg* bezoeken, zich ophouden, rondwaren in, om en bij; (steeds) vervolgen, kwellen [gedachten]; *a ~ed house* een spookhuis *o*; *a ~ed look* een verwilderde blik; **II** *znw* (vaste) verblijfplaats, stek; stamkroeg; hol *o*, schuilplaats (v. dieren)

hauteur [ou'təː] *znw* [Fr] hooghartigheid

Havana [hə'vænə] *znw* havanna(sigaar)

1 have [hæv, (h)əv] (had; had) *overg & onoverg* hebben, bezitten; houden; krijgen; nemen, gebruiken; te pakken hebben; kennen; gemeenz beetnemen; laten; ~ *a baby* een kind krijgen; ~ *dinner* dineren; ~ *a game* een spelletje doen; ~ *no Greek* geen Grieks kennen; *I will* ~ *a suit made* laten maken; *what will you* ~ *me do?* wat wilt u dat ik zal doen?; *I had to go* ik moest gaan; *I* ~ *it!* nu ben ik er!; *as the Bible has it* zoals in de Bijbel staat, zoals de Bijbel zegt (wil); *as chance (fate, luck &) would* ~ *it* zoals het toeval wilde; alsof het spel sprak; *rumour has it* het gerucht gaat; *let him* ~ *it* hem er van langs geven; ~ *had it* gemeenz voor de haaien zijn, er geweest zijn, geen kans meer hebben; *you* ~ *me there, there you* ~ *me* daar kan ik geen antwoord op geven; *I'm not having this* ik duld zoiets niet; zie ook: *any*; ~ *at* vero te lijf gaan; ~ *at you!* vero pas op!; ~ *it away (off) with sbd.* slang met iem. naar bed gaan; ~ *a doctor in* gemeenz laten komen; ~ *it in for* gemeenz het gemunt hebben op; iets hebben tegen; ~ *it in one to...* ertoe in staat zijn te...; *to be had at*

all booksellers bij alle boekhandelaren verkrijgbaar; ~ *on* op-, om-, aanhebben; ~ *money on one* geld bij zich hebben; ~ *nothing on sbd.* gemeenz niet op kunnen tegen iem.; niets bezwarends voor iem. in handen hebben; ~ *sbd. on* gemeenz iem. voor de gek houden; ~ *a tooth out* een tand laten trekken; ~ *it out of sbd.* iem. iets betaald zetten; ~ *it out with sbd.* iem. zeggen waar het op staat, een zaak uitmaken; ~ *the place & to oneself* ook: het rijk alleen hebben; zie ook: *talk IV*; ~ *up* gemeenz vóór laten komen; op het matje roepen; laten komen

2 have *znw: the ~s and the ~-nots* de armen en de rijken, de bezitters en de niet-bezitters

haven ['heivn] *znw* haven[2]; toevluchtsoord *o*

haver ['heivə] *onoverg* Schots onzin uitkramen

haversack ['hævəsæk] *znw* mil broodzak; knapzak

having ['hæviŋ] *znw* bezitting, have

havoc ['hævək] *znw* verwoesting; *make ~ of, wreak* ~ *in, to* vreselijk huishouden in, verwoesten, vernielen; *play ~ with* compleet in de war sturen

haw [hɔː] **I** *znw* haagappel; haagdoorn; **II** *onoverg* zie: *hum*

Hawaiian [haː'waiiən] **I** *znw* Hawaïaan; **II** *bn* Hawaïaans

hawk [hɔːk] **I** *znw* havik, valk; fig haai; **II** *onoverg* **1** met valken jagen; **2** de keel schrapen; **III** *overg* (rond)venten, leuren met (ook: ~ *about*); fig uitstrooien, verspreiden

hawker *znw* **1** venter, leurder, marskramer; **2** valkenier

hawk-eyed *bn* scherpziend, met haviksogen

hawse [hɔːz] *znw* scheepv kluis

hawser *znw* scheepv kabel, tros

hawthorn ['hɔːθɔːn] *znw* meidoorn

hay [hei] *znw* hooi *o*; *hit the ~* slang gaan pitten, de koffer induiken; *make ~* hooien; *make ~ of* **1** ontzenuwen [argument]; **2** met de grond gelijk maken, compleet verslaan [tegenstander]; *make ~ while the sun shines* het ijzer smeden als het heet is

haycock *znw* hooiopper

hay fever *znw* hooikoorts

hayloft *znw* hooizolder

haymaker *znw* hooier, hooister

haymaking *znw* hooibouw, hooien *o*

hayrick, haystack *znw* hooiberg

hayseed ['heisiːd] *znw* Am fig boerenpummel

haywire: *be all ~, go ~* gemeenz in de war zijn (raken); [machines &] kuren vertonen

hazard ['hæzəd] **I** *znw* (ongelukkig) toeval *o*; risico *o*, gevaar *o*; **II** *overg* wagen, in de waagschaal stellen, riskeren; durven maken (opperen &)

hazardous *bn* gevaarlijk, gewaagd, riskant

haze [heiz] **I** *znw* damp, nevel, waas *o*, wazigheid; **II** *overg* Am ontgroenen

hazel ['heizl] **I** *znw* hazelaar; **II** *bn* lichtbruin

hazel-nut *znw* hazelnoot

hazy ['heizi] *bn* dampig, wazig, heiig, nevelig; fig beneveld; vaag

245

he

he [hi:] **I** *pers vnw* hij; **II** *znw* man, mannetje *o*
head [hed] **I** *znw* hoofd° *o*, kop° [ook v. zweer,
schip]; kruin, top, mil spits; helm [v. distilleerkolf];
krop [v. sla], stronk [v. andijvie, bloemkool]; gewei
o; hoofdeinde *o*; scheepv voorsteven; manchet [=
schuim op glas bier]; hoofdman, leider, chef, directeur, rector [v. college]; stuk *o*, stuks [vee]; beeldenaar [v. munt]; (hoofd)punt *o* [v. aanklacht &]; categorie, rubriek; bron, oorsprong; *a ~ gemeenz*
haarpijn; hoofdpijn; *two shillings a (per) ~* per persoon; *bang one's ~ against a brick wall* fig gemeenz
met het kop tegen de muur lopen; *bite (snap) sbd.'s
~ off* gemeenz iem. afsnauwen; *bring to a ~* op de
spits drijven; *come to a ~* kritiek worden [situatie
&]; *I can't make ~ nor tail of it* ik kan er geen touw
aan vastknopen; *~s or tail(s)* kruis of munt; *I can't
get my ~ round it* gemeenz ik begrijp er geen snars
van; *gather ~* zich sterker ontwikkelen, aan kracht
winnen; *he was given his ~ too freely* hij werd niet
genoeg in toom gehouden; *have one's ~ screwd on
(right)* gemeenz ze allemaal op een rijtje hebben,
goed bij zijn; *keep your ~* houd u kalm, verlies het
hoofd niet; *lose one's ~* het hoofd verliezen, zenuwachtig worden; *take the ~* zich aan de spits
stellen; *it has turned his ~* het heeft hem het hoofd
op hol gebracht; *~ first, ~ foremost* voorover; onbesuisd, hals over kop; *laugh (shout, work, yawn &)
one's ~ off* zich doodlachen (-schreeuwen, -werken,
-gapen &); *talk one's ~ off* gemeenz blijven (door-)
praten, ratelen; *~ on* zie: *head-on*; *~ over heels* holderdebolder, hals over kop; tot over de oren; ondersteboven; *put ~s together* (met elkaar) overleggen; *it's above (over) my ~* het gaat boven mijn
bevatting, boven mijn pet(je); *at the ~ of* aan het
hoofd (de spits) van; bovenaan (nummer één) [op
lijst]; *stand at the ~ of* ook: de eerste zijn onder;
from ~ to foot (toe) van top tot teen; *in one's ~* uit
het hoofd [berekenen]; *he took it into his ~ to ...* hij
kreeg (haalde) het in zijn (het) hoofd (om) ...; *off
his ~* niet goed bij zijn hoofd, gek; *out of his own ~*
uit zijn (eigen) koker; *talk off the top of one's ~* zomaar, spontaan iets zeggen; *on your own ~ be it* de
gevolgen zijn voor uw rekening; *over the ~(s) of* te
hoog gaand voor; over... heen, met voorbijgaan
van; boven het bevattingsvermogen van...; *go to
sbd.'s ~* iem. naar het hoofd stijgen; **II** *overg* aan
het hoofd staan van; aanvoeren; zich aan de spits
(het hoofd) stellen van; de eerste zijn van (onder);
sturen, wenden; sp koppen [een bal]; toppen (*~
down*) [bomen]; *an article ~ed ...* met het opschrift
...; *~ off* opvangen (aanhouden), de pas afsnijden;
fig voorkomen, verhinderen; **III** *onoverg* plantk
kroppen; *~ for (towards)* koers zetten naar, aansturen, -stevenen op, gaan naar; *~ back* teruggaan
headache *znw* hoofdpijn; gemeenz probleem *o*,
moeilijkheid, (kop)zorg, last
headband *znw* hoofdband
headboard *znw* plank aan het hoofdeinde [v. bed]

head butt *znw* kopstoot
head-clerk *znw* chef de bureau, procuratiehouder
head-cold *znw* hoofdverkoudheid
headcount *znw* koppen tellen *o*
headdress *znw* hoofdtooi
header *znw* kopsteen; duik [bij kopje onder]; sp
kopbal
head-gear *znw* hoofddeksel *o*; hoofdtooi; hoofdstel *o*
head-hunter *znw* koppensneller; headhunter [be-
middelaar voor hoger personeel]
heading *znw* hoofd *o*, titel, opschrift *o*, rubriek
headlamp *znw* auto koplamp
headland *znw* voorgebergte *o*; kaap, landtong
headless *bn* zonder hoofd/kop; *rush (run) round like
a ~ chicken* gemeenz rondrennen als een kip zonder kop
headlight *znw* koplicht *o*; scheepv mast-, toplicht *o*
headline *znw* hoofd *o*, opschrift *o*, kop, kopje *o* [in
krant]; *~s* ook: voornaamste nieuws *o*; *hit the ~s,
make ~s* in het nieuws komen
headlong *bn & bijw* met het hoofd vooruit, hals
over kop; dol, blindelings; onstuimig, onbezonnen, roekeloos; steil
headman *znw* hoofdman, onderbaas, meesterknecht; stamhoofd *o*
headmaster *znw* onderw hoofd *o* van school; directeur; rector
headmistress *znw* onderw hoofd *o* van school; directrice; rectrix, rectrice
headmost *bn* voorste
head-nurse *znw* Am hoofdzuster
head-office *znw* hoofdkantoor *o*
head-on *bn & bijw* frontaal [tegen elkaar botsen]; *~
collision* frontale botsing; fig felle botsing
headphone(s) *znw* koptelefoon
headquarters *znw mv* mil hoofdkwartier[2] *o*; staf-
kwartier *o*, staf; hoofdbureau *o*; handel hoofdkantoor *o*; hoofdzetel; *general ~* mil het grote hoofdkwartier
headrest *znw* hoofdsteun
headroom *znw* vrije hoogte [v. boog &], doorvaar-
hoogte [v. brug], doorrijhoogte [v. viaduct]
headscarf *znw* hoofddoek
headship *znw* directeurschap *o* &; leiding
headshrinker *znw* slang psychiater
headsman *znw* beul, scherprechter
headstall *znw* hoofdstel *o*
headstand *znw*: *do a ~* op zijn hoofd staan
head start *znw* voorsprong, goede uitgangspositie
headstone *znw* bouwk hoeksteen; (rechtopstaande)
grafsteen
headstrong *bn* koppig, eigenzinnig
head teacher *znw* hoofdonderwijzer
headvoice *znw* kop-, falsetstem
head-waiter *znw* ober
headway *znw* vaart, gang, vooruitgang; speling;
make ~ opschieten, vorderen, om zich heen grij-

pen, zich uitbreiden

head wind *znw* tegenwind

headword *znw* hoofdwoord *o*, titelwoord *o*, lemma *o*

heady *bn* onstuimig, onbesuisd; koppig [v. wijn]; opwindend

heal [hi:l] **I** *overg* helen, genezen, gezond maken; **II** *onoverg* helen, genezen, beter worden; ~ *over (up)* toegroeien, dichtgaan [v. wond]; *the ~ing art* de geneeskunde

healer *znw* (gebeds)genezer (ook: *faith ~*)

health [helθ] *znw* gezondheid, welzijn *o*, heil *o* [van de ziel]; *your (good)* ~! (op uw) gezondheid!; *in good* ~ gezond

health centre *znw* consultatiebureau *o*, gezondheidscentrum *o*

health farm *znw* instelling waar mensen enige tijd intern verblijven om d.m.v. dieet, lichaamsoefeningen e.d. hun gezondheid te verbeteren

healthfood *znw* reformartikelen

healthfood shop *znw* natuurvoedingswinkel

healthful *bn* gezond[2]

health insurance *znw* ziektekostenverzekering

health resort *znw* herstellingsoord *o*, kuuroord *o*

healthy *bn* gezond°

heap [hi:p] **I** *znw* hoop, stapel; gemeenz boel, massa (ook: ~s); *struck all of a* ~ gemeenz verstomd, versteld, erg van streek; *in a* ~ op een kluitje; *at the top (bottom) of the* ~ fig boven (onder) aan de ladder; **II** *overg* ophopen, (op)stapelen (~ *up*); ~ *... upon,* ~ *with ...* overladen met ...

1 hear [hiə] (heard; heard) **I** *overg* horen; verhoren; overhoren; recht behandelen [zaak]; *I* ~ ook: ik heb vernomen; ~ *out* tot het eind toe aanhoren; **II** *onoverg* horen, luisteren; ~ *from* horen van; ~ *of* horen van (over)

2 hear *tsw* ~, ~! bravo!

heard [hə:d] V.T. & V.D. van *hear*

hearer ['hiərə] *znw* (toe)hoorder(es)

hearing *znw* gehoor *o*; recht verhoor *o*, behandeling [van een zaak]; hoorzitting; muz auditie; *give sbd. a* ~ iem. aanhoren; *in (within) my* ~ zodat ik het horen kan/kon; *out of* ~, *within* ~ zie: *earshot*

hearing aid *znw* gehoorapparaat *o*

hearken ['ha:kn] *onoverg* plechtig luisteren

hearsay ['hiəsei] *znw* praatjes, geruchten; *by (from, on)* ~ van horen zeggen

hearse [hə:s] *znw* lijkwagen

heart [ha:t] *znw* hart° *o*; kern, binnenste *o*; moed; ~(*s*) kaartsp harten; ~ *of oak* standvastige, moedige man; *dear (sweet)* ~! (mijn) hartje!; ~ *and soul* met hart en ziel; *have a change of* ~ van mening veranderen; *his* ~ *was (not) in it* hij was er (niet) met hart en ziel bij; *my* ~ *was in my mouth* het hart klopte mij in de keel; *cross my* ~ *and hope to die* met de hand op mijn hart; *have a* ~! strijk eens over je hart!; *lose* ~ de moed verliezen; *lose one's* ~ zijn hart verliezen [aan een meisje]; *put some* ~ *into sbd.*

iem. moed geven; *set one's* ~ *on* zijn zinnen zetten op; *take* ~ moed vatten; *(a man) after my (own)* ~ naar mijn hart; *two* ~*s that beat as one* twee handen op één buik; *to one's* ~*'s content* naar hartelust; *at* ~ in zijn hart; in de grond (van zijn hart); *sad at* ~ droef te moede; *have sth. at* ~ zich (veel) aan iets gelegen laten zijn; *know, learn by* ~ van buiten kennen, leren; *from my* ~ uit de grond van mijn hart; *in (good)* ~ vol moed, opgewekt; in goede conditie [akker]; *in his* ~ *of* ~*s* in de grond (het diepst) van zijn hart; *be close to his* ~ hem na aan het hart liggen; *be of good* ~ vero houd maar moed, wees maar niet bang; *take it (heavily) to* ~ zich het (erg) aantrekken; *he wears his* ~ *on his sleeve* het hart ligt hem op de tong; *with all my* ~ van (ganser) harte

heartache *znw* hartzeer *o*, hartenleed *o*

heart attack *znw* hartaanval

heartbeat *znw* hartslag

heartbreak *znw* zielensmart

heart-breaking *bn* hartbrekend, hartverscheurend; gemeenz vermoeiend, vervelend

heart-broken *bn* gebroken (door smart)

heart-burn *znw* zuur *o* in de maag

heart-burning *znw* verbittering; rancune; spijt; jaloezie

hearten **I** *overg* bemoedigen; **II** *onoverg* moed scheppen (ook: ~ *up*)

heart failure *znw* hartverlamming

heartfelt *bn* diepgevoeld, oprecht, innig

hearth [ha:θ] *znw* haard, haardstede

hearthrug *znw* haardkleedje *o*

heartland ['ha:tlənd] *znw* centrum *o*, hart *o*, kern [v.e. gebied]

heartless ['ha:tlis] *znw* harteloos

heart-rending *bn* hartverscheurend

heart-searching I *bn* het hart doorvorsend; **II** *znw* zelfonderzoek *o*; gewetensknaging, bange twijfel

heartstrings *znw mv* (koorden van het) hart *o*; *touch (tug, pull at) sbd.'s* ~ een gevoelige snaar bij iem. raken

heart-throb *znw* hartslag; gemeenz ster, idool *o*, hartenbreker

heart-to-heart I *bn* (open)hartig, intiem; **II** *znw:* *have a* ~ gemeenz een openhartig gesprek hebben

heart-warming *bn* hartveroverend

heart-whole *bn* onverschrokken; vrij, niet verliefd; gemeend, oprecht [v. sympathie]

hearty I *bn* hartelijk; hartgrondig; hartig; flink; gezond; **II** *znw:* *my hearties!* beste jongens!

heat [hi:t] **I** *znw* hitte, warmte[2], gloed[2], heftigheid; sp manche, loop; gezond [v. vrouwtjesdier]; *the* ~ slang de politie; *in (on)* ~ bronstig, krols, loops; **II** *overg* heet (warm) maken, verhitten, verwarmen (ook: ~ *up*); opwinden; ~ *up* ook: opwarmen; *get* ~*ed* driftig worden; **III** *onoverg* heet (warm) worden of lopen (ook: ~ *up*)

heated *bn* heftig, verhit

heater *znw* verwarmingstoestel *o*, verwarmer,

(straal)kachel; geiser; boiler, heetwatertoestel o;
bout [in strijkijzer]; <u>techn</u> voorwarmer
heath [hi:θ] *znw* heide; <u>plantk</u> erica, dopheide
heathen ['hi:ðən] **I** *znw* heiden; *the* ~ ook: de hei-
denen; **II** *bn* heidens
heathenish *bn* heidens
heathenism *znw* heidendom *o*
heather ['heðə] *znw* heidekruid *o*, heide
heathery, heathy ['hi:θi] *bn* met heide begroeid,
heide-
Heath Robinson [hi:θ 'rɔbinsən] *bn* uiterst ingewikkeld, maar onpraktisch [naar de Engelse cartoonist W. Heath Robinson, 1872-1944]
heating ['hi:tiŋ] *znw* verhitting, verwarming; *central* ~ centrale verwarming
heat-lightning ['hi:tlaitniŋ] *znw* Am weerlicht *o* &
m
heatproof *bn* hittebestendig
heat-stroke *znw* bevangen worden *o* door de hitte;
zonnesteek
heat-wave *znw* hittegolf
1 heave [hi:v] (heaved, <u>scheepv</u> hove; heaved,
scheepv hove) **I** *overg* opheffen, (op)tillen, (op-)
hijsen, ophalen; <u>scheepv</u> lichten, hieuwen; gooien;
doen zwellen; ~ *a sigh* een zucht slaken; ~ *down*
<u>scheepv</u> krengen, kielen; ~ *to* <u>scheepv</u> bijdraaien;
II *onoverg* rijzen, zich verheffen, op en neer gaan,
deinen; (op)zwellen; kokhalzen; ~ *at* trekken aan;
~ *in sight (into view)* in het gezicht komen
2 heave *znw* rijzing; deining, (op)zwelling; zwoegen *o*
heave-ho ['hi:v'hou] *znw* <u>gemeenz</u> ontslag *o*, de zak
heaven ['hevn] *znw* ook: ~*s* hemel; *by* ~!, *good* ~!
goeie hemel!; *for* ~*'s sake* in hemelsnaam; ~ *knows!*
Joost mag het weten!; ~ *forbid* God verhoede het;
smell (stink) to high ~ <u>gemeenz</u> uren in de wind
stinken; *it was* ~! gemeenz het was te gek!
heavenly *bn & bijw* hemels, goddelijk; hemel-; <u>ge-
meenz</u> zalig, heerlijk
heaven-sent *bn* (als) door de hemel gezonden
heavenward(s) *bn bijw* ten hemel
heavy ['hevi] **I** *bn* zwaar, zwaarmoedig; dik, drukkend [lucht]; loom, traag; zwaar op de hand; dom;
saai; hevig; <u>gemeenz</u> 'heavy'; druk [verkeer,
schema]; platvloers [humor]; ~ *type* vette letter; ~
in (on) hand zwaar op de hand[^2]; *be* ~ *on* kwistig
zijn met; ~ *with* zwanger van[^2], bezwangerd met
[geuren &]; beladen met, vol van; **II** *bijw* zwaar; **III**
znw zwaargewicht *o*; <u>gemeenz</u> zware jongen; bodyguard
heavy-duty *bn* ijzersterk [tapijt &]; voor zwaar
(industrieel) gebruik
heavy-handed *bn* plomp, onbehouwen, tactloos
heavy-hearted *bn* moedeloos, terneergeslagen
heavy industry *znw* zware industrie
heavy-laden *bn* zwaarbeladen; <u>fig</u> bedrukt, bezwaard
heavy metal *znw* **1** zwaar geschut *o*, zware wapens;

2 zwaar metaal *o*; **3** <u>muz</u> heavy metal
heavy-set *bn* Am zwaargebouwd
heavyweight *znw* sp zwaargewicht *o*; <u>fig</u> kopstuk *o*
Hebraic [hi'breiik] *bn* Hebreeuws
Hebraism ['hi:breiizm] *znw* hebraïsme *o*
Hebraist *znw* hebraïst, hebraïcus
Hebrew ['hi:bru:] **I** *znw* Hebreeuws *o*; Hebreeër; **II**
bn Hebreeuws
hecatomb ['hekətu:m] *znw* hecatombe; slachting
heck [hek] *tsw* <u>gemeenz</u> = *hell*
heckle ['hekl] *overg* (sprekers of verkiezingskan-
didaten) almaar in de rede vallen en lastige vragen
stellen
heckler ['heklə] *znw* iem. die lastige vragen stelt
[bij politieke bijeenkomsten &]
hectare ['hekta:] *znw* hectare
hectic ['hektik] *bn* <u>fig</u> koortsachtig, dol, opwindend, jachtig, hectisch; <u>med</u> hectisch; teringachtig,
tering-
hectogram(me) ['hektəgræm] *znw* hectogram *o*
hectolitre, Am **hectoliter** *znw* hectoliter
hectometre, Am **hectometer** *znw* hectometer
hector ['hektə] **I** *overg* donderen; **II** *onoverg* donderen, snoeven
he'd [hi:d] = *he had* of *he would*
hedge [hedʒ] **I** *znw* heg, haag; <u>fig</u> waarborg; **II** *overg*
omheinen, insluiten (ook: ~ *in*), afsluiten (ook: ~
off); *to* ~ *one's bets* <u>fig</u> op twee paarden wedden; **III**
onoverg zich gedekt houden, een slag om de arm
houden, zich indekken; om de zaken heendraaien
hedgehog *znw* egel; <u>mil</u> egelstelling; <u>fig</u> prikkelbaar
persoon
hedgehop *onoverg* <u>luchtv</u> <u>gemeenz</u> laag vliegen
hedgerow *znw* haag
hedge-sparrow *znw* haagmus, bastaardnachtegaal
hedonism ['hi:dənizm] *znw* <u>filos</u> hedonisme *o*
hedonist *znw & bn* hedonist(isch)
hedonistic [hi:də'nistik] *bn* hedonistisch
heebie-jeebies ['hi:bi'dʒi:biz] *znw mv: the* ~ <u>ge-
meenz</u> de zenuwen [hebben]; *that gives me the* ~
daar krijg ik de kriebels (kippenvel) van
heed [hi:d] **I** *overg* acht geven (slaan) op, letten op;
II *znw* opmerkzaamheid, oplettendheid; *give, pay
(no)* ~ *to, take (no)* ~ *of* (geen) acht slaan op, (niet)
letten op, zich (niet) bekommeren om; *take* ~ oppassen, zich in acht nemen
heedless *bn* onachtzaam, zorgeloos; ~ *of* niet lettend op, niet gevend om
hee-haw ['hi:'hɔ:] **I** *tsw* ia (van een ezel); **II** *onoverg*
iaën
heel [hi:l] **I** *znw* hiel, hak; muis [v. hand]; korstje *o*
[v. brood]; uiteinde *o*; <u>gemeenz</u> snertvent, slam-
pamper; *take to one's* ~*s* het hazenpad kiezen; *be at
the* ~*s of* op de hielen zitten; zie ook: *cool III, down
II*; *bring to* ~ doen gehoorzamen, klein krijgen;
come to ~ gedwee volgen; *dig one's* ~*s in* zich
schrap zetten, niet toegeven; *drag one's* ~*s* traineren, opzettelijk treuzelen; *kick (cool) one's* ~*s* moe-

ten wachten [op zijn beurt &]; **II** *overg* **1** de hielen
(een hiel) zetten aan, de hakken (een hak) zetten
onder; **2** scheepv kielen; **III** *onoverg* scheepv slagzij
maken (ook: ~ *over*)
heel bar *znw* hakkenbar
heeled [hi:ld] *bn* Am slang gewapend; *well-*~ rijk
heel-tap ['hi:ltæp] *znw* hakstuk *o* [v. schoen]; restje
o [in glas]
hefty ['hefti] *bn* fors, potig; fiks
hegemony [hi(:)'geməni, 'hedʒiməni, 'hegiməni]
znw hegemonie; overwicht *o* over andere staten
he-goat ['hi:gout] *znw* dierk bok
heifer ['hefə] *znw* vaars
heigh [hei] *tsw* hei!, hé!, hè? [verbaasd, aanspo-
rend]; ~ *ho* ach!
height [hait] *znw* hoogte, verhevenheid; hoogtepunt *o*, toppunt *o*; lengte, grootte; *at its* ~ op zijn
hoogst; *at the* ~ *of summer* hartje zomer
heighten *overg* verhogen[2]; versterken; overdrijven
heinous ['heinəs] *bn* snood, gruwelijk, weerzinwekkend
heir [ɛə] *znw* erfgenaam; ~ *apparent* rechtmatige
(troon)opvolger; erfgenaam bij versterf; ~-*at-law*
wettige erfgenaam
heiress *znw* erfgename; erfdochter
heirless *bn* zonder erfgenaam
heirloom *znw* erfstuk *o*
heist [haist] *znw* Am slang roofoverval; kraak, inbraak
held [held] V.T. & V.D. van hold
helices ['helisi:z] *znw mv* v. helix
helicopter ['helikɔptə] *znw* helikopter, hefschroefvliegtuig *o*
heliport ['helipɔ:t] *znw* helihaven, heliport
helium ['hi:ljəm] *znw* helium *o*
helix ['hi:liks] *znw* (*mv*: -es *of* helices [-lisi:z])
schroeflijn, spiraal(lijn); rand van de oorschelp
hell [hel] *znw* hel; ~! *gemeenz* verrek!; *oh, what the*
~! *gemeenz* wat maakt 't uit?, wat geeft 't?; *give*
them ~ *gemeenz* erop slaan; *give sbd.* ~ iem. het
leven zuur maken; *ride* ~ *for leather* in dolle vaart
rijden; *a* ~ *of a lot gemeenz* reuze veel; *one* ~ *of a*
guy een reuzekerel; *a* ~ *of a noise gemeenz* een hels
kabaal *o*; *we had a* ~ *of a time* **1** we hebben ontzettend veel lol gehad; **2** we hebben het zwaar te verduren gehad; *come* ~ *on high water* wat er ook gebeurt; *all* ~ *broke loose* toen had je de poppen aan 't
dansen; *play (merry)* ~ *with* volledig in het honderd
sturen; *raise* ~ de boel op stelten zetten; *there'll be*
~ *to pay* dan zul je de poppen aan 't dansen hebben; *get the* ~ *out of here!* donder op, nu meteen!;
like ~ om de donder niet; *run (work) like* ~ rennen
(werken) als een idioot; *(hope &) to* ~ ontzettend
(hopen &); *scare the* ~ *out of sbd.* iem. de stuipen
op het lijf jagen; *what the* ~*?* gemeenz wat verdomme?; *for the* ~ *of it* gemeenz voor de lol; *go to*
~! *gemeenz* loop naar de maan!
hell-bent *bn* wild, gebrand (op *for, on*)

hell-cat *znw* helleveeg, feeks, heks[2]
hellebore ['helibɔ:] *znw* nieskruid *o*
Hellene ['heli:n] *znw* Helleen, Griek
Hellenic [he'li:nik] *bn* Helleens
Hellenism ['helinizm] *znw* hellenisme *o*
Hellenist *znw* hellenist
hell-fire ['hel'faiə] *znw* hellevuur *o*
hell-hound *znw* helhond[2], Cerberus; demon
hellish *bn* hels
hello [he'lou] *tsw* = hallo
helluva [helə'və:] *bn & bijw* gemeenz = a hell of a
helm [helm] *znw* **1** helmstok, roerpen, roer *o*;
2 vero helm; *be at the* ~ aan het roer staan[2]
helmet ['helmit] *znw* helm; helmhoed
helmsman ['helmzmən] *znw* roerganger
helot ['helət] *znw* hist heloot[2]; slaaf[2]
help [help] **I** *overg* helpen, bijstaan, hulp verlenen,
ondersteunen; serveren, bedienen; *I could not* ~
laughing, I could not ~ *but laugh* ik kon niet nalaten
te lachen, ik moest wel lachen; *it can't be* ~*ed* er is
niets aan te doen; *don't be longer than you can* ~
dan nodig is; *he didn't* ~ *matters* hij maakte de zaak
niet beter; ~ *along* vooruit-, voorthelpen; ~ *on* bevorderen, voorthelpen; ~ *sbd. on (off) with his coat*
iem. in (uit) zijn jas helpen; ~ *out* helpen, redden
uit (een moeilijkheid); ~ *to the gravy* de jus aangeven, bedienen van; *so* ~ *me God* zo waarlijk helpe
mij God (Almachtig)!; *not if I can* ~ *it!* geen sprake
van!, over mijn lijk!; **II** *wederk*: ~ *oneself* zich(zelf)
helpen; zich bedienen (van *to*); *he could not* ~ *him-*
self hij kon er niets aan doen; **III** *onoverg* helpen; ~
in ...ing bijdragen tot...; **IV** *znw* (be)hulp (ook: =
help(st)er); bijstand, steun, uitkomst, gemak *o*;
hulp in de huishouding (ook *domestic* ~); (dienst)-
meisje *o*; *there is no* ~ *for it* er is niets aan te doen;
be of ~ helpen
helper *znw* (mede)helper, helpster
helpful *znw* behulpzaam, hulpvaardig; bevorderlijk; nuttig, bruikbaar
helping I *bn* helpend; *lend a* ~ *hand* zie: lend; **II**
znw portie [eten]
helpless *bn* hulpeloos; machteloos; onbeholpen
helpmate, helpmeet *znw* helper; hulp; levensgezel, -gezellin
helter-skelter ['heltə'skeltə] **I** *bijw* holderdebolder,
hals over kop; **II** *bn* overijld, onbesuisd, dol; **III**
znw wilde verwarring, dolle vlucht (ren &); glijbaan [op kermis &]
helve [helv] *znw* steel [v.e. bijl &]
Helvetian [hel'vi:ʃjən, -ʃiən] **I** *bn* Zwitsers; **II** *znw*
Zwitser
1 hem [hem] **I** *znw* zoom, boord; **II** *overg* (om-)
zomen; *I feel* ~*med in* ik voel me opgesloten, gekooid
2 hem [hem] **I** *tsw* hum!; **II** *onoverg* hum! roepen,
hummen; ~ *and haw* = hum and haw zie: hum
he-man ['hi:mæn] *znw* gemeenz he-man
hemisphere ['hemisfiə] *znw* halfrond *o*, halve bol

hemispherical [hemi'sferikl] *bn* halfrond

hem-line ['hemlain] *znw* roklengte; onderkant van rok &

hemlock ['hemlɔk] *znw* dollekervel

hemophilia ['heməˈfi:ljə] *znw* hemofilie, bloederziekte

hemorrhage ['heməridʒ] *znw* bloeding

hemorrhoids ['heməroidz] *znw mv* aambeien

hemp [hemp] *znw* hennep; hasj

hemstitch ['hemstitʃ] **I** *znw* ajoursteek; **II** *overg* met ajoursteken naaien

hen [hen] **I** *znw* <u>dierk</u> hen, kip, hoen *o*; pop; **II** *bn* wijfjes-

hence [hens] *bijw* van nu af, van hier; hieruit, vandaar; *a week ~* over een week

henceforth, henceforward *bijw* van nu af, voortaan, in het vervolg

henchman ['hen(t)ʃmən] *znw* volgeling, trawant, handlanger, <u>hist</u> bediende, page

hen-coop ['henku:p] *znw* hoenderkorf; hoenderhok *o*

hen-house *znw* kippenhok *o*

henna ['henə] *znw* henna

henparty *znw* <u>gemeenz</u> dameskransje *o*; vrijgezellenavond voor vrouwen [voorafgaande aan de huwelijksdag]

henpecked *bn* onder de plak zittend; *~ husband* pantoffelheld

hep [hep] *bn* <u>slang</u> op de hoogte, bij de tijd

hepatic [hi'pætik] *bn* lever-; leverkleurig

hepatitis [hepə'taitis] *znw* hepatitis, leverontsteking

heptagon ['heptəgən] *znw* zevenhoek

heptagonal [hep'tægənəl] *bn* zevenhoekig

heptarchy ['heptɑ:ki] *znw* heptarchie

her [hə:] *pers vnw* & *bez vnw* haar; <u>gemeenz</u> zij

herald ['herəld] **I** *znw* heraut; <u>fig</u> voorloper; (voor-)bode, aankondiger; **II** *overg* aankondigen, inluiden (ook: *~ in*)

heraldic [he'rældik] *bn* heraldisch

heraldry ['herəldri] *znw* heraldiek, wapenkunde; wapenschild *o*, blazoen *o*

herb [hə:b] *znw* kruid *o*

herbaceous [hə:'beiʃəs] *bn* kruidachtig; *~ border* border [rand met bloemplanten]

herbage ['hə:bidʒ] *znw* groen(voer) *o*; kruiden; weiderecht *o*

herbal I *znw* kruidenboek *o*; **II** *bn* kruiden-

herbalist *znw* kruidkundige; drogist

herbarium [hə:'bɛəriəm] *znw* (*mv*: herbaria [-riə]) herbarium *o*

herbary ['hə:bəri] *znw* kruidentuin

herb-doctor ['hə:bdɔktə] *znw* kruidendokter

herbicide ['hə:bisaid] *znw* onkruidbestrijdingsmiddel *o*, herbicide *o*

herbivore [hə:bi'vɔ:] *znw* herbivoor, planteneter

herbivorous [hə:'bivərəs] *bn* plantenetend

herculean [hə:kju'li:ən, hə:'kju:ljən] *bn* herculisch, zeer sterk, zeer moeilijk

herd [hə:d] **I** *znw* **1** kudde [v. groot vee]; troep; **2** herder, hoeder; *the common ~, the vulgar ~* de grote massa, het vulgus; **II** *onoverg*: *~ together* bijeengroepen, samenscholen; **III** *overg* **1** (in kudden) bijeendrijven; **2** hoeden

herd-book *znw* (rundvee)stamboek *o*

herd instinct *znw* kuddegeest

herdsman *znw* veehoeder, herder

here [hiə] *bijw* hier, alhier; hierheen; *~!* ook: present!; *~ and now* nu meteen; *~ and there* hier en daar; *~ there and everywhere* overal; *it's neither ~ nor there* het heeft er niets mee te maken; het doet er niet toe; dat raakt kant noch wal; *~'s to you!* (op je) gezondheid!; *~ you are!* alsjeblieft, ziehier, hier heb je 't!; *~ goes!* vooruit (met de geit)!; daar gaat ie, daar gaan we dan!; *from ~* van hier; *near ~* hier in de buurt

hereabouts *bijw* hier in de buurt

hereafter [hiər'ɑ:ftə] **I** *bijw* hierna, voortaan; in het leven hiernamaals; verderop [in boek]; **II** *znw* hiernamaals *o*

hereby ['hiə'bai] *bijw* hierbij; hierdoor

hereditary [hi'reditəri] *bn* (over)erfelijk, overgeërfd, erf-

heredity *znw* erfelijkheid; overerving

herein ['hiə'rin] *bijw* hierin

hereinafter *bijw* hierna, nu volgend [in documenten]

hereof *bijw* hiervan

hereon *bijw* hierop

heresy ['herisi] *znw* ketterij

heretic *znw* ketter

heretical [hi'retikl] *bn* ketters

hereto ['hiə'tu:] *bijw* hiertoe

heretofore ['hiətu'fɔ:] *bijw* voorheen, tot nog toe

hereunto ['hiərʌn'tu:] *bijw* tot zover, tot nu toe

hereupon ['hiərə'pɔn] *bijw* hierop; direct hierna

herewith ['hiə'wið] *bijw* hiermee, hierbij, bij dezen

heritable ['heritəbl] *bn* erfelijk; erfgerechtigd, erf-

heritage *znw* erfenis, erfdeel *o*, erfgoed[2] *o*

hermaphrodite [hə:'mæfrədait] **I** *bn* tweeslachtig; **II** *znw* hermafrodiet

hermeneutic [hə:məˈn(j)u:tik] *bn* hermeneutisch, uitleggend

hermeneutics [hə:məˈn(j)u:tiks] *znw* hermeneutiek, uitlegkunde

hermetic [hə:'metik] *bn* hermetisch

hermit ['hə:mit] *znw* kluizenaar, heremiet; *~ crab* heremietkreeft

hermitage *znw* kluis; ermitage(wijn)

hernia ['hə:niə] *znw* <u>med</u> breuk, hernia

hero ['hiərou] *znw* (*mv*: -roes) held; heros [halfgod]

heroic [hi'rouik] **I** *bn* heldhaftig; helden-; **II** *znw*: *~s* vals pathos *o*

heroin ['herouin] *znw* heroïne

heroine ['herouin] *znw* heldin

heroism *znw* heldhaftigheid, heldenmoed, heroïsme o

heron ['herən] *znw* reiger

heronry *znw* reigerhut, -kolonie

hero-worship ['hiərouwə:ʃip] *znw* heldenverering

herpes ['hə:pi:z] *znw* herpes

herring ['heriŋ] *znw* (*mv* idem *of* -s) dierk haring; *red* ~ gerookte bokking; afleidingsmanoeuvre

herringbone *znw* haringgraat; flanelsteek *(~ stitch)*; visgraat(dessin *o*) *(~ design)*; bouwk visgraatverband *o*; ~ *parking* parkeerplaats met insteekhavens in visgraatmotief

herring pond *znw* schertsend (Atlantische) Oceaan, de grote haringvijver

hers [hə:z] *bez vnw* de, het hare, van haar

herself [hə:'self] *wederk vnw* zij-, haarzelf, zich(zelf); *by* ~ alleen; *she* ~ zij zelf [met nadruk]

hertz [ha:ts] *znw* hertz

hesitance, hesitancy ['hezitəns(i)] *znw* aarzeling, weifeling

hesitant *bn* aarzelend, weifelend

hesitate *onoverg* aarzelen, weifelen; naar woorden zoeken, haperen

hesitation [hezi'teiʃən] *znw* aarzeling, weifeling; hapering

hessian ['hesiən] *znw* grof linnen *o*, jute

heterodox ['hetərədɔks] *bn* heterodox: van de gevestigde mening (kerkelijke leer) afwijkend

heterogeneity [hetəroudʒi'ni:iti] *znw* heterogeniteit, ongelijksoortigheid

heterogeneous [hetərou'dʒi:njəs] *bn* heterogeen, ongelijksoortig

heterosexual ['hetərou'seksjuəl] *bn* heteroseksueel

hetman ['hetmən] *znw* hetman, kozakkenhoofdman

het-up [het'ʌp] *bn* gemeenz opgewonden, overspannen

heuristic [hju'ristik] *bn* heuristisch; spelenderwijs

hew [hju:] (hewed; hewn/hewed) **I** *overg* houwen, be-, uithouwen, hakken, vellen; ~ *one's way* zich een weg banen; **II** *onoverg* houwen (naar *at*)

hewer *znw* hakker, houwer

hewn V.D. van *hew*

hex [heks] Am gemeenz **I** *znw* heks; betovering; **II** *overg* beheksen, betoveren

hexagon ['heksəgən] *znw* zeshoek

hexagonal [hek'sægənəl] *bn* zeshoekig

hexahedron [heksə'hi:drən] *znw* zesvlak *o*

hexameter [hek'sæmitə] *znw* hexameter

hey [hei] *tsw* hei!, hee!, he?; ~ *you!* gemeenz hé, jij daar!; ~ *presto* hocus, pocus, pas!

heyday ['heidei] *znw* bloeitijd, beste dagen, hoogte-, toppunt *o*

hi [hai] *tsw* hei!, hé!; hallo, hoi

hiatus [hai'eitəs] *znw* gaping, leemte; hiaat *o*

hibernate ['haibəneit] *onoverg* een winterslaap houden

hibernation [haibə'neiʃən] *znw* winterslaap

Hibernia [hai'bə:niə] *znw* Ierland *o*

Hibernian *znw* Ier(s) (*o*)

hibiscus [hi'biskəs] *znw* hibiscus

hiccough, hiccup ['hikʌp] **I** *onoverg* hikken, de hik hebben; **II** *znw* hik; fig tegenslag, tegenvaller, moeilijkheid, probleempje *o*

hick [hik] Am gemeenz **I** *znw* provinciaal; boerenpummel; **II** *bn* provinciaals; boers

hickey ['hiki] *znw* slang **1** puistje *o*, pukkeltje *o*; **2** liefdesbeet; **3** zuigzoen

hickory ['hikəri] *znw* Amerikaanse notenboom, notenhout *o*

hid [hid] V.T. & V.D. van [2]hide

hidden V.D. van [2]hide

1 hide [haid] *znw* **1** huid, vel *o*; gemeenz hachje *o*; **2** Br schuilplaats; *tan sbd.'s* ~ iem. op zijn huid geven; *not find -- nor hair of sth.* geen spoor van iets ontdekken

2 hide [haid] (hid; hid(den)) **I** *overg* verbergen, weg-, verstoppen (voor *from*); **II** *onoverg* zich verbergen, zich verschuilen (Am ook: ~ *out*)

hide-and-seek ['haidən'si:k] *znw* verstoppertje *o*

hideaway ['haidə'wei] *znw* schuilplaats, schuiladres *o*

hidebound ['haidbaund] *bn* met nauwsluitende huid of schors; fig bekrompen; beperkt in z'n bewegingen

hideous ['hidiəs] *bn* afschuwelijk, afzichtelijk

hide-out ['haidaut] *znw* schuilplaats

hiding ['haidiŋ] *znw* **1** gemeenz pak *o* rammel; **2** verborgen zijn *o*; *be in* ~ zich schuilhouden, ondergedoken zijn; *go into* ~ zich verbergen (verschuilen), onderduiken; *be on a* ~ *to nothing* gemeenz in een uitzichtloze situatie zitten

hiding-place *znw* schuilplaats

hie [hai] *onoverg* plechtig zich haasten, zich reppen

hierarch ['haiəra:k] *znw* kerkvoogd, opperpriester

hierarchic(al) [haiə'ra:kik(l)] *bn* hiërarchisch

hierarchy ['haiəra:ki] *znw* hiërarchie[2]

hieratic [haiə'rætik] *bn* hiëratisch, priesterlijk gewijd; ~ *writing* hiëratisch schrift [oud-Egypte]

hieroglyph ['haiərouglif] *znw* hiëroglyfe[2]

hieroglyphic [haiərou'glifik] **I** *bn* hiëroglyfisch[2]; **II** *znw*: ~s hiëroglyfen

hi-fi ['hai'fai] *znw* **1** hifi = *high fidelity* natuurgetrouwe weergave; **2** gemeenz geluidsinstallatie

higgle ['higl] *onoverg* dingen, knibbelen, pingelen

higgledy-piggledy ['higldi'pigldi] *bijw* ondersteboven, op en door elkaar, overhoop

high [hai] **I** *bn* hoog°, verheven, machtig; intens, sterk; streng; [protestant &]; adellijk [wild]; gemeenz de hoogte hebbend, aangeschoten; vrolijk; gemeenz high [door drugs &]; *the Most High* de Allerhoogste; ~ *and dry* scheepv gestrand; fig hulpeloos; zonder middelen, onthand; *it's* ~ *time (that)...* het is de hoogste tijd (om); *a* ~ *old time* een fantastische, mieterse tijd; *leave sbd.* ~ *and dry* iem. in de steek laten; ~ *and mighty* arrogant; ~ *altar* hoofd-, hoogaltaar *o* & *m*; ~ *chair* kinderstoel, tafelstoel; ~

comedy blijspel *o* (van hoog niveau); ~ *finance* haute finance; ~ *jump* sp hoogspringen *o*; *be for the* ~ *jump* gemeenz een zware straf krijgen, moeten hangen; ~ *noon* midden op de dag; *the* ~ *road* de grote weg; *the* ~ *seas* de volle (open) zee; *on the* ~ *seas* in volle (open) zee; ~ *spirits* opgewektheid, vrolijkheid; ~ *summer* hoogzomer; ~ *table* tafel van de fellows in college; ~ *tea* 'high tea', theedrinken *o* met sandwiches warm vlees; ~ *technology* hoogwaardige, hypermoderne techniek; ~ *tide* hoogwater *o*, vloed; ~ *wind* harde wind; *on* ~ bovenop, omhoog, in de lucht, in de hemel; *from on* ~ van boven, van omhoog; **II** *bijw* hoog°; ~ *and low* overal; **III** *znw* gebied *o* van hoge luchtdruk; hoogtepunt *o*, toppunt *o*; het high-zijn; euforie

high-backed *bn* met een hoge rug
highball *znw* Am whisky-soda
high-born *bn* van hoge geboorte
highboy *znw* Am (hoge) ladenkast
highbrow *bn* (pedant) intellectueel
High(-)Church *znw* streng episcopaal; streng episcopale Kerk
high-class *bn* prima; voornaam
high-coloured *bn* sterk gekleurd[2]
high command *znw* opperbevel *o*
High Commission *znw* diplomatieke vertegenwoordiging van een lidstaat van het Britse Gemenebest in een andere lidstaat
High Commissioner *znw* hoogste diplomatieke vertegenwoordiger van een lidstaat van het Britse Gemenebest in een andere lidstaat; Hoge Commissaris
High Court *znw* Hooggerechtshof *o*
high definition *znw* techn high definition, HD [met meer beeldpunten]
higher *bn* hoger; ~ *education* hoger onderwijs *o*
high-falutin(g) *bn* hoogdravend
high fidelity *znw* zie hi-fi
high-five *znw* Am het slaan van de handpalm hoog tegen die van een ander [als blijk van vreugde, verbondenheid &]
high-flier *znw* = *high-flyer*
high-flown *bn* hoogdravend
high-flyer *znw* iem. met hogere aspiraties
high-flying *bn* eerzuchtig, ambitieus
high-grade *bn* met een hoog gehalte [v. erts &], hoogwaardig; prima
high-handed *bn* arbitrair, eigenmachtig, aanmatigend, autoritair
high-hat *znw* gemeenz snob
high-heeled *bn* met hoge hak
high jinks [hai'dʒiŋks] *znw mv* dolle pret
highland I *znw* hoogland *o*; *the H~s* de Schotse Hooglanden; **II** *bn* hooglands
Highlander *znw* Hooglander
high-level *bn* op hoog niveau
highlight I *znw* hoog licht *o*; fig hoogtepunt *o*,

clou; **II** *overg* goed doen uitkomen, in het licht stellen; een bijzondere glans verlenen aan, opluisteren
highlighter (pen) *znw* markeerstift
highly *bijw* hoog, plechtig hooglijk; versterkend hoogst, zeer; *speak* ~ *of* met veel lof spreken van; *think* ~ *of* een hoge dunk hebben van
highly-strung *bn* overgevoelig, uiterst gespannen
High Mass *znw* hoogmis
high-minded *bn* edel, groot van ziel, grootmoedig; bijbel hoogmoedig
highness *znw* hoogheid°, hoogte
high-pitched *bn* hoog(gestemd), schel; fig verheven
high-power(ed) *bn* zwaar [v. motor]; sterk, krachtig [v. radiostation]; goed geoutilleerd; fig machtig, zwaar, geweldig; succesvol
high-pressure *bn* techn hogedruk-; fig agressief
high-price(d) *bn* prijzig, duur
high priest *znw* hogepriester
high-ranking *bn* hoog(geplaatst)
high-resolution [hairezə'l(j)u:ʃ(ə)n] *bn* techn met hoog scheidend vermogen [v. optische apparaten]
high-rise *bn*: ~ *flats, blocks* hoogbouw
high road *znw* hoofdweg; beste of kortste weg [tot succes]
high-roller *znw* Am iemand die met geld smijt, patser; iem. die hoog inzet [bij gokken]
high school *znw* ± middelbare school
high season *znw* hoogseizoen *o*
high society *znw* de hogere/betere kringen, elite, high society
high-sounding *bn* (luid) klinkend[2]; fig hoogdravend, weids
high-speed *bn* snellopend, snel
high-spirited *bn* vurig; moedig
high street [ˈhaistriːt] *znw* hoofdstraat
high-strung, highly-strung *bn* hooggespannen[2]; overgevoelig; erg nerveus, opgewonden
hightail [ˈhaiteil] *onoverg*: ~ *it* Am slang 'm smeren
high tech [hai'tek] **I** *znw* = *high technology* geavanceerde technologie; **II** *bn* technologisch geavanceerd, hightech
high-tension *bn* hoogspannings-
high treason *znw* hoogverraad *o*
high-up [ˈhaiʌp] gemeenz **I** *bn* hoog(geplaatst); **II** *znw* hoge ome
high water *znw* hoogwater *o*; *high-water mark* hoogwaterpeil *o*; fig hoogtepunt *o*
highway *znw* Am grote weg, verkeersweg, straatweg; fig beste of snelste weg; *the King's (Queen's)* ~ de openbare weg; ~ *code* wegenverkeersreglement *o*
highway-man *znw* struikrover
high-wire *bn* het hoge koord [voor koorddansers]
hijack [ˈhaidʒæk] *overg* (vracht, vliegtuigen) kapen
hijacker *znw* kaper (van vracht, vliegtuig)
hike [haik] **I** *onoverg* een voetreis maken, trekken; **II** *overg*: ~ *up* verhogen [prijzen &]; **III** *znw* voetreis,

trektocht; gemeenz verhoging

hilarious [hi'lɛəriəs] *bn* vrolijk, uitgelaten; hilarisch, uiterst komisch

hilarity [hi'læriti] *znw* vrolijkheid, hilariteit

hill [hil] *znw* heuvel, berg; *as old as the ~s* zo oud als de weg naar Rome; *over the ~* gemeenz over zijn hoogtepunt; op jaren

hillbilly ['hilbili] *znw* hillbilly [bergbewoner in het zuidoosten van de VS]; *~ music* hillbilly-muziek

hillock ['hilək] *znw* heuveltje *o*

hillside ['hil'said] *znw* heuvelhelling, berghelling

hilltop *znw* heuveltop

hilly *bn* heuvelachtig, bergachtig

hilt [hilt] *znw* gevest *o*, hecht *o*; *(up) to the ~* geheel en al, volkomen, door en door

him [him] *pers vnw* hem; gemeenz hij

Himalayan [himə'leiən] *bn* van het Himalajagebergte

himself [him'self] *wederk vnw* hij-, hemzelf, zich(zelf); *by ~* alleen; *he ~* hij zelf [met nadruk]

1 hind [haind] *znw* hinde

2 hind [haind] *bn* achterst(e), achter-

hinder ['hində] *overg* hinderen; belemmeren, verhinderen, beletten (om te *from*)

hindermost ['haind(ə)moust] *bn* achterste

Hindi ['hindi] *znw* Hindi *o*

hindquarters *znw mv* achterbout [v. slachtvee]; achterhand [v. paard]; achterste *o*

hindrance ['hindrəns] *znw* hindernis, beletsel *o*, belemmering

hindsight ['haindsait] *znw* wijsheid achteraf; *with the benefit of ~* achteraf bezien

Hindu ['hin'du:] *znw & bn* hindoe(s)

Hinduism *znw* hindoeïsme *o*

Hindustani [hindu'sta:ni] *znw* Hindoestaans *o*

hinge [hin(d)ʒ] **I** *znw* scharnier *o*; fig spil; **II** *overg* van hengsels voorzien; *~d* scharnierend, met scharnier(en); **III** *onoverg* draaien², rusten² (om, op on, upon)

hinny ['hini] *znw* muilezel

hint [hint] **I** *znw* wenk; zin-, toespeling; aanduiding; zweem, spoor *o*; *drop a ~* een hint geven; *take the ~* de wenk begrijpen of opvolgen; **II** *overg* aanduiden, te kennen geven, laten doorschemeren; **III** *onoverg*: *~ at* zinspelen op

hinterland ['hintəlænd] *znw* achterland *o*

1 hip [hip] *znw* **1** heup; **2** bouwk graatbalk; **3** plantk rozenbottel

2 hip [hip] *tsw* hiep!; *~, ~, hurrah!* hiep, hiep, hoera!

3 hip [hip] *bn* slang hip

hip-bath ['hipba:θ] *znw* zitbad *o*

hip-flask ['hipfla:sk] *znw* heupfles, zakflacon

hipped [hipt] *bn* **1** bezeten (van), gek (op); **2** zwaarmoedig, landerig

hippie ['hipi] *znw = hippy*

hippo ['hipou] *znw* gemeenz *= hippopotamus*

hip-pocket ['hippɔkit] *znw* heupzak; achterzak

Hippocratic [hipə'krætik] *bn* Hippocratisch; *~ oath* eed van Hippocrates [bij artsexamen]

hippodrome ['hipədroum] *znw* renbaan; circus *o & m*

hippopotamus [hipə'pɔtəməs] *znw* (*mv*: -es *of* hippopotami [-təmai]) nijlpaard *o*

hippy ['hipi] **I** *znw* hippie; **II** *bn* hippie(achtig)

hipsters ['hipstə] *znw mv* heupbroek

hire ['haiə] **I** *znw* huur, loon *o*; verhuur; *for ~* te huur; [taxi] vrij; *on ~* te huur; in huur; **II** *overg* huren; in dienst nemen; *~ (out)* verhuren

hire-car *znw* huurauto

hired man *znw* Am dagloner; seizoenarbeider

hireling I *znw* huurling; **II** *bn* gehuurd, huurlingen-

hire-purchase *znw* koop op afbetaling; *~ system* huurkoop

hirer *znw* huurder; verhuurder

hirsute ['hə:sju:t] *bn* ruig, harig, borstelig

his [hiz] *bez vnw* zijn; van hem, het zijne, de zijne(n)

Hispanic [hi'spænik] **I** *znw* Spaanssprekende Amerikaan, meestal van Latijns-Amerikaanse afkomst; **II** *bn* van Latijns-Amerikaanse afkomst/herkomst

hiss [his] **I** *onoverg* sissen, fluiten; **II** *overg* uitfluiten; nasissen (ook: *~ at*); *~ away (off)* door sissen verjagen; wegfluiten; *~ down* uitfluiten; **III** *znw* gesis *o*, gefluit *o*; sisklank (ook: *~ing sound*)

histamine ['histəmi(:)n] *znw* med histamine

histogram [histə'græm] *znw* staafdiagram *o*, histogram *o*

histology [his'tɔlədʒi] *znw* histologie, weefselleer

historian [his'tɔ:riən] *znw* historicus, geschiedschrijver

historic *bn* historisch; beroemd, gedenkwaardig, van betekenis

historical *bn* geschiedkundig, historisch

historiographer [histɔ:ri'ɔgrəfə] *znw* historiograaf, (officieel) geschiedschrijver

historiography *znw* historiografie, (officiële) geschiedschrijving

history ['histəri] *znw* geschiedenis, (geschied-) verhaal *o*, historie; achtergrond, verleden *o*; *make ~* geschiedenis maken, schrijven; *go down in ~ as* de geschiedenis ingaan als; *if you call in the police, you're ~* slang als je de politie belt, dan ben je er geweest

histrionic [histri'ɔnik] **I** *bn* toneel-, acteurs-; komedianterig, gehuicheld; **II** *znw:* *~s* toneelspeelkunst; komediespel *o*, komedie

1 hit [hit] (hit; hit) **I** *overg* slaan, raken, treffen, stoten; geven [een slag]; raden, herinneren; (aan-) komen in (op, tegen &), bereiken, halen; *~ a man (sbd.) when he's down* iem. een trap na geven; *~ the ceiling* gemeenz uit zijn vel springen; over de rooie zijn [v. kwaadheid]; *~ home* raak slaan; *~ the deck* gemeenz op zijn bek gaan, vallen; aan het werk gaan; *~ the nail on the head* de spijker op de kop slaan; ~ *the road* er vandoor gaan, weggaan; ~ *the bottle* gemeenz te veel drinken, 'm raken; ~ *the hay* gemeenz het nest induiken; ~ *it off together (with each other)* het kunnen vinden, goed overweg kunnen met elkaar; **II** *onoverg* raken, treffen, slaan; ~ *back (at)* terugslaan; van repliek dienen; ~ *out* slaan, uithalen (naar *at*), (flink) van zich afslaan; ~ *(up)on* toevallig aantreffen, vinden; ~ *(up)on the idea* op het idee komen

2 hit *znw* stoot, slag[2]; mil treffer; steek (onder water), gelukkige of fijne zet; succes o, successtuk o, hit; slang huurmoord; *direct* ~ voltreffer; *make a* ~ inslaan

hit-and-run *bn*: ~ *accident* verkeersongeval o waarna wordt doorgereden; ~ *attack* aanval met snel toeslaan en terugtrekken; ~ *driver* automobilist die na een aanrijding doorrijdt

hitch [hitʃ] **I** *onoverg* gemeenz liften; **II** *overg* vastmaken, aan-, vasthaken (aan *to, on to*); ~ *a lift (ride)* liften; ~ *up* optrekken [broek]; ~*ed* gemeenz getrouwd; **III** *znw* hapering, storing, beletsel o

hitch-hike ['hitʃhaik] *onoverg* liften [met auto]

hitch-hiker *znw* lifter

hi-tech [hai'tek] *bn* = high tech

hither ['hiðə] *bijw* herwaarts, hierheen, hier; ~ *and thither* heen en weer, her en der

hitherto *bijw* tot nog toe

hitherward *bijw* herwaarts

hit list *znw* lijst van mensen die geëlimineerd moeten worden

hit man *znw* huurmoordenaar

hit-or-miss ['hitɔ:'mis] *bn* op goed geluk, lukraak

hit parade ['hitpəreid] *znw* hitparade

hit squad ['hitskwɔ:d] *znw* moordcommando o, doodseskader o

Hittite ['hitait] *znw* Hetiet; slang bokser

hive [haiv] **I** *znw* bijenkorf[2]; zwerm[2]; (druk) centrum o; **II** *overg*: ~ *off* afscheiden; afstoten [v. onrendabele bedrijfsonderdelen]; **III** *onoverg*: ~ *off* zich afscheiden

hives [haivz] *znw mv* med netelroos

HIV-positive [eitʃ'ai'vi:'pɔzitiv] *bn* seropositief

HIV-test [eitʃ'ai'vi:'test] *znw* aidstest

HM *afk.* = *His (Her) Majesty* ZM (Zijne Majesteit), HM (Hare Majesteit)

HMS *afk.* = *His (Her) Majesty's Ship*

ho [hou] *tsw* hé!, ho!

hoard [hɔ:d] **I** *znw* hoop, voorraad, schat; **II** *overg* vergaren, (op)sparen, hamsteren, oppotten (~ *up*)

hoarder *znw* potter, hamsteraar

hoarding *znw* **1** verborgen voorraad; hamsteren o; handel oppotting; **2** houten schutting; **3** reclamebord o

hoar-frost ['hɔ:'frɔ:st] *znw* rijp, rijm

hoarse [hɔ:s] *bn* hees, schor

hoary ['hɔ:ri] *bn* grijs, wit [v. ouderdom]; oud; *a ~ chestnut* gemeenz een mop met een baard

hoax [houks] **I** *znw* nep, bedrog o; *the bomb warning was a* ~ de bommelding was vals (alarm); **II** *bn* nep-; **III** *overg* om de tuin leiden, voor de gek houden

hob [hɔb] *znw* haardplaat; kookplaat

hobble ['hɔbl] **I** *onoverg* strompelen, hompelen, hinken; **II** *overg* kluisteren [paard]; doen strompelen; **III** *znw* strompelende gang; strompeling

hobbledehoy [hɔbldi'hɔi] *znw* onhandige slungel

hobby ['hɔbi] *znw* **1** hobby, liefhebberij; **2** boomvalk

hobby-horse *znw* hobbelpaard o; stokpaardje[2] o

hobbyist *znw* hobbyist; amateur

hobgoblin ['hɔbgɔblin] *znw* kabouter; boeman

hobnail ['hɔbneil] *znw* kopspijker; ~ *boots* spijkerschoenen

hobnob ['hɔbnɔb] *onoverg* gemeenz gezellig omgaan of praten (met *with*)

hobo ['houbou] *znw* (*mv:* -s *of* -boes) Am (werkzoekende) landloper

Hobson ['hɔbsn]: ~*'s choice* zie *choice I*

hock [hɔk] **I** *znw* **1** rijnwijn; **2** spronggewricht o; *in* ~ verpand; **II** *overg* Am gemeenz verpanden

hockey ['hɔki] *znw* hockey o; Am ijshockey o

hocus ['houkəs] *overg* bedriegen; bedwelmen [met verdovend middel]

hocus-pocus ['houkəs'poukəs] *znw* hocus-pocus

hod [hɔd] *znw* kalkbak; stenenbak; ~ *carrier* opperman

hodgepodge ['hɔdʒpɔdʒ] *znw* Am = hotchpotch

hodman ['hɔdmən] *znw* opperman

hoe [hou] **I** *znw* schoffel, hak; **II** *overg* schoffelen

hog [hɔg] **I** *znw* dierk varken o; fig veelvraat, zwijn o; *go the whole* ~ iets grondig doen; **II** *overg* gemeenz zich toe-eigenen, inpikken

hogback *znw* scherpe (heuvel)rug

Hogmanay ['hɔgmənei] *znw* Schots oudejaarsdag

hogshead *znw* okshoofd o: 238,5 l

hog-tie *overg* Am knevelen, aan handen en voeten binden [ook fig]

hogwash ['hɔgwɔʃ] *znw* **1** varkensvoer o; **2** lariekoek, nonsens

hoi polloi [hɔipə'lɔi] *znw* gemeenz gajes o; plebs o

hoick [hɔik] *znw* plotseling optrekken o [v. vliegtuig]

hoist [hɔist] **I** *overg* (op)hijsen; (op)lichten ~ *with his own petard* zelf in de kuil vallen die je voor een ander gegraven hebt; **II** *znw* hijstoestel o, lift

hoity-toity ['hɔiti'tɔiti] **I** *tsw* ho, ho!; toe maar!; **II** *bn* arrogant, uit de hoogte; lichtgeraakt

hokum ['houkəm] *znw* Am slang mooie praatjes, kletspraat; sentimentele flauwekul; goedkoop effectbejag o, onechtheid

1 hold [hould] (held; held) **I** *overg* houden, vast-, tegen-, aan-, behouden; inhouden, (kunnen) bevatten; houden voor, het er voor houden, achten, van oordeel zijn; eropna houden [theorie], huldigen, toegedaan zijn [mening]; boeien [lezers]; bekleden; innemen [plaats]; voeren [taal]; volgen [koers]; vieren [zekere dagen]; in leen of in bezit hebben, hebben; ~ *everything!* stop!; *we ~ life dear (sacred &)* het leven is ons dierbaar (heilig &); zie ook: *cheap*; ~ *one's own's against (with)* zich staande houden tegenover, het kunnen opnemen tegen; ~ *the line* telec blijf even aan uw toestel; ~ *the road (well)* vast op de weg liggen [v. auto]; *there's no ~ing him* hij is niet te stuiten; *he's unable to ~ his beer* van een paar biertjes wordt hij al dronken; **II** *onoverg* aanhouden, (blijven) duren; het uit-, volhouden; zich goed houden; doorgaan, gelden, van kracht zijn, opgaan, steek houden (ook: ~ *good, ~ true*); ~*!* vero wacht!, stop!; ~ *hard!* stop!, wacht even!; hou je vast!; ~ *it!* sta stil!; ~ *sth. against sbd.* iem. iets aanrekenen; ~ *back* terug-, achterhouden; tegenhouden; zich onthouden, zich inhouden; weinig animo tonen; ~ *by* vasthouden aan[2]; ~ *down* in bedwang houden; laag houden [v. prijzen]; vervullen, behouden [betrekking]; ~ *forth* betogen, oreren; ~ *forth on* uitweiden over; ~ *in* aanhouden; (zich) inhouden[2], beteugelen; zie ook: *aversion, contempt, esteem &*; ~ *off* (zich) op een afstand houden; uitblijven [v. regen]; uitstellen; ~ *on* aanhouden, voortgaan, voortduren; zich vastklemmen of vasthouden[2] (aan *by, to*); volhouden; ~ *on!* stop!, wacht even!; een ogenblikje!; blijf aan de lijn! [aan de telefoon]; ~ *out* volhouden, het uithouden, zich goed houden; in stand blijven; uitsteken, toesteken, bieden[2] [de hand]; fig voorspiegelen; ~ *out for* vasthouden aan, blijven aandringen op; ~ *out on* gemeenz geheimen hebben voor; ~ *over* aanhouden, opzij leggen, uitstellen; als bedreiging gebruiken; ~ *to* houden aan (tegen); zich houden aan[2]; vasthouden of trouw blijven aan, toegedaan zijn, blijven bij [een mening]; ~ *together* bij elkaar houden; samenhangen[2]; eendrachtig zijn; ~ *up* standhouden; aan-, op-, tegenhouden, opschorten, ondersteunen[2], staande houden; omhoog houden, opsteken; aanhouden, overvallen; ~ *up one's head* het hoofd op- of hooghouden; ~ *up one's head with the best* niet onderdoen voor; ~ *up as a model* (tot) voorbeeld stellen; ~ *up to contempt* aan de minachting prijsgeven; ~ *up to ridicule* belachelijk maken; ~ *with* zich aansluiten bij, partij kiezen voor, het eens zijn met; ophebben met; *I don't ~ with ...* daar ben ik niet zo erg voor, daar zie ik niet veel heil in

2 hold *znw* **1** houvast *o*, vat[2], greep[2]; steunpunt *o*; bolwerk[2] *o*; **2** (scheeps)ruim *o*; *no ~s barred* alles is geoorloofd; *catch (get, grab, lay, seize, take) ~ of* aanpakken, aantasten; grijpen, (te pakken) krijgen, (op)pakken, opdoen [kennis &]; *have a ~ over* invloed hebben op; *have a ~ on* macht hebben over; invloed hebben op; *keep ~ of* vasthouden

holdall *znw* grote reistas

holder *znw* bezitter, (aandeel)houder; bekleder [v. ambt]; handgreep; pannenlap, aanpakkertje *o*; [pen-, sigaretten- &]houder, reservoir *o*; etui *o*;

glaasje *o*; pijpje *o*

holding *znw* houvast *o*; bezit *o* [v. aandelen], eigendom *o*; pachthoeve, landbouwbedrijf *o*; ~ *company* houdstermaatschappij; ~ *operation* actie met het doel de bestaande toestand te handhaven

holdup *znw* aanhouding, (roof)overval; stagnatie; vertraging

hole [houl] **I** *znw* gat *o*, hol *o*, kuil; opening; hole [golfspel]; gemeenz hok *o*; a ~ *(of a place)* gemeenz een nest *o*, een "gat" *o*; *he is in a ~* gemeenz hij zit in de klem; *(all) in ~s* vol gaten, helemaal stuk; *make a ~ in* gemeenz er een groot deel van opmaken; *pick ~s in* aanmerkingen maken; [argument] ontzenuwen; *get a ~ in one* sp de bal met één slag in de hole krijgen; **II** *overg* een gat (gaten) maken in; *be ~d* scheepv lek slaan; in een hole slaan [bij golf]; **III** *onoverg:* ~ *up* slang zich schuilhouden; ~ *out* sp (de bal) in een hole slaan

hole-and-corner *bn* onderhands, geheim, stiekem

holey ['houli] *bn* vol gaten

holiday [hɔlədi, -dei] **I** *znw* feest *o*, feestdag, vakantiedag; ~*(s)* vakantie; *be (go) on* ~ met vakantie zijn (gaan); *take a* ~ vrijaf (vakantie) nemen; **II** *bn* feest-; vakantie-; **III** *onoverg* ['hɔlədei] vakantie nemen (houden), de vakantie doorbrengen

holiday camp *znw* vakantiekamp, vakantiekolonie

holiday-maker *znw* vakantieganger

holiday resort *znw* vakantieoord *o*

holier-than-thou ['houliəðənðau] *bn* schijnheilig

holiness ['houlinis] *znw* heiligheid

holistic ['houlistik] *bn* holistisch

Holland ['hɔlənd] *znw* Holland *o*, Nederland *o*; *holland* ongebleekt Hollands linnen *o*

holler ['hɔlə] *onoverg* gemeenz blèren; schreeuwen

hollow ['hɔlou] **I** *bn* hol, uitgehold, voos; vals, geveinsd; **II** *bijw* hol; *beat sbd.* ~ gemeenz iem. totaal verslaan; **III** *znw* holte, uitholling, hol *o*; laagte; del; **IV** *overg* uithollen (ook: ~ *out*), hol maken

hollow-eyed *bn* hologig

hollow-ware *znw* potten en pannen

holly ['hɔli] *znw* hulst

hollyhock ['hɔlihɔk] *znw* stokroos

holm [houm] *znw* **1** riviereilandje *o*, waard; **2** plantk steeneik

holocaust ['hɔləkɔːst] *znw* brandoffer *o*; fig slachting; vernietiging, holocaust, volkerenmoord

hologram ['hɔlougræm] *znw* hologram *o*

holograph ['hɔlougraːf] *znw* eigenhandig geschreven (holografisch) stuk *o* [testament &]

holographic *bn:* ~ *will* eigenhandig geschreven testament *o*

holography [hɔ'lɔgrəfi] *znw* holografie

hols [hɔlz] *znw mv* gemeenz = *holidays*

holster ['houlstə] *znw* pistooltas, holster

holy ['houli] *bn* heilig, gewijd; *H~ Father* de Paus; *H~ Ghost* Heilige Geest; *the H~ of Holies* het Heilige der Heiligen[2]; *H~ Spirit* Heilige Geest; ~ *day* heiligedag, (kerkelijke) feestdag, hoogtijdag; ~ *cow!*

gemeenz verhip!, verrek!

Holy Saturday *znw* paaszaterdag

holystone scheepv **I** *znw* soort schuursteen; **II** *overg* schuren

Holy Thursday *znw* Witte Donderdag; hemelvaartsdag

holy water *znw* wijwater *o*

Holy Week *znw* de Stille Week, RK de Goede Week

Holy Writ *znw* de heilige schrift

homage ['hɔmidʒ] *znw* hulde, huldebetoon *o*, huldiging; *do (pay) ~ to* hulde bewijzen, huldigen

homburg ['hɔmbɔ:g] *znw* slappe vilthoed

home [houm] **I** *znw* huis *o*, tehuis *o*, verblijf *o*, thuis *o*, (huis)gezin *o*, huishouden *o*; honk *o*; woonstede; verblijf *o*; (vader)land *o*; (zenuw)inrichting; *long ~* laatste woning, eeuwige rust; *make one's ~* zich metterwoon vestigen, gaan wonen; *~ is ~, be it ever so humble, there's no place like ~* eigen haard is goud waard; zoals het klokje thuis tikt, tikt het nergens; *at ~* thuis; in het (vader)land, hier (te lande), in het moederland; *at ~ and abroad* in binnen- en buitenland; *be at ~ in (on, with) a subject* er goed in thuis zijn; *make yourself at ~* doe alsof je thuis bent; *~ for the aged* bejaardentehuis *o*; *~ for the blind* blindeninstituut *o*; *it's a ~ from ~* Br het is een tweede thuis; *close to ~* dicht bij huis; raak; **II** *bn* huiselijk, huis-; thuis-; in-, binnenlands; *the ~ Counties* de graafschappen het dichtst bij Londen; *~ country* eigen land *o*; H~ *Office* ministerie *o* van Binnenlandse Zaken; H~ *Secretary* minister van Binnenlandse Zaken; **III** *bijw* naar huis, huiswaarts, huistoe, thuis; naar het doel, over de finish, raak; stevig (aangedraaid), vast; versterkend flink; *bring it ~ to* (duidelijk) aan het verstand brengen; doen beseffen; *it comes ~ to me* het treft mij gevoelig (diep); ik ondervind er nu de gevolgen van; *drive (press) ~* in-, vastslaan; fig doorzetten; *go ~* naar huis gaan; raak zijn[2]; *hit (strike) ~* gevoelig treffen, raak slaan; *see ~* thuisbrengen; *nothing to write ~ about* niet veel soeps; *~ and dry* hoog en droog, veilig thuis; **IV** *onoverg* naar huis gaan [v. duiven]; *~ in on* het doel zoeken [v. projectiel], aanvliegen, afgaan op; **V** *overg* huisvesten

home base *znw* thuisbasis

homebody *znw* huismus

home-brew *znw* zelf gebrouwen bier

home-coming *znw* thuiskomst

home-cooked *bn* eigengemaakt, zelf gekookt, zelf gebakken

home cooking *znw* koken *o* zoals het thuis gebeurt

home economics *znw* huishoudkunde

home-felt *bn* diepgevoeld; innig

home front *znw* thuisfront *o*

home game *znw* thuiswedstrijd

home ground *znw* sp eigen veld *o*, thuis *o*; fig vertrouwd terrein *o*

home-grown I *bn* van eigen bodem, inlands; **II** *znw* slang eigen teelt [marihuana &], ± nederwiet

Home Guard *znw* (lid *o* van het) [Engels] burgerleger *o*, ± nationale reserve

home help *znw* gezinshulp

home-knitted *bn* zelfgebreid

homeland *znw* geboorteland *o*; ZA thuisland *o*

homeless *bn* onbehuisd, dakloos

homelike *bn* huiselijk; gemoedelijk

home-loving *bn* huiselijk

homely *bn* huiselijk; eenvoudig, alledaags°, gewoon; Am niet mooi, lelijk

home-made *bn* eigengemaakt; van inlands fabrikaat

homemaker *znw* gezinsverzorgster; Am huisvrouw

homeopath(-) = *homoeopath(-)*

home-owner *znw* huiseigenaar

home-pigeon *znw* postduif

home port *znw* thuishaven

homer ['houmə] *znw* Am homerun [honkbal]

Homeric [hou'merik] *bn* homerisch [gelach]

Home Rule ['houm'ru:l] *znw* zelfbestuur *o*

home run ['houmrʌn] *znw* sp homerun [honkbal]

homesick *bn* heimwee hebbend

homesickness *znw* heimwee

homespun *bn* eigengesponnen (stof); fig eenvoudig

homestead *znw* hofstede

homesteader *znw* Am kolonist, pionier [in het westen van Amerika]

home straight, home stretch *znw* laatste rechte deel *o* van een baan of parcours vóór de eindstreep

home team *znw* thuisclub, thuisspelende ploeg

homethrust *znw* rake stoot; bijtende opmerking

home time *znw* gemeenz tijd om naar huis te gaan

home town *znw* geboortestad

home truth *znw* harde waarheid

homeward *bn & bijw* huiswaarts; *~ bound* op de thuisreis

homewards *bijw* huiswaarts

homework *znw* huiswerk *o*; voorbereidend werk *o*

homey *bn* huiselijk, gezellig, knus

homicidal [hɔmi'saidl] *bn* moorddadig, moordhomicide** ['hɔmisaid] *znw* manslag, doodslag

homily ['hɔmili] *znw* leerrede, (zeden)preek[2]

homing ['houmiŋ] *bn* naar huis terugkerend; *~ instinct* instinct *o* om eigen huis terug te vinden [bijen, duiven]; luchtv *~ beacon* aanvliegbaken *o*; *~ device* stuurmechanisme *o* van geleid projectiel

homoeopath ['hou-, 'hɔmjoupæθ, -miou] *znw* homeopaat

homoeopathic(al) [hou-, 'hɔmjou'pæθik(əl), -miou] *bn* homeopathisch

homoeopathist [houmi'ɔpəθist, hɔm-] *znw* homeopaat

homoeopathy *znw* homeopathie

homogeneity [hɔmoudʒe'ni:iti] *znw* homogeniteit, gelijksoortigheid

homogeneous [hɔmou'dʒi:niəs] *bn* homogeen, gelijksoortig

homogenized [hɔ'mɔdʒənaizd] *bn* gehomogeniseerd [v. melk]

homonym ['hɔmounim] *znw* homoniem *o*

homonymous [hɔ'mɔniməs] *bn* gelijkluidend

homophone ['hɔmoufoun] *znw* homofoon, woord *o* dat hetzelfde klinkt als een ander woord

homosexual ['hou-, 'hɔmou'seksjuəl] *znw & bn* homoseksueel

homosexuality ['hou-, 'hɔmouseksju'æliti] *znw* homoseksualiteit

homy ['houmi] *bn = homey*

Hon. *afk.* zie *honourable*

Honduras [hɔn'dju:rəs] *znw* Honduras *o*

Honduran [hɔn'dju:rən] *bn & znw* Hondurees

hone [houn] **I** *znw* wetsteen; **II** *overg* aanzetten; *fig* polijsten

honest ['ɔnist] *bn* eerlijk, rechtschapen, braaf; onvervalst; ~! *gemeenz* echt waar!, op mijn (ere-) woord!; *to be* ~ om de waarheid te zeggen, om eerlijk te zijn; ~ *to God* op mijn woord, eerlijk waar; *make a* ~ *woman of her* haar trouwen [na een affaire]

honestly I *bijw* eerlijk (waar, gezegd), werkelijk, echt; **II** *tsw* nee maar zeg!

honest-to-goodness *bn* gemeenz echt, onvervalst

honesty *znw* eerlijkheid, rechtschapenheid, braafheid; vero eerbaarheid; plantk judaspenning; ~ *is the best policy* eerlijk duurt het langst; *in all* ~ in alle openheid; met zijn hand op het hart

honey ['hʌni] *znw* honing; Am gemeenz liefje *o*, schat

honeybee ['hʌnibi:] *znw* honingbij

honeycomb *znw* honingraat; ~ *cloth* wafeldoek *o & m*; ~ *towel* wafeldoek *m*; ~*ed* met cellen; doorboord, vol gaten; ~*ed with* vol ...; fig ondergraven (ondermijnd) door

honeydew *znw* honingdauw; ~ *melon* suikermeloen

honeyed *bn* honingzoet

honeymoon I *znw* wittebroodsweken; huwelijksreis; **II** *onoverg* de wittebroodsweken doorbrengen; op de huwelijksreis zijn

honeysuckle *znw* kamperfoelie

honey-tongued *znw* mooipratend

Hong Kong ['hɔŋkɔŋ] *znw* Hongkong *o*

honk [hɔŋk] **I** *onoverg* (als de wilde gans) schreeuwen; toeteren [met autohoorn]; **II** *znw* geschreeuw *o*; (auto)getoeter *o*

honky-tonk ['hɔŋkitɔŋk] *znw* Am slang ordinaire kroeg of dancing; gemeenz café-pianomuziek

honorarium [ɔnə'rɛəriəm] *znw* (*mv*: -s *of* honoraria [-riə]) honorarium *o*

honorary ['ɔnərəri] *bn* honorair, ere-

honorific [ɔnə'rifik] **I** *bn* ere-; vererend; **II** *znw* eretitel; beleefdheidsformule

honour ['ɔnə], Am **honor I** *znw* eer; eerbewijs *o*; eergevoel *o*; erewoord *o*; *your H*~ Edelachtbare; ~*s* eer(bewijzen), onderscheidingen [op verjaardagen v. vorsten, met nieuwjaar]; eretitels; honneurs; hist

graad voor speciale studie *(~s degree); do* ~ eer bewijzen; eer aandoen; *do the* ~*s* de honneurs waarnemen; *pay due* ~ *to a bill* een wissel honoreren; *in his* ~ te zijner eer; *in* ~ *of* ter ere van; *be* ~ *bound to do it, be on one's* ~ *to do it* zedelijk verplicht zijn, het aan zijn eer verplicht zijn; *(up)on my* ~ op mijn erewoord; **II** *overg* eren, vereren; honoreren [wissel]; nakomen [verplichtingen]

honourable, Am **honorable** *bn* eervol; achtbaar, eerzaam, eerwaardig; hooggeboren (als titel), afk. *Hon.*; ~ *intentions* eerbare bedoelingen; ~ *member* pol ± geachte afgevaardigde; ~ *mention* mil eervolle vermelding [op conduitestaat]

honours list *znw* lijst van personen die een onderscheiding hebben gekregen

hooch [hu:tʃ] *znw* Am slang slechte of illegaal gestookte whisky, bocht *o*, vuurwater *o*

hood [hud] *znw* kap°; capuchon; huif; Am auto motorkap; slang = *hoodlum*

hooded *bn* met een kap, bedekt; half toegeknepen [ogen]; ~ *crow* bonte kraai

hoodlum ['hudləm] *znw* Am slang jonge gangster, ruwe kerel

hoodwink ['hudwiŋk] *overg* beetnemen, misleiden

hooey ['hu:i] *znw* Am gemeenz onzin, nonsens

hoof [hu:f] **I** *znw* (*mv*: -s *of* hooves [hu:vz]) hoef; *on the* ~ uit bed, op de been; **II** *overg*: ~ *it* slang lopen; ~ *out* slang eruit trappen

hoof-and-mouth disease *znw* Am mond- en klauwzeer *o*

hoofbeat *znw* hoefslag

hoofed [hu:ft] *bn* gehoefd

hook [huk] **I** *znw* haak[2], vishaak, angel; sikkel; snoeimes *o*; techn duim, kram; scheepv hoek; bocht; sp hoek(stoot) [boksen]; boogbal [golf, cricket]; ~*s and eyes* haken en ogen; *by* ~ *or by crook* op de een of andere manier; eerlijk of oneerlijk; *off the* ~ van de haak [telefoon]; *get sbd. off the* ~ iem. uit de puree halen; *get one's* ~*s into sbd.* iem. het leven zuur maken; ~, *line and sinker* compleet, helemaal, met alles erop en eraan; **II** *overg* haken zetten aan; aan-, dichthaken; aan de haak slaan[2]; naar zich toe halen; sp een boogbal slaan [cricket, golf]; ~ *up* aansluiten, verbinden; aanhaken; *get* ~*ed on* gemeenz verslaafd raken (maken) aan; **III** *onoverg* (blijven) haken; ~ *up with* gemeenz aan de haak slaan; 't aanleggen met

hookah ['hukə] *znw* Turkse waterpijp

hooked [hukt] *bn* **1** haakvormig, gehoekt; **2** met een haak; **3** verslaafd [aan drugs]; ~ *nose* haviksneus; *be* ~ *on a boy* helemaal weg zijn van een jongen; zie ook: *hook*

hooker ['hukə] *znw* **1** slang hoer; **2** sp hooker [rugby]

hook-nose ['huknouz] *znw* haviksneus

hook-nosed ['huknouzd] *bn* met een haviksneus

hook-up ['hukʌp] *znw* RTV verbinding; *a nationwide* ~ een uitzending over alle zenders (v.e. land)

hook worm ['hukwə:m] *znw* mijnworm
hooky ['huki] *znw: play ~* Am gemeenz spijbelen
hooligan ['hu:ligən] *znw* straatschender, herrieschopper, (jonge) vandaal, hooligan
hooliganism *znw* straatschenderij, vandalisme *o*
hoop [hu:p] *znw* hoepel; hoepelrok; ring, band; *go through the ~* gemeenz het moeilijk hebben; een beproeving doorstaan; gestraft worden
hooped *bn* hoepel-
hoopla ['hu:pla] *znw* ringwerpspel *o* [op kermis]; Am gemeenz drukte, herrie
hooray [hu'rei] *tsw = hurrah*; *H~ Henry* rijkeluiszoontje *o*, ± corpsbal
hoot [hu:t] **I** *onoverg* jouwen; schreeuwen [v. uil]; toeten [v. stoomfluit]; toeteren, claxonneren [v. auto]; *~ at* na-, uitjouwen; **II** *overg* uitjouwen; *~ sbd. down* iem. wegfluiten, iem. het spreken onmogelijk maken; *~ sbd. off* iem. wegjouwen [v. toneel]; **III** *znw* gejouw *o*; geschreeuw *o* [v. uil]; getoet(er) *o*; Br gemeenz giller; *not a ~ (two ~s)* geen zier
hooter *znw* stoomfluit, sirene, (auto)toeter, claxon; slang snufferd, neus
hoover ['hu:və] **I** *znw* stofzuiger; **II** *overg* stofzuigen
hooves ['hu:vz] *znw mv* van *hoof*
1 hop [hɔp] **I** *onoverg* huppelen, hinken, springen, gemeenz dansen; *~ping mad* gemeenz spinnijdig, woest; **II** *overg* overheen springen, wippen; springen in [bus &]; *~ it* slang 'm smeren, ophoepelen; **III** *znw* sprongetje *o*, sprong; danspartij; *on the ~* bezig, in de weer; gemeenz onvoorbereid
2 hop [hɔp] *znw* plantk hop; *~s* hop(bellen)
hope [houp] **I** *znw* hoop, verwachting; *not a ~ in hell* gemeenz geen schijn van kans; *live in ~* (blijven) hopen; *some ~!* het mocht wat!, schei uit!, je meent het!; **II** *overg & onoverg* hopen (op *for*), verwachten (van *of*); *~ against ~* hopen tegen beter weten in
hopeful *bn* hoopvol; veelbelovend; *(young) ~* (de) veelbelovende(!) jongeling (zoon &)
hopefully *bijw* hopelijk; hoopvol
hopeless *bn* hopeloos, uitzichtloos
hop-o'-my-thumb ['hɔpəmiθʌm] *znw* kleinduimpje *o*, peuter, uk
hopper ['hɔpə] *znw* vultrechter; tremel [v.e. molen]
hopscotch ['hɔpskɔtʃ] *znw* hinkelspel *o*
hop-step-and-jump ['hɔpstepən'dʒʌmp] *znw* hink-stap-sprong
horde [hɔ:d] *znw* horde, bende, troep
horizon [hə'raizn] *znw* horizon, (gezichts)einder, gezichtskring²; *on the ~* aan de horizon (ook fig)
horizontal [hɔri'zɔntl] **I** *bn* horizontaal; **II** *znw* horizontale lijn, horizontaal vlak *o*
hormonal [hɔ(:)'mounəl] *bn* hormonaal
hormone ['hɔ:moun] *znw* hormoon *o*
horn [hɔ:n] **I** *znw* hoorn, horen *o* [stofnaam], hoorn, horen *m* [voorwerpsnaam]; claxon, toeter, sirene; voelhoorn; drinkhoren; *draw in one's ~s* wat

inbinden; *~ of plenty* hoorn des overvloeds; **II** *bn* hoornen
horned *bn* gehoornd, hoorn-
hornet ['hɔ:nit] *znw* horzel, hoornaar; *stir up a ~'s nest* zich in een wespennest steken
hornpipe ['hɔ:npaip] *znw* horlepijp
horn-rimmed ['hɔ:n'rimd] *bn: ~ spectacles* uilenbril
horny ['hɔ:ni] *bn* hoornachtig; eeltig; hoorn-; slang geil
horology [hə'rɔlədʒi] *znw* uurwerkmakerij
horoscope ['hɔrəskoup] *znw* horoscoop
horrendous [hɔ'rendəs] *bn* gemeenz *= horrible*
horrible ['hɔribl] *bn* afschuwelijk, afgrijselijk, akelig, vreselijk, gruwelijk, huiveringwekkend
horribly *bijw* v. *horrible*; versterkend vreselijk
horrid *bn = horrible*
horrific [hɔ'rifik] *bn* schrikbarend, afgrijselijk
horrify ['hɔrifai] *overg* met afschuw vervullen; aanstoot geven; *~ing* afschuwelijk
horror ['hɔrə] *znw* huivering, rilling; (af)schrik, afschuw, gruwel, verschrikking, akeligheid; fig griezel, kreng *o*, monster *o*; *the ~s* angstaanval(len); *it gives you the ~s* het is om van te rillen; *and then, ~ of ~s, he said...* en toen, erger kan het niet, zei hij...
horror film *znw* griezelfilm, horrorfilm
horror story *znw* griezelverhaal *o*, horrorstory
horror-stricken, horror-struck *bn* met afgrijzen vervuld
hors de combat [hɔ:də'kɔ:mba:] *bn* [Fr] buiten gevecht
hors-d'oeuvre [ɔ:'də:vrz] *znw* voorgerecht *o*
horse [hɔ:s] **I** *znw* paard *o* [ook turntoestel]; ruiterij, cavalerie; schraag, rek *o*, bok; slang heroïne; *a ~ of a different colour* een heel andere zaak; *a dark ~* een onbekend paard *o* [bij races]; fig iemand van wie men maar weinig weet; *come off the high ~* een toontje lager zingen; *hold your ~s!* gemeenz rustig aan!, kalm aan een beetje!; *~s for courses* de juiste man op de juiste plaats; *get on one's high ~* een hoge toon aanslaan; *light ~* lichte cavalerie; *white ~s* witgekuifde golven; *(straight) from the ~'s mouth* gemeenz uit de eerste hand; *to ~!* te paard!, opstijgen!; **II** *overg: ~ about (around)* stoeien, dollen
horse artillery *znw* rijdende artillerie
horseback *znw: on ~* te paard; *~ riding* paardrijden *o*, rijkunst
horse-box *znw* wagen voor paardenvervoer
horse-breaker *znw* pikeur
horse-chestnut *znw* wilde kastanje
horse-collar *znw* gareel *o*, haam *o*
horse-dealer *znw* paardenhandelaar
horse-drawn *bn* met paarden bespannen
horseflesh *znw* paardenvlees *o*; paarden
horse-fly *znw* paardenvlieg
Horse Guards *znw mv* (3de reg. der) cavaleriebrigade van de Koninklijke Lijfwacht; hoofdkwartier *o* daarvan in Whitehall [Londen]

horsehair I *znw* paardenhaar *o*; **II** *bn* paardenharen
horse-laugh *znw* ruwe lach
horseleech *znw* grote bloedzuiger; *fig* uitzuiger
horseman *znw* ruiter, paardrijder
horsemanship *znw* rijkunst
horsemeat *znw* paardenvlees *o*
horse opera *znw* Am slang cowboyfilm, western
horseplay *znw* ruw spel *o*, ruwe grappen
horsepower *znw* paardenkracht; *brake* ~ rempaardenkracht; *indicated* ~ indicateur-paarden-
kracht
horse-race *znw* wedren
horse-radish *znw* mierik(s)wortel
horse-riding *znw* paardrijden *o*, paardrijkunst
horse-sense *znw* gezond verstand *o*
horseshoe *znw* hoefijzer *o*
horse show *znw* paardententoonstelling; concours
o & *m* hippique
horse-tail *znw* paardenstaart (ook plantk)
horse-trading *znw* paardenhandel; fig koehandel
horsewhip I *znw* rijzweep; **II** *overg* met een rijzweep slaan, afranselen
horsewoman *znw* paardrijdster, amazone
hors(e)y *bn* als (van) een paard; dol op paar-
den(sport)
hortative ['hɔ:tətiv], **hortatory** ['hɔ:tətəri] *bn* vermanend, aansporend
horticultural [hɔ:ti'kʌltʃərəl] *bn* tuinbouw-
horticulturalist [hɔ:ti'kʌltʃərəlist] *znw* = horticulturist
horticulture ['hɔ:tikʌltʃə] *znw* tuinbouw
horticulturist [hɔ:ti'kʌltʃərist] *znw* tuinder; tuin-
bouwkundige
hosanna [hou'zænə] *znw* hosanna *o*
hose [houz] **I** *znw* slang [v. brandspuit]; kousen; hist
(knie)broek]; **II** *overg* bespuiten; ~ *down* nat-,
schoonspuiten
hose-pipe *znw* brandslang; tuinslang
hosier ['houʒiə] *znw* kousenkoper; winkelier in gebreide of geweven ondergoed
hosiery *znw* gebreid of geweven ondergoed *o*, kousen
hospice ['hɔspis] *znw* hospitium *o*; verpleeghuis *o*
voor terminale patiënten
hospitable ['hɔspitəbl] *bn* gastvrij, hartelijk; aangenaam, prettig
hospital *znw* ziekenhuis *o*, hospitaal *o*; gasthuis *o*
hospitality [hɔspi'tæliti] *znw* gastvrijheid
hospitalize ['hɔspitəlaiz] *overg* in een ziekenhuis
(laten) opnemen (verplegen)
hospitaller ['hɔspitlə] *znw* hospitaalridder *(Knight
H~)*; ziekenbroeder, liefdezuster; aalmoezenier [in
hospitaal]
host [houst] **I** *znw* **1** leger *o*, schaar, massa, menigte;
2 gastheer; waard, herbergier; **3** hostie; *Lord God of
Hosts* heer der Heerscharen; ~ *country* gastland *o*;
II *overg* optreden als gastheer voor (bij); ~ *a radio*

programme een radioprogramma presenteren
hostage ['hɔstidʒ] *znw* gijzelaar, gegijzelde; *take
(hold)* ~ gijzelen
hostel ['hɔstəl] *znw* hospitium *o*, tehuis *o*, kosthuis
o, studentenhuis *o*; jeugdherberg; vero herberg
hosteller *znw* = *youth hosteller*
hostellery *znw* vero hospitium *o*; herberg; scherts-
send pub
hostess ['houstis] *znw* gastvrouw; hostess; waardin;
luchtv stewardess; animeermeisje *o*
hostile ['hɔstail] *bn* vijandelijk, vijandig; ~ *to* ook:
tegen
hostility [hɔs'tiliti] *znw* vijandigheid; vijandige gezindheid; *hostilities* vijandelijkheden, gevechten
hostler ['ɔslə] *znw* = *ostler*
hot [hɔt] **I** *bn* heet², warm; vurig, pikant, gepeperd,
scherp; heftig, hevig; geil, opwindend; gemeenz
link, gestolen; actueel; slang te gek, gaaf, onwijs;
techn radioactief; *get* ~ 'warm zijn', op het punt
staan iets te ontdekken; muz hot [improvisatorisch
bezielde jazz]; ~ *line* hot line [directe telefoonver-
binding]; ~ *news* sensationeel nieuws *o*; ~ *scent*
vers spoor; *drop someone like a* ~ *potato* iem. als een
baksteen laten vallen; *make it* ~ *for sbd.* iem. het
vuur na aan de schenen leggen; *be* ~ *on sbd.'s trail*
iem. op de hielen zitten; *be* ~ *on (sth.)* gebrand zijn
op (iets); gek op (iets) zijn; bedreven (in iets) zijn;
~ *under the collar* gemeenz razend; tureluurs; ~
spices scherpe kruiden; zie ook: *air I, blow III, cross
bun, sell II, stuff I, water I*; **II** *overg* (& *onoverg*): ~ *up*
gemeenz warm(er) maken (worden), levendiger,
heviger maken (worden), opvoeren [v. auto's]
hotbed *znw* broeibak; broeinest *o*
hot-blooded *bn* heetgebakerd, vurig
hotchpotch ['hɔtʃpɔtʃ] *znw* hutspot², mengelmoes
o & *v*, allegaartje *o*
hot dog ['hɔt'dɔg] *znw* hotdog
hotel [hou'tel] *znw* hotel *o*
hotelier [hou'teliei] *znw* hotelier, hotelhouder
hotfoot ['hɔtfut] **I** *bijw* in aller ijl; **II** *onoverg* zich
haasten, wegrennen (ook: ~ *it*)
hothead *znw* heethoofd, driftkop
hot-headed *bn* heethoofdig
hothouse *znw* (broei)kas
hot pants *znw mv* hot pants
hotplate *znw* kookplaat; réchaud, verwarmings-
plaat
hotpot *znw* jachtschotel
hot potato *znw* fig heet hangijzer *o*
hot-pressed *bn* gesatineerd
hot-rod *znw* slang opgevoerde auto
hots *znw*: *get (have) the* ~ *for* slang geilen op
hot seat *znw* slang **1** positie met zware verantwoor-
delijkheden; **2** elektrische stoel
hotshot *znw* uitblinker, kanjer; hoge piet, kopstuk *o*
hot spot *znw* **1** gevaarlijke plek, brandhaard; netelige situatie; **2** nachtclub
hotspur *znw* doldriftig iemand; driftkop

hot stuff

hot stuff *znw* gemeenz kei, kanjer; stuk *o*, stoot, spetter; zwaargewicht *o*, belangrijk figuur; prima spul *o*, topkwaliteit; *this [book, film, record &] is* ~ is opwindend, geil, opzwepend, te gek e.d

hot-tempered *bn* heetgebakerd, oplopend

hot-water bottle *znw* (warme) kruik

hound [haund] **I** *znw* jachthond, hond[2]; *ride to* ~*s, follow the* ~*s* [te paard achter de honden op de vossenjacht] jagen; zie ook: *hare*; **II** *overg* achtervolgen, vervolgen; ~ *out* wegjagen, wegpesten

hound's tooth *znw* pied de poule

hour [auə] *znw* uur *o*; plechtig ure, stond(e); *(on) the* ~ (op) het hele uur; *at all* ~*s* de gehele tijd, permanent; ~*s* werktijd, kantooruren; *book of* ~*s* getijdenboek *o*; *the small* ~*s* de uren na middernacht; *keep bad (good, regular)* ~*s* erg laat (op tijd) thuiskomen; (on)geregeld leven; *after* ~*s* na het sluitingsuur; na kantoortijd; *in an evil* ~ te kwader ure

hour-glass *znw* zandloper

hour-hand *znw* uurwijzer

hourly *bn & bijw* (van) ieder uur, alle uren; om het uur; per uur; uur-; voortdurend

house [haus, *mv* 'hauziz] **I** *znw* huis *o* (ook: stam-, vorsten-, handelshuis, klooster, armenhuis), (schouwburg)zaal; woning; (afdeling v.) internaat *o*, schoolafdeling; muz house; *the H*~ het Lagerhuis of het Hogerhuis; *H*~ *of Commons* Lagerhuis *o*; *H*~ *of Lords* Hogerhuis *o*; *H*~ *of Representatives* Am Huis *o* van Afgevaardigden; *H*~*s of Parliament* parlement *o*; *first, second &* ~ eerste, tweede & voorstelling; *full (good)* ~ uitverkochte (goedgevulde) zaal; ~ *and home* huis en hof; ~ *of cards* kaartenhuis *o*; ~ *of correction* verbeterhuis *o*; ~ *of God* godshuis *o*, kerk; ~ *of ill repute* bordeel *o*; *bring the* ~ *down* staande ovaties oogsten; de zaal plat krijgen; *keep* ~ huishouden, het huishouden doen; *keep the* ~ niet uitgaan, binnen (moeten) blijven; *keep open* ~ heel gastvrij zijn; *put (set) one's* ~ *in order* orde op zaken stellen; *set up* ~ een huishouden opzetten; *like a* ~ *on fire* vliegensvlug; krachtig; uitstekend; *as safe as* ~*s* volkomen veilig; *a drink on the* ~ een consumptie voor rekening van de zaak (= waarop de kastelein trakteert); **II** *overg* [hauz] onder dak brengen, onderbrengen, huisvesten; binnenhalen; stallen

house-agent *znw* makelaar in huizen

house arrest *znw* huisarrest *o*

houseboat *znw* woonschip *o*

housebound *bn* aan huis gebonden

houseboy *znw* huisknecht

housebreaker *znw* inbreker

house-breaking *znw* inbraak

house-broke(n) *bn* zindelijk [huisdier]; aan het huis gewend

housecoat *znw* ochtendjas

housefather *znw* (wees)huisvader

house-fly *znw* huisvlieg

house guest *znw* logé

household **I** *znw* (huis)gezin *o*, huishouden *o*; *the H*~ de koninklijke hofhouding; **II** als *bn* huishoudelijk, huiselijk, huis-; ~ *remedy* huismiddeltje *o*; ~ *troops* koninklijke lijfgarde; ~ *name* begrip, bekende naam

householder *znw* gezinshoofd *o*

house-hunting *znw* huizenjacht

housekeeper *znw* huishoudster

housekeeping *znw* huishouding, huishouden *o*; ~ *book* huishoudboek *o*; ~ *(money)* huishoudgeld *o*

houseleek *znw* huislook *o* [plant]

house lights *znw mv* zaalverlichting

housemaid *znw* werkmeid; ~*'s knee* med kruipknie, leewater *o*

houseman *znw* ± inwonend assistent-arts [in ziekenhuis]

house-martin *znw* huiszwaluw

housemaster *znw* leraar die de leiding heeft over de leerlingen van een internaat

house-mate *znw* huisgenoot

house-mistress *znw* lerares die de leiding heeft over de leerlingen van een internaat

housemother *znw* (wees)huismoeder

house-organ *znw* huisorgaan *o*

house-owner *znw* huiseigenaar

house-painter *znw* huisschilder

house party *znw* **1** (deelnemers aan een) logeerpartij in een landhuis (gedurende enige dagen); **2** house party [feest *o* met housemuziek]

house-physician *znw* inwonend geneesheer [in ziekenhuis]

houseplant *znw* kamerplant

house-proud *bn* keurig (netjes) op het huishouden

house-room *znw* ruimte in een huis; *give sbd.* ~ iem. logeren; *I wouldn't give it* ~ ik zou het nog niet cadeau willen hebben, zoiets komt er bij mij niet in

house-surgeon *znw* inwonend chirurg

house-to-house *bn* huis-aan-huis-

house-top *znw: proclaim (shout) it from the* ~*s* het van de daken verkondigen

housetrain *overg* zindelijk maken [v. huisdier]

house-trained *bn* kamerzindelijk

house-warming (party) *znw* feestje *o* ter inwijding van een woning, house-warming party

housewife *znw* **1** ['hauswaif] huisvrouw; **2** ['hʌzif] necessaire (met naaigerei)

housewifely ['hauswaifli] *bn* huishoudelijk; spaarzaam

housewifery ['hauswif(ə)ri, 'hʌzifri] *znw* huishouden *o*

housework *znw* huishoudelijk werk *o*

housing *znw* onder dak brengen *o*, huisvesting; techn huis *o*; ~ *association* woningbouwvereniging; ~ *benefit* huursubsidie; ~ *development*, ~ *estate* nieuwbouwwijk; nieuwbouwproject *o*; ~ *shortage* woningtekort *o*

hove [houv] V.T. & V.D. van *heave*

hovel ['hɔvl] *znw* hut, stulp; krot *o*; gribus; loods
hover ['hɔvə] *onoverg* fladderen, zweven, (blijven) hangen[2]; weifelen
hovercraft *znw* hovercraft
how [hau] **I** *bijw* hoe; wat; ~ *about...?* hoe staat het met...?; wat zeg je van...?; ~ *come?* waarom?, waardoor?, hoezo?; **II** *znw: the ~ (and why)* het hoe (en waarom)
howdah ['haudə] *znw* zadel *m of o* (met tent) op de rug van een olifant
how-do-you-do, how-d'ye-do ['haudju'du, 'hau(di)'du:] aangenaam, hoe maakt u het? [bij kennismaking]; *gemeenz* hoe gaat het?; als *znw* (mooie) geschiedenis
howdy ['haudi] *tsw* Am *gemeenz* hallo!, dag!
however [hau'evə] *bijw* niettemin; echter, evenwel, maar, hoe ... ook, hoe
howitzer ['hauitsə] *znw* houwitser
howl [haul] **I** *onoverg* huilen, janken; brullen [van het lachen]; **II** *znw* gehuil *o*, gejank *o*; gebrul *o*
howler *znw* huiler, janker; *gemeenz* verschrikkelijke blunder, stommiteit
howling I *bn gemeenz* verschrikkelijk, vreselijk; enorm; **II** *znw* gehuil *o*, gejank *o*
howsoever [hausou'evə] *bijw* hoe ook; evenwel
1 hoy [hɔi] *tsw* hei!
2 hoy *znw* scheepv lichter, praam
hoyden ['hɔidn] *znw* wilde meid
hoydenish ['hɔid(ə)niʃ] *bn* wild, onstuimig [v. meisje]
h.p. *afk.* = *horsepower; hire-purchase*
HQ *afk.* = *headquarters*
HRH *afk.* = *His (Her) Royal Highness* ZKH (Zijne Koninklijke Hoogheid), HKH (Hare Koninklijke Hoogheid)
hub [hʌb] *znw* naaf; *fig* middelpunt *o*
hubbub ['hʌbʌb] *znw* geroezemoes *o*; rumoer *o*, kabaal *o*
hubby ['hʌbi] *znw gemeenz* mannie
hub-cap ['hʌbkæp] *znw* naafdop, auto wieldop
hubris ['hju:bris] *znw* hoogmoed, driestheid
hubristic [hju:'bristik] *bn* driest
huckaback ['hʌkəbæk] *znw* grof linnen *o*
huckster ['hʌkstə] *znw* venter, kramer; sjacheraar
huddle ['hʌdl] **I** *onoverg:* ~ *(together)* zich opeenhopen, bijeenkruipen; **II** *znw* (verwarde) hoop; warboel; *gemeenz* conferentie, onderonsje *o*; *go into a* ~ *gemeenz* de koppen bij elkaar steken
1 hue [hju:] *znw* kleur; tint, schakering
2 hue [hju:] *znw: raise a* ~ *and cry* luid protesteren, tekeergaan, schande roepen (over iets *about sth.*)
hued [hju:d] *bn* getint
huff [hʌf] **I** *znw: in a* ~ gepikeerd; **II** *onoverg* briesen; blazen, puffen; ~ *and puff* razen en tieren; puffen
huffish *bn* lichtgeraakt; nijdig, geprikkeld
huffy *bn gemeenz* nijdig, kwaad; pruilerig; lichtgeraakt

hug [hʌg] **I** *overg* in de armen drukken, omhelzen, omklemmen, knuffelen; *fig* zich vastklemmen aan; ~ *the land (the shore)* scheepv dicht bij de wal houden; **II** *znw* omhelzing, knuffel
huge [hju:dʒ] *bn* zeer groot, kolossaal
hugger-mugger ['hʌgəmʌgə] **I** *znw* geheimhouding, gesmoes *o*; janboel; **II** *bn bijw* geheim, heimelijk; in de war, verward
Huguenot ['hju:gənɔt, -nou] *znw* hugenoot
hula hoop ['hu:lə'hu:p] *znw* hoelahoep
hulk [hʌlk] *znw* onttakeld schip *o* (ook: ~*s*) [eertijds: als gevangenis]; bonk, log gevaarte *o*
hulking ['hʌlkiŋ] *bn* log, lomp
hull [hʌl] **I** *znw* schil, dop; omhulsel *o*; scheepv romp, casco *o*; **II** *overg* pellen
hullabaloo [hʌləbə'lu:] *znw* kabaal *o*, herrie
hullo ['hʌ'lou] *tsw* = *hallo*
hum [hʌm] **I** *onoverg* gonzen, zoemen, bruisen, snorren, brommen, neuriën; ~ *and haw* hakkelen; allerlei bedenkingen opperen, niet ronduit spreken; *make things* ~ **1** leven in de brouwerij brengen; **2** *slang* stinken; **II** *overg* neuriën; **III** *znw* gegons *o*, gezoem *o*, gesnor *o*, gebrom *o*, geneurie *o*; **IV** *tsw* hum!
human ['hju:mən] **I** *bn* menselijk, mensen-; ~ *error* menselijke fout; ~ *rights* mensenrechten; ~ *race* de mensheid; ~ *engineering* ergonomie; *we are all* ~ we zijn allemaal (maar) mensen; **II** *znw* mens(elijk wezen *o*) (ook: ~ *being*)
humane [hju'mein] *bn* menslievend, humaan; ~ *society* reddingsmaatschappij
humanism ['hju:mənizm] *znw* humanisme *o*
humanist *znw* humanist
humanistic [hju:mə'nistik] *bn* humanistisch
humanitarian [hju:mæni'teəriən] **I** *bn* humanitair; menslievend; **II** *znw* filantroop
humanity [hju:'mæniti] *znw* mensdom *o*; mensheid; menselijkheid; menslievendheid; *the humanities* de humaniora; ± de geesteswetenschappen, vooral de Latijnse en Griekse letteren &
humanize ['hju:mənaiz] *overg* beschaven, veredelen, humaniseren
humankind *znw* (de) mensheid
humanly *bijw* menselijk; *if it is* ~ *possible* als het ook maar enigszins mogelijk is
humanoid ['hju:mənɔid] **I** *bn* mensachtig; **II** *znw* mensachtige
humble ['hʌmbl] **I** *bn* deemoedig, nederig; bescheiden; onderdanig [in beleefdheidsformules]; gering; onbelangrijk; **II** *overg* vernederen
humble-bee *znw* hommel
humble-pie *znw: to eat* ~ nederig zijn excuses maken, in het stof kruipen
humbug ['hʌmbʌg] *znw* humbug, kale bluf, huichelarij; bedrog *o*; bluffer, charlatan; (pepermunt-)balletje *o*
humdinger ['hʌmdiŋə] *znw* Am *gemeenz* iets geweldigs, iets buitengewoons

humdrum

humdrum ['hʌmdrʌm] *bn* eentonig, alledaags; saai; sleur-

humerus ['hju:mərəs] *znw* (*mv*: humeri [-rai]) opperarmbeen *o*

humid ['hju:mid] *bn* vochtig

humidifier [hju'midifaiə] *znw* luchtbevochtiger

humidity [hju'miditi] *znw* vocht *o & v*, vochtigheid; vochtigheidsgraad

humiliate [hju'milieit] *overg* vernederen, verootmoedigen

humiliation [hjumili'eiʃən] *znw* vernedering, verootmoediging

humility [hju'militi] *znw* nederigheid, ootmoed

humming ['hʌmiŋ] **I** *znw* geneurie *o*; gezoem *o*; gegons *o*; **II** *bn* neuriënd; zoemend; gonzend; gemeenz levendig, bloeiend [handel]

humming-bird *znw* kolibrie

humming-top *znw* bromtol

hummock ['hʌmək] *znw* hoogte, heuveltje *o*

humorist ['hju:mərist] *znw* humorist

humorous *bn* humoristisch, geestig, grappig

humour, Am **humor** ['hju:mə] **I** *znw* (lichaams-) vocht *o*; humeur *o*, stemming; humor; *out of* ~ in een slechte bui; *out of* ~ *with* boos op; **II** *overg* zich schikken naar, zijn zin geven, toegeven (aan); [iem.] tactvol naar z'n hand zetten

humourless *bn* humorloos

hump [hʌmp] **I** *znw* bult, bochel, uitsteeksel *o*; heuveltje *o*; kwade bui; *that gives me the* ~ gemeenz dat werkt op mijn zenuwen; **II** *onoverg* bollen, welven, krom trekken; **III** *overg* krommen; torsen; slang naaien, neuken

humpback *znw* bochel; gebochelde

humpbacked *bn* gebocheld; ~ *bridge* smalle, steile brug

humph [hmf] *tsw* h(u)m!

humpty-dumpty ['hʌm(p)ti'dʌm(p)ti] *znw* kleine dikzak

humpy ['hʌmpi] *bn* gebocheld; bultig

humus ['hju:məs] *znw* humus, teelaarde

Hun [hʌn] *znw* Hun²; slang geringsch mof

hunch [hʌn(t)ʃ] **I** *overg* krommen [schouders]; optrekken; ~*ed up* ineengedoken; **II** *znw* bochel, bult; homp; gemeenz (voor)gevoel *o*, idee *o & v*, ingeving

hunchback(ed) ['hʌn(t)ʃbæk(t)] *bn = humpback(ed)*

hundred ['hʌndrəd] *telw & znw* honderd(tal *o*)

hundredfold *bn* honderdvoudig

hundredth *bn (znw)* honderdste (deel *o*)

hundredweight *znw* centenaar (= 112 Eng. ponden = 50,7 kilo of 100 Am. ponden = 45,3 kilo)

hung [hʌŋ] **I** V.T. & V.D. van *hang*; **II** *bn*: ~ *up (over, about sth.)* geobsedeerd (door); ~ *over* katterig; ~ *parliament* parlement *o* waarin geen enkele partij de meerderheid heeft

Hungarian [hʌŋ'gɛəriən] **I** *znw* Hongaar; Hongaars *o*; **II** *bn* Hongaars

Hungary ['hʌŋgəri] *znw* Hongarije *o*

hunger ['hʌŋgə] **I** *znw* honger²; hunkering; **II** *onoverg* hongeren, hunkeren (naar *after, for*)

hunger-strike *znw* hongerstaking

hungry *bn* hongerig; hunkerend; hongerig makend [werk]; *be* ~ honger hebben; *go* ~ honger lijden

hunk [hʌŋk] *znw* homp, (grote, groot) brok *m & v* of *o*; slang lekker stuk *o*, spetter

hunkers ['hʌŋkəz] *znw mv* achterste; *on one's* ~ op de hurken

hunks [hʌŋks] *znw* gemeenz norse oude man; vrek

hunky-dory ['hʌŋki('dɔ:ri)] *bn* Am slang prima; *it's all* ~ alles loopt op rolletjes

hunt [hʌnt] **I** *onoverg* jagen; op de (vossen)jacht gaan; fig snuffelen, zoeken; ~ *for* najagen, jacht maken op, zoeken naar; **II** *overg* jagen (op); afjagen, afzoeken; najagen, nazetten; ~ *down* in het nauw brengen, opsporen, (uit)vinden; ~ *out (up)* opzoeken, opsporen, (uit)vinden; **III** *znw* (vossen-) jacht; jachtveld *o*; jachtgezelschap *o*

hunter *znw* jager°; jachtpaard *o*; ~'*s moon* volle maan in oktober

hunting I *znw* jacht, jagen *o*; **II** *bn* jacht-

hunting-ground *znw* jachtgebied *o*; jachtveld *o*; *happy* ~*s* eeuwige jachtvelden

hunting-horn *znw* jachthoorn

hunting-lodge *znw* jachthuis *o*, jachthut

hunting-season *znw* jachtseizoen *o*

huntress *znw* jageres

huntsman *znw* jager; pikeur [bij vossenjacht]

hurdle [hə:dl] **I** *znw* (tenen) horde; hek *o* [bij wedrennen]; fig hindernis; *the* ~*s* sp de hordeloop; **II** *overg* springen over

hurdler *znw* hordevlechter; sp hordeloper

hurdle-race *znw* hordenloop

hurdy-gurdy ['hə:digə:di] *znw* muz lier [draaiorgel]

hurl [hə:l] *overg* slingeren, werpen; ~ *reproaches at each other* elkaar verwijten naar het hoofd slingeren

hurly-burly ['hə:libə:li] *znw* geraas *o*, kabaal *o*, commotie, tumult *o*

hurrah, hurray [hu'ra:, hu'rei] *tsw* hoera

hurricane ['hʌrikən, -kein] *znw* orkaan; ~ *deck* stormdek *o*; ~ *lamp* stormlamp

hurried ['hʌrid] *bn* haastig, gehaast, overhaast(ig)

hurry I *znw* haast, haastige spoed; *be in a* ~ haast hebben; zich haasten; ongeduldig zijn; *in a* ~ gemeenz snel, gauw; *not in a* ~ gemeenz niet zo (heel) gauw; *what's the* ~*?* vanwaar die haast?; **II** *onoverg* zich haasten; ~ *away* zich wegspoeden; ~ *on (along)* voortijlen; ~ *over* haast maken met; ~ *up* haast maken, voortmaken; ~ *up!* schiet op! vlug!; **III** *overg* haasten; overhaasten; verhaasten, haast maken met; in allerijl brengen, zenden & [v. troepen &]; ~ *along* ook: meeslepen; ~ *on* voortjagen; ~ *things on* er vaart achter zetten; ~ *up* **1** voortmaken met; **2** aansporen; ~ *a bill through* erdoor jagen

hurry-scurry I *znw* gejacht *o*; verwarring, consternatie; **II** *bn bijw* haastig en verward, hals over kop; **III** *onoverg* zich reppen, jachten

hurst [hə:st] *znw* bosje *o*; zandheuvel; zandbank

1 hurt [hə:t] (hurt; hurt) **I** *overg* pijn doen, bezeren, wonden; deren; krenken, kwetsen[2], beledigen[2]; schaden, benadelen; **II** *onoverg* schaden; *it* ~*s* het doet zeer; *just a little drink won't* ~ één glaasje kan geen kwaad; *it never* ~*s to get up early* vroeg opstaan is alleen maar gezond

2 hurt *znw* letsel *o*, wond; krenking, belediging

hurtful *bn* schadelijk, nadelig (voor *to*); pijnlijk, krenkend

hurtle ['hə:tl] **I** *onoverg* botsen, stoten, ratelen, donderen; **II** *overg* slingeren, smakken, smijten

husband ['hʌzbənd] **I** *znw* echtgenoot, man; **II** *overg* zuinig huishouden (omgaan) met, zuinig beheren, sparen

husbandry *znw* landbouw; teelt (vooral in samenstellingen, b.v.: *animal* ~, *cattle* ~ veeteelt, veefokkerij, veehouderij); huishoudkunde, (huishoude-)lijk, zuinig) beheer *o*

hush [hʌʃ] **I** *overg* tot zwijgen brengen, sussen[2]; ~ *up* in de doofpot stoppen; verzwijgen; **II** *onoverg* zwijgen; **III** *znw* zwijgen *o*, (diepe) stilte; **IV** *tsw* stil!, st!; ~*ed* gedempt [stem]

hush-hush *bn* gemeenz geheim

hush-money *znw* zwijggeld *o*

husk [hʌsk] **I** *znw* schil, bolster, dop, kaf *o*; (om-)hulsel *o*; **II** *overg* schillen, doppen, pellen

1 husky ['hʌski] *bn* schor, hees; stevig, potig

2 husky ['hʌski] *znw* husky, poolhond

hussar [hu'za:] *znw* scheepv huzaar

hussy ['hʌsi, 'hʌzi] *znw* **1** ondeugd [v.e. meisje], brutaaltje *o*; **2** sloerie, del

hustings ['hʌstiŋz] *znw (mv)* hist stellage vanwaar men bij verkiezingen tot het volk sprak; verkiezing(scampagne)

hustle ['hʌsl] **I** *overg* (ver)dringen, (weg)duwen, stompen, door elkaar schudden; voortjagen, jachten; drijven; **II** *onoverg* duwen, dringen; er vaart achter zetten, aanpakken; **III** *znw* gejacht *o*, geduw *o*, gedrang *o*; voortvarendheid, energie; ~ *and bustle* drukte

hustler *znw* voortvarend iemand; Am slang prostitué(e)

hut [hʌt] *znw* hut, keet; barak

hutch [hʌtʃ] *znw* (konijne)hok *o*; gemeenz, geringsch keet, krot, hok *o*

hutment ['hʌtmənt] *znw* barak(ken)

huzza [hu'za:, hʌ'za:] *tsw* vero = *hurrah*

hyacinth ['haiəsinθ] *znw* plantk hyacint *v*; hyacint *o* [stofnaam], hyacint *m* [edelsteen]

hybrid ['haibrid] **I** *znw* hybride, bastaard; **II** *bn* hybridisch, bastaard-, gemengd

hydra ['haidrə] *znw (mv: -s of* hydrae [-dri:]) waterslang, hydra[2]

hydrant *znw* brandkraan

hydrate ['haidreit] *znw* hydraat *o*

hydraulic [hai'drɔ(:)lik] *bn* hydraulisch; ~*s* hydraulica

hydro ['haidrou] *znw* gemeenz waterkuurinrichting

hydro-carbon ['haidrə'ka:bən] *znw* koolwaterstof

hydrocephalus [haidrə'sefələs] *znw* waterhoofd *o*

hydrochloric *bn*: ~ *acid* zoutzuur *o*

hydrodynamics *znw* hydrodynamica

hydro-electric *bn* hydro-elektrisch; ~ *(power-) station* waterkrachtcentrale

hydrofoil ['haidrəfɔil] *znw* draagvleugelboot

hydrogen *znw* waterstof; ~ *bomb* waterstofbom

hydrographic(al) [haidrə'græfik(l)] *bn* hydrografisch

hydrography [hai'drɔgrəfi] *znw* hydrografie

hydrolysis [hai'drɔlisis] *znw* hydrolyse

hydrometer *znw* hydrometer

hydropathic [haidrə'pæθik] *bn* hydrotherapeutisch

hydropathy [hai'drɔpəθi] *znw* hydrotherapie

hydrophobia [haidrə'foubiə] *znw* watervrees, hondsdolheid

hydroplane ['haidrəplein] *znw* Am luchtv watervliegtuig *o*; scheepv glijboot

hydroponics [haidrə'pɔniks] *znw* plantk watercultuur

hydrostatic [haidrə'stætik] *bn* hydrostatisch

hydrostatics *znw* hydrostatica

hydrotherapy ['haidrə'θerəpi] *znw* watergeneeswijze, hydrotherapie

hyena [hai'i:nə] *znw* hyena

hygiene ['haidʒi:n] *znw* hygiëne, gezondheidsleer

hygienic [hai'dʒi:nik] *bn* hygiënisch

hygrometer [hai'grɔmitə] *znw* hygrometer

hymen ['haimən] *znw* maagdenvlies *o*

hymeneal [haimə'ni:əl] *bn* huwelijks-

hymn [him] **I** *znw* kerkgezang *o*, lofzang, gezang *o*; **II** *overg & onoverg* plechtig loven, (be)zingen

hymnal ['himnəl], **hymn book** *znw* gezangboek *o*

hype [haip] *znw* publiciteitscampagne, overdadige promotie [v.e. product, persoon], hype

hyper- *voorv* hyper-

hyperbola [hai'pə:bələ] *znw (mv: -s of* hyperbolae [-li:]) wisk hyperbool, kegelsnede

hyperbole [hai'pə:bəli] *znw* [stijlfiguur] hyperbool, overdrijving

hyperbolic(al) [haipə'bɔlik(l)] *bn* hyperbolisch

hypercritical ['haipə'kritikl] *bn* hyperkritisch

hypermarket *znw* weilandwinkel, hypermarkt

hypersensitive *bn* overgevoelig

hypertension *znw* hypertensie, verhoogde bloeddruk

hypertrophy [hai'pə:trəfi] **I** *znw* hypertrofie: ziekelijke vergroting; **II** *onoverg* aan hypertrofie onderhevig zijn

hyphen ['haifən] **I** *znw* koppelteken *o*; **II** *overg* = *hyphenate*

hyphenate *overg* door een koppelteken verbinden;

~*d* door een koppelteken verbonden; ~*d name* dubbele naam

hypnosis [hip'nousis] *znw* hypnose

hypnotic [hip'nɔtik] **I** *bn* slaapwekkend; hypnotisch; **II** *znw* hypnoticum *o*, slaapmiddel *o*; gehypnotiseerde

hypnotism ['hipnətizm] *znw* hypnotisme *o*

hypnotist *znw* hypnotiseur

hypnotize *overg* hypnotiseren

hypo- ['haipə] *voorv* verminderd, onvolkomen, onder-

hypochondria [hai-, hipə'kɔndriə] *znw* hypochondrie

hypochondriac I *znw* hypochonder; **II** *bn* hypochondrisch

hypocrisy [hi'pɔkrisi] *znw* hypocrisie, huichelarij, veinzerij

hypocrite ['hipəkrit] *znw* hypocriet, huichelaar, veinzer

hypocritical [hipə'kritikl] *bn* hypocritisch, huichelachtig, schijnheilig

hypodermic [haipə'də:mik] **I** *bn* onderhuids; ~ *needle* injectienaald; ~ *syringe* injectiespuitje *o*; **II** *znw* spuit, spuitje *o*

hypotenuse [hai'pɔtinju:z] *znw* hypotenusa

hypothecate [hai'pɔθikeit] *overg* verhypothekeren; verpanden

hypothermia [haipə'θə:miə] *znw* onderkoeling, hypothermie

hypothesis [hai'pɔθisis] *znw* (*mv:* hypotheses [-si:z]) hypothese, veronderstelling

hypothesize [hai'pɔθəsaiz] *onoverg* een veronderstelling doen, een hypothese formuleren

hypothetic(al) [haipə'θetik(l)] *bn* hypothetisch

hysterectomy [histə'rektəmi] *znw* med verwijdering van de baarmoeder, hysterectomie

hysteria [his'tiəriə] *znw* hysterie

hysteric [his'terik] **I** *znw* hystericus, hysterica; **II** *bn* = *hysterical*

hysterical *bn* hysterisch; ook: zenuwachtig [v. lachen]; gemeenz ontzettend grappig

hysterics *znw mv* zenuwtoeval; hysterische uitbarsting; *go into* ~ het op de zenuwen krijgen; *be in* ~ zich een breuk lachen

I

i, I [ai] *znw* (de letter) i, I

I [ai] **I** *pers vnw* ik; **II** *znw* ik *o*, ego *o*, zelf *o*

i.a. *afk.* = *inter alia* onder andere

iamb ['aiæm(b)] *znw* jambe

iambic [ai'æmbik] **I** *bn* jambisch; **II** *znw* jambe; ~*s* jamben, jambische verzen

iambus *znw* (*mv:* -es *of* iambi [-bai]) jambe

ib *afk.* = *ibidem*

IBA *afk.* = *Independent Broadcasting Authority* ± Commissariaat *o* voor de Media

Iberian [ai'biəriən] **I** *bn* Iberisch; **II** *znw* Iberiër; het Iberisch

ibid. *afk.* = *ibidem*

ibidem [i'baidəm] [Lat] *bijw* in hetzelfde boek, van dezelfde auteur

ibis ['aibis] *znw* ibis

ice [ais] **I** *znw* ijs° *o*; *cut no* ~ geen gewicht in de schaal leggen; *keep (put) on* ~ in de ijskast zetten (leggen); *on thin* ~ fig op glad ijs; **II** *overg* frapperen [dranken]; glaceren [suikerwerk]; **III** *onoverg:* ~ *over (up)* bevriezen, dichtvriezen

Ice Age *znw* ijstijd

iceberg *znw* ijsberg

ice-blue *bn (znw)* vaalblauw (*o*), lichtblauw (*o*)

ice-bound *bn* ingevroren; dicht-, toegevroren, bevroren

icebox *znw* **1** Br vriesvak *o*; **2** Am koelkast, ijskast

ice-bucket *znw* ijsemmer

ice cap *znw* ijskap

ice-cold *bn* ijskoud

ice-cream *znw* (room)ijs *o*, ijs(je) *o*

ice cube *znw* ijsblokje *o*

ice drift *znw* ijsgang

ice-floe *znw* ijsschots

ice hockey *znw* ijshockey *o*

ice-house *znw* ijskelder²

Iceland ['aislənd] *znw* IJsland *o*

Icelander *znw* IJslander

Icelandic [ais'lændik] **I** *bn* IJslands; **II** *znw* IJslands *o* [de taal]

ice lolly *znw* ijslolly

ice-pack ['aispæk] *znw* pakijs *o*; ijszak

ice-rink *znw* kunstijsbaan

ice skate *znw* schaats

ice-skate *onoverg* schaatsen

ice-skater *znw* schaatser

ice water *znw* ijswater *o*

ichthyology [ikθi'ɔlədʒi] *znw* viskunde

ichthyosaurus [ikθiə'sɔ:rəs] *znw* ichtyosaurus

icicle ['aisikl] *znw* ijskegel, -pegel

icing *znw* suikerglazuur *o* [v. gebak]; ijsafzetting;

icing [bij ijshockey]; ~ *sugar* poedersuiker; *the* ~ *on the cake* fig franje, extra *o*; toeters en bellen

icon ['aikɔn] *znw* icoon [afbeelding]; fig symbool *o*

iconoclasm [ai'kɔnəklæzm] *znw* beeldenstorm; fig afbreken *o* van heilige huisjes

iconoclast *znw* beeldenstormer; fig afbreker van heilige huisjes

iconoclastic [aikɔnə'klæstik] *bn* beeldenstormend; fig heilige huisjes afbrekend

icterus ['iktərəs] *znw* med geelzucht

ictus ['iktəs] *znw* (*mv* idem *of* -es) (vers)accent *o*

icy ['aisi] *bn* ijskoud², ijzig², ijs-; beijzeld [weg]

I'd [aid] verk. van *I would*, *I should*, *I had*

idea [ai'diə] *znw* denkbeeld *o*, begrip *o*, gedachte, idee *o* & *v*; *the (very)* ~! stel je voor!, wat een onzin!; *that's the* ~ dat is de bedoeling; zo is (moet) het; mooi zo!, juist!; *what's the big* ~? gemeenz wat krijgen we nou?; *get the* ~ begrijpen; *have no* ~ ook: niet weten; *put* ~*s into sbd.'s head* iem. op (vreemde) gedachten brengen

ideal [ai'diəl] **I** *bn* ideaal; ideëel; denkbeeldig; **II** *znw* ideaal *o*

idealism *znw* idealisme *o*

idealist *znw* idealist

idealistic [aidiə'listik] *bn* idealistisch

idealization [aidiəlai'zeiʃən] *znw* idealisering

idealize [ai'diəlaiz] *overg* idealiseren

idée fixe [i:dei'fi:ks] [Fr] *znw* obsessie

identical [ai'dentikl] *bn* (de-, het)zelfde, gelijk, identiek; ~ *twins* eeneiige tweeling

identifiable [ai'dentifaiəbl] *bn* identificeerbaar, herkenbaar

identification [aidentifi'keiʃən] *znw* vereenzelviging, gelijkstelling, identificatie; legitimatie, identiteitsbewijs *o*; ~ *card* legitimatiebewijs *o*; ~ *mark* (ken)merk *o*, herkenningsteken *o*

identify [ai'dentifai] *(onoverg &) overg* (zich) vereenzelvigen, gelijkstellen, -maken (aan *with*), identificeren; in verband brengen (met *with*)

identikit [ai'dentikit] *znw* montagefoto, robotportret *o*

identity [ai'dentiti] *znw* gelijk(luidend)heid; éénzijn *o*; persoon(lijkheid); identiteit; ~ *card* identiteitsbewijs *o*, -kaart, persoonsbewijs *o*; ~ *disk* identiteitsplaatje *o*

ideogram ['idiougræm], **ideograph** ['idiougra:f] *znw* beeldmerk *o*

ideological [aidiə'lɔdʒikəl] *bn* ideologisch

ideologist [aidi'ɔlədʒist] *znw* ideoloog

ideologue ['aidiələg] *znw* ideoloog

ideology [aidi'ɔlədʒi] *znw* ideologie

ides [aidz] *znw mv* 15de dag van maart, mei, juli en oktober, van de andere maanden de 13de

idiocy ['idiəsi] *znw* idiotie, idioterie, stompzinnigheid

idiom ['idiəm] *znw* idioom *o*, taaleigen *o*; dialect *o*

idiomatic [idiə'mætik] *bn* idiomatisch

idiosyncrasy [idiə'siŋkrəsi] *znw* eigenaardigheid,

hebbelijkheid, individuele geestes- of gevoelsneiging

idiosyncratic [idiəsiŋ'krætik] *bn* eigenaardig

idiot ['idiət] *znw* idioot²

idiotic [idi'ɔtik] *bn* idioot², mal

idle ['aidl] **I** *bn* ledig, nietsdoend, werkeloos, stil(liggend, -staand); lui; ongebruikt; ijdel, nutteloos; *we have not been* ~ we hebben niet stilgezeten; **II** *onoverg* leeglopen, niets doen, luieren, lanterfanten; techn stationair draaien [v. motor]; **III** *overg*: ~ *away* in ledigheid doorbrengen, verluieren

idler *znw* leegloper, nietsdoener, dagdief

idling **I** *bn* luierend &; **II** *znw* nietsdoen *o*; vrijloop [v. motor]

idly *bijw* v. idle *I*; ook: zonder een hand uit te steken; zomaar

idol ['aidl] *znw* afgod², idool *o*

idolater [ai'dɔlətə] *znw* afgodendienaar; aanbidder, afgodisch vereerder

idolatrous *bn* afgodisch

idolatry *znw* afgoderij; afgodendienst, idolatrie; verafgoding

idolization [aidəlai'zeiʃən] *znw* verafgoding²

idolize ['aidəlaiz] *overg* verafgoden²

idyll ['idil,'aidil] *znw* idylle²

idyllic [ai'dilik] *bn* idyllisch²

i.e. *afk.* = *id est*, *that is* dat wil zeggen, d.w.z.

if [if] **I** *voegw* indien, zo, als, ingeval; zo ... al, al; of; *nice weather, even* ~ *rather cold* ondanks dat het wat koud is, is het (toch) lekker weer; *the damage,* ~ *any* de eventuele schade; *little (few)* ~ *any* vrijwel geen; *he was,* ~ *anything, an artist* hij was juist een kunstenaar!; ~ *not* zo niet; *the rascal!* ~ *he hasn't stolen my wallet* daar heeft ie me waarachtig ...; *I'll do it,* ~ *I die for it* ik zal het doen al moet ik ervoor sterven; *nothing* ~ *not critical* zeer kritisch; ~ *only* als ... maar; ~ *ever* als ... überhaupt; **II** *znw*: ~*s and buts* mitsen en maren

iffy ['ifi] *bn* gemeenz onzeker, twijfelachtig

igloo ['iglu:] *znw* iglo: sneeuwhut

igneous ['igniəs] *bn* vurig, vuur-; vulkanisch

ignes fatui ['igni:z 'fætjuai] *znw mv* v. *ignis fatuus* ['ignis 'fætjuəs] dwaallicht *o*

ignitable [ig'naitəbl] *bn* ontbrandbaar

ignite **I** *overg* in brand steken, doen ontbranden, ontsteken; **II** *onoverg* in brand raken, ontbranden, vuur vatten

igniter *znw* ontsteker

ignition [ig'niʃən] *znw* ontbranding; techn ontsteking; ~ *key* auto contactsleuteltje *o*; ~ *switch* ontstekingsschakelaar

ignoble [ig'noubl] *bn* onedel, laag, schandelijk

ignominious [ignə'miniəs] *bn* schandelijk, onterend; smadelijk, oneervol

ignominy ['ignəmini] *znw* schande(lijkheid), oneer, smaad

ignoramus [ignə'reiməs] *znw* onbenul, weetniet, domoor

ignorance

ignorance ['ignərəns] *znw* onkunde, onwetendheid; onbekendheid (met *of*)

ignorant *bn* onwetend, onkundig; ~ *of* onbekend met; onkundig van

ignore [ig'nɔː] *overg* niet willen weten of kennen, geen notitie nemen van, voorbijzien, ignoreren, negeren

i.h.p. *afk.* = *indicated horse-power* ipk, indicateurpaardenkracht

ileum ['iliəm] *znw* (*mv*: ilea ['iliə]) kronkeldarm

ilex ['aileks] *znw* steeneik; ilex, hulst

ilk [ilk] **I** *znw* soort *v & o*, slag *o*; *of that* ~ van die naam; gemeenz van dat soort; **II** *bn* Schots elk, ieder

I'll [ail] verk. van *I shall, I will*

ill [il] **I** *bn* kwaad, slecht, kwalijk; ziek; misselijk; *fall (be taken)* ~ ziek worden; **II** *bijw* slecht, kwalijk; ~ *at ease* niet op zijn gemak; *speak* ~ *if sbd.* kwaadspreken over iem.; **III** *znw* kwaad *o*, kwaal; ramp; *augur (bode)* ~ niet veel goeds beloven

ill-advised *bn* onberaden, onverstandig

ill-affected *bn* kwaadgezind, kwaadwillig

ill-assorted *bn* slecht bij elkaar passend

illation [i'leiʃən] *znw* gevolgtrekking

ill-blood ['il'blʌd] *znw* wrok; vijandschap

ill-boding *bn* onheilspellend

ill-bred *bn* onopgevoed; ongemanierd

ill-conditioned *bn* slecht gehumeurd; kwaadaardig; in slechte toestand

ill-considered *bn* onberaden

ill-contrived *bn* slecht bedacht, onoordeelkundig

ill-disposed *bn* niet genegen; kwaadgezind, kwaadwillig

illegal [i'liːgəl] *bn* onwettig

illegality [ili'gæliti] *znw* onwettigheid

illegibility [iledʒi'biliti] *znw* onleesbaarheid

illegible [i'ledʒibl] *bn* onleesbaar

illegitimacy [ili'dʒitiməsi] *znw* onwettigheid, ongeoorloofdheid, onechtheid

illegitimate *bn* onwettig, ongeoorloofd, onecht

ill-equipped ['il'ikwipt] *bn* slecht toegerust

ill-fated ['il'feitid] *bn* ongelukkig, rampspoedig

ill-favoured *bn* mismaakt, lelijk

ill-feeling *znw* kwade gevoelens, onwelwillendheid, kwaad bloed *o*

ill-founded *bn* ongegrond

ill-gotten *bn* onrechtvaardig (onrechtmatig, oneerlijk) verkregen

ill-health *znw* slechte gezondheid, ziekte

ill-humoured *bn* slecht gehumeurd

illiberal [i'libərəl] *bn* bekrompen; onbeschaafd; niet royaal, gierig

illiberality [ilibə'ræliti] *znw* bekrompenheid; gierigheid

illicit [i'lisit] *bn* ongeoorloofd; onwettig

illimitable [i'limitəbl] *bn* onbegrensd

illiteracy [i'litərəsi] *znw* ongeletterdheid; analfabetisme *o*

illiterate I *bn* ongeletterd; niet kunnende lezen (en schrijven); **II** *znw* analfabeet

ill-judged ['il'dʒʌdʒd] *bn* slecht bedacht (overlegd), onberaden; onwijs, onverstandig

ill-looking *bn* er slecht uitziend, lelijk; bedenkelijk

ill luck *znw* ongeluk *o*, tegenspoed

ill-mannered *bn* ongemanierd

ill-natured *bn* kwaadaardig, boosaardig, hatelijk

illness *znw* ongesteldheid, ziekte

illogical [i'lɔdʒikl] *bn* onlogisch

ill-omened ['il'oumend] *bn* onder ongunstige omstandigheden ondernomen; ongelukkig

ill-starred *bn* onder een ongelukkig gesternte geboren; ongelukkig

ill-tempered *bn* humeurig, uit zijn (haar) humeur

ill-timed *bn* ontijdig, ongelegen

ill-treat *overg* mishandelen; slecht (verkeerd) behandelen

ill-treatment *znw* mishandeling; slechte (verkeerde) behandeling

illume [i'l(j)uːm] *overg* plechtig verlichten, verhelderen

illuminant [i'l(j)uːminənt] **I** *bn* verlichtend; **II** *znw* verlichtingsmiddel *o*

illuminate *overg* verlichten²; belichten; licht werpen op; voorlichten; verluchten; illumineren; luister bijzetten aan; *an illuminating survey* een verhelderend werkend overzicht *o*

illumination [il(j)uːmi'neiʃən] *znw* verlichting²; belichting; voorlichting; verluchting; illuminatie; glans, luister

illuminative [i'l(j)uːminətiv] *bn* verlichtend

illuminator *znw* verlichter²; voorlichter; verlichtingsmiddel *o*; verluchter

illumine [i'l(j)uːmin] *overg* = illuminate

ill-usage ['il'juːzidʒ] *znw* = ill-treatment

ill-use *overg* = ill-treat

illusion [i'l(j)uːʒən] *znw* illusie; (zins)begoocheling, zinsbedrog *o*

illusionist [i'l(j)uːʒənist] *znw* goochelaar

illusive [i'l(j)uːsiv], **illusory** [i'l(j)uːsəri] *bn* illusoir, denkbeeldig; bedrieglijk

illustrate ['iləstreit] *overg* toelichten, ophelderen; illustreren

illustration [iləs'treiʃən] *znw* illustratie²; prent, plaat; toelichting, opheldering

illustrative ['iləstreitiv] *bn* illustrerend, illustratief, ophelderend, toelichtend, verklarend

illustrator *znw* illustrator

illustrious [i'lʌstriəs] *bn* doorluchtig, beroemd, roemrijk, vermaard, hoog, illuster

ill-will ['il'wil] *znw* vijandige gezindheid, kwaadwilligheid, wrok

ill wind *znw*: *it's an* ~ *that blows nobody any good* geen ongeluk zo groot of er is een geluk bij

I'm [aim] verk. van *I am*

image ['imidʒ] *znw* beeld *o*, beeltenis; evenbeeld *o*; toonbeeld *o*; imago *o*, image *o*; *he's the living (very,* *spitting)* ~ *of his father* hij lijkt als twee druppels water op zijn vader

image-breaker *znw* beeldstormer

image-building *znw* image-building, creëren *o* van een imago, beeldvorming

imagery ['imidʒri, 'imidʒəri] *znw* beeld *o*, beeldwerk *o*; beelden; beeldrijkheid; beeldspraak

imaginable [i'mædʒinəbl] *bn* denkbaar

imaginary [i'mædʒinəri] *bn* ingebeeld, denkbeeldig

imagination [imædʒi'neiʃən] *znw* verbeelding(skracht), fantasie, voorstellingsvermogen *o*, voorstelling

imaginative [i'mædʒinətiv] *bn* vol verbeeldingskracht, fantasierijk; van fantasie getuigend; van de verbeelding, verbeeldings-

imagine *overg* zich in-, verbeelden, zich voorstellen; ~! verbeeld je!

imago [i'meigou] *znw (mv: -s of* imagines [i'mædʒini:z]) volkomen ontwikkeld insect *o*; <u>psych</u> ideaalbeeld *o*

imam [i'ma:m] *znw* imam

imbalance [im'bæləns] *znw* gebrek *o* aan evenwicht, onevenwichtigheid, onbalans

imbecile ['imbisi:l, -sail] **I** *znw* imbeciel, stommeling; **II** *bn* imbeciel, idioot, dwaas

imbecility [imbi'siliti] *znw* geesteszwakte, imbeciliteit

imbibe [im'baib] *overg* (in)drinken, op-, inzuigen, (in zich) opnemen[2]; <u>gemeenz</u> te veel drinken

imbroglio [im'brouljou] *znw* imbroglio *o*: warboel, verwarring; verwikkeling

imbrue [im'bru:] *overg* bezoedelen, dopen, drenken

imbue [im'bju:] *overg* doortrékken; doordringen; drenken, verven; <u>fig</u> vervullen (van *with*)

IMF *afk. = International Monetary Fund* IMF, Internationaal Monetair Fonds *o*

imitable ['imitəbl] *bn* navolgbaar

imitate ['imiteit] *overg* navolgen, nabootsen, namaken, nadoen, <u>geringsch</u> na-apen

imitation [imi'teiʃən] **I** *znw* navolging, nabootsing; imitatie; **II** *bn* imitatie-

imitative ['imitətiv, 'imiteitiv] *bn* nabootsend, navolgend; ~ *arts* beeldende kunsten; ~ *of* in navolging van, naar, gevormd (gebouwd) naar

imitator ['imiteitə] *znw* imitator

immaculate [i'mækjulit] *bn* onbevlekt; smetteloos; onberispelijk

immanent ['imənənt] *bn* immanent

immaterial [imə'tiəriəl] *bn* onstoffelijk, onlichamelijk; van weinig of geen belang, van geen betekenis, onverschillig

immateriality ['imətiəri'æliti] *znw* onstoffelijkheid, onlichamelijkheid; onbelangrijkheid

immature [imə'tjuə] *bn* onvolwassen, onontwikkeld, onrijp

immaturity *znw* onvolwassenheid, onrijpheid

immeasurable [i'meʒərəbl] *bn* onmeetbaar; onmetelijk; <u>versterkend</u> oneindig

immediacy [i'mi:djəsi] *znw* onmiddellijkheid

immediate *bn* onmiddellijk, dadelijk; direct°; naast(bijzijnd), ophanden zijnd

immediately I *bijw* onmiddellijk &, zie *immediate*; **II** *voegw* zodra

immemorial [imi'mɔ:riəl] *bn* onheuglijk, eeuwenoud; *from (since) time* ~ sinds mensenheugenis

immense [i'mens] *bn* onmetelijk, oneindig, mateloos, <u>gemeenz</u> enorm

immensity *znw* onmetelijkheid, oneindigheid, eindeloze uitgestrektheid

immerse [i'mə:s] *overg* in-, onderdompelen, indopen; ~ *oneself in* zich verdiepen in; (ergens) helemaal in opgaan; ~*d in* verdiept in, diep in

immersion *znw* in-, onderdompeling, indoping; ~ *in* verdiept zijn *o* in

immersion heater *znw* dompelaar

immigrant ['imigrənt] **I** *bn* immigrerend; **II** *znw* immigrant

immigrate *onoverg* immigreren

immigration [imi'greiʃən] *znw* **1** immigratie; **2** ± paspoortcontrole

imminence ['iminəns] *znw* nabijheid, dreiging, nadering [v. gevaar &]

imminent *bn* dreigend, ophanden (zijnd), voor de deur staand, aanstaande

immiscible [i'misibl] *bn* on(ver)mengbaar

immitigable [i'mitigəbl] *bn* niet te verzachten; onverzoenlijk

immixture [i'mikstʃə] *znw* (ver)menging; betrokken zijn *o* (bij *in*), inmenging

immobile [i'moubail] *bn* onbeweeglijk

immobility [imə'biliti] *znw* onbeweeglijkheid

immobilize [i'moubilaiz] *overg* onbeweeglijk (immobiel) maken; aan de circulatie onttrekken; stilleggen, lamleggen; vast laten lopen

immoderate [i'mɔdərit] *bn* on-, bovenmatig, onredelijk, overdreven

immoderation [imɔdə'reiʃən] *znw* onmatigheid; onredelijkheid, overdrevenheid

immodest [i'mɔdist] *bn* onbescheiden; onbetamelijk, onzedig

immodesty *znw* onbescheidenheid; onbetamelijkheid, onzedigheid

immolate ['iməleit] *overg* (op)offeren; doden als offer

immolation [imə'leiʃən] *znw* (op)offering; offer *o*

immolator ['iməleitə] *znw* offeraar

immoral [i'mɔrəl] *bn* immoreel, onzedelijk; zedeloos

immorality [imə'ræliti] *znw* immoraliteit, onzedelijkheid; onzedelijke handeling(en); zedeloosheid

immortal [i'mɔ:tl] **I** *bn* onsterfelijk; **II** *znw* onsterfelijke

immortality [imɔ:'tæliti] *znw* onsterfelijkheid

immortalization [imɔ:təlai'zeiʃən] *znw* onsterfe-

immortalize

lijk maken *o*, vereeuwiging
immortalize [i'mɔ:təlaiz] *overg* onsterfelijk maken, vereeuwigen
immortelle [imɔ:'tel] *znw* immortelle, strobloem
immovable [i'mu:vəbl] **I** *bn* onbeweegbaar, onbeweeglijk; onveranderlijk, onwrikbaar; recht onroerend, vast; **II** *znw*: ~s onroerende of vaste goederen
immune [i'mju:n] *bn* immuun, onvatbaar (voor *from, to, against*), vrijgesteld, gevrijwaard (van *from*); ~ *system* med immuunsysteem *o*
immunity *znw* immuniteit: onvatbaarheid; vrijstelling, ontheffing
immunization ['imju(:)nai'zeiʃən] *znw* immunisering
immunize ['imjunaiz] *overg* immuun maken, immuniseren
immunology ['imju(:)'nɔlədʒi] *znw* immunologie
immure [i'mjuə] *overg* insluiten, opsluiten, inmetselen [als doodstraf]
immutable [i'mju:təbl] *bn* onveranderlijk, onveranderbaar
imp [imp] *znw* kobold, duiveltje *o*, rakker
impact ['impækt] **I** *znw* stoot, schok, slag, botsing; fig uitwerking, invloed, effect *o*; **II** *overg* indrijven, indrukken; (krachtig) raken, treffen
impair [im'pɛə] *overg* benadelen, aantasten, verzwakken, afbreuk doen aan
impala [im'pa:lə] *znw* impala
impale [im'peil] *overg* spietsen, doorboren; vero ompalen
impalement *znw* spietsen *o*; doorboring
impalpable [im'pælpəbl] *bn* onvoelbaar, ontastbaar²; ongrijpbaar²
impanel [im'pænl] *overg* = empanel
imparity [im'pæriti] *znw* ongelijkheid, verscheidenheid
impart [im'pa:t] *overg* mededelen, geven, verlenen; bijbrengen [kennis]
impartial [im'pa:ʃəl] *bn* onpartijdig
impartiality [impa:ʃi'æliti] *znw* onpartijdigheid
impassable [im'pa:səbl] *bn* onbegaanbaar; [rivier] waar men niet overheen kan
impasse [im'pa:s] *znw* doodlopende straat; fig dood punt *o*
impassible [im'pæsibl] *bn* **1** onaandoenlijk; ongevoelig, gevoelloos; **2** onberijdbaar, onbegaanbaar
impassioned [im'pæʃənd] *bn* hartstochtelijk
impassive [im'pæsiv] *bn* onbewogen, ongevoelig, onaandoenlijk, onverstoorbaar, afgestompt
impasto [im'pæstou] *znw* dik opleggen *o* van de verf; dikke verf(laag)
impatience [im'peiʃəns] *znw* ongeduld *o*, ongeduldigheid; *his ~ of restraint* zijn afkeer van dwang
impatient *bn* ongeduldig; ~ *of* niet kunnende uitstaan of dulden
impeach [im'pi:tʃ] *overg* in twijfel trekken; verdacht maken; beschuldigen, aanklagen

impeachable *bn* laakbaar
impeachment *znw* in twijfel trekken *o*, verdachtmaking; (stellen *o* in staat van) beschuldiging, aanklacht
impeccable [im'pekəbl] *bn* onberispelijk, foutloos
impecuniosity [impikju:ni'ɔsiti] *znw* geldgebrek *o*; geldelijk onvermogen *o*
impecunious [impi'kju:niəs] *bn* zonder geld; onbemiddeld, onvermogend
impedance [im'pi:dəns] *znw* elektr impedantie: schijnweerstand
impede [im'pi:d] *overg* bemoeilijken, verhinderen, belemmeren, tegenhouden, beletten
impediment [im'pedimənt] *znw* verhindering, belemmering, beletsel *o*; (speech)~ spraakgebrek *o*
impedimenta [impedi'mentə] *znw* (leger)bagage
impel [im'pel] *overg* aandrijven, voortdrijven, -bewegen; aanzetten, bewegen
impending [im'pendiŋ] *bn* dreigend, aanstaand, ophanden zijnde
impenetrable [im'penitrəbl] *bn* ondoordringbaar; ondoorgrondelijk
impenitence [im'penitəns] *znw* onboetvaardigheid
impenitent *bn* onboetvaardig
imperative [im'perətiv] **I** *bn* gebiedend, (absoluut) noodzakelijk, verplicht (voor *upon*); **II** *znw* **1** gebiedende wijs (ook: ~ *mood*), imperatief; **2** (eerste) vereiste *o & v*
imperceptible [impə'septibl] *bn* onmerkbaar
impercipient [impə'sipiənt] *bn* niet waarnemend, niet opmerkend
imperfect [im'pə:fikt] **I** *bn* onvolmaakt, onvolkomen; ~ *tense* onvoltooid verleden tijd; **II** *znw* imperfectum *o*: onv. verl. tijd
imperfection [impə'fekʃən] *znw* onvolmaaktheid, onvolkomenheid
imperforate [im'pə:fərit] *bn* ongeperforeerd
imperial [im'piəriəl] **I** *bn* keizerlijk, keizer(s)-; rijks-, imperiaal; Brits [v. maten & gewichten &]; **II** *znw* imperiaal(papier) *o*; puntbaardje *o*
imperialism *znw* keizersmacht; imperialisme *o*
imperialist **I** *znw* imperialist; keizersgezinde; **II** *bn* imperialistisch; keizersgezind
imperialistic [impiəriə'listik] *bn* imperialistisch
imperil [im'peril] *overg* in gevaar brengen
imperious [im'piəriəs] *bn* gebiedend, heerszuchtig; bazig
imperishable [im'periʃəbl] *bn* onvergankelijk
impermanence *znw* tijdelijkheid, vluchtigheid
impermanent [im'pə:mənənt] *bn* tijdelijk, vergankelijk
impermeable [im'pə:miəbl] *bn* ondoordringbaar
impermissible [impə'misəbl] *bn* ontoelaatbaar, ongeoorloofd
impersonal [im'pə:snl] *bn* niet persoonlijk; onpersoonlijk
impersonality [impə:sə'næliti] *znw* onpersoonlijkheid

impersonate [im'pə:səneit] *overg* imiteren; verpersoonlijken; zich uitgeven voor

impersonation [impə:sə'neiʃən] *znw* imitatie; impersonatie

impersonator [im'pə:səneitə] *znw* imitator; *female* ~ theat travestieartiest; man die vrouwenrol speelt

impertinence [im'pə:tinəns] *znw* onbeschaamdheid

impertinent *bn* ongepast; onbeschaamd

imperturbable [impə'tə:bəbl] *bn* onverstoorbaar

impervious [im'pə:viəs] *bn* ondoordringbaar; ontoegankelijk, niet vatbaar (voor *to*)

impetigo [impi'taigou] *znw* impetigo, krentenbaard [huidziekte]

impetuosity [impetju'ɔsiti] *znw* onstuimigheid, heftigheid

impetuous [im'petjuəs] *bn* onstuimig, heftig

impetus ['impitəs] *znw* impuls, stimulans, aansporing, prikkel, voortstuwende kracht, aandrang, aandrift, vaart

impiety [im'paiəti] *znw* goddeloosheid, oneerbiedigheid, gebrek *o* aan piëteit

impinge [im'pindʒ] *overg:* ~ *(up)on* treffen, raken, v. invloed zijn op; inbreuk maken op

impingement *znw* inbreuk

impious ['impiəs] *bn* goddeloos; oneerbiedig

impish ['impiʃ] *bn* duivels, ondeugend

implacable [im'plækəbl] *bn* onverzoenlijk; onverbiddelijk

implant I *overg* [im'pla:nt] (in)planten, med implanteren; zaaien[2]; inprenten; II *znw* ['impla:nt] med implantaat *o*

implantation [impla:n'teiʃən] *znw* inplanting, med implantatie; inprenting

implausible [im'plɔ:zibl] *bn* onwaarschijnlijk

implement I *znw* ['implimənt] gereedschap *o*; werktuig *o*; ~s uitrusting; II *overg* ['impliment] uitvoeren; nakomen; aanvullen

implementation [implimen'teiʃən] *znw* uitvoering; nakoming; aanvulling

implicate ['implikeit] *overg* inwikkelen, insluiten, impliceren, verwikkelen, betrekken (bij *in*)

implication [impli'keiʃən] *znw* in-, verwikkeling; implicatie; *by* ~ stilzwijgend; bij implicatie; indirect

implicit [im'plisit] *bn* daaronder begrepen, stilzwijgend (aangenomen), impliciet; onvoorwaardelijk; blind [vertrouwen &]

implied [im'plaid] *bn* daaronder begrepen, stilzwijgend aangenomen, impliciet

implode [im'ploud] I *onoverg* imploderen, ineenklappen II *overg* doen imploderen, ineen laten klappen

implore [im'plɔ:] *overg* smeken, afsmeken

imploring *bn* smekend

implosion [im'plouʒən] *znw* implosie

imply [im'plai] *overg* insluiten, inhouden; vooronderstellen; suggereren, (indirect) te kennen geven

of aanduiden, impliceren, met zich meebrengen

impolite [impə'lait] *bn* onbeleefd, onwellevend

impolitic [im'pɔlitik] *bn* onhandig, onverstandig

imponderable [im'pɔndərəbl] I *bn* onweegbaar, moeilijk in te schatten, onvoorspelbaar; II *znw* onweegbare zaak, onberekenbare/onvoorspelbare factor; ~s imponderabilia

import I *overg* [im'pɔ:t] invoeren (ook comput), importeren; betekenen, inhouden; II *znw* ['impɔ:t] invoer, import; betekenis, portée ; ~s invoerartikelen, invoer; = *importance*

importance [im'pɔ:təns] *znw* belang *o*, belangrijkheid, gewicht *o*, gewichtigheid, betekenis

important *bn* belangrijk, van gewicht (betekenis), gewichtig(doend)

importation [impɔ:'teiʃən] *znw* import, invoer

importer [im'pɔ:tə] *znw* importeur

importunate [im'pɔ:tjunit] *bn* lastig, opdringerig

importune [im'pɔ:tju:n, impɔ:'tju:n] *overg* lastig vallen, herhaaldelijk verzoeken, aandringen

importunity [impɔ:'tju:niti] *znw* lastigheid; overlast; onbescheiden aanhouden *o*

impose [im'pouz] I *overg* opleggen; ~ *on* opleggen; in de handen stoppen; II *onoverg* ~ *(up)on* imponeren; misbruik maken van; misleiden; bedriegen

imposing [im'pouziŋ] *bn* imposant, imponerend, indrukwekkend

imposition [impə'ziʃən] *znw* oplegging; belasting; onderw strafwerk *o*; misleiding

impossibility [impɔsi'biliti] *znw* onmogelijkheid

impossible [im'pɔsibl] I *bn* onmogelijk°; II *znw* onmogelijke *o*

impost ['impoust] *znw* belasting

imposter, impostor [im'pɔstə] *znw* bedrieger, oplichter

imposture *znw* bedrog *o*, bedriegerij

impotence [im'pɔtəns(i)] *znw* onmacht, machteloosheid; onvermogen *o*; impotentie

impotent ['impətənt] *bn* onmachtig, machteloos, onvermogend; impotent

impound [im'paund] *overg* in beslag nemen [goederen]; inhouden [paspoort]

impoverish [im'pɔvəriʃ] *overg* verarmen; uitputten [land]

impracticable [im'præktikəbl] *bn* ondoenlijk, onuitvoerbaar

impractical [im'præktikl] *bn* onpraktisch, onhandig, onbruikbaar

imprecate ['imprikeit] *overg* (kwaad) afroepen (over *upon*)

imprecation [impri'keiʃən] *znw* verwensing, vervloeking

imprecatory ['imprikeitəri] *bn* verwensend, vloekend

imprecise [impri'sais] *bn* onduidelijk, vaag, onnauwkeurig

imprecision [impri'siʒən] *znw* onduidelijkheid, vaagheid, onnauwkeurigheid

impregnable [im'pregnəbl] *bn* onneembaar[2]; on-

impregnate

aantastbaar

impregnate [im'pregnit] *overg* bevruchten; impregneren, doortrekken, verzadigen

impregnation [impreg'neiʃən] *znw* bevruchting; impregnatie; verzadiging

impresario [impre'sa:riou] *znw* impresario

impress I *znw* ['impres] indruk; afdruk, afdruksel *o*, stempel[2] *o & m*; **II** *overg* [im'pres] in-, afdrukken, inprenten[2], stempelen[2]; (een zekere) indruk maken op, imponeren, treffen; ~ *(up)on* ook: drukken op; op het hart drukken, inprenten; ~ *with an idea* doordringen van een idee

impressible *bn* = *impressionable*

impression [im'preʃən] *znw* indrukking; af-, indruk[2], impressie; (karikaturale) imitatie [v. stem, gebaren &]; stempel[2] *o & m*; oplage, druk; idee *o & v*; *make an* ~ indruk maken; *under the* ~ *of* in de veronderstelling dat

impressionable *bn* voor indrukken vatbaar, gevoelig

impressionism [im'preʃənizm] *znw* impressionisme *o*

impressionist [im'preʃənist] **I** *bn* impressionist(isch); **II** *znw* imitator

impressionistic [impreʃə'nistik] *bn* impressionistisch

impressive [im'presiv] *bn* indrukwekkend

imprimatur [impri'meitə] *znw* imprimatur[2] *o*

imprint I *znw* ['imprint] indruk [v. voet &], afdruk, afdruksel *o*; stempel *o & m*; drukkers- of uitgeversnaam op titelblad &; **II** *overg* [im'print] drukken, stempelen, inprenten

imprison [im'prizn] *overg* gevangen zetten

imprisonment *znw* gevangenschap, gevangenzetting, gevangenis(straf); ~ *for debt* gijzeling

improbable [im'prɔbəbl] *bn* onwaarschijnlijk

improbity [im'proubiti] *znw* oneerlijkheid

impromptu [im'prɔm(p)tju:] **I** *bn* geïmproviseerd; **II** *bijw* voor de vuist; **III** *znw* muz impromptu *o & m*

improper [im'prɔpə] *bn* ongeschikt; onbehoorlijk, ongepast, onfatsoenlijk, onbetamelijk; oneigenlijk, onecht [v. breuken]; onjuist, ten onrechte

impropriety [imprə'praiəti] *znw* ongeschiktheid &, zie *improper*

improve [im'pru:v] **I** *overg* verbeteren, beter maken, verhogen, veredelen, vervolmaken; ten nutte maken; **II** *onoverg* beter worden, vooruitgaan; ~ *(up)on* verbeteringen aanbrengen in of aan; verbeteren; *he ~d on this* hij overtrof zichzelf nog; *improving* ook: stichtelijk; leerzaam

improvement *znw* verbetering, beterschap, vooruitgang, vordering; veredeling

improver *znw* verbeteraar; leerling, volontair (in een of ander vak)

improvidence [im'prɔvidəns] *znw* gebrek *o* aan voorzorg, zorgeloosheid

improvident *bn* zonder voorzorg, niet vooruitziend, zorgeloos

improvisation [imprəvai'zeiʃən] *znw* improvisatie

improvise ['imprəvaiz] *overg & onoverg* improviseren

improviser *znw* improvisator

imprudence [im'pru:dəns] *znw* onvoorzichtigheid

imprudent *bn* onvoorzichtig

impudence ['impjudəns] *znw* onbeschaamdheid, schaamteloosheid

impudent *bn* onbeschaamd, schaamteloos

impugn [im'pju:n] *overg* bestrijden, betwisten

impulse ['impʌls] *znw* aandrijving, aandrift, aandrang, opwelling, impuls; drijfveer; stimulans, prikkel; stoot; *on* ~ in een opwelling, impulsief

impulsion [im'pʌlʃən] *znw* = *impulse*

impulsive *bn* stuw-; impulsief

impunity [im'pju:niti] *znw* straffeloosheid; *with* ~ straffeloos

impure [im'pjuə] *bn* onzuiver, onrein; onkuis

impurity *znw* onzuiverheid, onreinheid[2]; onkuisheid; verontreiniging

imputation [impju'teiʃən] *znw* beschuldiging

impute [im'pju:t] *overg* toeschrijven (aan *to*), wijten, aanwrijven, toedichten, ten laste leggen

in. *afk.* = *inch(es)*

in [in] **I** *voorz* in, naar, bij, volgens, aan, op; van; betrokken bij; met... aan (op), met; over; *he has it* ~ *him* hij is er de man voor; ~ *itself* op zichzelf, alleen al; *there's something* ~ *that* daar zit wel iets in; *they...* ~ *their thousands* zij... bij duizenden; ~ *three days* in drie dagen; over drie dagen; *four feet* ~ *width* vier voet breed; *one in four* één op vier; ~ *that* dat wil zeggen, in de zin dat; **II** *bijw* aan [van boot]; binnen [van trein]; (naar) binnen, thuis, aanwezig, er; aan slag [bij cricket]; aan het bewind, aan de regering; gekozen; gemeenz in, in de mode; *fruit is* ~ nu is het de tijd voor fruit; *you are* ~ *for it* je bent zuur, je bent erbij; *I'll be (am)* ~ *for a telling off* er staat mij een standje te wachten; *be* ~ *on* meedoen (deelnemen) aan; *be* ~ *with* goede maatjes zijn met; ~ *and out* in en uit; door en door; *all* ~ alles inbegrepen; gemeenz kapot, (dood)op; **III** *bn* binnen...; **IV** *znw*: *the* ~*s and outs* alle ins en outs; alle finesses/details; Br pol de partij die in de regering zit en de oppositie

inability [inə'biliti] *znw* onvermogen *o*, onbekwaamheid

inaccessible [inæk'sesibl] *bn* ongenaakbaar[2]; ontoegankelijk, onbeklimbaar, onbereikbaar

inaccuracy [i'nækjurəsi] *znw* onnauwkeurigheid

inaccurate *bn* onnauwkeurig

inaction [i'nækʃən] *znw* het niets doen; ± non-interventie

inactive *bn* werkeloos; niet actief; traag

inactivity [inæk'tiviti] *znw* werkeloosheid, nietsdoen *o*; traagheid

inadequacy [i'nædikwəsi] *znw* onevenredigheid; ontoereikendheid, inadequatie

inadequate *bn* onevenredig (aan *to*); onvoldoende, ontoereikend, inadequaat

inadmissible [inəd'misibl] *bn* ontoelaatbaar

inadvertence [inəd'vɔːtəns(i)] *znw* onachtzaamheid, onoplettendheid

inadvertent *bn* onachtzaam, onoplettend; onbewust, onopzettelijk

inadvisable [inəd'vaizəbl] *bn* niet raadzaam, onverstandig

inalienable [i'neiljənəbl] *bn* onvervreemdbaar[2]

inamorata [inæmə'raːtə] *znw* geliefde, minnares

inamorato [inæmə'raːtou] *znw* minnaar

inane [i'nein] *bn* leeg, zinloos; idioot

inanimate [i'nænimit] *bn* levenloos, onbezield

inanition [inə'niʃən] *znw* leegte; uitputting

inanity [i'næniti] *znw* (zin)ledigheid; zinloosheid; zinledig gezegde *o*, banaliteit

inapplicable [i'næplikəbl] *bn* ontoepasselijk, niet van toepassing (op *to*)

inapposite [i'næpəzit] *bn* ontoepasselijk, ongepast, ongeschikt

inappreciable [inə'priːʃiəbl] *bn* onwaardeerbaar; uiterst gering, te verwaarlozen

inappreciation [inəpriːʃi'eiʃən] *znw* gebrek *o* aan waardering, niet waarderen *o*

inappreciative [inə'priːʃiətiv] *bn* niet waarderend

inapprehensible [inæpri'hensibl] *bn* onbegrijpelijk, onbevattelijk

inapproachable [inə'proutʃəbl] *bn* ongenaakbaar, ontoegankelijk

inappropriate [inə'proupriit] *bn* ongeschikt, ongepast; onjuist, verkeerd

inapt [i'næpt] *bn* ongeschikt, onbekwaam, niet ad rem

inaptitude *znw* ongeschiktheid

inarticulate [ina:'tikjulit] *bn* niet gearticuleerd, onduidelijk, zich moeilijk uitdrukkend; sprakeloos; *anat* ongeleed

inartificial [ina:ti'fiʃəl] *bn* ongekunsteld

inartistic [ina:'tistik] *bn* niet kunstzinnig

inasmuch [inəs'mʌtʃ] *bijw*: ~ *as* aangezien; vero inzoverre (als)

inattention [inə'tenʃən] *znw* onoplettendheid

inattentive *bn* onoplettend, niet lettend (op *to*); onattent

inaudible [i'nɔːdəbl] *bn* onhoorbaar

inaugural [i'nɔːgjurəl] *bn* inaugureel, intree-, inwijdings-, openings-

inaugurate [i'nɔːgjureit] *overg* inwijden, inhuldigen, onthullen, openen [nieuw tijdperk]

inauguration [inɔːgju'reiʃən] *znw* inwijding, inhuldiging

inauspicious [inɔːs'piʃəs] *bn* onheilspellend, ongunstig, ongelukkig

in-between [inbi'twiːn] *bn* tussen-, tussenliggend

inboard ['inbɔːd] *bn & bijw* binnenboords

inborn ['in'bɔːn, 'inbɔːn] *bn* aan-, ingeboren, ingeschapen

inbred ['in'bred, 'inbred] *bn* aangeboren; door inteelt ontstaan

inbreeding ['inbriːdiŋ] *znw* inteelt

inbuilt ['in'bilt] *bn* ingebouwd; *fig* aangeboren, van nature

Inc. *afk.* = *Incorporated* Am ± Naamloze Vennootschap, NV

incalculable [in'kælkjuləbl] *bn* onberekenbaar

incandescence [inkən'desəns] *znw* (witte) gloeihitte, gloeiing[2]

incandescent *bn* (wit)gloeiend, gloei-

incantation [inkæn'teiʃən] *znw* bezwering, toverformule

incapability [inkeipə'biliti] *znw* onbekwaamheid, niet kunnen *o*; recht onbevoegdheid

incapable [in'keipəbl] *bn* onbekwaam[2]; recht onbevoegd; ~ *of* niet kunnende, niet in staat om, zich niet latende

incapacitate [inkə'pæsiteit] *overg* uitschakelen, ongeschikt maken; recht onbevoegd verklaren

incapacity *znw* onbekwaamheid; recht onbevoegdheid

incarcerate [in'ka:səreit] *overg* gevangenzetten, opsluiten

incarceration [inka:sə'reiʃən] *znw* gevangenzetting, opsluiting

incarnadine [in'ka:nədain] *plechtig* **I** *bn* vleeskleurig, rood; **II** *overg* rood kleuren

incarnate I *bn* [in'ka:nit] vlees geworden, vleselijk; **II** *overg* [in'ka:neit] incarneren, belichamen

incarnation [inka:'neiʃən] *znw* incarnatie, vleeswording, menswording, belichaming, verpersoonlijking

incautious [in'kɔːʃəs] *bn* onvoorzichtig

incendiarism [in'sendjərizm] *znw* brandstichting; *fig* opruiing

incendiary I *bn* brandstichtend; brand-; *fig* opruiend; **II** *znw* brandstichter; brandbom; *fig* stokebrand, opruier

1 incense [in'sens] *overg* vertoornen; ~*d* verbolgen, gebelgd, woedend (over *at*)

2 incense ['insens] **I** *znw* wierook; **II** *overg* bewieroken

incense-boat *znw* wierookschuitje *o*

incensory *znw* wierookvat *o*

incentive [in'sentiv] **I** *bn* aanmoedigings-; **II** *znw* **1** prikkel(ing), aansporing, stimulans, drijfveer, motivatie; **2** beloning, (investerings)premie; incentive *o*

inception [in'sepʃən] *znw* begin *o*

inceptive *bn* beginnend, begin-

incertitude [in'sɔːtitjuːd] *znw* onzekerheid

incessant [in'sesnt] *bn* aanhoudend, onophoudelijk

incest ['insest] *znw* bloedschande

incestuous [in'sestjuəs] *bn* bloedschendig, incestueus

inch [in(t)ʃ] **I** *znw* Engelse duim, $1/12$ voet = 2 $1/2$

cm; *every* ~ *a gentleman* op-en-top een heer; *give him an* ~, *and he will take a mile* als men hem een vinger geeft, neemt hij de hele hand; ~ *by* ~, *by* ~*es* beetje bij beetje; langzaam aan, langzamerhand; *to an* ~ precies, op een haar; *flog sbd. within an* ~ *of his life* iem. bijna doodranselen; *not give an* ~ geen duimbreed wijken; **II** *onoverg & overg* langzaam maar zeker bewegen

inchoate ['inkoueit] **I** *bn* juist begonnen; onontwikkeld; **II** *overg* beginnen

inchoation [inkou'eiʃən] *znw* begin *o*

inchoative ['inkouəitiv] **I** *bn* inchoatief; **II** *znw* inchoatief (werkwoord) *o*

incidence ['insidəns] *znw* verbreiding, frequentie; invloed, gevolgen; vóórkomen *o* [v. kanker &]; druk [v. belasting]; *angle of* ~ hoek van inval

incident I *bn* (in)vallend [v. straal]; ~ *to* (soms *upon*) voortvloeiend uit; verbonden met, eigen aan; **II** *znw* voorval *o*, episode, incident *o*

incidental [insi'dentl] **I** *bn* toevallig, bijkomend, bijkomstig, incidenteel, bij-; tussen-; ~ *music* tussen de handeling; ~ *remark* terloops gemaakte opmerking; ~ *to = incident to;* **II** *znw* bijkomstigheid; ~*s* bijkomende (on)kosten

incidentally *bijw* toevallig; terloops; tussen twee haakjes, overigens

incinerate [in'sinəreit] *overg* (tot as) verbranden; verassen

incineration [insinə'reiʃən] *znw* verbranding (tot as); lijkverbranding, verassing

incinerator [in'sinəreitə] *znw* vuilverbrandingsoven

incipience, incipiency [in'sipiəns(i)] *znw* begin *o*

incipient *bn* beginnend, begin-

incise [in'saiz] *overg* insnijden, kerven

incision [in'siʒən] *znw* insnijding; snee; kerf

incisive [in'saisiv] *bn* snijdend; fig scherp, indringend

incisor *znw* snijtand

incite [in'sait] *overg* aansporen, prikkelen, opwekken; aan-, opzetten, aanhitsen

incitement *znw* aansporing, opzetting, aanhitsing; prikkel; opwekking

incivility [insi'viliti] *znw* onbeleefdheid

inclemency [in'klemənsi] *znw* strengheid, ruwheid; guurheid [v. weer]

inclement *bn* streng, meedogenloos; bar, guur [weer]

inclination [inkli'neiʃən] *znw* helling; inclinatie; fig neiging, genegenheid; zin, trek, lust

incline I *onoverg* [in'klain] neigen, buigen, (over-)hellen, geneigd zijn (tot, naar *to(wards)*); **II** *overg* [in'klain] buigen, doen (over)hellen, schuin houden/zetten; geneigd maken; ~*d plane* hellend vlak *o*; **III** *znw* ['inklain] helling, hellend vlak *o*

inclose [in'klouz] = *enclose* &

include [in'klu:d] *overg* insluiten, be-, omvatten, meetellen, -rekenen; opnemen, inschakelen; ... ~*d,*

including ... ... inbegrepen, met inbegrip van..., daaronder..., waaronder...; *up to and including...* tot en met...

inclusion [in'klu:ʒən] *znw* insluiting, opneming, opname, inschakeling

inclusive *bn* insluitend, inclusief; *from... to...* ~ van... tot en met...; ~ *of...* met inbegrip van, meegerekend; *be* ~ *of* omvatten

incog [in'kɔg] *gemeenz* = *incognito*

incognito *bn, bijw & znw* incognito (*o*)

incognizable [in'kɔgnizəbl] *bn* on(her)kenbaar

incoherence [inkou'hiərəns(i)] *znw* onsamenhangendheid

incoherent *bn* onsamenhangend

incombustible [inkəm'bʌstibl] *bn* on(ver-)brandbaar

income ['inkʌm, 'inkəm] *znw* inkomen *o*, inkomsten; ~ *policy* inkomenspolitiek; ~ *support* ± bijstand; ~ *tax* inkomstenbelasting

income-bracket *znw* inkomensgroep

incomer ['inkʌmə] *znw* binnenkomende; indringer; nieuwe huurder; immigrant

incoming I *bn* in-, binnenkomend°; opkomend [getij]; nieuw [v. ambtenaar]; **II** *znw* (binnen-)komst; ~*s* inkomsten

incommensurable [inkə'menʃərəbl] *bn* (onderling) onmeetbaar; (onderling) niet te vergelijken; niet in verhouding tot *with*)

incommensurate [inkə'menʃərit] *bn* onevenredig; (onderling) onmeetbaar, ongelijk

incommode [inkə'moud] *overg* lastig vallen, storen, hinderen, belemmeren

incommodious *bn* lastig, ongemakkelijk, ongerief(e)lijk

incommunicable [inkə'mju:nikəbl] *bn* onmededeelbaar, voor mededeling niet geschikt

incommunicado [inkəmju:ni'ka:dou] *bn* van de buitenwereld afgesloten, zonder communicatiemogelijkheid; in eenzaamheid opgesloten [v. gevangene]; *gemeenz* niet te bereiken

incommunicative [inkə'mju:nikətiv] *bn* niet (bijzonder) mededeelzaam, gesloten

incommutable [inkə'mju:təbl] *bn* onveranderlijk; niet verwisselbaar

incomparable [in'kɔmpərəbl] *bn* onvergelijkelijk, weergaloos, uniek

incompatibility [inkəmpæti'biliti] *znw* onverenigbaarheid

incompatible [inkəm'pætibl] *bn* onverenigbaar; incompatibel, niet bij elkaar passend; geheel (te zeer) uiteenlopend; *be* ~ *with* niet samengaan met

incompetence [in'kɔmpitəns(i)] *znw* onbekwaamheid, ongeschiktheid, onbevoegdheid

incompetent *bn* onbekwaam, ongeschikt, onbevoegd (tot *to*)

incomplete [inkəm'pli:t] *bn* onvolledig, onvoltallig, onvoltooid, onvolkomen

incomprehensible [inkɔmpri'hensəbl] *bn* onbegrijpelijk

incomprehension *znw* onbegrip *o*, niet-begrijpen *o*

incomprehensive *bn* niet-begrijpend

incompressible [inkəm'presibl] *bn* onsamendrukbaar

inconceivable [inkən'si:vəbl] *bn* onbegrijpelijk; ondenkbaar, onvoorstelbaar

inconclusive [inkən'klu:siv] *bn* niet afdoend, niet beslissend; niet overtuigend

incondite [in'kɔndit] *bn* slecht gemaakt, slecht samengesteld; ruw, niet fijn

incongruity [inkɔŋ'gruiti] *znw* gebrek *o* aan overeenstemming, ongelijk(soortig)heid; wanverhouding; ongerijmdheid, ongepastheid

incongruous [in'kɔŋgruəs] *bn* ongelijk(soortig), onverenigbaar; ongerijmd, ongepast

inconsequence [in'kɔnsikwəns] *znw* het onlogische, inconsequentie, onsamenhangendheid

inconsequent *bn* niet consequent, onlogisch, onsamenhangend

inconsequential [inkɔnsi'kwenʃəl] *bn* onbelangrijk; = *inconsequent*

inconsiderable [inkən'sidərəbl] *bn* onbeduidend, gering

inconsiderate [inkən'sidərit] *bn* onbezonnen, onbedachtzaam, ondoordacht; onattent; zonder consideratie

inconsideration [inkənsidə'reiʃən] *znw* onbezonnenheid &, zie *inconsiderate*

inconsistency [inkən'sistənsi] *znw* onverenigbaarheid, onbestaanbaarheid, tegenspraak; inconsequentie

inconsistent *bn* niet bestaanbaar, niet in overeenstemming, onverenigbaar of in tegenspraak (met *with*); inconsequent, onlogisch

inconsolable [inkən'souləbl] *bn* ontroostbaar

inconspicuous [inkən'spikjuəs] *bn* niet opvallend, niet de aandacht trekkend, nauwelijks zichtbaar; onaanzienlijk

inconstancy [in'kɔnstənsi] *znw* onbestendigheid, onstandvastigheid; ongestadigheid, veranderlijkheid, wispelturigheid

inconstant *bn* onbestendig, onstandvastig, ongestadig, veranderlijk, wispelturig

incontestable [inkən'testəbl] *bn* onbetwistbaar

incontinence [in'kɔntinəns] *znw* med incontinentie; fig gebrek *o* aan zelfbeheersing

incontinent *bn* med incontinent; fig onbeheerst

incontrovertible [inkɔntrə'və:tibl] *bn* onbetwistbaar

inconvenience [inkən'vi:njəns] I *znw* ongelegenheid, ongemak *o*, ongerief *o*; II *overg* in ongelegenheid brengen, tot last zijn; lastig vallen

inconvenient *bn* ongelegen, niet gelegen (komend), lastig, ongeriefelijk

inconvertibility [inkənvə:ti'biliti] *znw* onverwisselbaarheid

inconvertible [inkən'və:tibl] *bn* onverwisselbaar, onveranderlijk; niet converteerbaar, niet inwisselbaar (voor *into*)

incoordination [inkouɔ:di'neiʃən] *znw* gebrek *o* aan coördinatie

incorporate I *bn* [in'kɔ:pərit] (tot één lichaam) verenigd; met rechtspersoonlijkheid; II *overg* [in'kɔ:pəreit] (tot één lichaam, maatschappij) verenigen, inlijven (bij *in, with*), opnemen [in een groep, corporatie &]; bevatten; rechtspersoonlijkheid verlenen

incorporation [inkɔ:pə'reiʃən] *znw* inlijving, opname; recht erkenning als rechtspersoon; incorporatie

incorporeal [inkɔ:'pɔ:riəl] *bn* onlichamelijk, onstoffelijk

incorporeity [inkɔ:pə'ri:iti] *znw* onlichamelijkheid, onstoffelijkheid

incorrect [inkə'rekt] *bn* onnauwkeurig, onjuist, niet correct

incorrigible [in'kɔridʒibl] *bn* onverbeterlijk

incorruptible *bn* onbederfelijk, onvergankelijk; onomkoopbaar, integer

increase [in'kri:s] I *onoverg* (aan)groeien, toenemen, stijgen, zich vermeerderen; groter worden; II *overg* doen aangroeien &; vermeerderen, vergroten, verhogen, versterken; III *znw* ['inkri:s] groei, aanwas, wassen *o*, toename, vermeerdering; verhoging; *be on the* ~ aangroeien, wassen, toenemen, talrijker (groter) worden

increasingly [in'kri:siŋli] *bijw*: ~ *difficult* steeds moeilijker

incredible [in'kredəbl] *bn* ongelofelijk

incredulity [inkri'dju:liti] *znw* ongelovigheid

incredulous [in'kredjuləs] *bn* ongelovig

increment ['inkrimənt] *znw* aanwas; toeneming; (waarde)vermeerdering; (loons)verhoging

incremental [inkri'mentl] *bn* periodiek stijgend [salaris, winst &]

incriminate [in'krimineit] *overg* beschuldigen, ten laste leggen

incriminatory *bn* beschuldigend

incrust [in'krʌst] = *encrust*

in-crowd ['in'kraud] *znw* incrowd, kliek, wereldje *o*

incrustation [inkrʌs'teiʃən] *znw* aan-, omkorsting, korst, ketelsteen *o & m*; inlegwerk *o*

incubate ['inkjubeit] *overg & onoverg* (uit)broeden; bebroeden

incubation [inkju'beiʃən] *znw* broeding; incubatie(tijd)

incubator ['inkjubeitə] *znw* broedmachine, broedtoestel *o*, couveuse

incubus ['inkjubəs] *znw* (*mv*: -es *of* incubi [-bai]) nachtmerrie[2]; schrikbeeld *o*

inculcate ['inkʌlkeit] *overg* inprenten; ~ *sth. in(to) sbd.*, ~ *sbd. with sth.* iem. iets inprenten

inculcation [inkʌl'keiʃən] *znw* inprenting

inculpate ['inkʌlpeit] *overg* beschuldigen, aankla-

273

gen

inculpation [inkʌl'peiʃən] *znw* beschuldiging, aanklacht

incumbency [in'kʌmbənsi] *znw* bekleden *o* van een (geestelijk) ambt; predikantsplaats; verplichting

incumbent I *bn* als plicht rustend (op *on*); *it is ~ upon you* het is uw plicht; **II** *znw* bekleder van een (geestelijk) ambt, predikant

incunable [in'kjunəbl], **incunabulum** [inkju'næbjuləm] (*mv*: incunabula [-bjulə]) *znw* incunabel, wiegendruk

incur [in'kəː] *overg* zich op de hals halen, oplopen, vervallen in [boete &]; zich blootstellen aan; ~ *debts* schulden maken

incurable [in'kjuərəbl] **I** *bn* ongeneeslijk; *fig* onverbeterlijk; **II** *znw* ongeneeslijke zieke

incurious [in'kjuəriəs] *bn* niet nieuwsgierig; achteloos, onachtzaam

incursion [in'kəːʃən] *znw* inval

incurvation [inkəː'veiʃən] *znw* (krom)buiging

incus ['iŋkəs] *znw* (*mv*: incudes [in'kju:di:z]) aambeeld *o* [gehoorbeentje]

incuse [in'kju:z] **I** *bn* ingeslagen; gestempeld; **II** *overg* [beeltenis] inslaan; stempelen

indebted [in'detid] *bn* schuldig; *be ~ to sbd. for sth.* iem. iets te danken hebben, iem. dankbaar voor iets (moeten) zijn

indebtedness *znw* schuld(en); verplichting

indecency [in'di:snsi] *znw* onbetamelijkheid, onwelvoeglijkheid, onfatsoenlijkheid

indecent *bn* onbetamelijk, onwelvoeglijk, onfatsoenlijk

indecipherable [indi'saifərəbl] *bn* niet te ontcijferen

indecision [indi'siʒən] *znw* besluiteloosheid

indecisive [indi'saisiv] *bn* niet beslissend; besluiteloos, weifelend

indeclinable [indi'klainəbl] *bn* onverbuigbaar

indecorous [in'dekərəs] *bn* onwelvoeglijk, onbehoorlijk, ongepast

indecorum [indi'kɔːrəm] *znw* onwelvoeglijkheid

indeed [in'di:d] *bijw* inderdaad, in werkelijkheid, zeker, voorwaar, waarlijk, waarachtig, wel, ja (zelfs), dan ook, trouwens; ~! jawel!, och kom!; werkelijk?

indefatigable [indi'fθtigəbl] *bn* onvermoeibaar, onvermoeid

indefeasible [indi'fi:zəbl] *bn* onaantastbaar, onvervreemdbaar

indefectible [indi'fektəbl] *bn* onvergankelijk; onfeilbaar; feilloos

indefensible [indi'fensəbl] *bn* onverdedigbaar

indefinable [indi'fainəbl] *bn* ondefinieerbaar

indefinite [in'definit] *bn* onbepaald, onbegrensd; ook: voor onbepaalde tijd; tot in het oneindige

indelible [in'delibl] *bn* onuitwisbaar

indelicacy [in'delikəsi] *znw* onkiesheid

indelicate *bn* onkies, onfatsoenlijk

indemnification [indemnifi'keiʃən] *znw* schadeloosstelling, (schade)vergoeding

indemnify [in'demnifai] *overg* schadeloosstellen; vrijwaren (voor *against, from*)

indemnity [in'demniti] *znw* vrijwaring; schadeloosstelling, vergoeding; kwijtschelding

indent I *overg* [in'dent] (uit)tanden, insnijden; inkepen; (in)deuken; (en reliëf) stempelen; inspringen [v. regel]; in duplo opmaken; bestellen; **II** *znw* ['indent] uittanding, insnijding; inkerving, (in-) keep; deuk; bestelling, order

indentation [inden'teiʃən] *znw* uittanding; inkeping; inkeep; deuk; inspringen *o*; inspringing [v. regel]

indenture [in'dentʃə] **I** *znw* contract *o*; leercontract *o* (meestal: ~*s*); **II** *overg* bij contract verbinden; in de leer doen (nemen); ~*d labour* contractarbeiders; contractarbeid

independence [indi'pendəns] *znw* onafhankelijkheid (van *of, on*); zelfstandigheid; onafhankelijk bestaan *o* of inkomen *o*

Independence Day *znw* *Am* onafhankelijkheidsdag (4 juli)

independent I *bn* onafhankelijk (van *of*); zelfstandig; **II** *znw* independent; wilde [in de politiek]

in-depth ['in'depθ] *bn* diepgaand, grondig, diepte-

indescribable [indis'kraibəbl] *bn* onbeschrijf(e)lijk

indestructible [indis'trʌktibl] *bn* onverwoestbaar, onvernielbaar, onverdelgbaar

indeterminable [indi'təːminəbl] *bn* onbepaalbaar; niet vast te stellen; niet te beslissen

indeterminacy [indi'təːminəsi] *znw* onbepaaldheid

indeterminate *bn* onbepaald, onbeslist; vaag, onduidelijk

indetermination [inditəːmi'neiʃən] *znw* besluiteloosheid

index ['indeks] **I** *znw* (*mv*: -es *of* indices [-disi:z]) **1** index°; **2** lijst, klapper, register *o*; **3** wisk exponent; **4** *fig* aanwijzing; **II** *overg* van een index voorzien; in een register inschrijven; op de index plaatsen; indexeren

indexate *overg* indexeren

index card *znw* fiche *o* & *v* [v. kaartsysteem]

index figure *znw* indexcijfer *o*

index finger *znw* wijsvinger

index-linked *bn* geïndexeerd, waardevast [v. pensioen &]

India ['indjə] *znw* [staat] India *o*; [gebied] Voor-Indië *o*

Indiaman *znw* Oost-Indiëvaarder

Indian I *bn* Indiaas; Indisch; indiaans; ~ *club* knots [voor gymnastiek]; ~ *corn* maïs; *(in)* ~ *file* (in) ganzenmars; ~ *ink* Oost-Indische inkt; ~ *summer* nazomer; tweede jeugd; **II** *znw* Indiër; indiaan

India paper *znw* dundrukpapier *o*

india-rubber *znw* vlakgom *o*; rubber *o*

indicate ['indikeit] *overg* (aan)wijzen, aanduiden, te kennen geven; wijzen op; indiceren; *be ~d* nodig of raadzaam zijn

indication [indi'keiʃən] *znw* aanwijzing, aanduiding, teken *o*; indicatie

indicative [in'dikətiv] **I** *bn* aantonend; *be ~ of* kenmerkend zijn voor; **II** *znw* aantonende wijs (ook: *~ mood*)

indicator ['indikeitə] *znw* indicateur, aangever; indicatie, indicator; <u>techn</u> meter, teller, verklikker

indices ['indiːz] *znw mv* v. *index I, 3*

indict [in'dait] *overg* aanklagen

indictable *bn* <u>recht</u> strafbaar

indictment *znw* aanklacht

Indies ['indiz] *znw mv: the ~* <u>vero</u> Indië *o*

indifference [in'difrəns] *znw* onverschilligheid; onbelangrijkheid; middelmatigheid

indifferent *bn* onverschillig (voor *to*); van geen of weinig belang; (middel)matig, zozo, niet veel zaaks; indifferent

indifferently *bijw* zonder verschil (te maken); onverschillig; (middel)matig, tamelijk (wel), niet bijzonder (goed &), zozo; (vrij) slecht

indigence ['indidʒəns] *znw* behoeftigheid, nooddruft, gebrek *o*, armoede

indigenous [in'didʒinəs] *bn* inlands, inheems; ingeboren

indigent ['indidʒənt] *bn* behoeftig, arm

indigested [indi'dʒestid] *bn* ongeordend, chaotisch, ondoordacht; onverteerd

indigestible *bn* onverteerbaar[2]

indigestion *znw* indigestie, slechte spijsvertering

indigestive *bn* met of van een slechte spijsvertering

indignant [in'dignənt] *bn* verontwaardigd (over *at, with*)

indignation [indig'neiʃən] *znw* verontwaardiging; *~ meeting* protestvergadering

indignity [in'digniti] *znw* onwaardige behandeling, smaad, hoon, belediging

indigo ['indigou] *znw* indigo *m* [plant, verfstof], indigo *o* [kleur]

indirect ['indi'rekt] *bn* zijdelings; indirect, niet rechtstreeks, slinks, ontwijkend; *~ object* meewerkend voorwerp *o*; *~ tax* indirecte belasting

indiscernible [indis'sə:nibl] *bn* niet te onderscheiden of te onderkennen

indiscipline *znw* gebrek *o* aan discipline; tuchteloosheid

indiscreet [indis'kri:t] *bn* onvoorzichtig, onbezonnen; indiscreet: loslippig

indiscrete [indis'kri:t] *bn* compact, homogeen, ondeelbaar

indiscretion [indis'kreʃən] *znw* onvoorzichtigheid, onbezonnenheid; indiscretie

indiscriminate [indis'kriminit] *bn* geen onderscheid makend; zonder onderscheid of in den blinde toegepast (verleend); door elkaar (gebruikt), algemeen

indispensable [indis'pensəbl] *bn* onmisbaar, onontbeerlijk, noodzakelijk

indispose [indis'pouz] *overg* ongeschikt (onbruikbaar) maken; onpasselijk (onwel) maken; afkerig maken (van *from, to, towards*); onwelwillend stemmen

indisposed *bn* ongenegen, onwillig; onwel, ongesteld

indisposition [indispə'ziʃən] *znw* onwel zijn *o*, lichte ziekte; onwelwillendheid, ongeneigdheid; afkerigheid (van *to, towards*)

indisputable [indis'pju:təbl] *bn* onbetwistbaar

indissoluble [indi'sɔljubl] *bn* onoplosbaar, onverbreekbaar, onontbindbaar, onlosmakelijk

indistinct [indis'tiŋ(k)t] *bn* onduidelijk, vaag; verward

indistinguishable [indis'tiŋgwiʃəbl] *bn* niet te onderscheiden

indite [in'dait] *overg* <u>plechtig</u> *of* <u>schertsend</u> in woorden uitdrukken, opstellen, schrijven

individual [indi'vidjuəl] **I** *bn* individueel, afzonderlijk, apart, persoonlijk; **II** *znw* enkeling; persoon; individu *o*

individualism *znw* individualisme *o*

individualist **I** *znw* individualist; **II** *bn* individualistisch

individualistic [individjuə'listik] *bn* individualistisch

individuality [individju'æliti] *znw* individualiteit, (eigen) persoonlijkheid

individualize [indi'vidjuəlaiz] *overg* individualiseren

individually *bijw* individueel, (elk) op zichzelf, één voor één, apart

indivisible [indi'vizəbl] *bn* ondeelbaar

Indo-China ['indou'tʃainə] *znw* Indo-China *o*

indocile [in'dousail] *bn* ongezeglijk

indoctrinate [in'dɔktrineit] *overg* onderwijzen (in *in*), indoctrineren; inprenten

indoctrination [indɔktri'neiʃən] *znw* onderwijzing, indoctrinatie, inprenting

Indo-European ['indoujuərə'pi:ən] **I** *bn* Indoeuropees, Arisch; **II** *znw* Indo-europeaan, Ariër

Indo-Germanic **I** *bn* Indogermaans; **II** *znw* **1** Indogermaans *o*; **2** Indogermaan

indolence ['indələns] *znw* traagheid, gezapigheid, vadsigheid, indolentie

indolent *bn* traag, gezapig, vadsig, indolent

indomitable [in'dɔmitəbl] *bn* ontembaar, onbedwingbaar

Indonesia [indou'ni:zjə] *znw* Indonesië

Indonesian [indou'ni:zjen] **I** *bn* Indonesisch; **II** *znw* Indonesiër; Indonesisch *o* [taal]

indoor ['indɔ:] *bn* binnenshuis, huis-, kamer- [plant, gymnastiek &], binnen-, <u>sp</u> zaal-, indoor-; *~ swimming-pool* binnenbad *o*, overdekt zwembassin *o*

indoors [in'dɔːz] *bijw* binnen(shuis)

indorse [in'dɔːs] *overg* = *endorse* &

indraught [in'draːft] *znw* inademing; zuiging; binnenwaartse stroming

indrawn ['in'drɔːn] *bn* terug-, ingetrokken, ingehouden

indubitable [in'djuːbitəbl] *bn* ontwijfelbaar

induce [in'djuːs] *overg* bewegen, nopen; teweegbrengen, aanleiding geven tot; afleiden; med opwekken [v. weeën]; elektr induceren; ~d current inductiestroom

inducement *znw* aanleiding, drijfveer, prikkel, lokmiddel *o*; teweegbrengen *o*

induct [in'dʌkt] *overg* installeren (in *into*); bevestigen (in *to*) [geestelijk ambt]; fig inwijden

induction *znw* installatie, bevestiging; gevolgtrekking; inductie; med opwekking [v. weeën]; techn inlaat; fig inwijding; ~ *coil* inductieklos; ~ *course onderw* voorbereidende cursus

inductive *bn* inductief; elektr inductie-

inductor *znw* inductor

indulge [in'dʌldʒ] **I** *overg* toegeven (aan), zich overgeven aan; zijn zin geven, verwennen; gemeenz te veel drinken; **II** *wederk*: ~ *oneself in* zich overgeven aan; **III** *onoverg*: ~ (*in*) zich overgeven aan, zich inlaten met; zich de weelde veroorloven van, zich te goed doen, zich [iets] permitteren; zich te buiten gaan aan drank

indulgence *znw* zich overgeven *o* (aan *in*), bevrediging (van *of*); toegevendheid, toegeeflijkheid; gunst; RK aflaat

indulgent *bn* inschikkelijk, toegeeflijk

indurate ['indjureit] **I** *overg* verharden; ongevoelig maken, vereelten; fig inwortelen; **II** *onoverg* ingeworteld/verankerd raken

induration [indju'reiʃən] *znw* verharding

industrial [in'dʌstriəl] **I** *bn* industrieel, industrie-, nijverheids-, bedrijfs-; ~ *action* stakingsactie; ~ *dispute* arbeidsconflict *o*; ~ *estate* industrieterrein *o*; ~ *medicine* bedrijfsgeneeskunde; ~ *relations* arbeidsverhoudingen; **II** *znw*: ~*s* handel industriewaarden

industrialism [in'dʌstriəlizm] *znw* sociaaleconomisch systeem *o* waarin de industrie een overheersende rol speelt

industrialist *znw* industrieel

industrialization [indʌstriəlai'zeiʃən] *znw* industrialisering

industrialize [in'dʌstriəlaiz] *overg & onoverg* industrialiseren

industrious [in'dʌstriəs] *bn* arbeid-, werkzaam, nijver, ijverig, vlijtig

industry ['indəstri] *znw* naarstigheid, vlijt; nijverheid, industrie, bedrijf *o*, bedrijfsleven *o*, bedrijfstak

inebriate [i'niːbriit] **I** *bn* beschonken, dronken; **II** *znw* beschonkene, dronkaard; **III** *overg* [i'niːbrieit] dronken maken[2]

inebriation [iniːbri'eiʃən] *znw* dronkenschap, roes

inebriety [ini'braiəti] *znw* dronkenschap; drankzucht

inedible [i'nedibl] *bn* oneetbaar

inedited [i'neditid] *bn* onuitgegeven; ongeredigeerd (gepubliceerd)

ineffable [i'nefəbl] *bn* onuitsprekelijk

ineffaceable [ini'feisəbl] *bn* onuitwisbaar

ineffective [ini'fektiv] *bn* ineffectief, zonder uitwerking; geen effect sorterend; inefficiënt, ondoelmatig

ineffectual *bn* vruchteloos; incapabel

inefficacious [inefi'keiʃəs] *bn* ondoeltreffend

inefficacy [i'nefikəsi] *znw* ondoeltreffendheid

inefficiency [ini'fiʃənsi] *znw* inefficiëntie, ondoelmatigheid

inefficient *bn* inefficiënt, ondoelmatig; ongeschikt, onbruikbaar; geen effect sorterend

inelegance [i'neligəns] *znw* onbevalligheid, onsierlijkheid

inelegant *bn* onbevallig, onelegant; lomp

ineligible [i'nelidʒibl] *bn* niet verkiesbaar; onverkieslijk; ongeschikt, ongewenst, niet in aanmerking komend

ineluctable [ini'lʌktəbl] *bn* onontkoombaar

inept [i'nept] *bn* onzinnig, ongerijmd

ineptitude *znw* onzinnigheid, ongerijmdheid

inequality [ini'kwɔliti] *znw* ongelijkheid; oneffenheid

inequitable [i'nekwitəbl] *bn* onbillijk

inequity *znw* onbillijkheid

ineradicable [ini'rædikəbl] *bn* onuitroeibaar

inerrable [in'əːrəbl] *bn* onfeilbaar

inert [i'nəːt] *bn* log, loom, traag[2], inert

inertia *znw* traagheid[2], inertie

inescapable [inis'keipəbl] *bn* onontkoombaar

inessential [ini'senʃəl] **I** *bn* bijkomstig; **II** *znw* bijkomstigheid

inestimable [i'nestiməbl] *bn* onschatbaar

inevitability [inevitə'biliti] *znw* onvermijdelijkheid

inevitable [i'nevitəbl] *bn* onvermijdelijk

inexact [inig'zækt] *bn* onnauwkeurig, onjuist

inexactitude *znw* onnauwkeurigheid, onjuistheid

inexcusable [iniks'kjuːzəbl] *bn* onvergeeflijk

inexhaustible [inig'zɔːstəbl] *bn* onuitputtelijk; onvermoeibaar

inexorable [i'neksərəbl] *bn* onverbiddelijk

inexpediency [iniks'piːdiənsi] *znw* ondoelmatigheid, ongeschiktheid, niet raadzaam zijn *o*

inexpedient *bn* ondoelmatig, ongeschikt, af te raden

inexpensive [iniks'pensiv] *bn* goedkoop

inexperience [iniks'piəriəns] *znw* onervarenheid

inexperienced *bn* onervaren

inexpert [i'nekspəːt] *bn* onbedreven; ondeskundig

inexpiable [i'nekspiəbl] *bn* door geen boetedoening goed te maken; onverzoenlijk

inexplicable [i'neksplikəbl] *bn* onverklaarbaar

inexplicably *bijw* op onverklaarbare wijze; om on-verklaarbare redenen

inexplicit [iniks'plisit] *bn* niet duidelijk uitgedrukt of aangeduid

inexpressible [iniks'presǝbl] *bn* onuitsprekelijk

inexpressive [iniks'presiv] *bn* zonder uitdrukking; nietszeggend

inexpugnable [iniks'pʌgnǝbl] *bn* onneembaar, onoverwinnelijk; onaantastbaar

inextinguishable [iniks'tiŋgwiʃǝbl] *bn* on(uit-)blusbaar, onlesbaar, onbedaarlijk

in extremis [in ik'stri:mis] [Lat] *bijw* in extremis

inextricable [i'nekstrikǝbl] *bn* onontwarbaar; waar men zich niet uit kan redden

infallibility [infæli'biliti] *znw* onfeilbaarheid

infallible [in'fælǝbl] *bn* onfeilbaar

infamous ['infǝmǝs] *bn* berucht; schandelijk

infamy *znw* schande(lijkheid); schanddaad; recht eerloosheid

infancy ['infǝnsi] *znw* kindsheid[2]; recht minderja-righeid; fig beginstadium *o*, kinderschoenen

infant I *znw* zuigeling; kind *o*; recht minderjarige; II *bn* jong; opkomend; kinder-

infant class *znw* kleuterklas

infanticide [in'fæntisaid] *znw* kindermoord(enaar)

infantile ['infǝntail] *bn* infantiel, kinderlijk, kin-derachtig, kinder-

infantilism [in'fæntilizm] *znw* infantilisme *o*; in-fantiliteiten

infant mortality *znw* kindersterfte

infantry ['infǝntri] *znw* infanterie

infantryman *znw* infanterist

infant school ['infǝntsku:l] *znw* kleuterschool

infatuate [in'fætjueit] *overg* verdwazen; verblin-den; ~*d* ook: (smoor)verliefd, dol (op *with*)

infatuation [infætju'eiʃǝn] *znw* (hevige) verliefd-heid

infect [in'fekt] *overg* infecteren, aansteken, besmet-ten; bederven, verpesten (door *with*)

infection *znw* infectie, aansteking, besmetting; be-derf *o*, verpesting

infectious *bn* besmettelijk[2], aanstekelijk[2]; ~ *matter* smetstof

infective *bn* = *infectious*

infelicitous [infi'lisitǝs] *bn* niet gelukkig (gekozen)

infelicity *znw* niet gelukkig zijn[2] *o*; ongeluk *o*; on-gelukkige opmerking (uitdrukking, gedachte &)

infer [in'fǝ:] *overg* concluderen, afleiden (uit *from*); inhouden, impliceren

inferable *bn* afleidbaar

inference ['infǝrǝns] *znw* gevolgtrekking

inferential [infǝ'renʃǝl] *bn* afleidbaar; afgeleid

inferior [in'fiǝriǝ] I *bn* minder, lager, onderge-schikt; onder-, inferieur°, minderwaardig; II *znw* mindere, ondergeschikte

inferiority [infiǝri'ɔriti] *znw* minderheid, minder-waardigheid; ondergeschiktheid; ~ *complex* min-derwaardigheidscomplex *o*

infernal [in'fǝ:nǝl] *bn* hels, duivels, infernaal; ge-meenz afschuwelijk; vervloekt

inferno [in'fǝ:nou] *znw* inferno *o*, hel

infertile [in'fǝ:tail] *bn* onvruchtbaar

infertility [infǝ:'tiliti] *znw* onvruchtbaarheid

infest [in'fest] *overg* onveilig maken, teisteren; ~*ed with* ook: krioelend van, wemelend van, vergeven van

infestation [infes'teiʃǝn] *znw* teistering; plaag

infidel ['infidǝl] I *znw* ongelovige; II *bn* ongelovig

infidelity [infi'deliti] *znw* ontrouw

infield ['infi:ld] *znw* 1 cricket middenveld *o*; honk-bal binnenveld *o*; 2 land *o* rond een boerderij

infielder *znw* cricket middenvelder; honkbal bin-nenvelder

infighting ['infaitiŋ] *znw* 1 onderlinge strijd; in-terne machtsstrijd; 2 sp invechten *o* [boksen]

infiltrate ['infiltreit] *overg* (laten) in-, doorsijpelen, langzaam doordringen of doortrekken, infiltreren

infiltration [infil'treiʃǝn] *znw* doorsijpeling, lang-zame doordringing, infiltratie

infiltrator ['infiltreitǝ] *znw* infiltrant

infinite ['infinit] I *znw* bn oneindig; II *znw*: *the* ~ oneindige; *the I~* de Oneindige [God]

infinitesimal [infini'tesimǝl] I *bn* oneindig klein; II *znw* oneindig kleine hoeveelheid; zie ook: *calcu-lus*

infinitive [in'finitiv] I *znw* onbepaalde wijs, infini-tief; II *bn* in de onbepaalde wijs, infinitief-

infinitude [in'finitju:d] *znw* = *infinity*

infinity *znw* oneindigheid; oneindige hoeveelheid; oneindige ruimte

infirm [in'fǝ:m] *bn* zwak; onvast, weifelend

infirmary *znw* ziekenhuis *o*; ziekenzaal [v. school &]

infirmity *znw* zwakheid, zwakte, ziekelijkheid, ge-brek *o*; ~ *of purpose* wilszwakte, besluiteloosheid

infix I *overg* [in'fiks] inzetten, invoegen, bevestigen, inplanten[2], inprenten; II *znw* ['infiks] gramm infix *o*, tussenvoegsel *o*

inflame [in'fleim] I *overg* doen ontvlammen; doen gloeien of blaken, verhitten [het bloed], (doen) ontsteken[2]; II *onoverg* ontvlammen, vlam vatten, ontsteken[2]

inflammable [in'flæmǝbl] *bn* ontvlambaar

inflammation [inflǝ'meiʃǝn] *znw* ontvlamming; ontsteking

inflammatory [in'flæmǝtǝri] *bn* verhittend, ont-stekend; ontstekings-; opruiend

inflatable [in'fleitǝbl] *bn* opblaasbaar [rubberboot &]

inflate *overg* opblazen[2], fig opgeblazen maken; doen zwellen, vullen, oppompen [fietsband]; (kunstmatig) opdrijven

inflation *znw* opblazen of oppompen *o*; inflatie, geldontwaarding; (kunstmatige) opdrijving; opge-blazenheid

inflationary *bn* inflatoir

inflator *znw* fietspomp
inflect [in'flekt] **I** *overg* **1** (om)buigen; **2** gramm verbuigen; **3** muz de toonsoort veranderen; **II** *onoverg* gramm verbogen worden
inflection *znw* = *inflexion*
inflective *bn* buigbaar; buigings-
inflexible [in'fleksibl] *bn* onbuigbaar, onbuigzaam
inflexion *znw* buiging; verbuiging; buigingsvorm, -uitgang; stembuiging
inflexional *bn* buigings-
inflict [in'flikt] *overg* opleggen [straf]; [een slag] toebrengen (aan *upon*); doen ondergaan
infliction *znw* toebrengen of doen ondergaan *o*; (straf)oplegging, straf, kwelling, marteling
in-flight ['inflait] *bn* tijdens de vlucht, aan boord [v.e. vliegtuig]
inflorescence [inflɔ'resəns] *znw* bloem(en); bloeiwijze; bloei²
inflow ['inflou] *znw* binnenstromen *o*; toevloed
influence ['influəns] **I** *znw* invloed² (op *on, over, with*); inwerking; *under the* ~ onder invloed [v. drank]; **II** *overg* invloed hebben op, beïnvloeden
influential [influ'enʃəl] *bn* invloedrijk
influenza [influ'enzə] *znw* influenza, griep
influx ['inflʌks] *znw* binnenstromen *o*; stroom, [grote] toevloed
info ['infou] *znw* gemeenz info
inform [in'fɔːm] **I** *overg* mededelen, berichten, in-, voorlichten; ~ *of* op de hoogte stellen van, berichten, melden; ~ *with* bezielen met, doordringen van; **II** *onoverg*: ~ *against* aanklagen; ~ *on a friend* een vriend aanbrengen; zie ook: *informed*
informal [in'fɔːməl] *bn* inofficieel, informeel, familiair, zonder complimenten
informality [infɔ'mæliti] *znw* informaliteit
informant [in'fɔːmənt] *znw* zegsman; recht aanbrenger
information [infə'meiʃən] *znw* informatie, kennis(geving), voorlichting; bericht *o*, mededeling, inlichting(en); recht aanklacht; ~ *technology* informatica
informative [in'fɔːmətiv] *bn* leerzaam, voorlichtend
informed [in'fɔːmd] *bn* goed ingelicht, (goed) op de hoogte; ontwikkeld, beschaafd
informer [in'fɔːmə] *znw* aanbrenger, aangever, tipgever, aanklager
infraction [in'frækʃən] *znw* = *infringement*
infra dig [infrə 'dig] *bn* gemeenz beneden iemands waardigheid, onwaardig
infrangible [in'frændʒibl] *bn* onverbreekbaar; onschendbaar
infrared [infrə'red] *bn* infrarood
infrastructure ['infrəstrʌktʃə] *znw* infrastructuur
infrequency [in'friːkwənsi] *znw* zeldzaamheid
infrequent *bn* zeldzaam, schaars, weinig frequent
infrequently *bijw* zelden
infringe [in'frin(d)ʒ] *overg* overtreden, schenden;

inbreuk maken op (ook: ~ *upon*)
infringement *znw* overtreding, schending, inbreuk
infructuous [in'frʌktjuəs] *bn* onvruchtbaar; fig vruchteloos, doelloos
infuriate [in'fjuərieit] *overg* razend (woedend, dol) maken
infuse [in'fjuːz] *overg* ingieten², instorten [genade], ingeven, inboezemen, bezielen (met *with*); laten trekken [thee]
infusible [in'fjuːzibl] *bn* onsmeltbaar
infusion [in'fjuːʒən] *znw* ingieting, ingeving; instorting [v. genade]; aftreksel *o*, infusie
infusoria [infju:'zɔ:riə] *znw mv* infusiediertjes
ingather ['ingæðə] *overg* inzamelen, oogsten
ingenious [in'dʒiːnjəs] *bn* vindingrijk, vernuftig, ingenieus
ingénue [ɛ̃ʒə'ny] [Fr] *znw* naïef meisje *o* [vooral op toneel]
ingenuity [indʒi'njuːiti] *znw* vindingrijkheid, vernuft *o*, vernuftigheid
ingenuous [in'dʒenjuəs] *bn* ongekunsteld, openhartig, naïef
ingest [in'dʒest] *overg* opnemen [voedsel]; opnemen, verwerken [kennis &]
ingle-nook ['inglnuk] *znw* hoekje *o* bij de haard
inglorious [in'glɔːriəs] *bn* roemloos, schandelijk
ingoing ['ingouiŋ] *bn* binnengaand, intredend; nieuw [eigenaar v. huis &]
ingot ['iŋgət] *znw* baar, staaf
ingrain [in'grein] **I** *bn* **1** in de wol geverfd [v. weefsel]; **2** = *ingrained*; **II** *overg* diep doordringen van, inprenten; vero in de wol verven, voor het weven verven
ingrained *bn* fig ingeworteld, ingeroest, ingebakken
ingratiate [in'greiʃieit] *wederk*: ~ *oneself with* zich bemind maken of trachten in de gunst te komen bij; *ingratiating* ook: innemend
ingratitude [in'grætitjuːd] *znw* ondankbaarheid
ingredient [in'griːdiənt] *znw* ingrediënt *o*, bestanddeel *o*
ingress ['ingres] *znw* binnentreden *o*, -dringen *o*, in-, toegang
in-group ['in'gruːp] *znw* hechte groep, kliek
ingrowing ['ingrouiŋ] *bn* ingroeiend [nagel]
inguinal ['iŋgwinl] *bn* lies-
ingurgitate [in'gəːdʒiteit] *overg* opslokken
inhabit [in'hæbit] *overg* bewonen, wonen in
inhabitant *znw* in-, bewoner
inhabitation [inhæbi'teiʃən] *znw* bewoning
inhalation [inhə'leiʃən] *znw* inademing, inhalatie
inhale [in'heil] *overg* inademen, inhaleren
inhaler *znw* inhaleertoestel *o*; respirator, ademhalingstoestel *o*
inharmonious [inha:'mounjəs] *bn* onwelluidend, vals; tegenstrijdig, oneens
inhere [in'hiə] *onoverg* een noodzakelijk onderdeel

vormen (van *in*), onafscheidelijk verbonden zijn; inherent zijn (aan *in*)

inherence *znw* inherentie

inherent *bn* onafscheidelijk verbonden, inherent (aan *in*)

inherit [in'herit] *overg* (over)erven

inheritable *bn* (over)erfelijk

inheritance *znw* overerving; erfenis, erfgoed *o*

inheritor *znw* erfgenaam

inheritress, inheritrix *znw* erfgename

inhibit [in'hibit] *overg* verbieden; verhinderen, stuiten, remmen

inhibited *bn* geremd

inhibition [inhi'biʃən] *znw* remming, rem; geremdheid

inhibitory [in'hibitəri] *bn* belemmerend, remmend; verbiedend, verbods-

inhospitable [in'hɔspitəbl] *bn* onherbergzaam, ongastvrij

inhospitality [inhɔspi'tæliti] *znw* onherbergzaamheid, ongastvrijheid

inhuman [in'hju:mən] *bn* onmenselijk, wreed, beestachtig

inhumane [inhju'mein] *bn* niet menslievend, inhumaan

inhumanity [inhju'mæniti] *znw* onmenselijkheid, beestachtigheid

inhumation [inhju'meiʃən] *znw* begraving, begrafenis

inhume [in'hju:m] *overg* plechtig begraven

inimical [i'nimikl] *bn* vijandig; schadelijk

inimitable [i'nimitəbl] *bn* onnavolgbaar

iniquitous [i'nikwitəs] *bn* onrechtvaardig, onbillijk; snood, misdadig, zondig

iniquity *znw* ongerechtigheid, onbillijkheid; snoodheid, misdadigheid

initial [i'niʃəl] **I** *bn* eerste, voorste, begin-, aanvangs-, aanloop-; ~ *capital* oprichtingskapitaal *o*, stamkapitaal *o*; **II** *znw* eerste letter, voorletter, initiaal; ~*s* ook: paraaf [als verkorte handtekening]; **III** *overg* met (de) voorletters merken, tekenen, paraferen

initially *bijw* aanvankelijk, eerst

initiate I *overg* [i'niʃieit] inwijden (in *in, into*); een begin maken met, inleiden, initiëren; **II** *bn* (& *znw*) [i'niʃiit] ingewijd(e)

initiation [iniʃi'eiʃən] *znw* inwijding, initiatie; begin *o*

initiative [i'niʃiətiv] *znw* initiatief *o; take the* ~ het voortouw nemen, het initiatief nemen; *use one's* ~ initiatief tonen; *on one's own* ~ op eigen initiatief

initiator *znw* initiatiefnemer

initiatory *bn* inwijdings-; eerste

inject [in'dʒekt] *overg* inspuiten, injecteren; inbrengen

injection *znw* inspuiting, injectie

injudicious [indʒu'diʃəs] *bn* onoordeelkundig, onverstandig

injunction [in'dʒʌŋkʃən] *znw* uitdrukkelijk bevel *o*, last, gebod *o*

injure [in(d)ʒə] *overg* benadelen, onrecht aandoen, kwaad doen, krenken, verwonden, kwetsen; ~ *someone's honour* iems. goede naam aantasten

injurious [in'dʒuəriəs] *bn* nadelig, schadelijk

injury [in(d)ʒəri] *znw* onrecht *o*, verongelijking, krenking; schade, nadeel *o*, kwaad *o*; kwetsuur, letsel *o*, verwonding, blessure; ~ *time* sp blessuretijd

injustice [in'dʒʌstis] *znw* onrecht *o*, onrechtvaardigheid

ink [iŋk] **I** *znw* inkt; **II** *overg* inkten; met inkt besmeren; ~ *in* ininkten [v. tekening]

ink-bottle *znw* inktfles; inktkoker

inkling ['iŋkliŋ] *znw* aanduiding, flauw vermoeden *o*

inkstand ['iŋkstænd] *znw* inktkoker; inktstel *o*

ink-well *znw* inktpot, inktkoker

inky *bn* inktachtig, vol inkt; zo zwart als inkt

inlaid ['inleid] *bn* ingelegd (vloer, doos &)

inland ['inlənd, 'inlænd] **I** *bn* binnenlands; binnen-; ~ *town* landstad; **II** *bijw* landinwaarts, in (naar) het binnenland

Inland Revenue *znw* Br belastingdienst

in-law ['inlɔ:, in'lɔ:] *znw* aangetrouwd familielid *o*; ~*s* ook: schoonouders

inlay I *overg* [in'lei] inleggen; **II** *znw* ['inlei] ingelegd werk *o*, inlegsel *o*; voorgevormde [gouden &] vulling [v. gebit]

inlet ['inlet] *znw* ingang, opening, weg; inham; inzetsel *o*; techn inlaat

inly ['inli] *bijw* plechtig innerlijk; innig; oprecht

inmate ['inmeit] *znw* (gestichts)patiënt, verpleegde; gevangene; inzittende

inmost ['inmoust] *bn* binnenste; geheimste

inn [in] *znw* herberg, logement *o; Inns of Court* de vier colleges van rechtsgeleerden, die juristen tot de balie kunnen toelaten

innards ['inədz] *znw mv* gemeenz ingewanden; binnenste *o*

innate [i'neit] *bn* in-, aangeboren

innavigable [i'nævigəbl] *bn* onbevaarbaar

inner ['inə] **I** *bn* inwendig, innerlijk, binnenst, binnen-; intiem, verborgen; ~ *city* binnenstad; *the* ~ *cabinet* het kernkabinet [van ministers]; ~ *man* iems. ziel; gemeenz inwendige mens; ~ *tube* binnenband; **II** *znw* ring om de roos [v. schietschijf]; schot *o* daarin

innermost *bn* binnenste

inning *znw* sp slagbeurt, inning [bij honkbal]

innings ['iniŋz] *znw* sp slagbeurt, innings, aan slag zijn *o* [bij cricket]; *have a good* ~ fig lang en gelukkig leven; het getroffen hebben

innkeeper ['inki:pə] *znw* herbergier, waard

innocence ['inəsns] *znw* onschuld; onnozelheid

innocent I *bn* onschuldig (aan *of*); schuldeloos; onschadelijk; onnozel; **II** *znw* onschuldige; onnozele

innocuous [i'nɔkjuəs] *bn* onschadelijk

innovate ['inəveit] *overg & onoverg* nieuwigheden (veranderingen) invoeren

innovation [inə'veiʃən] *znw* invoering van nieuwigheden (veranderingen), nieuwigheid, verandering

innovative [inə'veitiv], **innovatory** [inə'veitəri, i'nɔvətəri] *bn* vernieuwend, innoverend

innovator ['inəveitə] *znw* invoerder van nieuwigheden of veranderingen

innoxious [i'nɔkʃəs] *bn* onschadelijk

innuendo [inju'endou] *znw* (*mv:* -s of -does) (boosaardige) toespeling, insinuatie

innumerable [i'nju:mərəbl] *bn* ontelbaar, legio

inobservance [inɔb'zə:vəns] *znw* niet nakomen *o*, niet opvolgen *o* [v. wet &]; achteloosheid

inoculate [i'nɔkjuleit] *overg* (in)enten²

inoculation [inɔkju'leiʃən] *znw* (in)enting²

inoculator [i'nɔkjuleitə] *znw* (in)enter

inodorous [i'noudərəs] *bn* reukloos

inoffensive [inə'fensiv] *bn* niet beledigend; onschadelijk, onschuldig, argeloos

inofficious [inə'fiʃəs] *bn* zonder functie; recht nalatig

inoperable [i'nɔpərəbl] *bn* inoperabel

inoperative [i'nɔpərətiv] *bn* buiten werking; zonder uitwerking; niet van kracht [v. wetten]

inopportune [i'nɔpətju:n] *bn* ontijdig, ongelegen

inordinate [i'nɔ:dinit] *bn* overdreven, onmatig, buitensporig; ongeregeld

inorganic [inɔ:'gænik] *bn* anorganisch

in-patient ['inpeiʃənt] *znw* in een ziekenhuis verpleegde patiënt

input ['input] *znw* elektr toegevoerd vermogen *o*; inspraak; invoer [v. computer]

inquest ['inkwest] *znw* onderzoek *o*; *(coroner's)* ~ gerechtelijke lijkschouwing

inquietude [in'kwaiitju:d] *znw* ongerustheid; onrust, onrustigheid

inquire [in'kwaiə] **I** *onoverg* navraag doen, vragen, informeren, onderzoeken; ~ *about sth.* informeren naar iets; ~ *after sbd.* naar iems. gezondheid & informeren; ~ *at N's* inlichtingen bij N.; ~ *into* onderzoeken; ~ *of a neighbour* inlichtingen inwinnen bij een buur; **II** *overg* vragen (naar)

inquirer *znw* vragensteller, ondervrager; onderzoeker

inquiring *bn* vragend, onderzoekend, weetgierig

inquiry *znw* vraag, enquête, informatie, onderzoek *o*; aan-, navraag; *make inquiries* informeren, inlichtingen inwinnen, een onderzoek instellen; *a look of* ~ een vragende blik; *public* ~ hoorzitting

inquiry office *znw* informatiebureau *o*

inquisition [inkwi'ziʃən] *znw* onderzoek *o*; inquisitie

inquisitive [in'kwizitiv] *bn* (alles) onderzoekend, nieuwsgierig, vraagachtig

inquisitor *znw* ondervrager; rechter van onderzoek; inquisiteur

inquisitorial [inkwizi'tɔ:riəl] *bn* inquisitoriaal, inquisitie-

inroad ['inroud] *znw* vijandelijke inval; inbreuk; *make* ~*s on (into)* een aanslag plegen op [portemonnee &]

inrush ['inrʌʃ] *znw* binnenstromen *o*, binnendringen *o*; toevloed

insalubrious [insə'l(j)u:briəs] *bn* ongezond

insalubrity *znw* ongezondheid

insane [in'sein] *bn* krankzinnig

insanitary [in'sænitəri] *bn* onhygiënisch

insanity [in'sæniti] *znw* krankzinnigheid

insatiable [in'seiʃjəbl] *bn* onverzadigbaar

insatiate *bn* onverzadigbaar, onbevredigbaar

inscribe [ins'kraib] *overg* in- of opschrijven, griffen²; opdragen [een boek]

inscription [ins'kripʃən] *znw* inschrijving; inscriptie, inschrift *o*, opschrift *o*; opdracht

inscrutable [ins'kru:təbl] *bn* ondoorgrondelijk, onnaspeurlijk

insect ['insekt] *znw* insect² *o*

insecticide [in'sektisaid] *znw* insecticide *o*

insectivorous [insek'tivərəs] *bn* insectivoor, insectenetend

insecure [insi'kjuə] *bn* onveilig, onzeker, onvast

insecurity *znw* onveiligheid, onzekerheid, onvastheid

inseminate [in'semineit] *overg* bevruchten, insemineren; zaaien

insemination [insemi'neiʃən] *znw* inseminatie; *artificial* ~ kunstmatige inseminatie

insensate [in'senseit] *bn* zinneloos; gevoelloos; onzinnig

insensible [in'sensibl] *bn* ongevoelig (voor *of, to*); bewusteloos; onbewust; onmerkbaar

insensitive [in'sensitiv] *bn* ongevoelig (voor *to*)

insentient [in'senʃiənt] *bn* geen gevoel (meer) hebbend, onbezield

inseparable [in'sepərəbl] *bn* onscheidbaar; onafscheidelijk (van *from*)

insert **I** *overg* [in'sə:t] invoegen, inlassen, inzetten, plaatsen [in krant]; **II** *znw* ['insə:t] inlas; inlegvel *o*, bijvoegsel *o* [bij krant &]

insertion *znw* invoeging, inlassing; plaatsing [in krant]; entre-deux *o* & *m*

in-service training ['insə:vis 'treiniŋ] *znw* opleiding/cursus voor werknemers v.e. bedrijf, bedrijfsopleiding, bijscholingscursus

inset ['inset] **I** *znw* bijlage, bijvoegsel *o*, inlegvel *o*; bijkaartje *o*; inzetsel *o*; **II** *bn* ingezet; **III** *overg* invoegen, inleggen, inzetten

inshore ['in'ʃɔ:, 'inʃɔ:, in'ʃɔ:] *bn & bijw* bij (naar) de kust; ~ *fisherman* kustvisser

inside [in'said, in'said] **I** *voorz* binnen(in), in; **II** *bijw* (naar, van) binnen; *be* ~ ook: gemeenz (achter de tralies) zitten; ~ *of* binnen [een week &]; **III** *bn* binnenste, binnen-; vertrouwelijk, geheim; betrouwbaar; ~ *information* inlichtingen van ingewijden; ~ *lane* linkerrijstrook [in Engeland], rechterrijstrook [in Nederland &]; **IV** *znw* binnenkant, inwendige *o*; binnenbocht (ook: ~-*bend*); ~s <u>gemeenz</u> ingewanden; ~ *out* binnenstebuiten; *know sbd.* ~ *out* iem. van haver tot gort kennen; *on the* ~ binnen

insider *znw* ingewijde, insider; ~ *dealing (trading)* handelen *o* met voorkennis; ± misbruik *o* van voorkennis

inside track *znw* <u>sp</u> binnenbaan; *have the* ~ <u>gemeenz</u> de meeste kans hebben

insidious [in'sidiəs] *bn* arglistig; verraderlijk

insight ['insait] *znw* inzicht *o*

insignia [in'signiə] *znw* insignes, ordetekenen

insignificance [insig'nifikəns] *znw* onbeduidendheid &, zie *insignificant*; *pale (fade) into* ~ *(beside...)* (totaal) onbelangrijk worden, (totaal) in het niet vallen (vergeleken met...)

insignificant *bn* onbetekenend, onbeduidend, onbelangrijk, onaanzienlijk, gering

insincere [insin'siə] *bn* onoprecht

insincerity [insin'seriti] *znw* onoprechtheid

insinuate [in'sinjueit] *overg* handig of ongemerkt indringen, inschuiven, ongemerkt bijbrengen, te verstaan geven, insinueren; *insinuating* ook: vleierig

insinuation [insinju'eiʃən] *znw* indringen *o* &; bedekte toespeling, insinuatie

insinuative [in'sinjueitiv] *bn* indringend; insinuerend; vleierig

insipid [in'sipid] *bn* smakeloos, laf, flauw, geesteloos

insipidity [insi'piditi] *znw* smakeloosheid &, zie *insipid*

insist [in'sist] *overg* aanhouden, volhouden; (nadrukkelijk) beweren; aandringen; ~ *(up)on* staan op, aandringen op, insisteren op, blijven bij, blijven staan op, stilstaan bij; met alle geweld willen, toch willen [gaan &]

insistence *znw* aanhouden *o*, aandringen *o*, aandrang

insistent *bn* aanhoudend, dringend; zich opdringend

in situ [in'sitju:, -'saitu:] [Lat] *bijw* in situ, ter plekke

insobriety [insou'braiəti] *znw* onmatigheid (<u>vooral</u> in drinken)

insofar [insou'fa:] *bijw*: ~ *as* voorzover..., inzover(re)...

insolation [insou'leiʃən] *znw* (blootstelling aan de) inwerking van de zon; zonnebad *o*, zonnebaden *o*; zonnesteek

insole ['insoul] *znw* binnenzool; inlegzool

insolence ['insələns] *znw* onbeschaamdheid, brutaliteit

insolent *bn* onbeschaamd, brutaal

insoluble [in'sɔljubl] *bn* onoplosbaar²

insolvency [in'sɔlvənsi] *znw* onvermogen *o* tot betaling, insolventie

insolvent *bn* onvermogend om te betalen, insolvent

insomnia [in'sɔmniə] *znw* slapeloosheid

insomniac I *bn* aan slapeloosheid lijdend; **II** *znw* iem. die aan slapeloosheid lijdt

insomuch [insou'mʌtʃ] *bijw*: ~ *that* zo(zeer) dat; ~ *as* aangezien; zodanig dat

insouciance [in'su:sjəns] [Fr] *znw* zorgeloosheid, onverschilligheid

insouciant [Fr] *bn* zorgeloos, onverschillig

inspect [in'spekt] *overg* onderzoeken, inspecteren

inspection *znw* inzage, bezichtiging, onderzoek *o*; inspectie, toezicht *o*; ~ *pit* smeerkuil

inspector *znw* onderzoeker; opziener, controleur, inspecteur; ~ *of taxes* <u>Br</u> inspecteur der (directe) belastingen

inspectorate *znw* ambt *o* van inspecteur; inspectie

inspiration [inspi'reiʃən] *znw* inspiratie, ingeving

inspirational *bn* geïnspireerd; inspirerend

inspire [in'spaiə] *overg* inblazen, ingeven, inboezemen, bezielen (met *with*), inspireren; aanvuren; ~*d* geïnspireerd [v. artikel]

inspirit [in'spirit] *overg* bezielen; moed geven

inspissate [in'spiseit] *overg* indikken, indampen

inst. *afk.* = *instant* dezer (van deze maand)

instability [instə'biliti] *znw* onvastheid, onbestendigheid, onstandvastigheid, labiliteit

install [in'stɔ:l] *overg* een plaats geven; installeren; ~ *oneself* zich installeren (inrichten)

installation [instə'leiʃən] *znw* aanbrengen *o*, aanleg; installatie, bevestiging

instalment, <u>Am</u> **installment** [in'stɔ:lmənt] *znw* aflevering; termijn; gedeelte *o*; *on the* ~ *plan* op afbetaling; *novel in* ~s vervolgroman, feuilleton *o*

instance [in'stəns] **I** *znw* aandrang, dringend verzoek *o*; voorbeeld *o*, geval *o*; <u>recht</u> instantie, aanleg; *at sbd.'s* ~ op iems. verzoek; *for* ~ bij voorbeeld; *in the first* ~ in eerste instantie; in de eerste plaats; *in the present* ~ in het onderhavige geval; **II** *overg* (als voorbeeld) aanhalen

instant ['instənt] **I** *bn* ogenblikkelijk, onmiddellijk; instant, zo klaar [v. voedingspreparaten]; ~ *coffee* oploskoffie, koffiepoeder *o* & *m*; *the twentieth* ~ de twintigste dezer; **II** *znw* ogenblik(je) *o*; moment *o*; *the* ~ *(that) I saw ...* zodra ik zag...; *this* ~, *that* ~ dadelijk

instantaneous [instən'teinjəs] *bn* ogenblikkelijk, onmiddellijk

instanter [in'stæntə] *bijw* <u>vero</u> of <u>schertsend</u> onmiddellijk, ogenblikkelijk

instantly ['instəntli] *bijw* ogenblikkelijk, op staande voet, dadelijk

instate [in'steit] *overg* (in ambt) installeren

instead [in'sted] *bijw* in plaats daarvan; ~ *of* in plaats van

instep ['instep] *znw* wreef [van de voet]

instigate ['instigeit] *overg* aansporen; ophitsen,

aanzetten (tot), aanstichten

instigation [insti'geiʃən] *znw* aansporing; ophitsing, aanstichting; *at the* ~ *of* op instigatie van

instigator ['instigeitə] *znw* aanstichter, aanstoker, aanlegger, ophitser

instil [in'stil] *overg* inboezemen, (geleidelijk) inprenten (in *into*)

instillation [insti'leiʃən] *znw* indruppeling; fig inboezeming, (geleidelijke) inprenting

1 instinct ['instiŋkt] *znw* instinct *o*

2 instinct [in'stiŋkt] *bn*: ~ *with* bezield met, vol (van), ademend

instinctive [in'stiŋktiv], **instinctual** *bn* instinctief, instinctmatig

institute ['institju:t] **I** *overg* instellen, stichten; installeren, aanstellen; **II** *znw* instituut *o*, instelling, genootschap *o*

institution [insti'tju:ʃən] *znw* instituut *o*, instelling, stichting; aanstelling, installatie; wet; gemeenz ingewortelde gewoonte

institutional *bn* ingesteld; institutioneel

institutionalize *overg* **1** institutionaliseren; **2** in een inrichting plaatsen

instruct [in'strʌkt] *overg* onderwijzen, onderrichten; last geven, gelasten

instruction *znw* onderwijs *o*, onderricht *o*, onderrichting, lering, les; lastgeving, opdracht, instructie, voorschrift *o*

instructional *bn* onderwijs-; ~ *film* instructiefilm

instructive *bn* leerzaam, leerrijk, instructief

instructor *znw* onderwijzer, leraar; instructeur

instrument ['instrumənt] **I** *znw* instrument° *o*, techn gereedschap *o*, werktuig *o*, muz speeltuig *o*; (gerechtelijke) akte, oorkonde, document *o*, stuk *o*; **II** *overg* muz instrumenteren

instrumental [instru'mentl] *bn* muz instrumentaal; dienstig, bevorderlijk; *be* ~ *in* behulpzaam zijn bij

instrumentalist *znw* instrumentist, instrumentalist, bespeler van een (muziek)instrument

instrumentality [instrumen'tæliti] *znw* (mede-) werking; bemiddeling

instrumentation [instrumen'teiʃən] *znw* instrumentatie

instrument panel ['instruməntpænl] *znw* instrumentenbord *o* [v. vliegtuig, auto]

insubordinate [insə'bɔ:dnit] *bn* ongehoorzaam, opstandig, weerspannig

insubordination [insəbɔ:di'neiʃən] *znw* ongehoorzaamheid, weerspannigheid, verzet *o* (tegen de krijgstucht)

insubstantial [insəb'stænʃəl] *bn* onecht; krachteloos, zwak; recht ongefundeerd [v. aanklacht]

insufferable [in'sʌfərəbl] *bn* onduldbaar, on(ver-) draaglijk, onuitstaanbaar

insufficiency [insə'fiʃənsi] *znw* ontoereikendheid, ongenoegzaamheid, gebrek *o* (aan)

insufficient *bn* onvoldoende, ontoereikend

insufflate ['insəfleit] *overg* in-, opblazen

insular ['insjulə] *bn* eiland-; fig bekrompen

insularity [insju'læriti] *znw* eiland zijn *o*; fig afzondering; bekrompenheid

insulate ['insjuleit] *overg* elektr isoleren [ook: geluid, warmte]; afzonderen; *insulating tape* isolatieband *o*

insulation [insju'leiʃən] *znw* elektr isolatie [ook: geluid, warmte]; afzondering

insulator ['insjuleitə] *znw* isolator

insulin ['insjulin] *znw* insuline

insult **I** *znw* ['insʌlt] belediging, hoon; *add* ~ *to injury* de zaak nog erger maken; **II** *overg* [in'sʌlt] beledigen, honen

insuperable [in'sju:pərəbl] *bn* onoverkomelijk

insupportable [insə'pɔ:təbl] *bn* on(ver)draaglijk

insurance [in'ʃuərəns] *znw* verzekering, assurantie; ~ *agent* verzekeringsagent; ~ *broker* assurantiemakelaar; ~ *policy* (verzekerings)polis; ~ *premium* verzekeringspremie

insurant *znw* verzekerde

insure, Am **ensure** *overg* verzekeren, assureren

insurer *znw* verzekeraar, assuradeur

insurgent [in'sə:dʒənt] **I** *bn* oproerig; **II** *znw* oproerling

insurmountable [insə'mauntəbl] *bn* onoverkomelijk

insurrection [insə'rekʃən] *znw* opstand, oproer *o*

insusceptible [insə'septibl] *bn* ongevoelig, onvatbaar (voor *of, to*)

intact [in'tækt] *bn* intact, gaaf, heel, onbeschadigd, ongeschonden, ongerept

intake ['inteik] *znw* opneming; opgenomen hoeveelheid; inlaat; vernauwing; ~ *of breath* inademing

intangible [in'tændʒibl] *bn* ontastbaar, vaag

integer ['intidʒə] *znw* geheel (getal) *o*

integral ['intigrəl] *bn* geheel, volledig, integraal; integrerend; ~ *calculus* integraalrekening

integrant ['intigrənt] *bn* integrerend

integrate ['intigrət] *overg & onoverg* integreren, tot een geheel verenigen/verenigd worden, (zich) inpassen, volledig maken; rassenscheiding opheffen

integration [inti'greiʃən] *znw* integratie; opnemen *o* in een geheel; opheffen *o* van rassenscheiding

integrity [in'tegriti] *znw* volledigheid, integriteit, onkreukbaarheid, onomkoopbaarheid, eerlijkheid; zuiverheid; geheel *o*

integument [in'tegjumənt] *znw* bedekking, bekleedsel *o*; vlies *o*

intellect ['intilekt] *znw* intellect° *o*; verstand *o*

intellectual [inti'lektjuəl] **I** *bn* intellectueel, verstandelijk, geestelijk, verstands-, geestes-; **II** *znw* intellectueel

intelligence [in'telidʒəns] *znw* verstand *o*, oordeel *o*, begrip *o*, schranderheid, intelligentie; bericht *o*, berichten, nieuws *o*; *Central I*~ *Agency (CIA)* Amerikaanse Inlichtingendienst; ~ *department* inlichtin-

gendienst; ~ *quotient* intelligentiequotiënt *o*; ~
service inlichtingendienst
intelligent *bn* verstandig, vlug (van begrip), intelligent, schrander
intelligentsia [inteli'dʒentsiə] *znw* intelligentsia,
(progressieve) intellectuelen
intelligible [in'telidʒibl] *bn* begrijpelijk, verstaanbaar
intemperance [in'tempərəns] *znw* onmatigheid,
drankzucht; overdrevenheid
intemperate *bn* onmatig, drankzuchtig; overdreven; onbeheerst, gewelddadig; guur [klimaat]
intend [in'tend] *overg* voorhebben, van plan zijn,
de bedoeling hebben, bedoelen; toedenken; bestemmen (voor *for*)
intendant [in'tendənt] *znw* intendant
intended [in'tendid] **I** *bn* voorgenomen &, aanstaande; opzettelijk; **II** *znw* gemeenz aanstaande
(echtgeno(o)t(e))
intending *bn* aanstaand; ~ *purchasers* gegadigden
intense [in'tens] *bn* (in)gespannen, hevig, krachtig,
diep, intens
intensification [intensifi'keiʃən] *znw* versterking°,
verhoging, verheviging, verscherping, intensive-
ring
intensify [in'tensifai] **I** *overg* versterken°, verhogen,
verhevigen, verscherpen, intensiveren; **II** *onoverg*
zich intensiveren, toenemen
intension [in'tenʃən] *znw* versterking, verheviging; hevigheid, intensiteit; grote geestelijke inspanning
intensity *znw* hevigheid, kracht, intensiteit
intensive *bn* intensief; ~ *care* med intensive care,
intensieve verpleging; ~ *care unit* med (afdeling)
intensive care; ~ *course* stoomcursus [voor een exa-
men]
intent [in'tent] **I** *znw* oogmerk *o*, bedoeling, opzet
o; *to all ~s and purposes* in alle opzichten; feitelijk;
II *bn* ingespannen; strak; ~ *upon* gericht op, uit op;
~ *upon mischief* kwaad in zijn schild voerend; ~
upon his reading verdiept in; ~ *upon his work* ijverig
aan zijn werk
intention *znw* voornemen *o*, oogmerk *o*, bedoeling; RK intentie; *have no (not the least, not the
slightest)* ~ er niet aan denken (te *of ...ing, to*)
intentional *bn* opzettelijk, met opzet (gedaan),
voorbedachtelijk
intentionly *bijw* ingespannen; strak
inter [in'tə:] *overg* begraven
inter- ['intə] *voorv* tussen, onder
interact [intə'rækt] *onoverg* op elkaar inwerken
interaction *znw* wisselwerking
interactive *bn* interactief
inter alia ['intə'reiliə] *bijw* onder andere
interbreed [intə'bri:d] *onoverg & overg* **1** (laten)
kruisen met een ander ras of soort; **2** (laten) kruisen binnen een familie om gewenste eigenschappen te verkrijgen

intercalary [in'tə:kələri] *bn* ingevoegd, ingelast;
schrikkel-
intercalate [in'tə:kəleit] *overg* invoegen, inlassen
intercalation [intə:kə'leiʃən] *znw* inlassing
intercede [intə'si:d] *onoverg* tussenbeide komen;
~ *for sbd. with ...* iems. voorspraak zijn bij..., een
goed woordje voor iem. doen bij ...
intercept [intə'sept] *overg* onderscheppen, opvangen, (de pas) afsnijden, tegenhouden
interception *znw* onderschepping, opvangen *o*,
afsnijding, tegenhouden *o*
interceptor *znw* luchtv onderschepper, jager
intercession [intə'seʃən] *znw* tussenkomst, bemiddeling; voorspraak, voorbede; ~ *service* bidstond
intercessor *znw* (be)middelaar
intercessory *bn* bemiddelend
interchange **I** *znw* ['intə'tʃein(d)ʒ] wisseling, uit-,
afwisseling; ruil; ongelijkvloerse kruising; **II** *overg*
[intə'tʃein(d)ʒ] af-, ver-, uitwisselen, (met elkaar)
wisselen, ruilen
interchangeable *bn* (onderling) verwisselbaar
inter-city [intə'siti] **I** *bn* interlokaal; **II** *znw* sneltrein, intercity (~ *train*)
intercollegiate [intəkə'li:dʒiit] *bn* tussen twee colleges of universiteiten (bestaand of plaatsvindend)
intercom ['intəkɔm, intə'kɔm] *znw* intercom; intern telefoonsysteem *o*
intercommunicate [intəkə'mju:nikeit] *onoverg*
met elkaar in verbinding staan, onderling contact
hebben, communiceren
intercommunication ['intəkəmju:ni'keiʃən] *znw*
onderling contact *o*, onderlinge verbinding
interconnect [intəkə'nekt] **I** *overg* onderling verbinden of aaneenschakelen; **II** *onoverg* onderling
verbonden of aaneengeschakeld zijn
intercontinental [intəkɔnti'nentl] *bn* interconti-
nentaal
intercourse ['intəkɔ:s] *znw* omgang, gemeenschap,
(handels)verkeer *o*, betrekkingen; (geslachts-)
gemeenschap
interdenominational [intədinɔmi'neiʃənəl] *bn*
interkerkelijk
interdepartmental ['intədipa:t'mentl] *bn* inter-
departementaal
interdependence ['intədi'pendəns] *znw* onderlinge afhankelijkheid
interdependent [intədi'pendənt] *bn* onderling
afhankelijk
interdict **I** *znw* ['intədikt] verbod *o*; RK interdict *o*,
schorsing; **II** *overg* [intə'dikt] verbieden; RK het
interdict uitspreken over, schorsen
interdiction *znw* verbod *o*
interdictory *bn* verbods-
interdigitate [intə'didʒiteit] *onoverg* in elkaar grijpen, vervlochten zijn
interdisciplinary ['intədisi'plinəri] *bn* interdisci-
plinair
interest ['int(ə)rest] **I** *znw* belang *o*, voordeel *o*; be-

langstelling, interesse; aandeel *o*; partij; <u>handel</u>
rente, interest; *the brewing* ~ de bij het brouwen
geïnteresseerden; *it has an* ~ het is interessant; *take
an* ~ *in* belang stellen in; *at* ~ op rente (uitgezet);
in the ~*(s) of* in het belang van, ten behoeve van; *of*
~ interessant, belangwekkend; *to their* ~ in hun
belang (voordeel); **II** *overg* interesseren, belang inboezemen, belang doen stellen (in *for, in*); de belangen raken van; **III** *wederk*: ~ *oneself in* belang
stellen in, zich gelegen laten liggen aan; ~ *oneself
in behalf of* zich interesseren voor
interest-bearing *bn* rentegevend
interested *bn* belangstellend; belang hebbend; ~ *in*
geïnteresseerd bij
interest-free *bn*: ~ *loan* renteloos voorschot *o*
interesting *bn* interessant
interface [intə'feis] *znw* **1** raakvlak[2] *o*; **2** <u>comput</u>
interface *o*
interfere [intə'fiə] *onoverg* tussenbeide komen, zich
ermee bemoeien; ~ *in* zich mengen in; ~ *with* zich
bemoeien met; belemmeren, storen; in botsing komen met; raken (komen, zitten) aan [met zijn vin-
gers]
interference *znw* tussenkomst, inmenging, be-
moeiing; storing, hinder, belemmering; interferen-
tie [v. golven]
interfering *bn* ook: bemoeiziek
intergalactic [intəgə'læktik] *bn* tussen melkweg-
stelsels
intergovernmental ['intəgʌvən'mentl] *bn* inter-
gouvernementeel, tussen verschillende regeringen
interim ['intərim] **I** *znw* tussentijd; *in the* ~ intussen; **II** *bn* tijdelijk; waarnemend; tussentijds, voorlopig [dividend]
interior [in'tiəriə] **I** *bn* binnen-; inwendig; binnenlands; innerlijk; ~ *decoration* binnenhuisarchitectuur; ~ *decorator, designer* binnenhuisarchitect, in-
terieurontwerper; **II** *znw* binnenste *o*; binnenland
o; interieur *o*; *Minister of the I*~ minister van Binnenlandse Zaken
interject [intə'dʒekt] *overg* er tussen gooien, uitroepen
interjection *znw* tussenwerpsel *o*; uitroep
interjectional *bn* tussengevoegd
interlace [intə'leis] **I** *overg* dooreenvlechten; ineenstrengelen; **II** *onoverg* elkaar doorkruisen
interlard [intə'la:d] *overg* doorspekken (met *with*)
interleave [intə'li:v] *overg* (met wit papier) doorschieten
interline [intə'lain] *overg* tussen (de regels) schrijven of invoegen
interlinear [intə'liniə] *bn* tussen de regels (gedrukt
of geschreven), interlineair
interlineation ['intəlini'eiʃən] *znw* tussen-
schrijven *o*; tussenschrift *o*
interlink [intə'liŋk] **I** *overg* aaneenschakelen, verbinden; **II** *onoverg* aaneengeschakeld, verbonden
worden

interlock [intə'lɔk] *overg & onoverg* in elkaar (doen)
sluiten of grijpen
interlocution [intəlou'kju:ʃən] *znw* gesprek *o*, bespreking
interlocutor [intə'lɔkjutə] *znw* persoon met wie
men spreekt, gesprekspartner
interlocutory *bn* in de vorm van een gesprek
interlope [intə'loup] *onoverg* zich indringen; zich
(ongevraagd) bemoeien (met); beunhazen
interloper *znw* indringer; bemoeial; beunhaas
interlude ['intəl(j)u:d] *znw* pauze; tussenbedrijf *o*,
tussenspel *o*, intermezzo[2] *o*
intermarriage [intə'mæridʒ] *znw* **1** gemengd huwelijk *o* [tussen leden van verschillend ras, verschillende stand, familie &]; **2** huwelijk *o* tussen
naaste verwanten
intermarry [intə'mæri] *onoverg* onderling trouwen
[v. volken, stammen of families]; onder elkaar trouwen [v. naaste verwanten]
intermediary [intə'mi:djəri] **I** *bn* tussen-; bemiddelend; **II** *znw* tussenpersoon, bemiddelaar; bemiddeling
intermediate [intə'mi:djət] *bn* tussenliggend,
tussen-
interment [in'tə:mənt] *znw* begrafenis
intermezzo [intə'metsou] *znw* (*mv*: -s *of* -mezzi
[-'metsi]) intermezzo[2] *o*
interminable [in'tə:minəbl] *bn* oneindig, eindeloos[2]
intermingle [intə'miŋgl] **I** *overg* (ver)mengen; **II**
onoverg zich (laten) vermengen
intermission [intə'miʃən] *znw* onderbreking, tussenpoos, pauze; *without* ~ zonder ophouden
intermit [intə'mit] **I** *overg* tijdelijk afbreken, doen
ophouden, staken, schorsen; **II** *onoverg* tijdelijk
ophouden
intermittent *bn* (af)wisselend, bij tussenpozen
(werkend, spuitend &); intermitterend
intermix [intə'miks] = *intermingle*
intermixture [intə'mikstʃə] *znw* vermenging,
mengsel *o*
intern I *overg* [in'tə:n] interneren; **II** *znw* ['intə:n]
Am inwonend assistent(e) in een ziekenhuis
internal [in'tə:nl] *bn* inwendig, innerlijk; binnenlands; binnen-; ~ *combustion engine* explosiemotor,
verbrandingsmotor; *I*~ *Revenue Service* Am belastingdienst, fiscus
internalize [in'tə:nəlaiz] *overg* zich eigen maken
international [intə'næʃənl] **I** *bn* internationaal; ~
law volkenrecht *o*; ~ *relations* <u>pol</u> internationale
betrekkingen; **II** *znw* (deelnemer aan) internationale wedstrijd; *I*~ Internationale
internationalism [intə'næʃənəlizm] *znw* interna-
tionalisme *o*
internationalize *overg* internationaliseren
internecine [intə'ni:sain] *bn* moorddadig, verwoestend, elkaar verdelgend
internee [intə:'ni:] *znw* geïnterneerde

internment [in'tɜːnmənt] *znw* internering

internuncio [intə'nʌnʃiou] *znw* internuntius

interpellate [in'tɜːpeleit] *overg* interpelleren

interpellation [intɜːpe'leiʃən] *znw* interpellatie

interpellator *znw* interpellant

interpersonal [intə'pɜːsnl] *bn* intermenselijk

interplanetary [intə'plænitəri] *bn* interplanetair

interplay ['intəplei] *znw* wisselwerking, reactie over en weer

Interpol ['intəpɔl] *znw* = *International Criminal Police Organization* internationale samenwerkingsvorm v.d. politie, Interpol

interpolate [in'tɜːpəleit] *overg* in-, tussenvoegen, inschuiven, interpoleren

interpolation [intɜːpə'leiʃən] *znw* in-, tussenvoeging, inschuiving, interpolatie

interpose [intə'pouz] **I** *overg* stellen of plaatsen tussen; in het midden brengen [iets]; **II** *onoverg* tussenbeide komen, in de rede vallen

interposition [intəpə'ziʃən] *znw* liggen (plaatsen) *o* tussen; tussenkomst, bemiddeling

interpret [in'tɜːprit] **I** *overg* uitleggen, vertolken, interpreteren; **II** *onoverg* als tolk fungeren

interpretable *bn* voor uitleg (vertolking) vatbaar, te interpreteren

interpretation [intɜːpri'teiʃən] *znw* uitleg, vertolking, interpretatie

interpretative [in'tɜːpritətiv] *bn* uitleggend, vertolkend

interpreter [in'tɜːpritə] *znw* uitlegger, vertolker, tolk[2]

interracial [intə'reiʃəl] *bn* tussen (de) rassen; ~ *relationships* rassenverhoudingen

interregnum [intə'regnəm] *znw* (*mv:* -s en interregna [-'regnə]) interregnum *o*, tussenregering; interim *o*, tussentijd; onderbreking

interrelate ['intəri'leit] **I** *overg* met elkaar in verband brengen; **II** *onoverg* met elkaar in verband staan

interrelation(ship) ['intəri'leiʃən] *znw* onderling verband *o*

interrogate [in'terəgeit] *overg* (onder)vragen

interrogation [interə'geiʃən] *znw* ondervraging, vraag; vraagteken *o* (ook: ~ *mark*)

interrogative [intə'rɔgətiv] **I** *bn* vragend, vraag-; **II** *znw* vragend voornaamwoord *o*

interrogator [intə'rɔgətə] *znw* ondervrager

interrogatory [intə'rɔgətəri] **I** *bn* (onder)vragend; **II** *znw* vraag; ondervraging

interrupt [intə'rʌpt] **I** *overg* af-, onderbreken; belemmeren, storen; in de rede vallen; **II** *abs ww* hinderen, storen; in de rede vallen

interruption *znw* af-, onderbreking; storing; interruptie

intersect [intə'sekt] **I** *overg* (door)snijden, (door-) kruisen; **II** *onoverg* elkaar snijden

intersection *znw* (door)snijding; snijpunt *o*; kruispunt *o*, wegkruising

interspace ['intəspeis] *znw* tussenruimte

intersperse [intə'spɜːs] *overg* hier en daar strooien, mengen, verspreiden, zetten, planten & (onder of tussen *with*)

interstate [intə'steit] **I** *bn* tussen de staten; **II** *znw* Am autoweg (die staten met elkaar verbindt), autosnelweg

interstellar ['intə'stelə] *bn* interstellair

interstice [in'tɜːstis] *znw* tussenruimte, opening, spleet

intertwine [intə'twain] *overg* & *onoverg* (zich) dooreenvlechten, ineen-, verstrengelen

interval ['intəvəl] *znw* tussenruimte; tussenpoos, -tijd; pauze; (toon)afstand, muz interval *o*; *at regular* ~*s* regelmatig; *bright* ~*s* tijdelijke opklaringen [v. weer]

intervene [intə'viːn] *onoverg* liggen of zijn tussen; tussenbeide komen of treden; ingrijpen [v. chirurg]; zich (onverwachts) voordoen

intervention [intə'venʃən] *znw* interventie, tussenkomst; ingreep [v. chirurg]

interview ['intəvjuː] **I** *znw* sollicitatiegesprek *o*; onderhoud *o*; interview *o*, vraaggesprek *o*; **II** *overg* een onderhoud hebben met; interviewen

interviewee ['intəvjuː'iː] *znw* geïnterviewde

interviewer ['intəvjuːə] *znw* interviewer, ondervrager

inter-war ['intə'wɔː] *bn* interbellair; *the* ~ *years* de jaren tussen de twee wereldoorlogen (1919-1939), het interbellum

interweave [intə'wiːv] *overg* door(een)weven

interzonal [intə'zounəl] *bn* interzonaal

intestate [in'testit] *bn* (& *znw*) zonder testament (overledene)

intestinal [in'testinl] *bn* darm-, ingewands-

intestine *znw* darm, ingewanden (meest ~*s*); *large (small)* ~ dikke (dunne) darm

intimacy ['intiməsi] *znw* vertrouwelijkheid, intimiteit; innigheid; grondigheid [v. kennis]; geslachtsgemeenschap

1 intimate ['intimit] **I** *bn* innerlijk, innig; vertrouwelijk; intiem; grondig [v. kennis]; geslachtsgemeenschap hebbend (met); **II** *znw* intimus, intieme vriend

2 intimate ['intimeit] *overg* bekendmaken, te kennen geven, laten doorschemeren

intimation [inti'meiʃən] *znw* kennisgeving; aanduiding, wenk, teken *o*

intimidate [in'timideit] *overg* bang maken; vrees, schrik aanjagen, intimideren

intimidation [intimi'deiʃən] *znw* bangmakerij, vreesaanjaging, intimidatie

into ['intu, 'intə] *voorz* [drukt beweging of verandering uit] in, tot; *come* ~ *the house* het huis binnenkomen; *get* ~ *trouble* in moeilijkheden komen; *go* ~ *business* in zaken gaan; *look* ~ *it* het onderzoeken; *run* ~ *a wall* tegen een muur aanrijden; *translate* ~ *English* in het Engels vertalen; *drive someone* ~

intolerable

despair iem. tot wanhoop brengen; *far ~ the night* tot diep in de nacht; *dividing 3 ~ 6 gives 2* 6 gedeeld door 3 is 2; *be ~ art* gemeenz in kunst geïnteresseerd zijn

intolerable [in'tɔlərəbl] *bn* on(ver)draaglijk, onduldbaar, onuitstaanbaar

intolerance *znw* onverdraagzaamheid

intolerant *bn* onverdraagzaam

intonation [intou'neiʃən] *znw* intonatie; lees-, spreektoon, stembuiging; aanhef

intone [in'toun] *overg* intoneren; aanheffen [gezang]

in toto [in'toutou] [Lat] *bijw* in zijn geheel

intoxicant [in'tɔksikənt] *znw* sterke drank

intoxicate *overg* dronken maken², bedwelmen²

intoxication [intɔksi'keiʃən] *znw* dronkenschap, roes²; intoxicatie

intractable [in'træktəbl] *bn* onhandelbaar; lastig

intramural ['intrə'mjuərəl] *bn* binnen de muren van de stad of van de universiteit

intransigence [in'trænsidʒəns] *znw* onverzoenlijkheid, onbuigzaamheid

intransigent [in'trænsidʒənt] *bn* onverzoenlijk, wars van geschipper

intransitive [in'trænsitiv] *bn* onovergankelijk

intrant ['intrənt] *znw* iem. die een ambt (plicht) aanvaardt; nieuw lid o; eerstejaars

intra-uterine [intrə'ju:tərain] *bn* intra-uterien, in de baarmoeder; ~ *device* intra-uterien voorbehoedmiddel o, spiraaltje o

intravenous [intrə'vi:nəs] *bn* intraveneus, in de ader; ~ *drug user* spuiter

in-tray ['in'trei] *znw* bakje o voor binnenkomende post

intrepid [in'trepid] *bn* onverschrokken

intrepidity [intri'piditi] *znw* onverschrokkenheid

intricacy ['intrikəsi] *znw* ingewikkeldheid

intricate *bn* ingewikkeld, verward

intrigue [in'tri:g] **I** *znw* kuiperij, gekonkel o, intrige; **II** *onoverg* kuipen, konkelen, intrigeren; **III** *overg* intrigeren, nieuwsgierig maken

intriguer *znw* intrigant

intriguing *bn* boeiend, fascinerend

intrinsic [in'trinsik] *bn* innerlijk, wezenlijk, intrinsiek

intro ['introu] *znw* gemeenz = introduction

introduce [intrə'dju:s] *overg* invoeren; inleiden, binnenleiden; indienen; [wetsvoorstel] ter tafel brengen [onderwerp]; voorstellen [iemand], introduceren

introduction [intrə'dʌkʃən] *znw* inleiding°, invoering; indiening; voorstelling [van twee personen], introductie

introductory *bn* inleidend, preliminair

introit ['introit, in'trouit] *znw* RK introïtus

introspection [introu'spekʃən] *znw* introspectie, zelfbeschouwing

introspective *bn* introspectief

introvert, introverted ['introuvə:t(id)] *bn* introvert, in zichzelf gekeerd

intrude [in'tru:d] **I** *onoverg* zich in-, opdringen, onuitgenodigd binnenkomen, ongelegen komen; **II** *overg* storen, opdringen, lastig vallen; ~ *on* (iemand) lastig vallen, ongelegen komen

intruder *znw* indringer, insluiper, ongenode of onwelkome gast

intrusion [in'tru:ʒən] *znw* binnendringen o

intrusive *bn* indringend; in-, opdringerig

intuit [in'tju(:)it] *overg* intuïtief weten/aanvoelen

intuition [intju'iʃən] *znw* intuïtie

intuitive [in'tju(:)itiv] *bn* intuïtief

inundate ['inʌndeit] *overg* onder water zetten, inunderen; overstromen² (met *with*)

inundation [inʌn'deiʃən] *znw* onderwaterzetting, inundatie, overstroming; fig stroom

inurbane [inə:'bein] *bn* onbeleefd, grof

inure [i'njuə] *overg* gewennen (aan *to*), harden (tegen *to*)

inurement *znw* gewennen o, harden o

inutility [inju'tiliti] *znw* nutteloosheid

invade [in'veid] *overg* een inval doen in, in-, binnendringen; inbreuk maken op

invader *znw* invaller, indringer

1 invalid ['invəli:d] **I** *bn* gebrekkig, invalide, ziekelijk, lijdend; **II** *znw* zieke, lijder, mil invalide; ~ *car, carriage* invalidenwagen(tje o) ; ~ *chair* rolstoel; **III** *overg* aan het ziekbed kluisteren; mil voor de dienst ongeschikt maken of verklaren; ~ *out* wegens ziekte of als invalide evacueren

2 invalid [in'vælid] *bn* niet geldend; ongeldig

invalidate *overg* ongeldig (krachteloos) maken; ontzenuwen [argumenten]

invalidation [invælid'eiʃən] *znw* ongeldigverklaring; ontzenuwing

invalidity [invə'liditi] *znw* invaliditeit; zwakheid, krachteloosheid, ongeldigheid, onwaarde

invaluable [in'væljuəbl] *bn* onschatbaar, van onschatbare waarde

invariable [in'vɛəriəbl] *bn* onveranderlijk, constant

invariably *bijw* onveranderlijk; steeds, steevast

invasion [in'veiʒən] *znw* (vijandelijke) inval, binnendringen o; invasie; recht schending

invasive *bn* invallend, binnendringend

invective [in'vektiv] *znw* scheldwoord o, scheldwoorden; smaadrede

inveigh [in'vei] *onoverg* (heftig) uitvaren, schelden, schimpen (op *against*)

inveigle [in'vi:gl] *overg* (ver)lokken, verleiden (tot *into*)

invent [in'vent] *overg* uitvinden; uit-, bedenken, verzinnen, uit de lucht grijpen, verdichten

invention *znw* (uit)vinding, uitvindsel o, bedenksel o, verzinsel o; vindingrijkheid

inventive *bn* inventief, vindingrijk

inventor *znw* uitvinder; verzinner

inventory ['invəntri] **I** znw inventaris; boedelbeschrijving; **II** overg inventariseren

inverse [in'və:s] **I** bn omgekeerd; **II** znw omgekeerde o

inversion znw omkering, omzetting, inversie

invert overg omkeren, omzetten; ~ed commas aanhalingstekens

invertebrate [in'və:tibrit] bn (znw) ongewerveld (dier o)

invest [in'vest] **I** overg bekleden² (met with); installeren; mil insluiten, omsingelen; [geld] beleggen, steken (in in), investeren; ~ with ook: verlenen; **II** onoverg & abs ww zijn geld beleggen; ~ in ook: gemeenz kopen, aanschaffen

investigate [in'vestigeit] overg onderzoeken, navorsen, nasporen

investigation [investi'geiʃən] znw navorsing, nasporing, onderzoek o

investigative bn onderzoekend, onderzoeks-

investigator [in'vestigeitə] znw navorser, onderzoeker

investigatory bn onderzoekend

investiture [in'vestitʃə] znw investituur, installatie; bekleding

investment [in'vestmənt] znw belegging, investering; mil insluiting, omsingeling; bekleding

investor znw belegger, investeerder

inveteracy [in'vetərəsi] znw inworteling

inveterate bn ingeworteld, ingekankerd, verouderd; aarts-; onverbeterlijk; verbitterd

invidious [in'vidiəs] bn hatelijk; aanstotelijk; netelig

invigilate [in'vidʒileit] onoverg surveilleren [bij examen]

invigilation [invidʒi'leiʃən] znw surveillance [bij examen]

invigilator [in'vidʒileitə] znw surveillant

invigorate [in'vigəreit] overg kracht bijzetten of geven, sterker maken, versterken

invincible [in'vinsibl] bn onoverwinnelijk; onoverkomelijk

inviolable [in'vaiələbl] bn onschendbaar

inviolate [in'vaiəlit] bn ongeschonden, ongerept

invisible [in'vizibl] **I** bn onzichtbaar; niet te zien (spreken); **II** znw onzienlijke

invitation [invi'teiʃən] znw uitnodiging

invite I overg [in'vait] (uit)nodigen, noden, inviteren; (vriendelijk) verzoeken, vragen (om); uitlokken; applications are ~d sollicitaties worden ingewacht; **II** znw ['invait] gemeenz uitnodiging

inviting bn uitnodigend, aanlokkelijk, verleidelijk

in vitro fertilization [in'vi:trou fə:tilai'zeiʃən] znw in-vitrofertilisatie, reageerbuisbevruchting

invocation [invə'keiʃən] znw in-, aanroeping, afsmeking; oproeping

invoice ['invɔis] **I** znw handel factuur; **II** overg factureren

invoice-clerk znw facturist

invoke [in'vouk] overg in-, aanroepen, afsmeken; oproepen; zich beroepen op

involuntary [in'vɔləntəri] bn onwillekeurig; onvrijwillig

involute ['invəl(j)u:t] bn ingewikkeld, naar binnen gedraaid of gerold; ineensluitend

involution [invə'l(j)u:ʃən] znw in-, verwikkeling, ingewikkeldheid; machtsverheffing

involve [in'vɔlv] overg verwikkelen, betrekken; insluiten, meebrengen, meeslepen; ~d ingewikkeld²; our interests are ~d het gaat om onze belangen; the persons ~d de daarbij betrokken personen; the risk ~d het ermee verbonden (gepaard gaande, gemoeide) gevaar; become (get) ~d with zich inlaten met

involvement znw in-, verwikkeling; betrokkenheid; moeilijkheden; schuld(en)

invulnerable [in'vʌlnərəbl] bn onkwetsbaar

inward ['inwəd] **I** bn inwendig, innerlijk; **II** bijw naar binnen

inward-looking bn in zichzelf gekeerd

inwardly bijw inwendig, innerlijk; in zijn binnenste, in zichzelf; naar binnen

inwardness znw innerlijke betekenis, innerlijk wezen o

inwards ['inwəds] bijw = inward II

inwrought ['in'rɔ:t, + 'inrɔ:t] bn ingewerkt, doorweven² (met with)

iodide ['aiədaid] znw jodide o

iodine ['aiədi:n] znw jodium o,

iodoform [ai'ɔdəfɔ:m] znw jodoform

IOM afk. = Isle of Man het eiland Man

ion ['aiən] znw ion o

Ionian [ai'ounjən] **I** bn Ionisch; **II** znw Ioniër

Ionic [ai'ɔnik] bn Ionisch

ionic [ai'ɔnik] bn ionen-

ionization [aiənai'zeiʃən] znw ionisatie

ionize ['aiənaiz] overg & onoverg ioniseren

ionizer ['aiənaizə] znw apparaatje o om de kwaliteit v.d. lucht in een kamer te verbeteren

ionosphere [ai'ɔnəsfiə] znw ionosfeer

iota [ai'outə] znw Griekse i, jota²; not one ~ geen jota

IOU ['aiou'ju:] znw schuldbekentenis [I owe you ik ben u schuldig]

IOW afk. = Isle of Wight het eiland Wight

IPA afk. = International Phonetic Alphabet/Association

IQ afk. = Intelligence Quotient IQ o, intelligentiequotiënt o

IR afk. Br = Inland Revenue belastingdienst

IRA afk. = Irish Republican Army IRA, Ierse Republikeinse Leger o

Iran [i'ra:n] znw Iran o

Iranian [i'reinjən] **I** bn Iraans; **II** znw Iraniër

Iraq [i'ra:k] znw Irak o

Iraqi [i'ra:ki] **I** bn Iraaks; **II** znw Irakees

irascible [i'ræsibl] bn prikkelbaar, opvliegend

irate [ai'reit] bn woedend, toornig, verbolgen

ire

ire ['aiə] *znw* plechtig toorn
ireful *bn* toornig, verbolgen
Ireland ['aiələnd] *znw* Ierland *o*
Irene [ai'ri:ni, ai'ri:n] Irene
irenic [ai'ri:nik] *bn* irenisch: vredelievend, vredestichtend
iridescence [iri'desns] *znw* kleurenspel *o* (als van een regenboog)
iridescent *bn* iriserend, regenboogkleurig schitterend
iris ['aiəris] *znw* (*mv:* -es *of* irides [-ridi:z]) anat iris, regenboogvlies *o*; plantk iris
Irish ['aiəriʃ] **I** *bn* Iers; **II** *znw* het Iers; *the* ~ de Ieren
Irishism *znw* Ierse zegswijze (eigenaardigheid)
Irishman *znw* Ier
Irishwoman *znw* Ierse
irk [ə:k] *overg* ergeren, vervelen; *it* ~*s me (him &)* het ergert me (hem &)
irksome *bn* vervelend, ergerlijk
iron ['aiən] **I** *znw* ijzer *o*; strijkijzer *o*; brandijzer *o*; soort golfstok; ~*s* boeien; beugels [v. been]; *have many* ~*s in the fire* veel ijzers in het vuur hebben; *strike the* ~ *while it is hot* men moet het ijzer smeden, als het heet is; **II** *bn* ijzeren²; **III** *overg* strijken; ~ *out* weg-, gladstrijken²; fig wegnemen, verwijderen, vereffenen; **IV** *onoverg* strijken
Iron Age *znw* ijzertijd
iron-bound *bn* met ijzeren banden; fig ijzeren, uiterst streng; door (steile) rotsen ingesloten
ironclad *bn* gepantserd; hard, streng, stalen
Iron Curtain *znw* vroeger ijzeren gordijn *o*
iron-founder *znw* ijzergieter
iron-foundry *znw* ijzergieterij
iron-grey *bn* ijzergrauw
ironic(al) [ai'rɔnik(l)] *bn* ironisch
ironing ['aiəniŋ] *znw* strijken *o*; strijkgoed *o*
ironing-board *znw* strijkplank
ironmonger ['aiənmʌŋgə] *znw* handelaar in ijzerwaren
ironmongery *znw* ijzerwaren; ijzerhandel
iron-mould ['aiənmould] *znw* roestvlek [in wasgoed]; oude inktvlek
Ironside ['aiənsaid] *znw* gehard soldaat [van Cromwell]
ironstone ['aiənstoun] *znw* ijzersteen *o & m*
ironwork ['aiənwə:k] *znw* ijzerwerk *o*; ~*s* ijzerfabriek, ijzergieterij, ijzerpletterij
1 irony ['aiəni] *bn* ijzerachtig, ijzerhard, ijzer-
2 irony ['aiərəni] *znw* ironie
irradiance [i'reidjəns] *znw* (uit)straling; glans
irradiate *overg* schijnen op, verlichten; bestralen; doen stralen
irradiation [ireidi'eiʃən] *znw* uit-, bestraling
irrational [i'ræʃənl] *bn* onredelijk; redeloos; irrationeel
irrationality [iræʃə'næliti] *znw* onredelijkheid; redeloosheid

irreclaimable [iri'kleiməbl] *bn* onverbeterlijk; onontginbaar; onherroepelijk
irreconcilable [i'rekənsailəbl] *bn* onverzoenlijk; onverenigbaar
irrecoverable [iri'kʌvərəbl] *bn* niet te herkrijgen; onherroepelijk verloren; oninbaar; onherstelbaar
irrecusable [iri'kju:zəbl] *bn* onafwijsbaar, onweerlegbaar
irredeemable [iri'di:məbl] *bn* onherstelbaar, onafkoopbaar, onaflosbaar
irreducible [iri'dju:sibl] *bn* onherleidbaar, niet vereenvoudigbaar, niet te verminderen
irrefragable [i'refrəgəbl] *bn* onweerlegbaar
irrefrangible [iri'frændʒəbl] *bn* onverbreekbaar, onschendbaar; onbreekbaar [v. stralen]
irrefutable [i'refjutəbl] *bn* onomstotelijk, onweerlegbaar
irregular [i'regjulə] **I** *bn* onregelmatig; niet in orde [v. paspoort &]; ongeregeld; ongelijk; **II** *znw:* ~*s* ongeregelde troepen
irregularity [iregju'læriti] *znw* onregelmatigheid; ongeregeldheid
irrelevance [i'relivəns] *znw* ontoepasselijkheid, niet ter zake zijn *o*
irrelevancy *znw* ontoepasselijkheid; irrelevante opmerking &; ± bijzaak, *znw* bijkomstigheid
irrelevant *bn* irrelevant, niet toepasselijk, geen betrekking hebbend (op *to*), niets te maken hebbend (met *to*)
irreligious [iri'lidʒəs] *bn* ongelovig; godsdienstloos, zonder geloof; ongodsdienstig
irremediable [iri'mi:djəbl] *bn* onherstelbaar; ongeneeslijk
irremissible [iri'misəbl] *bn* onvergeeflijk
irremovable [iri'mu:vəbl] *bn* onafzetbaar
irreparable [i'repərəbl] *bn* onherstelbaar
irreplaceable [iri'pleisəbl] *bn* onvervangbaar
irrepressible [iri'presibl] *bn* niet te onderdrukken; onbedwingbaar
irreproachable [iri'proutʃəbl] *bn* onberispelijk
irresistible [iri'zistibl] *bn* onweerstaanbaar
irresolute [i'rezəl(j)u:t] *bn* besluiteloos
irresolution [irezə'l(j)u:ʃən] *znw* besluiteloosheid
irresolvable [iri'zɔlvəbl] *bn* onoplosbaar
irrespective [iris'pektiv] *bn:* ~ *of* zonder te letten op; ongeacht
irresponsible [iris'pɔnsibl] *bn* onverantwoordelijk; onbetrouwbaar; ontoerekenbaar
irresponsive [iris'pɔnsiv] *bn* niet reagerend (op *to*)
irretrievable [iri'tri:vəbl] *bn* onherstelbaar
irretrievably *bijw* onherstelbaar; ~ *lost* onherroepelijk verloren
irreverence [i'revərəns] *znw* oneerbiedigheid
irreverent *bn* oneerbiedig
irreversible [iri'və:sibl] *bn* onherroepelijk, onveranderlijk; onomkeerbaar, irreversibel
irrevocable [i'revəkəbl] *bn* onherroepelijk
irrigate ['irigeit] *overg* bevochtigen, besproeien,

bevloeien, irrigeren
irrigation [iri'geiʃən] *znw* bevochtiging, besproei-ing, bevloeiing, irrigatie
irritable ['iritəbl] *bn* prikkelbaar, geprikkeld
irritant *bn (znw)* prikkelend (middel *o*)
irritate *overg* prikkelen[2], irriteren[2], ergeren
irritating *bn* irriterend, irritant, ergerlijk
irritation [iri'teiʃən] *znw* prikkeling[2], geprikkeld-heid; irritatie, ergernis
irruption [i'rʌpʃən] *znw* binnendringen *o*, inval
IRS *afk.* Am = *Internal Revenue Service* belastingdienst
is [iz] derde pers. enk. van *to be*, is
isinglass ['aizɪŋglɑ:s] *znw* vislijm
Islam ['izlɑ:m, i'slɑ:m] *znw* de islam
Islamic [iz'læmik] *bn* islamitisch
Islamise, Islamize ['izlæmaiz] *overg* islamiseren
island ['ailənd] *znw* eiland *o*; vluchtheuvel
islander *znw* eilandbewoner
isle [ail] *znw* plechtig eiland *o*
islet ['ailit] *znw* eilandje *o*
ism ['iz(ə)m] *znw* isme *o*; leer, theorie
isobar ['aisouba:] *znw* isobaar
isolate ['aisəleit] *overg* afzonderen, isoleren; ~*d* ook: alleenstaand; ~*d case* op zichzelf staand geval *o*
isolation [aisə'leiʃən] *znw* afzondering, isolering, isolatie, isolement *o*
isolationism [aisə'leiʃənizm] *znw* isolationisme *o*
isolationist I *bn* isolationistisch; **II** *znw* isolatio-nist
isosceles [ai'sɔsili:z] *bn* gelijkbenig
isotherm ['aisouθə:m] *znw* isotherm
isotope ['aisoutoup] *znw* isotoop
Israel ['izreiəl] *znw* Israël *o*
Israeli [iz'reili] **I** *bn* Israëlisch; **II** *znw* Israëli
Israelite ['izriəlait] *znw* Israëliet
issue ['isju:, 'iʃu:] **I** *znw* uitstorting, uitstroming; (rivier)mond; nakomelingschap, (na)kroost *o*; uit-gang; uitweg; afloop, uitslag, uitkomst, resultaat *o*; uitvaardiging; uitgifte; handel emissie; nummer *o*, editie [v. krant]; (geschil)punt *o*, kwestie, strijd-vraag; *at* ~ in kwestie; *the matter (point, question) at* ~ het geschilpunt; *cloud (confuse) the* ~ de zaak ver-troebelen; *duck (evade) the* ~ zich handig uit iets redden; *take* ~ de strijd aanbinden; **II** *onoverg* uit-komen; zich uitstorten, uitstromen, naar buiten komen (ook: ~ *forth, out*); ~ *from* komen uit; voortkomen uit, afstammen van; **III** *overg* af-, uit-geven, in omloop brengen; uitvaardigen; verzen-den
issueless *bn* zonder nakomelingen
isthmus ['isməs] *znw* landengte
it [it] *pers vnw* het, hij, zij; ~ *is I (me)* ik ben het; *that's* ~ dat is 't; daar zit 'm de kneep; juist, precies; prima, uitstekend; dat is dat, klaar is Kees; zo is het genoeg, stop maar *this is* ~! dit is het helemaal!; *who is* ~? wie is dat?; wie is 'hem'?; *bus &* ~ met de bus & ~ gaan; *it says in this book that...* in dit boek staat dat...; zie ook: *give, go*

IT *afk.* = *information technology* informatica
Italian [i'tæljən] **I** *bn* Italiaans; **II** *znw* Italiaans; het Italiaans
Italianate [i'tæljəneit] *bn* veritaliaanst, in Italiaan-se stijl
italic [i'tælik] **I** *bn* cursief; **II** *znw* cursieve letter; *my* ~*s, the* ~*s are mine* ik cursiveer; *in* ~*s* cursief
italicize [i'tælisaiz] *overg* cursiveren
Italy ['itəli] *znw* Italië *o*
itch [itʃ] **I** *znw* jeuk; schurft; hevig verlangen *o*; **II** *onoverg* jeuken, hevig verlangen; *he* ~*es to ...*, *his fingers* ~ *to ...* de vingers jeuken hem om ...
itchy *bn* jeukerig; schurftig
item ['aitəm] *znw* artikel *o*, post, item *o*, punt *o* [op agenda], nummer *o* [v. program], stuk *o*; (nieuws-)bericht *o*
itemize *overg* specificeren
iterate ['itəreit] *overg* herhalen
iteration [itə'reiʃən] *znw* herhaling
iterative ['itərətiv] *bn* herhalend; herhaald, herha-lings-; gramm iteratief
itinerant [i'tinərənt] *bn* rondreizend, rondtrek-kend
itinerary [ai'tinərəri] *znw* reisroute; reisbeschrij-ving
itinerate [i'tinəreit] *onoverg* (rond)reizen, rondtrek-ken
ITN *afk.* = *Independent Television News*
its [its] *bez vnw* zijn, haar
it's [its] = *it is*
itself [it'self] *wederk vnw* zich(zelf)
ITV *afk.* = *Independent Television*
IUD *afk.* = *intra-uterine device* spiraaltje *o*
I've [aiv] verk. van *I have*
ivied ['aivid] *bn* met klimop begroeid
ivory ['aivəri] **I** *znw* ivoor *m of o*; *the ivories* gemeenz de biljartballen, de dobbelstenen, de pianotoetsen, de tanden; **II** *bn* ivoren
Ivory Coast *znw* Ivoorkust
ivy ['aivi] *znw* klimop *m & o*
Ivy League ['aivi'li:g] *znw* Am de oude universitei-ten en colleges in het noordoosten van de Verenig-de Staten

J

j [dʒei] *znw* (de letter) j

jab [dʒæb] **I** *overg & onoverg* steken, porren; **II** *znw* steek, por; gemeenz prik [= injectie]

jabber ['dʒæbə] **I** *onoverg & overg* kakelen, brabbelen, wauwelen; **II** *znw* gekakel *o*, gebrabbel *o*

jacinth ['dʒæsinθ] *znw* hyacinth *o* [stofnaam], hyacint *m* [edelsteen]

Jack [dʒæk] *znw*: *cheap* ~ venter, kramer; ~ *and Jill* Jan en Griet; ~ *Frost* Koning Winter; *before you can (could) say* ~ *Robinson* in een wip; *I'm all right* ~ gemeenz mij kan het niks verdommen, niks mee te schaften

jack [dʒæk] **I** *znw* krik, dommekracht, hefboom; zaagbok; kaartsp boer; mannetje *o* [van dier]; kauw [vogel]; kerel, man; los arbeider; scheepv geus; boegsprietvlaggetje *o*; *every man* ~ iedereen; **II** *overg*: ~ *up* opkrikken, opvijzelen (ook v. prijzen); ~ *it in* gemeenz (het) opgeven

jackal ['dʒækɔ:l, -əl] *znw* jakhals

jackanapes ['dʒækəneips] *znw* fat, kwast; ondeugende rakker; vero aap

jackass ['dʒækæs, fig 'dʒæka:s] *znw* ezel[2]

jackboot ['dʒækbu:t] *znw* hoge laars

jackdaw ['dʒækdɔ:] *znw* kauw

jacket ['dʒækit] *znw* jekker, jak *o*, jas, jasje *o*, colbert *o & m*; omhulsel *o*; omslag *o & m*; schil [v. aardappel], techn mantel; ~ *potato, potato in its* ~ in de schil gekookte aardappel

jackfruit ['dʒækfru:t] *znw* **1** broodboom; **2** broodvrucht

jack hammer ['dʒækhæmə] *znw* pneumatische boor

jack-in-office ['dʒækinɔfis] *znw* (gewichtigdoend) ambtenaartje *o*

jack-in-the-(a)-box ['dʒækinð(ə)bɔks] *znw* (*mv*: -es *of* jacks-in-the-box) duveltje *o* in een doosje

jack-knife ['dʒæknaif] **I** *znw* groot knipmes *o*; ~-*dive* snoekduik; **II** *onoverg* dubbelklappen, scharen [v. vrachtwagen met oplegger]

jack-of-all-trades ['dʒækəv'ɔ:ltreidz] *znw* manusje-van-alles *o*; ~ *and master of none* twaalf ambachten, dertien ongelukken

jack-o'-lantern ['dʒækələntən] *znw* dwaallicht *o*

jack plug ['dʒækplʌg] *znw* elektr enkelvoudige stekker, jack

jackpot ['dʒækpɔt] *znw* sp pot, jackpot, prijs; *hit the* ~ gemeenz een groot succes behalen; boffen, geluk hebben; winnen

jackstraw ['dʒækstrɔ:] *znw* stropop; fig onbetekenend persoon; mikadospel *o*

jack-towel ['dʒæktauəl] *znw* rolhanddoek

Jacob ['dʒeikəb] *znw* Jakob(us); ~'*s ladder* jakobsladder

Jacobean [dʒækə'bi:ən] *bn* van Jakobus (I)

Jacobin ['dʒækəbin] *znw* jakobijn; dominicaan

Jacobite ['dʒækəbait] *znw* hist jakobiet: aanhanger v.d. verdreven koning Jacobus I

jactitation [dʒækti'teiʃən] *znw* woelen *o* [v.e. zieke]; spiertrekkingen; vero recht valselijk voorwenden *o* gehuwd te zijn

jacuzzi ['dʒɔ'ku:zi] *znw* whirlpool, massagebad *o*, bubbelbad *o*

jade [dʒeid] *znw* **1** knol, oud paard *o*; wijf *o*; **2** bittersteen, nefriet, jade *o*

jaded [dʒeidid] *bn* afgemat, uitgeput, uitgewoond

jag [dʒæg] **I** *znw* uitstekende punt; tand; rafelige scheur; slang dronkenschap *of* onder de verdovende middelen zitten *o*; gemeenz drinkgelag *o*, boemel, stuk *o* in de kraag; **II** *overg* tanden, inkepen, kerven

jagged *bn* getand, geschaard, puntig

jaguar ['dʒægjuə] *znw* jaguar

jail [dʒeil] **I** *znw* gevangenis; **II** *overg* gevangenzetten

jail-bird *znw* boef, bajesklant

jailbreak *znw* uitbraak, ontsnapping uit de gevangenis

jailer *znw* cipier, gevangenbewaarder

jalopy [dʒə'lɔpi] *znw* gemeenz ouwe kar, rammelkast [auto]

jam [dʒæm] **I** *znw* **1** jam; **2** opeenhoping, opstopping, gedrang *o*; gemeenz verlegenheid, moeilijkheid, keel; *money for* ~ meevaller, reuze bof; ~ *session* jamsession; *you want* ~ *on it?* Br gemeenz anders nog wat van je dienst? [ironisch]; **II** *overg* samendrukken, -pakken, -duwen [tussen]; vastzetten; klemmen, knellen; versperren; radio storen; ~ *on the brakes* hard remmen; **III** *onoverg* klemmen; muz jammen [jazz, popmuziek]

Jamaica [dʒə'meikə] *znw* Jamaica *o*

Jamaican I *znw* Jamaicaan; **II** *bn* Jamaicaans

jamb [dʒæm] *znw* stijl [v. deur &]

jamboree [dʒæmbə'ri:] *znw* jamboree; gemeenz fuif

jam-jar ['dʒæmdʒa:] *znw* jampot

jamming station *znw* radio stoorzender

jammy ['dʒæmi] *bn*: ~ *person* gemeenz bofkont, geluksvogel

jam-packed ['dʒæmpækt] *bn* propvol

jangle ['dʒæŋgl] **I** *onoverg* een wanklank geven; kibbelen; **II** *overg* ontstemmen[2]; krijsen; rammelen, rinkelen met; ~*d nerves* geschokte zenuwen; **III** *znw* gekrijs *o*, schril geluid *o*; kibbelarij

janitor ['dʒænitə] *znw* portier

January ['dʒænjuəri] *znw* januari

Jap [dʒæp] gemeenz **I** *znw* Jap; **II** *bn* Japans

Japan [dʒə'pæn] *znw* Japan *o*

japan *znw* lak *o & m*; Japans porselein *o*; **II** *overg* (ver)lakken

290

Japanese [dʒæpə'niːz] **I** *bn* Japans; **II** *znw* (*mv* idem) Japanner; het Japans
jape [dʒeip] **I** *znw* poets; **II** *abs ww* gekscheren
1 jar [dʒaː] *znw* (stop)fles, kruik, pot
2 jar [dʒaː] **I** *onoverg* krassen, schuren; trillen; in botsing komen, niet harmoniëren (met *with*); ~ *upon* onaangenaam aandoen; *a* ~*ring note* een wanklank[2]; **II** *overg* doen trillen [van de schok]; **III** *znw* gekras *o*, schuurgeluid *o*, wanklank[2], onenigheid, botsing; schok
jargon ['dʒaːgən] *znw* jargon *o*, brabbeltaal, koeterwaals *o*
jasmin(e) ['dʒæsmin] *znw* jasmijn
jasper ['dʒæspə] *znw* jaspis *o*
jaundice ['dʒɔːndis] *znw* geelzucht; fig bitterheid, afgunst
jaundiced *bn* aan geelzucht lijdend; fig afgunstig; nijdig; pessimistisch, negatief
jaunt [dʒɔːnt] **I** *onoverg* een uitstapje maken; **II** *znw* uitstapje *o*, tochtje *o*
jaunting-car *znw* klein tweewielig Iers rijtuig *o*
jaunty *bn* zwierig, kwiek
Java ['dʒaːvə] *znw* Java *o*
Javanese [dʒaːvə'niːz] **I** *bn* Javaans; **II** *znw* (*mv* idem) Javaan; het Javaans
javelin ['dʒævlin] *znw* werpspies, sp speer
jaw [dʒɔː] **I** *znw* kaak; techn klauw [v. tang]; slang geklets *o*, gezwam *o*; ~*s* mond; bek v. [van sleutel, randen van ravijn; **II** *onoverg* slang kletsen; zwammen; **III** *overg* slang de les lezen
jawbone *znw* kaakbeen *o*
jaw-breaker *znw* gemeenz moeilijk uit te spreken woord *o*
jay [dʒei] *znw* dierk Vlaamse gaai
jaywalker ['dʒeiwɔːkə] *znw* onvoorzichtige voetganger [bij het oversteken &]
jaywalking ['dʒeiwɔːkiŋ] *znw* Am zonder uit te kijken over straat lopen *o*
jazz [dʒæz] **I** *znw* muz jazz; slang drukte, leven *o*, gemeenz mooie praatjes; *and all that* ~ gemeenz etcetera, en nog meer van die prietpraat, en dat hele gedoe; **II** *overg*: ~ *up* gemeenz opkikkeren, fut brengen in, opvrolijken
jazzy *bn* lawaaierig, druk, kakelbont; muz jazzy
jealous ['dʒeləs] *bn* jaloers, afgunstig, ijverzuchtig, naijverig (op *of*), angstvallig bezorgd of wakend (voor *about, of*)
jealousy *znw* jaloersheid, jaloezie, afgunst, naijver; angstvallige bezorgdheid
jeans [dʒiːnz] *znw mv* spijkerbroek, jeans
jeep [dʒiːp] *znw* jeep
jeer [dʒiə] **I** *onoverg* spotten (met *at*), schimpen (op *at*); **II** *overg* bespotten, beschimpen, honen; **III** *znw* hoon, hoongelach *o*, spotternij
Jehovah [dʒi'houvə, dʒə-] *znw* Jehovah; ~*'s Witness* Jehovah's Getuige
jejune [dʒi'dʒuːn] *bn* vervelend, saai; onbenullig, banaal, kinderachtig

jell [dʒel] *onoverg* stijf worden; gemeenz vorm krijgen
jellied *bn* geleiachtig, gestold, in gelei
jelly *znw* gelei, lil *o* & *m*, dril; gelatinepudding; *(in-) to a* ~ tot moes, tot mosterd, in stukken
jelly-fish *znw* kwal
jemmy ['dʒemi], Am **jimmy** *znw* breekijzer *o* [van inbreker]
jenny ['dʒeni] *znw* spinmachine; techn loopkraan; ~ *ass* ezelin
jeopardize ['dʒepədaiz] *overg* in gevaar brengen; in de waagschaal stellen
jeopardy *znw* gevaar *o*, risico *o*
jeremiad [dʒeri'maiəd] *znw* jeremiade, klaaglied *o*
Jericho [dʒerikou] *znw* Jericho *o*; *go to* ~*!* loop naar de duivel!
jerk [dʒəːk] **I** *znw* stoot, ruk, hort, schok; (spier-) trekking; slang sufferd, stommeling; *physical* ~*s* gemeenz gymnastische oefeningen; **II** *onoverg* stoten, rukken, schokken, horten; ~ *off* plat zich afrukken, aftrekken [masturberen]; **III** *overg* rukken aan, stoten; keilen
jerkin ['dʒəːkin] *znw* buis *o*, wambuis *o*; hist kolder
jerky ['dʒəːki] *bn* hortend[2], krampachtig
Jerry ['dʒeri] gemeenz **I** *znw* mof [= Duitser]; **II** *bn* Duits
jerry-building ['dʒeribildiŋ] *znw* revolutiebouw
jerrycan ['dʒerikæn] *znw* jerrycan
jersey ['dʒəːzi] *znw* (wollen) sporttrui, trui; jersey; Jerseykoe
Jerusalem [dʒə'ruːs(ə)ləm, dʒi'ruːs(ə)lem] *znw* Jeruzalem *o*; ~ *artichoke* aardpeer
jessamine ['dʒesəmin] *znw* jasmijn
jest [dʒest] **I** *znw* kwinkslag, scherts, aardigheid, grap, mop; *in* ~ schertsend; **II** *onoverg* schertsen, gekheid maken
jester *znw* spotvogel; (hof)nar
Jesuit ['dʒezjuit] *znw* jezuïet
jesuitical [dʒezju'itikl] *bn* jezuïtisch
Jesus ['dʒiːzəs] *znw* Jezus
1 jet [dʒet] **I** *znw* (water)straal, fontein; guts; (gas-) vlam, gasbek, gaspit; straalpijp [v. spuit]; sproeier [v. carburator]; gietbuis, gietgat *o*; straalvliegtuig *o*; **II** *onoverg & overg* (uit)spuiten; per straalvliegtuig gaan of vervoeren
2 jet [dʒet] **I** *znw* git *o*; **II** *bn* gitten
jet-black *bn* gitzwart
jet engine *znw* straalmotor
jet fighter *znw* straaljager
jetfoil *znw* draagvleugelboot
jet lag *znw* jetlag
jet plane *znw* straalvliegtuig *o*
jet-propelled *bn* met straalaandrijving
jet propulsion *znw* straalaandrijving
jetsam ['dʒetsəm, -sæm] *znw* overboord geworpen lading, strandgoederen
jet set ['dʒet'set] *znw* jetset
jettison ['dʒetisn] *overg* overboord werpen[2] [in

nood]; fig prijsgeven, laten varen [hoop &]

jetty ['dʒeti] *znw* havenhoofd *o*, pier, steiger

jetty-head *znw* eind *o* van een havenhoofd

Jew [dʒu:] *znw* jood

jew-baiting *znw* jodenvervolging

jewel ['dʒu:əl] *znw* juweel² *o*, edelsteen, kleinood *o*

jewelled *bn* met juwelen versierd/bezet

jeweller, Am **jeweler** *znw* juwelier

jewellery, Am **jewelry** *znw* juwelen, kostbaarheden

Jewess ['dʒuis] *znw* jodin

Jewish *bn* joods

Jewry ['dʒuəri] *znw* hist jodenbuurt; jodendom *o*

jew's-harp *znw* mondtrom; kam met vloeipapier als muziekinstrument voor kinderen

jib [dʒib] **I** *znw* scheepv kluiver; techn arm van een kraan; *the cut of his* ~ gemeenz zijn smoel *o* & *m*; **II** *onoverg* kopschuw worden²; niet willen; ~ *at* niet aandurven, niets moeten hebben van

jib-boom ['dʒib'bu:m] *znw* scheepv kluiverboom

jibe *onoverg* & *znw* = gibe

jiffy ['dʒifi] *znw* gemeenz ogenblikje *o; in a* ~ gemeenz in een wip, een-twee-drie

Jiffy bag ['dʒifi bæg] *znw* gewatteerde envelop

jig [dʒig] **I** *znw* soort horlepijp of danswijsje *o* daarvoor; techn spangereedschap *o*, mal; *the* ~ *is up* slang het spel is uit, we zitten mooi in de puree; **II** *onoverg* (de horlepijp) dansen, op en neer wippen, hopsen; **III** *overg* heen en weer bewegen (schudden); [erts] zeven

jiggered *bn: I'll be* ~! wel heb ik ooit!; *I'm* ~*ed if* ... gemeenz ik ben een boon als ...

jiggery-pokery ['dʒigəri'poukəri] *znw* gemeenz gekonkel *o*, knoeierij

jiggle ['dʒigl] *overg* & *onoverg* schudden, schokken, schommelen

jigsaw ['dʒigsɔ:] *znw* machinale figuurzaag; (leg-)puzzel

jihad [dʒi'ha:d, -'hæd] *znw* [Arabisch] heilige oorlog, jihad

jilt [dʒilt] *overg* de bons geven

jim-jams ['dʒimdʒæmz] *znw mv* gemeenz 'de zenuwen', kippenvel *o*; delirium tremens *o*; Br gemeenz pyjama

jimmy ['dʒimi] *znw* Am = *jemmy*

jingle ['dʒiŋgl] **I** *(overg &) onoverg* (laten) rinkelen; **II** *znw* gerinkel *o*; rijmklank, rijmpje *o*, RTV jingle, reclametune

jingo ['dʒiŋgou] *znw (mv: -goes)* jingo, fanatiek chauvinist; *by* ~! voor de drommel!; verdikkeme!

jingoism *znw* jingoïsme *o*, fanatiek chauvinisme *o*

jingoistic *bn* erg chauvinistisch

jinks [dʒiŋks] *znw mv: high* ~ dolle pret, reuze lol

jinx [dʒiŋks] *znw* ongeluksbrenger; vloek, doem

jinxed [dʒiŋkst] *bn: be* ~ door pech worden achtervolgd, een pechvogel zijn

jitterbug ['dʒitəbʌg] **I** *znw* jitterbug [dans]; lafbek, bangerik; **II** *onoverg* de jitterbug dansen

jitters ['dʒitəz] *znw mv* zenuwachtigheid, angst; *have the* ~ in de rats zitten

jittery *bn* gemeenz zenuwachtig

jiu-jitsu [dʒu:'dʒitsu:] *znw* jioe-jitsoe *o*

jive [dʒaiv] **I** *znw* jive [dans]; Am slang lulkoek, slap geouwehoer *o*; **II** *onoverg* de jive dansen

job [dʒɔb] **I** *znw* (aangenomen) werk *o*, taak, klus, karwei², baan, baantje *o*; zaak, zaakje *o* [vooral diefstal], gesjacher *o*, knoeierij; gemeenz geval *o*, ding *o; and a good* ~ *too!* en maar goed ook!; *have a* ~ *doing (to do)* er de handen aan vol hebben; *just the* ~ net wat je moet hebben; *make a good* ~ *of it* het er goed afbrengen; *that should do the* ~ daarmee moet het lukken; *by the* ~ als aangenomen werk; per stuk; *on the* ~ gemeenz (druk) bezig, er mee bezig, aan (onder) het werk; tijdens het neuken; **II** *bn: a* ~ *lot* (een partij) ongeregelde goederen; een rommelzootje *o*; **III** *onoverg* karweitjes doen, klussen; ~*bing gardener* tuinman die niet in vaste dienst is

jobber *znw* stukwerker; handel (effecten)handelaar; hoekman; fig iem. die corrupt is, zwendelaar, knoeier

jobbery *znw* knoeierij, geknoei *o*, corruptie

jobcentre *znw* ± arbeidsbureau *o*, banenmarkt

job creation *znw* scheppen *o* van banen

job description *znw* taakomschrijving

jobless *bn* werkloos, zonder baan(tje)

job sharing *znw* werken *o* in deeltijd

jock [dʒɔk] *znw* gemeenz diskjockey; Am sporter, sportieveling; *J*~ Schot

jockey ['dʒɔki] **I** *znw* jockey; **II** *overg* door bedrog (slinkse streken) krijgen (tot *into*; van *out of*); [iem.] wegwerken (uit *out of*); **III** *onoverg* knoeien; manoeuvreren; ~ *for position* de meest gunstige plaats trachten te krijgen; ± met de ellebogen werken

jockstrap ['dʃɔkstræp] *znw* suspensoir *o*

jocose [dʒə'kous] *bn* grappig, schertsend

jocosity [dʒə'kɔsiti] *znw* grappigheid, scherts

jocular ['dʒɔkjulə] *bn* vrolijk, snaaks, schertsend

jocularity [dʒɔkju'læriti] *znw* grappigheid, scherts

jocund ['dʒɔ-, 'dʒoukənd] *bn* vrolijk, opgewekt

jocundity [dʒɔ-, dʒou'kʌnditi] *znw* vrolijkheid, opgewektheid

jodhpurs ['dʒɔdpəz, -puəz] *znw mv* soort rijbroek

Joe [dʒou] *znw:* ~ *Public*, Am ~ *Blow* Jan Publiek

jog [dʒɔg] **I** *overg* aanstoten, schudden, aanporren²; opfrissen [geheugen]; **II** *onoverg* horten, sjokken, joggen; ~ *along* voortsukkelen; **III** *znw* duwtje *o*, por; sukkeldrafje *o*; een eindje *o* joggen

jogger *znw* jogger, trimmer

jogging *znw* joggen *o*, trimmen *o*

joggle ['dʒɔgl] **I** *overg* schokken; **II** *znw* duwtje *o*

jog-trot ['dʒɔg'trɔt] *znw* sukkeldrafje *o*

John [dʒɔn] *znw* Jan, Johannes; ~ *Bull* de Engelsman; ~ *Doe* Am de man in de straat; *the j*~ Am gemeenz de wc

Johnnie, Johnny *znw* Jantje *o; j*~ jochie *o*, kerel

joie de vivre ['ʒwa:də'vi:v(rə)] *znw* [Fr] levensvreugde

join [dʒɔin] **I** *overg* verenigen, samenvoegen, verbinden (ook: ~ *up*); leggen (zetten) [bij of tegen];
paren aan; bijvoegen of toevoegen (aan *to*); zich
voegen (aansluiten) bij, zich verenigen met, toetreden tot, lid worden van, dienst nemen in, bij; ~
forces zich verenigen, samenwerken; ~ *hands* de
handen vouwen; elkaar de hand geven; fig de handen ineenslaan; elkaar de hand reiken; *I cannot* ~
you ik kan niet van de partij zijn of niet komen; **II**
onoverg zich verenigen of verbinden, (aaneen-)
sluiten; zich associëren; dienst nemen (ook: ~ *up*);
~ *in* deelnemen aan [gesprek]; meedoen (aan),
meezingen &, muz invallen; ~ *in their prayers* mee-
bidden; ~ *up* ook: mil dienst nemen, in het leger
gaan; ~ *with him* zich bij hem (zijn zienswijze)
aansluiten; **III** *znw* aaneenvoeging, verbinding
joiner *znw* schrijnwerker, meubelmaker; deelnemer
aan het verenigingsleven
joinery ['dʒɔinəri] *znw* schrijnwerk *o*
joint [dʒɔint] **I** *znw* verbinding, voeg, las, naad; ge-
wricht *o*; gelid *o*, geleding; scharnier *o*; plantk
knoop; stuk *o* (vlees); Am gemeenz plaats, gelegenheid, huis *o*, kroeg, kast, kit, keet, tent; slang joint
[marihuana-, hasjsigaret]; *out of* ~ uit het lid, ontwricht, uit de voegen; *put sbd.'s nose out of* ~ iem.
de voet dwars zetten, iem. jaloers maken; **II** *overg*
verbinden; techn voegen, lassen; verdelen [vlees]; *a*
~*ed doll* een ledenpop; **III** *bn* verbonden, verenigd,
gezamenlijk; gemeenschappelijk; mede-; *on* ~ *account* voor gezamenlijke rekening; ~ *owner* mede-
eigenaar; scheepv medereder
joint-heir *znw* mede-erfgenaam
jointress ['dʒɔintris] *znw* recht weduwe die vruchtgebruik heeft
joint-stock ['dʒɔintstɔk] *znw* maatschappelijk kapitaal *o*; ~ *company* maatschappij op aandelen
joint-tenancy *znw* gezamenlijk bezit *o*
jointure ['dʒɔintʃə] *znw* vruchtgebruik *o* v.e. weduwe
joist [dʒɔist] *znw* dwarsbalk, bint *o*
joke [dʒouk] **I** *znw* scherts, kwinkslag, grap, aardigheid, mop; bespottelijk iemand of iets; *it was beyond a* ~ het was geen gekheid; het was al te mal;
in ~ voor de aardigheid, uit gekheid; *it is no* ~ het
is geen aardigheid, het is ernst; het is geen gekheid
(kleinigheid); *the* ~ *is on him* deze grap is (gaat) ten
koste van hem; **II** *onoverg* schertsen, gekheid maken; *joking apart* alle gekheid op een stokje; *you
must be joking!* je meent het!, toch niet heus!
joker *znw* grappenmaker; kaartsp joker
jollification [dʒɔlifi'keiʃən] *znw* jool, pret
jollify ['dʒɔlifai] **I** *onoverg* gemeenz pret maken; **II**
overg opvrolijken
jollity *znw* jool, joligheid, vrolijkheid
jolly I *bn* vrolijk°, jolig, lollig; leuk; aardig; *a* ~ *good
fellow* goeie vent, patente kerel, zo'n peer; ~ *hockey

sticks* schoolmeisjesachtig; **II** *bijw* versterkend aardig, drommels; heel; ~ *well* ook: toch; **III** *overg*: ~
sbd. along iem. met een zoet lijntje er toe krijgen
jolly-boat *znw* jol
jolt [dʒoult] **I** *onoverg* horten, stoten, schokken,
schudden; **II** *overg* stoten, schokken, schudden; **III**
znw hort, stoot, schok
Jonah ['dʒounə] *znw* Jonas[2]; onheilbrenger; pechvogel
jonquil ['dʒɔŋkwil] **I** *znw* plantk geurende gele narcis; **II** *bn* lichtgeel
Jordan ['dʒɔːdn] *znw* Jordanië *o*
Jordanian [dʒɔː'deinjən] **I** *bn* Jordaans; **II** *znw* Jor-
daniër
jorum ['dʒɔːrəm] *znw* grote kom of beker
josh ['dʒɔʃ] *overg* Am gemeenz voor de gek houden
joss [dʒɔs] *znw* Chinees afgodsbeeld *o*
josser ['dʒɔsə] *znw* gemeenz uilskuiken *o*; vent, kerel
joss-house ['dʒɔshaus] *znw* Chinese tempel
joss-stick *znw* wierook-, offerstokje *o*
jostle ['dʒɔsl] **I** *overg* [met de elleboog] stoten, duwen; **II** *onoverg* dringen, hossen; **III** *znw* duw,
stoot; gedrang *o*; botsing
jot [dʒɔt] **I** *znw* jota; *not one* ~ *or tittle* geen zier; **II**
overg opschrijven, aantekenen, noteren (ook: ~
down)
jotter *znw* notitieboekje *o*
jotting *znw* notitie
joule [dʒuːl, dʒaul] *znw* joule
jounce [dʒauns] **I** *overg* (dooreen)schudden; **II** *onoverg* schokken, geschud worden
journal ['dʒəːnl] *znw* dagboek *o*, journaal *o*; (dag-)
blad *o*, tijdschrift *o*
journalese [dʒəːnə'liːz] *znw* geringsch krantenstijl
journalism ['dʒəːnəlizm] *znw* journalistiek
journalist *znw* journalist
journalistic [dʒəːnə'listik] *bn* journalistiek
journalize ['dʒəːnəlaiz] *overg* in een dagboek optekenen
journey ['dʒəːni] **I** *znw* reis; rit, tocht; *go on a* ~ op
reis gaan; **II** *onoverg* reizen
journeyman *znw* gezel, knecht; loonslaaf
joust [dʒaust] **I** *znw* steekspel *o*, toernooi[2] *o*; **II** *onoverg* een steekspel houden
Jove [dʒouv] *znw* Jupiter; *by* ~! gemeenz sakkerloot!
jovial ['dʒouvjəl] *bn* vrolijk, opgewekt
joviality [dʒouvi'æliti] *znw* vrolijkheid, opgewektheid
jowl [dʒaul] *znw* wang, kaak; halskwab
joy [dʒɔi] *znw* vreugde, genot *o*, plezier *o*, blijdschap; gemeenz geluk *o*, succes *o*, mazzel; *give
(wish) sbd.* ~ iem. gelukwensen (met *of*)
joy-bells *znw mv* vreugdeklokken
joyful *bn* vreugdevol; blijde; verblijdend
joyless *bn* vreugdeloos
joyous *bn* vreugdevol, blij, vrolijk
joyride gemeenz **I** *znw* plezierrit, pleziertochtje *o* in

een auto, *vooral* een gestolen auto, joyride; **II** *onoverg* joyriden

joyrider *znw* joyrider

joystick *znw* gemeenz joystick [v. videospelletjes &]; luchtv knuppel, stuurstok

J.P. *afk.* = *Justice of the Peace*

Jr. *afk.* = *Junior*

jubilant ['dʒu:bilənt] *bn* jubelend, juichend; opgetogen; *be ~ at* jubelen over

jubilate *onoverg* jubelen, juichen

jubilation [dʒu:bi'leiʃən] *znw* gejubel *o*, gejuich *o*

jubilee ['dʒu:bili:] *znw* jubeljaar *o*, jubelfeest *o*; vijftigjarig jubileum *o*; *silver ~* vijfentwintigjarig jubileum *o* of bestaan *o*

Judaic [dʒu'deiik] *bn* joods

Judaism ['dʒu:deiizm] *znw* jodendom *o*, joodse leer

Judas ['dʒudəs] *znw* Judas, fig judas, verrader

judder ['dʒʌdə] *onoverg* vibreren, schudden

judge [dʒʌdʒ] **I** *znw* rechter; beoordelaar, kenner; [v. tentoonstelling &] jurylid *o*; *J~s* bijbel (het boek) Richteren; **II** *onoverg* rechtspreken, oordelen (naar *by, from*), uitspraak doen (over, *of*); *judging by (from), to judge by (from)* naar... te oordelen; **III** *overg* uitspraak doen over, oordelen (ook: achten), beoordelen (naar *by*); schatten [waarde, afstand]

judge advocate *znw* auditeur-militair

judg(e)ment ['dʒʌdʒmənt] *znw* oordeel *o*; vonnis *o*, godsgericht *o*; mening; (gezond) verstand *o*; *pass ~* uitspraak doen; *against one's better ~* tegen beter weten in; *last ~* laatste Oordeel *o*

judg(e)mental [dʒʌdʒ'mentəl] *bn*: *he is very ~* hij heeft over alles direct een oordeel

Judgement Day *znw* dag des (laatsten) oordeels

judg(e)ment-seat *znw* rechterstoel

judicature ['dʒu:dikətʃə] *znw* rechtspleging, justitie; rechterschap *o*

judicial [dʒu'diʃəl] *bn* rechterlijk, gerechtelijk, justitieel, rechters-; onpartijdig

judiciary I *bn* rechterlijk, gerechtelijk; **II** *znw* rechterlijke macht

judicious [dʒu'diʃəs] *bn* verstandig, oordeelkundig

judo ['dʒu:dou] *znw* judo *o*

judoka *znw* judoka

Judy ['dʒu:di] *znw* Katrijn [in het poppenspel]; zie ook: *Punch*; slang meid, vrouw

jug [dʒʌg] **I** *znw* kruik; kan, kannetje *o*; slang gevangenis; *~s* Am slang tieten, prammen; **II** *overg* in de pot koken; *~ged hare* hazenpeper

juggernaut ['dʒʌgənɔ:t] *znw* moloch; wegreus [grote vrachtwagen]

juggins ['dʒʌginz] *znw* gemeenz sul, uilskuiken *o*, idioot

juggle ['dʒʌgl] **I** *onoverg* jongleren, goochelen; **II** *overg*: *~ with* jongleren met; goochelen met; ± manipuleren (met); *~ away* weggoochelen

juggler *znw* jongleur; goochelaar; bedrieger

jugglery *znw* goochelarij, gegoochel *o*

jugular ['dʒʌgjulə] **I** *bn* hals-, keel-; **II** *znw* halsader; *go for the ~* naar de keel vliegen; fig er onmiddellijk bovenop springen, bloed ruiken

jugulate *overg* de hals afsnijden; fig wurgen, smoren, de kop indrukken

juice [dʒu:s] *znw* sap *o*; gemeenz benzine; gemeenz elektr stroom

juicy *bn* saprijk, sappig²; pittig, pikant

ju-jitsu [dʒu:'dʒitsu:] *znw* jioe-jitsoe *o*

jujube ['dʒu:dʒu:b] *znw* jujube

juke box ['dʒu:kbɔks] *znw* jukebox

julep ['dʒu:lep] *znw* verkoelende, zoete drank

July [dʒu'lai] *znw* juli

jumble ['dʒʌmbl] **I** *overg* dooreengooien (ook: *~ up*); *~ together* ook: samenflansen; **II** *znw* mengelmoes *o* & *v*, warboel, rommel, troep; bric-à-brac *o*

jumble sale *znw* liefdadigheidsbazaar

jumbo ['dʒʌmbou] **I** *znw* gemeenz jumbo(jet); **II** *bn* gemeenz buitengewoon groot, reuzen-, maxi-

jump [dʒʌmp] **I** *onoverg* springen, opspringen (ook van verbazing of schrik); plotseling omhooggaan [v. prijzen]; *make sbd. ~* iem. doen schrikken; *~ about* rondspringen; fig van de hak op de tak springen; *~ at an offer (a proposal)* met beide handen aangrijpen, gretig toehappen; *~ down sbd.'s throat* uitvaren tegen, aanvliegen; *~ for joy* een gat in de lucht springen; *~ on* te lijf gaan; gemeenz uitvaren tegen; *~ to it* gemeenz iets aanpakken, ertegenaan gaan; *~ to conclusions* overhaaste gevolgtrekkingen maken; **II** *overg* laten of helpen springen, doen opspringen; springen over; bespringen; vliegen uit [de rails]; overslaan; (voor de neus) wegkapen; *~ the gun* sp het startschot niet afwachten; fig voorbarig zijn; *~ the lights* door een rood stoplicht rijden; *~ the queue* zijn beurt niet afwachten; *~ a train* Am in of uit een trein springen; **III** *znw* sprong; opspringen *o* (van schrik); sp hindernis [transport]; *get the ~ on sbd.* iem. voor zijn; *give sbd. a ~* iem. doen schrikken

jumped-up *bn* gewichtig, omhooggevallen

jumper ['dʒʌmpə] *znw* springer; jumper; Am overgooier

jumping-off point *znw* uitgangspunt *o*, startpunt *o*

jumping-sheet ['dʒʌmpiŋʃi:t] *znw* springzeil *o*

jump-jet *znw* luchtv steilstarter

jump-lead *znw* auto startkabel

jump-off *znw* barrage [bij paardensport]

jump-rope *znw* Am springtouw *o*

jump-start *overg* [een auto] starten met behulp van startkabels of door hem aan te duwen

jump-suit *znw* jumpsuit

jumpy ['dʒʌmpi] *bn* zenuwachtig, schrikachtig

junction ['dʒʌŋkʃən] *znw* vereniging, verbinding; verbindingspunt *o*, verenigingspunt *o*; knooppunt *o* [v. spoorwegen]; wegkruising

junction box *znw* elektr aftakdoos

juncture *znw* (kritiek) ogenblik *o*; samenloop van omstandigheden; *at this ~* op dit (kritieke) ogen-

blik, onder de (huidige) omstandigheden
June [dʒu:n] *znw* juni
jungle ['dʒʌŋgl] *znw* jungle², tropische wildernis,
rimboe
jungly *bn* rimboeachtig
junior ['dʒu:njə] **I** *bn* jonger, junior; jongst; lager;
in of voor de lagere klassen; ~ *clerk* jongste bediende; ~ *school* basisschool [7-11 jaar in Eng.]; **II**
znw jongere; Br schoolkind *o*; mindere, ondergeschikte, jongste bediende; *he is ten years my ~* hij is
tien jaar jonger dan ik
juniper ['dʒu:nipə] *znw* jeneverbes
junk [dʒʌŋk] *znw* **1** bep. dessert *o* van gestremde melk; **2** snoepreisje *o*; **3** feest *o*, fuif; **II**
onoverg **1** een snoepreisje maken; **2** feesten, fuiven
junk food *znw* ongezond eten *o*, junk food *o*
junkie ['dʒʌŋki] *znw* junkie, (drugs)verslaafde
junk mail *znw* ongevraagd drukwerk *o*, reclame-
blaadjes &
junk-shop ['dʒʌŋkʃɔp] *znw* uitdragerswinkel
junta ['dʒʌntə] *znw* junta [raad]
juridical [dʒu'ridikl] *bn* gerechtelijk, juridisch
jurisconsult ['dʒuəriskənsʌlt] *znw* rechtsgeleerde
jurisdiction [dʒuəris'dikʃən] *znw* rechtsgebied *o*;
rechtsbevoegdheid; rechtspraak
jurisprudence ['dʒuəris'pru:dəns] *znw* juris-
prudentie, rechtsgeleerdheid; rechtsfilosofie
jurist ['dʒuərist] *znw* jurist, rechtsgeleerde; Am advocaat
juror ['dʒuərə] *znw* gezworene; jurylid *o*
jury *znw* jury
jury-box *znw* recht jurytribune, (de) jurybank(en)
juryman *znw* recht jurylid *o*
jury-mast ['dʒuərima:st] *znw* noodmast
jury-rigged *znw* met noodtuig
1 just [dʒʌst] *bn* rechtvaardig; verdiend, billijk; juist
2 just [dʒʌst] *bijw* juist, even; (daar)net; precies;
eens (even); (alleen) maar; gewoon(weg), zomaar,
zonder meer; bepaald; ~*!* gemeenz werkelijk!, warempel!; ~ *fancy!* verbeeld je!; ~ *go and see* ga eens
kijken; *you ~ don't ...,* je ... toch niet; ~ *a moment,*
please een ogenblik(je)!; ~ *now* daarnet; op het
ogenblik; ~ *over £ 300* iets meer dan £ 300; ~ *so!*
precies!; ~ *then* (net) op dat ogenblik; ~ *what (who)*
...? wat (wie) ... eigenlijk?; *not ~ yet* nu nog niet;
vooreerst niet; *it's ~ possible* het is niet onmogelijk;
zie ook: ¹*that I*
justice ['dʒʌstis] *znw* gerechtigheid, rechtvaardigheid; recht *o* (en billijkheid); justitie; rechter [van
het Hooggerechtshof]; *J~ of the Peace* plaatselijke
magistraat, ± kantonrechter, politierechter; *do ~ to*
recht laten wedervaren; [een schotel] eer aandoen;
do oneself ~ het er met ere afbrengen; *in ~* van
rechtswege, rechtens, billijkerwijze, billijkheids-

halve; *bring to ~* de gerechte straf doen ondergaan
justifiable ['dʒʌstifaiəbl] *bn* te rechtvaardigen, verantwoord, verdedigbaar
justifiably *bijw* terecht
justification [dʒʌstifi'keiʃən] *znw* rechtvaardiging,
verdediging, verantwoording, wettiging
justificative ['dʒʌstifikeitiv, -kətiv], **justificatory**
bn rechtvaardigend; verdedigings-; bewijs-
justify ['dʒʌstifai] *overg* rechtvaardigen, verdedigen,
verantwoorden, wettigen; in het gelijk stellen; typ
uit-, opvullen [v. regel]
jut [dʒʌt] *onoverg* uitsteken, uitspringen (ook: ~ *out*)
jute [dʒu:t] *znw* jute
juvenescence [dʒu:vi'nesns] *znw* jeugd
juvenescent *bn* verjongend
juvenile ['dʒu:vinail] **I** *bn* jeugdig; jong; voor (van)
de jeugd; kinder-; ~ *court* jeune premier; ~ *court*
kinderrechter; ~ *delinquency* jeugdcriminaliteit; **II**
znw jeugdig persoon; jongeling; jeune premier
juvenilia [dʒu:və'niliə] *znw mv* jeugdwerken [v.
schrijver, kunstenaar]
juvenility [dʒu:və'niləti] *znw* jeugdigheid
juxtapose ['dʒʌkstəpouz] *overg* naast elkaar plaatsen
juxtaposition [dʒʌkstəpə'ziʃən] *znw* plaatsing
naast elkaar

K

k [kei] *znw* (de letter) k
Kaffir ['kæfə] *znw* Kaffer
kaftan ['kæftæn, kæf'tæn] *znw* kaftan
kale [keil] *znw* (boeren)kool
kaleidoscope [kə'laidəskoup] *znw* caleidoscoop
kaleidoscopic [kəlaidə'skɔpik] *bn* caleidoscopisch
kamikaze [kæmi'ka:zi, ka:mi'ka:zi] [Japans] **I** *bn* zelfmoord-, kamikaze-; **II** *znw* kamikazevliegtuig *o*; kamikazepiloot
kangaroo [kæŋgə'ru:] *znw* kangoeroe; ~ *court* illegale rechtbank
kaolin ['keiəlin] *znw* kaolien *o*, porseleinaarde
kapok ['keipɔk] *znw* kapok
kaput [kə'put] *bn* [Duits] slang naar de Filistijnen, kapot
karate [kə'ra:ti] *znw* karate *o*
karma ['ka:mə] *znw* (nood)lot *o*
kart [ka:t] *znw* = *go-kart*
kayak ['kaiæk] *znw* kajak
Kazakhstan [ka:za:k'stæn] *znw* Kazakstan *o*
kazoo [kə'zu:] *znw* kazoo [muziekinstrumentje]
KB *afk.* = *King's Bench* zie: *king*; *Knight of the Bath* Ridder in de Bath-orde
kebab [ki'bæb, -'ba:b] *znw* [Turks] kebab, spies met stukjes vlees en groente
kedge [kedʒ] **I** *overg* scheepv verhalen met behulp van een werpanker; **II** *znw*: ~ *(anchor)* werp-, keganker *o*
keel [ki:l] **I** *znw* scheepv kiel, (kolen)schuit; *on an even* ~ in evenwicht; **II** *onoverg & overg* (doen) kantelen; ~ *over* kapseizen
keelhaul ['ki:lhɔ:l] *overg* kielhalen
keen [ki:n] *bn* scherp, vlijmend, hevig, intens, levendig, vurig, ijverig, hartstochtelijk, verwoed, vinnig; dol, fel, happig, gebrand (op *on*); *(as)* ~ *as mustard* vol vuur
keenly *bijw* scherp &; ~ *alive to* ook: zeer gevoelig voor
keen-sighted *bn* scherp van gezicht
keen-witted *bn* scherp(zinnig)
1 keep [ki:p] (kept; kept) **I** *overg* houden, hoeden; behouden, tegen-, terug-, ophouden; behoeden, bewaren, bewaken, beschutten, verdedigen; eropna houden, hebben (te koop); onderhouden; vieren; bijhouden [boeken]; zich houden aan; ~ *one's feet* op de been blijven; ~ *sbd. waiting* iem. laten wachten; **II** *onoverg* blijven, zich (goed) houden, goed blijven [v. vruchten]; *how are you* ~*ing?* hoe gaat het ermee?; *it will* ~ ook: het kan wachten, er is geen haast bij; ~ *going* door blijven gaan; ~ *looking (running &)* blijven kijken (lopen &); ~ *in good*

health gezond blijven; ~ *at it* ermee doorgaan; ermee bezighouden; ~ *at sbd. (sth.)* achter iem. (iets) heenzitten; ~ *away* afhouden; wegblijven; ~ *back* terughouden; achterhouden; zich op een afstand houden; ~ *down* bedwingen, in bedwang houden, niet laten opkomen; laag houden [prijzen]; ~ *one's food down* niet (hoeven) overgeven; ~ *from* afhouden van; zich onthouden van; onthouden; verborgen houden voor; behoeden (bewaren) voor; ~ *in* inhouden, in toom houden, binnenhouden; onderw laten schoolblijven; aanhouden [het vuur]; ~ *in with* op goede voet blijven met; ~ *off* afweren; (zich) op een afstand of zich van het lijf houden, zich onthouden van [vet voedsel &], afblijven van; weg-, uitblijven; ~ *on* aan-, ophouden; ~ *on ...ing* doorgaan met, blijven ...; ~ *on at* gemeenz zeuren; ~ *out* (er)buiten houden; (er)buiten blijven; ~ *out of the way* uit de weg blijven, zich op een afstand houden; ~ *to* (zich) houden aan; blijven bij; houden voor [zich(zelf)]; houden [rechts, links, de kamer &]; ~ *(oneself) to oneself* zich niet met anderen bemoeien; ~ *together* bijeenhouden of -blijven; ~ *under* niet laten opkomen; klein houden; onderdrukken, bedwingen; ~ *sbd. under* iem. onder narcose houden; ~ *up* opblijven; ophouden, aan-, onderhouden [vriendschap, kennis], volhouden; levendig houden; handhaven; ~ *up appearances* de schijn bewaren; ~ *up one's courage* moed houden; ~ *it up* (de strijd) volhouden, het niet opgeven; ~ *up (with)* bijhouden, bijblijven [nieuws &], gelijke tred houden met, niet achterblijven bij, niet onderdoen voor; ~ *up with each other* contact met elkaar blijven houden; ~ *up with the Joneses* zijn stand ophouden
2 keep *znw* bewaring, hoede; onderhoud *o*, kost; slottoren [als gevangenis]; *for* ~*s* gemeenz om te houden; voorgoed
keeper *znw* houder, bewaarder, suppoost, conservator; bewaker, oppasser, opzichter; cipier; sp keeper, doelman; wicket-keeper [cricket]; bijbel hoeder; ~ *of the records* archivaris
keep-fit *znw* conditietraining
keeping *znw* bewaring, berusting, hoede; onderhoud *o*; overeenstemming; *in (out of)* ~ *with* (niet) strokend met
keepsake ['ki:pseik] *znw* herinnering, souvenir *o*
keg [keg] *znw* vaatje *o*
kelp [kelp] *znw* kelp; plantk zeewier *o*
kelpie ['kelpi] *znw* Schots watergeest
ken [ken] **I** *znw* gezichtskring, (geestelijke) horizon; *that's beyond my* ~ dat gaat boven mijn pet, daar heb ik geen kaas van gegeten; **II** *overg* Schots kennen, weten
kennel ['kenl] **I** *znw* **1** (honden)hok *o*; kennel; troep [jachthonden], meute; hol *o*; krot *o* **2** goot; **II** *overg* in een hok opsluiten of houden
Kentish ['kentiʃ] *bn* van Kent
Kenya ['ki:njə, 'kenjə] *znw* Kenia *o*

Kenyan ['ki:n-, 'kenjən] **I** znw Keniaan; **II** bn Keni-aans

kept [kept] **I** V.T. & V.D. van keep; **II** bn: ~ woman maintenee

kerb [kə:b] znw trottoirband, stoeprand

kerb-crawler ['kə:bkrɔ:lə] znw man die vanuit zijn auto een prostituee oppikt

kerb-crawling znw vanuit een auto een prostituee oppikken o

kerb drill znw regels voor het oversteken

kerbstone znw trottoirband

kerchief ['kə:tʃi(:)f] znw hoofddoek, halsdoek

kerf [kə:f] znw kerf, zaagsnede

kerfuffle [kə'fʌfl] znw gemeenz opschudding, heisa, consternatie

kermes ['kə:miz] znw kermes: schildluis; rode verf-stof daarvan gemaakt

kernel ['kə:nl] znw korrel; pit², kern²

kerosene ['kerəsi:n] znw gezuiverde petroleum, ke-rosine

kestrel ['kestrəl] znw torenvalk

ketch [ketʃ] znw kits [zeiljacht]

ketchup ['ketʃəp] znw ketchup

kettle ['ketl] znw ketel; another (a different) ~ of fish andere koek, een geheel andere zaak; a pretty (fine) ~ of fish een mooie boel

kettledrum znw pauk, keteltrom

kettledrummer znw paukenist

key [ki:] **I** znw **1** sleutel²; code; muz toon(aard)²; toets, klep; techn wig, spie; off ~ vals [v. zingen &]; **2** rif o; be out of ~ with niet harmoniëren met, niet passen bij; turn the ~ afsluiten; **II** bn [v. industrie, positie &] sleutel-, voornaamste, hoofd-, essentieel, vitaal, onmisbaar; **III** overg spannen; techn vastzet-ten; comput intoetsen (ook: ~ in); ~ up opschroe-ven², opdraaien², spannen²; ~ the strings muz stemmen; ~ed instrument ook: muz toetsinstru-ment o

keyboard I znw klavier o, toetsenbord o, keyboard o; **II** overg comput intoetsen, intikken

keyhole znw sleutelgat o

keyless bn zonder sleutel

Keynesian ['keinziən] bn van (John Maynard) Key-nes

keynote ['ki:nout] znw muz grondtoon²; the ~ of the organization is peace de organisatie staat in het teken van de vrede; ~ speech pol rede waarin de hoofdlijnen v.h. beleid worden uiteengezet

key-ring znw sleutelring

keystone znw sluitsteen²; fig hoeksteen

khaki ['ka:ki] znw kaki o

khan [ka:n] znw kan, khan [Aziatische eretitel]

kibbutz [ki'bu:ts] znw (mv: kibbutzim [kibut'sim]) kibboets

kibitz ['kibits] onoverg gemeenz als toeschouwer ongevraagd advies geven [vooral bij kaartspel]

kibitzer ['kibitsə] znw gemeenz bemoeial

kibosh ['kaibɔʃ] znw: put the ~ on sth. gemeenz er-gens een eind aan maken, iets naar de knoppen helpen

kick [kik] **I** znw schop, trap; mil (terug)stoot; ge-meenz fut, pit; slang prikkel, sensatie; more ~s than halfpence meer slaag dan eten; get a ~ out of slang iets opwindends (verrukkelijks) vinden in; get the ~ slang zijn congé krijgen; **II** onoverg schoppen, trap-pen (naar at); mil stoten; fig zich verzetten (tegen at, against); klagen; ~ against the pricks bijbel de verzenen tegen de prikkels slaan; ~ over the traces uit de band springen; **III** overg (voort)schoppen, (weg)trappen; ~ oneself gemeenz zichzelf voor het hoofd slaan; ~ the habit slang afkicken [v. drugs &]; ~ one's heels = cool one's heels, zie cool III; ~ off ge-meenz beginnen, starten; uitschoppen; sp de aftrap doen; ~ out (er)uit trappen; ~ up (a fuss) herrie schoppen; ~ sbd. upstairs iem. wegpromoveren

kickback znw **1** terugslag; **2** smeergeld o

kicker znw die schopt, trapper

kick-off znw sp aftrap; for a ~ gemeenz om te be-ginnen

kickshaw ['kikʃɔ:] znw beuzelarij, wissewasje o; liflafje o

kick-start ['kik'sta:t] **I** znw (ook: kick-starter) kick-starter [v. motor]; **II** overg aantrappen [v. motor]

kid [kid] **I** znw jonge geit, geitje o; geitenle(d)er o, glacé o [leer], glacé m [handschoen]; gemeenz kind o, peuter, joch(ie) o, jongen, meisje o; ~'s stuff kin-derwerk o; **II** onoverg (geitjes) werpen; plagen, schertsen; **III** overg gemeenz voor het lapje hou-den; gemeenz wat wijsmaken; you must be ~ding gemeenz dat meen je niet, kom nou; no ~ding ge-meenz echt waar; no ~ding? meen je dat?; no ~ding! ongelooflijk!; ~ oneself zichzelf voor de gek houden; I ~ you not gemeenz ik meen het

kiddie znw peuter, kleine; joch(ie) o

kid glove ['kid'glʌv] **I** znw glacéhandschoen; **II** bn (half)zacht, verwekelijkt

kidnap ['kidnæp] overg kidnappen, ontvoeren

kidnapper znw kidnapper, ontvoerder

kidney ['kidni] znw nier; of that ~ van dat slag (soort); of the right ~ van de goede soort

kidney-bean znw bruine boon; slaboon; pronk-boon

kidney machine znw kunstnier

kill [kil] **I** overg doden²; slachten; vermoorden fig tenietdoen, onmogelijk maken, afmaken [een wet]; overstelpen [met vriendelijkheid &]; afzetten [mo-tor]; be ~ed ook: sneuvelen; ~ off afmaken, uit-roeien; my feet are ~ling me ik heb vreselijk pijn-lijke voeten; **II** onoverg & abs ww (zich laten) slachten; doodslaan, doden; dodelijk zijn; dressed to ~ vreselijk chic (gekleed); a case of ~ or cure erop of eronder; ~ oneself (to do sth.) keihard werken, het uiterste geven; if it ~s me gemeenz tot elke prijs; **III** znw doden o of afmaken o; gedood dier o, gedode dieren; dode prooi; be in at the ~ fig aanwe-zig zijn bij de uiteindelijke overwinning; aanwezig

killer

zijn op het moment suprème; zie ook: *killing*
killer *znw* doder; moordenaar
killing I *bn* dodelijk, moorddadig; gemeenz onweerstaanbaar; *be* ~ onweerstaanbaar aardig, leuk & zijn; II *znw* doden *o*; slachting, doodslag, moord; *make a* ~ fortuin maken, een fortuin verdienen
kill-joy *znw* spelbederver; feestverstoorder
kiln [kil(n)] *znw* kalk-, steenoven
kilo ['ki:lou] *znw* kilo(gram) *o*
kilogram(me) ['kiləgræm] *znw* kilogram *o*
kilolitre, Am **kiloliter** *znw* kiloliter
kilometre, ['kiləmi:tə], Am **kilometer** [ki'lɔmitə] *znw* kilometer
kilowatt *znw* kilowatt
kilt [kilt] *znw* kilt
kilter ['kiltə] *znw*: *out of* ~ niet in orde, in slechte staat; *throw out of* ~ in de war sturen
kimono [ki'mounou] *znw* kimono
kin [kin] *znw* maagschap, verwantschap, geslacht *o*, familie; *next of* ~ naaste bloedverwant(en)
1 kind [kaind] *znw* soort, slag *o*, aard, variëteit; *I* ~ *of thought so* gemeenz dat dacht ik wel half en half, zo'n beetje; ~ *of stunned* gemeenz als het ware, ietwat, zo'n beetje versuft; *receive (pay) in* ~ in natura ontvangen (betalen); *all* ~*s of* allerlei; *our* ~ ons soort mensen; *human* ~ de mensheid; *repay in* ~ met gelijke munt betalen; *two of a* ~ twee van dezelfde soort; *... of a* ~ zo'n soort ...; *excellent of its* ~ in zijn soort; *nothing of the* ~*!* volstrekt niet, niets daarvan!; *something of the* ~ iets dergelijks
2 kind [kaind] *bn* vriendelijk, goed (voor *to*)
kindergarten ['kindəga:tn] *znw* bewaarschool, kleuterschool
kind-hearted ['kaind(')ha:tid] *bn* goed(hartig)
kindle ['kindl] I *overg* ontsteken; aansteken, doen ontvlammen of ontbranden[2], verlichten; II *onoverg* vuur vatten, beginnen te gloeien (van *with*)
kindling (wood) *znw* aanmaakhout *o*
kindly ['kaindli] I *bn* vriendelijk, goed(aardig), welwillend; II *bijw* v. [2]*kind*; ~ *tell me...* wees zo goed mij te zeggen...; *take* ~ *to* sympathie tonen voor, positief staan tegenover
kindness *znw* vriendelijkheid, goedheid; (vrienden)dienst, vriendschap
kindred ['kindrid] I *znw* (bloed)verwantschap, familie; II *bn* (aan)verwant; ~ *spirit* geestverwant
kinetic [kai-, ki'netik] *bn* kinetisch, bewegings-
kinetics [kai-, ki'netiks] *znw* kinetica, bewegingsleer
king [kiŋ] *znw* koning, vorst, heer; sp dam, koning, heer; ~ *of beasts* leeuw (koning der dieren); *K*~*'s Bench* afdeling v.h. Britse Hooggerechtshof; *K*~*'s evidence* zie bij: *evidence*; *K*~*'s highway* openbare weg; *go to* ~ sp dam halen
kingbolt *znw* techn hoofdbout, fuseepen
kingcup *znw* boterbloem; dotterbloem
kingdom *znw* koninkrijk *o*; rijk *o*; ~ *come* hier-

namaals *o*
kingfisher *znw* ijsvogel
kinglet *znw* koninkje *o*
kinglike *bn* koninklijk
kingpin *znw* de koning v.h. kegelspel; fig hoofdfiguur, leider; techn = *kingbolt*
kingly *bn* koninklijk
kingship *znw* koningschap *o*
king-size(d) *bn* extra groot
kink [kiŋk] I *znw* slag, knik [in touw, draad, haar &], kink; kronkel (in de hersens); gril; II *onoverg* kinken
kinky *bn* kronkelig; kroes-; gemeenz pervers; opwindend, wild, bizar, vreemd
kinless ['kinlis] *bn* zonder familie of verwanten
kinsfolk *znw* familie(leden)
kinship *znw* (bloed)verwantschap
kinsman *znw* bloedverwant
kinswoman *znw* bloedverwante
kiosk ['kiɔsk] *znw* kiosk
kip [kip] I *znw* slang 1 dutje *o*; 2 slaapplaats, bed *o*; eenvoudig logement *o*; II *onoverg* gemeenz slapen, maffen; ~ *down* gaan maffen
kipper ['kipə] I *znw* gezouten en gerookte haring; II *overg* zouten en roken
Kiribati ['kiribæf] *znw* Kiribati *o*
kirk [kə:k] *znw* Schots kerk
kismet ['kismet, 'kizmet] *znw* noodlot *o*
kiss [kis] I *znw* kus, zoen; biljart klots; ~ *of death* doodsteek; ~ *of life* mond-op-mondbeademing; *blow (throw) a* ~ een kushand toewerpen; II *overg* kussen, zoenen; biljart klotsen tegen; ~ *the rod* gedwee straf ondergaan; ~ *the ground* zich voor iemand vernederen; ~ *hands* met een handkus zijn ambt aanvaarden; ~ *one's hand to* een kushand toewerpen; ~ *away* afzoenen, wegkussen; III *onoverg* (elkaar) kussen, biljart klotsen; ~ *and make up* zich verzoenen; ~ *and tell* uit de school klappen
kiss-curl *znw* spuuglok, krulletje *o*
kissing cousin *znw* verre neef/nicht
kit [kit] I *znw* vaatje *o*; uitrusting; bagage; gereedschap *o*; gereedschapskist, -tas; bouwpakket *o*; II *overg* uitrusten (ook: ~ *out*, ~ *up*)
kitbag *znw* mil valies *o*
kitchen ['kitʃin, -ʃən] *znw* keuken
kitchenette [kitʃi'net] *znw* keukentje *o* [v. flat]
kitchen garden *znw* moestuin
kitchen-maid *znw* tweede keukenmeid
kitchen-range *znw* keukenfornuis *o*
kitchensink I *znw* gootsteen; *everything but the* ~ de hele rataplan, het hele hebben en houwen; II *bn* [toneel] dat de troosteloosheid van het dagelijks leven illustreert
kitchen utensils *znw mv* keukengerei *o*
kitchenware *znw* keukengerei *o*
kite [kait] *znw* dierk wouw, kiekendief; vlieger; *as high as a* ~ gemeenz (zo) stoned als een garnaal; zie ook: [2]*fly II*

kite-balloon ['kaitbəlu:n] *znw* kabelballon
kite-flying ['kaitflaiiŋ] *znw* vliegeren *o*
kith [kiθ] *znw*: ~ *and kin* kennissen en verwanten
kitsch [kitʃ] *znw* kitsch
kitten ['kitn] *znw* dierk katje[2] *o*; *have ~s* gemeenz erg opgewonden of angstig zijn
kittenish *bn* speels (als een jong katje)
kittle ['kitl] *bn* lastig, moeilijk
kitty ['kiti] *znw* poesje *o*; pot, (gemeenschappelijke) kas
kiwi ['ki:wi(:)] *znw* kiwi [vogel en vrucht]; *K~* gemeenz Nieuw-Zeelander
klaxon ['klæksn] *znw* claxon
kleptomania [kleptou'meinjə] *znw* kleptomanie
kleptomaniac *bn* kleptomaan
knack [næk] *znw* slag, handigheid; talent *o*, kunst
knacker ['nækə] *znw* vilder; sloper
knackered ['nækəd] *bn* slang doodop, afgepeigerd
knacker's yard *znw* sloperij
knag [næg] *znw* kwast, knoest
knap [næp] *(overg &)* onoverg (doen) knappen, breken, stukslaan; [stenen] kloppen
knapsack ['næpsæk] *znw* ransel, knapzak, rugzak
knar [na:] *znw* knoest, kwast
knave [neiv] *znw* schurk, schelm; kaartsp boer
knavery *znw* schurkerij; schelmenstreken; *a piece of* ~ een schurkenstreek
knavish *bn* schurkachtig, oneerlijk; ~ *trick* schurkenstreek
knead [ni:d] *overg* kneden; masseren
knee [ni:] **I** *znw* knie; *go down on one's ~s* op de knieën vallen[2]; *(bring) them to their ~s* ze op de knieën brengen; **II** *overg* een knietje geven, met de knie aanraken
knee-breeches *znw mv* kuit-, kniebroek
kneecap I *znw* knieschijf; **II** *overg* door de knieschijven schieten
knee-deep *bn* tot aan de knieën (reikend)
knee-high *bn* kniehoog, op kniehoogte
knee-hole *znw* beenruimte [onder bureau]
knee-jerk *znw* kniereflex; ~ *reaction* voorspelbare reactie
knee-joint *znw* kniegewricht *o*
kneel [ni:l] (knelt, Am ook: kneeled; knelt, Am ook: kneeled) *onoverg* knielen; ~ *down to* knielen voor
knee-pan ['ni:pæn] *znw* knieschijf
knees-up ['ni:z'ʌp] *znw* gemeenz gezellig feest *o*
knell [nel] **I** *znw* doodsklok[2]; **II** *onoverg* de doodsklok luiden
knelt [nelt] V.T. & V.D. van *kneel*
knew [nju:] V.T. van *know*
knickerbockers ['nikəbɔkə] *znw mv* knickerbocker, wijde kniebroek
knickers ['nikəz] *znw mv* gemeenz slipje *o*, onderbroek [v. vrouw]; *get one's ~ in a twist* verhit, opgewonden reageren; ~! slang verdorie!, zo kan-ie wel weer!
knick-knack ['niknæk] *znw* snuisterij

knife [naif] **I** *znw (mv*: knives [naivz]) mes *o*; *before you can say* ~ binnen de kortste keren; *have one's ~ into sbd.* op iem. zitten te hakken, iem. (ongenadig) te pakken hebben; *twist (turn) the* ~ extra zout in de wond strooien; nog een trap nageven; **II** *overg* (door)steken
knife-edge *znw* scherp *o* van de snede [v. mes]; *on a* ~ *with* in grote spanning over
knife-grinder *znw* scharenslijper
knife-point *znw*: *at* ~ onder bedreiging met een mes; met het mes op de keel
knife-rest *znw* messenlegger
knife-sharpener *znw* messenaanzetter
knight [nait] **I** *znw* ridder[2]; sp paard *o* [v. schaakspel]; ~ *of the rueful countenance* ridder van de droevige figuur; **II** *overg* tot ridder slaan; in de adelstand verheffen, 'knight' maken
knightage ['naitdʒ] *znw* ridderschap; adelboek *o* (van de *knights*)
knight errant *znw (mv*: knights errant) dolende ridder
knight-head *znw* scheepv boegstuk *o*
knighthood *znw* ridderschap *o* [waardigheid], ridderschap *v* [verzamelnaam]; titel van ridder
knightly *bn* ridderlijk, ridder-
knit [nit] (knit/knitted; knit/knitted;) **I** *overg* breien, knopen, (ver)binden, samenvlechten, verenigen; ~ *one's brows* de wenkbrauwen fronsen; ~ *up* samenknopen; verbinden; **II** *onoverg* breien; zich verenigen; zich samentrekken [v. wenkbrauwen]; **III** V.T. & V.D. van ~; *close(ly)* ~ hecht [v. organisatie &]
knitter *znw* brei(st)er
knitting *znw* breien *o*; breiwerk *o*
knitting machine *znw* breimachine
knitting-needle *znw* breinaald
knitting pattern *znw* breipatroon *o*
knitwear *znw* gebreide goederen
knob [nɔb] *znw* knobbel, knop [v. deur of stok], klontje *o*, brokje *o*; plat lul (meestal *nob*); *with ~s on* gemeenz en hoe!
knobbed *znw* knobbelig; met een knop
knobb(l)y *bn* knobbelig
knobkerrie ['nɔbkeri] *znw* ZA knuppel, knots
knobstick ['nɔbstik] *znw* (knoestige) knuppel; vero slang onderkruiper, stakingsbreker
knock [nɔk] **I** *onoverg* slaan, (aan)kloppen, stoten, botsen; techn ratelen, kloppen [v. motor]; **II** *overg* slaan, kloppen, stoten; gemeenz scherp bekritiseren, afkammen; ~ *cold* vellen; fig bewusteloos slaan; ~ *on wood* [iets] afkloppen; ~ *about (around)* gemeenz ruw behandelen, toetakelen; gemeenz rondzwerven; bespreken; ~ *against* botsen tegen; toevallig tegenkomen; ~ *at* kloppen op; ~ *back* gemeenz naar binnen slaan [drank]; ~ *sbd. back* Austr iem. afwijzen; ~ *down* neerslaan, -vellen, te gen de grond gooien; aanrijden; verslaan; toewijzen [op veiling]; afslaan; verlagen [prijs]; afdingen; uit elkaar nemen; doen omvallen (van verbazing

knock-about

&); *you could have ~ed me down with a feather* ik stond er paf van; *~ into a cocked hat* (*~ spots off*) in elkaar slaan, vernietigen; fig de loef afsteken; *~ sth. into sbd.* iem. iets inhameren; *~ sbd. into the middle of next week* afranselen; *~ off* afslaan; er af doen [v.d. prijs]; gemeenz vlug afmaken; klaarspelen; afnokken: ophouden of uitscheiden met werken (ook: *~ off work*); slang stelen; vermoorden; neuken; *~ off Latin verses* uit zijn mouw schudden; *~ on the head* fig de nekslag geven; de kop indrukken, bewusteloos slaan, doodslaan; *~ it off!* gemeenz ophouden!; *~ out* (er) uitslaan, uitkloppen; knock-out slaan [bij boksen]; verslaan, het winnen van, buiten gevecht stellen; gemeenz met stomheid slaan, verbijsteren; uitputten; *~ the bottom out of* krachteloos maken, tenietdoen; onthullen [geheim]; handel de klad brengen in; *~ over* omver slaan, omgooien; *be ~ed over* overreden worden; fig kapot van iets zijn; *~ together* in elkaar of samenflansen; *~ up* in de hoogte slaan; opkloppen, wekken; (inderhaast) arrangeren of improviseren; uitputten; sp inspelen, aan warming-up doen; slang zwanger maken; *~ed up* (dood)op; **III** znw slag², klap², klop, geklop *o*; *there is a ~* (*at the door*) er wordt geklopt; *give a double ~* tweemaal kloppen

knock-about *bn* gooi-en-smijt-, slapstick-; lawaaierig, opzichtig, schreeuwend [v. kleren]

knock-back *znw* Austr gemeenz weigering, afwijzing, verwerping

knock-down I *bn*: *~ argument* dooddoener; *~ price* minimumprijs; **II** *znw* neervellende slag² of tijding

knock-downer *znw* klopper²

knocker *znw* klopper²; afkammer, vitter, criticaster; *~s* slang prammen, tieten

knock-kneed *bn* met x-benen

knock-knees *znw mv* x-benen

knock-on effect *znw* domino-effect *o*

knock-out I *znw* sp knock-out slaan *o* [bij boksen]; genadeslag; gemeenz iets of iemand waar je paf van staat; **II** *bn* sp afval-, knock-out [wedstrijd, toernooi]

knock-up *znw* warming-up

knoll [noul] *znw* heuveltje *o*

knot [nɔt] **I** *znw* knoop°; fig moeilijkheid, complicatie; strik, strikje *o*; fig band; knobbel, knoest, kwast; knot, knoedel, dot; kluitje *o* (mensen), groep, groepje *o*; *cut the ~* de knoop doorhakken; *tie the ~* gemeenz in het huwelijksbootje stappen, een boterbriefje halen; *tie oneself in ~s* zich in bochten wringen; *at the rate of ~s* razendsnel; **II** *overg* knopen; verbinden; verwikkelen; **III** *onoverg* knopen vormen; in de knoop raken

knotted *bn* knoestig, kwastig; knobbelig; met knopen; *get ~!* slang sodemieter op!

knotty *bn* = *knotted*; fig netelig, lastig, ingewikkeld

knout [naut] *znw* knoet

know [nou] (knew; known) **I** *overg* kennen (soms: kunnen); herkennen; weten, verstaan, (kunnen)

onderscheiden; leren kennen; ervaren, ondervinden, merken, zien; *not if I ~ it!* ik ben er ook nog!, daar komt niets van in!; *~ what's what, ~ a thing or two* het een en ander weten, niet van gisteren zijn; *before you ~ it* (*where you are*) voor je 't weet, in een handomdraai; *~ one from the other, ~ which is which* ze uit elkaar kennen; **II** *onoverg & abs ww* weten; it's great, *you ~* fijn, weet je; *do* (*don't*) *you ~?* gemeenz nietwaar?; *I ~ better* (*than that*) ik weet wel beter, ik kijk wel uit!; *I should have ~n better* ik had wijzer moeten zijn; *they ~ better than to ...* zij zullen zich wel wachten om te ...; *there is no ~ing ...* men kan niet weten; *~ about the matter* van de zaak af weten; *~ about pictures* verstand hebben van schilderijen; *~ of* (af)weten van; *not that I ~ of* gemeenz niet dat ik weet; **III** *znw: be in the ~* gemeenz er alles van weten, op de hoogte zijn

knowable *bn* te weten, te kennen, (her)kenbaar

know-all *znw* weetal

know-how *znw* praktische kennis, (technische) kennis

knowing *bn* schrander; geslepen, slim; veelbetekenend [v. blik &]

knowingly *bijw* bewust, willens en wetens, met opzet; zie verder: *knowing*

know-it-all *znw* Am betweter, wijsneus

knowledge ['nɔlidʒ] *znw* kennis, kunde, geleerdheid; (mede)weten *o*, wetenschap (van iets), voorkennis; *it is common ~* het is algemeen bekend; *it has come to my ~...* ik heb vernomen...; *to* (*the best of*) *my ~* voorzover ik weet; voorzover mij bekend

knowledgeable *bn* kundig, knap; goed ingelicht, goed op de hoogte

known [noun] **I** V.D. van *know*; **II** *bn* (wel)bekend

know-nothing ['nounʌθiŋ] *znw* weetniet

knuckle ['nʌkl] **I** *znw* knokkel; schenkel; [varkens] kluif; *near the ~* gewaagd, nogal schuin [mop]; *rap on* (*over*) *the ~s* ernstige berisping; **II** *overg*: *~ down to* zich serieus wijden aan [studie &], aanpakken; *~ under* zich gewonnen geven, door de knieën gaan (voor *to*)

knucklebone *znw* knokkel; bikkel

knuckleduster *znw* boksbeugel

knucklehead *znw* Am gemeenz stommeling, oen

knur [nɔː] *znw* knoest; sp houten bal of kogel

k.o., K.O. KO *afk.* = *knock(ed) out*

koala [kou'a:lə], **koala bear** *znw* koala

kohl [koul] *znw* [Arabisch] ogenschaduw [vooal gebruikt in Oosterse landen]

kohlrabi ['koul'ra:bi] *znw* koolrabi, raapkool

kooky ['ku:ki] *bn* Am gemeenz excentriek

kopeck ['koupek] *znw* kopeke

Koran [kɔ(:)-, ku-, kə'ra:n] *znw* koran

Koranic [kɔ(:)-, ku-, kə'rænik] *bn* volgens, betreffende de Koran

Korea [kə'riə] *znw* Korea *o*

Korean [kə'riən] **I** *znw* Koreaan; Koreaans *o*; **II** *bn* Koreaans

kosher ['kouʃə] *bn* koosjer[2], (ritueel) zuiver[2]

kowtow ['kau'tau] *onoverg* [Chinees]: ~ *to* door het stof gaan (voor), zich vernederen

kraut [kraut] *znw* [Duits] slang scheldwoord mof [Duitser]

kudos ['kju:dɔs] *znw* gemeenz roem, eer

Kurd [kə:d] *znw* Koerd

Kurdish ['kə:diʃ] **I** *bn* Koerdisch; **II** *znw* Koerdisch *o* [de taal]

Kurdistan [kə:di'sta:n, -'stæn] *znw* Koerdistan *o*

Kuwait [ku'weit] *znw* Koeweit *o*

Kuwaiti [ku'weiti] **I** *bn* Koeweits; **II** *znw* Koeweiti [inwoner v. Koeweit]

Kyrgyzstan ['kə:gizstæn] *znw* Kirgizië *o*, Kirgizistan *o*

L

l [el] *znw* (de letter) l

L = 50 [als Romeins cijfer]

la [la:] *znw* muz la

lab [læb] *znw* gemeenz lab *o* (= laboratorium)

label ['leibl] **I** *znw* etiket[2] *o*, (platen)label, strook; fig benaming; **II** *overg* etiketteren, de label(s) hechten aan, labelen; fig noemen (ook: ~ *as*)

labia ['leibiə] *znw mv* schaamlippen

labial ['leibiəl] **I** *bn* lip-, labiaal; **II** *znw* labiaal: lipklank

labiate ['leibiit] **I** *bn* lipbloemig; **II** *znw* lipbloemige plant

labile ['leibail] *znw* labiel; veranderlijk

labor ['leibə] *znw* Am = *labour*

laboratory [lə'bɔrət(ə)ri, Am 'læb(ə)rətɔ:ri] *znw* laboratorium *o*; ~ *animal* proefdier *o*; ~ *worker* laborant

laborious [lə'bɔ:riəs] *bn* moeizaam, zwaar, moeilijk

labor union *znw* Am vakbond, vakvereniging

labour, Am **labor** ['leibə] **I** *znw* arbeid, werk *o*; moeite; taak; de werkkrachten of arbeiders; werkende klassen; weeën (bij bevalling); *be in* ~ aan het bevallen (zijn); stampen *o* [v. schip]; *L*~ de (Engelse) arbeiderspartij; *L*~ *Day* Dag van de Arbeid [in Engeland 1 mei, in de V.S. eerste maandag in september]; *a* ~ *of love* ± liefdewerk *o*; *hard* ~ dwangarbeid; *lost* ~ vergeefse moeite; *in* ~ in barensnood, barend; **II** *onoverg* arbeiden, werken [ook: v. schip], zich moeite geven; ~ *through* zich er doorheen slaan, met moeite doorheen werken; ~ *under* kampen met; ~ *under a delusion (misapprehension)* in dwaling verkeren; **III** *overg* uitgebreid bespreken; bewerken; ~ *a point* uitvoerig op een (twist)punt ingaan; (nader) uitwerken

labour camp *znw* werkkamp *o*

labour dispute *znw* arbeidsconflict *o*

laboured *bn* bewerkt; moeilijk [v. ademhaling]; gekunsteld, niet spontaan

labourer *znw* arbeider, werkman

labour exchange *znw* arbeidsbureau *o*

labour force *znw* werkkrachten, arbeidskrachten

labour-intensive *bn* arbeidsintensief

Labourite ['leibərait] *znw* lid *o* van de *Labour Party*

labour market *znw* arbeidsmarkt

labour pains *znw mv* (barens)weeën

Labour Party *znw* Br de socialistische partij

labour room *znw* verloskamer

labour-saving ['leibəseiviŋ] *bn* arbeidbesparend

laburnum [lə'bə:nəm] *znw* goudenregen

labyrinth ['læbərinθ] *znw* labyrint *o*, doolhof°

labyrinthine [læbi'rinθain] *bn* verward, ingewik-

lace

keld (als een doolhof), labyrintisch

lace [leis] **I** *znw* veter; galon *o & m*, passement *o*; kant; vitrage; **II** *overg* (vast)rijgen, snoeren; galonneren; versieren [met kant]; *coffee ~d with cognac* met een scheutje cognac; *a story ~d with jokes* verhaal *o* doorspekt met grapjes; *~ up* vastrijgen; **III** *onoverg* zich laten rijgen; zich inrijgen (ook: *~ in*); *~ into sbd.* gemeenz iem. afrossen; **IV** *bn* kanten

lacerate ['læsəreit] *overg* scheuren, verscheuren²

laceration [læsə'reiʃən] *znw* (ver)scheuring

lace-up ['leis'ʌp] **I** *bn* rijg-; **II** *znw:* *~s* gemeenz rijglaarzen, -schoenen

laches ['lætʃiz] *znw* recht laksheid, nalatigheid; onachtzaamheid

lachrymal ['lækriməl] *bn* traan-

lachrymatory *bn* tranen verwekkend

lachrymose *bn* vol tranen; huilerig

lacing ['leisiŋ] *znw* veter, boordsel *o*; scheutje *o* sterke drank (in koffie &)

lack [læk] **I** *znw* gebrek *o*, gemis *o*, behoefte, tekort *o* (aan *of*), schaarste; *for ~ of* bij gebrek aan; *no ~ of* genoeg van; **II** *overg* gebrek of een tekort hebben aan; *he ~s courage* het ontbreekt hem aan moed; **III** *onoverg:* *be ~ing* ontbreken; *he is ~ing in ...* het ontbreekt hem aan ..., hij schiet te kort in ...

lackadaisical [lækə'deizikl] *bn* lusteloos; nonchalant, laks, luchtigjes

lackey ['læki] **I** *znw* lakei; **II** *onoverg* als lakei dienen, de lakei spelen (voor *to*)

lacking ['lækiŋ] *bn* gemeenz zwakzinnig, dom; zie ook *lack*

lacklustre ['læklʌstə] *bn* glansloos, dof

laconic [lə'kɔnik] *bn* laconiek; kort en bondig

laconism ['lækənizm] *znw* laconisme *o*, bondigheid; kort en bondig gezegde *o*

lacquer ['lækə] **I** *znw* lak *o & m*, lakwerk *o*, vernis *o & m*; haarlak; **II** *overg* lakken, vernissen; haarlak opbrengen

lacrosse [lə'krɔs] *znw* een Canadees balspel

lactation [læk'teiʃən] *znw* melkafscheiding

lacteal ['læktiəl] *bn* melk-

lactic ['læktik] *bn* melk-

lactose ['læktouz] *znw* melksuiker, lactose

lacuna [lə'kju:nə] *znw* (*mv:* lacunae [lə'kju:ni:]) leemte, gaping, hiaat, *o* lacune

lacustrine [lə'kʌstrain] *bn* meer-; *~ habitations* paalwoningen

lacy ['leisi] *bn* als (van) kant; kanten

lad [læd] *znw* knaap; jongen; jongeman; gemeenz 'vlotte jongen'

ladder ['lædə] **I** *znw* ladder²; **II** *onoverg* ladderen [v. kous]

laddie, laddy ['lædi] *znw* Schots knaap, jongen

lade [leid] *overg* laden, beladen²

laden V.D. van *lade*

la-di-da [la:di'da:] *bn* aanstellerig, dikdoenerig, gemaakt

ladies' man *znw* man die graag met vrouwen omgaat; verleider

ladified *bn* = *ladyfied*

lading ['leidiŋ] *znw* lading

ladle ['leidl] **I** *znw* pollepel, soeplepel, scheplepel; **II** *overg* opscheppen; *~ out* uitscheppen, oplepelen²; met kwistige hand uitdelen

ladleful *znw* lepel(vol)

lady ['leidi] *znw* dame², vrouw (des huizes), 'mevrouw' [v. dienstbode]; Vrouwe, gemeenz vrouw (in 't algemeen); echtgenote, beminde, geliefde; lady: echte dame &; titel van de vrouw van een knight of baronet, of de dochter van een graaf, markies of hertog; dierk merrie; wijfje *o*; teef; in samenst. = -ster, -es; *the (my) old* ~ gemeenz moeder de vrouw; *your (good)* ~ mevrouw [uw vrouw]; *Our L~* Onze-Lieve-Vrouw; *Ladies(')* (openbaar) damestoilet *o*

Lady-altar *znw* RK Maria-altaar *o & m*

ladybird *znw* lieveheersbeestje *o*

ladiebug *znw* Am lieveheersbeestje *o*

Lady chapel *znw* RK Mariakapel

Lady Day *znw* Maria-Boodschap [25 maart]

ladyfied *znw* bn als (van) een dame

lady friend *znw* vriendin

lady-in-waiting *znw* hofdame

lady-killer *znw* vrouwenveroveraar, Don Juan

ladylike *bn* als (van) een dame

lady-love *znw* liefste, geliefde

Lady Muck *znw* slang geringsch dikdoenerige dame, kakmadam

lady-ship *znw* ladyschap *o*, lady's titel; *her (your)* ~ mevrouw (de gravin &)

1 lag [læg] **I** *onoverg* (ook: *~ behind*); achteraankomen, achterblijven; *not ~ behind* niet achterblijven (bij); **II** *overg* slang in de gevangenis stoppen; arresteren; **III** *znw* **1** tijdsverloop *o*, ± periode; achterstand, verschil *o* in tijd; vertraging(sfactor); **2** gemeenz (ontslagen) gedeporteerde, tuchthuisboef; *an old* ~ een bajesklant

2 lag [læg] techn *overg* bekleden, isoleren

lager ['la:gə] *znw* lagerbier *o*

laggard ['lægəd] *znw* talmer, achterblijver

lagging ['lægiŋ] *znw* **1** isolatiemateriaal *o*; **2** getalm *o*, geaarzel *o*

lagoon [lə'gu:n] *znw* lagune, haf

lah-di-dah *bn* = *la-di-da*

laic ['leiik] **I** *bn* leken-; **II** *znw* leek

laicization [leiisai'zeiʃən] *znw* secularisatie

laicize ['leiisaiz] *overg* seculariseren

laid [leid] **I** V.T. & V.D. van ³*lay*; **II** *bn: get* ~ *plat* een beurt krijgen; *~ up* door ziekte in bed

laid-back ['leidbæk] *znw* gemeenz ontspannen, relaxed

lain [lein] V.D. van ²*lie*

lair [lɛə] *znw* hol² *o*, leger *o* [v. dier]

laird [lɛəd] *znw* Schots (land)heer

laity ['leiiti] *znw* lekendom *o*; leken

lake [leik] *znw* **1** meer *o*; **2** (rode) lakverf; *artificial*

~, *ornamental* ~ vijver; *Lake Superior* het Bovenmeer
lake-dweller *znw* paalbewoner
lake-dwelling *znw* paalwoning
lakeland *znw: the* ~ het merendistrict
lakelet *znw* meertje *o*
lakeside *bn* aan, naast het meer
lake-village *znw* paaldorp *o*
lakh [læk] *znw* [in India] honderdduizend (rupees)
lam [læm] *overg* gemeenz afransen
lama ['la:mə] *znw* lama [boeddhistische priester]
lamaism ['la:məizm] *znw* lamaïsme *o*
lamasery ['la:məsəri] *znw* lamaklooster *o*
lamb [læm] **I** *znw* lam² *o*; lamsvlees *o*; fig gemeenz
lieve kind *o*; **II** *onoverg* lammeren, werpen
lambast(e) [læm'beist] *overg* gemeenz (iem.) zijn
vet geven, (iem.) op zijn nummer zetten, (iem.)
flink op zijn donder geven; hekelen
lambent ['læmbənt] *bn* lekkend, spelend [v. vlam-
men], glinsterend, tintelend
lambkin ['læmkin] *znw* lammetje² *o*
lambskin *znw* lamsvel *o*
lame [leim] **I** *bn* mank, kreupel², gebrekkig; armzalig, onbevredigend [excuus]; ~ *in one leg* mank aan
één been; **II** *overg* mank (kreupel) maken; verlammen, met lamheid slaan
lamé ['la:mei, la:'mei] *znw* [Fr] lamé
lamella [lə'melə] *znw (mv: -s of* lamellae [-li:]) la-
mel, plaatje *o*
lament [lə'ment] **I** *znw* jammer-, weeklacht; klaaglied *o*, klaagzang; **II** *onoverg* (wee)klagen, jammeren, lamenteren; **III** *overg* bejammeren, betreuren,
bewenen; *the late* ~*ed Rabin* Rabin zaliger
lamentable ['læməntəbl] *bn* beklagens-, betreurenswaardig; jammerlijk; gemeenz minderwaardig
lamentation [læmen'teiʃən] *znw* weeklacht, jammerklacht, gejammer *o*
lamina ['læminə] *znw (mv: -s of* laminae [-ni:])
dunne plaat; laag; blad *o*
laminate **I** *overg* ['læmineit] pletten; in lagen afde-
len; met platen beleggen, lamineren; **II** *znw* ['læ-
minit] laminaat *o*
Lammas ['læməs] *znw* St.-Pieter [1 augustus]
lamming ['læmiŋ] *znw* gemeenz pak *o* slaag
lamp [læmp] *znw* lamp; lantaarn
lampblack *znw* lampzwart *o*
lamplighter ['læmplaitə] *znw* lantaarnopsteker
lamplit ['læmplit] *bn* met een lamp verlicht
lampoon [læm'pu:n] **I** *znw* schotschrift *o*; pamflet
o; **II** *overg* (in schotschriften) hekelen
lampoonist *znw* pamfletschrijver
lamp-post ['læmppoust] *znw* lantaarn(paal)
lampshade *znw* lampenkap
Lancastrian [læŋ'kæstriən] *znw* **1** hist (aanhanger)
van Lancaster [in de Rozenoorlogen]; **2** (inwoner)
van Lancashire
lance [la:ns] **I** *znw* lans; speer; **II** *overg* (met een
lans) doorsteken; (met een lancet) dóórsteken of

openen; plechtig werpen
lance-corporal *znw* soldaat eerste klasse
lanceolate ['la:nsiəlit] *bn* lancetvormig
lancer ['la:nsə] *znw* lansier
lancet ['la:nsit] *znw* lancet *o*
lancinating ['la:nsineitiŋ] *bn* snijdend, stekend [v.
pijn]
land [lænd] **I** *znw* land° *o*, landerijen; platteland *o*;
grond, bodem; *make* ~ land zien of bereiken; *see
how the* ~ *lies* poolshoogte nemen; *by* ~ over land;
te land; *on* ~ aan land, aan (de) wal; te land; **II** *bn*:
~ *reform* agrarische hervorming; **III** *overg* (doen)
landen, doen belanden, aan land zetten, aan land
brengen of halen, lossen [goederen], afzetten [uit
voertuig]; fig brengen [in moeilijkheden]; gemeenz
opstrijken, bemachtigen, krijgen; ~ *him one in the
eye* gemeenz hem een klap op z'n oog geven; ~ *him
with* gemeenz hem opzadelen met; **IV** *onoverg*
(aan-, be)landen; neerkomen, terechtkomen; sp
aankomen [bij einddoel]; ~ *on one's feet* fig geluk
hebben; ~ *up with* er met ... afkomen
land-agent *znw* rentmeester; makelaar in landerijen &
landau ['lændɔ:] *znw* landauer
landbank ['lændbæŋk] *znw* grondkredietbank
landed *bn* uit landerijen bestaande; landerijen bezittende, grond-; *the* ~ *interest* de grondbezitters; ~
property, estate grondbezit *o*; *the* ~ *gentry* de landadel
landfall *znw: make* ~ land in zicht krijgen; *make (a)
* ~ *on an island* voor het eerst voet aan wal zetten
op een eiland
landfill *znw* **1** stortterrein *o*; **2** storten *o* v. afval
land-forces *znw mv* landmacht
land-holder *znw* grondbezitter; meestal: pachter
landing ['lændiŋ] *znw* landing; lossing; lan-
dingsplaats, losplaats; (trap)portaal *o*, overloop
landing-charges *znw mv* lossingskosten
landing-craft *znw* landingsvaartuig *o*, landingsvaartuigen
landing-gear *znw* luchtv landingsgestel *o*, onderstel *o*
landing-net *znw* schepnet *o*
landing-party *znw* landingsdetachement *o*
landing-stage *znw* aanlegsteiger; kade
landing-strip *znw* landingsstrook, landingsstrip
landlady *znw* hospita, kostjuffrouw; herbergierster,
waardin
landless *bn* zonder land
land-locked *bn* door land ingesloten
landlord *znw* huisbaas, -eigenaar; hospes, kostbaas;
herbergier, waard, kastelein
landlubber *znw* landrot
landmark *znw* baken *o*, (bekend) punt *o*, oriën-
tatiepunt *o*; fig mijlpaal, keerpunt *o* [op levensweg
&]
land-mine *znw* landmijn
landowner *znw* grondbezitter

land registry *znw* kadaster *o*
landrover *znw* landrover [terreinwagen]
landscape I *znw* landschap *o*; ~ *artist (painter)* landschapschilder; ~ *gardener* tuinarchitect, landschapsarchitect; ~ *gardening* tuinarchitectuur; II *overg* verfraaien d.m.v. landschapsarchitectuur
landscapist *znw* landschapschilder
landslide ['lændslaid] *znw* bergstorting, aardverschuiving; *fig* (ook: ~ *victory*) overweldigende verkiezingsoverwinning
landslip *znw* kleine aardverschuiving
land-surveying *znw* landmeting
land-surveyor *znw* landmeter
land-tax *znw* grondbelasting
landward(s) *bn & bijw* landwaarts
lane [lein] *znw* landweg [tussen heggen]; nauwe straat, steeg; (rij)strook; *sp* baan; *scheepv* vaarweg, -geul; *scheepv* & *luchtv* route; *four-*~ *highway* vierbaansweg
language ['læŋgwidʒ] *znw* taal, spraak; *bad* ~ scheldwoorden; *use bad* ~ vloeken, schelden; *speak the same* ~ elkaar aanvoelen, begrijpen
language laboratory *znw* talenpracticum *o*
languid ['læŋgwid] *bn* mat, slap, loom, lusteloos, flauw, smachtend
languish ['læŋgwiʃ] *onoverg* verflauwen; weg-, (ver)kwijnen, (ver)smachten (naar *for*)
languor ['læŋgə] *znw* kwijning; matheid, loomheid
languorous *bn* kwijnend, smachtend; mat, loom
lank [læŋk] *bn* sluik [v. haar]
lanky *bn* lang (en mager of slungelachtig)
lantern ['læntən] *znw* lantaarn; lichtkamer [v. vuurtoren]; *Chinese* ~ lampion; *magic* ~ toverlantaarn; ~-*jawed* holwangig
lantern-slide *znw* toverlantaarnplaatje *o*
lanyard ['lænjəd] *znw* *scheepv* taliereep; riem; koord *o*
Laos ['la:ɔs] *znw* Laos *o*
Laotian I *znw* Laotiaan; II *bn* Laotiaans
lap [læp] I *znw* 1 schoot; 2 *sp* ronde [bij baanwedstrijd]; etappe (ook *fig*); ~ *of honour* ererondje *o*; *in the* ~ *of the gods* in de schoot der goden, in de toekomst; *in the* ~ *of luxury* badend in luxe, weelde; II *overg* 1 *sp* 'lappen', op een ronde achterstand zetten; 2 (meestal: ~ *up*) (op)lebberen, opslorpen; *gemeenz* gulzig drinken; *fig* gretig in zich opnemen; ~ *up gemeenz fig* smullen van, dol zijn op; III *onoverg* 1 slorpen; 2 klotsen, kabbelen
lap-dog *znw* schoothondje *o*
lapel [~ lə'pel] *znw* lapel [v. jas]
lapful ['læpful] *znw* schootvol
lapidary ['læpidəri] I *bn* lapidair; II *znw* steensnijder
lapis lazuli [læpis'læzjulai] *znw* lapis lazuli, lazuursteen, lazuur *o*
Lapp [læp] I *znw* Lap(lander); II *bn* Laplands
lappet ['læpit] *znw* flap, slip [aan kleding]; kwab, (oor)lel

Lappish ['læpiʃ] *bn* Laplands
lapse [læps] I *znw* val, loop, verval *o*, verloop *o*, vervallen *o*, afval(ligheid); afdwaling, misslag, fout, vergissing, lapsus; II *onoverg* verlopen, (ver)vallen°, afvallen, afdwalen
lapwing ['læpwiŋ] *znw* kievit
larboard ['la:bəd, -bɔ:d] *znw* bakboord *o*
larceny ['la:səni] *znw* *Am recht* diefstal
larch [la:tʃ] *znw* lorkenboom, lariks; lorkenhout *o*
lard [la:d] I *znw* reuzel; II *overg* larderen, doorspekken (met *with*)
larder *znw* provisiekamer, -kast
large [la:dʒ] *bn* groot°, ruim²; breed, veelomvattend; royaal; vérstrekkend; *at* ~ breedvoerig; vrij, op vrije voeten; in (over) het algemeen; *gentleman at* ~ heer zonder beroep, rentenier; *the public at* ~ het grote publiek; *by and* ~ over het algemeen; *as* ~ *as life* in levenden lijve, hoogstpersoonlijk; ~*er than life* overdreven, buiten proporties
large-handed *bn* royaal, mild
large-hearted *bn* groothartig, edelmoedig
large-limbed *bn* grofgebouwd
largely *bijw* in grote (ruime, hoge) mate, ruimschoots; grotendeels
largeness *znw* grootte; onbekrompenheid
large-scale *bn* op grote schaal, grootscheeps, groot
largess(e) [la:'dʒes] *znw* vrijgevigheid, gulheid
largish ['la:dʒiʃ] *bn* vrij groot
lariat ['læriət] *znw* lasso; touw *o* om paard & vast te binden
lark [la:k] I *znw* 1 leeuwerik; 2 *gemeenz* pret, pretje *o*; grap, lolletje *o*; *up with the* ~ voor dag en dauw; II *onoverg*: ~ *about gemeenz* lol maken
larky *bn gemeenz* uit op een pretje, jolig, lollig
larrikin ['lærikin] *znw Austr* straatschender; boefje *o*
larrup ['lærəp] *overg gemeenz* afranselen
larva ['la:və] *znw* (*mv:* larvae [-vi:]) larve
larval *bn* larven-
laryngeal [lə'rindʒiəl] *bn* van het strottenhoofd
laryngitis [lærin'dʒaitis] *znw* laryngitis, ontsteking van het strottenhoofd
larynx ['læriŋks] *znw* (*mv:* -es *of* larynges [lərin-dʒi:z]) larynx: strottenhoofd *o*
lascivious [lə'siviəs] *bn* wellustig, geil, wulps
laser ['leizə] *znw* laser
lash [læʃ] I *znw* zweepkoord *o*; slag, zweepslag, gesel, -slag; wimper, ooghaar *o*; *be under the* ~ onder de plak zitten; II *overg* zwepen, *fig* opzwepen; geselen²; striemen; slaan, beuken; (vast)sjorren; III *onoverg* slaan, zwiepen; ~ *out* achteruitslaan [v. paard]; *fig* uit de band springen; ~ *out at* er van langs geven, uitvallen naar, uitvaren tegen, woest aanvallen
lasher ['læʃə] *znw* waterkering; stuwdam, spui *o*, spuigat *o*, spuiwater *o*; stuwbekken *o*

lashing ['læʃiŋ] *znw* geseling; scheepv sjorring; ~s *of gemeenz* een overvloed aan

lash-up *znw gemeenz* haastige improvisatie

lass(ie) ['læs(i)] *znw* deerntje *o*, meisje *o*

lassitude ['læsitju:d] *znw* moeheid, loomheid, matheid, afmatting

lasso [læ'su:, 'læsou] I *znw (mv: -s of* -soes) lasso; II *overg* met de lasso vangen

1 last [la:st] *znw* **1** (schoenmakers)leest; **2** handel last *o* & *m*

2 last [la:st] I *bn* laatst; vorig(e), verleden, jongstleden; nieuwst, meest recent; *the* ~ *but one* op een na de laatste; *the* ~ *day* de jongste dag; ~ *night* gister(en)avond; vannacht [verleden nacht]; *the night before* ~ eergister(en)avond, eergister(en-) nacht; *the year before* ~ voorvorig (voorverleden, eerverleden) jaar; ~ *but not least* de (het) laatstgenoemde, maar niet de (het) minste; *every* ~ *one* iedereen (zonder uitzondering); II *znw* laatste; *we shall never hear the* ~ *of it* er komt nooit een eind aan; *look one's* ~ *at...* een laatste blik werpen op...; *at (long)* ~ uiteindelijk, ten slotte, ten langen leste; *be near one's* ~ zijn eind nabij zijn; *to (tell) the* ~ tot het laatst toe; *towards the* ~ tegen het eind; *breathe one's* ~ de laatste adem uitblazen; *leave (sth.) till* ~ (iets) voor het laatst bewaren; III *bijw* het laatst; ten slotte

3 last [la:st] I *onoverg* (blijven) duren; voortduren; goed blijven, (lang) meegaan; het uithouden; *it will* ~ *you a week* u hebt er voor een week genoeg aan; *she will not* ~ *long* zij zal het niet lang meer maken; *make one's money* ~ lang doen met zijn geld; ~ *out* het volhouden; II *overg:* ~ *(out) the day* & de nacht halen

last-ditch ['la:stditʃ] *bn* wanhoops-; *a* ~ *attempt* een wanhoopspoging

lasting *bn* duurzaam, (voort)durend, bestendig

lastly *bijw* ten laatste, ten slotte

last-minute *bn* op het laatste ogenblik, te elfder ure

last name *znw* achternaam

latch [lætʃ] I *znw* klink; *off the* ~ op een kier; *on the* ~ op de klink; II *overg* op de klink doen; ~ *on to,* ~ *onto* snappen; zich vastklampen aan

latchkey ['lætʃki:] *znw* huissleutel; ~ *child (kid)* sleutelkind *o*

late [leit] I *bn* laat; te laat; laatst, van de laatste tijd, jongst(e); vergevorderd; gewezen, vorig, ex-; overleden, wijlen; *the* ~ *Mr. A.* wijlen de heer A.; *of* ~ (in) de laatste tijd; ~ *of* tot voor kort wonend in (te); II *bijw* laat; te laat; voorheen; plechtig onlangs; ~ *in the day* wat laat; *as* ~ *as those times* tot aan (in), nog in, tot op die tijd

latecomer *znw* laatkomer

lately *bijw* laatst, onlangs, kort geleden; (in) de laatste tijd

lateness *znw:* het (te) laat zijn *o*; *the* ~ *of the hour* het late uur

late-night *bn* nacht-; ~ *shopping* koopavond

latent ['leitənt] *bn* verborgen, slapend; latent; ~ *period* incubatietijd

later ['leitə] *bn* & *bijw* later; ~ *on* later, naderhand

lateral ['lætərəl] *bn* zijdelings, zij-

latest ['leitist] *bn* laatste, nieuwste; *the* ~ de nieuwste mop, het nieuwste snufje &; *at the* ~ niet later dan, op z'n laatst

latex ['leiteks] *znw (mv: -es of* latices [-tisi:z]) latex *o* & *m*: melksap *o*

lath [la:θ] *znw* lat

lathe [leið] *znw* draaibank

lather ['la:ðə, 'læðə] I *znw* zeepsop *o*; schuim *o*; zweet *o* [v. paard]; *in a* ~ (op)gejaagd; II *onoverg* schuimen; III *overg* met schuim bedekken; inzepen; *gemeenz* afranselen

Latin ['lætin] I *bn* Latijns; ~ *America* Latijns-Amerika; II *znw* **1** Latijn *o*; **2** Latijns (zuidelijk) type [persoon]

Latin-American I *bn* Latijns-Amerikaans; II *znw* Latijns-Amerikaan [persoon]

latish ['leitiʃ] *bn* wat laat

latitude ['lætitju:d] *znw* (geografische) breedte, hemelstreek; vrijheid [v. handelen], speelruimte

latitudinarian ['lætitju:di'nɛəriən] *bn (znw)* vrijzinnig(e)

latrine [lə'tri:n] *znw* latrine

latter ['lætə] *bn* laatstgenoemde, laatste (van twee), tweede

latter-day *bn* van de laatste tijd, modern; *the* ~ *saints* de heiligen der laatste dagen [de mormonen]

latterly *bijw* in de laatste tijd; tegenwoordig; tegen het eind (van het leven &)

lattice ['lætis] I *znw* traliewerk *o*, open latwerk *o*; ~ *bridge* traliebrug; II *overg* van tralie-, latwerk voorzien

lattice window *znw* tralievenster *o*; venster *o* met glasinlood

lattice-work *znw* traliewerk *o*

Latvia ['lætviə, -vjə] *znw* Letland *o*

Latvian ['lætviən, -vjən] I *znw* **1** Let; **2** Lets *o*; II *bn* Lets, van/uit Letland

laud [lɔ:d] I *znw* lof, lofzang; ~s RK lauden; II *overg* loven, prijzen

laudable *bn* lof-, prijzenswaardig

laudatory *bn* prijzend, lovend-, lof-

laugh [la:f] I *onoverg* & *overg* lachen; *he who* ~s *last* ~s *longest* wie het laatst lacht, lacht het best; ~ *all the way to the bank* makkelijk binnenlopen [rijk worden]; ~ *at* lachen om[2], uitlachen; lachen tegen; ~ *down* door lachen tot zwijgen brengen; ~ *in the face of* tarten, bespotten; ~ *up one's sleeve* in z'n vuistje lachen; ~ *off* zich lachend afmaken van, weglachen, met een grapje afdoen; *he* ~*ed on the other side of his face* hij lachte als een boer die kiespijn heeft; ~ *out (loud)* luid lachen; ~ *sth./sbd. out of court* iets/iem. volledig belachelijk maken; ~ *over* lachen om; II *znw* lach, gelach *o*; *gemeenz* gein(tje *o*), lol(letje *o*); geinponem

laughable *bn* belachelijk, lachwekkend

laughing-gas *znw* lachgas *o*

laughing-stock *znw* voorwerp *o* van bespotting, risee

laughter *znw* gelach *o*, lachen *o*

launch [lɔːn(t)ʃ] **I** *overg* werpen, slingeren; te water laten, van stapel laten lopen; van wal steken; lanceren², afschieten [raket]; de wereld in zenden (in sturen), uitbrengen, beginnen, op touw zetten, inzetten, ontketenen [aanval &]; oplaten [ballon]; **II** *onoverg*: ~ *forth* in zee steken; ~ *forth in praise of* uitweiden over de verdiensten van; ~ *into* aan ... beginnen, enthousiast beginnen; ~ *out* uitbarsten; zich storten in; zijn geld laten rollen; beginnen; zich begeven (in *into*); **III** *znw* tewaterlating; lancering [v. raket]; lanceren *o*, uitbrengen *o* [v. product, film &]; barkas

launcher *znw* lanceerinrichting

launch(ing) pad *znw* lanceerplatform *o*; *fig* opstap [naar een hogere functie &]

launching site *znw* lanceerplatform *o*

launder ['lɔːndə] *overg* wassen en opmaken; witwassen, witten [v. zwart geld]

launderette [lɔːndə'ret], Am **laundromat** *znw* wasserette

laundress ['lɔːndris] *znw* wasvrouw

laundry *znw* was; wasserij

laundryman *znw* wasman

laureate ['lɔːriit] *bn* & *znw* gelauwerd(e dichter)

laurel *znw* laurier; lauwerkrans; ~s ook: *fig* lauweren; *rest on one's* ~s op zijn lauweren rusten

lava ['laːvə] *znw* lava

lavatory ['lævətəri] *znw* toilet *o*, retirade, wc, closet *o*; ~ *pan* closetbak; ~ *bowl* closetpot

lave [leiv] *overg* plechtig wassen, bespoelen

lavender ['lævəndə, -vində] *znw* lavendel; lavendelblauw *o*

laver ['leivə] *znw* wasbekken *o*

lavish ['læviʃ] **I** *bn* kwistig (met *of*); overvloedig, luxueus; **II** *overg* kwistig uitdelen of besteden; verkwisten (aan *upon*)

lavishness *znw* kwistigheid

law [lɔː] *znw* wet; recht *o*; wetgeving; justitie, politie; regel, wetmatigheid; *canon* ~ canoniek (kerkelijk) recht *o*; *civil* ~ burgerlijk recht *o*; *constitutional* ~ staatsrecht *o*; *customary* ~ gewoonterecht *o*; ~ *and order* recht en orde; orde en gezag; ~ *of nations* volkenrecht *o*; *be a* ~ *unto oneself* zijn eigen wetten stellen; *have the* ~ *on sbd.* iem. voor de rechter slepen; *lay down the* ~ de wet stellen; autoritair optreden; *study (read, take)* ~ rechten studeren; *take the* ~ *into one's own hands* eigenrichting plegen; eigen rechter spelen; zie ook: *common I*; *be at* ~ in proces liggen; *no distinction is made at* ~ er wordt geen onderscheid gemaakt voor de wet; *action (case, process) at* ~ proces *o*; *by* ~, *in* ~ voor (volgens) de wet; *go to* ~ de weg van rechten in-

slaan, gaan procederen

law-abiding *bn* gehoorzaam (aan de wet), gezagsgetrouw, ordelievend; achtenswaardig

lawbreaker *znw* wetsovertreder

law centre *znw* bureau *o* voor rechtshulp

lawcourt *znw* rechtbank

law-enforcement *znw* misdaadbestrijding

lawful *bn* wettig, rechtmatig, geoorloofd

lawgiver *znw* wetgever

lawless *bn* wetteloos; bandeloos

lawmaker *znw* wetgever

lawman *znw* Am politieman

law merchant ['lɔː'məːtʃənt] *znw* handelsrecht *o*

lawn [lɔːn] *znw* **1** grasperk *o*, -veld *o*, gazon *o*; **2** kamerdoek *o* & *m*, batist *o*

lawnmower *znw* grasmaaimachine

lawnsprinkler *znw* gazonsproeier

lawn tennis *znw* tennis *o*

law-officer ['lɔːɔfisə] *znw* rechterlijk ambtenaar

lawsuit *znw* rechtsgeding *o*, proces *o*

law-term *znw* rechtsterm; zittingsperiode

lawyer *znw* rechtsgeleerde, jurist; advocaat

lax [læks] *bn* los², slap², laks, zorgeloos; aan diarree lijdend

laxative I *bn* laxerend; **II** *znw* laxeermiddel *o*, laxans *o*, laxatief *o*

laxity *znw* losheid², slapheid², laksheid, onnauwkeurigheid

1 lay [lei] V.T. van ²*lie*

2 lay [lei] *bn* wereldlijk, leke(n)²-; amateur-

3 lay [lei] (laid; laid) **I** *overg* leggen, plaatsen; neerleggen; installeren; aanleggen [vuur]; aan-, beleggen (met *with*); zetten; bannen, bezweren [geesten]; *gemeenz* neuken, een beurt geven; dekken [tafel]; (ver)wedden; indienen [aanklacht]; klaarzetten [ontbijt &]; ~ *a bet* een weddenschap aangaan; ~ *the cloth* de tafel dekken; ~ *eyes on* zijn oog laten vallen op; ~ *low* tegen de grond werken; verslaan; *fig* vellen [door ziekte]; ~ *(oneself) open to* (zich) blootstellen aan; ~ *snares (traps)* strikken spannen; zie ook: *claim II, contribution, hand &*; **II** *onoverg* leggen; dekken [de tafel]; ~ *about one* er op (van zich af) slaan (naar alle kanten); ~ *aside* opzij leggen, terzijde leggen; laten varen; ~ *at* vaststellen op; slaan naar, te lijf willen; ~ *before* voorleggen; ~ *by* opzij leggen, sparen; ~ *down* neerleggen²; (vast)stellen [regels], voorschrijven, bepalen; laten varen [v. hoop]; *scheepv* op stapel zetten; opslaan [wijn]; ~ *down one's life* zijn leven geven; ~ *in* opdoen, inslaan [voorraden]; ~ *into sbd.* er op los slaan; ~ *off* (tijdelijk) gedaan geven (naar huis sturen) [werklui]; uitscheiden; met rust laten; ~ *on* opleggen; erop (erover) leggen; aanleggen [gas &]; organiseren [feestje &], zorgen voor; erop ranselen; schuiven op [schuld]; ~ *it on (thick, with a trowel)* gemeenz het er dik opleggen, overdrijven; met de stroopkwast werken; ~ *out* uitleggen, klaarleggen, -zetten; aanleggen, ontwerpen; afleggen [een dode]; bewusteloos slaan, buiten gevecht stellen; uitgeven, besteden (aan *in*); ~ *oneself out to* ... zijn uiterste best doen, zich uitsloven om ...; ~ *over* bedekken, beleggen; Am overblijven; ~ *to* wijten aan; scheepv bijleggen; ~ *up* inslaan [voorraad]; opzamelen, sparen; scheepv opleggen; buiten dienst stellen, vellen, afschaffen, afdanken; *be laid up* (ziek) liggen, het bed moeten houden; ~ *upon* zie ~ *on*

4 lay [lei] *znw* **1 leg** [v. kip]; **2 ligging**; ~ *of the land* fig stand van zaken; **3 gemeenz** wip, nummertje *o*; *she's an easy* ~ zij gaat zo'n beetje met iedereen naar bed; **4** plechtig lied *o*, zang

lay-about ['leiəbaut] *znw* leegloper

lay brother ['lei'brʌðə] *znw* lekenbroeder

lay-by ['leibai] *znw* auto parkeerhaven

lay-days *znw mv* scheepv ligdagen

layer ['leiə] *znw* laag; dierk leghen; plantk aflegger

layer-cake *znw* uit lagen opgebouwd gebak *o*

layered *bn* gelaagd

layette [lei'et] *znw* babyuitzet

lay figure ['lei'figə] *znw* ledenpop[2]

layman ['leimən] *znw* leek[2]

layoff ['lei'ɔf] *znw* (tijdelijk) naar huis sturen *o* van arbeiders wegens gebrek aan werk

layout ['lei'aut] *znw* aanleg [v. park &]; inrichting; ontwerp *o*, [v. drukwerk] lay-out; situatietekening; opzet

layover ['leiouvə] *znw* Am reisonderbreking

lay preacher ['lei'pri:tʃə], **lay reader** ['lei'ri:də] *znw* leek met bevoegdheid om godsdienstige bijeenkomsten te leiden

lay sister *znw* lekenzuster

lazaret, lazaretto [læzə'ret(ou)] *znw* lazaret *o*, leprozenhuis *o*; scheepv quarantainegebouw *o*, -schip *o*

laze [leiz] *onoverg* luilakken, lummelen, lanterfanten; ~ *away* verluieren, verlummelen [v. tijd]; ~ *about* ook: flaneren

lazy ['leizi] *bn* lui, vadsig

lazybones *znw* luiwammes, luilak

lb. *afk.* = *libra* Engels pond [0,453 kg]

lbw *afk.* cricket = *leg before wicket*

LCD *afk.* = *liquid crystal display* LCD-scherm *o*

lea [li:] *znw* plechtig beemd, weide, grasveld *o*

LEA *afk.* = *Local Education Authority*

leach [li:tʃ] *overg* (uit)logen

1 lead [led] **I** *znw* lood *o* [ook = kogels]; potlood *o*; diep-, peillood *o*; zegelloodje *o*; witlijn; *the* ~*s (of a house)* het plat; *swing the* ~ slang lijntrekken; **II** *bn* loden; **III** *overg* met lood bedekken of bezwaren; plomberen [voor de douane]; in lood vatten; interliniëren [zetsel]; ~*ed lights* glas-in-lood(ramen)

2 lead [li:d] (led; led) **I** *overg* leiden, (tot iets) brengen; (aan)voeren; kaartsp uitkomen met; ~ *the way* voorgaan[2], vooropgaan; zie ook: *dance III; be easily led* makkelijk te beïnvloeden zijn; ~ *astray* op een dwaalspoor brengen; **II** *onoverg* vooropgaan, bovenaan (nummer één) staan; leiden; de leiding hebben; sp aan de kop liggen; voorstaan [in (doel-) punten]; kaartsp uitkomen; ~ *with* openen met, als voornaamste nieuws brengen [v. krant]; ~ *away* wegleiden, wegvoeren; ~ *by the nose* bij de neus nemen; ~ *in prayer* in het gebed voorgaan, voorbidden; ~ *off* voorgaan, beginnen; ~ *off the ball* het bal openen; ~ *on* vooropgaan, aanvoeren, meeslepen; ~ *sbd. on* iem. iets wijsmaken; iem. tot iets verleiden; ~ *sbd. up the garden(-path)* iem. inpakken, iets wijsmaken; ~ *up to* voeren (leiden) tot; aansturen op [in gesprek]

3 lead [li:d] **I** *znw* leiding°, voorsprong (op *over*); kaartsp invite; kaartsp voorhand; kaartsp uitkomen *o*; riem, lijn [voor honden]; hoofddrol; voorbeeld *o*; elektr voedingsdraad; fig vingerwijzing, aanwijzing; hoofdartikel *o*, openingsartikel *o* [in krant]; *juvenile* ~ jeune premier; *it is my* ~ kaartsp ik moet uitkomen; *follow my* ~ kaartsp speel door in dezelfde kleur; fig volg mijn voorbeeld; *take the* ~ de leiding nemen[2]; *in the* ~ vooraan, aan de kop; **II** *bn* voorste, eerste; voornaamste

leaded ['ledid] *bn* **1** glasinlood [ramen]; **2** gelood [v. benzine &]

leaden *bn* loden, loodzwaar[2]; loodkleurig; deprimerend

leader ['li:də] *znw* (ge)leider, leidsman, gids, aanvoerder, voorman; Br muz concertmeester; eerste violist; Am muz dirigent; hoofdartikel *o*; voorpaard *o*

leadership ['li:dəʃip] *znw* leiding, leiderschap *o*

lead-free ['ledfri:] *bn* loodvrij

lead-in [li:d'in] *znw* elektr invoer-, toevoer(kabel); fig inleiding

1 leading ['lediŋ] *znw* lood *o* [v. glas]

2 leading ['li:diŋ] **I** *bn* leidend; eerste, voorste, vooraanstaand, toonaangevend, voornaamste; hoofd-; ~ *article* hoofdartikel *o* [v. krant]; ~ *edge* luchtv voorrand [v. vleugel]; fig voorste gelid *o*; nieuwste *o* van het nieuwste, neusje *o* van de zalm; ~ *lady*, ~ *man* eerste rol [toneel]; ~ *question* suggestieve vraag; **II** *znw* leiding

leading-strings ['li:diŋstriŋz] *znw mv* leiband; *be in* ~ aan de leiband lopen

lead-off ['li:dɔf] *znw* gemeenz begin *o*, start

lead-pencil ['led'pensl] *znw* potlood *o*

lead-poisoning ['ledpɔizniŋ] *znw* loodvergiftiging

lead story ['li:dstɔ:ri] *znw* hoofdartikel *o*

lead time ['li:dtaim] *znw* productietijd

leaf [li:f] **I** *znw* (*mv*: leaves [li:vz]) blad° *o*; vleugel [v. deur]; klep [v. vizier]; blad *o* [v. tafel]; *in* ~ plantk uitgelopen [v. bomen]; *take a* ~ *out of (from) sbd.'s book* iem. tot voorbeeld nemen; *turn over a new* ~ een nieuw en beter leven beginnen; **II** *onoverg* uitlopen, bladeren krijgen; **III** *overg*: ~ *through* bladeren in, doorbladeren

leafage *znw* loof *o*; loofwerk *o*

leaf insect *znw* wandelend blad *o*

leafless *bn* bladerloos
leaflet I *znw* blaadje *o*; folder; strooibiljet *o*; brochure, traktaatje *o*; II *overg* folderen
leaf-mould *znw* bladaarde
leafy *bn* bladerrijk, loofrijk; lommerrijk, groen [v. stad &]; ~ *vegetable* bladgroente
league [li:g] *znw* **1** verbond *o*, liga; **2** sp competitie [voetbal]; **3** vero mijl; **4** klasse, groep, categorie; niveau *o*; *in a different* ~ niet te vergelijken; *he's not in my* ~ ik kan niet aan hem tippen; *it's out of his* ~ hij is niet voor zijn taak berekend; *L~ of Nations* hist volkenbond; *be in* ~ *with* heulen met
leaguer *znw* lid *o* van een liga
leak [li:k] I *znw* lek *o*; lekkage; *take (go for) a* ~ slang pissen; II *onoverg* lekken, lek zijn; ~ *out* uitlekken[2]; III *overg* laten uitlekken
leakage *znw* lekkage, lek[2] *o*; uitlekken[2] *o*
leakiness *znw* lek zijn *o*
leaky *bn* lek
leal [li:l] *znw* Schots plechtig trouw, loyaal
1 lean [li:n] (leant/leaned; leant/leaned) I *onoverg* leunen; overhellen, hellen, neigen; *the L~ing Tower* de scheve toren [v. Pisa]; ~ *back* achterover leunen; ~ *forward* voorover leunen; ~ *(up)on* leunen (steunen[2]) op; ~ *on sbd.* ook: iem. onder druk zetten; ~ *over* (voor)overhellen; ~ *towards* neigen tot, de neiging hebben tot; zie ook: *backwards*; II *overg* laten leunen of steunen; zetten
2 lean [li:n] *znw* overhelling
3 lean [li:n] I *bn* mager, schraal; II *znw* mager vlees *o*
leaning ['li:niŋ] *znw* overhelling, neiging
leant [lent] V.T. & V.D. van *1lean*
lean-to ['li:n'tu] *znw* (*mv:* -tos) aanbouwsel *o*, loods, schuurtje *o*
1 leap [li:p] (leapt/leaped; leapt/leaped) I *onoverg* springen; ~ *at a chance* & aangrijpen; *it* ~*s out at you* het springt in het oog; ~ *up* opspringen; *my heart* ~*t* mijn hart ging (ineens) sneller kloppen; II *overg* over ... springen; overslaan [bij lezen]
2 leap [li:p] *znw* sprong[2]; *by* ~*s (and bounds)* met (grote) sprongen
leapfrog I *znw* haasje-over *o*; II *onoverg* **1** haasje-over spelen; **2** sprongsgewijs vorderen
leapt [lept] V.T. & V.D. van *leap*.
leap-month ['li:pmʌnθ] *znw* schrikkelmaand
leap-year *znw* schrikkeljaar *o*
learn [lə:n] (learnt/learned; learnt/learned) *overg* leren; vernemen, te weten komen (ook: ~ *of*); slang onderwijzen; ~ *one's lesson* leergeld betalen
1 learned [lə:nt, -d] V.T. & V.D. van *learn*
2 learned ['lə:nid] *bn* geleerd; wetenschappelijk; *the* ~ *professions* de "vrije" beroepen
learner *znw* leerling
learning *znw* geleerdheid, wetenschap
learnt [lə:nt] V.T. & V.D. van *learn*
lease [li:s] I *znw* huurceel, -contract *o*, verhuring, verpachting; huurtijd; pacht, huur; *long* ~ erf-

pacht; ~ *of life* levensduur; *a new* ~ *of life* geheel verjongd; weer als nieuw (zijn); *take by (on)* ~ huren, pachten; *put out to* ~ verhuren, verpachten; II *overg* (ver)huren; (ver)pachten; leasen
leaseback *znw* verhuur aan de oorspronkelijke eigenaar
leasehold I *znw* pacht; pachthoeve; II *bn* pacht-, huur-
leaseholder *znw* pachter, huurder
leash [li:ʃ] I *znw* koppel, lijn, riem; *on the* ~ aan de lijn, aangelijnd [hond]; II *overg* (aan)koppelen
leasing ['li:siŋ] *znw* leasing
least [li:st] I *bn* kleinste, minste, geringste; II *bijw:* *at* ~ tenminste; *not* ~ *because...* niet in het minst omdat..., niet in de laatste plaats vanwege...; ~ *said, soonest mended* ± spreken is zilver, zwijgen is goud; III *znw:* *at the* ~ op zijn minst (genomen); *not in the* ~ volstrekt niet; zie ook: *say I*
leastways, leastwise *bijw* gemeenz tenminste
leather ['leðə] I *znw* le(d)er *o*; ~*s* leergoed *o*; leren broek; II *bn* leren, van leer
leather-dresser *znw* leerbereider
leatherette [leðə'ret] *znw* kunstleer *o*
leathering ['leðəriŋ] *znw* gemeenz pak *o* slaag
leathern *bn* lederen, van leer
leathery *bn* leerachtig, leer-
1 leave [li:v] *znw* verlof *o*; ~ *of absence* verlof *o*; *take (one's)* ~ afscheid nemen; *by your* ~ met uw verlof; *on* ~ met verlof;
2 leave [li:v] (left; left) I *onoverg & abs ww* weggaan, vertrekken (naar *for*); II *overg* verlaten; nalaten°; overlaten; laten; achterlaten, laten staan (liggen); in de steek laten; *six from seven* ~*s one* 7 min 6 is 1; ~ *go (of)* loslaten; ~ *home* van huis gaan; ~ *Paris for London* ook: vertrekken van Parijs naar Londen; ~ *school* ook: van school afgaan; ~ *about* laten slingeren; ~ *alone* afblijven van, zich niet bemoeien met, met rust laten; ~ *it at that* het daarbij laten, er verder niets meer over zeggen; ~ *behind* achter (zich) laten; nalaten; achterblijven, achterstand oplopen [studie &]; ~ *off* afleggen, uitlaten [kleren]; ophouden met; het bijltje erbij neergooien; ~ *off smoking* ophouden met roken; het roken opgeven (laten); ~ *a card on sbd.* een kaartje bij iem. afgeven; ~ *out* uit-, weglaten; overslaan; voorbijgaan; *feel left out* (zich) buitengesloten voelen; ~ *over* laten liggen of rusten; ~ *sbd. to it* iem. aan zijn lot overlaten; iem. rustig zijn eigen gang laten gaan; *leaving aside...* (even) afgezien van...; ~ *a letter with sbd.* een brief bij iem. afgeven; zie ook: *1left*
3 leave [li:v] *onoverg* bladeren krijgen
leaved *bn* gebladerd; ... bladig
leaven ['levn] I *znw* zuurdeeg *o*, zuurdesem[2]; II *overg* desemen; doortrekken, doordringen
leaver ['li:və] *znw* wie vertrekt of verlaat; *university-* ~*s* afgestudeerden van de universiteit, academisch gevormden; zie ook: *school-leaver*
leavetaking *znw* afscheid *o*

leaving certificate znw onderw einddiploma o
leavings znw mv overblijfsel o, overschot o, kliekjes, afval o & m
Lebanese [lebə'ni:z] I bn Libanees; II znw (mv idem) Libanees
Lebanon ['lebənən] znw Libanon
lech [letʃ] onoverg slang geilen (after op)
lecher ['letʃə] znw geilaard, wellusteling
lecherous bn ontuchtig, wellustig, geil
lechery znw ontucht, wellust, geilheid
lectern ['lektən] znw lessenaar
lecture ['lektʃə] I znw lezing, verhandeling; onderw college o; strafpreek; give sbd. a ~ iem. de les lezen; II onoverg lezing(en) houden, college geven (over on); III overg de les lezen, betuttelen
lecturer znw wie een lezing houdt, spreker; onderw ± lector
lecture-room znw collegezaal
lectorship znw onderw ± lectoraat o
led [led] V.T. & V.D. van ²lead
ledge [ledʒ] znw richel, rand, scherpe kant
ledger ['ledʒə] znw grootboek o
ledger-line ['ledʒəlain] znw muz hulplijn
lee [li:] znw lij, lijzijde, luwte; ~ shore lagerwal
lee-board znw scheepv (zij)zwaard o
leech [li:tʃ] znw bloedzuiger²; cling (stick) like a ~ aanhangen als een klis
leek [li:k] znw prei, look o & m
leer [liə] I onoverg gluren; ~ at begluren; toelonken; II znw glurende, wellustige blik
leery ['liəri] bn slang gewiekst, geslepen; be ~ of wantrouwen; op zijn hoede zijn voor
lees [li:z] znw droesem, grondsop o, moer, heffe
lee-shore ['li:ʃɔ:] znw kust aan lijzijde, lagerwal
leeward ['li:wəd] bn & bijw lijwaarts, onder de wind, aan lij; the L~ Islands de Benedenwindse Eilanden
leeway znw speelruimte, speling; make up ~ de achterstand inhalen
1 left [left] I V.T. & V.D. van ²leave; II bn achter-, nagelaten; any tea ~? is er nog thee?; there is nothing ~ for him but to... er schiet hem niets anders over dan...; be ~ with blijven zitten met; goods ~ on hand onverkochte goederen; ~ luggage office Br bagagedepot o
2 left [left] I bn links; linker; II bijw links; ~, right and centre overal, van alle kanten; III znw linkerhand, -kant, -vleugel; the L~ pol links; on your ~ aan uw linkerhand; links van u; to the ~ aan de linkerkant, (naar) links
left-hand bn linker, links; ~ drive met het stuur aan de linkerkant
left-handed bn linkshandig, links²; niet gemeend; dubbelzinnig; ~ marriage morganatisch huwelijk o
left-hander znw wie links(handig) is; slag met de linkerhand
leftie znw = lefty
leftism znw socialisme o, linkse ideologie
leftist I bn links georiënteerd, progressief; II znw progressief, socialist, links denkende, radicaal
left-of-centre bn pol links van het midden, gematigd links
leftovers znw mv kliekjes, restanten
leftward(s) ['leftwəd(z)] bijw links, naar links
left-wing bn links [in de politiek]; linkervleugel-
left-winger znw lid o van de linkervleugel
lefty znw gemeenz 1 linkse, socialist; 2 linkshandige
leg [leg] I znw been° o, bout, schenkel, poot; pijp [v. broek]; schacht [v. laars]; gedeelte o, etappe; ronde [v. wedstrijd &]; be on one's last ~s op zijn laatste benen lopen; get one's ~ over slang neuken; give a ~ (up) een handje helpen, een zetje geven; not have a ~ to stand on geen enkel steekhoudend argument kunnen aanvoeren; pull sbd.'s ~ iem. voor het lapje houden, iem. ertussen nemen; shake a ~ gemeenz dansen; zich haasten; show a ~ gemeenz uit (zijn) bed komen; stretch one's ~s zich vertreden; II overg: ~ it lopen
legacy ['legəsi] znw legaat o; fig erfenis
legal ['li:gəl] bn wettelijk, wettig; rechtsgeldig; rechterlijk, rechtskundig, juridisch; wets-, rechts-; ~ aid kosteloze rechtsbijstand; ~ proceedings gerechtelijke stappen, proces o; ~ status rechtspositie; ~ tender wettig betaalmiddel o
legalism znw overdreven inachtnemen o van de wet
legalist znw iem. die zich aan de letter van de wet houdt
legalistic bn legalistisch, wettisch, overdreven streng naar de wet
legality [li'gæliti] znw wettigheid
legalization [li:gəlai'zeiʃən] znw legalisatie; wettiging
legalize ['li:gəlaiz] overg legaliseren; wettigen
legate ['legit] znw legaat, (pauselijk) gezant
legatee [legə'ti:] znw legataris
legation [li'geiʃən] znw legatie°; gezantschap o
legend ['ledʒənd] znw legende; randschrift o, op-, omschrift o, onderschrift o, bijschrift o
legendary ['ledʒəndəri] bn legendarisch
legerdemain ['ledʒədə'mein] znw goochelarij
legged [legd] bn met ... benen (of poten)
leggings znw mv beenkappen, beenbeschermers; leggings
leggo [le'gou] tsw = let go! gemeenz laat los!
leg-guard ['legə:d] znw beenbeschermer
leggy ['legi] bn langbenig
leghorn [le'gɔ:n] znw (hoed v.) Italiaans stro o; dierk leghorn
legible ['ledʒibl] bn leesbaar, te lezen
legion ['li:dʒən] I znw legioen o; legio; American L~ vereniging van Amerikaanse oud-strijders; British L~ vereniging van Engelse oud-strijders; zie ook: foreign; II bn talloos
legionary znw legionair, oud-strijder

legionnaires' disease ['li:dʒənɛəz di'zi:z] *znw* legionairsziekte

leg-iron ['legaiən] *znw* voetboei

legislate ['ledʒisleit] *onoverg* wetten maken

legislation [ledʒis'leifən] *znw* wetgeving; wet(ten)

legislative ['ledʒislətiv, -leitiv] *bn* wetgevend

legislator *znw* wetgever

legislature *znw* wetgevende macht

legist ['li:dʒist] *znw* rechtsgeleerde

legit [le'dʒit] *bn & overg* slang = legitimate

legitimacy [li'dʒitiməsi] *znw* wettigheid, rechtmatigheid, echtheid

legitimate I *bn* [li'dʒitimit] wettig, rechtmatig, echt; gewettigd, gerechtvaardigd; **II** *overg* [li'dʒitimeit] (voor) wettig, echt verklaren, echten, wettigen, legitimeren

legitimately *bijw* terecht; zie verder: *legitimate I*

legitimation [lidʒiti'meifən] *znw* echting, wettiging

legitimize *onoverg* = *legitimate II*

legless ['leglis] *bn* **1** zonder benen; **2** gemeenz ladderzat, straalbezopen

leg-pull ['legpul] *znw* fopperij, poets

leg-rest ['legrest] *znw* beensteun voor invalide

legroom ['legru:m] *znw* beenruimte

leguminous [le'gju:minəs] *bn* peul-

leg-up ['legʌp] *znw* steuntje *o*, zetje *o*

legwork ['legwə:k] *znw* werk *o* waarbij veel moet worden gelopen, gereisd &

leisure ['leʒə] **I** *znw* (vrije) tijd; *at (one's) ~* op zijn gemak; *be at ~* vrij, onbezet zijn, niets te doen (om handen) hebben; **II** *bn* vrij; vrijetijds- [v. kleding &]

leisured *bn* met veel (vrije) tijd

leisurely *bn & bijw* bedaard, op zijn gemak

leisurewear *znw* vrijetijdskleding

leitmotif ['laitmouti:f] *znw* leidmotief[2] *o*

lemming ['lemiŋ] *znw* lemming

lemon ['lemən] **I** *znw* plantk citroen(boom); gemeenz waardeloze troep, miskoop; flapdrol, zoutzak; **II** *bn* citroenkleurig

lemonade [lemə'neid] *znw* (citroen)limonade

lemon curd *znw* citroengelei

lemon juice *znw* citroensap *o*

lemon sole *znw* tongschar

lemon squash ['lemən skwɔʃ] *znw* kwast [drank]

lemon squeezer *znw* citroenpers

lemony *bn* citroenachtig

lemon-yellow *znw* citroengeel

lend [lend] (lent; lent) *overg* (uit)lenen; verlenen; *~ a (helping) hand* de helpende hand bieden, een handje helpen; *~ oneself to* zich lenen tot; geschikt zijn voor

lender *znw* lener, uitlener

lending-library *znw* leesbibliotheek; uitleenbibliotheek

length [leŋθ] *znw* lengte; afstand, grootte; duur; stuk *o*; eind(je) *o*; *go all ~s* door dik en dun meegaan, tot het uiterste gaan; *go to any ~(s)* alles willen doen (om); *go to great ~s* heel veel doen, heel wat durven (zeggen), zich veel moeite getroosten; heel wat laten vallen van zijn eisen; *go the ~ of saying that ...* zo ver gaan, dat men durft te beweren, dat ...; *along the ~ of...* langs...; *at ~* eindelijk, ten laatste (slotte); uitvoerig; voluit; *(at) full ~* languit; ten voeten uit; levensgroot; *at great(er) ~* uitvoerig(er), in extenso; *for any ~ of time* voor onbepaalde tijd, lang; *for some ~ of time* een tijd(lang); *throughout the ~ and breadth of the country* het hele land door

lengthen I *overg* verlengen; **II** *onoverg* lengen, langer worden

lengthening *znw* verlenging

lengthways, lengthwise *bn & bijw* in de lengte

lengthy *bn* lang(gerekt), (ietwat) gerekt; uitvoerig, breedsprakig

leniency ['li:niənsi] *znw* zachtheid, toegevendheid, mildheid

lenient *bn* zacht, toegevend, mild

lenitive ['lenitiv] *bn & znw* verzachtend (middel *o*)

lenity *znw* zachtheid, toegevendheid

lens [lenz] *znw* lens; loep

Lent [lent] *znw* vasten(tijd)

lent [lent] V.T. & V.D. van *lend*

lenten ['lentən] *bn* vasten-; schraal, mager

lenticular [len'tikjulə] *bn* lensvormig; lens-

lentil ['lentil] *znw* linze

leonine ['li:ənain] *bn* leeuwachtig; leeuwen-

leopard ['lepəd] *znw* luipaard; *the ~ does not change its spots* een vos verliest wel zijn haren, maar niet zijn streken

leotard ['li:əta:d] *znw* tricot [v. acrobaat, danser(es)]

leper ['lepə] *znw* melaatse, lepralijder

lepidopterist [lepi'dɔptərist] *znw* vlinderkenner, vlinderverzamelaar

leprechaun ['leprə-, 'leprikɔ:n] *znw* boosaardige kabouter, boze geest [in Ierse folklore]

leprosy *znw* lepra, melaatsheid

leprous *bn* melaats, aan lepra lijdend

lesbian ['lezbiən] *bn (znw)* lesbisch(e)

lesbianism ['lezbiənizm] *znw* lesbisch-zijn *o*

lese-majesty ['li:z'mædʒisti] *znw* majesteitsschennis

lesion ['li:ʒən] *znw* letsel *o*, kneuzing, (ver-)wond(ing)

Lesotho [lə'soutou] *znw* Lesotho *o*

less [les] **I** *bn & bijw* minder, kleiner; *~ than 20* ook: nog geen 20, nog niet 20; *no ~ a man than* niemand minder dan; *~ beautiful* minder mooi; **II** *voorz* min(us); *two weeks ~ a day* twee weken minus een dag

lessee [le'si:] *znw* huurder, pachter

lessen ['lesn] **I** *overg* verminderen; verkleinen; **II** *onoverg* verminderen, afnemen

lesser *bn* kleiner, minder; klein(st)

lesson ['lesn] *znw* les[2]; schriftlezing, bijbellezing;

teach sbd. a ~ iem. een lesje geven

lessor [le'sɔ:] *znw* verhuurder, verpachter

lest [lest] *voegw* uit vrees dat, opdat niet; *I feared* ~... ik vreesde, dat...

1 let [let] *znw* sp bal die overgespeeld wordt [tennis]; *without* ~ *or hindrance* onverhinderd, onbelemmerd

2 let [let] (let; let) **I** *overg* laten, toelaten; verhuren; ~ *blood* vero aderlaten; **II** *onoverg* verhuren; *to* ~ te huur; ~ *alone* zich niet bemoeien met, met rust laten, afblijven van; ~ *alone (that)* laat staan, daargelaten (dat); ~ *him alone to take care of himself* hij zal wel ... wees daar gerust op; ~ *be* op zijn beloop laten, (met rust) laten; afblijven van; ~ *down* neerlaten, laten zakken; leeg laten lopen [v. band]; wat langer malen; fig teleurstellen, duperen; in de steek laten; bedriegen; ~ *oneself down* zich verlagen; ~ *go* laten schieten, loslaten (ook: ~ *go of*); ~ *it go* laat maar!, het hindert niet!, 't geeft niet!; ~ *in* in-, binnenlaten; fig de deur openzetten voor; er in laten lopen; *be* ~ *off lightly* er genadig afkomen; ~ *off* los-, vrijlaten; laten vallen, afslaan; kwijtschelden; ontslaan, vrijstellen van; afschieten, afsteken [vuurwerk]; uitlaten [gassen], zie ook: *steam I*; verhuren; ~ *on* zich uitlaten, (zich) verraden, verklappen, klikken; doen alsof; ~ *out* uitlaten; uitbrengen, uiten, slaken; uitleggen [een zoom]; verhuren, verpachten; rondstrooien, verklappen; ~ *slip* per ongeluk loslaten [geheim]; ~ *up* verflauwen, verminderen; uitscheiden

3 let [let] *znw* verhuring

letdown *znw* gemeenz klap [in het aangezicht], teleurstelling

lethal ['li:θəl] *bn* dodelijk, letaal

lethargic [le'θa:dʒik] *bn* lethargisch, slaperig

lethargy ['leθədʒi] *znw* lethargie, slaapzucht, diepe slaap[2], doffe onverschilligheid

let-out ['letaut] *znw* uitweg, ontsnappingsmogelijkheid; ~ *clause* ontsnappingsclausule

letter ['letə] **I** *znw* brief; letter; ~*s* letteren; literatuur; *man of* ~*s* letterkundige, literator; auteur; ~*s patent* brieven van octrooi; ~*s of credence* geloofsbrieven; ~ *of credit* accreditief; ~ *to the editor (to the press)* ingezonden brief *o*; *by* ~ per brief, schriftelijk; *to the* ~ naar de letter, letterlijk; tot in detail; **II** *overg* letteren, merken

letter-balance *znw* briefweger, brievenweger

letter-bomb *znw* bombrief

letter-box *znw* brievenbus

letter-card *znw* postblad *o*

letter-case *znw* brieventas, portefeuille

lettered *bn* met letters gemerkt

letterhead *znw* briefhoofd *o*, brievenhoofd *o*

lettering *znw* letteren *o*, merken *o*; letters, (rug)titel

letter-opener *znw* briefopener

letter-perfect *bn* rolvast

letterpress *znw* bijschrift *o*, tekst [bij of onder illustratie], drukschrift *o*, boekdruk; kopieerpers

letter-rate *znw* briefporto

lettuce ['letis] *znw* salade, sla

let-up ['letʌp] *znw* gemeenz onderbreking; vermindering

leucocyte ['lju:kousait] *znw* leukocyt: wit bloedlichaampje *o*

leuk(a)emia [lju(:)'ki:miə] *znw* leukemie

levant [li'vænt] *onoverg* er vandoor gaan

Levantine [li'væntain] *znw & bn* Levantijn(s)

levee ['levi] *znw* hist **1** morgenreceptie; receptie [ten hove voor heren]; **2** Am dijk; **3** scheepv steiger

level ['levl] **I** *znw* waterpas *o*; niveau *o*, stand [v. het water]; spiegel [v.d. zee], peil[2] *o*, hoogte[2]; vlak *o*, vlakte; *advanced* ~, *A* ~ examen *o* voor toelating tot universiteit [met 17-18 jaar]; *ordinary* ~, *O* ~ gewoon eindexamen *o* [met 15-16 jaar]; *at the highest* ~ ook: op het hoogste niveau; *on a* ~ op gelijke hoogte; op één lijn (staand); *be on a* ~ *with* op gelijke hoogte staan, op één lijn staan, gelijkstaan met; *put on a* ~ *(with)* op één lijn stellen (met); *on the* ~ gemeenz eerlijk; **II** *bn* waterpas, horizontaal, vlak; gelijk(matig); op één hoogte, naast elkaar; *do one's* ~ *best* zijn uiterste best doen; *a* ~ *head* een evenwichtige, nuchtere geest; *a* ~ *teaspoonful* een afgestreken theelepel; *get* ~ *with* quitte worden, afrekenen met; *keep* ~ *with* op de hoogte blijven van, bijhouden; **III** *overg* gelijkmaken, slechten; waterpassen, nivelleren, egaliseren; richten, aanleggen, mikken (op *at*); ~ *down* nivelleren; ~ *off* gelijk (vlak) maken; ~ *off (out)* (zich) (op een bepaald niveau) stabiliseren; ~ *up* ophogen, opheffen[2]; op hoger peil brengen; **IV** *onoverg & abs ww* aanleggen, richten (op *at*); ~ *at* ook: streven naar

level crossing *znw* overweg [v. spoorweg]

level-headed *bn* evenwichtig, bezadigd, nuchter

leveller, Am **leveler** *znw* gelijkmaker

levelling, Am **leveling** *znw* gelijkmaking; nivellering; ~ *instrument* waterpasinstrument *o*; ~ *screw* stelschroef; ~ *rod* nivelleerstok

lever ['li:və] **I** *znw* hefboom; fig pressiemiddel *o*; **II** *overg* (met een hefboom) optillen, opvijzelen

leverage *znw* kracht of werking van een hefboom; fig vat, invloed

leviable ['leviəbl] *bn* invorderbaar [belasting]

leviathan [li'vaiəθən] **I** *znw* leviathan [zeemonster]; kolossus; **II** *bn* kolossaal

levitate ['leviteit] *overg & onoverg* (zich) verheffen in de lucht

levitation [levi'teiʃən] *znw* levitatie

Levite ['li:vait] *znw* leviet, priester

levity ['leviti] *znw* licht(zinnig)heid, wuftheid

levy ['levi] **I** *znw* heffing [v. tol &]; mil lichting; **II** *overg* heffen; mil lichten; ~ *an army* een leger op de been brengen

lewd ['lju:d] *bn* ontuchtig, wulps, geil

lewdness *znw* wulpsheid, geilheid

lexical ['leksikl] *bn* lexicaal

lexicographer [leksi'kɔgrəfə] *znw* lexicograaf

lexicographical [leksikou'græfikl] *bn* lexicografisch

lexicography [leksi'kɔgrəfi] *znw* lexicografie

lexicon ['leksikən] *znw* lexicon *o*, woordenboek *o*; woordenschat

liability [laiə'biliti] *znw* verantwoordelijkheid, aansprakelijkheid; blootgesteld zijn *o* (aan *to*); (geldelijke) verplichting; gemeenz last(post), nadeel *o*, handicap, blok *o* aan het been; *liabilities* handel passief *o*, passiva

liable ['laiəbl] *bn* geneigd; verantwoordelijk, aansprakelijk (voor *for*); onderhevig, blootgesteld (aan *to*); de neiging hebbend, het risico lopend; *~ to abuse* ook: misbruikt kunnende worden; *be ~ to err* zich licht (kunnen) vergissen, de kans lopen zich te vergissen; *~ to rheumatism* last hebbend van reumatiek; *~ to service* dienstplichtig

liaise [li'eiz] *onoverg* contact onderhouden

liaison *znw* liaison; (kortstondige) verhouding; verbinding

liaison officer [li'eizən 'ɔfisə] *znw* verbindingsofficier

liana [li'a:nə] *znw* liane, liaan

liar ['laiə] *znw* leugenaar

lib *znw = liberation movement* emancipatiebeweging; *women's ~* [voor vrouwen]; *gay ~* [voor homoseksuelen]

libation [lai'beiʃən] *znw* plengoffer *o*

libber ['libə] *znw* aanhang(st)er van een emancipatiebeweging; *women's ~* voorvecht(st)er van de vrouwenbeweging, feminist(e); *animal ~* aanhang(st)er van het dierenbevrijdingsfront

libel ['laibəl] **I** *znw* schotschrift *o*, smaadschrift *o*, smaad; **II** *overg* belasteren, bekladden

libellous, Am **libelous** *bn* lasterlijk

liberal ['libərəl] **I** *bn* mild, vrijgevig, royaal, gul, kwistig; overvloedig, ruim; liberaal, vrijzinnig; ruimdenkend; *the ~ arts* de vrije kunsten; *~ education* hogere opvoeding **II** *znw* liberaal, vrijzinnige

liberalism *znw* liberalisme *o*

liberality [libə'ræliti] *znw* mildheid, gulheid, kwistigheid, royaliteit; liberaliteit, vrijzinnigheid

liberalization [libərəlai'zeiʃən] *znw* liberalisering

liberalize ['libərəlaiz] *overg* liberaliseren

liberate ['libəreit] *overg* bevrijden, vrijlaten, vrijmaken, emanciperen

liberated *bn* **1** geëmancipeerd; **2** liberaal, tolerant

liberation [libə'reiʃən] *znw* bevrijding, vrijlating, vrijmaking; *~ front* bevrijdingsfront *o*; *~ movement* bevrijdingsbeweging

liberator ['libəreitə] *znw* bevrijder

Liberia [lai'biəriə] *znw* Liberia *o*

Liberian [lai'biəriən] **I** *znw* Liberiaan; **II** *bn* Liberiaans

libertarian [libə'tɛəriən] *znw* (voorstander) van vrijheid

libertine ['libətain] **I** *znw* losbandig persoon, libertijn; **II** *bn* losbandig

libertinism *znw* losbandigheid

liberty ['libəti] *znw* vrijheid; *take liberties* zich vrijheden veroorloven; *at ~* vrij; *in* vrijheid

liberty hall *znw* een vrijgevochten boel [naar O. Goldsmith]

libidinous [li'bidinəs] *bn* wellustig, wulps

libido [li'bi:dou] *znw* libido

Libra ['laibrə] *znw* Weegschaal

Libran ['laibrən] *znw* astrologie iem. geboren onder het teken Weegschaal

librarian [lai'brɛəriən] *znw* bibliothecaris

librarianship *znw* bibliotheekwezen *o*; bibliothecarisambt *o*

library ['lai'brəri] *znw* bibliotheek, boekerij; studeerkamer; collectie [v. cd's &]; *~ pictures* archiefbeelden

librate ['laibreit] *onoverg* heen en weer slingeren (schommelen); zich in evenwicht houden

librettist [li'bretist] *znw* librettist

libretto *znw (mv: -s of* libretti) libretto *o*, tekstboekje *o*

Libya ['libiə] *znw* Libië *o*

Libyan ['libiən] **I** *bn* Libisch; **II** *bn* Libiër

lice [lais] *znw (mv v. louse)* luizen

licence, Am **license** ['laisəns] *znw* verlof *o*, vergunning, vrijheid, losbandigheid; licentie, patent *o*, akte, diploma *o*; rijbewijs *o*; *poetic ~* dichterlijke vrijheid; *under ~* in licentie [vervaardigen]

licence fee *znw* RTV kijk- en luistergeld *o*; radio luisterbijdrage; TV kijkgeld *o*

license ['laisəns] **I** *overg* vergunning verlenen, (officieel) toelaten, patenteren[2]; *~ a vehicle* wegenbelasting betalen; **II** *znw* Am = *licence*

licensed *bn* met vergunning

licensee [laisən'si:] *znw* licentiehouder, vergunninghouder [vooral voor de verkoop van alcoholische dranken]

license plate *znw* Am kentekenplaat

licenser ['laisənsə] *znw* licentiegever

licensing laws *znw mv* drankwet

licentiate [lai'senʃiət] *znw* licentiaat

licentious [lai'senʃəs] *bn* los(bandig), ongebonden, wellustig

lichen ['laikən] *znw* plantk korstmos *o*

lichgate ['litʃgeit] *znw* overdekte ingang v. kerkhof

lick [lik] **I** *overg* (af-, be-, op)likken, likken aan, lekken; gemeenz (af)ranselen; verslaan, het winnen van; onder de knie krijgen; *~ sbd.'s boots* voor iem. kruipen; kruiperig vleien; *~ the dust* in het zand (stof) bijten; *~ into shape* fatsoeneren, vormen; *~ off* aflikken; *~ up* oplikken; **II** *onoverg* likken (aan *at*); **III** *znw* lik[2], veeg; zoutlik; gemeenz vaart; *~ and a promise* kattenwasje *o*, (met) de Franse slag; *at* *a* ~ gemeenz in vliegende vaart

lickerish ['likərıʃ] *bn* verlekkerd, graag; kieskeurig; zie ook: *lecherous*

lickety-split ['likətisplit] *bijw* slang rap, als de bliksem

licking ['likiŋ] *znw* gemeenz pak *o* rammel; vernederende nederlaag, afgang

lickspittle ['likspitl] *znw* pluimstrijker, strooplikker

licorice ['likəris] *znw* = *liquorice*

lid [lid] *znw* deksel *o*; (oog)lid *o*; slang helm; hoed, muts; *take the ~ off* onthullingen doen; *that puts the ~ on it* gemeenz dat doet de deur dicht; dat is wel het toppunt

lido ['li:dou] *znw* natuurbad *o*, openluchtzwembad *o*

1 lie [lai] **I** *znw* leugen; *give the ~ to* logenstraffen; *live a ~* een huichelachtig leven leiden; *tell a ~* liegen; **II** *onoverg* liegen; *~ through (in) one's teeth* schaamteloos liegen

2 lie [lai] (lay; lain) *onoverg* liggen, rusten, slapen; staan; *~ about (around)* rondslingeren; luieren, niksen; *~ back* achteroverliggen of -leunen; *~ down* gaan liggen; *take sth. lying down* iets over zijn kant laten gaan; *~ down under an accusation* niet opkomen tegen; op zich laten zitten; *~ in* uitslapen; *it ~s in ...* het zit hem in ...; *as far as in me ~s* naar mijn beste vermogen; *~ low* zich koest houden; *~ off* scheepv afhouden; *~ over* blijven liggen; uitgesteld worden; *~ to* scheepv bijleggen, bijdraaien; *~ under* onderliggen; *~ under the charge of* beschuldigd zijn van; *~ up* gaan liggen; naar bed gaan; scheepv dokken; *~ with* de verantwoordelijkheid zijn van, zijn aan; bijbel gemeenschap hebben met

3 lie [lai] *znw* ligging; *the ~ of the land* de kaart van het land; fig de stand van zaken

lie-abed ['laiəbed] *znw* langslaper

Liechtenstein ['liktənstain] *znw* Liechtenstein *o*

Liechtensteiner *znw* Liechtensteiner

lie-detector ['laiditektə] *znw* leugendetector

lie-down ['laidaun] *znw* dutje *o*, tukje *o*

lief [li:f] *bn bijw* lief, graag

liege [li:dʒ] **I** *znw* leenheer, (opper)heer; leenman; trouwe onderdaan; **II** *bn* leenplichtig; (ge)trouw; *~ lord* (leen)heer, vorst

liegeman *znw* leenman, vazal

lie-in ['lai'in] *znw* gemeenz lang uitslapen *o*

lien ['li:ən] *znw* pandrecht *o*

lieu [lju:]: *in ~ (of)* in plaats van

lieutenant [lef'tenənt, Am lu:'tenənt] *znw* mil luitenant; gouverneur [v. graafschap]; stedenhouder; onderbevelhebber

lieutenant commander [leftenənt kə'ma:ndə] *znw* luitenant-ter-zee 1ste klas

lieutenant-governor *znw* ondergouverneur

life [laif] *znw (mv: lives* [laivz]) leven² *o*, (levens-)duur, levenswijze, levensbeschrijving; *~ (imprisonment)* levenslang(e gevangenisstraf); *as large as ~* levensgroot; in levenden lijve; *larger than ~* over-

dreven, buiten proporties, een karikaturaal karakter hebbend; *there was no loss of ~* er waren geen mensenlevens te betreuren; *the ~ (and soul) of the party* de gangmaker v.h. feest; *this is the ~!* dat is pas leven!; *see ~* iets van de wereld zien; *for ~* voor het leven, levenslang; *for dear ~*, *for his ~* uit alle macht, wat hij kon; *not for the ~ of him* voor geen geld van de wereld, om de dood niet; *drawn from ~* naar het leven (de natuur) getekend; uit het leven gegrepen; *in ~* in het leven; bij zijn leven; van de wereld; *the chance & of my (your) ~* de kans & van mijn (uw) leven; zie ook: *time*; *not on your ~!* om de dooie dood niet!; *terrify him out of his ~* hem zich dood doen schrikken; *to the ~* getrouw (naar het leven), sprekend (gelijkend); *upon my ~* op mijn woord; *escape with (one's) ~* het er levend afbrengen; zie ook: *hand I*

life-and-death struggle *znw* strijd op leven en dood

life assurance *znw* = *life insurance*

lifebelt *znw* redding(s)gordel

lifeblood *znw* hartenbloed *o*; ziel [van ...]

lifeboat *znw* redding(s)boot

lifebuoy *znw* redding(s)boei

life-cycle *znw* levenscyclus

life-enhancing *bn* de kwaliteit van het bestaan verbeterend

life-estate *znw* goed *o* waarvan men levenslang het vruchtgebruik heeft

life expectancy *znw* levensverwachting

life-giving *bn* levenwekkend

lifeguard *znw* bad-, strandmeester; *the Life Guards* het lijfgarderegiment

life imprisonment *znw* levenslange gevangenisstraf

life insurance *znw* levensverzekering

life interest *znw* levenslang vruchtgebruik *o* (van in)

life-jacket *znw* zwemvest *o*

lifeless *bn* levenloos

lifelike *bn* alsof het leeft, getrouw, levensecht

lifeline *znw* redding(s)lijn; fig levensader; vitale ravitailleringsweg; levenslijn [v. hand]

lifelong *bn* levenslang

life-member *znw* lid *o* voor het leven

life-peer *znw* pair voor het leven

life peerage *znw* niet-erfelijk pairschap *o* v. *life-peers* met persoonlijke titel

life-preserver *znw* Am reddingsboei, reddingsgordel, reddingsvest *o*; Br slang ploertendoder

lifer *znw* tot levenslang veroordeelde

life-raft *znw* reddingvlot *o*, reddingsloep

life-saving I *bn* redding(s)-; **II** *znw* reddend zwemmen *o*

life sciences *znw mv* wetenschappen betreffende het leven [biologie, biochemie, fysiologie &]

life sentence *znw* veroordeling tot levenslange gevangenisstraf

life-size(d) *znw (bn)* (op) natuurlijke (ware) grootte, levensgroot(te)

lifespan *znw* levensduur

lifestyle *znw* levensstijl

life-support machine *znw* med beademingsapparaat *o*

lifetime *znw* levenstijd, levensduur; mensenleeftijd; *in my ~* bij mijn leven; *the chance of a ~* een unieke kans

life-work, life's work *znw* levenswerk° *o*

lift [lift] I *overg* (op)heffen, (op)tillen, (op)lichten; verheffen²; opslaan [de ogen]; opsteken [de hand &]; rooien [aardappelen &]; gemeenz stelen; inpikken; *~ up* opheffen, verheffen; II *onoverg* omhooggaan, rijzen; optrekken [v. mist]; *~ off* opstijgen [v. raket]; III *znw* heffen *o*; (op)heffing; stijging, rijzing; kleine helling; til; lift; vervoer *o* door de lucht, luchtbrug; duwtje *o* (steuntje *o*) in de rug; gemeenz opkikker; *it is a dead ~* het geeft niet mee; het is niet te vertillen; er is geen beweging in te krijgen; *get a ~* (voor niets) mee mogen rijden, een lift krijgen; promotie maken; *give a ~* mee laten rijden, een lift geven; fig een zetje geven; opmonteren

liftboy, liftman *znw* liftjongen, -bediende

lift-bridge *znw* ophaalbrug; hefbrug

lifter *znw* lichter; (gewichts)heffer; slang dief

lift-off *znw* start [v. raket]

lift-shaft *znw* liftkoker

ligament ['ligəmənt] *znw* (gewrichts)band

ligature ['ligətʃə] I *znw* band², verband² *o*; koppelletter; muz ligatuur; II *overg* med afbinden

1 light [lait] *znw* licht² *o*; dag-, levenslicht *o*; lichtje *o*, vlammetje *o*, lucifer; vuurtje *o*; lichteffect *o*; be-, verlichting; venster *o*, ruit; *~s* verkeerslichten; koplampen [v. auto]; theat voetlichten; longen [v. dieren, *vooral* als voedsel]; *at first ~* bij het ochtendgloren; *let in ~* licht geven [in ...]; *go out like a ~* als een blok in slaap vallen; *jump the ~s* door het rode licht rijden; *see the ~* het levenslicht aanschouwen, het licht zien; tot inzicht (inkeer) komen; *set ~ to* in brand steken; *stand in the ~ of* verduisteren; belemmeren; *in the ~ of* in dit licht bezien; *stand in one's own ~* zichzelf in het licht (in de weg) staan, zijn eigen glazen ingooien; *throw (cast, shed) ~ on* licht werpen op, duidelijk maken; *come (be brought) to ~* aan het licht komen

2 light [lait] (lit/lighted; lit/lighted) I *overg* verlichten, be-, bij-, voorlichten; aansteken, opsteken; *a ~ed cigar* een brandende sigaar; II *onoverg & abs ww* lichten; aangaan, vuur vatten; *~ on (upon)* neerkomen of neerstrijken op; tegenkomen, aantreffen; *~ out* slang 'm smeren; *~ up* de lichten aansteken; verlichten; gemeenz een rokertje opsteken; fig verhelderen, opklaren; beginnen te schitteren [v. ogen]; aangaan

3 light [lait] I *bn* 1 licht, helder; licht(blond); 2 (te) licht, gemakkelijk; 3 lichtzinnig, luchtig; 4 los [v.

grond]; *~ on one's feet* vlug ter been; *make ~ of* licht tellen, de hand lichten met, in de wind slaan; *~ fingers* lange vingers; *~ reading* lichte (ontspannings)lectuur; II *bijw* licht, zacht; met weinig bagage

light bulb *znw* gloeilamp, peertje *o*

lighten I *overg* 1 verlichten, verhelderen, opklaren; 2 verlichten [een taak &]; II *onoverg* 1 (weer)lichten, bliksemen; 2 lichter worden

lighter *znw* 1 aansteker; 2 scheepv lichter

light-fingered *bn* vingervlug, diefachtig

light-footed *bn* lichtvoetig

light-headed *bn* licht in het hoofd

light-hearted *bn* opgewekt; luchtig, lichthartig

light-heavyweight *znw* halfzwaargewicht *o*

lighthouse *znw* vuurtoren; *~ keeper* vuurtorenwachter

lighting *znw* aansteken *o*; be-, verlichting; *~-up time* voorgeschreven uur *o* om het licht (de lantarens) aan te steken

lightly *bijw* licht, gemakkelijk; zacht [gekookt]; luchtig, lichtzinnig; *get off ~* er genadig afkomen

lightmeter *znw* lichtmeter [v. camera]

lightning I *znw* weerlicht *o & m*, bliksem; II *bn* bliksemsnel; *~ action* bliksemactie; *~ glance* snelle, scherpe blik; *~ strike* onaangekondigde, wilde staking

lightning-conductor, lightning-rod *znw* bliksemafleider

light-plant *znw* lichtinstallatie

light-sensitive *bn* lichtgevoelig

lightship *znw* licht-, vuurschip *o*

lightsome *bn* 1 licht, helder; 2 licht, vlug, opgewekt

lightweight *znw* lichtgewicht° *o*; fig onbeduidend persoon

light-year *znw* lichtjaar² *o*

ligneous ['ligniəs] *bn* houtachtig

lignite ['lignait] *znw* ligniet *o* [bruinkool]

likable ['laikəbl] *bn* prettig, aangenaam, sympathiek, aantrekkelijk

1 like [laik] I *bn* gelijk, dergelijk, soortgelijk, (de-)zelfde; gelijkend; (zo)als; zo; *what is it ~?* hoe ziet het er uit?, hoe is het?, wat is het voor iets?; *as ~ as two peas in the pod* op elkaar gelijkend als twee druppels water; *nothing ~...* er gaat niets boven...; *nothing (not anything) ~ as good* op geen stukken na (lang niet) zo goed; *something ~ 1500 people* zowat, ongeveer 1500 mensen; *that is just ~ him* dat is net iets voor hem; *that is ~ your impudence* dat is nu weer eens een staaltje van je onbeschaamdheid; II *voorz* (zo)als; *~ as* vero zoals, als; *~ anything (the blazes, the devil, crazy hell, mad)* gemeenz van jewelste, als de bliksem; *~ a good boy* dan ben je een beste; III *bijw* ietwat, slang zo te zeggen; als het ware; *~ enough, very ~, (as) ~ as not* gemeenz (best) mogelijk; waarschijnlijk; IV *voegw* gemeenz zoals; V *znw* gelijke, wederga(de), weerga; *his ~* zijn weerga; *the* ~ *(of it)* iets dergelijks; *you and the* ~*s of you* gemeenz u en uws gelijken; ... *and the* ~ enz., e.d.

2 like [laik] **I** *overg* houden van, veel op hebben met; geven om, (gaarne) mogen, graag hebben, lusten; vero lijken, aanstaan; *I* ~ *it* ook: ik vind het prettig (fijn, aardig, leuk, lekker &), het bevalt me, het staat me aan; *I* ~ *that!* gemeenz die is goed!; *I* ~ *to see it* ik zie het graag; *I should* ~ *to know* ik zou gaarne (wel eens) willen weten; *as you* ~ *it* vero zoals het u behaagt; *if you* ~ als je wilt; *if you don 't* ~ *it, you can lump it* je moet het maar voor lief nemen; ~ *it or not* of je (nu) wil of niet; *what would you* ~? wat zal het zijn?; **II** *znw* voorliefde; ~*s and dislikes* sympathieën en antipathieën

likeable *bn = likable*

likelihood ['laiklihud], **likeliness** *znw* waarschijnlijkheid

likely *bn & bijw* waarschijnlijk, vermoedelijk; geschikt; *the most* ~ *person to do it* die het (zeker) wel doen zal; *the likeliest place to find him in* waar hij vermoedelijk wel te vinden is; *not* ~*!* gemeenz kun je net denken!; *he is not* ~ *to come* hij zal (waarschijnlijk) wel niet komen; *he is more* ~ *to succeed* hij heeft meer kans te slagen; *as* ~ *as not* wel (best) mogelijk; waarschijnlijk (wel)

like-minded ['laik'maindid] *bn* gelijkgezind, één van zin

liken *overg* vergelijken (bij *to*)

likeness *znw* gelijkenis; portret *o*; vero gedaante; voorkomen *o*

likewise *bijw* evenzo; des-, insgelijks, eveneens, ook

liking ['laikiŋ] *znw* zin, smaak, lust, (voor)liefde; genegenheid, sympathie; *to one's* ~ naar smaak; *have a* ~ *for* houden van, geporteerd zijn voor

lilac ['lailək] **I** *znw* plantk sering; lila *o*; **II** *bn* lila

Lilliputian [lili'pju:ʃjən] **I** *bn* lilliputachtig, dwergachtig; **II** *znw* lilliputter

lilt [lilt] **I** *znw* vrolijk wijsje *o*; ritme *o*, cadans; **II** *onoverg* wippen, huppelen; zingen

lily ['lili] *znw* lelie; ~ *of the valley* lelietje-van-dalen *o*; *gild the* ~ iets beter (mooier) maken dan nodig

lily-livered *bn* laf

lily-white *bn* lelieblank

limb [lim] *znw* **1** lid *o* (= been *o*, arm, vleugel); [~*s* ledematen]; **2** tak; **3** limbus; rand; ~ *of Satan* duivelsdienaar, satanskind *o*; *tear* ~ *from* ~ uiteentrekken, in stukken scheuren; ~ *of the law* arm der wet; *out on a* ~ op zichzelf aangewezen

1 limber ['limbə] **I** *bn* buigzaam, lenig; **II** *overg (& onoverg)*: ~ *(up)* buigzaam (lenig) maken (worden); **III** *abs ww*: ~ *up* de spieren los maken door lenigheidsoefeningen; fig zich inspelen

2 limber ['limbə] *znw* mil voorwagen

limbo ['limbou] *znw* het voorgeborchte der hel; fig gevangenis; *be in* ~ in onzekerheid verkeren

lime [laim] **I** *znw* **1** (vogel)lijm; **2** kalk; **3** linde-(boom); **4** limoen; **II** *overg* **1** met lijm bestrijken, lijmen[2]; **2** met kalk bemesten of behandelen

lime-juice *znw* limoensap *o*

limekiln *znw* kalkoven, kalkbranderij

limelight *znw: in the* ~ in de schijnwerpers, in de publiciteit

limerick ['limərik] *znw* limerick: soort vijfregelig grappig versje *o*

limestone ['laimstoun] *znw* kalksteen *o & m*

lime-tree *znw* lindenboom

lime-wash **I** *znw* witkalk; **II** *overg* witten

lime water *znw* kalkwater *o*

limey ['laimi] *znw* Am slang Engelsman

limit ['limit] **I** *znw* (uiterste) grens, grenslijn; limiet; beperking; *the sky is the* ~ de mogelijkheden zijn onbeperkt; *that's the* ~ gemeenz dat is het toppunt; *he's the* ~*!* hij is onuitstaanbaar!; *off* ~*s* Am in verboden wijk &; verboden; *to the* ~ tot het (aller-) uiterste; *within* ~*s* binnen bepaalde grenzen, tot op zekere hoogte; **II** *overg* begrenzen; beperken; limiteren

limitable ['limitəbl] *bn* begrensbaar

limitation [limi'teiʃən] *znw* beperking, begrenzing, grens[2]; beperktheid; verjaringstermijn

limited ['limitid] *bn* beperkt, begrensd; geborneerd, bekrompen; ~ *(liability) company* naamloze vennootschap (met beperkte aansprakelijkheid); ~ *edition* beperkte oplage; ~ *partnership* commanditaire vennootschap

limitless *bn* onbegrensd, onbeperkt

limn [lim] *overg* vero schilderen, kleuren, verluchten

limner *znw* vero (portret)schilder, miniatuurschilder; verluchter

limousine ['limuzi:n] *znw* limousine

1 limp [limp] *bn* slap

2 limp [limp] **I** *onoverg* hinken, mank, kreupel lopen; **II** *znw: walk with a* ~ mank, kreupel lopen

limpet ['limpit] *znw* napjesslak; *cling (stick) like a* ~ zich vastbijten, zich vastklampen; ~ *mine* mil kleefmijn

limpid ['limpid] *bn* helder, klaar, doorschijnend

limy ['laimi] *bn* **1** lijmig; **2** kalkachtig, kalk-

linage ['lainidʒ] *znw* aantal *o* regels; honorarium *o* per regel

linchpin ['lin(t)ʃpin] *znw* techn luns; fig voornaamste element *o*, vitaal onderdeel *o*

linctus ['liŋktəs] *znw* stroperige medicijn

linden ['lindən] *znw* lindenboom, linde

line [lain] **I** *znw* lijn, regel, streep, schreef; grenslijn; groef, rimpel; gemeenz regeltje *o*, lettertje *o*; onderw strafregel; (richt)snoer *o*, touw *o*; mil linie; spoor-, stoomvaartlijn &; reeks, rij; file; handel branche, vak *o*; assortiment *o*, artikel *o*; ~*s* rol, tekst, woorden [v. acteur]; methode, aanpak; ± standpunt *o*, beleidslijn, gedragslijn; gemeenz strafregels; trouwboekje *o*; *it is hard* ~*s* het is hard, een hard gelag; ~ *of action* koers, gedragslijn; ~ *of*

315

battle slagorde; *it is not my ~ (of business)* het is niet mijn vak *o*, branche; *~ of fire* vuurlinie; *the ~ of least resistance* de weg van de minste weerstand; *~ of sight (vision)* gezichtslijn; *~ of thought* gedachtegang; *cross the ~* <u>scheepv</u> de linie passeren; *draw the ~ somewhere* een grens trekken; *bring into ~* in het gareel brengen; *get a ~ on* <u>slang</u> iets ontdekken over; *give sbd. ~ enough* iem. de nodige vrijheid van beweging laten; *hold the ~* <u>telec</u> blijft u aan het toestel?; *shoot a ~* <u>slang</u> opscheppen; *read between the ~s* tussen de regels lezen; *stand in ~* in de rij (gaan) staan; *take a ~ of one's own (one's own ~)* zijn eigen weg gaan; zijn eigen inzicht volgen; *take a firm ~ against ...* vastberaden optreden tegen ...; *toe the ~* zich voegen; gehoorzamen; *all along the ~* over de gehele linie; *along the ~s of* in de geest (zin, trant) van, op de wijze van; *down the ~* helemaal; *in ~ with* op één lijn (staand) met; in overeenstemming met; *it is not in his ~* dat ligt niet op zijn weg, daar heeft hij geen bemoeienis mee, dat is niets voor hem; *bring them into ~* hen akkoord doen gaan, hen tot eendrachtige samenwerking krijgen; hen in 't gareel brengen; *come into ~ with* zich scharen aan de zijde van; *form into ~* <u>mil</u> aantreden; in bataille komen; *of a good ~* van goede komaf; *on ~* <u>comput</u> on line; *on the ~* op de grens, op het spel; *on (along) the ~s laid down by him* volgens het principe, op de voet, op de basis door hem aangegeven; *on (along) the old accepted ~s* op de traditionele manier, op de oude leest (geschoeid); *on the right ~s* min of meer juist; *out of ~ with* niet in overeenstemming met; *~ upon ~* <u>bijbel</u> regel op regel; langzaam maar zeker; **II** *overg* liniëren, strepen; afzetten [met soldaten]; (geschaard) staan langs [v. menigte, bomen &]; voeren, bekleden; beleggen, beschieten; *~ one's pockets (purse)* zijn beurs spekken; *a face ~d with age* doorploegd, met rimpels; *~ up* opstellen, laten aantreden; op een rij zetten, voorbereiden; **III** *onoverg: ~ up* zich opstellen, aantreden; in de (een) rij gaan staan; *~ up with (behind)* zich aansluiten bij, zich scharen aan de zijde van

lineage ['liniidʒ] *znw* geslacht *o*, afkomst; nakomelingschap

lineal ['liniəl] *bn* in de rechte lijn (afstammend), rechtstreeks

lineament ['liniəmənt] *znw* gelaatstrek, trek

linear *bn* lijnvormig, lineair, lijn-, lengte-

line-drawing ['laindrɔ:iŋ] *znw* contourtekening

line-engraving *znw* lijngravure

lineman *znw* lijnwerker

linen ['linin] **I** *znw* linnen(goed) *o*, [schone, vuile] was; *~ basket* wasmand; *~ cupboard* linnenkast; zie ook: *wash I*; **II** *bn* linnen, van linnen

linen-draper *znw* manufacturier

line-out ['lainaut] *znw* <u>rugby</u> line-out [opstelling van spelers bij een inworp]

line-printer ['lainprintə] *znw* <u>comput</u> regeldrukker

liner ['lainə] *znw* lijnboot; lijnvliegtuig *o*; <u>techn</u> bekleding, voering; *(dustbin)* ~ vuilniszak

linesman ['lainzmən] *znw* <u>sp</u> grensrechter; *ook =* lineman

line-up ['lainʌp] *znw* opstelling°, constellatie; line-up [v. popgroep &]; <u>sp</u> startpositie [atletiek]; <u>gemeenz</u> programma; confrontatie [op politiebureau ter identificatie van een verdachte]

ling [liŋ] *znw* **1** <u>dierk</u> leng; **2** (struik)heide

linger ['liŋgə] *onoverg* toeven, talmen, dralen; weifelen; kwijnen, blijven hangen (ook: *~ on*); *not ~ over* niet lang(er) stilstaan bij

lingerer *znw* talmer

lingerie ['lænʒəri(:)] *znw* damesondergoed *o*, lingerie

lingering *bn* lang(durig), slepend, langzaam (werkend); dralend, langgerekt

lingo ['liŋgou] *znw* (*mv: -s of* -goes) <u>gemeenz</u> taaltje *o*, vakjargon *o*

lingua franca ['liŋwə'fræŋkə] *znw* (lingua francas *of* linguae francae [-'frænsi:]) handelstaal, voertaal

lingual ['liŋgwəl] **I** *bn* tong-; taal-; **II** *znw* tongklank

linguist ['liŋgwist] *znw* talenkenner; taalkundige

linguistic [liŋ'gwistik] *bn* taalkundig, taal-

linguistics *znw* taalwetenschap

liniment ['linimənt] *znw* smeersel *o*

lining ['lainiŋ] *znw* voering, bekleding; zie ook: *cloud I*

link [liŋk] **I** *znw* schakel², schalm; *fig* band; verbinding; lengte van 7.92 inch; (pek)toorts; *~s* <u>Schots</u> vlakke, met gras bedekte strook aan de zeekust; <u>sp</u> golfbaan; **II** *overg* steken (door *in*); ineenslaan [v. handen &]; *~ (up)* aaneenschakelen, verbinden, verenigen, aansluiten (met, aan *to, with*); *be ~ed (up) with* ook: aansluiten bij, op; **III** *onoverg: ~ up with* zich verbinden met, zich verenigen met, zich aansluiten bij

linkage ['liŋkidʒ] *znw* verbinding, koppeling

linkman *znw* <u>RTV</u> centrale presentator; <u>sp</u> middenvelder

link-up *znw* verbinding, vereniging

Linnaean [li'ni:ən] *bn* van Linnaeus

lino ['lainou] *znw* <u>gemeenz</u> linoleum *o* & *m*

linocut *znw* linoleumsnede, -druk

linoleum [li'nouljəm] *znw* linoleum *o* & *m*

linotype ['lainoutaip] *znw* linotype [zetmachine]

linseed ['linsi:d] *znw* lijnzaad *o*

linseed oil *znw* lijnolie

linsey-woolsey ['linzi'wulzi] *znw* grof weefsel *o* van katoen met wol

lint [lint] *znw* pluksel *o*

lintel ['lintl] *znw* <u>bouwk</u> kalf *o*, bovendrempel

lion ['laiən] *znw* leeuw; *fig* beroemdheid, *~'s share* leeuwedeel *o*; *the ~ of the day* de held van de dag

lioness *znw* leeuwin

lion-hearted *bn* met leeuwenmoed (bezield), manmoedig

lion-hunter *znw* leeuwenjager; *fig* iem. die be-

roemdheden naloopt
lionize *overg* iem. fêteren
lip [lip] *znw* lip°; rand; gemeenz brutaliteit; *none of your* ~*!* géén brutaliteiten!; *keep a stiff upper* ~ zich groot houden; geen spier vertrekken
lip-read *onoverg* liplezen
lip-service *znw* lippendienst
lipstick *znw* lippenstift
liquefaction [likwi'fækʃən] *znw* vloeibaarmaking
liquefy ['likwifai] *overg (onoverg)* vloeibaar maken (worden)
liqueur [li'kjuə] *znw* likeur
liquid ['likwid] **I** *bn* vloeibaar; vloeiend; waterig [v. ogen]; liquide; ~ *crystal display* LCD-scherm *o* [beeldscherm op basis van vloeibare kristallen]; ~ *lunch* lunch waarbij veel alcohol wordt gedronken; ~ *resources* handel vlottende middelen; **II** *znw* vloeistof; gramm liquida
liquidate *overg* vereffenen, liquideren; fig doden
liquidation [likwi'deiʃən] *znw* liquidatie, vereffening
liquidator ['likwideitə] *znw* liquidateur
liquidity [li'kwiditi] *znw* handel liquiditeit
liquidize ['likwidaiz] *overg* vloeibaar maken
liquidizer *znw* blender
liquor ['likə] *znw* Am (sterke) drank
liquorice ['likəris] *znw* plantk zoethout *o*; drop
lisle thread [lail] *znw* fil d'écosse *o*
lisp [lisp] **I** *onoverg & overg* lispelen; **II** *znw* gelispel *o*
lissom(e) ['lisəm] *bn* soepel, lenig
1 list [list] *znw* (naam)lijst, catalogus, tabel, rol; scheepv slagzij; overhelling; ~*s* strijdperk *o*; *the* ~ *of wines* de wijnkaart; *enter the* ~*s* in het strijdperk treden
2 list [list] **I** *overg* **1** een lijst opmaken van, inschrijven, noteren, catalogiseren; **2** opnemen, opsommen, vermelden; **II** *onoverg* scheepv slagzij maken; overhellen
listed ['listid] *bn* Br voorkomend op de monumentenlijst
listen ['lisn] *onoverg* luisteren (naar *to*)[2] ; ~ *in* radio luisteren; ~ *in (onto)* be-, afluisteren
listener *znw* luisteraar; toehoorder
listing ['listiŋ] *znw* lijst; samenstelling v.e. lijst
listless ['listlis] *bn* lusteloos, hangerig, slap
list-price ['listprais] *znw* catalogusprijs; officiële prijs
lit [lit] **I** V.T. & V.D. van [2]*light*; **II** *bn*: ~ *up* slang aangeschoten
litany ['litəni] *znw* litanie
literacy ['litərəsi] *znw* alfabetisme *o*, geletterdheid: het kunnen lezen (en schrijven)
literal ['litərəl] *bn* letterlijk; letter-; [v. mensen] nuchter, prozaïsch
literalism *znw* letterlijkheid, letterlijke uitlegging
literalist *znw* scherpslijper
literally *bijw* letterlijk; absoluut
literary ['litərəri] *bn* literair, letterkundig; geletterd;

~ *history* literatuurgeschiedenis; ~ *property* auteursrecht *o*
literate ['litərit] *bn* het lezen (en schrijven) machtig (zijnde); geletterd
literati [litə'ra:ti:] *znw mv* geleerden, geletterden
literatim [litə'ra:tim] *bijw* [Lat] letterlijk, letter voor letter
literature ['lit(ə)rətʃə, -ritʃə] *znw* literatuur, letterkunde; gemeenz [propaganda] lectuur, prospectussen, drukwerk *o* &
litharge ['liθa:dʒ] *znw* loodglit *o*
lithe ['laið] *bn* buigzaam, lenig
lithograph ['liθəgra:f] **I** *znw* lithografie, steendruk(plaat); **II** *overg* lithograferen
lithography [li'θɔgrəfi] *znw* lithografie
Lithuania [liθ(j)u(:)'einjə, -'einiə] *znw* Litouwen *o*
Lithuanian [liθ(j)u(:)'einjən, -'einiən] **I** *znw* Litouwer; Litouws *o* [taal]; **II** *bn* Litouws
litigant ['litigənt] **I** *bn* procederend, in proces liggend; **II** *znw* procederende partij
litigate ['litigeit] **I** *onoverg* procederen; **II** *overg* procederen over; betwisten
litigation [liti'geiʃən] *znw* procederen *o*; (rechts-) geding *o*, proces *o*
litigious [li'tidʒəs] *bn* pleitziek; betwistbaar; proces-
litmus ['litməs] *znw* lakmoes *o*; ~ *paper* lakmoespapier *o*
litre, Am **liter** ['li:tə] *znw* liter
litter ['litə] **I** *znw* draagkoets, (draag)baar; stalstro *o*, strooisel *o*; warboel, rommel, afval *o & m* [schillen &]; worp [varkens]; **II** *overg* bezaaien; dooreengooien, overal (ordeloos) neergooien of laten liggen; ~*ed with books* overdekt met overal slingerende boeken; **III** *onoverg* (jongen) werpen
litter bin *znw* bak of mand voor afval
litterbug, **litterlout** *znw* gemeenz sloddervos
littery *bn* rommelig
little ['litl] **I** *bn* klein[2], kleinzielig; luttel; weinig, gering; *a* ~ *bit* een beetje; een kleinigheid; ~ *butter* weinig boter; *a* ~ *butter* een beetje (wat) boter; ~ *folk (people)* elfen en kabouters; ~ *ones* kinderen, kleintjes; *make* ~ *of* niet tellen, weinig geven om; zie ook: finger &; **II** *znw* weinig *o*; no ~, *not a* ~ niet weinig (= zeer veel); *many a* ~ *makes a mickle* veel kleintjes maken een grote; *after a* ~ na korte tijd; ~ *by* ~ langzamerhand; *for a* ~ een poosje; *he was within a* ~ *of crying* hij had bijna gehuild; **III** *bijw* weinig (soms = niet), amper, in het geheel niet; ~ *did he know that...* hij had er geen flauw benul (idee) van dat...
littleness *znw* klein(zielig)heid
littoral ['litərəl] **I** *bn* kust-; **II** *znw* kustgebied *o*
liturgical [li'tə:dʒikl] *bn* liturgisch
liturgy ['litədʒi] *znw* liturgie
livable ['livəbl] *bn* bewoonbaar; leefbaar [leven]; gezellig
1 live [laiv] *bn* levend, in leven; levendig; actief,

energiek; brandend, actueel [v. kwestie]; echt, heus [beest]; gloeiend [kool]; scherp (geladen); niet ontploft [granaat]; slang wemelend [v. ongedierte]; vers [stoom]; elektr onder stroom of geladen; RTV rechtstreeks, direct [v. uitzending]; *a ~ wire* ook: fig een energiek iemand; een dynamische persoonlijkheid

2 live [liv] **I** *onoverg* leven, bestaan; blijven leven, in (het) leven blijven; wonen; *we (you) ~ and learn* een mens is nooit te oud om te leren; *~ and let ~* leven en laten leven; *as I ~ and breathe!* zo waar ik leef!; *he quite ~s there* hij is er altijd over de vloer; *~ happily ever after* nog lang en gelukkig leven; **II** *overg* leven; doorleven, beleven; *~ again* herleven; *~ by bread alone* leven van brood alleen; *~ it down* ergens overheen komen; *I ~ for the day when...* ik verheug me op de dag dat...; *~ in* intern zijn, inwonen; *~ off the land* leven van wat je zelf verbouwt; *~ on* blijven leven, voortleven; *~ on grass* zich voeden met gras; *~ on (off) (one's relations)* leven (op kosten) van; *~ on one's reputation* op zijn roem teren; *~ out* overleven; niet intern zijn; *~ out of a suitcase* altijd maar onderweg zijn; veel reizen; *~ through* doormaken; *~ together* samenwonen; *~ to (be) a hundred* (nog) honderd jaar worden; *~ to see...* het beleven dat; *~ it up* gemeenz het er van nemen; *~ up to* leven overeenkomstig..., naleven, waar maken, niet te schande maken; *~ with* (in-)wonen bij, samenwonen met; leven met

liveable ['livəbl] *znw = livable*

live-in ['liv'in] *znw* vriend(in) met wie men samenwoont

livelihood ['laivlihud] *znw* kost-, broodwinning, kost, (levens)onderhoud *o*, brood *o*, bestaan *o*; *earn one's (his) ~* zijn brood verdienen

livelong ['livlɔŋ] *bn* plechtig: *the ~ day* de hele dag lang, de godganse dag

lively ['laivli] *bn* levendig°, vrolijk; vitaal, energiek; vlug, druk

liven *overg*: *~ up* verlevendigen, opvrolijken

1 liver ['livə] *znw* wie leeft, levende; *a fast ~* een losbol; *a good ~* een braaf mens; een bon-vivant; *the longest ~* de overlevende, de langstlevende; *a loose ~* een losbol, boemelaar

2 liver ['livə] *znw* lever; leverkleur

liveried ['livərid] *bn* in livrei

liverish *bn* gemeenz een leverziekte hebbend; geïrriteerd

livery ['livəri] *znw* livrei; huisstijl [uniforme beschildering van auto's &]; fig kleed *o*

livery company *znw* gilde *o & v* van de City van Londen

liveryman *znw* lid *o* van een der gilden van de City van Londen; stalhouder

livery stable *znw* stalhouderij

livestock ['laivstɔk] *znw* levende have, veestapel

livid ['livid] *bn* lood-, lijkkleurig, (doods)bleek; gemeenz hels, razend

living ['liviŋ] **I** *bn* levend; *be ~ (nog) leven, in leven zijn; within ~ memory* sinds mensenheugenis; *~ conditions* leefomstandigheden; *~ space* woonruimte; levensruimte; *~ standard* levensstandaard; *a ~ wage* een menswaardig bestaan verzekerend loon *o*; **II** *znw* leven *o*, (levens)onderhoud *o*, bestaan *o*, broodwinning, kost(winning); predikantsplaats; *be fond of good ~* van lekker eten en drinken houden; *earn (gain, get, make) a (his) ~* zijn brood verdienen; *for a (his) ~* voor de kost, om den brode

living-room *znw* woonvertrek *o*, huiskamer

lizard ['lizəd] *znw* hagedis

llama ['la:mə] *znw* dierk lama

LL.B. *afk. = Legum Baccalaureus, Bachelor of Laws*

LL.D. *afk. = Legum Doctor, Doctor of Laws*

lo [lou] *tsw* vero zie!, kijk! (ook: *~ and behold*)

load [loud] **I** *znw* lading, last, vracht; techn belasting; *~s of ... gemeenz* hopen; *a ~ of hay* een voer hooi; *a ~ of rubbish!* gemeenz dat is de grootst mogelijke nonsens (flauwekul)!; *that is a ~ off my mind* dat is een pak van mijn hart; **II** *overg* (in-, op-, be)laden, bevrachten, bezwaren, belasten; vullen [pijp]; overladen; **III** *onoverg & abs ww* laden

loaded ['loudid] *bn* geladen; slang stinkend rijk; dronken; Am stoned; *~ dice* valse dobbelstenen; *~ question* strikvraag

loading *znw* het laden, lading, vracht; techn belasting; *~ berth* scheepv laadplaats; *~ and un~* laden en lossen

load-line *znw* lastlijn

loadstar *znw* poolster[2], plechtig leidstar

loadstone *znw* magneetsteen *o & m* [stofnaam], magneetsteen *m* [voorwerpsnaam]

1 loaf [louf] *znw (mv:* loaves [louvz]*)* brood *o*; gemeenz kop; *use your ~!* gebruik je hersens!; *half a ~ is better than no bread* beter een half ei dan een lege dop

2 loaf [louf] *onoverg* leeglopen, lanterfanten, rondslenteren (ook: *~ about, around*)

loafer *znw* leegloper, schooier

loaf-sugar ['louf'ʃugə] *znw* broodsuiker

loam [loum] **I** *znw* leem *o & m*; **II** *overg* lemen

loam-pit *znw* leemgroeve

loamy *bn* leemachtig, leem-

loan [loun] **I** *znw* lening, geleende *o*, lenen *o*; *ask for the ~ of* te leen vragen; *may I have the ~ of it?* mag ik het eens lenen?; *on ~* te leen; *(be) out on ~* uitgeleend (zijn); **II** *overg* (uit)lenen

loan collection *znw* verzameling in bruikleen

loan-office *znw* leenbank

loan shark *znw* gemeenz woekeraar, uitbuiter

loanword *znw* bastaardwoord *o*, leenwoord *o*

loath [louθ] *bn* afkerig, ongenegen; *nothing ~* wat graag

loathe [louð] *overg* verafschuwen, een afkeer hebben van, walgen van

loathing *znw* walg(ing), weerzin

loathsome *bn* walgelijk, weerzinwekkend, afschu-

welijk
lob [lɔb] **I** *overg* in een boog gooien; sp lobben; **II** *znw* sp lob, boogbal
lobate ['loubeit] *bn* plantk gelobd, -lobbig
lobby ['lɔbi] **I** *znw* voorzaal, hal, portaal *o*; koffiekamer, foyer; couloir, wandelgang; lobby; **II** *overg & onoverg* lobbyen, druk uitoefenen op de (politieke) besluitvorming in de wandelgangen
lobe [loub] *znw* lob [hersenen]; kwab [long]; lel [oor]
lobed *bn* gelobd, -lobbig
lobotomy [lou'bɔtəmi] *znw* med lobotomie
lobster ['lɔbstə] *znw* (*mv* idem *of* -s) zeekreeft; ~ *pot* kreeftenfuik
lobule ['lɔbju:l] *znw* lobbetje *o*, kwabbetje *o*, lelletje *o*
lob-worm ['lɔbwə:m] *znw* zeepier
local ['loukəl] **I** *bn* plaatselijk; van plaats; van de plaats; plaats-; lokaal; alhier; stad [op adres]; ~ *authority* plaatselijke overheid; ~ *colour* beschrijving van het karakteristieke van een bep. buurt of streek; ~ *government* plaatselijk bestuur *o*; ~ *service* buurtverkeer *o*, lokaaldienst; ~ *time* plaatselijke tijd; **II** *znw* plaatselijk inwoner; gemeenz (stam-) kroeg, buurtcafé *o*
locale [lou'ka:l] *znw* plaats (waar iets voorvalt)
localism ['loukəlizm] *znw* plaatselijke eigenaardigheid, uitdrukking &
locality [lou'kæliti] *znw* plaats, lokaliteit
localization [loukəlai'zeiʃən] *znw* lokalisatie, plaatselijk maken *o*, plaatselijke beperking; plaatsbepaling
localize ['loukəlaiz] *overg* lokaliseren, binnen bepaalde grenzen beperken; ook = *locate*
locally *bijw* plaatselijk; ter plaatse
locate [lou'keit] *overg* een (zijn) plaats aanwijzen; de plaats bepalen van, plaatsen, vestigen; de plaats opsporen (vaststellen, vinden) van
location [lou'keiʃən] *znw* plaatsbepaling, plaatsing, plaats, ligging; locatie [v. film]; Austr fokkerij; *on* ~ op lokatie [film]; ~ *shot* buitenopname [film]
loch [lɔx, lɔk] *znw* Schots meer *o*; zeearm
1 lock [lɔk] *znw* lok [haar]
2 lock [lɔk] **I** *znw* slot *o*; sluis; houdgreep; auto draaicirkel; ~, *stock and barrel* zoals het reilt en zeilt, alles inbegrepen, en bloc; *under* ~ *and key* achter slot en grendel; **II** *overg* sluiten, op slot doen, af-, op-, in-, om-, wegsluiten; vastzetten, klemmen; van sluizen voorzien; ~ *away* wegsluiten; ~ *in* in-, opsluiten; ~ *out* buitensluiten; uitsluiten [werkvolk]; ~ *through* (door)schutten [schip]; ~ *up* opsluiten (in gevangenis, krankzinnigengesticht &), wegsluiten, vastleggen [kapitaal]; sluiten
lockable *bn* afsluitbaar, vergrendelbaar
lockage *znw* verval *o* van een sluis; schut-, sluisgeld *o*; sluiswerken
locker *znw* kastje *o*, kist; zie ook: *Davy Jones*

locker-room *znw* kleedkamer
locket ['lɔkit] *znw* medaillon *o*
lock-gate ['lɔkgeit] *znw* sluisdeur
lockjaw *znw* mondklem
lock-keeper *znw* sluiswachter
lock-nut *znw* contramoer
lockout *znw* uitsluiting
locksman *znw* sluiswachter
locksmith *znw* slotenmaker
lock-up *znw* arrestantenlokaal *o*, nor; box [v. garage]; (tijd van) sluiten *o*; ~ *desk* lessenaar die op slot kan; ~ *garages* boxengarage(s); ~ *shop* dagwinkel
loco ['loukou] *bn* slang getikt, gek
locomotion [loukə'mouʃən] *znw* (vermogen *o* van) voortbeweging, zich verplaatsen *o*
locomotive ['loukəmoutiv] **I** *bn* zich (automatisch) voortbewegend of kunnende bewegen; bewegings-; ~ *engine* locomotief; **II** *znw* locomotief
locum tenens ['loukəm'ti:nenz] *znw* (plaats)vervanger [v. dokter of geestelijke]
locus ['loukəs] *znw* (*mv*: loci [-sai, -kai, -ki:]) (meetkundige) plaats
locust ['loukəst] *znw* sprinkhaan
locution [lou'kju:ʃən] *znw* spreekwijze
lode [loud] *znw* ertsader
loden ['loudn] *znw* loden [wollen stof]
lodestar ['loudsta:] *znw* poolster[2], plechtig leidster
lodestone ['loudstoun] *znw* = *loadstone*
lodge [lɔdʒ] **I** *znw* optrekje *o*, huisje *o*, hut; portierswoning, -hokje *o*, rectorswoning [bij universiteit]; loge [v. vrijmetselaars]; leger *o*, hol *o* [v. dier]; **II** *overg* (neer)leggen, plaatsen, huisvesten, herbergen, zetten; deponeren; blijven zitten; indienen, inleveren, inzenden (bij *with*); opslaan [goederen]; ~ *oneself* ook: zich nestelen; *the bullet* ~*d in the wall de* kogel bleef in de muur steken; *power* ~*d in (in the hands of, with)* berustend bij; **III** *onoverg* wonen, huizen; blijven zitten (steken); ~ *with* inwonen bij
lodgement *znw* = *lodgment*
lodger *znw* kamerbewoner, inwonende
lodging *znw* huisvesting, (in)woning, logies *o*, kamers; *in* ~*s* op kamers
lodging-house *znw* pension *o*
lodgment *znw* plaatsing, huisvesting
loess ['louis] *znw* löss
loft [lɔ:ft] **I** *znw* zolder; vliering; duiventil; galerij; Am bovenverdieping [v. fabriek &]; **II** *overg* sp hoog slaan, een boogbal slaan
loftily ['lɔ:ftili] *bijw* v. lofty; ook: uit de hoogte
loftiness *znw* verhevenheid, hoogte; trots
lofty *bn* verheven, hoog; trots; gedragen
log [lɔg] **I** *znw* blok *o* hout, boomstam; scheepv log; = *logbook*; wisk log(aritme); *as easy as falling of a* ~ doodsimpel; *sleep like a* ~ slapen als een marmot; **II** *overg* (hout)hakken; in het logboek optekenen; afleggen [v. afstand]; ~ *in* comput inloggen; ~ *out* comput uitloggen

loganberry

loganberry ['lougənbəri, -beri] *znw* loganbes [kruising tussen braam en framboos]

logarithm ['lɔgəriθm] *znw* logaritme

logbook ['lɔgbuk] *znw* scheepv logboek *o*, journaal *o*; logboek o: dagboek *o*; register *o*; werkboekje *o*

log-cabin ['lɔgkæbin] *znw* blokhut

loggerhead ['lɔgəhed] *znw*: *be at* ~*s* elkaar in het haar zitten, overhoop liggen, bakkeleien

loggia ['lɔdʒə] *znw* loggia

logging ['lɔgiŋ] *znw* hakken *o* en vervoeren *o* van hout

logic ['lɔdʒik] *znw* logica; gemeenz redelijk argument *o*

logical *bn* logisch

logician [lɔ'dʒiʃən] *znw* logicus, beoefenaar v.d. logica

logistic(al) [lɔ'dʒistik(l)] *znw & bn* logistiek

logistics [lɔ-, lou'dʒistiks] *znw mv* logistiek

log-jam ['lɔgdʒæm] *znw* **1** stremming v.e. rivier door boomstronken; **2** impasse

logo ['lougou] *znw* logo *o*, beeldmerk *o*

loin [lɔin] *znw* lende, lendenstuk *o*

loincloth *znw* lendendoek

loiter ['lɔitə] **I** *onoverg* talmen, treuzelen, lanterfanten; ~ *(with intent)* recht op verdachte wijze rondhangen; ~ *about* rondslenteren; **II** *overg*: ~ *away* verbeuzelen

loiterer *znw* treuzelaar, slenteraar

loll [lɔl] *onoverg* lui liggen, leunen, hangen; ~ *about* maar wat rondhangen

lollipop ['lɔlipɔp] *znw* gemeenz snoepje *o*, snoep, lekkers *o*; lolly

lollipop lady, lollipop man *znw* klaar-over

lollop ['lɔləp] *onoverg* gemeenz luieren, lummelen; ~ *about* lanterfanten; rondzwalken

lolly ['lɔli] *znw* lolly; slang duiten, money

Londoner ['lʌndənə] *znw* Londenaar

lone [loun] *bn* eenzaam, verlaten; *play a* ~ *hand* in zijn eentje optreden, zijn eigen weg gaan; *a* ~ *wolf* einzelgänger, eenling

loneliness *znw* eenzaamheid, verlatenheid

lonely *bn* eenzaam

loner *znw* einzelgänger, eenling

lonesome *bn* eenzaam

1 long [lɔŋ] **I** *bn* lang°, langdurig, langgerekt; langdradig; groot [gezin &]; ~ *division* staartdeling; ~ *drink* aangelengde alcoholische drank in groot glas; ~ *face* lang (somber) gezicht *o*; ~ *jump* sp vèrspringen *o*; ~ *shot* gok, waagstuk *o*; ~ *in the tooth* of antds; *in the* ~ *run* op den duur, uiteindelijk; ~ *vacation* grote vakantie; ~ *wave* lange golf; **II** *bijw*: *don't be* ~ blijf niet te lang weg; *he was not* ~ *(in) finding it out* het duurde niet lang of ...; *he is not* ~ *for this world* hij zal het niet lang meer maken; ~ *since* allang; lang geleden; *as* ~ *as six months ago* al (wel) zes maanden geleden; *so (as)* ~ *as* als... maar, mits; *so* ~! gemeenz tot ziens!; **III** *znw: the* ~ *and the short of it is* ... om kort te gaan...; *for* ~ lang;

take ~ veel tijd nodig hebben; zie ook: *before I*

2 long [lɔŋ] *onoverg* verlangen (naar *for*)

long-awaited ['lɔŋə'weitid] *bn* lang verwacht

long-billed ['lɔŋbild] *bn* langsnavelig

long-boat *znw* sloep

longbow *znw* (grote) handboog; *draw the* ~ gemeenz overdrijven

long-dated *bn* handel langzicht- [wissel]

long-distance *bn* interlokaal

long-drawn-out *bn* langgerekt

longer *bn* langer; *no* ~ niet langer (meer)

longest *bn* langst; *at (the)* ~ op zijn langst

longevity [lɔn'dʒeviti] *znw* lang leven *o*, hoge ouderdom

long-haired ['lɔŋheəd] *bn* langharig

longhand *znw* gewoon handschrift *o* (tegenover stenografie); **II** *bijw* met de hand [schrijven]

long haul *znw* transport *o* over grote afstand

long-headed *bn* dolichocefaal: langschedelig; fig uitgeslapen

longing ['lɔŋiŋ] **I** *znw* (sterk) verlangen *o*, belustheid; **II** *bn* (erg) verlangend

longingly *bijw* (erg) verlangend

longish ['lɔŋiʃ] *bn* wat lang, vrij lang

longitude ['lɔn(d)ʒitju:d, 'lɔŋgitju:d] *znw* (geografische) lengte

longitudinal [lɔn(d)ʒi'tju:dinəl, lɔŋgi'tju:dinəl] *bn* in de lengte, lengte-

long johns *znw mv* lange onderbroek

long-lasting *bn* langdurig

long-legged ['lɔŋlegd] *bn* langbenig

long-life *bn* lang houdbaar [v. voedingsmiddelen]

long-lived *bn* langlevend, lang van leven; langdurig, van lange duur

long-lost *bn* [v. personen] die men al een lange tijd niet heeft gezien

long-play *bn*: ~ *record* langspeelplaat

long player *znw* langspeelplaat, elpee, LP

long-playing *bn*: ~ *record* langspeelplaat

long-range *bn* mil vèrdragend [geschut]; luchtv langeafstands- [vlucht]; fig op lange termijn

longshoreman *znw* Am sjouwer, bootwerker, havenarbeider

long-sighted *bn* vèrziend; fig vooruitziend

long-standing *bn* oud

long-stay *znw*: ~ *carpark* terrein *o* voor langparkeerders

long-suffering *bn* lankmoedig

long-term *bn* op lange termijn, langlopend; voor lange tijd

long-time *bn* van oudsher, oud

longways *bijw* in de lengte

long-winded *bn* lang van stof, breedsprakig, langdradig

longwise *bijw* in de lengte

loo [lu:] *znw* gemeenz plee, wc

look [luk] **I** *onoverg* kijken, zien, eruitzien; lijken; ~ *black* er somber uitzien; ~ *blank (foolish)* beteuterd of op zijn neus kijken; ~ *blue* sip kijken; ~ *great* prachtig staan [v. kledingstuk]; ~ *here!* hoor 'es!, zeg 'es!; ~ *like* lijken op; ernaar uitzien (dat); *it ~s like rain* het ziet ernaar uit of we regen zullen krijgen; ~ *sharp* haast maken, voortmaken; ~ *south* uitzien op het zuiden; ~ *before you leap* bezint eer gij begint; **II** *overg* eruitzien als, voorstellen; door zijn kijken uitdrukken, verraden; (er voor) zorgen; verwachten; *not ~ one's age* jonger lijken dan men is, er nog goed uitzien (voor zijn jaren); ~ *one's best* zijn (haar) beau jour hebben; er op zijn voordeligst uitzien; goed uitkomen; ~ *it,* ~ *the part* het goede figuur hebben voor een rol; zijn uiterlijk niet logenstraffen; *you are not ~ing yourself* je ziet er niet (zo goed) als anders uit; ~ *about* rondkijken, rondzien; ~ *about one* om zich heen kijken, de situatie opnemen; ~ *about for* ... omzien (zoeken) naar; ~ *after* acht geven op; passen op, letten op, zorgen voor; ~ *after his interests* behartigen; ~ *ahead* vooruitzien; ~ *alive* opmerkzaam zijn; ~ *at* kijken naar, bekijken, aankijken, kijken op [zijn horloge]; bezien, beschouwen; *gemeenz* tegemoet zien; *they will not ~ at* ... zij zullen niet kijken naar; ze willen niets weten van ...; *he couldn't ~ at* ... *gemeenz* hij zou ... niet aankunnen; ~ *away* een andere kant uit kijken, de blik (de ogen) afwenden; ~ *back* terugzien; omzien, omkijken; *he never ~ed back* hij kwam (ging) vooruit; ~ *back (up)on* een terugblik werpen op; ~ *behind* omkijken; ~ *down handel* naar beneden gaan [prijzen]; ~ *down one's nose at someone* de neus voor iem. ophalen, neerkijken op iem., iem. minachten; ~ *down on* neerzien op[2]; ~ *for* uitzien naar; verwachten; zoeken (naar); ~ *forward to* verlangend uitzien naar; zich verheugen op; tegemoet zien; ~ *in* even aanlopen (bij on); ~ *into* kijken in; onderzoeken, nagaan; ~ *into the street* uitzien op de straat; ~ *on* toekijken; ~ *on (upon) as* beschouwen als, houden voor; ~ *on (upon) it with distrust* het wantrouwend aanzien, het wantrouwen; ~ *out* uitzien, uit ... zien; op de uitkijk staan; (goed) uitkijken; opzoeken; ~ *out!* opgepast!; ~ *out for* uitzien naar; (zeker) verwachten; ~ *over* bekijken, opnemen; doorkijken; ~ *round* omkijken, omzien; eens uitkijken; om zich heen zien; ~ *through* goed bekijken, doornemen; kijken door; doorkijken, doorbladeren; ~ *sbd. through and through* iem. scherp aankijken; iem. heel en al doorzien; *(greed) ~s through his eyes* straalt uit zijn ogen; ~ *to* (uit)zien naar; letten op, passen op; zorgen voor; vertrouwen op; rekenen op; verwachten; uitzien op; ~ *towards* uitzien naar (op); overhellen naar; ~ *up* opzien, opkijken; handel de hoogte ingaan [prijzen]; opleven, beter gaan [zaken]; opknappen [het weer]; opzoeken; komen opzoeken; naslaan, nakijken [in boek]; ~ *up to sbd.* (hoog) opzien tegen iem.; ~ *up and down* zie up I; ~ *upon* = ~ *on*; **III** *znw* blik; aanzien *o*, gezicht *o*, voorkomen *o*, uiterlijk *o*; look, mode; *her (good) ~s*

haar knap uiterlijk *o*; *by the ~s of it* zo te zien; *have (take) a ~ at* eens kijken naar, bekijken, een blik werpen op; *I don't like the ~ of it* dat bevalt me niet, ik vertrouw het niet erg; *I can see it by your ~s* dat kan ik u aanzien

lookalike ['lukəlaik] *znw* dubbelganger, evenbeeld *o*

looker *znw: good ~ gemeenz* knap iem.

looker-on ['lukər'ɔn] *znw* (*mv:* lookers-on) toeschouwer, kijker

look-in *znw: have a ~ gemeenz* een kansje hebben

looking-glass *znw* spiegel

look-out *znw* uitkijk°; (voor)uitzicht *o*; *it is his (own) ~* dat is zijn zaak; *keep a good ~* goed uitkijken

look-see *znw* slang inspectie, kijkje *o*

1 loom [lu:m] *znw* weefgetouw *o*

2 loom [lu:m] *onoverg* zich (in flauwe omtrekken) vertonen, (dreigend) oprijzen, opdoemen (ook: ~ *up*); ~ *ahead* opdoemen; ~ *large* van onevenredig grote betekenis zijn (schijnen)

loon [lu:n] *znw* Schots **1** stommeling, idioot; **2** deugniet

loony ['lu:ni] **I** *bn gemeenz* getikt; **II** *znw* gek

loony-bin *znw* slang gesticht *o* (voor krankzinnigen)

loop [lu:p] **I** *znw* lus, lis, bocht, (laarzen)strop; luchtv looping, duikvlucht; **II** *onoverg* zich in een lus kronkelen; omduikelen; **III** *overg* met een lus vastmaken; in een bocht opschieten; ~ *the ~* een kringduikeling (luchtv looping) maken

looper ['lu:pə] *znw* spanrups

loop-hole ['lu:phoul] *znw* kijkgat *o*, schietgat *o*; fig uitvlucht, uitweg; achterdeurtje *o*

loop-line *znw* zijlijn, aftakking (v. spoorweg) die later weer samenkomt met de hoofdbaan

loopy *bn* bochtig; slang getikt, gek

loose [lu:s] **I** *bn* los°; vrij; ruim, wijd; loslijvig; slap; vaag, onnauwkeurig; loszinnig; ~ *cover* kussenhoes; *break ~* uitbreken; *cut ~* (zich) losmaken, (zich) bevrijden; *let ~* vrijlaten, de vrije hand laten; *be at a ~ gemeenz* niet meer weten wat te doen, niets te doen hebben; ~ *ends* kleinigheden [die nog gedaan moeten worden]; *at ~ ends* in 't ongewisse, in onzekerheid; in de war; *be at a ~ end* niets om handen hebben; **II** *znw: on the ~* aan de rol, aan de zwabber; **III** *overg* losmaken, loslaten; afschieten; *scheepv* losgooien; ~ *one's hold (on)* loslaten

loose-fitting *bn* ruimzittend [v. kleding]

loose-leaf *bn* losbladig [v. boek]

loose-limbed ['lu:s'limd] *bn* lenig, soepel

loosen I *overg* losmaken, losser maken; laten verslappen [tucht]; **II** *onoverg* losgaan, los(ser) worden; verslappen [tucht]; ~ *up* loskomen, ontdooien, vrijuit praten; sp opwarmen, aan warming-up doen

loot [lu:t] **I** *znw* buit, roof, plundering; slang poen; **II** *overg* (uit)plunderen[2], beroven, (weg)roven; **III**

onoverg plunderen, stelen

looter ['lu:tə] *znw* plunderaar

1 lop [lɔp] *overg* (af)kappen, wegkappen (ook: ~ *away*, ~ *off*); snoeien

2 lop [lɔp] **I** *onoverg* slap neerhangen; rondhopsen, huppelen; rondhangen; **II** *overg* laten hangen

lope [loup] **I** *onoverg* zich met lange sprongen voortbewegen; **II** *znw* lange sprong

lop-eared ['lɔpiəd] *bn* met hangende oren; ~ *rabbit* langoor(konijn *o*)

lop-sided ['lɔp'saidid] *bn* met één zijde kleiner (lager) dan de andere, scheef; niet in evenwicht; eenzijdig

loquacious [lou'kweiʃəs] *bn* babbelziek; spraakzaam

loquacity [lou'kwæsiti] *znw* babbelzucht; spraakzaamheid

Lord, lord [lɔ:d] **I** *znw* heer, meester; lord; ~ *and master* heer en meester; echtgenoot; *L*~!, *good* ~! goeie genade!; *My* ~ [mi'lɔ:d] aanspreektitel voor bisschop, rechter en adel onder de rang van hertog; ~ *knows (how)* gemeenz dat mag de hemel weten; *as drunk as a* ~ stomdronken; *live like a* ~ leven als een vorst; *the L*~ de Heer, Onze-Lieve-Heer, God; *the (House of) L*~s het Hogerhuis; *L*~ *Lieutenant* ± Commissaris des Konings; onderkoning; *(the) L*~ *Mayor* titel v.d. burgemeester van Londen, Dublin, York en sommige andere steden; *L*~ *President of the Council* plaatsvervangend minister-president, vice-premier; *the* ~ *of the manor* de ambachtsheer; *the L*~'*s Day* de dag des Heren; *the L*~'*s Prayer* het gebed des Heren; het onzevader **II** *overg* & *onoverg*: ~ *(it)* domineren; de baas spelen (over *over*)

lordling *znw* lordje *o*, heertje *o*

lordly *bn* als (van) een lord; hooghartig

Lord's *znw* een cricketterrein bij Londen (genoemd naar Thomas Lord)

lordship *znw* heerschappij (over *of, over*); heerlijkheid; lordschap *o*; *your (his)* ~ mijnheer (de graaf &)

lore [lɔ:] *znw* (traditionele) kennis

lorgnette [lɔ:'njet] *znw* face-à-main; toneelkijker; *her* ~s haar face-à-main

lorn [lɔ:n] *bn* eenzaam en verlaten

lorry ['lɔri] *znw* vrachtauto; *fallen off the back of a* ~ weggenomen, gejat, georganiseerd; ± geritseld

lorry-hop *znw* slang meeliften met vrachtauto's

lose [lu:z] (lost; lost) **I** *overg* verliezen, verbeuren, verspelen, verzuimen, missen [trein], erbij inschieten, kwijtraken; achterlopen [vijf minuten]; afraken van; doen verliezen; ~ *one's life* ook: om het leven komen; ~ *one's place* [in een boek] niet meer weten waar men gebleven is; ~ *one's senses* z'n verstand kwijt raken, gek worden; ~ *sight of* vergeten, uit 't oog verliezen; ~ *track of sth. (sbd.)* iets (iem.) uit het oog verliezen; ~ *one's way* verdwalen; ~ *out* het afleggen; verlies lijden; zie ook: *caste, day* &; **II** *wederk*: ~ *oneself* zich verliezen of opgaan (in *in*);

verdwalen; **III** *onoverg* & *abs ww* (het) verliezen, te kort komen (bij *by*); achterlopen [v. horloge]; *the story does not* ~ *in the telling* het verhaal is niet vrij van overdrijving, er is nogal wat bij gefantaseerd; zie ook: *losing, lost*

loser *znw* verliezer; 'de klos'; *be a bad/good* ~ niet/goed tegen zijn verlies kunnen; *be a* ~ *by* verliezen bij

losing *bn* verliezend; waarbij verloren wordt; niet te winnen, hopeloos; *fight a* ~ *battle* een (bij voorbaat) verloren strijd voeren; ~ *streak* serie nederlagen; periode van tegenspoed

loss [lɔs] *znw* verlies *o*, nadeel *o*, schade; *dead* ~ fiasco *o*; *at a* ~ met verlies; het spoor bijster; niet wetend [wat ..., hoe ...]; *never at a* ~ *for a reply* nooit om een antwoord verlegen; *cut one's* ~*es* zijn verlies nemen

loss adjuster *znw* schade-expert

loss-leader *znw* lokartikel *o* (beneden of tegen inkoopsprijs)

lost [lɔst] **I** V.T. & V.D. van *lose*; **II** *bn* verloren (gegaan), weg; verdwaald; omgekomen, verongelukt; scheepv vergaan; ~ *cause* hopeloze, verloren zaak; *get* ~ verloren gaan; verdwalen; slang weggaan, maken dat men wegkomt; *the motion was* ~ werd verworpen; ~ *in thought* in gedachten verzonken; *the joke was* ~ *on him* niet aan hem besteed, ontging hem; ~ *property office* bureau *o* voor gevonden voorwerpen

lot [lɔt] **I** *znw* lot *o*, deel *o*; portie, partij, kavel [veiling]; kaveling, perceel *o*, terrein *o*, lot [= terrein bij filmstudio voor buitenopnamen]; gemeenz hoop, heel wat, boel, heel veel; gemeenz stel *o*, kluit, zwik, zooi; *the* ~ ook: alles, gemeenz de hele bups; ~*s of* gemeenz veel; *a bad* ~ gemeenz een waardeloze figuur; *by* ~ door het lot, bij loting; zie ook: *cast, cut, draw, fall, throw* &; **II** *overg*: ~ *(out)* (ver-)kavelen

loth [louθ] *bn* = *loath*

Lothario [lou'θa:riou] *znw* lichtmis, verleider

lotion ['louʃən] *znw* lotion; watertje *o*

lottery ['lɔtəri] *znw* loterij

lottery-ticket *znw* loterijbriefje *o*

lotto ['lɔtou] *znw* lotto *o*, kienspel *o*

lotus ['loutəs] *znw* (Egyptische) lotusbloem; lotusstruik, lotusboom

lotus-eater *znw* fig iem. die zich aan dromerijen en nietsdoen overgeeft

lotus position ['loutəs pə'ziʃən] *znw* lotushouding, lotuszit

louche [lu:ʃ] *bn* louche, onguur

loud [laud] **I** *bn* luid; luidruchtig; opzichtig, schreeuwend [kleuren]; **II** *bijw* luid, hard; *out* ~ hardop; ~ *and clear* fig klip en klaar; overduidelijk

loud hailer *znw* megafoon

loudmouth *znw* gemeenz luidruchtig persoon, schreeuwlelijk, braller

loud-mouthed *bn* luidruchtig

loudspeaker *znw* luidspreker

lough [lɔx, lɔk] *znw* Ir meer *o*; zeearm

lounge [laun(d)ʒ] **I** *onoverg* luieren, (rond)hangen (ook: ~ *around, about*); **II** *znw* conversatiezaal, grote hal v. hotel, lounge; zitkamer [v. huis], foyer [v. theater]

lounge bar *znw* afdeling met meer comfort [in een pub]

lounge lizard *znw* gigolo

lounger *znw* **1** ligstoel, dekstoel, strandstoel; **2** lanterfanter, slenteraar, flaneur

lounge suit *znw* wandelkostuum *o*, colbertkostuum *o*, colbert *o* & *m*

lour, lower ['lauə] *onoverg* nors, dreigend, somber zien (naar *at, upon*); dreigen [v. wolken]

louse I *znw* [laus] (*mv*: lice [lais]) luis; Am gemeenz rotzak, smeerlap, rat; **II** *overg* [lauz] luizen; ~ *up* Am bederven

lousy *bn* gemeenz luizig; min, beroerd, miserabel; ~ *with* vol van, wemelend van

lout [laut] *znw* (boeren)kinkel, pummel, lummel, vlegel

loutish *bn* pummelig, slungelig, lummelachtig, vlegelachtig

louver, louvre ['lu:və] *znw* ventilatieopening; ~*(d) door* louvredeur

lovable ['lʌvəbl] *bn* beminnelijk, lief, sympathiek

love I *znw* liefde (voor, tot *for, of, to, towards*); [soms:] zucht; (ge)liefde; Amor(beeldje *o*); snoes, schat; ~*s* amourettes; ~ *all* sp nul gelijk; *(give) my* ~ *to all* de groeten aan allemaal; *make* ~ vrijen, de liefde bedrijven; *give (send) one's* ~ de groeten doen; *there is no* ~ *lost between them* ze mogen elkaar niet; *for* ~ uit liefde; *not to be had for* ~ *or money* voor geen geld of goede woorden; *play for* ~ om 's keizers baard (om niet) spelen; *for the* ~ *of God* om godswil; *in* ~ verliefd (op *with*); **II** *overg* liefhebben, beminnen, houden van, heel graag hebben of willen, het heerlijk vinden, dol zijn op; lief zijn voor; ~ *me*, ~ *my dog* ook: wie mij liefheeft, moet mijn vrienden op de koop toe nemen

loveable *bn* = *lovable*

love affair *znw* liefdesgeschiedenis, minnarij, (liefdes)verhouding

love-bird *znw* dwergpapegaai; gemeenz minnaar; verliefde

love-child *znw* kind *o* der liefde, buitenechtelijk kind *o*

love-hate relationship *znw* haat-liefdeverhouding

loveless *bn* liefdeloos

love-letter *znw* liefdesbrief, minnebrief

love life *znw* liefdeleven *o*

lovelock *znw* lok of krul op het voorhoofd of bij het oor

lovelorn *bn* door de geliefde verlaten; (van liefde) smachtend

lovely I *bn* mooi, lief(tallig); allerliefst; gemeenz

prachtig, verrukkelijk, heerlijk, mooi; **II** *znw* mooi meisje *o*, schoonheid

love-making *znw* vrijerij; geslachtsgemeenschap

love-match *znw* huwelijk *o* uit liefde

love-nest *znw* liefdesnestje *o*

love-potion *znw* minnedrank

lover *znw* minnaar, liefhebber; *a* ~ *of nature, a nature* ~ een natuurvriend; *a couple of* ~*s* een (minnend) paartje *o*; *the* ~*s* ook: de gelieven, de geliefden

lovesick *bn* smachtend (verliefd)

love-song *znw* minnelied *o*

love-story *znw* liefdesgeschiedenis

lovey *znw* liefje *o*, schat

lovey-dovey *bn* overdreven lief, suikerzoet

loving *bn* liefhebbend, liefderijk, liefdevol; toegenegen, teder

loving-cup *znw* vriendschapsbeker

loving-kindness *znw* barmhartigheid, goedheid

1 low [lou] **I** *bn* laag, laag uitgesneden; lager (staand); niet veel, gering; gemeen, ordinair, min; terneergeslagen, ongelukkig, depressief: zacht [stem]; bijna leeg [v. batterij &]; zwak [pols]; diep [buiging]; *L~ Church* meer vrijzinnige partij in de Engelse staatskerk; ~ *comedy* het boertig komische; *the L~ Countries* hist de Nederlanden; (thans:) de Lage Landen: Nederland, België en Luxemburg; *L~ German* Nederduits *o*; *L~ Latin* middeleeuws Latijn *o*; ~ *life* (het leven van) de lagere standen; ~ *season* laagseizoen *o*, kalme periode; *L~ Sunday* beloken Pasen; ~ *tide* eb, laag water *o*; *L~ Week* week na beloken Pasen; *bring* ~ vernederen, verzwakken; ruïneren; *feel (be)* ~ neerslachtig zijn, in een gedrukte stemming zijn; zich ellendig voelen; *get (run)* ~ opraken [voorraden]; *lay* ~ (neer)vellen; *lie* ~ zie *²lie*; **II** *bijw* laag, diep; zachtjes [spreken]; handel tegen lage prijs; zie ook: *¹lower &*; **III** *znw* gebied *o* van lage luchtdruk; dieptepunt *o*; *all-time (record)* ~ laagterecord *o*

2 low [lou] **I** *onoverg* loeien, bulken; **II** *znw* geloei *o*, gebulk *o*

low-born ['loubɔ:n] *bn* van lage geboorte

lowbrow *bn* (*znw*) gemeenz alledaags (mens); (iem.) met weinig ontwikkeling, niet-intellectueel

low-budget *bn* goedkoop, voordelig

Low-Church *bn* van de 'Low Church', zie onder *¹low I*

low-class *bn* inferieur; ordinair

low-cut *bn* laag (diep) uitgesneden

low-down I *bn* gemeenz laag, gemeen; **II** *znw*: *the* ~ gemeenz het fijne (een juiste voorstelling) van de zaak

1 lower ['louə] **I** *bn* lager (staand); dieper; minder, geringer; beneden-, onder(ste); later; ~ *animals* alle dieren, uitgezonderd de mens; ~ *case* onderkast; ~ *chamber* Tweede Kamer [buiten Engeland]; ~ *classes* lagere stand(en); ~ *deck* scheepv onderdek *o*; scheepv minderen; *L~ Egypt* Beneden-Egypte;

the L~ Empire het Oost-Romeinse rijk; *L~ House* Lagerhuis o; *the ~ world* de aarde; de onderwereld; **II** *overg* lager maken of draaien; temperen; verlagen; neerslaan, neerlaten, laten zakken, strijken [zeil]; vernederen, fnuiken [trots]; verminderen; *~ one's voice* ook: zachter spreken; **III** *onoverg* afnemen, dalen, zakken

2 lower ['lauə] *onoverg* = *lour*

lowermost ['louəmoust] *bn* laagst

lowest *onoverg* laagst(e); *at (its, the) ~* op zijn laagst (minst)

low-grade *bn* met een laag gehalte [v. erts], arm; inferieur

low-heeled *bn* met lage hak

low-income *bn* met een laag inkomen

low-key *bn* ingetogen, gematigd, sober

lowland I *znw* laagland o; *the L~s* de Schotse Laaglanden; **II** *bn* van het laagland

low-level *bn* comput lager [v. programmeertaal]

lowly *bn* gering, onaanzienlijk; nederig, ootmoedig

low-lying *bn* laaggelegen [land]

low-minded *bn* laag [van geest], ordinair

low-necked *bn* gedecolleteerd

low-pitched *bn* laag [v. toon, klank]; *a ~ roof* een geleidelijk aflopend dak

low-powered *bn* licht [v. motor]; zwak [v. radiozender]

low-profile *bn* onopvallend

low-rider *znw* laag model o auto

low-rise *znw* laagbouw

low-slung *bn* laag

low-spirited *bn* neerslachtig

low-tech [lou'tek] *bn* eenvoudig

low-water mark *znw* laagwaterpeil o, -lijn

lox [lɔks] *znw* Am gerookte zalm

loyal ['lɔiəl] *bn* (ge)trouw, loyaal

loyalist *bn & znw* (regeringsge)trouw (onderdaan)

loyalty *znw* getrouwheid, (onderdanen)trouw, loyaliteit; binding

lozenge ['lɔzindʒ] *znw* herald ruit; ruitje o [in raam]; tabletje o [voor soep, hoest &]

lozenged *bn* ruitvormig, geruit

LP ['el'pi:] *afk.* = *long-play(ing) record* lp

L-plate ['elpleit] *znw* bord o met de letter L op lesauto's

LSD ['elesdi:] *afk.* = *lysergic acid diethylamide* LSD [hallucinogeen]

l.s.d., L.S.D., £.s.d. *afk.* = *librae, solidi, denarii (pounds, shillings, and pence)* gemeenz geld o

LSE *afk.* = *London School of Economics*

Lt. *afk.* = *Lieutenant*

Ltd. *afk.* = *limited*

lubber ['lʌbə] *znw* lomperd, lummel, pummel

lubberly *bn bijw* pummelachtig, lummelig

lube (oil) ['l(j)u:b(ɔil)] *znw* gemeenz smeerolie

lubricant ['l(j)u:brikənt] *znw* smeermiddel o

lubricate *overg* oliën, smeren; slang [iem.] dronken maken; *lubricating oil* smeerolie

lubricated *bn* slang dronken, teut, lazarus

lubrication [l(j)u:bri'keiʃən] *znw* smering; *~ pit* smeerkuil; *~ point* smeerpunt

lubricator ['l(j)u:brikeitə] *znw* smeerpot; smeermiddel o

lubricious ['l(j)u:brikəs] *bn* **1** glibberig, glad; **2** geil

lubricity [l(j)u:'brisiti] *znw* glibberigheid[2], gladheid[2]; fig geilheid

lucent *bn* schijnend, blinkend

lucerne [l(j)u:'sə:n] *znw* luzerne, alfalfa [plant]

lucid ['l(j)u:sid] *bn* schitterend, stralend; helder[2], lucide, duidelijk; verstandig

lucidity [l(j)u:'siditi] *znw* helderheid[2], luciditeit

Lucifer ['l(j)u:sifə] *znw* [de engel] Lucifer; Satan; astron de morgenster [Venus]

luck [lʌk] *znw* toeval o, geluk o, tref, bof; *bad ~* pech; *good ~* geluk o, bof; *good (best of) ~!* veel succes! het beste!; *hard (tough) ~* pech; *just my ~* natuurlijk heb ik weer pech; *worse ~* ongelukkigerwijze; *for ~* tot (uw) geluk (heil); als een voorteken van geluk; *be in ~* geluk hebben, gelukkig zijn, boffen; *down on one's ~* pech hebbend; *be out of ~* pech hebben; *it's the ~ of the draw* het is een kwestie van geluk; het is stom toeval; *no such ~!* pech gehad; *I was down on my ~* het zat me (allemaal) niet mee

luckily ['lʌkili] *bijw* gelukkigerwijze, gelukkig

luckiness *znw* gelukkig toeval o, geluk o

luckless *bn* onfortuinlijk; ongelukkig

lucky *bn* gelukkig; geluks-; *be ~* ook: geluk hebben; boffen; geluk aanbrengen; *~ charm* talisman; *~ dip* grabbelton; *~ you!* bofkont!; *you'll be ~ if...* het is niet erg waarschijnlijk dat...

lucrative ['l(j)u:krətiv] *bn* winstgevend, voordelig

lucre *znw* geld o, winst, voordeel o; *filthy ~* vuil gewin; het slijk der aarde

lucubrate ['l(j)u:kjubreit] *onoverg* plechtig 's nachts werken of studeren; zijn overpeinzingen op papier zetten

lucubration [l(j)u:kju'breiʃən] *znw* (vrucht van) nachtelijke studie of bespiegeling; *~s* moeilijke geschriften

Luddite ['lʌdait] *znw* hist tegenstander van industriële vooruitgang

ludicrous ['l(j)u:dikrəs] *bn* belachelijk, lachwekkend, potsierlijk, koddig

ludo ['lu:dou] *znw* sp mens-erger-je-niet o

lues ['lu:i:z] *znw* med syfilis

luff [lʌf] *onoverg* loeven

lug [lʌg] **I** *overg* trekken, slepen; **II** *onoverg*: *~ at* trekken aan; **III** *znw* **1** slang oor o; **2** pin, tap, pen

luge [lu:ʒ] *znw* slee

luggage ['lʌgidʒ] *znw* bagage[2], reis-, passagiersgoed o; zie ook: *[1]left*

luggage-rack *znw* bagagenet o [in trein]

luggage-van *znw* bagagewagen

lugger ['lʌgə] *znw* logger

lughole ['lʌghoul] *znw* slang oor o

lugsail ['lʌgseil, 'lʌgsl] *znw* loggerzeil *o*

lugubrious [l(j)u:'gu:briəs] *bn* luguber, somber, treurig

lukewarm ['l(j)u:kwɔ:m] *bn* lauw²

lull [lʌl] **I** *overg* (in slaap) sussen, in slaap wiegen², kalmeren; **II** *onoverg* gaan liggen, luwen [wind]; **III** *znw* (korte) stilte, kalmte, (ogenblik *o*) rust

lullaby ['lʌləbai] *znw* wiegelied(je) *o*

lumbago [lʌm'beigou] *znw* spit *o* (in de rug)

lumbar ['lʌmbə] *bn* van de lendenen, lenden-

lumber ['lʌmbə] **I** *znw* (oude) rommel; Am timmerhout *o*; **II** *overg* volproppen (ook: ~ *up*); gemeenz opzadelen (met *with*); **III** *onoverg* rommelen; zich log, zwaar bewegen; ~ed ook: in een file, vast

lumberer *znw* houthakker; houtvervoerder

lumbering *bn* lomp, onbehouwen; sjokkerig

lumberjack, lumberman *znw* houthakker

lumber-room *znw* rommelkamer

lumberyard *znw* houthandel

luminary ['l(j)u:minəri] *znw* hemellichaam *o*; fig verlichte geest

luminescence [l(j)u:mi'nesəns] *znw* luminescentie

luminosity [l(j)u:mi'nɔsiti] *znw* lichtgevend vermogen *o*; lichtsterkte

luminous ['l(j)u:minəs] *bn* lichtgevend, lichtend, stralend, helder, lumineus, licht-

lummy ['lʌmi] *tsw* slang verduiveld!; god beware me!

lummox ['lʌməks] *znw* Am gemeenz kluns, oen

lump [lʌmp] **I** *znw* stuk *o*, bonk, klomp, klont, klontje *o*; brok *m* & *v* of *o*, bult, buil, knobbel; gemeenz pummel; vadsig persoon; *have a ~ in one's throat* een prop (brok) in de keel hebben; **II** *bn*: *a ~ sum* een lumpsum: een som ineens; **III** *overg* bijeengooien; ~ *it* gemeenz iets (maar moeten) slikken; ~ *together* samennemen, over één kam scheren; ~ *under*, ~ *(in) with* en bloc nemen met, indelen bij; over één kam scheren met

lumpfish, lumpsucker *znw* snotolf [vis]

lumpy *bn* klonterig; bultig, vol builen

lunacy ['l(j)u:nəsi] *znw* krankzinnigheid

lunar ['l(j)u:nə] *bn* van de maan, maan-; ~ *eclipse* maansverduistering; ~ *module* maanlander

lunatic ['lu:nətik] **I** *bn* krankzinnig; ~ *fringe* extreme vleugel [v.e. groepering]; zie ook: *asylum*; **II** *znw* krankzinnige

lunch(eon) ['lʌn(t)ʃ(ən)] **I** *znw* lunch; **II** *onoverg* lunchen

luncheon meat *znw* gemalen (varkens)vlees *o* in blik

luncheon voucher *znw* maaltijdbon

lunch-hour *znw* lunchpauze

lung [lʌŋ] *znw* long

lunge [lʌndʒ] **I** *znw* uitval [bij het schermen]; stoot; vooruit schieten *o*; **II** *onoverg* een uitval doen vooruit schieten; ~ *at sth., sbd.* zich op iets, iem. storten

1 lunged [lʌŋd] *bn* met longen

2 lunged [lʌn(d)ʒd] V.T. & V.D. van *lunge*

lungwort ['lʌŋwɔ:t] *znw* longkruid *o*

lupin(e) ['l(j)u:pin] *znw* plantk lupine

lurch [lə:tʃ] **I** *znw* ruk, plotselinge slinger(ing); *leave in the ~* in de steek laten; **II** *onoverg* slingeren, plotseling opzij schieten

lure [ljuə] **I** *znw* lokaas² *o*, lokspijs², verlokking; **II** *overg* (aan)lokken, weg-, verlokken; ~ *away* weglokken; ~ *into* verlokken tot; ~ *on* verlokken, meetronen

lurgy ['lə:gi] *znw* gemeenz ± griepje *o*, baaldag(en)

lurid ['l(j)uərid] *bn* sensationeel; schel [kleur], gloeiend [kleuren]

lurk [lə:k] *onoverg* schuilen, zich schuilhouden; verborgen zijn

luscious ['lʌʃəs] *bn* heerlijk, lekker; (heel) zoet, overrijp; overdadig versierd; voluptueus

lush [lʌʃ] **I** *bn* weelderig, sappig, mals [gras]; gemeenz overvloedig; **II** *znw* Am dronkelap

lust [lʌst] **I** *znw* (zinnelijke) lust, wellust; begeerte, zucht; ~ *for power* machtswellust; **II** *onoverg* (vurig) begeren, dorsten (naar *after, for*)

luster *znw* Am = *lustre*

lustful *bn* wellustig

lustily *bijw* v. *lusty*; *sing ~* uit volle borst zingen

lustre ['lʌstə] *znw* luister, glans; schittering; fig vermaardheid, glorie

lustreless *bn* glansloos, dof

lustrous ['lʌstrəs] *bn* luisterrijk, glansrijk, schitterend

lusty ['lʌsti] *bn* kloek, flink (en gezond), stevig, krachtig, ferm

lutanist ['l(j)u:tənist] *znw* luitspeler

lute [l(j)u:t] *znw* muz luit

Lutheran ['lu:θərən] **I** *bn* luthers; van Luther; **II** *znw* lutheraan

luv [lʌv] *znw* gemeenz = *love*

luxate ['lʌkseit] *overg* ontwrichten, verrekken

luxation [lʌk'seiʃən] *znw* ontwrichting, spierverrekking

luxe [lʌks, lu(:)ks] *znw*: *de ~* [də'lʌks, də'lu(:)ks] luxueus, prachtig, kostbaar, weelderig

Luxemburg ['lʌksəmbə:g] *znw* Luxemburg *o*

Luxemburger *znw* Luxemburger

luxuriance [lʌg'zjuəriəns] *znw* weelderigheid, weligheid

luxuriant *bn* weelderig, welig

luxuriate *onoverg* in overdaad leven, zwelgen (in *in*)

luxurious *bn* luxueus, weelderig

luxury ['lʌkʃəri] **I** *znw* luxe, weelde, weelderigheid, overdaad; genot *o*; *luxuries* weeldeartikelen; genotmiddelen; heerlijkheden, lekkernijen; **II** *bn* luxueus, luxe-

lychee ['laitʃi:, 'li(:)tʃi:] *znw* lychee

lychgate ['litʃgeit] *znw* = *lichgate*

lying ['laiiŋ] **I** *tegenwoordig deelwoord* van ²*lie* (liggen); *I won't take it ~ down* dat laat ik mij niet aanleunen; **II** *tegenwoordig deelwoord* van ¹*lie*

(liegen); als *bn* ook: leugenachtig
lying-in ['laiiŋ'in] *znw* kraam, kraambed *o*
lymph [limf] *znw* lymf(e); weefselvocht *o*
lymphatic [lim'fætik] **I** *bn* lymfatisch, lymf(e)-; **II**
znw lymf(e)vat *o*
lynch [lin(t)ʃ] *overg* lynchen
lynx [liŋks] *znw* lynx, los
lyre ['laiə] *znw* muz lier
lyre-bird ['laiəbə:d] *znw* liervogel
lyric ['lirik] **I** *bn* lyrisch; **II** *znw* lyrisch gedicht *o*; ~*s*
lyrische poëzie (verzen), lyriek; tekst [v. liedje]
lyrical *bn* lyrisch, lier-
lyricism ['lirisizəm] *znw* lyriek, lyrisch karakter *o*,
lyrische vlucht
lyricist *znw* tekstschrijver [v. liederen]

M

m [em] **I** *znw* (de letter) m; **II** *afk.* = *million(s); mas-culine; male; mile(s); metre(s); minute(s)*
M 1 = 1000 [als Romeins cijfer]; **2** = *motorway*
MA *afk.* = *Master of Arts*
ma [ma:] *znw gemeenz* ma
ma'am [ma:m] *znw* = *madam* [aanspreektitel voor
leden van de koninklijke familie; bedienden tot
mevrouw: [mæm, məm, m]]
mac [mæk] *znw gemeenz* = *mackintosh*
macabre [mə'ka:br] *bn* macaber, griezelig, akelig
macadam [mə'kædəm] *znw* macadam *o* & *m* [weg-dek]
macaroni [mækə'rouni] *znw* macaroni
macaroon [mækə'ru:n, 'mækəru:n] *znw* bit-terkoekje *o*
macaw [mə'kɔ:] *znw* ara
mace [meis] *znw* **1** foelie; **2** staf, scepter; **3** mil
strijdknots
mace-bearer *znw* stafdrager, pedel
Macedonia [mæsi'dounjə] *znw* Macedonië *o*
Macedonian [mæsi'dounjən] **I** *bn* Macedonisch; **II**
znw Macedoniër
macerate ['mæsəreit] **I** *onoverg* weken, zacht/week
worden; **II** *overg* laten weken, week maken, mace-
reren; uitmergelen, uitteren [door vasten]
machete [ma:'tʃeiti] *znw* groot kapmes *o* [in
Midden- en Zuid-Amerika]
Machiavellian [mækiə'veliən] *bn* machiavellis-tisch[2]; sluw, gewetenloos
machinate ['mækineit] *onoverg* kuipen, konkelen
machination [mæki'neiʃən] *znw* machinatie, kuiperij, konkelarij; intrige [v. toneelstuk]; (bovennatuurlijke) machten of middelen die in literair werk
optreden
machinator ['mækineitə] *znw* intrigant
machine [mə'ʃi:n] **I** *znw* machine[2], toestel *o*; automaat; fig apparaat *o*; (partij)organisatie; **II** *overg*
machinaal bewerken (vervaardigen)
machine code *znw* comput machinetaal
machine-gun I *znw* mitrailleur; **II** *overg* & *onoverg*
mitrailleren
machine-gunner *znw* mitrailleur
machine-made *bn* machinaal (vervaardigd),
fabrieks-
machine-readable *bn* comput machinaal leesbaar
machinery *znw* machines; machinerie(ën); mechaniek, mechanisme *o*; apparaat *o* [v. bestuur &], apparatuur; inrichting
machine shop *znw* machinewerkplaats
machine tool *znw* machinaal gedreven werktuig *o*
machinist *znw* machineconstructeur; wie een ma-

chine bedient; machinenaaister

machismo [mə'kizmou, ma:tʃi:zmou] *znw* macho-
gedrag *o*, machismo *o*, hanigheid

macho ['mætʃou, 'ma:tʃou] **I** *bn* macho, hanig; **II**
znw macho, haantje *o*

mackerel ['mækrəl] *znw* (*mv* idem *of* -s) makreel; ~
sky lucht met schapenwolkjes

mackintosh ['mækintɔʃ] *znw* (waterproof) regenjas

mackle ['mækl] *znw* misdruk

macramé [mækrə'mei] *znw* macramé *o*, knoopwerk *o*

macrobiotic ['mækroubai'ɔtik] *bn* macrobiotisch

macrocosm ['mækrəkɔzm] *znw* macrokosmos

macula ['mækjulə] *znw* (*mv*: maculae ['mækjuli:])
vlek [op huid of zon]

maculate *overg* (be)vlekken

maculation [mækju'leiʃən] *znw* bevlekking; vlek

mad [mæd] **I** *bn* krankzinnig, gek, niet wijs; dol (op
about, for, on); kwaad, nijdig, razend (over *at*); *hopping* ~ gemeenz woest, hels; *as* ~ *as a hatter (as a
March hare)* stapelgek; zie ook: ¹*like II*; **II** *overg &
onoverg* = *madden; the* ~*ding crowd* het gewoel van
de wereld

Madagascan [mædə'gæskən] **I** *znw* Madagas; **II** *bn*
Madagaskisch

Madagascar [mædə'gæskə] *znw* Madagaskar *o*

madam ['mædəm] *znw* mevrouw, juffrouw; hoerenmadam; verwaand juffertje *o*

madcap ['mædkæp] *bn* doldwaas, roekeloos

mad cow disease *znw* gemeenz = *BSE*

madden ['mædn] **I** *overg* gek, dol, razend maken; **II**
onoverg gek, dol, razend worden

maddening *bn* om gek (razend) van te worden

madder ['mædə] *znw* (mee)krap

made [meid] V.T. & V.D. van ¹*make; he is* ~ *like that*
zo is hij (nu eenmaal); *a* ~ *dish* een samengestelde
schotel; *a* ~ *man* iemand die binnen is; ~ *up* (op-)
gemaakt; *a* ~*-up story* een verzonnen verhaal *o*

made-to-measure ['meidtə'meʒə] *bn* op maat gemaakt, maat-

madhouse ['mædhaus] *znw* gekkenhuis *o*

madman *znw* dolleman, gek, krankzinnige

madness *znw* dolheid, gekheid, krankzinnigheid,
razernij

madonna [mə'dɔnə] *znw* madonna²

madrigal ['mædrigəl] *znw* madrigaal *o*

madwoman ['mædwumən] *znw* krankzinnige
(vrouw)

maecenas [mi'si:næs, -nəs] *znw* mecenas, kunstbe-
schermer

maelstrom ['meilstroum] *znw* maalstroom²

maestro ['maistrou] *znw* (*mv*: -s *of* maestri [-stri])
maestro, beroemde componist of dirigent

Mae West [mei'west] *znw* opblaasbaar zwemvest *o*

mafia ['mæfi:ə] *znw* maffia

mag [mæg] *afk.* gemeenz = *magazine; magnetic*

magazine [mægə'zi:n] *znw* magazijn *o* (ook = tuig-

huis *o*; kruitkamer v. geweer &); tijdschrift *o*, magazine *o*; *fashion* ~ modeblad *o*

magenta [mə'dʒentə] *bn* & *znw* magenta (*o*) [rood-
paars]

maggot ['mægət] *znw* made

maggoty *bn* vol maden, wormstekig

Magi ['meidʒai] *znw mv: the* ~ de Wijzen uit het
Oosten

magi *znw mv* v. *magus*

magic ['mædʒik] **I** *bn* magisch, toverachtig, betoverend, tover-; slang hartstikke goed, mooi &; ~ *carpet* vliegend tapijt *o*; ~ *circle* toverkring; tovenaars-
vereniging; ~ *eye* afstemoog *o* [v. radio &]; foto-
elektrische cel; ~ *lantern* toverlantaarn; **II** *znw*
toverkracht, -kunst, tove(na)rij, magie; betovering;
black ~ zwarte (boosaardige) kunst; *white* ~ heil-
zame toverkunst; **III** *overg* omtoveren, tevoorschijn toveren

magical *bn* = *magic I*

magician [mə'dʒiʃən] *znw* tovenaar, magiër; goochelaar

magisterial [mædʒis'tiəriəl] *bn* magistraal; mees-
terachtig; magistraats-

magistracy ['mædʒistrəsi] *znw* magistratuur

magistrate *znw* magistraat; politierechter

magistrature ['mædʒistrætʃə] *znw* magistratuur

magnanimity [mægnə'nimiti] *znw* grootmoedig-
heid

magnanimous [mæg'næniməs] *bn* grootmoedig

magnate ['mægneit] *znw* magnaat

magnesia [mæg'ni:ʃə] *znw* magnesia, magnesium-
oxide *o*

magnesium *znw* magnesium *o*

magnet ['mægnit] *znw* magneet²

magnetic [mæg'netik] *bn* magnetisch, magneet-;
fig fascinerend, boeiend; ~ *compass* kompas *o*; ~
tape magneetband

magnetism ['mægnitizm] *znw* magnetisme² *o*; aantrekkingskracht

magnetization [mægnitai'zeiʃən] *znw* magnetiseren *o*

magnetize ['mægnitaiz] *overg* magnetisch maken,
magnetiseren; aantrekken², biologeren

magnetizer *znw* magnetiseur

magneto [mæg'ni:tou] *znw* magneetontsteker

magnificat [mæg'nifikæt] *znw* magnificat *o*

magnification [mægnifi'keiʃən] *znw* vergroting;
vero verheerlijking

magnificence [mæg'nifisns] *znw* pracht, heerlijkheid, luister

magnificent *bn* prachtig; gemeenz geweldig, uitstekend; uitmuntend, luisterrijk

magnifico [mæg'nifikou] *znw* (*mv*: -coes) Venetiaans
edelman; notabele, vooraanstaand heer

magnifier ['mægnifaiə] *znw* vergrootglas *o*, loep

magnify *overg* vergroten; groter maken
(voorstellen); vero verheerlijken

magnifying-glass *znw* vergrootglas *o*, loep

magniloquence [mæg'niləkwəns] *znw* grootspraak, gezwollenheid [van stijl]
magnitude ['mægnitju:d] *znw* grootte; grootheid
magnolia [mæg'noulja] *znw* magnolia
magnum ['mægnəm] *znw* dubbele fles
magnum opus ['mægnəm'ɔpəs, -'oupəs] [Lat] *znw* magnum opus *o*, belangrijkste werk *o*
magpie ['mægpai] *znw* ekster²; *fig* kruimeldief; kletskous
magus ['meigəs] *znw* (*mv*: magi ['meidʒai]) magiër
maharajah [ma:hə'ra:dʒə, məhə'raja] *znw* maharadja [Indiase vorstentitel]
mahogany [mə'hɔgəni] *znw* mahoniehout *o*; mahonieboom
Mahometan [mə'hɔmitən] vero = *Muslim*
mahout [mə'haut] *znw* kornak: geleider van een olifant
maid [meid] *znw* meid; meisje *o*, maagd; ~ *of honour* vero ongetrouwde hofdame; eerste (oudste) bruidsmeisje *o*; *lady's* ~ kamenier; *old* ~ oude vrijster
maiden ['meidn] **I** *znw* jonkvrouw, meisje *o*, maagd; **II** *bn* vero maagdelijk, jonkvrouwelijk; ongetrouwd, meisjes-; eerste; ~ *aunt* ongetrouwde tante; ~ *name* meisjesnaam [v. gehuwde vrouw]; ~ *speech* maidenspeech: eerste redevoering van nieuw lid; ~ *voyage* eerste reis [v. schip]
maidenhair fern ['meidnhɛə fə:n] *znw* venushaar *o* [plant]
maidenhead, maidenhood *znw* maagdelijkheid
maidenly *bn* maagdelijk; kuis
maidservant ['meidsə:vənt] *znw* dienstmeid, dienstmeisje *o*
1 mail [meil] **I** *znw* brievenpost, postzak; posttrein; **II** *overg* Am met de post of mail (ver)zenden, posten
2 mail [meil] *znw* maliënkolder, pantserhemd *o*
mailbag ['meilbæg] *znw* postzak
mailbox *znw* Am brievenbus
mail coach *znw* postwagen
mailed [meild] *bn*: *the* ~ *fist* fysiek geweld *o*
mailing ['meiliŋ] *znw* mailing [per post toegestuurde reclame]
mailing list ['meiliŋlist] *znw* verzendlijst
maillot [mæ'jou] [Fr] *znw* eendelig zwempak *o*, eendelig tricot kledingstuk *o* [ballet &]
mailman *znw* Am postbode
mail-order ['meilɔ:də] *znw* postorder; ~ *business* postorderbedrijf *o*, ook = ~ *house (business)* verzendhuis *o*
mail-shot *znw*: *do a* ~ een mailing doen
mail train *znw* posttrein
mail van *znw* postauto
maim [meim] *overg* verminken
main [mein] **I** *bn* voornaamste, groot(ste); hoofd-; *the* ~ *chance* eigen voordeel *o* of profijt *o*; *by* ~ *force* uit alle macht; *the* ~ *force* de hoofdmacht; **II** *znw* vero kracht (in: *with might and* ~); plechtig (open)

zee; hoofdleiding, hoofdbuis [van gas &], (licht)net *o* (ook: ~s); *in the* ~ in hoofdzaak, over het geheel
main brace *znw* scheepv grote bras; *splice the* ~ een oorlam geven
main deck *znw* hoofddek *o*
main drag *znw* Am hoofdstraat, hoofdweg
mainframe *znw* comput mainframe *o*
mainland *znw* vasteland *o*
mainline I *znw* belangrijke spoorlijn; **II** *overg & onoverg* slang (drugs) spuiten
mainly *bijw* voornamelijk, in hoofdzaak, grotendeels
mainmast *znw* grote mast
main road *znw* hoofdweg
mainsail *znw* grootzeil *o*
mainsheet *znw* scheepv grootschoot *o*
mainspring *znw* grote veer, slagveer; *fig* hoofddoorzaak, drijfveer, drijfkracht
mainstay *znw* scheepv grote stag *o*; fig voornaamste steun
mainstream I *znw* voornaamste stroming, hoofdrichting; **II** *bn* mainstream, conventioneel
maintain [mein'tein] *overg* handhaven, in stand houden; op peil houden, hooghouden, steunen, verdedigen; onderhouden; staande houden, volhouden; beweren; mil houden [stelling]; ophouden [waardigheid], bewaren [stilzwijgen]
maintenance ['meintənəns] *znw* handhaving, verdediging; onderhoud *o*; service; toelage; ~ *man* onderhoudsmonteur
maintop ['meintɔp] *znw* scheepv grote mars
main yard *znw* scheepv grote ra
maisonette [meizə'net] [Fr] *znw* maisonette
maize [meiz] *znw* maïs
majestic [mə'dʒestik] *bn* majestueus; majesteitelijk
majesty ['mædʒisti] *znw* majesteit
major ['meidʒə] **I** *bn* groot, hoofd-, belangrijk, van formaat; grootste; muz majeur; onderw senior; *the* ~ *part* het overgrote deel; ~ *road* voorrangsweg; **II** *znw* mil majoor; meerderjarige; muz majeur [toonaard]; Am (student met als) hoofdvak *o*; **III** *onoverg*: ~ *in* Am als hoofdvak bestuderen
major-domo ['meidʒə'doumou] *znw* majordomus, hofmeester, hofmeier
majorette [meidʒə'ret] *znw* majorette
major-general *znw* generaal-majoor
majority [mə'dʒɔriti] *znw* meerderheid; merendeel *o*; meerderjarigheid; *a working* ~ een voldoende meerderheid; *the* ~ *of...* ook: de meeste...
majuscule ['mædʒəskju:l] *znw* hoofdletter
1 make [meik] (made; made) **I** *overg* maken°, vervaardigen, vormen, scheppen; doen verrichten [arrestatie]; begaan [vergissing]; houden [redevoering]; brengen [offers]; leveren [bijdrage]; stellen [voorwaarden]; treffen [regelingen]; nemen [besluit]; bijzetten [zeil]; zetten [koffie]; opmaken [bed]; zetten, trekken [gezicht]; aanleggen [vuur]; afleggen [afstand]; voeren [oorlog]; (af)sluiten [ver-

drag, vrede]; halen [de voorpagina, een trein]; in-winnen [inlichtingen]; verdienen [geld]; lijden [verliezen]; <u>scheepv</u> in zicht krijgen; binnenvaren; bereiken; <u>slang</u> versieren [meisje]; *twice two ~s four* 2 × 2 = 4; *he will never ~ an author (painter &)* hij is niet voor schrijver (schilder &) in de wieg gelegd, zal nooit een (goed) schrijver (schilder &) worden; *~ (her) a good husband* een goed echtgenoot zijn (voor haar); *this room would ~ a nice study* deze kamer is bijzonder geschikt als studeerkamer; *it ~s pleasant reading* het laat zich aangenaam (prettig) lezen; *~ sbd.'s day* iems. dag goed maken; *what do you ~ the time?* hoe laat heb je het?; *I ~ it to be a couple of miles* ik houd het op twee mijl; *~ it* **1** het maken, succes hebben (ook: *~ it big*); **2** op tijd zijn; **3** tijd hebben om te komen; *Britain can ~ it* ook: <u>gemeenz</u> Engeland kan het klaarspelen, het versieren; *it's ~ or break* het is erop of eronder; *~ itself felt* zich doen gevoelen (laten voelen); **II** *onoverg* maken, doen; (de kaarten) schudden; zich begeven (naar *for*); komen opzetten of aflopen [getij]; *~ as if* doen alsof; *~ after* vervolgen, nazetten; *~ against* benadelen, niet bevorderlijk zijn voor; *~ at sbd.* op iem. afkomen; *~ away* zich uit de voeten maken; *~ away with* uit de weg ruimen [ook: doden]; zoek maken, opmaken; <u>gemeenz</u> naar binnen werken; *~ away with oneself* zich van kant maken; *~ believe* voorwenden, doen alsof; *~ do with* zich behelpen met; *~ for* aan-, afgaan op, zich begeven naar, aan-sturen op, bevorderlijk zijn voor, bijdragen tot [geluk &]; *~ good* vergoeden; nakomen [belofte]; vol-doen; *~ in favour of* bevorderlijk zijn voor, bijdra-gen tot; *~ into* maken tot, veranderen in; *do you know what to ~ of it?* weet u wat het is (er staat), wat het betekent?; zie ook: ²*light* **I**, *little*, *much*, *nothing*; *~ off* er vandoor gaan; *~ off with* stelen; *~ out* onderscheiden, ontdekken; achter [iets] ko-men; begrijpen; verklaren; voorgeven; beweren; bewijzen, aantonen [iets]; opbrengen [geld]; <u>ge-meenz</u> het maken, zich redden, rondkomen; op-maken, uitschrijven [cheque]; *~ out with sbd.* met iem. vrijen; *~ him (it) out to be* hem voorstellen, afschilderen als, houden voor; *~ over* vermaken; opnieuw maken; overdoen°, overdragen; *~ to go* aanstalten maken om te gaan; *~ towards* in de rich-ting gaan van; *~ up* (op)maken [een pakje, recept, rekening &], klaarmaken; vormen; verzinnen; sa-menstellen, opstellen [brief]; bijleggen [geschil], aanvullen [leemte]; inhalen [tijd]; vergoeden [ver-lies]; in orde maken (brengen); (zich) grimeren, (zich) opmaken; <u>fig</u> komedie spelen; *~ (it) up again* het weer goedmaken, bijleggen; *he is making it up* hij verzint maar wat; *~ up one's mind* een besluit nemen, voor zichzelf uitmaken (dat); *be made up of* bestaan uit; *~ up for* inhalen [achterstand]; com-penseren, goedmaken; *~ up to* afkomen op, toe-gaan naar; in het gevlij zien te komen bij; het hof maken aan

2 make [meik] *znw* maaksel *o*, fabrikaat *o*; merk *o*; <u>plechtig</u> makelij; *he's on the ~* <u>gemeenz</u> hij is op eigen voordeel uit; hij zoekt het hogerop; zie ook: *made*

make-believe I *znw* wat men zichzelf wijsmaakt, schijn, komedie(spel *o*); voorwendsel *o*; **II** *bn* voor-gewend, schijn-

maker *znw* maker, fabrikant, vervaardiger, schep-per; *our M~* de Schepper

makeshift I *znw* redmiddel *o*, noodoplossing; **II** *bn* ...om zich te behelpen, bij wijze van noodhulp, geïmproviseerd

make-up *znw* samenstelling; gestel *o*; gesteldheid; aankleding, uitvoering, verzorging [v. boek]; make-up, maquillage, grime; vermomming; opmaken *o*, opmaak

makeweight *znw* toegift

making *znw* vervaardiging, vorming; maken *o*, maak, maaksel *o*; *in the ~* in ontwikkeling, in de maak; *it was the ~ of him* dat heeft zijn karakter gevormd; *~s* ook: basiselementen; *he has the ~s of a good soldier* als soldaat is hij uit het juiste hout gesneden

malachite ['mæləkait] *znw* malachiet *o*

maladjusted ['mælə'dʒʌstid] *bn* <u>psych</u> onaange-past

maladjustment *znw* slechte regeling, verkeerde inrichting; <u>psych</u> onaangepastheid

maladministration ['mælədminis'treiʃən] *znw* wanbeheer *o*, wanbestuur *o*

maladroit ['mælədrɔit] *bn* onhandig

malady ['mælədi] *znw* ziekte, kwaal

malaise [mæ'leiz] *znw* gevoel *o* van onbehagen, malaise

malapropism ['mæləprɔpizm] *znw* verkeerd ge-bruik *o* van vreemde woorden

malaria [mə'lɛəriə] *znw* malaria

malarial [mə'lɛəriəl] *bn* malaria-

Malawi [mə'la:wi] *znw* Malawi *o*

Malawian I *znw* Malawiër; **II** *bn* Malawisch

Malay [mə'lei], **Malayan** [mə'leiən] **I** *bn* Maleis; **II** *znw* **1** Maleier; **2** Maleis *o* [de taal]

Malaya [mə'leiə] *znw* Maleisisch Schiereiland *o*

Malaysia [mə'leiziə] *znw* Maleisië *o*

Malaysian I *znw* Maleisiër; **II** *bn* Maleisisch

malcontent ['mælkəntent] **I** *bn* ontevreden, mis-noegd; **II** *znw* ontevredene

Maldives ['mɔːldivz] *znw mv* Malediven

Maldivian I *znw* Malediviër; **II** *bn* Maledivisch

male [meil] **I** *bn* mannelijk, mannen-; van het man-nelijk geslacht, mannetjes-; *~ chauvinist (pig)* (vuile) seksist; *~ model* dressman; *~ screw* schroef-bout; **II** *znw* <u>dierk</u> mannetje *o*; manspersoon, man

malediction [mæli'dikʃən] *znw* vervloeking

malefactor ['mælifæktə] *znw* boosdoener, misdadi-ger

malefic [mə'lefik] *bn* <u>plechtig</u> boos, verderfelijk

maleficent [mə'lefisnt, mæ'le-] *bn* <u>plechtig</u> onheil

329

stichtend, verderfelijk

malevolence [mə'levələns] *znw* kwaadwilligheid, vijandige gezindheid, boosaardigheid

malevolent *bn* kwaadwillig, vijandig gezind, boosaardig

malfeasance [mæl'fi:zəns] *znw* (ambts)overtreding, (ambts)misdrijf *o*

malformation ['mælfɔ:'meiʃən] *znw* misvorming

malformed ['mæl'fɔ:md] *bn* misvormd

malfunction ['mælfʌŋkʃən] **I** *znw* technische fout, storing, defect *o*; **II** *onoverg* slecht/niet werken, defect zijn

Mali ['ma:li] *znw* Mali *o*

Malian I *znw* Maliër, Malinees; **II** *bn* Malisch, Malinees

malice ['mælis] *znw* boos(aardig)heid, kwaadaardigheid; plaagzucht; recht boos opzet *o*; *with ~ aforethought* recht met voorbedachten rade; *bear sbd. ~* wrok koesteren jegens iem.

malicious [mə'liʃəs] *bn* boos(aardig); plaagziek; recht opzettelijk

maliciously *bijw* boosaardig; plagerig; recht met voorbedachten rade

malign [mə'lain] **I** *bn* boos(aardig), verderfelijk, slecht, ongunstig; **II** *overg* kwaadspreken van, belasteren; *much-~ed* verguisd

malignancy [mə'lignənsi] *znw* boos(aardig)heid; kwaadaardigheid; kwaadwilligheid

malignant *bn* boos(aardig); kwaadaardig [v. ziekte]; kwaadwillig

maligner [mə'lainə] *znw* kwaadspreker, lasteraar

malignity [mə'ligniti] *znw* = *malignancy*

malinger [mə'liŋgə] *onoverg* simuleren, ziekte voorwenden

malingerer *znw* simulant

mall [mɔ:l, mæl] *znw* hist malie(baan); promenade; Am overdekt winkelcentrum *o*, winkelpromenade

mallard ['mæləd] *znw* wilde eend

malleable ['mæliəbl] *bn* smeedbaar; fig kneedbaar, buigzaam, gedwee

mallet ['mælit] *znw* (houten) hamer

mallow ['mælou] *znw* malve, kaasjeskruid *o*

malnourished ['mælnʌriʃt] *bn* ondervoed, aan ondervoeding lijdend

malnutrition ['mælnju'triʃən] *znw* slechte voeding, ondervoeding

malodorous [mæl'oudərəs] *bn* stinkend

malpractice ['mæl'præktis] *znw* verkeerde (be-)handeling, kwade praktijken; malversatie

malt [mɔ:lt] **I** *znw* mout *o* & *m*; **II** *overg* mouten; *~ed milk* moutmelk

Malta ['mɔ:ltə] *znw* Malta *o*

malt-house *znw* mouterij

Maltese ['mɔ:l'ti:z] **I** *znw* (*mv* idem) Maltezer; Maltees *o* [taal]; **II** *bn* Maltees, Maltezer

Malthusian [mæl'θju:zjən] **I** *bn* malthusiaans; **II** *znw* aanhanger v.h. malthusianisme

maltreat [mæl'tri:t] *overg* mishandelen, slecht behandelen

maltreatment *znw* mishandeling, slechte behandeling

maltster ['mɔ:ltstə] *znw* mouter

malversation [mælvə:'seiʃən] *znw* malversatie, geldverduistering, wanbeheer *o*

mam [mæm] *znw* gemeenz moe, ma

mama [mə'ma:] *znw* gemeenz mama, mamma

mamba ['mæmbə] *znw* mamba [slang]

mam(m)a [mə'ma:] *znw* ma, mama

mammal ['mæməl] *znw* zoogdier *o*

mammalian [mæ'meiljən] *bn* zoogdier-

mammary ['mæməri] *bn* borst-

mammon ['mæmən] *znw* mammon[2]

mammoth ['mæməθ] **I** *znw* mammoet; **II** *bn* kolossaal, reuzen-

mammy ['mæmi] *znw* gemeenz mamaatje *o*, moedertje *o*; Am zwarte kindermeid, oude negerin

man [mæn] **I** *znw* (*mv*: men [men]) man[2], mens; werkman, knecht, bediende; (schaak)stuk *o*, (dam-) schijf; mil mindere; onderw student; *men* ook: manschappen; *a ~* ook: men, je, iemand; *~ about town* boemelaar, bon-vivant; *a ~ of action* een doortastend man; *~ of letters* geleerde; letterkundige, lit(t)erator; *a ~'s ~* een man die zich onder mannen het meest op zijn gemak voelt; *a ~ to ~ conversation* openhartig gesprek onder vier ogen; *a ~ of straw* een stropop[2], stroman[2]; *he is a ~ of few words* hij is een man van weinig woorden, geen groot prater; *~ and boy* van jongs af aan, z'n hele leven; *the little ~* het ventje; de kleine man; *the (my) old ~* gemeenz m'n pa, de 'ouwe'; mijn man, de baas; *old ~!* gemeenz ouwe jongen!; *be one's own ~* zijn eigen baas zijn; zichzelf (meester) zijn; *he is ~ enough to ...* mans genoeg om ...; *he is not a ~ to ...* hij is er de man niet naar om ...; *~ for ~* man voor man; *to a ~* als één man, tot de laatste man, eenparig; allen; *(so) many men (so) many minds* zoveel hoofden, zoveel zinnen; **II** *bn* mannelijk, van het mannelijk geslacht; **III** *overg* bemannen, bezetten; **IV** *wederk*: *~ oneself* zich vermannen

manacle ['mænəkl] **I** *znw* (hand)boei; **II** *overg* boeien, kluisteren, de handen binden

manage ['mænidʒ] **I** *overg* besturen, behandelen, beheren, leiden; regeren; op- of aankunnen, afdoen; *~ it* het klaarspelen; het hem leveren; **II** *onoverg* = *manage it*; *~ for oneself* zich(zelf) redden, het zelf klaarspelen; *~ to ...* het zó weten aan te leggen, dat ...; weten te ...; (net nog) kunnen ...

manageable *bn* handelbaar, meegaand, (gemakkelijk) te besturen &

management *znw* behandeling, bediening; management *o*, bestuur *o*, leiding, beheer *o*, administratie, directie; bedrijfsleiding, management *o*; *~ and unions (labour)* de sociale partners, werkgevers en bonden

manager *znw* manager, bestuurder, beheerder, leider, administrateur, directeur; chef

manageress ['mænidʒə'res] *znw* bestuurster, manager; leidster; administratrice, directrice, cheffin

managerial [mænə'dʒiəriəl] *bn* directie-, bestuurs-; (bedrijfs)organisatorisch

managership ['mænidʒəʃip] *znw* bestuur *o*, beheer *o*, leiding

managing *bn* autoritair, bazig; beherend, leidend; ~ *director* directeur; ~ *partner* beherend vennoot

man-at-arms *znw* krijger, krijgsman

Mancunian [mæŋ'kju:niən, -jən] **I** *znw* inwoner van Manchester; **II** *bn* van, uit Manchester

mandamus [mæn'deiməs] *znw* recht bevelschrift *o*

mandarin ['mændərin] *znw* mandarijn; *M*~ mandarijn *o* [standaard-Chinese taal]

mandatary ['mændətəri, -'deitəri] *znw* mandataris, gevolmachtigde

mandate I *znw* lastbrief, -geving, bevelschrift *o*, opdracht, mandaat *o*; **II** *overg* onder mandaat brengen; ~*d territory* hist mandaatgebied *o*

mandatory *bn* verplicht; mandaat-

mandible ['mændibl] *znw* onderkaak, kaakbeen *o*; kaak [v. insecten]

mandolin(e) ['mændəlin] *znw* mandoline

mandragora [mæn'drægərə] *znw* alruin

mandrake ['mændreik] *znw* plantk alruin

mane [mein] *znw* manen [van een paard &]

man-eater ['mæni:tə] *znw* menseneter [ook tijger, haai]; fig mannenverslindster

man-eating *bn* mensenetend, kannibalistisch

manes ['ma:neiz, 'meini:z] *znw mv* manen: geesten der gestorvenen

maneuverable *bn* Am = *manoeuvrable*

maneuver *znw* Am = *manoeuvre*

manful ['mænful] *bn* dapper, manhaftig, moedig

manfully ['mænfulli] *bijw* dapper, manhaftig, moedig

manganese [mæŋgə'ni:z] *znw* mangaan *o*

mange [mein(d)ʒ] *znw* schurft

mangel(-wurzel) ['mæŋgl'wə:zl] *znw* voederbiet

manger ['mein(d)ʒə] *znw* krib(be), trog, voerbak

mangetout [ma:ŋʒ'tu:] *znw* peultje *o*

manginess ['mein(d)ʒinis] *znw* schurftigheid

mangle ['mæŋgl] **I** *znw* mangel; **II** *overg* mangelen; fig verscheuren; havenen; verminken; verknoeien

mango ['mæŋgou] *znw (mv:* -*s of* -*goes)* mango(-boom)

mangrove ['mæŋgrouv] *znw* wortelboom

mangy ['mein(d)ʒi] *bn* schurftig; fig gemeen

manhandle ['mænhændl] *overg* ruw aanpakken, mishandelen, toetakelen; door mensenhand laten behandelen

manhole *znw* mangat *o*

manhood *znw* mannelijkheid[2]; mannelijke staat; mannen; manmoedigheid, moed

man-hour *znw* manuur *o*

manhunt *znw* razzia, mensenjacht

mania ['meinjə] *znw* manie, bezetenheid; *persecution* ~ achtervolgingswaanzin, paranoia; *religious* ~ godsdienstwaanzin

maniac I *znw* maniak, waanzinnige; **II** *bn* waanzinnig

maniacal [mə'naiəkl] *bn* waanzinnig; maniakaal

manic ['mænik] *bn* manisch

manic-depressive I *bn* manisch-depressief; **II** *znw* manisch-depressief persoon

manicure ['mænikjuə] **I** *znw* manicure; **II** *overg* manicuren

manicurist *znw* manicure

manifest ['mænifest] **I** *bn* duidelijk, kennelijk; **II** *znw* scheepv scheepsmanifest *o*; **III** *overg* openbaren, openbaar maken, aan de dag leggen; **IV** *wederk*: ~ *itself* zich openbaren of vertonen, zich manifesteren

manifestation [mænifest'teiʃən] *znw* openbaarmaking, openbaring, uiting, manifestatie

manifesto [mæni'festou] *znw* manifest *o*

manifold ['mænifould] **I** *bn* menigvuldig, veelvuldig, veelsoortig, vele; **II** *znw* techn verzamelbuis; verdeelstuk *o*, spruitstuk *o*

manikin ['mænikin] *znw* ledenpop; fantoom *o*; kleermakerspop; mannetje *o*, dwerg

manipulate [mə'nipjuleit] *overg* hanteren, behandelen, bewerken[2], manipuleren, knoeien met [boekhouding &]

manipulation [mənipju'leiʃən] *znw* manipulatie; betasting

manipulative [mə'nipjulətiv, -pjə'leitiv] *bn* manipulerend; manipulatief

manipulator [mə'nipjuleitə] *znw* manipulator

mankind [mæn'kaind] *znw* het mensdom, de mensheid

manlike ['mænlaik] *bn* mannelijk, manachtig

manly *bn* mannelijk, manmoedig, mannen-

man-made *bn* door mensen gemaakt; ~ *fibre* kunstvezel

manna ['mænə] *znw* manna *o*

mannequin ['mænikin] *znw* mannequin

manner ['mænə] *znw* manier[2], wijze, trant, (levens)gewoonte; manier van doen; soort, slag *o*; ~*s* (goede) manieren; *where are your* ~*s?* wat zijn dat voor manieren?; ~*s and customs* zeden en gewoonten; *all* ~ *of* allerlei; *have* ~*s* zijn manieren kennen; *he might have had the* ~*s to* ... hij had de beleefdheid kunnen hebben om ...; *after the* ~ *of (Rembrandt)* in de trant (stijl) van (Rembrandt); *after this* ~ plechtig op deze wijze; *by no* ~ *of means* op generlei wijze, volstrekt niet; *in a* ~ in zekere zin; *in a* ~ *of speaking* om zo te zeggen; *in this* ~ op deze manier (wijze); *in like* ~ op dezelfde wijze, eveneens; *to the* ~ *born* van kindsbeen daaraan gewend, er geknipt voor

mannered *bn* gemanierd, met ... manieren; geringsch gemanieëreerd; *ill-*~ ongemanierd

mannerism *znw* gemaniëreerdheid, gemaaktheid, maniërisme *o* [in de kunst]; ~*s* maniertjes

mannerly *bn* welgemanierd, beleefd

mannish ['mæniʃ] *bn* manachtig; als (van) een man

manoeuvrable [mə'nu:vrəbl] *bn* manoeuvreerbaar, wendbaar

manoeuvre I *znw* manoeuvre²; **II** *onoverg* manoeuvreren²; intrigeren; **III** *overg* manoeuvreren, besturen; ~ *away (out)* handig loodsen, wegwerken, -krijgen; ~ *sbd. into a job* een baantje voor iem. versieren; ~ *sbd. into doing sth.* iets van iem. gedaan weten te krijgen; *room to* ~ bewegingsruimte², speelruimte²

man-of-war ['mænəv'wɔ:] *znw* (*mv*: men-of-war) oorlogsschip *o*

manometer [mə'nɔmitə] *znw* manometer

manor ['mænə] *znw* (ambachts)heerlijkheid; landgoed *o*

manor-house *znw* (ridder)slot *o*, herenhuis *o*

manorial [mə'nɔ:riəl] *bn* van een ambachtsheerlijkheid, heerlijk

manpower ['mænpauə] *znw* menskracht; mankracht; werk- of strijdkrachten

manqué ['ma:ŋkei] [Fr] *bn* mislukt, miskend; *an actor* ~ een mislukte (miskende) acteur

manse [mæns] *znw* Schots pastorie, predikantswoning

manservant ['mænsə-vənt] *znw* knecht, bediende

mansion ['mænʃən] *znw* herenhuis *o*; villa; bijbel woning; ~*s* flatgebouw *o*

mansion-house *znw* = *manor-house; the Mansion House* de officiële woning van de Lord Mayor te Londen

manslaughter ['mænslɔ:tə] *znw* doodslag, manslag

mantel ['mæntl], **mantelpiece** *znw* schoorsteenmantel

mantelshelf *znw* schoorsteenrand

mantilla [mæntilə] *znw* mantille [sjaal]

mantis ['mæntis] *znw* (*mv* idem *of* -es) mantis: soort sprinkhaan; *praying* ~ bidsprinkhaan

mantle ['mæntl] **I** *znw* mantel°; fig dekmantel; gloeikousje *o*; **II** *overg* bedekken, verbergen

mantrap ['mæntræp] *znw* voetangel, klem, val

manual ['mænjuəl] *bn* met de hand, hand(en)-, manueel; ~ *alphabet* vingeralfabet *o* [doofstommen]; ~ *arts* handenarbeid; ~ *control* handbediening

manufacture [mænju'fæktʃə] **I** *znw* vervaardiging, fabricage, fabriceren *o*; fabrikaat *o*; **II** *overg* vervaardigen, fabriceren (ook: leugens); geringsch fabrieken; ~*d* ook: fabrieks-; *manufacturing costs* productiekosten; *manufacturing town* fabrieksstad

manufacturer *znw* fabrikant

manumission [mænju'miʃən] *znw* hist vrijlating [v. slaaf]

manumit *overg* hist vrijlaten (v. slaaf)

manure [mə'njuə] **I** *znw* mest; **II** *overg* (be)mesten

manuscript ['mænjuskript] **I** *bn* (met de hand) geschreven; in manuscript; **II** *znw* manuscript *o*, handschrift *o*

Manx [mæŋks] **I** *bn* van het eiland Man; ~ *cat* Manx kat [staartloze kat]; **II** *znw* Manx *o* [taal van Man]

many ['meni] **I** *bn* veel, vele; ~ *a man*, ~ *a one* menigeen; ~ *a time*, ~*'s the time* menigmaal; *too* ~ te veel; *be one too* ~ (ergens) te veel zijn; *he's had one too* ~ hij heeft te diep in het glaasje gekeken; *as* ~ *as (ten books)* wel (tien boeken); **II** *znw*: *the* ~ de menigte, de grote hoop; ook: de meerderheid; *a good (great)* ~ heel wat, heel veel, zeer veel (velen)

many-sided *bn* veelzijdig²

map [mæp] **I** *znw* (land)kaart, hemelkaart; *off the* ~ onbereikbaar; gemeenz niet (meer) aan de orde, niet (meer) in tel; *put on the* ~ bekend (beroemd) maken; **II** *overg* in kaart brengen; ontwerpen; ~ *out* in details uitwerken; ~ *out one's time* z'n tijd indelen

maple ['meipl] *znw* ahorn, esdoorn

maple-leaf *znw* ahornblad *o* [symbool van Canada]

maple syrup *znw* ahornsiroop

mar [ma:] *overg* bederven; ontsieren

maraca [mə'ra:kə, -'rækə] *znw* maraca [Caribisch ritme-instrument]

marathon ['mærəθən] **I** *znw* sp marathonloop; fig marathon; langdurige, uitputtende prestatie; **II** *bn* marathon-²; fig langdurig, inspannend

maraud [mə'rɔ:d] *overg & onoverg* plunderen²

marauder *znw* plunderaar

marble ['ma:bl] **I** *znw* marmer *o*; marmeren beeld *o* &; knikker; *play* ~*s* knikkeren; *lose one's* ~*s* gemeenz een beetje kierewiet worden; **II** *bn* marmeren; **III** *overg* marmeren

marbly *bn* marmerachtig, marmeren

marcel ['ma:səl] **I** *overg* onduleren [v. haar]; **II** *bn*: ~ *wave* haargolf

March [ma:tʃ] *znw* maart

1 march [ma:tʃ] *znw* mark, grens; grensgebied *o*

2 march [ma:tʃ] **I** *znw* mil & muz mars²; opmars, tocht, (voort)gang, loop, verloop *o*; *steal a* ~ *on sbd.* iem. de loef afsteken, een loopje nemen met iem.; **II** *onoverg* marcheren; op-, aanrukken; ~ *off* afmarcheren; ~ *out* uitrukken; ~ *past* defileren (voor); **III** *overg* laten marcheren; ~ *off* wegleiden, wegvoeren

marcher *znw* betoger, demonstrant

marching order *znw* marstenue *o & v*; marsorde; ~*s* marsorder(s); *give sbd. his* ~*s* fig iem. op straat zetten, iem. de deur wijzen

marchioness ['ma:ʃənis] *znw* markiezin

marchpane ['ma:tʃpein] *znw* marsepein

march past ['ma:tʃpa:st] *znw* defilé *o*

mare [mɛə] *znw* merrie; *a* ~*'s nest* waardeloze vondst of ontdekking; ~*'s tails* vederwolken

margarine [ma:dʒə'ri:n, -gə'ri:n] *znw* margarine

marge [ma:dʒ] *znw* gemeenz **1** margarine; **2** plechtig = *margin*

margin ['ma:dʒin] *znw* rand; kant; grens; marge;

handel winst; surplus[2] *o*; fig speelruimte, speling;
~ *of error* onnauwkeurigheidsmarge; ~ *of profit*
winstmarge; ~ *of safety* veiligheidsmarge; *by a narrow* ~ op 't nippertje, ternauwernood
marginal *bn* marginaal, in margine, op de rand,
kant-; grens-; ~ *(seat)* kiesdistrict *o* waar de verkiezingen gewoonlijk met een kleine meerderheid
worden gewonnen door wisselende partijen; ~*ly*
enigszins
marginalia [ma:dʒi'neiliə] *znw mv* kanttekeningen
marginalize ['ma:dʒinəlaiz] *overg* buiten de maatschappij plaatsen, marginaliseren, als onbeduidend aan de kant schuiven
Maria [mə'raiə, mə'riə] *znw* Maria, Marie; *black* ~
gemeenz gevangenwagen
marigold ['mærigould] *znw* goudsbloem; *African* ~
afrikaantje *o*
marihuana, marijuana [mæri'(h)wa:nə, mærid ʒwa:nə] *znw* marihuana
marina [mə'ri:nə] *znw* jachthaven
marinade [mæri'neid] **I** *znw* marinade: gekruide
(wijn)azijnsaus; gemarineerde vis- of vleesspijs; **II**
overg marineren
marinate [mæri'neit] *overg* marineren
marine [mə'ri:n] **I** *bn* zee-, scheeps-, maritiem; ~
life zeeflora en -fauna; ~ *parade* strandboulevard; **II**
znw marinier; *mercantile* ~, *merchant* ~ koopvaardijvloot; *tell that to the* ~*s* maak dat je grootje wijs
mariner ['mærinə] *znw* zeeman, matroos
marionette [mæriə'net] *znw* marionet
marital ['mæritl] *bn* van een echtgenoot; echtelijk;
~ *status* burgerlijke staat
maritime ['mæritaim] *bn* aan zee gelegen, maritiem, kust-, zee-; ~ *law* zeerecht *o*; ~ *power* zeemogendheid
marjoram ['ma:dʒərəm] *znw* marjolein
mark [ma:k] **I** *znw* **1** (ken)merk *o*, merkteken *o*,
stempel *o* & *m*; **2** teken *o*, kruisje *o* [in plaats v.
handtekening]; **3** spoor *o*, vlek; **4** onderw cijfer *o*,
punt *o* [op school]; **5** blijk *o*; **6** doel(wit) *o*; **7** peil *o*;
8 model *o* [v. auto, vliegtuig &]; **9** [Duitse] mark; *as
a* ~ *of* ten teken, als blijk van; *easy* ~ gemeenz iem.
die zich gemakkelijk laat beetnemen; *hit the* ~ raak
schieten, de spijker op de kop slaan; het raden;
make one's ~ zich onderscheiden, van zich doen
spreken, succes hebben (bij *with*); *below the* ~ beneden peil; *beside the* ~ niet ter zake; *be near the* ~
er dicht bij, dicht bij de waarheid zijn; *(right) on the*
~ fig in de roos; *full* ~*s!* mijn complimenten!, een
tien met een griffel!; *wide of the* ~, *off the* ~, *far
from the* ~ er volkomen naast, de plank mis; *be
quick (slow) off the* ~ snel (langzaam) starten; fig
snel (langzaam) te werk gaan; snel (langzaam) v.
begrip zijn; *be up to the* ~ aan de (gestelde) eisen
voldoen; *I don't feel up to the* ~ gemeenz ik voel me
niet honderd procent; *keep up to the* ~ op peil houden; *leave one's* ~ *on* zijn stempel drukken op;
within the ~ zonder overdrijven; **II** *overg* merken,

tekenen, vlekken; kenmerken; onderscheiden; noteren, op-, aantekenen; aanstrepen; bestemmen;
laten merken, aanduiden, aangeven, beduiden,
betekenen; onderw cijfers (punten) geven; prijzen
[koopwaar]; opmerken, letten op, acht geven op;
niet ongemerkt voorbij laten gaan, vieren, herdenken; sp dekken [tegenspeler]; ~ *me*, ~ *my words* let
op mijn woorden!; ~ *time* mil de pas markeren, pas
op de plaats maken[2]; fig niet verder komen; ~ *you*
let wel; ~ *down* aanstrepen; eruit pikken, selecteren; aangeven [op kaart]; noteren; handel lager noteren; afprijzen; onderw een lager cijfer geven; ~
off afscheiden; onderscheiden (van *from*); doorhalen, doorstrepen [namen op een lijst &]; ~ *out* aanwijzen, bestemmen; afbakenen, afsteken [terrein];
onderscheiden; ~ *up* noteren; handel hoger noteren; in prijs verhogen
mark-down *znw* prijsverlaging
marked *bn* gemerkt; opvallend, in het oog vallend,
duidelijk, merkbaar, markant; getekend, gedoemd;
verdacht
marker *znw* baken *o*, teken *o*, kenteken *o*; boekenlegger; (ook ~ *pen*) markeerstift
market ['ma:kit] **I** *znw* markt°; aftrek, vraag; *be in
the* ~ *for* nodig hebben, in de markt zijn voor ...;
not on the ~ niet op de markt, niet in de handel;
come onto the ~ op de markt of in de handel komen; *place (put) them on the* ~ ze te koop bieden
(stellen); *play the* ~ speculeren [op de beurs]; *on the
open* ~ vrij te koop; **II** *overg* ter markt brengen;
handelen in; verkopen [op de markt]; **III** *onoverg*
(Am ook: *go* ~*ing*) markten, inkopen doen
marketable *bn* geschikt voor de markt; (goed) verkoopbaar, courant
market economy *znw* markteconomie
market garden *znw* groentekwekerij
market gardener *znw* groentekweker, tuinder
market gardening *znw* tuinderij
marketing *znw* marketing
market-place *znw* marktplein *o*, markt
market price *znw* marktprijs, -notering;
koers(waarde)
market report *znw* marktbericht *o*
market research *znw* marktonderzoek *o*
market share *znw* marktaandeel *o*
market stall *znw* marktkraam
market town *znw* marktplaats
market value *znw* marktwaarde
marking ['ma:kiŋ] *znw* handel notering; tekening
[v. dier]; corrigeren *o*, beoordeling [v. schoolwerk];
luchtv herkenningsteken *o*
marking-ink *znw* merkinkt
marksman ['ma:ksmən] *znw* (scherp)schutter
marksmanship *znw* scherpschutterskunst
mark-up ['ma:kʌp] *znw* winstmarge; prijsverhoging
marl [ma:l] **I** *znw* mergel; **II** *overg* met mergel bemesten

marly *bn* mergelachtig, mergel-
marmalade ['ma:məleid] *znw* marmelade
marmoreal [ma:'mɔ:riəl] *bn* marmerachtig; van marmer, marmeren; marmer-
marmoset ['ma:məzet] *znw* zijdeaapje *o*, ouistiti
marmot ['ma:mət] *znw* marmot
1 maroon [mə'ru:n] *overg* op een onbewoond eiland aan wal zetten; in onherbergzame streek achterlaten; fig isoleren
2 maroon [mə'ru:n] *bn* bordeauxrood
marquee [ma:'ki:] *znw* grote tent
marquess ['ma:kwis] *znw* = *marquis*
marquetry ['ma:kitri] *znw* inlegwerk *o*
marquis ['ma:kwis] *znw* markies
marquise [ma:'ki:z] *znw* markiezin
marriage ['mærid3] *znw* huwelijk *o*; *relative by* ~ aangetrouwde verwant; *ask in* ~ ten huwelijk vragen; ~ *of convenience* verstandshuwelijk *o*; ~ *guidance council* bureau *o* voor huwelijksmoeilijkheden
marriageable *bn* huwbaar
marriage licence *znw* huwelijksvergunning van overheidswege
marriage lines *znw mv* gemeenz trouwakte
marriage settlement *znw* huwelijksvoorwaarden
married *bn* gehuwd[2], getrouwd[2] (met *to*); echtelijk, huwelijks-; *get* ~ trouwen
marrow ['mærou] *znw* merg *o*; fig pit *o* & *v*; *(vegetable)* ~ eierpompoen; *baby* ~ courgette; *chilled (frozen) to the* ~ verstijfd tot op het bot
marrowbone *znw* mergpijp
marrowfat *znw* grote erwt, kapucijner (ook: ~ *pea*)
marrowy *bn* vol merg, mergachtig; fig pittig
1 marry ['mæri] **I** *overg* trouwen; uithuwen; huwen[2], paren, verbinden; ~ *a fortune* een vrouw met geld trouwen; ~ *off* aan de man brengen; **II** *onoverg* trouwen; ~ *up* combineren, samenbrengen; ~ *well* een goed huwelijk doen; *not a* ~*ing man* geen man om te trouwen
2 marry ['mæri] vero *tsw* waratje!, ja zeker!
marsh [ma:ʃ] *znw* moeras *o*
marshal ['ma:ʃəl] **I** *znw* maarschalk; ceremoniemeester; ordecommissaris; *Am* hoofd *o* van politie of brandweer; **II** *overg* ordenen, opstellen, rangschikken; aanvoeren, geleiden; ~*ling yard* rangeerterrein *o*
marsh-gas ['ma:ʃgæs] *znw* moeras-, methaangas *o*
marshland ['ma:ʃlənd] *znw* moerasland *o*
marshmallow ['ma:ʃmælou] *znw* plantk heemst; ± spekkie *o* [snoepgoed]
marsh marigold *znw* dotterbloem
marshy ['ma:ʃi] *bn* moerassig, drassig
marsupial [ma:'sju:pjəl] dierk **I** *bn* buideldragend; **II** *znw* buideldier *o*
mart [ma:t] *znw* markt[2]; stapelplaats, handelscentrum *o*; venduhuis *o*, verkooplokaal *o*
marten ['ma:tin] *znw* marter; marterbont *o*
martial ['ma:ʃəl] *bn* krijgshaftig, krijgs-; ~ *arts* oosterse vechtkunst (judo, karate &); *proclaim* ~ *law* de

staat van beleg afkondigen
Martian ['ma:ʃjən] **I** *bn* van Mars; **II** *znw* Martiaan, Marsmannetje *o*
martin ['ma:tin] *znw* huiszwaluw
martinet [ma:ti'net] *znw* dienstklopper
martyr ['ma:tə] **I** *znw* martelaar; *be a* ~ *to* lijden aan; *die a* ~ *to (in the cause of)* zijn leven offeren voor; **II** *overg* martelen, pijnigen; de marteldood doen sterven
martyrdom *znw* martelaarschap *o*, marteldood; marteling
martyrize *overg* martelen; fig een martelaar maken van
martyrology [ma:tə'rɔlədʒi] *znw* martelaarsgeschiedenis, -boek *o*, -lijst
marvel ['ma:vəl] **I** *znw* wonder *o*; **II** *onoverg* zich verwonderen (over *at, over*), verbaasd staan, zich (verbaasd) afvragen ...
marvellous *bn* wonderbaarlijk; gemeenz enig, fantastisch
Marxian ['ma:ksiən] *bn* marxistisch
Marxism ['ma:ksizm] *znw* marxisme *o*
Marxist ['ma:ksist] **I** *bn* marxistisch; **II** *znw* marxist
marzipan [ma:zi'pæn] *znw* marsepein
mascara [mæs'ka:rə] *znw* mascara
mascot ['mæskət] *znw* mascotte, talisman
masculine ['mæs-, 'ma:skjulin] *bn* mannelijk°; masculien
masculinity [mæs-, ma:skju'liniti] *znw* mannelijkheid
maser ['meizə] *znw* maser [toestel ter versterking van elektromagnetische golven met lage frequentie]
mash [mæʃ] **I** *overg* fijnstampen [v. spijs]; mengen [v. mout]; ~*ed potatoes* (aardappel)puree; **II** *znw* beslag *o* [v. brouwers]; mengvoer *o*; (aardappel-)puree; fig brij; mengelmoes *o* & *v*
masher *znw* [etens-, aardappel]stamper
mask [ma:sk] **I** *znw* masker[2] *o*, mom[2] *o* & *v*; *in* ~*s* met maskers voor, gemaskerd; **II** *overg* een masker voordoen; **III** *overg* maskeren; vermommen; maskéren[2]; ~*ed* ook: verkapt; ~*(ed) ball* bal *o* masqué; ~*ing tape* afplakband *o*
masker *znw* gemaskerde
masochism ['mæsəkizm] *znw* masochisme *o*
masochist *znw* masochist
masochistic [mæsə'kistik] *bn* masochistisch
mason ['meisn] *znw* steenhouwer; vrijmetselaar
masonic [mə'sɔnik] *bn* vrijmetselaars-
masonry ['meisnri] *znw* metselwerk *o*; vrijmetselarij
masquerade [mæskə'reid] **I** *znw* maskerade; **II** *onoverg* vermomd gaan, zich vermommen[2]; *masquerading as* ... ook: zich voordoend als ..., zich uitgevend voor ...
1 mass [mæs, ma:s] *znw* RK mis; *high (low)* ~ hoogmis (leesmis, stille mis); *say* ~ de mis lezen
2 mass [mæs] **I** *znw* massa; hoop; merendeel *o*; *he is*

a ~ of bruises één en al kneuzingen; *the ~es and the classes* het volk en de hogere standen; *in the ~* in zijn geheel; **II** *overg* (in massa) bijeenbrengen, op-, samenhopen; combineren; **III** *onoverg* zich op-, samenhopen, zich verzamelen; **IV** *bn* massa-; op grote schaal, massaal

massacre ['mæsəkə] **I** *znw* moord(partij), bloedbad *o*, slachting; *~ of the Innocents* kindermoord te Bethlehem; **II** *overg* uit-, vermoorden, een slachting aanrichten onder; fig in de pan hakken, compleet verslaan

massage ['mæsa:ʒ] **I** *znw* massage; **II** *overg* masseren; fig manipuleren (met)

mass book ['mæs-, 'ma:sbuk] *znw* missaal *o*

mass communication ['mæskəmju:nikeiʃən] *znw* massacommunicatie

masseur [mæ'sə:] *znw* masseur

masseuse *znw* masseuse; gemeenz (verkapte) prostituee

mass grave ['mæsgreiv] *znw* massagraf *o*

massif ['mæsi:f] *znw* massief *o* [bergketen]

massive ['mæsiv] *bn* massief, zwaar; massaal, aanzienlijk, indrukwekkend

massiveness *znw* massiviteit, zwaarte; massaliteit, massaal karakter *o*

mass media ['mæsmi:djə] *znw mv* massamedia

mass meeting *znw* massabijeenkomst

mass-produce *overg* in massaproductie vervaardigen, in massa produceren

mass production *znw* massaproductie

mast [ma:st] **I** *znw* mast; **II** *overg* masten

mastectomy [mæs'tektəmi] *znw* afzetten *o* van een borst

master ['ma:stə] **I** *znw* meester°, heer (des huizes), eigenaar; baas, chef, directeur; onderw hoofd *o* (v.e. *college*); leraar; scheepv gezagvoerder; schipper; Schots erfgenaam v. adellijke titel; origineel *o*; *the ~ and mistress* mijnheer en mevrouw; *French ~* leraar in het Frans; *a French ~* een Franse meester (schilder); schilderstuk *o* van een dito; *second ~* onderw conrector, onderdirecteur; *~ of Arts* onderw graad in de *Arts*-faculteit, ± doctorandus; *~ of ceremonies* ceremoniemeester; *~ of the Horse* opperstalmeester; *~ of Hounds* opperjagermeester; *~ of the Rolls* Rijksarchivaris en rechter bij het Hof van Beroep; *~ of Science* ± doctorandus in de natuurwetenschappen; **II** *overg* zich meester maken van, overmeesteren, baas worden, onder de knie krijgen, meester worden, machtig worden; besturen; *~ oneself* zich(zelf) beheersen

master builder *znw* bouwmeester; meester-aannemer

master class *znw* door een gerenommeerde leraar gegeven les, vooral in muziek

master copy *znw* origineel *o*

masterful *bn* **1** autoritair, bazig; **2** meesterlijk, magistraal, meester-

masterkey *znw* loper [sleutel]

masterless *bn* zonder meester

masterly *bn* meesterlijk, magistraal, meester-

master mariner *znw* scheepv gezagvoerder [koopvaardij]

mastermind I *znw* meesterbrein *o*, leider (achter de schermen); **II** *overg* [handig, achter de schermen] leiden

masterpiece *znw* meesterstuk *o*, meesterwerk *o*

master plan *znw* basisplan *o*

mastership *znw* meesterschap *o*; leraarschap *o*; waardigheid van *master*

master stroke *znw* meesterlijke zet, meesterstuk *o*

master switch *znw* hoofdschakelaar

master tape *znw* moederband

mastery *znw* meesterschap *o*; overhand; heerschappij; beheersing

masthead ['ma:sthed] *znw* top van de mast; typ impressum *o*; *at the ~* in top

mastic ['mæstik] *znw* mastiek [boom; hars; teer en asfalt]

masticate ['mæstikeit] *overg* kauwen

mastication [mæsti'keiʃən] *znw* kauwing, kauwen *o*

masticator ['mæstikeitə] *znw* kauwer; hak-, snij-, maalmachine

mastiff ['mɔstif] *znw* Engelse dog, mastiff

masturbate ['mæstəbeit] *overg & onoverg* masturberen

masturbation [mæstə'beiʃən] *znw* masturbatie

1 mat [mæt] **I** *znw* mat, (tafel)matje *o*; onderzetter [voor bier &]; verwarde massa (haar &); *on the ~* gemeenz in moeilijkheden; op het matje [geroepen worden]; **II** *overg* met matten beleggen; doen samenklitten, verwarren; **III** *onoverg* samenkleven, samenklitten, in de knoop raken

2 mat, matt, Am ook: **matte** [mæt] **I** *bn* mat; **II** *overg* mat maken, matteren

matador ['mætədɔ:] *znw* matador

1 match [mætʃ] *znw* lucifer

2 match [mætʃ] **I** *znw* gelijke, evenknie; stel *o*, paar *o*; partij, huwelijk *o*; wedstrijd; *be a ~ for* het kunnen opnemen tegen, opgewassen zijn tegen, aankunnen; *be more than a ~ for* de baas zijn; *be no ~ for* een partij zijn voor; *make a ~* bij elkaar komen (horen); samen trouwen; "koppelen"; *this colour is the perfect ~* deze kleur past er perfect bij; **II** *overg* evenaren, zich kunnen meten met, de vergelijking kunnen doorstaan met; hetzelfde bieden als; tegenover elkaar stellen (als tegenstanders); in overeenstemming brengen (met *to*); *they are well ~ed* zij passen (komen) goed bij elkaar; zij wegen tegen elkaar op; *~ one's brain against the computer* het opnemen tegen de computer; *~ the same amount* hetzelfde bedrag bijpassen; **III** *onoverg* een paar vormen, bij elkaar horen (komen); *with a shirt to ~* met een bijpassend overhemd; *a ~ing tie* een bijpassende das; *~ up* evenaren

matchboard *znw* plank met groef en messing

335

matchbook *znw* luciferboekje *o*
matchbox *znw* lucifersdoosje *o*
matchless *bn* weergaloos
matchlock *znw* lontroer *o*
matchmake *overg* koppelen
matchmaker *znw* koppelaar(ster)
match point *znw* matchpoint *o*
matchstick *znw* lucifershoutje *o*
matchwood *znw* 1 lucifershout *o*; 2 splinters; *make*
~ *of* totaal ruïneren of kapotslaan
1 mate [meit] **I** *znw* maat, makker, kameraad; helper; gezel; (levens)gezel(lin); mannetje *o* of wijfje *o*
[v. dieren]; scheepv stuurman; **II** *overg* laten paren
[v. dieren]; paren, (in de echt) verenigen; huwen;
III *onoverg* paren; zich verenigen
2 mate [meit] **I** *znw* (schaak)mat *o*; **II** *overg*
(schaak)mat zetten
mater ['meitə] *znw* slang moeder, ouwe vrouw
material [mə'tiəriəl] **I** *bn* stoffelijk, lichamelijk,
materieel; belangrijk, wezenlijk; **II** *znw* (ook: ~s)
materiaal *o*, (bouw)stof; materieel *o*; fig soort; *raw*
~ grondstof; *writing* ~(*s*) schrijfbehoeften; *made of
the right* ~ uit het goede hout gesneden
materialism *znw* materialisme *o*
materialist **I** *bn* materialistisch; **II** *znw* materialist
materialistic [mətiəriə'listik] *bn* materialistisch
materiality [mətiəri'æliti] *znw* stoffelijkheid; lichamelijkheid; wezenlijkheid; belang *o*, belangrijkheid
materialization [mətiəriəlai'zeiʃən] *znw* realisatie, verwezenlijking; verstoffelijking
materialize [mə'tiəriəlaiz] **I** *overg* realiseren°; verstoffelijken; **II** *onoverg* zich verwezenlijken; zich
verstoffelijken; gemeenz plotseling verschijnen,
opduiken; *it didn't* ~ ook: er kwam niets van
maternal [mə'tə:nəl] *bn* moederlijk, moeder(s)-;
van moederszijde
maternity [mə'tə:niti] *znw* moederschap *o*; ~
clothes positiekleding; ~ *home (hospital)* kraaminrichting; ~ *leave* zwangerschapsverlof *o*; ~ *ward*
kraamafdeling
matey ['meiti] *bn* gemeenz amicaal, familiaar
math [mæθ] *znw* Am = *mathematics*
mathematical [mæθi'mætikl] *bn* mathematisch,
wiskundig; wiskunde-; strikt nauwkeurig, strikt zeker; ~ *instruments* gereedschappen voor het rechtlijnig tekenen; *case of* ~ *instruments* passerdoos
mathematician [mæθimə'tiʃən] *znw* wiskundige
mathematics [mæθi'mætiks] *znw* (mv) wiskunde;
gemeenz cijfermatige aspecten; rekenwerk *o*; financiën
maths [mæθs] *znw* (mv) gemeenz wiskunde
matinée ['mætinei] *znw* matinee; ~ *coat* wollen
babyjasje *o*; ~ *idol* acteur die geliefd is bij het vrouwelijke publiek
mating-season ['meitiŋsi:zn] *znw* paartijd
matins ['mætinz] *znw* RK metten; [Anglicaanse]
morgendienst

matriarch ['meitria:k] *znw* vrouwelijk
gezinshoofd/stamhoofd *o*; invloedrijke vrouw
matriarchal ['meitria:kl] *bn* matriarchaal
matriarchy ['meitria:ki] *znw* matriarchaat *o*
matricide ['meitrisaid] *znw* moedermoord;
moedermoordenaar
matriculate [mə'trikjuleit] **I** *overg* inschrijven, toelaten (als student); **II** *onoverg* zich laten inschrijven, toegelaten worden
matriculation [mətrikju'leiʃən] *znw* inschrijving,
toelating (als student); ~ *(examination)* toelatingsexamen *o*
matrimonial [mætri'mounjəl] *bn* huwelijks-
matrimony ['mætriməni] *znw* huwelijk *o*, huwelijkse staat
matrix ['meitriks] *znw* (mv: -es of matrices [-trisi:z])
matrijs; wisk matrix
matron ['meitrən] *znw* getrouwde dame, matrone;
moeder [v. weeshuis]; juffrouw voor de huishouding [v. kostschool]; directrice [v. ziekenhuis]
matronly *bn* matroneachtig; bazig
matt [mæt] *bn* mat [v. goud &]
matter ['mætə] **I** *znw* stof, materie; zaak, aangelegenheid, kwestie (ook: ~s); aanleiding, reden; etter; kopij, zetsel *o*; *printed* ~ drukwerk *o*; *the amount
is still (a)* ~ *for conjecture* naar het bedrag gist men
nog; *a* ~ *of course* iets heel gewoons, de gewoonste
zaak van de wereld, een vanzelfsprekendheid; *a* ~
of fact een feit *o*; *as a* ~ *of fact* feitelijk, eigenlijk, in
werkelijkheid; inderdaad; trouwens; *it is a* ~ *of
habit* het is een kwestie van gewoonte; *the* ~ *at (in)
hand* wat nu aan de orde is; *that's a* ~ *of opinion* dat
is maar hoe je erover denkt; *a* ~ *of 500 pounds* een
kleine 500 pond; *a* ~ *of 40 years* een 40 jaar; *a* ~ *of
weeks* een paar weken; *no* ~ *how* hoe dan ook; *no
such* ~ niets van dien aard; *no* ~ het maakt niet(s)
uit; *it is a small* ~ het is een kleinigheid; *what is the*
~ *(with you?)* wat is er?, wat scheelt eraan?; *it is no
laughing* ~ het is niet om te lachen; *as the* ~ *may be*
(al) naar omstandigheden; *the fact (truth) of the* ~ *is*
de waarheid is; *that's a different (another)* ~ dat is
heel wat anders, dat is een andere kwestie; *for that*
~ wat dat aangaat, trouwens; *in the* ~ *of*... inzake...;
II *onoverg* de balang zijn; *it does not* ~ het komt er
niet op aan, het geeft niet, het heeft niets te betekenen, het is niet erg; *what does it* ~? wat geeft
het?, wat maakt het uit
matter-of-fact *bn* zakelijk; prozaïsch, droog, nuchter
matting ['mætiŋ] *znw* matwerk *o*, (matten)bekleding
mattock ['mætək] *znw* houweel *o*, hak
mattress ['mætris] *znw* matras
mature [mə'tjuə] **I** *bn* rijp²; bezonken; handel vervallen; ~ *student* Br student die ouder is dan de
meeste andere studenten; **II** *overg* rijp maken, rijpen; **III** *onoverg* rijp worden, rijpen; handel vervallen

matured *bn* gerijpt, volwassen; rijp; belegen; handel vervallen

maturity *znw* rijpheid; handel vervaltijd, -dag

matutinal [mætju'tainl] *bn* morgen-, ochtend-

matzo ['mætsou] *znw* (*mv:* -s *of* matzoth [-sout]) matse

maudlin ['mɔːdlin] *bn* (dronkemansachtig) sentimenteel

maul [mɔːl] *overg* **1** toetakelen, ernstig verwonden, verscheuren [door leeuw, hond &]; **2** gemeenz ruw behandelen, omgaan met; **3** de grond inboren, wegschrijven, afbranden [v. toneelstuk & door de critici]

mauler ['mɔːlə] *znw* slang vuist

maulstick ['mɔːlstik] *znw* schildersstok

maunder ['mɔːndə] *onoverg* onsamenhangend praten, raaskallen; als verwezen zich bewegen of handelen

Maundy Thursday ['mɔːndi'θəːzdi] *znw* Witte Donderdag

Mauritania [mɔːriteinjə] *znw* Mauretanië *o*

Mauritian [mə'riʃən] **I** *znw* Mauritiaan; **II** *bn* Mauritiaans

Mauritius [mə'riʃəs] *znw* Mauritius *o*

mausoleum [mɔːsə'liəm] *znw* (*mv:* -s *of* mausolea [-'liə]) mausoleum *o*, praalgraf *o*

mauve [mouv] *bn* & *znw* mauve (*o*)

maverick ['mæv(ə)rik] *znw* Am ongemerkt kalf *o*; fig buitenbeentje *o*

mavis ['meivis] *znw* plechtig dierk zanglijster

maw [mɔː] *znw* pens, krop, maag; fig muil, afgrond

mawkish ['mɔːkiʃ] *bn* walgelijk flauw [v. smaak]; fig overdreven sentimenteel

mawseed ['mɔːsiːd] *znw* (blauw)maanzaad *o*

maxim ['mæksim] *znw* grondstelling; (stel)regel; leerspreuk, maxime

maximal ['mæksiməl] *bn* maximaal

maximize ['mæksimaiz] *overg* op het maximum brengen

maximum ['mæksiməm] **I** *znw* (*mv:* maxima [-mə]) maximum *o*; **II** *bn* hoogste, maximaal, top-

may [mei] (might; (been allowed)) *hulpww* mogen, kunnen, kunnen zijn; *who ~ you be?* wie ben je wel?; *he ~ not come back* misschien komt hij niet meer terug; *as ... as ~ be* zo ... mogelijk; *be that as it ~* hoe het ook zij; *that's as ~ be* dat kan zijn (maar...)

May [mei] *znw* mei; *m~* plantk meidoorn(bloesem)

maybe ['meibiː] *bijw* misschien, mogelijk

May-bug ['meibʌg] *znw* meikever

May Day *znw* eerste mei, dag van de arbeid

mayday *znw* mayday [internationaal radionoodsein]

mayfly *znw* dierk haft *o*, eendagsvlieg

mayhem ['meihem] *znw* Am recht zwaar lichamelijk letsel *o*; gemeenz rotzooi, herrie

maying ['meiiŋ] *znw* het vieren van het meifeest

mayn't gemeenz = *may not*

mayonnaise [meiə'neiz] *znw* mayonaise

mayor [mɛə] *znw* burgemeester

mayoral *bn* burgemeesters-

mayoralty *znw* burgemeesterschap *o*

mayoress *znw* burgemeestersvrouw; vrouwelijke burgemeester

mayorship *znw* burgemeestersambt *o*

maypole ['meipoul] *znw* meiboom

mazarine [mæzə'riːn] *bn* & *znw* donkerblauw (*o*)

maze [meiz] *znw* doolhof

mazer ['meizə] *znw* hist houten drinkkelk, -bokaal

mazurka [mə'zəːkə] *znw* mazurka

mazy ['meizi] *bn* vol kronkelpaden; verward

MBE *afk.* = *Member of the Order of the British Empire* [Britse onderscheiding]

MC *afk.* = *Master of Ceremonies* ceremoniemeester

McCoy [mə'kɔi]: *the real ~* gemeenz je ware

MD *afk.* = *managing director*

me [miː] *pers vnw* mij, me; gemeenz ik

mead [miːd] *znw* mee [drank]

meadow ['medou] *znw* weide, weiland *o*

meadow saffron *znw* herfsttijloos

meagre ['miːgə] *bn* mager[2], schraal

1 meal [miːl] *znw* maal *o*, maaltijd; *make a ~ of sth.* fig veel ophef maken over iets; *~s on wheels* Tafeltje-dek-je *o* [maaltijdservice voor bejaarden &]

2 meal [miːl] *znw* meel *o*; Am maïsmeel *o*

mealie(s) ['miːli(z)] *znw* (*mv*) ZA mielie(s): maïs

mealiness ['miːlinis] *znw* meelachtigheid; meligheid

meal ticket ['miːltikit] *znw* maaltijdbon; fig broodwinning, inkomstenbron

mealtime ['miːltaim] *znw* etenstijd; *at ~s* bij de maaltijd; aan tafel

mealy ['miːli] *bn* meelachtig; melig; bleekneuzig

mealy-mouthed *bn* voorzichtig in zijn uitlatingen; zalvend, zoetsappig; schijnheilig

1 mean [miːn] **I** *bn* gemiddeld; middel-; **II** *znw* gemiddelde *o*, middelmaat; middenweg, middelevenredige; *the golden ~* de gulden middelmaat

2 mean [miːn] *bn* gering; min, laag, gemeen; schriel; krenterig; Am kwaadaardig, vals; Am slang fantastisch, te gek snel; *no ~ feat* ± geen kattendrek, niet gering, niet mis

3 mean [miːn] (meant; meant) **I** *overg* bedoelen, menen, in de zin hebben, van plan zijn; betekenen; bestemmen (voor *for*); *~ by* bedoelen met; verstaan onder; *that is meant for you* dat is jou toegedacht; dat moet jou voorstellen; dat is op jou gemunt; *I ~ you to go* ik wil dat je weggaat; *are we meant to laugh?* moeten we lachen?; *this does not ~ that ...* ook: dat wil niet zeggen, dat ...; *this name ~s nothing to me* die naam zegt me niets; **II** *onoverg* het menen (bedoelen); *~ well by (to, towards)* het goed menen met

meander [mi'ændə] **I** *znw* kronkeling; **II** *onoverg*

337

kronkelen, zich slingeren; dolen

meanie ['mi:ni] *znw* gemeenz kleinzielig persoon, krent; rotzak

meaning ['mi:niŋ] **I** *bn* veelbetekenend; **II** *znw* bedoeling; betekenis, zin

meaningful *bn* zinvol, zinrijk; veelbetekenend; van betekenis

meaningless *bn* zonder zin, zinledig, zinloos, doelloos; nietszeggend

meanly ['mi:nli] *bijw* v. [2]*mean*; ook: slecht; geringschattend

means [mi:nz] *znw* manier, middel *o*; middelen, geldelijke inkomsten; *live beyond one's* ~ boven zijn stand leven; *by all* ~ toch vooral, zeker, stellig; *not by any* ~, *by no* ~, *by no manner of* ~ geenszins, volstrekt niet; *by* ~ *of* door middel van; *by his* ~ met zijn hulp, door zijn bemiddeling, door hem; *by this* ~ op deze wijze; *by fair* ~ *or foul* op eerlijke of oneerlijke manier; *a man of* ~ een bemiddeld man

mean-spirited ['mi:n'spiritid] *bn* laaghartig

means test ['mi:nztest] *znw* onderzoek *o* naar iemands draagkracht

means-tested *bn* inkomensafhankelijk

meant [ment] V.T. & V.D. van [3]*mean*

meantime ['mi:ntaim], **meanwhile I** *bijw* intussen, ondertussen; **II** *znw*: *in the* ~ intussen, ondertussen

meany *znw* = *meanie*

measles ['mi:zlz] *znw (mv)* mazelen

measly *bn* gemeenz armzalig, miserabel, miezerig

measurable ['meʒərəbl] *bn* meetbaar; afzienbaar

measure I *znw* maat[6], plechtig mate; maatstaf, meetlat; deler; maatregel; *take the* ~ *of one's opponents* schatten, wegen, de krachten meten; *take* ~*s* maatregelen nemen; *beyond* ~ bovenmatig; ~ *for* ~ leer om leer; *for good* ~ op de koop toe; *in some* ~ in zekere mate, tot op zekere hoogte; *in large* ~ in grote mate, grotendeels; *made to* ~ op maat; **II** *overg* meten, op-, afmeten, uit-, toemeten (~ *out*); de maat nemen; *I* ~*d him (with my eye)* nam hem op van het hoofd tot de voeten; ~ *oneself against (with)* zich meten met; *he* ~*d his length on the ground* hij viel languit op de grond; **III** *onoverg*: ~ *up to* voldoen aan, beantwoorden aan; opgewassen zijn tegen, op kunnen tegen

measured *bn* afgemeten, gelijkmatig; gematigd; weloverwogen

measureless *bn* onmetelijk

measurement *znw* (af)meting, maat; inhoud

measuring I *bn* maat-, meet-; **II** *znw* meten *o*, maatnemen *o*

meat [mi:t] *znw* vlees *o*; vero spijs, kost, voedsel *o*; vero eten *o*; fig diepere inhoud; slang mensenvlees *o*; *strong* ~ zware kost; *one man's* ~ *is another man's poison* de een zijn dood is de ander zijn brood; elk zijn meug; *this is* ~ *and drink to him* dat is zijn lust en zijn leven; *after (before)* ~ vero na (vóór) het eten

meatball *znw* gehaktbal

meat-fly *znw* vleesvlieg

meat-offering *znw* spijsoffer *o*

meat-pie *znw* vleespastei

meat-safe *znw* vliegenkast

meaty *bn* vlezig, vlees-; rijk [v. inhoud], degelijk, stevig

Mecca ['mekə] *znw* Mekka[2] *o*

mechanic [mi'kænik] *znw* werktuigkundige, mecanicien, [auto- &] monteur; ~*s* werktuigkunde, mechanica; fig mechanisme *o*

mechanical *bn* machinaal, werktuiglijk; mechanisch, werktuigkundig; machine-; fig ongeïnspireerd; ~ *engineering* werktuigbouwkunde; *I'm not a very* ~ *person* ik ben niet erg technisch

mechanician [mekə'niʃən] *znw* machinebouwer; werktuigkundige, mecanicien

mechanism ['mekənizm] *znw* mechanisme *o*, mechaniek *o*; techniek

mechanization [mekənai'zeiʃən] *znw* mechanisering

mechanize ['mekənaiz] *overg* mechaniseren

medal ['medl] *znw* (gedenk)penning, medaille

medallion [mi'dæljən] *znw* grote medaille of (gedenk)penning; medaillon *o* [als ornament]

medallist ['medlist] *znw* medailleur; houder van een medaille

meddle ['medl] *onoverg* zich bemoeien, zich inlaten (met *with*); met zijn vingers aan iets komen, tornen (aan *with*); zich mengen (in *in*)

meddler *znw* bemoeial

meddlesome *bn* bemoeiziek

media ['mi:djə] *znw mv* v. *medium*

mediaeval [medi'i:vəl] *bn* = *medieval*

medial ['mi:djəl] *bn* midden-, tussen-, middel-; gemiddeld

median ['mi:djən] **I** *bn* midden-, middel-; ~ *strip* Am middenberm; **II** *znw* mediaan

1 mediate ['mi:diit] *bn* indirect

2 mediate ['mi:dieit] *onoverg & overg* bemiddelen

mediation [mi:di'eiʃən] *znw* bemiddeling

mediator ['mi:dieitə] *znw* (be)middelaar

mediatory *bn* bemiddelend, bemiddelings-

medic ['medik] *znw* gemeenz dokter; medisch student

medical ['medikl] **I** *bn* medisch, genees-, geneeskundig; ~ *man (practitioner)* medicus, dokter; ~ *officer* mil officier van gezondheid; arts v.d. Geneeskundige Dienst (~ *officer of health*); **II** *znw* medisch examen *o*; algemeen gezondheidsonderzoek *o*

medicament [me'dikəmənt] *znw* geneesmiddel *o*

medicate ['medikeit] *overg* geneeskrachtig maken, een geneeskrachtige stof toevoegen; geneeskundig behandelen; ~*d coffee* gezondheidskoffie; ~*d cotton-wool* verbandwatten; ~*d waters* medicinale wateren

medication [medi'keiʃn] *znw* medicatie; geneesmiddel *o*

medicinal [me'disinl] *bn* geneeskrachtig, genezend, medicinaal, geneeskundig

medicine ['med(i)sin] *znw* medicijn, geneesmiddel *o*, artsenij; geneeskunde; *study* ~ medicijnen studeren; *take one's* ~ ook: fig zijn straf ondergaan

medicine chest *znw* medicijnkistje *o*, huisapotheek

medicine-man *znw* medicijnman

medico ['medikou] *znw* slang medicus, esculaap; medisch student

medico-legal ['medikou'li:gəl] *bn* medischforensisch

medieval [medi'i:vəl] *bn* middeleeuws

mediocre ['mi:dioukə] *bn* middelmatig, onbetekenend; inferieur

mediocrity [mi:di'ɔkriti] *znw* middelmatigheid°

meditate ['mediteit] **I** *onoverg* nadenken, peinzen (over *on, over*); mediteren; **II** *overg* overdenken, denken over, bepeinzen, beramen

meditation [medi'teiʃən] *znw* overdenking, overpeinzing, gepeins *o*; meditatie

meditative ['mediteitiv] *bn* (na)denkend, peinzend

Mediterranean [meditə'reinjən] *bn* (van de) Middellandse-Zee(-), mediterraan; *the* ~ *(sea)* de Middellandse Zee

medium ['mi:djəm] **I** *znw* (*mv*: -s *of* media [-jə]) midden *o*; middenweg; middelsoort; middelste term; tussenpersoon, middel *o*, medium *o*; massacommunicatiemiddel *o*; mediaanpapier *o*; (natuurlijk) milieu *o*; *by (through) the* ~ *of* door (bemiddeling of tussenkomst van); *strike a happy* ~ de gulden middenweg vinden; **II** *bn* middelsoort-; middelfijn, middelzwaar &; gemiddeld; middelmatig; ~-*rare* medium, à point, halfdoorbakken [v. biefstuk]; ~-*sized* middelgroot; ~ *wave* radio middengolf

mediumistic [mi:djə'mistik] *bn* mediamiek

medlar ['medlə] *znw* mispel

medley ['medli] *znw* mengelmoes *o & v*, mengeling, mengelwerk *o*; muz medley, potpourri; sp wisselslag (~ *relay*)

meed [mi:d] *znw* plechtig beloning, loon *o*

meek [mi:k] *bn* zachtmoedig, zachtzinnig, ootmoedig, gedwee

meerschaum ['miəʃəm] *znw* meerschuim *o*; meerschuimen pijp

1 meet [mi:t] *bn* vero geschikt, gepast, behoorlijk

2 meet [mi:t] **I** *overg* ontmoeten, tegenkomen, (aan)treffen, vinden; een ontmoeting (samen-, bijeenkomst) hebben met, op-, bezoeken; ontvangen, afhalen; tegemoet gaan of treden; het hoofd bieden (aan); tegemoet komen (aan); voldoen (aan); voorzien in; ondervangen, opvangen; kennis maken met; ~ *Mr. Springsteen* (Am) mag ik u voorstellen aan de heer Springsteen?; *does it* ~ *the case?* is het goed zo?, is het zo voldoende?; ~ *expenses* de kosten dekken, bestrijden; ~ *sbd. at the*

station afhalen; ~ *sbd. halfway* fig iem. tegemoet komen; *there's more to this than* ~*s the eye* daar schuilt meer achter dan het zo lijkt; **II** *onoverg* elkaar ontmoeten; samen-, bijeenkomen (ook: ~ *up*); *till we* ~ *again!* tot weerziens!; ~ *with* ontmoeten, aantreffen; wegdragen; wegdragen [goedkeuring]; krijgen [een ongeluk]; (onder)vinden; lijden [verlies]

3 meet [mi:t] *znw* bijeenkomst; rendez-vous *o*; sp wedstrijd, ontmoeting

meeting *znw* ontmoeting, bijeenkomst, vergadering, meeting; sp wedstrijd, wedren; samenvloeiing [v. rivieren]

meeting-house *znw* bedehuis *o*

meeting-place *znw* verzamelplaats, plaats van samenkomst, trefpunt *o*

mega- ['megə] *voorv* slang enorm, reusachtig, mega-

megabuck ['megəbʌk] *znw* Am slang een miljoen dollar

megabyte ['megəbait] *znw* comput megabyte

megahertz ['megəhɛ:ts] *znw* megahertz

megalomania ['megəlou'meinjə] *znw* grootheidswaan(zin)

megalomaniac *znw (bn)* lijder (lijdend) aan grootheidswaan(zin)

megalopolis [megə'lɔpəlis] *znw* megalopolis: stedencomplex *o*, agglomeratie [v. steden]

megaphone ['megəfoun] *znw* megafoon

megastar ['megəsta:] *znw* absolute superster, megaster

megaton *znw* megaton

megawatt *znw* megawatt

megrim ['mi:grim] *znw* **1** vero migraine, schele hoofdpijn; **2** gril, kuur, bevlieging; ~*s* landerigheid; duizeligheid [v. paard]

melancholia [melən'kouljə] *znw* psych melancholie

melancholic [melən'kɔlik] *bn* melancholisch, zwaarmoedig

melancholy ['melənkɔli] **I** *bn* melancholiek, zwaarmoedig, droefgeestig; droevig, treurig, triest; **II** *znw* melancholie, zwaarmoedigheid, droefgeestigheid

mêlée ['melei] *znw* strijdgewoel *o*; mêlée, onoverzichtelijk gedrang *o*, ± massa

melioration [mi:liə'reiʃən] *znw* = *amelioration*

mellifluence [me'lifluəns] *znw* zoetvloeiendheid

mellifluous *bn* zoetvloeiend, honingzoet[2]

mellow ['melou] **I** *bn* rijp, mals, murw, zacht; met de jaren milder geworden; zoetvloeiend [toon]; gemeenz joviaal; gemeenz halfdronken; **II** *onoverg* rijp & worden; ~ *out* Am slang compleet plat gaan [100% ontspannen]; **III** *overg* doen rijpen; mals, zacht & maken; temperen, verdoezelen

melodic [mi'lɔdik] *bn* melodisch; melodieus

melodious [mi'loudjəs] *bn* melodieus, welluidend, zangerig

melodist ['melədist] *znw* zanger; componist van de melodie

melodrama

melodrama ['meloudra:mə] *znw* melodrama *o*;
draak [toneel]

melodramatic [meloudrə'mætik] *bn* melodramatisch, overdreven, sensationeel, drakerig (toneel)

melody ['melədi] *znw* melodie

melon ['melən] *znw* meloen

melt [melt] **I** *onoverg* smelten²; ~ *away* weg-, versmelten; ~ *into one another* in elkaar vloeien [v.
kleuren]; ~ *into the crowd* opgaan (verdwijnen) in
de massa; **II** *overg* smelten; vermurwen, vertederen,
roeren; ~ *down* versmelten; **III** *znw* smelting

meltdown ['meltdaun] *znw* meltdown [v. kernreac-
tor]

melting I *bn* smeltend², (ziel)roerend; **II** *znw* smelting; vertedering

melting-point *znw* smeltpunt *o*

melting-pot *znw* smeltkroes°

member ['membə] *znw* lid° *o*; lidmaat; afgevaardigde; deelnemer; *be a ~ of, be ~s of* ook: deel uitmaken van; ~ *state* lidstaat; *M~ of Parliament* Lagerhuislid *o*

membership *znw* lidmaatschap *o*; (aantal *o*) leden

membrane ['membrein] *znw* vlies *o*, membraan *o*
& *v*

membranous *bn* vliezig

memento [mi'mentou] *znw* (*mv*: -s *of* -toes) gedachtenis, herinnering, aandenken *o*, souvenir *o*

memo ['memou] *znw* gemeenz = *memorandum*

memoir ['memwa:] *znw* verhandeling, (auto-)
biografie; ~*s* memoires, gedenkschriften; handelingen [v. genootschap]

memo pad *znw* notitieblok *o*, memoblok *o*

memorabilia [memərə'biliə] *znw mv* souvenirs

memorable ['memərəbl] *bn* gedenkwaardig, heuglijk, onvergetelijk, opmerkelijk

memorandum [memə'rændəm] *znw* (*mv*: -s *of* memoranda [-də]) memorandum *o*, aantekening, notitie; nota; ~ *of association* akte van oprichting

memorial [mi'mɔ:riəl] **I** *bn* herinnerings-, gedenk-;
~ *service* rouwdienst; **II** *znw* gedachtenis, herinnering; verzoekschrift *o*, petitie, adres *o*, nota, memorie; gedenkstuk *o*, -teken *o*; ~*s* historische verslagen, kronieken

memorialize *overg* zich met een verzoekschrift
wenden tot

memorize ['meməraiz] *overg* memoriseren, uit het
hoofd leren

memory *znw* memorie, geheugen *o*; herinnering,
(na)gedachtenis, aandenken *o*; *play from* ~ uit het
hoofd spelen; *within my* ~ zover mijn geheugen
reikt; *within living* ~ sinds mensenheugenis; *in* ~ *of*
ter nagedachtenis aan; *a trip down* ~ *lane* ± herinneringen ophalen

memsahib ['memsa:(h)ib, -sa:b] *znw* vroeger [in
India] Europese getrouwde vrouw

men [men] *znw mv* v. *man*

menace ['menis] **I** *znw* dreiging, bedreiging; dreigement *o*; gemeenz lastpost, kruis *o*; **II** *overg* dreigen,

bedreigen

menagerie [mi'nædʒəri, mi'na:-] *znw* menagerie,
beestenspel *o*

mend [mend] **I** *overg* (ver)beteren, beter maken,
herstellen, repareren, (ver)maken, verstellen, lappen, stoppen; *that won't ~ matters* dat maakt het
niet beter; ~ *one's ways* zijn leven beteren; **II** *onoverg* beteren, beter worden; vooruitgaan [zieke];
zich (ver)beteren; **III** *znw* gestopte of verstelde
plaats; *on the* ~ aan de beterende hand

mendacious [men'deiʃəs] *bn* leugenachtig

mendacity [men'dæsiti] *znw* leugenachtigheid

mendicancy ['mendikənsi] *znw* bedelarij

mendicant I *bn* bedelend, bedel-; **II** *znw* bedelaar;
bedelmonnik

mendicity [men'disiti] *znw* bedelarij

mending ['mendiŋ] *znw* reparatie, herstelling, ver-
stelling; stopgaren *o*; verstelwerk *o*

menfolk ['menfouk] *znw* man(s)volk *o*, mannen

menhir ['menhiə] *znw* menhir: soort hunebed *o*

menial ['mi:njəl] **I** *bn* dienend, dienst-; dienstbaar;
ondergeschikt, oninteressant, saai [werk &]; *the
most ~ (offices)* geringste, laagste; ~ *service* koelie-
dienst; **II** *znw* (dienst)knecht, bediende, lakei

meningitis [menin'dʒaitis] *znw* hersenvliesontsteking

menopausal [menou'pɔ:zl] *bn* van, in de menopauze

menopause [menou'pɔ:z] *znw* menopauze

menses ['mensi:z] *znw (mv)* menstruatie

menstrual ['menstruəl] *bn* menstruatie-

menstruate [menstru'eit] *onoverg* menstrueren

menstruation [menstru'eiʃən] *znw* menstruatie

mensurable ['menʃurəbl] *bn* meetbaar

mensuration [mensju'reiʃən] *znw* meting°

mental ['mentl] *bn* geestelijk, geestes-, mentaal,
psychisch; verstandelijk; gemeenz gestoord, krankzinnig; ~ *age* verstandelijke leeftijd; ~ *arithmetic*
hoofdrekenen *o*; ~ *deficiency* zwakzinnigheid, debi-
liteit; ~ *faculties* geestvermogens; ~ *home*, ~ *hospital* psychiatrische inrichting, psychiatrisch ziekenhuis *o*, zenuwinrichting; ~ *illness* zenuwziekte; ~
nurse krankzinnigenverpleger, -verpleegster; ~ *patient* geesteszieke, zenuwpatiënt; *make a ~ note of
sth.* iets in zijn oren knopen

mentality [men'tæliti] *znw* mentaliteit; geestesgesteldheid; denkwijze

mentally ['mentəli] *bijw* geestelijk, mentaal; in de
geest; verstandelijk; uit het hoofd; ~ *deficient* zwakzinnig, debiel; ~ *ill (sick)* geestesziek; ~ *retarded*
achterlijk

menthol ['menθɔl] *znw* menthol

mentholated *bn* met menthol, menthol-

mention ['menʃən] **I** *znw* (ver)melding, gewag *o*; **II**
overg (ver)melden, noemen, melding maken van,
gewag maken van, spreken over; plechtig gewagen
van; *not to* ~ ... om nog maar niet te spreken van
...; *don't* ~ *it!* geen dank!; *now you* ~ *it* ook: nu je

het zegt

mentor ['mentə] *znw* mentor, raadgever

menu ['menju:] *znw* menu° *o* & *m*; spijskaart

menu-driven *bn* comput menugestuurd

MEP *afk.* = *Member of the European Parliament* Europarlementariër

Mephistophelian [mefistə'fi:ljən] *bn* mefistofelisch; sluw, kwaadaardig, duivels

mephitic [me'fitik] *bn* stinkend, verpestend

mephitis [me'faitis] *znw* verpestende stank

mercantile ['mɔ:kəntail] *bn* koopmans-, handels-, mercantiel

mercenary ['mɔ:sinəri] **I** *bn* gehuurd, huur-; veil[2], (voor geld) te koop[2]; geldzuchtig, geringsch koopmans-; **II** *znw* huurling; *mercenaries* ook: huurtroepen

mercer ['mɔ:sə] *znw* manufacturier (in zijden en wollen stoffen)

mercerize ['mɔ:seraiz] *overg* merceriseren

merchandise ['mɔ:tʃəndaiz] **I** *znw* koopwaar, waren; **II** *onoverg* & *overg* Am verkopen

merchandiser *znw* verkoper

merchandising *znw* verkooppromotie

merchant ['mɔ:tʃənt] **I** *znw* koopman, (groot-) handelaar; slang maniak; **II** *bn* handels-, koopvaardij-

merchant bank *znw* handelsbank

merchantman *znw* koopvaardijschip *o*

Merchant Navy *znw* koopvaardijvloot

merchant prince *znw* handelsmagnaat, rijke koopman

merchant seaman *znw* koopvaardijmatroos, -schipper

merchant service *znw* handelsvloot; koopvaardij(vaart)

merciful ['mɔ:siful] *bn* barmhartig, genadig; *mercifully* ook: goddank, gelukkig

merciless *bn* onbarmhartig, meedogenloos, genadeloos, ongenadig

mercurial [mɔ:'kjuriəl] *bn* kwikzilverachtig; kwik-; fig levendig, vlug; wispelturig

mercury ['mɔ:kjuri, -kjəri] *znw* kwik(zilver) *o*

mercy ['mɔ:si] *znw* barmhartigheid, genade; weldaad, zegen; *appeal for ~* recht verzoek *o* om gratie; *for ~'s sake* om godswil; *have ~ (up)on us* wees ons genadig, ontferm u over ons; *it was a ~ you were not there* het was een geluk; *be at the ~ of...*, *be left to the tender mercies of...* aan de genade overgeleverd zijn van; een spel zijn van [wind en golven]

mercy killing *znw* euthanasie

1 mere [miə] *znw* meer *o*

2 mere [miə] *bn* louter, zuiver, enkel, bloot; maar; *a ~ boy* nog maar een jongen; *the ~st trifle* de minste kleinigheid

merely *bijw* enkel, louter, alleen

meretricious [meri'triʃəs] *bn* opzichtig; schoonschijnend

merganser [mɔ:'gænsə] *znw* duikergans

merge [mɔ:dʒ] **I** *overg* samensmelten (met *into*), doen opgaan; *be ~d in* opgaan in; **II** *onoverg* opgaan; fuseren; samenkomen; (zich) voegen bij

merger ['mɔ:dʒə] *znw* handel samensmelting, fusie

meridian [mə'ridiən] **I** *znw* meridiaan; fig hoogtepunt *o*, toppunt *o*; vero middag; **II** *bn* middag-; hoogste; *~ altitude* middaghoogte

meridional [mə'ridiənl] *bn* zuidelijk [vooral v. Europa]

meringue [mə'ræŋ] *znw* schuimpje *o*, schuimtaart

merino [mə'ri:nou] *znw* merinos *o*; merinosschaap *o*

merit ['merit] **I** *znw* verdienste; *the ~s of the case* het essentiële (het eigenlijke, de merites) van de zaak; *on its (own) ~s* op zichzelf; **II** *overg* verdienen

meritorious [meri'tɔ:riəs] *bn* verdienstelijk

merlin ['mɔ:lin] *znw* steenvalk

mermaid ['mɔ:meid] *znw* meermin

merriment ['merimənt] *znw* vrolijkheid; *cause a lot of ~* voor veel hilariteit zorgen

merry *bn* vrolijk, lustig; prettig; gemeenz 'aangeschoten'; *make ~* vrolijk zijn, feestvieren, pret maken

merry-andrew *znw* hansworst, clown

merry-go-round *znw* draaimolen

merry-making *znw* pretmakerij, feestvreugde

mésalliance [me'zæliəns] [Fr] *znw* mésalliance; huwelijk *o* beneden iems. stand

mescaline ['meskəli:n] *znw* mescaline

meseems [mi'si:mz] vero mij dunkt, dunkt me

mesh [meʃ] **I** *znw* maas; *~es* net(werk) *o*; **II** *overg* in de mazen of in een net vangen, verstrikken; **III** *onoverg* techn in elkaar grijpen; fig harmoniëren, bij elkaar passen

mesmeric [mez'merik] *bn* biologerend

mesmerism ['mezmərizm] *znw* mesmerisme *o*

mesmerize *overg* biologeren, hypnotiseren

mesomorph [mesou-, mezou'mɔ:f] *znw* gespierde persoon

mesomorphic [mesou-, mezou'mɔ:fik] *bn* gespierd, atletisch

mess [mes] **I** *znw* smeer-, war-, knoeiboel, puinhoop, rotzooi, troep; netelige situatie, kritisch geval *o*; militaire kantine; veevoer *o*; vuil goedje *o*; *~ of pottage* bijbel schotel linzen; *make a ~ of it* alles overhoop halen; de boel verknoeien, in de war sturen; *be in a ~* overhoop liggen; (emotioneel) in de war zijn; *be in a fine ~* er lelijk in zitten; *get oneself into a ~* zich allerlei moeilijkheden op de hals halen; **II** *overg* bemorsen, vuilmaken; *~ up* verknoeien, bederven; *~ things up = make a ~ of it*; **III** *onoverg* morsen, knoeien; *~ about (around)* (rond-) scharrelen; aanrommelen; *~ sbd. about (around)* gemeenz sollen met iem; iem. aan het lijntje houden; *~ with* knoeien aan, zich bemoeien met

message ['mesidʒ] *znw* boodschap[2]; bericht *o*; *get the ~* (de bedoeling) begrijpen

messenger ['mesindʒə] *znw* bode, boodschapper;

voorbode; koerier; loper [v. bankinstelling]; besteller [v. telegrammen]; ~ *boy* loopjongen
Messiah [mi'saiə] *znw* Messias; heiland, verlosser
Messianic [mesi'ænik] *bn* Messiaans
messmate ['mesmeit] *znw* scheepv baksmaat
mess-room *znw* scheepv & mil eetkamer
Messrs. ['mesəz] *afk.* (= *Messieurs*) de heren
mess-sergeant ['messa:dʒənt] *znw* mil menage-
meester
mess-tin *znw* mil eetketeltje *o*, gamel
mess-up *znw* gemeenz warboel, geknoei *o make a ~
of* verknoeien, in de war sturen
messy ['mesi] *bn* vuil, smerig, slordig, wanordelijk
mestizo [mes'ti:zou] *znw* mesties, halfbloed
met [met] V.T. & V.D. van *²meet*
metabolic [metə'bɔlik] *bn* stofwisselings-
metabolism [me'tæbəlizm] *znw* stofwisseling
metacarpus [metə'ka:pəs] *znw (mv:* metacarpi
[-pai]) middelhand
metal ['metl] **I** *znw* metaal *o;* steenslag *o;* glasspecie;
~*s* spoorstaven, rails; *leave the ~s, go (run) off the
~s* derailleren, ontsporen; **II** *overg* bekleden
[schip]; verharden [weg]; **III** *bn* metalen, metaal-
metal fatigue ['metlfə'ti:g] *znw* metaalmoeheid
metallic [mi'tælik] *bn* metaalachtig, metalen,
metaal-; metallic, metaalkleurig
metallize ['metəlaiz] *overg* metalliseren [v. hout];
vulkaniseren [v. rubber]
metallurgic(al) [metə'lə:dʒik(l)] *bn* metallurgisch,
metaal-
metallurgist [me'tæ-, 'metələ:dʒist] *znw* metaalbe-
werker; metaalkenner
metallurgy *znw* metallurgie: metaalbewerking
metamorphose [metə'mɔ:fouz] *onoverg (overg)* van
gedaante (doen) veranderen
metamorphosis [metə'mɔ:fəsis] *znw (mv:* meta-
morphoses [-si:z]) metamorfose, gedaanteverwisseling, vormverandering
metaphor ['metəfə] *znw* metafoor, beeldspraak
metaphorical [metə'fɔrikl] *bn* metaforisch: over-
drachtelijk, figuurlijk
metaphysical [metə'fizikl] *bn* metafysisch
metaphysician [metəfi'ziʃən] *znw* metafysicus
metaphysics [metə'fiziks] *znw mv* metafysica
metatarsal [metə'ta:sl]: ~ *bone znw* middenvoetsbeentje *o*
metatarsus [metə'ta:səs] *znw (mv:* metatarsi [-sai])
middenvoet
1 mete [mi:t] *overg:* ~ *out* toe(be)delen, toemeten,
toedienen, geven [beloning, straf]
2 mete [mi:t] *znw* recht grens; ~*s and bounds* paal
en perk
metempsychosis [metempsi'kousis] *znw (mv:* me-
tempsychoses [-si:z]) metempsychose, zielsverhuizing
meteor ['mi:tjə] *znw* meteoor²; ~ *shower* sterrenregen
meteoric [mi:ti'ɔrik] *bn* meteoor-; fig bliksemsnel;

bliksem-
meteorite ['mi:tjərait] *znw* meteoriet, meteoor-
steen
meteoroid [mi:ti'ɔrɔid] *znw* meteoroïde
meteorological [mi:tjərə'lɔdʒikl] *bn* meteorologisch, weerkundig
meteorologist [mi:tjə'rɔlədʒist] *znw* meteoroloog,
weerkundige
meteorology *znw* meteorologie
meter ['mi:tə] **I** *znw* **1** Am = *metre;* **2** meter [voor
gas &]; *parking ~* parkeermeter; ~ *reader* meteropnemer; **II** *overg* meten [met een meetlat &]
methane ['mi:θein] *znw* mijngas *o*
methinks [mi'θiŋks] *vero* mij dunkt, dunkt me
method ['meθəd] *znw* methode, werk-, leerwijze;
systeem *o;* ~ *acting* wijze van acteren waarbij de
acteurs zich volledig inleven
methodical [mi'θɔdikl] *bn* methodisch
Methodism ['meθədizm] *znw* methodisme *o*
Methodist ['meθədist] **I** *bn* methodistisch; **II** *znw*
methodist
Methodistic, Methodistical *bn* methodistisch
methodological ['meθədə'lɔdʒikl] *bn* methodolo-
gisch
methodology [meθə'dɔlədʒi] *znw* methodologie
methought [mi'θɔ:t] *vero* (naar) ik dacht
meths [meðs] *znw mv* gemeenz = *methylated spirit(s)*
methyl ['meθil] *znw* methyl *o*
methylated *bn:* ~ *spirit(s)* brandspiritus; gedenatureerde alcohol
meticulous [mi'tikjuləs] *bn* bijzonder nauwgezet,
uiterst precies
métier ['meitiei, 'metjei] [Fr] *znw* beroep *o,* vak *o,*
métier *o*
metonymy [mi'tɔnimi] *znw* metonymie
metre, Am meter ['mi:tə] *znw* metrum *o,* dichtmaat; meter [lengtemaat]
metric ['metrik] *znw* metriek
metrical *bn* metrisch; ~ *foot* versvoet
metricate **I** *onoverg* op het metrieke stelsel overgaan; **II** *overg* aanpassen aan het metrieke stelsel
metrication *znw* overschakeling op het metrieke
stelsel
metrics *znw* metriek
metro ['metrou] *znw* metro
metronome ['metrənoum] *znw* metronoom
metropolis [mi'trɔpəlis] *znw* hoofdstad; wereldstad; *(the ~* Londen)
metropolitan [metrə'pɔlitən] **I** *bn* van de hoofdstad (speciaal Londen); aartsbisschoppelijk; *M~
Police* Londense politie; **II** *znw* metropolitaan,
aartsbisschop
mettle ['metl] *znw* vuur *o,* moed, fut; *be on one's ~*
zijn uiterste best doen; *prove, show one's ~* laten
zien wat men kan; *put sbd. on his ~* iem. laten tonen wat hij kan
mettlesome *bn* vurig, hartstochtelijk
1 mew [mju:] *znw* meeuw

2 mew [mju:] **I** *onoverg* miauwen; **II** *znw* gemiauw *o*

mews [mju:z] *znw* vero stal(len); tot (dure) woningen verbouwde koetshuizen of stallen; hof, steeg

Mexican ['meksikən] **I** *znw* Mexicaan; **II** *bn* Mexicaans

Mexico ['meksikou] *znw* Mexico *o*

mezzanine ['metsəni:n] *znw* entresol, tussenverdieping

mezzo-soprano [medzou-, metsousə'pra:nou] *znw* mezzosopraan

mi [mi:] *znw* muz mi

MI5 [emai'faiv] *afk.* Br ± binnenlandse veiligheidsdienst

MI6 [emai'siks] *afk.* Br ± inlichtingendienst

miaow [mi'au] **I** *onoverg* miauwen; **II** *znw* gemiauw *o*

miasma [mi'æzmə, mai-] *znw* (*mv:* -s *of* miasmata [-mətə]) miasma *o*: kwalijke dampen

mica ['maikə] *znw* mica *o* & *m*, glimmer *o*

mice [mais] *znw mv* v. **mouse**

mickey ['miki] *znw*: *take the* ~ *out of sbd.* gemeenz iem. op de hak nemen

Mickey Finn *znw* slang drankje *o* waar een verdovend middel in is gedaan

mickle ['mikl] *znw*: *many a* ~ *makes a muckle* vele kleintjes maken één grote

micro ['maikrou] *znw* = *microcomputer*

microbe ['maikroub] *znw* microbe

microchip ['maikroutʃip] *znw* comput microchip

microcomputer ['maikroukəm'pju:tə] *znw* microcomputer

microcosm ['maikroukɔzm] *znw* microkosmos; *a* ~ *of...,... in* ~ in het klein, in miniatuur

microdot ['maikroudɔt] *znw* tot het formaat v.e. punt verkleinde foto

microfiche ['maikroufi:ʃ] *znw* microfiche *o*

microfilm ['maikroufilm] **I** *znw* microfilm; **II** *overg* microfilmen

microlight ['maikroulait] *znw* ultralicht vliegtuig *o*, ULV *o*

micrometer [mai'krɔmitə] *znw* micrometer

micro-organism ['maikrou'ɔ:gənizm] *znw* micro-organisme *o*

microphone ['maikrəfoun] *znw* microfoon

microprocessor ['maikrou'prousesə] *znw* comput microprocessor

microscope *znw* microscoop

microscopic(al) [maikrəs'kɔpik(əl)] *bn* microscopisch (klein)

microwave ['maikrouweiv] *znw* microgolf; ~ *(oven)* magnetron(oven)

micturate ['miktjureit] *onoverg* urineren, plassen

mid [mid] **I** *voorz* plechtig temidden van; **II** *bn* midden-; half-

mid-air **I** *znw*: *in* ~ in de lucht, tussen hemel en aarde; **II** *bn* in de lucht

Midas touch ['maidæs, 'maidəs tʌtʃ] *znw*: *have the* ~ gouden handjes hebben

midday *znw* middag (= 12 uur 's middags)

midden [midn] *znw* vuilnishoop; mesthoop

middle [midl] **I** *bn* middelste, midden-, middel-, tussen-, middelbaar; ~ *age* middelbare leeftijd; *the M~ Ages* de middeleeuwen; ~ *course* middenweg; *in* ~ *age* op middelbare leeftijd; **II** *znw* midden *o*, middel *o* [v. lichaam]; *in the* ~ *of* midden in; *I was in the* ~ *of ...ing* ik was net aan het ...; *in the* ~ *of nowhere* fig aan het eind van de wereld

middle-aged *bn* van middelbare leeftijd

middle-age spread *znw* buikje *o* (op middelbare leeftijd)

middle-brow **I** *znw* [iem.] met doorsnee intelligentie, [iem.] met doorsnee geestelijke interesse; **II** *bn* van middelmatig intellectueel niveau

middle class *znw* burgerklasse, (gegoede) middenstand (ook: ~*es*)

middle-class *bn* burgerlijk, middenstands-

Middle East *znw* Midden-Oosten *o*

Middle Eastern *bn* van het Midden-Oosten

middleman *znw* tussenpersoon

middle management *znw* middenkader *o*

middlemost *bn* middelste; dichtst bij het midden

middle name *znw* tweede voornaam; fig tweede natuur

middle-of-the-road *bn* gematigd; weinig uitgesproken, neutraal

middle school *znw* Br school voor leerlingen van 9 tot 13 jaar, ± middenschool

middle-sized *bn* middelgroot

middle-weight *znw* middengewicht [bokser]

Middle West *znw* Midden-Westen *o* [v.d. Verenigde Staten]

middling ['midliŋ] **I** *bn* middelmatig, tamelijk, redelijk, zozo (ook: *fair to* ~); gemeenz redelijk gezond; **II** *bijw* tamelijk

middy ['midi] *znw* gemeenz = *midshipman*

midge [midʒ] *znw* mug; fig dwerg

midget **I** *znw* dwerg, lilliputter; **II** *bn* mini-

midland ['midlənd] **I** *znw* midden *o* van een land; *the M~s* Midden-Engeland; **II** *bn* in het midden van een land gelegen, binnenlands

midmost *bn* & *bijw* middelste

midnight **I** *znw* middernacht; **II** *bn* middernachtelijk; *burn the* ~ *oil* tot diep in de nacht studeren &

midpoint *znw* middenpunt *o* [in ruimte, tijd]

midriff *znw* middenrif *o*

midship *znw* scheepv middenste gedeelte *o* van een schip

midships *bn* midscheeps

midshipman *znw* adelborst

midst *znw* midden *o*; *in the* ~ *of* te midden van; bezig ... te doen

midstream *znw*: *(in)* ~ in het midden van de rivier/stroom; fig halverwege, halfweg

midsummer *znw* het midden van de zomer; zomerzonnestilstand; ~ *madness* complete dwaasheid, waanzin

midtown *znw* <u>Am</u> binnenstad, stadscentrum
midway *bijw* halverwege, in het midden
Midwest *znw* = *Middle West*
Midwestern *bn* van, uit het Midden-Westen
midwife *znw* vroedvrouw
midwifery ['midwif(ə)ri] *znw* verloskunde
midwinter *znw* het midden van de winter; winterzonnestilstand
mien [mi:n] *znw* <u>plechtig</u> uiterlijk *o*, voorkomen *o*,
houding
miff [mif] *znw* <u>gemeenz</u> boze bui; kleine ruzie
miffed [mift] *bn* <u>gemeenz</u> nijdig
1 might [mait] V.T. van *may*; mochten, zouden mogen; kon(den), zou(den) (misschien) kunnen
2 might [mait] *znw* macht, kracht; *with all one's ~,*
with ~ and main uit (met) alle macht
mightily *bijw* machtig, <u>gemeenz</u> kolossaal
mightiness *znw* machtigheid; hoogheid
mighty I *bn* machtig, groot, sterk; <u>gemeenz</u> zeer,
heel erg; **II** *bijw* <u>gemeenz</u> <u>versterkend</u> (alle-)
machtig, geweldig, formidabel, erg
migraine ['mi:grein] *znw* migraine
migrant ['maigrənt] **I** *bn* trek-, migrerend; *~ worker*
gastarbeider; seizoenarbeider; **II** *znw* migrant; <u>dierk</u>
trekvogel
migrate [mai'greit] *onoverg* verhuizen, migreren,
trekken [v. vogels of vis]
migration *znw* verhuizing, migratie, trek
migratory ['maigrətəri] *bn* verhuizend, trekkend,
zwervend; trek-; *~ birds* <u>dierk</u> trekvogels
1 mike [maik] *znw* <u>gemeenz</u> microfoon
2 mike [maik] *onoverg* <u>slang</u> lanterfanten, niets uitvoeren
milady [mi'leidi] *znw* = *my lady* [aanspreektitel]
milage = *mileage*
milch [miltʃ] *bn* melkgevend
milch-cow *znw* melkkoe[2]
mild [maild] **I** *bn* zacht(aardig); goedaardig, onschuldig [ziekte]; zwak, flauw[2]; matig; licht [sigaar
&]; **II** *znw* <u>Br</u> licht bier *o*
mildew ['mildju:] **I** *znw* meeldauw; schimmel; **II**
overg met meeldauw besmetten, bedekken &; doen
(be)schimmelen
mildly ['maildli] *bijw* v. *mild* I; *~ sarcastic* lichtelijk
sarcastisch; *to put it ~* op zijn zachtst gezegd
mild-mannered *bn* vriendelijk en beleefd
mile [mail] *znw* (Engelse) mijl [1609 meter]; <u>fig</u>
grote afstand; <u>sp</u> (Engelse) mijl; *be ~s out* er mijlen-
ver naast zitten; *~s better* <u>gemeenz</u> veel beter; *be ~s*
away dagdromen; *stand (stick) out a ~* zeer duidelijk opvallen, in het oog springen
mileage *znw* **1** aantal *o* mijlen; **2** kosten per mijl;
3 <u>fig</u> nut *o*, voordeel *o*
milepost *znw* mijlpaal[2]
milestone *znw* mijlsteen; mijlpaal[2]
milieu ['mi:ljə:] [Fr] *znw* milieu *o*, omgeving
militancy ['militənsi] *znw* strijdlust, strijdbaarheid
militant I *bn* strijdend, strijdlustig; strijdbaar, mili-

tant; **II** *znw* strijder
militarism *znw* militarisme *o*
militarist I *bn* militaristisch; **II** *znw* militarist
militaristic *bn* militaristisch
militarization [militərai'zeiʃən] *znw* militarise-
ring
militarize ['militəraiz] *overg* militariseren
military I *bn* militair, krijgs-; *~ man* militair; *~*
police militaire politie; **II** *znw*: *the ~* de militairen,
het leger
militate ['militeit] *onoverg* vechten, strijden; *~*
against ook: pleiten tegen; tegenwerken, niet gunstig, niet bevorderlijk zijn voor
militia [mi'liʃə] *znw* <u>mil</u> militie(leger *o*)
militiaman *znw* lid van een militie
milk [milk] **I** *znw* melk°; *it's no use crying over spilt ~*
gedane zaken nemen geen keer; **II** *overg* melken°
milk-and-water *bn* halfzacht, slap
milk bar *znw* melksalon
milk churn *znw* melkbus
milk-dentition *znw* melkgebit *o*
milker *znw* melk(st)er; melkmachine; melkkoe
milk float *znw* melkwagentje *o*
milking machine *znw* melkmachine
milking stool *znw* melkkrukje *o*
milk-jug *znw* melkkan
milkmaid *znw* melkmeid, -meisje *o*
milkman *znw* melkboer
milk shake *znw* milkshake
milksop *znw* melkmuil, lafbek
milk-sugar *znw* melksuiker, lactose
milk tooth *znw* melktand
milk train *znw* eerste trein ['s ochtends vroeg]
milky *bn* melkachtig, melk-; *the M~ Way* <u>astron</u> de
Melkweg
mill [mil] **I** *znw* molen (ook: tredmolen); fabriek;
spinnerij; *he has been through the ~* hij kent het
klappen van de zweep, hij heeft een harde leerschool gehad; *go through the ~* veel moeten doorstaan; **II** *overg* malen; vollen; pletten; kartelen
[munt]; <u>techn</u> frezen; **III** *onoverg*: *~ about (around)*
rondlopen, (rond)sjouwen
millboard ['milbɔ:d] *znw* dik karton *o*
mill-dam ['mildæm] *znw* molenstuw
millenarian [mili'nɛəriən] **I** *bn* duizendjarig; van
het duizendjarig rijk; **II** *znw* wie het duizendjarig
rijk verwacht
millenary ['milinəri] **I** *bn* uit duizend bestaande;
duizendjarig; **II** *znw* duizend jaar; duizendjarig
tijdperk *o* of gedenkfeest *o*
millennial [mi'leniəl] *bn* duizendjarig; van het
duizendjarig rijk
millennium *znw* (*mv*: -s *of* millennia) duizend jaar;
duizendjarig rijk
millepede, millipede ['milipi:d] *znw* duizendpoot, pissebed
miller ['milə] *znw* molenaar
millesimal [mi'lesiməl] **I** *bn* duizendste; duizend-

delig; **II** *znw* duizendste deel *o*

millet ['milit] *znw* gierst

mill-hand ['milhænd] *znw* fabrieksarbeider

milliard ['milja:d] *znw* Br miljard *o*

millibar ['miliba:] *znw* millibar

milligram(me) *znw* ['miligræm] milligram *o*

millilitre, Am **milliliter** ['milili:tə] *znw* milliliter

millimetre, Am **millimeter** *znw* ['milimi:tə] millimeter

milliner ['milinə] *znw* hoedenmaakster, modiste

millinery *znw* hoedenwinkel; hoedenmaken *o*

milling machine *znw* techn freesmachine

million ['miljən] *telw (znw)* miljoen (*o*); *one in a ~* een man uit duizenden; *thanks a ~* gemeenz reuze bedankt

millionaire [miljə'nɛə] *znw* miljonair

millionfold ['miljənfould] *bn bijw* een miljoen keer, miljoenvoudig

millionth *bn* & *znw* miljoenste (deel *o*)

mill-owner ['milounə] *znw* fabrikant

millpond *znw* molenvijver; fig spiegelglad water *o*

mill-race *znw* waterloop, molentocht

millstone *znw* molensteen; fig belemmering

millwright *znw* molenmaker

milometer ['mailə'mitə, mailə'mi:tə] *znw* mijlenteller, ± kilometerteller

milt [milt] *znw* hom

milter *znw* homvis

mime [maim] **I** *znw* gebarenspel *o*; mimespeler; **II** *overg* door gebaren voorstellen; **III** *onoverg* mimische bewegingen maken

mimeograph ['mimiəgra:f] **I** *znw* stencilmachine; **II** *overg* stencilen

mimetic [mi'metik] *bn* nabootsend, nagebootst

mimic ['mimik] **I** *bn* mimisch, nabootsend; nagebootst; geveinsd, schijn-, onecht; *~ warfare* spiegelgevecht *o*, spiegelgevechten; **II** *znw* nabootser; naaper; **III** *overg* nabootsen, nadoen; na-apen

mimicry *znw* mimiek; nabootsing; mimicry: (kleur)aanpassing

mimosa [mi'mouzə] *znw* mimosa

minaret ['minəret] *znw* minaret

minatory ['minətəri] *bn* dreigend, dreig-

mince [mins] **I** *overg* fijnhakken; *not to ~ words* er geen doekjes om winden, geen blad voor de mond nemen; *~d meat* gehakt *o*; **II** *onoverg* met een pruimenmondje spreken, nuffig trippelen; **III** *znw* fijngehakt vlees *o*

mincemeat *znw* vulsel *o* van fijngehakte krenten, appels &; Am gehakt *o* (vlees); *make ~ of* tot moes hakken; geen stuk heel laten van

mince-pie *znw* pasteitje *o* met *mince-meat*

mincer *znw* vleesmolen

mincing *bn* geaffecteerd

mincing-machine *znw* vleesmolen

mind [maind] **I** *znw* gemoed *o*; verstand *o*, brein *o*, geest; herinnering, gedachten; gevoelens *o*, mening, opinie; gezindheid, neiging, lust, zin; *bear in ~* niet

vergeten, (er aan) blijven denken; *call (bring) to ~* herinneren; *change one's ~* zie bij: *change*; *give one's ~ to* zich toeleggen op; *have a ~ to... lust* (zin) hebben om te...; *have a good ~ to...* erg veel zin (lust) hebben om te...; *have half a ~ to...* wel zin hebben om te...; *have (keep) an open ~ on* zich een oordeel voorbehouden omtrent; *she knows her own ~* ze weet wat ze wil; *make up one's ~* een besluit nemen; *put one's ~ to* zich toeleggen op; *set sbd.'s ~ at rest* iem. geruststellen; *set one's ~ on* zijn zinnen zetten op; *speak one's ~* zijn mening zeggen, ronduit spreken; *in his right ~* zie *right* I; *be in two ~s about* het niet met zichzelf eens zijn, in twijfel zijn omtrent; *bear (have, keep) in ~* bedenken, onthouden, denken aan; *be of sbd.'s ~* het met iem. eens zijn; *be of one ~* het eens zijn, eensgezind zijn; *that's a (great) load off my ~* dat is mij een pak van het hart; *get one's ~ round sth.* gemeenz iets doorhebben, begrijpen; *have sth. on one's ~* iets op het hart hebben, zich over iets druk maken; *I gave him a piece of my ~* ik heb hem eens flink de waarheid gezegd; *he is out of his ~* hij is niet goed bij het hoofd, hij is gek; *in his ~'s eye* in zijn geestesoog; *to my ~* naar mijn zin; naar mijn opinie, volgens mij; **II** *overg* bedenken, denken (geven) om; bezwaar hebben (tegen); acht slaan op, letten op, passen op, oppassen; zorgen voor; vero zich herinneren; *~ you* weet je [als tussenzin]; pas op, wees voorzichtig; denk erom, vergeet niet (om...); *~ your own business!* bemoei je met je eigen zaken!; *never ~ him* stoor je niet aan hem; *do not ~ me* geneer je maar niet voor mij; *I should (would) not ~ a cup of tea* ik zou wel een kop thee willen hebben; *~ one's P's and Q's* gemeenz op z'n tellen passen; *would you ~ telling me?* zoudt u zo vriendelijk willen zijn mij te zeggen?; *I don't ~ telling you* ik wil je wel vertellen; *he can't walk, never ~ run* hij kan niet lopen, laat staan rennen; **III** *wederk: ~ oneself* zich in acht nemen; **IV** *onoverg & abs ww* om iets denken; zich in acht nemen, op zijn tellen passen; er wat om geven, zich het aantrekken, het erg vinden, er iets op tegen hebben; *~ out (for)* passen op; *~!* let wel!, pas op!; *if you don't ~* als u er niets op tegen hebt, als u het goedvindt; *I don't ~ if I do* dat sla ik niet af, graag!; *I don't ~ my best; never ~!* het geeft niet, dat is niets, maak je geen zorgen; *never ~ about that* bekommer u daar niet over; *never (you) ~* het gaat je niet aan

mind-bending *bn* hallucinogeen, hallucinaties opwekkend [drugs]

mind-blowing *bn* slang extatisch, hallucinogeen; gemeenz verbijsterend, verwarrend

mind-boggling *bn* verbijsterend, verbazend

minded *bn* gezind, ingesteld, aangelegd; *mathematically-~* wiskundig aangelegd; *car-~* met belangstelling voor auto's; *be ~ to* van zins zijn; zin of lust hebben om

minder *znw* oppasser, verzorger; gemeenz lijfwacht

mindful *bn* indachtig, oplettend, zorgvuldig, behoedzaam; ~ *of* denkend om (aan)
mindless *bn* onoplettend, achteloos; geesteloos, dom; ~ *of* niet denkend om (aan)
mind reader *znw* gedachtelezer
1 mine [main] *bez vnw* de, het mijne; van mij; vero mijn; *I and* ~ ik en de mijnen
2 mine [main] **I** *znw* mijn; fig bron; **II** *onoverg* een mijn (mijnen) leggen; in een mijn werken; ~ *for gold* naar goud zoeken; **III** *overg* ondermijnen, opblazen; uitgraven, ontginnen; winnen [steenkool]; mijnen leggen; *be ~d* ook: op een mijn lopen
minefield *znw* mijnenveld² *o*
mine-hunter *znw* mijnenjager
minelayer *znw* mijnenlegger
miner *znw* mijnwerker
mineral ['minərəl] **I** *bn* mineraal, delfstoffen-; ~ *kingdom* delfstoffenrijk *o*; ~ *oil* gezuiverde petroleum; ~ *water* mineraalwater *o*; gemeenz frisdrank; **II** *znw* mineraal *o*, delfstof; mineraalwater *o*; ~*s* gemeenz frisdranken
mineralize *overg & onoverg* mineraliseren
mineralogist [minə'rælədʒist] *znw* delfstofkundige, mineraloog
mineralogy *znw* delfstofkunde, mineralogie
minesweeper ['mainswi:pə] *znw* mijnenveger
mingy ['mindʒi] *bn* gemeenz gierig; waardeloos
mingle ['miŋgl] **I** *onoverg* zich mengen; ~ *with* omgaan met, verkeren met, zich begeven onder; **II** *overg* vermengen
mini ['mini] **I** *znw* mini; gemeenz piepklein voorwerp *o*; **II** *bn* mini-
miniature ['minjətʃə] **I** *znw* miniatuur; **II** *bn* miniatuur-; *in* ~ in het klein; ~ *camera* kleinbeeldcamera
miniaturist *znw* miniatuurschilder
miniaturize ['minjətʃəraiz] *overg* verkleinen, kleiner maken
minibus ['minibʌs] *znw* kleine autobus, minibus
minicab ['minikæb] *znw* kleine (goedkope) taxi [alleen telefonisch te bestellen]
minicomputer ['minikəm'pju:tə] *znw* minicomputer
minim ['minim] *znw* muz halve noot
minima ['minimə] *znw mv* minima
minimal *bn* minimaal, minste
minimization [minimai'zeiʃən] *znw* herleiding tot een minimum; verkleining
minimize ['minimaiz] *overg* tot een minimum terugbrengen of herleiden, zo gering mogelijk maken; verkleinen; bagatelliseren
minimum ['miniməm] *znw* (*mv*: minima [-mə]) minimum *o*
mining ['mainiŋ] **I** *znw* mijnbouw; mijnarbeid; mijnwezen *o*; **II** *bn* mijn-; ~ *engineer* mijningenieur
minion ['minjən] *znw* gunsteling, favoriet(e); *his* ~*s* ook: zijn handlangers
miniskirt ['miniskə:t] *znw* minirok

minister ['ministə] **I** *znw* minister; gezant; bedienaar des Woords, predikant; plechtig dienaar; *M~ of State* minister; staatssecretaris; **II** *onoverg*: ~ *to* behulpzaam zijn in, bevorderlijk zijn aan, bijdragen tot; verzorgen; voorzien in; bevredigen
ministerial [minis'tiəriəl] *bn* ministerieel, minister(s)-; ambtelijk, ambts-
ministering *bn* dienend, verzorgend, behulpzaam
ministrant ['ministrənt] **I** *bn* dienend; **II** *znw* dienaar
ministration [minis'treiʃən] *znw* bediening; (geestelijk) ambt *o*; bijstand; medewerking; verlening, verschaffing, toediening
ministry ['ministri] *znw* ministerie *o*; kabinet *o*, regering; geestelijkheid; (predik)ambt *o*
miniver ['minivə] *znw* soort (wit) hermelijn *o*
mink [miŋk] *znw* (*mv* idem *of* -s) mink, Amerikaanse nerts *m*; nerts *o* [bont]
minnow ['minou] *znw* (*mv* idem *of* -s) voorntje *o*, stekelbaarsje *o*
minor ['mainə] **I** *bn* minder, klein(er), van minder belang; van de tweede of lagere rang; muz mineur; onderw junior; *in a* ~ *key* in mineur²; op klagende toon; ~ *road* geen voorrangsweg; **II** *znw* minderjarige; muz mineur
minority [mai-, mi'nɔriti] *znw* minderheid; minderjarigheid
minster ['minstə] *znw* kloosterkerk, munsterkerk
minstrel ['minstrəl] *znw* minstreel; als neger gegrimeerde zanger
minstrelsy *znw* kunst, poëzie der minstrelen
1 mint [mint] *znw* plantk munt; pepermuntje *o*
2 mint [mint] **I** *znw* munt; **II** *bn*: *in* ~ *condition (state)* als nieuw; gloednieuw [v. postzegels]; **III** *overg* munten; fig smeden, verzinnen
minter *znw* munter
minuend ['minjuend] *znw* aftrektal *o*
minuet [minju'et] *znw* menuet *o & m*
minus ['mainəs] *znw & voorz* minus, min, minteken *o*; gemeenz zonder, behalve; ~ *sign* minteken *o*
minuscule [mi'nʌskju:l] *bn* (uiterst) klein
1 minute [mai'nju:t] *bn* klein, gering; minutieus, haarfijn, uiterst precies
2 minute ['minit] **I** *znw* minuut [¹/₆₀ uur & ¹/₆₀ graad]; ogenblik *o*; minuut: origineel ontwerp *o* v. akte of contract *o*; memorandum *o*; *the* ~*s* de notulen; *that* ~ op dat ogenblik; *the* ~ *you see him...* zodra; *this* ~ op staande voet; een ogenblik geleden, zo net; *to the (a)* ~ op de minuut (af); *just a* ~! een ogenblik!, wacht even!, wacht eens!; *I won't be a* ~ ik ben zo klaar; **II** *overg* minuteren; notuleren; ~ *down* noteren
minute-book *znw* notulenboek *o*
minute-hand *znw* minuutwijzer
minutely [mai'nju:tli] *bijw* omstandig, (tot) in de kleinste bijzonderheden, minutieus
minutiae [mai'nju:ʃii:] *znw mv* bijzonderheden, kleinigheden, nietigheden

minx [miŋks] znw brutale meid, feeks, kat
miracle ['mirəkl] I znw wonderwerk o, wonder o, mirakel o; ~ play mirakelspel o; II bn wonder-, mirakel-
miraculous [mi'rækjuləs] bn miraculeus, wonderbaarlijk; wonderdadig, wonder-
mirage [mi'ra:ʒ] znw luchtspiegeling; fig drogbeeld o, hersenschim
mire ['maiə] znw modder, slijk o; be (find oneself, be stuck) in the ~ in de knoei zitten
mirk(y) bn = murk(y)
mirror ['mirə] I znw spiegel; afspiegeling; toonbeeld o; ~ image spiegelbeeld o; II overg af-, weerspiegelen; ~ed room spiegelkamer, -zaal
mirth [mə:θ] znw vrolijkheid; gelach o
mirthful bn vrolijk
mirthless bn droefgeestig; somber; bitter
miry ['maiəri] bn modderig, slijkerig
misadventure ['misəd'ventʃə] znw ongeluk o, tegenspoed; death by ~ recht onwillige manslag
misalliance [misə'laiəns] znw mesalliance: huwelijk beneden iems. stand
misanthrope ['mizənθroup] znw mensenhater; verbitterde kluizenaar
misanthropic [mizən'θrɔpik] bn misantropisch
misanthropist [mi'zænθrəpist] znw = misanthrope
misanthropy znw mensenhaat
misapplication ['misæpli'keiʃən] znw verkeerde toepassing; misbruik o
misapply [misə'plai] overg verkeerd toepassen
misapprehend ['misæpri'hend] overg misverstaan, verkeerd begrijpen
misapprehension znw misverstand o, misvatting
misappropriate ['misə'prouprieit] overg zich onrechtmatig toe-eigenen, misbruiken
misappropriation ['misəproupri'eiʃən] znw onrechtmatige toe-eigening, misbruiken o
misbegotten ['misbi'gɔtn] bn onecht; bastaard-; fig verknoeid; afschuwelijk, ellendig
misbehave ['misbi'heiv] onoverg zich misdragen
misbehaviour znw wangedrag o
misbelief ['misbi'li:f] znw verkeerd geloof o, dwaalleer; ketterij, dwaalbegrip o
misbeliever znw ketter; ongelovige
miscalculate ['mis'kælkjuleit] overg misrekenen, verkeerd berekenen
miscalculation ['miskælju'leiʃən] znw misrekening; verkeerde berekening; beoordelingsfout
miscall ['mis'kɔ:l] overg verkeerd noemen; dial uitschelden; ~ed geringsch zogenaamd
miscarriage [mis'kæridʒ] znw miskraam; wegraken o; mislukking; ~ of justice rechterlijke dwaling
miscarry [mis'kæri] onoverg weg-, verloren raken; mislukken; mislopen; ontijdig bevallen, een miskraam hebben
miscast ['mis'ka:st] overg 1 foutief optellen; 2 een niet-passende rol geven, een verkeerde rolbezetting kiezen

miscellaneous [misə'leinjəs] bn gemengd; allerlei; veelsoortig; veelzijdig
miscellany [mi'seləni] znw mengelwerk o, mengeling, verzamelbundel
mischance [mis'tʃa:ns] znw ongeluk o, pech; by ~ per ongeluk
mischief ['mistʃif] znw onheil o, kwaad o, kattenkwaad o, ondeugendheid; gemeenz rakker; cause (do) ~ kwaad doen; do sbd. a ~ een ongeluk begaan aan iem.; iem. verwonden; make ~ onheil stichten; tweedracht zaaien; de boel in de war sturen; mean ~ iets (kwaads) in zijn schild voeren; get into ~ streken uithalen; get into ~ with ... het aan de stok krijgen met ...; keep out of ~ geen kunsten uithalen; out of pure ~ uit louter baldadigheid
mischief-maker znw onruststoker
mischievous ['mistʃəvəs] bn schadelijk; boosaardig, moedwillig, ondeugend
miscible ['misibl] bn (ver)mengbaar
misconceive ['miskən'si:v] I overg verkeerd begrijpen of opvatten, misverstaan; II onoverg een verkeerde opvatting hebben (over of
misconception ['miskən'sepʃən] znw verkeerde opvatting, misvatting, wanbegrip o
misconduct ['miskən'dʌkt] I overg slecht beheren, verkeerd leiden; II wederk: ~ oneself zich misdragen; overspel plegen; III znw [mis'kɔndəkt] slecht bestuur o, wanbeheer o; wangedrag o; overspel o
misconstruction ['miskən'strʌkʃən] znw verkeerde interpretatie, misverstand o
misconstrue ['miskən'stru:] overg misduiden, verkeerd uitleggen, verkeerd opvatten
miscount ['mis'kaunt] I overg verkeerd (op)tellen; II onoverg zich vergissen bij het tellen, zich vertellen; III znw verkeerde (op)telling; make a ~ zich vertellen
miscreant ['miskriənt] I bn laag, snood; vero ongelovig; II znw onverlaat; vero ongelovige
miscue [mis'kju:] I onoverg biljart ketsen; II znw misstoot
misdeal ['mis'di:l] I onoverg verkeerd geven; II znw verkeerd geven o; make a ~ (de kaarten) verkeerd geven
misdeed ['mis'di:d] znw misdaad, wandaad
misdemean ['misdi'mi:n] onoverg zich misdragen
misdemeanour, Am **misdemeanor** [misdi'mi:nə] znw wangedrag o, wandaad; vergrijp o, misdrijf o
misdirect ['misdi'rekt, -dai'rekt] overg verkeerd richten; verkeerde aanwijzing geven; in verkeerde richting leiden; verkeerd adresseren
misdirection znw in verkeerde richting leiden o; verkeerde, misleidende inlichting; verkeerd adres o
misdoing ['mis'du:iŋ] znw vergrijp o, wandaad; misdaad
misdoubt [mis'daut] overg wantrouwen, argwaan hebben
miser ['maizə] znw gierigaard, vrek

miserable

miserable ['mizərəbl] *bn* ellendig, rampzalig, diep ongelukkig; beroerd, droevig, armzalig, jammerlijk

miserere [mizə'riəri] *znw* miserere *o*, boetpsalm

miserly ['maizəli] *bn* gierig, vrekkig

misery ['mizəri] *znw* narigheid, ellende, smart; tegenspoed; rampzaligheid; *put sbd. out of his ~* iem. uit zijn lijden verlossen

misfeasance ['mis'fi:zəns] *znw* machtsmisbruik *o*

misfire ['mis'faiə] *onoverg* ketsen, weigeren, niet aanslaan [v. motor]; *fig* geen succes hebben

misfit ['misfit] *znw* niet passen *o* of niet goed zitten *o*; niet passend kledingstuk *o*; *a social ~* een onaangepast iemand, een mislukkeling

misfortune [mis'fɔ:tʃən] *znw* ramp(spoed), ongeluk *o*

misgive [mis'giv]: *overg*: *my heart (mind) ~s me about that* ik heb er een bang voorgevoel bij

misgiving *znw* bange twijfel, bezorgdheid, angstig voorgevoel *o*

misgovern ['mis'gʌvən] *overg* slecht besturen

misgovernment *znw* slecht bestuur *o*, wanbeheer *o*

misguided ['mis'gaidid] *bn* misleid, verdwaasd; ondoordacht, onverstandig; *in a ~ moment* in een ogenblik van zwakte

mishandle ['mis'hændl] *overg* verkeerd hanteren of aanpakken; havenen, mishandelen

mishap [mis'hæp] *znw* ongeval *o*, ongeluk *o*, ongelukkig voorval *o*

mishear ['mis'hiə] *overg* verkeerd horen

mishmash ['miʃmæʃ] *znw* mengelmoes *o & v*

misinform ['misin'fɔ:m] *overg* verkeerd inlichten

misinformation ['misinfə'meiʃən] *znw* verkeerde inlichting(en)

misinterpret ['misin'tə:prit] *overg* misduiden, verkeerd uitleggen

misinterpretation ['misintə:pri'teiʃən] *znw* verkeerde uitlegging

misjudge ['mis'dʒʌdʒ] *overg* verkeerd (be)oordelen

mislay [mis'lei] *overg* op een verkeerde plaats leggen, zoekmaken; *it has got mislaid* het is zoek (geraakt)

mislead [mis'li:d] *overg* misleiden, op een dwaalspoor brengen; bedriegen; *~ing(ly)* ook: bedrieglijk

mismanage ['mis'mænidʒ] *overg* verkeerd, slecht behandelen (besturen, aanpakken)

mismanagement *znw* slecht bestuur *o*, wanbeheer *o*; verkeerde regeling, verkeerd optreden *o*

mismatch I *overg* ['mis'mætʃ] slecht bij elkaar passen, slecht combineren; II *znw* ['mismætʃ] verkeerde combinatie

misname ['mis'neim] *overg* verkeerd (be)noemen

misnomer ['mis'noumə] *znw* verkeerde benaming, ongelukkig gekozen naam; *..., by a ~, called ...* ten onrechte ... genoemd

misogynist [mai'sɔdʒinist] *znw* vrouwenhater

misogynous [mai'sɔdʒinəs] *bn* vrouwenhatend

misplace [mis'pleis] *overg* verkeerd plaatsen of aanbrengen; *~d* misplaatst; verkeerd geplaatst

misprint ['misprint] I *overg* verkeerd (af)drukken; II *znw* drukfout

misprision ['mis'priʒən] *znw* overtreding; verzuim *o*; *~ of felony* verheling van een misdaad

misprize [mis'praiz] *overg* onderschatten; minachten

mispronounce ['misprə'nauns] *overg* verkeerd uitspreken

mispronunciation ['misprənʌnsi'eiʃən] *znw* verkeerde uitspraak

misquotation ['miskwou'teiʃən] *znw* verkeerde aanhaling

misquote ['mis'kwout] *overg* verkeerd aanhalen

misread ['mis'ri:d] *overg* verkeerd lezen; misduiden, verkeerd uitleggen

misreport ['misri'pɔ:t] *overg* verkeerd overbrengen

misrepresent ['misrepri'zent] *overg* verkeerd voorstellen, in een verkeerd daglicht plaatsen, een valse voorstelling geven van

misrepresentation ['misreprizen'teiʃən] *znw* onjuiste of verkeerde voorstelling (opgave)

misrule ['mis'ru:l] I *znw* wanorde, verwarring, tumult *o*; wanbestuur *o*; II *overg* verkeerd, slecht besturen

1 miss [mis] *znw* (me)juffrouw; *geringsch* meisje *o*; *the ~es Smiths* de (jonge)dames Smith

2 miss [mis] I *overg* missen, misslaan, mislopen; niet zien, niet horen; zich laten ontgaan; verzuimen [school, lessen of gelegenheden]; overslaan, uit-, weglaten (ook: *~ out*); *~ one's aim (mark)* misschieten; *fig* zijn doel niet treffen; II *onoverg & abs ww* missen, misschieten; [de school] verzuimen; *be ~ing* er niet zijn, ontbreken; vermist worden; *~ out on* missen, laten voorbijgaan [kans]; III *znw* misslag, misstoot, misschot *o*, misser, poedel; *a ~ is as good as a mile* mis is mis, al scheelt het nog zo weinig; *give it a ~ gemeenz* vermijden; weglaten, wegblijven, met rust laten; *near ~* bijna raak schot *o*, schampschot *o*; *that was a near ~!* dat scheelde maar een haartje!

missal ['misəl] *znw* missaal *o*, misboek *o*

missel (thrush) ['misl(θrʌʃ)] *znw* grote lijster

misshapen ['mis'ʃeipn] *bn* mismaakt, wanstaltig

missile ['misail] *znw* projectiel *o*, raket

missing ['misiŋ] *bn* niet aanwezig; verloren; vermist; ontbrekend; *~ link* ontbrekende schakel

mission ['miʃən] I *znw* zending°, missie°; gezantschap *o*; opdracht; roeping, zendingspost; *luchtv* vlucht; II *bn* zendings-, missie-; *~ control* vluchtleiding [ruimtevaart]; *~ work* ook: evangelisatie

missionary I *znw* RK missionaris; zendeling; II *bn* RK missie-; zendings-, missionair

missis ['misis] *znw = missus*

missive ['misiv] *znw* missive, brief

misspell ['mis'spel] *overg* verkeerd spellen

misspend ['mis'spend] *overg* verkeerd of nutteloos besteden, verkwisten

misstate ['mis'steit] *overg* verkeerd voorstellen, verkeerd opgeven, verdraaien

misstatement *znw* verkeerde, onjuiste voorstelling (opgave), onjuistheid, verdraaiing van de feiten

missus ['misəs] *znw* gemeenz (moeder de) vrouw; *the* ~ (mijn) mevrouw [v. dienstboden]

missy ['misi] *znw* gemeenz juffie *o*, meisje *o*

mist [mist] **I** *znw* mist, nevel; waas *o* [voor de ogen]; *Scotch* ~ motregen; **II** *overg & onoverg*: ~ *over (up)* (doen) beslaan

mistakable [mis'teikəbl] *bn* onduidelijk; gemakkelijk verkeerd op te vatten

mistake I *overg* misverstaan, verkeerd verstaan, ten onrechte aanzien (voor *for*); zich vergissen in; *they are easily* ~*n* men kan ze gemakkelijk verwisselen; **II** *znw* vergissing, dwaling, abuis *o*, fout, misgreep; *my* ~*!* ik vergis me!; *a ... and no* ~ van jewelste, een echte ...; *now no* ~ versta me nu goed; *make a* ~ een fout maken; zich vergissen (in *over*); *by* ~ per abuis, ten gevolge van een vergissing; *be under a* ~ zich vergissen, het mis hebben

mistaken *bn* verkeerd, foutief; misplaatst; *be* ~ zich vergissen

mistakenly *bijw* bij vergissing, per abuis; verkeerdelijk

mister ['mistə] *znw* (geschreven: *Mr*) meneer, de heer; *slang* of schertsend meneer [als aanspreekvorm]

mistime ['mis'taim] *overg* verkeerd timen; op het verkeerde moment zeggen/doen &

mistimed ['mis'taimd] *bn* te onpas, misplaatst

mistle thrush *znw* = *missel thrush*

mistletoe ['misltou] *znw* plantk maretak, vogellijm

mistook [mis'tuk] V.T. van *mistake*

mistranslate ['mistra:ns'leit] *overg* verkeerd vertalen

mistress ['mistris] *znw* heerseres, gebiedster, meesteres; vrouw des huizes; mevrouw [v.e. dienstbode]; directrice, hoofd *o*; onderwijzeres, lerares; geliefde, maîtresse, concubine; *her own* ~ haar eigen baas; zich zelf meester

mistrial [mis'traiəl] *znw* recht (nietigheid wegens) procedurefout

mistrust ['mis'trʌst] **I** *overg* wantrouwen, niet vertrouwen; **II** *znw* wantrouwen *o*

mistrustful [mis'trʌstful] *bn* wantrouwig

misty ['misti] *bn* mistig, beneveld, nevelig; beslagen; fig vaag

misunderstand ['misʌndə'stænd] *overg* misverstaan, verkeerd of niet begrijpen

misunderstanding *znw* misverstand *o*, geschil *o*

misunderstood ['misʌndə'stud] V.T. & V.D. van *misunderstand*

misuse I *overg* ['mis'ju:z] misbruiken, verkeerd gebruiken; mishandelen; **II** *znw* ['mis'ju:s] misbruik *o*; verkeerd gebruik *o*

mite [mait] *znw* (kaas)mijt; vero penning; kleinigheid, ziertje *o*; peuter; *poor little* ~*s* de bloedjes van

kinderen; *the widow's* ~ bijbel het penningske der weduwe

mitigate ['mitigeit] *overg* verzachten; lenigen; matigen; *mitigating circumstances* recht verzachtende omstandigheden

mitigation [miti'geiʃən] *znw* verzachting; leniging; matiging

mitre, Am miter ['maitə] **I** *znw* mijter; bouwk verstek *o*: hoek van 45° (ook: ~*-joint*); **II** *overg* bouwk in het verstek werken

mitre-box, mitre-block *znw* verstekbak

mitred *bn* 1 bouwk in verstek; 2 gemijterd

mitre-saw *znw* verstekzaag

mitt [mit] *znw* handschoen zonder vingers; honkbalhandschoen; slang hand, vuist; *oven* ~ ovenwant

mitten *znw* want; slang bokshandschoen

mity ['maiti] *bn* vol mijten

mix [miks] **I** *overg* mengen, vermengen; aanmaken [salade], mixen; ~ *up* dooreen-, vermengen, hutselen; (met elkaar) verwarren; ~ *sbd. up in it* iem. er in betrekken; ~*ed up* ook: verknipt; ~*ed up with* vermengd met; betrokken bij; *get* ~*ed up with* ook: zich inlaten met; **II** *onoverg* zich (laten) vermengen; ~ *in society* 'uitgaan'; ~ *with* ook: omgaan met; **III** *znw* **1** mengsel *o*; **2** mengelmoes *v & o*; **3** mix [geprepareerd mengsel]

mixed *bn* gemengd, vermengd, gemêleerd; ~ *bag* ratjetoe *o*, allegaartje *o*; ~ *blessing* 'geen onverdeeld genoegen'; ~ *doubles* sp gemengd dubbel *o*; ~ *farming* gemengd bedrijf *o*

mixed-up *bn* **1** in de war; verknipt, neurotisch; **2** betrokken, verwikkeld

mixer *znw* menger [v. dranken]; ook: molen [voor beton &]; mixer; *a good* ~ iem. die zich gemakkelijk aansluit, een gezellig iemand; ~ *tap* mengkraan

mixture *znw* mengeling, mengsel *o*, melange

mix-up *znw* verwarring, warboel

miz(z)en ['mizn] *znw* scheepv bezaan

miz(z)en-yard *znw* scheepv bezaansra

mizzle ['mizl] **I** *znw* motregen; **II** *onoverg* motregenen

mnemonic [ni(:)'mɔnik] **I** *znw* ezelsbruggetje *o*, geheugensteuntje *o*; **II** *bn* gemakkelijk om te onthouden

mo [mou] *znw* gemeenz ogenblik *o*; *wait half a* ~ wacht even

MO *afk.* = *Medical Officer; Money-Order*

moan [moun] **I** *znw* gesteun *o*, gekreun *o*, gekerm *o*; gemeenz geklaag *o*, gejammer *o*; **II** *onoverg* kreunen; kermen; klagen; jammeren

moat [mout] *znw* gracht (om kasteel)

mob [mɔb] **I** *znw* grauw *o*, gespuis *o*, gepeupel *o*; hoop, troep, bende; *the M*~ de maffia; **II** *overg* hinderlijk volgen, zich verdringen om of omringen

mob-cap ['mɔbkæp] *znw* mop(muts)

mobile ['moubail] **I** *bn* beweeglijk; mobiel; flexibel, veranderlijk; rijdend, verplaatsbaar; ~ *canteen* kan-

349

tinewagen; ~ *library* bibliotheekbus, bibliobus; **II**
znw mobiel [beweeglijke figuur]
mobility [mou'biliti] *znw* beweeglijkheid; mobili-
teit; flexibiliteit
mobilization [moubilai'zeiʃən] *znw* mobilisatie
mobilize ['moubilaiz] *overg & onoverg* mobiliseren
mobocracy [mɔ'bɔkrəsi] *znw* de heerschappij van
het gepeupel
mobster ['mɔbstə] *znw* Am slang gangster, bendelid
o, bandiet
moccasin ['mɔkəsin] *znw* mocassin [schoeisel]
mocha ['mɔkə,'moukə] *znw* mokka(koffie)
mock [mɔk] **I** *znw* voorwerp *o* van spot; *make a ~ of*
de spot drijven met; **II** *bn* nagemaakt, schijn-, zogenaamd, onecht, voorgewend; **III** *overg* bespotten, spotten met²; bespottelijk maken; spottend
na-apen; **IV** *onoverg* spotten (met *at*)
mocker *znw* spotter; *put the ~s on* Br gemeenz een
einde maken aan
mockery *znw* spot, spotternij, bespotting, aanfluiting, farce, paskwil *o*; *make a ~ of* de spot drijven
met
mockingbird *znw* dierk spotvogel
mockingly *bijw* spottend
mock-turtle *bn*: ~ *soup* nagemaakte schildpadsoep
mock-up *znw* (bouw)model *o* [v. vliegtuig &]
mod [mɔd] **I** *bn* slang modern, modieus; ~ *cons* (=
modern conveniences) moderne gemakken [v. huis,
flat &]; **II** *znw* Br slang mod [modieus gekleed soort
nozem in de jaren zestig]
modal ['moudl] *bn* modaal
modality [mou'dæliti] *znw* modaliteit
mode [moud] *znw* mode; modus, vorm, wijze, manier; gebruik *o*; muz toonsoort
model ['mɔdl] **I** *znw* model *o*, toonbeeld *o*, voorbeeld *o*; maquette; mannequin (ook: *fashion ~*); **II**
bn model-; **III** *overg* modelleren, boetseren; (naar
een voorbeeld) vormen; showen [kleding]; *he ~led
himself (up)on his brother* hij nam een voorbeeld
aan zijn broer; zijn broer was zijn grote voorbeeld;
IV *onoverg* model of mannequin zijn
modeller *znw* vormer; modelleur, boetseerder
modem ['moudem] *znw* comput modem
moderate I *bn* ['mɔdərit] matig, gematigd; middelmatig; **II** *znw*: gematigde; **III** *overg* ['mɔdəreit] matigen, temperen, stillen, doen bedaren; **IV** *onoverg*
zich matigen, bedaren; presideren
moderation [mɔdə'reiʃən] *znw* matiging, tempering; matigheid, gematigdheid; maat; *in* ~ met
mate; *~s* onderw eerste openbare examen *o* aan de
universiteit [Oxford]
moderator ['mɔdəreitə] *znw* voorzitter, leider;
techn moderator [v. kernreactor]
modern ['mɔdən] *bn* modern, van de nieuw(er)e
tijd, nieuw, hedendaags; ~ *languages* levende talen
modern-day *bn* hedendaags
modernism *znw* modernisme *o*
modernist *znw* modernist

modernistic *bn* modernistisch
modernity [mɔ'də:niti] *znw* modern karakter *o*,
moderniteit
modernization [mɔdənai'zeiʃən] *znw* modernise-
ring
modernize ['mɔdənaiz] *overg* moderniseren
modest ['mɔdist] *bn* bescheiden; zedig, eerbaar, ingetogen
modesty *znw* bescheidenheid; zedigheid, eerbaarheid, ingetogenheid
modicum ['mɔdikəm] *znw* beetje *o*; kleine hoeveelheid
modification [mɔdifi'keiʃən] *znw* wijziging; beperking; matiging, verzachting
modifier ['mɔdifaiə] *znw* modifier, veranderings-
factor; gramm beperkend woord *o*
modify *overg* wijzigen, veranderen; beperken; matigen, verzachten
modish ['moudiʃ] *bn* modieus
modiste [mou'di:st] *znw* modiste
modular ['mɔdjulə] *bn* modulair
modulate ['mɔdjuleit] *overg* moduleren
modulation [mɔdju'leiʃən] *znw* modulatie
module ['mɔdjul] *znw* module; modul(us) [v. bouw-
werk]; *lunar* ~ maansloep
modus ['moudəs] [Lat] *znw (mv:* modi [-di]) methode, manier, wijze
moggy ['mɔgi] *znw* slang kat
Mogul [mou'gʌl] **I** *znw* Mongool; grootmogol; *m~*
mogol [invloedrijk persoon]; **II** *bn* Mongools
mohair ['mouhɛə] *znw* mohair *o*, angorawol
Mohammedan [mou'hæmidən] **I** *znw* mohamme-
daan: **II** *bn* mohammedaans
Mohammedanism [mou'hæmidənizm] *znw* mo-
hammedanisme *o*, islam
Mohican [mou'i:kən] **I** *znw* Mohikaan; **II** *bn* Mohi-
kaans; ~ *hairstyle* hanenkam
moiety ['mɔiəti] *znw* recht of plechtig helft, deel *o*
moist [mɔist] *bn* vochtig, nat, klam
moisten ['mɔisn] **I** *overg* bevochtigen; **II** *onoverg*
vochtig worden
moisture ['mɔistʃə] *znw* vochtigheid, vocht *o & v*
moke [mouk] *znw* slang ezel²
molar ['moulə] *znw* kies
molasses [mou'læsiz] *znw* melasse, suikerstroop
mold Am = *mould*
Moldavia [mæl'deivjə] *znw* Moldavië
Moldavian I *znw* Moldaviër; Moldavisch *o* [taal]; **II**
bn Moldavisch
mole [moul] *znw* **1** mol²; **2** havendam, pier; strekdam, keerdam; **3** moedervlek
molecular [mou'lekjulə(r)] *bn* moleculair
molecule ['mɔlikju:l] *znw* molecule
mole-hill ['moulhil] *znw* molshoop
moleskin *znw* mollenvel *o*; moleskin *o*
molest [mou'lest] *overg* molesteren, lastig vallen
molestation [moules'teiʃən] *znw* molestatie
moll [mɔl] *znw* slang liefje *o*; griet

mollification [mɔlifi'keiʃən] *znw* verzachting, vertedering, vermurwing, kalmering

mollify ['mɔlifai] *overg* verzachten, vertederen, vermurwen, kalmeren, sussen

mollusc ['mɔlʌsk] *znw* weekdier *o*

mollycoddle ['mɔlikɔdl] **I** *overg* vertroetelen, in de watten leggen; **II** *znw* moederskindje *o*, doetje *o*

Molotov cocktail ['mɔlətɔf 'kɔkteil] *znw* molotovcocktail

mom [mɔm] *znw* <u>Am</u> mama, mams

moment ['moumənt] *znw* moment° *o*; ogenblik *o*; gewicht *o*, belang *o*; *the (very) ~ I heard of it* zodra ...; *this ~* een minuut geleden, daarnet; ogenblikkelijk; *at the ~* op dat (het) ogenblik; *for the ~* voor het ogenblik; *not for a ~* geen ogenblik; *of great (little) ~* van groot (weinig) belang; *to the ~* op de minuut af; *he has his ~s* hij komt soms leuk uit de hoek; hij heeft ook zo zijn goede kanten (momenten &)

momentarily *bijw* (voor) een ogenblik; ieder ogenblik

momentary *bn* van (voor) een ogenblik, kortstondig, vluchtig

momentous [mou'mentəs] *bn* gewichtig, hoogst belangrijk

momentum [mou'mentəm] *znw* (*mv*: momenta [-tə]) **1** <u>nat</u> hoeveelheid van beweging, impuls (product van massa en snelheid); **2** kracht, drang, vaart

momma ['mɔmə], **mommy** *znw* <u>Am</u> mama, mammie

Monacan ['mɔnəkən] **I** *znw* Monegask; **II** *bn* Monegaskisch

monachism *znw* kloosterleven *o*, kloosterwezen *o*

Monaco ['mɔnəkou] *znw* Monaco *o*

monad ['mɔnæd] *znw* monade

monarch ['mɔnək] *znw* vorst, vorstin; (alleen-) heerser, monarch

monarchical [mɔ'na:kikl] *bn* monarchaal

monarchist ['mɔnəkist] **I** *znw* monarchist; **II** *bn* monarchistisch

monarchy *znw* monarchie

monastery ['mɔnəstri] *znw* (mannen)klooster *o*

monastic [mə'næstik] *bn* kloosterachtig, kloosterlijk, klooster-; als (van) een monnik, monniken-

monasticism *znw* kloosterwezen *o*, kloosterleven *o*

Monday ['mʌndi, -dei] *znw* maandag

Mondayish *bn* maandagziek

Monégasque [mɔni'gæsk] **I** *znw* Monegask; **II** *bn* Monegaskisch

monetarism ['mʌnitərizm] *znw* monetarisme *o*

monetarist I *bn* monetaristisch; **II** *znw* monetarist

monetary ['mʌnitəri] *bn* geldelijk; munt-, monetair

monetization [mʌnitai'zeiʃən] *znw* aanmunting

monetize ['mʌnitaiz] *overg* aanmunten

money ['mʌni] *znw* (*mv*: -s *of* monies) geld *o*; rijkdom, bezit *o*; *~ for old rope* <u>slang</u> gemakkelijk

(gauw) verdiend geld; *there's no ~ in it* er is niets aan te verdienen; *in the ~* <u>slang</u> rijk; *get one's ~'s worth* waar voor zijn geld krijgen; *have ~ to burn* bulken van het geld, stinkend rijk zijn; *make ~* geld verdienen, rijk worden; *put ~ into* investeren in; *put one's ~ on* wedden op; *out (short) of ~* slecht bij kas; *~ talks* met geld gaan alle deuren voor je open; *for my ~...* volgens mij...; *be made of ~* bulken van het geld; *~ is the root of all evil* geld is de wortel van alle kwaad

moneybags *znw* <u>gemeenz</u> rijke stinkerd

money-box *znw* spaarpot; collectebus; geldkistje *o*

money-broker *znw* geldhandelaar

money-changer *znw* geldwisselaar

moneyed *bn* rijk, bemiddeld; geldelijk, geld-

money-grubber *znw* geldwolf

money-grubbing *bn* schraperig, inhalig

money-lender *znw* geldschieter

money-maker *znw* persoon die veel geld verdient; winstgevend zaakje *o*

money-market *znw* geldmarkt

money-order *znw* postwissel

money spider *znw* geluk brengend spinnetje *o*

money-spinner *znw* iem. die geld als water verdient; iets dat geld in het laatje brengt, goudmijntje *o*

money supply *znw* geldvoorraad, hoeveelheid geld die in omloop is

monger ['mʌŋgə] *znw* als tweede lid in samenstellingen: handelaar, koper (*fish~*); <u>fig</u> <u>geringsch</u> wie doet aan ... (om er munt uit te slaan)

Mongol ['mɔŋgɔl] **I** *znw* Mongool; **II** *bn* Mongools

mongol *znw* mongooltje *o*, iem. met het syndroom van Down

Mongolia [mɔŋgouljə] *znw* Mongolië *o*

Mongolian [mɔŋ'gouliən] **I** *znw* Mongool; Mongools *o* [taal]; **II** *bn* Mongools

mongolism ['mɔŋgəlizm] *znw* mongolisme *o*, syndroom *o* van Down

mongoose ['mɔŋgu:s] *znw* mangoeste, ichneumon

mongrel ['mʌŋgrəl] **I** *znw* bastaard [meestal hond], vuilnisbakkenras; **II** *bn* van gemengd ras, bastaard-

monies ['mʌniz] *znw* = *mv* v. *money*

moniker ['mɔnikə] *znw* <u>slang</u> (bij)naam

monition [mɔ'niʃən] *znw* herderlijke vermaning; <u>plechtig</u> waarschuwing; <u>recht</u> dagvaarding

monitor ['mɔnitə] **I** *znw* monitor; <u>radio</u> beroepsluisteraar; <u>dierk</u> varaan [hagedis]; **II** *onoverg & overg* controleren, (ter controle) meeluisteren (naar); *~ing service* radioluisterdienst

monitorial [mɔni'tɔ:riəl] *bn* vermanend; waarschuwend

monitory ['mɔnitəri] *bn* vermanend; waarschuwend

monk [mʌŋk] *znw* monnik, kloosterling

monkey ['mʌŋki] **I** *znw* <u>dierk</u> aap²; apenkop; <u>handel</u> £ 500; *have a ~ on one's back* <u>slang</u> aan drugs verslaafd zijn; *put sbd.'s ~ up* <u>slang</u> iem. nijdig ma-

ken; *make a* ~ *of* belachelijk maken; *I couldn't give a*
~ *'s* slang het kan me geen reet schelen; **II** *onoverg:*
~ *about (around)* morrelen, donderjagen; ~ *about
(around) with a gun* met een geweer liggen (staan)
morrelen (klooien), er met zijn vingers aan zitten;
III *bn:* ~ *bars* klimrek *o;* ~ *business* gemeenz achterbaks gedoe *o,* (boeren)bedrog *o;* ~ *tricks* slang
kattenkwaad *o*

monkey-bread *znw* apebroodboom; apebrood *o*
[vrucht]

monkey-house *znw* apenkooi, -hok

monkey-nut *znw* apenootje *o*

monkey-puzzle (tree) *znw* apeboom

monkey suit *znw* Am gemeenz smoking

monkey-wrench *znw* moersleutel, schroefsleutel

monkfish ['mʌŋkfiʃ] *znw* zeeduivel [vis]

monkish ['mʌŋkiʃ] *bn* als (van) een monnik,
monniken-

monochrome ['mɔnoukroum] *bn* monochroom, in
één kleur; zwart-wit

monocle ['mɔnɔkl] *znw* monocle

monocotyledon ['mɔnoukɔti'li:dən] *znw* eenzaad-
lobbige plant

monody ['mɔnədi] *znw* muz monodie [eenstemmig
gezang]; klaaglied *o,* lijkzang

monoecious [mɔ'ni:siəs] *bn* plantk eenhuizig; dierk
hermafroditisch

monogamous [mɔ'nɔgəməs] *znw* monogaam

monogamy *znw* monogamie

monogram ['mɔnəgræm] *znw* monogram *o*

monograph ['mɔnəgra:f] *znw* monografie

monolith ['mɔnəliθ] *znw* monoliet; zuil uit één
stuk steen

monolithic [mɔnə'liθik] *bn* monolithisch[2]

monologue ['mɔnəlɔg] *znw* monoloog, alleenspraak

monomania [mɔnou'meiniə] *znw* monomanie

monomaniac *bn* & *znw* monomaan

mononucleosis ['mɔnoun(j)u:kli'ousis] *znw* ziekte
van Pfeiffer

monoplane ['mɔnouplein] *znw* eendekker

monopolist [mə'nɔpəlist] *znw* monopolist, houder
of voorstander van een monopolie

monopolistic *bn* monopolistisch

monopolize *overg* handel monopoliseren; (alléén)
in beslag nemen

monopoly *znw* monopolie[2] *o,* alleenrecht *o*

monorail ['mɔnoureil] *znw* monorail

monosyllabic ['mɔnousi'læbik] *bn* eenlettergrepig;
fig weinig spraakzaam

monosyllable ['mɔnə'siləbl] *znw* eenlettergrepig
woord *o; speak in* ~*s* kortaf zijn

monotheism ['mɔnouθ:izm] *znw* monotheïsme *o:*
geloof *o* aan één god

monotone ['mɔnətoun] **I** *znw* eentonig gezang *o*
(geluid *o,* spreken *o* &); eentonigheid; **II** *bn* eentonig, monotoon

monotonous [mə'nɔtənəs] *bn* eentonig

monotony *znw* eentonigheid

monoxide [mɔ'nɔksaid] *znw* monoxide *o*

monsignor [mɔn'si:njə] *znw* (*mv:* -s *of* monsignori
[-si:n'jɔ:ri]) monseigneur

monsoon [mɔn'su:n] *znw* moesson

monster ['mɔnstə] **I** *znw* monster[2] *o,* gedrocht *o;*
kanjer; **II** *bn* reuzen-, reusachtig

monstrance ['mɔnstrəns] *znw* monstrans

monstrosity [mɔns'trɔsiti] *znw* monstruositeit,
monstrum *o,* wanproduct *o*

monstrous ['mɔnstrəs] *bn* monsterlijk (groot), misvormd, afschuwelijk, monster-

monstrously *bijw* monsterlijk; versterkend verschrikkelijk, geweldig &

montage [mɔn'ta:ʒ] *znw* montage [v. film &]

month [mʌnθ] *znw* maand; *not in a* ~ *of Sundays* in
geen honderd jaar, in geen eeuwigheid

monthly **I** *bn bijw* maandelijks; **II** *znw* maand-
schrift *o,* maandblad *o*

monument ['mɔnjumənt] *znw* monument *o,*
gedenkteken *o*

monumental [mɔnju'mentəl] *bn* monumentaal;
kolossaal; ~ *masonry* grafsteenhouwerij

moo [mu:] **I** *znw* boe(geluid *o*) [v. koe]; *silly* ~ slang
stom wijf *o,* stomme trut; **II** *onoverg* loeien [v.
koeien]

mooch [mu:tʃ] **I** *onoverg* rondhangen, lanterfanten;
II *overg* (vooral Am) pikken, jatten; schooien

mood [mu:d] *znw* stemming, bui, luim, humeur *o;*
gramm wijs [v.e. werkwoord]; *a man of* ~*s* een humeurig man; *be in a* ~ een sombere bui hebben

moody *bn* humeurig; droevig, somber

moon [mu:n] **I** *znw* maan; plechtig maand; *once in
a blue* ~ een enkele keer; *cry for (want) the* ~ het
onmogelijke willen; *many* ~*s ago* heel lang geleden; *over the* ~ *(about)* gemeenz in de wolken
(over); **II** *onoverg* dromen, zitten suffen; ~ *about*
rondlummelen; ~ *over* mijmeren, zwijmelen; **III**
overg: ~ *away* verdromen

moonbeam *znw* manestraal

moonbuggy *znw* maanlandingsvaartuig *o*

mooncalf *znw* uilskuiken *o*

moon-faced *bn* met een vollemaansgezicht

moonless *bn* maanloos, zonder maan

moonlight **I** *znw* maanlicht *o,* maneschijn; **II** *bn*
maanlicht-, maan-; *do a* ~ *flit* gemeenz met de
noorderzon vertrekken; **III** *onoverg* bijverdienen,
een bijbaantje hebben; zwart werken

moonlit *bn* door de maan verlicht

moonscape *znw* maanlandschap *o*

moonshine *znw* maneschijn; nonsens, dwaze
praat; Am gemeenz gesmokkelde of clandestien
gestookte drank

moonshiner *znw* Am gemeenz dranksmokkelaar of
clandestiene stoker

moon-struck *bn* maanziek, getikt

moony *bn* maan-; fig dromerig

1 moor [muə] *znw* hei(de); veen *o*

2 moor [muə] *overg* scheepv (vast)meren, vastleggen

moorage ['muərɪdʒ] *znw* ankerplaats

moorfowl ['muəfaul] *znw* sneeuwhoen *o*

moorhen *znw* vrouwtje *o* v.h. sneeuwhoen *o*; waterhoen *o*

mooring ['muərɪŋ] *znw* scheepv ankerplaats, ligplaats; ~s meertros (-kabel, -ketting, -anker *o*)

mooring-buoy *znw* meerboei

mooring-mast *znw* scheepv meerpaal

Moorish ['muərɪʃ] *bn* Moors

moorland ['muələnd] *znw* heide(grond)

moose [mu:s] *znw* (*mv* idem) Amerikaanse eland

moot [mu:t] **I** *bn* betwistbaar; ~ *point* twistpunt *o*; **II** *overg* ter sprake brengen

mop [mɔp] **I** *znw* stokdweil, zwabber²; (vaten-) kwast; gemeenz ragebol, pruik (haar); **II** *overg* dweilen, zwabberen, (af)wissen; ~ *up* opnemen², opdweilen; fig opslorpen, in zich opnemen; in de wacht slepen; zijn vet geven, afmaken; mil zuiveren [loopgraven &]

mope [moup] *onoverg* kniezen

moped ['mouped] *znw* bromfiets

mopping-up [mɔpɪŋ'ʌp] *znw* mil slang opruimingswerkzaamheden; zuivering [v. vijanden]

moraine [mɔ'reɪn] *znw* morene

moral ['mɔrəl] **I** *bn* moreel, zedelijk; zedenkundig, zeden-; **II** *znw* zedenles, moraal; ~s zeden; zedenleer; *his* ~s zijn zedelijk gedrag *o*

morale [mɔ'ra:l] *znw* moreel *o*

moralist ['mɔrəlist] *znw* zedenmeester, zedenprediker, moralist

moralistic [mɔrə'listik] *bn* moraliserend, moralistisch

morality [mɔ'ræliti] *znw* zedenleer, zedelijkheid, zedelijk gedrag *o*, moraal, moraliteit°

moralize ['mɔrəlaiz] **I** *onoverg* moraliseren, een zedenpreek houden voor (over), zedenlessen geven; **II** *overg* de moraal halen uit; de moraal verbeteren van

moralizer *znw* zedenmeester, zedenprediker

morally *bijw* moreel

morass [mə'ræs] *znw* moeras *o*; fig moeilijke situatie; gestadige verlaging

moratorium [mɔrə'tɔ:riəm] *znw* (*mv*: -s *of* moratoria [-riə]) moratorium *o*, wettelijk uitstel *o* van betaling; tijdelijk verbod *o* of uitstel *o*

morbid ['mɔ:bid] *bn* ziekelijk, ziekte-; somber; ~ *anatomy* pathologische anatomie

morbidity [mɔ:'biditi] *znw* ziekelijkheid; ziektetoestand; somberheid

mordant ['mɔ:dənt] *bn* bijtend, scherp, sarcastisch

more [mɔ:] *bn* & *bijw* & *znw* meer; *not... any* ~ niet meer, niet langer, niet weer; niets meer; *one* ~ *glass* nog een glas; ~ *and* ~ steeds meer; ~ *and* ~ *difficult* steeds moeilijker; *all the* ~ nog erger; des te meer; *he is no* ~ hij is niet meer (is dood); *once* ~ nog eens, nog een keer; *some* ~ nog wat; nog enige; *the*

~*..., the* ~*...* hoe meer..., des te meer (hoe)...; *the* ~ *the merrier* hoe meer zielen hoe meer vreugd; *no* ~ niet meer², niet langer; niets meer; *no* ~... *than* evenmin... als; *no* ~ *does he* hij ook niet; *what's* ~ bovendien; ~ *or less* ongeveer, min of meer

morel [mɔ'rel] *znw* **1** zwarte nachtschade; **2** morille

morello [mɔ'relou] *znw* morel

moreover [mɔ:'rouvə] *bijw* daarenboven, bovendien

mores ['mɔ:ri:z] *znw mv* mores: zeden, gebruiken

Moresque [mɔ'resk] *bn* Moors

morganatic [mɔ:gə'nætik] *bn* morganatisch

morgue [mɔ:g] *znw* morgue, lijkenhuis *o*

moribund ['mɔribʌnd] *bn* zieltogend, stervend

Mormon ['mɔ:mən] **I** *znw* mormoon; **II** *bn* mormoons

morn [mɔ:n] *znw* plechtig = *morning*

morning ['mɔ:niŋ] *znw* morgen, ochtend; voormiddag; *in the* ~ 's morgens; morgenochtend

morning-after pill ['mɔniŋa:ftə'pil] *znw* morningafterpil

morning-coat *znw* jacquet *o* & *v*

morning dress *znw* jacquet(kostuum *o*); rok(kostuum *o*)

morning gown *znw* ochtendjas, peignoir

morning-paper *znw* ochtendblad *o*

morning-room *znw* huiskamer

morning sickness *znw* zwangerschapsmisselijkheid

morning-star *znw* morgenster°

morning watch *znw* scheepv dagwacht

Moroccan [mə'rɔkən] **I** *znw* Marokkaan; **II** *bn* Marokkaans

Morocco [mə'rɔkou] *znw* Marokko *o*

morocco *znw* marokijn(leer) *o*

moron ['mɔ:rɔn] *znw* zwakzinnige, debiel; fig gemeenz idioot, klojo

moronic [mə'rɔnik] *bn* zwakzinnig, debiel; fig van (voor) idioten

morose [mə'rous] *bn* gemelijk, knorrig

morpheme ['mɔ:fi:m] *znw* morfeem *o*

morphia ['mɔ:fjə], **morphine** ['mɔ:fi:n] *znw* morfine

morphinism *znw* morfinisme *o*

morphi(n)omaniac ['mɔ:fi(n)ou'meiniæk] *znw* morfinist

morphology [mɔ:'fɔlədʒi] *znw* morfologie

morris dance ['mɔris da:ns] *znw* Engelse volksdans

morrow ['mɔrou] *znw* plechtig volgende dag; *on the* ~ morgen; *on the* ~ *of* dadelijk na

Morse code [mɔ:s] *znw* morse(alfabet) *o*

morse [mɔ:s] *znw* walrus

morsel ['mɔ:səl] *znw* brokje *o*, stukje *o*, hap, hapje *o*

mortal ['mɔ:tl] **I** *bn* sterfelijk; dodelijk, dood(s)-; ~ *combat* strijd op leven en dood; ~ *enemy* doodsvijand; ~ *fear* doodsangst; *a* ~ *shame* gemeenz een eeuwige schande; ~ *sin* RK doodzonde; *any* ~ *thing* gemeenz (al) wat je maar wilt; **II** *znw* sterveling

mortality [mɔː'tæliti] *znw* sterfelijkheid; sterfte, sterftecijfer *o*

mortally ['mɔːtəli] *bijw* dodelijk; gemeenz vreselijk

mortar ['mɔːtə] **I** *znw* mortel, metselspecie; vijzel; mil mortier; **II** *overg* met mortel pleisteren; mil met mortieren bestoken

mortar-board *znw* mortelplank, kalkplank; onderw vierhoekige Eng. studentenbaret

mortgage ['mɔːgidʒ] **I** *znw* hypotheek; **II** *overg* (ver)hypothekeren; fig verpanden

mortgage-bond *znw* pandbrief

mortgagee [mɔːgə'dʒiː] *znw* hypotheekhouder

mortgagor [mɔːgə'dʒɔː] *znw* hypotheekgever

mortician [mɔː'tiʃən] *znw* Am begrafenisondernemer

mortification [mɔːtifi'keiʃən] *znw* grievende vernedering, beschaming; tuchtiging, kastijding, af-, versterving; gangreen *o*, koudvuur *o*

mortify ['mɔːtifai] *overg* vernederen, beschamen, verootmoedigen; tuchtigen, kastijden

mortise, mortice ['mɔːtis] *znw* techn tapgat *o*; ~ *lock* insteekslot *o*, ingebouwd slot *o*

mortmain ['mɔːtmein] *znw* recht [eigendom & in] de dode hand

mortuary ['mɔːtjuəri] **I** *bn* sterf-, graf-, begrafenis-; lijk-; **II** *znw* mortuarium *o*, lijkenhuis *o*

mosaic [mou'zeiik] *znw* mozaïek *o*

Moscow ['mɔskou] *znw* Moskou *o*

Moselle [mou'zel] *znw* Moezel

mosey ['mouzi] *onoverg* Am gemeenz slenteren, drentelen

Moslem ['mɔzləm] = *Muslim*

mosque [mɔsk] *znw* moskee

mosquito [mɔs'kiːtou] *znw* (*mv*: -toes) muskiet, steekmug; ~ *net* muskietennet *o*, klamboe

moss [mɔs] *znw* mos *o*

moss-grown *bn* met mos begroeid of bedekt, bemost

mossy *bn* bemost; mosachtig

most [moust] **I** *bn* meest, grootst; ~ *people* de meeste mensen; *make the* ~ *of* zoveel mogelijk voordeel & halen uit; *(the)* ~ *of the day* het grootste deel van de dag; *at (the)* ~ op zijn hoogst, hooguit, hoogstens; *for the* ~ *part* merendeels; **II** *bijw* meest; hoogst, zeer; bijzonder; ~ *eastern* oostelijkst(e); ~ *learned* ook: hooggeleerd

mostly *bijw* meest(al), voornamelijk

MOT *afk.* **1** = *Ministry of Transport*; **2** (ook: *MOT test*) APK, verplichte autokeuring

mote [mout] *znw* stofje *o*; *the* ~ *in thy brother's eye* bijbel de splinter in het oog van uw broeder

motel [mou'tel] *znw* motel *o*

motet [mou'tet] *znw* motet *o*

moth [mɔθ] *znw* mot; dierk nachtvlinder, uil

moth-ball *znw* mottenbal

moth-eaten *bn* door de mot aangetast; fig afgedragen, versleten

mother ['mʌðə] **I** *znw* moeder[2]; slang = *mother-fucker*; M~ *Nature* moeder natuur; ~ *superior* moeder-overste; *every* ~'*s son* van de eerste tot de laatste (man); *shall I be* ~? zal ik inschenken (ronddelen &)?; **II** *overg* bemoederen, moedertje spelen over, verzorgen

mother church *znw* moederkerk

mother country *znw* moederland *o*

mothercraft *znw* kinderverzorging; *course in* ~ moedercursus

mother-fucker *znw* Am plat klootzak, lul, klerelijer

mother hen *znw* dierk kloek

motherhood *znw* moederschap *o*

Mothering Sunday *znw* Br moederdag [vierde zondag van de vasten]

mother-in-law *znw* (*mv*: mothers-in-law) schoonmoeder

motherland *znw* vaderland *o*, geboorteland *o*

motherless *bn* moederloos

motherly *bn* moederlijk

mother-of-pearl *znw* paarlemoer *o*

Mother's Day *znw* **1** = *Mothering Sunday*; **2** Am moederdag [tweede zondag in mei]

mother's help *znw* gezinshulp

mother-to-be *znw* aanstaande moeder

mother tongue *znw* moedertaal

mother wit *znw* aangeboren geest of (gezond) verstand *o*

mothproof ['mɔθpruːf] **I** *bn* motvrij; **II** *overg* motvrij maken

mothy *bn* mottig of vol motten

motif [mou'tiːf] *znw* motief *o* [in de kunst]

motion ['mouʃən] **I** *znw* beweging°, gebaar *o*; voorstel *o*, motie; stoelgang, ontlasting; techn mechanisme *o*, werk *o*; muz tempo *o*; *in slow* ~ vertraagd; *put (set) sth. in* ~ iets in beweging zetten, iets op gang helpen; *go through the* ~s voor de vorm meedoen; net doen alsof; **II** *overg & onoverg* gebaren, wenken, een wenk geven om te...; *he* ~*ed the public to step back* hij gebaarde het publiek om achteruit te gaan; *he* ~*ed to me to leave* hij gebaarde mij weg te gaan

motionless *bn* bewegingloos, onbeweeglijk, roerloos

motion picture *znw* Am film

motivate ['moutiveit] *overg* motiveren; bewegen, aanzetten

motivation [mouti'veiʃən] *znw* motivatie

motivational *bn* motivatie-

motive ['moutiv] **I** *bn* bewegend, bewegings-, beweeg-; **II** *znw* motief *o*, beweegreden

motiveless *bn* ongemotiveerd

motley ['mɔtli] **I** *bn* bont[2]; gemengd; **II** *znw* narrenpak *o*

motor ['moutə] **I** *znw* motor, beweger; gemeenz auto; **II** *bn* motorisch, motor-; bewegings- [zenuw &]; **III** *onoverg & overg* met of in een auto rijden

motorbike *znw* gemeenz motorfiets

motorboat *znw* motorboot
motorcade *znw* autocolonne
motor car *znw* auto(mobiel)
motor-coach *znw* touringcar; rijtuig *o* [v. elektr. trein]
motorcycle *znw* motorfiets; ~ *police* motorpolitie
motorcyclist *znw* motorrijder
motor home *znw* kampeerauto, camper
motoring I *znw* automobilisme *o*, autorijden *o*; II *bn* auto-; motor-
motorist *znw* automobilist, autorijder
motorization [moutərai'zeiʃən] *znw* motorisering
motorize ['moutəraiz] *overg* motoriseren; ~*d bicycle* bromfiets
motor-lorry *znw* vrachtauto
motor-man *znw* wagenbestuurder [v. tram, metro of trein]
motor-spirit *znw* benzine
motor-truck *znw* vrachtauto
motor vehicle *znw* motorvoertuig *o*, motorrijtuig *o*
motorway *znw* autoweg
mottled ['mɔtld] *bn* gevlekt, geaderd, gestreept [steen], doorregen [vlees], gemarmerd [zeep], zwartbont [vogels]
motto ['mɔtou] *znw* (*mv*: mottoes) motto *o*, (zin-, kern)spreuk
mouflon, moufflon ['mu:flɔn] *znw* moeflon
1 mould, Am **mold** [mould] *znw* 1 teelaarde, losse aarde; 2 schimmel
2 mould, Am **mold** [mould] I *znw* (giet)vorm; mal; *cast in the same* ~ (van) hetzelfde (type); II *overg* vormen (naar *upon*); gieten, kneden²
mouldboard ['mouldbɔ:d] *znw* (ploeg)rister, strijkbord *o*
moulder, Am **molder** ['mouldə] *onoverg* vermolmen, tot stof vergaan, vervallen
moulding, Am **molding** ['mouldiŋ] *znw* afdruk; bouwk lijstwerk *o*, lijst; fries *v* & *o*; techn vormstuk *o*
moulding-board *znw* kneedplank; vormbord *o* [v. boetseerder]
mouldy, Am **moldy** ['mouldi] *bn* beschimmeld; vermolm(en)d, vergaan(d); slang afgezaagd; miezerig, waardeloos
moult, Am **molt** [moult] I *onoverg* ruien, verharen; ~*ing time* ruitijd; II *znw* ruien *o*
mound [maund] *znw* wal, dijk, heuveltje *o*
1 mount [maunt] *znw* berg
2 mount [maunt] I *onoverg* klimmen, (op)stijgen, naar boven gaan, opgaan; ~ *up* stijgen; oplopen [schuld]; II *overg* opgaan, oplopen, opklimmen, beklimmen, bestijgen; van een paard (rijdier) voorzien; te paard zetten, laten opzitten; opstellen, (in-) zetten, plaatsen, monteren; in scène zetten; opzetten [dieren]; prepareren, fixeren; organiseren, op touw zetten; ~ *an attack* een aanval inzetten; ~ *guard* de wacht betrekken; de wacht hebben (bij *over*); *the car* ~*ed the pavement* de auto reed het trot-

toir op; ~*ed police* bereden politie; III *znw* rit [bij wedren]; rijdier *o*, paard *o*; montuur *o* & *v*, omlijsting
mountain ['mauntin] *znw* berg; *make a* ~ *of molehills* van een mug een olifant maken
mountain ash *znw* lijsterbes
mountain dew *znw* gemeenz Schotse whisky
mountaineer [maunti'niə] *znw* bergbeklimmer
mountaineering *znw* bergsport
mountainous ['mauntinəs] *bn* bergachtig, berg-; huizenhoog, hemelhoog, kolossaal
mountebank ['mauntibæŋk] *znw* kwakzalver, charlatan
mounted ['mauntid] *bn* te paard (zittend); bereden [politie &]
mounting ['mauntiŋ] *znw* montage, montering; montuur *o* & *v*, beslag *o*
mourn [mɔ:n] I *onoverg* treuren, rouwen (over, om *for, over*); II *overg* betreuren, bewenen
mourner *znw* treurende; rouwdrager; *chief* ~ eerste rouwdrager
mournful *bn* treurig, droevig
mourning *znw* droefheid, treurigheid; rouw, rouwgewaad *o*; rouwperiode; *in* ~ in de rouw; *out of* ~ uit de rouw
mouse [maus] *znw* (*mv*: mice [mais]) muis (ook: comput); fig verlegen, schuw persoon; bangerik
mouser *znw* muizenvanger
mousetrap *znw* muizenval; ~ *cheese* gemeenz muffe of smakeloze) kaas
moustache [məs'taʃ, mus'ta:ʃ] *znw* snor, knevel
mousy ['mausi] *bn* schuchter, muisachtig, timide; muisgrijs
1 mouth [mauθ] *znw* mond°, muil, bek; monding; *down in the* ~ neerslachtig; *make sbd.'s* ~ *water* iem. doen watertanden; *shut one's* ~ zwijgen; *by the* ~ *of* bij monde van
2 mouth [mauð] I *overg* 1 declameren, oreren; 2 zonder geluid uitspreken; II *onoverg* 1 declameren, oreren; 2 zonder geluid spreken; 3 bekken trekken
mouthful ['mauθful] *znw* mondvol, hap
mouth-organ *znw* mondharmonica
mouthpiece *znw* mondstuk *o*; hoorn [v. telefoon]; fig woordvoerder, spreekbuis
mouth-to-mouth *bn*: ~ (*resuscitation*) mond-op-mondbeademing
mouthwash *znw* mondspoeling
movable ['mu:vəbl] I *bn* beweeglijk, beweegbaar, verplaatsbaar; roerend, veranderlijk; ~ *property* roerend goed *o*; ~ *type(s)* losse letters [de boekdrukkunst]; II *znw*: ~*s* roerende goederen, meubilair *o*
move [mu:v] I *znw* beweging, zet; fig stap, maatregel; verhuizing; *whose* ~ *is it?* sp wie is aan zet?; *get a* ~ *on* voortmaken, in beweging komen; *make a* ~ een zet doen²; vertrekken, opstappen, weggaan; *make no* ~ zich niet bewegen, geen vin verroeren; *be on the* ~ voortdurend in beweging zijn; reizen

en trekken, op pad zijn; **II** *onoverg* zich bewegen, zich in beweging zetten; zich roeren, iets doen; zich verplaatsen, trekken, (weg)gaan, verhuizen; *~ away from* zich verwijderen van; zich distantiëren van [een idee]; *~ for* verzoeken om; voorstellen; *~ in, ~ into a house* een woning betrekken; *~ off* wegtrekken, zich verwijderen; mil afmarcheren; *~ on* verder gaan, mil voortmarcheren, oprukken; *~ on!* doorlopen!; *~ out* eruit trekken [uit een huis]; *~ over* opschuiven, opschikken, opzijgaan; *~ up* opschuiven, opschikken; *~ up reinforcements* versterkingen laten aanrukken; **III** *overg* bewegen, in beweging brengen; verplaatsen, overbrengen, vervoeren; verzetten [schaakstuk]; (op)wekken; (ont)roeren; voorstellen [motie &]; [een voorstel] doen; *the spirit ~d him* de geest werd vaardig over hem; *~ house* verhuizen; *~ sbd. on* iem. doen doorlopen; *~ed to tears* tot tranen toe bewogen

movement *znw* beweging[2]; verplaatsing, overbrenging, vervoer *o*; fig aandrang, opwelling; gang [v. verhaal]; techn mechaniek *v & o*; muz deel *o*; handel omzet; med stoelgang (ook: *bowel ~*)

mover *znw* beweger; voorsteller; drijfveer; *prime ~* voornaamste drijfkracht, eerste oorzaak, aanstichter

movie ['mu:vi] Am gemeenz **I** *znw* film; *the ~s* de bios(coop); **II** *bn* film-, bioscoop-

movie theater *znw* Am bioscoop

moving ['mu:viŋ] *bn* (zich) bewegend, rijdend; in beweging; roerend, aangrijpend, aandoenlijk; *~ force* fig drijf-, stuwkracht; *the ~ spirit* fig de ziel, de stuwende kracht; *~ staircase* roltrap

1 mow [mou] *znw* hooiberg, hoop graan &; plaats in een schuur om hooi & te bergen

2 mow [mou] (mowed; mown) *overg* maaien; *~ down* wegmaaien [troepen]

mower *znw* maaier; maaimachine

mowing-machine *znw* maaimachine

mown [moun] V.D. van [2]*mow*

Mozambican [mouzəm'bi:kən] **I** *znw* Mozambikaan; **II** *bn* Mozambikaans

Mozambique [mouzəm'bi:k] *znw* Mozambique *o*

MP *afk.* = *Member of Parliament; Military Police; Metropolitan Police*

mpg *afk.* = *miles per gallon*

mph *afk.* = *miles per hour*

Mr *afk.* dhr., de heer, meneer

Mrs ['misiz] *afk.* mevr., mevrouw

MS *afk.* = *manuscript*

Ms *afk.* = *Mrs of Miss*

MSc *afk.* = *Master of Science*

MSS *afk.* = *manuscripts*

much [mʌtʃ] **I** *bn* veel; *he said as ~* dat zei hij ook; *I thought as ~* dat dacht ik wel; *as ~ as* zoveel als, zoveel; evenzeer (evengoed) als; ook maar; wel [drie]; *it was as ~ as he could do to...* hij kon slechts met moeite of ternauwernood...; *as ~ as to say* alsof hij wilde zeggen; *he is not ~ of a dancer* hij is

niet zo'n goede danser; *I don't see ~ of him nowadays* ik zie hem tegenwoordig niet vaak meer; *it is not ~ of a thing* het is niet veel zaaks; *nothing ~* niet veel (zaaks); zo erg niet; *so ~ for...* dat is (zijn) dan..., dat was (waren) dan...; *be too ~ for sbd.* iem. te machtig zijn; *make ~ of* veel gewicht hechten aan; veel ophef maken van; in de hoogte steken, veel ophebben met, fêteren; ook: munt slaan uit; **II** *bijw* zeer, erg; veel; verreweg; *~ as...* hoezeer... ook; ongeveer zoals...; *so ~ as* ook maar; *not so ~ as* niet eens; *so ~ so that* zó (zeer)... dat; *so ~ the better* des te beter; *~ to the amusement of* tot groot vermaak van; *~ the same, ~ as usual* zowat, vrijwel hetzelfde

muchness *znw*: *much of a ~* vrijwel hetzelfde, één pot nat

mucilage ['mju:silidʒ] *znw* (plante)slijm *o & m*; vloeibare gom

mucilaginous [mju:si'lædʒinəs] *bn* slijmerig, gomachtig

muck [mʌk] **I** *znw* (natte) mest, vuiligheid, vuil *o*; gemeenz rommel; *make a ~ of* gemeenz verknoeien; vuilmaken; **II** *overg*: *~ out* uitmesten; *~ up* gemeenz verknoeien, bederven; **III** *onoverg*: *~ about* gemeenz niksen, (rond)lummelen; klieren; *~ about with* gemeenz (met zijn vingers) zitten aan, knoeien met; *~ about (around) = mess sbd. about (around)*; *~ in with* gemeenz (lief en leed) broederlijk delen met, (alles) samendoen met

muck-heap *znw* mesthoop

muckle ['mʌkl] zie: *mickle*

muckrake **I** *znw* mestvork; **II** *onoverg* vuile zaakjes uitpluizen, schandalen onthullen, vuilspuiten

muckraker ['mʌkreikə] *znw* vuilspuiter

muckraking ['mʌkreikiŋ] *znw* vuilspuiterij

muck-up *znw* gemeenz warboel, knoeierij

mucky ['mʌki] *bn* gemeenz smerig, vuil, vies

mucous ['mju:kəs] *bn* slijmig; *~ membrane* slijmvlies *o*

mucus *znw* slijm *o & m*

mud [mʌd] *znw* modder[2], slijk *o*; leem *o & m* [v. muur &]; *one's name is ~* men is in ongenade; *sling ~ at* kwaadspreken van; *here's ~ in your eye!* slang proost!

mud bath *znw* modderbad *o*

muddle ['mʌdl] **I** *znw* warboel, verwarring, troep; **II** *overg* benevelen; in de war gooien; in verwarring brengen; verknoeien; *~ together, ~ up* (met elkaar) verwarren; **III** *onoverg* modderen, ploeteren[2]; *~ along, ~ on* voortsukkelen, voortploeteren; *~ through* er door scharrelen, zich erdoorheen slaan

muddled *bn* verward, warrig

muddle-headed *bn* suf, verward

muddy ['mʌdi] **I** *bn* modderig; modder-; bemodderd, vuil, vaal; troebel; verward; **II** *overg* bemodderen; vertroebelen

mud-flap *znw* spatlap

mudflat *znw* slikgrond, wad *o*

mudguard *znw* spatbord *o*

mud hut *znw* lemen hut
mud pack *znw* kleimasker *o*
mud pie *znw* zandtaartje *o* [door kinderen gemaakt]
mud-slinger *znw* lasteraar
mud-slinging *znw* gelaster *o*
mud-stained *bn* bemodderd
muezzin [muːˈezin] *znw* moeëzzin
muff [mʌf] **I** *znw* **1** mof; **2** dek *o* voor autoradiator tegen vrieskou; **3** plat (zwaar) behaarde kut; *make a ~ of it* de boel verknoeien; **II** *overg* bederven, verknoeien; *~ the shot* missen
muffin [ˈmʌfin] *znw* muffin [plat, rond cakeje *o*, meestal warm en met boter gegeten]
muffle [ˈmʌfl] *overg* inbakeren, inpakken (ook: *~ up*); omwikkelen; dempen; omfloersen [trom]; *in a ~d voice* met gedempte stem
muffler *znw* bouffante, dikke, warme das; geluiddemper; Am auto knaldemper
mufti [ˈmʌfti] *znw* **1** moefti: koranuitlegger en rechtsgeleerde; **2**: *in ~* in burger
mug [mʌg] **I** *znw* (drink)kroes, beker; pot; slang gezicht *o*, smoel *o*; slang sul, sufferd; *a ~'s game* gekkenwerk *o*; **II** *overg* aanvallen en beroven [op straat]; *~ up* gemeenz er instampen [kennis]; **III** *onoverg* gemeenz blokken (op *at*)
mugging *znw* op straat overvallen *o* en mishandelen *o*; ± mishandeling
muggins [ˈmʌginz] *znw* slang idioot, stommeling, stomme lul
muggy [ˈmʌgi] *bn* broeierig, drukkend, zwoel
mug shot [ˈmʌgʃɔt] *znw* slang portretfoto voor officieel gebruik; foto van verdachte [in politiedossier &]
mugwump [ˈmʌgwʌmp] *znw* slang hoge ome; onafhankelijke [in politiek]
Muhammadan(ism) [muˈhæmidənizm] = *Mohammedan(ism)*
mulatto [mjuˈlætou] *znw* (*mv:* -s *of* -toes) mulat
mulberry [ˈmʌlbəri] *znw* moerbij
mulch [mʌltʃ] *znw* mengsel *o* van halfverrot stro en bladeren [ter bescherming v. wortels]
mulct [mʌlkt] **I** *znw* geldboete; **II** *overg* beboeten (met *in*); *~ of* beroven van
mule [mjuːl] *znw* **1** dierk muildier *o*; **2** dierk plantk bastaard; **3** fig stijfkop; **4** techn fijnspinmachine; **5** muiltje *o*
muleteer [mjuːliˈtiə] *znw* muilezeldrijver
mulish [ˈmjuːliʃ] *bn* als (van) een muildier; koppig
mull [mʌl] **I** *overg* (dranken) heet maken en kruiden; *~ed wine* bisschopswijn; **II** *onoverg*: *~ over* overpeinzen, piekeren over
mullah [ˈmʌlə] *znw* mollah
mullet [ˈmʌlit] *znw* harder [vis]; zeebarbeel [vis]
mulligatawny [mʌligəˈtɔːni] *znw* sterk gekruide kerriesoep
mullion [ˈmʌljən] *znw* middenstijl [v. raam]
multicoloured [mʌltiˈkʌləd] *bn* veelkleurig
multicultural [mʌltiˈkʌltʃərəl] *bn* multicultureel

multi-faceted [mʌltiˈfæsitid] *bn* (rijk) geschakeerd, (zeer) gevarieerd
multifarious [mʌltiˈfɛəriəs] *bn* veelsoortig, velerlei, menigerlei, verscheiden
multiform [ˈmʌltifɔːm] *bn* veelvormig
multilateral [mʌltiˈlætərəl] *bn* multilateraal, veelzijdig
multilingual [mʌltiˈliŋgwəl] *bn* veeltalig
multimillionaire [mʌltimiljəˈnɛə] *znw* multimiljonair
multinational [mʌltiˈnæʃənl] **I** *bn* **1** in vele landen opererend [bedrijf]; **2** vele nationaliteiten omvattend; **II** *znw* multinational, multinationaal bedrijf *o*
multinomial [mʌltiˈnoumiəl] *znw* wisk veelterm
multiple [ˈmʌltipl] **I** *bn* veelvuldig; veelsoortig, vele; *~ choice* multiple choice: meerkeuze[toets]; *~ sclerosis* med multiple sclerose; *~ shop* grootwinkelbedrijf *o*; **II** *znw* veelvoud *o*; *least common ~* kleinste gemene veelvoud *o*
multiplex [ˈmʌltipleks] *bn* meervoudig; veelvuldig
multipliable [ˈmʌltiplaiəbl] *bn* vermenigvuldigbaar (met *by*)
multiplicand [mʌltipliˈkænd] *znw* vermenigvuldigtal *o*
multiplication *znw* vermenigvuldiging°; *~ table* tafel van vermenigvuldiging
multiplicative [mʌltiˈplikətiv] *bn* vermenigvuldigend
multiplicity [mʌltiˈplisiti] *znw* menigvuldigheid; veelheid; pluriformiteit
multiplier [ˈmʌltiplaiə] *znw* vermenigvuldiger; techn multiplicator
multiply I *overg* vermenigvuldigen, verveelvoudigen; **II** *onoverg* zich vermenigvuldigen
multi-purpose [mʌltiˈpɔːpəs] *bn* geschikt voor vele doeleinden
multiracial [mʌltiˈreiʃəl] *bn* multiraciaal, veelrassig
multi-storey [ˈmʌltistɔːri] *bn*: *~ building* hoogbouw; *~ car park* torengarage; *~ flat* torenflat
multitude [ˈmʌltitjuːd] *znw* menigte, (grote) massa; hoop; *the ~* de grote hoop
multitudinous [mʌltiˈtjuːdinəs] *bn* menigvuldig, veelvuldig, talrijk; eindeloos
1 mum [mʌm] *znw* mammie, mam
2 mum [mʌm] *bn* stil; *be (keep) ~* zwijgen, stommetje spelen, geen woord zeggen; *~'s the word!* mondje dicht!
mumble [ˈmʌmbl] **I** *onoverg* mompelen; **II** *overg* prevelen; kluiven aan; **III** *znw* gemompel *o*
mumbo jumbo [ˈmʌmbouˈdʒʌmbou] *znw* bijgelovige handelingen; ritueel *o* zonder betekenis; hocus-pocus, poppenkast; abracadabra *o*
mummer [ˈmʌmə] *znw* vermomde, gemaskerde; pantomimespeler; gemeenz toneelspeler, komediant
mummery *znw* maskerade, mommerij; fig belache-

lijke vertoning

mummied ['mʌmid] bn gemummificeerd

mummification [mʌmifi'keiʃən] znw mummificatie

mummify ['mʌmifai] overg mummificeren

mummy ['mʌmi] znw 1 mummie; 2 kindertaal mammie

mumps [mʌmps] znw bof [ziekte]

munch [mʌn(t)ʃ] overg (hoorbaar) kauwen, (op-) peuzelen

mundane ['mʌndein] bn werelds², mondain, wereld-; alledaags, afgezaagd, saai, gewoon

municipal [mju'nisipəl] bn gemeentelijk, stedelijk, stads-, gemeente-

municipality [mjunisi'pæliti] znw gemeente; gemeentebestuur o

municipalize [mju'nisipəlaiz] overg onder gemeentebestuur brengen

munificence [mju'nifisns] znw mild(dadig)heid, vrijgevigheid

munificent bn mild(dadig), vrijgevig

munitions [mju'niʃənz] znw mv krijgsvoorraad, (am)munitie

mural ['mjuərəl] **I** bn muur-, wand-; **II** znw wandschildering

murder ['mə:də] **I** znw moord; gemeenz crime; wilful ~ moord met voorbedachten rade; ~ will out een moord blijft niet verborgen; bedrog komt altijd uit; cry (scream) blue ~ moord en brand schreeuwen; get away with ~ alles kunnen maken, precies kunnen doen wat men wil; **II** overg vermoorden²; ~ the King's English het Engels verkrachten

murderer znw moordenaar

murderess znw moordenares

murderous bn moorddadig, moordend

murk [mə:k] plechtig znw duisternis

murky bn duister, donker, somber; gemeenz schandelijk; verborgen

murmur ['mə:mə] **I** znw gemurmel o, gemompel o, gebrom o, gemor o; geruis o; without a ~ zonder een kik te geven; **II** onoverg murmelen, mompelen, mopperen, morren (over at, against); ruisen

murmurer znw mopperaar

murmurous bn murmelend, mompelend, mopperend, morrend, ruisend

murrain ['mʌrin] znw veepest

muscatel [mʌskə'tel] znw muskaatwijn; muskadetdruif

muscle ['mʌsl] **I** znw spier; spierkracht; kracht, macht; not move a ~ geen spier vertrekken; **II** onoverg gemeenz: ~in on zich indringen bij; inbreuk maken op

muscle-bound bn stijf (van spieren)

muscleman znw krachtpatser, klerenkast, tarzan; bodybuilder

muscular ['mʌskjulə] bn gespierd; spier-; ~ dystrophy med spierdystrofie

muscularity [mʌskju'læriti] znw gespierdheid

musculature ['mʌskjulətʃə] znw spierstelsel o

Muse [mju:z] znw muze; the ~ de dichterlijke inspiratie

muse [mju:z] onoverg peinzen, mijmeren; ~ on overpeinzen

muser znw peinzer, mijmeraar, dromer

museum [mju'ziəm] znw museum o; ~ piece museumstuk o

mush [mʌʃ] znw zachte massa, brij; maïspap; gemeenz sentimentaliteit; slang [muʃ] gezicht o

mushroom ['mʌʃrum] **I** znw paddestoel, champignon; ~ (cloud) wolk bij atoomontploffing; **II** bn paddestoelvormig; snel opkomend; **III** onoverg champignons zoeken of inzamelen; oprijzen als paddestoelen (een paddestoel) uit de grond; zich snel uitbreiden

mushy ['mʌʃi] bn papperig, brijig; gemeenz sentimenteel

music ['mju:zik] znw muziek²; toonkunst; face the ~ de consequenties aanvaarden; set to ~ op muziek zetten; that's ~ to my ears dat klinkt me als muziek in de oren

musical I bn muzikaal; muziek-; ~ box speeldoos; ~ chairs stoelendans; fig stuivertje-wisselen o; ~ comedy operette; ~ instrument muziekinstrument o; **II** znw musical; operette(film)

musicality [mju:zi'kæliti] znw muzikaliteit, welluidendheid

music box znw speeldoos

music centre znw stereocombinatie, audiorack

music-hall ['mju:zikhɔ:l] znw variété(theater) o

musician [mju'ziʃən] znw muzikant, musicus, toonkunstenaar

musicianship znw muzikaal vermogen o, muzikaal vakmanschap o

music-lover znw muziekliefhebber

musicological [mju:zikə'lɔdʒikl] bn musicologisch

musicologist [mju:zi'kɔlədʒist] znw musicoloog

musicology znw musicologie

music room znw muziekkamer

music-stand ['mju:zikstænd] znw muziekstandaard

music-stool znw pianokrukje o

musing ['mju:ziŋ] **I** znw gepeins o, gemijmer o, mijmering(en); **II** bn peinzend &

musk [mʌsk] znw muskus

musket ['mʌskit] znw musket o

musketeer [mʌski'tiə] znw musketier

musketry ['mʌskitri] znw geweervuur o; schietoefeningen

musk-rat ['mʌskræt] znw dierk muskusrat, bisamrat; bisambont o

musky bn als (van) muskus, muskus-

Muslim ['mʌzlim] **I** bn moslim-, islamitisch; **II** znw moslim

muslin ['mʌzlin] znw mousseline, neteldoek o & m

musquash ['mʌskwɔʃ] znw = musk-rat

muss [mʌs] **I** znw Am gemeenz wanorde, rotzooi,

knoeiboel; **II** *overg* <u>Am</u> (ook: ~ *up*) gemeenz in de war brengen; verkreukelen

mussel ['mʌsl] *znw* mossel

Mussulman ['mʌslmən] *znw* <u>vero</u> moslim, muzelman

mussy ['mʌsi] *bn* <u>Am</u> wanordelijk doorelkaar, rommelig; vuil, vies

1 must [mʌst] (must; (been obliged)) moeten; *you ~ not smoke here* je mag hier niet roken

2 must [mʌst] *znw*: *a ~* gemeenz iets wat gedaan (gezien, gelezen &) moet worden, een must

3 must [mʌst] *znw* most; dufheid, schimmel

mustache *znw* <u>Am</u> = *moustache*

mustang ['mʌstæŋ] *znw* mustang

mustard ['mʌstəd] *znw* mosterd; *cut the ~* <u>Am</u> gemeenz voor zijn taak berekend zijn; het maken; *~ gas* mil mosterdgas *o*

muster ['mʌstə] **I** *znw* mil appel *o*; mil inspectie; monstering; *pass ~* de toets doorstaan, er mee door kunnen; **II** *overg* monsteren; op de been roepen; (laten) verzamelen; *he couldn't ~ three pounds* hij kon geen drie pond bij elkaar krijgen; *~ up a smile* met moeite een glimlach tevoorschijn roepen

muster-roll *znw* <u>scheepv</u> monsterrol; mil stamboek *o* (naamlijst)

mustiness ['mʌstinis] *znw* beschimmeldheid, schimmeligheid, schimmel; muffigheid, dufheid

mustn't = *must not*

musty ['mʌsti] *bn* beschimmeld, schimmelig; muf, duf

mutable ['mju:təbl] *bn* veranderlijk, ongedurig

mutate [mju:'teit] **I** *overg* veranderen; **II** *onoverg* mutatie ondergaan

mutation *znw* verandering, (klank)wijziging; mutatie

mute [mju:t] **I** *bn* stom, sprakeloos, zwijgend; *~ swan* dierk knobbelzwaan; **II** *znw* (doof)stomme; muz sourdine; bidder [bij begrafenis]; klaagvrouw; **III** *overg* dempen, de sourdine opzetten

muteness *znw* stomheid, (stil)zwijgen *o*

mutilate ['mju:tileit] *overg* verminken, schenden

mutilation [mju:ti'leiʃən] *znw* verminking, schending

mutineer [mju:ti'niə] *znw* muiter, oproerling

mutinous ['mju:tinəs] *bn* muitziek, oproerig, opstandig

mutiny I *znw* muiterij, opstand, oproer *o*; **II** *onoverg* oproerig worden, aan het muiten slaan, opstaan (tegen *against*)

mutt [mʌt] *znw* gemeenz stommeling; <u>Am</u> gemeenz hond, fikkie *o*, mormel *o*

mutter ['mʌtə] **I** *onoverg* mompelen; mopperen; **II** *overg* mompelen; **III** *znw* gemompel *o*

mutton ['mʌtn] *znw* schapenvlees *o*; schertsend schaap *o*; *dead as ~* dood als een pier; *leg of ~* schapenbout; *~ dressed as lamb* overdreven jeugdig gekleed

mutton-chop *znw* schaapskotelet; *~ (whiskers)*

bakkebaarden, 'tochtlatten'

mutton-fist *znw* grote, ruwe hand, kolenschop

mutton-head *znw* <u>slang</u> stommeling, schaapskop

mutual ['mju:tjuəl] *bn* onderling, wederkerig; wederzijds; gemeenschappelijk

mutuality [mju:tju'æliti] *znw* wederkerigheid

mutually ['mju:tjuəli] *bijw* onderling, van beide kanten, over en weer

muzak ['mju:zæk] *znw* muzak, achtergrondmuziek

muzzle ['mʌzl] **I** *znw* muil, bek, snuit; muilkorf, -band; mond, tromp [v. vuurwapen]; **II** *overg* muilkorven², de mond snoeren

muzzle-loader *znw* mil voorlader

muzzy ['mʌzi] *bn* beneveld [ook v. drank], suf

my [mai] *bez vnw* mijn; *(oh) ~!* goeie genade!

myopia [mai'oupiə] *znw* bijziendheid

myopic [mai'ɔpik] *bn* bijziend

myriad ['miriəd] *znw* myriade: tienduizendtal *o*; duizenden en duizenden, ontelbare

myrmidon ['mə:midən] *znw* handlanger, volgeling

myrrh [mə:] *znw* mirre

myrtle ['mə:tl] *znw* plantk mirt, mirtenstruik

myself [mai'self] *wederk vnw* zelf, ik(zelf); mij(zelve); *I'm not (feeling) ~* ik ben niet goed in orde; *I ~ wrote this letter* ik zelf heb deze brief geschreven

mysterious [mis'tiəriəs] *bn* geheimzinnig, mysterieus

mystery ['mistəri] **I** *znw* verborgenheid, geheim *o*, mysterie *o*; raadsel *o*; geheimzinnigheid; *~ (play)* hist mysterie *o* [spel]; **II** *bn* geheim, onbekend; *~ tour* tocht met onbekende bestemming

mystic ['mistik] **I** *bn* mystiek, verborgen; occult; **II** *znw* mysticus

mystical *bn* mystiek

mysticism ['mistisizm] *znw* mysticisme *o*; mystiek; zweverige godsdienstige of occulte ideeën (neigingen)

mystification [mistifi'keiʃən] *znw* mystificatie; verbijstering, verwarring

mystify ['mistifai] *overg* mystificeren; verbijsteren, verwarren; *mystified* ook: perplex

mystique [mis'ti:k] *znw* gemystificeer *o*, hocus-pocus; mysterieuze sfeer

myth [miθ] *znw* mythe², sage; verdichtsel *o*

mythic(al) *bn* mythisch

mythological [miθə'lɔdʒikl] *bn* mythologisch

mythologist [mi'θɔlədʒist] *znw* mytholoog

mythology *znw* mythologie

myxomatosis [miksoumə'tousis] *znw* myxomatose

N

n [en] *znw* (de letter) n

N. *afk.* = *North(ern)*

NAAFI, Naafi ['næfi] *afk.* = *Navy, Army and Air Force Institutes* ± Kantinedienst, CADI

nab [næb] *overg* slang snappen; vangen; op de kop tikken, gappen

nabob ['neibɔb] *znw* nabob, inheems vorst; fig rijkaard

nacelle ['næsel] *znw* motorgondel

nacre ['neikə] *znw* paarlemoer

nadir ['neidiə] *znw* astron nadir *o*, voetpunt *o*; fig laagste punt *o*

naff [næf] *bn* slang uit de mode; waardeloos

1 nag [næg] *znw* hit, gemeenz paard *o*

2 nag [næg] **I** *onoverg* zaniken, zeuren; hakken, vitten (op *at*); **II** *overg* bevitten, treiteren (door aanmerkingen te maken)

naiad ['naiæd] *znw* najade, waternimf

nail [neil] **I** *znw* nagel°, klauw; spijker; *hard as ~s* ijzersterk, taai; keihard, streng; *on the ~* handel contant; onmiddellijk; *it is a ~ in his coffin* dat is een nagel aan zijn doodskist, ook: dat is hem een gruwelijke ergernis; *hit the ~ on the head* de spijker op de kop slaan; **II** *overg* (vast)spijkeren, met spijkers beslaan; slang betrappen, snappen; op de kop tikken; fig lijmen, niet loslaten; *~ down* dichtspijkeren; vastspijkeren; fig vastzetten; niet loslaten; *~ one's colours to the mast* van een wijken of toegeven willen weten; *~ up* dichtspijkeren; vastspijkeren

nail-brush *znw* nagelborstel

nail-file *znw* nagelvijltje *o*

nail-scissors *znw mv* nagelschaartje *o*

nail-varnish *znw* nagellak

naïve [na:'i:v] *bn* naïef, ongekunsteld

naïveté [na:'i:vtei] *znw* naïviteit, ongekunsteldheid

naked ['neikid] *bn* naakt, bloot, kaal; onbeschut; onverbloemd, duidelijk; onopgesmukt; fig weerloos; *a ~ light* een onbeschermd licht *o*; *with the ~ eye* met het blote oog

namby-pamby ['næmbi'pæmbi] *bn* zoetelijk, sentimenteel; slap, week, dweperig

name [neim] **I** *znw* naam²; benaming; reputatie; *call sbd. ~s* gemeenz iem. uitschelden; *have a ~ for...* bekend zijn om zijn...; *take sbd.'s ~* ook: iem. bekeuren; *John by ~, by the ~ of J.* J. geheten; *call him by his ~* bij zijn naam; *know him by ~* persoonlijk; van naam; *make a ~ for oneself* naam maken; *mention by ~* met name, met naam en toenaam; *in ~* in naam; *in the ~ of* in de naam van, als vertegenwoordiger van; onder de naam van; op naam

(ten name) van; *the ~ of the game is...* waar het om gaat is...; *not a penny to his ~* hij heeft geen cent; **II** *overg* noemen, benoemen; dopen [ship &]; *~ sbd. after (Am for)* iem. noemen (vernoemen) naar; *~ the day* de bruiloftsdag vaststellen

name-dropping *znw* dikdoenerij met namen van bekende personen

nameless *bn* naamloos; onbekend; zonder naam; onnoemelijk; *a certain scoundrel who shall be (remain)* ~ die ik niet noemen wil

namely *bijw* namelijk, te weten

nameplate *znw* naambordje *o*, -plaatje *o*

namesake *znw* naamgenoot

Namibia [na:'mibiə] *znw* Namibië *o*

Namibian I *znw* Namibiër; **II** *bn* Namibisch

naming ceremony *znw* doopplechtigheid [v. schip &]

nancy, nancy-boy ['nænsi(bɔi)] *znw* gemeenz mietje *o*, nicht, flikker

nannie, nanny ['næni] *znw* kinderjuffrouw, juf

nanny-goat ['næni(gout)] *znw* geit

1 nap [næp] **I** *znw* slaapje *o*, dutje *o*; *have (take) a ~* een dutje doen; **II** *onoverg* (zitten) dutten; *catch ~ping* overrompelen

2 nap [næp] *znw* nop; haar *o*

3 nap [næp] slang **I** *znw* beste kans [voor wedren]; **II** *overg* de beste kans geven

napalm ['neipa:m] **I** *znw* napalm *o*; **II** *overg* met napalm bestoken, een napalmbombardement uitvoeren

nape [neip] *znw* nek (*~ of the neck*)

naphthalene ['næfθəli:n] *znw* naftaleen *o*

napkin ['næpkin] *znw* servet *o*; luier

napoo [na:'pu:] *bn* slang waardeloos!, afgelopen!, foetsie!

nappy ['næpi] *znw* luier; *~ rash* luieruitslag, luierieczeem *o*

narcissism [na:'sisizm] *znw* narcisme *o*

narcissistic [na:si'sistik] *bn* narcistisch

narcissus [na:'sisəs] *znw* (*mv:* -es *of* narcissi [-'sisai]) narcis

narcosis [na:'kousis] *znw* narcose

narcotic [na:'kɔtik] **I** *bn* narcotisch; **II** *znw* narcoticum *o*

narcotize ['na:kətaiz] *overg* narcotiseren, onder narcose brengen, bedwelmen

nard [na:d] *znw* nardus(olie)

narghile ['na:gili] *znw* nargileh [waterpijp met gummislang]

nark [na:k] slang **I** *znw* stille verklikker, politiespion; **II** *overg* verklikken; kribbig maken, ergeren; *~ it!* hou je mond!; hou op!

narky *bn* slang kribbig; sarcastisch

narrate [nə'reit] *overg* verhalen, vertellen

narration *znw* verhaal *o*, relaas *o*

narrative ['nærətiv] **I** *bn* verhalend, vertellend; **II** *znw* verhaal *o*, relaas *o*; vertelling

narrator [nə'reitə] *znw* verhaler, verteller; first-

person ~ ik-figuur [in roman]

narrow ['nærou] **I** *bn* smal, eng, nauw; nauwkeurig [onderzoek]; bekrompen, benepen; beperkend; beperkt, klein; krap, nipt; gierig; letterlijk; *have a ~ escape* ternauwernood ontkomen; *~ gauge* smalspoor *o*; *a ~ majority* een geringe (krappe) meerderheid; *the ~ seas* de Engelse en Ierse zee-engten; **II** *znw*: *~s* de smalste plaats van zee-engte of -straat; nauwe doorgang; **III** *overg* vernauwen, verengen, versmallen; *~ down* doen slinken, verminderen [aantal]; **IV** *onoverg* nauwer worden, inkrimpen; zich vernauwen, (zich) versmallen

narrow-brimmed *bn* met smalle rand

narrowly *bijw* v. *narrow I*; ook: ternauwernood, op het kantje af

narrow-minded *bn* kleingeestig, bekrompen

narwhal ['na:wəl] *znw* narwal

nary ['nɛ(ə)ri] *bijw* slang & dial geen één

NASA *afk.* Am = *National Aeronautics and Space Administration* [Amerikaanse ruimtevaartorganisatie]

nasal ['neizəl] **I** *bn* neus-; nasaal; **II** *znw* nasaal; neusklank

nasality [nei'zæliti] *znw* nasaal geluid *o*, neusgeluid *o*

nasalize ['neizəlaiz] **I** *overg* nasaleren; **II** *onoverg* door de neus spreken

nasally *bijw* door de neus, nasaal

nascent ['næsnt] *bn* (geboren) wordend, ontstaand, opkomend, ontluikend

nasturtium [nə'stə:ʃəm] *znw* Oost-Indische kers; waterkers

nasty [na:sti] *bn* vuil², smerig, weerzinwekkend, onaangenaam; akelig, gemeen, lelijk, naar; hatelijk; *a ~ cold* een zware (lelijke) verkoudheid; *a ~ fellow* een gevaarlijke heer; *a ~ one* een "gemene" slag; een keihard schot *o*; een uitbrander (van jewelste)

natal [neitl] *bn* van de geboorte, geboorte-

natality [nə'tæliti] *znw* geboortecijfer *o*

natation [nə'teiʃən] *znw* zwemkunst, zwemmen *o*

nation ['neiʃən] *znw* volk *o*, natie

national ['næʃənəl] **I** *bn* nationaal; landelijk; vaderlands(gezind); volks-, staats-, lands-; *N~ Health Service* Br Nationale Gezondheidszorg; ± ziekenfonds *o*; *~ insurance* ± sociale voorzieningen, sociale verzekering; *~ service* mil dienstplicht; **II** *znw*: *foreign ~* buitenlander, iem. met een buitenlands paspoort; *~s* onderdanen, landgenoten [in het buitenland]

nationalism *znw* vaderlandslievende gezindheid; nationalisme *o*

nationalist *znw* & *bn* nationalist(isch)

nationalistic [næʃənə'listik] *bn* nationalistisch

nationality [næʃə'næliti] *znw* nationaliteit, volkskarakter *o*; natie

nationalization [næʃənəlai'zeiʃən] *znw* nationalisatie, naasting; naturalisatie

nationalize ['næʃənəlaiz] *overg* nationaliseren,

naasten: onteigenen; naturaliseren

nation state *znw* nationale staat

nationwide ['neiʃənwaid] *bn* de gehele natie omvattend, over het hele land

native ['neitiv] **I** *bn* aangeboren, natuurlijk; inheems, inlands, vaderlands; geboorte-; puur, zuiver [mineralen]; *~ country (land)* geboortegrond, vaderland *o*; *~ language (tongue)* moedertaal; *~ speaker* moedertaalspreker, native speaker; *~ to the place* daar inheems of thuishorend; *go ~* zich aanpassen aan de plaatselijke bevolking (gebruiken); **II** *znw* inboorling, inlander; niet-Europeaan; inheemse plant of dier *o*; *a ~ of A* iemand uit, geboortig van A; dierk & plantk in A thuishorend, inheems; *astonish the ~s* de mensen versteld doen staan

nativity [nə'tiviti] *znw* geboorte (van Christus); *cast sbd.'s ~* iems. horoscoop trekken

Nativity play *znw* kerstspel *o*

NATO, Nato ['neitou] *afk.* = *North Atlantic Treaty Organization* NAVO, Noord-Atlantische Verdragsorganisatie

natter ['nætə] *gemeenz* **I** *onoverg* babbelen, kletsen, roddelen; mopperen; **II** *znw* kletspraatje *o*, babbeltje *o*

natty ['næti] *bn* (kraak)net, keurig; handig

natural ['nætʃrəl] **I** *bn* natuurlijk°; (aan)geboren; gewoon; natuur-; spontaan; karakteristiek; eenvoudig, ongekunsteld; muz zonder voorteken; *~ childbirth* natuurlijke geboorte [zonder kunstmiddelen]; *~ gas* aardgas *o*; *~ history* biologie; *~ life* aardse (vergankelijke) leven *o*; *~ resources* natuurlijke hulpbronnen, rijkdommen; *~ science* natuurwetenschap(pen); **II** *znw* muz noot zonder voorteken, herstellingsteken *o*, witte toets; idioot; *a ~ ook*: iemand met een natuurlijke aanleg; je ware

naturalism *znw* naturalisme *o*

naturalist I *znw* natuuronderzoeker; naturalist; **II** *bn* naturalistisch

naturalistic [nætʃrə'listik] *bn* naturalistisch

naturalization [nætʃrəlai'zeiʃən] *znw* naturalisatie; inburgering; plantk & dierk acclimatisatie

naturalize ['nætʃrəlaiz] *overg* naturaliseren; inburgeren; plantk & dierk acclimatiseren

naturally ['nætʃrəli] *bijw* op natuurlijke wijze; van nature, uiteraard; natuurlijk(erwijze)

nature ['neitʃə] *znw* natuur, karakter *o*, aard, geaardheid, wezen *o*; *by ~* van nature; *by (from, in) the ~ of the case (of things)* uit de aard der zaak; *from ~* naar de natuur; *in ~* (in de natuur) bestaand; *anything in the ~ of sympathy* alles wat maar zweemt naar medegevoel; *the note is in (of) the ~ of an ultimatum* de nota heeft het karakter van een ultimatum, de nota is ultimatief; *anything of a ~ to...* alles wat strekken kan om...; *in a state of ~* in de natuurstaat; in adamskostuum; *true to ~* natuurgetrouw; *call of ~* aandrang

nature study *znw* onderw ± biologie

nature trail *znw* natuurpad *o*

naturism ['neitʃərizm] *znw* naturisme *o*

naturist *znw* naturist

naught [nɔ:t] *znw* niets, nul; *come to ~* op niets uitlopen, in het water vallen, mislukken; *~s and crosses* boter, kaas en eieren; zie ook: *call, set*

naughty ['nɔ:ti] *bn* ondeugend, gewaagd, stout; vero onbetamelijk

Nauru [Na:'u:ru:] *znw* Nauru *o*

nausea ['nɔ:sjə] *znw* misselijkheid, walg(ing); zeeziekte

nauseate *overg* misselijk maken, doen walgen; walgen van; verafschuwen

nauseating *bn* walgelijk, misselijkmakend

nauseous *bn* **1** walgelijk; **2** misselijk(heid veroorzakend)

nautical ['nɔ:tikl] *bn* zeevaartkundig, zeevaart-, zee-

naval ['neivəl] *bn* zee-; scheeps-, marine-, vloot-; *~ officer* zeeofficier; *~ port* oorlogshaven; *~ term* scheepsterm

nave [neiv] *znw* **1** naaf; **2** schip *o* [v. kerk]

navel ['neivl] *znw* navel; fig middelpunt *o*; *~ orange* navelsinaasappel

navigable ['nævigəbl] *bn* bevaarbaar [v. water]; bestuurbaar [v. ballons]

navigate ['nævigeit] **I** *onoverg* varen, stevenen; kaartlezen, de route aangeven [in auto]; **II** *overg* bevaren, varen op; besturen

navigation [nævi'geiʃən] *znw* navigatie, (scheep-)vaart, stuurmanskunst

navigational *bn* navigatie-

navigator ['nævigeitə] *znw* zeevaarder; luchtv navigator

navvy ['nævi] *znw* grondwerker, polderjongen; techn excavateur

navy ['neivi] **I** *znw* marine, (oorlogs)vloot, zeemacht; *in the ~* bij de marine; **II** *bn = navy-blue*

navy-blue *bn* marineblauw

navy-list *znw* ranglijst van zeeofficieren

navy-yard *znw* Am marinewerf

nay [nei] **I** *bijw* wat meer is, ja (zelfs); vero neen; **II** als *znw* neen *o*; *say ~* weigeren; tegenspreken; *take no ~* van geen weigering willen horen

naze [neiz] *znw* voorgebergte *o*, landpunt

Nazi ['na:tsi] *znw* nazi

Nazism *znw* nazisme *o*

NCO *afk. = non-commissioned officer*

neap [ni:p] *znw* doodtij *o*

neaped *bn* op doodtij liggend

neap-tide *znw* doodtij *o*

near [niə] **I** *bn* na, nabij of dichtbij zijnd; dichtbij, omtrent; naverwant, dierbaar; vasthoudend, gierig; *those ~ and dear to us* die ons het naast aan het hart liggen; *N~ East* het Nabije Oosten; *the ~ horse* het bijdehandse (linkse) paard; *a ~ miss* mil schot *o* (inslag) waardoor het doel even geraakt wordt; luchtv bijna-botsing; *~ side* linkerkant; *it was a ~ thing (the ~est of ~ things)* dat was op het nippertje, dat scheelde maar weinig; *a ~ translation* een

nauwkeurige vertaling; *to the ~est pound* tot op een (het) pond nauwkeurig; **II** *bijw* dichtbij, in de buurt; bijna; *~ at hand* (dicht) bij de hand; ophanden; *~ by* dichtbij, nabij; *~ upon a week* bijna een week; *as ~ as dammit* gemeenz zo goed als, zowat; **III** *voorz* nabij; *he came ~ falling* hij was bijna gevallen; *nowhere ~ finished* bij lange na niet klaar; **IV** *overg & onoverg* naderen

nearby *bn & bijw* naburig, nabij

nearly *bijw* bijna, van nabij; na; *not ~ so rich* lang zo rijk niet

nearness *znw* nabijheid; nauwe verwantschap

nearside *bn* Br aan de linkerkant, linker-

near-sighted *bn* bijziend

1 neat [ni:t] *znw* rundvee *o*; rund *o*

2 neat [ni:t] *bn* net(jes), keurig; schoon; duidelijk, overzichtelijk; puur, onverdund, zonder water/ijs [v. drank]; Am slang gaaf, te gek

neath [ni:θ] *voorz* plechtig *= beneath*

neat-handed [ni:t'hændid] *bn* behendig, vlug

neatherd ['ni:θəd] *znw* veehoeder

neat's-foot ['ni:tsfut] *znw* koeienpoot

neat's-leather *znw* runderleer *o*

neat's-tongue *znw* ossentong

neb [neb] *znw* bek; neus; punt; tuit

nebula ['nebjulə] *znw (mv:* nebulae ['nebjuli:]) astron nevel(vlek); med hoornvliesvlek

nebular *bn* nevel-

nebulizer *znw* verstuiver

nebulosity [nebju'lɔsiti] *znw* nevel(acht)igheid[2], vaagheid[2]

nebulous ['nebjuləs] *bn* nevel(acht)ig[2], vaag[2]

necessarily ['nesisərili, nesə'serili] *bijw* noodzakelijk(erwijs), per se, nodig

necessary I *bn* noodzakelijk, nodig, benodigd; verplicht; onmisbaar; onvermijdelijk; **II** *znw* noodzakelijke *o*, nodige *o*; *necessaries (of life)* eerste (noodzakelijkste) levensbehoeften

necessitate [ni'sesiteit] *overg* noodzakelijk maken, noodzaken, dwingen

necessitous *bn* behoeftig; noodlijdend

necessity *znw* nood(zaak), noodzakelijkheid, noodwendigheid; nood(druft), behoeftigheid; *necessities (of life)* eerste (noodzakelijkste) levensbehoeften; *~ knows no law* nood breekt wet; *~ is the mother of invention* nood maakt vindingrijk, nood leert bidden; *there is no ~ to...* wij hoeven niet...., het is niet nodig...; *from ~* uit nood; *of ~* noodzakelijkerwijs; noodwendig; *of primary ~* allernoodzakelijkst, eerst(e); *be under a (the) ~ to...* genoodzaakt zijn om...; *lay (put) under the ~ of ...ing* noodzaken te...; *make a virtue of ~* van de nood een deugd maken

neck [nek] **I** *znw* hals[*o*], halsstuk *o*; sp halslengte; (land)engte; slang onbeschaamdheid; *the back of the ~* de nek; *and crop* compleet; *~ and ~* nek aan nek [v. renpaarden]; *~ or nothing* erop of eronder; *in this (my, your &) ~ of the woods* in deze omgeving, hier in de buurt; waar (ik, jij &) woon(t);

get it in the ~ er van langs krijgen, heel wat moeten verduren; *stick out one's* ~ zich blootgeven, zich op glad ijs wagen; *wring sbd.'s* ~ iem. de nek omdraaien (vooral fig); *up to one's* ~ tot zijn nek [in de schuld & zitten]; *talk out of the back of one's* ~ uit zijn nek kletsen; **II** *onoverg* gemeenz vrijen
neckband *znw* halsboord *o* & *m* [v. hemd]
neckcloth *znw* das
neckerchief *znw* halsdoek
necking ['nekiŋ] *znw* gemeenz vrijen *o*, vrijerij
necklace ['neklis] *znw* halsketting, collier
necklet *znw* halssnoer *o*; boa
neckline *znw* halslijn; *lowe* ~ decolleté *o*
neck-tie *znw* das
neck-wear *znw* boorden en dassen
necromancer ['nekrəmænsə] *znw* beoefenaar van de zwarte kunst, geestenbezweerder
necromancy *znw* zwarte kunst, geestenbezwering
necrophilia [nekrə'filiə], **necrophilism** [ne'krɔfəlizm] *znw* necrofilie
necropolis [nə'krɔpəlis] *znw* (*mv:* -es *of* necropoleis [-leis]) dodenstad; grote begraafplaats
necrosis [ne'krousis] *znw* necrose, gangreen
nectar ['nektə] *znw* nectar[2]
nectarine ['nektərin] *znw* nectarine [perzik]
nectary ['nektəri] *znw* honi(n)gklier
née [nei] *bn* [Fr] geboren... [meisjesnaam]
need [ni:d] **I** *znw* nood, noodzaak; noodzakelijkheid[2]; behoefte (aan *for, of*); ~s ook: benodigdheden; *if* ~ *be* zo nodig; in geval van nood; *there is no* ~ *(for us) to*... wij (be)hoeven niet...; *have* ~ *of* nodig hebben; *at* ~ in geval van nood; desnoods; *be in* ~ in behoeftige omstandigheden verkeren; *be in* ~ *of* van node (nodig) hebben; **II** *overg* nodig hebben, (be)hoeven; vereisen; *be* ~ed ook: nodig zijn; *it* ~s *only for them to*... zij behoeven maar te...; *as*... *as* ~ *be* zo... als het maar kan (kon)
needful I *bn* nodig, noodzakelijk; *the one thing* ~ het enig nodige; **II** *znw: the* ~ het nodige; gemeenz de duiten, het geld
needle ['ni:dl] **I** *znw* naald°; brei-, kompasnaald, breipen; gedenknaald; dennennaald; grammofoonnaald; *the* ~ slang zenuwachtigheid, opwinding; *like trying to find a* ~ *in a haystack* dat is zoeken naar een speld in een hooiberg; **II** *overg* gemeenz ergeren, jennen, stangen
needle-case *znw* naaldenkoker
needleful *znw: a* ~ een draad garen
needle-point *znw* naaldkant
needless ['ni:dlis] *bn* onnodig, nodeloos
needlewoman ['ni:dlwumən] *znw* naaister
needlework *znw* naaldwerk *o*; handwerk *o*, handwerken; naaiwerk *o*
needs [ni:dz] *bijw* vero noodzakelijk; *if* ~ *must* als het per se moet
needy ['ni:di] *bn* behoeftig
ne'er [nɛə] *bijw* plechtig = *never* nooit
ne'er-do-well *znw* nietsnut

nefarious [ni'fɛəriəs] *bn* afschuwelijk, snood
negate [ni'geit] *overg* ontkennen; herroepen, opheffen
negation *znw* ontkenning; weigering; annulering, opheffing
negative ['negətiv] **I** *bn* ontkennend; weigerend; negatief°; ~ *sign* minteken *o*; **II** *znw* ontkenning; weigerend antwoord *o*; negatief *o*; negatieve grootheid; elektr negatieve pool; *answer in the* ~ met neen beantwoorden, ontkennend antwoorden; **III** *overg* ontkennen; weerleggen, weerspreken, tenietdoen; verwerpen [wet]
neglect [ni'glekt] **I** *overg* verzuimen, verwaarlozen, veronachtzamen, over het hoofd zien, niet (mee-) tellen; **II** *znw* verzuim *o*; verwaarlozing, veronachtzaming; *to the* ~ *of* met achterstelling van; met verwaarlozing van
neglectful *bn* achteloos, nalatig; *be* ~ *of* verwaarlozen
négligee ['negliʒei] [Fr] *znw* negligé *o*, deshabillé *o*
negligence ['neglidʒəns] *znw* nalatigheid, achteloosheid, onachtzaamheid, veronachtzaming
negligent *bn* nalatig, onachtzaam, achteloos; *be* ~ *of* veronachtzamen, verwaarlozen
negligible ['neglidʒəbl] *bn* te verwaarlozen, niet noemenswaard, miniem; ~ *quantity* quantité négligeable
negotiable [ni'goufjəbl] *bn* verhandelbaar
negotiate I *onoverg* onderhandelen; *at the negotiating table* tijdens (bij) de onderhandelingen; **II** *overg* verhandelen; onderhandelen over; tot stand brengen, sluiten [huwelijk, lening &]; heenkomen, springen, rijden over; 'nemen' [hindernis, bocht &], doorstaan [proef]; hanteren [boek]
negotiation [nigoufi'eifən] *znw* onderhandeling; handel verhandeling; totstandbrenging
negotiator [ni'goufieitə] *znw* onderhandelaar; verhandelaar
Negress ['ni:gris] *znw* negerin
Negro I *znw* (*mv:* -groes) neger; **II** *bn* neger-
negroid ['ni:grɔid] *bn* negroïde
neigh [nei] **I** *onoverg* hinniken; **II** *znw* gehinnik *o*
neighbour, Am **neighbor** ['neibə] **I** *znw* (na)buur, buurman, buurvrouw; bijbel naaste; **II** *onoverg*: ~ *on* grenzen aan[2]; ~ *with* grenzen aan; nabij wonen of zitten
neighbourhood, Am **neighborhood** *znw* buurt, (na)buurschap; nabijheid; *in the* ~ *of* in de buurt van; om en nabij
neighbourhood watch, Am **neighborhood watch** *znw* burgerwacht
neighbouring, Am **neighboring** *bn* naburig, in de buurt gelegen, aangrenzend, nabijgelegen
neighbourly, Am **neighborly** *bn* in goede verstandhouding met de (zijn) buren, als goede buren; als (van) een goede buur
neighbourship *znw* buurtschap
neither ['naiðə, 'ni:ðə] **I** *bn* & *onbep vnw* geen van

beide(n); geen (van allen); **II** *bijw* ook niet, even-min; ~ *he nor she* noch hij, noch zij; *that is* ~ *here nor there* dat slaat nergens op

nelly ['neli] *znw*: *not on your* ~ slang vergeet 't maar, nooit van z'n leven, over mijn lijk

nelson ['nelsn] *znw* nelson [worstelgreep]; *full* ~ dubbele nelson

nematode ['nemətoud] *znw* aaltje *o*

neoclassical [ni:ou'klæsikl] *bn* neoklassiek

neo-colonialism [ni:oukə'lounjəl] *znw* neokolonialisme *o*

neolithic [ni:ou'liθik] *bn* neolitisch

neologism [ni'ɔlədʒizm] *znw* neologisme *o*

neology *znw* invoering van nieuwe woorden of leerstellingen

neon [ni:ən] *znw* neon *o*; ~ *sign* neonreclame

neophyte ['ni:oufait] *znw* neofiet, pas gewijd priester, nieuwbekeerde; nieuweling, beginner

Nepal [ni'pɔ:l] *znw* Nepal *o*

Nepalese I *znw* (*mv* idem) Nepalees *m* & *o*; **II** *bn* Nepalees

nephew ['nevju] *znw* neef [oomzegger]

nephritic [ne'fritik] *bn* van de nieren, nier-

nephritis [ne'fraitis] *znw* nierontsteking

nepotism ['nepətizm] *znw* nepotisme *o*; vriendjespolitiek

nerd [nə:d] *znw* Am slang slome (duikelaar), ei *o*

nereid ['niəriid] *znw* zeenimf; zeeduizendpoot

nervate ['nə:veit] *bn* generfd

nervation [nə:'veiʃən] *znw* nervatuur

nerve [nə:v] **I** *znw* zenuw; nerf, pees; lef, moed; gemeenz brutaliteit [om...]; ~*s* ook: zenuwachtigheid; zie ook: *get*; *touch a* ~ een gevoelige plek raken; *live on one's* ~*s* onder voortdurende spanning staan; *lose one's* ~ de moed verliezen; besluiteloos worden; ~ *centre* zenuwcentrum *o*; ~ *gas* zenuwgas *o*; **II** *wederk*: ~ *oneself* zich moed inspreken om, zich oppeppen voor

nerveless *bn* **1** krachteloos, slap; **2** koelbloedig

nerve-racking *bn* zenuwslopend

nerve-strain *znw* nerveuze spanning

nervous *bn* zenuw-; zenuwachtig; nerveus, bang; gespannen, opgewonden; ~ *breakdown* zenuwinzinking; ~ *system* zenuwstelsel *o*; *(a)* ~ *wreck* (een) bonk zenuwen

nervy *bn* nerveus, zenuwachtig; geïrriteerd; angstig

nescience ['nesiəns] *znw* onwetendheid; het nietweten

nescient *bn* onwetend

ness [nes] *znw* voorgebergte *o*, landtong

nest [nest] **I** *znw* nest° *o*; verblijf *o*, schuilplaats, huis *o*; broedsel *o*, zwerm, groep; stel *o*; **II** *onoverg* nestelen, een nest maken, zich nestelen; nesten uithalen

nest-box *znw* nestkastje *o*

nest-egg *znw* spaarduitje *o*

nesting-box *znw* nestkastje *o*

nestle ['nesl] *onoverg* zich nestelen; ~ *down* zich neervlijen; ~ *close to (on to, up to)* zich vlijen, aankruipen tegen

nestling ['nes(t)liŋ] *znw* nestvogel; nestkuiken *o*

1 net [net] **I** *znw* net² *o*; strik; netje *o*; tule, vitrage; *cast one's* ~ *wider* fig verder kijken, de actieradius vergroten [v.e. onderzoek &]; *slip through the* ~ **1** door de mazen van het net kruipen; **2** ± buiten de boot vallen; **II** *overg* in een net vangen, in zijn netten vangen; afvissen (met het net); knopen

2 net, nett [net] **I** *bn* handel netto, zuiver; ~ *result* uiteindelijke resultaat *o*; **II** *overg* handel (netto) opleveren of verdienen; binnenhalen [winst]; gemeenz in de wacht slepen

netball [net'bɔ:l] *znw* sp netball *o* [soort korfbal]

nether ['neðə] *bn* onderste, onder-, beneden-; ~ *regions* onderste regionen; krochten; schimmenrijk *o*, onderwereld; gemeenz tussenbeense *o* [schaamstreek]; *the* ~ *world* de onderwereld

Netherlands ['neðələndz] *znw* Nederland *o*

nethermost *bn* onderste, laagste, benedenste, diepste

netting ['netiŋ] *znw* netwerk *o*, knoopwerk *o*; gaas *o*

nettle ['netl] **I** *znw* (brand)netel; *grasp the* ~ de moeilijkheden ferm aanpakken; **II** *overg* ergeren; ~*d at* gepikeerd over

nettle-rash *znw* netelroos

network ['netwə:k] *znw* netwerk² *o*, fig net *o*; groep; RTV zender(net *o*); omroepmaatschappij

neural ['njuərəl] *bn* neuraal, zenuw-

neuralgia [njuə'rældʒə] *znw* neuralgie, zenuwpijn

neurasthenia [njuərəs'θi:niə] *znw* neurasthenie

neurasthenic [njuərəs'θenik] **I** *bn* neurasthenisch; **II** *znw* neurasthenicus

neuritis [njuə'raitis] *znw* neuritis, zenuwontsteking

neurological [njuərə'lɔdʒikl] *bn* neurologisch

neurologist [njuə'rɔlədʒist] *znw* neuroloog, zenuwarts

neurology *znw* neurologie

neuron ['njuərɔn], **neurone** ['njuəroun] *znw* neuron

neurosis [njuə'rousis] *znw* (*mv*: neuroses [-si:z]) neurose

neurosurgeon [njuərou'sə:dʒən] *znw* neurochirurg

neurotic [njuə'rɔtik] **I** *bn* neurotisch; abnormaal gevoelig; **II** *znw* neuroticus

neuter ['nju:tə] **I** *bn* onzijdig; **II** *znw* neutrum *o*, onzijdig geslacht *o*; **III** *overg* castreren, steriliseren

neutral I *bn* neutraal, onzijdig; **II** *znw* neutrale; neutrale staat &; auto vrijloop

neutrality [nju'træliti] *znw* neutraliteit, onzijdigheid

neutralization [nju:trəlai'zeiʃən] *znw* neutralisering, opheffing; neutraalverklaring

neutralize ['nju:trəlaiz] *overg* neutraliseren, tenietdoen, opheffen; neutraal verklaren

neutron ['nju:trɔn] *znw* neutron *o*; ~ *bomb* neutronenbom

never ['nevə] *bijw* nooit, nimmer; (in het minst,

helemaal) niet; toch niet; ~! och kom!; *well, I ~!*
heb ik van mijn leven!; ~ *fear!* wees maar niet
bang!; ~ *a word did he say* hij sprak geen stom
woord; *be he ~ so clever* al is hij nog zo knap
never-ending *bn* onophoudelijk, eeuwig
never-failing *bn* nooit missend; onfeilbaar
new-found *bn* juist verworven, pril [geluk, vrijheid &]
never-more *bijw* nooit meer (weer)
never-never *znw: on the ~* gemeenz op afbetaling
Never-Never (Land) *znw* uithoek; sprookjesland *o*
nevertheless [nevəðə'les] *bijw* (des)niettemin, desondanks, niettegenstaande dat, toch
new [nju:] *bn* nieuw, vers; groen; ~ *moon* nieuwe
maan; ~ *town* nieuwbouwstad, new town; ~ *mathematics* methode van wiskundeonderwijs waarbij
verzamelingenleer een belangrijke rol speelt; *the ~
man* de 'nieuwe' (moderne, geëmancipeerde) man;
the ~ woman de moderne vrouw; *the N~ World* de
Nieuwe Wereld; *he is ~ to the business (his functions)*
nog pas in de zaak (in betrekking)
new-born *bn* pasgeboren; wedergeboren
new-built *bn* pas gebouwd; verbouwd
new-comer *znw* pas aangekomene, nieuweling
newel ['njuəl] *znw* spil [v. wenteltrap]; grote stijl [v.
trapleuning]
newfangled ['nju:fæŋgld] *bn* geringsch nieuwer-
wets
new-fashioned *bn* nieuwmodisch
newish *bn* vrij nieuw
new-laid *bn* vers (gelegd)
newly *bijw* nieuw; onlangs; pas
newly-weds *znw mv* gemeenz pasgetrouwden
new-made *bn* pas gemaakt, nieuw²; fig nieuwbakken
newness *znw* nieuw(ig)heid; nieuwtje *o*
new-penny *znw* nieuwe Britse penny = ¹⁄₁₀₀ pond
sterling (ingevoerd in 1971)
news [nju:z] *znw* nieuws *o*, tijding, bericht *o*, berichten; *be in the ~* in het nieuws zijn; *that's ~ to
me* dat is nieuw voor mij, daar hoor ik van op, dat
hoor ik nu voor het eerst; *no ~ is good ~* geen
nieuws, goed nieuws
news-agency *znw* persagentschap *o*
news-agent *znw* krantenhandelaar
news-board *znw* aanplakbord *o*
newsboy *znw* krantenjongen
newscast *znw* RTV nieuwsuitzending
newscaster *znw* RTV nieuwslezer
news conference *znw* persconferentie
newsdealer *znw* Am krantenkiosk
newshawk *znw* gemeenz journalist
newsletter *znw* mededelingenblaadje *o*, bulletin *o*
newsman *znw* journalist
newsmonger *znw* roddelaar(ster), nieuwtjesjager
newspaper *znw* **1** krant; **2** krantenpapier *o*
newspaperman *znw* journalist
newsprint *znw* krantenpapier *o*

news-reader *znw* nieuwslezer
news-reel *znw* (film)journaal *o*; ~ *theatre* journaal-
theater *o*, cineac
news-room *znw* nieuwsredactie
news-stand *znw* krantenkiosk
news theatre *znw* cineac
newsvendor *znw* krantenverkoper [op straat]
newsworthy *bn* met nieuwswaarde
newsy *bn* met (veel) nieuwtjes
newt [nju:t] *znw* (kleine) watersalamander
New Year ['nju:'jiə] *znw* nieuwjaar *o*; ~ *'s Day*
nieuwjaarsdag; ~ *'s Eve* oudejaarsavond, oudejaar *o*
New Zealand [nju(:)'zi:lənd] **I** *znw* Nieuw-Zeeland
o; **II** *bn* Nieuw-Zeelands
New Zealander *znw* Nieuw-Zeelander
next [nekst] **I** *bn* naast, aangrenzend, dichtstbij-
zijnd, (eerst)volgend, volgend op..., daaropvol-
gend, aanstaand; *as...as the ~ man* als ieder ander;
the ~ best op één na de beste; *the ~ man you see* de
eerste de beste; *he lives ~ door* hij woont hiernaast;
~ *door to* vlak naast; grenzend aan; zo goed als; *sitting ~ to me* naast mij; *the largest city ~ to Londen* de
grootste stad na Londen; *the ~ thing to hopeless* zo
goed als hopeloos; ~ *to* fig bijna; ~ *to nothing* zo
goed als niets; **II** *bijw & voorz* naast, (daar)na, vervolgens; de volgende keer; *they'll be pulling down
the palace ~* straks breken ze ook nog het paleis af;
what ~? ook: wat (krijgen we) nu?, nu nog
mooier!; zie ook: *skin*; **III** *znw* volgende (man;
echtgenoot; kind), eerstvolgend schrijven *o* of
nummer *o* [v. krant &]; ~ *of kin* naaste
bloedverwant(en); ~ *please!* wie volgt!
next-door *bn & bijw* van hiernaast; naast; zie verder: *next I*
nexus ['neksəs] *znw* (*mv* idem) verbinding, band
NHS *afk.* = *National Health Service*
NI *afk.* **1** Br = *National Insurance* sociale verzekering;
2 = *Nothern Ireland* Noord-Ierland
nib [nib] *znw* neb, snavel; punt, spits; pen; *his ~s*
schertsend meneer de baron
nibble ['nibl] **I** *onoverg* knabbelen (aan *at*); **II** *overg*
af-, beknabbelen; **III** *znw* geknabbel *o*, beet [v. vis-
sen]; ~ *s* gemeenz knabbels [nootjes &]
niblick ['niblik] *znw* golfstok met zware kop
Nicaragua [nikə'rægjuə] *znw* Nicaragua *o*
Nicaraguan **I** *znw* Nicaraguaan; **II** *bn* Nicaraguaans
nice [nais] *bn* lekker, leuk; prettig; aardig, lief, mooi;
keurig, fijn, nauwkeurig, scherp; kieskeurig; netjes,
net, fatsoenlijk; subtiel, nauwgezet; fig teer, kies,
netelig; ~ *and near* lekker dichtbij; ~ *and wide* lekker ruim
nice-looking *bn* mooi, knap
nicely *bijw* v. *nice*; ook: uitstekend
nicety *znw* keurigheid, kieskeurigheid, nauwkeurigheid; fijnheid; fijne onderscheiding, finesse; *to a ~*
uiterst nauwkeurig, precies
niche [nitʃ] *znw* nis; fig (passend) plaatsje *o*

nick [nik] **I** *znw* (in)keep, kerf, insnijding; *slang* lik, gevangenis; *in the ~ of time* juist op het nippertje; net op tijd; *in good ~* gemeenz in puike conditie; **II** *overg* (in)kepen, (in)kerven; gemeenz (net) snappen; gappen; **III** *onoverg*: *~ in* voordringen, ertussen schieten

nickel ['nikl] **I** *znw* nikkel *o*; Am 5-centstuk *o*; **II** *bn* nikkelen; **III** *overg* vernikkelen

nickelodeon [nikə'loudiən] *znw* Am gemeenz juke-box

nickel-plate *overg* vernikkelen

nicker ['nikə] *znw* slang pond [munt]; pond sterling *o*

nickname ['nikneim] **I** *znw* bijnaam, spotnaam; **II** *overg* een bijnaam geven; ~*d...* bijgenaamd...

nicotine ['nikəti:n] *znw* nicotine

niece [ni:s] *znw* nicht [oomzegster]

niff [nif] *slang* **I** *znw* stank; **II** *onoverg* stinken

niffy ['nifi] *bn slang* stinkend

nifty ['nifti] *bn* gemeenz mooi, aardig, fijn; kwiek; slim

Niger ['naidʒə] *znw* Niger *o*

Nigeria [nai'dʒiəriə] *znw* Nigeria *o*

Nigerian **I** *znw* Nigeriaan; **II** *bn* Nigeriaans

Nigerien *znw* Nigerijn

niggardly ['nigədli] *bn* krenterig, gierig

nigger ['nigə] *znw* geringsch nikker, neger, zwarte; *~ in the woodpile* addertje *o* onder het gras; *work like a ~* werken als een paard

niggle ['nigl] *onoverg* haarkloven; muggenziften, pietluttig doen, vitten

niggling *bn* peuterig, pietluttig; knagend [twijfel]; zeurend [pijn]

nigh [nai] *bijw* vero na, nabij, dichtbij

night [nait] *znw* nacht[2], avond; duisternis; *make a ~ of it* nachtbraken, de nacht doorfuiven; *have an early (a late) ~* vroeg (laat) naar bed gaan; *be on ~s* nachtdienst hebben; *~ and day* fig dag en nacht (= steeds); *all ~ (long)* de hele nacht; *~ out* vrije avond [van dienstboden]; *at ~* 's avonds; in de nacht, 's nachts; *by ~* 's nachts

night-bird *znw* dierk nachtvogel; nachtbraker

night-blindness *znw* nachtblindheid

nightcap *znw* slaapmuts; slaapmutsje *o* [drank]

nightclothes *znw mv* nachtgoed *o*

night-club *znw* nachtclub

night-dress *znw* nacht(ja)pon

nightfall *znw* het vallen van de avond (nacht), schemering

night-fighter *znw* luchtv nachtjager

night-gown *znw* nacht(ja)pon

nightie *znw* gemeenz nachtpon

nightingale *znw* nachtegaal

night-life *znw* nachtleven *o*

night-light *znw* nachtlichtje *o*

night-long *bn bijw* de gehele nacht (durende)

nightly **I** *bn* nachtelijk, avond-; **II** *bijw* 's nachts; elke nacht (avond)

nightmare *znw* nachtmerrie

nightmarish *bn* als (in) een nachtmerrie

night nurse *znw* nachtzuster

night-owl *znw* nachtuil; gemeenz nachtbraker

night porter *znw* nachtportier

night-reveller *znw* nachtbraker

night-school *znw* avondschool

nightshade *znw* nachtschade

night-shelter *znw* nachtasiel *o*

night-shift *znw* nachtploeg

nightshirt *znw* nachthemd *o* [voor mannen]

night-soil *znw* fecaliën [vooral als mest]

night-spot *znw* nachtclub

nightstick *znw* Am politieknuppel

night-time **I** *znw* nacht; **II** *bn* nachtelijk

nightwalker *znw* prostituee

night-watch *znw* nachtwacht

night-watchman *znw* nachtwaker

nightwear *znw* nachtgoed *o*

nighty *znw* gemeenz nachtpon

nigritude ['nigritju:d] *znw* zwartheid; de negercultuur

nihilism ['nai(h)ilizm] *znw* nihilisme *o*

nihilist *znw* & *bn* nihilist(isch)

nihilistic [nai(h)i'listik] *bn* nihilistisch

nil [nil] *znw* niets, nul, nihil; *we beat them two-nil* we hebben hen met twee-nul verslagen

Nilotic [nai'lɔtik] *bn* van de Nijl, Nijl-

nimble ['nimbl] *bn* vlug°, rap, vaardig, behendig

nimbus ['nimbəs] *znw* (*mv*: nimbi [-bai] *of* nimbuses) nimbus[2]; licht-, stralenkrans; regenwolk

nincompoop ['ninkəmpu:p] *znw* sul, uilskuiken *o*

nine [nain] *telw* negen; *a ~ days' wonder* sensatienieuwtje *o* of succes *o* van één dag; *dressed up to the ~s* piekfijn of tiptop gekleed; *999* het alarmnummer, ± 06-11

ninepins *znw* bowling *o* (met negen kegels); daarbij gebruikte kegels

nineteen *telw* negentien; *talk ~ to the dozen* honderduit praten

nineteenth *telw (znw)* negentiende (deel *o*)

ninetieth *telw (znw)* negentigste (deel *o*)

ninety *telw* negentig; *the nineties* de jaren negentig; *in the (one's) nineties* ook: in de negentig

ninny ['nini] *znw* uilskuiken *o*; sul

ninth [nainθ] *telw (znw)* negende (deel *o*)

1 nip [nip] **I** *overg* (k)nijpen, beknellen, klemmen; bijten [v. kou]; vernielen; beschadigen [v. vorst]; *slang* gappen, jatten; *~ in the bud* in de kiem smoren; *~ off* afbijten, afknijpen; **II** *onoverg* (k)nijpen; bijten [kou, wind]; *~ along* vlug gaan; *~ in* binnenwippen; *~ out* uitknijpen, wegwippen; **III** *znw* neep, kneep; beet; steek[2], schimpscheut; bijtende kou

2 nip [nip] *znw* borreltje *o*, slokje *o*

nipper ['nipə] *znw* gemeenz peuter; straatjongen

nippers *znw mv* kniptang; pince-nez

nipple ['nipl] *znw* tepel°; speen; techn nippel

nippy ['nipi] *bn* <u>gemeenz</u> bijtend koud; scherp [v. smaak]; vlug, kwiek

nirvana [niə'va:nə] *znw* nirwana *o*

nit [nit] *znw* neet; <u>slang</u> idioot, stommerik

nitpicker ['nitpikə] *znw* <u>gemeenz</u> mierenneuker, muggenzifter, haarklover

nitpicking I *znw* muggenzifterij, haarkloverij; **II** *bn* muggenzifterig

nitrate ['naitreit] *znw* nitraat *o*

nitre, <u>Am</u> **niter** *znw* salpeter

nitric *bn* salpeter-; ~ *acid* salpeterzuur *o*

nitrogen ['naitrədʒən] *znw* stikstof

nitrogenous [nai'trɔdʒinəs] *bn* stikstofhoudend

nitroglycerine ['naitrouglisə'ri:n] *znw* nitroglycerine

nitrous ['naitrəs] *bn* salpeterachtig; ~ *oxide* stikstofdioxide *o*, lachgas *o*

nitty-gritty ['niti'griti] *znw* realiteit, harde feiten, essentie; *get down to the* ~ <u>gemeenz</u> tot de kern van de zaak komen

nitwit ['nitwit] *znw* <u>slang</u> leeghoofd *o* & *m-v*, stommeling, idioot

nix [niks] *znw* <u>slang</u> niets, niks

nix(ie) [niks(i)] *znw* watergeest

no [nou] **I** *bn* geen; nauwelijks; ~ *go* onmogelijk, [het heeft] geen zin; ~ *man's land* niemandsland *o*; **II** *bijw* neen; niet; ~*!* neen!; och kom!, toch niet!; ~ *can do* <u>slang</u> onmogelijk; ~ *more* niet meer (langer), nooit meer; dood; vernietigd; **III** *znw* neen *o*; tegenstemmer; *the* ~*es have it* de meerderheid is er tegen

nob [nɔb] *znw* <u>slang</u> kop, kersenpit, knetter; sjieke meneer; rijke stinkerd

nobble ['nɔbl] *overg* <u>slang</u> (paard) ongeschikt maken om (race) te winnen (door doping of omkoping); gappen; bedotten; omkopen; op onrechtmatige wijze verkrijgen [stemmen &]; jatten; snappen; aanhouden [dief &]; aanklampen

nobby ['nɔbi] *bn* <u>slang</u> tiptop, (piek)fijn, chic

nobiliary [nou'biliəri] *bn* adellijk, adel-

nobility *znw* adel²; adeldom, adelstand; edelheid; ~ *of mind* zieleadel

noble ['noubl] **I** *bn* edel², edelaardig; adellijk; groots, nobel; prachtig, imposant; **II** *znw* edelman; <u>hist</u> nobel [munt]

nobleman *znw* edelman, edele

noble-minded *bn* edelaardig, edelmoedig

noblesse oblige [Fr] adeldom legt verplichtingen op

noblewoman *znw* edelvrouw, adellijke dame

nobody ['noubədi] **I** *onbep vnw* niemand; **II** *znw* <u>fig</u> onbenul, nul

nock [nɔk] *znw* keep [in boog, pijl]

no-claim(s) bonus [nou'kleimz'bounəs] *znw* noclaimkorting

nocturnal [nɔk'tə:nl] *bn* nachtelijk; nacht-

nocturne ['nɔktə:n] *znw* <u>muz</u> nocturne; nachtstuk *o*

nod [nɔd] **I** *onoverg* knikken [met hoofd]; knikkebollen, suffen, niet opletten; ~ *off* wegdutten; *have a* ~*ding acquaintance with* oppervlakkig kennen; **II** *overg* knikken, door wenken of knikken te kennen geven; ~ *approval* goedkeurend knikken; ~ *one's head* met het hoofd knikken; ~ *one's assent* goedkeurend knikken; **III** *znw* knik, knikje *o*; wenk; *give a* ~ knikken; *give sbd. a* ~ iem. toeknikken; *give (get) the* ~ het groene licht geven (krijgen); *the proposal was accepted on the* ~ <u>gemeenz</u> het voorstel werd met algemene stemmen aangenomen; *a* ~ *is as good as a wink* een goed verstaander heeft maar een half woord nodig; *the land of Nod* dromenland

nodal ['noudəl] *bn* knoop-

noddle ['nɔdl] *znw* <u>gemeenz</u> hoofd *o*, hersenpan

node [noud] *znw* knobbel, knoest; knoop²; knooppunt *o*

nodose [nou'dous] *bn* knobbelig, knoestig

nodosity [nou'dɔsiti] *znw* knobbeligheid, knoestigheid; knobbel

nodular ['nɔdjulə] *bn* knoestig

nodule *znw* knoestje *o*, knobbeltje *o*; klompje *o*

nodus ['noudəs] *znw* (*mv*: nodi [-dai]) knoop, verwikkeling

Noel [nou'el] *znw* Kerstmis

nog [nɔg] *znw* houten pen of blok *o*; soort sterk bier *o*

noggin ['nɔgin] *znw* kroes, mok, bekertje *o*

no-go area [nou'gou 'ɛəriə] *znw* verboden terrein/gebied *o*, verboden wijk

no-good ['nougu:d] *bn* waardeloos, onnut

no-hoper [nou'houpə] *znw* <u>Austr</u> <u>gemeenz</u> mislukkeling, nietsnut

nohow ['nouhau] *bijw* <u>slang</u> op generlei wijs; geenszins

noise [nɔiz] **I** *znw* leven *o*, lawaai *o*, rumoer *o*, kabaal *o*, geweld *o*, <u>vero</u> geraas *o*, gerucht *o*; geruis *o*, ruis; *a big* ~ <u>slang</u> een belangrijk man; hoge ome; **II** *overg*: ~ *it abroad* ruchtbaar maken

noise abatement *znw* lawaaibestrijding

noiseless *bn* geruisloos

noise pollution *znw* geluidshinder

noisome ['nɔisəm] *bn* schadelijk, ongezond; stinkend, walg(e)lijk

noisy ['nɔizi] *bn* luidruchtig, lawaai(er)ig, rumoerig; druk; gehorig

nomad ['noumæd, 'nɔmæd] *znw* nomade; zwerver

nomadic [nou'mædik] *bn* nomadisch, zwervend, rondtrekkend

no-man's-land ['noumænzlænd] *znw* niemandsland² *o*

nom de plume [nɔ:mdə'plu:m] [Fr] *znw* pseudoniem *o*

nomenclature [nou'menklətʃə] *znw* nomenclatuur; naamlijst

nominal ['nɔminl] *bn* nominaal, naam(s)-; (alléén) in naam; zo goed als geen, gering, klein, symbolisch [bedrag]; <u>gramm</u> naamwoordelijk; ~ *capital*

nominally

maatschappelijk kapitaal *o*; ~ *price* spotprijs; ~ *share* aandeel *o* op naam

nominally *bijw* in naam

nominate ['nɔmineit] *overg* benoemen; kandidaat stellen, voordragen

nomination [nɔmi'neiʃən] *znw* benoeming; kandidaatstelling, voordracht

nominative ['nɔminətiv] *znw* nominatief, eerste naamval

nominee [nɔmi'niː] *znw* benoemde; kandidaat, voorgedragene

non-acceptance ['nɔnək'septəns] *znw* nietaanneming, non-acceptatie

nonage ['nounidʒ] *znw* recht minderjarigheid

nonagenarian [nounədʒi'nɛəriən] *bn & znw* negentigjarig(e)

non-aggression pact ['nɔnə'greʃn pækt] *znw* nietaanvalsverdrag *o*

non-alcoholic ['nɔnælkə'hɔlik] *bn* alcoholvrij

non-aligned *bn* pol niet-gebonden [landen]

non-alignment ['nɔnə'lainmənt] *znw* pol nietgebonden-zijn *o*, niet-gebondenheid

non-appearance *znw* niet-verschijning, ontstentenis

nonary ['nounəri] **I** *bn* negentallig; **II** *znw* negental *o*

non-attendance ['nɔnə'tendəns] *znw* nietverschijnen *o*, wegblijven *o*, afwezigheid

nonce [nɔns] *znw*: *for the* ~ bij deze (bijzondere) gelegenheid; voor deze keer

nonce-word *znw* gelegenheidswoord *o*

nonchalance ['nɔnʃələns] *znw* nonchalance, onverschilligheid

nonchalant *bn* nonchalant, onverschillig

non-com *znw* gemeenz = *non-commissioned officer*

non-combatant ['nɔn'kɔmbətənt] *znw* noncombattant

non-commissioned *bn*: ~ *officer* mil onderofficier

non-committal *bn* zich niet blootgevend, niet comprometterend; tot niets verbindend, een slag om de arm houdend; neutraal

non-conducting *bn* niet geleidend

non-conformist **I** *znw* non-conformist; afgescheidene (van de Engelse staatskerk); **II** *bn* nonconformistisch

non-conformity *znw* niet-overeenstemming, afwijking; non-conformisme *o*, afgescheidenheid (van de Engelse staatskerk)

non-contributory *bn*: ~ *pension scheme* premievrije pensioenregeling

non-cooperation *znw* weigering om mee te werken

nondescript *bn* nondescript, onopvallend, onbeduidend, nietszeggend

none [nʌn] **I** *vnw & bn* geen, niet een; niemand, niets; *it is* ~ *of my business* het is mijn zaak niet, het gaat me niets aan, ik heb er niets mee te maken; ~ *of your impudence!* geen brutaliteit alsje-

blieft!; *I will have* ~ *of it!* ik moet er niets van hebben!; ~ *too...* bepaald niet...; ~ *but he* alleen hij; ~ *other than* niemand anders dan; **II** *bijw* niets, (volstrekt) niet; niet zo bijzonder; ~ *the less* niettemin

non-effective [nɔni'fektiv] *bn* onbruikbaar, afgekeurd

nonentity [nɔ'nentiti] *znw* onbeduidend mens (ding *o*)

nones [nounz] *znw* hist negende dag vóór de *ides*; RK none

nonesuch ['nʌnsʌtʃ] *znw* persoon of zaak die zijn weerga niet heeft

nonetheless [nɔnðə'les] *bijw* = *nevertheless*

non-event ['nɔni'vent] *znw* flop, afknapper, tegenvaller

non-existent ['nɔnig'zistənt] *bn* niet-bestaand

non-ferrous *bn* non-ferro [metalen]

non-fiction *znw* non-fictie [literatuur]

non-flammable ['nɔn'flæməbl] *bn* onbrandbaar

non-fulfilment *znw* recht wanprestatie

non-human *bn* niet tot het menselijke ras behorend

non-intervention *znw* non-interventie: het niet tussenbeide komen

non-member *znw* niet-lid *o*

non-moral *bn* amoreel

non-nuclear *bn* **1** conventioneel [wapen], niet op kernenergie werkend [elektriciteitscentrale]; **2** niet in het bezit van kernwapens [land]

no-no *znw* Am gemeenz: *it's a* ~ het is taboe, het is verboden

nonpareil ['nɔnp(ə)rəl] **I** *bn* onvergelijkelijk, zonder weerga; **II** *znw* persoon of zaak, die zijn weerga niet heeft

non-payment ['nɔn'peimənt] *znw* niet-betaling

non-performance *znw* recht wanprestatie

nonplus ['nɔn'plʌs] *overg* perplex doen staan

non-profit(-making) ['nɔn'prɔfit(meikiŋ)] *bn* niet-commercieel [v. onderneming]

non-proliferation ['nɔnprou-, 'nɔnprəlifə'reiʃn] *znw* non-proliferatie, voorkoming van verdere verspreiding [vooral v. kernwapens]

non-resident ['nɔn'rezident] **I** *bn* uitwonend, extern; **II** *znw* niet-inwoner, forens; externe; uitwonende predikant

non-returnable ['nɔnri'təːnəbl] *bn* zonder statiegeld, wegwerp-

nonsense ['nɔnsəns] *znw* onzin, gekheid; nonsens; *stand no* ~ geen flauwekul (kunsten) dulden; *there is no* ~ *about...* er valt niet te sollen met...; ... mag (mogen) er wezen, ...is (zijn) niet mis; *it makes a* ~ *of our plans* het maakt onze plannen illusoir, doet onze plannen te niet

nonsensical [nɔn'sensikl] *bn* onzinnig, ongerijmd, gek, zot, absurd

non sequitur [non'sekwitə] *znw* non sequitur: on-

368

logische gevolgtrekking

non-shrink ['nɔn'ʃriŋk] *bn* krimpvrij

non-skid ['nɔn'skid] *bn* antislip-; ~ *chain* sneeuwketting

non-smoker *znw* iem. die niet rookt; niet-roken treincoupé

non-starter *znw*: ... *is a* ~ *fig* ... doet het niet, ... is kansloos

non-stick *bn* anti-aanbak-; ~ *coating* anti-aanbaklaag

non-stop I *bn* doorgaand [trein], direct [verbinding], luchtv zonder tussenlanding(en), doorlopend [voorstelling]; II *bijw* onafgebroken, nonstop

nonsuch ['nʌnsʌtʃ] *znw* = nonesuch

nonsuit ['nɔn'sju:t] I *znw* royering van een rechtszaak; II *overg* de eis ontzeggen

non-U ['nɔn'ju:] *bn* Br = non upper class ordinair

non-union ['nɔn'ju:njen] *bn* niet aangesloten [bij een vakbond], ongeorganiseerd

non-verbal *bn* non-verbaal

non-violence *znw* geweldloosheid

non-violent *bn* geweldloos [demonstreren]

noodle ['nu:dl] *znw* slang kluns, schlemiel, uilskuiken *o*; ~*s* noedels, (Chinese) vermicelli, mie

nook [nuk] *znw* hoek, hoekje *o*, gezellig plekje *o*; uithoek; *every* ~ *and cranny* alle hoekjes en gaatjes

nookie ['nu:ki], **nooky** *znw* slang nummertje *o* [seks]

noon [nu:n] *znw* middag (= 12 uur 's middags)

noon-day, noon-tide I *znw* = noon; II *bn* middag-; fig plechtig hoogtepunt *o*

no one ['nou'wʌn] *onbep vnw* = nobody

noose [nu:s] I *znw* lus; lasso; strik, val [om dieren te vangen]; II *overg* knopen, een lus maken in; vangen [met een strik of lasso]; *put one's head in the* ~ zich in het hol van de leeuw wagen

nope [noup] *tsw* gemeenz (vooral Am) nee!

nor [nɔ:] *voegw* noch, (en) ook niet; dan ook niet

Nordic ['nɔ:dik] *bn* noords (mens); Scandinavisch

norland ['nɔ:lænd] *znw* plechtig noorderland *o*, noordelijk gebied *o*

norm [nɔ:m] *znw* norm

normal ['nɔ:məl] I *bn* normaal; gewoon; loodrecht; II *znw* normale (lichaams)temperatuur, toestand &; ~ *school* Am kweekschool, pedagogische academie

normalcy, normality [nɔ:'mæliti] *znw* normale toestand, normaliteit

normalization [nɔ:məlai'zeiʃən] *znw* normalisering

normalize ['nɔ:məlaiz] *overg* normaliseren

normally ['nɔ:məli] *bijw* normaal, normaliter, in de regel, doorgaans, gewoonlijk, meestal

Norman ['nɔ:mən] I *znw* Normandiër; II *bn* Normandisch

normative ['nɔ:mətiv] *bn* een norm gevend of stellend

Norse [nɔ:s] *znw* Noors *o*, Oudnoors *o*

Norseman *znw* hist Noor; Noorman

north [nɔ:θ] I *bijw* naar het noorden, noordwaarts; noordelijk; II *bn* noordelijk; noord(er)-; noorden-; ~ *of* ten noorden van; III *znw* noorden *o*

northbound *bn* naar het noorden, in noordelijke richting

north-east I *bn* bijw noordoost; II *znw* noordoosten *o*

north-easter *znw* noordoostenwind

north-easterly *bn* & *bijw* noordoostelijk

norther ['nɔ:ðə] *znw* harde, koude noordenwind [in Am]

northerly *bn* & *bijw* noordelijk

northern *bn* noordelijk, noord(en)-; ~ *lights* noorderlicht *o*

northerner *znw* bewoner van het noorden [v. Engeland, Amerika, Europa &]

northernmost *bn* noordelijkst

northing ['nɔ:θiŋ] *znw* noorderdeclinatie

North Korea [nɔ:θ kə'riə] *znw* Noord-Korea *o*

North Korean I *znw* Noord-Koreaan; II *bn* Noord-Koreaans

Northman ['nɔ:θmən] *znw* = Norseman

North Pole ['nɔ:θ'poul] *znw* Noordpool

North-star ['nɔ:θsta] *znw* poolster, noordster

Northumbrian [nɔ:'θʌmbriən] *bn* van Northumbria; van Northumberland

northward(s) ['nɔ:θwəd(z)] *bn* & *bijw* in of naar het noorden

north-west I *bn* bijw noordwest; II *znw* noordwesten *o*

north-wester *znw* noordwester [wind]

north-westerly *bn* & *bijw* noordwestelijk

north-western *bn* noordwest(elijk)

Norway ['nɔ:wei] *znw* Noorwegen *o*

Norwegian [nɔ:'wi:dʒən] I *bn* Noors; II *znw* Noor; Noors *o* [de taal]

nor'wester [nɔ:'westə] *znw* noordwestenwind; zuidwester [hoed]

nose [nouz] I *znw* neus[2]; geur, reuk; slang stille verklikker; techn tuit; hals [v. buizen, retorten &]; *cut off one's* ~ *to spite one's face* zijn eigen glazen ingooien; *follow one's* ~ rechtuit gaan, z'n instinct volgen; *hold one's* ~ de neus dichtknijpen; *keep their* ~*s to the grindstone* hen ongenadig laten werken; *keep one's* ~ *clean* gemeenz zich gedeisd houden; *look down one's* ~ *at* neerzien op; *poke (stick) one's* ~ *into* zijn neus steken in; *pay through the* ~ moeten 'bloeden'; *powder one's* ~ eufemistisch voor: naar de wc gaan [v. vrouwen]; *put sbd.'s* ~ *out of joint* iem. de voet lichten, dwarszitten, jaloers maken; *turn up one's* ~ de neus optrekken (voor *at*); *right on the* ~ Am fig in de roos; *under his* ~ vlak voor zijn neus, waar hij bij stond; II *overg* opsnuiven; besnuffelen; ~ *out* uitvissen; III *onoverg* neuzen, zijn neus in andermans zaken steken; snuffelen; zich voorzichtig een weg banen (bewegen); ~

about rondsnuffelen; ~ *at* besnuffelen; ~ *for* (snuffelend) zoeken naar

nosebag *znw* voederzak [v. paard]

noseband *znw* neusriem

nosebleed *znw* neusbloeding

nose-cone *znw* neuskegel

nosedive luchtv **I** *onoverg* duiken; **II** *znw* duik(vlucht)

nosegay *znw* boeketje *o*, bosje *o*, ruiker

nose job *znw* gemeenz neuscorrectie; *have a* ~ zijn neus laten corrigeren [d.m.v. plastische chirurgie]

nosepiece *znw* mondstuk *o*; neusstuk *o* [v. helm]; objectiefstuk *o* [v. microscoop]

nosey, nosy ['nouzi] *bn* gemeenz bemoeiziek; ~ *parker* bemoeial

nosh [nɔʃ] *overg & onoverg* slang eten

nosh-up ['nɔʃʌp] *znw* uitgebreide maaltijd

nosing ['nouziŋ] *znw* uitstekende, halfronde vorm

nostalgia [nɔs'tældʒiə] *znw* nostalgie, heimwee *o*

nostalgic *bn* nostalgisch

nostril ['nɔstril] *znw* neusgat *o*

nostrum ['nɔstrəm] *znw* geheim middel *o*, kwakzalversmiddel *o*

nosy ['nouzi] *bn* = *nosey*

not [nɔt] *bijw* niet; *I think* ~ ik denk van niet; ~ *I* ook: kan je begrijpen, nee hoor; *these people will* ~ *fight*, ~ *they* ze denken er niet over om te vechten; *certainly* ~, *surely* ~ geen sprake van!; ~ *at all* zie: *all*; *more likely than* ~ heel goed mogelijk, niet onwaarschijnlijk, wel waarschijnlijk; zie ook: *often*

notabilia [noutə'biliə] *znw mv* interessante zaken, dingen &

notability [noutə'biliti] *znw* merkwaardigheid; belangrijk persoon

notable ['noutəbl] **I** *bn* opmerkelijk; merkbaar; merkwaardig; belangrijk, aanzienlijk; bekend; eminent; **II** *znw* voorname, notabele

notably *bijw* inzonderheid; merkbaar, aanmerkelijk; belangrijk

notarial [nou'tɛəriəl] *bn* notarieel

notary ['noutəri] *znw* notaris (ook: ~ *public*)

notation [nou'teiʃən] *znw* notering, schrijfwijze, voorstellingswijze, (noten)schrift *o*, notatie, talstelsel *o*

notch [nɔtʃ] **I** *znw* inkeping, keep, kerf, schaard(e) [in mes]; fig gemeenz graadje *o*; **II** *overg* inkepen, kerven, (af)turven; ~ *up* behalen [punten, succes]

note [nout] **I** *znw* merk *o*, teken *o*; ken-, merkteken *o*; toon; muz noot, toets [v. piano &]; noot, aantekening, nota°; (order)briefje *o*; bankbiljet *o*; betekenis, aanzien *o*; notitie; ~*s and coin* chartaal geld *o*; *bought* ~ koopbriefje *o*; *sold* ~ verkoopbriefje *o*; *make a mental* ~ *of it* het in zijn oor knopen, het goed onthouden (voor later); *strike a warning* ~ een waarschuwend geluid laten horen; *take* ~ *of* nota nemen van; notitie nemen van; *take* ~*s of* aantekeningen maken van, noteren; **II** *overg* noteren, opschrijven, aan-, optekenen (ook: ~ *down*); nota of

notitie nemen van, opmerken; van aantekeningen voorzien

notebook *znw* aantekenboek *o*, notitieboekje *o*, zakboekje *o*; dictaatcahier *o*

note-case *znw* portefeuille

noted ['noutid] *bn* bekend, vermaard, befaamd

notedly *bijw* speciaal

notelet ['noutlit] *znw* velletje *o* briefpapier [vaak met versiering]

notepad ['noutpæd] *znw* notitieblok *o*

notepaper *znw* postpapier *o*

noteworthy ['noutwɔːði] *bn* opmerkenswaardig, opmerkelijk, merkwaardig

nothing ['nʌθiŋ] **I** *onbep vnw* niets; ~ *but* slechts; ~ *for it (but)* onvermijdelijk dat; *it is* ~ *to...* het is onbetekenend, vergeleken met...; *for* ~ gratis; tevergeefs; ~ *doing* er is niets te doen; er is niets aan de hand; gemeenz het zal niet gaan, mij niet gezien!, niks hoor!; *that is* ~ *to him* dat betekent niets voor hem; het gaat hem niets aan; daar trekt hij zich niets van aan; *there's* ~ *to it* slang er is niets aan, het is niets bijzonders; *there is* ~ *in it* er is niets (van) aan, het is niet waar; *come to* ~ niet doorgaan, mislukken; *make* ~ *of* er geen been (niets) in zien om, niet geven om, zijn hand niet omdraaien voor; niet wijs worden uit, niets begrijpen van; niet opzien tegen, niet tellen; *mean* ~ *to* onbelangrijk zijn voor; geen betekenis hebben voor; **II** *znw*: *a (mere)* ~ een niets, nietigheid, nul; **III** *bijw* helemaal niet; *this helps us* ~ hier hebben we niets aan; *this is* ~ *like enough* dit is absoluut niet genoeg

nothingness *znw* nietigheid, niet *o*; niets *o*; onbeduidendheid

notice ['noutis] **I** *znw* aandacht, acht, opmerkzaamheid; aankondiging, bekendmaking, bericht *o*, kennisgeving; waarschuwing; opschrift *o*; recensie; convocatie(biljet *o*); *give* ~ kennis geven, laten weten, aankondigen; waarschuwen; *give* ~ *(to quit)* de huur (de dienst) opzeggen; *hand in one's* ~ ontslag nemen; *take* ~ *of* kennis nemen van; notitie nemen van; *at a moment's* ~ op staande voet; *at one hour's* ~ binnen een uur; *at short* ~ op korte termijn; *be under* ~ opgezegd zijn; *until further* ~ tot nader order; **II** *overg* acht slaan op, (veel) notitie nemen van, opmerken, (be)merken; vermelden, bespreken, recenseren

noticeable *bn* opmerkelijk; merkbaar; merkwaardig

notice-board *znw* mededelingenbord *o*; aanplakbord *o*; waarschuwingsbord *o*; verkeersbord *o* &

notifiable ['noutifaiəbl, nouti'faiəbl] *bn* waarvan men de autoriteiten in kennis moet stellen [ziekte, adreswijziging &]

notification [noutifi'keiʃən] *znw* aanzegging, aanschrijving, kennisgeving; aangifte

notify ['noutifai] *overg* ter kennis brengen, bekendmaken, kennis geven (van); aangeven

notion ['nouʃən] *znw* begrip² *o*, denkbeeld *o*, idee *o* & *v*, notie; ~*s* Am fournituren

notional *bn* denkbeeldig, begrips-

notoriety [noutə'raiəti] *znw* beruchtheid

notorious [nou'tɔːriəs] *bn* berucht, notoir

Notts. [nɔts] *afk.* = Nottinghamshire *o*

notwithstanding [nɔtwiθ'stændiŋ] **I** *voorz* niettegenstaande, ondanks, trots, ...ten spijt; **II** *bijw* niettemin, desondanks

nougat ['nuːgaː, 'nʌgət] *znw* noga

nought [nɔːt] *znw* = *naught*

noun [naun] *znw* (zelfstandig) naamwoord *o*

nourish ['nʌriʃ] *overg* voeden², koesteren², aankweken, grootbrengen

nourishing *bn* voedzaam, voedend

nourishment *znw* voedsel *o*, voeding

nous [naus] *znw* verstand *o*

nouveau riche ['nuːvou'riːʃ] [Fr] *znw* (*mv*: nouveaux riches) nieuwe rijke, ± parvenu

nova ['nouvə] *znw* (*mv*: -s *of* novae [-viː]) astron nova, nieuwe ster

1 novel ['nɔvəl] *znw* roman

2 novel ['nɔvəl] *bn* nieuw, ongewoon

novelette [nɔvə'let] *znw* romannetje *o*

novelist ['nɔvəlist] *znw* romanschrijver, romancier

novelty ['nɔvəlti] *znw* nieuwigheid(je *o*), nieuwtje *o*, (iets) nieuws *o*; het nieuwe; ongewoonheid

November [nou'vembə] *znw* november

novena [nou'viːnə] *znw* (*mv*: novenae [-niː]) noveen, novene

novice ['nɔvis] *znw* novice; nieuweling

noviciate, novitiate [nou'viʃiit] *znw* noviciaat *o*, proeftijd

now [nau] **I** *bijw* nu, thans; wel(nu); *right* ~ op dit moment; *just* ~ zo-even, daarnet; ~, ~ kom, kom [troostend]; hé, hé [als waarschuwing]; *by* ~ nu wel; *from* ~ *(on)* van nu af (aan), voortaan; *in three days from* ~ over drie dagen; ~..., *then*... nu eens..., dan weer...; ~ *and again*, ~ *and then* nu en dan, bij tussenpozen, af en toe; *every* ~ *and again, every* ~ *and then* telkens; ~ *then, what shall we do next?* wel, wat zullen we nu doen?; ~ *then, don't tease* kom, niet plagen; *(he's going to come here and beat you up) - oh, is he* ~? o, werkelijk?; **II** *voegw* nu (ook: ~ *that*)

nowadays *bijw* tegenwoordig

noway(s) ['nouwei(z)] *bijw* Am geenszins

nowhere *bijw* nergens; *be* ~ *(in the race)* nergens zijn: helemaal achteraan komen; niet in aanmerking komen; ~ *near* lang niet, ver(re) van

nowise *bijw* geenszins, op generlei wijze

nowt [nouwt] *znw* dial & gemeenz niets

noxious ['nɔkʃəs] *bn* schadelijk, verderfelijk

nozzle ['nɔzl] *znw* spuit, pijp, straalpijp, sproeier, tuit, mondstuk *o*, snuit; neus

nth [enθ] *bn*: *to the* ~ *degree* **1** wisk tot de nde macht; **2** uiterst, buitengewoon [vervelend, lastig &]; *the* ~ *time* gemeenz de duizendste/zoveelste/tigste keer

nuance [nju'aːns] *znw* nuance, subtiel verschil *o*

nub [nʌb] *znw* brok; knobbel; fig kern, punt *o* [waar het om gaat]

nubbly *bn* knobbelig; bultig

nubile ['njuːbail] *bn* huwbaar; fig rijp [v. vrouw]

nubility [nju'biliti] *znw* huwbaarheid; fig rijpheid [v. vrouw]

nuclear ['njuːkliə] *bn* nucleair, kern-, atoom-; ~ *family* kerngezin *o*; ~ *fission* kernsplitsing; ~ *physics* kernfysica; ~ *power* **1** kernenergie; **2** kernmogendheid; ~*-power station* kernenergiecentrale; ~ *war* atoomoorlog; ~ *warhead* kernkop; ~ *waste* atoomafval *o*; ~ *weapon* atoomwapen *o*

nucleic ['njuːkliik] *znw*: ~ *acid* nucleïnezuur *o*

nucleus ['njuːkliəs] *znw* (*mv*: nuclei [-kliai]) kern²

nude [njuːd] **I** *bn* naakt, bloot, onbedekt; **II** *znw* naakt (model) *o*; *in the* ~ naakt

nudge [nʌdʒ] **I** *overg* (met de elleboog) aanstoten; zachtjes duwen; naderen [percentage, snelheid &]; **II** *znw* duwtje *o*

nudism ['njuːdizm] *znw* nudisme *o*

nudist ['njuːdist] **I** *znw* nudist, naaktloper; **II** *bn* nudisten-

nudity *znw* naaktheid, blootheid

nugatory ['njuːgətəri] *bn* beuzelachtig, nietszeggend; ongeldig, zonder uitwerking

nugget ['nʌgit] *znw* goudklompje *o*; fig juweeltje *o*

nuisance ['njuːsəns] *znw* (over)last, ergernis, plaag; burengerucht *o*; lastpost; *be a* ~ *to sbd.* iem. lastig vallen; *make a* ~ *of oneself* anderen ergeren; *what a* ~... ook: wat vervelend

nuisance value *znw* waarde als tegenwicht, als storende factor

nuke [njuːk] gemeenz **I** *znw* kernbom; kerncentrale; **II** *overg* met kernwapens aanvallen/vernietigen

null [nʌl] *bn* krachteloos, nietig, ongeldig; ~ *and void* krachteloos, van nul en generlei waarde

nullification [nʌlifi'keiʃən] *znw* nietig-, ongeldigverklaring, tenietdoen *o*, opheffing; recht vernietiging

nullify ['nʌlifai] *overg* krachteloos maken, recht vernietigen, nietig of ongeldig verklaren, tenietdoen

nullity *znw* ongeldigheid [vooral v. huwelijk], nietigheid; zinloosheid; onbeduidend mens

numb [nʌm] **I** *bn* gevoelloos, verstijfd, verkleumd, verdoofd; **II** *overg* doen verstijven, verkleumen; verdoven

number ['nʌmbə] **I** *znw* nummer *o*; getal *o*, aantal *o*; (vers)maat; gramm getal *o*; geval(letje) *o*; (vers)maat; gramm getal *o*; geval(letje) *o*; ~*s* aantal *o*, getalsterkte; tal *o* (van...); dichtmaat, verzen; *N*~*s* bijbel Numeri; *wrong* ~ verkeerd verbonden [telefoon]; *I've got his* ~ gemeenz ik heb hem wel door; *his* ~ *is up* hij is er geweest, hij is dood; ~ *one* gemeenz de spreker zelf, 'ondergetekende'; als *bn*: prima; *in* ~ in aantal; *come in* ~*s* in groten getale komen (opzetten); *to the* ~ *of*... ten getale van...; *hard pressed with* ~*s* door de overmacht in het nauw gebracht; *beyond*

371

~, *without* ~ zonder tal, talloos; **II** *overg* nummeren, tellen; rekenen (onder, tot *among, in, with*); bedragen; *his days are* ~*ed* zijn dagen zijn geteld; ~ *consecutively* dóórnummeren; **III** *onoverg & abs ww* tellen; ~ *(off)* mil zich nummeren

number-crunching ['nʌmbə'krʌnʃiŋ] *znw* schertsend ingewikkeld rekenwerk *o*, ingewikkeld gecijfer *o*

numberless *bn* talloos, zonder tal

number-plate *znw* nummerbord *o*, -plaat

numbskull *znw* = *numskull*

numerable ['nju:mərəbl] *bn* telbaar, te tellen

numeracy ['nju:mərəsi] *znw* kunnen rekenen *o*

numeral ['nju:mərəl] **I** *bn* getal-, nummer-; **II** *znw* getalletter, getalmerk *o*; cijfer *o*; gramm telwoord *o*; *Roman* ~*s* Romeinse cijfers

numerate ['nju:mərət] *bn* het rekenen machtig

numeration [nju:mə'reiʃən] *znw* telling

numerator ['nju:mə'reitə] *znw* teller [van breuk]

numeric [nju(:)'merik] *bn* numeriek, getal(s)-

numerical [nju'merikl] *bn* numeriek, getal(s)-; ~ *superiority* grotere getalsterkte

numerology [nju(:)mə'rɔlədʒi] *znw* leer v.d. getallensymboliek

numerous ['nju:mərəs] *bn* talrijk, tal van, vele

numinous ['nju:minəs] *bn* goddelijk

numismatic [nju:miz'mætik] **I** *bn* numismatisch; **II** *znw*: ~*s* penningkunde

numismatist [nju'mizmətist] *znw* penningkundige

numskull ['nʌmskʌl] *znw* uilskuiken *o*, stommerd

nun [nʌn] *znw* non, kloosterlinge, religieuze

nuncio ['nʌnʃiou] *znw* nuntius: pauselijk gezant

nunnery ['nʌnəri] *znw* nonnenklooster *o*

nuptial ['nʌpʃəl] **I** *bn* huwelijks-, bruilofts-; **II** *znw*: ~*s* bruiloft

nurse [nə:s] **I** *znw* verpleegster, verzorgster; kinderjuffrouw; baker, min; *male* ~ (zieken)verpleger, broeder; **II** *overg* verplegen, zogen, (zelf) voeden; oppassen, verzorgen; koesteren², (op)kweken, grootbrengen; zuinig beheren, zuinig zijn met; omstrengeld houden [knieën]; met de hand strijken over; ~ *a (one's) cold* een verkoudheid uitzieken; ~ *the fire* fig dicht bij het vuur zitten; **III** *onoverg* zogen; uit verplegen gaan; in de verpleging zijn

nurse-child *znw* pleegkind *o*, zoogkind *o*

nurseling *znw* = *nursling*

nursemaid *znw* kindermeisje *o*

nursery *znw* kinderkamer; kinderbewaarplaats, crèche; (boom)kwekerij; kweekplaats, kweekvijver

nursery-governess *znw* kinderjuffrouw

nurseryman *znw* boomkweker

nursery rhyme *znw* kinderrijmpje *o*

nursery school *znw* bewaarschool [3-5 jaar in Eng.]

nursery slope *znw* beginnelingenpiste [bij skieën]

nursing *znw* verpleging; verpleegkunde

nursing-home *znw* verpleegtehuis *o*, verpleeginrichting; ziekeninrichting

nursing-sister *znw* pleegzuster, (zieken-)verpleegster; ziekenzuster

nursling *znw* zuigeling

nurture ['nə:tʃə] **I** *znw* op-, aankweking; opvoeding; verzorging; voeding; voedsel *o*; **II** *overg* op-, aankweken; opvoeden, verzorgen; voeden², koesteren [v. plannen]

nut [nʌt] **I** *znw* noot [vooral hazelnoot]; techn moer [v. schroef]; muz slof [strijkstok]; slang hoofd *o*, kop; slang fanaat; slang gek, idioot, slang kloot, bal; *a hard (tough)* ~ geen lieverdje *o* [man]; ~*s* ook: nootjeskolen; slang krankzinnig; ~*s!* slang gelul!; *be* ~*s* getikt zijn, gek zijn; *be* ~*s about* slang dol zijn op; *go* ~*s* slang gek worden; *be off one's* ~ slang van lotje getikt zijn; *do one's* ~ slang tekeergaan; **II** *onoverg* noten plukken

nut-brown *bn* lichtbruin

nut-case *znw* slang krankzinnige

nutcracker(s) *znw (mv)* notenkraker [apparaat]

nuthatch *znw* boomklever

nut-house *znw* slang gekkenhuis *o*

nutmeg *znw* nootmuskaat

nutria ['nju:triə] *znw* dierk nutria *v*; nutria *o* [bont]

nutrient ['nju:triənt] **I** *bn* voedend; **II** *znw* nutriënt [voedingsstof]

nutriment *znw* voedsel *o*

nutrition [nju'triʃən] *znw* voeding, voedsel *o*

nutritional, nutritive *bn* voedings-

nutritionist *znw* voedingsdeskundige

nutritious *bn* voedend, voedzaam

nuts-and-bolts **I** *znw mv* grondbeginselen; **II** *bn* praktisch

nutshell ['nʌtʃel] *znw* notendop; *in a* ~ fig in een notendop; in een paar woorden

nutter ['nʌtə] *znw* slang gek, halve gare, imbeciel

nut-tree *znw* (hazel)notenboom

nutty *bn* met nootjes; met notensmaak; nootachtig; slang getikt, gek; ~ *on* slang verkikkerd op

nuzzle ['nʌzl] **I** *onoverg* met de neus wrijven (duwen) tegen, snuffelen; wroeten; zich nestelen of vlijen; **II** *overg* wroeten langs of in; besnuffelen

nylon ['nailɔn] **I** *znw* nylon *o & m* [stofnaam]; nylon *v* [kous]; **II** *bn* nylon

nymph [nimf] *znw* nimf²; pop [v. insect]

nymphet [nim'fet] *znw* gemeenz jong, vroegrijp meisje *o*

nympho ['nimfou] *znw* slang = *nymphomaniac*

nymphomaniac [nimfou'meiniæk, -jæk] **I** *bn* nymfomaan; **II** *znw* nymfomane

O

o [ou] **I** *znw* (de letter) o; nul [in telefoonnummers]; **II** *tsw* o!, ach!

O *afk.* onderw = *ordinary (level)* zie bij: *level I*

o' [ə] *voorz* verk. van *of* en *on*

oaf [ouf] *znw* pummel, uilskuiken *o*; mispunt *o*

oafish *bn* pummelig, sullig, onnozel

oak [ouk] **I** *znw* eik; eikenhout *o*; eikenloof *o*; **II** *bn* eiken, eikenhouten

oak-apple *znw* galnoot

oaken *bn* eiken, eikenhouten

oak-gall *znw* galnoot

oakum ['oukəm] *znw* werk *o* [uitgeplozen touw]

oakwood ['oukwud] *znw* **1** eikenhout *o*; **2** eikenbos *o*

OAP *afk.* = *Old Age Pensioner* ± AOW'er

oar [ɔ:] **I** *znw* (roei)riem; roeier; *get (put, stick) in one's* ~ een duit in het zakje doen, tussenbeide komen; *rest on one's* ~*s* op de riemen rusten; *fig* op zijn lauweren rusten; **II** *onoverg & overg* plechtig roeien

oarlock ['ɔ:lɔk] *znw* = *rowlock*

oarsman ['ɔ:smən] *znw* roeier

oarswoman *znw* roeister

oasis [ou'eisis] *znw (mv*: oases [-si:z]) oase

oast [oust] *znw* eest, droogoven

oat [out] *znw* haver (meestal ~*s*); plechtig herdersfluit, -poëzie; *rolled* ~*s* havermout; *he has sown his wild* ~*s* hij is zijn wilde haren kwijt, hij is uitgeraasd; *get one's* ~*s* gemeenz (seksueel) aan zijn trekken komen; *feel one's* ~*s* vrolijk zijn, Am gemeenz zich belangrijk voelen; *off one's* ~*s* lusteloos

oatcake *znw* haverbrood *o*

oaten *bn* haver-

oath [ouθ] *znw (mv*: oaths [ouðz]) eed; vloek; ~ *of allegiance* huldigingseed; ~ *of office* ambtseed; *take (swear) an* ~ een eed doen; *by* ~ onder ede; *on (under)* ~ onder ede; *put sbd. on his* ~ iem. de eed doen afleggen

oatmeal ['outmi:l] *znw* havermeel *o*; ~ *porridge* havermoutpap

obbligato [ɔbli'ga:tou] *znw* muz obligaat *o*

obduracy ['ɔbdjurəsi] *znw* verstoktheid, verharding, halsstarrigheid

obdurate *bn* verstokt, verhard, halsstarrig

obedience [ou'bi:djəns] *znw* gehoorzaamheid; *in* ~ *to* gehoorzamend aan; overeenkomstig

obedient(ly) *bn (bijw)* gehoorzaam; *yours* ~*ly* uw dienstwillige

obeisance [ou'beisəns] *znw* diepe buiging; hulde

obelisk ['ɔbilisk] *znw* obelisk

obese [ou'bi:s] *bn* corpulent, zwaarlijvig

obesity *znw* corpulentie, zwaarlijvigheid

obey [ou'bei] *overg* gehoorzamen[2] (aan); gehoor geven aan; luisteren naar [het roer]

obfuscate [ɔbfʌskeit] *overg* verduisteren, benevelen [het verstand]; verbijsteren

obituary [ə'bitjuəri] *znw* overlijdens-, doodsbericht *o*; levensbericht *o*, in memoriam *o* (ook: ~ *notice*)

1 object ['ɔbdʒekt] *znw* voorwerp *o*; oogmerk *o*, bedoeling, doel *o*; onderwerp *o* [v. onderzoek]; object *o*; *she looked an* ~ gemeenz zij zag eruit als een vogelverschrikker; *no* ~ niet belangrijk, bijzaak

2 object [əb'dʒikt] **I** *overg* inbrengen (tegen *against, to*) tegenwerpen; **II** *onoverg* er op tegen hebben; tegenwerpingen maken, bezwaar hebben, opkomen (tegen *to*)

object-glass ['ɔbdʒiktgla:s] *znw* objectief *o*

objection [əb'dʒekʃən] *znw* tegenwerping; bedenking, bezwaar *o*

objectionable *bn* aanstotelijk, afkeurenswaardig, verwerpelijk; onaangenaam

objective [əb'dʒektiv] **I** *bn* objectief; ~ *case* voorwerpsnaamval; **II** *znw* objectief *o* [v. kijker]; mil object[2] *o*; doel[2] *o*; gramm voorwerpsnaamval

objectivity [ɔbdʒek'tiviti] *znw* objectiviteit

object lesson *znw* aanschouwelijke les; fig sprekende illustratie

objector [əb'dʒektə] *znw* wie tegenwerpingen maakt, opponent; *conscientious* ~ gewetensbezwaarde, principieel dienstweigeraar

objurgate ['ɔbdʒə:geit] *overg* berispen, gispen

objurgation [ɔbdʒə:'geiʃən] *znw* scherp verwijt *o*, berisping

objurgatory [əb'dʒə:gətəri] *bn* verwijtend; berispend

oblation [ou'bleiʃən] *znw* offerande, offer *o*, gave

obligate ['ɔbligeit] *overg* recht (ver)binden, verplichten

obligation [ɔbli'geiʃən] *znw* verbintenis, verplichting; *...of* ~ verplicht; *be under an* ~ *to...* verplicht zijn...; *put under an* ~ aan zich verplichten

obligatory [ɔ'bligətəri] *bn* verplicht, bindend; ~ *education* leerplicht

oblige [ə'blaidʒ] *overg* (ver)binden, (aan zich) verplichten, noodzaken; van dienst zijn; gemeenz een gunst bewijzen; werken voor; ~ *me by ...ing* wees zo goed (vriendelijk) te...; *will you* ~ *the company (with a song &)?* iets ten beste geven?; *be* ~*d to* ook: moeten; *I would be* ~*d if you...* ik zou u zeer erkentelijk zijn als...; *an answer will* ~ antwoord verzocht

obliging *bn* voorkomend, minzaam, inschikkelijk, behulpzaam, gedienstig

oblique [ə'bli:k] **I** *bn* scheef [hoek], schuin(s), hellend, afwijkend; zijdelings; indirect; dubbelzinnig; slinks; ~ *cases* verbogen naamvallen; ~ *oration (speech)* indirecte rede; **II** *znw* schuine lijn, schuin streepje *o*

obliquity [ə'blikwiti] *znw* scheve richting, schuin(s)heid; afwijking; verkeerdheid; oneerlijkheid

obliterate [ə'blitəreit] *overg* uitwissen, doorhalen; vernietigen

obliteration [əblitə'reiʃən] *znw* uitwissing, doorhaling; vernietiging

oblivion [ə'bliviən] *znw* vergetelheid; *fall (sink) into* ~ in vergetelheid raken

oblivious *bn* vergeetachtig; ~ *of (to)* vergetend; onbewust van

oblong ['ɔblɔŋ] **I** *bn* langwerpig; **II** *znw* rechthoek, langwerpig voorwerp *o*

obloquy ['ɔbləkwi] *znw* (*mv*: obloquies) smaad, schande, oneer

obnoxious [əb'nɔkʃəs] *bn* aanstotelijk; gehaat; onaangenaam; verfoeilijk, afschuwelijk

oboe ['oubou] *znw* hobo

oboist *znw* hoboïst

obscene [ɔb'si:n] *bn* obsceen, ontuchtig, vuil[2]

obscenity *znw* obsceniteit, ontuchtigheid; *obscenities* vuile praatjes &

obscurant [ɔb'skjuərənt], **obscurantist I** *znw* obscurantist, domper; **II** *bn* obscurantistisch

obscurantism [ɔb'skjuərəntizm] *znw* obscurantisme *o*

obscure [əb'skjuə] **I** *bn* duister[2], donker[2]; obscuur; onduidelijk, vaag; onbekend; verborgen; **II** *overg* verduisteren, verdonkeren; verdoezelen; fig overschaduwen

obscurity *znw* duister *o*, duisternis, donker *o* & *m*, donkerte; duisterheid, donkerheid; obscuriteit; onduidelijkheid; *live in* ~ stil (teruggetrokken) leven

obsequies ['ɔbsikwiz] *znw mv* rouwplechtigheid, lijkdienst; uitvaart, begrafenis

obsequious [əb'si:kwiəs] *bn* onderdanig, overgedienstig; kruiperig

observable [əb'zə:vəbl] *bn* merkbaar, waarneembaar; opmerkenswaard(ig)

observance *znw* waarneming; inachtneming, naleving; viering; voorschrift *o*

observant *bn* oplettend, opmerkzaam; nalevend, inachtnemend

observation [ɔbzə'veiʃən] *znw* waarneming, observatie; opmerking; ~*s* verzamelde gegevens, data

observational *bn* waarnemings-

observatory [əb'zə:vətri] *znw* observatorium *o*, sterrenwacht; uitzicht-, uitkijktoren

observe I *overg* waarnemen, gadeslaan, observeren; opmerken; in acht nemen, naleven; vieren [feestdagen]; **II** *onoverg*: ~ *(up)on* opmerkingen maken over, iets opmerken omtrent

observer *znw* waarnemer, opmerker, observator; toeschouwer

obsess [əb'ses] *overg* obsederen, niet loslaten, onophoudelijk ver-, achtervolgen [van gedachten]

obsession *znw* bezeten zijn *o* [door boze geest]; obsessie, nooit loslatende gedachte, voortdurende kwelling

obsessional, **obsessive** *bn* obsederend; geobse-

---

deerd, bezeten

obsolescence [ɔbsə'lesəns] *znw* veroudering, in onbruik geraken *o*

obsolescent *bn* verouderend, in onbruik gerakend

obsolete ['ɔbsəli:t] *bn* verouderd, in onbruik geraakt

obstacle ['ɔbstəkl] *znw* hinderpaal, hindernis, beletsel *o*; ~ *race* wedren met hindernissen

obstetric [ɔb'stetrik] *bn* verloskundig; kraam-

obstetrician [ɔbste'triʃən] *znw* verloskundige

obstetrics [ɔb'stetriks] *znw* obstetrie, verloskunde

obstinacy ['ɔbstinəsi] *znw* hardnekkigheid, halsstarrigheid, (stijf)koppigheid

obstinate *bn* hardnekkig, halsstarrig, stijfhoofdig, koppig, obstinaat

obstreperous [əb'strepərəs] *bn* luidruchtig, rumoerig, lawaaiig; onhandelbaar, woelig

obstruct [əb'strʌkt] *overg* verstoppen; (de voortgang) belemmeren, versperren; zich verzetten tegen

obstruction *znw* obstructie, verstopping, belemmering, versperring

obstructionism *znw* pol obstructionisme *o*

obstructionist I *znw* obstructievoerder; **II** *bn* obstructievoerend

obstructive *bn* verstoppend; belemmerend, versperrend, verhinderend; obstructievoerend; obstructie-

obtain [əb'tein] **I** *overg* (ver)krijgen, bekomen, verwerven, behalen; **II** *onoverg* algemeen regel zijn, ingang gevonden hebben; heersen, gelden

obtainable *bn* verkrijgbaar

obtrude [əb'tru:d] *overg* (zich) opdringen (aan *upon*); (zich) indringen

obtrusion *znw* op-, indringing

obtrusive *bn* op-, indringerig

obtuse [əb'tju:s] *bn* stomp, bot[2]; stompzinnig

obverse ['ɔbvə:s] *znw* voorzijde [v. munt &]; pendant, keerzijde

obviate ['ɔbvieit] *overg* afwenden, voorkomen, ondervangen, uit de weg ruimen

obvious ['ɔbviəs] **I** *bn* voor de hand liggend, in het oog springend, duidelijk (merkbaar), kennelijk, klaarblijkelijk, zonneklaar; aangewezen; **II** *znw*: *state the* ~ een open deur intrappen

ocarina [ɔkə'ri:nə] *znw* ocarina

occasion [ə'keiʒən] **I** *znw* gelegenheid; aanleiding; behoefte; gebeurtenis, plechtigheid, feest *o*; *one's lawful* ~*s* (wettige) bezigheden, bedrijf *o*, zaken; *give* ~ *to* aanleiding geven om (tot); *have* ~ *to* moeten; *have no* ~ *to* niet hoeven; *rise to the* ~ tegen de moeilijkheden (taak) opgewassen zijn; *take* ~ *to* van de gelegenheid gebruik maken om; *on* ~ zo nodig; *on the* ~ *of* bij gelegenheid van; **II** *overg* veroorzaken, aanleiding geven tot

occasional *bn* toevallig, nu en dan (voorkomend); onregelmatig; zelden; gelegenheids-; ~ *chair* extra stoel; ~ *table* bijzettafeltje *o*

occasionally *bijw* af en toe, nu en dan, van tijd tot

tijd; bij gelegenheid

Occident ['ɔksidənt] *znw* westen *o*, westelijk halfrond *o*; avondland *o*

occidental [ɔksi'dentl] **I** *bn* westelijk, westers; **II** *znw* westerling

occipital [ɔk'sipitl] *bn* achterhoofds-

occiput ['ɔksipʌt] *znw* achterhoofd *o*

occlude [ɔ'klu:d] *overg* afsluiten, stoppen; <u>chem</u> absorberen [gassen]

occlusion *znw* afsluiting; verstopping; occlusie; (normaal) op elkaar sluiten *o* van boven- en ondertanden

occult [ɔ'kʌlt] *bn* occult, bovennatuurlijk, magisch; verborgen, geheim

occulting [ɔ'kʌltiŋ] *bn*: ~ *light* intermitterend licht *o* [v. vuurtoren]

occultism ['ɔkʌltizm] *znw* occultisme *o*

occupancy ['ɔkjupənsi] *znw* inbezitneming, bezit *o*, bewoning

occupant *znw* wie bezit neemt, bezitter; bewoner; bekleder [v. ambt]; *the* ~*s* ook: de inzittenden

occupation [ɔkju'peiʃən] *znw* bezitneming, bezit *o*; <u>mil</u> bezetting; bewoning; bezigheid, beroep *o*; *be in* ~ *of* ook: bezet houden; bewonen

occupational *bn* beroeps-; ~ *hazard*, ~ *risk* beroepsrisico *o*; ~ *therapy* bezigheidstherapie

occupier ['ɔkjupaiə] *znw* bezetter; bewoner

occupy *overg* bezetten, bezet houden; beslaan [plaats], innemen; in beslag nemen [tijd &], bezighouden; bewonen [huis]; bekleden [post]; ~ *oneself with, be occupied in (with)* aan (met) iets bezig zijn

occur [ɔ'kə:] *onoverg* vóórkomen, zich voordoen, gebeuren, voorvallen; ~ *to* invallen, opkomen bij

occurrence [ə'kʌrəns] *znw* gebeurtenis; voorval *o*; vóórkomen *o*; *it is of frequent* ~ het komt herhaaldelijk (veel) voor; *on the* ~ *of a vacancy* bij vóórkomende vacature

ocean ['ouʃən] *znw* oceaan, (wereld)zee[2]

ocean-going *bn* zeewaardig; ~ *ship* zeeschip *o*

oceanic [ouʃi'ænik] *bn* van de oceaan, oceaan-, zee-; <u>fig</u> onmetelijk, grenzeloos

oceanographer [ouʃə'nɔgrəfə] *znw* oceanograaf

oceanography *znw* oceanografie

ocellus [ou'seləs] *znw* (*mv*: ocelli [-lai]) nietsamengesteld oogje *o*, facet *o*, oogvormige vlek

ochre ['oukə] *znw* oker

ochr(e)ous *bn* okerhoudend, okerachtig, oker-

o'clock [ə'klɔk] *bijw*: *what* ~ *is it?* hoe laat is het?; *it is eight* ~ het is acht uur

octagon ['ɔktəgən] *znw* achthoek

octagonal [ɔk'tægənl] *bn* achthoekig

octahedral [ɔktə'hedrəl] *bn* achtvlakkig

octahedron *znw* achtvlak *o*

octane ['ɔktein] *znw* octaan *o*

octave ['ɔktiv, <u>RK</u> 'ɔkteiv] *znw* achttal *o*; octaaf° *o* & *v*; octaafdag; acht versregels

octavo [ɔk'teivou] *znw* octavo *o*

octennial [ɔk'tenjəl] *bn* achtjarig; achtjaarlijks

octet [ɔk'tet] *znw* <u>muz</u> octet *o*; acht versregels

October [ɔk'toubə] *znw* oktober

octogenarian [ɔktoudʒi'nɛəriən] *znw* & *bn* tachtigjarig(e)

octopus ['ɔktəpəs] *znw* octopus[2], achtarmige poliep; <u>geringsch</u> wijdvertakte organisatie

octosyllabic [ɔktousi'læbik] *bn* achtlettergrepig

octosyllable [ɔktou'siləbl] *znw* achtlettergrepig woord *o*

octuple [ɔk'tjupl] **I** *znw* achtvoud *o*; **II** *bn* achtvoudig

ocular ['ɔkjulə] **I** *bn* oog-; **II** *znw* oculair *o*

oculist *znw* oogarts; ~'*s chart* leeskaart

odd [ɔd] *bn* zonderling, vreemd, gek, raar; oneven; overblijvend [na deling door 2, of na betaling]; overgebleven van één of meer paren, niet bij elkaar horend; *in some* ~ *corner* hier of daar in een (afgelegen) hoek; *an* ~ *hand* een extra bediende, noodhulp; duivelstoejager; *an* ~ *hour* een tussenuur *o*; ~ *jobs* allerhande karweitjes, klusjes; ~ *man out* wie overschiet, wie het gelag betaalt; buitenbeentje *o*, zonderling; ~ *moments* verloren ogenblikken; *an* ~ *volume* een enkel deel *o* van een meerdelig werk; *fifty* ~ *pounds* vijftig en zoveel pond, ruim vijftig pond; *sixty* ~ *thousand* tussen de 60 en 70 duizend; zie ook: *odds*

oddball [ɔd'bɔ:l] *znw* excentriekeling, vreemde snoeshaan

oddfellow ['ɔdfelou] *znw* lid *o* van de maçonniek getinte vereniging van de *Oddfellows*

oddity ['ɔditi] *znw* zonderlingheid, vreemdheid; excentriek wezen *o*, gek type *o*; curiositeit

odd-job man *znw* klusjesman, manusje *o* van alles

odd-looking *bn* er vreemd uitziend

oddly *bijw* vreemd, gek (genoeg)

oddments *znw mv* overgebleven stukken, restanten

odds *znw mv* grotere kans, waarschijnlijkheid; notering van een paard bij de bookmakers; ~ *and ends* stukken en brokken, brokstukken, rommel; *the* ~ *are that...* de kans bestaat, dat...; *what* ~? wat zou dat?; wat maakt dat uit?; *it is long* ~ *that...* de kans is groot, het is zo goed als zeker...; *it makes no* ~ het maakt niets uit; *give* ~ voorgeven; *take the* ~ de weddenschap aannemen; *the* ~ *are against his coming* naar alle waarschijnlijkheid zal hij niet komen; *take* ~ *of one to eight* een inzet accepteren van één tegen acht; *at* ~ oneens, overhoop liggend (met *with*); *by all the* ~ verreweg [de beste &]; ontegenzeglijk

odds-on *bn* goede [kans]

ode [oud] *znw* ode

odious ['oudjəs] *bn* hatelijk, afschuwelijk, verfoeilijk

odium *znw* haat en verachting; blaam

odontologist [ɔdɔn'tɔlədʒist] *znw* tandheelkundige

odontology [ɔdɔn'tɔlədʒi] *znw* odontologie

odoriferous [oudə'rifərəs] *bn* welriekend, geurig

odorous ['oudərəs] *bn* welriekend, geurig; <u>gemeenz</u>

stinkend

odour, Am **odor** znw reuk, geur; fig reputatie; be in bad, ill ~ with in een kwade reuk staan bij; in ~ of sanctity in de reuk van heiligheid

odourless, Am **odorless** bn reukloos

Odyssey ['ɔdisi] znw Odyssee; fig odyssee

oecumenical [i:kju'menikl] bn oecumenisch

oecology [i:kɔlɔdʒi] znw = ecology

oedema, Am **edema** [i:'di:mə] znw (mv: -mata [-mətə]) oedeem o

o'er [ouə] voorz plechtig = over

oesophagus, Am **esophagus** [i:'sɔfəgəs] znw (mv: -es of oesophagi [-dʒai]) slokdarm

oestrogen ['i:strədʒən, -dʒen] znw oestrogeen o

of [ɔv, əv] voorz van; the city ~ Rome de stad Rome; the courage ~ it! welk een moed!, hoe moedig!; ~ itself vanzelf; uit zichzelf; the three ~ them het drietal; there were fifty ~ them er waren er vijftig; ze waren met hun vijftigen; he ~ the grey hat die met de grijze hoed; he ~ all men en dat juist hij; ~ all the nonsense wat een onzin, zo'n onzin, (een) onzin!; a Prussian ~ (the) Prussians een echte Pruis; ~ an evening (morning &) des avonds, des morgens

off [ɔ(:)f] I bijw er af, af, weg; ver(wijderd); uit; be ~ niet doorgaan [v. match &]; van de baan zijn; uit zijn [verloving &]; afgedaan hebben; uitgeschakeld zijn; er naast zitten; in slaap zijn; in zwijm liggen; opstappen, weggaan, vertrekken; be a bit ~ niet fris meer zijn, beginnen te bederven [v. spijs & drank]; niet zoals het hoort te zijn, een beetje onbeleefd zijn; be badly ~ er slecht aan toe zijn; het slecht hebben; how are you ~ for boots? hoe staat het met je schoenen?; ~ duty vrij, buiten dienst, geen dienst hebbend [v. politieagent &]; have a day ~ een vrije dag hebben; ~ and on af en toe, bij tussenpozen, een enkele maal; ~ you go! daar ga je!; vooruit met de geit!; ~ (with you)! weg!, eruit!; they're ~! [bij race] en wèg zijn ze!; II voorz van... (af); van... (weg); van; verwijderd van; opzij van, uitkomend op, in de buurt van; scheepv op de hoogte van; eat ~ plates van borden eten; live ~ the land van het land leven; ~ stage niet op het toneel; achter de coulissen; ~ white gebroken wit, bij het gele of grijze af; III bn verder gelegen; the ~ hind leg de rechterachterpoot; the ~ horse het vandehandse (rechtse) paard; an ~ street een zijstraat; zie ook: duty &

offal ['ɔfəl] znw afval o & m, slachtafval o & m

off-balance ['ɔf'bæləns] bn uit het evenwicht; catch sbd. ~ iem. overrompelen

off-beat bn gemeenz ongewoon, bijzonder, buitenissig

off-centre, Am **off-center** bn exentriek[2]

off-chance znw eventuele mogelijkheid; on the ~ op goed geluk

off-colour bn onwel, niet in orde; slang onfatsoenlijk

offcut znw restant o, afval o [v. afgesneden papier, gezaagd hout &]

off-day znw ongeluksdag; dag waarop men niet op dreef is

off-duty bn niet in functie, buiten diensttijd

offence, Am **offense** [ə'fens] znw belediging; aanstoot, ergernis; aanval; overtreding, vergrijp o, delict o, strafbaar feit o; misdaad; no ~ meant! neem me niet kwalijk; cause (give) ~ aanstoot geven; take ~ at zich beledigd voelen over

offend I overg beledigen, ergeren, kwetsen; aanstoot geven; onaangenaam aandoen; II onoverg misdoen; ~ against zondigen tegen; overtreden

offender znw overtreder, delinquent; zondaar[2]; first ~ delinquent met een blanco strafregister

offensive I bn beledigend, aanstotelijk, ergerlijk, weerzinwekkend, onaangenaam; offensief, aanvallend, aanvals-; II znw offensief o; act on the ~ aanvallend optreden; go on the ~, go over to the ~, take the ~ het offensief openen

offensiveness znw beledigende aard, aanstotelijkheid

offer ['ɔfə] I overg (aan)bieden, offreren; offeren, ten offer brengen (ook: ~ up); aanvoeren [ter verdediging]; uitloven [prijs]; ten beste geven, maken [opmerkingen &]; (uit)oefenen [kritiek]; ~ up opzenden [gebed]; II onoverg & abs ww zich aanbieden; zich voordoen; III znw (aan)bod o, aanbieding, offerte, (huwelijks)aanzoek o; they are on ~ handel ze worden (goedkoop) aangeboden

offerer znw offeraar; aanbieder; bieder

offering znw offerande, offergave, offer o; gift; (te koop aangeboden) product o

offertory ['ɔfətəri] znw offertorium o, offergebed o; collecte; ~ box offerblok o, -bus

off-hand I bijw ['ɔf'hænd] onvoorbereid, voor de vuist weg; II bn ['ɔ:fhænd] terloops, zonder ophef; nonchalant; bruusk

off-handed bn bijw = off-hand II

off-hours ['ɔ:fauəz] znw mv vrije uren; at ~ in mijn (zijn &) vrije uren; buiten kantoortijd

office ['ɔfis] znw ambt o, functie, betrekking, dienst, bediening, taak; officie o; (kerk)dienst, ritueel o, gebed o, gebeden; ministerie o, kantoor o, bureau o, Am spreekkamer; the Holy O~ hist het Heilig Officie; ook; de Inquisitie; H.M. Stationery O~ de Staatsdrukkerij; the ~s de werkvertrekken (van de bedienden); de (bij)keuken, bijgebouwen, dienstvertrekken; good ~s committee commissie van goede diensten; his good ~s zijn welwillende medewerking, zijn vriendelijkheid; be in ~ een ambt bekleden, in functie zijn; a man in ~ een fungerend ambtenaar; een (aan het bewind zijnd) minister; while in ~ "aan" zijnd, in functie zijnd; come into ~, enter (take) ~ een (zijn) ambt aanvaarden; aan het bewind komen; leave (retire from) ~ zijn ambt neerleggen

office automation znw kantoorautomatisering

office-bearer, **office-holder** znw titularis, functionaris

office-boy *znw* loopjongen

officer ['ɔfisə] **I** *znw* beambte, ambtenaar; agent [van politie]; mil officier; deurwaarder; functionaris; **II** *overg* mil van officieren voorzien, encadreren; aanvoeren [als officier]

official [ə'fiʃəl] **I** *bn* ambtelijk, officieel, ambts-; ~ *duties* ambtsbezigheden, -plichten; ~ *receiver* curator, bewindvoerder [bij faillissement]; **II** *znw* ambtenaar, beambte; functionaris

officialdom *znw* bureaucratie

officialese [əfiʃə'li:z] *znw* ambtelijk jargon *o*

officiant [ə'fiʃiənt] *znw* officiant: de mis opdragende of de dienst verrichtende priester

officiate *onoverg* dienst doen; officiëren, de dienst doen, de mis opdragen; ~ *as...* fungeren als...

officinal [ɔfi'sainl, ə'fisinl] *bn* geneeskrachtig; in een apotheek voorradig

officious [ə'fiʃəs] *bn* overgedienstig; opdringerig; bemoeiziek; autoritair; officieus

offing ['ɔfiŋ] *znw: in the* ~ fig in het verschiet, op til

offish ['ɔfiʃ] *bn* gemeenz gereserveerd; uit de hoogte

off-key ['ɔf'ki:] *bn* vals, uit de toon (vallend)

off-licence *znw* Br slijtvergunning; slijterijafdeling in café

off-limits *bn* verboden [terrein &]; *the casino was declared* ~ *to the soldiers* de soldaten mochten niet in het casino komen

off-line *bn* comput offline

offload *overg* lossen [voertuig]; ontladen [wapen]; fig dumpen, van de hand doen, lozen

off-peak *bn* buiten de piekuren; buiten het hoogseizoen

offprint ['ɔfprint] *znw* overdrukje *o*

off-putting *bn* gemeenz van de wijs brengend; ontstellend

off-season *znw* slappe tijd

offset ['ɔfset] **I** *znw* uitloper°, wortelscheut; spruit; tegenwicht *o*, vergoeding, compensatie; offset(druk); **II** *overg* opwegen tegen, goedmaken, compenseren, tenietdoen, neutraliseren; ~ *against* stellen tegenover

offshoot ['ɔfʃu:t] *znw* uitloper, afzetsel *o*, zijtak

offshore ['ɔf'ʃɔ:] *bn* van de kust af, aflandig [wind]; bij (voor) de kust, offshore- [m.b.t. oliewinning &]; handel in het buitenland, buitenlands [m.b.t. banken, fondsen &]

offside ['ɔf'said] **I** *znw* verste kant [= rechts of links); sp buitenspel; **II** *bn* auto rechter- [in Engeland &], linker- [elders]

offspring ['ɔfspriŋ] *znw* (na)kroost *o*, spruit(en), nakomeling(en), nageslacht *o*; resultaat *o*

off-stage ['ɔfsteidʒ] *bn* achter de coulissen; ~ *he's a generous man* privé is het een hartelijke man

off-street ['ɔfstri:t] *bn* niet op de openbare weg

off-the-cuff ['ɔfðəkʌf] *bn* onvoorbereid, voor de vuist weg, uit de losse pols

off-the-peg ['ɔfðəpeg] *bn* confectie-

off-the-record ['ɔfðə'rekɔ:d] *bn* vertrouwelijk, onofficieel, niet voor publicatie

off-the-wall ['ɔfðəwɔ:l] *bn* slang bizar, absurd; origineel

off-white ['ɔfwait] *znw* & *bn* gebroken wit

oft [ɔft] *bijw* plechtig dikwijls, vaak

often [ɔ'f(t)ən] *bijw* dikwijls, vaak; *as* ~ *as not* vaak genoeg, niet zelden; *every so* ~ zo nu en dan, af en toe; *more* ~ *than not* meestal

oft(en)times *bijw* vero dikwijls, vaak

ogee ['oudʒi:, ou'dʒi:] *znw* bouwk ojief *o*

ogival [ou'dʒaivəl] *bn* ogivaal

ogive ['oudʒaiv] *znw* ogief *o*, spitsboog

ogle ['ougl] **I** *onoverg* lonken; **II** *overg* aan-, toelonken; **III** *znw* lonk, (verliefde) blik

ogre ['ougə] *znw* menseneter; wildeman, boeman

ogr(e)ish ['ougəriʃ] *bn* wildemans-

oh [ou] *tsw* o; ach, och; au; ~? ook: zo?

ohm [oum] *znw* ohm *o* & *m*

oho [ou'hou] *tsw* aha!

oil [ɔil] **I** *znw* olie; petroleum; ~*s* oliegoed *o*; olieverfschilderijen; in ~(*s*) in olieverf (geschilderd); *pour* ~ *on troubled waters* olie op de golven gieten; *throw* ~ *on the flames* olie op het vuur gieten; *strike* ~ olie aanboren; **II** *overg* oliën; (met olie) insmeren; in olie inleggen; ~ *sbd.'s hand (palm)* iem. de handen smeren [= omkopen]; ~ *the wheels* de wielen smeren[2]

oilcake *znw* lijnkoek, veekoek

oilcan *znw* oliespuit

oilcloth *znw* wasdoek *o* & *m*, zeildoek *o* & *m*

oil-colour *znw* olieverf

oiled *bn* geolied; gesmeerd; (*well*) ~ slang in de olie, aangeschoten

oiler *znw* oliekan, -spuit, -spuitje *o*; olieman, smeerder; petroleumboot

oilfield *znw* olieveld *o*

oil-fired *bn* met olie gestookt, op (stook)olie

oil-heater *znw* petroleumkachel

oiliness *znw* olieachtigheid, vettigheid; fig zalving

oilman *znw* oliehandelaar; olieman

oil-paint *znw* olieverf

oil-painting *znw* het schilderen in olieverf; olieverf(schilderij) *v* & *o*

oilrig *znw* booreiland *o*

oilskin *znw* gewaste taf; oliejas; ~*s* oliegoed *o*

oil slick *znw* olievlek [op zee]

oilstone *znw* oliesteen

oil tanker *znw* olietanker

oil-well *znw* oliebron

oily *bn* olieachtig, vet, goed gesmeerd; olie-; fig vleierig, zalvend, glad [v. tong]

ointment ['ɔintmənt] *znw* zalf, smeersel *o*

OK [ou'kei] gemeenz **I** *bn bijw* oké, in orde, goed; fijn, prima; **II** *znw* goedkeuring, verlof *o*; **III** *overg* in orde bevinden, goedkeuren

okapi [ou'ka:pi] *znw* okapi

okay

okay [ou'kei] *tsw* = OK

okra ['oukrə] *znw* oker, okra [plant met eetbare vrucht]

old [ould] **I** *bn* oud; ouderwets; *any ~ ... gemeenz* het doet er niet toe wat voor..., zomaar een...; zie ook: *time; good (dear) ~... gemeenz* die goeie, beste...; *as ~ as the hills* zo oud als de weg naar Kralingen; *the ~* het oude; de oud(er)en; **II** *znw: of ~* vanouds; in (van) vroeger dagen; zie ook: *age, bean, bird, cock, country, Dutch, folk, girl, hand, maid, man*

old-age *bn* van (voor) de oude dag, ouderdoms-; *~ pensioner* AOW'er; *~ pension* (ouderdoms)pensioen *o*, AOW

old boy *znw* oud-leerling; *~ network* vriendjespolitiek [door oud-klas- of -studiegenoten onderling]

old-clothes dealer [ould'klouðzmæn] *znw* uitdrager

olden *bn* vero oud, vroeger; *in the ~ days* in vroeger tijden

old-established *bn* reeds lang bestaand; (vanouds) gevestigd

olde-worlde ['ɔldi'wɔːldi] *bn* schertsend of geringsch = *old-world*

old-fashioned *bn* ouderwets, conservatief

old hat *bn* gemeenz verouderd, oude koek

oldish *bn* oudachtig, ouwelijk

old-maidish *bn* als (van) een oude vrijster

old school tie *znw* overdreven hang naar het traditionele

oldster *znw* Am oude heer; oudere, oudgediende

Old Testament *znw* Oude Testament *o*

old-time *bn* van vroeger, oud, ouderwets

old-timer *znw* oudgediende, ouwetje *o*; oudgast

old wives' tale *znw* bakerpraatje *o*

old-womanish *bn* als (van) een oud wijf

old-world *bn* uit de oude tijd, ouderwets; van de Oude Wereld

oleaginous [ouli'ædʒinəs] *bn* olie-, vetachtig

oleander [ouli'ændə] *znw* oleander

oleograph ['ouliəgra:f] *znw* oleografie

olfactory [ɔl'fæktəri] *bn* van de reuk; *~ nerves* reukzenuwen

oligarchic [ɔli'ga:kik] *bn* oligarchisch

oligarchy ['ɔliga:ki] *znw* oligarchie

olio ['ouliou] *znw* allegaartje *o*, ratjetoe, mengelmoes *o* & *v*

olivaceous [ɔli'veiʃəs] *bn* olijfkleurig

olive ['ɔliv] *znw* olijf(tak); olijfkleur; *(meat) ~s* blinde vinken

olive-branch *znw* olijftak

olive-oil *znw* olijfolie

Olympiad [ou'limpiæd] *znw* olympiade

Olympian *bn* olympisch

Olympic I *bn* olympisch; **II** *znw: the ~s* de Olympische Spelen

Oman [ou'ma:n] *znw* Oman *o*

Omani I *znw* Omaniet; **II** *bn* Omanitisch

ombudsman ['ɔmbudzmən] *znw* ombudsman

omega ['oumigə] *znw* omega; einde *o*

omelette, Am **omelet** ['ɔmlit] *znw* omelet; *you can't make an ~ without breaking eggs* waar gehakt wordt, vallen spaanders

omen ['oumen] **I** *znw* voorteken *o*, omen *o*; **II** *overg* voorspellen, beloven

ominous ['ɔminəs] *bn* onheilspellend, omineus

omissible [ou'misibl] *bn* weggelaten kunnende worden

omission *znw* weg-, uitlating; nalatigheid, verzuim *o*, omissie

omit *overg* weg-, uitlaten, achterwege laten, overslaan, nalaten, verzuimen

omnibus ['ɔmnibəs] **I** *znw* omnibus; **II** *bn* vele onderwerpen (voorwerpen &) omvattend, omnibus-, verzamel-; *~ book, ~ edition* omnibus (uitgave)

omnifarious [ɔmni'fɛəriəs] *bn* veelsoortig

omnipotence [ɔm'nipətəns] *znw* almacht

omnipotent *bn* almachtig

omnipresence [ɔmni'prezəns] *znw* alomtegenwoordigheid

omnipresent *bn* alomtegenwoordig

omniscience [ɔm'nisiəns] *znw* alwetendheid

omniscient *bn* alwetend

omnium gatherum ['ɔmniəm'gæðərəm] *znw* schertsend mengelmoes; gemengd gezelschap *o*

omnivorous [ɔm'nivərəs] *bn* allesverslindend; dierk omnivoor, allesetend

on [ɔn] **I** *voorz* op, aan, in, bij, om, met, van, over, tegen, volgens, naar; gemeenz op kosten van; ten koste van; *hundreds ~ hundreds of miles* honderden en honderden mijlen; *this round is ~ me* dit rondje geef ik; *slam the door ~ sbd.* vóór iem. dichtslaan; **II** *bijw* aan, op; door, voort, verder [bij werkwoorden]; *~, Stanley, ~!* op!, vooruit!, sla toe!; *~ with your coat* (trek) aan je jas; *he is ~* hij is aan de beurt; hij is op de planken [v. toneel]; *I am ~* ook: ik wil wel!, ik doe mee!; *be ~ at (to) sbd.* iem. aan zijn kop zeuren; *the case is ~* de (rechts)zaak is in behandeling; *Macbeth is ~* wordt gespeeld; *that's not ~!* gemeenz dat doe je niet!; *what is ~?* wat is er aan de hand?, te doen?, gaande?, aan de gang?; *what is he ~ about?* gemeenz waar heeft-ie het (in godsnaam) over?; *we are well ~ in April* al een heel eind in april; *~ and off = off and on* zie: *off*; *~ and ~* voortdurend; *~ to* op, naar; *be ~ to* gemeenz doorhebben; fig ruiken; *get ~ to* komen op [het dak]; zich in verbinding stellen met; ontdekken; gemeenz doorhebben

onager ['ɔnəgə] *znw* onager [dier]

once [wʌns] **I** *bijw* eens, eenmaal; *~ again* nog eens, nogmaals, opnieuw, andermaal, weer; *~ or twice* af en toe, een enkele maal; *~ and away* eens en dan niet meer; een hoogst enkele maal; *~ (and) for all* eens en niet weer; *~ in a blue moon* een doodenkele keer; *~ in a while, ~ in a way* een enkele keer, af en toe; *~ more* nog eens, nogmaals, opnieuw, andermaal, weer; *~ upon a time* (er was) eens; *at ~* dadelijk; tegelijk; *all at* ~ plotseling; *for* ~ een enkele maal; bij (hoge) uitzondering; *not (never)* ~ geen enkele keer; **II** *znw*: *this* ~ ditmaal; *for this (that)* ~ voor deze keer; **IV** *voegw* toen (eenmaal), als (eenmaal), zodra

once-over ['wʌnsouvə] *znw* gemeenz vluchtig onderzoek *o* &; *give the* ~ zijn ogen laten gaan over

oncoming ['ɔnkʌmiŋ] **I** *bn* naderbij komend, aanrollend, naderend, aanstaand; ~ *car* ook: tegenligger; ~ *traffic* tegemoetkomend verkeer *o*; **II** *znw* nadering

one [wʌn] **I** *telw* een, één; een enkele; (een en) dezelfde; enig; ~ *James* een zekere James, ene James; ~ *night* op zekere nacht; ~ *and all* allen (gezamenlijk), als één man; *his* ~ *and only hope* zijn enige hoop; ~ *another* elkaar; ~ *after another* de een na de ander, de één voor de ander na; ~ *with another* door elkaar (gerekend); *the* ~*(s) I have seen* die ik gezien heb; *he is the* ~ hij is de (onze) man, hij is het; *he is the* ~ *man to do it* de enige die het kan; *what* ~*?* welke?; *what kind of* ~*(s)?* welke, wat voor?; *a small boy and a big* ~ en een grote; *small boys and big* ~*s* kleine en grote jongens; *that's a good* ~*!* die is goed!; *the great* ~*s* de grote lui; de groten (der aarde); *the little* ~*(s)* de kleine(n), kleintje(s); *that was a nasty* ~ dat was een lelijke klap; *you are a fine* ~*!* je bent me een mooie!; *(that was)* ~ *in the eye for you!* een lelijke slag (klap, veeg uit de pan); ~ *up* zie *up I*; *be* ~ één zijn; het eens zijn; *it is all* ~ het is allemaal hetzelfde; *be* ~ *of the party* van de partij zijn; *Book (chapter)* ~ het eerste boek (hoofdstuk); *be* ~ *up on sbd.* gemeenz iem. een slag vóór zijn; *be at* ~ *with sbd. on (about)* het met iem. eens zijn over; ~ *by* ~ één voor één; stuk voor stuk; *by* ~*s and twos* bij bosjes van twee en drie; *X. for* ~ om maar eens iemand te noemen, X., X. bijvoorbeeld; *I for* ~ ik voor mij; *guess sth. in* ~ iets in één keer goed raden; **II** *onbep vnw* men, gemeenz je; de een; iemand; *like* ~ *mad* als een bezetene; *I am not* ~ *for boasting (to talk)* ik houd niet van opscheppen (praten); **III** *znw* één; *two* ~*s* twee enen; *he's a* ~*!* gemeenz hij is me er eentje!

one-armed *bn* met één arm; ~ *bandit* fruitautomaat, gokkast

one-eyed *bn* eenogig

one-horse *bn* met één paard; gemeenz klein, armoedig; *a* ~ *place* gat *o* [onaanzienlijk, stil, vervallen stadje of dorp]

one-legged *bn* met één been

one-liner *znw* korte, uit één zinnetje bestaande grap, kwinkslag

one-man *bn* eenmans-; van één persoon, schilder & (bijv. *a* ~ *exhibition*)

oneness *znw* eenheid, enigheid

one-night stand ['wʌnait'stænd] *znw* **1** gemeenz een liefdesaffaire/vriend(in) voor één nacht; **2** theat eenmalige voorstelling

one-off gemeenz **I** *bn* uniek, eenmalig; **II** *znw*

unieke persoon, uniek ding *o*

one-parent family *znw* eenoudergezin *o*

one-piece I *bn* uit één stuk, eendelig; **II** *znw* jurk & uit één stuk

oner ['wʌnə] *znw* gemeenz geweldige kerel, prachtstuk *o*, bijzonder iem. of iets; expert; een flinke opstopper

onerous ['ɔnərəs] *bn* lastig, bezwaarlijk, zwaar, onereus; *recht* bezwaard [eigendom]

oneself [wʌn'self] *wederk vnw* zich; zichzelf; zelf

one-sided [wʌn'saidid] *bn* eenzijdig, partijdig

one-time *bn* gemeenz voormalig, gewezen, ex-

one-to-one *bn* een op een; een tegen een; ~ *fight* gevecht *o* van man tegen man; ~ *tuition* privéles

one-track *bn* eenzijdig [v. geest]

one-upmanship ['wʌn'ʌpmənʃip] *znw* gemeenz slagvaardigheid, de kunst om anderen steeds een slag voor te zijn

one-way *bn* in één richting; ~ *traffic* eenrichtingsverkeer *o*; ~ *street* straat met eenrichtingsverkeer; ~ *ticket* enkele reis [kaartje], enkeltje *o*

onfall ['ɔnfɔ:l] *znw* aanval, bestorming

ongoing ['ɔngouiŋ] *bn* voortdurend, aanhoudend, lopend

onion ['ʌnjən] *znw* ui; *know one's* ~*s* gewiekst zijn

onlooker ['ɔnlukə] *znw* toeschouwer

only ['ounli] **I** *bn* enig; **II** *bijw* alleen, enig, enkel, maar, slechts, nog (maar); pas, net; eerst; ~ *just* (maar) net, nauwelijks; ~ *too glad* maar al te blij; **III** *voegw* alleen [= maar]

onomastics [ɔnou'mæstiks] *znw* naamkunde

onomatopoeia [ɔnəmætə'pi:ə] *znw* klanknabootsing; klanknabootsend woord *o*, onomatopee

onomatopoeic [ɔnəmætə'pi:ik] *bn* klanknabootsend

onrush ['ɔnrʌʃ] *znw* stormloop, opmars

onset ['ɔnset] *znw* aanvang, begin *o*

onshore ['ɔnʃɔ:] *bn* aanlandig [wind]

onslaught ['ɔnslɔ:t] *znw* aanval

on-the-job *bn*: ~ *training* praktijkopleiding

onto ['ɔntu] *voorz* op, naar

onus ['ounəs] *znw* plicht, verplichting, last

onward ['ɔnwəd] **I** *bn* voorwaarts; **II** *bijw*: ~*(s)* voorwaarts, vooruit; zie ook: *from*

onyx ['ɔniks] *znw* onyx *o* & *m*

oodles ['u:dlz] *znw mv*: ~ *of* gemeenz een hoop [geld &]

oof [u:f] *znw* slang geld *o*, poen

oomph [u:mf] *znw* gemeenz sex-appeal *o*; pit *o* & *v*, energie

oops! [u:ps] *tsw* hupsakee!, hoepla!

oops-a-daisy *tsw* = *oops*

ooze [u:z] **I** *znw* modder, slik *o*; stroompje *o*; sijpelen *o*; **II** *onoverg* sijpelen; dóórdringen; ~ *away* wegsijpelen; *fig* langzaam verdwijnen; ~ *out* doorsijpelen, (uit)lekken[2]; ~ *with* druipen van; **III** *overg* uitzweten; *fig* druipen van

oozy *bn* modderig, slijkerig; klam

op [ɔp] *znw* <u>gemeenz</u> [militaire, medische] operatie

opacity [ou'pæsiti] *znw* ondoorschijnendheid, donkerheid², duisterheid²

opal ['oupǝl] *znw* opaal(steen)

opaline *bn* opaalachtig, opaal-

opaque [ou'peik] *bn* ondoorschijnend, donker², duister²; dom, traag van begrip

ope [oup] *overg* & *onoverg* <u>plechtig</u> (zich) openen

open ['oup(ǝ)n] **I** *bn* open°; geopend; openbaar, publiek; onbeperkt, vrij; openlijk; openhartig; onverholen; onbevangen; onbezet; onbeslist; ~ *season* jacht-, visseizoen *o*; ~ *shop* bedrijf dat ook ongeorganiseerde werknemers in dienst neemt; ~ *verdict* <u>recht</u> ± 'doodsoorzaak onbekend'; *be ~ to* open zijn (staan) voor; blootstaan aan; vatbaar zijn voor [rede]; gaarne willen (ontvangen &); *it is ~ to you...* het staat u vrij om...; ~ *to reproach* af te keuren; *be ~ with* openhartig zijn tegenover; *lay ~* open-, blootleggen; *lay oneself ~ to* zich blootstellen aan; ~ *air* buiten, buitenlucht; ~ *country* vrije veld *o*; ~ *court* openbare rechtszaak; *keep ~ house* heel gastvrij zijn; *with ~ hand* vrijgevig; ~ *secret* publiek geheim *o*; ~ *and shut* rechttoe rechtaan; **II** *znw* open veld *o*, open zee; <u>sp</u> open toernooi *o* [waarvoor iedereen zich kan inschrijven]; *in the ~* in de open lucht; onder de blote hemel; in het openbaar; *bring into the ~* aan het licht brengen; *come into the ~* voor de dag komen; eerlijk zeggen; **III** *overg* openen, openmaken, -doen, -zetten, -stellen; openkrijgen; openleggen²; blootleggen; inleiden [onderwerp], beginnen; ontginnen [het terrein]; banen [weg]; verruimen [geest]; ~ *out* openen; ~ *up* toegankelijk maken, ontsluiten; open-, blootleggen; onthullen; ontginnen; beginnen; **IV** *onoverg* opengaan, zich openen; beginnen; ~ *into, on (on to)* uitkomen op; ~ *out* opengaan, zich ontplooien; 'loskomen'; *his eyes ~ed to* ... de ogen gingen hem open voor ...; ~ *up* opengaan; beginnen; 'loskomen'; <u>mil</u> beginnen te vuren

open-air *bn* openlucht-, buiten-

open-and-shut *bn*: ~ *case* duidelijk geval *o*, fluitje *o* van een cent

open-cast ['oup(ǝ)nkɑ:st] *bn*: ~ *mining* dagbouw

open-ended *bn* open, flexibel, niet vastomschreven, vrij, voor onbepaalde duur [contract], zonder tijdslimiet [bijeenkomst], zonder vaste retourdatum [ticket]

opener ['oupǝnǝ] *znw* (blik-, fles)opener; eerste onderdeel *o* van iets; *for ~s* te beginnen

open-eyed *bn* met open(gesperde) ogen; waakzaam, alert

open-handed *bn* mild, royaal

open-hearted *bn* openhartig; grootmoedig; hartelijk

open-heart surgery *znw* openhartchirurgie

opening I *bn* openend; inleidend; eerste; ~ *hours* openingsuren; ~ *night* <u>theat</u> première; ~ *time* openingstijd; **II** *znw* opening°; begin *o*; inleiding;

kans; gelegenheid; plaats [voor een werkkracht]; ~*s* ook: vooruitzichten

openly *bijw* openlijk, onverholen

open-minded *bn* onbevangen, onbevooroordeeld

open-mouthed *bn* met open mond; gulzig, gretig

open-necked *bn* met open kraag; ~ *shirt* schillerhemd *o*

openness *znw* open(hartig)heid

open-plan *bn*: ~ *office* kantoortuin

open-work *znw* ajour

opera ['ɔpǝrǝ] *znw* opera

operable ['ɔpǝrǝbl] *bn* operabel

opera-glasses *znw mv* toneelkijker

opera-hat *znw* hoge zijden [hoed]

opera-house *znw* opera(gebouw *o*)

operate ['ɔpǝreit] **I** *onoverg* werken° [v. geneesmiddelen &]; uitwerking hebben; van kracht zijn; <u>handel</u> & <u>mil</u> opereren; <u>med</u> een operatie doen; ~ *(up)on* werken op [iems. gevoel]; ~ *on sbd. for appendicites* iem. opereren aan zijn blindedarm; **II** *overg* bewerken; teweegbrengen, ten gevolge hebben; in werking stellen; <u>techn</u> drijven; in beweging brengen; besturen, behandelen, bedienen [machine], werken met [vulpen]; exploiteren, leiden

operatic [ɔpǝ'rætik] *bn* opera-; <u>fig</u> theatraal

operating ['ɔpǝreitiŋ] *bn* **1** werkend, in werking, functionerend; **2** bedrijfs-; ~ *expenses* bedrijfskosten; ~ *system* <u>comput</u> besturingssysteem *o*; ~ *theatre*, ~ *room* operatiekamer, -zaal

operation [ɔpǝ'reiʃǝn] *znw* (uit)werking; werkzaamheid, in werking, bewerking, (be)handeling, bediening [v. machine]; exploitatie; operatie; *be in ~* van kracht zijn; <u>techn</u> in bedrijf zijn; *come into ~* in werking treden; <u>pol</u>, <u>recht</u> van kracht worden, ingaan [v. wet]

operational *bn* operationeel

operative ['ɔpǝrǝtiv] **I** *bn* werkzaam, werkend, van kracht; werk-; meest relevant, voornaamst; <u>med</u> operatief; *become ~* in werking treden; **II** *znw* werkman, arbeider; <u>Am</u> detective, rechercheur

operator ['ɔpǝreitǝ] *znw* operateur; (be)werker; wie bedient [machine], bestuurder; machinist, cameraman; telegrafist; telefonist; <u>handel</u> speculant; *a smooth ~* een gladde jongen

operetta [ɔpǝ'retǝ] *znw* operette

ophthalmia [ɔf'θælmiǝ] *znw* oogontsteking

ophthalmic *bn* oog-; ooglijders-

ophthalmology [ɔfθæl'mɔlǝdʒi] *znw* oogheelkunde

ophthalmoscope [ɔf'θælmǝskoup] *znw* oogspiegel

opiate ['oupiit] *znw* opiaat *o*, opiumhoudend slaap- of pijnstillend middel *o*

opine [ou'pain] *onoverg* van mening zijn, vermenen

opinion [ǝ'pinjǝn] *znw* opinie, ziens-, denkwijze, idee *o* & *v*; mening, oordeel *o*, gevoelen *o*; [rechtskundig &] advies *o*; ~ *poll* opiniepeiling, opinieonderzoek *o*; *have no ~ of* geen hoge dunk hebben van; *in my ~* volgens mijn mening, naar mijn opinie, mijns inziens; *a matter of* ~ een kwestie van opvatting; onuitgemaakt

opinionated, opinionative *bn* stijfhoofdig: stijf op zijn stuk staand; eigenwijs, eigenzinnig

opium ['oupjəm] *znw* opium

opium den *znw* opiumkit

opium smoker *znw* opiumsnuiver

opossum [ə'pɔsəm] *znw* dierk opossum *o*, buideldrat

opponent [ə'pounənt] *znw* tegenstander, tegenpartij, bestrijder, opponent, opposant

opportune ['ɔpətju:n] *bn* juist op tijd, van pas (komend), gelegen, geschikt, opportuun

opportunism *znw* opportunisme *o*

opportunist *znw* & *bn* opportunist(isch)

opportunity [ɔpə'tju:niti] *znw* (gunstige) gelegenheid, kans

oppose [ə'pouz] **I** *overg* stellen (brengen) tegenover, tegenover elkaar stellen; zich kanten tegen, zich verzetten tegen, tegengaan, bestrijden [voorstel]; **II** *abs ww* tegenwerpingen maken, oppositie voeren; ~*d to* tegengesteld aan; *as* ~*d to* tegen(over); *firmly* ~*d to* ... sterk (gekant) tegen

opposer *znw* opponent; bestrijder

opposing *bn* tegen(over)gesteld, tegenstrijdig; (vijandig) tegenover elkaar staand

opposite ['ɔpəzit] **I** *bn* tegen(over)gesteld, tegenover(gelegen); overstaand [v. hoeken, bladeren]; ~ *number* gelijke, ambtgenoot, collega, pendant *o* & *m*, tegenspeler; ~ *party* tegenpartij; *the* ~ *sex* het andere geslacht; ~ *(to) the house* tegenover het huis; **II** *bijw* & *voorz* (daar)tegenover, aan de overkant; *nearly* ~ schuin tegenover; **III** *znw* tegen(over)gestelde *o*, tegendeel *o*

opposition [ɔpə'ziʃən] *znw* oppositie°, tegenstand, verzet *o*, tegenkanting; tegenoverstelling; tegenstelling; *in* ~ *to* tegenover; in strijd met; tegen... in

oppositionist *znw* (lid *o*) van de oppositie

oppress [ə'pres] *overg* onderdrukken, verdrukken; drukken (op), bezwaren, benauwen

oppression *znw* onder-, verdrukking; druk, benauwing

oppressive *bn* (onder)drukkend, benauwend

oppressor *znw* onderdrukker, verdrukker

opprobrious [ə'proubriəs] *bn* smadend, smaad-, beledigend

opprobrium *znw* smaad, schande

opt [ɔpt] *onoverg* ~ *for* opteren, kiezen (voor); ~ *out* niet meer willen (meedoen), bedanken (voor *of*)

optic ['ɔptik] **I** *bn* optisch, gezichts-; ~ *nerve* oogzenuw; **II** *znw*: ~*s* optica, optiek

optical *bn* optisch, gezichts-; ~ *illusion* gezichtsbedrog *o*

optician [ɔp'tiʃən] *znw* opticien

optimal ['ɔptiml] *bn* optimaal

optimism ['ɔptimizm] *znw* optimisme *o*

optimist *znw* optimist

optimistic [ɔpti'mistik] *bn* optimistisch, hoopvol

optimize ['ɔptimaiz] *overg* optimaliseren

optimum I *znw* (*mv*: -*s of* optima) optimum *o*; **II** *bn* optimaal

option ['ɔpʃən] *znw* keus, verkiezing, recht *o* of vrijheid van kiezen, optie; handel premie(affaire); *keep (leave) one's* ~*s open* (nog) geen definitieve keuze doen; zorgen dat men alle kanten uit kan; ± zich op de vlakte houden

optional *bn* niet verplicht, ter keuze, facultatief; ~ *extras* accessoires

optometrist [ɔp'tɔmitrist] *znw* iem. die de gezichtsscherpte bepaalt; ± opticien

optometry [ɔp'tɔmitri] *znw* bepaling van de gezichtsscherpte

opulence ['ɔpjuləns] *znw* rijkdom, overvloed, weelde(righeid)

opulent *bn* rijk, overvloedig, weelderig

opus ['oupəs, 'ɔpəs] *znw* (*mv*: -*es of* opera [ɔpərə]) muz opus *o*, werk *o* [v. schrijver]

opuscule [ɔ'pʌskju:l] *znw* muz klein opus *o*, werkje *o*

or [ɔ:] *voegw* of; *five* ~ *six* vijf à zes; een stuk of zes; *a word* ~ *two* een paar woorden; *we can do better than that...* ~ *can we?* ... of niet soms?; hoewel...; zie ook: *so I*

oracle ['ɔrəkl] *znw* orakel[2] *o*; *work the* ~ achter de schermen werken

oracular [ɔ'rækjulə] *bn* orakelachtig

oral ['ɔ:rəl] **I** *bn* mondeling; mond-; med oraal; **II** *znw* mondeling (examen) *o*

orange ['ɔrin(d)ʒ] **I** *znw* oranjeboom; sinaasappel; oranje *o*; *bitter* ~ pomerans; ~ *blossom* oranjebloesem; **II** *bn* oranje

orangeade [ɔrin'(d)ʒeid] *znw* orangeade

Orangeism ['ɔrin(d)ʒism] *znw* militant protestantisme *o* [in Noord-Ierland]

Orangeman *znw* [in Noord-Ierland] militante protestant

orange-peel ['ɔrin(d)ʒpi:l] *znw* oranjeschil, sinaasappelschil

orangery ['ɔrin(d)ʒəri] *znw* oranjerie

orang-outang, orang-utan ['ɔ:rəŋ'u:tæn, 'ɔ:ræŋ'u:ta:n] *znw* dierk orang-oetan(g)

orate [ɔ'reit] *overg* gemeenz oreren

oration [ɔ'reiʃən] *znw* rede, redevoering, oratie

orator ['ɔrətə] *znw* redenaar, spreker

oratorical [ɔrə'tɔrikl] *bn* oratorisch, redenaars-

oratorio [ɔrə'tɔ:riou] *znw* muz oratorium *o*

oratory ['ɔrətəri] *znw* welsprekendheid; (holle) retoriek; bidvertrek *o*, (huis)kapel

orb [ɔ:b] *znw* (hemel)bol; kring; rijksappel

orbit ['ɔ:bit] **I** *znw* baan [v. hemellichaam, satelliet]; fig sfeer; oogholte, -kas; *be in* ~ in een baan draaien; *go (to) into* ~ in een baan komen; *put (send) into* ~ in een baan brengen; **II** *onoverg* in een baan draaien; **III** *overg* in een baan draaien om [de aarde, de maan &]

orbital *bn* van de oogkas; van een baan, baan-; ~ *flight* vlucht in een baan (om de aarde &); ~ *road* ringweg

orchard ['ɔːtʃəd] *znw* boomgaard

orchestra ['ɔkistrə] *znw* orkest° *o*; ~ *pit* orkestbak

orchestral [ɔːˈkestrəl] *bn* van het orkest, orkest-

orchestrate ['ɔːkistreit] *overg* orkestreren, voor orkest bewerken; *fig* organiseren, arrangeren

orchestration [ɔːkisˈtreiʃən] *znw* orkestratie, arrangement² *o*

orchid ['ɔːkid], **orchis** ['ɔːkis] *znw* orchidee

ordain [ɔːˈdein] *overg* aan-, instellen; bevelen, verordenen, plechtig (ver)ordineren; bestemmen, bepalen; ordenen (tot priester); wijden

ordeal [ɔːˈdiːl, ɔːˈdiːəl] *znw* godsgericht *o*; fig beproeving; vuurproef

order ['ɔːdə] **I** *znw* (rang-, volg)orde, klasse, soort; stand; ridderorde; orde(lijkheid); order, bevel *o*, last(geving), bestelling; formulier *o*; (toegangs-)biljet *o*; mil tenue *o & v*; O~ *in Council* ± Koninklijk Besluit *o*; ~ *of battle* slagorde; *the* ~ *of the day* de orde van de dag; mil de dagorder; *be the* ~ *of the day* aan de orde van de dag zijn; ~ *of knighthood* ridderorde; *holy* ~s de geestelijke wijding; *the major (minor)* ~s RK de hogere (lagere) wijdingen; *it is a tall* ~ gemeenz dat is veel gevergd; dat is niet mis; *there are* ~s *against it* het is verboden; *take* ~s (tot priester) gewijd worden; handel bestellingen krijgen (aannemen); *arms at the* ~ mil met het geweer bij de voet; *by* ~ op bevel, op last; *by his* ~s op zijn bevel; *in* ~ in orde; aan de orde; niet buiten de orde; *in* ~ *to marry, in* ~ *that he might marry* om te, plechtig teneinde te trouwen; *in* ~s (tot priester) gewijd; *enter into (holy)* ~s (tot priester) gewijd worden; *on* ~ in bestelling; *out of* ~ niet in orde; niet wel; ordeloos; in het ongerede, defect, stuk; buiten de orde; *to* ~ op commando (bevel); volgens bestelling, op (naar) maat; handel aan order; *call to* ~ tot de orde roepen; *be under* ~s *to* bevel (gekregen) hebben om; **II** *tsw* ~, ~! tot de orde!; **III** *overg* ordenen, (be)schikken, regelen, inrichten; verordenen, gelasten, bevelen, voorschrijven; bestellen; ~ *arms!* mil het geweer bij de voet!; ~ *about* commanderen, ringeloren; ~ *away,* ~ *off* gelasten heen te gaan; ~ *home* gelasten naar huis te gaan; naar het moederland terugroepen (zenden)

order-book *znw* handel orderboek *o*, order portefeuille

order-form *znw* bestelbiljet *o*, bestelformulier *o*, bestelkaart

1 orderly ['ɔːdəli] *bn* ordelijk, geregeld

2 orderly ['ɔːdəli] *znw* ordonnans; hospitaalsoldaat; oppasser [in een hospitaal]

orderly officer *znw* officier van de dag

orderly room *znw* mil bureau *o*

order-paper ['ɔːdəpeipə] *znw* agenda

ordinal ['ɔːdinl] *bn* rangschikkend; ~ *number* rangtelwoord *o*

ordinance ['ɔːdinəns] *znw* verordening, ordonnantie; ritus

ordinand [ɔːdiˈnænd] *znw* kandidaat voor wijding, RK wijdeling

ordinarily ['ɔːd(i)nərili] *bijw* gewoonlijk; gewoon

ordinary I *bn* gewoon, alledaags; doorsnee, normaal, saai; ~ *seaman* lichtmatroos; zie ook: *level I*; **II** *znw* gewone *o*; RK ordinaris; RK ordinarium *o* [van de mis]; *out of the* ~ ongewoon; buitengewoon

ordinate ['ɔːdinit] *znw* wisk ordinaat

ordination [ɔːdiˈneiʃən] *znw* (priester)wijding

ordnance ['ɔːdnəns] *znw* geschut *o*, artillerie; oorlogsmateriaal *o* en -voorraden; *Army O~ Corps* ± uitrustingstroepen; *a piece of* ~ een stuk (geschut) *o*; ~ *map* stafkaart

ordnance survey *znw* topografische opname, triangulatie; topografische dienst

ordure ['ɔːdjuə] *znw* vuilnis; vuiligheid², vuil² *o*

ore [ɔː] *znw* erts *o*

oread ['ɔːriæd] *znw* bergnimf

oregano [ɔriˈgaːnou] *znw* oregano

organ ['ɔːgən] *znw* muz orgel *o*; orgaan² *o*

organdie ['ɔːgəndi] *znw* organdie

organ-grinder ['ɔːgəngraində] *znw* orgeldraaier

organic [ɔːˈgænik] *bn* organisch, organiek; biologisch(-dynamisch), natuurlijk [v. voeding, tuinbouw &]

organism ['ɔːgənizm] *znw* organisme *o*

organist ['ɔːgənist] *znw* organist

organization [ɔːgənaiˈzeiʃən] *znw* organisatie

organizational *bn* organisatorisch

organize ['ɔːgənaiz] *overg* organiseren

organizer *znw* organisator

organ-loft ['ɔːgənlɔft] *znw* muz orgelkoor *o*; RK oksaal *o*

organ-stop *znw* muz (orgel)register *o*

orgasm ['ɔːgæzm] *znw* hoogste opwinding, opgewondenheid, orgasme *o*

orgasmic ['ɔːgæzmik], **orgastic** ['ɔːgæztik] *bn* orgastisch

orgiastic ['ɔːdʒiæstik] *bn* orgiastisch, als een orgie

orgy ['ɔːdʒi] *znw* orgie, zwelg-, braspartij

oriel ['ɔːriəl] *znw* erker; erkervenster *o* (ook: ~ *window*)

Orient ['ɔːriənt] *znw* oosten *o*, morgenland *o*

1 orient ['ɔːriənt] plechtig **I** *bn* opgaand [als de zon]; oostelijk; oosters; schitterend, stralend; **II** *znw* glans [v. parels]

2 orient ['ɔːrient] *overg* richten; oriënteren, situeren; ~ *oneself* zich oriënteren

oriental [ɔːriˈentl] **I** *bn* oostelijk; oosters; **II** *znw* oosterling

orientate ['ɔːrienteit] *overg* = ²*orient*

orientation [ɔːrienˈteiʃən] *znw* oriëntering², oriëntatie

orienteering ['ɔːrientiəriŋ] *znw* sp oriëntatieloop

orifice ['ɔrifis] *znw* plechtig opening; mond

origin ['ɔridʒin] *znw* oorsprong, begin *o*, beginpunt *o*, af-, herkomst, origine; oorzaak, ontstaan *o*

original [ə'ridʒinəl] **I** bn oorspronkelijk, aanvankelijk, origineel; ~ sin erfzonde; **II** znw origineel o = oorspronkelijk stuk (werk) o; grondtekst
originality [əridʒi'næliti] znw oorspronkelijkheid; originaliteit
originate [ə'ridʒineit] **I** overg voortbrengen; **II** onoverg ontstaan, voortspruiten (uit in), afkomstig zijn, uitgaan (van from, with)
origination [əridʒi'neiʃən] znw oorsprong, ontstaan o
originator znw (eerste) ontwerper, aanlegger, initiatiefnemer, schepper, verwekker, vader
oriole ['ɔ:rioul] znw wielewaal, goudmerel
Orion [ə'raiən] znw astron Orion
orison ['ɔrizən] znw vero gebed o
orlop ['ɔ:lɔp] znw scheepv koebrugdek o
ormolu ['ɔ:məlu:] znw goudbrons o
ornament ['ɔ:nəmənt] **I** znw ornament o, versiersel o, versiering; sieraad² o; **II** overg (ver)sieren, tooien
ornamental [ɔ:nə'mentl] bn (ver)sierend, ornamenteel, decoratief [v. personen]; sier-; ~ art (ver-) sier(ings)kunst, ornamentiek; ~ painter decoratieschilder
ornamentation [ɔ:nəmen'teiʃən] znw versiering; ornamentiek
ornate [ɔ:'neit] bn (te) zeer versierd, overladen
ornery ['ɔ:nəri] bn Am gemeenz chagrijnig, vervelend; koppig; van slechte kwaliteit
ornithological [ɔ:niθə'lɔdʒikl] bn ornithologisch
ornithologist [ɔ:ni'θɔlədʒist] znw ornitholoog
ornithology znw ornithologie: vogelkunde
orotund ['ɔroutʌnd] bn weerklinkend; pompeus, bombastisch
orphan ['ɔ:fən] **I** znw weeskind o, wees; **II** bn verweesd, ouderloos, wees-; **III** overg tot wees maken
orphanage znw weeshuis o
orphaned bn verweesd, ouderloos
orphanhood znw ouderloosheid
Orphean [ɔ:'fi:ən], **Orphic** ['ɔ:fik] bn van Orfeus; Orfisch, orakelachtig; meeslepend
orphrey ['ɔ:fri] znw goudboordsel o, rand van goudborduursel o
orpiment ['ɔ:pimənt] znw operment o [verfstof]
orrery ['ɔrəri] znw planetarium o
orris ['ɔris] znw borduursel o van goud- of zilverkant
orthodontics [ɔ:θou'dɔntiks] znw orthodontie
orthodontist [ɔ:θə'dɔntist] znw orthodontist
orthodox ['ɔ:θədɔks] bn orthodox, rechtzinnig; conventioneel; echt, van de oude stempel; gebruikelijk, gewoon; oosters-orthodox
orthodoxy znw orthodoxie, rechtzinnigheid
orthographic [ɔ:θə'græfik] bn orthografisch: van de spelling, spelling-
orthography [ɔ:'θɔgrəfi] znw (juiste) spelling
orthopaedic, Am **orthopedic** [ɔ:θou'pi:dik] bn orthopedisch; ~ surgeon orthopedist
orthopaedics, Am **orthopedics** znw orthopedie

orthopaedy, Am **orthopedy** ['ɔ:θoupi:di] znw = orthopaedics
oscillate ['ɔsileit] overg & onoverg slingeren, schommelen²; trillen; aarzelen; radio oscilleren
oscillation [ɔsi'leiʃən] znw slingering, schommeling²; radio oscillatie
oscillatory ['ɔsilətəri] bn slingerend, schommelend², slinger-; radio oscillatie-
oscilloscope [ɔ'siləskoup] znw oscilloscoop
osculate ['ɔskjuleit] **I** onoverg wisk osculeren; **II** overg schertsend kussen
osculation [ɔskju'leiʃən] znw wisk osculatie; schertsend kus, gekus o
osier ['ouʒə] **I** znw kat-, teen-, bindwilg; rijs o; teen; **II** bn tenen
osmosis [ɔz'mousis] znw osmose
osprey ['ɔspri] znw dierk visarend; aigrette
osseous ['ɔsiəs] bn beenachtig, beender-
ossicles ['ɔsəkəls] znw mv gehoorbeentjes
ossification [ɔsifi'keiʃən] znw beenvorming, verbening
ossify ['ɔsifai] overg & onoverg verbenen; verharden²
ossuary ['ɔsjuəri] znw knekelhuis o, ossuarium o
ostensible [ɔs'tensibl] bn voorgewend, voor de schijn, ogenschijnlijk, zogenaamd
ostensibly bijw zoals voorgegeven wordt (werd), ogenschijnlijk, zogenaamd
ostentation [ɔsten'teiʃən] znw (uiterlijk) vertoon o, pralerij, pronkerij; ostentatie
ostentatious bn pralend, praalziek, pronkerig, pronkziek; ostentatief
osteology [ɔsti'ɔlədʒi] znw osteologie, leer der beenderen
osteopath ['ɔstiəpæθ] znw osteopaat, bottenkraker
osteopathy [ɔsti'ɔpəθi] znw osteopathie, bottenkraken
ostler ['ɔslə] znw stalknecht
ostracism ['ɔstrəsizm] znw hist ostracisme o, schervengericht o; uitsluiting; verbanning
ostracize ['ɔstrəsaiz] overg hist (door het schervengericht) verbannen; uitsluiten, (maatschappelijk) boycotten
ostrich ['ɔstritʃ] znw dierk struisvogel
other ['ʌðə] **I** bn ander; nog (meer); anders; some ~ day op een andere dag; the ~ day onlangs; every ~ day om de andere dag; the ~ night laatst op een avond; ~ than verschillend van, anders dan; ~ than ook: behalve; zie ook: none; some one or ~ de een of andere, deze of gene; some time or ~ (bij gelegenheid) wel eens; **II** znw andere; he is the man of all ~s for the work net de man voor dat werk; why choose this book of all ~s! waarom nu juist dit boek?
otherness znw verschillend/anders zijn o
otherwhere(s) bijw plechtig elders
otherwise bijw anders°, anderszins, op (een) andere manier; overigens; alias; wise and ~ wijs en niet wijs; rich or ~ al of niet rijk, rijk of arm

otherworldly [ʌðə'wɔːldli] *bn* niet van deze wereld

otiose ['ouʃious] *bn* onnut, overbodig; ledig

otitis [o'taitis] *znw* oorontsteking

otoscope ['outəskoup] *znw* oorspiegel

otter ['ɔtə] *znw* dierk (zee)otter

Ottoman ['ɔtəmən] *znw & bn* Ottomaan(s), Turk(s)

ottoman ['ɔtəmən] *znw* ottomane [rustbank]

ouch [autʃ] *tsw* au!

1 ought [ɔːt] *znw* **1** plechtig iets; **2** nul

2 ought [ɔːt] (ought) *onoverg* moeten, behoren; *you ~ to....* u moe(s)t...

ouija ['wiːdʒaː] *znw* (kruishout *o* en) bord *o*, gebruikt bij spiritistische seance

ounce [auns] *znw* **1** Engels ons *o* (= 28,35 gram); **2** fig greintje *o*, beetje *o*; **3** dierk sneeuwpanter

our ['auə] *bez vnw* ons, onze

ours *bez vnw* de onze(n), het onze; van ons

ourself [auə'self], **ourselves** [auə'selvz] *wederk vnw* wij(zelf); ons, (ons)zelf; *we ~* wij zelf [met nadruk]

ousel ['uːzl] *znw = ouzel*

oust [aust] *overg* verjagen; verdringen; de voet lichten; uit-, ontzetten

out [aut] **I** *bijw* uit°, (naar) buiten; eropuit, weg, niet thuis, scheepv buitengaats, mil te veld; uitgelopen [blaren]; uitgedoofd; op; om; uit de mode; niet meer aan het bewind; niet meer aan slag; in staking; bewusteloos; bekend, geopenbaard, publiek; uitgesloten; *all ~* totaal; de plank helemaal mis; met volle kracht, uit alle macht; *go all (flat) ~* alles op alles zetten; *~ there* daarginder (in Canada &); *~ and ~* door en door, terdege; *my arm is ~* uit het lid; *in school and ~* en daarbuiten; *on her Sundays ~* op haar vrije zondagen; *the last novel ~* de laatst verschenen (nieuwste) roman; *on the voyage ~* op de uitreis; *be ~* uit zijn, er niet zijn; weer op de been zijn (na ziekte); bloeien; aan het hof voorgesteld zijn; sp uit zijn [buiten de lijnen]; mil onder de wapenen zijn; fig het mis hebben, zich verrekend hebben; gebrouilleerd zijn; slang uitkomen voor zijn/haar homoseksualiteit; *have it ~* duidelijk stellen, [iets] uitvechten; *genius will ~* het genie blijft niet verborgen, het genie laat zich niet onderdrukken; *~ for Germany's destruction* van plan, eropuit zijnde Duitsland te vernietigen; *~ in one's calculations* zich verrekend hebbend; *~ of* uit; buiten; van; zonder; door [voorraad] heen; *be ~ of it* er niet meer in zijn; niet meer meetellen; niet meer hebben; niet in zijn element zijn; *be ~ to* het erop gemunt hebben om, het erop aanleggen om; *~ with it!* voor de dag ermee!; biecht maar eens op!; **II** *tsw*: *~!* eruit!, donder op!; **III** *voorz*: *from ~ the dungeon* van/uit de gevangenis; **IV** *bn*: *an ~-size* een extra grote maat, extra groot nummer [handschoenen &]; **V** *overg*: *~ with one's knife* zijn mes tevoorschijn halen, zijn mes trekken; *~ sbd.* slang iem.'s homoseksualiteit (tegen zijn/haar zin) aan de grote klok hangen; **VI** *znw*: *the ~s* de niet aan

het bewind zijnde partij

out-and-out ['autnd'aut] *bn* door en door, eersterangs; echt; aarts-, doortrapt, uitgeslapen; door dik en dun (meegaand), je reinste...

outback ['autbæk] *znw* Austr binnenland *o*

outbalance [aut'bæləns] *overg* zwaarder wegen dan...

outbid [aut'bid] *overg* meer bieden (dan...), overbieden[2]

outboard ['autbɔːd] *bn* buiten boord; *~ engine, ~ motor* buitenboordmotor

outbound ['autbaund] *bn* op de uitreis [schip &]

outbrave [aut'breiv] *overg* trotseren; (in moed) overtreffen

outbreak ['autbreik] *znw* uitbreken *o* [v. mazelen &, oorlog]; uitbarsting; opstootje *o*, oproer *o*

outbuilding ['autbildiŋ] *znw* bijgebouw *o*

outburst ['autbɔːst] *znw* uitbarsting[2]; fig uitval

outcast ['autkaːst] *znw* verworpeling, verstoteling, verschoppeling, uitgestotene; balling

outclass [aut'klaːs] *overg* overtreffen, (ver) achter zich laten; sp overklassen, overspelen

outcome ['autkʌm] *znw* uitslag, resultaat *o*

outcrop ['autkrɔp] *znw* geol dagzoom

outcry ['autkrai] *znw* luid protest *o*

outdare [aut'dɛə] *overg* meer durven dan; tarten

outdated [aut'deitid] *bn* verouderd, uit de tijd

outdistance [aut'distəns] *overg* achter zich laten[2]

outdo [aut'duː] *overg* overtreffen, de loef afsteken

outdoor ['autdɔː] *bn* buiten-; voor buitenhuis; in de open lucht

outdoors ['aut'dɔːz] *bijw* buitenshuis, buiten

outer ['autə] *bn* buiten-, buitenste; verste, uiterste; *~ garments* bovenkleren; *~ office* kantoor *o* voor ondergeschikte(n) en publiek; *~ space* buitenatmosfeer, buitenaardse ruimte

outermost *bn* buitenste, uiterste

outface [aut'feis] *overg* de ogen doen neerslaan; van zijn stuk brengen; trotseren

outfall ['autfɔːl] *znw* afvloeiing [v. water], afvoerkanaal *o*, waterlozing, uitweg, -gang

outfield ['autfiːld] *znw* honkbal, cricket verre veld *o*

outfit ['autfit] *znw* uitrusting, kostuum *o*; slang zaak, zaakje *o*; gezelschap *o*, stel *o*; ploeg; mil afdeling, onderdeel *o*

outfitter *znw* leverancier van uitrustingen; winkelier in herenmode

outflank [aut'flæŋk] *overg* mil overvleugelen, omtrekken; fig beetnemen

outflow ['autflou] *znw* uitstroming; uitstorting; wegvloeien *o* [v. kapitaal]; *savings ~* handel ontsparing

outfly [aut'flai] *overg* sneller (hoger &) vliegen dan

outfox [aut'fɔks] *overg* te slim af zijn

outgeneral [aut'dʒenərəl] *overg* in krijgsmanschap overtreffen

outgo [aut'gou] **I** *overg* overtreffen; **II** *znw* uitgaven

outgoing ['autgouiŋ] **I** *bn* uitgaand; aflopend [getij]; vertrekkend [trein]; aftredend, demissionair [minister]; **II** *znw*: ~s uitgave(n), (on)kosten

outgrow [aut'grou] *overg* sneller groeien dan...; te groot worden voor...; ontgroeien, ontwassen; over het hoofd groeien; groeien uit [kledingstuk]; ~ *it* het te boven komen

outgrowth ['autgrouθ] *znw* uitwas; fig uitvloeisel o, resultaat o, product o

outhouse ['authaus] *znw* bijgebouw o

outing ['autiŋ] *znw* uitstapje o, uitje o

outlandish [aut'lændiʃ] *bn* buitenlands, vreemd, zonderling; (ver)afgelegen

outlast [aut'la:st] *overg* langer duren dan...

outlaw ['autlɔ:] **I** *znw* vogelvrij verklaarde, balling; bandiet; **II** *overg* vogelvrij verklaren, buiten de wet stellen, verbieden

outlawry *znw* vogelvrijverklaring, buiten de wet stellen o

outlay ['autlei] *znw* uitgave, (on)kosten

outlet ['autlet] *znw* uitgang; uitweg; afvoerkanaal o; handel afzetgebied o; verkooppunt o; fig uitlaatklep

outlier ['autliə] *znw* iem. die of iets wat zich buiten zijn gewone woonplaats bevindt; ook: forens

outline ['autlain] **I** *znw* omtrek, schets[2]; omlijning; *the* ~s ook: de hoofdpunten; *in rough* ~ in ruwe trekken; **II** *overg* (in omtrek) schetsen, (af-)tekenen[2]; omlijnen; uitstippelen; *be* ~*d against* zich aftekenen tegen

outlive [aut'liv] *overg* langer leven dan..., overleven; te boven komen; ~ *one's (its) day* zichzelf overleven; *not* ~ *the night* de dag niet halen; ~ *its useful-ness* zijn (beste) tijd gehad hebben

outlook ['autluk] *znw* uitkijk; kijk, blik, zienswijze, opvatting, visie; (voor)uitzicht o

outlying ['autlaiiŋ] *bn* ver, verwijderd, afgelegen, buiten

outmanoeuvre, Am **outmaneuvre** ['autmə-'nu:və] *overg* [iem.] te slim af zijn

outmarch [aut'ma:tʃ] *overg* sneller marcheren dan, achter zich laten

outmatch ['autmætʃ] *overg* overtreffen

outmoded [aut'moudid] *bn* ouderwets

outmost ['autmoust] *bn* buitenste, uiterste

outnumber [aut'nʌmbə] *overg* in aantal overtreffen, talrijker zijn dan...; *be* ~*ed* in de minderheid zijn (blijven)

out-of-date ['autəv'deit] *bn* ouderwets, verouderd

out-of-pocket ['autəv'pɔkit] *bn*: ~ *expenses* voor-schotten

out-of-the-way ['autəvðə'wei] *bn* afgelegen; ongewoon; buitenissig

out-of-work ['autəv'wə:k] *bn* werkloos, zonder werk

outpace [aut'peis] *overg* voorbijstreven

out-patient ['autpeiʃənt] *znw* poliklinische patiënt; ~*s' department* polikliniek

outport ['autpɔ:t] *znw* scheepv voorhaven

outpost ['autpoust] *znw* buitenpost; mil voorpost

outpouring ['autpɔ:riŋ] *znw* uitstorting; ontboezeming

output ['autput] **I** *znw* opbrengst, productie; mil nuttig effect o, vermogen o; elektr uitgang(svermogen o); comput uitvoer; **II** *overg* comput uitvoeren

outrage ['autreidʒ] **I** *overg* beledigen, schenden, met voeten treden, geweld aandoen; **II** *znw* smaad, belediging; aanranding, vergrijp o, schennis, ge-welddaad, wandaad; aanslag

outrageous [aut'reidʒəs] *bn* beledigend, schande-lijk, gewelddadig, overdreven

outrageously *bijw* ook: uitbundig, bovenmate

outrank [aut'ræŋk] *overg* (in rang) staan boven; overtreffen

outré ['u:trei] *bn* [Fr] buitenissig, onbetamelijk; ex-centriek

outreach [aut'ri:tʃ] *overg* verder reiken dan; over-treffen

outride [aut'raid] *overg* voorbijrijden; ~ *a storm* het uithouden in een storm

outrider ['autraidə] *znw* voorrijder

outrigger ['autrigə] *znw* outrigger, dol; bakspier; dove jut; uitlegger; boot met leggers [wedstrijd-boot]; vlerkprauw (ook: ~ *canoe*)

outright ['autrait] *bn* ineens, op slag; zoals het reilt en zeilt, in zijn geheel, terdege, totaal, volslagen; openlijk, ronduit; *laugh* ~ in een schaterlach uit-barsten, hardop lachen

outrival [aut'raivəl] *overg* het winnen van

outrun [aut'rʌn] *overg* harder lopen dan; ontlopen; fig voorbijstreven; overschrijden

outrunner ['autrʌnə] *znw* voorloper

outrush ['autrʌʃ] *znw* uitstroming

outsail [aut'seil] *overg* harder zeilen dan; voorbijva-ren

outsell [aut'sel] *overg* meer verkocht worden dan; meer verkopen dan

outset ['autset] *znw* begin o; *at the* ~, *from the (very)* ~ al dadelijk (bij het begin)

outshine [aut'ʃain] *overg* (in glans) overtreffen

outside I *znw* ['aut'said] buitenzijde, -kant; uitwen-dige o; buitenste o; uiterste o; *six at the* ~ op zijn hoogst; *from (the)* ~ van buiten; *on the* ~ van bui-ten; **II** *bijw* buiten[2]; van, naar buiten; **III** *voorz* bui-ten (het bereik van); **IV** *bn* ['autsaid] van buiten (komend); uiterste; buiten-; ~ *broadcast* uitzending op lokatie (= buiten de studio); ~ *broadcasting van* reportagewagen; ~ *chance* uiterst kleine kans; *the* ~ *edge* beentje over o [bij schaatsenrijden]; ~ *help* hulp van buitenaf; ~ *interest* hobby; ~ *lane* buiten-ste rijstrook; ~ *line* telec buitenlijn; ~ *world* buiten-wereld

outsider [aut'saidə] *znw* niet-ingewijde, buiten-staander, outsider; niet favoriet zijnd paard o

outsize ['autsaiz] *znw* extra grote maat; ~*(d)* van abnormale grootte

outskirts ['autskə:ts] *znw mv* buitenkant, zoom,

grens, rand; buitenwijken

outsleep [aut'sli:p] *overg* langer slapen dan

outsmart [aut'sma:t] *overg* te slim af zijn

outspoken [aut'spoukn] *bn* openhartig, vrijmoedig

outspread [aut'spred] *bn* uitgespreid

outstanding [aut'stændiŋ] *bn* markant, bijzonder, uitzonderlijk; uitstaand, onbetaald; onafgedaan, onuitgemaakt, onbeslist, onopgelost

outstare [aut'stɛə] *overg* [iem.] met een blik van z'n stuk brengen (beschamen)

out-station ['autstei∫ən] *znw* buitenpost[2]

outstay [aut'stei] *overg* langer blijven dan; ~ *one's welcome* misbruik maken van iemands gastvrijheid

outstep [aut'step] *overg* overschrijden

outstretched [aut'stret∫t] *bn* uitgestrekt

outstrip [aut'strip] *overg* voorbijstreven, achter zich laten, de loef afsteken

outtalk [aut'tɔ:k] *overg* omverpraten

out-tray ['aut'trei] *znw* aflegbakje *o*

outvie [aut'vai] *overg* overtreffen, voorbijstreven, het winnen van

outvote [aut'vout] *overg* overstemmen; *be ~d* in de minderheid blijven

outwalk [aut'wɔ:k] *overg* sneller (verder) gaan dan...

outward ['autwəd] **I** *bn* uitwendig, uiterlijk; naar buiten gekeerd; buiten-; *the ~ (form)* het vóórkomen; ~ *journey* uitreis; **II** *bijw* naar buiten; ~ *bound* scheepv op de uitreis

outwardly *bijw* uiterlijk, zo op het oog

outwards *bijw* buitenwaarts

outwear [aut'wɛə] *overg* verslijten; te boven komen; langer duren dan

outweigh [aut'wei] *overg* zwaarder wegen dan[2]...; *fig* meer gelden dan...

outwit [aut'wit] *overg* verschalken, te slim af zijn

outwork ['autwɔ:k] *znw* mil buitenwerk *o*

outworker ['autwɔ:kə] *znw* thuiswerker

outworn [aut'wɔ:n] *bn* afgezaagd; verouderd; versleten; uitgeput

ouzel ['u:zl] *znw* merel

oval ['ouvəl] **I** *bn* ovaal, eirond; **II** *znw* ovaal *o*; *the O~* een cricketterrein in Londen

ovarian [ou'vɛəriən] *bn* van de eierstokken

ovary ['ouvəri] *znw* eierstok; plantk vruchtbeginsel *o*

ovate ['ouveit] *bn* eivormig

ovation [ou'vei∫ən] *znw* ovatie; *get (give) a standing ~* een staande ovatie krijgen (brengen)

oven ['ʌvn] *znw* oven

ovenproof ['ʌvnpru:f] *bn* ovenvast

ovenware ['ʌvnwɛə] *znw* ovenvast aardewerk *o*

over ['ouvə] **I** *voorz* over°, boven, over... heen; meer dan; naar aanleiding van, in verband met, inzake, aangaande...; Am ook: opnieuw; ~ *and above* (boven en) behalve; ~ *a glass of wine* onder (bij) een glaasje wijn; *he was a long time ~ it* hij deed er lang over; ~ *the telephone* door de telefoon; ~ *the week-end* gedurende; ~ *the years* in de loop der jaren; **II** *bijw* over°; voorbij, afgelopen, uit, achter de rug; omver; meer; ~ *again* nog eens; ~ *against* tegenover; in tegenstelling met; ~ *and* ~ *(again)* keer op keer, telkens weer; *all* ~ van boven tot onder, van top tot teen; op-en-top; helemaal; *it's all* ~ het is over, voorbij, afgelopen; *be all ~ (someone)* weg zijn van (iem.); *all ~ the world, all the world* ~ over de hele wereld; *it is all ~ with him* gedaan, uit met hem; *twice* ~ wel tweemaal; ~ *in America* (daar-)ginder in Amerika; ~ *there* (daar)ginder, aan de overkant, daar; *not ~ well pleased* niet bijster tevreden; **III** *znw* sp over [cricket]

overabundance ['ouvərə'bʌndəns] *znw* overvloed, overdaad

overabundant ['ouvərə'bʌndənt] *bn* overvloedig, overdadig

overachieve ['ouvərə't∫i:v] *onoverg* boven verwachting presteren

overact ['ouvər'ækt] *onoverg* overdrijven, chargeren

overall ['ouvərɔ:l] **I** *znw* morskiel, werkjurk, stofjas, jasschort; ~*s* overbroek, werkbroek, werkpak *o*, overall; **II** *bn* totaal; algemeen

overanxiety ['ouvəræn'zaiəti] *znw* al te grote bezorgdheid

overanxious [ouvər'æŋk∫əs] *bn* (al) te bezorgd

overarch [ouvər'a:t∫] *overg* overwelven

overarm [ouvər'a:m] *bn* bovenhands

overawe [ouvər'ɔ:] *overg* in ontzag houden, ontzag inboezemen, imponeren

overbalance [ouvə'bæləns] **I** *onoverg* het evenwicht verliezen; **II** *overg* het evenwicht doen verliezen; zwaarder of meer wegen dan[2]...

overbear [ouvə'bɛə] *overg* [iem.] zijn wil opleggen, doen zwichten; de baas spelen over

overbearing *bn* aanmatigend

overbid [ouvə'bid] *overg* meer bieden dan, overbieden; overtreffen

overboard [ouvəbɔ:d] *bijw* overboord[2]; *go ~* fig gemeenz te ver gaan, overdrijven; *go ~ for* gemeenz wild zijn van (op); *throw ~* overboord gooien [ook: plan &]

overbold [ouvə'bould] *bn* al te vrijmoedig

overbook [ouvə'bu:k] *overg* overboeken, te vol boeken

overbuild [ouvə'bild] *overg* te vol bouwen

overburden [ouvə'bə:dn] *overg* overladen[2]

overbusy ['ouvə'bizi] *bn* het overdruk hebbend

overcast ['ouvəka:st] *bn* bewolkt, betrokken [van de lucht]; *grow ~* betrekken [lucht &]

overcautious [ouvə'kɔ:∫əs] *bn* al te omzichtig

overcharge ['ouvə't∫a:dʒ] **I** *overg* handel te veel berekenen, overvragen (voor); overladen°; **II** *onoverg* handel overvragen

overcloud [ouvə'klaud] *overg* met wolken bedekken

overcoat ['ouvəkout] *znw* overjas

1 overcome [ouvə'kʌm] (overcame; overcome)

overg overwinnen; te boven komen;
2 overcome [ouvə'kʌm] *bn* fig onder de indruk; aangedaan; overmand, verslagen (ook: ~ *by emotion*); bevangen; gemeenz beneveld
overcompensate [ouvə'kɔmpenseit] *overg* overcompenseren
overcompensation [ouvəkɔmpen'seiʃən] *znw* overcompensatie
overconfident [ouvə'kɔnfidənt] *bn* **1** zelfgenoegzaam; **2** overmoedig
overcooked [ouvə'ku:kt] *bn* te gaar, overgaar
overcrowd [ouvə'kraud] *bn* overladen (met namen, details); ~*ed* overvol, overbevolkt, overbezet
overcrowding [ouvə'kraudiŋ] *znw* overbevolking [in gebouw &]; gedrang *o*, opstopping
overcurious [ouvə'kjuəriəs] *bn* al te nieuwsgierig
overdo [ouvə'du:] *overg* (de zaak) overdrijven, te ver drijven; afmatten; te gaar koken &
overdone ['ouvə'dʌn] *bn* overdreven, overladen; afgemat; te gaar (gekookt &)
overdose ['ouvə'dous] **I** *znw* te grote dosis; **II** *onoverg* een te grote dosis nemen
overdraft ['ouvədra:ft] *znw* (bedrag *o* van) overdispositie, voorschot *o* in rekening-courant, rood staan *o*
overdraw ['ouvə'drɔ:] *overg* handel overdisponeren, meer opnemen dan op de bank staat (ook: ~ *one's account*); *be* ~*n* debet staan [bij de bank]
overdress ['ouvə'dres] *onoverg & overg* (zich) te zwierig (te formeel) kleden, te veel opschikken
overdrive ['ouvə'draiv] *znw* auto overdrive, overversnelling; *go into* ~ gemeenz er vaart achter zetten, er hard tegenaan gaan
overdue ['ouvə'dju:, ouvə'dju:] *bn* over zijn tijd, te laat [trein]; reeds lang noodzakelijk; handel over de vervaltijd, achterstallig [v. schulden]
overeat [ouvər'i:t] *onoverg* zich overeten
overemphasize [ouvər'emfəsaiz] *overg* te zeer de nadruk leggen op, overdrijven
overestimate I *znw* ['ouvər'estimit] te hoge schatting; overschatting; **II** *overg* ['ouvər'estimeit] te hoog schatten of aanslaan; overschatten
overestimation ['ouvəresti'meiʃən] *znw* = *overestimate I*
overexcite ['ouvərik'sait] *overg* al te zeer opwekken, prikkelen, opwinden &
overexert ['ouvərik'sə:t] *onoverg* te zeer inspannen
overexertion *znw* bovenmatige inspanning
overexposed [ouvəriks'pouzd] *bn* fotogr overbelicht
overexposure ['ouvəriks'pouʒə] *znw* fotogr overbelichting
overfall ['ouvəfɔ:l] *znw* ruw water *o* (door tegenstroming of zandbank); verlaat *o*
overfeed ['ouvə'fi:d] *overg* (zich) overvoeden
overfish [ouvə'fiʃ] *overg* overbevissen
overflight ['ouvəflait] *znw* vliegen *o* over [Russisch

& gebied &]
overflow I *onoverg* [ouvə'flou] overvloeien, overlopen; **II** *overg* overstromen[2]; stromen over; ~ *its banks* buiten de oevers treden; **III** ['ouvəflou] *znw* overstroming; teveel *o*; (water)overlaat, overloop; **IV** *bn*: ~ *meeting* parallelvergadering
overflowing [ouvə'flouiŋ] *bn* overvloeiend (*with* van); *full to* ~ overvol, boordevol, afgestampt vol
overfly ['ouvə'flai] *overg* luchtv vliegen over
overfull ['ouvə'ful] *bn* te vol
overgrow [ouvə'grou] **I** *overg* begroeien, overdekken; **II** *onoverg* over de maat groeien; **III** *wederk*: ~ *oneself* uit zijn kracht groeien
overgrown *bn* begroeid, bedekt [met gras &]; verwilderd [v. tuin]; uit zijn krachten gegroeid, opgeschoten
overgrowth ['ouvəgrouθ] *znw* te welige groei
overhand ['ouvəhænd] *bn* sp bovenhands
overhang I *overg* ['ouvə'hæŋ] hangen over, boven (iets); boven het hoofd hangen, dreigen; **II** *onoverg* overhangen, uitsteken; **III** ['ouvəhæŋ] *znw* overhangen *o*; overhangend gedeelte *o*
overhaul I *overg* [ouvə'hɔ:l] scheepv inhalen; nazien, onder handen nemen, techn reviseren [motor &]; onderzoeken, inspecteren; **II** *znw* ['ouvəhɔ:l] nazien *o*, onder handen nemen *o*, techn revisie; onderzoek *o*, inspectie
overhead I *bijw* [ouvə'hed] boven ons, boven het (ons, zijn) hoofd, (hoog) in de lucht; **II** *bn* ['ouvəhed]: ~ *charges* handel vaste bedrijfskosten (ook: ~*s*); ~ *expenses* vaste onkosten (zoals huur); algemene onkosten; ~ *projector* overheadprojector; ~ *railway* luchtspoorweg; ~ *valve* techn kopklep; ~ *wires* elektr bovengrondse leiding of bovenleiding; **III** *znw* handel algemene onkosten (ook: ~*s*)
overhear [ouvə'hiə] *overg* bij toeval horen, opvangen, afluisteren
overheat ['ouvə'hi:t] **I** *overg* te heet maken, te veel verhitten, oververhitten; **II** *onoverg* oververhit worden, warm lopen
overindulge ['ouvərin'dʌldʒ] **I** *overg* te veel toegeven aan (iemands grillen); **II** *onoverg* zich te veel laten gaan [vooral m.b.t. eten]
overjoyed [ouvə'dʒɔid] *bn* in de wolken, dolblij
overkill [ouvə'kil] *znw* overkill, overmatig gebruik *o* van strijdmiddelen; fig te veel van het goede
overladen [ouvə'leidn] *bn* overbelast; overladen (met versiering)
overland I *bn* ['ouvəlænd] over land (gaand); **II** *bijw* [ouvə'lænd] over land
overlap I *onoverg & overg* [ouvə'læp] (elkaar) gedeeltelijk bedekken; over (elkaar) heenvallen, gedeeltelijk samenvallen; fig gedeeltelijk hetzelfde doen &, herhalen, dubbel werk doen, (elkaar) overlappen; **II** *znw* ['ouvəlæp] overlap(ping)
overlay I *overg* [ouvə'lei] bedekken, beleggen; **II** *znw* ['ouvəlei] *znw* tweede laag [verf]; overtrek; bedekking; ~ *(mattress)* bovenmatras

overleaf ['ouvə'li:f] *bijw* aan ommezijde

overleap ['ouvə'li:p] *overg* springen over

overlie ['ouvə'lai] *overg* liggen over

overload I *znw* ['ouvəloud] te zware belasting; **II** *overg* ['ouvə'loud] overladen; overbelasten

overlook [ouvə'luk] *overg* overzien, uitzien op; toezien op, in het oog houden; over het hoofd zien, voorbijzien; door de vingers zien

overlord ['ouvələ:d] *znw* opperheer

overlordship *znw* opperheerschappij

overly ['ouvəli] *bijw* overdreven, al te

1 overman ['ouvəmæn] *znw* (ploeg)baas; ook = *superman*

2 overman [ouvə'mæn] *overg* te veel personeel inzetten

overmanning [ouvə'mæniŋ] *znw* overbezetting

overmaster [ouvə'ma:stə] *overg* overmeesteren

overmuch [ouvə'mʌtʃ] *bn & bijw* al te veel, te zeer

overnice ['ouvə'nais] *bn* al te kieskeurig

overnight I *bijw* ['ouvə'nait] de avond (nacht) tevoren; gedurende de nacht; in één nacht; ineens, plotseling; op stel en sprong; **II** *bn* nachtelijk [reis]; één nacht durend [verblijf]; ~ *bag* weekendtas, reistas; ~ *stay*, ~ *stop* overnachting

overpass ['ouvəpa:s] *znw* ongelijkvloerse kruising, viaduct *m & o*

overpay ['ouvə'pei] *overg* te veel (uit)betalen, een te hoog loon geven, te hoog bezoldigen

overplay [ouvə'plei] *overg* chargeren [v. acteur]; overdrijven; ~ *one's hand* zijn hand overspelen

overplus ['ouvəplʌs] *znw* overschot *o*

overpopulated [ouvə'pɔpjuleitid] *bn* overbevolkt

overpopulation [ouvəpɔpju'leiʃən] *znw* overbevolking

overpower [ouvə'pauə] *overg* overmannen, overstelpen, overweldigen

overpriced [ouvə'praist] *bn* te duur, te hoog geprijsd

overprint I *overg* [ouvə'print] van een opdruk voorzien [postzegel]; te grote oplaag drukken; **II** *znw* ['ouvəprint] opdruk

overproduction ['ouvəprə'dʌkʃən] *znw* overproductie

overrate ['ouvə'reit] *overg* overschatten

overreach [ouvə'ri:tʃ] *overg*: ~ *oneself* fig te veel hooi op zijn vork nemen

overreact [ouvəri'ækt] *onoverg* overdreven/te heftig reageren

override [ouvə'raid] *overg* opzij zetten, ter zijde stellen, met voeten treden, vernietigen; (weer) tenietdoen; overheersen, belangrijker zijn dan, voorrang hebben boven

overripe ['ouvə'raip] *bn* overrijp, beurs

overrule [ouvə'ru:l] *overg* recht verwerpen, tenietdoen; overstemmen; *be* ~*d* ook: moeten zwichten; in de minderheid blijven, overstemd of afgestemd worden

overrun [ouvə'rʌn] **I** *overg* overlopen, overschrijden, overstromen[2]; overdekken [van plantengroei]; overstelpen (met *with*), wemelen (van *with*); binnenvallen; verwoesten, onder de voet lopen [een land]; **II** *onoverg* langer duren dan gepland

oversea(s) ['ouvə'si:(z)] **I** *bijw* over zee, naar overzeese gewesten; in het buitenland; **II** *bn* overzees, buitenlands

oversee ['ouvə'si:] *overg* het toezicht hebben over

overseer ['ouvəsiə] *znw* opzichter, opziener, inspecteur; bewaker; surveillant

oversell [ouvə'sel] *overg* meer verkopen dan geleverd kan worden; fig bovenmatig aanprijzen

overset [ouvə'set] *overg* omverwerpen, omgooien

oversew [ouvə'sou] *overg* omslaan, overhands naaien

oversexed [ouvə'sekst] *bn* oversekst

overshadow [ouvə'ʃædou] *overg* overschaduwen, in de schaduw stellen, verduisteren

overshoe ['ouvəʃu:] *znw* overschoen

overshoot ['ouvə'ʃu:t] *overg* voorbijschieten, overheen schieten; ~ *the mark* zijn/het doel voorbijschieten

oversight ['ouvəsait] *znw* onoplettendheid, vergissing; toe-, opzicht *o*

oversimplified ['ouvə'simplifaid] *bn* simplistisch

oversimplify *overg* simplistisch voorstellen, opvatten of redeneren

oversize, oversized ['ouvəsaizd] *bn* extra groot, oversized; te groot

overslaugh ['ouvəslɔ:] **I** *znw* mil vrijstelling van dienst (wegens verplichtingen elders); Am zandbank in rivier; **II** *overg* Am versperren; [iem.] voor promotie passeren

oversleep ['ouvə'sli:p] *onoverg* zich verslapen

overspend ['ouvə'spend] *overg* te veel uitgeven

overspill ['ouvəspil] *znw* teveel *o*; overbevolking

overspread [ouvə'spred] *overg* overdekken, zich verspreiden over

overstaffed [ouvə'sta:ft] *bn* met te veel personeel, overbezet

overstate ['ouvə'steit] *overg* overdrijven; te hoog opgeven; ~ *the case* te veel beweren

overstatement *znw* overdrijving

overstay ['ouvə'stei] *overg* langer blijven dan; te lang blijven

overstep ['ouvə'step] *overg* overschrijden[2], te buiten gaan; ~ *all (the) bounds* alle perken te buiten gaan; ~ *the mark* fig te ver gaan

overstock I *overg* ['ouvə'stɔk] te grote voorraad hebben; overladen, overvoeren [de markt]; **II** *znw* ['ouvəstɔk] te grote voorraad

overstrain ['ouvə'strein] *overg* te zeer (in)spannen, overspannen

overstress ['ouvə'stres] *overg* = *overemphasize*

overstrung ['ouvəstrʌŋ] *bn* muz kruissnarig

oversubscribe ['ouvəsəb'skraib] *overg* handel overtekenen

overt ['ouvə:t] *bn* open, openlijk, duidelijk

overtake [ouvə'teik] *overg* inhalen, achterhalen; bijwerken; overvallen

overtax ['ouvə'tæks] *overg* al te zwaar belasten; te veel vergen van

overthrow I *overg* [ouvə'θrou] om(ver)werpen; *fig* ten val brengen; vernietigen; II *znw* ['ouvəθrou] omverwerping; *fig* val [v. minister &]; nederlaag

overtime ['ouvətaim] I *znw* overuren, overwerk *o*; II *bn*: ~ work overwerk *o*; III *bijw*: work ~ overuren maken, overwerken

overtone ['ouvətoun] *znw* muz boventoon; *fig* ondertoon; bijbetekenis, bijklank

overtop ['ouvə'tɔp] *overg* uitsteken boven, uitgroeien boven; overtreffen

overture ['ouvətjuə] *znw* opening, inleiding; inleidend voorstel *o* [bij onderhandeling]; muz ouverture; ~s ook: avances

overturn [ouvə'tə:n] I *overg* omwerpen, omverwerpen, doen mislukken, te gronde richten, tenietdoen; II *onoverg* omslaan, omvallen

overvalue ['ouvə'vælju:] *overg* overschatten, overwaarderen

overview [ouvə'vju:] *znw* overzicht *o*

overweening [ouvə'wi:niŋ] *bn* aanmatigend, verwaand, laatdunkend; overdreven

overweight ['ouvəweit] I *znw* over(ge)wicht *o*; II *bn* te zwaar

overweight(ed) *bn* overbelast, te zwaar

overwhelm [ouvə'welm] *overg* overstelpen (met *with*); overweldigen; verwarren; verpletteren

overwhelming *bn* overstelpend, verpletterend, overweldigend, overgroot

overwork I *znw* ['ouvəwə:k] te grote inspanning; II *overg* ['ouvə'wə:k] te veel laten werken; uitputten; ~ed ook: afgezaagd; III *onoverg* zich overwerken

overwrite [ouvə'rait] *overg* comput overschrijven

overwrought ['ouvə'rɔ:t] *bn* overspannen; overladen [met details]

overzealous ['ouvə'zeləs] *bn* overijverig

oviduct ['ouvidʌkt] *znw* eileider

oviform *bn* eivormig

ovine ['ouvain] *bn* van de schapen, schapen-

oviparous [ou'vipərəs] *bn* eierleggend

ovoid ['ouvɔid] I *bn* eivormig; II *znw* eivormig lichaam *o*

ovulate ['ɔvjuleit] *onoverg* ovuleren

ovulation [ouvju'leiʃən] *znw* ovulatie

ovum ['ouvəm] *znw* (*mv*: ova ['ouvə]) eicel

owe [ou] I *overg* schuldig zijn, verschuldigd zijn, te danken/te wijten hebben (aan); II *onoverg* schuld(en) hebben

owing I *bn* te betalen (zijnd); *it was* ~ *to*... het was te wijten aan...; II *voorz*: ~ *to*... ten gevolge van.., dankzij...

owl [aul] *znw* dierk uil

owlet *znw* dierk uiltje *o*

owlish *bn* uilachtig, uilig, uilen-

own [oun] I *bn* eigen; *it has a charm all of its* ~ een eigenaardige bekoring; *have it for your (very)* ~ (helemaal) voor u alleen; *a house of my* ~ een eigen huis; *on one's* ~ alleen; op eigen houtje; zelfstandig; voor eigen rekening; zie ook: *come, get, hold, time*; II *overg* bezitten, (in bezit) hebben; toegeven, erkennen; III *onoverg*: ~ *to* (... *ing*) bekennen dat...; ~ *up* bekennen, opbiechten

owner *znw* eigenaar; reder

ownerless *bn* onbeheerd

owner-occupier *znw* eigenaar-bewoner

ownership *znw* eigendom(srecht) *o*, bezit(srecht) *o*

ox [ɔks] *znw* (*mv*: oxen [-ən]) os; rund *o*

oxalic [ɔk'sælik] *bn* oxaal-; ~ *acid* zuringzuur *o*

Oxbridge ['ɔksbridʒ] *znw* Oxford en Cambridge [de oude universiteiten]

oxen ['ɔksən] *mv* v. ox

ox-eye ['ɔksai] *znw* ossenoog[2] *o*; plantk margriet; dierk koolmees

ox-eyed *bn* *fig* met kalfsogen

ox-fence *znw* dichte haag [voor het vee]

Oxford ['ɔksfəd] *znw* Oxford *o*; ~ *movement* in 1833 begonnen (meer) roomse beweging in de Eng. Kerk

oxidation [ɔksi'deiʃən] *znw* oxidatie

oxide ['ɔksaid] *znw* oxide *o*; zuurstofverbinding

oxidize ['ɔksidaiz] *onoverg* oxideren

Oxonian [ɔk'sounjən] *bn* (*znw*) onderw (student of gegradueerde) van Oxford

ox-tail ['ɔksteil] *znw* ossenstaart

oxyacetylene ['ɔksiə'setili:n] *bn*: ~ *torch* snijbrander; ~ *welding* autogeen lassen *o*

oxygen ['ɔksidʒən] *znw* zuurstof; ~ *mask* zuurstofmasker *o*

oxygenate [ɔk'sidʒineit] *overg* met zuurstof verbinden

oyez [ou'jes] *tsw* hoort!

oyster ['ɔistə] *znw* oester[2]

oyster-bed *znw* oesterbank

oyster-catcher *znw* scholekster

oyster-farm *znw* oesterkwekerij

oz. *afk.* = *ounce(s)*

ozone ['ouzoun, ou'zoun] *znw* ozon *o* & *m*; ~ *layer* ozonlaag

ozonic [ou'zɔnik] *bn* ozonhoudend, ozon-

P

1 p [pi:] znw (de letter) p; *mind your ~'s and q's* pas op uw tellen

2 p = *pence, penny*

pa [pa:] znw gemeenz pa

PA *afk.* = *personal assistant; public address system*

1 pace ['peisi] *voorz:* ~ *tua* ['tju:ei] met uw verlof; ~ *Mr X* met alle respect voor X

2 pace ['peis] **I** znw stap, pas, schrede; gang, tempo o; telgang [v. paard]; *go the* ~ flink doorstappen of doorrijden; fig er op los leven; aan de sjouw zijn; *keep* ~ gelijke tred houden; *set the* ~ het tempo aangeven[2]; *at a great (brisk, smart)* ~ met flinke stappen, vlug; *at a slow* ~ langzaam stappend; langzaam (lopend); *put sbd. through his* ~*s* iem. op de proef stellen, iem. laten tonen wat hij kan; **II** *onoverg* stappen; in de telgang gaan [v. paard]; **III** *overg* afpassen, meten (ook: ~ *out*); afstappen; het tempo aangeven; de snelheid meten van; ~ *(up and down)* ijsberen

pace-maker znw gangmaker; med pacemaker

pachyderm ['pækidə:m] znw dikhuidig dier o (mens)

pacific [pə'sifik] bn vredelievend; vreedzaam; *the P~ (Ocean)* de Grote Oceaan, de Stille Zuidzee; *P~* van, in, m.b.t. de Grote Oceaan, de Stille Zuidzee; *the P~ islands* Zuidzee-eilanden

pacification [pæsifi'keiʃən] znw stilling; bedaring, kalmering; pacificatie, vredestichting

pacificatory [pə'sifikətəri] bn vredes-; bedarend, kalmerend

pacifier ['pæsifaiə] znw Am fopspeen

pacifism ['pæsifizm] znw pacifisme o

pacifist znw & bn pacifist(isch)

pacify overg stillen; bedaren, kalmeren; pacificeren, tot vrede (rust) brengen

pack [pæk] **I** znw pak o, last; mars [v. marskramer]; rugzak, bepakking, ransel; sp meute, troep (jachthonden &); bende; pakijs o; spel o [kaarten]; *a ~ of lies* een hoop leugens; *cry (howl) with the* ~ huilen met de wolven in het bos; **II** *overg* (in-, ver)pakken; inmaken [levensmiddelen]; bepakken, beladen; samenpakken; volproppen, volstoppen (met *with*); omwikkelen; partijdig samenstellen [jury]; ~ *a punch* gemeenz hard toeslaan; ~ *off* wegsturen; ~ *away* wegbergen; ~ *it in* gemeenz ermee ophouden; *that film is* ~*ing them in* gemeenz die film trekt volle zalen; ~*ed (out)* stampvol; ~ *up* gemeenz ophouden met, opgeven; omwikkelen; opkrassen; *a* ~*ed lunch* een lunchpakket o; *the trains were* ~*ed* de treinen waren afgeladen; ~*ed with ...* ook: vol ...; **III** *onoverg & abs ww* pakken; zich laten (in)-pakken; drommen; zijn biezen pakken; ~ *up* slang ermee uitscheiden; afslaan [motor]; *send sbd.* ~*ing* iem. de bons geven; *be sent* ~*ing* zijn congé krijgen

package I znw verpakking; pak o; pakket[2] o; Am pakje o [sigaretten &]; ~*s* ook: colli; **II** bn: ~ *deal* aanbieding die in haar geheel geaccepteerd moet worden; package deal; ~ *holiday (tour)* volledig verzorgde vakantie (reis); **III** *overg* verpakken; fig presenteren

packaging znw verpakking

pack-animal znw pakdier o, lastdier o

pack-drill znw mil strafexerceren o

packer znw (ver)pakker; pakmachine; fabrikant van verduurzaamde levensmiddelen

packet ['pækit] znw pakje o, pakket o; mil pakketboot; gemeenz bom duiten

packet-boat znw pakketboot

pack-horse ['pækhɔːs] znw pakpaard o

pack-ice znw pakijs o

packing ['pækiŋ] znw inpakken o; verpakking; techn pakking

packing-case znw pakkist

packthread znw pakgaren o

pact [pækt] znw pact o, verdrag o, verbond o

pad [pæd] **I** znw kussen(tje) o; opvulsel o; beenbeschermer; onderlegger bij het schrijven, blok o; blocnote; zachte onderkant van poot; spoor o [v. dier]; stempelkussen o; slang kast (= kamer &), bed o; *launch(ing)* ~ lanceerplatform o [v. raket &]; fig springplank; **II** *overg* (op)vullen (ook: ~ *out*); capitonneren, watteren; fig langer maken [speech &]; ~*ded cell* (gecapitonneerde) isoleercel; **III** *onoverg* trippelen; op de tenen lopen

padding ['pædiŋ] znw (op)vulsel o [bijv. watten]; vulling, bladvulling

paddle ['pædl] **I** znw pagaai, peddel; blad o [v.e. riem]; schopje o; schoep [van een scheprad]; zwemvoet, vin; roeitochtje o; **II** *overg* pagaaien; roeien; ~ *one's own canoe* op eigen wieken drijven; **III** *onoverg* pagaaien, peddelen; roeien; dribbelen, waggelen; wiebelen, ongedurig zijn; pootjebaden, ploeteren [in water]

paddle boat, paddle steamer znw rader(stoom-)boot

paddle-wheel znw scheprad o

paddling pool znw pierenbadje o, kinderbadje o

paddock ['pædək] znw paddock: kleine omheinde weide

Paddy ['pædi] znw gemeenz de (typische) Ier

paddy ['pædi] znw **1** gemeenz nijdige bui; **2** plantk padie [rijst]

paddy wagon ['pædiwægən] znw Am gemeenz politieauto

padlock ['pædlɔk] **I** znw hangslot o; **II** *overg* met een hangslot sluiten

padre ['pa:dri] znw dominee; mil (leger-, vloot-) predikant, RK (leger-, vloot)aalmoezenier

paean ['pi:ən] znw jubelzang, zegelied o

paederast, pederast *znw* pederast, pedofiel
paederasty, pederasty ['pedəræsti] *znw* pederastie, pedofilie
paediatrician, Am **pediatrician** [pi:diə'triʃən] *znw* kinderarts
paediatrics, Am **pediatrics** [pi:di'ætriks] *znw* kindergeneeskunde
paedophile, Am **pedophile** ['pi:dəfail] *znw & bn* pedofiel
paedophilia, Am **pedophilia** [pi:də'filiə] *znw* pedofilie
pagan ['peigən] **I** *znw* heiden; **II** *bn* heidens
paganism *znw* heidendom *o*
page [peidʒ] **I** *znw* **1** page; livreiknechtje *o*, piccolo; **2** bladzijde², pagina; **II** *overg* iemands naam laten omroepen [in hotels &]; *paging Mr X* is de heer X aanwezig?
pageant ['pædʒənt] *znw* (praal)vertoning; (historisch) schouwspel *o*; (historische) optocht; praal, pracht
pageantry *znw* praal(vertoning)
pageboy *znw* hist page; piccolo [in hotel]; bruidsjonker; pagekopje *o* [haardracht]
paginate ['pædʒineit] *overg* pagineren
pagination [pædʒi'neiʃən] *znw* paginering
pagoda [pə'goudə] *znw* pagode
pah [pa:] *tsw* bah!
paid [peid] **I** V.T. & V.D. van ²*pay*; **II** *bn*: *put ~ to* een eind maken aan
paid-up *bn* contributie betaald hebbend [lid]; fig enthousiast [lid]; volgestort [aandelen]; premievrij [polis]
pail [peil] *znw* emmer
pailful *znw* emmer(vol)
pain [pein] **I** *znw* pijn, smart, lijden *o*; kruis *o*, bezoeking; *~s* ook: (barens)weeën *(birth ~s, labour ~s)*; moeite, inspanning; *take (great) ~s, be at (great) ~s to ...* zich (veel) moeite geven ...; *under/(up)on ~ of death* op straffe des doods; *~ in the neck* gemeenz onuitstaanbaar persoon; *~ in the arse* (Am *ass*) slang klootzak, rotwijf *o*; **II** *onoverg* pijnlijk zijn, pijn doen of veroorzaken; pijn, verdriet doen
painful *bn* pijnlijk°; smartelijk; moeilijk, moeizaam; van bedroevend slechte kwaliteit
pain-killer *znw* pijnstillend middel *o*
painless *bn* pijnloos; moeiteloos
painstaking *bn* ijverig; nauwgezet
paint [peint] **I** *znw* verf; kleurstof, pigment *o*; gekleurde cosmetica, rouge; **II** *overg* (be-, af-) schilderen; kleuren, verven, (zich) schminken, opmaken; *~ the town red* gemeenz de bloemetjes buiten zetten; *~ in* bijschilderen; *~ out* overschilderen; **III** *onoverg* schilderen
paintbox *znw* kleur-, verfdoos
paintbrush *znw* penseel *o*, verfkwast
painter *znw* **1** schilder; **2** scheepv vanglijn
painterly *bn* schilderkunstig
painting *znw* schilderij *o & v*; schilderkunst; schil-

dering
paint stripper *znw* afbijtmiddel *o*; verfkrabber
paintwork *znw* lak *o & m*, verf(laag)
pair [pɛə] **I** *znw* paar *o* (twee, die bij elkaar behoren); tweetal *o*, stel *o*; span *o*; paartje *o*; andere van een paar (handschoenen &); *a ~ of spectacles* een bril; *a ~ of trousers* een broek; **II** *overg* paren°; verenigen; *~ off* paarsgewijs verdelen (schikken), koppelen; **III** *onoverg* paren; samengaan; *~ off* (een) koppel(s) vormen; [in het Britse parlement] paarsgewijs afwezig zijn v.e. lid v.d. regeringspartij en de oppositie
paisley ['peizli] *znw* (kledingstuk *o* van) wollen stof met kasjmierdessin
pajamas [pə'dʒa:məz] *znw mv*: Am = *pyjamas*
Pakistan [pa:ki:sta:n] *znw* Pakistan *o*
Pakistani [pa:kis'ta:ni] **I** *bn* Pakistaans; **II** *znw* Pakistaner
pal [pæl] gemeenz **I** *znw* kameraad, vriendje *o*; **II** *onoverg*: *~ up* bevriend worden (met *with*)
palace ['pælis] *znw* paleis *o*
paladin ['pælədin] *znw* paladijn²
palaeography, Am **paleography** [pæli'ɔgrəfi] *znw* paleografie: studie van oude handschriften
palaeontologist *znw* paleontoloog
palaeontology, Am **paleontology** [pælion'tɔlədʒi] *znw* paleontologie: fossielenkunde
palankeen, palanquin [pælən'ki:n] *znw* palankijn, draagkoets
palatable ['pælətəbl] *bn* smakelijk²; aangenaam
palatal ['pælətl] *znw & bn* palataal
palate ['pælit] *znw* verhemelte *o*; fig smaak
palatial [pə'leiʃ(ə)l] *bn* als (van) een paleis, groots
palatine ['pælətain] *bn* **1** paltsgrafelijk; *count ~* paltsgraaf; *Mount P~* hist Palatinus, Palatijnse heuvel [van Rome]; **2** verhemelte-
palaver [pə'la:və] *znw* **1** oeverloze discussie; **2** rompslomp
1 pale [peil] *znw* paal°; *beyond the ~* onbehoorlijk, de grenzen van fatsoen overschrijdend
2 pale [peil] **I** *bn* bleek, dof, flauw, flets, licht [blauw &]; **II** *onoverg* bleek worden, verbleken²; *~ (into insignificance) in comparison with* fig verbleken bij, in het niet zinken vergeleken bij
pale ale *znw* licht Engels bier *o*
paleface *znw* bleekgezicht *o*, blanke
pale-faced *bn* bleek [v. gezicht]
paleness *znw* bleekheid
Palestinian [pæles'tiniən] *znw & bn* Palestijn(s)
palette ['pælit] *znw* palet *o*
palette-knife *znw* paletmes *o*, tempermes *o*
palfrey ['pɔ:lfri] *znw* klein rijpaard *o* (vooral voor dames)
palindrome ['pælindroum] *znw* palindroom *o*
paling ['peiliŋ] *znw* omrastering, omheining
palisade [pæli'seid] *znw* paalwerk *o*, palissade, stormpaal
palish ['peiliʃ] *bn* bleekachtig, bleekjes

1 pall [pɔ:l] *znw* baarkleed *o*, lijkkleed *o*; dekkleed *o*; pallium *o*; kroningsmantel; altaarkleed *o*; ~ *of smoke* rooksluier; ~ *of snow* sneeuwmantel

2 pall [pɔ:l] *onoverg:* ~ *(up)on* (gaan) tegenstaan *of* vervelen; *it never* ~*s on you* het verveelt nooit

palladium [pə'leidiəm] *znw* (*mv:* palladia [-diə]) chem palladium *o*; fig bescherming, waarborg

pall-bearer ['pɔ:lbɛərə] *znw* slippendrager

pallet ['pælit] *znw* **1** palet *o*; **2** strobed *o*, strozak; **3** pallet [laadbord]

palliasse ['pæliæs, pæl'jæs] *znw* stromatras

palliate ['pælieit] *overg* verzachten, lenigen; verlichten; verbloemen; vergoelijken, verontschuldigen; *palliating circumstances* verzachtende omstandigheden

palliation [pæli'eiʃən] *znw* verzachting, leniging; verlichting; bewimpeling, verbloeming; vergoelijking

palliative ['pæliətiv] **I** *bn* verzachtend; vergoelijkend; **II** *znw* verzachtend middel *o*, zoethoudertje *o*

pallid ['pælid] *bn* (doods)bleek

pallor *znw* bleekheid

pally ['pæli] *bn* gemeenz kameraadschappelijk, bevriend

palm [pa:m] **I** *znw* palm(boom); (hand)palm; *bear (win) the* ~ met de zege gaan strijken; *grease (oil) sbd.'s* ~ iem. omkopen; *have an itching* ~ hebzuchtig, omkoopbaar zijn; *she's got him in the* ~ *of her hand* hij is als was in haar handen; **II** *overg* in de hand verbergen; ~ *sth. off on sbd.* iem. iets aansmeren; ~ *sbd. off with* iem. afschepen met

palmary ['pælməri] *bn* schitterend, voortreffelijk

palmer ['pa:mə] *znw* vero pelgrim; dierk harige rups

palmetto [pæl'metou] *znw* dwergpalm

palmist ['pa:mist] *znw* handlezer

palmistry ['pa:mistri] *znw* handleeskunde

palm-oil ['pa:mɔil] *znw* palmolie

Palm Sunday *znw* Palmpasen

palm-tree *znw* palmboom

palmy *bn* bloeiend; voorspoedig; ~ *days* bloeitijd

palooka [pə'lu:kə] *znw* slang zielenpoot

palp [pælp] **I** *znw* taster, voelspriet; **II** *overg* betasten

palpable *bn* tastbaar

palpate *overg* betasten

palpitate ['pælpiteit] *onoverg* kloppen [van het hart], bonzen, popelen, trillen, lillen

palpitation [pælpi'teiʃən] *znw* (hart)klopping

palsied ['pɔ:lzid] *bn* verlamd

palsy *znw* verlamming

palter ['pɔ:ltə] *onoverg* draaien, uitvluchten zoeken; ~ *with* knoeien met; marchanderen met; het zo nauw niet nemen met

paltry ['pɔ:ltri] *bn* onbeduidend, nietig; verachtelijk

pampas ['pæmpəz] *znw mv* pampa's

pamper ['pæmpə] *overg* vertroetelen, verwennen, te veel toegeven aan

pamphlet ['pæmflit] *znw* brochure, vlugschrift *o*; pamflet *o*

pamphleteer [pæmfli'tiə] *znw* schrijver van brochures of vlugschriften; pamflettist

1 pan [pæn] **I** *znw* pan[2]; schotel; slang tronie, smoel; hersenpan; pan [van vuurwapen]; schaal [v. weegschaal]; closetpot; **II** *overg* ~ *off (out)* wassen [goudaarde]; fig goudaarde wassen; **III** *onoverg:* ~ *for gold* goudaarde wassen; ~ *out* gemeenz opleveren, opbrengen; uitpakken; ~ *out well* heel wat opleveren, prachtig gaan of marcheren

2 pan [pæn] *overg* gemeenz hekelen, afkammen

3 pan [pæn] *overg* laten zwenken [filmcamera] en (het beeld) vasthouden

panacea [pænə'si:ə] *znw* panacee

panache [pə'næʃ, pæ'na:ʃ] *znw* vederbos, pluim; fig (overmoedige) bravoure

Panama [pænə'ma:, 'pænəma:] *znw* Panama *o*

panama (hat) [pænə'ma: (hæt)] *znw* panama-(hoed)

Panamanian [pænə'meinjən, -iən] *znw* & *bn* Panamees

Pan-American ['pænə'merikən] *bn* pan-Amerikaans: geheel Amerika omvattend

panatella [pænə'telə] *znw* [Spaans] lange, dunne sigaar

pancake ['pænkeik] *znw* pannenkoek; *P~ Day* vastenavond

pancreas ['pæŋkriəs] *znw* pancreas, alvleesklier

pancreatic [pæŋkri'ætik] *bn* van de alvleesklier

panda ['pændə] *znw* panda [beer]

panda car *znw* Br patrouillewagen [v.d. politie]

pandemic [pæn'demik] *bn* algemeen verspreid [ziekte], pandemisch

pandemonium [pændi'mounjəm] *znw* hels lawaai *o*; grote verwarring; fig een Poolse landdag

pander ['pændə] *onoverg:* ~ *to sbd.'s vices* zich richten naar, iems. ondeugden ter wille zijn

pandy ['pændi] *znw* gemeenz slag met de plak

pane [pein] *znw* glasruit, (venster)ruit

panegyric [pæni'dʒirik] *znw* lofrede

panel ['pænl] **I** *znw* paneel *o*; vak *o*; tussenzetsel *o*; instrumentenbord *o*; (namen)lijst; jury; panel *o*, groep, forum *o*; *on the* ~ in het ziekenfonds; **II** *overg* (met panelen) lambriseren; van panelen voorzien; in vakken verdelen

panel beater *znw* uitdeuker, plaatwerker, carrosseriehersteller

panelling ['pænliŋ] *znw* beschot *o*, lambrisering

panellist ['pænlist] *znw* lid *o* van een panel (forum)

pang [pæŋ] *znw* pijn, steek; foltering, kwelling, angst; ~*s of conscience* gewetenswroeging

panhandle ['pænhændl] *onoverg* Am gemeenz bedelen

panhandler ['pænhændlə] *znw* Am gemeenz bedelaar

panic ['pænik] **I** *znw* paniek; **II** *onoverg* in paniek raken; **III** *overg* in paniek brengen; *hit the* ~ *button* gemeenz in paniek raken; ~ *buying* hamsteren o

panicky *bn* gemeenz in een paniekstemming (verkerend, brengend, genomen, gedaan &), paniekerig

panic-monger *znw* paniekzaaier

panic-stricken *bn* in paniek geraakt

panjandrum [pæn'dʒændrəm] *znw* dikdoener

pannier ['pæniə] *znw* mand, korf

pannikin ['pænikin] *znw* kroes

panoply ['pænəpli] *znw* volle wapenrusting; *full ~* fig compleet arsenaal o, hele scala o

panorama [pænə'ra:mə] *znw* panorama o

panoramic [pænə'ræmik] *bn* als (van) een panorama, panorama-

panpipe(s) ['pænpaips] *znw* panfluit

pansy ['pænzi] *znw* driekleurig viooltje o; slang verwijfde vent, mietje o

pant [pænt] **I** *onoverg* hijgen; kloppen [v. hart]; ~ *for (after)* verlangen, haken, snakken naar; **II** *overg* hijgend uitbrengen (ook: ~ *out*); **III** *znw* hijging; (hart)klopping

pantaloon [pæntə'lu:n] *znw: (pair of) ~s* vero pantalon

pantechnicon [pæn'teknikən] *znw* meubelpakhuis o; verhuiswagen (ook: ~ *van*)

pantheism ['pænθiizm] *znw* pantheïsme o

pantheist *znw* pantheïst

pantheistic [pænθi'istik] *bn* pantheïstisch

pantheon ['pænθiən, -'θi:ən] *znw* pantheon o

panther ['pænθə] *znw* panter

panties ['pæntiz] *znw mv* damesslipje o

pantihose *znw* panty

pantile ['pæntail] *znw* dakpan

panto ['pæntou] *znw* gemeenz = *pantomime*

pantograph ['pæntəgra:f] *znw* pantograaf [tekenaap; stroomafnemer]

pantomime ['pæntəmaim] *znw* pantomime; (kerst)theatershow voor kinderen; fig koddige vertoning

pantry ['pæntri] *znw* provisiekamer, -kast

pants [pænts] *znw mv* Am pantalon; onderbroek; *be caught with one's ~ down* plotseling verrast worden

pantyhose *znw* panty

pap [pæp] *znw* **1** pap; **2** tepel; **3** fig pulp

papa [pə'pa:] *znw* papa

papacy ['peipəsi] *znw* pausschap o; pausdom o

papal *bn* pauselijk

papaya [pə'paiə] *znw* papaja

paper ['peipə] **I** *znw* papier o; geldswaardige papieren; (nieuws)blad o, krant; document o; opstel o; verhandeling, voordracht, artikel o; examenopgave; agenda [in parlement]; lijst; behangselpapier o; zakje o; ~*s* (officiële) stukken; *examination* ~*s* examenopgaven, -werk o; *commit to* ~ op papier zetten, opschrijven; *read a* ~ een voordracht (lezing, referaat) houden over; **II** *bn* papieren; fig op papier [niet in werkelijkheid]; **III** *overg* behangen [kamer], met papier beplakken; ~ *over* over-

plakken; fig verdoezelen; ~ *the house* slang de zaal vol krijgen door vrijkaartjes uit te delen

paperback *znw* paperback, pocketboek o

paperboy *znw* krantenjongen

paper-chase *znw* snipperjacht

paper-clip *znw* paperclip

paper currency, paper money *znw* papiergeld o

paper-cutter *znw* snijmachine

paper-hanger *znw* behanger

paper-hangings *znw mv* vero behang(selpapier) o

paper-knife *znw* vouwbeen o; briefopener

paper-mill *znw* papierfabriek, -molen

paper round *znw* krantenwijk

paper shop *znw* gemeenz krantenwinkel

paper tiger *znw* fig papieren tijger [schijnbaar sterke persoon, organisatie &]

paperweight *znw* presse-papier

paperwork *znw* administratief werk o, administratie; gemeenz papierwinkel

papery *bn* papierachtig, doorschijnend [v. huid &]

papilla [pə'pilə] *znw (mv: papillae [-li:])* papil

papillary *bn* papillair

papist ['peipist] *znw* geringsch papist, paap

papistic(al) [pə'pistik(l)] *bn* geringsch paaps

papistry ['peipistri] *znw* geringsch papisterij

papoose [pə'pu:s] *znw* Indianenbaby; draagzak voor baby

pappy ['pæpi] *bn* pappig, zacht, sappig

paprika ['pæprikə] *znw* paprika(poeder o)

Papuan ['pæpjuən] **I** *bn* Papoeaas; **II** *znw* Papoea

Papua New Guinea *znw* Papoe-Nieuw-Guinea o

papyrus [pə'paiərəs] *znw (mv: -es of* papyri [-rai]) papyrus(rol)

1 par [pa:] *znw* gelijkheid; handel pari(koers); *above* ~ boven pari; boven het gemiddelde; uitstekend; *at* ~ à pari; *below (under)* ~ beneden pari; beneden het gemiddelde; niet veel zaaks; *feel below* ~ zich niet erg goed voelen; *on a* ~ gemiddeld; *be on a* ~ gelijk staan, op één lijn staan; *up to* ~ voldoende; *that's* ~ *for the course* dat viel te verwachten

2 par [pa:] *znw* gemeenz verk. van *paragraph* 2

para *znw* gemeenz verk. v. *paragraph* 1

parable ['pærəbl] *znw* parabel, gelijkenis

parabola [pə'ræbələ] *znw* parabool

parabolic [pærə'bɔlik] *bn* parabolisch, in gelijkenissen, als een gelijkenis

parachute ['pærəʃu:t] **I** *znw* parachute, valscherm o; **II** *onoverg* eruit springen met een parachute; **III** *overg* af-, uit-, neerwerpen (aan een parachute), parachuteren

parachutist *znw* parachutist(e)

parade [pə'reid] **I** *znw* parade°; fig vertoon o; mil = *parade-ground*; appel o, aantreden o; openbare wandelplaats, promenade, (strand)boulevard; optocht; (mode)show; *make a ~ of* pronken met; **II** *overg* pronken met; parade laten maken, inspecteren: laten marcheren; **III** *onoverg* paraderen, in optocht marcheren, voorbijtrekken; mil aantreden

parade-ground *znw* exercitieterrein *o*, parade-plaats

paradigm ['pærədaim] *znw* paradigma *o*, voorbeeld *o*

paradise ['pærədais] *znw* paradijs² *o*

paradisiacal [pærədi'saiəkl] *bn* paradijsachtig, paradijselijk, paradijs-

parados ['pærədɔs] *znw* mil rugwering

paradox ['pærədɔks] *znw* paradox

paradoxical [pærə'dɔksikl] *bn* paradoxaal

paraffin ['pærəfin] *znw* paraffine; ~ *oil* kerosine; ~ *wax* paraffine

paragon ['pærəgɔn] *znw* toonbeeld *o* (van volmaaktheid)

paragraph ['pærəgra:f] *znw* **1** alinea; paragraaf; **2** (kort) krantenbericht *o*

Paraguay ['pærəgwai] *znw* Paraguay *o*

Paraguayan [pærə'gwaiən, -'gweiən] **I** *znw* Paraguayaan; **II** *bn* Paraguayaans

parakeet ['pærəki:t] *znw* parkiet

parallax [pærə'læks] *znw* parallax: afwijking

parallel ['pærəlel] **I** *bn* evenwijdig (met *to, with*), parallel², overeenkomstig; ~ *bars* sp brug; ~ *processing* comput parallelverwerking; **II** *znw* evenwijdige lijn, parallel²; weerga, gelijke; overeenkomst; ~ *(of latitude)* breedtecirkel; *without (a)* ~ zonder weerga; **III** *overg* evenwijdig lopen met; evenwijdig plaatsen; op één lijn stellen, vergelijken; evenaren; een ander voorbeeld aanhalen van

parallelepiped [pærəle'lepiped] *znw* parallellepipedum *o*, blok *o*

parallelism ['pærəlelizm] *znw* parallellisme° *o*; evenwijdigheid, overeenkomstigheid

parallelogram [pærə'leləgræm] *znw* parallellogram *o*

paralyse ['pærəlaiz] *overg* verlammen²

paralysis [pə'rælisis] *znw (mv:* paralyses [-si:z]) verlamming²

paralytic [pærə'litik] **I** *bn* verlamd; verlammend; verlammings-; slang dronken als een tor, straalbezopen; **II** *znw* verlamde

paramedic [pærə'medik] *znw* paramedicus

parameter [pə'ræmitə, -mətə] *znw* parameter, kenmerkende grootheid

para-military [pærə'militəri] *bn* paramilitair

paramount ['pærəmaunt] *bn* opperste, opper-, hoogste; overwegend, overheersend; *your health is* ~ je gezondheid gaat voor alles

paramour ['pærəmuə] *znw* minnaar, minnares

paranoia [pærə'nɔiə] *znw* paranoia

paranoiac, paranoid ['pærənɔid] *bn* paranoïde

paranormal [pærə'nɔ:məl] *bn* paranormaal

parapet ['pærəpit] *znw* borstwering; leuning; muurtje *o*

paraph ['pæræf] *znw* paraaf

paraphernalia [pærəfə'neiljə] *znw* lijfgoederen, persoonlijk eigendom *o*; sieraden, tooi; gerei *o*, toebehoren *o*, uitrusting; santenkraam

paraphrase ['pærəfreiz] **I** *znw* parafrase, omschrijving; **II** *overg* parafraseren, omschrijven

paraphrastic [pærə'fræstik] *bn* omschrijvend

paraplegia [pærə'pli:dʒiə] *znw* paraplegie [verlamming van beide benen]

paraplegic *bn (znw)* aan beide benen verlamd(e)

parapsychological ['pærəsaikə'lɔdʒikl] *bn* parapsychologisch

parapsychology ['pærəsai'kɔlədʒi] *znw* parapsychologie

parasite ['pærəsait] *znw* parasiet

parasitic(al) [pærə'sitik(l)] *bn* parasitair [ziekte]; parasitisch²: op kosten van anderen levend, op andere gewassen groeiend

parasol ['pærəsɔl] *znw* parasol, zonnescherm *o*

parataxis [pærə'tæksis] *znw* gramm nevenschikking

paratrooper ['pærətru:pə] *znw* mil parachutist

paratroops *znw mv* mil parachutisten, parachutetroepen, gemeenz para's

paratyphoid [pærə'taifɔid] *znw* paratyfus

parboil ['pa:bɔil] *overg* ten dele koken; fig te veel verhitten

parcel ['pa:sl] **I** *znw* pakje *o*, pak *o*; pakket *o*, partij, hoop; bende; perceel *o*, kavel; **II** *overg* verdelen, kavelen, toe-, uitdelen (ook: ~ *out*); ~ *(up)* inpakken; ~ *net* bagagenet *o*

parcelling ['pa:sliŋ] *znw* scheepv smarting

parcel post ['pa:slpoust] *znw* pakketpost

parcels delivery ['pa:slzdi'livəri] *znw* besteldienst; ~ *man* besteller

parch [pa:tʃ] *overg* & *onoverg* (doen) verdrogen, verzengen, schroeien; zacht roosteren; ~ed *(with thirst)* fig uitgedroogd

parchment ['pa:tʃmənt] **I** *znw* perkament *o*; **II** *bn* perkamenten

pard [pa:d] *znw* **1** vero luipaard; **2** slang partner

pardon ['pa:dn] **I** *znw* pardon *o*, vergiffenis, vergeving; begenadiging, genade, gratie (ook: *free* ~); aflaat; *general* ~ amnestie; *(beg)* ~ pardon, excuseer me; *(beg)* ~? wablief?, wat zei u?; **II** *overg* vergiffenis schenken, vergeven, begenadigen, genade (gratie) verlenen

pardonable *bn* vergeeflijk

pardoner *znw* aflaatkramer

pare [pɛə] *overg* schillen [appel]; (af)knippen [nagel]; wegsnijden, afsnijden (ook: ~ *away, off*); besnoeien² (ook: ~ *down*)

paregoric [pæri'gɔrik] *znw* pijnstillend, verzachtend middel *o*

parent ['pɛərənt] **I** *znw* vader, moeder; ouder; ~*s* ouders; **II** *bn* moeder-; ~ *company* moederbedrijf *o*

parentage *znw* afkomst, geboorte, geslacht *o*, familie

parental [pə'rentəl] *bn* vaderlijk; moederlijk; ouderlijk, ouder-

parenthesis [pə'renθisis] *znw (mv:* parentheses [-si:z]) tussenzin, parenthesis, haakje *o* van (); fig

intermezzo *o*; *in parentheses* tussen haakjes
parenthetical [pærən'θetikəl] *bn* bij wijze van parenthesis, zo tussen haakjes
parenthood ['pɛərənthud] *znw* ouderschap *o*
parenting ['pɛərəntiŋ] *znw* ouderschap *o*; ~ *is a full-time occupation* kinderen opvoeden is een dagtaak
parentless *bn* ouderloos
parent-teacher association ['pɛərənt'ti:tʃə] *znw* oudercommissie
parget ['pa:dʒit] **I** *znw* pleisterkalk; **II** *overg* pleisteren, bepleisteren, aansmeren
pariah ['pæriə] *znw* paria[2]
paring ['pɛəriŋ] *znw* schil, knipsel *o*, afval *o & m*; flinter; (af)schillen *o*, (af)knippen *o*
paring-knife *znw* veegmes *o*
pari passu ['pɛrai'pæsju:] *bijw* [Lat] (te)gelijk, gelijkmatig
Paris ['pæris] *znw* Parijs *o*
parish ['pæriʃ] *znw* kerspel *o*, parochie, (kerkelijke) gemeente
parish clerk *znw* koster
parish council *znw* gemeenteraad
parishioner [pə'riʃənə] *znw* parochiaan
parish magazine *znw* kerkblaadje *o*
parish priest ['pæriʃ'pri:st] *znw* (plaatselijke) pastoor of dominee
parish pump als *bn* fig geringsch dorps-, bekrompen
parish register *znw* kerkelijk register *o*
Parisian [pə'rizjən] **I** *bn* Parijs; **II** *znw* Parijzenaar; Parisienne
parity ['pæriti] *znw* gelijkheid; overeenkomst, analogie; pariteit
park [pa:k] **I** *znw* park *o*; **II** *overg* parkeren; gemeenz deponeren; ~ *oneself* gemeenz neerploffen
parking *znw* parkeren *o*; parkeer-; ~ *lot* Am parkeerterrein *o*; ~ *meter* parkeermeter; ~ *ticket* parkeerbon
Parkinson's disease ['pa:kinsənz di'zi:z] *znw* ziekte van Parkinson
Parkinson's law *znw* wet van Parkinson: elk werk neemt uiteindelijk al de beschikbare tijd in beslag
parkland *znw* parkachtig stuk *o* grond
parkway *znw* Am landschappelijk verfraaide snelweg
parky ['pa:ki] *bn* gemeenz koud
parlance ['pa:ləns] *znw* taal; *in common* ~ in goed Engels (Nederlands &) [gezegd]; *in legal* ~ in de taal van de rechtsgeleerden
parley ['pa:li] **I** *znw* onderhoud *o*, onderhandeling; **II** *onoverg* onderhandelen, parlementeren; gemeenz parlevinken
parliament ['pa:ləmənt] *znw* parlement *o*
parliamentarian [pa:ləmen'tɛəriən] **I** *znw* parlementariër; hist parlementsgezinde [in de 17de-eeuw]; **II** *bn* hist = *parliamentary*
parliamentary [pa:lə'mentəri] *bn* parlementair[2],

parlements-
parlour, Am **parlor** ['pa:lə] *znw* spreekkamer, ontvangkamer [vooral in klooster]; Am salon [v. kapper &]; vero zitkamer
parlour-game, Am **parlor-game** *znw* gezelschapsspel *o*
parlour-maid, Am **parlor-maid** *znw* dienstmeisje *o*
parlous ['pa:ləs] *bn* precair, gevaarlijk; slim
Parmesan [pa:mi'zæn] *bn* (ook: ~ *cheese*) parmezaanse kaas, parmezaan
parochial [pə'roukjəl] *bn* parochiaal; kleinsteeds, bekrompen, begrensd
parochialism *znw* bekrompenheid, kleinsteedsheid
parodist *znw* parodist, schrijver van parodieën
parody ['pærədi] **I** *znw* parodie; **II** *overg* parodiëren, bespottelijk nabootsen
parole [pə'roul] **I** *znw* **1** (ere)woord *o*; **2** recht voorwaardelijke invrijheidstelling; *on* ~ **1** op zijn erewoord; **2** recht voorwaardelijk; **II** *overg* recht voorwaardelijk in vrijheid stellen
paroquet ['pærəkit] *znw* parkiet
parotitis [pærɔ'taitis] *znw* med bof
paroxysm ['pærəksizm] *znw* vlaag, (heftige) aanval
parquet [pa:kei, -kit] **I** *znw* (~ *floor*) parket° *o*, parketvloer; **II** *overg* van parket voorzien
parquetry ['pa:kitri] *znw* parketvloer, -werk *o*
parricidal [pæri'saidl] *bn* van een vadermoord, vadermoordenaars-
parricide ['pærisaid] *znw* vadermoord(enaar)
parrot ['pærət] *znw* papegaai[2]
parry ['pæri] **I** *overg* afweren, pareren[2]; ontwijken; **II** *onoverg* pareren; **III** *znw* afwering; ontwijking; parade [bij het schermen]
parse [pa:z] *overg* taalkundig (redekundig) ontleden
parsimonious [pa:si'mounjəs] *bn* spaarzaam, karig, schriel
parsimony ['pa:siməni] *znw* spaarzaamheid, karigheid, schrielheid
parsley ['pa:sli] *znw* peterselie
parsnip ['pa:snip] *znw* witte peen
parson ['pa:sn] *znw* predikant, dominee; gemeenz iedere geestelijke; ~ *'s nose* gebraden staartstuk *o* v. vogel
parsonage *znw* predikantswoning, pastorie
parsonic(al) [pa:'sɔnik(l)] *bn* van een dominee
part [pa:t] **I** *znw* part *o*, (aan)deel *o*, gedeelte *o*, aflevering [v. boekwerk]; techn (onder)deel *o*; plicht, zaak, taak; partij, zijde, kant; muz partij, stem; rol[2]; *(private)* ~*s* gemeenz geslachtsdelen; *the* ~*s of speech* de rededelen; *a man of (good)* ~*s* vero een bekwaam, talentvol man; *the curious* ~ *of (about) it is...* het gekke van de zaak is...; *be* ~ *of* ook: (be-) horen bij (tot); *be* ~ *and parcel of* een integrerend deel uitmaken van, schering en inslag zijn van; *do one's* ~ het zijne (zijn plicht) doen; *play a* ~ een rol spelen[2]; fig komedie spelen; *play one's* ~ het zijne

partake

doen, zijn deel bijdragen; *take* ~ deelnemen, meedoen (*aan in*); *take sbd.'s* ~, *take* ~ *with sbd.* iems. partij kiezen; *for my* ~ voor mijn part, wat mij betreft, ik voor mij; *for the most* ~ hoofdzakelijk, grotendeels; *in* ~ deels; gedeeltelijk; *take in good* ~ goed opnemen; *in* ~*s* in afleveringen; muz meerstemmig; *in foreign* ~*s* in den vreemde; *in these* ~*s* in deze streek (buurt); *on my* ~ van mijn kant, mijnerzijds, uit naam van mij; **II** *bijw* zie *partly*; **III** *overg* verdelen; scheiden; breken; ~ *company* uit of van elkaar gaan, scheiden (van *with*); ~ *one's hair* een scheiding maken (in zijn haar); ~*ed lips* geopende lippen; **IV** *onoverg* zich verdelen, uiteengaan, -wijken, scheiden (als); breken; ~ *from* weggaan (scheiden) van; ~ *with* van de hand doen, afstand doen van

partake [pa:'teik] (partook; partaken) *onoverg* deelnemen, deel hebben (aan, in *of, in*); ~ *of* ook: gebruiken, verorberen; iets hebben van

partaken V.D. van *partake*

partaker *znw* deelnemer, deelgenoot

parterre [pa:'tɛə] *znw* bloemperken; parterre *o & m*

part-exchange ['pa:tiks'tein(d)ʒ] *znw* inruil

Parthian ['pa:θiən] *bn:* ~ *shot* hatelijke laatste opmerking, trap na

partial ['pa:ʃəl] *bn* partieel, gedeeltelijk; partijdig, eenzijdig; *be* ~ *to* een voorliefde hebben voor, bijzonder graag mogen

partiality [pa:ʃi'æliti] *znw* partijdigheid, eenzijdigheid; zwak *o*, voorliefde (voor *to*)

partially ['pa:ʃəli] *bijw* v. *partial*; zie ook *sight II*

participant [pa:'tisipənt] *znw* deelnemer, -hebber, participant

participate *onoverg* delen, deelnemen, deel hebben (in, aan *in*), participeren

participation [pa:tisi'peiʃən] *znw* deelneming, deelhebbing, participatie, medezeggenschap, inspraak

participle ['pa:tisipl] *znw* deelwoord *o*

particle ['pa:tikl] *znw* deeltje *o*, greintje *o*; partikel *o*: onveranderlijk rededeeltje *o*

parti-coloured *bn* = *party-coloured*

particular [pə'tikjulə] **I** *bn* bijzonder; speciaal; bepaald; persoonlijk; kieskeurig, nauwkeurig; veeleisend, lastig: *a* ~ *friend* een goede (intieme) vriend; *be* ~ *about one's food* moeilijk met eten zijn; *she's* ~ *about whom she talks to* ze praat niet zomaar met iedereen; *in* ~ (meer) in het bijzonder, met name; **II** *znw* bijzonderheid, bijzondere omstandigheid, punt *o*; ~*s* persoonsgegevens

particularity [pətikju'læriti] *znw* bijzonderheid; kieskeurigheid; nauwkeurigheid

particularize [pə'tikjuləraiz] **I** *onoverg & abs ww* in bijzonderheden treden; **II** *overg* met naam noemen; in bijzonderheden opgeven, omstandig verhalen

particularly *bijw* bijzonder; zeer; speciaal, vooral, met name, in het bijzonder

parting ['pa:tiŋ] **I** *bn* afscheids-; ~ *breath* laatste ademtocht; ~ *shot* hatelijkheid [bij het weggaan]; ~ *of the ways* tweesprong; *a* ~ *word* ook: een woordje *o* tot afscheid; **II** *znw* scheiding°; afscheid *o*, vertrek *o*

partisan [pa:ti'zæn] **I** *znw* aanhanger, medestander, voorstander; partijganger; partizaan; **II** *bn* partijdig; partizanen-

partisanship *znw* partijgeest

partite ['pa:tait] *bn* gedeeld

partition [pa:'tiʃən] **I** *znw* deling, verdeling; (af-) scheiding; scheidsmuur; afdeling, (be)schot *o*; vak *o*; **II** *overg* delen, verdelen; afscheiden, afschutten; ~ *off* afschieten [een vertrek]

partition-wall *znw* scheidsmuur²

partitive ['pa:titiv] *bn* delend; delings-

partly ['pa:tli] *bijw* gedeeltelijk, ten dele, deels

partner ['pa:tnə] **I** *znw* gezel(lin); deelgenoot, deelhebber, compagnon, firmant, vennoot; partner: dame of heer met wie men danst, speelt &; Am gemeenz vriend, maat; *sleeping (silent, dormant)* ~ stille vennoot; **II** *overg* terzijde staan, de partner zijn van; ~ *sbd. with...* iem. ... tot partner geven

partnership *znw* deelgenootschap *o*, vennootschap, maatschap; samenwerking(sverband *o*)

partook [pa:'tuk] V.T. van *partake*

part-owner ['pa:t'ounə] *znw* mede-eigenaar; scheepv mederer

part-payment *znw* gedeeltelijke betaling

partridge ['pa:tridʒ] *znw* (*mv* idem *of* -s) dierk patrijs

part-song ['pa:tsɔŋ] *znw* meerstemmig lied *o*

part time *bn* parttime, niet volledig

part-timer *znw* parttimer, niet volledige (werk-)kracht

party ['pa:ti] **I** *znw* partij; feest(je) *o*, fuif, gezelschap *o*; afdeling, groep, troep; deelnemer; gemeenz persoon, iemand; *throw a* ~ een feestje bouwen; *be a* ~ *to* deel hebben of deelnemen aan, meedoen aan; **II** *onoverg* feest vieren, de bloemetjes buiten zetten

party-coloured, Am **party-colored** *bn* bont, veelkleurig

party line *znw* [politieke] partijlijn; telec lijn met meervoudige aansluiting

party political broadcast *znw* uitzending in het kader van de zendtijd voor politieke partijen

party politics *znw* (*mv*) partijpolitiek

party-pooper ['pa:tipu:pə] *znw* slang spelbreker, iem. die roet in het eten gooit

party spirit *znw* partijgeest

party-wall *znw* recht gemene (= gemeenschappelijke) muur

parvenu ['pa:vənju:] *znw* parvenu

parvis ['pa:vis] *znw* voorplein *o* [v. kerk]; kerkportaal *o*

pas [pa:] *znw* (dans)pas

paschal ['pa:skəl] *bn* paas-; ~ *lamb* paaslam *o*

pasha ['pa:ʃə] *znw* pasja
pasquinade [pæskwi'neid] *znw* paskwil *o*, schotschrift *o*
pass [pa:s] **I** *onoverg* voorbijgaan°, passeren°, voorbijlopen, -komen &; heengaan; voorvallen; gewisseld worden [v. woorden &]; erdoor komen of er (mee) door kunnen, slagen [bij examen]; aangenomen worden; passen [bij kaartspel]; **II** *overg* voorbijgaan, -lopen, -trekken; passeren; doorgaan; overslaan; overgaan, overtrekken, -steken; te boven gaan; met goed gevolg afleggen; laten passeren; erdoor of toelaten, aannemen [voorstel], goedkeuren [medisch]; doorbrengen [tijd]; geven [zijn woord]; uitspreken [oordeel]; doorgeven; aanreiken; strijken met [zijn hand] (over *across*), halen (door *through*); uitgeven, kwijtraken [geldstuk]; ~ *belief* ongelooflijk zijn; ~ *remarks* opmerkingen maken; ~ *along* zie ~ *on*; ~ *around* = ~ *round*; ~ *away* voorbijgaan; verdwijnen; plechtig heengaan, overlijden; verdrijven [tijd]; ~ *by* passeren, voorbijlopen; geen notitie nemen van; ~ *by the name of...* genoemd worden; ~ *down* doorgeven, overleveren; ~ *for* doorgaan voor, gelden als; slagen als (voor); ~ *into* overgaan in; veranderen in; worden; ~ *off* gaan, verlopen; voorbij-, overgaan; uitgeven, kwijtraken [vals geld]; maken [opmerkingen]; ~ *oneself off as...* zich uitgeven voor...; ~ *sth. off on sbd.* iem. iets in de hand stoppen, op de mouw spelden; ~ *it off with a smile* er zich met een (glim)lachje afmaken; ~ *on* dóórlopen, verder gaan; heengaan, overlijden; ~ *it on* het doorgeven; het doorberekenen (aan *to*); ~ *on to...* overgaan tot...; ~ *out* een (onderwijs)inrichting verlaten, heengaan; buiten bewustzijn rakden, flauwvallen; doodgaan; ~ *over* gaan over, komen over; voorbijgaan; voorbijtrekken [onweer]; passeren; overslaan, geen notitie nemen van; ~ *round* slaan of leggen om [v.e. touw]; doorgeven, laten rondgaan; ~ *through* gaan door; steken door; doormaken, meemaken; doorlópen [school]; *be ~ing through* op doorreis zijn; ~ *up* laten schieten, bedanken voor; **III** *znw* pas, bergpas, doorgang, scheepv "gat" *o*; slagen *o* [bij examen]; onderw gewone graad; reis-, verlofpas, vrij-, permissiebiljet *o*, toegangsbewijs *o*, perskaart (*press* ~); uitval [bij schermen]; handbeweging; pass [bij voetbal]; toestand, stand van zaken; *bring to* ~ tot stand brengen, teweegbrengen; *come to* ~ gebeuren; *how did it come to* ~? hoe heeft het zich toegedragen?; *things have come to a pretty* ~ het is ver gekomen...; *make a* ~ *at* amoureuze avances maken bij; *sell the* ~ verraad plegen
passable *bn* begaanbaar, berijd-, bevaarbaar; er mee door kunnend, draaglijk, tamelijk, voldoend, passabel; gangbaar
passably *bijw* redelijk (goed)
passage ['pæsidʒ] *znw* doorgang, doortocht, doortrek [v. vogels]; doorvaart, doorreis; doormars; passeren *o*, overgang, overtocht; voorbijgaan *o*; gang;

steeg; passage° [ook = vrachtprijs, plaats in boek &]; doorlaten *o* of aannemen *o* [wetsvoorstel]; (uit-) wisseling; *a* ~ *of (at) arms* woordenwisseling, botsing
passageway *znw* doorgang
pass-book ['pa:sbuk] *znw* kassiersboekje *o*, rekening-courantboekje *o*, (spaar)bankboekje *o*
passé ['pa:sei] *bn* [Fr] uit de tijd; op zijn retour, verlept
passenger ['pæsindʒə] *znw* passagier, reiziger
passenger car *znw* personenauto
passenger train *znw* personentrein
passe-partout ['pæspa:tu:] *znw* [Fr] passe-partout; loper
passer-by ['pa:sə('bai)] *znw* (*mv*: passers-by) voorbijganger
passible ['pæsəbl] *bn* (over)gevoelig
passim ['pæsim] *bijw* [Lat] op meerdere plaatsen [in een boek]
passing ['pa:siŋ] **I** *bn* voorbijgaand[2]; dóórtrekkend; terloops gemaakt; **II** *bijw* vero in hoge mate, zeer; **III** *znw* voorbijgang; slagen *o* [bij examen]; aannemen *o* [wet]; plechtig heengaan *o*, overlijden *o*; *in* ~ en passant, terloops
passing-bell *znw* doodsklok
passion ['pæʃən] *znw* lijden *o*; drift, hartstocht, passie; woede; *have a* ~ *for* dol zijn op; *in a* ~ in drift; woedend
passionate *bn* hartstochtelijk, fervent; driftig
passion-flower *znw* passiebloem
passion-fruit *znw* passievrucht
passionless *bn* zonder hartstocht, geen hartstocht kennend
Passion-play *znw* passiespel *o*
Passion Sunday *znw* Passiezondag: tweede zondag vóór Pasen
passiontide *znw* passietijd (= de twee weken van Passiezondag tot paasavond)
Passion Week *znw* week van Passiezondag tot Palmpasen; vero lijdensweek: week vóór Pasen
passive ['pæsiv] **I** *bn* lijdelijk; lijdend; passief; ~ *resistance* lijdelijk verzet *o*; **II** *znw* gramm lijdende vorm, lijdend werkwoord *o*
passiveness *znw* passiviteit, lijdelijkheid
passivity [pæ'siviti] *znw* = *passiveness*
pass-key ['pa:ski:] *znw* loper; huissleutel; eigen sleutel
Passover ['pa:souvə] *znw* (joods) paasfeest *o*
passport ['pa:spɔ:t] *znw* paspoort[2] *o*, pas[2]
password *znw* parool *o*, wachtwoord *o*
past [pa:st] **I** *bn* verleden, geleden; voorbij(gegaan), afgelopen; vroeger, ex-; *for some days* ~ sedert enige dagen; ~ *master* = *pastmaster*; **II** *znw*: *the* ~ het verleden; het (vroeger) gebeurde; gramm de verleden tijd; **III** *voorz* voorbij, over, na; *she is* ~ *a child* geen kind meer; *it is* ~ *crying for* er helpt geen lievemoederen meer aan; ~ *cure* onherstelbaar, ongeneeslijk; ~ *help* niet meer te helpen; ~ *hope* hopeloos;

pasta

~ *saving* reddeloos verloren; *I wouldn't put it* ~ *him* hij is er toe in staat, het zou me van hem niets verbazen; *it's* ~ *our understanding* het gaat ons begrip te boven; **IV** *bijw* voorbij; *at noon or five minutes* ~ erover

pasta ['pæstə] *znw* pasta, Italiaanse deegwaren

paste [peist] **I** *znw* deeg *o*; pap [om te plakken], stijfsel; pasta; smeersel *o*; meelproduct *o* [macaroni &]; similidiamant *o*; **II** *overg* (be)plakken, opplakken; ~ *up* aanplakken

pasteboard I *znw* bordpapier *o*, karton *o*; **II** *bn* bordpapieren, kartonnen; fig onecht, schijn-

pastel [pæs'tel, 'pæstel] *znw* pastel *o*; pastelkleur

pastel(l)ist [pæs'telist] *znw* pastellist

pastern ['pæstə:n] *znw* koot van een paard

pasteurism ['pæstərizəm] *znw* med inenting

pasteurization [pæstərai'zeiʃən] *znw* pasteurisatie

pasteurize ['pæstəraiz] *overg* pasteuriseren

pastiche [pæ'sti:ʃ, 'pæsti:ʃ] *znw* pastiche, namaak

pastille ['pæstl] *znw* pastille

pastime ['pa:staim] *znw* tijdverdrijf *o*, -passering, -korting

pasting ['peistiŋ] *znw* gemeenz pak *o* slaag

past-master ['pa:st'ma:stə] *znw* ware meester, kunstenaar [in zijn vak]

pastor ['pa:stə] *znw* pastor, zielenherder, voorganger, predikant; Am ook: pastoor

pastoral I *bn* herderlijk[2], landelijk; herders-; pastoraal; ~ *care* zielzorg; ~ *letter* herderlijk schrijven *o*; **II** *znw* herderlijk schrijven *o*; pastorale, herderszang, -dicht *o*, -spel *o*

pastorale [pæstə'ra:li] *znw* muz pastorale

pastorate ['pa:stərit] *znw* geestelijkheid; herderlijk ambt *o*

pastrami [pə'stra:mi] *znw* pastrami [sterk gekruid, gerookt rundvlees]

pastry ['peistri] *znw* (korst)deeg *o*; gebak *o*, pastei, gebakje *o*, taartje *o*, gebakjes, taartjes

pastry-cook *znw* pasteibakker, banketbakker

pasturage ['pa:stjurid3] *znw* weiden *o*; weiland *o*; gras *o*

pasture I *znw* weide, gras *o*; *put out to* ~ (laten) weiden [v. koeien &]; fig (iem.) onverrichter zake wegsturen; *move on to a* ~*s new* ± aan iets nieuws beginnen; **II** *onoverg & overg* (laten) weiden, (af)grazen

1 pasty ['peisti] *bn* deegachtig; bleek

2 pasty ['pæsti] *znw* vleespastei

1 pat [pæt] **I** *znw* tikje *o*, klopje *o*; klompje *o*, stukje *o* [boter]; **II** *overg* tikken, kloppen (op); ~ *on the back* goedkeurend op de schouder kloppen

2 pat [pæt] *bn bijw* (net) van pas; (precies) raak, toepasselijk, prompt, op zijn duimpje; *know sth. off* ~ iets op zijn duimpje kennen; *stand* ~ op zijn stuk blijven staan; *stand* ~ *on* blijven bij

patch [pætʃ] **I** *znw* lap, lapje *o* (grond); stukje *o*, gedeelte *o*; plek; moesje *o*; werkterrein *o*, gebied *o*, district *o*; flard [v. mist &]; *purple* ~*es* markante plaatsen, prachtige gedeelten [in gedicht &]; *he (it)*

is not a ~ *on...* gemeenz hij (het) haalt niet bij...; *when I go through a bad* ~ gemeenz als het me tegenzit; **II** *overg* een lap zetten op, oplappen[2]; met moesjes bedekken; ~ *up* oplappen, opknappen, opkalefateren; in elkaar flansen; bijleggen [v. ruzie]; ~ *together* haastig tot stand brengen

patchwork *znw* lapwerk *o*; ~ *quilt* lappendeken

patchy *bn* ongelijk, onregelmatig; in flarden voorkomend; ~ *knowledge* fragmentarische kennis

pate [peit] *znw* gemeenz kop, bol, knikker

pâté [pæ'tei, 'pa:tei] *znw* pâté

patella [pə'telə] *znw* (*mv*: patellae [-li:]) knieschijf

paten ['pætən] *znw* RK pateen

patent ['peitənt] **I** *bn* open(baar); gepatenteerd, patent-; duidelijk (aan het licht tredend); voor een ieder zichtbaar; voortreffelijk; ~ *leather* verlakt leer *o*, lakleer *o*; **II** *znw* patent *o*, vergunning; octrooi *o*; ~ *of nobility* adelbrief; **III** *overg* octrooieren

patentee [pei-, pætən'ti:] *znw* patenthouder

patently ['peitəntli] *bijw* klaarblijkelijk, kennelijk

patent office ['pei-, 'pætəntɔfis] *znw* octrooiraad

pater ['peitə] *znw* slang ouweheer (vader)

paterfamilias ['peitəfə'miliəs] *znw* hoofd *o* van het gezin, huisvader

paternal [pə'tə:nl] *bn* vaderlijk, vader(s)-; van vaderszijde

paternalism *znw* paternalisme *o*; bevoogding

paternalistic [pətə:nə'listik] *bn* paternalistisch

paternally [pæ'tə:nəli] *bijw* vaderlijk

paternity *znw* vaderschap[2] *o*

paternoster ['pætə'nɔstə] *znw* onzevader *o*, paternoster *o*; paternosterlift

path [pa:θ] *znw* (*mv*: paths [pa:ðz]) pad *o*, weg, baan

pathetic [pə'θetik] *bn* pathetisch; beklagenswaardig, deerniswekkend, zielig, treurig

pathfinder ['pa:θfaində] *znw* verkenner, pionier; mil verkenningsvliegtuig *o*

pathogen ['pæθədʒən] *znw* med ziekteverwekker

pathogenic [pæθə'dʒenik] *bn* ziekteverwekkend

pathological [pæθə'lɔdʒikl] *bn* pathologisch

pathologist ['pæθɔlədʒist] *znw* patholoog

pathology *znw* ziektekunde

pathos ['peiθɔs] *znw* pathos *o*

pathway ['pa:θwei] *znw* (voet)pad *o*, weg, baan

patience ['peiʃəns] *znw* geduld *o*; volharding; lankmoedigheid, lijdzaamheid; kaartsp patience *o*; *have no* ~ *with* niet kunnen uitstaan; *be out of* ~ *with* niet meer kunnen luchten of zien; *try sbd.'s* ~ iems. geduld op de proef stellen

patient I *bn* geduldig, lankmoedig, lijdzaam; volhardend; **II** *znw* patiënt, lijder

patina ['pætinə] *znw* patina *o*: roestlaag; tint van ouderdom

patio ['pætiou] *znw* patio: open binnenplaats

patisserie [pə-, pæ'ti:s(ə)ri] *znw* patisserie

patriarch ['peitria:k] *znw* patriarch°, aartsvader; fig nestor

patriarchal [peitri'a:kəl] *bn* patriarchaal, aartsvaderlijk

patriarchate ['peitria:kit] *znw* patriarchaat *o*

patriarchy *znw* patriarchaat *o*; patriarchaal ingerichte samenleving of regering

patrician [pə'triʃən] **I** *bn* patricisch; **II** *znw* patriciër

patriciate *znw* patriciaat *o*

patricide ['pætrisaid] *znw* vadermoord; vadermoordenaar

patrimonial [pætri'mounjəl] *bn* tot het vaderlijk erfdeel behorend; (over)geërfd

patrimony ['pætriməni] *znw* vaderlijk erfdeel *o*, erfgoed[2] *o*

patristic [pə'tristik] *bn* van de kerkvaders

patriot ['peitriət] *znw* patriot, vaderlander

patriotic [pætri'ɔtik] *bn* vaderland(s)lievend

patriotically *bijw* patriottisch

patriotism ['pætriətizm] *znw* vaderlandsliefde

patrol [pə'troul] **I** *znw* patrouille, ronde; **II** *(overg &) onoverg* (af)patrouilleren; surveilleren (op, in) [v. politie]

patrol-car *znw* surveillancewagen [v. politie]

patrolman *znw* Am agent(-surveillant)

patrol wagon *znw* Am boevenwagen

patron ['peitrən] *znw* beschermer, beschermheer; patroon, beschermheilige (ook: ~ *saint*); (vaste) klant, begunstiger; begever van kerkelijk ambt

patronage ['pætrənidʒ] *znw* beschermheerschap *o*; beschermend air *o*, neerbuigendheid; begunstiging, klandizie; bescherming, steun; begevingsrecht *o*

patroness ['peitrənis] *znw* beschermster, beschermvrouwe; patrones, beschermheilige

patronize ['pætrənaiz] *overg* uit de hoogte behandelen; begunstigen [met klandizie], geregeld bezoeken; steunen; *well ~d* beklant [v. winkel]

patronizing *bn* beschermend, neerbuigend, uit de hoogte

patronymic [pætrə'nimik] **I** *bn* vaders-, familie-; **II** *znw* vadersnaam, stam-, familienaam

patten ['pætən] *znw* trip [schoeisel]

patter ['pætə] **I** *onoverg* kletteren [hagel]; ratelen; trappelen, trippelen; **II** *overg* doen kletteren; (af-) ratelen (ook: ~ *out*); afraffelen [gebeden]; kakelen, parlevinken, snel praten; **III** *znw* taaltje *o*, jargon *o*; gekletter *o*, geratel *o*; gesnap *o*; getrippel *o*; (mooi) praatje *o* [om klanten te trekken]; kletspraatje *o*; snelgezongen woorden [v. lied of komediestuk]

pattern ['pætən] **I** *znw* model *o*, voorbeeld *o*, patroon *o*, staal *o*; dessin *o*, tekening; toonbeeld *o*; **II** *overg* volgens patroon maken, vormen, modelleren (naar *after, upon*); versieren (met *with*)

patty ['pæti] *znw* pasteitje *o*

paucity ['pɔːsiti] *znw* schaarste, gebrek *o* (aan *of*)

Paul [pɔːl] *znw* Paulus; ~ *Pry* nieuwsgierige bemoeial

paunch [pɔːn(t)ʃ] *znw* pens, buik

paunchy *bn* dikbuikig

pauper ['pɔːpə] *znw* arme, pauper

pauperism *znw* armoede; pauperisme *o*; de armen

pauperization [pɔːpərai'zeiʃən] *znw* verarming

pauperize ['pɔːpəraiz] *onoverg & overg* tot armoede komen/brengen, verarmen, armlastig maken/worden

pause [pɔːz] **I** *znw* rust, stilte, pausering, stilstand; gedachtestreep; muz orgelpunt; pauze; *give ~ to* doen aarzelen, tot nadenken stemmen; *make a ~* even pauzeren; **II** *onoverg* pauzeren, even rusten, ophouden; nadenken, zich bedenken; ~ *over the details* stilstaan bij de bijzonderheden; ~ *(up)on* lang aanhouden of stilstaan bij

pave [peiv] *overg* bestraten, plaveien; bevloeren; ~ *the way for* de weg banen voor

pavement *znw* bestrating, plaveisel *o*, stenen vloer; trottoir *o*, stoep; terras *o* [v. café]; Am rijweg, rijbaan

paver *znw* straatmaker

pavilion [pə'viljən] *znw* paviljoen *o*, tent

paving ['peiviŋ] *znw* bestrating; plaveisel *o*; ~ *stone* straatsteen

paviour ['peivjə] *znw* straatmaker

paw [pɔː] **I** *znw* poot°, klauw; **II** *onoverg* krabben, klauwen [met de voorpoot]; **III** *overg* met de poot aanraken of krabben; betasten; ruw beetpakken; ~ *the ground* met een hoef over de grond schrapen [paard]

pawky ['pɔːki] *bn* Schots sluw, slim

pawl [pɔːl] *znw* techn pal

pawn [pɔːn] *znw* **1** pand *o*; **2** pion [schaakspel]; *be at (in)* ~ in de lommerd staan; *take out of* ~ inlossen; **II** *overg* verpanden[2], belenen

pawnbroker *znw* lommerdhouder

pawnshop *znw* pandjeshuis *o*, lommerd

pawn-ticket *znw* lommerdbriefje *o*

pawpaw ['pɔːpɔː] *znw* papaja

pax [pæks] **I** *tsw* onderw slang genoeg!; vergiffenis!; **II** *znw* vredeskus

1 pay [pei] *znw* betaling, bezoldiging, traktement *o*, salaris *o*, loon *o*, gage, mil soldij; *in the ~ of...* door... bezoldigd, in dienst van...

2 pay [pei] (paid; paid) *overg* betalen, bezoldigen, salariëren, voldoen, uitbetalen, uitkeren; lonen, vergelden; vergoeden; betuigen [eerbied]; ~ *attention* aandacht schenken (aan *to*), opletten, acht geven; ~ *court to sbd.* iem. het hof maken; ~ *a compliment* een compliment maken; ~ *one's respects* zijn opwachting maken (bij *to*); ~ *a visit* een bezoek afleggen; ~ *one's way* zich(zelf) bedruipen; *it ~s you to...* het loont de moeite, is het wel de moeite waard...; **III** *onoverg* betalen; de moeite lonen, renderen; ~ *away* uitgeven [geld]; scheepv vieren; ~ *down* contant betalen; ~ *back* terugbetalen, betaald zetten; ~ *for* betalen (voor); boeten voor; ~ *in money* geld storten; ~ *it into his hands* het aan hem afdragen; ~ *off* (af)betalen; de moeite lonen, renderen, vruchten afwerpen, succes hebben, beloond worden; ~ *off the crew* het scheepsvolk afmonsteren; ~ *out* scheepv vieren; (uit)betalen; wraak nemen; *I'll* ~ *him out for that* dat zal ik hem betaald zetten, inpeperen; ~ *over to...* het (uit)betalen of afdragen aan; ~ *through the nose* buitengewoon veel betalen, afgezet worden; ~ *towards the cost* het zijne bijdragen; ~ *up* (af)betalen; volstorten [aandelen]

payable *bn* betaalbaar, te betalen; lonend, renderend; *become* ~ vervallen; *make* ~ betaalbaar stellen

pay-bed *znw* particulier bed *o* [in ziekenhuis]

pay-bill *znw* betaalstaat

pay-book *znw* mil zakboekje *o*

pay-day *znw* betaaldag; traktementsdag

pay-dirt *znw* [voor exploitatie] lonende ertshoudende aarde; fig lonende onderneming

PAYE ['pi:eiwai'i:] *afk.* = *pay-as-you-earn (income tax)* loonbelasting die bij uitbetaling wordt ingehouden

payee [pei'i:] *znw* te betalen persoon, nemer [v. wissel]

payer ['peiǝ] *znw* betaler

paying guest *znw* kostganger, pensiongast, betalende gast

paying-in slip *znw* stortingsbewijs *o*

pay-load *znw* nuttige last

paymaster *znw* betaler; betaalmeester; mil & scheepv officier van administratie; *P~-General* thesaurier-generaal

payment *znw* betaling; fig loon *o*

paynim ['peinim] vero *znw (& bn)* heiden(s)

pay-off ['peiɔ:f] *znw* gemeenz afrekening; beloning; resultaat *o*; climax; beslissing; bekentenis

pay-office *znw* betaalkantoor *o*, -kas

payola [pei'oulǝ] *znw* Am steekpenningen

pay-packet ['peipækit] *znw* loonzakje *o*

pay-phone *znw* telefooncel; munttelefoon

pay-rise *znw* loonsverhoging

pay-roll, pay-sheet *znw* betaalstaat, loonlijst

pay-slip *znw* loonbriefje *o*

PC *afk.* = *Privy Councillor; police constable; personal computer*

PE *afk.* = *Physical Education* lichamelijke opvoeding

pea [pi:] *znw* erwt; *like two ~s in a pod* als twee druppels water (op elkaar lijken)

peace [pi:s] *znw* vrede; rust; *~!* stil!; *~ of mind* gemoedsrust; *the King's (the Queen's)* ~ de openbare orde; *disturb the* ~ de rust verstoren; *hold (keep) one's* ~ (stil)zwijgen; *keep the* ~ de vrede bewaren; de openbare orde niet verstoren; de orde bewaren, handhaven; *make one's* ~ *with* zich verzoenen met; *at* ~ in vrede; *in* ~ in vrede; met rust; rustig

peaceable *bn* vreedzaam; vredelievend

peace-breaker *znw* vredeverstoorder; rustverstoorder

Peace Corps *znw* Amerikaanse jongerenvrijwilligersorganisatie t.b.v. ontwikkelingslanden

peaceful *bn* vreedzaam; vredig; rustig; kalm

peace-keeping force *znw* vredesmacht

peace-loving *bn* vredelievend

peacemaker *znw* vredestichter

peace-offering *znw* dank-, zoenoffer *o*

peacetime *znw* vredestijd

1 peach [pi:tʃ] *znw* perzik; slang snoes, 'juweel' *o*

2 peach [pi:tʃ] *onoverg* slang klikken; ~ *against (on)* klikken van, verklikken

peach-coloured ['pi:tʃkʌlǝd] *bn* perzikbloesemkleurig

peachy ['pi:tʃi] *bn* perzikachtig, -kleurig; perzik-; slang beregoed

peacock ['pi:kɔk] *znw* dierk pauw; dierk pauwoog

peacockish *bn* pauwachtig; opgeblazen

pea-green ['pi:gri:n] *bn* lichtgroen

pea-hen ['pi:'hen] *znw* dierk pauwin

pea-jacket ['pi:dʒækit] *znw* pij-jekker

peak [pi:k] **I** *znw* spits, punt, top; fig hoogtepunt *o*, maximum *o*, record *o*; piek² [ook scheepv]; klep [v. pet]; ~ *hours (times)* piekuren, spitsuren; ~ *load* techn spitsbelasting, maximale belasting; ~ *season* hoogseizoen *o*; **II** *onoverg* een hoogtepunt, piek bereiken; sp pieken

peaked *bn* puntig; smalletjes [v. gezicht], pips; spits, scherp; ~ *cap* pet met een klep

peaky *bn* = *peaked*

peal [pi:l] **I** *znw* gelui *o*; galm; geschal *o*; (donder-)slag; stel *o* klokken [v. klokkenspel]; *a ~ of laughter* een schaterend gelach *o*; **II** *onoverg* schallen, klinken, klateren, galmen; **III** *overg* doen schallen, klinken &

peanut ['pi:nʌt] *znw* pinda, olienootje *o*, apenootje *o*; ~ *butter* pindakaas

pea-pod ['pi:pɔd] *znw* (erwte)peul

pear [peǝ] *znw* plantk peer

pearl [pǝ:l] **I** *znw* parel²; *cast ~s before swine* paarlen voor de zwijnen werpen; **II** *onoverg* parelen; naar parels vissen

pearl-barley *znw* parelgerst

pearl-button *znw* paarlemoeren knoop

pearl-diver *znw* parelvisser

pearler *znw* parelvisser

pearl-grey *znw* parelgrijs *o*

pearlies *znw mv* (kleren met) grote paarlemoeren knopen; iem. die deze draagt

pearl-shell *znw* parelschelp

pearly *bn* parelachtig, rijk aan parelen; ~ *king* Londense straatventer in feestkledij; bezet met *pearlies*

pear-shaped ['peǝʃeipt] *bn* peervormig

peasant ['pezǝnt] **I** *znw* (kleine) boer, landman; ~ *farmer* eigenerfde (boer); **II** *bn* boeren-

peasantry *znw* boerenstand, landvolk *o*

pease pudding ['pi:zpudiŋ] *znw* erwtengerecht *o*, ± erwtensoep

pea-shooter *znw* erwtenblazer, blaaspijp; slang revolver

pea-soup *znw* erwtensoep; ~ *fog* dikke gele mist (ook: *pea-souper*)

peat [pi:t] *znw* turf; veen *o*
peatbog *znw* veengrond, veen *o*
peatmoss *znw* veengrond, veen *o*
peaty *bn* turfachtig, turf-; veenachtig
pebble ['pebl] *znw* kiezelsteen; bergkristal *o*
pebbled, pebbly *bn* vol kiezelstenen
pebbledash ['pebldæʃ] *znw* kiezelpleister *o*
pecan [pi'kæn] *znw:* ~ *(nut)* Amerikaanse walnoot, pecannoot
peccable ['pekəbl] *bn* zondig
peccadillo [pekə'dilou] *znw (mv:* -s *of* -loes) kleine zonde
peccancy ['pekənsi] *znw* zondigheid
peccant *bn* zondig
peccavi [pe'ka:vi] *znw* ik heb gezondigd; *cry* ~ ongelijk of schuld bekennen
1 peck [pek] *znw* maat = 9,092 liter; *a* ~ *of money (troubles)* een hoop geld (soesa)
2 peck [pek] **I** *overg & onoverg* pikken; bikken; vluchtig kussen; ~ *at* pikken in (naar); fig hakken op; ~ *at food* gemeenz kieskauwen, met lange tanden eten; **II** *znw* pik [met de snavel]; vluchtig kusje *o*
pecker ['pekə] *znw* slang neus; Am pik, lul; *keep your* ~ *up* gemeenz kop op!
pecking order ['pekiŋ'ɔ:də] *znw* pikorde, rangorde, hiërarchie
peckish ['pekiʃ] *bn* gemeenz hongerig
Pecksniffian [pek'snifiən] *bn* huichelachtig
pectoral ['pektərəl] **I** *bn* borst-; **II** *znw* borstvin, -spier
peculate ['pekjuleit] *overg* (geld) verduisteren
peculation [pekju'leiʃən] *znw* (geld)verduistering
peculiar [pi'kju:liə] *bn* bijzonder; eigenaardig; ~ *to* eigen aan, karakteristiek voor
peculiarity [pikju:li'æriti] *znw* bijzonderheid, eigenaardigheid
pecuniary [pi'kju:niəri] *bn* geldelijk, geld(s)-
pedagogic(al) [pedə'gɔdʒik(l), -'gɔgik(l)] *bn* opvoedkundig, pedagogisch
pedagogics [pedə'gɔdʒiks, -'gɔgiks] *znw* pedagogie, opvoedkunde
pedagogue ['pedəgɔg] *znw* pedagoog; fig schoolmeester
pedagogy ['pedəgɔdʒi, -gɔgi] *znw* pedagogie, opvoedkunde
pedal ['pedl] **I** *znw* pedaal *o & m;* **II** *onoverg* peddelen, trappen, fietsen; **III** *bn* voet-; ~ *bin* pedaalemmer
pedant ['pedənt] *znw* pedant; gemeenz frik
pedantic [pi'dæntik] *bn* pedant, schoolmeesterachtig
pedantry ['pedəntri] *znw* pedanterie, schoolmeesterachtigheid
peddle ['pedl] **I** *onoverg* venten; **II** *overg* rondventen, aan de man brengen, dealen [drugs]; rondstrooien [praatjes &]
pedestal ['pedistl] *znw* voetstuk² *o;* ~ *desk* bureau-

peevish

ministre *o; knock sbd. of his* ~ iem. van zijn voetstuk stoten; *set (put) on a* ~ verafgoden, aanbidden
pedestrian [pi'destriən] **I** *bn* te voet; voet-; voetgangers-; fig alledaags, prozaïsch, saai; **II** *znw* voetganger; ~ *crossing* voetgangersoversteekplaats; ~ *precinct* voetgangersgebied *o*
pedestrianize *overg* tot voetgangersgebied maken
pediatric, paediatric [pi:di'ætrik] *bn* pediatrisch
pediatrician, paediatrician [pi:diə'triʃən] *znw* pediater, kinderarts
pediatrics, paediatrics [pi:di'ætriks] *znw* pediatrie, kindergeneeskunde
pedicab ['pedikæb] *znw* fietstaxi
pedicure ['pedikjuə] *znw* pedicure
pedigree ['pedigri:] *znw* stam-, geslachtsboom; afstamming, afkomst; ~ *cattle* stamboekvee *o;* ~ *fowl* rashoenders
pediment ['pedimənt] *znw* fronton *o*
pedlar, Am peddler ['pedlə] *znw* venter; verspreider [v. praatjes &]; *drug peddler* drugsdealer
pedology [pi'dɔlədʒi] *znw* bodemkunde
pedometer [pi'dɔmitə] *znw* schredenteller
pedophile *znw* & *bn* Am pedofiel
pedophilia *znw* Am pedofilie
peduncle [pi'dʌŋkl] *znw* (bloem)steel
pee [pi:] gemeenz **I** *onoverg* plassen; **II** *znw* plas
peek [pi:k] **I** *onoverg* gluren, kijken; **II** *znw* kijkje *o*
1 peel [pi:l] *znw* **1** schietschop, schieter [bakkerij]; **2** versterkte toren
2 peel [pi:l] **I** *znw* schil; *candied* ~ sukade; **II** *overg* (af)schillen, pellen, (af)stropen, villen, ontvellen, ontschorsen (ook: ~ *off*); **III** *onoverg* (zich laten) schillen; afschilferen, afbladderen, vervellen (ook: ~ *off*); ~ *off* gemeenz (zich) uitkleden
peeler ['pi:lə] *znw* schiller, schilmesje *o;* vero gemeenz klabak
peelings ['pi:liŋz] *znw mv* schillen; schilfers
1 peep [pi:p] **I** *onoverg* gluren, kijken (naar *at*); gloren; ~ *out* zich vertonen; om de hoek komen kijken; **II** *znw* (glurende) blik; kijkje *o; the* ~ *of day (dawn)* het aanbreken van de dag
2 peep [pi:p] **I** *onoverg* piepen; **II** *znw* gepiep *o*
peep-bo ['pi:p'bou] *tsw* kiekeboe
peepers ['pi:pə] *znw mv* gemeenz doppen, kijkers [ogen]
peephole *znw* kijkgat *o*
Peeping Tom *znw* voyeur, gluurder
peepshow *znw* kijkkast, rarekiek; peepshow
1 peer [piə] *znw* pair, edelman; gelijke, collega; ~ *group* peergroup, leeftijdsgenoten, soortgenoten, makkers
2 peer [piə] *onoverg* turen, kijken (naar *at*), bekijken
peerage ['piəridʒ] *znw* pairschap *o;* adel(stand); adelboek *o*
peeress *znw* vrouw van een pair; vrouwelijke pair
peerless *bn* weergaloos
peeve [pi:v] *overg* gemeenz ergeren
peevish *bn* korzelig, kribbig, gemelijk, knorrig

401

peewit ['pi:wit] *znw* <u>dierk</u> kievit
peg [peg] **I** *znw* pin, houten pen of nagel; stop; haak; knop; (tent)haring; (was)knijper; paaltje *o*; kapstok[2]; <u>muz</u> schroef [aan viool]; <u>gemeenz</u> (houten) been *o*; <u>gemeenz</u> borrel (brandy, whiskey); *come down a ~ or two* een toontje lager zingen, zoete broodjes bakken; *take down a ~ or two* een toontje lager laten zingen; *he is a square ~ in a round hole* hij is niet de juiste man op de juiste plaats; **II** *overg* (met een pin) vastmaken, vastpinnen[2]; koppelen; <u>Br</u> (met wasknijpers) ophangen; <u>handel</u> stabiliseren, bevriezen [v. prijzen]; **III** *onoverg:* ~ *away* ploeteren; ~ *down* binden (aan *to*); ~ *out* <u>gemeenz</u> doodgaan, ertussenuit knijpen; afbakenen [land]; <u>Br</u> ~ *out the washing* de was ophangen
pegleg *znw* <u>gemeenz</u> houten been *o*
pegtop *znw* priktol; ~ *trousers* van boven wijde, van onderen nauwe broek
pejorative ['pi:dʒərətiv, pi'dʒɔrətiv] *znw* & *bn* pejoratief
pekin(g)ese [pi:ki'n(ŋ)i:z] *znw* <u>dierk</u> pekinees
pekoe ['pi:kou] *znw* pecco(thee)
pelage ['pelidʒ] *znw* pels, vacht
pelagic [pe'lædʒik] *bn* van de zee of oceaan
pelargonium [pelə'gounjəm] *znw* geranium
pelerine ['peləri:n] *znw* pelerine
pelf [pelf] *znw* geld *o*, centen; *filthy ~* aards slijk *o*
pelican ['pelikən] *znw* <u>dierk</u> pelikaan; ~ *crossing* zebrapad *o* [met zelfbedieningslichten]
pelisse [pe-, pi'li:s] *znw* damesmantel; jasje *o*
pellet ['pelit] *znw* balletje *o*; prop, propje *o*; pilletje *o*; kogeltje *o*; braakbal
pellicle ['pelikl] *znw* vlies *o*, vliesje *o*
pell-mell ['pel'mel] *bijw* door en over elkaar; holderdebolder
pellucid [pe'l(j)u:sid] *bn* doorschijnend; helder
pelmet ['pelmit] *znw* sierlijst [v. gordijnen]
Peloponnesian [peləpə'ni:ʃən] **I** *bn* Peloponnesisch; **II** *znw* Peloponnesiër
1 pelt [pelt] *znw* vel *o*, vacht, huid
2 pelt [pelt] **I** *overg* gooien, beschieten, bekogelen, bombarderen[2]; **II** *onoverg* kletteren [hagel, regen]; rennen; *it's ~ing down with rain* het regent dat het giet; **III** *znw: (at) full ~* zo hard mogelijk (lopend)
peltry ['peltri] *znw* huiden, pelterij
pelvic ['pelvik] *bn* van het bekken
pelvis ['pelvis] *znw (mv: pelvises of* pelves [vi:z]) bekken *o*, nierbekken *o*
pem(m)ican ['pemikən] *znw* in repen gesneden, gedroogd rundvlees *o*; <u>fig</u> degelijke kost
1 pen [pen] **I** *znw* pen; *fountain ~* vulpen; *put ~ to paper* schrijven, de pen op het papier zetten; *a slip of the ~* een verschrijving [schrijffout]; **II** *overg* schrijven, (neer)pennen
2 pen [pen] **I** *znw* (schaaps)kooi, hok *o*; (baby)box; duikbootbunker; **II** *overg* beperken; opsluiten (ook: ~ *in, up*)

penal ['pi:nəl] *bn* strafbaar, straf-; *the ~ code* de strafwetten; ~ *servitude* dwangarbeid; ~ *settlement* strafkolonie
penalize *overg* strafbaar stellen; straffen; handicappen
penalty ['penlti] *znw* straf, boete; handicap; <u>sp</u> strafschop [voetbal]; *pay the extreme ~ of* boeten voor; *pay the extreme ~* de doodstraf ondergaan; ~ *area* <u>sp</u> strafschopgebied *o*; ~ *clause* <u>recht</u> strafbepaling; ~ *kick* <u>sp</u> strafschop
penance ['penəns] *znw* boete(doening), penitentie; <u>fig</u> straf, ongemak *o*; *the sacrement of ~* <u>RK</u> het sacrament van boetvaardigheid
pen-and-ink drawing ['penəninŋk] *znw* pentekening
pen-case ['penkeis] *znw* pennenkoker
pence [pens] *znw mv* v. penny
penchant ['pãʃã] *znw* neiging, voorkeur
pencil ['pensil] **I** *znw* potlood *o*; griffel; stift; <u>vero</u> & <u>fig</u> penseel *o*; ~ *of light* stralenbundel; **II** *overg* (met potlood) tekenen, optekenen, (op)schrijven; pens4len, (met potlood) kleuren; schetsen[2]; ~ *in* voorlopig noteren, met potlood schrijven [i.p.v. pen]; ~ *led eyebrows* zwartgemaakte wenkbrauwen
pencil-case *znw* potloodkoker; potlood-, schooletui *o*
pencil-sharpener *znw* puntenslijper
pendant ['pendənt] **I** *bn = pendent*; **II** *znw* hanger(tje *o*), oorhanger
pendency ['pendənsi] *znw* hangende of aanhangig zijn *o* [v. proces]
pendent ['pendənt] *bn* hangend[2]; overhangend; zwevend
pending **I** *bn* (nog) hangend, onafgedaan; **II** *voorz* gedurende; in afwachting van
pendulous ['pendjuləs] *bn* hangend; schommelend
pendulum *znw* slinger [v. klok]
penetrable ['penitrəbl] *bn* doordringbaar; te doorgronden; ~ *to* toegankelijk, vatbaar voor
penetralia [peni'treiljə] *znw* binnenste *o*, heiligste *o*
penetrate ['penitreit] **I** *overg* doordringen (van with); doorgronden; **II** *onoverg* door-, binnendringen (in *into, through*)
penetrating *bn* doordringend; scherp(ziend), scherpzinnig, diepgaand
penetration [peni'treiʃən] *znw* doordringen *o*; in-, binnendringen *o*; doorgronden; doorzicht *o*; scherpzinnigheid
penetrative ['penitreitiv] *bn* doordringend; scherpzinnig; ~ *power* ook: doordringendheid
pen-friend ['penfrend] *znw* correspondentievriend(in)
penguin ['peŋgwin] *znw* pinguïn
penholder ['penhouldə] *znw* pen(nen)houder
penicillate [peni'silit] *bn* met kleine haarpluimpjes; gestreept
penicillin [peni'silin] *znw* penicilline
penile ['pi:nail] *bn* van de penis, penis-

peninsula [pi'ninsjulə] *znw* schiereiland *o; the P~* het Iberisch Schiereiland

peninsular *bn* van een schiereiland

penis ['pi:nis] *znw* (*mv:* penises *of* penes [-ni:z]) penis

penis envy *znw* penisnijd

penitence ['penitəns] *znw* berouw *o*

penitent I *bn* berouwvol, boetvaardig; **II** *znw* boetvaardige, boeteling(e), penitent(e)

penitential [peni'tenʃal] **I** *bn* boetvaardig, berouwvol; boete-; *~ psalms* boetpsalmen; **II** *znw* boeteboek *o*, biechtboek *o*

penitentiary I *bn* boete-; straf-; **II** *znw* Am gevangenis; RK hoogste kerkelijke gerechtshof *o*; boetepriester

penknife ['pennaif] *znw* pennenmes *o*, zakmesje *o*

penman *znw* schoonschrijver; schrijver, auteur

penmanship *znw* (schoon)schrijfkunst

pen-name *znw* schuilnaam, pseudoniem *o*

pennant ['penənt] *znw* wimpel

penniless ['penilis] *bn* zonder geld, arm

pennon ['penən] *znw* <u>scheepv</u> wimpel; banier; <u>mil</u> (lans)vaantje *o*

penn'orth ['penəθ] *znw* = *pennyworth*

penny ['peni] *znw* (*mv:* (munten) pennies; (in bedragen) pence) penny; <u>hist</u> penning; *a ~ for your thoughts* waar zit je over te peinzen?; *in for a ~, in for a pound* wie a zegt, moet ook b zeggen; *cost a pretty ~* een hele duit kosten; *spend a ~* naar de wc gaan; *turn an honest ~* een eerlijk stuk brood verdienen; *a ~ saved is a ~ gained (got)* die wat spaart, heeft wat; *he doesn't have a ~ to his name* hij bezit geen rooie duit; *the ~ dropped* ik & heb het door, ik & snap het; *be two (ten) a ~* kost(en) nog maar een habbekrats; *take care of the pennies* op de kleintjes passen; *take care of the pennies and the pounds will take care of themselves* wie het kleine niet eert is het grote niet weerd

penny-a-liner *znw* broodschrijver [voor de krant], ± freelancer

penny dreadful [peni'dredful] *znw* sensatieromannetje *o*, stuiversroman

penny-farthing (bicycle) ['penifa:ðiŋ 'baisikl] *znw* <u>vroeger</u> vélocipède

penny-in-the-slot machine *znw* **1** automaat; **2** gokautomaat

penny-pinching ['penipin(t)ʃiŋ] *znw* overdreven zuinigheid, vrekkigheid

pennyweight ['peniweit] *znw* gewicht *o*: 1,55 gram

penny whistle ['peniwisl] *znw* eenvoudige metalen fluit [i.h.b. in de Ierse volksmuziek]

penny wise *bn* zuinig op nietigheden; *~ and pound foolish* misplaatste zuinigheid (in kleine dingen en verkwisting aan de andere kant)

pennyworth ['peniwə:θ, 'penəθ] *znw* voor een stuiver; *a good ~* een koopje *o*

penology [pi:'nɔlədʒi] *znw* leer v.d. straffen, strafoplegging en -toepassing

pen-pal ['penpæl] *znw* = *pen-friend*

penpusher ['penpuʃə] *znw* pennenlikker, inktkoelie, klerk; ambtenaartje *o*

pensile ['pensil, -sail] *bn* hangend [v. nesten]

1 pension ['penʃən] **I** *znw* jaargeld *o*, pensioen *o; ~ fund* pensioenfonds *o; ~ scheme* pensioenregeling; **II** *overg* een jaargeld geven, toeleggen; *~ off* pensioneren, op pensioen stellen

2 pension ['pa:ŋsiɔ:ŋ] *znw* pension *o*

pensionable ['penʃənəbl] *znw* pensioengerechtigd, recht gevend op pensioen

pensionary I *bn* pensioens-; gehuurd, betaald; **II** *znw* trekker van een jaargeld; gepensioneerde; afhangeling, huurling; <u>hist</u> pensionaris

pensioner *znw* trekker van een jaargeld; gepensioneerde; bejaarde

pensive ['pensiv] *bn* peinzend, ernstig, weemoedig, droevig

penstock ['penstɔk] *znw* valdeur [v. sluis]

pent [pent] V.D. van *²pen II*; opgesloten

pentad ['pentæd] *znw* vijftal *o*; groep van vijf

pentagon ['pentəgən] *znw* vijfhoek; *the P~* Am het Pentagon: (het gebouw van) de legerleiding en het bureau van de minister van Defensie

pentagonal [pen'tægənl] *bn* vijfhoekig

pentagram ['pentəgræm] *znw* vijfpuntige ster, drudenvoet

pentameter [pen'tæmitə] *znw* vijfvoetig vers *o*

Pentateuch ['pentətju:k] *znw* Pentateuch (de eerste vijf boeken v.h. Oude Testament)

pentathlete [pen'tæθli:t] *znw* <u>sp</u> vijfkamper

pentathlon [pen'tæθlɔn] *znw* <u>sp</u> vijfkamp

Pentecost ['pentikɔst] *znw* pinksterzondag, Pinksteren; pinksterfeest *o* van de joden

pentecostal [penti'kɔstl] **I** *bn* pinkster-; *~ churches* pinksterkerken; *~ movement* pinksterbeweging; **II** *znw* lid *o* van een pinksterkerk

pentecostalism *znw* pinksterbeweging

penthouse ['penthaus] *znw* afdak *o*, luifel; penthouse *o*, terraswoning [op flatgebouw]; *~ roof* (schuin) afdak *o*

pent-up ['pent'ʌp] *bn* op-, ingesloten; <u>fig</u> lang ingehouden of opgekropt

penult *znw* voorlaatste lettergreep, penultima

penultimate [pi'nʌltimit] *bn* voorlaatste

penumbra [pi'nʌmbrə] *znw* (*mv:* -s *of* penumbrae [-bri:]) halfschaduw

penurious [pi'njuəriəs] *bn* karig, schraal, armoedig; gierig

penury ['penjuri] *znw* armoede², behoeftigheid; volslagen gebrek *o* (aan *of*)

penwiper ['penwaipə] *znw* inktlap

peon ['pi:ən] *znw* soldaat, oppasser, politieagent [in India]; dagloner, (bij zijn schuldeiser werkende) schuldenaar; als arbeider verhuurde veroordeelde [in Zuid-Amerika]

peony ['piəni] *znw* pioen(roos)

people ['pi:pl] **I** *znw* volk *o*; mensen; lieden, personen; gewoon volk *o*, proletariaat *o*; volgelingen, gevolg *o*, bedienden, werkvolk *o*; men; *my* ~ ook: mijn familie; *the little* ~ de feeën, kaboutertjes; ~ *say so* men zegt het; **II** *overg* bevolken

pep [pep] gemeenz **I** *znw* pep, fut; **II** *overg:* ~ *up* oppeppen

pepper ['pepə] **I** *znw* peper; paprika; **II** *overg* peperen; spikkelen, (be)strooien; beschieten, bestoken

pepper-and-salt *znw (bn)* peper-en-zout-kleur(ig)

pepperbox *znw* peperbus

pepper-caster, pepper-castor *znw* peperbus

peppercorn *znw* peperkorrel; ~ *rent* symbolisch huurbedrag *o*

peppermint *znw* plantk pepermunt; pepermuntje *o*

pepperpot *znw* peperbus

peppery *bn* peperachtig; vol peper; gepeperd, scherp, prikkelend; prikkelbaar, opvliegend, heetgebakerd

pep pill *znw* peppil

pepsin ['pepsin] *znw* pepsine

pep-talk ['peptɔ:k] *znw* gemeenz peptalk: opwekkend praatje *o*

peptic ['peptik] *bn* maag-; ~ *ulcer* maagzweer

per [pə:] *voorz* per; *as* ~ volgens; *as* ~ *usual* zoals gewoonlijk, gebruikelijk

peradventure [pərəd'ventʃə] vero **I** *bijw* misschien, bij toeval; **II** *znw* twijfel(achtigheid)

perambulate [pə'ræmbjuleit] *overg & onoverg* (door)wandelen, doorlopen; (door)reizen [ter inspectie]; ijsberen

perambulation [pəræmbju'leiʃən] *znw* (door-)wandeling, rondgang; (grens)schouw; district *o*

perambulator [p(ə)'ræmbjuleitə] *znw* kinderwagen

per annum [pər'ænəm] *bijw* [Lat] per jaar

per capita [pə:'kæpitə] *bn & bijw* [Lat] per hoofd [v.d. bevolking]

perceive [pə'si:v] *overg* (be)merken, bespeuren, ontwaren, waarnemen

perceiving *bn* scherpziend, pienter

per cent [pə'sent] *znw & bijw* procent, percent; *a hundred* ~ gemeenz voor honderd procent

percentage [pə'sentidʒ] *znw* percentage *o*; percenten, commissieloon *o*

perceptible [pə'septəbl] *bn* merkbaar, waarneembaar

perception *znw* perceptie, waarneming; gewaarwording; inzicht *o*

perceptive *bn* waarnemend; gewaarwordend; scherpzinnig; ~ *faculty* waarnemingsvermogen *o*; scherpzinnigheid

perceptiveness *znw* waarnemingsvermogen *o*; scherpzinnigheid

1 perch [pə:tʃ] **I** *znw* stokje *o* in een vogelkooi, roest, stang; hoge plaats; **II** *onoverg* (hoog) gaan zitten, roesten [vogels]; neerstrijken (op *upon*); **III** *overg* doen zitten, (hoog) plaatsen; *be ~ed* (hoog) zitten, liggen, staan &

2 perch [pə:tʃ] *znw (mv* idem *of* -es) dierk baars

perchance [pə'tʃɑ:ns] *bijw* vero misschien

percipience [pə'sipiəns] *znw* waarnemingsvermogen *o*

percipient I *bn* gewaarwordend; waarnemend; opmerkzaam, scherpzinnig; **II** *znw* waarnemer, observator; percipiënt [ontvanger van telepathische boodschap]

percolate ['pə:kəleit] *overg & onoverg* (laten) filtreren, doorsijpelen[2], doordringen[2]

percolation [pə:kə'leiʃən] *znw* filtreren *o*; doorsijpelen[2] *o*, doordringen[2] *o*

percolator ['pə:kəleitə] *znw* filter; filtreerkan

percuss [pə:'kʌs] *overg* percuteren, bekloppen

percussion *znw* schok, slag, stoot, botsing; muz slagwerk *o*; ~ *cap* slaghoedje *o*; ~ *fuse* schokbuis

percussionist *znw* slagwerker

percussive *bn* slaand, schokkend, stotend, slag-, schok-, stoot-

perdition [pə:'diʃən] *znw* verderf *o*, ondergang, verdoemenis

peregrinate ['perigrineit] *onoverg* (rond)zwerven, reizen en trekken

peregrination [perigri'neiʃən] *znw* omzwerving, zwerftocht; bedevaart

peregrinator ['perigrineitə] *znw* zwerver

peregrine ['perigrin] *znw* slechtvalk *(~ falcon)*

peremptory [pe'rəmtəri] *bn* geen tegenspraak duldend; gebiedend, heerszuchtig; afdoend, beslissend

perennial [pə'renjəl] **I** *bn* het gehele jaar durend; eeuwig(durend), voortdurend; (over)blijvend, vast [v. plant]; **II** *znw* overblijvende plant; *hardy* ~ winterharde vaste plant

perennialy *bijw* jaar in jaar uit

perfect ['pə:fikt] **I** *bn* volmaakt, volkomen, perfect (in orde), foutloos; echt; versterkend volslagen; **II** *znw* voltooid tegenwoordige tijd; **III** *overg* [pə'fekt] (ver)volmaken, verbeteren, perfectioneren; volvoeren

perfectible *bn* volmaakbaar, voor verbetering vatbaar

perfection *znw* volmaaktheid; volkomenheid, perfectie; (ver)volmaking; *to* ~ uitstekend, volmaakt

perfectionism *znw* perfectionisme *o*

perfectionist *znw* perfectionist

perfectly ['pə:fiktli] *bijw* volmaakt, volkomen, absoluut, volslagen; foutloos; *you know* ~ *well* je weet heel goed, opperbest

perfervid [pə:'fə:vid] *bn* vurig, gloedvol

perfidious [pə:'fidiəs] *bn* trouweloos, verraderlijk, vals (voor *to*), perfide

perfidy ['pə:fidi] *znw* trouweloosheid, verraderlijkheid, valsheid

perforate ['pə:fəreit] *overg* doorboren, perforeren; ~*d* ook: met kleine gaatjes, geperforeerd

perforation [pə:fə'reiʃən] *znw* doorboring, perforatie; tanding [filatelie]

perforce [pə'fɔːs] *bijw* (nood)gedwongen, noodzakelijk(erwijs)
perform [pə'fɔːm] **I** *overg* doen verrichten; uitvoeren; volvoeren, volbrengen; opvoeren, vertonen, spelen; **II** *onoverg* (komedie) spelen, kunsten doen, optreden; presteren, functioneren, prestaties leveren; ~*ing arts* podiumkunsten; ~*ing elephants* gedresseerde olifanten
performance *znw* uitvoering, opvoering, voorstelling, vertoning; prestatie, succes *o*; karwei *o*, werk *o*; vervulling, verrichting; gemeenz aanstellerij, scène
performer *znw* toneelspeler, artiest, musicus; volbrenger, uitvoerder; *he is a bad* ~ ook: hij komt zijn beloften niet na
perfume ['pəːfjuːm] **I** *znw* geur; reukwerk *o*, parfum *o* & *m*; **II** *overg* welriekend maken, een geurtje geven, parfumeren
perfumer *znw* parfumeur
perfumery *znw* parfumerie(ën)
perfunctory [pə'fʌŋktəri] *bn* (gedaan) omdat het moet, oppervlakkig, vluchtig, nonchalant
pergola ['pəːgələ] *znw* pergola
perhaps [pə'hæps, præps] *bijw* misschien
peri ['piəri] *znw* peri [(goede) geest; fee]
perianth ['periænθ] *znw* bloemdek *o*, bloembekleedsels
pericardium [peri'kaːdiəm] *znw* (*mv*: pericardia [-diə]) hartzakje *o*
pericarp ['perikaːp] *znw* vruchtwand
perigee ['peridʒiː] *znw* astron perigeum *o*
peril ['peril] *znw* gevaar *o*; *at your (own)* ~ op uw eigen verantwoording, risico; *he was in* ~ *of his life* hij was in levensgevaar
perilous *bn* gevaarlijk, hachelijk
perimeter [pə'rimitə] *znw* omtrek [v.e. vlak], perimeter; ~ *fence* ± omheining [rond luchthaven, legerbasis &]
perineum [peri'niːəm] *znw* bilnaad
period ['piəriəd] **I** *znw* tijdvak *o*, tijdkring, tijdperk *o*, tijd; stadium *o*, fase; omloop(s)tijd v. planeet; periode° [ook v. repeterende breuk], cyclus; (samengestelde) volzin; punt [na volzin]; *(monthly)* ~ menstruatie(cyclus); *I won't go,* ~*!* ik ga niet, punt uit!; **II** *bn* in historische stijl, van zekere tijd, in zekere tijd spelend
periodic [piəri'ɔdik] *bn* periodiek; ~ *table* chem periodiek systeem *o* (van elementen)
periodical [piəri'ɔdikl] **I** *bn* periodiek; **II** *znw* periodiek, tijdschrift *o*
periodicity [piəriə'disiti, -riɔ'disiti] *znw* geregelde terugkeer, periodiciteit
peripatetic [peripə'tetik] *bn* peripatetisch, wandelend; rondreizend
peripetia [peripə'tiːjə] *znw* ommekeer; beslissende wending in drama
peripheral [pə'rifərəl] **I** *bn* perifeer, rand-; **II** *znw*: ~*s* comput randapparatuur

periphery *znw* periferie: omtrek; buitenrand
periphrasis [pə'rifrəsis] *znw* (*mv*: periphrases [-siːz]) omschrijving (als retorische stijlfiguur)
periphrastic [peri'fræstik] *bn* omschrijvend
periscope ['periskoup] *znw* periscoop
perish ['periʃ] *onoverg* omkomen, te gronde gaan; vergaan (van *with*); rotten; ~ *the thought!* gemeenz ik moet er niet aan denken!
perishable I *bn* vergankelijk; aan bederf onderhevig, bederfelijk; **II** *znw*: ~*s* aan bederf onderhevige waren
perished *bn*: *be* ~ gemeenz het berekoud hebben
perisher *znw* gemeenz klier, lastpak, etterbakje *o*
perishing *bn* bitterkoud; slang verdomd
peristaltic [peri'stæltik] *bn* peristaltisch
peristyle ['peristail] *znw* zuilengalerij
peritoneum [peritə'niːəm] *znw* (*mv*: -s *of* peritonea [-'niːə]) buikvlies *o*
peritonitis [peritə'naitis] *znw* buikvliesontsteking
periwig ['periwig] *znw* pruik
periwinkle ['periwiŋkl] *znw* **1** alikruik; **2** plantk maagdenpalm
perjure ['pəːdʒə] *overg*: ~ *oneself* vals zweren, zich schuldig maken aan meineed; een eed breken; ~*d* meinedig
perjurer *znw* meinedige
perjury *znw* meineed; woordbreuk
1 perk [pəːk] **I** *onoverg*: ~ *up* weer moed krijgen, opfleuren, opleven, opkikkeren; **II** *overg*: ~ *up* opvrolijken, opkikkeren
2 perk [pəːk] *znw* extra verdienste, extraatje *o*
perky ['pəːki] *bn* vrolijk, levendig, zwierig, parmant(ig), brutaal
perm [pəːm] gemeenz **I** *znw* permanent; = *permutation* combinatie [bij voetbaltoto]; **II** *overg* permanenten
permafrost ['pəːməfrɔst] *znw* permafrost [eeuwig bevroren bodem]
permanence ['pəːmənəns] *znw* bestendigheid, duurzaamheid, duur
permanency *znw* vaste betrekking; = *permanence*
permanent *bn* bestendig, blijvend, vast, permanent; ~ *way* baanbed *o*, spoorbaan
permanganate [pəː'mæŋgənit] *znw* permanganaat *o*; *potassium* ~, ~ *of potash* permangaan *o* (= kaliumpermanganaat *o*)
permeable ['pəːmjəbl] *bn* doordringbaar, poreus
permeate ['pəːmieit] *onoverg* doordringen, doortrekken; dringen, trekken (door *through*)
permeation [pəːmi'eiʃən] *znw* doordringing
permissible [pə'misəbl] *bn* toelaatbaar, geoorloofd
permission *znw* permissie, vergunning, verlof *o*, toestemming
permissive *bn* veroorlovend; tolerant; ~ *society* de moderne maatschappij waarin de normen losser zijn geworden
permit [pə'mit] **I** *overg* permitteren, veroorloven, toestaan, toelaten, vergunnen; **II** *onoverg* het toela-

permutation

ten; ~ *of* toelaten, dulden; **III** *znw* ['pə:mit] (schriftelijke) vergunning; verlof *o*; consent *o*

permutation [pə:mju'teiʃən] *znw* permutatie, verwisseling; combinatie, selectie [bij voetbaltoto]

permute [pə'mju:t] *overg* de volgorde veranderen; verwisselen

pernicious [pə:'niʃəs] *bn* verderfelijk, schadelijk, fnuikend; ~ *anaemia* pernicieuze anemie

pernickety [pə'nikiti] *bn* gemeenz pietluttig; overdreven netjes, kieskeurig; lastig

perorate ['perəreit] *onoverg* een peroratie houden; oreren

peroration [perə'reiʃən] *znw* peroratie, slot *o* van een redevoering

peroxide [pe'rɔksaid] **I** *znw* peroxide *o*; ~ *blonde* gemeenz meisje *o* met gebleekt haar; **II** *overg* bleken [het haar]

perpendicular [pə:pən'dikjulə] **I** *bn* loodrecht, rechtop, steil; **II** *znw* loodlijn; schietlood *o*; *the* ~ ook: de loodrechte stand

perpendicularity ['pə:pəndikju'læriti] *znw* loodrechte stand, in het lood zijn *o*

perpetrate ['pə:pitreit] *overg* (kwaad) bedrijven, begaan, plegen²

perpetration [pəpi'treiʃən] *znw* bedrijven *o*, begaan *o* of plegen *o*

perpetrator ['pə:pitreitə] *znw* plechtig dader

perpetual [pə'petjuəl] *bn* eeuwigdurend, altijddurend, eeuwig; levenslang, vast

perpetuate *overg* vereeuwigen, doen voortduren, vervolgen, bestendigen

perpetuation [pəpetju'eiʃən] *znw* voortduren *o*, vereeuwiging, bestendiging

perpetuity [pə:pi'tjuiti] *znw* eeuwige duur, eeuwigheid; *in (for)* ~ voor eeuwig, voor onbeperkte duur

perplex [pə'pleks] *overg* in de war brengen, verwarren, verlegen maken, onthutsen

perplexed *bn* verward, onthutst, verslagen

perplexity *znw* verwardheid, verlegenheid, verbijstering, verslagenheid

perquisite ['pə:kwizit] *znw* faciliteit, extra voordeel *o*; extra verdienste, emolument *o*

perquisition [pə:kwi'ziʃən] *znw* grondig onderzoek *o*

perse [pə:s] *bn* grijsblauw

per se [pə:'sei, -'si:] *bijw* als zodanig, op zich(zelf)

persecute ['pə:sikju:t] *overg* vervolgen, onderdrukken; lastig vallen

persecution [pə:si'kju:ʃən] *znw* vervolging

persecutor ['pə:sikju:tə] *znw* vervolger

perseverance [pə:si'viərəns] *znw* volharding

persevere *onoverg* volharden (in *in*), aanhouden, doorzetten

Persian ['pə:ʃən] **I** *bn* Perzisch; **II** *znw* Pers; (het) Perzisch

persiflage [pə:si'flɑ:ʒ, pɛəsi'flɑ:ʒ] *znw* persiflage, bespotting

persimmon [pə:'simən] *znw* dadelpruim

persist [pə'sist] *onoverg* volharden, hardnekkig volhouden, blijven (bij *in*); doorgaan (met *in*); aanhouden, voortduren; blijven voortbestaan

persistence, persistency *znw* volharding, voortduring; hardnekkig volhouden *o*; hardnekkigheid

persistent *bn* volhardend, aanhoudend, blijvend, hardnekkig

person ['pə:sn] *znw* persoon°, personage *o* & *v*, mens *o*; figuur; uiterlijk *o*; recht rechtspersoon; *in* ~ persoonlijk

persona [pə:'sounə] *znw* (*mv*: personae [-ni:]) psych ± imago *o*, uiterlijk voorkomen *o*; ~ *non grata* persona non grata

personable ['pə:sənəbl] *bn* welgemaakt, knap

personage ['pə:sənidʒ] *znw* persoon, personage *o* & *v*

personal ['pə:snl] *bn* persoonlijk°, personeel; eigen; privé, intiem; beledigend; *become (get)* ~ beledigend worden; ~ *allowance* belastingvrije voet; ~ *call* telefoongesprek *o* met voorbericht; ~ *column* familieberichten; ~ *computer* personal computer; ~ *details* personalia; ~ *property* roerend goed *o*; ~ *matter* privé-aangelegenheid; ~ *pronoun* persoonlijk voornaamwoord *o*; ~ *tax* personele belasting

personality [pə:sə'næliti] *znw* persoonlijkheid°; identiteit; ~*ties* beledigende opmerkingen

personalize ['pə:snəlaiz] *overg* personifiëren, verpersoonlijken; ~*d* ook: voorzien van de naam v.d. eigenaar [postpapier &]

personally *bijw* persoonlijk; in persoon; ~, *I see no objection* ik voor mij ..., wat mij betreft ...

personalty *znw* roerend goed *o*

personate ['pə:səneit] *overg* voorstellen, uitbeelden, de rol vervullen van; zich uitgeven voor

personification [pə:sɔnifi'keiʃən] *znw* persoonsverbeelding; verpersoonlijking

personify [pə:'sɔnifai] *overg* verpersoonlijken

personnel [pə:sə'nel] *znw* personeel *o*, mil manschappen; gemeenz (afdeling) personeelszaken

perspective [pə'spektiv] **I** *znw* perspectief *v* = doorzichtkunde; perspectieftekening; perspectief *o* = verschiet *o*, (voor)uitzicht *o*; *in* ~ in juiste verhouding; **II** *bn* perspectivisch

perspex ['pə:speks] *znw* perspex *o*

perspicacious [pə:spi'keiʃəs] *bn* scherpziend, scherpzinnig, schrander

perspicacity [pə:spi'kæsiti] *znw* scherpziende blik, scherpzinnigheid, schranderheid

perspicuity [pə:spi'kjuiti] *znw* klaarheid, duidelijkheid, helderheid

perspicuous [pə'spikjuəs] *bn* duidelijk, helder

perspiration [pə:spə'reiʃən] *znw* uitwaseming; transpiratie; *be in a* ~ transpireren

perspire [pəs'paiə] **I** *onoverg* uitwasemen; transpireren; **II** *overg* uitwasemen, uitzweten

persuade [pə'sweid] **I** *overg* overreden, overhalen, brengen (tot *to*); overtuigen; ~ *into* overhalen tot; **II** *wederk*: ~ *oneself* zich overtuigen; zich wijsmaken

persuasion *znw* overreding, overtuiging; geloof *o*, gezindte, richting

persuasive *bn* overredend, overtuigend; ~ *power* overredingskracht

pert [pə:t] *bn* vrijpostig, brutaal

pertain [pə:'tein] *onoverg*: ~ *to* behoren bij (tot); aangaan, betrekking hebben op, betreffen

pertinacious [pə:ti'neiʃəs] *bn* hardnekkig, halsstarrig, volhoudend, vasthoudend

pertinacity [pə:ti'næsiti] *znw* hardnekkigheid, halsstarrigheid, volharding

pertinence ['pə:tinəns] *znw* toepasselijkheid, zakelijkheid

pertinent *bn* toepasselijk, ter zake (dienend), zakelijk; ~ *to* van toepassing op, betrekking hebbend op

perturb [pə'tə:b] *overg* storen, in beroering brengen, verstoren, verontrusten

perturbation [pə:tə(:)'beiʃən] *znw* storing, verontrusting, beroering; verwarring; onrust, bezorgdheid

Peru [pə'ru:] *znw* Peru *o*

peruke [pə'ru:k] *znw* pruik

perusal [pə'ru:zəl] *znw* (nauwkeurige) lezing

peruse *overg* (nauwkeurig) lezen, doorlezen, onderzoeken

Peruvian [pə'ru:viən] **I** *bn* Peruviaans; **II** *znw* Peruaan

pervade [pə'veid] *overg* doordringen, doortrekken, vervullen (van *with*, *by*)

pervasion *znw* doordringing

pervasive *bn* doordringend

perverse [pə'və:s] *bn* inslecht, verdorven, pervers; onredelijk, dwars, koppig; averechts, verkeerd, kribbig, twistziek; *a* ~ *verdict* recht een uitspraak in tegenspraak met het requisitoir

perversion *znw* verdraaiing, omkering; perversie

perversity *znw* perversiteit, slechtheid, verdorvenheid

pervert I *overg* [pə'və:t] verdraaien [v. woord]; bederven, verleiden; misbruiken; ~*ed* ook: pervers, met perverse neigingen; **II** *znw* ['pə:və:t] afvallige; iem. met perverse neigingen

pervious ['pə:viəs] *bn* doordringbaar, toegankelijk, vatbaar (voor *to*)

pesky ['peski] *bn* Am gemeenz lam, vervelend, lastig

pessary ['pesəri] *znw* pessarium *o*

pessimism ['pesimizm] *znw* pessimisme *o*

pessimist *znw* pessimist

pessimistic [pesi'mistik] *bn* pessimistisch, somber

pest [pest] *znw* last, kwelling, plaag, kwelgeest, lastpost; schadelijk dier *o*, insect *o* of gewas *o*; ~*s* ook: ongedierte *o*

pester ['pestə] *overg* lastig vallen, kwellen, plagen

pesticide ['pestisaid] *znw* insecticide, insectenverdelgingsmiddel *o*, bestrijdingsmiddel *o*

pestiferous [pes'tifərəs] *bn* = *pestilent*

pestilence ['pestiləns] *znw* pest[2], pestziekte

pestilent *bn* pestilent, verderfelijk; gemeenz lastig

pestilencial [pesti'lenʃəl] *bn* pestachtig, verpestend, pest-; pestilent, verderfelijk; gemeenz hinderlijk, lastig

pestle ['pes(t)l] *znw* stamper [v. vijzel]

1 pet [pet] *znw* kwade luim, boze bui

2 pet [pet] **I** *znw* lievelingsdier *o*, gezelschapsdier *o*, huisdier *o*; fig lieveling, schat; **II** *bn* geliefd, vertroeteld; lievelings-; *a* ~ *dog* een lievelingshond; ~ *food* dierenvoedsel *o*; ~ *name* troetelnaam; ~ *shop* dierenwinkel; zie ook: *aversion*; **III** *overg* (ver-)troetelen, liefkozen, aanhalen; vrijen met

petal ['petl] *znw* bloemblad *o*

petard [pe'ta:d] *znw* voetzoeker, rotje *o*; *he was hoist with his own* ~ hij kreeg een koekje van eigen deeg

Peter ['pi:tə] *znw* Petrus, Piet(er); *blue* ~ scheepv de blauwe (vertrek)vlag; *rob* ~ *to pay Paul* het ene gat met het andere stoppen

peter ['pi:tə] *onoverg*: ~ *out* gemeenz uitgeput raken; afnemen, ophouden; uitgaan als een nachtkaars

petiole ['petioul] *znw* bladsteel

petite [pə'ti:t] *bn* klein en sierlijk [v. vrouw]

petition [pi'tiʃən] **I** *znw* smeekschrift *o*, verzoek(schrift) *o*; recht eis; petitie, adres *o*; bede; *file one's* ~ *in bankruptcy* zijn faillissement aanvragen; **II** *overg* smeken (om *for*); verzoeken; **III** *onoverg* een petitie indienen, rekwestreren

petitioner *znw* verzoeker, adressant; eiser in echtscheidingsproces

petrel ['petrəl] *znw* stormvogeltje *o*; *stormy* ~ fig onruststoker

petrifaction [petri'fækʃən] *znw* verstening

petrify ['petrifai] *onoverg* & *overg* (doen) verstenen[2]; (doen) verstijven [v. angst], verbijsteren, angst aanjagen

petrochemical ['petrou'kemikl] *bn* petrochemisch

petrol ['petrəl] *znw* benzine; ~ *bomb* benzinebom, molotovcocktail; ~ *gauge* benzinemeter; ~ *pump* benzinepomp; ~ *station* beninestation *o*; ~ *tank* benzinetank

petroleum [pi'trouljəm] *znw* petroleum, aardolie; ~ *jelly* vaseline

petrology [pi'trolədʒi] *znw* petrografie: beschrijving van de steensoorten

petticoat ['petikout] *znw* onderrok, petticoat

petticoat government *znw* vrouwenregering; *be under* ~ onder de plak zitten

pettifogger ['petifɔgə] *znw* advocaat van kwade zaken; rechtsverdraaier; muggenzifter

pettifoggery *znw* advocatenstreken, rechtsverdraaiing, vitterij

pettifogging *bn* muggenzifterig; kleingeestig; beuzelachtig

petting ['petiŋ] *znw* vrijen *o*

pettish ['petiʃ] *bn* korzelig, gemelijk; gauw op zijn teentjes getrapt, prikkelbaar

pettitoes

pettitoes ['petitouz] *znw mv* varkenspootjes

petto ['petou]: *in* ~ in petto, in reserve

petty ['peti] *bn* klein, gering, onbeduidend; klein(zielig); ~ *cash* kleine uitgaven, kleine kas; ~ *larceny* kruimeldiefstal; ~ *officer* scheepv onderofficier

petulance ['petjuləns] *znw* prikkelbaarheid, lastigheid, knorrigheid

petulant *bn* prikkelbaar, lastig, knorrig

petunia [pi'tju:njə] *znw* petunia

pew [pju:] *znw* kerkbank; *take a* ~ gemeenz ga zitten, neem plaats

pewit ['pi:wit] *znw* kievit

pew-opener ['pju:oupnə] *znw* ± koster(svrouw)

pewter ['pju:tə] **I** *znw* tin *o*, tinnegoed *o*; **II** *bn* tinnen

phaeton ['feitn] *znw* faëton [rijtuig]

phagocyte ['fægəsait] *znw* biol fagocyt

phalange ['fælæn(d)ʒ] *znw* kootje *o*

phalanx ['fælæŋks] *znw* (*mv*: -es *of* phalanges ['fælændʒi:z]) gesloten slagorde; kootje *o* [v. vinger, teen]

phallic ['fælik] *bn* fallus-

phallus ['fæləs] *znw* (*mv*: -es *of* phalli [-lai]) fallus

phantasm ['fæntæzm] *znw* droombeeld *o*, hersenschim

phantasmagoria [fæntæzmə'gɔriə] *znw* schimmenspel[2] *o*, fantasmagorie

phantasmal [fæn'tæzməl] *bn* fantastisch, spookachtig

phantasy *znw* = *fantasy*

phantom ['fæntəm] *znw* spook(sel) *o*, schim, verschijning, geest; droombeeld *o*; ~ *ship* spookschip *o*

Pharaoh ['fɛərou] *znw* farao

pharisaic(al) [færi'seiik(l)] *bn* farizees, farizeïsch, schijnheilig

Pharisee ['færisi:] *znw* farizeeër, schijnheilige; *the* ~*s* de Farizeeën

pharmaceutical [fa:mə'sju:tikl] **I** *bn* farmaceutisch; ~ *chemist* apotheker; **II** *znw*: -*s* pharmaceutische producten

pharmaceutics *znw* farmacie

pharmacist ['fa:məsist] *znw* farmaceut, apotheker

pharmacologist [fa:mə'kɔlədʒist] *znw* farmacoloog

pharmacology *znw* farmacologie

pharmacopoeia [fa:məkə'pi:ə] *znw* farmacopoea: apothekersreceptenboek *o*

pharmacy ['fa:məsi] *znw* farmacie; apotheek

pharos ['fɛərɔs] *znw* vuurtoren, baken *o*

pharyngeal [fə'rindʒiəl] *bn* van de keelholte

pharyngitis [færin'dʒaitis] *znw* ontsteking van de keelholte

pharynx ['færiŋks] *znw* keelholte

phase [feiz] **I** *znw* fase, stadium *o*; *in* ~ chem gelijkfasig; *out of* ~ chem ongelijkfasig; **II** *overg* in fasen, geleidelijk doen plaatshebben, faseren; ~ *in* gelei-

delijk invoeren; ~ *out* geleidelijk afschaffen

pheasant ['fezənt] *znw* fazant

pheasantry *znw* fazantenhok *o*; fazantenpark *o*

phenol ['fi:nɔl] *znw* fenol *o*

phenomenal [fi'nɔminl] *bn* op de verschijnselen betrekking hebbend; zinnelijk waarneembaar; fenomenaal, merkwaardig, buitengewoon

phenomenon [fi'nɔminən] *znw* (*mv*: -s *of* phenomena [-nə]) verschijnsel[2] *o*; fenomeen *o*

phew [fju:] *tsw* phoe!, oef! (uitroep van opluchting, verbazing &)

phial ['faiəl] *znw* flesje *o*

philandering [fi'lændəriŋ] *znw* geflirt *o*; avontuurtje *o*

philanderer *znw* versierder, Don Juan, beroepsflirter

philanthrope ['filənθroup] *znw* mensenvriend

philanthropic [filən'θrɔpik] *bn* filantropisch, menslievend; liefdadigheids-

philanthropist [fi'lænθrəpist] *znw* filantroop, mensenvriend

philanthropy *znw* filantropie, mensenliefde, menslievendheid

philatelic [filə'telik] *bn* filatelistisch

philatelist [fi'lætəlist] *znw* filatelist

philately *znw* filatelie

philharmonic [fila:'mɔnik] *bn* filharmonisch

philippic [fi'lipik] *znw* filippica, scherpe hekelrede

Philippine [fi'filipi:n] *bn* Filippijns

Philippines ['filipi:nz] *znw mv* Filippijnen

Philistine ['filistain] **I** *znw* Filistijn; filister; **II** *bn* Filistijns; filisterachtig

philistinism ['filistinizm] *znw* kleinburgerlijkheid, benepenheid, filisterij

philobiblist ['filəbiblist] *znw* bibliofiel

philological [filə'lɔdʒikl] *bn* filologisch

philologist [fi'lɔlədʒist] *znw* filoloog

philology *znw* filologie

philosopher [fi'lɔsəfə] *znw* filosoof, wijsgeer; ~*s'* *stone* steen der wijzen

philosophic(al) [filə'sɔfik(l)] *bn* filosofisch, wijsgerig

philosophize [fi'lɔsəfaiz] *onoverg* filosoferen

philosophy *znw* filosofie°, wijsbegeerte

philtre ['filtə] *znw* minnedrank

phiz [fiz] *znw* gemeenz facie *o & v*, tronie

phlebitis [fli'baitis] *znw* aderontsteking

phlegm [flem] *znw* slijm *o & m*; fluim; flegma *o*; onverstoorbaarheid

phlegmatic [fleg'mætik] *bn* flegmatisch; flegmatiek, onverstoorbaar

phlox [flɔks] *znw* flox: herfstsering

phobia ['foubiə] *znw* fobie

phobic ['foubik] **I** *znw* fobiepatiënt; **II** *bn* fobisch

Phoenician [fi'nifiən, -fjən] **I** *bn* Fenicisch; **II** *znw* Feniciër, Fenicische

phoenix ['fi:niks] *znw* feniks[2]; *rise* ~*-like* als een feniks (uit de as) herrijzen

phonate ['founeit] *onoverg* stemgeluid voortbrengen, klanken vormen

phonation [fou'neiʃən] *znw* klankvorming

phone [foun] **I** *znw* telefoon; ~ *book* telefoonboek *o*; ~ *box*, Am ~ *booth* telefooncel; ~ *card* telefoonkaart; **II** *overg & onoverg* bellen, telefoneren; ~ *up* opbellen

phone-in ['foun'in] *znw* phone-in (programma) [radioprogramma waarbij de luisteraars telefonisch kunnen meepraten]

phoneme ['founi:m] *znw* foneem *o*

phonetic [fou'netik] **I** *bn* fonetisch; **II** *znw*: ~*s* fonetiek, klankleer

phonetician [founə'tiʃən] *znw* foneticus

phoney ['founi] gemeenz **I** *bn* vals, onecht, namaak-, schijn-; **II** *znw* komediant, aansteller

phonogram ['founəgræm] *znw* fonogram *o*

phonograph ['founəgra:f] *znw* fonograaf; Am grammofoon

phonology [fou'nɔlədʒi] *znw* klankleer; klankstelsel *o*

phooey ['fu:i] *tsw* slang bah!, foei!

phosphate ['fɔsfeit] *znw* fosfaat *o*

phosphorate ['fɔsfəreit] *overg* met fosfor verbinden

phosphoresce [fɔsfə'res] *onoverg* fosforesceren

phosphorescence *znw* fosforescentie

phosphorescent *bn* fosforescerend

phosphoric [fɔs'fɔrik] *bn* fosforisch, fosfor- (5-waardig)

phosphorous ['fɔsfərəs] *bn* fosfor- (3-waardig)

phosphorus *znw* fosfor

photo ['foutou] *znw* gemeenz = *photograph*; foto; ~ *booth* (pas)fotoautomaat; ~ *call* fotosessie voor de media [bij internationale conferenties &]

photochromy ['foutəkroumi] *znw* kleurenfotografie

photocopier [foutə'kɔpiə] *znw* fotokopieerapparaat *o*

photocopy ['foutoukɔpi] **I** *znw* fotokopie; **II** *overg* fotokopiëren

photo-electric ['foutɔi'lektrik] *bn* foto-elektrisch

photo-finish *znw* fotofinish

Photofit ['foutəfit] *znw* compositiefoto

photogenic [foutə'dʒenik, -dʒi:nik] *bn* fotogeniek

photograph ['foutəgra:f] **I** *znw* foto(grafie), ook: portret *o*; ~ *album* fotoalbum *o*; *have one's* ~ *taken* zich laten fotograferen; **II** *overg* fotograferen

photographer [fə'tɔgrəfə] *znw* fotograaf

photographic [foutə'græfik] *bn* fotografisch

photography [fə'tɔgrəfi] *znw* fotografie

photogravure [foutəgrə'vjuə] *znw* koper(diep)druk

photometer [fou'tɔmitə] *znw* lichtmeter

photophobia [foutə'foubiə] *znw* lichtschuwheid

photosphere ['foutəsfi:ə] *znw* lichtkring om de zon

photostat *znw* = *photocopy*

phototype *znw* lichtdruk

phrasal ['freizl] *bn*: ~ *verb* woordgroep bestaande

uit een werkwoord en een bijwoord (zoals *break down*) of een werkwoord en een voorzetsel (zoals *see to*)

phrase [freiz] **I** *znw* frase°; zegs-, spreekwijze, uitdrukking, gezegde *o*; *to coin a* ~ ironisch om het maar eens heel origineel te zeggen; *turn of* ~ wijze van uitdrukken; **II** *overg* onder woorden brengen, inkleden, uitdrukken; muz fraseren

phraseology [freizi'ɔlədʒi] *znw* fraseologie [woordkeus en zinsbouw]

phrasing *znw* woordkeus

phrenetic [fri'netik] *bn* = *frenetic*

phrenology [fri'nɔlədʒi] *znw* schedelleer [v. Gall]

phthisical ['θaisikl] *bn* teringachtig

phthisis ['θaisis, 'fθaisis] *znw* (long)tering

phut [fʌt] *bijw*: *go* ~ gemeenz in elkaar zakken, op niets uitlopen

phylactery [fi'læktəri] *znw* gebedsriem

phylloxera [filɔk'siərə] *znw* (*mv*: -s *of* phylloxerae [-ri:]) druifluis

physic ['fizik] **I** *znw* geneesmiddel *o*, medicijn, purgeermiddel *o*; geneeskunde; **II** *overg* medicijn ingeven

physical I *bn* fysiek[2], lichamelijk, lichaams-; natuurkundig, natuurwetenschappelijk; ~ *training*, ~ *education* lichamelijke oefening, gymnastiek; ~ *jerks* gemeenz gym, lichamelijke oefening(en) **II** *znw* medische keuring

physician [fi'ziʃən] *znw* dokter, geneesheer

physicist ['fizisist] *znw* natuurkundige, fysicus

physics *znw* natuurkunde, fysica

physio ['fiziou] *znw* gemeenz = *physiotherapist*; *physiotherapy*

physiognomist [fizi'ɔnəmist] *znw* gelaatkundige

physiognomy *znw* gelaatkunde; fysionomie, voorkomen *o*, gelaat *o*; slang tronie

physiography [fizi'ɔgrəfi] *znw* fysische geografie

physiological [fiziə'lɔdʒikl] *bn* fysiologisch

physiologist [fizi'ɔlədʒist] *znw* fysioloog

physiology *znw* fysiologie

physiotherapist [fiziou'θerəpist] *znw* fysiotherapeut

physiotherapy *znw* fysiotherapie

physique [fi'zi:k] *znw* fysiek *o*, lichaamsbouw

pi [pai] **I** *znw* de Griekse letter pi; het getal pi; **II** *bn* slang vroom

piacular [pai'ækjulə] *bn* boete-, zoen-; ~ *offer* zoenoffer *o*

pianino [piə'ni:nou] *znw* pianino

pianist ['piənist, 'pjænist] *znw* pianist

piano [pi'ænou] *znw* piano; *grand* ~ vleugel

pianoforte [pjænou'fɔ:ti] *znw* piano

piano-stool ['pjænoustu:l] *znw* pianokruk

piastre [pi'æstə] *znw* piaster

piazza [pi'ætsə] *znw* plein *o* [in Italië &]; Am buitengalerij, veranda

pibroch ['pi:brɔk] *znw* Schots krijgsmars (met variaties) op de doedelzak

picaresque

picaresque [pikə'resk] *bn* picaresk, schelmen-
picaroon [pikə'ru:n] *znw* (zee)rover, vrijbuiter
picayune ['pikəju:n] **I** *znw* Am **1** muntstukje *o* (van
5 dollarcent); **2** gemeenz prul; kleinigheid, bagatel;
3 gemeenz onbeduidend persoon, nul; *not worth a*
~ geen stuiver waard; **II** *bn* Am onbeduidend,
nietswaardig
piccalilli ['pikəlili] *znw* piccalilly
piccaninny ['pikənini] *znw* negerkind *o*
piccolo ['pikəlou] *znw* muz piccolo(fluit)
pick [pik] **I** *znw* punthouweel *o*; haaksleutel; tandenstoker; pluk; keus; *the* ~ *of...* de (het) beste
van..., het puik(je) van...; *take one's* ~ *from* een
keus doen uit; **II** *overg* (op)pikken; uitpeuteren,
peuteren in [neus, tanden]; (af)kluiven; (af-, uit-)
pluizen; schoonmaken [salade]; plukken [vruch-
ten, bloemen en gevogelte]; (op)rapen; (uit-)
zoeken; (uit)kiezen; ~ *holes in* vitten op, kritiseren;
~ *a lock* een slot openpeuteren (met ijzerdraad); ~
oakum zakjes plakken [als straf]; ~ *pockets* zakken-
rollen; ~ *a fight* ruzie zoeken; ~ *one's way* voorzichtig (stap voor stap) vooruitgaan; *not here to* ~
straws om vliegen te vangen; ~ *one's words* voorzichtig zijn woorden kiezen; ~ *off* uitpikken, wegschieten; ~ *out* uitpikken, (uit)kiezen; uitpluizen,
ontdekken [de betekenis]; muz op het gehoor spelen; afzetten (met *with*); ~ *over* sorteren; ~ *to pieces*
uit elkaar nemen; kritiseren zodat er geen stuk van
heel blijft, afmaken; ~ *up* oppikken°, oprapen, opnemen [reizigers], ophalen; opdoen, op de kop tikken; (te pakken) krijgen, vinden; krijgen [vaart],
accelereren; opvangen [een radiostation, geluid &];
herkrijgen [krachten]; ~ *up a living* zijn kostje bij-
eenscharrelen; ~ *up the bill* de rekening betalen; ~
oneself up weer op-, bijkrabbelen, op zijn verhaal
komen; ~ *sbd. up on sth.* iem. over iets de les lezen;
III *onoverg* kluiven, bikken; ~ *and choose* kiezen;
kieskeurig zijn; ~ *at (one's food)* kleine hapjes eten,
kieskauwen; ~ *on* (uit)kiezen; afgeven op; ~ *up* bijkrabbelen, bijkomen [v. herstellenden]; weer aanslaan [v. motor], optrekken [v. auto]; ~ *up on* oppikken, bemerken, opmerken
pick-a-back ['pikəbæk] *bijw* op de rug
pickax(e) ['pikæks] *znw* houweel *o*
picked [pikt] *bn* uitgekozen, uitgezocht, uitgelezen,
keur-, elite
picker ['pikə] *znw* plukker
picket ['pikit] **I** *znw* piketpaal, staak; mil piket *o*; ~
(line) post [bij staking]; **II** *overg* met palen afzetten
of versterken; posten [bij staking]
pickings *znw mv* kliekjes, restanten; oneerlijk verkregen geld *o* &
pickle ['pikl] **I** *znw* pekel, zuur *o*; ingemaakt zuur *o*;
be in a (sad, sorry, nice &) ~ gemeenz in moeilijkheden, (lelijk) in de knoei zitten; *mixed* ~*s* gemengd
zuur *o*; **II** *overg* pekelen, inmaken, inleggen; afbijten, schoonbijten (met bijtmiddel); ~*d* slang in de
olie, dronken

picklock ['piklɔk] *znw* haaksleutel; inbreker
pick-me-up ['pikmi:ʌp] *znw* opkikkertje *o*, borreltje *o*
pickpocket ['pikpɔkit] *znw* zakkenroller
pick-up ['pikʌp] *znw* pickuptruck, Am kleine be-
stelauto; gemeenz op straat opgepikt persoon
(meestal meisje), scharreltje *o*; gemeenz herstel *o*,
hartversterking; onderweg meegenomen passagiers; slang lift [in auto]
Pickwickian [pik'wikiən] *bn* van Pickwick (figuur
van Charles Dickens), Pickwickiaans; *in a* ~ *sense*
in speciale betekenis, in verborgen zin
picky ['piki] *bn* gemeenz kieskeurig
picnic ['piknik] **I** *znw* picknick; *no* ~ gemeenz geen
pretje, geen kleinigheid; **II** *onoverg* picknicken
picotee [pikə'ti:] *znw* donkergerande anjelier
picquet ['pikit] *znw* & *overg* = *picket*
pictograph ['piktəgra:f] *znw* beeldwerk *o*
pictorial [pik'tɔ:riəl] **I** *bn* beeldend, schilder-; in
beeld(en), beeld-; geïllustreerd; **II** *znw* geïllustreerd
blad *o*
picture ['piktʃə] **I** *znw* schilderij *o* & *v*, prent,
plaatje *o*; afbeelding, schildering, tafereel *o*; beeltenis, portret *o*; foto; beeldkwaliteit [v. tv]; afbeeldsel
o, (toon)beeld *o*; evenbeeld *o*; film; *the* ~*s* de bioscoop; *it is a* ~ gemeenz het is beelderig; *in the* ~
op de hoogte, goed geïnformeerd; belangrijk; toepasselijk; *put sbd. in the* ~ iem. op de hoogte brengen; *be (a little) out of the* ~ niet in zijn omgeving
passen; er niet bij horen, niet meetellen; *get the* ~
gemeenz het snappen; *leave out of the* ~ er buiten
laten; **II** *overg* (af)schilderen, afbeelden; ~ *(to
oneself)* zich voorstellen
picture-book *znw* prentenboek *o*
picture-card *znw* kaartsp pop
picture-gallery *znw* galerie, zaal voor schilderijen,
schilderijkabinet *o*, schilderijenmuseum *o*
picture-house, picture-palace *znw* bioscoop
picture-postcard *znw* ansichtkaart, prentbriefkaart
picture rail *znw* kroonlijst
picture-show *znw* bioscoopvoorstelling
picturesque [piktʃə'resk] *bn* schilderachtig, pitto-
resk
picture-window ['piktʃəwindou] *znw* groot raam
o met weids uitzicht
picture-writing *znw* beeldschrift *o*
piddle ['pidl] gemeenz **I** *znw* plasje *o*; **II** *onoverg* een
plasje doen
piddling ['pidliŋ] *bn* gemeenz beuzelachtig
pidgin ['pidʒin] *znw* pidgin *o*, mengtaaltje *o*
1 pie [pai] *znw* pastei; Am taart; typ door elkaar gevallen zetsel *o*; *as easy as* ~ doodsimpel; *have a finger in every* ~ overal een vinger in de pap hebben;
~ *in the sky* luchtkasteel *o*
2 pie [pai] *znw* dierk ekster
piebald ['paibɔ:ld] *bn* bont, gevlekt
piece [pi:s] **I** *znw* stuk°; muntstuk *o*; mil stuk

410

(geschut) *o*; eindje *o*, lapje *o*; *a* ~ per stuk; ieder; *a* ~ *of advice* een raad; *a* ~ *of bread and butter* een boterham; *a* ~ *of cake* een stuk *o* koek; gemeenz stuk (meisje); een peulenschilletje *o*, een makkie *o*; *a* ~ *of consolation* een troost; ~ *of eight* onderw stuk *o* van achten [= 8 realen], Spaanse mat [munt]; *a* ~ *of folly* een dwaze daad; *a* ~ *of good fortune* een buitenkansje *o*; *a* ~ *of impudence* een brutaal stukje *o*, een staaltje *o* van onbeschaamdheid; *a* ~ *of intelligence (news)* een nieuwtje *o*; *give sbd. a* ~ *of one's mind* iem. eens flink de waarheid zeggen; *say one's* ~ zijn zegje doen; *by the* ~ per stuk; *in* ~*s* aan stukken, stuk; *they are of a* ~ zij zijn van één soort, in overeenstemming (met *with*), van hetzelfde slag (als *with*); *of a* ~ uit één stuk; *come (fall) to* ~*s* stukgaan, in stukken breken; fig het afleggen, mislukken; *go to* ~*s* instorten, helemaal kapot gaan, zich niet langer goed kunnen houden; *pick up the* ~*s* gemeenz de brokken lijmen; *pull to* ~*s* uit elkaar trekken; gemeenz scherp kritiseren, afmaken; *take to* ~*s* uit elkaar nemen; **II** *overg:* ~ *together* samenlappen, aaneenflansen[2]

pièce de résistance [pi'esdəreizi'sta:ns] [Fr] *znw* pièce de résistance *o*; hoofdschotel
piece-goods *znw mv* geweven (stuk)goederen, goederen aan het stuk
piecemeal *bijw* bij stukjes en beetjes, geleidelijk
piece-work *znw* stukwerk *o*
piece-worker *znw* stukwerker
pied [paid] *bn* bont, gevlekt
pie-eyed ['paiaid] *bn* gemeenz beschonken
pier [piə] *znw* pier; kade; aanlegsteiger; havenhoofd *o*; havendam, golfbreker; pijler [v. brug]; bouwk stenen beer; bouwk penant *o*
pierce [piəs] **I** *overg* doorboren[2], doorsteken; open-, dóórsteken, doordringen, doorsnijden; door ... heendringen, breken door; doorgronden, doorzien; **II** *onoverg* binnendringen (in *into*); doordringen (tot *to*); zich een weg banen (door *through*); ~ *through* verder doordringen
piercer *znw* (grote) boor; priem
piercing *bn* doordringend; scherp, snijdend
pier-glass ['piəgla:s] *znw* penantspiegel
pierhead ['piəhed] *znw* kop van haven- of strekdam, pier
pierrot ['piərou] *znw* pierrot
pietist ['paiətist] *znw* piëtist; fig kwezelaar
piety *znw* vroomheid, piëteit, kinderlijke liefde
piffle ['pifl] *znw* kletskoek, onzin
piffling *bn* belachelijk, onzinnig; onbenullig
pig [pig] **I** *znw* varken(svlees) *o*; big; fig schrokop; smeerlap; stijfkop; mispunt *o*; slang smeris; techn gieteling: klomp ruw ijzer; blok *o* [lood]; schuitje *o* [tin]; *buy a* ~ *in a poke* een kat in de zak kopen; *make a* ~ *of oneself* vreten of zuipen (als een varken), te veel eten of drinken; *make a* ~*'s ear of sth.* iets verknallen, verprutsen; prutswerk afleveren; ~*s might fly* als de kalveren op het ijs dansen;

II *onoverg* biggen; (samen)hokken (ook: ~ *it*); slang schransen, vreten
pig-boat *znw* onderzeeër
pig-bucket *znw* schillenemmer
pigeon ['pidʒin] *znw* dierk duif; *clay* ~ kleiduif; *homing* ~ postduif; ~ *post* postduivenpostsysteem *o*; *it's not my* ~ gemeenz het is mijn zaak niet; *put the cat amongst the* ~*s* de knuppel in het hoenderhok gooien
pigeon-breast, pigeon chest *znw* kippenborst
pigeon-English *znw* = pidgin
pigeon-fancier *znw* duivenmelker
pigeon-hole I *znw* loket *o*, hokje *o*, vakje *o*; **II** *overg* in een vakje leggen; opbergen; in vakjes ordenen, indelen; classificeren, categoriseren, aanmerken als
pigeon-house, pigeon-loft *znw* duiventil
pigeon-toed *bn* met naar binnen gekeerde tenen
piggery *znw* varkensfokkerij; zwijnenstal[2]; varkenshok *o*, varkenskot *o*; zwijnerij
piggish *bn* varkensachtig, vuil; vies; gulzig; koppig
piggy *znw* gemeenz varkentje *o*; big; ~ *eyes* varkensoogjes; ~ *in the middle* lummelen [kinderspel]
piggyback *bijw* gemeenz op de rug
piggy bank *znw* spaarvarken *o*
piggy-wiggy *znw* gemeenz varkentje *o*
pigheaded *bn* koppig, dwars; eigenwijs
pig-iron *znw* ruw ijzer *o*
piglet *znw* big, biggetje *o*
pigment ['pigmənt] **I** *znw* pigment *o*, kleur-, verfstof; **II** *overg* kleuren
pigmentation *znw* biol pigmentatie, kleuring; med pigmentering
pigmy ['pigmi] *znw* = pygmy
pig pen ['pigpen] *znw* Am varkensstal; fig zwijnenstal, beestenbende
pigskin ['pigskin] *znw* varkenshuid; varkensleer *o*; Am sp voetbal
pigsticking *znw* jacht op wilde zwijnen (met speren)
pigsty *znw* varkenskot *o*, varkenshok *o*
pigtail *znw* (haar)vlecht, staartje *o*
pigwash ['pigwɔʃ], **pig's wash** ['pigz wɔʃ], **pigswill** ['pigswil], *noun* spoeling
1 pike [paik] *znw* piek; spies; tolboom
2 pike [paik] *znw* (*mv* idem *of* -s) dierk snoek
piked [paikt] *bn* puntig, stekelig
pikelet ['paiklit] *znw* rond theegebakje *o*
pikeman ['paikmən] *znw* hist piekenier
pikestaff ['paiksta:f] *znw* piekstok, lansstok; *as plain as a* ~ zie *1plain I*
pilaster [pi'læstə] *znw* pilaster
pilau [pi'lau], **pilaff** ['pilæf] *znw* pilav: Turks gerecht van rijst met schapenvlees
pilchard ['piltʃəd] *znw* pelser [vis]
pilch(er) ['piltʃ(ə)] *znw* driehoekige flanellen luier
pile [pail] **I** *znw* **1** hoop, stapel; elektr element *o*; zuil [van Volta; voor atoomenergie]; gebouw *o*; gemeenz hoop geld, fortuin *o*; **2** (hei)paal; **3** pool [v.

fluweel, tapijt]; pluis *o*, nop [van laken &]; aambei; *make one's (a)* ~ gemeenz fortuin maken; **II** *overg* (op)stapelen, ophopen; beladen; ~ *on (up)* opstapelen, ophopen; op de spits drijven, verhevigen; ~ *it on*, ~ *on the agony* gemeenz overdrijven; **III** *on-overg:* ~ *up* zich opstapelen, zich ophopen

pile-driver *znw* heimachine

pile-dwelling *znw* paalwoning

piles [pailz] *znw mv* aambeien

pile-up ['pail∧p] *znw* (ravage van) kettingbotsing; op elkaar botsen *o* van auto's

pilewort ['pailwɔːt] *znw* speenkruid *o*

pilfer ['pilfə] *overg* pikken, gappen

pilferage *znw* kruimeldiefstal

pilgrim ['pilgrim] *znw* pelgrim

pilgrimage *znw* bedevaart, pelgrimstocht; fig levensreis

piliferous [pai'lifərəs] *bn* plantk behaard

piliform ['pailifɔːm] *bn* plantk haarvormig

pill [pil] *znw* pil°; *be on the* ~ aan de pil zijn, de pil gebruiken; *a bitter* ~ *(to swallow)* een bittere pil; *sugar (sweeten) the* ~ de pil vergulden

pillage ['pilidʒ] **I** *znw* plundering, roof; **II** *overg & onoverg* plunderen, roven

pillar ['pilə] *znw* pilaar, pijler; zuil; stut, stijl; *the* ~*s of society* de steunpilaren der maatschappij; *driven from* ~ *to post* van het kastje naar de muur gestuurd

pillar-box *znw* post (ronde, rode) brievenbus [in Engeland]

pillared *bn* door pilaren gedragen

pillbox ['pilbɔks] *znw* pillendoos; klein rond hoedje *o* (ook: ~ *hat*); mil kleine bunker

pillion ['piljən] *znw* duo(zitting), zadelkussen *o*; dameszadel *o*; *ride* ~ achterop zitten

pillion rider *znw* duopassagier

pillory ['piləri] **I** *znw* kaak, schandpaal; *in the* ~ aan de kaak; **II** *overg* aan de kaak stellen²

pillow ['pilou] **I** *znw* (hoofd)kussen *o*; techn kussen *o*; *take counsel of (counsel with) one's* ~ er nog eens over slapen; **II** *overg* op een kussen leggen, (als) op een kussen laten rusten; met kussens steunen

pillowcase, pillowslip *znw* kussensloop

pillow talk *znw* slaapkamergesprek(ken) *o*

pilose ['pailous] *bn* biol behaard, harig

pilosity [pai'lɔsiti] *znw* biol behaard-, harigheid

pilot ['pailət] **I** *znw* loods, gids; luchtv bestuurder, piloot; RTV pilot(aflevering) [v.e. serie &]; **II** *bn* [v. fabriek &] proef-, pilot-; **III** *overg* loodsen, (be-) sturen, geleiden

pilotage *znw* loodsgeld *o*; loodsen *o*, (be)sturen *o*; loodswezen *o*

pilot-balloon *znw* proefballon

pilot-boat *znw* loodsboot

pilot-cloth *znw* blauwe duffel

pilot-fish *znw* loodsmannetje *o*

pilot-light *znw* waakvlammetje *o*; controlelampje *o*

pilot officer *znw* tweede-luitenant-vlieger

pilule ['piljuːl] *znw* pilletje *o*

pimento [pi'mentou] *znw* piment *o*

pimp [pimp] *znw* souteneur, pooier; koppelaar

pimpernel ['pimpənel] *znw* plantk guichelheil *o*, rode bastaardmuur

pimple ['pimpl] *znw* puistje *o*, pukkel

pimpled, pimply *bn* puistig, vol puisten

pin [pin] **I** *znw* speld; pin, pen, stift, tap, nagel, bout; luns; kegel; muz schroef; ~*s* gemeenz benen; ~*s and needles in my foot (leg)* m'n voet (been) slaapt; *neat as a new* ~ brandschoon, keurig netjes; *I don't care a* ~ ik geef er geen steek om; *for two* ~*s I would...* wat let me of ik...; **II** *overg* (vast)spelden; (op)prikken; vastklemmen, vastzetten, vasthouden; insluiten, opsluiten; ~ *back your ears (lugholes)!* gemeenz luister nu eens goed!; ~ *some-one down* iem. tegen de grond drukken; ~ *down in words* onder woorden brengen, definiëren; ~ *sbd. down on sth.* iem. dwingen zijn bedoelingen (over iets) duidelijk te maken; ~ *on* [iem.] de schuld geven, in de schoenen schuiven; ~ *one's faith on ...* alle vertrouwen hebben (stellen) in, vertrouwen op; ~ *up* vastspelden; opprikken; opsluiten; stutten

PIN [pin] = *personal identification number* pincode

pinafore ['pinəfɔː] *znw* (kinder)schort; ~ *dress* overgooier

pinball ['pinbɔːl] *znw* flipper(spel *o*)

pinball machine *znw* flipperkast

pin-case ['pinkeis] *znw* speldenkoker

pince-nez ['pænsnei, 'pɛ̃snei] *znw* [Fr] (*mv* idem) knijpbril

pincers ['pinsəz] *znw mv* nijptang (ook: *pair of* ~); schaar [v. kreeft &]

pincer(s) movement *znw* mil tangbeweging

pinch [pin(t)ʃ] **I** *znw* kneep; klem; nijpen *o*, nijpende nood; snuifje *o*; *at a* ~, *when it comes to the* ~ als het er op aankomt, in geval van nood, desnoods; *feel the* ~ (aan den lijve) de nood voelen; **II** *overg* knijpen°, knellen, klemmen, drukken, pijn doen; dichtknijpen; gemeenz gappen; slang pakken, inrekenen [dief]; ~*ed* ook: ingevallen, mager, benepen [gezicht]; *be* ~*ed* het niet ruim hebben; *be* ~*ed for ...* krap aan zijn met ...; **III** *onoverg & abs ww* knijpen, knellen, zich bekrimpen, kromliggen (ook: ~ *and save (scrape)*)

pinchbeck ['pin(t)ʃbek] **I** *znw* goudkleurige legering van koper en zink; namaak; **II** *bn* onecht, nagemaakt

pin-cushion ['pinkuʃən] *znw* speldenkussen *o*

1 pine [pain] *znw* pijn(boom), grove den; ± grenenhout *o*

2 pine [pain] *onoverg* (ver)kwijnen, smachten, hunkeren (naar *after, for*); ~ *away* wegkwijnen

pineal ['piniəl] *bn:* ~ *gland* pijnappelklier

pineapple ['painæpl] *znw* ananas

pinecone *znw* dennenappel

pine marten *znw* boommarter

pine-needle *znw* dennennaald

pinery *znw* dennenaanplant; ananaskwekerij

pine-tree *znw* pijn(boom), mastboom

pinetum [pai'ni:təm] *znw* (*mv*: pineta [-tə]) aanplant van velerlei soorten pijnbomen

pinewood *znw* ± grenenhout *o*; dennenbos *o*, pijnbos *o*

pin-feather ['pinfeðə] *znw* onvolgroeide veer

pinfold ['pinfould] *znw* hut voor verdwaald vee; schaapskooi

ping [piŋ] **I** *znw* ping: kort, hoog, tinkelend geluid *o*; **II** *onoverg* tinkelen

pinguid ['piŋwid] *bn* vettig; vruchtbaar [v. grond]

ping-pong ['piŋpɔŋ] *znw* pingpong *o* [tafeltennis]

pinhead ['pinhed] *znw* speldenknop; scheldwoord idioot, uilskuiken *o*

pinion ['pinjən] **I** *znw* **1** punt van een vleugel; slagveer; plechtig vleugel, wiek; **2** techn rondsel *o*, tandwiel *o*; **II** *overg* kortwieken², (vast)binden [de armen], knevelen; boeien

1 pink [piŋk] **I** *znw* plantk anjelier; roze *o*, rozerood *o*; *he was in the* ~ gemeenz hij was in uitstekende conditie; **II** *bn* roze(kleurig); gemeenz gematigd socialistisch, linksig

2 pink [piŋk] **I** *overg* perforeren, uitschulpen, versieren; **II** *onoverg* auto pingelen [v. motor]

pinkie, pinky ['piŋki] *znw* pink

pinking shears ['piŋkiŋʃiəz] *znw mv* kartelschaar

pinkish ['piŋkiʃ] *bn* rozeachtig

pin-money ['pinmʌni] *znw* kleedgeld *o*; zakgeld *o*

pinnace ['pinis] *znw* pinas [sloep v.e. oorlogsschip]

pinnacle ['pinəkl] *znw* pinakel; siertorentje *o*; bergspits, bergtop; fig toppunt *o*

pinnate ['pinit] *bn* vleugelvormig, gevederd; plantk gevind, geveerd

pinny ['pini] *znw* gemeenz = *pinafore*

pin-point ['pinpɔint] **I** *znw* speldenpunt; **II** *overg* nauwkeurig aanwijzen (aangeven, de plaats bepalen van), (uiterst) precies lokaliseren (definiëren), de vinger leggen op

pin-prick *znw* speldenprik²

pin-stripe *znw* streepje *o* [op stoffen]; ~ *suit* krijtstreeppak *o*

pint [paint] *znw* pint: 1/8 gallon, 0,568 l; gemeenz biertje *o*

pinta ['paintə] *znw* slang een pint melk

pin table ['pinteibl] *znw* = *pinball machine*

pintail ['pinteil] *znw* pijlstaart [eend]

pintle ['pintl] *znw* pinnetje *o*, bout

pint-size ['pintsaiz] *bn* minuscuul, piepklein

pin-up ['pinʌp] *znw* pin-up

piny ['paini] *bn* pijnboom-; met pijnbomen beplant

pioneer [paiə'niə] **I** *znw* pionier², baanbreker, wegbereider; **II** *onoverg & overg* pionierswerk doen, de weg bereiden (voor), het eerst aanpakken, invoeren of beginnen met

piolet [pjou'lei, 'piəlei] *znw* ijshouweel *o*

pious ['paiəs] *bn* godvruchtig, vroom; ~ *fraud* vroom bedrog *o*; ~ *hope* onvervulbare hoop

1 pip [pip] *znw* **1** oog *o* [op dobbelstenen]; mil gemeenz ster [als distinctief]; **2** toon [v. tijdsein]; **3** pit [van appel &]

2 pip [pip] *overg* gemeenz verslaan; te slim af zijn, tegenwerken; ~ *sbd. at the post* iem. met een neuslengte verslaan

3 pip [pip] *znw* pluimveeziekte; *he gives me the* ~ *s* gemeenz hij werkt me op de zenuwen

pipage ['paipidʒ] *znw* (leggen *o* van) buizen

pipe [paip] **I** *znw* pijp°, buis, leiding; fluit, fluitje *o*; gefluit *o*; (fluit)signaal *o*; luchtpijp; *the* ~ *of peace* de vredespijp; *a* ~ *of wine* 105 gallons; *the* ~ *s* de doedelzak; *put that in your* ~ *and smoke it* gemeenz die kun je in je zak steken; **II** *overg* fluiten; piepen; met biezen versieren; van buizen voorzien; door buizen leiden; ~ *d music* ingeblikte muziek, ± muzak; ~ *d water* leidingwater *o*; waterleiding; **III** *onoverg* fluiten; piepen; ~ *down* slang bedaren; ~ *up* gemeenz zich laten horen

pipe-clay *znw* pijpaarde

pipe dream *znw* dromerij, fantastisch plan *o* (idee *o* &)

pipe-line *znw* techn pijpleiding; *in the* ~ op komst, onderweg

piper ['paipə] *znw* fluitist; doedelzakblazer; *the Pied P~ of Hamelin* ['hæm(i)lin] de rattenvanger van Hamelen; *pay the* ~ fig het gelag betalen

pipette [pi'pet] *znw* pipet

piping ['paipiŋ] **I** *bn* schel, schril; fluitend &; ~ *hot* kokend heet; **II** *znw* buizenstelsel *o*; buizen, pijpen; bies, galon *o*

pipit ['pipit] *znw* dierk pieper

pipkin ['pipkin] *znw* pannetje *o*, potje *o*

pippin ['pipin] *znw* pippeling [appel]

pipsqueak ['pipskwi:k] *znw* gemeenz lulletje rozenwater *o*, nul, vent van niks

piquancy ['pi:kənsi] *znw* pikante° *o*

piquant *bn* pikant°, prikkelend

pique [pi:k] **I** *znw* pik, wrok; *in a fit of* ~ in een nijdige bui; **II** *onoverg* krenken; ergeren; prikkelen, gaande maken; *be* ~ *d* ook: gepikeerd of geraakt zijn

piracy ['paiərəsi] *znw* piraterij², zeeroverij; plagiaat *o*; namaak [v. merkkleding &]

pirate I *znw* piraat², zeerover; roofschip *o*; namaker; plagiaatpleger; ~ *transmitter* radio clandestiene zender, piratenzender; **II** *bn* piraat-, piraten-, namaak-, illegaal gekopieerde; **III** *overg* roven; ongeoorloofd nadrukken, illegaal kopiëren, ongeoorloofd namaken; plagiëren

piratical [pai'rætikl] *bn* (zee)rovers-, roof-

pirouette [piru'et] **I** *znw* pirouette; **II** *onoverg* pirouetteren

piscatory ['piskətəri] *bn* vis-, vissers-

Pisces ['pisi:z, 'paisi:z] *znw* Vissen

pisciculture ['pisikʌltʃə] *znw* visteelt

piscivorous [pi'sivərəs] *bn* visetend

pish [piʃ] **I** *tsw* ba, foei!; **II** *onoverg* ba/foei zeggen

piss [pis] **I** *onoverg* gemeenz plassen, pissen; ~ *about*

pistachio

(around) gemeenz (aan)rotzooien; ~ *down* gemeenz regenen dat het zeikt; ~ *off* plat opdonderen; ~ *off!* plat donder op!; *it* ~*es me off* plat ik ben het spuugzat; ~*ed* plat stomdronken; **II** *znw* plat urine, pis

pistachio [pis'ta:ʃiou] *znw* plantk pistache, pimpernoot

pistil ['pistil] *znw* plantk stamper

pistol ['pistl] *znw* pistool *o*

pistole [pis'toul] *znw* hist pistool [Spaanse munt]

piston ['pistən] *znw* (pomp)zuiger; muz klep

piston-ring *znw* zuigerveer

piston-rod *znw* zuigerstang

piston-stroke *znw* zuigerslag

piston-valve *znw* zuigerklep

pit [pit] **I** *znw* kuil; (kolen)put, (kolen)mijn, mijnschacht; groeve; putje *o*, holte, kuiltje *o*; diepte; valkuil; lidteken *o*, pok; parterre *o* & *m* [in schouwburg]; Am hoek [op de beurs]; Am pit [v. vrucht]; *the* ~*s* sp (de) pit(s) [op autoracecircuit]; *the (bottomless)* ~ de (afgrond van de) hel; **II** *overg* inkuilen; kuiltjes (putjes) vormen in; ~ *against* laten vechten, opzetten, aanhitsen tegen; stellen tegenover; ~ *one's strength against sbd.* zijn krachten met iem. meten; zie ook: *pitted*

pit-a-pat ['pitəpæt] *bijw* tiktak; triptrap; *his heart went* ~ zijn hart ging van rikketik

1 pitch [pitʃ] *znw* pek *o* & *m*

2 pitch [pitʃ] **I** *znw* hoogte[2]; trap; graad; toppunt *o*; helling, schuinte; muz toonhoogte; techn spoed [v. schroef], steek [v. schuine palen &]; scheepv stampen *o* [v. schip]; worp; standplaats [v. venter]; (sport)terrein *o*; *queer sbd.'s* ~ het gras voor iemands voeten wegmaaien; **II** *overg* opstellen, opslaan, (op)zetten [tent &]; bestraten [met stenen]; uitstallen [waren]; muz aangeven [toon], stemmen; gooien, keilen [stenen &]; *a* ~*ed battle* een geregelde veldslag; *a* ~*ed roof* een schuin dak *o*; ~ *one's expectations high (low)* spannen; ~ *a tale (a yarn)* een verhaal doen, ophangen; **III** *onoverg* neersmakken; tuimelen, vallen; scheepv stampen [schip]; kamperen; ~ *in* hem van katoen geven, flink aan de slag gaan; een handje helpen; ~ *into sbd.* op iem. los gaan (slaan)[2]; iem. te lijf gaan, iem. met verwijten overstelpen; ~ *(up)on* zijn keus laten vallen op; komen op

pitch-and-toss *znw* dobbelspelletje *o* met muntstuk, ± kruis-of-munt

pitch-black ['pitʃ'blæk] *bn* pikzwart

pitch-dark *bn* pikdonker

pitcher ['pitʃə] *znw* werper

pitchfork ['pitʃfɔ:k] **I** *znw* hooivork; **II** *overg* met een hooivork (op)gooien; fig in het diepe gooien

pitching ['pitʃiŋ] *znw* gooien *o*, werpen *o*; opzetten *o* [v. tent]; bestrating; taludbedekking; stampen *o* [van schip]

pitchpine ['pitʃpain] *znw* Amerikaans grenenhout *o*

pitch-pipe ['pitʃpaip] *znw* stemfluit

pitch-wheel ['pitʃwi:l] *znw* tandrad *o*

pitchy ['pitʃi] *bn* pekachtig; bepekt; pikzwart, stikdonker

pit-coal ['pitkoul] *znw* steenkool

piteous ['pitiəs] *bn* jammerlijk, erbarmelijk, deerlijk, treurig, zielig

pitfall ['pitfɔ:l] *znw* valkuil; val(strik)

pith [piθ] *znw* pit *o* & *v*, kern; wit *o* onder schil van sinaasappel &; (ruggen)merg *o*; kracht

pit-head ['pithed] *znw* schachtopening, laadplaats [v. mijn]

pith helmet ['piθ'helmit] *znw* tropenhelm

pithy *bn* pittig, kernachtig, krachtig

pitiable ['pitiəbl] *bn* beklagenswaardig, deerniswaardig, jammerlijk, erbarmelijk, zielig

pitiful *bn* deerniswekkend, treurig, armzalig, erbarmelijk, zielig

pitiless *bn* meedogenloos, onbarmhartig, geen medelijden kennend

pitman ['pitmən] *znw* mijnwerker, kompel

piton ['pitən] *znw* klemhaak [v. alpinist]

pit-prop ['pitprɔp] *znw* mijnstut; ~*s* mijnstutten, mijnhout *o*

pit-saw ['pitsɔ:] *znw* boomzaag

pittance ['pitəns] *znw* karig loon *o*; schrale portie; aalmoes; *a mere* ~ een bedroefd beetje *o*, niet meer dan een aalmoes

pitted ['pitid] *bn* met putjes of kuiltjes; pokdalig (ook: ~ *with the smallpox*)

pitter-patter ['pitə'pætə] *bijw* tiktak, triptrap

pituitary [pi'tju:itəri] *bn* slijmafscheidend; ~ *gland (body)* hypofyse

pity ['piti] **I** *znw* medelijden *o*; plechtig deernis; *it is a (great)* ~ het is (erg) jammer; *what a* ~! hoe jammer; *more's the* ~ des te erger, wat nog erger is; *for* ~*'s sake* om godswil, in godsnaam; *out of* ~ *for* uit medelijden voor; *have (take)* ~ *on* = **II** *overg* medelijden hebben met, begaan zijn met, beklagen; *he is to be pitied* hij is te beklagen

pivot ['pivət] **I** *znw* spil[2]; tap; stift; stifttand (ook: ~ *tooth*); **II** *overg* (om een spil) doen draaien; **III** *onoverg* draaien[2] (om *upon*)

pivotal *bn* waar alles om draait, belangrijk, centraal

pixie ['piksi] *znw* fee; ~ *hat* puntmuts

pixil(l)ated ['piksileitid] *bn* Am gemeenz beetje gek, getikt

pizza ['pi:tsə] *znw* pizza

pizzazz [pi'zæz] *znw* vaart, schwung

placable ['plækəbl] *bn* verzoenlijk, vergevensgezind

placard ['plæka:d] **I** *znw* plakkaat *o*, aanplakbiljet *o*; **II** *overg* be-, aanplakken, afficheren

placate [plə'keit] *overg* sussen, kalmeren, verzoenen

place [pleis] **I** *znw* plaats°, plek, oord *o*; gelegenheid [tot vermaak &], woning, huis *o*, kantoor *o*, winkel, zaak &; buiten(verblijf) *o*; plein *o*, passage [in boek]; positie, betrekking, post, ambt *o*; *it is not my* ~ *to* ... het ligt niet op mijn weg ...; *change* ~*s* van plaats verwisselen; *give* ~ *to* wijken voor, plaats maken voor; *go* ~*s* zie *go II*; *know one's* ~ weten waar men staan moet; *put sbd. in his (proper)* ~ iem. op zijn plaats zetten; *take* ~ plaatshebben, plaatsgrijpen; *take (fill) the* ~ *of* de plaats vervullen van, in de plaats komen voor, vervangen; *take your* ~*s* neemt uw plaatsen in; *at (in, of) this* ~ te dezer stede, alhier; *at (of) your* ~ in uw, jouw huis; *in* ~ op zijn (hun) plaats; *in another* ~ elders [in een boek]; in het Hogerhuis (soms: Lagerhuis); *in the first* ~ om te beginnen, meteen, in de eerste plaats; *in* ~*s* hier en daar; *out of* ~ niet op zijn plaats², misplaatst; *all over the* ~ overal (rondslingerend &); *be all over the* ~ ook: ruchtbaar zijn; helemaal in de war zijn; *fall into* ~ duidelijk zijn, worden; *to ten* ~*s of decimals, to ten decimal* ~*s* tot in tien decimalen; **II** *overg* plaatsen°, zetten, leggen, stellen; (op interest) uitzetten; [iem.] 'thuisbrengen', herkennen; ook: raden welke positie iem. inneemt in de maatschappij; ~ *a telephone-call* een telefoongesprek aanvragen; *be* ~*d* sp geplaatst zijn; *be well* ~*d* fig zich in een gunstige positie bevinden

placebo [plə'si:bou] *znw* placebo *o*

placeman ['pleismən] *znw* pol, geringsch gunsteling

placemat ['pleismæt] *znw* placemat [onderlegger voor bord en bestek]

placement ['pleismənt] *znw* plaatsing; investering, belegging

placenta [plə'sentə] *znw* placenta: moederkoek, nageboorte

placer ['pleisə] *znw* goudbedding; ~ *mining* goudwasserij

place setting ['pleissetiŋ] *znw* couvert *o*

placid ['plæsid] *bn* onbewogen, rustig, vreedzaam, kalm

placidity [plæ'siditi] *znw* onbewogenheid, vreedzaamheid, rustigheid; rust

placing ['pleisiŋ] *znw* **1** handel plaatsen *o* (v. kapitaal); **2** positie [op ranglijst &]

placket ['plækit] *znw* split *o* of zak in een (vrouwen)rok

plagiarism ['pleidʒ(j)ərizm] *znw* plagiaat *o*

plagiarist *znw* plagiator, plagiaris, letterdief

plagiarize I *overg* naschrijven; **II** *onoverg & abs ww* plagiaat plegen

plagiary *znw* vero plagiatot; plagiaat *o*

plague [pleig] **I** *znw* pest, pestilentie; ramp, straf; plaag; *a* ~ *upon him!* de duivel hale hem!; *avoid sbd. like the* ~ iem. mijden als de pest; **II** *overg* (met rampen of plagen) bezoeken; kwellen

plaguey ['pleigi] *bn* gemeenz verduiveld, drommels

plaice [pleis] *znw* (*mv* idem) dierk schol

plaid [plæd] **I** *znw* plaid, Schotse omslagdoek; reisdeken; **II** *bn* plaid-, met Schots (ruit)patroon

1 plain [plein] **I** *bn* vlak, effen, duidelijk; eenvoudig; onopgesmukt, ongekunsteld; ongelinieerd; ongekleurd; glad [v. ring], zonder mondstuk [v. si-

garet], puur [v. chocolade]; niet mooi; gewoon, alledaags, lelijk; openhartig, rondborstig; ~ *flour* bloem [zonder bakpoeder]; ~ *soda-water* sodawater *o* zonder iets erin; *in* ~ *words* in duidelijke taal; *as* ~ *as day, as the nose on your face, as a pikestaff* zo duidelijk als wat, zo klaar als een klontje; **II** *bijw* duidelijk; **III** *znw* **1** vlakte; **2** rechte steek [bij breien]

2 plain [plein] *onoverg* vero jammeren, klagen

plain-chant ['pleintʃa:nt] *znw* = *plain-song*

plain-clothes *znw mv & bn* (in) burger(kleren); ~ *man* politieman in burger

plainly *bijw* duidelijk, ronduit, rondborstig; eenvoudig, heel gewoon; kennelijk

plain sailing *znw* fig een doodgewone zaak, iets wat van een leien dakje gaat

plainsman ['pleinzmən] *znw* vlaktebewoner

plain-song ['pleinsɔŋ] *znw* eenstemmig koraalgezang *o*

plain-spoken *bn* ronduit sprekend, openhartig, rond(borstig)

plaint [pleint] *znw* plechtig klacht; recht aanklacht

plaintiff *znw* recht klager, eiser

plaintive *bn* klagend, klaaglijk, klaag-

plait [plæt] **I** *znw* vlecht; **II** *overg* vlechten

plan [plæn] **I** *znw* plan° *o*, ontwerp *o*, plattegrond, schets; ~ *of action (campagne)* plan de campagne *o*; actieplan *o*; *the better (best)* ~ *is to ...* het beste is ...; *our only* ~ *is to ...* het enige wat wij kunnen doen, is ...; *according to* ~ volgens plan, (zo)als gepland; **II** *overg* een plan maken van; ontwerpen (ook: ~ *out*); inrichten; van plan zijn, beramen (ook: ~ *on*); voorzien; plannen; ~*ned economy* planmatige huishouding, geleide economie, planeconomie; **III** *onoverg* van plan zijn; plannen

planchette [pla:n'ʃet] *znw* planchet, meettafel

1 plane [plein] *znw* plantk plataan (ook: ~ *tree*)

2 plane [plein] **I** *znw* techn schaaf; **II** *overg* schaven; ~ *away (down)* afschaven

3 plane [plein] **I** *bn* vlak; **II** *znw* (plat) vlak *o*; draagvlak *o*; plan *o*, niveau *o*, peil *o*; luchtv vliegtuig *o*; **III** *onoverg* luchtv vliegen; glijden, planeren; ~ *down* dalen (in glijvlucht)

planet ['plænit] *znw* planeet²

planetarium [plæni'tɛəriəm] *znw* (*mv*: -s *of* planetaria [-riə]) planetarium *o*

planetary ['plænitəri] *bn* planeet-, planetair; ~ *system* planetenstelsel *o*

planetoid *znw* planetoïde, asteroïde

plane-tree ['pleintri:] *znw* plataanboom

plangent ['plændʒənt] *bn* schallend, luidklinkend; klotsend; klagend

planish ['plæniʃ] *overg* glad maken, polijsten; planeren, pletten [metaal]

plank [plæŋk] **I** *znw* (dikke) plank; punt *o* van politiek program; **II** *overg*: ~ *down* slang [het geld] op tafel leggen, opdokken

plank-bed *znw* brits

plank-bridge *znw* vlonder
planking *znw* beplanking; planken
plankton ['plæŋktɔn] *znw* plankton *o*
planless ['plænlis] *bn* zonder plan, onsystematisch
planner *znw* plannenmaker, ontwerper, beramer; planoloog, stedenbouwkundige
planning *znw* ontwerpen *o*, beramen *o* &; planning; project *o*; ~ *permission* bouwvergunning
plant [pla:nt] **I** *znw* plantk plant, gewas *o*; techn installatie, outillage, bedrijfsmateriaal *o*; fabriek, bedrijf *o*; gemeenz zwendel; slang complot *o*, doorgestoken kaart; slang stille (verklikker), infiltrant, geheim agent; theat claqueur; **II** *overg* planten, poten, beplanten; posteren, (neer)zetten; opstellen [geschut]; vestigen [kolonie], koloniseren; toebrengen [slag]; verbergen [gestolen goederen]; begraven; *she had* ~*ed herself on us* ze had zich bij ons ingedrongen en was niet meer weg te krijgen; ~ *out* uit-, verplanten
plantain ['plæntin, 'pla:ntin] *znw* weegbree
plantation [plæn'teiʃən] *znw* (be)planting, aanplanting; plantage
planter ['pla:ntə] *znw* planter
plantigrade ['plæntigreid] *znw* zoolganger
plant-louse ['pla:ntlaus] *znw* bladluis
plant-pathology *znw* plantenziektekunde
plant pot *znw* bloempot
plaque [pla:k] *znw* **1** (gedenk)plaat; **2** (tand)plak
plaquette [plæ'ket, pla:'ket] *znw* plaquette
plash [plæʃ] **I** *onoverg* plassen, plonzen, kletteren; **II** *overg* bespatten, besprenkelen; ook = *pleach*; **III** *znw* plas, poel; geklater *o*, geplas *o*
plashy *bn* vol plassen, plassig, drassig; plassend, kletterend
plasma ['plæzmə] *znw* plasma *o*
plaster ['pla:stə] **I** *znw* pleister *o* [stofnaam], pleisterkalk; gips *o*; pleister *v* [voorwerpsnaam]; ~ *cast* **1** gipsafdruk; **2** gipsverband *o*; ~ *of Paris* gebrande gips *o*; **II** *bn* gipsen; **III** *overg* een pleister leggen op; (be)pleisteren, (be)plakken; het er dik opleggen; helemaal bedekken; zwaar beschieten [met bommen, vragen &]; ~*ed* slang dronken
plasterboard *znw* gipsplaat
plasterer *znw* pleisteraar, stukadoor
plastic ['plæstik, 'pla:stik] **I** *bn* plastisch, vormend, beeldend; fig kneedbaar; plastieken, plastic [= van kunststof]; plastic, onecht, gemaakt, onnatuurlijk, smakeloos; ~ *art* beeldende kunst, plastiek *v*; ~ *bomb* kneedbom, plasticbom; ~ *packaging* plasticverpakking; ~ *surgeon* plastisch chirurg; ~ *surgery* plastische chirurgie; **II** *znw* plastiek *o*, plastic *o* [= kunststof]
Plasticine ['plæstisain] *znw* boetseerklei, plasticine
plasticity [plæs'tisiti, pla:s'tisiti] *znw* plasticiteit, kneedbaarheid[2]
plasticize ['plæstisaiz, 'pla:stisaiz] *overg* **1** plastificeren; **2** chem week maken
plastics *znw (mv)* plastic, kunststoffen

plastron ['plæstrən] *znw* buikschild [v. schildpadden]
1 plat [plæt] *znw* Am = *plot*: klein stukje *o* grond
2 plat [plæt] *znw* = *plait*: vlecht
plate [pleit] **I** *znw* plaat°; naambord *o*; bord *o*; etsplaat; ets; schaal [voor collecte]; vaatwerk *o*; goud- of zilverwerk *o*; tafelzilver *o*, verzilverd tafelbestek *o*, pleet *o*; gebitplaat, tandprothese, kunstgebit *o*; harnas *o*; auto nummerplaat; ~*s of meat* slang (plat)voeten; *give (hand) sbd. sth. on a* ~ iem. iets in de schoot werpen, iem. iets op een presenteerblaadje aanbieden; *have a lot (enough) on one's* ~ genoeg om handen hebben; **II** *overg* met metaalplaten bekleden; (be)pantseren; plateren: verzilveren, vergulden &; ~*d candlestick* pleten kandelaar; ~*d ware* pleet *o*
plate-armour *znw* bepantsering; harnas *o*
plateau ['plætou] *znw* (*mv*: -s *of* plateaux [-touz]) plateau *o*, tafelland *o*; *reach a* ~ zich stabiliseren
plate-glass ['pleit'gla:s] *znw* spiegelglas *o*; ~ *window* spiegelruit
platelayer *znw* wegwerker [spoorwegen]
plate-mark *znw* keurmerk *o*
platen ['plætn] *znw* degel [v. drukpers, schrijfmachine]
platform ['plætfɔ:m] *znw* perron *o*; terras *o*; podium *o*; balkon *o* [van tram]; laadbak [v. vrachtauto]; platform *o*, politiek program *o*; fig bestuurstafel [v. vergadering]; ~ *shoes* schoenen met plateauzolen; ~ *ticket* perronkaartje *o*
plating ['pleitiŋ] *znw* verguldsel *o*
platinum ['plætinəm] *znw* platina *o*
platitude ['plætitju:d] *znw* banaliteit, gemeenplaats
platitudinous [plæti'tju:dinəs] *bn* banaal
Platonic [plə'tɔnik] *bn* Platonisch; fig platonisch
platoon [plə'tu:n] *znw* mil peloton *o*
platter ['plætə] *znw* platte (houten) schotel; Am gemeenz grammofoonplaat
platypus ['plætipəs] *znw* vogelbekdier *o*
plaudits ['plɔ:dits] *znw mv* toejuichingen, applaus *o*; fig bijval, goedkeuring
plausible ['plɔ:zibl] *bn* plausibel, aannemelijk; schoonschijnend
play [plei] **I** *onoverg* spelen°; speling of speelruimte hebben; slang meedoen, van de partij zijn; ~ *(it) safe* voorzichtig zijn; ~ *the field* van de een naar de ander lopen, zijn aandacht verdelen; **II** *overg* spelen (op), bespelen; uitspelen [kaart]; spelen tegen; spelen voor, uithangen; uithalen [grap]; laten spelen [ook kanonnen]; laten uitspartelen [vis]; (af-)draaien [grammofoonplaat]; sp opstellen [v. speler]; ~ *one's cards right* de gelegenheid goed benutten; ~ *it (well &)* slang het (goed &) doen (aanleggen), (goed &) te werk gaan; ~ *the fool* voor gek spelen, zich dwaas aanstellen; ~ *the game* eerlijk spel spelen, eerlijk doen; ~ *the game of* in de kaart spelen van; ~ *a losing game* een hopeloze strijd

voeren; ~ *the market* speculeren; ~ *about (around)* stoeien; (zich) vermaken, plezier hebben [v. kinderen]; rondklooien, aanklooien; ~ *about (around) with sbd.* iem. voor de gek houden; ± iem. bedriegen; zich afgeven met iem.; ~ *along* meespelen, meedoen; (laten) spelen langs [v. licht]; ~ *at fighting* niet serieus vechten; ~ *at hide-and-seek* verstoppertje spelen; ~ *at marbles* knikkeren; *two can ~ at that game* dat kan een ander (ik) ook; *what are you ~ing at?* wat heeft dat (allemaal) te betekenen?; ~ *back* afspelen [met bandrecorder]; ~ *down* bagatelliseren, kleineren; af-, verzwakken, verzachten; ~ *for love* om niet spelen; ~ *for safety* geen risico's nemen; het zekere voor het onzekere nemen; ~ *for time* tijd trachten te winnen; ~ *the congregation in (out)* spelen (op het orgel) terwijl de kerkgangers binnenkomen (de kerk verlaten); ~ *into sbd.'s hands* in iems. kaart spelen; ~ *off (the match)* de beslissingswedstrijd spelen; ~ *them off against each other* de een tegen de ander uitspelen; ~ *on* doorgaan met spelen; spelen op, bespelen [instrument]; (laten) spelen op [v. kanonnen of licht]; misbruik maken van; exploiteren [lichtgelovigheid]; ~ *a joke (trick) on sbd.* iem. een poets bakken; ~ *on words* woordspelingen maken; ~ *out* (uit)spelen [rol]; ~*ed out* uitgeput; uit de mode; alledaags; ~ *over* spelen over [v. licht]; ~ *up* beginnen (te spelen); gemeenz [iem.] voor de gek houden; sp spelen zo goed je kan; opblazen, aandikken, beter doen uitkomen; ~ *up to sbd.* goed tegenspel te zien geven, iem. waardig ter zijde staan [op het toneel]; bij iem. in het gevlij zien te komen; last bezorgen; last hebben van; in de war sturen; kuren krijgen [v. apparaten]; ~ *upon* op iems. gemoed werken; misbruik maken van iems. zwakheid; ~ *with* spelen met²; **III** *znw* spel o; gokspel o; liefdesspel o; manier van spelen; bewegingsvrijheid, speling, speelruimte; (toneel-)stuk o; ~ *of colours* kleurenspel o; ~ *of words* woordenspel o; ~ *on words* woordspeling; *give (allow) full* ~ *to* vrij spel laten, de vrije loop laten, de teugel vieren; *make* ~ *with* uitbuiten, schermen met [klassenjustitie &]; *make a* ~ *for sth.* iets proberen te krijgen, versieren; *make great* ~ *of* schermen met; uitbuiten; *be at* ~ aan het spelen zijn, spelen°; *in* ~ in scherts, voor de aardigheid; *be in* ~ biljart aan stoot zijn; *be in full* ~ in volle werking zijn; in volle gang zijn; *hold (keep) in* ~ aan de gang of bezig houden; *bring (call) into* ~ er bij halen, aanwenden [invloed &]; *come into* ~ erbij in het spel komen, zich doen gelden [invloeden]; *out of* ~ af [bij spel]
playable *bn* speelbaar; sp bespeelbaar [terrein]
play-act *onoverg* doen alsof
play-actor *znw* geringsch acteur, komediant
playback *znw* afspelen o [met bandrecorder]
playbill *znw* affiche o & v; programma o
playboy *znw* losbol, boemelaar, doordraaier, playboy
player *znw* speler; toneelspeler

player-piano *znw* pianola
playfellow *znw* = *playmate*
playful *bn* speels, ludiek; schalks
playgoer *znw* schouwburgbezoeker
playground *znw* speelplaats
playgroup *znw* peuterklas
playhouse *znw* **1** schouwburg; **2** poppenhuis o
playing-card *znw* (speel)kaart
playing-field *znw* speelveld o
playlet *znw* toneelstukje o
playmate *znw* speelmakker
play-off *znw* sp beslissingswedstrijd
playpen *znw* (baby)box, loophek o
playsuit *znw* speelpakje o
plaything *znw* (stuk) speelgoed o; fig speelbal
playtime *znw* vrije tijd, vrij kwartier o, speeltijd, schoolpauze
playwright *znw* toneelschrijver
plaza ['pla:zə] *znw* plein o
plc, PLC *afk.* = *public limited company* ± NV, naamloze vennootschap
plea [pli:] *znw* pleidooi o, pleit o; verontschuldiging; voorwendsel o; (smeek)bede, dringend verzoek o; *on the* ~ *of...* onder voorwendsel dat...
pleach [pli:tʃ] *overg* (dooreen)vlechten
plead [pli:d] **I** *onoverg* pleiten; zich verdedigen; ~ *for* smeken om; ~ *with sbd. to...* iem. smeken te...; **II** *overg* bepleiten; aanvoeren [gronden]; ~ *(not) guilty* (niet) bekennen; ~ *ignorance* zich met onwetendheid verontschuldigen; ~ *illness* ziekte voorwenden
pleading I *znw* het pleiten; pleidooi o; smeking; **II** *bn* smekend
pleasance ['plezəns] *znw* vero lusthof, lustwarande; vermaak o, genot o
pleasant *bn* aangenaam, prettig, genoeglijk; plezierig; vriendelijk
pleasantry *znw* grapje o; aardigheid; vriendelijke, aardige woorden
please [pli:z] **I** *overg* behagen, bevallen, aanstaan; voldoen, plezieren; believen; ~*!* als het u belieft, alstublieft; alsjeblieft; om u te dienen; ~ *(to) return it soon* wees zo goed (gelieve) het spoedig terug te zenden; ~ *Sir, will you be so kind as to...* (pardon) mijnheer, wilt u &; *if you* ~ als het u belieft, alstublieft; alsjeblieft; ironisch nota bene, waarachtig; ~ *God* zo God wil; ~ *your Majesty* moge het Uwer Majesteit behagen; met Uwer Majesteits verlof...; ~*d* ook: blij, tevreden; ~*d to meet you* aangenaam (kennis met u te maken); *be* ~*d at...* zich verheugen over; *I shall be* ~ *to* het zal mij aangenaam zijn...; *be* ~*d with* ook: ingenomen (in zijn schik) zijn met, tevreden zijn over; **II** *wederk* ~ *yourself* handel naar eigen goedvinden, je moet zelf maar weten wat je doet
pleasing *bn* behaaglijk, welgevallig, aangenaam, innemend
pleasurable ['pleʒərəbl] *bn* genoeglijk, aange-

naam, prettig

pleasure *znw* vermaak *o*, genoegen *o*, genot *o*, plezier *o*; (wel)behagen *o*; believen *o*, welgevallen *o*, goedvinden *o*; psych lust; *it is Our ~ to...* het heeft Ons behaagd te...; *it was a ~, my ~* graag gedaan; *we have ~ in...* wij hebben het genoegen te...; *take ~ in* er plezier in vinden om..., behagen scheppen in; *take one's ~* zich vermaken; *at the ~ (of)* naar verkiezing, naar eigen goeddunken; *during the King's ~* zo lang het de koning behaagt

pleasure boat *znw* plezierboot

pleasure ground *znw* lusthof, park *o*

pleat [pli:t] **I** *znw* plooi; **II** *overg* plooien

pleb [pleb] *znw* gemeenz plebejer

plebeian [pli'bi:ən] **I** *bn* plebejisch, proleterig; **II** *znw* plebejer, proleet

plebiscite ['plebisit] *znw* plebisciet *o*

plectrum ['plektrəm] *znw (mv: -s of* plectra [-trə]) plectrum *o*

pled V.T. & V.D. van *plead*

pledge [pledʒ] **I** *znw* pand *o*, onderpand *o*; borgtocht; belofte, gelofte; toast; *take the ~* de gelofte van geheelonthouding afleggen; **II** *overg* verpanden; (ver)binden; plechtig beloven; drinken op de gezondheid van; **III** *wederk*: *~ oneself* zijn woord geven, zich (op erewoord) verbinden

pledget ['pledʒit] *znw* plukselverband *o*

plenary ['pli:nəri] *bn* volkomen, volledig, algeheel; *~ indulgence* volle aflaat; *~ powers* volmacht; *~ session (sitting)* voltallige vergadering, plenum *o*, plenaire zitting

plenipotentiary [pleinipou'tenʃəri] *bn (znw)* gevolmachtigd(e)

plenitude ['plenitju:d] *znw* volheid, overvloed

plenteous ['plentjəs] *bn* plechtig overvloedig

plentiful *bn* overvloedig

plenty **I** *znw* overvloed; *~ of...* veel, talrijk, genoeg; **II** *bijw* gemeenz overvloedig, ruimschoots; talrijk; zeer; **III** *bn* gemeenz overvloedig, genoeg

plenum ['pli:nəm] *znw* voltallige vergadering

pleonasm ['pli:ənæzm] *znw* pleonasme *o*

pleonastic [pli:ə'næstik] *bn* pleonastisch

plethora ['pleθərə] *znw* med teveel *o* aan rode bloedlichaampjes; fig overmaat, overvloed

pleura ['pluərə] *znw (mv:* pleurae [-ri:]) borstvlies *o*

pleurisy *znw* pleuritis, borstvliesontsteking

plexus ['pleksəs] *znw*: *solar ~* zonnevlecht; gemeenz maagholte

pliable ['plaiəbl] *bn* buigzaam; fig plooibaar, meegaand

pliancy *znw* soepel-, buigzaamheid &

pliant *bn* soepel, buigzaam; gedwee, volgzaam; makkelijk te beïnvloeden

pliers ['plaiəz] *znw mv* buigtang, combinatietang

1 plight [plait] *znw* (vervelende, moeilijke, benarde, nare &) situatie, staat, toestand, conditie; noodtoestand, dwangsituatie, netelige positie, misère; *in a sorry ~* er slecht (naar) aan toe

2 plight [plait] *overg*: *~ troth* zijn woord geven, trouw zweren [met huwelijksbelofte]

Plimsoll line ['plimsəl] *znw* lastlijn

Plimsolls *znw mv* gympjes

plinth [plinθ] *znw* onderste stuk *o* van sokkel, pui &; plint

plod [plɔd] **I** *onoverg* moeizaam gaan, zich voortslepen; fig ploeteren (aan *at*); zwoegen; blokken (op *at*); *~ along (on)* door-, voortploeteren, voortsjouwen; **II** *znw* sjouw, slepende (zware) gang; gezwoeg *o*

plodder *znw* ploeteraar; blokker, zwoeger

plonk [plɔŋk] **I** *znw* 1 hol, galmend geluid *o*; 2 gemeenz goedkope wijn; **II** *overg* met een plof neersmijten; neerkwakken

plop [plɔp] **I** *onoverg* plompen, plonzen; **II** *bijw* met een plons

plot [plɔt] **I** *znw* stuk(je) *o* grond; samenzwering, complot *o*; intrige [in roman &]; Am plattegrond; **II** *overg* in kaart brengen, uitzetten, traceren, ontwerpen (ook: *~ out*); beramen, smeden; **III** *onoverg & abs ww* plannen maken, intrigeren; samenspannen, samenzweren, complotteren

plotter *znw* **1** ontwerper; samenzweerder; intrigant; **2** comput plotter

plough, Am plow [plau] **I** *znw* ploeg; ploegschaaf; snijmachine [v. boekbinderij]; *the P~* astron de Grote Beer; **II** *overg* (om)ploegen; doorploegen [het gelaat]; doorklieven [de golven]; gemeenz laten zakken [bij examen]; *~ back* inploegen [klaver &]; handel herinvesteren; *~ down (in)* onderploegen; *~ out (up)* uit de grond ploegen; *~ up* omploegen; scheuren [weidegrond]; **III** *onoverg* ploegen; ploeteren [door de modder &]; *~ through a book* doorworstelen

ploughboy ['plaubɔi] *znw* hulp bij het ploegen; boerenjongens

plougher *znw* ploeger

ploughland *znw* bouwland *o*

ploughman *znw* ploeger; *~'s (lunch)* ± boerenlunch (= kaassandwich met pickles)

ploughshare *znw* ploegschaar

plover ['plʌvə] *znw* pluvier; gemeenz kievit

plow [plau] *znw* Am = *plough*

ploy [plɔi] *znw* handige zet

pluck [plʌk] **I** *znw* orgaanvlees *o* slang, [vooral hart, long, lever]; gemeenz moed, durf; **II** *overg & onoverg* rukken, plukken, trekken (aan *at*); tokkelen [snaarinstrument]; *~ up* uitrukken, uitroeien; *~ up courage* moed scheppen

plucky ['plʌki] *bn* moedig, dapper, branie

plug [plʌg] **I** *znw* plug, prop, tap, stop; elektr stekker, plug; auto bougie; waterspoeling [van wc]; med tampon; (stuk) geperste tabak, pruimpje *o* (tabak); gemeenz aanbeveling, reclame, gunstige publiciteit [in radiouitzending &]; *pull the (lavatory) ~* de wc doortrekken; *pull the ~ on* slang er bij lappen [v. medeplichtige]; afblazen, laten vallen [v.

project &]; **II** *overg* dichtstoppen, (ver)stoppen; med tamponneren; plomberen [kies] (ook: ~ *up*); Am slang beschieten, neerschieten, een kogel jagen door (het lijf); pluggen, het trachten er in te krijgen [nieuwe liedjes bij het publiek], reclame maken voor; ~ *in* elektr inschakelen, aansluiten; stekker in stopcontact steken; **III** *onoverg:* ~ *away* gemeenz ploeteren; ~ *in* elektr inschakelen
plughole *znw* afvoergat *o* [v. gootsteen &]
plug-in *bn* elektr (in)steek-, inschuif-
plug-ugly *znw* Am herrieschopper, straatschender
plum [plʌm] **I** *znw* plantk pruim; rozijn; fig het beste, het puikje; gemeenz vet baantje *o*; **II** *bn* **1** donkerrood (-paars), pruimkleurig; **2** droom-, fantastisch [v. baan &]
plumage ['plu:midʒ] *znw* bevedering, pluimage, vederkleed *o*; *summer* (*winter*) ~ dierk zomer- (winter)kleed *o*
plumb [plʌm] **I** *znw* (schiet)lood *o*; dieplood *o*; *out of* ~ uit het lood; **II** *bn* in het lood, loodrecht; ~ *nonsense* je reinste onzin; **III** *bijw* loodrecht; precies; Am volslagen; **IV** *overg* peilen; fig doorzien, doorgronden; ~ *in* aansluiten [op waterleiding &]; ~ *the depths* een absoluut dieptepunt bereiken
plumbago [plʌm'beigou] *znw* grafiet *o*; plantk loodkruid *o*
plumber ['plʌmə] *znw* loodgieter, loodwerker
plumbic ['plʌmbik] *bn* loodhoudend, lood-
plumbing ['plʌmiŋ] *znw* loodgieterswerk *o*, sanitaire inrichting(en)
plumb-line ['plʌmlain] *znw* schiet-, dieplood *o*
plumb-rule *znw* timmermanswaterpas *o*
plum-cake ['plʌm'keik] *znw* rozijnencake
plume [plu:m] **I** *znw* vederbos; veer, pluim²; rookpluim; **II** *overg* van veren voorzien; [de veren] gladstrijken; ~ *oneself* een hoge borst zetten; ~ *oneself on* zich laten voorstaan op
plummet ['plʌmit] **I** *znw* schiet-, dieplood *o*; loodje *o*; **II** *onoverg* Am snel dalen
plummy ['plʌmi] *bn* vol pruimen, pruimen-; gemeenz kostelijk, uitstekend, rijk; gemakkelijk en goed betaald [baantje]; gemeenz bekakt, met een hete aardappel in de keel
plumose ['plu:mous] *bn* vederachtig; gevederd
1 plump [plʌmp] **I** *bn* gevuld, vlezig, mollig, dik; **II** *overg* gevuld(er), mollig maken; doen uitzetten; **III** *onoverg:* ~ *out* (*up*) gevulder, dikker worden; zich ronden, uitzetten
2 plump [plʌmp] **I** *onoverg* (neer)ploffen (ook: ~ *down*); ~ *for* alleen stemmen op; zich onvoorwaardelijk verklaren vóór; **II** *overg* (neer)kwakken; **III** *znw* plof
plum-pudding ['plʌm'pudiŋ] *znw* plumpudding
plumy ['plu:mi] *bn* gevederd, veder-; veren-
plunder ['plʌndə] **I** *overg* plunderen, beroven; **II** *onoverg* plunderen, roven; **III** *znw* plundering, beroving, roof; buit
plunge [plʌn(d)ʒ] **I** *overg* dompelen, storten, sto-

ten, plonzen (in *into*); onder-, indompelen; vallen [v. prijzen]; ~*d in thought* in gedachten verdiept; **II** *onoverg* zich storten, duiken; achteruitspringen en -slaan [paard]; scheepv stampen; gemeenz zwaar gokken; *plunging neckline* diep uitgesneden decolleté *o*; **III** *znw* in-, onderdompeling, (onder-) duiking; sprong², val; *make a* ~ *downstairs* de trap afhollen; *take the* ~ de sprong wagen
plunger *znw* duiker; techn zuiger [v. pomp], dompelaar; stang [v. karn]; plopper [ter ontstopping]
pluperfect ['plu:'pə:fikt] *znw* voltooid verleden (tijd)
plural ['pluərəl] **I** *bn* meervoudig; **II** *znw* meervoud *o*
pluralism *znw* pluralisme *o*; meerdere ambten (*vooral* kerkelijke) bezitten *o*
pluralist *znw* pluralist
pluralistic *bn* pluralistisch
plurality [pluə'ræliti] *znw* meervoudigheid, meervoud *o*; menigte; meerderheid, merendeel *o*
plus [plʌs] **I** *voorz* plus; vermeerderd met; **II** *bn* extra; elektr positief; **III** *znw* (*mv:* plusses; Am pluses) **1** plusteken *o*; **2** pluspunt *o*, extra *o*
plus-fours ['plʌs'fɔ:z] *znw mv* plusfour [wijde sportbroek]
plush [plʌʃ] **I** *znw* pluche *o* & *m*; ~*es* pluchen broek [v. lakei]; **II** *bn* pluche(n); gemeenz luxueus, chic, fijn
plushy *bn* = *plush II*
plutocracy [plu:'tɔkrəsi] *znw* plutocratie: regering door rijken
plutocrat ['plu:toukræt] *znw* plutocraat, kapitalist
plutonic [plu:'tɔnik] *bn* piutonisch; vulkanisch
plutonium [plu:'tounjəm] *znw* plutonium *o*
pluvial ['plu:viəl] *bn* regenachtig, regen-
pluviometer [plu:vi'ɔmitə] *znw* regenmeter
pluvious ['plu:viəs] *bn* regenachtig, regen-
1 ply [plai] *znw* plooi, vouw; streng, draad [van garen], laag [v. triplex, stof &]
2 ply [plai] **I** *overg* gebruiken, werken met, hanteren; in de weer zijn met; uitoefenen [beroep]; ~ *the oars* ook: roeien; ~ *with* bestormen met [vragen &]; opdringen, aandringen; **II** *onoverg* (heen en weer) varen (rijden, vliegen &); scheepv laveren, opkruisen; ~ *for customers* snorren [v. huurkoetsier, taxi]
plywood ['plaiwud] *znw* triplex *o* & *m*, multiplex *o* [hout van drie of meer lagen]
p.m. *afk.* = *post meridiem* 's middags, 's avonds, in de namiddag, n.m.
PM *afk.* = *Prime Minister*
pneumatic [nju'mætik] **I** *bn* pneumatisch; lucht-; ~ *blonde* gemeenz fig blonde stoot; ~ *tyre* luchtband; **II** *znw:* ~*s* leer der gassen
pneumonia [nju'mounjə] *znw* longontsteking
pneumonic [nju'mɔnik] *bn* van de longen; longontstekings-; longontsteking hebbend
PO *afk.* = *Post Office*
1 poach [poutʃ] *overg* pocheren: bereiden in bijna

poach

kokend water

2 poach [poutʃ] **I** *overg* stropen; *fig* afpakken; kuilen trappen (in drassige grond); **II** *onoverg* stropen; drassig worden, vol kuilen raken; ~ *on sbd.'s preserves* onder iems. duiven schieten

poacher *znw* stroper

PO box ['pi:'ouboks] *znw* postbus

pochard ['poutʃəd] *znw* tafeleend

pock [pok] *znw* pok; put [v. pok], puist; <u>slang</u> syfilis

pocked [pokt] *bn* pokdalig

pocket ['pokit] **I** *znw* zak°; *fig* klein, beperkt, geïsoleerd gebied *o*; <u>mil</u> (gevechts)haard; *be 5 pound in* ~ 5 pond rijk zijn; 5 pond gewonnen of verdiend hebben; *she has him in her* ~ zij kan met hem doen wat zij wil; *line one's* ~*s* zijn zakken vullen; *put one's dignity & in one's* ~ ... opzij zetten; *you will have to put your hand in your* ~ je zult in de zak moeten tasten; *be out of* ~ erop toeleggen, erbij inschieten; *be 5 pound out of* ~ 5 pond verloren hebben; **II** *bn* in zakformaat, zak-, miniatuur-; **III** *overg* in de zak steken; kapen; <u>biljart</u> stoppen [bal]; *fig* slikken [belediging]; opzij zetten [zijn trots]

pocketable *bn* gemakkelijk in de zak te steken, zak-

pocket-book *znw* zakboekje *o*; <u>Am</u> portefeuille; <u>Am</u> damestasje *o* [zonder hengsels]

pocket calculator *znw* zakrekenmachine

pocket handkerchief *znw* zakdoek

pocket-knife *znw* zakmes *o*

pocket money *znw* zakgeld *o*

pocket-sized *bn* in zakformaat; *fig* miniatuur

pock-mark ['pokma:k] *znw* pokputje *o*

pock-marked ['pokma:kt] *bn* pokdalig

pod [pod] **I** *znw* **1** dop, schil, bast, peul; **2** kleine school walvissen of robben; **3** gondel [v. ruimtecapsule], magazijn *o* [brandstofreservoir onder vliegtuigvleugel]; *in* ~ <u>slang</u> zwanger; **II** *overg* doppen, peulen; **III** *onoverg* peulen zetten; ~ *up* een dikke buik krijgen (zwanger zijn)

podagra [pou'dægrə] *znw* podraga *o*, het pootje, voetjicht

podgy ['podʒi] *bn* dik, propperig

podiatrist [pə'daiətrist] *znw* <u>Am</u> pedicure

podiatry [pə'daiətri] *znw* <u>Am</u> = *chiropody* voetorthopedie

podium ['poudiəm] *znw* (*mv:* -*s of* podia [-diə]) podium *o*

poem ['pouim] *znw* gedicht *o*, dichtstuk *o*, poëem *o*

poesy ['pouizi] *znw* <u>vero</u> dichtkunst, poëzie

poet ['pouit] *znw* dichter, poëet; ~ *laureate* hofdichter

poetaster [poui'tæstə] *znw* poëtaster, pruldichter

poetess ['pouitis] *znw* dichteres

poetic(al) [pou'etik(l)] *bn* dichterlijk, poëtisch; ~ *justice* zegevieren *o* v.h. recht; ~ *license* dichterlijke vrijheid

poeticize [pou'etisaiz], **poetize** ['pouitaiz] **I** *onoverg* dichten; **II** *overg* in dichtvorm gieten, bezingen

poetics [pou'etiks] *znw* verskritiek, dichtkritiek

poetry ['pouitri] *znw* dichtkunst, poëzie²

po-faced ['poufeisd] *bn* <u>slang</u> dom en suf kijkend

pogo ['pougou] **I** *znw* **1** pogo [punkdans]; **2** (ook: ~ *stick*) springstok [speelgoed]; **II** *onoverg* pogoën, de pogo dansen

pogrom ['pogrəm] *znw* (joden)vervolging; pogrom

poignancy ['poinənsi] *znw* scherpheid &

poignant *bn* pijnlijk, schrijnend, hevig

poinsettia [poin'setiə] *znw* kerstster, poinsettia [plant]

point [point] **I** *znw* punt *v & o* = (lees)teken *o*; punt *m* = spits; punt *o* [andere betekenissen]; stip; decimaalteken *o*; landpunt; stift, (ets)naald; tak [v. gewei]; naaldkant; stopcontact *o*; *fig* puntigheid, pointe [v. aardigheid]; *the finer* ~*s* de finesses; ~ *of no return* punt *o* vanwaar geen terugkeer meer mogelijk is; ~ *of view* oog-, standpunt *o*; ~*s wissel* [v. spoorweg]; goede eigenschappen [v. paard &]; *the* ~*s of the compass* de streken van het kompas; ~ *of order* punt van orde; ~ *of reference* referentiepunt *o*; *what is the* ~? wat is de kwestie?; wat heeft het voor zin?; *that is just the* ~ dat is (nu) juist de kwestie, dat is het hem juist, daar gaat het juist om; *that is the great* ~ de zaak waar het op aankomt; *you've got a* ~ *there* daar heb je gelijk in; daar zeg je zo wat, daar zit wat in; *the* ~ *is to...* het is zaak om...; *singing is not his strong* ~ is zijn fort niet; *there is no* ~ *in ...ing* het heeft geen zin te...; *carry (gain, win) one's* ~ zijn zin (weten te) krijgen; *get (see) the* ~ snappen; *give* ~ *to...* (wat) voorgeven [bij spelen]; *he can give* ~ *to...* <u>fig</u> hij wint het van...; *maintain one's* ~ op zijn stuk blijven staan, volhouden; *make a* ~ staan [v. jachthond]; een bewering bewijzen; *make a* ~ *of staan* (aandringen) op; *make a* ~ *of ...ing, make it a* ~ *to...* het zich tot taak stellen om..., het er op aanleggen om...; *make a* ~ *of honour of...ing, make it a* ~ *of honour to...* er een eer in stellen te...; *make one's* ~ zijn bewering bewijzen; *make the* ~ *that...* er op wijzen, dat...; *miss the* ~ niet begrijpen waar het om te doen is; er naast zijn; *prove one's* ~ zijn bewering bewijzen; *press the* ~ op iets aandringen; *pursue the* ~ verder erop doorgaan; *not to put too fine a* ~ *upon it* om het nu maar eens ronduit te zeggen; *see (take) the* ~ het begrijpen; *stretch a* ~ het zo nauw niet nemen, met de hand over het hart strijken; overdrijven; ~ *taken* die slag (dat punt) is voor jou; *at all* ~*s* in alle opzichten; *armed at all* ~*s* tot de tanden gewapend; *at the* ~ *of death* op sterven; *at the* ~ *of the sword* met de degen (in de vuist), met geweld (van wapenen); *at this* ~ in time op dit moment; *that's beside the* ~ dat doet niets ter zake; *a case in* ~ een ter zake dienend geval (voorbeeld); *in* ~ *of* uit een (het) oogpunt van; inzake...; op het stuk van; *in* ~ *of fact* in werkelijkheid, feitelijk; *off the* ~ niet ad rem; *on the* ~ *of...* op het punt om (van te)...; *to the* ~ ter zake; *to the* ~ *that...* in die mate dat..., zozeer dat...; *come (get)* *to the* ~ ter zake komen; *when it came to the* ~ toen het erop aankwam, toen puntje bij paaltje kwam; op stuk van zaken; *up to a* ~ tot op zekere hoogte; **II** *overg* (aan)punten, een punt maken aan, scherpen, spitsen, interpungeren; muz van punten voorzien; mil aanleggen, richten (op *ut*); wijzen met [vinger &]; onderstrepen [beweringen &], op treffende wijze illustreren; voegen [van metselwerk]; ~ *out* (aan)wijzen, wijzen op, aanduiden, aantonen, te kennen geven; ~ *up* accentueren, onderstrepen; **III** *onoverg* wijzen[2] (op *at, to*); staan [v. jachthond]

point-blank *bn* mil [schot] recht op 't doel; fig vlak in zijn gezicht, op de man af; bot-, gladweg

point-duty *znw* dienst van (als) verkeersagent op een bepaald punt

pointed *bn* spits[2]; scherp[2]; puntig[2]; snedig, juist; precies; ondubbelzinnig; opvallend; ~ *arch* spitsboog; ~ *beard* puntbaard

pointedly *bijw* v. *pointed*; ook: stipt; nadrukkelijk, duidelijk

pointer *znw* wijzer; aanwijsstok; aanwijzing; pointer [hond]; kleine advertentie voorafgaand aan een grotere

point-lace *znw* naaldkant

pointless *bn* zinloos; zonder uitwerking; nutteloos

pointsman *znw* wisselwachter; verkeersagent

point-to-point *bn bijw* van punt tot punt; ~ *race* steeple-chase voor amateurs

poise [pɔiz] **I** *overg* in evenwicht houden of brengen; balanceren; wegen [in de hand]; houden, dragen; **II** *znw* evenwicht *o*; beheerstheid; balanceren *o*; zweving [in onzekerheid]; houding [v. hoofd &]

poised *bn* **1** verstandig, evenwichtig; **2** klaar, gereed; **3** zwevend

poison ['pɔizn] **I** *znw* vergif *o*, gif[2] *o*; **II** *overg* vergiftigen, fig bederven, vergallen; verbitteren; ~*ed cup* gifbeker

poisoner *znw* gifmenger, gifmengster

poison-fang ['pɔiznfæŋ] *znw* giftand

poison gas *znw* gifgas *o*

poisonous *bn* (ver)giftig, gif-; gemeenz onuitstaanbaar, afschuwelijk

poison-pen letter *znw* boosaardige anonieme brief

1 poke [pouk] *znw* dial zak; ~ *sbd.* plat iem. neuken, naaien; zie ook: *pig I*

2 poke [pouk] **I** *onoverg* scharrelen, snuffelen, tasten, voelen; ~ *about* gemeenz rondsnuffelen, rondneuzen; **II** *overg* stoten, duwen; steken; (op)poken, (op)porren; zie ook: *fun*; **III** *znw* stoot, por

poke-bonnet ['pouk'bɔnit] *znw* hist tuithoed

poker ['poukə] *znw* (kachel)pook; kaartsp poker *o*

poker-face *znw* pokerface *o*, strak (stalen) gezicht *o*

poker-faced *bn* met een uitgestreken gezicht, zonder een spier te vertrekken

poky ['pouki] *bn* bekrompen, nauw; hokkerig; krottig

Poland ['poulənd] *znw* Polen *o*

polar ['poulə] *bn* pool-; ~ *bear* ijsbeer

polarity [pou'læriti] *znw* polariteit

polarization [poulərai'zeiʃən] *znw* polarisatie

polarize ['pouləraiz] *onoverg* polariseren

polder ['pouldə] *znw* polder

Pole [poul] *znw* Pool

pole [poul] **I** *znw* **1** pool; **2** paal, stok, pols, staak, mast; disselboom; *up the* ~ gemeenz in de knoei; woedend; gek; ~*s apart* hemelsbreed verschillend; **II** *overg* scheepv (voort)bomen

pole-axe I *znw* slagersbijl; hellebaard, strijdbijl; **II** *overg* neerslaan, -vellen; ~*d* fig verbijsterd, met stomheid geslagen

polecat *znw* bunzing; Am skunk

polemic [pɔ'lemik] **I** *bn* polemisch; **II** *znw* ~*(s)* polemiek

polemical *bn* polemisch

polemicist *znw* polemist

pole-star ['poulsta:] *znw* Poolster

pole-vault ['poulvɔːlt] **I** *znw* polsstoksprong, sp polsstok(hoog)springen *o*; **II** *onoverg* polsstok(hoog)springen

pole-vaulter *znw* polsstokspringer

police [pə'liːs] **I** *znw* politie; *5* ~ 5 politieagenten; **II** *bn* politioneel, politie-; ~ *constable* Br politieagent; **III** *overg* (politie)toezicht houden op; van politie voorzien

police force *znw* politie(macht), politiekorps *o*

policeman *znw* politieagent; *sleeping* ~ verkeersdrempel

police officer *znw* politieagent

police state *znw* politiestaat

police station *znw* politiebureau *o*

policewoman *znw* agente van politie

policlinic [pɔli'klinik] *znw* polikliniek

policy ['pɔlisi] *znw* **1** staatkunde; (staats)beleid *o*, politiek, gedragslijn; **2** polis

policy-holder *znw* verzekerde, polishouder

polio ['pouliou] verk. van *poliomyelitis*

poliomyelitis [poulioumaiə'laitis] *znw* kinderverlamming, poliomyelitis

polish ['pɔliʃ] **I** *overg* polijsten[2], politoeren, af-, gladwrijven, poetsen, boenen; slijpen, bijschaven; ~*ed manners* beschaafde manieren; ~ *off* gemeenz afdoen, afraffelen [een werkje]; vlug opeten, opdrinken; uit de weg ruimen [tegenstander]; ~ *up* opknappen; oppoetsen; fig (kennis) opfrissen; **II** *onoverg* zich laten poetsen; glimmen; **III** *znw* politoer *o* & *m*, poetsmiddel *o*; glans; fig beschaving; *give it the final* ~ er de laatste hand aan leggen

Polish ['pouliʃ] **I** *bn* Pools; **II** *znw* Pools *o* [de taal]

polisher ['pɔliʃə] *znw* polijster; slijper; glansborstel

polite [pə'lait] *bn* beleefd; beschaafd

politeness *znw* beleefdheid

politic ['pɔlitik] **I** *bn* politiek[2]; diplomatiek, slim, geslepen; berekenend; *the body* ~ de Staat; **II** *znw*: ~*s* politiek, staatkunde

political [pə'litikl] *bn* politiek; staatkundig; ~ *asylum* politiek asiel *o*; ~ *economy* staathuishoud-

politician

kunde; ~ *prisoner* politieke gevangene; ~ *science* politicologie; ~ *scientist* politicoloog

politician [pɔli'tiʃən] *znw* politicus, staatkundige, staatsman

politicize [pɔ'litisaiz] *overg* politiseren

politicking ['pɔlitikiŋ] *znw* (het spelen van) politieke spelletjes

politico [pɔ'litikou] *znw* geringsch politicus

polity ['pɔliti] *znw* (staats)inrichting, regeringsvorm; staat

polka ['pɔlkə, 'poulkə] *znw* polka; ~ *dots* stippels

poll [poul] **I** *znw* kiezerslijst; stembus, stembureau *o*; stemming; aantal *o* (uitgebrachte) stemmen, stemmencijfer *o*; vero kop, hoofd *o*; *(public opinion)* ~ opinieonderzoek *o*, -peiling, enquête; **II** *overg* (stemmen) verwerven; laten stemmen; laten deelnemen aan een opinieonderzoek, ondervragen, enquêteren; **III** *onoverg* stemmen (op *for*)

pollard ['pɔləd] **I** *znw* getopte boom; dierk hert *o* dat zijn gewei verloren heeft; hoornloos rund *o*; **II** *overg* plantk knotten

pollard-willow *znw* knotwilg

pollen ['pɔlin] *znw* stuifmeel *o*; ~ *count* stuifmeelgehalte *o* [in de lucht]

pollinate *overg* bestuiven

pollination [pɔli'neiʃən] *znw* bestuiving

polling- ['pouliŋ] *voorv* stem-; ~ *booth* stemhokje *o*; ~ *day* verkiezingsdag; ~ *station* stembureau *o*

polloi [pə'lɔi] *znw* = hoi polloi gepeupel *o*

pollster ['poulstə] *znw* gemeenz opinieonderzoeker, enquêteur

poll-tax ['poultæks] *znw* personele belasting

pollutant *znw* milieuverontreinigende stof, gif *o*

pollute [pə'lu:t] *overg* bezoedelen, bevlekken, besmetten, ontwijden; verontreinigen, vervuilen

pollution *znw* bezoedeling, bevlekking, besmetting, ontwijding; verontreiniging, vervuiling; *air* ~ luchtverontreiniging

polo ['poulou] *znw* sp polo *o*

polonaise [pɔlə'neiz] *znw* polonaise°

polo-neck ['poulounek] *znw* col, rolkraag; ~ *sweater* coltrui

poltergeist ['pɔltəgaist] *znw* klopgeest

poltroon [pɔl'tru:n] *znw* lafaard

poltroonery *znw* laf(hartig)heid

poly ['pɔli] *znw* gemeenz = *polytechnic*

polyandrous [pɔli'ændrəs] *bn* plantk veelhelmig; veelmannig

polyandry ['pɔliændri] *znw* veelmannerij, polyandrie

polyanthus [pɔli'ænθəs] *znw* sleutelbloem

polychrome ['pɔlikroum] **I** *bn* veelkleurig; **II** *znw* veelkleurig beschilderd kunstwerk *o*

polyclinic [pɔli'klinik] *znw* polikliniek

polyethylene [pɔli'eθili:n] *znw* polyeth(yl)een *o*

polygamous [pɔ'ligəməs] *bn* polygaam

polygamy *znw* polygamie, veelwijverij

polyglot ['pɔliglɔt] **I** *bn* polyglottisch, veeltalig;

II *znw* polyglot

polygon ['pɔligən] *znw* veelhoek

polygonal [pɔ'ligənl] *bn* veelhoekig

polyhedral [pɔli'hi:drəl] *bn* veelvlakkig

polyhedron *znw* veelvlak *o*

polymath ['pɔlimæθ] *znw* veelzijdig geleerde

Polynesian [pɔli'ni:ziən] **I** *bn* Polynesisch; **II** *znw* Polynesiër

polyp ['pɔlip] *znw* poliep

polyphonic [pɔli'founik] *bn* veelstemmig, polyfoon; contrapuntisch

polypod ['pɔlipɔd] *bn* veelpotig

polypus ['pɔlipəs] *znw* (*mv*: -es *of* polypi [-pai]) med poliep

polystyrene [pɔli'stairi:n] *znw* polystyreen *o*, piepschuim *o*

polysyllabic ['pɔlisi'læbik] *bn* veellettergrepig

polysyllable ['pɔli'siləbl] *znw* veellettergrepig woord *o*

polytechnic [pɔli'teknik] **I** *bn* (poly)technisch; **II** *znw* (poly)technische school

polytheism ['pɔliθiizm] *znw* polytheïsme *o*

polytheist *znw* polytheïst

polytheistic [pɔliθi'istik] *bn* polytheïstisch

polythene [pɔli'θi:n] *znw* polyetheen *o*

polyunsatured [pɔliʌn'sætʃəreitid] *bn* meervoudig onverzadigd

polyurethane [pɔli'juərəθein] *znw* polyurethaan *o*

pom [pɔm] *znw* = *pommy*

pomade [pə'ma:d], **pomatum** [pə'meitəm] **I** *znw* pommade; **II** *overg* pommaderen

pome [poum] *znw* pitvrucht; appel

pomegranate ['pɔmgrænit] *znw* granaat(appel), granaat(boom)

pomelo ['pɔmilou] *znw* grapefruit; pompelmoes

pommel ['pʌml] **I** *znw* degenknop; zadelknop; **II** *overg* Am beuken, (bont en blauw) slaan

pommy ['pɔmi] *znw* Austr slang geringsch Engelsman

pomology [pou'mɔlədʒi] *znw* pomologie: fruitteeltkunde

pomp [pɔmp] *znw* pracht, praal, luister, staatsie

pom-pom ['pɔmpɔm], **pompon** *znw* pompom [kanon]

pompon ['pɔmpɔn] *znw* pompon [kwastje]

pomposity [pɔm'pɔsiti] *znw* pompeusheid, praalzucht, gewichtigdoenerij; gezwollenheid [v. stijl]

pompous ['pɔmpəs] *bn* pompeus, pralend; hoogdravend, gezwollen

ponce [pɔns] **I** *znw* slang pooier; **II** *onoverg*: ~*about* gemeenz zich zo trots als een pauw bewegen, paraderen; **III** *overg* slang (af)bietsen, aftroggelen

poncho ['pɔntʃou] *znw* poncho

pond [pɔnd] *znw* poel, vijver

ponder ['pɔndə] **I** *overg* overwegen, overdenken, bepeinzen; **II** *onoverg* peinzen (over *on*)

ponderable ['pɔndərəbl] *bn* weegbaar[2]

ponderous ['pɔndərəs] *bn* zwaar[2], zwaarwichtig,

zwaar op de hand [v. stijl]

pong [pɔŋ] <u>slang</u> I *znw* stank; II *onoverg* stinken

pongee [pɔn'dʒi:] *znw* ongebleekte Chinese zijde

poniard ['pɔnjəd] I *znw* dolk; II *overg* doorsteken [met een dolk]

pontiff ['pɔntif] *znw* paus (ook: *the sovereign ~*)

pontifical [pɔn'tifikl] *bn* opperpriesterlijk, pontificaal, pauselijk; <u>fig</u> pompeus, plechtig, pontificaal, autoritair

pontificate I *znw* [pɔn'tifikit] pontificaat *o*, opperpriesterschap *o*, pauselijke waardigheid; II *onoverg* [pɔn'tifikeit] pontificeren, gewichtig doen of oreren (over *about*), de onfeilbare uithangen

pontonier [pɔntə'niə] *znw* <u>mil</u> pontonnier

pontoon [pɔn'tu:n] *znw* ponton; banken *o* [kaartspel]

pony ['pouni] *znw* <u>dierk</u> pony; <u>handel</u> £ 25

pony-tail *znw* paardenstaart [haardracht]

pooch [pu:tʃ] *znw* <u>slang</u> hond (als troeteldier)

poodle ['pu:dl] *znw* poedel

poof [pu:f], **poofter** *znw* <u>gemeenz</u> nicht, flikker, poot

pooh [pu:] *tsw* bah!; poeh!, het zou wat

pooh-pooh ['pu:pu:] *overg* niet willen weten van

pooka ['pu:kə] *znw* <u>Ir</u> kabouter

1 pool [pu:l] *znw* poel, plas, plasje *o*; (zwem)bassin *o*; stil en diep gedeelte *o* v. rivier

2 pool [pu:l] I *znw* potspel *o*; inzet, pot; <u>biljart</u> potspel *o*; <u>handel</u> syndicaat *o*, groep, met anderen gedeeld personeel *o* [typisten &]; gemeenschappelijke voorziening, pool; *~s* (voetbal)toto; II *overg* samenleggen, verenigen [v. kapitaal]; onder één directie brengen; III *onoverg* samendoen, zich verenigen

poolhall, poolroom *znw* <u>Am</u> biljartlokaal *o*; goklokaal *o*

poop [pu:p] *znw* achterschip *o*; achterdek *o*, kampanje

pooped *bn* doodop, uitgeput; *~ out* uitgeteld

poor [puə, pɔə] *bn* arm (aan *in*), behoeftig, armelijk, armoedig, schraal, mager, gering, min, pover, armzalig, ellendig; treurig, erbarmelijk, zielig; slecht; *~ devil* arme drommel; *~ relation* <u>fig</u> stiefkind *o*; *my ~ father* vaak: (mijn) vader zaliger; *the ~* de armen

poor-box *znw* offerblok *o*, offerbus

poorhouse *znw* <u>hist</u> armenhuis *o*

Poor-Law *znw* <u>hist</u> armenwet

poorly I *bijw* v. *poor*; II *bn* <u>gemeenz</u> min(netjes), niet erg gezond

poor-relief *znw* <u>hist</u> armenzorg

poor-spirited *bn* zonder durf, lafhartig

1 pop [pɔp] I *onoverg* poffen, paffen, knallen, ploffen, floepen, klappen; <u>gemeenz</u> snel (onverwacht) bewegen, snel (onverwacht) komen en gaan; II *overg* doen knallen of klappen, afschieten; <u>Am</u> poffen (maïs); *~ a question* een vraag opwerpen; *~ the question* <u>gemeenz</u> een meisje vragen; *~ across* overwippen; *~ in* (ergens) binnen komen vallen, ook:

~ in (on sbd.); aanwippen (bij iem.); binnenstuiven; *~ one's head in* het hoofd om de deur steken; *~ into bed* zijn bed inwippen; *~ off* wegwippen, 'm smeren; <u>gemeenz</u> er van tussen gaan; uitknijpen; <u>gemeenz</u> creperen; *~ out* ineens tevoorschijn komen; uitschieten, uitdoen; *~ one's head out of...* het hoofd steken buiten; *~ up* ineens opduiken; III *znw* pof, plof, floep, knal, limonade, prik, frisdrank; <u>Am gemeenz</u> pa, papa; IV *tsw & bijw* pof!, floep!; *~, bang!* piefpaf!; *go ~* barsten; op de fles gaan

2 pop [pɔp] I *znw* pop(muziek); II *bn* populair; *~ art* popart; *~ festival* popfestival *o*; *~ group* popgroep; *~ music* popmuziek

popcorn ['pɔpkɔ:n] *znw* popcorn, gepofte maïs; pofmaïs

pope [poup] *znw* paus [v. Rome]; pope [in de Griekse kerk]

popedom *znw* pausdom *o*

popery *znw* <u>geringsch</u> papisterij, papisme *o*

pop-eyed *bn* met grote (uitpuilende) ogen, verbaasd

popgun ['pɔpgʌn] *znw* proppenschieter, <u>geringsch</u> kinderpistooltje *o*

popinjay ['pɔpindʒei] *znw* kwast, windbuil

popish ['poupiʃ] *bn* <u>geringsch</u> papistisch, paaps

poplar ['pɔplə] *znw* populier

poplin ['pɔplin] *znw* popeline *o & m* [stof]

pop(pa) [pɔp(ə)] *znw* <u>Am</u> papa, pa

popper ['pɔpə] *znw* <u>gemeenz</u> drukkertje *o* [drukknoopje]

poppet ['pɔpit] *znw* <u>gemeenz</u> popje *o*, schatje *o*

poppy ['pɔpi] *znw* papaver; klaproos (*corn-~*); *P~ Day* klaproosdag [11 november-herdenking van de slachtoffers van de twee wereldoorlogen]

poppycock ['pɔpikɔk] *znw* <u>gemeenz</u> larie, kletskoek

poppy-head ['pɔpihed] *znw* papaverbol

popsicle ['pɔpsikl] *znw* <u>Am</u> waterijsje *o*, ijslolly (op twee stokjes)

pop-singer ['pɔp'siŋə] *znw* zanger(es) van populaire liedjes

popsy ['pɔpsi] *znw* <u>gemeenz</u> schatje *o*, lief meisje *o*

populace ['pɔpjuləs] *znw* volk *o*, menigte, massa; gepeupel *o*, grauw *o*

popular ['pɔpjulə] *bn* van (voor, door) het volk, volks-, algemeen, populair; *~ with* ook: gewild, in trek, bemind, gezien, getapt bij; *~ concert* volksconcert *o*; *~ front* <u>pol</u> volksfront *o*, regeringscoalitie van linkse partijen; *~ government* democratische regeringsvorm

popularity [pɔpju'læriti] *znw* populariteit

popularization [pɔpjulərai'zeiʃən] *znw* popularisering, verspreiding onder het volk

popularize ['pɔpjuləraiz] *overg* populariseren

popularly *bijw* populair; gemeenzaam; *~ called...* in de wandeling... genoemd; *~ elected* door het volk gekozen

populate ['pɔpjuleit] *overg* bevolken

population [pɔpju'leiʃən] *znw* bevolking
populism ['pɔpjulizm] *znw* populisme *o*
populist ['pɔpjulist] **I** *znw* populist; **II** *bn* populistisch
populous ['pɔpjuləs] *bn* volkrijk, dichtbevolkt
porcelain ['pɔːslin] *znw* porselein *o*
porch [pɔːtʃ] *znw* (voor)portaal *o*; portiek *v & o*; Am veranda
porcine ['pɔːsain] *bn* varkensachtig, varkens-
porcupine ['pɔːkjupain] *znw* stekelvarken *o*
1 pore [pɔː] *znw* porie
2 pore [pɔː] *onoverg*: ~ *over* aandachtig (diepgaand) bestuderen, zich verdiepen in
pork [pɔːk] *znw* varkensvlees *o*; ~ *pie* varkens(vlees-) pastei
porker *znw* mestvarken *o*
porky *bn* vet (als een varken)
porn [pɔːn] *znw* gemeenz = *pornography* porno
porno ['pɔːnou] *znw & bn* gemeenz = *pornography*, *pornographic* porno
pornographer [pɔː'nɔgrəfə] *znw* pornograaf
pornographic [pɔːnə'græfik] *bn* pornografisch
pornography [pɔː'nɔgrəfi] *znw* pornografie
porosity [pɔː'rɔsiti] *znw* poreusheid
porous ['pɔːrəs] *bn* poreus
porphyry ['pɔːfiri] *znw* porfier *o*
porpoise ['pɔːpəs] *znw* bruinvis
porridge ['pɔridʒ] *znw* havermoutpap
porringer ['pɔrin(d)ʒə] *znw* (soep)kommetje *o*, nap
port [pɔːt] *znw* **1** scheepv haven(plaats); fig veilige haven; toevluchtsoord *o*; **2** scheepv geschutpoort; patrijspoort; opening; **3** scheepv bakboord; **4** houding [v. geweer]; **5** port(wijn); **6** comput poort; ~ *of call* aanloophaven; *any* ~ *in a storm* nood breekt wet
portable ['pɔːtəbl] *bn* draagbaar, verplaatsbaar; koffer- [grammofoon, schrijfmachine &]
portage ['pɔːtidʒ] *znw* vervoer *o*; draagloon *o*, vervoerkosten
portal ['pɔːtl] *znw* poort; portaal *o*
port-charges ['pɔːtʃɑːdʒiz] *znw mv* havengelden
portcrayon [pɔːt'kreiən] *znw* vero tekenpen
portcullis [pɔːt'kʌlis] *znw* valpoort
port-dues ['pɔːtdjuːz] *znw mv* havengelden
portend [pɔː'tend] *overg* (voor)beduiden, voorspellen, betekenen
portent ['pɔːtent] *znw* (ongunstig) voorteken *o*, voorbode; (wonder)teken *o*, wonder *o*; *a matter of great* ~ een (uiterst) gewichtige zaak
portentous [pɔː'tentəs] *bn* onheilspellend; monsterachtig, vervaarlijk, geweldig; gewichtig, belangrijk
porter ['pɔːtə] *znw* **1** portier; drager, sjouwer, kruier, witkiel; **2** porter [bruinbier]
porterage *znw* kruierswerk *o*; draag-, kruiersloon *o*
portfolio [pɔːt'fouljou] *znw* portefeuille, map, aktetas
porthole ['pɔːthoul] *znw* patrijspoort; hist geschut-

poort
portico ['pɔːtikou] *znw* (*mv*: -s *of* -coes) portiek, zuilengang
portion ['pɔːʃən] **I** *znw* deel *o* (ook = lot *o*), portie, aandeel *o*; kindsgedeelte *o*, huwelijksgoed *o*; recht aanbreng (ook: *marriage* ~); **II** *overg* verdelen, uitdelen; met een huwelijksgift bedelen; ~ *off* haar (zijn) kindsgedeelte geven; ~ *out* verdelen
portly ['pɔːtli] *znw* dik, welgedaan, zwaar
portmanteau [pɔːt'mæntou] *znw* valies *o*; ~ *word* door contaminatie gevormd woord *o*
portrait ['pɔːtrit] *znw* portret *o*; schildering
portraitist *znw* portrettist, portretschilder
portraiture *znw* portret *o*; portretteren *o*; schildering; portretschilderen *o*
portray [pɔː'trei] *overg* portretteren, afschilderen
portrayal *znw* schildering, konterfeitsel *o*
Portugal ['pɔːtʃugl] *znw* Portugal *o*
Portuguese [pɔːtju'giːz] **I** *znw* (*mv* idem) Portugees *m & o*; **II** *bn* Portugees
pose [pouz] **I** *overg* stellen [een vraag]; een pose doen aannemen; **II** *onoverg* poseren[2]; zetten [bij domineren]; ~ *as* zich voordoen als, zich uitgeven voor; **III** *znw* pose, houding; aanstellerij
poser *znw* moeilijke vraag, moeilijkheid; = *poseur*
poseur [pou'zə] *znw* poseur
posh [pɔʃ] **I** *bn* gemeenz chic, fijn; *talk* ~ bekakt praten; **II** *onoverg*: ~ *up* gemeenz (zich) optutten
posit ['pɔzit] *overg* poneren, als waar aannemen
position [pə'ziʃən] **I** *znw* ligging, positie[2], houding, rang, stand; plaats; standpunt *o*; toestand; stelling (ook: mil); *I am not in a* ~ *to...* ook: ik kan niet..., ben niet bij machte...; *make good one's* ~ zijn bewering bewijzen; **II** *overg* plaatsen; de plaats bepalen van
positive ['pɔzitiv] **I** *bn* stellig, bepaald, volstrekt, vast, zeker, wezenlijk; vaststaand, positief; echt; *she was* ~ *that...* zij was er zeker van dat...; *the* ~ *degree* de stellende trap; *the* ~ *sign* het plusteken; ~ *discrimination* positieve discriminatie, voorkeursbehandeling; ~ *vetting* (veiligheids)onderzoek *o* naar iemands antecedenten; **II** *znw* gramm positief *m* = stellende trap; positief *o* [v. foto]
positivism ['pɔzitivizm] *znw* positivisme *o*
positivist ['pɔzitivist] **I** *znw* positivist; **II** *bn* positivistisch
posse ['pɔsi] *znw* posse; (politie)macht; groep, troep
possess [pə'zes] *overg* bezitten, hebben, beheersen; *what* ~*es him?* wat bezielt hem toch?; *be* ~*ed of...* bezitten; *like one* ~*ed* als een bezetene
possession *znw* bezitting; eigendom *o*, bezit *o*; bezetenheid; ~*s* rijkdom; bezit *o*; koloniën, bezittingen; *(be) in* ~ *of* in het bezit (zijn) van; *take* ~ *of* in bezit nemen, betrekken [een huis]; *with immediate* ~, *with vacant* ~ dadelijk (leeg) te aanvaarden; ~ *is nine points of the law* ± hebben is hebben, maar krijgen is de kunst; zalig zijn de bezitters
possessive I *bn* bezit-; bezitterig, dominerend,

egoïstisch; <u>gramm</u> bezitaanduidend, bezittelijk; ~ *case* tweede naamval; **II** *znw* tweede naamval

possessor *znw* bezitter, eigenaar

posset ['pɔsit] *znw* soort kandeel

possibility [pɔsi'biliti] *znw* mogelijkheid, kans; *there is a (no)* ~ *of his coming* het is (niet) mogelijk dat..., er is (g)een kans (op) dat hij komt; *not by any* ~ onmogelijk

possible ['pɔsibl] **I** *bn* mogelijk; <u>gemeenz</u> aannemelijk, redelijk; *as fast as* ~ zo snel mogelijk; *the only* ~... de enige niet onmogelijke, geschikte; *if* ~ zo mogelijk; **II** *znw* mogelijke *o*; <u>gemeenz</u> geschikte vent

possibly ['pɔsibli] *bijw* mogelijk, misschien; *he cannot* ~ *come* hij kan onmogelijk komen

possum ['pɔsəm] *znw* <u>gemeenz</u> verk. van *opossum*; *play* ~ zich dood houden, zich van de domme houden

1 post [poust] **I** *znw* **1** post°; **2** paal, stijl, stut; <u>sp</u> (start-, finish)punt *o*; **3** post, betrekking; <u>mil</u> (stand)plaats; buitenpost; <u>handel</u> factorij; *last* ~ <u>mil</u> taptoe om 10 uur: wordt ook geblazen bij militaire begrafenis als laatste vaarwel; *by* ~, *through the* ~ <u>post</u> over de post; *catch the* ~ nog juist op tijd (voor de laatste lichting) een brief op de post doen; *ride* ~ als postiljon (koerier) rijden; in vliegende vaart rijden; **II** *onoverg* met postpaarden reizen; ijlen, snellen, zich haasten; **III** *overg* posten°, op de post doen; posteren, uitzetten, plaatsen; indelen (bij *to*); aanplakken; beplakken; <u>handel</u> boeken; <u>fig</u> op de hoogte brengen, in de geheimen [van het vak] inwijden; ~*ed missing* als vermist opgegeven; ~*ed in...* goed thuis in...; *keep* ~*ed* op de hoogte houden; ~ *up* afficheren; <u>handel</u> bijhouden, bijwerken [boeken]; <u>fig</u> op de hoogte brengen of houden; **IV** *wederk*: ~ *oneself on...* zich inwerken in...

2 post [poust] *voorv* na, achter

postage ['poustidʒ] *znw* <u>post</u> port(o) *o* & *m*; *additional* ~ strafport *o* & *m*; ~ *and packing* verzendkosten; ~ *due stamp* strafportzegel

postage stamp *znw* postzegel

postal ['poustəl] *bn* van de post(erijen), post-; ~ *delivery* (post)bestelling; ~ *order* postwissel; ~ *vote* <u>pol</u> per post uitgebrachte stem

postbag ['poustbæg] *znw* postzak; [hoeveelheid] postkantoor

postbox *znw* brievenbus

post-boy *znw* postiljon

postcard *znw* ansichtkaart; briefkaart

post-chaise *znw* postkoets

postcode *znw* postcode

post-date ['poust'deit] *overg* postdateren

post-diluvian [poustdi'l(j)u:viən] *bn* (van) na de zondvloed

poster ['poustə] *znw* aanplakbiljet *o*, affiche *o* & *v*; muurkrant; aanplakker

posterior [pɔs'tiəriə] **I** *bn* later, later komend;

achter-; **II** *znw*: ~*(s)* achterste *o*, billen

posterity [pɔs'teriti] *znw* nakomelingschap, nageslacht *o*

postern ['poustən] *znw* achterdeur; poortje *o*; ~ *door* achterdeur

poster paint ['poustəpeint] *znw* plakkaatverf

post exchange ['poust iks'tʃein(d)ʒ] *znw* <u>Am mil</u> winkel voor militairen

post-free ['poust'fri:] *bn & bijw* franco

postgraduate [poust'grædjuit] **I** *znw* student die een academische graad heeft behaald; **II** *bn* na het behalen v.e. academische graad, ± postdoctoraal

post-haste ['poust'heist] *bijw* in vliegende vaart, in aller ijl

posthumous ['pɔstjuməs] *bn* nagelaten; na de dood, postuum

postiche [pɔs'tiʃ] *znw* [Fr] pruik, haarstuk *o*

postil(l)ion [pɔs'tiljən] *znw* voorrijder, postiljon

posting ['poustiŋ] *znw* benoeming; *he got a* ~ *to Tokyo* hij is overgeplaatst naar Tokio, benoemd op een post in Tokio

postman ['poust(m)ən] *znw* postbesteller, (brieven)besteller, postbode

postmark I *znw* postmerk *o*, (post)stempel *o* & *m*; **II** *overg* stempelen

postmaster *znw* postmeester, postdirecteur; ~*-general* directeur-generaal van de posterijen

postmeridian ['poustmə'ridiən] *znw* namiddag

post meridiem *bijw* 's middags, 's avonds, in de namiddag, n.m.

post mistress ['poustmistris] *znw* directrice v.e. postkantoor

post-mortem ['poust'mɔːtem] *bn* na de dood; ~ *(examination)* lijkschouwing; <u>fig</u> nabeschouwingen, nakaarten *o*

post-natal [poust'neitəl] *bn* na de geboorte

post-nuptial *bn* na de huwelijksvoltrekking

post office ['poustɔfis] *znw* postkantoor *o*; post(erijen); ~ *box* postbus; ~ *savings-bank* postspaarbank

post-paid *bn* franco, gefrankeerd

postpone [pous(t)'poun] *overg* uitstellen, verschuiven; achterstellen (bij *to*)

postponement *znw* uitstel *o*; achterstelling

postscript ['pous(t)skript] *znw* naschrift *o*

postulant ['pɔstjulənt] *znw* kandidaat in de theologie, proponent; <u>RK</u> postulant

postulate I *znw* ['pɔstjulit] postulaat *o*, grondstelling, hypothese, axioma *o*; **II** *overg* ['pɔstjuleit] postuleren; (als bewezen) aannemen

postulation [pɔstju'leiʃən] *znw* vooronderstelling; aan-, verzoek *o*

posture ['pɔstʃə] **I** *znw* houding, pose; staat, stand van zaken; *in a* ~ *of defence* in verdedigende houding; **II** *onoverg* zich aanstellen, poseren

post-war ['poust'wɔː] *bn* naoorlogs

posy ['pouzi] *znw* ruiker, bloemtuil

pot [pɔt] **I** *znw* pot°; kan; kroes; bloempot; fuik;

potable

slang marihuana; ~s gemeenz een hele hoop, een boel; *big* ~ gemeenz hoge ome, piet; *a* ~ *of money* gemeenz een bom duiten; *keep the* ~ *boiling* zorgen zijn broodje te verdienen; de boel aan de gang houden; *it's the* ~ *calling the kettle black* de pot verwijt de ketel dat hij zwart ziet (is); *go to* ~ gemeenz op de fles gaan, naar de kelder gaan; **II** *overg* in potten doen of overplanten, potten; inmaken; pottenbakken; biljart stoppen [bal]; sp schieten [voor de pot], neerschieten; gemeenz op het potje zetten; zie ook: *potted*

potable ['poutəbl] *bn* drinkbaar

potash ['potæʃ] *znw* kaliumcarbonaat *o*, vero potas

potassium [pə'tæsiəm] *znw* kalium *o*; kali

potation [pou'teiʃən] *znw* drank; drinken *o*; drinkgelag *o*; dronk

potato [pə'teitou] *znw* (*mv*: -toes) aardappel; *hot* ~ heet hangijzer; *sweet* ~ bataat, pataat

potato blight *znw* aardappelziekte

potato chips *znw mv* Am (potato) chips

pot-bellied ['potbelid] *bn* dikbuikig; ~ *stove* potkachel

pot-belly *znw* dikke buik

pot-boiler *znw* artikel *o* (boek *o* &) om den brode gemaakt (geschreven)

pot-bound *bn* in een te kleine pot [v. plant]

pot-boy *znw* knechtje *o* in kroeg

potency ['poutənsi] *znw* macht, kracht, vermogen *o*; potentie

potent *bn* machtig, krachtig, sterk; potent

potentate ['poutənteit] *znw* potentaat², vorst

potential [pou'tenʃəl] **I** *bn* potentieel; mogelijk; eventueel; gramm mogelijkheid uitdrukkend; **II** *znw* potentiaal; potentieel *o*

potentiality [poutenʃi'æliti] *znw* potentialiteit, mogelijkheid

pothead ['pothed] *znw* slang drugsgebruiker

pother ['pɔðə] *znw* gemeenz rumoer *o*, herrie, drukte

pot-herb ['pothə:b] *znw* moeskruid *o*

pothole ['pothoul] *znw* gat *o*, kuil

pot-holer *znw* holenonderzoeker, speleoloog

pot-holing *znw* holenonderzoek *o*, speleologie

pothook ['pothuk] *znw* hengelhaak; ~s hanenpoten [bij het schrijven]

pot-house ['pothaus] *znw* kroeg

pot-hunter ['pothʌntə] *znw* trofeeënjager

potion ['pouʃən] *znw* drank [medicijn]

potluck ['pot'lʌk] *znw*: *take* ~ eten wat de pot schaft; iets nemen zoals het is

potpourri [pou'puri] *znw* mengsel *o* van droogbloemen en gedroogde kruiden; muz potpourri; mengelmoes *o & v*

pot roast ['potroust] *znw* gestoofd vlees *o* [rund]

potsherd ['potʃə:d] *znw* potscherf

pot-shot ['potʃot] *znw* schot *o* op goed geluk, in het wilde weg; fig poging op goed geluk (in 't wilde weg)

pottage ['potidʒ] *znw* vero soep [*vooral* dikke groentesoep]; zie ook: *mess I*

potted ['potid] *bn* ingemaakt; fig verkort, beknopt; ~ *plants* potplanten

1 potter ['potə] *znw* pottenbakker; ~'s *wheel* pottenbakkersschijf

2 potter ['potə] *onoverg* rondlummelen, keutelen, hannesen; prutsen, knutselen, liefhebberen (in *at, in*); ~ *about* rondscharrelen

pottery ['potəri] *znw* pottenbakkerij; aardewerk *o*, potten en pannen

potting-shed ['potiŋʃed] *znw* tuinschuurtje *o*

1 potty ['poti] *bn* gemeenz gek, maf, krankzinnig

2 potty ['poti] *znw* gemeenz potje *o* [v. kind]

potty-train ['potitrein] *overg* zindelijk maken

potty-training *znw* het zindelijk maken

pouch [pautʃ] *znw* zak, tas; mil patroontas; vero beurs; buidel; krop [v. vogel], wangzak [v. aap]

pouf(fe) [pu:f] *znw* poef [zitkussen]

poult [poult] *znw* kuiken *o* [van kip, fazant &]

poulterer *znw* poelier

poultice ['poultis] **I** *znw* pap, warme omslag; **II** *overg* pappen

poultry ['poultri] *znw* gevogelte *o*, pluimvee *o*, hoenders; ~ *farm* pluimveebedrijf *o*, hoenderpark *o*, kippenboerderij; ~ *farming* pluimveefokkerij

poultry-yard *znw* hoenderhof

1 pounce [pauns] **I** *znw* het zich plotseling (neer-) storten (op); fig plotselinge aanval; *make a* ~ *at* neerschieten op; **II** *overg* neerschieten op, in zijn klauwen grijpen; **III** *onoverg*: ~ *on* fig (ergens) bovenop springen [fout v. anderen &]; ~ *upon* zich storten op; af-, neerschieten op; aanvallen op, grijpen

2 pounce [pauns] **I** *znw* puimsteenpoeder; kalkeer-, houtskoolpoeder; **II** *overg* met puimsteen-, houtskoolpoeder bestrooien; sponsen [tekening]

1 pound [paund] *znw* pond *o* [*16 ounces avoirdupois* = ± 453,6 gram; *12 ounces troy* = ± 373 gram]; £: pond *o* sterling; *demand one's* ~ *of flesh* het volle pond eisen; *pay 5 p in the* ~ 5% uitkeren [van gefailleerde]

2 pound [paund] *znw* schuthok *o*; depot *o* [voor dieren, weggesleepte auto's &]

3 pound [paund] **I** *overg* (fijn)stampen [suiker &]; aanstampen [aarde]; beuken, slaan, schieten, timmeren op; **II** *onoverg* stampen; bonken; beuken; schieten; ~ *(away) at,* ~ *on* erop los timmeren, beuken, schieten; zitten zwoegen aan; **III** *znw* harde klap, dreun, stomp

poundage ['paundidʒ] *znw* pondgeld *o*; schutgeld *o*; aantal *o* ponden; geheven recht *o* [v. postwisselbedragen], commissieloon *o* per pond sterling, aandeel *o* in de opbrengst

-pounder ['paundə] van... pond

pounding ['paundiŋ] *znw* gemeenz pak *o* slaag

pour [pɔ:] **I** *overg* gieten, uitgieten, (uit)storten, schenken, in-, uitschenken; in stromen neer doen

komen; ~ *forth* uitgieten, uitstorten [zijn hart &];
~ *into* inpompen [v. geld in onderneming &]; ~
out (uit-, in)schenken; uitstorten [zijn hart &]; **II**
onoverg gieten, stromen, in stromen neerkomen;
stortregenen; ~ *down* in stromen neerkomen; ~ *in*
binnenstromen [v. brieven, klachten &]; ~ *out* naar
buiten stromen

pout [paut] **I** *onoverg* pruilen; **II** *znw* vooruitsteken
o van de lippen, gepruil *o*

pouter *znw* pruiler; dierk kropduif

poutering *bn* pruilend; gemelijk, bokkig, ontevreden

poverty ['pɔvəti] *znw* armoe(de); behoefte; schraalheid; ~ *of* ook: gebrek *o* aan

poverty-stricken *bn* arm(oedig)

POW *afk.* = *prisoner of war* krijgsgevangene

powder ['paudə] **I** *znw* poeder *o & m* [stofnaam],
poeier *o & m* [stofnaam]; poeder *v* [voorwerps-
naam], poeier *v* [voorwerpsnaam]; (bus)kruit *o*; *take*
~ gemeenz er tussenuit knijpen, wegglippen; **II**
overg fijnstampen, pulveriseren, tot poeder stampen; poeieren, bestrooien, besprenkelen (met
with); ~ *one's nose* zijn neus poederen; naar de wc
gaan [eufemisme]; ~*ed coffee* poederkoffie; ~*ed
milk* melkpoeder *o & m*; **III** *onoverg & abs ww* tot
poeder worden

powder-blue I *znw* blauwsel *o*; **II** *bn* kobaltblauw

powder-compact *znw* poederdoos

powder-flask, powder-horn *znw* kruithoorn

powder-keg *znw* kruitvat² *o*

powder-magazine *znw* kruithuis *o*, -magazijn *o*

powder-puff *znw* poederkwast, -dons

powder-room *znw* damestoilet *o*

powdery *bn* poederachtig, fijn als poeder; ge-
poeierd

power ['pauə] **I** *znw* kracht, macht, gezag *o*, vermogen *o*, sterkte; energie, elektr stroom, gemeenz
elektrisch (licht) *o*; bevoegdheid; volmacht (ook:
full ~*s*); mogendheid; ~ *of attorney* recht volmacht;
~*s* goden, bovennatuurlijke wezens; geestesgaven,
talent *o*; *the* ~ *behind the throne* de sterke man op
de achtergrond; *the* ~*s that be* schertsend de overheid; *merciful* ~*s!* grote goden!; *more* ~ *to your elbow!* alle goeds!, veel succes!; *in* ~ aan het bewind,
aan de regering, aan het roer, aan de macht; *in
sbd.'s* ~ in iemands macht; *under her own* ~ op eigen kracht [v. boot &]; *it did him a* ~ *of good* het
heeft hem ontzettend goed gedaan; **II** *overg* energie
leveren (aan, voor), aandrijven; ~*ed pedal-cycle* rijwiel *o* met hulpmotor

power boat *znw* motorboot

power cable *znw* elektriciteitskabel

power cut *znw* elektr stroomafsnijding, stroomloze
periode

power-dive *znw* motorduikvlucht

power-driven *bn* machinaal aangedreven

power failure *znw* stroomstoring

powerful *bn* machtig, krachtig, vermogend, invloedrijk, sterk, geweldig, indrukwekkend

powergame *znw* machtsspel *o*

power-house *znw* elektrische centrale, krachtcen-
trale; fig stuwende kracht; dynamisch persoon;
krachtmens, krachtfiguur

powerless *bn* machteloos

power line *znw* hoogspanningskabel

power-loom *znw* mechanisch weefgetouw *o*

power-plant *znw* krachtinstallatie

power-point *znw* stopcontact *o*

power sharing *znw* coalitie-regeringsvorm

power-station *znw* (elektrische) centrale; *atomic* ~
atoomcentrale; *nuclear* ~ kerncentrale

power steering *znw* stuurbekrachtiging

power supply *znw* energievoorziening

power worker *znw* arbeider in een elektriciteits-
centrale

pow-wow ['pauwau] gemeenz **I** *znw* (rumoerige)
bijeenkomst, conferentie; **II** *onoverg* overleggen;
delibereren

pox [pɔks] *znw* algemene naam voor ziekten met
uitslag, vooral syfilis

poxy ['pɔksi] *bn* plat pokken-, klote-

p & p *afk.* = *postage and packing* zie: *postage*

PR *afk.* = *Public Relations*

practicable ['præktikəbl] *bn* doenlijk, uitvoerbaar,
haalbaar; bruikbaar; begaanbaar, doorwaadbaar,
bevaarbaar, berijdbaar [v. weg &]

practical ['præktikl] *bn* praktisch; praktijkgericht;
praktijk-; feitelijk; handig; bruikbaar, geschikt; *a* ~
joke poets

practicality [prækti'kæliti] *znw* (zin voor) het
praktisch; *the practicalities* de (alledaagse) praktische aspecten

practically ['præktikəli] *bijw* praktisch; in (de)
praktijk; ['præktikli] feitelijk

practice ['præktis] *znw* praktijk [tegenover theorie];
be-, uitoefening, praktijk; oefening; gebruik *o*, toepassing; gewoonte; ~ *makes perfect* oefening baart
kunst; *in* ~ in de praktijk; *be in* ~ praktiseren [dok-
ter]; *keep (oneself) in* ~ het onderhouden, zich blijven oefenen; *put into* ~ in praktijk brengen; *be out
of* ~ lang niet meer geoefend hebben, de handigheid kwijt zijn

practician [præk'tiʃən] *znw* practicus

practise, Am **practice** ['præktis] **I** *overg* uit-, beoefenen, in praktijk of in toepassing brengen, betrachten; oefenen, instuderen [muziekstuk], zich
oefenen in of op; gebruiken; **II** *onoverg* (zich) oefenen; praktiseren

practised, Am **practiced** *bn* bedreven, ervaren

practising, Am **practicing** *znw* praktiserend

practitioner [præk'tiʃənə] *znw* praktiserend geneesheer (*medical* ~) of advocaat (*legal* ~); beoefenaar; *general* ~ huisarts

praetor ['pri:tə] *znw* hist pretor

praetorian [pri'tɔ:riən] *znw* pretoriaan(s)

pragmatic [præg'mætik] *bn* **1** pragmatisch; **2** dog-

matisch
pragmatical *bn* = *pragmatic 2*
pragmatics *znw* pragmatiek
pragmatist *znw* pragmaticus; pragmatist
prairie ['prɛəri] *znw* prairie
prairie-oyster *znw* gemeenz rauw ei met kruiden,
azijn e.d. als opkikkertje
praise [preiz] **I** *znw* lof, lofspraak; *be loud in one's ~s
of ..., sing sbd.'s ~s* iems. lof verkondigen; de loftrompet steken over; *beyond all ~* boven alle lof
verheven; *in ~ of* tot lof (roem) van; **II** *overg* prijzen; loven, roemen
praise-worthy *bn* loffelijk, lofwaardig, prijzenswaardig
praline ['praːliːn] *znw* praline
1 pram [praːm] *znw* scheepv praam
2 pram [præm] *znw* kinderwagen
prance [praːns] *onoverg* steigeren; trots stappen, de
borst vooruitsteken, pronken
prang [præŋ] slang **I** *znw* crash, ongeluk *o* [v. auto,
vliegtuig]; **II** *overg* te pletter rijden/vliegen
1 prank [præŋk] *znw* streek, poets; *a ~ on sbd.* iem.
een poets bakken, streek leveren
2 prank [præŋk] **I** *overg* (uit)dossen, (op)tooien
(ook: *~ out, ~ up*); **II** *onoverg* pronken
prankish ['præŋkiʃ] *bn* ondeugend
prankster ['præŋkstə] *znw* grapjas, potsenmaker
prat [præt] *znw* slang idioot, sufferd
prate [preit] *onoverg* babbelen, wauwelen, snateren
prater *znw* babbelaar
prattle ['prætl] **I** *onoverg* [kinderlijk] babbelen; **II**
znw gebrabbel *o*; geklets *o*, gewauwel *o*
prattler *znw* babbelend kind *o*
prawn [prɔːn] *znw* steurgarnaal; *~ crackers*
kroepoek
pray [prei] **I** *overg* bidden, smeken, (beleefd) verzoeken (om *for*); **II** *onoverg* bidden, smeken; *~!* alstublieft, zeg!; *she's past ~ing for* gemeenz ze is een
hopeloos geval *o*
prayer [prɛə] *znw* gebed *o*, bede, smeekbede; verzoek *o*; *~(s)* ook: (godsdienst)oefening; *say one's ~s*
bidden; *he didn't have a ~* gemeenz hij had geen
schijn van kans
prayer-book *znw* gebedenboek *o*
prayerful *bn* vroom, devoot
prayer mat *znw* bidmatje *o*
prayer-meeting *znw* godsdienstige bijeenkomst,
bidstond
prayer wheel *znw* gebedsmolen
preach [priːtʃ] **I** *onoverg* prediken, preken[2]; **II** *overg*
prediken, preken; *~ a sermon* een preek houden
preacher *znw* predikant, prediker
preachify *onoverg* gemeenz zedenpreken houden
preaching *znw* prediking; preek, predikatie; geringsch gepreek *o*
preachment *znw* geringsch preek; gepreek *o*
preachy *bn* geringsch prekerig, preek-
preamble [priː'æmbl] *znw* inleiding; *without further*

~ zonder verdere omhaal, met de deur in huis vallend
prearrange [priːə'rein(d)ʒ] *overg* vooraf regelen
prebend ['prebənd] *znw* prebende
prebendary *znw* domheer
precarious [pri'kɛəriəs] *bn* onzeker, wisselvallig,
hachelijk, precair, gevaarlijk; dubieus
precaution [pri'kɔːʃən] *znw* voorzorg(smaatregel);
zie ook: *air-raid*
precautionary *bn* van voorzorg, voorzorgs-
precede [pri'siːd] **I** *overg* voorafgaan, gaan vóór, de
voorrang hebben boven; **II** *onoverg* voor(af)gaan
precedence [pri'siːdəns, 'presidəns] *znw* voorrang[2];
prioriteit; *take ~ over* voorgaan, de voorrang hebben boven
precedent ['presidənt] *znw* precedent *o*; *without ~*
zonder voorbeeld, zonder weerga
precentor [pri'sentə] *znw* voorzanger, koorleider
precept ['priːsept] *znw* voorschrift *o*, stelregel, lering, bevel(schrift) *o*, mandaat *o*
preceptive [pri'septiv] *bn* voorschrijvend; lerend,
didactisch
preceptor *znw* (leer)meester[2]
precinct ['priːsiŋkt] *znw* wijk, district *o*; gebied[2] *o*;
Am politie-, kiesdistrict *o*; *the ~s of* ook: de omgeving van
preciosity [preʃi'ɔsiti] *znw* precieusheid, overdreven gezochtheid of gemaaktheid
precious ['preʃəs] **I** *bn* kostbaar, dierbaar; edel [me-
talen]; precieus; overdreven gezocht of gemaakt
[van taal]; gemeenz ironisch kostelijk, mooi, dierbaar; versterkend geducht, kolossaal; *a ~ liar* gemeenz een notoire leugenaar; *~ stones* edelstenen;
II *znw: my ~!* gemeenz mijn schat(je)!; **III** *bijw* versterkend verbazend, verduveld &; *~ little* gemeenz
ontzettend weinig
precipice ['presipis] *znw* steilte, steile rots; fig afgrond
precipitance, precipitancy [pri'sipitəns(i)] *znw*
overhaasting, overijling
precipitate I *bn* [pri'sipitit] overhaast, haastig;
overijld, onbezonnen; **II** *znw* chem neerslag, preci-
pitaat *o*; **III** *overg* [pri'sipiteit] (neer)storten; (neer-)
werpen; aandrijven; (o)verhaasten; bespoedigen;
chem (doen) neerslaan, precipiteren [in oplossing];
IV *onoverg* chem neerslaan, precipiteren
precipitation [prisipi'teiʃən] *znw* overhaasting,
haast, overijling; neerslag
precipitous [pri'sipitəs] *bn* **1** steil **2** overhaast
précis ['preisi:] *znw* overzicht *o*, resumé *o*
precise [pri'sais] *bn* nauwkeurig, juist; stipt, nauwgezet, precies, versterkend secuur; *to be ~* om precies te zijn
precisian [pri'siʒən] *znw* Pietje Precies
precision [pri'siʒən] *znw* nauwkeurigheid, juistheid; *~ instrument, ~ tool* precisie-instrument *o*
preclude [pri'kluːd] *overg* uitsluiten; de pas afsnijden, voorkomen, verhinderen, beletten

precocious [pri'kouʃəs] *bn* vroeg(rijp), voorlijk, vroeg wijs, wijsneuzig

precocity [pri'kɔsiti] *znw* vroegrijpheid, voorlijkheid

precognition [prikəg'niʃən] *znw* voorkennis

preconceive ['pri:kənsi:v] *znw*: *a ~d idea* vooroordeel *o*, vooropgezette mening

preconception ['pri:kən'sepʃən] *znw* vooraf gevormd begrip *o*; vooropgezette mening

precondition ['pri:kən'diʃən] *znw* noodzakelijke voorwaarde, sine qua non *o*

pre-cooked ['pri:kukt] *bn* voorgekookt

precursor [prə'kə:sə] *znw* voorloper, voorbode

precursory *bn* voorafgaand; inleidend; *~ symptom* voorteken *o*

predacious [pri'deiʃəs] *bn* = *predatory*

predate ['pri:deit] **I** *overg* antedateren; **II** *onoverg* van een eerdere datum zijn dan, ouder zijn dan

predator ['predətə] *znw* roofdier *o*

predatory *bn* rovend, roofzuchtig, plunderend; rovers-, roof-; *~ bird* roofvogel

predecease [pri:di'si:s] *overg* eerder sterven dan

predecessor ['pri:disesə] *znw* (ambts)voorganger

predestinate [pri'destineit] *overg* = *predestine*

predestination [pridesti'neiʃən] *znw* voorbestemming, voorbeschikking

predestine [pri'destin] *overg* voorbestemmen, voorbeschikken

predetermination ['pri:ditəmi'neiʃən] *znw* bepaling vooraf; voorbeschikking

predetermine [pri:di'tə:min] *overg* vooraf bepalen, vaststellen; voorbeschikken

predicable ['predikəbl] *bn* wat gezegd of verklaard kan worden van iets

predicament [pri'dikəmənt] *znw* staat, toestand; (kritiek) geval *o*; *be in a (real) ~* lelijk in de knoei zitten

1 predicate ['predikit] *znw* (toegekend) predikaat *o*; (grammaticaal) gezegde *o*

2 predicate ['predikeit] *overg* toekennen (aan *of*), aannemen, beweren; impliceren, wijzen op; baseren (op *on*)

predication [predi'keiʃən] *znw* toekenning, bevestiging, bewering

predicative [pri'dikətiv] *bn* predicatief; bevestigend

predict [pri'dikt] *overg* voorzeggen, voorspellen

predictable *bn* voorspelbaar, te voorspellen

prediction *znw* voorspelling

predictive *bn* voorspellend

predictor *znw* voorspeller; luchtv instrument *o* dat de positie van vijandelijke vliegtuigen bepaalt

predilection [pri:di'lekʃən] *znw* voorliefde, voorkeur

predispose ['pri:dis'pouz] *overg* vatbaar of ontvankelijk maken (voor *to*), predisponeren

predisposition ['pri:dispə'ziʃən] *znw* vatbaarheid, ontvankelijkheid; aanleg [voor ziekte]

predominance [pri'dɔminəns] *znw* overheersing, overhand, overwicht *o*, heerschappij

predominant *bn* overheersend

predominantly *bijw* ook: overwegend

predominate *onoverg* & *overg* domineren, overheersen, overheersend zijn; de overhand hebben; op de voorgrond treden, sterk vertegenwoordigd zijn

predomination [pridɔmi'neiʃən] *znw* overheersen *o*, overheersend karakter *o*

pre-election ['pri:i'lekʃən] *bn*: *~ promises* vóór de verkiezing gedane beloften

pre-eminence [pri:'eminəns] *znw* voorrang[2], superioriteit

pre-eminent *bn* uitmuntend, uitstekend, uitblinkend, voortreffelijk

pre-eminently *bijw* ook: bij uitstek

pre-empt ['pri:empt] *overg* **1** anticiperen op, vóór zijn, vooruitlopen op; **2** bij voorbaat onschadelijk maken; **3** zich toe-eigenen, beslag leggen op

pre-emption [pri:'em(p)ʃən] *znw* voorkoop; recht *o* van voorkoop, optie

pre-emptive ['pri:emptiv] *bn* preventief; *~ strike* preventieve aanval

preen [pri:n] **I** *overg* [de veren] gladstrijken; **II** *wederk*: *~ oneself* zich mooi maken; met zichzelf ingenomen zijn; *~ oneself on being... zich verbeelden dat men... is

pre-engage ['pri:in'geidʒ] *overg* vooraf verbinden; vooruit bespreken

pre-engagement *znw* vroegere verplichting, voorbespreking

pre-establish ['pri:is'tæbliʃ] *overg* vooraf bepalen, vooraf vaststellen, vooruit regelen

pre-existence ['pri:ig'zistəns] *znw* vóórbestaan *o*; vroeger bestaan *o*, vorig leven *o*

pre-existent *bn* voorafbestaand, vroeger bestaand (dan *to*)

prefab ['pri:'fæb] *znw* gemeenz geprefabriceerde woning

prefabricate ['pri:'fæbrikeit] *overg* prefabriceren, vooraf in de fabriek de onderdelen vervaardigen van; *~d house* geprefabriceerde woning

prefabrication ['pri:fæbri'keiʃən] *znw* prefabricatie, montagebouw

preface ['prefis] **I** *znw* voorwoord *o*, voorbericht *o*; inleiding; RK prefatie (v.d. mis); **II** *overg* van een voorrede of inleiding voorzien; laten voorafgaan (door *with*)

prefatory ['prefətəri] *bn* voorafgaand, inleidend

prefect ['pri:fekt] *znw* hist prefect [in het oude Rome]; prefect [in Frankrijk]; Br toezicht houdende oudere leerling

prefecture *znw* prefectuur

prefer [pri'fə:] *overg* verkiezen, liever hebben, de voorkeur geven (boven *to*); voordragen, indienen [rekwest, aanklacht]; *~red* handel preferent [v. aandeel &]

preferable

preferable ['prefərəbl] *bn* de voorkeur verdienend, te verkiezen (boven *to*)

preferably *bijw* bij voorkeur, liefst

preference ['prefərəns] *znw* voorkeur; handel preferentie [bij aandelen &]; *in ~* bij voorkeur; *in ~ to...* liever dan...

preference share *znw* handel preferent aandeel *o*

preferential [prefə'renʃəl] *bn* voorkeur-; preferent

preferment [pri'fə:mənt] *znw* bevordering

prefigure [pri:'figə] *overg* voorafschaduwen, aankondigen; zich bij voorbaat voorstellen

prefix ['pri:fiks] **I** *znw* gramm voorvoegsel *o*; titel voor de naam; netnummer *o* (ook: *call ~*); **II** *overg* vóór plaatsen, voorvoegen, vooraf laten gaan (aan *to*)

pregnancy ['pregnənsi] *znw* zwangerschap; pregnante betekenis, veelzeggend karakter *o*, betekenis

pregnant *bn* zwanger, in verwachting; van grote betekenis; veelzeggend, pregnant; *~ with* vol (van), doortrokken van, rijk aan

pregnantly *bijw* pregnant, veelzeggend, veelbetekenend, betekenisvol

preheat ['pri:hi:t] *overg* voorverwarmen

prehensile [pri'hensail] *bn* dierk om mee te grijpen; *~ tail* grijpstaart

prehension [pri'henʃən] *znw* (be)grijpen *o*

prehistorian ['pri:his'tɔ:riən] *znw* prehistoricus

prehistoric *bn* prehistorisch, voorhistorisch (ook: fig)

prehistory ['pri:'histəri] *znw* prehistorie, voorgeschiedenis, voorhistorische tijd

prejudge ['pri:'dʒʌdʒ] *overg* vooruit (ver)oordelen

prejudg(e)ment *znw* vooroordeel *o*; voorbarig oordeel *o*

prejudice ['predʒudis] **I** *znw* vooroordeel *o*; vooringenomenheid; recht schade, nadeel *o*; *to the ~ of* ten nadele van; *without ~* alle rechten voorbehouden; handel zonder verbinding; *without ~ to...* behoudens..., onverminderd...; **II** *overg* innemen (tegen *against*); benadelen, schaden; *~d* bevooroordeeld, vooringenomen

prejudicial [predʒu'diʃəl] *bn* nadelig, schadelijk

prelacy ['preləsi] *znw* prelaatschap *o*; prelaten

prelate *znw* prelaat, kerkvorst, -voogd

preliminary [pri'liminəri] **I** *bn* voorafgaand, inleidend, voor-; **II** *znw* inleiding, voorbereiding; sp voorronde, selectiewedstrijd; gemeenz eerste tentamen *o* of examen *o* (ook *prelim*); *preliminaries* voorbereidingen, eerste stappen

prelude ['prelju:d] **I** *znw* muz voorspel² *o*; inleiding; **II** *overg* inleiden; een inleiding vormen tot; aankondigen

pre-marital ['pri:'mæritl] *bn* (van) vóór het huwelijk

premature [premə'tjuə] *bn* voortijdig, ontijdig, te vroeg, prematuur, voorbarig; *~ baby* couveusekind *o*

prematurely *bijw* ook: vóór zijn tijd

prematurity *znw* ontijdigheid; voorbarigheid; prematuriteit

premeditate [pri'mediteit] *overg* vooraf bedenken, vooraf overleggen of beramen; *~d* met voorbedachten rade

premeditation [primedi'teiʃən] *znw* voorbedachtheid, voorafgaand overleg *o*; *with ~* met voorbedachten rade

premier ['premjə] **I** *bn* eerste, voornaamste; **II** *znw* minister-president, premier

première ['premiɛə] **I** *znw* (film)première; **II** *onoverg (& overg)* in première gaan (brengen)

premiership ['premjəʃip] *znw* waardigheid van minister-president, premierschap *o*

1 premise [pri'maiz] *overg* vooropstellen

2 premise ['premis] *znw* premisse; *~s* huis (en erf) *o*, pand *o*, lokaliteit, handel zaak

premiss ['premis] *znw = ²premise*

premium ['pri:mjəm] *znw* prijs, beloning; premie; handel agio *o*, waarde boven pari; leergeld *o*; post toeslag; *at a ~* handel boven pari, hoog, duur; met winst; fig opgeld doend; *~ bonds* staatsobligaties zonder rente maar met loterijkansen; *set (put) a high ~ on* veel ophebben met, weglopen met; veel belang hechten aan

premonition [pri:mə'niʃən] *znw* (voorafgaande) waarschuwing; voorgevoel *o*

premonitory [pri'mɔnitəri] *bn* (vooraf) waarschuwend, waarschuwings-; *~ symptom* ook: voorteken *o* [v. ziekte]

prenatal ['pri:'neitl] *bn* prenataal: (van) vóór de geboorte

preoccupation [pri:ɔkju'peiʃən] *znw* geheel vervuld zijn *o* (van een gedachte), preoccupatie, afwezigheid, bezorgdheid, zorg

preoccupied [pri:'ɔkjupaid] *bn* van eigen gedachten vervuld, bezorgd, afwezig; *be ~ with* zich ongerust maken over

preoccupy *overg* (gedachten) geheel in beslag nemen, preoccuperen

preordain ['pri:ɔ:'dein] *overg* vooraf of vooruit bepalen, vooraf beschikken

prep [prep] *znw* gemeenz onderw nazien *o* of repeteren *o* [v. lessen], huiswerk *o*; (avond)studie; *~ school* gemeenz = *preparatory school*

pre-packed ['pri:'pækt] *bn* voorverpakt

prepaid ['pri:'peid] *bn* vooruit betaald, franco

preparation [prepə'reiʃən] *znw* voorbereiding; toebereidsel *o*; (microscopisch, cosmetisch, medisch) preparaat *o*; (toe)bereiding, klaarmaken *o*; inleggen *o* [v. ansjovis]; bewerking; onderw huiswerk *o*, schoolwerk *o*; muz instudering

preparative [pri'pærətiv] **I** *bn* voorbereidend; *~ to* ter voorbereiding van; **II** *znw* voorbereidsel *o*, toebereidsel *o*

preparatory [pri'pærətəri] *bn* voorbereidend; voorbereidings-; voorafgaand, inleidend; *~ school* voorbereidingsschool Br voor *public-school*, Am

presentation

voor college of universiteit; ~ *to* ...*ing* alvorens te...

prepare [pri'pɛə] **I** *overg* voorbereiden; bewerken; (toe)bereiden, gereedmaken, klaarmaken, opleiden [voor examen]; prepareren, nazien [lessen]; <u>muz</u> instuderen; *be ~d to*... erop voorbereid zijn om...; bereid zijn om...; *I am ~d to leave it at that* ik ben van plan het daarbij te laten; ik wil het daarbij laten; *I am ~d to say*... ik durf wel zeggen...; **II** *wederk:* ~ *oneself for (to)* zich voorbereiden (om...), zich gereedmaken om...; **III** *onoverg* zich voorbereiden, zich gereedmaken

preparedness *znw* gereedheid; (voor)bereid zijn *o*, paraatheid

preparer *znw* voorbereider; (toe)bereider, opmaker, appreteur

prepay ['pri:'pei] *overg* vooruit betalen; <u>post</u> frankeren

prepayment *znw* vooruitbetaling; <u>post</u> frankering

prepense [pri'pens] *bn* <u>recht</u> voorbedacht; *malice ~* boos opzet *o*

preponderance [pri'pɔndərəns] *znw* overwicht *o*

preponderant *bn* overwegend, van overwegend belang

preponderate *onoverg* zwaarder wegen (dan *over*)²; (van) overwegend (belang) zijn, het overwicht hebben

preposition [prepə'ziʃən] *znw* voorzetsel *o*

prepositional *bn* voorzetsel-

prepossess [pri:pə'zes] *overg* innemen (voor, tegen *in favour of, against*); beïnvloeden; een gunstige indruk maken op; *~ing* ook: innemend, gunstig [voorkomen]

prepossession *znw* vooringenomenheid; vooraf gevormde mening; (meestal gunstig) vooroordeel *o*

preposterous [pri'pɔstərəs] *bn* averechts, ongerijmd, onzinnig°, mal

prepotent [pri'poutənt] *bn* overheersend, (over-) machtig; <u>biol</u> erfelijk dominant

preppy, preppie ['prepi] *znw* (*mv:* preppies) <u>gemeenz</u> leerling van een dure privé-school, veelal met kort haar, in blazer enz.; in uiterlijk daarop gelijkende jongeling

prep school ['prepsku:l] *znw* <u>gemeenz</u> = *preparatory school*

prepubescent ['pri:pju:'besnt] *bn* prepuberaal

prepuce ['pri:pju:s] *znw* voorhuid

prequel ['pri:kwel] *znw* boek *o*, film & waarvan het verhaal voorafgaat aan dat van een reeds bestaand werk

Pre-Raphaelite [pri:'ræfəlait] *bn* prerafaëlitisch

pre-recorded ['pri:ri'kɔ:did] *bn* <u>RTV</u> van tevoren opgenomen

prerequisite [pri:'rekwizit] **I** *znw* eerste vereiste *o* & *v*; **II** *bn* in de eerste plaats vereist

prerogative [pri'rɔgətiv] *znw* (voor)recht *o*, privilege *o*; prerogatief *o*

presage I *znw* ['presidʒ] voorteken *o*; voorgevoel *o*; **II** *overg* ['presidʒ, pri'seidʒ] voorspellen, aankondi-

gen

presbyopia [prezbi'oupjə] *znw* verziendheid

presbyopic [prezbi'ɔpik] *bn* verziend

presbyter ['prezbitə] *znw* presbyter (der eerste christenen), ouderling; dominee van de presbyteriaanse kerk

Presbyterian [prezbi'tiəriən] *znw* & *bn* presbyteriaan(s)

presbytery ['prezbitəri] *znw* kerkenraad; priesterkoor *o*; <u>RK</u> pastorie

pre-school ['pri:sku:l] *bn* peuter-; ~ *playgroup* peuterspeelzaal

prescience ['presiəns] *znw* voorwetenschap; voorweten *o*; vooruitziendheid

prescient *bn* voorafwetend; vooruitziend [in de toekomst]

prescribe [pris'kraib] **I** *overg* voorschrijven; **II** *onoverg* voorschriften geven

prescript ['pri:skript] *znw* voorschrift *o*, bevel *o*

prescription [pris'kripʃən] *znw* voorschrijving; voorschrift *o*, recept *o*; <u>recht</u> verjaring; eigendomsverkrijging door verjaring; *only available on ~* alleen op recept verkrijgbaar

prescriptive *bn* voorschrijvend; op (door) lang gebruik of verjaring berustend (verkregen) [recht]

presence ['prezəns] *znw* tegenwoordigheid, aanwezigheid, bijzijn *o*; nabijheid; houding; voorkomen *o*, verschijning; tegenwoordigheid [van hoog personage, vorst]; *ghostly ~* geest(verschijning); ~ *of mind* tegenwoordigheid van geest

presence-chamber *znw* ontvangzaal

1 present ['prezənt] **I** *bn* tegenwoordig, aanwezig, present, onderhavig; hedendaags, huidig; *the ~ volume* het boek in kwestie, het hier besproken boek; *the ~ writer* schrijver dezes; **II** *znw* tegenwoordige tijd°, heden *o*; *at ~* nu, op het ogenblik; *at the ~ day (time)* vandaag, nu, heden; *for the ~* voor het ogenblik

2 present ['prezənt] *znw* present *o*, cadeau *o*, geschenk *o*; *make sbd. a ~ of sth.* iem. iets ten geschenke geven, cadeau geven

3 present [pri'zent] **I** *overg* presenteren° [ook: het geweer]; voorstellen [aan hof of publiek]; vertonen; aanbieden, uitdelen [prijzen]; voorleggen, overleggen, indienen; bieden, geven, opleveren; voordragen [voor betrekking]; <u>mil</u> aanleggen (op *at*); ~! mil aan!; ~ *arms* <u>mil</u> het geweer presenteren; ~ *sbd. with sth.* iem. iets aanbieden, iem. met iets begiftigen, iem. iets schenken; **II** *wederk:* ~ *itself* zich aanbieden, zich voordoen [gelegenheid &]; verschijnen, opkomen [gedachte]; ~ *oneself* verschijnen, zich melden

presentable *bn* presentabel, toonbaar; goed om aan te bieden

presentation [prezən'teiʃən] *znw* aanbieding; indiening, overlegging [v. stukken]; voorstelling [aan het hof]; vertoning; opvoering, demonstratie; presentatie [v. tv-programma &]; (recht *o* van) voor-

431

dracht; schenking; <u>med</u> ligging [v. kind in uterus]; *on* ~ bij aanbieding, op vertoon; ~ *copy* present-exemplaar *o*

present-day ['prezəntdei] *bn* hedendaags, huidig, tegenwoordig, actueel, modern

presentee [prezən'ti:] *znw* voorgestelde; voorgedragene; begiftigde

presenter [pri'zentə] *znw* aanbieder; <u>RTV</u> presentator, -trice

presentiment [pri'zentimənt] *znw* voorgevoel *o*

presently ['prezəntli] *bijw* kort daarop; aanstonds, dadelijk, zó (meteen), weldra; op het ogenblik, nu

presentment [pri'zentmənt] *znw* aanklacht; aanbieding; voorstelling, uitbeelding

preservation [prezə'veiʃən] *znw* bewaring; behoeding, behoud *o*; instandhouding; verduurzaming, inmaak; *in fair* ~ goed geconserveerd

preservative [pri'zə:vətiv] **I** *bn* voorbehoedend, bewarend; **II** *znw* verduurzamings-, conververings-, conserveermiddel *o*

preserve [pri'zə:v] **I** *overg* behoeden (voor *from*), bewaren; in stand houden; inmaken, verduurzamen, conserveren, inleggen, konfijten; [wild] houden op een gereserveerd terrein; **II** *znw* gereserveerde jacht of visserij, wildpark *o*; fig privé-gebied *o*, speciale rechten; ~s vruchtengelei; groenten & uit blik

preset ['priset] *overg* <u>techn</u> vooraf instellen

preshrunk *bn* voorgekrompen

preside [pri'zaid] *overg* voorzitten; presideren (ook: ~ *over, at*)

presidency ['prezidənsi] *znw* presidentschap° *o*

president *znw* president°, voorzitter

president-elect ['prezidənti'lekt] *znw* nieuwgekozen president (die nog niet is beëdigd)

presidential [prezi'denʃəl] *bn* van de (een) president, presidents-; voorzitters &]

presidentship ['prezidəntʃip] *znw* presidentschap *o*

press [pres] **I** *znw* pers; drukpers; gedrang *o*, drang, druk²; drukte; (linnen-, kleer)kast; *at* ~, *in the* ~ ter perse; *go to* ~ ter perse gaan; *get a good (bad)* ~ een goede (slechte) pers hebben; **II** *overg* (uit-, ineen-, op-, samen)persen, drukken (op); strijken [kleren &]; uitdrukken; dringen, (aan)drijven, niet loslaten; kracht (klem) bijzetten; achterheen zitten, bestoken, in het nauw brengen; <u>scheepv</u> <u>mil</u> (tot de dienst) pressen; ~ *sbd. hard* iem. in het nauw drijven, het vuur na aan de schenen leggen; ~ *one's advantage* partij weten te trekken van; ~ *charges against* <u>recht</u> een vervolging instellen tegen; ~ *sbd. for payment* bij iem. op betaling aandringen; *be ~ed for funds (time &)* slecht bij kas zijn, krap in zijn tijd & zitten; ~ *into service* fig in dienst stellen, inschakelen; ~ *it (up)on him (upon his acceptance)* het hem opdringen; **III** *onoverg & abs ww* drukken, knellen, zich drukken; dringen, opdringen [menigte]; urgent zijn, presseren; ~ *down* drukken (op *on*); ~ *for*

it er op aandringen; ~ *ahead*, ~ *on* opdringen; voortmaken; voortrukken; *there is something* ~*ing on his mind* er is iets wat hem drukt

press agency *znw* persbureau *o*

press agent *znw* publiciteitsagent

press baron *znw* krantenmagnaat

press-box *znw* perstribune [v. sportveld]

press-button *znw* drukknop

press clipping *znw* <u>Am</u> krantenknipsel *o*

press conference *znw* persconferentie

press-cutting *znw* krantenknipsel *o*

press-gallery ['presgæləri] *znw* perstribune [v. Lagerhuis]

press-gang ['presgæŋ] **I** *znw* <u>hist</u> ronselaarsbende; **II** *overg* dwingen (tot *into*)

pressing ['presiŋ] **I** *bn* dringend; drukkend, dreigend; lastig, opdringerig; *he was very* ~ hij drong erg aan; **II** *znw* persing [v. grammofoonplaat]; druk, aandringen *o*

pressman ['presmən] *znw* persman, journalist

pressmark *znw* bibliotheeknummer *o* [v. boek]

press officer *znw* persagent, publiciteitsagent

press pass *znw* perskaart

press release *znw* persbericht *o*

press-room *znw* drukkerij, zaal waar de persen staan

press-stud ['prestʌd] *znw* drukknoopje *o*

press-up ['presʌp] *znw* opdrukoefening

pressure ['preʃə] **I** *znw* drukking; druk; spanning; pressie, (aan)drang, dwang; *put* ~ *on, bring* ~ *to bear on* druk (pressie) uitoefenen op; *live at high* ~ onder hoge druk leven; **II** *overg* druk uitoefenen op, onder druk zetten

pressure-cooker *znw* drukpan, snelkookpan

pressure gauge *znw* manometer [v. stoomketel]; *oil* ~ oliedrukmeter; *tyre* ~ bandspanningsmeter

pressure group *znw* pressiegroep

pressurize ['preʃəraiz] *overg* onder druk zetten; ~*d cabin* drukcabine

prestidigitation ['prestididʒi'teiʃən] *znw* goochelen *o*, goochelkunst(en)

prestidigitator [presti'didʒiteitə] *znw* goochelaar

prestige [pres'ti:ʒ] *znw* aanzien *o*, invloed, gewicht *o*, prestige *o*

prestigious [pres'tidʒiəs] *bn* voornaam, belangrijk

presto ['prestou] *bn bijw* snel, vlug; plots; zie *hey*

prestressed ['pri:'strest] *bn*: ~ *concrete* voorgespannen beton *o*, spanbeton *o*

presumable [pri'zju:məbl] *bn* vermoedelijk

presume I *overg* veronderstellen, aannemen; ~ *to...* het wagen te..., zich vermeten te...; **II** *onoverg & abs ww* veronderstellen; ... *I* ~ geloof ik; *don't* ~! wees nu niet zo verwaand!; ~ *too far* te ver gaan; zich te veel verbeelden; ~ *(up)on* al te zeer vertrouwen op, zich laten voorstaan op; te veel vergen van, misbruik maken van

presumed *bn* vanzelfsprekend; zogenaamd, verondersteld

presuming *bn* verwaand, aanmatigend
presumption [pri'zʌm(p)ʃən] *znw* presumptie, vermoeden *o*, veronderstelling; arrogantie, aanmatiging, verwaandheid
presumptive *bn* vermoedelijk; ~ *evidence* recht aanwijzing
presumptuous [pri'zʌm(p)tjuəs] *bn* aanmatigend, arrogant; ingebeeld, verwaand; brutaal
presuppose [pri:sə'pouz] *overg* vooronderstellen
presupposition [pri:sʌpə'ziʃən] *znw* vooronderstelling
pretence, Am **pretense** [pri'tens] *znw* voorwendsel *o*, schijn; pretentie, aanspraak; *make no ~ to learning* niet de pretentie hebben geleerd te zijn
pretend I *overg* voorwenden, voorgeven, (ten onrechte) beweren; II *onoverg* doen alsof; III *bn* namaak-, speelgoed-
pretended *bn* voorgewend; vermeend, gewaand; quasi-, schijn-
pretender *znw* veinzer; pretendent
pretension *znw* pretentie, aanspraak; aanmatiging; *make ~s to wit* de pretentie hebben geestig te zijn
pretentious *bn* aanmatigend, ingebeeld; vol pretenties, pretentieus
preterhuman [pri:tə'hju:mən] *bn* bovenmenselijk
preterite ['pretərit] *bn (znw)* verleden (tijd)
pretermission [pri:tə'miʃən] *znw* weglating
pretermit *overg* weglaten; met stilzwijgen voorbijgaan; nalaten
preternatural [pri:tə'nætʃrəl] *bn* onnatuurlijk; bovennatuurlijk
pretext ['pri:tekst] *znw* voorwendsel *o*; *on some idle ~* onder een of ander nietig voorwendsel; *under (on) the ~ of...* ook: onder het mom van..., ... voorwendend
prettify ['pritifai] *overg* opsieren, opsmukken
pretty I *bn* aardig, lief, mooi [ook ironisch]; fraai; vrij veel, aanzienlijk; *a ~ penny* een aardige duit; *it wasn't a ~ sight* het was een afschuwelijk gezicht; II *bijw* redelijk, tamelijk, behoorlijk, vrij, nogal; ~ *much the same thing* vrijwel hetzelfde; ~ *well* vrijwel; ~ *nearly (better &)* praktisch (genezen &); *sitting ~* gemeenz goed zitten, het aardig voor elkaar hebben
pretty-pretty *bn* geaffecteerd; zoetelijk; popperig
pretzel ['pretsl] *znw* zoute krakeling
prevail [pri'veil] *onoverg* de overhand hebben (op *over/against*); zegevieren; heersen, algemeen zijn; *a rumour ~ed that...* het gerucht ging dat...; ~ *on (upon)* overhalen, overreden; ~ *with* ingang vinden bij, vat hebben op
prevailing *bn* heersend [ziekten, meningen &]
prevalence ['prevələns] *znw* heersend zijn *o*, algemeen voorkomen *o*; overwicht *o*, (grotere) invloed
prevalent *bn* heersend
prevaricate [pri'værikeit] *onoverg* zich van iets afmaken; (om iets heen) draaien
prevarication [priværi'keiʃən] *znw* uitvluchten

zoeken *o*; ontwijkend antwoord *o*, uitvlucht
prevaricator [pri'værikeitə] *znw* draaier, iem. die steeds uitvluchten zoekt
prevent [pri'vent] *overg* voorkomen; afhouden van, beletten, verhoeden, verhinderen; *be ~ed* verhinderd zijn
preventable *bn* te voorkomen
preventative *bn* = preventive
prevention *znw* voorkoming, verhoeding, verhindering, preventie
preventive I *bn* voorkomend, verhinderend, preventief [v. maatregel &]; II *znw* profylactisch geneesmiddel *o*
preview ['pri:vju:] I *znw* voorvertoning [v. film]; vernissage; II *overg* 1 in voorvertoning zien; 2 voorvertonen
previous ['pri:vjəs] *bn* voorafgaand, vorig, vroeger; gemeenz voorbarig; ~ *to...* vóór...
previously *bijw* (van) tevoren, vroeger (al), voor die tijd, voordien
prevision [pri'viʒən] *znw* vooruitzien *o*
pre-war ['pri:'wɔ:] *bn* vooroorlogs
prey [prei] I *znw* prooi, buit; *beast of ~* roofdier *o*; *a ~ to* ten prooi aan [wanhoop &]; II *onoverg*: ~ *(up-)on* plunderen; azen op; fig knagen aan
priapism ['praiəpizm] *znw* wellustigheid; med ziekelijke, voortdurende erectie van de penis
price [prais] I *znw* prijs°; handel koers; waarde; kans [bij wedden]; *beyond (without) ~* plechtig onbetaalbaar, onschatbaar; *at a ~* tegen een behoorlijke prijs, voor veel geld; *at a high ~* tegen hoge prijs; *at any ~* tot elke prijs; *what ~?* gemeenz hoeveel kans?; II *overg* prijzen, de prijs bepalen of aangeven van; schatten; ~ *(oneself) out of the market* (zich) uit de markt prijzen
price-cutting *znw* prijsverlaging
priceless *bn* onschatbaar, onbetaalbaar; gemeenz kostelijk, heerlijk
price-list *znw* prijslijst, -courant
pricey *bn* gemeenz prijzig
prick [prik] I *znw* prik, steek, stip, punt; prikkel, stekel; spoor *o* [v. haas]; plat pik, lul; ~*s of conscience* gewetenswroeging; *kick against the ~s* bijbel de verzenen tegen de prikkels slaan; II *overg* prikken (in), steken; doorprikken, door-, opensteken, een gaatje maken in, puncteren; prikkelen; vero de sporen geven, aansporen; *his conscience ~ed him* hij had gewetenswroeging; ~ *(up)* spitsen [oren]; III *onoverg & abs ww* prikken, steken (naar *at*); ~ *up* spitsen [oren]
prick-eared *bn* met gespitste oren
pricker *znw* priem; prikstok
prickle ['prikl] I *znw* prikkel, stekel, dorentje *o*; II *overg* prikk(el)en, steken; III *onoverg* prikk(el)en
prickly *bn* stekelig; kriebelig; netelig; fig prikkelbaar; ~ *heat* warmte-uitslag; ~ *pear* cactusvijg [vrucht]; vijgencactus [plant]
pride [praid] I *znw* hoogmoed; fierheid, trots; praal,

luister; hoogtepunt *o*, troep [leeuwen]; *take (a)* ~ *in* trots zijn op; er een eer in stellen ...; *take (hold)* ~ *of place* de eerste plaats innemen, aan de spits staan; *she is her father's* ~ *and joy* zij is haar vaders trots; *false* ~ ijdelheid; ~ *feels no pain* wie mooi wil zijn moet pijn lijden; ~ *comes before a fall* hoogmoed komt voor de val; **II** *wederk:* ~ *oneself on* trots zijn op; zich beroemen op, zich laten voorstaan op, prat gaan op

priest [pri:st] *znw* priester; geestelijke (tussen *deacon* en *bishop*); RK pastoor; *assistant* ~ kapelaan

priestcraft *znw geringsch* papenstreek

priestess *znw* priesteres

priesthood *znw* priesterschap *o* [waardigheid], priesterschap *v* [verzamelnaam]

priestly *bn* priesterlijk, priester-

priest-ridden *bn* door (de) priesters of geestelijken overheerst/geregeerd

prig [prig] *znw* kwast, pedant heer *o*, verwaande kwibus

priggery *znw* pedanterie, verwaandheid

priggish *bn* pedant

prim [prim] *bn* gemaakt, stijf, preuts

primacy ['praiməsi] *znw* eerste plaats, voorrang, primaat *o* [v. paus en fig]; primaatschap *o*

prima donna ['pri:mə'dɔnə] *znw* prima donna; fig temperamentvol persoon

prima facie ['praimə'feiʃi(:)] *bn* op het eerste gezicht; ~ *case* recht zaak waaraan rechtsingang kan worden verleend; ~ *evidence* recht voorlopig bewijs *o*

primage ['praimidʒ] *znw* scheepv primage

primal ['praiməl] *bn* eerste, oer-, oorspronkelijk; voornaamste, hoofd-, grond-

primarily ['praimərili, -'merili] *bijw* in de eerste plaats, in hoofdzaak; voornamelijk

primary I *bn* primair, oorspronkelijk; eerste, voornaamste, hoofd-; elementair; grond-; ~ *colours* primaire kleuren; ~ *education* lager onderwijs *o*; ~ *school* basisschool; **II** *znw* Am voorverkiezing

1 primate ['praimit] *znw* primaat, opperkerkvoogd, aartsbisschop

2 primate ['praimeit] *znw* primaat [aap, halfaap, mens]

prime [praim] **I** *bn* eerste, voornaamste; oorspronkelijk; prima, best, uitstekend; ~ *cost* inkoop(s)-prijs; kostprijs; ~ *meridian* nulmeridiaan; ~ *minister* minister-president; ~ *mover* voornaamste drijfkracht; fig aanstichter; ~ *number* priemgetal *o*; **II** *znw* **1** RK priem; **2** bloei(tijd); *the* ~ *of life* de bloei der jaren; *in one's* ~ in de bloei van zijn leven; *past one's* ~ op (zijn &) retour; **III** *overg* in de grondverf zetten; laden [v. vuurwapen], gereed maken om tot ontploffing te brengen [v. explosief], hist kruit op de pan doen [v. pistool]; [de pomp] voeren, [motor] op gang brengen; fig voorbereiden, prepareren, instrueren, bewerken; kennis inpompen; gemeenz volstoppen, voeren [met eten of drinken]

primer *znw* abc-boek *o*; boek *o* voor beginners, inleiding; eerstebeginselenboekje *o*; grondverf

primeval [prai'mi:vəl] *bn* eerste, oer-; voorhistorisch

priming ['praimiŋ] *znw* grondverf(laag); grondverven *o*; voeren *o* &, zie *prime III*

primitive ['primitiv] **I** *bn* oorspronkelijk, oudste, oer-; primitief; ~ *colours* grondkleuren; **II** *znw* oorspronkelijke bewoner, lid *o* van een primitief volk; een der primitieven (schilder of schilderstuk van vóór de renaissance); stamwoord *o*

primitiveness *znw* primitiviteit

primogenitor [praimou'dʒenitə] *znw* oervader, stamvader

primogeniture *znw* (recht *o* van) eerstgeboorte, eerstgeboorterecht *o*

primordial [prai'mɔ:diəl] *bn* eerste, oudste, oorspronkelijk, oer-, fundamenteel

primp [primp] *overg* (zich) mooi maken, opsmukken

primrose ['primrouz] *znw* sleutelbloem

primula ['primjulə] *znw* primula, sleutelbloem

primus ['praiməs] *znw* eerste bisschop v.d. episcopale kerk v. Schotland; (~ *stove*) primus [kooktoestel]

prince [prins] *znw* vorst[2], prins[2]; ~ *consort* prinsgemaal; ~ *of darkness* de duivel; ~ *royal* kroonprins

princedom *znw* prinsdom *o*, vorstelijke rang; vorstendom *o*

prince-like *bn* vorstelijk

princeling *znw* prinsje *o*

princely *bn* prinselijk, vorstelijk[2]

princess [prin'ses, 'prinses] *znw* prinses, vorstin; ~ *royal* titel verleend aan de oudste dochter van de koning van Engeland

principal ['prinsipəl] **I** *bn* voornaamste, hoofd-; ~ *boy* vrouw die in pantomime de mannelijke hoofdrol speelt; ~ *clause* gramm hoofdzin; ~ *part* gramm stam (v.e. woord); hoofdmoot; **II** *znw* hoofd *o*, chef, patroon; directeur, rector [v. school]; hoofdpersoon, lastgever, principaal[6]; hoofdaanlegger, hoofdschuldige; duellist; hoofdsom, kapitaal *o*

principality [prinsi'pæliti] *znw* prins-, vorstendom *o*; *the* P~ Wales

principally ['prinsipəli] *bijw* hoofdzakelijk, voornamelijk, merendeels

principle ['prinsipl] *znw* grondbeginsel *o*, principe *o*; ~*s* moraliteit, zedelijk gedrag *o*; *on* ~ uit principe; principieel

principled *bn* principieel, met (nobele) principes

prink [priŋk] *overg* = *primp*

print [print] **I** *znw* merk *o*, teken *o*, spoor *o*; stempel *o* & *m*, druk, in-, afdruk; voetafdruk; kopie [v. film]; drukletters; bedrukt katoen *o* & *m*; plaat, prent; drukwerk *o*, blad *o*, krant; *in* ~ in druk, gedrukt; te krijgen, niet uitverkocht; *a book out of* ~ uitverkocht; *the fine (small)* ~ de kleine lettertjes [contract &]; *get into* ~ gepubliceerd worden [ook: schrijver]; **II** *bn* gedrukt; *a* ~ *dress (frock)* een katoenen jurkje *o*; **III** *overg* drukken, bedrukken, af-, indrukken; kopiëren [film]; laten drukken, publiceren; inprenten (in *on*); stempelen; met blokletters schrijven; ~*ed matter* drukwerk *o*; ~ *out* afdrukken; comput uitprinten

printer *znw* drukker; comput printer; ~*'s error* drukfout; ~*'s ink* drukinkt

printing I *znw* drukken *o*, druk; oplaag; drukkunst; **II** *bn* druk-

printing press *znw* drukpers

printout ['printaut] *znw* comput uitdraai

print-seller *znw* prentenhandelaar

print-works *znw mv* (katoen)drukkerij

prior ['praiə] **I** *bn bijw* vroeger, ouder, voorafgaand; ~ *to* ook: voor(dat); **II** *znw* prior

priorate *znw* prioraat *o*

prioress *znw* priores

priority [prai'ɔriti] *znw* prioriteit, voorrang; *have (take)* ~ *over* de voorrang hebben boven; *have one's priorities right* het belangrijkste laten voorgaan

priorship ['praiəʃip] *znw* priorschap *o*, prioraat *o*

priory *znw* priorij

prise [praiz] *overg* openbreken, lichten (ook: ~ *open*, ~ *up*)

prism [prizm] *znw* prisma *o*

prismatic [priz'mætik] *bn* prismatisch, prisma-

prison ['prizn] *znw* gevangenis

prison-breaking *znw* uitbreken *o* [uit gevangenis]

prison camp *znw* interneringskamp *o*

prisoner *znw* gevangene, arrestant; (de) verdachte (ook: ~ *at the bar*); ~ *of war* krijgsgevangene; *make (take)* ~ gevangen nemen

prison-van *znw* gevangenwagen

prissy ['prisi] *bn* gemeenz nuffig, preuts

pristine ['pristain] *bn* smetteloos, ongerept, onbedorven; oorspronkelijk, eerste

prithee ['priði] *tsw* vero ik bid u, eilieve!

privacy ['privəsi, 'praivisi] *znw* afzondering, teruggetrokkenheid; privé-leven *o*, privacy; *think it over in* ~ als u alleen bent; *in strict* ~ strikt vertrouwelijk; ~ *of correspondence* briefgeheim *o*

private ['praivit] **I** *bn* privaat, privé, eigen; onder vier ogen, geheim, heimelijk, vertrouwelijk; teruggetrokken, op zichzelf; onderhands; particulier, persoonlijk; besloten [v. vergadering &]; mil niet gegradueerd, gewoon; ~ ook: verboden toegang; *I want to be* ~ ik wil niet gehinderd worden; *keep it* ~ houd het voor je; *a* ~ *affair* een privé-aangelegenheid; een plechtigheid, feest &, en petit comité, een "onderonsje" *o*; ~ *boarding-house* familiepension *o*; ~ *enterprise* het particulier initiatief; ~ *eye* particulier detective; ~ *hotel* familiehotel *o*; *a* ~ *individual (person)* een particulier; ~ *means* eigen middelen; ~ *member* parlementslid *o* zonder regeringsfunctie; ~ *parts* schaamdelen; ~ *school* particuliere school; ~ *soldier* (gewoon) soldaat; ~

view persoonlijke mening; bezichtiging voor genodigden, vernissage; *the funeral (wedding) was strictly* ~ werd in (alle) stilte voltrokken, had in (alle) stilte plaats; **II** *znw* mil (gewoon) soldaat; ~*s* schaamdelen; *in* ~ alléén, onder vier ogen, binnenskamers; in stilte, in het geheim; in het particuliere leven

privateer [praivə'tiə] **I** *znw* kaper(schip *o*); **II** *onoverg* ter kaap varen

privateering *znw* kaapvaart, kaperij

privation [prai'veiʃən] *znw* ontbering, gebrek *o*, gemis *o*

privative ['privətiv] *bn* berovend; gramm privatief, ontkennend

privatize ['praivətaiz] *overg* privatiseren

privet ['privit] *znw* liguster

privilege ['privilidʒ] *znw* privilege *o*; voorrecht *o*; onschendbaarheid

privileged *bn* bevoorrecht; strikt in vertrouwen

privily ['privili] *bijw* vero in 't geheim, stiekem

privity ['priviti] *znw* medeweten *o*; recht rechtsbetrekking

privy ['privi] **I** *bn* vero & recht heimelijk, geheim, verborgen; ingewijd, bekend met; *P~ Council* geheime raad; *P~ Councillor (Counsellor)* lid v.e. Privy Council; ~ *purse* civiele lijst: toelage v.h. staatshoofd; ~ *seal* geheimzegel *o*; *Lord P~ Seal* geheimzegelbewaarder; *he was* ~ *to it* hij was er bekend mee, hij was in het geheim; **II** *znw* privaat *o*, wc

1 prize [praiz] **I** *znw* **1** prijs; beloning; **2** scheepv prijs(schip *o*), buit; *make a* ~ *of a ship* een schip buitmaken; **II** *bn* bekroond (bijv. ~ *poem*); prijs-; fig eersteklas, beste, mooiste; *she is a* ~ *chatterbox* zij is een echte kletskous; ~-*fight* bokswedstrijd om geldprijs; ~-*fighter* beroepsbokser; ~-*money* prijzengeld *o*; scheepv prijsgeld *o*; ~-*ring* sp boksring; bokserswereld; **III** *overg* **1** op prijs stellen; **2** scheepv buitmaken

2 prize [praiz] *overg* = prise

prize-court ['praizkɔːt] *znw* recht prijsgericht *o*

prize-giving ['praizgiviŋ] *znw* prijsuitreiking [aan het eind v.h. schooljaar]

prizewinner ['praizwinə] *znw* winnaar (van universiteitsprijs)

prize-winning *bn* bekroond

1 pro [prou] *znw* gemeenz verk. van *professional* = beroepsspeler, prof

2 pro [prou] *voorz, bn* & *znw* pro, vóór; ~ *and con* vóór en tegen; *the* ~*s and cons* het vóór en tegen

proa [prə'hu] *znw* prauw

probability [prɔbə'biliti] *znw* waarschijnlijkheid; *in all* ~ naar alle waarschijnlijkheid; *there is no* ~ *of his coming* hoogstwaarschijnlijk zal hij niet komen

probable ['prɔbəbl] *bn* waarschijnlijk, vermoedelijk; aannemelijk

probably *bijw* waarschijnlijk, vermoedelijk

probate ['proubit] *znw* gerechtelijke verificatie van een testament; gerechtelijk geverifieerd afschrift *o* van een testament

probation [prə'beiʃən] *znw* proeftijd; voorwaardelijke veroordeling; *on ~* op proef; voorwaardelijk veroordeeld; *~ officer* ambtenaar van de reclassering

probationary *bn* op proef, proef-

probationer *znw* op proef dienende; aspirant; novice of pleegzuster in het proefjaar, leerlingverpleegster; voorwaardelijk veroordeelde; proponent

probe [proub] **I** *znw* sonde; gemeenz onderzoek *o*; **II** *overg* sonderen; peilen, onderzoeken; doordringen in; *~ to the bottom* grondig onderzoeken; *~ for* proberen te achterhalen, gemeenz vissen naar

probity ['proubiti] *znw* eerlijkheid, rechtschapenheid

problem ['prɔbləm] *znw* vraagstuk² *o*, probleem *o*

problematic(al) [prɔbli'mætik(l)] *bn* twijfelachtig, problematisch, onzeker

problem child ['prɔbləmtʃaild] *znw* moeilijk opvoedbaar kind *o*, moeilijk kind *o*, probleemkind *o*

proboscis [prou'bɔsis] *znw* (*mv*: *-es of* proboscides [-sidi:z]) snuit, slurf [van olifanten, tapirs]; zuigorgaan *o* [v. insecten]; neus

procedural [prə'si:dʒərəl] *bn* van procedure, procedure-

procedure *znw* methode, werkwijze, handelwijze, procedure; *legal ~* rechtspleging

proceed [prə'si:d] *onoverg* voortgaan, verder gaan, aan de gang zijn, voortgang hebben, vorderen, verlopen; vervolgen (= zeggen); gaan; zich begeven; te werk gaan; recht *~ against* gerechtelijke stappen nemen tegen, procederen tegen; *~ from* voortkomen (voortspruiten) uit, ontspruiten aan, ontstaan uit, komen uit (van); *~ to* overgaan tot; beginnen te...; gaan (zich begeven) naar; *he ~ed to ask...* hij vroeg vervolgens...; *~ with* verder gaan met, voortzetten

proceeding *znw* handelwijze; handeling; maatregel; *~s* wat er zoal gebeurde (gebeurt); werkzaamheden [v. vergadering]; handelingen [v. genootschap]; recht actie, proces *o*; *institute legal ~s* (*take ~s*) recht een actie (vervolging) instellen

proceeds ['prousi:dz] *znw mv* opbrengst, provenu *o*

process ['prouses] **I** *znw* voortgang; loop, verloop *o*; handeling; procédé *o*; proces° *o*; dagvaarding; uitsteeksel *o* [aan been]; *~ control* automatische controle van een industrieel proces d.m.v. een computer; *in the ~* daarbij, onder die bedrijven; *in (the) ~ of ...ing* aan (bij, onder) het...; *in the ~ of construction* in aanbouw; *in the ~ of time* mettertijd, na verloop van tijd; **II** *overg* machinaal reproduceren; een procédé doen ondergaan, behandelen, bewerken, verwerken; verduurzamen; recht een actie instellen tegen; *~ed cheese* smeerkaas

procession [prə'seʃən] *znw* stoet, omgang, optocht; RK processie

processional I *bn* als (van) een processie, processie-; **II** *znw* processiegezang *o*; boek *o* met de processiegezangen

process server ['prousessə:və] *znw* deurwaarder

proclaim [prə'kleim] *overg* afkondigen, bekendmaken; verkondigen; proclameren, uitroepen tot [koning &]; verklaren tot [verrader]; verklaren [oorlog]

proclamation [prɔklə'meiʃən] *znw* proclamatie; afkondiging; verkondiging; bekendmaking; verklaring [v. oorlog &]; verbod *o*

proclivity [prə'kliviti] *znw* overhelling; neiging (tot *to*)

procrastinate [prou'kræstineit] *overg* uitstellen

procrastination [proukræsti'neiʃən] *znw* uitstel *o*, verschuiving (van dag tot dag); *~ is the thief of time* ± van uitstel komt afstel

procreate ['proukrieit] *overg* voortbrengen, (voort-) telen, verwekken, zich voortplanten

procreation [proukri'eiʃən] *znw* voortbrenging, (voort)teling, verwekking, voortplanting

procreative ['proukrieitiv] *bn* voortbrengend, voorttelend, voortplantings-; *~ power* voortplantingsvermogen *o*, teelkracht

procreator *znw* verwekker, vader; fig schepper

proctor ['prɔktə] *znw* procureur [voor een geestelijke rechtbank]; onderw ambtenaar van een universiteit [Cambridge, Oxford], die met het handhaven van orde en tucht belast is

procumbent [prou'kʌmbənt] *bn* vooroverliggend; plantk kruipend

procuration [prɔkju'reiʃən] *znw* verschaffing, bezorging; volmacht, procuratie; procura, provisie [geld]; *by ~* bij volmacht

procurator ['prɔkjureitə] *znw* gevolmachtigde, zaakbezorger; hist procurator [landvoogd]

procure [prə'kjuə] **I** *overg* (zich) verschaffen, bezorgen, (ver)krijgen, vero teweegbrengen, bewerken; **II** *onoverg* koppelen, gelegenheid geven

procurement *znw* verschaffing, verkrijging; bemiddeling

procurer *znw* verschaffer; koppelaar(ster)

procuress [prə'kjuəris, -res] *znw* koppelaarster

prod [prɔd] **I** *znw* prikkel; priem; prik, por; **II** *overg* prikken, steken (naar *at*), (aan)porren

prodigal ['prɔdigəl] **I** *bn* verkwistend; *the ~ son* (ook: bijbel) de verloren zoon; **II** *znw* verkwister; *the ~* de verloren zoon; fig berouwvol zondaar

prodigality [prɔdi'gæliti] *znw* verkwisting; kwistigheid

prodigally ['prɔdigəli] *bijw* verkwistend; kwistig

prodigious [prə'didʒəs] *bn* wonderbaar(lijk); verbazend, ontzaglijk

prodigy ['prɔdidʒi] *znw* wonder *o*; *child ~*, *infant ~* wonderkind *o*

produce I *znw* ['prɔdju:s] voortbrengsel *o*, voortbrengselen, product *o*; (landbouw)producten; opbrengst; **II** *overg* [prə'dju:s] voortbrengen, produceren, opbrengen, opleveren, krijgen [een baby]; teweegbrengen, maken [indruk]; in het licht geven; voor het voetlicht brengen, opvoeren, vertonen; voor de dag komen met; tevoorschijn halen, aanvoeren, bijbrengen, óverleggen, tonen; verlengen [een lijn]

producer [prə'dju:sə] *znw* producent, voortbrenger, vertoner &, zie *produce II*, [toneel] regisseur, [film] producent; techn [gas] generator; ~ *gas* generatorgas *o*; ~ *goods* productiegoederen

producible *bn* te produceren, bij te brengen, aan te voeren &, zie *produce II*

product ['prɔdʌkt] *znw* voortbrengsel *o*, productᵒ *o*; fig vrucht, resultaat *o*

production [prə'dʌkʃən] *znw* productie, voortbrenging; product *o*, voortbrengsel *o*, overlegging [stukken]; opvoering, vertoning [toneelstuk]; verlenging [lijn]; *make a real* ~ *out of* fig gemeenz veel ophef maken over

production line *znw* lopende band

productive *bn* producerend, voortbrengend; productief, vruchtbaar; ~ *capacity* productievermogen *o*; *be* ~ *of...* voortbrengen, opleveren; tot stand (teweeg)brengen

productivity [prɔdʌk'tiviti] *znw* productiviteit

proem ['prouəm] *znw* plechtig voorrede, voorwoord *o*; proloog, voorspel *o*

profanation [prɔfə'neiʃən] *znw* ontwijding, ontheiliging, (heilig)schennis, profanatie

profane [prə'fein] **I** *bn* profaan, on(in)gewijd; oneerbiedig, goddeloos, godslasterlijk [taal]; werelds; **II** *znw*: *the* ~ de oningewijden; **III** *overg* profaneren, ontwijden, ontheiligen; misbruiken

profanity [prə'fæniti] *znw* heiligschennis, goddeloosheid; vloekwoorden, vloeken *o*

profess [prə'fes] **I** *overg* belijden; betuigen, verklaren, beweren; uit-, beoefenen; doceren; ~ *to be a scholar* zich uitgeven voor; **II** *wederk*: ~ *oneself a Republican* republikein verklaren te zijn; **III** *onoverg* doceren; zijn godsdienstplichten vervullen; RK de kloostergelofte afleggen

professed *bn* verklaard [vijand]; RK geprofest: de (klooster)gelofte afgelegd hebbend; voorgewend, zogenaamd

professedly *bijw* openlijk, volgens eigen bekentenis; ogenschijnlijk

profession *znw* beroep *o*, stand; (openlijke) belijdenis, betuiging, verklaring; RK kloostergelofte; ~ *of faith* geloofsbelijdenis; *the* ~ de vaklui [i.h.b. de toneelspelers]; *the (learned)* ~*s* de vrije beroepen; *by* ~ van zijn vak, van beroep, beroeps-

professional I *bn* vak-, beroeps-, ambts-; van beroep; vakkundig, professioneel; ~ *foul* sp opzettelijke overtreding; ~ *jealousy* jalousie de métier, broodnijd; *a* ~ *man* een vakman; iemand die een vrij beroep uitoefent: advocaat, dokter &; **II** *znw* vakman²; professional²; beroepsspeler &

professionalism *znw* professionalisme *o*; beroepssport

professionalize *onoverg* & *overg* tot beroep worden (maken)

professionally *bijw* professioneel

professor [prə'fesə] *znw* hoogleraar, professor; Am ± lector; belijder [v. godsdienst]

professorate *znw* professoraat *o*; professoren

professorial [prɔfe'sɔːriəl] *bn* professoraal

professoriate *znw* = *professorate*

professorship [prə'fesəʃip] *znw* professoraat *o*, hoogleraarschap *o*, Am ± lectoraat *o*

proffer ['prɔfə] **I** *overg* toesteken, aanbieden; **II** *znw* aanbod *o*

proficiency [prə'fiʃənsi] *znw* vaardigheid, bedrevenheid, bekwaamheid

proficient I *bn* vaardig, bedreven, bekwaam; **II** *znw* meester

profile ['proufail] **I** *znw* profiel *o*, (verticale) doorsnede; portret *o* [in krant, op radio & televisie]; in ~ en profil; *keep a low* ~ proberen om niet (te veel) op te vallen; *keep a high* ~ veel publiciteit hebben, in de belangstelling staan; **II** *overg* zich aftekenen, en profil weergeven; een profielschets geven van

profit ['prɔfit] **I** *znw* voordeel *o*, winst, nut *o*, profijt *o*, baat; *at a* ~ met winst; *to one's own* ~ ten eigen voordele; *gross* ~ brutowinst; *net* ~ nettowinst; **II** *overg* voordeel afwerpen voor, goed doen, baten, helpen; **III** *onoverg* profiteren (van *by*); zich ten nutte maken, zijn voordeel doen (met *by*)

profitable *bn* winstgevend, voordelig, nuttig

profitably *bijw* voordelig, nuttig, met voordeel, met winst, met vrucht

profiteer [prɔfi'tiə] **I** *onoverg* ongeoorloofde of woekerwinst maken; **II** *znw* profiteur

profitless ['prɔfitlis] *bn* onvoordelig; zonder nut

profitmaking *bn* met winstoogmerk; winstgevend

profit-sharing *znw* winstdeling

profligacy ['prɔfligəsi] *znw* losbandigheid, zedeloosheid

profligate I *bn* losbandig, zedeloos; **II** *znw* losbol

profound [prə'faund] *bn* diep; diepzinnig; diepgaand; grondig; groot

profoundly *bijw* ook: zeer, hoogst, door en door

profundity [prə'fʌnditi] *znw* diepte; diepzinnigheid; grondigheid

profuse [prə'fju:s] *bn* kwistig; overvloedig

profusion *znw* overvloed(igheid); kwistigheid

progenitor [prou'dʒenitə] *znw* voorvader, voorzaat; (geestelijke) vader

progeniture *znw* voortplanting, verwekking; nageslacht *o*, afstammelingen

progeny ['prɔdʒini] *znw* nageslacht *o*, kroost *o*

prognosis [prɔg'nousis] *znw* (*mv*: prognoses [-si:z]) prognose

prognostic [prɔg'nɔstik] **I** *bn* voorspellend; ~ *sign (symptom)* voorteken *o*; **II** *znw* voorteken *o*, voorspelling, prognose

prognosticate *overg* voorspellen

prognostication [prɔgnɔsti'keiʃən] *znw* voorspelling

programme, Am **program** ['prougræm] **I** *znw*

program(ma)° *o* (ook: <u>comput</u>); <u>vero</u> balboekje *o*; **II** *overg* programmeren (ook: <u>comput</u>)

programmer *znw* <u>comput</u> programmeur

progress ['prougres] **I** *znw* vordering(en), voortgang, vooruitgang; <u>mil</u> opmars; verloop *o* [v. ziekte]; loop(baan), levensloop; gang [v. zaken]; <u>hist</u> (rond)reis, tocht, tournee [<u>vooral</u> van vorstelijke personen]; *be in* ~ aan de gang zijn; in bewerking zijn; geleidelijk verschijnen [boekwerk]; **II** *onoverg* [prə'gres] vooruitgaan, -komen, vorderen, vorderingen maken, opschieten; nog voortduren

progression *znw* voortgang; vordering; (opklimmende) reeks, opklimming

progressionist *znw* progressist

progressist *znw* voorstander van vooruitstrevende politiek, progressief

progressive I *bn* voortgaand, (geleidelijk) opklimmend, toenemend, progressief; vooruitgaand; vooruitstrevend [tegenover conservatief]; **II** *znw* voorstander v. politiek-sociale hervorming; ~*s* ook: progressieven

prohibit [prə'hibit] *overg* verbieden [<u>vooral</u> door overheid]; ~ *from* verhinderen

prohibition [proui'biʃən] *znw* (drank)verbod *o*

prohibitionist *znw* voorstander van het drankverbod

prohibitive [prə'hibitiv] *bn* verbiedend; ~ *duties* beschermende (invoer)rechten; ~ *price* buitensporige prijs

prohibitory *bn* verbiedend, verbods-

project [prə'dʒekt] **I** *overg* ontwerpen, beramen, projecteren, werpen, (weg)slingeren; **II** *onoverg* vooruitsteken, uitsteken, uitspringen; **III** *znw* ['prɔdʒekt] ontwerp *o*, plan *o*, project *o*; ~ *developer* projectontwikkelaar

projectile ['prɔdʒiktail] *znw* projectiel *o*, kogel

projection [prə'dʒekʃən] *znw* projectie; uitstek *o*, uitsteeksel *o*; projectie(tekening), ontwerp *o*; werpen *o*, (weg)slingeren *o*

projectionist [prə'dʒekʃənist] *znw* (film)operateur

projector [prə'dʒektə] *znw* (film)projector, projectietoestel *o*

prolapse ['proulæps] *znw* <u>med</u> prolaps, uit-, verzakking

prole [proul] *znw* <u>gemeenz</u> proletariër

proletarian [prouli'teəriən] **I** *bn* proletarisch; **II** *znw* proletariër

proletariat *znw* proletariaat *o*

proliferate [prou'lifəreit] *onoverg* zich vermenigvuldigen; <u>fig</u> snel talrijker worden, zich verspreiden

proliferation [proulifə'reiʃən] *znw* proliferatie²; vermenigvuldiging; <u>fig</u> verspreiding

prolific [prou'lifik] *bn* vruchtbaar, rijk (aan *in, of*); <u>fig</u> productief [schrijver &]

prolix ['prouliks] *bn* wijdlopig, breedsprakig, langdradig

prolixity [prou'liksiti] *znw* wijdlopigheid, breedsprakigheid, langdradigheid

prologue ['proulɔg] **I** *znw* proloog, voorspel *o*; **II** *overg* van een proloog voorzien; inleiden

prolong [prou'lɔŋ] *overg* verlengen, rekken; ~*ed* ook: langdurig

prolongation [proulɔŋ'geiʃən] *znw* verlenging

prolusion [prɔ'lju:ʒən] *znw* <u>plechtig</u> inleiding, voorwoord *o*; eerste poging, proeve

prom [prɔm] *znw* **1** (verk. van *promenade*) promenade; boulevard; <u>Am</u> schoolbal *o*; **2** (verk. van) *promenade concert*

promenade [prɔmi'na:d] **I** *znw* promenade°, wandeling; ~ *concert* concert *o* in een park, op een plein &; **II** *onoverg* wandelen, kuieren; **III** *overg* wandelen door (over, in); op en neer laten lopen, rondleiden

promenader *znw* wandelaar; bezoeker van *proms*

prominence ['prɔminəns] *znw* uitsteken *o*; uitsteeksel *o*, verhevenheid; op de voorgrond treden *o*; uitstekendheid; belangrijkheid, beroemdheid, vooraanstaandheid; *give due* ~ *to the fact that...* goed laten uitkomen

prominent *bn* (voor)uitstekend, in het oog vallend; voornaam, eminent, vooraanstaand, uitstekend; belangrijk, beroemd; *make oneself* ~ zich onderscheiden, op de voorgrond treden

promiscuity [prɔmis'kju:iti] *znw* promiscuïteit, vrije omgang (<u>vooral</u> seksueel)

promiscuous *bn* promiscue

promise ['prɔmis] **I** *znw* belofte, toezegging; *of (great)* ~, *full of* ~ veelbelovend; *be under a* ~ *to* zijn woord gegeven hebben aan; beloofd (de belofte afgelegd) hebben om te...; *break a* ~ een belofte breken; *breach of* ~ woordbreuk (<u>vooral</u> v. trouwbelofte); **II** *overg* beloven, toezeggen; **III** *onoverg & abs ww* beloven; ~ *well* véél beloven

promising *bn* veelbelovend, hoopgevend

promissory ['prɔmisəri] *bn*: ~ *note* promesse

promontory ['prɔmənt(ə)ri] *znw* voorgebergte *o*, kaap; <u>anat</u> vooruitstekend deel *o*, uitsteeksel *o*

promote [prə'mout] *overg* bevorderen° (tot), werken in het belang van, <u>handel</u> reclame maken voor; aankweken, verwekken; <u>handel</u> oprichten [maatschappij]

promoter *znw* bevorderaar, bewerker, aanstoker; <u>handel</u> & <u>sp</u> promotor, oprichter [v. maatschappij]

promotion *znw* bevordering°, promotie (ook: <u>handel</u> = reclame)

promotional *bn* (het belang) bevorderend; <u>handel</u> promotioneel, reclame-

promotive *bn* bevorderend, bevorderlijk

prompt [prɔm(p)t] **I** *bn* vaardig, vlug, prompt°; ~ *payment* snelle betaling; *at eight o'clock* ~ stipt om acht uur; *on May 6th* ~ op 6 mei, en geen dag later; **II** *znw:* *give sbd. a* ~ iem. souffleren; <u>comput</u> prompt; **III** *overg* vóórzeggen, souffleren; ingeven, inblazen, aansporen, (aan)drijven, aanzetten

prompt-book *znw* souffleursboek *o*

prompt-box *znw* souffleurshok *o*

prompter *znw* souffleur, -euse; ~ *'s box* souffleurshokje *o*

prompting *znw* vóórzeggen *o* &; *the* ~*s of his heart* de ingeving (de stem) van zijn hart

promptitude ['prɔm(p)titju:d] *znw* vaardigheid, vlugheid, spoed; promptheid, stiptheid

promptly ['prɔm(p)tli] *bijw* direct, meteen; vlug, prompt

promulgate ['prɔmǝlgeit] *overg* afkondigen, uitvaardigen; verkondigen, openbaar maken

promulgation [prɔmǝl'geiʃǝn] *znw* afkondiging, uitvaardiging; verkondiging, openbaarmaking

prone [proun] *bn* voorovergebogen, vooroverliggend; ~ *to* geneigd tot; aanleg hebbend voor, vatbaar voor, onderhevig aan

prong [prɔŋ] **I** *znw* (hooi-, mest- &) vork; tand van een vork; punt van een geweitak; **II** *overg* aan de vork steken

pronominal [prou'nɔminǝl] *bn* voornaamwoordelijk, pronominaal

pronounce [prǝ'nauns] **I** *overg* uitspreken, uitbrengen; verklaren, zeggen (dat); **II** *onoverg* (zich) uitspreken; uitspraak doen; ~ *for (in favour of)* zich verklaren voor; ~ *on* zijn mening zeggen over

pronounceable *bn* uit te spreken

pronounced *bn* uitgesproken, geprononceerd, duidelijk kenbaar, sterk sprekend, beslist

pronouncement *znw* uitspraak, verklaring

pronouncing **I** *znw* uitspreken *o*; **II** *bn* uitspraak-

pronto ['prɔntou] *bijw* gemeenz dadelijk, direct

pronunciation [prǝnʌnsi'eiʃǝn] *znw* uitspraak

proof [pru:f] **I** *znw* bewijs *o*, blijk *o*; proef, drukproef; proef: sterktegraad [alcohol]; *in* ~ *of* ten bewijze van; *bring (put) to the* ~ op de proef stellen; *the* ~ *of the pudding is in the eating* de praktijk zal het uitwijzen; **II** *bn* beproefd, bestand (tegen *against*); **III** *overg* ondoordringbaar of vuurvast, waterdicht & maken

proof-read *overg* drukproeven corrigeren

proof-reader *znw* corrector

proof-sheet *znw* drukproef, proefvel *o*

prop [prɔp] **I** *znw* **1** stut, steun²; steunpilaar, schoor; **2** zie ook: *props*; **II** *overg* stutten, steunen, schragen; omhooghouden (ook: ~ *up*); zetten [ladder tegen muur &]

propaedeutic [proupi:'dju:tik] *bn* onderw propedeutisch, voorbereidend

propaganda [prɔpǝ'gændǝ] *znw* propaganda

propagandist **I** *znw* propagandist; **II** *bn* propagandistisch

propagandize *overg* propaganda maken (voor)

propagate ['prɔpǝgeit] **I** *overg* voortplanten², verbreiden, verspreiden, propageren; **II** *onoverg* zich voortplanten²

propagation [prɔpǝ'geiʃǝn] *znw* voortplanting, verbreiding, verspreiding

propagative ['prɔpǝgeitiv] *bn* voortplantings-

propagator *znw* voortplanter, verspreider

propane ['proupein] *znw* propaangas *o*

propel [prǝ'pel] *overg* (voort)drijven, voortstuwen, voortbewegen

propellant *znw* stuwstof [v. raket]; voortstuwingsmiddel *o* [buskruit]

propeller *znw* propeller, schroef

propeller-shaft *znw* scheepv schroefas; Am cardanas

propelling-pencil *znw* vulpotlood *o*

propensity [prǝ'pensiti] *znw* neiging (tot *to, for*)

proper ['prɔpǝ] *bn* eigen; eigenlijk; strikt, rechtmatig; geschikt, behoorlijk, juist, goed, betamelijk, gepast; fatsoenlijk; gemeenz echt [mispunt &]; ~ *name*, ~ *noun* eigennaam; *the* ~ *officer* de betrokken ambtenaar; *a* ~ *row* gemeenz een flinke, fikse ruzie (herrie); *think (it)* ~ goedvinden, goedkeuren

properly *bijw* eigenlijk (gezegd); juist, behoorlijk, goed; terecht

propertied ['prɔpǝtid] *bn* bezittend; ~ *classes* grondbezitters

property ['prɔpǝti] *znw* eigenschap; eigendom *o*, bezit *o*, bezittingen, goed *o*; landgoed *o*; *private* ~ privaatbezit *o*; *properties* rekwisieten, (toneel-)benodigdheden; ~ *developer* projectontwikkelaar; ~ *development* projectontwikkeling; ~ *man (master)* rekwisiteur; *a man of* ~ een bemiddeld man, grondbezitter

prophecy ['prɔfisi] *znw* voorspelling, profetie

prophesy ['prɔfisai] *overg* voorspellen, profeteren

prophet *znw* profeet; voorstander (van *of*); *the P*~ de Profeet (Mohammed); *the* ~*s* bijbel het Boek der Profeten

prophetess *znw* profetes

prophetic [prǝ'fetik] *bn* profetisch; *it is* ~ *of...* het voorspelt...

prophylactic [prɔfi'læktik] **I** *bn* profylactisch; **II** *znw* profylacticum *o*

prophylaxis *znw* profylaxis: voorkomen *o* van ziekten

propinquity [prǝ'piŋkwiti] *znw* nabijheid; (bloed-)verwantschap

propitiate [prǝ'piʃieit] *overg* verzoenen, gunstig stemmen

propitiation [prǝpiʃi'eiʃǝn] *znw* verzoening; boetedoening

propitiatory [prǝ'piʃiǝtǝri] *bn* verzoenend, zoen-

propitious *bn* genadig; gunstig

proponent [prǝ'pounǝnt] *znw* aanhanger, voorstander

proportion [prǝ'pɔ:ʃǝn] **I** *znw* evenredigheid, verhouding; deel *o*; ~*s* ook: afmetingen, vorm; *in* ~ *as...* naar gelang...; *in* ~ *to...* in verhouding tot...; *of magnificent* ~*s* prachtig van afmetingen; *out of* ~ niet in verhouding; fig overdreven, onredelijk; **II** *overg* proportioneren, in overeenstemming brengen met (naar *to*), afstemmen (op *to*); *well* ~*d* goed geproportioneerd

proportionable *bn* evenredig

proportional *bn* evenredig (aan *to*); ~ *representation* evenredige vertegenwoordiging

proportionally *bijw* evenredig; naar evenredigheid, in verhouding

proportionate *bn* evenredig, geëvenredigd (aan *to*)

proposal [prə'pouzəl] *znw* voorstel *o*, aanbod *o*; (huwelijks)aanzoek *o*

propose I *overg* voorstellen, aanbieden; van plan zijn; (een toast) uitbrengen op; **II** *onoverg* zich voorstellen, zich voornemen; *man ~s, God disposes* de mens wikt, God beschikt; ~ *to a girl* een meisje (ten huwelijk) vragen; ~ *to write a book,* ~ *writing a book* van plan zijn een boek te schrijven

proposition [prɔpə'ziʃən] **I** *znw* voorstel *o*; stelling; probleem *o*; gemeenz zaak, zaakje *o*; gemeenz oneerbaar voorstel *o*; **II** *overg* gemeenz oneerbare voorstellen doen

propound [prə'paund] *overg* voorleggen, voorstellen, opperen

proprietary [prə'praiətəri] *bn* **1** eigendoms-, bezit-; **2** bezitterig; ~ *article* merkartikel *o*; ~ *brand,* ~ *name* gedeponeerd handelsmerk *o*; *the ~ classes* de bezittende klassen; ~ *hospital* Am privé-kliniek; ~ *rights* eigendomsrechten

proprietor *znw* eigenaar, (grond)bezitter

proprietress *znw* eigenares

propriety *znw* gepastheid; juistheid; fatsoen *o*, welvoeglijkheid; *the proprieties* het decorum, de vormen

props [prɔps] *znw mv* gemeenz rekwisieten, toneelbenodigdheden (verk. van *properties*)

propulsion [prə'pʌlʃən] *znw* voortdrijving, voortstuwing, stuwkracht

propulsive *bn* voortdrijvend, stuw-

pro rata [prou'reitə] *bijw* naar rata, naar verhouding

prorogation [prourə'geiʃən] *znw* verdaging, sluiting

prorogue [prə'roug] *overg* verdagen, sluiten (vooral parlementszitting)

prosaic [prou'zeiik] *bn* prozaïsch[2]

prosaist ['prouzeiist] *znw* prozaschrijver; prozaïsch mens

proscenium [prou'si:niəm] *znw* (*mv*: -s *of* proscenia [-niə]) proscenium *o*

proscribe [prous'kraib] *overg* buiten de wet stellen, vogelvrij verklaren, uit-, verbannen; veroordelen, verwerpen; in de ban doen

proscription [prous'kripʃən] *znw* vogelvrijverklaring, uit-, verbanning; veroordeling; verwerping; verbod *o*

prose [prouz] **I** *znw* proza *o*; ~ *translation* onderw thema; **II** *bn* proza-; prozaïsch

prosecute ['prɔsikju:t] **I** *overg* recht vervolgen (wegens *for*); voortzetten [onderzoek, oorlog]; **II** *onoverg* een gerechtelijke vervolging instellen

prosecution [prɔsi'kju:ʃən] *znw* recht (gerechte-

lijke) vervolging; voortzetting; *the* ~ ook: recht de aanklager, eiser

prosecutor ['prɔsikju:tə] *znw* recht eiser, aanklager; *the public* ~ de officier van justitie

prosecutrix *znw* recht eiseres

proselyte ['prɔsilait] *znw* proseliet, bekeerling

proselytism ['prɔsilitizm] *znw* bekeringsijver

proselytize *overg* proselieten maken; bekeren

proser ['prouzə] *znw* prozaschrijver; langdradig vervelende verhaler of schrijver

prosodic [prɔ'sɔdik] *bn* prosodisch: volgens de regels v.d. versmaten

prosody ['prɔsədi] *znw* prosodie: leer der versmaten

1 prospect ['prɔspekt] *znw* vooruitzicht *o*, verwachting; uitzicht[2] *o* (op *of*), verschiet *o*, vergezicht *o*

2 prospect [prəs'pekt] *onoverg & overg* prospecteren, zoeken naar goud of zilver

prospective [prəs'pektiv] *bn* aanstaand, toekomstig; vooruitziend; te wachten staand, te verwachten, in het verschiet liggend

prospector [prəs'pektə] *znw* prospector, mijnbouwkundig onderzoeker

prospectus [prəs'pektəs] *znw* prospectus *o & m*

prosper ['prɔspə] **I** *onoverg* voorspoed hebben; gedijen, bloeien; **II** *overg* plechtig begunstigen

prosperity [prɔs'periti] *znw* voorspoed, welvaart, bloei

prosperous ['prɔspərəs] *bn* voorspoedig, welvarend, bloeiend; plechtig gunstig [wind]

prostate ['prɔsteit] *znw* prostaat (ook: ~ *gland*)

prosthesis ['prɔsθisis] *znw* (*mv*: prostheses [-si:z]) med prothese; *dental* ~ kunstgebit *o*; gramm prothesis

prosthetic [prɔs'θetik] *bn* med prothetisch; gramm voorgevoegd

prostitute ['prɔstitju:t] **I** *znw* prostituee, hoer; **II** *overg* prostitueren[2]; **III** *wederk*: ~ *oneself* zich prostitueren[2]; fig zich verkopen, zijn talent(en) misbruiken

prostitution [prɔsti'tju:ʃən] *znw* prostitutie[2], ontucht; fig ontwijding, verlaging

prostrate I *bn* ['prɔstreit] uitgestrekt, nedergeworpen, (terneer)liggend, terneergebogen, verootmoedigd, uitgeput; *fall* ~ op zijn aangezicht (neer)vallen, een knieval doen (voor *before*); **II** *overg* [prɔs'treit] ter aarde werpen, neerwerpen, omverwerpen; vernietigen; uitputten; **III** *wederk*: ~ *oneself* zich ter aarde werpen, in het stof buigen (voor *before*), zich vernederen, zich onderwerpen

prostration *znw* op zijn aangezicht neervallen *o*; knieval, voetval; neerwerping, omverwerping, diepe vernedering [ook van zichzelf]; verslagenheid; grote zwakte, uitputting (door ziekte)

prosy ['prouzi] *bn* prozaïsch, langdradig, saai

protagonist [prou'tægənist] *znw* hoofdpersoon; voorman, leider; voorvechter

protean [prou'ti:ən, 'proutjən] *bn* proteïsch, veranderlijk, wisselend

protect [prǝ'tekt] *overg* beschermen, beschutten, behoeden, vrijwaren (voor *from, against*); handel honoreren [wissel]

protection *znw* bescherming, beschutting (tegen *against, from*), protectie; vrijgeleide *o*

protectionism *znw* protectionisme *o*

protectionist I *bn* protectionistisch; II *znw* protectionist

protective *bn* beschermend; ~ *colo(u)ration, ~ colouring* schutkleur

protector *znw* beschermer, protector

protectorate *znw* protectoraat *o; the P*~ Br regeringsperiode van Cromwell (1653-1659)

protectorship *znw* beschermheerschap *o*, protectoraat *o*

protectress *znw* beschermster, beschermvrouwe

protégé(e) ['prouteʒei] *znw* protégé(e), beschermeling(e)

protein ['prouti:n] *znw* proteïne, eiwitstof, eiwit *o*

pro tem [prou'tem] *bn = pro tempore* tijdelijk, waarnemend

protest I *znw* ['proutest] protest° *o; enter (make, register, put in) a* ~ protest (verzet) aantekenen, protesteren; II *overg* [prǝ'test] (plechtig) verklaren, betuigen; handel (laten) protesteren; III *onoverg* protesteren (tegen *against*, bij *to*)

Protestant ['prɔtistǝnt] *znw & bn* protestant(s)

Protestantism *znw* protestantisme *o*

protestation [proutis'teiʃǝn] *znw* betuiging, verzekering, (plechtige) verklaring; protest *o*

protester [prǝ'testǝ] *znw* protesterende, contestant

protocol ['proutǝkɔl] *znw* protocol *o*

proton ['proutɔn] *znw* proton *o*

protoplasm ['proutǝplæzm] *znw* protoplasma *o*

prototype ['proutǝtaip] *znw* model *o*, prototype *o*

protozoa [proutǝ'zouǝ] *znw mv* protozoën: ééncellige diertjes

protract [prǝ'trækt] *overg* verlengen, rekken; ~*ed* ook: langdurig

protraction *znw* verlenging

protractor *znw* gradenboog, hoekmeter

protrude [prǝ'tru:d] I *overg* (voor)uitsteken; II *onoverg* uitsteken, uitpuilen

protrusion *znw* (voor)uitsteken *o*, uitpuilen *o*; uitsteeksel *o*

protrusive *bn* (voor)uitstekend

protuberance [prǝ'tju:bǝrǝns] *znw* uitwas, knobbel, zwelling

protuberant *bn* uitstekend, uitpuilend, gezwollen

proud [praud] *bn* fier, trots (op *of*); prachtig; *a* ~ *day for us* een dag om trots op te zijn; *do* ~ verwennen

provable ['pru:vǝbl] *bn* bewijsbaar

prove [pru:v] I *onoverg & abs ww* blijken (te zijn); II *overg* bewijzen, aantonen, waarmaken; de proef maken (nemen) op [een som]; een proef trekken van [een plaat]; op de proef stellen, vero beproe-

ven; III *wederk: he has still to* ~ *himself* hij moet nog laten zien wat hij kan, zijn sporen nog verdienen; ~ *oneself to be...* zich doen kennen als, bewijzen... te zijn

proven vero V.D. van *prove*

provenance ['prɔvinǝns] *znw* herkomst

provender ['prɔvindǝ, -vǝndǝ] *znw* voer *o*

proverb ['prɔvǝ:b] *znw* spreekwoord *o*; staande uitdrukking; *(the Book of) P*~*s* bijbel (het Boek der) Spreuken

proverbial [prǝ'vǝ:bjǝl] *bn* spreekwoordelijk; spreekwoorden-; uit het spreekwoord

proverbially *bijw* spreekwoordelijk; *he is* ~ *ignorant* zijn onwetendheid is spreekwoordelijk

provide [prǝ'vaid] I *overg* zorgen voor, bezorgen, verschaffen; voorzien (van *with*); voorschrijven, bepalen; II *onoverg:* ~ *for* voorzien in; zorgen voor; verzorgen

provided *voegw:* ~ *(that)* mits

providence ['prɔvidǝns] *znw* voorzienigheid, het lot, de goden; *P*~ de Voorzienigheid; plechtig voorzorg; vooruitziende blik

provident *bn* vooruitziend; zorgzaam; zuinig; ~ *fund* steunfonds *o*; ~ *society* vereniging voor onderlinge steun

providential [prɔvi'denʃǝl] *bn* door de Voorzienigheid (beschikt), wonderbaarlijk; gunstig, te juister tijd

providing [prǝ'vaidiŋ] *voegw:* ~ *(that)* mits

province ['prɔvins] *znw* (win)gewest *o*; provincie; gebied *o*, departement *o*; werkkring, vakgebied *o; the* ~*s* ook: de provincie (= het land tegenover de hoofdstad); *it is not (within) my* ~ het ligt buiten mijn ressort, buiten mijn sfeer; het is niet mijn taak

provincial [prǝ'vinʃǝl] I *bn* provinciaal, gewestelijk; provincie-; II *znw* provinciaal: hoofd van een kloosterprovincie; aartsbisschop; buitenman

provincialism *znw* provincialisme *o*, kleingeestigheid; plaatselijke uitdrukking of gewoonte

provinciality [prǝvinʃi'æliti] *znw* provincialisme *o*, kleinsteedse bekrompenheid

provision [prǝ'viʒǝn] I *znw* voorziening; verschaffing; voorzorg(smaatregel); (wets)bepaling; handel dekking [v. wissel]; ~*s* proviand, (mond)voorraad, levensmiddelen, provisie; *make* ~ *for* zorgen voor; voorzien in; II *overg* provianderen

provisional I *bn* voorlopig, tijdelijk, provisioneel; II *znw: P*~ (verk.: *Provo*) lid van de extremistische vleugel van het Ierse Republikeinse Leger

provisionment *znw* proviandering

proviso [prǝ'vaizou] *znw* (*mv:* -s *of* provisoes) bed-ding *o*; voorwaarde, clausule; *there is a* ~ er is een mits bij; *with the (a)* ~ *that* onder voorbehoud dat

provisory [prǝ'vaizǝri] *bn* **1** voorwaardelijk; **2** = *provisional*

Provo ['prouvou] *znw* gemeenz = *provisional* II

provocation [prɔvǝ'keiʃǝn] *znw* tarting, terging;

provocatie; prikkeling; aanleiding; *he did it under severe* ~ omdat hij op ergerlijke wijze geprovoceerd werd

provocative [prə'vɔkətiv] *bn* tergend, tartend; provocerend; prikkelend

provoke [prə'vouk] *overg* (op)wekken, gaande maken, teweegbrengen, uitlokken; provoceren; prikkelen: tergen, tarten; ergeren, kwaad maken

provoking *bn* tergend, tartend; prikkelend; ergerlijk; lam, akelig, vervelend

provost ['prɔvəst] *znw* onderw hoofd *o* van een *college*; Schots burgemeester; [prə'vou] mil provoost

provost-marshal [prə'vou'ma:ʃəl] *znw* mil chef van de politietroepen

prow [prau] *znw* (voor)steven

prowess ['prauis] *znw* moed, dapperheid; heldendaad; bekwaamheid

prowl [praul] **I** *onoverg* rondsluipen, rondzwerven, zoeken naar prooi; loeren op buit; **II** *overg* sluipen door, afzwerven; **III** *znw* zwerftocht, rooftocht; *go on the* ~ op roof uitgaan; ~ *car* Am patrouillewagen [politie]

prowler ['praulə] *znw* iem. die rondsluipt, ± gluurder

prox. [prɔks] *afk.* = *proximo*

proximate ['prɔksimit] *bn* dichtbij(zijnd); ~ *cause* naaste of onmiddellijke oorzaak

proximity [prɔk'simiti] *znw* nabijheid; verwantschap

proximo ['prɔksimou] *bijw* aanstaand(e), eerstvolgend(e), van de aanstaande maand

proxy ['prɔksi] *znw* volmacht; gevolmachtigde, procuratiehouder; *by* ~ bij volmacht

prude [pru:d] *znw* preuts persoontje *o*

prudence ['pru:dəns] *znw* voorzichtigheid, omzichtigheid, beleid *o*, verstandigheid

prudent *bn* voorzichtig, omzichtig, beleidvol, verstandig

prudential [pru'denʃəl] *bn* wijs, voorzichtig

prudery ['pru:dəri] *znw* preutsheid

prudish *bn* preuts

1 prune [pru:n] *znw* gedroogde pruim, pruimedant; roodpaars

2 prune [pru:n] *overg* snoeien; ~ *down* besnoeien²; ~ *of* ontdoen van

pruning-hook, pruning-knife *znw* snoeimes *o*

prurience ['pruəriəns] *znw* wellust

prurient *bn* wellustig

prurigo [pru'raigou] *znw* jeukende uitslag

pruritus [pru'raitəs] *znw* jeuk

Prussian ['prʌʃən] **I** *bn* Pruisisch; ~ *blue* Berlijns blauw *o*; **II** *znw* Pruis

prussic ['prʌsik] *bn*: ~ *acid* blauwzuur *o*

1 pry [prai] *onoverg* gluren, snuffelen; fig zich bemoeien met andermans zaken; ~ *into* fig zijn neus steken in

2 pry [prai] *overg* (open)breken; (los)krijgen

PS *afk.* = *postscriptum* PS

psalm [sa:m] *znw* psalm

psalmist *znw* psalmist

psalmody ['sæl-, 'sa:mədi] *znw* psalmodie, psalmgezang *o*

psalter ['sɔ:ltə] *znw* psalmboek *o*

psaltery *znw* muz psalter *o*

psephology [(p)se'fɔlədʒi] *znw* studie van kiezersgedrag

pseud [sju:d] *znw* gemeenz dikdoener, blaaskaak

pseudo ['(p)sju:dou] *bn* gemeenz pseudo, vals, onecht

pseudo- *voorv* pseudo-

pseudonym ['(p)sju:dənim] *znw* pseudoniem *o*

pseudonymous [(p)sju'dɔniməs] *bn* onder pseudoniem

pshaw [pʃɔ:] *tsw* bah!, foei!

psittacosis [psitə'kousis] *znw* papegaaienziekte

psych [saik] *overg*: ~ *out* gemeenz bang maken, in de war brengen; (geestelijk) instorten; ~ *oneself up* zich geestelijk voorbereiden, zich instellen (op *for*)

psyche ['saiki] *znw* psyche [ziel]

psychedelic [saiki'delik] *bn* psychedelisch, bewustzijnsverruimend

psychiatric [saiki'ætrik] *bn* psychiatrisch

psychiatrist [sai'kaiətrist] *znw* psychiater

psychiatry *znw* psychiatrie

psychic ['saikik] **I** = *psychic(al)*; **II** *znw* paranormaal begaafde, medium *o*

psychic(al) *bn* psychisch, ziel-; spiritistisch; paragnostisch; *psychical research* parapsychologie

psycho ['saikou] *znw* gemeenz psychopaat

psychoanalyse [saikou'ænəlaiz] *overg* psychoanalyseren

psychoanalysis [saikouə'nælisis] *znw* psychoanalyse

psychoanalyst [saikou'ænəlist] *znw* psychoanalyticus

psychoanalytic [saikouænə'litik] *bn* psychoanalytisch

psychological [saikə'lɔdʒikl] *bn* psychologisch

psychologist [sai'kɔlədʒist] *znw* psycholoog

psychology *znw* psychologie

psychopath ['saikoupæθ] *znw* psychopaat

psychopathic [saikou'pæθik] *bn* psychopathisch

psychosis [sai'kousis] *znw* (*mv:* psychoses [-si:z]) psychose

psychosomatic [saikousou'mætik] *bn* psychosomatisch

psychotic [sai'kɔtik] *bn (znw)* psychotisch (persoon)

PT *afk.* = *physical training*

PTA *afk.* = *Parent Teacher Association* [oudercommissie met deelname van leerkrachten]

ptarmigan ['ta:migən] *znw* sneeuwhoen *o*

PTO *afk.* = *please turn over* zie ommezijde, z.o.z.

ptomaine ['toumein] *znw* ptomaïne; lijkengif

pub [pʌb] *znw* gemeenz = *public house*

pub-crawl *znw* gemeenz kroegentocht

puberty ['pju:bəti] znw geslachtsrijpheid
pubes ['pju:bi:z] znw schaamhaar o; schaamstreek
pubescence [pju:'besns] znw begin o v.d. puberteit;
plantk donshaar o
pubescent [pju:'besnt] bn de puberteit bereikt hebbend, geslachtsrijp
public ['pʌblik] I bn algemeen, openbaar, publiek;
staats-, rijks-, lands-, volks-; berucht; go ~ naar de
beurs gaan; ~ bar (goedkopere) bar in een public
house; vgl: saloon bar; ~ convenience openbare wc,
urinoir o; in the ~ eye de algemene aandacht trekkend; ~ examination staatsexamen o; ~ figure persoon die een openbaar ambt bekleedt of deelneemt
aan het openbare leven; the ~ good het algemeen
welzijn; ~ health volksgezondheid; ~ house café o,
bar, pub; ~ housing Am sociale woningbouw; ~ law
het volkenrecht; het publiekrecht; ~ opinion de
openbare mening; ~ ownership nationalisatie; P~
Relations (Department) voorlichting(sdienst), prafdeling; ~ relations officer voorlichter, perschef,
PR-functionaris; ~ school zie public-school; ~ sector
openbare sector; ~ servant ambtenaar; ~ speaking
(de kunst v.h.) spreken in het openbaar; ~ spirit
burgerzin; ~ transport openbaar vervoer o; ~ works
openbare werken; II znw publiek o; in ~ in het
openbaar
public-address system znw geluidsinstallatie, intern omroepsysteem o, luidsprekerinstallatie
publican ['pʌblikən] znw herbergier, caféhouder,
kroegbaas; bijbel tollenaar
publication [pʌbli'keiʃən] znw openbaarmaking,
afkondiging, bekendmaking; publicatie, uitgave,
blad o
publicist ['pʌblisist] znw 1 publicist, journalist;
2 deskundige op het gebied van internationaal
recht; 3 publiciteitsagent
publicity [pʌ'blisiti] znw 1 publiciteit; 2 reclame
publicize ['pʌblisaiz] overg publiciteit geven aan,
reclame maken voor
publicly ['pʌblikli] bijw in het openbaar, in het publiek, publiekelijk, openlijk
public-school znw 1 (particuliere) opleidings-
school voor de universiteit [in Engeland]; 2 openbare (basis- of middelbare) school [Schotland, Dominions, Amerika]
public-spirited bn vol belangstelling in en bezield
met ijver voor het algemeen welzijn
publish ['pʌbliʃ] overg openbaar maken, publiek
maken, bekendmaken, afkondigen [iets]; publiceren, uitgeven [boek]
publishable bn voor publicatie geschikt
publisher znw uitgever; uitgeverij
publishing znw uitgeversbranche
publishing-house znw uitgeverij
puce [pju:s] bn (znw) donker- of purperbruin o
puck [pʌk] znw kabouter, kobold; sp schijf [v. ijshockey]
pucker ['pʌkə] I onoverg rimpelen, (zich) plooien,

zich fronsen (ook: ~ up); II overg (doen) rimpelen,
(op)plooien, frons(el)en (ook: ~ up); III znw rimpel, plooi, fronsel
puckish ['pʌkiʃ] bn snaaks, ondeugend
pud [pud] znw gemeenz = pudding
1 pudding ['pudiŋ] znw scheepv stootkussen o van
touw
2 pudding ['pudiŋ] znw pudding; gemeenz dessert
o, toetje o
pudding basin ['pudiŋbeisn] znw beslagkom; puddingvorm
pudding-face znw vollemaansgezicht o
pudding-head znw gemeenz uilskuiken o
puddingy ['pudiŋi] bn puddingachtig
puddle ['pʌdl] I znw (regen)plas, poel; vulklei; II
onoverg ploeteren, plassen, knoeien; III overg omroeren; techn puddelen, frissen [gesmolten ijzer];
met vulklei dichtmaken
puddly bn vol plasjes; modderig
pudgy ['pʌdʒi] bn dik
puerile ['pjuərail] bn kinderachtig
puerility [pjuə'riliti] znw kinderachtigheid
Puerto Rican ['pjuɛətou 'ri:kən] I znw Portoricaan; II bn Portoricaans
Puerto Rico ['pjuɛətou 'ri:kou] znw Porto Rico o
puff [pʌf] I znw windstootje o, ademtochtje o,
zuchtje o, (rook-, stoom- &)wolkje o; trekje o [aan
pijp]; gemeenz (opgeklopte) reclame; poederdons;
pof [aan japon]; soes; II onoverg opzwellen (ook: ~
up); blazen, hijgen, snuiven; paffen [aan pijp], puffen [locomotief]; III overg op-, uitblazen; doen opbollen (ook: ~ out, ~ up); reclame maken voor; in
de hoogte steken (ook: ~ up); ~ed ook: buiten
adem; ~ed sleeves pofmouwen; ~ed up with pride
opgeblazen van trots
puff-ball ['pʌfbɔ:l] znw stuifzwam; kaars (v. paardebloem)
puffer ['pʌfə] znw wie puft &, gemeenz stoomlocomotief, stoomboot
puffin ['pʌfin] znw papegaaiduiker
puff-pastry, Am **puff-paste** ['pʌfpeist(ri)] znw
bladerdeeg o
puffy ['pʌfi] bn pafferig; opgeblazen[2]; gezwollen
pug [pʌg] znw mopshond
pugilism ['pju:dʒilizm] znw boksen o
pugilist znw bokser
pugilistic [pju:dʒi'listik] bn vuistvechters-
pugnacious [pʌg'neiʃəs] bn twistziek, strijdlustig
pugnacity [pʌg'næsiti] znw strijdlust
pug-nose ['pʌgnouz] znw mop(s)neus
puisne ['pju:ni] I bn recht jonger; ~ judge = II znw
rechter van lagere rang
puissance ['pjuis(ə)ns] znw springtest [voor paarden]; vero macht, kracht
puissant ['pjuis(ə)nt] bn vero machtig
puke [pju:k] overg braken
pukka ['pʌkə] bn gemeenz echt, authentiek; uitstekend, excellent

443

pulchritude ['pʌlkritjuːd] *znw* plechtig schoonheid

pule [pjuːl] *onoverg* plechtig klaaglijk huilen; zacht wenen

pull [pul] **I** *overg* trekken (aan), rukken, scheuren, plukken (aan); tappen [bier]; verrekken [spier]; slang versieren [meisje, jongen &]; overhalen, afdrukken, -trekken (~ *the trigger*); roeien; ~ *a good oar* goed kunnen roeien; *boat that* ~*s six oars* zesriemsboot; ~ *one's punches* niet toeslaan; het kalm aan doen; toegeeflijk zijn; ~ *no punches* ook: geen blad voor de mond nemen, vrijuit spreken; ~ *a trick* (~ *a fast one*) een grap (met iem.) uithalen; ~ *one's weight* zich geheel geven; iets presteren; ~ *the other one (it's got bells on)* gemeenz ga fietsen, maak dat de kat wijs; **II** *onoverg & abs ww* trekken [aan de bel]; roeien; ~ *about* heen en weer trekken, toetakelen; door elkaar gooien; ~ *at* plukken aan, trekken aan [pijp]; ~ *apart* uit elkaar rukken; ~ *away (ahead)* zich in beweging zetten; optrekken, wegrijden; sp demarreren, een uitlooppoging doen; ~ *away at* uit alle macht trekken aan &; ~ *back* achteruit trekken; terughouden; terugtrekken; ~ *back from* afzien van; ~ *down* neertrekken, omverhalen, neerhalen², afbreken, slopen; fig (doen) aftakelen; ~ *in* intrekken; aantrekken, binnenhalen; strakker maken; binnenrijden; slang in de kraag grijpen; ~ *in to the side of the road* naar de kant van de weg rijden en stoppen; ~ *in at* even aangaan bij; ~ *off* aftrekken, uittrekken [schoenen], afnemen; ~ *it off* het winnen; het klaarspelen, het hem leveren; ~ *on* aantrekken; ~ *out* uittrekken; vertrekken, weggaan [v. trein]; uithalen [naar rechts, links]; ~ *out of* verlaten, wegtrekken uit [v. leger &]; comput selecteren; ~ *out of (the crisis)* (de crisis) te boven komen; ~ *out of an agreement* zich onttrekken aan een afspraak; ~ *over* opzijgaan [v. auto]; ~ *round*, ~ *through* zich erdoorheen slaan, het erbovenop halen, er bovenop komen (helpen); ~ *to bits (pieces)* uit elkaar (stuk) trekken; fig afkammen [boek &]; ~ *together* bijeen trekken; fig één lijn trekken; weer opknappen [een zieke]; ~ *oneself together* zich vermannen; zich beheersen; ~ *up* stilhouden, blijven staan, stoppen; optrekken, omhoogtrekken, ophalen; uit de grond trekken; bijschuiven [stoel]; tot staan brengen, tegenhouden; op zijn plaats zetten; terechtwijzen; oppakken, voor het gerecht trekken; **III** *znw* ruk; trekken *o*; mil aftrekken *o*; trek, trekje *o* [aan pijp]; trekkracht; aantrekkingskracht; roeitocht; teug; handvat *o*; fig invloed; *it is a hard* ~ het is zwaar roeien; het is een hele toer, een hele sjouw; *have a* ~ *on (with) sbd.* invloed bij iem. hebben, veel bij iem. vermogen

pullet ['pulit] *znw* jonge kip

pulley ['puli] *znw* katrol; riemschijf

pull-in ['pulin] *znw* wegcafé *o*

Pullman (car) ['pulmən(kaː)] *znw* pullman, pullmanrijtuig *o*

pullover ['pulouvə] *znw* pullover [soort trui]

pullulate ['pʌljuleit] *onoverg* snel vermenigvuldigen, voortwoekeren

pull-up ['pulʌp] *znw* ook: = *pull-in*

pulmonary ['pʌlmənəri] *bn* long-

pulp [pʌlp] **I** *znw* weke massa; merg *o*; vlees *o* [v. vruchten], moes *o*, pulp, (papier)brij, -pap; gemeenz goedkoop (op slecht papier gedrukt) tijdschrift *o* (ook: ~ *magazine*); ~ *fiction*, ~ *novels* gemeenz sensatieromans; **II** *overg (& onoverg)* tot moes of brij maken (worden)

pulpit ['pulpit] *znw* kansel, preekstoel, katheder, spreekgestoelte *o*

pulpy ['pʌlpi] *bn* **1** zacht, moesachtig, vlezig; **2** pulp-, sensatie-

pulsate [pʌl'seit, 'pʌlseit] *onoverg* kloppen, slaan, trillen, pulseren

pulsation [pʌl'seiʃən] *znw* slaan *o*, (hart)slag, klopping [van het hart &], trilling

pulsatory ['pʌlsətəri] *bn* kloppend, trillend, vibrerend

1 pulse [pʌls] *znw* peulvrucht(en)

2 pulse [pʌls] **I** *znw* pols, (pols)slag, klopping, trilling; elektr (im)puls; vitaliteit; prikkel, sensatie; **II** *onoverg* kloppen, slaan, pulseren; *take sbd.'s* ~ iem. de pols voelen; *have (keep) one's finger on the* ~ fig de vinger aan de pols houden

pulverization [pʌlvərai'zeiʃən] *znw* vermaling tot poeder, fijnstamping; verstuiving; verpulvering²; fig vermorzeling

pulverize ['pʌlvəraiz] **I** *overg* tot pulver of poeder stoten of wrijven, fijnstampen of -wrijven; doen verstuiven; verpulveren²; fig vermorzelen; **II** *onoverg* tot poeder of stof worden

pulverizer *znw* pulverisator, verstuiver, verstuivingstoestel *o*

puma ['pjuːmə] *znw* poema

pumice ['pʌmis] *znw* puimsteen *o* & *m* [stofnaam]; puimsteen *m* [voorwerpsnaam] (ook: ~ *stone*)

pummel ['pʌməl] *overg* = *pommel*

1 pump [pʌmp] **I** *znw* pomp; **II** *overg* (uit)pompen; gemeenz uithoren; inpompen²; ~ *up* oppompen; **III** *onoverg* pompen

2 pump [pʌmp] *znw* lak-, dansschoen, pump

pumpernickel ['pumpənikl] *znw* pompernikkel

pump-handle ['pʌmphændl] *znw* pompslinger

pumpkin ['pʌm(p)kin] *znw* pompoen

pump-room ['pʌmprum] *znw* kursaal [in badplaats]

pun [pʌn] **I** *znw* woordspeling; **II** *onoverg* woordspelingen maken (op *on*)

1 punch [pʌn(t)ʃ] **I** *znw* **1** techn pons, doorslag, drevel; kaartjestang, perforator; stoot, stomp, slag; durf, fut; **2** punch [drank]; **3** (Suffolks) trekpaard *o*; **II** *overg* techn ponsen, doorslaan; knippen [met een gaatje]; stompen, slaan (op); ~*(ed) card* ponskaart; ~*(ed) tape* ponsband

2 Punch [pʌn(t)ʃ] *znw* Jan Klaassen; ~ *and Judy* Jan

Klaassen en Katrijn; poppenkast; *as pleased as* ~ erg in zijn nopjes

punch bag ['pʌn(t)ʃbæg] *znw* stootzak [voor boksers]

punchball ['pʌn(t)ʃbɔ:l] *znw* boksbal

punchbowl ['pʌn(t)ʃboul] *znw* punch-, bowlkom

punch card ['pʌn(t)ʃka:d] *znw* ponskaart

punch-drunk ['pʌn(t)ʃ'drʌŋk] *bn* versuft; in de war

Punchinello [pʌn(t)ʃi'nelou] *znw* hansworst, pias, potsenmaker

punching bag *znw* Am = *punch bag*

punching-ball ['pʌn(t)ʃiŋbɔ:l] *znw* boksbal

punch-line ['pʌn(t)ʃlain] *znw* pointe

punch tape *znw* ponsband

punch-up *znw* slang knokpartij

punchy ['pʌn(t)ʃi] *bn* **1** pittig, dynamisch; **2** aangeslagen, versuft

punctilio [pʌŋk'tiliou] *znw* formaliteitsfinesse; overdreven nauwgezetheid

punctilious *bn* overdreven nauwgezet, stipt

punctual ['pʌŋktjuəl] *bn* stipt (op tijd), precies, nauwgezet, punctueel

punctuality [pʌŋktju'æliti] *znw* stiptheid, punctualiteit, preciesheid, nauwgezetheid

punctuate ['pʌŋktjueit] *overg* leestekens plaatsen; onderbreken (met); onderstrepen, accentueren; kracht bijzetten aan

punctuation [pʌŋktju'eiʃən] *znw* punctuatie, interpunctie; ~ *marks* leestekens

puncture ['pʌŋktʃə] **I** *znw* prik, gaatje *o*, doorboring, lek *o* [in fietsband], bandenpech; **II** *overg* lek maken, (door)prikken [band &]; med puncteren; *a ~d tire* een lekke band; **III** *onoverg* lek worden [band &]

pundit ['pʌndit] *znw* geleerde (hindoe); wijze (geringsch die meent het te weten), gemeenz knappe kop

pungency ['pʌndʒənsi] *znw* scherpheid, bijtend karakter *o*

pungent *bn* scherp, bijtend; sarcastisch

punish ['pʌniʃ] *overg* straffen, bestraffen; kastijden; afstraffen; toetakelen, op zijn kop geven, flink aanspreken [de fles &]

punishable *bn* strafbaar

punishment *znw* straf, bestraffing, afstraffing; *take a lot of* ~ gemeenz heel wat incasseren

punitive ['pju:nitiv] *bn* straffend, straf-

Punjabi [pʌn'dʒa:bi] *znw* Punjabi [inwoner & taal]

punk [pʌŋk] **I** *znw* **1** (ook: ~ *rock*) punk(muziek, -beweging); **2** (ook: ~ *rocker*) aanhanger van de punkbeweging, punk, punker; **3** *vooral* Am slang ± randgroepjongere; **4** slang onzin, bullshit; **II** *bn* **1** punk- **2** slang rot-, shit-

punnet ['pʌnit] *znw* spanen (fruit)mandje *o*

punster ['pʌnstə] *znw* maker van woordspelingen

1 punt [pʌnt] **I** *znw* platboomde rivierschuit; **II** *overg* voortbomen; **III** *onoverg & abs ww* op de ri-

vier met de *punt* tochtjes maken; ~*(ing) pole* vaarboom

2 punt [pʌnt] *onoverg* tegen de bankhouder spelen; wedden; kleine bedragen inzetten

3 punt [pʌnt] rugby, Am. voetbal **I** *znw* het trappen van de bal zodra deze losgelaten wordt; **II** *overg & onoverg* de bal trappen zodra deze losgelaten wordt

punter ['pʌntə] *znw* pointeur, gokker; klant; *the ~s* het publiek, de mensen (in het land)

puny ['pju:ni] *bn* klein, zwak, nietig

pup [pʌp] **I** *znw* jonge hond, zeehond e.d.; gemeenz verwaand (jong) broekje *o*; *be sold a ~* een kat in de zak kopen; *in* ~ drachtig, zwanger; **II** *onoverg* jongen werpen, jongen

pupa ['pju:pə] *znw* (*mv:* -s *of* pupae [-pi:]) dierk pop

pupate ['pju:peit] *onoverg* zich verpoppen

pupation [pju'peiʃən] *znw* verpopping

pupil ['pju:pil] *znw* pupil [v. oog]; leerling; ~ *teacher* kwekeling; recht pupil

pupil(l)age *znw* leertijd

pupil(l)ary *bn* pupil-; leerlingen-; recht pupillen-

puppet ['pʌpit] **I** *znw* marionet[2]; **II** *bn* marionetten

puppeteer [pʌpi'tiə] *znw* poppenspeler

puppet play ['pʌpitplei] *znw* marionettenspel *o*, poppenspel *o*

puppetry *znw* marionetten(spel *o*, -theater *o*)

puppet show *znw* marionettenspel *o*, -theater *o*, poppenspel *o*, poppenkast

puppet state *znw* vazalstaat

puppy ['pʌpi] *znw* jonge hond; verwaande kwast

puppyfat ['pʌpifæt] *znw* gemeenz vet *o* (dikheid) van de jeugd

puppyish ['pʌpiiʃ] *bn* als een jong hondje

puppy love *znw* kalverliefde

purblind ['pə:blaind] *bn* bijziend; fig kortzichtig

purchase ['pə:tʃəs] **I** *znw* koop°; aanschaffing; aankoop, inkoop; recht verwerving; techn aangrijpingspunt *o*; hefkracht; spil, talie; *get a* ~ een punt vinden om aan te zetten, vat krijgen; *make* ~*s* inkopen doen; **II** *overg* (aan)kopen[2], recht verwerven

purchase-money *znw* aankoopprijs, koopsom

purchaser *znw* consument, koper, afnemer

purchase tax *znw* hist aankoopbelasting

purchasing-power *znw* koopkracht

purdah ['pə:(r)da:, -də] *znw* [Hindi] afzondering en sluiering van vrouwen [bij moslims &], purdah

pure ['pjuə] *bn* zuiver, rein, kuis; puur, onvermengd; louter; ~ *culture* reincultuur, zuivere kweek; ~ *and simple* zuiver, louter, niets anders dan, je reinste

pure-bred *bn* rasecht, ras-

purée ['pjuərei] *znw* puree

purgation [pə:'geiʃən] *znw* zuivering; purgatie

purgative [pə:'gætiv] **I** *bn* zuiverend; purgerend; **II** *znw* purgeermiddel *o*

purgatorial [pə:gə'tɔ:riəl] *bn* van het vagevuur

purgatory ['pə:gətəri] *znw* vagevuur[2] *o*; gemeenz (zware) beproeving

purge

purge [pə:dʒ] **I** *overg* zuiveren [politiek &]; reinigen, schoonwassen; laten purgeren; **II** *znw* zuivering; purgatie; purgatief *o*

purification [pjuərifi'keiʃən] *znw* zuivering, reiniging, loutering

purificatory ['pjuərifikeitəri] *bn* zuiverend, reinigend, louterend

purifier *znw* zuiveraar, reiniger, louteraar; zuiveringsmiddel *o*, -toestel *o*

purify *overg* zuiveren, reinigen, louteren; klaren

purism ['pjuərizm] *znw* purisme *o*

purist *znw* purist, taalzuiveraar

puristic [pjuə'ristik] *bn* puristisch

puritan ['pjuəritən] *znw* & *bn* puritein(s); P~ hist puritein *m*

puritanical [pjuəri'tænikl] *bn* puriteins

puritanism ['pjuəritənizm] *znw* puritanisme *o*

purity ['pjuəriti] *znw* zuiverheid², reinheid, kuisheid

1 purl [pə:l] **I** *znw* averechtse steek, boordsel *o*; **II** *bn* averechts [steek]; **III** *overg* averechts breien; boorden

2 purl [pə:l] **I** *onoverg* kabbelen; **II** *znw* gekabbel *o*

purler *znw* gemeenz buiteling voorover

purlieus ['pə:lju:z] *znw* zoom, omtrek, buurt

purlin ['pə:lin] *znw* hanenbalk

purloin [pə:'lɔin] *overg* kapen, stelen

purple ['pə:pl] **I** *bn* paars, purper(rood); purperen; P~ Heart Am militaire onderscheiding voor gewonden; slang hartvormig pepmiddel (amfetamine) *o*; ~ (patch) passage briljante (vaak bombastische) passage [in boek &]; **II** *znw* purper² *o*

purplish *bn* purperachtig

1 purport ['pə:pət] *znw* inhoud; zin, betekenis; strekking, bedoeling

2 purport [pə'pɔ:t] *overg* voorgeven, de indruk (moeten) wekken, beweren, te kennen geven, inhouden, behelzen; van plan zijn

purpose ['pə:pəs] **I** *znw* doeleinde *o*, doel *o*, oogmerk *o*; bedoeling; (sense of) ~ vastberadenheid; for that ~ met dat doel; te dien einde; daarom; for all practical ~s praktisch; on ~ met opzet; to the ~ ter zake (dienend); to good ~ met succes; to little ~ met weinig succes; to no ~ zonder resultaat, tevergeefs; a novel with a ~ een tendensroman; **II** *overg* zich voornemen, van plan zijn

purpose-built *bn* speciaal ontworpen

purposeful *bn* met een bedoeling in het leven geroepen, zinvol; doelbewust, recht op het doel afgaand

purposeless *bn* doelloos

purposely *bijw* opzettelijk, met opzet

purposive *bn* met een bepaalde bedoeling; doelbewust

purr [pə:] **I** *onoverg* snorren [motor &]; spinnen [v. katten]; knorren [v. welbehagen]; **II** *znw* spinnen *o* [v. katten]

purse [pə:s] **I** *znw* beurs°; portemonnee, portemonnee; buidel; Am handtas; sp geldprijs; the public ~ de schatkist; **II** (onoverg &) overg (zich) samentrekken, (zich) fronsen (ook: ~ up)

purse-proud ['pə:spraud] *bn* poenig

purser ['pə:sə] *znw* scheepv administrateur

purse-strings ['pə:sstrinz] *znw mv*: hold the ~ het geld beheren, de financiële touwtjes in handen hebben

purslane ['pə:slin] *znw* postelein

pursuance [pə'sju:əns] *znw* nastreven *o* [van een plan]; voortzetting; uitvoering; in ~ of ingevolge, overeenkomstig

pursuant *bn* ~ to overeenkomstig, ingevolge

pursue [pə'sju:] **I** *overg* vervolgen, achtervolgen; voortzetten; najagen, nastreven; volgen [weg, zekere politiek], uitoefenen [bedrijf]; doorgaan op [iets]; **II** *onoverg* verder gaan, doorgaan

pursuer *znw* vervolger; (achter)volger; najager; voortzetter

pursuit *znw* vervolgen *o*; achter-, vervolging, najaging; jacht (op *of*), streven *o* (naar *of*); ~s bezigheden, werk *o*; in ~ of vervolgend, jacht makend op, nastrevend, uit op

pursy ['pə:si] *bn* vero kortademig; corpulent

purulent ['pjuərulənt] *bn* etter(acht)ig, etterend; ~ discharge etter, ettering

purvey [pə:'vei] *overg* verschaffen, leveren

purveyance *znw* voorziening, verschaffing; proviandering, leverantie

purveyor *znw* verschaffer, leverancier; ~ to Their Majesties hofleverancier

purview ['pə:vju:] *znw* bepalingen [van een wet]; gebied *o*, bereik *o*, omvang, gezichtskring

pus [pʌs] *znw* pus *o* & *m*, etter

push [puʃ] **I** *overg* stoten, duwen, dringen, drijven (tot *to*); schuiven; pousseren [een artikel]; slang handelen in [drugs]; he's ~ing forty gemeenz hij loopt tegen de veertig; ~ an advantage (home) benutten; ~ the button op de knop drukken; ~ one's claim vasthouden aan zijn eis; ~ one's luck te veel op zijn geluk vertrouwen; ~ one's way zich een weg banen; zich pousseren; ~ (one's way) in zich in-, opdringen; ~ sbd. hard iem. het vuur na aan de schenen leggen; be ~ed for te kort hebben aan; be ~ed for time in tijdnood zitten; be hard ~ed to (survive) ternauwernood kunnen (overleven); **II** *onoverg* & *abs ww* stoten, duwen, dringen; ~ around gemeenz ringeloren, koeioneren; ~ away wegduwen; ~ back terugduwen, terugdringen; ~ down neerduwen; ~ for an answer aandringen op een antwoord; ~ for the next village dóórlopen naar, oprukken naar, rijden (roeien) naar; ~ for (power) op zoek zijn naar (macht); be (hard) ~ed for money (erg) verlegen zijn om geld; ~ forth roots wortel schieten; ~ forward voortrukken; vaart zetten achter [iets], pousseren [iem.]; mil vooruitschuiven [troepen]; ~ oneself forward (zich) naar voren dringen²; ~ from shore van wal steken; ~ off afzetten, afduwen, afstoten; gemeenz opstappen, vertrekken; ~ *on* voortduwen; pousseren, voorthelpen, vooruit schoppen; aanzetten (tot *to*); voortrijden, voortrukken, doormarcheren, verder roeien; ~ *on with it* er mee doorgaan; er mee voortmaken; ~ *out into the sea* in zee steken; ~ *over* omstoten; ~ *through* doorzetten, -drijven, -drukken, klaarspelen; **III** *znw* stoot[2], duw; zet, zetje o; druk, drang; stuwkracht; energie; mil offensief o; drukknop, toets [aan toestel]; *get (give sbd.) the* ~ gemeenz de bons krijgen (geven); *make a* ~ *for home* zo gauw mogelijk thuis zien te komen; *make a* ~ *for the town* de stad (vechtende) zien te bereiken; *at a* ~ in geval van nood; *when it came to the* ~ toen het erop aankwam

push-bike *znw* gemeenz (trap)fiets
push-button *znw* drukknop; *a* ~ *telephone* een telefoon met druktoetsen
push-cart *znw* kleine kruiwagen; handkar
push-chair *znw* wandelwagentje o
pusher *znw* streber; gemeenz drugshandelaar; ~ *screw* luchtv duwschroef
pushing *bn* **1** energiek, dynamisch; **2** = *pushy*
pushover *znw* gemeenz peulenschil, makkie o
pushpin *znw* Am punaise
push-up *znw* Am opdrukoefening, push-up
pushy, pushful *bn* aanmatigend; zich op de voorgrond dringend; te ambitieus of zelfbewust
pusillanimity [pju:silæ'nimiti] *znw* kleinmoedigheid, blohartigheid
pusillanimous [pju:si'lænimǝs] *bn* kleinmoedig, blohartig
puss [pus] *znw* kat, poes, poesje[2] o; slang lekker wijf; *P*~ *in Boots* de Gelaarsde Kat
pussy *znw* poesje o; katje o; plat [vrouwelijk geslachtsdeel]
pussy-cat *znw* poes, poesje o
pussyfoot *onoverg* omzichtig te werk gaan; stiekem doen; ergens omheen draaien; besluiteloos zijn
pussy-willow *znw* katwilg
pustular ['pʌstjulǝ] *bn* puistig
pustulate *overg* & *onoverg* (tot) puistjes vormen
pustule *znw* puistje o
1 put [put] (put; put) **I** *overg* zetten, stellen, plaatsen, leggen; brengen; steken, stoppen, bergen; doen; fig uitdrukken, onder woorden brengen, zeggen; [een zaak] voorstellen; [een zekere uitleg] geven (aan *on*); [iets] in stemming brengen; *I didn't know where to* ~ *myself* ik wist mij met mijn houding geen raad; ~ *a check on* tegenhouden, beteugelen, in toom houden; ~ *about* scheepv wenden; laten rondgaan; rondstrooien [praatjes]; *be* ~ *about to...* alle moeite hebben om ..; ~ *across* overzetten; goed overbrengen, duidelijk uitleggen; ~ *it across* gemeenz erin slagen te..., het klaarspelen; ~ *it across on sbd.* (~ *one over on sbd.*) gemeenz iem. bij de neus nemen, iem. beduvelen; ~ *aside* opzij zetten[2]; van de hand wijzen; ~ *away* wegleggen, weg-

zetten (ook van geld); van zich af zetten [gedachten]; gemeenz verorberen; gemeenz opbergen [in gevangenis &]; ~ *back* weer op zijn plaats zetten of leggen; achteruit-, terugzetten [klok]; uitstellen; vertragen; wegwerken [voedsel]; ~... *before...* voorleggen; stellen boven of hoger dan; ~ *behind one* terzijde leggen [rekwest &]; fig te boven komen, achter zich laten; *that* ~*s it beyond all doubt* dat heft alle twijfel op; ~ *by* opzij leggen, overleggen [geld]; ter zijde leggen; ~ *down* neerleggen, neerzetten; afzetten [passagiers]; opschrijven, optekenen, noteren; onderdrukken, bedwingen [opstand]; laten inslapen [dier]; afmaken, doden; een toontje lager doen zingen, tot zwijgen brengen [iem.]; fnuiken [trots]; ~ *him down as a fool* houden voor; ~ *it down to his nervousness* toeschrijven aan; ~ *forth* uitsteken [de hand]; uitvaardigen [edict]; opperen [mening]; verkondigen; inspannen, aanwenden [zijn krachten]; ~ *forth leaves* in het blad schieten; ~ *forward* vooruit zetten, vervroegen; te berde of ter tafel brengen, verkondigen, opperen [mening]; uitkomen met [kandidaten]; ~ *oneself forward* zich op de voorgrond plaatsen; ~ *in* zetten in, inzetten; steken in; invoegen, inlassen; plaatsen; (laten) aanleggen [elektrisch licht &]; aanspannen [paarden]; planten [zaden]; aanstellen, in dienst nemen; verzetten [veel werk], werken [zoveel uren]; scheepv binnenlopen; ~ *in an appearance* zich (even) vertonen, acte de présence geven; ~ *in a claim (a demand)* een eis indienen; ~ *in a word* een woordje meespreken, ook een duit in het zakje doen; ~ *in a (good) word for* een goed woordje doen voor; ~ *in at* stoppen bij, even aangaan bij, een haven aandoen [v. schip]; ~ *in for* solliciteren naar, zich opgeven voor; ~ *it into Dutch* zeg (vertaal) het in het Nederlands; ~ *into words* onder woorden brengen, verwoorden; ~ *off* afzetten, afleggen, uittrekken; van wal steken; uitstellen; afzeggen, afschrijven; afbrengen; afkerig maken, doen walgen; onthutsen; ~ *off with talk (fair words)* met mooie praatjes afschepen; ~ *off as (for)* uitgeven voor; ~ *on* opzetten, aandoen, aantrekken [kleren]; opleggen; aanzetten; aanhaken [spoorwegrijtuig]; inleggen, extra laten lopen [trein]; in de vaart brengen [schip]; aannemen [houding]; zetten [een gezicht]; aan het werk zetten [iem.]; op touw zetten, organiseren, laten spelen [toneelstuk], opvoeren, geven; stellen op, voorschrijven [dieet]; Am *on de gek houden*; ~ *on the clock* voorzetten; ~ *it on* gemeenz overvragen; overdrijven; maar zo doen; ~ *on to...* [per telefoon] verbinden met...; inlichtingen geven over; in contact brengen met; ~ *money on a horse* op een paard wedden; ~ *on £ 5* vijf pond inzetten; ~ *on speed* vaart zetten; ~ *on steam* stoom maken; fig er vaart achter zetten; zie ook: *flesh, side, weight*; ~ *out* uitleggen, (er) uitzetten, uitsteken, uitplanten; uitdoen, (uit)blussen, uitdoven; uitstrooien [gerucht]; RTV uitzenden;

put

uitgeven, publiceren; uitbesteden [werk]; van zijn stuk brengen, in de war maken; hinderen; sp uitbowlen; de loef afsteken; med ontwrichten; ~ *out buds* knoppen krijgen; ~ *out sbd.'s plans* verijdelen; ~ *out one's washing* buitenshuis laten wassen; ~ *out of (his) misery* uit zijn lijden verlossen; ~ *out to board* uitbesteden; ~ *out to contract* aanbesteden; ~ *out to sea* in zee steken, uitvaren; ~ *oneself out to...* zich uitsloven om...; *be ~ out* van zijn stuk gebracht of boos zijn; blijven steken; *I've put my shoulder out* mijn arm is uit de kom geschoten; ~ *over* ingang doen vinden, populair maken; (zich) goed uitdrukken, communiceren; zie ook: ~ *across*; ~ *it over the fire* het boven het vuur hangen; *I wouldn't ~ it past them* gemeenz ik zie ze er wel voor aan, ze zijn er niet te goed voor; ~ *through* uit-, doorvoeren; erdoor krijgen [wetsvoorstel &]; (telefonisch) doorverbinden; [iem.] laten doorwerken, onderwerpen aan; *they ~ a bullet through his head* zij schoten hem een kogel door het hoofd; ~ *to bed* in bed leggen, naar bed brengen; ~ *to expense* op kosten jagen; ~ *to inconvenience* (~ *to trouble*) last veroorzaken; ~ *sbd. to it* iem. er voor zetten; *he was hard ~ to...* hij had veel moeite te...; *I ~ it to you* dat vraag ik u, zegt u het nu zelf; zie ook: *flight &*; ~ *together* samenvoegen, samenstellen, in elkaar zetten; bijeenpakken, verzamelen; zie ook: *two*; ~ *up* doen in, inpakken, verpakken; opsteken [haar, sabel, paraplu]; ophalen [raampje]; opslaan, verhogen [prijs]; opzenden [gebeden]; indienen [resolutie]; opstellen, ophangen, aanbrengen [ornament &]; optrekken, bouwen [huizen]; huisvesten, onder dak brengen, logeren, stallen [auto]; afstappen, zijn intrek nemen (in *at*); inmaken [boter]; opjagen [wild]; (zich) kandidaat stellen, voorhangen; vooruit afspreken; ~ *up a desperate defence* zich wanhopig verdedigen; ~ *up £ 1 million* een miljoen pond verschaffen; ~ *one's feet up* gemeenz naar kooi gaan, wat uitrusten; ~ *up (for sale)* aanslaan, in veiling brengen, te koop aanbieden; ~ *sbd. up to sth.* iem. op de hoogte stellen van iets, informeren over iets; ~ *sbd. up to doing sth.* iem. aanzetten tot; ~ *up with* berusten in, genoegen nemen met, zich laten welgevallen, verdragen; *he is easily* ~ *upon* laat zich gemakkelijk beetnemen; *he is much* ~ *upon* hij heeft het hard te verduren; **II** *wederk*: ~ *oneself (in his place)* zich stellen (in zijn plaats); *stay* ~ (op zijn plaats) blijven

2 put [pʌt] *znw & overg & onoverg* = putt

putative ['pju:tətiv] *bn* verondersteld, vermeend

put-down ['putdaun] *znw* vernietigende opmerking; vernedering

put-on ['put'ɔn] **I** *bn* voorgewend, geveinsd, geaffecteerd; **II** *znw* komedie, bedrog *o*, verlakkerij

putrefaction [pju:tri'fækʃən] *znw* (ver)rotting, rotheid

putrefactive *bn* de rotting bevorderend, (ver-)rottend; ~ *process* rottingsproces *o*

putrefy ['pju:trifai] **I** *overg* doen verrotten; verpesten [de lucht]; **II** *onoverg* (ver)rotten

putrescence [pju:'tresns] *znw* (ver)rotting, bederf *o*

putrescent *bn* rottend; rottings-; rot-

putrid ['pju:trid] *bn* rottend; (ver)rot, bedorven

putridity [pju'triditi] *znw* verrotting, rotheid[2]

putt [pʌt] golf **I** *znw* slag met een *putter*; **II** *overg & onoverg* slaan met een *putter*

puttee [pʌ'ti:] *znw* beenwindsel *o*; leren beenkap

putter ['pʌtə] **I** *znw* korte golfstok; **II** *onoverg* **1** tuffen [auto]; **2** = Am [2]*potter*

putting-green *znw* gemaaid grasveldje *o* om een hole [golfspel]

putty ['pʌti] **I** *znw* stopverf; **II** *overg* met stopverf vastzetten of dichtmaken

putty-knife *znw* stopmes *o*

put-up ['put'ʌp] *bn*: *a* ~ *job* een doorgestoken kaart

puzzle ['pʌzl] **I** *znw* niet op te lossen moeilijkheid, vraag of kwestie; verlegenheid; raadsel *o*; legkaart, geduldspel *o*, puzzel; *be in a* ~ *about what to do* met de handen in het haar zitten; **II** *overg* verlegen maken, verbijsteren, vastzetten; *be* ~*d about (at, over) it* niet weten hoe men het heeft; voor een raadsel staan; er niets op weten; ~ *out* uitpuzzelen, uitpiekeren; *puzzling* ook: raadselachtig; ~ *one's head about* zich het hoofd breken over; **III** *onoverg* piekeren, zich het hoofd breken (over *about, over*)

puzzled *bn* niet wetend hoe men het heeft of wat te doen, verbaasd, beteuterd; *with a* ~ *look* met een niet-begrijpende blik

puzzlement *znw* verwarring, verbijstering

puzzler *znw* niet op te lossen moeilijkheid, vraag of kwestie; raadsel *o*

PVC *afk.* = *polyvinyl chloride* pvc

pwt. *afk.* = *pennyweight*

PX ['pi:'eks] *afk.* = *Post Exchange*

pyelitis [paiə'laitəs] *znw* med nierbekkenontsteking

pygmaean, pygmean [pig'mi:ən] *bn* dwergachtig, dwerg-

pygmy, pigmy ['pigmi] **I** *znw* pygmee, dwerg; **II** *bn* dwergachtig, dwerg-

pyjamas [pə'dʒa:məz], Am **pajamas** *znw mv* pyjama

pylon ['pailən] *znw* **1** pyloon: Egyptische tempelzuil; **2** mast [v. hoogspanningskabels]

pyramid ['pirəmid] *znw* piramide

pyramidal [pi'ræmidl] *bn* piramidaal[2]; Am handel versterkend kolossaal [winst &]

pyre [paiə] *znw* brandstapel

pyretic [pai'retik] *bn* koorts-, koortsverwekkend

Pyrex ['paireks] *znw* vuurvast glas *o* [voor ovenschalen &]

pyrites [pai'raiti:z] *znw* pyriet *o*, zwavelkies *o*

pyromania [pairou'meinjə] *znw* pyromanie

pyromaniac *znw* pyromaan

pyrometer [pai'rɔmitə] *znw* pyrometer [meter van hoge temperaturen]

pyrotechnic [pairou'teknik] **I** *bn* vuurwerk-;
  II *znw*: ~s vuurwerkkunst; vuurwerk *o*
pyrotechnist *znw* vuurwerkmaker
Pyrrhic ['pirik] *bn*: ~ *victory* Pyrrusoverwinning
python ['paiθən] *znw* python
pythoness *znw* Pythia (orakelpriesteres van Apollo
  in Delphi); waarzegster, profetes
pyx [piks] *znw* RK pyxis, hostiekelk; Br doosje *o*
  waarin bij de *Royal Mint* proefmunten bewaard
  worden

Q

q [kju:] *znw* (de letter) q
Qatar [kæ'ta:] *znw* Qatar *o*
q.t. ['kju:'ti:] *afk.*: *on the* ~ gemeenz = *on the quiet*
  zie: *quiet II*
qua [kwei] *voorz* qua, als
quack [kwæk] **I** *znw* gekwa(a)k *o*, kwak; kwakzalver;
  charlatan; **II** *bn* kwakzalvers-; ~ *doctor* kwakzalver;
  III *onoverg* kwaken; kwakzalven; **IV** *overg* kwaken;
  kwakzalverachtig ophemelen of behandelen
quackery *znw* kwakzalverij
quad [kwɔd] *znw* gemeenz = *quadrangle*; *quadruplet*
quadrangle ['kwɔdræŋgl] *znw* vierkant *o*, vierhoek;
  binnenplaats [v. school &]
quadrangular [kwɔ'dræŋgjulə] *bn* vierkant, vierhoekig
quadrant ['kwɔdrənt] *znw* kwadrant *o*
quadrate ['kwɔdrit] **I** *bn* vierkant; ~ *scale* gradén-
  boog; **II** *znw* kwadraat *o*; vierkant *o*; **III** *overg*
  [kwɔ'dreit] kwadrateren; in overeenstemming
  brengen (met); **IV** *onoverg* overeenstemmen
quadratic [kwɔ'drætik] **I** *bn* vierkant, vierkants-; ~
  equation vierkantsvergelijking; **II** *znw* vierkantsvergelijking
quadrature ['kwɔdrətʃə] *znw* kwadratuur [v. cirkel &]
quadrennial [kwɔ'dreniəl] *bn* vierjarig; vierjaarlijks
quadrilateral [kwɔdri'lætərəl] **I** *bn* vierzijdig;
  II *znw* vierhoek
quadrille [kwə'dril] *znw* quadrille [dans en kaart-
  spel]; *set of* ~s quadrille [dans]
quadrillion [kwɔ'driljən] *znw* quadriljoen *o* [Br
  10^{24}; Am 10^{15}]
quadripartite [kwɔdri'pa:tait] *bn* vierdelig; tussen
  vier partijen
quadrumanous [kwɔ'dru:mənəs] *bn* vierhandig
quadruped ['kwɔdruped] *bn* (*znw*) viervoetig
  (dier *o*)
quadruple ['kwɔdrupl] **I** *bn* viervoudig; ~ *time* muz
  vierkwartsmaat; **II** *znw* viervoud *o*: het vierdub-
  bele; **III** *overg* verviervoudigen; **IV** *onoverg* verviér-
  voudigd worden
quadruplet ['kwɔdruplit] *znw* vierling
quadruplicate I *bn* [kwɔ'dru:plikit] viervoudig;
  II *znw* viervoudig afschrift *o*; **III** *overg* [kwɔ'dru:-
  plikeit] verviervoudigen
quadruplication [kwɔdru:pli'keiʃən] *znw* verviér-
  voudiging
quaestor ['kwi:stə] *znw* hist quaestor
quaff [kwa:f, kwɔf] *overg* (leeg)drinken, zwelgen
quag [kwæg], **quagmire** *znw* moeras *o*, modder-

449

poel .

quaggy *bn* moerassig

1 quail [kweil] *znw* (*mv* idem *of* -s) dierk kwartel

2 quail [kweil] *onoverg* de moed verliezen, bang worden, versagen

quaint [kweint] *bn* vreemd, eigenaardig, bijzonder, grappig, ouderwets

quake [kweik] **I** *onoverg* beven, sidderen, trillen, schudden; **II** *znw* beving, siddering, trilling; gemeenz aardbeving

Quaker ['kweikə] *znw* quaker

quaky *bn* bevend, beverig

qualification [kwɔlifi'keiʃən] *znw* bevoegdheid; bekwaamheid, geschiktheid, (vereiste) eigenschap; kwalificatie, nadere aanduiding; beperking, wijziging, restrictie; *without* ~ zonder meer

qualificatory ['kwɔlifikeitəri] *bn* nader bepalend; de bevoegdheid verlenend

qualified ['kwɔlifaid] *bn* gerechtigd, gediplomeerd, bevoegd, bekwaam, geschikt; niet zonder enig voorbehoud, niet onverdeeld gunstig; ~ *to vote* stemgerechtigd

qualifier ['kwɔlifaiə] *znw* gramm bepalend woord *o*; sp geplaatste (deelnemer)

qualify ['kwɔlifai] **I** *overg* bevoegd, bekwaam maken (voor, tot *for*); kwalificeren, aanduiden; (nader) bepalen; wijzigen; matigen, verzachten, verzwakken, beperken; **II** *onoverg* zich bekwamen of de bevoegdheid verwerven (voor een ambt &), examen doen; in aanmerking komen [voor gratificatie]; sp geplaatst worden

qualifying *bn*: ~ *examination* vergelijkend examen *o*; ~ *round* voorronde

qualitative ['kwɔlitətiv] *bn* kwalitatief

quality I *znw* kwaliteit, (goede) hoedanigheid; eigenschap; deugd; hoge maatschappelijke stand; ~ *control* kwaliteitscontrole; vero *the* ~, *the people of* ~ de mensen van stand, de grote lui; **II** *bn*: ~ *newspaper* kwaliteitskrant

qualm [kwa:m, kwɔ:m] *znw* misselijkheid; gewetensbezwaar *o*, scrupule, twijfel

qualmish ['kwa:miʃ, 'kwɔ:miʃ] *bn* misselijk, wee

quandary ['kwɔndəri] *znw* dilemma *o*, moeilijk parket *o*

quant [kwɔnt] *znw* (schippers)boom

quantify ['kwɔntifai] *overg* de hoeveelheid meten of bepalen

quantitative *bn* kwantitatief

quantity *znw* kwantiteit, hoeveelheid; grootheid; menigte; (klinker)lengte; *in quantities* in groten getale, in grote hoeveelheden; *negligible* ~ onbelangrijke persoon of zaak; ~ *surveyor* bouwkundige die bestek maakt; *unknown* ~ onbekende grootheid

quantum ['kwɔntəm] *znw* (*mv*: quanta [-tə]) quantum *o*, hoeveelheid; *a* ~ *leap* een spectaculaire stap vooruit, een grote sprong voorwaarts; ~ *mechanics* quantummechanica; ~ *physics* quantumfysica; ~ *theory* quantumtheorie

quarantine ['kwɔrənti:n] **I** *znw* quarantaine; **II** *overg* in quarantaine plaatsen

1 quarrel ['kwɔrəl] *znw* **1** hist pijl; **2** bouwk glas-in-loodruitje *o*

2 quarrel ['kwɔrəl] **I** *znw* ruzie, twist; *we have no* ~ *with him* wij hebben geen enkele reden tot klagen; wij hebben niets tegen hem; *we have no* ~ *with it* wij hebben er niets op aan te merken, niets tegen (in te brengen); **II** *onoverg* krakelen, twisten; kijven (over *about*, *over*); ~ *with* ook: aanmerkingen maken op, opkomen tegen

quarreller *znw* twister, ruziezoeker

quarrelsome *bn* twistziek

1 quarry ['kwɔri] *znw* opgejaagd wild *o*, prooi (ook: fig)

2 quarry ['kwɔri] **I** *znw* steengroeve; **II** *overg* (uit-)graven, opdelven[2]; **III** *onoverg* graven[2]

quarryman *bn* arbeider in een steengroeve

quart [kwɔ:t] *znw* ¼ *gallon* [= 1,136 l]; *his* ~ ook: zijn pintje *o*, zijn potje *o* bier

quartan ['kwɔ:tən] *znw* derdendaagse koorts

quarter ['kwɔ:tə] **I** *znw* vierde (deel) *o*, vierendeel *o*, vierde part(je) *o*, kwart *o*; kwartier° *o* [ook herald & mil]; windstreek; buurt, (stads)wijk; kwartaal *o*; zijstuk *o* [v. schoenwerk]; scheepv achterwerk *o*; dierk bout, dij; ¼ fathom, ¼ Engelse mijl [wedren]; 28 Eng. ponden; 2,908 hl; ¼ dollar; ~ *of an hour* kwartier *o*; ~s dierk achterste *o*, achterhand *o* [v. paard]; kwartier *o*, kwartieren, verblijven, kamer(s), vertrek *o*, vertrekken, huisvesting, plaats; *at close* ~s (van) dichtbij; *live at close* ~s klein behuisd zijn; *come to close* ~s handgemeen worden; *we had it from a good* ~ uit goede bron, van goede zijde; *from all* ~s van alle kanten; *is the wind in that* ~? waait de wind uit die hoek[2]?; *in (from) that* ~ daar, van die kant; *in high (exalted)* ~s in regeringskringen; aan het hof; *all hands to* ~s! scheepv iedereen op zijn post!; **II** *overg* in vieren (ver)delen; vierendelen; mil inkwartieren (bij *on*); afzoeken [jacht]

quarterage *znw* driemaandelijkse betaling

quarter-day *znw* kwartaaldag, betaaldag

quarter-deck *znw* achterdek *o*, officiersdek *o*

quarterfinal *znw* kwartfinale

quartering *znw* verdeling in vieren; vierendeling; mil inkwartiering; herald kwartier *o*

quarterly I *bn* driemaandelijks, kwartaal-; **II** *bijw* per drie maanden; **III** *znw* driemaandelijks tijdschrift *o*

quartermaster *znw* mil kwartiermeester; scheepv stuurman; ~-*general* mil kwartiermeester-generaal; ~-*sergeant* mil foerier

quarter-sessions *znw mv* driemaandelijkse zittingen van de vrederechters

quarterstaff *znw* stok (bij het batonneren); *play at* ~ batonneren

quartet(te) [kwɔ:'tet] *znw* muz kwartet *o*; viertal *o*

quarto ['kwɔ:tou] *znw* kwartijn *o*, kwarto *o*

quartz [kwɔ:ts] *znw* kwarts *o*

quasar ['kweiza:] *znw* <u>astron</u> quasar
quash [kwɔʃ] *overg* onderdrukken, verijdelen, de kop indrukken; <u>recht</u> vernietigen, casseren
quasi ['kweizai, 'kwa:zi(:)] *bijw* quasi
quaternary [kwə'tɔ:nəri] *bn* vierdelig, viertallig; ~ *number* vier
quaternion [kwə'tɔ:niən] *znw* viertal *o*
quatrain ['kwɔtrein] *znw* kwatrijn *o*: vierregelig vers *o*
quaver ['kweivə] **I** *onoverg* trillen; <u>muz</u> vibreren; **II** *overg* trillend of met bevende stem uitbrengen (ook: ~ *out*); **III** *znw* trilling; <u>muz</u> triller; <u>muz</u> achtste noot
quay [ki:] *znw* kaai, kade
quayage ['ki:idʒ] *znw* kaaigeld *o*; kaden
quean [kwi:n] *znw* <u>Schots</u> vrouw, meisje *o*; <u>vero</u> slet
queasy ['kwi:zi] *bn* misselijk; zwak [v. maag]; walgelijk [v. voedsel]; kieskeurig, teergevoelig
queen [kwi:n] **I** *znw* koningin²; <u>kaartsp</u> vrouw; <u>slang</u> flikker, nicht; *Q~'s evidence* zie bij: *evidence*; ~ *of hearts* <u>kaartsp</u> hartenvrouw; *Q~ Anne is dead* dat is oud nieuws; **II** *overg* koningin maken [bij schaken]; **III** *onoverg* de koningin spelen (~ *it*)
queen-bee *znw* bijenkoningin
queen dowager *znw* koningin-weduwe
queenlike, queenly *bn* als (van) een koningin
Queen Mother *znw* koningin-moeder
queer [kwiə] **I** *bn* wonderlijk, zonderling, vreemd, gek, raar°; verdacht; onlekker; <u>slang</u> homo-, flikker-; <u>gemeenz</u> getikt; zie ook: *street*; **II** *znw* <u>slang</u> homo, flikker; *to be in Q~ street* in moeilijkheden verkeren; **III** *overg* ~ *sbd.'s pitch* (het voor een ander) bederven
queer-bashing ['kwiəbæʃiŋ] *znw* potenrammen *o*
quell [kwel] *overg* onderdrukken, bedwingen, dempen
quench [kwen(t)ʃ] *overg* blussen, uitdoven, dempen, lessen; afkoelen, doen bekoelen
quenchless *bn* on(uit)blusbaar, onlesbaar
querist ['kwiərist] *znw* vragensteller, (onder)vrager
quern [kwə:n] *znw* handmolen
querulous ['kwerulǝs] *bn* klagend, kribbig
query ['kwiəri] **I** *znw* vraag; twijfel; tegenwerping; vraagteken *o*; de vraag is...; **II** *onoverg* vragen; **III** *overg* vragen; een vraagteken zetten bij; betwijfelen
quest [kwest] **I** *znw* onderzoek *o*, onderzoeking, zoeken *o*; speurtocht; nasporing; *in ~ of* zoekende naar; **II** *overg & onoverg* zoeken
question ['kwestʃən] **I** *znw* vraag, kwestie; vraagstuk *o*; interpellatie; twijfel; sprake; *a leading ~* een suggestieve vraag; *no ~ about it* geen twijfel aan; *there is no ~ of his coming* geen sprake van dat hij komt; *there is no ~ but that he will come* er is geen twijfel aan of...; *I make no ~ that...* ik twijfel er niet aan of...; *put the ~* tot stemming overgaan; *it is beside the ~* dat is niet aan de orde; daar gaat het niet om; *beyond ~* zonder twijfel, ongetwijfeld, buiten kijf; *the matter in ~* de zaak in kwestie, de zaak

waar het om gaat; *the person in ~* de persoon in kwestie, de bewuste persoon; *beg the ~* zie: *beg*; *bring (call) in(to) ~* in twijfel trekken; aanvechten, in discussie brengen; *come into ~* ter sprake komen; *open to ~* twijfelachtig; *out of ~* zonder twijfel, ongetwijfeld; *that's out of the ~* daar is geen sprake van, geen kwestie van; dat is uitgesloten; *past ~* zonder twijfel, buiten kijf; *without ~* zonder de minste bedenking, grif; ongetwijfeld, onbetwistbaar; **II** *overg* vragen, ondervragen, uitvragen; onderzoeken [feiten, verschijnselen]; in twijfel trekken, betwijfelen; betwisten, aanvechten, in discussie brengen; *it cannot be ~ed but (that)...* er valt niet aan te twijfelen of...
questionable *bn* twijfelachtig, aanvechtbaar; onzeker, verdacht; bedenkelijk
questioner *znw* vrager, vraagsteller; interpellant; ondervrager, examinator
questioning *bn* vragend
question-mark *znw* vraagteken *o*
question-master *znw* discussieleider; quizmaster
questionnaire [kwestiə'nɛə] *znw* vragenlijst
question-time ['kwestʃəntaim] *znw* vragenuurtje *o* in Parlement
queue [kju:] **I** *znw* queue, file, rij; <u>fig</u> wachtlijst; <u>hist</u> (mannen)haarvlecht, staartje *o*; ~ *jumper* <u>gemeenz</u> iem. die vóórdringt (voor zijn beurt gaat); **II** *onoverg* in de rij staan; ~ *up* in de rij gaan staan
quibble ['kwibl] **I** *znw* spitsvondigheid, chicane; **II** *onoverg* spitsvondigheden gebruiken, chicaneren
quibbler *znw* chicaneur
quiche [ki:ʃ] *znw* quiche (Lorraine)
quick [kwik] **I** *bn* vlug, snel, gezwind, gauw; levendig; vlug van begrip; scherp [oor &]; <u>vero</u> levend; ~ *march!* voorwaarts mars!; ~ *march (step, time)* <u>mil</u> gewone marspas; *a ~ one* <u>gemeenz</u> gauw een borrel; een vluggertje *o*, een snelle wip; *be ~!* vlug wat!, haast je!; *be ~ about it* er vlug mee zijn; ermee voortmaken, opschieten; ~ *of apprehension* vlug van begrip; ~ *to learn* vlug in het leren; **II** *bijw* vlug, gauw, snel; **III** *znw* levend vlees *o*; levende haag; *the ~ and the dead* de levenden en de doden; *to the ~* tot op het leven; tot in de ziel; *cut sbd. to the ~* iem. diep krenken
quicken **I** *overg* (weer) levend maken; verlevendigen; aanmoedigen, aanzetten; verhaasten; **II** *onoverg* (weer) levend worden, opleven; sneller worden
quickfire *znw* snelvuur *o*, spervuur *o*
quick-firing *bn*: ~ *gun* snelvuurkanon *o*
quick-freeze *overg* in-, diepvriezen
quickie *znw* <u>gemeenz</u> vluggertje° *o*
quicklime *znw* ongebluste kalk
quick-lunch (bar) *znw* snelbuffet *o*
quickness *znw* levendigheid, vlugheid, snelheid, gauw(ig)heid; ~ *of temper* opvliegendheid
quicksand *znw* drijfzand *o*
quickset hedge *znw* levende haag

quicksilver *znw* kwik(zilver) *o*
quickstep *znw* quickstep [dans]
quick-tempered ['kwik'tempəd] *bn* opvliegend
quick-witted ['kwik'witid] *bn* vlug (van begrip), gevat, slagvaardig
quid [kwid] *znw* **1** pruim (tabak); **2** <u>slang</u> pond *o* (sterling)
quiddity ['kwiditi] *znw* wezenlijkheid; spitsvondigheid
quidnunc ['kwidnʌŋk] *znw* nieuwsgierig mens; nieuwtjesventer
quid pro quo [Lat] *znw* vergoeding, tegenprestatie; leer om leer
quiescence [kwai'esns] *znw* rust, kalmte
quiescent [kwai'esnt] *bn* rustig, vredig, stil
quiet ['kwaiət] **I** *znw* rust, stilte, vrede; bedaardheid, kalmte; **II** *bn* rustig, stil, bedaard, kalm, vreedzaam [lam], mak [paard]; niet opzichtig, stemmig [japon]; monotoon; ~! koest!; *be* ~! stil!, zwijg!; *keep sth.* ~ iets geheim houden, iets stil houden, niet praten over iets; *on the* ~ in het geheim, stilletjes, stiekem; **III** *overg* doen bedaren, kalmeren, stillen; **IV** *onoverg* bedaren, kalmeren (meestal: ~ *down*)
quieten ['kwaiən] *overg* kalmeren (ook: ~ *down*)
quietism ['kwaiətizm] *znw* quiëtisme *o* [mystieke beweging binnen het christendom]
quietness, quietude *znw* rust, rustigheid, stilte, kalmte
quietus [kwai'i:təs] *znw: get one's (its)* ~ de doodsteek (genadeslag) krijgen
quiff [kwif] *znw* lok over het voorhoofd; vetkuif
quill [kwil] *znw* schacht; (veren)pen; stekel [v. stekelvarken]
quill-feather *znw* slagpen
quilt [kwilt] **I** *znw* gewatteerde of gestikte deken of sprei; **II** *overg* stikken, watteren
quin [kwinz] *znw* <u>gemeenz</u> = *quintuplet*
quinary ['kwainəri] *bn* vijfdelig, vijftallig
quince [kwins] *znw* kwee(peer)
quinine [kwi'ni:n] *znw* kinine
quinquagenarian [kwiŋkwədʒi'nɛəriən] *znw* & *bn* vijftigjarig(e)
quinquennial [kwiŋ'kweniəl] *bn* vijfjarig; vijfjaarlijks
quinquennium [kwiŋ'kweniəm] *znw* (*mv*: -s *of* quinquennia [-niə]) vijfjarige periode
quinsy ['kwinzi] *znw* keelontsteking, angina
quintal ['kwintl] *znw* Engels gewicht [100 Engelse ponden of 100 kilo], centenaar, kwintaal *o*
quintan ['kwintən] *bn* vierdendaags [v. koorts]
quintessence [kwin'tesns] *znw* kwintessens
quintessential [kwinti'senʃəl] *bn* wezenlijk, zuiver(st)
quintet(te) [kwin'tet] *znw* kwintet *o*; vijftal *o*
quintuple ['kwintjupl] **I** *bn* vijfvoudig; **II** *znw* vijfvoud *o*; **III** *overg* vervijfvoudigen
quintuplet *znw* vijfling

quip [kwip] **I** *znw* geestige opmerking; schimpscheut; kwinkslag, spitsvondigheid; **II** *onoverg* schertsen
1 quire ['kwaiə] *znw* katern, boek *o* [24 vel]; *in* ~*s* in losse vellen [v. boek]
2 quire ['kwaiə] *znw* <u>vero</u> = *choir*
quirk [kwə:k] *znw* hebbelijkheid, eigenaardigheid, gril; truc, list; *a* ~ *of fate* een speling van het lot
quirky *bn* eigenaardig, grillig
quirt [kwə:t] *znw* korte rijzweep
quisling ['kwizliŋ] *znw* quisling [landverrader die heult met de bezetter, collaborateur]
quit [kwit] **Am I** *bn* vrij; ~ *of the trouble* van de last ontslagen (af); **II** *abs ww* de woning ontruimen; heen-, weggaan, er vandoor gaan; <u>gemeenz</u> (het) opgeven, ophouden, uitscheiden; **III** *overg* verlaten; laten varen; loslaten; overlaten; <u>gemeenz</u> ophouden (uitscheiden) met; **IV** V.T. & V.D. van *quit* **II** & **III**
quitch [kwitʃ] *znw* kweekgras *o*
quitclaim ['kwitkleim] *znw* <u>recht</u> (akte van) afstand
quite [kwait] *bijw* geheel (en al), heel, helemaal, volkomen, absoluut; zeer; wel; best, heel goed [mogelijk &]; bepaald; nog maar; ~ *(so)* precies, juist; zie ook: *few*
quits [kwits] *bn* quitte; *I'll be* ~ *with him* ik zal het hem betaald zetten; *cry* ~ verklaren quitte te zijn; *call it* ~ het erbij laten; *double or* ~ dubbel of quitte
quittance ['kwitəns] *znw* vrijstelling; kwijting; beloning, vergelding; kwitantie
quitter ['kwitə] *znw* wie je in de steek laat, wie uitknijpt, wie (het) opgeeft, deserteur, lafaard
1 quiver ['kwivə] *znw* pijlkoker; *have an arrow (a shaft) left in one's* ~ nog niet al zijn pijlen verschoten hebben
2 quiver ['kwivə] **I** *overg* trillen, beven, sidderen; **II** *znw* trilling, beving, siddering
qui vive [ki:'vi:v] *znw: on the* ~ op zijn hoede
quixotic [kwik'sɔtik] *bn* donquichotterig
quixotism ['kwiksətizm], **quixotry** *znw* donquichotterie
quiz [kwiz] **I** *znw* (*mv*: quizzes) ondervraging, vraag(spel *o*), quiz; <u>gemeenz</u> tentamen *o*; **II** *overg* ondervragen, aan de tand voelen; voor de gek houden, foppen; <u>vero</u> spottend aankijken, begluren
quizmaster *znw* quizmaster
quizzical *bn* spottend; snaaks; komisch
quod [kwɔd] *znw* <u>slang</u> nor, doos, gevang *o*
quoin [kɔin, kwɔin] *znw* hoek, hoeksteen; wig
quoit [kɔit, kwɔit] *znw* werpring; ~*s* ringwerpen *o*
quondam ['kwɔndæm] *bn* gewezen, voormalig
quorate ['kwɔ:rit] *onoverg* quorum hebben [bij vergadering]
quorum ['kwɔ:rəm] *znw* quorum *o*: voldoende aantal *o* leden om een wettig besluit te nemen
quota ['kwoutə] **I** *znw* (evenredig) deel *o*; aandeel *o*; contingent *o*; quota, kiesdeler; **II** *overg* contingen-

teren
quotable ['kwoutəbl] *bn* aangehaald kunnende
worden, geschikt om te citeren
quotation [kwou'teiʃən] *znw* aanhaling; citaat *o*;
handel notering, koers, prijs; prijsopgave; ~ *marks*
aanhalingstekens
quote [kwout] **I** *overg* aanhalen, citeren; handel opgeven, noteren (prijzen); **II** *znw* gemeenz aanhaling, citaat *o*; ~*s* ook: aanhalingstekens
quoth [kwouθ] *overg* vero zei (ik, hij of zij)
quotha ['kwouθə] *tsw* vero och kom!, loop heen!
quotidian [kwɔ-, kwou'tidiən] *bn* dagelijks; alledaagse
quotient ['kwouʃənt] *znw* quotiënt *o*
Qur'an [ku'ra:n, -'ræn] *znw* = Koran

R

r [a:] *znw* (de letter) r; *the three R's* = *reading, (w)riting,
(a)rithmetic* lezen, schrijven en rekenen (als mini-
mum van onderwijs)
RA *afk.* = *Royal Academy; Royal Academician; Royal
Artillery*
rabbet ['ræbit] **I** *znw* sponning; **II** *overg* een sponning maken in; met sponningen ineenvoegen
rabbi ['ræbai], **rabbin** ['ræbin] *znw* rabbi, rabbijn
rabbinate *znw* rabbinaat *o*
rabbinic(al) [ræ'binik(l)] *bn* rabbijns
rabbit ['ræbit] **I** *znw* (*mv* idem *of* -s) konijn *o*; Am
haas; sp gemeenz slecht speler, kruk; **II** *onoverg* op
konijnen jagen; ~ *on about sth.* ergens over doorzeuren
rabbit-hutch *znw* konijnenhok *o*
rabbit-punch *znw* nekslag
rabbit-warren *znw* konijnenberg; fig huurkazerne;
doolhof [v. straten en huizen &]
rabble ['ræbl] *znw* grauw *o*, gepeupel *o*, gespuis *o*
rabble-rouser *znw* demagoog, volksmenner, agitator
rabble-rousing **I** *bn* demagogisch, opruiend; **II**
znw demagogie, volksmennerij
rabid ['ræbid] *bn* dol; razend, woest, rabiaat
rabies ['reibi:z] *znw* hondsdolheid
raccoon [rə'ku:n] *znw* (*mv* idem *of* -s) = racoon
1 race [reis] **I** *znw* wedloop, wedren, wedstrijd, race;
loop [v. maan, zon, leven &]; ~ *against time* race
tegen de klok; ~*s* paardenrennen; **II** *onoverg* racen,
rennen, snellen, jagen, vliegen, wedlopen, harddraven; techn doorslaan [machine]; **III** *overg* laten
lopen [in wedren]; racen met; ~ *the bill through the
House* het wetsontwerp er door jagen
2 race [reis] *znw* ras *o*, geslacht *o*, afkomst; ~ *relations* rassenverhoudingen; ~ *riots* rassenrellen
3 race [reis] *znw* wortel [v. gember]
race-card ['reiska:d] *znw* wedrenprogram *o*
racecourse *znw* renbaan
racehorse *znw* renpaard *o*
raceme [rə'si:m] *znw* tros [bloeiwijze]
race meeting ['reismi:tiŋ] *znw* wedren(nen)
racemose ['ræsimous] *bn* trosvormig
racer ['reisə] *znw* hardloper, renner; harddraver;
racefiets, raceauto, wedstrijdjacht *o* &
racetrack ['reistræk] *znw* renbaan
rachitis [ræ'kaitis] *znw* rachitis, Engelse ziekte
Rachmanism ['rækmənizm] *znw* systematische
intimidatie v. huurders
racial ['reiʃəl] *bn* rassen-, ras-
racing stable ['reisiŋsteibl] *znw* renstal
racism ['reisizm] *znw* racisme *o*

racist I *znw* racist; **II** *bn* racistisch

rack [ræk] **I** *znw* pijnbank[2]; techn heugel, tandreep; rek *o*, rooster; kapstok; ruif; *be on the* ~ op de pijnbank liggen; gepijnigd worden; zich inspannen; *go to* ~ *and ruin* geheel te gronde gaan; **II** *overg* op de pijnbank leggen; fig pijnigen, folteren, afpersen, uitmergelen; ~ *one's brains about* zich het hoofd breken over

1 racket, racquet ['rækit] *znw* sp racket *o*

2 racket ['rækit] **I** *znw* leven *o*, kabaal *o*, herrie°, drukte; gezwier *o*; gemeenz (afpersings)truc; zwendel; georganiseerde afpersing; *stand the* ~ de gevolgen voor z'n rekening nemen, (het gelag) betalen; *what's your* ~? wat doe je in het dagelijks leven?; *he's in on the* ~ hij weet ervan, hij hoort ook bij de club; **II** *onoverg* herrie, kabaal & maken; aan de zwier zijn (~ *about*)

racketeer [ræki'tiə] **I** *znw* gemeenz (geld)afperser (door bedreiging met geweld); **II** *onoverg* als *racketeer* optreden

rack railway ['rækreilwei] *znw* tandradbaan

rack-rent ['rækrent] **I** *znw* exorbitante pacht of huur; **II** *overg* exorbitante pacht of huur eisen van (voor)

raconteur [rækɔn'tə:] [Fr] *znw* (goede) verteller

racoon [rə'ku:n] *znw* (*mv* idem *of* -s) gewone wasbeer

racquet ['rækit] *znw* = ¹*racket*

racy ['reisi] *bn* pittig, geurig [v. wijn]; levendig, krachtig, gewaagd, pikant

radar ['reida:, -də] *znw* radar; ~ *trap* snelheidscontrole d.m.v. radar, radarcontrole

raddle ['rædl] *znw* roodaarde, rode oker

raddled *bn* **1** zwaar opgemaakt [gezicht]; **2** verward; vervallen; ingevallen [gezicht]

radial ['reidjəl] **I** *bn* straalsgewijze geplaatst, gestraald; stralen-, straal-; spaakbeen-; radium-; **II** *znw* stermotor (~ *engine*); gordel-, radiaalband (~ *ply tyre*)

radiance ['reidiəns] *znw* (uit)straling, glans; schittering, luister

radiant I *bn* uitstralend; schitterend, stralend² (van *with*); **II** *znw* uitstralingspunt *o*

radiate I *onoverg* stralen, straling uitzenden; **II** *overg* uitstralen [licht, warmte, geluid, liefde &]

radiation [reidi'eiʃən] *znw* (af-, uit-, be)straling

radiator ['reidieitə] *znw* radiator

radical ['rædikl] **I** *bn* radicaal, grondig, ingrijpend; ingeworteld; grond-; wortel-; fundamenteel; **II** *znw* grondwoord *o*, stam, stamletter; wisk wortel(teken *o*); pol radicaal

radicalism *znw* radicalisme *o*

radicalize I *onoverg* radicaal worden, radicaliseren; **II** *overg* radicaal maken

radically *bijw* radicaal, in de grond; totaal

radicle ['rædikl] *znw* plantk wortelkiem, worteltje *o*

radio ['reidiou] **I** *znw* radio; *on the* ~ voor de radio (optredend, sprekend, uitzendend of uitgezonden), voor de microfoon, in de ether; *over the* ~ door (over, via) de radio, door de ether; **II** *overg & onoverg* seinen, uitzenden per radio

radioactive *bn* radioactief

radioactivity *znw* radioactiviteit

radio-controlled *bn* met radiobesturing, op afstand bestuurd

radiogram *znw* radio(tele)gram *o*; radiogrammofoon

radiograph ['reidiougra:f] *znw* röntgenfoto

radiographer [reidi'ɔgrəfə] *znw* röntgenoloog

radiography *znw* radiografie

radiolocation ['reidioulou'keiʃən] *znw* radioplaatsbepaling, radar

radiologist [reidi'ɔlədʒist] *znw* radioloog

radiology [reidi'ɔlədʒi] *znw* radiologie

radio-play *znw* hoorspel *o*

radio-set *znw* radio(toestel *o*)

radiotelephone *znw* mobilofoon

radiotelescope *znw* radiotelescoop

radiotherapy *znw* röntgen(stralen)therapie, bestraling

radish ['rædiʃ] *znw* radijs

radium ['reidiəm] *znw* radium *o*

radius ['reidiəs] *znw* (*mv*: -es *of* radii [-diai]) straal, radius; spaak; gemeenz omtrek, omgeving; spaakbeen *o*; ~ *of action* actieradius, luchtv vliegbereik *o*

radix ['reidiks] *znw* (*mv*: -es *of* radices [-isi:z]) wortel, oorsprong, bron; rekenkunde grondtal *o*

RAF *afk*. = *Royal Air Force* Koninklijke Luchtmacht

raffia ['ræfiə] *znw* raffia

raffish ['ræfiʃ] *bn* liederlijk, gemeen

raffle ['ræfl] **I** *znw* loterij, verloting; **II** *overg* verloten

raft [ra:ft] *znw* vlot *o*, houtvlot *o*

rafter *znw* bouwk (dak)spar

raftsman *znw* vlotter

1 rag [ræg] *znw* vod *o & v*, lomp; lap, lapje *o*; lor² & *v*; zie ook: *ragtime*; *chew the* ~ eindeloos zeuren; *glad* ~*s* gemeenz mooie kleren; the ~ *trade* gemeenz de haute couture; de confectie-industrie; ~ *week (the* ~*)* onderw week waarin studenten evenementen organiseren t.b.v. liefdadigheidsinstellingen; *the local* ~ gemeenz het plaatselijke krantje; *in* ~*s* in lompen gehuld; aan flarden (hangend); *tot moes koken*

2 rag [ræg] *overg* onderw groenen, negeren, pesten; ertussen nemen

ragamuffin ['rægəmʌfin] *znw* schooier; boefje *o*

rag-and-bone man [rægən'bounmæn] *znw* voddenman, lompenkoopman

ragbag ['rægbæg] *znw* zak voor lappen &; fig allegaartje *o*

rag book *znw* linnen prentenboek *o*

rag doll *znw* lappenpop

rage [reidʒ] **I** *znw* woede, razernij; gemeenz rage, manie; *be (all) the* ~ gemeenz een rage zijn; **II** *onoverg* woeden, razen; ~ *and rave* razen en tieren

ragged ['rægid] *bn* voddig, gescheurd, in ge-scheurde kleren, haveloos; slordig; onsamenhan-gend; ruw, ongelijk, getand; ~ *robin* koekoeks-bloem; *run sbd.* ~ Am gemeenz iem. uitputten

raging ['reidʒiŋ] *bn* woedend, razend

raglan ['ræglən] *znw & bn* raglan [(kledingstuk met) speciale mouwinzet]

ragman ['rægmən] *znw* voddenman, lompen-koopman

ragout ['rægu:] *znw* ragout

rag-picker ['rægpikə] *znw* voddenraper

ragtag ['rægtæg] *znw: the* ~ *(and bobtail)* het gepeu-pel, Jan Rap en zijn maat

ragtime ['rægtaim] *znw* muz ragtime [dansmuziek in gesyncopeerde maat]

raid [reid] **I** *znw* (vijandelijke) inval, aanval [met vliegtuig]; rooftocht, razzia, overval; **II** *onoverg (& overg)* een inval doen (in), een razzia houden (in); een aanval doen (op); roven, plunderen

raider *znw* overvaller; deelnemer aan een inval; vliegtuig *o* dat een *raid* uitvoert

1 rail [reil] **I** *znw* leuning, rasterwerk *o*, hek *o*, scheepv reling (ook: ~*s*); slagboom; staaf, stang, lat; dwarsbalk; rail, spoorstaaf; *by* ~ met het (per) spoor; *go (get) off the* ~*s* ontsporen[2]; **II** *overg* met hekwerk omgeven; omrasteren (ook: ~ *in*); ~ *off* afrasteren

2 rail [reil] *onoverg* schelden, schimpen, smalen (op *at, against*)

railcard ['reilka:d] *znw* stamkaart van de spoorwe-gen (t.b.v. een kortingkaart of abonnement)

rail-head *znw* eind *o* van de spoorbaan

railing ['reiliŋ] *znw* reling, leuning; rastering, sta-ketsel *o*, hek *o* (ook: ~*s*)

raillery ['reiləri] *znw* gekheid, scherts

railroad ['reilroud] **I** *znw* Am spoorweg, spoor *o*; **II** *overg* Am per spoor verzenden of vervoeren; ~ *sbd. into doing sth.* Am slang iem. overhalen tot iets wat hij eigenlijk niet wil; erdóór drukken [wetsvoorstel &]

railway *znw* spoorweg, spoor *o*

railway line *znw* spoorlijn

railwayman *znw* spoorwegbeambte

railway porter *znw* stationskruier

railway yard *znw* emplacement *o*

raiment ['reimənt] *znw* plechtig kleding, kleed *o*, dos

rain [rein] **I** *znw* regen; *(come)* ~ *or shine* weer of geen weer, onder alle omstandigheden; *the* ~*s* de regentijd [in de tropen], de westmoesson; de re-genstreek van de Atlantische Oceaan; **II** *onoverg* regenen[2]; *it never* ~*s but it pours* een ongeluk komt zelden alleen; **III** *overg* (ook: ~ *down*) doen (laten) regenen[2], doen neerdalen (neerkomen); *he* ~*ed benefits upon us* hij overlaadde ons met weldaden; *it* ~*ed cats and dogs (buckets)* het regende pijpenste-len; *be* ~*ed off*, Am *be* ~*ed out* verregenen, in het water vallen [tuinfeest &]

rainbow *znw* regenboog

raincheck *znw: take a* ~ *on sth.* Am graag iets te-goed houden

raincoat *znw* regenjas

rainfall *znw* regenval, neerslag

rainforest *znw* regenwoud *o*

rain-gauge *znw* regenmeter

rainproof *bn* regendicht

rainstorm *znw* stortbui, wolkbreuk

rainwear *znw* regenkleding

rainy *bn* regenachtig, regen-; *put away for a* ~ *day* een appeltje voor de dorst bewaren

raise [reiz] **I** *overg* doen rijzen; doen opstaan, uit zijn bed halen; opjagen; ophalen, optrekken; op-slaan [de ogen]; opsteken, opheffen, optillen, op-richten, planten [de vlag]; bouwen, verbouwen, telen, fokken, kweken; grootbrengen; verhogen [ook v. loon]; bevorderen; opwekken; (ver)wekken; oproepen [geesten]; contact krijgen met [aan de telefoon &]; verheffen [stem]; aanheffen [kreet]; inbrengen, opwerpen, opperen, maken [bezwaren]; techn stoken [stoom]; lichten [gezonken schip]; heffen; op de been brengen, werven; opbreken [be-leg]; opheffen [blokkade]; ~ *hell (Cain)* spektakel maken; ~ *one's eyebrows* vreemd opkijken, zijn be-denkingen hebben; ~ *one's hat to...* zijn hoed afne-men voor[2]; ~ *a laugh* de lachlust opwekken; ~ *a loan* een lening uitschrijven; ~ *money* geld bijeen-brengen, zich geld verschaffen, geld loskrijgen; ~ *a point, question* een punt, kwestie te berde (ter sprake) brengen of doen opkomen; ~ *the roof* ge-meenz een hels kabaal maken; zie ook: *dust, wind* &; **II** *wederk*: ~ *oneself* opstaan (met moeite); ~ *one-self to be...* zich verheffen tot...; **III** *znw* Am ge-meenz (salaris)verhoging, opslag

raised *bn* verhoogd; (en) reliëf; *in a* ~ *voice* met ver-heffing van stem

raiser *znw* kweker; fokker

raisin ['reizn] *znw* rozijn

raison d'être [reizɔ:(n)'deitr(ə), rezɔ:'dɛ:tr] *znw* bestaansrecht *o*, raison d'être

1 rake [reik] *znw* lichtmis, losbol, schuinsmarcheer-der

2 rake [reik] **I** *znw* hark, riek, krabber; **II** *overg* har-ken, rakelen, (bijeen)schrapen, verzamelen; ~ *around,* ~ *through* af-, doorzoeken, -snuffelen; mil enfileren; bestrijken; overzien, de blik laten gaan over; ~ *in* opstrijken [geld]; ~ *over* oprakelen, her-kauwen; ~ *up* bijeenharken, -schrapen, verzame-len; ~ *up a forgotten affair* een oude geschiedenis weer oprakelen

3 rake [reik] **I** *znw* schuinte; **II** *onoverg (& overg)* schuin (doen) staan of aflopen

rake-off ['reikɔ:f] *znw* slang deel *o* van de winst, provisie [vooral van duistere zaakjes]

rakish ['reikiʃ] *bn* **1** losbandig; zwierig; **2** schuin aflopend, achteroverhellend

1 rally ['ræli] **I** *overg* verzamelen, herenigen; weer

rally

verzamelen; verenigen; **II** *onoverg* zich (weer) verzamelen, zich verenigen; zich herstellen, weer op krachten komen; er weer bovenop komen; ~ *round* zich scharen om; *fig* in groten getale te hulp schieten; ~ *to* zich aansluiten bij; **III** *znw* hereniging, verzameling; bijeenkomst; reünie; toogdag; autosp, tennis rally; mil (signaal o tot) 'verzamelen' o; weer bijkomen o, herstel o [v. krachten, prijzen]

2 rally ['ræli] *overg* plagen

rallying-point ['ræliiŋpɔint] *znw* verzamelpunt o; fig bindend element o, gemeenschappelijk streven o

ram [ræm] **I** *znw* dierk ram; mil stormram; techn heiblok o; dompelaar; **II** *overg* heien, aan-, in-, vaststampen; (vol)stoppen, -proppen; stoten (met); scheepv rammen; hist rammeien; ~ *Latin into sbd.'s head* iem. Latijn instampen, inpompen; ~ *sth. down sbd.'s throat* fig iem. iets door de strot duwen, iem. voortdurend aan zijn kop zeuren over iets

ramble ['ræmbl] **I** *onoverg* voor z'n plezier (rond-, om)zwerven, dwalen; afdwalen [v. onderwerp]; van de hak op de tak springen; raaskallen, ijlen; **II** *znw* zwerftocht, wandeling, uitstapje o

rambler *znw* zwerver; plantk klimroos

rambling I *bn* zwervend, dwalend; plantk slingerend; verward, onsamenhangend; onregelmatig gebouwd, zonder plan neergezet; *a ~ expedition* een zwerftocht; **II** *znw* rondzwerven o, zwerftocht; *his ~s* zijn zwerftochten; zijn geraaskal o, zijn wartaal

rambunctious *bn* Am = *rumbustious*

ramification [ræmifi'keiʃən] *znw* vertakking[2]; indirect gevolg o; complicatie

ramify ['ræmifai] **I** *onoverg* in takken uitschieten, zich vertakken[2]; **II** *overg* doen vertakken[2]; onderverdelen

ramjet ['ræmdʒet] *znw* stuwstraalmotor

rammer ['ræmə] *znw* (straat)stamper; laadstok [v. kanon]; heiblok o

ramp [ræmp] *znw* **1** glooiing, helling; verkeersdrempel; oprit; vliegtuigtrap; **2** slang zwendel, afzetterij

rampage [ræm'peidʒ] **I** *onoverg* als gek rondspringen, als een dolle tekeergaan; **II** *znw: be on the ~* dol (wild) zijn van uitgelatenheid

rampageous *bn* dol, uitgelaten

rampancy ['ræmpənsi] *znw* voortwoekering[2]

rampant *bn* op de achterpoten staande; herald klimmend; (dansend en) springend, uitgelaten, dartel; plantk weelderig, welig tierend; (hand over hand) toenemend, buitensporig, teugelloos; heersend, algemeen [ziekten]; *be ~* ook: hoogtij vieren; *the spirit of... was ~ within him* beheerste hem geheel

rampart ['ræmpa:t] *znw* wal, bolwerk[2] o

ramrod ['ræmrɔd] *znw* laadstok; fig bullebak

ramshackle ['ræmʃækl] *bn* bouwvallig, vervallen;

gammel; waggelend, rammelend

ran [ræn] V.T. van [1]*run*

ranch [ra:n(t)ʃ, ræn(t)ʃ] **I** *znw* Am veefokkerij, boerderij; **II** *onoverg* werkzaam zijn als paarden- en veefokker

rancher *znw* Am paarden- en veefokker

rancid ['rænsid] *bn* ranzig

rancidity [ræn'siditi] *znw* ranzigheid

rancorous ['ræŋkərəs] *bn* haatdragend, wrokkend

rancour, Am **rancor** *znw* rancune, wrok; ingekankerde haat; *bear ~* wrok koesteren

rand [rænd] *znw* **1** dun stukje o leer tussen zool en hak v. schoen; **2** rand (Zuid-Afrikaanse munteenheid)

randan [ræn'dæn] *znw* roeiboot voor drie man

random ['rændəm] **I** *znw*: *at ~* in het wilde weg, op goed geluk, bij toeval; er maar op los, lukraak; **II** *bn* lukraak, in het wilde (afgeschoten, gegooid &), willekeurig; toevallig; *a ~ sample* een steekproef

randy ['rændi] *bn* gemeenz wulps, geil

rang [ræŋ] V.T. van [2]*ring*

range [rein(d)ʒ] **I** *overg* rangschikken, (in rijen) plaatsen, ordenen, (op)stellen, scharen; gaan door, varen over; doorlopen[2], afzwerven; mil bestrijken; **II** *wederk*: ~ *oneself on the side of,* ~ *oneself with* zich scharen aan de zijde van; **III** *onoverg* zich uitstrekken, reiken, dragen [v. vuurwapen]; varen, lopen, gaan, zwerven; mil zich inschieten; ~ *between... and, (from... to)* variëren tussen; ~ *with (among)* op één lijn staan met; **IV** *znw* rij, reeks, (berg)keten, richting°; draagwijdte; schietbaan, -terrein o; Am prairie, grote grasvlakte; (keuken)fornuis o; bereik o [ook v. stem]; fig gebied[2] o, terrein[2] o; klasse; *a wide ~ of...* een grote verscheidenheid van..., diverse, allerlei, handel een ruime sortering...; een uitgebreide collectie...; *his ~ of reading* zijn belezenheid; *find the ~, get one's ~* mil zich inschieten; *have free ~* vrij spel hebben; *at short ~* op korte afstand; *out of ~* buiten schot; *within ~* onder schot

range-finder *znw* afstandsmeter

ranger *znw* Am bereden jager (politieman); boswachter; parkopzichter; voortrekster [bij scouting]

1 rank [ræŋk] **I** *znw* rang, graad; rij, gelid o; (maatschappelijke) stand; standplaats [voor taxi's &]; *other ~s* mil militairen beneden de rang van sergeant; *the ~s* de geledenen; de grote hoop; *the ~ and file* mil de minderen, Jan Soldaat; fig de grote hoop; de gewone man; achterban [v.e. partij]; *break ~s* de gelederen verbreken; in de war raken; *close ~s* de gelederen sluiten[2]; *fall in ~* zijn plaats in de gelederen innemen; *pull ~* op zijn strepen staan; *reduce to the ~s* mil degraderen; *rise from the ~s* uit de gelederen voortkomen [officier]; zich opwerken; **II** *overg* (in het gelid) plaatsen, (op)stellen; een plaats geven; *how do you ~ Pavarotti?* hoe vind je Pavarotti?; **III** *onoverg* een rang hebben; een plaats innemen; ~ *among* behoren tot; rekenen tot; ~ *as* gelden als (voor); houden voor; ~ *with* dezelfde rang hebben als; op één lijn staan met; op één lijn stellen met

2 rank [ræŋk] *bn:* weelderig, te welig [groei]; grof, vuil; te sterk smakend of riekend; schandelijk; ~ *nonsense* klinkklare onzin, je reinste onzin

ranker ['ræŋkə] *znw* wie uit de gelederen officier geworden is; gewoon soldaat

ranking ['ræŋkiŋ] *znw* klassement o, ranglijst; klassering, plaats op de ranglijst

rankle ['ræŋkl] *onoverg* woede/irritatie opwekken, verbitteren, knagen; [v. wond] etteren; *this escapade ~d in his mind* deze uitspatting bleef hem dwarszitten

ransack ['rænsæk] *overg* af-, doorzoeken, doorsnuffelen; plunderen [een stad]

ransom ['rænsəm] **I** *znw* losgeld o; afkoopsom; *a king's ~* een heel vermogen o, een kapitaal o; *hold sbd. to ~* een losgeld eisen voor iem.; iem. geld afpersen; fig chanteren, het mes op de keel zetten; **II** *overg* vrijkopen, af-, loskopen; vrijlaten; verlossen; geld afpersen

rant [rænt] **I** *onoverg* hoogdravende taal uitslaan, bombastisch oreren; fulmineren, uitvaren (tegen *against, at*); **II** *znw* bombast, hoogdravende taal

ranter *znw* schreeuwer; opschepper

ranunculus [rə'nʌŋkjuləs] *znw (mv: -es of* ranunculi [-lai]*)* ranonkel

1 rap [ræp] **I** *znw* slag; tik; geklop o; standje o, reprimande; *not a ~* geen steek, geen zier, geen sikkepit; *take the ~* slang ervoor opdraaien; de schuld krijgen; **II** *overg* slaan, kloppen, tikken (op); ~ *out* door kloppen te kennen geven [v. geesten]; fig eruit gooien; kortaf spreken; ~ *sbd. over the knuckles* iem. op de vingers tikken; **III** *onoverg* kloppen, (aan)tikken; Am gemeenz gesprek o over koetjes en kalfjes

2 rap I *znw* rap(muziek); rapsong; **II** *onoverg* rappen, rapmuziek maken

rapacious [rə'peiʃəs] *bn* roofzuchtig

rapacity [rə'pæsiti] *znw* roofzucht

1 rape [reip] **I** *overg* verkrachten, onteren; vero (gewelddadig) ontvoeren; roven; **II** *znw* verkrachting, ontering; vero (gewelddadige) ontvoering; roof

2 rape [reip] *znw* plantk raap-, koolzaad o

rapeseed *znw* kool-, raapzaad o

rapid ['ræpid] **I** *bn* snel, vlug; steil [v. helling]; **II** *znw:* ~s stroomversnellingen

rapidity [rə'piditi] *znw* snelheid, vlugheid; steilheid

rapier ['reipiə] *znw* rapier o; ~ *wit* bijtende humor

rapine ['ræpain] *znw* plechtig roverij, roof

rapist ['reipist] *znw* verkrachter

rapport [ræ'pɔ:, ra'pɔ:] *znw* (goede) verstandhouding; rapport (= contact) o [in spiritisme]

rapprochement [ræ'prɔʃma:(ŋ)] *znw* toenadering

rapscallion [ræps'kæljən] *znw* schurk, schelm

rapt [ræpt] *bn* weggerukt, meegesleept, opgetogen, verrukt (ook: ~ *up*); ~ *in thought* in gedachten verdiept; ~ *with joy* vervoerd van vreugde

rapture *znw* vervoering, verrukking; *go into ~s* in extase raken (over *over*)

rapturous *bn* in verrukking, extatisch, opgetogen, verrukt

rare [rɛə] *bn* **1** zeldzaam, ongewoon; dun, ijl; gemeenz buitengewoon (mooi), bijzonder; **2** niet doorbraden [vlees]

rarebit ['rɛəbit] zie *Welsh I*

rarefaction [rɛəri'fækʃən] *znw* verdunning

rarefy ['rɛərifai] **I** *overg* verdunnen, verfijnen[2]; **II** *onoverg* zich verdunnen, ijler worden

rarely ['rɛə(r)li] *bijw* zelden

rarification [rɛərifi'keiʃən] *znw = rarefaction*

raring ['rɛəriŋ] *bn: be ~ to go* staan te trappelen van ongeduld

rarity ['rɛəriti] *znw* zeldzaamheid (ook = rariteit); voortreffelijkheid; dunheid, ijlheid

rascal ['ra:skəl] *znw* schelm, schurk, boef; deugniet, rakker

rascality [ra:s'kæliti] *znw* schelmerij, schurkachtigheid; schurkenstreek

rascally ['ra:skəli] *bn* schurkachtig, gemeen

rase [reiz] *overg = raze*

1 rash [ræʃ] *znw* (huid)uitslag; fig stroom

2 rash [ræʃ] *bn* overijld, overhaastig; lichtvaardig, roekeloos, onbezonnen

rasher ['ræʃə] *znw* plakje o spek of ham

rasp [ra:sp] **I** *znw* rasp; gekras o; **II** *onoverg* krassen, knarsen

raspberry ['ra:zb(ə)ri] *znw* framboos; gemeenz afkeurend of minachtend geluid o: pfff, tsss &

Rasta ['ræstə] *znw* rasta(fari)

Rastafarian [ræstə'fɛəriən] *znw* rastafari

raster ['ræstə] *znw* RTV raster o & m

rat [ræt] **I** *znw* rat; fig overloper; onderkruiper; ~*s!* gemeenz verdorie!; *smell a ~* achterdochtig zijn, het zaakje niet vertrouwen; **II** *onoverg:* ~ *on* laten vallen, in de steek laten; verlinken; verbreken (belofte)

ratable, rateable ['reitəbl] *bn* schatbaar; belastbaar; belastingplichtig; ~ *value* Br huurwaarde voor de gemeentebelasting

ratal *znw* aanslag in plaatselijke belasting

rat-a-tat *znw = rat-tat*

ratch [rætʃ], **ratchet** ['rætʃit] *znw* techn pal

1 rate [reit] **I** *znw* tarief o; cijfer o, verhouding; snelheid, vaart, tempo o; prijs, koers; standaard, maatstaf; graad, rang, klasse; ~*s* (gemeente)belasting; ~ *of exchange* (wissel)koers; ~ *of interest* rentevoet; ~ *of pay (wages)* loonstandaard; ~*s and taxes* gemeente- en rijksbelastingen; *at any ~* in ieder geval; tenminste; *at this ~* gemeenz als het zo doorgaat; *at that ~* op die manier; *at the ~ of* met een snelheid van; ten getale van; tegen, op de voet van [7%], à raison van; per; *people were killed at the ~ of 40 a day* er werden veertig mensen per dag gedood; **II**

457

rate

overg aanslaan, (be)rekenen, taxeren, bepalen; schatten², waarderen²; Am verdienen, waard zijn, behalen; *be ~d as* scheepv de rang hebben van; **III** *wederk*: ~ *oneself with* zich op één lijn stellen met; **IV** *onoverg* geschat worden, gerekend worden, de rang hebben (van *as*)

2 rate [reit] *overg* uitschelden, berispen; ~ *at* uitvaren tegen

rateable *bn* = *ratable*

ratepayer ['reitpeiə] *znw* belastingbetaler, belastingschuldige

rather ['ra:ðə] *bijw* eer(der), liever, veeleer; meer; heel wat; nogal, vrij, enigszins, tamelijk, wel; ~ *nice* ook: niet onaardig; ~*!* gemeenz en of!

ratification [rætifi'keiʃən] *znw* ratificatie, bekrachtiging

ratify ['rætifai] *overg* ratificeren, bekrachtigen

rating ['reitiŋ] *znw* aanslag [in gemeentebelasting]; scheepv graad, klasse; waardering, waarderingscijfer *o*; *able* ~ = *able-bodied; the* ~*s* ook: scheepv het personeel, de manschappen

ratio ['reiʃiou] *znw* verhouding

ratiocinate [ræti'ɔsineit] *onoverg* redeneren

ratiocination [rætiɔsi'neiʃən] *znw* redenering, logische gevolgtrekking

ration ['ræʃən] **I** *znw* rantsoen *o*, portie; *off the* ~ niet op de bon, van de bon, zonder bon; *on the* ~ op de bon; ~ *book* bonboekje *o*, bonkaart; **II** *overg* rantsoeneren; (ook: ~ *out*) distribueren [in oorlogstijd &]; op rantsoen stellen; zijn (hun) rantsoen geven

rational *bn* redelijk, verstandig, rationeel

rationale [ræʃə'na:l] *znw* beredeneerde uiteenzetting; basis, grond

rationalism ['ræʃ(ə)nəlizm] *znw* rationalisme *o*; leer, geloof *o* der rede

rationalist I *znw* rationalist; **II** *bn* rationalistisch

rationalistic [ræʃ(ə)nə'listik] *bn* rationalistisch

rationality [ræʃə'næliti] *znw* rede; verstand *o*; redelijkheid, rationaliteit

rationalization [ræʃ(ə)nəlai'zeiʃən] *znw* rationalisatie; reorganisatie [v. bedrijf]

rationalize ['ræʃ(ə)nəlaiz] *overg* rationaliseren; in overeenstemming brengen met de redelijkheid; verstandelijk verklaren; reorganiseren [v. bedrijf]

rationing ['ræʃəniŋ] *znw* rantsoenering; distributie

rat race ['rætreis] *znw* zinloze jacht naar meer, genadeloze concurrentiestrijd

rattan [rə'tæn] *znw* rotan *o & m* [stofnaam]; rotan *m* [voorwerpsnaam], rotting

rat-tat [ræt'tæt] *znw* tok-tok, geklop *o*

ratter ['rætə] *znw* rattenvanger

rattle ['rætl] **I** *onoverg* ratelen, rammelen, kletteren; reutelen; ~ *on* maar doorratelen (kletsen); **II** *overg* doen rammelen &; rammelen met &; gemeenz zenuwachtig, in de war maken; ~ *off* afraffelen, aframmelen [les &]; ~ *through sth.* fig ergens doorheen vliegen; **III** *znw* ratel², rammelaar; geratel *o*;

gerammel *o*; reutelen *o*

rattlebrain *znw* leeghoofd *o & m-v*

rattle-brained, rattle-headed *bn* onbezonnen, dom

rattler *znw* gemeenz ratelslang

rattlesnake *znw* ratelslang

rattletrap *znw* rammelkast, oude brik

rattling *bn* ratelend &; gemeenz verduiveld (goed &)

rat-trap ['rættræp] *znw* rattenval

ratty *bn* gemeenz uit zijn hum(eur)

raucous ['rɔ:kəs] *bn* schor, rauw

ravage ['rævidʒ] **I** *znw* verwoesting, teistering; plundering; **II** *overg* verwoesten, teisteren; plunderen

rave [reiv] **I** *onoverg* ijlen, raaskallen; razen (en tieren); ~ *about (over)* dol zijn op, dwepen met; **II** *znw* gemeenz **1** manie, rage, gedweep *o*; **2** wild feest *o*; **3** wild enthousiaste recensie (ook: ~ *review*)

ravel ['rævl] **I** *overg* **1** in de war maken, verwarren; **2** ontwarren (ook: ~ *out*); **II** *onoverg* in de war geraken; rafelen

raven ['reivn] **I** *znw* raaf; **II** *bn* ravenzwart

ravening ['rævniŋ] *bn* roofzuchtig; zie ook: *ravenous*

ravenous ['rævinəs] *bn* verslindend, roofzuchtig [dier]; fig uitgehongerd; *a* ~ *appetite* een razende honger

raver *znw* gemeenz fuifnummer *o*, uitgaanstype *o*

rave-up ['reivʌp] *znw* gemeenz knalfuif, wild/ruig feest *o*

ravine [rə'vi:n] *znw* ravijn *o*, gleuf, kloof

raving ['reiviŋ] **I** *bn* ijlend; **II** *bijw*: ~ *mad* stapelgek; **III** *znw* ijlen *o*; dweperij, gedweep *o*; *his* ~*s* zijn geraaskal *o*

ravish ['ræviʃ] *overg* meeslepen²; fig verrukken; (ont)roven, wegvoeren

ravisher *znw* rover; ontvoerder

ravishing ['ræviʃiŋ] *bn* verrukkelijk

ravishment *znw* **1** verrukking; **2** roof, ontvoering

raw [rɔ:] **I** *bn* rauw°, guur; ruw, onbewerkt, grof; onverbloemd; groen, onervaren, ongeoefend; gevoelig, pijnlijk; ruw [taal]; gemeenz gemeen, onbillijk [behandeling]; *give sbd. a ~ deal* gemeenz iem. een rotstreek leveren; *the old get a ~ deal nowadays* gemeenz ouderen worden slecht behandeld tegenwoordig; ~ *materials* grondstoffen; **II** *znw* rauwe plek; *in the* ~ onbewerkt, ongeraffineerd, ruw; gemeenz naakt; *touch sbd. on the* ~ iem. op een zere (gevoelige) plek raken

raw-boned *bn* mager (als een lat)

rawhide ['rɔ:haid] *znw* zweep (van ongelooide huid)

1 ray [rei] *znw* dierk rog

2 ray [rei] *znw* straal; fig sprankje *o*

rayon ['reiɔn] *znw* rayon *o & m* [kunstzijde]

raze [reiz] *overg* (ook: ~ *to the ground*) met de grond gelijk maken, slechten

razor ['reizə] *znw* scheermes *o; electric* ~ elektrisch scheerapparaat *o; as sharp as a* ~ ook: vlijmscherp; *on the* ~ *'s edge* heel kritiek

razor-back *znw* dier *o* met een scherpe rug, vooral vinvis

razor blade *znw* scheermesje *o*

razor-sharp *bn* vlijmscherp²

razor-strop *znw* aanzetriem

razz [ræz] *overg gemeenz* (iem.) ertussen nemen

razzia ['ræziə] *znw* razzia, inval, strooptocht

razzle ['ræzl], **razzledazzle** ['ræzldæzl] *znw* **1** opwinding, hilariteit, drukte; **2** opvallende, schreeuwerige reclame; *be on the razzle* aan de zwier zijn

razzmatazz ['ræzmə'tæz] *znw* opzichtigheid, goedkoop effect *o;* misleidende praatjes

RE *afk.* = *Royal Engineers* de Genie; onderw = *Religious Education*

1 re [rei] *znw* muz re

2 re [ri:] *voorz* inzake

3 re- [ri:] *voorv* her-, weer-, opnieuw-, terug-

reach [ri:tʃ] **I** *overg* bereiken; komen tot [gevolgtrekking &]; aanreiken, overhandigen; toesteken, uitstrekken; ~ *one's audience* weten te "pakken"; **II** *onoverg* reiken, zich uitstrekken; *the news has not* ~*ed here* is nog niet binnengekomen; ~ *after* = ~ *for;* ~ *at* reiken tot, bereiken, raken; ~ *down* afhangen, afnemen; ~ *for* de hand uitsteken naar, grijpen naar, reiken naar, trachten te bereiken, streven naar; ~ *out* (de hand) uitsteken; ~ *(up) to it* zover reiken, het bereiken, er bij komen; **III** *znw* bereik *o,* omvang, uitgestrektheid; raak *o* [rivier]; *the higher (upper)* ~*es* of ook: fig de hogere regionen van; *above my* ~ boven mijn bereik (horizon); *beyond the* ~ *of* buiten bereik van; *out of* ~ niet te bereiken; *out of* ~ buiten bereik; *within* ~ (makkelijk) te bereiken; *within my* ~ binnen mijn bereik

reach-me-down *znw* gemeenz afdragertje *o*

react [ri'ækt] *onoverg* reageren (op *upon, to*); terugwerken; ~ *against* zich verzetten tegen, tegen (iets) ingaan, tegenwerken

reaction *znw* reactie, terugwerking

reactionary *bn & znw* reactionair

reactivate ['ri:'æktiveit] *overg* reactiveren, weer actief maken

reactive [ri'æktiv] *bn* reagerend, reactie tonend, reactief

reactor [ri'æktə] *znw* reactor

1 read [ri:d] (read; read) **I** *overg* lezen (in), af-, op-, voorlezen; oplossen [raadsel]; ontcijferen; uitleggen [droom], opvatten, begrijpen; doorzien [iem.]; ~ *the clock* op de klok kijken; ~ *the gas-meter* de gasmeter opnemen; ~ *law,* ~ *for the bar* rechten studeren; ~ *a paper on* zie *paper I; if I* ~ *him rightly* als ik hem goed begrijp, als ik mij niet vergis in zijn karakter; ~ *into* opmaken uit [iems. woorden]; ~ *off* (af)lezen, oplezen; ~ *out* uitlezen; hardop lezen, oplezen; voorlezen; ~ *to sbd.* iem. voorlezen; ~ *up* blokken (op); zich inwerken [in een onder-

werp]; *take sth. as* ~ iets als een vanzelfsprekendheid beschouwen; **II** *onoverg* lezen; studeren; een lezing houden; zich laten lezen; klinken, luiden; *the thermometer* ~*s 30* wijst 30 aan; ~ *up on sth.* zich op de hoogte stellen van iets; ± zich inlezen [m.b.t. een onderwerp]; iem. klaarmaken [voor examen]; *well-*~ (zeer) belezen, op de hoogte

2 read [ri:d] *znw*: *have a long (quiet &)* ~ lang (rustig) zitten lezen

readable ['ri:dəbl] *bn* lezenswaardig, leesbaar²

reader *znw* lezer, voorlezer; lezeres; lector; adviseur [v. uitgever]; corrector; leesboek *o*; (meter)opnemer (*meter* ~); techn lezer [v. computer]; ook = *lay reader*

readership *znw* lectoraat *o*; aantal *o* lezers, lezerskring

readily ['redili] *bijw* dadelijk, gaarne, grif, gemakkelijk; *sell* ~ *handel* gretig aftrek vinden

readiness *znw* gereedheid, bereidheid; bereidwilligheid; paraatheid; (slag)vaardigheid; vlugheid; ~ *of resource* vindingrijkheid; ~ *of wit* gevatheid; *in* ~ gereed, klaar

reading ['ri:diŋ] **I** *bn* lezend, van lezen houdend; **II** *znw* (voor)lezen *o*; lezing°, aflezing; opneming [v. gasmeter &]; belezenheid; studie; opvatting; stand [v. barometer &]; ~ *(matter)* lectuur, leesstof

reading-book *znw* leesboek *o*

reading-desk *znw* lessenaar

reading-glasses *znw mv* leesbril

reading-lamp *znw* leeslamp; studeerlamp

reading-room *znw* leeszaal, -kamer

readjust ['ri:ə'dʒʌst] *overg* weer regelen, in orde brengen of schikken, zich weer aanpassen

readjustment *znw* opnieuw regelen *o*, in orde brengen *o* of schikken *o*, weer aanpassen *o*

readmission ['ri:əd'miʃən] *znw* wedertoelating

readmit *overg* weer toelaten

readmittance *znw* wedertoelating

readout ['ri:daut] *znw* comput uitdraai

ready ['redi] **I** *bn* bereid, gereed, klaar; bereidwillig; paraat; vaardig; gemakkelijk; snel; vlug, bij de hand, gevat; ~ *cash (money)* contant geld *o*; ~ *reckoner* (boek *o* met) herleidingstabellen; ~ *wit* gevatheid, slagvaardigheid; *make (get)* ~ (zich) klaarmaken; ~ *for sea* zeilvaardig; ~ *to faint* op het punt van te bezwijmen; **II** *znw:* the *readies* slang de contanten, de duiten; *at the* ~ gereed (om te vuren), klaar; **III** *overg* (zich) klaarmaken, (zich) voorbereiden

ready-made *bn* confectie-; (kant-en-)klaar; fig ~ *answer, opinion* cliché *o*, gemeenplaats

ready-to-wear *bn* confectie-

ready-witted *bn* intelligent, slagvaardig

reaffirm ['ri:ə'fə:m] *overg* opnieuw bevestigen

reafforest ['ri:ə'fɔrist] *overg* herbebossen

reafforestation ['ri:əfɔris'teiʃən] *znw* herbebossing

reagent [ri:'eidʒənt] *znw* reagens *o*

real

1 real [rei'a:l] *znw* reaal [munt]

2 real ['riəl] *bn* echt, werkelijk, wezenlijk, waar, eigenlijk, reëel; zakelijk [recht]; *for ~* echt, om 't echie; *~ estate* onroerend goed *o* (eigendommen); *in ~ life* in de werkelijkheid, in de praktijk; *~ money* klinkende munt; *the ~ thing, the ~ McCoy* je ware; *~ time* comput real time

realism *znw* realisme *o*, werkelijkheidszin

realist I *znw* realist; **II** *bn* realistisch

realistic [riə'listik] *bn* realistisch; werkelijkheidsgetrouw

reality [ri'æliti] *znw* realiteit; wezenlijkheid, werkelijkheid

realizable ['riəlaizəbl] *bn* realiseerbaar, haalbaar

realization [riəlai'zeiʃən] *znw* verwezenlijking; besef *o*; handel realisatie, tegeldemaking

realize ['riəlaiz] *overg* verwezenlijken; realiseren, te gelde maken; zich voorstellen, beseffen, zich realiseren, zich rekenschap geven van, inzien; handel opbrengen [v. prijzen], maken [winst]

re-allocation ['ri:ælou'keiʃən] *znw* herverkaveling

really ['riəli] *bijw* werkelijk, waarlijk, inderdaad, in werkelijkheid, eigenlijk; echt, bepaald, beslist, heus, toch; *~?* o ja?; is 't heus?

realm [relm] *znw* koninkrijk *o*, rijk[2] *o*, fig gebied *o*

realtor ['riəltə, -tɔ:] *znw* Am makelaar in onroerend goed

realty ['riəlti] *znw* vast of onroerend goed *o*

1 ream [ri:m] *znw* riem [papier]; fig grote hoeveelheid [beschreven papier]

2 ream [ri:m] *overg* vergroten, opruimen [een gat]

reamer *znw* techn ± boor, frees

reanimate ['ri:'ænimeit] *overg* doen herleven, reanimeren; weer bezielen of doen opleven

reanimation ['ri:æni'meiʃən] *znw* reanimatie, herleving; wederbezieling

reap [ri:p] *overg* maaien, inoogsten, oogsten[2]; *~ the fruits of* fig de vruchten plukken van

reaper *znw* maaier, oogster; maaimachine

reaping-hook *znw* sikkel

reaping-machine *znw* maaimachine

reappear ['ri:ə'piə] *onoverg* weer verschijnen &

reappearance ['ri:ə'piərəns] *znw* wederverschijning, wederkeer, het zich opnieuw vertonen

reappraisal ['ri:ə'preizl] *znw* herwaardering

reappraise ['ri:ə'preiz] *overg* herwaarderen

1 rear [riə] **I** *znw* achterhoede; achterkant; etappe, etappegebied *o*; gemeenz achterste *o*; *bring up the ~* mil de achterhoede vormen, achteraan komen; *at (in) the ~ of* achter; *in (the) ~* achteraan; van achteren; *attack in (the) ~* in de rug aanvallen[2]; **II** *bn* achter-, achterste

2 rear [riə] **I** *overg* oprichten, opheffen; bouwen; opbrengen, (op)kweken, grootbrengen; fokken; verbouwen; **II** *wederk* *~ oneself (itself)* zich verheffen; **III** *onoverg* *~ (up)* steigeren

rear-admiral ['riə(r)'ædmərəl] *znw* schout-bij-nacht

rearguard ['riəga:d] *znw* mil achterhoede; *~ action* achterhoedegevecht *o*

rearm ['ri:'a:m] *overg & onoverg* (zich) herbewapenen

rearmament *znw* herbewapening

rearmost ['riəmoust] *bn* achterste, laatste

rearrange ['ri:ə'reindʒ] *overg* opnieuw schikken &

rearrangement ['ri:ə'rein(d)ʒmənt] *znw* herschikking, herinrichting

rear-view mirror ['riəvju:'mirə] *znw* achteruitkijkspiegel

rearward ['riəwəd] **I** *znw* achterhoede; *in the ~* achteraan (geplaatst); achter ons; *to ~ of* achter; **II** *bn* achterwaarts; achterste, achter-; **III** *bijw* achterwaarts

reason ['ri:zn] **I** *znw* reden, oorzaak, grond; rede, redelijkheid, verstand *o*; recht *o*, billijkheid; *all the more ~ why...* een reden te meer om...; *there's some ~ in that* daar zit wat in; *lose one's ~* het verstand verliezen; *see ~* tot rede komen; *see ~ to...* reden hebben om...; *talk ~* verstandig spreken; *by ~ of* op grond van, ten gevolge van, vanwege, wegens; *for some ~ (or other)* om de een of andere reden; *he will do anything within ~* alles wat men billijkerwijs verlangen kan; *in ~ or out of ~* redelijk of niet; *listen to ~* naar rede luisteren; *it stands to ~* het spreekt vanzelf; *with ~* met recht, terecht; *without ~* zonder reden; **II** *onoverg* redeneren (over *about, upon*); *~ with sbd.* iem. bepraten, iem. overreden; met iem. spreken, praten, een (goed) gesprek voeren; **III** *overg* beredeneren, redeneren over; bespreken; *~ away* wegredeneren; *~ sbd. into ...ing* overreden of overhalen om...; *~ it out* beredeneren; *~ out the consequences* de gevolgen bedenken; *~ sbd. out of his fears* iem. zijn angst uit het hoofd praten

reasonable *bn* redelijk, verstandig; billijk; matig

reasonably *bijw* redelijk; billijk; tamelijk; redelijkerwijs, met reden, terecht

reasoned *bn* beredeneerd

reasoning *znw* redenering

reassemble ['ri:ə'sembl] **I** *overg* opnieuw verzamelen; weer in elkaar zetten [machine &]; **II** *onoverg* weer bijeenkomen

reassert ['ri:ə'sə:t] *overg* opnieuw beweren, bevestigen; weer laten gelden

reassess ['ri:ə'ses] *overg* opnieuw onderzoeken, herwaarderen, opnieuw taxeren

reassurance [ri:ə'ʃuərəns] *znw* geruststelling

reassure *overg* geruststellen

rebaptism ['ri:'bæptizm] *znw* wederdoop

rebaptize ['ri:bæp'taiz, 'ri:'bæp-] *overg* opnieuw dopen

rebarbative [ri'ba:bətiv] *bn* afstotend, weerzinwekkend

rebate ['ri:beit] *znw* handel korting, rabat *o*, aftrek

rebel ['rebəl] **I** *znw* oproermaker, oproerling, opstandeling, muiter; rebel; **II** *bn* oproerig, opstan-

dig, muitend; **III** *onoverg* [ri'bel] oproer maken, muiten, opstaan, in opstand komen, rebelleren
rebellion [ri'beljən] *znw* oproer *o*, opstand
rebellious *bn* oproerig, rebels, weerspannig; hardnekkig [v. zweren]
rebind ['ri:'baind] *overg* opnieuw (in)binden
rebirth ['ri:'bə:θ] *znw* wedergeboorte
1 rebound [ri'baund] **I** *onoverg* terugspringen, terug-, afstuiten; terugkaatsen; **II** *znw* terugspringen *o*, terugstoot, afstuiting; terugkaatsing; rebound; *on the* ~ als reactie daarop, van de weeromstuit
2 rebound ['ri:baund] V.T. & V.D. van *rebind*
rebuff [ri'bʌf] **I** *znw* botte weigering, afwijzing; **II** *overg* weigeren, afwijzen, afstoten, afpoeieren, afschepen
rebuild ['ri:'build] *overg* herbouwen, weer opbouwen; ombouwen
rebuilt V.T. & V.D. van *rebuild*
rebuke [ri'bju:k] **I** *overg* berispen, afkeuren; **II** *znw* berisping
rebus ['ri:bəs] *znw* rebus
rebut [ri'bʌt] *overg* weerleggen; terug-, afwijzen
rebuttal *znw* weerlegging
recalcitrance [ri'kælsitrəns] *znw* weerspannigheid
recalcitrant *bn* tegenstribbelend, weerspannig, recalcitrant
recall [ri'kɔ:l] **I** *overg* terugroepen; herroepen, intrekken; weer in het geheugen roepen, memoreren, herinneren aan; zich herinneren; handel opzeggen [een kapitaal]; *it* ~*s... het doet je denken aan..;* **II** *znw* terugroeping; herroeping; rappel *o*; bis [in schouwburg]; *beyond (past)* ~ onherroepelijk; reddeloos (verloren)
recant [ri'kænt] **I** *overg* herroepen, terugnemen; **II** *onoverg & abs ww* zijn woorden terugnemen, zijn dwaling openlijk erkennen
recantation [ri:kæn'teiʃən] *znw* herroeping, afzwering van een dwaling
1 recap ['rikæp] **I** *znw* gemeenz korte opsomming, samenvatting; **II** *overg* kort samenvatten, recapituleren
2 recap *overg* vulkaniseren [autoband]
recapitulate [ri:kə'pitjuleit] *overg* in het kort herhalen, samenvatten, resumeren
recapitulation [ri:kəpitju'leiʃən] *znw* recapitulatie, korte herhaling of samenvatting
recapture ['ri:'kæptʃə] **I** *overg* heroveren; fig terugroepen, [weer] voor de geest halen; **II** *znw* herovering; heroverde *o*
recast ['ri:'ka:st] **I** *overg* opnieuw gieten, omgieten; opnieuw vormen; opnieuw berekenen; fig opnieuw bewerken, omwerken [een boek &]; de rollen opnieuw verdelen van [een toneelstuk]; **II** *znw* omgieten *o*; fig omwerking
recede [ri'si:d] *onoverg* teruggaan, -wijken, (zich) terugtrekken; handel teruglopen [koers]; zich verwijderen [v.d. kust &]; aflopen [getij]; ~ *from a de-*

mand een eis laten vallen; ~ *from view* uit het gezicht verdwijnen; *receding hairline* terugwijkende haargrens
receipt [ri'si:t] **I** *znw* ontvangst; bewijs *o* van ontvangst, kwitantie; reçu *o*; recept *o*; ~*s* recette; *be in* ~ *of* ontvangen hebben; ontvangen, krijgen, trekken; *on* ~ *of* na/bij ontvangst van; **II** *overg* kwiteren
receipt book *znw* kwitantieboekje *o*
receivable [ri'si:vəbl] *bn* ontvangbaar, aannemelijk; nog te ontvangen of te innen
receive I *overg* ontvangen, aannemen, in ontvangst nemen; opvangen; vinden, krijgen; opnemen, toelaten; recht helen; *the standard* ~ *d in Paris* te Parijs geldend; **II** *onoverg* recipiëren, ontvangen; recht helen
received *bn* algemeen aanvaard, standaard-, overgeleverd
receiver *znw* ontvanger°; heler; recht curator [v. failliete boedel]; recipiënt, klok [v. luchtpomp]; reservoir *o*; telefoonhoorn; radio ontvangtoestel *o*; *official* ~ curator bij faillissement
receivership *znw* curatorschap *o*
receiving order *znw* aanstelling tot curator [bij faillissement]
recension [ri'senʃən] *znw* herziening; herziene uitgaaf
recent ['ri:sənt] *bn* recent, van recente datum, onlangs plaats gehad hebbend; van de nieuwere tijd; nieuw, fris; laatst, jongst
recently *bijw* onlangs, kort geleden, in de laatste tijd, recentelijk; *as* ~ *as 1990* in 1990 nog; *till* ~ tot voor kort
receptacle [ri'septəkl] *znw* vergaarbak, -plaats
reception [ri'sepʃən] *znw* ontvangst, onthaal *o*, opname; opneming; receptie
reception centre *znw* opvangcentrum *o*
reception clerk, receptionist *znw* receptionist(e)
reception room *znw* ontvangkamer, receptieruimte; woonvertrek *o*
receptive [ri'septiv] *bn* receptief, kunnende opnemen, ontvankelijk; ~ *faculties* opnemingsvermogen *o*
receptiveness, receptivity [risep'tiviti] *znw* receptiviteit, opnemingsvermogen *o*, ontvankelijkheid
recess [ri'ses] *znw* terugwijking [v. gevel]; inham, (schuil)hoek, nis, alkoof; opschorting [v. zaken]; reces *o*; Am vakantie; *in* ~ op reces
recession *znw* wijken *o*; terugtreding; handel recessie
recessional *znw* gezang *o* terwijl de geestelijken zich na afloop van de dienst terugtrekken (ook: ~ *hymn*)
recharge ['ri:'tʃa:dʒ] *overg* opnieuw vullen, opnieuw laden [accu, geweer &]; handel doorberekenen, in rekening brengen
rechargeable [ri'tʃa:dʒəbl] *bn* oplaadbaar
recherché [rə'ʃɛəʃei] [Fr] *bn* bijzonder; uitgezocht, precieus

recidivist [ri'sidivist] *znw* recidivist
recipe ['resipi] *znw* recept *o; that's a ~ for disaster* dat is vragen om ongelukken
recipient [ri'sipiənt] **I** *bn* ontvangend, opnemend; **II** *znw* ontvanger
reciprocal [ri'siprəkl] *bn* wederzijds, wederkerig; over en weer; omgekeerd [evenredig]; *~ service* wederdienst
reciprocate [ri'siprəkeit] **I** *onoverg* techn heen en weer gaan; reciproceren, iets terug doen; bewezen gunsten beantwoorden; **II** *overg* vergelden, beantwoorden (met *with*), (uit)wisselen
reciprocation [risiprə'keiʃən] *znw* (uit)wisseling; beantwoording, vergelding
reciprocity [resi'prɔsiti] *znw* wederkerigheid; wisselwerking
recital [ri'saitl] *znw* opsomming (der feiten), omstandig verslag *o;* verhaal *o;* voordracht; recital *o:* concert *o* door één solist
recitation [resi'teiʃən] *znw* opzeggen *o,* voordracht; declamatie
recitative [resitə'ti:v] *znw* recitatief *o*
recite [ri'sait] **I** *overg* opsommen; reciteren, voordragen, declameren, opzeggen; **II** *onoverg* een voordracht geven
reciter *znw* declamator
reck [rek] *overg* plechtig geven om, zich zorgen maken om; *it ~s little* het doet er niet zoveel toe; *what ~s it him?* wat kan hem dat schelen?; *~ of* geven om
reckless *bn* zorgeloos, roekeloos, onbesuisd; vermetel
reckon ['rekn] **I** *overg* (be)rekenen, tellen; achten, houden voor...; denken; *~ among (with)* rekenen of tellen onder; *~ in* meerekenen, -tellen; *~ up* optellen, uitrekenen, samenvatten; **II** *onoverg* rekenen; *~ (up)on* rekenen op; *~ with* rekening houden met; afrekenen met[2]; *~ without one's host* buiten de waard rekenen
reckoner *znw* rekenaar; [reken]tabellenboek *o*
reckoning *znw* rekening, afrekening[2]; berekening; *(dead) ~* scheepv (gegist) bestek *o; be out in one's ~* zich misrekend hebben, zich vergissen; *day of ~* dag der vergelding; *Belgium has several athletes in the ~ for medals* de Belgen hebben enkele atleten die een goede kans op een medaille maken
reclaim [ri'kleim] **I** *overg* terugbrengen op het rechte pad, verbeteren, bekeren; terugwinnen; in cultuur brengen, ontginnen, droogleggen; tam maken, africhten; **II** *znw: beyond (past) ~* onherroepelijk (verloren); onverbeterlijk
reclamation [reklə'meiʃən] *znw* terugvordering, eis; terugwinning; vero protest *o;* bekering; (land-) aanwinning, ontginning, drooglegging
recline [ri'klain] **I** *overg* (doen) leunen, laten rusten; **II** *onoverg* achteroverleunen, rusten; *~ upon* steunen of vertrouwen op
reclining seat *znw* stoel met verstelbare rugleu-

ning
recluse [ri'klu:s] *znw* kluizenaar
reclusive *bn* teruggetrokken, kluizenaars-; afgelegen
recognition [rekəg'niʃən] *znw* herkenning; erkenning; erkentenis; *beyond (out of) (all) ~* tot onherkenbaar wordens toe; *in ~ of...* ter erkenning van, uit erkentelijkheid voor...
recognizable ['rekəgnaizəbl, rekəg'naizəbl] *bn* te herkennen, (her)kenbaar; kennelijk
recognizance [ri'kɔgnizəns] *znw* recht gelofte, schriftelijke verplichting om iets te doen; borgtocht
recognize ['rekəgnaiz] *overg* herkennen (aan *by*); erkennen; inzien
recoil [ri'kɔil] **I** *onoverg* terugspringen, terugdeinzen (voor *from*); mil teruglopen [kanon], (terug)stoten [geweer]; *~ on the head of* neerkomen op het hoofd van; **II** *znw* terugspringen *o;* terugslag; mil terugloop [v. kanon]; terugstoot [v. geweer]
recollect [rekə'lekt] **I** *overg* zich herinneren; *~ one's thoughts* z'n gedachten verzamelen; **II** *wederk: ~ oneself* zich bezinnen; zich beheersen; **III** *abs ww* het zich herinneren
recollection *znw* herinnering; *to the best of my ~* voorzover ik mij herinner
recommence [ri:kə'mens] *onoverg & onoverg* weer beginnen, hervatten
recommend [rekə'mend] *overg* aanbevelen, aanprijzen, recommanderen; aanraden, adviseren; *~ed price* adviesprijs
recommendable *bn* aan te bevelen, aanbevelenswaardig
recommendation [rekəmən'deiʃən] *znw* recommandatie, aanbeveling, aanprijzing; advies *o*
recommendatory [rekə'mendətəri] *bn* aanbevelend, aanbevelings-
recompense ['rekəmpens] **I** *overg* (be)lonen; vergelden, vergoeden, schadeloosstellen (voor *for*); **II** *znw* beloning, vergelding, vergoeding, loon *o,* schadeloosstelling
recompose [ri:kəm'pouz] *overg* weer samenstellen; (weer) kalmeren
reconcilable ['rekənsailəbl] *bn* verzoenbaar, verenigbaar, bestaanbaar (met *with, to*)
reconcile **I** *overg* verzoenen (met *to, with*); *~ with* overeenbrengen met, verenigen met; *~ differences* geschillen bijleggen; **II** *wederk: ~ oneself to it* zich ermee verzoenen, zich erin schikken
reconcilement *znw* verzoening[2]
reconciliation [rekənsili'eiʃən] *znw* verzoening[2]
recondite [ri'kɔndait, 'rekəndait] *bn* onbekend, verborgen; diepzinnig, duister
recondition ['ri:kən'diʃən] *overg* weer opknappen, opnieuw uitrusten [schip &]
reconnaissance [ri'kɔnisəns] *znw* verkenning[2]
reconnoitre [rekə'nɔitə] **I** *overg* verkennen[2]; **II** *abs ww* het terrein verkennen[2]

reconsider ['ri:kən'sidə] *overg & onoverg* opnieuw overwegen; herzien [vonnis]; terugkomen op [een beslissing]

reconstitute ['ri:'kɔnstitju:t] *overg* opnieuw samenstellen, reconstrueren

reconstruct ['ri:kən'strʌkt] *overg* weer (op)bouwen; opnieuw samenstellen, reconstrueren

reconstruction *znw* nieuwe samenstelling, reconstructie; wederopbouw

reconstructive *bn* herstel-, herstellings-

record I *overg* [ri'kɔ:d] aan-, optekenen, aangeven, registreren; opnemen [op grammofoonplaat]; vastleggen, boekstaven, melding maken van, vermelden, verhalen; uitbrengen [zijn stem]; *~ed delivery* post aangetekende bestelling; *~ed music* grammofoonmuziek; II *znw* ['rekɔ:d] aan-, optekening; gedenkschrift *o*, (historisch) document *o*, officieel afschrift *o*; gedenkteken *o*, getuigenis *o & v* [van het verleden]; staat van dienst; verleden *o*; record *o*; (grammofoon)plaat, opname; *~s* archief *o*, archieven; *criminal ~, police ~* strafregister *o*, strafblad *o*; *have a clean ~* een blanco strafregister hebben; *beat the ~* het record breken; *keep ~ (of)* aantekening houden (van); *for the ~* voor de goede orde; *off the ~* gemeenz niet officieel, niet voor publicatie (geschikt), geheim, vertrouwelijk; *be on ~* opgetekend zijn, te boek staan, historisch zijn; (algemeen) bekend zijn; *go on ~ as ...* verklaren te (zijn) ...; *place (put) on ~* vastleggen, boekstaven; verklaren; *put (set) the ~ straight* de zaken rechtzetten; *the greatest ... on ~* de grootste ... waarvan de geschiedenis gewaagt; *keep to the ~* voet bij stuk houden; III *bn* record-

record-breaker *znw* iem. die een record verbetert

record changer *znw* platenwisselaar

recorder [ri'kɔdə] *znw* griffier; archivaris; rechter; registreertoestel *o*; recorder, opnemer, opneemtoestel *o*; muz blokfluit

recording *znw* opname; registreren *o &*, zie *record* I

record library ['rekɔ:dlaibrəri] *znw* discotheek

record office *znw* (rijks)archief *o*

record-player *znw* platenspeler

record token ['rekɔ:dtoukn] *znw* platenbon

1 recount [ri'kaunt] *overg* verhalen, opsommen

2 recount ['ri:'kaunt] I *overg* opnieuw tellen; II *znw* nieuwe telling

recoup [ri'ku:p] I *overg* schadeloosstellen (voor), (weer) goedmaken, vergoeden; II *wederk:* *~ oneself* zich schadeloosstellen, zijn schade verhalen

recourse [ri'kɔ:s] *znw* toevlucht; handel regres *o*; *have ~ to* zijn toevlucht nemen tot

1 recover [ri'kʌvə] I *overg* terug-, herkrijgen, herwinnen; heroveren; terugvinden; bergen [v. lijken, ruimtecapsule]; terugwinnen; goedmaken [fout], inhalen [verloren tijd]; innen [schulden]; doen herstellen [iem.]; zich herstellen van [slag]; erbovenop halen [zieke], bevrijden, redden; weer bereiken; recht zich toegewezen zien [schadevergoe-

ding]; *~ one's breath* weer op adem komen; *~ damages* schadevergoeding krijgen; II *wederk:* *~ oneself* weer op de been komen; zich herstellen; zijn kalmte herkrijgen; III *onoverg* herstellen, erbovenop komen, beter worden, genezen; weer bijkomen [uit bezwijming]; zich herstellen; schadevergoeding krijgen; recht zijn eis toegewezen krijgen

2 recover ['ri:'kʌvə] *overg* weer bedekken, opnieuw bekleden of dekken; overtrekken [een paraplu]

recovery [ri'kʌvəri] *znw* terugkrijgen *o &*; berging; terugbekoming, herstel *o* [van gezondheid, economie]; *beyond (past) ~* onherstelbaar, ongeneeslijk

recovery room *znw* verkoeverkamer, recovery

recreant ['rekriənt] I *bn* plechtig lafhartig; afvallig; II *znw* lafaard; afvallige

1 recreate ['rekrieit] I *overg* ontspanning geven, vermaken; II *onoverg* zich ontspannen

2 recreate ['ri:kri'eit] *overg* herscheppen

1 recreation [rekri'eiʃən] *znw* ont-, uitspanning, recreatie, speeltijd

2 recreation ['ri:kri'eiʃən] *znw* herschepping

recreational [rekri'eiʃənəl] *bn* recreatief

recreation ground [rekri'eiʃəngraund] *znw* speelplaats, speelterrein *o*, speeltuin

recriminate [ri'krimineit] *onoverg* elkaar over en weer beschuldigen, tegenbeschuldigingen of (tegen)verwijten doen

recrimination [rikrimi'neiʃən] *znw* tegenbeschuldiging, (tegen)verwijt *o*

recriminatory [ri'kriminət(ə)ri, -neitri] *bn* (wederzijds) beschuldigend

recrudesce [ri:kru:'des] *onoverg* opnieuw uitbreken, oplaaien, verergeren

recrudescence *znw* opnieuw uitbreken *o* [v. ziekte]; opleving; oplaaiing [van hartstocht &]; verergering

recruit [ri'kru:t] I *znw* rekruut[2]; nieuweling; II *overg* (aan)werven, rekruteren[2]

recruitment *znw* (aan)werving, rekrutering

rectal ['rektəl] *bn* rectaal

rectangle ['rektæŋgl] *znw* rechthoek

rectangular [rek'tæŋgjulə] *bn* rechthoekig

rectification [rektifi'keiʃən] *znw* rectificatie [ook = herhaalde distillatie], verbetering, herstel *o*, rechtzetting

rectifier ['rektifaiə] *znw* elektr gelijkrichter

rectify *overg* rectificeren [ook = opnieuw distilleren], verbeteren, herstellen, rechtzetten; elektr gelijkrichten

rectilinear [rekti'liniə] *bn* rechtlijnig

rectitude ['rektitju:d] *znw* oprechtheid, rechtschapenheid; correctheid

rector ['rektə] *znw* predikant, dominee; onderw rector

rectorial [rek'tɔ:riəl] *bn* rectoraal, rectoraats-

rectorship ['rektəʃip] *znw* rectoraat *o*

rectory *znw* predikantsplaats; pastorie; rectorswoning

rectum ['rektəm] *znw* (*mv*: -s *of* recta [-tə]) endeldarm

recumbency [ri'kʌmbənsi] *znw* (achterover)liggende (leunende) houding; rust

recumbent *bn* (achterover)liggend, (-)leunend; rustend

recuperate [ri'kju:pəreit] **I** *onoverg* herstellen, weer op krachten komen, opknappen; **II** *overg* beter maken, er weer bovenop helpen

recuperation [rikju:pə'reiʃən] *znw* herstel *o*

recuperative [ri'kju:pərətiv] *bn* herstellend, versterkend; herstellings-

recur [ri'kə:] *onoverg* terugkeren, terugkomen; zich herhalen; ~ *to one* (*to one's mind*) weer bij iem. opkomen, iem. weer te binnen schieten; ~*ring decimal* repeterende breuk

recurrence [ri'kʌrəns] *znw* terugkeer; herhaling

recurrent, recurring *bn* (periodiek) terugkerend, periodiek

recusant ['rekjuzənt] **I** *znw* weerspannige; afgescheidene; **II** *bn* weerspannig; afgescheiden

recycle [ri'saikl] *overg* recyclen, hergebruiken; handel opnieuw investeren

recycling [ri:'saikliŋ] *znw* recycling, hergebruik *o*

red [red] **I** *bn* rood²; bloedig²; links, revolutionair; *see* ~ in blinde woede ontsteken, van woede buiten zichzelf zijn; ~ *alert* groot alarm *o*; ~ *carpet* rode loper; *give sbd. the* ~ *carpet treatment* de rode loper voor iem. uitrollen; ~ *deer* edelhert *o*; ~ *hot* roodgloeiend, *fig* enthousiast; woedend; slang actueel, sensationeel; *R*~ *Indian* Indiaan, roodhuid; *it is like a* ~ *rag to a bull* het werkt als een rode lap op een stier; ~ *tape* *fig* bureaucratie; zie ook: *herring*; **II** *znw* rood *o*; rode [socialist &]; biljart rode bal; *in* (*out of*) *the* ~ gemeenz in (uit) de rode cijfers: met (zonder) een tekort, debet (credit) staand

redact [ri'dækt] *overg* redigeren, bewerken, opstellen

redaction *znw* redactie, redigeren *o*, bewerking; nieuwe uitgave

red-blooded ['red'blʌdid] *bn* levenslustig, energiek

redbreast *znw* roodborstje *o*

red-brick *bn*: ~ *university* universiteit van de nieuwere tijd

redcap *znw* gemeenz iemand van de militaire politie; *Am* gemeenz kruier, witkiel; distelvink

redcoat *znw* roodrok [= Engelse soldaat]

Red Crescent *znw* Rode Halve Maan [equivalent v. Rode Kruis in moslimlanden]

Red Cross *znw* Rode Kruis *o*

redcurrant *znw* aalbes, rode bes

redden **I** *overg* rood kleuren, rood maken; doen blozen; **II** *onoverg* rood worden, een kleur krijgen, blozen

reddish *bn* roodachtig, rossig

redecorate [ri'dekəreit] *overg* opknappen, opnieuw schilderen, behangen &

redeem [ri'di:m] *overg* terugkopen, loskopen, af-, vrijkopen; in-, aflossen; terugwinnen; verlossen, bevrijden; (weer) goedmaken (ook: ~ *oneself*); vervullen, gestand doen, inlossen [belofte]

redeemable *bn* aflosbaar, afkoopbaar; verlost kunnende worden; uitlootbaar

Redeemer *znw*: *the* ~ de Verlosser, de Heiland

redeeming *bn* verlossend; *the one* ~ *feature* het enige lichtpunt, het enige wat in zijn voordeel te zeggen valt

redemption [ri'dem(p)ʃən] *znw* loskoping, verlossing, terugkoop, af-, inlossing; *beyond* (*past*) ~ reddeloos verloren

redeploy [ri:di'plɔi] *overg* hergroeperen; een andere taak/plaats geven

redeployment [ri:di'plɔimənt] *znw* mil verschuiving, heropstelling van troepen

redevelop ['ri:di'veləp] *overg* renoveren, saneren; opnieuw ontwikkelen

redevelopment ['ri:di'veləpmənt] *znw* wederopbouw, sanering

red-faced ['redfeist] *bn* met een hoogrode kleur; *fig* beschaamd, verlegen

red-handed ['red'hændid] *bn*: *be caught* ~ op heterdaad betrapt worden

red hat *znw* RK kardinaalshoed; mil slang stafofficier

redhead ['redhed] *znw* roodharige

red-heat *znw* rode gloeihitte

red-hot *bn* roodgloeiend, gloeiend²; vurig, dol

redintegrate [re'dintigreit] *overg* herstellen (in zijn oude vorm), vernieuwen

redintegration [redinti'greiʃən] *znw* herstel *o*, herstelling, vernieuwing

redirect ['ri:di'rekt] *overg* nazenden; opnieuw adresseren; omleiden [v. verkeer]; een andere richting geven

rediscover ['ri:dis'kʌvə] *overg* herontdekken

rediscovery *znw* herontdekking

redistribute ['ri:dis'tribjut] *overg* opnieuw ver-, uitof indelen, anders schikken

redistribution ['ri:distri'bju:ʃən] *znw* nieuwe verdeling, uit-, indeling, herverdeling

red lead ['red'led] *znw* menie

red-letter *bn*: ~ *day* *fig* bijzondere of gelukkige dag

red light *znw* rood licht *o*; *see the* ~ het gevaar beseffen, op zijn hoede zijn; *red-light district* rosse buurt

redo ['ri:'du:] *overg* opnieuw doen, overdoen

redolence ['redouləns] *znw* geurigheid, geur

redolent *bn* geurig; ~ *of* riekend naar; *fig* vervuld met de geur van, (zoete) herinneringen wekkend aan

redouble [ri'dʌbl] **I** *overg* verdubbelen; kaartsp redoubleren; **II** *onoverg* zich verdubbelen, toenemen, aanwassen

redoubt [ri'daut] *znw* mil redoute

redoubtable [ri'dautəbl] *bn* te duchten, geducht

redound [ri'daund] *onoverg* bijdragen (tot *to*); *it* ~*s* *to his credit (honour)* het strekt hem tot eer

redraft ['ri:'dra:ft] **I** *overg* opnieuw ontwerpen; **II** *znw* nieuw ontwerp *o*; handel retourwissel, herwissel

1 redress [ri'dres] **I** *overg* herstellen, verhelpen, goedmaken, (weer) in orde brengen, redresseren; **II** *znw* herstel *o*, redres *o*

2 redress ['ri:'dres] *overg* opnieuw (aan)kleden

redshank ['redʃæŋk] *znw* tureluur [vogel]

redskin *znw* roodhuid, indiaan

redstart *znw* roodstaartje *o*

red tape *znw* rood band *o* of lint *o*; fig bureaucratie

reduce [ri'dju:s] **I** *onoverg* minder/kleiner worden; afslanken; **II** *overg* (terug)brengen, herleiden; verkleinen, verlagen, verkorten, verminderen, verdunnen; techn verlopen, nauwer worden; chem reduceren; med zetten [bij botbreuk], weer in de kom zetten; verzwakken; fijnmaken; *in ~d circumstances* achteruitgegaan, verarmd; *~ to ashes* in de as leggen; *~ to beggary* tot de bedelstaf brengen; *~ to powder* fijnmalen, fijnwrijven; *~ sbd. to tears* iem. aan het huilen brengen

reducer *znw* techn verloopstuk *o*

reducible *bn* herleidbaar, terug te brengen &

reduction [ri'dʌkʃən] *znw* terugbrenging; herleiding; reductie; verlaging, mil degradatie; verkorting, beperking, vermindering, verkleining, afslag; onderwerping, tenonderbrenging; zetting [v. een lid]; *at a ~* tegen verlaagde prijs

redundancy [ri'dʌndənsi] *znw* **1** overtolligheid, overvloed(igheid); werkloosheid; **2** ontslag *o* (wegens beperking v.h. personeel); *Ford announced 700 redundancies* Ford maakte bekend dat er 700 arbeidsplaatsen zouden verdwijnen; *~ payment* afvloeiingsregeling

redundant *bn* overtollig, overvloedig; overbodig (en werkloos) geworden [arbeider]; *be made ~*, *become ~* afvloeien (wegens beperking v.h. personeel)

reduplicate [ri'dju:plikeit] *overg* verdubbelen, herhalen

reduplication [ridju:pli'keiʃən] *znw* verdubbeling, herhaling

redwood ['redwud] *znw* roodhout *o*, braziliehout *o*

redwing ['redwiŋ] *znw* dierk koperwiek

re-echo [ri'ekou] **I** *overg* weerkaatsen, herhalen; **II** *onoverg* weerklinken, weergalmen

reed [ri:d] *znw* plantk riet *o*; muz riet *o* [in mondstuk v. klarinet &], tong [in orgelpijp]; plechtig herdersfluit, rietfluitje *o*; *the ~s* muz de houten blaasinstrumenten; *broken ~* fig iem. op wie men niet rekenen kan

re-edit [ri:'edit] *overg* opnieuw uitgeven [v. boeken]

reed-mace ['ri:dmeis] *znw* lisdodde

re-educate [ri:'edjukeit] *overg* heropvoeden

re-education ['ri:edju'keiʃən] *znw* heropvoeding

reed-warbler ['ri:dwɔ:blə] *znw* rietzanger

reedy ['ri:di] *bn* vol riet, rieten, riet-; pieperig [v. stem]

1 reef [ri:f] **I** *znw* scheepv rif *o*; **II** *overg* scheepv reven

2 reef [ri:f] *znw* rif *o*; ertsader

reefer ['ri:fə] *znw* **1** jekker (ook: *~ jacket*); **2** slang dunne hasjsigaret, stickie *o*

reef-knot ['ri:fnɔt] *znw* scheepv platte knoop

reek [ri:k] **I** *znw* stank; damp, rook; **II** *onoverg* dampen, roken; stinken, rieken[2] (naar *of*)

reeky *bn* rokerig, berookt, zwart; (kwalijk) riekend

reel [ri:l] **I** *znw* haspel, klos; rol; spoel; film, filmstrook; reel: Schotse dans; waggelende gang; *(straight) off the ~* zonder haperen, vlot achter elkaar; **II** *overg* haspelen, opwinden; *~ in* in-, ophalen; *~ off* afhaspelen, afwinden; fig afratelen, afdraaien [les]; **III** *onoverg* waggelen [als een dronkaard]; wankelen; de *reel* dansen; *my brain ~s* het duizelt mij

re-elect ['ri:i'lekt] *overg* herkiezen

re-election *znw* herkiezing

re-eligible ['ri:'elidʒibl] *bn* herkiesbaar

re-enact ['ri:i'nækt] *overg* reconstrueren, in scène zetten (onder dezelfde omstandigheden); recht weer van kracht worden

re-engage ['ri:in'geidʒ] *overg* opnieuw in dienst nemen

re-enter ['ri:'entə] **I** *onoverg* weer in [z'n rechten] treden; weer binnenkomen; **II** *overg* weer betreden

re-entry ['ri:'entri] *znw* terugkeer

re-establish ['ri:is'tæbliʃ] *overg* (weer) herstellen, wederoprichten

1 reeve [ri:v] *znw* hist baljuw

2 reeve [ri:v] *overg* scheepv inscheren [touw]; een weg banen [door ijsschotsen of zandbanken]

re-examination ['ri:igzæmi'neiʃən] *znw* nieuw onderzoek *o*

re-examine ['ri:ig'zæmin] *overg* weer onderzoeken

re-export I *overg* ['ri:eks'pɔ:t] weer uitvoeren; **II** *znw* ['ri:'ekspɔ:t] wederuitvoer

ref [ref] *znw* gemeenz = *referee*

ref. *afk.* = *reference*

refashion ['ri'fæʃən] *overg* opnieuw vormen, vervormen, omwerken

refection [ri'fekʃən] *znw* lichte maaltijd, versnapering

refectory [ri'fektəri] *znw* refectorium *o*, refter: eetzaal in klooster(school)

refer [ri'fə:] **I** *overg*: *~ to* verwijzen naar; doorzenden naar, in handen stellen van, voorleggen aan, onderwerpen aan; plechtig toeschrijven (aan *to*); *~ back* terugwijzen; verwijzen; **II** *onoverg*: *~ to* zich wenden tot, raadplegen, (er op) naslaan; verwijzen naar; zich beroepen op; betrekking hebben op; zinspelen op, op het oog hebben, doelen op; reppen van, melding maken van, vermelden, noemen, spreken over, het hebben over, ter sprake brengen; *~ring to your letter* onder referte aan, onder verwijzing naar uw brief

465

referable

referable *bn* toe te schrijven (aan *to*)

referee [refə'riː] I *znw* 1 scheidsrechter; 2 referent, deskundige; 3 referentie [persoon]; II *overg* als scheidsrechter optreden bij

reference ['refərəns] *znw* betrekking; verwijzing; zinspeling; vermelding, informatie, getuigschrift *o*, referentie; bewijsplaats; raadplegen *o*, naslaan *o*; handel referte; bevoegdheid; *book (work) of* ~ naslagboek *o*, -werk *o*; *make* ~ *to* zinspelen op; vermelden; *with* ~ *to* ten aanzien van, met betrekking tot, aangaande; met (onder) verwijzing naar; *without* ~ *to* ook: zonder te letten op

reference book, reference work *znw* naslagwerk *o*

reference library *znw* naslagbibliotheek [geen uitleen]

referendum [refə'rendəm] *znw* (*mv:* -s *of* referenda [-də]) referendum *o*

refill ['riː'fil] I *overg* opnieuw vullen, weer aanvullen; II *znw* nieuwe vulling [voor ballpoint, pijp &], reservepotloodje *o*, -potloodjes, reserveblad *o*, -bladen &; *would you like a* ~? zal ik nog eens bijschenken?; wilt u nog een glas?

refine [ri'fain] I *overg* raffineren, zuiveren, louteren, veredelen, verfijnen, beschaven; II *onoverg:* ~ *(up-)on* verbeteren

refined *bn* gezuiverd, gelouterd, verfijnd; beschaafd; geraffineerd[2]

refinement *znw* raffinage, zuivering, loutering, verfijning, veredeling, beschaving; raffinement *o*; spitsvondigheid; finesse

refiner *znw* raffinadeur; zuiveraar; fig verfijner [v. de smaak], beschaver; uitpluizer, haarklover

refinery *znw* raffinaderij

refit I *overg* [riː'fit] herstellen; repareren; opnieuw uitrusten; II *znw* ['riː:fit] herstel *o*, reparatie; nieuwe uitrusting

reflect [ri'flekt] I *overg* terugwerpen, terugkaatsen, weerkaatsen, weerspiegelen, afspiegelen; II *onoverg* nadenken; bedenken (dat *that*); ~ *on* nadenken over, overwegen; aanmerking(en) maken op; zich ongunstig uitlaten over, een blaam werpen op

reflection *znw* terugkaatsing, weerkaatsing, weerschijn, weerspiegeling, afspiegeling, (spiegel)beeld *o*; nadenken *o*, overdenking, overweging, gedachte; inbreuk, aantasting; *cast (throw)* ~*s on* scherpe kritiek leveren op, een blaam werpen op; *on* ~ bij nadere overweging, bij nader inzien

reflective *bn* weerkaatsend; (na)denkend

reflector *znw* reflector

reflex ['riː:fleks] I *bn* onwillekeurig, reflex-; II *znw* reflex(beweging)

reflexion *znw* = reflection

reflexive [ri'fleksiv] I *bn* wederkerend; II *znw* wederkerend werkwoord *o*, wederkerend voornaamwoord *o*)

refloat ['riː:'flout] *overg* weer vlot krijgen/trekken

reflux ['riː:flʌks] *znw* terugvloeiing, eb

reforest ['riː:'fɔrist] *overg* herbebossen

reforestation ['riː:fɔris'teiʃən] *znw* herbebossing

1 reform ['riː:'fɔːm] *overg* opnieuw vormen, maken; mil hergroeperen, opnieuw opstellen

2 reform [ri'fɔːm] I *overg* hervormen; bekeren, (zedelijk) verbeteren; II *onoverg* 1 zich beteren, zich bekeren; 2 weer bij elkaar komen; III *znw* hervorming; (zedelijke) verbetering; ~ *school = reformatory*

1 reformation ['riː:fɔː'meiʃən] *znw* mil hergroepering, opnieuw opstellen *o*

2 reformation [refə'meiʃən] *znw* hervorming°, verbetering; reformatie; *the R*~ de Reformatie

reformative [ri'fɔːmətiv] *bn* hervormend; verbeterend

reformatory *znw* tuchtschool, verbeteringsgesticht *o*

reformer *znw* hervormer°

reformist I *znw* hervormingsgezinde, reformist; II *bn* hervormingsgezind, reformistisch

refract [ri'frækt] *overg* breken [de lichtstralen]

refraction *znw* straalbreking; *angle of* ~ brekingshoek

refractive *bn* (straal)brekend; brekings-

refractory I *bn* weerspannig, weerbarstig, hardnekkig; moeilijk smeltbaar, vuurvast; II *znw* materiaal dat bestand is tegen hitte, corrosie &

1 refrain [ri'frein] *znw* refrein *o*

2 refrain [ri'frein] *onoverg* zich bedwingen, zich weerhouden; ~ *from* zich onthouden van, afzien van

refrangible [ri'frændʒəbl] *bn* breekbaar [v. stralen]

refresh [ri'freʃ] *overg* verversen, op-, verfrissen, verkwikken, laven; ~ *sbd.'s memory* iems. geheugen opfrissen

refresher *znw* gemeenz verfrissing, koel drankje *o*; extra honorarium *o* voor advocaat; ~ *course* herhalingscursus

refreshing *bn* verfrissend &

refreshment *znw* verversing, op-, verfrissing, verkwikking, laving; *take some* ~ iets gebruiken [in café &]; ~*s* snacks, lichte maaltijd

refreshment room *znw* restauratie(zaal), koffiekamer

refrigerant [ri'fridʒərənt] I *bn* verkoelend; II *znw* koelmiddel *o*; med verkoelend middel *o*

refrigerate *overg* koel maken, (ver)koelen, koud maken

refrigeration [rifridʒə'reiʃən] *znw* (ver)koeling; afkoeling, bevriezing

refrigerator [ri'fridʒəreitə] *znw* koelkast, koeling, ijskast; vrieskamer; ~ *carriage* koelwagon

refuel ['riː:'fjuəl] I *onoverg* bijtanken; II *overg* opnieuw van brandstof voorzien; fig opnieuw doen oplaaien

refuge ['refjuːdʒ] *znw* toevlucht, toevluchtsoord *o*, wijk-, schuilplaats; asiel *o*; vluchtheuvel; *harbour of* ~ vluchthaven; *take* ~ *in...* zijn toevlucht nemen tot; de wijk nemen naar; *take* ~ *with* zijn toevlucht zoeken bij

refuge lane *znw* vluchtstrook

refugee [refju(:)'dʒi:] *znw* vluchteling, uitgewekene; hist refugié

refulgence [ri'fʌldʒəns] *znw* plechtig glans, luister

refulgent *bn* plechtig stralend, schitterend

refund I *overg* [ri:'fʌnd] teruggeven, terugbetalen; II *znw* ['ri:fʌnd] terugbetaling, teruggave

refurbish ['ri:'fə:biʃ] *overg* weer opknappen, weer oppoetsen

refusal [ri'fju:zəl] *znw* weigering; *have first* ~ *of (a house &)* een optie hebben op (een huis &); *meet with a* ~ nul op het rekest krijgen; afgeslagen worden; *take no* ~ van geen weigering willen weten

1 refuse ['refju:s] *znw* uitschot *o*, afval *o* & *m*, vuilnis, vuil *o*; ~ *bin* afvalemmer; ~ *collection* vuilophaling; ~ *collector* vuilnisman; ~ *dump* vuilnisbelt; ~ *lorry* vuilniswagen

2 refuse [ri'fju:z] I *overg* afwijzen, afslaan, weigeren, niet willen [doen], het vertikken (te *to*); ~ *acceptance* niet willen aannemen, weigeren; ~ *oneself* .. zich ... ontzeggen; II *onoverg* weigeren°

refutation [refju'teiʃən] *znw* weerlegging

refute [ri'fju:t] *overg* weerleggen

Reg. *afk.* = *Regent; register(ed); registrar*

regain [ri'gein] *overg* herwinnen, herkrijgen; weer bereiken; ~ *one's feet (footing)* weer op de been komen

regal ['ri:gəl] *bn* koninklijk², konings-²

regale [ri'geil] *overg* onthalen, vergasten, trakteren (op *with*), een lust zijn voor [het oog]

regalia [ri'geiliə] *znw mv* regalia, kroonsieraden; insignes

regality [ri'gæliti] *znw* koninklijke waardigheid

regard [ri'ga:d] I *overg* aanzien, beschouwen; achten; hoogachten; acht slaan op; betreffen, aangaan; *as* ~*s me* wat mij betreft; II *znw* blik; aanzien *o*, achting, eerbied, egards; aandacht, zorg; *kind* ~*s to you all* met beste groeten; *have a* ~ *for* ook: wel mogen; *have (pay)* ~ *to* acht slaan op, rekening houden met; *in this* ~ in dit opzicht; *in* ~ *to, with* ~ *to* ten aanzien van; *without* ~ *for (to)* zonder zich te bekommeren om, geen rekening houdend met

regardant [ri'ga:dənt] *bn* herald omziend

regardful [ri'ga:dful] *bn*: *be* ~ *of* letten op, zich bekommeren om

regarding [ri'ga:diŋ] *voorz* betreffende

regardless [ri'ga:dlis] I *bn*: ~ *of* niet lettend op, zich niet bekommerend om, onverschillig voor; II *bijw* gemeenz hoe dan ook, desondanks, sowieso

regatta [ri'gætə] *znw* regatta: roei-, zeilwedstrijd

regency ['ri:dʒənsi] *znw* regentschap *o*

regenerate I *bn* [ri'dʒenərit] hernieuwd; herboren; II *overg* [ri'dʒenəreit] weer opwekken, tot nieuw leven brengen, herscheppen, doen herleven, verjongen, regenereren; III *onoverg* herboren worden, zich hernieuwen

regeneration [ridʒenə'reiʃən] *znw* (zedelijke) wedergeboorte, herschepping, hernieuwd leven *o*, vernieuwing, verjonging, regeneratie

regenerative [ri'dʒenərətiv] *bn* vernieuwend

regenerator *znw* wederopwekker; techn regenerator

regent ['ri:dʒənt] *znw* regent, regentes; *Prince* ~ prins-regent; *Queen* ~ koningin-regentes

regentship *znw* regentschap *o*

reggae ['regei] *znw* reggae

regicide ['redʒisaid] *znw* koningsmoordenaar; koningsmoord

regime, régime [rei'ʒi:m] *znw* regime *o*, (staats-) bestel *o*

regimen ['redʒimen] *znw* med leefregel, dieet *o*

regiment ['redʒ(i)mənt] *znw* regiment *o*

regimental [redʒi'mentl] I *bn* regiments-; ~ *band* stafmuziek; II *znw*: ~*s* uniform *o* & *v*

regimentation [redʒimen'teiʃən] *znw* discipline, tucht

regimented *bn* strak, streng [school &]; kort gehouden, onderworpen aan een streng regime; *children should not be* ~ kinderen moeten een beetje de ruimte hebben

Regina [ri'dʒainə] *znw* Regina; regerende vorstin; recht de Kroon

region ['ri:dʒən] *znw* streek, landstreek, gewest² *o*, regio; fig gebied *o*; *the* ~ de provincie, de regio; *the lower* ~*s* de onderwereld; *the upper* ~*s* de hogere sferen; *in the* ~ *of 60* om en nabij de 60

regional *bn* regionaal, gewestelijk

regionalism *znw* regionalisme *o*

register ['redʒistə] I *znw* register *o*; lijst; kiezerslijst; muz (orgel)register *o*; ~ *office* = *registry office*; II *overg* (laten) inschrijven, (laten) aantekenen, registreren; aanwijzen, staan op [thermometer]; [v. gezicht] uitdrukken, tonen, blijk geven van; ~ *one's name* zich laten inschrijven; ~*ed capital* maatschappelijk kapitaal *o*; ~*ed offices* zetel [v. maatschappij]; *by* ~*ed post* aangetekend; ~*ed share* aandeel *o* op naam; ~*ed trade mark* gedeponeerd handelsmerk *o*; III *wederk*: ~ *oneself* zich laten inschrijven; IV *onoverg* zich laten inschrijven; inslaan, indruk maken; ~ *with sbd.* tot iem. doordringen

registrar [redʒis'tra:] *znw* griffier; ambtenaar van de burgerlijke stand; onderw administrateur [v. universiteit]; med chef de clinique

registration [redʒis'treiʃən] *znw* registratie, inschrijving; post aantekening [v. brief]; ~ *number* kenteken *o*; ~ *plate* kentekenplaat

registry ['redʒistri] *znw* inschrijving; register *o*, lijst; verk. van *registry office*

registry office *znw* bureau *o* van de burgerlijke stand

regnant ['regnənt] *bn* regerend; heersend

regress I *znw* ['ri:gres] achterwaartse beweging; teruggang; II *onoverg* [ri'gres] achteruit-, teruggaan

regression *znw* achterwaartse beweging, terugkeer, -gang; achteruitgang, regressie

regressive *bn* terugkerend, -gaand; regressief

regret [ri'gret] **I** *overg* betreuren, berouw hebben over, spijt hebben van; **II** *znw* spijt, leedwezen *o*, betreuren *o*; ~*s* leedwezen *o*, spijt

regretful *bn* vol spijt; treurig

regrettable *bn* betreurenswaardig

regroup ['ri:'gru:p] *overg & onoverg* (zich) hergroeperen

regrouping *znw* hergroepering

regular ['regjulǝ] **I** *bn* regelmatig, geregeld; behoorlijk; regulier; gediplomeerd; vast; beroeps-; gewoon; *a* ~ *battle* een formeel gevecht *o*; ~ *café* stamcafé *o*; ~ *customers* vaste (trouwe) klanten of bezoekers; *a* ~ *devil*, *hero* gemeenz een echte duivel, held; ~ *physician* bevoegd dokter; vaste dokter; **II** *znw* vaste klant, stamgast; vast werkman; regulier: ordesgeestelijke, kloosterling; ~*s* mil geregelde troepen

regularity [regju'læriti] *znw* regelmatigheid, regelmaat, geregeldheid

regularization [regjulǝrai'zeiʃǝn] *znw* regularisatie

regularize ['regjulǝraiz] *overg* regulariseren

regulate ['regjuleit] *overg* reglementeren; reguleren; ordenen, regelen, schikken

regulation [regju'leiʃǝn] **I** *znw* regeling, schikking, ordening, reglementering; voorschrift *o*, bepaling, reglement *o* (ook: ~*s*); **II** *bn* reglementair, voorgeschreven, mil model-

regulative ['regjulǝtiv] *bn* regelend

regulator *znw* regelaar; regulateur

regurgitate ['ri'gǝ:dʒiteit] **I** *overg* terugwerpen, -geven; [voedsel *o*] uitbraken; fig ophoesten, mechanisch reproduceren [informatie]; **II** *onoverg* terugvloeien

regurgitation [rigǝ:dʒi'teiʃǝn] *znw* terugwerping, teruggeving [v. voedsel], uitbraking; ophoesten *o*, mechanisch reproduceren *o* [feiten &]; terugvloeiing

rehabilitate [ri:(h)ǝ'biliteit] *overg* rehabiliteren, herstellen; revalideren

rehabilitation [ri:(h)ǝbili'teiʃǝn] *znw* herstel *o*, eerherstel *o*, rehabilitatie; revalidatie

rehandle [ri:'hændl] *overg* opnieuw bewerken; omwerken

rehash I *overg* [ri:'hæʃ] fig (weer) opwarmen, opnieuw opdissen; **II** *znw* ['ri:'hæʃ] fig opwarming; opgewarmde kost

rehearsal [ri'hǝ:sǝl] *znw* repetitie; oefening; herhaling; relaas *o*

rehearse I *overg* repeteren; herhalen, opzeggen; verhalen, opsommen; **II** *onoverg* repetitie houden

rehouse ['ri:'hauz] *overg* herhuisvesten, zorgen voor vervangende woonruimte

reign [rein] **I** *znw* regering, bewind *o*; rijk *o*; *in (under) the* ~ *of* onder de regering van; ~ *of terror* schrikbewind *o*; **II** *onoverg* regeren, heersen

reimburse [ri:im'bǝ:s] *overg* vergoeden, terugbetalen

reimbursement *znw* vergoeding, terugbetaling

reimport I *overg* ['ri:im'pɔ:t] weer invoeren; **II** *znw* ['ri:'impɔ:t] wederinvoer

rein [rein] **I** *znw* teugel[2], leidsel *o*; *give (a) free* ~ *to*... ... de vrije loop laten [gevoelens]; *hold the* ~*s (of government)* de teugels van het bewind voeren; *keep a tight* ~ *on* fig stevig in toom houden; **II** *overg*: ~ *in* inhouden, intomen[2], beteugelen[2], breidelen[2]

reincarnate [ri:'inka:neit, ri:in'ka:neit] *overg* doen reïncarneren

reincarnation [ri:inka:'neiʃǝn] *znw* reïncarnatie

reindeer ['reindiǝ] *znw* rendier *o*, rendieren

reinforce [ri:in'fɔ:s] *overg* versterken; ~*d concrete* gewapend beton *o*

reinforcement *znw* versterking

reins [reinz] *znw mv* vero nieren; lendenen

reinstall ['ri:in'stɔ:l] *overg* weer aanstellen, herbenoemen

reinstate ['ri:in'steit] *overg* opnieuw in bezit stellen van, weer (in ere) herstellen, weer aannemen in zijn vorige betrekking

reinsurance ['ri:in'ʃuǝrǝns] *znw* herverzekering

reinsure *overg* herverzekeren

reinvest ['ri:in'vest] *overg* handel opnieuw beleggen of (geld) steken (in *in*)

reissue ['ri:'isju:] **I** *overg* opnieuw uitgeven; **II** *znw* heruitgave; nieuwe uitgifte

reiterate [ri:'itǝreit] *overg* herhalen

reiteration [ri:itǝ'reiʃǝn] *znw* herhaling

reiterative [ri:'itǝrǝtiv] *bn* herhalend

reject I *overg* [ri'dʒekt] verwerpen; afwijzen, van de hand wijzen, weigeren; afkeuren; braken; uitwerpen; med afstoten [bij transplantatie]; **II** *znw* ['ri:dʒekt] afgekeurd product *o*, exemplaar *o* &; afgekeurde (soldaat &)

rejection [ri'dʒekʃǝn] *znw* verwerping; afwijzing; afkeuring; uitwerping; med afstoting [bij transplantatie]

rejoice [ri'dʒɔis] **I** *overg* plechtig verheugen, verblijden; *be* ~*d* verheugd zijn (over *at, by, over*); **II** *onoverg* zich verheugen (over *at, over*); ~ *in the name of*... ironisch of schertsend luisteren naar de naam...

rejoicing *znw* vreugde; ~*s* vreugde, vreugdebedrijf *o*, feest *o*, feesten

1 rejoin [ri'dʒɔin] **I** *onoverg* antwoorden; recht dupliceren; **II** *overg* antwoorden; [iem.] van repliek dienen

2 rejoin ['ri:'dʒɔin] **I** *overg* opnieuw of weer verenigen &; **II** *onoverg* zich opnieuw voegen, aansluiten bij; ~ *ship* weer aan boord gaan

rejoinder [ri'dʒɔindǝ] *znw* antwoord *o* (op een antwoord), repliek; recht dupliek

rejuvenate [ri'dʒu:vineit] *overg & onoverg* verjongen

rejuvenation [ridʒu:vi'neiʃən] *znw* verjonging
rejuvenescence [ridʒu:vi'nesns] *znw* verjonging
rejuvenescent *bn* verjongend
rekindle ['ri:'kindl] *overg & onoverg* weer aansteken, opnieuw ontsteken of (doen) opvlammen[2]
relapse I *onoverg* [ri'læps] weer vervallen, terugvallen (in, tot *into*), (weer) instorten [v. zieke]; II *znw* ['rilæps] (weder)instorting; terugval; recidive
relate [ri'leit] I *overg* verhalen; in verband brengen (met *to*, *with*); II *onoverg*: ~ *to* 1 in verband staan met, verband houden met, betrekking hebben op; 2 (goed) omgaan met, kunnen opschieten met [personen]; zich kunnen vinden in [ideeën &]
related *bn* verwant[2] (aan, met *to*)
relation [rilei'ʃən] *znw* betrekking; verhouding, relatie; verwantschap; bloedverwant, familie(lid *o*); verhaal *o*, relaas *o*; *bear no* ~ *to* geen betrekking hebben op; in geen verhouding staan tot; buiten alle verhouding zijn tot; *in* ~ *to* met betrekking tot
relationship *znw* verwantschap; betrekking, verhouding
relative ['relətiv] I *bn* betrekkelijk; relatief; ~ *to* betrekking hebbend op; in verhouding staand tot; met betrekking tot; betreffend; II *znw* (bloed-)verwant; gramm betrekkelijk voornaamwoord *o*
relatively *bijw* betrekkelijk
relativity [relə'tiviti] *znw* relativiteit, betrekkelijkheid
relax [ri'læks] I *overg* ontspannen; verslappen[2], verzachten; ~ *the bowels* laxeren; II *onoverg* verslappen, afnemen; zich ontspannen; ontspanning nemen, relaxen; ~*ed throat* zere keel
relaxation [rilæk'seiʃən] *znw* verzachting [v. wet]; verslapping, ontspanning[2], relaxatie
1 relay I *znw* ['rilei] verse paarden, jachthonden of dragers; wisselpaarden; (verse) ploeg (arbeiders); wissel-, pleisterplaats; elektr relais *o*; radio relayering, heruitzending; sp (ook: ~ *race*) estafette; *work in* ~*s* in ploegen(dienst) werken; II *overg* [rilei] radio relayeren, heruitzenden, doorgeven
2 relay ['ri:'lei] *overg* opnieuw leggen [v. tapijt &]
release [ri'li:s] I *overg* loslaten, vrijlaten, vrijmaken, vrijgeven; verlossen, bevrijden; losmaken; uitbrengen [film; cd]; publiceren; recht overdragen [recht, schuld]; mil naar huis zenden; ~ *from* ontslaan van of uit, ontheffen van; II *znw* bevrijding, vrijlating, ontslag *o*; ontheffing; uitbrengen *o* [v. film]; uitzending; document *o* ter publicatie; nieuwe film; nieuwe cd; overdracht; uitlaat; ontspanner; *on general* ~ in alle theaters (bioscopen) te zien
relegate ['religeit] *overg* verbannen, overplaatsen [naar minder belangrijke positie of plaats]; degraderen; verwijzen (naar *to*), overlaten (aan *to*)
relegation [reli'geiʃən] *znw* verbanning, overplaatsing, degradatie; verwijzing
relent [ri'lent] *onoverg* zich laten vermurwen, medelijden krijgen, toegeven
relentless *bn* meedogenloos; onvermurwbaar

relet ['ri:'let] *overg* weer verhuren; onderverhuren
relevance, relevancy ['reləvəns(i), -livəns(i)] *znw* relevantie, toepasselijkheid, betrekking, betekenis
relevant *bn* ter zake (doend), van belang (voor *to*), relevant (voor *to*), toepasselijk (op *to*); ~ *to* ook: betrekking hebbend op
reliability [rilaiə'biliti] *znw* betrouwbaarheid
reliable [ri'laiəbl] *bn* te vertrouwen; betrouwbaar
reliance *znw* vertrouwen *o*
reliant *bn* vertrouwend
relic ['relik] *znw* relikwie, reliek; overblijfsel *o*; aandenken *o*, souvenir *o*; ~*s* ook: stoffelijk overschot *o*
relief [ri'li:f] *znw* 1 verlichting, leniging, opluchting, ontlasting; bijstand, ondersteuning, steun, hulp; aflossing; versterking, ontzet *o*; afwisseling; *comic* ~ komische noot; 2 reliëf *o*; *high (low)* ~ haut- (bas-)reliëf *o*; *stand out in* ~ (duidelijk) uitkomen, zich scherp aftekenen; *bring (throw) into* ~ (duidelijk) doen uitkomen
relief-map *znw* reliëfkaart
relief train *znw* extratrein: voortrein, volgtrein
relief work *znw* hulpverlening
relieve [ri'li:v] *overg* 1 verlichten, lenigen; ontlasten°, opluchten, opbeuren; ontheffen, ontslaan; ondersteunen, helpen; aflossen; ontzetten; afwisselen, afwisseling brengen in; afzetten [met kant]; 2 (sterker) doen uitkomen; ~ *one's feelings* zijn gemoed lucht geven; ~ *oneself (nature)* zijn behoefte doen
religion [ri'lidʒən] *znw* godsdienst, religie; godsvrucht; fig erezaak, heilig principe *o*; *be in* ~ in het klooster zijn; *enter into* ~ in het klooster gaan
religionist *znw* streng godsdienstig persoon, piëtist, ijveraar; dweper
religiosity [rilidʒi'ɔsiti] *znw* (overdreven) godsdienstigheid
religious [ri'lidʒəs] I *bn* godsdienstig, godsdienst-; geestelijk; kerkelijk; vroom, religieus; fig nauwgezet; ~ *education* onderw godsdienst(onderwijs *o*); *with* ~ *care* met de meest stipte zorg; II *znw* monnik(en), religieuze(n)
relinquish [ri'liŋkwiʃ] *overg* laten varen, opgeven; loslaten, afslaan, afstand doen van
relinquishment *znw* laten varen *o*, opgeven *o*, afstand, loslating
reliquary ['relikwəri] *znw* reliekschrijn *o & m*, relikwieënkastje *o*
relish ['reliʃ] I *overg* genieten van, smaak vinden in; *he did not* ~ *it* ook: hij moest er niet veel van hebben; II *znw* smaak; scheutje *o*, tikje *o*; aantrekkelijkheid; genoegen *o*; *Yorkshire* ~ Yorkshiresaus; *it loses its* ~ de aardigheid gaat er af
relive ['ri:'liv] *overg* opnieuw door-, beleven
reload ['ri:'loud] *overg* opnieuw laden
reluctance [ri'lʌktəns] *znw* tegenzin, onwilligheid; elektr weerstand
reluctant *bn* weerstrevend, onwillig; *be (feel)* ~ *to* ... niet gaarne ...; *yield a* ~ *consent* slechts node

469

reluctantly

reluctantly *bijw* met tegenzin, schoorvoetend, node

rely [ri'lai] *onoverg*: ~ *on (upon)* vertrouwen, steunen op, afgaan op, zich verlaten op

remain [ri'mein] **I** *onoverg* blijven: verblijven; overblijven, resten, resteren, (er op) overschieten; ~ *behind* achterblijven; *worse things ~ed to come* zouden nog volgen; *it (still)* ~*s to be proved* dat moet nog bewezen worden; *it* ~*s to be seen* dat staat nog te bezien, dat dient men nog af te wachten; *it* ~*s with him to ...* het staat aan hem; **II** *znw*: ~*s* overblijfsel *o*, overblijfselen, overschot *o*; ruïne(s); *literary* ~*s* nagelaten werken; *(mortal)* ~*s* stoffelijk overschot *o*

remainder [ri'meində] **I** *znw* rest, overschot *o*, restant *o*, overblijfsel *o*; goedkoop restant *o* [boeken]; **II** *overg* uitverkopen (v. restant boeken)

1 remake ['ri:'meik] *overg* opnieuw maken, overmaken, omwerken

2 remake ['ri:meik] *znw* remake, nieuwe versie van film

remand [ri'ma:nd] **I** *overg* terugzenden in voorarrest (ook: ~ *in custody*); ~ *on bail* onder borgstelling voorlopig vrijlaten; **II** *znw* terugzending in voorarrest; *on* ~ in voorarrest

remand centre, remand home *znw* ± huis *o* van bewaring

remark [ri'ma:k] **I** *overg* opmerken, bemerken; **II** *onoverg*: ~ *on* opmerkingen maken over; **III** *znw* opmerking

remarkable *bn* opmerkelijk, merkwaardig

remarriage ['ri:'mæridʒ] *znw* hertrouw, nieuw huwelijk *o*

remarry **I** *onoverg* hertrouwen; **II** *overg* opnieuw trouwen met

remediable [ri'mi:djəbl] *bn* herstelbaar, te verhelpen

remedial *bn* genezend, verbeterend, herstellend; heil-; ~ *course* inhaalcursus

remediless ['remidilis] *bn* plechtig onherstelbaar; ongeneeslijk

remedy **I** *znw* (genees)middel *o*, remedie, hulpmiddel *o*, herstel *o*; recht rechtsmiddel *o*, verhaal *o*; *beyond (past)* ~ ongeneeslijk, onherstelbaar²; **II** *overg* verhelpen, herstellen; genezen

remember [ri'membə] *overg* zich herinneren, onthouden, denken aan, gedenken; bedenken, een fooitje geven; *this shall be* ~*ed against no one* dat zal later niemand aangerekend worden; ~ *me to him* doe hem de groeten van mij

remembrance *znw* herinnering; aandenken *o*; ~*s* ook: groeten; *R~ Day* de dag ter herdenking van de gesneuvelden in de twee wereldoorlogen (= *R~ Sunday*, de zondag vóór of van 11 nov.)

remembrancer *znw* herinnerer, die of iets, wat aan iets herinnert; *R~ Br* ambtenaar voor de invordering van schulden aan de kroon

remind [ri'maind] *overg* doen denken, doen herinneren (aan *of*); *that* ~*s me* apropos ...

reminder *znw* herinnering; aanmaning, waarschuwing

reminisce [remi'nis] *onoverg* herinneringen ophalen, zich in herinneringen verdiepen

reminiscence *znw* herinnering, reminiscentie; ~*s* memoires

reminiscent *bn* herinnerend (aan *of*); *be* ~ *of* herinneren aan, doen denken aan

remiss [ri'mis] *bn* nalatig, tekortschietend; lui, traag; slap; *be* ~ *in one's attendance* dikwijls verzuimen

remissible [ri'misibl] *bn* vergeeflijk

remission [ri'miʃən] *znw* (gedeeltelijke) kwijtschelding, vergiffenis [van zonden]

1 remit [ri'mit] **I** *overg* verzachten, verminderen, temperen, doen afnemen of verflauwen; vrijstellen van, vergeven; kwijtschelden; handel overmaken; recht verwijzen; (terug)zenden; uitstellen; **II** *onoverg* afnemen, verflauwen, verminderen, verslappen

2 remit *znw* competentie, bevoegdheid

remittance *znw* overmaking, overgemaakt bedrag *o*, remise

remittent *bn* op-en-afgaand [koorts]

remitter *znw* afzender, remittent

remnant ['remnənt] *znw* overblijfsel *o*, overschot *o*, restant *o*; coupon, lap; ~ *sale* (restanten)opruiming

remodel ['ri:'mɔdl] *overg* opnieuw modelleren; om-, vervormen, omwerken

remonstrance [ri'mɔnstrəns] *znw* vertoog *o*; vermaning; protest *o*; hist remonstrantie

remonstrant **I** *bn* vertogend; hist remonstrants; **II** *znw* hist remonstrant

remonstrate ['remɔnstreit] **I** *overg* tegenwerpen, aanvoeren; **II** *onoverg* protesteren, tegenwerpingen maken; ~ *with sbd. (up)on sth.* iem. onderhouden, de les lezen over iets

remorse [ri'mɔ:s] *znw* wroeging, berouw *o*

remorseful *bn* berouwvol

remorseless *bn* onbarmhartig, meedogenloos, harteloos

remote [ri'mout] *bn* afgelegen, ver²; verwijderd²; verderaf liggend, afgezonderd; gering [kans], onwaarschijnlijk; *make a* ~ *allusion to ...* in de verte zinspelen op; *I have not the* ~*st idea* ik heb er niet het flauwste idee (benul) van

remote control *znw* afstandsbediening

remote-controlled *bn* op afstand bediend/bestuurd

remotely *bijw* ver(af), indirect, in de verte, enigszins

remoteness *znw* afgelegenheid, verheid, veraf zijn *o*, afstand

remould **I** *overg* [ri:'mould] opnieuw gieten; vernieuwen [autoband]; fig opnieuw vormen, omwerken; **II** *znw* ['ri:mould] vernieuwde band

1 remount [ri:'maunt] **I** *overg* weer bestijgen; re-

monteren; **II** *onoverg* weer te paard stijgen
2 remount ['ri:maunt] *znw* remonte, nieuw paard *o*
removable [ri'mu:vəbl] *bn* afneembaar, weg te nemen, verplaatsbaar; afzetbaar
removal *znw* verwijdering, verlegging; verhuizing; wegneming, op-, wegruiming; verplaatsing; opheffing; afzetting; ~ *firm* verhuisbedrijf *o*; ~ *man* verhuizer; ~ *van* verhuiswagen
remove I *overg* verplaatsen, verleggen, verzetten, verschuiven; [in een hogere klasse] doen overgaan; verwijderen, afvoeren [v. lijst], wegbrengen, wegzenden, ontslaan, afzetten [hoed of ambtenaar], uittrekken; uit de weg ruimen; verdrijven, wegnemen; opheffen; wegmaken, uitwissen; ~ *a boy from school* van school (af)nemen; ~ *the cloth* (de tafel) afnemen; ~*d from his office* ontslagen, ontheven van zijn ambt; *houses* ~*d from the roadside* van de weg afstaand; **II** *onoverg* verhuizen; **III** *znw* graad [v. bloedverwantschap]; afstand; *at one* ~ *from* fig één stap verwijderd van
removed *bn* verwijderd, afgelegen, ver(af); *a cousin once (twice, seven times)* ~ in de 2de (3de, 8ste) graad
remover *znw* verhuizer &; remover [v. nagellak &]
remunerate [ri'mju:nəreit] *overg* (be)lonen; vergoeden, schadeloosstellen
remuneration [rimju:nə'reiʃən] *znw* (geldelijke) beloning, vergoeding
remunerative [ri'mju:nərətiv] *bn* (be)lonend, voordeel afwerpend, voordelig, rendabel
renaissance [ri'neisəns] *znw* wederopleving, herleving; renaissance
renal ['ri:nəl] *bn* nier-
rename ['ri:'neim] *overg* ver-, omdopen
renascence [ri'næsns] *znw* = *renaissance*
renascent *bn* weer opkomend, weer oplevend, herlevend
rend [rend] (rent; rent) **I** *overg* (vaneen)scheuren, verscheuren, (door)klieven, splijten; emotioneel pijn doen; **II** *onoverg* scheuren, barsten
render ['rendə] *overg* (over)geven; opgeven; weergeven, vertolken, spelen; vertalen; uitsmelten [vet], bepleisteren; maken; ~ *help* hulp verlenen; ~ *judgment* een oordeel uitspreken; ~ *service* een dienst (diensten) bewijzen; ~ *thanks* (zijn) dank betuigen, (be)danken; ~ *up* teruggeven; uitleveren
rendering *znw* **1** versie, weergave; vertaling, vertolking; **2** bouwk eerste pleisterlaag
rendezvous ['rɔndivu:] **I** *znw* rendez-vous *o*, afspraak(je *o*); verzamelplaats, (plaats van) samenkomst; **II** *onoverg* samenkomen, afspreken
rendition [ren'diʃən] *znw* weergave [v. muziekstuk]; vertolking, wijze van voordracht
renegade ['renigeid] *znw* renegaat, afvallige; deserteur
renege [ri'ni:g, ri'neig] **I** *onoverg* (zijn) belofte niet nakomen, kaartsp verzaken; ~ *on* terugkomen, herroepen; **II** *overg* verloochenen [geloof, iem. &]

renew [ri'nju:] *overg* her-, vernieuwen; verversen; doen herleven; hervatten; verlengen, prolongeren [wissel]; ~*ed* ook: nieuw
renewable *bn* her-, vernieuwbaar, verlengbaar
renewal *znw* her-, vernieuwing
rennet ['renit] *znw* kaasstremsel *o*, leb
renounce [ri'nauns] **I** *overg* afstand doen van, afzien van; opgeven, vaarwel zeggen, laten varen; verloochenen, verwerpen, verzaken; **II** *onoverg* kaartsp niet bekennen
renovate ['renouveit] *overg* vernieuwen, restaureren, opknappen
renovation [renou'veiʃən] *znw* vernieuwing, restauratie
renovator ['renouveitə] *znw* vernieuwer, restaurateur
renown [ri'naun] *znw* vermaardheid, faam; beroemdheid; *of (great)* ~ vermaard
renowned *bn* vermaard, beroemd
1 rent [rent] V.T. & V.D. van *rend*
2 rent [rent] *znw* scheur; scheuring; spleet
3 rent [rent] **I** *znw* huur, pacht; *for* ~ te huur; **II** *overg* huren, pachten; verhuren (ook: ~ *out*)
rental *znw* huur, pacht, pachtgeld *o*; verhuur
rent-charge *znw* erfpacht
renter *znw* huurder; pachter
rent-free *bn* vrij van pacht of huur; *live* ~ vrij wonen hebben
rentier ['rɔntiei] *znw* rentenier
rent-roll ['rentroul] *znw* pachtboek *o*
renumber [ri'nʌmbə] *overg* anders nummeren, omnummeren
renunciation [rinʌnsi'eiʃən] *znw* verzaking; (zelf-) verloochening; afstand
reoccupy ['ri:'ɔkjupai] *overg* weer bezetten of innemen
reopen ['ri:'oup(ə)n] **I** *overg* heropenen; opnieuw in behandeling nemen; weer te berde brengen; **II** *onoverg* zich weer openen, weer opengaan; weer beginnen [v. scholen &]
reorganization ['ri:ɔ:gənai'zeiʃən] *znw* reorganisatie
reorganize ['ri:(:)'ɔgənaiz] *overg* reorganiseren
1 rep [rep] *znw* rips *o*, geribbelde stof
2 rep [rep] **1** verk. van *representative* vertegenwoordiger; **2** gemeenz verk. van *repertory company* (zie: *repertory*), *repetition* [aantal malen dat men een lichaamsoefening doet]; *R*~ Am pol verk. van *Representative*; *Republican*
1 repair [ri'pɛə] *onoverg*: ~ *to* zich begeven naar
2 repair [ri'pɛə] **I** *overg* herstellen[2], weer goedmaken; verstellen, repareren; **II** *znw* herstelling, herstel *o*, reparatie; onderhoud *o*; *beyond* ~ niet meer te herstellen, onherstelbaar; *keep in* ~ onderhouden; *in bad (good)* ~ slecht (goed) onderhouden; *out of* ~ slecht onderhouden, in verval; *under* ~ in reparatie, in de maak
repairer, repairman *znw* hersteller, reparateur

repair shop

repair shop *znw* herstellingswerkplaats, reparatiewerkplaats

reparable ['repərəbl] *bn* herstelbaar

reparation [repə'reiʃən] *znw* herstel *o*, herstelling, reparatie; genoegdoening; schadeloosstelling; ~s ook: herstelbetalingen

repartee [repa:'ti:] *znw* gevatheid; gevat antwoord *o*; *quick at* ~ slagvaardig

repartition ['ri:pa:'tiʃən] *znw* (her)verdeling

repast [ri'pa:st] *znw* maal *o*; maaltijd

repatriate I *overg & onoverg* [ri:'pætrieit] repatriëren; II *znw* [ri'pætriit] gerepatrieerde

repatriation ['ri:pætri'eiʃən] *znw* repatriëring

repay [(')ri:'pei] *overg* terugbetalen, aflossen; betaald zetten, vergelden, vergoeden, (be)lonen

repayable *bn* aflosbaar, terug te betalen

repayment *znw* terugbetaling, aflossing, vergelding; beantwoording [v. bezoek &]

repeal [ri'pi:l] I *overg* herroepen, intrekken [wet]; II *znw* herroeping, intrekking

repeat [ri'pi:t] I *overg* herhalen, overdoen; nadoen, nazeggen &; opzeggen; oververtellen, verder vertellen, overbrengen; II *wederk*: ~ *itself* zich herhalen; ~ *oneself* in herhalingen vervallen; III *onoverg & abs ww* repeteren; repeterend zijn [breuk]; opbreken [v. voedsel]; *his language will not bear* ~*ing* laat zich niet herhalen; IV *znw* herhaling; bis; *handel* nabestelling; *muz* reprise, herhalingsteken *o*; ~ *order handel* nabestelling

repeatedly *bijw* herhaaldelijk

repeater *znw* herhaler; recidivist; opzegger; repetitiehorloge *o*; repeteergeweer *o* of -pistool *o*; repeterende breuk

repeating *bn* repeterend, repeteer-; ~ *decimal* repeterende breuk; ~ *rifle* repeteergeweer *o*

repel [ri'pel] I *overg* terugdrijven, terugslaan, afslaan°, af-, terugstoten, afweren; II *onoverg & abs ww* afstoten

repellent I *znw* insectenwerend middel *o*; II *bn* terugdrijvend; weerzinwekkend, afstotend; tegenstaand

repent [ri'pent] I *overg* berouw hebben over, berouwen; *vero it* ~*s me, I* ~ *me* het berouwt mij; II *onoverg* berouw hebben (over *of*)

repentance *znw* berouw *o*

repentant *bn* berouwhebbend, berouwvol

repeople ['ri:'pi:pl] *overg* weer bevolken

repercussion [ri:pə'kʌʃən] *znw* weerkaatsing, terugkaatsing; terugslag, repercussie

repertoire ['repatwa:] *znw* repertoire *o*

repertory ['repatori] *znw* repertoire *o*; toneelgezelschap dat wisselende toneelstukken brengt (ook: ~ *company*)

repetition [repi'tiʃən] *znw* herhaling, repetitie; opzeggen *o*, voordracht; kopie

repetitious, repetitive [ri'petitiv] *bn* (zich) herhalend

rephrase ['ri:'freiz] *overg* herformuleren, met andere woorden zeggen

repine [ri'pain] *onoverg* morren, klagen (over *at, against*)

replace [ri'pleis] *overg* terugplaatsen, -leggen, -zetten; ophangen [telefoon]; vervangen, in de plaats stellen voor, de plaats vervullen van

replacement *znw* vervanging; plaatsvervanger, opvolger

replant ['ri:'pla:nt] *overg* weer planten, verplanten

replay I *overg* ['ri:'plei] overspelen [wedstrijd &]; afspelen [v. tape &]; II *znw* ['ri:plei] overgespeelde of tweede wedstrijd; het opnieuw spelen [v. film, cd]

replenish [ri'pleniʃ] *overg* weer vullen; bijvullen; (voorraad) aanvullen

replenishment *znw* bijvullen *o* &; aanvulling

replete [ri'pli:t] *bn* vol, verzadigd (van *with*)

repletion *znw* volheid, verzadigdheid; overlading

replica ['replikə] *znw* tweede exemplaar *o* [v. kunstwerk], kopie (door kunstenaar zelf); *fig* evenbeeld *o*

replicate ['replikeit] I *overg* kopiëren; herhalen; II *onoverg* zich voortplanten door celdeling

replication [repli'keiʃən] *znw* repliek; kopie, navolging, echo; voortplanting [door celdeling]

reply [ri'plai] I *onoverg* antwoorden, repliceren; ~ *to* antwoorden op, beantwoorden; II *overg* antwoorden; III *znw* (weder)antwoord *o*; *what he says by way of* ~ *(in* ~*)* wat hij ten antwoord geeft; *there is no* ~ er wordt niet opgenomen/opengedaan; *make (offer) no* ~ geen antwoord geven

reply-paid *bn* met betaald antwoord

repoint ['ri:'pɔint] *overg* opnieuw voegen, aansmeren

repolish ['ri:'pɔliʃ] *overg* weer opwrijven, opnieuw polijsten, oppoetsen

report [ri'pɔ:t] I *overg* rapporteren, melden, opgeven, verslag geven van, berichten, overbrengen, vertellen; *it is* ~*ed that* het gerucht gaat dat..., naar verluidt...; ~ *sbd. to the police* iem. aangeven bij de politie; ~ *sth. to the police* van iets aangifte doen bij de politie; ~ *progress* verslag doen van de stand van zaken; [in parlement] de debatten sluiten; ~*ed speech gramm* indirecte rede; II *onoverg* rapport uitbrengen, verslag geven, doen of uitbrengen (over *on*), rapporteren (ook: ~ *back*); reporterswerk doen; zich melden (bij *to*); ~ *to sbd.* verantwoording moeten afleggen aan iem.; III *znw* rapport *o*, verslag *o*, bericht *o*; gerucht *o* [ook = reputatie]; knal, schot *o*; ~ *card Am onderw* rapport *o*; *from* ~ van horen zeggen; *of good* ~ een goede reputatie hebbend; *faithful through (in) good and evil (ill)* ~ in voor- en tegenspoed

reportage [repɔ:'ta:ʒ] *znw* reportage

reportedly [ri'pɔ:tidli] *bijw* naar verluidt

reporter *znw* berichtgever, verslaggever; rapporteur

reporting *znw* reportage, verslaggeving

repose [ri'pouz] I *overg*: ~ *confidence in* vertrouwen stellen in; II *onoverg* uitrusten, rusten; ~ *on* berus-

472

ten op; **III** *znw* rust, kalmte

reposeful *bn* rustig

repository [ri'pɔzitəri] *znw* bewaarplaats, opslagplaats, depot *o & m*; fig schatkamer; vertrouweling

repossess ['ri:pə'zes] *overg* weer in bezit nemen; weer in bezit stellen, terugnemen

repot ['ri:'pɔt] *overg* verpotten

reprehend [repri'hend] *overg* berispen

reprehensible *bn* berispelijk, laakbaar

reprehension *znw* berisping, blaam

represent [repri'zent] *overg* vertegenwoordigen; voorstellen°, symboliseren; weergeven, afbeelden; voorhouden, onder het oog brengen, wijzen op

re-present [ri:prə'zent] *overg* opnieuw aanbieden

representation [reprizen'teiʃən] *znw* vertegenwoordiging; voorstelling; vertoog *o*; op-, aanmerking, bedenking, protest *o*; *make* ~*s to* een vertoog richten tot, stappen doen bij, protesteren bij

representative [repri'zentətiv] **I** *bn* representatief, voorstellend, vertegenwoordigend, typisch[2]; *be* ~ *of* vertegenwoordigen; voorstellen; representatief zijn voor; **II** *znw* vertegenwoordiger; handelsreiziger; representant; *the House of R*~*s* het Huis van Afgevaardigden [in de VS]

repress [ri'pres] *overg* onderdrukken; beteugelen, in toom houden, tegengaan, bedwingen; psych verdringen

repression *znw* onderdrukking, beteugeling, repressie; psych verdringing

repressive *bn* onderdrukkend, beteugelend, ter beteugeling, repressief

reprieve [ri'pri:v] **I** *znw* uitstel *o*, opschorting, gratie; **II** *overg* uitstel, opschorting of gratie verlenen

reprimand ['reprima:nd] **I** *znw* (officiële) berisping, reprimande; **II** *overg* berispen

reprint **I** *znw* [ri:'print] herdruk, reprint; **II** *overg* ['ri:print] herdrukken

reprisal [ri'praizl] *znw* vergelding, represaille; *make* ~*(s)* represaillemaatregelen nemen

reproach [ri'prəutʃ] **I** *znw* verwijten; berispen; ~ *sbd. with (for) sth.* iem. iets verwijten; **II** *wederk*: ~ *oneself with (for) sth.* zich van iets een verwijt maken; **III** *znw* verwijt *o*; schande; *above (beyond)* ~ onberispelijk

reproachful *bn* verwijtend

reprobate ['reproubeit] **I** *bn* verworpen, goddeloos, verdoemd; snood; **II** *znw* verworpeling; snoodaard; **III** *overg* verwerpen, verdoemen

reprobation [reprə'beiʃən] *znw* verwerping, verdoeming

reproduce [ri:prə'dju:s] *overg* weer voortbrengen; reproduceren; weergeven, namaken; (zich) voortplanten of vermenigvuldigen

reproducible *bn* reproduceerbaar

reproduction [ri:prə'dʌkʃən] *znw* reproductie; weergave; voortplanting, vermenigvuldiging

reproductive *bn* voortplantings-

reproof [ri'pru:f] *znw* terechtwijzing, berisping

re-proof ['ri:'pru:f] *overg* weer waterdicht maken [regenjas]

reproval [ri'pru:vəl] *znw* = [1]*reproof*

reprove [ri'pru:v] *overg* terechtwijzen, berispen

reptile ['reptail] **I** *znw* kruipend dier *o*, reptiel[2] *o*; fig kruiper; **II** *bn* kruipend[2], kruiperig

reptilian [rep'tiliən] *bn* dierk kruipend

republic [ri'pʌblik] *znw* republiek[2]

republican **I** *bn* republikeins; **II** *znw* republikein

republicanism *znw* republicanisme *o*, republikeinse gezindheid

republication ['ri:pʌbli'keiʃən] *znw* vernieuwde uitgaaf, herdruk

republish ['ri:'pʌbliʃ] *overg* opnieuw uitgeven

repudiate [ri'pju:dieit] *overg* verwerpen, verstoten [echtgenote]; afwijzen; verloochenen

repudiation [ripju:di'eiʃən] *znw* verwerping, verstoting; afwijzing; verloochening

repugnance [ri'pʌgnəns] *znw* afkeer, tegen-, weerzin (tegen *to*, *against*); tegenstrijdigheid

repugnant *bn* weerzinwekkend, terugstotend; tegenstrijdig (met *to*)

repulse [ri'pʌls] **I** *overg* terugdrijven, -slaan; afslaan; afwijzen; **II** *znw* af-, terugslaan *o*; afwijzing; *meet with a* ~ af-, teruggeslagen worden; een weigerend antwoord krijgen

repulsion [ri'pʌlʃən] *znw* afstoting, afkeer, weerzin, tegenzin

repulsive *bn* af-, terugstotend; weerzinwekkend

repurchase ['ri:'pə:tʃəs, -tʃis] **I** *overg* terugkopen; **II** *znw* terugkoop

reputable ['repjutəbl] *bn* achtenswaardig, fatsoenlijk, geacht

reputation [repju'teiʃən] *znw* reputatie, (goede) naam, faam, roep; *from* ~ bij gerucht

repute [ri'pju:t] **I** *overg*: *he is* ~*d to be (the best)*... hij wordt gehouden voor..., het heet dat hij...; *he is ill (well)* ~*d* heeft een slechte (goede) naam; *his* ~*d father (benefactor &)* zijn vermeende vader (weldoener &); **II** *znw* reputatie, (goede) naam; *by* ~ bij gerucht; *in ill* ~ te kwader naam bekend staand; *a house of ill* ~ eufemistisch bordeel *o*; *get into* ~ naam maken; *of (good)* ~ te goeder naam en faam bekend staand

reputedly *bijw* naar het heet, naar men zegt

request [ri'kwest] **I** *znw* verzoek *o*; (aan)vraag; verzoeknummer *o*, verzoekplaat; *make a* ~ een verzoek doen; *on* ~, *by* ~ op verzoek; *at sbd.'s* ~ op iemands verzoek; ~ *stop* halte op verzoek [bus]; **II** *overg* verzoeken om

requicken [ri:'kwikən] *overg* weer tot leven brengen; doen herleven

requiem ['rekwiem] *znw* requiem *o*, requiemmis (~ *mass*)

requirable [ri'kwaiərəbl] *bn* vereist

require *overg* (ver)eisen, vorderen, verlangen; nodig hebben; behoeven; *candidates are* ~*d to*... de kandidaten wordt verzocht om...

473

requirement

requirement *znw* eis, vereiste *o & v*; ~*s* ook: behoeften

requisite ['rekwizit] **I** *bn* vereist; nodig; **II** *znw* vereiste *o & v*; ~*s* ook: benodigdheden

requisition [rekwi'ziʃən] **I** *znw* eis; (op)vordering; oproeping; mil rekwisitie; **II** *overg* rekwireren, (op-) vorderen

requital [ri'kwaitl] *znw* vergoeding, beloning; vergelding, weerwraak; *in* ~ ter vergelding; in ruil (voor *for*)

requite *overg* vergoeden, belonen; vergelden, betaald zetten; ~ *sbd.'s love* iems. liefde beantwoorden

reredos ['riədɔs] *znw* retabel, altaarstuk *o*

re-route ['ri:'ru:t] *overg* langs een andere weg sturen, een andere bestemming geven

rerun ['ri:'rʌn] **I** *znw* herhaling; reprise; **II** *overg* herhalen

resale ['ri:'seil] *znw* wederverkoop; doorverkoop; ~ *value* (vastgestelde) verkoopprijs

rescind [ri'sind] *overg* herroepen; vernietigen, tenietdoen [een vonnis]; intrekken, afschaffen [wet]

rescission [ri'siʒən] *znw* herroeping; vernietiging, tenietdoening[2]; intrekking, afschaffing

rescript ['ri:skript] *znw* rescript *o*; decreet *o*; [vorstelijke, pauselijke] beschikking

rescue ['reskju:] **I** *overg* redden, ontzetten, (met geweld) bevrijden; terugnemen; **II** *znw* redding, hulp, ontzet *o*, bevrijding (met geweld); terugneming; *come to the* ~ te hulp komen

rescue-party *znw* redding(s)brigade

rescuer *znw* redder, bevrijder

research [ri'sə:tʃ, Am ri'sə:tʃ] **I** *znw* (wetenschappelijk) onderzoek *o*, onderzoeking, nasporing; *make* ~*es* into onderzoeken; **II** *onoverg* onderzoekingen doen; **III** *overg* wetenschappelijk onderzoeken

researcher *znw* onderzoeker

research work *znw* wetenschappelijk onderzoek *o*, speurwerk *o*, researchwerk *o*

reseat ['ri:'si:t] *overg* van plaats veranderen; van een nieuwe zitting voorzien

resell ['ri:'sel] *overg* weer of opnieuw verkopen; doorverkopen

resemblance [ri'zembləns] *znw* gelijkenis, overeenkomst (met *to*)

resemble *overg* gelijken (op); overeenkomst vertonen (met)

resent [ri'zent] *overg* kwalijk nemen, zich beledigd voelen door, gepikeerd (gebelgd) zijn over; aanstoot nemen (aan)

resentful *bn* lichtgeraakt; boos, gebelgd, wrevelig; haatdragend

resentment *znw* boosheid, gebelgdheid, wrevel; haat, wrok

reservation [rezə'veiʃən] *znw* reserveren *o*, reservering; voorbehoud *o*, reserve, gereserveerdheid; Am reservaat *o*; *central* ~ middenberm; *with some* ~

onder voorbehoud, onder reserve

reserve [ri'zə:v] **I** *overg* reserveren, bewaren (voor later), in reserve houden, (zich) voorbehouden; opschorten [oordeel]; openhouden; bespreken [plaatsen]; *it was (not)* ~*d for him to...* het was voor hem (niet) weggelegd om...; **II** *znw* reserve; gereserveerdheid, terughoudendheid; voorbehoud *o*; sp reserve(speler), invaller; mil reserve(troepen); handel limiet [v. prijs]; gereserveerd gebied *o*, reservaat *o*; *with all* ~, *with all proper* ~*s* onder alle voorbehoud, met het nodige voorbehoud; handel [verkoop] tot elke prijs

reserved *bn* gereserveerd, terughoudend, omzichtig [in woorden]

reserve fund [ri'zə:vfʌnd] *znw* reservefonds *o*

reserve price *znw* handel limiet

reservist [ri'zə:vist] *znw* reservist

reservoir ['rezəvwa:] *znw* vergaar-, waterbak, (water)reservoir *o*; bassin *o*, verzamelbekken *o*; fig reservevoorraad

reset ['ri:'set] *overg* opnieuw zetten [boek, juweel &]; terugzetten op nul [meter, teller &], gelijkzetten [horloge], instellen [wekker]; med zetten [v. gebroken been]

resettle ['ri:'setl] *overg & onoverg* (zich) opnieuw vestigen, weer een plaats geven; opnieuw koloniseren

reship ['ri:'ʃip] *overg* weer inschepen, opnieuw verschepen, overladen

reshuffle ['ri:'ʃʌfl] **I** *overg* opnieuw schudden [de kaarten]; wijzigen, herschikken [het kabinet]; **II** *znw* opnieuw schudden *o* [v.d. kaarten]; wijziging, hergroepering, herverdeling van de portefeuilles [van het kabinet]

reside [ri'zaid] *onoverg* wonen, verblijf houden, zetelen, resideren; ~ *in* ook: berusten bij

residence ['rezidəns] *znw* woonplaats, verblijfplaats, verblijf *o*; inwoning; woning, (heren)huis *o*; *be in* ~ aanwezig zijn; *writer in* ~ gastschrijver (schrijver die gastcolleges geeft aan universiteit); *take up* ~ zich metterwoon vestigen

resident I *bn* woonachtig; inwonend, intern; vast [v. inwoners]; **II** *znw* (vaste) inwoner, bewoner; (minister-)resident; ~*s' association* bewonersorganisatie

residential [rezi'denʃəl] *bn* woon-; van een woonwijk [bv. ~ *school* &]; ~ *area* (deftige) woonwijk

residual [ri'zidjuəl] **I** *bn* overgebleven, achterblijvend; **II** *znw* residu *o*, overgebleven deel *o*; rekenkunde rest

residuary *bn* overgebleven, overblijvend; ~ *legatee* universeel erfgenaam

residue ['rezidju:] *znw* residu *o*; restant *o*, rest, overschot *o*

residuum [ri'zidjuəm] *znw* (*mv*: residua [-djuə]) = *residue*

resign [ri'zain] **I** *overg* afstaan, afstand doen van, overgeven, overlaten; opgeven; neerleggen [ambt];

474

II *wederk:* ~ *oneself* berusten; ~ *oneself to...* zich onderwerpen aan...; berusten in...; ~; zich overgeven aan; **III** *onoverg & abs ww* af-, uittreden, ontslag nemen; bedanken [voor betrekking]

resignation [rezig'neiʃən] *znw* berusting, overgave [aan Gods wil], gelatenheid; afstand; aftreden *o*, uittreden *o*, ontslag *o*; *hand in (send in, tender) one's* ~ zijn ontslag indienen

resigned [ri'zaind] *bn* gelaten

resilience [ri'ziliəns] *znw* veerkracht², elasticiteit

resilient *bn* elastisch, verend, veerkrachtig

resin ['rezin] *znw* hars *o & m*

resiniferous [rezi'nifərəs] *bn* harshoudend

resinous *bn* harsachtig, harshoudend, hars-

resist [ri'zist] **I** *overg* weerstaan, weerstand bieden aan; zich verzetten tegen; *I couldn't* ~ *asking...* ik kon niet nalaten te vragen...; **II** *onoverg* weer-, tegenstand bieden, zich verzetten; de verleiding weerstaan

resistance *znw* weerstand, tegenstand; verzet *o*; weerstandsvermogen *o*; *line of least* ~ weg v.d. minste weerstand; *make no* ~ geen weerstand bieden, zich niet verzetten; *passive* ~ lijdelijk verzet

resistant *bn* resistent (tegen *to*); ...werend, ...bestendig [v. materiaal]

resistibility [rizisti'biliti] *znw* weerstaanbaarheid; weerstandsvermogen *o*

resistible [ri'zistəbl] *bn* weerstaanbaar

resistless *bn* vero geen weerstand biedend

resistor *znw* elektr weerstand

resit I *overg* ['ri:'sit] herhalen, opnieuw afleggen [examen]; **II** *znw* ['ri:sit] herexamen *o*, herkansing

resoluble [ri'zɔljubl, 'rezəljubl] *bn* oplosbaar

resolute ['rezəl(j)u:t] *bn* resoluut, vastberaden, beslist, vastbesloten

resolution [rezə'l(j)u:ʃən] *znw* besluit *o*, beslissing, resolutie; vastberadenheid; oplossing, ontbinding, ontleding; med verdwijning [v. gezwel &]; definitie [v. beeld]; *good* ~*s* ook: goede voornemens

resolvable [ri'zɔlvəbl] *bn* oplosbaar

resolve I *overg* besluiten; doen besluiten; oplossen², ontbinden; **II** *wederk:* ~ *itself* zich oplossen; **III** *onoverg* (zich) oplossen; med verdwijnen [v. gezwel &]; besluiten (tot *upon*), een besluit nemen; **IV** *znw* besluit *o*; vastberadenheid

resolved *bn* vastberaden

resolvent *znw* oplossend middel *o*

resonance ['rezənəns] *znw* resonantie, weerklank

resonate ['rezəneit] *onoverg* resoneren, weerklinken

resonant *bn* resonant, weerklinkend

resonator *znw* resonator

resorb [ri'sɔːb] *overg* resorberen, weer opslorpen

resorption *znw* resorptie

resort [ri'zɔːt] **I** *onoverg:* ~ *to* zijn toevlucht nemen tot; **II** *znw* oord *o*, vakantie-, ontspanningsoord *o*; toevlucht, hulp-, redmiddel *o*, ressort *o*, instantie; *as a last* ~ in laatste instantie, als laatste redmiddel, in geval van nood

resound [ri'zaund] *(overg &)* *onoverg* (doen) weerklinken, weergalmen (van *with*); ~*ing* ook: klinkend [overwinning]; daverend [succes]

resource [ri'sɔːs] *znw* hulpbron, hulpmiddel *o*, redmiddel *o*; vindingrijkheid; ~*s* (geld)middelen; *natural* ~*s* natuurlijke hulpbronnen (rijkdommen); *he is a man (full) of* ~ hij weet zich goed te redden; *he is a man of no* ~*s* zonder middelen

resourceful *bn* vindingrijk, zich goed wetende te redden

resourceless *bn* zonder (hulp)middelen, hulpeloos

respect [ris'pekt] **I** *znw* aanzien *o*, achting, respect, eerbiediging; opzicht *o*; *give him my* ~*s* doe hem de groeten; *have* ~ *to* betrekking hebben op; *have* ~ *for* respecteren; *pay one's* ~*s to* bij iem. zijn opwachting maken; *send one's* ~*s* de complimenten doen, laten groeten; *in every* ~ in alle opzichten; *in some* ~ enigermate; *in some* ~*s* in sommige opzichten; *in* ~ *of* ten aanzien van, met betrekking tot; uit het oogpunt van; vanwege; *with (all due)* ~ met alle respect; *with* ~ *to* ten opzichte (aanzien) van, betreffende; *without* ~ *of persons* zonder aanzien des persoons; *without* ~ *to* zonder te letten op; **II** *overg* respecteren°, (hoog)achten, eerbiedigen, ontzien; betrekking hebben op, betreffen; **III** *wederk:* ~ *oneself* zichzelf respecteren

respectability [rispektə'biliti] *znw* achtenswaardigheid; fatsoenlijkheid, fatsoen *o*; aanzien *o*; handel soliditeit

respectable [ris'pektəbl] *bn* achtbaar, achtenswaardig, respectabel°, (vrij) aanzienlijk, fatsoenlijk, net; handel solide

respecter *znw: no* ~ *of persons* iemand die handelt zonder aanzien des persoons

respectful *bn* eerbiedig

respectfully *bijw* eerbiedig; *yours* ~ hoogachtend

respecting *voorz* ten aanzien van, aangaande, betreffende

respective [ris'pektiv] *bn* respectief; *they contributed the* ~ *sums of £ 3 and £ 4* zij droegen respectievelijk 3 en 4 pond bij

respectively *bijw* respectievelijk

respiration [respi'reiʃən] *znw* ademhaling

respirator ['respəreitə] *znw* respirator; gasmasker *o*

respiratory [ris'paiərətəri] *bn* ademhalings-

respire I *onoverg* ademhalen², ademen²; weer op adem komen²; **II** *overg* inademen, ademen², uitademen

respite ['respait] *znw* uitstel *o*, schorsing, respijt *o*, verademing, rust

resplendence [ris'plendəns(i)] *znw* glans, luister

resplendent *bn* glansrijk, luisterrijk, schitterend (van *with*)

respond [ris'pɔnd] *onoverg* antwoorden (op *to*), gehoor geven² (aan *to*), reageren (op *to*)

respondent I *bn* antwoord gevend, gehoor gevend (aan *to*), reagerend (op *to*); recht gedaagd; **II** *znw* recht gedaagde [bij echtscheiding]; respondent, ondervraagde [bij opinieonderzoek &]

response *znw* antwoord *o*; responsorie [liturgisch]; reageren *o*, reactie (op *to*), respons, fig weerklank; *in ~ to* als antwoord op; gehoor gevend aan; ingevolge

responsibility [rispɔnsi'biliti] *znw* verantwoordelijkheid; aansprakelijkheid

responsible [ris'pɔnsibl] *bn* verantwoordelijk², aansprakelijk

responsive [ris'pɔnsiv] *bn* openstaand, gevoelig, ontvankelijk; *be ~ to* instemmen met, reageren op, gevoelig zijn voor

responsiveness *znw* reageren *o*; begrip *o*; ontvankelijkheid

1 rest [rest] **I** *onoverg* rusten, uitrusten (van *from*) (Am ook: *~ up*); rustig blijven; rust hebben; *we are not going to let the matter ~* we zullen het er niet bij laten; *there the matter ~ed* daar bleef het er bij; *~ on (upon)* rusten op [v. zorg, verdenking]; gebaseerd zijn op, steunen op, berusten op; **II** *overg* laten (doen) rusten, rust geven; baseren, steunen; *to ~ one's case* recht zijn pleidooi beëindigen; *(God) ~ his soul* de Heer hebbe zijn ziel; **III** *znw* rust°, pauze; rustplaats, tehuis *o*; rustpunt *o*, steun, steuntje *o*; haak [v. telefoon]; bok [bij het biljarten &]; muz rustteken *o*; *be at ~* ter ruste zijn; rust hebben; bedaard zijn; in ruste zijn; afgedaan zijn; *come to ~* tot stilstand komen; *give it a ~!* gemeenz praat eens over wat anders; hou er even mee op, zo kan ie wel weer; *lay (put) to ~* sussen, bedaren; *lay to ~* te ruste leggen; *set sbd.'s mind at ~* iem. geruststellen; *set at ~* uit de weg ruimen, wegnemen [v. twijfels, vrees &]; *with lance in ~* met gevelde lans

2 rest [rest] **I** *onoverg* blijven; *~ assured* verzekerd zijn; *it ~s with you to...* het staat aan u om...; *the management ~ed with...* het bestuur berustte bij...; **II** *znw* rest; handel reservefonds *o*; *the ~ of us* wij (ons) allen; *(as) for the ~* voor het overige, overigens

restate ['ri:'steit] *overg* opnieuw formuleren, herformuleren; nogmaals uiteenzetten

restaurant ['restərənt, 'restərɔ:ŋ, -ra:ŋ] *znw* restaurant *o*; *~ car* restauratiewagen

restaurateur [restərə'tɔ:] *znw* restauranthouder

restful ['restful] *bn* rustig, stil; kalmerend, rustgevend

rest-home ['resthoum] *znw* rusthuis *o*

resting-place ['restiŋpleis] *znw* rustplaats

restitution [resti'tju:ʃən] *znw* teruggave, vergoeding, schadeloosstelling, herstel *o*; *make ~ of* teruggeven, vergoeden

restive ['restiv] *bn* koppig, weerspannig; ongeduldig, prikkelbaar; *become ~* ook: zich schrap zetten

restless ['restlis] *bn* rusteloos, onrustig, ongedurig, woelig

restock ['ri:'stɔk] *overg* opnieuw bevoorraden

restoration [restə'reiʃən] *znw* restauratie, herstel° *o*; herstelling, teruggave; *the R~* de Restauratie in

restorative [ris'tɔrətiv] *bn (znw)* versterkend, herstellend (middel *o*)

restore *overg* restaureren, vernieuwen, herstellen; teruggeven, terugzetten [op zijn plaats], terugbrengen; *~d to health* hersteld; *~ to life* in het leven terugroepen

restorer *znw* restaurateur

restrain [ris'trein] *overg* bedwingen, in bedwang houden, in toom houden, terug-, tegen-, weerhouden, beteugelen, inhouden; beperken; *~ed* ook: beheerst, terughoudend; gematigd; sober

restraint *znw* dwang, (zelf)bedwang *o*; beheersing; beteugeling, beperking; gereserveerdheid; *be under ~* zich in hechtenis bevinden, opgesloten zijn; *without ~* geheel vrij, onbeperkt

restrict [ri'strikt] *overg* beperken, bepalen; *I am ~ed to...* ik moet mij bepalen tot...

restricted *bn* begrensd, beperkt; vertrouwelijk [v. informatie]; *~ area* **1** gebied *o* waar een snelheidsbeperking van kracht is; **2** verboden gebied *o*

restriction *znw* beperking, bepaling, beperkende bepaling; voorbehoud *o*

restrictive *bn* beperkend, bepalend

rest room ['restrum] *znw* Am toilet *o*, wc

restructure ['ri:'strʌktʃə] *overg* herstructureren

result [ri'zʌlt] **I** *onoverg* volgen (uit *from*); ontstaan, voortvloeien (uit *from*); uitlopen (op *in*), resulteren (in *in*); **II** *znw* gevolg *o*; afloop, uitslag, uitkomst, slotsom, resultaat *o*; *as a ~* dientengevolge; *as a ~ of* ten gevolge van, na; *without ~* zonder resultaat, tevergeefs

resultant I *bn* voortvloeiend (uit *from*); **II** *znw* resultante; resultaat *o*

resume [ri'zju:m] *onoverg & overg* hernemen, weer opnemen, innemen, opvatten, beginnen of aanknopen; hervatten; herkrijgen; resumeren

résumé ['rez(j)u(:)mei] *znw* resumé *o*; korte samenvatting, beknopt overzicht *o*; Am curriculum vitae *o*

resumption [ri'zʌm(p)ʃən] *znw* weer opvatten *o* of opnemen *o* &, hervatting; terugnemen *o*

resumptive *bn* weer opvattend, resumerend, hernemend, hervattend

resurface ['ri:'sə:fis] **I** *onoverg* weer opduiken; **II** *overg* van een nieuwe wegdek voorzien

resurgence [ri'sə:dʒəns] *znw* herleving, vernieuwing; wederopstanding, verrijzenis

resurgent *bn* weer opstaand; opkomend, herrijzend

resurrect [rezə'rekt] **I** *overg* doen herleven; (weer) opgraven; weer ophalen, weer oprakelen; **II** *onoverg* herleven, (uit de dood) herrijzen

resurrection *znw* herleving; opstanding, verrijzing, verrijzenis

resuscitate [ri'sʌsiteit] **I** *overg* de levensgeesten weer opwekken bij, med reanimeren, in het leven terugroepen, doen herleven; weer oprakelen; **II**

onoverg weer tot leven komen, weer bijkomen
resuscitation [risʌsiˈteiʃən] *znw* opwekking, herleving; med reanimatie

ret [ret] *overg* roten, weken [v. vlas]

retail [ˈriːteil] I *znw* kleinhandel; *sell (by)* ~ in het klein verkopen; II *overg* in het klein verkopen, slijten; omstandig verhalen; rondvertellen; III *onoverg* in het klein verkocht worden

retail dealer [ˈriːteildiːlə], **retailer** [riːˈteilə] *znw* kleinhandelaar, wederverkoper, detailhandelaar

retail outlet *znw* verkooppunt *o*

retail price [ˈriːteilprais] *znw* kleinhandelsprijs, detailprijs, winkelprijs; ~ *index* index van de kleinhandelsprijzen

retail trade *znw* kleinhandel, detailhandel

retain [riˈtein] *overg* houden, behouden; tegenhouden, vasthouden; onthouden; (in dienst) nemen [advocaat]; bespreken

retainer [riˈteinə] *znw* hist iemand van het gevolg, bediende; recht retentie; vooruitbetaald honorarium *o*, voorschot *o*

retaining fee *znw* vooruitbetaald honorarium *o*, voorschot *o*

retaining wall *znw* stutmuur

retake I *overg* [ˈriːˈteik] terugnemen; heroveren; heropnemen [film]; II *znw* [ˈriːteik] heropname [film]

retaliate [riˈtælieit] *onoverg* wraak (represailles) nemen, terugslaan

retaliation [ritæliˈeiʃən] *znw* vergelding, wraak; wraakneming, represaille(s)

retaliatory [riˈtæliətəri] *bn* vergeldings-

retard I *overg* [riˈtaːd] vertragen, later stellen, uitstellen, tegenhouden, ophouden; ~*ed child* achtergebleven kind *o*; ~*ed ignition* techn naontsteking; II *znw* [ˈritaːd] vertraging; uitstel *o*; achterstand; achterlijk persoon, idioot

retardation [ritaːˈdeiʃən], **retardment** *znw* vertraging; uitstel *o*; achterblijven *o*, remming in de ontwikkeling; techn naontsteking

retch [retʃ] *onoverg* kokhalzen

retell [ˈriːˈtel] *overg* opnieuw vertellen, oververtellen, herhalen

retention [riˈtenʃən] *znw* tegenhouden *o*; inhouden *o*; vasthouden *o*; behoud *o*; onthouden *o*

retentive *bn* terughoudend, vasthoudend, behoudend; ~ *memory* sterk geheugen *o*

rethink [ˈriːˈθiŋk] I *overg* heroverwegen, opnieuw bezien, nog eens goed overdenken; II *znw* heroverweging, het opnieuw overdenken

reticence [ˈretisəns] *znw* achterhoudend-, terughoudend-, geslotenheid, stilzwijgendheid, verzwijging, achterhouding, terughouding

reticent *bn* niets loslatend, niet erg spraakzaam; achterhoudend, terughoudend, gesloten

reticular [riˈtikjulə] *bn* netvormig

reticule [ˈretikjuːl] *znw* reticule (soort tas)

retina [ˈretinə] *znw* (-s *of* retinae [-niː]) netvlies *o*

retinue [ˈretinjuː] *znw* gevolg *o*, (hof)stoet

retire [riˈtaiə] I *overg* ontslaan; pensioneren; II *onoverg* (zich) terugtrekken; (terug)wijken; zich verwijderen; (zijn) ontslag nemen, aftreden; zijn pensioen nemen; met pensioen gaan *(~ on (a) pension)*; uit de zaken gaan (~ *from business*), stil gaan leven; de eetkamer verlaten (om naar de salon te gaan); ~ *(to bed, to rest, for the night)* zich te ruste begeven; ~ *into oneself* teruggetrokken zijn of leven; tot zichzelf inkeren

retired *bn* teruggetrokken; afgezonderd, eenzaam; stillevend, rentenierend; gepensioneerd; ~ *allowance (pay)* pensioen *o*; *place on the* ~ *list* pensioneren

retirement *znw* teruggetrokkenheid, afzondering, eenzaamheid; aftreden *o*, ontslag *o*, pensionering; ~ *pension* ouderdomsrente

retiring *bn* terughoudend, bescheiden; onopvallend; terugtrekkend, aftredend &; teruggetrokken; ~ *age* pensioengerechtigde leeftijd; ~ *room* wc

retold [ˈriːˈtould] V.T. & V.D. van *retell*

1 retort [riˈtɔːt] *znw* retort, distilleerkolf

2 retort [riˈtɔːt] I *overg* vinnig antwoorden; II *onoverg* vinnig antwoorden; III *znw* vinnig antwoord *o*

retouch [ˈriːˈtʌtʃ] I *overg* retoucheren[2], op-, bijwerken; II *znw* retouche[2], op-, bijwerking

retrace [riˈtreis] *overg* (weer) nagaan, naspeuren; ~ *one's steps (one's way)* op zijn schreden terugkeren

retract [riˈtrækt] *overg* intrekken, terugtrekken, herroepen

retractable *bn* intrekbaar, uitschuifbaar, inklapbaar, opklapbaar

retraction [riˈtrækʃən] *znw* intrekking; herroeping

retrain [ˈriːˈtrein] *overg* herscholen

retread I *overg* [riːˈtred] vernieuwen [banden], coveren; II *znw* [ˈriːtred] band met nieuw loopvlak

retreat [riˈtriːt] I *onoverg* (zich) terugtrekken; (terug)wijken; II *overg* terugzetten [bij schaken]; III *znw* terug-, aftocht; sein *o* tot de aftocht; terugtreding; mil taptoe; RK retraite; afzondering; wijkplaats, rustoord *o*; asiel *o*; *beat a* ~ mil wegtrekken; fig de aftocht blazen; *hold a* ~ RK retraite houden; *make good one's* ~ weten te ontkomen; *sound a (the)* ~ mil de aftocht blazen

retrench [riˈtrenʃ] I *overg* weg-, afsnijden, besnoeien, in-, beperken; ontslaan wegens bezuiniging; mil verschansen; II *onoverg* beperken, zich inkrimpen, bezuinigen

retrenchment *znw* weg-, afsnijding, besnoeiing[2], in-, beperking; bezuiniging; mil verschansing, retranchement *o*

retribution [retriˈbjuːʃən] *znw* vergelding, beloning

retributive [riˈtribjutiv] *bn* vergeldend

retrievable [riˈtriːvəbl] *bn* terug te vinden, opvraagbaar; weer goed te maken, herstelbaar

retrieval *znw* terugvinden *o* &; redding, herstel *o*;

477

retrieve

comput retrieval [opzoeken en zichtbaar maken van informatie]; ~ *system* comput retrievalsysteem *o*

retrieve *overg* terugvinden, herwinnen, redden (uit *from*); weer goedmaken, herstellen; apporteren [v. hond]; comput ophalen, opzoeken (en zichtbaar maken)

retriever *znw* retriever: apporterende jachthond

retroaction [retrou'ækʃən] *znw* terugwerking

retroactive *bn* terugwerkend

retrocession [retrou'seʃən] *znw* teruggang; teruggave, wederafstand

retrogradation [retrougrə'deiʃən] *znw* teruggang, terugwijking; achteruitgang

retrograde ['retrougreid] **I** *bn* achteruitgaand², teruggaand², achterwaarts²; reactionair; retrograde [woordenboek &]; *in ~ order* van achter naar voren; *a ~ step* een stap achteruit; **II** *onoverg* achteruitgaan², teruggaan

retrogress [retrou'gres] *onoverg* achteruitgaan²

retrogression *znw* teruggang, achteruitgang²

retrogressive *bn* achteruitgaand², achteruitgaand²

retro-rocket ['retrourokit] *znw* remraket

retrospect ['retrouspekt] *znw* terugblik; *in ~* terugblikkend, achteraf

retrospection [retrou'spekʃən] *znw* terugzien *o*, terugblik

retrospective *bn* terugziend, retrospectief; terugwerkend; ~ *effect* terugwerkende kracht; ~ *(exhibition)* retrospectieve tentoonstelling, retrospectief; ~ *view* terugblik

retrospectively *bijw* terugblikkend, achteraf; terugwerkend

retroussé [rə'tru:sei] [Fr] *bn*: *nose* ~ wipneus

return [ri'tə:n] **I** *onoverg* terugkomen; terugkeren; teruggaan; wederkeren; antwoorden; **II** *overg* teruggeven, terugzenden, retourneren, (weer) inleveren, terugbrengen, terugzetten &; terugbetalen, betaald zetten, vergelden; beantwoorden; officieel opgeven; afvaardigen, kiezen [vertegenwoordigers]; uitbrengen; geven [antwoord]; terugslaan [bij tennis]; ~ *like for like* met gelijke munt betalen; ~ *a profit* winst opleveren; ~ *a verdict* recht een uitspraak doen; ~ *thanks* zijn dank betuigen; danken; ~ *a visit* een bezoek beantwoorden (met een tegenbezoek); *be ~ed guilty* & schuldig & verklaard worden; **III** *znw* terugkeer, terugkomst, thuiskomst; terugweg, terugreis; retourbiljet *o*; terug-, retourzending; teruggave; tegenprestatie; vergelding, beloning; opbrengst; winst; antwoord *o*; opgave; aangifte [v.d. belasting]; verslag *o*, officieel rapport *o*, statistiek &; verkiezing (tot lid van het parlement); sp return, terugslag [tennis]; return(match); ~*s* statistiek, cijfers; omzet; *many happy ~s (of the day)* nog vele jaren; *as a ~ for* ter vergelding van, tot dank voor; *by ~ (of post)* post per omgaande; *be loved in ~* wederliefde vinden; *in ~ for* in ruil voor; als vergelding voor, voor; *pass the point of no*

~ fig ± niet meer terug kunnen; **IV** *bn* terug-; retour-

returnable *bn* dat teruggegeven kan worden; in te leveren (aan *to*)

return game *znw* = return match

returning-officer *znw* voorzitter van het stembureau bij verkiezing

return match *znw* revanchepartij, returnwedstrijd

return ticket *znw* retourkaartje *o*

return visit *znw* tegenbezoek *o*

reunification ['ri:ju:nifi'keiʃən] *znw* hereniging [v. Duitsland &]

reunion ['ri:'ju:njən] *znw* hereniging; bijeenkomst, reünie

reunite ['ri:ju'nait] **I** *overg* opnieuw verenigen, herenigen²; **II** *overg* zich verenigen², weer bijeenkomen

re-use ['ri:'ju:z] *overg* hergebruiken

Rev. *afk.* = Reverend

rev [rev] **I** *znw* gemeenz toer [v. motor]; **II** *onoverg* *(& overg)* op volle toeren (laten) komen (~ *up*)

revaccinate ['ri:'væksineit] *overg* herinenten

revaluation ['ri:vælju'eiʃən] *znw* herschatting; op-, herwaardering, revaluatie

revalue ['ri:'vælju:] *overg* herschatten; op-, herwaarderen, revalueren

revamp ['ri:'væmp] *overg* gemeenz oplappen, opknappen, restaureren, moderniseren, reorganiseren

reveal [ri'vi:l] *overg* openbaren, bekendmaken, onthullen, doen zien, tonen, aan het licht brengen

revealing *bn* veelzeggend; gewaagd, bloot [jurk]

reveille [ri'væli] *znw* reveille

revel ['revl] **I** *onoverg* brassen, zwelgen; zwieren; ~ *in* zwelgen in, genieten van; **II** *znw* braspartij, feestelijkheid

revelation [revi'leiʃən] *znw* openbaring, onthulling

reveller, Am **reveler** ['revlə] *znw* brasser, pretmaker

revelry *znw* braspartij, brasserij, gezwier *o*; feestvreugde

revendication [rivendi'keiʃən] *znw* formele terugeising [v. rechten, gebied &]

revenge [ri'ven(d)ʒ] **I** *overg* wreken; *be ~d on (of)* zich wreken of wraak nemen op; **II** *wederk*: ~ *oneself for..., on...* zich wreken over..., op...; **III** *znw* wraak, wraakneming, wraakzucht; revanche; *have (take) one's ~* revanche nemen; *in ~ for* uit wraak over

revengeful *bn* wraakzuchtig

revenger *znw* wreker

revenue ['revinju:] *znw* inkomsten; *the (public) ~* de inkomsten van de staat; de fiscus (ook: *the Inland R~*)

revenue-officer *znw* belastingambtenaar

reverberant [ri'və:bərənt] *bn* weerkaatsend; weergalmend

reverberate I *overg* weerkaatsen; **II** *onoverg* weer-

478

kaatst worden; weergalmen

reverberation [rivə:bəˈreiʃən] *znw* weer-, terug-kaatsing; reverbereren *o*

reverberatory [riˈvɔ:bərətəri] **I** *bn* weer-, terug-kaatsend; **II** *znw* reverbeeroven

revere [riˈviə] *overg* eren, vereren, eerbiedig opzien tot

reverence [ˈrevərəns] *znw* eerbied; ontzag *o*; verering; piëteit; <u>vero</u> revérence; *hold in* ~ (ver)eren; *his* ~ <u>vero</u> zijn eerwaarde; *saving your* ~ <u>vero</u> met uw verlof; met permissie

reverend [ˈrevərənd] **I** *bn* eerwaard, eerwaardig; **II** *znw* <u>gemeenz</u> geestelijke; *the* ~ *John Smith* dominee Smith

reverent [ˈrevərənt] *bn* eerbiedig, onderdanig

reverential [revəˈrenʃəl] *bn* eerbiedig

reverie [ˈrevəri] *znw* mijmering; rêverie [ook: <u>muz</u>]

revers [riˈviə] *znw* (*mv* idem [riˈvi:z]) revers, omslag

reversal [riˈvɔ:səl] *znw* omkering, ommekeer, kentering; <u>techn</u> omzetting [v. machine]; <u>recht</u> herroeping, vernietiging, cassatie

reverse I *bn* omgekeerd, tegengesteld; tegen-; ~ *side* keerzijde, achterkant; **II** *znw* omgekeerde *o*, tegengestelde *o*, tegendeel *o*; keerzijde, achterkant; tegenslag, tegenspoed; nederlaag; <u>auto</u> achteruit [versnelling] *o* & *m* (ook: ~ *gear*); *in* ~ in omgekeerde richting of orde; *take in* ~ <u>mil</u> in de rug aanvallen; **III** *overg* omkeren; <u>techn</u> omgooien [v. machine], omzetten, omschakelen; <u>recht</u> vernietigen, casseren [vonnis]; ~ *arms* <u>mil</u> het geweer met de kolf naar boven keren; ~ *the charges* <u>telec</u> de opgeroepene de gesprekskosten laten betalen; ~ *one's car* achteruitrijden; ~ *one's policy* een heel andere politiek gaan volgen; **IV** *onoverg* <u>techn</u> achteruitgaan, -rijden &

reversely *bijw* omgekeerd

reversible [riˈvɔ:sibl] *bn* omkeerbaar, omgekeerd & kunnende worden, omkeer- [film &]

reversing light *znw* achteruitrijlamp, achteruitrijlicht *o*

reversion [riˈvɔ:ʃən] *znw* terugvalling [v. erfgoed]; recht *o* van opvolging; terugkeer; atavisme *o*; ~ *to type* atavisme *o*

reversionary *bn* terugvallend; atavistisch

revert [riˈvɔ:t] *onoverg* terugvallen, terugkeren, -komen (op *to*)

revertible *bn* terugvallend

revet [riˈvet] *overg* bekleden [v. muren & ter versterking]

revetment *znw* bekleding(smuur), damwand

review [riˈvju:] **I** *znw* herziening; terugblik, overzicht *o*; <u>mil</u> wapenschouwing, parade, revue, inspectie; recensie, boekbeoordeling, bespreking; revue, tijdschrift *o*; *pass in* ~ <u>mil</u> parade laten maken; <u>fig</u> de revue laten passeren; *the period under* ~ het hier beschouwde tijdperk; **II** *overg* overzien; de revue laten passeren; terugzien op, in ogenschouw nemen; bespreken, beoordelen, recenseren; <u>mil</u>

inspecteren; herzien

review copy *znw* recensie-exemplaar *o*

reviewer *znw* recensent

revile [riˈvail] **I** *overg* smaden, beschimpen; **II** *onoverg* schelden, schimpen

revilement *znw* smaad, beschimping

revise [riˈvaiz] **I** *overg* nazien, corrigeren; herzien; <u>Br</u> studeren [voor examen &]; **II** *znw* revisie [v. drukproef]; herziening; herziene uitgave; <u>Br</u> <u>onderw</u> het studeren [voor examen &]

reviser *znw* herziener; corrector

revision [riˈviʒən] *znw* herziening, revisie; herziene uitgave

revisionism *znw* revisionisme *o*

revisionist I *znw* revisionist; **II** *bn* revisionistisch

revisit [ˈri:ˈvizit] *overg* weer, opnieuw bezoeken

revitalize [riˈvaitəlaiz] *overg* revitaliseren, nieuw leven inblazen

revival [riˈvaivəl] *znw* herleving, wederopleving; herstel *o*; (godsdienstig) reveil *o*, opwekking(sbeweging); reprise [v. toneelstuk]; *the R~ of Learning* de renaissance

revivalism [riˈvaivəlizm] *znw* (godsdienstige) revivalbeweging; wens tot, actie voor (godsdienstige) opleving

revive I *onoverg* herleven[2], weer opleven, weer bekomen; weer aanwakkeren; **II** *overg* doen herleven; weer opwekken, weer doen opleven, aanwakkeren; opkleuren, ophalen; oprakelen; weer opvoeren of vertonen; in ere herstellen [gebruik]; ~ *old differences* oude koeien uit de sloot halen

reviver *znw* <u>gemeenz</u> hartversterking

revivification [rivivifiˈkeiʃən] *znw* wederopleving, wederopwekking

revivify [riˈvivifai] *overg* weer levend maken, weer doen opleven

revocable [ˈrevəkəbl] *bn* herroepbaar

revocation [revəˈkeiʃən] *znw* herroeping; intrekking

revoke [riˈvouk] **I** *overg* herroepen; intrekken; **II** *onoverg* niet bekennen [bij het kaarten], verzaken, renonceren; **III** *znw* renonce

revolt [riˈvoult] **I** *onoverg* opstaan, in opstand komen (tegen *against, at, from*); **II** *overg* doen walgen; **III** *znw* oproer *o*, opstand[2]; *rise in* ~ opstaan, in opstand komen

revolter *znw* oproerling, opstandeling

revolting *bn* weerzinwekkend, stuitend, walgelijk

revolution [revəˈlu:ʃən] *znw* omloop; omwenteling[2], revolutie[2], <u>techn</u> toer

revolutionary *bn* & *znw* revolutionair

revolutionize *overg* een omwenteling bewerken, een ommekeer teweegbrengen in, revolutioneren

revolve [riˈvɔlv] **I** *overg* omwentelen, (om)draaien; ± overdenken; **II** *onoverg* (zich) wentelen, draaien

revolver [riˈvɔlvə] *znw* revolver

revolving [riˈvɔlviŋ] *bn*: ~ *chair* draaistoel; ~ *credit* roulerend krediet *o*; ~ *door* draaideur; ~ *light* draailicht *o*; ~ *stage* draaitoneel *o*

revue [ri'vju:] *znw* revue [toneel]

revulsion [ri'vʌlʃən] *znw* ommekeer, reactie; weerzin

reward [ri'wɔːd] **I** *znw* beloning, vergelding; loon *o*; **II** *overg* belonen, vergelden

rewarding *bn* (de moeite) lonend, bevredigend, geslaagd

rewind [ri'waind] *overg* terugspoelen

rewire ['riː'waiə] *overg* nieuwe (elektrische) bedrading aanleggen in

reword ['riː'wɔːd] *overg* anders formuleren

rewrite I *overg* ['riː'rait] nog eens schrijven; herschrijven, omwerken; **II** *znw* ['riː.rait] herschrijving, omwerking

Rex [reks] *znw* rex; regerende vorst; recht de Kroon

rhabdomancy ['ræbdoumænsi] *znw* wichelroedelopen *o*

rhapsodic [ræp'sɔdik] *bn* rapsodisch; extatisch

rhapsodize ['ræpsədaiz] *onoverg*: ~ *over (about)* verrukt zijn van, dwepen met

rhapsody *znw* rapsodie; ± lofzang

rheostat ['rioustæt] *znw* elektr reostaat, regelbare weerstand

rhesus factor *znw* resusfactor

rhesus monkey ['riːsəs'mʌŋki] *znw* resusaap

rhetoric ['retərik] *znw* retorica[2], redekunst; holle retoriek, (louter) declamatie

rhetorical [ri'tɔrikl] *bn* retorisch; effectvol

rhetorician [retə'riʃən] *znw* retor; redenaar

rheumatic [ru'mætik] **I** *bn* reumatisch; ~ *fever* acute gewrichtsreumatiek; **II** *znw* lijder aan reumatiek; ~*s* gemeenz reumatiek

rheumaticky *bn* gemeenz reumatisch

rheumatism ['ruːmətizm] *znw* reumatiek

rheumatoid *bn* reumatisch; ~ *arthritis* gewrichtsreumatiek

rheumy ['ruːmi] *bn* vero vochtig, kil, klam

rhinestone ['rainstoun] *znw* soort bergkristal *o*; rijnsteen [als sieraad]

rhino ['rainou], **rhinoceros** [rai'nɔsərəs] *znw* rinoceros, neushoorn

rhizome ['raizoum] *znw* wortelstok

Rhodesian [rou'diːziən] **I** *bn* Rhodesisch; **II** *znw* Rhodesiër

rhododendron [roudə'dendrən] *znw* rododendron

rhombic *bn* ruitvormig

rhombus *znw* ruit

rhubarb ['ruːbɑːb] *znw* rabarber

rhumb [rʌm(b)] *znw* loxodroom; kompasstreek

rhyme [raim] **I** *znw* rijm *o*; rijmpje *o*, poëzie, verzen; *without* ~ *or reason* zonder slot of zin; zonder reden; **II** *overg* (be)rijmen, laten rijmen; ~ *with* doen rijmen met[2]; **III** *onoverg & abs ww* rijmen (op *with*)

rhymer, rhymester, rhymist *znw* rijmelaar, rijmer

rhyming slang *znw* komisch Engels jargon *o* dat

berust op rijm

rhythm ['riðm, 'riθm] *znw* ritmus, ritme *o*

rhythmic *bn* ritmisch

rib [rib] **I** *znw* rib°; ribbe; rib(be)stuk *o*; ribbel; nerf; balein [v. paraplu]; **II** *overg* gemeenz plagen

ribald ['ribəld] *bn* vuil; schunnig, schuin [mop]; ruw, spottend, oneerbiedig, lasterlijk, schaamteloos; ongehoord

ribaldry *znw* vuile taal, vuilbekkerij; schaamteloze spot

riband ['ribənd] *znw* vero = *ribbon*

ribbed [ribd] *bn* geribbeld, geribd, rib-

ribbing ['ribiŋ] *znw* ribbeling, ribpatroon *o*

ribbon ['ribən] *znw* lint *o*, band *o* [stofnaam], band *m* [voorwerpsnaam], strook; *in* ~*s, all to* ~*s* aan flarden (gescheurd); ~ *development* lintbebouwing

rib-cage ['ribkeidʒ] *znw* ribbenkast

rice [rais] *znw* rijst

rice-bird *znw* rijstvogel

rice-paper *znw* ouwel

rice-pudding *znw* rijstebrij, rijstpudding

rich [ritʃ] *bn* rijk°; overvloedig; machtig [voedsel]; klankrijk, vol [stem]; gemeenz heel amusant, grandioos; ~ *in minerals* rijk aan mineralen; *that's* ~*!* kostelijk!, da's een goeie!; wat een flater!; *the* ~ de rijken; ~*es* rijkdom; *from rags to* ~*es* van arm rijk [geworden]

richly *bijw* rijk(elijk), ten volle

richness *znw* rijkdom; rijkheid; machtigheid; overvloed

Richter scale ['riktəskeil] *znw* schaal van Richter

rick [rik] **I** *znw* hooiberg; verrekking, verstuiking; **II** *overg* **1** ophopen; **2** verrekken, verdraaien, verstuiken [v. enkel &]

rickets ['rikits] *znw* rachitis, Engelse ziekte

rickety *bn* med rachitisch; waggelend, wankel, wrak, zwak

rickshaw ['rikʃɔː] *znw* riksja

ricochet ['rikəʃei, -ʃet] **I** *znw* ricochetschot *o*; **II** *onoverg* ricocheren, opstuiten, afketsen

rid [rid] (rid; rid) *overg* bevrijden, ontdoen, verlossen (van *of*); ~ *oneself of, be* ~ *of* bevrijd (af) zijn van; *get* ~ *of* zich ontdoen van, lozen, kwijtraken, afkomen van

riddance *znw*: *good* ~ *(to bad rubbish)* opgeruimd staat netjes

ridden ['ridn] V.D. van ¹*ride*

1 riddle ['ridl] *znw* raadsel[2] *o*

2 riddle [ridl] **I** *znw* grove zeef; **II** *overg* ziften; doorzéven, doorboren

riddled *bn* vol, bezaaid

riddling ['ridliŋ] *bn* raadselachtig

1 ride [raid] (rode; ridden) **I** *onoverg* rijden (in *in*); drijven; ~ *at anchor* scheepv voor anker liggen; ~ *for a fall* roekeloos doen; zijn ondergang tegemoet snellen; ~ *high* succes hebben; ~ *up* opkruipen [v. jurk]; **II** *overg* berijden, rijden op; door-, afrijden [een land]; laten rijden; regeren, kwellen; ~ *sbd.*

down omverrijden; ~ *out* heelhuids doorkomen, overleven

2 ride [raid] *znw* rit; zijpad *o* [in bos]; *go for a ~* een ritje gaan maken; *take sbd. for a ~* gemeenz iem. voor de gek houden

rider ['raidə] *znw* (be)rijder, ruiter; allonge, toegevoegde clausule; toevoeging

ridge [ridʒ] **I** *znw* (berg-, heuvel)rug, kam; nok, vorst; rand; **II** *overg* ribbelen, rimpelen

ridge-pole *znw* nokbalk

ridgeway *znw* weg over een heuvelrug

ridgy *bn* ribbelig; heuvelachtig

ridicule ['ridikju:l] **I** *znw* spot, bespotting; *hold up to ~* belachelijk maken; **II** *overg* belachelijk maken, bespotten

ridiculous [ri'dikjuləs] *bn* belachelijk, bespottelijk

riding ['raidiŋ] *znw* (paard)rijden *o*

riding-habit *znw* damesrijkostuum *o*

riding-hood *znw* rijkap; *Little Red R~* Roodkapje *o*

riding-master *znw* pikeur

riding-school *znw* rijschool, manege

rife [raif] *bn* algemeen, heersend [van ziekten]; *be ~* heersen; veel voorkomen, tieren; in omloop zijn [v. verhaal]; *be ~ with* wemelen van, vol zijn van

riffle ['rifl] *overg* snel doorsnuffelen, doorbladeren (*~ through*)

riff-raff ['rifræf] *znw* uitschot *o*; schorem *o*

rifle ['raifl] **I** *znw* geweer *o* (met getrokken loop), buks; *the ~s* mil de jagers; **II** *overg* plunderen, leeghalen, wegroven; **III** *onoverg: ~ through* doorsnuffelen, doorzoeken

rifleman *znw* scherpschutter; mil jager

rifle-range *znw* schietbaan

rifle-shot *znw* geweerschot *o*; goede schutter

rift [rift] *znw* kloof², spleet, scheur; fig tweedracht, onenigheid

1 rig [rig] **I** *overg* (op)tuigen²; inrichten, uitrusten; in elkaar zetten; *~ out (up) with* optuigen met²; *~ up* gemeenz haastig optakelen, in elkaar flansen; **II** *znw* scheepv tuig *o*, takelage²; toestel *o*, apparaat *o*; boorinstallatie, booreiland *o*; gemeenz uitrusting, plunje

2 rig [rig] *overg* knoeien; *~ the market* de markt naar zijn hand zetten, de prijzen kunstmatig opdrijven

rigging ['rigiŋ] *znw* scheepv uitrusting, want *o*, tuigage, tuig *o* (ook = plunje)

right [rait] **I** *bn* rechter; rechts; recht°, rechtvaardig, billijk; geschikt; rechtmatig; juist, goed, in orde; echt, waar; *Mr R~* de ware Jakob (Jozef); *he's not in his ~ mind* hij is niet goed bij zijn hoofd (bij zijn verstand); *am I ~?* heb ik (geen) gelijk?; *they are ~ to protest (in protesting)* zij protesteren terecht; *all ~!* in orde!, vooruit maar!, goed!, best!, uitstekend!; *a bit of all ~* iets heel leuks; gemeenz ± een lekker stuk *o*; *it exists all ~* gemeenz wel (degelijk), heus (wel); *he is as ~ as rain* gemeenz hij is helemaal in orde, hij mankeert niets; *be on the ~ side of forty* nog geen veertig zijn; *get on the ~ side of* gemeenz

in de gunst komen bij; *~ sort* gemeenz geschikt (aardig) iem.; *get ~* in orde komen (brengen); goed begrijpen; *put (set) ~* in orde brengen; terechthelpen; herstellen, verbeteren, rechtzetten; gelijkzetten [klok]; **II** *bijw* recht, billijk; behoorlijk, geschikt; goed, wel, juist; (naar) rechts; versterkend juist, precies; vlak, vierkant, helemaal; zeer; *do ~* rechtvaardig handelen; rechtvaardig zijn; iets naar behoren of goed doen; *he does ~ to...* hij doet er goed aan om...; *~ turn!* mil rechtsom!; *~ against...* vlak tegen... in; *~ away* op staande voet; dadelijk; *~ in* regelrecht naar binnen; *~ now* direct; *~ off* gemeenz op staande voet; dadelijk; **III** *znw* rechterhand, -kant; mil rechtervleugel; recht° *o*; *the R~* pol rechts, de conservatieven; *~ of way* (recht *o* van) overpad; (recht *o* van) doorgang; auto voorrang(srecht *o*); *the ~s of the case* het rechte van de zaak; *the difference between ~ and wrong* het verschil tussen goed en kwaad; *by ~(s)* rechtens; eigenlijk; *by what ~?* met welk recht?; *by ~ of* krachtens; *within one's ~s* in zijn recht; *be in the ~* het bij het rechte eind hebben, gelijk hebben; het recht aan zijn zijde hebben; in zijn recht zijn; *put in the ~* in het gelijk stellen; *in one's own ~* van zichzelf; *it is a good book in its own ~* het is op zichzelf (beschouwd), zonder meer, uiteraard een goed boek; *of ~* rechtens; *on your ~* aan uw rechterhand, rechts van u; *to the ~* aan de rechterkant, (naar) rechts; *put (set) to ~s* in orde brengen (maken); verbeteren, herstellen; **IV** *overg* rechtop of overeind zetten; verbeteren, in orde maken, herstellen; recht doen, recht laten wedervaren; scheepv midscheeps leggen [het roer]; **V** *wederk: ~ oneself* zich recht verschaffen; *~ itself* (vanzelf) weer in orde komen; zich oprichten, zich oprichten

right-about *bn: ~ turn/face* rechtsomkeert; ommezwaai [in beleid, tactiek &]; *execute a ~ turn* rechtsomkeert maken²; *send to the ~(s)* de laan uitsturen

right angle *znw* rechte hoek

right-angled *bn* rechthoekig, een rechte hoek (90°) vormend

right-down *bn* uitgesproken, regelrecht

righteous ['raitʃəs, -jəs] *bn* rechtvaardig, gerecht, rechtschapen

rightful *bn* rechtvaardig; rechtmatig

right-hand *bn* aan de rechterhand geplaatst; voor of met de rechterhand; rechts; *he is my ~ man* mijn rechterhand

right-handed *bn* rechts(handig)

right-hander *znw* wie rechts(handig) is; slag met de rechterhand

rightist I *bn* pol rechts; **II** *znw* aanhanger van rechts

rightly *bijw* rechtvaardig; juist, goed; terecht

right-minded, **right-thinking** *bn* weldenkend, rechtgeaard

righto ['raitou] *tsw* gemeenz goed zo!

right-of-centre *bn* pol rechts van het midden

right-wing *znw* <u>sp</u> & <u>pol</u> rechtervleugel
right-wing *bn* <u>pol</u> rechts, conservatief
right-winger *znw* <u>pol</u> rechtse, lid *o* van de rechtervleugel
rigid ['ridʒid] *bn* stijf, strak; (ge)streng, onbuigzaam, star
rigidity [ri'dʒiditi] *znw* stijfheid, strakheid; (ge-)
strengheid, onbuigzaamheid, starheid
rigmarole ['rigməroul] *znw* onzin; lang, verward
kletsverhaal *o*; rompslomp
rigor ['raigɔ:, 'rigə:] *znw* rilling [bij koorts]; stijfheid; ~ *mortis* lijkstijfheid, rigor mortis
rigorous ['rigərəs] *bn* streng², hard
rigour, <u>Am</u> **rigor** ['rigə] *znw* strengheid, hardheid
rig-out ['rigaut], **rig-up** *znw* <u>gemeenz</u> uitrusting,
plunje, tuig *o*
rile [rail] *overg* <u>gemeenz</u> nijdig maken, provoceren
rill [ril] *znw* beekje *o*
rille [ril] *znw* <u>astron</u> ril, groef in het maanoppervlak
rim [rim] **I** *znw* kant, boord; rand [v. kom &]; velg
[v. wiel]; ~*s* ook: montuur *o* & *v* [v. bril]; **II** *overg*
velgen; omranden; *gold-~med glasses* bril met gouden montuur
1 rime [raim] **I** *znw* <u>plechtig</u> rijp; **II** *overg* met rijp
bedekken
2 rime [raim] *znw* = *rhyme*
rimless ['rimlis] *bn* randloos; ~ *spectacles* glasbril
rimy ['raimi] *bn* <u>plechtig</u> vol rijp, berijpt
rind [raind] *znw* schors, bast, schil, korst, zwoerd *o*
rinderpest ['rindəpest] *znw* vee-, runderpest
1 ring [riŋ] **I** *znw* ring², kring², piste [v. circus], circus *o* & *m*, arena, renbaan; kringetje *o*; kliek; <u>ge-
meenz</u> kartel *o*, consortium *o*; *the* ~ het boksers-
strijdperk, de boksers(gemeenschap); *run* ~*s
round...* <u>gemeenz</u> vlugger zijn dan..., ... ver achter
zich laten; *throw one's hat into the* ~ <u>gemeenz</u> verklaren deel te nemen aan de strijd; **II** *overg* een ring
(ringen) aandoen; ringen [v. bomen, duiven &]; ~
(about, in, round) (in een kring) insluiten, omsingelen, omringen
2 ring (rang; rung) **I** *onoverg* luiden, klinken, weergalmen; bellen; *the bell* ~*s* de bel gaat (over), er
wordt gescheld; **II** *overg* luiden; ~ *a bell* <u>gemeenz</u>
bekend klinken, ergens aan herinneren; ~ *the bell*
(aan)bellen; ~ *the changes* veranderen, het anders
aanpakken; allerlei variaties aanbrengen; ~ *true*
aannemelijk klinken; ~ *again* weerklinken [v.d.
weeromstuit]; ~ *at the door* aanbellen; ~ *back* <u>telec</u>
terugbellen; ~ *down (the curtain)* [in schouwburg]
bellen om het scherm te laten zakken; <u>fig</u> afbreken,
eindigen; ~ *in sick* (zich) (telefonisch) ziek melden;
~ *off* <u>telec</u> het gesprek afbreken; ~ *out* weerklinken, luid klinken; uitluiden; ~ *round* rondbellen,
de een na de andere bellen; ~ *up* <u>telec</u> (op)bellen;
aanslaan [met kasregister]; ~ *up (the curtain)* het
sein geven voor het ophalen van het scherm
3 ring [riŋ] *znw* klank, geluid *o*; gelui *o*; luiden *o*;
klokkenspel *o*; *there is (goes) a* ~ er wordt gebeld

[aan de deur]; *give the bell a* ~ (aan)bellen; *I'll give
you a* ~ <u>telec</u> ik zal je (op)bellen; *have a false* ~ vals
klinken, niet echt klinken; *three* ~*s for...* driemaal
bellen om...
ring binder *znw* ringband
ringer *znw* (klokke)luider; *be a dead* ~ *for* het evenbeeld zijn van
ring finger *znw* ringvinger
ringleader ['riŋli:də] *znw* belhamel, raddraaier
ringlet ['riŋlit] *znw* krul, krulletje *o*
ringmaster ['riŋma:stə] *znw* directeur [in circus]
ringpull *znw* lipje *o* [om iets open te trekken]
ring road *znw* ringweg, randweg
ringside *bn*: ~ *seat* beste plaats² [vlak bij de piste
&]
ringworm ['riŋwə:m] *znw* ringworm, dauwworm
rink [riŋk] **I** *znw* ijsbaan; kunstijsbaan; rolschaatsbaan; **II** *onoverg* rolschaatsen
rinker *znw* rolschaatser, -ster
rinse [rins] **I** *overg* spoelen, omspoelen; ~ *away (out)*
weg-, uitspoelen; ~ *down* doorspoelen [v. eten]; **II**
znw spoeling
riot ['raiət] **I** *znw* rel, oproer *o*; oploop, opstootje *o*;
<u>gemeenz</u> succes(nummer) *o*, giller; *a* ~ *of colour* een
kleurenorgie; *run* ~ uit de band springen; in het
wild groeien, woekeren; *let one's imagination run* ~
de vrije loop laten; **II** *onoverg* herrie maken, oproerig worden, muiten
Riot Act *znw*: *read sbd. the* ~ iem. flink de les lezen,
iem. tot de orde roepen
rioter *znw* oproerling, relletjesmaker, herriemaker
riotous *bn* ongebonden, bandeloos; <u>bijbel</u> overdadig; (op)roerig, rumoerig
riot police *znw* oproerpolitie
1 rip [rip] **I** *overg* openrijten, openscheuren, (los-)
tornen; ~ *off* afrijten, afstropen [het vel v. dier]; <u>fig</u>
<u>slang</u> afzetten; beroven, uitkleden; <u>Am</u> <u>slang</u> ste-
len; ~ *out* uit-, lostornen; uitstoten; ~ *up* aan stukken scheuren; ~ *through* snel doorwerken; **II** *onoverg* tornen, losgaan, scheuren, uit de naad gaan;
als de bliksem rijden, gaan &; *let* ~ laten schieten,
loslaten, afdrukken [de trekker]; plankgas geven;
<u>gemeenz</u> laten stikken [iets, iem.]; zich laten gaan;
III *znw* torn, scheur
2 rip [rip] *znw* <u>vero</u>, <u>gemeenz</u> knol [paard]; deugniet
riparian [rai'peəriən] **I** *bn* oever-; **II** *znw* oever-
bewoner
ripcord ['ripkɔ:d] *znw* trekkoord *o* [v. parachute &]
ripe [raip] *bn* rijp²; gerijpt; belegen [v. wijn &], oud;
<u>gemeenz</u> heel geestig; <u>gemeenz</u> onbehoorlijk
ripen **I** *onoverg* rijp worden, rijpen; **II** *overg* (doen)
rijpen, rijp maken
rip-off ['ripɔf] *znw* <u>slang</u> zwendel, oplichting, bedrog *o*
riposte [ri'poust] **I** *znw* riposte, tegenstoot; raak
antwoord *o*; **II** *onoverg* riposteren
ripper ['ripə] *znw* lostorner, opensnijder; tornmesje
o; <u>slang</u> prima kerel, fijne meid, bovenste beste [v.

personen en zaken]; moordenaar die een mes gebruikt

ripping ['ripiŋ] *bn* openrijdend &; slang bovenste beste, fijn, magnifiek, enig, prima

1 ripple ['ripl] **I** *onoverg & overg* rimpelen; kabbelen; **II** *znw* rimpeling; gekabbel *o*

2 ripple ['ripl] **I** *znw* vlasrepel; **II** *overg* repelen

rip-roaring ['rip'rɔːriŋ] *bn* gemeenz uitbundig, stormachtig; geweldig, reuze

1 rise (rose; risen) [riŋ] *onoverg* (op-, ver)rijzen, opstaan; (overeind) gaan staan; het woord nemen [in een vergadering]; in opstand komen (tegen *against*); opstijgen, opgaan°, de hoogte in gaan, opvliegen [vogels], aanbijten[2]; bovenkomen; stijgen; oplopen [v. grond]; vooruitkomen; promotie maken; opkomen; opsteken [wind]; zich verheffen; ontspringen [rivier], voortspruiten (uit *from*); op reces gaan, uiteengaan; ~ *above* zich verheffen boven; verheven zijn boven; ~ *head and shoulders above* hoog uitsteken boven; ~ *from* opstaan uit (van); fig voortspruiten uit; ~ *in arms* de wapenen opvatten; ~ *to* zich verheffen tot; stijgen tot; ~ *to bait* fig toehappen, toebijten; ~ *to be a...* opklimmen tot..., het brengen tot...; ~ *to the occasion* zich tegen de moeilijkheden (de situatie) opgewassen tonen; ~ *up* opstaan [uit bed]; in opstand komen; opkomen, omhoogkomen

2 rise [raiz] *znw* rijzing, opkomst°, oorsprong; helling; opgang [v. zon]; opklimming, promotie; stijging [prijs]; verheffing, verhoging [prijs of salaris]; handel hausse; sp beet [v. vis]; *get (take) a ~ out of sbd.* iem. aan de gang maken, uit zijn slof doen schieten; er in laten lopen; in het zonnetje zetten; *give ~ to* aanleiding geven tot; *be on the ~* (voortdurend) stijgen [prijzen &]; in opkomst zijn

risen [rizn] V.D. van *¹rise*

riser ['raizə] *znw* die opstaat; opstap; *be an early ~* vroeg opstaan, matineus zijn

risibility [rizi'biliti, raizi'biliti] *znw* lachlust; gevoel *o* voor humor; hilariteit

risible ['rizibl, 'raizəbl] *bn* belachelijk

rising ['raiziŋ] **I** *bn* (op)rijzend, opkomend &; in opkomst zijnd; ~ *damp* vochtigheid [door opstijgend grondwater]; ~ *fourteen* bijna 14 jaar zijnd; **II** *znw* opstaan *o*, stijgen *o*; uiteengaan *o* [v. vergadering]; (zons)opgang; (op)stijging; opstand; opstanding [uit de dood]

risk [risk] **I** *znw* gevaar *o*, risico *o & m*; *not wanting to run ~s* niets willende riskeren; *take ~s* iets riskeren; *at ~* in gevaar; *at shipper's ~* voor risico van de afzender; *at the ~ of offending you* op gevaar af van u te beledigen; *at the ~ of his life* met levensgevaar; *at your own ~* op (uw) eigen risico; **II** *overg* riskeren, wagen

risk-taking ['risteikiŋ] *znw* (het) risico nemen, ± gevaarlijk leven *o*

risky *bn* gevaarlijk, gewaagd, riskant

risotto [ri'sɔtou] *znw* risotto [Italiaans gerecht met rijst]

risqué ['riskei] *bn* [Fr] gewaagd

rissole ['risoul] *znw* rissole (bladerdeeg met zoete of hartige inhoud)

rite [rait] *znw* rite, ritus; *the last ~s* RK de laatste sacramenten

ritual ['ritʃuəl] **I** *bn* ritueel; **II** *znw* ritueel *o*; ritueel *o*

ritualist *znw* wie zich streng houdt aan het ritueel v.d. High Church

ritualistic [ritʃuə'listik] *bn* ritualistisch

ritzy ['ritsi] *bn* slang elegant, luxueus

rival ['raivəl] **I** *znw* rivaal, mededinger, concurrent; **II** *bn* rivaliserend; concurrerend; **III** *overg* wedijveren met, concurreren met

rivalry *znw* mededinging, wedijver, concurrentie[2], rivaliteit

rive [raiv] **I** *overg* splijten, (ver)scheuren; ~ *from* ook: wegrukken van; **II** *onoverg* splijten, scheuren

riven ['rivn] *bn* gespleten

river ['rivə] *znw* rivier, stroom[2]; *sell sbd. down the ~* slang iem. verraden, in de steek laten

river-bank ['rivəbæŋk] *znw* rivieroever

river-basin ['rivəbeisn] *znw* stroomgebied *o*

river bed ['rivəbed] *znw* rivierbedding

riverside *znw* oever [v. rivier], waterkant

rivet ['rivit] **I** *znw* klinknagel; **II** *overg* met klinknagels bevestigen, klinken; fig vastklinken, kluisteren (aan *to*); boeien [de aandacht]; richten [de blik]; ~*ed to the spot* als aan de grond genageld

rivulet ['rivjulit] *znw* riviertje *o*, beek

RM *afk.* = Royal Marines Corps Mariniers

RN *afk.* = Royal Navy Koninklijke Marine

roach [routʃ] *znw* **1** dierk blankvoorn; **2** gemeenz kakkerlak; **3** slang stickie *o*

road [roud] *znw* weg[2], rijweg, straat; scheepv rede (ook: ~s); *by ~* per as, per auto of bus &; *one for the ~* een afzakkertje *o*; *on the ~* op weg; *be on the ~* op reis zijn; reizen en trekken (als handelsreiziger); op tournee zijn [popgroep &]; rondreizen [circus &]

road accident *znw* verkeersongeval *o*

road-block *znw* wegversperring

road-bridge *znw* verkeersbrug

road-hog *znw* wegpiraat, snelheidsmaniak

road-holding *znw* wegligging

road-house *znw* wegrestaurant *o*

roadman *znw* wegwerker, stratenmaker

road-map *znw* wegenkaart

road-metal *znw* steenslag *o*

road-pricing *znw* rekeningrijden *o*

road-roller *znw* wegwals

road safety *znw* verkeersveiligheid, veilig verkeer *o*

road sense *znw: he has no ~* hij is een gevaar op de weg, hij kan absoluut niet rijden; *teach a child ~* een kind leren hoe te handelen in het verkeer

roadside I *znw* kant van de weg; **II** *bn* weg-

road sign *znw* verkeersbord *o*

roadstead ['roudsted] *znw* scheepv rede, ree; *in the*

~ op de ree

roadster ['roudstə] *znw* (stevige) toerfiets; open (tweepersoons) sportauto; zwerver

road surface ['roudsə:fis] *znw* wegdek *o*

road sweeper *znw* straatveger

road system *znw* wegennet *o*

roadway *znw* rijweg; brugdek *o*

road works *znw mv* wegwerkzaamheden

roadworthy *bn* rijwaardig

roam [roum] I *onoverg* (om)zwerven; II *overg* af-, doorzwerven

roamer *znw* zwerver

roan [roun] *znw* dierk muskaatschimmel

roar [rɔ:] I *onoverg* brullen, loeien, huilen, bulderen, rommelen, razen; snuiven [v. dampig paard]; *they ~ed (with laughter)* ze brulden (schaterden) van het lachen; II *overg* brullen, bulderen; III *znw* gebrul *o*, geloei *o*, gehuil *o*, gebulder *o*, gerommel *o*, geraas *o*, gedruis *o*; geschater *o*; *set the table in a ~* het gezelschap doen schaterlachen

roaring I *bn* brullend &; kolossaal; *a ~ success* een daverend succes *o*; *do a ~ trade* gouden zaken doen; *~ drunk* ladderzat, straalbezopen; *he is in ~ health* in blakende welstand; II *znw* gebrul *o* &

roast [roust] I *overg* braden, roost(er)en, branden [koffie], poffen [kastanjes]; II *onoverg* braden; *I'm ~ing* gemeenz ik heb het bloedheet; III *znw* gebraad *o*; gebraden vlees *o*; IV *bn* gebraden

roaster *znw* brader; braadoven; koffiebrander; braad(aard)appel; braadkip; braadvarken *o* &

roasting *znw* fig uitbrander

rob [rɔb] *overg* bestelen, beroven, plunderen; lichten [offerblok]; *~ sbd. of sth.* iem. iets ontroven (ontstelen); iem. iets ontnemen; zie ook: *Peter*

robber *znw* rover, dief; zie ook: *cop I*

robbery *znw* roof, roverij, diefstal

robe [roub] I *znw* toga, staatsiemantel; (boven)kleed *o*; (dames)robe; Am ochtendjas, peignoir; (doop-) jurk; Am plaid; fig dekmantel; *~s* galakostuum *o*; ambtsgewaad *o*; *master of the ~s* kamerheer; *mistress of the ~s* eerste hofdame; II *onoverg & overg* (zich) kleden, be-, aankleden, in ambtsgewaad steken; fig uitdossen

robin ['rɔbin] *znw* roodborstje *o* (*~ redbreast*)

robing-room ['roubiŋrum] *znw* kleedkamer [v. gerechtshof, parlement &]

robot ['roubɔt] *znw* robot, mechanische mens, automaat; *~ plane* draadloos bestuurd vliegtuig

robotic ['roubɔtik] *bn* mechanisch, gerobotiseerd

robotics *znw* robotica, robottechnologie

robust [rou'bʌst] *bn* sterk, flink, fors, robuust

robustious *bn* vero luidruchtig, lawaaierig

rochet ['rɔtʃit] *znw* rochet [koorhemd v. bisschop, abt &]

1 rock [rɔk] *znw* rots, klip, gesteente *o*; rotsblok *o*, grote kei; kandijsuiker, suikerstok; Am steen; slang edelsteen, vooral diamant; fig toevlucht, vaste grond; *the R~* (de rots van) Gibraltar; *be on the ~s*

gemeenz aan de grond zitten, aan lagerwal zijn; *get one's ~s off* plat neuken; spuiten [ejaculeren]; *Scotch on the ~s* Schotse whisky met ijs

2 rock [rɔk] I *overg* schommelen, heen en weer schudden, doen schudden, wieg(el)en; *~ the boat* gemeenz dwars liggen, de anderen het leven lastig maken; *~ to sleep* in slaap wiegen[2]; II *wederk*: *~ oneself* (zitten) schommelen; *~ oneself with...* zich in slaap wiegen met...; III *onoverg* schommelen, schudden, wieg(el)en, wankelen; zie *rock'n'roll II*; IV *znw* schommeling; zie *rock'n'roll I*; V *bn* muz rock-

rock-bottom ['rɔk'bɔtəm] I *znw* fig het laagste punt; II *bn*: *~ prices* allerlaagste prijzen

rock-bound *bn* door rotsen ingesloten

rock cake *znw* op een rotsje gelijkend cakeje *o* met krenten, gekonfijt fruit &

rock-climber *znw* bergbeklimmer, kletteraar

rock climbing *znw* bergbeklimmen *o*, kletteren *o*

rock-crystal *znw* bergkristal *o*

rocker ['rɔkə] *znw* gebogen hout *o* onder een wieg &; schommelstoel; hobbelpaard *o*; soort schaats; rocker; ± vetkuif, ± bromnozem; *off one's ~* slang gek

rockery ['rɔkəri] *znw* rotstuin

rocket ['rɔkit] I *znw* vuurpijl, raket; gemeenz flink standje *o*, uitbrander; II *onoverg* als een pijl de hoogte in schieten of opvliegen; met sprongen omhooggaan

rocket launcher *znw* (raket)lanceerinstallatie

rocketry *znw* rakettechniek

rock-face ['rɔkfeis] *znw* rotswand

rock garden *znw* rotstuin

rocking-chair ['rɔkiŋtʃeə] *znw* schommelstoel

rocking-horse *znw* hobbelpaard *o*

rock'n'roll ['rɔkn'roul] I *znw* rock-'n-roll; II *onoverg* rock-'n-roll dansen

rock-salt ['rɔksɔ:lt] *znw* klipzout *o*

1 rocky ['rɔki] *bn* rotsachtig, rots-; vol klippen; steenhard; *the R~ Mountains, the Rockies* het Rotsgebergte

2 rocky ['rɔki] *bn* gemeenz onvast, wankel

rococo [rə'koukou] I *znw* rococo *o*; II *bn* rococo-

rod [rɔd] I *znw* roede, staf, staaf; techn stang; ook: hengelroede; plat pik; *Black R~* ceremoniemeester van het Hogerhuis; *I have a ~ in pickle for you* ik heb nog een appeltje met je te schillen; II *overg* plat poken, neuken

rode [roud] V.T. van ¹*ride*

rodent ['roudənt] *znw* knaagdier *o*

rodeo [rou'deiou] *znw* rodeo [bijeendrijven *o* van vee; vertoning van kunststukjes door cowboys, motorrijders &]

rodomontade [rɔdəmɔn'teid] I *znw* snoeverij, grootspraak; II *onoverg* snoeven, pochen

roe [rou] *znw* (*mv* idem *of* -s) 1 dierk ree; 2 dierk viskuit; *hard ~* kuit; *soft ~* hom

roebuck ['roubʌk] *znw* dierk reebok

roentgen [ˈrʌntgən] *znw* röntgen

rogation [rouˈgeiʃən] *znw* litanie voor de kruis-dagen; ~ *days* de drie dagen vóór Hemelvaart; ~ *week* hemelvaartsweek

Roger [ˈrɔdʒə] **I** *znw: (the) Jolly* ~ de zwarte (zeerovers)vlag; **II** *tsw: r*~ O.K.!, ontvangen en begrepen!, roger!

rogue [roug] **I** *znw* schurk, schelm; snaak, guit; kwaadaardige, alleen rondzwervende olifant, buffel &; ~*s' gallery* fototheek van delinquenten [voor politie]; **II** *bn* solitair, loslopend; van het goede pad geraakt, louche

roguery *znw* schurkenstreken, schelmerij, snakerij; guitigheid

roguish *bn* schurkachtig, schelmachtig; schelms, snaaks, guitig

roister [ˈrɔistə] *onoverg* lol trappen

roisterer *znw* lawaaaischopper; fuifnummer *o*

rôle, role [roul] *znw* rol [v. toneelspeler]

role-play *znw* rollenspel *o*

roll [roul] **I** *znw* rol°, wals; (rond) broodje *o*; rollen *o*, gerol *o*; scheepv slingeren *o* [schip]; deining [zee]; luchtv rolvlucht; schommelende beweging; mil (trom)geroffel *o*; rol, lijst, register *o*; *be struck off the* ~ uit het ambt ontzet worden; ~ *of honour* mil lijst der gesneuvelden; **II** *overg* rollen (met), wentelen, op-, voortrollen; walsen, pletten; doen of laten rollen; mil roffelen op; **III** *onoverg & abs ww* rollen, zich rollen, zich wentelen; scheepv slingeren; schommelen; golven, rijden; mil roffelen [v. trom]; zich laten (op)rollen; ~ *and pitch* scheepv slingeren en stampen; ~ *along* voortrollen; gemeenz stug doorgaan; ~ *away* weg-, voortrollen; ~ *by* voortrollen, voorbijgaan [jaren]; ~ *down* afrollen; ~ *in* binnenrollen; [iem.] toevloeien; ~ *in money* in weelde baden; geld als water hebben; *two (three)...* ~*ed into one* in één gerold; in één persoon verenigd; ~ *on* voortrollen²; ~ *on (Christmas)!* was het maar al zo ver (Kerstmis)!; ~ *out* uit-, ontrollen; ~ *over* omrollen, omver tollen; ~ *sbd. over* rollen, tegen de vlakte slaan; ~ *up* (zich) oprollen²; gemeenz (komen) opdagen; [een zaak] afwikkelen

roll-call *znw* appel *o*, afroepen *o* van de namen; *vote by* ~ hoofdelijk stemmen

roller [ˈroulə] *znw* rol, inktrol; krulspeld, kruller; wals; rolstok; rolletje *o*, zwachtel; lange golf

roller-bearing *znw* rollager *o*

roller-blind *znw* rolgordijn *o*

roller-coaster *znw* achtbaan, roetsjbaan

roller-skate **I** *znw* rolschaats, rollerskate; **II** *onoverg* rolschaatsen, rollerskaten

roller-towel *znw* rolhandoek

rollick [ˈrɔlik] *onoverg* lol trappen, fuiven, pret maken

rollicking *bn* erg vrolijk, uitgelaten, jolig; leuk, om te gieren, dolletjes

rolling [ˈrouliŋ] *bn* rollend &; ook: golvend [van terrein]; ~ *stone* fig rusteloos iem.

rolling-mill *znw* pletmolen, pletterij

rolling-pin *znw* deegroller, rol, rolstok

rolling-stock *znw* rollend materieel *o*

roll-neck sweater [ˈroulnek] coltrui

roll-on *znw* step-in; [deodorant &] roller

roll-top *znw:* ~ *desk* cilinderbureau *o*

roll-up [ˈroulʌp] *znw* gemeenz sjekkie *o*

roly-poly [ˈrouliˈpouli] **I** *znw* opgerolde gelei-pudding; gemeenz dikkerdje *o*; **II** *bn* kort en dik

Roman [ˈroumən] **I** *bn* Romeins; rooms; **II** *znw* Romein; *r*~ romein, gewone drukletter

roman-à-clef [roumaːˈklei] *znw* gemeenz sleutel-roman

Roman Catholic [ˈroumənˈkæθəlik] *znw & bn* rooms-katholiek

Romance [rouˈmæns] *bn (znw)* Romaans (o)

romance [rouˈmæns] **I** *znw* romance; riddergedicht *o*, verdicht verhaal *o*, (ridder)roman; romantiek; gefabel *o*, verdichtsel *o*, (puur) verzinsel *o*; **II** *onoverg* maar wat verzinnen, fantaseren; gemeenz het hof maken

romancer *znw* romancier, romandichter, -schrijver; fantast

Romanesque [rouməˈnesk] *bn (znw)* Romaans(e stijl)

roman-fleuve [roumaːˈfləːv] *znw* [Fr] romancyclus, saga

Romania [ruːˈmeinjə] *znw* Roemenië *o*

Romanian **I** *znw* Roemeen; Roemeens *o* [de taal]; **II** *bn* Roemeens

Romanic [rouˈmænik] *bn* Romaans

romanize [ˈroumənaiz] *overg* romaniseren; verroomsen

romantic [rouˈmæntik] **I** *bn* romantisch; **II** *znw* romanticus

romanticism *znw* romantiek

romanticist *znw* romanticus

romanticize *overg* romantiseren

Romany [ˈrɔməni] *znw* zigeunertaal; zigeuner

Rome [roum] *znw* Rome² *o*; *when in* ~, *do as the Romans do* schik u naar de gebruiken van het land, ± 's lands wijs, 's lands eer; ~ *was not built in a day* Keulen en Aken zijn niet op één dag gebouwd

Romish [ˈroumiʃ] *bn* geringsch rooms

romp [rɔmp] **I** *onoverg* stoeien, dartelen; ~ *home,* ~ *in* gemeenz met gemak winnen; ~ *through an exam* op zijn sloffen voor een examen slagen; **II** *znw* stoeier, wildebras, wildzang; stoeipartij

rompers *znw mv* speelpakje *o*

rondeau [ˈrɔndou], **rondel** [ˈrɔndl] *znw* rondo *o*

roneo [ˈrouniou] *overg* stencilen (met de *Roneo*)

rood [ruːd] *znw* roede: 1/4 acre (± 10 are); vero kruis *o*

roof [ruːf] **I** *znw* dak² *o*; gewelf *o*; *the* ~ *(of the mouth)* het verhemelte; *hit the* ~ uit zijn vel springen, ontploffen; *go through the* ~ de pan uit vliegen [prijzen &]; *raise the* ~ gemeenz tekeergaan; **II** *overg* van een dak of gewelf voorzien, onder dak brengen (ook: ~ *in, over*); overwelven

roofer ['ru:fə] *znw* dakwerker

roof garden *znw* daktuin

roofing *znw* dakbedekking; dakwerk *o*; ~ *tile* dakpan

roofless *bn* zonder dak, dakloos

roof-rack *znw* imperiaal *o* & *v*

roof-top *znw* dak *o*; *shout sth. from the* ~*s* iets van de daken schreeuwen

roof-tree *znw* nokbalk [v. dak]

rook [ruk] **I** *znw* **1** dierk roek; gemeenz afzetter, valse speler; **2** toren [in schaakspel]; **II** *overg* gemeenz bedriegen [bij het spel], plukken, afzetten

rookery *znw* roekennesten, roekenkolonie; kolonie *v.* pinguïns of zeehonden; krottenbuurt

rookie ['ruki] *znw* Am gemeenz rekruut, nieuweling

room [ru:m, rum] **I** *znw* plaats, ruimte; kamer, zaal; fig grond, reden, gelegenheid, aanleiding; *ladies'/men's* ~ Am dames/herentoilet *o*; *give* ~ *to* plaats maken voor, aanleiding geven tot; *there is* ~ *for improvement* het kan nog wel verbeterd worden; *there is no* ~ *to swing a cat* je kan er je kont niet keren; *they like his* ~ *better than his company* ze zien hem liever gaan dan komen; **II** *onoverg* Am gemeenz een kamer (kamers) bewonen; **III** *overg*: *four* ~*ed flat* vierkamerflat

roomer *znw* Am kamerbewoner

rooming house *znw* Am appartementencomplex *o*

room-mate *znw* kamergenoot

room service *znw* roomservice, bediening op de kamer [in hotel]

roomy *bn* ruim (gebouwd); wijd

roost [ru:st] **I** *znw* rek *o*, roest, (roest)stok; slaapplaats; *rule the* ~ de lakens uitdelen; *be (sit) at* ~ op stok zijn; *have one's chickens come home to* ~ zijn trekken thuis krijgen; *curses come home to* ~ komen neer op het hoofd van hem die ze uitspreekt; *go to* ~ op stok gaan², naar kooi gaan; **II** *onoverg* (op de roest) gaan zitten, rekken; neerstrijken; de nacht doorbrengen

rooster ['ru:stə] *znw* dierk haan

root [ru:t] **I** *znw* wortel°; ~ *and branch* met wortel en tak; radicaal; *take* ~ wortel schieten; *at (the)* ~ in de grond; *be (lie) at the* ~ *of* ten grondslag liggen aan; *get at (go to) the* ~ *of the matter* tot de grond (het wezen) van de zaak doordringen; *put down* ~*s* zich vestigen, zich thuis gaan voelen; **II** *bn* grond-, fundamenteel; **III** *onoverg* **1** inwortelen, wortel schieten, aanslaan; geworteld zijn (in *in*); **2** wroeten, woelen (ook: ~ *about, around*); scharrelen; ~ *for* toejuichen, aanmoedigen, steunen, werken voor, ophemelen; **IV** *overg* **1** wortel doen schieten; **2** tevoorschijn halen, opscharrelen; ~ *through* omwroeten, omwoelen; ~ *out* uitroeien; ~ *up* ontwortelen; zie ook: *rooted*

rootage *znw* wortelschieten *o*; wortelstelsel *o*

root-and-branch *bijw* radicaal

root beer *znw* bep. limonade op basis van planten-extracten

root crop *znw* wortelgewas *o*, hakvrucht

rooted *bn* diep geworteld; *stand* ~ *to the spot* als aan de grond genageld staan

rootle ['ru:tl] *overg* wroeten, woelen

rootless ['ru:tlis] *bn* wortelloos, zonder wortels, fig ontworteld

rootlet *znw* worteltje *o*

rope [roup] **I** *znw* reep, touw *o*, koord *o* & *v*, lasso, strop; draad *o* & *m*; rist [uien]; snoer *o* [parelen]; *be at the end of one's* ~ aan 't einde van zijn Latijn zijn; *on the* ~*s* sp in de touwen [boksen]; fig uitgeteld; weerloos; *give sbd. plenty of* ~ iem. alle (voldoende) vrijheid van handelen laten; *know the* ~*s* het klappen van de zweep kennen, van wanten weten; *show sbd. the* ~*s* iem. op de hoogte brengen, wegwijs maken; *it's money for old* ~ gemeenz dat is gauw (snel, gemakkelijk) verdiend; **II** *overg* (vast-) binden; met een lasso vangen; ~ *in* afzetten [met een touw]; vangen [sollicitanten]; bijeenverzamelen [partijgenoten &]; ~ *in sbd. to help* iem. zover krijgen dat hij komt meehelpen [min of meer tegen zijn zin]; ~ *off* afzetten (met touwen)

rope-dancer *znw* koorddanser(es)

rope-end *znw* eindje *o* touw (als strafwerktuig)

rope-ladder *znw* touwladder

rope-maker *znw* touwslager

rope-walk *znw* lijnbaan

rope-walker *znw* koorddanser(es)

rop(e)y ['roupi] *bn* **1** draderig; **2** gemeenz slecht, beroerd; minderwaardig

rope-yarn ['roupja:n] *znw* kabelgaren *o*

rorqual ['rɔ:kwəl] *znw* vinvis

rosary ['rouzəri] *znw* rozenkrans; rosarium *o*, rozenperk *o*, -tuin

1 rose [rouz] V.T. van *1 rise*

2 rose [rouz] **I** *znw* roos²; rozet; rozenkleur, roze *o*; sproeier, broes [v. gieter, douche]; *under the* ~ sub rosa: in het geheim; *his life is no bed of* ~*s* zijn weg gaat niet over rozen; *no* ~ *without a thorn* geen rozen zonder doornen; **II** *bn* roze

rosé ['rouzei, rou'zei] *znw* rosé

roseate ['rouziət] *bn* rozig, rooskleurig

rose-bud *znw* rozenknop

rose-coloured *bn* rooskleurig²; *see life through* ~ *spectacles* het leven door een roze bril bekijken

rose-hip *znw* rozenbottel

rosemary ['rouzməri] *znw* rozemarijn

roseola [rou'zi:ələ] *znw* uitslag bij mazelen &

rose-pink ['rouz'piŋk] *bn* roze

rose-tinted *bn* = *rose-coloured*

rosette [rou'zet] *znw* rozet

rose-window ['rouzwindou] *znw* roosvenster *o*

rosewood ['rouzwud] *znw* rozenhout *o*, palissander *o*

Rosicrucian [rouzi'kru:ʃən] *znw* rozenkruiser

rosin ['rɔzin] **I** *znw* (viool)hars *o* & *m*; **II** *overg* met hars bestrijken

Rosinante [rɔzi'nænti] *znw* [Spaans] rossinant, knol

roster ['roustə, 'rɔstə] *znw* rooster *v & o*, lijst

rostrum ['rɔstrəm] *znw* (*mv*: -s *of* rostra [-trə]) spreekgestoelte *o*, tribune, podium *o*

rosy ['rouzi] *bn* rooskleurig; blozend; optimistisch; rozen-

rot [rɔt] **I** *znw* verrotting, rotheid; bederf *o*; rot *o*; vuur *o* [in het hout]; schapenleverziekte; *gemeenz* onzin, flauwekul, klets; *the* ~ *set in* dat was het begin van het einde; toen ging (echt) alles mis; *stop the* ~ de zaak (situatie) redden; **II** *onoverg* (ver-) rotten; ~ *away* wegrotten; **III** *overg* doen rotten

rota ['routə] *znw* rooster, (naam)lijst

Rotarian [rou'tɛəriən] *znw* lid v.e. *Rotary Club*

rotary ['routəri] *bn* rondgaand, draaiend, draai-, rotatie-; *R*~ *(Club)* genootschap *o* voor internationaal dienstbetoon

rotate [rou'teit] **I** *onoverg* draaien; rouleren; **II** *overg* doen draaien; laten rouleren; afwisselen

rotation *znw* draaiing, (om)wenteling; afwisseling; vruchtwisseling, wisselbouw (~ *of crops*); *by (in)* ~ bij toerbeurt

rotatory ['routətəri] *bn* (rond)draaiend, draai-, rotatie-

rote [rout] *znw*: *by* ~ van buiten; machinaal

rot-gut ['rɔtgʌt] *znw* bocht *o*, slechte jenever &

rotogravure ['routəgrəvjuə] *znw* koperdiepdruk

rotor ['routə] *znw* techn rotor

rotten ['rɔtn] *bn* verrot, rot, bedorven; *gemeenz* beroerd, akelig, snert-

rotter ['rɔtə] *znw* slang kerel van niks, snertvent

rotund [rou'tʌnd] *bn* rond; mollig, welgedaan, gezet; sonoor, vol [stem]

rotunda [rou'tʌndə] *znw* rotonde

rotundity [rou'tʌnditi] *znw* rondheid; welgedaanheid, molligheid; volheid [v. stem]

rouble ['ru:bl] *znw* roebel

roué ['ru:ei] *znw* losbol

rouge [ru:ʒ] **I** *znw* rouge [cosmetiek]; **II** *overg* met rouge opmaken

rough [rʌf] **I** *bn* ruw², grof², bars, streng, hard(handig), moeilijk; ruig; oneffen; ongeslepen; ongepeld [v. rijst]; onstuimig; onguur [zootje, element]; *a* ~ *copy* een klad(je) *o*; *a* ~ *diamond* gemeenz ruwe bolster (blanke pit); *a* ~ *draft* een ruwe schets, een klad *o*, een concept *o*; *at a* ~ *estimate* ruw (globaal) geschat; *a* ~ *house* een algemene vechtpartij; *be* ~ *on...* moeilijk (vervelend, jammer) zijn voor...; *cut up* ~ opspelen, nijdig worden; *sleep* ~ op straat slapen, ± zwerver (dakloos) zijn; **II** *znw* ruwe kant; oneffen terrein *o*; onguur element *o*, ruwe kerel; ijsnagel; *in* ~ in het klad; *in the* ~ in het ruwe; zoals wij zijn; globaal (genomen); *through* ~ *and smooth* in voor- en tegenspoed; *take the* ~ *with the smooth* tegenslagen voor lief nemen; **III** *overg*: ~ *it* zich er doorheen slaan, zich allerlei ongemakken getroosten; het hard (te verduren)

hebben; ~ *out* in ruwe lijnen ontwerpen; ~ *it out* scheepv het uithouden [in een storm]; ~ *up* in de war maken; slang afranselen, afrossen

rough-and-ready *bn* ruw, onafgewerkt, primitief maar bruikbaar, geïmproviseerd

rough-and-tumble I *bn* onordelijk, ongeregeld; **II** *znw* kloppartij; fig veelbewogen (harde) tijd

roughcast I *znw* ruwe schets; eerste ontwerp *o*; beraping, ruwe pleisterkalk; **II** *bn* ruw; **III** *overg* ruw schetsen, in ruwe trekken aangeven; berapen

roughen *overg (& onoverg)* ruw maken (worden)

rough-hewn *bn* ruw behouwen of bekapt; fig grof, ruw

roughly *bijw* ruw &, zie *rough I*; ook: in het ruwe, ruwweg, globaal, zowat, ongeveer

roughneck *znw* Am slang schoft, vlegel; (een) keiharde jongen

rough-rider *znw* pikeur; hist ruiter van de ongeregelde cavalerie

roughshod *bijw*: *ride* ~ *over* honds behandelen, ringeloren; zich niet storen aan

rough-spoken *bn* ruw in de mond

rough-up *znw* slang flinke vechtpartij

roulade [ru:'la:d] *znw* roulade

rouleau [ru:'lou] *znw* rolletje *o* [muntjes]

roulette [ru:'let] *znw* roulette; raadje *o*, wieltje *o*; *Russian* ~ (op zichzelf) schieten met een revolver waarin maar één kogel zit; *Vatican* ~ gemeenz periodieke onthouding

Roumanian [ru:'meinjən] *znw & bn* Roemeen(s)

round [raund] **I** *bn* rond; stevig, flink [vaartje &]; ~ *trip* rondreis; reis heen en terug, retour *o*; **II** *bijw* rond; in de rondte; rondom; in de omtrek; *all* ~ overal, in alle richtingen, naar alle kanten; fig in het algemeen, in alle opzichten; (genoeg) voor allen; *all* ~, ~ *and* ~ om en om; *the car will be* ~ vóór zijn (komen); *get* ~ overhalen; ontwijken [moeilijkheden]; *all the year* ~ het hele jaar door; *a long way* ~ een heel eind om; ~ *about* om... heen, in het rond, rondom; langs een omweg; om en nabij [de vijftig &]; **III** *voorz* rondom, om, om... heen, rond; ~ *the bend* slang gek; ~ *the clock* dag en nacht; **IV** *znw* kring, bol; ommegang; routine, sleur; rondreis, rond(t)e; toer [bij breien]; rondje *o*; sport; muz canon; rondedans; reeks [misdaden]; snee [brood]; mil salvo *o*; *100* ~s *of ammunition* mil 100 (stuks) patronen; ~ *of applause* applaus *o*; ~ *of beef* runderschijf; *do the* ~s de ronde doen [v. gerucht]; *go (make) one's* ~s mil de ronde doen; *in the* ~ vrijstaand [v. beeldhouwwerk]; *a job on the bread* ~ een baantje *o* als broodbezorger; **V** *overg* rond maken, (af)ronden, omringen; omgaan, omkomen [een hoek]; scheepv omzeilen; ~ *off* (af)ronden; voltooien, afmaken; ~ *up* bijeendrijven; omsingelen; oppakken; afronden; **VI** *onoverg*: ~ *on* zich keren tegen; verraden, verklikken

roundabout I *bn* omlopend, een omweg makend; om de zaak heen draaiend; wijdlopig; rond; *a* ~

way een omweg; **II** *znw* draaimolen; verkeersplein *o*, rotonde

rounded *bn* (af)gerond[2], rond

roundel ['raundl] *znw* medaillon *o*, schildje *o*; muz rondo *o*; rondedans

roundelay ['raundilei] *znw* rondo *o*; rondedans

rounders ['raundəz] *znw mv* sp slagbal

round game ['raundgeim] *znw* ± gezelschapsspel *o*

round hand *znw* rondschrift *o*

round-house *znw* hist gevangenis; scheepv galjoen *o* [v. schip]

roundish *bn* rondachtig

roundly *bijw* rond, ongeveer; ronduit; botweg, vierkant, onbewimpeld; flink

round robin *znw* petitie waarbij de ondertekenaars in een cirkel tekenen; sp wedstrijd waarbij ieder tegen iedere andere deelnemer uitkomt

round-shouldered *bn* met gebogen rug, krom

roundsman *znw* bezorger

round-the-clock *bn* onafgebroken (gedurende een etmaal), 24-uur-[dienst &]

round-up *znw* overzicht *o*; bijeendrijven *o*; omsingeling; klopjacht, razzia

rouse [rauz] **I** *overg* (op)wekken[2], doen ontwaken, wakker schudden, opporren, aanporren (ook: ~ *up*); opjagen; prikkelen; **II** *wederk:* ~ *oneself* wakker worden[2]; zich vermannen; **III** *onoverg* ontwaken, wakker worden[2]

rouser *znw* slang iets opzienbarends, sensatie; grove leugen

rousing *bn* (op)wekkend &; bezielend; geestdriftig; gemeenz kolossaal

roust ['raust] *overg* opwekken; verjagen, verdrijven

roustabout ['raustəbaut] *znw* Am havenarbeider

rout [raut] **I** *znw* zware nederlaag, algemene vlucht; troep, wanordelijke bende; lawaai *o*; vero avondpartij; *put to* ~ een zware nederlaag toebrengen, op de vlucht drijven; **II** *overg* een zware nederlaag toebrengen, op de vlucht drijven; ~ *out* tevoorschijn halen, opscharrelen

route [ru:t; mil raut] **I** *znw* route, weg, parcours *o*; mil marsorder; *en* ~ *for (to)* op weg naar; **II** *overg* leiden, zenden

route-march ['rautma:tʃ] *znw* mil afstandsmars

routine [ru:'ti:n] **I** *znw* routine, (gebruikelijke) procedure, sleur; theat nummer *o*; fig gemeenz afgezaagd verhaal *o*, oude (bekende) liedje *o*; **II** *bn* routine, dagelijks, gewoon, normaal

rove [rouv] **I** *onoverg* (om)zwerven; dwalen [v. ogen &]; **II** *overg* af-, doorzwerven

rover ['rouvə] *znw* zwerver, wispelturig iem.

roving I *bn* zwervend; dwalend; ~ *shot* schot *o* in het wild; **II** *znw* zwerven *o*, zwerftocht

1 row [rou] *znw* rij, reeks, huizenrij; straat; *a hard* ~ *to hoe* een zwaar karwei *o*, een moeilijke taak; *in a* ~ op een rij; *in* ~*s* op (in, aan) rijen

2 row [rou] **I** *onoverg* roeien; **II** *overg* roeien; roeien tegen; **III** *znw* roeien *o*; roeitochtje *o*; *go for a* ~

gaan roeien

3 row [rau] **I** *znw* gemeenz kabaal *o*, herrie, ruzie, standje *o*, rel; *get into a* ~ herrie krijgen; *kick up a* ~ herrie maken; **II** *overg* een standje maken; **III** *onoverg* herrie maken, een rel schoppen; ruzie maken

rowan ['rauən] *znw* lijsterbes

row-boat ['roubout] *znw* roeiboot

rowdy ['raudi] **I** *znw* ruwe kerel, rouwdouw(er), herrieschopper; ± (voetbal)vandaal, hooligan; **II** *bn* lawaaierig, rumoerig

rowdyism *znw* herrie schoppen *o*, baldadigheid; (voetbal)vandalisme *o*

rowel ['rauəl] *znw* spoorradertje *o*, raadje *o*

rower ['rouə] *znw* roeier

1 rowing *znw* & *bn* roeien *o*; roei-

2 rowing ['rauiŋ] *znw* herrieschoppen *o*; herrie; schrobbering

rowlock ['rɔlək] *znw* roeiklamp, dolklamp, dol

royal ['rɔi(ə)l] **I** *bn* koninklijk[2], vorstelijk[2], konings-; ~ *blue* koningsblauw, diepblauw; prachtig; *there is no* ~ *road to learning* geleerdheid komt iemand niet aanwaaien; **II** *znw* gemeenz lid *o* v.d. koninklijke familie

royalist *znw* & *bn* koningsgezind(e), royalist(isch)

royally *bijw* koninklijk, vorstelijk

royalty *znw* **1** koningschap *o*; koninklijk karakter *o*; (lid *o* of leden van) de koninklijke familie; **2** royalty: aandeel in de opbrengst

rozzer ['rɔzə] *znw* slang smeris

r.p.m. *afk.* = *revolutions per minute* omwentelingen per minuut

RSVP *afk.* = *répondez s'il vous plaît* r.s.v.p., antwoord alstublieft

rub [rʌb] **I** *overg* wrijven, inwrijven, afwrijven; boenen, poetsen; masseren; schuren (over); ~ *elbows with* omgaan met; ~ *one's eyes* zich de ogen uitwrijven[2]; ~ *one's hands* zich (in) de handen wrijven (van voldoening); ~ *noses* de neusgroet brengen; ~ *shoulders with* in aanraking komen met, omgaan met; ~ *sbd. the wrong way* zie ~ *up;* **II** *onoverg* (zich) wrijven, schuren; ~ *along* gemeenz voortsukkelen, verder scharrelen; ~ *along (together)* gemeenz het kunnen vinden, opschieten (met elkaar); ~ *away* af-, wegwrijven, doen uitslijten; fig slijten; ~ *down* afwrijven°, boenen; roskammen; ~ *in* inwrijven; ~ *it in* eens iets goed zeggen of laten voelen, onder de neus wrijven, er telkens weer op terugkomen; ~ *off* afwrijven; er afgaan; *it will* ~ *off* het zal wel slijten; ~ *off on* fig overgaan op; ~ *out* uitwissen, uitvegen; er afgaan; slang uit de weg ruimen, doden; ~ *through (the world)* zich erdoorheen slaan, door het leven scharrelen; ~ *up* opwrijven; opfrissen; weer ophalen; ~ *sbd. up the wrong way* iem. verkeerd aanpakken, irriteren; **III** *znw* wrijven *o*, wrijving; massage; moeilijkheid; *there's the* ~ daar zit hem de moeilijkheid

rub-a-dub ['rʌbə'dʌb] *znw* gerombom *o* [v. trom], gerommel *o*

rubber ['rʌbə] *znw* wrijver, poetser; wrijflap; masseur; rubber; vlakgom *m & o*; gemeenz kapotje *o*; ~s ook: overschoenen

rubber band *znw* elastiekje *o*

rubberneck I *znw* Am slang kijklustig (nieuwsgierig) iem., gaper, vooral toerist; **II** *onoverg* zich vergapen, nieuwsgierig rondgluren

rubber plant *znw* rubberplant, ficus [*Ficus elastica*]

rubber stamp *znw* stempel

rubber-stamp *overg* automatisch/zonder nadenken goedkeuren

rubbery *bn* rubberachtig

rubbish ['rʌbiʃ] **I** *znw* puin *o*; uitschot *o*, afval *o & m*; bocht *o & m*, rotzooi, prullen, rommel; ~! gemeenz klets! onzin!; **II** *overg* gemeenz afbreken, afkammen, kwaadspreken van, afkraken

rubbishy *bn* snert-, prullig; gemeenz belachelijk, onzinnig

rubble ['rʌbl] *znw* puin *o*; steenslag *o*; breuksteen, natuursteen *o & m*

rub-down ['rʌbdaun] *znw* massage

rube [ru:b] *znw* Am slang boerenpummel

rubella [ru(:)'belə] *znw* med rodehond

Rubicon ['ru:bikən, -kɔn] *znw* Rubicon; *cross the* ~ de beslissende stap doen

rubicund ['ru:bikənd] *bn* rood, blozend

rubric ['ru:brik] *znw* rubriek; titel; rubriek [liturgisch voorschrift]

ruby ['ru:bi] **I** *znw* robijn *o* [stofnaam], robijn *m* [voorwerpsnaam]; **II** *bn* robijnen; robijnrood

ruche [ru:ʃ] *znw* ruche

1 ruck [rʌk] *znw* grote hoop, troep, massa

2 ruck [rʌk] **I** *znw* kreukel, plooi; **II** *overg & onoverg* kreukelen, plooien (ook: ~ *up*)

rucksack ['rʌksæk] *znw* rugzak

ructions ['rʌkʃnz] *znw mv* gemeenz heibel, herrie, ruzie

rudder ['rʌdə] *znw* scheepv roerblad *o*; roer *o*

rudderless *bn* stuurloos[2]

ruddle ['rʌdl] *znw* roodaarde, roodsel *o*

ruddy ['rʌdi] *bn* (fris) rood, blozend; gemeenz verdomd [vervelend &]

rude [ru:d] *bn* ruw, grof, ruig; hard, streng; onbeschaafd, onbeleefd, onheus; lomp, primitief; *be in* ~ *health* in blakende welstand zijn; ~ *things* onbeleefdheden, grofheden

rudiment ['ru:dimənt] *znw* rudiment *o*; ~s eerste beginselen

rudimentary [ru:di'mentəri] *bn* elementair, aanvangs-; rudimentair

rue [ru:] *overg* betreuren, berouw hebben over; *you shall* ~ *the day* het zal je berouwen

rueful *bn* spijtig, berouwvol, teleurgesteld

ruff [rʌf] **I** *znw* **1** (geplooide) kraag; **2** dierk kemphaan; **3** (af)troeven *o*; **II** *overg & onoverg* (af)troeven

ruffian ['rʌfjən] *znw* bandiet, schurk; woesteling

ruffianly *bn* schurkachtig; woest

ruffle ['rʌfl] **I** *overg* frommelen, plooien, rimpelen,

in (door) de war maken; verstoord maken, verstoren; *it* ~*d his temper (feathers)* het bracht hem uit zijn humeur; ~ *(up)* opzetten [veren]; **II** *onoverg* rimpelen; **III** *znw* rimpeling; (geplooide) kraag of boord *o & m*

rug [rʌg] *znw* reisdeken, plaid; (haard)kleedje *o*

rugby (football) ['rʌgbi] *znw* rugby *o*

rugged ['rʌgid] *bn* ruig, ruw; oneffen, hobbelig; doorgroefd; grof; onbehouwen; hard; gemeenz sterk, krachtig, stoer, robuust

rugger ['rʌgə] *znw* sp gemeenz rugby *o*

ruin ['ruin] **I** *znw* ondergang, verderf *o*, vernietiging; ruïne[2]; puinhoop, puin *o* (ook: ~s); *bring to* ~, *bring* ~ *on* te gronde richten, ruïneren; *be (lie) in* ~s in puin liggen; fig ingestort zijn; *run to* ~ in verval geraken; **II** *overg* verwoesten, vernielen; ruïneren, bederven, in het verderf storten, te gronde richten; fig verleiden, onteren

ruination [rui'neiʃən] *znw* ondergang, verderf *o*

ruinous ['ruinəs] *bn* verderfelijk, ruïneus

rule [ru:l] **I** *znw* regel[°]; levensregel, (vaste) gewoonte; voorschrift *o*; norm; liniaal, duimstok; maatstaf; streep, streepje *o*; bewind *o*, regering, bestuur *o*, heerschappij; recht beslissing; ~s ook: reglement *o*; ~ *of action* gedragslijn; *the* ~ *of law* het recht; ~ *of thumb* vuistregel, natte-vingerwerk *o*; *bend (stretch) the* ~s iets door de vingers zien; de regels vrij interpreteren; *make it a* ~ zich tot regel stellen; *as a* ~ in de regel, doorgaans, gewoonlijk, meestal; *work to* ~ model werken, een modelactie (stiptheidsactie) voeren; **II** *overg* liniëren, trekken [lijnen]; regeren, heersen over; besturen, het bewind voeren over; beheersen [prijzen]; beslissen (dat *that*); *be* ~*d by* ook: zich laten leiden door; ~ *off* afscheiden door een lijn; ~ *out* uitsluiten; uitschakelen; zie ook: *court*; **III** *onoverg* heersen, regeren (over *over*)

ruler *znw* bestuurder, regeerder, heerser; liniaal

ruling I *bn* (over)heersend; ~ *prices* handel marktprijzen; **II** *znw* liniëring; beslissing

1 rum [rʌm] *znw* rum

2 rum [rʌm] *bn* gemeenz vreemd, raar; *a* ~ *customer* een rare vogel

Rumanian *znw & bn* Roemeen(s) (*o*)

rumble ['rʌmbl] **I** *onoverg* rommelen; dreunen; denderen; **II** *overg* slang doorzien, begrijpen; **III** *znw* gerommel *o*; gedreun *o*; gedender *o*; kattenbak [v. rijtuig]; slang gevecht *o* tussen jeugdbenden

rumbustious [rʌm'bʌstiəs] *bn* lawaai(er)ig

ruminant ['ru:minənt] *bn (znw)* herkauwend (dier *o*)

ruminate I *overg* herkauwen; be-, overpeinzen; **II** *onoverg* herkauwen; peinzen, nadenken; ~ *over* be-, overpeinzen; ~ *upon (on, of, about)* broeden op, denken over

rumination [ru:mi'neiʃən] *znw* herkauwing; fig overdenking, gepeins *o*

ruminative ['ru:minətiv] *bn* nadenkend, peinzend

rummage ['rʌmidʒ] **I** onoverg rommelen, woelen, snuffelen (in *among*); rommel maken; ~ *for* opscharrelen; **II** znw rommel; gesnuffel o, doorzoeking

rummage-sale znw gemeenz uitverkoop tegen afbraakprijzen; = *jumble-sale*

rummer ['rʌmə] znw roemer

rummy ['rʌmi] znw kaartsp rummy o

rumour ['ru:mə] **I** znw gerucht o; **II** overg (bij gerucht) verspreiden; uitstrooien; *it is* ~*ed that*... er gaat een gerucht dat...

rump [rʌmp] znw stuitbeen o, stuit, stuitstuk o; achterste o, achterstuk o; overschot o; *the R*~ het Rompparlement o [1648-53 & 1659]

rumple ['rʌmpl] overg verkreuk(el)en, kreuken, vouwen, in de war maken, verfrommelen

rumpsteak ['rʌmpsteik] znw biefstuk

rumpus ['rʌmpəs] znw gemeenz herrie, heibel, keet

rumrunner ['rʌmrʌnə] znw dranksmokkelaar; schip o waarmee drank gesmokkeld wordt

1 run [rʌn] (ran; run) **I** onoverg lopen°, (hard)lopen, rennen, hollen, snellen, gaan, rijden; in actie zijn, aan 't werk zijn, werken, bewegen; in omloop zijn, geldig zijn; gaan lopen, deserteren; deelnemen aan de (wed)strijd, kandidaat zijn; in elkaar lopen [kleuren]; aflopen [kaars]; lekken, vloeien, stromen, smelten; ladderen [kous]; etteren, pussen; luiden [v. tekst]; ~ *cold* koud worden; *my blood ran cold* het bloed stolde mij in de aderen; ~ *dry* ophouden te vloeien[2]; ~ *high* hoog lopen (gaan), hoog zijn (staan); hooggespannen zijn [verwachtingen]; ~ *late* vertraging hebben; ~ *small* klein uitvallen, klein van stuk zijn; *he who* ~*s may read* het is zo klaar als de dag; **II** overg laten lopen [treinen &]; laten draven [paard]; laten deelnemen [aan (wed)strijd], stellen [een kandidaat]; racen met; laten gaan [zijn vingers, over of door], strijken met; steken, halen, rijgen [draad, degen]; drijven, besturen, leiden, exploiteren, runnen [zaak, machine &]; houden [wedren, een auto], geven [cursus, voorstelling]; vervolgen, achtervolgen, nazetten [vos &]; verbreken [blokkade]; smokkelen [geweren &]; stromen van [bloed]; ~ *the show* gemeenz de lakens uitdelen, de dienst uitmaken; ~ *sbd. close (hard)*, ~ *sbd. a close second* iem. dicht op de hielen zitten; ± een goede tweede zijn; ~ *about* rondlopen; ~ *across* toevallig ontmoeten, tegen het lijf lopen, aantreffen; ~ *after* nalopen[2]; ~ *against*... tegen... aan lopen (met) [het hoofd], tegen het lijf lopen; ~ *aground (ashore)* aan de grond raken; op het strand zetten; ~ *along* weggaan; ~ *at* aan-, losstormen op; ~ *away* weglopen, er vandoor gaan (met *with*), deserteren; op hol slaan; *don't* ~ *away with that opinion (idea)* verbeeld je dat maar niet (te gauw); ~ *before* vooruitlopen, vóór zijn; ~ *down* aflopen [v. uurwerk]; uitgeput raken; verlopen; omverlopen, overrijden; scheepv overzeilen; opsporen; uitputten [onderwerp]; sp doodlopen; doodjagen; fig afbreken, afgeven op; verminderen; *feel* ~ *down* zich op, leeg voelen; ~ *down the coast* varen langs; ~ *for it* gemeenz het op een lopen zetten; ~ *from* ontlopen, weglopen van; ~ *in* inlopen [motor]; inrijden [auto]; slang inrekenen; ~ *in the blood (family)* in het bloed (de familie) zitten; ~ *in to* sbd. even aanlopen bij iem.; ~ *into* binnenlopen; aanlopen tegen, aanrijden (tegen), aanvaren; (toevallig) ontmoeten, tegen het lijf lopen; ~ *into debt* schulden maken; ~ *into five editions* vijf oplagen beleven; *it* ~*s into six figures* het loopt in de honderdduizenden; *it* ~*s into a large sum* het loopt in de papieren; ~ *off* (laten) weglopen; afdwalen; aframmelen, afratelen; op papier gooien; afdrukken, afdraaien [met stencilmachine]; *be* ~ *off one's feet* het verschrikkelijk druk hebben; ~ *off with* er vandoor gaan met; ~ *on* doorlopen, -varen; voorbijgaan; oplopen [rekeningen]; (door)ratelen, doorslaan; ~ *out* ten einde lopen, aflopen [termijn]; opraken [voorraad]; lekken; afrollen [touw]; uitsteken, uitbrengen; ~ *out of provisions* door zijn voorraad heen raken; ~ *out on* slang in de steek laten; ~ *oneself out* zich buiten adem lopen; ~ *over* overlopen; overvloeien (van *with*); (in gedachten) nagaan, doorlópen; overrijden; ~ *over to*... even naar... overwippen; [iem.] even naar... rijden; ~ *through* lopen door [v. weg]; doorlopen [brief &]; ~ *through (a fortune)* erdoor jagen; ~ *one's pen through*... de pen halen door; ~ *sbd. through the body* iem. doorsteken; ~ *to earth* in zijn hol jagen [vos]; schertsend te pakken krijgen, vinden [iem.]; *it will* ~ *to eight pages* het zal wel acht bladzijden beslaan (bedragen); *the money won't* ~ *to it* zo ver reikt mijn geld niet; *it won't* ~ *to that* zo hoog (duur) komt dat niet; ~ *up* oplopen°; opschieten; krimpen; laten oplopen; optellen; in elkaar zetten; hijsen [vlag]; opjagen [de inzet op auctie]; optrekken [muur]; opstellen [geschut]; techn op toeren (laten) komen; ~ *up bills* rekeningen op laten lopen; ~ *up against* komen te staan voor [hindernis, moeilijkheid]; tegen het lijf lopen; ~ *upon* zie ~ *on*; ~ *with* druipen van [bloed &]

2 run [rʌn] znw loop, aanloop; verloop o [v. markt]; plotselinge vraag (naar *on*); run: bestorming [v. bank]; ladder [in kous]; run [bij cricket]; toeloop; ren, wedloop; muz loopje o; vrije toegang (tot *of*), vrije beschikking (over *of*); vaart [bij het zeilen]; uitstapje o, reis, rit; traject o; periode, reeks, serie; slag o, soort, type o; kudde [vee], troep, school [vissen]; kippenren; weide [v. schapen &]; goot; luchtgang [in mijn]; *the play had a* ~ *of 300 nights* werd 300 keer achter elkaar opgevoerd; *a* ~ *of ill luck* voortdurende pech; *a* ~ *of luck* voortdurend geluk o; *have the* ~ *of the library* vrije toegang hebben tot de bibliotheek; *have (get) a good* ~ *for one's money* waar voor zijn geld krijgen; *at a* ~ op een loopje; *in the long* ~ op den duur; *in the short* ~ op korte termijn; *on the* ~ op de vlucht; in de weer, bezig; *out* *of the common* ~ niet gewoon; *throughout the* ~ *of the fair* zo lang de kermis duurt; *with a* ~ met een vaartje

run-about *znw* gemeenz wagentje *o*; bootje *o*

runaway I *znw* vluchteling; deserteur, gedroste; (van huis) weggelopen kind *o*; **II** *bn* weggelopen, op hol (geslagen); *a* ~ *match (marriage)* een huwelijk *o* na schaking; *a* ~ *victory (win)* een glansrijke overwinning

1 run-down *bn* afgelopen [van uurwerk]; vervallen, verlopen [zaak]; op [v. vermoeidheid]

2 run-down *znw* vermindering; overzicht *o*

rune [ru:n] *znw* rune

1 rung [rʌŋ] *znw* sport [v. ladder of stoel]

2 rung [rʌŋ] V.D. van ²*ring*

runic ['ru:nik] *bn* runen-

run-in ['rʌnin] *znw* gemeenz aanloop; vechtpartij, schermutseling, ruzie

runlet ['rʌnlit] *znw* vero vaatje *o*

runnel ['rʌnl] *znw* beekje *o*; goot

runner ['rʌnə] *znw* loper²; hardloper, renpaard *o*; schaatsijzer; plantk uitloper; klimboon; scheepv blokkadebreker *(blockade-~)*; [in samenstelling] smokkelaar; schuifring

runner-bean *znw* klimboon

runner-up *znw* mededinger die in wedstrijd als tweede aankomt, nummer twee; opjager [bij verkopingen]

running I *bn* lopend°, doorlopend, achtereenvolgend; strekkend [bij meting]; med etterend; race-; *four times* ~ viermaal achtereen; ~ *account* rekening-courant [tussen banken]; ~ *board* treeplank; ~ *commentary* lopend commentaar *o*, direct verslag *o*, [radio]reportage; ~ *costs* bedrijfskosten, exploitatiekosten; ~ *fire* mil onafgebroken vuur *o*; ~ *jump* sprong met aanloop; ~ *knot* schuifknoop; ~ *mate* pol tweede man [bij verkiezingen]; ~ *speed* omloopsnelheid; rijsnelheid; ~ *start* sp vliegende start; ~ *title* kopregel; ~ *track* baan voor hardlopen; **II** *znw* lopen *o*, loop, ren; smokkelen *o*; *he is not in the* ~ *at all, he is fairly out of the* ~ hij komt helemaal niet in aanmerking, heeft helemaal geen kans; *make the* ~ het tempo aangeven

runny ['rʌni] *bn* vloeibaar, zacht; tranend [ogen]; ~ *nose* loopneus

run-off ['rʌnɔf] *znw* sp beslissende race/wedstrijd [na gelijke stand]

run-of-the-mill *bn* gewoon, doorsnee

runt [rʌnt] *znw* klein rund *o*; onderdeurtje *o*, onderkruipsel *o*

run-through ['rʌnθru:] *znw* repetitie

run-up ['rʌnʌp] *znw* voorbereiding(stijd), aanloop

runway ['rʌnwei] *znw* loop; pad *o*; sponning; startof landingsbaan

rupee [ru:'pi:] *znw* roepie [munteenheid]

rupture ['rʌptʃə] **I** *znw* breuk²; verbreken *o*; scheuring; **II** *overg* verbreken, breken, scheuren, doen springen [aderen &]; *be ~d* med een breuk hebben

(krijgen); **III** *onoverg* breken, springen [aderen &]

rural ['ruərəl] *bn* landelijk; plattelands-

ruse [ru:z] *znw* krijgslist, list, kunstgreep

1 rush [rʌʃ] *znw* plantk bies

2 rush [rʌʃ] **I** *onoverg* (voort)snellen, ijlen, stuiven, schieten, rennen, stormen, jagen; zich storten; stromen; ruisen; **II** *overg* aan-, losstormen op, bestormen²; stormlopen op; overrompelen²; (voort-)jagen; in aller ijl zenden; haast maken met; *be ~ed off one's feet* het vreselijk druk hebben, tot over z'n oren in het werk zitten; *refuse to be ~ed* zich niet laten opjagen; *be ~ed for time* in tijdnood zitten; ~ *matters* overijld te werk gaan; ~ *at* afschieten op, losstormen op, bestormen, losgaan op; ~ *down* afstormen, zich naar beneden storten; ~ *in* naar binnen stormen; ~ *into extremes* van het ene uiterste in het andere vervallen; ~ *into print* er op los schrijven (in de krant); ~ *into a scheme* zich hals over kop begeven in; ~ *on* voortsnellen &; ~ *on one's fate* zijn noodlot tegemoet snellen; ~ *out* naar buiten snellen; ~ *out a book* & een boek & snel op de markt brengen; ~ *past* voorbijsnellen, -rennen, -jagen; ~ *through* erdoor jagen [wetsontwerp]; ~ *to conclusions* voorbarige gevolgtrekkingen maken; ~ *upon* losstormen op; **III** *znw* vaart, haast; bestorming²; stormloop (op *on*); ren, geren *o*; grote drukte; stroom [v. emigranten &], hoop [mensen]; geraas *o*, geruis *o*; aandrang; slang flash [na gebruik v. drugs &]; ~*es* dagproductie [v. film]; *make a* ~ *for* losstormen op; stormlopen om; *with a* ~ stormenderhand; **IV** *bn* haast-, dringend, spoed-; *the* ~ *hour* spitsuur *o*; ~ *job* spoedkarwei *o*; ~ *order* spoedbestelling

rusher *znw* bestormer; gemeenz aanpakker

rush-hour ['rʌʃauə] *znw* ~ *traffic* spitsverkeer *o*

rushlight ['rʌʃlait] *znw* nachtpitje *o*

rushy ['rʌʃi] *bn* vol biezen; biezen-

rusk [rʌsk] *znw* beschuit, beschuitje *o*

russet ['rʌsit] **I** *znw* roodbruin *o*; soort guldeling [appel]; **II** *bn* roodbruin

Russia ['rʌʃə] *znw* Rusland *o*

Russian I *znw* Rus; Russisch *o*; **II** *bn* Russisch; ~ *salad* huzarensla

russianize *overg* Russisch maken

russification [rʌsifi'keiʃən] *znw* russificatie

russify ['rʌsifai] *overg* & *onoverg* russificeren

rust [rʌst] **I** *znw* roest°; **II** *onoverg* (ver)roesten; fig achteruitgaan (door nietsdoen); **III** *overg* doen (ver)roesten

rustic ['rʌstik] **I** *bn* landelijk, boers; boeren-, land-; rustiek [v. bruggen &]; **II** *znw* landman, boer²

rusticate I *onoverg* buiten (gaan) wonen; **II** *overg* onderw tijdelijk verwijderen [v.d. universiteit]

rusticity [rʌs'tisiti] *znw* landelijk karakter *o*, landelijkheid, landelijke eenvoud; boersheid

rustle ['rʌsl] **I** *onoverg* ritselen, ruisen; **II** *overg* doen ritselen, ritselen met; Am slang stelen [vooral vee]; ~ *up* gemeenz snel verzorgen, opscharrelen; **III**

491

znw geritsel *o*, geruis *o*
rustproof *bn* roestvrij
rusty *bn* roestig, roestkleurig; verschoten; *my French
is a little* ~ mijn Frans moet opgehaald worden
1 rut [rʌt] **I** *znw* wagenspoor *o*, spoor *o*, groef; fig
sleur; **II** *overg* sporen maken in
2 rut [rʌt] **I** *znw* bronst(tijd); **II** *onoverg* bronstig zijn
ruth [ru:θ] *znw* <u>vero</u> mededogen *o*
ruthless *bn* meedogenloos, genadeloos, onbarmhartig, onmeedogend
rutting ['rʌtiŋ] *znw* bronst; ~ *season* bronsttijd
ruttish *bn* bronstig
rutty ['rʌti] *bn* vol (wagen)sporen en gaten
Rwanda [ru'ændə] *znw* Rwanda *o*
Rwandan *znw* & *bn* Rwandees
rye [rai] *znw* <u>plantk</u> rogge; <u>Am</u> whisky uit rogge; ~
bread roggebrood *o*

S

s [es] *znw* (de letter) s
S. *afk.* = *South(ern)*
's verk. van *has, is, us*
Sabaoth [sæ'beiɔθ] *znw*: *the Lord of* ~ <u>bijbel</u> de Heer
der Heerscharen
Sabbatarian [sæbə'tɛəriən] **I** *znw* streng zondags-
vierder; **II** *bn* zondagsvierings-
Sabbath ['sæbəθ] *znw* sabbat; rustdag; zondag
Sabbath-breaker *znw* sabbat(s)schender
sabbatical [sə'bætikl] *bn* sabbat(s)-; ~ *(year)*
sabbat(s)jaar *o*; <u>onderw</u> verlofjaar *o*
sable ['seibl] **I** *znw* <u>dierk</u> sabeldier *o*; sabelbont *o*;
<u>herald</u> zwart *o*; **II** *bn* zwart, donker
sabot ['sæbou] *znw* klomp
sabotage ['sæbətɑ:ʒ] **I** *znw* sabotage; **II** *overg* & *onoverg* saboteren
saboteur [sæbə'tɔ:] *znw* saboteur
sabre ['seibə] *znw* (cavalerie)sabel; ~ *rattling* wapengekletter *o*, militair vertoon *o*
sabretache ['sæbətæʃ] *znw* sabeltas
sac [sæk] *znw* zak [in organisme], buidel, holte
saccharin ['sækərin] *znw* <u>Am</u> = *saccharine* **II**
saccharine ['sækərain] **I** *bn* sacharine-; fig zoetsappig, zoetelijk; **II** *znw* sacharine
sacerdotal ['sæsə'doutl] *bn* priesterlijk, priester-
sachet ['sæʃei] *znw* sachet *o*, zakje *o*, builtje *o*
1 sack [sæk] **I** *znw* (grote) zak; hobbezak [kleding-
stuk]; <u>gemeenz</u> zak, ontslag *o*; <u>gemeenz</u> nest *o*, bed
o, koffer; *get (give) the* ~ <u>gemeenz</u> de bons krijgen
(geven); **II** *overg* in zakken doen; <u>gemeenz</u> de bons
geven; ontslaan
2 sack [sæk] **I** *onoverg* plunderen; **II** *znw* plundering
3 sack [sæk] *znw* <u>vero</u> Spaanse wijn
sackbut ['sækbʌt] *znw* <u>hist</u> schuiftrompet
sackload ['sækloud] *znw* zakvol
sackcloth ['sækklɔθ] *znw* zakkenlinnen *o*; *in* ~ *and
ashes* <u>bijbel</u> in zak en as
sacking ['sækiŋ] *znw* paklinnen *o*; <u>gemeenz</u> zak, ontslag *o*
sack-race ['sækreis] *znw* zaklopen *o*
sacral ['seikrəl] *bn* <u>anat</u> sacraal
sacrament ['sækrəmənt] *znw* sacrament *o*
sacramental [sækrə'mentl] *bn* sacramenteel
sacred ['seikrid] *bn* heilig[2], geheiligd, gewijd, geestelijk, kerk-; ~ *music* kerkmuziek; ~ *cow* fig heilige
koe; *the* ~ *service* de godsdienstoefening; ~ *to*...
gewijd aan; ~ *to the memory of*... hier rust... [op
grafstenen]
sacrifice ['sækrifais] **I** *znw* offerande, offer *o*; opoffering; *sell at a* ~ met verlies verkopen; *at any* ~
wat het ook koste; *at the* ~ *of*... met opoffering
van...; **II** *overg* (op)offeren; ten offer brengen; **III**

wederk: ~ *oneself* zich opofferen (voor anderen)
sacrificer *znw* offeraar, offerpriester
sacrificial [sækri'fiʃ(ə)l] *bn* offer-
sacrilege ['sækrilidʒ] *znw* heiligschennis[2], kerkroof
sacrilegious [sækri'lidʒəs] *bn* (heilig)schennend
sacring ['seikriŋ] *znw* RK consecratie; wijding
sacring-bell *znw* RK sanctusbel
sacrist ['seikrist] *znw* sacristein
sacristan *znw* koster; sacristein
sacristy *znw* sacristie
sacrosanct ['sækrousæŋkt] *bn* hoogheilig, bijzonder heilig; *fig* onaantastbaar
sacrum ['seikrəm] *znw* (*mv:* -s *of* sacra [-krə]) heiligbeen *o*
sad [sæd] *bn* droevig, bedroefd, verdrietig, treurig; somber, donker [kleur]; *he writes* ~ *stuff* wat hij schrijft is miserabel
sadden I *overg* bedroeven, somber maken; II *onoverg* bedroefd raken, somber worden
saddle ['sædl] I *znw* zadel *m of o*; juk *o*, schraag; rug-, lendenstuk *o*; *in the* ~ in het zadel, de leiding hebbend; *put the* ~ *on the wrong horse* de verkeerde de schuld geven; II *overg* zadelen; ~ *with* gemeenz opleggen, opschepen met; *be* ~*d with* gemeenz opgescheept zitten met; III *wederk:* ~ *oneself with* gemeenz op zich nemen; IV *onoverg* (op)zadelen (ook: ~ *up*)
saddleback *znw* zadel *m of o* [v. bergrug]; zadeldak *o*; (ook: ~ *roof*); dierk mantelmeeuw
saddlebacked *bn* met een zadelrug
saddle-bag *znw* zadeltas, zadelzak
saddle-bow *znw* (voorste) zadelboog
saddle-cloth *znw* zadelkleed *o*, -dek *o*
saddle-horse *znw* rijpaard *o*
saddler *znw* zadelmaker
saddlery *znw* zadelmakerij; zadelmakersartikelen
sadism ['seidiz(ə)m, 'sædiz(ə)m] *znw* sadisme *o*
sadist *znw* sadist
sadistic [sə'distik, sæ'distik] *bn* sadistisch
sadly ['sædli] *bijw* droevig, bedroefd, treurig; versterkend bar, zeer, erg, danig, deerlijk
sadness *znw* droefheid, treurigheid
s.a.e. *afk.* = *stamped addressed envelope* envelop met adres en postzegel [t.b.v. retourzending]
safari [sə'fa:ri] *znw* safari
safe [seif] I *bn* veilig, ongedeerd, behouden, gezond en wel (ook: ~ *and sound*); betrouwbaar, vertrouwd; handel solide; zeker; ~ *conduct* vrijgeleide *o*; ~ *custody* veilige of verzekerde bewaring; ~ *sex* safe sex; *a* ~ *winner (first)* wie zeker de (eerste) prijs haalt; *be on the* ~ *side* het zekere voor het onzekere nemen; *better to be* ~ *than sorry* voorzichtigheid is de moeder van de porseleinkast; ~ *from* beveiligd (gevrijwaard) voor, buiten bereik van; *one is* ~ *in saying...,* it *is* ~ *to say...* men kan gerust zeggen...; *play it* ~ voorzichtig handelen, het voorzichtig aan doen; II *znw* brandkast; provisiekast
safe-breaker, safe-blower, safe-cracker *znw*

brandkastkraker
safe-conduct *znw* vrijgeleide *o*
safe-deposit *znw* kluis [v.e. bank]; ~ *box* safeloket *o*
safeguard I *znw* beveiliging, bescherming, vrijwaring, waarborg; II *overg* beschermen, verzekeren, vrijwaren, waarborgen, beveiligen
safe-keeping *znw* (veilige) bewaring, hoede, veiligheid
safely *bijw* veilig, ongedeerd, behouden, gezond en wel; goed (en wel); gerust
safety *znw* veiligheid, zekerheid
safety-belt *znw* veiligheidsgordel
safety-catch *znw* veiligheidsgrendel, -pal
safety curtain *znw* brandscherm *o*
safety lamp *znw* veiligheidslamp
safety-lane *znw* oversteekplaats
safety match *znw* veiligheidslucifer
safety net *znw* vangnet *o*
safety pin *znw* veiligheidsspeld
safety-rail *znw* vangrail
safety razor *znw* veiligheidsscheermes *o*
safety-valve *znw* veiligheidsklep[2]; *fig* uitlaatklep
saffron ['sæfrən] I *znw* saffraan; II *bn* saffraankleurig, -geel
sag [sæg] I *onoverg* verzakken, doorbuigen; (door-)zakken, inzakken; (slap) hangen (ook: ~ *down*); scheepv (naar lij) afdrijven; handel teruglopen, dalen; II *znw* door-, verzakking, doorbuiging; handel daling
saga ['sa:gə] *znw* romancyclus
sagacious [sə'geiʃəs] *bn* scherpzinnig, schrander
sagacity [sə'gæsiti] *znw* scherpzinnigheid, schranderheid
1 sage [seidʒ] I *bn* wijs; II *znw* wijze, wijsgeer
2 sage [seidʒ] *znw* plantk salie
Sagittarius [sædʒi'tɛəriəs] *znw* Boogschutter
sago ['seigou] *znw* sago
said [sed] V.T. & V.D. *van* [1]*say*; (boven)genoemd, gezegd, voormeld
sail [seil] I *znw* scheepv zeil[o] *o*, zeilen; zeiltocht; (zeil)schip *o*, -schepen; wiek [v. molen]; *make* ~ zeil maken, (meer) zeilen bijzetten; *set* ~ uitzeilen, op reis gaan, de reis beginnen; *take in (shorten)* ~ zeil minderen, inbinden[2]; *ten days'* ~ *from Portsmouth* tien dagen varen van Portsmouth; *(in) full* ~ met volle zeilen; *under* ~ varend, zeilend; II *onoverg* zeilen, stevenen; uitzeilen, (uit-, af)varen [ook stoomboot]; zweven; ~ *into* gemeenz aanpakken, onder handen nemen; ~ *close to the wind* scherp bij de wind zeilen; *fig* bijna, maar net niet illegaal, immoreel of gevaarlijk handelen; III *overg* laten zeilen; (be)sturen; bevaren [de zeeën]; doorklieven [het luchtruim]; ~ *through fig* (een examen &) op zijn sloffen halen
sailboard ['seilbɔ:d] *znw* zeilplank
sailboarding *znw* plankzeilen *o*
sailboat *znw* Am zeilboot
sailcloth *znw* zeildoek *o of m*

sailer *znw* zeiler, zeilschip *o*

sailing *znw* scheepv zeilen *o*, varen *o* &; afvaart; *it's all plain* ~ het gaat van een leien dakje

sailing boat *znw* zeilboot

sailing-ship *znw* zeilschip *o*

sailor *znw* matroos, zeeman; matelot [hoed]; *a bad (good)* ~ wie veel (weinig) last van zeeziekte heeft

sailorman *znw* gemeenz matroos

saint [seint] **I** *bn* sint, heilig; **II** *znw* heilige; ~*'s day* heiligedag; *my* ~*'s day* mijn naamdag

Saint-Christopher-Nevis [snt'kristəfəni:vis] *znw* = *Saint-Kitts-Nevis*

sainted *bn* heilig, heilig verklaard; in de hemel; vroom; *our* ~ *father* vader zaliger

sainthood *znw* heiligheid; heiligen

Saint-Kitts-Nevis [snt'kitsni:vis] *znw* Saint-Kitts-Nevis *o*, officieel Saint-Christopher-Nevis *o*

Saint-Lucia [snt'lu:ʃə] *znw* Saint-Lucia *o*

saintly *bn* als een heilige, heilig, vroom

Saint-Vincent [snt'vinsənt] *znw* Saint-Vincent *o*

sake [seik] *znw: for the* ~ *of* ter wille van; *for God's* ~ om godswil; *for old time's* ~ uit oude genegenheid; *I am glad for your* ~ het doet mij genoegen voor u; *for the mere* ~ *of saying something* alleen maar om iets te zeggen; *art for art's* ~ = l'art pour l'art

salaam [sə'la:m] **I** *znw* moslimgroet met diepe buiging; **II** *overg* eerbiedig groeten

salable ['seiləbl] *bn* Am = *saleable*

salacious [sə'leiʃəs] *bn* geil, wellustig; gewaagd [verhaal]

salacity [sə'læsiti] *znw* geilheid, wellustigheid

salad ['sæləd] *znw* salade, sla

salad-days *znw mv* jeugd en jonge jaren

salad-dressing *znw* slasaus

salamander ['sæləmændə] *znw* salamander

sal ammoniac [sælə'mouniæk] *znw* salmiak

salaried *bn* bezoldigd, gesalarieerd

salary ['sæləri] *znw* salaris *o*, bezoldiging, loon *o*

sale [seil] *znw* verkoop, verkoping, veiling; ~s uitverkoop, opruiming; *by private* ~ door onderhandse verkoop; *(up) for* ~ te koop; *on* ~ verkrijgbaar, te koop; *on* ~ *or return* handel in commissie

saleable *bn* verkoopbaar; gewild; ~ *value* verkoopwaarde

sale-price *znw* uitverkoopprijs; veilingprijs

sale-room *znw* verkooplokaal *o*, venduhuis *o*, veilingzaal

sales-book *znw* handel verkoopboek *o*

sales clerk *znw* Am winkelbediende, verkoper, verkoopster

salesgirl *znw* verkoopster

salesman *znw* verkoper; handelsreiziger, vertegenwoordiger [v.e. firma]

salesmanship *znw* verkooptechniek; verkoopkunde; handigheid in zaken; de kunst mensen te overtuigen

salesperson *znw* winkelbediende

saleswoman *znw* verkoopster, winkelbediende;

vertegenwoordigster, agente

salicylic [sæli'silik] *znw:* ~ *acid* salicylzuur *o*

salient ['seiljənt] **I** *bn* (voor)uitspringend, uitstekend; opvallend, markant; *the* ~ *features (points)* de saillante, sterk uitkomende punten; **II** *znw* vooruitspringende punt, mil saillant

saline **I** *bn* ['seilain, sə'lain] zoutachtig, -houdend, zout; zout-; **II** *znw* [sə'lain] saline, zoutpan; zoutbron; zoutoplossing; laxeerzout *o*

salinity [sə'liniti] *znw* zout(ig)heid; zoutgehalte *o*

saliva [sə'laivə] *znw* speeksel *o*

salivary ['sælivəri] *bn* speekselachtig, speeksel-

salivate ['sæliveit] *onoverg* kwijlen

1 sallow ['sælou] *znw* waterwilg

2 sallow ['sælou] *bn* ziekelijk bleek, vuilgeel, vaal

sally ['sæli] **I** *znw* uitval; (geestige) inval, kwinkslag, boutade; uitstapje *o*; **II** *onoverg:* ~ *forth (out)* eropuit gaan

salmon ['sæmən] **I** *znw* (*mv* idem *of* -s) dierk zalm; zalmkleur; **II** *bn* zalmkleurig

salmonella [sælmə'nelə] *znw* salmonella

salon ['sælɔ:ŋ, 'salɔ̃ŋ] *znw* [Fr] ontvangkamer, salon; kring van kunstenaars

saloon [sə'lu:n] *znw* zaal; salon; grote kajuit; Am tapperij, bar; = *saloon car*

saloon bar *znw* comfortabele bar in een *public house;* vgl: *public bar*

saloon car *znw* (gesloten) luxewagen [auto]; salonwagen [v. trein]

saloon-keeper *znw* Am tapper, herbergier met vergunning, slijter

salsify ['sælsifi] *znw: black* ~ schorseneer

salt [sɔ(:)lt] **I** *znw* zout *o*; gemeenz zeerob; ~s Engels zout *o*; reukzout *o*; *the* ~ *of the earth* het zout der aarde, voortreffelijke of deugdzame mensen; *old* ~ gemeenz ouwe zeerob; *with a pinch (grain) of* ~ met een korreltje zout; *not be worth one's* ~ niet deugen, geen knip voor de neus waard zijn; *rub* ~ *in the wound* zout in de wond strooien, zout in een (open) wond wrijven; **II** *bn* zout, zilt, gezouten; **III** *overg* zouten[2]; met zout besprenkelen; pekelen; inzouten[2]; ~ *away* oppotten, opzij leggen [v. geld]

saltation [sæl'teiʃən] *znw* springen *o*; sprong, dans

saltatory ['sæltətəri] *bn* springend; dansend; met sprongen

salt-cellar ['sɔ:ltselə] *znw* zoutvaatje *o*

salted *bn* gezouten°; zout; ingezouten

salter *znw* (in)zouter; zoutzieder

saltern *znw* zoutziederij; zouttuin (= zoutpannen)

salt-free ['sɔ:ltfri:] *bn* zoutloos [dieet]

saltish *bn* zoutachtig, zoutig, zilt, brak

saltless *bn* ongezouten, zouteloos[2]

saltlick *znw* plek waar vee aan zout komt likken

salt-marsh *znw* zoutmoeras *o*

salt mine *znw* zoutmijn

saltpetre ['sɔ:ltpi:tə] *znw* salpeter

salt-water *bn* zoutwater-

saltworks ['sɔ:ltwə:ks] *znw* (*mv*) zoutkeet, -ziederij

salty *bn* zout(acht)ig, zilt(ig); pittig, pikant
salubrious [sə'lu:briəs] *bn* gezond, heilzaam
salubrity *znw* gezondheid, heilzaamheid
salutary ['sæljutəri] *bn* heilzaam, weldadig, zegenrijk
salutation [sælju'teiʃən] *znw* groet, begroeting; groetenis (des engels)
salute [sə'lu:t] **I** *overg* (be)groeten (met *with*); mil & scheepv salueren; eer bewijzen aan; **II** *onoverg* groeten; mil het saluut geven, salueren; saluutschoten lossen; **III** *znw* groet, begroeting; eerbewijs *o*; mil saluut(schot) *o*; *take the* ~ mil het saluut beantwoorden, de parade afnemen
salvable ['sælvəbl] *bn* gered [2] kunnende worden, te redden [2]; te bergen
Salvadorean [sælvə'dɔriən] **I** *znw* Salvadoriaan; **II** *bn* Salvadoriaans
salvage I *znw* berging; bergloon *o*; geborgen goed *o*; afvalstoffen, oude materialen; **II** *overg* bergen
salvage vessel *znw* bergingsvaartuig *o*
salvation [sæl'veiʃən] *znw* zaligmaking°, zaligheid, heil *o*, redding; *S~ Army* Leger *o* des Heils
salvationist I *znw* heilsoldaat, heilsoldate; **II** *bn* van het Leger des Heils
1 salve [sa:v, sælv] **I** *znw* zalf, balsem; fig zalfje *o*, pleister (op de wonde); **II** *overg* vero zalven; insmeren; fig sussen, verzachten; helen
2 salve [sælv] *overg* scheepv bergen [strandgoed]
salver ['sælvə] *znw* presenteerblad *o*
salvo ['sælvou] *znw* (*mv: -s of -*voes) **1** voorbehoud *o*, uitvlucht; **2** mil salvo *o*
salvor ['sælvə] *znw* scheepv berger, bergingsvaartuig *o*
Samaritan [sə'mæritən] **I** *znw* Samaritaan; iem. v.d. (telefonische) hulpdienst; *the ~s* ± SOS telefonische hulpdienst; *good ~* barmhartige Samaritaan; **II** *bn* Samaritaans
same [seim] *bn* & *znw* zelfde, genoemde; gelijk; eentonig; *(the)* ~ handel het-, dezelve(n), de (het) voornoemde; *all the* ~ niettemin, toch; evengoed; *~ to you!* van 't zelfde!; *it's all the* ~ *to me* het is me om het even, het maakt me niets uit; *one and the* ~ één en dezelfde; *~ again!* hetzelfde a.u.b.!; *~ difference* gemeenz wat maakt het uit, wat dondert het ook
sameness *znw* gelijkheid; eentonigheid
samovar [sæmə'va:] *znw* samowaar [toestel *o* om op Russische wijze thee te zetten]
Samoyed [sə'mɔied] *znw* samojeed [hond]
sampan ['sæmpæn] *znw* sampan [klein oosters kustvaartuig *o*]
sample ['sa:mpl] **I** *znw* handel staal *o*, monster *o*; proef; fig staaltje *o*; steekproef; **II** *overg* handel bemonsteren; monsters nemen van; keuren, proeven; ondervinding opdoen van; een steekproef nemen
sampler *znw* wie monsters neemt; merklap
sanatorium [sænə'tɔ:riəm] *znw* (*mv: -s of* sanatoria [-riə]) sanatorium *o*

sanctification [sæŋktifi'keiʃən] *znw* heiligmaking, heiliging
sanctify ['sæŋktifai] *overg* heiligen, heilig maken; wijden; reinigen van zonde
sanctimonious [sæŋkti'mounjəs] *bn* schijnheilig
sanctimony ['sæŋktiməni] *znw* schijnheiligheid
sanction ['sæŋkʃən] **I** *znw* sanctie; goedkeuring, bekrachtiging; handel homologatie; sanctie, dwangmaatregel; **II** *overg* wettigen, bekrachtigen, sanctioneren; handel homologeren
sanctity ['sæŋktiti] *znw* heiligheid, onschendbaarheid
sanctuary ['sæŋktjuəri] *znw* heiligdom *o*, Allerheiligste *o*; asiel *o*, toevluchtsoord *o*; [vogel-, wild-] reservaat *o*
sanctum ['sæŋktəm] *znw* heiligdom [2] *o*, gewijde plaats; *~ sanctorum* bijbel heilige *o* der heiligen
sand [sænd] **I** *znw* zand *o*; zandbank; zandgrond; *~s* zand *o*, zandkorrels; *the ~s* ook: het strand; de woestijn; *the ~s are running out* de tijd is bijna verstreken; het loopt ten einde; **II** *overg* met zand bestrooien; met zand (ver)mengen; met zand (of schuurpapier) schuren, polijsten (ook: ~ *down*)
sandal ['sændl] *znw* **1** sandaal; **2** sandelhout *o*
sandalwood *znw* sandelhout *o*
sandbag ['sændbæg] **I** *znw* zandzak; **II** *overg* [iem.] neerslaan (met een zandzak); mil met zandzakken barricaderen (versterken)
sandbank *znw* zandbank
sand-bar *znw* zandplaat
sand-blast I *znw* zandstraal; **II** *overg* & *abs ww* zandstralen
sandboy *znw:* *as happy as a* ~ heel vrolijk en zorgeloos
sandcastle *znw* zandkasteel *o*
sander *znw* schuurmachine
sand-glass *znw* zandloper
sandman *znw* zandman, Klaas Vaak
sand-martin *znw* oeverzwaluw
sandpaper I *znw* schuurpapier *o*; **II** *overg* met schuurpapier (glad)wrijven
sandpiper *znw* dierk oeverloper
sand-pit *znw* zandbak; zandkuil
sand-shoes *znw mv* strandschoenen
sandstone *znw* zandsteen *o* & *m*
sandstorm *znw* zandstorm
sandwich ['sænwidʒ, -witʃ] **I** *znw* sandwich, belegd boterhammetje *o*; **II** *overg* leggen, plaatsen of schuiven tussen; *~ed between... and...* geklemd (geperst) tussen... en...
sandwich-board *znw* reclamebord *o*
sandwich course *znw* ± leerlingstelsel *o*
sandwich-man *znw* loper met reclamebord voor en achter
sandy ['sændi] *bn* zand(er)ig; rossig, blond; *~ road* zandweg
sane [sein] *bn* gezond (van geest); (goed) bij zijn verstand; verstandig, zinnig

495

sanforize ['sænfəraiz] *overg* weefsel krimpvrij maken

sang [sæŋ] V.T. van *sing*

sangfroid ['sã:ŋfrwa:] *znw* [Fr] koelbloedigheid

sangrail [sæŋ'greil] *znw* Heilige Graal

sanguinary ['sæŋgwinəri] *bn* bloeddorstig; bloedig; ook = *bloody I 1*

sanguine *bn* bloedrood; bloed-; *fig* hoopvol, optimistisch

sanguineous [sæŋ'gwiniəs] *bn* sanguinisch, volbloedig; bloedrood, bloed-

sanhedrim, sanhedrin ['sænidrim, -in] *znw* sanhedrin *o*: hoge raad der joden

sanitarium [sæni'tɛəriəm] *znw (mv: -s of* sanitaria [-riə]) *Am* = *sanatorium*

sanitary ['sænitəri] *znw* sanitair, gezondheids-, hygiënisch; ~ *inspector* inspecteur van volksgezondheid; ~ *napkin*, ~ *towel* maandverband *o*

sanitation [sæni'teiʃən] *znw* sanitaire inrichting; gezondheidswezen *o*

sanity ['sæniti] *znw* gezondheid, gezonde opvatting, gezond verstand *o*

sank [sæŋk] V.T. van *¹sink*

San Marino [sænmə'ri:nou] *znw* San Marino *o*

sans [sænz] *voorz* vero zonder

sanserif [sæn'serif] *bn* typ schreefloos

Sanskrit ['sænskrit] *znw* Sanskriet *o*

Santa Claus ['sæntə'klɔ:z] *znw* het kerstmannetje: *Father Christmas*

1 sap [sæp] *znw* plantk (planten)sap *o*, vocht *o*; plantk spint *o*; *Am gemeenz* sufferd, sul (ook: *saphead*)

2 sap [sæp] **I** *znw* mil sappe; sapperen *o*; *fig* ondermijning; **II** *overg* door middel van sappen benaderen, ondergraven, ondermijnen²

sapid ['sæpid] *bn* smakelijk; *fig* interessant

sapient *bn* wijs; eigenwijs, wijsneuzig

sapless ['sæplis] *bn* saploos; droog; *fig* futloos; geesteloos, flauw

sapling ['sæpliŋ] *znw* jong boompje *o*; *fig* 'broekje' *o*, melkmuil

saponaceous [sæpou'neiʃəs] *bn* zeepachtig; *fig* zalvend; glad

saponify [sæ'pɔnifai] *onoverg* & *overg* verzepen

sapper ['sæpə] *znw* sappeur

sapphic ['sæfik] *bn* saffisch, sapfisch; *fig* lesbisch

sapphire ['sæfaiə] **I** *znw* saffier *o* [stofnaam], saffier *m* [voorwerpsnaam]; **II** *bn* saffieren

sappy ['sæpi] *bn* sappig°, saprijk; *fig* krachtig; slang zwak, stom, dwaas

sapwood ['sæpwud] *znw* nieuw, zacht hout *o* onder de bast v.e. boom

saraband ['særəbænd] *znw* sarabande

sarcasm ['sa:kæzm] *znw* sarcasme *o*

sarcastic [sa:'kæstik] *bn* sarcastisch

sarcoma [sa:'koumə] *znw (mv: -s of* sarcomata [-mətə]) med kwaadaardig gezwel *o*

sarcophagus [sa:'kɔfəgəs] *znw (mv:* sarcophagi

[sa:'kɔfəgai, -dʒai]) sarcofaag

sardine [sa:'di:n] *znw (mv* idem *of* -s) sardine, sardientje *o*; *packed like ~s fig* als haringen in een ton

Sardinian [sa:'dinjən] **I** *bn* Sardinisch; **II** *znw* Sardiniër

sardonic [sa:'dɔnik] *bn* sardonisch, bitter

saree, sari ['sa:ri] *znw* sari: Hindoestaans vrouwenkleed *o*

sarky ['sa:ki] *bn* slang sarcastisch

sarong [sə'rɔŋ] *znw* sarong

sartorial [sa:'tɔ:riəl] *bn* kleermakers-; van (in) de kleding

1 sash [sæʃ] *znw* sjerp, ceintuur

2 sash [sæʃ] *znw* raam *o*, schuifraam *o*

sash-cord *znw* raamkoord *o*

sash-window *znw* schuifraam *o*

Sassenach ['sæsənæk] Schots **I** *znw* Engelsman; **II** *bn* Engels

sat [sæt] V.T. & V.D. van *¹sit*

Satan ['seitən] *znw* Satan

satanic [sə'tænik] *bn* satanisch

satanism ['seitənizm] *znw* satanisme *o*

satanist *znw* satanist

satchel ['sætʃəl] *znw* (boeken-, school)tas

1 sate [seit, sæt] vero = *sat*

2 sate [seit] *overg* = *satiate*

sateen [sæ'ti:n] *znw* satinet *o* & *m*

satellite ['sætilait] *znw* satelliet°, trawant²; ~ *dish* schotelantenne; ~ *town* satellietstad, randgemeente

satiable ['seiʃjəbl] *bn* verzadigbaar

satiate ['seiʃieit] *overg* verzadigen; ~*d* verzadigd, beu, zat (van *with*)

satiation [seiʃi'eiʃən] *znw* (over)verzadiging

satiety [sə'taiəti] *znw* (over)verzadigdheid, zatheid; *to* ~ tot beu wordens toe

satin ['sætin] **I** *znw* satijn *o*; **II** *bn* satijnen; **III** *overg* satineren

satinette ['sæti'net] *znw* satinet *o* & *m*

satinwood ['sætinwud] *znw* satijnhout *o*

satire ['sætaiə] *znw* satire², hekelschrift *o*, hekeldicht *o*

satirical [sə'tirikl] *bn* satiriek, satirisch, hekelend

satirist ['sætirist] *znw* satiricus, hekeldichter

satirize *overg* hekelen; een satire maken (op)

satisfaction [sætis'fækʃən] *znw* voldoening (over *at, with*), genoegdoening; bevrediging; genoegen *o*, tevredenheid; *give* ~ voldoen, naar genoegen zijn, genoegen doen; *in* ~ *of* ter voldoening (kwijting) van; *to the* ~ *of* naar (ten) genoegen van; tot tevredenheid van

satisfactory *bn* voldoening schenkend, bevredigend, voldoend(e)

satisfy ['sætisfai] **I** *overg* voldoen (aan), voldoening of genoegen geven, bevredigen, tevredenstellen; verzadigen, stillen; geruststellen; overtuigen (van *of*); *be satisfied that...* overtuigd zijn dat...; *satisfied with* tevreden over (met); genoegen nemend met;

II *wederk:* ~ *oneself of the fact* zich overtuigen van het feit

satrap ['sætrəp] *znw* satraap: stadhouder in het Oudperzische Rijk; <u>fig</u> despoot, heerszuchtig iem.

satsuma [sæt'su:mə, 'sætsumə] *znw* **1** soort mandarijn [oorspr. uit Japan]; **2** S~ *(ware)* crèmekleurig Japans aardewerk *o*

saturable ['sætʃərəbl] *bn* <u>chem</u> verzadigbaar

saturate *overg* verzadigen, drenken; <u>mil</u> platgooien met bommen; ~*d with* ook: doortrokken van

saturation [sætʃə'reifən] *znw* verzadiging

Saturday ['sætədi, -dei] *znw* zaterdag

Saturn ['sætə(:)n] *znw* Saturnus

saturnalia [sætə'neiliə] *znw* <u>hist</u> saturnaliën; zwelgpartij(en), brasserij(en)

saturnine ['sætənain] *bn* somber; zwaarmoedig

satyr ['sætə] *znw* sater²

satyric [sə'tirik] *bn* saters-

sauce [sɔ:s] *znw* saus; <u>gemeenz</u> brutaliteit; *give* ~ <u>gemeenz</u> brutaal zijn tegen iem.; *what is* ~ *for the goose is* ~ *for the gander* gelijke monniken, gelijke kappen

sauce-boat *znw* sauskom

saucebox *znw* <u>gemeenz</u> brutaaltje *o*

saucepan *znw* steelpan

saucer ['sɔ:sə] *znw* schoteltje *o*; bordje *o*; *flying* ~ vliegende schotel

saucy, <u>Am</u> **sassy** ['sɔ:si] *bn* <u>gemeenz</u> brutaal; tikje gewaagd; <u>slang</u> chic

Saudi ['saudi] *znw* Saoedi

Saudi Arabia [saudiə'reibiə] *znw* Saoedi-Arabië *o*

Saudi Arabian [saudiə'reibiən, -bjən] *bn* Saoedi-Arabisch

sauerkraut ['sauəkraut] *znw* zuurkool

sauna ['sɔ:nə, 'saunə] *znw* sauna

saunter ['sɔ:ntə] **I** *onoverg* slenteren, drentelen; **II** *znw* slentergang, rondslenteren *o*

saunterer *znw* slenteraar, drentelaar

saurian ['sɔ:riən] **I** *bn* hagedisachtig; **II** *znw* hagedisachtig dier *o*, sauriër, saurus

sausage ['sɔsidʒ] *znw* saucijs, worst; *German* ~ metworst

sausage dog *znw* <u>schertsend</u> teckel

sausage-roll *znw* saucijzenbroodje *o*

sauté ['soutei, sɔ'tei] *overg* sauteren, snel bruin bakken

savage ['sævidʒ] **I** *bn* wild, primitief, woest, wreed; lomp, ongemanierd; <u>gemeenz</u> woedend; **II** *znw* wilde(man), woesteling; **III** *overg* aanvallen, toetakelen; afmaken, afkammen, felle kritiek leveren (op)

savageness, **savagery** *znw* wildheid, woestheid, wreedheid

savanna(h) [sə'vænə] *znw* savanne

savant ['sævənt] *znw* geleerde

1 save [seiv] **I** *overg* redden, verlossen, zalig maken; behouden, bewaren, behoeden (voor *from*); (be-)sparen; uitsparen; opsparen (ook: ~ *up*); <u>comput</u>

saven; ~ *appearances* de schijn redden; ~ *us!* God bewaar ons!; zie ook: *bacon, day, face;* **II** *onoverg* & *abs ww* redden; sparen; **III** *znw* <u>sp</u> redding, save [v. keeper]

2 save [seiv] *voorz* behalve, uitgezonderd; ~ *for* behalve; behoudens

save-all ['seivɔ:l] *znw* spaarpot; lekbak

saveloy ['sævilɔi] *znw* cervelaatworst

saving ['seiviŋ] **I** *bn* reddend, zaligmakend; veel goedmakend; spaarzaam, zuinig (met *of*); ~ *clause* voorbehoud *o*, uitzonderingsbepaling; *the one* ~ *grace (feature)* het enige lichtpunt, het enige wat in zijn voordeel te zeggen valt; **II** *znw* besparing; redding; voorbehoud *o*; uitzondering; ~*s* opgespaarde *o*; spaargeld *o*, spaargelden; **III** *voorz* <u>vero</u> behoudens, behalve; ~ *your presence* met uw verlof

savingsbank *znw* spaarbank

savings outflow *znw* <u>handel</u> ontsparing

Saviour ['seivjə] *znw* Redder, Verlosser, Heiland, Zaligmaker

savoir-faire [sævwa:'fɛə] *znw* [Fr] savoir-faire *o*, het weten hoe in verschillende omstandigheden te handelen

savory ['seivəri] *znw* bonenkruid *o*

savour ['seivə] **I** *znw* smaak, smakelijkheid; aroma *o*, geur²; **II** *onoverg* smaken²; rieken² (naar *of*); **III** *overg* savoureren, genieten van; ~ *of* <u>fig</u> tekenen vertonen van, onthullen

savoury I *bn* smakelijk, geurig; hartig, pittig; **II** *znw* licht tussengerecht *o*

savoy [sə'vɔi] *znw* savooi(e)kool

savvy ['sævi] <u>slang</u> **I** *overg* snappen; **II** *znw* verstand *o*

1 saw [sɔ:] V.T. van ²*see*

2 saw [sɔ:] *znw* gezegde *o*, spreuk

3 saw [sɔ:] *znw* zaag

4 saw [sɔ:] (sawed; sawn/sawed) **I** *overg* zagen, af-, doorzagen; ~ *up* in stukken zagen; ~*n-off shotgun* geweer *o* met afgezaagde loop; **II** *onoverg* zagen; zich laten zagen

sawbill *znw* zaagbek

sawdust *znw* zaagsel *o*, zaagmeel *o*

sawfish *znw* zaagvis

saw-horse *znw* zaagbok

saw-mill *znw* zaagmolen, houtzagerij

sawn [sɔ:n] V.D. van ⁴*saw*

sawney ['sɔ:ni] *znw* <u>geringsch</u> Schot; <u>slang</u> idioot, stommeling

sawyer ['sɔ:jə] *znw* zager

sax [sæks] *znw* <u>gemeenz</u> saxofoon

saxhorn ['sækshɔ:n] *znw* saxhoorn

saxifrage ['sæksifridʒ] *znw* steenbreek

Saxon ['sæksn] **I** *bn* Angelsaksisch; Saksisch; **II** *znw* Angelsaks; Saks; Angelsaksisch *o*; Saksisch *o*

saxophone ['sæksəfoun] *znw* saxofoon

saxophonist [sæk'sɔfənist, 'sæksəfounist] *znw* saxofonist

1 say (said; said) **I** *overg* zeggen, opzeggen; bidden;

that's ~*ing a good deal* dat is veel gezegd; dat wil wat zeggen!; *never* ~ *die* gemeenz geef het nooit op; ~ *sixty pounds* handel zegge zestig pond; laten we zeggen zestig pond; bijvoorbeeld zestig pond, pakweg zestig pond; ~ *something* iets zeggen; een goed woord spreken; een paar woorden zeggen; ~ *the word* zeg het maar; zie ook: *word*; *what did you* ~? wat zegt u?; *they (people)* ~, *it is said that*... er wordt gezegd dat...; *it* ~*s in the papers that*... er staat in de krant dat...; *that is not to* ~ *that*... dat wil nog niet zeggen dat...; *that's what it* ~*s* zo staat het er; *though I* ~ *it myself* al zeg ik het zelf; *(when) all (is) said and done* per slot van rekening; *have little to* ~ *against* weinig te zeggen hebben op, weinig weten aan te voeren tegen iem. (iets); *he has little to* ~ *for himself* hij zegt (beweert) niet veel, hij heeft niet veel te vertellen; *it says a lot for*... het getuigt van...; *have you nothing to* ~ *for yourself* hebt u niets te zeggen tot uw verontschuldiging?; *to* ~ *the least* op zijn zachtst uitgedrukt, op zijn minst; *to* ~ *nothing of*... nog gezwegen van..., ...nog daargelaten; ~ *on!* zeg op!, spreek!; ~ *out* hardop zeggen; ~ *over* (voor zichzelf) opzeggen; *I will have nothing to* ~ *to him (this affair)* ik wil met hem (met deze zaak) niets te maken hebben; *what would you* ~ *to going to the theatre?* als we eens naar een theater gingen?; *this solution has a lot to be said for it* er is veel te zeggen voor deze oplossing; **II** *onoverg & abs ww* zeggen; *I can't* ~ dat kan ik niet zeggen; *you don't* ~ *(so)!* och, is het waar?; maar dat meent u toch niet!, wat u zegt!; *it* ~*s here* et staat hier (geschreven); ~*s you!* gemeenz je meent 't!; *needless to* ~ het spreekt (haast) vanzelf; *so to* ~ zie: *so*

2 say [sei] **I** *tsw: I* ~!, gemeenz: ~! zeg hoor eens!; nee maar!; **II** *znw* (mede)zeggenschap, inspraak; *have a* ~, *have some* ~ *(in the matter)* ook een woordje (iets) te zeggen hebben (in de zaak); *have one's* ~, *say one's* ~ zeggen wat men op het hart heeft; zijn zegje zeggen/doen; *let him have his* ~, *let him say his* ~ laat hem uitspreken

saying *znw* zeggen *o*, gezegde *o*, zegswijze, spreuk, spreekwoord *o*; *it goes without* ~ het spreekt vanzelf; *as the* ~ *goes* zoals men (het spreekwoord) zegt

say-so *znw* gemeenz: *on your* ~ omdat jij het zegt; *it's his* ~ hij beslist, hij moet het (maar) zeggen

scab [skæb] **I** *znw* roof, korst; schurft; gemeenz onderkruiper [bij staking]; **II** *onoverg* korsten [met een roofje]; gemeenz onderkruipen

scabbard ['skæbəd] *znw* schede [v. zwaard &]

scabby ['skæbi] *bn* schurftig²; gemeenz armzalig; gemeen

scabies ['skeibii:z] *znw* schurft

scabrous ['skeibrəs] *bn* scabreus, aanstootgevend; netelig [vraag]; delicaat; plantk dierk ruw

scaffold ['skæfəld, -fould] **I** *znw* steiger, stellage; schavot *o*; **II** *overg* van een steiger voorzien; schragen

scaffolding *znw* stellage, steiger

scalawag ['skæləwæg] *znw* = *scallywag*

scald [skɔːld] **I** *overg* branden (door hete vloeistof of stoom); in kokend water uitkoken, steriliseren; met heet water wassen; bijna aan de kook brengen; licht koken; **II** *znw* brandwond

scalding, scalding-hot *bn* gloeiend heet; heet [v. tranen]

1 scale [skeil] *znw* weegschaal; *the* ~*s (a pair of* ~*s)* de (een) weegschaal; *tip (turn) the* ~ de doorslag geven; *tip (turn) the* ~*s at two kilos* twee kilo wegen

2 scale [skeil] **I** *znw* schaal; muz (toon)schaal, toonladder; maatstaf; wisk talstelsel *o*; ~ *of values* waardeschaal; *the social* ~ de maatschappelijke ladder; *on a large (small)* ~ op grote (kleine) schaal; *out of* ~ buiten proportie; *run over one's* ~*s* toonladders studeren; *draw to* ~ op schaal tekenen; **II** *overg* beklimmen; op schaal tekenen; ~ *down (up)* (naar verhouding) verlagen (verhogen), verkleinen (vergroten)

3 scale [skeil] **I** *znw* schilfer, schub; tandsteen *o* & *m*; aanslag, ketelsteen *o* & *m*; hamerslag *o*; *the* ~*s fell from his eyes* de schellen vielen hem van de ogen; **II** *overg* afschilferen, schubben, schrappen [vis]; pellen

scaled *bn* geschubd, schubbig, schub-

scalene ['skeili:n] *bn* ongelijkzijdig [driehoek]

scaling-ladder ['skeiliŋlædə] *znw* stormladder

scallion ['skæljən] *znw* sjalot

scallop ['skɔləp] **I** *znw* kamschelp; schulpwerk *o* (~*s*), schulp; feston *o* & *m*; schelp [bij diner &]; **II** *overg* uitschulpen; festonneren; in een schelp bakken

scallywag ['skæliwæg] *znw* deugniet, rakker, rekel; schobbejak

scalp [skælp] **I** *znw* schedelhuid, scalp; top; **II** *overg* scalperen

scalpel ['skælpəl] *znw* ontleedmes *o*

scalper ['skælpə] *znw* Am handelaar in zwarte kaartjes

scaly ['skeili] *bn* schubbig, schub-; schilferig

scamp [skæmp] **I** *znw* schelm, deugniet; **II** *overg* afraffelen [werk]

scamper ['skæmpə] **I** *onoverg* rondhuppelen, -dartelen; hollen, er vandoor gaan; **II** *znw* ren; holletje *o*; wandelritje *o*; *at a* ~ op een holletje

scampi ['skæmpi] *znw* scampi, grote garnalen

scan [skæn] *overg* met kritische blik beschouwen, onderzoeken; even doorkijken; scannen, aftasten; scanderen

scandal ['skændl] *znw* aanstoot, ergernis; schandaal *o*, schande; kwaadsprekerij, laster; *talk* ~ kwaadspreken, roddelen

scandalize *overg* ergernis wekken bij, ergernis geven; aanstoot geven; *be* ~*d* zich ergeren

scandalmonger *znw* kwaadspreker

scandalous *bn* ergernis gevend, ergerlijk, schandelijk; lasterlijk

scandal sheet *znw* schendblad *o*

Scandinavian [skændi'neivjən] **I** *bn* Scandinavisch; **II** *znw* Scandinaviër

scanner ['skænə] *znw* scanner

scant [skænt] *bn* krap toegemeten, gering; schraal, karig (met *of*)

scanties *znw mv* slipje *o*

scantling ['skæntliŋ] *znw* beetje *o*, kleine hoeveelheid; maat, afmeting; balk

scanty ['skænti] *bn* schraal, krap (toegemeten), schriel, karig, dun, schaars, gering, weinig

scape [skeip] *znw* steel, schacht

scapegoat ['skeipgout] *znw* zondebok

scapegrace ['skeipgreis] *znw* deugniet, rakker

scapula ['skæpjulə] *znw* (*mv*: -s *of* -lae [-'li:]) schouderblad *o*

scapular I *bn* van het schouderblad; **II** *znw* RK scapulier *o* & *m*; dierk rugveer

scapulary *znw* RK scapulier *o* & *m*

1 scar [ska:] **I** *znw* litteken[2] *o*; **II** *overg* een litteken geven, met littekens bedekken; **III** *onoverg* een litteken vormen; dichtgaan [v. wond]

2 scar [ska:] *znw* steile rots

scarab ['skærəb] *znw* kever; scarabee

scarce [skɛəs] **I** *bn* schaars, zeldzaam; *make yourself ~!* gemeenz maak dat je wegkomt!; **II** *bijw* vero & plechtig = *scarcely*

scarcely *bijw* nauwelijks, ternauwernood, pas; moeilijk; (toch) wel niet; *~... when...* nauwelijks... of...; *~ anything* bijna niets

scarcity *znw* schaarsheid, schaarste, zeldzaamheid, gebrek *o* (aan *of*)

scare [skɛə] **I** *overg* verschrikken, doen schrikken, bang maken, afschrikken, doen terugschrikken (van *from*); *~d (stiff)* (doods)bang (voor *of*); *~ away (off)* wegjagen; **II** *znw* plotselinge schrik, paniek; bangmakerij

scarecrow *znw* vogelverschrikker

scaredycat *znw* bangerik, schijtlijster

scaremonger *znw* paniekzaaier

scare story *znw* angstaanjagend/alarmerende verhaal *o*

scarf [ska:f] *znw* (*mv*: -s *of* scarves [ska:vz]) sjaal; das

scarf-skin *znw* opperhuid

scarification [skɛərifi'keiʃən] *znw* insnijding; kerving; fig onbarmhartige hekeling

scarify ['skɛərifai] *overg* insnijden; kerven; fig onbarmhartig hekelen

scarlatina [ska:lə'ti:nə] *znw* roodvonk

scarlet ['ska:lit] **I** *znw* scharlaken *o*; **II** *bn* scharlakenrood, scharlakens; vuurrood [v. blos]; *~ fever* roodvonk; *~ runner* pronkboon; *~ woman* hoer [van Babylon]

scarp [ska:p] *znw* escarpe, glooiing, steile helling

scarper ['ska:pə] *onoverg* slang 'm smeren

scarred ['ska:d] *bn* vol littekens

scary ['skɛəri] *bn* bang; vreesaanjagend

scat [skæt] *znw* muz gebruik *o* van betekenisloze lettergrepen i.p.v. woorden (bij zingen), scat

scat! [skæt] *tsw* gemeenz hoepel op!

scathe ['skeið] vero **I** *overg* beschadigen, deren, terneerslaan, verpletteren; **II** *znw*: *without ~* ongedeerd

scatheless *bn* vero ongedeerd; zonder kleerscheuren

scathing *bn* vernietigend [kritiek &]

scatological [skætə'lɔdʒikl] *bn* obsceen, vuil [moppen]

scatter ['skætə] **I** *overg* (ver)strooien, uit-, rondstrooien, verspreiden, uiteenjagen, verdrijven; **II** *onoverg* zich verspreiden, zich verstrooien, uiteengaan

scatterbrain *znw* warhoofd *o*

scatter-brained *bn* warhoofdig

scattered *bn* verstrooid, verspreid

scattering I *bn* verstrooid, verspreid; **II** *znw* verstrooiing, verspreiding; *a ~ of...* een handjevol...

scatty ['skæti] *bn* gemeenz getikt; warhoofdig

scavenge ['skævin(d)ʒ] **I** *onoverg* afval(bakken) doorzoeken (afschuimen) om iets eetbaars & te vinden; [v. dieren] aaseten; **II** *overg* doorzoeken, afschuimen [afval]

scavenger *znw* morgenster, iem. die vuilnisbakken & doorzoekt op bruikbare spullen &; aaseter [dier]; aaskever

scenario [si'na:riou] *znw* scenario *o*

scenarist ['si:nərist] *znw* scenarioschrijver

scene [si:n] *znw* toneel° *o*, tafereel *o*, schouwspel *o*; decor *o*; plaats (van het onheil &); fig beeld *o*; scène°; bedoening, beweging; wereldje *o*, scene; *the ~ is set in...*, *the place of the ~ is...* het stuk speelt in...; *behind the ~s* achter de schermen[2]; *on the ~* ter plaatse, present; *come on the ~* verschijnen; *set the ~ for...* alles voorbereiden voor...; *that's not my ~* gemeenz ± dat is niet mijn pakkie-an, daar houd ik me buiten, dat moet ik niet

scenery *znw* decoratief *o*, decor *o*, decors, toneeldecoraties; (natuur)tonelen, natuurschoon *o*, natuur, landschap *o*

scene-shifter *znw* machinist [in schouwburg]

scenic *bn* toneelmatig, toneel-; van het landschap; vol natuurschoon, schilderachtig

scent [sent] **I** *overg* ruiken[2] [het wild], de lucht krijgen van; van geur vervullen; parfumeren; *~ out* (op de reuk) ontdekken; **II** *znw* reuk, geur, parfum *o* & *m*; reukzin; lucht [v. wild]; spoor *o*; fig flair, fijne neus (voor *for*); *get ~ of* de lucht krijgen van[2]; *on the (wrong) ~* op het (verkeerde) spoor

scent-bottle *znw* odeurflesje *o*

scented *bn* geparfumeerd, geurig

scentless *bn* zonder reuk, reukloos

sceptic, Am **skeptic** ['skeptik] **I** *znw* scepticus, twijfelaar; **II** *bn* = *sceptical*

sceptical, Am **skeptical** *bn* twijfelend (aan *of*), sceptisch

scepticism, Am **skepticism** ['skeptisizm] *znw* scepsis, scepticisme *o*, twijfelzucht

sceptre, Am **skepter** ['septə] znw scepter, (rijks)staf

schedule ['ʃedju:l; Am 'skedju:l] I znw rooster, programma o, schema o; lijst, inventaris, opgaaf, tabel, staat; dienstregeling; *ahead of* ~ voor zijn tijd, te vroeg; *behind* ~ over (zijn) tijd, te laat; *on* ~ (precies) op tijd; *(according) to* ~ op de in de dienstregeling aangegeven tijd; op het vastgestelde uur; II overg schema (rooster, programma) maken, plannen; op de lijst zetten, inventariseren; (tabellarisch) opgeven; vaststellen; *be ~d to arrive* moeten aankomen

scheduled bn gepland, in het rooster opgenomen, volgens dienstregeling; lijn- [dienst, vlucht &]

Scheldt [skelt] znw Schelde

schema ['ski:mə] znw (mv: schemata [-mətə]) schema o, diagram o; logica syllogisme o

schematic [ski'mætik] bn schematisch

schematize ['skimətaiz] overg schematiseren

scheme [ski:m] I znw schema o, stelsel o, systeem o; ontwerp o, schets; programma o; plan² o, bestel o (ook: ~ *of things*); intrige, complot o, [pensioen-]regeling; voornemen o; II overg beramen; III onoverg plannen maken; intrigeren

schemer znw plannenmaker; intrigant

scheming I bn plannen makend; vol listen; [complotten] beramend; intrigerend; II znw intrigeren o; plannen maken o

schism ['sizm] znw schisma o, scheuring

schismatic [siz'mætik] I bn schismatiek; II znw scheurmaker

schizo ['skitsou] znw & bn gemeenz schizofreen

schizoid bn schizoïde

schizophrenia [skitsou'fri:njə] znw schizofrenie

schizophrenic [skitsou'frenik] znw & bn schizofreen

schmaltz [ʃmɔ:lts] znw slang zoetelijke sentimentaliteit

schnapps [ʃnæps] znw (Hollandse) jenever

schnorkel ['ʃnɔ:kəl] znw snorkel

scholar ['skɔlə] znw geleerde; leerling; bursaal, beursstudent; *he is a good French* ~ hij kent zijn Frans (perfect)

scholarly bn van een geleerde, wetenschappelijk degelijk, gedegen

scholarship znw geleerdheid; wetenschap; kennis; wetenschappelijke degelijkheid, gedegenheid; studiebeurs

scholastic [skə'læstik] I bn scholastiek, schools; schoolmeesterachtig; universitair, hoogleraars-, schoolmeesters-; school-; ~ *agency* plaatsingsbureau o voor onderwijzers &; II znw scholasticus, scholastiek geleerde; scholastiek

scholasticism znw scholastiek

school [sku:l] I znw school°, leerschool²; schooltijd; schoolgebouw o, -lokaal o, leervertrek o; Am hogeschool; faculteit; fig richting (ook: ~ *of thought*); *lower (upper)* ~ (de) lagere (hogere) klassen [v.e. school]; *at* ~ op school; *in* ~ in de klas; *of the old* ~ fig van de oude stempel; II overg onderwijzen, oefenen, dresseren; de les lezen, vermanen; III onoverg scholen vormen [vissen]

school age znw leerplichtige leeftijd

school-board znw schoolcommissie

schoolboy znw scholier, schooljongen

schoolchild znw scholier, schoolkind o

school-day znw schooldag; ~s schooltijd, schooljaren

schoolfriend znw schoolmakker

schoolgirl znw scholiere, schoolmeisje o

schoolhouse znw schoolgebouw o; huis van de *headmaster*

schooling znw (school)onderwijs o; school [in manege]; schoolgeld o

school-leaver znw iem. die net van school af is, schoolverlater

school-leaving bn: ~ *age* leeftijd waarop de leerplicht eindigt

schoolmaster znw hoofdonderwijzer, schoolmeester, onderwijzer; leraar

schoolmate znw medescholier, schoolmakker

schoolmistress znw (hoofd)onderwijzeres; lerares

schoolroom znw schoollokaal o

school-ship znw opleidingsschip o

schoolteacher znw onderwijzer(es)

school-teaching znw onderwijs o

schooner ['sku:nə] znw 1 scheepv schoener; 2 Am groot bierglas o; Br groot sherryglas o; *prairie* ~ Am trekwagen

schottische [ʃɔ'ti:ʃ] znw Schottisch [Duitse dans]

sciatic [sai'ætik] bn van de heup, heup-

sciatica znw ischias

science ['saiəns] znw wetenschap, kennis, kunde; wis- en natuurkunde; natuurwetenschap(pen); *with great* ~ zeer kundig; volgens de regelen der kunst

science fiction znw sciencefiction

scientific [saiən'tifik] bn wetenschappelijk; natuurwetenschappelijk

scientist ['saiəntist] znw natuurfilosoof, natuurkundige; wetenschapsmens, wetenschapper, geleerde

sci-fi ['saifai] znw = *science fiction*

scilicet ['sailiset] bijw (verkort: *scil* of *sc.*) namelijk

scimitar ['simitə] znw kromzwaard o

scintillate ['sintileit] onoverg fonkelen, flonkeren, flikkeren, schitteren, tintelen; fig sprankelend converseren

scintillation [sinti'leiʃən] znw fonkeling, flonkering, flikkering, schittering, tinteling

sciolism ['saioulizm] znw oppervlakkige kennis

scion ['saiən] znw ent, spruit², loot²

scission ['siʒən] znw snijden o; scheur; splijten o; fig scheuring

scissors ['sizəz] znw mv schaar; *a pair of* ~ een schaar

sclera ['skli(ə)rə] znw oogwit o

sclerosis [skliə'rousis] znw (mv: scleroses [-si:z]) sclerose; *multiple* ~ multiple sclerose

scowl

sclerotic [skli(ə)'rɔtik] **I** *bn* hard; ~ *coat (membrane)* = **II** *znw* harde oogrok

1 scoff [skɔf] *onoverg* spotten (met *at*), schimpen (op *at*)

2 scoff [skɔf] slang **I** *overg & wederk* gulzig schrokken, (op)vreten; **II** *znw* vreten *o*

scold [skould] **I** *onoverg* kijven (op *at*); **II** *overg* bekijven, een standje maken; **III** *znw* feeks

scolding *znw* standje *o*, uitbrander

scollop ['skɔləp] *znw & overg* = *scallop*

sconce [skɔns] *znw* blaker, armluchter; vero & slang kop; mil schans

scone [skɔn, skoun] *znw* scone: soort broodje *o*

scoop [sku:p] **I** *znw* schop, emmer, hoosvat *o*; schep, lepel; spatel; (kaas)boor; haal [met een net], vangst; primeur, scoop [v. krant]; *at one* ~ met één slag; **II** *overg* (uit)scheppen, uithozen (ook: ~ *out*); uithollen (ook: ~ *out*); bijeenschrapen; gemeenz voor zijn, de loef afsteken

scoopful *znw* schep [portie]

scoot [sku:t] *onoverg* gemeenz 'm smeren, vliegen

scooter ['sku:tə] *znw* step, autoped; scooter

scooterist *znw* scooter(be)rijder

scope [skoup] *znw* strekking, (speel)ruimte, vrijheid (van beweging), armslag; gezichtskring, gebied *o*, terrein *o* van werkzaamheid; omvang; *give ample (free, full)* ~ volle vrijheid laten; *within the* ~ *of this work* binnen het bestek van dit werk

scorbutic [skɔ:'bju:tik] **I** *bn* aan scheurbuik lijdend, scheurbuik-; **II** *znw* scheurbuiklijder

scorch [skɔ:tʃ] **I** *overg* (ver)schroeien, (ver)zengen; ~*ed-earth policy* tactiek van de verschroeide aarde; **II** *onoverg* schroeien, slang woest rijden; ~*ing* ook: snikheet; **III** *znw:* ~ *(mark)* schroeiplek

scorcher *znw* iets wat schroeit of verzengt; snikhete dag; slang geweldige uitbrander

score [skɔ:] **I** *znw* kerf, keep, insnijding; (dwars-) streep, lijn, striem; rekening, gelag *o*; sp score: aantal *o* behaalde punten, stand; succes *o*; rake zet; bof, tref; muz partituur; twintig(tal *o*); *four* ~ tachtig; ~*s of times* ook: talloze malen; *by (in)* ~*s* in grote hoeveelheden, bij hopen; *on that* ~ dienaangaande, wat dat betreft; *on the* ~ *of* vanwege, wegens, op grond van; op het punt van; *know the* ~ gemeenz weten hoe laat het is (hoe de zaken staan); *settle a* ~ *(old* ~*s)* een oude rekening vereffenen; sp behalen [punten], scoren, maken; (in)kerven, (in)kepen; strepen; onderstrepen [een woord]; aan-, optekenen; opschrijven; boeken [een succes]; muz op noten zetten; orkestreren; *we shall* ~ *that against you* dat zullen we onthouden; ~ *off sbd.* iem. aftroeven, afrekenen [met iem.]; te slim af zijn; iem. betaald zetten; ~ *out* doorhalen [een woord]; ~ *under* onderstrepen [een woord]; ~ *up* opschrijven, op rekening schrijven; **III** *onoverg & abs ww* scoren: een punt (punten) maken of behalen; een voordeel behalen, succes hebben, het winnen (van *over*), slang een punt zetten, neuken

scoreboard *znw* scorebord *o*

scorecard *znw* scorekaart, -lijst, -formulier *o*

scorer *znw* **1** persoon die de score bijhoudt, scorer; **2** doelpuntenmaker

scoria ['skɔ:riə] *znw (mv:* scoriae ['skɔ:rii:]) schuim *o* [van gesmolten metaal], slak

scorn [skɔ:n] **I** *znw* verachting, versmading, hoon, (voorwerp *o* van) spot; *heap (pour)* ~ *on* verachten; **II** *overg* verachten, versmaden

scornful *bn* minachtend, smalend, honend

Scorpio ['skɔ:piou] *znw* Schorpioen

scorpion ['skɔ:pjən] *znw* schorpioen

Scot [skɔt] *znw* Schot

Scotch [skɔtʃ] **I** *bn* Schots; ~ *broth* (stevige) Schotse maaltijdsoep; ~ *egg* hardgekookt ei in worstvlees; ~ *tape* Am plakband *o*; **II** *znw* Schotse whisky

scotch [skɔtʃ] *overg* onschadelijk maken, de kop indrukken [gerucht], verijdelen

Scotchman ['skɔtʃmən] *znw* Schot

Scotchwoman ['skɔtʃwumən] *znw* Schotse

scot-free ['skɔt'fri:] *bn* ongestraft, zonder letsel, vrij

Scotland ['skɔtlənd] *znw* Schotland *o*; ~ *Yard* het hoofdkwartier van de politie (i.h.b. recherche) te Londen

Scots [skɔts] *bn* Schots

Scotsman *znw* = *Scotchman*

Scotswoman *znw* = *Scotchwoman*

Scott [skɔt] *tsw: Great* ~*!* gemeenz goeie grutten!

Scotticism ['skɔtisizm] *znw* Schotse uitdrukking

scottie ['skɔti] *znw* gemeenz Schotse terriër

Scottish ['skɔtiʃ] *bn* Schots

scoundrel ['skaundrəl] *znw* schurk, deugniet

scour ['skauə] *overg* schuren, wrijven; schoonmaken, zuiveren, reinigen; aflopen, afzoeken; doorkruisen; [de straten] afschuimen; [de zee] schoonvegen; ~*ing powder* schuurpoeder *o & m*

scourer ['skauərə] *znw* pannenspons; schuurmiddel *o*

scourge [skə:dʒ] **I** *znw* zweep, roede, gesel[2]; plaag; **II** *wederk* geselen, kastijden, teisteren

scouse [skaus] *bn* van, uit Liverpool

Scouse ['skaus(ə)] *znw* **1** inwoner van Liverpool (ook: *Scouser*); **2** dialect *o* van Liverpool

1 scout [skaut] **I** *znw* verkenner; padvinder, scout; onderw studentenoppasser; sp scout; **II** *onoverg* op verkenning uitgaan (zijn); ~ *about*, ~ *round* rondzwerven op zoek naar iets of iem.; **III** *overg* verkennen [v. landstreek &]

2 scout [skaut] *overg* vero verachtelijk afwijzen, verwerpen

scout car ['skautka:] *znw* mil verkenningswagen; Am surveillancewagen [v. politie]

scouting *znw* verkenning; padvinderij, scouting

scoutmaster *znw* hopman [v. scouts]

scow [skou] *znw* scheepv schouw

scowl [skaul] **I** *onoverg* het voorhoofd fronsen; ~ *at (on, upon)* boos, somber, dreigend aanzien of neerzien op; **II** *znw* dreigende blik

501

scrabble ['skræbl] *onoverg* krabbelen; grabbelen; scharrelen

scrag [skræg] *znw* **1** halsstuk *o* [v. schaap] (ook: ~*-end*); **2** scharminkel *o* & *m*; hals

scraggy ['skrægi] *bn* mager, schriel

scram [skræm] *onoverg* gemeenz wegwezen, 'm smeren, ophoepelen

scramble ['skræmbl] **I** *onoverg* klauteren; scharrelen; grabbelen (naar *for*); zich verdringen, vechten (om *for*); mil opstijgen wegens alarm [v. vliegtuigen]; ~ *to one's feet (legs)* weer opkrabbelen; **II** *overg* grabbelen; graaien; vervormen, storen [(radio)telefonisch gesprek]; mil laten opstijgen wegens alarm [v. vliegtuigen]; ~ *up* opscharrelen; ~*d eggs* roerei *o* [gerecht]; **III** *znw* geklauter *o*; gescharrel *o*; gegrabbel *o*; gedrang *o*; gevecht *o*, worsteling; Br moto(r)cross; *make a* ~ *for* grabbelen naar, vechten om

scrambler ['skræmblə] *znw* spraakvervormer [als stoorzender]

scran [skræn] *znw* gemeenz kliekje *o*

scrannel ['skrænl] *bn* vero mager, zwak, schraal

scrap [skræp] **I** *znw* stukje *o*, snipper, zweem, zier, beetje *o*; brokstuk *o*; (kranten)knipsel *o*, plaatje *o*; oud ijzer *o*, oudroest *o*, schroot *o*; afval *o* & *m*; gemeenz ruzie; gevecht *o*; kloppartij; ~*s* kliekjes; *a* ~ *of paper* een vodje *o* papier; **II** *overg* afdanken, buiten dienst stellen; slopen; **III** *onoverg* gemeenz een robbertje vechten, bakkeleien

scrap-book *znw* plakboek *o*

scrape [skreip] **I** *overg* schrappen, (af)krabben; schuren (langs), krassen op [viool]; ~ *(the bottom of) the barrel* zijn laatste duiten bijeenschrapen; de laatste reserve aanspreken, aan het einde van zijn Latijn zijn; ~ *one's feet* met de voeten schuifelen; strijkages maken; ~ *off* afschrapen; ~ *out* uitschrapen, -krabben; ~ *together (up)* bijeenschrapen; **II** *onoverg* & *abs ww* schrapen[2], schuren; muz krassen; ~ *by* rondkomen, zich erdoorheen slaan; *he* ~*d through (the exam)* hij sloeg zich erdoor, hij kwam er net (door); **III** *znw* gekras *o*, gekrab *o*; kras; strijkage; gemeenz verlegenheid, moeilijkheid; *be in a* ~ gemeenz in de knel zitten; *get into a* ~ gemeenz in moeilijkheid komen; *get sbd. out of a* ~ iem. (uit een moeilijkheid) helpen

scraper *znw* schraapijzer *o*, -mes *o*, schrabber, krabber, schraper[2]; krasser

scrap-heap ['skræphi:p] *znw* hoop oudroest, schroothoop, ouwe rommel; *throw sbd. on the* ~ iem. afdanken, aan de dijk zetten

scraping ['skreipiŋ] **I** *bn* schrapend[2]; **II** *znw* geschraap[2] *o*; schraapsel *o*; ~*s* krabsel *o*; schraapsel *o*; samenraapsel *o*; strijkages

scrap-metal ['skræpmetl] *znw* oud ijzer *o*; oudroest *o*; schroot *o*

scrappy ['skræpi] *bn* uit stukjes en brokjes bestaand, fragmentarisch, onsamenhangend

scrap-yard *znw* schroothoop

scratch [skrætʃ] **I** *overg* krabben, schrammen;

schrappen; doorhalen; (be)krassen; (be)krabbelen; ~ *one's head* zich het hoofd krabben; zich achter de oren krabben; ook: met de handen in het haar zitten; ~ *out (through)* uitkrabben; doorhalen [woord of letter]; ~ *together (up)* bijeenschrapen, -scharrelen; *it merely* ~*s the surface* het gaat niet erg diep; het blijft aan de oppervlakte [v. boek &]; **II** *onoverg* (zich) krabben, krassen; zich (moeizaam) doorslaan; sp zich terugtrekken [uit race]; ~ *about for...* bijeen-, opscharrelen; **III** *znw* schram, schrap, krab(bel), kras; gekras *o*, gekrab *o*; streep, meet; pruik; *a* ~ *of the pen* een pennestreek; *from* ~ met (uit, van) niets; bij het begin [beginnen]; *be up to* ~ het vereiste niveau hebben; *bring up to* ~ bijwerken; *come up to* ~ aan de verwachtingen voldoen; **IV** *bn* bijeengeraapt, bijeengescharreld; geïmproviseerd; sp zonder voorgift; *a* ~ *team* een bijeengeraapt zootje *o*

scratcher *znw* krabber, krabijzer *o*

scratchy *bn* krabbelig [schrift]; krassend [v. pen]; kriebelig, ruw; vol krassen [grammofoonplaat]

scrawl [skrɔ:l] **I** *onoverg* & *overg* krabbelen, haastig schrijven; bekrabbelen (ook: ~ *over*); **II** *znw* gekrabbel *o*, hanenpoten, krabbel; kattebelletje *o*

scrawny ['skrɔ:ni] *bn* (brood)mager

scream [skri:m] **I** *onoverg* gillen, gieren (van het lachen *with laughter*), krijsen, schreeuwen; **II** *overg* gillen; ~ *out an order* uitgillen; **III** *znw* schreeuw, gil; *it was a* ~ gemeenz het was een giller, het was om te gieren

screamer *znw* schreeuwer[2]; uitroepteken *o*; vette (grote) krantenkop; slang een giller, een reuzemop

screamingly *bijw*: *it was* ~ *funny* het was om te gieren

scree [skri:] *znw* (helling bedekt met) losse brokken steen (ook: ~*s*)

screech [skri:tʃ] **I** *onoverg* schreeuwen, krijsen, gillen; **II** *znw* schreeuw, gil, krijs

screech-owl *znw* kerkuil

screed [skri:d] *znw* langgerekte redevoering, lange tirade; geringsch lang artikel *o*

screen [skri:n] **I** *znw* scherm[2] *o*, schut(sel) *o*, afschutting, koorhek *o*, hor; beschutting, maskering, dekking; voorruit [v. auto]; doek *o* [v. bioscoop]; beeldscherm *o* [v. tv]; grove zeef; rooster; raster *o* & *m* [autotypie]; *the* ~ ook: de film; *the small* ~ ook: de beeldbuis, de televisie; **II** *overg* beschermen, beschutten (voor, tegen *from*); afschermen, afschutten; maskeren, verbergen; dekken; ziften°; screenen, aan de tand voelen, onderzoek doen naar de bekwaamheid, gedragingen & van [kandidaten, gevangenen &]; vertonen [film]; verfilmen

screenings ['skri:niŋz] *znw (mv)* gezeefd grind *o* (steenkool &), ziftsel *o*

screenplay ['skri:nplei] *znw* filmscenario *o*, draaiboek *o*

screen test ['skri:ntest] *znw* proefopname, screen-

test
screenwriter ['skri:nraitə] *znw* scenarioschrijver
screw [skru:] **I** *znw* schroef; draai (van een schroef); slang neukpartij; slang cipier; gemeenz loon *o*, salaris *o; he has a ~ loose* gemeenz hij heeft ze niet allemaal op een rijtje; *put the ~ on sbd.* iem. de duimschroeven aanzetten; **II** *overg* (aan)schroeven, vastschroeven; de duimschroeven aanzetten; slang neuken, naaien; Am slang belazeren, afzetten; *~ the cost!* slang dondert niet wat het kost!; *~ you!* slang krijg de pestpokken!, lazer op!; *~ down* vast-, dichtschroeven; *~ sth. out of sbd.* iem. iets afpersen; iets van iem. loskrijgen; *~ out time for...* tijd vinden om...; *~ up* opschroeven, opvijzelen; aanschroeven; dichtschroeven; oprollen; samenknijpen [de ogen], vertrekken [zijn gezicht]; gemeenz verprutsen, verknoeien; verzieken; in de war brengen; *~ up (one's) courage, ~ oneself up* zich vermannen; **III** *onoverg* (schroefsgewijs) draaien
screwball *znw* Am gemeenz gek, idioot
screw-cap *znw* schroefdeksel *o*
screwdriver *znw* schroevendraaier
screwed *bn* slang dronken, aangeschoten
screwjack *znw* dommekracht, vijzel, krik
screw-propeller *znw* scheepv luchtv schroef
screw-top *znw* schroefdeksel *o*
screwy ['skru:i] *bn* gemeenz getikt
scribble ['skribl] **I** *onoverg & overg* krabbelen, pennen; bekrabbelen; **II** *znw* gekrabbel *o*, krabbelschrift *o*; kattebelletje *o*
scribbler *znw* krabbelaar; prulschrijver, scribent
scribbling-paper *znw* kladpapier *o*
scribe [skraib] *znw* schrijver, klerk, secretaris; bijbel schriftgeleerde
scrimmage ['skrimidʒ] *znw* kloppartij; scrimmage, worsteling (om de bal); schermutseling
scrimp [skrimp] *onoverg* bekrimpen, beknibbelen, karig zijn
scrimshanker ['skrimʃæŋkə] *znw* lijntrekker
1 scrip [skrip] *znw* vero tas; zak
2 scrip [skrip] *znw* briefje *o*, bewijs *o* van storting, voorlopige obligatie, tijdelijk certificaat *o*, recepis *o & v*; gemeenz aandelen
script [skript] **I** *znw* schrift *o*; geschrift *o*; handschrift *o*; manuscript *o* [v. toneelstuk], draaiboek *o*, scenario *o* [v. film], RTV tekst; schrijfletter(s) [als lettertype]; drukschrift *o*; onderw ingeleverd examenwerk *o; shooting ~* draaiboek *o* [v. film]; **II** *overg* het scenario schrijven van; van tevoren (goed) voorbereiden van tv-optreden & [v. politicus &]
scriptural ['skriptʃərəl] *bn* bijbels, bijbel-
Scripture *znw* de Heilige Schrift, de Bijbel (ook: *Holy ~, the ~s*)
scriptwriter ['skriptraitə] *znw* scenarioschrijver [v. film], RTV tekstschrijver
scrivener ['skrivnə] *znw* hist (openbaar) schrijver; geldmakelaar; notaris, opmaker van contracten

scrofula ['skrɔfjulə] *znw* klierziekte, scrofulose
scrofulous *bn* klierachtig, klier-, scrofuleus
scroll [skroul] **I** *znw* rol, boekrol [v.d. Dode Zee]; lijst; krul; volute; **II** *onoverg* omkrullen; **III** *overg* comput scrollen (ook: *~ up, ~ down*)
scrotum ['skroutəm] *znw* (*mv:* -s *of* scrota [-tə]) anat balzak, scrotum *o*
scrounge [skraundʒ] **I** *overg* slang gappen; schooien, bietsen; **II** *znw*: *be on the ~ for sth.* proberen iets te bietsen/lenen; *he's always on the ~* hij is een echte klaploper
scrounger *bn* bietser, klaploper
scrub [skrʌb] **I** *znw* stumper, dreumes; in de groei belemmerde plant; struikgewas *o; give (it) a good ~* het eens goed afboenen; **II** *overg* schrobben, schuren, (af)boenen; schrapen; *~ round it* gemeenz ervan afzien, (iets) niet doen
scrubber *znw* boender, schrobber; slang hoer
scrubbing-brush *znw = scrubber*
scrubby *bn* armzalig; klein, miezerig, dwergachtig; met struikgewas bedekt
scruff [skrʌf] *znw* **1** nek; **2** smeerpoets; *take by the ~ of the neck* achter bij zijn nek(vel) pakken
scruffy ['skrʌfi] *bn* smerig, slordig, sjofel
scrum(mage) ['skrʌm(idʒ)] *znw* sp scrum [rugby]
scrumptious ['skrʌm(p)ʃəs] *bn* gemeenz heerlijk, zalig, fijn
scrumpy ['skrʌmpi] *znw* Br (sterke) cider
scrunch [skrʌnʃ] *overg & onoverg & znw = crunch*
scruple ['skru:pl] **I** *znw* zwarigheid, (gewetens)bezwaar *o*, scrupule; *have ~s about ...ing* zich bezwaard voelen om..., bezwaar maken om...; *make no ~ to...* er geen been in zien om..., niet schromen om...; **II** *onoverg* aarzelen
scrupulous ['skru:pjuləs] *bn* nauwgezet, angstvallig, scrupuleus; *they were not ~ about (as to)...* ze namen het niet zo nauw wat betreft (op 't gebied van)...
scrutineer [skru:ti'niə] *znw* onderzoeker, navorser; stemopnemer [bij verkiezingen]
scrutinize ['skru:tinaiz] *overg* nauwkeurig onderzoeken
scrutiny *znw* nauwkeurig onderzoek *o*; gecontroleerde stemopneming [bij verkiezingen]
scry [skrai] *onoverg* de toekomst zien in, waarzeggen uit kristallen bol
scuba diving ['sk(j)u:bə'daiviŋ] *znw* duiken *o* met een zuurstoffles
scud [skʌd] *onoverg* hard lopen; (weg)snellen, (voort)jagen; scheepv lenzen
scuff [skʌf] *overg* afslijten [schoenen]
scuffle ['skʌfl] **I** *onoverg* plukharen, vechten; **II** *znw* kloppartij, verward handgemeen *o*
scull [skʌl] **I** *znw* wrikriem; **II** *overg & abs ww* wrikken; roeien
sculler *znw* wrikker; sculler, skiffeur
scullery ['skʌləri] *znw* bij-, achterkeuken
scullion ['skʌljən] *znw* vero bordenwasser, koks-

hulp

sculpt [skʌlpt] *onoverg* beeldhouwen

sculptor *znw* beeldhouwer

sculpture I *znw* beeldhouwen *o*, beeldhouwkunst; beeld(houw)werk *o*; **II** *overg* beeldhouwen; uithouwen, -snijden

scum [skʌm] *znw* metaalschuim *o*, schuim² *o*; fig uitvaagsel *o*, uitschot *o*

scummy *bn* met schuim bedekt, schuim-, schuimend

scupper ['skʌpə] **I** *znw* spij-, spuigat *o*; **II** *overg* gemeenz in de pan hakken; in de grond boren

scurf [skə:f] *znw* roos [op het hoofd]; schilfertjes

scurfy *bn* schilferig, schubbig, schurftig

scurrility [skʌ'riliti] *znw* grofheid, gemeenheid; gemene taal

scurrilous ['skʌriləs] *bn* grof, gemeen

scurry ['skʌri] **I** *onoverg* reppen, haasten, hollen, jachten; **II** *znw* gedraaf *o*, geloop *o*, gejacht *o*, jacht; loopje *o*, holletje *o*

scurvy ['skə:vi] **I** *bn* schunnig, gemeen, min; **II** *znw* scheurbuik

scut [skʌt] *znw* staartje *o* [v. konijn &]

scutcheon ['skʌtʃən] *znw* wapenschild *o*, sleutelschildje *o*; naamplaatje *o*

scutter ['skʌtə] *onoverg* gemeenz dartelen, reppen, hollen

1 scuttle ['skʌtl] *znw* kolenbak

2 scuttle ['skʌtl] **I** *znw* luik *o*, (lucht)gat *o*; **II** *overg* gaten boren in [een schip om te laten zinken], opzettelijk tot zinken brengen; fig de schepen achter zich verbranden

3 scuttle ['skʌtl] *onoverg* & *znw* = scurry; ~ *(out of it)* zich terugtrekken, gaan lopen

scythe [saið] **I** *znw* zeis; **II** *overg* maaien (met de zeis)

sea [si:] *znw* zee; stortzee, zeetje *o*; zeewater *o*; fig zee, overvloed, menigte; *there is a ~ on* de zee gaat hoog; *at ~* ter zee, op zee; *be (all) at ~* het mis hebben; in de war zijn; *beyond ~(s)* aan gene zijde van de oceaan; *by ~* over zee; *by the ~* aan zee; *by ~ and land* te land en ter zee; *on the ~* op zee; aan zee gelegen; *on the high ~s* in volle zee; *out at ~* op zee; *go to ~* naar zee gaan, zeeman worden; *put to ~* in zee steken, uitvaren; *within the four ~s* binnen de grenzen van Groot-Brittannië

sea bed *znw* zeebodem

seabird *znw* zeevogel

seaboard *znw* (zee)kust

sea-borne *bn* over zee vervoerd, overzees, zee-

sea breeze *znw* zeewind

sea-dog *znw* dierk hondshaai; dierk zeehond; scheepv zeerob

seafarer *znw* zeeman, zeevaarder

seafaring I *bn* zeevarend; ~ *man* zeeman; **II** *znw* varen *o*

seafood *znw* (gerechten van) zeevis, schaal- en schelpdieren

seafront *znw* zeekant; strandboulevard

seagoing *bn* zeevarend; zee-

sea-gull *znw* zeemeeuw

sea-horse *znw* dierk zeepaardje *o*

1 seal [si:l] **I** *znw* (*mv* idem *of* -s) dierk zeehond, rob; robbenvel *o*; **II** *onoverg* op de robbenvangst gaan (zijn)

2 seal [si:l] **I** *znw* zegel² *o*, cachet *o*, lak; stempel² *o* & *m*; bezegeling; techn (af)sluiting; *Great S~* grootzegel *o*, rijkszegel *o*; *give one's ~ of approval to* zijn goedkeuring hechten aan; *put (set) one's ~ to* zijn zegel hechten aan; *put (set) one's ~ on* zijn stempel drukken op; *under ~* verzegeld; gezegeld; *under (the) ~ of...* onder het zegel van...; *this set (put) the ~ on our friendship* dit bezegelde onze vriendschap; **II** *overg* zegelen, lakken, sluiten, verzegelen (ook: ~ *down*, ~ *up*); bezegelen, stempelen; ~ *off* afsluiten; mil afgrendelen; ~ *up* ook: dichtsolderen, dichtplakken; *a ~ed book* fig een gesloten boek; *my lips are ~ed* ik zeg niks, ik mag niks zeggen

sea-lane ['si:lein] *znw* vaargeul

sea-lawyer *znw* geringsch dwarsliggende zeeman

sea-legs *znw mv* zeebenen

sealer ['si:lə] *znw* **1** robbenjager; robbenschip *o*; **2** (ver)zegelaar; ijker

sea-level ['si:levl] *znw* zeespiegel

sealing-wax ['si:liŋwæks] *znw* (zegel)lak *o* & *m*

sea-lion ['si:laiən] *znw* zeeleeuw

seal-ring ['si:liŋ] *znw* zegelring

sealskin ['si:lskin] *znw* robbenvel *o*; (mantel & van) seal(skin) *o* [= bont]

seam [si:m] *znw* naad; litteken *o*; mijnader, dunne (kolen)laag; *be bursting at the ~s* te klein zijn, overvol zijn; *come apart at the ~s* tornen, losgaan; fig mislukken, beginnen uit elkaar te vallen; **II** *overg* aaneennaaien; met littekens tekenen; ~*ed nylons* nylons met naad

seaman ['si:mən] *znw* zeeman, matroos

seaship *znw* zeemanschap *o*, zeevaartkunde

sea-mark ['si:ma:k] *znw* zeebaak

seamew *znw* zeemeeuw

seamless ['si:mlis] *bn* zonder naad, naadloos

seamstress ['semstris] *znw* naaister

seamy ['si:mi] *bn* niet zo mooi, onaangenaam; *the ~ side* de lelijke of ongunstige kant, de keerzijde van de medaille; de zelfkant [v. stad &]

seance, séance ['seia:ns] *znw* seance, (spiritistische) zitting

seaplane *znw* luchtv watervliegtuig *o*

seaport *znw* zeehaven, havenstad

sea power *znw* zeemogendheid, zeemacht

sea-quake *znw* zeebeving

sear [siə] **I** *bn* plechtig droog, dor; **II** *overg* doen verdorren; schroeien, dichtschroeien, uitbranden, verschroeien²; ~*ing heat* verzengende hitte; ~*ing words* striemende woorden

sea-ranger ['si:rein(d)ʒə] *znw* zeeverkenster, watergids

search [sə:tʃ] **I** *overg* onderzoeken; doorzoeken, afzoeken, visiteren, fouilleren; peilen; ~ *me!* gemeenz ik heb geen idee!; ~ *out* uitvorsen; **II** *onoverg* zoeken; ~ *for* zoeken naar; ~ *into* onderzoeken; **III** *znw* doorzoeking, zoeken *o* &; visitatie, fouillering; onderzoek *o*; speurtocht; ~ *of the house* huiszoeking; *a* ~ *was made for it* men zocht er naar; *in* ~ *of* op zoek naar, om... te vinden

searcher *znw* (onder)zoeker

searching I *bn* onderzoekend, doordringend; diepgaand, grondig; **II** *znw* onderzoek *o*

searchlight *znw* zoeklicht *o*

search-party *znw* op zoek uitgezonden troep of manschappen

search-warrant *znw* machtiging tot huiszoeking

sea-room ['si:rum] *znw* ruimte om te manoeuvreren, bewegingsruimte

sea-rover *znw* zeeschuimer; kaperschip *o*

seascape *znw* zeegezicht *o*, zeestuk *o*

sea-scout *znw* zeeverkenner

seashell *znw* schelp

sea-shore ['si:'ʃɔ:] *znw* zeekust

seasick *bn* zeeziek

seasickness *znw* zeeziekte

seaside I *znw* ['si:'said] zeekant; *go to the* ~ naar een badplaats aan zee gaan; **II** *bn* ['si:said] aan zee (gelegen); bad-

season ['si:zn] **I** *znw* seizoen *o*; tijd; tijdperk *o*, jaargetijde *o*; drukke tijd; jachtseizoen *o*; vakantieperiode; bronsttijd; *London for the* ~ de Londense uitgaansperiode; *in* ~ tijdig, te rechter tijd, van pas; *in due* ~ mettertijd; *in* ~ *and out of* ~ te pas en te onpas; *strawberries are in* ~ het is nu de tijd van de aardbeien; *out of* ~ buiten het seizoen; ontijdig; *they are out of* ~ het is er nu het seizoen niet voor; **II** *overg* toebereiden, kruiden[2], smakelijk maken; rijp laten worden, (goed) laten drogen; temperen; gewennen (aan het klimaat *to the climate*); fig konfijten (in *in*); **III** *onoverg* rijp worden, drogen

seasonable *bn* geschikt, gelegen; te rechter tijd, van pas (komend); ~ *weather* weer voor de tijd van het jaar

seasonal *bn* van het seizoen, seizoen-

seasoned *bn* belegen [wijn &]; fig gehard; beproefd; doorkneed; verstokt; doorgewinterd

seasoning *znw* kruiderij[2]

season-ticket ['si:zn'tikit] *znw* abonnementskaart

seat [si:t] **I** *znw* zitting; (zit)plaats; bank, stoel, plechtig zetel; buitenplaats, buiten *o*; zit; kruis *o* [v. broek]; zitvlak *o*; bril [van wc]; ~*s, please!* instappen!; *the* ~ *of war* het toneel van de oorlog; *have a good* ~ goed te paard zitten; *keep one's* ~ blijven zitten; in het zadel blijven; *resign one's* ~ zijn mandaat neerleggen; *take a* ~ gaan zitten, plaats nemen; *take a back* ~ op de achtergrond blijven; *by the* ~ *of one's pants* op zijn gevoel, met fingerspitzengefühl, gevoelsmatig; **II** *overg* (neer)zetten, doen zitten, laten zitten; plaatsen; van zitplaatsen voorzien; (zit)plaats bieden aan; van een zitting (kruis) voorzien [stoel, broek]; *be* ~*ed* zitten; zetelen; gelegen zijn; *be* ~*ed!* gaat u zitten!; **III** *wederk*: ~ *oneself* gaan zitten

seat-belt *znw* veiligheidsgordel

seating *znw* plaatsen *o*; ~ *(accommodation)* zitplaats, -plaatsen

sea-urchin ['si:ə:tʃin] *znw* zee-egel

sea-wall *znw* zeewering

seaward(s) *bijw* zeewaarts

sea-way *znw* zeeweg, doorvaart, vaargeul

seaweed *znw* zeegras *o*, zeewier *o*

seaworthy *bn* zeewaardig

sebaceous [si'beiʃəs] *bn* vetachtig, vet-; ~ *gland* talgklier

sebum ['si:bəm] *znw* talg

sec [sek] *afk.* = *second* seconde; *just a* ~ een ogenblikje *o*

secant ['si:kənt] **I** *bn* snijdend; **II** *znw* snijlijn

secateurs ['sekətə:z] *znw (mv)* snoeischaar

secede [si'si:d] *onoverg* zich terugtrekken, zich afscheiden, afsplitsen (van *from*)

seceder *znw* afvallige, afgescheidene

secession [si'seʃən] *znw* afscheiding

secessionist *znw* voorstander van afscheiding

seclude [si'klu:d] *overg* uit-, buitensluiten; afzonderen

secluded *bn* afgezonderd

seclusion [si'klu:ʒən] *znw* uitsluiting; afgesloten ligging; afzondering

1 second ['sekənd] **I** *telw* & *bn* tweede, ander; ~ *Chamber* Tweede Kamer [buiten Engeland]; ~ *biggest* op een na (de) grootste; ~ *coming* wederkomst van Christus; ~ *cousin* achterneef, -nicht; ~ *name* achternaam; *a (for the)* ~ *time* een tweede maal, nog eens; de tweede keer; *every* ~ *day* om de andere dag; *the* ~ *two* het tweede paar = het derde en vierde; *be* ~ *to none* voor niemand onderdoen; **II** *bijw* in de tweede plaats; **III** *znw* tweede, nummer twee; tweede prijs(winner); muz tweede stem; secondant; getuige, helper; seconde; auto tweede versnelling; ~*s* ook: tweede soort, tweede keus; tweede portie [bij maaltijd]; **IV** *overg* bijstaan, helpen, ondersteunen; steunen [motie]; seconderen; ~ *words with deeds* daden laten volgen op woorden

2 second [si'kɔnd] *overg* detacheren

secondary ['sekəndəri] *bn* ondergeschikt, bijkomend; secundair, bij-; ~ *education* middelbaar onderwijs *o*; ~ *school* middelbare school

secondary modern *znw* Br ± mavo

second(-)best ['sekəndbest] *znw* minder volmaakt iets; minder van kwaliteit, tweede keus; *it's a* ~ men neemt er genoegen mee, behelpt er zich mee (bij gebrek aan beter); *my* ~ *suit* mijn doordeweekse pak *o*; *come off* ~ ['sekənd'best] maar een tweede prijs krijgen; fig aan het kortste eind trekken

second-class *bn* tweedeklas, tweederangs

seconder

seconder ['sekǝndǝ] *znw* steuner van een motie

second-guess ['sekǝnd'ges] *onoverg* het achteraf wèl weten; achteraf een oordeel/kritiek hebben

second-hand ['sekǝnd'hænd] *bn & bijw* uit de tweede hand, tweedehands, gebruikt, oud; ~ *book-seller* handelaar in oude boeken

second hand ['sekǝndhænd] *znw* secondewijzer

second-in-command ['sekǝndinkǝ'ma:nd] *znw* onderbevelhebber

secondly ['sekǝndli] *bijw* ten tweede

secondment ['sekǝndmǝnt] *znw* detachering; *on* ~ tijdelijk gedetacheerd

second-rate ['sekǝndreit] *bn* tweederangs-

second(s) hand ['sekǝndzhænd] *znw* secondewijzer

second sight ['sekǝnd'sait] *znw* tweede gezicht *o*, helderziendheid

secrecy ['si:krisi] *znw* geheimhouding, stilzwijgen *o*; heimelijkheid; geheim *o*; verborgenheid; *in* ~ in het geheim

secret I *bn* geheim; geheimhoudend; heimelijk, verborgen; *in his* ~ *heart* in de grond van zijn hart; ~ *agent* spion, geheim agent; ~ *police* geheime politie; ~ *service* geheime (inlichtingen)dienst; **II** *znw* geheim *o*; *in* ~ in het geheim, stilletjes; *be in on the* ~ in het geheim ingewijd zijn

secretarial [sekrǝ'tɛǝriǝl] *bn* als (van) een secretaris of secretaresse; secretariaats-

secretariat *znw* secretariaat *o*

secretary ['sekrǝt(ǝ)ri] *znw* secretaris, geheimschrijver; minister; secretaire; *S~ of State* minister; Am minister van Buitenlandse Zaken

secretary-general *znw* (*mv*: secretaries-general) secretaris-generaal

secrete [si'kri:t] *overg* verbergen, (ver)helen (voor *from*); afscheiden

secretion *znw* verbergen *o*; afscheiding

secretive ['si:kritiv] *bn* geheimhoudend; heimelijk, geheimzinnig (doend)

secretly ['si:kritli] *bijw* heimelijk; in het geheim, stilletjes; in zijn hart, in stilte

secretory [si'kri:tǝri] *bn* afscheidend, afscheidings-

sect [sekt] *znw* sekte, gezindte

sectarian [sek'tɛǝriǝn] **I** *bn* sektarisch, sekte-; fig dogmatisch, kleingeestig; **II** *znw* sektariër, aanhanger van een sekte; fig fanatiekeling

sectarianism *znw* sektarisme *o*

sectary ['sektǝri] *znw* sektariër; hist dissenter

section ['sekʃǝn] *znw* snijding, sectie°; afdeling; paragraaf; gedeelte *o*, deel *o*; groep; traject *o*, baanvak *o*; (door)snede, profiel *o*; coupe [voor microscopisch onderzoek]

sectional *bn* van een sectie, sectie-; groeps-; uit afzonderlijke delen bestaand

sectionalism *znw* particularisme *o*

section-mark *znw* paragraafteken *o* (§)

sector ['sektǝ] *znw* sector°; hoekmeter

secular ['sekjulǝ] *bn* wereldlijk, profaan; seculier;

leken-

secularism ['sekjulǝrizm] *znw* secularisatie

secularity [sekju'læriti] *znw* wereldlijk karakter *o*; wereldsgezindheid

secularization [sekjulǝrai'zeiʃǝn] *znw* secularisatie

secularize ['sekjulǝraiz] *overg* seculariseren

secure [si'kjuǝ] **I** *bn* zeker (van *of*); veilig (voor *against, from*), geborgen; goed vast(gemaakt), stevig; **II** *overg* in veiligheid brengen, (goed) vastmaken, -zetten, -binden, (op)sluiten; versterken [kisten &]; beveiligen, garantie, (onder)pand *o*, (waar)borg; *securities* ook: effecten, fondsen; *social* ~ sociale verzekering; ~ *police* militaire politie; *a* ~ *risk* een (politiek) onbetrouwbaar persoon

Security Council *znw* Veiligheidsraad

sedan [si'dæn] *znw* draagstoel (ook: ~ *chair*); sedan [auto]

sedate [si'deit] **I** *bn* bezadigd, kalm, rustig; **II** *overg* med kalmerende middelen geven

sedation *znw* sedatie, kalmering

sedative ['sedǝtiv] *bn* (*znw*) sedatief (*o*), kalmerend (middel *o*), kalmeringsmiddel *o*

sedentary ['sedntǝri] *bn* zittend, op één plaats blijvend; een vaste woon- of standplaats hebbend

sedge [sedʒ] *znw* plantk zegge

sediment ['sedimǝnt] *znw* neerslag, bezinksel *o*

sedimentary [sedi'mentǝri] *bn* sedimentair

sedimentation [sedimen'teiʃǝn] *znw* bezinking; ~ *rate* bezinkingssnelheid

sedition [si'diʃǝn] *znw* opruiing; oproer *o*

seditious *bn* opruiend; oproerig

seduce [si'dju:s] *overg* verleiden (tot *to, into*)

seducer *znw* verleider

seducible *bn* te verleiden

seduction [si'dʌkʃǝn] *znw* verleiding; verleidelijkheid

seductive *bn* verleidelijk

sedulity [si'dju:liti] *znw* naarstigheid

sedulous ['sedjulǝs] *bn* naarstig, ijverig, nijver, onverdroten

1 see [si:] *znw* (aarts)bisschopszetel; (aarts)bisdom *o*; *Holy S~* Heilige Stoel

2 see [si:] (saw; seen) **I** *overg* zien, gaan zien; inzien, begrijpen, snappen; spreken, be-, opzoeken; ontvangen, te woord staan; brengen [iem. naar huis]; beleven, meemaken; er voor zorgen (dat); *I ~!* ah juist!, jawel!, nu snap ik het!; *(you)* ~? begrijp je?; ~ *you!* tot ziens!; ~ *the back of...* weg zien gaan; afkomen [v. bezoeker]; *have seen better days* betere dagen gekend hebben; ~ *a doctor* een dokter raadplegen, naar een dokter gaan; ~ *life* zien wat er in de wereld te koop is; ~ *things* gemeenz hallucinaties hebben; ~ *things differently* de zaak anders beschouwen, een andere kijk op de zaak hebben; zie ook: *fit I,* ¹*light I; I can* ~ *a car* ik zie een auto; *I cannot* ~ *myself submitting to it* ik kan me niet voorstellen dat ik me daaraan zou onderwerpen; **II** *onoverg* zien, kijken; ~ *about* overwegen; ik zal er eens over denken; *we'll* ~ *about* we zullen zien (of het kan); *we'll* ~ *about that!* dat zullen we nog weleens zien!, daar komt niets van in!; ~ *after it* er voor zorgen; *he does not* ~ *beyond the end of his nose* hij ziet niet verder dan zijn neus lang is; ~ *sbd. downstairs* iem. naar beneden brengen; ~ *sbd. in* iem. binnenlaten; *I must* ~ *into it* dat moet ik eens onderzoeken; ~ *sbd. off* iem. uitgeleide doen, wegbrengen; *fig* iem. de loef afsteken; ~ *out* [iem.] uitlaten; [iets] doorzetten; ~ *over the house* het huis zien; ~ *through sbd.* iem. doorzien; iem. erdoor helpen; ~ *the thing through* de zaak doorzetten, tot het eind toe volhouden; ~ *to sth.* voor iets zorgen, zorg dragen voor; ~ *to bed* naar bed brengen; ~ *to the door* uitgeleide doen, uitlaten; ~ *to it that...* er voor zorgen (toezien) dat...

seed [si:d] **I** *znw* **1** zaad² *o*; zaadje *o*; pit [v. (sinaas)appel &]; *fig* ook: kiem, nakomelingschap; **2** = *seeded player* zie *seed III; go (run) to* ~ in het zaad schieten; verwilderen [v. tuin &]; *go to* ~ *fig* verlopen [zaak]; **II** *onoverg* in het zaad schieten; **III** *overg* **1** (be)zaaien; het zaad (de pitten) halen uit; **2** *sp* selecteren, plaatsen; ~*ed player* geplaatste speler; *Sampras was* ~*ed number 2* Sampras was als tweede geplaatst; ~ *the players* *sp* spelers van dezelfde kracht tegen elkaar laten uitkomen

seedbed *znw* zaaibed *o*; kweekplaats; *fig* broeinest *o*
seedcake *znw* kruidkoek
seed-corn *znw* zaaikoren *o*
seedless *bn* zonder pit(ten) [v. vrucht]
seedling *znw* zaaiplant, zaailing
seed-potato *znw* pootaardappel
seedsman *znw* zaadhandelaar
seed-vessel *znw* zaadhuisje *o*
seedy *bn gemeenz* sjofel, verlopen, kaal; *gemeenz* niet lekker, gammel
seeing ['si:iŋ] **I** *bn* ziende; **II** *voegw* aangezien (ook: ~ *that*); **III** *znw* zien *o*
seek [si:k] (sought; sought) **I** *overg* (op)zoeken°, trachten (te krijgen), streven naar, vragen (om) [raad &]; *...of your own* ~*ing* die je zelf gezocht hebt; ~ *out* (op)zoeken, opsporen; **II** *onoverg* zoeken; ~ *after* zoeken; *much sought after* (zeer) gezocht, veel gevraagd; ~ *for* zoeken (naar)
seeker *znw* zoeker², onderzoeker
seem [si:m] *onoverg* schijnen, toeschijnen, lijken; *it* ~*s to me* ook: mij dunkt, het komt me voor
seeming *bn* ogenschijnlijk, schijnbaar
seemingly *bijw* ogenschijnlijk, naar het schijnt, in schijn, schijnbaar
seemly ['si:mli] *bn* betamelijk, gepast
seen [si:n] V.D. van ²*see*

seep [si:p] *onoverg* sijpelen
seepage *znw* sijpeling
seer ['siə] *znw* ziener, profeet
seesaw ['si:sɔ:] **I** *znw* wip(plank); wippen *o*; op- en neergaan; *fig* schommeling; **II** *onoverg* wippen; op- en neergaan; *fig* schommelen [in de politiek]; **III** *bn* op- en neergaand; *fig* schommelend
seethe [si:ð] *onoverg* zieden², koken², in beroering (beweging) zijn²
see-through ['si:θru:] *bn* doorkijk- [jurk, blouse &]
segment I *znw* ['segmənt] *znw* segment *o*; partje *o* [v. sinaasappel]; **II** *(onoverg &) overg* [seg'ment] (zich) verdelen in segmenten
segregate ['segrigeit] *(onoverg &) overg* (zich) afzonderen, afscheiden
segregation [segri'geiʃən] *znw* afzondering, afscheiding, segregatie
seigniorage ['seinjəridʒ] *znw* hist [vorstelijk] voorrecht *o*
seigniory *znw* hist heerlijkheid
seine [sein] *znw* zegen [treknet]
seismic ['saizmik] *bn* aardbevings-
seismograph ['saizməgra:f] *znw* seismograaf
seismology [saiz'mɔlədʒi] *znw* seismologie
seismometer [saiz'mɔmitə] *znw* seismometer
seize [si:z] **I** *overg* (aan)grijpen, (beet)pakken, vatten; in beslag nemen, beslag leggen op, (in bezit) nemen, bemachtigen, opbrengen [schip]; aantasten; bevangen; *scheepv* sjorren; ~*d by apoplexy* door een beroerte getroffen; ~*d with fear* door vrees aangegrepen; **II** *onoverg* techn vastlopen (ook: ~ *up*); *mend* verstijven; ~ *(up)on* (gretig) aangrijpen, zich meester maken van²
seizure ['si:ʒə] *znw* bezitneming; beslaglegging; arrestatie; (plotselinge) aanval; beroerte; overmeestering
seldom ['seldəm] *bijw* zelden
select [si'lekt] **I** *bn* uitgekozen, uitgezocht, uitgelezen; keurig, fijn, chic; **II** *overg* (uit)kiezen, uitzoeken, selecteren
selection *znw* keur, keuze; selectie; ~*s* ook: uitgezochte stukken
selective *bn* selectief
selector *znw* (uit)kiezer, sorteerder; *sp* lid *o* van een keuzecommissie
selenology [seli'nɔlədʒi] *znw* maankunde
self [self] *znw* (*mv*: selves [selvz]) (zijn) eigen persoon; ego *o*, ik(heid); eigenliefde; *the consciousness of* ~ het zelfbewustzijn; *love of* ~ eigenliefde; *my better* ~ mijn beter ik; *my former* ~ wat ik was, de oude; *he is quite his old* ~ hij is weer helemaal de oude; *his other (second)* ~ zijn andere ik; *my poor* ~ mijn persoontje
self-absorbed *bn* egocentrisch
self-abuse *znw* masturbatie
self-acting *bn* automatisch
self-adhesive *bn* zelfklevend, zelfplakkend
self-adjusting *bn* zichzelf stellend of regulerend

self-addressed envelope

self-addressed envelope *znw* envelop met het eigen adres erop [t.b.v. retourzending]

self-appointed *bn* zich uitgevend voor [koning &]; zichzelf gesteld [taak]

self-assertion *znw* geldingsdrang; zelfbewustheid, aanmatiging

self-assertive *bn* uiterst zelfverzekerd; aanmatigend

self-assurance *znw* zelfverzekerdheid

self-assured *bn* zelfverzekerd

self-catering I *znw* (hotel)accommodatie met keuken; **II** *bn* [accomodatie] met kookgelegenheid

self-centred *bn* egocentrisch

self-complacent *bn* zelfvoldaan

self-conceit *znw* verwaandheid

self-conceited *bn* verwaand

self-confessed *bn* openlijk, onverholen

self-confidence *znw* zelfvertrouwen *o*

self-confident *bn* op zichzelf vertrouwend, zelfbewust; zeker, overtuigd

self-conscious *bn* **1** (met zijn figuur) verlegen, schuchter, onzeker; **2** zich van zichzelf bewust

self-contained *bn* zichzelf genoeg zijnd; eenzelvig, gereserveerd; op zichzelf staand; vrij(staand) [huis]; techn compleet

self-contradictory *bn* tegenstrijdig, zichzelf tegensprekend

self-control *znw* zelfbeheersing

self-deception *znw* zelfbedrog *o*

self-defeating *bn* averechts, contraproductief

self-defence *znw* zelfverdediging, noodweer

self-denial *znw* zelfverloochening

self-determination *znw* zelfbeschikking

self-discipline *znw* zelfdiscipline

self-doubt *znw* onzekerheid, twijfel aan zichzelf

self-drive (car hire) *znw* autoverhuur zonder chauffeur

self-educated *bn*: ~ man autodidact

self-effacement *znw* bescheidenheid; terughoudendheid

self-effacing *bn* bescheiden; terughoudend

self-employed *bn* handel zelfstandig; *the* ~ de kleine zelfstandigen

self-esteem *znw* gevoel *o* van eigenwaarde, zelfgevoel *o*

self-evident *bn* duidelijk; vanzelfsprekend

self-examination *znw* gewetensonderzoek *o*

self-existent *bn* zelfstandig bestaand

self-explanatory *bn* voor zichzelf sprekend

self-expression *znw* zelfuitdrukking, zelfexpressie, zelfontplooiing

self-forgetful *bn* onzelfzuchtig

self-fulfilling *bn* zichzelf vervullend

self-governing *bn* autonoom, zichzelf besturend

self-government *znw* autonomie, zelfbestuur *o*

self-help *znw* zelfredzaamheid, het zichzelf helpen

self-importance *znw* eigendunk, gewichtigheid, ingebeeldheid

self-important *bn* gewichtig (doend), verwaand

self-imposed *bn* zichzelf opgelegd

self-indulgence *znw* genotzucht

self-indulgent *bn* genotzuchtig, gemakzuchtig

self-inflicted *bn* door zichzelf toegebracht/teweeggebracht

self-interest *znw* eigenbelang *o*

self-interested *bn* baatzuchtig

selfish *bn* zelfzuchtig, baatzuchtig, egoïstisch

selfishness *znw* zelfzucht, baatzucht, egoïsme *o*

selfless *bn* onbaatzuchtig

self-love *znw* eigenliefde

self-made *bn* eigengemaakt, door eigen inspanning; *a* ~ *man* een selfmade man

self-opinion *znw* ingebeeldheid, eigenwaan

self-opinonated *bn* ingebeeld, eigenwijs

self-pity *znw* zelfbeklag *o*, zelfmedelijden *o*

self-portrait *znw* zelfportret *o*

self-possessed *bn* kalm, beheerst

self-possession *znw* zelfbeheersing

self-praise *znw* eigen lof; ~ *is no recommendation* eigen lof (roem) stinkt

self-preservation *znw* zelfbehoud *o*

self-raising flour *znw* zelfrijzend bakmeel *o*

self-realization *znw* zelfontplooiing

self-registering *bn* automatisch registrerend

self-reliant *bn* niet op een ander aangewezen zijnd

self-respect *znw* zelfrespect *o*

self-respecting *bn* zichzelf respecterend

self-righteous *bn* eigengerechtigd

self-sacrifice *znw* zelfopoffering

self-same *bn* dezelfde, identiek

self-satisfied *bn* zelfvoldaan

self-seeking I *znw* zelfzucht; **II** *bn* zelfzuchtig

self-service I *znw* zelfbediening; **II** *bn* zelfbedienings-

self-starter *znw* auto automatische starter, zelfstarter; fig zelfstandige, ambitieuze medewerker

self-styled *bn* zich noemend, zogenaamd

self-sufficiency *znw* zelfstandigheid; autarkie; zelfgenoegzaamheid

self-sufficient *bn* zelfstandig; autarkisch; zelfgenoegzaam

self-supporting *bn* zichzelf bedruipend, in eigen behoeften voorziend

self-taught *bn* zelf geleerd; voor zelfonderricht; *a* ~ *man* een autodidact

self-will *znw* eigenzinnig-, koppigheid

self-willed *bn* eigenzinnig, koppig

1 sell [sel] (sold; sold) **I** *overg* verkopen (ook = aan de man brengen, ingang doen vinden, populair maken); verraden; slang beetnemen; ~ *oneself* fig zichzelf verkopen, zichzelf aanprijzen; ~ *oneself short* zichzelf slecht verkopen, zich te kort doen; ~ *sbd. a pup* iem. knollen voor citroenen verkopen; ~ *by auction* veilen; ~ *sbd. down the river* iem. als een baksteen laten vallen; iem. een loer draaien; ~ *off* (uit)verkopen; ~ *sbd. on* slang iem. winnen voor;

be sold on ingenomen zijn met, wild zijn van; ~ out verkopen; liquideren; ~ up iems. boeltje laten verkopen; **II** onoverg & abs ww verkopen, verkocht worden; ~ well (veel) aftrek vinden; ~ like hot cakes als warme broodjes over de toonbank gaan; ~ out uitverkocht raken; be (have) sold out of niet meer in voorraad hebben; ~ out to gemeenz gemene zaak maken met; zichzelf verkwanselen aan, overlopen naar; ~ up opheffingsuitverkoop houden, zijn zaak sluiten; zie ook: arrive

2 sell [sel] znw: hard (soft) ~ agressieve (beschaafde) verkoop(methode); agressief (gemoedelijk) reclamepraatje o

sell-by date znw uiterste verkoopdatum

seller znw verkoper; ~'s market handel verkopersmarkt

selling point znw pluspunt o, (bijkomend) voordeel o

selling price znw verkoopprijs

sellotape ['selouteip] **I** znw plakband o; **II** overg met plakband bevestigen

sell-out znw gemeenz verraad o; uitverkochte zaal (voorstelling &), succes(stuk) o

selvage, selvedge ['selvidʒ] znw zelfkant

selves [selvz] mv v. self

semantic [si'mæntik] bn semantisch

semantics znw semantiek

semaphore ['seməfɔ:] znw semafoor, seinpaal

semasiology [simeisi'ɔlədʒi] znw = semantics

semblance ['sembləns] znw schijn, gelijkenis, voorkomen o

semen ['si:men] znw sperma o, zaad o

semester [si'mestə] znw Am semester o, halfjaar o

semi ['semi] **I** voorv (in samenst.) half-; **II** bn min of meer, zo'n beetje; **III** znw Am half-vrijstaand huis o

semibreve znw muz hele noot

semicircle znw halve cirkel

semicircular bn halfrond

semicolon znw puntkomma

semi-conductor znw halfgeleider

semi-conscious bn halfbewust

semi-detached bn half-vrijstaand

semifinal znw halve finale

semi-finalist znw deelnemer aan de halve finale, halve-finalist

semi-finished bn = semi-manufactured

semilunar bn halvemaanvormig

semi-manufactured bn: ~ article halffabrikaat o

seminal ['si:minl] bn van het zaad; zaad-, kiem-, grond-; vol mogelijkheden voor de toekomst

seminar ['semina:] znw werkcollege o; seminar

seminarist znw seminarist

seminary znw RK seminarie o; vero (kweek)school

semi-official [semiə'fiʃəl] bn officieus

semi-precious bn: ~ stone halfedelsteen

semiquaver znw muz zestiende noot

semi-skilled bn halfgeschoold

Semite ['si:mait, 'semait] znw Semiet

Semitic [si'mitik] bn Semitisch

semitone ['semitoun] znw muz halve toon

semi-trailer znw auto oplegger

semivowel znw halfklinker

semolina [semə'li:nə] znw griesmeel o

sempiternal [sempi'tə:nəl] bn plechtig eeuwig(durend)

sempstress ['sem(p)stris] znw = seamstress

senate ['senit] znw senaat, raad

senator ['senətə] znw raadsheer; senator

senatorial [senə'tɔ:riəl] bn senatoriaal, senaats-

1 send [send] (sent; sent) **I** overg zenden, (uit-) sturen, uit-, over-, af-, verzenden; jagen, schieten, slaan, gooien, trappen &; slang in extase brengen, meeslepen; these words sent him crazy (mad, off his head) deze woorden maakten hem dol; the blow sent him tumbling de slag deed hem tuimelen; (God) ~ her victorious God make haar overwinnend; **II** onoverg zenden; ~ sbd. about his business iem. de laan uitsturen, iem. afpoeieren; ~ away wegzenden; ~ away for bestellen (per post); ~ back terugzenden; ~ down naar beneden zenden; wegzenden [student]; naar beneden doen gaan [temperatuur]; ~ for laten halen (komen), ontbieden, zenden om; ~ forth uitzenden; verspreiden, afgeven [een geur]; krijgen [bladeren]; ~ in inzenden; afgeven [kaartje]; inzetten [leger, politie]; ~ in one's name zich laten aandienen; ~ off wegzenden; verzenden; uitgeleide doen [persoon]; sp uit het veld sturen; ~ off for = send away for; ~ on doorzenden; ~ out (uit)zenden, rondzenden; verspreiden [geur]; krijgen [bladeren]; ~ round laten rondgaan [schaal &], (rond)zenden; ~ up naar boven zenden; lanceren; gemeenz voor de gek houden; parodiëren, persifleren

2 send [send] znw golfbeweging, stuwkracht

sender znw zender, af-, inzender

send-off znw attentie of huldiging bij iemands vertrek; give sbd. a (warm) ~ iem. feestelijk uitgeleide doen

send-up znw gemeenz parodie, persiflage

Senegal [seni'gɔ:l] znw Senegal o

Senegalese [seniɡə'li:z, -ɡɔ:'li:z] znw (mv idem) & bn Senegalees

senescent [si'nesənt] bn oud wordend

seneschal ['seniʃəl] znw hist hofmeier

senile ['si:nail] bn seniel, ouderdoms-

senility [si'niliti] znw seniliteit, ouderdom(szwakte)

senior ['si:njə] **I** bn ouder, oudste (in rang), senior; hoog, hoger, hoofd- [v. ambtenaren, officieren &]; ~ citizen vijfenzestigplusser; ~ clerk eerste bediende; **II** znw oudere (persoon, leerling, officier); oudste in rang; he is my ~ (by a year) hij is (een jaar) ouder dan ik

seniority [si:ni'ɔriti] znw **1** anciënniteit; **2** status, superioriteit; by ~ naar anciënniteit

senna ['senə] znw **1** plantk cassia, seneplant; **2** gedroogde senebladeren; ~ **pod** senepeul

sensation [sen'seiʃən] znw gewaarwording, gevoel o, aandoening; opzien o, opschudding, sensatie; *cause (create, make) a* ~ opzien baren, opschudding teweegbrengen

sensational bn sensationeel, opzienbarend, geweldig, verbluffend; sensatie- [krant &]; gewaarwordings-, gevoelend

sensationalism znw zucht naar sensatie, sensatie(-gedoe o); sensualisme o

sensationalist [sen'seiʃənəlist] I znw op sensatie belust persoon, sensatiezoeker; II bn sensatie- [pers &]

sense [sens] I znw gevoel o, zin° (ook = betekenis); zintuig o; verstand o; besef o; begrip o; gevoelen o; ~s zinnen; verstand o; *common* ~ gezond verstand o; *sixth* ~ zesde zintuig o; ~ *of beauty* zin voor het schone, schoonheidsgevoel o; *he had the (good)* ~ *to...* hij was zo verstandig om...; *there is no* ~ *in...* het heeft geen zin om...; *what is the* ~ *of...?* wat voor zin heeft het om...?; *bring sbd. to his* ~s iem. tot bezinning brengen; *he lost his* ~s hij werd gek; *make* ~ iets betekenen, zinnig zijn; *make* ~ *of sth.* uit iets wijs worden; *have you taken leave of your* ~s? ben je niet goed (wijs)?; *talk* ~ verstandig praten; *from a* ~ *of duty* uit plicht(s)besef, uit plicht(s-)gevoel; *in a (certain)* ~, *in some* ~ in zekere zin; *in every* ~ ook: in ieder opzicht; *in the narrow* ~ in engere zin; *in no* ~ in het geheel niet; *no man in his* ~s niemand, die zijn zinnen goed bij elkaar heeft, geen zinnig mens; *he is not quite in his* ~s hij is niet goed bij zijn zinnen; *a man of* ~ een verstandig man; *be out of one's* ~s niet goed (bij zijn zinnen) zijn; buiten zichzelf zijn; *be frightened out of one's* ~s half dood zijn van de schrik; *come to one's* ~s bijkomen, weer tot bewustzijn komen; fig tot inkeer komen; II overg gewaarworden, merken; begrijpen; fig ruiken [gevaar, bedrog &]

senseless bn zinloos; bewusteloos; onverstandig; onzinnig, dwaas

sense-organ znw zintuig o

sensibility [sensi'biliti] znw sensibiliteit, gevoeligheid, gevoel o, ontvankelijkheid; lichtgeraaktheid, overgevoeligheid

sensible ['sensibl] bn verstandig; praktisch [kleding &]; waarneembaar

sensibly bijw v. sensible; ook: erg, zeer

sensitive ['sensitiv] I bn (fijn)gevoelig, teergevoelig, sensibel; gevoels-; ~ *plant* kruidje-roer-me-niet o (*Mimosa pudica*); ~ *subject* teer (pijnlijk) onderwerp o; II znw sensitief persoon, medium o, paragnost

sensitiveness znw gevoeligheid

sensitivity [sensi'tiviti] znw gevoeligheid

sensitization [sensitai'zeiʃən] znw sensibilisatie, gevoelig maken o

sensitize ['sensitaiz] overg sensibiliseren, gevoelig maken

sensor ['sensə] znw sensor

sensorial [sen'sɔːriəl] bn zintuiglijk, gevoels-

sensorium [sen'sɔːriəm] znw (mv: -s of sensoria [-riə]) zetel der gewaarwordingen; bewustzijn o

sensory ['sensəri] bn zintuiglijk

sensual ['sensjuəl] bn zinnelijk, sensueel

sensualism znw zinnelijkheid, wellust

sensualist znw zinnelijk mens, sensualist

sensuality [sensju'æliti] znw zinnelijkheid, sensualiteit

sensuous ['sensjuəs] bn zinnelijk

sent [sent] V.T. & V.D. van ¹*send*

sentence ['sentəns] I znw vonnis o, gerechtelijke beslissing; (vol)zin; ~ *of death* doodvonnis o; *under* ~ *of death* ter dood veroordeeld; II overg vonnissen, veroordelen (ook: *give* ~)

sententious [sen'tenʃəs] bn opgeblazen, bombastisch, banaal

sentient ['senʃənt] bn gewaarwordend, gevoelhebbend; (ge)voelend; gevoels-

sentiment ['sentimənt] znw gevoel o, ook: gevoeligheid; sentimentaliteit; gevoelen o, mening

sentimental [senti'mentl] bn sentimenteel; op gevoelsoverwegingen gegrond, gevoels-

sentimentalism znw sentimentaliteit, sentimenteel gedoe o

sentimentalist znw sentimenteel iemand

sentimentality [sentimen'tæliti] znw overdreven gevoeligheid, sentimentaliteit

sentimentalize [senti'mentəlaiz] I onoverg sentimenteel doen; II overg sentimenteel maken

sentinel ['sentinl], **sentry** ['sentri] znw schildwacht, wacht

sentry-box znw schilderhuisje o

sepal ['sepəl] znw kelkblad o

separable ['sepərəbl] bn scheidbaar

separate I bn ['sepərit] (af)gescheiden, afzonderlijk, apart; go *their* ~ *ways* ieder zijn eigen weg gaan; *three* ~ *times* drie verschillende keren; II znw: ~s kledingstukken die tezamen, maar ook apart gedragen kunnen worden; III overg ['sepəreit] scheiden, afscheiden, afzonderen, verdelen; [in factoren] ontbinden; IV onoverg scheiden (van *from*), weg-, heengaan; uiteengaan, elk zijns weegs gaan; zich afscheiden, loslaten; schiften [melk]

separation [sepə'reiʃən] znw afscheiding, scheiding, afzondering; *(legal)* ~ scheiding van tafel en bed; ~ *allowance* alimentatie

separatism ['sepərətizm] znw separatisme o

separatist ['sepərətist] I znw separatist: voorstander van afscheiding; afgescheidene; II bn separatistisch, van de separatisten

separator znw separator, afscheider; vooral melkcentrifuge

sepia ['siːpjə] znw sepia

sepoy ['siːpɔi] znw hist sepoy: inlands soldaat in het Brits-Indische leger

sepsis ['sepsis] znw med bloedvergiftiging

September [sep'tembə] znw september

septennial [sep'tenjəl] *bn* zevenjarig; zevenjaarlijks
septet(te) [sep'tet] *znw* septet *o*
septic ['septik] *bn* septisch, bederf veroorzakend, rotting bevorderend; ~ *tank* rottingsput
septuagenarian [septjuədʒi'neəriən] *bn (znw)* zeventigjarig(e)
septum ['septəm] *znw (mv: septa [-tə]) septum *o*: tussenschot *o*
septuple ['septjupl] **I** *bn* zevenvoudig; **II** *znw* zevenvoud *o*; **III** *overg* verzevenvoudigen
sepulchral [si'pʌlkrəl] *bn* graf-; begrafenis-; somber
sepulchre, Am **sepulcher** ['sepəlkə] *znw* graf *o*, grafkelder
sepulture ['sepəltʃə] *znw* plechtig teraardebestelling
sequacious [si'kweiʃəs] *bn* volgzaam, gedwee; logisch volgend, consequent
sequel ['si:kwəl] *znw* gevolg *o*, resultaat *o*, vervolg *o*, naspel *o*, nawerking
sequence ['si:kwəns] *znw* volgorde, op(een)volging, (volg)reeks; gevolg *o*; (logisch) verband *o*; kaartsp suite, volgkaarten; scène [v. film]; RK sequentie; muz sequens; gramm overeenstemming (der tijden)
sequent, sequential [si'kwenʃəl] *bn* (opeen-) volgend
sequester [si'kwestə] *znw* afzonderen; recht in bewaarderhand stellen; beslag leggen op; ~*ed* ook: afgelegen, eenzaam, teruggetrokken
sequestrate [si'kwestreit] *znw = sequester* recht
sequestration [si:kwes'treiʃən] *znw* recht beslaglegging, sekwestratie
sequestrator ['si:kwestreitə] *znw* sekwester
sequin ['si:kwin] *znw* lovertje *o* [als versiersel]
sequoia [si'kwɔiə] *znw* Am reuzenpijnboom
seraglio [se'ra:liou] *znw (mv: -s)* serail *o*, harem
serai [se'rai] *znw* karavansera(i)
seraph ['serəf] *znw (mv: -s of* seraphim [-fim]) seraf(ijn)
seraphic [se'ræfik, sə'ræfik] *bn* serafijns, engelachtig
seraphim ['serəfim] *mv v. seraph*
Serb [sə:b] **I** *bn* Servisch; **II** *znw* Serviër
Serbia *znw* Servië *o*
Serbian **I** *bn* Servisch; **II** *znw* Serviër; Servisch *o*
Serbo-Croat ['sə:bou'krouæt] *bn (znw)* Servo-Kroatisch (*o*)
sere [siə] *bn = sear I*
serenade [seri'neid] **I** *znw* serenade; **II** *overg* een serenade brengen
serendipity [serən'dipiti] *znw* serendipiteit: de gave onverwachts iets goeds te ontdekken
serene [si'ri:n] *bn* kalm, onbewogen; helder, klaar, onbewolkt; vredig, sereen; doorluchtig
serenity [si'reniti] *znw* helderheid, klaarheid; kalmte, sereniteit; doorluchtigheid
serf [sə:f] *znw* lijfeigene, horige; fig slaaf
serfdom *znw* lijfeigenschap, horigheid; fig slavernij

serge [sə:dʒ] *znw* serge
sergeant ['sa:dʒənt] *znw* mil sergeant; wachtmeester [bij bereden wapens]; brigadier (van politie)
sergeant-at-arms *znw* (ook: *serjeant-at-arms*) intendant van het Hoger- en Lagerhuis
sergeant-major *znw* sergeant-majoor, opperwachtmeester
serial ['siəriəl] **I** *bn* tot een reeks of serie behorende [vooral tijdschriften], in afleveringen verschijnend, vervolg-, serie-; muz serieel, twaalftoon-, dodecafonisch; ~ *number* serie-, volgnummer *o*; ~ *killer* seriemoordenaar; ~ *port* comput seriële poort; ~ *story* vervolgverhaal *o*, feuilleton *o & m*; **II** *znw* vervolgverhaal *o*, feuilleton *o & m*; RTV serie
serialization *znw* uitgave/uitzending als feuilleton/serie
serialize *overg* in afleveringen laten verschijnen
serially *bijw* in serie; in afleveringen, in vervolgen, als feuilleton
seriate ['si:rieit] *bn* in reeksen of rijen
seriatim [siəri'eitim] *bijw* in geregelde volgorde; achter elkaar, punt voor punt
sericulture ['serikʌltʃə] *znw* zijdeteelt
series ['siəri:z] *znw (mv idem)* serie, reeks, opeenvolging, rij
serif ['serif] *znw* op-, neerhaal [bij schrijven]
serio-comic ['siəriou'kɔmik] *bn* half ernstig, half grappig; quasi-ernstig
serious ['siəriəs] *bn* ernstig (gemeend); in ernst; belangrijk, gewichtig; degelijk, bedachtzaam; bedenkelijk; serieus; vroom; *I am* ~ ik meen het; *matters begin to look* ~ het begint er bedenkelijk uit te zien
seriously *bijw* ernstig, in (volle) ernst; *take* ~ ernstig (au sérieux) nemen
serious-minded *bn* ernstig, serieus [v. personen]
seriousness *znw* ernst; ernstigheid, bedenkelijkheid
serjeant ['sa:dʒənt] *znw = sergeant*
sermon ['sə:mən] *znw* preek², sermoen² *o*, vermaning; *the S~ on the Mount* bijbel de Bergrede
sermonize **I** *onoverg* prediken, geringsch preken; **II** *overg* een preek houden tot, bepreken, kapittelen
serous ['siərəs] *bn* wei-, waterachtig
serpent ['sə:pənt] *znw* slang²
serpent-charmer *znw* slangenbezweerder
serpentine ['sə:pəntain] **I** *bn* slangachtig, slangen-; kronkelend; fig listig, vals; ~ *windings* kronkelingen², kronkelpaden [van de politiek]; **II** *znw* serpentijnsteen *o & m*; *the S~* de Serpentinevijver in het Hyde Park; **III** *onoverg* zich slingeren, kronkelen
serrated [se'reitid] *bn* zaagvormig; plantk gezaagd
serried ['serid] *bn* (aaneen)gesloten [rijen]
serum ['siərəm] *znw (mv: -s of* sera [-rə]) serum *o*, entstof, bloedwei
servant ['sə:vənt] *znw* knecht, bediende, dienstbode, meid; dienaar, dienares; mil oppasser; beambte, ambtenaar; *civil* ~ (burgerlijk) ambtenaar; *your (humble)* ~ uw (onderdanige) dienaar; *the* ~*s'*

hull de dienstbodenkamer

servant-girl *znw* dienstmeisje *o*, -meid

serve [sə:v] **I** *overg* dienen; bedienen, van dienst zijn; dienst doen, dienstig zijn, baten, helpen, voldoende zijn voor; opdienen, opdoen [eten], schenken [drank]; behandelen; *sp* serveren [tennis &]; ~ *him right, it* ~*s him right!* net goed!, zijn verdiende loon!; ~*d by bus* bereikbaar per bus; *if my memory* ~*s me right* als mijn geheugen me niet bedriegt; ~ *a need* in een behoefte voorzien; ~ *one's purpose* geschikt (goed) zijn voor iems. doel; *he (it) has* ~*d his (its) purpose* hij (het) heeft zijn dienst gedaan; ~ *no earthly purpose* nergens toe dienen; ~ *the purpose* aan het doel beantwoorden; ~ *the purpose of...* dienst doen als...; ~ *a sentence* een straf uitzitten; ~ *one's time* zijn tijd uitdienen; zijn straf uitzitten; ~ *a summons, warrant, writ on sbd.* recht iem. een exploot betekenen; ~ *out* uitdelen [proviand], uitgeven [levensmiddelen]; ~ *sbd. out* fig met iem. afrekenen; ~ *out one's time* zijn tijd uitzitten (uitdienen); ~ *tea round* de thee ronddienen; ~ *up* opdienen; ~ *with* voorzien van, bedienen van; [iem. een exploot] betekenen; **II** *onoverg* dienen°, dienst doen (als, tot *as, for*); serveren [tennis]; dienstig (gunstig) zijn; ~ *at table* tafeldienen; ~ *on a committee* in een commissie zitting hebben; ~ *on the jury* lid zijn van de jury; **III** *znw* sp service, serveren *o* [tennis]

server *znw* (mis)dienaar; presenteerblad *o*; schep [v. taart &]; diencouvert *o*; sp serveerder [tennis]

service I *znw* **1** dienst, dienstbaarheid, nut *o*; bediening; verzorging, onderhoud *o* [v. auto, radio &]; service; (openbaar) bedrijf *o*; sp serveren *o*, beginslag [tennis]; recht betekening; kerkdienst; kerkmuziek; (kerk)formulier *o*; servies *o* **2** plantk peerlijsterbes; *be of* ~ nuttig zijn, zijn dienst bewijzen; *the* ~ ook: het leger, de vloot, de luchtmacht; *the (armed)* ~*s* de strijdkrachten; *active* ~ actieve dienst; *civil* ~ overheidsdienst; ambtenarenapparaat *o*; *national* ~ militaire dienst, dienstplicht; *at your* ~ tot uw dienst; **II** *bn* mil militair (bijv. ~ *aviation* militaire luchtvaart); dienst-; ~ *door* personeelsingang, deur voor het personeel; **III** *overg* bedienen; verzorgen, nazien, onderhouden [auto]; dekken *o* [v. dieren]

serviceable *bn* dienstig, bruikbaar, nuttig, geschikt, praktisch

service book *znw* gebeden-, gezangenboek *o*

service charge *znw* bedieningsgeld, -toeslag; servicekosten

service dress *znw* mil uniform *o* & *v*

service-flat *znw* verzorgingsflat

service hatch *znw* dienluik *o*; doorgeefluik *o*

service industries *znw mv* dienstverlenende bedrijven

service line *znw* sp serveerlijn [tennis]; elektr dienstleiding

serviceman ['sə:vismən] *znw* **1** militair, gemobili-

seerde; **2** Am monteur

service road *znw* ventweg

service-station *znw* servicestation *o*

servicewoman *znw* vrouwelijk lid *o* van de strijdkrachten

servicing *znw* regelmatig onderhoud *o* [v. auto, machine &]

serviette [sə:vi'et] *znw* servet *o*

servile ['sə:vail] *bn* slaafs, kruiperig, serviel

servility [sə:'viliti] *znw* slaafsheid, serviliteit

serving ['sə:viŋ] *znw* **1** het bedienen, bediening; **2** portie

servitor ['sə:vitə] *znw* vero dienaar, bediende

servitude ['sə:vitju:d] *znw* dienstbaarheid, knechtschap *o*, slavernij; *penal* ~ dwangarbeid

servomechanism [sə:vou'mekənizm] *znw* hulpmechanisme *o*

sesame ['sesəmi] *znw* sesamkruid *o*, sesamzaad *o*; *open* ~ Sesam open u²

session ['seʃən] *znw* zitting, zittijd, sessie; onderw academiejaar *o*, Am & Schots trimester *o*, Am schooltijd; *be in* ~ zitting houden

sessional *bn* zittings-

1 set [set] (set; set) **I** *overg* zetten, plaatsen, stellen, leggen; brengen; richten, schikken, bezetten, afzetten, omboorden; opzetten [vlinders]; vatten, inzetten, planten, poten; gelijkzetten [klok]; klaarzetten; op elkaar klemmen [tanden, lippen]; vaststellen, bepalen; opgeven [vraagstuk, werk]; uitzetten [wacht, netten]; bijzetten [een zeil]; aanzetten [scheermes]; aangeven [toon, maat, pas]; watergolven [het haar]; ~ *the table* (de tafel) dekken; ~ *going* aan de gang brengen of maken; in omloop brengen [praatjes]; ~ *thinking* tot nadenken brengen; *the novel is* ~ *in...* de roman speelt in...; **II** *onoverg* zich zetten [v. vrucht]; stollen; dik, hard, vast worden; ondergaan [zon]; (blijven) staan [jachthond]; zitten, vallen [v. kledingstuk]; gaan (in zekere richting); ~ *about it* er aan beginnen; *how you* ~ *about it* hoe je het aanpakt (doet); ~ *about sbd.* gemeenz iem. aanvallen; ~ *against* plaatsen (stellen) tegenover; onderscheiden (van *from*); opzetten tegen; ~ *oneself against* zich verzetten tegen; *be* ~ *against...* gekant zijn tegen...; ~ *apart* ter zijde zetten (leggen), afzonderen, reserveren, bestemmen (voor *for*); ~ *aside* ter zijde leggen, opzij zetten, sparen; buiten beschouwing laten; reserveren; buiten werking stellen, verwerpen, vernietigen; ~ *back* terugzetten; achteruitzetten; gemeenz kosten [iem. een hoop geld]; ~ *by* ter zijde leggen; ~ *one's watch by...* zijn horloge gelijkzetten met...; ~ *down* neerzetten; [iem. ergens] afzetten; opschrijven, optekenen; ~ *down as* beschouwen als, houden voor; ~ *down to* toeschrijven aan; ~ *forth* uiteenzetten, opsommen, vermelden; ~ *forth (on one's journey)* op reis gaan, er op uittrekken; ~ *free* vrijlaten; ~ *in* intreden [jaargetij, reactie], invallen [duisternis]; ~ *off* uit-, afzetten [hoeken]; afscheiden; doen uitkomen [kleur &]; vertrekken; aan de gang maken; doen afgaan [vuurwapen], tot ontploffing brengen; goedmaken, compenseren; ~ off *against* stellen tegenover; laten opwegen tegen; ~ *on* aanzetten, op-, aanhitsen; aanvallen; *be* ~ *on* verzot zijn op; vastbesloten zijn tot; ~ *out* op reis gaan, zich op weg begeven, zich opmaken, vertrekken; uitzetten [een hoek]; klaarleggen, klaarzetten [theegerei]; uitstallen; uiteenzetten [redenen &], opsommen [grieven]; versieren (met *with*); ~ *out in business* een zaak beginnen; ~ *out to*... het er op aanleggen, zich ten doel stellen, trachten te...; ~ *to* aanpakken, van leer trekken, er op los gaan; ~ *to*... beginnen te...; *be* ~ *to* op het punt staan te...; ~ *one's hand to*... zijn hand zetten onder...; de hand aan het werk slaan...; aanpakken; ~ *oneself to*... zich er op toeleggen, zijn best doen om...; ~ *to work* aan het werk zetten; aan het werk gaan; ~ *up* oprichten, opstellen, opzetten, (zich) vestigen, instellen, aanstellen, benoemen; zetten [ter drukkerij]; aanheffen [geschreeuw]; weer op de been helpen [zieke]; (fysiek) op de been houden; rijk maken; slang valselijk beschuldigen; zich aanschaffen; uitrusten, voorzien (van *with*); aankomen met [eisen &]; ~ *up as* zich uitgeven voor, zich voordoen als; zich opwerpen als; ~ *up for oneself* voor zichzelf beginnen, een eigen zaak beginnen (ook: ~ *up on one's own account*); ~ *up in business* [iem.] in een zaak zetten; een zaak beginnen; ~ *up home in* gaan wonen in; ~ *up shop* een bedrijf beginnen; *well* ~ *up* goed gebouwd; ~ *upon zie* ~ *on*

2 set [set] **I** *bn* gezet; zich vastgezet hebbend; strak, stijf, onveranderlijk; vast; bepaald; *(all)* ~ (kant-en-)klaar (voor *for*; om te *to*); ~ *fair* bestendig [v. weer]; ~ *piece* groot stuk *o* [v. vuurwerk, verlichting &]; decor *o* [v. film]; ~ *square* tekendriehoek; **II** *znw* (zich) zetten *o*; verzakking [v. grond]; zitten *o* [v. kledingstuk], snit; houding [v. hoofd &]; richting [v. getij]; ondergang [v. zon]; 'staan' *o* [v. jachthond]; plantk stek, loot, zaailing; stel *o*, spel *o*, servies *o*, TV toestel *o*, garnituur *o*, span *o*, ploeg, partij, reeks; wisk verzameling; set [bij tennis]; watergolf, permanent; toneelschikking, toneel *o*; decor *o* [v. film], studiohal; kring, troep, geringsch kliek, bende; straatkei; dassenhol *o*; *a* ~ *of teeth* een (kunst)gebit *o*; *make a dead* ~ *at* het gemunt hebben op, z'n zinnen gezet hebben op; woedend aanvallen op; *on the* ~ (bij de opname) in de studio

set-back *znw* teruggang, instorting; tegenslag, fig klap

set-off ['set'ɔːf] *znw* versiering; tegenhanger; tegenstelling; compensatie

sett [set] *znw* straatkei; dassenhol *o*

settee [se'tiː] *znw* canapé, sofa, bank

setter ['setə] *znw* dierk setter [hond]; zetter

setting ['setɪŋ] *znw* zetten *o*; montering; muz toonzetting; omgeving, achtergrond; couvert *o*; stand [v. thermostaat &]; montuur *o & v*; ~ *lotion* haar-

versteviger

1 settle ['setl] *znw* zitbank met hoge leuning

2 settle ['setl] **I** *overg* vestigen; installeren; vaststellen; vastzetten (op *on*); tot bedaren brengen; doen bezinken, klaren; in orde brengen, uitmaken, afdoen, vereffenen, betalen, schikken, regelen, bijleggen, uit de wereld helpen, oplossen, beklinken [zaak]; koloniseren [land]; bezorgen [zijn kinderen]; zijn bekomst (zijn vet) geven; ~ *accounts*, ~ *up* afrekenen; **II** *wederk*: ~ *oneself* zich vestigen; gaan zitten, zich installeren; ~ *oneself to* zich zetten tot; **III** *onoverg* zich vestigen; zich (neer)zetten, gaan zitten, zich installeren; neerdalen; in-, beklinken [metselwerk]; (ver)zakken, bezinken [oplossingen]; vast worden; tot bedaren komen, bedaren; besluiten (tot *on*); afrekenen (ook: ~ *up*), betalen; ~ *down* zich vestigen; zich installeren; tot rust komen, bedaren; een geregeld leven gaan leiden, een brave burger worden; ~ *down to married life* (gaan) trouwen (ook: ~ *down in life*); ~ *for* genoegen nemen met, het houden op; ~ *in* zijn nieuwe woning betrekken; fig zich installeren; acclimatiseren; ~ *into shape* zich vormen; ~ *to work* zich aan het werk zetten; ~ *with sbd.* met iem. afrekenen

settled *bn* gevestigd; afgedaan, uitgemaakt, in kannen en kruiken; vast [van overtuigingen &]; geregeld [van levenswijs]; bezorgd [= getrouwd]; op orde [na verhuizing]

settlement *znw* vestiging, regeling, vergelijk *o*, vereffening, afrekening, liquidatie, handel rescontre; schenking, jaargeld *o*; bezinking; verzakking; kolonisatie; volksplanting, nederzetting, kolonie; (instelling voor) maatschappelijk werk *o*; (instelling ook: ~ *house*); *he had made a* ~ *on her* hij had geld op haar vastgezet; *in* ~ *of* ter vereffening van

settler *znw* kolonist

set-to ['set'tuː] *znw* gevecht *o*; kloppartij; ruzie

set-up *znw* gemeenz regeling; opbouw, bestel *o*, organisatie; situatie; slang valse beschuldiging

seven ['sevn] *telw* zeven

seven-fold *bn* zevenvoudig

seven-league boots *znw mv* zevenmijlslaarzen

seventeen *telw* zeventien

seventeenth *telw (znw)* zeventiende (deel *o*)

seventh I *telw* zevende; **II** *znw* zevende (deel *o*); muz septime

seventieth *telw (znw)* zeventigste (deel *o*)

seventy *telw* zeventig; *the seventies* de jaren zeventig; *in one's seventies* in de zeventig

sever ['sevə] **I** *overg* scheiden°, afscheiden, afhouwen, afhakken, afsnijden, afscheuren, af-, verbreken, breken; **II** *wederk*: ~ *oneself from* zich afscheiden van; **III** *onoverg* breken [touw &]

several ['sevrəl] **I** *bn* verscheiden; onderscheiden; afzonderlijk; respectief; eigen; *they went their* ~ *ways* plechtig zij gingen elk huns weegs; **II** *onbep vnw* verscheidene(n), vele(n)

severally *bijw* elk voor zich, ieder afzonderlijk, respectievelijk

severance [ˈsevərəns] *znw* scheiding, af-, verbreking; ~ *pay* ontslagpremie

severe [siˈviə] *bn* streng; hard; zwaar, ernstig; hevig

severely *bijw* streng &; erg; *leave* ~ *alone* zich ver houden van, niets te maken willen hebben met; compleet negeren [persoon]

severity [siˈveriti] *znw* (ge)strengheid &

sew [sou] (sewed; sewn/sewed) *overg* naaien, aannaaien; brocheren [boek]; ~ *on* aannaaien; ~ *up* naaien (in *in*), dichtnaaien; *it's all* ~*n up now* fig de zaak is beklonken; *they've got the match all* ~*n up* gemeenz ze hebben de overwinning al in hun zak

sewage [ˈsjuːidʒ] *znw* rioolwater *o*

sewage farm *znw* vloeiveld *o*

1 sewer [ˈsouə] *znw* naaier, naaister

2 sewer [ˈsjuə] *znw* riool *o*

sewerage *znw* riolering

sewing [ˈsouiŋ] *znw* naaien *o*, naaigoed *o*, naaiwerk *o*

sewing-machine *znw* naaimachine

sewn [soun] V.D. van *sew*

sex [seks] **I** *znw* geslacht *o*, sekse, kunne; seks, geslachtsleven *o*, geslachtsdrift, geslachtsgemeenschap; **II** *bn* seksueel, seks-; **III** *overg* seksen [kuikens &]

sexagenarian [seksədʒiˈnɛəriən] *bn (znw)* zestigjarig(e)

sex appeal [ˈseksəˈpiːl] *znw* erotische aantrekkingskracht, sex-appeal

sex education *znw* seksuele voorlichting

sexless *bn* geslachtloos; seksloos, frigide [vrouw], impotent [man]

sexologist [sekˈsɔlədʒist] *znw* seksuoloog

sexology *znw* seksuologie

sexpot [ˈsekspɔt] *znw* gemeenz seksbom

sex shop *znw* sekswinkel, seksshop

sextain [ˈsekstein] *znw* zesregelig vers *o*

sextant [ˈsekstənt] *znw* sextant

sextet [seksˈtet] *znw* muz sextet *o*

sexton [ˈsekstən] *znw* koster; klokkenluider; doodgraver [ook = kever]

sextuple [ˈsekstjupl] **I** *bn* zesvoudig; **II** *overg* verzesvoudigen

sexual [ˈseksjuəl] *bn* geslachtelijk, seksueel; ~ *intercourse* geslachtsgemeenschap

sexuality [seksjuˈæliti] *znw* seksualiteit

sexy [ˈseksi] *bn* sexy

Seychelles [ˈseiʃelz] *znw mv* Seychellen

SF *afk.* = *science fiction*

Sgt. *afk.* = *Sergeant*

sh. *afk.* = *shilling(s)*

shabby [ˈʃæbi] *bn* kaal, haveloos, armzalig; sjofel; schandelijk, gemeen, min

shabby genteel *bn* kaal, maar chic

shack [ʃæk] **I** *znw* hut, blokhut; **II** *onoverg*: ~ *up with* samenwonen met, hokken met

shackle [ˈʃækl] **I** *znw* boei², kluister²; techn beugel,

koppeling; scheepv harp; fig belemmering; **II** *overg* boeien², kluisteren²; techn koppelen; fig belemmeren

shad [ʃæd] *znw* (*mv* idem) dierk elft

shaddock [ˈʃædək] *znw* pompelmoes

shade [ʃeid] **I** *znw* schaduw; lommer *o*; schim; kap, stolp, (Am zonne)scherm *o*; (kleur)schakering², nuance, tint; zweem; ~*s* gemeenz zonnebril; *a* ~ *better, higher (paler &)* een tikje beter, hoger (bleker &); *It's a good book. S*~*s of Modiano* Het is een goed boek. Het doet denken aan Modiano; *keep in the* ~ zich op de achtergrond houden, zich schuilhouden; *put in(to) the* ~ fig in de schaduw stellen; **II** *overg* beschutten, beschermen; afschermen [zon]; arceren; **III** *onoverg*: ~ *(off) into* geleidelijk overgaan in [v. kleuren &]

shading [ˈʃeidiŋ] *znw* schakering, nuance; arcering

shadow [ˈʃædou] **I** *znw* schaduw²; (schaduw)beeld *o*; afschaduwing; geest, schim; schijn, spoor *o*; *he's only a* ~ *of his former self* hij is nog maar een schim van wat hij vroeger was; *without a* ~ *of doubt* zonder de minste twijfel; ~*s under one's eyes* donkere kringen onder de ogen; **II** *overg* over-, beschaduwen; als een schaduw volgen; afschaduwen (ook: ~ *forth*); *he is* ~*ed* hij wordt geschaduwd: al zijn gangen worden nagegaan

shadow cabinet *znw* schaduwkabinet *o*

shadowy *bn* beschaduwd, schaduwrijk; schimachtig; vaag, onduidelijk; geheimzinnig

shady [ˈʃeidi] *bn* schaduwrijk, beschaduwd; fig het daglicht niet kunnende verdragen, verdacht, louche, niet zuiver; clandestien; *the* ~ *side* de schaduwkant

shaft [ʃaːft] *znw* schacht°; pijl²; spies; straal [v. licht]; steel; lamoenboom; techn (drijf)as; mijnschacht; (lift)koker

shag [ʃæg] *znw* ruig haar *o*; shag [tabak]; slang wip, nummertje *o*

shagged *bn* ruig; gemeenz doodop

shaggy *bn* ruig(harig), borstelig; onverzorgd

shaggy-dog story *znw* melige grap, mop zonder pointe, ± olifantenmop

shagreen [ʃæˈgriːn, ʃəˈgriːn] *znw* segrijnleer *o*

shah [ʃaː] *znw* sjah

1 shake [ʃeik] (shook; shaken) **I** *overg* schudden, schokken², indruk maken op, van streek brengen, fig doen wankelen; doen schudden (trillen, beven); heen en weer schudden; uitschudden, uitslaan; (van zich) afschudden²; ~ *(hands)* elkaar de hand geven²; ~ *hands!*, ~ *(hands) on* met een handdruk bekrachtigen [koop &]; ~ *hands with* de hand drukken; ~ *one's head* het hoofd schudden (over *at*, *over*); ~ *a leg* gemeenz zich haasten; ~ *down* gemeenz gaan slapen; ~ *off* (van zich) afschudden; ~ *out* uitschudden, uitslaan; ~ *up* (op)schudden; fig wakker schudden, door elkaar schudden, aanporren; van streek maken; reorganiseren; **II** *onoverg* schudden, beven; trillen [stem]; fig wankelen; ~!

gemeenz geef mij de hand!

2 shake [ʃeik] *znw* schudden *o*; schok, beving; handdruk; trilling [v. stem]; muz triller; milkshake; *the ~s* de zenuwen; *in a ~, in two ~s (of a lamb's tail)* gemeenz in een wip; *he is no great ~s* gemeenz hij is niet veel zaaks

shake-down *znw* kermisbed *o*; Am slang afpersing

shaken V.D. van ¹*shake*

shaker *znw* schudder; shaker [voor cocktails]

shake-up *znw* opschudding, omwenteling, reorganisatie

shaking *znw* schudding; *give him a good ~* schud hem eens goed door elkaar

shako ['ʃækou] *znw* sjako

shaky ['ʃeiki] *bn* beverig, onvast², wankel²; fig zwak(staand), onzeker, onsolide; waar men niet op aan kan; *look ~* er niet best uitzien

shale [ʃeil] *znw* leisteen *o* & *m*

shall [ʃæl, ʃ(ə)l] (should) *onoverg* zal, zullen; moet, moeten

shallop ['ʃæləp] *znw* sloep

shallot [ʃə'lɔt] *znw* sjalot

shallow ['ʃælou] **I** *bn* ondiep, laag; fig oppervlakkig; **II** *znw* (meestal *mv*): *~s* ondiepte, ondiepe plaats, zandbank; **III** *onoverg* ondiep(er) worden

shallow-minded *bn* oppervlakkig, dom

shallowness *znw* ondiepte; fig oppervlakkigheid

shalt [ʃælt, ʃ(ə)lt]: *thou ~ (not steal)* bijbel gij zult (niet stelen)

shaly ['ʃeili] *bn* leisteenachtig

sham [ʃæm] **I** *overg* veinzen (te hebben), voorwenden; **II** *onoverg* simuleren, doen alsof, zich aanstellen; *~ asleep (dead &)* zich slapend (dood &) houden; **III** *znw* voorwendsel *o*; schijn(vertoning); komedie(spel *o*); komediant, simulant; **IV** *bn* voorgewend, gefingeerd, nagemaakt, onecht, vals, schijn-; *~ door* blinde deur

shamble ['ʃæmbl] **I** *onoverg* sloffen, schuifelen; **II** *znw* sloffende gang

shambles ['ʃæmblz] *znw (mv)* bloedbad *o*; ravage, ruïne; warboel, troep

shambling ['ʃæmbliŋ] **I** *bn* sloffend, schuifelend; **II** *znw* geslof *o*, schuifelende gang

shambolic [ʃæm'bɔlik] *bn* gemeenz chaotisch

shame [ʃeim] **I** *znw* schaamte°; schande gemeenz pech; *what a ~!* ook: gemeenz wat erg!, wat jammer!; *bring ~ upon* te schande maken; *~ on you!, for ~!* foei, schaam je!; *to my ~* tot mijn schande; *put to ~* beschamen, beschaamd maken; **II** *overg* beschamen, beschaamd maken; te schande maken, schande aandoen; *~ sbd. into...* iem. door hem beschaamd te maken doen...

shamefaced *bn* schaamachtig, beschaamd, beschroomd, verlegen

shameful *bn* schandelijk

shameless *bn* schaamteloos

shammer *znw* fig komediant; simulant

shammy ['ʃæmi] *znw* (ook: *~ leather*) gemsleer *o*,

zeemleer *o*, zeem *m* & *o*

shampoo [ʃæm'puː] **I** *overg* shamponeren, shampooën; **II** *znw* shampoo

shamrock ['ʃæmrɔk] *znw* plantk klaver; klaverblad *o* [zinnebeeld van Ierland]

shandy ['ʃændi] *znw* shandy [bier met limonade]

shanghai [ʃæŋ'hai] *overg* scheepv slang dronken maken en dan als matroos laten aanmonsteren; fig listig overreden

shank [ʃæŋk] *znw* onderbeen *o*, scheen; steel; schacht; *~s* gemeenz benen; *on Shanks's mare, on Shanks's pony* met de benenwagen

shan't [ʃaːnt] samentrekking van *shall not*

shantung [ʃæn'tʌŋ] *znw* shantoeng *o* & *m*

shanty ['ʃænti] *znw* **1** hut; keet; district *o* of stadsgedeelte *o* met bouwvallige hutjes (ook: *~town*); **2** scheepv matrozenlied *o*

shape [ʃeip] **I** *overg* vormen, maken, modelleren, fatsoeneren; pasklaar maken; regelen, inrichten (naar *to*); vero scheppen; *~ the course of events* de loop der gebeurtenissen beïnvloeden; **II** *onoverg* zich vormen; een zekere vorm aannemen; zich ontwikkelen; *things are shaping well* het gaat de goede kant uit; *~ up* **1** vorderingen maken; **2** zich beter gaan gedragen; **III** *znw* vorm, gedaante, gestalte; leest; bol, blok *o*; model *o*; fatsoen *o*; conditie; *in/out of ~* in/uit vorm; *in bad ~* in slechte conditie; *of all ~s and sizes* in alle soorten en maten; *(violence &) in any ~ or form* iedere vorm van (geweld &); *that's the ~ of things to come* dat geeft een idee over wat ons in de toekomst te wachten staat; *knock (lick) into ~* bijschaven, fatsoeneren; *take ~* vaste vorm aannemen; *put into ~* fatsoeneren²

-shaped *achtervoegsel* -vormig

shapeless *bn* vormeloos; wanstaltig

shapely *bn* goedgevormd, welgemaakt, bevallig

shapen vero V.D. van *shape*

shard [ʃaːd] *znw* scherf [v. serviesgoed]

1 share [ʃɛə] **I** *znw* deel² *o*, aandeel² *o*; portie; *~ and ~ alike* gelijk op delend; *~s* effecten; **II** *overg* delen (met *with*); verdelen; *~ one comb* samen één kam hebben (gebruiken &); *~ out* uit-, verdelen; **III** *onoverg* delen (in *in*), deelnemen (in, aan *in*)

2 share [ʃɛə] *znw* ploegschaar

sharecropper ['ʃɛəkrɔpə] *znw* deelpachter

shareholder *znw* aandeelhouder

share-out *znw* verdeling, distributie

shark [ʃaːk] *znw* dierk haai; fig gauwdief; oplichter

sharp [ʃaːp] **I** *bn* scherp°, spits²°, puntig; fig bits²; bijtend; vinnig, hevig; snel; steil; scherpzinnig, slim; op de penning; schel; *F ~* muz fis; *C ~* cis &; *that note was a little ~* die toon was iets te hoog; *~ practices (tricks)* oneerlijke praktijken; *look/be ~ (about it)!* schiet op!, maak voort!; *it was ~ work* het ging vlug in zijn werk; het moest allemaal vlug gebeuren; **II** *bijw* scherp°; fig gauw, vlug; *~ to time* precies op tijd; *at ten* ~ om 10 uur precies; **III** *znw* muz kruis *o*, noot met een kruis; slang = *sharper*

sharpen

sharpen I *overg* scherpen, scherp(er) maken (ook: ~ *up*); (aan)punten [potlood], slijpen; <u>muz</u> een halve toon verhogen of van een kruis voorzien; fig verscherpen; II *onoverg* scherp(er) worden
sharpener *znw* (potlood)slijper
sharper *znw* oplichter, bedrieger, zwendelaar; <u>kaartsp</u> valsspeler
sharp-eyed *bn* opmerkzaam, oplettend, waakzaam
sharp-set *bn* rammelend van de honger
sharpshooter *znw* scherpschutter
sharp-sighted *bn* scherpziend, scherp van gezicht; scherpzinnig
sharp-witted *bn* scherpzinnig
shatter ['ʃætə] I *overg* verbrijzelen, versplinteren; fig vernietigen, de bodem inslaan [verwachtingen]; schokken, in de war brengen; uitputten; II *onoverg* uiteenvallen, stukgaan, in stukken vliegen, versplinteren
shattered *bn* **1** gebroken [v. verdriet]; **2** ontredderd, volkomen in de war; **3** kapot, aan gruzelementen; **4** uitgeput
shave [ʃeiv] I *overg* scheren° (ook = strijken langs); afscheren; schaven; *get ~d* zich laten scheren; II *onoverg & abs ww* zich scheren; III *znw* scheren *o*; *it was a close/narrow ~* het was op het kantje af; *have a ~* zich (laten) scheren
shaven *bn* geschoren
shaver *znw* scheerder; scheerapparaat *o*; *young ~* <u>gemeenz</u> jochie *o*
shaving *znw* scheren *o*; afschaafsel *o*; *~s* krullen [bij schaven]; *paper ~s* papierwol [snippers, stroken]
shaving-brush *znw* scheerkwast
shaving foam *znw* scheerschuim *o*
shaving-tackle *znw* scheergerei *o*
shawl [ʃɔːl] *znw* sjaal
shawm [ʃɔːm] *znw* schalmei
she [ʃiː] I *pers vnw* zij, ze, het [v. schepen &]; II *znw* zij; wijfje *o*; vrouw, meisje *o*; *~-* (als eerste lid in samenst.) wijfjes-, vrouwtjes-; *~-bear* berin; zie ook: *~-cat*, *~-devil*
sheaf [ʃiːf] *znw* (sheaves [ʃiːvz]) schoof, bundel
shear [ʃiə] *overg* (sheared; shorn) *overg* scheren [dieren, laken]; knippen [staal]; *~ of* fig beroven van
shearer *znw* scheerder
shear-legs *znw mv* mastbok, mastkraan
shears *znw mv* grote schaar
sheath [ʃiːθ] *znw* (mv: sheaths [ʃiːðz, ʃiːθs]) **1** schede [v. mes &]; <u>plantk</u> bladschede; **2** condoom *o*
sheathe [ʃiːð] *overg* in de schede steken, opsteken, (in)steken; bekleden
sheath knife ['ʃiːθnaif] *znw* dolkmes *o*
1 sheave [ʃiːv] *znw* (katrol)schijf
2 sheave [ʃiːv] *overg* tot schoven binden
shebang [ʃə'bæŋ] *znw*: *the whole ~* <u>slang</u> de hele zaak, de hele boel
she-cat ['ʃiːkæt] *znw* kat²; fig feeks
1 shed [ʃed] *znw* loods, schuurtje *o*, keet; remise;

(koe)stal; afdak *o*; hut
2 shed [ʃed] (shed; shed) *overg* vergieten, storten [bloed], <u>plechtig</u> plengen; laten vallen, afwerpen [horens &]; verliezen [het haar &]; wisselen [tanden]; werpen, verspreiden [v. licht &]; *~ feathers* ruien; *~ light on* licht werpen op; *~ its load* zijn lading verliezen [vrachtwagen]
she-devil [ʃiːˈdevl] *znw* duivelin; fig helleveeg, furie
sheen [ʃiːn] *znw* schittering, glans, luister
sheeny *bn* glinsterend, glanzend
sheep [ʃiːp] *znw* (*mv* idem) schaap² *o*; *the black ~ of the family* het zwarte schaap van de familie; *~'s eyes* verliefde blikken; *seperate the ~ from the goats* het kaf van het koren scheiden; *lost ~* zondaar
sheep cote *znw* schaapskooi
sheep-dip *znw* middel *o* waarmee schapen worden gereinigd en ontdaan van ongedierte; dompelbad *o* voor schapen
sheep-dog *znw* herdershond
sheep-fold *znw* schaapskooi
sheepish *bn* schaapachtig, bedeesd
sheep's eye *znw*: *make ~s at* lonken naar, begerig kijken naar
sheepskin *znw* schapenvel *o*, schaapsvacht, schapenleer *o*; perkament *o* (van schapenvel gemaakt); <u>Am onderw gemeenz</u> diploma *o*
sheep-station *znw* <u>Austr</u> schapenfokkerij
sheep-walk *znw* schapenwei(de)
1 sheer [ʃiə] I *bn* zuiver, rein, puur; louter, enkel; volslagen, steil, loodrecht; ragfijn, doorschijnend [weefsel]; *by ~ force* met geweld (alléén); II *bijw* steil, loodrecht; totaal; pardoes
2 sheer [ʃiə] *onoverg* <u>scheepv</u> gieren; (opzij) uitwijken; *~ away (off)* ook: zich wegscheren
sheet [ʃiːt] I *znw* laken *o*, beddenlaken *o*; lijkwade, doodskleed *o*; blad *o* [papier]; vel *o*; <u>geringsch</u> (nieuws)blaadje *o*; <u>techn</u> plaat [metaal]; <u>scheepv</u> schoot; *a ~ of fire* één vuurzee; *a ~ of ice* een ijsvlakte; [op straat &] laag ijs, ijzel; *a ~ of water* een watervlak *o*; *between the ~s* onder de wol; *in ~s* in losse vellen, plano [v. boek]; *the rain came down in ~s* de regen kwam met bakken uit de hemel; *three ~s to the wind* <u>gemeenz</u> stomdronken; *clean ~* schone lei, blanco strafregister; II *overg* met lakens beleggen; bedekken, overtrekken, bekleden; III *onoverg*: *the rain ~ed down* het regende pijpenstelen
sheet-anchor *znw* <u>scheepv</u> plechtanker² *o*
sheet ice *znw* ijzel
sheeting *znw* linnen *o* voor beddenlakens; bekleding; *waterproof ~* hospitaallinnen *o*
sheet-iron *znw* plaatijzer *o*
sheet-lightning *znw* weerlicht *o & m*
sheet metal *znw* plaatijzer *o*
sheet music *znw* bladmuziek
sheik(h) [ʃeik] *znw* sjeik
sheikhdom ['ʃeik-, 'ʃiːkdəm] *znw* sjeikdom *o*
shekel ['ʃekl] *znw* sikkel [Hebreeuws muntstuk en gewicht]; sjekel [Israëlische munt]; *the ~s* <u>gemeenz</u>

de duiten

sheldrake [ˈʃeldreik], **shelduck** [ˈʃeldʌk] znw berg-
eend

shelf [ʃelf] znw (mv: shelves [ʃelvz]) plank [van rek];
boekenplank, vak o; rand; (blinde) klip, zandbank;
(erts)laag; continental ~ continentaal plat o; be left
on the ~ gemeenz overgeschoten zijn [vrouw]; off
the ~ uit voorraad (leverbaar)

shelf-paper znw kastpapier o

shell [ʃel] **I** znw schil, schaal, peul, bolster; schelp,
schulp, dop; huls, hulsel o; (dek)schild o; geraamte
o; romp [v. stoomketel]; mil granaat [ook: grana-
ten]; high explosive ~ mil brisantgranaat; come out
of one's ~ loskomen, ontdooien; retire into one's ~
in zijn schulp kruipen; **II** overg schillen, doppen,
pellen, ontbolsteren; mil beschieten; ~ out mil
bombarderen; gemeenz (~ out) dokken, schuiven,
schokken

shellac [ʃəˈlæk, ˈʃelæk] **I** znw schellak o & m; **II**
overg met schellak vernissen

shellback znw slang ouwe zeerob

shellfish znw schelpdier(en) o; schaaldier(en) o

shellproof bn bomvrij

shellshock znw shellshock, shock ten gevolge van
granaatvuur

shelter [ˈʃeltə] **I** znw beschutting; onderdak o,
schuilplaats, bescherming; wachthuisje o [voor bus
of tram], (tram)huisje o; lighal; asiel o; (air-raid) ~
schuilgelegenheid, schuilkelder; give ~ beschutten,
ook: huisvesting verlenen; take ~ een schuilplaats
zoeken; schuilen; **II** overg beschutten, beschermen
(voor from); huisvesting verlenen; **III** onoverg = **IV**
wederk: ~ oneself schuilen, een schuilplaats zoeken,
zich verschuilen[2]

shelve [ʃelv] **I** overg van planken voorzien; op een
plank zetten; fig op de lange baan schuiven, uitstellen; (voorlopig) laten rusten; [iem] uitrangeren;
II onoverg (af)hellen, zacht aflopen

shelving [ˈʃelviŋ] znw planken

shemozzle [ʃiˈmɔzl] znw slang herrie, rumoer o;
onrust, moeilijkheden

shepherd [ˈʃepəd] **I** znw schaapherder, herder[2]; ~'s
pie jachtschotel; ~'s purse plantk herderstasje o; **II**
overg hoeden[2], (ge)leiden, loodsen

shepherdess znw herderin

sherbet [ˈʃəːbət] znw sorbet

sherd [ʃəːd] znw = shard

sheriff [ˈʃerif] znw hist schout, drost; hoge overheidspersoon in graafschap; Am sheriff, hoofd o
van politie v.e. county

sherry [ˈʃeri] znw sherry [wijn]

shew [ʃou] overg vero = show

shibboleth [ˈʃibəleθ] znw sjibbolet[2] o; leuze

shield [ʃiːld] **I** znw schild o; wapenschild o; **II** overg
beschermen (tegen from)

shift [ʃift] **I** overg veranderen, verwisselen; verrui-
len; kwijtraken [koopwaar, verkoudheid]; verwijderen [vlekken]; verschikken, verleggen, (ver)schui-

ven; omleggen [het roer]; verhalen [schip]; ~ gears
Am auto schakelen; **II** onoverg zich verplaatsen,
(van plaats) wisselen; omlopen [v. wind]; werken
[v. lading]; zich verschonen; zich behelpen; draai-
en[2]; ~ away verhuizen; ~ (about) in one's chair zitten draaien [in zijn stoel]; they must ~ for themselves ze moeten zichzelf maar zien te redden; **III**
znw verandering, afwisseling; verschuiving; verhuizing; ploeg (werklieden); werktijd; (vrouwen)hemd
o; get a ~ on gemeenz de handen uit de mouwen
steken, flink aanpakken; make ~ to het zo zien te
regelen dat...; make ~ with zich weten te behelpen;
make ~ without it het er maar zonder doen; work
double ~s met twee ploegen

shifting I bn veranderend, zich verplaatsend; ~
sand drijfzand o; **II** znw verandering, verplaatsing,
verhuizing

shift key znw hoofdlettertoets; comput shifttoets

shiftless bn onbeholpen; onbekwaam

shifty [ˈʃifti] bn sluw, onbetrouwbaar; ontwijkend
[antwoord]; schichtig [blik]

shilling [ˈʃiliŋ] znw shilling

shilly-shally [ˈʃiliʃæli] onoverg weifelen; treuzelen,
traineren

shimmer [ˈʃimə] **I** onoverg glinsteren, zacht glanzen (schijnen); **II** znw glinstering, glans

shimmy [ˈʃimi] znw **1** shimmy [ragtimedans];
2 Am auto abnormale slingering v.d. voorwielen;
II onoverg **1** de shimmy dansen; auto slingeren
[v.d. (voor)wielen]

shin [ʃin] **I** znw scheen; ~ of beef runderschenkel,
schenkelvlees o; **II** onoverg: ~ down a rope zich
langs een touw naar beneden laten glijden; ~ up a
tree klimmen in, opklimmen tegen een boom

shin-bone znw scheenbeen o

shindig [ˈʃindig] znw gemeenz feestje o

shindy [ˈʃindi] znw gemeenz herrie°, relletje o; ruzie; kick up a ~ herrie maken

1 shine [ʃain] (shone; shone) **I** onoverg schijnen,
glimmen, blinken, stralen, schitteren[2] (van with),
uitblinken; ~ at uitmunten in; ~ out helder uitkomen; **II** overg laten schijnen; doen glimmen (blinken), blank schuren; poetsen [schoenen]

2 shine [ʃain] znw zonneschijn; glans; schijnsel o;
the ~ began to wear off het nieuwtje ging er af; take
a ~ to gemeenz verkikkerd raken op

shiner znw blauw oog o

shingle [ˈʃiŋgl] **I** znw **1** dakspaan; vroeger 'jongenskop' [haardracht]; **2** grind o, kiezelsteen; **II** overg
1 met dakspanen dekken; **2** vero kortknippen

shingles [ˈʃiŋglz] znw (mv) med gordelroos

shin-guard [ˈʃinɡaːd] znw scheenbeschermer

shining [ˈʃainiŋ] bn schijnend, glanzend; fig schitterend; a ~ example een lichtend voorbeeld o

shiny bn glimmend, blinkend

ship [ʃip] **I** znw schip o; ~ of the desert het schip der
woestijn, kameel; ~ of the line hist linieschip o;
when my ~ comes in/home fig als het schip met geld

binnenkomt; **II** *overg* aan boord nemen (hebben);
verschepen, per schip verzenden (ook: ~ *off*); Am
ook: transporteren [in het algemeen]; ~ *the oars* de
riemen inhalen, binnen (ook: buiten) boord leggen
shipboard *znw: on* ~ aan boord
ship-breaker *znw* scheepssloper
ship-broker *znw* scheepsmakelaar; cargadoor
shipbuilder *znw* scheepsbouwmeester
shipbuilding *znw* scheepsbouw; ~ *yard* scheepstimmerwerf
ship-canal *znw* scheepvaartkanaal *o*
ship('s)-chandler *znw* verkoper van scheepsbehoeften, scheepsleverancier
shipload *znw* scheepsvracht, -lading
shipmaster *znw* kapitein op een koopvaardijschip;
soms: reder
shipmate *znw* scheepskameraad, mede-opvarende
shipment *znw* verscheping, verzending; zending;
lading
shipowner *znw* reder
shipper *znw* verscheper, aflader, exporteur
shipping *znw* in-, verscheping; schepen [v. land,
haven &]; scheepvaart; ~-*agent* expediteur; ~-*intelligence* scheepsberichten
shipshape *bn* & *bijw* (keurig) in orde, in de puntjes,
netjes
ship-way *znw* scheepshelling
shipwreck I *znw* schipbreuk; **II** *overg* doen schipbreuk lijden, doen stranden[2]; *be* ~*ed* schipbreuk
lijden[2]; *the* ~*ed crew* de schipbreukelingen
shipwright *znw* scheepsbouwmeester; scheepstim-
merman
shipyard *znw* scheepstimmerwerf
shire [´ʃaiə] *znw* graafschap *o*; ~ *counties* landelijke
graafschappen in Midden-Engeland; ~ *horse* (Engels) boerentrekpaard *o*
shirk [ʃəːk] *overg* verzuimen, ontduiken, ontwijken,
zich onttrekken aan (zijn plicht), lijntrekken
shirker *znw* lijntrekker
shirr [ʃəː] *znw* elastiekdraad, in stof meegeweven;
elastisch weefsel *o*; plooisel *o*, rimpeling [v. stof]
shirt [ʃəːt] *znw* (over)hemd *o*; blouse; *boiled* ~ gemeenz gesteven overhemd *o*; *in one's* ~ *sleeves* in
hemdsmouwen; *put one's* ~ *on* gemeenz er alles
onder verwedden; *lose one's* ~ alles kwijt raken;
near is my ~ *but nearer is my skin* het hemd is nader
dan de rok
shirt-front *znw* frontje *o*
shirting *znw* shirting *o*; hemdenkatoen *o*
shirttail *znw* slip van hemd
shirt-waist *znw* overhemdblouse
shirty *bn* gemeenz nijdig, woest
shish kebab [´ʃiʃkibæb] *znw* (sis) kebab
shit [ʃit] *plat* **I** *znw* stront; klootzak; bullshit; gelul;
~! shit!, verdomme!; *don't give a* ~ *about* schijt
hebben aan; *beat the* ~ *out of sbd.* iem. een ongenadig pak op zijn sodemieter geven; **II** *overg* & *onoverg* schijten; ~ *oneself* het in zijn broek doen (van

angst)
shitty [´ʃiti] *bn* plat lullig
1 shiver [´ʃivə] **I** *znw* splinter, scherf, schilfer; *break
(go) to* ~*s* aan gruzelementen vallen; **II** *overg* versplinteren, verbrijzelen, aan gruzelementen slaan;
III *onoverg* aan gruzelementen vallen; versplinteren
2 shiver [´ʃivə] **I** *onoverg* rillen, siddderen, huiveren;
II *znw* (koude) rilling, siddering, huivering; *give the*
~*s* gemeenz doen rillen
shivery *bn* rillerig, beverig, huiverig
1 shoal [ʃoul] **I** *znw* school; menigte, hoop; *in* ~*s*
bij hopen; **II** *onoverg* (samen)scholen
2 shoal [ʃoul] *znw* ondiepte, zandbank
shoaly *bn* ondiep, vol zandplaten
1 shock [ʃɔk] **I** *znw* schok[2], botsing; schrik, (onaangename) verrassing, slag; med & psych shock; **II**
overg schokken, een schok geven; ontzetten; aanstoot geven, ergeren; *be* ~*ed at* aanstoot nemen
aan, zich ergeren over
2 shock [ʃɔk] **I** *znw* stuik, hok *o* [hoop graan-
schoven]; **II** *overg* aan stuiken of hokken zetten
3 shock [ʃɔk] *znw: a* ~ *of hair* flinke bos haar, wilde
haardos
shock-absorber [´ʃɔkəbsɔːbə] *znw* schokbreker
shocker *znw* sensatieroman; gemeenz iets heel ergs,
hopeloos geval *o*, onmogelijk iemand
shock-headed *bn* met een ruige bos haar
shocking I *bn* aanstotelijk, stuitend, ergerlijk; afgrijselijk, gruwelijk; **II** *bijw* gemeenz afschuwelijk,
vreselijk
shockingly *bijw* schandalig, schandelijk
shock-proof *bn* schokbestendig, shockproof; fig
onverstoorbaar
shock tactics *znw* overrompelingstactiek
shock therapy, **shock treatment** *znw* shocktherapie
shock-troops *znw mv* stoottroepen
shock wave *znw* schokgolf
shod [ʃɔd] V.T. & V.D. van ²*shoe*
shoddy [´ʃɔdi] *bn* van slechte kwaliteit, flut-, prullig, ondeugdelijk
1 shoe [ʃuː] *znw* schoen; hoefijzer *o*; remschoen;
beslag *o*; *cast (throw) a* ~ een hoefijzer verliezen;
that's another pair of ~*s* fig dat is andere koek; *that's
where the* ~ *pinches* daar wringt hem de schoen; *I
wouldn't be in your* ~*s for anything* ik zou niet graag
in uw plaats zijn; *shake in one's* ~*s* bibberen van
angst; *step into (fill) sbd.'s* ~*s* iem. opvolgen
2 shoe [ʃuː] (shod; shod) *overg* schoeien; beslaan
shoeblack *znw* schoenpoetser
shoehorn *znw* schoenlepel
shoe-lace *znw* schoenveter
shoemaker *znw* schoenmaker
shoe-polish *znw* schoensmeer *o* & *m*
shoestring *znw* schoenveter; fig smalle basis; *on a*
~ met/voor heel weinig geld; *the film was made on
a* ~ de film werd met een heel klein budget ge-

maakt; *a ~ majority* een krappe meerderheid
shoetree *znw* schoenspanner
shone [ʃɔn] V.T. & V.D. van ¹*shine*
shoo [ʃuː] **I** *tsw* sh!, ksh!; **II** *overg* wegjagen (ook: ~ *away*)
shook [ʃuk] V.T. van ¹*shake*
1 shoot [ʃuːt] (shot; shot) **I** *overg* af-, door-, neer-, uit-, verschieten; schieten [ook: bal]; doodschieten; fusilleren; storten [puin]; (uit)werpen, uitgooien; (op)nemen, kieken; *gemeenz* spuiten, injecteren [drugs &]; ~ *the bolt* de grendel voorschuiven of wegschuiven; *have shot one's bolt* al zijn kruit verschoten hebben; ~ *a bridge* onder een brug doorschieten; ~ *the lights* door het rode stoplicht rijden; ~ *a line gemeenz* veel praatjes hebben, opscheppen; ~ *the moon* met de noorderzon vertrekken; ~ *a rapid* over een stroomversnelling heenschieten; ~! *gemeenz* zeg het maar!; begin maar!; **II** *onoverg* schieten° (ook = uitlopen); jagen; scheren; verschieten [sterren]; steken [v. pijn]; ~ *at goal sp* op het doel schieten; *go out ~ing* op jacht gaan; ~ *across the sky* langs de hemel schieten; ~ *ahead* vooruitschieten; ~ *ahead of* voorbijschieten; ~ *along* vooruitschieten; ~ *at* schieten op; toewerpen [een blik]; ~ *away* er op los schieten; wegschieten, in aller ijl er vandoor gaan; ~ *back the bolt* de grendel terugschuiven; ~ *down* neerschieten; ~ *off one's mouth off slang* kletsen, z'n mond voorbijpraten; ~ *out* uitschieten; uitwerpen, (er) uitgooien; uitsteken [rotsen &]; ~ *up* de hoogte in gaan [ook v. prijzen]; de hoogte in schieten [bij het groeien]; terroriseren (door schietpartijen &), hevig vuren op; *gemeenz* spuiten [drugs]
2 shoot [ʃuːt] *znw* schoot, scheut; schietwedstrijd; jacht(partij); schietpartij; fotosessie; *the whole ~ gemeenz* de hele zooi, de hele rataplan
shooter *znw slang* schietijzer *o*
shooting I *bn* schietend &; ~ *pains* ook: pijnlijke scheuten; ~ *star* verschietende of vallende ster; **II** *znw* schieten *o*; schietpartij; jacht; moord [met vuurwapen]; executie [met vuurwapen]
shooting-box *znw* jachthuis *o*
shooting-brake *znw* auto combi
shooting-gallery *znw* schiettent, -salon; schietbaan, schietlokaal *o*
shooting-iron *znw gemeenz* Am vuurwapen *o*
shooting-licence *znw* jachtakte
shooting-match *znw* schietwedstrijd, prijsschieten *o*; *the whole ~ fig* de hele bedoening
shooting-range *znw* schietbaan
shooting-stick *znw* zitstok
shoot-out [ˈʃuːtaut] *znw* vuurgevecht *o*, duel *o*, schietpartij; *voetbal* shoot-out [beslissing na gelijkspel door duels tussen een keeper en een veldspeler]
shop [ʃɔp] **I** *znw* winkel (ook = werkplaats); atelier *o*; ~! *volk!; he has come to the wrong ~ fig* hij is aan het verkeerde adres; *keep ~* op de winkel passen;

shut up ~ (de winkel) sluiten²; *fig* zijn zaken aan kant doen; ~ *around* prijsbewust winkelen; prijzen vergelijken; *fig* zich goed oriënteren (alvorens een beslissing te nemen); *talk ~* over het vak praten; *all over the ~* overal; helemaal in de war, de kluts kwijt; **II** *onoverg* winkelen, boodschappen (inkopen) doen; **III** *overg gemeenz* verlinken
shop-assistant *znw* winkelbediende, -juffrouw, verkoper, verkoopster
shop-floor *znw: on the ~* op de werkvloer
shop-front *znw* winkelpui
shop-girl *znw* vero winkeljuffrouw
shopkeeper *znw* winkelier
shoplifter *znw* winkeldief
shoplifting *znw* winkeldiefstal
shopman *znw* winkelier; winkelbediende; monteur [in werkplaats]
shopper *znw* winkelbezoeker
shopping *znw* winkelen *o*, winkelbezoek *o*; boodschappen; *do one's ~* (gaan) winkelen, boodschappen (inkopen) doen; ~ *bag* boodschappentas; ~ *centre* winkelcentrum *o*; ~ *list* boodschappenlijst(je *o*)
shop-soiled *bn* verkleurd, smoezelig [door te lang in de winkel liggen]
shop-steward *znw* vertegenwoordiger van werknemers [in het bedrijf]
shop-walker *znw* filiaalhouder
shop-worn *bn* = *shop-soiled*
1 shore [ʃɔː] V.T. van *shear*
2 shore [ʃɔː] *znw* kust, strand *o*, oever, wal; *in ~* op de wal staand; *on ~* aan land
3 shore [ʃɔː] **I** *znw* schoor, stut; **II** *overg* stutten, steunen (ook: ~ *up*)
shore-leave [ˈʃɔːliːv] *znw* verlof *o* om te passagieren
shoreline *znw* kust
shoreward(s) *bn & bijw* landwaarts
shorn [ʃɔːn] **I** V.D. van *shear*; **II** *bn*: ~ *of* beroofd van, ontdaan van
short [ʃɔːt] **I** *bn & bijw* kort; te kort; kort aangebonden, kortaf; driftig [karakter]; klein [gestalte]; bros [gebak]; puur [dranken], niet met water aangelengd; beknopt [leerboeken]; krap, karig; te weinig; plotseling; ~ *bill handel* kortzichtwissel; ~ *breath* ook: kortademigheid; ~ *cut* kortere weg; *fig* eenvoudiger manier; ~ *delivery* manco *o*; *a ~ hour* een klein uur *o*, een uurtje *o*; ~ *measure* ondergewicht *o*; ~ *story* kort verhaal *o*; *in ~ supply* schaars; *at ~ notice* op korte termijn; *in ~ order* meteen; ~ *weight* (gewichts)manco *o*; *make ~ work of* korte metten maken met; *be taken/caught ~* nodig 'moeten'; ~ *for...* een verkorting van...; *be (come, fall) ~ of* af (verwijderd) zijn van; minder zijn dan; te kort komen of hebben van; gebrek hebben aan; niet beantwoorden aan, blijven beneden; tekortschieten in; ~ *of breath* kortademig; *it is little ~ of a miracle, nothing ~ of marvellous* het grenst aan het wonderbaarlijke; *nothing ~ of his ruin* niets minder dan

(slechts) zijn ondergang; ~ *of money* niet goed bij kas; *be* ~ *on (patience, humour)* weinig (geduld, humor) hebben; *be* ~ *with sbd.* stroef zijn tegenover iem.; *cut* ~ af-, onderbreken; bekorten; *cut it* ~ het kort maken; *fall* ~ ook: opraken; tekortschieten[2]; *go* ~ te kort hebben (aan *of*); *keep* ~ kort houden[2]; *make* ~ *work of* korte metten maken met; *run* ~ opraken; *run* ~ *of provisions* door zijn provisie heenraken; *stop* ~ plotseling blijven stilstaan, ophouden, blijven steken; *stop* ~ *of* terugdeinzen voor; **II** *znw* **1** alcoholisch aperitief; **2** kortsluiting; **3** korte film, bijfilm; **4** ~s korte broek, shorts; *for* ~ kortheidshalve; *in* ~ in het kort, kortom

shortage *znw* tekort *o*, schaarste, nood

shortbread *znw* bros gebak *o*, sprits

short-change *overg* te weinig geld teruggeven; te kort doen, afzetten

short-circuit I *znw* elektr kortsluiting; **II** *overg* kortsluiting veroorzaken in; fig bekorten; uitschakelen; overspringen

short-circuiting *znw* elektr kortsluiting

shortcoming [ʃɔːtˈkʌmiŋ] *znw* tekortkoming

shortcrust (pastry) *znw* kruimeldeeg *o*

short-dated [ˈʃɔːtdeitid] *bn* handel kortzicht- [wissel]

shorten I *overg* korter maken, (be-, ver)korten, verminderen, beperken; **II** *onoverg* kort(er) worden, korten, afnemen

shortening *znw* vet *o* voor bros gebak

shortfall *znw* tekort *o*, deficit *o*

shorthand I *znw* stenografie, kort-, snelschrift *o*; *write* ~ stenograferen; *in* ~ stenografisch; **II** *bn* stenografisch; ~ *typist* stenotypist(e); ~ *writer* stenograaf

short-handed *bn* gebrek aan personeel hebbend

short-haul *bn* over korte afstand

shortie *znw* = *shorty*

shortish *bn* ietwat kort, krap, klein

shortlist I *znw* voordracht; **II** *overg* op de voordracht plaatsen

short-lived *bn* kortstondig, van korte duur

shortly *bijw* kort (daarop); binnenkort, weldra, spoedig; kortaf

shortness *znw* kortheid &; ~ *of breath* kortademigheid; ~ *of money* geldgebrek *o*

short pastry *znw* = *shortcrust pastry*

short-range *bn* korteafstands-

short-sighted *bn* bijziend; kortzichtig

short-spoken *bn* kortaf, kort van stof, kort aangebonden

short-staffed *bn* met te weinig personeel, een personeelstekort hebbend

short-tempered *bn* kort aangebonden, driftig, heetgebakerd

short-term *bn* op korte termijn; voor korte tijd

short-time working *znw* arbeidstijdverkorting

short-wave *bn* kortegolf-

short-winded *bn* kortademig

shorty *znw* gemeenz kleintje *o*, onderdeurtje *o*

1 shot [ʃɔt] *znw* schot *o*; biljart stoot; slag [bij tennis]; worp [bij cricket]; schroot *o*, kogel(s), hagel; (scherp)schutter; gissing; poging; opname, kiekje *o*; gemeenz injectie [drugs &], spuit, shot; slang borrel; aandeel *o*, gelag *o*, rekening; *a* ~ *of gin* een glas gin; *big* ~ gemeenz kopstuk *o*, hoge piet, hoge ome; ~ *in the dark* gissing, gok in 't wilde weg; *a long* ~ een totaalopname [v. film]; fig wat lang niet zeker is, een gok; *a* ~ *in the arm* ook: gemeenz een stimulans; *get* ~ *of* gemeenz zich ontdoen van, kwijtraken; *have a* ~ *at it* erop schieten; het ook eens proberen, er ook een gooi naar doen; *make a* ~ *at it* er naar raden, er een slag naar slaan; *putting the* ~ sp kogelstoten *o*; *not by a long* ~ op geen stukken na; *like a* ~ als de wind; op slag, direct

2 shot [ʃɔt] V.T. & V.D. van ¹*shoot*; ~ *silk* changeantzijde

shotgun [ˈʃɔtgʌn] *znw* jachtgeweer *o*; *a* ~ *marriage* een gedwongen huwelijk *o*

shot put [ˈʃɔtput] *znw* kogelstoten *o*

shot putter [ˈʃɔtputə] *znw* kogelstoter

should [ʃud, ʃəd, ʃd] V.T. van *shall*; zou, moest, behoorde; mocht

shoulder [ˈʃouldə] **I** *znw* schouder, schouderstuk *o*; berm; *give (show) the cold* ~ *to* met de nek aanzien, negeren; *have broad* ~s een brede rug hebben; *put (set) one's* ~ *to the wheel* zijn schouders onder iets zetten, de handen uit de mouwen steken; *stand* ~ *to* ~ schouder aan schouder staan; **II** *overg* op de schouders nemen; op zich nemen; met de schouder duwen, (ver)dringen; ~ *arms!* mil schouder 't geweer!; **III** *onoverg*: ~ *along* zich naar voren dringen

shoulder-bag *znw* schoudertas

shoulder-blade *znw* schouderblad *o*

shoulder-high *bn*: *carry sbd.* ~ iem. op de schouders nemen/ronddragen

shoulder pad *znw* schoudervulling

shoulder-strap *znw* mil schouderbedekking; schouderklep; schouderbandje *o* [aan hemd]; draagriem

shout [ʃaut] **I** *onoverg* roepen, juichen; schreeuwen; ~ *at* schreeuwen tegen; naroepen; ~ *for joy* het uitschreeuwen van vreugde; ~ *with laughter* schaterlachen; **II** *overg* uitroepen (ook: ~ *out*), hard toeroepen; ~ *down* overschreeuwen; door schreeuwen beletten verder te spreken; **III** *znw* geroep *o*, gejuich *o*; schreeuw, kreet; *it's my* ~ gemeenz ik trakteer

shouting *znw* geschreeuw *o*; *it's all over bar/but the* ~ het is op een oor na gevild

shove [ʃʌv] **I** *overg* stoten, duwen, schuiven; gemeenz steken, stoppen; **II** *onoverg* stoten, duwen; ~ *off* van wal steken, afzetten (ook: ~ *from shore*); gemeenz ophoepelen; **III** *znw* stoot, duw, duwtje *o*, zet, zetje *o*

shove-halfpenny [ˈʃʌvˈheip(ə)ni] *znw* soort

sjoelbakspel *o*, gespeeld met munten

shovel ['ʃʌvl] **I** *znw* schop; **II** *overg* scheppen

1 show [ʃou] (showed; shown) **I** *overg* doen of laten zien, tonen, tonen, laten blijken, aan de dag leggen, vertonen, draaien [een film], tentoonstellen, (aan-)wijzen, het [iem.] voordoen; aantonen, uit-, bewijzen; betonen; ~ *a leg* gemeenz uit (zijn) bed komen; *he had two silver medals to* ~ *for his success* zijn succes had hem twee zilveren medailles opgeleverd; ~ *in(to the room)* binnenlaten; ~ *off* (beter) doen uitkomen; ~ *off one's learning* te koop lopen (geuren) met zijn geleerdheid; ~ *out* uitlaten; ~ *round the house* rondleiden; het huis laten zien; ~ *up* **1** boven laten komen; duidelijk doen uitkomen, aan het licht brengen, duidelijk maken; **2** in verlegenheid brengen, voor gek zetten; zie ook: *show II*; **II** *onoverg & abs ww* zich (ver)tonen; uitkomen°; *it will not* ~ het zal niet te zien zijn; *it* ~*s white* het lijkt wit; *this film is* ~*ing now* draait nu; ~ *against* uitkomen tegen; ~ *off* zich aanstellen, poseren, 'geuren'; ~ *through* erdoorheen schijnen, beter tot zijn recht komen; ~ *up* gemeenz zich vertonen, tevoorschijn komen; (goed) uitkomen°; ~ *up badly* een slecht figuur slaan

2 show [ʃou] *znw* vertoning; tentoonstelling; (praal)vertoon *o*, show, (schone) schijn; optocht, (toneel)voorstelling; gemeenz komedie, onderneming, geschiedenis, zaak, zaakje *o*; *all over the* ~ slang overal; *give away the* ~ de zaak verraden, de boel verklappen; *good* ~! gemeenz bravo!; *make/put up a fine* ~ veel vertoon maken, goed uitkomen; heel wat lijken; *make/put up a poor* ~ een armzalig figuur slaan, helemaal niet uitkomen; *make a* ~ *of...ing* laten merken dat...; net doen alsof..; *make no* ~ *of...* niet te koop lopen met; geen aanstalten maken om...; *he made some* ~ *of resistance* hij verzette zich maar voor de schijn; *run the* ~ gemeenz de dienst uitmaken; *by/on (a)* ~ *of hands* door handopsteken [bij stemmen]; *(merely) for* ~ voor de schijn, voor het oog; *they are on* ~ ze zijn geëxposeerd, uitgestald, te zien; *under a (the)* ~ *of friendship* onder de schijn van vriendschap

show-bill *znw* aanplakbiljet *o*

showbiz *znw* gemeenz = *show business*, showbizz

show business *znw* showbusiness

show-case *znw* uitstalkast, vitrine; ~ *project* prestigeproject *o*

showdown *znw* gemeenz openlijke krachtmeting; beslissende strijd

1 shower ['ʃouə] *znw* vertoner

2 shower ['ʃauə] **I** *znw* (stort)bui, regenbui; douche; fig regen, stortvloed, stroom; **II** *overg* begieten, neer doen komen; ~ *blessings & upon* overstelpen met zegeningen &; **III** *onoverg* neerstromen, -komen; douchen

shower-bath *znw* douche

showerproof *bn* waterafstotend, waterdicht

showery *bn* regenachtig, buiig

show-girl ['ʃougə:l] *znw* danseres of zangeres in show of revue; figurante

show house *znw* modelwoning

showing *znw* tonen *o*; vertoning, voorstelling°; figuur; aanwijzing, bewijs *o*; *on your (own)* ~ volgens uw eigen verklaring (voorstelling, zeggen)

show jumper *znw* springruiter

show jumping *znw* springconcours *o & m*

showman *znw* **1** directeur v. circus, revue, variété &; **2** showman

showmanship *znw* vertoon *o*, reclame

shown V.D. van *¹show*

show-off *znw* gemeenz opschepper

showpiece *znw* spektakelstuk *o*; fig pronkstuk *o*

showplace *znw* (toeristische) bezienswaardigheid

showroom *znw* modelkamer, toonzaal

showwindow *znw* uitstalraam *o*, winkelraam *o*, etalage, vitrine

showy *bn* prachtig, opvallend; pronkerig, opzichtig

shrank [ʃræŋk] V.T. van *shrink*

shrapnel ['ʃræpnəl] *znw* granaatkartets(en)

1 shred [ʃred] *znw* lapje *o*, flard, snipper, stukje *o*; fig zweem(pje *o*), zier(tje *o*)

2 shred [ʃred] (shred/shredded; shred/shredded) *overg* klein snijden (of scheuren), snipperen

shredder ['ʃredə] *znw* papiervernietiger, shredder

shrew [ʃru:] *znw* feeks, helleveeg; dierk spitsmuis

shrewd [ʃru:d] *bn* schrander, scherp(zinnig)

shrewish ['ʃru:iʃ] *bn* kijfziek

shriek [ʃri:k] **I** *onoverg & overg* gillen; ~ *with laughter* gieren (van het lachen); **II** *znw* gil

shrift [ʃrift] *znw* vero biecht, absolutie; *give short* ~ *to* korte metten maken met

shrike [ʃraik] *znw* dierk klauwier

shrill [ʃril] **I** *bn* schel, schril; **II** *onoverg* schel klinken; **III** *overg*: ~ *(out)* uitgillen

shrilly *bijw* schel, schril

shrimp [ʃrimp] **I** *znw* (*mv* idem of -s) garnaal; fig ukkie *o*; **II** *onoverg* garnalen vangen

shrimper *znw* garnalenvisser; -schuit

shrine [ʃrain] *znw* schrijn, relikwieënkastje *o*; altaar *o*, heilige plaats, heiligdom *o*

1 shrink [ʃriŋk] (shrank; shrunk) **I** *onoverg* krimpen², inkrimpen, op-, ineenkrimpen; verschrompelen; slinken; ~ *back* terugdeinzen; ~ *from* huiverig zijn bij (om), terugdeinzen voor; **II** *overg* (doen) krimpen

2 shrink *znw* gemeenz psych, zielknijper

shrinkage *znw* (in)krimping²; slinking; vermindering [v. waarde &]

shrive [ʃraiv] (shrove; shriven) **I** *overg* vero biechten, de biecht afnemen; de absolutie geven; **II** *onoverg* biechten

shrivel ['ʃrivl] *overg & onoverg* (doen) rimpelen of verschrompelen (ook: ~ *up*)

shriven ['ʃrivn] V.D. van *shrive*

shroud [ʃraud] **I** *znw* (doods)kleed *o*, lijkwade, fig sluier; ~*s* scheepv (onder)want *o*; hoofdtouwen; **II**

521

overg in het doodskleed wikkelen; (om)hullen, bedekken, verbergen

shrove [ʃrouv] V.T. van *shrive*

Shrove-tide [ˈʃrouvtaid] *znw* vastenavond

Shrove Tuesday [ˈʃrouvˈtjuːzdi, -dei] *znw* dinsdag voor de vasten, vastenavond

1 shrub [ʃrʌb] *znw* struik, heester

2 shrub [ʃrʌb] *znw* rumpunch

shrubbery [ˈʃrʌbəri] *znw* heesterplantsoen *o*; struikgewas *o*

shrubby *bn* heesterachtig; vol struiken

shrug [ʃrʌg] **I** *overg & onoverg* (de schouders) ophalen; ~ *off* zich met een schouderophalen afmaken van; **II** *znw* schouderophalen *o*; *give a* ~ de schouders ophalen

shrunk [ˈʃrʌŋk] V.T. & V.D. van *shrink*

shrunken *bn* (ineen)gekrompen, verschrompeld

shuck [ʃʌk] **I** *znw* dop, bolster; ~*s!* gemeenz bah!, verdorie!; **II** *overg* doppen

shudder [ˈʃʌdə] **I** *onoverg* huiveren, rillen, sidderen; ~ *at* huiveren voor (bij); *I* ~ *to think that...* ik huiver bij de gedachte dat...; **II** *znw* huivering, griezel, rilling, siddering

shuffle [ˈʃʌfl] **I** *overg* (dooreen)schudden, (dooreen)mengen; schuiven; ~ *the cards* de kaarten schudden; reorganiseren; ~ *one's feet* met de voeten schuifelen, sloffen; **II** *onoverg* schuifelen; sloffen; schudden [de kaarten]; schuiven; ~ *along* aan-, voortschuifelen; voortsjokken; **III** *znw* geschuifel *o*; schuifelende (dans)pas; schudden *o* [v. kaarten]; verandering van positie; reorganisatie

shuffling I *bn* schuifelend &; **II** *znw* geschuifel *o*; schudden *o* [v. kaarten]; fig uitvlucht(en), gedraai *o*

shun [ʃʌn] *overg* schuwen, (ver)mijden, (ont-)vlieden

shunt [ʃʌnt] **I** *overg* op een zijspoor brengen[2], rangeren [trein]; elektr shunten; verschuiven; brengen naar; een andere wending geven aan [gesprek]; afleiden [persoon]; ~ *it on to him* schuif het hem op zijn dak; **II** *onoverg* rangeren; **III** *znw* rangeren *o*; elektr shunt, parallelschakeling; gemeenz kettingbotsing

shunter *znw* rangeerder

shunting *znw* rangeren *o* [v. trein]; elektr shunt; ~ *engine* rangeermachine; ~ *yard* rangeerterrein *o*

shush [ʃʌʃ] *tsw* ssst!, stil!

shut [ʃʌt] (shut; shut) **I** *overg* sluiten, toedoen, dichtdoen, -maken, -trekken &; ~ *your face* slang hou je kop dicht; ~ *away* opgesloten houden; ~ *down* dichtdoen, sluiten, stopzetten [ook: fabriek]; ~ *in* insluiten[2]; ~ *off* afsluiten [gas, water &], af-, stopzetten; kappen [discussies]; ~ *off from society* van alle omgang uitgesloten; ~ *out* af-, uitsluiten, buitensluiten[2] (van *from*); ~ *to* dichtdoen; ~ *up* sluiten; opsluiten [in gevangenis]; wegsluiten; gemeenz de mond snoeren; **II** *wederk* ~ *itself* (of) sluiten, dichtgaan; ~ *oneself up from* zich afzonderen van; **III** *onoverg & abs ww* (zich) sluiten, dicht-

gaan; ~ *down* [fabriek] sluiten; invallen [duisternis]; ~ *up* (zich) sluiten; gemeenz zijn mond houden; ~ *up!* gemeenz hou je mond!; *the door* ~ *on them* sloot zich achter hen; **IV** V.T. & V.D. van *shut*; als *bn* gesloten, dicht

shutdown *znw* sluiting, stopzetting

shut-eye *znw*: *get a bit of* ~ slang een tukje doen

shut-out *znw* uitsluiting [v. arbeiders]

shutter I *znw* sluiting, sluiter [ook: v. fototoestel]; luik *o*, blind *o*; *put up the* ~*s* de luiken voorzetten; fig sluiten, opdoeken; **II** *overg* de luiken zetten voor

shuttering *znw* luiken; bekisting [v. beton]

shuttle [ˈʃʌtl] **I** *znw* schietspoel; pendeldienst; sp shuttle; **II** *onoverg (& overg)* heen en weer (laten) gaan, pendelen

shuttlecock *znw* sp shuttle

shuttle service *znw* pendeldienst, heen-en-weerdienst

1 shy [ʃai] **I** *bn* verlegen, beschroomd, schuw; schichtig; *be (feel)* ~ *of ...ing* huiverig, bang zijn om te...; niet gul zijn met...; *fight* ~ *of* angstvallig vermijden; **II** *onoverg* schichtig, schuw worden (voor *at, from*), plotseling opzij springen [v. paard]; terugschrikken (voor *at, from*); ~ *away from* ontwijken, vermijden; terugschrikken voor

2 shy [ʃai] **I** *overg* gemeenz smijten, gooien; **II** *znw* gemeenz gooi, worp; *have a* ~ *at* een gooi doen naar, een poging wagen

shyster [ˈʃaistə] *znw* gemeenz bedrieger

si [siː] *znw* muz si

Siamese [saiəˈmiːz] *znw (mv* idem) & *bn* Siamees; ~ *cat* Siamese kat, Siamees; ~ *twins* Siamese tweeling

Siberian [saiˈbiəriən] **I** *bn* Siberisch; **II** *znw* Siberiër

sibilant [ˈsibilənt] **I** *bn* sissend; **II** *znw* sisklank

sibilate [ˈsibileit] *onoverg & overg* met een sisklank (uit)spreken, sissen

siblings [ˈsibliŋz] *znw mv* kinderen met hetzelfde ouderpaar, broer(s) en zuster(s)

sibyl [ˈsibil] *znw* sibille, profetes

sibylline [siˈbilain, ˈsibilain] *bn* sibillijns; profetisch, cryptisch

sic [sik] *bijw* [Lat] sic, zo staat er woordelijk

siccative [ˈsikətiv] **I** *bn* opdrogend; **II** *znw* siccatief *o* [middel]

Sicilian [siˈsiljən] *znw & bn* Siciliaan(s)

1 sick [sik] *overg*: ~ *him!* pak ze! [tegen hond]

2 sick [sik] **I** *bn* misselijk; zeeziek; Am ziek; beu (van *of*); gemeenz kwaad; het land hebbend; diep teleurgesteld (over *about, at*); fig bitter, wrang [spot], luguber [grap]; Am slang gek; ~ *headache* migraine; *a* ~ *man* (person) een zieke; *be* ~ ook: (moeten) overgeven, braken; *fall* ~ plechtig ziek worden; *be* ~ *at heart* verdrietig, treurig; *be* ~ (and tired) of schoon genoeg hebben van; *be* ~ *of a fever* koorts hebben; *off* ~ met ziekteverlof; *turn* ~ misselijk worden; [iem.] misselijk maken; *it makes me* ~ fig ik word er doodziek van; *worried* ~ gemeenz doodsbenauwd;

II *znw* gemeenz braaksel; *the* ~ de zieken; *200* ~ 200 zieken

sick-bay *znw* scheepv ziekenboeg; mil ziekenverblijf *o*

sick-bed *znw* ziekbed *o*

sicken I *onoverg* ziek, misselijk, beu worden; *be* ~*ing for something* iets onder de leden hebben; *naar iets* verlangen; **II** *overg* ziek, misselijk, beu maken

sickening *bn* misselijk(makend), walgelijk, weerzinwekkend; beklemmend; gemeenz vervelend, klote

sickle ['sikl] *znw* sikkel

sick-leave ['sik'li:v] *znw* ziekteverlof *o*

sick-list *znw* lijst van de zieken; *be on the* ~ onder doktersbehandeling zijn

sickly *bn* ziekelijk^2, ongezond^2; bleek [v. maan &]; wee [v. lucht]; walg(e)lijk; *a* ~ *smile* een flauw glimlachje *o*

sickness *znw* ziekte; misselijkheid; ~ *benefit* uitkering van ziektegeld

sick-pay *znw* ziekengeld *o*

sickroom *znw* ziekenkamer

side [said] **I** *znw* zij(de), kant; helling [v. berg, heuvel]; kantje *o*, zijtje *o* [= bladzijde]; partij; sp ploeg, elftal *o* [voetballers]; fig gezichtspunt *o*; biljart effect *o*; gemeenz verbeelding, eigenwaan; *the bright* ~ de zonzijde; *the dark* ~ de schaduwzijde; *the other* ~ de andere kant; de overzijde, de vijand; *the other* ~ *of the coin* fig de keerzijde van de medaille; *there's another* ~ *to the picture* de medaille heeft een keerzijde; *this* ~ ook: aan deze kant (van); zie ook: *(on) this* ~; *wrong* ~ *out* binnenstebuiten; *on the wrong* ~ *of forty* boven de veertig; *change* ~*s* van plaats verwisselen; een andere (politieke) richting kiezen; van standpunt veranderen; *pick* ~*s* partij kiezen [bij spel]; *put on* ~ biljart effect geven; gemeenz zich heel wat verbeelden, het hoog in de bol hebben; *split (burst) one's* ~*s (with laughter)* zich te barsten (een ongeluk, krom &) lachen, zijn buik vasthouden van het lachen; *take* ~*s* partij kiezen (voor *with*); *at his* ~ aan zijn zijde, naast hem; *by his* ~ naast hem; ~ *by* ~ zij aan zij, naast elkaar; ~ *by* ~ *with* naast; *from all* ~*s, from every* ~ van alle kanten; *from* ~ *to* ~ heen en weer; *on both* ~*s* aan (van) weerskanten; *there is much to be said on both* ~*s* er is veel voor en veel tegen te zeggen; *on every* ~, *on all* ~*s* aan (van) alle kanten; *on my* ~ aan mijn zij, naast mij; op mijn hand; van mijn kant; *on one* ~ aan één kant; opzij, scheef; *place (put) on one* ~ terzijde leggen; opzij zetten; *on the* ~ erbij [verdienen]; *on the engine* ~... wat betreft de motor...; *on the other* ~ aan (van) de andere kant; aan gene zijde, aan de overzijde (inz. van de Theems); *to be on the safe* ~ ook: voor alle zekerheid; *on the tall* & ~ aan de lange & kant; *(on) this* ~ aan deze kant, dezerzijds; *this* ~ *of Christmas* vóór Kerstmis; *to one* ~ opzij; terzijde; **II** *onoverg*: ~ *against (with)* partij kiezen tegen (voor)

side-arms *znw mv* mil opzij gedragen wapens [sabel, revolver, bajonet &]

sideboard *znw* buffet *o*, dressoir *o* & *m*; ~*s* ook: gemeenz bakkebaarden

sideburns *znw mv* bakkebaarden

side-car *znw* zijspan *o* & *m*, zijspanwagen

side-dish *znw* bij-, tussengerecht *o*

side-drum *znw* mil kleine trom

side-effect *znw* bijwerking, bijverschijnsel *o*

side-issue *znw* bijzaak

sidekick *znw* ondergeschikte, assistent

sidelight *znw* zijlicht *o*; boordlicht *o*; fig zijdelingse illustratie, aanvullende informatie; *drive on* ~*s* auto met stadslicht(en) rijden

sideline *znw* zijlijn; bijkomstige bezigheid; slang nevenbranche, -artikel *o*; *sit on the* ~*s* toeschouwer zijn, niet meedoen; *wait on the* ~*s* fig zich warmlopen, wachten tot men mag meedoen

sidelong *bn* & *bijw* zijdelings

side-piece *znw* zijstuk *o*; veer [v. bril]

sidereal [sai'diəriəl] *bn* sterren-

side-saddle ['saidsædl] *bijw*: *ride* ~ paardrijden in amazonezit

sideshow *znw* nevenattractie

side-slip I *onoverg* auto luchtv slippen; **II** *znw* auto luchtv slip

sidesman *znw* assistent v.e. kerkenraad, assessor

side-splitting *bn* om je krom te lachen

side-step I *znw* zijpas, zijstap; **II** *overg* & *onoverg* opzij-, uit de weg gaan, ontwijken

side-stroke *znw* zijslag [zwemmen]; zijstoot

sideswipe Am **I** *znw* zijslag, schampen *o*; fig steek onder water; **II** *overg* zijdelings raken, schampen langs

side-track I *znw* wisselspoor *o*; **II** *overg* op een wisselspoor brengen; gemeenz op een dwaalspoor brengen; afleiden [v. onderwerp]

side-view *znw* zijaanzicht *o*, profiel *o*

sidewalk *znw* Am trottoir *o*, stoep

sideward(s) *bn* & *bijw* zijwaarts

sideways *bn* (van) terzijde, zijdelings

side-whiskers *znw mv* bakkebaarden

side-wind *znw* zijwind; *by a* ~ van terzijde

sidewise *bijw* = *sideways*

siding ['saidiŋ] *znw* partij kiezen *o*; zij-, wisselspoor *o*

sidle ['saidl] *onoverg* zijdelings lopen (schuiven); schuifelen, sluipen

siege [si:dʒ] *znw* belegering, beleg *o*; *lay* ~ *to* het beleg slaan voor; *raise the* ~ het beleg opbreken

Sierra Leone [sierəli'oun] *znw* Sierra Leone *o*

Sierra Leonean I *znw* Sierraleoner; **II** *bn* Sierraleoons

siesta [si'estə] *znw* siësta, middagslaapje *o*, -dutje *o*

sieve [siv] **I** *znw* zeef; *have a head (memory) like a* ~ een geheugen hebben als een zeef, erg vergeetachtig zijn; **II** *overg* zeven, ziften

sift [sift] *overg* ziften, uitziften (ook: ~ *out*), schiften,

sifter

uitpluizen; strooien; ~ *(through)* door-, onderzoeken

sifter znw (suiker-, peper)strooier

siftings znw mv ziftsel o

sigh [sai] **I** onoverg zuchten; ~ *for* smachten naar; **II** overg verzuchten; **III** znw zucht

sight [sait] **I** znw (ge)zicht o, aanblik; schouwspel o, gemeenz vertoning; bezienswaardigheid, merkwaardigheid; vizier o, korrel [op een geweer]; diopter o (kijkspleet); ~s bezienswaardigheden; *a jolly (long &) ~ better* gemeenz véél (een boel) beter; *her hat is a ~!* gemeenz ze heeft een hoed om te gieren!; *the roses are a ~ (to see)* de rozen zijn kostelijk om te zien; *what a ~ you are!* gemeenz wat zie jij er uit!; *catch ~ of* in het oog (te zien) krijgen; *I hate the ~ of him* ik kan hem niet zien (uitstaan); *keep ~ of* in 't oog houden[2]; *lose ~ of* uit het oog verliezen; *set one's ~s higher (lower)* fig hoger (lager) mikken; *set one's ~s on* fig mikken op; *take ~* mikken; *take ~s* waarnemingen doen [op zee &]; *after ~* handel na zicht; *at (first) ~* op het eerste gezicht, à vue [van vertalen &]; muz van het blad; handel op zicht; *at ~ of* op (bij) het gezicht van; *at three days' ~* handel drie dagen na zicht; *buy sth. ~ unseen* iets ongezien kopen; *know by ~* van aanzien kennen; *be in ~* in zicht, in het gezicht, te zien zijn; *in his ~* voor zijn ogen, waar hij bij is (was); in zijn ogen, naar zijn opinie; *on ~* op het eerste gezicht; *be out of ~* uit het gezicht (oog) verdwenen zijn, verborgen zijn; *out of her ~* uit haar ogen, uit het oog, waar zij mij niet zien kon (kan); *out of my ~!* (ga) uit mijn ogen!; *out of ~, out of mind* uit het oog, uit het hart; *lost to ~* uit het gezicht verdwenen; *within ~* in zicht; **II** overg te zien krijgen, in het oog (gezicht) krijgen, waarnemen; richten, stellen; *partially ~ed* slechtziend

sight-draft znw handel zichtwissel

sighted bn ziende; [v. geweer] met vizier

sightless bn blind

sightly bn fraai, aangenaam voor het oog

sight-reading znw van het blad lezen [zingen, spelen]

sightseeing znw het bezichtigen van de bezienswaardigheden

sightseer znw toerist

sigma ['sigmə] znw sigma, Griekse s

sign [sain] **I** znw teken o, blijk o, wenk; kenteken o, voorteken o; wonderteken o; (uithang)bord o; ~ *of the cross* kruisteken o; *illuminated ~(s)* lichtreclame; *make no ~* geen teken (van leven &) geven; *there was no ~ of him* hij was niet te zien; *at the ~ of the Swann* in (de herberg &) het Zwaantje; *at his ~* op een teken van hem, op zijn wenk; *in ~ of submission* ten teken van onderwerping; *it's a ~ of the times* het is een teken des tijds; **II** overg tekenen, ondertekenen; signeren; een teken geven, door een teken te kennen geven; RK een kruis maken over, bekruisen; *it was ~ed, sealed and delivered at noon*

gemeenz om twaalf uur was de hele zaak in kannen en kruiken; ~ *away* schriftelijk afstand doen van; ~ *over to...* schriftelijk afstand doen van... ten gunste van; ~ *up* tekenen; engageren [spelers &]; **III** onoverg & abs ww (onder)tekenen; ~ *in* bij aankomst; ~ *off* radio eindigen, sluiten; gemeenz afnokken, ermee uitscheiden; ~ *on* scheepv aanmonsteren; (een verbintenis) tekenen; stempelen [v. werklozen]; ~ *up* zich laten inschrijven, zich opgeven, tekenen; zie ook: *dot II*

signal ['signəl] **I** znw signaal o, teken o, sein o; *(the Royal Corps of) S~s* mil de verbindingsdienst; **II** overg seinen; aankondigen, melden; door een wenk te kennen geven, een wenk geven om te...; **III** bn schitterend, uitstekend, voortreffelijk, groot

signal-box znw seinhuisje o

signalize I overg doen uitblinken, onderscheiden; kenmerken; te kennen geven; de aandacht vestigen op; **II** wederk: ~ *oneself* zich onderscheiden

signaller znw seiner

signally bijw ook: bijzonder, zeer; *fail ~* een duidelijke nederlaag lijden, het glansrijk afleggen

signalman znw seinwachter; seiner

signatory ['signətəri] **I** bn ondertekend hebbend; **II** znw (mede)ondertekenaar

signature znw hand-, ondertekening; teken o, kenmerk o; muz voortekening; signatuur, vergaarblokje o [op de rug v.e. katern]; ~ *tune* radio herkenningsmelodie

signboard ['sainbɔ:d] znw uithangbord o; (reclame)bord o

signet ['signit] znw zegel o

signet-ring znw zegelring

significance [sig'nifikəns] znw betekenis, gewicht o

significant bn veelbetekenend; veelzeggend; van betekenis; aanmerkelijk

signification [signifi'keiʃən] znw betekenis°; aanduiding

significative [sig'nifikətiv] bn (veel)betekenend; betekenis-; *be ~ of* betekenen, aanduiden

signify ['signifai] **I** overg betekenen, beduiden; aanduiden; **II** onoverg van betekenis zijn; *it does not ~* ook: het heeft niets te beduiden

sign-language ['sainlæŋgwidʒ] znw gebarentaal

signpost I znw handwijzer, wegwijzer; **II** overg (door wegwijzers) aangeven, bewegwijzeren

Sikh [si:k, sik] znw sikh

silage ['sailidʒ] znw kuilvoer o

silence ['sailəns] **I** znw (stil)zwijgen o, stilzwijgendheid; stilte; *there was ~, ~ fell* het werd stil; *in ~* ook: zwijgend; *past over in ~* stilzwijgend voorbijgaan; *pass into ~* in vergetelheid geraken; *reduce to ~* tot zwijgen brengen; ~ *gives consent* die zwijgt, stemt toe; **II** overg doen zwijgen, tot zwijgen brengen[2]

silencer znw geluid-, slagdemper, knalpot

silent ['sailənt] bn (stil)zwijgend, stil; rustig; zwijgzaam; stom [v. letters, films]; geruisloos; *William* *the* S~ Willem de Zwijger; ~ *partner* handel stille vennoot; *be (fall, keep)* ~ zwijgen, zich stil houden

silently *bijw* stil(letjes), in stilte; geruisloos; (stil-) zwijgend

silhouette [silu'et] **I** *znw* silhouet *o*, schaduwbeeld *o*; **II** *overg: be* ~ *d* zich aftekenen

silica ['silikə] *znw* kiezelaarde

silicate *znw* silicaat *o*

siliceous [si'liʃəs] *bn* kiezelachtig, kiezel-

silicon ['silikən] *znw* silicium *o*

silicone ['silikoun] *znw* silicone *o*

silicosis [sili'kousis] *znw* silicose [stoflong]

silk [silk] **I** *znw* zijde; gemeenz aanduiding voor *King's (Queen's) Counsel*, koninklijk raadgever; ~*s* zijden stoffen, zijden kleren; *he has taken* ~ hij is *King's (Queen's) Counsel* geworden; **II** *bn* zijden; ~ *hat* hoge hoed; *you can't make a* ~ *purse out of a sow's ear* men kan geen ijzer met handen breken

silken *bn* zijden², zijdeachtig zacht

silk-screen *znw* zeefdruk (ook: ~ *printing*)

silkworm *znw* zijderups

silky *bn* zijden, zijdeachtig zacht; fig poeslief [stem]

sill [sil] *znw* drempel; vensterbank; auto treeplank

silly ['sili] **I** *bn* onnozel, dom, dwaas, kinderachtig, flauw, sullig; *the* ~ *season* de slappe tijd, komkommertijd; *look* ~ op zijn neus kijken; *Ministry of S*~ *Walks* Ministerie van Belachelijke Loopjes; **II** *znw* gemeenz onnozele hals, sul

silo ['sailou] *znw* silo

silt [silt] **I** *znw* slib *o*; **II** *overg & onoverg* (doen) dichtslibben, verzanden (ook: ~ *up*)

silvan ['silvən] *bn* = *sylvan*

silver ['silvə] **I** *znw* zilver *o*; zilvergeld *o*; (tafel)zilver *o*; **II** *bn* zilveren, zilverachtig; **III** *overg* verzilveren; [zilver] wit maken; **IV** *onoverg* (zilver)wit worden

silver birch *znw* witte berk

silver-fish *znw* zilvervisje *o*, suikergast, boekworm [insect]; zilvervis [vis]

silver lining *znw* de zon achter de wolken, de positieve kant van de zaak

silvern *bn* vero zilveren

silver nitrate *znw* helse steen

silver paper *znw* vloeipapier *o*; zilverpapier *o*

silver-plated *bn* verzilverd

silver screen *znw* bioscoopscherm *o*

silversmith *znw* zilversmid

silverware *znw* zilverwerk *o*, tafelzilver *o*

silver wedding *znw* zilveren bruiloft

silvery *bn* zilverachtig, zilveren, zilverwit, (zilver-) blank, zilver-

silviculture *znw* = *sylviculture*

simian ['simiən] **I** *bn* apen-; **II** *znw* aap

similar ['similə] *bn* dergelijk, gelijksoortig; gelijk; overeenkomstig; gelijkvormig (aan *to*)

similarity [simi'læriti] *znw* gelijkheid, gelijksoortigheid; overeenkomst(igheid); gelijkvormigheid

similarly ['similəli] *bijw* op dezelfde wijze, insgelijks, evenzo

simile ['simili] *znw* gelijkenis, vergelijking

similitude [si'militju:d] *znw* gelijkenis, gelijkheid, overeenkomst; evenbeeld *o*; vergelijking

simmer ['simə] **I** *onoverg* eventjes koken, (op het vuur staan) pruttelen, sudderen; fig smeulen; zich verbijten; ~ *down* bedaren; **II** *overg* zacht laten koken, laten sudderen; **III** *znw: on the* ~ op een zacht vuurtje

Simon ['saimən] *znw* Simon; *Simple* ~ onnozele hals

simony ['saiməni] *znw* simonie

simoom, simoon [si'mu:m, -n] *znw* samoem: droge woestijnwind

simp [simp] *znw* Am slang verk. v. *simpleton*

simper ['simpə] **I** *onoverg* dom geaffecteerd lachen; **II** *znw* dom geaffecteerd lachje *o*

simple ['simpl] **I** *bn* eenvoudig, gewoon; enkelvoudig; simpel, onnozel; *for the* ~ *reason that...* enkel en alleen omdat...; *the* ~ *life* een eenvoudiger (minder weelderig) leven; zie ook: *Simon*; **II** *znw* vero artsenijkruid *o*

simple-hearted *bn* oprecht

simple-minded *bn* eenvoudig van geest, naïef, argeloos

simpleton ['simpltən] *znw* onnozele hals, simpele ziel

simplicity [sim'plisiti] *znw* eenvoud(igheid), enkelvoudigheid; onnozelheid

simplification [simplifi'keiʃən] *znw* vereenvoudiging

simplify ['simplifai] *overg* vereenvoudigen

simplistic [sim'plistik] *bn* (al te) zeer vereenvoudigd

simply ['simpli] *bijw* eenvoudig, gewoonweg, zonder meer; alleen (maar), enkel; gemeenz absoluut

simulate ['simjuleit] *overg* veinzen, voorwenden (te hebben), (moeten) voorstellen, fingeren, (bedrieglijk) nabootsen, simuleren

simulation [simju'leiʃən] *znw* geveins *o*, simulatie; bedrieglijke nabootsing

simulator ['simjuleitə] *znw* simulant; techn simulator

simultaneity [siməltə'niəti] *znw* gelijktijdigheid

simultaneous [siməl'teinjəs] *bn* gelijktijdig; ~ *display* simultaanschaken *o*

sin [sin] **I** *znw* zonde², zondigheid; *live in* ~ vero schertsend in concubinaat leven, ongetrouwd samenwonen; **II** *onoverg* zondigen²

since [sins] **I** *bijw* sedert, sinds(dien); geleden; *ever* ~ sindsdien, van toen af; sedert, vanaf het ogenblik dat...; **II** *voorz* sedert, sinds, ... na; af; **III** *voegw* sedert, sinds; aangezien; *long* ~ *(happened)* lang geleden (gebeurd); *it's ages* ~ *I saw you* we hebben elkaar in geen tijden gezien

sincere [sin'siə] *bn* oprecht, ongeveinsd, onvermengd, zuiver

sincerely *bijw* oprecht; *yours* ~ hoogachtend

sincerity [sin'seriti] *znw* oprechtheid, eerlijkheid;

echtheid

1 sine [sain] *znw* sinus

2 sine ['saini] [Lat] *voorz* zonder; ~ *die* ['saini'daii:] voor onbepaalde tijd

sinecure ['sainikjuə] *znw* sinecure

sinew ['sinju:] *znw* zenuw [= pees], spier; ~*s* spierkracht; kracht

sinewy *bn* zenig; gespierd, sterk, fors

sinful ['sinful] *znw* zondig, verdorven; gemeenz schandelijk, schandalig

sing [siŋ] (sang; sung) **I** *overg* zingen, bezingen; ~ *a different song (tune)* uit een ander vaatje tappen; ~ *out* gemeenz (uit)galmen; ~ *the praises of* loven; **II** *onoverg* zingen; fluiten [v. wind], gonzen [bijen en kogels]; tuiten, suizen [oren]; slang doorslaan [bij verhoor]; ~ *small* gemeenz een toontje lager zingen; ~ *out* luid zingen; gemeenz hard roepen, brullen

Singapore [siŋə'pɔ:] *znw* Singapore *o*

Singaporean *znw (bn)* Singaporeaan(s)

singe [sin(d)ʒ] *overg* (ver)zengen, (ver)schroeien; ~ *one's wings* fig zijn vingers branden

singer ['siŋə] *znw* zanger [ook = zangvogel]

singing I *bn* zingend &; zangerig; **II** *znw* zingen *o*; (oor)suizen *o*; zangkunst

single ['siŋgl] **I** *bn* enkel; afzonderlijk; alleen; enig; eenpersoons; ongetrouwd; vrijgezellen-; eenvoudig; ~ *cream* magere room; zie ook: *combat* &; **II** *znw* kaartje *o* enkele reis; alleenstaande, vrijgezel; sp enkelspel *o*; single [ook: één run bij cricket; slag tot eerste honk bij honkbal]; **III** *overg*: ~ *out* uitkiezen, uitpikken

single-breasted *bn* met één rij knopen

single-decker *znw* gewone bus [i.t.t. dubbeldekker]

single-engined *bn* eenmotorig

single-handed *bn & bijw* alleen; in zijn eentje; eigenhandig

single-hearted *bn* oprecht

single-minded *bn* recht op zijn doel afgaand

single-mindedness *znw* het nastreven van één doel, doelbewustheid

single-seater *znw* luchtv eenpersoonstoestel *o*

singlet ['siŋglit] *znw* borstrok, flanel *o*

singleton ['siŋgltən] *znw* kaartsp singleton [enige kaart in bep. kleur]

singly ['siŋgli] *bijw* afzonderlijk, één voor één

singsong ['siŋsɔŋ] **I** *znw* geïmproviseerde samenzang; deun, dreun; **II** *bn* eentonig [stem]

singular ['siŋgjulə] **I** *bn* enkelvoudig; bijzonder, zonderling, eigenaardig; enig (in zijn soort), zeldzaam; *the* ~ *number* het enkelvoud; **II** *znw* enkelvoud *o*

singularity [siŋgju'læriti] *znw* enkelvoudigheid; zonderlingheid, eigenaardigheid &

Sinhalese [siŋhə'-, siŋgəli:z] *bn & znw* Singalees (o)

sinister ['sinistə] *bn* herald linker; onheilspellend; sinister; boosaardig

1 sink [siŋk] (sank; sunk) **I** *onoverg* zinken, zakken, vallen, dalen; fig verflauwen, afnemen, achteruitgaan; neer-, verzinken, bezwijken, te gronde gaan, ondergaan; ~ *back* terugvallen; ~ *beneath* bezwijken onder; ~ *down* neerzinken, neerzijgen; ~ *home* inwerken; ~ *in* inzinken; fig in-, dóórwerken; ~ *into* verzinken in; neerzinken in; ~ *into the mind (memory)* zich in iemands geheugen prenten; *his heart (spirits) sank* de moed begaf hem; ~ *or swim* erop of eronder; **II** *overg* doen zinken, tot zinken brengen; laten (doen) zakken of dalen, neerlaten; laten hangen [het hoofd]; graven, boren [put]; graveren [stempel]; ~ *differences* laten rusten; ~ *money in...* geld steken in...

2 sink [siŋk] *znw* gootsteen *(kitchen ~)*

sinker *znw* zinklood *o*

sinking *znw & bn* (doen) zinken *o; that* ~ *feeling* bang gevoel om het hart

sinking-fund *znw* amortisatiefonds *o*

sinless ['sinlis] *bn* zondeloos, zonder zonde

sinner *znw* zondaar

Sinn Fein *znw* Ierse nationalistische beweging

Sino- ['sainou] *bn* Chinees-

sinuosity [sinju'ɔsiti] *znw* bochtigheid; kronkeling, bocht

sinuous ['sinjuəs] *bn* bochtig, kronkelig

sinus ['sainəs] *znw* sinus: holte; fistel

sinusitis [sainə'saitis] *znw* sinusitis

sip [sip] **I** *overg* met kleine teugjes drinken; **II** *onoverg & abs ww* nippen (aan *at*); **III** *znw* teugje *o*

siphon ['saifən] **I** *znw* hevel; sifon; **II** *overg* (ook: ~ *off*) overhevelen

sippet ['sipit] *znw* soldaatje *o*: gebakken stukje brood *o* bij soep &

sir [sə:] **I** *znw* heer; mijnheer; *Sir* onvertaald vóór de doopnaam van een *baronet* of *knight*; **II** *overg* met mijnheer aanspreken, gemeenz mijnheren

sire ['saiə] **I** *znw* vero (voor)vader; (stam)vader [v. paard, hond]; *Sire* [als aanspreking]; **II** *overg* verwekken

siren ['saiərən] *znw* sirene[2] [verleidster, misthoorn]

sirloin ['sə:lɔin] *znw* (runder)lendenstuk *o*

sirocco [si'rɔkou] *znw* sirocco

sirrah ['sirə] *znw* vero schavuit!

sis [sis] *znw* verk. van *sister*

sisal ['saisəl] *znw* sisal

siskin ['siskin] *znw* sijsje *o*

sissy ['sisi] *znw* doetje *o*, huilenbalk; verwijfd type *o* (ook: ~ *pants*); slang homo, nicht

sister ['sistə] *znw* zuster°, zus; hoofdverpleegster

sisterhood *znw* zusterschap

sister-in-law *znw (mv: sisters-in-law)* schoonzuster

sisterly *bn* zusterlijk, zuster-

1 sit [sit] (sat; sat) **I** *onoverg* zitten, liggen, rusten; blijven zitten; verblijven; (zitten te) broeden; zitting houden; zitting hebben; poseren [voor portret]; ~*s the wind there?* plechtig komt (waait) de wind uit die hoek?; ~ *still* stil zitten; blijven zitten; ~ *tight* zich kalm houden; zich niet roeren in een zaak; zich in zijn positie handhaven; op de uitkijk blijven; ~ *around* lanterfanten; ~ *at home* thuis zitten (hokken); ~ *back* achterover (gaan) zitten; zijn gemak ervan nemen; fig niet meedoen, zich afzijdig houden, lijdelijk toezien; ~ *by* lijdelijk toezien; ~ *down* gaan zitten, zich zetten; aanzitten; ~ *down under...* [beschuldiging, belediging &] slikken, op zich laten zitten; ~ *for an examination* examen doen; ~ *in on* meedoen aan, aanwezig zijn bij; ~ *in for* [iem.] tijdelijk vervangen; ~ *in judgement* bekritiseren; ~ *on* geheim houden; voor zich uitschuiven; ~ *on the jury* zitting hebben in de jury; ~ *on sbd.* gemeenz iem. op zijn kop geven (zitten); *his principles ~ loosely on him* zijn principes staan hem niet in de weg; *her new dignity ~s well on her* haar nieuwe status gaat haar goed af; ~ *out* blijven zitten [gedurende een dans &], niet meedoen; buiten zitten; ~ *up* rechtop (overeind) zitten, opzitten; overeind gaan zitten; opblijven; *make sbd.* ~ *up* gemeenz iem. vreemd doen opkijken, het iem. eens goed zeggen of laten voelen; *make sbd.* ~ *up and take notice* gemeenz iems. interesse wekken; ~ *up with a sick person* waken bij een zieke; ~ *upon* zie: ~ *on*; **II** *overg* neerzetten; laten zitten, laten plaatsnemen; *he can* ~ *a horse well* hij zit goed te paard; hij zit vast in het zadel; ~ *out a dance* blijven zitten onder een dans; ~ *out the piece* tot het eind toe bijwonen; ~ *through the whole film* de hele film uitzien; **III** *wederk:* ~ *oneself (down)* plechtig & schertsend gaan zitten

2 sit [sit] *znw* zitten o; zit

sitar [si'ta:] *znw* sitar

sitcom ['sitkɔm] *znw* gemeenz = *situation comedy* sitcom, ± komische tv-serie

sit-down *znw:* *have a* ~ even gaan zitten, even uitrusten; ~ *strike* bezettingsstaking

site [sait] **I** *znw* ligging; (bouw)terrein o; **II** *overg* terrein(en) verschaffen, plaatsen

sit-in ['sitin] *znw* sit-in [zitdemonstratie, -actie]

sitter ['sitə] *znw* zitter; poserende, model o; dierk broedende vogel, broed(hen); babysit(ter)

sitter-in *znw* babysit(ter)

sitting I *bn* zittend, zitting hebbend; ~ *duck* gemakkelijk doel(wit); *the* ~ *tenant* de tegenwoordige huurder; **II** *znw* zitting, seance; terechtzitting, zittijd; *give sbd. a* ~ voor iem. poseren; *at one* ~, *at a* ~ ineens, achter elkaar

sitting-room *znw* huiskamer

situate ['sitjueit] *overg* situeren [gebeurtenis]

situated *bn* gelegen, geplaatst; *awkwardly* ~ in een lamme, moeilijke positie

situation [sitju'eiʃən] *znw* ligging, stand; positie°; situatie, toestand; plaats, betrekking; ~ *comedy* ± komische televisieserie; ~*s vacant* ± personeelsadvertenties [in krant]

six [siks] *telw* zes; ~ *of one and half a dozen of the other* lood om oud ijzer, één pot nat; *at* ~*es and sevens* overhoop, in de war; *hit (knock) for* ~ slang de

vloer aanvegen met, het glansrijk winnen van

sixfold *bn* zesvoudig

sixpence *znw* vroeger muntstuk o van zes penny

sixpenny *bn* vroeger van zes penny; fig geringsch dubbeltjes-

sixteen *telw* zestien

sixteenth *bn (znw)* zestiende (deel o)

sixth *bn (znw)* zesde (deel o)

sixthly *bijw* ten zesde

sixtieth *bn (znw)* zestigste (deel o)

sixty *telw* zestig; *the sixties* de jaren zestig; *in the (one's) sixties* ook: in de zestig; *sixty-four thousand dollar question* gemeenz de hamvraag, de grote vraag

sizable ['saizəbl] *bn* tamelijk dik, groot &; flink, behoorlijk, van behoorlijke dikte

sizar ['saizə] *znw* student met een toelage

1 size [saiz] **I** *znw* grootte; omvang, maat, nummer o; afmeting, formaat o; kaliber o; *they are all one* ~ van dezelfde grootte; *stones the* ~ *of...* ter grootte van, zo groot als...; *that's about the* ~ *of it* zó is het, daar komt het op neer; *cut down to* ~ tot zijn (haar, hun) juiste proporties terugbrengen; *try sth. for* ~ kijken, proberen of iets iem. ligt; **II** *overg* sorteren (naar de grootte), rangschikken; op de juiste maat brengen, van pas maken; ~ *up* taxeren, zich een oordeel vormen omtrent

2 size [saiz] **I** *znw* lijmwater o; **II** *overg* lijmen, planeren

sizeable *bn* = *sizable*

sized [saizd] *bn* van zekere grootte; *the same* ~ *pot* een pot van dezelfde grootte

sizzle ['sizl] **I** *onoverg* sissen, knetteren; **II** *znw* gesis o, geknetter o

1 skate [skeit] **I** *znw* (rol)schaats; *get one's* ~*s on* opschieten, voortmaken; **II** *onoverg* (rol)schaatsen (rijden); ~ *on thin ice* een moeilijk onderwerp tactvol behandelen; ~ *over (round) sth.* ergens luchtig overheen lopen (praten)

2 skate *znw* dierk spijkerrog, vleet

skateboard ['skeitbɔ:d] *znw* skateboard o

skateboarding *znw* skateboarden o

skater *znw* schaatsenrijder, rolschaatser

skating-rink *znw* (kunst)ijsbaan

skedaddle [ski'dædl] *onoverg* gemeenz 'm smeren, opkrassen, er vandoor gaan

skein [skein] *znw* streng; vlucht wilde ganzen

skeletal ['skelitl] *bn* geraamte-, skelet-, skeletachtig; *a* ~ *person* iem. die vel over been is

skeleton I *znw* geraamte[2] o; skelet o; fig schets, schema o, raam o; *a* ~ *at the feast* een omstandigheid of persoon die de vreugde bederft; *a* ~ *in the cupboard* een onaangenaam (familie)geheim o; **II** *bn* beperkt, klein [v. dienst, personeel &]

skeleton-key *znw* loper [sleutel]

skeleton map *znw* blinde kaart

skelp [skelp] *overg* gemeenz slaan

skep [skep] *znw* mand, korf; bijenkorf

skerry [skeri] *znw* vooral Schots klip, rif *o*

sketch [sketʃ] **I** *znw* schets²; sketch; **II** *onoverg* schetsen; **III** *overg* schetsen² (ook: ~ *out*); ~ *in* met een paar trekken aangeven

sketchbook ['sketʃbuk] *znw* schetsboek *o*

sketchy ['sketʃi] *bn* schetsmatig, vluchtig; vaag, oppervlakkig

skew [skju:] **I** *bn* scheef, schuin; ~-*eyed* scheel; **II** *znw* schuinte; *on the* ~ schuin; **III** *onoverg* afbuigen, afslaan; scheel zien

skewer ['skjuə] **I** *znw* vleespin; **II** *overg* met vleespinnen vaststeken

skew-whiff [skju:'wif] *bn* schuin; krom

ski [ski:] **I** *znw* ski; ~ *boots* skischoenen; ~ *resort* wintersportplaats; ~ *sticks* skistokken; **II** *onoverg* skilopen, skiën

skid [skid] **I** *znw* remketting, remschoen; <u>techn</u> slof, steun-, glijplank; slip [v. auto &]; *on the* ~*s* <u>gemeenz</u> bergafwaarts, op weg naar het einde, van kwaad tot erger; *put the* ~*s under* <u>gemeenz</u> naar de verdommenis (bliksem) helpen; **II** *onoverg* slippen; glijden

skier ['ski:ə] *znw* skiloper, skiër

skiff [skif] *znw* skiff

skiffle ['skifl] *znw* <u>muz</u> skiffle

ski-jump ['ski:dʒʌmp] *znw* skisprong; springschans

ski-jumper *znw* schansspringer

skilful, Am **skillful** ['skilful] *bn* bekwaam, handig

ski-lift ['ski:lift] *znw* skilift

skill *znw* bekwaamheid, bedrevenheid; vakkundigheid

skilled *bn* bekwaam, bedreven; vakkundig; ~ *labourers* geschoolde arbeiders, vakarbeiders

skillet ['skilət] *znw* pannetje *o* met lange steel; <u>Am</u> koekenpan

skilly ['skili] *znw* gortwater *o*, dunne soep

skim [skim] *overg* afschuimen, afromen, afscheppen (ook: ~ *off*); scheren (heen)glijden (langs, over); <u>fig</u> vluchtig inkijken (doorlopen)

skimmer *znw* schuimspaan

skim-milk, skimmed milk *znw* taptemelk

skimp [skimp] **I** *overg* schrale maat toedienen, krap bedelen, beknibbelen, zuinig toemeten; **II** *onoverg* erg zuinig zijn, bezuinigen; zich bekrimpen

skimpy *bn* schraal, karig, krap

skin [skin] **I** *znw* huid [ook v. schip], vel *o*; leren zak; schil, pel [v. vruchten]; vlies *o*; *outer* ~ opperhuid; *true* ~ onderhuid; ~ *game* zwendel; *he is only* ~ *and bone(s)* vel over been; *save one's* ~ zijn hachje bergen; *have a thick (thin)* ~ ongevoelig (gevoelig) zijn voor kritiek; *it's no* ~ *of my nose* <u>gemeenz</u> daar zit ik niet mee; dat is mijn pakkie-an niet; *by the* ~ *of one's teeth* net, op het kantje af, met de hakken over de sloot; *next to his* ~ op het blote lijf; *get under sbd.'s* ~ <u>gemeenz</u> iem. vreselijk irriteren; *jump (leap) out of one's* ~ een gat in de lucht springen; zich dood schrikken; stomverbaasd zijn; **II** *overg* (af)stropen², villen², pellen; ontvellen; *keep your eyes* ~*ned* <u>gemeenz</u> hou je ogen open

skin-deep *bn* niet dieper dan de huid gaand; niet diep zittend, oppervlakkig

skin-dive *znw* sp duiken, onder water zwemmen [met zuurstofcilinder, maar zonder duikerpak]

skin-diver ['skindaivə] *znw* sportduiker (zonder duikerpak)

skin-flick *znw* slang pornofilm

skinflint *znw* krent, gierigaard

skinful *znw*: *when he has had a* ~ slang als hij het nodige op heeft

skin-graft *znw* huidtransplantatie

skinhead *znw* skinhead

skinny *bn* (brood)mager; huid-

skint [skint] *bn* slang platzak

skin-tight ['skin'tait] *bn* zeer nauwsluitend

1 skip [skip] **I** *onoverg* (touwtje)springen, huppelen; ~ *(off)* <u>gemeenz</u> ervandoor gaan, er uitknijpen; ~ *over* = **II** *overg* overslaan [bij lezen]; ~ *it!* <u>Am</u> <u>gemeenz</u> hou op!; **III** *znw* (touwtje)springen *o*; sprongetje *o*

2 skip [skip] *znw* afvalcontainer

1 skipper ['skipə] *znw* springer

2 skipper ['skipə] **I** *znw* scheepv schipper [gezagvoerder]; <u>sp</u> aanvoerder [v. elftal]; <u>slang</u> chef, baas; <u>mil</u> kapitein; **II** *overg* commanderen [een schip], (be)sturen

skipping-rope ['skipiŋroup] *znw* springtouw *o*

skirl [skə:l] *onoverg* schril klinken [v. doedelzak]

skirmish ['skə:miʃ] **I** *znw* schermutseling²; **II** *onoverg* schermutselen²; <u>mil</u> tirailleren

skirmisher *znw* schermutselaar; <u>mil</u> tirailleur

skirt [skə:t] **I** *znw* (vrouwen)rok; slip, pand; rand, zoom; grens; middenrif *o*; <u>slang</u> vrouw, meid; *divided* ~ broekrok; **II** *overg* omboorden, omzomen, begrenzen; langs de rand, zoom of kust gaan, varen &; <u>fig</u> ontwijken; **III** *onoverg*: ~ *along* lopen langs, grenzen aan

skirting(-board) ['skə:tiŋ(bɔ:d)] *znw* plint

ski-run ['ski:rʌn] *znw* skibaan, skiterrein *o*

skit [skit] *znw* parodie (op *upon*)

skitter ['skitə] *onoverg* rennen, snellen

skittish ['skitiʃ] *bn* schichtig, grillig, dartel

skittle ['skitl] *znw* kegel; ~*s* kegelspel *o*

skittle-alley *znw* kegelbaan

skive [skaiv] *slang* **I** *overg* ontduiken [van verplichtingen]; **II** *onoverg* lijntrekken; ~ *off* er tussenuit knijpen; **III** *znw*: *to be on the* ~ lijntrekken

skiver ['skaivə] *znw* <u>gemeenz</u> lijntrekker

skivvy ['skivi] *znw* slang dienstmeisje *o*

skulduggery [skʌl'dʌgəri] *znw* <u>gemeenz</u> kwade praktijken, oneerlijkheid, zwendel

skulk [skʌlk] *onoverg* loeren, sluipen, gluipen; zich verschuilen, zich onttrekken (aan)

skulker *znw* gluiper; lijntrekker

skull [skʌl] *znw* schedel; doodskop; ~ *and crossbones* ook: zeeroversvlag

skullcap *znw* kalotje *o*

skunk [skʌŋk] *znw* (*mv* idem *of* -s) dierk skunk *m*, stinkdier *o*; skunk *o* [bont]; scheldwoord smeerlap

sky [skai] **I** *znw* lucht, luchtstreek, hemel, uitspansel *o*; hemelsblauw *o*; *in the* ~ aan de hemel; *praise to the skies* hemelhoog prijzen; **II** *overg* [een bal] de lucht in gooien (schoppen, slaan); [een schilderij] zeer hoog hangen

sky-blue *bn* (& *znw*) hemelsblauw (*o*)

skydiver *znw* parachutist die de vrije val beoefent

skydiving *znw* vrije-val formatiespringen [met parachute]

sky-high *bn* hemelhoog

sky-jacker *znw* gemeenz vliegtuigkaper

sky-jacking *znw* gemeenz vliegtuigkaperij

skylab *znw* Am ruimtestation *o*, -laboratorium *o*

skylark **I** *znw* leeuwerik; **II** *onoverg* slang stoeien, lolletjes uithalen

skylight *znw* dakraam *o*, koekoek, vallicht *o*, schijn-, bovenlicht *o*, lantaarn

skyline *znw* horizon; skyline, silhouet

sky-pilot *znw* slang geestelijke; (vloot-) aalmoezenier

sky-rocket **I** *znw* vuurpijl; **II** *onoverg* snel stijgen [v. prijzen &]

skyscape *znw* luchtgezicht *o* [schilderij]

skyscraper *znw* wolkenkrabber

sky-sign *znw* lichtreclame

skyward(s) *bn* & *bijw* hemelwaarts

skyway *znw* luchtroute; Am verkeersweg op verhoogd niveau

slab [slæb] *znw* (marmer)plaat, platte steen; schaal, schaaldeel *o* (ook: ~ *of timber*); gedenksteen; plak [kaas &], moot [vis]; slang operatietafel

slack [slæk] **I** *bn* slap², los; laks; loom (makend); nalatig, traag; ~ *water* doodtij *o*; stil water *o*; **II** *znw* loos [v. touw]; kruis *o* [v. broek]; doodtij *o*; stil water *o*; slappe tijd, komkommertijd, slapte; kolengruis *o*, gruiskolen; ~s lange broek, sportpantalon; *take up the* ~ aantrekken, strak spannen [v. touw &]; fig de teugel(s) kort houden; weer op gang brengen, nieuwe impulsen geven; **III** *onoverg* verslappen; slabakken (ook: ~ *off*); afnemen; vaart verminderen

slacken **I** *overg* (laten) verslappen, (ver)minderen; vertragen; vieren; **II** *onoverg* verslappen, slap worden, afnemen, (ver)minderen, vaart verminderen

slacker *znw* slabakker, treuzelaar

1 slag [slæg] **I** *znw* techn slak(ken); **II** *overg*: ~ *off* afkraken, afkammen

2 slag [slæg] *znw* slang slons, slet, sloerie

slag-heap ['slæghi:p] *znw* slakkenberg [bij kolenmijn]

slain [slein] V.D. van *slay*; *be* ~ sneuvelen

slake [sleik] *overg* lessen²; blussen [v. kalk]

slalom ['sla:ləm] **I** *znw* slalom; **II** *onoverg* slalommen

slam [slæm] **I** *overg* & *onoverg* hard dichtslaan; slaan; smijten, kwakken; gemeenz sterk bekritise-

ren; ~ *down* neersmakken; ~ *on one's brakes* op de rem gaan staan; **II** *znw* harde slag, bons; kaartsp slem *o* & *m*

slammer ['slæmə] *znw* slang bajes, bak

slander ['sla:ndə] **I** *znw* laster; **II** *overg* (be)lasteren

slanderer *znw* lasteraar

slanderous *bn* lasterlijk

slang [slæŋ] **I** *znw* slang *o*; jargon *o*, dieventaal; **II** *overg* uitschelden; ~*ing match* scheldpartij; **III** *onoverg* slang gebruiken

slangy *bn* slang-achtig, slang-, plat [v. taal &]; vol slang

slant [sla:nt] **I** *overg* hellen, zijdelings of schuin (in)vallen of gaan; **II** *overg* doen hellen, schuin houden of zetten; gemeenz een draai geven aan, een andere kijk op de zaak geven; **III** *bn* schuin; **IV** *znw* helling; gemeenz gezichtspunt *o*, kijk (op de zaak), draai (gegeven aan...); *on the* ~ schuin

slant-eyed *bn* scheefogig

slanting *bn* hellend, schuin

slap [slæp] **I** *overg* slaan (op), een klap geven, meppen, neersmijten; ~ *sbd. down* slang [iem.] op z'n nummer zetten; **II** *znw* klap, mep; fig veeg uit de pan; *a* ~ *in the face* een klap in het gezicht; *a* ~ *on the wrist* vermaning, lichte straf; **III** *bijw* pardoes

slap-bang *bn* & *bijw* holderdebolder, pats, ineens

slapdash *bn* nonchalant; roekeloos, onstuimig

slap-happy ['slæp'hæpi] *bn* gemeenz vrolijk, uitbundig, lawaaiig, brooddronken; nonchalant

slapstick *znw* slapstick, gooi- en smijtfilm &

slap-up *bn* gemeenz patent, (piek)fijn

slash [slæʃ] **I** *onoverg* hakken, kappen, houwen; om zich heen slaan; ~ *at* slaan naar; **II** *overg* snijden, japen; striemen, ranselen; afkraken, afmaken [een schrijver &]; drastisch verlagen [prijzen]; **III** *znw* houw, jaap, snee, veeg²; split *o* [in mouw]; schuin streepje *o*; slang plas

slashing *bn* om zich heen slaand &; gemeenz flink, kranig, uitstekend; vernietigend [v. kritiek]

slat [slæt] *znw* lat [v. jaloezie]

1 slate [sleit] **I** *znw* lei *o* [stofnaam], lei *v* [voorwerpsnaam]; *put it on the* ~! gemeenz schrijf het maar op (de lat)!; *start with a clean* ~ met een schone lei beginnen; *wipe the* ~ *clean* het verleden begraven, oude schulden vereffenen, met een schone lei beginnen; **II** *bn* leien, leikleurig; **III** *overg* met leien dekken

2 slate [sleit] *overg* gemeenz duchtig op zijn kop geven, afmaken, afkraken

slater ['sleitə] *znw* leidekker

slating *znw* **1** bedaking, leien dakwerk *o*; **2** gemeenz afbrekende kritiek; *give sbd. a (sound)* ~ gemeenz iem. er duchtig van langs geven, iem. zeer scherp zeggen waar het op staat

slatted ['slætid] *bn* van latwerk, latten-

slattern ['slætən] *znw* slons

slatternly *bn* slonzig

slaty ['sleiti] *bn* leiachtig, lei-

slaughter ['slɔ:tə] **I** *znw* slachten *o*, slachting²; bloedbad *o*; **II** *overg* slachten, afmaken, vermoorden; gemeenz in de pan hakken

slaughterer *znw* slachter

slaughter-house *znw* slachthuis *o*; fig slachtbank

Slav [sla:v] **I** *znw* Slaaf; **II** *bn* Slavisch

slave [sleiv] **I** *znw* slaaf, slavin; *a* ~ *to...* de slaaf van...; **II** *onoverg* slaven, sloven, zwoegen

slave-driver *znw* slavendrijver²

slave labour *znw* slavenarbeid

1 slaver *znw* slavenhandelaar; slavenhaler [schip]

2 slaver ['slævə] **I** *znw* kwijl, gekwijl² *o*, gezever² *o*; **II** *onoverg* kwijlen²; fig temen, zeveren

slavery ['sleivəri] *znw* slavernij²

slave-trade *znw* slavenhandel

slave-trader *znw* slavenhandelaar

slavey ['slævi] *znw* gemeenz (dienst)meisje *o*

slavish ['sleiviʃ] *bn* slaafs²

Slavonian [slə'vouniən] **I** *bn* Slavonisch; **II** *znw* Slavoniër

Slavonic [slə'vɔnik] *bn* Slavisch

slaw [slɔ:] *znw* Am koolsla

slay [slei] (slew; slain) *overg* doodslaan, doden, (neer)vellen, afmaken, slachten

sleazy ['sli:zi] *bn* dun; ondeugdelijk, slecht, armzalig; gemeenz slonzig, gemeen

sled [sled] **I** *znw* slede, slee, sleetje *o*; **II** *onoverg* sleeën

sledge [sledʒ] **I** *znw* slede, slee; **II** *onoverg* sleeën

sledge-hammer *znw* techn voorhamer, moker; ~ *blow* krachtige slag

sleek [sli:k] **I** *bn* glad²; gladharig; glanzig; glimmend [v. gezondheid]; gestroomlijnd; fig zalvend, liefdoend; **II** *overg* glad maken (strijken)

1 sleep [sli:p] *znw* slaap; *a little* ~ een slaapje *o*, dutje *o*; *have a* ~ slapen; *go to* ~ in slaap vallen; *lose* ~ *over sth.* ergens grijze haren van krijgen; *put to* ~ naar bed brengen; in slaap sussen; in laten slapen, afmaken [v. huisdieren]; slang buiten westen slaan

2 sleep [sli:p] (slept; slept) **I** *onoverg* slapen; inslapen; staan [van tol]; fig rusten; ~ *around* gemeenz met Jan en alleman naar bed gaan; ~ *the hours away* zoveel uren, zijn tijd verslapen; ~ *in* uitslapen; zich verslapen; ~ *on* dóórslapen; ~ *on it* er nog eens een nachtje over slapen; ~ *out* buitenshuis slapen, niet intern zijn; ~ *with* slapen bij [een vrouw], naar bed gaan met; **II** *overg* laten slapen; slaapgelegenheid hebben voor; ~ *off the drink* zijn roes uitslapen

sleeper *znw* slaper²; slaapkop, -muts; slaapwagen; couchette; dwarsligger, biels [v. spoorweg]

sleeping *bn* slapend &; *the S*~ *Beauty* de Schone Slaapster, Doornroosje *o*; *let* ~ *dogs lie* maak geen slapende honden wakker

sleeping-bag *znw* slaapzak

sleeping-car *znw* slaapwagen

sleeping-compartment *znw* slaapcoupé

sleeping-draught *znw* slaapdrank

sleeping partner *znw* stille vennoot

sleeping pill *znw* slaappil

sleeping-sickness *znw* slaapziekte

sleepless *bn* slapeloos; rusteloos; fig waakzaam

sleepwalk *onoverg* slaapwandelen

sleepwalker *znw* slaapwandelaar

sleepy *bn* slaperig; slaapwekkend; slaap-; beurs, buikziek [peren]

sleepyhead *znw* gemeenz slaapkop, -muts

sleet [sli:t] **I** *znw* natte sneeuw of hagel met regen; **II** *abs ww* sneeuwen met regen

sleeve [sli:v] *znw* mouw; hoes [v. grammofoonplaat]; techn mof, voering [v. as]; luchtv windzak; *have (a plan &) up one's* ~ achter de hand hebben, in petto hebben; *laugh in one's* ~ in zijn vuistje lachen; *wear one's heart on one's* ~ het hart op de tong hebben

sleeveless *bn* zonder mouwen, mouwloos

sleigh [slei] **I** *znw* (arre)slede, slee; **II** *onoverg* arren

sleight [slait] *znw* handigheidje *o*, gauwigheidje *o*; vaardigheid, behendigheid, kunstgreep; ~ *of hand* vingervlugheid; goochelarij²

slender ['slendə] *bn* slank, rank; spichtig, schraal, dun, mager, gering; zwak; ~ *abilities, capacity* geringe aanleg of begaafdheid

slept [slept] V.T. & V.D. van ²*sleep*

sleuth [slu:θ] *znw* bloedhond, speurhond²; fig detective, speurder (~-*hound*)

1 slew [slu:] V.T. van *slay*

2 slew [slu:] **I** *overg & onoverg* (om)draaien; ~*ed* slang dronken; **II** *znw* draai

slice [slais] **I** *znw* snee, sneetje *o*, schijf, schijfje *o*; plak [vlees &]; (aan)deel *o*; fragment *o*; dwarsdoorsnede; visschep; spatel; sp effectbal; *a* ~ *of bread and butter* een (enkele) boterham; *a* ~ *of territory* een stuk *o* (lap) grond; **II** *overg* in sneetjes, dunne schijven of plakken snijden (ook: ~ *up*); snijden; sp met effect slaan [tennis]; ~*d loaf* gesneden brood; *the best thing since* ~*d bread* gemeenz iets fantastisch, het absolute einde

slicer *znw* snijder; snijmachine; schaaf [voor groenten &]

slick [slik] **I** *bn* glad²; rad, vlug, vlot; handig; oppervlakkig; glanzend; **II** *bijw* glad(weg); precies; vlak &; **III** *znw* olievlek, -laag [op water, zee]; **IV** *overg*: ~ *down* glad kammen, (het haar) met water & tegen het hoofd plakken

slicker ['slikə] *znw* Am **1** gemeenz gladjanus, linkmiegel; **2** ± oliejas

1 slide [slaid] (slid; slid) **I** *onoverg* glijden, glippen, slieren; schuiven; afglijden; uitglijden², een misstap doen; *let things* ~ Gods water over Gods akker laten lopen; veel over zijn kant laten gaan; ~ *over* losjes heenlopen over; **II** *overg* laten glijden; laten glippen; laten schieten, schuiven

2 slide [slaid] *znw* glijden *o*; glijbaan; hellend vlak *o*; lantaarnplaatje *o*; dia, diapositief *o*; objectglas *o*, voorwerpglaasje *o* [v. microscoop]; schuif, schuifje *o*; haarspeld; aardverschuiving, lawine; glijbank in een roeiboot

slide fastener *znw* treksluiting

slide frame *znw* diaraampje *o*

slide projector *znw* diaprojector, diascoop

slider *znw* glijder; schuif; glijbank

slide-rule *znw* *znw* rekenliniaal, -lat

slide-valve *znw* techn schuifklep

sliding ['slaidiŋ] *bn* glijdend &; glij-, schuif-; ~ *keel* middenzwaard *o*; ~ *scale* beweeglijke, veranderlijke (loon)schaal; ~ *seat* glijbank; ~ *valve* schuifklep

slight [slait] **I** *bn* licht, tenger; zwak, gering, onbeduidend; vluchtig; *not in the* ~*est* totaal niet; **II** *znw* geringschatting, kleinering; *put a* ~ *on sbd.* iem. geringschatten, veronachtzamen; **III** *overg* geringschatten, buiten beschouwing laten; versmaden, opzij zetten, veronachtzamen

slighting *bn* geringschattend

slightly *bijw* ook: lichtelijk, enigszins, ietwat, iets, een beetje

slily ['slaili] *bijw* = *slyly (bijw* v. *sly)*

slim [slim] **I** *bn* slank; dun[2], schraal; fig gering [kans]; **II** *onoverg (& overg)* een vermageringskuur doen (ondergaan), afslanken, lijnen

slime [slaim] *znw* slib *o*; slijm *o & m* [v. aal, slak]

slimmer ['slimə] *znw* iem. die aan de lijn doet

slimming ['slimiŋ] *znw* vermageringskuur; afslanken *o*

slimy ['slaimi] *bn* slibberig, glibberig; fig slijmerig, kruiperig

1 sling [sliŋ] (slung; slung) *overg* slingeren, zwaaien met; gooien; (op)hangen; vastsjorren; ~ *one's hook* gemeenz er vandoor gaan

2 sling [sliŋ] *znw* slinger, katapult; verband *o*, mitella, draagband; draagdoek [voor baby]; mil riem [v. geweer &]; scheepv hanger, strop, leng *o*

slink [sliŋk] (slunk; slunk) *onoverg* (weg)sluipen (ook: ~ *away, off*)

slinky *bn* gemeenz verleidelijk sluipend; nauwsluitend; slank(makend)

slip [slip] **I** *onoverg* slippen, (uit)glijden, (ont-)glippen; (weg)sluipen; *be* ~*ping* gemeenz verslappen, minder worden; ~ *across* even overwippen; ~ *away* uitknijpen, wegsluipen (ook: ~ *off*); voorbijvliegen [v. tijd]; ~ *by* voorbijgaan; ~ *from* ontglippen; ~ *into...* binnensluipen; ~ *into one's clothes* zijn kleren aanschieten; ~ *on...* uitglijden over...; ~ *up* gemeenz zich vergissen; een fout maken; **II** *overg* laten glijden, glippen, schieten[2]; laten vallen, loslaten; ontglippen, (vóór-, af)schuiven; heimelijk toestoppen; *it had* ~*ped my memory (my mind)* het was mij ontschoten, door het hoofd gegaan; *let* ~ gemeenz zich verspreken; ~ *off a ring* (een ring) afschuiven [van de vinger]; ~ *off one's clothes* snel uit de kleren schieten; ~ *on* aanschieten [kleren]; ~*ped disc* med hernia; **III** *znw* uitglijding; fig vergissing, abuis *o*; misstap; aardverschuiving; (kussen)sloop; onderrok, onderjurk; stek; koppel-band; strook papier, (druk)proefstrook; scheepv (scheeps)helling; *a* ~ *of a girl (boy, youth)* een tenger meisje *o* &; *a* ~ *of the pen* een verschrijving; *a* ~ *of the tongue* een vergissing in het spreken, verspreking; *give the* ~ [iem.] laten schieten, in de steek laten, ontsnappen, ontglippen aan; *make a* ~ zich vergissen

slip-cover *znw* hoes

slip-knot *znw* schuifknoop

slip-on *znw* gemeenz kledingstuk *o* dat je makkelijk aan kan trekken; ~ *shoes* instappers (ook: ~*s*)

slipover *znw* slipover

slipper **I** *znw* pantoffel, muil, slof; **II** *overg* gemeenz met de slof geven; ~*ed* met pantoffels of sloffen (aan)

slippery ['slipəri] *bn* glibberig, glad[2]; *on the* ~ *slope* op het hellend vlak

slippy *bn* glibberig; gemeenz vlug

sliproad ['sliproud] *znw* oprit; afrit [v. autoweg]

slipshod ['slipʃɔd] *bn* slordig

slipslop ['slipslɔp] *znw* slobber; fig (sentimenteel) gewauwel *o*

slipstream ['slipstri:m] *znw* luchtv schroefwind; zuiging [achter een auto &]

slip-up ['slipʌp] *znw* gemeenz fout, vergissing

slipway ['slipwei] *znw* scheepv (sleep)helling

1 slit [slit] (slit; slit) **I** *overg* (aan repen) snijden, spouwen, splijten; **II** *onoverg* splijten

2 slit [slit] *znw* lange snee, spleet, split *o*, spouw, sleuf, gleuf

slit-eyed *bn* spleetogig

slither ['sliðə] *onoverg* glibberen, slieren

slithery *bn* glibberig

sliver ['slivə] *znw* reepje *o*, flenter, splinter

slob [slɔb] *znw* **1** slang luie stomkop; smeerlap; boerenpummel; **2** modder, slijk *o*

slobber ['slɔbə] **I** *onoverg* kwijlen; ~ *over* fig sentimenteel doen, door zoenen nat maken; **II** *znw* kwijl, gekwijl[2] *o*, gezever[2] *o*, fig sentimenteel geklets *o*

slobbery *bn* kwijlend

sloe [slou] *znw* plantk slee(doorn), sleepruim

slog [slɔg] **I** *overg* hard slaan, beuken; ~ *it out* het uitvechten; **II** *onoverg* er op losslaan (timmeren); ploeteren, zwoegen; **III** *znw* harde slag; kloppartij; geploeter *o*, gezwoeg *o*

slogan ['slougən] *znw* strijdkreet, slogan, leus; slagzin

sloop [slu:p] *znw* sloep

slop [slɔp] **I** *znw* **1** gemors *o*, plas; **2** sentimenteel gedoe *o*; ~*s* vaat-, spoelwater *o*, vuil water *o*; spoelsel *o*; **II** *overg* morsen; (neer)plassen; kwakken; **III** *onoverg* plassen; ~ *over* overlopen, overstromen

slop-basin *znw* spoelkom

slope [sloup] **I** *znw* schuinte, glooiing, helling; **II** *onoverg* glooien, hellen, schuin aflopen, lopen of vallen; ~ *off* gemeenz 'm smeren, ophoepelen; **III** *overg* schuin houden; afschuinen, schuin snijden;

531

sloping

doen hellen; <u>slang</u> weggaan, ophoepelen; ~ *arms!*
<u>mil</u> over... geweer!

sloping *bn* glooiend, hellend, aflopend, schuin;
scheef

slop-pail ['slɔppeil] *znw* toiletemmer

sloppy ['slɔpi] *bn* slodder(acht)ig, slordig; <u>fig</u>
(huilerig) sentimenteel

slosh [slɔʃ] **I** *onoverg* klotsen, plassen, ploeteren; **II**
overg knoeien [met water]; laten klotsen; <u>slang</u> afranselen; ~*ed* <u>slang</u> dronken

1 slot [slɔt] *znw* spoor *o* [van hert]

2 slot [slɔt] **I** *znw* gleuf, sleuf; sponning; <u>fig</u> ruimte,
plaatsje *o*, gaatje *o*; zendtijd; **II** *overg* een gleuf of
sponning maken in; ~ *in (to)* een plaats vinden
voor, inpassen in

sloth [slouθ] *znw* luiheid, vadsigheid, traagheid;
luiaard [dier]

slothful *bn* lui, vadsig, traag

slot-machine ['slɔtməʃiːn] *znw* (verkoop)automaat

slot-meter *znw* muntmeter

slouch [slautʃ] **I** *onoverg* slap (neer)hangen; slungelen; **II** *overg* neerdrukken, over de ogen trekken
[hoed]; ~*ed hat* = ~ *hat;* **III** *znw* neerhangen *o;*
slungelige gang (houding); slappe hoed; <u>slang</u>
nietsnut; knoeier, kluns; *he is no ~ in the kitchen* hij
is bepaald geen slechte kok

slouch hat *znw* slappe hoed

slouchy *bn* slungelig, slordig

1 slough [slau] *znw* poel, modderpoel²; moeras² *o;*
the ~ of Despond het moeras der wanhoop, zonde

2 slough [slʌf] **I** *znw* afgeworpen (slangen)vel *o;*
korst, roof [v. wonden]; **II** *overg:* ~ *off* afwerpen,
van zich afschudden

1 sloughy ['slaui] *bn* modderig, moerassig

2 sloughy ['slʌfi] *bn* met een korst bedekt

Slovak ['slouvæk] **I** *znw* Slowaak; Slowaaks *o* [de
taal]; **II** *bn* Slowaaks

Slovakia [slou'vækiə] *znw* Slowakije *o*

sloven ['slʌvn] *znw* slons, sloddervos

Slovene ['slouviːn] *znw* Sloveen

Slovenia [slou'viːnjə] *znw* Slovenië *o*

Slovenian [slou'viːnjən] **I** *znw* Sloveen; Sloveens *o*
[de taal]; **II** *bn* Sloveens

slovenly ['slʌvnli] *bn* slordig, slonzig

slow [slou] **I** *bn* langzaam², langzaam werkend,
traag, (s)loom; niet gauw, niet vlug²; saai, vervelend; ~*ly but surely* langzaam maar zeker; *ten minutes ~* 10 minuten achter; *he is ~ to...* hij zal niet
gauw...; *he was not ~ to see the difficulty* hij zag de
moeilijkheid gauw genoeg; ~ *train* boemeltrein; **II**
bijw langzaam; *go ~* achter gaan of lopen [v. uurwerk]; voorzichtig te werk gaan; het kalmpjes aan
doen; een langzaam-aan-tactiek toepassen [v. werknemers]; **III** *onoverg* vaart (ver)minderen, afremmen² (ook: ~ *down, up*); **IV** *overg* vertragen, de
snelheid verminderen van, verlangzamen, langzamer laten lopen, afremmen² (ook: ~ *down, up*)

slowcoach *znw* traag persoon, slome, treuzelaar

---

slowdown *znw* vertraging; <u>Am</u> langzaam-aan-actie

slow-match *znw* lont

slow motion *znw: in ~* vertraagd [v. film]

slow-paced *bn* langzaam, traag [v. gang]

slowpoke *znw* <u>Am</u> = *slowcoach*

slow-witted *bn* traag van begrip

slow-worm *znw* hazelworm

sludge [slʌdʒ] *znw* slobber, slik *o*, halfgesmolten
sneeuw of ijs

sludgy *bn* slobberig, modderig, slikkerig

slue [sluː] *overg, onoverg* & *znw* = ²*slew*

slug [slʌg] **I** *znw* slak (zonder huisje); (schroot-)
kogel; <u>gemeenz</u> slok; **II** *overg* <u>gemeenz</u> neerslaan,
afranselen, bewusteloos slaan; ~ *it out* het uitvechten

sluggard *znw* luiaard, luilak

sluggish *bn* lui, traag

sluice [sluːs] **I** *znw* sluis, spuisluis, spui *o;* sluiswater
o; **II** *overg* uit-, doorspoelen, (af)spoelen, spuien,
doen uitstromen

sluice-gate *znw* sluisdeur

slum [slʌm] **I** *znw* slop *o*, achterbuurt, slum; krot *o;*
II *onoverg* de sloppen en achterbuurten bezoeken;
~ *(it)* onder zijn stand (armoedig) leven

slumber ['slʌmbə] **I** *onoverg* sluimeren²; **II** *znw*
sluimer(ing); ~*s* ook: slaap

slumb(e)rous *bn* slaperig (makend); sluimerend

slumber-wear *znw* nachtkleding

slum clearance ['slʌmkliərəns] *znw* krotopruiming

slum dweller *znw* krotbewoner

slum dwelling *znw* krotwoning

slummy *bn* achterbuurtachtig, sloppen-

slump [slʌmp] **I** *znw* plotselinge of grote prijsdaling, plotselinge vermindering van navraag, belangstelling of populariteit; malaise; **II** *onoverg*
plotseling zakken, dalen [v. prijzen], afnemen in
populariteit &; (zich laten) glijden, zakken, vallen

slung [slʌŋ] V.T. & V.D. van ¹*sling*

slunk [slʌŋk] V.T. & V.D. van *slink*

slur [sləː] **I** *overg* licht of losjes heenlopen over (ook:
~ *over*); laten ineenvloeien, onduidelijk uitspreken
[v. letters in de uitspraak]; <u>fig</u> verdoezelen; <u>muz</u>
slepen; **II** *znw* klad², smet², vlek²; <u>muz</u> koppelboog; *cast (put) a ~ on* een smet werpen op

slurp [sləːp] *overg* <u>gemeenz</u> opslurpen, opslobberen

slurry ['sləːri] *znw* smurrie, dunne modder

slush [slʌʃ] *znw* sneeuwslik *o*, blubber, modder; <u>gemeenz</u> klets, overdreven sentimentaliteit

slushy *bn* modderig, blubberig; <u>gemeenz</u> wee, slap

slut [slʌt] *znw* slons, sloerie, morsebel

sluttish *bn* slonzig, sloerieachtig

sly [slai] *bn* sluw, listig, slim; schalks; *on the ~* stiekem

slyboots *znw* slimme vos, slimmerd

1 smack [smæk] *znw* <u>scheepv</u> smak [schip]

2 smack [smæk] **I** *znw* smak, pats, klap; knal [v.
zweep]; smakzoen; <u>slang</u> heroïne; *have a ~ at* <u>gemeenz</u> eens proberen; ~ *in the eye* <u>gemeenz</u> klap in

't gezicht, terechtwijzing; **II** *overg* smakken met, doen klappen of knallen; meppen; ~ *one's lips* smakken met de lippen; likkebaarden (bij *over*); **III** *onoverg* smakken, klappen, knallen; **IV** *tsw & bijw* pats!; pardoes, vierkant &

3 smack [smæk] **I** *znw* smaakje *o*; geurtje *o*; tikje *o*, ietsje *o*, tintje *o*; **II** *onoverg* fig rieken naar, iets hebben van

smacker ['smækə] *znw* gemeenz smakzoen; harde bal; kanjer; Br slang pond *o*; Am slang dollar

small [smɔ:l] **I** *bn* klein°, gering, weinig; min, kleingeestig, -zielig; onbelangrijk, armzalig; zwak [stem]; *feel* ~ zich vernederd voelen; *look* ~ er klein uitzien; beteuterd of op zijn neus kijken, er dom uitzien; ~ *arms* handvuurwapens; ~ *beer,* fig niet belangrijk; zie ook: *think II*; ~ *change* wisselgeld *o*, kleingeld *o*; ~ *fry* ondermaatse vis; fig klein grut *o*; ~ *hours* kleine uurtjes (12-5 's nachts); ~ *talk* gepraat *o* over koetjes en kalfjes, smalltalk; **II** *znw* kaartsp kleintje *o* [in schoppen &]; *the* ~ *of the back* lendenstreek; ~*s* gemeenz kleine was, ondergoed *o*

smallage ['smɔ:lidʒ] *znw* vero wilde selderij

small-holder ['smɔ:lhouldə] *znw* kleine boer, keuterboer

smallholding *znw* keuterboerderijtje *o*

smallish *bn* vrij klein

small-minded *bn* kleinzielig

smallpox *znw* pokken

small-scale *bn* op kleine schaal, klein

small-screen *znw* gemeenz televisie

small-time *bn* op kleine schaal, onbelangrijk, klein, amateuristisch, derderangs

smalt [smɔ:lt] *znw* smalt, kobaltglas *o*

smarmy ['sma:mi] *bn* gemeenz flikflooiend

smart [sma:t] **I** *bn* wakker, pienter, flink, ferm, vlug, knap, gevat, snedig, gewiekst, geestig; keurig, elegant, net, chic; *the* ~ *people (set)* de uitgaande wereld; *say* ~ *things* geestigheden debiteren; *be (look)* ~*!* vlug wat!; **II** *onoverg* zeer of pijn doen; lijden, pijn hebben; *you shall* ~ *for this* daarvoor zul je boeten, dat zal je bezuren; ~*ing* ook: schrijnend

smart-alec(k) *znw* gemeenz wijsneus, slimmerik

smart-arse, Am **smart-ass** *znw* slang wijsneus

smarten *overg* mooi maken, opknappen (ook: ~ *up*)

smart-money *znw* **1** smartengeld *o*; **2** geld *o* ingezet door mensen die goed op de hoogte zijn

smash [smæʃ] **I** *overg* (hard) slaan; stukslaan, ingooien; stuk-, kapotmijten, breken, vernielen; verbrijzelen, vermorzelen, totaal verslaan, vernietigen (ook: ~ *up*); sp smashen; ~ *up a car* een auto in de soep, in de prak rijden; ~*ed* ook: failliet; slang ladderzat, dronken; **II** *onoverg* breken; stukvallen &; failliet gaan; handel over de kop gaan; vliegen, botsen (tegen *into*); **III** *znw* smak, slag, botsing; sp smash [harde slag bij tennis &]; handel bankroet *o*, krach, debacle *v & o*; ~ *(hit)* gemeenz groot succes *o*, reuzesucces *o*; *go (to)* ~ kapotgaan; naar de bliksem gaan, handel over de kop gaan; ~ *and grab raid*

diefstal waarbij etalageruit ingeslagen en leeggeroofd wordt; **IV** *bijw* pardoes, vierkant; **V** *bn* gemeenz geweldig, reuze

smasher *znw* gemeenz prachtexemplaar *o*, spetter, stuk *o*; iets geweldigs

smashing *bn* mieters, knal, denderend, luisterrijk

smash-up *znw* botsing; verbrijzeling; vernietiging; fig debacle, krach

smattering ['smætəriŋ] *znw* oppervlakkige kennis; *a* ~ *of...* een mondjevol *o...*

smear [smiə] **I** *overg* (in)smeren, besmeren, besmeuren, bezoedelen (met *with*); gemeenz belasteren; **II** *znw* vlek, smet, (vette) veeg; med uitstrijk; gemeenz laster

smear campaign *znw* hetze

smear-word *znw* insinuerende scheldnaam

1 smell [smel] *znw* reuk, geur, lucht, luchtje, *o*; stank; *have a* ~ *of it* ruik er eens aan

2 smell [smel] (smelt/smelled; smelt/smelled) **I** *overg* ruiken, ruiken aan; ~ *out* uitvorsen, achter iets komen; **II** *onoverg* ruiken, rieken, stinken; ~ *at* ruiken aan; ~ *of* rieken naar[2]

smelling-salts *znw mv* reukzout *o*

smelly *bn* vies ruikend, stinkend

1 smelt [smelt] *znw* (*mv* idem *of* -s) dierk spiering

2 smelt [smelt] V.T. & V.D. van [2]*smell*

3 smelt [smelt] *overg* [erts] (uit)smelten

smelter *znw* smelter; ijzersmelterij

smew [smju:] *znw* dierk nonnetje *o*, weeuwtje *o* [eend]

smile [smail] **I** *onoverg* glimlachen, lachen (tegen, om *at*); ~ *(up)on* tegen-, toelachen; **II** *overg* lachen, glimlachend uitdrukken of te kennen geven; **III** *znw* glimlach

smirch [smə:tʃ] **I** *overg* bevuilen, bekladden, besmeuren, bezoedelen; **II** *znw* (vuile) plek, veeg, klad[2]; fig smet

smirk [smə:k] **I** *onoverg* meesmuilen, grijnzen; **II** *znw* gemaakt lachje *o*, gemene grijns

smite [smait] (smote; smitten) *overg* slaan, treffen; verslaan; kastijden

smith [smiθ] *znw* smid

smithereens [smiðə'ri:nz] *znw mv* gemeenz gruzelementen

smithy ['smiði] *znw* smederij, smidse

smitten ['smitn] **I** V.D. van *smite*; **II** *bn*: ~ *with* getroffen door, geslagen met; in verrukking over; ~ *by* verliefd op, weg van

smock [smɔk] **I** *znw* (boeren)kiel, jak *o*; vero vrouwenhemd *o*; **II** *overg* met smokwerk versieren

smock-frock *znw* (boeren)kiel

smocking *znw* smokwerk *o*

smog [smɔg] *znw* smog

smoke [smouk] **I** *znw* rook, damp, smook, walm; gemeenz rokertje *o*: sigaar, sigaret; *have a* ~ steek eens op; *there is no* ~ *without fire* geen rook zonder vuur; men noemt geen koe bont, of er is een vlekje aan; *go up in* ~ in rook opgaan, op niets uitlopen;

smoke-bomb

II *onoverg* roken, dampen; walmen [v. lamp]; III
overg roken; beroken; uitroken; ~ *out* door rook
verdrijven; ~*d glass* rookglas *o*
smoke-bomb *znw* rookbom
smoke-dried *bn* gerookt [vis &]
smokeless *bn* rookloos
smoker *znw* roker°; rookcoupé
smoke-screen *znw* rookgordijn *o; fig* afleidingsmanoeuvre
smoke-stack *znw* hoge schoorsteen; pijp [v. locomotief, schip &]
smoking I *bn* rokend &; rook-, rokers-; II *znw* roken *o*
smoking-jacket *znw* coin-de-feu, huisjasje *o*
smoking-room *znw* rookkamer
smoky *bn* rokerig, walmig, walmend; berookt; rook-
smooch ['smu:tʃ] *onoverg gemeenz* zoenen, elkaar
betasten, slijpen [dansen]
smoochy ['smu:tʃi] *bn gemeenz* klef, knuffelig, aanhalig; *a ~ record* een slijpplaat, een plaat om op te
schuivelen
smooth [smu:ð] I *bn* glad, vlak, gelijk, effen,
vloeiend; zacht; vlot [v. reis &]; *fig* overdreven
vriendelijk, slijmerig, glad, vleierig; II *overg* glad,
vlak, gelijk of effen maken, gladstrijken, gladscha-
ven; effenen; doen bedaren; bewimpelen [een mis-
slag]; ~ *the way* de weg effenen (voor); ~ *away*
weg-, gladstrijken; ~ *down*, ~ *out* weg-, gladstrijken; effenen; ~ *over* effenen, uit de weg ruimen
[moeilijkheden]; plooien; bemantelen
smooth-bore *znw* gladloops [geweer, kanon]
smooth-faced *bn* met een glad(geschoren) gezicht;
glad; baardeloos; *fig* met een uitgestreken gezicht,
(poes)lief
smoothie *znw gemeenz* gladde vent, handige jongen, gladjanus
smoothing-iron *znw* strijkijzer *o*
smoothly *bijw* ook: *fig* gesmeerd, vlot [gaan &]
smooth-spoken, smooth-tongued *bn* glad van
tong, lief (pretend), mooipretend
smote [smout] V.T. van *smite*
smother ['smʌðə] I *znw* verstikkende damp, rook,
smook, walm, dikke stofwolk; ~ *love gemeenz*
apenliefde; II *overg* smoren, doen stikken, verstikken (ook: ~ *up*); overdekken; dempen; onderdrukken [lach]; in de doofpot stoppen [schandaal]; III
onoverg smoren, stikken
smothery *bn* broeierig, verstikkend
smoulder, Am **smolder** ['smouldə] *onoverg* smeulen[2]
smudge [smʌdʒ] I *overg* bevlekken, bevuilen, besmeuren[2]; II *onoverg* smetten, vlekken, smerig worden; III *znw* veeg; vlek[2], smet[2]
smudgy *bn* vuil, smerig, smoezelig
smug [smʌg] *bn* zelfgenoegzaam, zelfvoldaan,
(burgerlijk) net, brave-Hendrikachtig
smuggle ['smʌgl] *overg* smokkelen; ~ *away* ook:
wegmoffelen; ~ *in* binnensmokkelen[2]

smuggler *znw* smokkelaar°
smut [smʌt] *znw* roet *o*, roetvlek; vuiltje *o*; vuiligheid, vuile taal; brand [in koren]
smutty *bn* vuil, obsceen; brandig [koren]
snack [snæk] *znw* haastige maaltijd; snack; hapje *o*
snack-bar *znw* snackbar
snaffle ['snæfl] I *znw* trens [paardenbit]; II *overg*
gemeenz inpikken, gappen
snag [snæg] I *znw* knoest, bult, stomp; ladder [in
kous], winkelhaak, scheur [in kleding]; *fig* moeilijkheid, kink in de kabel; II *overg* scheuren [v. kle-
ding], een ladder maken in [kous]
snaggy *bn* knoestig
snail [sneil] *znw* huisjesslak; *at a ~'s pace* met een
slakkengang(etje *o*)
snail-shell *znw* slakkenhuis(je) *o*
snake [sneik] I *znw* slang[2]; *a ~ in the grass* verrader,
valserik, een zogenaamde vriend; II *onoverg* schuifelen, kruipen; kronkelen
snakebite *znw* slangenbeet
snake-charmer *znw* slangenbezweerder
snakes and ladders *znw* ± ganzenbord *o*
snaky *bn* slangachtig[2], vol slangen, slangen-; sluw,
verraderlijk, vals
snap [snæp] I *onoverg* happen; (af)knappen; knippen; klappen; dichtklappen; snauwen; II *overg*
doen (af)knappen, klappen, knallen; knippen met;
dichtklappen (ook: ~ *to*); afdrukken [vuurwapen];
gemeenz kieken, een foto maken van; (toe-)
snauwen; ~ *at* happen naar; afsnauwen; toebijten;
gretig aangrijpen; ~ *one's fingers at...* wat malen
om...; ~ *off* afknappen; afbijten; *have one's head
~ped off* afgesnauwd worden; ~ *out of it gemeenz*
het van zich afschudden, zich eroverheen zetten;
wakker worden; ~ *up* op-, wegvangen, weggrissen,
wegkapen (voor iemands neus), weg-, oppikken
[op uitverkoop &]; III *znw* hap, hapje *o*, beet, snap,
knap, klap, knip [met de vinger en slot]; knak,
knik, breuk, barst; kiekje *o; a cold ~* plotseling invallend vorstweer *o*; IV *bn* onverwacht, snel-,
bliksem-
snapdragon ['snæpdrægən] *znw plantk* leeuwenbek
snappish ['snæpiʃ] *bn* snibbig, bits
snappy ['snæpi] *bn gemeenz* chic; = *snappish; make
it ~! gemeenz* vlug een beetje!, opschieten!
snapshot ['snæpʃɔt] *znw* snapshot, moment-
opname, kiekje *o*
snare [snɛə] I *znw* strik[2]; *fig* valstrik; II *overg* strikken [vogels]; *fig* verstrikken
snarky ['sna:ki] *bn gemeenz* slecht gehumeurd
1 snarl [sna:l] I *onoverg* grauwen, snauwen, grommen (tegen *at*); II *overg* (toe)snauwen, grommen
(ook: ~ *out*); III *znw* grauw, snauw, grom
2 snarl [sna:l] I *overg*: ~ *up* in de war (in de knoop)
maken, verwarren; *traffic is ~ed up* het verkeer zit
in de knoop; II *onoverg*: ~ *up* in de war (in de
knoop) raken; III *znw* warboel, (verkeers)knoop

(ook: ~-*up*)

snatch [snætʃ] **I** *overg* (weg)pakken, grissen, (weg-) rukken[2], afrukken, (aan)grijpen; slang ontvoeren, kidnappen; ~ *away (off)* wegrukken[2]; ~ *from* ontrukken[2]; ~ *off* afrukken; ~ *up* grijpen; **II** *onoverg:* ~ *at* grijpen naar; aangrijpen; **III** *znw* ruk, greep, gemeenz roof; brok *o*, stuk(je) *o*, fragment *o*; Am plat kut; ~*es of song* brokken melodie; *by* ~*es* bij tussenpozen; *make a* ~ *at* grijpen naar, een greep doen naar

snatchy *bn* onregelmatig, ongeregeld; bij tussenpozen, te hooi en te gras, zo nu en dan

snazzy ['snæzi] *bn* gemeenz opvallend, opzichtig; aantrekkelijk

sneak [sni:k] **I** *onoverg* gluipen, sluipen, kruipen; slang klikken; **II** *overg* gemeenz gappen; **III** *znw* gluiper; kruiper; slang klikspaan; **IV** *bn* onverwacht; heimelijk, slinks; ~ *thief* gemeenz gelegenheidsdief, insluiper; zakkenroller

sneakers *znw mv* gemeenz sneakers [soepel schoeisel]

sneaking ['sni:kiŋ] *bn* in het geheim gekoesterd, stil; gluiperig, kruiperig

sneak preview *znw* onaangekondigde voorvertoning [v. film]

sneaky *bn* gemeenz gluiperig, geniepig

sneer [sniə] **I** *onoverg* grijnslachen, spotachtig lachen; ~ *at* smadelijk lachen om, z'n neus ophalen voor, minachtende opmerkingen maken over; **II** *znw* spottende grijns(lach), sarcasme *o*, sneer; minachtende opmerking

sneeze [sni:z] **I** *onoverg* niezen; *it is not to be* ~*d at* het is niet mis; **II** *znw* niezen *o*, nies, genies *o*

snick [snik] **I** *overg* knippen; snijden; **II** *znw* knip, keep

snicker ['snikə] *onoverg* hinniken; = snigger

snide [snaid] *bn* hatelijk, spottend, sarcastisch

sniff [snif] **I** *onoverg* snuiven; snuffelen; ~ *at* ruiken aan, besnuffelen; de neus optrekken voor; **II** *overg* opsnuiven (ook: ~ *up*); ruiken aan, besnuffelen; ruiken[2] (ook: ~ *out*); **III** *znw* snuivend geluid *o*, gesnuif *o*; gesnuifel *o*; *a* ~ *of air* een luchtje *o*

sniffer dog ['snifədɔg] *znw* ± speurhond, ± hasjhond

sniffle ['snifl] **I** *onoverg* snotteren, grienen; snuiven; **II** *znw* gesnotter° *o*, gegrien *o*; gesnuif *o*; *the* ~*s* verstopping [in de neus]

sniffy ['snifi] *bn* gemeenz arrogant; een luchtje hebbend

snifter ['sniftə] *znw* slang 'glaasje' *o*, borrel

snigger ['snigə] **I** *onoverg* ginnegappen, grijnzen, proesten, grinniken; **II** *znw* gegrijns *o*, gegrinnik *o*

sniggle ['snigl] *overg* [aal] peuren

snip [snip] **I** *overg* (af)snijden, (af)knippen; **II** *onoverg* snijden, knippen; **III** *znw* knip; snipper, stukje *o*; gemeenz koopje *o*

snipe [snaip] **I** *znw* dierk snip(pen); **II** *onoverg* mil verdekt opgesteld als scherpschutter tirailleren; ~

at ook: fig op de korrel nemen

sniper *znw* verdekt opgestelde scherpschutter, sluipschutter

snippet ['snipit] *znw* snipper; stukje *o*; beetje *o*

snitch [snitʃ] slang **I** *overg* gappen, achteroverdrukken; **II** *onoverg* klikken

snivel ['snivl] **I** *onoverg* snotteren, jengelen[2]; janken; **II** *znw* gesnotter *o*; gejank *o*

sniveller *znw* snotteraar; janker

snob [snɔb] *znw* snob

snobbery *znw* snobisme *o*

snobbish, snobby *bn* snobistisch

snog [snɔg] slang **I** *onoverg* vrijen; **II** *znw* vrijerij

snood [snu:d] *znw* haarnet *o*; Schots haarlint *o*

snook [snu:k] *znw:* *cock a* ~ *at* een lange neus maken tegen

snoop [snu:p] *onoverg* gemeenz rondneuzen; zijn neus in andermans zaken steken

snooper *znw* pottenkijker, bemoeial, dwarskijker

snooty ['snu:ti] *bn* gemeenz verwaand, ingebeeld

snooze [snu:z] **I** *onoverg* dutten; **II** *znw* dutje *o*

snore [snɔ:] **I** *onoverg* snurken, ronken; **II** *znw* gesnurk *o*

snorkel ['snɔ:kl] **I** *znw* snorkel; **II** *onoverg* snorkelen, met een snorkel zwemmen

snort [snɔ:t] **I** *onoverg* snuiven, briesen, proesten, ronken [v. machine]; **II** *overg* snuiven [drugs &]; ~ *out* uitproesten; briesen; **III** *znw* gesnuif *o*

snorter *znw* snuiver; gemeenz kanjer, kokkerd; stormwind; brief op poten; slang borrel

snot [snɔt] *znw* slang snot *o* & *m*

snotty **I** *bn* slang snotterig; gemeen; **II** *znw* slang adelborst

snout [snaut] *znw* snoet, snuit; tuit; slang saffie *o*

snow [snou] **I** *znw* sneeuw; ~*s* sneeuw[2]; sneeuwvelden; slang cocaïne; **II** *onoverg* (neer)sneeuwen; **III** *overg* besneeuwen, uitstrooien; ~ *in* insneeuwen; *be* ~*ed under* onder de sneeuw bedolven raken (zijn); overstelpt worden [met]; ~ *up* onder-, insneeuwen

snowball I *znw* sneeuwbal°; **II** *onoverg* (& *overg*) met sneeuwballen gooien; in steeds sneller tempo aangroeien, toenemen of zich uitbreiden

snow-bound *bn* ingesneeuwd

snow-capped *bn* besneeuwd

snow-drift *znw* sneeuwjacht; sneeuwbank

snowdrop *znw* sneeuwklokje *o*

snowfall *znw* sneeuwval

snowflake *znw* sneeuwvlok

snowman *znw* sneeuwman, sneeuwpop; *Abominable S*~ verschrikkelijke sneeuwman, yeti

snow-plough, Am snowplow *znw* sneeuwruimer

snowscape *znw* sneeuwlandschap *o*, sneeuwgezicht *o*

snowshoe *znw* sneeuwschoen

snow-white *bn* sneeuwwit

snowy *bn* sneeuwachtig, sneeuwwit; besneeuwd; sneeuw-

snub

snub [snʌb] **I** *overg* [iem.] op zijn nummer zetten; minachtend afwijzen, verwerpen [voorstel]; **II** *znw* (hatelijke) terechtwijzing; **III** *bn* stomp

snub-nosed *bn* met een stompe neus

1 snuff [snʌf] **I** *znw* snuif; snuifje *o*; snuiftabak; zie ook: *sniff; take* ~ snuiven; **II** *onoverg & overg* snuiven; zie ook: *sniff*

2 snuff [snʌf] *overg* snuiten [kaars]; ~ *it* gemeenz opkrassen, de pijp uitgaan, uitstappen (= doodgaan); ~ *out* snuiten [v. kaars]; fig gemeenz een eind maken aan [verwachtingen &]

snuff-box ['snʌfbɔks] *znw* snuifdoos

snuffers ['snʌfəz] *znw mv* snuiter [voor kaars]; *a pair of* ~ een snuiter

snuffle ['snʌfl] **I** *onoverg* snuiven; door de neus spreken; **II** *znw: the* ~*s* verstopping [in de neus]

snuffy ['snʌfi] *bn* als snuif, snuif-; met snuif bemorst

snug [snʌg] **I** *bn* gezellig, behaaglijk, lekker (beschut); knus; nauwsluitend; *lie* ~ lekker liggen; gemeenz zich gedekt houden; **II** *znw* gemeenz **1** knusse bar; **2** klein gezellig vertrek *o*

snuggery *znw* gezellige vertrekje *o*, knus plekje *o*

snuggle ['snʌgl] **I** *onoverg* knus liggen; ~ *up to sbd.* dicht bij iem. kruipen; **II** *overg* knuffelen

so [sou] **I** *bijw* zo; zó, (o) zo graag, zodanig; zulks, dat; zodat; *would you be* ~ *kind as to...?* zoudt u zo vriendelijk willen zijn...?; ~ *as to be understood* om verstaan te worden, zo dat men u verstaat, opdat men u verstaat; ~ *that* zodat; opdat; als... maar; ~ *there!* nou weet je het!, en daarmee uit!; ~ *to speak* om zo te zeggen, bij wijze van spreken; ~ *what?* gemeenz nou en?; o ja?, is 't heus?; *if* ~ zo ja; *a dozen or* ~ een twaalftal, ongeveer (plusminus) een dozijn; *in 1550 or* ~ omstreeks 1550; ...*or* ~ *says the professor* tenminste, dat zegt de prof; *why* ~? waarom (dat)?; *they were glad, and* ~ *were we* en wij ook; *I told you* ~ ik heb het u wel gezegd; *I believe (think)* ~ ik geloof het, ik denk van wel; **II** *voegw* dus, derhalve; vero zo, als, indien

soak [souk] **I** *overg* in de week zetten, weken, soppen; op-, inzuigen, opslurpen (ook: ~ *in, up*); doorweken, doordringen, drenken; gemeenz zuipen; ~*ed in* doortrokken van, ook: fig doorkneed in; ~*ed (with rain)* doornat; **II** *onoverg* in de week staan; ~ *into* trekken in, doordringen; **III** *znw* weken *o*, gemeenz zuippartij, -lap; *in* ~ in de week

soaker *znw* stortbui; drankorgel *o*, zuiplap

soaking I *bn* doorweekt, kletsnat (makend); ~ *wet* doornat; **II** *znw* weken *o*; plasregen; nat pak *o*

so-and-so ['souənsou] *znw* dinges; hoe heet-ie (het) ook weer?; eufemistisch je-weet-wel [= ellendeling, klootzak]

soap [soup] **I** *znw* zeep; vleierij; = *soap opera*; **II** *overg* (af)zepen, inzepen

soap-box *znw* zeepkist; ~ *orator* straatredenaar

soap-bubble *znw* zeepbel[2]

soap-dish *znw* zeepbakje *o*

soap-flakes *znw mv* vlokkenzeep

soap opera *znw* RTV soap (opera); melodrama *o*

soapstone *znw* speksteen *o & m*

soap-suds *znw mv* zeepsop *o*

soapy *bn* zeepachtig, zeep-; fig flikflooiend; zalvend

soar [sɔ:] *onoverg* hoog vliegen, zweven; omhoogvliegen, de lucht ingaan[2], zich verheffen[2]

sob [sɔb] **I** *onoverg* snikken; **II** *overg* (uit)snikken (ook: ~ *out*); **III** *znw* snik

sober ['soubə] **I** *bn* sober, matig; nuchter, verstandig, bedaard, bezadigd; stemmig; bescheiden; **II** *overg* (doen) bedaren, ontnuchteren, nuchter maken; **III** *onoverg* bedaren (ook: ~ *down*), nuchter worden (ook: ~ *up*)

sober-minded *bn* bedaard, bezadigd, bezonnen

sober-sides *znw* gemeenz bezadigd mens; saaie piet

sobriety [sou'braiəti] *znw* soberheid, matigheid; nuchterheid, verstandigheid, bedaardheid, bezadigdheid; stemmigheid; bescheidenheid

sobriquet ['soubrikei] *znw* scheld-, spotnaam, bijnaam

sob-sister ['sɔbsistə] *znw* gemeenz schrijfster van sentimentele artikelen of brievenrubriek [in krant]

sob-story *znw* gemeenz huilerig, sentimenteel verhaaltje *o*

sob-stuff *znw* slang melodramatisch gedoe *o*; sentimenteel geschrijf *o*

socage ['sɔkidʒ] *znw* hist landbezit *o* waaraan herendiensten verbonden zijn

so-called ['sou'kɔ:ld] *bn* zogenaamd

soccer ['sɔkə] *znw* voetbal *o*

sociability [souʃə'biliti] *znw* gezelligheid; sociabiliteit

sociable ['souʃəbl] *bn* sociabel, geschikt voor de maatschappij; gezellig

social ['souʃəl] **I** *bn* maatschappelijk, sociaal; gezellig; van de (grote) wereld; ~ *animals* in groepsverband levende dieren; groepsdieren; *a* ~ *call* een beleefdheidsbezoek *o*; ~ *climber* iem. die er veel voor over heeft om in hogere kringen door te dringen, (soms:) streber; ~ *democrat* sociaal-democraat; ~ *drinker* gezelligheidsdrinker, sociale drinker; ~ *history* sociale geschiedenis; ~ *intercourse* gezellig verkeer *o*; ~ *science* sociale wetenschap [met als onderdelen o.a. economie, geschiedenis, politicologie, sociologie]; ~ *security* sociale zekerheid; uitkering; ~ *service (work)* maatschappelijk werk *o*; ~ *worker* maatschappelijk werker; **II** *znw* gemeenz (gezellig) avondje *o*

socialism ['souʃəlizm] *znw* socialisme *o*

socialist I *znw* socialist; **II** *bn* socialistisch

socialistic [souʃə'listik] *bn* socialistisch

socialite ['souʃəlait] *znw* lid *o* van de beau monde

sociality [souʃi'æliti] *znw* gezelligheid

socialization [souʃəlai'zeiʃən] *znw* socialisatie

socialize ['souʃəlaiz] **I** *overg* socialiseren; **II** *onoverg* gezellig omgaan (met), zich sociabel gedragen

society [sə'saiəti] **I** *znw* maatschappij; de samenle-

536

ving; vereniging, genootschap *o*; de (grote) wereld, de society, de beau monde; [iems.] gezelschap *o*; *the S~ of Jesus* RK de Sociëteit van Jezus; **II** *bn* uit (van) de grote wereld, society-, mondain

socio-economic ['sousiouekǝ'nɔmik] *bn* sociaal-economisch

sociological [sousiǝ'lɔdʒikl] *bn* sociologisch

sociologist [sousi'ɔlǝdʒist] *znw* socioloog

sociology *znw* sociologie

1 sock [sɔk] *znw* sok; losse binnenzool; *pull one's ~s up* gemeenz de handen uit de mouwen steken; *put a ~ in it!* slang hou op!, kop dicht!

2 sock [sɔk] gemeenz **I** *overg* slaan, meppen, smijten; **II** *znw* mep

socket ['sɔkit] *znw* pijp [van kandelaar]; kas; holte [van oog, tand]; techn sok, mof; elektr stopcontact *o*, contactdoos; (lamp)houder

socket-joint *znw* kogelgewricht *o*; (ook: *ball and socket joint*)

socket spanner *znw* pijpsleutel

socket wrench *znw* dopsleutel

socle ['sɔkl] *znw* sokkel

1 sod [sɔd] *znw* zode; *cut the first ~* de eerste spade in de grond steken

2 sod [sɔd] **I** *znw* gemeenz sodemieter, flikker, klootzak, smeerlap; *poor little ~* arme, stomme lul; *he's a real ~* hij is een ongelofelijke klootzak; *S-'s Law* gemeenz de wet van Murphy (alles wat fout kan gaan, gaat fout); **II** *overg*: *~ it!* slang wel (god-)verdomme!; *~ the expense* gemeenz dondert niet wat het kost; **III** *onoverg*: *~ off* slang opsodemieteren

soda ['soudǝ] *znw* soda; gemeenz soda-, spuitwater *o*

soda fountain *znw* sodawaterinstallatie; bar waar drankjes met sodawater worden geschonken

sodality [sou'dæliti] *znw* broederschap; RK congregatie

soda-water ['soudǝwɔːtǝ] *znw* soda-, spuitwater *o*

sodden ['sɔdn] *bn* doorweekt, doortrokken; nattig; pafferig [v. gezicht]; verzopen

sodding ['sɔdiŋ] *bn* gemeenz verdomd

sodium ['soudjǝm] *znw* natrium *o*; *~-vapour lamp* natriumlamp

sodomite ['sɔdǝmait] *znw* sodomiet; homoseksueel

sodomy ['sɔdǝmi] *znw* sodomie

soever [sou'evǝ] *bijw*: *how great ~* hoe groot ook

sofa ['soufǝ] *znw* sofa, canapé

sofa-bed *znw* slaapbank

soft [sɔːft] **I** *bn* zacht°, teder, vriendelijk; week, slap [v. boord]; fig verwijfd, zoetsappig; gemeenz sentimenteel; gemeenz sullig, onnozel (ook: *~ in the head*); zwak, lafhartig; gemeenz verliefd (op *on*); *~ drinks* niet-alcoholische dranken, frisdranken; *~ drugs* softdrugs; *~ focus* fotogr enigszins onscherp, vervloeiend; *~ furnishings* woningtextiel *m & o*; *~ goods* manufacturen; *a ~ job* gemeenz een makkelijk (lui) baantje *o*; *~ palate* zachte verhemelte *o*; *~ porn* softporno; *~ sawder* gemeenz vleierij; *~ soap*

groene zeep; fig vleierij; *his ~ spot* zijn zwakke zijde; *a ~ spot for* gemeenz een zwak voor; *~ touch* iem. bij wie gemakkelijk geld los te praten is; iem. die gemakkelijk om te praten is; **II** *bijw* zacht(jes)

softball *znw* softbal *o*

soft-boiled *bn* zachtgekookt

soften **I** *onoverg* zacht, week worden, milder gestemd, vertederd worden (ook: *~ down*); **II** *overg* zacht maken, ontharden, verzachten, verminderen, lenigen, temperen, matigen; fig verwekelijken; vertederen, vermurwen (ook: *~ down*); *~ up* mil stormrijp (murw²) maken

softener *znw* wasverzachter; waterverzachter

softening **I** *bn* verzachtend &; **II** *znw* verzachting, verweking; leniging, tempering; *~ of the brain* hersenverweking, kinds zijn *o*

soft-headed *bn* onnozel

soft-hearted *bn* weekhartig

softish *bn* ietwat zacht, weekachtig

softly-softly *bn & bijw* (uiterst) omzichtig, voorzichtig

soft-pedal *overg & onoverg* met de zachte pedaal spelen [piano]; gemeenz matigen, temperen, verdoezelen

soft-sell *znw* vriendelijke (niet-agressieve) verkoopmethode

soft-soap *overg* gemeenz vleien, slijmen

soft-spoken *bn* met zachte (vriendelijke) stem

software *znw* comput software, programmatuur

softwood *znw* zacht hout *o*; plantk naaldhout *o*; naaldboom

softy *znw* gemeenz halfzachte, doetje *o*

soggy ['sɔgi] *bn* vochtig, drassig; doorweekt

1 soil [sɔil] *znw* grond, bodem, (vader)land *o*; teelaarde; *a son of the ~* een kind des lands; een bebouwer van de grond; *~ science* bodemkunde; *~ scientist* bodemkundige

2 soil [sɔil] **I** *znw* smet², vlek²; vuil *o*; uitwerpselen; afvalwater *o*; **II** *overg* bezoedelen, besmetten, bevlekken, bevuilen; **III** *onoverg* smetten, vlekken

soirée ['swa:rei] *znw* soiree

sojourn ['sɔdʒǝːn, 'sʌdʒǝ(ː)n] **I** *znw* (tijdelijk) verblijf *o*; **II** *onoverg* (tijdelijk) verblijven, zich ophouden, vertoeven

sojourner *znw* verblijvende; gast

sol [sɔl] *znw* **1** muz sol; **2** chem colloïdale oplossing, sol

solace ['sɔlǝs] **I** *znw* troost, verlichting; **II** *overg* (ver)troosten, verlichten, lenigen

solar ['soulǝ] *bn* van de zon, zonne-; *~ eclipse* zonsverduistering; *~ energy* zonne-energie; *~ panel* zonnepaneel *o*; *~ plexus* zonnevlecht; *~ system* zonnestelsel *o*

solarium ['souleǝriǝm] *znw* (*mv*: solaria [-riǝ]) solarium *o*

sold [sould] V.T. & V.D. van *¹sell*

solder ['sɔldǝ, 'souldǝ] **I** *znw* soldeersel *o*; *soft ~* zacht soldeersel *o*; **II** *overg* solderen

soldering-iron *znw* soldeerbout

soldier ['souldʒə] **I** *znw* mil soldaat, militair, krijgsman; *old* ~ oudgediende; **II** *onoverg* (als soldaat) dienen; ~ *on* doordienen; doorzetten

soldierly *bn* krijgshaftig, soldaten-

soldiership *znw* militaire stand; militaire bekwaamheid; krijgskunde

soldiery *znw* krijgsvolk *o*, soldatenbende, soldateska; *the* ~ de soldaten

1 sole [soul] **I** *znw* zool; **II** *overg* zolen

2 sole [soul] *znw* dierk tong

3 sole [soul] *bn* enig

solecism ['sɔlisizm] *znw* (taal)fout; flater

solely ['soulli] *bijw* alleen, enkel, uitsluitend

solemn ['sɔləm] *bn* plechtig, plechtstatig, deftig, ernstig

solemnity [sɔ'lemniti] *znw* plechtigheid &

solemnization [sɔləmnai'zeiʃən] *znw* (plechtige) viering, voltrekking

solemnize ['sɔləmnaiz] *overg* (plechtig) vieren, voltrekken

solenoid ['soulinɔid] *znw* elektr solenoïde, cylinderspoel

solfa [sɔl'fa:] *znw* muz solmisatie: aanduiding v.d. tonen d.m.v. het do, re, mi, fa, sol &-systeem

solicit [sə'lisit] *znw* vragen; verzoeken om; dingen naar; aanspreken [voor prostitutie]

solicitation [səlisi'teiʃən] *znw* aanzoek *o*, verzoek *o*

solicitor [sə'lisitə] *znw* recht rechtskundig adviseur; procureur; *S~ General* ± advocaat-generaal

solicitous *bn* bekommerd, bezorgd (omtrent *about, concerning, for*); begerig (naar *of*), verlangend, eropuit (om *to*)

solicitude *znw* bekommernis, bezorgdheid, zorg, angst, kommer

solid ['sɔlid] **I** *bn* vast; stevig, hecht, sterk, flink, solide[2]; solidair; betrouwbaar; gezond, degelijk; massief; uniform [v. kleur]; kubiek, stereometrisch; ~ *angle* lichaamshoek; ~ *contents* kubieke inhoud; ~ *fuel* vaste brandstof; ~ *geometry* stereometrie; ~*-state* elektr halfgeleider-, getransistoriseerd; *for two* ~ *hours* twee volle uren; *be* ~ *against (for)* eenstemmig tegen (voor) zijn; **II** *znw* (vast) lichaam *o*; ~*s* ook: vast voedsel *o*

solidarity [sɔli'dæriti] *znw* solidariteit, saamhorigheid

solidary *bn* solidair

solidification [sɔlidifi'keiʃən] *znw* vast maken *o* of worden *o*

solidify [sə'lidifai] **I** *overg* vast maken; hechter maken; **II** *onoverg* vast of hechter worden

solidity, solidness ['sɔlidnis] *znw* vastheid &

soliloquize [sə'liləkwaiz] *onoverg* een alleenspraak houden

soliloquy [sə'liləkwi] *znw* (*mv*: soliloquies) alleenspraak

solitaire [sɔli'tɛə] *znw* enkel gezette diamant of steen; solitairspel *o*, patience *o*

solitary ['sɔlitəri] **I** *bn* eenzaam, verlaten, afgelegen, afgezonderd; op zichzelf staand; enkel; eenzelvig; ~ *confinement* afzonderlijke opsluiting; **II** *znw* gemeenz celstraf

solitude *znw* eenzaamheid

solmization [sɔlmi'zeiʃən] *znw* muz solmisatie: aanduiding v.d. tonen d.m.v. het do, re, mi, fa, sol &-systeem

solo ['soulou] *znw* (*mv*: -s *of* soli [-li]) & *bijw* solo

soloist *znw* solist

Solomon Islands ['sɔləmənailəndz] *znw mv* Solomoneilanden

solstice ['sɔlstis] *znw* zonnestilstand, zonnewende, solstitium *o*

soluble ['sɔljubl] *bn* oplosbaar[2]

solution [sə'lu:ʃən] *znw* oplossing[2]; solutie

solve [sɔlv] *overg* oplossen

solvency ['sɔlvənsi] *znw* vermogen *o* om te betalen, handel soliditeit, kredietwaardigheid

solvent I *bn* oplossend; handel solvent, solvabel, solide; **II** *znw* oplosmiddel *o*; ~ *abuse* ± lijmsnuiven *o*

Somali [sou'ma:li] **I** *znw* Somali, Somaliër; Somali *o* [de taal]; **II** *bn* Somalisch

Somalia [sou'ma:liə] *znw* Somalië *o*

somatic [sou'mætik] *bn* somatisch, lichamelijk

sombre, Am somber ['sɔmbə] *bn* somber, donker

sombrero [sɔm'brɛərou] *znw* sombrero

some [sʌm, səm] **I** *onbep vnw* enige, wat, iets, sommige(n); ~..., ~... sommige(n)..., andere(n)...; *if I find* ~ als ik er vind; *there are* ~ *who...* er zijn er die...; **II** *bep* enige(n); of andere, een, een zeker(e); ettelijke, wat, een beetje; zowat, ongeveer, circa; ~ *day* eens, ooit, te eniger tijd; *that's* ~ *hat* gemeenz dat is nog eens een hoed; **III** *bijw* slang iets, een beetje; niet gering ook, niet mis, énig

somebody ['sʌmbədi] **I** *onbep vnw* iemand; (een) zeker iemand; **II** *znw* belangrijk persoon, iemand van betekenis

somehow *bijw* op de een of andere wijze, hoe dan ook, ergens, toch (ook: ~ *or other*)

someone = *somebody*

someplace *bijw* Am ergens

somersault ['sʌməsɔ:lt] **I** *znw* salto, buiteling, duikeling; *turn a* ~ = **II** *onoverg* een salto, radslag & maken

something ['sʌmθiŋ] **I** *znw* iets, wat; (het) een of ander; *a bishop or* ~ (een) bisschop of zoiets; ~ *or other* het een of ander, iets; *the five* ~ *train* de trein van 5 uur zoveel; *not for* ~ voor nog zoveel niet; *with* ~ *of impatience* enigszins ongeduldig; *I am* ~ *of a doctor* ik ben zo'n stuk (een halve) dokter; **II** *bijw* enigszins, iets, ietwat; slang erg; ~ *like* zo ongeveer, zoiets als; gemeenz nogal wat, geweldig

sometime I *bijw* eniger tijd; eens; soms; **II** *bn* vroeger, voormalig, ex-

sometimes ['sʌmtaimz] *bijw* soms

somewhat ['sʌmwɔt] *bijw* enigszins, ietwat

somewhere *bijw* ergens
somewhile *bijw* soms; een poosje
somnambulism [sɔm'næmbjulizm] *znw* somnambulisme *o*, slaapwandelen *o*
somnambulist *znw* slaapwandelaar, somnambule
somnolence ['sɔmnələns] *znw* slaperigheid
somnolent *bn* slaperig; slaapverwekkend
son [sʌn] *znw* zoon, (als aanspreekvorm) jongen, jongeman; *all right,* ~ best, jongen!; ~ *of a bitch* schoft, klootzak; ~ *of a gun* gemeenz schertsend lammeling, beroerling
sonant ['sounənt] *bn & znw* stemhebbend(e letter)
sonar ['sounɑ:] *znw* sonar, echopeiling
sonata [sə'nɑ:tə] *znw* sonate
sonatina [sɔnə'ti:nə] *znw* sonatine
song [sɔŋ] *znw* zang, lied *o*; gezang *o*; poëzie; *the S~ of S~s, the S~ of Solomon* het Hooglied; *for a ~* gemeenz voor een appel en een ei; *make a ~ and dance about* gemeenz veel ophef (drukte) maken over
song-bird *znw* zangvogel
songster *znw* zanger
songstress *znw* zangeres
song-thrush *znw* zanglijster
sonic ['sɔnik] *bn* sonisch, geluids-; ~ *boom* knal bij het doorbreken van de geluidsbarrière
son-in-law ['sʌninlɔ:] *znw* (*mv*: sons-in-law) schoonzoon
sonnet ['sɔnit] *znw* sonnet *o*, klinkdicht *o*
sonneteer ['sɔni'tiə] *znw* sonnettendichter
sonny ['sʌni] *znw* jochie *o*, ventje *o*
sonority [sə'nɔriti] *znw* sonoriteit, klankrijkheid
sonorous *bn* sonoor, (helder) klinkend, klankrijk
soon [su:n] *bijw* spoedig, weldra, gauw; vroeg; *as ~ as* zodra; *I would just as ~... (as...)* ik mag net zo lief... (als...); ~*er* vroeger, eer(der), liever; *no ~er... than...* nauwelijks... of...; *no ~er said than done* zo gezegd zo gedaan; ~*er or later* vroeg of laat; *the ~er the better* hoe eerder hoe beter
soot [sut] **I** *znw* roet *o*; **II** *overg* met roet bedekken
sooth [su:θ] *znw* vero waarheid; *in (good)* ~ waarlijk, voorwaar
soothe [su:ð] *overg* verzachten, kalmeren, sussen, stillen, bevredigen
soothing *bn* verzachtend, kalmerend, sussend
soothsayer ['su:θseiə] *znw* waarzegger
sooty ['suti] *bn* roetachtig, roet(er)ig, roet-
sop [sɔp] **I** *znw* in vloeistof geweekt brood *o* &; fig omkoopmiddel *o*, voorlopige concessie, zoethoudertje *o*; **II** *overg* soppen, (in)dopen, (door)weken; ~ *up* (in zich) opnemen
sophism ['sɔfizm] *znw* sofisme *o*, drogreden
sophist *znw* sofist, drogredenaar
sophistic(al) [sə'fistik(l)] *bn* sofistisch
sophisticate [sə'fistikət] *znw* wereldwijs mens
sophisticated [sə'fisti'keitid] *bn* wereldwijs; geraffineerd; gedistingeerd; ZN gesofistikeerd; veeleisend, verwend; precieus [v. stijl]; ingewikkeld, sophisticated, geperfectioneerd [v. techniek], uitgekiend, hypermodern, geavanceerd
sophistication [səfisti'keiʃən] *znw* wereldwijsheid; geraffineerdheid; precieuze aard; ingewikkeldheid
sophistry ['sɔfistri] *znw* sofisterij; sofisme *o*
sophomore ['sɔfəmɔ:] *znw* Am tweedejaarsstudent
soporific [sɔpə'rifik] *bn* (*znw*) slaapverwekkend (middel *o*)
sopping ['sɔpiŋ] *bn*: ~ *(wet)* druipnat
soppy *bn* flauw; gemeenz sentimenteel
soprano [sə'prɑ:nou] *znw* (*mv*: -s *of* soprani [-ni]) sopraan
sorbet ['sɔ:bət] *znw* sorbet
sorcerer ['sɔ:sərə] *znw* tovenaar
sorceress *znw* tovenares, heks
sorcery *znw* toverij, hekserij
sordid ['sɔ:did] *bn* smerig, vuil; laag, gemeen; inhalig, gierig
sordino [sɔ:'di:nou] *znw* (*mv*: sordini [-ni]) muz geluiddemper
sore [sɔ:] **I** *bn* pijnlijk[2], gevoelig, zeer; hevig; het land hebbend (over *about*); kwaad, boos, nijdig (op *at*); *touch sbd. on a ~ point* een teer punt (onderwerp) *o*; *have a ~ throat* keelpijn hebben; *stick out like a ~ thumb* uit de toon vallen, in de kijker lopen; **II** *bijw* vero zeer; **III** *znw* rauwe, pijnlijke plek, zweer, zeer *o*
sorehead *znw* slang nors, afgunstig mens
sorely *bijw* versterkend zeer, erg, hard
soreness *znw* pijnlijkheid &; ook: ontstemming
soroptimist [sə'rɔptimist] *znw* lid *o* van vrouwelijke rotaryclub
1 sorrel ['sɔrəl] *znw* plantk zuring
2 sorrel ['sɔrəl] **I** *bn* rosachtig; **II** *znw* roodbruin *o*; dierk vos [paard]
sorrow ['sɔrou] **I** *znw* droefheid, smart, leed(wezen) *o*; leed *o*, verdriet *o*; rouw; *drown one's ~s* zijn zorgen verdrinken; **II** *onoverg* treuren, bedroefd zijn (over *at, for, over*)
sorrowful *bn* bedroefd, treurig
sorry ['sɔri] *bn* bedroefd; vero bedroevend, ellendig, armzalig, miserabel; *(I am) (so)* ~ het spijt me; ook: neem mij niet kwalijk, sorry! pardon!; *I am (feel)* ~ *for him* het spijt me voor hem; ik heb met hem te doen; *you will be* ~ *for it* het zal u berouwen
sort [sɔ:t] **I** *znw* soort; slag *o*; *all* ~*s (van)* allerlei slag; *all* ~*s of things* van alles (wat), alles en nog wat; *this (that)* ~ *of thing* zo iets; ~ *of* gemeenz om zo te zeggen, als het ware, enigermate, een beetje; *he is not a bad* ~ gemeenz hij is geen kwaaie vent; *it takes all* ~*s* ± Onze-Lieve-Heer heeft (nu eenmaal) rare kostgangers; zulke mensen moeten er ook zijn; *after a* ~ in zekere zin, op zijn (haar) manier; *after his own* ~ op zijn manier; *in a* ~ *of way* in zekere zin, op zijn (haar) manier; *a... of a* ~ zo'n soort van...; *nothing of the* ~ niets van dien aard; niets daarvan!; *of* ~*s* in zijn soort; een soort (van)...; *out of* ~*s* niet erg lekker; uit zijn humeur; **II** *overg:* ~

(out) sorteren, rangschikken, plaatsen; uitzoeken; ~ *out* regelen, een oplossing vinden (voor), ontwarren [v. probleem]; ~ *sbd. out* gemeenz iem. eens goed aanpakken, eens goed de waarheid vertellen, eens goed onder handen nemen

sorter ['sɔ:tə] *znw* sorteerder; sorteermachine

sortie ['sɔ:ti] *znw* mil uitval; luchtv vlucht van één vliegtuig naar vijandelijk gebied; gemeenz uitstapje *o*, uitje *o*

sorting office ['sɔ:tiŋɔfis] *znw* sorteerafdeling [v. postkantoor]

sort-out ['sɔ:taut] *znw: have a* ~ sorteren, ordenen, opruimen, uitzoeken

SOS ['esou'es] *znw* radiografisch noodsein *o*, SOS(-bericht, -sein) *o*; fig noodkreet

so-so ['sousou] *bn* & *bijw* gemeenz zozo, niet bijzonder

sot [sɔt] *znw* zuiplap, nathals

sottish *bn* bezopen, dronken

sotto voce [sɔtou'voutʃi] *bijw* muz met gedempte stem

soufflé ['su:flei] *znw* soufflé

sough [sʌf, sau] I *znw* suizend geluid *o*; gesuis *o*, suizen *o*, zucht; II *onoverg* suizen; zuchten

sought [sɔ:t] V.T. & V.D. van *seek*

sought-after *bn* gewild, gezocht, in trek

soul [soul] *znw* ziel[2]; muz soul; *not a* ~ geen levende ziel; *a jolly* ~ een leuke baas; *poor* ~! och arme!; *he is the* ~ *of kindness* hij is de vriendelijkheid zelf; *from his very* ~ uit de grond van zijn hart; *(up)on my* ~! bij mijn ziel!

soul-destroying *bn* geestdodend, afstompend

soulful *bn* gevoelvol, zielroerend; zielverheffend

soulless *bn* zielloos

soul-searching *znw* zelfonderzoek *o*

1 sound [saund] I *bn* gezond, gaaf, flink, vast, krachtig, sterk, grondig; betrouwbaar, solide, degelijk; deugdelijk; goed [v. raad &]; II *bijw*: ~ *asleep* vast in slaap

2 sound [saund] I *znw* **1** geluid *o*, klank, toon; **2** sonde; *to the* ~ *of music* op de tonen van de muziek; II *onoverg* klinken, luiden, weerklinken, galmen; *she* ~*ed pleased* ze deed alsof ze blij was, ze deed blij, ze leek blij; *it* ~*s a good idea* het lijkt een goed idee; ~ *off* gemeenz zijn mening zeggen (over *about, on*); III *overg* doen (weer)klinken, laten klinken; laten horen; uitspreken, uitbazuinen; kloppen op; ausculteren; sonderen, peilen; loden; fig onderzoeken, uithoren, polsen (ook: ~ *out*); ~ *the alarm* alarm blazen (slaan); ~ *one's (the) horn* op zijn (de) hoorn blazen; toeteren, claxonneren [v. automobilist]

3 sound [saund] *znw* zee-engte; zwemblaas; *the S*~ de Sont

4 sound [saund] *onoverg* naar beneden duiken [v. walvis]

sound barrier ['saundbæriə] *znw* geluidsbarrière

sound bite ['saundbait] *znw* in een nieuwsuitzen-

ding gebruikte, korte, opmerkelijke uitspraak van iem. over een bep. onderwerp

sound-board *znw* klankbord *o*, klankbodem

sound effects *znw mv* geluidseffecten

sound engineer *znw* geluidstechnicus

1 sounding ['saundiŋ] *bn* klinkend[2], holklinkend

2 sounding ['saundiŋ] *znw* sonderen *o* &; scheepv peiling, loding; ~*s* scheepv diepte(n); *make (take)* ~*s* loden; fig poolshoogte nemen, zijn omgeving polsen

sounding-board ['saundiŋbɔ:d] *znw* fig klankbord *o*

sounding-lead *znw* (diep)lood *o*

sounding-line *znw* scheepv loodlijn

sounding-post *znw* muz stapel [v. viool]

soundless *bn* geluidloos; onpeilbaar

soundly ['saundli] *bijw* gezond; flink, terdege, geducht; vast [in slaap]

sound mixer ['saundmiksə] *znw* geluidstechnicus

sound-proof I *bn* geluiddicht; II *overg* geluiddicht maken

sound track *znw* geluidsspoor *o*, geluidsband, geluid *o* [v. film], soundtrack

sound wave *znw* geluidsgolf

soup [su:p] I *znw* soep; *be in the* ~ gemeenz in de puree zitten; II *overg:* ~ *up* gemeenz opvoeren [motor]

soup kitchen *znw* gaarkeuken voor armen, daklozen &

soup-plate *znw* soepbord *o*, diep bord *o*

soup-spoon *znw* eetlepel

soupy *bn* soepachtig, soeperig; gemeenz sentimenteel

sour ['sauə] I *bn* zuur[2]; gemelijk, nors; naar [weer]; ~ *cream* zure room; ~ *grapes* jaloezie, de kift; II *overg* & *onoverg* zuur maken (worden), verzuren; verbitteren

source [sɔ:s] *znw* bron[2], fig oorsprong

sourish ['sauəriʃ] *bn* zuurachtig, rins, zuur

sourpuss ['sauəpus] *znw* gemeenz nijdas; zuurpruim

souse [saus] I *znw* pekel(saus); oren en poten van varkens in pekel; onderdompeling; plons, geplons *o*; II *overg* marineren, pekelen; in-, onderdompelen; (over)gieten; III *bijw* ineens, pardoes

soused *bn* gepekeld; gemeenz stomdronken

soutane [su:'ta:n] *znw* soutane

south [sauθ] I *bijw* zuidelijk, zuidwaarts, naar het zuiden; ~ *of* ten zuiden van; II *bn* zuidelijk, zuid(er)-, zuiden-; III *znw* zuiden° *o*

South Africa *znw* Zuid-Afrika *o*

South African I *znw* Zuid-Afrikaan; II *bn* Zuid-Afrikaans

southbound *bn* naar het zuiden, in zuidelijke richting

south-east *bn (znw)* zuidoost(en *o*)

southeaster *znw* zuidoostenwind

south-easterly *bn* & *bijw* zuidoostelijk

south-eastern *bn* zuidoostelijk
southerly ['sʌðəli] *bn & bijw* zuidelijk
southern *bn* zuidelijk, zuider-; *the S~ Cross* het
zuiderkruis
southerner *znw* zuiderling [van Zuid-Engeland;
het Zuiden van de Verenigde Staten &]
southernmost *bn* zuidelijkst
southing ['sauðiŋ] *znw* zuidelijke richting
South Korea *znw* Zuid-Korea *o*
South Korean I *znw* Zuid-Koreaan; **II** *bn* Zuid-
Koreaans
South Pole *znw* Zuidpool
southward(s), **southwardly** *bn & bijw* zuidelijk,
zuidwaarts
south-west *bn (znw)* zuidwest(en)
southwester *znw* zuidwestenwind; zuidwester
south-westerly *bn & bijw* zuidwestelijk
south-western *bn* zuidwestelijk
souvenir ['su:vəniə] *znw* souvenir *o*, aandenken *o*
sou'wester ['sau'westə] *znw* zuidwester
sovereign ['sʌvrin] **I** *bn* soeverein², oppermachtig,
opperst, hoogst, opper-; probaat [v. middel]; **II** *znw*
(opper)heer, vorst, vorstin, soeverein [ook = geldstuk van 1 pond]
sovereignty *znw* soevereiniteit, opperheerschappij,
oppergezag *o*, oppermacht
Soviet ['souviət, sɔ'vjet] *znw* sovjet
1 sow [sau] *znw* dierk zeug²
2 sow [sou] (sowed; sown/sowed) *overg* zaaien²,
(uit)strooien, uit-, in-, bezaaien, bestrooien (met
with)
sow-bug ['saubʌg] *znw* Am keldermot, pissebed
sower ['souə] *znw* zaaier²; zaaimachine
sowing-machine *znw* zaaimachine
sown [soun] V.D. van ²*sow*
soy [sɔi] *znw* soja
soya bean, **soy bean** *znw* sojaboon
soya sauce, **soy sauce** *znw* sojasaus
sozzled ['sɔzld] *bn* gemeenz dronken
spa [spa:] *znw* minerale bron; badplaats
space [speis] **I** *znw* ruimte, wijdte, afstand; plaats;
spatie, interlinie; tijdruimte, tijd, tijdje *o*; *for a ~*
een tijdje, een poos; *into ~* ook: de lucht in, in het
niet; **II** *overg* (meer) ruimte laten tussen, spatiëren
(ook: *~ out*); *~ out payments* de betalingen verdelen; *~d out* ook: slang 1 high; 2 relaxed
space age *znw* ruimtevaarttijdperk *o*
space-age *bn* zeer geavanceerd, futuristisch
space-bar *znw* spatiebalk [v. schrijfmachine]
space capsule *znw* ruimtecapsule
spacecraft *znw* ruimtevaartuig *o*, ruimtevaartuigen
space flight *znw* ruimtevlucht
spaceman *znw* ruimtevaarder
space opera *znw* roman(s), film(s) & over ruimte-
vaartavonturen
space probe *znw* ruimtesonde
space rocket *znw* ruimteraket
space-saving *bn* ruimte-, plaatsbesparend

spaceship *znw* ruimtevaartuig *o*
space shuttle *znw* ruimteveer *o*, spaceshuttle
space station *znw* ruimtestation *o*
spacesuit *znw* ruimtepak *o*
space travel *znw* ruimtereis; reizen *o* door de
ruimte
spacing *znw* spatiëring; tussenruimte, onderlinge
afstand
spacious *bn* wijd, ruim, groot
spade [speid] *znw* spade, schop; kaartsp schoppen;
slang scheldwoord nikker; *call a ~ a ~* het beestje
bij zijn naam noemen
spadework *znw* voorbereidend werk *o*, pionierswerk *o*
Spain [spein] *znw* Spanje *o*
span [spæn] **I** *znw* span [Eng. lengtemaat = 9 inch];
spanne tijds; spanwijdte, spanning; **II** *overg* spannen, om-, over-, afspannen; overbruggen
spangle ['spæŋgl] **I** *znw* lovertje *o*; **II** *overg* met lo-
vertjes versieren; *~d with* ook: bezaaid met
Spaniard ['spænjəd] *znw* Spanjaard
spaniel ['spænjəl] *znw* spaniël
Spanish ['spæniʃ] **I** *bn* Spaans; *~ Main* hist kust en
zee van Panama tot Amazone; **II** *znw* het Spaans
spank [spæŋk] **I** *overg* [met vlakke hand] op de
broek geven, slaan; **II** *onoverg* fiks draven, flink
doorstappen (ook: *~ along*); **III** *znw* klap, mep
spanker ['spæŋkə] *znw* scheepv schepv (grote) bezaan; gemeenz kanjer, prachtexemplaar *o*; hardloper
spanking ['spæŋkiŋ] **I** *bn* gemeenz groot, stevig;
flink; fiks; ook: heerlijk; **II** *znw* pak *o* voor de
broek; aframmeling
spanner ['spænə] *znw* schroefsleutel; *throw a ~ in
the works* gemeenz dwarsbomen, saboteren
1 spar [spa:] *znw* 1 spar, spier, rondhout *o*; 2 spaat *o*
2 spar [spa:] *onoverg* boksen (zonder dóór te stoten);
redetwisten; bekvechten
spare [speə] **I** *bn* extra-, reserve-; schraal, mager;
slang dol, uitzinnig, gek, razend; *~ (bed)room* logeerkamer; *~ cash (money)* geld over; *~ hours
(moments)* vrije (ledige) uren, verloren ogenblikken; *~ parts* reserveonderdelen [v. auto]; *~ time*
vrije tijd; *~ tyre* reserveband; *~ wheel* reservewiel *o*;
II *znw* reserveonderdeel *o*; **III** *overg* sparen, besparen; zuinig zijn met; ontzien [moeite]; verschonen
van; missen; [iem. iets] geven, afstaan, gunnen; *~
no expense* ± kosten noch moeite sparen, flink uitpakken; *~ the rod and spoil the child* wie de roede
spaart, bederft zijn kind; *can you ~ me a cigarette
(moment)?* heb je een sigaret (ogenblik) voor me?;
have enough and to ~ meer dan genoeg (volop) hebben; *I have no time to ~* geen tijd over (te verliezen); **IV** *wederk*: *~ oneself* zich ontzien; **V** *abs ww*
zuinig zijn
sparely *bijw* schraaltjes, mager, dun
spare ribs *znw mv* krabbetjes, spareribs
sparing *bn* spaarzaam, zuinig, karig, matig
spark [spa:k] **I** *znw* vonk, vonkje² *o*, spronk,

sparking

sprankje o, sprankel, greintje o; S~s slang marconist; *a bright* ~ een slimme vent, een groot licht;
strike ~s *off each other* elkaar in de haren vliegen,
ruzie maken; **II** *onoverg* vonken, vonken spatten;
techn starten; **III** *overg* plotseling doen ontstaan of
veroorzaken (ook: ~ *off*)

sparking *znw* elektr vonkontsteking

sparking-plug *znw* elektr bougie; ~ *spanner* bougiesleutel

sparkle ['spa:kl] **I** *onoverg* sprankelen, vonken
schieten, fonkelen, schitteren; tintelen; parelen,
mousseren [v. wijn]; **II** *znw* sprank, sprankje o,
vonk, vonkje o, gefonkel o, schittering, glans; tinteling[2]; pareling [van wijn]

sparkler *znw* sterretje o [vuurwerk]; slang glimmer:
juweel o, briljant

sparkling *bn* fonkelend, sprankelend; geestig, intelligent; bruisend, prik-, soda-, koolzuurhoudend

spark-plug ['spa:kplʌg], **sparking plug** *znw*
(ontstekings)bougie; ~ *spanner* bougiesleutel

sparring-match ['spa:riŋmætʃ] *znw* (vriendschappelijke oefen)bokspartij

sparring-partner *znw* sparringpartner[2]

sparrow ['spærou] *znw* mus

sparrow-hawk *znw* sperwer

sparse ['spa:s] *bn* dun (gezaaid[2]), verspreid; schaars

Spartan ['spa:tən] *znw* & *bn* Spartaan(s) (ook: fig)

spasm ['spæzm] *znw* kramp, (krampachtige) trekking; fig vlaag

spasmodic [spæz'mɔdik] *bn* krampachtig; fig ook:
bij vlagen, onregelmatig

spastic ['spæstik] *bn* (znw) spastisch (patiëntje o)

1 spat [spæt] *znw* zaad o, broed o van oesters

2 spat [spæt] *znw*: ~s slobkousen

3 spat [spæt] V.T. & V.D. van [2]*spit*

spatchcock ['spætʃkɔk] **I** *znw* geslachte en snel gebraden haan; **II** *overg* gemeenz [woorden &] inlassen, toevoegen aan

spate [speit] *znw* rivieroverstroming, bandjir, hoogwater o; fig stroom, stortvloed; *a river in* ~ een onstuimig wassende rivier

spathe [speið] *znw* bloeischede

spatial ['speiʃəl] *bn* ruimte-, ruimtelijk

spatter ['spætə] **I** *overg* doen spatten, bespatten;
bekladden; **II** *onoverg* spatten; **III** *znw* (be)spatten
o; spat

spatterdashes ['spætədæʃiz] *znw mv* vero slobkousen

spatula ['spætjulə] *znw* spatel

spatulate *bn* spatelvormig

spavin ['spævin] *znw* spat [paardenziekte]

spawn [spɔ:n] **I** *znw* kuit, broed o; fig gebroed o,
product o; zaad o; **II** *(onoverg &) overg* (eieren) leggen, kuitschieten; geringsch produceren, de wereld
inschoppen

spay [spei] *overg* steriliseren [v. vrouwelijke dieren]

speak [spi:k] (spoke; spoken) **I** *onoverg & abs ww*
spreken, praten; aanslaan [v. hond]; in het openbaar spreken, een rede houden; tegen (met) elkaar
spreken; sprekend zijn [v. gelijkenis]; muz aanspreken [v. instrument]; zich laten horen; *Amaly* ~*ing*
telec (u spreekt) met Amaly; *broadly (generally)* ~*ing*
in het algemeen gesproken; *so to* ~ zie *so*; ~ *about*
spreken over; ~ *by the book* zich nauwkeurig uitdrukken; ~ *for* spreken ten gunste van; getuigen
van; *it* ~*s (well) for him* het pleit voor hem; *the figures* ~ *for themselves* de cijfers liegen er niet om; ~
for yourself! laat mij er s.v.p. buiten; ~ *of* spreken
over; *nothing to* ~ *of* niets van betekenis; niets noe-
menswaardigs; ~ *out* hardop (uit)spreken; zeggen
waar het op staat; vrijuit spreken; ~ *out!* spreek
(op)!; ~ *to* spreken tot (tegen, met, over), spreken
[iem.]; een standje maken; *I can* ~ *to his having
been there* ik kan getuigen dat hij er geweest is;
know sbd. to ~ *to* iem. genoeg kennen om hem aan
te spreken; ~ *up* hardop spreken; beginnen te spre-
ken; vrijuit spreken; ~ *up for sbd.* het voor iem. opnemen; ~ *with* spreken met; **II** *overg* spreken; uitspreken, uitdrukken, spreken van; zeggen; ~ *one's
mind* zijn mening zeggen; ~ *volumes* boekdelen
spreken; zie ook: *speaking*

speak-easy *znw* Am gemeenz clandestiene kroeg

speaker *znw* spreker; luidspreker, box; *the S*~ de
voorzitter van het Lagerhuis

speaking I *bn* sprekend[2] & [portret]; spreek-;
English-~ Engelssprekend, Engelstalig; ~ *acquaintance* iem. die men voldoende kent om aan te spreken; *we are not on* ~ *terms* wij spreken elkaar niet
(meer), wij spreken niet (meer) tegen elkaar; *be on*
~ *terms with sbd.* zo familiaar met iem. zijn, dat
men hem kan aanspreken; **II** *znw* spreken o; *plain*
~ openhartigheid; duidelijke taal

speaking-trumpet *znw* scheepsroeper; spreektrompet[2]; megafoon

speaking-tube *znw* scheepv spreekbuis

spear [spiə] **I** *znw* speer, lans, spiets; plantk scheut;
II *overg* met een speer doorsteken, spietsen

spearhead I *znw* speerpunt; fig spits, leider; cam-
pagneleider; **II** *overg* de voorhoede, spits zijn van,
leiden, aanvoeren; het voortouw nemen bij

spearman *znw* speerdrager, -ruiter

spearmint *znw* plantk pepermunt

spear side *znw* zwaardzijde: mannelijke linie

spec [spek] *znw* verk. van **1** *speculation*; *on* ~ op
goed geluk; **2** *specification(s)* [technische beschrij-
ving/gegevens]

special ['speʃəl] **I** *bn* bijzonder, speciaal, extra-; *S*~
Branch Br ± binnenlandse veiligheidsdienst; ~ *delivery* per expresse, spoedbestelling; **II** *znw* RTV
speciale uitzending, tv-special; specialiteit v.h. huis
[in restaurant]; Am speciale aanbieding; extratrein;
extra-editie [v. dagblad]; extraprijs &

specialist *znw* specialist [in vak &]

speciality [speʃi'æliti] *znw* specialiteit; specialisme
o; bijzonderheid; bijzonder geval o

specialization [speʃəlai'zeiʃən] *znw* specialisering,

specialisatie

specialize ['speʃ(ə)laiz] *onoverg* zich speciaal toeleggen (op *in*); zich specialiseren (in *in*); ~*d* specialistisch

specialty ['speʃəlti] *znw* Am specialiteit°; specialisme *o*

specie ['spi:ʃi:] *znw* muntgeld *o*, contanten

species ['spi:ʃi:z] *znw* (*mv* idem) soort, geslacht *o*

specific [spi'sifik] **I** *bn* soortelijk, specifiek, soort-; speciaal, bepaald, nauwkeurig, uitdrukkelijk; ~ *gravity* soortelijk gewicht *o*; ~ *to...* eigen aan...; **II** *znw:* ~*s* bijzonderheden

specification [spesifi'keiʃən] *znw* specificatie, gedetailleerde opgave, nauwkeurige vermelding; ~*(s)* bestek *o*, technische beschrijving (gegevens)

specify ['spesifai] *overg* specificeren, gedetailleerd opgeven, in bijzonderheden aangeven

specimen ['spesimin] *znw* specimen *o*, proef, staaltje *o*, voorbeeld *o*; gemeenz exemplaar *o*, type *o*

specious ['spi:ʃəs] *bn* schoonschijnend

speck [spek] **I** *znw* smetje *o*, spatje *o*, vlekje *o*, spikkel, stofje *o*; **II** *overg* spikkelen, vlekken

speckle ['spekl] **I** *znw* spikkel(ing); **II** *overg* (be-) spikkelen

specs [speks] *znw mv* **1** gemeenz bril [verk. van *spectacles*]; **2** verk. van *specifications*

spectacle ['spektəkl] *znw* schouwspel *o*, vertoning, toneel(tje) *o*; *(pair of)* ~*s* bril; *make a ~ of oneself* zich belachelijk maken

spectacled *bn* gebrild; bril-

spectacular [spek'tækjulə] **I** *bn* op (toneel)effect berekend, opvallend, spectaculair, grandioos; **II** *znw* spectaculaire show

spectator [spek'teitə] *znw* toeschouwer

spectra *znw mv* v. *spectrum*

spectral ['spektrəl] *bn* spookachtig, spook-; spectraal, van het spectrum

spectre, Am **specter** *znw* spook *o*, geest; spooksel *o*

spectrum ['spektrəm] *znw* (*mv:* -tra [-trə]) spectrum *o*

speculate ['spekjuleit] *onoverg* peinzen, bespiegelingen houden (over *on*); handel speculeren

speculation [spekju'leiʃən] *znw* bespiegeling, beschouwing; handel speculatie

speculative ['spekjulətiv] *bn* speculatief, bespiegelend, beschouwend, zuiver theoretisch

speculator *znw* speculant

speculum ['spekjuləm] *znw* (*mv:* -s *of* specula [-lə]) med speculum *o*, spiegel

sped [sped] V.T. & V.D. van ²*speed*

speech [spi:tʃ] *znw* spraak, taal; rede(voering), toespraak; *free ~* het vrije woord, ook = *freedom of ~* vrijheid van meningsuiting, van spreken

speech-day *znw* onderw dag van de prijsuitdeling

speechify *onoverg* geringsch oreren, speechen

speechless *bn* sprakeloos, stom (van *with*)

speech-reading *znw* liplezen *o*

speech therapist *znw* logopedist(e)

speech therapy *znw* logopedie

speech-trainer *znw* logopedist

speech-training *znw* logopedie: onderricht *o* in het spreken

1 speed [spi:d] *znw* spoed, snelheid, vaart, haast; versnelling; *good ~* vero voorspoed; *(at) full ~* met volle kracht; in volle vaart, spoorslags

2 speed [spi:d] (sped; sped) **I** *onoverg* zich spoeden, voortmaken, snellen, vliegen; (te) hard rijden, een snelheidslimiet overschrijden; ~ *up* er vaart achter zetten; **II** *overg* bespoedigen; bevorderen; doen snellen, doen vliegen; *God ~!* vero God zegene u!; ~ *up* bespoedigen, versnellen

speedboat *znw* raceboot

speed-cop *znw* slang motoragent

speeder *znw* snelheidsmaniak; snelheidsregelaar

speeding *znw* te hard rijden *o*; snelheidsovertreding

speed limit *znw* (voorgeschreven) maximumsnelheid

speed-merchant *znw* slang snelheidsmaniak

speedometer [spi'dɔmitə] *znw* snelheidsmeter

speed-skating ['spi:dskeitiŋ] *znw* hardrijden *o* op de schaats

speed trap *znw* autoval, snelheidscontrole

speed-up *znw* gemeenz versnelling; productieverhoging

speedway *znw* Am (auto)snelweg; sp speedway: sintelbaan voor motorrenners

speedwell *znw* plantk ereprijs

speedy *bn* spoedig, snel, vlug

speleologist [spi:li'ɔlədʒist] *znw* speleoloog

speleology *znw* speleologie: grotten-, holenkunde

1 spell [spel] *znw* toverformule; tovermacht, -kracht, ban, betovering, bekoring; *cast a ~ on* betoveren, fascineren; *be under a ~* onder de bekoring zijn (van), gefascineerd zijn (door), gebiologeerd zijn (door)

2 spell [spel] (spelt/spelled; spelt/spelled) **I** *overg* spellen; betekenen; ~ *out* (met moeite) spellen; ontcijferen, uitvorsen; ~ *out* ook: letter voor letter zeggen (schrijven); nauwkeurig omschrijven, duidelijk aangeven (uiteenzetten); **II** *onoverg* spellen

3 spell [spel] *znw* tijdje *o*, poos; periode; werktijd, beurt; *at a ~* aan één stuk door, achtereen; *have a ~ at sth.* een tijdje ergens mee bezig zijn; ~ *of fine weather* periode van mooi weer; *hot ~* hittegolf

spellbinder ['spelbaində] *znw* gemeenz boeiend spreker

spellbinding *bn* boeiend, fascinerend

spellbound *bn* als betoverd, gefascineerd, gebiologeerd, geboeid

speller ['spelə] *znw* speller; spelboek *o*

spelling *znw* spelling

spelling-bee *znw* spelwedstrijd

spelling-book *znw* spelboek *o*

spelt V.T. & V.D. van ²*spell*

spelter ['speltə] *znw* handel zink *o*

spence [spens] *znw* <u>vero</u> provisiekast, -kamer

1 spencer ['spensə] *znw* kort wollen jasje *o*

2 spencer ['spensə] *znw* <u>scheepv</u> gaffelzeil *o*

spend [spend] (spent; spent) **I** *overg* uitgeven, besteden (aan *at, in, on, over*); doorbrengen [tijd]; verbruiken, verteren, verkwisten; **II** *wederk*: ~ oneself
zich uitputten, afmatten; *the storm had spent itself*
was uitgeraasd; **III** *onoverg* uitgeven, uitgaven
doen; ~ *freely* kwistig zijn

spender *znw* wie geld uitgeeft; verkwister

spending *znw* uitgeven *o* &; ~s uitgaven

spending-money *znw* zakgeld *o*

spending-power *znw* koopkracht

spendthrift ['spendθrift] **I** *znw* verkwister, verspil-
ler; **II** *bn* verkwistend

spent [spent] **I** V.T. & V.D. van *spend*; **II** *bn* verbruikt, uitgeput, op; mat [kogel], leeg [huls]

sperm [spə:m] *znw* sperma *o*, zaad *o*; [v. walvis]
walschot *o*

spermaceti [spə:mə'seti] *znw* walschot *o*

spermary ['spə:məri] *znw* mannelijke geslachtsklier, testikel

spermatic [spə'mætik] *bn* sperma-, zaad-

sperm whale ['spə:mweil] *znw* potvis, cachelot

spew [spju:] **I** *overg* (uit)spuwen; **II** *onoverg* spuwen
(ook: ~ up)

sphenoid ['sfi:nɔid] *bn* wigvormig

sphere [sfiə] *znw* sfeer[2]; bol; globe, hemelbol;
<u>plechtig</u> hemel(gewelf *o*); *fig* (werk)kring, arbeids-
veld *o*, omvang, gebied *o*

spherical ['sferikl] *bn* sferisch, bolrond, bol-

spheroid ['sfiərɔid] *znw* sferoïde

sphincter ['sfiŋktə] *znw* <u>anat</u> sluitspier

sphinx [sfiŋks] *znw* (*mv*: -es *of* sphinges ['sfindʒi:z])
sfinx

sphinx-like *bn* sfinxachtig

spice [spais] **I** *znw* specerij(en), kruiderij(en); *fig* het
pikante; *a ~ of*... een tikje...; **II** *overg* kruiden[2]

spicily *bijw* gekruid; *fig* pikant

spiciness *znw* gekruidheid; *fig* pikanterie

spick-and-span ['spikən'spæn] *bn* brandschoon;
piekfijn, keurig

spicy ['spaisi] *bn* kruidig, gekruid, kruiden-, spece-
rij-; geurig, pikant[2]; pittig[2]

spider ['spaidə] *znw* spin, spinnenkop

spidery *bn* spinachtig; spichtig

spiel [spi:l] *slang* **I** *znw* geklets *o*, verhaal *o*, verkooppraatje *o*; **II** *onoverg* kletsen, ratelen

spieler ['spi:lə] *znw* <u>Am</u>, <u>slang</u> valsspeler; gokker *o*

spiffing ['spifiŋ] *bn* <u>slang</u> fijn, uitstekend; knap

spifflicate ['sfiəflikeit] *overg* <u>schertsend</u> vernietigen,
vermorzelen; van kant maken

spigot ['spigət] *znw* tap, stop, deuvik; tapkraan

spike [spaik] **I** *znw* aar; punt, spijl [v. hek &]; pen;
lange nagel; tand [v. kam]; ~s *sp* spikes: atletiek-
schoenen; **II** *overg* (vast)spijkeren; (door)prikken;
<u>mil</u> vernagelen [kanon]; van punten voorzien; (een
scheutje) alcohol toevoegen aan; ~ *the guns of* fig

buiten gevecht stellen, een eind maken aan

spike heel *znw* naaldhak

spikenard ['spaikna:d] *znw* nardus

spiky ['spaiki] *bn* puntig, stekelig; *fig* gauw op z'n
teentjes getrapt

1 spill [spil] *znw* fidibus: opgerold papiertje *o* om
sigaar mee aan te steken

2 spill [spil] (spilt/spilled; spilt/spilled) **I** *overg* morsen [melk]; storten, vergieten [bloed], omgooien; ~
the beans een geheim verraden; **II** *onoverg* gemorst
worden, overlopen (ook: ~ over)

3 spill [spil] *znw* (stort)buj; val, tuimeling; *a ~ of
milk* wat gemorste melk; *have a ~* van het paard
geworpen worden, omvallen [met rijtuig]

spillage ['spilidʒ] *znw* morsen *o*; gemorste *o*

spillikin ['spilikin] *znw* houtje *o*; ~s knibbelspel *o*

spillway ['spilwei] *znw* <u>Am</u> overlaat

spilt [spilt] V.T. & V.D. van *2spill*

1 spin [spin] (spun; spun) **I** *overg* spinnen; uitspinnen[2], laten (doen) draaien; centrifugeren [was-
goed]; opzetten [een tol]; ~ *out* uitspinnen[2], *fig*
rekken; **II** *onoverg* & *abs ww* spinnen; (in de rondte)
draaien; <u>luchtv</u> in schroefduik dalen; ~ *round*
ronddraaien; zich omdraaien; *I sent him ~ning* ik
deed hem achteruit tollen

2 spin [spin] *znw* spinnen *o* of draaien *o*; <u>luchtv</u>
schroefduik, vrille; <u>gemeenz</u> (rij)toertje *o*, tochtje *o*;
(flat) ~ <u>gemeenz</u> paniek; *go for a ~* een toertje gaan
maken

spina bifida [spainə'bifidə] *znw* <u>med</u> open rug

spinach ['spinidʒ] *znw* spinazie

spinal ['spainl] *bn* ruggengraats-; ~ *column* ruggengraat; ~ *cord* ruggenmerg *o*

spindle ['spindl] *znw* spil, as; spoel, klos; spijl,
stang, pin

spindle-legged *bn* met spillebenen

spindle-legs *znw mv* spillebenen

spindle-shanked *bn* = *spindle-legged*

spindly ['spindli] *bn* spichtig

spin-drier ['spindraiə] *znw* centrifuge

spindrift *znw* <u>scheepv</u> nevel van schuim

spin-dry *overg* [wasgoed] drogen in een centrifuge

spindryer *znw* = *spin-drier*

spine [spain] *znw* doorn; stekel; ruggengraat; rug

spine-chilling ['spaintʃiliŋ] *bn* huiveringwekkend,
bloedstollend

spineless *bn* zonder ruggengraat[2]; *fig* slap, futloos

spinet [spi'net] *znw* spinet *o*

spinner ['spinə] *znw* spinner; spinmachine

spinneret ['spinəret] *znw* spinklier, spinorgaan *o*

spinney ['spini] *znw* bosje *o*, struikgewas *o*

spinning-jenny ['spiniŋdʒeni] *znw* spinmachine

spinning-mill *znw* spinnerij

spinning-top *znw* draaitol

spinning-wheel *znw* spinnewiel *o*

spin-off ['spinɔf] *znw* winstopleverend bijproduct
o, spin-off

spinous ['spainəs] *bn* = *spiny*

spinster ['spinstə] *znw* jongedochter, oude vrijster; recht ongehuwde vrouw

spiny ['spaini] *bn* doornig; stekelig[2]

spiracle ['spaiərəkl] *znw* luchtgat *o*, ademhalingsopening

spiral ['spaiərəl] **I** *bn* spiraalvormig, schroefvormig; kronkelend; ~ *staircase* wenteltrap; **II** *znw* spiraal; **III** *onoverg* zich spiraalsgewijs bewegen; snel stijgen of dalen

spirally *bijw* spiraalsgewijs

spirant ['spaiərənt] *znw* spirant, schuringsgeluid *o*

spire ['spaiə] *znw* **1** punt; (toren)spits; (gras)spriet; **2** spiraalwinding, kronkeling

spired *bn* spits (toelopend); van torenspitsen voorzien

spirit ['spirit] **I** *znw* geest° (ook = spook); (geest-) kracht; moed, durf; bezieling, vuur *o*, fut; aard; spiritus, sterke drank; ~*s* levensgeesten; stemming; spiritualiën; brandewijn; *the Holy S*~ de Heilige Geest; ~ *of wine* wijngeest; *be in high* ~*s* opgewekt, vrolijk zijn; *in the best of* ~*s* in de beste stemming; *in low* ~*s* neerslachtig, down; *in (the)* ~ in de geest; *the poor in* ~ de armen van geest; *he did it in a* ~ *of mischief* uit baldadigheid; *objections made in a captious* ~ uit vitzucht; *he took it in the wrong* ~ hij nam het verkeerd op; *enter into the* ~ *of the thing* de situatie snappen (en ook meedoen); *out of* ~*s* neerslachtig; *with* ~ met (veel) animo, met vuur; *that's the* ~! goed zo!; **II** *overg:* ~ *away* wegmoffelen, -goochelen, -toveren, doen verdwijnen

spirited *bn* bezield, geanimeerd; levendig, vurig; moedig; energiek; pittig

spirit-lamp *znw* spirituslamp

spiritless *bn* geesteloos, levenloos, moedeloos, futloos, duf

spirit-level *znw* luchtbelwaterpas *o*

spirit-rapping *znw* geestenklopperij

spirit-stove *znw* spiritustoestel *o*; theelichtje *o*

spiritual ['spiritjuəl] **I** *bn* geestelijk; **II** *znw* godsdienstig lied *o* (van Amerikaanse negers)

spiritualism *znw* spiritualistisch karakter *o*; spiritualisme *o* (tegenover materialisme); spiritisme *o*

spiritualist I *znw* spiritualist; spiritist; **II** *bn* = *spiritualistic*

spiritualistic [spiritjuə'listik] *bn* spiritualistisch; spiritistisch

spirituality [spiritju'æliti] *znw* spiritualiteit; geestelijkheid, onstoffelijkheid

spiritualize ['spiritjuəlaiz] *overg* vergeestelijken; in geestelijke zin verklaren

spiritually *bijw* geestelijk

spirituel(le) [spiritju'el] *bn* [Fr] verfijnd; geestig

spirituous ['spiritjuəs] *bn* geestrijk, alcoholisch

spirt [spə:t] *znw* = *spurt*

spiry ['spaiəri] *bn* plechtig spiraalvormig, kronkelend; ook = *spired*

1 spit [spit] **I** *znw* (braad)spit *o*; landtong; **II** *overg* aan het spit steken; (door)steken

2 spit [spit] (spat; spat) **I** *onoverg* spuwen, spugen; blazen [van kat]; spetteren; motregenen; ~ *on (upon)* spuwen op[2]; *within* ~*ting distance* heel dichtbij; **II** *overg* spuwen, spugen; ~ *out* uitspuwen, -spugen; *fig* eruit gooien

3 spit [spit] *znw* spuug *o*, spog *o*, speeksel *o*; ~ *and polish* het poetsen en boenen; *he is the dead* ~ *of his father, he's the* ~*ting image of his father* hij lijkt als twee druppels water op zijn vader

4 spit [spit] *znw* spit *o* [steek met de spade]

spite [spait] **I** *znw* boosaardigheid, wrok, wrevel; *have a* ~ *against sbd.* een wrok jegens iem. koesteren; *iets tegen iem. hebben; in* ~ *of* ten spijt van, in weerwil van, trots, ondanks, niettegenstaande; *in* ~ *of myself* tegen mijn wil, mijns ondanks; *out of* ~ uit wrok; **II** *overg* ergeren; dwarsbomen, pesten

spiteful *bn* nijdig, boosaardig; hatelijk

spitfire ['spitfaiə] *znw* driftkop

spittle ['spitl] *znw* speeksel *o*, spuug *o*, spog *o*

spittoon [spi'tu:n] *znw* kwispedoor *o & m*, spuwbak

spiv [spiv] *znw* gemeenz knoeier, zwendelaar; parasiterende leegloper, nietsnut

splash [splæʃ] **I** *overg* bespatten, bemodderen; doen spatten; gemeenz met vette koppen drukken; **II** *onoverg* spatten, plassen, klateren, kletsen, plonzen, ploeteren, plompen; ~ *down* op het water landen; ~ *out (on)* met geld smijten, royaal geld uitgeven (aan); **III** *znw* geklater *o*, geplas *o*, geplons *o*, plons; klets, kwak [verf &]; plek; *make a* ~ opzien baren; geuren

splash-board *znw* spatbord *o*

splash-down *znw* landing in zee [v. ruimtecapsule]

splasher *znw* spatbord *o*, -plaat, -zeiltje *o*

splashy *bn* modderig

splatter ['splætə] **I** *onoverg* plassen; spatten; **II** *overg* sputteren; bespatten, doen spatten, besprenkelen

splay [splei] **I** *overg* afschuinen, (binnenwaarts) schuin verwijden, doen inspringen; **II** *onoverg* schuin lopen

spleen [spli:n] *znw* milt; *fig* slecht humeur *o*, wrevel; zwaarmoedigheid

splendid ['splendid] *bn* prachtig, luisterrijk, schitterend, heerlijk, prima

splendiferous [splen'difərəs] *bn* schertsend prachtig, schitterend

splendour, Am splendor ['splendə] *znw* pracht, luister, schittering, glans, praal, heerlijkheid

splenetic [spli'netik] *bn* slecht gehumeurd, geïrriteerd

splenic ['splenik] *bn* van de milt, milt-; ~ *fever* miltvuur *o*

splice [splais] **I** *overg* splitsen (twee einden touw samenvlechten); verbinden; lassen [film]; gemeenz trouwen; **II** *znw* splitsing; verbinding; las [v. film]

spline [splain] *znw* lat; splitpen, spie

splint [splint] **I** *znw* spalk; spaan; **II** *overg* spalken

splint-bone *znw* kuitbeen *o*

splinter ['splintə] **I** *overg* versplinteren; **II** *onoverg*

splinteren; **III** *znw* splinter, scherf
splinter group *znw* splintergroep(ering)
splinterproof *bn* scherfvrij
splintery *bn* splinterig
1 split [split] (split; split) **I** *overg* splijten; splitsen[2]; gemeenz samen delen; verdelen (ook: ~ *up*); slang verklikken, verraden [geheim]; ~ *the difference* het verschil delen; ~ *hairs* haarkloven; ~ *one's sides* barsten van het lachen; **II** *onoverg* splijten; barsten, scheuren; zich splitsen[2], uiteengaan, uit elkaar gaan (ook: ~ *up*); slang 'm smeren; ~ *on sbd.* slang iem. verlinken; ~*ting headache* barstende hoofd-pijn
2 split [split] **I** *znw* spleet, scheur(ing), splitsing, tweespalt, onenigheid, breuk; gemeenz klein flesje *o* (spuitwater) &; ~*s* spagaat; **II** *bn* gespleten, ge-splitst; ~ *peas* spliterwten; ~ *personality* gespleten persoonlijkheid; *one* ~ *second* gemeenz (in) een fractie van een seconde, (voor) een onderdeel van een seconde, (voor) een ondeelbaar ogenblik
split-level *bn* op verschillende niveaus, split-level [m.b.t. huisindeling]
split-screen *znw* comput gesplitst scherm *o*, splitscreen *o*
splodge [splɔdʒ], **splotch** [splɔtʃ] **I** *znw* plek, vlek, smet, klad, klodder; **II** *overg* volsmeren, bekladden, bevlekken
splurge [splə:dʒ] **I** *znw* gemeenz uitspatting, geld-smijterij, vertoon *o*; **II** *onoverg* met geld smijten; verspillen, verkwisten
splutter ['splʌtə] **I** *onoverg* knetteren; sputteren; stotteren, hakkelen; spatten [v. pen]; **II** *znw* ge-knetter *o*; gesputter *o*; gestotter *o*
1 spoil [spɔil] (spoilt/spoiled; spoilt/spoiled) **I** *overg* bederven°; verknoeien; verwennen; ~*ed paper* on-geldig (gemaakt) (stem)biljet *o*; **II** *onoverg* bder-ven°; *he is* ~*ing for a fight* hij hunkert er naar (brandt van verlangen) om er op los te gaan
2 spoil [spɔil] *znw:* ~*s* roof, buit°
spoiler *znw* auto spoiler
spoil-sport *znw* spelbederver, feestverstoorder
spoilt V.T. & V.D. van *1 spoil*
1 spoke [spouk] *znw* spaak, sport; *put a* ~ *in sbd.'s wheel* iem. een spaak in het wiel steken
2 spoke [spouk] V.T. van *speak*
spoken V.D. van *speak*
spokesman *znw* woordvoerder
spokesperson *znw* woordvoerder, woordvoerster
spokeswoman *znw* woordvoerster
spoliation [spouli'eiʃən] *znw* beroving, plundering
spondee ['spɔndi:] *znw* spondee [bep. versvoet]
sponge [spʌn(d)ʒ] **I** *znw* spons[2]; Moskovisch gebak *o*; gerezen deeg *o*; gemeenz dronkelap, klaploper; *throw in the* ~ zich gewonnen geven; **II** *overg* (af-) sponsen (ook: ~ *down, over*); weg-, uit-, afwissen, wissen; ~ *up* opnemen met de spons; op-, inzui-gen; **III** *onoverg* fig klaplopen; ~ *on (off) sbd.* op iem. parasiteren

spongebag *znw* toilettasje *o*
sponge-cake *znw* Moskovisch gebak *o*
sponge cloth *znw* badstof, frotté *o*
sponge finger *znw* lange vinger [biscuit]
sponger *znw* klaploper
spongy *bn* sponsachtig
sponsor ['spɔnsə] **I** *znw* sponsor; borg[2]; begunsti-ger; peetvader[2], peetoom; doopmoeder, peettante; *stand* ~ borg (peet) zijn, borg blijven; **II** *overg* in-staan voor, borg zijn voor; steunen; sponsoren; peet zijn over, ten doop houden[2]; ~*ed by* ook: ge-steund door, ingediend door, onder de auspiciën van
sponsorship *znw* sponsorschap *o*, sponsoring; peetschap *o*; fig steun
spontaneity [spɔntə'ni:iti] *znw* spontaneïteit
spontaneous [spɔn'teinjəs] *bn* spontaan, onge-dwongen; in het wild groeiend, natuurlijk; zelf-; ~ *combustion* zelfontbranding
spoof [spu:f] **I** *znw* poets, bedrog *o*; parodie; **II** *overg* foppen, voor de gek houden, een poets bakken
spook [spu:k] **I** *znw* gemeenz spook *o*, geest; **II** *overg* schrik aanjagen, bang maken
spooky *bn* gemeenz spookachtig; spook-
spool [spu:l] **I** *znw* spoel, klos; **II** *overg* spoelen
spoon [spu:n] **I** *znw* lepel; *be born with a silver* ~ *in one's mouth* van rijke familie zijn; een zondagskind zijn; **II** *overg* lepelen, opscheppen; **III** *onoverg* slang flirten; vrijen
spoonbill ['spu:nbil] *znw* lepelaar [vogel]
spoonerism ['spu:nərizm] *znw* grappige verwisse-ling van letters
spoon-feed ['spu:nfi:d] *overg* met de lepel voeren of ingeven; fig [iem. alles] voorkauwen
spoonful *znw* (volle) lepel
spoor [spuə] *znw* spoor *o* [van wild beest]
sporadic [spə'rædik] *bn* sporadisch, hier en daar voorkomend, verspreid
spore [spɔ:] *znw* plantk spoor; kiem[2]
sporran ['spɔrən] *znw* Schots tas van de Hoogslan-ders
sport [spɔ:t] **I** *znw* spel *o*, vermaak *o*, tijdverdrijf *o*; (buiten)sport; jacht, vissen *o*; speling (der natuur); speelbal; scherts; sportieve, goeie kerel (meid); ~*s* ook: sport; sportwedstrijden; *he's a* ~ gemeenz hij is zo'n vent!; *old* ~! gemeenz ouwe jongen!; *in* ~ voor de grap; *make* ~ *of* belachelijk maken; voor de gek houden; **II** *onoverg* zich ontspannen, zich ver-lustigen, spelen, dartelen, schertsen; **III** *overg* ten toon spreiden (stellen), vertonen; er op na houden, zich uitdossen in (met), pronken met
sporting *bn* spelend, dartelend; jacht-, jagers-, sport-; sportief; *a* ~ *chance* een eerlijke kans; een redelijke kans
sportive *bijw* gekscherend, voor de aardigheid; spe-lenderwijs
sports car *znw* sportwagen
sportsjacket *znw* sportcolbert *o & m*

sportsman *znw* sportief iemand, sportman, sportieveling; sportliefhebber
sportsmanlike *bn* sportief
sportsmanship *znw* sportiviteit
sportswear *znw* sportkleding
sportswoman *znw* sportvrouw
sporty *bn* gemeenz sportief, sport-; ± snel [modieus]
spot [spɔt] **I** *znw* vlek², smet, spat, spikkel, pukkel, plek; plaats; <u>Am</u> nachtclub; druppel; moesje *o* [op das &]; <u>biljart</u> acquit *o*; opvallend geplaatst artikel *o* & [in krant]; <u>RTV</u> (reclame)spot; <u>handel</u> loco (ook: *on (the)* ~); *a* ~ *of...* een beetje..., een stukje...; *in a* ~ gemeenz in moeilijkheden, in de knel; *be in a* ~ gemeenz in de knel zitten; *on the* ~ ter plaatse, ter plekke, op de plaats (zelf wonend); direct, meteen [zonder te kunnen nadenken &]; op staande voet; **II** *overg* plekken, vlekken; bevlekken, bezoedelen, een smet werpen op; met moesjes spikkelen; marmeren; ontdekken, [iets] snappen, [iem.] in het oog krijgen, opmerken; verkennen; waarnemen; **III** *onoverg* plekken, vlekken
spot cash *znw* contante betaling
spot check *znw* steekproef
spotless *bn* smetteloos, vlekkeloos
spotlight I *znw* zoeklicht *o*; bermlamp; **II** *overg* het zoeklicht richten op²
spot-on *bn* gemeenz heel precies, haarscherp, onberispelijk
spot price *znw* <u>slang</u> locoprijs
spotted *bn* gevlekt, bont; <u>fig</u> bezoedeld; ~ *fever* nekkramp
spotter *znw* speurder; verkenningsvliegtuig *o*, -vlieger; herkenner van vliegtuigen &, spotter
spotty *bn* gevlekt, gespikkeld, vlekkig; ongelijk(matig)
spot welding *znw* puntlasser *o*
spouse [spauz, spaus] *znw* eega, echtgenoot, -genote
spout [spaut] **I** *overg* spuiten, gutsen; gemeenz declameren; gemeenz uitvoerig spreken, oreren; **II** *overg* (uit)spuiten, opspuiten²; **III** *znw* spuit, pijp, tuit, (dak)goot; watersprong; dampstraal [v. walvis]; straal [v. bloed]; *be up the* ~ gemeenz in moeilijkheden, in de penarie zitten; met de gebakken peren zitten
sprag [spræg] *znw* remblok *o*; stuthout *o*
sprain [sprein] **I** *overg* verrekken, verstuiken, verzwikken; **II** *znw* verrekking, verstuiking, verzwikking
sprang [spræŋ] V.T. van *¹spring*
sprat [spræt] *znw* sprot; *throw a* ~ *to catch a mackerel* een spiering uitwerpen om een kabeljauw te vangen
sprawl [sprɔ:l] **I** *onoverg* nonchalant, lomp (gaan) liggen; verspreid liggen; zich onregelmatig verspreiden; wijd uit elkaar lopen [v. schrift]; spartelen; *send him* ~*ing* hem tegen de grond slaan; **II** *znw* nonchalante houding; spartelende beweging; verspreide uitgestrektheid

1 spray [sprei] *znw* takje *o*, rijsje *o*; boeketje *o*; *a* ~ *of diamonds* een diamanten aigrette
2 spray [sprei] **I** *znw* fijne druppeltjes, stofregen, nevel; sproeimiddel *o*; sproeier, vaporisator; **II** *overg* besproeien, bespuiten; afspuiten; sproeien, spuiten; verstuiven
spray-can *znw* spuitbus
sprayer *znw* sproeier, vaporisator, verstuiver
spray-gun *znw* spuit(pistool *o*), verfspuit
1 spread [spred] (spread; spread) **I** *overg* (uit)spreiden, verspreiden, uit-, verbreiden, uitstrooien; spannen [zeil]; uitslaan [de vleugels]; ontplooien [vlag]; bedekken, beleggen, (be)smeren [brood]; ~ *the table* klaarzetten, opdissen; ~ *its tail* pronken [van pauw]; ~ *out* uitspreiden; ~ *the payment over 5 years* de betaling over 5 jaren verdelen, uitsmeren, uitstrijken; **II** *onoverg* zich uit-, verspreiden, zich uit-, verbreiden, zich uitstrekken
2 spread [spred] *znw* verbreiding, verspreiding; uitgestrektheid; omvang; spanning, vlucht [van vogel]; ook: sprei, beddensprei &; tafelkleed *o*; smeersel *o* [voor de boterham]; gemeenz feestmaal *o*, onthaal *o*; *centre* ~ publicatie over middenpagina's; *cheese* ~ smeerkaas; *double-page* ~ publicatie over dubbele pagina; *a middle-age(d)* ~ gemeenz een buikje *o* op middelbare leeftijd
spread-eagled ['spred'i:gl] *bn* met armen en benen uitgestrekt
spreader *znw* verspreider; uitstrooier²; sproeier
spreadsheet ['spredʃi:t] *znw* comput spreadsheet [rekenprogramma dat werkt met rijen en kolommen]
spree [spri:] *znw* fuif, pretje *o*, lolletje *o*; *on a* ~ aan de rol; *shopping* ~ ± aanval v. koopziekte; *spending* ~ geldsmijterij
sprig [sprig] *znw* takje *o*, twijgje *o*
sprigged *bn* met takjes
spriggy *bn* vol takjes
sprightly ['spraitli] *bn* levendig, kwiek, opgewekt, vrolijk
1 spring [spriŋ] (sprang; sprung) **I** *onoverg* springen [ook = stukgaan], op-, ontspringen, voortspruiten (uit *from*), opkomen [gewassen], opschieten, verrijzen; veren; ~ *at* springen naar; toespringen op; ~ *away* wegspringen; ~ *back* terugspringen; ~ *down* naar beneden springen; ~ *from* ontspringen aan, voortkomen, -spruiten uit, afstammen van; *where did you* ~ *from?* waar kom jij zo opeens vandaan?; ~ *(in)to life* plotseling levend worden; opduiken; ~ *to arms* te wapen snellen; ~ *up* opkomen, opduiken, opschieten, verrijzen, ontstaan, zich verheffen; ~ *upon sbd.* op iem. toespringen; **II** *overg* doen (op)springen; opjagen [wild]; springen over; verend maken, van veren voorzien; doen dichtslaan [val]; gemeenz plotseling aankomen met [eisen, theorieën &]; ~ *a leak* scheepv een lek krijgen; ~ *a surprise (up)on sbd.* gemeenz iem. met een verrassing op het lijf vallen; ~ *sbd. from prison* gemeenz

spring

iem. uit de gevangenis ontslaan
2 spring [sprɪŋ] *znw* sprong²; lente, voorjaar *o*; bron², oorsprong; veerkracht; veer [van horloge &]; drijfveer²
spring-balance *znw* veerbalans
spring-board *znw* springplank
springbok *znw* (*mv* idem *of* -s) springbok
spring-chicken *znw* piepkuiken *o*; *no* ~ *gemeenz* niet zo piep meer
spring-clean *onoverg* voorjaarsschoonmaak houden (in)
springe [sprin(d)ʒ] *znw* vero (spring)strik [voor klein wild]; lus, valstrik
springer ['sprɪŋə] *znw* dierk kleine patrijshond
spring fever ['sprɪŋ'fiːvə] *znw* voorjaarsmoeheid
spring-head ['sprɪŋ'hed] *znw* bron²; *fig* oorsprong
spring-like [sprɪŋlaik] *bn* voorjaarsachtig, lente-
spring onion *znw* Br sjalot
spring roll *znw* loempia
spring-tide *znw* springtij *o*; plechtig lente(tijd)
spring-time *znw* lente
spring water ['sprɪŋwɔ:tə] *znw* bron-, welwater *o*
spring-wheat ['sprɪŋwi:t] *znw* zomertarwe
springy ['sprɪŋi] *bn* veerkrachtig, elastisch
sprinkle ['sprɪŋkl] **I** *overg* (be)sprenkelen, sprengen, (be)strooien; **II** *znw* = sprinkling
sprinkler *znw* strooier; sproeier; sproeiwagen; sprinklerinstallatie
sprinkling *znw* (be)sprenkeling; klein aantal *o*, kleine hoeveelheid, beetje *o*; *a pretty large* ~ *of...* heel wat...
sprint [sprint] **I** *znw* sprint; **II** *onoverg* sprinten
sprinter *znw* sprinter
sprit [sprit] *znw* scheepv spriet
sprite [sprait] *znw* fee, kabouter; geest
spritsail ['spritseil, scheepv 'spritsl] *znw* sprietzeil *o*
sprocket ['sprɔkit] *znw* tand [v. tandrad]
sprout [spraut] **I** *onoverg* (uit)spruiten, uitlopen, opschieten (ook: ~ *up*); **II** *overg* doen uitspruiten of opschieten; **III** *znw* spruitje *o*, scheut; ~*s* spruitjes, spruitkool
1 spruce [spru:s] *znw* plantk sparrenboom, spar
2 spruce [spru:s] **I** *bn* net gekleed, knap, zwierig, opgedirkt; **II** *overg*: ~ *up* netjes aankleden, opdirken, netjes opknappen; **III** *wederk*: ~ *oneself up* zich opdirken, zich mooi maken
spruce-fir *znw* sparrenboom, spar
sprue [spru:] *znw* psilosis: Indische spruw
sprung [sprʌŋ] V.D. van ¹spring
sprung mattress *znw* springmatras *v & o*
spry [sprai] *bn* kwiek, wakker, monter; bijdehand, gewiekst
spud [spʌd] *znw* wiedijzer *o*; gemeenz pieper: aardappel
spud-bashing *znw* slang piepers jassen *o*
spume [spju:m] *znw* schuim *o*
spumy *bn* schuimend, schuimachtig
spun [spʌn] V.T. & V.D. van ¹spin

spunk [spʌŋk] *znw* **1** gemeenz fut, lef *o*, pit *o & v*; **2** plat kwakje *o*, geil *o* [sperma]
spunky *bn* pittig, moedig, flink
spur [spə:] **I** *znw* spoor [v. ruiter, haan, bloemblad &]; spoorslag², prikkel; uitloper, tak [v. gebergte]; hoofdwortel [v. boom]; zijlijn [v. spoorweg]; *win (gain) one's* ~*s* zijn sporen verdienen²; *on the* ~ *of the moment* op het ogenblik (zelf); op staande voet, dadelijk; zonder overleg, spontaan; **II** *overg* sporen, de sporen geven [een paard]; aansporen (ook: ~ *on*); van sporen voorzien
spurge [spə:dʒ] *znw* plantk wolfsmelk
spurious ['spjuəriəs] *bn* onecht, nagemaakt, vals
spurn [spə:n] *overg* versmaden, met verachting afwijzen
spurt [spə:t] **I** *onoverg* spurten²; *fig* alle krachten bijzetten; spuiten; spatten [v. pen]; **II** *overg* spuiten; **III** *znw* gulp, plotselinge, krachtige straal; uitbarsting, vlaag; sp spurt
spur-wheel ['spə:wi:l] *znw* techn tandrad *o*
sputter ['spʌtə] **I** *onoverg* (& *overg*) knetteren; brabbelen [in een taal]; hakkelen; zenuwachtig of opgewonden spreken; **II** *znw* geknetter *o*
sputum ['spju:təm] *znw* sputum *o*, speeksel *o*
spy [spai] **I** *znw* bespieder, spion; **II** *overg* in het oog krijgen, ontdekken; bespieden, verspieden; ~ *out* uitvorsen; verkennen; ~ *out the land* het terrein verkennen; **III** *onoverg* spioneren; zitten gluren; ~ *at* bespioneren, begluren; ~ *into sth.* iets stiekem te weten proberen te komen; ~ *on* bespioneren, begluren
spy-glass *znw* (handverre)kijker
spy-hole *znw* kijkgat *o*
spying *znw* bespieden *o* &; spionage
spy-mirror *znw* spionnetje *o*
spyring *znw* spionagenet *o*
sq. *afk.* = *square*
squab [skwɔb] *znw* jonge duif; dikzak; gevuld kussen *o*
squabble ['skwɔbl] **I** *onoverg* kibbelen, krakelen; **II** *znw* gekibbel *o*, geharrewar *o*, krakeel *o*, ruzie
squabbler *znw* kibbelaar, krakeler
squad [skwɔd] *znw* mil escouade, rot; sectie, afdeling, groep, ploeg
squad car *znw* Am politieauto, patrouillewagen
squadron ['skwɔdrən] *znw* mil eskadron *o*; mil smaldeel *o*, eskader *o*; luchtv squadron *o*; *fig* georganiseerde groep
squadron-leader *znw* luchtv majoor
squalid ['skwɔlid] *bn* smerig, vuil, goor; gemeen; armoedig
squall [skwɔ:l] **I** *znw* harde gil, rauwe kreet, schreeuw; windvlaag, bui; **II** *onoverg & overg* gillen, schreeuwen
squally *bn* buiig, stormachtig
squalor ['skwɔlə] *znw* vuil² *o*, vuilheid, smerigheid; gore armoede
squama ['skweimə] *znw* (*mv*: squamae [-mi:]) schub

squamous *bn* schubbig, geschubd

squander ['skwɔndə] *overg* verspillen, verkwisten, opmaken

square [skwɛə] **I** *znw* vierkant *o*, kwadraat *o* [ook: getal]; plein *o*; exercitie-, kazerneplein *o*; blok *o* (huizen); ruit [op dam- of schaakbord &], vak *o*, veld *o*, hokje *o*; vierkante sjaal, doek; luier; hoek [v. boekband]; mil carré *o & m*; techn winkelhaak, tekenhaak; slang ouderwets, conventioneel, square iemand; *a ~ of carpet* een afgepast (vloer)kleed *o*, een karpet *o*; *back to ~ one* fig terug naar (op) het uitgangspunt; *form into ~* mil (zich) in carré opstellen; *out of ~* niet haaks; **II** *bn* vierkant°, vierkant uitgesneden; in het vierkant; recht(hoekig); duidelijk, rechtuit; sp quitte; slang ouderwets, conventioneel, square; *all ~* gelijkspel *o*; *~ bracket* vierkant haakje *o*; *~ dance* quadrille; *a ~ meal* een flink maal *o*; *~ root* vierkantswortel; *a ~ peg (in a round hole)* de verkeerde persoon voor iets; *~ to* rechthoekig op; *get things ~* de zaak in orde brengen, orde op zaken stellen; *get ~ with* gemeenz afrekenen met, quitte worden met; **III** *bijw* vierkant; recht(hoekig); gemeenz eerlijk; **IV** *overg* vierkant maken; kanten; in het kwadraat verheffen; scheepv vierkant brassen; handel vereffenen; fig in het reine (in orde) brengen (ook: *~ up*); gemeenz [iem.] overhalen, omkopen; *~ up* gemeenz trotseren, onder ogen zien; *~ accounts with* afrekenen met[2]; *~ the circle* de kwadratuur van de cirkel zoeken; fig het onmogelijke proberen; *~ one's practice with one's principles* in overeenstemming brengen met; **V** *onoverg & abs ww* kloppen (met *with*); *~ up* afrekenen; *~ up to sth.* iets onder ogen zien

square-built *bn* vierkant, breed

squarely *bijw* vierkant[2]; duidelijk, onomwonden; eerlijk

square-rigged *bn* met razeilen

square sail *znw* razeil *o*

squash [skwɔʃ] **I** *overg* kneuzen, tot moes maken; platdrukken, verpletteren[2]; gemeenz de mond snoeren; smoren; vernietigen; **II** *onoverg* platgedrukt worden; dringen (v. menigte); **III** *znw* kneuzing, vermorzeling; gedrang *o*; kwast [limonade]; plantk pompoen; sp squash *o*

squash rackets *znw* sp squash *o*

squashy *bn* zacht week, pulpachtig

squat [skwɔt] **I** *onoverg* hurken, op de hurken gaan zitten; (gaan) zitten (ook: *~ down*); zich vestigen (zonder vergunning), (huizen) kraken; **II** *bn* gehurkt; plomp; gedrongen, kort en dik; **III** *znw* **1** hurkende houding; **2** kraakpand *o*

squatter *znw* squatter, illegaal landbezetter; kraker (van huizen)

squaw [skwɔ:] *znw* squaw, indiaanse vrouw

squawk [skwɔ:k] **I** *onoverg* krijsen, schreeuwen; **II** *znw* gil, schreeuw, gekrijs *o*

squeak [skwi:k] **I** *onoverg* piepen°; **II** *znw* piep, gilletje *o*, gepiep *o*; *it was a narrow ~* het was net op het kantje

squeaker *znw* pieper; piepertje *o* [bijv. in een speelgoed pop]; jonge duif &; slang verklikker

squeaky *bn* piepend, pieperig, piep-; krakend [schoenen]; *~ clean* brandschoon, zeer zuiver, uiterst clean [imago &]

squeal [skwi:l] **I** *onoverg* gillen, janken, krijsen; slang klikken, de boel verraden; *~ on* slang verklikken; **II** *overg* (ge)schreeuw (*o*), (ge)krijs (*o*), gil, gepiep *o*

squealer *znw* slang verklikker

squeamish ['skwi:miʃ] *bn* licht misselijk; overdreven kieskeurig, angstvallig nauwgezet

squeegee ['skwi:'dʒi:] *znw* trekker [voor raam, vloer &]

squeeze [skwi:z] **I** *overg* drukken, druk uitoefenen op; (samen)persen, af-, uitpersen, (fijn-, uit-) knijpen[2]; knellen [vinger]; pakken, omhelzen; dringen, duwen (in *into*); *~ money out of...* geld afpersen; *~ one's way through...* zich een weg banen door; **II** *onoverg* drukken; dringen, duwen; zich laten drukken &; **III** *znw* (hand)druk; (was)afdruk; pakkerd; fig druk; afpersing; (bestedings-, krediet-) beperking; kaartsp dwangpositie; *it was a (tight) ~* het was een heel gedrang; het spande, het was een harde dobber

squeezer *znw* drukker; pers [voor citroenen]; drukje *o*

squelch [skwel(t)ʃ] **I** *znw* **1** verplettering; **2** plassend (zompend) geluid *o*; **II** *overg* gemeenz verpletteren; smoren [opstand]; **III** *onoverg* een zuigend geluid maken, zompen, ploeteren

squib [skwib] *znw* voetzoeker; *a damp ~* fig een misser

squid [skwid] *znw* (*mv* idem *of* -s) pijlinktvis

squiffy ['skwifi] *bn* gemeenz aangeschoten; scheef; verbogen; dwaas

squiggle ['skwigl] *znw* kronkel, haal

squill [skwil] *znw* zeeajuin

squint [skwint] **I** *onoverg* scheel zijn of zien, loensen; *~ at* gemeenz ook: kijken naar; **II** *znw* scheelzien *o*; schele blik; gemeenz (schuin) oogje *o*, zijdelingse blik; *have (take) a ~ at it* gemeenz er een blik in (op) werpen; *have a terrible ~* verschrikkelijk loensen

squint-eyed *bn* scheel, loens

squire ['skwaiə] **I** *znw* landedelman, (land)jonker; hist schildknaap; **II** *overg* begeleiden; chaperonneren

squirm [skwə:m] *onoverg* zich kronkelen (als een worm), zich in allerlei bochten wringen; zitten draaien, liggen krimpen; fig ± zich niet op zijn gemak voelen, zich geen raad weten

squirrel ['skwirəl] *znw* (*mv* idem *of* -s) eekhoorn

squirt [skwə:t] **I** *onoverg* spuiten; **II** *overg* (uit-) spuiten, uitspuwen; *~ sbd. with water* iem. nat gooien (spuiten) met water; **III** *znw* spuit, spuitje *o*; straal; slang praatjesmaker, branie; gemene vent

549

squirt-gun *znw* Am waterpistool *o*
squish [skwiʃ] I *onoverg* soppen, plassen; II *overg* gemeenz = *squash*; III *znw* gesop *o*, geplas *o*; blubber; *slang* marmelade
squit [skwit] *znw* slang onbenul; onbelangrijk iemand; gemeenz rotzooi, onzin
Sr. *afk.* = *senior*
Sri Lanka [sri:'læŋkə] *znw* Sri Lanka *o*
Sri Lankan [sri:'læŋkən] I *znw* Srilankaan; II *bn* Srilankaans
SRN *afk.* = *State Registered Nurse* ± verpleegkundige
SS *afk.* = *Steamship*
St *afk.* = *Saint*
st. *afk.* = *stone* [gewicht]
St. *afk.* = *Street*
stab [stæb] I *overg* (door)steken; doodsteken; ~ *him in the back* hem een steek in de rug toebrengen[2]; II *onoverg* steken (naar *at*); III *znw* (dolk)steek; *a* ~ *at* gemeenz een poging tot
stabbing *znw* steekpartij
stability [stə'biliti] *znw* stabiliteit, vastheid, duurzaamheid; standvastigheid
stabilization [steibilai'zeiʃən] *znw* stabilisering
stabilize ['steibilaiz] *overg* & *onoverg* (zich) stabiliseren; stabiel worden, in evenwicht brengen (blijven)
stabilizer *znw* stabilisator
1 stable ['steibl] *bn* stabiel, vast, duurzaam; standvastig
2 stable ['steibl] I *znw* stal[2]; II *overg* stallen
stable-boy *znw* staljongen
stable door *znw* staldeur; *lock the* ~ *after the horse has bolted* de put dempen als het kalf verdronken is
stableman *znw* stalknecht
stabling *znw* stallen *o*; stalling
stab wound *znw* steekwond
staccato [stə'ka:tou] *bn* & *bijw* staccato
stack [stæk] I *znw* hoop, stapel; (hooi)mijt; schoorsteen(pijp); groep schoorstenen (bij elkaar); boekenstelling, stapelkast; mil rot *o* [geweren]; gemeenz hopen, massa's; II *overg* opstapelen; aan mijten zetten; auto op een bepaalde hoogte laten vliegen in afwachting van landing; ~ *the cards* kaartsp de kaarten steken; fig de zaak bekonkelen; *have the cards (odds)* ~*ed against oneself* tot mislukken gedoemd zijn, alles tegen (zich) hebben
stadium ['steidiəm] *znw* stadion *o*
stad(t)holder ['stædhouldə] *znw* stadhouder
staff [sta:f] I *znw* staf [personeel en mil docenten]; stok [v. vlag]; muz (*mv*: -s *of* staves [steivz]) notenbalk; *on the* ~ tot het personeel behorend; mil bij (van) de staf; II *overg* van personeel & voorzien
staff-college *znw* hogere krijgsschool
staff nurse *znw* verpleegster [in rang beneden *sister*]
staff-officer *znw* stafofficier
staff room *znw* o.a. onderw docentenkamer
stag [stæg] *znw* (*mv* idem *of* -s) (mannetjes)hert *o*;

slang speculant, premiejager; Am man die zonder vrouw naar feestjes gaat
stag-beetle *znw* dierk vliegend hert *o*
stage [steidʒ] I *znw* toneel[2] *o*; station *o*, pleisterplaats, etappe; traject *o*; stellage, steiger; fig trap [ook v. raket]; fase, stadium *o*; *at this* ~ in dit stadium; ook: op dit ogenblik; *by (in) easy* ~*s* met korte dagreizen; fig op zijn gemak; *in* ~*s* bij etappes, geleidelijk; *go off the* ~ aftreden[2], van het toneel verdwijnen[2]; zie ook: *off II*; *be on the* ~ bij het toneel gaan; *place (put) on the* ~ opvoeren; monteren; *set the* ~ *for* fig de weg bereiden voor; II *overg* ten tonele voeren, opvoeren; ensceneren, monteren, in elkaar of op touw zetten
stage-coach *znw* diligence, postkoets
stagecraft *znw* toneelkunst
stage direction *znw* toneelaanwijzing
stage door *znw* artiesteningang
stage fright *znw* plankenkoorts
stage-hand *znw* toneelknecht
stage-manage *overg* ensceneren, in elkaar of op touw zetten
stage-management *znw* regie
stage-manager *znw* regisseur
stage-painter *znw* toneelschilder
stage-play *znw* toneelspel *o*, -stuk *o*
stager *znw* oude (toneel)rot; oude vos
stage-struck *bn* met toneelambities (behept), toneelziek
stage-version *znw* toneelbewerking
stage-whisper *znw* (voor het publiek bestemd) hoorbaar gefluister *o*
stagey *bn* theatraal
stagger ['stægə] I *onoverg* waggelen, wankelen[2], suizebollen; II *overg* versteld doen staan; zigzag of trapsgewijze plaatsen; op verschillende tijden doen vallen, spreiden [vakantie &]; *it fairly* ~*ed them* daar stonden ze van te kijken; III *znw* wankeling; ~*s* duizeligheid; kolder [bij paarden], draaiziekte [bij schapen] (*blind* ~*s*)
staggerer *znw* wat je versteld doet staan; puzzel, vraag waarop men niet weet te antwoorden
staggering *bn* waggelend; waarvan je versteld staat, schrikbarend
staghound ['stæghaund] *znw* jachthond
staging ['steidʒiŋ] *znw* stellage, steiger; montering [v. toneelstuk], mise-en-scène; ~ *post* luchtv tussenlandingsplaats
stagnancy ['stægnənsi] *znw* stilstand
stagnant *bn* stilstaand, stil
stagnate *onoverg* stilstaan, stagneren
stagnation [stæg'neiʃən] *znw* stilstand, stagnatie
stag-party ['stægpa:ti] *znw* hengstenbal *o*
stagy ['steidʒi] *bn* theatraal
staid [steid] *bn* bezadigd, ernstig, stemmig
stain [stein] I *overg* (be)vlekken; bezoedelen, onteren; (bont) kleuren, (be)drukken, beitsen; verven, (be)schilderen, branden [glas]; ~*ed glass (windows)*

gebrandschilderde ramen; **II** *onoverg* vlekken, smetten, afgeven; **III** *znw* vlek, smet, schandvlek, schande; verf(stof), kleurstof, beits

stainer *znw* verver, schilder, beitser

stainless *bn* vlekkeloos, smetteloos, onbesmet; ~ *steel* roestvrij staal

stain remover *znw* vlekkenwater *o*

stair [stɛə] *znw* trede, trap; ~s trap; *at the foot (top) of the* ~s onder- (boven)aan de trap; *below* ~s beneden, bij de bedienden

stair-carpet *znw* traploper

staircase *znw* trap [met leuning en spijlen]

stair-rod *znw* traproede

stairway *znw* trap

stairwell *znw* trappenhuis *o*

stake [steik] **I** *znw* staak, paal; brandstapel[2]; aandeel *o*; inzet[2]; ~s hele inzet, pot, prijs; wedren (om een prijs); *be at* ~ op het spel staan; *at the* ~ op de brandstapel; **II** *overg* om-, afpalen, afbakenen, afzetten (ook: ~ *off, out*); stutten; (in)zetten, op het spel zetten, in de waagschaal stellen, wedden, verwedden; ~ *out* ook: in het oog houden, onder surveillance plaatsen [door politie]

stake-holder *znw* houder van de inzet

stake-out *znw* surveillance

stalactite ['stælǝktait] *znw* stalactiet

stalagmite ['stælǝgmait] *znw* stalagmiet

1 stale [steil] **I** *bn* oudbakken, verschaald, muf, oud [ook = verjaard], afgezaagd [aardigheden]; op, overwerkt, kapot; niet in conditie; **II** *onoverg* verschalen, zijn kracht verliezen, verflauwen, uitgeput raken

2 stale [steil] **I** *znw* urine [v. paard]; **II** *onoverg* urineren

stalemate ['steil'meit] **I** *znw* pat [schaakspel]; *fig* dood punt *o*, impasse; **II** *overg* pat zetten; *fig* vastzetten

1 stalk [stɔːk] *znw* steel, stengel, stronk [v. kool]; schacht

2 stalk [stɔːk] **I** *onoverg* statig stappen, schrijden; sluipen; **II** *overg* besluipen [hert]

stalker *znw* sluipjager

stalking-horse *znw* (nagebootst) paard *o* waarachter de jager zich verschuilt; *fig* voorwendsel *o*, dekmantel, masker *o*

stall [stɔːl] **I** *znw* stal; kraam, stalletje *o*; afdeling [in restaurant], box; koorbank; stallesplaats; luchtv overtrokken vlucht, afglijden *o*; vingerling, vinger- (of teen)overtrek; diefjesmaat; **II** *overg* **1** stallen; vastzetten, doen vastlopen[2]; luchtv overtrekken, laten afglijden; **2** van zich afschuiven, afschepen; **III** *onoverg* **1** vastzitten, blijven steken [in modder], vastlopen[2]; luchtv in overtrokken toestand geraken, afglijden; **2** weifelen, dralen, (eromheen) draaien

stall-holder *znw* houder van een kraampje

stallion ['stæljǝn] *znw* (dek)hengst

stalwart ['stɔːlwǝt] **I** *bn* flink, stoer, kloek, fors;

standvastig, trouw; **II** *znw*: *his* ~s zijn trouwe volgelingen, zijn getrouwen

stamen ['steimen, -mǝn] *znw* meeldraad

stamina ['stæminǝ] *znw* weerstandsvermogen *o*, uithoudingsvermogen *o*

stammer ['stæmǝ] **I** *onoverg & overg* stotteren; stamelen; **II** *znw* gestotter *o*; gestamel *o*

stamp [stæmp] **I** *overg* stampen (met, op); stempelen[2] (tot *as*); zegelen, frankeren; ~ *one's foot* stampvoeten; ~...*on the mind* ...inprenten; ~ *out* uitroeien, de kop indrukken [misbruiken &], dempen, neerslaan [opstand]; techn uitstampen; **II** *onoverg* stampen; **III** *znw* stamp, stampen *o*; stempel [werktuig]; stempel[2] *o & m* = merk *o*, zegel *o*; (post)zegel; *trading* ~ zegeltje *o* [bij boodschappen &]; soort, slag *o*; techn stamper

stamp-duty *znw* zegelrecht *o*

stampede [stæm'piːd] **I** *znw* stampede, massaal op hol slaan *o* van vee; wanordelijke aftocht, sauvequi-peut *o*; grote toeloop; **II** *onoverg (& overg)* plotseling (doen) schrikken en vluchten

stamper ['stæmpǝ] *znw* stamper; stempel; stempelaar

stamping-ground ['stæmpiŋgraund] *znw* gemeenz geliefde verblijfplaats

stance [stæns, stɑːns] *znw* sp stand, houding; fig standpunt *o*, houding

stanch [stɑːnʃ] *overg & bn* = *staunch*

stanchion ['stɑːnʃǝn] **I** *znw* stut; **II** *overg* stutten

1 stand [stænd] (stood; stood) **I** *onoverg* staan; gaan staan; zich bevinden; (van kracht) blijven, doorgaan; blijven (staan); stilstaan, halt houden; standhouden; zijn; scheepv koersen; kandidaat zijn; ~ *and deliver!* je geld of je leven!; *he wants to know where he* ~s waar hij aan toe is, zijn (financiële) positie; ~ *clear* opzij gaan; ~ *corrected* zijn woorden terugnemen; ~ *easy!* mil (op de plaats) rust!; ~ *fast (firm)* standhouden, niet wijken; *he* ~s *six feet* hij is een meter tachtig lang; *I can do it* ~*ing on my head* voor mij is dat een eitje (een fluitje van een cent); *it* ~s *to reason* het spreekt vanzelf; *he* ~s *to win* hij heeft alle kans om te winnen; ~ *convinced (prepared &)* overtuigd (voorbereid &) zijn; ~ *against* tegenkandidaat zijn van; zich verzetten tegen, weerstaan; tegenwerken; bestand zijn tegen; ~ *aloof* zich op een afstand (afzijdig) houden; ~ *aside* opzij gaan (staan); fig zich afzijdig houden; ~ *at* staan op [zoveel graden &]; ~ *at £ 40 per head* komen op £ 40 per persoon; ~ *at ease!* mil (op de plaats) rust!; ~ *at nothing* voor niets staan (terugdeinzen); ~ *away* opzij gaan (staan); ~ *back* achteruitgaan (staan); ~ *by* er (als werkeloos toeschouwer) bijstaan; zich gereedhouden (ter assistentie); ~ *by sbd.* (gaan) staan naast iem.; iem. bijstaan, iem. niet in de steek laten; het opnemen voor iem.; ~ *by one's convictions* vasthouden aan zijn overtuiging; ~ *down* naar zijn plaats gaan, gaan zitten [v. getuige]; zich terugtrekken [uit wedstrijd, verkiezing &]; ~

stand

for staan voor, betekenen[2], doorgaan voor; vertegenwoordigen, symboliseren; ~ *for nothing* niet gelden, niet meetellen; ~ *for Parliament* kandidaat zijn voor het parlement; ~ *for free trade* (de zaak van) de vrijhandel voorstaan; *I wouldn't* ~ *for it* gemeenz ik zou het niet nemen, ik ben er niet van gediend; ~ *in (for)* vervangen, waarnemen voor, invallen voor; ~ *in good stead* goed te pas komen; ~ *off* opzij treden; zich op een afstand houden; scheepv afhouden [van land]; gemeenz tijdelijk ontslaan, schorsen; ~ *on ceremony* (erg) op de vormen staan (zijn); ~ *on one's defence* zich krachtig verdedigen; zie ook: ~ *upon*; ~ *out* uitstaan; uitsteken (boven *above, from*); [iem.] (duidelijk) voorstaan, (duidelijk &) uitkomen, afsteken, zich aftekenen (tegen *against*); zich onderscheiden; het uithouden; volhouden, blijven ontkennen; zich afzijdig houden, zich terugtrekken, niet meedoen; ~ *out against* zich verzetten tegen [eis &]; ~ *out for one's rights* voor zijn rechten opkomen; ~ *over* blijven liggen (voor een tijdje), blijven staan, wachten; *een wakend oog houden op* [iem.]; ~ *to mil* paraat zijn; ~ *to it* standhouden; op zijn stuk blijven staan; volhouden (dat... *that...*); ~ *together* schouder aan schouder staan; ~ *up* overeind (gaan) staan; gaan staan, verrijzen; fig standhouden, overeind blijven; overtuigen; gemeenz laten wachten, laten zitten, bedotten; ~ *up against* ook: standhouden tegen, weerstaan; ~ *up for (to)* het (durven) opnemen voor (tegen); ~ *upon* staan op[2], gesteld zijn op; steunen op; ~ *with* aan de zijde staan van; **II** *overg* doen staan, (neer)zetten, plaatsen, opstellen; doorstaan, uitstaan, uithouden, verdragen, dulden; weerstaan; trakteren (op); ~ *drinks* rondjes geven; ~ *guard (sentry, watch)* op wacht staan, de wacht houden; ~ *up a stick* overeind zetten

2 stand [stænd] *znw* stand, stilstand, halt *o*; (stand-)plaats, positie, stelling; fig standpunt *o*; weerstand; optreden *o* [v. toneelgezelschap &]; standaard, statief *o*; rek(je) *o*; lessenaar; stalletje *o*, kraampje *o*; tribune; Am getuigenbankje; *make a* ~ weerstand bieden; *make a* ~ *against* stelling nemen (zich schrap zetten) tegen; *make a* ~ *for* opkomen voor; *take one's* ~ post vatten; gaan staan (bij de deur *near the door*)

standard ['stændəd] **I** *znw* standaard, vlag, vaandel *o*, vaan; maatstaf, norm, graadmeter, peil *o*, gehalte *o*; stander, stijl, paal, (licht)mast; ~ *of living, living* ~ levensstandaard; **II** *bn* standaard-; staand; normaal-; plantk hoogstammig; ~ *lamp* staande lamp

standard-bearer *znw* vaandeldrager[2]

standardization [stændədai'zeiʃən] *znw* standaardisatie, normalisering

standardize ['stændədaiz] *overg* standaardiseren, normaliseren

stand-by ['stændbai] **I** *znw* steun, hulp, uitkomst; reserve; **II** *bn* hulp-, nood-, reserve-; stand-by; *on* ~

paraat, gereed voor actie

stand-in ['stænd'in] *znw* vervanger [film, toneel &], stand-in

standing ['stændiŋ] **I** *bn* staand; stilstaand; blijvend, vast; permanent; te velde staand; stereotiep; ~ *jump* sprong zonder aanloop; ~ *order* Br automatische overschrijving; ~ *orders* reglement *o* van orde; algemene orders; **II** *znw* staan *o*; staanplaats; positie, stand, rang; reputatie; duur, anciënniteit; *men of good (high)* ~ zeer geziene, hooggeachte personen; *of long* ~ al van oude datum, (al)oud; zie ook: *advanced standing*

standing-room ['stændiŋrum] *znw* staanplaat(sen)

stand-off ['stænd'ɔːf] *znw* Am remise, gelijkspel *o*

stand-offish ['stænd'ɔfiʃ] *bn* afstandelijk, op een afstand, uit de hoogte, stijf

stand-pipe ['stændpaip] *znw* standpijp

standpoint *znw* standpunt *o*

standstill *znw* stilstand, (stil)staan *o*

stand-up *bn* staand [v. boord &]; *a* ~ *fight* een geregeld gevecht *o*; een eerlijk gevecht *o*; *a* ~ *row* slaande ruzie; ~ *comedian* ± solo-entertainer, stand-up comedian

stank [stæŋk] V.T. van [1]*stink*

stannary ['stænəri] *znw* tinmijn

stannic *bn* tin-

stanniferous [stæ'nifərəs] *bn* tinhoudend

stanza ['stænzə] *znw* stanza, couplet *o*

1 staple ['steipl] **I** *znw* basisvoedsel *o*; hoofdproduct *o*; hoofdbestanddeel *o*; ruwe, onbewerkte (grond-) stof; vezel, draad [v. wol]; stapel: vezellengte; **II** *bn* voornaamste, hoofd-; stapel-; ~ *diet* ± hoofdvoedsel *o*; ~ *subject* hoofdvak *o*

2 staple ['steipl] **I** *znw* kram; nietje *o*; ~ *gun* nietpistool *o*; **II** *overg* krammen; nieten

staple-fibre ['steiplfaibə] *znw* stapelvezel

stapler ['steiplə] *znw* nietmachine

stapling machine ['steipliŋməʃiːn] *znw* nietmachine

star [staː] **I** *znw* ster[2], gesternte *o*, sterretje *o* (astron); fig geluksster; ~ *of Bethlehem* plantk vogelmelk; *a literary* ~ een ster aan de letterkundige hemel; *(you may) thank your lucky* ~s je mag nog van geluk spreken; *the S~s and Stripes* de Amerikaanse vlag; *see* ~s gemeenz sterretjes zien, bewusteloos geslagen worden; **II** *bn* prima, eersterangs; **III** *overg* met sterren tooien; met een sterretje aanduiden; als ster laten optreden; *a film* ~*ring Madonna* een film met Madonna (in de hoofdrol); **IV** *onoverg* als ster optreden

starboard ['staːbɔːd] *znw* stuurboord

starch [staːtʃ] **I** *znw* zetmeel *o*; stijfsel *o*; appret *o*; fig stijfheid; **II** *overg* stijven

starched *bn* gesteven, stijf[2]

starchy *bn* zetmeelachtig; vol stijfsel, gesteven; stijf[2]

star-crossed ['staːkrɔːst] *bn* rampzalig, ongelukkig

stardom ['staːdəm] *znw* status van ster

stare [stɛə] **I** *onoverg* grote ogen opzetten, staren; ~ *at* aanstaren; **II** *overg:* ~ *down (out)* (door aankijken) de ogen doen neerslaan; ~ *sbd. in the face* iem. aanstaren, aangrijnzen; *it's staring you in the face* het ligt voor je neus; het is zo duidelijk als wat; **III** *znw* starende (starre) blik

starfish [ˈstaːfɪʃ] *znw* zeester

star-gazer *znw* sterrenkijker; dromer

star-gazing *znw* sterrenkijkerij; gedroom *o*

staring [ˈstɛəriŋ] **I** *bn* starend &; *fig* schel, schreeuwerig, hel [v. kleur]; **II** *bijw* hel; *stark ~ mad* stapelgek; *like a ~ staar o*

stark [staːk] **I** *bn* stijf, strak; grimmig; naakt; bar; kras; ~ *folly* de (je) reinste krankzinnigheid; **II** *bijw* absoluut, gans; geheel en al; ~ *(staring) mad* stapelgek; ~ *naked* spiernaakt, poedelnaakt

starkers *bn* slang = *stark naked*

starless [ˈstaːlis] *bn* zonder sterren

starlet *znw* sterretje *o*

starlight *znw* sterrenlicht *o*

starling [ˈstaːliŋ] *znw* spreeuw

starlit [ˈstaːlit] *bn* door de sterren verlicht, vol sterren, sterren-

starred *bn* gesternd; sterren-; met een sterretje gemarkeerd

starry *bn* met sterren bezaaid; sterren-

starry-eyed [ˈstaːriˈaid] *bn* met stralende ogen; gemeenz zwijmelend, verheerlijkt

star-shell *znw* lichtkogel

star sign *znw* sterrenbeeld *o* [in dierenriem]

star-spangled *bn* met sterren bezaaid; *the S~ Banner* de Amerikaanse vlag; de naam v.h. Amerikaanse volkslied

start [staːt] **I** *onoverg* beginnen; vertrekken; starten, van start gaan; in beweging komen; ontstaan [v. brand]; *techn* aanslaan [v. motor]; de motor aanzetten; (op)springen, (op)schrikken (ook: ~ *up*); **II** *overg* techn aanzetten, aan de gang maken (helpen), in beweging brengen; laten vertrekken; starten; beginnen, beginnen met (aan, over); oprichten; te berde brengen, opperen; veroorzaken, doen ontstaan [brand]; ~ *sbd. laughing* iem. aan het lachen maken; *it ~s gossip* het geeft maar aanleiding tot allerlei praatjes; ~ *a family* een gezin stichten; ~ *life as a...* zijn loopbaan beginnen als...; ~ *back* achteruit springen; terugdeinzen; de terugreis aanvaarden; ~ *for* (op reis) gaan naar, vertrekken naar; ~ *from* vertrekken van; treden buiten; fig uitgaan van [een veronderstelling]; *to* ~ *from July 21st* met ingang van 21 juli; ~ *in* gemeenz beginnen (te); ~ *off* vertrekken; beginnen; ~ *sbd. off crying* iem. aan het huilen maken; *they ~ed him on the subject of...* zij brachten hem aan het praten over...; ~ *out* vertrekken; beginnen; *he was ~ed out of his reverie* hij schrok wakker uit zijn gemijmer; ~ *up* opspringen [van zijn stoel]; zich (plotseling) voordoen; techn aanzetten; aanslaan [v. motor]; beginnen [aan iets]; *to* ~ *with* om te beginnen; **III** *znw* begin *o*, aanzet;

sp start, afrit; vertrek *o*; voorsprong, voordeel *o*; muz inzet; opspringen *o*, sprong, sprongetje *o*; plotselinge beweging (van schrik &); *a false ~* sp een valse start; fig een verkeerd begin *o*; *get (have) the ~ on one's rivals* zijn mededingers voor zijn; *get a good ~ in life* stevig in het zadel geholpen worden; *get off to a good (bad) ~* goed (slecht) beginnen; *give a ~* opspringen; *it gave me a ~* ik schrok er van, ik keek er van op; *give a ~ to* aan de gang helpen; *at the ~* in het begin; bij het vertrek; *for a ~* om te beginnen, vooreerst; *from ~ to finish* van het begin tot het einde, van a tot z; *wake up with a ~* met een schok wakker worden

starter *znw* starter, persoon die bij wedrennen het teken geeft voor de start; persoon die start; afrijdend paard *o*; techn aanzetter; ~ *button* techn startknop; *under* ~*s orders* startklaar; *for* ~*s* gemeenz om te beginnen

starting gate *znw* sp starthek *o*

starting gun *znw* sp startpistool *o*; *fire the* ~ het startschot lossen

starting-point *znw* punt *o* van uitgang, uitgangspunt *o*, beginpunt *o*

starting-post *znw* sp startlijn

startle [ˈstaːtl] *overg* doen schrikken, doen ontstellen; verbazen, verrassen

startling *bn* verrassend, opzienbarend, verbluffend, ontstellend

star turn [ˈstaːtəːn] *znw* bravourenummer *o*; gastrol

starvation [staːˈveiʃən] **I** *znw* uithongering; hongerdood; verhongering, hongerlijden; gebrek *o*; **II** *bn* honger-; ~ *wage(s)* hongerloon *o*

starve [staːv] **I** *onoverg* honger lijden, hongeren, verhongeren, van honger sterven; gebrek lijden; kwijnen; ~ *for* hunkeren naar; ~ *to death* verhongeren; ~ *with cold* van kou omkomen; *I'm starving* gemeenz ik rammel van de honger; **II** *overg* honger laten lijden, laten verhongeren; uithongeren; gebrek laten lijden; doen kwijnen; ~ *into...* door honger dwingen tot...; ~ *of...* ...onthouden; *the story is* ~*d of material* er is niet genoeg stof voor het verhaal; ~ *to death* uithongeren

starveling *znw* uitgehongerd dier *o* of mens; hongerlijder

stash [stæʃ] *overg* gemeenz verbergen; hamsteren

state [steit] **I** *znw* staat, toestand; stemming; stand, rang; staat, rijk *o*; staatsie, praal, luister; *the S~s* gemeenz de Verenigde Staten; *the S~s General* de Staten-Generaal; ~ *of affairs* stand van zaken; ~ *of emergency* noodtoestand; ~ *of mind* geestesgesteldheid, gemoedstoestand, stemming; mentaliteit; *in* ~ in staatsie, in gala; officieel; in plechtige optocht; *what a* ~ *you are in!* gemeenz wat zie jij er uit!; *he was in quite a* ~ gemeenz hij was in alle staten, helemaal van streek; *not in a fit* ~... niet in staat om te... [rijden &]; *lie in* ~ op een praalbed (opgebaard) liggen; *...of* ~ staats-; **II** *bn* staats-;

staatsie-, parade-, gala-, officieel, plechtig; **III** *overg*
aan-, opgeven; mededelen, (ver)melden; uiteenzetten; verklaren [standpunt], stellen; constateren
state-aid *znw* rijkssubsidie
state ball *znw* hofbal *o*, galabal *o*
state-carriage *znw* staatsiekoets
statecraft *znw* staatkunde
stated *bn* vast, vastgesteld, bepaald, afgesproken; *at*
~ *times* op vaste (bepaalde, afgesproken) tijden; *at*
~ *intervals* op regelmatige afstand, met regelmatige
tussenpozen
State Department ['steitdipa:tmənt] *znw* Am departement *o* van Buitenlandse Zaken
state dinner *znw* galadiner *o*
stateless *bn* staatloos
stately *bn* statig, deftig, groots; ~ *house* groot
buitenhuis *o*
statement ['steitmənt] *znw* mededeling, opgaaf,
vermelding; verklaring; uiteenzetting; bewering;
staat, uittreksel *o* [v.e. rekening]
state-room ['steitru(:)m] *znw* praalkamer, staatsie-
zaal, mooie kamer; scheepv luxehut
statesman ['steitsmən] *znw* staatsman
statesmanship *znw* (staatkundig) (goed) staatsmanschap *o*
static ['stætik] **I** *bn* statisch, gelijkblijvend, in rust,
van het evenwicht; **II** *znw* radio atmosferische storing
statics *znw* statica, leer van het evenwicht; radio
atmosferische storing
station ['steiʃən] **I** *znw* station *o* [spoorweg, radio,
tv &]; (stand)plaats, post, basis; (politie)bureau *o*;
(vlieg-, militaire, marine)basis, garnizoen *o*; RK statie [v. kruisweg]; Austr veefokkerij; fig positie, rang,
stand; **II** *overg* stationeren, plaatsen
stationary ['steiʃənəri] *bn* stationair, stilstaand,
vast
stationer ['steiʃənə] *znw* verkoper van (handelaar
in) schrijfbehoeften; *a* ~ *'s* een kantoorboekhandel
stationery *znw* schrijfbehoeften; zie ook: *office*
station-house ['steiʃənhaus] *znw* Am politiepost
stationmaster *znw* stationschef
station-wagon *znw* Am stationcar, break
statism ['steitizm] *znw* planeconomie, geleide economie
statist *znw* **1** voorstander van een planeconomie;
2 = *statistician*
statistical [stə'tistikl] *bn* statistisch
statistician [stætis'tiʃən] *znw* statisticus
statistics [stə'tistiks] **I** *znw* (wetenschap v.d.) statistiek; **II** *znw mv* statistiek(en); *vital* ~ bevolkings-
statistiek; gemeenz vitale maten [v.e. vrouw]
statuary ['stætjuəri] **I** *znw* beeldhouw(ers)-; **II** *znw*
beeldhouwerskunst; beeld(houw)werk *o*
statue *znw* standbeeld *o*, beeld *o*
statuesque [stætju'esk] *bn* als (van) een standbeeld;
plastisch; statig, majestueus
statuette *znw* (stand)beeldje *o*

stature ['stætʃə] *znw* gestalte, grootte, formaat[2] *o*
status ['steitəs] *znw* staat [van zaken]; status, prestige *o*, positie, rang, stand; recht rechtspositie
status quo ['steitəs'kwou] *znw* status-quo
status symbol ['steitəssimbəl] *znw* statussymbool *o*
statutable ['stætjutəbl] *bn* wettig; volgens de wet
statute *znw* wet; statuut *o*; verordening
Statutebook *znw* verzameling van Engelse wetten;
place on the ~ tot wet verheffen
statute-law *znw* geschreven wet, geschreven
recht *o*
statutory ['stætjutəri] *bn* wets-, wettelijk
(voorgeschreven); wettig, volgens de wet; publiekrechtelijk; ~ *declaration* verklaring in plaats van de
eed
staunch [stɔ:n(t)ʃ, sta:nʃ] **I** *overg* stelpen; **II** *bn*
sterk, hecht; fig trouw; verknocht; betrouwbaar
stave [steiv] **I** *znw* duig; sport; muz notenbalk;
strofe, vers *o*; **II** *overg*: ~ *in* inslaan, indrukken; ~
off afwenden, opschorten, van zich afzetten
staves [steivz] ook: *mv* v. *staff* I
1 stay [stei] **I** *onoverg* blijven, wachten; verblijven,
wonen; logeren (bij *with*), sp het uit-, volhouden; *it
has come to* ~, *it is here to* ~ dat is voorgoed ingeburgerd, het heeft zich een blijvende plaats veroverd; ~! halt!, wacht!; ~ *put* gemeenz blijven zitten waar je zit; ~ *away* wegblijven; ~ *for (to) dinner*
blijven eten; ~ *in* binnen-, thuisblijven; schoolblijven; ~ *on* (aan)blijven, doordienen [v. ambtenaar];
~ *out* uitblijven; ~ *up* opblijven ('s nachts); **II** *overg*
tegenhouden, indammen, afremmen, een halt toe-
roepen, stuiten [in zijn vaart]; opschorten; ~ *the
course (pace)* het uit-, volhouden; ~ *the night* (vannacht, 's nachts) blijven (logeren); ~ *one's (sbd.'s)
hand* fig zich (iem.) nog weerhouden; **III** *znw* verblijf *o*, stilstand, oponthoud *o*; belemmering, fig
rem; opschorting, uitstel *o* (van executie); steun
2 stay [stei] *znw* scheepv stag *o*; *the ship is in* ~*s* gaat
overstag
stay-at-home ['steiəthoum] **I** *znw* fig huismus; **II**
bn altijd thuiszittend, huiselijk
stayer *znw* blijver; uit-, volhouder, atleet & die het
lang kan volhouden
stay-in strike *znw* sit-downstaking
staying-power *znw* uithoudingsvermogen *o*
stays *znw mv*: (*pair of*) ~ korset *o*
staysail ['steis(ei)l] *znw* stagzeil *o*
STD *afk.* **1** = *subscriber trunk dialling* automatisch
interlokaal telefoneren; **2** = *sexually transmitted disease* seksueel overdraagbare ziekte, geslachtsziekte
STD code *znw* netnummer *o*
stead [sted] *znw*: *stand sbd. in good* ~ iem. van pas
komen; *in his* ~ in zijn plaats
steadfast ['stedfəst, -fa:st] *bn* standvastig, onwrikbaar, trouw; vast
steady ['stedi] **I** *bn* bestendig, vast, gestadig, constant; geregeld, gelijkmatig; standvastig; oppassend, solide, kalm; ~ *(on)!* kalm aan!, langzaam!; ~

as she goes! scheepv zo houden!; *go* ~ gemeenz vaste verkering hebben; **II** *znw* gemeenz iem. waarmee men vaste verkering heeft; **III** *overg* vastheid geven aan, vast, geregeld of bestendig maken; kalmeren, tot bedaren brengen; ~ *your helm* scheepv hou je roer recht; ~ *oneself* zich steunen, kalmer worden; z'n evenwicht bewaren, zich staande houden; **IV** *onoverg* tot rust komen (ook: ~ *up*)

steak [steik] *znw* biefstuk, steak; [v. andere vlees] plak, lap vlees; (vis)moot

steal [sti:l] (stole; stolen) **I** *overg* stelen, stilletjes wegnemen (ook: ~ *away*); ~ *a glance at...* steelsgewijs kijken naar...; ~ *the show* met het succes gaan strijken; het glansrijk winnen; ~ *sbd.'s thunder* iem. de wind uit de zeilen nemen; iems. idee stilletjes overnemen; ~ *one's way into...* ...binnensluipen; **II** *onoverg* stelen; sluipen; ~ *away (in, out)* weg (binnen, naar buiten) sluipen; ~ *upon sbd.* iem. besluipen; bekruipen [van lust &]

stealth [stelθ] *znw* sluipende manier; *by* ~ tersluiks, steelsgewijze, heimelijk, stilletjes

stealthy *bn* sluipend; heimelijk

steam [sti:m] **I** *znw* stoom, damp; *get up* ~ stoom maken; gemeenz krachten verzamelen; opgewonden raken; *let off* ~ stoom afblazen[2]; *put on* ~ techn stoom maken; fig alle krachten inspannen, er vaart achter zetten; *run out of* ~ buiten adem raken [spreker]; aan kracht verliezen [pol. beweging &]; *(at) full* ~ met volle stoom; *under one's own* ~ op eigen kracht; op eigen gelegenheid; **II** *overg* stomen, bewasemen; ~*ed windows* beslagen vensters; ~ *up* doen beslaan; *get* ~*ed up* gemeenz zich opwinden, zich dik maken; **III** *onoverg* stomen, dampen; ~ *up* beslaan

steamboat *znw* stoomboot

steam-boiler *znw* stoomketel

steam-engine *znw* stoommachine

steamer *znw* stoomboot; stoomkoker; stoomketel

steam-gauge *znw* manometer

steam iron *znw* stoomstrijkijzer o

steam-navvy *znw* stoomgraafmachine

steam-roller I *znw* stoomwals; **II** *overg* fig platwalsen [tegenstanders]; *to* ~ *a bill through Parliament* een wetsvoorstel door het parlement loodsen, zonder met de oppositie rekening te houden

steamship *znw* stoomschip o

steamy *bn* vol stoom, stomend, dampend, dampig, beslagen [v. ruiten]; gemeenz hartstochtelijk, erotisch, zwoel

stearin ['stiərin] *znw* stearine

steatite ['stiətait] *znw* speksteen o & m

steed [sti:d] *znw* plechtig (strijd)ros o

steel [sti:l] **I** *znw* staal[2] o; fig hardheid, kracht; wetstaal o; *cold* ~ het staal: het zwaard, de bajonet, de dolk; **II** *bn* stalen, van staal, staal-; **III** *overg* stalen[2], verstalen, hard maken, verharden, ongevoelig maken, wapenen, pantseren (tegen *against*)

steel band *znw* muz steelband

steel-clad *bn* gepantserd

steel wool *znw* staalwol

steel worker *znw* staalarbeider

steelworks *znw mv* staalfabriek

steely *bn* staalachtig, staalhard, stalen[2], staal-

steelyard ['sti:lja:d] *znw* unster [weegtoestel]

1 steep [sti:p] **I** *bn* steil; gemeenz hoog [van prijs]; gemeenz kras, ongelooflijk; **II** *znw* steilte, helling

2 steep [sti:p] **I** *overg* (onder)dompelen, indopen; (laten) weken; laten doortrekken, laten doordringen (van *in*), drenken; ~*ed in* ook: gedompeld in [slaap, ellende &]; doorkneed in [het Grieks &]; **II** *onoverg* weken

steepen ['sti:pn] *onoverg* steil(er) worden

steeple ['sti:pl] *znw* (spitse) toren

steeplechase ['sti:pltʃeis] *znw* steeplechase: wedren of -loop met hindernissen

steeplejack ['sti:pldʒæk] *znw* arbeider die reparaties verricht aan torens en hoge schoorstenen

1 steer [stiə] *znw* stierkalf o, var; Am stier, os

2 steer [stiə] **I** *overg* sturen, richten; ~ *(one's course) for* sturen (koers zetten) naar; **II** *onoverg* sturen, naar het roer luisteren; ~ *between...* doorzeilen tussen; ~ *clear of...* ...ontzeilen, vermijden; ~ *for* koersen naar

steerage *znw* tussendek o

steering *znw* = *steering-gear*

steering column *znw* auto stuurkolom

steering-committee *znw* stuurgroep

steering-gear *znw* stuurinrichting

steering-lock *znw* stuurslot o

steering-wheel *znw* stuurrad o

steersman *znw* scheepv roerganger, stuurman; bestuurder

stellar ['stelə] *bn* van de sterren, sterren-

1 stem [stem] **I** *znw* stam, stengel; steel [v. bloem, pijp, glas]; schacht; gramm (woord)stam; scheepv boeg, voorsteven; *from* ~ *to stern* van voor tot achter; **II** *onoverg*: ~ *from* afstammen van, voortspruiten uit

2 stem [stem] *overg* stuiten[2], (in de loop) tegenhouden[2]; tegen... ingaan; dempen, stelpen; ~ *the tide of (refugees &)* de stroom (vluchtelingen &) indammen

stench [stenʃ] *znw* stank

stencil ['stens(i)l] **I** *znw* stencil o & m, sjabloon, mal; **II** *overg* stencilen

Sten-gun ['stengʌn] *znw* stengun

stenographer [ste'nɔgrəfə] *znw* stenograaf

stenographic [stenə'græfik] *bn* stenografisch

stenography [stə'nɔgrəfi] *znw* stenografie

stentorian [sten'tɔːriən] *bn* stentor-

step [step] **I** *onoverg* stappen, treden, trappen, gaan; ~ *aside* ter zijde treden; fig zich terugtrekken; ~ *back* ook: in het verleden teruggaan [in de geest]; ~ *down* terugtreden, aftreden; ~ *in* binnentreden; (er) instappen; fig tussenbeide komen, zich in de zaak mengen, ingrijpen, optreden; ~ *off (with the left*

stepbrother

foot) aantreden (met...); ~ *on it* gemeenz voortmaken, zie ook: *gas I*; ~ *out* naar buiten gaan; (er) uitstappen; flink aanstappen; gemeenz veel uitgaan,
aan de zwier zijn, fuiven; mil de pas verlengen; ~
up to sbd. naar iem. toegaan; ~ *this way please* hierheen alstublieft; **II** *overg* trapsgewijs plaatsen;
scheepv inzetten [mast]; ~ *up* opvoeren, versnellen
[productie &]; elektr optransformeren; **III** *znw*
stap², pas, tred; voetstap; trede; sport, trap; step;
muz interval; fig rang, promotie; ~*s* stappen &;
ook: stoep, bordes *o*; trap(ladder); *break* ~ uit de
pas raken (lopen); *follow in the* ~*s of* de voetstap-
pen drukken van; *in* ~ *with* in overeenstemming
(harmonie) met; *out of* ~ *with* niet in overeenstemming met; *keep* ~ *with* bijhouden², gelijke tred
houden met; *take* ~*s* stappen doen [in een zaak];
watch (mind) your ~! voorzichtig!; pas op wat je
doet!; ~ *by* ~ stap voor stap², voetje voor voetje²;
in ~ in de pas; *out of* ~ uit de pas; *fall into* ~ in de
pas gaan lopen
stepbrother ['stepbrʌðə] *znw* stiefbroer
stepchild *znw* stiefkind *o*
step-dance ['stepdɑːns] *znw* stepdans
stepdaughter ['stepdɔːtə] *znw* stiefdochter
stepfather *znw* stiefvader
step-ladder ['steplædə] *znw* trap(ladder)
stepmother ['stepmʌðə] *znw* stiefmoeder
stepparent ['steppɛərənt] *znw* stiefouder
steppe [step] *znw* steppe
stepping-stone ['stepiŋstoun] *znw* stap, stapje *o*;
steen in beek of moeras om over te steken; middel
o om vooruit te komen of een doel te bereiken; fig
brug, 'springplank'
stepsister ['stepsistə] *znw* stiefzuster
stepson *znw* stiefzoon
stereo ['steriou, 'stiəriou] *znw* stereo; stereo-
installatie
stereophonic [steriou'fɔnik, stiəriou'fɔnik] *bn* ste-
reofonisch
stereophony [steri'ɔfəni, stiəri'ɔfəni] *znw* stereofo-
nie
stereoscope ['steriəskoup, 'stiəriəskoup] *znw* ste-
reoscoop
stereoscopic [steriə'skɔpik, stiəriə'skɔpik] *bn* stereoscopisch
stereotype ['stiəriətaip, 'steriətaip] **I** *znw* stereo-
tiepplaat; fig stereotype; **II** *overg* stereotyperen²;
~*d* fig stereotiep
sterile ['sterail] *bn* steriel, onvruchtbaar²
sterility [ste'riliti] *znw* steriliteit, onvruchtbaar-
heid²
sterilization [sterilai'zeiʃən] *znw* sterilisatie
sterilize ['sterilaiz] *overg* onvruchtbaar maken, uitputten [land]; steriliseren [melk &]
sterilizer ['sterilaizə] *znw* sterilisator
sterlet ['stəːlit] *znw* kleine steur
sterling ['stəːliŋ] **I** *znw* (pond) sterling; *in* ~ handel
in ponden; ~ *area* sterlinggebied *o*; **II** *bn* echt, de-

gelijk, voortreffelijk, uitstekend
1 stern [stəːn] *bn* streng, bars, hard; *he was made of*
~*er stuff* hij was voor geen kleintje vervaard; fig hij
kwam van zeer goeden huize
2 stern [stəːn] *znw* scheepv achtersteven, spiegel,
hek *o*; achterste *o*
sternmost ['stəːnmoust, -məst] *bn* scheepv achterst
stern-post ['stəːnpoust] *znw* roersteven
stern-sheets *znw* scheepv stuurstoel
sternum ['stəːnəm] *znw (mv: -s of* sterna [-nə])
borstbeen *o*
steroid ['stiə-, 'sti-, 'sterɔid] *znw* steroïde *o*
stertorous ['stəːtərəs] *bn* snurkend, reutelend
stet [stet] *tsw* blijft! [zettersaanwijzing]
stethoscope ['steθəskoup] *znw* stethoscoop
stetson ['stetsn] *znw* slappe hoed met brede rand
stevedore ['stiːvidɔː] *znw* sjouwerman; stuwadoor
stew [stjuː] **I** *overg* stoven, smoren; **II** *onoverg* stoven, smoren; *let him* ~ *in his own juice* laat hem in
zijn eigen sop gaar koken; **III** *znw* gestoofd vlees *o*;
visvijver, oesterbed *o*; *Irish* ~ Ierse stoofpot (met
lamsvlees); *in a* ~ slang in de rats
steward ['stjuəd] *znw* rentmeester, administrateur,
beheerder; commissaris van orde; scheepv hofmeester, bottelier, kelner; luchtv steward
stewardess [stjuə'des] *znw* scheepv hofmeesteres;
luchtv stewardess
stewardship ['stjuədʃip] *znw* rentmeesterschap *o*;
beheer *o*
stewed [stjuːd] *bn* gestoofd, gesmoord; te sterk
[thee]; slang dronken
1 stick [stik] *znw* stok; wandelstok; staf; staaf; stokje
o, rijsje *o*; pijp [drop, lak &]; steel [v. asperge &];
slang stickie *o*, joint; muz maatstokje *o*; gemeenz
(onvriendelijke) kritiek; ~*s* het platteland, buiten;
dry old ~ gemeenz saaie piet, vervelende vent; *a big*
~ een stok achter de deur; *in a cleft* ~ in een dilemma; *my* ~*s (of furniture)* mijn meubeltjes; *gather*
~*s* hout sprokkelen; *give sbd.* ~ gemeenz iem. op
zijn donder geven; *she moved out to the* ~*s* ze ging
buiten de stad wonen
2 stick [stik] (stuck; stuck) **I** *overg* steken; doorsteken; besteken (met *with*); vaststeken; gemeenz
vastzetten; zetten, stoppen, plaatsen; (op-, aan-,
vast)plakken; ~ *no bills!* verboden aan te plakken!;
she can't ~ *him* gemeenz zij kan hem niet zetten; ~
it gemeenz het uithouden, volhouden; *they won't* ~
that dat zullen ze niet slikken; ~ *pigs* varkens de
keel afsteken; **II** *onoverg* blijven steken, (vast-)
kleven, blijven hangen of kleven, fig beklijven,
blijven zitten°; gemeenz blijven; (vast)plakken²;
niet verder komen, vastzitten, klemmen [v. deur
&]; ~ *like a leech* fig aan iem. klitten; *the name* ~*s
(to him) to this day* die naam is hem tot op heden
bijgebleven; ~ *at it!* hou vol!, laat de moed niet
zakken!; ~ *at nothing* voor niets terugdeinzen; ~
around slang in de buurt blijven; ~ *down* **1** dichtplakken; **2** neerzetten; **3** snel een notitie maken

van; ~ *by sth.*, *sbd.* iets, iem. trouw blijven; ~ *in* inplakken; (hier en daar) plaatsen [een woordje &]; thuis blijven (hokken); ~ *in the mud* in de modder blijven steken; *it stuck on his hands* het bleef aan zijn handen plakken; ~ *a stamp on* een postzegel plakken op; ~ *out* uit-, vooruitsteken; naar buiten staan; in het oog springen; stijfkoppig op zijn stuk blijven staan, volhouden; *it ~s out a mile* het is zo duidelijk als wat; zie ook: *neck I*; ~ *to* vasthouden aan; trouw blijven aan; kleven (plakken) aan, blijven bij [iets, iem.]; zich houden aan [instructies &]; ~ *to the bottom (pan)* aanzetten; ~ *to one's friends* **1** bij zijn vrienden in de buurt blijven; **2** zijn vrienden trouw blijven; ~ *to one's guns* gemeenz voet bij stuk houden; ~ *to the subject* niet (van het onderwerp) afdwalen; ~ *to the truth* de waarheid vertellen; ~ *to one's word* (zijn) woord houden; ~ *together* aaneenplakken; eendrachtig blijven; ~ *up* opplakken, opprikken [affiche, mededeling]; ~ *up a mail-coach* slang aanhouden, overvallen; ~ *'em up!* gemeenz handen omhoog!; ~ *up for sbd.* voor iem. opkomen; ~ *with* trouw blijven aan

sticker *znw* (aan)plakker; gegomd biljet *o*, sticker, plakkertje *o*, zelfklever; doorzetter, aanhouder

sticking-plaster *znw* hechtpleister

sticking-point *znw* geschilpunt *o*

stick-insect ['stikinsekt] *znw* wandelende tak

stick-in-the-mud ['stikinðəmʌd] **I** *bn* star, conservatief; **II** *znw* conservatieveling; *Old* ~ Dinges

stickleback ['stiklbæk] *znw* stekelbaars

stickler ['stiklə] *znw*: *be a* ~ *for...* erg gesteld zijn op..., een voorstander zijn van...

stick-on ['stikɔn] *bn* zelfklevend, plak-, hecht-, kleef-

stickpin ['stikpin] *znw Am* dasspeld

stick-up ['stikʌp] *znw* slang (roof)overval

sticky ['stiki] *bn* kleverig, plakkerig, klef, taai; gemeenz moeilijk, beroerd; *come to a* ~ *end* gemeenz lelijk te pas komen; *have* ~ *fingers* gemeenz lange vingers hebben, het verschil tussen mijn en dijn niet weten; *a* ~ *wicket* gemeenz een lastige positie

stiff [stif] **I** *bn* stijf, stevig, straf [borrel], strak, stram, stroef, onbuigzaam, stug; verstijfd; fig moeilijk [v. examens &]; streng [v. wet &]; taai, hevig [v. tegenstand]; handel vast [v. markt]; *that's a bit* ~ gemeenz dat is (toch) een beetje kras; *keep a* ~ *upper lip* geen spier vertrekken, zich flink houden; **II** *bijw* gemeenz hartstikke, gruwelijk; *scared* ~ doodsbenauwd; *I was bored* ~ ik verveelde me kapot; **III** *znw* slang lijk *o*; *a big* ~ een grote sufferd

stiffen ['stifn] **I** *overg* stijven; (doen) verstijven, stijf maken; fig moed inspreken; strenger maken [wetten]; **II** *onoverg* stijf worden, verstijven; handel vaster worden [v. markt]

stiffening *znw* versteviger [gebruikt in textiel], ± vlieseline

stiff-necked *bn* koppig

1 stifle ['staifl] **I** *overg* verstikken, doen stikken,

smoren, onderdrukken; **II** *onoverg* stikken, smoren

2 stifle ['staifl] *znw* dierk anat kniegewricht *o*

stifling ['staiflin] *bn* verstikkend, smoor-

stigma ['stigmə] *znw* (*mv*: *-s of* stigmata [-mətə]) brandmerk[2] *o*; plantk stempel [v. stamper]; RK & dierk stigma *o*; fig (schand)vlek

stigmatize *overg* stigmatiseren; brandmerken[2]

stile [stail] *znw* tourniquet *o* & *m*; overstap [voor hek]

stiletto [sti'letou] *znw* stilet *o* [korte dolk]; gemeenz (schoen met) naaldhak

stiletto heel *znw* naaldhak

1 still [stil] *znw* distilleerketel

2 still [stil] **I** *bn* stil, bewegingloos; kalm, rustig; niet mousserend [v. dranken]; ~ *life* stilleven *o*; **II** *znw* stilte; stilstaand beeld *o* [v. film], foto; **III** *overg* stillen, (doen) bedaren; tot bedaren brengen, kalmeren

3 still [stil] *bijw* nog altijd, nog; altijd (nog), steeds; (maar) toch; ~ *not* nog altijd niet

stillbirth *znw* doodgeboren baby

stillborn ['stilbɔ:n] *bn* doodgeboren[2]

still-hunt ['stilhʌnt] *znw Am* sluipjacht[2]

stillness ['stilnis] *znw* stilte

still-room ['stilrum] *znw* distilleerkamer; provisiekamer

stilly ['stili] *bijw* plechtig **I** *bn* stil; **II** *bijw* stil(letjes)

stilt [stilt] *znw* stelt [ook: dierk = steltloper, steltkluit]; *on* ~s op stelten

stilted *bn* hoogdravend; gekunsteld

stimulant ['stimjulənt] **I** *bn* prikkelend, opwekkend; **II** *znw* stimulans, prikkel; ~s ook: stimulantia [opwekkende genotmiddelen, sterke dranken &]

stimulate *overg* stimuleren, prikkelen, aansporen, aanzetten, aanwakkeren

stimulation [stimju'leiʃən] *znw* prikkel(ing)

stimulative ['stimjulətiv, -leitiv] *bn* prikkelend, opwekkend

stimulus ['stimjuləs] *znw* (*mv*: stimuli [-lai]) prikkel, aansporing

1 sting [stin] (stung; stung) *overg* & *onoverg* steken[2]; prikken, bijten [op de tong], branden [v. netels]; pijn doen[2]; fig (pijnlijk) treffen; kwellen; slang [geld] afzetten

2 sting [stin] *znw* angel, stekel, plantk brandhaar *o* [v. netel], prikkel; steek, (gewetens)knaging; pijnlijke *o*; *but there's a* ~ *in the tail* het venijn zit in de staart; *take the* ~ *out* fig de angel eruit halen, de scherpe kantjes eraf halen

stinging-nettle ['stininnetl] *znw* brandnetel

stingray ['stinrei], *Am & Austr* **stingaree** ['stingeri:] *znw* pijlstaartrog

stingy ['stin(d)ʒi] *bn* vrekkig, zuinig

1 stink [stink] (stank; stunk) **I** *onoverg* stinken (naar *of*); gemeenz gemeen, slecht zijn; **II** *overg*: ~ *out* door stank verdrijven

2 stink [stink] *znw* stank[2]; *raise (create, make) a* ~

stink bomb

herrie schoppen
stink bomb *znw* stinkbom
stinker *znw* stinkerd; slang smeerlap, schoft; moeilijke opgave (probleem)
stinking *bn* stinkend; gemeenz naar, stomvervelend; *that ~ little town* dat rotstadje
stint [stint] **I** *overg* beperken, karig toemeten; beknibbelen, bekrimpen, karig zijn met; **II** *wederk*: *~ oneself* zich beperkingen opleggen; *~ oneself of* zich ontzeggen; **III** *onoverg* zich beperkingen opleggen, zuinig zijn (met *on*); **IV** *znw* toebedeelde portie; werk *o*, taak; periode & dat men ergens werkte; dierk kleine strandloper; *without ~ royaal*
stipend ['staipend] *znw* wedde, bezoldiging (*vooral* v. geestelijken)
stipendiary [stai'pendjəri] **I** *bn* bezoldigd; **II** *znw* (bezoldigd) ambtenaar; (bezoldigd) politierechter (ook: *~ magistrate*)
stipple ['stipl] *overg* puntéren; stippelen
stipulate ['stipjuleit] **I** *overg* stipuleren, bedingen, overeenkomen, bepalen; **II** *onoverg*: *~ for* stipuleren, bedingen
stipulation [stipju'leifən] *znw* bedinging, overeenkomst; bepaling, beding *o*, voorwaarde
stir [stə:] **I** *overg* bewegen, in beweging brengen; verroeren; (om)roeren, roeren in, porren in, opposoken [het vuur]; fig aanporren [iem.]; aanzetten; gaande maken; *~ one's stumps* gemeenz opschieten; *~ sbd.'s blood* iems. bloed sneller doen stromen, iem. wakker maken, in vuur doen geraken; *~ sbd. to frenzy* iem. razend maken; *~ in (the milk)* (de melk) al roerende toevoegen; *~ up* omroeren, roeren in, opporen; fig in beroering brengen; aanporren, aanzetten; *~ up mutiny (strife)* oproer (onenigheid) verwekken; **II** *onoverg* (zich) bewegen, zich (ver)roeren; in beweging komen of zijn; opstaan ('s morgens); *not a breath is ~ring* er is (zelfs) geen zuchtje; *nobody is ~ring yet* iedereen slaapt nog; *he didn't ~* hij bewoog zich niet, hij verroerde geen vin; hij gaf geen kik; **III** *znw* beweging, geanimeerdheid; drukte; opschudding, beroering; *give it a ~* pook (roer) er eens in; *cause (make) a (great) ~* opschudding veroorzaken, opzien baren, (heel wat) sensatie maken
stir-crazy *bn* gemeenz afgestompt/gestoord door langdurige opsluiting
stir-fry *overg* roerbakken
stirring I *bn* bewegend, roerend &; in beweging, actief; roerig; opwekkend; veelbewogen [tijden], sensationeel [v. gebeurtenissen]; **II** *znw* bewegen *o* &; beweging
stirrup ['stirəp] *znw* stijgbeugel (ook: gehoorbeentje)
stirrup-cup *znw* afzakkertje *o*
stitch [stitʃ] **I** *znw* steek, naad; steek in de zij; med hechting, (hecht)draad; *be in ~es* gemeenz zich een breuk lachen; *he had not a dry ~ on him* hij had geen droge draad aan zijn lijf; *without a ~ on* spier-

naakt; *a ~ in time saves nine* voorzorg bespaart veel nazorg; **II** *overg* stikken; hechten; brocheren, (in-)naaien; *~ up* dichtnaaien; hechten [een wond]; **III** *onoverg* stikken, naaien
stithy ['stiði] *znw* vero aambeeld *o*; smidse
stiver ['staivə] *znw* vero stuiver; *not a ~* geen rooie cent
stoat [stout] *znw* dierk hermelijn
stock [stɔk] **I** *znw* (voorhanden) goederen, voorraad, inventaris; materiaal *o*, filmmateriaal *o*, film; blok *o*, stam, (geweer)lade, (anker-, wortel)stok; geslacht *o*, familie; fonds *o*, kapitaal *o*; effecten, aandelen, papieren; veestapel, vee *o*, paarden; afkooksel *o*, aftreksel *o*, bouillon; plantk violier; *~s* handel effecten, staatspapieren, aandelen; scheepv stapel; hist blok *o* [straftuig]; *~ and dies* techn snijijzer *o*; *lay in a ~ of...* een voorraad... opdoen; zich voorzien van...; *put ~ in* waarde hechten aan; *take ~* de inventaris opmaken; de toestand (situatie) opnemen; *take ~ of everything* alles opnemen [= inventariseren; bekijken]; *take ~ of sbd. (all over)* iem. (van top tot teen) opnemen; *have (keep) in ~* handel in voorraad hebben; *come of good ~* van goede familie zijn; *have something on the ~s* iets op stapel hebben (staan); *out of ~* handel niet (meer) voorradig; **II** *bn* gewoon; stereotiep, vast [v. aardigheden, gezegden &]; **III** *overg* opdoen, inslaan [voorraad]; handel (in voorraad) hebben; (van voorraad of van het nodige) voorzien; **IV** *onoverg*: *~ up (on, with)* (een voorraad..., voorraden...) inslaan
stockade [stɔ'keid] **I** *znw* palissade; **II** *overg* palissaderen
stock-breeder ['stɔkbri:də] *znw* (vee)fokker
stockbroker ['stɔkbroukə] *znw* handel commissionair, makelaar in effecten; *~ belt* villawijk (waar de nieuwe rijken wonen)
stockbroking *znw* effectenhandel
stock-car ['stɔkka:] *znw* stockcar [verstevigde oude auto voor races met veel botsingen]
stock company ['stɔkkʌmpəni] *znw* handel maatschappij op aandelen; vast toneelgezelschap *o* met een repertoire
stock cube ['stɔkkju:b] *znw* bouillonblokje *o*
stockdove ['stɔkdʌv] *znw* kleine houtduif
stock exchange ['stɔkikstʃein(d)ʒ] *znw* handel (effecten)beurs
stock farmer ['stɔkfa:mə] *znw* veehouder
stockfish ['stɔkfiʃ] *znw* stokvis
stockholder ['stɔkhouldə] *znw* effectenbezitter; aandeelhouder
stockinet ['stɔkinet] *znw* tricot *o*
stocking ['stɔkiŋ] *znw* kous°
stockinged *bn*: *in his ~ feet* op zijn kousen
stock-in-trade ['stɔkin'treid] *znw* (goederen-) voorraad, inventaris; (geestelijk) kapitaal *o*; gereedschap *o* [van werklieden]; fig (onderdeel *o* van het) standaardrepertoire *o*

stockist ['stɔkist] znw depothouder
stockjobber ['stɔkdʒɔbə] znw handelaar in effecten; hoekman
stockjobbing znw effectenhandel; beursspeculatie
stocklist znw beursnotering
stockman ['stɔkmən] znw veeboer; veeknecht
stock-market ['stɔkma:kit] znw effecten-, fondsenmarkt
stockpile I onoverg (& overg) een reservevoorraad vormen (van); **II** znw gevormde (of te vormen) voorraad; reservevoorraad
stockpot ['stɔkpɔt] znw soeppot
stock room ['stɔkru:m] znw magazijn o
stock-still ['stɔk'stil] bn stok-, doodstil
stock-taking ['stɔkteikiŋ] znw inventarisatie; fig taxatie, beoordeling
stock-whip ['stɔkwip] znw Austr cowboyzweep
stocky ['stɔki] bn gezet, dik; stevig
stockyard ['stɔkja:d] znw veebewaarplaats
stodge [stɔdʒ] znw gemeenz (onverteerbare) kost
stodgy bn dik; zwaar op de maag liggend; fig zwaar, onverteerbaar; saai
stoic ['stouik] **I** znw stoïcijn; **II** bn stoïcijns
stoical bn stoïcijns
stoicism ['stouisizm] znw stoïcisme o
stoke [stouk] **I** overg stoken [v. machine]; **II** onoverg: ~ up (op)stoken; slang schransen
stokehold znw stookplaats
stokehole znw stookgat o; stookplaats
stoker znw stoker [v. machine]
1 stole [stoul] znw stola°
2 stole [stoul] V.T. van steal
stolen V.D. van steal
stolid ['stɔlid] bn flegmatiek, onaandoenlijk, bot, ongevoelig, onbewogen
stolidity [stɔ'liditi] znw flegma o, onaandoenlijkheid, botheid, ongevoeligheid, onbewogenheid
stomach ['stʌmək] **I** znw maag; buik; a man of his ~ vero iemand zo trots als hij; he had no ~ for the fight hij had er geen lust in om te (gaan) vechten; **II** overg (kunnen) verduwen of zetten, slikken, verkroppen [beledigingen &]
stomach-ache ['stʌmək'eik] znw maagpijn, buikpijn
stomacher znw hist borst [v. vrouwenkleed]
stomachic [stɔ'mækik] **I** bn maag-; **II** znw spijsvertering bevorderend middel o
stomach pump znw maagpomp
stone [stoun] **I** znw steen o & m [stofnaam], steen m [voorwerpsnaam], pit [v. vrucht]; als gewicht: 6,35 kg; leave no ~ unturned niets (geen middel) onbeproefd laten, hemel en aarde bewegen; throw ~s at met stenen gooien; fig bekladden; **II** bn van steen, stenen; **III** overg met stenen gooien (naar), stenigen; van stenen of pitten ontdoen; ~d slang laveloos [v. dronkaard]; stoned [v. drugsgebruiker]
Stone Age znw stenen tijdperk o
stone-blind bn stekeblind

stone-cast znw steenworp (afstand)
stone-cold bn steenkoud; ~ sober gemeenz hartstikke nuchter
stonecrop znw plantk muurpeper
stone-cutter znw steenhouwer
stone-dead bn morsdood
stone-deaf bn pot-, stokdoof
stone-fruit znw steenvrucht
stone-ground bn met molenstenen gemalen [v. graan]
stone-mason znw steenhouwer
stone's-throw znw steenworp (afstand)
stonewall onoverg sp verdedigend spelen; fig obstructie voeren
stoneware znw steengoed o
stonework znw steen-, metselwerk o
stony, stoney bn steenachtig, stenig, stenen[2], steen-; fig onbewogen, ijskoud, hard, wreed, meedogenloos
stony-broke, stoney-broke bn gemeenz blut
stood [stud] V.T. & V.D. van [1]stand
stooge [stu:dʒ] znw mikpunt o van spot; theat aangever [v. conferencier]; gemeenz handlanger, helper; fig werktuig o, stroman
stook [stuk] znw & overg = [2]shock
stool [stu:l] znw (kantoor)kruk, stoeltje o (zonder leuning), (voeten)bankje o, taboeretje o, knielbankje o; stilletje o; stoelgang, ontlasting (ook: ~s); = stool-pigeon; fall between two ~s tussen de wal en het schip vallen
stool-pigeon znw lokduif; fig lokvogel, lokvink; stille verklikker
1 stoop [stu:p] **I** onoverg bukken, zich bukken, vooroverlopen, krom (gebogen) lopen, gebukt lopen; fig zich vernederen, zich verwaardigen, zich verlagen (tot to); neerschieten op prooi [v. havik]; **II** overg (voorover)buigen; ~ed by age krom van ouderdom; **III** znw vooroverbuigen o, gebukte houding; have a slight ~ wat gebukt lopen
2 stoop [stu:p] znw Am veranda
stop [stɔp] **I** overg stoppen [een gat, lek &], dichtmaken, dichtstoppen, op-, verstoppen, versperren (ook ~ up), stelpen [het bloeden], vullen, plomberen [tand]; stil laten staan [klok], tot staan brengen, tegenhouden, aanhouden [iem.]; inhouden [loon &]; een eind maken aan [iets], beletten, verhinderen, weerhouden; stopzetten [fabriek]; staken [werk &]; pauzeren, ophouden met, niet voortzetten; ~ a blow een slag pareren; ~ one's ears de oren dichtstoppen; ~ payment niet verder betalen; handel zijn betalingen staken; ~ the show veel bijval (succes) oogsten (onder de voorstelling of uitvoering); ~ thief! houdt de dief!; ~ thinking ophouden met denken, niet meer denken; ~ sbd. (from) thinking iem. doen ophouden met (beletten te) denken; **II** onoverg stoppen [trein], stilhouden, halt houden, blijven (stil)staan [horloge]; ophouden, uitscheiden; logeren, overblijven, blijven; ~ (dead) in

one's tracks plotseling stil blijven staan; *the matter
will not ~ there* daar zal het niet bij blijven; *~ at
home* thuis blijven; *~ at nothing* voor niets staan
(terugdeinzen); *reform cannot ~ at this* kan het hier
niet bij laten; *~ away from school* van school wegblijven; *~ by* even aanwippen; *~ for the sermon*
blijven voor de preek; *~ in* thuisblijven; <u>Am</u> aangaan (bij *at*); *~ in bed* (in zijn bed) blijven liggen; *~
off, over* gemeenz de reis onderbreken (en overblijven); *~ out all night* uitblijven; *~ up late* laat opblijven; *~ with friends* bij familie (kennissen) logeren;
III *znw* pauzering, pauze; oponthoud *o*; halte;
<u>luchtv</u> tussenlanding(splaats); leesteken *o*; <u>techn</u>
pen, pin; <u>muz</u> register *o*, klep, gat *o*; diafragma *o* [v.
lens]; <u>taalkunde</u> explosief, plofklank [zoals *k, t, p*];
make a ~ halt houden, ophouden, pauzeren; *pull
out all the ~s* fig alle registers opentrekken, alles uit
de kast halen; *put a ~ to* een eind maken aan; *be at
a ~* stilstaan, niet verder kunnen; *bring to a ~* tot
staan brengen; *come to a ~* blijven (stil)staan, blijven steken; ophouden; een eind nemen; *come to a
dead (full) ~* plotseling (geheel) ophouden, blijven
steken; <u>scheepv</u> totaal stoppen; *without a ~* zonder
ophouden; zonder te stoppen [v. trein]
stopcock *znw* (afsluit)kraan
stopgap I *znw* stoplap; invaller; noodhulp; **II** *bn*
interim, tijdelijk vervangend, bij wijze van noodhulp
stopover *znw* onderbreking van de reis; kort verblijf *o*; tussenlanding met verblijf
stoppage *znw* stoppen *o*, stopzetting, staking; op-,
verstopping; ophouding, oponthoud *o*, stilstand;
inhouding [v. loon]; *there is a ~ somewhere* het
stokt ergens
stopper I *znw* stopper; stop; *put the ~ on* gemeenz
onderdrukken, tegenhouden; **II** *overg* een stop
doen op
stopping-place *znw* halte
stop-press ['stɔppres] *znw* laatste nieuws *o*, nagekomen berichten
stop-watch ['stɔpwɔtʃ] *znw* stopwatch
storage ['stɔ:ridʒ] *znw* (op)berging, opslag; pakhuis-
ruimte, bergruimte; pakhuishuur; bewaarloon *o*;
cold ~ (het opslaan in de) vries-, koelkamer; *put
into cold ~* fig in de ijskast zetten; *~ accommodation*
opslagruimte; *~ battery* accumulator; *~ heater*
warmteaccumulator
store [stɔ:] **I** *znw* (grote) voorraad, opslagplaats,
meubelbewaarplaats; magazijn *o*; <u>Am</u> winkel; [in
Engeland] warenhuis *o*, winkel; *the ~s* de bazaar,
het warenhuis; de winkelvereniging; <u>mil</u> ammuni-
tie, uitrusting, proviand; *cold ~* koelhuis *o*; *set
(great, little) ~ by* (veel, weinig) waarde hechten
aan; (veel, weinig) prijs stellen op; *in ~* in voorraad; in bewaring, opgeborgen; in petto; *be (lie) in
~ for sbd.* iem. te wachten staan; *have something in
~* in voorraad hebben; nog te wachten of te goed
hebben; in petto houden; **II** *overg* inslaan, opdoen;

binnenhalen; opslaan [goederen]; voorzien (van
with); opbergen [meubels]; *~ (up)* verzamelen; bewaren; *his memory (mind) was ~d with facts* hij had
een hoop feiten in zijn hoofd
store-cupboard *znw* provisiekast
storefront *znw* winkelpui
storehouse *znw* voorraadschuur, pakhuis *o*, magazijn[2] *o*; fig schatkamer
storekeeper *znw* pakhuismeester; magazijnmees-
ter; <u>scheepv</u> proviandmeester; <u>Am</u> winkelier
store-room *znw* bergplaats, -ruimte; provisiekamer
storey, <u>Am</u> **story** ['stɔ:ri] *znw* verdieping; woonlaag; *a four-~ house* een huis *o* met vier verdiepingen
-storeyed, <u>Am</u> **-storied** *bn* met... verdiepingen
[bijv. *a four-~ house* huis met drie verdiepingen]
storied ['stɔ:rid] *bn* **1** in de geschiedenis vermeld,
vermaard; met taferelen uit de geschiedenis versierd; **2** <u>Am</u> = *storeyed*
stork [stɔ:k] *znw* (*mv* idem *of* -s) ooievaar
storm [stɔ:m] **I** *znw* storm[2]; onweersbui, onweer *o*;
regenbui; uitbarsting; <u>mil</u> bestorming; *~ in a teacup* een storm in een glas water; *a period of ~ and
stress* een turbulente tijd; *take by ~* stormenderhand veroveren[2]; **II** *onoverg* stormen, bulderen,
razen, woeden; <u>mil</u> stormlopen; *~ at* uitvaren tegen; **III** *overg* <u>mil</u> aan-, losstormen op, bestormen[2]
storm trooper *znw* **1** lid *o* van de SA [in de nazi-
tijd]; **2** lid *o* van een stoottroep
stormy *bn* stormachtig[2], storm-; *~ petrel* <u>dierk</u>
stormvogeltje *o*; fig voorbode van de storm, onrustzaaier
story ['stɔ:ri] *znw* **1** geschiedenis; vertelling, verhaal
o; (kranten)artikel *o*; legende; gemeenz leugentje *o*;
the same old ~ fig het oude liedje; *short ~* kort verhaal *o*; *the ~ goes that...* men zegt, dat...; *to cut a
long ~ short...* om kort te gaan...; *tell stories* gemeenz jokken; **2** <u>Am</u> = *storey*
story-book *znw* verhalenboek *o*; *als eerste deel v.
samenstelling*: sprookjesachtig, fabelachtig,
sprookjes-
story-line *znw* plot, intrige [v. film &]
story-teller *znw* verhaler, verteller; gemeenz jokkebrok
stoup [stu:p] *znw* wijwaterbak
1 stout [staut] *znw* stout [donker bier]
2 stout [staut] *bn* (zwaar)lijvig, corpulent, gezet,
zwaar, dik, sterk, stevig, krachtig, kloek, dapper,
flink
stout-hearted *bn* kloekmoedig
stoutly *bijw* moedig, kloek
1 stove [stouv] *znw* kachel, fornuis *o*; (toe)stel *o* [om
op te koken &]; stoof; droogoven
2 stove [stouv] V.T. & V.D. van *stave II*
stove-pipe ['stouvpaip] *znw* kachelpijp[2]
stow [stou] **I** *overg* stuwen, stouwen; leggen, bergen;
(vol)pakken; *~ away* wegleggen, (op)bergen; fig

verorberen [v. eten]; ~ it! slang kop dicht!, schei uit!; **II** *onoverg*: ~ *away* als verstekeling(en) meereizen

stowage *znw* stuwage; berging; bergruimte, bergplaats; stuwagegeld o

stowaway *znw* blinde passagier, verstekeling

straddle ['strædl] **I** *overg* schrijlings zitten op; wijdbeens staan boven; aan weerskanten liggen van; *the village ~s the border* de grens loopt dwars door het dorp; **II** *onoverg* Am *fig* de kool en de geit sparen

strafe [stra:f] *overg* zwaar bombarderen, beschieten; gemeenz geducht afstraffen

straggle ['strægl] *onoverg* (af)dwalen, zwerven, achterblijven; verstrooid staan; verspreid liggen

straggler *znw* achterblijver; afgedwaalde; plantk wilde loot

straggling *bn* verstrooid, verspreid; onregelmatig (gebouwd &)

straggly *bn* plantk wild opgeschoten

straight [streit] **I** *bn* recht [niet krom], glad [niet krullend]; fig eerlijk, fatsoenlijk; betrouwbaar; openhartig; in orde; op orde; puur [v. drank]; serieus [niet komisch]; gemeenz hetero(seksueel); ~ *angle* gestrekte hoek; ~ *contest* = ~ *fight; keep a ~ face* ernstig blijven; ~ *fight* (verkiezings)strijd tussen twee kandidaten; *as ~ as an arrow* kaarsrecht; *I gave it him* ~ ik zei het hem ronduit; *get it* ~ gemeenz het goed begrijpen; *put* ~ herstellen; opruimen; weer in orde brengen; *put the record* ~, *set matters* ~ de zaken goed op een rijtje zetten, alle misverstanden uit de weg ruimen; **II** *bijw* recht(op), rechtuit; regelrecht, rechtstreeks, direct; fig eerlijk; *go* ~ gemeenz oppassen, zich goed gedragen; ~ *away (off)* op staande voet, op stel en sprong; ~ *from the horse's mouth* uit de eerste hand; ~ *on* rechtuit, rechtdoor; ~ *out* ronduit; **III** *znw* rechte eind o [v. renbaan]; *follow (keep) the* ~ *and narrow* fig op het rechte pad blijven; *out of the* ~ krom, scheef

straighten I *overg* recht maken, in orde brengen[2]; ontkroezen [haar]; ~ *out* recht maken; recht trekken; ontwarren; weer in orde brengen; ~ *up* opredderen, wat opknappen; **II** *onoverg* recht worden; ~ *up* zich oprichten

straightforward [streit'fɔ:wəd] *bn* recht door zee gaand, oprecht, rond(uit); eerlijk; zakelijk [v. stijl, verhaal &], ongecompliceerd, (dood)eenvoudig, (dood)gewoon

straightway ['streitwei] *bijw* vero dadelijk

strain [strein] **I** *overg* spannen, (uit)rekken; (te veel) inspannen [zijn krachten]; verrekken [gewricht of spier]; geweld aandoen, verdraaien [feiten &]; forceren [stem]; drukken; uitlekken [in zeef, vergiet]; ~ *out* uitlekken; **II** *onoverg* zich inspannen; trekken, rukken (aan *at*); doorzijgen; ~ *after* streven naar; jacht maken op; **III** *znw* spanning; inspanning, streven o; overspanning; druk; verdraaiing [v.

de waarheid]; verrekking [v.e. spier]; geest, toon; karakter o, element o, tikje o [van iets]; ras o, geslacht o; neiging; plechtig wijs, melodie (vooral ~*s*); *there is a heroic* ~ *in his character* iets heroïsch; *put (too great) a* ~ *on oneself* zich (te veel) inspannen; *his letters are in a different* ~ in zijn brieven slaat hij een andere toon aan; *he is of a noble* ~ van edele stam (van edel ras)

strained *bn* gespannen [van verhoudingen]; gedwongen, gemaakt, geforceerd; verdraaid, gewrongen

strainer *znw* filterdoek; vergiet o & v, zeef

strait [streit] **I** *bn* vero nauw, eng, bekrompen, streng (in zijn opvatting); **II** *znw*: ~(*s*) (zee-)engte, (zee)straat; moeilijkheid, verlegenheid; *the S~s of Dover* het Nauw van Calais; *the S~ of Gibraltar* de Straat van Gibraltar; *be in desperate (dire)* ~*s* in een hopeloze situatie verkeren; *be in financial* ~*s* geldproblemen hebben

straitened ['streitnd] *bn*: *be in* ~ *circumstances* het (financieel) niet breed hebben

strait-jacket ['streitdʒækit] *znw* dwangbuis o; fig keurslijf o

strait-laced *bn* fig preuts, puriteins streng

1 strand [strænd] **I** *znw* strand o, kust, oever (vooral plechtig); **II** *overg* doen stranden, op het strand zetten; *be* ~*ed* stranden[2], schipbreuk lijden[2]; fig blijven zitten (steken), niet verder kunnen; *be left* ~*ed* hulpeloos achterblijven; **III** *onoverg* stranden

2 strand [strænd] *znw* streng [v. wol, touw]; (haar-)lok

strange [strein(d)ʒ] *bn* vreemd, onbekend; vreemdsoortig, ongewoon, zonderling, raar°; *she is still* ~ *to the work* het werk is haar nog vreemd; *feel* ~ zich niet thuis voelen; zich raar voelen; ~ *to say* vreemd genoeg

stranger *znw* vreemdeling, vreemde, onbekende; recht derde; *I am a* ~ *here* ik ben hier vreemd; *you are quite a* ~ je laat je nooit zien; *he is a* ~ *to fear* alle vrees is hem vreemd; *he is no* ~ *to me* hij is mij niet vreemd, ik hoef mij voor hem niet te generen

strangle ['strængl] *overg* wurgen, worgen; smoren; fig onderdrukken

stranglehold *znw* worgende greep[2]

strangler *znw* worger

strangles ['strænglz] *znw* goedaardige droes [paardenziekte]

strangulated ['stræŋgjuleitid] *bn* dichtgesnoerd, ingesnoerd; med beklemd [breuk]

strangulation [stræŋgju'leiʃən] *znw* (ver)worging; med beklemming [v. breuk]

strap [stræp] **I** *znw* riem, riempje o; schouderbandje o [v. beha &]; drijfriem; lus [in tram, bus]; hechtpleister; band; aanzetriem; techn beugel; ~*s* souspieds; **II** *overg* (met een riem) vastmaken (ook: ~ *up*); (met een riem) slaan; (op een riem) aanzetten

strap-hanger *znw* staande passagier

strapless

strapless *bn* zonder schouderbandjes

strappado [strə'peidou] **I** *znw* wipgalg; **II** *overg* wippen

strapping ['stræpiŋ] **I** *bn* groot en sterk, stevig, potig; **II** *znw* riemen, tuig *o*; afranseling (met riem)

stratagem ['strætidʒəm] *znw* krijgslist, list

strategic [strə'ti:dʒik] *bn* strategisch

strategics *znw* = *strategy*

strategist ['strætidʒist] *znw* strateeg

strategy *znw* strategie[2]

stratification [strætifi'keiʃən] *znw* gelaagdheid, stratificatie

stratify ['strætifai] *overg* in lagen leggen, tot lagen vormen; *stratified* gelaagd

stratosphere ['stræ-, 'stra:tousfiə] *znw* stratosfeer

stratum ['stra:təm] *znw (mv:* strata [-tə]*)* (gesteente)laag

stratus ['streitəs] *znw (mv:* strati [-tai]*)* laagwolk

straw [strɔ:] **I** *znw* stro *o*; strohalm, strootje *o*; rietje *o (drinking ~)*; strohoed; *~ in the wind* fig kleinigheid die doet vermoeden wat er komen gaat; *that's the last ~, that's the ~ that broke the camel's back* dat is de druppel die de emmer doet overlopen; dat is het toppunt; *catch (grasp, clutch) at a ~ (at ~s)* zich aan een strohalm vastklampen; *draw ~s* strootje trekken; *not worth a ~* geen lor waard; **II** *bn* van stro, strooien, stro-

strawberry ['strɔ:b(ə)ri] *znw* aardbei; *~ mark* wijnvlek [in de huid]

straw-board ['strɔ:bɔ:d] *znw* strokarton *o*

straw-coloured *bn* strokleurig

straw-poll, straw-vote *znw* onofficiële stemming, proefstemming

strawy *bn* stroachtig; van stro

stray [strei] **I** *onoverg* (rond)zwerven, (rond)dwalen, verdwalen, afdwalen; *~ into* afdwalen naar; verdwalen (soms: verlopen) in; **II** *bn* afgedwaald; verdwaald; sporadisch voorkomend; verspreid; *~ cat* zwerfkat; *~ customer* toevallige klant; *a ~ instance* een enkel voorbeeld *o* of geval *o*; *~ notes* losse aantekeningen; **III** *znw* afgedwaald of verdwaald dier *o*

streak [stri:k] **I** *znw* streep; ader, laag; *~ of lightning* bliksemflits; *have a ~ of luck* steeds geluk hebben; *he has a ~ of superstition in him* hij is een tikje bijgelovig; **II** *overg* strepen; **III** *onoverg* gemeenz voorbijschieten, flitsen; streaken, naakthollen

streaked *bn* gestreept, geaderd

streaker *znw* streaker, naaktholler [in het openbaar]

streaking *znw* streaken *o*, naakthollen *o* in het openbaar

streaky *bn* doorregen [v. spek]; = *streaked*

stream [stri:m] **I** *znw* stroom[2]; fig stroming; **II** *onoverg* stromen; wapperen; **III** *overg* onderw plaatsen in een groep (van bekwaamheid); *~ed school* met groepen (van bekwaamheid)

streamer ['stri:mə] *znw* wimpel; lang lint *o* of lange veer; spandoek *o & m*; serpentine; *~s* noorder-

licht *o*

streamlet ['stri:mlit] *znw* stroompje *o*

streamline ['stri:mlain] *overg* stroomlijnen; fig efficiënter maken [bedrijf &]

street [stri:t] *znw* straat; *in Queer ~* aan lagerwal, in geldverlegenheid; er naar (beroerd) aan toe; *in (Am on) the ~* op straat; *the man in the ~* Jan met de pet, de gewone man; *it's (right) up my ~* gemeenz het is (net) iets voor mij; *be ~s ahead of* fig veel beter zijn dan; *its ~s ahead of me* het gaat me boven de pet; *not be in the same ~ as* niet kunnen tippen aan; *on the ~s* in het leven [de prostitutie]; *walk the ~s* zie: *walk*

street Arab *znw* vero straatjongen, boefje *o*

streetcar *znw* Am tram

street cred, street credibility *znw* geloofwaardigheid bij de jeugd; vertrouwdheid met de jeugdcultuur

streetlight *znw* straatlantaarn

streetlighting *znw* straatverlichting

street map *znw* stratenplan *o*, plattegrond

street-sweeper *znw* veegmachine; straatveger

street-trader *znw* venter, straathandelaar

street value *znw* straatwaarde

street-walker *znw* prostituee, prostitué

streetwise *bn* bekend met het straatleven, door de wol geverfd

strength ['streŋθ] *znw* (getal)sterkte, kracht, macht; ook: krachten; *Britain goes from ~ to ~* Engeland gaat gestadig vooruit, wordt steeds beter; *they were there in ~* er was een flinke opkomst; *on the ~ of* op grond van, naar aanleiding van

strengthen I *overg* versterken, sterken; **II** *onoverg* sterk(er) worden

strenuous ['strenjuəs] *bn* krachtig, energiek, ijverig; inspannend; moeilijk

strep throat ['strepθrout] *znw* keelontsteking, zere keel

stress [stres] **I** *znw* nadruk[2], klem(toon), accent *o*; spanning, med stress; techn spanning, druk; kracht, gewicht *o*; *under the ~ of circumstances* daartoe gedwongen door de omstandigheden; **II** *overg* de nadruk leggen op[2]; *~ed* beklemtoond; gestrest, gespannen; techn onder druk, belast

stressful *bn* met veel spanning, vol beslommeringen, vol stress

stretch [stretʃ] **I** *overg* rekken, oprekken, uitrekken; uitstrekken, uitsteken, uitspreiden, (uit)spannen; fig overdrijven; geweld aandoen; prikkelen, uitdagen; *~ one's legs* de benen strekken, zich vertreden; *~ a point* niet al te nauw kijken; *~ the truth* het zo nauw niet nemen met de waarheid [= liegen]; *~ one's wings* zijn vleugels uitslaan[2]; *be ~ed* krap zitten; *~ oneself* zich uitrekken [na slaap &]; zich uitstrekken; **II** *onoverg & abs ww* zich uitstrekken, zich uitrekken; rekken; *~ away* zich uitstrekken (naar *towards*); *~ down to* reiken tot, zich uitstrekken tot aan; *~ out* zich uitstrekken; aanstappen; **III** *znw*

uit(st)rekking, spanning; inspanning; uitgestrektheid; (recht) eind *o*, stuk *o* [v. weg &]; tijd, tijdje *o*,
periode; slang (één jaar) gevangenisstraf; *do a ~
slang* (achter de tralies) zitten; *at a ~* als het nijpt,
desnoods; achtereen, aan één stuk door; *at full ~*
helemaal gestrekt; gespannen tot het uiterste; *by a
~ of the imagination* met wat fantasie; *on the ~* (in-)
gespannen[2]; **IV** *bn* stretch-
stretcher *znw* rekker; spanraam *o*; bouwk strekse
steen; draagbaar, brancard; spoorstok [in roeiboot]
stretcher-bearer *znw* ziekendrager, brancardier
stretchy *bn* rekbaar, elastisch
strew [stru:] (strewed; strewn/strewed) *overg* (uit-)
strooien; bestrooien; bezaaien (met *with*)
strewth [stru:θ] *tsw* slang warempel
stricken ['strikn] *bn* geslagen, getroffen; zwaar beproefd; diepbedroefd; *~ with fever* door koorts aangetast
strict ['strikt] *bn* stipt, strikt (genomen), streng,
nauwkeurig, nauwgezet
stricture ['striktʃə] *znw* (kritische) aanmerking (op
on); med vernauwing
1 stride [straid] (strode; stridden) *onoverg* schrijden,
met grote stappen lopen
2 stride [straid] *znw* schrede, (grote) stap; *make
great ~s* fig grote vorderingen maken; *at a (one) ~*
met één stap; *take sth. in one's ~* iets en passant
doen, tussen de bedrijven door afhandelen; *get into
one's ~* op dreef komen
strident ['straidənt] *bn* krassend, schril, schel;
scherp[2]
strife [straif] *znw* strijd, twist, tweedracht
1 strike [straik] (struck; struck) **I** *overg* slaan, slaan
op (met, tegen, in); aanslaan [een toon &]; invallen, opkomen bij [idee &]; stoten (met, op, tegen);
aanslaan tegen; komen aan (op), aantreffen, vinden; treffen[2], opvallen, voorkomen, lijken; strijken
[vlag]; afbreken [tent]; afstrijken [lucifer &]; *how
does it ~ you?* wat vind je er van?; hoe bevalt het je,
hoe vind je het?; *~ sbd. blind (dumb)* iem. met
blindheid (stomheid) slaan; *it ~s me as ridiculous*
het lijkt mij belachelijk; *~ an attitude* een gemaakte
houding aannemen, poseren; *~ a balance between
fig* een evenwicht vinden tussen; *~ a bargain* een
koop sluiten; een overeenkomst sluiten; *~ sbd. a
blow* iem. een slag toebrengen; *~ a blow for (freedom)* een lans breken voor de vrijheid; *~ camp* het
kamp opbreken; *~ a chord with fig* bijzonder aanspreken; *~ me dead if...* ik mag doodvallen als...; *~
home* raak slaan; fig in de roos schieten; *~ while the
iron is hot* het ijzer smeden wanneer het heet is; *~
it lucky* boffen; *~ oil* petroleum aanboren; fig fortuin maken; *~ a rock op* een rots stoten (lopen) **II**
onoverg slaan; toeslaan; mil aanvallen; raken; inslaan [v. bliksem, projectiel]; aangaan, vuur vatten
[v. lucifer]; wortel schieten; (het werk) staken; *~ at*
slaan naar, een slag toebrengen[2]; aangrijpen; *~ at
the root of* in de wortel aantasten; *~ back* terug-

slaan; *~ down* neerslaan; neervellen; *~ terror into
their hearts* hun hart met schrik vervullen; *~ off*
afslaan, afhouwen; schrappen, (van de lijst) afvoeren; royeren; *~ on* stoten op; fig ontdekken; *be
struck on* dol zijn op; *~ out* van zich afslaan [bij
boksen]; de armen uitslaan [bij zwemmen]; fig zijn
eigen weg gaan; *~ out a name* doorhalen, schrappen; *~ out at sbd.* iem. slaan, uithalen naar iem.; *~
through* doorstrepen [een woord]; *~ up* muz beginnen te spelen, aanheffen, inzetten; aangaan, sluiten [verbond &]; *~ up an acquaintance with sbd.*
met iem. aanpappen; *~ up a conversation (a correspondence)* met een gesprek (een briefwisseling)
beginnen met; *~ (up)on an idea* op een idee komen;
struck with surprise verbaasd; *struck with terror* door
schrik bevangen
2 strike [straik] *znw* slag[2]; mil (lucht)aanval;
(werk)staking; vondst [v. goud]; strijkhout *o*; *the
men on ~* de stakers; *go on ~* in staking gaan
strike-bound *bn* door staking lamgelegd [indus-
trie]
strike-breaker *znw* stakingbreker
strike-fund *znw* stakingskas
strike-pay *znw* stakingsuitkering
striker *znw* (werk)staker
striking *bn* treffend, frappant, opvallend, merkwaardig, sensationeel; mil aanvals-; *within ~ distance of* in de buurt van; *the ~ mechanism* het slagwerk [in klok]
1 string [strin] *znw* touw *o*, touwtje *o*, bindgaren *o*,
band, koord *o & v*, veter; snoer *o*, snaar; pees, vezel,
draad; ris, sliert, reeks, rij; *~s* ook: fig zekere voorwaarden; *with no ~s attached* onvoorwaardelijk; *the
~s* muz de strijkinstrumenten; de strijkers; *a bit
(piece) of ~* een touwtje *o*; *have two (more than one)
~s to one's bow* nog andere pijlen op zijn boog hebben; *pull the ~s* aan de touwtjes trekken (achter de
schermen); *pull ~s to...* zijn invloed aanwenden
om...; *have sbd. on a ~* iem. aan het lijntje hebben
2 string [strin] (strung; strung) **I** *overg* rijgen (aan
on) [snoer &], snoeren; besnaren; (met snaren) bespannen; spannen [de zenuwen, de boog]; (af-)
risten, afhalen [bonen &]; *~ along* gemeenz aan
het lijntje houden; *~ out* in een rij naast elkaar
plaatsen; *~ together* aaneenrijgen[2]; *~ up* fig (in-)
spannen; gemeenz opknopen, ophangen; **II** *onoverg*: *~ along with* gemeenz meegaan met, meewerken met; *~ out* in een rij staan, lopen &
string bag *znw* boodschappennet *o*
string bean *znw* (snij)boon; fig bonenstaak, lange
slungel
string player *znw* muz strijker
stringed *bn* besnaard; snaar-, strijk-; *two-~* tweesnarig
stringency ['strindʒənsi] *znw* bindende kracht,
strengheid [v. wetten of bepalingen]; klemmend
karakter *o* [v. betoog]; handel nijpende schaarste [v.
geldmarkt]

stringent *bn* bindend, streng; klemmend; <u>handel</u> schaars, krap

string orchestra ['striŋɔ:kistrə] *znw* strijkorkest *o*

stringy ['striŋi] *bn* vezelig, draderig, zenig

strip [strip] **I** *overg* (af)stropen, afristen, afhalen [bedden]; strippen [tabak], (naakt) uitkleden; leeghalen; uitmelken [koe]; ontmantelen; <u>scheepv</u> onttakelen; ~ *bare* (*naked, to the skin*) poedelnaakt ontkleden; naakt uitschudden; ~ *of* beroven van, ontdoen van; ~ *off* uittrekken, afrukken; afstropen; **II** *onoverg & abs ww* zich uitkleden; zich laten afstropen, afristen &; losgaan; **III** *znw* strook, reep; strip, beeldverhaal *o*, (ook: *comic* ~, ~ *cartoon*); *tear sbd. off a* ~, *tear a* ~ *off sbd.* <u>gemeenz</u> iem. op zijn lazer geven

stripe [straip] *znw* streep, <u>mil</u> chevron; (zweep)slag

striped *bn* gestreept, streepjes-

strip-lighting ['striplaitiŋ] *znw* tl-verlichting

stripling ['stripliŋ] *znw* jongeling

stripper ['stripə] *znw* afstroper; stripper, stripteasedanser(es)

strip-tease ['stripti:z] *znw* striptease

strip-teaser *znw* stripteasedanser(es)

stripy ['straipi] *bn* gestreept, streepjes-

strive [straiv] (strove; striven) *onoverg* hard zijn best doen, zich inspannen (om *to*); streven (naar *after, for*); <u>plechtig</u> worstelen, strijden (tegen *with, against*)

striven ['strivn] V.D. van *strive*

strobe light ['stroublait] *znw* stroboscooplamp

stroboscopic [stroubou'skɔpik] *bn* stroboscopisch

strode [stroud] V.T. van ¹*stride*

1 stroke [strouk] *znw* slag²; trek, haal, streep; schuine streep (/); streek, schrap; stoot; aanval [v. beroerte]; <u>sp</u> slag(roeier); ~ *of diplomacy* fraai staaltje *o* diplomatie; *a* ~ *of genius* een geniaal idee *o & v*; ~ *of lightning* blikseminslag; *a* ~ *of luck* een buitenkansje *o*; *he has not done a* ~ *of work* hij heeft geen klap gedaan; *at a (one)* ~ met één slag; *be off one's* ~ <u>sp</u> van slag zijn [v. roeier]; <u>fig</u> de kluts kwijt (in de war) zijn; *on the* ~ *of five* op slag van vijven

2 stroke [strouk] **I** *overg* strelen, (glad)strijken, aaien; **II** *znw* streling, aai

stroll [stroul] **I** *onoverg* (rond)slenteren, kuieren, ronddwalen; ~*ing player* reizend, rondtrekkend toneelspeler; **II** *znw* toertje *o*, wandeling

stroller *znw* slenteraar, wandelaar; <u>Am</u> wandelwagen

strong [strɔŋ] **I** *bn* sterk°, kras, krachtig, vurig; vast [v. markt]; zwaar [drank of tabak]; ranzig [boter &]; goed [geheugen]; ~ *language* krasse taal; grofheden; *twenty* ~ twintig man sterk, met zijn twintigen; **II** *bijw* sterk; *come on* ~ overdrijven; flirten, hitsig worden; *be going* ~ nog prima in vorm zijn; het nog goed doen [auto &]

strong-arm *bn* hardhandig

strong-box *znw* brandkast, geldkist

stronghold *znw* sterkte, burcht²; bolwerk² *o*

strongish *bn* tamelijk sterk

strong-minded *bn* van krachtige geest; energiek

strong-room *znw* (brand- en inbraakvrije) kluis

strong-willed *bn* gedecideerd, wilskrachtig

strontium ['strɔnʃiəm] *znw* strontium *o*

strop [strɔp] *znw* aanzetriem, scheerriem; <u>scheepv</u> strop

strophe ['stroufi] *znw* strofe, vers *o*

strophic ['strɔfik] *bn* strofisch

stroppy ['strɔpi] *bn* <u>gemeenz</u> lastig, dwars, in de contramine, onaangenaam

strove [strouv] V.T. van *strive*

struck [strʌk] **I** V.T. & V.D. van ¹*strike*; **II** *bn* onder de indruk; <u>gemeenz</u> gecharmeerd, betoverd

structural ['strʌktʃərəl] *bn* van de bouw, bouw-, structuur-, structureel; ~ *alterations* verbouwing

structuralism *znw* structuralisme *o*

structuralist **I** *znw* structuralist; **II** *bn* structuralistisch

structure **I** *znw* structuur, bouw²; gebouw² *o*, bouwsel *o*; **II** *overg* structureren

struggle ['strʌgl] **I** *onoverg* (tegen)spartelen; worstelen (tegen *against, with*), kampen (met *with*); strijden; zich alle mogelijke moeite geven; ~ *in* (*through*) zich met moeite een weg banen naar binnen (door); ~ *through* ook: doorworstelen; *she* ~*d into* (*out of*) *her dress* ze kwam met moeite in (uit) haar japon; **II** *znw* worsteling, (worstel)strijd; pogingen; probleem *o*, problematisch geval *o*; *the* ~ *for life* de strijd om het bestaan

struggling *bn* worstelend, met moeite het hoofd boven water houdend

strum [strʌm] **I** *onoverg & overg* tjingelen, tokkelen [op snaarinstrument]; **II** *znw* getjingel *o*, getokkel *o*

struma ['stru:mə] *znw* (*mv:* strumae [-mi:]) kropgezwel *o*, struma

strumpet ['strʌmpit] *znw* slet, hoer

strung [strʌŋ] V.T. & V.D. van ²*string*

1 strut [strʌt] **I** *onoverg* deftig, trots stappen; **II** *znw* deftige, trotse stap

2 strut [strʌt] **I** *znw* stut; **II** *overg* stutten

strychnine ['strikni:n] *znw* strychnine

stub [stʌb] **I** *znw* stronk [v. boom]; stomp, stompje *o* [potlood], peuk, peukje *o* [sigaar]; <u>Am</u> souche [v. cheque]; **II** *overg* [zijn teen &] stoten; ~ *out* uitdrukken [sigaret]

stubble ['stʌbl] *znw* stoppel(s)²

stubbly *bn* stoppelig, stoppel-

stubborn ['stʌbən] *bn* hardnekkig; halsstarrig, onverzettelijk, weerspannig

stubby ['stʌbi] *bn* kort en dik, kort en stevig

stucco ['stʌkou] **I** *znw* pleisterkalk; pleisterwerk *o*; **II** *overg* stukadoren, pleisteren

stuck [stʌk] **I** V.T. & V.D. van ²*stick*; **II** *bn* <u>slang</u> verliefd (op *on*); *to be* ~ vastzitten, niet verder kunnen; ~ *with* opgescheept met; *get* ~ *in* hard aan de slag gaan

stuck-up *bn* <u>gemeenz</u> verwaand, pedant

1 stud [stʌd] **I** *znw* tapeinde *o*; knop, knopje *o*, spijker; overhemdsknoopje *o*; **II** *overg* het knoopje steken in (door); (met knopjes) beslaan, bezetten of versieren; ~*ded with* dicht bezet met; bezaaid met

2 stud [stʌd] *znw* stoeterij; (ren)stal; dekhengst [ook: fig seksueel actieve man]

stud-book *znw* (paarden-, honden- &) stamboek *o*

student ['stju:dənt] *znw* student, scholier; beoefenaar; leerling [v. muziekschool]; die (een speciale) studie maakt (van *of*), die zich interesseert (voor *of*); beursaal

studentship *znw* studentschap *o*; studiebeurs

stud-farm ['stʌdfa:m] *znw* stoeterij

stud-horse *znw* (dek)hengst

studied ['stʌdid] *bn* gestudeerd; weldoordacht; bestudeerd, gewild, gemaakt, opzettelijk

studio ['stju:diou] *znw* (film)studio; atelier *o* [v. kunstenaar]; (ook: ~ *flat*) eenkamerwoning, studio; ~ *couch* bedbank

studious ['stju:diəs] *bn* ijverig, vlijtig, leerzaam, leergierig; angstvallig, nauwgezet; bestudeerd, opzettelijk

study ['stʌdi] **I** *znw* studie°; bestudering; <u>muz</u> etude; studeerkamer; ~ *of a head* studiekop [v. schilder]; *his face was a* ~ de moeite van het bestuderen waard; *in a brown* ~ in gedachten verzonken; **II** *overg* (be)studeren; studeren in; rekening houden met [iems. belangen]; **III** *onoverg* studeren

stuff [stʌf] **I** *znw* stof; materiaal *o*, goed *o*, goedje *o* [ook = medicijn], rommel; <u>handel</u> goederen; spul *o*; <u>slang</u> drug(s), narcotica; spul *o*; klets (ook: ~ *and nonsense*); *he is hot* ~ hij is een kraan, niet mis, niet makkelijk; *it is poor (sorry)* ~ het is dun, bocht *o* & *m*; *that's the* ~ <u>gemeenz</u> dat is je ware!; dat kunnen we gebruiken, dat is wat we nodig hebben; *he has the* ~ *of a capable soldier* hij is van het hout waarvan men goede soldaten maakt; *do one's* ~ zijn werk doen; zich weren; *know one's* ~ zijn weetje weten; **II** *overg* volstoppen², volproppen² (met *with*); schransen; farceren; <u>slang</u> inmaken, compleet verslaan; (op)vullen; opzetten [dieren]; stoppen (in *into*); (dicht)stoppen (ook: ~ *up*); ~*ed(-up) nose* verstopte neus; *I'm* ~*fed up* mijn neus zit verstopt; ~*ed shirt* <u>slang</u> druktemaker, dikdoener; *get* ~*ed!* plat flikker op!; **III** *wederk*: ~ *oneself* <u>gemeenz</u> zich volproppen (met eten)

stuffer *znw* opvuller; opzetter [v. dieren]

stuffing *znw* vulsel *o*, opvulsel *o*, farce; *knock (take) the* ~ *out of sbd.* <u>gemeenz</u> iem. uit het veld slaan

stuffy ['stʌfi] *bn* benauwd, dompig, bedompt, duf²; <u>gemeenz</u> bekrompen, conventioneel

stultification [stʌltifi'keiʃən] *znw* belachelijk, krachteloos & maken *o*, zie *stultify*

stultify ['stʌltifai] *onoverg* <u>fig</u> afstompen

stumble ['stʌmbl] **I** *onoverg* struikelen²; strompelen; ~ *across* = ~ *upon*; ~ *along* voortstrompelen; ~ *at* zich stoten aan; aarzelen; ~ *for words* zoeken naar zijn woorden; ~ *on* = ~ *upon*; ~ *over* struikelen over; ~ *through a recitation* hakkelend opzeggen; ~ *upon* tegen het lijf lopen, toevallig aantreffen of vinden; **II** *znw* struikeling², misstap

stumbling-block *znw* struikelblok *o*, hinderpaal; steen des aanstoots

stump [stʌmp] **I** *znw* stomp, stompje *o*; stronk; stump: paaltje *o* [v. wicket]; ~*s* <u>gemeenz</u> onderdanen [benen]; *draw* ~*s* uitscheiden met spelen; *stir one's* ~*s* <u>gemeenz</u> opschieten; **II** *overg* <u>sp</u> er uit slaan [bij cricket]; <u>gemeenz</u> in verlegenheid brengen; ~ *up* <u>gemeenz</u> dokken [geld]; **III** *onoverg* stommelen, strompelen; <u>Am</u> verkiezingsredevoeringen houden

stumpy *bn* kort en dik, gezet

stun [stʌn] *overg* bewusteloos slaan, bedwelmen, verdoven; <u>gemeenz</u> overweldigen, verbluffen

stung [stʌŋ] V.T. & V.D. van ¹*sting*

stunk [stʌŋk] V.T. & V.D. van ¹*stink*

stunner ['stʌnə] *znw* <u>gemeenz</u> prachtkerel, -meid, schoonheid; *that car is a* ~ <u>gemeenz</u> dit is een geweldige auto

stunning *bn* bewusteloos makend &, zie *stun*; verbluffend; <u>gemeenz</u> fantastisch, te gek

1 stunt [stʌnt] **I** *znw* nummer *o* [v. vertoning]; toer, kunst, truc, foefje *o*, kunstje *o*, stunt; <u>luchtv</u> kunstvlucht; *do* ~*s* <u>luchtv</u> kunstvliegen; *pull a* ~ een stunt uithalen; **II** *onoverg* toeren doen, zijn kunsten vertonen; <u>luchtv</u> kunstvliegen

2 stunt [stʌnt] *overg* in de groei belemmeren

stunted *bn* in de groei blijven steken, dwerg-

stunt-man ['stʌntmæn] *znw* stuntman

stunt-woman *znw* stuntvrouw

stupefaction [stju:pi'fækʃən] *znw* bedwelming, verdoving; (stomme) verbazing

stupefy ['stju:pifai] *overg* verdoven, bedwelmen; verstompen; verbluffen

stupendous [stju'pendəs] *bn* verbazend, verbazingwekkend, kolossaal

stupid ['stju:pid] **I** *bn* dom, stom, onzinnig; saai; (ver)suf(t); **II** *znw* <u>gemeenz</u> stommerik

stupidity [stju'piditi] *znw* domheid &; stomheid

stupor ['stju:pə] *znw* verdoving, bedwelming, gevoelloosheid; stomme verbazing

sturdy ['stə:di] *bn* sterk, stoer, stevig

sturgeon ['stə:dʒən] *znw* steur

stutter ['stʌtə] **I** *onoverg & overg* stotteren, hakkelen; **II** *znw* gestotter *o*, gehakkel *o*

sty [stai] *znw* **1** varkenshok² *o*, kot² *o*; **2** (ook: *stye*) <u>med</u> strontje *o* (op het oog)

Stygian ['stidʒiən] *bn* duister, donker (als de mythologische rivier Styx)

style [stail] **I** *znw* stijl°, wijze, manier, (schrijf)trant; soort, genre *o*; <u>plantk</u> stijl [v. stamper]; *free* ~ vrije slag [zwemmen]; ~ *of writing* stijl, schrijftrant; *there is no* ~ *about her* zij heeft geen cachet; *in* ~, *in fine (good)* ~ in stijl; volgens de regelen der kunst; in de puntjes; met glans; *in (high)* ~ op grote voet; **II**

565

overg noemen, betitelen; ontwerpen, vormgeven [auto, japon &]

stylish *bn* naar de (laatste) mode, stijlvol, elegant, fijn, chic, zwierig

stylist *znw* stilist

stylistic [stai'listik] **I** *bn* stilistisch, stijl-; **II** *znw*: ~ *s* stijlleer

stylite ['stailait] *znw* pilaarheilige

stylize ['stailaiz] *overg* stileren

stylus ['stailəs] *znw* (*mv*: styluses *of* styli [-lai]) naald (v. pick-up)

stymie ['staimi] *overg* hinderen [bij golfsport]; fig verijdelen [plan], verhinderen; mat zetten [tegenstander]

styptic ['stiptik] *bn* (*znw*) bloedstelpend (middel *o*)

Styx [stiks] *znw* Styx (mythologische rivier); *cross the* ~ doodgaan, sterven

suasion ['sweiʒən] *znw* morele druk

suave [sweiv] *bn* minzaam, voorkomend, vriendelijk [v. wijn], zacht

suavity ['swa:viti, 'sweiviti, 'swæviti] *znw* minzaamheid &

1 sub [sʌb] *znw* gemeenz verk. v. *subaltern, subeditor, sub-lieutenant, submarine, subscription, substitute;* slang voorschot *o*

2 sub [sʌb] *voorz* [Lat] onder; ~ *judice* nog niet door een rechter beslist; ~ *rosa* onder geheimhouding

3 sub- [sʌb] *voorv* onder, bijna, bij, naar, lager, kleiner, ongeveer

subacid ['sʌb'æsid] *bn* zurig; fig zuurzoet

subaltern ['sʌbltən] **I** *bn* subaltern, ondergeschikt; lager; **II** *znw* onderambtenaar; mil officier beneden de rang van kapitein, jong luitenantje *o*

subaquatic [sʌbə'kwætik] *bn* onderwater-

subatomic ['sʌbə'tɔmik] *bn* subatomair

subaudition [sʌbɔ:'diʃən] *znw* stilzwijgend begrijpen *o* van betekenis (bedoeling), tussen de regels kunnen doorlezen *o*

subclass ['sʌbkla:s] *znw* onderklasse

subcommittee ['sʌbkə'miti] *znw* subcommissie

subconscious ['sʌb'kɔnʃəs] **I** *bn* onderbewust; **II** *znw* onderbewuste *o*; onderbewustzijn *o*

subcontinent ['sʌb'kɔntinənt] *znw* subcontinent *o*

subcontractor ['sʌbkɔn'træktə] *znw* onderaannemer; toeleveringsbedrijf *o*

subculture ['sʌb'kʌltʃə] *znw* subcultuur

subcutaneous [sʌbkju'teiniəs] *bn* onderhuids

subdeacon ['sʌb'di:kən] *znw* RK subdiaken; onderdiaken

subdivide ['sʌbdi'vaid] **I** *overg* in onderafdelingen verdelen, onderverdelen; **II** *onoverg* in onderafdelingen gesplitst worden, zich weer (laten) verdelen

subdivision ['sʌbdiviʒən] *znw* onderafdeling; onderverdeling

subdue [səb'dju:] *bn* onderwerpen, klein krijgen; beheersen [hartstochten], bedwingen; temperen [v. licht &]; ~*d* ook: gedempt; gedekt; stil, zacht, zichzelf meester; ingehouden

sub-edit ['sʌb'edit] *overg* persklaar maken, redigeren

sub-editor ['sʌb'editə] *znw* secretaris v.d. redactie

subfusc ['sʌbfʌsk] *bn* donker [v. kleur]

subgroup ['sʌb'gru:p] *znw* subgroep

sub-heading ['sʌbhediŋ] *znw* ondertitel

subhuman ['sʌb'hju:mən] *bn* minder dan menselijk

subjacent [sʌb'dʒeisənt] *bn* lager gelegen

subject I *bn* ['sʌbdʒikt] onderworpen; ~ *to* onderworpen aan; onderhevig aan, vatbaar voor; last hebbend van [duizelingen &]; afhankelijk van; ~ *to the approval of...* behoudens de goedkeuring van...; ~ *to such conditions as...* onder zodanige voorwaarden als...; **II** *znw* onderdaan; persoon, individu *o*; proefpersoon, -dier *o*; kadaver *o* [voor de snijkamer]; subject *o*; onderwerp° *o*; (leer)vak *o*; muz thema *o*; aanleiding, motief *o*; *a* ~ *for...* een voorwerp van...; *on the* ~ *of...* ook: inzake..., over...; **III** *overg* [səb'dʒekt] onderwerpen, blootstellen (aan *to*)

subjection *znw* onderwerping; afhankelijkheid; onderworpenheid

subjective [səb'dʒektiv] **I** *bn* subjectief; onderwerps-; ~ *case* eerste naamval, nominatief; **II** *znw* eerste naamval, nominatief

subjectivity [sʌbdʒek'tiviti] *znw* subjectiviteit

subject-matter ['sʌbdʒiktmætə] *znw* stof, onderwerp *o* [behandeld in een boek]

subjoin [sʌb'dʒɔin] *overg* toe-, bijvoegen

subjugate ['sʌbdʒugeit] *overg* onder het juk brengen; (aan zich) onderwerpen

subjugation [sʌbdʒu'geiʃən] *znw* onderwerping

subjunctive [səb'dʒʌŋktiv] **I** *bn*: ~ *mood* = **II** *znw* aanvoegende wijs, conjunctief

sublease ['sʌb'li:s] **I** *znw* ondercontract *o*; onderverhuring, -verpachting; **II** *overg* onderverpachten, -verhuren

sublessee ['sʌble'si:] *znw* onderhuurder, -pachter

sublessor ['sʌble'sɔ:] *znw* onderverhuurder, -verpachter

sublet ['sʌb'let] *overg* onderverhuren; onderaanbesteden

sub-lieutenant ['sʌble'tenənt] *znw* luitenant ter zee 2de klasse

sublimate *overg* sublimeren; verheffen; zuiveren

sublimation [sʌbli'meiʃən] *znw* sublimering; op-, verheffing, veredeling

sublime [sə'blaim] **I** *bn* subliem, verheven, hoog; voortreffelijk; indrukwekkend, majesteus; gemeenz uiterst; **II** *znw* verhevene *o*; *going from the* ~ *to the ridiculous* ± van het ene in het andere uiterste vallen

subliminal [sʌb'liminl] *bn* subliminaal, onderbewust

sublimity [sə'blimiti] *znw* sublimiteit, verhevenheid, hoogheid

sublunary [səblu:nəri] *bn* ondermaans, van deze

wereld

sub-machine gun ['sʌbmə'ʃi:ngʌn] *znw* hand-mitrailleur

submarine ['sʌbməri:n] **I** *bn* onderzees; **II** *znw* onderzeeboot, onderzeeër, duikboot

submerge [səb'mə:dʒ] **I** *overg* onderdompelen, onder water zetten, overstromen², *fig* bedelven; *be ~d* ook: ondergelopen zijn; *the ~d* de armen; **II** *onoverg* (onder)duiken; (weg)zinken

submergence *znw* onderdompeling; overstroming

submersible I *bn* onder water gezet (gelaten) kunnende worden; **II** *znw* duikboot

submersion *znw* onderdompeling; overstroming

submission [səb'miʃən] *znw* onderwerping, voor-, overlegging; onderworpenheid, onderdanigheid, nederigheid; *recht* mening

submissive *bn* onderdanig, nederig, onderworpen, ootmoedig, gedwee

submit [səb'mit] **I** *overg* onderwerpen, voorleggen (ter beoordeling); overleggen; menen, de opmerking maken (dat *that*); **II** *wederk*: ~ *oneself* zich onderwerpen; **III** *onoverg* zich onderwerpen (aan *to*)

subnormal ['sʌb'nɔ:məl] *bn* beneden het normale

subordinate [sə'bɔ:dinit] **I** *bn* ondergeschikt, *mil* onderhebbend; ~ *clause* bijzin; **II** *znw* ondergeschikte, *mil* onderhebbende; **III** *overg* [sə'bɔ:dineit] ondergeschikt maken, achterstellen (bij *to*)

subordinating *bn* onderschikkend [voegwoord]

subordination [səbɔ:di'neiʃən] *znw* ondergeschiktheid; ondergeschiktmaking; *gramm* onderschikking; minderwaardigheid; onderworpenheid

suborn [sʌ'bɔ:n, sə'bɔ:n] *overg* omkopen

subornation [sʌbɔ:'neiʃən] *znw* omkoping, aanzetting [tot meineed]

subpoena [səb'pi:nə] **I** *znw* dagvaarding; **II** *overg* dagvaarden

subscribe [səb'skraib] **I** *overg* bijeenbrengen [geld]; ~*d capital* geplaatst kapitaal *o; the sum was ~d several times over* verscheidene malen voltekend; **II** *onoverg* (onder)tekenen, intekenen (op *for, to*); contribueren; ~ *to a newspaper* zich op een krant abonneren; *I cannot ~ to that* ik kan die mening niet onderschrijven

subscriber *znw* ondertekenaar; intekenaar, abonnee

subscript ['sʌbskript] *znw* onderschrift *o,* -titeling

subscription [səb'skripʃən] *znw* onderschrift *o;* ondertekening; inschrijving, intekening; abonnement *o;* contributie [als lid]; bijdrage [voor goed doel]

subsection ['sʌb'sekʃən] *znw* onderafdeling

subsequent ['sʌbsikwənt] *bn* (later) volgend, later; ~ *to* volgend op, komend na; later dan

subsequently *bijw* vervolgens, naderhand, daarna, later

subserve [səb'sə:v] *overg* plechtig gunstig zijn voor

subservience *znw* dienstbaarheid, ondergeschiktheid; kruiperige onderdanigheid

subservient *bn* dienstbaar, ondergeschikt; kruiperig onderdanig; *plechtig* gunstig (voor *to*)

subside [səb'said] *onoverg* zinken, zakken, verzakken; tot bedaren komen, bedaren, gaan liggen [v. wind &], luwen; afnemen; zich neerlaten of neervlijen [in armstoel &]

subsidence [səb'saidəns, 'sʌbsidəns] *znw* zinken *o,* zakken *o;* inzinking [bodem]; verzakking [gebouw]; gaan liggen *o* [wind]

subsidiary [səb'sidjəri] **I** *bn* neven-; ondergeschikt; ~ *company handel* dochtermaatschappij; **II** *znw* *handel* dochtermaatschappij

subsidization [sʌbsidai'zeiʃən] *znw* subsidiëring

subsidize ['sʌbsidaiz] *overg* subsidiëren, subsidie verlenen aan, geldelijk steunen

subsidy *znw* subsidie

subsist [səb'sist] *onoverg* bestaan, leven (van *on*); blijven bestaan

subsistence *znw* (middel *o* van) bestaan *o;* (levens-)onderhoud *o,* leeftocht; ~ *level* bestaansminimum *o*

subsoil ['sʌbsɔil] *znw* ondergrond

subsonic [sʌb'sɔnik] *bn* lager dan de snelheid van het geluid

subspecies ['sʌb'spi:ʃi:z] *znw* (*mv* idem) *biol* ondersoort

substance ['sʌbstəns] *znw* zelfstandigheid, stof; substantie, wezen *o,* essentie, wezenlijkheid; wezenlijke of zakelijke inhoud, hoofdzaak, kern, voornaamste *o;* degelijkheid; vermogen *o; in ~* in hoofdzaak; in wezen; *man of ~* welgesteld man

sub-standard ['sʌb'stændəd] *bn* onder de norm; ~ *film* smalfilm

substantial [səb'stænʃəl] *bn* aanzienlijk, flink; degelijk, stevig, solide; bestaand; wezenlijk, stoffelijk, werkelijk; welgesteld

substantiality [səbstænʃi'æliti] *znw* stoffelijkheid, wezenlijkheid, degelijkheid

substantially [səb'stænʃəli] *bijw* ook: in hoofdzaak; in wezen

substantiate [səb'stænʃieit] *overg* met bewijzen staven, verwezenlijken

substantiation [səbstænʃi'eiʃən] *znw* staving (met bewijzen), bewijs *o;* verwezenlijking

substantive ['sʌbstəntiv] **I** *bn* zelfstandig°; onafhankelijk; wezenlijk; **II** *znw* zelfstandig naamwoord *o*

sub-station ['sʌb'steiʃən] *znw* *elektr* onderstation *o*

substitute ['sʌbstitju:t] **I** *znw* plaatsvervanger, substituut; *sp* invaller, wisselspeler; surrogaat *o,* vervangingsmiddel *o;* **II** *overg* vervangen, de plaats vervullen van; in de plaats stellen

substitution [sʌbsti'tju:ʃən] *znw* substitutie, (plaats)vervanging; *in ~ for* ter vervanging van

substratum ['sʌb'stra:təm] *znw* (*mv*: -ta [-tə]) substraat *o;* onderlaag, ondergrond

substructure ['sʌbstrʌktʃə] *znw* onderbouw, grondslag

subsume [səb'sju:m] *overg* onderbrengen, rangschikken, indelen [in categorie]

subtenant ['sʌb'tenənt] *znw* onderhuurder

subtend [səb'tend] *overg* tegenover liggen [v. zijde, hoek, in meetkunde]

subterfuge ['sʌbtəfju:dʒ] *znw* uitvlucht

subterranean [sʌbtə'reiniən] *bn* ondergronds, onderaards; *fig* heimelijk

subtitle ['sʌbtaitl] I *znw* ondertitel [v. boek, geschrift, film]; II *overg* ondertitelen; van ondertitels/ een ondertitel voorzien

subtle ['sʌtl] *bn* subtiel, fijn; ijl²; *fig* spitsvondig, listig

subtlety *znw* subtiliteit, fijnheid; ijlheid²; *fig* spitsvondigheid, list(igheid); *subtleties* ook: finesses

subtract [səb'trækt] *overg* aftrekken; ~ *from* aftrekken van; afdoen van, verminderen, verkleinen

subtraction [səb'trækʃən] *znw* aftrekking, vermindering

subtrahend ['sʌbtrəhend] *znw* <u>wisk</u> aftrekker

subtropical ['sʌb'trɔpikl] *bn* subtropisch

subtropics *znw mv* subtropen

suburb ['sʌbə:b] *znw* voorstad, buitenwijk

suburban [sə'bə:bən] *bn* voorstedelijk; *fig* kleinburgerlijk

suburbanite *znw* <u>geringsch</u> bewoner van voorstad of buitenwijk

suburbia *znw* voorsteden (<u>vooral</u> van Londen); levensstijl in voorsteden

subvention [səb'venʃən] *znw* subsidie

subversion [səb'və:ʃən] *znw* omwerping, *fig* ondermijning

subversive *bn* revolutionair, subversief, *fig* ondermijnend; *be* ~ *of* omverwerpen, ondermijnen

subvert *overg* omverwerpen, *fig* ondermijnen

subway ['sʌbwei] *znw* (voetgangers)tunnel; <u>Am</u> metro

succeed [sək'si:d] I *overg* volgen op, komen na; opvolgen; II *onoverg* opvolgen (ook: ~ *to*), volgen (op *to*); succes hebben, goed uitvallen, (ge)lukken, slagen; *he* ~*ed in ...ing* hij slaagde er in te..., het gelukte hem te...; *nothing* ~*s with me* niets (ge)lukt mij

success [sək'ses] *znw* succes *o*, welslagen *o*, goed gevolg *o*; (gunstige) afloop, uitslag; *meet with great* ~ veel succes hebben; ~ *story* succesverhaal *o*

successful *bn* succesvol, geslaagd, succes-; voorspoedig, gelukkig; *be* ~ *in ...ing* er in slagen om...

succession [sək'seʃən] *znw* opeenvolging, volgorde, reeks; successie, opvolging, erf-, troonopvolging; opvolgend geslacht *o*; *in* ~ achtereen, achter elkaar, achtereenvolgens; *in* ~ *to* als opvolger van; na

successive *bn* (opeen)volgend, achtereenvolgend; *for three* ~ *days* drie dagen achtereen

successively *bijw* achtereenvolgens, successievelijk

successor *znw* (troon)opvolger

succinct [sək'siŋkt] *bn* beknopt, bondig, kort

succour, <u>Am</u> **succor** ['sʌkə] I *overg* bijstaan, te hulp komen, helpen; II *znw* bijstand, steun, hulp

succulence ['sʌkjuləns] *znw* sappigheid²

succulent I *bn* sappig²; ~ *plant* = II *znw* vetplant, succulent

succumb [sə'kʌm] *onoverg* bezwijken (voor, aan *to*)

succursal [sə'kə:səl] *bn* hulp-, bij-

such [sʌtʃ] I *bn* zulk (een), zo('n), zodanig; van dien aard, dergelijk; ~ *a one* zo een, een dergelijke; ~ *a thing* zoiets, iets dergelijks; *some* ~ *thing* iets van dien aard; ~ *are...* dat zijn...; ~ *money as I have* het geld dat ik heb; II *vnw* zulks, dergelijke dingen; ~ *as* zoals; zij die, die welke, degenen die; *as* ~ als zodanig; ~ *and* ~ die en die; dit of dat; *all* ~ al diegenen

suchlike *bn* & *znw* dergelijk(e)

suck [sʌk] I *overg* zuigen (op, aan), in-, op-, uitzuigen²; *teach your grandmother to* ~ *eggs* het ei wil wijzer zijn dan de hen; ~ *in* op-, inzuigen, indrinken²; verzwelgen; slang bedotten, bedriegen; ~ *up* op-, inzuigen; ~ *up to* slang vleien; II *onoverg* zuigen; lens zijn [v. pomp]; ~ *at* zuigen op (aan); III *znw* zuigen *o*; zuiging; slokje *o*; *give* ~ *to* zogen; *have (take) a* ~ *at* eens zuigen aan

sucker *znw* zuiger; zuigleer *o*; zuigbuis; <u>dierk</u> zuignap; <u>dierk</u> zuigvis; jonge walvis; speenvarken *o*; <u>plantk</u> uitloper; <u>gemeenz</u> sul

sucking-pig *znw* speenvarken *o*

suckle ['sʌkl] *overg* zogen; *fig* grootbrengen

suckling *znw* zuigeling; <u>dierk</u> nog zuigend dier *o*

suction ['sʌkʃən] *znw* het (in)zuigen *o*; zuiging

suction dredge(r) *znw* zuigbaggermachine, zandzuiger

suction-pump *znw* zuigpomp

Sudan [su:'da:n] *znw* Soedan *o*

Sudanese [su:də'ni:z] I *znw* (*mv* idem) Soedanees; II *bn* Soedanees

sudatorium [sju:də'tɔ:riəm] *znw* (*mv*: sudatoria [-riə]) zweetbad *o*

sudatory ['sju:dətəri] I *bn* zweet-; II *znw* zweetbad *o*

sudden ['sʌdn] *bn* schielijk, plotseling, onverhoeds; *all of a* ~ plotseling, eensklaps, onverhoeds

suddenly *bijw* plotseling, eensklaps

sudorific [sju:də'rifik] I *bn* zweetdrijvend; II *znw* zweetdrijvend middel *o*, zweetmiddel *o*

suds [sʌdz] *znw mv* (zeep)sop *o*, zeepschuim *o*

sue [s(j)u:] I *overg* in rechten aanspreken, vervolgen; verzoeken (om *for*); ~ *sbd. for debt* iem. wegens schuld laten vervolgen; II *onoverg* verzoeken; ~ *for damages* een eis tot schadevergoeding instellen

suede [sweid] *znw* suède *o* & *v*

suet ['s(j)u:it] *znw* niervet *o*

suffer ['sʌfə] I *overg* lijden; te lijden hebben; de dupe zijn van; ondergaan, dulden, uithouden, (ver)dragen, uitstaan; II *onoverg* lijden; er onder lijden; de dupe zijn; boeten (ook: op het schavot); ~ *badly (severely)* het erg moeten ontgelden; ~ *for it* er voor boeten; het (moeten) ontgelden; ~ *from* lijden aan, last hebben van; te lijden hebben van; de dupe zijn van

sufferance *znw* toelating, (lijdelijke) toestemming, (negatief) verlof *o; be admitted on* ~ ergens geduld worden

sufferer *znw* lijder, patiënt; slachtoffer *o; they are the heaviest* ~*s* zij hebben er het meest bij verloren

suffering I *bn* lijdend; **II** *znw* lijden *o,* nood; ~*s* lijden *o*

suffice [sə'fais] **I** *onoverg* genoeg zijn, voldoende zijn, toereikend zijn; ~ *it to say that...* we kunnen volstaan met te zeggen dat...; **II** *overg* voldoende zijn voor

sufficiency [sə'fiʃənsi] *znw* genoeg om van te leven, voldoende hoeveelheid (voorraad); voldoend aantal *o*

sufficient *bn* genoeg, voldoende, toereikend (voor *for, to...*); ~ *unto the day is the evil thereof* bijbel elke dag heeft genoeg aan zijn eigen kwaad; ook: geen zorgen voor de dag van morgen

suffix ['sʌfiks] **I** *znw* achtervoegsel *o;* **II** *overg* achtervoegen

suffocate ['sʌfəkeit] **I** *overg* verstikken, smoren, doen stikken; **II** *onoverg* stikken, smoren

suffocation [sʌfə'keiʃən] *znw* stikken *o,* verstikking

suffragan ['sʌfrəgən] *bn (znw)* (ook: ~ *bishop, bishop* ~) suffragaanbisschop [onderhorige bisschop], wijbisschop

suffrage ['sʌfridʒ] *znw* kies-, stemrecht *o;* plechtig stem

suffragette [sʌfrə'dʒet] *znw* suffragette

suffuse [sə'fju:z] *overg* vloeien over [v. licht, kleur, vocht]; stromen langs [v. tranen]; overgieten, overspreiden, overdekken (met *with*)

suffusion *znw* overgieting, overdekking; blos, bloeduitstorting (onder de huid); waas *o,* sluier

sugar ['ʃugə] **I** *znw* suiker; **II** *overg* suikeren, suiker doen in of bij; ~ *the pill* de pil vergulden; ~*ed words* suikerzoete woordjes

sugar-basin *znw* suikerpot

sugar-beet *znw* suikerbiet

sugar-bowl *znw* suikerpot

sugar-candy *znw* kandijsuiker

sugar-cane *znw* suikerriet *o*

sugar-coat *overg* met een suikerlaagje bedekken; fig versuikeren; ~ *the pill* de pil vergulden

sugar-daddy *znw* slang rijk oud heertje *o* als vriend van jong vrouwspersoon

sugar-loaf *znw* suikerbrood *o*

sugar lump *znw* suikerklontje *o*

sugarplum *znw* suikerboon [snoep]

sugary *bn* suiker(acht)ig, suikerzoet[2], suiker-

suggest [sə'dʒest] **I** *overg* aan de hand doen, opperen, voorstellen, in overweging geven, aanraden; suggereren, doen denken aan, doen vermoeden; ingeven, inblazen, influisteren; **II** *wederk:* ~ *itself*

zich vanzelf opdringen, vanzelf opkomen [v. gedachte], invallen

suggestible *bn* suggestibel: voor suggestie vatbaar; gesuggereerd & kunnende worden

suggestion *znw* voorstel *o,* aanraden *o,* idee *o & v;* suggestie, ingeving, inblazing, influistering; aanduiding; wenk; *a* ~ *of...* iets wat doet denken aan...; *at my* ~ op mijn voorstel, na mijn uiteenzetting; *on the* ~ *of* op voorstel van; ~ *box* ideeënbus

suggestive *bn* suggestief, een aanwijzing bevattend, te denken, te vermoeden of te raden gevend; veelbetekenend, dubbelzinnig [opmerking]; (nieuwe) gedachten wekkend; nieuwe gezichtspunten openend [v. boek &]; *be* ~ *of* doen denken aan, wijzen op

suicidal [s(j)ui'saidl] *bn* van zelfmoord(enaars)-; *it would be* ~ *to...* het zou met zelfmoord gelijkstaan

suicide ['s(j)uisaid] *znw* zelfmoord(enaar)

suit [s(j)u:t] **I** *znw* verzoek(schrift) *o,* aanzoek *o;* rechtsgeding *o,* proces *o;* kaartsp kleur; kostuum *o,* pak *o* (kleren); (mantel)pakje *o,* deux-pièces [= jasje en rok]; stel *o;* ~ *of armour* wapenrusting; ~ *of mourning* rouwkostuum *o; long* ~ kaartsp lange kleur; ... *is (not) his strong* ~ ...is zijn fort (niet); *bring (file) a* ~ *against* een aanklacht indienen tegen; zie ook: *follow* I; **II** *overg* passen, voegen, geschikt zijn voor, gelegen komen, schikken; (goed) komen bij, (goed) bekomen; aanpassen (aan *to); he is hard to* ~ hij is moeilijk te voldoen; *the part does not* ~ *her* de rol ligt haar niet; *red does not* ~ *her* rood staat haar niet; *it* ~*ed my book (my case, my game, my purpose)* het kwam net goed uit, het kwam in mijn kraam te pas; *he is not* ~*ed to be a lawyer* hij deugt niet voor advocaat; ~ *the action to the word* de daad bij het woord voegen; **III** *wederk:* ~ *oneself* naar eigen goeddunken handelen; zich voorzien; iets naar zijn gading vinden; ~ *yourself!* ga je gang maar!, doe maar wat je wilt! (het zal mij een zorg zijn); **IV** *onoverg & abs ww* gelegen komen; bijeenkomen, passen bij [v. kleuren]

suitable ['s(j)u:təbl] *bn* gepast, voegzaam, passend; geschikt

suit-case ['s(j)u:tkeis] *znw* koffer

suite [swi:t] *znw* suite [v. kamers & muz]; ~ *(of furniture)* ameublement *o*

suited ['s(j)u:tid] *bn* geschikt (voor *for, to);* zie *suit*

suiting ['s(j)u:tiŋ] *znw* kostuumstof

suitor ['s(j)u:tə] *znw* plechtig vrijer, minnaar, pretendent

sulk [sʌlk] **I** *onoverg* pruilen, mokken; het land hebben; **II** *znw* gepruil *o,* gemok *o;* landerigheid; *have (be in) the* ~*s* het land hebben; (zitten) pruilen

sulky *bn* pruilend, gemelijk, bokkig, landerig

sullen ['sʌlən] *bn* nors, bokkig, korzelig, knorrig; somber

sully ['sʌli] *overg* besmeuren, bevlekken, bezoedelen

sulphate ['sʌlfeit] *znw* sulfaat *o*

sulphur, Am sulfur ['sʌlfə] *znw* zwavel

sulphurate *overg* zwavelen

sulphureous, Am **sulfureous** [sʌlˈfjuəriəs] *bn* zwavelig, zwavelachtig, zwavel-; zwavelkleurig

sulphuretted [ˈsʌlfjuretid] *bn*: ~ *hydrogen* zwavelwaterstof

sulphuric [sʌlˈfjuərik] *bn* zwavelig; ~ *acid* zwavelzuur *o*

sulphurize [ˈsʌlfjuraiz] *overg* zwavelen

sulphurous *bn* = *sulphureous*

sultan [ˈsʌltən] *znw* sultan

sultana [sʌlˈtɑːnə] *znw* sultane; sultanarozijn

sultry [ˈsʌltri] *bn* zwoel²; drukkend (heet)

sum [sʌm] **I** *znw* som°; handel somma; bedrag *o*; ~ *(total)* totaal *o*; (mager) resultaat *o*; *the* ~ *(and substance) of...* de zakelijke inhoud van..., de kern [v. betoog &]; *he is good at* ~*s* vlug in het rekenen; *in* ~ summa summarum, om kort te gaan; *do one's* ~*s* gemeenz logisch denken; **II** *overg* samen-, optellen (ook: ~ *up*); ~ *up* opsommen, (kort) samenvatten, resumeren; ~ *sbd. up* zich een opinie vormen omtrent iem., iem. peilen

summarily [ˈsʌmərili] *bijw* summier(lijk), in het kort, beknopt

summarize *overg* kort samenvatten

summary I *bn* beknopt, kort; summier; snel; *do* ~ *justice on* volgens het strafrecht vonnissen; korte metten maken met; ~ *proceedings* recht kort geding *o*; **II** *znw* (korte) samenvatting, resumé *o*, kort begrip *o*, kort overzicht *o*

summation [sʌˈmeiʃən] *znw* optelling, som; samenvatting; slotpleidooi *o*

1 summer [ˈsʌmə] **I** *znw* zomer² [ook: jaar]; **II** *onoverg* de zomer doorbrengen

2 summer [ˈsʌmə] *znw* dwars-, schoorbalk

summer-house [ˈsʌməhaus] *znw* tuinhuis *o*, prieel *o*

summer lightning *znw* weerlicht *o* & *m*

summerlike, **summerly** *bn* zomerachtig, zomers, zomer-

summersault *znw* = *somersault*

summer-school [ˈsʌməskul] *znw* zomercursus, vakantiecursus

summer(-)time *znw* zomerse tijd, zomertijd°

summery *bn* zomers, zomer-

summing-up [ˈsʌmiŋˈʌp] *znw* samenvatting, resumé *o* [vooral v. rechter]

summit [ˈsʌmit] *znw* top, kruin, toppunt² *o*; maximum *o*; topconferentie; ~ *level* topniveau *o*, hoogste niveau *o*; ~ *meeting* politieke topconferentie

summon [ˈsʌmən] *overg* sommeren, dagvaarden, bekeuren [iem.]; ontbieden, (op)roepen, opeisen [een stad]; bijeenroepen [vergadering]; ~ *up one's courage* zijn moed verzamelen, zich vermannen

summons [ˈsʌmənz] **I** *znw* sommatie°, dagvaarding, oproep(ing); bekeuring; **II** *overg* dagvaarden; proces-verbaal opmaken tegen

sump [sʌmp] *znw* vergaarbak, put; techn oliereservoir *o* [v. motor]

sumpter [ˈsʌm(p)tə] *znw* vero pakpaard, pakezel &

sumptuary [ˈsʌmptjuəri] *bn*: ~ *laws* onderw weeldebeperkende wetten

sumptuous *bn* kostbaar, prachtig, rijk, weelderig

sun [sʌn] **I** *znw* zon², zonneschijn; *a place in the* ~ fig voorspoed; *against the* ~ tegen de zon in; *with the* ~ in de richting van de zon; **II** *wederk*: ~ *oneself* zonnen, zich koesteren in de zon

sun-bath *znw* zonnebad *o*

sun-bathe *onoverg* zonnebaden

sun-bather *znw* zonnebader, -baadster

sun-bathing *znw* zonnebaden *o*

sunbeam *znw* zonnestraal

sun-blind *znw* zonnescherm *o*, markies

sunburn *znw* verbrandheid door de zon, zonnebrand

sunburnt *bn* (door de zon) verbrand, gebruind, getaand

sundae [ˈsʌndei] *znw* soort vruchtenijs *o*

Sunday [ˈsʌndi, -dei] *znw* zondag; *his* ~ *best* zijn zondagse kleren

Sunday school *znw* zondagsschool

sunder [ˈsʌndə] **I** *overg* plechtig (vaneen)scheiden², vaneenscheuren; **II** *znw*: *in* ~ plechtig in stukken

sundew [ˈsʌndjuː] *znw* zonnedauw [plant]

sun-dial [ˈsʌndaiəl] *znw* zonnewijzer

sundown *znw* zonsondergang

sundowner *znw* gemeenz borrel of drankje *o*, genuttigd bij zonsondergang; Austr zwerver

sun-drenched [ˈsʌndrenʃt] *bn* zonovergoten

sundried [ˈsʌndraid] *bn* in de zon gedroogd

sundries [ˈsʌndriz] *znw mv* diversen, allerlei, allerhande zaken

sundry *bn* diverse, allerlei; zie *all*

sunflower [ˈsʌnflauə] *znw* zonnebloem

sung [sʌŋ] V.D. van *sing*

sun-glasses [ˈsʌnglɑːsiz] *znw mv* zonnebril

sun-god [ˈsʌngɔd] *znw* zonnegod

sunhat *znw* zonnehoed

sun-helmet *znw* tropenhelm

sunk [sʌŋk] V.D. van ¹*sink*

sunken *bn* (in)gezonken, ingevallen [v. wangen], diepliggend [v. ogen]; hol [v. weg]; ~ *rocks* blinde klippen

sun-lamp [ˈsʌnlæmp] *znw* hoogtezon(apparaat *o*)

sunless *bn* zonder zon, somber

sunlight *znw* zonlicht *o*, zonneschijn

sunlit *bn* door de zon verlicht, zonnig

sun-lounger *znw* ligstoel [om in te zonnen]

sunny *bn* zonnig²; ~ *side* zonzijde²; *eggs* ~*-side-up* spiegeleieren

sunrise *znw* zonsopgang

sunroof *znw* auto schuifdak *o*

sunset *znw* zonsondergang

sunshade *znw* parasol, zonnescherm *o*; zonneklep

sunshine *znw* zonneschijn²; zonnetje *o*

sunshiny *bn* zonnig²

sunspot *znw* zonnevlek

sunstroke *znw* zonnesteek

sun-tan *znw* zonnebruin *o*; *get a* ~ bruin worden

sun-tanned *bn* bruin, door de zon gebruind

sun-trap *znw* beschut zonnig hoekje *o*

sun-up *znw* Am zonsopgang

sunwise *bijw* met de zon mee

sun-worship *znw* zonnedienst

sup [sʌp] **I** *onoverg* nippen, lepelen; het avondmaal gebruiken, 's avonds eten, souperen; **II** *overg* met kleine teugjes drinken, slurpen; **III** *znw* slokje *o*, teugje *o*

super ['s(j)uːpə] **I** *znw* gemeenz **1** figurant (verk. van *supernumerary*); **2** ± commissaris (van politie) (verk. van *superintendant*); **II** *voorv* super-, extra-, bij-, over-, boven-; **III** *bn* gemeenz super, reuze, buitengewoon

superable ['s(j)uːpərəbl] *bn* overkomelijk

superabound [s(j)uːpərə'baund] *onoverg* in overvloed aanwezig zijn; ~ *in (with)* overvloedig (ruim, rijkelijk) voorzien zijn van

superabundance [s(j)uːpərə'bʌndəns] *znw* overvloed

superabundant *bn* overvloedig

superadd [s(j)uːpə'ræd] *overg* (er) nog bijvoegen

superaddition [s(j)uːpərə'diʃən] *znw* bijvoeging

superannuate [s(j)uːpə'rænjueit] *overg* ontslaan wegens gevorderde leeftijd; pensioneren; ~*d* ook: op stal gezet, afgedankt; verouderd, onbruikbaar (geworden)

superannuation [s(j)uːpərænju'eiʃən] *znw* pensionering; pensioen *o*

superb [s(j)u'pəːb] *bn* prachtig, groots; magnifiek

supercargo ['s(j)uːpəkaːgou] *znw* (*mv*: -goes) supercarga: opzichter (bij verkoop) van een lading

supercharge ['s(j)uːpətʃaːdʒ] *overg* aanjagen [motor]

supercharger *znw* aanjager [v. motor]

supercilious [s(j)uːpə'siliəs] *bn* trots, verwaand, laatdunkend

super-duper ['s(j)uːpə'djuːpə] *bn* slang geweldig, buitengewoon

super-ego ['s(j)uːpəregou, -iːgou] *znw* superego *o*

supereminence [s(j)uːpər'eminəns] *znw* uitmuntendheid, voortreffelijkheid

supereminent *bn* alles overtreffend, boven alles uitmuntend

supereminently *bijw* uitmuntend; versterkend ongemeen

supererogation [s(j)uːpərerə'geiʃən] *znw* het meer doen dan waartoe men verplicht is; *works of* ~ overtollige goede werken

supererogatory [s(j)uːpəre'rɔgətəri] *bn* meer dan verplicht is; overtollig, overbodig

superficial [s(j)uːpə'fiʃəl] *bn* aan de oppervlakte, oppervlakkig; vlakte-; ~ *foot* vierkante voet

superficiality [s(j)uːpəfiʃi'æliti] *znw* oppervlakkigheid

superficies [s(j)uːpə'fiʃiːz] *znw* (*mv* idem) oppervlakte

superfine ['s(j)uːpə'fain] *bn* uiterst verfijnd, extra fijn, prima

superfluity [s(j)uːpə'fluiti] *znw* overtolligheid, overbodigheid; overvloed(igheid)

superfluous [s(j)u'pəːfluəs] *bn* overtollig, overbodig, overvloedig

superheat [s(j)uːpə'hiːt] *overg* oververhitten

superhighway ['s(j)uːpə'haiwei] *znw* Am autosnelweg

superhuman [s(j)uːpə'hjuːmən] *bn* bovenmenselijk

superimpose ['s(j)uːpərim'pouz] *overg* erbovenop plaatsen; bovendien opleggen

superincumbent [s(j)uːpəin'kʌmbənt] *bn* bovenopliggend, -drukkend

superinduce [s(j)uːpəin'djuːs] *overg* toe-, bijvoegen

superinduction [s(j)uːpəin'dʌkʃən] *znw* toe-, bijvoeging

superintend [s(j)uːpəin'tend] **I** *overg* het toezicht hebben over, beheren, controleren; **II** *onoverg* surveilleren

superintendence *znw* (opper)toezicht *o*

superintendent *znw* opziener, opzichter, inspecteur; ± commissaris (van politie); directeur; administrateur; *medical* ~ geneesheer-directeur

superior [s(j)u'piəriə] **I** *bn* superieur, voortreffelijk; opper-, boven-, hoofd-, hoger, beter, groter; *with a* ~ *air* met een (hooghartig) air; uit de hoogte; ~ *numbers* numerieke meerderheid, overmacht; *be* ~ *to* staan boven°, overtreffen; verheven zijn boven; **II** *znw* superieur; meerdere; *he has no* ~ niemand is hem de baas, overtreft hem; *Father S*~ vaderoverste, kloostervader; *Mother S*~ moeder-overste, kloostermoeder

superiority [s(j)uːpiəri'ɔriti] *znw* superioriteit, meerdere voortreffelijkheid; meerderheid; overmacht, voorrang, hoger gezag *o*

superjacent [s(j)uːpə'dʒeisənt] *bn* erop of erboven liggend

superlative [s(j)uː'pəːlətiv] **I** *bn* alles overtreffend; van de beste soort; hoogste; ~ *degree* = **II** *znw* overtreffende trap

superlatively *bijw* in de hoogste graad; versterkend bovenmate, buitengemeen; gramm (als) superlatief

superman ['s(j)uːpəmæn] *znw* superman; Übermensch

supermarket ['s(j)uːpəmaːkit] *znw* supermarkt

supernal [s(j)u'pəːnl] *bn* plechtig hemels

supernatural [s(j)uːpə'nætʃrəl] *bn* bovennatuurlijk

supernumerary [s(j)uːpə'njuːmərəri] **I** *bn* boven het bepaalde getal, extra-; **II** *znw* surnumerair; overtollige persoon of zaak; figurant

superphosphate [s(j)uːpə'fɔsfeit] *znw* superfosfaat *o*

superpose ['s(j)uːpə'pouz] *overg* erbovenop plaatsen; op elkaar plaatsen; plaatsen (op *on, upon*)

superpower ['su:pəpauə] *znw* supermacht

supersaturate ['s(j)u:pə'sætʃəreit] *overg* oververzadigen

supersaturation [s(j)u:pəsætʃə'reiʃən] *znw* oververzadiging

superscribe ['s(j)u:pə'skraib] *overg* het opschrift schrijven bij (op); adresseren

superscription [s(j)u:pə'skripʃən] *znw* opschrift *o*; adres *o* [v. brief]

supersede [s(j)u:pə'si:d] *overg* in de plaats treden van, vervangen, verdringen; buiten werking stellen; afschaffen; af-, ontzetten

supersensible [s(j)u:pə'sensbl] *bn* bovenzinnelijk

supersensitive *bn* overgevoelig

supersonic [s(j)u:pə'sɔnik] *bn* supersonisch; ~ *bang (boom)* klap bij het doorbreken van de geluidsbarrière

supersonics *znw* (studie van de) hoogfrequente geluidsgolven

superstar ['su:pəsta:] *znw* superster [zanger, acteur &]

superstition [s(j)u:pə'stiʃən] *znw* bijgeloof *o*

superstitious *bn* bijgelovig

superstructure ['s(j)u:pəstrʌktʃə] *znw* bovenbouw

supertax ['s(j)u:pətæks] *znw* extra belasting

supervene [s(j)u:pə'vi:n] *onoverg* ertussen komen, erbij komen; zich onverwacht voordoen

supervise ['s(j)u:pəvaiz] *overg* het toezicht hebben over, toezicht houden op

supervision [s(j)u:pə'viʒən] *znw* opzicht *o*, toezicht *o*, surveillance, controle

supervisor ['s(j)u:pəvaizə] *znw* opziener, opzichter, gecommitteerde, inspecteur; onderw studiebegeleider

supervisory [s(j)u:pə'vaizəri] *bn* van toezicht, toezicht uitoefenend

1 supine [s(j)u:'pain] *bn* achterover(liggend); fig nalatig, laks, slap

2 supine ['s(j)u:pain] *znw* gramm supinum *o*

supper ['sʌpə] *znw* avondeten *o*, avondmaal *o*, souper *o*; *have* ~ het avondmaal gebruiken, souperen

supper-time *znw* etenstijd

supplant [sə'pla:nt] *overg* verdringen

supple [sʌpl] *bn* buigzaam, lenig[2], slap[2], soepel[2]; fig plooibaar, flexibel

supplement I *znw* ['sʌplimənt] supplement *o*, aanvulling, bijvoegsel *o*; **II** *overg* ['sʌpliment] aanvullen

supplemental [sʌpli'mentl], **supplementary** *bn* aanvullend; suppletoir; *be* ~ *to* aanvullen

suppliant ['sʌpliənt], **supplicant** ['sʌplikənt] **I** *bn* smekend; **II** *znw* smekeling

supplicate ['sʌplikeit] **I** *onoverg* smeken (om *for*); **II** *overg* afsmeken; smeken (om)

supplication [sʌpli'keiʃən] *znw* smeking, bede

supplicatory ['sʌplikətəri] *bn* smekend, smeek-

supplier [sə'plaiə] *znw* leverancier

supply I *overg* leveren, aanvoeren, verstrekken, verschaffen, bevoorraden, ravitailleren, voorzien (van *with*); aanvullen; ~ *a loss* een verlies vergoeden; ~ *the need of...* in de behoefte aan... voorzien; **II** *znw* voorraad; levering, leverantie, verschaffing, verstrekking, bevoorrading, ravitaillering, voorziening, aanvoer; handel partij (goederen); kredieten [op begroting]; budget *o*; vervanger [v. dominee]; *supplies* kredieten, gelden [op begroting]; bevoorrading; ~ *and demand* vraag en aanbod; *in short* ~ in beperkte mate beschikbaar

supply pipe *znw* aanvoerbuis

supply teacher *znw* tijdelijke leerkracht, vervanger

support [sə'pɔ:t] **I** *overg* (onder)steunen[2], fig staan achter; supporter zijn van; stutten, ophouden, staande (drijvende) houden; onderhouden; uithouden, (ver)dragen, dulden; staven [theorie &]; volhouden [bewering &]; ~ *an actor* ter zijde staan [als medespeler]; ~*ing film* voorfilm; ~*ing role* bijrol; **II** *wederk*: ~ *oneself* fig zich staande houden; in zijn (eigen) onderhoud voorzien; **III** *znw* ondersteuning, ondersteuning, steun[2], hulp; (levens-)onderhoud *o*; bestaan *o*, broodwinning; stut, steunsel *o*; onderstel *o*, statief *o*; mil steuntroepen (*troops in* ~); *in* ~ *of* tot steun van; ter ondersteuning van; tot staving van; *give* ~ *to* (zijn) steun verlenen aan, steunen[2]

supportable *bn* draaglijk

supporter *znw* steun, verdediger, voorstander, aanhanger, medestander; sp supporter; herald schildhouder, -drager

supporting actor *znw* vertolker van een bijrol

supposal [sə'pouzl] *znw* = *supposition*

suppose [sə'pouz] *overg* (ver)onderstellen, aannemen; vermoeden, menen, geloven, denken; ~ *we went for a walk* als we nou eens een wandelingetje gingen maken, hè?; *we are* ~*d to be there at 4 o'clock* we moeten daar om 4 uur zijn; *we are not* ~*d to be here* we mogen hier eigenlijk niet zijn

supposed [sə'pouzid] *bn* vermeend; *their* ~ *friend* hun vermeende vriend

supposedly [sə'pouzidli] *bijw* vermoedelijk, naar men veronderstelt (veronderstelde)

supposition [sʌpə'ziʃən] *znw* (ver)onderstelling, vermoeden *o*; *on the* ~ *that...* in de veronderstelling dat...; *except upon the* ~ *that...* tenzij wij aannemen dat...

supposititious [səpɔzi'tiʃəs] *bn* onecht, vals

suppository [sə'pɔzitəri] *znw* suppositorium *o*, zetpil

suppress [sə'pres] *overg* onderdrukken°, bedwingen; achterhouden, weglaten, verzwijgen; verbieden [een krant &]; opheffen [kloosters]

suppression *znw* onderdrukking; achterhouding, weglating, verzwijging; verbieden *o*; opheffing

suppressor *znw* onderdrukker &; RTV ontstoringsapparaat *o*

suppurate ['sʌpjureit] *onoverg* etteren

suppuration [sʌpju'reiʃən] *znw* ettering

supra ['s(j)u:prə] *bijw* (hier)boven

supra-national ['sju:prə'næʃənəl] *bn* supranationaal

supremacy [s(j)u'preməsi] *znw* suprematie, oppermacht, oppergezag *o*, opperheerschappij

supreme [s(j)u'pri:m] *bn* hoogst, allerhoogst, opper(st); oppermachtig; S~ *Being* Opperwezen *o*; ~ *folly* toppunt *o* van dwaasheid; ~ *sacrifice* offeren *o* van het leven; S~ *Soviet* Opperste Sovjet; *rule (reign)* ~ oppermachtig zijn

supremely *bijw* in de hoogste graad, versterkend hoogst, uiterst

surcease [sɔː'siːs] vero I *znw* ophouden *o*, rust; II *onoverg* ophouden; III *overg* doen ophouden

surcharge ['sɔː'tʃaːdʒ] I *znw* overlading; overbelasting; extra betaling, extra belasting; toeslag; post strafport *o* & *m*; (postzegel met) opdruk; handel overvraging; II *overg* [sɔː'tʃaːdʒ] overladen; overbelasten; extra laten betalen; overvragen

surcingle ['sɔːsiŋgl] *znw* buikriem

surcoat ['sɔːkout] *znw* hist opperkleed *o* (over de wapenrusting, 13de eeuw)

surd [sɔːd] I *bn* onmeetbaar [getal]; stemloos [medeklinkers]; II *znw* onmeetbare grootheid; stemloze medeklinker

sure [ʃuə, ʃɔː] I *bn* zeker°, onfeilbaar, veilig; betrouwbaar; verzekerd (van *of, as to*); *(are you)* ~? bent u er zeker van?, weet u het zeker?; *I'm ~ I don't know* ik weet het echt niet; *it is ~ to turn out well* het zal stellig slagen; *to be ~* gemeenz (wel) zeker; zeer zeker; waarachtig!; *be ~ to come* verzuim niet te komen; *be ~ of* zeker zijn van; *make ~ of* zich verzekeren van, zich vergewissen van; er voor zorgen dat...; *for ~* zeker, stellig; II *bijw* (ja, wel) zeker, gemeenz natuurlijk, jawel; *as ~ as eggs is eggs* zo zeker als 2 keer 2 vier is; ~ *enough* zo zeker als wat; waarachtig, jawel

sure-fire *bn* gemeenz onfeilbaar, met gegarandeerd succes

sure-footed *bn* vast op zijn voeten; fig betrouwbaar, solide

surely *bijw* zeker, met zekerheid; toch (wel); ~ *it's right to...?* is het dan niet juist te...?

surety ['ʃuəti] *znw* borg; borgtocht, borgstelling, (onder)pand *o*; vero zekerheid; *stand ~ for...* borg blijven voor; *of a* ~ vero zeker(lijk)

suretyship *znw* borgstelling

surf [sɔːf] I *znw* branding [van de zee]; II *onoverg* sp surfen [op plank zonder zeil over branding]

surface ['sɔːfis] I *znw* oppervlakte; vlak *o*; (weg)dek *o*; buitenkant; *break the* ~ opduiken; *on the* ~ aan de oppervlakte; op het eerste gezicht; *come (rise) to the* ~ ook: (weer) bovenkomen; II *bn* oppervlakkig, ogenschijnlijk; bovengronds; scheepv oppervlakte-, bovenzees; ~ *mail* geen luchtpost; ~ *mining* dagbouw; III *onoverg* opduiken

surf-board ['sɔːfbɔːd] *znw* surfplank

surfeit ['sɔːfit] *znw* overlading (van de maag); oververzadiging²

surfer ['sɔːfə], **surfboarder**, **surfrider** *znw* surfer

surfing, **surfboarding**, **surfriding** *znw* surfen *o* [op plank zonder zeil over branding]

surge [sɔːdʒ] I *onoverg* golven, stromen, deinen; ~ *by* voorbijrollen, voorbijstromen; II *znw* golf, golven; golven *o*

surgeon ['sɔːdʒən] *znw* chirurg; mil officier van gezondheid; scheepv scheepsdokter

surgery *znw* chirurgie, heelkunde; spreekkamer [v. dokter]; operatie, ingreep; *attend morning* ~ op het ochtendspreekuur aanwezig zijn; *have (undergo, be in)* ~ geopereerd worden; ~ *hours* spreekuur *o*

surgical *bn* chirurgisch, heelkundig; ~ *spirit* ontsmettingsalcohol

Surinam [souri'næm] *znw* Suriname *o*

Surinamer *znw* Surinamer

Surinamese I *znw* (*mv* idem) Surinamer; II *bn* Surinaams

surly ['sɔːli] *bn* nors, bokkig, stuurs

surmise [sɔː'maiz] I *znw* vermoeden *o*, gissing; II *overg* vermoeden, bevroeden, gissen

surmount [sɔː'maunt] *overg* te boven komen, overwinnen; klimmen over; zich bevinden op; ~*ed by (with)* met een... erop (erboven), waarop (zich bevindt)...

surmountable *bn* overkomelijk

surname ['sɔːneim] I *znw* bijnaam; achternaam, familienaam; II *overg* een (bij)naam geven; ~*d...* (bij)genaamd...

surpass [sɔː'paːs] *overg* overtreffen, te boven gaan

surpassing *bn* weergaloos

surplice ['sɔːplis, -pləs] *znw* superplie *o*, koorhemd *o*

surplus ['sɔːpləs] I *znw* surplus *o*, overschot *o*; II *bn* overtollig; *army* ~ *equipment* dumpgoederen; ~ *population* overbevolking; bevolkingsoverschot *o*; ~ *value* meerwaarde, overwaarde

surprise [sɔ'praiz] I *znw* verrassing (ook = overrompeling), verwondering, verbazing; *take by* ~ verrassen (ook = overrompelen); *als eerste lid in samenstellingen*: onverwacht, verrassings-; ~ *attack* verrassingsaanval; ~ *visit* onverwacht bezoek *o*; II *overg* verrassen (ook = overrompelen), verwonderen, verbazen; *I'm ~d at you* dat verbaast mij van u [als verwijt]

surprising *bn* verbazingwekkend, verwonderlijk

surprisingly *bijw* op verrassende wijze, verwonderlijk, verbazend

surreal [sɔ'riəl] *bn* fig surrealistisch

surrealism [sɔ'riəlizm] *znw* surrealisme *o*

surrealist *znw* & *bn* surrealist(isch)

surrealistic [sɔriə'listik] *bn* surrealistisch

surrender [sɔ'rendə] I *overg* overgeven, uit-, inleveren, afstand doen van, opgeven; II *onoverg* zich overgeven, capituleren; III *znw* overgeven *o*, overgave, capitulatie, uit-, inlevering, afstand

573

surrender value *znw* afkoopwaarde [v. polis]
surreptitious [sʌrep'tiʃəs] *bn* heimelijk, clandestien, op slinkse wijze (verkregen)
surrogate ['sʌrəgit] I *znw* plaatsvervanger [vooral
van een bisschop]; II *bn* surrogaat-, vervangend; ~
mother draagmoeder
surround [sə'raund] *overg* omringen, omsingelen,
omgeven, insluiten
surrounding *bn* ook: omliggend, omgelegen [land]
surroundings *znw mv* omgeving, entourage, mi-
lieu² *o*
surtax ['sə:tæks] I *znw* extra belasting, toeslag; II
overg extra belasten
surveillance [sə:'veiləns] *znw* toezicht *o*, bewaking
survey I *overg* [sə:'vei] overzien; in ogenschouw nemen, inspecteren; onderzoeken; opnemen; opmeten; karteren (vooral uit de lucht); II *znw* ['sə:vei]
overzicht *o*; inspectie; onderzoek *o*; opneming; opmeting; (lucht)kartering; slang expertise
surveying [sə:'veiiŋ] *znw* overzien *o* &, zie: *survey* I;
landmeten *o*
surveyor *znw* opzichter, inspecteur; opnemer, landmeter; taxateur
survival [sə'vaivəl] *znw* overleving; voortbestaan *o*;
laatst overgeblevene; overblijfsel *o*
survive I *overg* overleven; II *onoverg* nog in leven
zijn, nog (voort)leven, nog bestaan, voortbestaan;
in leven blijven; het er levend afbrengen
survivor *znw* langstlevende; overlevende, geredde
[na ramp]
susceptible [sə'septibl] *bn* ontvankelijk, vatbaar;
gevoelig (voor *of*, *to*)
suspect I *overg* [səs'pekt] vermoeden, wantrouwen,
verdenken; II *bn* ['sʌspekt] verdacht; III *znw* verdachte (persoon)
suspend [səs'pend] *overg* ophangen (aan *from*); onderbreken, opschorten, schorsen, suspenderen
[geestelijke]; op non-actief stellen; staken [betalin-
gen &]; tijdelijk buiten werking stellen of intrekken; *be ~ed* hangen (aan *from*); zweven [in vloei-
stof]; *~ed animation* schijndood; *~ed sentence*
voorwaardelijke veroordeling
suspender *znw* (sok)ophouder, jarretel; bretel (gewoonlijk: *~s* bretels); *~-belt* jarretelgordel
suspense [səs'pens] *znw* onzekerheid, spanning; *in
~* in spanning, in het onzekere; onuitgemaakt
suspenseful *bn* slang spannend
suspension *znw* ophanging; onderbreking, opschorting; suspensie [v. geestelijke & chem]; *~ of
payment* staking van betaling; *be in ~* zweven [in
vloeistof]
suspense bridge *znw* hangbrug, kettingbrug
suspensive *bn* onzeker, twijfelachtig; opschortend
suspensory *bn* dragend; *~ bandage* suspensoir *o*
suspicion [səs'piʃən] *znw* achterdocht, wantrouwen *o*, argwaan, (kwaad) vermoeden *o*, verdenking;
a ~ of... fig een schijntje *o* (ietsje)...; *above (beyond)
~* boven alle verdenking verheven

suspicious *bn* argwanend, achterdochtig, wantrouwig; verdacht
suspire [sə'spair] *onoverg* plechtig zuchten
sustain [sə'stein] *overg* (onder)steunen, dragen,
schragen; aanhouden [een toon]; volhouden [be-
weging &]; kracht geven, staande houden, ophouden, gaande houden [belangstelling]; hoog houden
[gezag]; doorstaan, verdragen, uithouden [honger
&]; krijgen; oplopen; lijden [schade &]
sustained *bn* samenhangend; ononderbroken,
goed onderhouden [geweervuur], aanhoudend;
volgehouden
sustainer *znw* ondersteuner; steun
sustaining *bn* krachtig, krachtgevend, versterkend
[v. voedsel]
sustenance ['sʌstinəns], **sustentation** [sʌsten-
'teiʃən] *znw* (levens)onderhoud *o*, voeding, voedsel *o*
sutler ['sʌtlə] *znw* zoetelaar, marketentster
suture ['su:tʃə] I *znw* hechting [van wond]; sche-
delnaad; II *overg* hechten
suzerain ['s(j)u:zərein] *znw* hist suzerein, leenheer
suzerainty *znw* suzereiniteit, opperleenheerschap
o, opperheerschappij
svelte [svelt] *bn* slank en sierlijk
swab [swæb] I *znw* zwabber, mop, wis(ser); med
prop watten, wattenstaafje *o*; tampon; med uitstrijkje *o*; II *overg* (op)zwabberen, wissen (ook: ~
down); ~ *up* opnemen [vocht]
swaddle ['swɔdl] *overg* inbakeren
swaddling bands, **swaddling clothes** *znw mv*
windsels; luiers
swag [swæg] *znw* slang roof, buit; Austr pak *o*, bundel
swagger ['swægə] I *onoverg* braniën, snoeven; zwierig stappen; II *znw* branie, lef *o* & *m*; zwierige gang;
III *bn* gemeenz chic
swaggerer *znw* opschepper, branie
swaggering *bn* opschepperig, branieachtig
swain [swein] *znw* plechtig vrijer, minnaar
1 swallow ['swɔlou] *znw* zwaluw
2 swallow ['swɔlou] I *overg* in-, verzwelgen; slikken
[ook van beledigingen, nieuwtjes &]; inslikken,
doorslikken; opslokken² (ook: ~ *down*), verslin-
den² (ook: ~ *up*); fig terugnemen [woorden]; opzij
zetten [zijn trots]; ~ *the wrong way* zich verslikken;
II *onoverg* slikken; III *znw* slik, slok
swallow dive ['swɔloudaiv] *znw* zweefsprong [bij
zwemmen]
swallow-tail *znw* zwaluwstaart°; rok(jas)
swallow-tailed *bn* met een zwaluwstaart, gevorkt;
in rokkostuum; ~ *coat* rok
swam [swæm] V.T. van ¹*swim*
swamp [swɔmp] I *znw* moeras² *o*, drasland *o*; II
overg vol water doen of laten lopen; overstromen,
overstelpen (met *with*); gemeenz inmaken [tegen-
stander]; verdringen
swampy *bn* moerassig, drassig, dras-

swan [swɔn] *znw* (*mv* idem *of* -s) zwaan[2]; *fig* dichter; *the* S~ *of Avon* de Zwaan van de Avon: Shakespeare

swank [swæŋk] gemeenz **I** *onoverg* geuren, bluffen; **II** *znw* branie, bluf; gemeenz branieschopper, bluffer; **III** *bn* = *swanky*

swanky *bn* gemeenz branieachtig, blufferig; chic

swansdown ['swɔnzdaun] *znw* zwanendons *o*, molton *o*

swan-song *znw* zwanenzang

swap [swɔp] gemeenz **I** *overg & onoverg* ruilen; uitwisselen; ~ *over (round)* van plaats (laten) verwisselen; **II** *znw* ruil

sward [swɔ:d] *znw* grasveld *o*, grasmat

1 swarm [swɔ:m] **I** *znw* zwerm[2]; **II** *onoverg* zwermen, krioelen, wemelen (van *with*)

2 swarm [swɔ:m] *onoverg* (*& overg*) klauteren (in, op)

swart [swɔ:t] *bn* vero = *swarthy*

swarthy ['swɔ:θi] *bn* donker, getaand, gebruind

swash [swɔʃ] **I** *onoverg* kletsen, plassen, plonzen [v. water]; **II** *overg* (neer)kwakken, -kletsen, -plonzen; **III** *znw* klets, plas, geklets *o*, geplas *o*

swashbuckler ['swɔʃbʌklə] *znw* ijzervreter, snoever

swashbuckling ['swɔʃbʌkliŋ] *bn* stoerdoenerig, opschepperig, snoeverig; avonturen- [film, roman]

swastika ['swɔstikə] *znw* swastika, hakenkruis *o*

swat [swɔt] *overg* slaan, meppen [vlieg]

swath [swɔ:θ] *znw* zwad *o*, zwade; *fig* rij

swathe [sweið] **I** *overg* (om-, in)zwachtelen, (om-) hullen; bakeren; **II** *znw* zwachtel, (om)hulsel *o*; = *swath*

swatter ['swɔtə] *znw* vliegenklapper

sway [swei] **I** *onoverg* zwaaien, slingeren, wiegen; **II** *overg* doen zwaaien (slingeren, wiegen, overhellen); beïnvloeden; **III** *znw* zwaai; heerschappij, macht, overwicht *o*, invloed; *hold* ~ *over* de scepter zwaaien, regeren, heersen over

Swazi ['swa:zi] *znw* Swazi

Swaziland ['swa:zilænd] *znw* Swaziland *o*

swear [swɛə] (swore; sworn) **I** *onoverg* zweren, de eed doen (afleggen); vloeken; **II** *overg* zweren, bezweren, onder ede beloven, een eed doen op; beëdigen; ~ *at* vloeken op [personen]; ~ *by fig* zweren bij [merk &]; ~ *in* beëdigen, de eed afnemen; ~ *off (drinking)* (de drank) afzweren; ~ *to* zweren op; ~ *to it* er een eed op doen; ~ *sbd. to secrecy* iem. een eed van geheimhouding opleggen

swear-word *znw* vloekwoord *o*, vloek

1 sweat [swet] *znw* zweet *o*, (uit)zweting; gemeenz koeliewerk *o*; *cold* ~ angstzweet *o*; *in (all of) a* ~ door en door bezweet, zwetend; *no* ~! slang geen probleem!

2 sweat [swet] (sweat/sweated; sweat/sweated) **I** *onoverg* zweten[2]; zitten zweten; *fig* zwoegen; **II** *overg* doen zweten; (uit)zweten; *fig* uitzuigen [arbeiders]; ~*ed labour* arbeidskrachten die worden uitgebuit; *you'll just have to* ~ *it out fig gemeenz* je

moet geduld hebben; *they left him to* ~ *it out gemeenz* ze lieten hem gewoon stikken

sweated *bn* voor een hongerloon aangesteld; uitgebuit; onderbetaald

sweater *znw* sweater, trui

sweatshirt *znw* sweatshirt *o*

sweat-shop *znw* fabriek & waar de arbeiders worden uitgebuit

sweaty *bn* zweterig, bezweet, zweet-

Swede [swi:d] *znw* Zweed; s~ knolraap, koolraap

Sweden ['swi:dn] *znw* Zweden *o*

Swedish *bn* (*znw*) Zweeds (*o*)

1 sweep [swi:p] (swept; swept) **I** *onoverg* vegen; strijken, vliegen, jagen, schieten; zwenken; zich statig (zwierig) bewegen (gaan &); in een ruime bocht liggen; zich uitstrekken; **II** *overg* (aan)vegen, weg-, op-, schoonvegen[2]; wegmaaien, wegsleuren, wegvoeren; afvissen, afjagen; afzoeken, (af)dreggen [rivier &]; strijken of slepen over; *mil* bestrijken; opstrijken [winst]; sleuren, meeslepen[2]; ~ *under the carpet (rug) fig* verdoezelen; ~ *the board* met de hele winst (de hele inzet) gaan strijken; *this party swept the country* deze partij behaalde in het hele land een geweldige overwinning; *a war swept the country* een oorlog ging als een storm over het land; ~ *the horizon* de hele horizon omvatten; ~ *the seas* de zee afschuimen; ~ *across* vliegen, schieten over; ~ *one's hand across* met de hand strijken over; ~ *along* voortstuiven; meesleuren; meeslepen; ~ *away* wegvegen[2], -vagen, wegspoelen, wegstrijken; *the plain* ~*s away to the sea* de vlakte strekt zich uit tot de zee; ~ *down* neerschieten; zich storten; meesleuren; ~ *northward* zich naar het noorden uitstrekken; ~ *off* wegvagen, wegmaaien; meesleuren; *he swept her off her feet* zij werd op slag smoorverliefd op hem; ~ *out of the room* de kamer uit zwieren; *be swept overboard* overboord slaan; ~ *past* voorbij stuiven, voorbij zwieren; ~ *up* aan-, bij-, opvegen

2 sweep [swi:p] *znw* veeg, zwenking, zwaai, draai, bocht; (riem)slag; lange roeiriem; vaart; reikwijdte, bereik *o*; uitgestrektheid; gebied *o*; bocht, golvende lijn; schoorsteenveger; gemeenz = *sweepstake(s)*; *the wide* ~ *of his intelligence (mind)* zijn veelomvattende geest; *make a clean* ~ **1** eens terdege schoon schip maken, opruiming houden[2]; **2** alle prijzen in de wacht slepen; *at a* ~ met één slag

sweeper *znw* veger: straat-, baanveger

sweeping I *bn* vegend &; *fig* veelomvattend; algemeen; overweldigend; radicaal, ingrijpend; ~ *generalization* (te) algemene generalisatie; ~ *majority* verpletterende meerderheid; ~ *measure* radicale maatregel; ~ *plains* wijde, uitgestrekte vlakten; *at a* ~ *reduction* tegen zeer gereduceerde prijzen; **II** *znw*: ~*s* veegsel *o*

sweepstake(s) ['swi:psteik(s)] *znw* wedren (wedstrijd, loterij &) met inleggelden die in hun geheel aan de winners uitbetaald moeten worden

sweet [swi:t] **I** bn & bijw zoet², aangenaam, lieflijk, lief, lieftallig, bevallig, aardig; geurig, lekker; melodieus; zacht [beweging]; vers, fris [lucht, eieren &]; snoezig [v. kind, hoedje &]; be ~ on gemeenz verliefd zijn op; keep ~ te vriend houden; she was ~ sixteen het was een fris jong meisje (van zestien jaar); ~ nothings lieve woordjes; ~ stuff lekkers o, snoeperij(en), zoetigheid; have a ~ tooth een zoetekauw zijn; ~ violet welriekend viooltje o; ~ water zoet (rein) water o; he goes his own ~ way hij doet precies waar hij zelf zin in heeft; at your own ~ will ironisch net zoals u (mijnheer &) verkiest; **II** znw zoetheid; zoete o; bonbon; zoetigheid; toetje o; lekkers o, snoep (ook: ~s); my ~! liefje!

sweet-and-sour bn zoetzuur
sweetbread znw zwezerik [als gerecht]
sweet brier znw egelantier
sweetcorn znw maïs
sweeten I overg zoetmaken, zoeten, verzachten, verzoeten, veraangenamen; verversen [lucht]; luchten [de kamer]; gemeenz **1** aantrekkelijk(er) maken [aanbod]; **2** omkopen; **II** onoverg zoet(er) worden
sweetener znw zoetstof; slang steekpenning, smeergeld o
sweetheart znw geliefde; liefje o, meisje o; vrijer; (my) ~! lieveling
sweetie znw gemeenz bonbon, zoetigheidje o; gemeenz snoes; liefje o (ook: ~-pie)
sweetish bn zoetachtig, zoetig
sweetmeat znw bonbon; ~s suikergoed o, lekkers o
sweet-natured bn zacht, goedaardig, lief
sweet pea znw lathyrus
sweet potato znw bataat [knolgewas]
sweet-scented, sweet-smelling bn welriekend, geurig
sweetshop znw snoepwinkel (vaak ook met kranten, tabaksartikelen &)
sweet-william znw muurbloem; duizendschoon
1 swell [swel] (swelled; swollen/swelled) **I** onoverg zwellen, aan-, opzwellen, uitzetten, uitdijen; fig aangroeien, toenemen; zich opblazen; ~ into aangroeien tot; ~ out (up) opzwellen; ~ with pride zwellen (zich opblazen) van trots; **II** overg doen zwellen; fig opblazen, hovaardig maken; doen aangroeien of toenemen, verhogen, doen aan-, opzwellen; vergroten
2 swell [swel] **I** znw zwellen o, zwelling, deining; gemeenz chique grote meneer, hoge piet; **II** gemeenz bn chic, chiquerig; Am fig gek, hartstikke goed, prima
swell-box znw zwelkast [v. orgel]
swelled bn (op)gezwollen
swellhead znw gemeenz verwaande kwast
swellheaded bn gemeenz verwaand
swelling I bn zwellend &; **II** znw aan-, opzwellen o; gezwel o; buil
swelter ['sweltə] overg puffen, smoren, stikken van de hitte

sweltering bn broeiend, smoor-, snikheet, broeierig
swept [swept] V.T. & V.D. van ¹sweep
swept-back bn: ~ wing terugwijkende vleugel
swerve [swə:v] **I** (overg &) onoverg plotseling (doen) afwijken, plotseling (doen) opzijgaan, een schuiver (laten) maken [auto]; (doen) afdwalen; **II** znw plotselinge afwijking; zwenking, zwaai; afdwaling
swift [swift] **I** bn bijw snel, vlug, er vlug bij (om to), gauw; ~ to anger gauw kwaad; **II** znw dierk gierzwaluw
swift-footed bn snelvoetig, rap
swiftly bijw snel, vlug, rap
swiftness znw snelheid, vlugheid
swig [swig] **I** overg & onoverg met grote teugen (leeg)drinken, zuipen; **II** znw grote slok, teug
swill [swil] **I** overg (af-, door-)spoelen; met grote teugen drinken, inzwelgen; **II** znw spoelsel o; spoeling; varkensdraf
swiller znw gemeenz zuiplap
1 swim [swim] (swam; swum) **I** onoverg zwemmen, drijven; draaien (voor iems. ogen), duizelen; ~ with the tide (stream) met de stroom meegaan; her eyes were ~ming (with tears) haar ogen stonden vol tranen; the bathroom was ~ming de badkamer stond blank; **II** overg zwemmen, af-, overzwemmen
2 swim [swim] znw zwemmen o; have a ~ (gaan) zwemmen; be in the ~ fig op de hoogte zijn; meedoen (met de grote wereld)
swimmer znw zwemmer
swimming znw zwemmen o; duizeling
swimming-bath znw (overdekt) zwembad o
swimming costume znw badpak o
swimmingly bijw: go ~ van een leien dakje gaan, vlot marcheren
swimming-pool znw zwembassin o
swimming trunks znw mv zwembroek
swimsuit znw zwempak o
swindle ['swindl] **I** overg oplichten; ~ sbd. out of money iem. geld afzetten; **II** znw zwendel(arij), oplichterij
swindler znw zwendelaar, oplichter
swine [swain] znw (mv idem) varken² o, zwijn² o; varkens, zwijnen; fig smeerlap
swineherd znw zwijnenhoeder
1 swing [swiŋ] (swung; swung) **I** onoverg schommelen, zwaaien, slingeren, bengelen²; hangen²; draaien; zwenken; gemeenz het (goed) doen, hip zijn, in zijn; muz swingen, swing spelen; ~ round zich omdraaien, draaien; ~ to dichtslaan [deur]; **II** overg doen of laten schommelen &; slingeren met, schommelen, zwaaien met; (op)hangen; draaien; doen of laten zwenken; there is no room to ~ a cat je kunt je er niet wenden of keren; ~ the lead zie ¹lead I
2 swing [swiŋ] znw schommel; schommeling, zwenking, zwaai; slingering; ritme o, 'Schwung'; swing [boksen & muz]; what you lose on the ~s you

gain on the roundabouts aan de ene kant verlies je, maar aan de andere kant wordt dat gecompenseerd; *in full* ~ in volle gang; *get into the* ~ *of things* op dreef komen; *go with a* ~ fig swingen [feest &]

swing-boat *znw* luchtschommel

swing-bridge *znw* draaibrug

swing-door *znw* tochtdeur, klapdeur

swinge ['swin(d)ʒ] *overg* vero afranselen, tuchtigen

swingeing ['swin(d)ʒiŋ] *bn* gemeenz versterkend kolossaal

swinger ['swiŋə] *znw* snelle jongen; fuifnummer *o; he's a* ~ hij gaat zo'n beetje met iedereen naar bed

swinging ['swiŋiŋ] *bn* gemeenz swingend, levendig, pittig; hip, onconventioneel; ~ *door* Am klapdeur

swingle ['swiŋgl] **I** *znw* zwingel(stok); **II** *overg* [vlas] zwingelen

swinish ['swainiʃ] *bn* zwijnachtig, zwijnen-

swipe [swaip] **I** *overg & onoverg* hard slaan; slang gappen; weggrissen; **II** *znw* harde slag [cricket]; Am veeg² (uit de pan)

swirl [swə:l] **I** *(overg &) onoverg* (doen) warrelen of draaien, kolken; **II** *znw* warreling, gewarrel *o*, draaikolk

swish [swiʃ] **I** *onoverg* zwiepen; ruisen [v. zijde]; **II** *overg* zwiepen met; gemeenz afranselen, met het rietje (de roe) geven; **III** *znw* zwiepend geluid *o*; geruis *o* [v. zijde]; **IV** *bn* (ook: ~*y*) gemeenz chic

Swiss [swis] **I** *bn* Zwitsers; ~ *French* Zwitsers Frans; ~ *German* Zwitsers Duits; ~ *roll* koninginnenrol [cakerol met jam]; **II** *znw* (*mv* idem) Zwitser

switch [switʃ] **I** *znw* elektr schakelaar; knop; wissel [v. spoorweg]; plotselinge verandering; twijg, roede; haarstukje *o*; **II** *overg* (plotseling) draaien, wenden, richten; op een ander spoor brengen, rangeren; verwisselen; elektr omschakelen; ~ *off* elektr uitdraaien, uitknippen [licht], uitschakelen, afzetten; ~ *on* elektr aandraaien, aanknippen [licht], inschakelen, aanzetten; ~*ed on* slang hip, modieus; goed op de hoogte; zelfverzekerd, wetend wat men wil; **III** *onoverg* zwiepen; draaien; verwisselen; ~ *over* elektr overschakelen² (op to)

switchback *znw* roetsjbaan; berg(spoor)weg met veel bochten

switchboard *znw* schakelbord *o;* ~ *operator* telefonist(e)

switchman *znw* wisselwachter

Switzerland ['switsələnd] *znw* Zwitserland *o*

swivel ['swivl] **I** *znw* spil; **II** *onoverg & overg* (laten) draaien

swivel-chair *znw* draaistoel

swizz, swizzle ['swizl] *znw* gemeenz zwendel; teleurstelling

swizzle stick *znw* roerstaafje *o* voor cocktail

swob [swɔb] *znw & onoverg* = swab

swollen ['swouln] V.D. van ¹swell

swollen-headed *bn* verwaand, opgeblazen

swoon [swu:n] **I** *onoverg* bezwijmen, in zwijm vallen, flauwvallen; **II** *znw* bezwijming, flauwte

swoop [swu:p] **I** *onoverg:* ~ *down (up)on* neerduiken op, afschieten op; **II** *znw* **1** plotselinge duik; **2** haal, veeg; **3** razzia; *at (in) one fell* ~ met één slag

swop [swɔp] gemeenz **I** *overg & onoverg* ruilen; **II** *znw* ruil

sword [sɔ:d] *znw* zwaard *o*, degen; mil sabel; fig militaire macht; oorlog; *put to the* ~ over de kling jagen; *cross* ~*s* fig de degen kruisen [met], op vijandige voet staan [met]

sword-belt *znw* (degen)koppel

sword-blade *znw* degenkling

sword-cane *znw* degenstok

sword-fish *znw* zwaardvis

sword-knot *znw* degenkwast

sword-play *znw* schermen *o*, gescherm *o*

swordsman *znw* geoefend schermer

swordsmanship *znw* schermkunst

sword-stick *znw* degenstok

sword-swallower *znw* degenslikker

swore [swɔ:] V.T. van *swear*

sworn **I** V.D. van *swear*; **II** *bn* ook: beëdigd (in: ~ *broker, a* ~ *statement*); ~ *enemies* gezworen vijanden; ~ *friends* dikke vrienden

swot [swɔt] gemeenz **I** *onoverg* blokken, vossen; **II** *overg:* ~ *up* gehaast bestuderen; **III** *znw* blokker, boekenwurm

swum [swʌm] V.D. van ¹*swim*

swung [swʌŋ] V.T. & V.D. van ¹*swing*

sybarite ['sibərait] *znw* genotzuchtige, wellusteling

sybaritic *bn* genotzuchtig

sycamore ['sikəmɔ:] *znw* wilde vijgenboom; ahornboom; Am plataan

sycophant ['sikəfənt] *znw* pluimstrijker

sycophantic [sikə'fæntik] *bn* pluimstrijkend

syllabic [si'læbik] *bn* syllabisch, lettergreep-

syllable ['siləbl] *znw* lettergreep; *not a* ~ geen syllabe, geen woord; *in words of one* ~ klip en klaar, helder en duidelijk

syllabus ['siləbəs] *znw* (*mv*: -es *of* syllabi [-bai]) syllabus; cursusprogramma *o*

syllogism ['silədʒizm] *znw* syllogisme *o*, sluitrede

syllogistic [silə'dʒistik] *bn* syllogistisch, in de vorm van een sluitrede

sylph [silf] *znw* sylfe [luchtgeest]; sylfide² [vrouwelijke luchtgeest; tenger meisje]

sylphlike *bn* bevallig, sierlijk

sylvan, silvan ['silvən] *bn* bosachtig, bosrijk, bos-; landelijk

sylvicultural [silvi'kʌltʃərəl] *bn* bosbouwkundig

sylviculture ['silvikʌltʃə] *znw* bosbouwkunde

sylviculturist [silvi'kʌltʃərist] *znw* bosbouwkundige

symbiosis [simbi'ousis] *znw* biol symbiose

symbiotic [simbi'ɔtik] *bn* symbiotisch

symbol ['simbəl] *znw* symbool *o*, zinnebeeld *o*, teken *o*

symbolic(al) [sim'bɔlik(l)] *bn* symbolisch, zinnebeeldig

577

symbolism ['simbəlizm] *znw* symboliek; [in de letterkunde] symbolisme *o*
symbolist *znw* symbolistisch
symbolization [simbəlai'zeifən] *znw* symbolisering, zinnebeeldige voorstelling
symbolize ['simbəlaiz] *overg* symboliseren, zinnebeeldig voorstellen
symmetric(al) [si'metrik(l)] *bn* symmetrisch
symmetry ['simətri] *znw* symmetrie
sympathetic [simpə'θetik] *bn* meevoelend, deelnemend, goedgezind, welwillend (tegenover *to*); sympathisch [zenuwstelsel]; soms: sympathiek; ~ *pain* weerpijn
sympathize ['simpəθaiz] *onoverg* sympathiseren (met *with*); meevoelen (met *with*), zijn deelneming betuigen, condoleren (iem. *with sbd.*)
sympathizer *znw* meevoelende vriend(in), sympathisant
sympathy *znw* sympathie (voor *with*); medegevoel *o*, deelneming; condoleantie; welwillendheid; *be in* ~ *with* welwillend staan tegenover, begrip hebben voor; *withdraw in* ~ zich terugtrekken uit solidariteit; ~ *strike* solidariteitsstaking; *prices are going up in* ~ de prijzen stijgen overeenkomstig
symphonic [sim'fɔnik] *bn* symfonisch
symphony ['simfəni] *znw* symfonie°; ~ *orchestra* symfonieorkest *o*
symposium [sim'pouziəm] *znw* (*mv:* symposia [-ziə]) symposium *o* [wetenschappelijke bijeenkomst]; artikelenreeks over hetzelfde onderwerp door verschillende schrijvers
symptom ['sim(p)təm] *znw* symptoom *o*, (ziekte-)verschijnsel *o*, (ken)teken *o*
symptomatic [sim(p)tə'mætik] *bn* symptomatisch
synagogue ['sinəgɔg] *znw* synagoge
sync [siŋk] *znw* = *synchronization; be in (out of)* ~ *(with)* (niet) gelijk/synchroon lopen (met); *they are in* ~ het klikt tussen hen, ze zitten op dezelfde golflengte
synchronism ['siŋkrənizm] *znw* gelijktijdigheid
synchronization [siŋkrənai'zeifən] *znw* gelijktijdigheid; gelijk zetten *o* [v. horloges]; synchronisatie; fig gelijkschakeling
synchronize ['siŋkrənaiz] **I** *onoverg* in tijd overeenstemmen; gelijktijdig zijn; **II** *overg* synchronistisch rangschikken [gebeurtenissen]; gelijkzetten [klokken]; synchroniseren; fig gelijkschakelen
synchronous *bn* gelijktijdig
synchrotron ['siŋkrətrɔn] *znw* synchrotron *o*: lineaire deeltjesversneller
syncopate ['siŋkəpeit] *overg* syncoperen; ~*d* syncopisch
syncopation [siŋkə'peifən] *znw* syncopering
syncope ['siŋkəpi] *znw* syncope°; weglating v. letter of lettergreep; bewusteloosheid
syndic ['sindik] *znw* bestuurder, gezagsdrager
syndicalism ['sindikəlizm] *znw* syndicalisme *o*; theorie dat de industrieën beheerd moeten worden door de vakverenigingen

syndicate I *znw* ['sindikit] syndicaat *o*, belangengroepering; **II** *overg* ['sindikeit] tot een syndicaat of consortium verenigen; door een (pers)syndicaat laten publiceren
syndrome ['sindroum] *znw* syndroom *o*
synod ['sinəd] *znw* synode, kerkvergadering
synonym ['sinənim] *znw* synoniem *o*
synonymous [si'nɔniməs] *bn* synoniem, gelijkbetekenend, zinverwant
synopsis [si'nɔpsis] *znw* (*mv:* -ses [-si:z]) overzicht *o*, kort begrip *o*, synopsis [ook v. film]
synoptic *bn* synoptisch, verkort, een overzicht gevende; ~ *gospels* de evangeliën van Mattheus, Marcus en Lucas
synovia [si'nouviə] *znw* med gewrichtsvocht *o*
synovitis [sinou'vaitis] *znw* leewater *o*
syntactic [sin'tæktik] *bn* syntactisch
syntax ['sintæks] *znw* syntaxis, zinsbouw
synthesis ['sinθisis] *znw* (*mv:* -ses [-si:z]) synthese, samenvoeging
synthesize ['sinθisaiz] *overg* samenvoegen, samenstellen; synthetisch bereiden
synthesizer ['sinθi-, 'sinθəsaizə] *znw* synthesizer
synthetic [sin'θetik] **I** *bn* synthetisch; gemeenz onecht, namaak; ~ *resin* kunsthars *o & m*; **II** *znw* kunststof
syphilis ['sifilis] *znw* med syfilis
syphon ['saifən] *znw* = *siphon*
Syria ['siriə] *znw* Syrië *o*
Syriac ['siriæk] *znw* Syrisch *o*
Syrian I *bn* Syrisch; **II** *znw* Syriër
syringa [si'riŋgə] *znw* (boeren)jasmijn; sering
syringe ['sirin(d)ʒ] **I** *znw* (injectie)spuit, spuitje *o*; **II** *overg* spuiten, be-, in-, uitspuiten
syrup ['sirəp] *znw* siroop, stroopje *o*; stroop; *golden* ~ kandijstroop
syrupy *bn* siroopachtig, stroperig; fig zoetsappig
system ['sistim] *znw* systeem *o*, stelsel *o*; inrichting; net *o* [v. spoorweg, verkeer &]; constitutie, lichaam *o*; gesteldheid; gestel *o*; *get sth. out of one's* ~ stoom afblazen, zijn gal spuwen over
systematic [sisti'mætik] *bn* systematisch, stelselmatig
systematize ['sistimətaiz] *overg* systematiseren

T

t [ti:] *znw* (de letter) t; *cross one's ~ 's* fig de puntjes op de i zetten; *to a ~* net, precies, op een haar

ta [ta:] *tsw* gemeenz dank je!

tab [tæb] *znw* leertje *o* aan een schoen, lus; nestel [v. veter]; tongetje *o*, lipje *o*; label; pat [v. uniform]; oorklep; ruitertje *o*, tab [bij kaartsysteem]; gemeenz rekening; *keep ~s on* in de gaten houden; *pick up the ~* gemeenz de rekening betalen

tabard ['tæbəd] *znw* tabberd

tabby ['tæbi] *znw* gestreepte kat (ook: *~ cat*)

tabernacle ['tæbənækl] *znw* tabernakel° *o & m*; hist loofhut, tent; bedehuis *o* (der methodisten)

tabes ['teibi:z] *znw* med (uit)tering; *~ dorsalis* ruggenmergstering

table ['teibl] **I** *znw* tafel°; (gedenk)plaat; plateau *o*, tafelland *o*; tabel, lijst, register *o*; index, catalogus; dis, maaltijd; kost; *~ of contents* inhoud(sopgave); *the ~s are turned* de bordjes zijn verhangen; de zaak heeft een minder gunstige wending genomen; *sit at ~* aan tafel zitten; tafelen; *the proposal was laid on the ~* het voorstel werd ter tafel gebracht; *the protest was laid on the ~* ook: werd voor kennisgeving aangenomen; **II** *overg* ter tafel brengen, indienen [een motie]; Am voor kennisgeving aannemen

tableau ['tæblou] *znw* tableau *o*

tablecloth *znw* tafellaken *o*; tafelkleed *o*

tableland *znw* tafelland *o*, plateau *o*

table manners *znw mv* tafelmanieren

table-runner *znw* tafelloper

tablespoon *znw* eetlepel

tablet ['tæblit] *znw* tablet, dragee, pastille, plak [chocola]; stuk *o* [zeep]; (gedenk)tafel, -plaat; hist (was)tafeltje *o*

table-talk [teiblto:k] *znw* tafelgesprek *o*, -gesprekken

table-tennis *znw* tafeltennis *o*

table-top *znw* tafelblad *o*

table-turning *znw* tafeldans [bij spiritistische seances]

tableware *znw* tafelgerei *o*

table wine *znw* tafelwijn

tabloid ['tæbloid] *znw* (ook: *~ paper*) sensatiedagblad *o* (op A3-formaat)

taboo [tə'bu:] **I** *znw* taboe *o & m*; heiligverklaring, ban, verbod *o*; **II** *bn* heilig, onaantastbaar, verboden, taboe; **III** *overg* heilig-, onaantastbaar verklaren, verbannen (uit het gesprek), verbieden

tabor ['teibə] *znw* hist handtrom, tamboerijn

tabouret ['tæbərit] *znw* krukje *o*, stoeltje *o*, taboeret; borduurraam *o*

tabular ['tæbjulə] *bn* tabellarisch; tabel-; tafelvor-

mig, als een tafel

tabulate *overg* tabellarisch groeperen; tabellen maken van; tafelvormig effenen

tabulator ['tæbjuleitə] *znw* tabulator

tachometer [tæ'kɔmitə] *znw* snelheidsmeter

tacit ['tæsit] *bn* stilzwijgend

taciturn ['tæsitə:n] *bn* zwijgzaam, stil, zwijgend

taciturnity [tæsi'tə:niti] *znw* zwijgzaamheid, stilzwijgendheid

tack [tæk] **I** *znw* kopspijkertje *o*; rijgsteek; aanhangsel *o*; scheepv hals [v. zeil]; koers, gang [v. schip]; fig richting, spoor *o*, koers; *change one's ~, try another ~* het over een andere boeg gooien[2]; zie ook: *brass tacks*; **II** *overg* vastspijkeren (ook: *~ down*); vastmaken (aan *on, on to*), (aan)hechten, rijgen; **III** *onoverg* scheepv overstag gaan, laveren[2] (ook: *~ about*), het over een andere boeg gooien[2]

tacking *znw* rijgen *o*; rijgsel *o*; *~ thread* rijggaren *o*

tackle ['tækl] **I** *znw* tuig *o*, gerei *o*; takel; talie; **II** *overg* (vast)grijpen; fig (flink) aanpakken; *~ sbd. about sth.* een hartig woordje met iem. spreken over iets, iem. aanspreken over iets

tacky ['tæki] *bn* slonzig, sjofel

tact [tækt] *znw* tact

tactful *bn* tactvol

tactical *bn* tactisch

tactician [tæk'tiʃən] *znw* tacticus

tactic(s) ['tæktik(s)] *znw* tactiek

tactile ['tæktail] *bn* voelbaar, tastbaar; gevoels-

tactless ['tæktlis] *bn* tactloos

tactual ['tæktjuəl] *bn* tast-; tastbaar

tadpole ['tædpoul] *znw* kikkervisje *o*

taffeta ['tæfitə] *znw* tafzijde, taffetas

taffrail ['tæfreil] *znw* scheepv reling [op de achtersteven]

Taffy ['tæfi] *znw* (ook: *~ Jones*) bijnaam voor iem. uit Wales

tag [tæg] **I** *znw* veter-, nestelbeslag *o*; nestel; lus [aan laars]; etiket *o*, label; aanhangsel *o*; citaat *o*; leus; stereotiep gezegde *o*; refrein *o*; sp krijgertje *o*; **II** *overg* aanhechten, aanhangen, vastknopen[2], vastbinden (aan *to, on to*); etiketteren; **III** *onoverg*: *~ after* achternalopen; *~ along* gemeenz meelopen, volgen; *~ around with* altijd optrekken met

Tagus ['teigəs] *znw* Taag

1 tail [teil] **I** *znw* staart°, vlecht; queue; sleep; achterste (laatste) gedeelte *o*, (uit)einde *o*; nasleep; gevolg *o*; staartje[2] *o*; pand, slip [v. jas]; gemeenz volger [schaduwend rechercheur]; *~s* keerzijde [v. munt]; gemeenz slipjas; rok; *at the ~ of* (onmiddellijk) achter, achter... aan; *be on sbd.'s ~* iem. achternazitten; *turn ~* er vandoor gaan; *with one's ~ between one's legs* met de staart tussen de benen, met hangende pootjes; **II** *overg* de staart couperen; gemeenz volgen, schaduwen; *~ (on)* to vastmaken aan; voegen bij; **III** *onoverg*: *~ after* op de hielen volgen; *~ away (off)* een voor een afdruipen; minder worden, eindigen, uitlopen (in *into*);

579

tail

~ *back* een rij/file vormen

2 tail [teil] *znw* eigendom *o* met beperkt erfrecht (ook: *estate in* ~)

tailback *znw* file, verkeersopstopping

tail-board *znw* krat *o* [v. wagen], laadklep [v. vrachtauto]

tailcoat *znw* slip-, pandjesjas; rok

tailed *bn* gestaart, staart-

tail-end *znw* (uit)einde *o*, achterstuk *o*, staartje *o*

tailgate *znw* vijfde deur v.e. auto

tailing *znw* <u>bouwk</u> ingebouwd stuk *o* van een steen of balk

tailings *znw mv* uitschot *o*, afval *o*

tailless *bn* zonder staart; zonder slippen

tail-light *znw* achterlicht *o*

tailor ['teilə] **I** *znw* kleermaker; **II** *overg* maken [kleren]; *fig* aanpassen

tailored *bn* getailleerd, nauwsluitend

tailoring *znw* kleermakersbedrijf *o*; kleermakerswerk *o*

tailor-made *bn* door een kleermaker gemaakt; *fig* aangepast, geknipt [voor een taak]

tailpiece ['teilpiːs] *znw* staartstuk *o* [v. viool]; naschrift *o*, slotopmerking

tail-spin *znw* vrille [v. vliegtuig]; *fig* paniek

tailwind *znw* rugwind

taint [teint] **I** *znw* vlek[2]; *fig* besmetting, bederf *o*, smet; **II** *overg* besmetten, bederven, aansteken, bezoedelen; *~ed* ook: besmet [werk]

taintless *bn* vlekkeloos, onbesmet, smetteloos, zuiver

Taiwan [tai'waːn] *znw* Taiwan *o*

Taiwanese *bn & znw* (*mv* idem) Taiwanees

Tajikistan [ta:'dʒikista:n] *znw* Tadzjikistan *o*

1 take [teik] (took; taken) **I** *overg* nemen° [ook = kieken & springen over]; aan-, in-, af-, op-, mee-, overnemen; benemen, beroven van [het leven]; aanvaarden; opvolgen [advies]; in beslag nemen [tijd], er over doen [lang &]; in behandeling nemen; noteren, opschrijven; vangen; pakken [ook = op het gemoed werken], aanslaan, krijgen [ziekten &], halen [slagen &], behalen; ontvangen; <u>gemeenz</u> incasseren [slagen, opmerkingen &]; inwinnen [inlichtingen]; vatten [ook = snappen]; opvatten, beschouwen (als *as*); houden (voor *for*); begrijpen; waarnemen, te baat nemen [gelegenheid]; gebruiken; drinken [thee &]; volgen [een cursus]; geven [een cursus]; inslaan [weg]; brengen, overbrengen, bezorgen, voeren, leiden; doen [sprong, examen &]; *if it* ~*s all summer* al duurt het de hele zomer; *it* ~*s so little to...* er is zo weinig voor nodig om...; *it* ~*s a good woman to...* daar is een goede vrouw voor nodig; men moet wel een goede vrouw zijn om...; *have what it* ~*s* alles hebben (om te *to*), er mogen wezen; *I* ~ *it that...* ik houd het erop dat...; *I can* ~ *it* <u>gemeenz</u> ik kan er tegen, ik kan het verdragen; ~ *it or leave it!* graag of niet; ~ *it badly* het erg te pakken krijgen; ~ *it hard*

het zich erg aantrekken; ~ *it lying down* zich erbij neerleggen, er (maar) in berusten; zie ook: *easy II*; ~ *cover* in dekking gaan, dekking zoeken; ~ *a drive (ride, walk)* een tochtje & maken; ~ *sbd.'s name* iems. naam opschrijven, ook: iem. bekeuren; ~ *God's name in vain* <u>bijbel</u> Gods naam ijdellijk gebruiken; ~ *the evening service* de avonddienst leiden; ~ *size 9* maat 9 hebben; *these things* ~ *time* daar is veel tijd mee gemoeid; ~ *your time* haast u maar niet; **II** *onoverg & abs ww* pakken; succes hebben, aan-, inslaan [v. stuk]; aanbijten [vis]; ~ *ill* ziek worden; ~ *well*, ~ *a good photo* fotogeniek zijn; ~ *aback* verrassen, verbluffen; ~ *across* overzetten, overbrengen; ~ *after* aarden naar; ~ *apart* uit elkaar nemen; demonteren; ~ *away* af-, wegnemen; be-, ontnemen; mee (naar huis) nemen; ~ *away from* afbreuk doen aan; ~ *back* terugnemen [ook woorden]; terugbrengen; terugvoeren [naar het verleden]; ~ *down* afnemen, naar beneden halen, van de muur halen; uit elkaar nemen, afbreken [huis]; innemen [drankje]; optekenen, opschrijven, noteren, opnemen; zie ook: *peg*; *he* ~*s you for a tramp* hij houdt u voor een landloper; ~ *from* af-, ontnemen; aftrekken van; verminderen, verkleinen; ontlenen aan; *(you may)* ~ *it from me* wat ik je zeg, eerlijk (waar); ~ *in* binnenbrengen, binnenleiden, naar de tafel geleiden [dame]; ontvangen [logeergasten]; in huis (op)nemen [iem.]; innemen [japon, zeilen]; beetnemen [iem.]; opnemen [iem., iets]; begrijpen, beseffen [de toestand]; er bij nemen; omvatten; ~ *in a movie* <u>gemeenz</u> een bioscoopje o pikken; ~ *in needlework* thuis naaiwerk aannemen; ~ *into one's head* in z'n hoofd krijgen; ~ *into partnership* in de zaak opnemen; ~ *off* beginnen [te lopen &], van de grond komen; succes hebben; <u>sp</u> zich afzetten [bij springen], wegvliegen, <u>luchtv</u> opstijgen, starten; weggaan, 'm smeren; af-, wegnemen, afdoen, afleggen, uittrekken [kleren], afzetten [hoofddeksel], wegvoeren, -brengen; ontlasten van [iets]; <u>handel</u> laten vallen [v. prijs]; nadoen, kopiëren; parodiëren; ~ *one's name off the list (off the book)* zich laten afschrijven; ~ *time off* zich even vrijmaken; ~ *oneself off* weggaan, zich uit de voeten maken; ~ *on* aan boord nemen; aannemen [werkkrachten, kleur &]; op zich nemen [verantwoordelijkheid &]; het opnemen tegen, voor zijn rekening nemen; <u>gemeenz</u> aanslaan, pakken [melodie &]; <u>gemeenz</u> tekeergaan; ~ *out* nemen [patent &]; nemen of halen uit, tevoorschijn halen; buiten zetten [vuilnisvat]; wegmaken [vlek]; inlossen [pand]; afsluiten [verzekering]; uitgaan met; ten dans leiden [meisje]; ~ *sbd. out of himself* iem. afleiding bezorgen, de zinnen verzetten; *the labour had* ~*n it out of them* het zware werk had hen danig vermoeid; ~ *it out on sbd.* het op iem. afreageren; ~ *over* overnemen [een zaak &]; de wacht aflossen[2], de leiding (het commando, de functies &) overnemen, opvolgen; een fusie aangaan met; ~ *over* *charge* de dienst overnemen; zijn dienst aanvaarden; ~ *over from sbd.* het roer van iem. overnemen, iem. opvolgen; ~ *sbd. over the premises* iem. het gebouw rondleiden; ~ *over to* RTV verbinden met; ~ *sbd. round* iem. rondleiden; ~ *to ...ing* gaan doen aan..., beginnen te...; ~ *to one's bed* gaan liggen [v. zieke]; ~ *to the boats* in de boten gaan; ~ *to the woods* de bossen ingaan; in de bossen gaan huizen; ~ *to...* sympathie krijgen voor, gaan houden van; *I took to her from the moment I met her* ik mocht haar vanaf het eerste moment; *he doesn't* ~ *kindly to it* hij moet er niet veel van hebben; ~ *up* opnemen, opvatten, optillen, oppakken [ook = arresteren]; naar boven brengen; aannemen [een houding]; innemen [plaats], betrekken [kwartieren]; aanvaarden [betrekking]; ter hand nemen; beginnen aan [een hobby, roken]; in beslag nemen [tijd & plaats], beslaan [ruimte]; onder handen nemen [iem.]; overnemen [refrein &]; ~ *sbd. on his offer* iems. aanbod aannemen; ~ *the matter up with* er werk van maken bij [de politie &]; de zaak ter sprake brengen, aanhangig maken bij [de regering]; ~ *up a point* inhaken op iets; ~ *up the tale* vervolgen; ~ *up with* omgaan met, intiem(er) worden met, geringsch het aanleggen met, zich inlaten met; *that's what he could not* ~ *upon himself to say* dat waagde hij niet te zeggen; ~ *the audience with one* zijn publiek meeslepen; zie ook: *taken*

2 take [teik] *znw* vangst; ontvangst, recette [van schouwburg]; opname [v. film &]

takeaway I *bn* afhaal-, meeneem-; **II** *znw* **1** bereide maaltijd die vanuit een restaurant wordt meegenomen (ook: ~ *meal*); **2** afhaalrestaurant *o*

take-home *znw* nettoloon *o*

take-in *znw* bedrog *o*, bedotterij

taken V.D. van ¹*take*; genomen; bezet [v. stoel &]; *be* ~ *ill* ziek worden; ~ *up with* in beslag genomen door; vol belangstelling voor; ~ *with* overvallen door, te pakken hebbend [ziekte]; ingenomen met, veel ophebbend met

take-off *znw* springplaats; afzet [bij het springen]; opstijging, (plaats van) vertrek *o*, start; karikatuur

take-over I *znw* overnemen *o* van de zaak &, zie: *take over*; overname, fusie (door overneming van aandelen); **II** *bn*: ~ *bid* bod om aandelen over te nemen

taker *znw* (drug)gebruiker; handel afnemer

taking I *bn* innemend, aanlokkelijk, aantrekkelijk; **II** *znw* inname; handel afname; ~*s* recette, ontvangsten; *it's there for the* ~ het staat er voor, tast toe

talc [tælk] *znw* talk [delfstof]; mica *o* & *m*; ~ *powder* talkpoeder *o* & *m*

talcous *bn* talkachtig

talcum *znw* = *talc*

tale [teil] *znw* verhaal *o*, vertelsel *o*; fabel; gerucht *o*, relaas *o*; *old wives'* ~*s* oudewijvenpraatjes, bakerpraatjes; *these... tell their* ~ leggen gewicht in de

schaal; behoeven geen nadere verklaring, zeggen voldoende, spreken een duidelijke taal; *tell* ~*s* klikken, uit de school klappen (ook: *tell* ~*s out of school*); *live to tell the* ~ het kunnen navertellen, het overleven

talebearer *znw* verklikker

talent ['tælənt] *znw* talent° *o*, gave, begaafdheid; slang knappe jongens, mooie meiden

talented *bn* talentvol

talentless *bn* talentloos

talent scout, **talent spotter** *znw* talentenjager

talion ['tæliən] *znw* recht wedervergelding

taliped ['tæliped] **I** *bn* met een horrelvoet; **II** *znw* iem. met een horrelvoet

talipes ['tælipi:z] *znw* horrelvoet, klompvoet

talisman ['tæliz-, 'tælismən] *znw* talisman

talk [tɔːk] **I** *onoverg* praten, spreken; *now you're* ~*ing!* gemeenz dat is tenminste verstandige taal, zo mag ik het horen!; *you can* ~*!*, *look who's* ~*ing!* hoor wie het zegt! dat moet jij nodig zeggen!; ~ *big*, ~ *tall* grootspreken, opscheppen, opsnijden; **II** *overg* praten, spreken; spreken over, het hebben over; ~ *nonsense* (gemeenz *rubbish*) onzin (kletspraat) verkopen, bazelen, kletsen; zie ook: *scandal, sense, shop*; ~ *about* praten over, bepraten; *did you see that film?* ~ *about boring!* heb je die film gezien? stierlijk vervelend, hè?; ~ *at sbd. rather than to sbd.* tegen iem. praten in plaats van met iem. praten; ~ *away* er op los praten; ~ *away the evening (an hour or two)* verpraten; ~ *back* (brutaal) antwoorden; ~ *down* omverpraten; tot zwijgen brengen [in debat]; binnenpraten [vliegtuig]; ~ *down to* afdalen tot het niveau van [kinderen &]; ~ *sbd. into...* iem. bepraten (overhalen) om...; ~ *of* praten over; ook: spreken van; ~*ing of...*, *what...?* van... gesproken, wat...?; ~ *the debate (motion) out* doodpraten; ~ *it out* het doorpraten; ~ *sbd. out of.... ing* iem...... uit het hoofd praten, afbrengen van; ~ *over* bespreken, bepraten, overhalen; ~ *sbd. round* iem. overhalen, overreden; ~ *through one's hat* zitten kletsen, doorslaan; ~ *to* praten tegen, spreken met; aanspreken², onder handen nemen, een strafpreek houden; ~ *to oneself* in zichzelf praten; ~ *up* aanprijzen, in de hoogte steken, ophemelen; **III** *wederk*: ~ *oneself hoarse* zich hees praten; **IV** *znw* gepraat *o*, praat(s), praatje *o*; gesprek *o*, onderhoud *o*, bespreking, discussie; causerie; conversatie; *she is the* ~ *of the town* iedereen heeft het over haar, zij gaat geweldig over de tong; *there was (some)* ~ *off...* het praatje ging dat...; er was sprake van dat...; *let us have a* ~ laten wij eens praten; *at* ~ *of...* als er sprake is (was) van...

talkative *bn* spraakzaam; praatziek

talker *znw* prater; kletskous; spreker, redenaar

talkie *znw* gemeenz sprekende film

talking I *bn* pratend; sprekend²; **II** *znw* praat, gepraat *o*, praten *o*; *do most of the* ~ het hoogste (grootste) woord voeren (hebben)

talking-point *znw* discussiepunt *o*; (goed) argument *o*; onderwerp *o* van gesprek (van de dag)

talking-to *znw* gemeenz vermaning

talk show *znw* talkshow, praatprogramma *o*

tall [tɔ:l] *bn & bijw* hoog; lang; groot [v. personen]; kras, sterk [verhaal]; *a ~ order* een zware klus; *~ talk* opschepperij

tallboy *znw* hoge commode

tallish *bn* vrij lang, groot &, zie *tall*

tallow ['tælou] *znw* talk, kaarsvet *o*

tallowy *bn* talkachtig, talk-

tally ['tæli] **I** *znw* hist kerfstok; kerf, keep; rekening; *keep a ~ of* tellen, bijhouden [score &]; **II** *overg* tellen, berekenen; **III** *onoverg* kloppen, overeenstemmen; *~ with* passen bij; overeenkomen met, kloppen met

tally-ho ['tæli'hou] *tsw* roep van jagers bij vossenjacht

tallyman ['tælimæn] *znw* verkoper in of eigenaar van een afbetalingsmagazijn

talmud ['tælməd, -mʌd] *znw* talmoed

talon ['tælən] *znw* klauw

tamarind ['tæmərind] *znw* tamarinde

tambour ['tæmbuə] *znw* vero trom(mel); tamboereerraam *o*; borduurraam *o*

tambourine [tæmbə'ri:n] *znw* tamboerijn, rinkelbom

tame [teim] **I** *overg* temmen², tam maken² (ook: *~ down*); kleinkrijgen; **II** *bn* getemd², tam², mak², gedwee; slap, flauw, saai, vervelend, kleurloos

tamer *znw* (dieren)temmer

taming *znw* temmen *o* &

tam-o'-shanter [tæmə'ʃæntə] *znw* Schotse baret

tamp [tæmp] *overg* aanstampen (ook: *~ down*)

tamper ['tæmpə] *onoverg: ~ with* knoeien aan of met; peuteren (zitten) aan; 'bewerken' [getuigen &]

tampion ['tæmpiən] *znw* prop, stop, windstop [v. geschut]

tampon ['tæmpən] *znw* tampon

tan [tæn] **I** *znw* gebruinde huidskleur, run, gemalen eikenschors, taan (kleur); *get a ~* bruin worden; **II** *bn* run-, taankleurig; **III** *overg* looien, tanen; *~ sbd.('s hide)* slang iem. afrossen; **IV** *onoverg* tanen; bruinen, bruin worden [door de zon]

tandem ['tændəm] *znw* tandem°; *in ~ (with)* samen (met); tegelijkertijd, in combinatie (met)

tang [tæŋ] *znw* **1** doorn [v. mes]; **2** bijsmaak, (na-)smaak, smaakje *o*; scherpe lucht of geur

tangent ['tændʒənt] *znw* tangens; *fly (go) off at a ~* plotseling een andere richting inslaan, van koers veranderen (ook: fig)

tangential [tæn'dʒenʃəl] *bn* tangentieel; fig oppervlakkig

tangerine [tændʒə'ri:n] *znw* mandarijntje *o*

tangible ['tændʒibl] *bn* tastbaar, voelbaar

tangle ['tæŋgl] **I** *overg* in de war maken, verwikkelen; verwarren; verstrikken (ook: *~ up*); **II** *onoverg* in de war raken; *~ with* slang overhoop liggen met;

III *znw* warhoop; warboel, klit, knoop; wirwar; verwarring; *be in a ~* in de war zijn

tangly *bn* verward, verwikkeld

tango ['tæŋgou] **I** *znw* tango; **II** *onoverg* de tango dansen

tangy ['tæŋi] *bn* scherp, pittig

tank [tæŋk] **I** *znw* waterbak, reservoir *o*; (petroleum)tank; mil tank; **II** *overg: ~ up* gemeenz tanken

tankage *znw* tankinhoud; tankgeld *o*

tankard ['tæŋkəd] *znw* drinkkan, flapkan

tanked (up) ['tæŋkt(ʌp)] *bn* slang ladderzat, lazarus

tank-engine *znw* ['tæŋkend3in] *znw* tenderlocomotief

tanker *znw* scheepv tanker, tankschip *o*; auto tankwagen

tank-farming *znw* water-, hydrocultuur

tannage *znw* looien *o*

1 tanner ['tænə] *znw* looier

2 tanner ['tænə] *znw* gemeenz vero sixpence-(stukje *o*)

tannery ['tænəri] *znw* looierij

tannic *bn: ~ acid* looizuur *o*

tannin ['tænin] *znw* tannine, looizuur *o*

tannoy ['tænɔi] *znw* intercom, omroepinstallatie, luidsprekerinstallatie [op sportveld &]

tansy ['tænzi] *znw* boerenwormkruid *o*

tantalization [tæntəlai'zeiʃən] *znw* tantaluskwelling

tantalize ['tæntəlaiz] *overg* tantaliseren, doen watertanden; kwellen [door valse verwachtingen te wekken]

tantalizing *bn* uitdagend, verleidelijk; tergend

tantamount ['tæntəmaunt] *bn* gelijkwaardig (aan *to*); *be ~ to* ook: gelijkstaan met

tantrum ['tæntrəm] *znw* (ook: *~ temper*) woedeaanval

Tanzania [tænzə'niə] *znw* Tanzania *o*

Tanzanian [tænzə'niən] *znw (bn)* Tanzaniaan(s)

Taoism ['tauizm] *znw* taoïsme *o*

1 tap [tæp] **I** *znw* (houten) kraan; tap [ook: techn]; elektr aftakking; *on ~* op de tap; aangestoken [v. vat]; gemeenz altijd beschikbaar; ter beschikking; **II** *overg* een kraan slaan in, aan-, opsteken; [een vat] aanboren; [bron &]; exploiteren, aanspreken [voorraad]; aftappen (ook = afluisteren); elektr aftakken; tappen; *~ sbd.* gemeenz iem. (willen) uithoren; *~ sbd. for money* geld van iem. (willen) loskrijgen

2 tap [tæp] **I** *overg* tikken, kloppen tegen, op of met; **II** *onoverg: ~ at* tikken, kloppen tegen of op; **III** *znw* tikje *o*, klop [op deur]; *there was a ~ at the door* er werd geklopt

tap-dance I *znw* tapdans; **II** *onoverg* een tapdans uitvoeren

tap-dancer *znw* tapdanser

tape [teip] **I** *znw* lint *o*; band *o* [stofnaam], band *m* [voorwerpsnaam]; plakband; geluidsband, cassette(band); strook papier [in de telegrafie]; gemeenz telegrafisch koersbericht *o*; meetband, -lint *o*, centimeter; *breast the* ~ sp (als eerste) over de finish gaan; **II** *overg* met een lint of band vastmaken; opnemen op de band; *have (got) him (it)* ~*d* gemeenz hem (het) doorhebben; *have (got) it* ~*d* ook: gemeenz het voor elkaar hebben

tape deck *znw* tapedeck *o*

tape-machine *znw* telexapparaat *o*

tape-measure *znw* meetband, meetlint *o*, centimeter

taper ['teipə] **I** *znw* waspit; vero kaars; plechtig toorts, licht(je) *o*; **II** *onoverg* spits (taps) toelopen (ook: ~ *to a point*); ~ *off* geleidelijk verminderen; **III** *overg* spits (taps) doen toelopen, (toe)spitsen

tape-record ['teiprikɔ:d] *overg* opnemen op de band

tape-recorder *znw* bandrecorder

tape-recording *znw* bandopname

tapestry ['tæpistri] *znw* gobelin *o*, wandtapijt *o*; geweven behangsel *o*; tapisserie [v. stoel &]

tapeworm ['teipwə:m] *znw* lintworm

tapioca [tæpi'oukə] *znw* tapioca

tapir ['teipə] *znw* tapir

tapis ['tæpi] *znw*: *be (bring) on the* ~ in (ter) discussie zijn (brengen)

tappet ['tæpit] *znw* techn klepstoter

tap-room ['tæprum] *znw* gelagkamer

tap-root ['tæpru:t] *znw* penwortel, hoofdwortel

tap water ['tæpwɔ:tə] *znw* leidingwater *o*

tar [ta:] **I** *znw* teer; gemeenz pikbroek, matroos; **II** *overg* (be)teren; ~ *and feather* met pek bestrijken en dan door de veren rollen [als straf]; ~*red with the same brush* fig met hetzelfde sop overgoten

taradiddle ['tærədidl] *znw* leugentje *o*

tarantula [tə'ræntjulə] *znw* (*mv*: -s *of* tarantulae [-li:]) tarantula [spin]

tarboosh [ta:'bu:ʃ] *znw* fez (met kwastje)

tar-brush ['ta:brʌʃ] *znw* teerkwast

tardy ['ta:di] *bn* traag, langzaam, dralend; laat

1 tare [tɛə] *znw* handel tarra

2 tare [tɛə] *znw* voederwikke [plant]; *the* ~*s* bijbel het onkruid

targe [ta:dʒ] *znw* hist beukelaar, schild *o*

target ['ta:git] **I** *znw* (schiet)schijf, mikpunt *o*; (gestelde, beoogde) doel² *o* of tijd; streefcijfer *o* (ook: ~ *figure*); **II** *overg* richten, mikken (op *on*)

target-practice *znw* schijfschieten *o*

tariff ['tærif] *znw* tarief *o*, toltarief *o*

tariff-union *znw* tariefunie, tolverbond *o*

tariff-wall *znw* tariefmuur

tariff-war *znw* tarievenoorlog

tarlatan ['ta:lətən] *znw* tarlatan *o*: fijne katoenen stof

tarmac ['ta:mæk] **I** *znw* teermacadam *o* & *m*; platform *o* [v. vliegveld]; **II** *overg* macadamiseren

tarn [ta:n] *znw* bergmeertje *o*

tarnish ['ta:niʃ] **I** *overg* laten aanlopen [metalen]; dof of mat maken; ontluisteren²; doen tanen; fig

bezoedelen; **II** *onoverg* aanlopen [metalen]; dof of mat worden; tanen; **III** *znw* ontluistering; dofheid; bezoedeling, smet

tarot ['tærou] *znw* tarot *o* & *m*

tarpaulin [ta:'pɔ:lin] *znw* teerkleed *o*, (dek)zeil *o* [voor wagen]; scheepv presenning

tarragon ['tærəgən] *znw* dragon

1 tarry ['tæri] *onoverg* plechtig toeven, blijven, dralen

2 tarry ['ta:ri] *bn* teerachtig, geteerd

tarsal ['ta:sl]: ~ *bone znw* voetwortelbeentje *o*

tarsier ['ta:siə] *znw* spookdier *o* [aap]

tarsus ['ta:səs] *znw* (*mv*: tarsi [-sai]) voetwortel

1 tart [ta:t] **I** *znw* (vruchten)taart; taartje *o*; gemeenz hoer, slet; **II** *overg*: ~ *up* gemeenz opdirken; opsmukken

2 tart [ta:t] *bn* wrang, zuur; fig scherp, bits

1 tartan ['ta:tən] **I** *znw* Schots geruit goed *o*; Schotse plaid; **II** *bn* van tartan

2 tartan ['ta:tən] *znw* scheepv tartaan: soort eenmaster

1 tartar ['ta:tə] *znw* driftkop; lastig persoon; kenau

2 tartar ['ta:tə] *znw* wijnsteen; tandsteen *o* & *m*

tartar(e) sauce *znw* tartaarsaus

tartaric [ta:'tærik] *bn* wijnsteen-; ~ *acid* wijnsteenzuur *o*

tartlet ['ta:tlit] *znw* taartje *o*

task [ta:sk] **I** *znw* taak, huiswerk *o*; geringsch karwei *v* & *o*; *take sbd. to* ~ iem. de les lezen, onder handen nemen; **II** *overg* op de proef stellen, vergen

task force *znw* mil speciale eenheid

taskmaster *znw*: *a hard* ~ een harde leermeester²

tassel ['tæsl] *znw* kwast, kwastje *o* [als boekenlegger]

tasselled *bn* met kwasten versierd

taste [teist] **I** *overg* proeven; smaken, ondervinden; **II** *onoverg* proeven; smaken; ~ *of* smaken naar; fig smaken, ondervinden; **III** *znw* smaak°, bijsmaak, voorkeur, zin; (voor)proefje *o*; beetje *o*, zweempje *o*, tikje *o*; neiging, liefhebberij; *let me have a* ~ laat mij eens proeven; *in bad* ~ smakeloos; *in good* ~ zoals het hoort; met tact; smaakvol; *to* ~ naar believen, naar verkiezing; zoveel als je maar wilt; *is it to your* ~? is het naar uw zin?; *every man to his* ~*!* ieder zijn meug!; *pungent to the* ~ scherp van smaak

taste-bud *znw* smaakpapil

tasteful *bn* smaakvol

tasteless *bn* 1 smaakloos, zonder smaak; 2 smakeloos, van slechte smaak getuigend

taster *znw* proever [van wijn, thee &]; fig voorproefje *o*

tasty *bn* smakelijk; slang sexy

1 tat [tæt] *onoverg* & *overg* frivolité maken (bep. haak/knoopwerk)

2 tat *znw* vodden; prullaria

ta-ta ['tæ'ta:] *tsw* gemeenz daag!

tatter ['tætə] *znw* lap, lomp, vod *o* & *v*, flard; *in* ~*s* aan flarden

tattered *bn* haveloos, aan flarden; gehavend

tatting ['tætiŋ] *znw* frivolité *o*

tattle ['tætl], **tittle-tattle I** *onoverg* kletsen, babbelen; (uit de school) klappen; **II** *znw* geklets *o*, gebabbel *o*; borrelpraat

tattler *znw* kletskous, babbelaar

1 tattoo [tə'tu:] *znw* mil taptoe; (trom)geroffel *o*, roffel

2 tattoo [tə'tu:] **I** *overg* tatoeëren; **II** *znw* tatoeëring, tatoeage

tattooer, tattooist [tə'tuə, tə'tuist] *znw* tatoeëerder

tatty ['tæti] *bn* voddig, sjofel, afgeleefd

taught [tɔ:t] V.T. & V.D. van *teach*

taunt [tɔ:nt] **I** *overg* beschimpen, honen, smaden; ~ *sbd. with*... iem. zijn... smadelijk verwijten, voor de voeten werpen; **II** *znw* schimp(scheut), hoon, smaad, spot

Taurus ['tɔ:rəs] *znw* Stier

taut [tɔ:t] *bn* strak, gespannen [v. touw, spier &]

tauten I *overg* (strak) aanhalen; spannen; **II** *onoverg* zich spannen

tautological [tɔ:tə'lɔdʒikl] *bn* tautologisch

tautology [tɔ:'tɔlədʒi] *znw* tautologie

tavern ['tævən] *znw* kroeg, herberg

1 taw [tɔ:] *znw* knikker; knikkerspel *o*

2 taw [tɔ:] *overg* witlooien; touwen [zeem]

tawdry ['tɔ:dri] *bn* smakeloos, opzichtig, opgedirkt

tawer ['tɔ:ə] *znw* zeemtouwer

tawny ['tɔ:ni] *bn* taankleurig, tanig, getaand; geelbruin; ~ *owl* bosuil

tax [tæks] **I** *overg* belasten, schatting opleggen; veel vergen van, op een zware proef stellen; beschuldigen (van *with*); **II** *znw* (rijks)belasting; schatting; last, (zware) proef; *be a* ~ *on* veel vergen van

taxable *bn* belastbaar

taxation [tæk'seifən] *znw* belasting

tax avoidance *znw* belastingontwijking, -vermijding, -besparing

tax-collector ['tækskəlektə] *znw* ontvanger der belastingen

tax-deductible *bn* aftrekbaar (voor de belasting)

tax disc *znw* auto ± deel drie van het kentekenbewijs

tax evasion *znw* belastingontduiking; fiscale fraude

tax exile *znw* iem. die zich om fiscale redenen in het buitenland heeft gevestigd

tax-farmer *znw* hist tollenaar

tax-free *bn* vrij van belasting, taxfree

tax haven *znw* belastingparadijs *o*

taxi ['tæksi] **I** *znw* taxi; **II** *onoverg* **1** in een taxi rijden; **2** taxiën: rijden [v. vliegtuig]

taxi-cab *znw* taxi

taxidermist ['tæksidə:mist] *znw* dierenopzetter

taxidermy *znw* de kunst van het opzetten van dieren

taxi-driver ['tæksidraivə], gemeenz **taxi-man** *znw* taxichauffeur

taximeter *znw* taximeter

taxing ['tæksiŋ] *bn* belastend, inspannend, zwaar [werk]; moeilijk [probleem]

taxi rank, Am **taxi stand** *znw* taxistandplaats

taxman ['tæksmæn, -mən] *znw* belastingontvanger; *the T*~ de Belasting

taxonomy [tæk'sɔnəmi] *znw* taxonomie

taxpayer ['tækspeiə] *znw* belastingbetaler

tax rebate ['tæksri:beit] *znw* teruggave van te veel betaalde belasting

tax relief *znw* belastingverlaging, -vermindering

tax return *znw* (formulier *o* voor) belastingaangifte

TB *afk.* = *tuberculosis* tbc, tuberculose

tea [ti:] *znw* thee; avondeten; lichte middagmaaltijd met thee, koekjes en sandwiches; *high* ~ maaltijd aan het eind van de middag, in plaats van het avondmaal [bijv. voor kinderen]; *at* ~ bij (aan) de thee; *have people to* ~ mensen op de thee hebben

teabag *znw* theezakje *o*, theebuiltje *o*

tea-ball *znw* thee-ei *o*

tea-break *znw* theepauze

tea-caddy *znw* theebusje *o*

teacake *znw* zoet broodje *o* met rozijnen

teach [ti:tʃ] (taught; taught) *overg* onderwijzen, leren, les geven (in), doceren; ~ *sbd. manners* iem. mores leren; ~ *sbd. (how) to*... iem. leren...; *that'll* ~ *you (a lesson)* dat zal je leren...!

teachability [ti:tʃə'biliti] *znw* leervermogen *o*

teachable ['ti:tʃəbl] *bn* te onderwijzen, onderwezen kunnende worden; aannemelijk, bevattelijk, leerzaam

teacher *znw* onderwijzer(es), leraar, lerares, leerkracht, docent(e), leermeester(es)

tea-chest ['ti:tʃest] *znw* theekist

teach-in ['ti:tʃin] *znw* teach-in; open forum *o* [vooral voor (de) universiteit]

teaching I *bn* onderwijzend; *a* ~ *hospital* een academisch ziekenhuis *o*; *a* ~ *post* een betrekking bij het onderwijs; ~ *practice* onderwijzersstage, hospiteren *o*; **II** *znw* onderwijs *o*; lesgeven *o*; leer (ook: ~*s*)

tea-cloth ['ti:klɔθ] *znw* theedoek

tea-cosy *znw* theemuts

teacup *znw* theekopje *o*

teak [ti:k] *znw* teak(boom), djati(boom); teak(hout) *o*, djati(hout) *o*

tea-kettle ['ti:ketl] *znw* theeketel

teal [ti:l] *znw* taling(en) [kleine eend]

tea leaf ['ti:li:f] *znw* theeblaadje *o* [v. theestruik]

team [ti:m] **I** *znw* span *o* [paarden &]; ploeg [werklui, spelers], elftal *o* [voetballers], groep [geleerden &], team *o*; **II** *onoverg*: ~ *up* samenwerken

team-mate *znw* ploeggenoot, teamgenoot

team-spirit *znw* geest van samenwerking

teamster *znw* Am wegvervoerder

team-work *znw* teamwork *o*; samenwerking

tea-party ['ti:pa:ti] *znw* theevisite, theepartij

teapot *znw* theepot

1 tear [tiə] *znw* traan; *in* ~*s* in tranen; *be bored to* ~*s* gemeenz zich te pletter vervelen

2 tear [tɛə] (tore; torn) **I** *overg* scheuren, stuk-, verscheuren[2]; rukken of trekken aan; weg-, uiteenrukken, (open)rijten; ~ *one's hair* zich de haren uitrukken [v. woede, verdriet]; *be torn between* in tweestrijd staan tussen, niet kunnen kiezen tussen; *that's torn it!*, Am *that* ~*s it!* nu is alles bedorven!; **II** *wederk:* ~ *oneself away* zich (van de plaats) losrukken; **III** *onoverg & abs ww* scheuren; stormen, vliegen; razen, tieren; ~ *it across* het door-, verscheuren; ~ *along* voortjagen, komen aanstuiven; ~ *apart* kapot scheuren; verdeeldheid zaaien onder; in tweestrijd brengen; ~ *at* rukken (trekken) aan; ~ *away* wegscheuren [auto]; losmaken; ~ *down* afscheuren, -rukken; afbreken; ~ *down the hill* de heuvel afrennen; ~ *from* wegrukken van; ontrukken (aan); ~ *off* afscheuren, -rukken; ~ *sbd. off a strip* iem. een standje geven; ~ *open* openscheuren, openrukken; ~ *out* uitscheuren, uitrukken; ~ *to pieces* in stukken scheuren; ~ *up* door-, ver-, stukscheuren; opbreken [weg &]; ~ *up the stairs* de trap opvliegen; *torn up by the roots* ontworteld

3 tear [tɛə] *znw* scheur

tearaway ['tɛərəwei] *znw* wildebras

teardrop ['tiədrɔp] *znw* [een] enkele traan

tearful *bn* vol tranen; huilerig; *become* ~ beginnen te schreien

tear gas *znw* traangas *o*

tearing ['tɛəriŋ] **I** *bn* scheurend; gemeenz heftig, razend; *be in a* ~ *hurry* verschrikkelijke haast hebben; **II** *znw* scheuren *o*; *a sound of* ~ een scheurend geluid *o*

tear-jerker ['tiədʒɜːkə] *znw* gemeenz smartlap; melodramatisch verhaal *o* &

tear-off ['tɛərɔːf] *bn:* ~ *calendar* scheurkalender

tea-room ['tiːrum] *znw* lunchroom, theesalon

tear-stained ['tiəsteind] *bn* beschreid

tease [tiːz] **I** *overg* plagen, kwellen, sarren, treiteren, pesten, judassen, jennen; kaarden; tegenkammen [v. haar]; ~ *out* ontwarren; ontfutselen; **II** *znw* plaaggeest

teasel ['tiːzl] *znw* kaardendistel, kaarde; kaardmachine

teaser ['tiːzə] *znw* plager, plaaggeest, kweller, treiteraar; fig puzzel; moeilijk probleem *o*, iets lastigs; kaarder

tea-service, tea-set ['tiːset] *znw* theeservies *o*

tea-shop *znw* theesalon

teaspoon *znw* theelepeltje *o*

tea-strainer *znw* theezeefje *o*

teat [tiːt] *znw* tepel, speen

tea-table ['tiːteibl] *znw* theetafel

tea-things *znw mv* theegerei *o*, theegoed *o*

tea-towel *znw* theedoek, (af)droogdoek

tea-tray *znw* theeblad *o*

tea-trolley *znw* theewagen

tea-urn *znw* theezettoestel *o*, samovar

tech [tek] *znw* gemeenz verk. van *technical college*

technical ['teknikl] *bn* technisch; vak-; ~ *college* hogere technische school; ~ *school* lagere technische school

technicality [tekni'kæliti] *znw* technisch karakter *o*; technisch detail *o*; technische term; technisch probleem *o*; recht vormfout; *the technicalities* de technische finesses

technician [tek'nifən] *znw* technicus

technics ['tekniks] *znw (mv)* techniek

technique [tek'niːk] *znw* techniek

technocracy [tek'nɔkrəsi] *znw* technocratie

technocrat ['teknəkræt] *znw* technocraat

technological [teknə'lɔdʒikl] *bn* technologisch

technologist [tek'nə'nɔlədʒist] *znw* technoloog

technology *znw* technologie

tectonic [tek'tɔnik] *bn* tektonisch

tectonics [tek'tɔniks] *znw mv* tektoniek; leer van de architecturale vormgeving

ted [ted] *overg* uitspreiden en keren [gras]

Ted [ted] *znw* slang = *teddy boy*

tedder *znw* hooischudder, hooikeerder

teddy ['tedi] *znw* **1** beertje *o*; teddybeer (ook: ~ *bear*); **2** Am teddy [hemd en broekje aaneen als damesondergoed]

teddy boy *znw* ± nozem

tedious ['tiːdiəs] *bn* vervelend; saai

tedium *znw* verveling; saaiheid

tee [tiː] **I** *znw* sp tee, afslag [aardhoopje *o* & vanwaar de bal wordt weggeslagen bij golfspel]; **II** *overg* sp (~ *up*) [de bal] op de tee plaatsen; **III** *onoverg:* ~ *off* beginnen te spelen; fig gemeenz van start gaan, beginnen

1 teem [tiːm] *onoverg* vol zijn, krioelen, wemelen, overvloeien (van *with*); *it was* ~*ing (with rain), the rain was* ~*ing down* het stortregende

2 teem [tiːm] *overg* leeggieten, uitgieten

teeming ['tiːmiŋ] *bn* wemelend, overvol, boordevol (van *with*); vruchtbaar [brein &]

teenage ['tiːneidʒ] *bn* van, voor tieners, tiener-; jeugd-; ~ *boy (girl)* tiener

teenager *znw* tiener

teens *znw mv* jaren tussen het twaalfde en het twintigste

teeny ['tiːni] *bn* gemeenz (heel) klein; ~-*bopper* slang aankomende tiener; ~-*weeny* piepklein

teeter ['tiːtə] *onoverg* wankelen, balanceren

teeth [tiːθ] *mv* v. *tooth*

teethe [tiːð] *onoverg* tanden krijgen

teething *znw* het tanden krijgen; ~ *ring* bijtring; ~ *troubles* gemeenz kinderziekten

teetotal [tiː'toutl] *bn* geheelonthouders-, antialcohol-

teetotalism *znw* geheelonthouding

teetotaller [tiː'toutlə] *znw* geheelonthouder

teetotum [tiː'toutəm] *znw* vroeger tolletje *o* met letters, gebruikt bij spelletjes

telecast ['telikaːst] **I** *overg & onoverg* per televisie uitzenden; **II** V.T. & V.D. van *telecast;* **III** *znw* televisie-uitzending

telecommunication [ˈtelikəmjuːniˈkeiʃən] znw
telecommunicatie

telegenic [teliˈdʒenik] bn telegeniek

telegram [ˈteligræm] znw telegram o

telegraph [ˈteligrɑːf] I znw telegraaf; II overg & onoverg
telegraferen; fig seinen

telegraphese [teligrɑːˈfiːz] znw telegramstijl

telegraphic [teliˈgræfik] bn telegrafisch

telegraphist [tiˈlegrəfist] znw telegrafist(e)

telegraphy znw telegrafie

telekinesis [telikiˈniːsis] znw telekinese: beweging
of verplaatsing van voorwerpen zonder aantoonbare
oorzaak

telemeter [ˈtelimitə] znw telemeter [toestel waarmee
op afstand metingen worden gedaan]

telemetry [tiˈlemitri, -mətri] znw telemetrie [het
verrichten van metingen op afstand]

telepathic [teliˈpæθik] bn telepathisch

telepathist [tiˈlepəθist] znw telepaat

telepathy znw telepathie

telephone [ˈtelifoun] I znw telefoon; on the ~ aangesloten
(bij de telefoon); aan de telefoon; door de
(per) telefoon; II overg & onoverg telefoneren

telephone book znw telefoonboek o

telephone booth, telephone box znw telefooncel

telephone directory znw telefoonboek o

telephone exchange znw telefooncentrale

telephone number znw telefoonnummer o

telephonic [teliˈfɔnik] bn telefonisch, telefoon-

telephonist [tiˈlefənist] znw telefonist(e)

telephony znw telefonie

telephoto lens [ˈtelifoutoulenz] znw telelens

teleprinter [ˈteliprintə] znw telex

teleprompter [ˈtelip300rɔm(p)tə] znw [door tv-
omroepers gebruikte] monitor waarvan de tekst
wordt afgelezen, autocue

telescope [ˈteliskoup] I znw verrekijker, telescoop;
II overg & onoverg ineenschuiven; in elkaar schuiven
[spoorwagens bij een ongeluk &]; fig samenvatten
[boek &]; III abs ww zich in elkaar laten
schuiven

telescopic [telisˈkɔpik] bn telescopisch; ineenschuifbaar

teletype [ˈtelitaip] I znw teletype; II overg teletypen

televise [ˈtelivaiz] overg per televisie uitzenden

television [ˈteliviʒən, teliˈviʒən] znw televisie; on ~
per televisie, op (voor) de televisie

television set znw televisietoestel o

telex [ˈteleks] I znw telex(dienst); II overg telexen

tell [tel] (told; told) I overg vertellen, zeggen; mededelen,
(ver)melden, onderrichten; verhalen; verklikken;
onthullen²; bevelen, gelasten; onderscheiden;
(her)kennen; zien (aan by); you're ~ing me!
gemeenz nou en of!, zeg dat wel!; you ~ me! wat
zeg je me nou?, daar weet ik niets van!; ~ the time
op de klok (kunnen) kijken; ~ fortunes waarzeggen;

have one's fortune told zich laten waarzeggen; ~ a
story ook: een verhaal doen; ~ them apart ze uit
elkaar houden; ~ one from the other ze van elkaar
onderscheiden; ~ off een standje geven; ~ that to
the marines gemeenz maak dat je grootje wijs; all
told alles bij elkaar, in het geheel; II onoverg & abs
ww vertellen, verhalen, (het) zeggen; klikken, het
oververtellen; effect maken, uitwerking hebben,
zijn invloed doen gelden, indruk maken, pakken,
aanpakken; you never can ~ je kunt het niet weten;
every shot (word) told elk schot (woord) had effect
(was raak); I told you so! dat heb ik u wel gezegd!; ~
against pleiten tegen; ~ in his favour voor hem pleiten;
the ruins told of a rich past de ruïnes getuigden
van een rijk verleden; ~ on gemeenz klikken over,
verraden; don't ~ on me gemeenz verklik me niet;
the strain begins to ~ (up)on him begint hem aan te
pakken, uit te putten; breeding ~s een goede afkomst
verloochent zich niet

teller znw verteller; teller; kassier

telling I bn 1 veelzeggend, onthullend; 2 pakkend,
krachtig, raak; II znw verhaal o, vertelling; vertellen
o; there is no ~... niemand weet...

telling-off znw gemeenz standje o, uitbrander

telltale I znw aanbrenger; verklikker [ook: techn];
II bn verraderlijk

tellurian [teˈljuəriən] I bn van de aarde; II znw
aardbewoner

telly [ˈteli] znw gemeenz televisie

telpher [ˈtelfə] znw (bak, wagentje o & van) kabelbaan

telpherage znw vervoer o per kabelbaan

temerarious [teməˈrɛəriəs] bn vermetel, roekeloos

temerity [tiˈmeriti] znw vermetelheid, roekeloosheid

temp [temp] I znw gemeenz verk. van temporary
employee uitzendkracht; II onoverg gemeenz werken
als uitzendkracht

temper [ˈtempə] I overg temperen°, matigen; verzachten;
doen bedaren; temperen; harden [ijzer];
blauw laten aanlopen [staal]; laten beslaan [kalk];
mengen; aanmaken [klei, cement]; ~ justice with
mercy genade voor recht laten gelden; II znw temperament
o, gemoedstoestand, geaardheid; stemming,
(goed) humeur o; gemoedsrust, kalmte;
slecht humeur o, boze bui; vermenging; (graad
van) harding, vastheid; (little) ~s ook: aanvallen
van humeurigheid; have a (quick) ~ gauw kwaad
worden, niets kunnen velen; have ~s (erg) humeurig
zijn; keep one's ~ niet uit zijn humeur raken;
bedaard blijven; lose one's ~ z'n kalmte verliezen;
ongeduldig, kwaad, driftig worden; be in a ~ uit
zijn humeur zijn

temperament [ˈtemp(ə)rəmənt] znw temperament o

temperamental [temp(ə)rəˈmentl] bn van het
temperament; van nature, aangeboren; met veel
temperament; grillig; fig met kuren [auto &]; on-

evenwichtig

temperance ['temp(ə)rəns] *znw* gematigdheid; matigheid, onthouding [van sterke dranken]; ~ *hotel* hotel *o* waar geen alcoholica geschonken worden; ~ *movement* drankbestrijding; ~ *society* geheel-onthoudersvereniging

temperate *bn* gematigd; matig

temperature ['tempritʃə] *znw* temperatuur; *have a* ~, *run a* ~ verhoging hebben

temperature chart *znw* temperatuurlijst

tempered ['tempəd] *bn* getemperd, gehard [van metalen]; gehumeurd, ...van aard

tempest ['tempist] *znw* (hevige) storm[2]

tempestuous [tem'pestjuəs] *bn* stormachtig[2], onstuimig

Templar ['templə] *znw* tempelridder, tempelier (ook: *Knight* ~)

template ['templeit] *znw* [houten of metalen] mal

1 temple ['templ] *znw* tempel; *the T*~ *(the Inner and Middle T*~) gebouwencomplex *o* v. juristen te Londen

2 temple ['templ] *znw* slaap [aan het hoofd]

templet ['templit] *znw* = template

tempo ['tempou] *znw* (*mv*: -s *of* tempi [-pi:]) tempo *o*, maat; snelheid

1 temporal ['tempərəl] *bn* slaap-; ~ *bone* slaapbeen *o*

2 temporal ['tempərəl] *bn* tijdelijk; wereldlijk

temporality [tempə'ræliti] *znw* tijdelijkheid; *temporalities* tijdelijke inkomsten of bezittingen; temporaliën: inkomsten van een geestelijke uit wereldlijke bezittingen

temporary ['temp(ə)rəri] *bn* tijdelijk, voorlopig; niet vast, niet blijvend, nood-

temporization [tempərai'zeiʃən] *znw* temporiseren *o*, geschipper *o*; gedraal *o*

temporize ['tempəraiz] *onoverg* proberen tot een compromis te komen, schipperen; tijd proberen te winnen, dralen

temporizer *znw* tijdrekker; opportunist

tempt [tem(p)t] *overg* verzoeken, in verzoeking brengen, bekoren; verleiden, (ver)lokken; ~ *fate* het noodlot tarten; *be* ~*ed to...* ook: in de verleiding komen te...

temptation [tem(p)'teiʃən] *znw* verzoeking, aanvechting, bekoring; verlokking, verleiding

tempter ['tem(p)tə] *znw* verleider

tempting *bn* verleidelijk

temptress *znw* verleidster

ten [ten] **I** *bn* tien; **II** *znw* tiental *o*; ~ *times* gemeenz veel meer, veel groter &; ~ *to one* tien tegen een

tenable ['tenəbl] *bn* houdbaar[2], verdedigbaar[2] [argument, stelling &]; *the post is* ~ *for 5 years* de betrekking geldt voor 5 jaar

tenacious [ti'neiʃəs] *bn* vasthoudend[2] (aan *of*); kleverig, taai; sterk [v. geheugen]; hardnekkig

tenacity [ti'næsiti] *znw* vasthoudendheid, kleverigheid, taaiheid[2]; sterkte [v. geheugen]; hardnekkig-

heid

tenancy ['tenənsi] *znw* huur, pacht; huur-, pachttermijn

tenant *znw* huurder, pachter; bewoner; ~ *at will* zonder huurcontract

tenantable *bn* bewoonbaar

tenant farmer *znw* pachter

tenantry *znw* gezamenlijke pachters, huurders

tench [tenʃ] *znw* zeelt [vis]

1 tend [tend] *onoverg* gaan of wijzen in zekere richting; een neiging hebben in zekere richting; gericht zijn, ten doel hebben; ~ *to* ook: strekken, bijdragen tot; geneigd zijn tot (om...); ~ *to be...* gewoonlijk... zijn; (al)licht... zijn

2 tend [tend] *overg* passen op [winkel], zorgen voor, oppassen [zieken], hoeden [vee], weiden [lammeren]; verzorgen [tuin]

tendency ['tendənsi] *znw* neiging; aanleg [voor ziekte]; tendens

tendentious [ten'denʃəs] *bn* tendentieus

1 tender ['tendə] *znw* scheepv tender, bootje *o* voor vervoer tussen (groter) schip en wal; voorraadschip *o*; tender, kolenwagen [v. locomotief]

2 tender ['tendə] **I** *overg* aanbieden; indienen; betuigen (dank); **II** *onoverg*: ~ *for* inschrijven op; **III** *znw* aanbieding, offerte; inschrijving(sbiljet *o*), betaalmiddel *o* (in: *legal* ~); *private* ~ onderhandse inschrijving; *invite (receive)* ~*s for* aanbesteden; *by* ~ bij inschrijving

3 tender ['tendə] *bn* te(d)er, zacht, mals; pijnlijk; (teer)gevoelig; liefhebbend; pril

tenderer ['tendərə] *znw* inschrijver [op een *tender*]

tenderfoot ['tendəfut] *znw* nieuweling

tender-hearted ['tendə'ha:tid] *bn* teerhartig

tenderize ['tendəraiz] *overg* mals maken [vlees]

tenderloin ['tendəlɔin] *znw* filet; *Am* gemeenz rosse buurt [vooral v. New York]

tendinous ['tendinəs] *bn* peesachtig

tendon *znw* pees

tendril ['tendril] *znw* hechtrank

Tenebrae ['tenibri:] *znw mv* RK donkere metten

tenebrous ['tenibrəs] *bn* plechtig donker, duister

tenement ['tenimənt] *znw* plechtig woning, huis *o*; kamer (voor één familie)

tenement-house *znw* huurkazerne

tenet ['ti:net] *znw* grondstelling; leerstuk *o*, leer; mening

tenfold ['tenfould] *bn & bijw* tienvoudig

tenner ['tenə] *znw* gemeenz biljet *o* van 10 pond (dollar)

tennis ['tenis] *znw* tennis *o*

tennis court *znw* tennisbaan

tennis elbow *znw* tennisarm

tenon ['tenən] *znw* pin, pen, tap

tenor ['tenə] *znw* geest, zin, inhoud, strekking, teneur; gang, loop, richting, verloop *o*; muz tenorstem, tenor; altviool; *of the same* ~ ook: gelijkluidend [documenten]

tenpin bowling

tenpin bowling, ['tenpin'bouliŋ], *Am* **tenpins** ['tenpinz] *znw* bowlen *o* (met tien kegels)

1 tense [tens] *znw* <u>gramm</u> tijd

2 tense [tens] *bn* strak, gespannen²; (hyper)nerveus, geladen [moment]

tensile ['tensail] *bn* rekbaar; span-, trek-

tension ['tenʃən] *znw* gespannen toestand; spanning²; inspanning; spankracht

tension-proof *bn* <u>techn</u> trekvast

tensor ['tensə] *znw* strekker [spier]

1 tent [tent] **I** *znw* tent; **II** *onoverg* (in tent) kamperen

2 tent [tent] **I** *znw* wiek [v. pluksel]; **II** *overg* (met een wiek) openhouden [wond]

tentacle ['tentəkl] *znw* tastorgaan *o*; vangarm, grijparm; <u>fig</u> tentakel

tentative ['tentətiv] **I** *bn* bij wijze van proef, experimenteel; voorzichtig, aarzelend; tentatief, voorlopig [v. conclusie, cijfers &]; **II** *znw* voorlopig voorstel *o*, voorlopige theorie, proef, probeersel *o*

tenter ['tentə] *znw* spanraam *o*

tenterhook ['tentəhuk] *znw*: *keep sbd./be on ~s* in gespannen afwachting laten/zijn, op hete kolen (laten) zitten

tenth [tenθ] **I** *bn* tiende; **II** *znw* tiende (deel *o*); tiend; <u>muz</u> decime

tenthly *bijw* ten tiende

tent-peg ['tentpeg] *znw* haring [v. tent]

tenuity [te'njuiti] *znw* slankheid; fijnheid, dunheid, ijlheid, eenvoud [v. stijl]

tenuous ['tenjuəs] *bn* vaag, onbeduidend [onderscheid]; karig [bewijs]; mager [plot]; fijn, teer [web]

tenure ['tenjuə] *znw* houden *o*; leenroerigheid; eigendomsrecht *o*, bezit *o*; vaste aanstelling (vooral aan universiteit); *during his ~ of office* zolang hij het ambt bekleedt (bekleedde)

tepee ['tiːpiː] *znw* tipi, indianentent

tepid ['tepid] *bn* lauw²

tepidity [te'piditi] *znw* lauwheid

tercentenary [təːsen'tiːnəri] **I** *znw* driehonderdjarige gedenkdag; **II** *bn* driehonderdjarig

tergiversate ['təːdʒivəːseit] *onoverg* draaien, uitvluchten zoeken, schipperen

tergiversation [təːdʒivəː'seiʃən] *znw* draaierij, zoeken *o* van uitvluchten, geschipper *o*

term [təːm] **I** *znw* term°; uitdrukking; termijn, periode, <u>recht</u> zittingstijd, <u>onderw</u> collegetijd, trimester *o*, kwartaal *o*; <u>med</u> einde *o* der zwangerschapsperiode; *~ of abuse* scheldwoord *o*; *~s* voorwaarden, condities, schoolgeld *o*, prijzen; verstandhouding, voet waarop men omgaat met iem.; *keep ~s with* op goede voet blijven met; *make ~s* tot een vergelijk komen; het op een akkoordje gooien (met *with*); *~s of reference* kader *o*, raam *o* [v. onderzoek], taakomschrijving; *at our usual ~s* tegen de gewone betalingsvoorwaarden; *in the short (medium, long) ~* op korte (middellange, lange) termijn; *in ~s of the highest praise, in the most flattering ~s* in de vleiend-

ste bewoordingen (uitgedrukt); *in plain ~s, in no uncertain ~s* duidelijk, ondubbelzinnig; *look on the film in ~s of education* de film beschouwen uit een opvoedkundig oogpunt of in verband met de opvoeding; *I'm thinking in ~s of leaving* ik overweeg te vertrekken; *in economic ~s* uit economisch oogpunt; *on bad ~s* gebrouilleerd; *on easy ~s* op gemakkelijke betalingsvoorwaarden; *on equal ~s* op voet van gelijkheid; *on good ~s* op goede voet; *come to ~s* tot een vergelijk komen; het eens worden; *come to ~s with one's ugliness* zijn lelijkheid accepteren, leren leven met zijn lelijkheid; zie ook: *speaking;* **II** *overg* noemen

terminable ['təːminəbl] *bn* begrensbaar; te beëindigen; aflopend, opzegbaar

terminal I *bn* terminaal; dodelijk [ziekte]; **II** *znw* eindpunt *o*, einde *o*, uiterste *o*; eindstation *o*; stationsgebouw *o* [v. luchthaven] (*air ~*); (computer-)terminal; <u>elektr</u> (pool)klem

terminate I *overg* eindigen, beëindigen, een eind maken aan; laten aflopen [contract]; **II** *onoverg* eindigen, ophouden; aflopen [contract]; eindigen (in *in*), uitlopen (op *in*); als eindstation hebben [bus, trein]; *~ in* uitgaan op [klinker &]

termination [təːmi'neiʃən] *znw* afloop; beëindiging; besluit *o*, slot *o*; einde *o*; <u>gramm</u> uitgang

terminological [təːminə'lɔdʒikl] *bn* terminologisch

terminology [təːmi'nɔlədʒi] *znw* terminologie

terminus ['təːminəs] *znw* (*mv:* -es *of* termini [-nai]) eindstation *o*

termite ['təːmait] *znw* termiet, witte mier

tern [təːn] *znw* **1** <u>dierk</u> visdiefje *o*; **2** drie(tal *o*)

ternary ['təːnəri] *bn* drietallig, -delig, -voudig

terra ['terə] [Lat] *znw* aarde, land *o*

terrace ['teris] *znw* terras *o*; (straat met) rij huizen in uniforme stijl [in Engeland]; *~s* tribune [in stadion]

terraced *bn* terrasvormig; met een terras; *~ house* rijtjeshuis *o*

terracotta ['terə'kɔtə] **I** *znw* terracotta; **II** *bn* terra(cotta): roodbruin

terra firma [terə'fəːmə] *znw* vaste grond, veilige bodem

terrain ['terein] *znw* terrein *o* [<u>vooral</u> militair]

terrapin ['terəpin] *znw* zoetwaterschildpad

terrarium [te'rɛəriəm] *znw* (*mv:* -s *of* terraria [-riə]) terrarium *o*

terrestrial [ti'restriəl] *bn* aards; aard-; land-; *~ globe* aardbol, (aard)globe

terrible ['teribl] *bn* verschrikkelijk, vreselijk, ontzettend

terrier ['teriə] *znw* terriër

terrific [tə'rifik] *bn* fantastisch, geweldig

terrify ['terifai] *overg* angst aanjagen; verschrikken, met schrik vervullen

terrifying *bn* schrikwekkend, verschrikkelijk

territorial [teri'tɔːriəl] **I** *bn* territoriaal, van een grondgebied, land-, grond-; **II** znw: T~ soldaat van het territoriale leger

territory ['teritəri] znw grondgebied o, gebied² o, [nationaal] territorio o, territoor o, territorium o; handel rayon o & m [v. handelsreiziger]

terror ['terə] znw schrik, angst; verschrikking; schrikbeeld o; you are a ~ gemeenz je bent toch verschrikkelijk!; the (Reign of) T~ het Schrikbewind; in ~ of bang zijnd, vrezend voor

terrorism znw schrikbewind o, terreur, terrorisme o

terrorist I znw terrorist; **II** bn terreur-, terroristisch

terrorization [terərai'zeiʃən] znw terroriseren o

terrorize ['terəraiz] overg terroriseren, voortdurend schrik aanjagen, een schrikbewind uitoefenen over

terror-stricken, terror-struck bn verstijfd van angst, verbijsterd van schrik

terry (cloth) ['teri(klɔθ)] znw badstof

terse ['tə:s] bn kort (en bondig), beknopt, kortaf, gedrongen

tertian ['tə:ʃən] bn & znw anderdaags(e koorts)

tertiary ['tə:ʃəri] bn tertiair; van de derde rang, van de derde orde; T~ geol Tertiair o, tertiaire formatie

terzetto [tə:t'setou] znw (mv: -s of terzetti [-ti:]) muz terzet o

tessellated ['tesəleitid] bn ingelegd [plaveisel], mozaïek- [vloer]

1 test [test] znw dierk schaal, schild o, pantser o

2 test [test] **I** znw proef, beproeving; keuring; test; toets(steen); reagens o; criterium o; onderw proefwerk o; the acid ~ de vuurproef, de toets(steen); intelligence ~(s) intelligentietest; put to the ~ op de proef stellen; de proef nemen met; stand the ~ de proef doorstaan; stand the ~ of time de tand des tijds doorstaan; **II** overg toetsen (aan by), op de proef stellen, beproeven, keuren, controleren, onderzoeken [ook: chem], testen (op for)

testaceous bn schelp-

testament ['testəmənt] znw testament° o

testamentary [testə'mentəri] bn testamentair

testate ['testit] **I** bn een testament nalatend; **II** znw iem. die een testament nalaat

testator [tes'teitə] znw testateur, erflater

testatrix znw testatrice, erflaatster

test-ban treaty ['testbæntri:ti] znw kernstopverdrag o

test case ['testkeis] znw recht proefproces o; fig (kracht)proef; toets(steen)

tester ['testə] znw **1** keurder; proefmiddel o; **2** baldakijn o & m; hemelbed o; **3** hist schelling [v. Hendrik VIII]

test-flight ['testflait] znw proefvlucht

testicle ['testikl] znw testikel, (teel)bal

testify ['testifai] **I** onoverg getuigen; getuigenis afleggen (van to); betuigen; ~ to fig getuigen van; **II** overg betuigen; getuigenis afleggen van

testimonial [testi'mounjəl] znw testimonium o, getuigschrift o; verklaring, attestatie; huldeblijk o

testimony ['testiməni] znw getuigenis o & v, getui-

genverklaring; hear ~ to getuigen van; call in ~ tot getuige roepen; in ~ whereof... tot getuigenis waarvan...

test-match ['testmætʃ] znw testmatch [cricket]

test-paper znw onderw proefwerk o; chem reageerpapier o

test-pilot znw testpiloot, invlieger

test-tube znw reageerbuis

test-tube baby znw reageerbuisbaby

testudo [tes'tju:dou] [Lat] znw (mv: -s of testudines [-dini:z]) hist schilddak o, stormdak o

testy ['testi] bn kribbig, wrevelig, prikkelbaar

tetanus ['tetənəs] znw tetanus, stijfkramp

tetchy ['tetʃi] bn gemelijk, prikkelbaar, lichtgeraakt

tête-à-tête ['teita:'teit] [Fr] znw vertrouwelijk gesprek o, onderhoud o onder vier ogen

tether ['teðə] **I** znw tuier [om grazend dier aan vast te maken]; be at the end of one's ~ uitgepraat zijn, niet meer kunnen; **II** overg tuieren, (vast)binden

tetrad ['tetræd] znw vier(tal o)

tetragon ['tetrəgən] znw vierhoek

tetragonal [te'trægənəl] bn vierhoekig

tetrahedron znw viervlak o

tetralogy [te'trælədʒi] znw tetralogie

tetrasyllabic [tetrəsi'læbik] bn vierlettergrepig

tetrasyllable [tetrə'siləbl] znw vierlettergrepig woord o

tetter ['tetə] znw huidziekte [bijv. eczeem]

Teuton ['tju:tən] znw Teutoon; Germaan

Teutonic [tju:'tɔnik] **I** bn Teutoons; Germaans; **II** znw het Germaans

text [tekst] znw tekst; onderwerp o; verplichte literatuur [voor examen]; grootschrift o; leerboek o

text-book znw leerboek o, studieboek o, handboek o; a ~ case of... een typisch/klassiek voorbeeld o van...

textile ['tekstail] **I** bn geweven, weef-; textiel; **II** znw geweven stof; ~s ook: textiel(goederen)

textual ['tekstjuəl] bn woordelijk, letterlijk; tekst-

texture ['tekstʃə] znw weefsel o, structuur, bouw

Thai [tai] **I** znw Thai, Thailander; Thais o [de taal]; **II** bn Thais

Thailand ['tailænd] znw Thailand o

thalidomide [θə'lidoumaid] bn: ~ baby softenonbaby

Thames [temz] znw Theems; he will never set the ~ on fire men moet geen hoge verwachtingen van hem hebben; hij is geen licht, hij heeft het buskruit niet uitgevonden

than [ðæn, ð(ə)n] voegw dan [na vergrotende trap]; no sooner did he arrive ~ he started to complain hij was nog niet binnen of hij begon te klagen; a man ~ whom they had no better friend plechtig en zij hadden geen betere vriend dan die man

thane [θein] znw hist leenman

thank [θæŋk] overg (be)danken, dankzeggen (voor for); ~ God! goddank!; ~ you dank u; alstublieft, graag; ~ you for nothing nee hoor, dank je lekker;

thankful

I'll ~ you to keep quiet! wilt u alstublieft stil zijn!; *no, ~ you* dank u [bij weigering]; *you have (only) yourself to ~ (for that)* dat hebt u aan uzelf te wijten
thankful *bn* dankbaar
thankless *bn* ondankbaar
thank-offering *znw* dankoffer *o*
thanks *znw mv* dank, dankzegging; *~ (awfully)!* (wel) bedankt!; *~ to... dankzij...; give ~* zijn dank betuigen, bedanken; *danken [na de maaltijd]; accept with ~* dankbaar aannemen; *declined with ~* onder dankbetuiging geweigerd; *received with ~* in dank ontvangen
thanksgiving *znw* dankzegging; *T~ Day* dankdag
thank-you *znw* bedankje *o*
1 that [ðæt] **I** *aanw vnw* dat, die; *~ 's all* ook: daarmee basta!; *(so) that's ~* dat is in orde, klaar &; *all ~ at alles; ...and all ~ ...* en zo; *it turned out to be just (exactly, precisely) that/this* dat bleek het inderdaad (nu juist, juist wel, wel) te zijn; *like ~* zo; *~ is* dus, dat wil zeggen, met andere woorden; *big to us, ~ is* groot voor ons, althans; *with ~* waarop, waarna; **II** *betr vnw* dat, die, welke, wat; *the book ~ you gave me* het boek dat je me hebt gegeven; **III** *bijw* gemeenz zó; *I will go ~ far* zo ver; *is she all ~ perfect?* is ze zó volmaakt?; *I was not as foolish as (all) ~* zó dwaas was ik niet; *at ~* en nog wel, bovendien
2 that [ðət, ðæt] *voegw* dat; opdat; *in ~* inzoverre dat, in die zin dat, omdat
thatch [θætʃ] **I** *znw* stro *o*; riet *o*; rieten dak *o*; dik hoofdhaar *o*; **II** *overg* met riet dekken; *~ed roof* rieten dak *o*
thatcher *znw* rietdekker
thaumaturge ['θɔːmətəːdʒ] *znw* wonderdoener; goochelaar
thaumaturgy *znw* wonderdoenerij, goochelarij
thaw [θɔː] **I** *onoverg* dooien; ontdooien²; fig loskomen, een beetje in vuur geraken; **II** *overg* (doen) ontdooien² (ook: *~ out*); **III** *znw* dooi
thawy *bn* dooiend, dooi-
the [ðə, ð, ðiː] *lidw* de, het; (soms onvertaald); *~ best... of ~ day* de beste... van die tijd; de beste van onze tijd; *under ~ circumstances* onder deze omstandigheden; *~ more..., ~ more...* hoe meer..., hoe meer...; *~ more so because...* temeer nog omdat...; *the Samuel Johnson* (spreek uit: [ðiː]) de (echte, bekende, beroemde &) S.J.
theatre, Am **theater** ['θiətə] *znw* theater *o*, schouwburg; toneel² *o*; gezamenlijk toneelwerk *o*; med operatiezaal; gehoorzaal [v. universiteit &]; strijdtoneel *o*, -gebied *o*
theatre-goer *znw* schouwburgbezoeker
theatrical [θiˈætrikl] **I** *bn* theatraal, van het toneel; toneelmatig; toneel-; **II** *znw: ~s* (amateur)toneel *o*
thee [ðiː] *pers vnw* vero plechtig u, ge (voorwerpsvorm van *thou*)
theft [θeft] *znw* diefstal
their [ðɛə] *bez vnw* hun, haar

theirs *bez vnw* de of het hunne, hare
theism ['θiːizm] *znw* theïsme *o*; geloof *o* aan het bestaan van een God
theist *znw* iem. die aan een God gelooft
theistic [θiːˈistik] *bn* theïstisch
them [ðem, (ð)əm] *pers vnw* hen, hun, ze; *~ girls* slang die meisjes
thematic [θiˈmætik] *bn* thematisch
theme [θiːm] *znw* thema° *o*; onderwerp *o*; onderw opstel *o*; *~ song, ~ tune* telkens terugkerende melodie [v. revue, film]; fig refrein *o*, leus
themselves [ðəmˈselvz] *wederk vnw* zich(zelf); (zij-)zelf
then [ðen] **I** *bijw* dan, vervolgens, daarop, in die tijd, toenmaals, toen; bovendien; *before ~* voordien; *by ~* dan, tegen die tijd; toen; *from ~ (on, onwards)* van toen af; *till ~* tot dan, tot die tijd; *not till (until) ~...* toen pas..., toen eerst...; *~ and there* op staande voet; **II** *voegw* dan, dus; *(but) ~ why did you take it?* maar waarom heb je het dan (ook) genomen?; *but ~* ook: maar aan de andere kant, maar... toch; maar... nu eenmaal, trouwens; zie ook: *again*; **III** *bn* toenmalig; van dat ogenblik
thence [ðens] *bijw* vandaar, daaruit, daardoor
thenceforth, thenceforward *bijw* van die tijd af
theocracy [θiˈɔkrəsi] *znw* theocratie
theocratic [θiəˈkrætik] *bn* theocratisch
theodolite [θiˈɔdəlait] *znw* theodoliet
theologian [θiəˈloudʒən] *znw* theoloog, godgeleerde
theological [θiəˈlɔdʒikl] *bn* theologisch, godgeleerd
theology [θiˈɔledʒi] *znw* theologie, godgeleerdheid
theorem ['θiərem] *znw* theorema *o*, stelling; zie ook: *binomial*
theoretic [θiəˈretik] **I** *bn* theoretisch; **II** *znw: ~s* theorie
theoretician [θiərəˈtiʃən] *znw* theoreticus
theorist ['θiərist] *znw* theoreticus
theorize *onoverg* theoretiseren (over *about*)
theory *znw* theorie; gemeenz idee *o* & *v*, principe *o*; *in ~* in theorie
theosophic(al) [θiəˈsɔfik(l)] *bn* theosofisch
theosophist [θiˈɔsəfist] *znw* theosoof
theosophy *znw* theosofie
therapeutic [θerəˈpjuːtik] **I** *bn* therapeutisch, genezend; geneeskundig; **II** *znw: ~s* therapie
therapeutist *znw* therapeut
therapist ['θerəpist] *znw* fysiotherapeut; *occupational ~* arbeidstherapeut
therapy *znw* therapie, geneesmethode, behandeling
there [ðɛə] **I** *bijw* daar, aldaar, er; er-, daarheen; daarin; *~ and back* heen en terug; *~ and then, then and ~* onmiddellijk, stante pede; *~ you are!* ziedaar!; daar heb je (hebben we) het!; *but ~ you are, but ~ it is* maar is maar wat doe je eraan?; *but ~, you know what I mean* (maar) enfin, je weet wat ik bedoel; *but ~ again* maar (aan de andere kant); *~'s a good boy!*

590

dat is nog eens een brave jongen!; nu (dan) ben je een brave jongen!; ~ 's progress for you! dat is nog eens vooruitgang!; ~ you go again! nou doe je het weer!; be all ~ gemeenz goed bij (zijn verstand) zijn; wakker, pienter zijn; van de bovenste plank zijn; not all ~ ook: gemeenz niet goed snik; we have been ~ before dat kennen we, dat is oude koek; **II** tsw kom! kom!; ~ now! och, och!, nee maar!; so ~! o zo!, punt uit!; **III** znw: by (from, to) ~ daarlangs, -vandaan, tot daar

thereabout(s) bijw daar in de buurt, daaromtrent

thereafter bijw daarna

thereat bijw daarop, daarover; daarbij, bovendien

thereby bijw daarbij; daardoor

therefore bijw daarom, derhalve

therefrom bijw vero daarvan, daaruit

therein bijw vero daarin, hierin; ~ after verderop, hierna [vermeld]

thereof bijw hiervan, daarvan

thereon bijw vero daarop, daarna

thereto bijw vero daartoe; daarenboven

thereupon bijw daarop, daarna

therewith bijw vero daarmede, daarop, meteen

therewithal bijw vero daarbij, daarmede; daarenboven, bovendien

therm [θə:m] znw warmte-eenheid

thermal I bn hitte-, warmte-; warm; thermaal [bron, bad]; **II** znw thermiek

thermic bn warmte-

thermo-dynamics znw thermodynamica

thermo-electricity znw thermo-elektriciteit

thermometer [θə'mɔmitə] znw thermometer

thermometric(al) [θə:mou'metrik(l)] bn thermometrisch

thermonuclear ['θə:mou'nju:kliə] bn thermonucleair

thermos ['θə:mɔs] znw thermosfles (ook: ~ flask)

thermostat znw thermostaat

thesaurus [θi'sɔ:rəs] znw (mv: -es of thesauri [-rai]) systematisch ingericht lexicon o; synoniemenwoordenboek o

these [ði:z] aanw vnw mv v. this deze

thesis ['θi:sis] znw (mv: -ses [-si:z]) stelling; thesis, dissertatie

Thespian ['θespiən] **I** bn van Thespis; the ~ art de dramatische kunst; **II** znw schertsend acteur

thews [θju:z] znw mv spieren; (spier)kracht

thewy bn gespierd

they [ðei] pers vnw zij; ze, men; ~ say men zegt

thick [θik] **I** bn dik° [ook = intiem], dicht, dicht op elkaar staand, dicht bezet, vol; hees, onduidelijk, verstikt [stem]; opgezwollen [lichaamsdeel]; mistig, nevelig; troebel; gemeenz hardleers, dom; that's a bit ~ gemeenz dat is nogal kras; as ~ as a brick, as ~ as two short planks gemeenz zo stom als het achtereind van een varken; they are as ~ as thieves gemeenz het zijn dikke vrienden; ~ of speech zwaar van tong; be ~ on the ground dik gezaaid zijn; **II**

bijw dik, dicht; come ~ and fast, fast and ~ elkaar snel opvolgen [slagen &]; lay it on ~ gemeenz overdrijven, het er dik opleggen; **III** znw dikke gedeelte o, dikte; dikste (dichtste) gedeelte o; hevigst o; in the ~ of the fight (of it) middenin, in het heetst van de strijd; through ~ and thin door dik en dun

thicken I overg verdikken, dik maken; binden [saus &]; zich samenpakken; zich ophopen; op-, aanvullen; ~ one's blows zijn slagen sneller doen neerkomen; **II** onoverg dik(ker) worden; zich op-, samenhopen; the plot ~s het begint te spannen

thicket znw kreupelbosje o, struikgewas o

thickhead znw stommeling, oen, rund o

thick-headed bn dom, stom

thick-lipped bn diklippig

thick-set bn dicht (beplant); vierkant, gedrongen; sterk gebouwd

thick-skinned bn dikhuidig[2]

thick-skulled bn bot, dom

thick-witted bn bot, dom

thief [θi:f] znw (mv: thieves [θi:vz]) dief; set a ~ to catch a ~ met dieven moet men dieven vangen

thieve [θi:v] **I** overg stelen; **II** onoverg een dief zijn

thievery znw dieverij, diefstal

thieves' Latin znw dieventaal, Bargoens o

thieving I bn stelend; diefachtig; **II** znw stelen o, dieverij

thievish bn diefachtig

thigh [θai] znw dij(been o)

thigh-bone znw dijbeen o

thigh-boot znw lieslaars

thill [θil] znw lamoen o

thimble ['θimbl] znw vingerhoed

thimbleful znw (een) vingerhoed (vol); fig een heel klein beetje o

thimblerig znw balletje-balletje o [gokspel]

thin [θin] **I** bn dun, dunnetjes; schraal, mager; zwak; schaars; ijl, doorzichtig; be ~ on the ground fig dun gezaaid zijn; ~ on top gemeenz kaal; a ~ time gemeenz een slechte tijd; **II** overg dun(ner) & maken, (ver)dunnen (ook: ~ down); krenten [druiven]; **III** onoverg dun(ner) & worden; uit elkaar gaan; ~ down vermageren; ~ out zich langzaam verspreiden [menigte]; geleidelijk afnemen [mist &]

thine [ðain] bez vnw plechtig uw; de of het uwe

thing [θiŋ] znw ding o, zaak, geval o, toestand; a ~ iets; have a ~ about (blonds &) gemeenz 'iets' hebben met (blondines &); know a ~ or two zijn weetje weten; another ~ iets anders; nog iets [voor wij eindigen]; and for another ~... en daar komt nog bij dat...; the ~ is... het punt/probleem is, dat...; the dear ~ die lieve snoes; die goeie ziel; first ~ in the morning morgen als allereerste [karwei]; he doesn't know the first ~ about it hij weet er geen sikkepit van; first ~s first wat het zwaarst is, moet het zwaarst wegen; a good ~ een goed, een voordelig zaakje o; and a good ~ too! en dat is maar gelukkig

things

(goed) ook!; *too much of a good* ~ te veel van het goede; *the great* ~ de hoofdzaak, waar het op aankomt; *do the right* ~ *by sbd.* iem. eerlijk behandelen (belonen); *the latest* ~ *in hats* het nieuwste (modesnufje) op het gebied van hoeden; *make a big* ~ *of* zich druk maken over; *old* ~*!* ouwe jongen!; lieve schat!; *an old* ~ zo'n oud mens *o*; *the old* ~ *over again* het oude liedje; *one* ~ *at a time* geen twee dingen tegelijk; *for one* ~..., *for another...* ten eerste..., ten tweede...; *do one's own* ~ zijn eigen gang gaan; *one* ~ *leads to another* (en) van 't een komt 't ander; *poor* ~ - och arme, wat zielig!; (arme) stakker!, zielenpoot!; *an unusual* ~ iets ongewoons; *that's the* ~ dat is 't hem juist, dat is het punt juist; *that is the real/very* ~ gemeenz dat is je ware; *it is not quite the* ~ gemeenz het is niet bepaald netjes, niet je dat; *that's the done* ~ zo hoort het; *that is not the same* ~ dat is niet hetzelfde; *the* ~ *is to...* de hoofdzaak is..., het is zaak te...

things *znw mv* dingen, (de) zaken, allerlei dingen, praatjes; kleren, goed *o*, gerei *o*, spullen, boeltje *o*; *... and* ~ gemeenz ...en zo (meer); *I want my clean* ~ ik moet mijn schone goed hebben; *personal* ~ persoonlijk eigendom *o*; *as* ~ *are* zoals de zaken nu staan; *above (before) all* ~ bovenal; *of all* ~ uitgerekend, nota bene

thingumabob, thingummy, thingy *znw* gemeenz dinges, hoe-heet-ie-ook-weer

1 think [θiŋk] (thought; thought) **I** *overg* denken; geloven, menen, achten, houden voor, vinden; bedenken; zich denken, zich voorstellen; van plan zijn; **II** *onoverg & abs ww* denken; nadenken; zich bedenken; *he is so altered now, you can't* ~ daar hebt u geen idee van; *I don't* ~*!* slang kan je (net) begrijpen!; dat maak je mij niet wijs; ~ *alike* dezelfde gedachte(n) hebben, sympathiseren; ~ *differently* er anders over denken; *I thought so* dat dacht ik wel; *do you* ~ *so?* vindt u?; *I rather* ~ *so* dat zou ik menen; ~ *twice before...* zich wel bedenken alvorens te...; ~ *about* denken over; ~ *of* denken van; denken aan; zich voorstellen; zich te binnen brengen; komen op, bedenken, vinden; ~ *of ...ing* er over denken om te...; *to* ~ *of his not knowing that!* verbeeld je dat hij dat niet eens wist!; ~ *of it (that)!* denk je eens in!; ~ *better of* een betere dunk krijgen van; ~ *better of it* zich bedenken; ~ *little (nothing) of* geen hoge dunk hebben van; heel gewoon vinden; er geen been (niets) in zien om te...; ~ *a lot of* een hoog idee hebben van; veel op hebben met; ~ *poorly of* geen erg hoge dunk hebben van; ~ *no small beer of* geen geringe dunk hebben van; ~ *out* uitdenken; overdenken, overwegen; doordenken, goed denken over; ~ *over* nadenken over, overwegen; ~ *sth. over* iets in beraad houden; ~ *to oneself* bij zichzelf denken; ~ *up* uitdenken, verzinnen

2 think [θiŋk] *znw* gemeenz gedachte; *have a* ~ gemeenz denk er eens over; *have got another* ~ *coming* het lelijk mis hebben

thinkable *bn* denkbaar
thinker *znw* denker
thinking I *bn* (na)denkend, bedachtzaam; ~ *faculty* denkvermogen *o*; **II** *znw* het denken; gedachte; mening, idee *o & v*; *do some fresh* ~ zich nog eens bezinnen; *way of* ~ denkwijze; mening; *to my way of* ~ naar mijn (bescheiden) mening
thinking-cap *znw*: *put one's* ~ *on* gemeenz eens goed nadenken
think-tank ['θiŋktæŋk] *znw* denktank
thinner ['θinə] *znw* (verf)verdunner
thinning *znw* verdunning; (uit)dunsel *o*
thin skinned *bn* dun van vel; fig lichtgeraakt, gauw op zijn teentjes getrapt
third [θə:d] **I** *telw* derde; **II** *znw* derde (deel) *o*; derde (man); ⅟₆₀ seconde; muz terts; auto derde versnelling
third-class *bn* derdeklas-; derderangs-, minderwaardig
third-degree I *bn* derdegraads [verbranding]; **II** *znw*: *(the)* ~ derdegraadsverhoor *o*
thirdly *bijw* ten derde
third-party *bn* recht tegenover derden; ~ *insurance* WA-verzekering
third-rate *bn* derderangs, minderwaardig
thirst [θə:st] **I** *znw* dorst² (naar *after, for, of*); verlangen *o*; **II** *onoverg* dorsten², verlangen (naar *for, after*)
thirsty *bn* dorstig, dorstend; fig verlangend; *be* ~ dorst hebben; *be* ~ *for* dorsten naar
thirteen ['θə:'ti:n, 'θə:ti:n] *telw* dertien
thirteenth *bn* (*znw*) dertiende (deel *o*)
thirtieth ['θə:tiiθ] *bn* (*znw*) dertigste (deel *o*)
thirty *telw* dertig; *the thirties* de jaren dertig; *in (one's) thirties* ook: in de dertig
this [ðis] **I** *aanw vnw* dit, deze, dat, die; ~ *country* ook: ons land *o*; ~ *day* heden, vandaag; ~ *week* vandaag over (of: vóór) een week; *to* ~ *day* tot op heden; *these days* tegenwoordig; ~ *evening* ook: vanavond; *this (these) three weeks* de laatste drie weken; *all* ~ dit alles; *what's all* ~*?* wat is hier aan de hand?, wat heeft dit te betekenen?; *just* ~ zie: ¹*that*; *like* ~ zo; *who's* ~ *coming* wie komt daar aan?; *he went to* ~ *and that doctor* hij liep van de ene dokter naar de andere; *put* ~ *and that together* het een met het andere in verband brengen; ~, *that and the other* van alles en nog wat; *before* ~ voor dezen, al eerder; **II** *bijw* zo; ~ *much* zoveel; *I knew him when he was* ~ *high* ik kende hem toen hij zo groot was
thistle ['θisl] *znw* distel
thistledown *znw* distelpluis
thistly *bn* distelig, vol distels
thither ['ðiðə] **I** *bijw* daarheen; **II** *bn* gene; *on the* ~ *side* aan gene zijde
thitherward(s) *bijw* derwaarts
tho' [ðou] = *though*
thole [θoul] *znw* dol, roeipen [aan een boot]

thong [θɔŋ] *znw* (leren) riem

thoracic [θɔːˈræsik] *bn* thorax-, borst-

thorax [ˈθɔːræks] *znw* thorax: borst(kas); dierk borststuk *o*

thorn [θɔːn] *znw* doorn, stekel; *a ~ in one's flesh (side)* een doorn in het vlees

thorny *bn* doornig, doornachtig, stekelig; met doornen bezaaid[2]; *fig* lastig, netelig

thorough [ˈθʌrə] *bn* volmaakt, volledig; volkomen; ingrijpend, doortastend, grondig; flink, degelijk; echt, doortrapt

thorough-bass *znw* muz generale bas

thoroughbred *bn (znw)* volbloed (paard *o* &), raszuiver, rasecht; welopgevoed (persoon)

thoroughfare *znw* doorgang; hoofdverkeersweg, hoofdstraat; *no ~* afgesloten rijweg [als opschrift]

thoroughgoing *bn* doortastend, radicaal; zie ook: *thorough*

thoroughly *bijw* door en door, grondig; helemaal, geheel; degelijk, terdege; zeer, alleszins; echt [genieten]

thorough-paced *bn* geschoold [v. paard]; volleerd, volslagen, volmaakt, door en door, doortrapt

thorp(e) [θɔːp] *znw* dorp *o*, gehucht *o*

those [ðouz] *vnw* (*mv v. ¹that*) die, diegenen; *~ who* zij die...

thou [ðau] *pers vnw* vero plechtig gij

though [ðou] **I** *voegw* (al)hoewel, ofschoon, al; *as ~* zie *as*; *even ~* (zelfs) als; *what ~ the way is long?* al is de weg lang, wat zou dat dan nog?; **II** *bijw* echter, evenwel, maar, toch; *I thank you ~* intussen mijn dank; *[you don't mean to say that...] I do ~* zeker wil ik dat

thought [θɔːt] **I** V.D. & V.D. van *¹think*; **II** *znw* gedachte(n), gepeins *o*; het denken; nadenken *o*, overleg *o*; opinie, idee *o* & *v*, inval; ideetje *o*; ietsje *o*; *give it a ~* er over denken; *he had (some) ~s of ...ing* hij dacht er half over om...; *have second ~s* zich nog eens bedenken; *take ~* zich bedenken; *take ~ for* zorgen voor; *take no ~ of (for)* zich niet bekommeren om, zich niets aantrekken van; *take ~ together* (samen) beraadslagen; *nothing can be further from my ~s* daar denk ik niet over; *on second ~s* bij nader inzien, bij nadere overweging

thoughtful *bn* (na)denkend; peinzend; bedachtzaam; bezonnen; te denken gevend; attent, vriendelijk; *~ of* bedacht op; *~ of others* attent voor anderen

thoughtless *bn* gedachteloos; onnadenkend, onbedachtzaam, onbezonnen; onattent

thought-out *bn* doordacht, doorwrocht

thought-reader *znw* gedachtelezer

thought-transference *znw* gedachteoverbrenging, telepathie

thousand [ˈθauzənd] *bn & znw* duizend; *a ~ thanks* duizendmaal dank; *one in a ~* één uit duizend

thousandfold *bn & bijw* duizendvoudig

thousandth *bn (znw)* duizendste (deel *o*)

thraldom [ˈθrɔːldəm] *znw* slavernij

thrall *znw* slaaf; slavernij, horige, lijfeigene

thrash [θræʃ] **I** *overg* slaan, afrossen, afranselen; vernietigend verslaan, afdrogen, vegen; = *thresh; ~ out* uitvorsen; *~ the thing out* de zaak uitvissen, grondig behandelen; **II** *onoverg* beuken, slaan; [v. schip] op de golven beuken; tegen de wind optornen; *~ about/around* wild om zich heen maaien, spartelen

thrasher *znw* = *thresher*

thrashing *znw* pak *o* ransel, pak *o* slaag

thread [θred] **I** *znw* draad[2] [ook: v. schroef]; garen *o; ~s* gemeenz kleren, kloffie *o; hang by a ~* aan een (zijden) draadje hangen; **II** *overg* de draad steken in; (aan)rijgen [kralen]; *~ one's way through...* manoeuvreren door...

threadbare *bn* kaal; fig afgezaagd

thready *bn* dradig, dun als een draad

threat [θret] *znw* (be)dreiging, dreigement *o*

threaten I *overg* dreigen met; (be)dreigen; *~ed* ook: dreigend; **II** *onoverg* dreigen (met *with*)

threatener *znw* dreiger

threatening *bn* (be)dreigend; *~ letter* dreigbrief

three [θriː] *telw* drie

three-cornered *bn* driekant, driehoekig; waarin of waarbij drie personen betrokken zijn; *~ contest (fight)* ook: driehoeksverkiezing

three-decker *znw* scheepv driedekker; driedubbele sandwich

three-dimensional *bn* driedimensionaal; stereoscopisch; fig realistisch

threefold *bn & bijw* drievoudig

three-handed *bn* met drie handen; door drie personen gespeeld

three-headed *bn* driehoofdig

three-legged *bn* met drie poten

three-line whip *znw* Br pol dringende oproep aan parlementariërs [vooral om een stemming bij te wonen]

threepence [ˈθrepəns] *znw* vroeger (muntstuk *o* van) drie penny's

threepenny [ˈθrepəni] *bn* vroeger van drie penny; *~ bit* drie-penny-muntje *o*

three-phase *bn* elektr draaistroom-; driefase-

three-piece suit *znw* driedelig pak *o*

three-piece suite *znw* bankstel *o*

three-ply *bn* triplex; driedraads

three-quarters *bn* driekwart

threescore *znw* vero zestig (jaar)

threesome *znw & bn* drietal *o* [mensen], met z'n drieën

three-wheeler *znw* auto met drie wielen, driewieler

threnody [ˈθriːnədi] *znw* klaaglied *o*, lijkzang

thresh [θreʃ] *overg* dorsen; *~ over* [een probleem &] onderzoeken, analyseren

thresher *znw* dorser; dorsmachine

threshing *znw* **1** dorsen *o*; **2** = *thrashing 1*

593

threshing-floor *znw* dorsvloer
threshold ['θreʃ(h)ould] *znw* drempel²; *on the* ~ *of a revolution* kort voor een revolutie
threw [θru:] V.T. van ¹*throw*
thrice [θrais] *bijw* driemaal, driewerf
thrift [θrift] *znw* zuinigheid, spaarzaamheid
thriftless *bn* niet zuinig, verkwistend
thrifty *bn* zuinig, spaarzaam
thrill [θril] **I** *overg* in opwinding brengen, ontroeren, aangrijpen, doen huiveren, doen (t)rillen (van *with*); ~*ed to bits* verrukt; **II** *onoverg* trillen, rillen, tintelen, huiveren; ~ *to the beauties of nature* gevoelig zijn voor de schoonheden van de natuur; **III** *znw* (t)rilling, sensatie, huivering, schok
thriller *znw* thriller, spannend boek, spannende film *o*
thrilling *bn* ook: aangrijpend, spannend, interessant
thrive [θraiv] (throve/thrived; thriven/thrived) *onoverg* goed groeien, gedijen, floreren, bloeien, vooruitkomen; (welig) tieren; *he* ~*s on it* ook: het doet hem goed
thriven ['θrivn] V.D. van *thrive*
thriving ['θraiviŋ] *bn* voorspoedig, florerend, bloeiend
throat [θrout] *znw* keel, strot; ingang, monding; *be at each other's* ~*s* elkaar (steeds) in de haren vliegen; *cut one another's* ~ elkaar naar het leven staan; *cut one's own* ~ zich de keel afsnijden; *fig* zichzelf ruïneren; *force (ram) sth. down sbd.'s* ~ iem. iets opdringen; *the words stuck in my* ~ de woorden bleven mij in de keel steken; *that is what sticks in his* ~ dat kan hij maar niet verkroppen
throaty *bn* schor; uit de keel komend, gutturaal, keel-
throb [θrɔb] **I** *onoverg* kloppen [van het hart, de aderen &], bonzen, trillen; **II** *znw* klop, klopping, geklop *o*, gebons *o*, trilling
throe [θrou] *znw* (barens)wee, hevige pijn; *in the* ~*s of...* *fig* worstelend met...
thrombosis [θrɔm'bousis] *znw* trombose
thrombus ['θrɔmbəs] *znw* (*mv*: thrombi [-bai]) bloedprop
throne [θroun] *znw* troon
throng [θrɔŋ] **I** *znw* gedrang *o*, drom, menigte; **II** *onoverg* opdringen, elkaar verdringen²; toe-, samenstromen; **III** *overg* zich verdringen in (bij, om &); ~*ed* volgepropt, overvol
throstle ['θrɔsl] *znw* *plechtig* zanglijster
throttle ['θrɔtl] **I** *znw* *techn* smoorklep; *(at) full* ~ vol gas; **II** *overg* de keel dichtknijpen, doen stikken, verstikken, worgen, smoren°; ~ *(back, down)* gas verminderen van [auto &]
throttle-valve *znw* smoorklep
through [θru:] **I** *voorz* door; uit; *all* ~ *his life* zijn hele leven door, gedurende zijn hele leven; *what I've been* ~ wat ik heb meegemaakt; **II** *bijw* (er) door, uit, tot het einde toe, klaar; *be* ~ *with* ook:

genoeg hebben van; beu zijn van; *all* ~ de hele tijd door; ~ *and* ~ door en door; van a tot z, nog eens en nog eens; **III** *bn* doorgaand [treinen &]
throughout [θru:'aut] **I** *bijw* overal, (in zijn) geheel, van boven tot onder, door en door, in alle opzichten; aldoor, van het begin tot het einde; **II** *voorz* door heel; ~ *the country* het hele land door (af), in (over) het hele land
throughput *znw* verwerkte hoeveelheid materiaal *o*
through ticket *znw* doorgaand biljet *o*
through traffic *znw* doorgaand verkeer *o*
through train *znw* doorgaande trein
throve [θrouv] V.T. van *thrive*
1 throw [θrou] (threw; thrown) **I** *overg* werpen°, gooien, smijten (met); toewerpen; uitwerpen; afwerpen; omver doen vallen; *fig* doen vallen [kabinet]; *sp* leggen [bij worstelen]; twijnen [zijde]; (op de schijf) vormen [bij pottenbakkers]; *gemeenz* geven [een fuif], krijgen [een flauwte]; **II** *wederk*: ~ *oneself* zich (neer)werpen; zich storten; ~ *oneself at a man* zich aan iem. opdringen; een man nalopen [van een meisje]; ~ *oneself away* zich vergooien (aan *on*); ~ *oneself down* zich neer-, ter aarde werpen; ~ *oneself into a task* zich met hart en ziel wijden aan een taak; ~ *oneself on* een beroep doen op; **III** *onoverg & abs ww* opdringen; een beroep doen op; smijten met [geld]; ~ *about* om zich heen werpen of verspreiden; smijten met [geld]; ~ *about one's arms* met de armen (uit)slaan; ~ *aside* terzijde werpen²; ~ *at* gooien naar; ~ *away* weggooien, verknoeien (aan *on*); verwerpen, afslaan [aanbod]; ~ *back* achterover gooien [het hoofd]; terugwerpen [leger]; terugkaatsen; achteruitzetten [in gezondheid &]; ~ *down* neerwerpen, -gooien, omgooien, tegen de grond gooien; ~ *in* ertussen gooien [een woordje &]; op de koop toe geven; ~ *in one's hand* het opgeven; ~ *in one's lot with* het lot delen (willen) van, zich aan de zijde scharen van; ~ *into* werpen in; ~ *one's whole soul into...* zijn hele ziel leggen in...; ~ *into confusion (disorder)* in verwarring (in de war) brengen; ~ *into gear* inschakelen; ~ *into raptures* in vervoering doen geraken; ~ *off* af-, wegwerpen; losgooien; uitgooien [kledingstuk]; opleveren; opzij zetten [schaamtegevoel &]; kwijtraken [ziekte]; ~ *sbd. off* ook: iem. in de war brengen; ~ *on* werpen op; aanschieten [kledingstuk]; ~ *open* openwerpen, openzetten [deur]; openstellen (voor *to*); ~ *out* eruit gooien [bij sorteren]; uitschieten; aanbouwen [vleugel bij een huis]; uitslaan [benen]; verwerpen [wetsvoorstel]; in de war brengen [acteur &]; opwerpen [vraagstukken], te berde brengen; ~ *out one's chest* een hoge borst zetten; ~ *out of employment (work)* werkloos maken; ~ *out of gear* afkoppelen; ~ *over* omver gooien; overboord gooien²; de bons geven; ~ *overboard* overboord gooien²; ~ *one's arms round...* de armen slaan om...; ~ *together* bijeengooien, samenbrengen [personen]; ~ *up* op-

werpen [barricade &]; ten hemel slaan [ogen], in de hoogte steken [de armen &]; overgeven, braken; laten varen [plan]; er aan geven [betrekking]; neergooien [de kaarten]; fig (sterker) doen uitkomen [v. blankheid &]; ~ *up the game* het spel gewonnen geven; ~*n upon one's own resources* op zichzelf aangewezen; ~*n upon the world* zonder eigen middelen **2 throw** [θrou] *znw* worp, gooi; *stake all on a single* ~ alles op één kaart zetten

throwaway I *bn* terloops, nonchalant [gezegd]; wegwerp-; **II** *znw* strooibiljet *o*

throw-back *znw* atavistische terugkeer, atavistisch product *o*, atavisme *o*; achteruitzetting

thrower *znw* werper; twijnder; vormer [pottenbakker]

throw-in *znw* sp inworp

thrown V.T. van ¹*throw*

throw-off *znw* begin *o*, start

throw-out *znw* sp uitgooi

throwster ['θroustə] *znw* zijdetwijner, -ster

thru [θru:] Am = *through*

1 thrum [θrʌm] *znw* eind *o* van de schering op een weefgetouw; dreum; franje; draad

2 thrum [θrʌm] **I** *onoverg & overg* trommelen (op) [piano, tafel &]; tokkelen (op), tjingelen (op); **II** *znw* getrommel *o*; getokkel *o*, getjingel *o*

thrush [θrʌʃ] *znw* **1** lijster; **2** spruw; **3** rotstraal [paardenziekte]

1 thrust [θrʌst] (thrust; thrust) **I** *overg* stoten, duwen, dringen; steken; werpen; *he* ~ *his company on (upon)* me hij drong zich aan mij op; **II** *wederk:* ~ *oneself forward* zich naar voren dringen; ~ *oneself in* binnendringen; zich indringen; ~ *oneself upon sbd.* zich (aan iem.) opdringen; **III** *onoverg* dringen; ~ *at sbd. with a knife* naar iem. steken met een mes

2 thrust [θrʌst] *znw* stoot, steek; duw; uitval; fig druk; beweging; tendens, richting; bouwk horizontale druk; techn stuwdruk, voortstuwingskracht

thruster *znw* streber; naar voren dringend jager

thrusting *bn* aanmatigend; agressief; meedogenloos

thud [θʌd] **I** *znw* bons, plof, doffe slag; gebons *o*; **II** *onoverg* bonzen, ploffen

thug [θʌg] *znw* bandiet, vandaal, woesteling; hist (godsdienstige) moordenaar [in Voor-Indië]

thuggery *znw* banditisme *o*, moordgeweld *o*

thumb [θʌm] **I** *znw* duim; *he has me under his* ~ hij heeft mij in zijn macht; hij houdt mij onder de plak; *be all* ~*s* twee linkerhanden hebben; ~*s up!* prima!; **II** *overg* beduimelen; ~ *through* doorbladeren; ~ *a lift (a ride)* liften

thumbnail *znw* nagel van een duim; ~ *sketch* (miniatuur)krabbel

thumbscrew *znw* techn vleugelschroef; hist duimschroef

thumbs-down *znw* (teken *o* van) afwijzing, afkeuring, veroordeling

thumb-stall *znw* duimeling

thumbs-up *znw* (teken *o* van) goedkeuring, instemming; fig groen licht *o*; [als uitroep] zet 'm op!, toi toi toi!

thumb-tack *znw* Am punaise

thump [θʌmp] **I** *overg* stompen, bonzen, bonken op, slaan (op); fig op zijn kop geven; **II** *onoverg* bonzen, bonken (op *against, at, on*), ploffen, slaan; **III** *znw* stomp, slag; plof, bons, gebonk *o*

thumping ['θʌmpiŋ] *bn* gemeenz kolossaal

thunder ['θʌndə] **I** *znw* donder²; donderslag; donderend geweld *o*, gedonder *o*; *that's stealing sbd.'s* ~ dat is een jijbak; **II** *onoverg* donderen², fulmineren; **III** *overg* met donderend geweld doen weerklinken, er uit slingeren (ook: ~ *out*)

thunderbolt *znw* bliksemstraal; donderkeil; bliksem; donderslag

thunderclap *znw* donderslag

thundercloud *znw* onweerswolk

thunderer *znw* donderaar, dondergod

thunderflash *znw* rotje *o* [vuurwerk]

thundering *bn* donderend²; versterkend gemeenz donders, vreselijk

thunderous *bn* donderend; oorverdovend [applaus]

thunderstorm *znw* onweer *o*, onweersbui

thunderstruck *bn* als door de bliksem getroffen, verbaasd, verbijsterd

thundery *bn* onweerachtig

thurible ['θjuəribl] *znw* wierookvat *o*

Thursday ['θə:zdi] *znw* donderdag; *Holy* ~ Witte Donderdag

thus [ðʌs] *bijw* dus, aldus, zo; ~ *far* tot zover, tot dusverre

thwack [θwæk] *overg* ranselen [met stok &]

1 thwart [θwɔ:t] *overg* dwarsbomen, tegenwerken

2 thwart [θwɔ:t] *znw* scheepv doft

thy [ðai] *bez vnw* plechtig vero uw

thyme [taim] *znw* plantk tijm

thyroid ['θairɔid] *bn* schildvormig; ~ *cartilage* adamsappel; ~ *gland* schildklier

thyrsus ['θə:səs] *znw (mv:* thyrsi [-sai]) Bacchusstaf

thyself [ðai'self] *wederk vnw* plechtig vero u(zelf)

tiara [ti'a:rə] *znw* tiara

Tibetan [ti'betən] **I** *znw* Tibetaan; Tibetaans *o* [de taal]; **II** *bn* Tibetaans

tibia ['tibiə] *znw (mv:* -s *of* tibiae [-bii:]) scheenbeen *o*

tic [tik] *znw* zenuwtrek, tic [*vooral* in het gezicht]

1 tick [tik] **I** *onoverg* tikken; *what makes him* ~ wat hem bezielt; wat zijn geheim is; ~ *away* wegtikken, voorbijgaan; ~ *over* auto stationair draaien; fig op een laag pitje staan; zijn gangetje gaan; fig doordraaien; **II** *overg* tikken; aanstrepen; ~ *off* aanstrepen, afvinken; gemeenz aanmerking maken op; ~ *out a message* tikken; **III** *znw* tik, tikje *o*, getik *o*; streepje *o*, merktekentje *o*; ogenblik(je) *o*; *in two* ~*s* in een wip; *to (on) the* ~ op de seconde af

2 tick [tik] *znw* gemeenz krediet *o*; *give* ~ poffen; *on*

~ op de pof; *go (on)* ~ op de pof kopen
3 tick [tik] *znw* dierk teek

ticker ['tikə] *znw* wie of wat tikt; tikker [ook: automatische beurstelegraaf]; slang horloge *o*; gemeenz hart *o*

ticker-tape ['tikəteip] *znw* papierstrook, -stroken v. telegraaf; [ook als] serpentine (bij huldebetoon)

ticket ['tikit] **I** *znw* biljet *o*, kaart, kaartje *o*, plaatsbewijs *o*, toegangsbewijs *o*; bon, bekeuring; prijsje *o*; etiket *o*; lommerdbriefje *o*; loterijbriefje *o*, lot *o*; Am kandidatenlijst [bij verkiezing]; *the democratic* ~ het democratisch partijprogramma; ~ *of leave* bewijs van voorwaardelijke invrijheidstelling; *that's the* ~ slang dat is je ware; **II** *overg* van een etiketje of kaartje voorzien; prijzen

ticket-collector *znw* controleur die de kaartjes inneemt

ticket-holder *znw* houder v. biljet &

ticket-punch *znw* controletang

ticket-window *znw* loket *o*

ticking ['tikiŋ] *znw* **1** (bedden)tijk; **2** tikken *o*

ticking-off ['tikiŋ'ɔ(:)f] *znw* standje *o*, uitbrander

tickle ['tikl] **I** *overg* kietelen, kittelen[2], prikkelen, strelen; *it ~d them, they were ~d at it* het werkte op hun lachspieren; ze hadden er plezier in; *~d pink* gemeenz in zijn sas, in de wolken, dolblij; **II** *onoverg* kietelen, kriebelen; **III** *znw* kitteling; gekietel *o*, gekriebel *o*

tickler *znw* netelige of moeilijk te beantwoorden vraag, lastig geval *o*

ticklish *bn* kietelig; delicaat, netelig, kies, lastig; *he is* ~ hij kan niet tegen kietelen

tick-tack ['tiktæk], Am: **tick-tock** ['tiktɔk] *tsw* & *znw* tiktak [v. klok &]

tidal ['taidl] *bn* het getij betreffende; getij-; ~ *wave* vloedgolf[2]

tidbit ['tidbit] *znw* Am = *titbit*

tiddler ['tidlə] *znw* klein visje *o*, vooral stekelbaarsje *o*

tiddly ['tidli] *bn* slang aangeschoten; gemeenz petieterig, klein, nietig

tiddlywinks ['tidliwiŋks] *znw* vlooienspel *o*

tide [taid] **I** *znw* (ge)tij *o*, vloed; stroom[2]; plechtig vero tijd; *full* ~, *high* ~ hoog tij *o*, hoogwater *o*; *low* ~ laag tij *o*; *neap* ~ doodtij *o*; **II** *overg*: ~ *over the bad times* de slechte tijd (helpen) doorkomen, over... heenkomen of -helpen

tide-gate *znw* getijsluis

tideline *znw* hoogwaterlijn

tidemark *znw* hoogwaterteken *o*; gemeenz waterlijn, vuile streep [in badkuip]

tide-waiter *znw* vroeger commies te water

tideway *znw* vloedgeul

tidings ['taidiŋz] *znw mv* tijding, bericht *o*, berichten, nieuws *o*

tidy ['taidi] **I** *bn* net(jes), zindelijk, proper; gemeenz aardig, flink; *put things (all)* ~ de boel aan kant doen; **II** *znw* opbergmandje *o*; **III** *overg* opruimen,

opknappen (ook ~ *up*)

tie [tai] **I** *overg* binden, verbinden; knopen, strikken; vastbinden, -knopen, -maken; verankeren [muur]; ~ *a knot* een knoop leggen; ~ *down* (vast)binden; ~ *sbd. down* iem. de handen binden; ~ *up* opbinden [planten &]; (vast)binden, vastmaken, -leggen; meren [schip &]; dichtbinden; af-, onderbinden [ader]; verbinden [wonden &]; bijeenbinden [papieren &]; vastzetten [geld]; stilleggen [door staking &]; **II** *wederk*: ~ *oneself* zich binden; **III** *onoverg* binden, zich laten binden; kamp zijn, gelijk staan; ~ *in with* aansluiten bij; ~ *up* aanleggen, gemeerd worden [v. schip &]; bezighouden, ophouden; ~ *up with* connecties aanknopen met, zich inlaten met; verband houden met; **IV** *znw* band[2], knoop; das; bontje *o*; verbinding; iets wat bindt; binding; handenbinder; bouwk verbindingsbalk; muz boog; gelijkspel *o*; onbesliste wedstrijd

tie-beam *znw* bouwk bint *o*

tie-break, tie-breaker ['taibreik(ə)] *znw* tennis tiebreak [beslissende game na gelijk geëindigde set]; [bij quiz] extra vraag (die de beslissing moet brengen)

tied-house *znw* café dat verplicht is bier van een bepaalde brouwerij te betrekken

tie-dye ['taidai] *znw* ikatten *o* [bep. weeftechniek]

tie-pin *znw* dasspeld

tier [tiə] **I** *znw* reeks, rij, rang [v. stoelen of zitplaatsen]; **II** *overg* in rijen opeenstapelen of schikken

tie-up ['taiʌp] *znw* verbinding, band; associatie; stillegging [door staking]; (verkeers)opstopping (ook: *traffic* ~)

tiff [tif] *znw* ruzietje *o*

tiffany ['tifəni] *znw* zijden floers *o*

tiffin ['tifin] *znw* tiffin: lunch; rijsttafel

tig [tig] *znw* krijgertje *o*, tikkertje *o*

tiger ['taigə] *znw* (*mv* idem *of* -s) tijger

tight [tait] **I** *bn* strak, nauw(sluitend), krap; gespannen; benauwd [op de borst]; (water)dicht; vast, stevig; straf, streng, scherp; vasthoudend; niets loslatend; gemeenz krenterig, gierig; handel schaars [geld]; welgevormd, knap; slang dronken; *be in a* ~ *corner* in het nauw zitten; **II** *bijw* strak &; *hold* ~ (zich goed) vasthouden; *hold sbd.* ~ iem. kort houden; *sleep* ~! welterusten!; *sit* ~ zie *sit* I

tighten **I** *overg* spannen, aan-, toehalen; aandraaien [schroef]; vaster omklemmen; samentrekken; ~ *up* verscherpen [wet &]; **II** *onoverg* (zich) spannen; strak(ker) worden

tightener *znw* spanner

tight-fisted *bn* vasthoudend, gierig

tight-fitting *bn* nauwsluitend

tight-lipped *bn* met op elkaar geklemde lippen; fig gesloten

tightrope *znw* gespannen koord *o*; *walk a* ~ uiterst omzichtig te werk moeten gaan

tights [taits] *znw mv* maillot, panty; tricot [v. acrobaten &]

tightwad ['taitwəd] *znw* slang vrek

tigress ['taigris] *znw* tijgerin

tike [taik] *znw* hond, straathond; vlegel, lummel; bijnaam voor iem. uit Yorkshire

tilbury ['tilbəri] *znw* tilbury [sjees]

tile [tail] **I** *znw* (dak)pan; tegel; *Dutch ~s* (blauwe) tegeltjes; *have a ~ loose (off)* gemeenz niet goed snik zijn; *(out) on the ~s* slang aan de zwier; **II** *overg* met pannen dekken; betegelen

tiler *znw* pannendekker

tiling *znw* dekken *o* [met pannen]; (pannen)dak *o*; betegeling

1 till [til] *znw* geldlade [v. toonbank], kassa

2 till [til] *overg* bebouwen, (be)ploegen

3 till [til] *voorz* tot, tot aan; *~ now* tot heden, tot nog toe, tot dusverre; *not ~ the last century* pas in de vorige eeuw

tillage ['tilidʒ] *znw* beploeging, bewerking van de grond; akkerbouw; ploegland *o*

1 tiller ['tilə] *znw* landbouwer, akkerman

2 tiller ['tilə] *znw* scheepv roerpen, helmstok

till-money ['tilmʌni] *znw* kasgeld *o*

1 tilt [tilt] **I** *znw* huif, dekzeil *o*, (zonne)tent; **II** *overg* met een zeil overdekken

2 tilt [tilt] **I** *onoverg* (over)hellen, schuin staan; wippen, kantelen; met de lans stoten, een lans breken, toernooien; *~ at* steken naar; fig aanvallen; *~ at the ring* ringsteken; *~ over* hellen, schuin staan; omslaan; **II** *overg* doen (over)hellen, schuin zetten, op zijn kant zetten, kantelen, kippen, wippen; **III** *znw* overhelling, schuine stand; steekspel *o*, toernooi *o*; *(at) full ~* in volle ren; *give it a ~* op zijn kant zetten; schuin zetten [op het hoofd]; *have (run) a ~ (at)* een lans breken (met); fig [iem.] aanvallen

tilth [tilθ] *znw* = *tillage*

tilt-yard ['tiltjɑ:d] *znw* hist toernooiveld *o*

timber ['timbə] *znw* timmerhout *o*, (ruw) hout *o*; bomen; bos *o*; stam; balk; scheepv spant *o*; fig materiaal *o*

timbered *bn* houten; met hout begroeid

timber line *znw* boomgrens

timber-merchant *znw* houtkoper

timber-yard *znw* houtopslagplaats

timbre [tẽ:mbr, 'tæmbə] *znw* timbre *o*

timbrel ['timbrəl] *znw* tamboerijn

time [taim] **I** *znw* tijd° [ook = uur]; keer, maal; muz maat, tempo *o*; *in a week's ~* (vandaag) over een week; *and not before ~* eindelijk, dat werd tijd; *~ will tell* de tijd zal het leren; *~ and tide wait for no man* men moet zijn tijd weten waar te nemen; *any (old) ~ = at any (old) ~*; *the good old ~s* de goede oude tijd; *those were ~s!* dat was een andere tijd; *all the ~* de hele tijd, aldoor; *~ and (~) again* telkens en telkens weer; herhaaldelijk; *a first ~* (voor) de eerste keer; *my ~ is my own* ik heb de tijd aan mijzelf; *~ was when...* er was een tijd dat...; *~ is up!* de tijd (het uur) is om!, (het is) tijd!; *the ~ of day* het

uur; *give (pass) the ~ of day* goedendag zeggen; *I got there ~ enough to...* tijdig genoeg om...; *~ out of mind, from ~ immemorial* sedert onheuglijke tijden; *this ~ tomorrow* morgen om deze tijd; *what ~?* wanneer?, (om) hoe laat ?; *what ~ is it, what's the ~?* hoe laat is het?; *beat ~* de maat slaan; *do ~* zitten [in de gevangenis]; *have a lively ~ of it* het druk hebben; *I had a good ~* ik heb het fijn (leuk) gehad, het was fijn (leuk); *I had the ~ of my life* ik heb me kostelijk geamuseerd, veel plezier gehad; *have no ~ for sbd.* een hekel hebben aan iem.; *move with the ~s* met zijn tijd meegaan; *keep ~* muz de maat houden; *mil* in de pas blijven; op tijd binnenkomen [trein]; *keep good ~* goed (gelijk) lopen [uurwerk]; *I shall not lose ~ to call on you* ik kom gauw eens langs; *make good ~* een vlugge reis hebben [v. boot &]; *take ~* tijd kosten, lang duren; *take one's ~* rustig aan doen, de tijd nemen; *take ~ off* zie: *take*; *it's about ~* het is zowat tijd, het wordt tijd; *~ after ~* keer op keer; *ride (run) against ~* de kortst mogelijke tijd zien te maken [bij wedloop]; rijden (lopen) wat men kan; *work against ~* werken dat de stukken er afvliegen; *ahead of one's ~(s)* zijn tijd vooruit; *at ~s* zo nu en dan, soms; *two at a ~* twee tegelijk; *for months at a ~* maanden achtereen; *at a ~ when* in een tijd dat...; *at all ~s* te allen tijde; *at no ~* nooit; *at any (old) ~* te allen tijde; wanneer ook (maar); te eniger tijd; ieder ogenblik; *at one ~* tegelijk; in één keer; wel eens; *at one ~...* er was een tijd, vroeger...; *at some ~ or other* te eniger tijd; *at the ~* toen(tertijd), destijds; *at the ~ of* ten tijde van; *at the same ~* terzelfder tijd; tevens; toch, niettemin; *at my ~ of life* op mijn leeftijd; *at this ~ of day* nu (nog); *at this ~ of (the) year* in deze tijd van het jaar; *at ~s* soms, nu en dan, wel eens; *before ~* vóór de tijd, te vroeg; *before my ~* voor mijn tijd; *behind ~* over zijn tijd, te laat; *behind the ~s* ouderwets, verouderd; *by that ~* dan (wel); *by the ~ (that)* tegen de tijd dat; *by this ~* nu; *for a ~* een tijdje, een tijdlang; *for the ~ being* voor het ogenblik, voorlopig; *from ~ to ~* van tijd tot tijd; *in ~* op tijd; bijtijds; mettertijd, na verloop van tijd; in de maat; *in the ~ of...* ten tijde van...; *in ~(s) to come* de toekomst; *in ~ to the music* op de maat van de muziek; *in good ~* op tijd; bijtijds; op zijn tijd, te zijner tijd; *in the mean ~* ondertussen, inmiddels; *in (less than, next than) no ~* in minder dan geen tijd; *in proper ~* te rechter tijd; te zijner tijd; *of all ~* aller (van alle) tijden; *the scientists of the ~* van deze tijd; *on ~* op tijd; *on (short) full ~* (niet) het volle aantal uren werkend; *out of ~* uit de maat; te onpas komend; *to ~* precies op tijd; *up to ~* op tijd; **II** *overg* (naar de tijd) regelen of betrekken, het (juiste) ogenblik kiezen voor, timen; de duur of tijd bepalen van; sp de tijd opnemen; dateren; muz de maat slaan of aangeven bij; *the remark was not well ~d* de opmerking kwam niet op het geschikte ogenblik

time-bargain *znw* tijdaffaire
time-bomb *znw* tijdbom
time-clock *znw* controleklok, prikklok
time-consuming *bn* tijdrovend
time-expired *bn* mil zijn tijd uitgediend hebbend
time-exposure *znw* fotogr tijdopname
time-honoured *bn* traditioneel, aloud, eerbiedwaardig
timekeeper *znw* tijdmeter, chronometer; uurwerk
o; muz metronoom; sp tijdopnemer; tijdschrijver
[in fabriek]; *he is a good ~* hij is altijd op tijd; *my
watch is a good ~* mijn horloge loopt goed
time-lag *znw* tijdsverloop *o*; vertraging
timeless *bn* tijdloos
time-limit *znw* tijdslimiet
time-lock *znw* klok-, uurslot *o*
timely *bn* tijdig, op de juiste tijd of op het geschikte
ogenblik komend, van pas; actueel
time out *znw* korte onderbreking, pauze; sp time-
out
timepiece *znw* uurwerk *o*, pendule, klok [ook =
horloge]
timer *znw* timer [instelklok]; sp tijdopnemer
times *overg* vermenigvuldigen; *timesed by two* vermenigvuldigd met twee
time-saving *bn* tijdbesparend
time-scale *znw* tijdschaal
time-server *znw* opportunist, weerhaan
time-serving **I** *bn* opportunistisch; **II** *znw* opportunisme *o*, weerhanerij
time-sharing *znw* comput timesharing
time-sheet *znw* rooster *o* & *m*, werklijst
time signal *znw* tijdsein *o* [v. radiostation &]
time signature *znw* muz maatteken *o*
time switch *znw* tijdschakelaar
timetable **I** *znw* dienstregeling; spoorwegboekje *o*;
(les)rooster *o* & *m*; dagindeling; tijdschema *o*; **II**
overg ± plannen, vaststellen [v. tijdstip]
time-work *znw* per uur (dag) betaald werk *o*
timeworn *bn* aloud, (oud en) versleten; fig afgezaagd
time zone *znw* tijdzone
timid ['timid] *bn* beschroomd, bang, bedeesd,
schuchter, verlegen, timide; *~ about (of) ...ing*
bang, verlegen om te...
timidity [ti'miditi] *znw* beschroomdheid, schroom,
bangheid, bedeesdheid, schuchterheid, verlegenheid, timiditeit
timing ['taimiŋ] *znw* timing; regelen *o*; zie *time* **II**
timorous ['timərəs] *bn* angstvallig, schroomvallig,
bang, beschroomd; plechtig vreesachtig
timpani ['timpəni] *znw* muz pauk(en)
timpanist ['timpənist] *znw* muz paukenist
tin [tin] **I** *znw* tin *o*; blik *o*; blikje *o*, bus, trommel;
mil eetketeltje *o*; blik *o*; blikkerig; blik-; fig goed-
godje *o* (in eigen oog); *~ hat (lid)* mil stalen helm;
~ tack vertind spijkertje *o*; **III** *overg* vertinnen; inblikken; *~ned meat* vlees *o* uit (in) blik

tin-can *znw* blikje *o*
tinctorial [tiŋk'tɔːriəl]: *~ matter znw* verfstof, kleurstof
tincture ['tiŋktʃə] **I** *znw* tinctuur; kleur; fig tintje *o*,
tikje *o*; zweempje *o*; vernisje *o*; bijsmaak; **II** *overg*
kleuren[2], tinten[2]
tinder ['tində] *znw* tondel *o*
tinder-box *znw* tondeldoos
tine [tain] *znw* tand [v. vork &]; tak [v. gewei]
tinfoil ['tinfɔil] *znw* bladtin *o*; stanniool *o*; folie;
zilverpapier *o*
ting [tiŋ] **I** *znw* tingeling [van een bel]; **II** *onoverg*
klinken; **III** *overg* doen klinken
tinge [tin(d)ʒ] **I** *znw* kleur, tint, tintje *o*; fig zweem,
tikje *o*, bijsmaakje *o*; **II** *overg* kleuren, tinten; *-d
with...* met een tikje...
tingle ['tiŋgl] **I** *onoverg* tintelen, prikkelen; **II** *znw*
tinteling, prikkeling
tingling *znw* = tingle **II**
tinker ['tiŋkə] **I** *znw* ketellapper; knoeier, prutser; **II**
onoverg prutsen, frutselen (aan *at, with*), sleutelen;
~ about aanrommelen
tinkering **I** *bn* prutsend, lap-; **II** *znw* gepruts *o*,
prutsen *o*, sleutelen *o*
tinkle ['tiŋkl] **I** *onoverg* rinkelen, klinken, tingelen,
tjingelen; **II** *overg* doen of laten rinkelen &; muz
tokkelen (op); rammelen op [een piano]; **III** *znw*
gerinkel *o*, getingel *o*, getjingel *o*; *give sbd. a ~* gemeenz iem. even (op)bellen
tinkling *znw* getjingel *o*, rinkeling
tinnitus [ti'naitəs] *znw* med oorsuizing
tinny ['tini] *bn* blikachtig, blikkerig, blik-; fig goedkoop, prullerig; schraal [v. geluid]
tin-opener ['tinoupnə] *znw* blikopener
tin-ore ['tinɔː] *znw* tinerts *o*
tin-pan alley *znw* de wereld van (de schrijvers en
uitgevers) van de populaire muziek
tin-plate ['tinpleit] *znw* blik *o*
tin-pot ['tinpɔt] *bn* gemeenz armoedig, prullerig;
nietig, armzalig
tinsel ['tinsəl] *znw* klatergoud[2] *o*
tin-smith ['tinsmiθ] *znw* blikslager
tint [tint] **I** *znw* tint; **II** *overg* tinten, kleuren
tintinnabulation ['tintinæbju'leiʃən] *znw* gerinkel *o* (van bellen), getjingel *o*
tinware ['tinwɛə] *znw* tinnegoed *o*; blikwerk *o*
tiny ['taini] *bn* (heel) klein; miniem
1 tip [tip] **I** *znw* tip, tipje *o*, top, topje *o*; (vleugel-)
spits; puntje *o* [v. sigaar], mondstuk *o* [v. sigaret];
beslag *o*, dopje *o*; biljart pomerans; *the ~ of the iceberg* het topje van de ijsberg; *I had it on the ~ of my
tongue* het lag op het puntje van mijn tong; ik had
het op mijn lippen; *he is a(n)... to the ~s of his fingers* hij is op-en-top een...; **II** *overg* beslaan (met
metaal), aan de punt voorzien (van *with*), omranden
2 tip [tip] **I** *overg* schuin zetten of houden, doen
kantelen; wippen, gooien; (aan)tikken; een fooi

geven; tippen, een tip geven; ~ *all nine* alle negen gooien [bij kegelen]; ~ *the balance* de doorslag geven[2]; ~ *the scales at...* wegen; ~ *sbd. the wink* iem. een wenk geven (om hem te waarschuwen); ~ *sbd. for the job* iem. doodverven met het baantje; ~ *sbd. off (to sth.)* gemeenz iem. een tip (van iets) geven; ~ *over* omkiepen; ~ *up* schuin zetten; **II** *onoverg & abs ww* kiepen, kantelen; een fooi (fooien) geven; ~ *up* opwippen; **III** *znw* stortplaats; vuilnisbelt; steenberg, stort o & m [v. kolenmijn]; fooi; wenk, inlichting, tip; *the (a) straight* ~ een inlichting uit de beste bron; *give it a* ~ het (een beetje) schuin zetten; *give us the* ~ *when...* waarschuw ons als...; *take the* ~ iems. wenk begrijpen, de raad aannemen

tip-car(t) *znw* kiepkar

tip-off *znw* gemeenz wenk, inlichting, tip

tipper *znw* kolenstorter; kiepkar; auto kipper; fooiengever

tippet ['tipit] *znw* bontkraag; schoudermanteltje *o*

tipple ['tipl] **I** *onoverg* pimpelen; **II** *znw* gemeenz (sterke) drank

tippler *znw* pimpelaar, drinkebroer

tipstaff ['tipstɑ:f] *znw* gerechtsdienaar

tipster ['tipstə] *znw* sp verstrekker van tips [voor races]

tipsy ['tipsi] *bn* aangeschoten, beschonken

tipsy-cake ['tipsikeik] *znw* sponzige cake met custardvla

tiptoe ['tiptou] **I** *znw: on* ~ op de tenen; **II** *onoverg* op zijn (de) tenen lopen

tiptop ['tip'tɔp] *bn & bijw* gemeenz prima, bovenste beste, eersteklas

tip-up ['tipʌp] *bn:* ~ *seat* klapstoel

tirade [tai'reid, ti'reid] *znw* tirade, stortvloed van woorden

1 tire ['taiə] *znw* Am = *tyre*

2 tire ['taiə] **I** *overg* vermoeien, moe maken; vervelen; ~ *out* afmatten; **II** *onoverg* moe worden; ~ *of it* het moe (beu) worden

3 tire ['taiə] vero = *attire*

tired ['taiəd] *bn* vermoeid; moe; afgezaagd; ~ *of* beu van; ~ *with* moe van

tireless *bn* onvermoeibaar

tiresome *bn* vermoeiend, vervelend

tiring *bn* vermoeiend

tiring-room *znw* vero kleedkamer

tiro *znw* = *tyro*

'tis [tis] vero verk. van *it is*

tissue ['tisju:] *znw* weefsel *o*; zijdepapier *o*; doekje *o*; papieren (zak)doekje *o*; tissue; *a* ~ *of lies* een aaneenschakeling (web) van leugens

tissue-paper *znw* zijdepapier *o*

1 tit [tit] *znw* tikje *o*; ~ *for tat* leer om leer; lik op stuk

2 tit [tit] *znw* mees [vogel]

3 tit [tit] *znw* slang borst; tepel

4 tit [tit] *znw* slang slappe vent

titan ['taitən] *znw* hemelbestormer

titanic [tai'tænik] *bn* titanisch, reusachtig, enorm

titanium [tai'teinjəm] *znw* titanium *o*, titaan *o*

titbit, Am **tidbit** ['titbit] *znw* lekker hapje *o*, versnapering; fig interessant nieuwtje *o*

titchy ['titʃi] *bn* gemeenz minuscuul, pietepeuterig

titfer ['titfə] *znw* gemeenz hoed

tithable ['taiðəbl] *bn* hist tiendplichtig

tithe I *znw* tiende (deel *o*); tiend; **II** *overg* vertienden

tither *znw* hist tiendgaarder

tithing *znw* hist vertiending; tiend

titillate ['titileit] *overg* strelen, prikkelen, kittelen

titillation [titi'leiʃən] *znw* streling, prikkeling, kitteling

titivate ['titiveit] *overg* opschikken, opdirken

titlark ['titlɑ:k] *znw* graspieper

title ['taitl] **I** *znw* titel; gehalte *o* [v. goud]; (eigendoms)recht *o*, eigendomsbewijs *o*; aanspraak (op *to*); **II** *overg* een titel verlenen (aan); (be)titelen; ~*d* ook: met een (adellijke) titel; een titel voerend

title-deed *znw* eigendomsbewijs *o*

title-holder *znw* titelhouder

title-page *znw* titelblad *o*

title role *znw* titelrol, hoofdrol

titmouse ['titmaus] *znw* mees

titrate ['taitreit] *overg* chem titreren

titre, Am **titer** *znw* chem titer

titter ['titə] **I** *onoverg* giechelen; **II** *znw* gegiechel *o*

tittle ['titl] *znw* tittel, jota; *to a* ~ precies, nauwkeurig; zie ook: *jot*

tittle-tattle ['titltætl] **I** *znw* geklets *o*, geklep *o*; geroddel *o*; **II** *onoverg* kletsen, kleppen

tittup ['titəp] **I** *onoverg* huppelen; allerlei bokkensprongen maken; **II** *znw* bokkensprong; gehuppel *o*

titular ['titjulə] *bn* titulair, titel-; in naam; aan de titel verbonden; ~ *saint* patroon [v.e. kerk]

tizzy ['tizi] *znw: in a* ~ van de kook, in alle staten

to [tu:, tu, tə] **I** *voorz* te, om te; tot, aan; tot op; naar, tegen; jegens; voor; bij, in vergelijking met; volgens; op; onder; *brother* ~ *the king* broeder van de koning; *at ten minutes* ~ *twelve* om tien minuten voor twaalf; *he sang* ~ *his guitar* hij begeleidde zijn zang met (op) de gitaar; *but* ~ *our story* maar om op ons verhaal terug te komen; *there is (it has) more* ~ *it* er steekt meer achter; het gaat hierbij om meer; *the first book* ~ *appear* het eerste boek dat verschijnt; *you will smile* ~ *recall...* als je je herinnert; **II** *bijw: the door is* ~ de deur is dicht; ~ *and fro* heen en weer

toad [toud] *znw* pad [dier]; fig klier, kwal, kreng *o*; ~*-in-the-hole* in pannenkoekbeslag gebakken worstjes

toadstool ['toudstu:l] *znw* paddestoel

toady ['toudi] **I** *znw* pluimstrijker; **II** *onoverg:* ~ *to* pluimstrijken; **III** *overg* pluimstrijken

toast [toust] **I** *znw* geroosterd brood *o*; toast, (heil-) dronk; op wie getoast wordt (vooral een dame);

give (propose) a ~ een dronk instellen; **II** *overg* roosteren; warmen [voor het vuur]; een toast instellen op; **III** *onoverg* toasten; **IV** *wederk:* ~ *oneself* zich warmen

toaster *znw* (brood)rooster *o*

toasting-fork *znw* roostervork

toast-master *znw* tafelceremoniemeester bij grote diners

toast-rack *znw* rekje *o* voor geroosterd brood

tobacco [tə'bækou] *znw* (*mv:* -s *of* tobaccoes) tabak

tobacconist *znw* tabaksverkoper, sigarenhandelaar

toboggan [tə'bɔgən] **I** *znw* tobogan; **II** *onoverg* met de tobogan glijden

toby-jug ['toubi(dʒʌg)] *znw* bierpot in de vorm v. oude man met steek op

tocsin ['tɔksin] *znw* alarmbel, alarmklok; alarmsignaal *o*

tod [tɔd]: *on one's* ~ slang alleen

today [tə'dei, tu'dei] *bijw & znw* vandaag, heden; vandaag de dag, tegenwoordig

toddle ['tɔdl] **I** *onoverg* waggelend gaan, dribbelen; *gemeenz* tippelen; opstappen; ~ *round* rondkuieren; eens aanwippen; **II** *znw* kuier, waggelende gang

toddler *znw* hummel, peuter; dreumes

toddy ['tɔdi] *znw* palmwijn; grog

to-do [tə'du:] *znw* opschudding, verwarde situatie

toe [tou] **I** *znw* teen; neus [v. schoen]; punt; *big* ~ grote teen; *turn up one's* ~s slang het hoekje omgaan; *on one's* ~s op zijn tenen; *keep sbd. on his* ~s iem. achter de vodden zitten, ± iem. bij de les houden; **II** *overg* met de tenen aanraken; een teen aanzetten [kous]; slang een schop geven; ~ *the line* zich onderwerpen, gehoorzamen; *make sbd.* ~ *the line* iem. dwingen

toe-cap *znw* neus [v. schoen]

toehold *znw* steun voor de teen; *gemeenz* precaire positie, vooruitgeschoven stelling; geringe invloed

toenail *znw* teennagel

toerag ['touræg] *znw geringsch* schooier, zwerver

toff [tɔf] *znw* slang dandy; rijk (chic) persoon

toffee ['tɔfi] *znw* toffee

toffee-apple *znw* in karamel gedoopte appel op een stokje [als snoepgoed verkocht op kermissen e.d.]

toffee-nosed *bn gemeenz* bekakt, snobistisch, verwaand

tog [tɔg] *gemeenz* **I** *overg* uitdossen; ~*ged out (up)* opgedoft; **II** *znw:* ~s plunje, kleren, nette pak *o*

toga ['tougə] *znw* toga

together [tə'geðə] *bijw* samen, tezamen, bij, met of tegen elkaar; (te)gelijk; aan elkaar, aaneen; achtereen; ~ *with* (in vereniging) met, benevens

togetherness *znw* saamhorigheid

toggle ['tɔgl] *znw scheepv* knevel; dwarspen

toggle coat *znw* houtje-touwtjejas

Togo ['tougou] *znw* Togo *o*

Togolese I *znw* (*mv* idem) Togolees; **II** *bn* Togolees,

Togoos

toil [tɔil] **I** *onoverg* hard werken, zwoegen, ploeteren; ~ *and moil* werken en zwoegen, zich afbeulen; ~ *through* doorworstelen; **II** *znw* hard werk(en) *o*, gezwoeg *o*; *in the* ~s *off...* in de netten (strikken) van...

toiler *znw* zwoeger

toilet ['tɔilit] *znw* toilet[2] *o*

toilet bag *znw* toilettas

toilet-paper *znw* toilet-, closetpapier *o*

toiletries *znw mv* toiletartikelen

toilet-train *overg* zindelijk maken [baby]

toilet water *znw* eau de toilette

toilsome ['tɔilsəm] *bn* moeilijk, zwaar

toil-worn *bn* afgewerkt

to-ing and fro-ing ['tuiŋən'frouiŋ] *znw* komen en gaan *o*, heen-en-weergeloop *o*, -gereis *o* &

token ['toukn] **I** *znw* (ken)teken *o*, aandenken *o*; blijk *o* (van *of*); bewijs *o*, bon; *by the same* ~ om welke reden, waarom; daarenboven, evenzeer; *more by* ~ ten bewijze daarvan; *as a* ~ *of* ten teken van, als blijk van; **II** *bn* symbolisch; ~ *coin*, ~ *money* tekenmunt; ~ *payment* symbolische betaling; ~ *woman* excuus-Truus

told [tould] V.T. & V.D. van *tell*

tolerable ['tɔlərəbl] *bn* te verdragen, duldbaar, draaglijk; tamelijk, redelijk

tolerably *bijw* draaglijk, tamelijk, redelijk, vrij

tolerance *znw* verdraagzaamheid; tolerantie; remedie [v. munten]; techn speling

tolerant *bn* verdraagzaam

tolerate *overg* tolereren, verdragen, lijden, toelaten, dulden, gedogen

toleration [tɔlə'reiʃən] *znw* toelating, dulding; verdraagzaamheid, tolerantie

1 toll [toul] *znw* tol, tolgeld *o*, staan-, weg-, bruggeld *o* maalloon *o*; schatting; *the* ~ *(of the road)* de slachtoffers (van het verkeer); *take* ~ *of* tol heffen van; *take a heavy* ~ *of the enemy* de vijand gevoelig treffen; *take a heavy* ~ *of human life* veel mensenlevens eisen, tal van slachtoffers maken; *take too great a* ~ *of* ook: te veel vergen van

2 toll [toul] **I** *overg & onoverg* luiden, kleppen; **II** *znw* gelui *o*, geklep *o*, (klok)slag

toll-booth ['toulbu:θ] *znw* tolhuis *o*

toll-money *znw* tolgeld *o*

tom [tɔm] *znw* mannetje *o* [v. sommige dieren]; kater; *T*~, *Dick and Harry* Jan, Piet en Klaas; *T*~ *Thumb* Kleinduimpje; tompoes; *peeping T*~ gluurder, voyeur

tomahawk ['tɔməhɔ:k] *znw* tomahawk: strijdbijl [v. indiaan]

tomato [tə'ma:tou] *znw* (*mv:* -toes) tomaat

tomb [tu:m] *znw* graf[2] *o*, (graf)tombe; *fig* (de) dood

tombola ['tɔmbələ] *znw* tombola

tomboy ['tɔmbɔi] *znw* meisje *o* dat zich jongensachtig gedraagt, robbedoes

tombstone ['tu:mstoun] *znw* grafsteen, zerk

tomcat ['tɔmkæt] *znw* kater

tome [toum] *znw* (dik) boekdeel *o*; gemeenz dikke pil

tomfool ['tɔm'fu:l] *bn* absurd, krankzinnig, idioot

tomfoolery [tɔm'fu:ləri] *znw* gekheid, dwaze streken, zotternij, onzin; flauwekul

Tommy ['tɔmi] *znw* verk. v. *Thomas*; de Engelse soldaat (ook: ~ *Atkins*)

tommy-gun *znw* mil type pistoolmitrailleur

tommyrot *znw* gemeenz klets, larie, onzin

tomorrow [tə'mɔrou, tu'mɔrou] *bijw* & *znw* morgen; de dag van morgen

tomtit ['tɔm'tit] *znw* meesje *o*, pimpelmees

tomtom ['tɔmtɔm] *znw* tamtam [handtrom]; tomtom [v. drumstel]

1 ton [tʌn] *znw* ton (2240 Eng. ponden = ± 1016 kilo; scheepv 100 kub. voet; 954 liter); slang 100 mijl per uur; ~*s of money* gemeenz hopen geld; *weigh a* ~*z* gemeenz loodzwaar zijn; *come down on sbd. like a* ~ *of bricks* iem. er ongenadig van langs geven

2 ton [tɔ̃] *znw* bon ton; mode

tonal ['tounəl] *bn* tonaal, toon-

tonality [tou'næliti] *znw* tonaliteit, toonaard

tone [toun] **I** *znw* toon°, klank; stembuiging; schakering, tint; tonus, spanning; stemming; *take that* ~ zo'n toon aanslaan; *in a low* ~ op zachte toon; **II** *overg* stemmen; tinten; kleuren; ~ *down* temperen, verzachten, afzwakken; ~ *(up)* versterken; opkikkeren; **III** *onoverg* harmoniëren; ~ *down* verflauwen; ~ *to apricot* zacht overgaan in, zwemen naar; ~ *(in) well with* goed passen bij

tone-deaf *bn* amuzikaal

toneless *bn* toonloos, klankloos, kleurloos; krachteloos, slap, zwak; onmuzikaal

Tonga ['tɔn(g)ə] *znw* Tonga *o*

Tongan I *znw* Tongaan; **II** *bn* Tongaans

tongs [tɔŋz] *znw mv* tang; *a pair of* ~ een tang

tongue [tʌŋ] *znw* tong; taal, spraak; landtong; tongetje *o* [v. balans, gesp &]; klepel [v. klok]; lip [v. schoen]; ~ *and groove* messing en groef; *find one's* ~ de spraak terugkrijgen; beginnen te praten; *get one's* ~ *round a word* erin slagen een (moeilijk) woord uit te spreken; *hold one's* ~ zijn (de) mond houden; *he let his* ~ *run away with him* hij kon zijn tong niet in toom houden; hij heeft zijn mond voorbijgepraat; *be on the* ~*s of men* over de tong gaan; ~ *in cheek* ironisch, spotachtig, ongelovig, meesmuilend, doodleuk

tongue-tied *bn* niet kunnende of niet mogende spreken; met zijn mond vol tanden, stom, sprakeloos

tongue-twister *znw* moeilijk uit te spreken woord *o* of zin

tonic ['tɔnik] **I** *bn* tonisch, opwekkend, versterkend; muz toon-; ~ *accent* klemtoon; ~ *sol-fa* [sɔl'fa:] muz Eng. zangmethode aan namen (niet aan noten) ontleend; **II** *znw* tonicum *o*, versterkend

(genees)middel *o*; tonic (ook: ~ *water*); muz tonica, grondtoon

tonicity [to'nisiti] *znw* toniciteit, tonische werking, veerkracht [v. spieren]

tonight [tə-, tu'nait] *bijw* & *znw* deze avond; hedenavond, vanavond; deze nacht

tonnage ['tɔnidʒ] *znw* tonnenmaat, scheepsruimte, laadruimte; tonnengeld *o*

tonne [tʌn] *znw* metrieke ton [1000 kg]

tonsil ['tɔnsil] *znw* (keel)amandel

tonsillitis [tɔnsi'laitis] *znw* amandelontsteking

tonsure ['tɔnʃə] **I** *znw* tonsuur, kruinschering; **II** *overg* de kruin scheren (van)

too [tu:] *bijw* ook; te, al te; *and...* ~ en nog wel..., en ook nog...

took [tuk] V.T. & V.D. van *¹take*

tool [tu:l] **I** *znw* gereedschap *o*, werktuig² *o*; [boekbinders]stempel; ~*s* ook: gereedschap *o*; **II** *overg* bewerken; ~ *up* met machines uitrusten [fabriek]; **III** *onoverg*: ~ *along* gemeenz Am rondrijden

tool-box *znw* gereedschapskist

tooler *znw* soort beitel

tool kit *znw* gereedschapskist

tool shed *znw* schuurtje *o* met gereedschap

toot [tu:t] **I** *onoverg (& overg)* toet(er)en, blazen (op); **II** *znw* getoeter *o*

tooter *znw* toeter

tooth [tu:θ] *znw* (teeth [ti:θ]) tand, kies; *they fought* ~ *and nail* zij vochten uit alle macht; zij verdedigden zich met hand en tand; *he's (a bit) long in the* ~ hij is niet de jongste meer; *armed to the* ~ tot de tanden gewapend; *lie through one's teeth* liegen of het gedrukt staat; *in the teeth of* ondanks, tegen... in; *in the (very) teeth of the gale* vlak tegen de storm in; *cast (fling, throw) it in the teeth of sbd.* het iem. voor de voeten werpen, het iem. verwijten

toothache *znw* kies-, tandpijn

toothbrush *znw* tandenborstel

tooth-comb *znw* fijne kam, stofkam

toothed [tu:θt, tu:ðd] *bn* getand

toothless *bn* tandeloos²

toothpaste *znw* tandpasta

toothpick *znw* tandenstoker

tooth powder *znw* tandpoeder *o*

toothsome *bn* smakelijk, lekker

toothy *bn* met vooruitstekende tanden, met veel (vertoon van) tanden

tootle ['tu:tl] **I** *onoverg* & *overg* zacht en aanhoudend toeteren, blazen; gemeenz rondtoeren; **II** *znw* getoeter *o*

tootsy ['tu:tsi] *znw* gemeenz pootje *o*, voetje *o*; lieveling, schatje *o*

1 top [tɔp] **I** *znw* top, kruin, spits, bovenstuk *o*, bovenste *o*; boveneinde *o*, hoofd *o* [v. tafel]; oppervlakte; dak *o*; kap; hemel [v. ledikant]; deksel *o*; blad *o* [v. tafel]; dop [v. vulpen]; scheepv mars; auto hoogste versnelling; fig toppunt *o*; de (het) hoogste (eerste); *big* ~ chapiteau *o* [circus(tent)]; *(the)* ~*s!*

601

top

Am slang prima, eersterangs; *at the* ~ bovenaan; *be at the* ~ *of his class* nummer één (van de klas) zijn; *be at the* ~ *of the tree* op de hoogste sport staan, de man zijn; *at the* ~ *of his voice* uit alle macht, zo hard hij kon; *from* ~ *to bottom* van boven tot onder; *from* ~ *to toe* van top tot teen; *off the* ~ *of one's head* onvoorbereid; *on* ~ bovenaan; bovenop; daarbij; *come out on* ~ overwinnaar zijn, het winnen; *on (the)* ~ *of (boven)op*; over... heen; behalve, bij; *on* ~ *of this I had to...* daarna moest ik nog...; *be on* ~ *of the world* in de wolken zijn; *be on* ~ *of sth.* beheersen, in de hand hebben [v. probleem &]; *come to the* ~ boven (water) komen; *go over the* ~ te ver gaan, over de schreef gaan; **II** *bn* bovenste, hoogste, eerste; prima; *a* ~ *G* muz een hoge g; **III** *overg* bedekken; beklimmen (tot de top); hoger opschieten, langer zijn dan; fig overtreffen, uitmunten, zich verheffen boven; toppen; ~ *and tail* afhalen, schillen, schoonmaken [groente, fruit]; ~ *the list* bovenaan staan; ~ *the poll* de meeste stemmen hebben; *to* ~ *it all* om de kroon op het werk te zetten; ~ *up* bijvullen; **IV** *onverg* zich verheffen; ~ *off (up)* er een eind aan maken, besluiten; ~ *up with* eindigen met; *to* ~ *up with* om te eindigen; ook: tot overmaat van ramp

2 top [tɔp] *znw* tol; *sleep like a* ~ slapen als een roos

topaz ['toupæz] *znw* topaas *o* [stofnaam], topaas *m* [voorwerpsnaam]

top-boots ['tɔp'buːts] *znw mv* kaplaarzen

top-coat *znw* overjas; deklaag [v. verf]

top dog *znw bn* nummer één, de baas

top-drawer *bn* gemeenz uit de beste kringen, van goede komaf

top-dressing *znw* bovenbemesting

tope [toup] *onverg* vero of plechtig zuipen, pimpelen

topee ['toupi] *znw* helmhoed

toper ['toupə] *znw* drinkebroer, zuiplap, zuipschuit

top-flight ['tɔpflait] *bn* gemeenz eersterangs, best, van de bovenste plank

topgallant mast [tɔp'gæləntmaːst] *znw* bramsteng

topgallant sail *znw* bramzeil *o*

top-hat ['tɔp'hæt] *znw* hoge hoed

top-heavy ['tɔp'hevi] *bn* topzwaar[2]

top-hole ['tɔp'houl] *bn* gemeenz prima, uitstekend

topiary ['toupjəri] *znw* snoeien *o* van bomen, heggen & in decoratieve vormen

topic ['tɔpik] *znw* onderwerp *o* (van gesprek &)

topical *bn* actueel [wat betreft onderwerp]; plaatselijk [ook: med]; *a* ~ *song* een actueel lied *o*

topicality [tɔpi'kæliti] *znw* actualiteit

top-knot ['tɔpnɔt] *znw* kuif [v. vogel]; chignon; haarstrik

topless ['tɔpləs] *bn* topless, zonder bovenstukje

top-level ['tɔplevl] *bn* op het hoogste niveau

topmast *znw* scheepv (mars)steng

topmost ['tɔpmoust] *bn* bovenste, hoogste

topnotch *bn* gemeenz eersterangs, best, van de bovenste plank

topographer [tə'pɔgrəfə] *znw* topograaf

topographical [tɔpə'græfikl] *bn* topografisch, plaatsbeschrijving

topography [tə'pɔgrəfi] *znw* topografie, plaatsbeschrijving; topografische situatie

topper ['tɔpə] *znw* hoge hoed

topping I *znw* bovenste laagje *o*, sierlaagje *o*, topping; **II** *bn* gemeenz prima, uitstekend, prachtig, heerlijk

topple ['tɔpl] *(overg &) onoverg* (doen) tuimelen (ook: *down, over*), (doen) omvallen[2]

top-ranking ['tɔpræŋkiŋ] *bn* (zeer) hooggeplaatst [persoon]

topsail ['tɔpseil, 'tɔpsl] *znw* marszeil *o*

top-secret ['tɔpsi:krit] *bn* hoogst geheim

topside ['tɔpsaid] **I** *bijw* bovenop; **II** *znw* bovenste *o*, bovenkant; (runder)schenkel; ~*s* scheepv bovenschip *o*

top-soil ['tɔpsɔil] *znw* bovengrond

top speed ['tɔp'spi:d] *znw* topsnelheid; *at* ~ in volle vaart, met volle kracht, zo hard mogelijk

topsy-turvy ['tɔpsi'tə:vi] **I** *bijw* ondersteboven, op zijn kop[2]; **II** *bn* op zijn kop staand; fig averechts

tor [tɔ:] *znw* rotspiek

torch [tɔ:tʃ] *znw* toorts[2], fakkel[2]; zaklantaarn; lamp [v. huisschilder, loodgieter]; *carry a* ~ *for* gemeenz verliefd zijn op; zie ook: *oxyacetylene*

torch-bearer *znw* fakkeldrager, toortsdrager

torch-light *znw* fakkellicht *o*, licht *o* van een zaklantaarn; ~ *procession* fakkel(op)tocht

tore [tɔ:] V.T. van [2]*tear*

toreador ['tɔriədɔ:] *znw* toreador: stierenvechter te paard

torero [tɔ'rɛɔrou] *znw* torero, stierenvechter

torment I *znw* ['tɔ:ment] foltering, kwelling, marteling, plaag; **II** *overg* [tɔ:'ment] folteren, kwellen, martelen, plagen

tormentor *znw* kwelgeest, folteraar, pijniger, beul

torn [tɔ:n] V.D. van [2]*tear*

tornado [tɔ:'neidou] *znw* (*mv*: -does) tornado, wervelstorm

torpedo [tɔ:'pi:dou] **I** *znw* (*mv*: -does) sidderrog [vis]; mil torpedo; **II** *overg* torpederen[2]

torpedo-boat *znw* torpedoboot

torpedo-boat destroyer *znw* torpedo(boot)jager

torpedo-tube *znw* torpedolanceerbuis

torpid ['tɔ:pid] *bn* in een staat van verdoving; loom, traag

torpidity [tɔ:'piditi], **torpidness** ['tɔ:pidnis], **torpor** ['tɔ:pə] *znw* verdoving; loomheid, traagheid

torque [tɔ:k] *znw* techn koppel; hist halssnoer *o*

torrent ['tɔrənt] *znw* (berg)stroom, (stort)vloed[2]; *in* ~*s* in (bij) stromen

torrential [tɔ'renʃəl] *bn* in stromen neerkomend; ~ *rains* stortregens

torrid ['tɔrid] *bn* brandend, verzengend, heet; hartstochtelijk, intens, gepassioneerd

torsion ['tɔːʃən] *znw* (ver)draaiing, wringing
torsion-balance *znw* torsiebalans
torso ['tɔːsou] *znw* torso, romp [v. standbeeld]
tort [tɔːt] *znw* recht onrecht *o*, benadeling
tortious ['tɔːʃəs] *bn* recht onrechtmatig
tortoise ['tɔːtəs] *znw* (*mv* idem *of* -s) (land-) schildpad
tortoise-shell I *znw* schildpad *o*; geel en bruin gestreepte kat; vos [vlinder]; **II** *bn* schildpadden
tortuosity [tɔːtju'ɔsiti] *znw* bochtigheid, kronkeling, bocht, kromming; fig draaierij
tortuous ['tɔːtjuəs] *bn* bochtig, gekronkeld, kronkelig, gedraaid; fig zich met draaierijen ophoudend, niet recht door zee (gaand)
torture ['tɔːtʃə] **I** *znw* foltering, pijniging; kwelling; *put to (the)* ~ folteren, op de pijnbank leggen; **II** *overg* folteren, pijnigen, kwellen
torturer *znw* folteraar, pijniger; beul
Tory ['tɔːri] *znw* Tory, conservatief [in de politiek]
Toryism *znw* politiek conservatisme *o*
tosh [tɔʃ] *znw* slang klets, gezwam *o*, onzin
toss [tɔs] **I** *overg* omhoog-, opgooien; (toe)gooien, -werpen; heen en weer slingeren; hutselen, door elkaar mengen; keren [hooi]; ~ *one's head* het hoofd in de nek werpen; *I'll* ~ *you for it (who has it)* we zullen er om tossen; ~ *about* heen en weer slingeren; lichtvaardig ter sprake brengen; ~ *aside* opzij gooien; ~ *away* weggooien; ~ *in a blanket* jonassen, sollen; ~ *off* ook: naar binnen slaan [borrel]; in het voorbijgaan doen, laten vallen [opmerking]; slang afrukken, aftrekken, masturberen; ~ *up* opgooien [geldstuk]; de lucht in gooien; **II** *onoverg* heen en weer rollen, woelen [in bed]; slingeren, heen en weer schudden, zwaaien of waaien; opgooien (om iets); ~ *about* woelen; **III** *znw* opgooien *o*; sp toss, opgooi; worp [met dobbelstenen]; slinger(ing); = *toss-up; with a* ~ *of the head* het hoofd in de nek werpend; *argue the* ~ een onherroepelijk besluit aanvechten; *I don't give a* ~ *about it* slang het kan me geen ene moer schelen
tosser *znw* opgooier, werper; slang etterbak, klootzak
toss-pot *znw* vero dronkelap
toss-up *znw* toss, opgooi; gok
1 tot [tɔt] *znw* peuter; borreltje *o*
2 tot [tɔt] **I** *znw* optelling, (optel)som; **II** *overg* optellen (ook: ~ *up*)
total ['toutl] **I** *bn* (ge)heel, volslagen, totaal, gezamenlijk; **II** *znw* totaal *o*; gezamenlijk bedrag *o*; **III** *overg & onoverg* optellen; een totaal vormen van...; *the visitors* ~*led 1200* het aantal bezoekers bedroeg 1200 (ook: ~ *up to*)
totalitarian [toutæli'tɛəriən] *bn* totalitair
totalitarianism *znw* totalitarisme *o*
totality [tou'tæliti] *znw* totaal *o*, geheel *o*
totalizator ['toutəlai'zeitə] *znw* totalisator
totalize *overg* op-, samentellen; een totalisator gebruiken

totalizer *znw* totalisator
totally ['toutəli] *bijw* totaal, helemaal; versterkend zeer
1 tote [tout] *znw* gemeenz totalisator
2 tote [tout] *overg* Am gemeenz dragen; vervoeren
totem ['toutəm] *znw* totem, indiaans stamteken *o*
totem pole ['toutəmpoul] *znw* totempaal
tother ['tʌðə] verk. van *the other*
totter ['tɔtə] *onoverg* waggelen, wankelen
tottery *bn* waggelend, wankel
toucan ['tuːkæn] *znw* toekan, pepervreter
touch [tʌtʃ] **I** *overg* aanraken°, aanroeren²; raken; aankomen, komen aan; muz aanslaan, spelen (op); raken [ook v. lijnen], aangaan, betreffen; deren, aantasten, uitwerking hebben op; aandoen [ook v. schepen], roeren, treffen; toucheren° [geld &]; in de wacht slepen; *there you* ~*ed him* daar hebt u een gevoelige snaar bij hem aangeraakt; *you can't* ~ *him* je haalt niet bij hem; *you can't* ~ *it* je kunt er niet aan tippen; ~ *base* zich op de hoogte stellen; ~ *bottom* grond voelen; het laagste punt bereiken; ~ *one's cap (hat)* tikken aan, aanslaan (voor *to*); salueren, groeten; ~ *wood* eventjes afkloppen; ~ *sbd. for...* gemeenz van iem. (trachten te) krijgen; ~ *in* aanbrengen [enkele trekjes]; ~ *off* doen afgaan [explosieven], doen losbarsten, ontketenen; ~ *up* opknappen, bijwerken; retoucheren; handtastelijk zijn; **II** *onoverg & abs ww* elkaar aanraken of raken; ~ *at* scheepv aandoen [haven]; ~ *down* de bal tegen de grond drukken [rugby, Amerikaans football]; luchtv landen; ~ *on a rock* op een rots stoten; ~ *(up)on a painful subject* een pijnlijk onderwerp aanroeren; **III** *znw* aanraking; tikje² *o*, zweempje *o*, tikkeltje *o*, pietsje *o*; lichte aanval [v. ziekte]; muz aanslag; tastzin, gevoel *o*; voeling, contact *o*; streek [met penseel]; (karakter)trek, trekje *o*, cachet *o*; *te finishing* ~ de laatste hand [aan een karwei &]; *a* ~ *of romance* iets romantisch; *a* ~ *of the sun* een zonnesteek; *those books are a* ~ *expensive* die boeken zijn behoorlijk duur; *at a* ~ bij de minste aanraking; *play at* ~ tikkertje spelen; *be in* ~ *with* voeling hebben met; *be out of* ~ *with* geen voeling hebben met; *keep in* ~ *with* contact hebben/onderhouden met; *lose* ~ *with* uit het oog verliezen; *I'll be in* ~ ik zal me (met jou) in verbinding stellen; *it is soft to the* ~ het voelt zacht aan
touchable *bn* aan te raken &; voelbaar, tastbaar, voor aandoening vatbaar
touch-and-go: *it was* ~ het was op het nippertje; het scheelde maar een haartje
touch-down ['tʌtʃdaun] *znw* tegen de grond drukken *o* v.d. bal [rugby, Amerikaans football]; luchtv landing
touché ['tuːʃei, tuː'ʃei] *tsw* die zit!, raak!, juist!
touched *bn* aangedaan, ontroerd; gemeenz (van lotje) getikt
touch-hole *znw* hist zundgat *o*
touching *bn* roerend, aandoenlijk

touch-line *znw* sp zijlijn
touch-me-not *znw* plantk springzaad *o*; fig kruidje-roer-mij-niet *o*
touch-paper *znw* salpeterpapier *o*
touch screen *znw* comput touch screen *o* [scherm waarbij men door aanraking met de vinger opdrachten aan de computer kan geven]
touchstone *znw* toetssteen
touch-type *onoverg* blind typen
touch-up *znw: give it a* ~ het wat bijschaven, retoucheren, opknappen
touchy *bn* lichtgeraakt, kittelorig, gauw op zijn teentjes getrapt, teergevoelig
tough [tʌf] *bn* taai; stevig; moeilijk (te geloven); hard, ongevoelig, ruw; misdadig, onguur, schurkachtig; ~ *luck* gemeenz reuze pech; ~ *guy* gemeenz zware jongen, boef
toughen *overg (& onoverg)* taai(er) & maken (worden); zie *tough I*
toughish *bn* een beetje taai
toupee ['tu:pei] *znw* haarstukje *o*, toupet
tour [tuə] I *znw* (rond)reis, toer, tochtje *o*; tournee; rondgang; *the grand* ~ hist de grote reis [door Frankrijk, Italië & ter voltooiing van de opvoeding]; II *onoverg (& overg)* een (rond)reis maken (door); afreizen; op tournee gaan of zijn (met)
tour-de-force [tuədə'fɔ:s] [Fr] *znw* krachttoer, schitterende prestatie
tourer ['tuərə], **touring-car** ['tuəriŋka:] *znw* toerauto, reisauto
tourism ['tuərizm] *znw* toerisme *o*
tourist I *znw* toerist; II *bn* toeristisch; ~ *agency* reisbureau *o*; ~ *class* toeristenklasse; ~ *industry* toerisme *o*; ~ *traffic* vreemdelingenverkeer *o*
touristy ['tuəristi] *bn* (te) toeristisch; door toerisme bedorven
tournament ['tuənəmənt], **tourney** ['tuəni] *znw* toernooi *o*
tourniquet ['tuənikei] *znw* med tourniquet: knevelverband *o*
tousle ['tauzl] *overg* in wanorde brengen, verfomfaaien; verfrommelen; stoeien met
tout [taut] I *onoverg* klanten lokken [voornamelijk voor hotels]; ~ *for custom(ers)* klanten werven of zien te krijgen; II *znw* handelaar in zwarte kaartjes; klantenlokker, runner [v. hotel &]; spion van de renpaarden
1 tow [tou] *znw* werk *o* [van touw]
2 tow [tou] I *overg* slepen°, boegseren; II *znw* slepen *o* of boegseren *o*; *take in* ~ op sleeptouw nemen²
towage *znw* slepen *o*
toward ['touəd] I *bn* vero leerzaam, gewillig; gunstig; veelbelovend; op handen; aan de gang; II [tə'wɔ:d] *voorz* = *toward(s)*
toward(s) [tə'wɔ:d(z)] *voorz* naar... toe; tegen; tegenover, jegens; omtrent; voor, met het oog op; *he has done much* ~ *it* hij heeft er veel toe bijgedragen

towel ['tauəl] I *znw* handdoek; *throw in the* ~ zich gewonnen geven; II *overg* afdrogen [met handdoek] (ook: ~ *down*)
towelling *znw* badstof, handdoekenstof
towel-rail ['tauəlreil] *znw* handdoek(en)rekje *o*
tower ['tauə] I *znw* toren; burcht, kasteel *o*; *a* ~ *of strength* een 'vaste burcht'; II *onoverg* zich verheffen, torenen, (hoog) uitsteken² (boven *above, over*); hoog opvliegen
tower block *znw* torenflat, hoog flatgebouw *o*
towered *bn* van torens voorzien
towering *bn* torenhoog, torenend; geweldig; *he was in a* ~ *rage* hij was zeer geweldig boos
towering wag(g)on *znw* elektr montagewagen, plateauwagen; hoogwerker
towheaded ['tou'hedid] *bn* met strokleurig haar
town [taun] *znw* stad; gemeente; ~ *and gown* onderw de burgerij en de academici; *go to* ~ naar de stad gaan; gemeenz de bloemetjes buiten zetten; het geld laten rollen; fig flink aanpakken; *go to* ~ *on sth.* iets grondig aanpakken
town clerk *znw* gemeentesecretaris
town-council *znw* gemeenteraad
town councillor *znw* gemeenteraadslid *o*
town crier *znw* stadsomroeper
townee [tau'ni:] *znw* geringsch stadsmens; niet-student [in een universiteitsstad]
town hall ['taun'hɔ:l] *znw* stad-, raadhuis *o*
town house *znw* huis *o* in de stad [tegenover het buiten], ± herenhuis *o*
townie *znw* = *townee*
townish *bn* stads, steeds
town-planner *znw* stedenbouwkundige
town-planning I *znw* stedenbouw; II *bn* stedenbouwkundig
townscape *znw* stadsgezicht *o*
townsfolk *znw* stedelingen
township *znw* stadsgebied *o*; gemeente; zwart woonoord *o*, township [in Zuid-Afrika]
townsman *znw* stedeling; stadgenoot
townspeople *znw mv* mensen van de (= onze) stad; stedelingen
tow-path ['toupa:θ] *znw* jaagpad *o*
tow-rope *znw* sleeptouw *o*, -tros
tow-truck *znw* kraanwagen, takelwagen
toxic ['tɔksik] *bn* toxisch: vergiftig; vergiftigings-; vergift-
toxicologist [tɔksi'kɔlədʒist] *znw* toxicoloog: vergiftenkenner
toxicology *znw* toxicologie: vergiftenleer
toxin ['tɔksin] *znw* toxine, gifstof
toxophilite [tɔk'sɔfilait] *znw* boogschutter
toy [tɔi] I *znw* (stuk) speelgoed *o*; fig speelbal; II *onoverg* spelen, beuzelen, mallen; ~ *with one's food* kieskauwen
toy dog *znw* schoothondje *o*; hondje *o* [speelgoed]
toy poodle *znw* dwergpoedel
toyshop *znw* speelgoedwinkel

1 trace [treis] *znw* streng [v. paard]; *kick over the* ~*s* uit de band springen

2 trace [treis] **I** *znw* spoor° *o*, voetspoor *o*; tracé *o* [v. fort]; fig overblijfsel *o*; **II** *overg* nasporen, opsporen, volgen, nagaan; overtrekken; traceren, schetsen, (af)tekenen; afbakenen [weg], aangeven [gedragslijn]; neerschrijven [woorden]; ~ *his genealogy back to...* zijn geslacht (kunnen) nagaan tot; ~ *out* opsporen, natrekken; uitstippelen, afbakenen; ~ *over* natrekken; ~ *a crime to...* een misdaad afleiden uit (van)...; een misdaad wijten aan...; ...de schuld geven van een misdaad

traceable ['treisəbl] *bn* na te gaan, naspeurbaar

trace element ['treiselimənt] *znw* spoorelement *o*

tracer ['treisə] *znw* naspeurder; mil spoorkogel, -granaat (ook: ~ *bullet*, ~ *shell*); tracer [radioactieve isotoop]

tracery ['treisəri] *znw* bouwk tracering, maaswerk *o*; netwerk *o* [op vleugel van insect &]

trachea [trə'ki:ə] *znw* (*mv*: tracheae [trə'ki:i:]) luchtbuis [v. insect]; luchtpijp [v. mens]

tracheal *bn* van de luchtpijp

tracing ['treisiŋ] *znw* nasporen *o* &; overgetrokken tekening; doordruk; tracé *o*; tracering [als bouwk. versiering]

tracing-paper *znw* calqueerpapier *o*

track [træk] **I** *znw* voetspoor *o*, wagenspoor *o*, spoor° *o*; baan°, pad *o*, weg; spoorlijn; rupsband [v. tractor]; nummer *o* [op cd]; *the beaten* ~ de platgetreden weg, gebaande wegen [bewandelen &]; *go off the beaten* ~; ongebaande wegen bewandelen (ook: fig); *cover (up) one's* ~*s* zijn spoor uitwissen; *keep* ~ *of* volgen, nagaan, in het oog houden; *lose* ~ *of* uit het oog verliezen; *make* ~*s* gemeenz 'm smeren, maken dat je weg komt; *make* ~*s for* gemeenz afstevenen op; nazetten; *follow in sbd.'s* ~ iems. spoor volgen; *in one's* ~*s* gemeenz op de plaats [doodblijven]; onmiddellijk; *off the* ~ het spoor bijster; *on the right (wrong)* ~ op het goede (verkeerde) spoor; *run off the* ~ derailleren; *be on sbd.'s* ~ iem. op het spoor zijn; **II** *overg* nasporen, opsporen, (het spoor) volgen; scheepv slepen; ~ *down* opsporen

tracked *bn* met rupsbanden [voertuig]

tracker *znw* naspeurder, spoorzoeker, vervolger; speurhond (~ *dog*)

track events *znw mv* sp loopnummers

tracking station *znw* volgstation *o* [bij ruimtevaart]

trackless *bn* spoorloos; ongebaand, onbetreden

track record *znw* conduitestaat

tracksuit *znw* trainingspak *o*

1 tract [trækt] *znw* uitgestrektheid, streek; [spijsverterings- &] kanaal *o*, [urine- &] wegen

2 tract [trækt] *znw* traktaatje *o*, verhandeling

tractable ['træktəbl] *bn* handelbaar, volgzaam, meegaand, gezeglijk

traction ['trækʃən] *znw* tractie, (voort)trekken *o*, trekkracht

traction-engine *znw* tractor

tractive *bn* trekkend; trek-

tractor *znw* tractor

trad [træd] **I** *bn* verk. van *traditional*; **II** *znw* traditionele jazz

trade [treid] **I** *znw* (koop)handel; ambacht *o*, beroep *o*, vak *o*, bedrijf *o*; zaken; *the* ~*s* de passaatwinden; *by* ~ van beroep; *the Board of T*~ ± het ministerie van handel (v. Economische Zaken); Am de Kamer van Koophandel; **II** *onoverg* handel drijven (*in in*); ~ *down* (up) goedkoper (duurder) gaan inkopen; ~ *on* uitbuiten, speculeren op; **III** *overg* verhandelen, (ver)ruilen (ook: ~ *away*, ~ *off*); ~ *in* inruilen voor nieuw

trade cycle *znw* conjunctuur

trade discount *znw* handel rabat *o* (korting) aan wederverkopers

trade dispute *znw* arbeidsgeschil *o*

trade fair *znw* jaarbeurs

trade gap *znw* tekort *o* op de handelsbalans

trade-in *znw* inruil; voorwerp *o* [auto &] dat is ingeruild

trade journal *znw* vakblad *o*

trade list *znw* prijscourant

trade mark *znw* handelsmerk *o*

trade name *znw* handelsnaam; handelsmerknaam; naam van de firma

trade-off *znw* ruil

trade price *znw* grossiersprijs

trader *znw* handel koopman, handelaar; scheepv koopvaardijschip *o*

trade route *znw* handelsroute

trade-secret *znw* fabrieksgeheim *o*

tradesman *znw* (*mv*: -men *of* -people) neringdoende, winkelier; leverancier

Trades Union Congress *znw* Br Verbond *o* van Vakverenigingen

trade-union *znw* vakbond, vakvereniging

trade-unionism *znw* vakverenigingswezen *o*, vakbeweging

trade-unionist *znw* vakbondslid *o*, georganiseerde

trade wind *znw* passaat(wind)

trading I *bn* handeldrijvend, handels-; ~ *company* handelsmaatschappij; ~ *estate* Br ± industrieterrein *o*; ~ *post* handelsnederzetting, hist factorij; ~ *profit* bedrijfswinst; ~ *stamp* spaarzegel, waardezegel [v. winkel]; **II** *znw* nering, handel, omzet

tradition [trə'diʃən] *znw* overlevering, traditie

traditional *bn* traditioneel, overgeleverd; de traditie volgend, traditiegetrouw

traditionalism [trə'diʃənəlizm] *znw* traditionalisme *o*

traditionalist I *znw* traditionalist; **II** *bn* traditionalistisch

traditionally *bijw* traditioneel, volgens de overlevering, traditiegetrouw; vanouds

traduce [trə'dju:s] *overg* (be)lasteren

traffic

traffic ['træfik] **I** *onoverg* handel drijven (in *in*); (*vooral* fig) sjacheren (in *in*); **II** *overg* verhandelen; versjacheren; **III** *znw* verkeer *o*; (koop)handel

trafficator *znw* richtingaanwijzer

traffic circle *znw* Am rotonde, circuit *o*

traffic-cop *znw* Am slang verkeersagent

traffic jam *znw* verkeersopstopping

trafficker *znw* handelaar [in verdovende middelen e.d.]

traffic-lights *znw mv* verkeerslichten

traffic warden *znw* parkeerwacht

tragedian [trə'dʒi:djən] *znw* treurspeldichter; treurspelspeler

tragedy ['trædʒidi] *znw* tragedie²; treurspel *o*; tragiek

tragic ['trædʒik] *bn* tragisch; treurspel-

tragical *bn* tragisch

tragi-comedy *znw* tragikomedie

tragi-comic *bn* tragikomisch

trail [treil] **I** *znw* spoor *o*; sleep, sliert; staart [v. komeet &]; pad *o*; *off the* ~ het spoor bijster; *on the* ~ op het spoor; **II** *overg* (achter zich aan) slepen; (het spoor) volgen; **III** *onoverg* slepen; plantk kruipen; ~ *away*, ~ *off* vervagen; ~ *along* zich voortslepen; ~ *(behind)* achterliggen, achterstaan [wedstrijd, verkiezing &]

trailer *znw* aanhangwagen, oplegger; caravan; trailer, voorfilm; [in tuin] bodembedekkende plant

trailing *bn* slepend, sleep-; kruipend, kruip- [v. plant]

trailing edge *znw* luchtv achterrand [v. vleugel]

trailing-wheel *znw* luchtv achterwiel *o*

train [trein] **I** *overg* opleiden, scholen; oefenen, drillen, africhten, dresseren; sp trainen; leiden [bomen]; mil richten [geschut]; **II** *onoverg* (zich) oefenen, (zich) trainen; een opleiding volgen, studeren; **III** *znw* sleep; nasleep; gevolg *o*; stoet; aaneenschakeling, reeks; (spoor)trein; ~ *of thought* gedachtegang; *by* ~ per spoor; *in* ~ aan de gang; *with... in its* ~ met als gevolg...; *bring in its* ~ met zich meebrengen, als nasleep hebben

train-bearer *znw* sleepdrager

trained *bn* getraind, gedresseerd, geoefend, geschoold; ~ *nurse* (gediplomeerd) verpleegster

trainee [trei'ni:] *znw* iem. die in opleiding is, leerling, stagiair(e)

traineeship *znw* stage

trainer ['treinə] *znw* trainer, oefenmeester, dresseur, africhter, drilmeester; luchtv lestoestel *o*; ~*s* Br sportschoenen

training *znw* trainen *o* &, opleiding, scholing, dressuur, oefening, africhting; leiding [v. ooftbomen &]; *be in* ~ zich trainen, opgeleid worden

training-camp *znw* oefenkamp *o*

training-college *znw* kweekschool, pedagogische academie

training-ship *znw* opleidingsschip *o*

train-load ['treinloud] *znw* treinlading

traipse [treips] *onoverg* rondsjouwen, -slenteren

trait [trei] *znw* (karakter)trek, kenmerk *o*, eigenschap

traitor ['treitə] *znw* verrader (van *to*)

traitorous *bn* verraderlijk; trouweloos

traitress *znw* verraadster

trajectory ['trædʒikt(ə)ri, trə'dʒektəri] *znw* baan [van projectiel], kogelbaan

tram [træm] *znw* tram; kolenwagen [in mijn]

tram-car *znw* tramwagen

tramline *znw* tramrail(s); tramlijn

trammel ['træməl] **I** *znw* kluister, keten, boei, belemmering; **II** *overg* kluisteren, (in zijn bewegingen) hinderen, belemmeren

tramp [træmp] **I** *onoverg* trappen; stampen; sjouwen; rondtrekken, rondzwerven; **II** *overg* trappen op; aflopen, afzwerven, aftippelen; **III** *znw* zware tred, gestamp *o*; voetreis, zwerftocht; vagebond, zwerver, landloper; slang scharrel, lichtekooi; scheepv wilde boot, vrachtzoeker (~ *steamer*)

trample ['træmpl] **I** *onoverg* trappelen; ~ *on* met voeten treden; **II** *overg* met voeten treden² (ook: ~ *under foot*, ~ *down*), trappen op, vertreden, vertrappen; **III** *znw* gestap *o*, getrappel *o*

trampoline ['træmpəlin] *znw* trampoline

tramway ['træmwei] *znw* tram(weg)

trance [tra:ns] *znw* verrukking, geestvervoering, trance; schijndood

tranquil ['træŋkwil] *bn* rustig, kalm

tranquillity, Am **tranquility** [træŋ'kwiliti] *znw* rust, kalmte

tranquillize, Am **tranquilize** ['træŋkwilaiz] *overg* tot bedaren brengen, kalmeren

tranquillizer, Am **tranquilizer** *znw* rustgevend middel *o*, kalmerend middel *o*

transact [træn-, tra:n'zækt, trən'sækt] **I** *overg* verrichten, (af)doen; *be* ~*ed* ook: plaatshebben; **II** *onoverg* zaken doen

transaction *znw* verrichting, afdoening, (handels-) zaak; transactie; ~*s* ook: handelingen; *during these* ~*s* terwijl dit (alles) gebeurde

transalpine ['træn-, 'tra:n'zælpain] *bn* aan gene zijde van de Alpen [meestal aan de noordzijde]

transatlantic ['træn-, 'tra:nzət'læntik] *bn* transatlantisch

transcend [træn-, tra:n'send] *overg* te boven gaan, overtreffen

transcendence *znw* transcendentie; voortreffelijkheid

transcendent *bn* transcendentaal; alles overtreffend, voortreffelijk

transcendental [træn-, tra:nsen'dentəl] *bn* transcendentaal, bovenzinnelijk; ~ *meditation* transcendente meditatie

transcribe [træns-, tra:ns'kraib] *overg* overschrijven, afschrijven; transcriberen [ook muz]; uitwerken, overbrengen [steno]

transcript ['træn-, 'tra:nskript] *znw* afschrift *o*,

kopie²

transcription [træns-, tra:ns'kripʃən] *znw* transcriptie [ook muz]; overschrijving; afschrift *o*

transect [træn-, tra:n'sekt] *overg* dwars doorsnijden

transept ['træn-, 'tra:nsept] *znw* dwarsschip *o*, dwarsbeuk [v. kerk]

transfer [træns-, tra:n'fɔ:] I *overg* overdragen, overbrengen, overhevelen; handel overmaken, overschrijven, overboeken, gireren; ver-, overplaatsen, overdrukken, calqueren; ~ *to* ook: overdragen aan, overschrijven op; II *onoverg* overgaan; overstappen (in *to*); III *znw* ['træns-, 'tra:nsfɔ:] overdracht, overbrenging, overheveling; slang overschrijving [v. eigendom], overboeking, overmaking, remise; overplaatsing; ook: overgeplaatst militair &; overstapkaartje *o*; overdruk; ± sticker

transferable [træns-, tra:ns'fɔ:rəbl] *bn* overgedragen & kunnende worden; *not* ~ ook: strikt persoonlijk [op kaart]

transferee [træns-, tra:nsfə'ri:] *znw* persoon aan wie iets overgedragen wordt; concessionaris

transference *znw* overdracht², overbrenging

transferor *znw* overdrager

transfer-picture *znw* calqueerplaatje *o*

transfiguration [træns-, tra:nsfigju'reiʃən] *znw* herschepping, gedaanteverandering; transfiguratie, verheerlijking

transfigure ['træns-, 'tra:n'figə] *overg* van gedaante doen veranderen, herscheppen; verheerlijken

transfix [træns-, tra:ns'fiks] *overg* doorboren, doorsteken; *stand* ~*ed* als aan de grond genageld staan

transform [træns-, tra:ns'fɔ:m] *overg* om-, vervormen; van gedaante of vorm veranderen, (doen) veranderen; transformeren

transformable *bn* te veranderen (in *into*), vervormbaar

transformation [træns-, tra:nsfɔ:'meiʃən] *znw* om-, vervorming, (vorm)verandering, gedaanteverwisseling; transformatie

transformer [træns-, tra:ns'fɔ:mə] *znw* vervormer; elektr transformator

transfuse [træns-, tra:ns'fju:z] *overg* over-, ingieten, overbrengen [bloed door transfusie]

transfusion [træns'fju:ʒən] *znw* overgieting; (bloed)transfusie

transgress [træns-, tra:ns'gres] I *overg* overtreden, zondigen tegen, schenden, te buiten gaan, overschrijden; II *abs ww* zondigen

transgression *znw* overtreding; zondigen *o*; misdaad

transgressor *znw* overtreder; zondaar

tranship [træn-, tra:n'ʃip] *overg* overschepen, overladen, overslaan

transhipment *znw* overscheping, overlading, overslag

transience ['træn-, 'tra:nziəns] *znw* korte duur, vergankelijkheid

transient *bn* voorbijgaand, van korte duur, kortstondig, vergankelijk

transistor [træn'-, tra:nzistə] *znw* transistor(radio)

transit ['træn-, 'tra:nsit] *znw* doorgang, doortocht, doorreis; doorvoer, transito *o*; vervoer *o*; astron overgang; *in* ~ gedurende het vervoer, onderweg [van goederen]; *pass in* ~ handel in doorvoer passeren; transiteren; ~ *camp* doorgangskamp *o*; ~-*duty* doorvoerrecht *o*; ~ *lounge* luchtv hal (lounge) voor doorgaande reizigers; ~-*trade* doorvoerhandel

transition [træn-, tra:n'siʒən] I *znw* overgang(speriode); II *bn* overgangs-

transitional *bn* overgangs-

transitive ['træn-, 'tra:nsitiv] *bn* transitief, overgankelijk

transitory *bn* van voorbijgaande aard, kortstondig, vergankelijk, vluchtig

translate [træns-, tra:n'leit] I *overg* vertalen; overzetten; omzetten [in de daad]; overplaatsen [bisschop]; overbrengen; bijbel ten hemel voeren (zonder dood); ~ *as* ook: uitleggen of opvatten als; II *onoverg* vertalen; zich laten vertalen

translation *znw* vertaling, overzetting; omzetting [in de daad]; overplaatsing [v. bisschop &]; overbrenging

translator *znw* vertaler

transliterate [trænz-, tra:nz'litəreit] *overg* transcriberen: overbrengen in andere schrifttekens

transliteration [trænz-, tra:nzlitə'reiʃən] *znw* transcriptie

translucence, translucency [trænz-, tra:nz-'lu:sns(i)] *znw* doorschijnendheid, helderheid

translucent *bn* doorschijnend, helder

transmigrate ['trænz-, 'tra:nz'maigreit] *onoverg* verhuizen, overgaan in een ander lichaam

transmigration [trænz-, tra:nzmai'greiʃən-] *znw* (land-, volks)verhuizing; zielsverhuizing, overgang

transmissible [trænz-, tra:nz'misəbl] *bn* over te brengen &, overdraagbaar; overerfelijk

transmission *znw* transmissie, overbrenging [v. kracht], overbrenging, besmetting [ziekte]; RTV uitzending; overdracht [v. bezit]; overlevering; doorlating [v. licht]; voortplanting [v. geluid]; doorgeven *o*; auto versnellingsbak

transmit *overg* overbrengen, door-, overzenden, RTV uitzenden; overdragen (op *to*); overleveren (aan *to*); doorlaten [v. licht &]; voortplanten [v. geluid &]; doorgeven

transmittal *znw* = transmission

transmitter *znw* overbrenger; overleveraar; microfoon [v. telefoon]; RTV zender

transmitting-station *znw* RTV zendstation *o*

transmogrification [trænz-, tra:nzmɔgrifi'keiʃən] *znw* gemeenz metamorfose

transmogrify [trænz-, tra:nz'mɔgrifai] *overg* gemeenz metamorfoseren

transmutation [trænz-, tra:nzmju:'teiʃən] *znw* transmutatie, (vorm)verandering

transmute [trænz-, trɑːnz'mjuːt] *overg* transmuteren, veranderen (in *into*)

transom ['trænsəm] *znw* dwarsbalk; kalf *o*; ~ *window* ventilatievenster *o* boven een deur, bovenlicht *o*

transonic [træn-, trɑːn'sɔnik] *bn* = transsonic

transparency [træns-, trɑːns'pærənsi, -'peərənsi] *znw* doorzichtigheid[2]; transparant *o*; dia, diapositief *o*

transparent *bn* doorzichtig[2], transparant; *fig* helder, duidelijk

transpiration [træn-, trɑːnspi'reiʃən] *znw* uitwaseming; transpiratie

transpire [træns-, trɑːns'paiə] **I** *overg* uitwasemen, transpireren, uitzweten; **II** *onoverg* doorzweten, uitwasemen; uitlekken, ruchtbaar worden; *gemeenz* gebeuren

transplant [trɑːns'plɑːnt] **I** *overg* overplanten, verplanten, overbrengen, med transplanteren; **II** *znw* ['trænsplɑːnt] med transplantatie; transplantaat *o*

transplantation [træns-, trɑːnsplɑːn'teiʃən] *znw* over-, verplanting, overbrenging, med transplantatie

transport I *overg* [træns-, trɑːns'pɔːt] transporteren, overbrengen, verplaatsen; vervoeren; deporteren; *fig* in vervoering brengen; ~*ed with joy* verrukt van vreugde; ~*ed with passion* ook: meegesleept door zijn hartstocht; **II** *znw* ['træns-, 'trɑːnspɔːt] transport *o*, overbrenging, vervoer *o*; transportschip *o*; transportvliegtuig *o*; *fig* vervoering, verrukking; vlaag [v. woede &]; ~ *café* chauffeurscafé *o*

transportation [træns-, trɑːnspɔː'teiʃən-] *znw* transport *o*, vervoer *o*, overbrenging; transportwezen *o*; deportatie

transporter [træns-, trɑːns'pɔːtə] *znw* vervoerder; transporteur; techn loopkraan; transportband

transpose [træns-, trɑːns'pouz] *overg* verplaatsen, verschikken, omzetten, verwisselen; transponeren [*vooral* muz], overbrengen

transposition [træns-, trɑːnspə'ziʃən] *znw* verplaatsing, verschikking, omzetting, verwisseling; transpositie [*vooral* muz] overbrenging

trans-ship *overg* = tranship

transsonic [træns-, trɑːns'sɔnik] *bn* voorbij de geluidsbarrière [v. vliegsnelheid]

transubstantiation ['træn-, 'trɑːnsəbstænʃi'eiʃən] *znw* wezensverandering; transsubstantiatie

transude [træn-, trɑːn'sjuːd] *onoverg* doorzweten; doorsijpelen; zweten (sijpelen) door... heen

transverse ['trænz-, 'trɑːnzvɔːs] *bn* (over)dwars

transvestism [trænz-, trɑːnz'vestizm] *znw* travestie

transvestite *znw* travestiet

transvestitism *znw* = transvestism

trap [træp] **I** *znw* val, (val)strik, voetangel, klem; strikvraag; knip; klep [v. duivenslag]; fuik; valdeur, luik *o*; techn stankafsluiter, sifon; tweewielig rijtuigje *o*; slang mond; *fall (walk) into the* ~ in de val

lopen; *lay (set)* ~*s for sbd.* voor iem. strikken spannen; **II** *overg* in de val laten lopen, vangen, (ver-) strikken; opvangen [v. water &]; ~*ped* ook: aan alle kanten ingesloten [door sneeuw, vuur]

trapdoor ['træpdɔː] *znw* luik *o*, valdeur

trapes [treips] *onoverg* = traipse

trapeze [trə'piːz] *znw* trapeze, zweefrek *o*

trapezium [trə'piːziəm] *znw* (*mv:* -s *of* trapezia [-ziə]) trapezium *o*

trapper ['træpə] *znw* strikkenspanner; beverjager, pelsjager, trapper

trappings ['træpiŋz] *znw mv* opschik, tooi, versierselen; sjabrak

trappy ['træpi] *bn* verraderlijk

traps [træps]: *znw mv* gemeenz spullen, boeltje *o*

trapse [treips] *onoverg* = traipse

trap-valve ['træpvælv] *znw* valklep

trash [træʃ] *znw* uitschot *o*, afval *o & m*; *fig* prul *o*, prullen, troep, rotzooi, voddengoed *o*, bocht *o & m*; onzin, klets; tuig *o*, schorem *o*

trashcan ['træʃkæn] *znw* Am vuilnisbak

trashy ['træʃi] *bn* prullig, lorrig, voddig

trauma ['trɔːmə] *znw* (*mv:* -s *of* traumata [-mətə]) psych trauma; med wond, verwonding

traumatic [trɔː'mætik] *bn* traumatisch, wond-

traumatism ['trɔːmətizm] *znw* traumatische (door zware verwonding ontstane) toestand

traumatize *overg* traumatiseren

travail ['træveil] *znw* barensweeën

travel ['trævl] **I** *onoverg* reizen; op en neer, heen en weer gaan; zich verplaatsen, zich bewegen, gaan, lopen, rijden; zich voortplanten [licht, geluid &]; **II** *overg* afreizen, doortrekken, bereizen; afleggen [afstand]; **III** *znw* reizen *o*; reis [vooral naar 't buitenland]; reisbeschrijving; techn slag [v. zuiger &]; *on his* ~*s* ook: op reis

travel agency *znw* reisbureau *o*

travel agent *znw* reisagent

travel association *znw* reisvereniging; vereniging voor vreemdelingenverkeer

travelator *znw* rollend trottoir *o*

travelled, Am **traveled** *bn* bereisd

traveller, Am **traveler** *znw* reiziger; ~*'s cheque* reischeque, traveller's cheque

travelling, Am **traveling I** *bn* reizend, reis-; ~ *allowance* reistoelage; ~ *bag* reistas; ~ *companion* reisgenoot; ~ *salesman* handelsreiziger; **II** *znw* reizen *o*, reis

travelogue, Am **travelog** ['trævəlɔg] *znw* reisverslag *o* met illustraties, dia's &; reisfilm

travel-sick *bn* reisziek: wagenziek, zeeziek

travelstained *bn* vuil van de reis, verreisd

traverse ['trævə(ː)s] **I** *bn* dwars-; **II** *znw* dwarsbalk; dwarslat, -stuk; dwarsgang; transversaal; scheepv koppelkoers; ~ *table* scheepv bestekbrief; **III** *overg* dwars overgaan; oversteken; doortrekken, (door-)kruisen, doorsnijden, doorgaan, *fig* [iets zorgvuldig] doornemen; dwarsbomen

travesty ['trævisti] **I** *overg* travesteren, parodiëren; **II** *znw* travestie, parodie, bespotting

trawl [trɔ:l] **I** *znw* treil, sleepnet *o*; **II** *onoverg & overg* treilen, met het sleepnet vissen; *fig* afstropen, doorzoeken

trawler *znw* treiler; schrobnetvisser

tray [trei] *znw* (schenk-, presenteer)blaadje *o*, -blad *o*; bak [in koffer &]; bakje *o* [v. penhouders &]

treacherous ['tretʃərəs] *bn* verraderlijk

treachery *znw* verraad *o*; ontrouw

treacle ['tri:kl] *znw* stroop

treacly *bn* stroopachtig; *fig* stroperig

1 tread [tred] (trod; trodden) **I** *onoverg* treden, trappen, lopen; *~ carefully* omzichtig (voorzichtig) te werk gaan; *~ on sbd.'s toes* iem. op zijn tenen trappen; *~ on the heels of...* iem. op de hielen volgen; **II** *overg* betreden, bewandelen; lopen over; (uit-) treden [druiven]; *~ the boards (the stage)* op de planken staan; bij het toneel zijn; *~ a dangerous path* een gevaarlijk pad bewandelen; *~ water* watertrappen; *~ down* vasttrappen [v. aarde]; vertrappen; *~ in* in de grond stampen; *~ out* uittrappen [vuur &]; *~ under foot* met voeten treden

2 tread [tred] *znw* tred, schrede, stap; trede; zool, loopvlak *o* [v. band]

treadle ['tredl] *znw* trapper [van fiets of naaimachine]; *muz* voetklavier *o* van het orgel, pedaal *o & m*

treadmill *znw* tredmolen

treason ['tri:zn] *znw* verraad *o*, hoogverraad *o*, landverraad *o*

treasonable *bn* (hoog-, land)verraderlijk

treasure ['treʒə] **I** *znw* schat(ten); *my ~!* schat!, schatje!; **II** *overg* waarderen, op prijs stellen; als een schat bewaren

treasure-house *znw* schatkamer[2]

treasurer *znw* thesaurier; penningmeester

treasure trove *znw* gevonden schat

treasury *znw* schatkamer, schatkist; *the T~* ± het ministerie van Financiën; *the Treasury Bench* de ministersbank in het Lagerhuis

treasury bill *znw* kortlopende schatkistpromesse

treat [tri:t] **I** *overg* behandelen°, bejegenen; onthalen, vergasten, trakteren (op *to*); **II** *wederk*: *~ oneself to...* zich eens trakteren op; **III** *onoverg* onderhandelen (over *for*); *~ of* handelen over; behandelen [v. een geschrift]; **IV** *znw* onthaal *o*, traktatie[2], (een waar) feest *o*; *it is my ~* ik trakteer; *(it looks, works &) a ~* gemeenz snoezig; heel goed, fantastisch, best

treatise ['tri:tiz, 'tri:tis] *znw* verhandeling (over *on*)

treatment ['tri:tmənt] *znw* behandeling°, bejegening

treaty ['tri:ti] *znw* (vredes)verdrag *o*, traktaat *o*, overeenkomst, contract *o*; *by private ~* onderhands

treble ['trebl] **I** *bn* drievoudig; driedubbel; *~ clef muz* solsleutel; **II** *znw muz* bovenstem, sopraan; trebbel; **III** *overg* verdrievoudigen; **IV** *onoverg* zich verdrievoudigen

trebly *bijw* driedubbel, -voudig; driewerf

tree [tri:] **I** *znw* boom; leest; galg; *be up a ~ gemeenz* in de knel zitten; **II** *overg* in een boom jagen [dier &]; *gemeenz* in het nauw brengen

tree-creeper *znw* boomkruiper [vogel]

treeless *bn* boomloos, zonder bomen, ontbost

tree line *znw* boomgrens

tree-lined *bn* omzoomd door bomen

tree-trunk *znw* boomstam

trefoil ['trefoil, 'tri:foil] *znw plantk* klaver; klaverblad *o*

trek [trek] **I** *znw ZA* 'trek'; (lange, moeizame) tocht; **II** *onoverg* trekken, reizen

trellis ['trelis] **I** *znw* traliewerk *o*, latwerk *o*, leilatten; **II** *overg* van traliewerk of leilatten voorzien; op latwerk leiden [bomen]

trellis-work *znw* = trellis I

tremble ['trembl] **I** *onoverg* beven, sidderen (van *with*); trillen [v. geluiden]; *~ at* beven bij [de gedachte]; **II** *znw* beving, siddering, trilling [v. stem]; *the ~s* de bibberatie; *he was all of a ~* hij beefde over zijn hele lijf

tremendous [tri'mendəs] *bn* geweldig, geducht, vervaarlijk, kolossaal, enorm

tremolo ['tremələu] *znw* tremolo

tremor ['tremə] *znw* siddering, beving, huivering, trilling, rilling

tremulous ['tremjuləs] *bn* sidderend, bevend, huiverend, trillend; beschroomd

trench [trenʃ] **I** *overg & onoverg* (door)snijden; groeven; graven (in); diep omspitten; verschansen; **II** *znw* greppel, sloot; *mil* loopgraaf; groef; *the ~es fig* het front

trenchancy ['trenʃənsi] *znw* scherpheid, bijtendheid; (pedante) beslistheid

trenchant *bn* snijdend[2], scherp[2]; bijtend; beslist, krachtig

trench-coat ['trenʃkout] *znw* trenchcoat [(militaire) regenjas]

trencher ['trenʃə] *znw* brood-, vleesplank, *vero* (houten) bord *o*, schotel

trencherman ['trenʃəmən] *znw* grote eter

trench warfare ['trenʃwɔ:fɛə] *znw* loopgravenoorlog

trend [trend] **I** *onoverg* lopen, neigen, gaan of wijzen in zekere richting; zich uitstrekken (naar *towards*); **II** *znw* loop, gang, richting[2]; neiging, stroming; trend, tendens; mode; *~ setter* trendsetter, toonaangevend iem. [in mode &]; *set the ~* de toon aangeven

trendy I *bn* trendy, modieus, in; **II** *znw: trendies* modieuze personen

trepan [tri'pæn] **I** *znw* trepaan [schedelboor]; **II** *overg* trepaneren

trepidation [trepi'deiʃən] *znw* zenuwachtige angst, opwinding

trespass ['trespəs] **I** *onoverg* over een verboden terrein gaan; zich aan een overtreding schuldig maken, zondigen (tegen *against*); ~ *(up)on* misbruik maken van; **II** *znw* overtreding; misbruik *o*; vero zonde, schuld

trespasser *znw* overtreder; ~*s will be prosecuted* verboden toegang

tress [tres] *znw* lok, krul; vlecht; ~*es* lokkenpracht, weelderig haar *o*

trestle ['tresl] *znw* schraag, bok

trestle table *znw* tafel op schragen

trey [trei] *znw* kaartsp drie

triad ['traiəd] *znw* drietal *o*; muz drieklank; chem driewaardig element *o*

trial ['traiəl] *znw* proef; recht berechting, openbare behandeling, onderzoek *o*; proces *o*; beproeving bezoeking; ~*(s)* test, testen *o* (ook: ~ *run*); proeftocht, -rit; proefstomen *o*; ~ *(flight)* luchtv proefvlucht; ~ *for witchcraft* heksenproces *o*; *give it a* ~ er de proef mee nemen; het eens proberen; *stand* ~ terechtstaan (wegens *for*); *by* ~ *and error* proefondervindelijk, met vallen en opstaan; *come up for* ~ voorkomen [voor rechtbank]; *on* ~ toen de proef op de som genomen werd; op proef; *be on* ~ terechtstaan; *put on* ~, *bring to* ~ voor (de rechtbank) doen komen; *put (subject) it to further* ~ er verder proeven mee nemen, het verder proberen

triangle ['traiæŋgl] *znw* driehoek; muz triangel

triangular [trai'æŋgjulə] *bn* driehoekig; waarbij drie partijen betrokken zijn; ~ *relationship* driehoeksverhouding

triangulate [trai'æŋgjuleit] *overg* trianguleren: opmeten van terrein d.m.v. driehoeksmeting

tribal ['traibəl] *bn* stam-, tribaal

tribalism ['traibəlizm] *znw* tribalisme *o*, stamverband *o*, stamgevoel *o*

tribe *znw* (volks)stam; biol onderorde; fig geringsch klasse, groep; troep

tribesman *znw* lid *o* van een stam, stamgenoot

tribulation [tribju'leiʃən] *znw* bekommernis, tegenspoed, kwelling, leed *o*

tribunal [trai-, tri'bju:nl] *znw* (buitenlandse) rechtbank; tribunaal *o*; rechterstoel

tribunate ['tribjunit] *znw* hist tribunaat *o*

tribune ['tribju:n] *znw* (volks)tribune; tribune, spreekgestoelte *o*

tributary ['tribjutəri] **I** *bn* schatplichtig, bij-, zij-; **II** *znw* schatplichtige; zijrivier

tribute *znw* schatting, cijns, fig tol, bijdrage; hulde(betuiging); *it is a* ~ *to...* het doet... eer aan; *pay a just* ~ *to* een welverdiende hulde brengen aan

1 trice [trais] *znw*: *in a* ~ in een ommezien

2 trice [trais] *overg*: ~ *(up)* scheepv trijsen, ophijsen

tricentenary [traisen'ti:nəri] = *tercentenary*

triceps ['traiseps] *znw* driehoofdige armspier

trichina [tri'kainə] *znw (mv:* trichinae [-ni:]) trichine: haarworm

trichinosis [triki'nousis] *znw* trichinose: ziekte veroorzaakt door een haarworm

trichotomy [tri'kɔtəmi] *znw* driedeling

trick [trik] **I** *znw* kunstje *o*; streek, poets, grap; handigheid, kunstgreep, kneep, list, foefje *o*, truc; hebbelijkheid, aanwensel *o*, maniertje *o*; kaartsp trek, slag; *dirty* ~ gemeenz gemene streek; *juggler's* ~ goochelkunstje; *the* ~*s of the trade* de kneepjes of geheimen van het vak; *there is no* ~ *to it* daar zit geen geheim achter; daar is helemaal geen kunst aan; *that did the* ~ dat deed het hem; *he's up to his* ~*s again* hij haalt weer allerlei streken uit, ± hij voert weer van alles in zijn schild; *he never misses a* ~ niets ontgaat hem, hij is niet op zijn achterhoofd gevallen; *it's a* ~ *of the light* dat is optisch bedrog; *how's* ~*s?* gemeenz gaat het een beetje?; hoe staat het leven?; *have got (know) the* ~ er de slag van te pakken hebben; *play a* ~ *on sbd.* iem. een poets bakken; iem. parten spelen; *play* ~*s* streken uithalen; **II** *overg* bedriegen, bedotten; een koopje leveren, verrassen; ~ *sbd. into... ing* iem. weten te verlokken tot...; ~ *out (up)* optooien, (uit-) dossen; ~ *sbd. out of...* iem. iets afhandig maken

trick-cyclist *znw* acrobatische wielrijder; slang zielknijper, psychiater

trickery *znw* bedrog *o*, bedotterij

trickle ['trikl] **I** *onoverg* druppelen, sijpelen, [langzaam] vloeien, biggelen; *the news* ~*d into the camp* lekte uit in het kamp; ~ *out* wegdruppelen, uitlekken[2]; **II** *overg* doen druppelen &; **III** *znw* druppelen *o*; stroompje *o*, straaltje *o*

trickster ['trikstə] *znw* bedrieger, bedotter

tricksy *bn* vol streken

tricky *bn* veel handigheid vereisend, ingewikkeld, lastig, netelig; bedrieglijk; listig; vol streken; verraderlijk

tricolour, Am **tricolor** ['trikʌlə] *znw* driekleurige (Franse) vlag, driekleur

tricycle ['traisikl] *znw* driewieler

trident ['traidənt] *znw* drietand[2]

tried [traid] *bn* beproefd (zie *try*)

triennial [trai'enjəl] **I** *bn* driejarig; driejaarlijks; **II** *znw* driejarige plant &

trier ['traiə] *znw* doorzetter, volhouder, doorbijter

trifle ['traifl] **I** *znw* beuzeling, beuzelarij; kleinigheid [ook = fooitje, aalmoes], bagatel; dessert *o* [van cake met vruchtendrank, room of vla]; *a* ~ *angry* een beetje boos; **II** *onoverg* futselen, spelen, spotten (met *with*); **III** *overg*: ~ *away* verspillen, verbeuzelen

trifler *znw* beuzelaar

trifling *bn* beuzelachtig, onbeduidend, onbetekenend, onbelangrijk

1 trig [trig] *znw* remblok *o*

2 trig [trig] *bn* vero keurig; netjes

trigger ['trigə] **I** *znw* mil trekker; **II** *overg*: ~ *(off)* de stoot geven aan, tevoorschijn roepen, teweegbrengen; techn in werking zetten

trigger finger ['trigəfiŋgə] *znw* rechterwijsvinger

trigger guard *znw* beugel [v. geweer]

trigger-happy *bn* gemeenz schietgraag; agressief;

oorlogszuchtig

trigonometric(al) [trigənə'metrik(l)] *bn* trigono-metrisch

trigonometry [trigə'nɔmitri] *znw* trigonometrie, driehoeksmeting

trike [traik] *znw* gemeenz = tricycle

trilateral [trai'lætərəl] *bn* driezijdig

trilby ['trilbi] *znw* deukhoed (ook ~ *hat*)

trilingual [trai'liŋgwəl] *bn* drietalig

trill [tril] **I** *onoverg* met trillende stem zingen, spreken; trillers maken; **II** *overg* trillend zingen of uitspreken (van de *r*); **III** *znw* trilling [v.d. stem]; muz triller; trilklank [als de Ned. *r*]

trillion ['triljən] *znw* triljoen *o*; Am biljoen *o*

trilogy ['trilədʒi] *znw* trilogie

trim [trim] **I** *bn* net(jes), keurig, (keurig) in orde, goed passend of zittend [kleren]; in vorm; slank; **II** *overg* in orde maken, gelijk-, bijknippen, -snoeien, -schaven, afsnuiten; opknappen; opmaken, garneren, afzetten; opsmukken, mooi maken; scheepv de lading verdelen van [schip], stuwen [lading]; (op)zetten [zeilen]; tremmen [kolen]; fig onder handen nemen; ~ *the fire* het vuur wat oppoken en de haard aanvegen; ~ *off* wegsnoeien; **III** *znw* gesteldheid, toestand; toe-, uitrusting; tooi, kostuum *o*; *in (perfect)* ~ (volmaakt) in orde, in perfecte conditie, topfit; *in fighting* ~ klaar voor het gevecht, in gevechtsuitrusting; fig strijdvaardig; *in sailing* ~ zeilklaar; *in travelling* ~ reisvaardig; in staat om de vermoeienissen van de reis te verdragen

trimaran ['traiməræn] *znw* trimaran [catamaran met drie rompen]

trimester [trai'mestə] *znw* onderw trimester *o*; periode van drie maanden, kwartaal *o*

trimeter ['trimitə] *znw* drievoetige versregel

trimmer ['trimə] *znw* snoeimes *o*, tremmer; fig weerhaan, opportunist

trimming *znw* garneersel *o*, oplegsel *o*

trine [train] *bn* drievoudig

tringle ['triŋgl] *znw* gordijnroe

Trinidad and Tobago ['trinidædəntou'beigou] *znw* Trinidan en Tobago *o*

Trinidadian **I** *znw* Trinidadder; **II** *bn* Trinidads

Trinitarian [trini'teəriən] **I** *bn* drie-eenheids-; **II** *znw* aanhanger van de leer v.d. drie-eenheid

trinity ['triniti] *znw* drietal *o*, trio *o*; drie-eenheid; *T~* H. Drievuldigheid; Drievuldigheidsdag

trinket ['triŋkit] *znw* [goedkoop] sieraad(je) *o*

trinomial [trai'noumjəl] *bn* drienamig; drieledig [in de algebra]

trio ['tri:ou] *znw* trio *o*

triolet ['traiəlet] *znw* triolet: gedicht met rijmschema abaaabab

trip [trip] **I** *onoverg* struikelen[2] (over *over, on*), een fout maken, een misstap doen (ook: ~ *up*); trippelen, huppelen; slang trippen, high zijn; **II** *overg* doen struikelen; een beentje lichten; de voet lichten; vangen, betrappen op een fout (meestal: ~

up); losgooien, losstoten, overhalen [v. pal &]; scheepv lichten [anker]; **III** *znw* uitstapje *o*, tochtje *o*, reis, reisje *o*, trip [ook als visionaire ervaring door middel van drugs]; struikeling; trippelpas; misstap, fout; *have a bad* ~ slang flippen

tripartite [trai'pa:tait] *bn* tussen drie partijen

tripe [traip] *znw* darmen, pens; gemeenz snert; klets

triplane ['traiplein] *znw* luchtv driedekker

triple ['tripl] **I** *bn* drievoudig; driedubbel; driedelig; ~ *time* muz driedelige maat; **II** *overg & onoverg* verdrievoudigen

triple jump *znw* hinkstapsprong

triplet ['triplit] *znw* drietal *o*, trio *o*; drieling; drieregelig versje *o*, muz triool

triplex ['tripleks] *bn* drievoudig

triplicate ['triplikit] **I** *bn* drievoudig; in triplo uitgegeven, opgemaakt &; **II** *znw* triplicaat *o*; *in* ~ in triplo

triplication [tripli'keiʃən] *znw* verdrievoudiging

tripod ['traipɔd] *znw* drievoet; statief *o* [v. fototoestel]

tripos ['traipɔs] *znw* onderw (lijst der geslaagden in) het 'Honours Examination' te Cambridge voor de graad van B.A.

tripper ['tripə] *znw* plezierreiziger, toerist; *day ~s* dagjesmensen

triptych ['triptik] *znw* triptiek, drieluik *o*

triptyque [Fr] *znw* triptiek [voor auto]

trip-wire ['tripwaiə] *znw* struikeldraad

trisect [trai'sekt] *overg* in drie gelijke delen verdelen [v. hoeken &]

trisection *znw* verdeling in drie gelijke delen [v. hoeken &]

trisyllabic [traisi'læbik] *bn* drielettergrepig

trisyllable [trai'siləbl] *znw* drielettergrepig woord *o*

trite [trait] *bn* versleten, afgezaagd, alledaags, banaal, triviaal

triton ['traitn] *znw* tritonshoorn; watersalamander

triturate ['tritjureit] *overg* vermalen, vergruizen

trituration [tritju'reiʃən] *znw* vermaling, vergruizing

triumph ['traiəmf, -ʌmf] **I** *znw* triomf, zegepraal, zege, overwinning; hist zegetocht; *a smile of* ~ een triomfantelijk lachje *o*; **II** *onoverg* zegepralen, zegevieren, triomferen; victorie kraaien

triumphal [trai'ʌmfəl] *bn* triomferend, triomf-, zege-; ~ *arch* triomfboog, ereboog, -poort; ~ *car*, ~ *chariot* zegewagen

triumphant *bn* triomferend, triomfantelijk, zegevierend, zegepralend

triumvir [trai'ʌmvə(:)] *znw* hist drieman, triumvir

triumvirate [trai'ʌmvirit] *znw* hist driemanschap *o*, triumviraat *o*

triune ['traiju:n] *bn* drie-enig, drievuldig

trivet ['trivit] *znw* treeft, drievoet

trivia ['triviə] *znw mv* onbelangrijke zaken

trivial *bn* onbeduidend; alledaags, oppervlakkig [mens]; ~ *name* volksnaam

triviality [trivi'æliti] *znw* onbeduidendheid; alledaagsheid

trivialize ['triviəlaiz] *overg* bagatelliseren, als onbelangrijk afdoen/voorstellen

triweekly [trai'wi:kli] *bn* 3 maal per week of om de 3 weken verschijnend

trochee ['trouki:] *znw* trochee

trod [trɔd] V.T. & V.D. van *¹tread*

trodden I V.D. van *¹tread*; **II** *bn* platgetreden

troglodyte ['trɔglədait] *znw* holbewoner

troika ['trɔikə] *znw* trojka

Trojan ['troudʒən] **I** *bn* Trojaans; **II** *znw* Trojaan; *fig* onvermoeibare, harde werker

1 troll [troul] *onoverg & overg* vissen met gesleept aas; vero achter elkaar invallend zingen; galmen

2 troll [troul] *znw* trol, kobold

trolley ['trɔli] *znw* rolwagentje *o*; lorrie; dienwagen, serveerboy; contactrol; ~ *(car)* Am trolleytram

trolley-bus *znw* trolleybus

trollop ['trɔləp] *znw* slet, sloerie

trombone [trɔm'boun] *znw* trombone, schuiftrompet

trombonist *znw* trombonist

trommel ['trɔməl] *znw* techn draaiende cilindervormige zeef

troop [tru:p] **I** *znw* troep°, hoop, drom; mil half eskadron *o*; *3000* ~*s* mil een strijdmacht van 3000 man; 3000 man, militairen; **II** *onoverg*: ~ *about* in troepen rondzwerven; ~ *away, (off)* troepsgewijs aftrekken; ~ *in* in troepen of drommen binnenkomen; **III** *overg*: ~ *the colour(s)* mil vaandelparade houden

trooper *znw* mil cavalerist; marechaussee te paard [in Australië]; cavaleriepaard *o*; = *troop-ship; swear like a* ~ vloeken als een dragonder

troop-ship *znw* (troepen)transportschip *o*

trope [troup] *znw* troop, figuurlijke uitdrukking

trophy ['troufi] *znw* trofee, zegeteken *o*

tropic ['trɔpik] **I** *znw* keerkring; *the* ~*s* de tropen; **II** *bn* tropisch, tropen-

tropical *bn* tropisch, van de keerkringen, keerkrings-, tropen-; snikheet

tropology [trɔ'pɔlədʒi] *znw* beeldend taalgebruik *o*; metaforische bijbeluitlegging

troposphere ['trɔpəsfiə] *znw* troposfeer

trot [trɔt] **I** *onoverg* draven, op een drafje lopen, in draf rijden; gemeenz lopen; **II** *overg* in (de) draf brengen; laten draven; ~ *out* op de proppen komen met, komen aanzetten met; doen optreden, zijn kunsten laten tonen; **III** *znw* draf, drafje *o*; loopje *o*; ~*s* slang diarree; *go for a* ~, *have a little* ~ wat (gaan) ronddraven, een toertje gaan maken; op stap gaan; *at a* ~ in draf; op een drafje; *on the* ~ op (een) rij, achter elkaar; *break into a* ~ het op een draf zetten; *keep sbd. on the* ~ iem. maar heen en weer laten draven, geen rust laten

troth [trouθ, trɔθ] *znw* vero trouw; waarheid; *plight one's* ~ trouw beloven, een trouwbelofte doen,

zich verloven

trotter ['trɔtə] *znw* (hard)draver; loper; schapenpoot, varkenspoot

troubadour ['tru:bəduə] *znw* troubadour

trouble ['trʌbl] **I** *overg* last of moeite veroorzaken, lastig vallen, storen; verstoren, vertroebelen; verontrusten; verdriet, leed doen, kwellen; *may I* ~ *you for the mustard?* mag ik u de mosterd vragen?; **II** *wederk*: ~*oneself* zich moeite geven, de moeite nemen om...; zich bekommeren, zich het hoofd breken (om, over *about*); ~ *oneself with* ook: zich bemoeien met; **III** *onoverg* moeite doen; zich druk maken, zich het hoofd breken (over *about*); *I didn't* ~ *to answer* het was me de moeite niet eens waard om er op te antwoorden; **IV** *znw* moeite, last, moeilijkheid, narigheid, soesa, ongemak *o*, kwaal; techn storing, mankement *o*, defect *o*, pech; leed *o*, verdriet *o*; zorg; verwarring, onrust; ~*'s* ook: onlusten; *no* ~ *(at all)!* tot uw dienst!, geen dank!; *the* ~ *is that...* het vervelende is, dat..., (het is toch zo) jammer, dat...; *what's the* ~? wat scheelt er aan?; *give* ~ last (moeite) veroorzaken, moeite kosten; *make* ~ moeite veroorzaken, onrust verwekken; herrie maken; *take the* ~ *to...* de moeite nemen om...; zich de moeite getroosten om...; *ask for* ~ om moeilijkheden vragen; *be in* ~ in verlegenheid zijn, in de zorg zitten, in moeilijkheden verkeren; moeilijkheden hebben (met *with*); *get into* ~ in ongelegenheid geraken of brengen, zich moeilijkheden op de hals halen; *get her into* ~ ook: haar zwanger maken; *get into* ~ *with* het aan de stok krijgen met; *put to* ~ last (moeite) veroorzaken; *put oneself to the* ~ *of...* zich de moeite getroosten om...; *it's more* ~ *than it's worth* het is niet de moeite waard

troubled *bn* gestoord, verontrust; gekweld; ongerust, angstig; onrustig; veelbewogen [leven]; ~ *waters* troebel water *o*; onstuimige golven; ~ *with* last hebbend van [een ziekte]

trouble-free *bn* probleemloos, zorgeloos [vakantie &]; *a* ~ *car* een auto die je nooit in de steek laat

troublemaker *znw* onruststoker

troubleshooter *znw* troubleshooter, probleemoplosser, man voor lastige karweitjes

troublesome *bn* moeilijk; lastig; vervelend

trouble spot *znw* haard van onrust

troublous *bn* vero veelbewogen, onrustig

trough [trɔf] *znw* trog, bak; dieptepunt *o*; ~ *of the sea* golfdal *o*

trounce [trauns] *overg* afrossen²; afstraffen; sp inmaken, een behoorlijk pak slaag geven

troupe [tru:p] *znw* troep [acteurs, acrobaten], (toneel)gezelschap *o*

trouper *znw* lid *o* van een troep [toneelgezelschap]; *a real (good)* ~ een betrouwbare collega, een goede medewerker

trousers ['trauzəz] *znw mv* lange broek; *pair of* ~*s* lange broek; *wear the* ~*s* de broek aanhebben [v. echtgenote]

trouser-leg *znw* broekspijp

trouser suit *znw* broekpak *o*

trousseau ['tru:sou] *znw* uitzet [v. bruid]

trout [traut] *znw* (*mv* idem *of* -s) forel; slang lelijke oude heks

trover ['trouvə] *znw* recht vinden *o* en zich toe-eigenen *o* van roerend goed

trow [trou] *overg* vero denken, geloven; *what ails him, (I)* ~? wat scheelt hem toch?

trowel ['trauəl] *znw* troffel; schopje *o* [voor planten]; *lay it on with a* ~ het er dik opleggen, overdrijven

troy [trɔi] *znw* gewicht *o* voor goud, zilver en juwelen (ook: ~ *weight*)

truancy ['tru:ənsi] *znw* spijbelen *o*

truant I *znw* spijbelaar; *play* ~ spijbelen; II *bn* spijbelend; nietsdoend, rondhangend

truce [tru:s] *znw* tijdelijke opschorting [van vijandelijkheden]; wapenstilstand; bestand *o*; ~ *of God* godsvrede; *a* ~ *to thy blasphemy!* vero staak uw godslastering!

1 truck [trʌk] I *znw* onderstel *o* [v. wagen]; steekwagentje *o*, lorrie, bagage-, goederenwagen; (vee-)wagen [bij trein], open wagen; vrachtauto; II *overg* per truck vervoeren

2 truck [trʌk] I *onoverg* (ruil)handel drijven, ruilen; II *overg* ruilen (tegen *against, for*); III *znw* ruil(ing), (ruil)handel; *I'll have no* ~ *with...* ik wil niets te maken hebben met...

trucker *znw* Am vrachtwagenchauffeur

truck farm *znw* Am groentekwekerij

truck farmer *znw* Am groentekweker

1 truckle ['trʌkl] *onoverg* zich kruiperig onderwerpen, kruipen (voor *to*)

2 truckle, truckle-bed *znw* laag onderschuifbed *o* op wieltjes

truck-system *znw* hist stelsel *o* van gedwongen winkelnering

truculence ['trʌkjuləns] *znw* woestheid, grimmigheid, agressiviteit

truculent *bn* woest, grimmig, agressief

trudge [trʌdʒ] I *onoverg* zich met moeite voortslepen, voortsjouwen; ~ *after sbd.* achter iem. aansjokken; II *overg* afsjouwen [een weg]; III *znw* moeizame tocht, wandeling

true [tru:] I *bn & bijw* waar, echt; oprecht; recht [lijn]; zuiver, juist; (ge)trouw (aan *to*); *a* ~ *copy* eensluidend afschrift *o*; *(it is)* ~...., *but* het is waar (weliswaar)..., maar; ~ *love* beminde, geliefde, enige (ware) liefde; ~ *to type* precies zoals je van een... verwachten zou; *it is also* ~ *of* het geldt ook voor; *come* ~ in vervulling gaan, uitkomen; II *overg* in de juiste stand/vorm brengen

true-blue I *bn* echt, wasecht, onvervalst, aarts-, oprecht; II *znw* loyaal persoon *o*; Br aartsconservatief

true-born *bn* (ras)echt

true-bred *bn* rasecht

true-hearted *bn* trouwhartig

truffle ['trʌfl] *znw* truffel

trug [trʌg] *znw* houten mandje *o* of bak

truism ['tru:izm] *znw* stelling die geen betoog behoeft; waarheid als een koe; banaliteit

truly ['tru:li] *bijw* waarlijk, werkelijk; waar, trouw, oprecht; terecht; zie ook: *yours*

1 trump [trʌmp] I *znw* troef(kaart); gemeenz bovenste beste; *hold* ~s troeven in handen hebben; fig geluk hebben; *turn up* ~s gemeenz boffen; meevallen; II *overg* (af)troeven, overtroeven[2]; ~ *up* verzinnen, opdissen; ~-*ed-up charges* valse verzinsels, doorgestoken kaart; III *onoverg* troeven, troef spelen[2]

2 trump [trʌmp] *znw* vero trompet; *the last* ~, *the* ~ *of doom* bijbel de bazuin des oordeels

trump-card ['trʌmpka:d] *znw* troefkaart[2]; *play one's* ~ fig zijn troef uitspelen

trumpery ['trʌmpəri] I *bn* prullig, waardeloos; II *znw* vodden, prullen; geklets *o*

trumpet ['trʌmpit] I *znw* trompet, scheepsroeper, bijbel bazuin; trompetgeschal *o*, getrompet *o*; *he blew his own* ~ hij bazuinde zijn eigen lof uit; II *overg* met trompetgeschal aankondigen, trompetten, uitbazuinen; ~ *forth sbd.'s praise* iems. lof trompetten (uitbazuinen); III *onoverg* op de trompet blazen, trompetten

trumpet-call *znw* trompetsignaal *o*

trumpeter *znw* mil trompetter; muz trompettist; trompetvogel; trompetduif

trumpet-player *znw* trompettist

truncate ['trʌŋkeit] *overg* (af)knotten; verminken

truncation [trʌŋ'keiʃən] *znw* (af)knotting; verminking

truncheon ['trʌn(t)ʃən] *znw* gummistok, knuppel

trundle ['trʌndl] *onoverg & overg* (zwaar) rollen; langzaam voortbewegen

trunk [trʌŋk] *znw* stam [v. boom]; romp [v. lichaam]; schacht [v. zuil]; grote koffer; Am bagageruimte [v. auto]; snuit [v. olifant]; slurf; ~s zwembroek; broekje *o*

trunk-call *znw* interlokaal gesprek *o*

trunk-hose *znw* hist pofbroek

trunk-line *znw* hoofdlijn

trunk-road *znw* hoofdweg

trunnion ['trʌnjən] *znw* tap [v. kanon &]

truss [trʌs] I *znw* bundel, bos; voer *o* [van 56 pond hooi of 36 pond stro]; bint *o*, hangwerk *o*; dakstoel; console; scheepv rak *o*; breukband; II *overg* (op-)binden; bouwk verankeren

trust [trʌst] I *znw* (goed) vertrouwen *o*; handel krediet *o*; toevertrouwd pand *o* &; ± stichting; vereniging belast met de zorg voor... [monumenten &]; handel trust; *put (place) (one's)* ~ *in* vertrouwen stellen in; *the... in my* ~ de mij toevertrouwde...; *hold in* ~ in bewaring hebben; *buy on* ~ op krediet kopen; *take on* ~ op goed vertrouwen aannemen; II *bn*: ~ *money* toevertrouwd geld *o*; III *overg* vertrouwen (op); hopen (dat...); toevertrouwen; borgen, krediet geven; ~ *me for that* daar kun je zeker van zijn; ~ *to* toevertrouwen (aan); ~ *sbd. with sth.* iem. iets toevertrouwen; het hem laten gebruiken &; **IV** *wederk: he did not ~ himself to...* hij waagde het niet te...; **V** *onoverg* vertrouwen; ~ *in* vertrouwen op; ~ *to luck* op zijn geluk vertrouwen

trustee [trʌs'ti:] *znw* beheerder, gevolmachtigde, commissaris, curator; regent [v. weeshuis &]

trusteeship *znw* beheerderschap *o*; voogdij [over een gebied]

trustful ['trʌstful] *bn* goed van vertrouwen, vol vertrouwen, vertrouwend

trust fund *znw* door gevolmachtigden beheerd kapitaal *o*

trusting *bn* = *trustful*

trustworthy *bn* te vertrouwen, betrouwbaar

trusty *bn* (ge)trouw, vertrouwd; betrouwbaar, beproefd

truth [tru:θ] *znw* waarheid, waarheidsliefde, oprechtheid; echtheid, juistheid; *in ~* in waarheid, inderdaad

truthful *bn* waarheidslievend; waar; getrouw [beeld]; *to be quite ~* om de waarheid te zeggen

truthfully *bijw* naar waarheid

truthfulness *znw* waarheidsliefde; waarheid; getrouwheid

try [trai] **I** *overg* proberen, trachten, beproeven, het proberen met, de proef nemen met, op de proef stellen; veel vergen van, vermoeien [de ogen], aanpakken; recht onderzoeken, berechten; *be tried* ook: recht terechtstaan (wegens *for, on a charge of*); *you must ~ your (very) best* je moet je uiterste best doen; ~ *one's hand at sth.* iets proberen; ~ *on* (aan)passen; ~ *it on* het maar eens proberen, zien hoe ver men (met iem.) kan gaan; *no use ~ing it on with me* dat (die kunsten) hoef je met mij niet te proberen; ~ *out* proberen; de proef (proeven) nemen met; ~ *over* proberen; **II** *onoverg* (het) proberen; ~ *and...* probeer maar te...; ~ *at it* het proberen; *I've tried hard for it* ik heb er erg (hard) mijn best voor gedaan; **III** *znw* poging; sp try [recht *o* om goal te maken, bij rugby]; *have a ~ at it* het eens proberen

trying *bn* vermoeiend, moeilijk, lastig

try-on *znw gemeenz* proberen *o*; proefballonnetje *o*

try-out *znw gemeenz* proef (ook: theat)

trysail ['trais(ei)l] *znw* gaffelzeil *o*

tryst [trist] *znw* vero (plaats van) samenkomst, afspraak, rendez-vous *o*

trysting-place *znw* vero plaats van samenkomst of ontmoeting, rendez-vous *o*

try-your-strength machine *znw* [traijə'streŋθ-məʃi:n] krachtmeter, ± kop van Jut

tsar [za:, tsa:] *znw* tsaar

tsarina [za:'ri:nə, tsa:-] *znw* tsarina

tsetse (fly) ['tsetsi (flai)] *znw* tseetseevlieg

T-shirt ['ti:ʃə:t] *znw* T-shirt *o*

T-square ['ti:skwɛə] *znw* tekenhaak

tub [tʌb] *znw* tobbe, ton, vat *o*, bad *o*, (bad)kuip;

gemeenz schuit [= schip]

tuba ['tju:bə] *znw* muz tuba

tubby ['tʌbi] *bn* tonrond, buikig; *a ~ fellow* een dikkerdje *o*

tube [tju:b] *znw* buis, pijp, koker; (verf)tube; (gummi)slang; binnenband (*inner ~*); ondergrondse, metro; Am (elektronen-, radio-, beeld-) buis, tv

tubeless *bn*: ~ *tyre* velgband

tuber ['tju:bə] *znw* plantk knol

tubercle ['tju:bə:kl] *znw* tuberkel; knobbeltje *o*; knolletje *o*; gezwel *o*

tubercular [tju:'bə:kjulə] *bn* knobbelachtig; tuberculeus

tuberculosis [tjubə:kju'lousis] *znw* tuberculose

tuberculous [tju'bə:kjuləs] *bn* tuberculeus

1 tuberose ['tju:bərous] *znw* tuberoos [plant]

2 tuberose *bn* = *tuberous*

tuberosity [tju:bə'rɔsiti] *znw* knobbel, uitwas, knobbeligheid, zwelling

tuberous ['tju:bərəs] *bn* knobbelig; plantk knolvormig, knoldragend; knolachtig

tubing ['tju:biŋ] *znw* buiswerk *o*, stuk *o* buis, buizen; (gummi)slang

tub-thumper ['tʌbθʌmpə] *bn* schetterend (kansel-) redenaar, demagoog

tubular ['tju:bjulə] *bn* tubulair, buisvormig, pijp-, koker-; ~ *bells* buisklokken; ~ *boiler* vlampijpketel; ~ *bridge* kokerbrug

TUC *afk.* = *Trades Union Congress*

tuck [tʌk] **I** *znw* plooi, opnaaisel *o* omslag [aan broek]; gemeenz snoep, lekkers *o*, eterij; gemeenz = *tuxedo*; **II** *overg* omslaan, opschorten; opstropen; innemen [japon]; instoppen, (weg)stoppen; ~ *away* verstoppen, wegstoppen; ~ *in* instoppen; innemen [japon]; ~ *up* opschorten; opstropen; instoppen; **III** *onoverg*: ~ *in gemeenz* zich te goed doen; ~ *into gemeenz* zich te goed doen aan

tucker ['tʌkə] *vero znw* chemisette, borstdoekje *o*

tuck-in ['tʌk'in] *znw gemeenz* goed, stevig maal *o*; smulpartij; *have a ~* zich flink te goed doen

tuck shop *znw* snoepwinkeltje *o*

Tuesday ['tju:zdi, -dei] *znw* dinsdag

tufa ['tju:fə], **tuff** [tʌf] *znw* tuf *o*, tufsteen *o & m*

tuffet ['tʌfit] *znw* dik zitkussen *o*; vero grasheuveltje *o*

tuft [tʌft] **I** *znw* bosje *o*, kwastje *o*; kuif, sik; **II** *overg* met een bosje, kwastje of kuif versieren

tug [tʌg] **I** *onoverg* trekken, rukken (aan *at*); **II** *overg* trekken aan; (voort)slepen; **III** *znw* ruk; sleepboot; *he gave it a ~* hij rukte (trok) er aan

tug-boat *znw* sleepboot

tug of love *znw* getouwtrek *o* om de kinderen [na een scheiding]

tug of war *znw* touwtrekken[2] *o*, fig touwtrekkerij; hevige/beslissende strijd, beslissend moment *o*

tuition [tju'iʃən] *znw* onderwijs *o*; lesgeld *o*

tulip ['tju:lip] *znw* tulp

tulle [t(j)u:l] **I** *znw* tule; **II** *bn* tulen

tumble ['tʌmbl] **I** *onoverg* vallen, buitelen, duikelen, rollen, tuimelen²; **II** *overg* gooien; ondersteboven gooien, in de war maken, verfomfaaien; doen tuimelen, neerschieten; *gemeenz* snappen; ~ *about* tuimelen, buitelen, rollen, woelen; ~ *down* omtuimelen; aftuimelen [v. hoogte]; ondersteboven gooien; ~ *in* (komen) binnentuimelen; *gemeenz* naar kooi gaan; naar binnen gooien; ~ *out* er uit, naar buiten tuimelen; naar buiten gooien; ~ *over* omvertuimelen, omrollen, omgooien; dooreengooien; ~ *to gemeenz* snappen, begrijpen; **III** *znw* buiteling, tuimeling; *have a* ~ een buiteling maken, tuimelen, een val maken

tumbledown *bn* bouwvallig; vervallen

tumble-dryer *znw* droogtrommel

tumbler *znw* buitelaar; duikelaartje *o*; acrobaat; tumbler [glas zonder voet]; tuimelaar [soort duif; onderdeel van een slot]

tumbrel ['tʌmbrəl], **tumbril** *znw* stortkar; mestkar; mil kruitwagen

tumefaction [tju:mi'fækʃən] *znw* opzwelling

tumefy ['tju:mifai] *onoverg & overg* (doen) zwellen

tumescence [tju:'mesns] *znw* (op)zwelling, gezwollenheid²

tumescent *bn* (op)zwellend, gezwollen²

tumid ['tju:mid] *bn* gezwollen²

tumidity [tju:'miditi] *znw* gezwollenheid²

tummy ['tʌmi] *znw gemeenz* maag, buik, buikje *o*

tumour, Am **tumor** ['tju:mə] *znw* tumor, gezwel *o*

tump ['tʌmp] *znw* heuvel

tumult ['tju:mʌlt] *znw* tumult *o*, rumoer *o*, lawaai *o*, spektakel *o*; beroering, oproer *o*, oploop

tumultuous [tju(:)'mʌltjuəs] *bn* (op)roerig, onstuimig, woelig, rumoerig, verward, tumultueus

tumulus ['tju:mjuləs] *znw* (*mv*: tumuli [-lai]) grafheuvel

tun [tʌn] *znw* ton, vat *o*

tuna ['tu:nə] *znw* (*mv* idem *of* -s) tonijn

tunable ['tju:nəbl] *bn* vero melodieus, welluidend

tundra ['tʌndrə] *znw* toendra

tune [tju:n] **I** *znw* wijs, wijsje *o*, melodie, lied *o*, liedje *o*, deuntje *o*; toon; stemming; *change one's* ~ een andere toon aanslaan; *in* ~ zuiver gestemd; goed gestemd; *call the* ~ de toon aangeven; de lakens uitdelen; *play (sing) in* ~ zuiver spelen (zingen); *be in* ~ *with one's surroundings* harmoniëren met de omgeving; *out of* ~ ontstemd², niet gestemd, uit de wijs; *muz* vals; *be out of* ~ *with* niet harmoniëren met, niet passen bij; *to the* ~ *of muz* op de wijs van; ten bedrage van (de kolossale som van); **II** *overg* stemmen [piano]; afstemmen; in overeenstemming brengen of doen harmoniëren (met *to*); *plechtig* aanheffen; *techn* stellen [machine], in orde brengen; ~ *in* RTV afstemmen (op *to*); ~ *up muz* stemmen; *techn* stellen, in orde (in conditie) brengen; **III** *onoverg* samenstemmen; ~ *in to* afstemmen op; ~ *up muz* (beginnen te) stemmen; in topconditie brengen

tuneful *bn* melodieus, welluidend

tuneless *bn* zonder melodie; onwelluidend

tuner *znw* muz stemmer; elektr afstemknop; radio-ontvanger, tuner

tungsten ['tʌŋstən] *znw* wolfra(a)m *o*

tunic ['tju:nik] *znw* tunica; tuniek; mil uniformjas

tunicle ['tju:nikl] *znw* RK tunica

tuning-fork ['tju:niŋfɔ:k] *znw* stemvork

Tunisia [tju:'nisiə] *znw* Tunesië *o*

Tunisian [tju'niziən] **I** *bn* Tunesisch; **II** *znw* Tunesiër

tunnel ['tʌnl] **I** *znw* tunnel, gang; ~ *vision* tunnelvisie, ± blikvernauwing; **II** *overg* tunnelvormig uithollen, een tunnel maken door of onder, (door-)boren

tunny ['tʌni] *znw* tonijn

tup [tʌp] *znw* ram [dier]

tuppence ['tʌpəns] *znw* = *twopence*

tuppeny ['tʌp(ə)ni] *bn* = *twopenny*

turban ['tə:bən] *znw* tulband

turbid ['tə:bid] *bn* drabbig, troebel; fig vaag, verward

turbidity [tə:'biditi] *znw* drabbigheid; troebelheid; verwardheid

turbine ['tə:bin, 'tə:bain] *znw* turbine

turbo- ['tə:bou] *voorv* turbo-

turbocharged ['tə:boutʃɑ:dʒd] *bn*: ~ *engine* turbomotor

turbojet ['tə:bou'dʒet] *znw* turbinestraalbuis; turbinestraalvliegtuig *o* (ook: ~ *aircraft*); turbinestraalmotor (ook: ~ *engine*)

turbo-prop ['tə:bou'prɔp] *znw* turbineschroef; schroefturbinevliegtuig *o* (ook: ~ *aircraft*); schroefturbine (ook: ~ *engine*)

turbot ['tə:bət] *znw* tarbot

turbulence ['tə:bjuləns] *znw* woeligheid, onstuimigheid, woeling, turbulentie

turbulent *bn* woelig, onstuimig, roerig, turbulent

turd [tə:d] *znw gemeenz* drek, drol, keutel

tureen [tə'ri:n, t(j)u'ri:n] *znw* (soep)terrine

turf [tə:f] **I** *znw* zode; plag; gras *o*, grasmat; renbaan, wedrennen; renpaardensport; turf [in Ierland]; **II** *overg* bezoden; ~ *out gemeenz* eruit gooien

turf accountant *znw* bookmaker

turfy *bn* begraasd; met zoden bedekt; turfachtig

turgescence [tə:'dʒesəns] *znw* opzwelling, gezwollenheid²; fig opgeblazenheid

turgescent *bn* (op)zwellend, gezwollen²

turgid ['tə:dʒid] *bn* opgezwollen, gezwollen²; fig opgeblazen, bombastisch

turgidity [tə:'dʒiditi] *znw* gezwollenheid²

Turk [tə:k] *znw* Turk; geringsch woesteling, barbaar; *Young* ~ revolutionaire jongere, jonge radicaal

Turkey ['tə:ki] *znw* Turkije *o*

turkey ['tə:ki] *znw* kalkoen; Am slang lomperik; mislukkeling; *talk* ~ Am ernstig spreken; over zaken spreken; spijkers met koppen slaan

turkey-cock *znw* kalkoense haan, kalkoen²

Turkish ['tə:kiʃ] *znw* Turks (*o*); ~ *bath* Turks bad *o*; ~ *delight* Turks fruit [lekkernij]; ~ *towel* grove badhanddoek

Turkmenistan [tə:k'menista:n] *znw* Turkmenistan *o*

turmeric ['tə:mərik] *znw* kurkuma, geelwortel, koenjit [specerij]

turmoil ['tə:mɔil] *znw* beroering, onrust, opschudding, verwarring

turn [tə:n] **I** *overg* draaien; doen draaien, draaien aan; om-, open-, ronddraaien; (om)keren; doen (om)keren; (weg)sturen; op de vlucht drijven; (om)wenden, een zekere of andere wending (richting) geven; afwenden [slag]; omgaan, omzeilen; doen wentelen; omslaan [blad]; mil omtrekken; richten (op *to*); omwoelen; om-, verzetten, verleggen; veranderen; doen schiften, zuur doen worden, doen gisten, bederven; overzetten, vertalen; doen worden, maken; ~ *sbd.'s head* iem. het hoofd op hol brengen; ~ *the corner* de hoek omgaan (omkomen); fig de crisis te boven komen; *not* ~ *a hair* geen spier vertrekken; ~ *a penny (an honest penny)* een cent, een eerlijk stuk brood verdienen; ~ *200 pounds* meer dan 200 pond halen (wegen); *it* ~*s my stomach* het doet mij walgen; ~ *tail* rechtsomkeert maken, er vandoor gaan; ~*ed forty* over de veertig (jaar oud); *a finely* ~*ed ankle (chin &)* een welgevormde enkel (kin &); **II** *onoverg* draaien, (zich) omdraaien, (zich) omkeren, zich keren (wenden), afslaan [links, rechts]; zich richten; een keer nemen, keren, kenteren; (van kleur) veranderen; schiften, zuur worden, gisten, bederven; worden; ~ *about* (zich) omkeren; *about* ~*!* rechtsom keert!; ~ *adrift* aan zijn lot overlaten; ~ *again!* keer terug!; ~ *against* (zich) keren tegen; ~ *around* = ~ *round*; ~ *aside* (zich) afwenden; *my stomach* ~*s at it* ik walg er van; ~ *away* (zich) afwenden, zich afkeren, weggaan; afwijzen, wegsturen, ontslaan, wegjagen; ~ *back* terugkeren; terugdraaien; omslaan; doen omkeren; ~ *down* neerdraaien [gas], zachter zetten [radio]; omvouwen [blad &], omslaan [kraag]; keren [een kaart]; inslaan [zijweg]; afwijzen [kandidaat &], geen notitie nemen van [iem.]; ~ *from* (zich) afwenden van; afbrengen van; wegsturen van; ~ *in* binnenlopen; gemeenz naar bed gaan; naar binnen zetten of staan [v. tenen]; inleveren; gemeenz verklikken; ~ *it inside out* het binnenste buiten keren; ~ *into* inslaan [een weg]; veranderen in, omzetten in; overzetten of vertalen in; worden; ~ *off* (zijwaarts) afslaan; af-, dicht-, uitdraaien, afsluiten [gas &], afzetten [de radio]; afwenden [gedachten]; afknappen; ~ *on* draaien om²; afhangen van; lopen over [v. gesprek]; zich keren tegen; richten op; opendraaien, openzetten, aanzetten [de radio], aandraaien; gemeenz inspireren; [seksueel] opwinden, opgeilen; onder invloed

raken [v. drugs]; ~ *on one's heel* zich omdraaien; ~ *one's back on...* de rug toekeren, -draaien; ~ *on the waterworks* gemeenz beginnen te huilen; ~*ed on* slang euforisch [door psychedelica], geïnspireerd; ~ *out* eruit zetten, eruit gooien; blijken te zijn; worden, gebeuren; naar buiten staan of zetten [tenen]; tevoorschijn komen, uit de veren komen, uitlopen [v. stad], opkomen, uitrukken [v. brandweer]; mil in het geweer (doen) komen; afzetten, uitdraaien; produceren, (af)leveren, presteren; *he* ~*ed out badly (ill)* er is weinig van hem terechtgekomen; *it* ~*ed out well* het liep goed af, viel goed uit; *well* ~*ed out* netjes gekleed; *it* ~*ed out to be true* het bleek waar te zijn; ~ *sbd. out* iem. aan de deur zetten; ~ *out one's pockets* zijn zakken binnenstebuiten keren; ~ *out a room* een kamer uitmesten; ~ *over* zich (nog eens) omkeren [in bed]; overvallen, uitschudden; omdraaien, omslaan [blad], doorbladeren; kantelen; overschakelen (op); omgooien; overdragen, uitleveren, overleveren, overdoen; handel een omzet hebben van; ~ *sth. over in one's mind* iets overwegen; ~ *round* draaien, (zich) omdraaien; omdraaien: van mening, gedragslijn veranderen; draaien of winden om...; ~ *to* zich wenden (keren) tot, zijn toevlucht nemen tot; (zich) richten op; zijn aandacht richten op, zich (gaan) verdiepen in; zich toeleggen op, zich gaan bezighouden met, ter sprake brengen, komen te spreken over; aanpakken [het werk]; veranderen in; ~ *to advantage (profit)* partij trekken van, (weten te) profiteren van; ~ *a deaf ear to...* doof blijven voor...; *he can* ~ *his hand to anything* hij kan alles aanpakken; *he* ~*ed to his old trade* hij vatte zijn oude beroep weer op; ~ *up* tevoorschijn komen, (voor de dag) komen, (komen) opdagen, verschijnen, zich vertonen, zich opdoen, zich voordoen [gelegenheid, betrekking &]; opdraaien [lamp]; keren [kaart] opzetten [kraag]; opslaan [bladzijde]; omslaan [broekspijpen]; omploegen; opgraven; harder zetten [radio &]; ~ *up one's eyes* de ogen ten hemel slaan; ~ *it up* slang (ermee) uitscheiden; ~*ed-up nose* wipneus; ~ *(sbd.) up* slang (iem.) doen overgeven, misselijk maken; ~ *(up)on* zich keren tegen, opeens aanvallen; ~ *sth. upside down* iets ondersteboven keren; **III** *znw* draai(ing), wending, zwenking, toer, omwenteling, omkering, (omme)keer, wisseling, keerpunt *o*, kentering²; schok; kromming, bocht; winding, slag [v. touw of spiraal]; doorslag [balans]; muz dubbelslag; toertje *o*, wandelingetje *o*; beurt; nummer *o* [op programma]; dienst; (geestes)richting, aanleg, aard, slag *o*; soort; behoefte, doel *o*; *bad* ~ slechte dienst; *one good* ~ *deserves another* de ene dienst is de andere waard; ~ *of phrase* eigenaardige zinswending of zegswijze; *a* ~ *of one's trade* een vakgeheim *o*, een kneep; *do a* ~ een handje meehelpen; *do sbd. a* ~ iem. een dienst bewijzen; *it gave me such a* ~ gemeenz ik schrok me dood; ik werd er zo naar van, het gaf me zo'n schok; *get a* ~ een beurt krijgen; *have a* ~ *for...* aanleg hebben voor..., zin hebben in...; *take a (favourable)* ~ een (gunstige) wending nemen; *take a* ~ *in the garden* wat in de tuin lopen; *take a* ~ *to the left* links afslaan (afbuigen); *take one's* ~ *of duty* op zijn beurt invallen voor het werk (de wacht &); *take* ~*s* om de beurt de dienst waarnemen; elkaar afwisselen (af aflossen; *speak (talk) out of* ~ zijn mond voorbij praten; voor zijn beurt spreken; ~ *and* ~ *about* om de beurt; *at every* ~ telkens (weer), bij elke (nieuwe) gelegenheid; *by* ~*s* ook: beurtelings, afwisselend; *in* ~ om de beurt; beurtelings, achtereenvolgens; dan weer; *in his* ~ op zijn beurt; *be on the* ~ op het punt staan van te kenteren; op een keerpunt gekomen zijn; *out of* ~ niet op zijn beurt; voor zijn beurt; *when it came to my* ~ toen ik aan de beurt kwam; *done to a* ~ precies gaar; precies zoals het moet

turnabout *znw* totale ommekeer, radicale ommezwaai

turnaround *znw* **1** = *turnabout*; **2** scheepv lostijd
turncoat *znw* overloper, afvallige, renegaat
turn-down *bn:* ~ *(collar)* omgeslagen, liggende boord *o & m*
turner *znw* (kunst)draaier [op de draaibank]
turnery *znw* (kunst)draaien *o*; (kunst)draaierij; draaiwerk *o* [op de draaibank]
turning *znw* draaien *o*; draai, bocht, kronkeling; kentering, keerpunt *o*; zijstraat; *take the* ~ *on the left* links afslaan
turning-lathe *znw* draaibank
turning-point *znw* keerpunt[2] *o*
turnip ['tə:nip] *znw* plantk raap, knol
turnip cabbage *znw* koolraap
turnip tops *znw mv* raapstelen
turnkey ['tə:nki:] *znw* cipier
turn-off ['tə:n'ɔ(:)f] *znw* **1** afslag; **2** gemeenz weerzinwekkend iets/iemand, afknapper; *it's a real* ~*!* gemeenz daar word je toch doodziek van!
turn-on ['tə:n'ɔn] *znw* gemeenz opwindend iets/iemand; *it's a real* ~*!* te gek!
turn-out ['tə:n'aut] *znw* uitrukken *o*, in het geweer komen *o* [v. wacht &]; opkomst [v. vergadering &]; uitrusting, uitdossing; kleding [v. persoon]; groep, nummer *o* [van vertoning of van optocht]; wisselspoor *o*; productie; *give the room a* ~ de kamer uitmesten
turnover *znw* omkanteling; omkering; ommekeer, kentering; handel omzet; verloop *o* [onder het personeel], mutatie(s), wisseling, aflossing; (kranten-) artikel *o* dat overloopt op volgende pagina; omslag [v. kledingstuk]; *apple* ~ appelflap
turnpike ['tə:npaik] *znw* tolhek *o*, slagboom; tolweg, Am hoofdweg, snelverkeersweg (~ *road*)
turnpike-man *znw* tolgaarder
turn-round ['tə:nraund] *znw* (proces *o* van) aankomst, lossen, laden en vertrek [v. schepen &]
turnspit ['tə:nspit] *znw* vroeger spitdraaier

turnstile ['tə:nstail] *znw* draaiboom, tourniquet
turn-table ['tə:nteibl] *znw* draaischijf; draaitafel [v. platenspeler]
turn-up ['tə:nʌp] **I** *bn* opstaand [kraag]; omgeslagen [broekspijp]; **II** *znw* **1** omslag [aan broekspijp]; **2** gemeenz herrie, ruzie; **3** meevaller
turpentine ['tə:pəntain] *znw* terpentijn
turpitude ['tə:pitju:d] *znw* laagheid, verdorvenheid
turps [tə:ps] *znw* gemeenz terpentijn
turquoise ['tə:kwa:z, 'tə:kwɔiz] **I** *znw* turkoois *o* [stofnaam], turkoois *m* [voorwerpsnaam]; **II** *bn* turkooizen
turret ['tʌrit] *znw* torentje *o*; geschuttoren, -koepel
turtle ['tə:tl] *znw* (*mv* idem *of* -s) zeeschildpad; *turn* ~ omslaan, omkantelen
turtle-dove ['tə:tldʌv] *znw* tortelduif
turtle-neck ['tə:tlnek] *znw* col; coltrui
Tuscan ['tʌskən] **I** *bn* Toscaans; **II** *znw* Toscaan
Tuscany ['tʌskəni] *znw* Toscane *o*
tush [tʌʃ] *tsw* st!, pst!, stil!, bah!, och kom!
tusk [tʌsk] *znw* slagtand; tand [v. eg &]
tusker *znw* (volwassen) olifant; groot wild zwijn *o*
tussle ['tʌsl] **I** *znw* worsteling, vechtpartij, strijd; **II** *onoverg* vechten (om *for*), bakkeleien
tussock ['tʌsək] *znw* bosje *o* (gras), pol
tut [tʌt] **I** *tsw* foei!, bah!; kom, kom!; **II** *onoverg:* ~ ~ foei roepen, z'n afkeuring laten blijken
tutelage ['tju:tilidʒ] *znw* voogdij, voogdijschap *o*
tutelar(y) *bn* beschermend; ~ *angel* beschermengel
tutor ['tju:tə] *znw* leermeester, huisonderwijzer, gouverneur; repetitor de studie leidende assistent van een *College*; recht voogd; **II** *overg* onderwijzen; dresseren; bedillen
tutorial [tju:'tɔ:riəl] *znw* (les) van een tutor, privatissimum *o*
tutu ['tutu] *znw* tutu, balletrokje *o*
Tuvalu [tu:və'lu:] *znw* Tuvalu *o*
tuwhit tuwhoo [tu'wit tu'wu] *znw* oehoe(geroep *o*) [v. uil]
tux [tʌks] *znw* Am gemeenz smoking
tuxedo [tʌk'si:dou] *znw* (*mv:* -s *of* -does) Am smoking
TV *znw* = *television* tv
twaddle ['twɔdl] *znw* gewauwel *o*, gebazel *o*, klets
twain [twein] *znw* plechtig twee; tweetal *o*
twang [twæŋ] **I** *onoverg* tinkelen, tjingelen, snorren, trillen [v. een snaar]; tokkelen (op *on*); **II** *overg* doen klinken of trillen; tokkelen (op); **III** *znw* getokkel *o*, scherp geluid *o*, neusklank
twat [twɔt] *znw* slang kutwijf, (kloot)zak; gemeenz kut, trut, doos
tweak [twi:k] **I** *overg* knijpen (in); rukken, trekken (aan); **II** *znw* kneep
twee [twi:] *bn* gemeenz sentimenteel, zoetelijk, popperig
tweed [twi:d] *znw* tweed *o*; soort gekeperde wollen stof; ~*s* tweedpak *o*, -kostuum *o*

617

tweedledum and tweedledee [ˈtwiːdlˈdʌmən-ˈtwiːdlˈdiː] znw één potnat, lood om oud ijzer

tweedy [ˈtwiːdi] bn in tweeds gekleed

'tween [twiːn] voorz = between

'tween-decks [ˈtwiːndeks] I bijw tussendeks; II znw tussendek o

tweeny [ˈtwiːni] znw gemeenz hulpdienstbode

tweet [twiːt] I overg tjilpen; II znw getjilp o

tweezers [ˈtwiːzəz] znw mv (haar)tangetje o, pincet o & m

twelfth [twelfθ] telw (znw) twaalfde (deel o)

Twelfth-day znw Driekoningen(dag)

Twelfth-night znw driekoningenavond

twelve telw twaalf; in ~s in duodecimo

twelvefold bn bijw twaalfvoudig

twelvemonth znw jaar o

twelve-note, twelve-tone bn twaalftoon-, dodecafonisch

twentieth [ˈtwentiiθ] telw (znw) twintigste (deel o)

twenty telw twintig; the twenties de jaren twintig; in the (one's) twenties ook: in de twintig

twenty-first telw eenentwintigste

twentyfold bn bijw twintigvoudig

twerp, twirp [twəːp] znw gemeenz sukkel, stommeling; vervelende klier, zeiker(d)

twice [twais] bijw twee keer, tweemaal, dubbel; ~ over twee keer

twice-told bn tweemaal verteld; a ~ tale een welbekende geschiedenis

twiddle [ˈtwidl] I overg draaien (met); ~ one's thumbs duimen draaien, met de handen in de schoot zitten, tijd verknoeien; II onoverg: ~ with draaien, spelen met

1 twig [twig] znw takje o, twijg

2 twig [twig] overg & onoverg gemeenz begrijpen, snappen

twiggy [ˈtwigi] bn vol takjes; als een takje

twilight [ˈtwailait] I znw schemering; schemeravond; schemerlicht o, schemer(donker[2] o); at ~ in de schemering; II bn schemerig, schemerend, schemer-; ~ zone grensgebied° o

twill [twil] znw keper(stof)

'twill [twil] verk. v. it will

twin [twin] I bn tweeling-, paarsgewijs voorkomend, dubbel; ~ sons tweeling; II znw tweeling; andere (exemplaar o &), tegenhanger; ~s een tweeling; III overg: be ~ned with gepaard aan; een jumelage aangegaan zijn met

twin beds znw mv lits-jumeaux o

twin-born bn als tweeling geboren

twin brother znw tweelingbroer

twine [twain] I znw twijndraad o & m; bindgaren o, bindtouw o; kronkel(ing), bocht; II overg twijnen, tweernen; strengelen, vlechten; III onoverg zich kronkelen; ~ round omwinden, omstrengelen; slingeren of kronkelen om; IV wederk: ~ itself (round) zich slingeren om, omstrengelen

twin-engined [ˈtwinˈendʒind] bn tweemotorig

twinge [twin(d)ʒ] znw steek, korte hevige pijn, scheut [v. pijn]; kwelling; wroeging

twinkle [ˈtwiŋkl] I onoverg tintelen, schitteren, fonkelen, flonkeren, flikkeren, blinken; knipperen [met de ogen]; tintelogen; II overg knipperen met; III znw tinteling, fonkeling, flikkering

twinkling I bn tintelend &; II znw tinteling &; in the ~ of an eye in een oogwenk, in een wip

twin set [ˈtwinset] znw trui met vest [dameskleding]

twin sister znw tweelingzus(ter)

twin town znw zusterstad, stad waarmee een jumelage is aangegaan

twirl [twəːl] I onoverg (rond)draaien (ook: ~ round); II overg ronddraaien, doen draaien; draaien aan [snor &]; III znw draai(ing)

twist [twist] I znw draai[2], draaiing, verdraaiing[2]; verrekking; vertrekking; strengel, kronkel(ing), kromming; kronkel in de hersens, afwijking; kink [in kabel]; wrong, wringing, biljart effect o; (onverwachte) wending [in verhaal &]; twist [dans]; ~s and turns bochten en kronkelingen; round the ~ gemeenz gek; give it a ~ er een draai, kronkel of krul aan maken; de zaak verdraaien; II overg (ineen)draaien, winden, verdraaien[2]; verrekken; vertrekken, vlechten, twijnen, strengelen; wringen; biljart effect geven; ~ed mind verknipte geest; III wederk: ~ oneself zich wringen; IV onoverg draaien, zich winden, kronkelen, slingeren; zich laten winden &; twisten [dansen]

twister znw gemeenz bedrieger, draaier; biljart trekbal; Am tornado, wervelwind

twisty bn draaiend, kronkelend; gemeenz oneerlijk

1 twit [twit] I znw berisping, verwijt o; II overg berispen (om, wegens with), verwijten

2 twit [twit] znw slang idioot, proleet

twitch [twitʃ] I overg rukken, trekken (aan, met); II onoverg zenuwachtig trekken; III znw rukje o; zenuwtrekking

twitchy [ˈtwitʃi] bn zenuwachtig, geagiteerd, prikkelbaar

twitter [ˈtwitə] I onoverg kwetteren, tjilpen; trillen [v. zenuwachtigheid]; II znw gekwetter o, getjilp o; gegiechel o; trilling [v. zenuwachtigheid]; be all of a ~ erg geagiteerd zijn

'twixt [twikst] voorz verk. van betwixt

two [tuː] telw twee, tweetal o; cut & in ~ in tweeën snijden &; one or ~ een paar; put ~ and ~ together het een met het ander in verband brengen, zijn conclusie(s) trekken

two-dimensional bn tweedimensionaal; fig oppervlakkig

two-edged bn tweesnijdend

two-faced bn dubbelhartig, onoprecht

two-fisted bn gemeenz onhandig; krachtig

twofold bn & bijw tweevoudig, tweeledig, dubbel; in a ~ way op twee manieren; dubbel

two-handed *bn* tweehandig; voor twee handen; voor twee personen

twopence ['tʌpəns] *znw* twee penny

twopenny ['tʌpəni] *bn* van twee penny's; *fig* van weinig waarde of betekenis

twopenny-halfpenny *bn* van tweeëneenhalve penny; *fig* onbelangrijk, van weinig waarde

two-piece ['tu:pi:s] **I** *znw* deux-pièces; **II** *bn* tweedelig

two-ply *bn* tweedraads [touw, draad]; tweelagig [hout]

two-seater *znw* tweepersoonswagen

twosome **I** *bn* door twee personen uitgevoerd of gespeeld; **II** *znw* paar *o*, tweespan *o*

two-step *znw* two-step [dans]

two-stroke *bn* tweetakt-

two-time *onoverg* & *overg* *gemeenz* ontrouw zijn, bedriegen

two-way *bn* techn tweewegs-; in twee richtingen; wederkerig, bilateraal [v. handel &]; ~ *radio* zender en ontvanger; ~ *switch* hotelschakelaar

tycoon [tai'ku:n] *znw* *gemeenz* magnaat

tyke [taik] *znw* = *tike*

tympanic [tim'pænik] *bn* trommel-

tympanitis [timpə'naitis] *znw* ontsteking van het trommelvlies

tympanum ['timpənəm] *znw* (*mv*: -s *of* tympana [-pənə]) *anat* trommelvlies *o*; *bouwk* tympaan *o*

type [taip] **I** *znw* type² *o*, toonbeeld *o*, voorbeeld *o*, zinnebeeld *o*; soort, slag *o*; letter(type *o*), lettersoort, drukletter; zetsel *o*; *in* ~ gezet; **II** *overg* typen, tikken [met schrijfmachine]; *med* het type vaststellen van [voor transfusie, transplantatie]; ~ *out (up)* uittypen, uittikken; **III** *onoverg* typen, tikken

typecast *overg* (steeds weer) een zelfde soort rol geven

typeface *znw* lettertype *o*

type-foundry *znw* lettergieterij

type-metal *znw* lettermetaal *o*, -specie

typescript *znw* machineschrift *o*; typeschrift *o*, getypt manuscript *o*, getypt exemplaar *o*

typesetter *znw* letterzetter; zetmachine

typesetting *znw* typ letterzetten *o*

typewrite *overg* & *onoverg* (op de schrijfmachine) tikken, typen

typewriter *znw* schrijfmachine

typewritten *bn* getypt, getikt

typhoid ['taifɔid] **I** *bn* tyfeus; (buik)tyfus-; **II** *znw* tyfeuze koorts, buiktyfus (ook: ~ *fever*)

typhoon [tai'fu:n] *znw* tyfoon, taifoen

typhous ['taifəs] *bn* tyfeus

typhus ['taifəs] *znw* vlektyfus

typical ['tipikl] *bn* typisch; typerend (voor *of*)

typification [tipifi'keiʃən] *znw* typering

typify ['tipifai] *overg* typeren, (iemand) tekenen

typing ['taipiŋ] *znw* typen *o*, tikken *o*; typewerk *o*

typist *znw* typist(e)

typographer [tai'pɔgrəfə] *znw* typograaf

typographic(al) [taipə'græfik(l)] *bn* typografisch

typography [tai'pɔgrəfi] *znw* typografie, boekdrukkunst; druk

typology [tai'pɔlədʒi] *znw* psych typologie, (leer van de) indeling naar typen

tyrannical [ti'rænikl] *bn* tiranniek

tyrannicide *znw* tirannenmoord; tirannenmoordenaar

tyrannize ['tirənaiz] **I** *onoverg* als tiran heersen, de dwingeland spelen (over *over*); ~ *over* tiranniseren; **II** *overg* tiranniseren

tyrannous *bn* tiranniek

tyranny *znw* tirannie, dwingelandij

tyrant ['taiərənt] *znw* tiran, dwingeland, geweldenaar

tyre ['taiə] *znw* (fiets-, auto-)band

tyre gauge ['taiəgeidʒ] *znw* spanningsmeter [v. band]

tyre lever ['taiəli:və] *znw* bandenlichter, bandafnemer

tyre trouble *znw* bandenpech

tyro ['taiərou] *znw* aankomeling, nieuweling, beginneling, beginner, leerling

Tyrolean [ti'rouliən] **I** *bn* Tirools, Tiroler; **II** *znw* Tiroler

Tyrrhenian [ti'ri:niən] *bn* Tyrrheens

U

u [ju:] *znw* (de letter) u

U *afk.* **1** = *universal* geschikt voor alle leeftijden [v. film]; **2** = *upper (class)* van de betere standen (tegenover *non-*~ gewoon)

UAE *afk.* = *United Arabian Emirates* VAE, Verenigde Arabische Emiraten

ubiquitous [ju'bikwitəs] *bn* alomtegenwoordig

ubiquity *znw* alomtegenwoordigheid

U-boat ['ju:bout] *znw* scheepv (Duitse) onderzeeboot

udder ['ʌdə] *znw* uier

UFO, ufo ['ju:fou, ju:ef'ou] *afk.* = *unidentified flying object* UFO

Uganda [ju:'gændə] *znw* Oeganda *o*

Ugandan [ju(:)gændən] **I** *znw* Oegandees; **II** *bn* Oegandees

ugh [ʌx, ʌg, ʌh] *tsw* bah!, foei!

uglification [ʌglifi'keiʃən] *znw* verlelijking

uglify ['ʌglifai] *overg* lelijk maken, verlelijken

ugly *bn* lelijk°; bedenkelijk, kwalijk; afschuwelijk, afgrijselijk; vervelend; kwaadaardig; dreigend; gevaarlijk

uhlan [u'la:n] *znw* hist ulaan [lansier]

UK *afk.* = *United Kingdom*

ukase [ju:'keiz] *znw* oekaze, decreet *o*

ukelele [ju:kə'leili], **ukulele** [ju:kə'leili] *znw* ukelele

Ukrainian [ju:'kreiniən] **I** *bn* Oekraïens; **II** *znw* Oekraïner

ulcer ['ʌlsə] *znw* zweer, fig kanker

ulcerate I *onoverg* zweren[2], verzweren; **II** *overg* doen zweren; ~ed eyelids zwerende oogleden

ulceration [ʌlsə'reiʃən] *znw* zwering, verzwering; zweer[2]

ulcered ['ʌlsəd] *bn* tot een zweer geworden; zwerend, etterend

ulcerous *bn* vol zweren; fig verpestend, corrupt

ullage ['ʌlidʒ] *znw* wan *o* [nog lege ruimte in een gevuld vat &]

ulna ['ʌlnə] *znw* (*mv*: -s *of* ulnae [-ni:]) anat ellepijp

ulnar *bn* van de ellepijp

ulster ['ʌlstə] *znw* ulster(jas)

ult. *afk.* = *ultimo*

ulterior [ʌl'tiəriə] *bn* geheim, achterliggend, verborgen, heimelijk

ultimate ['ʌltimit] **I** *bn* (aller)laatste, uiterste; hoogste, grootste, opperste; eind-, uiteindelijk; *they had no* ~ *hope* uiteindelijk was al hun hoop vervlogen; **II** *znw* fig toppunt *o*, summum *o*

ultimately *bijw* uiteindelijk, ten slotte

ultimatum ['ʌlti'meitəm] *znw* (*mv*: -s *of* ultimata [-tə]) ultimatum *o*

ultimo ['ʌltimou] *bijw* van de vorige maand

ultra ['ʌltrə] *bn* ultra, uiterst (radicaal)

ultramarine ['ʌltrəmə'ri:n] **I** *bn* ultramarijn, hemelsblauw; **II** *znw* ultramarijn *o*

ultrasonic ['ʌltrə'sɔnik] *bn* ultrasoon

ultrasound ['ʌltrəsaund] *znw* ultrageluid *o*; med echoscopie (ook: ~ *scan*)

ultraviolet ['ʌltrəvaiəlit] *znw* ultraviolet *o*

ululate ['ju:ljuleit] *onoverg* huilen [van hond of wolf]; jammeren

umbel ['ʌmbəl] *znw* plantk (bloem)scherm *o*

umbellate *bn* schermbloemig

umbellifer ['ʌmbelifə] *znw* schermbloem

umbelliferous ['ʌmbe'lifərəs] *bn* schermdragend

umber ['ʌmbə] *znw* omber, bergbruin *o*

umbilical [ʌm'bilikl] *bn* navel-; fig centraal; ~ *cord* navelstreng

umbilicus [ʌm'bilikəs] *znw* (*mv*: -es *of* umbilici [-sai]) navel

umbra ['ʌmbrə] *znw* (*mv*: -s *of* umbrae [-bri:]) slag-, kernschaduw

umbrage *znw* aanstoot, ergernis; vero lommer *o*, schaduw; *take* ~ *at* aanstoot nemen aan, zich ergeren aan

umbrella [ʌm'brelə] *znw* paraplu; (strand-, tuin-) parasol (*beach* ~); ~ *organization* overkoepelende organisatie; ~ *term* verzamelnaam; *under the* ~ *of* onder auspiciën van

umbrella-stand *znw* paraplustandaard

umpire ['ʌmpaiə] **I** *znw* scheidsrechter, arbiter; **II** *onoverg* scheidsrechter zijn, arbitreren; **III** *overg* arbitreren bij

umpteen ['ʌm(p)ti:n] *bn* gemeenz een hoop, een heleboel, een massa

umpteenth *bn* gemeenz zoveelste

umpty *bn*: ~ *days* slang zoveel/tig dagen

UN *afk.* = *United Nations*

'un [ʌn, ən] gemeenz = *one*

unabashed ['ʌnə'bæʃt] *bn* onbeschaamd; niets verlegen; niet uit het veld geslagen

unabated ['ʌnə'beitid] *bn* onverminderd, onverflauwd, onverzwakt

unabbreviated ['ʌnə'bri:vieitid] *bn* onverkort

unable ['ʌn'eibl] *bn* onbekwaam, niet in staat, niet kunnende; *be* ~ *to...* niet kunnen...

unabridged ['ʌnə'bridʒd] *bn* onverkort

unaccented ['ʌnək'sentid] *bn* zonder toonteken; zonder klemtoon (uitgesproken)

unacceptable ['ʌnək'septəbl] *bn* onaanvaardbaar, onaannemelijk; minder aangenaam, onwelkom

unaccompanied ['ʌnə'kʌmpənid] *bn* onvergezeld; muz zonder begeleiding; ~ *choir* muz a-capellakoor *o*

unaccountable ['ʌnə'kauntəbl] *bn* **1** onverklaarbaar; **2** geen verantwoording schuldig

unaccounted ['ʌnə'kauntid] *bn*: ~ *for* onverklaard; onverantwoord; *five of the crew are* ~ *for* vijf bemanningsleden zijn nog vermist

unaccustomed ['ʌnə'kʌstəmd] *bn* ongewoon; ongebruikelijk; ~ *to* niet gewend aan (om)

unacknowledged ['ʌnək'nɔlidʒd] *bn* niet erkend; overgenomen zonder te bedanken of zonder bronvermelding, niet bekend [v. misdaad]

unacquainted ['ʌnə'kweintid] *bn* onbekend [met *with*], onwetend [van *with*]

unadaptable ['ʌnə'dæptəbl] *bn* niet aan te passen, niet pasklaar te maken, niet geschikt om te bewerken [roman &]

unadorned ['ʌnə'dɔ:nd] *bn* onversierd, onopgesmukt²

unadulterated ['ʌnə'dʌltəreitid] *bn* onvervalst, zuiver, echt; ~ *misery* pure ellende

unadvised ['ʌnəd'vaizd] *bn* onbedachtzaam, onberaden, onvoorzichtig

unaffected ['ʌnə'fektid] *bn* ongedwongen, ongekunsteld, niet geaffecteerd, natuurlijk; niet beïnvloed, onaangetast, onaangedaan, ongeroerd

unafraid ['ʌnə'freid] *bn* onbevreesd (voor *of*)

unaided ['ʌn'eidid] *bn* niet geholpen; zonder hulp (uitgevoerd); bloot [v. oog]

unalienable ['ʌn'eiljənəbl] *bn* onvervreemdbaar

unallied ['ʌnə'laid] *bn* niet verwant; zonder bondgenoten

unalloyed ['ʌnə'lɔid] *bn* onvermengd, puur

unalterable ['ʌn'ɔ:ltərəbl] *bn* onveranderlijk

unaltered *bn* onveranderd

unambiguous ['ʌnæm'bigjuəs] *bn* ondubbelzinnig

unambitious ['ʌnæm'biʃəs] *bn* niet eerzuchtig; pretentieloos, bescheiden

unamiable ['ʌn'eimjəbl] *bn* onbeminnelijk, onaangenaam [mens]

unamusing ['ʌnə'mju:ziŋ] *bn* niet (erg) amusant, niet onderhoudend, onvermakelijk

unanimated ['ʌn'ænimeitid] *bn* onbezield

unanimity [ju:nə-, ju:næ'nimiti] *znw* unanimiteit, eenstemmigheid, eensgezindheid

unanimous [ju'næniməs] *bn* unaniem, eenstemmig, eensgezind

unannounced ['ʌnə'naunst] *bn* onaangekondigd, onaangediend, onaangemeld

unanswerable ['ʌn'a:nsərəbl] *bn* niet te beantwoorden; onweerlegbaar

unanswered ['ʌn'a:nsəd] *bn* onbeantwoord

unappealable ['ʌnə'pi:ləbl] *bn* recht waaromtrent men niet in hoger beroep kan gaan

unappealing *bn* onaantrekkelijk

unappetizing ['ʌn'æpətaiziŋ] *bn* onappetijtelijk

unappreciated *bn* weinig of niet gewaardeerd

unapproachable ['ʌnə'proutʃəbl] *bn* ontoegankelijk, ongenaakbaar²; onvergelijkelijk

unapt ['ʌn'æpt] *bn* ongeschikt, onbekwaam; ongepast

unarguable ['ʌn'a:gjuəbl] *bn* ontegenzeglijk

unarmed ['ʌn'a:md] *bn* ongewapend; ontwapend; niet scherpgesteld [v. atoombom]

unascertainable ['ʌnæsə'teinəbl] *bn* niet uit te maken of na te gaan

unashamed ['ʌnə'ʃeimd] *bn* zonder zich te schamen; onbeschaamd, brutaal

unasked ['ʌn'a:skt] *bn* ongevraagd, ongenood

unaspiring ['ʌnəs'paiəriŋ] *bn* oneerzuchtig, zonder pretentie

unassailable ['ʌnə'seiləbl] *bn* onaantastbaar [positie]; onneembaar [vesting]; onweerlegbaar [argument]

unassisted ['ʌnə'sistid] *bn* niet geholpen, zonder hulp

unassuming ['ʌnə'sju:miŋ] *bn* niet aanmatigend, zonder pretentie(s), pretentieloos, bescheiden

unattached ['ʌnə'tætʃt] *bn* los(lopend), niet gebonden, niet verbonden; niet verloofd of getrouwd

unattainable ['ʌnə'teinəbl] *bn* onbereikbaar²

unattended ['ʌnə'tendid] *bn* zonder toezicht; onbeheerd

unattractive ['ʌnə'træktiv] *bn* onaantrekkelijk

unauthorized ['ʌn'ɔ:θəraizd] *bn* niet geautoriseerd, onwettig, onbevoegd

unavailable ['ʌnə'veiləbl] *bn* niet ter beschikking staand, niet beschikbaar; onbereikbaar

unavailing ['ʌnə'veiliŋ] *bn* vergeefs

unavenged ['ʌnəvendʒd] *bn* ongewroken

unavoidable ['ʌnə'vɔidəbl] *bn* onvermijdelijk

unaware ['ʌnə'wɛə] *bn* niet wetend, het zich niet bewust zijnd; ~ *of* niet wetend van, niets merkend van

unawares *bijw* zonder het te merken; onvoorziens, onverwachts, onverhoeds; *catch (take)* ~ overvallen, overrompelen

unbacked ['ʌn'bækt] *bn* onbereden [paard]; ongedresseerd; waarop niet gewed is [paard]; niet gesteund [voorstel]

unbalance ['ʌn'bæləns] *overg* uit het (zijn) evenwicht brengen²

unbalanced *bn* niet in evenwicht; onevenwichtig; in de war, getroebleerd; handel niet vereffend [v. rekeningen]; niet sluitend [v. begroting]

unbar ['ʌn'ba:] *overg* ontgrendelen², ontsluiten²

unbearable ['ʌn'bɛərəbl] *bn* ondraaglijk, onuitstaanbaar

unbeatable ['ʌn'bi:təbl] *bn* niet te overtreffen, onoverwinnelijk, onverslaanbaar

unbeaten ['ʌn'bi:tn] *bn* niet verslagen, ongeslagen; onbetreden [weg], ongebaand

unbecoming ['ʌnbi'kʌmiŋ] *bn* niet goed staand; niet mooi; geen pas gevend; onbetamelijk, ongepast (voor *to*)

unbefitting ['ʌnbi'fitiŋ] *bn* ongepast, onbetamelijk

unbegotten ['ʌnbi'gɔtn] *bn* ongeboren

unbeknown ['ʌnbi'noun] *bijw*: ~ *to me* zonder dat ik er (iets) van wist (weet); zonder mijn voorkennis

unbelief ['ʌnbi'li:f] *znw* ongeloof *o*

unbelievable *bn* ongelooflijk

unbeliever *znw* ongelovige

621

unbelieving *bn* ongelovig
unbeloved ['ʌnbi'lʌvd] *bn* onbemind
unbend ['ʌn'bend] **I** *overg* ontspannen², losmaken; fig uit de plooi doen komen; **II** *onoverg* losser worden; zich ontspannen²; fig minder stijf worden, uit de plooi komen
unbending *znw* onbuigzaam; niet toegevend; nooit uit de plooi komend
unbiassed ['ʌn'baiəst] *bn* onpartijdig, onbevooroordeeld
unbidden ['ʌn'bidn] *bn* vanzelf; ongenood, ongevraagd
unbind ['ʌn'baind] *overg* ontbinden, losbinden, losmaken
unblemished ['ʌn'blemiʃt] *bn* onbevlekt, onbezoedeld, vlekkeloos, smetteloos
unblinking ['ʌn'blinkiŋ] *bn* zonder met de ogen te knipperen; onverstoorbaar, ijzig (kalm), zonder aarzelen; *he looked at me with ~ eyes* hij keek me aan zonder een spier te vertrekken
unblock ['ʌn'blɔk] *overg* **1** ontstoppen; **2** handel deblokkeren
unblushing ['ʌn'blʌʃiŋ] *bn* schaamteloos, zonder blikken of blozen
unbolt ['ʌn'boult] *overg* ontgrendelen
unborn ['ʌn'bɔːn] *bn* ongeboren
unbosom [ʌn'buzəm] **I** *overg* ontboezemen; **II** *wederk*: *~ oneself* zijn hart uitstorten
unbound ['ʌn'baund] *bn* ongebonden; niet opgebonden [haar], loshangend; ontketend [hond &]
unbounded *bn* onbegrensd
unbrace ['ʌn'breis] *overg* losmaken, losgespen; ontspannen²
unbreakable ['ʌn'breikəbl] *bn* onbreekbaar; fig heilig [belofte &]
unbridled ['ʌn'braidld] *bn* fig ongebreideld, tomeloos, onbeteugeld, teugelloos
unbroken ['ʌn'broukn] *bn* ongebroken, niet ge-, verbroken, onaan-, onafgebroken; onafgericht
unbuckle ['ʌn'bʌkl] *overg* losgespen
unbuilt [ʌn'bilt] *bn* ongebouwd; onbebouwd
unburden [ʌn'bəːdn] *overg* ontlasten, verlichten; *~ oneself* zeggen wat men op het hart heeft; zijn hart uitstorten
unbusinesslike [ʌn'biznislaik] *bn* onzakelijk, onpraktisch
unbutton ['ʌn'bʌtn] *overg* losknopen; fig loskomen, ontdooien
uncalled-for [ʌn'kɔːld] *bn* ongerechtvaardigd, ongemotiveerd; ongewenst, niet vereist
uncanny [ʌn'kæni] *bn* griezelig, eng, mysterieus
uncap ['ʌn'kæp] *overg* de dop (deksel) afhalen van; hoed (muts, pet &) afnemen
uncared-for ['ʌn'kɛədfɔː] *bn* verwaarloosd; onverzorgd
uncaring ['ʌn'kɛəriŋ] *bn* ongevoelig, hard(vochtig)
uncase ['ʌn'keis] *overg* uit het foedraal, etui & halen, uitpakken; ontvouwen [vlag]

unceasing [ʌn'siːsiŋ] *bn* onophoudelijk, zonder ophouden, voortdurend
uncensored ['ʌn'sensəd] *bn* ongecensureerd, integraal
unceremonious ['ʌnseri'mounjəs] *bn* zonder plichtplegingen, zonder complimenten, familiaar, ongegeneerd
uncertain [ʌn'səːt(i)n] *bn* onzeker, ongewis, onvast, onbestendig, veranderlijk, vaag
uncertainty *znw* onzekerheid &
unchain ['ʌn'tʃein] *overg* ontkennen, loslaten
unchallengeable [ʌn'tʃælin(d)ʒəbl] *bn* onwraakbaar, onaantastbaar, onomstotelijk
unchallenged *bn* mil niet aangeroepen; onaangevochten, onbetwist; ongewraakt
unchangeable [ʌn'tʃein(d)ʒəbl] *bn* niet te veranderen, onveranderlijk
unchanged *bn* onveranderd
unchanging *bn* plechtig onveranderlijk
uncharacteristic ['ʌnkæriktə'ristik] *bn* ongewoon, opmerkelijk
uncharged ['ʌn'tʃaːdʒd] *bn* ongeladen; recht niet formeel in staat van beschuldiging gesteld
uncharitable ['ʌn'tʃæritəbl] *bn* liefdeloos, onbarmhartig; zelfzuchtig; gierig
uncharted ['ʌn'tʃaːtid] *bn* niet in kaart gebracht; fig onbekend
unchaste ['ʌn'tʃeist] *bn* onkuis, wulps
unchastity ['ʌn'tʃæstiti] *znw* onkuisheid
unchecked ['ʌn'tʃekt] *bn* onbeteugeld, ongebreideld; onbelemmerd; ongecontroleerd
unchristian ['ʌn'kristjən] *bn* onchristelijk; *at an ~ hour* onchristelijk vroeg
unchronicled ['ʌn'krɔnikld] *bn* onvermeld
uncial ['ʌnsiəl] **I** *bn* unciaal; **II** *znw* unciaalletter
uncivil ['ʌn'sivil] *bn* onbeleefd
uncivilized ['ʌn'sivilaizd] *bn* onbeschaafd
unclaimed ['ʌn'kleimd] *bn* niet opgeëist, niet afgehaald [v. bagage &]
unclasp ['ʌn'kla:sp] **I** *overg* loshaken, openmaken, openen; **II** *onoverg* zich ontsluiten
unclassified ['ʌn'klæsifaid] *bn* ongeclassificeerd, ongerubriceerd; niet geheim [informatie]
uncle ['ʌŋkl] *znw* oom; slang ome Jan: de lommerd; *U~ Sam* verpersoonlijking van de Verenigde Staten; *U~ Tom* geringsch onderdanige neger [naar de hoofdpersoon in de roman van Beecher Stowe]
unclean ['ʌn'kliːn] *bn* onrein, vuil
unclear ['ʌn'kliə] *bn* onduidelijk; twijfelend, onzeker
unclench ['ʌn'klenʃ] *onoverg* ontsluiten, zich openen
uncloak ['ʌn'klouk] *onoverg & overg* (zich) van een mantel ontdoen; fig ontmaskeren
unclose ['ʌn'klouz] **I** *overg* ontsluiten, openen; fig onthullen, openbaren; **II** *onoverg* opengaan
uncloth ['ʌn'klouð] *overg* ontkleden; *~ed* naakt
unclouded ['ʌn'klaudid] *bn* onbewolkt; fig helder,

zonnig (toekomst), onbesmeurd (verleden)

uncluttered ['ʌn'klʌtəd] *bn* overzichtelijk; sober

unco ['ʌŋkou] *bn* Schots uiterst, hoogst

uncoil ['ʌn'kɔil] **I** *overg* afrollen, ontrollen; **II** *onoverg* zich ontrollen

uncollected ['ʌnkə'lektid] *bn* niet verzameld; niet geïnd; niet tot bedaren of bezinning gekomen

uncoloured ['ʌn'kʌləd] *bn* ongekleurd; zwart-wit; *fig* onpartijdig, objectief

uncombed ['ʌn'koumd] *bn* ongekamd

un-come-at-able ['ʌnkʌm'ætəbl] *bn* gemeenz ongenaakbaar, onbereikbaar

uncomely ['ʌn'kʌmli] *bn* niet welstaand, onbevallig, minder welvoeglijk

uncomfortable [ʌn'kʌmfətəbl] *bn* ongemakkelijk; niet op zijn gemak, verlegen; onbehaaglijk, onaangenaam; pijnlijk [stilte, situatie]

uncommercial ['ʌnkə'mə:ʃəl] *bn* niet handeldrijvend; tegen de handelsgewoonten; zonder winstbejag

uncommitted ['ʌnkə'mitid] *bn* niet gebonden, vrij; niet commissoriaal gemaakt; niet verpand

uncommon [ʌn'kɔmən] *bn* ongewoon; zeldzaam; ongemeen, bijzonder

uncommunicative ['ʌnkə'mju:nikətiv] *bn* niet (bijzonder) mededeelzaam, gesloten

uncomplaining ['ʌnkəm'pleiniŋ] *bn* gelaten

uncomplicated ['ʌn'kɔmplikeitid] *bn* eenvoudig

uncompounded ['ʌnkəm'paundid] *bn* niet samengesteld, enkelvoudig

uncomprehending ['ʌnkɔmpri'hendiŋ] *bn* niet begrijpend

uncompromising [ʌn'kɔmprəmaiziŋ] *bn* onbuigzaam, star, compromisloos

unconcealed ['ʌnkən'si:ld] *bn* niet verborgen, onverholen

unconcern ['ʌnkən'sə:n] *znw* onbekommerd-, onverschilligheid, kalmte

unconcerned *bn* zich niets aantrekkend (van *at*); onbekommerd (over *about, as to, for, with*); kalm, onverschillig

unconditional [ʌnkən'diʃənəl] *bn* onvoorwaardelijk

unconditioned *bn* psych natuurlijk, niet geconditioneerd [reflexen]

unconfessed ['ʌnkən'fest] *bn* onbeleden; RK niet gebiecht hebbend

unconfined ['ʌnkən'faind] *bn* **1** onbegrensd; **2** vrij rondlopend [dier]

unconfirmed ['ʌnkən'fə:md] *bn* onbevestigd; niet kerkelijk aangenomen

unconformable ['ʌnkən'fɔ:məbl] *bn* niet overeenkomstig; zich niet schikkend

uncongenial ['ʌnkən'dʒi:niəl] *bn* niet verwant; niet sympathiek; onaangenaam

unconnected ['ʌnkə'nektid] *bn* niet met elkaar in betrekking (staand), onsamenhangend

unconquerable ['ʌn'kɔŋkərəbl] *bn* onoverwinnelijk, onoverwinbaar

unconquered *bn* niet veroverd; onoverwonnen

unconscionable ['ʌn'kɔnʃənəbl] *bn* onredelijk, onbillijk; buitensporig, onmogelijk

unconscionably *bijw* onredelijk &; *an ~ long time* ongepermitteerd lang

unconscious [ʌn'kɔnʃəs] **I** *bn* onbewust, onkundig; bewusteloos; **II** *znw: the ~* psych het onderbewuste

unconsciousness *znw* onbewustheid; bewusteloosheid

unconsidered ['ʌnkən'sidəd] *bn* ondoordacht, overijld

unconstitutional ['ʌnkɔnsti'tju:ʃənəl] *bn* niet constitutioneel, ongrondwettig

unconstrained ['ʌnkən'streind] *bn* ongedwongen

unconstraint *znw* ongedwongenheid

uncontrollable ['ʌnkən'trouləbl] *bn* niet te beheersen, onbedwingbaar, onbedaarlijk, onbestuurbaar, onhandelbaar; waarover men geen macht heeft; niet te controleren

uncontrolled *bn* onbedwongen, onbeteugeld

unconventional ['ʌnkən'venʃənl] *bn* onconventioneel, niet gehecht (gebonden) aan vormen, vrij

unconvinced ['ʌnkən'vinst] *bn* niet overtuigd, sceptisch; *I'm ~* ik heb mijn twijfels

unconvincing *bn* niet overtuigend

uncooked ['ʌn'kukt] *bn* ongekookt, rauw

uncooperative ['ʌnkou'ɔpərətiv] *bn* niet meewerkend, onwillig

uncoordinated ['ʌnkou'ɔ:dineitid] *bn* onhandig [bewegingen]; chaotisch, niet gecoördineerd [actie]

uncord ['ʌn'kɔ:d] *overg* losbinden, losmaken

uncork ['ʌn'kɔ:k] *overg* ontkurken, opentrekken

uncorroborated ['ʌnkə'rɔbəreitid] *bn* niet (nader) bevestigd

uncounted ['ʌn'kauntid] *bn* ongeteld; talloos

uncouple ['ʌn'kʌpl] *overg* afkoppelen; loskoppelen

uncourteous ['ʌn'kə:tjəs, 'ʌn'kɔ:tjəs] *bn* onbeleefd, onhoffelijk, onheus

uncourtly ['ʌn'kɔ:tli] *bn* ongemanierd, lomp

uncouth [ʌn'ku:θ] *bn* onhandig, lomp; ongemanierd

uncover [ʌn'kʌvə] *overg* het deksel (de schaal &) afnemen van, ontbloten, blootleggen; *-ed* onoverdekt

uncritical ['ʌn'kritikəl] *bn* onkritisch; kritiekloos

uncrossed ['ʌn'krɔst] *bn* zonder kruis(je); niet kruisgewijs over elkaar; niet gedwarsboomd

uncrowned ['ʌn'kraund] *bn* ongekroond

uncrushable ['ʌn'krʌʃəbl] *bn* kreukvrij, vormvast

unction ['ʌŋkʃən] *znw* zalving[2]; *Extreme U~* RK het H. oliesel

unctuous *bn* zalvend, stichtelijk

uncultivated ['ʌn'kʌltiveitid] *bn* onbebouwd; onontgonnen, onontwikkeld [v.d. geest]; onbeschaafd

uncultured ['ʌn'kʌltʃəd] *bn* onbeschaafd

uncurbed [ʌn'kɔːbd] *bn* ongebreideld, ongetemd

uncut ['ʌn'kʌt] *bn* ongesneden, ongeknipt; onaangesneden; ongekuist, ongecensureerd; onbehouwen; ongeslepen [glas]

undamaged ['ʌn'dæmidʒd] *bn* intact, in goede staat, ongeschonden [ook: fig]

undated [ʌn'deitid] *bn* niet gedateerd

undaunted [ʌn'dɔːntid] *bn* onversaagd, onverschrokken; niet afgeschrikt (door *by*)

undeceive ['ʌndi'siːv] *overg* beter inlichten, de ogen openen

undecided ['ʌndi'saidid] *bn* onbeslist; besluiteloos, weifelend

undeclared ['ʌndi'kleəd] *bn* niet bekend gemaakt; geheim gehouden; niet aangegeven [bij douane]

undefended ['ʌndi'fendid] *bn* onverdedigd; onbeschermd

undefiled ['ʌndi'faild] *bn* onbesmet, onbevlekt

undefinable ['ʌndi'fainəbl] *bn* niet (nader) te definiëren, ondefinieerbaar, onomschrijfbaar

undefined *bn* onbepaald, onbestemd

undeliverable ['ʌndi'livərəbl] *bn* post onbestelbaar

undemanding ['ʌndi'maːndiŋ] *bn* bescheiden

undemonstrative ['ʌndi'mɔnstrətiv] *bn* gereserveerd, gesloten, terughoudend

undeniable ['ʌndi'naiəbl] *bn* onloochenbaar, niet te ontkennen; ontegenzeglijk; onmiskenbaar

undenominational ['ʌndinɔmi'neiʃənəl] *bn* niet confessioneel [v. scholen &]

under ['ʌndə] **I** *voorz* onder°, beneden, minder dan; volgens, krachtens, in het kader van; ~ *age* onmondig, minderjarig; ~ *arms* onder de wapenen; *be* ~ *attack* aangevallen worden; ~ *corn* bebouwd (beplant); ~ *cover* onder dekking, beschermd; geheim, verborgen; *he is* ~ *the doctor* hij is onder doktersbehandeling, de dokter gaat over hem; ~ *way* onderweg [v. schip]; aan de gang, op streek; *those* ~ *him* ook: zijn ondergeschikten; **II** *bijw* (er) onder, beneden; *as* ~ *handel* als hieronder aangegeven; *down* ~ aan de andere kant van de wereld (Australië & Nieuw-Zeeland)

underact ['ʌndər'ækt] *onoverg* ingehouden spelen [toneel]; zwak spelen

underarm ['ʌndəraːm] *bn & bijw* sp onderhands

underbelly ['ʌndəbeli] *znw* fig zwakke plek

underbid ['ʌndə'bid] *onoverg* het voor minder doen dan een ander; minder bieden dan; te weinig bieden

underbidder *znw* op één na hoogste bieder

underbred ['ʌndə'bred] *bn* onopgevoed; niet volbloed

underbrush ['ʌndəbrʌʃ] *znw* kreupelhout *o*

undercarriage ['ʌndə'kæridʒ] *znw* onderstel *o*; landingsgestel *o*

undercharge ['ʌndə'tʃaːdʒ] *onoverg* te weinig berekenen

underclothes ['ʌndəklouðz] *znw mv*, **under-**

clothing *znw* onderkleren, onderkleding

undercover ['ʌndə'kʌvə] *bn* geheim; heimelijk; verborgen; ~ *man* spion

undercroft ['ʌndəkrɔft] *znw* crypt(e), krocht

undercurrent ['ʌndəkʌrənt] *znw* onderstroom[2]

1 undercut ['ʌndə'kʌt] *overg* goedkoper zijn dan, minder geld vragen dan; ondergraven

2 undercut ['ʌndəkʌt] *znw* filet [v. vlees]

underdeveloped ['ʌndədi'veləpt] *bn* onderontwikkeld, achtergebleven [gebieden]

underdog ['ʌndədɔg] *znw* underdog, gedoodverfde verliezer, verdrukte

underdone ['ʌndə'dʌn] *bn* niet (zo) gaar

underdress ['ʌndə'dres] *(onoverg &) overg* (zich) te eenvoudig kleden

underemployed ['ʌndərim'plɔid] *bn*: *be* ~ te weinig werk hebben

underemployment *znw* onvolledige werkgelegenheid

underestimate I *overg* ['ʌndə'restimeit] onderschatten, te laag aanslaan; **II** *znw* ['ʌndə'restimit] onderschatting, te lage schatting

under-exposed ['ʌndəriks'pouzd] *bn* fotogr onderbelicht

under-exposure ['ʌndəriks'pouʒə] *znw* fotogr onderbelichting

underfed ['ʌndə'fed] *bn* ondervoed

underfeed *overg* te weinig eten geven

underfoot [ʌndə'fut] *bijw* onder de voet, onder de voeten

underfunded ['ʌndə'fʌndid] *bn*: *be* ~ over onvoldoende fondsen beschikken

undergarment ['ʌndəgaːmənt] *znw* stuk *o* ondergoed

undergo [ʌndə'gou] *overg* ondergaan; lijden

undergraduate [ʌndə'grædjuit] **I** *znw* student die zijn eerste graad nog niet behaald heeft; **II** *bn* studenten-

underground I *bijw* [ʌndə'graund] onder de aarde, onder de grond; *go* ~ ondergronds gaan werken [v. organisatie], onderduiken; **II** *bn* ['ʌndəgraund] onderaards, ondergronds; fig onderhands, geheim [intriges &]; **III** *znw*: *the* ~ ['ʌndəgraund] de metro; de ondergrondse (beweging); de underground [jongerenbeweging tegen de traditionele stijl van de bestaande maatschappij]

undergrown ['ʌndə'groun] *bn* niet volgroeid

undergrowth ['ʌndəgrouθ] *znw* struikgewas *o*, kreupelhout *o*

underhand ['ʌndəhænd] *bn* clandestien, onderhands [intriges], slinks, achterbaks

underlay I [ʌndə'lei] V.T. van *underlie*; **II** *znw* ['ʌndəlai] onderlegger

underlease ['ʌndəliːs] *overg* onderverpachten, onderverhuren

underlet [ʌndə'let] *overg* onderverhuren; onder de waarde verhuren

underlie [ʌndə'lai] *overg* ten grondslag liggen aan

underline [ʌndə'lain] *overg* onderstrepen; benadrukken, aandikken

underling ['ʌndəliŋ] *znw* ondergeschikte; (min) sujet o; handlanger

underlying [ʌndə'laiiŋ] *bn: the ~ cause* de grondoorzaak, de fundamentele oorzaak; zie ook: *underlie*

undermanned [ʌndə'mænd] *bn* onvoldoende bemand; met te weinig personeel, onderbezet

undermentioned ['ʌndə'menʃənd] *bn* onderstaand, hieropvolgend

undermine [ʌndə'main] *overg* ondermijnen[2]

undermost ['ʌndəmoust] *bn* onderste

underneath [ʌndə'ni:θ] **I** *voorz* onder, beneden; **II** *bijw* hieronder, beneden, van onderen

undernourished ['ʌndə'nʌriʃt] *bn* ondervoed

undernourishment *znw* ondervoeding

underpaid ['ʌndə'peid] *bn* onderbetaald

underpants ['ʌndəpænts] *znw mv* onderbroek

underpass ['ʌndəpa:s] *znw* tunnel [voor verkeer]; onderdoorgang

underpay ['ʌndə'pei] *overg* onderbetalen

underpayment *znw* onderbetaling

underpin [ʌndə'pin] *overg* (onder)stutten; fig steunen

underplay ['ʌndə'plei] *overg* bagatelliseren, als onbelangrijk voorstellen; theat ingehouden spelen

underplot ['ʌndəplɔt] *znw* nevenintrige [in toneelstuk &]

underpopulated ['ʌndə'pɔpjuleitid] *bn* onderbevolkt

underprivileged ['ʌndə'privilidʒd] *bn* sociaal zwak, kansarm

underproduction ['ʌndəprə'dʌkʃən] *znw* te geringe productie, onderproductie

underprop [ʌndə'prɔp] *overg* stutten, schragen

underquote [ʌndə'kwout] *overg* te weinig bieden; minder vragen (dan een ander)

underrate [ʌndə'reit] *overg* onderschatten

underscore [ʌndə'skɔ:] *overg* onderstrepen[2]

undersea ['ʌndəsi:] *bn* onderzees, onderzee-

under-secretary ['ʌndə'sekrətri] *znw* ondersecretaris; *~ of state* onderminister

undersell ['ʌndə'sel] *overg* onder de prijs verkopen; voor minder verkopen dan

1 underset [ʌndə'set] *overg* stutten, ondersteunen

2 underset ['ʌndəset] *znw* onderstroom

undershirt ['ʌndəʃə:t] *znw* Am (onder)hemd o

undershot ['ʌndəʃɔt] *bn: ~ wheel* onderslagrad o [v. molen]; vooruitstekend [kaak]

underside ['ʌndəsaid] *znw* onderkant

undersign [ʌndə'sain] *overg* (onder)tekenen

undersigned ['ʌndəsaind] *znw: I (we), the ~* ik (wij) ondergetekende(n)

undersize(d) ['ʌndə'saiz(d)] *bn* ondermaats, te klein

underskirt ['ʌndəskə:t] *znw* onderrok; petticoat

underslung ['ʌndə'slʌŋ] *bn* opgehangen onder...;

auto van onderen aan de assen bevestigd [chassis]

understaffed ['ʌndə'sta:ft] *bn* met te weinig personeel, onderbezet

understand [ʌndə'stænd] (understood; understood) **I** *overg* verstaan, begrijpen; weten [te...]; opvatten; aannemen, (er uit) opmaken; vernemen, horen; *what did I ~ you to say?* wat hoorde ik u daar zeggen?; *I was given to ~* men gaf mij te verstaan; *they are understood to have..., it is understood that they have...* naar verluidt hebben zij...; *what do you ~ by that?* wat verstaat u daaronder?; **II** *onoverg & abs ww* (het) begrijpen; *do you ~ about horses?* hebt u verstand van paarden?; zie ook: *understood*

understandable *bn* begrijpelijk, gemakkelijk verstaanbaar

understanding I *bn* verstandig; begripvol; **II** *znw* verstand° o, begrip o; verstandhouding; afspraak, schikking; *on the ~ that...* met dien verstande dat..., op voorwaarde dat...; *come to an ~ with* tot overeenstemming (een schikking) komen met

understate ['ʌndə'steit] *overg* te laag aan-, opgeven; zich ingehouden of zeer gematigd uitdrukken; *~ the fact* (nog) beneden de waarheid blijven

understatement *znw* te lage opgave; zeer gematigde, (nog) beneden de waarheid blijvende bewering, understatement o

understood [ʌndə'stud] **I** V.T. & V.D. van *understand;* **II** *bn: an ~ thing* iets vanzelfsprekends; *make oneself ~* zich verstaanbaar maken, duidelijk maken wat men bedoelt

understudy ['ʌndəstʌdi] **I** *znw* doublure [van acteur of actrice]; **II** *overg* [een rol] instuderen om als vervanger van een der spelers te kunnen optreden of invallen; vervangen [een acteur of actrice]

undertake [ʌndə'teik] *overg* ondernemen, op zich nemen; zich verbinden, ervoor instaan; zich belasten met; [een werk] aannemen; onder handen nemen

undertaken V.D. van *undertake*

1 undertaker ['ʌndəteikə] *znw* begrafenisondernemer

2 undertaker [ʌndə'teikə] *znw* iem. die iets onderneemt

undertaking [ʌndə'teikiŋ] *znw* onderneming; verbintenis; plechtige belofte

undertenant ['ʌndə'tenənt] *znw* onderpachter, onderhuurder

underthings ['ʌndəθiŋz] *znw mv* ondergoed o

undertone ['ʌndətoun] *znw* gedempte toon [ook v. kleuren], ondertoon; *in an ~* met gedempte stem, zacht

undertook [ʌndə'tuk] V.T. van *undertake*

undertow ['ʌndətou] *znw* onderstroom

underuse ['ʌndə'ju:z] *overg* te weinig gebruiken

undervalue [ʌndə'vælju:] *overg* onderwaarderen; onderschatten

undervest ['ʌndəvest] *znw* borstrok

underwater ['ʌndəwɔ:tə] *bn* onderwater-, onder

625

water
underway [ˌʌndəˈwei] zie: *way* I
underwear [ˈʌndəwɛə] *znw* ondergoed *o*
underwent [ˌʌndəˈwent] V.T. van *undergo*
underwood [ˈʌndəwud] *znw* kreupelhout *o*
underworld [ˈʌndəwɔːld] *znw* onderwereld[2]
underwrite [ˌʌndəˈrait] *overg* assureren, verzekeren; garanderen [emissie]
underwriter [ˈʌndəraitə] *znw* assuradeur; garant [v. emissie]
underwriting *znw* assurantie(zaken); garantie [v. emissie]
undeserved [ˈʌndiˈzəːvd] *bn* onverdiend
undesigned [ˈʌndiˈzaind] *bn* onopzettelijk
undesigning *bn* argeloos, oprecht
undesirable [ˌʌndiˈzairəbl] **I** *bn* ongewenst, niet wenselijk; **II** *znw* ongewenst individu *o*
undesired *bn* ongewenst
undesiring, undesirous *bn* geen wensen koesterend, niet verlangend (naar *of*)
undetected [ˈʌndiˈtektid] *bn* onontdekt
undetermined [ˈʌndiˈtəːmind] *bn* onbeslist; onbepaald; niet besloten, onzeker
undeterred [ˈʌndiˈtəːd] *bn* onverschrokken
undeveloped [ˈʌndiˈveləpt] *bn* onontwikkeld; onontgonnen &
undeviating [ʌnˈdiːvieitiŋ] *bn* niet afwijkend, onwankelbaar
undid [ʌnˈdid] V.T. van *undo*
undies [ˈʌndiz] *znw mv* gemeenz (dames)ondergoed *o*
undifferentiated [ˌʌndifəˈrenʃieitid] *bn* ongedifferentieerd, homogeen
undigested [ˈʌndi-, ˈʌndaiˈdʒestid] *bn* onverteerd[2]; fig onverwerkt [v. het geleerde]
undignified [ʌnˈdignifaid] *bn* niet in overeenstemming met zijn waardigheid, onwaardig [v. vertoning]
undiluted [ˈʌndaiˈl(j)uːtid] *bn* onverdund; fig onvervalst, zuiver, puur
undiscerning [ˈʌndiˈsəːniŋ] *bn* niet scherp onderscheidend, niet scherpziend, kortzichtig
undischarged [ˈʌndisˈtʃaːdʒd] *bn* niet afgedaan, onbetaald [schuld]; handel niet gerehabiliteerd; mil niet afgeschoten [vuurwapen]
undisciplined [ʌnˈdisiplind] *bn* ongedisciplineerd, tuchteloos
undisclosed [ˈʌndisˈklouzd] *bn* verborgen, geheim (gehouden), onbekend (gebleven)
undiscovered [ˈʌndisˈkʌvəd] *bn* onontdekt
undisguised [ˈʌndisˈgaizd] *bn* onverbloemd, onverholen
undismayed [ˈʌndisˈmeid] *bn* onverschrokken
undisputed [ˈʌndisˈpjuːtid] *bn* onbetwist
undissolved [ˈʌndiˈzɔlvd] *bn* niet opgelost, onopgelost, niet ontbonden
undistinguished [ˈʌndisˈtiŋgwiʃt] *bn* zich niet (door niets) onderscheidend hebbend, onbekend,

gewoon(tjes)
undisturbed [ˈʌndisˈtəːbd] *bn* ongestoord, onverstoord; *the contents of the house have been left ~ for 400 years* dit huis ziet er van binnen nog exact hetzelfde uit als 400 jaar geleden
undivided [ˈʌndiˈvaidid] *bn* onverdeeld
undo [ʌnˈduː] *overg* losmaken, losbinden, losrijgen, -knopen, -tornen &; openmaken [een pakje]; ongedaan maken, ongeldig maken, tenietdoen; te gronde richten, in het verderf storten, vernietigen [hoop &]
undoing *znw* (iemands) verderf *o*, ongeluk *o*, ondergang; tenietdoen *o* &; zie *undo*
undone [ʌnˈdʌn] *bn* ongedaan; verwaarloosd; te gronde gericht, vernietigd; losgeraakt; zie ook: *done, undo* &
undoubted [ʌnˈdautid] *bn* ongetwijfeld; on(be-)twijfelbaar
undraped [ʌnˈdreipt] *bn* onbekleed, naakt
undreamed [ʌnˈdriːmd], **undreamt** [ʌnˈdremt] *bn*: ~ *of* ongedroomd, ongedacht, onverwacht
undress [ʌnˈdres] **I** *overg* ont-, uitkleden; **II** *onoverg* zich ont-, uitkleden; **III** *znw* huisgewaad *o*, negligé *o*; mil klein tenue *o* & *v*; *in a state of* ~ half aangekleed, in zijn ondergoed
undressed *bn* ongekleed, uitgekleed; niet geplukt [gevogelte]; niet behandeld (verbonden) [wond]; onbereid, onaangemaakt [van sla &]; onbehouwen [v. steen]
undue [ʌnˈdjuː] *bn* onredelijk; onbehoorlijk, ongepast; bovenmatig, overdreven
undulate [ˈʌndjuleit] *onoverg* & *overg* (doen) golven
undulating *bn* golvend
undulation [ʌndjuˈleiʃən] *znw* golving, golfbeweging
undulatory [ˈʌndjulət(ə)ri] *bn* golvend, golf-
unduly [ʌnˈdjuːli] *bijw* onredelijk; onbehoorlijk; meer dan nodig was, al te (veel)
undying [ʌnˈdaiiŋ] *bn* onsterfelijk, onvergankelijk, eeuwig
unearned [ʌnˈəːnd] *bn* onverdiend; arbeidsloos [v. inkomen]; toevallig [v. waardevermeerdering]
unearth [ʌnˈəːθ] *overg* opgraven; rooien; aan het licht brengen, opdiepen
unearthly *bn* niet aards, bovenaards; spookachtig; *at an ~ hour* op een onmogelijk (vroeg) uur
uneasiness [ʌnˈiːzinis], **unease** *znw* onbehaaglijkheid; gedwongenheid, gegeneerdheid; ongerustheid, onrust, bezorgdheid, angst (over *about, as to, over*)
uneasy *bn* onbehaaglijk; niet op zijn gemak, gedwongen, gegeneerd; ongerust, bezorgd (over *about, as to, over*); onrustig
uneatable [ʌnˈiːtəbl] *bn* oneetbaar
uneaten *bn* (nog) niet opgegeten, ongegeten
uneconomic(al) [ˈʌnikəˈnɔmik(l)] *bn* oneconomisch, onvoordelig, niet zuinig
unedifying [ʌnˈedifaiiŋ] *bn* onstichtelijk

uneducated [ˈʌnˈedjukeitid] *bn* onontwikkeld, onbeschaafd

unembarrassed [ˈʌnimˈbærəst] *bn* ongedwongen

unemotional [ʌniˈmouʃənl] *bn* onaandoenlijk, kalm, niet emotioneel

unemployable [ˈʌnimˈplɔiəbl] *bn* ongeschikt als arbeidskracht, niet inzetbaar

unemployed [ˈʌnimˈplɔid] *bn* ongebruikt; werkloos, zonder werk (zijnd); *the ~* de werklozen

unemployment *znw* werkloosheid; *~ benefit* werkloosheidsuitkering

unencumbered [ˈʌninˈkʌmbəd] *bn* onbelast, onbezwaard [v. eigendom]; zonder kinderen

unending [ʌnˈendiŋ] *bn* eindeloos

unendurable [ˈʌninˈdjuərəbl] *bn* ondraaglijk

unengaged [ʌninˈgeidʒd] *bn* niet bezet, vrij

unenviable [ˈʌnˈenviəbl] *bn* niet te benijden, ellendig

unequal [ˈʌnˈiːkwəl] *bn* ongelijk; ongelijkmatig, oneven; *~ to the task* niet opgewassen tegen, niet berekend voor de taak

unequalled *bn* ongeëvenaard

unequally *bijw* ongelijk; oneven

unequivocal [ʌniˈkwivəkl] *bn* ondubbelzinnig; duidelijk

unerring [ˈʌnˈəːriŋ] *bn* nooit falend, nooit missend, onfeilbaar

UNESCO, Unesco [juːˈneskou] *afk.* = *United Nations Educational, Scientific and Cultural Organization* Unesco

unessential [ˈʌniˈsenʃəl] **I** *bn* niet essentieel, niet wezenlijk; **II** *znw*: *~s* niet tot het wezen van de zaak behorende dingen, bijkomstigheden, bijzaken

unethical [ʌnˈeθikl] *bn* niet ethisch; onoprecht; immoreel

uneven [ˈʌnˈiːvən] *bn* oneven, ongelijk, oneffen; ongelijkmatig

uneventful [ˈʌniˈventful] *bn* arm aan gebeurtenissen, kalm (verlopend), rustig

unexampled [ʌnigˈzaːmpld] *bn* weergaloos, ongeevenaard

unexceptionable [ʌnikˈsepʃənəbl] *bn* waar niets tegen in te brengen valt, onaanvechtbaar, onberispelijk

unexceptional [ˈʌnikˈsepʃənəl] *bn* gewoon, normaal

unexciting [ˈʌnikˈsaitiŋ] *bn* saai, oninteressant

unexecuted [ˈʌnˈeksikjuːtid] *bn* onuitgevoerd

unexpected [ˈʌniksˈpektid] *bn* onverwacht(s); onvoorzien(s)

unexplained [ˈʌniksˈpleind] *bn* onverklaard

unexpressed [ˈʌniksˈprest] *bn* onuitgedrukt, onuitgesproken

unexpurgated [ˈʌnˈekspəːgeitid] *bn* ongecastigeerd, ongekuist [uitgave]

unfading [ʌnˈfeidiŋ] *bn* eeuwig, onvergankelijk, blijvend

unfailing [ʌnˈfeiliŋ] *bn* nooit falend, onfeilbaar,

zeker, onuitputtelijk [voorraad]; altijd

unfair [ˈʌnˈfɛə] *bn* onbillijk, oneerlijk

unfaithful [ˈʌnˈfeiθful] *bn* ontrouw, trouweloos; *be ~ to* ook: bedriegen [v. echtgenoten]

unfaltering [ʌnˈfɔːltəriŋ] *bn* onwankelbaar, zonder haperen of weifelen

unfamiliar [ˈʌnfəˈmiljə] *bn* onbekend, vreemd; niet vertrouwd of bekend (met *with*)

unfashionable [ˈʌnˈfæʃənəbl] *bn* niet in (naar) de mode, ouderwets; niet chic; uit de tijd

unfasten [ˈʌnˈfaːsn] *overg* losmaken, openmaken

unfathomable [ʌnˈfæðəməbl] *bn* onpeilbaar², grondeloos², ondoorgrondelijk

unfathomed *bn* ongepeild, ondoorgrond

unfavourable [ʌnˈfeivərəbl], *Am* **unfavorable** *bn* ongunstig

unfeeling [ʌnˈfiːliŋ] *bn* ongevoelig, gevoelloos, wreed, hard(vochtig)

unfeigned [ʌnˈfeind] *bn* ongeveinsd, oprecht

unfeminine [ʌnˈfeminin] *bn* onvrouwelijk

unfetter [ˈʌnˈfetə] *overg* ontketenen, bevrijden

unfettered *bn* onbelemmerd, vrij

unfilled [ˈʌnˈfild] *bn* ongevuld, leeg

unfinished [ˈʌnˈfiniʃt] *bn* onafgemaakt, onvoleindigd, onafgewerkt, onvoltooid

unfit [ʌnˈfit] **I** *bn* ongeschikt, onbekwaam, ongepast (voor *for*); niet gezond; *~ to be trusted* niet te vertrouwen; **II** *overg* ongeschikt maken

unfitted *bn* ongeschikt (gemaakt); niet aangebracht, niet ingericht &

unfitting *bn* niet (bij elkaar) passend; onbetamelijk

unfix [ˈʌnˈfiks] *overg* losmaken; *~ bayonets!* mil bajonet af!

unfixed *bn* niet vastgemaakt &; ook = *unsettled*

unflagging [ʌnˈflægiŋ] *bn* onverslapt, onverflauwd; *~ zeal* onverdroten ijver

unflappable [ʌnˈflæpəbl] *bn* gemeenz onverstoorbaar

unflattering [ˈʌnˈflætəriŋ] *bn* weinig vleiend, allesbehalve vleiend, ongeflatteerd

unfledged [ˈʌnˈfledʒd] *bn* groen, onervaren

unflinching [ˈʌnˈflinʃiŋ] *bn* onwankelbaar, onwrikbaar, onversaagd

unfold [ʌnˈfould] **I** *overg* ontvouwen², ontplooien², uitspreiden²; openvouwen, openen; onthullen, openbaren; uitlaten [uit schaapskooi]; **II** *onoverg* zich ontplooien, zich uitspreiden, opengaan

unforced [ˈʌnˈfɔːst] *bn* ongedwongen; niet gedwongen, zonder dwang

unforeseen [ˈʌnfɔːˈsiːn] *bn* onvoorzien

unforgettable [ˈʌnfəˈgetəbl] *bn* onvergetelijk

unforgivable [ˈʌnfəˈgivəbl] *bn* onvergeeflijk

unforgiving *bn* niets vergevend; onverzoenlijk

unformed [ˈʌnˈfɔːmd] *bn* nog ongevormd²; onontwikkeld; vaag, vormeloos

unfortunate [ʌnˈfɔːtʃənit] **I** *bn* ongelukkig², niet gelukkig; zonder succes; **II** *znw* ongelukkige

unfortunately *bijw* ongelukkigerwijze, helaas,

627

jammer (genoeg), ongelukkig

unfounded [ˈʌnˈfaundid] *bn* ongegrond

unfreeze [ˈʌnˈfriːz] *overg* ontdooien; handel deblokkeren; ~ *wages* de loonstop opheffen

unfrequented [ˈʌnfriˈkwentid] *bn* niet of zelden bezocht; eenzaam

unfriendly [ˈʌnˈfrendli] *bn* onvriendschappelijk, onvriendelijk, onaardig (voor *to*)

unfrock [ˈʌnˈfrɔk] *overg* uit het ambt ontzetten

unfrozen [ˈʌnˈfrouzn] *bn* onbevroren; ontdooid; slang gedeblokkeerd

unfruitful [ˈʌnˈfruːtful] *bn* onvruchtbaar

unfulfilled [ˈʌnfulˈfild] *bn* niet ingelost [belofte]; onvervuld [verlangen]; *feel* ~ zich onbevredigd, gefrustreerd voelen

unfurl [ʌnˈfəːl] **I** *overg* uitspreiden, ontplooien, ontrollen; **II** *onoverg* zich ontplooien

unfurnished [ˈʌnˈfəːniʃt] *bn* ongemeubileerd

ungainly [ʌnˈgeinli] *bn* onbevallig, lomp

ungear [ˈʌnˈgiə] *overg* techn af-, ontkoppelen

ungenerous [ˈʌnˈdʒenərəs] *bn* onedelmoedig; zelfzuchtig; niet royaal

ungenial [ˈʌnˈdʒiːniəl] *bn* niet of weinig groeizaam, guur [v. weer]; onvriendelijk, onaangenaam

ungentlemanly [ʌnˈdʒentlmənli] *bn* niet zoals het een gentleman betaamt

un-get-at-able [ˈʌngətˈætəbl] *bn* gemeenz niet te bereiken

ungird [ˈʌnˈgəːd] *overg* losgorden

ungiving [ˈʌnˈgiviŋ] *bn* niet meegevend

ungloved [ˈʌnˈglʌvd] *bn* zonder handschoen(en) aan

unglue [ˈʌnˈgluː] *overg* losmaken, -weken

ungodly [ʌnˈgɔdli] *bn* goddeloos, zondig, verdorven; gemeenz onmenselijk, ergerlijk

ungovernable [ʌnˈgʌvənəbl] *bn* niet te regeren, onregeerbaar, ontembaar, tomeloos, wild

ungraceful [ʌnˈgreisful] *bn* ongracieus, onbevallig, onsierlijk, plomp, lomp

ungracious [ʌnˈgreiʃəs] *bn* onheus, onvriendelijk; onaangenaam

ungrammatical [ʌngrəˈmætikl] *bn* ongrammaticaal, ontaalkundig

ungrateful [ʌnˈgreitful] *bn* ondankbaar [ook v. zaken]; onaangenaam [v. zaken]

ungratified [ʌnˈgrætifaid] *bn* onbevredigd

ungrounded [ʌnˈgraundid] *bn* ongegrond

ungrudging [ʌnˈgrʌdʒiŋ] *bn* van harte komend, gaarne gegund, royaal

unguarded [ʌnˈgaːdid] *bn* onbewaakt; onvoorzichtig

unguent [ˈʌŋgwənt, -gjuənt] *znw* zalf, smeersel *o*

unguided [ˈʌnˈgaidid] *bn* zonder gids of geleide

ungulate [ˈʌŋgjuleit] **I** *znw* hoefdier *o*; **II** *bn* hoef

unhallowed [ʌnˈhæloud] *bn* ongewijd; goddeloos

unhampered [ˈʌnˈhæmpəd] *bn* onbelemmerd, ongehinderd

unhand [ʌnˈhænd] *overg* loslaten

unhandy [ʌnˈhændi] *bn* gemeenz onhandig

unhang [ˈʌnˈhæŋ] *overg* [v.d. muur &] afnemen, afhalen

unhappy [ʌnˈhæpi] *bn* ongelukkig[2]; verdrietig, ontevreden

unharmed [ˈʌnˈhaːmd] *bn* onbeschadigd, ongekwetst, ongedeerd

unharmonious [ˈʌnhaːˈmounjəs] *bn* onwelluidend, niet harmonisch

unharness [ˈʌnˈhaːnis] *overg* aftuigen, uitspannen [een paard]

unhatched [ʌnˈhætʃt] *bn* onuitgebroed

unhealthy [ʌnˈhelθi] *bn* ongezond[2]; gemeenz link, niet pluis

unheard [ˈʌnˈhəːd] *bn* niet gehoord, ongehoord; niet aangehoord; recht onverhoord; ~*-of* [ʌnˈhəːdɔv] ongehoord [iets]

unheeded [ˈʌnˈhiːdid] *bn* on(op)gemerkt; veronachtzaamd, miskend; in de wind geslagen [v. waarschuwing &]

unheeding *bn* onachtzaam, achteloos, zorgeloos; ~ *of* niet lettend op

unhelpful [ˈʌnˈhelpful] *bn* onhulpvaardig, onbehulpzaam; nutteloos, ondienstig

unhesitating [ʌnˈheziteitiŋ] *bn* zonder aarzelen, niet aarzelend, vastberaden

unhinge [ʌnˈhin(d)ʒ] *overg* uit de hengsels lichten; uit zijn gewone doen brengen; fig overstuur maken, uit 't evenwicht brengen, gek maken

unhitch [ʌnˈhitʃ] *overg* los-, afhaken; af-, uitspannen [de paarden]

unholy [ʌnˈhouli] *bn* onheilig, onzalig, goddeloos; gemeenz vreselijk; *at an* ~ *hour* op een onmogelijk (vroeg) uur

unhook [ˈʌnˈhuk] *overg* af-, loshaken

unhoped-for [ʌnˈhoupt(fɔː)] *bn* niet verwacht, onverhoopt

unhorse [ˈʌnˈhɔːs] *overg* van het paard werpen

unhurried [ˈʌnˈhʌrid] *bn* rustig, niet gehaast

unhurt [ˈʌnˈhəːt] *bn* onbezeerd, ongedeerd

unhusk [ˈʌnˈhʌsk] *overg* doppen, pellen

unhygienic [ˈʌnhaiˈdʒiːnik] *bn* onhygiënisch

unicellular [juːniˈseljulə] *bn* eencellig

unicolour(ed) [juːniˈkʌlə(d)] *bn* eenkleurig, egaal

unicorn [ˈjuːnikɔːn] *znw* eenhoorn

unification [juːnifiˈkeiʃən] *znw* unificatie, eenmaking

uniform [ˈjuːnifɔːm] **I** *bn* uniform, een-, gelijkvormig; gelijkmatig, (steeds) gelijk, onveranderlijk; eensluidend [afschrift]; eenparig [v. beweging]; **II** *znw* uniform *o* & *v*; *in full* ~ in groot tenue

uniformed *bn* in uniform, geüniformeerd

uniformity [juːniˈfɔːmiti] *znw* uniformiteit, gelijkheid; gelijkvormigheid

uniformly [ˈjuːniˈfɔːmli] *bijw* uniform, zich gelijk blijvend, steeds op dezelfde manier

unify [ˈjuːnifai] *overg* één maken, uniëren, veren(ig)en; eenheid brengen in, uniform maken

unilateral ['ju:ni'lætərəl] *bn* eenzijdig; slechts eenzijdig bindend [v. contract]

unilateralism *znw* (beweging voor) eenzijdige ontwapening

unimaginable [ʌni'mædʒinəbl] *bn* ondenkbaar, onvoorstelbaar, onbegrijpelijk

unimaginative *bn* fantasieloos

unimagined *bn* ongedacht

unimpaired ['ʌnim'pɛəd] *bn* ongeschonden, onverzwakt

unimpassioned ['ʌnim'pæʃənd] *bn* bedaard

unimpeachable ['ʌnim'pi:tʃəbl] *bn* onberispelijk; onaantastbaar, onbetwistbaar, onwraakbaar

unimpeded ['ʌnim'pi:did] *bn* onbelemmerd, onverlet, ongehinderd

unimportance ['ʌnim'pɔːtəns] *znw* onbelangrijkheid

unimportant *bn* onbelangrijk

unimpressed ['ʌnim'prest] *bn* niet onder de indruk, niet overtuigd

unimpressive *bn* weinig indruk makend

unimproved *bn* onverbeterd; onbewerkt, onbebouwd [van land]

uninfluenced ['ʌn'influənst] *bn* niet beïnvloed

uninfluential ['ʌninflu'enʃəl] *bn* weinig (geen) invloed hebbend, zonder invloed

uninformed ['ʌnin'fɔːmd] *bn* niet op de hoogte (gebracht), onwetend

uninforming ['ʌnin'fɔːmiŋ], **uninformative** *bn* weinig zeggend, niets verklarend

uninhabitable ['ʌnin'hæbitəbl] *bn* onbewoonbaar

uninhabited *bn* onbewoond

uninhibited ['ʌnin'hibitid] *bn* ongeremd; ongedwongen; tomeloos

uninitiated ['ʌni'niʃieitid] *bn* oningewijd

uninjured ['ʌn'in(d)ʒəd] *bn* niet gewond, ongeschonden, onbeschadigd, ongedeerd

uninspired ['ʌnin'spaiəd] *bn* onbezield, geestenloos

uninspiring *bn* waar geen bezielende invloed van uitgaat, niet levendig, saai, tam, zwak

uninsured ['ʌnin'ʃuəd] *bn* onverzekerd

unintelligent ['ʌnin'telidʒənt] *bn* niet intelligent, weinig schrander, dom

unintelligible ['ʌnin'telidʒibl] *bn* onverstaanbaar, onbegrijpelijk

unintended ['ʌnin'tendid] *bn* onopzettelijk, onbedoeld

unintentional ['ʌnin'tenʃənəl] *bn* onopzettelijk

uninterested ['ʌn'int(ə)ristid] *bn* niet geïnteresseerd, zonder belangstelling, onverschillig

uninteresting ['ʌn'int(ə)ristiŋ] *bn* oninteressant

uninterrupted ['ʌnintə'rʌptid] *bn* onafgebroken, zonder onderbreking

uninvited ['ʌnin'vaitid] *bn* niet uitgenodigd, ongenood, ongevraagd

uninviting *bn* weinig aanlokkelijk of aantrekkelijk, weerzinwekkend

union ['ju:njən] *znw* aaneenvoeging, vereniging, verbinding, verbond *o*, unie; verbintenis [ook = huwelijk]; vakvereniging, vakbond; hist district *o* belast met uitvoering van de armenwetten, onderw studentensociëteit [v. Oxford &]; eendracht(igheid), eensgezindheid; harmonie; *~ is strength* eendracht maakt macht

unionism *znw* vakbondswezen *o*; unionistische gezindheid

unionist I *znw* unieman; vakbondslid *o*; **II** *bn* unionistisch

unionize *overg* in een vakbond samenbrengen, onder vakbondsinvloed brengen

Union Jack *znw* Engelse vlag

union-workhouse *znw* hist armenwerkhuis *o* (van een *union*)

uniparous [ju:'nipərəs] *bn* maar één jong tegelijk barend

unipartite [ju:ni'pa:tait] *bn* niet verdeeld

unique [ju:'ni:k] *bn* enig (in zijn soort), uniek, ongeëvenaard; gemeenz buitengewoon, zeldzaam

unisex ['ju:niseks] *bn* uniseks

unison ['ju:nizn] *znw*: *in ~* muz unisono; fig gelijkgestemd, eenstemmig, eensgezind; *in ~ with* in harmonie met

unit ['ju:nit] *znw* eenheid; onderdeel *o*, afdeling [v. leger, vloot &]; troep; stuk *o*, stel *o*, compleet toestel *o &*; techn aggregaat *o* [v. machines &]; handel aandeel *o*

Unitarian [ju:ni'tɛəriən] **I** *znw* unitariër; **II** *bn* unitaristisch

unitary ['ju:nitəri] *bn* unitarisch, eenheids-

unite [ju:'nait] **I** *overg* aaneenvoegen, verbinden, verenigen; bijeenvoegen; **II** *onoverg* zich verenigen, zich verbinden (met *with*); *~ in... ing* ook: samenwerken om te...

united *bn* verenigd, vereend, bijeen; eendrachtig; *U~ Arabian Emirates* Verenigde Arabische Emiraten; *the U~ Kingdom* het Verenigd Koninkrijk: Groot-Brittannië en Noord-Ierland; *U~ Nations (Organization)* (Organisatie der) Verenigde Naties; *the U~ States (of America)* de Verenigde Staten (van Amerika)

unitive ['ju:nitiv] *bn* verenigend, bindend

unit trust ['ju:nit'trʌst] *znw* beleggingsmaatschappij

unity *znw* eenheid, eendracht(igheid), overeenstemming; *the unities* de drie eenheden [theater]

universal [ju:ni'və:səl] *bn* algemeen, universeel [ook = alzijdig]; wereld-; *~ joint* cardankoppeling; *U~ Product Code* Am handel streepjescode; *~ provider* leverancier van alle mogelijke waren; *~ suffrage* algemeen kiesrecht *o*

universality [ju:nivə:'sæliti] *znw* universaliteit, algemeenheid; alzijdigheid

universe ['ju:nivə:s] *znw* heelal *o*, wereld, universum *o*

university [ju:ni'və:siti] **I** *znw* hogeschool, academie, universiteit; **II** *bn* universiteits-, universitair, academisch

univocal ['juːniˈvoukl] *bn* eenduidig, met slechts één betekenis

unjointed ['ʌnˈdʒɔintid] *znw* zonder geledingen; ontwricht

unjust ['ʌnˈdʒʌst] *bn* onrechtvaardig, onbillijk

unjustifiable [ʌnˈdʒʌstifaiəbl, ʌndʒʌstiˈfaiəbl] *bn* niet te rechtvaardigen, niet te verdedigen, onverantwoordelijk

unjustified *bn* ongerechtvaardigd

unjustly ['ʌnˈdʒʌstli] *bijw* onrechtvaardig, onbillijk; ten onrechte

unkempt ['ʌnˈkem(p)t] *bn* ongekamd; slordig, onverzorgd, niet onderhouden

unkind [ʌnˈkaind] *bn* onvriendelijk

unknit ['ʌnˈnit] *overg* lostrekken, losmaken

unknowable ['ʌnˈnouəbl] *znw* onkenbaar

unknowing *bn* niet kennend; onwetend, onkundig

unknowingly *bijw* zonder het (zelf) te weten, zich niet daarvan bewust

unknown I *bn* niet bekend, onbekend; ongekend; *he did it ~ to me* buiten mijn (mede)weten; **II** *znw: the ~* het of de onbekende

unlace ['ʌnˈleis] *overg* losrijgen

unlade ['ʌnˈleid] *overg* ontladen, afladen, lossen

unladylike ['ʌnˈleidilaik] *bn* weinig damesachtig

unlash ['ʌnˈlæʃ] *overg* lossjorren, losmaken

unlatch ['ʌnˈlætʃ] *overg* van de klink doen, openen

unlawful ['ʌnˈlɔːful] *bn* onwettig, onrechtmatig, ongeoorloofd

unlearn ['ʌnˈləːn] *overg* verleren, afleren

1 unlearned ['ʌnˈləːnid] *bn* onwetend

2 unlearned ['ʌnˈləːnd], **unlearnt** ['ʌnˈləːnt] *bn* niet geleerd [lessen]; niet door studie verkregen

unleash [ʌnˈliːʃ] *overg* loslaten [honden]; ontketenen

unleavened ['ʌnˈlevnd] *bn* ongezuurd

unless [ənˈles, ʌnˈles] *voegw* tenzij, indien... niet

unlettered ['ʌnˈletəd] *bn* ongeletterd [persoon]

unlicensed ['ʌnˈlaisənst] *bn* zonder verlof of vergunning, zonder patent, onbevoegd

unlike ['ʌnˈlaik] *bn & voorz* niet gelijkend (op); ongelijk; verschillend van, anders dan; *they are quite ~ ze* lijken totaal niet op elkaar; *that is so ~ him* daar is hij (helemaal) de man niet naar

unlikelihood ['ʌnˈlaiklihud], **unlikeliness** *znw* onwaarschijnlijkheid

unlikely *bn* onwaarschijnlijk; *he is not ~ to...* het is niet onwaarschijnlijk dat hij...

unlimited [ʌnˈlimitid] *bn* onbegrensd, onbepaald, onbeperkt, vrij; ongelimiteerd

unlink ['ʌnˈliŋk] *overg* ontkoppelen, losmaken

unlit ['ʌnˈlit] *bn* onverlicht

unload ['ʌnˈloud] **I** *overg* ontlasten, ontladen, lossen; gemeenz spuien, luchten [gemoed]; **II** *onoverg* afladen, lossen

unloader *znw* losser

unlock ['ʌnˈlɔk] *overg* ontsluiten[2], opensluiten; *~ed* ook: niet afgesloten, niet op slot

unlooked-for [ʌnˈluktfɔ:] *bn* onverwacht

unloose(n) ['ʌnˈluːs(n)] *overg* losmaken, vrijlaten

unloved [ʌnˈlʌvd] *bn* onbemind

unlovely [ʌnˈlʌvli] *bn* onaangenaam; onaantrekkelijk

unlucky [ʌnˈlʌki] *bn* ongelukkig

unmade ['ʌnˈmeid] **I** V.T. & V.D. van *unmake;* **II** *bn* onopgemaakt [v. bed]; ongeteerd [weg]

unmake ['ʌnˈmeik] *overg* tenietdoen, vernietigen; ruïneren; afzetten [uit ambt &]

unman ['ʌnˈmæn] *overg* ontmoedigen; *~ned* ook: onbemand [v. ruimtevaartuig, vlucht]

unmanageable [ʌnˈmænidʒəbl] *bn* niet te regeren; scheepv onbestuurbaar; fig onhandelbaar; lastig; onhandig [v. formaat]

unmanly ['ʌnˈmænli] *bn* onmannelijk; verwijfd

unmannerly [ʌnˈmænəli] *bn* ongemanierd, onhebbelijk, minder netjes

unmarked [ʌnˈmaːkt] *bn* **1** ongemerkt, zonder merk; **2** ongemarkeerd, neutraal [stijl]

unmarketable ['ʌnˈmaːkitəbl] *bn* onverkoopbaar, incourant

unmarried ['ʌnˈmærid] *bn* ongehuwd

unmask ['ʌnˈmaːsk] **I** *overg* het masker afrukken[2], ontmaskeren; **II** *onoverg* het masker afzetten (laten vallen)

unmasked *bn* ontmaskerd; ongemaskerd

unmatched ['ʌnˈmætʃt] *bn* waarvan geen tweede is; ongeëvenaard, weergaloos, enig

unmeaning [ʌnˈmiːniŋ] *bn* nietsbetekenend, onbeduidend; nietszeggend

unmeant [ʌnˈment] *bn* niet (kwaad) gemeend; onopzettelijk

unmeasurable [ʌnˈmeʒərəbl] *bn* onmetelijk

unmeasured *bn* niet gemeten; onmetelijk, onmeetbaar; onmatig, onbeteugeld

unmeditated ['ʌnˈmediteitid] *bn* onoverdacht, niet vooraf bedacht of beraamd

unmeet ['ʌnˈmiːt] *bn* vero ongeschikt, ongepast

unmentionable [ʌnˈmenʃənəbl] *bn* onnoembaar, te erg (afschuwelijk, eng) om over te spreken

unmentioned *bn* onvermeld

unmerciful [ʌnˈməːsiful] *bn* onbarmhartig (jegens *to, upon*)

unmerited ['ʌnˈmeritid] *bn* onverdiend

unmindful [ʌnˈmaindful] *bn: ~ of* zonder acht te slaan op, niets gevend om; niet indachtig aan, vergetend

unmistakable ['ʌnmisˈteikəbl] *bn* onmiskenbaar, niet mis te verstaan

unmitigated [ʌnˈmitigeitid] *bn* onverzacht, onverminderd; fig onvervalst, absoluut, door en door; *~ rubbish* je reinste kletspraat

unmixed ['ʌnˈmikst, 'ʌnmikst] *bn* puur, onvermengd

unmodified *bn* ongewijzigd

unmolested ['ʌnmə-, 'ʌnmou'lestid] *bn* niet gemolesteerd, ongehinderd, ongestoord
unmoor ['ʌn'muə] **I** *overg* scheepv losmaken, losgooien; **II** *onoverg* losgooien
unmortgaged ['ʌn'mɔ:gidʒd] *bn* vrij van hypotheek
unmounted ['ʌn'mauntid] *bn* mil onbereden;
(nog) niet gemonteerd
unmourned ['ʌn'mɔ:nd] *bn* onbetreurd, onbeweend
unmoved ['ʌn'mu:vd] *bn* onbewogen, ongeroerd;
onbeweeglijk; kalm, standvastig
unmusical ['ʌn'mju:zikl] *bn* onwelluidend; niet
muzikaal
unnamed ['ʌn'neimd] *bn* ongenoemd; naamloos,
zonder naam
unnatural [ʌn'nætʃ(ə)rəl] *bn* onnatuurlijk, gekunsteld; ontaard; tegennatuurlijk
unnecessary [ʌn'nesisəri] **I** *bn* niet noodzakelijk,
onnodig, nodeloos, overbodig; **II** *znw*: ~*ries* niet
noodzakelijke dingen
unneighbourly ['ʌn'neibəli] *bn* onbuurschappe-
lijk, niet zoals het goede buren betaamt
unnerve ['ʌn'nə:v] *overg* demoraliseren, [iem.] zijn
zelfvertrouwen doen verliezen; van streek brengen
unnoticeable ['ʌn'noutisəbl] *bn* onmerkbaar
unnoticed *bn* onopgemerkt
unnumbered ['ʌn'nʌmbəd] *bn* ongeteld, talloos;
ongenummerd
UNO, Uno ['ju:nou] *afk.* = *United Nations Organization*
unobjectionable ['ʌnəb'dʒekʃənəbl] *bn* onberispelijk; onaanstotelijk; *it is* ~ ook: er valt niets tegen in te brengen
unobservable ['ʌnəb'zə:vəbl] *bn* niet waarneembaar, onzichtbaar
unobservant ['ʌnəb'zə:vənt] *bn* onoplettend, onopmerkzaam
unobserved ['ʌnəb'zə:vd] *bn* onopgemerkt
unobstructed [ʌnəb'strʌktid] *bn* onbelemmerd
unobtainable ['ʌnəb'teinəbl] *bn* niet te (ver-)
krijgen
unobtrusive ['ʌnəb'tru:siv] *bn* niet in het oog vallend; niet indringerig, bescheiden
unoccupied ['ʌn'ɔkjupaid] *bn* niets om handen
hebbend, niet bezig; vrij, onbezet, leegstaand, onbewoond
unoffending ['ʌnə'fendiŋ] *bn* niet aanstootgevend;
onschuldig
unofficial ['ʌnə'fiʃəl] *bn* inofficieel, informeel; ~
strike wilde staking
unoften ['ʌn'ɔ:fən] *bijw not* ~ niet zelden
unopened ['ʌn'oupənd] *bn* ongeopend, onopenge-
sneden
unopposed ['ʌnə'pouzd] *bn* ongehinderd; zonder
verzet, zonder oppositie; zonder tegenkandidaat
unorganized ['ʌn'ɔ:gənaizd] *bn* ongeorganiseerd;
niet aangesloten bij een vakbond; slecht georgani-

seerd, wanordelijk; [persoon] chaotisch; niet organisch
unorthodox ['ʌn'ɔ:θədɔks] *bn* onrechtzinnig, ketters[2]; onorthodox, ongewoon, ongebruikelijk
unostentatious ['ʌnɔsten'teiʃəs] *bn* zonder uiterlijk vertoon of kouwe drukte, eenvoudig, onopvallend, bescheiden
unowned ['ʌn'ound] *bn* zonder eigenaar
unpack ['ʌn'pæk] *overg* uitpakken, afladen
unpaid ['ʌn'peid] *bn* onbetaald; onbezoldigd; post
ongefrankeerd; ~ *for* onbetaald
unpalatable [ʌn'pælətəbl] *bn* onsmakelijk, minder
aangenaam [v. waarheden], onverkwikkelijk [de-
bat]
unparalleled [ʌn'pærəleld] *bn* weergaloos, ongeevenaard
unpardonable [ʌn'pa:dnəbl] *bn* onvergeeflijk
unpardoning *bn* niet vergevend
unparliamentary ['ʌnpa:lə'mentəri] *bn* onparle-
mentair
unpatriotic ['ʌnpætri'ɔtik] *bn* onvaderlandslie-
vend
unpaved ['ʌn'peivd, 'ʌnpeivd] *bn* onbestraat, onge-
plaveid
unpeople ['ʌn'pi:pl] *overg* ontvolken
unperformed ['ʌnpə'fɔ:md] *bn* niet uitgevoerd &;
ongedaan, onverricht
unpersuadable ['ʌnpə'sweidəbl] *bn* niet over te
halen, niet te overreden of te overtuigen
unperturbed ['ʌnpə'tə:bd] *bn* onverstoord
unpick ['ʌn'pik] *overg* lostornen [naad]
unpicked *bn* niet uitgezocht of gesorteerd; onge-
plukt [bloemen]
unpin ['ʌn'pin] *overg* losspelden
unpitied ['ʌn'pitid] *bn* onbeklaagd
unplaced ['ʌn'pleist] *bn* sp ongeplaatst
unplanned ['ʌn'plænd] *bn* niet vooruit bedacht;
toevallig; op goed geluk
unpleasant ['ʌn'pleznt] *bn* onplezierig; onaangenaam, onbehaaglijk; *be* ~ *to* zich onaangenaam
gedragen tegenover
unpleasantness *znw* onaangenaamheid; onplezie-
righeid; onenigheid, ruzie
unpleasing ['ʌn'pli:ziŋ] *bn* onbehaaglijk, onaangenaam
unplug ['ʌn'plʌg] *overg* de stekker uit het stopcontact trekken
unplumbed ['ʌn'plʌmd] *bn* ongepeild
unpolished ['ʌn'pɔliʃt] *bn* ongepolijst; fig onbeschaafd, ruw
unpolluted ['ʌnpə'l(j)u:tid] *bn* onbezoedeld, onbesmet
unpopular ['ʌn'pɔpjulə] *bn* impopulair
unpractical ['ʌn'præktikl] *bn* onpraktisch
unpractised ['ʌn'præktist] *bn* ongeoefend, onervaren, onbedreven
unprecedented [ʌn'presidentid] *bn* zonder precedent; zonder voorbeeld, ongekend, ongehoord,

zoals nog nooit vertoond (voorgekomen)

unpredictable [ˈʌnpriˈdiktəbl] bn onvoorspelbaar, niet te voorspellen; onberekenbaar

unprejudiced [ʌnˈpredʒudist] bn onbevooroordeeld, onpartijdig

unpremeditated [ˈʌnpriˈmediteitid] bn niet vooraf bedacht of beraamd, onopzettelijk

unprepared [ˈʌnpriˈpɛəd] bn onvoorbereid

unprepossessing bn niet (weinig) innemend, onaantrekkelijk, ongunstig [v. uiterlijk &]

unpresuming [ˈʌnpriˈzjuːmiŋ] bn bescheiden

unpretentious [ʌnpriˈtenʃəs] bn zonder pretentie, pretentieloos, bescheiden

unprevailing [ˈʌnpriˈveiliŋ] bn niets batend, zonder succes, nutteloos

unpriced [ˈʌnˈpraist] bn niet geprijsd

unprincipled [ʌnˈprinsipld] bn zonder beginselen, beginselloos; gewetenloos

unprintable [ˈʌnˈprintəbl] bn niet geschikt voor publicatie, (te) obsceen (om te publiceren); fig niet voor herhaling vatbaar [woorden]

unproductive [ˈʌnprəˈdʌktiv] bn improductief, weinig opleverend

unprofessional [ˈʌnprəˈfeʃənəl] bn niet professioneel; in strijd met de beroepseer [gedrag]

unprofitable [ʌnˈprɔfitəbl] bn onvoordelig; nutteloos, waar men niets aan heeft

unpromising [ˈʌnˈprɔmisiŋ] bn weinig belovend

unpronounceable [ˈʌnprəˈnaunsəbl] bn niet uit te spreken

unprotected [ˈʌnprəˈtektid] bn onbeschermd

unprovable [ˈʌnˈpruːvəbl] bn onbewijsbaar

unproved, unproven bn onbewezen

unprovided-for [ˈʌnprəˈvaidid] bn onverzorgd, zonder bestaansmiddelen

unprovoked [ˈʌnprəˈvoukt] bn zonder aanleiding

unpublished [ˈʌnˈpʌbliʃt] bn onuitgegeven; niet bekendgemaakt

unpunished [ˈʌnˈpʌniʃt] bn ongestraft; go ~ vrijuit gaan

unputdownable [ˈʌnputˈdaunəbl] bn [v. boek] boeiend, meeslepend, om in één adem uit te lezen

unqualified [ˈʌnˈkwɔlifaid] bn onbevoegd, ongeschikt; onverdeeld, absoluut

unquenchable [ʌnˈkwenʃəbl] bn on(uit)blusbaar, onlesbaar

unquestionable [ʌnˈkwestʃənəbl] bn onbetwistbaar, ontwijfelbaar

unquestionably bijw ontwijfelbaar, ontegenzeglijk

unquestioned bn ontwijfelbaar; onbetwist; vanzelfsprekend; niet ondervraagd

unquestioning bn geen vragen stellend; onvoorwaardelijk, blind [vertrouwen]

unquiet [ʌnˈkwaiət] bn onrustig, rusteloos

unquote [ʌnˈkwout] bijw einde citaat, aanhalingstekens sluiten

unravel [ʌnˈrævl] I overg (uit)rafelen; ontwarren, ontraadselen, ontknopen, oplossen; II onoverg

(uit)rafelen; zich ontwarren, zich ontwikkelen

unreachable [ʌnˈriːtʃəbl] bn onbereikbaar

unread [ˈʌnˈred] bn ongelezen

unreadable [ˈʌnˈriːdəbl] bn onleesbaar, niet te lezen, niet gelezen kunnende worden

unreadiness [ˈʌnˈredinis] bn ongereedheid; onbereidwilligheid, onwilligheid

unready bn niet gereed, niet klaar; onvoorbereid; besluiteloos

unreal [ˈʌnˈriəl] bn onwezenlijk, onwerkelijk, irreëel

unrealistic [ˈʌnriəˈlistik] bn onrealistisch

unreason [ˈʌnˈriːzn] bn dwaasheid, onverstandigheid

unreasonable [ʌnˈriːznəbl] bn onredelijk

unreasoned [ʌnˈriːznd] bn onberedeneerd

unreasoning [ʌnˈriːzniŋ] bn niet beredeneerd; irrationeel

unreclaimed [ˈʌnriˈkleimd] bn onontgonnen

unrecognizable [ˈʌnˈrekəgnaizəbl] bn onherkenbaar

unrecognized bn 1 miskend; 2 zonder te worden herkend; 3 pol niet erkend

unreconciled [ˈʌnˈrekənsaild] bn onverzoend

unrecorded [ˈʌnriˈkɔːdid] bn onvermeld

unredeemable [ˈʌnriˈdiːməbl] bn onaflosbaar

unredeemed bn niet vrijgekocht, niet af- of ingelost [v. panden]; niet nagekomen; ~ by niet goedgemaakt door

unreel [ˈʌnˈriːl] overg afhaspelen, afrollen

unrefined [ˈʌnriˈfaind] bn niet geraffineerd, ongezuiverd, ongelouterd; onbeschaafd

unreflecting [ˈʌnriˈflektiŋ] bn niet reflecterend; onnadenkend

unreformed [ˈʌnriˈfɔːmd] bn niet hervormd; onbekeerd; onverbeterd

unregarded [ˈʌnriˈgaːdid] bn onopgemerkt

unregenerate [ˈʌnriˈdʒenərit] bn niet hergeboren; zondig, verdorven; koppig

unregistered [ˈʌnˈredʒistəd] bn niet geregistreerd, oningeschreven; post onaangetekend

unrehearsed [ˈʌnriˈhəːst] bn spontaan; geïmproviseerd, onvoorbereid

unrelated [ˈʌnriˈleitid] bn niet verwant

unrelenting [ˈʌnriˈlentiŋ] bn onverminderd; onverbiddelijk, meedogenloos, onbarmhartig

unreliable [ˈʌnriˈlaiəbl] bn onbetrouwbaar

unrelieved [ˈʌnriˈliːvd] bn onafgebroken, voortdurend [pijn &]; ~ by zonder enige ..., niet afgewisseld door; ~ joy louter vreugde

unremarkable [ˈʌnriˈmaːkəbl] bn middelmatig, onopvallend, gewoon

unremarked [ˈʌnriˈmaːkt] bn onopgemerkt

unremembered [ˈʌnriˈmembəd] bn vergeten

unremitting [ʌnriˈmitiŋ] bn zonder ophouden, aanhoudend, gestadig

unremunerative [ʌnriˈmjuːnərətiv] bn niet lonend

unrepentant ['ʌnri'pentənt] *bn* geen berouw hebbend, onboetvaardig, verstokt

unrepresentative ['ʌnrepri'zentətiv] *bn* niet representatief (voor *of*)

unrepresented *bn* niet vertegenwoordigd

unrequited ['ʌnri'kwaitid] *bn* onbeantwoord [v. liefde]

unreserved ['ʌnri'zə:vd] *bn* niet gereserveerd², zonder voorbehoud gegeven (gezegd &), vrijmoedig, openhartig

unresisting ['ʌnri'zistiŋ] *bn* geen weerstand biedend

unresolved ['ʌnri'zɔlvd] *bn* onopgelost; (nog) niet besloten, besluiteloos

unresponsive ['ʌnris'pɔnsiv] *bn* niet reagerend op aardigheden &, niet wakker te krijgen, onverschillig

unrest ['ʌn'rest] *znw* onrust

unrestful *bn* onrustig

unresting *bn* niet rustend

unrestrained ['ʌnri'streind] *bn* oningehouden; onbeperkt, teugelloos; ongedwongen

unrestricted ['ʌnri'striktid] *bn* onbeperkt, vrij

unrewarded ['ʌnri'wɔ:did] *bn* niet beloond [inspanning], niet succesvol

unrewarding ['ʌnri'wɔ:diŋ] *bn* niet (de moeite) lonend, onbevredigend, niet geslaagd

unriddle ['ʌn'ridl] *overg* ontraadselen, oplossen

unrig ['ʌn'rig] *overg* scheepv onttakelen, aftakelen

unrighteous [ʌn'raitʃəs] *bn* onrechtvaardig; zondig, slecht

unrip [ʌn'rip] *overg* openrijten, lostornen

unripe ['ʌn'raip] *bn* onrijp

unrivalled [ʌn'raivəld] *bn* zonder mededinger; weergaloos, ongeëvenaard

unrobe ['ʌn'roub] **I** *overg* uitkleden; **II** *onoverg* zijn (ambts)gewaad afleggen

unroll ['ʌn'roul] **I** *overg* ontrollen, afrollen; **II** *onoverg* afrollen, zich ontrollen

unroofed ['ʌn'ru:ft] *bn* zonder dak, dakloos

unroot ['ʌn'ru:t] *overg* ontwortelen; vernietigen

unruffled ['ʌn'rʌfld] *bn* ongerimpeld, glad; fig onbewogen, onverstoord, onverstoorbaar (kalm), kalm, bedaard

unruly [ʌn'ru:li] *bn* ongezeglijk; onhandelbaar; lastig, weerspannig

unsaddle ['ʌn'sædl] *overg* afzadelen; uit het zadel werpen

unsafe ['ʌn'seif] *bn* onveilig; onbetrouwbaar; gewaagd; onvast; gevaarlijk; onsolide, wrak

unsaid ['ʌn'sed] *bn* ongezegd

unsal(e)able ['ʌn'seiləbl] *bn* onverkoopbaar

unsalaried ['ʌn'sælərid] *bn* onbezoldigd

unsanctified ['ʌn'sæŋktifaid] *bn* ongeheiligd, ongewijd; fig slecht

unsanctioned ['ʌn'sæŋkʃənd] *bn* niet gesanctioneerd, onbekrachtigd; ongeoorloofd

unsatisfactory ['ʌnsætis'fæktəri] *bn* onbevredigend, onvoldoende

unsatisfied ['ʌn'sætisfaid] *bn* onvoldaan, onbevredigd, ontevreden

unsatisfying *bn* niet bevredigend, onvoldoend

unsaturated ['ʌn'sætʃəreitid] *bn* chem onverzadigd

unsavoury ['ʌn'seivəri] *bn* onsmakelijk², onaangenaam, onverkwikkelijk

unsay ['ʌn'sei] *overg* herroepen

unscathed ['ʌn'skeiðd] *bn* ongedeerd, onbeschadigd

unscientific ['ʌnsaiən'tifik] *bn* onwetenschappelijk

unscramble ['ʌn'skræmbl] *overg* ontwarren; ontcijferen

unscreened ['ʌn'skri:nd] *bn* onbeschermd, onbeschut; niet gezeefd [vooral v. steenkool]; fig niet doorgelicht, niet onderzocht [om veiligheidsredenen]

unscrew ['ʌn'skru:] **I** *overg* losschroeven, losdraaien; **II** *onoverg* losgeschroefd (losgedraaid) worden

unscripted ['ʌn'skriptid] *bn* RTV voor de vuist weg

unscriptural ['ʌn'skriptʃərəl] *bn* onbijbels, niet volgens de bijbel

unscrupulous [ʌn'skru:pjuləs] *bn* zonder scrupules; gewetenloos

unseal ['ʌn'si:l] *overg* ontzegelen, openen

unsealed ['ʌn'si:ld] *bn* ongezegeld; ontzegeld, open [v. enveloppe]

unseam ['ʌn'si:m] *overg* (de naden) lostornen

unsearchable [ʌn'sə:tʃəbl] *bn* ondoorgrondelijk, onnaspeurlijk

unseasonable [ʌn'si:znəbl] *bn* ontijdig, ongelegen (komend); misplaatst; niet voor de tijd van het jaar [v. weer]

unseasoned ['ʌn'si:znd] *bn* ongekruid, niet gezouten of gepeperd, niet belegen [v. hout]; onervaren

unseat ['ʌn'si:t] *overg* uit het zadel werpen; van zijn zetel beroven

unseated *bn* niet gezeten, niet zittend; uit het zadel geworpen; gewipt, weggewerkt

unseeing ['ʌn'si:iŋ] *bn* niet(s) ziend, onopmerkzaam; blind

unseemly [ʌn'si:mli] *bn* onbetamelijk, ongepast

unseen ['ʌn'si:n] **I** *bn* ongezien; **II** *znw: the ~* het occulte

unselfish ['ʌn'selfiʃ] *bn* onzelfzuchtig, niet egoïstisch, onbaatzuchtig

unsent ['ʌn'sent] *bn* niet gezonden, niet verzonden

unserviceable ['ʌn'sə:visəbl] *bn* ondienstig, onbruikbaar

unsettle ['ʌn'setl] *overg* van streek maken, onzeker maken, op losse schroeven zetten, in de war sturen [plannen]; uit zijn doen doen brengen [iem.]; verwarren; krenken [verstand]

unsettled *bn* onbestendig, weifelend; onvast [weer]; niet vastgesteld of afgedaan; niet tot rust gekomen; overstuur, verward, ontsteld; zie ook:

unsettle

unsettling *bn* verwarrend, verontrustend

unsew ['ʌn'sou] *overg* lostornen

unsex ['ʌn'seks] *overg* van geslachtseigenschappen beroven; impotent maken

unshackle ['ʌn'ʃækl] *overg* vrijmaken, losmaken; *gemeenz* bevrijden, emanciperen

unshak(e)able [ʌn'ʃeikəbl] *bn* onwankelbaar, onwrikbaar

unshaken *bn* ongeschokt; onwrikbaar

unshapely ['ʌn'ʃeipli] *bn* vormeloos, slecht gevormd

unshaven ['ʌn'ʃeivn] *bn* ongeschoren

unsheathe ['ʌn'ʃi:ð] *overg* uit de schede trekken [degen]

unsheltered ['ʌn'ʃeltəd] *bn* onbeschut

unshielded ['ʌn'ʃi:ldid] *bn* niet verdedigd, onbeschermd, onbeschut

unship ['ʌn'ʃip] *overg* ontschepen, lossen

unshipped *bn* nog niet verscheept

unshod ['ʌn'ʃɔd] *bn* ongeschoeid [v. persoon]; onbeslagen [v. een paard]

unshorn ['ʌn'ʃɔ:n] *bn* ongeschoren, ongeknipt [v. vee, heg &]

unshrinkable ['ʌn'ʃriŋkəbl] *bn* krimpvrij

unshrinking [ʌn'ʃriŋkiŋ] *bn* onversaagd

unsighted ['ʌn'saitid] *bn* niet in zicht; ongezien

unsightly [ʌn'saitli] *bn* onooglijk, minder mooi of niet sierlijk, lelijk (staand)

unsigned ['ʌn'saind] *bn* niet ondertekend, anoniem

unsinkable ['ʌn'siŋkəbl] *bn* niet zinkend; niet tot zinken te brengen

unskilful ['ʌn'skilful] *bn* onbedreven, onbekwaam, onervaren

unskilled ['ʌn'skild] *bn* ongeschoold, onbedreven; geen vakkennis vereisend; ~ *labour* werk dat geen vakkennis vereist; ongeschoolde arbeidskrachten

unslaked ['ʌn'sleikt] *bn* ongelest, ongeblust

unsleeping ['ʌn'sli:piŋ] *bn* altijd waakzaam

unslept ['ʌn'slept] *bn*: ~ *in* onbeslapen

unsling ['ʌn'sliŋ] *overg* losgooien, losmaken

unsmiling ['ʌn'smailiŋ] *bn* strak, met een strak gezicht

unsociability ['ʌnsouʃə'biliti] *znw* ongezelligheid

unsociable ['ʌn'souʃəbl] *bn* ongezellig, teruggetrokken

unsocial ['ʌn'souʃəl] *bn*: *work* ~ *hours* buiten de normale werktijden werken

unsoiled ['ʌn'soild] *bn* onbezoedeld, onbevlekt

unsold ['ʌn'sould] *bn* onverkocht

unsolder ['ʌn'sɔldə] *overg* het soldeersel losmaken

unsoldierly ['ʌn'souldʒəli] *bn* niet krijgshaftig, niet zoals het de soldaat betaamt

unsolicited ['ʌnsə'lisitid] *bn* ongevraagd

unsolvable ['ʌn'sɔlvəbl] *bn* onoplosbaar

unsolved ['ʌn'sɔlvd] *bn* onopgelost[2]

unsophisticated [ʌnsə'fistikeitid] *bn* onervaren,

ongekunsteld, eenvoudig, pretentieloos

unsought-for *bn* niet gezocht, ongevraagd

unsound ['ʌn'saund] *bn* ongezond[2], niet gaaf; aangestoken, bedorven; ondeugdelijk, onsolide, onsterk; wrak, zwak; onbetrouwbaar; *of* ~ *mind* geestelijk gestoord

unsown [ʌn'soun] *bn* ongezaaid; onbezaaid

unsparing [ʌn'spɛəriŋ] *bn* **1** niets ontziend, meedogenloos; **2** niet op een cent kijkend, niet karig

unspeakable [ʌn'spi:kəbl] *bn* onuitsprekelijk; afschuwelijk

unspecified ['ʌn'spesifaid] *bn* ongespecificeerd

unspent ['ʌn'spent, 'ʌnspent] *bn* niet verbruikt, niet gebruikt, niet uitgegeven, onverteerd, onuitgeput

unspoiled ['ʌn'spɔild], **unspoilt** ['ʌn'spɔilt] *bn* onbedorven

unspoken ['ʌn'spoukn] *bn* niet uitgesproken of gesproken, onvermeld

unsporting ['ʌn'spɔ:tiŋ] *bn* onsportief

unspotted ['ʌn'spɔtid] *bn* onbevlekt[2]

unstable ['ʌn'steibl] *bn* onvast, onbestendig; labiel

unstained ['ʌn'steind] *bn* onbesmet

unstamped ['ʌn'stæmpt, 'ʌnstæmpt] *bn* ongestempeld; ongezegeld; ongefrankeerd

unstarched ['ʌn'sta:tʃt] *bn* ongesteven

unsteady ['ʌn'stedi] *bn* wankel, onzeker, ongestadig; onsolide [gedrag]; onzeker [v.h. vuren]; onvast

unstick ['ʌn'stik] *overg* losweken [van het gelijmde]

unstinted ['ʌn'stintid], **unstinting** *bn* onbekrompen, kwistig, onbeperkt

unstitch ['ʌn'stitʃ] *overg* lostornen

unstocked ['ʌn'stɔkt] *bn* zonder voorraad; leeggehaald

unstop ['ʌn'stɔp] *overg* openen, ontkurken; ontstoppen

unstoppable ['ʌn'stɔpəbl] *bn* onstuitbaar, niet te stoppen

unstrained ['ʌn'streind] *bn* ongedwongen

unstrap ['ʌn'stræp] *overg* losgespen, losmaken

unstressed ['ʌn'strest, 'ʌnstrest] *bn* toonloos, zonder klemtoon

unstring ['ʌn'striŋ] *overg* een snaar (snaren) afhalen van; een snaar (snaren) losser spannen; afrijgen [kralen]; verzwakken; van streek brengen

unstructured ['ʌn'strʌktʃəd] *bn* ongestructureerd, onsystematisch

unstrung ['ʌn'strʌŋ] *bn* ontspannen, verslapt; van streek, overstuur

unstuck ['ʌn'stʌk] *bn* los; *come* ~ losgaan, loslaten; *fig* spaak lopen

unstudied ['ʌn'stʌdid] *bn* spontaan

unsubdued ['ʌnsəb'dju:d] *bn* ongetemd[2]

unsubstantial ['ʌnsəb'stænʃəl] *bn* onstoffelijk; onwezenlijk, onwerkelijk; niet solide, niet degelijk; ~ *food* lichte kost

unsubstantiated ['ʌnsəb'stænʃieitid] *bn* niet bewezen, onbevestigd, ongefundeerd

unsuccessful [ˈʌnsək'sesful] *bn* geen succes hebbend, zonder succes, niet geslaagd, niet gelukt, mislukt; *be* ~ niet slagen; *return* ~ onverrichter zake terugkeren

unsuitable [ˈʌn's(j)u:təbl] *bn* ongepast; ongeschikt; niet van dienst zijnd

unsuited *bn* ongeschikt (voor *for*), niet passend (bij *to*)

unsullied [ˈʌn'sʌlid] *bn* onbezoedeld, onbevlekt

unsung [ˈʌn'sʌŋ] *bn* ongezongen; *fig* miskend

unsupported [ˈʌnsə'pɔːtid] *bn* niet ondersteund; niet gesteund; niet gestaafd

unsure [ˈʌn'ʃuə] *bn* onzeker, onvast; onbetrouwbaar; twijfelachtig

unsurpassable [ˈʌnsə'pɑːsəbl] *bn* onovertrefbaar

unsurpassed [ˈʌnsə'pɑːst] *bn* onovertroffen

unsusceptible [ˈʌnsə'septibl] *bn* onvatbaar

unsuspected [ˈʌnsəs'pektid] *bn* onverdacht; onvermoed

unsuspecting *bn* geen kwaad vermoedend, argeloos

unsuspicious [ˈʌnsəs'piʃəs] *bn* niet achterdochtig, argeloos; ~ *of...* geen... vermoedend

unswathe [ʌn'sweið] *overg* ontzwachtelen

unswayed [ˈʌn'sweid] *bn* onbeinvloed; niet beheerst (door *by*); onbevooroordeeld

unsweetened [ˈʌn'swi:tənd] *bn* ongezoet

unswept [ˈʌn'swept] *bn* on(aan)geveegd

unswerving [ʌn'swəːviŋ] *bn* niet afwijkend; onwankelbaar

unsworn [ˈʌn'swɔːn] *bn* onbeëdigd

unsympathetic [ˈʌnsimpə'θetik] *bn* van geen deelneming (begrip) blijk gevend, onverschillig; soms: onsympathiek

unsystematic [ˈʌnsisti'mætik] *bn* onsystematisch, zonder systeem

untainted [ˈʌn'teintid] *bn* onaangestoken; onbedorven; onbesmet, smetteloos, vlekkeloos

untamed [ˈʌn'teimd] *bn* ongetemd

untangle [ˈʌn'tæŋgl] *overg* ontwarren

untanned [ˈʌn'tænd] *bn* ongelooid [leer]; niet gebruind [huid]

untapped [ˈʌn'tæpt] *bn* nog niet aangeboord, *fig* onontgonnen

untarnished [ˈʌn'tɑːniʃt] *bn* ongevlekt, onbevlekt, onbesmet, smetteloos

untaught [ˈʌn'tɔːt, ˈʌn'tɔːt] *bn* **1** onwetend; **2** spontaan; aangeboren

untaxed [ˈʌn'tækst] *bn* onbelast, van belasting vrijgesteld

unteachable [ʌn'ti:tʃəbl] *bn* hardleers; niet te leren

untenable [ˈʌn'tenəbl] *bn* onhoudbaar, onverdedigbaar°

untenanted [ˈʌn'tenəntid] *bn* onverhuurd; onbewoond; onbezet, leeg

untended [ˈʌn'tendid] *bn* onverzorgd; verwaarloosd

untested [ˈʌn'testid] *bn* onbeproefd, niet getest

unthankful [ˈʌn'θæŋkful] *bn* ondankbaar

unthinkable [ʌn'θiŋkəbl] *bn* ondenkbaar

unthinking *bn* niet (na)denkend, onbezonnen, onbedachtzaam

unthought-of [ʌn'θɔːtəv] *bn* onvermoed; onverwacht

unthrifty [ˈʌn'θrifti] *bn* niet spaarzaam, verkwistend; onvoordelig, onvoorspoedig; niet gedijend

untidy [ʌn'taidi] *bn* onordelijk, slordig

untie [ˈʌn'tai] **I** *overg* losbinden, losknopen; losmaken; **II** *onoverg* zich laten losbinden &

until [ən'til, ʌn'til] *voorz* tot; totdat; *not* ~ *1007* pas (eerst) in 1007

untimely [ʌn'taimli] *bn & bijw* ontijdig; voortijdig; ongelegen

untinged [ˈʌn'tin(d)ʒd] *bn* ongetint; *fig* ongerept, vrij (van *with, by*)

untiring [ʌn'tairiŋ] *bn* onvermoeibaar

untitled [ˈʌn'taitld] *bn* ongetiteld

unto [ˈʌntu] *voorz* <u>vero</u> tot; aan; voor; naar; tot aan

untold [ˈʌn'tould] *bn* onverteld; ongeteld, talloos; zeer groot (veel)

untouchable [ʌn'tʌtʃəbl] **I** *bn* onaanraakbaar; **II** *znw* (hindoe)paria

untouched *bn* **1** onaangeraakt; ongerept; **2**: ~ *by* ongevoelig voor

untoward [ʌn'touəd] *bn* lastig; betreurenswaardig; ongelukkig, onaangenaam

untraceable [ˈʌn'treisəbl] *bn* onnaspeurlijk, niet na te gaan

untraced *bn* niet op-, nagespoord

untrained [ˈʌn'treind] *bn* ongetraind, ongeoefend; ongeschoold

untrammelled [ʌn'træməld], <u>Am</u> **untrammeled** *bn* onbelemmerd

untranslatable [ˈʌntræns-, ˈʌntrɑːns'leitəbl] *bn* onvertaalbaar

untravelled [ˈʌn'trævəld] *bn* onbereisd [persoon]; rustig, stil [weg]

untried [ˈʌn'traid] *bn* onbeproefd; <u>recht</u> (nog) niet verhoord, (nog) niet behandeld

untrodden [ˈʌn'trɔdn] *bn* onbetreden

untroubled [ˈʌn'trʌbld] *bn* ongestoord, onbewogen, kalm; niet verontrust

untrue [ˈʌn'tru:] *bn* onwaar, onwaarachtig; ontrouw (aan *to*)

untruss [ˈʌn'trʌs] *overg* losmaken

untrustworthy [ˈʌn'trʌstwəːði] *bn* onbetrouwbaar

untruth [ʌn'tru:θ] *znw* onwaarheid

untruthful *bn* leugenachtig

untune [ˈʌn'tju:n] *overg* ontstemmen

untuned [ˈʌn'tju:nd] *bn* ongestemd, ontstemd (ook: <u>fig</u>); niet goed afgesteld [radio]; niet in harmonie

unturned [ˈʌn'təːnd] *bn* ongekeerd; zie *stone*

untutored [ˈʌn'tju:təd] *bn* ongeschoold, niet onderwezen; onbeschaafd

untwine ['ʌn'twain], **untwist** ['ʌn'twist] *overg* loswinden, losdraaien

unusable ['ʌn'ju:zəbl] *bn* onbruikbaar

1 unused ['ʌn'ju:zd] *bn* ongebruikt, onbenut

2 unused ['ʌn'ju:st] *bn*: ~ *to* niet gewend aan

unusual [ʌn'ju:ʒuəl] *bn* ongewoon; uitzonderlijk; gemeenz buitengewoon

unutterable ['ʌn'ʌtərəbl] *bn* onuitsprekelijk, onzegbaar, onbeschrijflijk

unvalued [ʌn'vælju:d] *bn* ongeschat; ongewaardeerd

unvaried [ʌn'vɛərid] *bn* onveranderd; nooit veranderend, zonder afwisseling, eentonig

unvarnished ['ʌn'va:niʃt] *bn* niet gevernist; fig onopgesmukt [verhaal]; overbloemd

unvarying [ʌn'vɛəriiŋ] *bn* onveranderlijk; constant

unveil *overg* ontsluieren, onthullen; ontdekken

unversed ['ʌn'və:st] *bn* onervaren, onbedreven

unvoiced ['ʌn'vɔist] *bn* niet uitgesproken, stemloos [klank]

unwaged ['ʌn'weidʒd] *bn*: *the* ~ de nietloontrekkenden: werklozen, studenten en gepensioneerden

unwanted ['ʌn'wɔntid] *bn* niet verlangd (gevraagd, nodig), ongewenst

unwarlike ['ʌn'wɔ:laik] *bn* onkrijgshaftig, vredelievend

unwarrantable ['ʌn'wɔrəntəbl] *bn* onverantwoordelijk; ongeoorloofd

unwarranted ['ʌn'wɔrəntid] *bn* ongerechtvaardigd, ongemotiveerd, niet verantwoord, ongeoorloofd

unwary [ʌn'wɛəri] *bn* onvoorzichtig; niet waakzaam, niet op zijn hoede zijnd

unwashed ['ʌn'wɔʃt] *bn* ongewassen

unwatered ['ʌn'wɔ:təd] *bn* onbesproeid, onbegoten; niet met water aangelengd

unwavering [ʌn'weivəriŋ] *bn* niet wankelend, niet aarzelend; onwrikbaar, standvastig

unwearable ['ʌn'wɛərəbl] *bn* ondraagbaar [kleding]

unwearied [ʌn'wiərid], **unwearying** *bn* onvermoeid; onvermoeibaar; volhardend, aanhoudend

unwed(ded) ['ʌn'wed(id)] *bn* ongehuwd

unwelcome [ʌn'welkəm] *bn* onwelkom; onaangenaam

unwelcoming ['ʌn'welkəmiŋ] *bn* koel, afstandelijk; onherbergzaam

unwell ['ʌn'wel] *bn* niet wel, onwel, onpasselijk; ongesteld

unwept ['ʌn'wept] *bn* onbeweend

unwholesome ['ʌn'houlsəm] *bn* ongezond

unwieldy [ʌn'wi:ldi] *bn* log, zwaar, lomp, onbehouwen, moeilijk te hanteren

unwilling [ʌn'wiliŋ] *bn* onwillig; ongewillig; *be (feel)* ~ *to...* ongeneigd zijn om, geen zin hebben om..., niet willen...

unwillingly [ʌn'wiliŋli] *bijw* onwillig; ongewillig;

ongaarne; tegen wil en dank

unwind ['ʌn'waind] **I** *overg* loswinden, loswikkelen, ontrollen; **II** *onoverg* zich loswinden &; fig zich ontspannen [na inspanning]

unwinking ['ʌn'wiŋkiŋ] *bn* strak, star [blik]; fig waakzaam

unwisdom ['ʌn'wizdəm] *znw* onverstandigheid, dwaasheid

unwise ['ʌn'waiz] *bn* onwijs, onverstandig

unwished ['ʌn'wiʃt] *bn* ongewenst

unwitnessed ['ʌn'witnist] *bn* ongezien, niet door getuigen bijgewoond of bevestigd

unwitting ['ʌn'witiŋ] *bn* onwetend, van niets wetend, onbewust

unwittingly *bn* per ongeluk, onopzettelijk

unwomanly [ʌn'wumənli] *bn* onvrouwelijk

unwonted [ʌn'wountid] *bn* ongewoon; niet gewend

unworkable ['ʌn'wə:kəbl] *bn* onuitvoerbaar, onpraktisch; niet exploitabel

unworldly [ʌn'wə:ldli] *bn* niet van de wereld, onwerelds; wereldvreemd

unworn ['ʌn'wɔ:n] *bn* ongedragen

unworthy ['ʌn'wə:ði] *bn* onwaardig

unwound ['ʌn'waund] V.T. & V.D. van *unwind*

unwounded ['ʌn'wu:ndid] *bn* ongeschonden, heelhuids

unwrap ['ʌn'ræp] *overg* loswikkelen, openmaken

unwrinkle ['ʌn'riŋkl] *overg* ontrimpelen; ~*d* ongerimpeld, zonder rimpels, glad

unwritten ['ʌn'ritn] *bn* ongeschreven

unwrought ['ʌn'rɔ:t] *bn* onbewerkt; onverwerkt; ~ *goods* ruwe grondstoffen

unwrung ['ʌn'rʌŋ] *bn* ongewrongen; fig onbekommerd

unyielding [ʌn'ji:ldiŋ] *bn* niet meegevend; ontoegevend, onbuigzaam, onverzettelijk

unyoke ['ʌn'jouk] *overg* het juk afnemen, uitspannen, bevrijden (van het juk)

unzip ['ʌn'zip] *overg* opentrekken [v. rits], openritsen

up [ʌp] **I** *bijw* op, de hoogte in, in de hoogte, omhoog, boven, naar boven, overeind; *he lives four floors* ~ vier hoog; *be a hundred* ~ sp honderd punten op voorsprong staan; *be* ~ *on* voorliggen op; *one* ~ *for...* één (= een punt, een succes &) voor...; *be one* ~ *on...* gemeenz iem. een slag voor zijn; *one* ~ *to...* zie: *one* ~ *for...*; *from 5 pounds* ~ vanaf 5 pond; ~ *there* daar(ginds), daarboven; ~ *the rebels!* leve de rebellen!; *it is all* ~! er is geen hoop meer!; ~ *with...* hoera voor...; ~ *yours!* plat je kunt me de pot op; ~ *and down* op en neer, op en af (zie ook: *up-and-down*); *look* ~ *and down* overal kijken; *look sbd.* ~ *and down* iem. van het hoofd tot de voeten opnemen; ~ *and down the country* over (door) het hele land; *what's* ~? gemeenz wat is er aan de hand?; *be* ~ op zijn [uit bed]; (in de lucht) opgestegen zijn; opgegaan zijn [voor examen]; handel hoger zijn [prijzen]; hoog staan [op de markt]; het woord hebben [redenaar]; zijn zetel ingenomen hebben [rechter]; om zijn [tijd]; aan de hand zijn [zaken]; *dinner's* ~*!* gemeenz het eten staat op tafel!; *the House is* ~ de zitting is opgeheven; de Kamer is op reces; *the street is* ~ is opgebroken; *be* ~ *and doing* niet stilzitten, de handen uit de mouwen steken; *be* ~ *and about (around)* uit de veren zijn, al in de weer zijn; *be* ~ *against a formidable task* voor een geweldige taak staan; *be* ~ *for (re-)election* zich (weer) kandidaat stellen; *he is high* ~ *in the school* heeft een hoog nummer; *he is well* ~ *in that subject* hij is heel goed (thuis) in dat vak; ~ *to* tot (aan, op); ~ *to 7 days' leave* hoogstens 7 dagen verlof; ~ *to now* tot nu (nog) toe, tot op heden, tot dusver; ~ *to then* tot dan toe; *he is* ~ *to no good* hij voert niets goeds in zijn schild; *he is* ~ *to some joke* hij heeft de een of andere aardigheid in de zin; *not be* ~ *to much* niet veel voorstellen, onbeduidend zijn; *he is not* ~ *to the task* hij is niet voor de taak berekend; *be* ~ *to a trick or two* van wanten weten; *I am* ~ *to what you mean* ik begrijp (snap) wel wat je bedoelt; *what are you* ~ *to?* wat voer jij nu uit?, wat moet dat nou?; *it is* ~ *to us...* **1** het is onze plicht...; **2** het is aan ons (om te beslissen), wij mogen kiezen; *I don't feel* ~ *to it* ik voel er me niet sterk (flink) genoeg voor; *go* ~ *to town* naar de stad (toe) gaan; **II** *voorz* op; ~ *country* het (binnen)land in; ~ *a hill* een heuvel op; ~ *hill and down dale* over heg en steg; ~ *stage* achter op 't toneel; ~ *a tree* in een boom, tegen een boom op; zie ook: *tree*; **III** *onoverg* gemeenz opstaan; **IV** *overg* gemeenz verhogen [lonen, prijzen &]; **V** *znw*: ~*s and downs* terreingolvingen; fig voor- en tegenspoed, wisselvalligheden; *be on the* ~ *and* ~ gemeenz vooruitgaan, verbeteren; eerlijk (fatsoenlijk) zijn

up-and-coming *bn* ambitieus, veelbelovend

up-and-down *bn* van boven naar beneden, op- en neergaand; fig gemeenz wisselvallig [weer, humeur]

up-and-over door *znw* kanteldeur [v. garage &]

upas ['ju:pəs] *znw* oepas [boom]; fig vergiftigende of verderfelijke invloed, pest

upbeat ['ʌpbi:t] **I** *znw* muz opmaat; **II** *bn* snel; ritmisch, vrolijk [muziek]; fig optimistisch, levendig, vrolijk

upbraid [ʌp'breid] *overg* verwijten doen, een verwijt maken (van *with*); betuttelen; ~ *sbd. for (with)* ... iem... verwijten

upbringing ['ʌpbriŋiŋ] *znw* opvoeding

upcast ['ʌpka:st] **I** *overg* omhoog werpen; **II** *bn* naar boven gericht; naar boven geworpen; *with* ~ *eyes* ook: met ten hemel geslagen ogen; **III** *znw* geol opwaartse verschuiving; ventilatieschacht [in mijn]

up-country ['ʌp'kʌntri] *bijw & bn* in, van, naar het binnenland; plattelands-

update [ʌp'deit] *overg* bijwerken [een uitgave], bij

de tijd brengen, moderniseren

up-end [ʌp'end] *overg* overeind zetten, het onderste boven keren

up-front [ʌp'frʌnt] *bn* gemeenz open, eerlijk; [m.b.t. betaling] vooruit, van tevoren

upgrade I *znw* ['ʌpgreid] opwaartse helling; comput verbeterde versie; *be on the* ~ vooruitgaan; stijgen [prijzen]; aan de beterende hand zijn [zieke]; **II** *overg* [ʌp'greid] verhogen (in rang &), veredelen [vee]; upgraden, verbeteren

upheaval [ʌp'hi:vəl] *znw* omwenteling, ontreddering; opschudding

upheave *overg* opheffen, omhoog werpen

upheld [ʌp'held] V.T. & V.D. van *uphold*

uphill [ʌp'hil, 'ʌphil] *bn & bijw* bergop; fig moeilijk, zwaar [werk &]

uphold [ʌp'hould] *overg* handhaven [wet]; recht bevestigen; (onder)steunen², fig verdedigen

upholder *znw* ondersteuner, steun; handhaver, verdediger

upholster [ʌp'houlstə] *overg* stofferen, bekleden; *well* ~*ed* gemeenz mollig

upholsterer *znw* (behanger-)stoffeerder

upholstery *znw* stoffering, bekleding; stoffeerderij

upkeep ['ʌpki:p] *znw* (kosten van) onderhoud *o*, instandhouding

upland ['ʌplənd] **I** *znw* (ook: ~*s*) hoogland *o*, bovenland *o*; **II** *bn* hooglands, bovenlands

uplift I *overg* [ʌp'lift] optillen, verheffen²; ten hemel heffen [de handen], ten hemel slaan [de ogen]; *it was not* ~*ing* het was niet hartverheffend; **II** *znw* ['ʌplift] opwekking; op-, verheffing [v. de ziel &]; bodemverheffing

upmarket [ʌp'ma:kit] *znw* van betere/duurdere kwaliteit, kwaliteits-, voor de hogere inkomens; exclusief

upmost ['ʌpmoust] *bn* = *uppermost*

upon [ə'pɔn] *voorz* = plechtig op &, zie on; ... ~ ... talloze, ... na ...; *thousands* ~ *thousands arrived* duizenden mensen kwamen; *kilometer* ~ *kilometer* kilometer na kilometer, kilometers; *Christmas is* ~ *us* plechtig het kerstfeest nadert

upper ['ʌpə] **I** *bn* opper, hoger, bovenste, boven-; **II** *znw* bovenleer *o* [v. schoen] (ook: ~*s*); *(down) on one's* ~*s* gemeenz straatarm

upper case letter *znw* hoofdletter, kapitaal

upper circle *znw* tweede balkon *o* [v. schouwburg]

upper-class *bn* van de hogere kringen

upper-crust *bn* gemeenz aristocratisch, elite-

uppercut *znw* opstoot [bij boksen]

upper hand *znw* over-, bovenhand; *get (take) the* ~ de bovenhand verkrijgen

Upper House *znw* Hogerhuis *o*

upper lip *znw* bovenlip; *keep a stiff* ~ zich flink houden

uppermost *bn* bovenst, hoogst; *be* ~ de overhand hebben; ~ *in my mind is...* mijn gedachten gaan in de eerste plaats uit naar...

upper storey *znw* bovenverdieping; *wrong in his* ~ slang van lotje getikt

upper ten [ˌʌpəˈten] *znw* gemeenz de hoogste kringen van de maatschappij (ook: ~ *thousand*)

uppish [ˈʌpiʃ] *bn* gemeenz verwaand, arrogant; onbeschaamd; uit de hoogte

uppity [ˈʌpiti] *bn* Am gemeenz veel praats hebbend, brutaal; verwaand, arrogant

upraise [ʌpˈreiz] *overg* opheffen, ten hemel heffen; oprichten; opwekken

upright [ˈʌprait] **I** *bn* rechtopstaand, overeind staand, (kaars)recht, rechtstandig; fig rechtschapen, oprecht; ~ *piano* pianino; **II** *bijw* rechtop, overeind; **III** *znw* staande balk, stijl; verticale stand

uprise [ʌpˈraiz] *onoverg* opstaan, (op)rijzen

uprising *znw* opstand, oproer *o*

up-river [ʌpˈrivə] *bn & bijw* stroomopwaarts

uproar [ˈʌprɔ:] *znw* **1** tumult *o*, lawaai *o*, rumoer *o*; **2** hevig protest *o*; *there was an* ~ *over...* er stak een storm van protest op naar aanleiding van...

uproarious [ʌpˈrɔ:riəs] *znw* lawaaierig, rumoerig, luidruchtig; hilarisch; bulderend [gelach]

uproot [ʌpˈru:t] *overg* ontwortelen; uitroeien

uprush [ˈʌprʌʃ] *znw* sterk opwaartse stroom of beweging; opwelling

ups-a-daisy [ˈʌpsədeisi] *tsw* = *upsy-daisy*

1 upset [ʌpˈset] **I** *overg* omgooien, -smijten, omverwerpen[2]; fig in de war sturen, verijdelen [plannen]; van streek maken; ~ *the balance* het evenwicht verstoren; ~ *the stomach* de maag van streek maken; *be* ~ omslaan, omvallen; ontdaan, van streek, overstuur zijn; zie ook: *applecart*; **II** *znw* omkanteling; fig omverwerping [van gezag]; verwarring; ruzie; stoornis [v.h. gestel]; **III** *bn* van streek, in de war [ook: maag &]; overstuur

2 upset [ˈʌpset] *bn:* ~ *price* inzet [bij veiling]

upshot [ˈʌpʃɔt] *znw* uitkomst, resultaat *o*, einde *o*

upside [ˈʌpsaid] *znw* bovenzijde; voordeel *o*, goede kant; ~-*down* ondersteboven; op zijn kop (staand), verkeerd; *turn* ~ *down* in de war sturen

upstage [ʌpˈsteidʒ] **I** *bn* theat achter op 't toneel; gemeenz verwaand, hooghartig; **II** *overg* fig overschaduwen

upstairs **I** *bijw* [ˈʌpˈstɛəz] de trap op, naar boven, boven; zie ook: *kick III*; **II** *bn* [ˈʌpstɛəz]: ~ *room* bovenkamer

upstanding [ʌpˈstændiŋ] *bn* rechtop; flink uit de kluiten gewassen, goed gebouwd; eerlijk, rechtuit

upstart [ˈʌpsta:t] **I** *znw* parvenu; **II** *bn* parvenuachtig

upstream **I** *bijw* [ˈʌpˈstri:m] stroomopwaarts; **II** *bn* [ˈʌpstri:m] tegen de stroom op roeiend &; bovenstrooms gelegen

upstroke [ˈʌpstrouk] *znw* ophaal [bij het schrijven]

upsurge [ˈʌpsə:dʒ] *znw* opleving, (hoge) vlucht; opwelling, bevlieging

upswept [ˈʌpˈswept] *bn* omhooggebogen, omhooggeborsteld [haar]

upswing [ˈʌpswiŋ] *znw* opwaartse beweging; fig opbloei

upsy-daisy [ˈʌpsideizi] *tsw* gemeenz hupsakee [tegen gevallen kind]

uptake [ˈʌpteik] *znw* opnemen *o*; *quick on the* ~ gemeenz vlug (van begrip); *slow on the* ~ gemeenz traag (van begrip)

upthrow [ˈʌpθrou] *znw* geol opwaartse aardverschuiving

upthrust [ˈʌpθrʌst] *znw* **1** techn opwaartse druk; **2** geol uitbarsting

uptight [ʌpˈtait] *bn* slang hypernerveus

up-to-date [ˈʌptəˈdeit] *bn* op de hoogte, 'bij', bijdetijds, modern

up-to-the-minute [ˈʌptəðəˈminit] *bn* allernieuwst, allerlaatst, zeer recent

uptown **I** *bn* Am in (van) de buitenwijken; **II** *bijw* [ʌpˈtaun] naar (in) de buitenwijken

up train [ˈʌptrein] *znw* trein naar Londen

upturn **I** *overg* [ʌpˈtə:n] omkeren, ondersteboven zetten; ~*ed* ondersteboven; ten hemel geslagen [ogen]; ~*ed nose* wipneus; **II** *znw* [ˈʌptə:n] opleving

upward [ˈʌpwəd] **I** *bn* opwaarts; stijgend; **II** *bijw* = *upwards*

upwards *bijw* opwaarts, naar boven; ~ *of* boven de, meer dan; *50 guilders and* ~ 50 gulden en hoger (en meer, en daarboven)

upwind [ʌpˈwind] *bijw* tegen de wind in

uranium [juəˈreinjəm] *znw* uranium *o*

urban [ˈə:bən] *bn* van de stad, stedelijk, stads-

urbane [ə:ˈbein] *bn* urbaan, welgemanierd, hoffelijk, wellevend, beschaafd

urbanity [ə:ˈbæniti] *znw* urbaniteit, hoffelijke welgemanierdheid, wellevendheid

urbanization [ə:bənaiˈzeiʃən] *znw* urbanisatie, verstedelijking

urbanize [ˈə:bənaiz] *overg* verstedelijken; verfijnen

urchin [ˈə:tʃin] *znw* joch(ie) *o*; schelm, rakker

Urdu [ˈu(r)du:, ˈə(r)du:] *znw* Oerdoe *o* [taal v. Pakistan]

urge [ə:dʒ] **I** *overg* aan-, voortdrijven; aandringen op; aanzetten, dringend verzoeken, dringend aanbevelen, aanmanen tot; aanvoeren; ~ *sbd. to (go)* iem. ertoe aanzetten om te (gaan); ~ *sbd. on* iem. aansporen; ~ *sbd. to action* iem. aanzetten tot handelen, wat opporren; ~ *it upon sbd.* het iem. op het hart drukken; **II** *wederk:* ~ *itself upon sbd.* zich aan iem. opdringen [idee, plan &]; **III** *znw* (aan)drang, drift; aandrift

urgency *znw* dringende noodzakelijkheid, urgentie; (aan)drang

urgent *bn* dringend, dringend noodzakelijk, spoedeisend, urgent, ernstig; *he was* ~ *about the need for action* hij drong aan op snelle actie

uric [ˈjuərik] *znw:* ~ *acid* urinezuur *o*

urinal [ˈjuərinl] *znw* urinaal *o* [urineglas]; urinoir *o*

urinary *bn* urine-

urinate *onoverg* urineren, wateren, plassen

urine *znw* urine, plas

urn [ə:n] *znw* koffieketel, theeketel; urn

Ursa ['ə:sə] *znw* astron: ~ *Major* de Grote Beer; ~ *Minor* de Kleine Beer

ursine ['ə:sain] *bn* van/als een beer

Uruguay ['juə:rugwai] *znw* Uruguay o

Uruguayan I *znw* Uruguayaan; **II** *bn* Uruguayaans

us [ʌs, (ə)s] *pers vnw* ons, (aan) ons; gemeenz mij; *give* ~ *a kiss* geef me eens een kus; *we made* ~ *a cup of tea* gemeenz we maakten een kop thee voor onszelf

USA *afk.* = *United States of America* Verenigde Staten van Amerika

usable ['ju:zəbl] *bn* bruikbaar

usage ['ju:zidʒ] *znw* gebruik o, gewoonte; taalgebruik o; behandeling

usance ['ju:zəns] *znw* handel uso, gebruikelijke betalingstermijn

use I *znw* [ju:s] *znw* gebruik o, nut o; gewoonte; *be of (great)* ~ van (veel) nut zijn, nuttig zijn; *it is not of (much)* ~ het haalt niet veel uit; *they are not much* ~ *as...* ze deugen niet erg voor..., je hebt er niet veel aan voor...; *it's no* ~ het heeft geen zin, het lukt (toch) niet; *it is no* ~ *crying over spilt milk* gedane zaken nemen geen keer; *it is no* ~ *for you to go* het geeft je niets of je gaat; *what is the* ~ *(of it)?* wat helpt (baat, geeft) het?; *I have no* ~ *for it* ik kan het niet gebruiken; gemeenz ik moet er niets van hebben; *have the* ~ *of* beschikken over; *make good* ~ *of...*, *put it to good* ~ goed besteden, een goed (nuttig) gebruik maken van; *for the* ~ *of* ten gebruike van; *in* ~ in gebruik; *in present* ~ tegenwoordig in gebruik; *put into* ~ in gebruik nemen, in dienst stellen; *be of* ~ nuttig (van nut) zijn; *be of frequent* ~ veel gebruikt worden; *be out of* ~ in onbruik (geraakt) zijn; **II** *overg* [ju:z] gebruiken, bezigen, gebruik (ook: misbruik) maken van, zich ten nutte maken; aanwenden; behandelen; ~ *freely* veel (druk) gebruik maken van; ~ *sbd. roughly* iem. ruw behandelen of aanpakken; ~ *up* verbruiken, (op)gebruiken, opmaken

used *bn* 1 [ju:st] gewend, gewoon; ~ *to* gewoon aan; *get* ~ *to* wennen aan; *he is not what he* ~ *to be* hij is niet meer wat hij vroeger was; *there* ~ *to be a mill there* daar stond vroeger een molen; **2** [ju:zd] gebruikt; tweedehands

useful ['ju:sful] *bn* nuttig, dienstig, bruikbaar; gemeenz bedreven, knap; zie ook: *come*

useless *bn* nutteloos, onnut, onbruikbaar, niets waard, van slechte kwaliteit

user *znw* gebruiker, verbruiker; *car* ~ automobilist; *heroin* ~ heroïnegebruiker

user-friendly *bn* gebruikersvriendelijk

usher ['ʌʃə] **I** *znw* portier; plaatsaanwijzer [in bioscoop]; ceremoniemeester; deurwaarder; **II** *overg* binnenleiden, inleiden² (ook: ~ *in*)

usherette [ʌʃə'ret] *znw* ouvreuse

USSR *afk.* = *Union of Soviet Socialist Republics* Unie van Socialistische Sovjetrepublieken [de voormalige Sovjet-Unie]

usual ['ju:ʒuəl] **I** *bn* gebruikelijk, gewoon; *it is* ~ *to...* het is de gewoonte om...; *as* ~, schertsend *as per* ~ als gewoonlijk, gewoon; **II** *znw* gemeenz gewone (vaste) borrel, lijfdrankje o

usually *bijw* gewoonlijk, doorgaans, meestal

usufruct ['ju:sjufrʌkt] *znw* vruchtgebruik o

usurer ['ju:ʒərə] *znw* woekeraar

usurious [ju'zjuəriəs] *bn* woeker-

usurp [ju:'zə:p] *overg* usurperen, wederrechtelijk in bezit nemen, zich toe-eigenen of aanmatigen, overweldigen [v. troon]

usurpation [ju:zə:'peiʃən] *znw* usurpatie, wederrechtelijke inbezitneming, toe-eigening of aanmatiging, overweldiging [v. troon]

usurper [ju:'zə:pə] *znw* usurpator, overweldiger

usury ['ju:ʒəri] *znw* woeker(rente)

ut [ʌt, u:t] *znw* muz ut, do, c

utensil [ju'tens(i)l] *znw* gereedschap o, werktuig o; ~s ook: (keuken)gerei o

uterine ['ju:tərain] *bn* van (in) de baarmoeder, baarmoederlijk

uterus ['ju:tərəs] *znw (mv:* uteri [-rai]) baarmoeder

utilitarian [ju:tili'tɛəriən] **I** *bn* nuttigheids-; utilitaristisch; **II** *znw* utilitarist

utilitarianism *znw* utilitarisme o, nuttigheidsleer

utility [ju'tiliti] **I** *znw* nuttigheid, nut o, bruikbaarheid; voorwerp o van nut, utiliteit; *(public)* ~ (openbaar) nutsbedrijf o; *utilities* gebruiksvoorwerpen; **II** *bn* standaard- [v. kleding, meubelen &]; ~ *goods* gebruiksgoederen

utilization [ju:tilai'zeiʃən] *znw* benutting, nuttig gebruik o, nuttige aanwending

utilize ['ju:tilaiz] *overg* benutten, nuttig besteden, goed gebruiken

utmost ['ʌtmoust] *bn & znw* uiterste, verste, hoogste; *do one's* ~ zijn uiterste best doen; alles op haren en snaren zetten

Utopia [ju:'toupjə] *znw* Utopia, denkbeeldige geluksstaat, ideaalstaat; utopie

Utopian I *bn* utopisch; **II** *znw* utopist

1 utter ['ʌtə] *bn* volslagen, algeheel, uiterst, baarlijk [nonsens]

2 utter ['ʌtə] *overg* uiten, uitbrengen, uitspreken, uitdrukken; uitgeven, in omloop brengen [vals geld]

utterance *znw* uiting, uitspraak, uitlating; dictie, spreektrant, voordracht

utterly ['ʌtəli] *bijw* volkomen, volslagen, ten enenmale

uttermost ['ʌtəmoust] *bn & znw = utmost*

U-turn ['ju:tə:n] *znw* draai van 180°; fig totale ommezwaai; *no* ~ verboden te keren

uvula ['ju:vjulə] *znw (mv:* -s *of* uvulae [-li:]) huig

uvular *bn* van de huig; ~ *r* huig-r, brouw-r

uxorious [ʌk'sɔ:riəs] *bn* overdreven aan zijn vrouw gehecht of onderworpen

Uzbek ['ʌzbek] **I** *znw* Oezbeek [inwoner van Oezbekistan]; **II** *bn* Oezbeeks

V

v [vi:] *znw* (de letter) *v*
V = 5 [als Romeins cijfer]
v. *afk.* = *versus*
vac [væk] gemeenz verk. van *vacation*
vacancy ['veikənsi] *znw* kamer te huur [in hotel & pension]; vacature, vacante betrekking; ledigheid, wezenloosheid; *fill a* ~ een vacature vervullen; *no vacancies* **1** 'vol'; **2** geen vacatures
vacant *bn* ledig[2], leeg(staand), open, onbezet, vrij, vacant; nietszeggend; gedachteloos, wezenloos; *fall* ~ openvallen [betrekking]
vacantly *bijw* wezenloos
vacate [və'keit] *overg* ontruimen [huis]; neerleggen [betrekking], zich terugtrekken uit [ambt], afstand doen van [troon]; recht vernietigen
vacation *znw* vakantie; recht vernietiging
vaccinal ['væksinəl] *bn* vaccine-; vaccinatie-
vaccinate *overg* inenten, vaccineren
vaccination [væksi'neiʃən] *znw* vaccinatie, (koepok)inenting
vaccinator ['væksineitə] *znw* inenter
vaccine *znw* vaccin *o*, entstof
vacillate ['væsileit] *onoverg* wankelen, weifelen, schommelen
vacillation [væsi'leiʃən] *znw* wankeling, weifeling, schommeling
vacillator ['væsileitə] *znw* weifelaar
vacuity [væ'kjuiti] *znw* wezenloosheid; *vacuities* domme opmerkingen
vacuous ['vækjuəs] *bn* leeg[2]; wezenloos, dom
vacuum ['vækjuəm] **I** *znw* (*mv:* -s *of* vacua [-kjuə]) vacuüm[2] *o*, (lucht)ledige ruimte; ~ *brake* vacuümrem; ~ *(cleaner)* stofzuiger; ~ *flask* vacuümfles; ~ *valve* luchtklep; elektronenbuis; **II** *onoverg* & *overg* stofzuigen
vade-mecum ['veidi'mi:kəm] *znw* vademecum *o*
vagabond ['vægəbɔnd] **I** *bn* (rond)zwervend[2]; **II** *znw* zwerver, vagebond
vagabondage *znw* landloperij, gezwerf *o*
vagary ['veigəri, və'gɛəri] *znw* gril, kuur, nuk
vagina [və'dʒainə] *znw* (*mv:* -s *of* vaginae [-ni:]) anat vagina, schede; biol bladschede
vaginal [və'dʒainəl] *bn* vaginaal, schede-
vagrancy ['veigrənsi] *znw* zwervend leven *o*, gezwerf *o*, landloperij
vagrant I *bn* (rond)zwervend, rondtrekkend, vagebonderend[2]; **II** *znw* zwerver, landloper
vague [veig] *bn* vaag, onbepaald, onbestemd, flauw
vain [vein] *bn* nutteloos, vergeefs; ijdel; *in* ~ tevergeefs; bijbel ijdellijk [Gods naam gebruiken]
vainglorious [vein'glɔ:riəs] *bn* snoeverig, groot-

sprakig; bluffend

vainglory *znw* snoeverij, grootspraak, pocherij; gebluf *o*

vainly ['veinli] *bijw* (te)vergeefs; ijdellijk

valance ['vælans] *znw* valletje *o* [aan beddensprei of boven raam]

vale [veil] *znw* vero dal *o*, vallei

valediction [væli'dikʃən] *znw* vaarwel *o*, afscheid *o*; afscheidsgroet

valedictory I *bn* afscheids-; **II** *znw* Am afscheidsrede [v. afgestudeerde student]

valence ['veilans] *znw* valentie [in de scheikunde]

valentine ['vælantain] *znw* op Valentijnsdag (14 februari) verzonden kaart of geschenk *o*; op deze dag gekozen geliefde

valerian [və'liəriən] *znw* valeriaan(wortel)

valet ['vælit] *znw* kamerdienaar; lijfknecht, bediende; hotelbediende

valet parking *znw* door hotels & verleende service waarbij een medewerker zorg draagt voor het parkeren en voorrijden van de auto's van de gasten

valetudinarian [vælitju:di'nɛəriən] **I** *bn* ziekelijk, sukkelend, zwak; **II** *znw* (ingebeelde) zieke, sukkelaar

valiant ['væljənt] *bn* dapper, kloekmoedig

valid ['vælid] *bn* deugdelijk [argument]; recht geldig, van kracht; ~ *in law* rechtsgeldig; *make* ~ ook: legaliseren

validate *overg* valideren, legaliseren, geldig maken of verklaren, bekrachtigen

validation [væli'deiʃən] *znw* geldigverklaring, bekrachtiging

validity [və'liditi] *znw* validiteit, deugdelijkheid [v. argument]; (rechts)geldigheid

valise [və'li:z, Am və'li:s] *znw* reistas; Am koffertje *o*; mil musette, ransel

Valium ['væliəm] *znw* valium *o*, kalmerend middel *o*

valley ['væli] *znw* dal *o*, vallei

valorous ['vælərəs] *bn* dapper, kloekmoedig

valour, Am **valor** ['vælə(r)] *znw* dapperheid, kloekmoedigheid

valuable ['væljuəbl] **I** *bn* kostbaar, waardevol, van waarde; waardeerbaar; **II** *znw*: ~*s* kostbaarheden, preciosa

valuation [vælju'eiʃən] *znw* schatting, waardering; *at a* ~ voor de geschatte waarde; *set too high a* ~ *on* te hoog schatten

value ['vælju:] **I** *znw* waarde, prijs; ~*s* [ethische] waarden en normen; ~ *in account* handel waarde in rekening; *exchange* ~ ruilwaarde; ~ *received* handel waarde genoten; *get (good)* ~ *for money* waar voor zijn geld krijgen; *place (put)* ~ *on* waarde hechten aan, prijs stellen op, waarderen; *V* ~ *Added Tax* belasting (op de) toegevoegde waarde; *of* ~ van waarde, waardevol, kostbaar; *to the* ~ *of* ter waarde van; **II** *overg* taxeren (op *at*), waarderen, schatten, (waard) achten; prijs stellen op; **III** *wederk*: ~ *one-*

self on zich laten voorstaan op

valued *bn* geschat; gewaardeerd

value judgement *znw* waardeoordeel *o*

valueless *bn* waardeloos

valuer *znw* taxateur, schatter

valuta [və'lu:tə] *znw* handel valuta; koers(waarde)

valve [vælv] *znw* klep; ventiel *o*; schaal [v. schelp], schelp; radio elektronenbuis, radiobuis, lamp

valvular *bn* klep-

vamoose [və'mu:s] *onoverg* slang er vandoor gaan

1 vamp [væmp] **I** *overg* oplappen (ook: ~ *up*); muz improviseren; **II** *onoverg* muz improviserend begeleiden

2 vamp [væmp] **I** *znw* geraffineerde (vrouw); **II** *overg* het hoofd op hol brengen, inpalmen; verleiden; **III** *onoverg* de geraffineerde (vrouw) spelen

vampire ['væmpaiə] *znw* vampier[2]; fig afperser, bloedzuiger

vampire-bat *znw* vampier

vampirism *znw* vampirisme *o*; geloof *o* aan vampiers; uitbuiting, chantage

1 van [væn] *znw* (verhuis)wagen, transportwagen; goederenwagen [van trein]

2 van [væn] *znw* voorhoede[2]; fig spits; *the* ~ ook: de voormannen

vandal ['vændəl] *znw* vandaal

vandalism *znw* vandalisme *o*

vandalize *overg* vernielen, verwoesten

Vandyke [væn'daik] *bn* in de stijl van Van Dyck [Vlaams schilder, 1599-1641]; ~ *beard* puntbaardje *o*; ~ *collar* puntkraag

vane [vein] *znw* vaantje *o*, weerhaan; (molen)wiek; blad *o* [v. schroef]; vlag [v. veer]

vanguard ['vænga:d] *znw* voorhoede[2]; fig spits

vanilla [və'nilə] *znw* vanille

vanish ['væniʃ] *onoverg & overg* (doen) verdwijnen; wegsterven; ~ *into thin air* in rook opgaan; ~*ing point* verdwijnpunt *o*

vanity ['væniti] *znw* ijdelheid; *Vanity Fair* (de) kermis der ijdelheid; ~ *bag (case)* damestasje *o* voor cosmetica

vanquish ['væŋkwiʃ] *overg* plechtig overwinnen[2]

vanquisher *znw* plechtig overwinnaar

vantage ['va:ntidʒ] *znw* voordeel *o*

vantage-ground, vantage-point *znw* geschikt punt *o*, gunstige, strategische positie

Vanuatu [vænwa:'tu:] *znw* Vanuatu *o*

vapid ['væpid] *bn* verschaald; flauw, geesteloos

vapidity [və'piditi] *znw* verschaaldheid; flauwheid, geestloosheid

vaporization [veipərai'zeiʃən] *znw* verdamping, verstuiving

vaporize ['veipəraiz] *(overg &) onoverg* (doen) verdampen, verstuiven

vaporizer *znw* vaporisator, verstuiver

vaporous ['veipərəs] *bn* dampig, nevelig; vol damp; damp-

vapour, Am **vapor** *znw* damp, nevel[2]; wasem

vapour bath *znw* stoombad *o*
vapourings *znw mv* holle frasen, gezwets *o*
vapour trail *znw* condensstreep
variability *znw* veranderlijkheid, variabiliteit
variable ['vɛəriəbl] **I** *bn* veranderlijk, onbestendig,
ongedurig; **II** *znw* veranderlijke grootheid; variabele
variably *bijw* afwisselend, met afwisselend geluk
variance ['vɛəriəns] *znw* verschil *o* (van mening),
geschil *o*, onenigheid, tegenstrijdigheid; *be at* ~
het oneens zijn, in strijd zijn; *at* ~ *with* in strijd
met, afwijkend van; *set at* ~ *with* opzetten tegen
variant I *bn* afwijkend; veranderlijk; **II** *znw* va-
riant°
variation [vɛəri'eiʃən] *znw* variatie°; verandering,
afwijking; plantk variëteit
varicoloured ['vɛərikʌləd], Am **varicolored** *bn*
veelkleurig, bont; fig veelsoortig
varicose ['værikous] *bn*: ~ *veins* spataderen
varied ['vɛərid] *bn* gevarieerd, afwisselend, vol afwisseling of verscheidenheid; verschillend; veelzijdig
variegated ['vɛərigeitid] *bn* bont geschakeerd,
veelkleurig; veelzijdig
variegation [vɛəri'geiʃən] *znw* bonte schakering
variety [və'raiəti] **I** *znw* gevarieerdheid; bonte
mengeling, verscheidenheid; verandering, afwisse-
ling°; soort, variëteit, variété(theater) *o*; *a* ~ *of
crimes (of reasons)* tal *o* van misdaden, allerlei redenen; **II** *bn* variété- [artiest, theater &]
variola [və'raiələ] *znw* med pokken
various ['vɛəriəs] *bn* verscheiden, onderscheiden;
afwisselend; verschillend, divers; gemeenz verschillende, vele
varlet ['va:lit] *znw* hist page, bediende; vero schelm
varmint ['va:mint] *znw* gemeenz vero deugniet,
rakker
varnish ['va:niʃ] **I** *znw* vernis *o & m*, lak *o & m*, glazuur *o*; fig vernisje *o*; bedrieglijke schijn; **II** *overg*
vernissen, (ver)lakken, glazuren, verglazen; fig verdoezelen
varsity ['va:siti] *znw* gemeenz universiteit; sp uni-
versiteitsteam *o*
vary ['vɛəri] **I** *overg* variëren, afwisseling brengen
in, afwisselen, verscheidenheid geven aan, veranderen, verandering brengen in; muz variaties maken op; met variaties voordragen; **II** *onoverg* variëren, afwisselen, veranderen; afwijken, verschillen
(van *from*)
vascular ['væskjulə] *bn* vaat-; vaatvormig
vase [va:z] *znw* vaas
vasectomy [væ'sektəmi] *znw* med vasectomie
[sterilisatiemethode voor mannen]
vaseline ['væsili:n] *znw* vaseline
vasomotor ['veizou'moutə] *bn* vasomotorisch
vassal ['væsəl] **I** *znw* hist leenman, leenhouder, va-
zal²; fig knecht, slaaf; **II** *bn* vazal(len)-
vassalage *znw* hist leenmanschap *o*, leendienst; fig

(slaafse) dienstbaarheid
vast [va:st] *bn* ontzaglijk, groot, uitgestrekt; onmetelijk; omvangrijk; gemeenz kolossaal
vastly *bijw v. vast*; versterkend kolossaal, enorm;
verreweg, veel
vat [væt] *znw* vat *o*, kuip
VAT *afk.* = *Value Added Tax* BTW
Vatican ['vætikən] **I** *znw* Vaticaan *o*; **II** *bn* Vati-
caans
Vatican City *znw* Vaticaanstad
vaticinate [və'tisineit] *overg* voorspellen, profeteren
vaticination [vətisi'neiʃən] *znw* voorspelling, profetie
vatman ['vætmæn, -mən] *znw* gemeenz BTW-
ontvanger
vaudeville ['voudəvil] *znw* vaudeville
1 vault [vɔ:lt] **I** *znw* gewelf *o*, (graf)kelder, kluis [v.
bank]; verwelf *o*; zadeldak *o*; *the* ~ *of heaven* het
hemelgewelf; **II** *overg* (o)verwelven
2 vault [vɔ:lt] **I** *znw* sprong; **II** *onoverg* springen
[steunend op hand of met polsstok]; **III** *overg*
springen over
vaulting-horse *znw* springpaard *o* [in de gymnas-
tiek]
vaunt [vɔ:nt] *onoverg & overg* opscheppen (over),
pochen (op), zich beroemen (op)
vaunter *znw* opschepper, pocher, snoever
vavasour ['vævəsuə] *znw* hist achterleenman
VC *afk.* = *Victoria Cross; Vice-Chairman; Vice-
Chancellor; Vice-Consul*
VCR *afk.* = *video cassette recorder* videorecorder
VD ['vi:'di:] *afk.* = *venereal disease*
VDU *afk.* = *visual display unit* beeldscherm *o*
've [v] verk. van *have*
veal [vi:l] *znw* kalfsvlees *o*
vector ['vektə] *znw* wisk vector; luchtv koers
VE Day ['videi, vi:'i:dei] *znw* verk. van *Victory in
Europe Day* [8 mei 1945]
veer [viə] **I** *onoverg* van richting veranderen [wind,
voertuig]; fig omslaan; veranderen [gevoelens]; ~
round omlopen [wind]; (bij)draaien²; zwenken²;
een keer nemen; **II** *overg* vieren [kabel] (ook: ~
away, ~ *out*); doen draaien, wenden [schip]; ~ *and
haul* scheepv (beurtelings) vieren en halen; **III** *znw*
wending, draai
veg [vedʒ] *znw* gemeenz verk. van *vegetable(s)*
vegan ['vi:gən] *znw* veganist
vegetable ['vedʒitəbl] **I** *bn* plantaardig, planten-;
groente-; ~ *diet* plantaardig voedsel *o*; plantaardig
dieet *o*; ~ *mould* teelaarde; ~ *kingdom* plantenrijk *o*;
~ *marrow* ± courgette; **II** *znw* plant; groente; ~*s*
groente(n)
vegetal ['vedʒitl] *bn* vegetatief, groei-; plantaardig;
planten-
vegetarian [vedʒi'tɛəriən] **I** *znw* vegetariër; **II** *bn*
vegetarisch
vegetarianism *znw* vegetarisme *o*

vegetate |'vedʒiteit| *onoverg* vegeteren, een plantenleven leiden

vegetation |vedʒi'teiʃən| *znw* (planten)groei, plantenwereld; vegetatie, vleeswoekering; vegeteren *o*, plantenleven *o*

vegetative |'vedʒitətiv| *bn* vegetatief, van de (planten)groei, groei-; groeiend; vegeterend[2]

vehemence |'vi:iməns| *znw* hevigheid, heftigheid, onstuimigheid, geweld *o*

vehement *bn* hevig; heftig, onstuimig, geweldig

vehicle |'vi:ikl| *znw* voertuig[2] *o*, (vervoer)middel *o*, vehikel *o*; drager, geleider; ook: voertaal

vehicular |vi'hikjulə| *bn* tot voertuig dienend, vervoer-; ~ *traffic* verkeer *o* van rij- en voertuigen

veil [veil] **I** *znw* sluier, voile [v. dame]; bijbel voorhang, voorhangsel *o*; *fig* dekmantel; *draw a ~ over* verder maar zwijgen over, met de mantel der liefde bedekken; *take the ~* RK de sluier aannemen [= non worden]; *beyond the ~* aan gene zijde van het graf; *under the ~ of* onder de sluier van; onder de schijn (het mom) van; **II** *overg* met een sluier bedekken; *fig* (om)sluieren, bemantelen; ~*ed in mystery* in een waas van geheimzinnigheid gehuld

veiled *bn* gesluierd, met een voile voor; gevoileerd [v. stem]; *fig* bedekt; verkapt, verbloemd, verhuld

vein [vein] *znw* ader°; nerf; (karakter)trek; stemming; stijl, trant; *I am not in the ~ for...* niet in een stemming om...; *in the ~ of Arsène Lupin* in de trant van...; *he has a ~ of madness* er loopt een streep door bij hem

veined *bn* dooraderd, (rijk) geaderd, aderrijk; gemarmerd

velar |'vi:lə| **I** *bn* velair, van het zachte verhemelte; **II** *znw* velaire klank

veld(t) [velt] *znw* ZA grasvlakte

velleity |ve'li:iti| *znw* plechtig zwakke wil/wens, neiging

vellum |'veləm| *znw* velijn *o*, kalfsperkament *o*

velocipede |vi'lɔsipi:d| *znw* hist vélocipède

velocity |vi'lɔsiti| *znw* snelheid

velour(s) |və'luə| *znw* velours *o* & *m*

velum |'vi:ləm| *znw* (*mv:* vela [-lə]) zacht verhemelte *o*

velvet |'velvit| **I** *znw* fluweel *o*; *be on ~* fig op fluweel zitten; **II** *bn* fluwelen[2]

velveteen |velvi'ti:n| *znw* katoenfluweel *o*

velvet-like *bn* fluweelachtig

velvety *bn* fluweelachtig

venal |'vi:nl| *bn* te koop[2], omkoopbaar, veil[2]

venality |vi:'næliti| *znw* te koop zijn[2] *o*, omkoopbaarheid, veilheid

venation |vi'neiʃən| *znw* nervatuur [v. blad &]

vend [vend] *overg* verkopen, venten

vendee |ven'di:| *znw* recht koper

vendetta |ven'detə| *znw* bloedwraak; fig vete

vendible |'vendibl| **I** *bn* verkoopbaar; **II** *znw:* ~*s* koopwaren

vending-machine |'vendiŋməʃi:n| *znw* verkoop-automaat

vendor |'vendə| *znw* straatventer; recht verkoper

veneer |vi'niə| **I** *overg* fineren, met fineer beleggen; **II** *znw* fineer *o*; fig vernisje *o*

venerable |'venərəbl| *bn* eerbiedwaardig, eerwaardig; gemeenz oud, antiek

venerate *overg* (hoog) vereren, adoreren

veneration |venə'reiʃən| *znw* (grote) verering; *hold in ~* hoog vereren

venereal |vi'niəriəl| *bn* venerisch; ~ *disease* geslachtsziekte

Venetian |vi'ni:ʃən| *bn* Venetiaans; ~ *blind* jaloezie [zonnescherm]

Venezuela |vene'zweilə| *znw* Venezuela *o*

Venezuelan I *znw* Venezolaan; **II** *bn* Venezolaans

vengeance |'vendʒəns| *znw* wraak; *with a ~* en goed (niet zuinig) ook, dat het een aard heeft (had), van jewelste

vengeful *bn* wraakgierig, wraakzuchtig

venial |'vi:njəl| *bn* vergeeflijk; ~ *sin* RK dagelijkse zonde [geen doodzonde]

veniality |vi:ni'æliti| *znw* vergeeflijkheid

Venice |'venis| *znw* Venetië *o*

venison |'ven(i)zn| *znw* hertenvlees *o*

venom |'venəm| *znw* venijn *o*, vergif[2] *o*, gif *o*

venomous *bn* venijnig[2], (ver)giftig[2]

venous |'vi:nəs| *bn* aderlijk [v. bloed]

vent [vent] **I** *znw* opening, luchtgat *o*, uitlaat; schoorsteenkanaal *o*; zundgat *o*; uitweg; split *o* [v. jas]; *give ~ to* uiting, lucht geven aan, de vrije loop laten; **II** *overg* lucht, uiting geven aan, uiten, luchten; **III** *wederk:* ~ *itself* een uitweg vinden; zich uiten

ventage *znw* opening; vingergaatje *o* [v. blaasinstrument]

ventil |'ventil| *znw* muz ventiel *o*, klep

ventilate *overg* ventileren, de lucht verversen in, lucht geven; luchten[2]; fig luidruchtig kenbaar maken; in het openbaar bespreken en van alle kanten bekijken

ventilation |venti'leiʃən| *znw* ventilatie, luchtverversing, luchten[2] *o*

ventilator |'ventileitə| *znw* ventilator

ventral |'ventrəl| *bn* buik-; ~ *fin* buikvin

ventricle |'ventrikl| *znw* ventrikel *o*, holte; hartkamer (ook: ~ *of the heart*)

ventriloquism |ven'triləkwizm| *znw* (kunst van het) buikspreken *o*

ventriloquist *znw* buikspreker

venture |'ventʃə| **I** *znw* waag(stuk *o*); risico *o* & *m*; (avontuurlijke) onderneming, speculatie; *at a ~* op goed geluk; **II** *overg* wagen, op het spel zetten, aandurven; ~ *to differ from...* zo vrij zijn van mening te verschillen met; *nothing ~(d), nothing gain(ed)* wie niet waagt, die niet wint; **III** *onoverg* zich wagen; het (er op) wagen

venturesome *bn* vermetel; gewaagd

venue |'venju:| *znw* plaats (van bijeenkomst), loka-

643

tie

veracious [vəˈreiʃəs] *bn* waarheidlievend; waarachtig, waar

veracity [vəˈræsiti] *znw* waarheidsliefde, waarheid, geloofwaardigheid

veranda(h) [vəˈrændə] *znw* veranda

verb [vəːb] *znw* werkwoord *o*

verbal *bn* mondeling; woordelijk, letterlijk; in woord(en), van woorden, woord(en)-, verbaal; werkwoordelijk

verbalism *znw* uitdrukking; letterknechterij, alles naar de letter nemen *o*

verbalist *znw* iem. die alles naar de letter neemt

verbalize I *overg* verwoorden; <u>gramm</u> als werkwoord bezigen; **II** *onoverg* breedsprakig zijn

verbatim [vəːˈbeitim] *bn & bijw* woord voor woord, woordelijk

verbiage [ˈvəːbiidʒ] *znw* omhaal van woorden, woordenvloed, breedsprakigheid

verbose [vəːˈbous] *bn* breedsprakig, woordenrijk, wijdlopig

verbosity [vəːˈbɔsiti] *znw* breedsprakigheid, woordenrijkheid, wijdlopigheid

verdant *bn* <u>plechtig</u> groen[2]

verdict [ˈvəːdikt] *znw* uitspraak; vonnis *o*, beslissing, oordeel *o*; *give a ~* uitspraak doen zijn, oordeel uitspreken; *popular ~* de publieke opinie

verdigris [ˈvəːdigris] *znw* kopergroen *o*

verdure [ˈvəːdʒə] *znw* groen *o*, groenheid, lover *o*; bladerpracht

verge [vəːdʒ] **I** *znw* rand[2], zoom; grens; berm, grasrand; *on the ~ of* op de rand van; op het punt om; heel dicht bij; **II** *onoverg*: *~ on* neigen naar; grenzen aan; *fear, verging on panic* angst, paniek bijna; *his behaviour ~s on the ridiculous* zijn gedrag grenst aan het belachelijke

verger *znw* koster

veridical [veˈridikəl] *bn* waarheidsgetrouw, in overeenstemming met de werkelijkheid, waarachtig

veriest [ˈveriist] *bn* overtreffende trap van *very*; *the ~ nonsense* je reinste onzin; *the ~ rascal* de grootste schoft

verifiable [ˈverifaiəbl] *bn* te verifiëren, te controleren

verification [verifiˈkeiʃən] *znw* verificatie; proef (op de som); bekrachtiging, bewijs *o*; *in ~ of..* om... te bewijzen

verify [ˈverifai] *overg* verifiëren, onderzoeken, nazien, nagaan; waarmaken, bevestigen (in), bekrachtigen; <u>recht</u> legaliseren, waarmerken; *be verified* bewaarheid worden

verily [ˈverili] *bijw* <u>vero</u> waarlijk; <u>bijbel</u> voorwaar

verisimilar [veriˈsimilə] *bn* waarschijnlijk

verisimilitude [verisiˈmilitjuːd] *znw* waarschijnlijkheid

veritable [ˈveritəbl] *bn* waar(achtig), echt

verity [ˈveriti] *znw* waarheid

verjuice [ˈvəːdʒuːs] *znw* zuur sap *o* van onrijpe vruchten; wrange gevoelens

vermeil [ˈvəːmeil] *znw* verguld zilver *o*; goudvernis *o & m*, <u>plechtig</u> vermiljoen *o*

vermicelli [vəːmiˈseli] *znw* vermicelli

vermicide [ˈvəːmisaid] *znw* middel *o* tegen wormen, vermicide *o*

vermicular [vəːˈmikjulə] *bn* wormvormig, wormachtig, wormstrepig

vermiculate *bn* wormstekig; = *vermicular*

vermiculation [vəːmikjuˈleiʃən] *znw* wormachtige (peristaltische) beweging; wormstekigheid

vermiform [ˈvəːmifɔːm] *bn* wormvormig

vermifuge *znw* middel *o* tegen wormen

vermilion [vəˈmiljən] **I** *znw* vermiljoen *o*; **II** *bn* vermiljoen(rood)

vermin [ˈvəːmin] *znw* ongedierte *o*; <u>fig</u> tuig *o*, ontuig *o*

verminous *bn* vol ongedierte; van ongedierte

vermouth [ˈvəːməθ] *znw* vermout

vernacular [vəˈnækjulə] **I** *bn* inheems, vaderlands, nationaal; *~ language =* **II** *znw* landstaal, moedertaal; volkstaal, dialect *o*; vakjargon *o*, vaktaal, taal [van een bepaald vak &]

vernal [ˈvəːnəl] *bn* van de lente, lente-, voorjaars-; *~ equinox* voorjaarsdag-en-nachtevening

vernier [ˈvəːnjə] *znw* hulpschaalverdeling

veronica [vəˈrɔnikə] *znw* <u>plantk</u> ereprijs

verruca [vəˈruːkə] *znw* (*mv*: *-s of* verrucae [-siː]) wrat

versatile [ˈvəːsətail] *bn* veelzijdig [persoon]; flexibel [geest]; op vele manieren te gebruiken [apparaat &]

versatility [vəːsəˈtiliti] *znw* veelzijdigheid; flexibiliteit

verse [vəːs] *znw* vers° *o*, versregel, strofe, couplet *o*; poëzie; *in ~* in dichtvorm

versed [vəːst] *bn* ervaren, doorkneed, bedreven (in *in*), op de hoogte (van *in*)

versicle [ˈvəːsikl] *znw* (kort) vers *o*; beurtzang [in de liturgie]

versification [vəːsifiˈkeiʃən] *znw* versificatie, versbouw; rijmkunst

versifier [ˈvəːsifaiə] *znw* <u>geringsch</u> rijmelaar

versify I *overg* berijmen, op rijm brengen; **II** *onoverg* verzen maken

version [ˈvəːʃən] *znw* verhaal *o* of voorstellingswijze [v. een zaak], lezing, versie; vertaling; bewerking [voor de film]

verso [ˈvəːsou] *znw* keer-, ommezijde, achterkant

versus [ˈvəːsəs] *voorz* [Lat] <u>recht</u>, <u>sp</u> tegen, contra

vertebra [ˈvəːtibrə] *znw* (*mv*: *-s of* vertebrae [-riː]) wervel

vertebral *bn* wervel-

vertebrate [ˈvəːtibrit] *bn* (*znw*) gewerveld (dier *o*)

vertex [ˈvəːteks] *znw* (*mv*: *-es of* vertices [-tisiːz]) top(punt *o*), hoogste punt *o*; <u>anat</u> kruin

vertical [ˈvəːtikl] **I** *bn* verticaal, rechtstandig, loodrecht; van (in) het toppunt; (op)staand, opwaarts [druk]; **II** *znw* loodlijn; verticaal vlak *o*; tophoek;

out of the ~ niet loodrecht

vertiginous [vəː'tidʒinəs] *bn* duizelingwekkend

vertigo ['vəːtigou, vəː'taigou] *znw* duizeling, duizeligheid

vertu *znw* vero = *virtu*

verve [vəːv] *znw* verve, gloed, geestdrift, bezieling, (kunstenaars)vuur *o*

very ['veri] **I** *bn* waar, werkelijk, echt; *the* ~ *air you breathe* zelfs de lucht die men inademt; *the* ~ *book I am looking for* precies (net, juist) het boek dat ik zoek; *that* ~ *day* diezelfde dag; *this* ~ *day* ook: vandaag nog, nog deze dag; *before our* ~ *eyes* vlak voor onze ogen; *its* ~ *mention* het vermelden ervan alleen al; *for that* ~ *reason* juist daarom; *it is the* ~ *thing* het is precies (net) wat wij hebben moeten, het is je ware; *his* ~ *thoughts* zijn intiemste gedachten; *(practice is) the* ~ *word* hét woord; zie ook: *veriest*; **II** *bijw* zeer, heel, erg; aller-; precies; *the* ~ *best (last)* de (het) allerbeste (allerlaatste); ~ *same* precies dezelfde (hetzelfde); ~ *much* erg veel; erg, zeer

vesica ['vesikə, vi'saikə] *znw* (*mv*: vesicae [-siː]) anat blaas

vesical ['vesikl] *bn* blaas-

vesicant ['vesikənt], **vesicatory I** *bn* blaartrekkend; **II** *znw* blaartrekkend middel *o*, trekpleister

vesicle ['vesikl] *znw* blaasje *o*, blaar

vesicular [vi'sikjulə] *bn* blaasachtig, blaasvormig, blaas-

vesper-bell ['vespəbel] *znw* vesperklokje *o*

vespers *znw mv* vesper

vespertine *bn* avond-

vespiary ['vespiəri] *znw* wespennest *o*

vessel ['vesl] *znw* vat° *o*; bloedvat *o*; vaartuig *o*, schip *o*

vest [vest] **I** *znw* (onder)hemd *o*; Am (heren)vest *o*; gilet *o*; **II** *overg* fig bekleden (met *with*); begiftigen; *be* ~*ed in* bekleed worden door [v. ambt], berusten bij [macht]; ~*ed interests* gevestigde belangen

vesta ['vestə] *znw* lucifer

vestal ['vestl] *bn*: ~ *virgin* Vestaalse maagd[2]

vestibule ['vestibjuːl] *znw* vestibule, (voor)portaal *o*, voorhof *o* [ook v. oor]

vestige ['vestidʒ] *znw* spoor° *o*, overblijfsel *o*

vestigial [ves'tidʒiəl] *bn* rudimentair [v. orgaan]; vervaagd

vestment ['vestmənt] *znw* liturgisch gewaad *o*; ambtsgewaad *o*

vest-pocket ['vest'pɔkit] *bn* klein, (in) zakformaat

vestry ['vestri] *znw* sacristie; consistoriekamer; ± kerkenraad

vestryman *znw* lid *o* van de kerkenraad

vesture ['vestʃə] plechtig **I** *znw* (be)kleding, kledingstuk *o*, kleed[2] *o*, gewaad *o*; **II** *overg* (be)kleden

vet [vet] gemeenz **I** *znw* verk. van *veterinary surgeon* & Am *veteran*; **II** *overg* behandelen, keuren, onderzoeken, nazien; screenen

vetch [vetʃ] *znw* plantk wikke

veteran ['vetərən] **I** *bn* oud, beproefd, ervaren; ~ *car* auto van vóór 1918; **II** *znw* oudgediende[2], veteraan; oudstrijder

veterinarian [vetəri'nɛəriən] *znw* Am veearts

veterinary ['vetərinəri] *bn* veeartsenijkundig; ~ *school* veeartsenijschool; ~ *surgeon* veearts

veto ['viːtou] **I** *znw* (*mv*: -toes) (recht *o* van) veto *o*; verbod *o*, afkeurende uitspraak; *put a (one's)* ~ *on* zijn veto uitspreken over; **II** *overg* zijn veto uitspreken over, verbieden, verwerpen

vex [veks] *overg* plagen, kwellen, irriteren, ergeren; verontrusten, in beroering brengen; zie ook: *vexed*

vexation [vek'seiʃən] *znw* kwelling, plaag, ergernis, pesterij

vexatious *bn* irriterend, hinderlijk, ergerlijk

vexed [vekst] *bn* geërgerd (over *at*); landerig; onrustig, bewogen; *a* ~ *question* een veelomstreden vraagstuk *o*

vexing *bn* irriterend, plagend &

VHF *afk.* = *very high frequency* VHF, ± FM

via ['vaiə] *voorz* via, over

viability [vaiə'biliti] *znw* levensvatbaarheid[2]; (financiële) haalbaarheid

viable ['vaiəbl] *bn* levensvatbaar[2]; (financieel) haalbaar

viaduct ['vaiədʌkt] *znw* viaduct *m* & *o*

vial ['vaiəl] *znw* plechtig flesje *o*; ampul

viands ['vaiəndz] *znw mv* eetwaren, levensmiddelen

vibes [vaibz] *znw mv* slang vibraties; uitstraling [v. artiest &]; *I got good* ~ *from her/him* het klikt tussen ons

vibrancy ['vaibrənsi] *znw* levendigheid

vibrant ['vaibrənt] *bn* vibrerend, trillend; fig levendig, enthousiast; helder [kleur]; sonoor [stem]

vibraphone ['vaibrəfoun] *znw* vibrafoon

vibrate [vai'breit] *(overg &) onoverg* (doen) vibreren, trillen

vibration *znw* vibratie, trilling

vibrato [vi'braːtou] [Italiaans] *znw* muz vibrato *o*

vibrator [vai'breitə] *znw* vibrator

vibratory ['vaibrətəri] *bn* trillend, trillings-

vicar ['vikə] *znw* predikant, dominee

vicarage *znw* predikantsplaats; pastorie

vicariate *znw* vicariaat *o*

vicarious *bn* indirect (in de plaats van of voor een ander gedaan, geleden &); plaatsvervangend; gedelegeerd, overgedragen

1 vice [vais] *znw* ondeugd; ontucht, onzedelijkheid; verdorvenheid; gebrek *o*, fout

2 vice [vais], Am **vise** *znw* techn bankschroef; *gripped as in a* ~ als in een schroef geklemd

3 vice [vais] *znw* gemeenz verk. van *vice-president* &

vice- [vais] *voorv* vice-, onder-, plaatsvervangend

vice-admiral ['vais'ædmərəl] *znw* vice-admiraal

vice-chairman *znw* vice-voorzitter

vice-chancellor *znw* vice-kanselier; ± rector magnificus

645

vice-consul *znw* vice-consul
vicegerency ['vais'dʒerənsi] *znw* post van een plaatsvervanger
vicegerent I *bn* plaatsvervangend; **II** *znw* plaats-vervanger; substituut
vicennial [vai'seniəl] *bn* twintigjarig: gedurende 20 jaar; elke 20 jaar
vice-president ['vais'prezidənt] *znw* vice-president
vice-regal *bn* van de onderkoning
vice-roy *znw* onderkoning
vice-royalty *znw* onderkoningschap *o*
vice squad ['vaisskɔd] *znw* zedenpolitie
vice versa ['vaisi'vəːsə] *bijw* vice versa, omgekeerd
vicinage ['visinidʒ] *znw* = vicinity
vicinity [vi'siniti] *znw* (na)buurschap, dicht liggen *o* bij, nabijheid, buurt
vicious ['viʃəs] *bn* slecht, gemeen, verdorven; wreed; vals [v. dieren]; boosaardig, venijnig [kritiek]; ~ *circle* vicieuze cirkel
vicissitudes [vi'sisitjuːd] *znw mv* lotgevallen, wederwaardigheden
victim ['viktim] *znw* slachtoffer[2] *o*, fig dupe, offerdier *o*; *fall (a)* ~ *to* het slachtoffer worden van, ten prooi vallen aan
victimization [viktimai'zeiʃən] *znw* slachtoffer(s) maken *o*; [na staking &] rancunemaatregelen, broodroof
victimize ['viktimaiz] *overg* tot slachtoffer maken; (onverdiend) straffen
victor ['viktə] *znw* overwinnaar
Victoria [vik'tɔːriə] *znw* Victoria; *the* ~ *Cross* het Victoriakruis [hoogste Br. onderscheiding]
victoria *znw* victoria [rijtuig]
Victorian I *bn* Victoriaans, van (Koningin) Victoria, uit de tijd van Koningin Victoria; ~ *Order* orde van Victoria; **II** *znw* Victoriaan
Victoriana [vik'tɔːria:nə, -riænə] *znw mv* antiquiteiten uit de tijd van Koningin Victoria (1837-1901)
victorious [vik'tɔːriəs] *bn* overwinnend, zegevierend; *be* ~ *(over)* zegevieren (over), overwinnen, het winnen (van)
victoriously *bijw* overwinnend, zegevierend, als overwinnaar(s)
victory ['viktəri] *znw* overwinning (op *over*), zege, victorie
victual ['vitl] **I** *znw*: ~*s* victualiën, proviand; leeftocht; levensmiddelen; **II** *overg* provianderen; **III** *onoverg* proviand innemen (inslaan)
victualler ['vitlə] *znw* leverancier van levensmiddelen; *licensed* ~ tapper met vergunning
vide ['vaidi] [Lat] zie [als verwijzing in een geschrift]
videlicet [vi'diːliset] [Lat] *bijw* afk.: *viz*, te weten, namelijk, d.w.z.
video ['vidiou] **I** *znw* Am televisie; video; videoclip; ~ *camera* videocamera; ~ *game* videospelletje *o*; ~ *nasty* gemeenz gewelddadige of pornografische videofilm; ~ *recorder* videorecorder; ~ *shop* video-

theek; ~ *tape* videoband; **II** *overg* op video opnemen
vie [vai] *onoverg* wedijveren (met *with*, om *for*)
Vienna [vi'enə] **I** *znw* Wenen *o*; **II** *bn* Wener, Weens
Viennese [viə'niːz] **I** *bn* Wener, Weens; **II** *znw (mv* idem) Wener; Weense; Weens dialect *o*
Vietnam [vjet'næm] *znw* Vietnam *o*
Vietnamese [vjetnə'miːz] *znw (mv* idem) Vietnamees (de taal *o*)
view [vjuː] **I** *znw* gezicht° *o*, uitzicht *o*, aanblik; inkijk; aanzicht *o*; kijkje *o*; kijk [op een zaak], mening, opvatting, inzicht *o*; overzicht *o*; beschouwing, bezichtiging; oogmerk *o*, bedoeling; *his (sombre)* ~ *of life* zijn (sombere) kijk op het leven, zijn (sombere) levensopvatting; *have* ~*s upon* een oogje hebben op; ook: loeren op; *take a different* ~ *of the matter* de zaak anders beschouwen (zien), inzien, opvatten; *take a dim (poor)* ~ *of* gemeenz niet veel ophebben met, afkeuren; *take the* ~ *that...* van mening zijn, zich op het standpunt stellen, dat...; *take the long (short)* ~ fig niet kortzichtig (kortzichtig) zijn; *in* ~ in zicht, te zien, in het vooruitzicht; *in his* ~ in zijn ogen; naar zijn opinie, naar zijn inzicht; *in* ~ *of...* in het gezicht van; met het oog op..., gezien..., gelet op...; *come into* ~ in zicht komen; *in full* ~ *of* ten aanschouwen van; *have in* ~ op het oog hebben, beogen; *keep in* ~ in het oog houden; *be on* ~ te bezichtigen zijn, ter inzage liggen; ook: poseren; *with a* ~ *to* met het oog op, teneinde, om; **II** *overg* (be)zien, beschouwen, bekijken, in ogenschouw nemen; bezichtigen; **III** *onoverg* kijken [tv]
viewer *znw* (be)schouwer; opzichter; kijker [tv]; [film, dia] viewer; zoeker [v. camera]
view-finder *znw* techn zoeker
viewing figures *znw mv* TV kijkdichtheid
viewless *bn* zonder uitzicht; zonder mening
view-point *znw* gezichtspunt *o*, standpunt *o*; uitzichtpunt *o*
vigil ['vidʒil] *znw* nachtwake; *keep* ~ waken
vigilance *znw* waakzaamheid
vigilant *bn* waakzaam
vigilante [vidʒi'lænti] *znw* Am lid *o* van een groep die het recht in eigen hand neemt
vignette [vin'jet] *znw* vignet *o*; fig schets; tafereeltje *o*
vigorous ['vigərəs] *bn* krachtig, sterk, fors, flink, energiek; fig gespierd [v. stijl]
vigour, Am **vigor** ['vigə(r)] *znw* kracht, sterkte; energie, forsheid; fig gespierdheid [v. stijl]
viking ['vaikiŋ] *znw* viking
vile [vail] *bn* slecht, gemeen; verachtelijk, laag
vilification [vilifi'keiʃən] *znw* belastering, zwartmaking
vilifier ['vilifaiə] *znw* lasteraar
vilify *overg* (be)lasteren, zwartmaken
villa ['vilə] *znw* villa, eengezinshuis *o*; landhuis *o*, buitenplaats [vooral in Italië of Z.-Frankrijk]

village [vilidʒ] **I** znw dorp o; **II** bn dorps-
village hall znw dorpshuis o, dorpscentrum o
villager znw dorpeling, dorpsbewoner
villain ['vilən] znw schurk, schelm, snoodaard; slechterik, verrader (ook the ~ of the piece als toneelrol)
villainous bn laag, snood, gemeen; gemeenz slecht, afschuwelijk
villainy znw laagheid, schurkachtigheid, schurkerij, schurkenstreek
villein ['vilin] znw hist lijfeigene, horige, dorper
villeinage znw hist lijfeigenschap, horigheid
vim [vim] znw gemeenz kracht, energie, vuur o, fut
vinaigrette [vinei'gret] znw vinaigrette
vindicate ['vindikeit] overg bewijzen; rechtvaardigen; (van blaam) zuiveren
vindication [vindi'keiʃən] znw rechtvaardiging; zuivering
vindicative ['vindikətiv] bn = vindicatory
vindicator znw verdediger; rechtvaardiger
vindicatory bn verdedigend, rechtvaardigend; wrekend, straffend, wraak-
vindictive [vin'diktiv] bn wraakgierig, -zuchtig, rancuneus
vine [vain] znw wijnstok; wingerd; klimplant; rank
vine-dresser znw wijngaardenier, wijndruiventeler
vine-fretter znw druifluis
vinegar ['vinigə] znw azijn
vinegary bn azijnachtig, azijn-; zuur[2]
vine-leaf znw druivenblad o
vine-louse, vine-pest znw druifluis
vinery znw druivenkas
vineyard ['vinjəd] znw wijngaard
viniculture ['vinikʌltʃə] znw wijnbouw
vinous ['vainəs] bn wijnachtig; wijn-
vintage ['vintidʒ] **I** znw wijnoogst; (wijn)gewas o, jaargang [van wijn]; fig merk o, gehalte o, kwaliteit, soort; **II** bn van een hoog gehalte, op zijn best; ~ car auto uit de periode 1918-1930; ~ year goed wijnjaar o; fig goed jaar o, bijzonder jaar o
vintager znw druivenplukker
vintner ['vintnə] znw wijnkoper
vinyl ['vainil] znw vinyl o
viol ['vaiəl] znw muz viola
viola [vi'oulə] znw muz altviool; plantk viool
violable ['vaiələbl] bn schendbaar
violate overg geweld aandoen[2], schenden, verkrachten, onteren; verstoren
violation [vaiə'leiʃən] znw schending, verkrachting, schennis; ontering; inbreuk; verstoring; in ~ of the rules met schending der regels
violator ['vaiəleitə] znw schender
violence ['vaiələns] znw geweld o, gewelddadigheid, geweldpleging; hevigheid; heftigheid; do ~ to geweld aandoen; use ~ against (to, towards) geweld aandoen, zich vergrijpen aan; by ~ met, door geweld; robbery with ~ diefstal met geweldpleging
violent bn hevig, heftig; geweldig°, hel [kleur]; ge-

welddadig
violet ['vaiəlit] **I** znw plantk viooltje o; violet o; African ~ Kaaps viooltje o; (over)gevoelig en verlegen persoon; **II** bn violet(kleurig), paars
violin [vaiə'lin] znw muz viool
violinist znw violist
violist znw Am altviolist
violoncellist [vaiələn'tʃelist] znw cellist
violoncello znw violoncel
VIP ['vi:ai'pi:] afk. = very important person vip, gewichtig persoon, hoge piet
viper ['vaipə] znw adder[2]; fig slang, serpent o
viperish bn adderachtig; boosaardig, vals
VIP lounge znw vip-room
virago [vi'ra:gou, vi'reigou] znw helleveeg, feeks, manwijf o
virgin ['və:dʒin] **I** znw maagd; the (Blessed) V~ RK de Heilige Maagd; **II** bn maagdelijk[2], onbevlekt, ongerept, rein, zuiver, ongepijnd [honing]; gedegen [metaal]
virginal I bn maagdelijk[2]; fig rein, onbevlekt; **II** znw: ~(s) muz virginaal o [soort klavecimbel]
Virginia [və'dʒiniə] znw Virginia; ~ tobacco virginiatabak; ~ creeper wilde wingerd
virginity [və:'dʒiniti] znw maagdelijke staat, maagdelijkheid
Virgo ['və:gou] znw Maagd
virgule ['və:gju:l] znw schuine streep (/)
viridescent ['viridesnt] bn groenachtig
viridity [vi'riditi] znw plechtig groenheid
virile ['virail] bn mannelijk, viriel, krachtig
virility [vi'riliti] znw mannelijkheid, viriliteit, voortplantingsvermogen o
virologist [vai'rolədʒist] znw viroloog
virology znw virologie: leer der virussen
virtu [və:'tu:] znw liefde voor de schone kunsten; articles of ~ curiosa, antiquiteiten
virtual ['və::tjuəl] bn feitelijk [hoewel niet in naam], eigenlijk; virtueel; ~ memory comput virtueel geheugen o
virtually bijw in de praktijk, praktisch, feitelijk, vrijwel, zo goed als; virtueel
virtue ['və:tju:] znw deugd°, deugdzaamheid; verdienste; geneeskracht; easy ~ lichte (losse) zeden; make a ~ of necessity van de nood een deugd maken; by ~ of krachtens; in ~ whereof krachtens hetwelk (dewelke)
virtuosity [və:tju'ɔsiti] znw virtuositeit
virtuoso [və:tju'ousou] znw (mv: -s of virtuosi [-si:]) virtuoos
virtuous ['və:tjuəs] bn deugdzaam, braaf
virulence ['viruləns] znw kwaadaardigheid [v. ziekte]; venijnigheid[2]; fig giftigheid
virulent bn kwaadaardig [v. ziekte]; venijnig[2]; fig giftig
virus ['vaiərəs] znw virus o, smetstof[2], vergif(t)[2] o; fig venijn o, gif o
visa ['vi:zə] **I** znw visum o; **II** overg viseren

visage

visage ['vizidʒ] *znw* gelaat *o*, gezicht *o*

vis-à-vis ['viːzaːˈviˑ] [Fr] **I** *voorz* tegenover, ten opzichte van; **II** *bijw* tegenover elkaar

viscera ['visərə] *znw mv* inwendige organen; ingewanden

visceral *bn* visceraal: van de ingewanden; *fig* diep (verankerd), instinctief

viscid ['visid] *bn* kleverig

viscose ['viskous] *znw* viscose

viscosity [vis'kɔsiti] *znw* kleverigheid, taaiheid, viscositeit

viscount ['vaikaunt] *znw* burggraaf

viscountcy *znw* burggraafschap *o*

viscountess *znw* burggravin

viscounty *znw* burggraafschap *o*

viscous ['viskəs] *bn* kleverig, taai, viskeus

vise [vais] *znw* Am voor *vice* bankschroef

visé ['viːzei] Am = *visa*

visibility [vizi'biliti] *znw* zichtbaarheid; zicht *o*

visible ['vizibl] *bn* zichtbaar, (duidelijk) merkbaar of te zien

visibly *bijw* zichtbaar, merkbaar, zienderogen

vision ['viʒən] *znw* zien *o*, gezicht *o*; visie; verschijning, droomgezicht *o*, droom(beeld *o*), visioen *o*

visionary I *bn* dromerig; droom-; hersenschimmig, ingebeeld; fantastisch; visionair; **II** *znw* ziener, dromer; fantast

visit ['vizit] **I** *overg* bezichtigen, inspecteren; bezoeken°, vero teisteren; ~ *upon* doen neerkomen op; bijbel wreken op; ~ *with* bezoeken met [straf, plagen &]; lastig vallen met, kwellen met; Am logeren bij, op bezoek zijn bij; **II** *onoverg* visites maken, bezoeken afleggen; *be ~ing* te logeren zijn, maar dóórtrekkend zijn; **III** *znw* bezoek *o*, visite; inspectie, visitatie; *be on a ~* op bezoek zijn; (ergens) te logeren zijn; *pay a ~* een bezoek afleggen; eufemistisch naar het toilet gaan

visitant I *bn* vero bezoekend; **II** *znw* bezoeker; geest(verschijning); trekvogel, winter/zomergast

visitation [vizi'teiʃən] *znw* [officieel] bezoek *o*; bezoeking; gemeenz onplezierig lange visite of logeerpartij; *the V~ of the Virgin Mary* Maria Boodschap [2 juli]

visiting ['vizitiŋ] *znw* bezoeken afleggen *o*; ziekenbezoek *o* [in ziekenhuis]; ~ *card* visitekaartje *o*; ~ *hours* bezoekuur *o*, bezoektijd [in ziekenhuis]; ~ *professor* gasthoogleraar

visitor ['vizitə] *znw* bezoeker, bezoek *o*, logé; doortrekkende vreemdeling, toerist; trekvogel, winter/zomergast; inspecteur; ~*s* bezoekers, bezoek *o*; ~*'s book* gastenboek *o*; naamboek *o* [v. museum &]

visor ['vaizə] *znw* vizier *o* [v. helm]; klep [van pet]; zonneklep [in auto]

vista ['vistə] *znw* vergezicht² *o*; fig perspectief *o*

visual ['vizjuəl] *bn* gezichts-, visueel; ~ *aid* onderw visueel hulpmiddel *o*

visualization [vizjuəlai'zeiʃən] *znw* visualisatie

visualize ['vizjuəlaiz] *overg* zich voorstellen, zich

een beeld vormen van, (zich) aanschouwelijk voorstellen; zichtbaar maken, visualiseren

vital ['vaitl] **I** *bn* vitaal, levens-; essentieel, noodzakelijk, onontbeerlijk; levensgevaarlijk; = *of ~ importance* van vitaal (= het allerhoogste) belang; fig levendig, krachtig; *the ~ parts* de edele delen; ~ *statistics* zie *statistics*; *be ~ to* een levenskwestie zijn voor; **II** *znw*: ~*s* edele delen

vitality [vai'tæliti] *znw* vitaliteit, levenskracht, leven *o*; levensvatbaarheid

vitalize ['vaitəlaiz] *overg* leven geven, bezielen

vitally ['vaitəli] *bijw* in hoge mate; ~ *important* van vitaal belang

vitamin ['vitəmin, Am 'vaitəmin] *znw* vitamine

vitaminize ['vi-, 'vaitəminaiz] *overg* vitaminiseren

vitiate ['viʃieit] *overg* bederven, besmetten, verontreinigen; schenden, onteren; ongeldig maken [contract]

vitiation [viʃi'eiʃən] *znw* bederf *o*; ongeldigmaking

viticulture ['vitikʌltʃə] *znw* wijnbouw

vitreous ['vitriəs] *bn* glazen, glasachtig, glas-; *the ~ humour* het glasachtig lichaam [in oog]; ~ *electricity* positieve elektriciteit

vitrification [vitrifi'keiʃən] *znw* glasmaking; verglazing

vitrify ['vitrifai] **I** *overg* tot glas maken, verglazen; **II** *onoverg* glasachtig worden

vitriol ['vitriəl] *znw* vitriool *o* & *m*; zwavelzuur *o*; fig bijtend sarcasme *o*; *blue ~* kopervitriool *o* & *m*; *green ~* ijzervitriool *o* & *m*

vitriolic [vitri'ɔlik] *bn* vitrioolachtig, vitriool-; fig bijtend, giftig, venijnig; scherp

vitriolize ['vitriəlaiz] *overg* in vitriool omzetten; met vitriool gooien

vituperate [vi'tjuːpəreit] **I** *overg* schimpen op, schelden op, uitschelden; **II** *onoverg* & *abs ww* schimpen, schelden

vituperation [vitjuːpə'reiʃən] *znw* geschimp *o*, gescheld *o*, uitschelden *o*; scheldwoorden

vituperative [vi'tjuːpərətiv] *bn* (uit)scheldend, schimpend, scheld-, schimp-

vituperator *znw* beschimper

1 viva ['viːvə] *tsw* lang leve...

2 viva ['vaivə] *znw* gemeenz mondeling (examen) *o*

vivacious [vi'veiʃəs] *bn* levendig, opgewekt; overblijvend [v. planten]

vivacity [vi'væsiti] *znw* levendigheid, opgewektheid

vivarium [vai'vɛəriəm] *znw* (*mv*: vivaria [-riə]) diergaarde; dierpark *o*; visvijver

viva voce ['vaivə'vousi] **I** *bijw* & *bn* mondeling; **II** *znw* mondeling examen *o*

vivid ['vivid] *bn* helder [kleur]; levendig [herinnering &]

vivify ['vivifai] *overg* weer levend maken, verlevendigen, bezielen

viviparous [vi'vipərəs] *bn* levendbarend

vivisect [vivi'sekt] *overg* vivisectie toepassen

op
vivisection [vivi'sekʃən] znw vivisectie
vivisectionist znw **1** iem. die proeven neemt met levende dieren, vivisector; **2** voorstander van vivisectie
vixen ['viksn] znw dierk moervos, wijfjesvos; fig feeks, helleveeg
viz [viz] bijw namelijk, te weten, d.w.z.
vizier [vi'ziə] znw vizier
VJ Day ['viːdʒeideɪ] znw verk. van Victory over Japan Day [Br 15 aug. 1945, Am 2 sept. 1945]
V-neck ['viːnek] znw V-hals
V-necked bn met (een) V-hals
vocable ['voukəbl] znw woord o
vocabulary [vou'kæbjuləri] znw vocabulaire o; woordenlijst; woordenschat, -voorraad
vocal ['voukəl] **I** bn van de stem, stem-; mondeling, (uit)gesproken, vocaal; luid(ruchtig); zich uitend; weerklinkend (van with); ~ cords stembanden; ~ music zangmuziek; ~ performer zanger, -es; **II** znw: ~s zang(partij)
vocalist znw zanger, zangeres
vocalize overg laten horen, uitspreken, zingen; taalk stemhebbend maken; vocaaltekens aanbrengen [bijv. in het Hebreeuws]
vocation [vou'keiʃən] znw roeping; beroep o; a journalist by ~ een journalist uit roeping; he has no ~ for literature hij voelt niet veel (roeping) voor de literatuur
vocational bn beroeps-, vak-; ~ guidance voorlichting bij beroepskeuze
vocative ['vɔkətiv] bn vocatief
vociferate [vou'sifəreit] onoverg & overg razen, tieren, schreeuwen, krijsen
vociferation [vousifə'reiʃən] znw geschreeuw o, razen en tieren o, gekrijs o
vociferous [vou'sifərəs] bn schreeuwend, razend en tierend, krijsend, luidruchtig; a ~ applause uitbundige toejuichingen
vodka ['vɔdkə] znw wodka
voe [vou] znw kleine baai, inham
vogue [voug] znw mode; trek; populariteit; be in ~, be the ~ in zwang zijn, (in de) mode zijn, bijzonder in trek zijn
voice [vɔis] **I** znw stem², geluid o; spraak; the active (passive) ~ gramm de bedrijvende (lijdende) vorm; find (one's) ~ zich (durven) uiten; give ~ to uitdrukking geven aan, uiten, vertolken; give a ~ to medezeggenschap geven; have a ~ in the matter er iets in te zeggen hebben; have no ~ in the matter er niets in te zeggen hebben; keep one's ~ down op gedempte toon spreken; at the top of one's ~ luidkeels; in a loud ~ met luide stem, hard(op); in a low ~ zachtjes; be in ~ (goed) bij stem zijn; with one ~ eenstemmig; **II** overg uiting geven aan, uiten; vertolken, verkondigen; muz stemmen; taalk stemhebbend maken; **III** wederk: ~ itself zich uiten
voiced bn met stem; stemhebbend

voiceless ['vɔislis] bn stemloos°; stil, zwijgend
voice-over znw commentaarstem, voice-over
voice production znw stemvorming
void [vɔid] **I** bn ledig, leeg; vacant, onbezet; recht nietig, ongeldig; fall ~ komen te vaceren; ~ of ontbloot van, vrij van, zonder; **II** znw (lege) ruimte; fig leegte; (kosmische) ruimte; **III** overg ledigen, (ont-) ruimen; lozen, ontlasten; recht vernietigen, ongeldig maken
voidable bn recht vernietigbaar
voile [vɔil] znw voile o & m [stofnaam]
vol. afk. = volume
volatile ['vɔlətail] bn vluchtig²; (snel) vervliegend; wispelturig, veranderlijk, onbestendig
volatility [vɔlə'tiliti] znw vluchtigheid; levendigheid; wispelturigheid, onbestendigheid, veranderlijkheid
volatilization [vɔlætilai'zeiʃən] znw vervluchtiging
volatilize [vɔ'lætilaiz] **I** overg vluchtig maken, vervluchtigen, verdampen; **II** onoverg vluchtig worden, vervluchtigen, vervliegen, verdampen
vol-au-vent ['vɔlouvãː] [Fr] znw vol-au-vent [pasteitje]
volcanic [vɔl'kænik] bn vulkanisch
volcano [vɔl'keinou] znw (mv: -noes) vulkaan
1 vole [voul] znw kaartsp vole: alle slagen; **II** onoverg kaartsp vole maken, alle slagen halen
2 vole [voul] znw veldmuis
volition [vou'liʃən] znw het willen; wilsuiting; wil(skracht); of my own ~ uit eigen wil
volitional bn van de wil, wils-
volitive ['vɔlitiv] bn willend; een wil uitdrukkend; ~ faculty wilsvermogen o
volley ['vɔli] **I** znw salvo² o; fig hagelbui, regen, stroom [v. scheldwoorden &]; sp volley: terugslag van bal die nog niet op de grond is geweest; **II** overg in salvo's afschieten, lossen; fig uitstoten [giletjes, vloeken &]; sp terugslaan [v. bal die nog niet op de grond is geweest]; **III** onoverg salvovuur afgeven; losbarsten, uitbarsten (in)
volleyball znw volleybal o [spel]; volleybal m [voorwerpsnaam]
volplane ['vɔlplein] **I** znw luchtv glijvlucht; **II** onoverg luchtv glijden, een glijvlucht maken
volt [voult] znw elektr volt
voltage znw elektr voltage o, spanning
volte-face [vɔlt'faːs] znw volteface², volledige ommekeer, plotselinge verandering [in houding, mening &]
voltmeter ['voultmiːtə] znw voltmeter
voluble ['vɔljubl] bn spraakzaam, rad (van tong), woordenrijk
volume ['vɔljum] znw boekdeel o, deel o; jaargang: bundel [gedichten]; volume o, (geluids)sterkte, omvang [ook: v. stem]; massa; ~s of smoke (water) rookmassa's, watermassa's; speak ~s boekdelen spreken

volume control

volume control *znw* volumeregelaar, -knop

voluminous [vəˈljuːmɪnəs] *bn* omvangrijk, groot, kolossaal; uitgebreid; volumineus, lijvig; uit vele boekdelen bestaande; *a ~ writer* schrijver van vele werken, die veel geschreven heeft

voluntarily [ˈvɔləntərɪlɪ] *bijw* vrijwillig, spontaan

voluntary I *bn* vrijwillig; willekeurig [beweging]; II *znw* muz fantasie, gefantaseerd voor-, tussen-, naspel *o* [voor orgel]

volunteer [vɔlənˈtɪə] I *znw* vrijwilliger; II *bn* vrijwillig, vrijwilligers-; III *overg* (uit vrije beweging) aanbieden, vrijwillig op zich nemen; opperen, geven, maken [opmerking &]; IV *onoverg* zich aanbieden; mil vrijwillig dienst nemen

voluptuary [vəˈlʌptjʊərɪ] *znw* wellusteling

voluptuous *bn* wellustig, wulps, weelderig

volute [vəˈljuːt] *znw* krul, kronkel(ing); bouwk voluut, volute; rolschelp

vomit [ˈvɔmɪt] I *onoverg & overg* braken, overgeven; uitspuwen, uitbraken[2] (ook: *~ forth, up, out*); II *znw* (uit)braaksel *o*

vomitive I *bn* braak-; II *znw* braakmiddel *o*

voodoo [ˈvuːduː] *znw* voodoo, toverij, cultus van magisch-religieuze riten; beoefenaar van voodoo

voracious [vəˈreɪʃəs] *bn* gulzig, vraatzuchtig

voracity [vəˈræsɪtɪ] *znw* gulzigheid, vraatzucht

vortex [ˈvɔːteks] *znw* (*mv:* -es *of* vortices [ˈvɔːtɪsiːz]) werveling; wervel-, dwarrelwind; draaikolk, maalstroom

votaress [ˈvoʊtərɪs] *znw* aanhangster, volgelinge; liefhebster; aanbidster, vereerster (van *of*)

votary *znw* aanhanger, volgeling; liefhebber; aanbidder, vereerder (van *of*)

vote [voʊt] I *znw* stem, votum *o*; stemming [bij verkiezing]; stemrecht *o*; stembriefje *o*; *the Irish ~* de Ierse kiezers; de op de Ieren uitgebrachte stemmen; *a ~ of confidence* een motie van vertrouwen; *a ~ of no-confidence* een motie van wantrouwen; *take a ~* tot stemming overgaan, laten stemmen; *on a ~* bij stemming; *come to a (the) ~* in stemming komen; tot stemming overgaan; *put to the ~* in stemming brengen; *pass a ~ of thanks* een dankrede houden (namens de rest van de aanwezigen); II *onoverg* stemmen (tegen *against*; op, voor *for*); *~ with one's feet* weglopen als blijk van afkeuring; met de voeten stemmen; III *overg* bij stemming verkiezen (tot), bij stemming aannemen (toestaan, aanwijzen), voteren; stemmen op of voor; gemeenz voorstellen; *they ~d him charming* gemeenz ze verklaarden (vonden) hem charmant; *~ down* afstemmen [voorstel]; overstemmen; *~ in* verkiezen; *~ out* wegstemmen

voter *znw* stemmer, kiezer

voting *znw* stemmen *o*

voting-paper *znw* stembiljet *o*

votive [ˈvoʊtɪv] *bn* votief: gedaan (geschonken) volgens een gelofte, wij-

vouch [vautʃ] *onoverg:* *~ for* instaan voor

voucher *znw* bon, cadeaubon, consumptiebon, knipkaart, voucher; reçu *o*; declaratie

vouchsafe [vautʃˈseɪf] *overg* zich verwaardigen; (genadiglijk) vergunnen, verlenen, toestaan; verzekeren, garanderen; *he ~d no answer (reply)* hij verwaardigde zich niet te antwoorden

vow [vau] I *znw* gelofte, eed; *take the ~s* RK de geloften afleggen; II *overg* beloven, zweren, verzekeren; (toe)wijden; *~ a great vow* een dure eed zweren; III *onoverg* een gelofte doen

vowel [ˈvauəl] *znw* klinker

voyage [ˈvɔɪɪdʒ] I *znw* (zee)reis; II *onoverg* reizen; III *overg* bereizen, bevaren

voyager *znw* (zee-, lucht-, ruimte)reiziger

voyeur [vwaːˈjɔː] [Fr] *znw* voyeur, gluurder

V-sign [ˈviːsaɪn] *znw* **1** V-teken *o*, overwinningsteken *o*; **2** gebaar *o* om minachting uit te drukken, 'fuck-off'-gebaar *o*

vulcanite [ˈvʌlkənaɪt] *znw* eboniet *o*

vulcanize [ˈvʌlkənaɪz] *overg* vulkaniseren

vulgar [ˈvʌlɡə] *bn* vulgair, ordinair, gemeen, plat, grof; vero algemeen, gewoon, volks-; *~ fractions* gewone breuken; *the ~ tongue* de volkstaal [tegenover het Latijn]

vulgarian [vʌlˈɡɛərɪən] *znw* ordinaire vent, proleet

vulgarism [ˈvʌlɡərɪzm] *znw* platte uitdrukking; platte spreekwijze; platheid; vulgarisme *o*

vulgarity [vʌlˈɡærɪtɪ] *znw* vulgariteit; ordinaire *o*, platheid; grofheid

vulgarization [vʌlɡəraɪˈzeɪʃən] *znw* vulgarisatie; popularisatie; ordinair maken *o*

vulgarize [ˈvʌlɡəraɪz] *overg* vulgariseren; populariseren; vergroven

vulnerability [vʌlnərəˈbɪlɪtɪ] *znw* kwetsbaarheid

vulnerable [ˈvʌlnərəbl] *bn* kwetsbaar[2]

vulnerary [ˈvʌlnərərɪ] I *bn* helend; genezend; II *znw* heelmiddel *o*, wondkruid *o*

vulpine [ˈvʌlpaɪn] *bn* vosachtig[2]; slim als een vos, listig, sluw

vulture [ˈvʌltʃə] *znw* gier[2]; fig aasgier

vulturine, vulturous *bn* van een gier, gier(en)-; roofzuchtig

vulva [ˈvʌlvə] *znw* (*mv:* -s *of* vulvae [-viː]) anat uitwendige opening van de vrouwelijke schaamdelen; vulva

vying [ˈvaɪɪŋ] *bn* (met elkaar) wedijverend

W

w ['dʌblju:] *znw* (de letter) w
W. *afk.* = *West(ern)*
WAAC, Waac [wæk] *znw* **1** *Women's Army Auxiliary Corps*; ± Milva; **2** lid *o* v.d. Waac, ± Milva
WAAF, Waaf [wæf]) *znw* **1** *Women's Auxiliary Air Force*; ± Luva; **2** lid *o* v.d. WAAF, ± Luva
wacky ['wæki] *bn* gemeenz gek, dol
wad [wɔd] **I** *znw* prop [watten, papier &]; pak *o*; vulsel *o*; rolletje *o* [bankbiljetten]; slang poen, (bom)duiten; **II** *overg* met watten voeren, watteren; (op-)vullen
wadding *znw* watten, vulsel *o*, prop
waddle ['wɔdl] **I** *onoverg* waggelen; schommelend lopen, schommelen; **II** *znw* waggelende (schommelende) gang
wade [weid] **I** *onoverg* waden (door *through*); ~ *in* tussenbeide komen, zich mengen in; ~ *into* aanvallen; ~ *through* doorwaden, baggeren door; fig doorworstelen [boek]; **II** *overg* doorwaden
wader *znw* waadvogel; ~*s* baggerlaarzen, lieslaarzen
wading-bird *znw* waadvogel
wafer ['weifə] *znw* wafel, oblie; ouwel; *the consecrated* ~ de gewijde hostie
1 waffle ['wɔfl] *znw* wafel
2 waffle ['wɔfl] gemeenz **I** *znw* gedaas *o*, gezwam *o*; **II** *onoverg* dazen, zwammen
waffle-iron ['wɔflaiən] *znw* wafelijzer *o*
waft [wa:ft] **I** *overg* dragen, voeren, brengen, doen drijven [op de wind]; **II** *onoverg* drijven, zweven [op de wind]; *come* ~*ing along* komen aanzweven, aandrijven [ook in de lucht]; **III** *znw* ademtocht, zucht *o*, vleugje *o*
1 wag [wæg] *znw* grappenmaker, schalk
2 wag [wæg] **I** *overg* schudden, kwispelen met; bewegen; ~ *one's finger* de vinger dreigend heen en weer bewegen; ~ *one's head* het hoofd schudden; *the dog* ~*ged its tail* de hond kwispelstaartte; **II** *onoverg* zich bewegen, in beweging zijn; heen en weer gaan, schudden; *set tongues* ~*ging* de tongen in beweging brengen; **III** *znw* schudding, kwispeling
1 wage [weidʒ] *znw* (arbeids)loon[2] *o*, huur; ~*s* loon *o*
2 wage [weidʒ] *overg*: ~ *war* oorlog voeren
wage-earner ['weidʒə:nə] *znw* loontrekker
wage-freeze *znw* loonstop
wage-packet *znw* loonzakje *o*
wager ['weidʒə] **I** *znw* weddenschap; *lay (make) a* ~ een weddenschap aangaan, wedden; **II** *overg* verwedden, wedden om; op het spel zetten
wage-rate ['weidʒreit] *znw* loonstandaard

wageworker *znw* = *wage-earner*
waggery ['wægəri] *znw* grapjes, grap, ondeugende streek
waggish *bn* schalks, snaaks; wel van een grapje houdend
waggle ['wægl] *overg* & *onoverg* & *znw* gemeenz = [2]*wag*
wag(g)on ['wægən] *znw* wagen, vrachtwagen; goederenwagen, (spoor)wagon; bestelwagen; *dinner* ~ dienwagentje *o*; *be on the* ~ gemeenz geheelonthouder zijn
wag(g)oner *znw* voerman; vrachtrijder; *the W*~ astron Voerman
wag(g)onette [wægə'net] *znw* brik [wagentje]
wagon-lit [vægɔ:(n)'li] *znw* [Fr] slaapwagen, wagon-lit
wagtail ['wægteil] *znw* kwikstaartje *o*
waif [weif] *znw* onbeheerd goed *o*, strandgoed *o*; dakloze, zwerver; verlaten, dakloos, verwaarloosd kind *o*; ~*s and strays* jonge zwervertjes
wail [weil] **I** *onoverg* (& *overg*) (wee)klagen, jammeren (over, om), huilen, loeien; op een jammertoon uiten of zingen; **II** *znw* (wee)klacht, jammerklacht, gehuil *o*, geloei *o*
wailing *znw* weeklacht, gejammer *o*; *the W*~ *Wall* de Klaagmuur [te Jeruzalem]
wainscot ['weinskət] *znw* beschot *o*, lambrisering
wainscoting *znw* beschot *o*, lambrisering
wainwright ['weinrait] *znw* wagenmaker
waist [weist] *znw* middel *o*, taille, leest; smalste gedeelte *o*; lijfje *o*; blouse
waist-band *znw* broeksband; rokband; gordel, ceintuur
waistcoat *znw* vest *o*; *sleeved* ~ mouwvest *o*
waist-deep, waist-high *bn* tot aan het middel
waisted *bn* getailleerd
waistline *znw* taille
wait [weit] **I** *onoverg* wachten, afwachten; staan te wachten; (be)dienen (aan tafel *at table*); ~ *and see* (kalm) afwachten, de zaken eerst eens aanzien; ~ *about (around)* staan te wachten, rondhangen; ~ *behind* even blijven, nog even blijven plakken; ~ *for* afwachten, wachten op; ~ *on* bedienen; Am = ~ *for*; ~ *on events* de loop der gebeurtenissen afwachten; ~ *on sbd.'s hand and foot* iem. op zijn wenken bedienen; iem. slaafs dienen; ~ *upon* zijn opwachting maken bij; ~ *up for sbd.* opblijven voor iem.; **II** *overg* wachten op, afwachten; wachten met; ~ *your turn* wacht op je beurt, kalm aan een beetje; **III** *znw* wachten *o*; tijd dat men wacht; oponthoud *o*; pauze; ~*s* straatmuzikanten [met Kerstmis]; *lie in* ~ *for* op de loer liggen voor; loeren op; zie ook: *waiting*
waiter *znw* kelner
waiting **I** *bn* (af)wachtend; bedienend; *play a* ~ *game* de kat uit de boom kijken; **II** *znw* wachten *o*; bediening; *in* ~ dienstdoend [kamerheren &]; zie ook: *lady*

waiting-list *znw* wachtlijst

waiting-room *znw* wachtkamer

waitress *znw* serveerster, serveuse, dienster, (buffet)juffrouw, kelnerin

waive [weiv] *overg* afzien van, afstand doen van; opzij zetten, laten varen, ter zijde stellen

waiver *znw* recht (schriftelijke verklaring van) afstand [v.e. recht]

1 wake [weik] *znw* scheepv kielwater *o*, (kiel)zog *o*; bellenbaan [v. torpedo]; fig spoor *o*, nasleep; *in the ~ of...* (onmiddellijk) achter, na..., achter... aan (komend); *follow in the ~ of... ...*(op de voet) volgen

2 wake [weik] (woke/waked; woke/waked) **I** *onoverg* ontwaken[2], wakker worden[2] (ook: *~ up*); vero wakker zijn, waken; opstaan [uit de dood], bijkomen [uit bezwijming]; *~ up to sth.* iets gaan inzien, zich bewust worden (van iets); **II** *overg* wakker maken[2]; fig wakker schudden (ook: *~ up*); wekken[2], opwekken [uit de dood]

3 wake [weik] *znw* Ir nachtwake [bij lijk]; waken *o*

wakeful *bn* waakzaam, wakend[2], wakker[2]; *~ nights* slapeloze nachten

waken *overg & onoverg = [2]wake I & II*

waking I *bn* wakend; *~ hours* uren dat men wakker is; **II** *znw* waken *o*

wale [weil] *znw* Am = *[2]weal*

walk [wɔːk] **I** *onoverg* lopen, gaan, stapvoets gaan, stappen; wandelen; rondwaren, spoken; **II** *overg* lopen, lopend afleggen; doen of laten lopen, stapvoets laten lopen, wandelen met, geleiden; lopen in of over, op- en aflopen in (op); betreden, bewandelen; *~ the earth* op aarde rondwandelen; *~ the streets* op straat rondlopen (rondzwerven); tippelen, zich prostitueren; *~ about* rondwandelen, rondlopen, omlopen, rondgaan, rondkuieren; rondwaren; *~ away* weggaan, wegkuieren; *~ away from* gemakkelijk achter zich laten; *~ away with* in de wacht slepen, gemakkelijk winnen; *~ down* afdalen van, afgaan, aflopen, afkomen [heuvel &]; *(please) ~ in* komt u binnen; *~ in one's sleep* slaapwandelen; *~ into* tegen iets, iem. oplopen; ergens intrappen [een val &]; *~ off* weggaan; wegbrengen, -leiden; door lopen of wandelen verdrijven; *~ him off his feet* hem zo laten lopen dat hij niet meer op zijn benen staan kan; *~ off with* weggaan met; gemeenz in de wacht slepen; stelen; *~ on* doorlopen, verder gaan; als figurant(e) optreden; *~ on air* in de zevende hemel zijn; *~ out* het werk neerleggen; staken; weglopen [uit een vergadering]; verkering hebben *(be ~ing out)*; *~ out of* verlaten (bij wijze van protest); *~ out on* in de steek laten; *~ out with* verkering hebben met, gaan met; *~ over (the course)* de wedren (verkiezing &) met gemak winnen; *~ over sbd.* met iem. doen wat men wil; *~ up* naar boven gaan, binnengaan; bovenkomen; *~ up to* toegaan naar, afkomen op; *~ with God* een godvruchtig leven leiden; **III** *znw* gang, loop, loopje *o*, lopen *o*; stapvoets rijden *o* of gaan *o*; toer-

tje *o*, wandeling; wandelweg, -plaats, (voet)pad *o*; wandel°; fig levenswandel; werkkring; gebied *o*, terrein *o*; *~ of life* werkkring; stand, positie; *at a ~* stapvoets; *go for a ~*, *take a ~* een wandelingetje gaan maken; *take a ~!* Am lazer op!, donder op!, bekijk het maar!

walkable *bn* begaanbaar; af te leggen

walkabout *znw* **1** wandeling onder het publiek [v. president &]; **2** Austr korte, periodieke zwerftocht door de woestijn [v. Aboriginals]

walker *znw* voetganger, wandelaar, loper; loopvogel; *I'm not much of a ~* ik loop niet veel; ik ben niet erg goed ter been

walkie-talkie [ˈwɔːkiˈtɔːki] *znw* walkie-talkie

walking [ˈwɔːkiŋ] **I** *bn* lopend, wandelend, wandel-&; **II** *znw* lopen *o* &; wandeling

walking-on *znw* figureren *o*; *~ part* figurantenrol

walking-pace *znw*: *at a ~* stapvoets

walkingrace *znw* snelwandelen *o*

walking-stick *znw* wandelstok

walkman *znw* walkman

walk-out [ˈwɔːkaut] *znw* staking; weglopen *o*, verlaten *o*, heengaan *o* (uit de vergadering &)

walk-over *znw* gemakkelijke overwinning

walk-up *znw* Am flatgebouw *o* zonder lift

walkway [ˈwɔːkwei] *znw* loopbrug, luchtbrug [tussen twee gebouwen]; breed wandelpad *o*

wall [wɔːl] **I** *znw* muur[2], wand; *~s have ears* de muren hebben oren; *bang (knock) one's head against a (brick) ~* met zijn kop tegen de muur lopen; *come up against a brick ~* op een muur (van onbegrip) stuiten; *drive (push) to the ~* in het nauw brengen; *drive sbd. up the ~* iem. gek maken; *go to the ~* het onderspit delven, het loodje leggen; *with one's back to the ~* met de rug tegen de muur; in het nauw gedreven; **II** *overg* ommuren (ook: *~ round*); *~ in* ommuren; *~ up* dichtmetselen, inmetselen

wallaby [ˈwɔləbi] *znw* wallaby: kleine kangoeroe

wallah [ˈwɔlə] *znw* [Oosters] bediende; gemeenz knaap, kerel

wall bars [ˈwɔːlˈbɑːz] *znw mv* sp wandrek *o*

wallet [ˈwɔlit] *znw* portefeuille [voor bankbiljetten &]; vero knapzak; ransel

wall-eye [ˈwɔːlai] *znw* glasoog *o* [v. paard]; med (divergent) scheel oog

wallflower [ˈwɔːlflauə] *znw* muurbloem°

Walloon [wɔˈluːn] **I** *znw* Waal; **II** *bn* Waals

wallop [ˈwɔləp] gemeenz **I** *overg* afrossen; **II** *znw* opstopper, dreun; kracht; (vat) bier *o*; slang wipje *o*, neukpartij; **III** *bijw* pardoes

walloping gemeenz **I** *bn* kolossaal, reuzen-; **II** *znw* aframmeling

wallow [ˈwɔlou] **I** *onoverg* zich (rond)wentelen; fig zwelgen (in *in*), zich baden (in *in*); *~ in money* in het geld zwemmen; *~ in vice* z'n lusten botvieren; **II** *znw* wenteling; rollende beweging; wentelplaats [voor de karbouwen]

wallpaper [ˈwɔːlpeipə] **I** *znw* behangsel(papier) *o*;

II *overg* behangen
Wall Street ['wɔ:lstri:t] *znw* het centrum van de geldhandel en effectenbeurs in New York
wall-to-wall ['wɔ:ltəwɔ:l] *bn* kamerbreed, vast [tapijt *carpeting*]
wally ['wɔli] *znw* gemeenz stommeling, idioot
walnut ['wɔ:lnʌt] *znw* (wal)noot; notenhout *o*
walrus ['wɔ:lrəs] *znw* walrus
waltz [wɔ:ls, wɔ:lts] **I** *znw* wals; **II** *onoverg* walsen; fig ronddansen, huppelen, trippelen
wan [wɔn] *bn* bleek, flets, pips, zwak, flauw
wand [wɔnd] *znw* toverstaf (*magic ~*)
wander ['wɔndə] **I** *onoverg* (rond)zwerven, (rond-) dolen, dwalen; afdwalen (van *from*); raaskallen, ijlen; *the W~ing Jew* de Wandelende Jood; *~ing kidney* wandelende nier; *his mind ~s* hij ijlt; hij raaskalt[2]; *~ from the point* van het onderwerp afdwalen; **II** *overg* afzwerven; afreizen
wanderer *znw* dwaler; zwerver, zwerveling
wandering I *bn* zwervend &, zie *wander*; **II** *znw*: *~(s)* omzwerving; afdwaling; dwaling
wanderlust ['wɔndəlʌst] *znw* reislust, zwerflust
wane [wein] **I** *onoverg* afnemen [v.d. maan]; **II** *znw* afneming; *on the ~* aan het afnemen (tanen)
wangle ['wæŋgl] slang **I** *overg* loskrijgen, z'n slag slaan, klaarspelen, voor elkaar krijgen; zich eruit draaien; vervalsen, knoeien met; **II** *znw* streek, truc, foefje *o*
wank [wæŋk] plat **I** *(wederk &) overg* (zich) aftrekken, (zich) afrukken; **II** *znw* aftrekken *o*, rukken *o*
wanker *znw* plat rukker; flapdrol, klojo
want [wɔnt] **I** *znw* nood, gebrek *o*, behoefte, armoede; gemis *o; for ~ of* bij gebrek aan; *be in ~* gebrek hebben, gebrek lijden; *be in ~ of* nodig hebben; **II** *overg* nodig hebben; behoeven, moeten; hebben moeten; willen, wensen, verlangen; te kort komen, mankeren; *I ~ nothing better* ik verlang niets beters; ik verlang (wil) niets liever; *I don't ~ him to be disturbed* ik wil niet dat hij gestoord wordt; *you are ~ed* men vraagt naar u; gemeenz de politie zoekt naar je; *it ~s only...* er is alleen maar... (voor) nodig; **III** *onoverg* gebrek lijden; *you shall ~ for nothing* u zult nergens gebrek aan hebben, het zal u aan niets ontbreken; *~ out* eruit willen; fig gemeenz willen nokken
wanted *bn* gevraagd [in advertentie]; gezocht, opsporing verzocht [door de politie]; benodigd, waaraan behoefte is
wanting I *bn* ontbrekend; *be ~* ontbreken, mankeren, weg zijn; *he is never ~* hij mankeert nooit (op het appel); *be ~ in* tekortschieten in; *be found ~* te licht bevonden worden; **II** *voorz* zonder; op... na; *~ one* op één na
wanton ['wɔntən] **I** *bn* baldadig, uitgelaten, wild; onhandelbaar, onbeheerst; moedwillig, zonder aanleiding; grillig, dartel; verkwistend; wellustig; **II** *znw* lichtekooi; lichtmis

war [wɔ:] **I** *znw* oorlog; *~ of attrition* uitputtingsoorlog; *~ of nerves* zenuwenoorlog; *~ of positions* mil stellingoorlog; *a ~ to the knife* een strijd op leven en dood; *be at ~* in oorlog zijn; oorlog hebben (met *with*); *go to ~* ten oorlog, ten strijde trekken; oorlog maken; *he has been in the ~s* hij is behoorlijk toegetakeld; **II** *onoverg* oorlog voeren (tegen *against, on*); *~ring* strijdend, (tegen)strijdig
warble ['wɔ:bl] **I** *onoverg & overg* kwelen, kwinkeleren, zingen, slaan; **II** *znw* gekweel *o*, gekwinkeleer *o*, gezang *o*, slag
warbler *znw* tjiftjaf [vogel]
war-cry ['wɔ:krai] *znw* oorlogskreet, wapenkreet, strijdkreet, strijdleus
ward [wɔ:d] **I** *znw* pupil [onder voogdij] (ook: *~ of court, ~ in chancery*); pareren *o* [schermen]; (stads-) wijk; zaal, afdeling [in ziekenhuis]; **II** *overg*: *~ (off)* afwenden, afslaan, pareren
war-dance ['wɔ:da:ns] *znw* krijgsdans
warden ['wɔ:dn] *znw* bewaarder, opziener, hoofd *o* [v. instituut, *college*]; jeugdherbergvader, -moeder; Am directeur [v. gevangenis]; *(air-raid) ~* blokhoofd *o* (van de luchtbescherming); *(traffic) ~* parkeerwacht
warder ['wɔ:də] *znw* cipier
wardress *znw* vrouwelijke cipier
wardrobe ['wɔ:droub] *znw* klerenkast; garderobe, kleren; *~ mistress* costumière, kostuumnaaister; *~ trunk* kastkoffer
wardroom ['wɔ:drum] *znw* scheepv longroom, officiersmess
wardship ['wɔdʃip] *znw* voogdij
1 ware [wɛə] *znw* waar, (teen)goed *o*, plateelwerk *o*, aardewerk *o*; waren; *his ~s* zijn (koop)waar, zijn waren
2 ware [wɛə] *overg* oppassen (voor), zich hoeden (voor)
warehouse I *znw* ['wɛəhaus] *znw* pakhuis *o*, magazijn *o*; **II** *overg* ['wɛəhauz] opslaan [in het magazijn]
warehouseman *znw* pakhuisknecht, magazijnbediende
warfare ['wɔ:fɛə] *znw* oorlog(voering), strijd; fig strijd, conflict *o*
warhead *znw* mil (lading)kop; *nuclear ~* atoomkop
war-horse *znw* hist strijdros *o*; oorlogsveteraan, oude vechtjas
warlike *bn* krijgshaftig, oorlogszuchtig; oorlogs-; *~ preparation* oorlogstoebereidselen
warlock ['wɔ:lɔk] *znw* vero tovenaar
warm [wɔ:m] **I** *bn* warm[2], heet; hartelijk, sympathiek; enthousiast, vurig; opgewonden; verhit; *get ~* warm worden; gemeenz warm zijn [bij spelletjes]; *make things (it) ~ for sbd.* iem. het vuur na aan de schenen leggen; iem. in een lastig parket brengen; *~ with wine* verhit door de wijn; *it was ~ work* het ging er heet toe; het was een inspannend karwei; **II** *overg* (ver)warmen, warm maken[2]; *~ up* op-

warmen; **III** *wederk:* ~ *oneself* zich warmen; **IV** *onoverg* warm worden (fig ook: ~ *up*); *he* ~*ed to the subject (to this theme)* hij raakte meer en meer in vuur; ~ *up* warm worden [kamer]; warmer worden [voor een zaak]; warmer gaan voelen (voor *towards*); sp de spieren losmaken

warm-blooded *bn* warmbloedig

warm front *znw* warmtefront *o*

warm-hearted *bn* hartelijk

warming-pan *znw* beddenpan

warmly *bijw* warm²; fig hartelijk, met warmte, met vuur

warmonger ['wɔːmʌŋgə] *znw* oorlogsophitser

warmongering *znw* oorlogspropaganda

warmth ['wɔːmθ] *znw* warmte²; hartelijkheid, enthousiasme *o*, opgewondenheid, heftigheid

warm-up ['wɔːmʌp] *znw* sp warming-up

warn [wɔːn] *overg* waarschuwen (voor een gevaar *of a danger*; voor een persoon *against a person*); verwittigen, inlichten, aanzeggen; ~ *sbd. off* iem. de toegang ontzeggen, iem. uitsluiten

warner *znw* waarschuwer

warning I *znw* waarschuwing, aanzegging; opzegging [v. dienst]; verwittiging, aankondiging; *give (a month's)* ~ (met een maand) de dienst (de huur) opzeggen; *take* ~ *by his mistakes (from his fate)* spiegel u aan zijn fouten (lot); zie ook: *air-raid*; **II** *bn* waarschuwend, waarschuwing(s)-

War Office ['wɔːrɔfis] *znw* ministerie *o* van Oorlog

warp [wɔːp] **I** *onoverg* kromtrekken; **II** *overg* doen kromtrekken; fig een verkeerde richting geven aan; verdraaien; **III** *znw* kromtrekking; schering [weefgetouw]; fig (geestelijke) afwijking; vervorming [v. geluid &]; ~ *and weft,* ~ *and woof* schering en inslag

war-paint ['wɔːpeint] *znw* oorlogsbeschildering [v. indianen]; slang make-up

war-path *znw* oorlogspad *o; be (go) on the* ~ ten strijde trekken², vechtlustig zijn

war-plane *znw* oorlogsvliegtuig *o*

warrant ['wɔrənt] **I** *znw* rechtvaardiging, grond, recht *o*; volmacht, machtiging; ceel; bevelschrift *o*, mandaat *o* (tot betaling); bevel *o* tot inhechtenisneming; aanstelling; garantie, waarborg; ~ *of arrest* bevel(schrift) *o* tot aanhouding; ~ *of attorney* procuratie of notariële volmacht; *a* ~ *is out against him* er is een bevelschrift tot aanhouding tegen hem uitgevaardigd; **II** *overg* rechtvaardigen, machtigen; garanderen, waarborgen, instaan voor; *he is a..., I* ~ gemeenz daar kunt u van op aan

warrantable *bn* gewettigd, verdedigbaar, te rechtvaardigen

warrantee [wɔrən'tiː] *znw* aan wie iets gewaarborgd wordt

warranter ['wɔrəntə] *znw* volmachtgever; waarborger

warrant-officer *znw* mil bij *warrant* aangestelde *non-commissioned* officier, onderofficier van de hoogste rang, onderluitenant; scheepv dekofficier

warrantor *znw* = *warranter*

warranty *znw* rechtvaardiging; waarborg, garantie

warren ['wɔrən] *znw* konijnenberg, -park *o*; fig overbevolkte sloppenbuurt; huurkazerne; warnet *o* [v. gangen]

warrior ['wɔriə] *znw* krijgsman, krijger, soldaat

Warsaw ['wɔːsɔː] *znw* Warschau *o*; ~ *Pact* Warschaupact

warship ['wɔːʃip] *znw* oorlogsschip *o*

wart [wɔːt] *znw* wrat; ~*s and all* met al zijn gebreken

wart-hog *znw* wrattenzwijn *o*

wartime ['wɔːtaim] *znw* oorlog(stijd)

warty ['wɔːti] *bn* wrattig; vol wratten

war-weary ['wɔːwiəri] *bn* strijdensmoe

war-whoop ['wɔːhuːp] *znw* = *war-cry*

war widow ['wɔːwidou] *znw* oorlogsweduwe

wary ['wɛəri] *bn* omzichtig, behoedzaam, voorzichtig; op zijn hoede (voor *of*); *be* ~ *of...* zich wel wachten om...

was [wɔz, wəz] V.T. van *be:* was

wash [wɔʃ] **I** *overg* wassen [ook erts], af-, uit-, schoonwassen; spoelen [dek &], af-, om-, uitspoelen; bespoelen, besproeien; aan-, bestrijken, vernissen, sausen; ~ *dirty linen in public* de vuile was buiten hangen, onaangename zaken in het openbaar behandelen; ~ *one's hands of it* zich verder niets aantrekken van, zich niet meer (willen) bemoeien met; ~ *one's hands of sbd.* zijn handen van iem. aftrekken; **II** *wederk:* ~ *oneself* zich(zelf) wassen; **III** *onoverg & abs ww* wassen; zich wassen; zich laten wassen [stoffen], wasecht zijn; *that won't* ~ gemeenz dat houdt geen steek; die vlieger gaat niet op; ~ *ashore* aan land spoelen; ~ *away* afwassen, uitwissen; wegspoelen, wegslaan; ~ *down* (af-) wassen, (schoon)spoelen; naar binnen spoelen; ~ *off* afwassen; ~ *out* uitwassen; er met wassen uitgaan; gemeenz in het water (in duigen) doen vallen; gemeenz opheffen, vernietigen; ~*ed out* ook: flets, afgetakeld; ~ *overboard* overboord spoelen; ~ *up* afwassen, (om)spoelen; aanspoelen; Am zich (zijn handen) wassen, zich wat opfrissen; ~*ed up* gemeenz (dood)op, kapot, naar de bliksem; **IV** *znw* was; wassing, spoeling, spoelsel *o*; spoelwater² *o*; waterverf; kleurtje *o*, vernisje *o*; kielwater *o*; golfslag; aanspoeling, aanspoelsel *o*; gewassen tekening; *come out in the* ~ gemeenz wel loslopen, wel in orde komen; *have a* ~ zich (zijn handen) wassen, zich wat opfrissen; *in the* ~ in de was

washable *bn* wasbaar, wasecht

washbasin *znw* wasbak; vaste wastafel

washboard *znw* wasbord *o*; scheepv wasboord *o*, zetbo(o)rd *o*

washbowl *znw* Am wastafel

washday *znw* wasdag

washer *znw* wasser; wasmachine; techn sluitring; leertje *o* [v. kraan]

washerwoman *znw* wasvrouw
wash-hand basin *znw* waskom, fonteintje *o*
wash-hand stand *znw* wastafel
wash-house *znw* washuis *o*, washok *o*
washing I *bn* wasecht; was-; **II** *znw* wassen *o* &,
wassing; was(goed *o*)
washing-machine *znw* wasmachine; *automatic* ~
wasautomaat
washing powder *znw* waspoeder *o*, wasmiddel *o*
washing-stand *znw* wastafel
washing-up [wɔʃiŋ'ʌp] *znw* afwas; ~ *liquid* afwasmiddel *o*
wash-leather ['wɔʃleðə] *znw* zeem, zeemleer *o*
wash-out *znw* mislukking, fiasco *o*, sof; vent van
niks, prul *o*
wash-room *znw* Am toilet *o*, wc
wash-stand *znw* wastafel
wash-tub *znw* wastobbe
washy *bn* waterig[2], slap; flets
Wasp, WASP *znw* = White Anglo-Saxon Protestant
[geringschattende benaming voor behoudende,
blanke afstammelingen van protestantse Europese
immigranten in de VS]
wasp [wɔsp] *znw* wesp; ~ *waist* wespentaille
waspish *bn* fig opvliegend, bits
wassail ['wɔseil, 'wæsl] vero **I** *znw* drinkgelag *o*; gekruid bier *o*; **II** *onoverg* pimpelen, brassen
wassailer ['wɔseilə] *znw* vero pimpelaar, drinkebroer
wast [wɔst] vero waart, werdt (2de pers. enk. V.T.
van *be*)
wastage ['weistidʒ] *znw* verspilling, verkwisting;
verlies *o* door verbruik, slijtage; afval *o* & *m*; verloop *o* [v. personeel &]
waste I *bn* woest; onbebouwd; ongebruikt; overtollig; afval-; ~ *paper* scheurpapier *o*, oud papier *o*; ~
products afvalproducten; *lay* ~ verwoesten; *lie* ~
braak liggen[2]; **II** *overg* verspillen, verkwisten, weggooien, verknoeien; verwoesten; verteren, doen
uitteren, verslijten, verbruiken; recht verwaarlozen, laten vervallen [eigendom]; slang koud maken, om zeep helpen, mollen; *be* ~*d* ook: verloren
gaan; *it is* ~*d on him* het is aan hem niet besteed;
get ~*d* slang zich lam zuipen; *not* ~ *breath (on sth.)*
(ergens) geen woorden aan vuil maken; **III** *onoverg*
afnemen [door het gebruik], opraken, slijten; verloren gaan; ~ *away* (weg)kwijnen, ver-, uitteren; ~
not, want not wie wat spaart, heeft wat; **IV** *znw* onbebouwd land *o*, wildernis, woestijn; woestenij;
verwoesting; verspilling; verkwisting; vermende-
ring, slijtage, verbruik *o*, verlies *o*; afval *o* & *m*, afvalstoffen; poetskatoen *o*; techn afvoerpijp; *a* ~ *of
time* tijdverspilling; *go to* ~ verloren gaan, verwilderen
wastebin, Am wastebasket *znw* afvalbak, vuilnisbak [in keuken]; prullenmand
waste disposal *znw* afvalverwerking; ~ *unit* afval-
vernietiger

wasteful *bn* verkwistend, niet zuinig, spilziek; ~
of... erg kwistig met...; *veel*... verbruikend
wasteland *znw* braakliggend terrein *o*; verlaten/
saai gebied *o*; kleurloze periode
waste-paper basket [weist'peipəba:skit] *znw* prullenmand, papiermand
waste-pipe ['weistpaip] *znw* afvoerpijp
waster *znw* nietsnut
wastrel ['weistrəl] *znw* nietsnut, mislukkeling
watch [wɔtʃ] **I** *znw* wacht, waken *o*, plechtig wake;
waakzaamheid; uitkijk; horloge *o*; *first* ~ scheepv
eerste wacht; *middle* ~ scheepv hondenwacht; *keep
(a)* ~ de wacht houden; *keep (a)* ~ *on* een oogje
houden op, letten op; *keep* ~ *over* de wacht houden
over, bewaken; *set a* ~ *over sbd.* iem. permanent in
de gaten laten houden; *in the* ~*es of the night* in de
slapeloze uren van de nacht; *on* ~ op wacht; *be on*
~ op wacht staan, de wacht hebben; *be on the* ~ *for*
uitkijken naar; loeren op; ~ *and ward* (uiterste)
waakzaamheid; *keep* ~ *and ward over* dag en nacht
(goed) in de gaten houden; **II** *onoverg* kijken, toekijken; uitkijken; waken, waakzaam zijn; wacht
doen; ~ *for* uitkijken naar; loeren op; ~ *out* uitkijken, op zijn hoede zijn, oppassen; ~ *over* een wakend oog houden op, waken over; bewaken; **III**
overg kijken naar, gadeslaan; letten op, in het oog
houden; bewaken; hoeden; ~ *your step!*, ~ *it!* pas
op!

watchband *znw* Am horlogebandje *o*
watch-case *znw* horlogekast
watch-chain *znw* horlogeketting
watch-dog *znw* waakhond[2]
watcher *znw* bespieder; waarnemer
watchful *bn* oplettend, waakzaam, waaks; *be* ~ *of*
ook: een wakend oog houden op, waken over;
voorzichtig zijn in
watch-glass *znw* horlogeglas *o*
watchmaker *znw* horlogemaker
watchman *znw* (nacht)waker; bijbel wachter
watchstrap *znw* horlogebandje *o*
watch-tower *znw* wachttoren
watchword *znw* wachtwoord[2] *o*
water ['wɔ:tə] **I** *znw* water° *o*; vruchtwater *o* (ook:
~*s*); ~*s* water *o*, wateren; ook: baden; *still* ~*s run
deep* stille waters hebben diepe gronden; ~ *on the
brain* een waterhoofd *o*; ~ *on the knee* leewater *o* [in
knie]; *much* ~ *has passed under the bridge* er is heel
wat water door de Rijn gestroomd; *it brings the* ~ *to
your mouth* het doet je watertanden; *hold* ~ water
bevatten; (water)dicht zijn; fig steekhoudend zijn;
make ~ scheepv water maken, water inkrijgen; lek
zijn; wateren, urineren; *pass* ~ urineren; *pour
(throw) cold* ~ *on* een emmer koud water gieten
over; fig een domper zetten op; *by* ~ te water, over
zee, per scheepsgelegenheid; *deep* ~ grote moeilijkheden; raadsel *o*; *be in hot* ~ in de knoei zitten; *be
in low* ~ aan lagerwal zijn; *we are in smooth* ~ het
water is nu weer kalm, wij hebben de storm achter

de rug; *fig* we zijn boven jan; *get into hot* ~ *in*
moeilijkheden geraken, het aan de stok krijgen
(met *with*); *run like* ~ *off a duck's back* niet het minste effect hebben; *spend money like* ~ handenvol
geld uitgeven; *test the* ~*(s)* een proefballonnetje
oplaten; *of the first* ~ van het zuiverste water²; *over
the* ~ over het water; aan gene zijde van de oceaan;
aan gene zijde van de Theems; **II** *overg* van water
voorzien; bewateren; besproeien [v. rivier], bespoelen; aanlengen met water, in de week leggen [vlas];
begieten, water geven, drenken [paarden &]; wateren [stoffen]; *fig* verwateren; ~ *down* verwateren;
verdunnen, verzachten; **III** *onoverg* wateren, tranen, lopen; *make one's mouth* ~ doen watertanden
water-bailiff *znw* havendouanebeambte
waterbed *znw* waterbed *o*
water bird *znw* watervogel
water biscuit *znw* cracker
water-borne *bn* vlot, drijvend; te water vervoerd;
door water overgebracht [ziekte &]; zee-; door water verspreid
water-bottle *znw* karaf; mil veldfles
water buffalo *znw* waterbuffel, karbouw, Indische
buffel, Aziatische buffel
water-butt *znw* regenton
water-cannon *znw* waterkanon *o*
water-carrier *znw* waterdrager
water-cart *znw* sproeiwagen
water chestnut *znw* waternoot, waterkastanje [ge-
bruikt in Chinese maaltijden]
water-chute *znw* watertobogan
water-closet *znw* wc
water-colour *znw* waterverf(schilderij); *in* ~*s* in
waterverf
watercourse *znw* waterloop; geul, bedding
watercress *znw* waterkers
water-diviner *znw* roedeloper
watered *bn* als water, verwaterd &; moiré [van
zijde]
waterfall *znw* waterval
waterfowl *znw* watervogel(s)
waterfront *znw* waterkant; *Am* stadsdeel *o* of land-
strook aan zee of meer; havenkwartier *o*
water-gate *znw* waterpoort; vloeddeur [v. sluis]
water-gauge *znw* peilglas *o*
water-hen *znw* waterhoen *o*
waterhole *znw* waterpoel, drinkplaats
watering *znw* sproeien *o*, begieten *o*; watertanden
o; tranen *o* [v. ogen]
watering-can *znw* gieter
watering-place *znw* wed *o*; waterplaats; plaats
waar men water inneemt; badplaats
watering-trough *znw* drinkbak
waterish *bn* waterachtig, waterig
water jump *znw* (spring)sloot [als hindernis bij
paardensport]
waterless *bn* zonder water, droog
water-level *znw* waterstand, waterspiegel; water-

pas *o*
water-lily *znw* waterlelie
waterline *znw* waterlijn
waterlogged *bn* volgelopen met water, vol water;
met water doortrokken
water-main *znw* hoofdbuis [v. waterleiding]
waterman *znw* schuitevoerder; veerman
watermark I *znw* watermerk *o*; *scheepv* waterpeil
o; waterlijn; **II** *overg* van een watermerk voorzien
water-melon *znw* watermeloen
watermill *znw* watermolen
water pistol *znw* waterpistool *o*
water-polo *znw* waterpolo *o*
water-pot *znw* waterkan; gieter
water power *znw* waterkracht
waterproof I *bn* waterdicht, waterproef; **II** *znw*
waterdichte stof, jas of mantel; **III** *overg* waterdicht
maken
water-rat *znw* waterrat
water-rate *znw* kosten van waterverbruik
water-resistant *bn* watervast [inkt]; waterafstotend [jas &]
watershed *znw* waterscheiding; stroomgebied *o*; *fig*
scheidingslijn, tweesprong
waterside *znw* waterkant
water-ski I *znw* waterski; **II** *onoverg* waterskiën
water-skier *znw* waterskiër
water-softener *znw* waterontharder
water soluble *bn* oplosbaar in water
water-spout *znw* waterspuwer, afvoerbuis; waterhoos
water-sprite *znw* watergeest
water-supply *znw* wateraanvoer; watervoorziening; watervoorraad
water table *znw* grondwaterspiegel
water-tank *znw* waterbak, reservoir *o*
watertight *bn* waterdicht²; *fig* onaanvechtbaar
water tower *znw* watertoren
water-vole *znw* waterrat
water-wag(g)on *znw* sproeiwagen; *be on the* ~ ge-
meenz geheelonthouder zijn
waterway *znw* waterweg; *scheepv* goot, watergang
water-weed *znw* waterpest
water-wheel *znw* waterrad *o*; scheprad *o*
waterworks *znw mv* waterleiding; waterwerken;
turn on the ~ *gemeenz* gaan huilen; *have sth. wrong
with one's* ~ iets aan zijn blaas hebben
watery *bn* waterig², waterachtig, water-; regenachtig, regen-; *fig* bleek, verschoten; ~ *eye* tranend oog
o; traanoog *o*; vochtig oog *o*; *find a* ~ *grave* een
(zijn) graf in de golven vinden
watt [wɔt] *znw elektr* watt
wattage ['wɔtidʒ] *znw* wattage *o*, elektrisch vermogen *o*
wattle ['wɔtl] *znw* teenwerk *o* [voor afrasteringen];
dierk lel [v. kalkoen]; baard [v. vis]; plantk Australische acacia
wattled *bn* gevlochten; met lellen

waul [wɔ:l] *onoverg* krollen, luid miauwen [v. krolse kat]

wave [weiv] **I** *onoverg* wapperen; wuiven; golven; **II** *overg* (doen) golven, onduleren [haar]; wateren [stoffen]; zwaaien met, wuiven met; toewuiven; ~ *aside* een wenk geven om opzij te gaan; *fig* wegwuiven, afwijzen, zich met een breed gebaar afmaken van; ~ *away* een wenk geven om opzij of weg te gaan; ~ *back* terugwenken; ~ *down a car* een automobilist gebaren te stoppen; ~ *off* wuivend afscheid nemen van; **III** *znw* golf²; wuivende handbeweging, gewuif *o*; *a* ~ *of crime* een vloedgolf van misdaden

waveband *znw* radio (golf)band

wavelength *znw* radio golflengte; *be on the same* ~ op dezelfde golflengte zitten

wavelet *znw* golfje *o*

waver ['weivə] *onoverg* onvast zijn; waggelen; wankelen, weifelen, aarzelen; schommelen; flakkeren [v. licht]; haperen, beven [v. stem]

waverer *znw* weifelaar

wavering I *bn* wankel(baar), wankelend, wankelmoedig; weifelend; **II** *znw* gewankel *o*, geweifel *o*, weifeling

waving ['weiviŋ] **I** *bn* golvend, gegolfd; **II** *znw* golving; gewuif *o*; gewapper *o*

wavy *bn* golvend, gegolfd

1 wax [wæks] **I** *znw* **1** was; oorsmeer *o*; lak *o & m*; **2** *slang* woede(aanval); *in a terrible* ~ *slang* erg nijdig, razend; **II** *bn* wassen; **III** *overg* met was bestrijken, in de was zetten, wassen; ~ *one's legs* zijn benen harsen

2 wax [wæks] *onoverg* wassen, toenemen; *vero* worden; ~ *and wane* wassen en afnemen [van de maan]

wax-chandler ['wækstʃa:ndlə] *znw* (was-)kaarsenmaker

wax-cloth *znw* wasdoek *o & m*

waxen *bn* van was, wassen, was-; wasgeel; zo bleek als was

wax-light *znw* waslicht *o*, waskaars

wax paper *znw* waspapier *o*

waxwing *znw* pestvogel

waxwork *znw* in was uitgevoerd boetseerwerk *o*; ~s wassenbeelden(spel *o*)

waxy *bn* wasachtig; *slang* woedend

way [wei] **I** *znw* weg, pad *o*; baan; route; eind *o* (weegs), afstand; vaart, gang; richting, kant; manier, wijze, trant; handelwijze, gebruik *o*, gewoonte: geringsch hebbelijkheid; ~s wegen &, gewoonten, hebbelijkheden; ~ *of life* manier van leven, levensstijl; ~s *and means* (de) geldmiddelen; de middelen en de manier waarop; *devise (find)* ~s *and means* raad schaffen; ~ *in* ingang; ~ *out* uitgang; *fig* uitweg; *no* ~! uitgesloten!, daar komt niets van in!, in geen geval!; *the* ~ *of the Cross* RK de kruisweg; *it's the* ~ *of the world* dat is 's werelds loop, zo gaat het in de wereld; *it is a long* ~ *round*

een heel eind om; *all the* ~ (langs) de hele weg, (over) de hele afstand, dat hele eind, helemaal [van A naar B]; *along the* ~ op weg, langs de weg; *any* ~ hoe dan ook; in alle geval, toch; *both* ~s op twee manieren; *sp* zowel op de ene als op de andere partij houdend; *different* ~s op verschillende manieren; in verschillende richtingen; *either* ~ in beide gevallen; hoe dan ook; *in every* ~ in alle opzichten; *his* ~ zijn kant uit; op zijn manier, zoals hij 't wil; *it is only his* ~ zo is hij nu eenmaal; *his own* ~ zijn eigen weg (gang, manier); op zijn eigen manier; *let him have his own* ~ laat hem zijn eigen gang (maar) gaan; geef hem zijn zin maar; *no* ~ *inferior to* geheel niet minder dan; *one* ~ *or another* op de een of andere manier; *he said nothing one* ~ *or another (other)* hij zei helemaal niets; *a decision one* ~ *or the other* een beslissing voor of tegen; *one* ~ *or the other* it has helped in ieder geval heeft het geholpen; *look the other* ~ een andere kant uitkijken; *it is the other* ~ *about (round)* het is (net) andersom; *our* ~ onze kant uit; in ons voordeel; *the same* ~ op dezelfde manier; hetzelfde [v. zieke]; *some* ~ een eindje *o*; *some* ~ *or other* op de een of andere manier; *in some* ~s in enkele (bepaalde) opzichten; *that* ~ die kant uit, daar(heen); op die manier, zó; *the* ~ *you did it* (op) de manier waarop je het gedaan hebt; *that is the* ~ *with...* zo gaat het met...; zo doen...; *this* ~ deze kant uit, hier(heen); *this* ~ *and that* naar alle kanten, her- en derwaarts; *come sbd.'s* ~ zie *come* II; *find a* ~ een uitweg vinden, er raad op weten; *find one's* ~ *into...* binnendringen in..., thuis raken in, zich inburgeren in...; *get in the* ~ in de weg lopen, hinderen; *get in the* ~ *of* verhinderen; *get one's (own)* ~ zijn zin krijgen; *give* ~ opzij gaan; wijken, zwichten, plaats maken (voor *to*); bezwijken (onder *under*); *give* ~! geef voorrang; *her voice gave* ~ haar stem liet haar in de steek; *give* ~ *to* zich door vrees laten overmannen; *go one's* ~(*s*) op weg gaan; zich op weg begeven, heengaan; *go one's own* ~ zijn (eigen) gang gaan; zijn eigen weg gaan; *go the* ~ *of all flesh (of nature)* bijbel de weg van alle vlees gaan; *go a long* ~ ver reiken; veel bijdragen (tot *towards*); *a little... goes a long* ~ *with me* met een beetje... kan ik lang toekomen; *lose one's* ~ verdwalen; *see one's* ~ *clear to...* zijn kans schoon zien om...; *take the easy* ~ *out* de weg van de minste weerstand kiezen; *go a long* ~ *round* een heel eind omlopen; *go (live somewhere) London* ~ de kant van Londen uit; *everything is going my* ~ alles gaat naar mijn zin, alles loopt me mee; *have a* ~ *with one* aardig omgaan (met), innemend zijn; *have a (little)* ~ *of...* de hebbelijkheid hebben om...; *you can't have it both* ~s of het één of het andere, geen twee dingen tegelijk; *have one's (own)* ~ zijn zin krijgen; *have one's* ~ *with sbd.* gemeenz met iem. neuken; *have it (all) one's own* ~ vrij spel hebben, kunnen doen en laten wat men wil; *not know which* ~ *to turn* geen raad weten; *make* ~ plaats maken (voor *for); make one's* ~ gaan, zich begeven; zich een weg banen; zijn weg (wel) vinden [in de wereld]; *put (sbd.) in the ~ of* (iem.) de gelegenheid geven om; *he wants his own* ~ hij wil altijd zijn zin hebben; *across the* ~ aan de overkant, hiertegenover; *by ~ of* bij wijze van; via, over; *by ~ of apology* ook: ter verontschuldiging; *by ~ of a joke* voor de grap; *by ~ of London* via (over) Londen; *he is by ~ of being an artist* hij is zo half en half artiest; *by ~ of having something to do* om iets te doen te hebben; *by the ~* onderweg; en passant, overigens; wat ik zeggen wil(de), tussen twee haakjes; *by a long ~* verreweg; *not by a long ~* lang niet, op geen stukken na; *in a ~, in one* ~ in zekere zin, in zeker (één) opzicht; *be in a bad* ~ er slecht aan toe zijn [v. patiënt]; slecht staan [v. zaken]; *in a general* ~ in het algemeen; *in a big* ~ in het groot, op grote schaal; *in a small* ~ in het klein, op kleine schaal; *live in a small* ~ klein leven; *in a* ~ *of speaking* bij wijze van spreken; in zekere zin; *in his* ~ op zijn weg; op zijn manier; *not in any* ~, *(in) no* ~ geenszins, hoegenaamd (helemaal) niet; *be in the* ~ (de mensen) in de weg staan; *call in the* ~ *of business* voor zaken; *what they want in the* ~ *of clothes* aan kleren; *put sbd. in the* ~ *of a job* iem. aan een baan helpen; *be on the* ~ op komst zijn, in aantocht zijn; *be on the* ~ *out* eruit gaan, een aflopende zaak zijn; *drunk, or on the* ~ *to it* dronken of aardig op weg om het te worden; *on their* ~ *to* onderweg naar, op (hun) weg naar; *well on the (one's)* ~ aardig op weg (om...); *be on the (one's)* ~ *out* op weg naar buiten zijn; *fig* ± een aflopende zaak zijn; *it is rather out of my* ~ het is nogal om voor mij; dat ligt niet zo op mijn weg; *out of the* ~ uit de weg, uit de voeten; klaar; weg, absent [ook = verstrooid]; afgelegen; niet ter zake dienend, vergezocht; *go out of one's* ~ van zijn weg afwijken; *go out of one's* ~ *to...* de moeite nemen om...; zich uitsloven om...; het er op toeleggen om...; *keep out of sbd.'s* ~ iem. mijden; *put sbd. out of the* ~ iem. uit de weg ruimen; *put things out of the* ~ de boel aan kant doen, opruiming houden; *over the* ~ aan de overkant, hiertegenover; *under* ~ in beweging; aan de gang; begonnen; scheepv onder zeil; *get under* ~ in beweging komen; gang, vaart krijgen; beginnen; scheepv het anker lichten; **II** *bijw* gemeenz een stuk, een eind, ver [vooruit &]; ~ *back in A.* gemeenz daarginds in A.; ~ *back in 1910* gemeenz reeds in 1910

way-bill *znw* vrachtbrief

wayfarer *znw* (voet)reiziger

wayfaring *bn* reizend, trekkend [vooral te voet]

waylay [wei'lei] *overg* opwachten (om te overvallen)

wayless ['weilis] *bn* zonder weg(en), ongebaand

way-out *bn* slang te gek, fantastisch, gaaf; buitenissig, zeer apart

wayside I *znw* kant van de weg; *by the* ~ ook: aan de weg; *fall by the* ~ *fig* afvallen, voortijdig met

studie & ophouden; **II** *bn* aan de kant van de weg (gelegen)

wayward *bn* eigenzinnig, dwars, verkeerd, in de contramine; grillig

way-worn *bn* moe van de reis

we [wi:, wi] *pers vnw* wij

weak [wi:k] *bn* zwak°, slap²; *his* ~ *point (side)* zijn zwakke zijde; *the* ~*er sex* het zwakke geslacht

weaken I *overg* verzwakken², slapper maken, verdunnen; **II** *onoverg* zwak(ker) worden

weakening *znw* verzwakking

weakish *bn* nogal zwak, zwakjes

weak-kneed *bn* zwak in de knieën; *fig* slap, niet flink

weakling *znw* zwakkeling

weakly I *bn* zwak, ziekelijk; **II** *bijw* zwak, slap, flauw; uit zwakte

weak-minded *bn* zwakhoofdig, zwakzinnig

weakness *znw* zwakheid, zwakke plaats; zwakte, zwak *o*; *he has a* ~ *that way* daarvoor heeft hij een zwak

1 weal [wi:l] *znw* welzijn *o*, geluk *o*; ~ *and woe* wel en wee *o*

2 weal [wi:l] *znw* streep, striem

weald [wi:ld] *znw* **1** beboste streek; **2** open land *o*; *the Weald* een streek in Kent, Surrey en Sussex

wealth [welθ] *znw* rijkdom, weelde, pracht, schat, overvloed; *a man of* ~ een gefortuneerd man, een rijk man

wealthy *bn* rijk

wean [wi:n] *overg* spenen; ~ *from* spenen van, af-, ontwennen, vervreemden van, losmaken van, benemen

weanling I *znw* gespeend kind *o* of dier *o*; **II** *bn* pas gespeend

weapon ['wepən] *znw* wapen² *o*

weaponry *znw* bewapening, wapens

1 wear [wɛə] (wore; worn) **I** *overg* dragen [aan het lijf]; ook: (aan)hebben, vertonen; (ver)slijten, af-, uitslijten; *she wore black* zij was in het zwart; *I won't* ~ *it* gemeenz ik moet het niet, ik bedank ervoor; **II** *onoverg* (ver)slijten; vermoeien, afmatten; voorbijgaan [v. de tijd], lang vallen; zich laten dragen; zich (goed) houden [in het gebruik]; ~ *thin* slijten², dun worden; *fig* opraken [v. geduld]; ~ *well* zich goed houden [in het gebruik]; ~ *away* weg-, ver-, uit-, afslijten; slijten [tijd &]; verdrijven; (langzaam) voorbijgaan [tijd], omkruipen; ~ *down* af-, verslijten; afmatten, uitputten; ~ *down all opposition* alle tegenstand overwinnen; ~ *off* af-, wegslijten; uit-, verslijten, er afgaan, verdwijnen; ~ *on* (langzaam) voorbijgaan [tijd]; ~ *out* afdragen, verslijten; uitslijten; afmatten, uitputten, uitmergelen; slijten [levensdagen &]; ~ *through* een gat maken in [kleren]

2 wear [wɛə] *znw* dragen *o*, gebruik *o*; dracht, kleding, kleren, goed *o*; degelijkheid, houdbaarheid; slijtage; *summer* ~ zomerkleren; ~ *and tear* slijtage;

the ~ *and tear of time* de tand des tijds; *it has no* ~ *in it* het is erg sleets; *there is a deal of* ~ *in it* je kunt er lang mee doen; *for everyday* ~ voor dagelijks gebruik [kledingstukken]; *the worse for* ~ erg versleten; afgeleefd, afgepeigerd

wearable ['wɛərəbl] *bn* draagbaar [kleding]

wearied ['wiərid] *bn* vermoeid, moe(de)

weariness *znw* vermoeidheid, moeheid; verveling; zatheid

wearing-apparel ['wɛəriŋə'pærəl] *znw* kleren

wearisome ['wiərisəm] *bn* vermoeiend, lastig, moeizaam; afmattend, vervelend

weary I *bn* vermoeid, moe(de); vermoeiend, moeizaam; vervelend; ~ *of life* levensmoe; **II** *overg* vermoeien, afmatten; vervelen; **III** *onoverg* moe worden; *he will soon* ~ *of it* het zal hem gauw vervelen

weasel ['wi:zl] *znw* wezel

weather ['weðə] **I** *znw* weer *o*; *make bad (good)* ~ slecht (goed) weer treffen [op zeereis]; slecht (goed) vooruitkomen [schip]; *make heavy* ~ *of* veel moeite hebben met, zich druk maken over; *in all* ~*s* bij elke weersgesteldheid, weer of geen weer; *in this hot* ~ bij of met dit warme weer; *be under the* ~ zich niet lekker voelen; in de put zitten; **II** *overg* aan de lucht blootstellen; fig te boven komen; doorstaan [storm &]; scheepv te boven zeilen; de loef afsteken[2]; ~ *(out) the gale* de storm doorstaan; **III** *onoverg* verweren

weather-beaten *bn* door het weer of door stormen geteisterd; verweerd

weather-board *znw* overnaadse plank [tegen inregenen], lekdorpel [v. raam of deur]

weather-bound *bn* door het slechte weer opgehouden

weather-bureau *znw* meteorologisch instituut *o*

weathercock *znw* weerhaan[2]

weather-conditions *znw mv* weersgesteldheid

weathered *bn* verweerd

weather eye *znw*: *keep a* ~ *on* in de gaten houden, 't oog houden op; *keep one's* ~ *open* fig op elke eventualiteit voorbereid zijn

weather-forecast *znw* weervoorspelling; weersverwachting

weather forecaster *znw* weervoorspeller, weerman

weather-glass *znw* weerglas *o*, barometer

weather-house *znw* weerhuisje *o*

weathering *znw* waterslag, afzaat; verwering

weather-man *znw* gemeenz weerkundige, weerman

weatherproof I *bn* tegen het weer bestand; **II** *overg* waterdicht maken

weather-prophet *znw* weerprofeet

weather-side *znw* scheepv loefzijde; windkant

weather-station *znw* meteorologische post, weerstation *o*

weather-strip *znw* tochtstrip, tochtlat

weather-vane *znw* windwijzer

weather-wise *bn* weerkundig; ingewijd

1 weave [wi:v] (wove; woven) **I** *overg & onoverg* weven, vlechten (in, tot *into*); **II** *onoverg* weven; zwenken; zich heen en weer bewegen, zigzaggen; *let's get weaving!* gemeenz kom op, aan de slag!

2 weave [wi:v] *znw* weefsel *o*, patroon *o*

weaver *znw* wever

weaving *znw* weven *o*, weverij

weaving-loom *znw* weefgetouw *o*

weaving-mill *znw* weverij

web [web] *znw* web *o*; spinnenweb *o*; bindweefsel *o*; weefsel *o*; (zwem)vlies *o*; vlag [v. veer]; wang

webbed *bn* met (zwem)vliezen

webbing *znw* weefsel *o*; singelband *o* [stofnaam], singelband *m* [voorwerpsnaam]

web-footed *bn* met zwempoten

we'd [wi:d] verk. van *we had* of *we would*

wed [wed] *overg* trouwen (met), huwen (met); in de echt verbinden; *he* ~*ded industry to economy* hij paarde ijver aan zuinigheid; zie ook: *wedded*

wedded *bn* getrouwd; ~ *bliss* huwelijksgeluk *o*; ~ *life* huwelijksleven *o*

wedding *znw* huwelijk *o*; bruiloft

wedding-breakfast *znw* maaltijd na de trouwplechtigheid, huwelijksmaal *o*

wedding-cake *znw* bruiloftstaart

wedding-day *znw* (verjaardag van de) trouwdag

wedding-dress *znw* trouwjurk

wedding-march *znw* muz bruiloftsmars

wedding-ring *znw* trouwring

wedge [wedʒ] **I** *znw* wig, keg; punt [v. taart]; *the thin end of the* ~ fig de eerste stap, het eerste begin; *drive a* ~ *between* tweedracht zaaien tussen, een wig drijven tussen; **II** *overg* vastklemmen [met wiggen], vastzetten; een wig slaan in, keggen; ~ *in* indringen, -duwen, -schuiven; ~*d (in) between* ingeklemd, beklemd tussen

Wedgwood ['wedʒwud] *znw*: ~ *(ware)* aardewerk *o* van Wedgwood; ~ *blue* grijsblauw

wedlock ['wedlɔk] *znw* huwelijk *o*; *born in* ~ echt [v.e. kind]; *born out of* ~ onecht [v. een kind]

Wednesday ['wensdi, 'wenzdei] *znw* woensdag

1 wee [wi:] *bn* klein

2 wee [wi:] slang **I** *znw* pies, plasje *o*; **II** *onoverg* piesen, een plasje doen

weed [wi:d] **I** *znw* onkruid[2] *o*; gemeenz tabak; slang marihuana, stickie *o*; gemeenz lange (magere) slapjanus; ~*s* onkruid *o*; weduwenkleed *o*; **II** *overg* wieden, uitroeien, zuiveren (van *of*); ~ *out* wieden, uitroeien, verwijderen

weeder *znw* wieder, wiedster; wiedijzer *o*

weeding-hook *znw* wiedijzer *o*

weed-killer *znw* onkruidverdelger, herbicide *o*

weedy *bn* vol onkruid; als (van) onkruid; fig opgeschoten, slungelig; zwak

week [wi:k] *znw* week, werkweek; *a* ~ elke week, wekelijks; *by the* ~ per week; *today* ~, *a* ~ *today* vandaag over een week; acht dagen geleden

weekday *znw* weekdag, doordeweekse dag, werkdag; *on* ~*s* ook: door (in) de week
week-end I *znw* weekend *o*; **II** *onoverg* weekenden
week-ender *znw* iemand die een weekend uitgaat
weekly I *bijw* wekelijks, iedere week; **II** *bn* wekelijks, week-; **III** *znw* weekblad *o*
ween [wi:n] *onoverg* plechtig menen, denken
weeny ['wi:ni] *bn* gemeenz (heel) klein
1 weep [wi:p] (wept; wept) **I** *onoverg* wenen,
schreien; vocht afscheiden, druppelen; tranen; ~
for bewenen; schreien van [vreugde]; **II** *overg* bewenen, betreuren; ~ *tears of joy* vreugdetranen storten
2 weep [wi:p] *znw*: *have a bit of a* ~ een deuntje
schreien
weeper *znw* huiler, klager; vroeger klaagvrouw [bij
begrafenis]; rouwband [op hoed], rouwfloers *o*,
rouwsluier; ~*s* witte rouwmanchetten [v. weduwe]
weeping *bn* wenend, huilend; treurend; treur-
weeping willow *znw* treurwilg
weepy I *bn* sentimenteel, huilerig; **II** *znw* gemeenz
sentimentele film (boek, toneelstuk)
weever ['wi:və] *znw* pieterman [vis]
weevil ['wi:v(i)l] *znw* langsnuitkever
wee-wee ['wi:wi:] *znw* & *onoverg* = *²wee*
weft [weft] *znw* inslag(garen *o*); weefsel *o*
weigh [wei] **I** *overg* wegen²; af-, overwegen; scheepv
lichten; **II** *onoverg* wegen², gewicht in de schaal
leggen; zich (laten) wegen; scheepv het anker lichten; ~ *an argument against another* zien welk argument het zwaarst weegt; ~ *down* neerdrukken,
doen doorbuigen; doen overslaan [de schaal]; opwegen tegen [argumenten &]; ~*ed down with cares*
onder zorgen gebukt gaand; ~ *in* komen aanzet-
ten²; ~ *in (out) a jockey* sp een jockey wegen vóór
(na) de wedren; ~ *in with* naar voren brengen; ~
out af-, toewegen; ~ *up* fig schatten, taxeren; ~
(heavy) upon sbd. iem. bezwaren [geheim &]; *that's
the point that* ~*s with me* dat weegt (zeer) zwaar bij
mij
weigh-beam *znw* unster [balans met ongelijke ar-
men]
weigh-bridge *znw* weegbrug
weigher *znw* weger
weigh-in *znw* sp weging, gewichtscontrole
weigh(ing)-house *znw* waag
weighing-machine *znw* weegtoestel *o*, bascule
weight I *znw* gewicht² *o*, zwaarte, belasting; last;
druk; fig belangrijkheid; ~*s and measures* maten en
gewichten; *it is a* ~ *off my conscience* het is mij een
pak van het hart; *man of* ~ belangrijk (invloedrijk)
man; *put on* ~ zwaarder worden, aankomen; *pull
one's* ~ zich geheel geven; zijn steentje bijdragen;
take one's ~ *off one's feet* gaan zitten; *throw one's* ~
behind sth. zich persoonlijk honderd procent achter iets stellen; *throw one's* ~ *about* gewichtig doen,
veel drukte maken; zie ook: *carry I*; **II** *overg* bezwaren, belasten, zwaarder maken
weighting *znw* standplaatstoelage [extra toelage

i.v.m. hoge kosten van levensonderhoud in de
standplaats]
weightless *bn* gewichtloos
weightlessness *znw* gewichtloosheid
weightlifter *znw* gewichtheffer
weightlifting *znw* gewichtheffen *o*
weighty *bn* zwaarwegend²; zwaar², gewichtig², van
gewicht
weir [wiə] *znw* waterkering, stuwdam; visweer: constructie in een water om vis te vangen
weird [wiəd] *bn* spookachtig, griezelig, geheimzinnig; getikt, gek, vreemd, zonderling; *the* ~ *sisters* de
schikgodinnen
weirdie, weirdo *znw* slang bijzonder vreemde
snuiter
welch *onoverg* = *²welsh*
welcome ['welkəm] **I** *tsw* welkom; ~ *to A.!* welkom
in A.!; **II** *znw* welkom *o*, welkomst, verwelkoming;
ontvangst; *bid sbd.* ~ iem. welkom heten; *give sbd.
a hearty* ~ iem. hartelijk welkom heten; hartelijk
ontvangen [ook ironisch]; **III** *bn* welkom²; verheugend; *you are* ~ tot uw dienst; *you are* ~ *to it!* het is
je gegund!; *you are* ~ *to do it* het staat je vrij het te
doen; *make sbd.* ~ iem. welkom heten; **IV** *overg*
verwelkomen, welkom heten, vriendelijk ontvan-
gen²; toejuichen [besluit &]; *I* ~ *your visit* ook: ik
verheug mij over uw bezoek, uw bezoek doet mij
genoegen
weld [weld] **I** *znw* welnaad, las; **II** *overg* lassen, wellen, aaneensmeden²
weldable *bn* lasbaar
welder *znw* lasser; lasapparaat *o*
weldless *bn* zonder las; zonder naad
welfare ['welfɛə] *znw* welzijn *o*; maatschappelijk
werk *o*; bijstand; *child* ~, *infant* ~ kinderzorg, zuigelingenzorg; ~ *centre* polikliniek; ~ *state* verzor-
gingsstaat; ~ *work* sociale voorzieningen; welzijns-
zorg
welkin ['welkin] *znw* plechtig uitspansel *o*, zwerk *o*
1 well [wel] **I** *znw* put, wel, bron²; bronader²; geneeskrachtige bron; bouwk schacht; trappenhuis *o*;
(lift)koker; recht balie, advocatuur; (inkt)pot; **II**
onoverg (op)wellen², ontspringen² (ook: *forth, up,
out*)
2 well [wel] **I** *bijw* wel, goed; *as* ~ even goed; eveneens, ook; *as* ~ *as* net zo goed als; zowel als, alsmede, alsook; ~ *and truly* goed en wel; ~ *away
(back, before daylight &)* een heel eind (een flink
stuk) weg &; slang aangeschoten; *be* ~ *in with sbd.*
goed zijn met iem.; *be* ~ *out of sth.* er goed afkomen, van geluk mogen spreken; *doing* ~ aan de
beterende hand zijn; goed boeren, het goed doen
(maken); ~ *done!* goed zo!; *let (leave)* ~ *alone* niet
mee bemoeien; **II** *bn* wel, (goed) gezond; goed; *it is
just as* ~ het is maar goed, nog zo verkeerd niet; ~
enough goed, best; ~ *and good* (opper)best; **III** *tsw*
nou, nou ja, ach ja; enfin; wel!, goed!, (wel)nu!
well-advised *bn* verstandig

well-aimed *bn* goedgemikt
well-appointed *bn* goed ingericht [kamer]
well-balanced *bn* precies in evenwicht, evenwichtig², uitgebalanceerd²
well-behaved *bn* zich goed gedragend, oppassend
well-being *znw* welzijn *o*
well-beloved I *bn* (teer)bemind, geliefd, dierbaar; II *znw* (teer)beminde, geliefde
well-born *bn* van goede afkomst
well-bred *bn* welopgevoed, beschaafd
well-brought-up *bn* welopgevoed, beschaafd
well-built *bn* goedgebouwd
well-chosen *bn* goedgekozen, treffend [woorden]
well-conducted *bn* goed geleid, bestuurd of beheerd; zich goed gedragend, oppassend
well-connected *bn* van goede familie; met goede relaties
well-defined *bn* duidelijk omschreven, scherp afgebakend
well-disposed *bn* welgezind
well-done *bn* (goed) doorbraden, gaar
well-dressed *bn* goed gekleed
well-earned *bn* welverdiend
well-favoured *bn* er knap uitziend
well-fed *bn* goed gevoed, doorvoed
well-found *bn* goed toe-, uitgerust
well-founded *bn* gegrond
well-groomed *bn* verzorgd, gesoigneerd
well-grounded *bn* gefundeerd, gegrond, terecht
well-head ['welhed] *znw* bron²
well-heeled ['wel'hi:ld] *bn* gemeenz gefortuneerd, rijk, goed bij kas
well-hole ['welhoul] *znw* schacht
wellies ['weliz] *znw mv* gemeenz = wellingtons
well-informed ['welin'fɔ:md] *bn* goed ingelicht, goed op de hoogte; gedocumenteerd [betoog], knap
wellingtons ['weliŋtənz] *znw mv* hoge laarzen [tot aan de knieën]
well-intentioned ['welin'tenʃənd] *bn* goed bedoeld; welgemeend; welmenend, goedgezind
well-kept *bn* goed onderhouden, verzorgd, netjes
well-knit *bn* stevig gebouwd
well-known *bn* bekend
well-lined *bn* goed gevuld [beurs]
well-mannered *bn* welgemanierd
well-matched *bn* aan elkaar gewaagd
well-meaning *bn* met de beste bedoelingen; goed bedoeld
well-meant *bn* goed bedoeld
well-nigh *bijw* bijna, nagenoeg, vrijwel
well-off *bn* welgesteld
well-oiled *bn* slang dronken; fig vleierig
well-paid *bn* goed betaald [baan, werknemer]
well-pleased *bn* in zijn schik
well-preserved *bn* goed geconserveerd [persoon, gebouw]
well-read *bn* belezen

well-set ['wel'set] *bn* stevig gebouwd
well-spent *bn* goed besteed
well-spoken *bn* beschaafd (aangenaam) sprekend, welbespraakt; treffend gezegd
well-spring ['welspriŋ] *znw* bron(wel)²
well-stocked ['wel'stɔkt] *bn* goed voorzien
well-thought-of *bn* geacht, gerespecteerd
well-thought-out *bn* goed doordacht, weloverwogen, doorwrocht
well-thumbed *bn* beduimeld
well-timed *bn* juist op tijd komend, opportuun
well-to-do *bn* welgesteld
well-trained *bn* gedisciplineerd
well-tried *bn* beproefd
well-turned *bn* welgevormd; welgekozen [van bewoordingen]
well-wisher *znw* begunstiger, vriend
well-worn *bn* veel gedragen; versleten, afgezaagd
welsh [welʃ] *onoverg*: ~ on sbd. er vandoor gaan met iems. geld [bij wedrennen]; gemeenz iem. belazeren [belofte niet nakomen]
Welsh [welʃ] I *bn* van Wales; ~ rabbit, ~ rarebit stukje *o* toast met gesmolten kaas; II *znw* de taal van Wales, Welsh *o*; the ~ de inwoners van Wales
Welshman ['welʃmən] *znw* iem. uit Wales
Welshwoman ['welʃwumən] *znw* inwoonster van Wales, Welshe
welt [welt] *znw* omboordsel *o*, rand [aan het bovenschoenleer]; striem
welter ['weltə] I *onoverg* zich wentelen², rollen [golven]; II *znw* mengelmoes *o & v*; groot aantal *o*; chaos; in a ~ of blood badend in het bloed
welter-race ['weltəreis] *znw* wedren met zware belasting
welter-weight *znw* weltergewicht, bokser tussen licht en middelzwaar gewicht
wen [wen] *znw* wen, onderhuids gezwel *o*; uitwas; the great ~ Londen
wench [wen(t)ʃ] *znw* meisje *o*; meid, deern
wend [wend] *onoverg*: ~ one's way voortschrijden; ~ one's way homeward zich naar huis begeven
went [went] V.T. van go
wept [wept] V.T. & V.D. van ¹weep
were [wə:] V.T. van be: waren, ware, was
we're [wiə] verk. van we are
werewolf ['wiəwulf] *znw* weerwolf
wert [wə:t] vero V.T. 2de pers. enk. van be: waart
Wesleyan ['wezliən] I *bn* van Wesley, methodistisch; II *znw* Wesleyaan, methodist
west [west] I *znw* westen *o*; II *bn* westelijk, westen-, wester-, west-; III *bijw* westelijk, naar het westen; ~ of ten westen van; go ~ gemeenz aan z'n eind komen, sterven
westbound *bn* naar het westen, in westelijke richting
westerly *bn* westelijk, westen-
western I *bn* westelijk, westers; westen-, west-; II *znw* wildwestfilm, wildwestverhaal *o*

westerner *znw* westerling, iem. uit het westen

westernize *overg* verwestersen

westernmost *bn* meest westelijk

Western Samoa ['westənsə'mouə] *znw* West-Samoa *o*

Western Samoan I *znw* West-Samoaan; **II** *bn* West-Samoaans

West Indian I *bn* ['westindiən, -jən] West-Indisch; **II** *znw* ['west'indiən, -jən] West-Indiër

westward(s) *bn & bijw* westwaarts, naar het westen

wet [wet] **I** *bn* nat, vochtig; regenachtig; niet 'drooggelegd' [voor alcoholgebruik]; saai, sullig, slap; gematigd (conservatief); ~ *behind the ears* nog niet droog achter de oren; ~ *to the skin*, ~ *through* doornat, kletsnat; *a* ~ *blanket* gemeenz een emmer koud water; een spelbederver, feestverstoorder; ~ *dock* dok *o*; ~ *paint!* (pas) geverfd!; **II** *znw* nat *o*, nattigheid, vocht *o & v*, vochtigheid, neerslag, regen; slang saai iem.; sentimenteel iem.; gematigd conservatief; ~ *or fine* (bij) regen of zonneschijn; **III** *overg* nat maken, bevochtigen; ~ *one's bed* bedwateren; ~ *one's whistle* slang de keel eens smeren

wether ['weðə] *znw* hamel

wet-nurse ['wetnə:s] **I** *znw* min; **II** *overg* zogen [als min]; *fig* verwennen, vertroetelen

wetsuit ['wetsu:t] *znw* wetsuit [voor duikers, surfers]

wetting ['wetiŋ] *znw* nat worden *o*, bevochtiging; *a* ~ ook: een nat pak *o*

wetting agent *znw* bevochtigingsmiddel *o*

wettish *bn* nattig, vochtig

we've [wi:v] verk. van *we have*

whack [wæk] **I** *overg* gemeenz (af)ranselen, (ver-) slaan; ~*ed* gemeenz ook: doodop; **II** *znw* gemeenz mep, lel, (harde) slag; (aan)deel *o*; *have a* ~ *at* proberen, een slag slaan naar

whacker ['wækə] *znw* slang kokkerd, kanjer, knaap; kolossale leugen

whacking I *bn* gemeenz flink, kolossaal, reuzen-; **II** *bijw* versterkend kolossaal, verduiveld, donders; **III** *znw* rammeling, pak *o* slaag

whacko ['wækou] *tsw* slang geweldig!, te gek!

whacky ['wæki] *bn* gemeenz gek, dol

whale [weil] **I** *znw* walvis; *have a* ~ *of a time* gemeenz zich geweldig (fantastisch) vermaken; **II** *onoverg* op walvisvangst zijn (gaan)

whalebone *znw* balein *o*

whaleman *znw* walvisvaarder

whale-oil *znw* walvistraan

whaler *znw* walvisvaarder

whaling *znw* walvisvangst

whaling-gun *znw* harpoenkanon *o*

wharf [wɔ:f] **I** *znw* (*mv*: -s *of* wharves [wɔ:vz]) aanlegplaats, steiger; (afgesloten) kaai; **II** *overg* aan de kaai meren of lossen

wharfage *znw* kaaigeld *o*; kaairuimte

wharfinger *znw* kademeester

what [wɔt] **I** *vragend vnw* wat, wat voor (een),

welk(e); ~ *day of the month is today?* de hoeveelste hebben we (vandaag)?; ~ *is your name?* hoe is uw naam?, hoe heet je?; ~ *'s the hurry?* waarom zo'n haast?; *what's all this?* wat is hier aan de hand?; ~ *'s yours?* wat zal het zijn?, wat gebruik (neem) je?; *and (or)* ~ *have you?* gemeenz en noem maar op; ~ *about Johnson?* hebt u nieuws over Johnson, hoe staat het met J.?, en J. dan?; ~ *about a cup of coffee?* wat zou je denken van een kopje koffie?; ~ *crisis?* welke crisis?; hoezo crisis?; ~ *for?* gemeenz waarvoor?, waarom?; *get* ~ *for* gemeenz er van langs krijgen; ~ *ho!* hela!; ~ *if we were to lose?* wat gebeurt er als we het verliezen?; *and* ~ *not* en wat al niet; en zo (meer), enzovoort; ~ *of...?* hoe staat het met...?; *well,* ~ *of it?* en wat zou dat?; **II** *uitroepend vnw* wat (een)...!; ~ *a sight!* wat een uitzicht!; **III** *betrekkelijk vnw* wat, dat wat, hetgeen; al wat, al... dat; *the water is good,* ~ *there is of it* het water dat (voorzover het) er gevonden wordt, is goed; *that's* ~ *it is* dát is het, dat is het hem; *but* ~ behalve wat, dan die...; of.. niet; *not a day comes but* ~ *makes a change* er komt geen dag die geen verandering brengt; **IV** *onbep vnw* wat; ~ *with... and...* deels door..., deels door...; *I'll tell you* ~ ik zal je eens wat zeggen

what-d'ye-call-it *znw* gemeenz dinges, hoe heet-ie ('t) ook weer

whate'er [wɔt'ɛə] *vnw & bn* plechtig = *whatever*

whatever [wɔt'evə] **I** *onbep vnw* wat (dan) ook, al wat; *take* ~ *you need* neem (alles) wat je nodig hebt; *or* ~ gemeenz of zoiets, of iets dergelijks; **II** *bn*: ~ *sum you may demand* welke som u ook eist; *there is no doubt* ~ hoegenaamd geen twijfel; *no one* ~ helemaal niemand; **III** *vragend vnw* gemeenz wat; ~ *do you mean by that?* wat bedoel je daar in vredesnaam mee?

whatnot ['wɔtnɔt] *znw* etagère

whatsoever [wɔtsou'evə] *vnw & bn* = *whatever*

wheat [wi:t] *znw* tarwe

wheatear ['wi:tiə] *znw* tapuit

wheaten ['wi:tn] *bn* van tarwe, tarwe-

wheatgerm ['wi:tdʒə:m] *znw* tarwekiem

wheatmeal ['wi:tmi:l] *znw* tarwemeel *o*

wheedle ['wi:dl] *overg* flikflooien, vleien; ~ *sbd. into... ing* iem. door lief praten er toe brengen te...; ~ *sth. out of sbd.* iem. iets aftroggelen

wheedler *znw* flikflooier, vleier, pluimstrijker

wheedling I *bn* flikflooiend; **II** *znw* geflikflooi *o*

wheel [wi:l] **I** *znw* wiel *o*, rad *o*, stuurrad *o*; spinnewiel *o*; (pottenbakkers)schijf; mil zwenking; ~*s* radertjes, rolletjes; *be at (behind) the* ~ aan het stuurrad; *break on the* ~ radbraken; *everything went on (greased, oiled)* ~*s* alles ging gesmeerd, alles liep op rolletjes; *there are* ~*s within* ~*s* fig het gaat over veel schijven; het is erg gecompliceerd; ~*ing* per as vervoeren, kruien, (voort)rollen, rijden; mil laten zwenken (ook: ~ *about, round*); ~ *one's bicycle* naast zijn fiets lopen; **III** *onoverg* draaien [om as];

zwenken; cirkelen; (wiel)rijden; ~ and deal ritselen, sjoemelen

wheelbarrow *znw* kruiwagen

wheelbase *znw* wielbasis, radstand

wheelchair *znw* rolstoel, invalidenwagen

wheeled *bn* met (op) wielen

wheeler-dealer *znw* gladjanus; doortrapte zakenman, ritselaar

wheel-horse *znw* achterpaard *o*; fig werkpaard *o*

wheel-house *znw* scheepv stuurhuis *o*, stuurhut

wheeling and dealing *znw* louche handel(spraktijken), geritsel *o*, gesjoemel *o*

wheelwright *znw* wagenmaker

wheeze [wi:z] **I** *onoverg* piepend (moeilijk) ademen; hijgen; **II** *znw* gehijg *o*, moeilijke ademhaling; gemeenz grap; truc

wheezy *bn* kortademig; hijgend

whelk [welk] *znw* wulk, kinkhoorntje *o* [schelp]

whelp [welp] **I** *znw* welp; jonge hond; kwajongen; **II** *onoverg* jongen

when [wen] **I** *bijw* wanneer; **II** *voegw* wanneer, als, toen; en toen, waarop; terwijl [bij tegenstelling]; ~ due op de vervaltijd; ~ there als je daar bent (gekomen); **III** *vnw* wanneer; *nowadays* ~... tegenwoordig, dat..., nu...; *since (till)* ~? sinds (tot) wanneer?; *since* ~ (en) sindsdien; **IV** *znw: the* ~ *and where* plaats en tijd

whence [wens] *bijw & vnw* vanwaar; waaruit; ~ *comes it that...?* hoe komt 't dat...?

whencesoever [wenssou'evə] *voegw & bijw* waar ook vandaan, vanwaar ook

whene'er [we'nɛə] *bijw & voegw* plechtig = *whenever*

whenever [we'nevə] *bijw & voegw* telkens wanneer, telkens als; wanneer ook

whensoever [wensou'evə] *bijw & voegw* = *whenever*

where [wɛə] **I** *bijw* waar; waarheen; ook: waarin; ~ *is the use of trying?* wat heeft het voor zin om het te proberen?; **II** *vnw* waar, vanwaar; ~ *from?* waar... vandaan?; ~ *to?* waarheen?; *to* ~ naar een plaats waar

whereabouts I *bijw* ['wɛərə'bauts] waaromtrent; waar; **II** *znw (mv)* ['wɛərəbauts] plaats waar men zich bevindt, verblijfplaats

whereas [wɛər'æz] *voegw* terwijl (daarentegen); aangezien (ook: recht)

whereat *voegw* waarop, waarover

whereby *bijw* waarbij, waardoor

where'er *voegw & bijw* plechtig = *wherever*

wherefore ['wɛəfɔ:] **I** *znw* reden, verklaring; zie ook: *why*; **II** *bijw* waarom, waarvoor

wherein [wɛə'rin] *vnw & bijw* waarin

whereof *vnw & bijw* waarvan

whereon *vnw & bijw* waarop

wheresoever [wɛəsou'evə] *vnw & bijw* = *wherever*

whereto [wɛə'tu:] *vnw & bijw* waartoe, waar naar toe

whereunto [wɛərʌn'tu:] *vnw & bijw* plechtig = *whereto*

whereupon *voegw & bijw* waarop

wherever *vnw, bijw & voegw* waar ook, overal waar; *I'll find you* ~ *you go* ik zal je vinden, waar je ook heen gaat; ~ *have you been?* gemeenz waar ben je toch geweest?

wherewith *vnw & bijw* waarmee

wherewithal ['wɛəwiðɔ:l] *znw* (geld)middelen

wherry ['weri] *znw* wherry [lichte roeiboot]; praam

whet [wet] *overg* wetten, slijpen, scherpen[2]; fig prikkelen [eetlust]

whether ['weðə] *voegw* of; ~... or (~)... hetzij... hetzij...; of..., of...; ~ or no hoe het ook zij; in alle geval; ~ or not al of niet

whetstone ['wetstoun] *znw* wet-, slijpsteen

whew [hwu:] *tsw* oef!, pff!, tjee!

whey [wei] *znw* hui, wei [v. melk]

which [witʃ] **I** *vragend vnw* welke, welk, wie; ~ *car did you want to buy?* welke auto wilde je kopen?; ~ *of you is responsible?* wie van jullie is verantwoordelijk?; **II** *betr vnw* die, dat, wat; *the house, which is old,* ... het huis, dat oud is, ...; *the house in* ~ *I was born* het huis waar ik geboren ben; *you can't tell* ~ *is* ~ men kan ze niet uit elkaar houden; **III** *onbep vnw* welke dan ook; *take* ~ *you like* neem die welke je leuk vind

whichever [witʃ'evə] *onbep vnw & bn* welke (wie, welk, wat) ook; ~ *card you pick* welke kaart je ook trekt; *take* ~ *you like* neem welke je leuk vind

whiff [wif] *znw* ademtocht, zuchtje *o*, vleugje[2] *o*; wolkje *o*; haal, trekje *o* [aan sigaar of pijp]; *what a* ~*!* gemeenz wat ruikt het (hier) smerig!

whiffle [wifl] **I** *onoverg* flakkeren [kaars]; ontwijkend zijn, uitvluchten zoeken, draaien [v. persoon]; draaien [wind]; een fluitend geluid maken; **II** *znw* zuchtje *o* [wind]

whiffler *znw* ontwijkend persoon, draaier

whig [wig] *znw* Whig, liberaal

while [wail] **I** *znw* wijl, poos, tijd, tijdje *o*; *all the* ~ al die tijd; *for a* ~ (voor) een poosje, een tijdje; *not for a long* ~ (in) lang niet; *in a little* ~ binnenkort, weldra; zie ook: *worth I*; **II** *overg:* ~ *away the time* de tijd (aangenaam) verdrijven; **III** *voegw* terwijl, zo lang (als); hoewel

whilom ['wailəm] vero **I** *bijw* weleer, voorheen, eens; **II** *bn* vroeger, voormalig

whilst [wailst] *voegw* terwijl; zolang

whim [wim] *znw* gril, kuur, inval

whimper ['wimpə] **I** *onoverg* drenzen, grienen [van kinderen]; zachtjes janken [v. hond]; jammeren; **II** *znw* gedrens *o* &

whimsical ['wimzikl] *bn* grillig, vreemd

whimsy *znw* gril, kuur; grilligheid, vreemdheid; dwaze inval

whin [win] *znw* **1** gaspeldoorn; **2** bazalt(steen) *o*

whinchat ['wintʃæt] *znw* paapje *o* [vogel]

whine [wain] **I** *onoverg* janken, jengelen, jammeren; **II** *overg* janken & (ook: ~ *out*); **III** *znw* gejank

whinge

o, gejengel *o* &

whinge [windʒ] *onoverg* gemeenz zeuren, zaniken

whinny ['wini] **I** *onoverg* hinniken; **II** *znw* gehinnik *o*

whinstone [win'stoun] *znw* bazalt(steen) *o*

whip [wip] **I** *znw* zweep; zweepslag; geklopte room, eieren &; fig lid *o* van het parlement dat, voor belangrijke stemmingen, zijn medeleden oproept, ± fractievoorzitter; oproeping van een *whip*; **II** *overg* zwepen, met de zweep geven, er van langs geven[2], slaan; verslaan, het winnen van; kloppen [eieren]; overhands naaien; Br gemeenz gappen, jatten; ~*ped cream* slagroom; ~ *in* binnenwippen; ~ *off* weggrissen, ermee vandoor gaan; ~ *off one's coat* z'n jas uitgooien; ~ *the horses on* de zweep over de paarden leggen, voortzwepen; ~ *out* wegglippen; eruit flappen; ~ *out one's revolver* plotseling tevoorschijn halen; ~ *over [the page]* dóórvliegen; ~ *up* doen opwippen, gooien; oppikken; opkloppen; in elkaar flansen [maal]; er de zweep over leggen; kloppen [v. eieren]; fig opzwepen, aanzetten; **III** *onoverg* wippen; ~ *away (off, out)* wegwippen; ~ *up* opwippen

whipcord *znw* zweepkoord *o*; whipcord *o* [soort kamgaren]

whip-hand *znw* hand die de zweep vasthoudt, rechterhand; *have the* ~ *over sbd.* de baas zijn over iem.

whip-lash *znw* zweepslag, -koord *o*; ~ *injury* whiplash: beschadiging van de nek

whipper *znw* geselaar

whipper-in ['wipər'in] *znw* (*mv:* whippers-in) sp jager die de honden bijeen moet houden [bij vossenjacht]; laatst aankomend paard *o*

whipper-snapper ['wipəsnæpə] *znw* verwaande kwast; verwaand ventje *o*; (snot)aap

whippet ['wipit] *znw* whippet [soort windhond]

whipping ['wipiŋ] *znw* zwepen *o*; pak *o* slaag, pak *o* [voor de broek]

whipping-boy *znw* fig zondebok

whipping cream *znw* slagroom [vóór het kloppen]

whipping-post *znw* geselpaal

whipping-top *znw* zweeptol, drijftol

whippy ['wipi] *bn* buigzaam, soepel

whip-round [wip'raund] *znw* collecte in eigen kring

whip-saw ['wipsɔ:] *znw* trekzaag

whipstock ['wipstɔk] *znw* zweepstok

whir [wə:] *onoverg* = whirr

whirl [wə:l] **I** *overg* snel ronddraaien, doen draaien, doen snorren, doen (d)warrelen; **II** *onoverg* snel (rond)draaien, tollen, snorren, (d)warrelen, wervelen, haasten, vliegen, stuiven; duizelen; **III** *znw* (d)warreling, ge(d)warrel *o*; fig maalstroom; verwarring, drukte; *my head is in a* ~ alles draait mij voor de ogen, mijn hoofd loopt om; *give sth. a* ~ gemeenz iets eens proberen

whirligig *znw* draaitol; draaimolen; draaikever; *the* ~ *of time* de cirkelgang des tijds, het rad van avontuur

whirlpool *znw* draaikolk, maalstroom

whirlwind *znw* wervelwind, windhoos, dwarrelwind; zie ook: [1]*wind*

whirlybird ['wə:libə:d] *znw* slang helikopter

whirr [wə:] *onoverg* snorren, gonzen

whisk [wisk] **I** *znw* veeg, slag; borstel; stoffer, kleine bezem; (eier)klopper; **II** *overg* vegen, afborstelen, stoffen; snel bewegen; met een vaartje vervoeren (rijden); wippen; kloppen [kieren]; ~ *away (off)* wegslaan; wegwissen; wegrukken; **III** *onoverg* zich snel bewegen; met een vaartje rijden, suizen, stuiven; ~ *into its hole* zijn hol inschieten

whisker ['wiskə] *znw* snor [bij dieren]; ~*s* snor; bakkebaarden

whisky ['wiski], Am & Ir: **whiskey** *znw* whisky; ~ *and soda* whisky-soda

whisper ['wispə] **I** *onoverg* fluisteren[2]; smoezen, praatjes rondstrooien; ~ *to* fluisteren met; **II** *overg* fluisteren[2], in-, toefluisteren; **III** *znw* gefluister *o*, fluistering; gesmoes *o*, gerucht *o*; *there are* ~*s* er lopen geruchten; *in a* ~, *in* ~*s* fluisterend

whispering I *bn* fluisterend; ~ *campaign* fluistercampagne; ~ *dome (gallery)* fluistergewelf *o*, -galerij; **II** *znw* gefluister *o*

whist [wist] *znw* whist *o* [kaartspel]; ~ *drive* whistdrive

whistle ['wisl] **I** *onoverg* fluiten; ~ *for* fluiten (om); *you may* ~ *for it* je kunt er naar fluiten; **II** *overg* fluiten; ~ *off* door fluiten het sein tot vertrek geven voor; wegsturen; ~ *up* fluiten om te komen, laten komen; **III** *znw* fluiten *o*, gefluit *o*; fluit, fluitje *o*; *give a* ~ fluiten; *blow the* ~ *on sbd.* gemeenz iem. verlinken

whistler *znw* fluiter; radio fluittoon

whistle-stop *znw* **1** Am gemeenz kleine plaats aan een spoorlijn, onbelangrijke halte; **2** bliksembezoek *o* [bij een verkiezingstoernee]; ~ *tour* rondreis waarbij in korte tijd een groot aantal plaatsen wordt aangedaan

whistling I *bn* fluitend; ~ *kettle* fluitketel; **II** *znw* fluiten *o*, gefluit *o*

whit [wit] *znw:* no ~, not a ~, never a ~ geen ziertje

white [wait] **I** *bn* wit, blank[2]; spierwit, (doods-) bleek; grijs [v. haar]; fig onbezoedeld, rein, zuiver; ~ *elephant* fig groot, duur of nutteloos voorwerp *o*; ~ *frost* rijp; ~ *goods* Am verzamelnaam voor koel-, ijskasten, afwasmachines &; *W~ House* Am het Witte Huis; ~ *heat* witte gloeihitte; fig ziedende woede; ~ *horses* zie horse; ~ *lead* loodwit *o*; *a* ~ *lie* een leugentje *o* om bestwil; *a* ~ *man* een blanke; ~ *sale* 'witte week', speciale verkoop van linnengoed; ~ *sauce* blanke roux, botersaus; ~ *slave* blanke slavin; ~ *spirit* terpentine; ~ *wedding* traditionele bruiloft; ~ *tie* kledingvoorschrift *o:* avondkleding; **II** *znw* wit *o;* witte *o,* witheid; eiwit *o;* doelwit *o;*

blanke; witje o [vlinder]; ~s witte sportkleren; wit o [der ogen]; witte goederen; med witte vloed; in ~ in het wit; **III** overg vero wit maken, witten; ~d sepulchres bijbel witgepleisterde graven; fig schijnheiligen

whitebait znw witvis

whitecap znw schuimkop [v. golf]

white-collar bn: ~ job kantoorbaan; ~ workers kantoorpersoneel o, ambtenaren, administratieve medewerkers &

white-fish znw houting [vis]; wijting; handel alle vis behalve zalm

white-haired bn wit(harig), grijs(harig)

white-handed bn met blanke (reine) handen

white-headed bn gemeenz lievelings-, favoriet

white-hot bn witgloeiend

white-livered bn laf

whiten I overg wit maken, bleken; **II** onoverg wit worden, opbleken

white-out znw atmosferisch verschijnsel o, vooral in de poolgebieden, waarbij desoriëntatie optreedt als gevolg van een combinatie van sneeuw en mist

white paper ['wait'peipə] znw regeringsrapport o, witboek o

whitethorn ['waitθɔːn] znw witte meidoorn

whitethroat znw grasmus

whitewash I znw witkalk, witsel o; fig verschoning, glimp, vergoelijking; **II** overg witten; fig schoonwassen; van blaam zuiveren; goedpraten, vergoelijken

whitewasher znw witter; fig schoonwasser

whitey ['waiti] znw scheldwoord bleekscheet

whither ['wiðə] bijw & voegw waar(heen)

whithersoever bijw & voegw vero waar(heen) ook

whiting ['waitiŋ] znw 1 wijting; 2 wit krijt o

whitish ['waitiʃ] bn witachtig

whitlow ['witlou] znw fijt [aan de vingers]

Whit Monday ['wit'mʌndi, -'mʌndei] znw pinkstermaandag

Whitsun znw & bn Pinksteren; pinkster-

Whitsunday znw pinksterzondag

Whitsuntide znw Pinksteren

whittle ['witl] overg snijden; besnoeien[2]; ~ away wegsnijden; fig doen afnemen, verminderen, verkleinen, versnipperen; ~ down besnoeien [vrijheid]

Whit-Tuesday ['wit'tju:zdi, -'tju:zdei] znw dinsdag na Pinksteren, pinksterdinsdag

Whit Week ['witwi:k] znw pinksterweek

whiz(z) [wiz] **I** onoverg suizen, snorren, fluiten; **II** znw gesuis o, gesnor o, gefluit o

whiz(z)-bang znw slang supersnelle granaat (van klein kaliber); vuurwerk o

whiz(z)-kid znw knappe kop, whizzkid

who [hu:, hu] vragend vnw & betr vnw wie; die; ~'s ~ (and which is which) wie allemaal; wie ~'s ~ de mensen (uit het publiek) kennen; ~ goes (there) mil wie daar?; ~ but he? wie anders dan hij?

whoa [wou] tsw ho!, hu! [tegen paard]

whodunnit [hu:'dʌnit] znw gemeenz detective(roman, -film)

whoever [hu:'evə] **I** onbep vnw wie (dan) ook, al wie; **II** vragend vnw gemeenz wie; ~ could have thought that? wie had dat nou kunnen denken?

whole [houl] **I** bn (ge)heel, volledig; gaaf; ongeschonden, ongedeerd; ~ milk volle melk; ~ note Am muz hele noot; ~ number heel getal o; go the ~ hog iets grondig doen; swallow it ~ het in zijn geheel inslikken; fig het zonder meer slikken; **II** znw geheel o; the ~ het geheel; (dat) alles; the ~ of the town de hele stad; the ~ of us wij allen; as a ~ in zijn geheel (genomen); the country as a ~ ook: het hele land; in ~ or in part geheel of gedeeltelijk; on the ~ over het geheel (genomen); in het algemeen

wholefood znw natuurvoeding, volwaardig voedsel o

whole-hearted bn hartelijk, van ganser harte, met hart en ziel, oprecht, onverdeeld, onvermengd [sympathie &]

whole-hogger znw iem. die de dingen grondig doet, niets ten halve doende persoon, door dik en dun meegaand partijgenoot &

whole-length bn [portret, standbeeld] ten voeten uit

wholemeal bn volkoren; ~ bread volkorenbrood o

wholeness znw heelheid; volledigheid; gaafheid

wholesale I znw groothandel; by ~ in het groot; **II** bn in het groot, en gros; fig op grote schaal; ~ dealer groothandelaar, grossier; in a ~ manner in het groot, op grote schaal; ~ prices grossiersprijzen; **III** bijw handel in het groot; op grote schaal

wholesaler znw = wholesale dealer

wholesome bn gezond, heilzaam

wholewheat bn volkoren; ~ bread volkorenbrood o

wholly bijw geheel, gans, totaal, ten enenmale, alleszins, volstrekt, volkomen, zeer

whom [hu:m] vragend vnw & betr vnw wie, die

whomever [hu:m'evə] onbep vnw (aan) wie ook

whomsoever onbep vnw = whomever

whoop [hu:p] **I** znw schreeuw, kreet [v. opwinding &]; slijmerige inademing [bij kinkhoest]; **II** onoverg roepen, schreeuwen; rauw hoesten [bij kinkhoest]

whoopee I znw ['wupi:] slang pret, lol; make ~ pret maken, de bloemetjes buiten zetten; **II** tsw ['wu'pi:] hoera!, fijn!

whooping cough ['hu:piŋkɔf] znw kinkhoest

whoops ['wups] tsw huplakee, hoepla

whoosh [wu:ʃ] **I** onoverg suizen, ruisen, zoeven; **II** znw geruis o, gesuis o

whop [wɔp] overg slang (af)ranselen; verslaan

whopper ['wɔpə] znw gemeenz kokkerd, kanjer, knaap, baas; leugen van jewelste

whopping I bn gemeenz kolossaal, reuzen-; **II** znw slang pak o rammel

whore [hɔː] **I** znw hoer; **II** onoverg hoereren

whorehouse znw Am gemeenz hoerenkast, bor-

whorl

deel o

whorl [wɔ:l] *znw* winding; plantk krans

whortleberry ['wɔ:tlberi] *znw* blauwe bes

whose [hu:z] **I** *vragend vnw* wiens, van wie, waarvan; ~ *coat is this?* wiens jas is dit?; ~ *is this book?* van wie is dit boek?; **II** *betr vnw* waarvan, van wie, wiens, wier; *a house* ~ *windows are broken* een huis waarvan de ramen zijn gebroken

whoso ['hu:sou], **whosoever** [hu:sou'evə] *vero* = *whoever*

why [wai] **I** *bijw* waarom; *that's* ~ daarom; ~ *so?* waarom?; **II** *tsw* wel!; **III** *znw* waarom o, reden; *the* ~*s and wherefores* het waarom en waartoe, de reden(en), het hoe en waarom

wick [wik] *znw* wiek, pit [van een lamp]; *it gets on my* ~ *gemeenz* het werkt op mijn zenuwen

wicked ['wikid] *bn* zondig, goddeloos, verdorven, slecht; *gemeenz* ondeugend, snaaks; *slang* gaaf, snel, te gek, steengoed &

wicker ['wikə] **I** *znw* teen, rijs o, wilgentakje o; **II** *bn* van tenen, gevlochten, manden-, rieten

wicker-bottle *znw* mandfles

wickered *bn* omvlochten (met tenen)

wicker-work *znw* vlechtwerk o

wicket ['wikit] *znw* klinket o, deurtje o, poortje o, hekje o; *Am* loket o; *sp* wicket o [bij cricket]

wicket-gate *znw* poortje o [in grote deur], deur [in poort], hekje o

wide [waid] **I** *bn* wijd, wijd open, ruim, breed, uitgebreid, uitgestrekt, groot; ernaast, (de plank) mis; ~ *of* ver van; **II** *bijw* wijd, wijd en zijd, wijd uiteen, wijdbeens

wide-angle *bn* fotogr groothoek-

wide-awake *bn* klaarwakker; uitgeslapen[2]; *fig* wakker, pienter

wide boy *znw slang* gladjanus, gladde jongen

wide-eyed *bn* naïef; verbaasd; met grote ogen [v. verbazing]

widely *bijw* v. *wide* I; ook: in brede kringen; ~ *known* wijd en zijd bekend

widen ['waidn] **I** *overg* verwijden, verbreden, verruimen; **II** *onoverg* wijder of breder worden, zich verwijden

widening I *bn* (steeds) wijder wordend, zich verbredend; **II** *znw* verwijding [v. de maag]; verbreding

wide-ranging ['waidrein(d)ʒiŋ] *bn* breed opgezet, veelomvattend; verregaand [consequentie]

wide-screen ['waidskri:n] *bn* op een breed scherm [filmprojectie]

widespread ['waidspred] *bn* uitgestrekt; wijd uitgespreid; uitgebreid; algemeen verspreid, zeer verbreid

widgeon ['widʒən] *znw* fluiteend, smient [vogel]

widow ['widou] *znw* weduwe

widowed *bn* weduwe (weduwnaar) geworden

widower *znw* weduwnaar

widowerhood *znw* weduwnaarschap o

widowhood *znw* weduwschap o

width [widθ] *znw* wijdte, breedte, baan [v. stuk goed]

widthways ['widθweiz] *bijw* in de breedte, overdwars

wield [wi:ld] *overg* zwaaien, voeren; hanteren; uitoefenen [heerschappij]; ~ *the sceptre* de scepter zwaaien[2]

wife [waif] *znw* (*mv:* wives [waivz]) (huis)vrouw, echtgenote, gade; *my* ~ mijn vrouw; *the* ~ mijn vrouw; *take to* ~ tot vrouw nemen, trouwen

wifely *bn* vrouwelijk, echtelijk

wig [wig] *znw* pruik

wigging ['wigiŋ] *znw gemeenz* uitbrander, standje o

wiggle ['wigl] **I** *onoverg* wiebelen, wriggelen, heen en weer bewegen; **II** *znw* gewiebel o

wight [wait] *znw vero* mens, vent, kerel

wigwam ['wigwæm] *znw* wigwam

wild [waild] **I** *bn* wild, ongetemd, woest [ook = boos, onbebouwd]; heftig; dol; stormachtig; uitgelaten, enthousiast, uitbundig; overdreven, buitensporig; in het wild gedaan; barbaars; roekeloos; verwilderd; ~ *boar* wild zwijn o; ~ *flowers* in het wild groeiende bloemen, veldbloemen; *our* ~*est dreams* onze stoutste dromen; *it is the* ~*est nonsense* je reinste onzin; *be* ~ *about* woest zijn over; dol zijn op (met); ~ *for* brandend van verlangen naar/om; ~ *with* woest op [iem.]; dol van [opwinding &]; *go* ~ gek, dol worden; plantk verwilderen; *grow* ~ in het wild groeien of opschieten; *run* ~ in wilde staat rondlopen of leven; plantk verwilderen; **II** *bijw* in het wild; **III** *znw* woestenij; ~*s* woestenij, wildernis; *in the* ~ in het wild

wildcat *znw* wilde kat; *fig* heethoofd; ~ *scheme* onbesuisd plan o; ~ *strike* wilde staking

wildebeest ['wildibi:st] *znw* gnoe

wilderness ['wildənis] *znw* woestijn, wildernis

wildfire ['waildfaiə] *znw* Grieks vuur o; *spread like* ~ zich als een lopend vuurtje verspreiden; zich razendsnel uitbreiden

wildfowl ['waildfaul] *znw* wild gevogelte o

wild-goose chase [waild'gu:s] *znw* dolle, dwaze, vruchteloze onderneming

wilding ['waildiŋ] *znw* in het wild groeiende plant; wilde appel(boom), wildeling

wildlife ['waildlaif] *znw* de wilde dieren, de levende natuur

wildly ['waildli] *bijw* v. *wild* I; versterkend zeer

wild man of the woods ['waild'mæn] *znw gemeenz* orang-oetang

wile [wail] *znw* list, laag, kunstgreep; ~*s* (slinkse) streken, kunsten

wilful ['wilful] *bn* eigenzinnig, halsstarrig; moedwillig; met voorbedachten rade gepleegd

1 will [wil] (would); (been willing)) **I** *onoverg* hulpwerkw.: willen, wensen; zullen; *boys* ~ *be boys* jongens zijn nu eenmaal jongens; *he* ~ *get in my light* hij kan het maar niet laten om mij in het licht te gaan staan; *this ~ be Liverpool I suppose* dit is zeker Liverpool?; *thus he ~ sit for hours* zó kan hij uren lang zitten; **II** *overg* zelfst. werkwoord: willen (dat); door zijn wil oproepen, suggereren [hypnotiseur]; [bij laatste wil] vermaken; *God ~s all men to be saved* God wil dat alle mensen zalig worden; *~ one-self to...* zichzelf dwingen te...; *~ (away)* vermaken [bij testament]

2 will [wil] *znw* wil, wens; laatste wil, testament *o* (ook: *last ~ and testament*); *where there's a ~ there's a way* waar een wil is, is een weg; *she has a ~ of her own* ze weet wat ze wil; *they had their ~ of their victim* zij handelden naar willekeur met hun slacht-offer; *according to their own (sweet) ~ and pleasure* naar eigen goeddunken; *against my ~* tegen mijn wil (zin), tegen wil en dank; *at ~* naar eigen goed-dunken; *at the ~ of...* op wens van, ingevolge de wil van; naar goedvinden van; *of his own free ~* uit vrije wil; *with a ~* met lust, uit alle macht, van jewelste; zie ook: *would*

willie, willy ['wili] *znw* gemeenz piemel, plasser
willies ['wiliz] *znw mv* gemeenz kriebels; *give sbd. the ~* iem. op de zenuwen werken
willing ['wiliŋ] *bn* gewillig, bereidwillig, bereid; *God ~* als God wil; *I am quite ~ to...* ik wil wel (graag...)
willingly *bijw* gewillig, vrijwillig, bereidwillig, gaarne
willingness *znw* gewilligheid, bereidwilligheid
will-o'-the-wisp ['wiləðəwisp] *znw* dwaallichtje *o*
willow ['wilou] *znw* wilg
willowherb *znw* wilgenroosje *o*
willowy *bn* wilgachtig; met wilgen begroeid; wilgen-; fig slank als een wilg
will-power ['wilpauə] *znw* wilskracht
willy-nilly ['wili'nili] *bijw* of hij (zij) wil of niet, goedschiks of kwaadschiks
1 wilt [wilt] **I** *onoverg* verwelken, kwijnen, kwij-nend neerhangen, verslappen², slap worden²; **II** *overg* doen verwelken of kwijnen, verslappen, slap maken
2 wilt [wilt] vero 2de pers. enk. van *will*
wily ['waili] *bn* listig, slim, doortrapt
wimp [wimp] *znw* gemeenz doetje *o*, slapjanus, lul-letje *o* rozenwater
wimple ['wimpl] *znw* kap [v. nonnen]
1 win [win] (won; won) **I** *overg* winnen°; voor zich winnen; verkrijgen, verwerven; [iem. iets] bezor-gen, brengen; verdienen; behalen; *~ back* terug-winnen, herwinnen; *~ one's way* zich met moeite een weg banen; voortploeteren; **II** *onoverg* (het) winnen, zegevieren; *~ hands down* overtuigend winnen, op z'n sloffen winnen; *~ over* overhalen; *~ one's audience over, ~ them over to one's side* weten te winnen (voor zijn zaak), op zijn hand (weten te) krijgen; *~ round* overhalen; *~ through (out)* er (door)komen; *~ through all difficulties* alle moeilijk-heden te boven komen
2 win [win] *znw* overwinning, succes *o*

wince [wins] **I** *onoverg* ineenkrimpen [van pijn]; huiveren; een schok (huivering) door zich heen voelen gaan; *without wincing* ook: zonder een spier te vertrekken; **II** *znw* ineenkrimping, huivering, rilling
wincey ['winsi] *znw* katoenwollen stof
winch ['win(t)ʃ] **I** *znw* techn winch, windas *o*, lier; kruk of handvat *o*; **II** *overg* opwinden met een lier &
1 wind [wind] *znw* wind; windstreek; tocht; lucht; reuk; adem; *the ~* muz de blaasinstrumenten; de blazers [v. orkest]; fig doelloos gepraat *o*, gezwets *o*; *it's an ill ~ that blows nobody any good* iemand is er wel door gebaat; *break ~* een wind laten; *find out which way the ~ is blowing* kijken uit welke hoek de wind waait; *gain (get, take) ~* ruchtbaar worden; *get ~ of...* de lucht krijgen van...; *get one's second ~* weer op adem komen; *sow the ~ and reap the whirl-wind (storm)* wie wind zaait zal storm oogsten; *take the ~ out of sbd.'s sails* iem. de wind uit de zeilen nemen; *get the ~ up* slang in de rats zitten, 'm knij-pen; *put the ~ up* slang [iem.] angst aanjagen; *before the ~* scheepv vóór de wind; *between ~ and water* scheepv tussen wind en water; fig op een zeer ge-vaarlijke plaats; *close to the ~ = near the ~*; *down the ~* met de wind mee; *be in the ~* op til zijn; aan het handje zijn; *near the ~* scheepv scherp bij de wind; fig op het kantje af; *sail close to the ~* fig bijna te ver gaan; *throw to the ~s* overboord gooien [zijn fatsoen &]
2 wind [wind] *overg* buiten adem brengen; afdraven [paard]; op adem laten komen; *~ a baby* een baby een boertje laten doen [door op het rugje te klop-pen]; zie ook: *¹winded*
3 wind [waind] *overg* blazen op [hoorn]; *~ a blast, a call* een stoot geven op de hoorn, op het bootsmans-fluitje
4 wind [waind] (wound; wound) **I** *onoverg* wenden, wenden en keren, draaien, (zich) kronkelen (om *round*); zich slingeren; *~ down* steeds langzamer gaan lopen; relaxen, zich ontspannen; *~ up* zich laten opwinden; concluderen, eindigen (met *with, by saying*); handel liquideren; **II** *overg* (op)winden; (om)wikkelen; sluiten [in de armen]; *~ one's way* zich kronkelend een weg banen; *~ back* terugspoe-len; *~ down* omlaag draaien [raampje]; verminde-ren, inkrimpen [v. personeel &]; *~ off* afwinden; *~ round* winden om, omstrengelen; *~ up* opwinden [garen, klok &]; ophalen; opdraaien; gemeenz op-naaien, voor de gek houden; slang afwikkelen, li-quideren; beëindigen [rede &]
windbag ['windbæg] *znw* dikdoener, kletsmeier
wind-band *znw* blaasorkest *o*; blazerssectie
windbound *bn* scheepv door tegenwind opgehou-den
wind-break *znw* windscherm *o*, windkering
wind-cheater *znw* windjak *o*
1 winded ['windid] V.T. & V.D. van *²wind*; ook: bui-

winded

ten adem
2 winded ['waindid] V.T. & V.D. van ¹*wind*
winder ['waində] *znw* winder; elektr wikkelaar
windfall ['windfɔːl] *znw* afval *o* & *m*; afgewaaid
  fruit *o*; fig meevallertje *o*, buitenkansje *o* [vooral
  erfenis]
wind-flower *znw* anemoon
wind-gauge *znw* windmeter
windhover *znw* torenvalk
winding ['waindiŋ] **I** *bn* kronkelend, bochtig,
  kronkel-, draai-, wentel-; **II** *znw* kronkeling, bocht,
  draai, winding; elektr wikkeling
winding sheet ['waindiŋʃiːt] *znw* doodskleed *o*
winding-staircase ['waindiŋ'stɛəkeis], **winding-**
stairs *znw* wenteltrap
winding-up ['waindiŋ'ʌp] *znw* liquidatie
wind-instrument ['windinstrumənt] *znw* blaasinstrument *o*
wind-jammer *znw* groot zeilschip *o*
windlass *znw* windas *o*
windless *bn* zonder wind, windstil
windmill *znw* windmolen; fight (tilt at) ~s tegen
  windmolens vechten
window ['windou] *znw* venster *o*, raam *o*; loket *o*;
  out of the ~ gemeenz afgedaan, niet meer mee-
  tellend, totaal verdwenen
window-box *znw* bloembak [voor vensterbank]
window-cleaner *znw* glazenwasser
window-dresser *znw* etaleur
window-dressing *znw* etaleren *o*; fig misleidend
  mooi voorstellen *o* [in samenstellingen]
window envelope *znw* vensterenvelop
window-frame *znw* raamkozijn *o*
window-ledge *znw* vensterbank
window-pane *znw* (venster)ruit
window-sash *znw* schuifraamkozijn *o*
window-seat *znw* bank onder een raam
window-shop *onoverg* etalages kijken
window-shutter *znw* vensterluik *o*
window-sill *znw* vensterbank
windpipe ['windpaip] *znw* luchtpijp
windproof *bn* winddicht; ~ jacket windjak *o*
windscreen *znw* voorruit [v. auto]; ~ washer
  ruitensproeier; ~ wiper ruitenwisser
windshield *znw* Am = windscreen
wind-sleeve, **wind-sock** *znw* luchtv windzak
windsurf *onoverg* plankzeilen, windsurfen
windsurfer *znw* **1** zeilplank; **2** windsurfer
wind-swept *bn* door de wind gestriemd; winderig
wind-up ['waind'ʌp] *znw* slot *o*, besluit *o*; angst,
  bezorgdheid
windward ['windwəd] **I** *bn* naar de wind gekeerd,
  bovenwinds; **II** *znw* scheepv loef(zijde); to ~ bovenwinds, te loever; get to ~ of de loef afsteken
Windward Islands *znw mv: the* ~ de Bovenwindse
  Eilanden
windy ['windi] *bn* winderig²; fig opschepperig,
  zwetserig; slang bang, angstig

wine [wain] **I** *znw* wijn; **II** *onoverg*: ~ and dine lekker eten en drinken
wine bar *znw* wijnlokaal *o*, bodega
winebibber *znw* drinkebroer, dronkelap
winebottle *znw* wijnfles
wine-cask *znw* wijnvat *o*
wineglass *znw* wijnglas *o*
wine-grower *znw* wijnbouwer, -boer
wine-list *znw* wijnkaart
wine-merchant *znw* wijnkoper
wine-press *znw* wijnpers
wineskin *znw* wijnzak
wine-stone *znw* wijnsteen
wine-vault *znw* wijnkelder
wing [wiŋ] **I** *znw* vleugel; wiek [ook v. molen];
  vlerk; coulisse; spatbord *o* [v. auto]; ~s ook: luchtv
  vink [insigne]; take ~ wegvliegen; op de vlucht
  gaan; spread one's ~s de vleugels uitslaan; op eigen
  benen gaan staan; in the ~s achter de coulissen;
  gemeenz achter de schermen; on the ~ vliegend, in
  de vlucht; under the ~ of onder de vleugels van; **II**
  overg in de vleugels schieten, [iem.] aanschieten; ~
  the air de lucht doorklieven [vogel]; ~ its way home
  naar huis vliegen; **III** onoverg vliegen
wing-beat *znw* vleugelslag
wing-case *znw* dekschild *o* [v. kevers]
wing collar *znw* puntboord *o* & *m*
wing-commander *znw* luchtv commandant v.e.
  groep, luitenant-kolonel
winged *bn* gevleugeld; aangeschoten
winger *znw* sp vleugelspeler
wing-nut *znw* vleugelmoer
wing-sheath *znw* dekschild *o* [v. kevers]
wingspan, **wingspread** *znw* vleugelwijdte,
  -spanning; vlucht [v. vogels]
wing-tip *znw* luchtv vleugeltip
wink [wiŋk] **I** *onoverg* knippen [met de ogen]; knipogen; flikkeren; ~ at een knipoogje geven; door de
  vingers zien; **II** overg knippen met [ogen]; **III** *znw*
  knipoogje *o*, oogwenk, wenk (van verstandhouding); I did not get a ~ of sleep, I did not sleep a ~ ik
  heb geen oog dicht kunnen doen; have forty ~s gemeenz een dutje doen; zie ook: ²tip I
winker *znw* knipperlicht *o*
winking *znw* knipogen *o*; as easy as ~ gemeenz
  doodgemakkelijk
winkle ['wiŋkl] **I** *znw* alikruik; **II** overg: ~ out tevoorschijn halen (brengen), uitpeuteren
winklepicker ['wiŋklpikə] *znw* gemeenz schoen
  met spitse punt
winner ['winə] *znw* winner, winnende partij; winnend nummer *o* [v. loterij]; slang succes *o*
winning I *bn* winnend; bekroond [met medaille,
  prijs]; fig innemend; **II** *znw* winnen *o*; winst, gewin
  o; ~s winst
winning-post *znw* sp eindpaal
winnow ['winou] overg wannen, ziften, schiften
winnower *znw* **1** wanner; **2** wanmolen

winsome ['winsəm] *bn* innemend, bekoorlijk
winter ['wintə] **I** *znw* winter; **II** *onoverg* overwinteren; **III** *overg* in de winter stallen [vee]
winterly *bn* = *wint(e)ry*
winter solstice *znw* winterzonnestilstand
wintertime *znw* winter(seizoen *o*)
wint(e)ry *bn* winterachtig, winters, winter-; *fig* koud, triest
winy ['waini] *bn* wijnachtig, wijn-
wipe [waip] **I** *overg* vegen, schoonvegen, wegvegen, afvegen, afdrogen, afwissen, uitwissen; ~ *the floor with sbd.* slang de vloer met iem. aanvegen; ~ *the grin (smile) off sbd.'s face* ± iem. een koude douche bezorgen, iem. een onaangename verrassing bezorgen; ~ *away (off)* weg-, afvegen, afwissen; uitwissen[2]; ~ *off an account (a score)* een rekening vereffenen, een schuld afbetalen; ~ *out* uitvegen, uitwissen[2]; wegvagen; in de pan hakken, vernietigen; ~ *up* opvegen, opnemen; afdrogen; **II** *znw* vceg; *give it a* ~ *gemeenz* veeg het eens even af
wiper *znw* veger; wisser; (afneem)doek; vaatdoek
wire ['waiə] **I** *znw* draad *o & m* [v. metaal] staal-, ijzerdraad *o & m*; telegraafdraad; Am telegram *o*; *live* ~ draad onder stroom; *gemeenz* energiek iem.; *pull the* ~*s* achter de schermen aan de touwtjes trekken; *by* ~ Am telegrafisch; **II** *overg* met (ijzer-) draad omvlechten of afsluiten, met ijzerdraad vastmaken; aan de draad rijgen; op (ijzer)draad monteren; de (telegraaf- of telefoon)draden leggen in, bedraden; *gemeenz* telegraferen, seinen; ~ *off* afrasteren; **III** *onoverg gemeenz* telegraferen, seinen
wire brush *znw* staalborstel *o*
wire-cutter *znw* draadschaar
wiredraw *overg* draadtrekken [v. metaal]; rekken[2], slepende houden, langdradig maken; verdraaien
wiredrawn *bn* getrokken; ~ *arguments* spitsvondige/breed uitgesponnen argumenten
wire-edge *znw* braam [aan metaal]
wire fence *znw* schrikdraad *o*
wire-gauze *znw* fijn ijzergaas *o*
wire-haired *bn* draad-, ruwharig
wireless **I** *bn* draadloos, radio-; ~ *operator* marconist, radiotelegrafist; ~ *set* radiotoestel *o*; **II** *znw* draadloze telegrafie, radio; *on the* ~ = *on the air* zie: *air*; *over the* ~ = *over the air* zie: *air*; **III** *onoverg & overg* draadloos telegraferen
wire-netting *znw* kippengaas *o*
wire-puller *znw* (politieke) intrigant
wire-pulling *znw* (politieke) intriges achter de schermen
wire-rope *znw* staaldraadtouw *o*, -kabel
wire tapping *znw* afluisteren *o* van privé-telefoongesprekken
wire-wool *znw* staalwol; pannenspons
wiring ['waiəriŋ] *znw* elektrische aanleg; bedrading; draadvlechtwerk *o*; (hoeveelheid) draad *o & m*, draden
wiry ['waiəri] *bn* draadachtig; van (ijzer)draad,

draad-; *fig* mager en gespierd, taai, pezig
wisdom ['wizdəm] *znw* wijsheid; verstandigheid
wisdom-tooth *znw* verstandskies
1 wise [waiz] **I** *bn* wijs, verstandig; ~ *guy* slang betweter, wijsneus, weetal, wise guy; *I am none (not any) the* ~*r (for it)* nu ben ik nog even wijs; *no one will be the* ~*r* niemand zal er iets van merken, daar kraait geen haan naar; *get* ~ *to* slang achter [iets] komen, in de gaten krijgen, schieten; *put sbd.* ~ het iem. aan het verstand brengen; op de hoogte brengen; **II** *onoverg:* ~ *up (to)* gemeenz in de smiezen krijgen, door krijgen [wat er gaande is]
2 wise [waiz] *znw* wijze; *(in) no* ~ op generlei manier, geenszins
wiseacre ['waizeikə] *znw* betweter, weetal, wijsneus
wisecrack ['waizkræk] gemeenz **I** *znw* geestigheid, wisecrack, snedige opmerking; **II** *onoverg* geestigheden debiteren
wish [wiʃ] **I** *overg* wensen, verlangen; *I* ~ *I could...* ik wou dat ik kon..., kon ik (het) maar; *I* ~ *him dead* ik wou dat hij dood was; ~ *sbd. well* iem. alle goeds wensen, goed gezind zijn; ~ *sth. on sbd.* iem. iets toewensen; *I* ~ *to Heaven you had not...* ik wou maar dat je (het) niet had...; **II** *onoverg* wensen; verlangen (naar *for*); *if you* ~ als je het wenst; *he has nothing left to* ~ *for* hij heeft alles wat hij verlangen kan; **III** *znw* wens, verlangen *o*; *get (have) one's* ~ krijgen wat men verlangt; zijn wens vervuld zien; *according to one's* ~*es* naar wens; *at his father's* ~ naar zijn vaders wens; overeenkomstig de wens van zijn vader; *with every* ~ *to oblige you* hoe graag ik u ook ter wille zou zijn; *if* ~*es were horses, beggars might ride* van wensen alléén wordt niemand rijk
wishbone *znw* vorkbeen *o*
wishful *bn* wensend, verlangend; ~ *thinking* wishful thinking
wish-wash ['wiʃwɔʃ] *znw* slootwater *o* [waterige drank]; *fig* kletspraat, geleuter *o*
wishy-washy ['wiʃiwɔʃi] *bn* slap, flauw
wisp [wisp] *znw* wis, bundel, bosje *o*, sliert, piek [haar]; *a* ~ *of a girl* een tenger (sprietig) meisje *o*
wispy *bn* in slierten, piekerig: sprietig
wist [wist] V.T. van ²*wit*
wistaria [wis'tɛəriə] *znw* blauwe regen [plant]
wistful ['wistful] *bn* ernstig, peinzend; weemoedig, droefgeestig; smachtend
1 wit [wit] *znw* geest(igheid); geestig man; verstand *o*, vernuft *o*; ~*s* verstand *o*, schranderheid; *he has his* ~*s about him* hij heeft zijn zinnen goed bij elkaar; *be at one's* ~*s' end* ten einde raad zijn; *he lives by (on) his* ~*s* hij tracht aan de kost te komen zonder te hoeven werken; *be out of one's* ~*s* niet goed bij zijn zinnen zijn; *frighten sbd. out of his* ~*s* iem. een doodsschrik op het lijf jagen; *it is past the* ~ *of man* dat gaat het menselijk verstand te boven
2 wit [wit] *overg* vero weten; *to* ~ te weten, namelijk, dat wil zeggen

witch

witch [wit ʃ] *znw* (tover)heks[2]; feeks[2]
witchcraft *znw* toverij, hekserij
witch-doctor *znw* medicijnman
witch-elm *znw* = *wych-elm*
witchery *znw* hekserij, toverij, betovering, tover-macht
witch-hazel *znw* plantk toverhazelaar
witch-hunt(ing) *znw* heksenjacht
witching *bn* (be)toverend, tover-
with [wið] *voorz* met; bij; van, door; ~ *God all things are possible* bij God is alles mogelijk; *be ~ it* in zijn (= bij zijn), hip zijn; *I am entirely ~ you* ik ben het geheel met je eens; ~ *that* hiermee, daar-mee, hierop, daarna; *have you got it ~ you?* hebt u het bij u?; *have you the girl ~ you?* is het meisje op uw hand?; *in ~* op goede voet met; *in ~ you!* naar binnen (jullie)!, er in!; *what's up ~ you?* wat heb je?, wat is er loos met je?
withal [wi'ðɔːl] *bijw* vero daarbij, tevens, mede, mee; met dat al, desondanks
withdraw [wið'drɔː] (withdrew; withdrawn) **I** *overg* terugtrekken; onttrekken; afnemen [v. school], in-trekken [voorstel &]; terugnemen [geld, wissels, woorden &]; opvragen [bij een bank]; ~ *from* ont-trekken aan; **II** *onoverg* zich terugtrekken°, zich ver-wijderen, heengaan[2]
withdrawal *znw* terugtrekken *o* &, zie *withdraw*; ~ *symptom* onthoudings-, abstinentieverschijnsel *o* [bij verslaafden]
withdrawn I V.D. van *withdraw*; **II** *bn* ook: terug-getrokken; afgezonderd
withe [wiθ, wið] *znw* (wilgen)tak, -teen
wither ['wiðə] **I** *overg* doen verwelken, kwijnen of verdorren, doen vergaan; ~ *sbd. with a look* iem. vernietigend aankijken; **II** *onoverg* verwelken, weg-kwijnen, verdorren, verschrompelen, vergaan (ook: ~ *up*)
withered *bn* verwelkt, verdord; uitgedroogd, ver-magerd
withering *bn* verdorrend; fig verpletterend, vernie-tigend; vernielend
withers ['wiðəz] *znw mv* schoft [v. paard]
withershins ['wiðəʃinz] *bijw* tegen de klok (zon) in
withhold (withheld; withheld) *overg* terughouden; onthouden, onttrekken; achterhouden
within [wi'ðin] **I** *voorz* binnen, (binnen) in; tot op; *from ~* van binnen; *to ~ a few paces* tot op een paar passen; *keep it ~ bounds* binnen de perken houden; ~ *himself* in (bij) zichzelf; *live ~ one's income (means)* zijn inkomen niet overschrijden; *immoral-ity ~ the law* niet vallend onder de strafbepalingen van de wet; ~ *limits* binnen zekere grenzen, tot op zekere hoogte; ~ *the meaning of the Act* in de door deze wet daaraan toegekende betekenis van het woord; *the task was ~ his powers* de taak ging zijn krachten niet te boven; **II** *bijw* van binnen, bin-nen; ~ *and without* (van) binnen en (van) buiten

without [wi'ðaut] **I** *voorz* zonder, buiten; *I cannot be (do, go)* ~ ik kan er niet buiten, ik kan niet zon-der; **II** *bijw* (van) buiten, buiten (de deur); *from ~* van de buitenkant; van buiten (af); **III** *voegw* ge-meenz als niet, tenzij
withstand [wið'stænd] (withstood; withstood) *overg* weerstaan
withy ['wiði] *znw* = *withe*
witless ['witlis] *bn* onnozel, mal, gek
witness ['witnis] **I** *znw* getuige; getuigenis *o* & *v*; ~ *for the defence* getuige à decharge; ~ *for the prosecu-tion* getuige à charge; *bear* ~ getuigenis afleggen, getuigen (van *to*); *call to* ~ tot getuige roepen; *in* ~ *whereof* tot getuige waarvan; **II** *overg* getuigen (van); getuige zijn van, bijwonen; (als getuige) te-kenen; **III** *onoverg* getuigen (van *to*)
witness-box *znw* getuigenbank
witter ['witə] *onoverg:* ~ *(on) about* (door)zeuren over
witticism ['witisizm] *znw* kwinkslag, aardigheid, boutade, geestigheid
wittingly ['witiŋli] *bijw* met voorbedachten rade; bewust; ~ *(and wilfully)* willens en wetens
witty ['witi] *bn* geestig; ~ *things* geestigheden
wivern ['waivəːn] *znw* = *wyvern*
wives [waivz] *mv* v. *wife*
wizard ['wizəd] **I** *znw* tovenaar[2]; **II** *bn* slang mie-ters, jofel
wizardry *znw* tovenarij
wizened *bn* verschrompeld, dor, droog
woad [woud] *znw* plantk wede; wedeblauw [verfstof waarmee de oude Britten zich beschilderden]
wobble ['wɔbl] **I** *onoverg* waggelen, wiebelen; schommelen[2]; weifelen[2]; **II** *znw* waggelen *o*, wag-geling &; weifeling[2]
wobbly *bn* waggelend, wiebelend, wankel, onvast; weifelend[2]
wodge [wɔdʒ] *znw* gemeenz brok, homp
woe [wou] *znw* wee *o* & *v*; ~ *is me* wee mij; ~ *to you!*, ~ *betide you* wee u!; *his* ~*s* ook: zijn ellende, zijn leed *o*; *his tender* ~*s* zijn liefdesmart; *prophet of* ~ ongeluksprofeet; *tale of* ~ smartelijk verhaal *o*, litanie
woebegone *bn* in ellende gedompeld; ongelukkig, treurig
woeful *bn* kommer-, zorgvol; treurig, ongelukkig, droevig, ellendig
wog [wɔg] *znw* scheldwoord bruinjoekel, zwart-joekel, bruintje *o*, zwartje *o* &
wok [wɔk] *znw* wadjan, wok
woke [wouk] V.T. van [2]*wake*
woken V.D. van [2]*wake*
wold [would] *znw* open heuvelland *o*
wolf [wulf] **I** *znw* (mv: wolves [wulvz]) wolf°; slang vrouwenjager; *lone* ~ eenzelvig mens; lone wolf; ~ *in sheep's clothing* een wolf in schaapskleren; *cry* ~ nodeloos alarm maken; *keep the* ~ *from the door* zorgen dat men te eten heeft; *throw sbd. to the*

wolves iem. voor de leeuwen gooien; **II** *overg* naar binnen schrokken (ook: ~ *down*), verslinden

wolf-cub *znw* jonge wolf; welp [padvinder]

wolf-fish *znw* zeewolf [vis]

wolfhound *znw* wolfshond

wolfish *bn* wolfachtig, wolven-; *fig* vraatzuchtig; roofzuchtig

wolfram ['wulfrəm] *znw* wolfra(a)m *o*

wolfsbane ['wulfsbein] *znw* wolfswortel

wolf-whistle ['wulfwisl] *znw* gemeenz nafluiten *o* van vrouwelijk schoon

wolverene ['wulvəri:n] *znw* veelvraat [dier]

wolves [wulvz] *mv* v. *wolf*

woman ['wumən] **I** *znw* (*mv*: women ['wimin]) vrouw; geringsch wijf *o*, mens *o*, schepsel *o*; **II** *bn* vrouwelijk, van het vrouwelijk geslacht; ~ *author* schrijfster; ~ *friend* vriendin; ~ *suffrage* vrouwenkiesrecht *o*; ~ *teacher* onderwijzeres, lerares

woman-hater *znw* vrouwenhater

womanhood *znw* vrouwelijke staat, vrouwelijkheid; vrouwen

womanish *bn* vrouwachtig, verwijfd

womanize *onoverg* gemeenz achter de vrouwen aan zitten

womanizer *znw* rokkenjager, Don Juan, charmeur

womankind *znw* het vrouwelijk geslacht, de vrouwen

womanlike *bn* vrouwelijk

womanly *bn* vrouwelijk

womb [wu:m] *znw* schoot², baarmoeder

wombat ['wɔmbət, 'wɔmbæt] *znw* wombat

women ['wimin] *mv* v. *woman*; *W~'s Lib(eration)* vrouwenbeweging; ± feminisme *o*; *W~'s Libber* ± feministe, ± Dolle Mina, lid *o* van de vrouwenbeweging; ~'s *magazine* damesblad *o*; ~'s *refuge* blijf-van-mijn-lijfhuis *o*

womenfolk *znw* vrouwen, vrouwvolk *o*

won [wʌn] V.T. & V.D. van ¹*win*

wonder ['wʌndə] **I** *znw* wonder *o*; wonderwerk *o*; mirakel *o*; verwondering, verbazing; *(it is) no* ~, *small* ~ *that* geen wonder dat...; *the* ~ *is that...* wat mij verwondert is, dat...; ~*s will never cease* te wonderen zijn de wereld nog niet uit; *do (work)* ~*s* wonderen verrichten; een wonderbaarlijke uitwerking hebben; *look all* ~ één en al verbazing zijn; *promise* ~*s* gouden bergen beloven; *work* ~*s* wonderen doen; ~ *of* ~*s* wonder boven wonder, zowaar; **II** *onoverg* zich verbazen, verbaasd zijn, zich verwonderen (over *at*); **III** *overg* nieuwsgierig zijn naar, benieuwd zijn naar, wel eens willen weten; zich afvragen, betwijfelen of...; *I* ~ *if you could make it convenient...?* zoudt u het soms (misschien) kunnen schikken...?; *I* ~*ed whether...* ook: ik wist niet (goed), of...; *it made me* ~ *whether...* het deed bij mij de vraag opkomen of...; *I shouldn't* ~ gemeenz ook: het zou mij niet verbazen; *I* ~*ed to see him there* het verbaasde mij hem daar te zien

wonder boy *znw* wonderkind; dol type *o*

wonderful *bn* verwonderlijk, wonder(baar)lijk; prachtig, verrukkelijk, geweldig, fantastisch

wondering *bn* verwonderd, verbaasd, vol verbazing

wonderland *znw* wonderland *o*, sprookjesland *o*

wonderment *znw* verwondering, verbazing

wonder-struck *bn* verbaasd

wonder-worker *znw* wonderdoener; iets wat (middel *o* dat) wonderen doet

wondrous *bn* plechtig verwonderlijk, wonder-

wonky ['wɔŋki] *bn* gemeenz wankel, zwak

won't [wount] verk. van *will not*

wont [wount] **I** *bn* gewend, gewoon (aan, om *to*); **II** *znw* gewoonte

wonted *bn* gewoonlijk, gebruikelijk

woo [wu:] *overg* vrijen (om, naar), het hof maken, dingen naar, trachten te winnen (over te halen)

wood [wud] *znw* hout *o*; bos *o*; *the* ~ muz de houten blaasinstrumenten; *(the)* ~*s* (de) bossen; (het) bos; (de) houtsoorten; *(wines) from the* ~ (wijn) van het fust; *wine in the* ~ wijn op fust; *he was out of the* ~ hij was nu uit de problemen; hij was buiten gevaar; *he cannot see the* ~ *for the trees* hij kan door de bomen het bos niet zien

woodbine *znw* plantk wilde kamperfoelie

wood carving *znw* houtsnijwerk *o*

woodcock *znw* houtsnip [vogel]

woodcut *znw* houtsnede

wood-cutter *znw* houthakker

wooded *bn* bebost, houtrijk, bosrijk

wooden *bn* houten, van hout; *fig* houterig, stijf; stom, suf, onaandoenlijk; ~ *head* stomkop, sufkop

wood-engraving *znw* houtgraveerkunst; houtgravure

wooden-headed *bn* dom, stom

wooden spoon *znw* fig gemeenz poedelprijs

woodfibre *znw* houtvezel

woodland I *znw* bosland *o*, bosgrond, bos *o*; **II** *bn* bos-

wood-louse *znw* houtluis; keldermot, pissebed

woodman *znw* houthakker; boswachter

woodnotes *znw mv* gekwinkeleer *o*

woodnymph *znw* bosnimf

woodpecker *znw* specht

wood-pigeon *znw* houtduif

woodpile *znw* houtmijt, stapel brandhout

wood pulp *znw* houtpulp

woodruff *znw* lievevrouwebedstro *o*

wood-screw *znw* houtschroef

woodshed *znw* houtloods; *something nasty in the* ~ gemeenz gruwelijk geheim *o*

woodsman *znw* bosbewoner; houthakker; woudloper

wood-sorrel *znw* klaverzuring

wood-spirit *znw* houtgeest: onzuivere methylalcohol

woodwind *znw* muz houten blaasinstrumenten [v. orkest]; ~ *player* houtblazer

woodwork

woodwork *znw* houtwerk *o*; *come (crawl) out of the* ~ weer boven water komen

woodworker *znw* houtbewerker

woodworm *znw* houtworm

woody *bn* houtachtig, hout-; bosachtig, bos-

wood-yard *znw* houttuin, houtopslagplaats

wooer ['wu:ə] *znw* vrijer

1 woof [wu:f] *znw* inslag; weefsel *o*

2 woof [wuf] **I** *znw* woef(geluid *o*), geblaf *o*; **II** *onoverg* blaffen

wooing ['wu:iŋ] *znw* vrijen *o*, vrijage

wool [wul] *znw* wol, wollen draad, wollen stof; haar *o*; *dyed in the* ~ door de wol geverfd; *fig* doortrapt; *pull the* ~ *over sbd.'s eyes* iem. zand in de ogen strooien

wool-fell *znw* schapenvacht

wool-gathering *znw* verstrooidheid

wool-growing I *bn* wolproducerend; **II** *znw* wolproductie

woollen, *Am* **woolen** ['wulən] **I** *bn* wollen, van wol; **II** *znw*: ~s wollen goederen, wollen kleding

woolly, *Am* **wooly** ['wuli] **I** *bn* wollig, wolachtig, wol-; *plantk* voos [radijzen &], melig [peren]; *fig* dof [stem]; vaag, wazig; **II** *znw* gemeenz wollen trui; *woollies* wollen onderkleren

woolly-headed, **woolly-minded** *bn* verward, vaag

woolpack ['wulpæk] *znw* baal wol; stapelwolk

woolsack *znw* wolbaal; zetel van de Lord Chancellor

wool-stapler *znw* wolhandelaar

wool-trade *znw* wolhandel

woozy ['wu:zi] *bn* gemeenz wazig, duizelig; beneveld, aangeschoten

wop [wɔp] *znw* slang geringsch ± spaghettivreter

Worcester sauce ['wustə] *znw* Worcestersaus

word [wə:d] **I** *znw* woord *o*, mil wachtwoord *o*, parool[2] *o*; bericht *o*; bevel *o*, commando *o* (ook: ~ *of command*); ~s tekst [v. muziek]; ruzie; ~s *fail me* woorden schieten mij tekort; *big* ~s grootspraak; *fair (fine)* ~s *butter no parsnips* praatjes vullen geen gaatjes; *the last* ~ *in...* het nieuwste (modesnufje *o*) op het gebied van...; *my* ~! hemeltje(lief)!; op mijn erewoord!; *a* ~ *to the wise (is enough)* een goed verstaander heeft maar een half woord nodig; *a* ~ *with you* een woordje, alstublieft; *he is as good as his* ~ hij houdt altijd (zijn) woord; *he was better than his* ~ hij deed meer dan hij beloofd had; *an honest man's* ~ *is as good as his bond* een man een man, een woord een woord; *bring* ~ *that...* melden dat...; *eat one's* ~s zijn woorden terugnemen; *give the* ~ mil het parool geven; het commando geven; *give the* ~ *to (for ...ing)* bevel geven dat..., om te..; *give one's* ~ zijn woord geven; *have a* ~ *to say* iets te zeggen hebben; *I have not a* ~ *against him* ik heb niets op hem tegen (op hem aan te merken); *have* ~s *with* woorden (ruzie) hebben met; *have no* ~s *to...* geen woorden kunnen vinden om...; *he hasn't a good* ~ *to say for anybody* hij heeft op iedereen wat aan te merken; *have the last* ~ het laatste woord hebben; *leave* ~ een boodschap achterlaten (bij *with*); *mark my* ~s! let op mijn woorden!; *put in a (good)* ~ *for sbd.* een goed woordje voor iem. doen; *put* ~s *into sbd.'s mouth* iem. (bepaalde) woorden in de mond leggen; *say a good* ~ *for* een goed woordje doen voor; *say the* ~ het bevel geven; *send* ~ een boodschap sturen (zenden), laten weten; *take sbd.'s* ~ *for it* iem. op zijn woord geloven; *take my* ~ *for it* neem dat van mij aan; *take the* ~s *out of sbd.'s mouth* iem. de woorden uit de mond halen; *at his* ~ op zijn woord (bevel); *I take you at your* ~ ik houd u aan uw woord; *at these* ~s bij deze woorden; *beyond* ~s... meer dan woorden kunnen zeggen; *by* ~ *of mouth* mondeling; ~ *for* ~ woord voor woord; *too bad for* ~s onuitsprekelijk slecht, niet te zeggen hoe slecht; *pass from* ~s *to deeds* van woorden tot daden komen; *in a* ~ in één woord, om kort te gaan; *(to put it) in so many* ~s ronduit gezegd; *in other* ~s met andere woorden; *on (with) the* ~ op (bij) dat woord; *on the* ~ *of a soldier* op mijn erewoord als soldaat; *upon my* ~ op mijn erewoord; **II** *overg* onder woorden brengen, formuleren, stellen, inkleden

word-blind *bn* woordblind

word-book *znw* woordenboek *o*; muz tekstboek *o*

wording *znw* formulering, bewoording(en), inkleding, redactie [v. zin &]

wordless *bn* sprakeloos, stom; woord(en)loos, zonder woorden

word-perfect *bn* rolvast; foutloos uit het hoofd geleerd

word-play *znw* woordenspel *o*; woordspeling; gevat antwoord *o*

word processing *znw* comput tekstverwerking

word processor *znw* comput tekstverwerker

wordy *bn* woordenrijk, langdradig

wore [wɔ:] V.T. van [1] *wear*

work [wə:k] **I** *onoverg* werken°; gisten; in beweging zijn; functioneren; effect hebben, praktisch zijn, deugen, gaan; zich laten bewerken; *the new system was made to* ~ men liet het nieuwe systeem in werking treden; ~ *to rule* een stiptheidsactie voeren; ~ *loose* zich loswerken, losgaan [v. schroef, touw &]; ~ *out* zich ontwikkelen; oefeningen doen, trainen; **II** *overg* bewerken, bereiden, kneden [boter], maken; verwerken (tot *into*); bewerken, aanrichten; doen, verrichten; uitwerken, uitrekenen; laten werken [ook = laten gisten]; exploiteren [mijn &]; hanteren, manoeuvreren (werken) met, bedienen [geschut]; borduren[2]; ~ *a change* een verandering teweegbrengen; ~ *harm* kwaad doen; ~ *a neighbourhood (district &)* afreizen, werken in [v. handelsreizigers, ook v. bedelaars]; ~ *one's passage* scheepv zijn passage met werken vergoeden; ~ *one's way* zich een weg banen; ~ *one's way from the ranks* zich vanuit de gelederen opwerken; ~ *one's way through*

college werkstudent zijn; ~ *one's way up* zich omhoog werken; ~ *loose* loswerken, losdraaien; ~*ed shawl* geborduurde sjaal; ~*ed by electricity* elektrisch aangedreven; *wood easily* ~*ed* hout dat zich gemakkelijk laat bewerken; ~ *against a cause* tegenwerken; ~ *at* werken aan, bezig zijn aan; ~ *away* flink (dóór)werken; ~ *down* naar beneden gaan [koersen]; afzakken [kousen &]; ~ *in* erin (ertussen) werken; te pas brengen [citaat &]; ~ *in with* passen bij, samengaan met, te gebruiken zijn voor; grijpen in [elkaar]; ~ *one's audience into frenzy* tot geestdrift weten te brengen; ~ *oneself into favour* in de gunst zien te komen; ~ *oneself into a rage* zich woedend maken; ~ *off* zich loswerken, losgaan; door werken verdrijven [hoofdpijn &], door werken aflossen [schuld]; zien kwijt te raken[2]; [v. ergernis &] afreageren (op *on*); ~ *on* dóórwerken, verder werken; werken aan, bezig zijn aan [iets]; werken op, invloed hebben op [iem.]; werken voor [krant &]; draaien op, om [spil]; ~ *out* zich naar buiten werken; uitkomen [som]; (goed) uitpakken, uitvallen; zijn verloop hebben [plan &]; aan de dag treden [invloeden &]; uitwerken [plan &]; uitrekenen, berekenen; uitmaken, nagaan; bewerken; verwezenlijken; uitdienen [v. arbeidscontract &]; ~ *out the same* op hetzelfde neerkomen; ~ *out at...* komen op...; *the mine is quite* ~*ed out* de mijn is totaal uitgeput; ~ *over* werken aan; overmaken [iets]; ~ *sbd.* over gemeenz iem. afranselen, een pak slaag geven; ~ *round* draaien [v. wind]; *things will* ~ *round* het zal wel weer in orde komen; ~ *through* [programma] afwerken; ~ *together* samenwerken; ~ *towards* bevorderlijk zijn voor; ~ *up* langzamerhand brengen (tot *to*); opwerken [ook = retoucheren]; (zich) omhoog werken, erbovenop brengen [zaak]; aan-, ophitsen, aanwakkeren, opwinden; verwerken [grondstoffen]; dooreenmengen, kneden; opgebruiken; bijwerken [achterstand]; zich inwerken in; ~*ed up to the highest pitch* ten hoogste gespannen; ~ *upon* = ~ *on*; *he is hard to* ~ *with* men kan moeilijk met hem werken of opschieten; **III** *znw* werk *o*, arbeid, bezigheid; uitwerking, handwerk *o*; kunstwerk *o*; ~*s* werkplaats, fabriek, bedrijf *o* &; drijfwerk *o*, raderwerk *o* [v. horloge]; mil vestingwerken; *(Public) W*~*s* Openbare Werken; *a* ~ *of art* een kunstwerk *o*; *the (whole)* ~*s* slang alles, de hele santenkraam; *have one's* ~ *cut out (for one)* fig zijn handen vol hebben; *make short* ~ *of...* korte metten maken met...; *at* ~ aan het werk; werkend; in exploitatie; *be in* ~ aan het werk zijn; werk hebben, werken [tegenover werkloos zijn of staken]; *in regular* ~ vast werk hebbend; *out of* ~ zonder werk, werkloos; *go to* ~ aan het werk gaan; te werk gaan; *put (set) sbd. to* ~ iem. aan het werk zetten; *all* ~ *and no play makes Jack a dull boy* leren en spelen moeten elkaar afwisselen
workable *bn* bewerkt kunnende worden; te gebruiken, bruikbaar; exploitabel [v. mijn &]

workaday *bn* daags, werk-; alledaags
workaholic ['wɔːkə'hɔlik] *znw* werkverslaafde, werkzuchtige, workaholic
work-bag *znw* handwerkzak
work basket *znw* werkmandje *o*, naaimandje *o*
workbench *znw* werkbank
workbook *znw* opgavenboek *o*, werkboek *o*; handleiding; aantekeningenboek *o*
work-box *znw* naaidoos
work-camp *znw* werkkamp *o* [v. vrijwilligers]
workday *znw* werkdag
worker *znw* werker, bewerker; werkman, arbeider; werkbij, werkmier (~ *bee*, ~ *ant*); *a* ~ *of miracles* een wonderdoener; ~-*priest* priester-arbeider
workforce *znw* **1** aantal *o* arbeidskrachten, personeelsbestand *o*; **2** arbeidspotentieel *o*
workhorse *znw* werkpaard *o*; fig werkezel
workhouse *znw* vero soort armenhuis *o*
work-in *znw* bedrijfsbezetting
working I *znw* werken *o*; werking; bedrijf *o*, exploitatie; bewerking; *a disused* ~ een verlaten mijn, groeve &; ~*s* werking, werk *o*; *the* ~*s of the heart* de roerselen des harten; **II** *bn* werkend; werk-, arbeids-; werkzaam; praktisch, bruikbaar; ~ *capital* bedrijfskapitaal *o*; ~ *class(es)* arbeidersklasse; ~-*class family (house &)* arbeidersgezin *o* (-woning &); ~ *conditions* arbeidsvoorwaarden; arbeidsomstandigheden; ~ *day* werkdag; ~ *drawing* constructie-, werktekening; ~ *expenses* bedrijfskosten, exploitatiekosten; ~ *knowledge* praktijkkennis; (praktische) beheersing [v. taal &]; ~ *life* tijd (periode) dat men. werken kan; levensduur; ~ *man* arbeider, werkman; ~ *manager* bedrijfsleider; *be in* ~ *order* klaar zijn om in gebruik genomen te worden, bedrijfsklaar [v. machine]; ~ *party (group)* werkploeg; studiecommissie [v. bedrijf]; werkgroep; ~ *paper* discussiestuk *o*; ~ *plant* bedrijfsinstallatie; ~ *week* werkweek; zie ook: *majority*
workless *bn* werkloos, zonder werk
workload *znw* omvang v.d. werkzaamheden
workman *znw* werkman, arbeider; [goede of slechte] vakman
workmanlike *bn* zoals het een (goed) werkman betaamt; degelijk (afgewerkt); goed (uitgevoerd), bekwaam
workmanship *znw* af-, bewerking, uitvoering; techniek, bekwaamheid; werk *o*; *of good* ~ degelijk afgewerkt
workmate *znw* maat, collega
work-out ['wɔːkaut] *znw* gemeenz oefenpartij, -rit, -wedloop; conditietraining, aerobics &
work-people *znw* werkvolk *o*
works council *znw* personeelsraad
workshop *znw* werkplaats; discussiebijeenkomst
work-shy *bn* werkschuw [element]
works-manager ['wɔːksmænidʒə] *znw* bedrijfsleider
worktop *znw* werkblad *o* [in de keuken]

work-to-rule ['wə:ktə'ru:l] *znw* stiptheidsactie, langzaam-aan-actie, modelactie

workwoman ['wə:kwumən] *znw* arbeidster

world [wə:ld] *znw* wereld, aarde, heelal *o;* mensheid; de mensen; *all the ~* de hele wereld; alles; *all the ~ and his wife* iedereen, Jan, Piet en Klaas; *the next ~, the other ~, the ~ to come* de andere wereld, het hiernamaals; *a ~ of good* heel veel (een hoop) goed; *they are a ~ too wide* veel te wijd; *~s apart* (een) verschil van dag en nacht; *~ without end* tot in der eeuwigheid amen; *come into the ~* geboren worden, ter wereld komen; *come (go) up in the ~* vooruitkomen in de wereld; *he would give the ~ to...* hij zou alles ter wereld willen geven om...; *he means the ~ to me, he's all the ~ to me* hij betekent alles voor mij; *see the ~* wat van de wereld zien; *think the ~ of* een ontzettend hoge dunk hebben van; *not for the ~* voor geen geld van de wereld; *for all the ~ like...* precies (net) als...; *what in the ~?* wat ter wereld?, in 's hemelsnaam?, in godsnaam?; *bring into the ~* ter wereld brengen; *the best of both ~s* twee goede zaken tegelijk; *is out of this ~* <u>gemeenz</u> is buitengewoon, zeldzaam (mooi &); *all over the ~, the ~ over* de hele wereld door; over de hele wereld; *give to the ~* de wereld insturen, in het licht geven; *be dead to the ~* slang ± slapen als een os

world affairs *znw mv* internationale kwesties

world-class *bn* van wereldklasse

world-famous *bn* wereldberoemd

worldling ['wə:ldliŋ] *znw* wereldling

worldly ['wə:ldli] *bn* werelds, aards; wereldwijs

worldly-minded *bn* werelds, aards

worldly-wise *bn* wereldwijs

world-shaking ['wə:ldʃeikiŋ] *bn* wereldschokkend

world view *znw* wereldbeeld *o*

world war *znw* wereldoorlog

world-weary ['wə:ldwiəri] *bn* levensmoe, der dagen zat

world-wide *bn* over de hele wereld (verspreid), wereldomvattend, mondiaal, wereld-

worm [wə:m] **I** *znw* worm[2]; *fig* aardworm; techn schroefdraad; *the ~ in the apple* ook: *fig* het addertje onder het gras; *even a ~ will turn* de kruik gaat zo lang te water tot zij barst; **II** *overg* van wormen zuiveren; *~ one's way into a house* ergens weten binnen te dringen; *~ oneself into sbd.'s confidence (favour, friendship)* iems. vertrouwen & door gekuip en gekruip weten te winnen; *~ sth. out of sbd.* iets al vissend uit iem. krijgen

wormcast *znw* door een regenworm opgeworpen hoopje *o* aarde, wormhoopje *o*

worm-eaten *bn* wormstekig

worm-hole *znw* wormgat *o*

wormwood *znw* alsem[2]

wormy *bn* wormachtig; wormig, wormstekig; vol wormen

worn [wɔ:n] *V.D.* van [1]wear; als *bn* ook: versleten

worn-out *bn* versleten; vermoeid, doodop, uitgeput; *fig* afgezaagd, verouderd

worried ['wʌrid] **I** *V.T. & V.D.* van *worry;* **II** *bn* ongerust; tobberig, zorgelijk

worrier ['wʌriə] *znw* tobber, zorgelijk mens

worriment ['wʌrimənt] *znw* <u>gemeenz</u> zorg; bezorgdheid

worrisome ['wʌrisəm] *bn* verontrustend, zorgwekkend

worrit ['wʌrit] *overg & onoverg & wederk* <u>gemeenz</u> = *worry*

worry ['wʌri] **I** *overg* het lastig maken, geen rust laten, plagen, kwellen, ongerust maken; *don't ~ your head* heb maar geen zorg; **II** *wederk:* *~ oneself* zichzelf nodeloos plagen, kwellen; zich bezorgd maken; **III** *onoverg* zich zorgen maken, zich bezorgd maken, zich druk maken; kniezen, tobben, piekeren (over *about, over*); onrustig zijn [van vee &]; *not to ~!* <u>gemeenz</u> maak je geen zorgen!; *~ along (through)* zich er doorheen slaan; *~ at* met de tanden trekken aan; *fig* zich het hoofd breken over [probleem]; **IV** *znw* geruk *o &;* plagerij, kwelling; ongerustheid, bezorgdheid, zorg, soesa (meestal *worries*)

worse [wə:s] *bn* erger, slechter; snoder; minder, lager [koers]; *you could do (a lot) ~ than...* u zou er bepaald niet verkeerd aan doen met te...; *to make matters (things) ~* tot overmaat van ramp; *~ follows (remains)* maar het ergste komt nog; *be ~ off* slechter af zijn (dan), (het slechter hebben; *be the ~ for...* (schade) geleden hebben onder (door); achteruitgegaan zijn door, verloren hebben bij...; *be the ~ for drink* in kennelijke staat (van dronkenschap) zijn; *you will be none the ~ for...* je zult er geen schade bij hebben als..., het zal u geen kwaad doen als...; *little the ~ for wear* weinig geleden hebbend; met weinig averij; *go from bad to ~* van kwaad tot erger vervallen; *a change for the ~* een verandering ten kwade, een verslechtering

worsen ['wə:sn] **I** *overg* erger, slechter maken; **II** *onoverg* erger, slechter worden

worsening *znw* verslechtering

worship ['wə:ʃip] **I** *znw* verering; aanbidding; godsdienst (oefening), eredienst (*public ~*); *your W~* Edelachtbare (Lord); *place of ~* bedehuis *o;* **II** *overg* aanbidden[2], vereren; **III** *onoverg* bidden, de godsdienstoefening bijwonen, ter kerke gaan

worshipful *bn* eerwaardig; achtbaar

worshipper *znw* vereerder, aanbidder[2]; biddende; *the ~s* ook: de kerkgangers, de biddende gemeente

worst [wə:st] **I** *bn* slechtst(e), ergst(e), snoodst(e); **II** *bijw* het slechtst &; **III** *znw:* *the ~* het ergste (ook: *the ~ of it*); *if the ~ comes to the ~* in het ergste geval; *let him do his ~* hij mag het ergste doen wat hij bedenken kan; *at (the) ~* in het allerergste geval; *get the ~ of it* het onderspit delven, het afleggen; **IV**

overg het winnen van, het onderspit doen delven; in de luren leggen; *be ~ed by* ook: het afleggen tegen

1 worsted ['wɔːstid] V.T. & V.D. van *worst IV*

2 worsted ['wustid] **I** *znw* kamgaren *o*; sajet; **II** *bn* kamgaren; sajetten

worth [wəːθ] **I** *bn* waard; *he is ~ £ 20.000 a year* hij heeft een inkomen van £ 20.000 per jaar; *all he was ~* al wat hij bezit; *for what it's ~* voor wat het waard is; *(he ran away) for all he was ~* zo hard hij kon; *it is ~ an inquiry* het is de moeite waard er naar te informeren; *it is ~ the trouble, it is ~ (our, your &) while* het is de moeite waard, het loont de moeite; *I'll make it ~ your while* ik zal zorgen dat je er geen spijt van zal hebben; *it is not ~ while* het is de moeite niet waard, het loont de moeite niet; *it is as much as your life is ~* het kan u het leven kosten; *the prize is ~ having* is het bezit wel waard; *~ knowing* wetenswaardig; *not ~ mentioning* niet noemenswaard(ig); *the things ~ seeing* de bezienswaardigheden; **II** *znw* waarde; innerlijke waarde; deugdelijkheid; *get one's money ~* waar voor zijn geld krijgen; *give me a shilling's ~ of...* geef mij voor een shilling...; *a man of ~* een man van verdienste

worthless *bn* waardeloos, van geen waarde, nietswaardig, verachtelijk

worthwhile ['wəːθ'wail] *bn* de moeite waard zijnd, waar men wat aan heeft, goed

worthy I *bn* waardig, waard; achtenswaardig, verdienstelijk; *~ of being recorded, ~ to be recorded* de vermelding waard; *not ~ of... ...*onwaardig; *not ~ to...* niet waard om...; **II** *znw* achtenswaardig man; beroemdheid, sommiteit

wot [wɔt] *vero* 1ste en 3de pers. enk. T.T. van *²wit*; weet &; *God ~* dat weet God

would [wud] V.T. van *¹will*; wou, zou; *he ~ sit there for hours* hij zat er vaak urenlang; *(I don't know) who it ~ be* wie het zou kunnen zijn; *it ~ appear (seem)* (naar) het schijnt; *~ you pass the salt?* zoudt u mij het zout even willen aanreiken?; *I ~ to heaven I was dead* was ik maar dood

would-be *bn* zogenaamd; willende doorgaan voor, vermeend; aankomend, potentieel; *~ contractors* reflectanten, gegadigden

1 wound [waund] V.T. & V.D. van *³wind* en van *⁴wind*

2 wound [wuːnd] **I** *znw* wond(e), verwonding², kwetsuur; *open old ~s* oude wonden openrijten; **II** *overg* (ver)wonden, kwetsen²

wove [wouv] V.T. & V.D. van *¹weave*

woven V.D. van *¹weave*

wow [wauw] **I** *znw* theat iets geweldigs, geweldig succes *o*; **II** *tsw* slang ààh!, tjéé! [uitroep van bewondering]

wowser ['wauzə] *znw* Austr slang fatsoensrakker, godsdienstfanaat; spelbreker; geheelonthouder

WP *afk.* = *word processing; word processor*

WPC *afk.* = *woman police constable* agente, vrouwe-

lijke politieagent

wpm *afk.* = *words per minute* woorden per minuut

wrack [ræk] *znw* aan land gespoeld zeegras *o*, zeewier *o*; ook = *rack*

wraith [reiθ] *znw* geestesverschijning [vooral vlak voor of na iems. dood]

wrangle ['ræŋgl] **I** *onoverg* kibbelen, kijven, krakelen; **II** *znw* gekibbel *o*, gekijf *o*, gekrakeel *o*

wrangler *znw* **1** ruziemaker; **2** Am cowboy, paardenverzorger

wrap [ræp] **I** *overg* wikkelen, omslaan, (om)hullen², inpakken, oprollen; *~ up = wrap*; ook: afsluiten, eindigen (met); *be ~ped up in* geheel opgaan in, geheel vervuld zijn van; **II** *onoverg*: *~ up* zich inpakken; afronden, eindigen [toespraak &]; **III** *znw* (om)hulsel *o*; omslagdoek, sjaal; plaid, deken

wraparound *bn* wikkel-; *~ skirt* wikkelrok

wrapper *znw* inwikkelaar &; Am peignoir; omslag, kaft *o* & *v*, wikkel [v. boter &]; dekblad *o* [v. sigaar]; adresstrook [v. krant]

wrapping *znw* omhulsel² *o*; verpakking

wrapping-paper *znw* pakpapier *o*

wrapround *bn* = *wraparound*

wrath [rɔːθ] *znw* woede, toorn, gramschap

wrathful *bn* toornig, woedend, razend

wreak [riːk] *overg*: *~ vengeance on* wraak nemen op; zie ook: *havoc*

wreath [riːθ] *znw* (*mv*: -s [riːðz, riːθs]) krans, guirlande; kronkel, pluim [v. rook]

wreathe [riːð] **I** *overg* vlechten, strengelen; om-, ineenstrengelen, be-, omkransen; plooien; *~d in smiles* één en al glimlach; **II** *onoverg* krinkelen [v. rook]

wreck [rek] **I** *znw* wrak² *o*, scheepswrak *o*; verwoesting, vernieling, ondergang; fig ruïne; wrakgoederen, strandvond; schipbreuk; *go to ~ and ruin* te gronde gaan; *make ~ of* verwoesten, te gronde richten; **II** *overg* verwoesten, vernielen, te gronde richten, een puinhoop maken (van), ruïneren; doen verongelukken [trein]; schipbreuk doen lijden²; fig doen mislukken; *be ~ed* schipbreuk lijden², vergaan, stranden; verongelukken [trein]; **III** *onoverg* schipbreuk lijden

wreckage *znw* wrakhout *o*; slang wrakgoederen; puin *o*; overblijfselen, (brok)stukken, ravage

wrecker *znw* verwoester; sloper; berger; strandjutter; bergingswagen

wreck-master *znw* strandvonder

wren [ren] *znw* winterkoninkje *o*; *W~* lid v.d. *Women's Royal Naval Service*, ± Marva

wrench [renʃ] **I** *znw* ruk, draai; verrekking, verzwikking, verstuiking; verdraaiing; techn (schroef-) sleutel; fig pijnlijke scheiding; *it was a great ~* het viel hem (mij &) hard; **II** *overg* (ver)wringen, (ver-)draaien², rukken; verrekken; ~ from ontwringen², ontrukken², rukken uit; *~ off* afdraaien, afrukken; *~ open* openrukken, -breken

wrest [rest] *overg*: *~ from* af-, ontrukken, ontwringen, ontworstelen; afpersen, afdwingen

wrestle ['resl] **I** *onoverg* worstelen (met *with*)²; **II** *overg* sp worstelen met; **III** *znw* worsteling; sp worstelwedstrijd

wrestler *znw* worstelaar; kampvechter

wrestling *znw* worstelen *o*

wrestling-match *znw* worstelwedstrijd

wretch [retʃ] *znw* ongelukkige stakker; ellendeling, schelm

wretched *bn* diep ongelukkig, ellendig; miserabel, armzalig, treurig

wrick, rick [rik] **I** *overg* verrekken [spier]; **II** *znw* verrekking, verstuiking

wriggle ['rigl] **I** *onoverg* wriemelen, kronkelen [als worm]; (zitten) draaien [op stoel]; ~ *out of it* zich eruit draaien, er onderuit (proberen te) komen; **II** *overg* wrikken; ~ *one's way through* zich wurmen door; **III** *znw* wriggelende beweging; gewriemel *o*

wring [riŋ] *overg* (wrung; wrung) wringen (uit *from, out, of*); uitwringen; persen, knellen, drukken; ~ *sbd.'s hand* iem. de hand (hartelijk) drukken; ~ *one's hands* de handen wringen; ~ *the neck of...* de nek omdraaien; ~ *money from...* geld afpersen (afdwingen); ~ *out* uitwringen; ~ *money out of...* geld afpersen (afdwingen)

wringer *znw* wringer; *put sbd. through the* ~ iem. door de wringer halen, iem. mangelen; iem. een uitbrander geven

wringing *bn* wringend &; druipnat (ook: ~ *wet*)

wrinkle ['riŋkl] **I** *znw* rimpel, plooi, kreuk; gemeenz idee *o* & *v*, wenk, truc; **II** *overg* rimpelen, plooien; **III** *onoverg* (zich) rimpelen, plooien; ~*d* ook: gekreukeld

wrinkly *bn* rimpelig; licht kreukelend

wrist [rist] *znw* pols [handgewricht]

wristband *znw* (vaste) manchet; horlogebandje *o*

wristlet *znw* polsarmband

wrist watch *znw* armbandhorloge *o*, polshorloge *o*

1 writ [rit] vero V.T. & V.D. van *write*; ~ *large* er dik op liggend, op grote schaal

2 writ [rit] *znw* schriftelijk bevel *o*; sommatie, dagvaarding; ~ *of execution* deurwaardersexploot *o*; *Holy* ~ de Heilige Schrift

write [rait] (wrote; written) **I** *onoverg* schrijven; *he* ~*s me to say that...* hij schrijft (me) dat...; ~ *away for* schrijven om [informatie]; over de post bestellen; **II** *overg* schrijven; *it is written that...* er staat geschreven, dat...; ~ *down* neer-, opschrijven, optekenen; ~ *for* schrijven om [geld &], bestellen; ~ *for the papers* in de krant schrijven; ~ *home* naar huis schrijven; *nothing to* ~ *home about* niet veel zaaks; ~ *in* (aan de redactie) schrijven; invoegen, bijschrijven; inschrijven; *written in red ink* met rode inkt; ~ *in for* inschrijven, (zich) aanmelden; ~ *into* schriftelijk vastleggen, opnemen in [een contract &]; ~ *off* afschrijven°; ~ *off for a fresh supply* om nieuwe voorraad schrijven; ~ *out* uitschrijven, overschrijven, kopiëren; voluit schrijven; ~ *up*

(neer)schrijven; in bijzonderheden beschrijven; uitwerken; bijwerken [rapport &]; handel bijhouden [boeken]; in de hoogte steken [een schrijver &]

write-off *znw* handel (volledige) afschrijving; verlies *o*

writer *znw* schrijver°, auteur, schrijfster; *the (present)* ~ schrijver dezes; ~*'s block* writer's block *o*, ± angst voor het blanke, onbeschreven papier; ~*'s cramp* schrijfkramp

write-up *znw* artikel *o*, krantenbericht *o* of advertentie

writhe [raið] *onoverg* zich draaien, wringen of kronkelen, (ineen)krimpen; ~ *with shame* van schaamte vergaan

writing ['raitiŋ] *znw* schrijven *o*, geschrift *o*; schrift *o*; schriftuur; *his* ~*s* zijn werk *o*, zijn oeuvre *o* [v. letterkundige]; *the* ~ *on the wall* het (een) menetekel, het (een) teken aan de wand; *the* ~ *is on the wall for him* zijn dagen zijn geteld; *in* ~ op schrift, schriftelijk, in geschrifte; *put in* ~, *commit (consign) to* ~ op schrift brengen

writing-case *znw* schrijfmap

writing-desk *znw* schrijflessenaar

writing-pad *znw* schrijfblok *o*

writing paper *znw* schrijfpapier *o*, briefpapier *o*

written ['ritn] **I** V.D. van *write*; **II** *bn* geschreven; schriftelijk; ~ *language* schrijftaal; ~ *off* ook: verloren, naar de bliksem

wrong [rɔŋ] **I** *bn* verkeerd; niet in de haak, niet in orde, fout, onjuist, mis; slecht; ~ *number* 'verkeerd verbonden'; *get hold of the* ~ *end of the stick* het bij het verkeerde eind hebben; *on the* ~ *side of forty* over de veertig; zie ook: *side I*; ~ *'un* gemeenz oneerlijk mens; valse munt; *be* ~ ongelijk hebben; het mis hebben; verkeerd gaan [v. klok]; *what's* ~? wat scheelt (mankeert) er aan?; *it was* ~ *for her to...* het was verkeerd van haar te...; *you were* ~ *in assuming that...* je hebt ten onrechte aangenomen dat...; *it was* ~ *of her to...* het was verkeerd van haar te...; *you were* ~ *to...* je hebt verkeerd gedaan met...; *something is* ~ *with him* er scheelt hem iets, hij heeft iets; *what's* ~ *with Mrs X?* wat scheelt mevr. X?; wat valt er op mevr. X aan te merken?; **II** *bijw* verkeerd, fout, mis, de verkeerde kant uit; *do* ~ verkeerd doen; slecht handelen; *get it* ~ het verkeerd begrijpen; *don't get me* ~ begrijp me niet verkeerd; *go* ~ een fout maken; defect raken; in het verkeerde keelgat schieten; fig mislopen, verkeerd uitkomen; de verkeerde weg opgaan; **III** *znw* iets verkeerds, onrecht *o*, kwaad *o*; grief; *his* ~*s* het hem (aan)gedane onrecht; zijn grieven; *two* ~*s don't make a right* het ene onrecht wist het andere niet uit; *do sbd.* ~ iem. onrecht (aan)doen; onbillijk beoordelen; *he had done no* ~ hij had niets verkeerds gedaan; *be in the* ~ ongelijk hebben; *put sbd. in the* ~ iem. in het ongelijk stellen; **IV** *overg* onrecht aandoen, verongelijken, te kort doen; onbillijk zijn tegenover

wrongdoer *znw* overtreder, dader; zondaar
wrongdoing *znw* verkeerde handeling(en); overtreding; onrecht *o*
wrong-foot *overg* sp op het verkeerde been zetten; fig in verwarring, verlegenheid brengen
wrongful *bn* onrechtvaardig; onrechtmatig; verkeerd
wrong-headed *bn* dwars, verkeerd, eigengereid, eigenzinnig
wrongly *bijw* verkeerd(elijk); bij vergissing; ten onrechte; onrechtvaardig
wrote [rout] V.T. (& gemeenz V.D.) van *write*
wrought [rɔːt] **I** vero V.T. & V.D. van *work*; **II** *bn* bewerkt, geslagen, gesmeed; ~ *iron* smeedijzer *o*
wrought-up *bn* zenuwachtig (gemaakt), overprikkeld, zeer gespannen
wrung [rʌŋ] V.T. & V.D. van *wring*
wry [rai] *bn* scheef², verdraaid, verwrongen; fig bitter, ironisch; *with a ~ face* een scheef gezicht zettend, met een zuur gezicht; ~ *humor* galgenhumor; *a ~ smile* een ironische glimlach
wryly *bijw* scheef², fig zuur; ironisch
wryneck *znw* draaihals [vogel]
wryness *znw* scheefheid²; verdraaidheid; fig zuurheid; ironie
wych-elm ['witʃ'elm] *znw* bergiep
wych-hazel ['witʃheizl] *znw* toverhazelaar
wyvern, wivern ['waivɔːn] *znw* herald gevleugelde draak

x [eks] *znw* (de letter) x
X = 10 [als Romeins cijfer]; fig onbekende grootheid; [v. film] niet voor personen beneden 16 jaar
xenophobia [zenɔ'foubiɔ] *znw* vreemdelingenhaat
xenophobic [zenɔ'foubik] *bn* xenofoob, bang voor/afkerig van vreemdelingen
xerography [ze'rɔgrɔfi] *znw* xerografie
Xerox ['ziɔ-, 'zerɔks] **I** *znw* fotokopie; fotokopieerapparaat *o*; **II** *overg* fotokopiëren
Xmas ['krismɔs] *znw* = *Christmas*
X-ray ['eks'rei] **I** *overg* röntgenologisch behandelen; doorlichten; **II** *bn* röntgen-, röntgenologisch; **III** *znw* **1** röntgenstraal; **2** röntgenfoto; **3** röntgenonderzoek *o*; **4** röntgenafdeling [in ziekenhuis]
X-rays *znw mv* röntgenstralen
xylograph ['zailɔgra:f] *znw* houtsnede, houtgravure [vooral uit de 15de eeuw]
xylography [zai'lɔgrɔfi] *znw* houtsnijkunst
xylophone ['zailɔfoun] *znw* xylofoon

Y

y [wai] *znw* (de letter) y
yacht [jɔt] *znw* (zeil)jacht *o*
yachting *znw* zeilsport
yachtsman *znw* zeiler (in een jacht)
yah [ja:] *tsw* hè [uitjouwend, honend], ja(wel), kun je begrijpen!, ja!, nou ja!, bah!
yahoo [jɔ'hu:] *znw* beestmens; beest *o*
Yahveh, Yahweh ['ja:vei] *znw* Jahweh; Jehovah
1 yak [jæk] *znw* jak: soort buffel
2 yak [jæk] *onoverg gemeenz* kletsen, ratelen
yam [jæm] *znw* broodwortel
yammer ['jæmə] *onoverg gemeenz* jammeren, janken, kreunen; *gemeenz* wauwelen
yank [jæŋk] *gemeenz* **I** *overg* rukken (aan); (weg-) grissen; gooien; **II** *znw* ruk; por
Yank [jæŋk] *znw slang* = *Yankee*
Yankee I *znw* yankee; **II** *bn* Amerikaans
yap [jæp] **I** *onoverg* keffen; *gemeenz* kletsen, kwekken, druk praten; **II** *znw* gekef *o*
yapper *znw* keffer
1 yard [ja:d] *znw* yard: Engelse el = 0,914 m; *scheepv* ra; *by the* ~ per el; *fig* tot in het oneindige
2 yard [ja:d] *znw* (binnen)plaats, erf *o*; emplacement *o*, terrein *o*; *the Y*~ Scotland Yard
yardarm ['ja:da:m] *znw scheepv* nok van de ra
yardman *znw* rangeerder [bij het spoor]; *Am* los werkman
yardstick *znw* ellenstok, el; *fig* maatstaf
yarn [ja:n] **I** *znw* garen *o*, draad *o & m*; (langdradig) verhaal *o*; anekdote; *spin a* ~ een langdradig verhaal vertellen; **II** *onoverg gemeenz* verhalen vertellen
yarrow ['jærou] *znw* duizendblad *o*
yashmak ['jæʃmæk] *znw* [Arabisch] witte vrouwensluier
yaw [jɔ:] *onoverg scheepv* gieren [v. een schip]
yawl [jɔ:l] *znw* jol; klein zeiljacht *o*
yawn [jɔ:n] **I** *onoverg* geeuwen, gapen²; *fig* zich vervelen; **II** *overg* geeuwend zeggen; **III** *znw* geeuw, gaap; *the film is a* ~ de film is stomvervelend
yawp [jɔ:p] **I** *onoverg Am* krijsen, janken; kletsen, zwammen; **II** *znw* gekrijs *o*, gejank *o*; gezwets *o*
yd. *afk.* = *yard* [0,914 m]
1 ye [ji:] *pers vnw plechtig vero* gij, gijlieden
2 ye [ji:, ði:] *lidw vero* de, het
yea [jei] **I** *bijw bijbel* ja; ja zelfs; **II** *znw: a vote of 48* ~*s to 20 nays* 48 stemmen vóór en 20 tegen; ~ *or nay* ja of nee
yeah [jɛə] *tsw gemeenz* ja
yean [ji:n] *onoverg* [v. ooien] lammeren
yeanling *znw vero* lam *o*, geitje *o*

year [jɔ:, jiə] *znw* jaar *o*; *financial* ~ handel boekjaar *o*; *put* ~*s on you slang* je ziek (beroerd) maken; *all (the)* ~ *round* het hele jaar door; ~ *by* ~ jaar aan (op) jaar; ieder jaar; *from one* ~*'s end to the next* jaar in, jaar uit; ~ *in*, ~ *out* jaar in, jaar uit; *in* ~*s* (al) op jaren; *since the* ~ *dot* sinds het jaar nul; *well on in* ~*s* hoogbejaard; *in recent* ~*s* (in) de laatste jaren; zie ook: *grace I*
year-book *znw* jaarboek *o*
yearling I *znw* eenjarig dier *o*; hokkeling; **II** *bn* eenjarig, jarig; van één jaar
year-long *bn* één jaar durend; jarenlang
yearly *bn* jaarlijks, jaar-
yearn [jɔ:n] *onoverg* reikhalzend verlangen, reikhalzen (naar *after, for*); ernaar smachten (om *to*)
yearning I *bn* verlangend, reikhalzend; **II** *znw* verlangen *o*
year-round ['jiɔ'raund] *bn* het hele jaar door
yeast [ji:st] *znw* gist
yeasty *bn* gistig, gistend; schuimend, bruisend; *fig* luchtig, ondegelijk
yell [jel] **I** *onoverg* gillen, het uitschreeuwen (van *with*); **II** *overg* (uit)gillen, schreeuwen (ook: ~ *out*); **III** *znw* gil, geschreeuw *o*
yellow ['jelou] **I** *bn* geel; *slang* laf, gemeen; ~ *fever* gele koorts; ~ *Jack* gele (quarantaine)vlag; gele koorts; ~ *pages* ± gouden gids; ~ *press* sensatiepers; ~ *soap* groene zeep; **II** *znw* geel *o*; eigeel *o*; **III** *overg* (& *onoverg*) geel maken (worden)
yellowback *znw* sensatieroman
yellowish *bn* geelachtig
yellowy *bn* geelachtig, gelig
yelp [jelp] **I** *onoverg* janken [v. hond]; **II** *znw* gejank *o* [v. hond]
Yemen ['jemən] *znw* Jemen *o*
Yemeni ['jeməni] **I** *znw* Jemeniet; **II** *bn* Jemenitisch
1 yen [jen] *znw* yen [Japanse munteenheid]
2 yen [jen] *znw gemeenz* hevig verlangen *o* (naar *for*); verslaafdheid (aan *for*)
yeoman ['joumən] *znw* kleine landeigenaar; eigenerfde; *mil* soldaat v.d. *yeomanry*; ~*('s) service* hulp in nood; *Y*~ *of the Guard* = *Beefeater*
yeomanly *bn* als (van) een *yeoman*; stoer, koen; eenvoudig
yeomanry *znw* stand der *yeomen*; vrijwillige landmilitie te paard
yep [jep] *tsw slang* ja
yes [jes] *tsw* ja; ~, *Sir?* wel?, wat blieft u?
yes-man *znw gemeenz* jabroer, jaknikker
yester- ['jestə] *voorv plechtig* gisteren, vorig
yesterday ['jestədi, -dei] *bijw* gisteren; *the day before* ~ eergisteren
yesteryear ['jestə'jiə] *bijw plechtig* vorig jaar; het recente verleden
yet [jet] **I** *bijw* (vooral)nog; tot nog toe; nu nog, nog altijd; toch; (nog) wel; toch nog; *is he dead* ~? is hij al dood?; *have you done* ~? ben je nu klaar?; *he's* ~ *to arrive* hij is nog niet aangekomen; *as* ~ tot

nog toe; alsnog; *ever* ~ *ooit*; *never* ~ nog nooit; *nor*
~ en ook niet; *not* ~ nog niet; *not so long, nor* ~ *so
wide* en ook niet zo breed; **II** *voegw* maar (toch)
yeti ['jeiti] *znw* yeti, verschrikkelijke sneeuwman
yew [ju:] *znw* taxus(boom); (boog van) taxushout *o*
YHA *afk.* = *Youth Hostels Association*
Yiddish ['jidiʃ] *bn* Jiddisch
yield [ji:ld] **I** *overg* opbrengen, opleveren, afwerpen,
voortbrengen; geven, verlenen, afstaan; overgeven
[stad], prijsgeven; ~ *up* opleveren; opgeven, afstaan; ~ *up the ghost* plechtig de geest geven; **II**
onoverg & abs ww opleveren, geven; meegeven [bij
druk]; toegeven, zwichten; onderdoen (voor *to*);
zich overgeven; ~ *largely (well)* een goed beschot
opleveren; ~ *poorly* weinig opbrengen; ~ *to* ook:
opzij gaan voor; wijken voor; **III** *znw* meegeven *o*
[bij druk]; opbrengst, productie, oogst, beschot *o*
yielder *znw* **1** iem. die toegeeft, zwicht &; *a hard* ~
die niet gemakkelijk toegeeft &; **2** iets dat vrucht
afwerpt
yielding *bn* productief; meegevend; toegeeflijk,
meegaand, buigzaam
yippee! [ji'pi:] *tsw* hoera!, jottem!
YMCA *afk.* = *Young Men's Christian Association*
yob(bo) [jɔb(ou)] *znw* slang hufter
yodel ['joudl] **I** *overg & onoverg* jodelen; **II** *znw* ge-
jodel *o*
yoga ['jougə] *znw* yoga
yogi ['jougi] *znw* (*mv*: -s *of* yogin [-gin]) yogi
yogurt, yoghurt ['jɔgə:t] *znw* yoghurt
yo-heave-ho ['jou'hi:v'hou] *tsw* scheepv haal op!
yoke [jouk] **I** *znw* juk° *o*, span *o* [ossen]; schouderstuk *o* [v. kledingstuk]; **II** *overg* het juk aandoen,
aanspannen; onder het (één) juk brengen; ~ *together* verenigen, verbinden, koppelen
yoke-fellow *znw* makker, maat, lotgenoot; echtgenoot, echtgenote
yokel ['jouk(ə)l] *znw* boerenlummel, -kinkel
yoke-mate ['joukmeit] *znw* = *yoke-fellow*
yolk [jouk] *znw* (eier)dooier
yon [jɔn] *bijw* plechtig = *yonder*
yonder ['jɔndə] **I** *bn* ginds; **II** *bijw* ginder, daarginds
yonks [jɔŋks] gemeenz: *for* ~ eeuwen, een eeuwigheid
yore [jɔ:] *znw*: *of* ~ eertijds, voorheen; *in days of* ~
in vroeger dagen
Yorkshire ['jɔ:kʃə, -ʃiə] *znw* Yorkshire *o*; ~ *pudding*
in rosbief-jus gebakken beslag
you [ju:, ju] *pers vnw* jij, je, gij, u; jullie, jelui; gijlieden, ulieden; men
young [jʌŋ] **I** *bn* jong², jeugdig; onervaren; *the night
is yet* ~ het is nog vroeg in de nacht; *a* ~ *family*
(een troep) kleine kinderen; ~ *lady* jongedame;
(jonge)juffrouw [v. ongetrouwde dames]; *his* ~ *lady*
zijn meisje *o*; ~ *man* jonge man, jongmens *o*; *her* ~
man haar vrijer; *a* ~ *one* een jong [v. dier]; *the* ~
ones de kleinen; de jongen; ~ *things* jonge dingen
(meisjes); **II** *znw* jongen [v. dier]; *the* ~ de jeugd

younger ['jʌŋgə] *bn* jonger; *the* ~ *Pitt, Teniers the* ~
Pitt junior, de jongere (jongste) Teniers
youngest *bn* jongst(e)
youngish ['jʌŋ(g)iʃ] *bn* jeugdig, tamelijk jong
youngling *znw* plechtig jongeling; jong meisje *o*;
jong dier *o*
youngster *znw* jongeling, knaap; *the* ~s de kinderen
your [jɔ:, jɔə, juə] *bez vnw* uw; je, jouw; ~ *Luther &*
die Luther &, zo een Luther &
you're [juə, jɔə] verk. van *you are*
yours [jɔ:z, jɔəz, juəz] *bez vnw* de of het uwe; de
uwen; van u, van jou, van jullie; ~ *of the 4th* uw
schrijven van de 4de; *it is* ~ het is van (voor) u; *it is*
~ *to obey* het is uw plicht te gehoorzamen; ~ *truly
(faithfully, sincerely* &) hoogachtend, geheel de uwe;
~ *truly* ook: schertsend ondergetekende
yourself [jɔ:-, jɔə-, juə'self] *wederk vnw* (*mv*: your-
selves) u, jij, uzelf, jezelf, jullie, jullie zelf, zelf; *you
are not quite* ~ *tonight* je bent niet op dreef vanavond; *you'll soon be quite* ~ *again* je zult weer
spoedig de oude zijn
youth [ju:θ] *znw* jeugd; jeugdigheid; jongeman,
jongen, jongeling; jonge mensen, jongelieden,
jongelui
youth club *znw* jeugdvereniging, jongerencentrum *o*
youthful *bn* jeugdig, jong
youth hostel *znw* jeugdherberg
youth hosteller *znw* bezoeker, -ster van een jeugdherberg
yowl [jaul] **I** *onoverg* huilen, janken; **II** *znw* gehuil *o*,
gejank *o*
yo-yo ['joujou] *znw* jojo
yuan ['ju:a:n, 'ju:ən] *znw* yuan [munteenheid in de
Volksrepubliek China]
yucca ['jʌkə] *znw* yucca
yuck, yuk [jʌk] *tsw* gemeenz gedver!, jasses!, jakkes!
yucky, yukky ['jʌki] *bn* gemeenz vies, smerig
Yugoslav, Yugoslavian ['ju:gou'sla:v, -'sla:viən]
I *znw* Joegoslaaf; **II** *bn* Joegoslavisch
Yugoslavia [ju:gou'sla:vjə] *znw* Joegoslavië *o*
Yule [ju:l] *znw* kersttijd
yule-log *znw* houtblok *o* voor het kerstvuur, kerst-
blok *o*
Yule-tide *znw* kersttijd
yummy ['jʌmi] *bn* gemeenz heerlijk, lekker [eten]
yum yum ['jʌm'jʌm] *tsw* mm, heerlijk, lekker, dat
is smullen geblazen
yuppy ['jʌpi] *znw* = *young urban professional*
yup(pie)
YWCA *afk.* = *Young Women's Christian Association*

679

Z

z [zed] *znw* (de letter) z
Zaïre [za:'iə] *znw* Zaïre *o*
Zaïrean *znw* & *bn* Zaïrees
Zambia ['zæmbiə] *znw* Zambia *o*
Zambian ['zæmbiən] *znw* & *bn* Zambiaan(s)
zany ['zeini] **I** *znw* pias[2], potsenmaker, hansworst; **II** *bn* gemeenz mesjogge, (knots)gek, absurd, belachelijk
zap [zæp] gemeenz **I** *overg* neerknallen, vernietigen; comput wissen, wijzigen [gegevens]; zappen [op tv]; meppen [bal &]; emotioneel overweldigen; **II** *onoverg* vliegen, zoeven, flitsen
zariba, zareba [zə'ri:bə] *znw* omheining, palissade [in Soedan]
zeal [zi:l] *znw* ijver, vuur *o*, dienstijver
Zealand ['zi:lənd] *znw* & *bn* (van) Zeeland *o*
zealot ['zelət] *znw* zeloot, ijveraar, dweper, fanaticus
zealotry *znw* gedweep *o*, fanatisme *o*
zealous *bn* ijverig, vurig
zebra ['zi:brə] *znw* dierk zebra; ~ *crossing* zebrapad *o*
zebu ['zi:bu:] *znw* zeboe
Zen [zen] *znw* Zen
zenana [ze'na:nə, zi'na:nə] *znw* vrouwenverblijf *o*, harem
zenith ['zeniθ] *znw* zenit *o*, toppunt *o*; fig hoogtepunt *o*
zephyr ['zefə] *znw* zefier, koeltje *o*, windje *o*
zeppelin ['zepəlin] *znw* zeppelin
zero ['ziərou] **I** *znw* (*mv*: -s *of* zeroes) nul, nulpunt *o*; laagste punt *o*; beginpunt *o*; ~ *hour* het uur U; **II** *onoverg*: ~ *in on* mil zich inschieten op; fig zijn aandacht richten op
zest [zest] *znw* schilletje *o* [v. sinaasappel, citroen]; fig wat een gesprek & kruidt; smaak, genot *o*, lust, animo; ~ *for life* levenslust; *add (give)* ~ *to...* jeu geven aan, kruiden
zigzag ['zigzæg] **I** *znw* zigzag; *in* ~*s* zigzagsgewijze; **II** *bn* zigzagsgewijs lopend, zigzag-; **III** *bijw* zigzagsgewijs; **IV** *onoverg* zigzagsgewijs lopen, gaan &, zigzaggen
Zimbabwe [zim'ba:bwi] *znw* Zimbabwe *o*
Zimbabwean I *znw* Zimbabweaan; **II** *bn* Zimbabweaans
zinc [ziŋk] *znw* zink *o*
zing [ziŋ] *znw* jeu, pit, kracht, vitaliteit
Zion ['zaiən] *znw* Zion *o*, Jeruzalem[2] *o*
Zionism *znw* zionisme *o*
Zionist *znw* & *bn* zionist, zionistisch
zip [zip] **I** *znw* rits(sluiting); gefluit *o* [van een geweerkogel]; gemeenz fut, pit; **II** *onoverg* fluiten [v.

kogels]; langsvliegen, -snellen, -snorren; **III** *overg* dichttrekken (ook: ~ *up*)
zip code *znw* = *zone improvement plan code* Am postcode
zip fastener, zip fastening, zipper *znw* ritssluiting
zippy *bn* gemeenz pittig, voortvarend, dynamisch, energiek
zither ['ziðə] *znw* citer
zodiac ['zoudiæk] *znw* zodiak, dierenriem
zodiacal [zou'daiəkl] *bn* zodiakaal, in/van de dierenriem
zombie ['zɔmbi] *znw* zombie[2], (door tovenarij) tot leven gebracht lijk *o*; gemeenz iem. die automatisch handelt, die meer dood dan levend schijnt
zonal ['zounəl] *bn* zonaal, zone-
zone I *znw* zone, gebied *o*, luchtstreek, gordel[2]; **II** *overg* omgorden; verdelen in zones
zonked [zɔŋkt] *bn* slang **1** ladderzat; **2** stoned; **3** afgepeigerd, uitgeput
zoo [zu:] *znw* dierentuin, diergaarde
zoological [zouə'lɔdʒikl] *vóór garden*: zu'lɔdʒikl] *bn* zoölogisch, dierkundig; ~ *garden(s)* dierentuin, diergaarde
zoologist [zou'ɔlədʒist] *znw* zoöloog, dierkundige
zoology [zou'ɔlədʒi] *znw* zoölogie, dierkunde
zoom [zu:m] **I** *onoverg* zoemen, suizen; plotseling (snel) stijgen; zoomen [v. filmcamera]; ~ *in on* inzoomen op; **II** *znw* luchtv zoemer, zoemvlucht; zoom [v. filmcamera]
zoom lens *znw* zoomlens
zoot [zu:t] *bn* slang opzichtig, kakelbont; erg in de mode; ~ *suit* slang herenpak *o* met lang jasje en nauwsluitende broek
Zouave [zu'a:v] *znw* zoeaaf
zounds [zaundz, zu:ndz] *tsw* vero drommels!, potdorie!
zucchini [zu:'kini] *znw* Am courgette
Zulu ['zu:lu:] *znw* Zoeloe

Engelse onregelmatige werkwoorden

English irregular verbs

ONBEP. WIJS	VERL. TIJD	VOLT. DEELW.	ONBEP. WIJS	VERL. TIJD	VOLT. DEELW.
abide	- abode, abided	- abode, abided	do	- did	- done
			draw	- drew	- drawn
arise	- arose	- arisen	dream	- dreamt, dreamed	- dreamt, dreamed
awake	- awoke, awaked	- awoke, awaked			
			drink	- drank	- drunk
be	- was	- been	drive	- drove	- driven
bear	- bore	- borne	dwell	- dwelt, dwelled	- dwelt, dwelled
beat	- beat	- beaten			
become	- became	- become	eat	- ate	- eaten
befall	- befell	- befallen	fall	- fell	- fallen
beget	- begat, begot	- begot(ten)	feed	- fed	- fed
begin	- began	- begun	feel	- felt	- felt
behold	- beheld	- beheld	fight	- fought	- fought
bend	- bent	- bent	find	- found	- found
beseech	- besought	- besought	flee	- fled	- fled
bet	- bet, betted	- bet, betted	fling	- flung	- flung
betake	- betook	- betaken	fly	- flew	- flown
1 bid	- bade	- bidden	forbear	- forbore	- forborne
(verzoeken)			forbid	- forbade	- forbidden
2 bid	- bid	- bid	forget	- forgot	- forgotten
(bieden)			forgive	- forgave	- forgiven
bind	- bound	- bound	for(e)go	- for(e)went	- for(e)gone
bite	- bit	- bitten	forsake	- forsook	- forsaken
bleed	- bled	- bled	freeze	- froze	- frozen
blend	- blended, blent	- blended, blent	get	- got	- got (Am gotten)
blow	- blew	- blown	gird	- girded, girt	- girded, girt
break	- broke	- broken	give	- gave	- given
breed	- bred	- bred	go	- went	- gone
bring	- brought	- brought	grind	- ground	- ground
build	- built	- built	grow	- grew	- grown
burn	- burnt, burned	- burnt, burned	1 hang	- hung	- hung
			2 hang	- hanged	- hanged
burst	- burst	- burst	(ophangen [als		
buy	- bought	- bought	straf])		
can	- could	- (been able)	have	- had	- had
cast	- cast	- cast	hear	- heard	- heard
catch	- caught	- caught	heave	- heaved,	- heaved,
chide	- chid	- chid(den)		scheepv hove	scheepv hove
choose	- chose	- chosen	hew	- hewed	- hewn, hewed
cleave	- cleft	- cleft			
cling	- clung	- clung	hide	- hid	- hid(den)
come	- came	- come	hit	- hit	- hit
cost	- cost	- cost	hold	- held	- held
creep	- crept	- crept	hurt	- hurt	- hurt
cut	- cut	- cut	keep	- kept	- kept
deal	- dealt	- dealt	kneel	- knelt, kneeled	- knelt, kneeled
dig	- dug	- dug			

ONBEP. WIJS	VERL. TIJD	VOLT. DEELW.	ONBEP. WIJS	VERL. TIJD	VOLT. DEELW.
knit	- knit, knitted	- knit, knitted	shrive	- shrove	- shriven
			shut	- shut	- shut
know	- knew	- known	sing	- sang	- sung
lay	- laid	- laid	sink	- sank	- sunk
lead	- led	- led	sit	- sat	- sat
lean	- leant, leaned	- leant, leaned	slay	- slew	- slain
			sleep	- slept	- slept
leap	- leapt, leaped	- leapt, leaped	slide	- slid	- slid
			sling	- slung	- slung
learn	- learnt, learned	- learnt, learned	slink	- slunk	- slunk
			slit	- slit	- slit
leave	- left	- left	smell	- smelt, smelled	- smelt, smelled
lend	- lent	- lent			
let	- let	- let	smite	- smote	- smitten
lie	- lay	- lain	sow	- sowed	- sown, sowed
light	- lit, lighted	- lit, lighted			
lose	- lost	- lost	speak	- spoke	- spoken
make	- made	- made	speed	- sped	- sped
may	- might	- (been allowed)	spell	- spelt, spelled	- spelt, spelled
mean	- meant	- meant	spend	- spent	- spent
meet	- met	- met	spill	- spilt, spilled	- spilt, spilled
mow	- mowed	- mown	spin	- spun	- spun
must	- must	- (been obliged)	spit	- spat	- spat
			split	- split	- split
ought	- ought		spoil	- spoilt, spoiled	- spoilt, spoiled
overcome	- overcame	- overcome			
partake	- partook	- partaken	spread	- spread	- spread
pay	- paid	- paid	spring	- sprang	- sprung
put	- put	- put	stand	- stood	- stood
read	- read	- read	steal	- stole	- stolen
rend	- rent	- rent	stick	- stuck	- stuck
rid	- rid	- rid	sting	- stung	- stung
ride	- rode	- ridden	stink	- stank	- stunk
ring	- rang	- rung	strew	- strewed	- strewn, strewed
rise	- rose	- risen			
run	- ran	- run	stride	- strode	- stridden
saw	- sawed	- sawn, sawed	strike	- struck	- struck
say	- said	- said	string	- strung	- strung
see	- saw	- seen	strive	- strove	- striven
seek	- sought	- sought	swear	- swore	- sworn
sell	- sold	- sold	sweat	- sweat, sweated	- sweat, sweated
send	- sent	- sent			
set	- set	- set	sweep	- swept	- swept
sew	- sewed	- sewn, sewed	swell	- swelled	- swollen, swelled
shake	- shook	- shaken			
shall	- should		swim	- swam	- swum
shear	- sheared	- shorn	swing	- swung	- swung
shed	- shed	- shed	take	- took	- taken
shine	- shone	- shone	teach	- taught	- taught
shoe	- shod	- shod	tear	- tore	- torn
shoot	- shot	- shot	tell	- told	- told
show	- showed	- shown	think	- thought	- thought
shred	- shred, shredded	- shred, shredded	thrive	- throve, thrived	- thriven, thrived
shrink	- shrink	- shrunk	throw	- threw	- thrown

ONBEP. WIJS	VERL. TIJD	VOLT. DEELW.	ONBEP. WIJS	VERL. TIJD	VOLT. DEELW.
thrust	- thrust	- thrust	**win**	- won	- won
tread	- trod	- trodden	**wind**	- wound	- wound
understand	- understood	- understood	**withdraw**	- withdrew	- withdrawn
wake	- woke, waked	- woke, waked	**withhold**	- withheld	- withheld
			withstand	- withstood	- withstood
wear	- wore	- worn	**wring**	- wrung	- wrung
weave	- wove	- woven	**write**	- wrote	- written
weep	- wept	- wept			
will	- would	- (been willing)			

Dutch grammar

CONTENTS

I PRONUNCIATION

Dutch is pronounced very differently from English. Given the limited scope of this guide, we offer only an approximate idea of how to pronounce Dutch. Whenever possible, we will use English equivalents to explain the pronunciation.

1 Consonants

The consonants b, c, d, f, h, k, l, m, n, p, q, s, t, v, x and z are pronounced more or less the same in both Dutch and English. However, in Dutch the letters *b* and *d* are pronounced like *p* and *t* when they occur at the end of a word.

g is a guttural throat sound pronounced like the Scottish *ch* in *Loch Ness*.

j is pronounced like the *y* in *yard*.

r is pronounced more or less like a Scottish rolling r.

w is pronounced more or less as in *week*. However, the lips are not as rounded and the lower teeth are placed against the upper lip.

y can be either a vowel or a consonant, just as in English. At the beginning of a word, it's pronounced like a *j* (see above). At the end of a syllable, it's pronounced like the *ee* in *week*. In the middle of a syllable, it's pronounced like the *i* in *sin*.

ch is pronounced like *g* (see above).
ng is pronounced as in the word *long*.
nk is pronounced as in the word *link*.
schr is pronounced like the *sr* in *Sri Lanka*.

2 Vowels

There is a great difference in the pronunciation of vowels between Dutch and English.

2.1 Long vowels

Dutch has seven long vowels, including a few that English does not have. The long vowels *aa, ee, oo* and *uu* can be written as either double or single letters (*a, e, o* and *u*). This depends on whether they are in an open or a closed syllable (see the spelling rules in section II).

aa as in *raam* (window) is pronounced the same as the *a* in *car*, except that the mouth is opened a little wider.

ee as in *nee* (no) is usually pronounced like the *ay* in *say*. However, when combined with an *r* (*eer*), it sounds more like the *ee* in the German word *Meer*.

ie as in *riet* (reed) is pronounced like the *ea* in *meat*, except that it's a little shorter.

oo as in *boog* (arch) is pronounced like the *o* in *low*. However, when combined with an *r* (*oor*), it sounds more like the English word *door*.

uu as in *muur* (wall) is pronounced like the *ü* in the German word *für*.

oe as in *zoet* (sweet) is usually pronounced like the *u* in the English word *put*. However, when combined with an *r* (*oer*), it's a little longer, as in the English word *poor*.

eu as in *sleutel* is a sound that does not occur in English. It's usually pronounced like the French word *deux*. However, when combined with an *r* (*eur*), it sounds more like the French word *peur*.

2.2 Short vowels

Dutch has five short vowels:

> **a** as in *stad* (city) = *car*, but then shorter
> **e** as in *mes* (knife) = *set*
> **i** as in *kind* (child) = *sit*
> **o** as in *mol* (mole) = *not*
> **u** as in *kus* (kiss) = *fur*, but then shorter

2.3 Diphthongs

Dutch has the following diphthongs:

> **au** as in *gauw* (soon) = *now*
> **ou** as in *nou* (now) = the same as *au*
> **ij** as in *bij* (bee) = the *eil* in the French word *réveil*
> **ei** as in *eik* (oak) = the same as *ij*
> **ui** as in *duin* (dune) = the *euil* in the French word *fauteuil*
> **uw** as in *duw* (push) = combination of the Dutch *uu* and *w*
> **aai** as in *haai* (shark) = *lie*, but with the mouth open wider
> **ooi** as in *kooi* (cage) = combination of the Dutch *oo* and *j*
> **oei** as in *boei* (buoy) = combination of the Dutch *oe* and *j*
> **eeuw** as in *meeuw* (gull) = combination of the Dutch *ee* and *w*
> **ieuw** as in *nieuw* (new) = combination of the Dutch *ie* and *w*

Note: A silent *e*, as in the English word *the*, can be written as the *e* in *de* (the), the *ee* in *een* (a/an), the *i* in *aardig* (nice) or the *ij* in *vrolijk* (cheerful).

3 Stresses

In most Dutch words with more than one syllable, the stress is on the first syllable:

> *winter* (winter), *lopen* (walk), *vrachtwagenchauffeur* (lorry driver)

Exceptions

– In words that begin with the prefix *be, er, ge, her, ont* or *ver*, the stress is on the second syllable:

> *beton* (concrete), *ervaring* (experience), *gezondheid* (health)

– In words that end with the suffix *isch*, the stress is on the next to last syllable:

> *economisch* (economical), *fantastisch* (fantastic)

– In many loan words, the stress falls in a different place:

> *fabriek* (factory), *invalide* (disabled), *prematuur* (premature)

II SPELLING RULES

Because the spelling of nouns, adjectives and verbs often changes when endings are added, we offer you a few basic spelling rules.

1 Long and short vowels

Long vowels in Dutch are written either as single or double letters. To decide which to use, you must be able to distinguish between *open* and *closed* syllables.

Open syllables end in a vowel (the hyphens here denote syllable breaks):

le-ven (life)
dro-men (dream)
ma-ken (make)

Closed syllables end in a consonant:

rok (skirt)   plural: *rok-ken*
beest (beast)   plural: *bees-ten*
hond (dog)   plural: *hon-den*

Syllables are divided according to the following rules:

- A single consonant forms the beginning of the next syllable (the *m* in *dromen*).
- When there are two consonants in a row, the syllable is usually divided between the consonants (between the *s* and the *t* in *beesten* and between the *n* and the *d* in *honden*).
- A word or a syllable may never end (or begin) with two of the same consonants (not *rokk*). The division always comes between the two consonants (*rok-ken*).

When a **long vowel** is in a *closed syllable*, it is written as a double letter: *been* (leg), *haar* (hair), *geel* (yellow).

When the **long vowels** *aa, ee, oo* and *uu* are in an *open syllable*, they are written as a single letter: *benen, haren, gele*.

When the **long vowels** *ie, oe* and *eu* are in an *open syllable*, they do not change: *vieren* (celebrate), *voeren* (feed), *deuren* (doors). Exceptions to this rule are loan words in which the long vowel *ie* is sometimes written as an *i*: *juni* (June), *liter* (litre).

Note: When long vowels occur at the end of a word, they are generally written as a single letter: *la* (drawer), *kano* (canoe). The exception to this rule is *ee*: *nee* (no), *twee* (two), *idee* (idea).

Short vowels occur only in closed syllables and are written as a single letter:

kam (comb) – plural: *kammen*
put (well) – plural: *putten*

As you can see, in the plural the consonants *m* and *t* in *kammen* and *putten* are doubled so that the preceding vowels, in this case *a* and *u*, will remain short.

This doubling of consonants rule is also important in the declension of adjectives (see section IV):

nat (wet) – *een natte straat* (a wet street)

2 Changing *f* and *s* into *v* and *z*

In many words that end in *f*, the *f* becomes a *v* when the word is pluralized, declined or conjugated, provided the *f* is preceded by a long vowel or a voiced consonant:

brief (letter) – *brieven* (letters)
braaf (good) – *een brave hond* (a good dog)
half (half) – *de halve waarheid* (half the truth)
ik leef (I live) – *wij leven* (we live)

Under the same circumstances, an *s* at the end of word generally changes to a *z*:

huis (house) – *huizen* (houses)
gans (goose) – *ganzen* (geese)
boos (angry) – *een boze man* (an angry man)
ik lees (I read) – *wij lezen* (we read)

III ARTICLES AND NOUNS

A noun is a word that denotes a person, an animal or a thing (either concrete or abstract), such as *vrouw* (woman), *leeuw* (lion), *tafel* (table), *koffie* (coffee), *moed* (courage) and *geluk* (happiness). Nouns in Dutch are either *masculine, feminine* or *neuter*. These are purely linguistic concepts that have nothing to do with biology. The word *vrouw* (woman) does happen to be feminine, but so do the words *bank* (couch) and *lamp* (lamp). And yet the word *meisje* (girl), which refers to a female, is neuter. You must know whether a word is masculine, feminine or neuter to decide whether it gets the definite article *de* or *het*.

1 Articles

Nouns are often preceded by an article. The **indefinite article** *a* or *an* is always **een** in Dutch:

een dame (a lady)   *een kind* (a child)
een man (a man)   *een boom* (a tree)

The **definite article** *the* has two forms in Dutch: **de** and **het**. **De** is used with masculine and feminine nouns and all plural nouns:

de man (the man)   *de koe* (the cow)
de vrouw (the woman)   *de huizen* (the houses)

Het is used with neuter nouns and diminutives:

het huis (the house)   *het kind* (the child)
het meisje (the girl)   *het mannetje* (the little man)

Since the Dutch themselves rarely distinguish anymore between masculine and feminine nouns, from now on we shall only talk about *de* and *het* words. In this dictionary Dutch entries marked with an *o* for *onzijdig* (neuter) are *het* words. If there is no *o*, it is a *de* word.

There are a few striking differences between Dutch and English:

– Abstract nouns usually require a definite article in Dutch:

de liefde (love)   *het leven* (life)
het communisme (communism)   *de dood* (death)

– Professions and nationalities do not require an indefinite article in Dutch when they are used in sentences of the following type:

Zij is leraar (she's a teacher).
Ik ben Engelsman (I'm an Englishman).

2 Plurals

2.1 Plurals ending in *en*

Plurals are generally formed in Dutch by adding *en* to the singular:

boek – boeken (book – books)
hond – honden (dog – dogs)
vrouw – vrouwen (woman – women)

The spelling rules in section II also apply to the formation of plurals:

– A long vowel with a double letter is reduced to a single letter in the plural:

been (leg) – *benen* (not *beenen*)
boot (boat) – *boten* (not *booten*)

– After a short vowel, the final consonant is doubled:

kam (comb) – *kammen* (not *kamen*)
bot (bone) – *botten* (not *boten*)

– The final *s* and *f* are sometimes changed to *z* and *v* in the plural:

huis (house) – *huizen* (not *huisen*)
wolf (wolf) – *wolven* (not *wolfen*)

Occasionally a combination of these rules applies:

baas (boss) – *bazen*
raaf (raven) – *raven*

2.2 Plurals ending in *s*

Plurals are formed by adding an *s* to:

– words that end in *el*, *em*, *en* or *er*, where the *e* is silent:

lepel (spoon) – *lepels*
bezem (broom) – *bezems*
kussen (pillow) – *kussens*
kever (beetle) – *kevers*

– words that end in *aar*, *eur*, *ier* or *oor*:

bedelaar (beggar) – *bedelaars*
conducteur (conductor) – *conducteurs*
kruidenier (grocer) – *kruideniers*
majoor (major) – *majoors*

– all diminutives:

meisje (girl) – *meisjes*
hondje (little dog) – *hondjes*

– most loan words:

telefoon (telephone) – *telefoons*
club (club) – *clubs*

An apostrophe is written before the plural *s* in words ending in *a, i, o, u* or *y*, as otherwise the vowel would be short: *drama's, ski's, hobo's, menu's, baby's*.

Words that end in a silent *e* take either an *s* or an *n* in the plural:

gemeente (municipality) – *gemeenten* or *gemeentes*
ziekte (disease) – *ziekten* or *ziektes*

2.3 Plurals ending in *eren*

A number of *het* words form plurals by adding *eren*. The most important of these are:

blad (leaf) – *bladeren*
ei (egg) – *eieren*
kalf (calf) – *kalveren*
kind (child) – *kinderen*
rund (cow) – *runderen*

2.4 Irregular plurals

In certain words the vowel changes or gets longer. The most important of these are:

bad (bath) – *baden*
bedrag (amount) – *bedragen*
bevel (order) – *bevelen*
blad (sheet) – *bladen*
dag (day) – *dagen*
dak (roof) – *daken*
dal (valley) – *dalen*

god (god) – *goden*
graf (grave) – *graven*
oorlog (war) – *oorlogen*
slag (blow) – *slagen*
slot (lock) – *sloten*
weg (road) – *wegen*
lid (member) – *leden*

gat (hole) – *gaten* *schip* (ship) – *schepen*
glas (glass) – *glazen* *stad* (city) – *steden*

In words that end in *heid*, plurals are formed by changing *heid* to *heden*:

gelegenheid (occasion) – *gelegenheden*
waarheid (truth) – *waarheden*

In Latin loan words ending in *um*, plurals are formed by changing *um* to *a*, although the plural *s* is also allowed:

museum (museum) – *musea* or *museums*

In certain Latin loan words ending in *cus*, plurals are formed by changing *cus* to *ci*:

musicus (musician) – *musici*
politicus (politician) – *politici*

3 Diminutives

Many nouns can be turned into diminutives. Diminutives are always *het* words with a plural *s*. Diminutives are much more common in Dutch than in English. They do not merely denote how small a person or a thing is, but may also be an expression of affection, tenderness, irony or contempt. Some words are almost always used in the diminutive: *meisje* (girl), *theekopje* (teacup). Sometimes the word *klein* (little/small) is even used together with the diminutive: *een klein dorpje* (a small village).

Most diminutives are formed by adding *je* to the end of the noun:

boek (book) – *boekje*
huis (house) – *huisje*

However, the endings *tje, etje* and *pje* also occur:

duw (push) – *duwtje*
ding (thing) – *dingetje*
arm (arm) – *armpje*

Many words that have an irregular plural also have an irregular diminutive:

blad (leaf/sheet) – *blaadje*
gat (hole) – *gaatje*
glas (glass) – *glaasje*
schip (ship) – *scheepje*

IV ADJECTIVES

Adjectives modify nouns. For example, *mooie* modifies the noun *foto* in the sentence: *het is een mooie foto* (it's a nice picture). Although adjectives frequently precede the nouns to which they refer, they can also be placed elsewhere in the sentence: *de foto is mooi* (the picture is nice).

1 Declension of adjectives

In Dutch, when an adjective precedes a noun, it is usually declined. This means that an *e* is added:

mooi (nice) – *de mooie foto* (the nice picture)
blauw (blue) – *een blauwe auto* (a blue car)

These declensions follow the spelling rules for long and short vowels and the changing of *s* and *z* into *f* and *v* (see section II):

groot (big) – *het grote huis* (the big house)
dik (fat) – *een dikke man* (a fat man)
boos (angry) – *een boze vrouw* (an angry woman)
doof (deaf) – *een dove prinses* (a deaf princess)

However, adjectives are not declined (i.e. no *e* is added) in the following cases:

– before *het* words used without an article:

mooi weer (nice weather)
hard metaal (hard metal)

– before *het* words used with an indefinite article:

een groot huis (a big house)
een vreemd idee (a strange idea)

– before *het* words used with indefinite pronouns such as *geen* (not a/no), *elk* (each), *ieder* (each), *zo'n* (such a):

geen wit huis (not a white house)
zo'n eng beest (such a creepy animal)

– when the adjective follows the noun it modifies (e.g. comes at the end of a sentence):

De auto is blauw (the car is blue).
Die man is dik (the man is fat).

– when the adjective ends in *en*:

een dronken zeeman (a drunken sailor)
het houten huis (the wooden house)
het gestolen beeld (the stolen statue)

– when the adjective is derived from the name of a material or substance:

een plastic tas (a plastic bag)
een aluminium lamp (an aluminium lamp)

As in English, present and past participles (see section X) can also be used as adjectives. They are then declined according to the above rules:

een huilende man (a sobbing man)
een gescheurde jas (a torn coat)
de gesloten deur (the closed door)

2 Comparatives and superlatives

Comparatives are usually formed by adding the suffix *er* and the superlative by adding the suffix *st*:

klein – kleiner – kleinst (small – smaller – smallest)
gek – gekker – gekst (crazy – crazier – craziest)
lief – liever – liefst (sweet – sweeter – sweetest)
vies – viezer – viest (dirty – dirtier – dirtiest)

As the examples show, the spelling rules in section II apply here as well.

In adjectives that end in *r*, the comparative is formed by adding a *d* before the suffix *er*:

duur – duurder – duurst (expensive)
lekker – lekkerder – lekkerst (tasty)

Just as in English, comparatives and superlatives can also be formed by using the words *meer* (more) and *meest* (most). Superlatives using *meest* are fairly common; in fact they are required when the adjective ends in *st* or *sd*:

waarschijnlijk – waarschijnlijker or *meer waarschijnlijk – waarschijnlijkst* or *meest waarschijnlijk* (likely)
verbaasd – verbaasder or *meer verbaasd – meest verbaasd* (surprised)
gewenst – gewenster or *meer gewenst – meest gewenst* (wanted)

Comparatives and superlatives are declined according to the same rules as regular adjectives:

jong – een jonge man – een jongere man – de jongste man (young – a young man – a younger man – the youngest man)
donker – het donkere huis – een donkerder huis – het donkerste huis
(dark – the dark house – a darker house – the darkest house)

Unlike English, Dutch uses the superlative to compare two or more things:

Hij is de oudste van de twee (he is the elder of the two).

In comparisons in which the word *than* is used, Dutch uses the word *dan*:

Dit materiaal is sterker dan metaal (this material is stronger than metal).

3 Irregular comparatives and superlatives

goed – beter – best (good – better – best)
veel – meer – meest (much/many – more – most)
weinig – minder – minst (little – less – least)

V ADVERBS

Adverbs can modify:

– verbs: *Zij zingt **mooi*** (she sings beautifully).
– adjectives: *Hij is **erg** verlegen* (he's very shy).
– an entire sentence: ***Gelukkig** komt hij niet* (fortunately he isn't coming).

Adverbs are usually formed in English by adding *ly* to the adjective from which they are derived. In Dutch, however, adverbs often have the same form as the (undeclined) adjective. Still, many commonly used adverbs are not derived from adjectives at all:

nu (now)	*er* (there)
toen (then)	*hier* (here)
al (already)	*daar* (there)
vandaag (today)	*erg* (very)
morgen (tomorrow)	*ook* (also)
gisteren (yesterday)	*misschien* (perhaps/maybe)
weer (again)	*dus* (so)
altijd (always)	*eigenlijk* (actually)
nooit (never)	*bijna* (almost)

Adverbs are never declined. However, when adverbs derived from adjectives are used in the comparative or the superlative, they keep the adjective form (see section IV.2).

Like adjectives, adverbs can be placed in various parts of a sentence (see section IV).

VI PERSONAL PRONOUNS

Dutch has the following personal pronouns:

	SUBJECT FORM	OBJECT FORM
1st pers. sing.	*ik* (I)	*mij (me)* (me)
2nd pers. sing.	*jij (je)* (you)	*jou (je)* (you)
	u (you)	*u* (you)
3rd pers. sing	*hij* (he)	*hem* (him)
	zij (ze) (she)	*haar* (her)
	het ('t) (it)	*het ('t)* (it)
1st pers. pl.	*wij (we)* (we)	*ons* (us)
2nd pers. pl.	*jullie* (you)	*jullie* (you)
	u (you)	*u* (you)
3rd pers. pl.	*zij (ze)* (they)	*ze, hun/hen* (them)

The forms in parentheses (*je, ze, 't*, etc.) are used when the personal pronouns are not emphasized. They are common in everyday speech, though you often see them in written language as well.

The word *you* has three forms in Dutch:

- *jij* (or the unemphasized *je*) is used to address family, close friends and children.
- *u*, the polite form, is used to address adults you do not know very well and as a token of respect. Even though it can refer to one or more persons, *u* always takes a singular verb (see section X).
- *jullie* is the plural form of *je*.

Hij is used to denote people and animals of the male gender, and *zij* those of the female gender. Most Dutch people also use *hij* to refer to *de* words that denote inanimate objects, whereas English normally uses *it*:

> *De auto start niet. Hij staat in de garage.*
> (The car doesn't start. It's in the garage.)

Het is used to denote *het* words:

> *Het huis staat op de hoek. Het is wit.*
> (The house is on the corner. It's white.)

Het is also used in sentences of the type: *het regent* (it's raining) and *het is laat* (it's late).

The right-hand column in the above table lists the personal pronouns used as objects in a sentence:

> *Ik geef hem een boek* (I am giving him a book).
> *Hij schrijft jullie een brief* (he is writing you a letter).

There are three forms listed under the 3rd personal plural: *ze, hun* and *hen*. Strictly speaking, *hun* is the form for indirect objects: *hij schrijft hun een brief* (he is writing them a letter); *hen* for direct objects and after prepositions: *ik veracht hen* (I despise them). However, many Dutch people use the form *ze* in both cases: *hij schrijft ze een brief, ik veracht ze.*

VII POSSESSIVE PRONOUNS

Dutch has the following possessive pronouns:

> *mijn* (my)
> *jouw* (unemphasized: *je*) (your)
> *uw* (your)
> *zijn* (his)
> *haar* (her)
> *ons/onze* (our)
> *jullie* (your)
> *hun* (their)

Possessive pronouns normally come before the nouns to which they refer, in which case they are not declined. An exception is the Dutch equivalent of *our*: *ons* is used with *het* words in the singular, and *onze* with *de* words and plurals:

> *ons kind – onze kinderen* (our child – our children)
> *onze boot – onze boten* (our boat – our boats)

Possessive pronouns can also be used without a noun. In that case, they are preceded by a definite article (i.e. *de* with *de* words and *het* with *het* words), and an *e* is added to the possessive pronoun:

> *Dit is mijn fiets en dat is de zijne*
> (this is my bicycle and that is his).
> *Dat is hun idee, niet het onze*
> (that is their idea, not ours).

An exception to this rule is *jullie*, which uses the following construction: *van* (of) + the object form of the personal pronoun (see section VI):

> *Dit is onze tent en dat is die van jullie*
> (this is our tent and that is yours).

This *van* construction can also be applied to all other personal pronouns in the object form:

> *Deze fiets is niet de jouwe, het is die van mij*
> (this bicycle isn't yours, it's mine).

When the name of a person is used as a possessive, an *s* is added to the name:

> *Peters hond* (Peter's dog)
> *Edgars dochter* (Edgar's daughter)

When the name ends in a long vowel (*a, i, o, u* or *y*), an apostrophe is placed before the *s* to maintain the long vowel sound. When the name ends in een *s*, an apostrophe is placed after the name, just as in English:

> *Donna's vriend* (Donna's friend)
> *Hans' vrouw* (Hans' wife)

VIII INTERROGATIVES

Interrogatives introduce a question. They usually come at the beginning of a sentence (see section XI.4). Except for *welk(e)* (which/what), they are not declined. Some interrogatives (*wie, wat* and *welke* (who, what and which) can be combined with a preposition. The most important of these are given below:

wie (who):

> *Wie is dat* (who is that)?
> *Wie zullen wij uitnodigen* (who shall we invite)?
> *Met wie ga je naar het feest* (with whom are you going to the party)?
> *Aan wie heb jij het boek gegeven* (to whom did you give the book)?
> *Van wie is deze auto* (whose car is this?)

wat (what):

> *Wat zie je* (what do you see)?
> *Wat hebben jullie gisteren gedaan* (what did you do yesterday)?

Note: When combined with a preposition, *wat* changes to *waar*:

> *aan + wat* becomes *waaraan*: *Waaraan denk je* (what are you thinking about?)
> *over + wat* becomes *waarover*: *Waarover praten jullie* (what are you talking about)?
> *met + wat* becomes *waarmee*: *Waarmee heeft zij die tekening gemaakt* (what did she make the drawing with)?

welk(e) (which/what):

> *Welke kleur wil je* (which colour do you want)?
> *Met welke auto gaan we* (which car are we going in)?

Note: Since **welk(e)** is declined as an adjective, an *e* is added unless it is used before a singular *het* woord:

> *Welke jongen bedoel je* (which boy do you mean)?
> *Welk huis is het grootst* (which house is the biggest)?

waar (where): *Waar is het* (where is it)?

wanneer (when): *Wanneer komen jullie terug* (when are you coming back)?

waarom (why): *Waarom vraag je dat* (why are you asking that)?

hoe (how): *Hoe doe je dat* (how do you do that)?

IX DEMONSTRATIVES

There are four demonstratives in Dutch: *deze, die, dit* and *dat*. Their use depends on the number and gender of the noun they modify (singular or plural, *de* or *het* word) and the distance (in space and time) between the speaker and the object being discussed:

	de word sing.	*het* word sing.	plural
near	*deze* (this)	*dit* (this)	*deze* (these)
far	*die* (that)	*dat* (that)	*die* (those)

> *de kat* (the cat) – *deze kat* (this cat) – *die kat* (that cat)
> *het boek* (the book) – *dit boek* (this book) – *dat boek* (that book)
> *de jaren* (the years) – *deze jaren* (these years) – *die jaren* (those years)

Demonstratives can also be used without a noun:

> *Deze man is rijker dan die* (this man is richer than that one).
> *Ik heb liever deze* (I prefer these).

When a sentence begins with a demonstrative and no noun follows, only *dit* or *dat* are used, regardless of whether it refers to a singular or plural object:

> *Dit zijn mooie huizen* (these are beautiful houses).
> *Dat zijn aardige mensen* (those are nice people).

X VERBS

1 The stem

Before you can form verb tenses (the present tense, the past tense, the past participle, the imperative, etc.), you must be able to determine the stem. A stem is formed by deleting the final *en* from the infinitive (verbs are always listed in the infinitive form in dictionaries):

dansen (to dance)	stem: *dans*
werken (to work)	stem: *werk*

The spelling rules given in section II apply here as well:

horen (to hear)	stem: *hoor* (the *o* is doubled)
vallen (to fall)	stem: *val* (an *l* is dropped)
beloven (to promise)	stem: *beloof* (*v* becomes *f*)
reizen (to travel)	stem: *reis* (*z* becomes *s*)

2 The present

The present tense of a verb is used to denote an action that is happening now. It encompasses both the simple present tense and the present continuous tense in English:

> *ik dans* (I dance, I am dancing)
> *wij werken* (we work, we are working)

The present tense is formed as follows:

1st pers. sing	*ik werk/dans*	stem
2nd pers. sing.	*jij werkt/danst*	stem + t
	u werkt/danst	stem + t
3rd pers. sing.	*hij werkt/danst*	stem + t
1st pers. pl.	*wij werken/dansen*	infinitive form

| 2nd pers. pl. | *jullie werken/dansen* | infinitive form |
| 3rd pers. pl. | *zij werken/dansen* | infinitive form |

As you can see, the 2nd and 3rd person singular are formed by adding a *t* to the stem. However, when the stem already ends in *t*, another one is not added:

> *rusten* (to rest; stem: *rust*): *jij rust* (not *jij rustt*)

If the stem ends in *d*, a *t* is added, even though this makes no difference to the pronunciation:

> *lijden* (to suffer; stem: *lijd*): *hij lijdt*

Note: When the personal pronoun *jij* or *je* follows the verb, for example in an interrogative sentence (see section XI.4), a *t* is not added:

> *jij werkt – werk jij?* (do you work?)
> *je danst – dans je?* (do you dance?)

With the polite *u*, the verb is always singular and therefore uses the *stem + t* construction.

In some verbs the infinitive ends in *n* rather than *en*. In that case the stem is formed by dropping the final *n*:

> *gaan* (to go; stem: *ga*) *ik ga, jij gaat, hij gaat*
> *slaan* (to hit; stem: *sla*) *ik sla, jij slaat, hij slaat*
> *staan* (to stand; stem: *sta*) *ik sta, jij staat, hij staat*
> *doen* (to do; stem: *doe*) *ik doe, jij doet, hij doet*
> *zien* (to see; stem: *zie*) *ik zie, jij ziet, hij ziet*

(Note: The *oe* and *ie* in *doen* and *zien* are long vowels.)

2.1 The present tense: irregular verbs

A few important verbs are irregular in the present tense. In the underlying table, the irregular forms are given in bold.

	zijn	hebben	zullen	kunnen	willen	mogen
	(be)	(have)	(shall/will)	(can)	(want)	(may)
ik	**ben**	*heb*	**zal**	**kan**	*wil*	**mag**
jij	**bent**	*hebt*	**zult/zal**	**kunt/kan**	*wilt*	**mag**
u	**bent**	*hebt*	**zult/zal**	**kunt/kan**	*wilt*	**mag**
hij	**is**	**heeft**	**zal**	**kan**	**wil**	**mag**
wij	*zijn*	*hebben*	*zullen*	*kunnen*	*willen*	*mogen*
jullie	*zijn*	*hebben*	*zullen*	*kunnen*	*willen*	*mogen*
zij	*zijn*	*hebben*	*zullen*	*kunnen*	*willen*	*mogen*

Note: When *jij* or *je* follows the verbs *zijn* and *hebben*, the *ik* form of the verb is used: *ben jij, heb jij*. In the case of *zullen* and *kunnen*, two forms are possible: *zal/zul jij, kan/kun jij*.

2.2 The present continuous tense in Dutch

Dutch does not have a separate tense comparable to the present continuous in English, which denotes an action that is happening at this very moment: *I am reading, they are listening*. To indicate action in progress, Dutch uses the following constructions:

- *zijn + aan het + the infinitive:

  ik ben aan het lezen (I am reading)
  wij zijn aan het luisteren (we are listening)

- verbs like *zitten* (to sit), *staan* (to stand), *liggen* (to lie), etc. (choose whichever verb is most appropriate) + *te* + the infinitive:

  ik zit te lezen (I am sitting and reading)

wij staan te luisteren (we are standing and listening)

2.3 Present participles

Present participles are formed by adding *d* or *de* to the infinitive. The present participle of *lachen* (to laugh) is therefore *lachend* or *lachende* (laughing). Present participles frequently serve as adjectives before nouns. In that case they are declined according to the rules for adjectives (see section IV):

de lachende vrouw (the laughing women)
het zingende meisje (the singing girl)
een huilend kind (a crying child)
teleurstellende resultaten (disappointing results)

However, they are often used independently of nouns:

Lachend liep zij de deur uit (laughing, she walked out the door).
De gasten namen zwaaiend afscheid (the guests left, waving goodbye).

3 The past

Just as in English, Dutch has both *regular verbs* and *irregular verbs*. In most irregular verbs, the vowel changes in the past and perfect tenses. We shall go into this in more detail below (see sections X.3.2 and X.3.5). Let us begin with the past tense of regular verbs.

3.1 The simple past tense: regular verbs

The simple past tense of regular verbs is formed by adding *te* or *de* (singular) or *ten* or *den* (plural) to the stem:

	werken (to work)	*huilen* (to cry)
	(stem: *werk*)	(stem: *huil*)
ik	*werkte*	*huilde*
jij	*werkte*	*huilde*
u	*werkte*	*huilde*
hij	*werkte*	*huilde*
wij	*werkten*	*huilden*
jullie	*werkten*	*huilden*
zij	*werkten*	*huilden*

To decide whether it should be *te(n)* or *de(n)*, look at the final letter of the stem:

– When the stem ends in *f, k, p, t, s* or *ch*, add *te(n)*:

blaffen (to bark): *hij blafte*   *rusten* (to rest): *jij rustte*
smeken (to beseech): *ik smeekte*   *dansen* (to dance): *zij dansten*
stoppen (to stop): *wij stopten*   *lachen* (to laugh): *jullie lachten*

– In all other cases, add *de(n)*:

krabben (to scratch): *ik krabde*   *bellen* (to ring): *wij belden*
draaien (to turn): *hij draaide*   *regeren* (to reign): *hij regeerde*
zagen (to saw): *jij zaagde*   *trouwen* (to marry): *jullie trouwden*

Note: In verbs such as *leven* (to live) and *reizen* (to travel), the stem ends in *f* (*leef*) and *s* (*reis*). According to the above rule, you should add *te(n)*. However, in cases like this the *v* and the *z* in the infinitive determine the choice of the suffix:

leven – *ik leefde, wij leefden*
reizen – *ik reisde, wij reisden*

3.2 The simple past tense: irregular verbs

The simple past tense of irregular verbs is often characterized by a vowel change in the stem. This 'new' stem functions as the past tense form for the 1st – 3rd person singular. The 1st – 3rd person plural is formed by adding *en* (for a complete list of the simple past tense of irregular verbs, see column 2 of the *Dutch irregular verbs* table in this dictionary:

> *lopen* (to walk): *ik liep, wij liepen*
> *eten* (to eat): *ik at, wij aten*
> *drinken* (to drink): *ik dronk, wij dronken*
> *beginnen* (to begin): *ik begon, wij begonnen*

In some verbs, the vowel is not the only thing to change. The most important of these verbs are:

> *hebben* (to have): *ik had, wij hadden*
> *zijn* (to be): *ik was, wij waren*
> *kunnen* (to be able): *ik kon, wij konden*
> *zullen* (shall/will): *ik zou, wij zouden*
> *doen* (to do): *ik deed, wij deden*
> *zeggen* (to say): *ik zei, wij zeiden*

3.3 The perfect tense

In addition to the simple past tense, the perfect tense is also used to denote an event that took place in the past. The perfect tense consists of the auxiliary *hebben* or *zijn* plus a past participle. The next section explains how to form past participles.

3.4 Past participles: regular verbs

Past participles are formed by adding the prefix *ge* to the beginning of the stem and *t* or *d* to the end. A *t* is added when the stem ends in *f, k, p, t, s* or *ch*. A *d* is added in all other cases, except when the stem itself ends in *d* or *t*, in which case nothing has to be added:

> *blaffen* (to bark): *geblaft* (ge + blaf + t)
> *werken* (to work): *gewerkt* (ge + werk + t)
> *stoppen* (to stop): *gestopt* (ge + stop + t)
> *huilen* (to cry): *gehuild* (ge + huil + d)
> *draaien* (to turn): *gedraaid* (ge + draai + d)
> *trouwen* (to marry): *getrouwd* (ge + trouw + d)
> *leiden* (to lead): *geleid* (ge + leid)
> *rusten* (to rest): *gerust* (ge + rust)

Note: In verbs such as *leven* (to live) and *reizen* (to travel), the stem ends in *f (leef)* and *s (reis)*. According to the above rule, you should add *t*. However, in cases like this the *v* and the *z* in the infinitive determine the choice of the suffix:

> *leven – geleefd* (ge + leef + d)
> *reizen – gereisd* (ge + reis + d)

3.5 Past participles: irregular verbs

The past participles of irregular verbs often deviate from the rules. In many cases the vowel in the stem changes, or the participle ends in *en* instead of *t* or *d*. However, there are many other types of changes. Here are a few examples:

bijten (to bite): *gebeten*	*spreken* (to speak): *gesproken*
blijven (to stay): *gebleven*	*denken* (to think): *gedacht*
nemen (to take): *genomen*	*kopen* (to buy): *gekocht*
doen (to do): *gedaan*	*vriezen* (to freeze): *gevroren*

You will find a complete list of the past participles of irregular verbs in column 3 of the *Dutch irregular verbs* table in this dictionary.

Note: In both regular and irregular verbs, when the infinitive begins with the prefix *be, er, ge, her, ont* or *ver*, the prefix *ge* is omitted in the past participle:

> *bedoelen* (to mean): *bedoeld* (not *gebedoeld*)
> *herkennen* (to recognize): *herkend*
> *ontmoeten* (to meet): *ontmoet*
> *genieten* (to enjoy): *genoten* (not *gegenoten*)
> *verliezen* (to lose): *verloren*

In addition, Dutch has many so-called **separable verbs**. These are verbs that begin with prefixes (*aan, af, op, uit,* etc.) that can be separated from the rest of the verb (see section X.10). The past participles of separable verbs are formed by placing *ge* after the prefix rather than before it:

> *aankomen* (to arrive): *aangekomen* (not *geaankomen*)
> *afspreken* (to agree on): *afgesproken*
> *opbellen* (to call up): *opgebeld*
> *uitkleden* (to undress): *uitgekleed*

3.6 The present perfect tense

In Dutch the present perfect tense is used more frequently than the simple past tense. It denotes an event that began and was completed in the past. The present perfect tense consists of the present tense of the auxiliary *hebben* (to have) or *zijn* (to be) plus the past participle:

> *ik heb gewerkt* (I worked/have worked)
> *wij hebben gewerkt* (we worked/have worked)
> *hij is gekomen* (he came/has come)
> *jullie zijn gekomen* (you came/have come)

There are no hard and fast rules to indicate which verbs are conjugated with *hebben* and which with *zijn* (or with both). For irregular verbs, the correct auxiliary and past participle are given in column 3 of the *Dutch irregular verbs* table in this dictionary. For the rest, we offer the following rule of thumb: **most verbs are conjugated with *hebben*.**

Some commonly used verbs that are conjugated with *zijn* are:

> *zijn* (to be): *ik ben geweest*
> *gaan* (to go): *jij bent gegaan*
> *komen* to come): *hij is gekomen*
> *blijven* (to stay): *wij zijn gebleven*
> *beginnen* (to begin): *jullie zijn begonnen*
> *worden* (to become): *zij zijn geworden*

Verbs that express motion, such as *vallen* (to fall), *stijgen* (to rise) and *zinken* (to sink), are also conjugated with *zijn*.

However, some verbs of motion, such as *lopen* (to walk), *fietsen* (to cycle) and *zwemmen* (to swim), are conjugated with either *hebben* or *zijn*. *Zijn* is used when a destination or point of departure is specified:

> *Ik ben naar de stad gelopen* (I walked to the city).
> but *Ik heb uren gelopen* (I walked for hours).
> *Wij zijn naar de overkant gezwommen* (we swam to the other side).
> but *Wij hebben in het meer gezwommen* (we swam in the lake).

3.7 The past perfect tense

The past perfect tense is used in both Dutch and English to refer to a past action that occurred before another past action. The past perfect tense consists of the simple past tense of either *hebben* (sing. *had*, pl. *hadden*) or *zijn* (sing. *was*, pl. *waren*) plus the past participle. To determine whether the verb should be conjugated with *hebben* or *zijn*, see section X.3.6, since the same rules apply in both the present and the past perfect tenses:

> *ik had gewerkt* (I had worked) *wij hadden gewerkt* (we had worked)
> *hij was gekomen* (he had come) *jullie waren gekomen* (you had come)

4 The future

4.1 The future tense

The future tense is formed by combining the present tense of *zullen* (see section X.2.1) with the infinitive. This is comparable to the *shall* (or *will*) + infinitive construction in English:

> *ik zal werken* (I shall work)
> *zij zullen komen* (they will come)

However, Dutch frequently makes use of two other constructions to refer to future events:

– When it is clear from the context that the future is meant, the present tense is used instead of *zullen*:

> *Peter komt morgen* (Peter will come tomorrow).
> *Hoe lang blijft hij* (how long will he stay)?

– The present tense of *gaan* (to go) is combined with an infinitive, much like the use of *to be going (to)* in English (e.g. I'm going to write a letter):

> *Ik ga afwassen* (I'm going to do the dishes).
> *Wij gaan vanavond dansen* (we're going dancing tonight).

4.2 The future perfect tense

The future perfect tense, which is not very common in Dutch, is used to refer to an action completed at some point in the future (e.g. they will have left by then). It consists of the present tense of *zullen* plus the infinitive *hebben* or *zijn* plus a past participle:

> *Ik zal hebben gewerkt* (I shall have worked).
> *Zij zullen dan zijn vertrokken* (they will have left by then).

5 The conditional mood

The conditional mood, used to express doubt or unreality, is characterized in English by the word *would*.

The **present conditional** is formed in Dutch by the past tense of *zullen* (*zou/zouden*) plus an infinitive:

> *ik zou werken* (I would work).
> *wij zouden het boek kopen* (we would buy the book).

The **past conditional** is formed by *zou* or *zouden* plus the infinitive *hebben* or *zijn* plus a past participle:

> *ik zou hebben gewerkt* (I would have worked).
> *wij zouden het boek hebben gekocht* (we would have bought the book).

6 The imperative

The imperative usually consists of the stem of the verb (see section X.1):

> *Kijk* (watch)! *Kom hier* (come here)!
> *Luister* (listen)! *Blijf daar* (stay there)!

When it is a polite request rather than a command, the imperative is formed by: stem + *t*, followed by the personal pronoun *u*:

> *Komt u binnen* ([do] come in).

Volgt u mij ([please] follow me).

The imperative can also be formed by an infinitive:

Doorlopen (walk on)!   *Afblijven* (hands off)!

7 The infinitive

Many Dutch verbs are used in combination with an infinitive. The infinitive is usually preceded by *te* (to):

Hij belooft te komen (he promises to come).
Wij besluiten te vertrekken (we decide to leave).

However, with certain verbs, *te* is omitted. The most important of these verbs are:

kunnen (to be able/can): *hij kan lezen* (he can read)
moeten (to have to/must): *jij moet komen* (you must come)
mogen (to be allowed/may): *wij mogen vertrekken* (we may leave)
willen (to want): *ik wil lezen* (I want to read)
zullen (shall/will): *zij zullen komen* (they will come)
gaan (to be going): *wij gaan vissen* (we are going fishing)
komen (to come): *hij komt bij ons logeren* (he is coming to stay with us)
blijven (to go/keep on): *ik blijf werken* (I'll go on working)
laten (to let/allow): *hij laat haar slapen* (he lets her sleep)
zien (to see): *ik zie hem lopen* (I see him walking)
horen (to hear): *ik hoor haar zingen* (I hear her singing)

Except for *horen*, all of the above verbs are irregular. To form the simple past tense and past participles, see the *Dutch irregular verbs* table in this dictionary. To find the irregular forms of the present tense of *kunnen, zullen, mogen* and *willen*, see section X.2.1.

Note: By *kunnen, moeten, mogen* and *willen*, the infinitive is sometimes omitted in Dutch when the meaning is clear from the context. In the underlying examples, the verbs that have been omitted in the Dutch sentences have been printed in bold in the English translations:

Hij kan het niet (he can't **do** it).
Wij moeten nu weg (we must **go** now).
Mag ik een ijsje (can I **have** an ice cream)?
Ik wil niet naar dat feest (I don't want **to go** to that party).

The infinitive can also function as a neuter noun (with or without the article *het*), where English uses a gerund:

Schilderen is mijn hobby (painting is my hobby).
Het oplossen van dit probleem kost veel tijd (solving this problem takes a lot of time).
Ik houd van het kijken naar oude films (I love watching old films).

For more information, see section X.2.2, in which Dutch infinitive constructions are discussed in connection with the present continuous tense.

8 Impersonal verbs

Impersonal verbs have *het* as their subject. They often describe natural phenomena:

Het sneeuwt (it's snowing).   *Het regent* (it's raining).
Het vriest (it's freezing).   *Het onweerde* (there was a thunderstorm).

Het can also be the subject of the verbs *zijn, worden* and *blijven*:

Het is mooi weer (it's beautiful weather).
Het is vijf uur (it's five o'clock).
Het wordt donker (it's getting dark).
Het blijft maar koud (it's still cold).

Note: Dutch sometimes uses impersonal constructions where it's impossible in English, such as: *Het spijt me* (I'm sorry).

9 Reflexive verbs

Reflexive verbs are verbs of the type *zich amuseren* (to enjoy oneself) and *zich wassen* (to wash oneself). The word *zich* is a reflexive pronoun. In sentences with a reflexive verb the subject and the object refer to the same person. The reflexive pronoun changes, depending on the subject to which it refers. In the underlying examples, the reflexive pronouns are printed in bold:

> *ik amuseer **me*** (I enjoy myself)
> *jij amuseert **je*** (you enjoy yourself)
> *u amuseert **zich*** (you enjoy yourself)
> *hij amuseert **zich*** (he enjoys himself)
> *zij amuseert **zich*** (she enjoys herself)
> *wij amuseren **ons*** (we enjoy ourselves)
> *jullie amuseren **je*** (you enjoy yourselves)
> *zij amuseren **zich*** (they enjoy themselves)

Dutch has many more reflexive verbs than English, as the following examples show:

> *zich vergissen* (to be mistaken): *ik vergis **me*** (I am mistaken)
> *zich aankleden* (to get dressed): *zij kleedt **zich** aan* (she gets dressed)
> *zich haasten* (to hurry): *wij moeten **ons** haasten* (we must hurry)
> *zich verbazen* (to be surprised): *zij verbazen **zich** erover* (they are surprised about it)

10 Separable and inseparable verbs

Many Dutch verbs begin with a prefix. In those beginning with *be, er, ge, her, ont* or *ver,* the prefix always remains attached to the finite verb. (A finite verb is one that can be conjugated, and thus not an infinitive or a participle). Verbs whose prefixes cannot be detached from the finite verb are known as **inseparable verbs.** Verbs whose prefixes can, under certain circumstances, be detached from the finite verb are known as **separable verbs.** In separable verbs the stress always falls on the prefix. In inseparable verbs it does not. Separable verbs can take a variety of prefixes:

- prepositions and adverbs such as *aan (aanraken* to touch), *achter (achterblijven* stay behind), *af (afkeuren* to reject), *bij (bijdragen* to contribute), *in (indelen* to divide), *op (oppassen* to take care), *terug (terugkeren* to return) and *weg (weggaan* to go away);
- adjectives such as *goed (goedkeuren* to approve), *hard (hardlopen* to run), *kapot (kapotgaan* to go to pieces), *los (loslaten* to let go), *open (openscheuren* to tear open) and *vast (vastmaken* to fasten);
- nouns such as *deel (deelnemen* to participate), *geluk (gelukwensen* to congratulate) and *plaats (plaatsvinden* to take place).

Separable and inseparable verbs differ in two important ways. As discussed in section X.3.5, separable verbs do not form past participles the same as inseparable verbs do:

| Inseparable: | *bedoelen – bedoeld* | *ontmoeten – ontmoet* |
| Separable: | *aankomen – aangekomen* | *opbellen – opgebeld* |

Besides that, the prefixes of separable verbs must be detached from the finite verb in the following cases:

- When the main clause is used in the present tense or the simple past tense, the finite verb stays in its usual place, while the prefix moves to the end of the sentence:

> *Ik bel/belde haar op* (I am calling/called her [up]).
> *Hij raakt/raakte zijn tenen aan* (he touches/touched his toes).

- When an infinitive is used with *te* (to) (see section X.7), *te* is inserted between the prefix and the infinitive:

  Ik probeer haar op te bellen (I'm trying to call her [up]).
  Hij weigerde zijn tenen aan te raken (he refused to touch his toes).

  Note: When an infinitive is not used with *te*, the separable verb stays together:

  Ik moet haar opbellen (I must call her [up]).

- In relative clauses (see section XI.2) in which a separable verb is in the present tense, the prefix and the finite verb stay together:

  Hij zegt dat hij mij morgen opbelt (he says he'll call me [up] tomorrow).

XI WORD ORDER AND SENTENCE STRUCTURE

1 Affirmative sentences

Affirmative sentences are usually written in the following order:

subject – finite verb – indirect object – other parts of speech – direct object – non-finite verb

Note: A finite verb is one that can be conjugated. A non-finite verb is one that cannot be conjugated, i.e. an infinitive or a participle.

In the underlying examples we keep changing the tense and adding more elements to increase the complexity. The most usual word order is given.

  Zij schrijft hem (she writes him).
  Zij heeft hem geschreven (she wrote him).
  Zij schrijft hem een brief (she writes him a letter).
  Zij heeft hem gisteren een brief geschreven (she wrote him a letter yesterday).
  Zij zal hem in de trein een brief schrijven (she will write him a letter in the train).
  Zij zal hem morgen in de trein een brief schrijven (she will write him a letter in the train tomorrow).

In these examples:

- The finite verbs occupy the second position, after the subject.
- The non-finite verbs (infinitives and participles) are at the end.
- The indirect objects precede the direct objects. However, if we were to change the direct object to a personal pronoun (e.g. *het* instead of *een brief*), the direct object would precede the indirect object: *zij heeft het hem geschreven* (she wrote it to him).
- Adverbs of time (*gisteren*) come before adverbs of place (*in de trein*): *zij heeft hem gisteren in de trein een brief geschreven* (she wrote him a letter in the train yesterday).

However, the word order is flexible. For example, many sentences may begin with an adverb of time. Or a certain part of speech may be moved to the beginning of a sentence to give it extra emphasis. When this happens, the word order changes: if something other than the subject is at the beginning of a sentence, **inversion** occurs.

1.1 Inversion

Inversion means that the subject and the verb trade places, so that the subject follows the finite verb. (Note, however, that the finite verb remains in the second position):

  Dat boek geef ik haar morgen (I will give her that book tomorrow).
  Gisteren heeft zij een brief geschreven (yesterday she wrote a letter).

To determine the word order of sentences with separable verbs, see section X.10.

2 Relative clauses

Relative clauses begin with a relative pronoun. A relative pronoun connects a relative clause to the preceding noun, known as an *antecedent*. In the phrase *de jongen die daar staat* (the boy who is standing there), *die* is the relative pronoun, *die daar staat* the relative clause and *de jongen* the antecedent.

2.1 Word order in relative clauses

In relative clauses, the verb comes at the very end:

de brief die ik gisteren in de trein schreef
(the letter [that] I wrote in the train yesterday)
de trein naar Parijs die morgen om 8.00 uur zal vertrekken
(the train to Paris that will depart at 8:00 tomorrow)

2.2 Relative pronouns

There are three relative pronouns in Dutch:

die (who/whom or that) is used when the antecedent is a *de* word or in the plural:

de vrouw die ik uitnodigde (the woman [that] I invited
de boeken die daar liggen (the books [that are] lying there)

dat (that/which) is used when the antecedent is a *het* word in the singular:

het boek dat daar ligt (the book [that is] lying there)
het meisje dat ik ontmoette (the girl [that] I met)

wat (that/which) is used when the antecedent is the word *alles* (everything), *iets* (something) or *niets* (nothing) or when the antecedent is the entire preceding main clause:

Hij gelooft alles wat ik zeg (he believes everything [that] I say).
Zij stuurde mij bloemen, wat ik leuk vond (she sent me flowers, which I appreciated).

Note: Unlike English, the relative pronoun in Dutch can never be omitted.

2.3 Relative pronouns combined with prepositions

Relative pronouns often occur in combination with prepositions. When that happens, the form changes:

– When the antecedent is a person, *die* and *dat* change after a preposition into *wie*:

de jongen met wie ik sprak (the boy with whom I spoke)
de meisjes aan wie jij brieven schreef (the girls to whom you wrote letters)

– When the antecedent is an animal or a thing, *die* and *dat* change after a preposition into **waar** + preposition:

de kat waarover ik je heb verteld (the cat I told you about)
de stoel waarop jij zit (the chair on which you are sitting)

Note:

– *Waar + met* changes into *waarmee*: *het mes waarmee hij het vlees snijdt* (the knife with which he cuts the meat).
– The preposition can be separated from *waar* and placed before the verb(s) at the end of the relative clause: *de kat waar ik je over heb verteld* (the cat I told you about).

3 Conjunctions

3.1 Coordinating conjunctions

Coordinating conjunctions join together two or more clauses of equal grammatical rank. The most important coordinating conjunctions in Dutch are:

en (and)	*of* (or/whether)
maar (but)	*want* (because/for)

The word order of clauses connected by coordinating conjunctions is like that of affirmative sentences (see section XI.1). In other words, the subject and the finite verb are at the beginning of the clause:

Hij kwam binnen en hij vertelde het nieuws
(he came in, and he told the news).
Ik kom morgen, maar ik ga eerst naar mijn moeder
(I'll come tomorrow, but first I'll go to my mother).

3.2 Subordinating conjunctions

Subordinating conjunctions join a subordinate clause to a main clause. Some important subordinating conjunctions in Dutch are:

als/indien/wanneer (if/when)	*sinds* (since [temporal])
alsof (as if)	*terwijl* (while/whereas)
dat (that)	*toen* (when)
hoewel (although)	*tot(dat)* (until)
nadat (after)	*voor(dat)* (before)
of (whether/if)	*zoals* (like/as)
omdat (because)	*zodat* (so that)

In clauses beginning with a subordinating conjunction, the subject comes directly after the conjunction, and the verbs move to the end of the clause:

Hij zal ons roepen als hij klaar is (he'll call us when he's ready).
Ik weet niet of ik volgende week kom (I don't know if I'll come next week).
Hij schreef een brief, omdat hij ons het goede nieuws wilde vertellen (he wrote a letter, because he wanted to tell us the good news).

Note: A sentence may also begin with a subordinate clause. In that case, inversion occurs in the main clause. After all, the subject is no longer the first word of the sentence: *Omdat hij ons het goede nieuws wilde vertellen, schreef hij een brief.*

4 Interrogative sentences

In Dutch, yes-and-no questions (questions that can be answered by yes or no), are typically inverted: the subject follows the finite verb. Unlike English, it's impossible to use the auxiliary *doen* (do):

Schrijft zij hem een brief (is she writing him a letter)?
Heeft zij hem een brief geschreven (has she written him a letter)?
Vertrekken wij morgen (do we leave tomorrow)?

Questions beginning with an interrogative as object (see section VIII) are usually inverted as well. After all, the interrogative and not the subject is first word of the sentence:

Wat zie je (what do you see)?
Wat hebben jullie gedaan (what have you done)?

However, no inversion occurs when the interrogative (or an interrogative phrase) is the subject of the sentence:

Wie heeft de hond gezien (who has seen the dog)?
Welk huis is het grootst (which house is the biggest)?

XII NEGATIONS

1 The word *niet*

Negations are formed in Dutch by the word **niet** (not). Unlike English, it's impossible to use the auxiliary *doen* (do). In simple sentences *niet* usually comes at the end:

Ik weet het niet (I don't know).
Hij werkt niet (he doesn't work).

In sentences containing a direct object or an adverb of time, *niet* usually comes after the direct object or adverb or time:

Hij geeft het boek niet aan mij (he doesn't give the book to me).
Wij gaan vandaag niet naar Amsterdam (we aren't going to Amsterdam today).

In sentences containing a past participle or an infinitive, *niet* comes before the past participle or infinitive:

Ik heb vandaag niet gewerkt (I haven't worked today).
Hij zal waarschijnlijk niet komen (he probably won't come).

When *niet* is used to negate one specific element of the sentence, it comes before that element:

Hij is niet oud (he's not old).
Ik kom niet vandaag, maar morgen (I'm not coming today, but tomorrow).
Zij ging gisteren niet naar Amsterdam [maar naar Antwerpen] (she didn't go to Amsterdam yesterday [but to Antwerp]).
Zij ging niet gisteren naar Amsterdam [maar eergisteren] (she didn't go yesterday to Amsterdam [but the day before yesterday]).

In subordinate clauses *niet* is usually placed directly in front of the verb(s) at the end of the clause:

Hij doet alsof hij het niet weet (he acts as if he doesn't know).
Hij zei dat hij waarschijnlijk niet kon komen (he said that he probably couldn't come).

2 The word *geen*

Negation can also be expressed by the word **geen** (not a/no). Geen is used:

– instead of *niet een* (not a/any) before a noun:

Ik heb geen brief geschreven (I haven't written a letter).

– instead of *niet* before a noun without an article:

Ze verkopen hier geen bloemen (they don't sell [any] flowers here).

XIII THE PASSIVE VOICE

In the active voice, the subject is the performer of an action, and in the passive voice the recipient of an action:

active voice: *De man slaat de hond* (the man is hitting the dog).
passive voice: *De hond wordt [door de man] geslagen* (the dog is being hit [by the man]).

In Dutch the auxiliary *worden* (to be) is used to express the passive voice. The performer of the action can be explicitly stated in a prepositional phrase introduced by *door* (by), but is often omitted. Some examples of the passive voice in various tenses are given below:

Present: *Het programma wordt [door de BBC] uitgezonden* (the programme is broadcast [by the BBC]).

Simple past: *Het programma werd [door de BBC] uitgezonden* (the programme was broadcast [by the BBC]).

Present perfect: *Het programma is [door de BBC] uitgezonden* (the programme has been broadcast [by the BBC]). (The sentence should actually read: *Het programma is [door de BBC] uitgezonden geworden*. But *geworden* is always omitted in this case.)

Future: *Het programma zal [door de BBC] worden uitgezonden* (the programme will be broadcast [by the BBC]).

The passive voice is often used in Dutch in impersonal constructions that begin with *er* (there) and that focus on general activity rather than on the person or persons performing the action:

Er wordt hier veel gepraat (there's a lot of talking going on here).
Er wordt gebeld (there's the bell).

XIV THE WORD *ER*

The word *er* (there) can be used in several ways in Dutch:

– as an adverb of place, comparable to the word *there*:

Wij zagen een molen in Holland. Wij zagen er een molen.
(We saw a windmill in Holland. We saw a windmill there.)

– in the constructions *er is* (there is) and *er zijn* (there are):

Er is een klein museum hier (there is a small museum here).
Er zijn veel mensen op het strand (there are many people on the beach).

– in combination with an adverb of quantity or a numeral. *Er* is then comparable to *of it* or *of them*:

Hij heeft er veel (he has many [of them]).
Ik heb er vijf (I have five [of them]).

– in impersonal constructions in the passive voice (e.g. *er wordt gebeld*; see section XIII:

– in combination with a preposition, e.g. *erover* (over/about it), *erop* (on it) and *ervoor* (for it). The *er + preposition* construction occurs with phrasal verbs, such as *praten over* (talk about) and *rekenen op* (count on). In that case the *er* replaces a noun or a noun phrase:

Zij praten erover (they are talking about it).
Ik reken erop (I'm counting on it).
Hij bedankte mij ervoor (he thanked me for it).

Note: *er + met* becomes *ermee* and *er + tot* becomes *ertoe*:

De jongens spelen ermee (the boys are playing with it).
Ik werd ertoe gedwongen (I was forced to do it).

The preposition is frequently separated from *er* by an adverb or an object:

Zij praten er al dagen over (they've already been talking about it for days).
Hij bedankte mij er hartelijk voor (he thanked me kindly for it).

TWEEDE DEEL /
SECOND VOLUME

Nederlands-Engels

Dutch-English

A

1 a *v* (a's) a; *wie* ~ *zegt, moet ook b zeggen* in for a penny, in for a pound; *van* ~ *tot z* [read a book] from A to Z, from beginning to end, from cover to cover
2 a *afk.* = *are*

à *voorz* at [four guilders, 6 per cent]; *tien* ~ *vijftien* from ten to fifteen; *vijf* ~ *zes* some five or six; *over 4* ~ *5 weken* in 4 or 5 weeks

A° *afk.* = *anno*

'Aagje *o* (-s): *nieuwsgierig* ~ Paul Pry; Nos(e)y Parker
aai *m* (-en) caress, chuck (under the chin)
'aaibaarheidsfactor *m* (-en) caressability
'aaien (aaide, h. geaaid) *overg* stroke, caress, chuck (under the chin)
aak *m & v* (aken) scheepv barge
'aakschipper *m* (-s) bargemaster
1 aal *m* (alen) ⟨vis⟩ eel; *hij is zo glad als een* ~ he is a: slippery as an eel
2 aal, aalt *v* ZN ⟨mest⟩ liquid manure
'aalbes *v* (-sen) (black, red, white) currant
'aalbessenstruik *m* (-en) currant bush
'aalglad *bn* (as) slippery as an eel
'aalmoes *v* (-moezen) alms, charity; *(om) een* ~ *vragen* ask for charity, ask for (an) alms
aalmoeze'nier *m* (-s) **1** [prison &] chaplain; **2** mil (army) chaplain, gemeenz padre
'aalscholver *m* (-s) cormorant
'aaltje *o* (-s) eelworm
'aambeeld *o* (-en) anvil°, anat ook: incus; *steeds op hetzelfde* ~ *hameren (slaan)* always harp on one (the same) string
'aambeien *mv* h(a)emorrhoids, piles
aam'borstig *bn* asthmatic, wheezy
aam'borstigheid *v* asthma, shortness of breath, wheeziness
aan I *voorz* on, upon, at; ~ *haar bed* at (by) her bedside; ~ *boord* on board; ~ *de deur* at the door; ~ *de muur* on the wall; *vier* ~ *vier* four by four; *rijk* ~ *mineralen* rich in minerals; *er is iets stuk* ~ *de motor* there is something wrong with the engine; *zij is* ~ *het koken* she is cooking; ~ *wie heb je dat gegeven?* to whom did you give it?; *het is* ~ *u* **1** (it is) your turn; it is for you [to play]; **2** it is up to you, it is your duty (to...); **II** *bijw* ⟨v. kleding⟩ *hij heeft zijn jas* ~ he has his coat on; ⟨v. vuur, licht &⟩ *het licht is* ~ the light is on; ⟨v. boot, trein &⟩ *de boot is nog niet* ~ the steamer is not in yet; ⟨v. deur, raam &⟩ *de deur staat* ~ the door is ajar; ⟨v. bijeenkomsten⟩ *de school is al* ~ school has begun; ⟨v. bewind⟩ *dit kabinet blijft niet lang* ~ this government will not remain in office for long; ⟨v. liefde, vriendschap⟩ *het*

is erg ~ *tussen hen* they are very fond of each other, they are as thick as thieves; ⟨in combinatie met er⟩ *er is niets van* ~ there is not a word of truth in it; *er is niets* ~ **1** ⟨gemakkelijk⟩ it is easy; **2** ⟨saai⟩ it is very dull
'aanaarden[1] *overg* earth (up), hill (up)
'aanbakken (bakte aan, is aangebakken) *onoverg* stick to the pan [of food]
'aanbeeld *o* (-en) = *aambeeld*
'aanbelanden (belandde aan, is aanbeland) *onoverg: ergens* ~ end up somewhere
'aanbelangen *ww: wat mij aanbelangt* as far as I am concerned
'aanbellen[1] *onoverg* ring (the bell), give a ring
'aanbenen (beende aan, h. aangebeend) *onoverg* step out, mend one's pace
'aanbesteden (besteedde aan, h. aanbesteed) *overg* invite tenders for, put out to tender
'aanbesteding *v* (-en) tender; *bij openbare (onderhandse)* ~ by public (private) tender
'aanbetalen (betaalde aan, h. aanbetaald) *overg* make a down payment, deposit
'aanbetaling *v* (-en) initial deposit, down payment, (first) instalment
'aanbevelen (beval aan, h. aanbevolen) **I** *overg* recommend, commend; *wij houden ons aanbevolen voor...* we solicit the favour of... [your orders]; **II** *wederk: zich* ~ recommend oneself
aanbevelens'waard, aanbevelens'waardig *bn* recommendable
'aanbeveling *v* (-en) recommendation; ook: = *aanbevelingsbrief, aanbevelingslijst; kennis van Frans strekt tot* ~ knowledge of French (will be) an advantage; *het verdient* ~ it is to be recommended, it is advisable; *op* ~ *van...* on the recommendation of...
'aanbevelingsbrief *m* (-brieven) letter of recommendation (introduction)
'aanbevelingslijst *v* (-en) nomination
aan'biddelijk *bn* adorable
aan'bidden (aanbad, h. aanbeden *of* bad aan, h. aangebeden) *overg* adore[2], worship
aan'bidder *m* (-s) adorer
aan'bidding *v* adoration, worship
'aanbieden **I** *overg* offer [congratulations, a gift, services &], tender [money, services, one's resignation]; present [a bill]; present [sbd.] with [a bouquet]; hand in [a telegram]; **II** *wederk: zich* ~ **1** ⟨personen⟩ offer (oneself), volunteer; **2** ⟨gelegenheid⟩ offer (itself), present itself
'aanbieding *v* (-en) offer, tender; **1** ⟨v. geschenk, wissel⟩ presentation; **2** ⟨reclame⟩ bargain, special offer; *in de* ~ on offer
'aanbijten[1] *onoverg* bite[2], take the bait[2], rise to the bait[2]
'aanbinden[1] *overg* tie (on), fasten
'aanblaffen[1] *overg* bark at, bay at
'aanblazen[1] *overg* blow[2]; fan[2] [the fire, discord];

713

rouse, stir up [passions]; ⟨v. klanken⟩ aspirate

'aanblijven[1] *onoverg* continue (remain) in office; stay on

'aanblik *m* sight, look, view, aspect; *bij de eerste ~* at first sight (glance)

'aanbod *o* (aanbiedingen) offer; *een ~ doen* make an offer

'aanboren[1] *overg* **1** bore, sink [a well]; **2** strike [oil &]; **3** broach [a cask]; **4** *fig* tap [other sources]

'aanbouw *m* **1** (aanbouwsel) annex(e); **2** building [of ships]; **3** growing [of potatoes]; *in ~* under (in course of) construction

'aanbouwen[1] *overg* **1** add [by building]; **2** build [ships &]; **3** grow [potatoes]

'aanbouwsel *o* (-s) = *aanbouw 1*

'aanbraden[1] *overg* sear

'aanbranden (brandde aan, is aangebrand) *onoverg* burn, be burnt; *dat ruikt (smaakt) aangebrand* it has a burnt smell (taste); zie ook: *aangebrand*

'aanbreken I (h.) *overg* break into [one's provisions, one's capital], cut into [a loaf], broach [a cask], open [a bottle]; **II** (is) *onoverg* **1** ⟨v. dag⟩ break, dawn; **2** ⟨v. nacht⟩ fall; **3** ⟨v. ogenblik, tijd⟩ come; **III** *o: bij het ~ van de dag* at daybreak, at dawn; *bij het ~ van de nacht* at nightfall

'aanbreng *m* recht (marriage) portion, dowry

'aanbrengen[1] *overg* **1** eig bring, carry; **2** (plaatsen) place, put up [ornaments], fix (up) [a thermometer], fit [a telephone in a room]; **3** ⟨maken⟩ make [a passage in a wall], let [a door into a wall]; introduce [a change]; **4** ⟨geven⟩ yield [a profit]; bring [luck]; bring in [capital]; **5** ⟨aangeven⟩ denounce [sbd. to the police], inform on [one's own family]; **6** ⟨werven⟩ introduce [new members]; bring in, recruit [subscribers]

'aanbrengpremie *v* (-s) reward

'aandacht *v* attention; *iets onder iems. ~ brengen* bring sth. to sbd.'s notice; *geen ~ schenken aan* pay no attention to...; *overdreven ~ aan iem. schenken* make a fuss of (over) sbd.; *de ~ trekken* attract (catch) attention; *de ~ vestigen op* call (draw) attention to..., highlight...; *zijn ~ vestigen op...* turn one's attention to...

aan'dachtig *bn* attentive

'aandachtsstreep *v* (-strepen) dash

'aandeel *o* (-delen) share°, portion, part; *~ aan toonder* share to bearer, bearer share; *~ op naam* registered share; *gewoon, preferent ~* ordinary, preference share; *voorlopig ~* scrip (certificate); *~ hebben in* have a share in, have part in; zie ook: *deel*

'aandeelhouder *m* (-s) shareholder

'aandelenkapitaal *o* (-talen) share capital, capital stock

'aandelenpakket *o* (-ten) block of shares

'aandenken *o* memory, remembrance; ⟨voorwerp⟩ memento, souvenir, keepsake

'aandienen[1] *overg* announce; *zich laten ~* send in (up) one's name (one's card)

'aandikken (dikte aan, h. aangedikt) *overg* thicken [a line]; heighten [an effect, a story]; blow up [a story]

'aandoen[1] *overg* **1** put on [clothes]; **2** ⟨veroorzaken⟩ cause [trouble], give [pain], bring [shame, disgrace]; **3** ⟨aanpakken⟩ affect [the mind]; move [the heart &]; **4** ⟨binnenlopen⟩ call at [a port, a station &]; *zijn longen zijn aangedaan* his lungs are affected; *dat kun je hem niet ~* you cannot do that to him; *het doet (ons) vreemd aan* it strikes us as odd; *aangenaam ~* please [the eye]; *onaangenaam ~* offend [the ear &]; zie ook: *aangedaan, proces* &

'aandoening *v* (-en) emotion [in his voice]; affection [of the throat]; *een lichte ~ van koorts* ook: a touch of fever

aan'doenlijk I *bn* **1** ⟨v. verhaal, toneel⟩ moving, touching, pathetic; **2** ⟨v. gemoed⟩ sensitive, impressionable; **II** *bijw* movingly, touchingly, pathetically

aan'doenlijkheid *v* **1** ⟨v. verhaal⟩ pathos; **2** ⟨v. gemoed⟩ sensitiveness

'aandraaien[1] *overg* **1** turn on, turn, fasten, tighten [the screw[2]]; **2** switch on [the light]

'aandragen[1] *overg* bring, carry; *komen ~ met* furnish [proof]

'aandrang *m* **1** (aandrift) impulse, urge; **2** ⟨'t aandringen⟩ pressure; urgency; insistence; **3** ⟨v. bloed⟩ congestion, rush (to the head); **4** ⟨toeloop⟩ crush; *met ~* urgently, earnestly; *op ~ van* at the instance of; *uit eigen ~* of one's own accord; *~ hebben* ⟨naar de wc moeten⟩ have to go

'aandrift *v* (-en) impulse, instinct

'aandrijfas *v* (-sen) drive shaft, driving axle

'aandrijven I (h.) *overg* **1** ⟨in 't alg.⟩ drive on, prompt, press, press on, urge on; **2** techn drive [a machine, nails]; **II** (is) *onoverg* be washed ashore

'aandrijving *v* (-en) techn drive; *met elektrische ~* techn electrically driven

'aandringen[1] **I** *onoverg* press; insist (*op* on); *op iets ~* press the matter, pursue one's point; **II** *o* insistence; *op ~ van* at the instance of

'aandrukken[1] *overg* press (firmly); *iem. stevig tegen zich ~* press sbd. firmly to oneself, hug sbd. tightly

'aanduiden[1] *overg* **1** (wijzen) indicate, point out, show; **2** ⟨aangeven⟩ denote, designate, describe; **3** (betekenen) mean, signify, mark; *nader ~* specify; *terloops ~* hint at

'aanduiding *v* (-en) **1** indication, intimation; ⟨terloops⟩ hint; **2** designation

'aandurven[1] *overg* dare; venture; *iem. ~* dare to fight sbd., stand up to sbd.; *(iets) niet ~* shrink from, be afraid to, not feel up to, stop short of

'aanduwen[1] *overg* push (firmly)

'aanweilen[1] *overg* mop; swab [a ship]

aan'een *bijw* together; *dagen ~* for days together, at a stretch; *zes uren ~* for six hours on end

aan'eenbinden[1] *overg* bind (tie) together

aan'eengesloten *bn* united; serried [ranks]

aan'eenhangen[1] *onoverg* hang together; *het hangt*

als los zand aaneen it sticks together like grains of sand; *het hangt van leugens aaneen* it is a tissue of lies

aan'eenhechten[1] *overg* join, fasten, connect together

aan'eenketenen[1] *overg* chain (link) together

aan'eenkleven[1] *onoverg* stick together

aan'eenklinken[1] *overg* rivet together

aan'eenknopen[1] *overg* tie together

aan'eenkoppelen[1] *overg* couple together, couple[2] [railway-carriages, dogs, two people]

aan'eenlassen[1] *overg* join together

aan'eenlijmen[1] *overg* glue together

aan'eennaaien[1] *overg* sew together

aan'eenplakken[1] **I** (is) *onoverg* stick together; **II** (h.) *overg* glue (paste) together

aan'eenrijgen[1] *overg* string [beads]; tack together [garments]

aan'eenschakelen[1] *overg* link together, link up

aan'eenschakelend *bn* gramm copulative

aan'eenschakeling *v* (-en) concatenation, series, sequence

aan'eenschrijven[1] *overg* write in one

aan'eensluiten[1] **I** *onoverg* fit; **II** *wederk: zich ~* close the ranks; join hands, unite; zie ook *aaneengesloten*

aan'eensmeden[1] *overg* weld together

aan'eenvlechten[1] *overg* braid together; twist (twine) together

aan'eenvoegen[1] *overg* put together, join

'**aanflitsen**[1] *onoverg* flash on

'**aanfluiting** *v* (-en) mockery [of a trial]; bijbel byword; *tot een ~ maken* make into a farce

'**aanfokken**[1] *overg* = *fokken*

'**aangaan**[1] **I** (is) *onoverg* **1** (vuur &) light, catch, strike, take fire, burn; **2** (licht) come on, go up; **3** (school &) begin; **4** (te keer gaan) take on, carry on; *dat gaat niet aan* that won't do; *bij iem. ~ call at* sbd.'s house, call on sbd.; *~ op...* go up to..., make for...; **II** (h.) *overg* **1** (sluiten) enter into [a marriage, treaty &], contract [a marriage], conclude [a treaty], negotiate [a loan], lay [a wager &]; **2** (betreffen) concern, regard; *dat gaat u niet(s) aan* ook: that's none of your business, no business (no concern) of yours; *wat dat aangaat...* as regards (respects) this, as to that; as for that; for that matter; *wat mij aangaat* so far as I am concerned, for my part, I for one, as for me; *wat gaat mij dat aan?* what's that to me?; *allen die het aangaat* all concerned; *voor een ieder die het aangaat* to whom it may concern, twimc

aan'gaande *voorz* concerning, as regards..., as to...

'**aangapen**[1] *overg* gape at

aange'bedene *m-v* (-n): *zijn ~* his adored (one), gemeenz his dream-boat

'**aangeboren** *bn* innate [ideas]; inborn [talent]; inbred [courtesy]; congenital [defect]; hereditary [disease]; native [charm]

'**aangebrand** *bn*: *hij is gauw aangebrand* fig he is very touchy

'**aangedaan** *bn* (ontroerd) moved, touched, affected; zie ook: *aandoen*

'**aangegoten** *bn*: *het zit als ~* it fits like a glove

'**aangehuwd** *bn* = *aangetrouwd*

'**aangeklaagde** *m-v* (-n) accused; recht ook: defendant

'**aangelegd**: *bn humoristisch ~* of a humorous turn; *religieus ~* religiously minded

'**aangelegen** *bn* adjacent, adjoining, contiguous

aange'legenheid *v* (-heden) matter, concern, affair, business

'**aangenaam I** *bn* agreeable, pleasant; pleasing; gratifying; comfortable; *~ (kennis te maken)!* pleased to meet you!; how do you do?; *het is mij ~ te horen* I am pleased to hear; **II** *znw: het aangename van...* the amenities of... [such a life]; *het aangename met het nuttige verenigen* combine business with pleasure

'**aangenomen** *bn* adoptive [child]; assumed [name]; *~ werk* job-work; zie ook *aannemen*

'**aangeschoten** *bn* **1** (vogel) winged, wounded; **2** (dronken) gemeenz tipsy; zie ook *aanschieten*

'**aangeschreven** *bn* zie *aanschrijven*

'**aangeslagen** *bn* (ontmoedigd) dismayed, discouraged, affected

'**aangesloten** V.D. v. *aansluiten; ~ bij* affiliated [to a party]; on [the telephone]

'**aangestoken** *bn* worm-eaten [apples]; unsound [fruit]; carious [teeth]; broached [casks]

'**aangetekend** *bn* post registered; *~ verzenden* post send by registered post

'**aangetrouwd** *bn* related by marriage; *~e tante* aunt by marriage

'**aangeven**[1] **I** *overg* **1** (aanreiken) give, hand, reach, pass [the salt]; **2** (aanwijzen) indicate [the direction]; mark [sth. on a map]; **3** (opgeven) state [particulars]; notify [a disease]; give notice of [a birth]; **4** (v. bagage) register; **5** (aan de douane) enter, declare; **6** recht denounce, report [sbd. to the police]; *hebt u niets aan te geven?* anything to declare?; zie ook: *maat, pas, toon* &; **II** *wederk: zichzelf ~ bij de politie* give oneself up to the police

'**aangever** *m* (-s) **1** recht denunciator, informer; **2** theat stooge

'**aangewezen** V.D. v. *aanwijzen*

'**aangezicht** *o* (-en) = *gezicht; van ~ tot ~* face to face

'**aangezichtspijn** *v* (-en) face-ache, med tic douloureux

'**aangezien** *voegw* seeing that, since, as

'**aangifte** *v* (-n) **1** notification [of birth &]; **2** declaration [of goods, of one's income]; **3** recht information; *~ doen van* give notice of [a birth]; declare, enter [goods]; report [a theft]

'**aangiftebiljet** *o* (-ten) form of return, tax form

'**aangorden**[1] **I** *overg* gird on [a sword]; **II** *wederk*:

zich ~ gird oneself [for the fray]

aan'grenzend *bn* adjacent, adjoining, neighbouring

'aangrijnzen ¹ *overg* grin at [sbd.]; *de honger grijnst hen aan* hunger stares them in the face

'aangrijpen ¹ *overg* **1** *eig* seize, take (seize, catch) hold of; **2** *fig* take, seize [the opportunity], seize upon [a pretext]; attack [the enemy]; tell upon [sbd.'s health]; *aangegrepen door...* seized with [fear]; deeply moved by [the sight]

aan'grijpend *bn* **1** (ontroerend) touching, moving, pathetic; **2** (huiveringwekkend) thrilling

'aangrijpingspunt *o* (-en) point of application

'aangroei *m* **1** (toeneming) increase, growth; **2** (aanslag) growth

'aangroeien ¹ *onoverg* **1** (in 't alg.) grow, augment, increase; **2** (v. schip) get fouled

'aangroeisel *o* (-s) (op scheepsromp) marine fouling

'aanhaken ¹ *overg* hook on, hitch on [to]

'aanhalen ¹ *overg* **1** (aantrekken) tighten [a knot]; **2** (citeren) quote, cite [an author, his words, an instance]; instance [cases]; **3** (bij deling) bring down [a figure]; **4** (liefkozen) fondle, caress; *je weet niet wat je aanhaalt* you don't know what you are letting yourself in for

aan'halig *bn bijw* affectionate, caressing, cuddlesome, cuddly

'aanhaling *v* (-en) quotation, citation

'aanhalingstekens *mv* inverted commas, quotation marks, gemeenz quotes; *tussen ~ plaatsen* put (place) in inverted commas (quotation marks)

'aanhang *m* supporters, following, party, followers, adherents, disciples

'aanhangen ¹ *overg* adhere to [a party]

'aanhanger *m* (-s) follower, supporter, partisan, adherent

aan'hangig *bn* pending; *~ maken* **1** recht lay, put, bring [a matter] before a court; **2** bring in [a bill]; **3** take up [the matter with the government]

'aanhangmotor *m* (-s, -motoren) scheepv outboard motor

'aanhangsel *o* (-s) appendix [to a book]; rider [of a document], codicil [of a will]

'aanhangwagen *m* (-s) trailer

aan'hankelijk *bn* affectionate, attached

aan'hankelijkheid *v* attachment

'aanharken ¹ *overg* **1** (met een hark bewerken) rake (over); **2** (bij elkaar harken) rake (up)

'aanhechten ¹ *overg* affix, attach

'aanhef *m* beginning [of a letter]; opening words [of a speech]

'aanheffen ¹ *overg* intone [a psalm], strike up [a song], raise [a shout], set up [a cry]

'aanhikken ¹ *onoverg: ~ tegen iets* have difficulty in doing sth.

'aanhitsen (hitste aan, h. aangehitst) *overg = ophitsen*

'aanhoren ¹ *overg* listen to; *het is hem aan te horen* you can tell by his accent (voice); *het is niet om aan te horen* you couldn't bear to hear it, I can't stand it; *ten ~ van* in the hearing of

'aanhouden ¹ **I** *overg* **1** (niet afbreken) hold, sustain [a note]; **2** (niet laten doorgaan) stop [a man in the street &]; hold up [a ship]; apprehend, arrest [a thief]; seize, detain [goods]; **3** (behouden) keep on [servants &]; **4** (blijven doorgaan met) keep up [a correspondence &]; **5** (niet uitdoven) keep... burning; **6** (niet behandelen) hold over [an article, the matter till the next meeting]; **II** *onoverg* **1** (voortduren) hold, last [of the weather], continue; **2** (volhouden) hold on²; *fig* persevere, persist, ook: pursue one's point; **3** (bij een café &) stop; *~ op* scheepv make for [the coast], head for [home], keep to [the right]

aan'houdend *bn* continual, continuous, incessant, persistent

'aanhouder *m* (-s) persevering person, sticker; *de ~ wint* it's dogged as does it

'aanhouding *v* (-en) **1** detainment, seizure [of goods, of a ship]; **2** arrest, apprehension [of a thief], detention [of a suspect]

'aanhoudingsbevel *o* (-velen) recht warrant

'aanjagen ¹ *overg* zie *schrik, vrees*

'aanjager *m* (-s) techn supercharger, booster

'aankaarten ¹ *overg* bring up [matters]

'aankakken *onoverg: komen ~* turn up, show up

'aankap *m* **1** felling [of trees]; **2** timber reserve, lumber exploitation

'aankijken ¹ *overg* look at; *het ~ niet waard* not worth looking at; *iem. niet ~* look away from sbd.; *de zaak nog eens ~* wait and see; *iem. op iets ~* blame sbd. for sth.; *met schele ogen ~* view with jealous eyes

'aanklacht *v* (-en) accusation, charge, indictment; *een ~ indienen tegen* lodge a complaint against, bring a charge against

'aanklagen ¹ *overg* accuse; *~ wegens* accuse of, charge with, indict for

'aanklager *m* (-s) **1** (in 't alg.) accuser; **2** recht plaintiff; *openbaar ~* public prosecutor

'aanklampen ¹ *overg* **1** scheepv board [a vessel]; **2** *fig* accost, buttonhole [sbd.]

'aankleden ¹ **I** *overg* dress [a child &]; get up [a play]; **II** wederk: *zich ~* dress (oneself)

'aankleding *v* dressing; get-up [of a play]

'aankloppen ¹ *onoverg* knock (rap) at the door; *bij iem. ~ om geld (hulp)* apply (appeal) to sbd. for money (help)

'aanknoeien *onoverg: maar wat ~* (just) fool about, mess about

'aanknopen ¹ **I** *overg* tie on to; *een gesprek ~ met* enter into conversation with; *onderhandelingen ~* enter into negotiations, open negotiations; *weer ~* renew, resume; **II** *onoverg: ~ bij* go on [from what was said before]

'**aanknopingspunt** *o* (-en) point of contact; ~ *voor een gesprek* starting point for a conversation

'**aankoeken** (koekte aan, is aangekoekt) *onoverg* cake, incrust, encrust; stick [to the pan]

'**aankomeling** *m* (-en) **1** ⟨in 't alg.⟩ beginner, novice; **2** onderwijs freshman; new-comer

'**aankomen**[1] **I** *onoverg* **1** eig come [of persons], arrive, come in [of a train &]; **2** ⟨v. slag⟩ go home; **3** ⟨toenemen in gewicht &⟩ gain ⟨1 kilo a week⟩; put on weight; *je moet eens* ~ just come round, drop in; *je moet er niet* ~ you must not touch it (them), (you should) leave it alone; *te laat* ~ be overdue; arrive (be) late; *ik zie* ~, *dat...* I foresee...; *ik heb 't wel zien* ~ I've seen it coming; *hij zal je zien* ~ he'll see you further (first); ~ *bij iem.* call at sbd.'s house, call on sbd.; ~ *in Londen* arrive in London; ~ *met een voorstel* come out with, put forward a proposal; *daarmee kan je bij hem niet* ~ **1** it will hardly do for you to propose that to him; **2** that will be no good with him; *daarmee hoef je bij mij niet aan te komen* none of that for me; don't tell me!; ~ *op de plaats* arrive at (on) the spot; *op iem.* ~ come up to a person; *het komt hier op geld aan* it is money that matters; *het komt op nauwkeurigheid aan* accuracy is the great thing; *op de kosten komt het niet aan* the cost will be no consideration; *het komt er niet op aan* it doesn't matter; *het zal er maar op* ~ *om...* the great thing will be to...; *nu zal het erop* ~ now for it!; *als het erop aankomt* when it comes to the trial; *als het erop aankomt om te betalen...* when it comes to paying...; *het laten* ~ *op een ander* leave things to another; *het er maar op laten* ~ let things drift, trust to luck, leave it to chance; *het laten* ~ *op het laatste ogenblik* put it off to the last minute; ~ *tegen de muur* strike (against) the wall; **II** *o: er is geen* ~ *aan* it is (they are) not to be had

'**aankomend** *bn: een* ~ *bediende, kantoorbediende* a junior man, clerk; *een* ~ *onderwijzer* **1** ⟨nog opgeleid wordend⟩ a future teacher; **2** ⟨pas beginnend⟩ a young teacher

'**aankomst** *v* arrival; *bij (mijn)* ~ on (my) arrival

'**aankomsthal** *v* (-len) arrival hall

'**aankondigen** (kondigde aan, h. aangekondigd) *overg* **1** ⟨in 't alg.⟩ announce; **2** ⟨bij wijze van reclame⟩ advertise; **3** ⟨per aanplakbiljet⟩ bill [a play &]; **4** ⟨officieel⟩ notify; **5** ⟨voorspellen⟩ herald, forebode, portend; foreshadow [a major crisis, grave developments]; **6** ⟨bespreken⟩ notice, review [a book]

'**aankondiging** *v* (-en) **1** announcement; ⟨officieel⟩ notification; notice; **2** ⟨advertentiereclame⟩ advertisement; **3** ⟨bespreking⟩ (press) notice, review [of a book]; *tot nadere* ~ until further notice

'**aankoop** *m* (-kopen) purchase, acquisition

'**aankoopsom** *v* (-men) (purchase) price

'**aankopen**[1] *overg* purchase, buy, acquire

'**aankrijgen**[1] *overg* **1** get on [one's boots &]; get into [one's clothes]; **2** ⟨v. waren⟩ get in stock

'**aankruisen**[1] *overg* check (tick) off; mark with a cross, put a cross against

'**aankunnen**[1] **I** *overg* be a match for [sbd.]; be equal to [a task]; be able to cope with [the demands]; *hij kan heel wat aan* **1** he can cope with a lot of work; **2** he can manage heaps of food, a lot of drink, no end of money; **II** *onoverg: kan men op hem aan?* can one rely upon him?

'**aankweken**[1] *overg* **1** eig grow, cultivate[2]; **2** fig foster [feelings of...]

'**aanlachen**[1] *overg* = toelachen

'**aanlanden**[1] *onoverg* land; zie ook *belanden*

aan'landig *bn* onshore [breeze]

'**aanleg** *m* **1** laying out, lay-out [of avenues, roads &]; construction [of a railway]; laying [of a cable]; installation [of electric plant]; **2** ⟨natuurlijk talent⟩ (natural) disposition, aptitude, talent, turn [for music &]; **3** ⟨vatbaarheid⟩ predisposition, tendency [to consumption]; **4** ⟨geneigdheid⟩ disposition [to jealousy]; **5** recht instance; ~ *hebben voor* have a turn for [music &]; have a tendency, a predisposition to [consumption]

'**aanleggen**[1] **I** *overg* **1** apply [a dressing, a standard]; place [a clinical thermometer]; **2** ⟨tot stand brengen⟩ lay out [a garden], construct [a railway, a road], build [a bridge], install, put in [electric light]; lay on [gas, light, water]; lay [a fire]; make [a collection, a list]; **3** mil level [one's rifle] (op at); *het* ~ manage; *het (de zaak) handig* ~ manage things (the matter) cleverly; *het verkeerd* ~ set about it the wrong way; *het zó* ~ *dat...* manage to, contrive to...; *het zuinig* ~ be economical; *het* ~ *met een meisje* carry on (take up) with a girl; *hij legt het er op aan om straf te krijgen* he is bent upon getting punished; **II** *onoverg* **1** ⟨stilhouden⟩ stop [at a pub]; **2** ⟨mikken⟩ aim, take aim; *leg aan!* mil present!; ~ *op* aim at, take aim at; zie ook *aangelegd*

'**aanlegger** *m* (-s) **1** originator [of a quarrel], instigator [of a revolt], author [of a plot]; **2** constructor, builder [of roads &]

'**aanleghaven** *v* (-s) port of call

'**aanlegplaats** *v* (-en), '**aanlegsteiger** *m* (-s) landing-stage, pier

'**aanleiding** *v* (-en) occasion, inducement, motive; ~ *geven tot* give rise to, lead to, give cause for, occasion; *bij de geringste* ~ on the slightest provocation; *naar* ~ *van* in pursuance of [our note]; with reference to, referring to in response (reply) to [your letter]; having seen [your advertisement...]; in consequence of, on account of [his behaviour]; in connection with [your inquiry]; *zonder de minste* ~ without any reason

'**aanlengen**[1] *overg* dilute, weaken

'**aanleren**[1] *overg* learn [a trade &]; acquire [a habit]

'**aanleunen**[1] *onoverg:* ~ *tegen* lean against; *zich iets laten* ~ take sth. as one's due; *zich iets niet laten* ~ not put up with sth., not swallow sth., not take sth. lying down

'**aanleunwoning** v (-en) sheltered accommodation

'**aanleveren** [1] overg ⟨v. lading⟩ deliver for shipment

'**aanliggend**, **aan'liggend** bn adjacent, adjoining

'**aanlijnen** (lijnde aan, h. aangelijnd) overg leash [a dog]; fig = aankaarten

aan'lokkelijk bn alluring, enticing, tempting, attractive

aan'lokkelijkheid v (-heden) alluringness &; charm, attraction

'**aanlokken** [1] overg **1** ⟨verleiden⟩ allure, entice, tempt; **2** ⟨aantrekken⟩ attract, draw [customers]

'**aanloop** m **1** eig run; **2** fig preamble; een ~ nemen take a run; veel ~ hebben be called on by many people; sprong met (zonder) ~ running (standing) jump

'**aanloophaven** v (-s) port of call

'**aanloopkosten** mv initial cost(s), start-up cost(s)

'**aanloopperiode** v (-s, -n) lead-time

'**aanloopstadium** o (-dia) initial stage

'**aanlopen** [1] onoverg **1** (is) ⟨eens aankomen⟩ call round, drop in [somewhere]; **2** (h.) ⟨schuren langs⟩ rub, drag; hij liep blauw (rood, paars) aan he got purple in the face; dat zal nog wel even ~ ⟨duren⟩ that will take some time; ~ bij iem. call on sbd., drop in upon sbd.; ~ op walk towards; ~ tegen run up against [a wall]; run into [sbd.]; er (toevallig) tegen ~ fig chance upon [sth.]

'**aanmaak** m manufacture, making

'**aanmaakhout** o kindling; aanmaakhoutjes kindlings

'**aanmaakkosten** mv cost of manufacture, manufacturing cost(s); zie ook: aanloopkosten

'**aanmaken** [1] overg **1** ⟨in 't alg.⟩ manufacture, make; **2** light [a fire]; **3** dress [salad]; **4** mix [colours]

'**aanmanen** [1] overg exhort [to a course, to make haste], call upon [him to do his duty]; dun [for payment]

'**aanmaning** v (-en) warning, exhortation; dun [for payment]

'**aanmatigen** [1] wederk: zich ~ arrogate to oneself, assume; presume [to advise sbd., to express an opinion]

aan'matigend bn arrogant, presumptuous, overbearing, overweening, assuming, high-handed, assertive, assumptive, pretentious

'**aanmatiging** v (-en) arrogance, presumption, overbearingness, assumingness, high-handedness, pretence

'**aanmelden** [1] **I** overg announce; **II** wederk: zich ~ announce oneself; apply [for a place]

'**aanmelding** v (-en) **1** ⟨bericht⟩ announcement, notice; **2** ⟨voor betrekking⟩ application; **3** ⟨voor wedstrijd &⟩ entry

'**aanmengen** [1] overg mix

'**aanmeren** [1] overg moor, tie up

aan'merkelijk bn considerable

'**aanmerken** [1] overg ⟨beschouwen, rekenen⟩ consider; ik heb er niets (veel, weinig) op aan te merken I have no (great, little) fault to find with it

'**aanmerking** v (-en) **1** ⟨opmerkzaamheid⟩ consideration; **2** ⟨onaangename opmerking⟩ remark, observation; **3** ⟨afkeuring⟩ onderwijs bad mark; ~en maken op find fault with, criticize, pick holes in; geen ~ te maken hebben have no fault to find (with it); in ~ komen be considered [for an appointment]; be eligible [for a pension]; qualify [for a job]; niet in ~ komen be left out of account (consideration), deserve (receive) no consideration; hij komt niet in ~ voor die betrekking his application is not considered; in ~ nemen take into consideration, consider (that...), take into account, make allowance for; zijn leeftijd in ~ genomen... considering (in view of) his age; alles in ~ genomen... all things considered

'**aanmeten** [1] overg take one's measure for; zich een jas laten ~ have one's measure taken for a coat; een aangemeten jas a made-to-measure coat

aan'minnig bn charming, sweet

'**aanmodderen** [1] onoverg: maar wat ~ mess about; iem. maar wat laten ~ let sbd. muddle on by himself

'**aanmoedigen** (moedigde aan, h. aangemoedigd) overg encourage

'**aanmoediging** v (-en) encouragement

'**aanmoedigingspremie** v (-s) incentive bonus

'**aanmonsteren** (monsterde aan, aangemonsterd) **I** (h.) overg engage; **II** (is) onoverg sign on [in a ship]

'**aanmunten** [1] overg coin, mint, monetize

'**aanname** v ⟨veronderstelling⟩ assumption

aan'nemelijk bn acceptable [present &]; plausible [excuse]

'**aannemeling** m (-en), '**aannemelinge** v (-n) **1** Prot candidate for confirmation; confirmee; **2** RK first communicant

'**aannemen** [1] overg **1** ⟨in 't alg.⟩ take, accept, receive [it]; take in [the milk]; take delivery of [the goods]; **2** ⟨opnemen als lid⟩ admit [(as) a member], confirm [a baptized person], receive [into the Church]; **3** ⟨niet weigeren⟩ accept [an offer &]; **4** ⟨niet verwerpen⟩ adopt, carry [a motion], pass [a bill]; **5** ⟨als waar⟩ admit; **6** ⟨veronderstellen⟩ suppose; **7** ⟨in dienst nemen⟩ take on, engage; **8** ⟨zich geven⟩ adopt, take on, assume [an air]; **9** ⟨kleur, vorm⟩ take on; **10** ⟨v. werk⟩ take in [sewing]; contract for [a work]; ~! waiter!; aangenomen! agreed!; aangenomen dat... assuming that..., supposing it to be...; zie ook aangenomen; ~ om te... undertake to...; als regel ~ om... make it a rule to...; als kind ~ adopt as a child; boodschappen ~ take messages; een godsdienst ~ embrace a religion; de telefoon ~ answer the telephone; zie ook gewoonte & rouw

'**aannemer** m (-s) contractor, building contractor, (master) builder

'**aannemersfirma** v ('s) firm of (building) contractors

'**aanneming** v (-en) **1** ⟨in 't alg.⟩ acceptance, adoption, admission; **2** confirmation [in the Protestant Church]

'**aannemingssom** *v* (-men) sum (price) contracted for
'**aanpak** *m*: *de ~ van dit probleem* the approach to this problem
'**aanpakken** I *overg* 1 *eig* seize, take (lay) hold of; tackle [a problem]; deal with [a situation]; 2 ⟨v. de gezondheid⟩ tell upon [sbd.]; *hoe wil je dat ~?* how are you going to set about it, tackle it?; *het goed (verkeerd) ~* go to work the right (wrong) way; *iem. flink ~* take a firm line with sbd.; *iem. ruw (zacht) ~* handle sbd. roughly (gently); *het verkeerd ~* go the wrong way to work; *iem. verkeerd ~* rub sbd. the wrong way; *dat pakt je nogal aan* it rather tells on you, takes it out of you; II *onoverg gemeenz* wire in, wire away; *je moet (flink) ~* put your back into [the job]
'**aanpakkertje** *o* (-s) holder
'**aanpalend** *bn* adjacent, adjoining, neighbouring
'**aanpappen** 1 *onoverg*: *met iem. ~ gemeenz* strike up an acquaintance with sbd., pick up (chum up) with sbd.
'**aanpassen** I *overg* try on [clothes]; *~ aan* adapt to [the needs of...], adjust to [modern conditions]; II *wederk*: *zich ~ aan* adapt oneself to, adjust oneself to [circumstances, conditions]
'**aanpassing** *v* (-en) adaptation, adjustment
'**aanpassingsvermogen** *o* adaptability
'**aanplakbiljet** *o* (-ten) placard, poster, bill
'**aanplakbord** *o* (-en) bill-board, notice-board
'**aanplakken** 1 *overg* placard, post (up), paste (up); *verboden aan te plakken* stick no bills
'**aanplakker** *m* (-s) bill-sticker
'**aanplakzuil** *v* (-en) advertising pillar
'**aanplant** *m* 1 ⟨het planten⟩ planting; 2 ⟨plantage⟩ plantation
'**aanplanten** 1 *overg* plant
'**aanplanting** *v* (-en) = *aanplant*
'**aanporren** 1 *overg* rouse, shake up, spur on
'**aanpoten** 1 I *overg* ⟨aanplanten⟩ plant; II *onoverg gemeenz* ⟨aanstappen⟩ step out; *fig* work hard
'**aanpraten** 1 *overg*: *iem. iets ~* talk sbd. into sth.
'**aanprijzen** 1 *overg* recommend, commend highly, sound the praises of, preach up
'**aanraden** 1 I *overg* advise; recommend; suggest; II *o*: *op ~ van* on (at) the advice of, on (at) the suggestion of
'**aanrader** *m* (-s) ⟨film, boek &⟩ must
'**aanraken** 1 *overg* touch
'**aanraking** *v* (-en) touch, contact; *in ~ brengen met* bring into contact with; *in ~ komen met* come into touch (contact) with; *met de politie in ~ komen* get into trouble with the police
'**aanrakingspunt** *o* (-en) point of contact
'**aanranden** 1 ⟨randde aan, h. aangerand⟩ *overg* assail, assault [recht a woman criminally]
'**aanrander** *m* (-s) assailant, assaulter
'**aanranding** *v* (-en) assault
'**aanrecht** *o & m* (-en) dresser

'**aanrechtkastje** *o* (-s) kitchen sink cupboard
'**aanreiken** 1 *overg* reach, hand, pass
'**aanrekenen** 1 I *overg*: *iem. iets ~* blame sbd. for sth., hold sth. against sbd.; II *wederk*: *zich iets als een eer ~* 1 take credit to oneself for...; 2 consider it an honour; zie ook *verdienste*
'**aanrichten** 1 *overg* 1 ⟨aanrichten⟩ do [harm]; work [mischief]; cause, bring about [damage]; commit [ravages]; 2 ⟨bereiden⟩ give [a dinner-party]
'**aanrijden** 1 I *overg*: *iem. ~* run into sbd.; collide with [another car]; *hij werd aangereden* he was knocked down [by a motor-car]; II *onoverg*: *komen ~* come riding (driving) up
'**aanrijding** *v* (-en) collision, crash, smash
'**aanroepen** 1 *overg* 1 invoke [God's name]; 2 call, hail [sbd., a cab, a ship]; 3 call upon [sbd. for help]; 4 *mil* challenge [sbd.]
'**aanroeping** *v* (-en) 1 invocation; 2 *mil* challenge
'**aanroeren** 1 *overg fig* touch upon [a subject]; zie ook *snaar*
'**aanrommelen** 1 *onoverg* mess, fiddle, tinker about
'**aanrukken** 1 *onoverg* 1 advance, march on; *~ op* march (move) upon; *laten ~ mil* order [wine &]; 2 *mil* move up [reinforcements]
'**aanschaf** *m* (-fingen) acquisition, purchase
'**aanschaffen** ⟨schafte aan, h. aangeschaft⟩ I *overg* procure, buy, get; II *wederk*: *zich ~* procure, buy, get
'**aanscherpen** 1 *overg* sharpen [2]
'**aanschieten** 1 *overg* 1 ⟨vogel⟩ wing, wound; 2 ⟨kleren⟩ slip on [one's coat]; *iem. ~* accost sbd.; zie ook *aangeschoten*
'**aanschijn** *o* 1 ⟨schijn⟩ appearance; 2 ⟨gelaat⟩ face, countenance; zie ook *zweet*
'**aanschikken** 1 *onoverg* draw up to the table, sit down to table
'**aanschoppen** 1 *onoverg*: *~ tegen eig* kick against; *fig* go on about, storm at [sacred cows]
aan'schouwelijk *bn* clear, graphic; *~ onderwijs* object teaching, object lessons; *~ maken* illustrate
aan'schouwen ⟨aanschouwde, h. aanschouwd⟩ *overg* behold, see; *ten ~ van* in the sight of, in the presence of
'**aanschrijven** 1 *overg* notify, summon, instruct; *goed (slecht) aangeschreven staan* be in good (bad, ill) repute, enjoy a good (bad) reputation; *ik sta goed (slecht) bij hem aangeschreven* I am in his good (bad) books
'**aanschrijving** *v* (-en) notification, summons, instruction(s)
'**aanschroeven** 1 *overg* 1 ⟨schroeven aan⟩ screw on; 2 ⟨vaster schroeven⟩ screw home
'**aanschuiven** 1 I (h.) *overg* push on, shove on; II (is) *onoverg* = *aanschikken*
'**aanslaan** 1 I (h.) *overg* 1 ⟨vastslaan⟩ put up [a notice]; 2 ⟨vaster inslaan⟩ drive home; 3 *muz* strike [a note], touch [a string]; 4 ⟨schatten⟩ estimate, rate; 5 ⟨in de belasting⟩ assess; *een artikel ~* ⟨op een kas-

sa⟩ ring up an item; *een huis* ~ put up a house for sale; *te hoog* ~ **1** ⟨schatten⟩ overestimate; **2** ⟨belasting⟩ assess too high; *te laag* ~ **1** ⟨schatten⟩ underestimate; **2** ⟨belasting⟩ assess too low; *voor 300 gulden* ~ assess in (at) 300 guilders; **II** (h.) *onoverg* **1** mil salute; **2** ⟨blaffen⟩ bark, give tongue; **III** (is) *onoverg* **1** techn ⟨v. motor⟩ start; **2** ⟨door aanslag op ruit &⟩ dim, get blurred; fur [of a boiler]; **3** fig ⟨succes hebben⟩ catch on; **4** ⟨v. wortels⟩ strike [root], root; fig take; ~ *tegen* strike, beat (dash, flap &) against

'aanslag *m* (-slagen) **1** ('t aanslaan) striking; muz ⟨v. pianist⟩ touch; **2** ⟨op ruit⟩ moisture; (in ketel) scale, fur; **3** (in belasting) assessment; **4** attempt [on sbd.'s life], [bomb] outrage; *met het geweer in de* ~ with one's rifle at the ready; *in de* ~ *brengen* cock [a rifle &]

'aanslagbiljet *o* (-ten) notice of assessment

'aanslibben (slibde aan, is aangeslibd) *onoverg* form a deposit, silt up

'aanslibbing *v* accretion, alluvium, silt

'aanslingeren[1] *overg* crank [the motor]

'aansluiten[1] **I** (h.) *overg* **1** (in 't alg.) connect, link up; **2** telec link up with the telephone system; **II** (is) *onoverg & abs ww* join [of two roads]; connect, correspond [of two trains]; ~! close up!; ~ *op* be linked up with; connect with [the 6.30 train]; **III** (h.) *wederk*: *zich* ~ unite, join hands; *zich* ~ *bij* **1** join [sbd., a party]; join in [a strike]; rally to [the Western bloc]; **2** become affiliated to (with) [a society]; **3** hold with [a speaker]; *verkeerd aangesloten* telec wrong number; *aangesloten bij* affiliated to [a party]; on [the telephone]

aan'sluitend *bn* (in tijd volgend op) following (on), next (to)

'aansluiting *v* (-en) **1** joining, junction; **2** connection [on the telephone]; communication; **3** connection, correspondence [of trains]; ~ *hebben* connect (*op* with), correspond [of trains]; *de* ~ *missen* miss the connection; ~ *zoeken bij...* try to join..., seek contact with...; *in* ~ *op ons schrijven van...* referring to our letter of...

'aansmeren[1] *overg* smear, daub [a wall]; *iem. iets* ~ palm sth. off on sbd.

'aansnellen[1] *onoverg* run up, hurry on; ~ *op* make a run for; *komen* ~, *komen aangesneld* come running

'aansnijden[1] *overg* cut into [a loaf]; *een onderwerp* ~ broach (bring up) a subject

'aanspannen[1] **I** *overg* put to [horses]; *een proces* ~ take (institute) legal proceedings; **II** *abs ww* put the horses to

'aanspelen[1] *overg* sp pass

'aanspoelen[1] **I** (h.) *overg* wash ashore [jetsam &]; **II** (is) *onoverg* be washed ashore, be washed up

'aansporen (spoorde aan, h. aangespoord) *overg* **1** spur (on) [a horse]; **2** incite, urge, urge on [a person]

'aansporing *v* (-en) incitement, stimulus, impetus; *op* ~ *van* at the instance of

'aanspraak *v* (-spraken) claim, title; ~ *hebben* have people to talk to [you]; ~ *hebben op* have a claim to, be entitled to; ~ *maken op* lay claim to

aan'sprakelijk *bn* answerable, responsible, liable; ~ *stellen voor* hold responsible for; *zich* ~ *stellen voor* accept responsibility for

aan'sprakelijkheid *v* (-heden) responsibility, liability

aan'sprakelijkheidsverzekering *v* (-en) liability insurance

aan'spreekbaar *bn* approachable, get-at-able, communicative

'aanspreekvorm *m* (-en) (form of) address

'aanspreken[1] **I** *overg* speak to, address [sbd.], accost [in the street]; *de fles (geducht)* ~ have a good go at the bottle; *zijn kapitaal* ~ break into one's capital; *iem.* ~ *met 'Sir'* address sbd. as 'Sir'; *iem.* ~ *om schadevergoeding* claim damages from sbd., recht sue sbd. for damages; *iem.* ~ *over* talk to sbd. about...; **II** *onoverg*: *deze schilderijen spreken mij aan, spreken (mij) weinig aan* these paintings appeal to me, have little appeal (for me)

'aanspreker *m* (-s) undertaker's man

'aanstaan[1] *onoverg* **1** (bevallen) please; **2** ⟨v. deur⟩ be ajar; **3** ⟨v. radio &⟩ be on; *het zal hem niet* ~ he will not be pleased with it, he will not like (fancy) it

'aanstaande, aan'staande I *bn* next, (forth)coming; ~ *Kerstmis* next Christmas; ~ *moeders* expectant mothers; ~ *onderwijzers* prospective teachers; *zijn* ~ *schoonmoeder* his prospective mother-in-law, his mother-in-law to-be; ~ *week* next week; **II** *m-v* (-n): *zijn* ~, *haar* ~ his fiancée, her fiancé, his future wife, her future husband

'aanstalten *mv*: ~ *maken om* make ready to, prepare to; *geen* ~ *maken om* show no sign of [...ing]

'aanstampen[1] *overg* ram (down, in), tamp

'aanstappen[1] *onoverg* mend one's pace, step out

'aanstaren[1] *overg* stare at, gaze at, gape at

aan'stekelijk *bn* infectious[2], contagious[2], catching[2]

'aansteken[1] *overg* **1** light [a lamp &]; kindle [a fire]; set fire to [a house]; **2** broach, tap [a cask]; **3** infect [with a disease]; zie ook *aangestoken*

'aansteker *m* (-s) lighter

'aanstellen[1] **I** *overg* appoint; ~ *tot* appoint (as), appoint to be [commander &]; **II** *wederk*: *zich* ~ pose, attitudinize; (tekeergaan) carry on; *zich dwaas (mal)* ~ make a fool of oneself, play the fool

'aansteller *m* (-s) poseur

aan'stellerig *bn* affected

aanstelle'rij *v* (-en) affectation, attitudinizing, posing, pose

'aanstelling *v* (-en) appointment [to office]

'aansterken[1] *onoverg* get (grow) stronger, recuperate, convalesce '**aanstevenen**[1] *onoverg*: ~ *op* make for, head for, bear down upon; *komen* ~ ⟨snel naderbij komen⟩ come striding along

'**aanstichten**[1] *overg* **1** instigate [some mischief]; **2** hatch [a plot]

'**aanstichter** *m* (-s) instigator

'**aanstichting** *v* (-en): *op* ~ *van* at the instigation of

'**aanstippen**[1] *overg* **1** tick (check) off [items &]; **2** touch [a sore spot]; **3** touch (lightly) on [a subject]

'**aanstoken**[1] *overg* stir up, incite, instigate

'**aanstoker** *m* (-s) instigator, firebrand

'**aanstonds**, **aan'stonds** *bijw* presently, directly, forthwith

'**aanstoot** *m* offence, scandal; ~ *geven* give offence, create a scandal, scandalize people; ~ *nemen aan* take offence at, take exception to, resent

aanstoot'gevend, **aan'stotelijk** *bn* offensive, scandalous, objectionable, shocking

'**aanstoten** I *overg* **1** ⟨iem.⟩ nudge, jog; **2** ⟨toasten⟩ clink [glasses]; II *onoverg*: ~ *tegen* bump up against, strike against

'**aanstrepen**[1] *overg* **1** mark [a passage in a book]; **2** tick (check) off [items]

'**aanstrijken**[1] *overg* **1** brush (over) [with paint], paint [with iodine]; **2** plaster [a wall]; **3** strike, light [a match]

'**aanstrompelen** *onoverg*: *komen* ~ come stumbling up

'**aansturen**[1] *onoverg*: ~ *op* **1** make for, head for[2] [the harbour &]; **2** fig lead up to [sth.]; aim at

'**aantal** *o* (-len) number; *in* ~ *overtreffen* outnumber

'**aantasten**[1] *overg* **1** ⟨gezondheid, metaal &⟩ affect; **2** trench on [sbd.'s capital]; **3** injure [sbd.'s honour]; *in de wortel* ~ strike at the roots of

'**aantasting** *v* (-en) **1** ⟨v. gezondheid⟩ adverse (harmful) affect (on), impairment (to); **2** ⟨v. metaal⟩ corrosion; ⟨v. hout⟩ decay; **3** ⟨v.h. milieu⟩ damage (to); **4** ⟨v. reputatie, eer⟩ slur (on); defamation [of character]

'**aantekenboekje** *o* (-s) notebook

'**aantekenen** I *overg* **1** note (down), write down, mark, record; **2** post register [a letter]; zie ook: [2]*appel*, *protest*; II *abs ww* have their names entered at the registry office; *aangetekend verzenden* send by registered post

'**aantekening** *v* (-en) **1** note, annotation; entry [in a diary]; [good (bad)] mark; **2** post registration; ~*en maken* take (make) notes

'**aantellen**[1] *abs ww*: *lekker* ~ add up nicely

'**aantijgen** (teeg aan, h. aangetegen *of* tijgde aan, h. aangetijgd) *overg* impute [a fault & to]

'**aantijging** *v* (-en) imputation

'**aantikken**[1] I *abs ww* tap (at the door &), knock [before entering]; II *onoverg* tip ⟨bij zwemwedstrijd⟩ finish; **2** ⟨v. bedragen⟩ add up [nicely]

'**aantocht** *m*: *in* ~ *zijn* be approaching [of a thunderstorm &]; be in the offing, be on the way; mil

be advancing, be marching on

'**aantonen**[1] *overg* show, demonstrate, prove, point out; zie ook *bewijzen*

aan'toonbaar *bn* demonstrable

'**aantrappen**[1] *overg* ⟨v. bromfiets &⟩ start

'**aantreden**[1] *onoverg* fall in, fall into line, line up, form up; *sinds het* ~ *van het kabinet* since the cabinet took office

'**aantreffen**[1] *overg* meet (with), find, come across, come upon

aan'trekkelijk *bn* attractive, likeable, inviting

aan'trekkelijkheid *v* (-heden) attractiveness, attraction, charm

'**aantrekken** I (h.) *overg* **1** attract[2], draw; raise [capital &]; **2** ⟨vaster trekken⟩ draw tighter, tighten; **3** put on [a coat, one's boots]; *zich aangetrokken voelen tot* feel attracted to(wards), feel drawn to(wards); II (is) *onoverg* handel ⟨v. prijzen⟩ harden, stiffen, firm up; III (h.) *wederk*: *zich iets (erg)* ~ take sth. (heavily) to heart; *zich iems. lot* ~ interest oneself in sbd.'s behalf; *hij zal er zich niets (geen lor, geen moer) van* ~ he won't care a bit (a straw, a damn); he won't give a damn

'**aantrekking** *v* attraction

'**aantrekkingskracht** *v* pull, (power of) attraction[2], weight

aan'vaardbaar *bn* acceptable (*voor* to)

aan'vaarden (aanvaardde, h. aanvaard) *overg* accept [an offer, an invitation, the consequences], assume [a responsibility, the government, command]; take possession of [an inheritance &]; take up [one's appointment]; enter upon, begin [one's duties]; set out on [one's journey]; *dadelijk (leeg) te* ~ with vacant possession, with immediate possession; *wanneer is het (huis) te* ~? when can I have possession?

aan'vaarding *v* (-en) ⟨in 't alg.⟩ acceptance; **2** taking possession [of a house]; **3** accession [to the throne]; **4** entering [upon one's duties]; *bij de* ~ *van mijn ambt* on my entrance into office

'**aanval** *m* (-len) **1** mil attack°, assault, onset, charge; **2** attack, fit [of fever &]; zie ook *beroerte*

'**aanvallen**[1] I (h.) *overg* **1** ⟨in 't alg.⟩ attack, assail, assault; **2** fall upon, set upon, lash out at [an enemy]; **3** tackle [the player who has the ball]; **4** charge [with the bayonet]; II (is) *onoverg* ⟨toetasten⟩ fall to; ~ *op* fall upon, attack

'**aanvallend** I *bn* offensive, aggressive; ~ *verbond* offensive alliance; II *bijw*: ~ *optreden* act on the offensive

'**aanvaller** *m* (-s) **1** ⟨in 't alg.⟩ attacker, assailant, aggressor; **2** sp attacker; voetbal ook: forward

aan'vallig *bn* sweet, charming; tender [age]

aan'valligheid *v* (-heden) sweetness, charm

'**aanvalsoorlog** *m* (-logen) war of aggression

'**aanvang** *m* beginning, start, commencement; *een* ~ *nemen* commence, begin; *bij de* ~ at the beginning; zie ook: *begin*

'**aanvangen**[1] **I** (is) *onoverg* begin, start, commence; **II** (h.) *overg* do; *wat zullen wij ermee ~?* what to do with it?; zie verder *beginnen*

'**aanvangssalaris** *o* (-sen) commencing salary

'**aanvangssnelheid** *v* (-heden) initial velocity

'**aanvangstijd** *m* (-en) starting time; *de ~ van de voorstelling is 21.00 uur* curtain (up) at 9.00 p.m.

aan'vankelijk I *bn* initial; **II** *bijw* in the beginning, at first, at the outset

'**aanvaring** *v* (-en) collision; *in ~ komen met* collide with, run into, fall foul of

'**aanvatten**[1] *overg* catch (take, seize, lay) hold of; *iets (goed, verkeerd) ~* zie *aanpakken*

'**aanvattertje** *o* (-s) holder

aan'vechtbaar *bn* questionable, debatable

'**aanvechten**[1] *overg* **1** plechtig tempt; **2** (betwisten) challenge, question

'**aanvechting** *v* (-en) temptation

'**aanvegen**[1] *overg* sweep [the floor]; *de vloer met iem. ~ gemeenz* wipe the floor with sbd., knock (hit) sbd. for six

'**aanverwant** *bn* allied, related

'**aanvliegen**[1] **I** (h.) *overg* **1** ⟨vliegend naderen⟩ fly towards, approach; **2** ⟨hulpgoederen &⟩ transport by air, fly in; *iem. ~* fly at sbd.; **II** *onoverg: komen ~* come flying along; ⟨v. vliegtuig⟩ approach; *~ op* fly at

'**aanvliegroute** *v* (-s en -n) approach route (path)

'**aanvlijen**[1] *wederk: zich ~ tegen* nestle against (up to)

'**aanvoegen**[1] *overg* add, join; *~de wijs* subjunctive (mood)

'**aanvoelen**[1] **I** *overg* feel; appreciate [the difficulty &]; *zij voelen elkaar goed aan* they are well attuned to each other; **II** *onoverg: zacht ~* feel soft, be soft to the touch (to the feel)

'**aanvoelingsvermogen** *o* **1** ⟨in 't alg.⟩ intuitive power, understanding; **2** psych empathy

'**aanvoer** *m* (-en) supply, arrival(s)

'**aanvoerder** *m* (-s) **1** commander, leader; sp captain; **2** ⟨v. complot⟩ ringleader

'**aanvoeren**[1] *overg* **1** ⟨aanbrengen⟩ supply, bring, convey [to]; **2** ⟨aanhalen⟩ allege, put forward, advance [arguments], adduce [a proof], produce [reasons]; raise [objections to], cite [a saying, a case]; **3** ⟨leiden⟩ command, lead

'**aanvoering** *v* leadership, command; *onder ~ van* X under the command of X

'**aanvoerweg** *m* (-wegen) approach (access) road

'**aanvraag** *v* (-vragen) **1** demand, inquiry [for goods]; **2** ⟨verzoek⟩ request; *op ~* [send] on application; [tickets to be shown] on demand; *op ~ van* at the request of

'**aanvraagformulier** *o* (-en) form of application, application form

'**aanvragen**[1] *overg* apply for, ask for

'**aanvrager** *m* (-s) applicant

'**aanvreten**[1] *overg* **1** ⟨in 't alg.⟩ erode; **2** ⟨v. metalen⟩ corrode

'**aanvullen**[1] *overg* fill up [a gap]; replenish [one's stock]; amplify [a statement]; complete [a number], supplement [a sum]; supply [a deficiency]; *elkaar ~* be complementary (to one another)

'**aanvullend** *bn* supplementary, complementary

'**aanvulling** *v* (-en) replenishment, replacement [of stock]; amplification [of a statement]; completion [of a number]; supplement, new supply

'**aanvullingstroepen** *mv* mil reserves

'**aanvuren**[1] *overg* **1** ⟨in 't alg.⟩ fire, stimulate, inspire; **2** ⟨sport⟩ cheer

'**aanvuring** *v* (-en) stimulation, incitement

'**aanwaaien**[1] *onoverg: hij is hier komen ~ uit Amerika* he has come over from America; *kennis zal niemand ~* there is no royal road to learning

'**aanwakkeren** (wakkerde aan, aangewakkerd) **I** (h.) *overg* **1** ⟨ongunstig⟩ stir up, fan; **2** ⟨gunstig⟩ stimulate; **II** (is) *onoverg* freshen [of the wind]; increase

'**aanwas** *m* (-sen) **1** ⟨in 't alg.⟩ growth, increase; **2** ⟨v. grond⟩ accretion

'**aanwassen**[1] *onoverg* grow, increase

'**aanwenden**[1] *overg* use, employ, apply, bring to bear; *geld ten eigen bate ~* convert money to one's own use; *pogingen ~* make attempts

'**aanwending** *v* use, employment, application

'**aanwennen**[1] *wederk: zich een gewoonte (iets) ~* make it a habit, get (fall) into the habit of...

'**aanwensel** *o* (-s) (ugly) habit, trick

'**aanwerven**[1] *overg* enlist, recruit [soldiers]

aan'wezig *bn* **1** present; **2** (bestaand) extant; *de ~e voorraad* the stock on hand, the available stock; *de ~en* those present

aan'wezigheid *v* **1** presence; **2** existence

aan'wijsbaar *bn* apparent

'**aanwijsstok** *m* (-ken) pointer

'**aanwijzen**[1] *overg* **1** ⟨in 't alg.⟩ show, point out, indicate [it]; mark [23°]; register [100 km an hour]; **2** ⟨toewijzen⟩ assign; **3** ⟨voor bepaald doel⟩ designate; *zij zijn op zich zelf aangewezen* they are thrown on their own resources; *hij is de aangewezen man* he is the one to do it; *het aangewezen middel* the obvious thing; *de aangewezen weg* the proper way [to do it]

aan'wijzend *bn* demonstrative [pronoun]

'**aanwijzing** *v* (-en) **1** indication; **2** assignment, allocation; **3** direction [for use]; instruction, hint; **4** ⟨vooral voor de politie⟩ clue (*omtrent* to)

'**aanwinnen**[1] *overg* reclaim [land]

'**aanwinst** *v* (-en) **1** ⟨winst⟩ gain; **2** ⟨boeken &⟩ acquisition, accession; **3** fig asset

'**aanwippen**[1] *onoverg* gemeenz drop in (on sbd.), pop in

'**aanwrijven**[1] *overg: iem. iets ~* impute sth. to sbd.

'**aanzeggen** *overg* announce, notify, give notice of

'**aanzegging** *v* (-en) announcement, notification,

notice

'**aanzet** *m* (-ten) **1** ⟨begin⟩ start; **2** muz embouchure

'**aanzetriem** *m* (-en) (razor-)strop

'**aanzetsel** *o* (-s) crust

'**aanzetstuk** *o* (-ken) extension (piece)

'**aanzetten**[1] **I** (h.) *overg* **1** put... (on to); **2** fit on [a piece]; sew (on) [a button]; put ajar [the door]; turn on, tighten [a screw]; whet [a knife], set, strop [a razor]; put [an engine]; put on, turn on, switch on [the radio]; urge on [a horse, a pupil]; incite [to revolt]; put [sbd.] up [to sth.]; **II** (is) *onoverg* **1** (aankoeken) stick to the pan (to the bottom); **2** ⟨v. ketel⟩ fur; **3** ⟨dik maken⟩ make fat, be fattening; *komen ~* come along; *komen ~ met* **1** eig come and bring; **2** fig come out with [a guess], bring forward [a proposal]

'**aanzien**[1] **I** *overg* look at; *wij zullen het nog wat ~* we'll wait and see; we'll take no steps for the present; *men kan het hem ~* he looks it; *het niet kunnen ~* be unable to bear the look of it; be unable to stand it; *ik zie er u niet minder om aan* I don't respect you the less for it; *iem. op iets ~* suspect sbd. of sth.; *iem. (iets) ~ voor...* take sbd. (sth.) for...; *(ten onrechte) ~ voor* mistake for; *waar zie je mij voor aan?* what (whom) do you take me for?; *ik zie ze er wel voor aan* I wouldn't put it past them; *zich goed (mooi) laten ~* look promising, promise well; *het laat zich ~ dat...* there is every appearance that...; *naar het zich laat ~, zullen wij slecht weer krijgen* to judge from appearances, we are going to have bad weather; zie ook *nek*; **II** *o* **1** ⟨uiterlijk⟩ look, aspect; **2** ⟨achting⟩ consideration, regard, prestige, esteem; *zich het ~ geven van* assume an air of; *dat geeft de zaak een ander ~* that puts another complexion on the matter; *(zeer) in ~ zijn* be held in (great) respect, in (high) esteem; *ten ~ van* with respect to, with regard to; *te dien ~* as for that; *een man van ~* a man of note (distinction); *iem. van ~ kennen* know sbd. by sight; *zonder ~ des persoons* without respect of persons

aan'zienlijk I *bn* **1** ⟨groot⟩ considerable [sums], substantial [loss]; **2** ⟨voornaam⟩ distinguished [people], notable, ...of note, of good (high) standing; **II** *bijw* versterkend considerably [better &]

'**aanzijn** *o* existence; *het ~ geven* give life (to); *in het ~ roepen* call into being (existence)

'**aanzitten**[1] *onoverg* sit at table, sit down; *de aanzittenden, de aangezetenen* the guests

'**aanzoek** *o* (-en) **1** ⟨verzoek⟩ request, application; **2** ⟨ten huwelijk⟩ offer (of marriage), proposal; *een ~ doen* propose to [a girl]

'**aanzoeken**[1] *overg* apply to [a person for...], request

'**aanzuiveren**[1] *overg* pay, clear off [a debt], settle [an account]; make good [a deficit]

'**aanzwellen**[1] *onoverg* swell [into a roar]

'**aanzwengelen**[1] *overg* crank up [the motor]

aap *m* (apen) monkey[2]; ⟨zonder staart⟩ ape; *een ~ van een jongen* a (little) rascal; *in de ~ gelogeerd zijn*

gemeenz be in a fix; be up a tree; *daar komt de ~ uit de mouw* there we have it; *zich een ~ lachen* split one's sides with laughter; *iem. voor ~ zetten* make a laughing-stock of sbd.; *~-wat-heb-je-mooie-jongen spelen* butter up; zie ook: *broodje*

'**aapachtig** *bn* apish, ape-like, monkey-like

'**aapje** *o* (-s) **1** eig little monkey; **2** ⟨rijtuig⟩ cab

'**aapmens** *m* (-en) ape man

aar *v* (aren) **1** ear [of corn]; **2** vero ⟨bloedvat⟩ vein

aard *m* **1** ⟨gesteldheid⟩ nature, character, disposition; **2** ⟨soort⟩ kind, sort; *het ligt niet in zijn ~* it is not in his nature, it is not in him; *uit de ~ der zaak* in (by, from) the nature of the case (of things); *van allerlei ~* of all kinds, of every description; *de omstandigheden zijn van die ~, dat...* the circumstances are such that...; *niets van die ~* nothing of the kind; *studeren (werken, zingen) dat het een ~ heeft* with a will, with a vengeance; zie ook: *aardje*

'**aardappel** *m* (-s en -en) potato

'**aardappelkroket** *v* (-ten) potato croquette

'**aardappelmeel** *o* potato flour

aardappelmesje *o* (-s) potato peeler

'**aardappelmoeheid** *v* pest caused by potato root eelworm

'**aardappelpuree** *v* mashed potatoes

'**aardappelziekte** *v* potato blight (disease, rot)

'**aardas** *v* axis of the earth, earth's axis

'**aardbei** *v* (-en) strawberry

'**aardbeving** *v* (-en) earthquake

'**aardbodem** *m* earth

'**aardbol** *m* (-len) (terrestrial) globe

'**aarde** *v* **1** ⟨planeet⟩ earth; **2** ⟨grond⟩ soil, earth; ⟨teel~⟩ mould; **3** elektr earth connection; *(niet) in goede ~ vallen* be (badly) well received [of a proposal &]; *boven ~ staan* await burial; *ter ~ bestellen* inter, commit to earth; *zich ter ~ werpen* prostrate oneself

'**aardedonker I** *bn* pitch-dark; **II** *o* pitch-darkness

1 '**aarden** *bn* earthen; *~ kruik* stone jar; *~ pijp* clay pipe

2 '**aarden** (aardde, h. geaard) *onoverg* thrive, do well [of a plant]; *~ naar* take after; *ik kon er niet ~* I did not feel at home there; zie ook: *geaard*

3 '**aarden** (aardde, h. geaard) *overg* elektr earth, ground; zie ook: *geaard*

'**aardewerk** *o* earthenware, crockery, pottery

'**aardgas** *o* natural gas

'**aardgasbel** *v* (-len) natural gas reserve (field, deposit, pocket)

'**aardgasleiding** *v* (-en) gas pipeline (feeder)

'**aardgeest** *m* (-en) gnome

'**aardgordel** *m* (-s) zone

'**aardig I** *bn* **1** ⟨lief, bevallig⟩ pretty, nice, kind, dainty, sweet; **2** ⟨een aangename indruk makend⟩ nice, pleasant; **3** ⟨grappig⟩ witty, smart; **4** ⟨tamelijk groot⟩ fair; *een ~ sommetje* a pretty penny, a tidy sum of money; *dat vindt hij wel ~* he rather fancies it; *zich ~ voordoen* have a way with one; **II** *bijw*

1 nicely, prettily, pleasantly; **2** <u>versterkend</u> pretty [cold &]

'aardigheid *v* (-heden): *er is geen ~ aan* there is not much fun to be got out of it; *de ~ is er af* the gilt is off; *~ in iets hebben* take pleasure in sth.; *~ in iets krijgen* take a fancy to sth.; *uit ~, voor de ~* for fun, for the fun of the thing

'aardigheidje *o* (-s) little present

'aarding *v* elektr earthing; Am grounding

'aardje *o*: *hij heeft een ~ naar zijn vaartje* he is a chip of the old block

'aardkluit *m & v* (-en) clod (lump) of earth

'aardkorst *v* crust of the earth, earth's crust

'aardkunde *v* geology

'aardlaag *v* (-lagen) layer (of earth)

'aardleiding *v* (-en) <u>elektr</u> earth connection, earth wire, ground wire

'aardlekschakelaar *m* (-s) earth leakage circuit; Am ground leakage circuit

'aardmagnetisme *o* terrestrial magnetism

'aardmannetje *o* (-s) gnome, goblin, brownie

'aardnoot *v* (-noten) ground-nut

'aardolie *v* petroleum

'aardoppervlak *o*, **'aardoppervlakte** *v* earth's surface, surface of the earth

'aardrijkskunde *v* geography

aardrijks'kundig I *bn* geographical [knowledge, Society &], geographic; **II** *bijw* geographically

aardrijks'kundige *m-v* (-n) geographer

aards *bn* earthly[2] [paradise], terrestrial, worldly

'aardsatelliet *m* (-en) earth satellite

'aardschok *m* (-ken) earthquake shock

'aardschors *v* = *aardkorst*

'aardslak *v* (-ken) slug

'aardstraal *m & v* (-stralen) earth ray, dowsing ray

'aardverschuiving *v* (-en) landslide[2]

'aardworm *m* (-en) earthworm

'Aarlen *o* Arlon

aars *m* (aarzen) anus

'aarsvin *v* (-nen) anal fin

'aartsbedrieger *m* (-s) arrant cheat

'aartsbisdom *o* (-men) archbishopric

'aartsbisschop *m* (-pen) archbishop

aartsbis'schoppelijk *bn* archiepiscopal

'aartsdom *bn* as stupid as an ass

'aartsengel *m* (-en) archangel

'aartshertog *m* (-togen) archduke

'aartshertogdom *o* (-men) archduchy

aartsher'togelijk *bn* archducal

'aartshertogin *v* (-nen) archduchess

'aartsleugenaar *m* (-s) arrant liar, arch-liar

'aartslui *bn* extremely lazy

'aartsluiaard *m* (-s) inveterate idler

'aartsvader *m* (-s en -en) patriarch

aarts'vaderlijk *bn* patriarchal

'aartsvijand *m* (-en) arch-enemy

'aarzelen (aarzelde, h. geaarzeld) *onoverg* hesitate, waver; *zonder ~* without hesitation, unhesitatingly

'aarzeling *v* (-en) hesitation, wavering

1 aas *o* **1** bait[2]; **2** (dood dier) carrion

2 aas *m & o* (azen) <u>kaartsp</u> ace

'aasdier *o* (-en), **'aaseter** *m* (-s) scavenger

'aasgier *m* (-en) vulture[2]

'aasvlieg *v* (-en) bluebottle, meat-fly

abat'toir *o* (-s) abattoir, slaughterhouse

ab'c *o* ('s) ABC[2], alphabet

ab'c-boek *o* (-en) primer, spelling book

ab'ces *o* (-sen) abscess

AB'C-wapens *mv* atoom, bacteriologische en chemische wapens ABC weapons

abdi'catie *v* (-s) abdication

abdi'ceren (abdiceerde, h. geabdiceerd) *onoverg* abdicate, renounce, give up [the throne]

ab'dij *v* (-en) abbey

ab'dis *v* (-sen) abbess

a'beel *m* (abelen) abele

aber'ratie *v* (-s) aberration

Abes'sijn *m* (-en) Abyssinian

Abes'sijns *bn* Abyssinian

Abes'sinië *o* Abyssinia

ab'ject *bn* abject, despicable, comtemptible

'ablatief *m* (-tieven) ablative

ABN = *Algemeen Beschaafd Nederlands* standard Dutch (cf. the King's English)

abnor'maal *bn* abnormal

abnormali'teit *v* (-en) abnormality, abnormity

'Aboe 'Dhabi *o* Abu Dhabi

abomi'nabel *bn* horrible, abominable, execrable

abon'nee *m* (-s) **1** (op tijdschrift &) subscriber; **2** (op trein &) season-ticket holder

abon'neenummer *o* (-s) subscriber's number

abon'neetelevisie, **abon'nee-tv** *v* pay television, pay TV

abonne'ment *o* (-en) subscription [to...]; season-ticket

abonne'mentskaart *v* (-en) season-ticket

abonne'mentsprijs *m* (-prijzen), **abonne'mentstarief** *o* (-rieven) subscription rate, rate of subscription

abon'neren (abonneerde, h. geabonneerd) *wederk*: *zich ~ op* subscribe to [a newspaper]; *ik ben op de Times geabonneerd* I take in the Times

abor'teren (aborteerde, h. geaborteerd) *overg* abort

abor'teur *m* (-s) abortionist

abor'tief *bn* abortive, unsuccessful

a'bortus *m* (-sen) abortion

a bout por'tant *bijw* point-blank

'Abraham, **'Abram** *m* Abraham, Abram; *~ gezien hebben* be 50 years or over; zie ook: *weten*

a'bri *m* ('s) (bus) shelter

abri'koos *v* (-kozen) apricot

ab'rupt *bn* abrupt, sudden

A'bruzzen *mv* Abruzzi

'abscis *v* (-sen) abscissa

ab'sent *bn* **1** (afwezig) absent; **2** (verstrooid) absent-minded, abstracted

absente'ïsme o absenteeism

ab'sentie v (-s) **1** absence, non-attendance; **2** absence (of mind), absent-mindedness

ab'sentielijst v (-en) attendance register

ab'sint o & m absinth(e)

abso'lutie v absolution; *de ~ geven* RK absolve

absolu'tisme o absolutism

absolu'tist m (-en) absolutist

absolu'tistisch bn absolutist

abso'luut I bn absolute; *~ gehoor* absolute pitch; **II** bijw absolutely, decidedly; *~ niet* not at all, by no means, not by any means; *~ niets* absolutely nothing

absor'beren (absorbeerde, h. geabsorbeerd) overg absorb[2]

ab'sorptie v absorption

ab'soute v RK absolution; *de ~ verrichten* pronounce (give) the absolution

ab'stract bn abstract

ab'stractie v (-s) abstraction

abstra'heren (abstraheerde, h. geabstraheerd) overg abstract

ab'surd bn absurd, preposterous

absurdi'teit v (-en) absurdity, preposterousness

abt m (-en) abbot

a'buis o (abuizen) mistake, error; *per ~* by (in) mistake, erroneously, mistakenly

abu'sief bn erroneous

abu'sievelijk bijw wrongly, erroneously, by mistake

a'cacia m ('s) acacia

aca'demicus m (-ci) university graduate, academic

aca'demie v (-s) academy, university, college; *pedagogische ~* (teachers') training college

aca'demisch bn academic [year, title, question]; *~ gevormd* college-taught, with a university training; *~e graad* university degree; *~ ziekenhuis* teaching hospital

accele'ratie v acceleration

accele'reren (accelereerde, overg h., onoverg is geaccelereerd) accelerate

ac'cent o (-en) accent°, stress[2]; fig emphasis (mv emphases)

accentu'eren (accentueerde, h. geaccentueerd) overg accent; stress[2]; fig emphasize, accentuate

ac'cept o (-en) handel **1** acceptance [of a bill]; **2** (promesse) promissory note

accep'tabel bn acceptable

accep'tant m (-en) handel acceptor

accep'teren (accepteerde, h. geaccepteerd) overg accept; *niet ~* **1** (in 't alg) refuse (acceptance of); **2** handel dishonour [a bill]

accept'girokaart v (-en) giro payment slip

ac'ces o (-sen) access, entrance

acces'soires mv accessories

ac'cijns m (-cijnzen) excise(-duty)

accla'matie v acclamation; *bij ~ aannemen* carry by acclamation

acclimati'satie v acclimatization

acclimati'seren (acclimatiseerde, geacclimatiseerd) I (h.) overg acclimatize; II (is) onoverg become acclimatized

acco'lade v (-s) **1** accolade [at bestowal of knighthood]; **2** ⟨~teken⟩ brace; **3** muz accolade

accommo'datie v (-s) accommodation

accommo'datievermogen o faculty of accommodation

accompagne'ment o accompaniment

accompa'gneren (accompagneerde, h. geaccompagneerd) overg accompany

accorde'on o & m (-s) accordion

accordeo'nist m (-en) accordionist

accor'deren (accordeerde, h. geaccordeerd) onoverg agree, come to terms

ac'countant m (-s) (chartered) accountant, auditor

ac'countantsdienst m (-en) audit(ing) service, accounts service

ac'countantsrapport o (-en) audit(ing) report

ac'countantsverklaring v (-en) audit certificate, auditor's certificate

accredi'teren (accrediteerde, h. geaccrediteerd) overg accredit [to, at a court]

accredi'tief o (-tieven) letter of credit

'accu m ('s) accumulator, (storage) battery; *de ~ is leeg* the battery is burnt out

accumu'latie v (-s) accumulation

accumu'lator m (-s en -toren) = accu

accumu'leren (accumuleerde, h. geaccumuleerd) overg accumulate, store

accu'raat bn accurate, exact, precise

accura'tesse v accuracy, exactitude, precision

'accusatief m (-tieven) accusative

ace'taat o (-taten) acetate

ace'ton o & m acetone

acety'leen o acetylene

ach tsw ah!, alas!; *~ en wee roepen* lament

a'chilleshiel m (-en) Achilles' heel[2]

a'chillespees v (-pezen) Achilles tendon

1 acht telw eight

2 acht v attention, heed, care; *~ slaan op* pay attention to; *geef...~!* mil attention!, 'shun!; *in ~ nemen* be observant of, observe [the rules, the law]; *zich in ~ nemen* **1** be on one's guard; **2** take care of one's health (of oneself); *neem u in ~* be careful!; mind what you do!; *zich in ~ nemen voor...* beware of..., be on one's guard against...

'achtbaan v (-banen) big dipper, roller coaster, switchback [at a fair]

'achteloos bn careless, negligent

achte'loosheid v carelessness, negligence

'achten (achtte, h. geacht) I overg **1** ⟨hoogachten⟩ esteem, respect; **2** ⟨denken, vinden⟩ deem, think, consider, judge; **3** ⟨letten op⟩ pay attention to; *het beneden zich ~ om...* think it beneath one to...; *ik acht het niet raadzaam* I don't think it advisable; II wederk: *zich gelukkig ~* deem (think) oneself fortunate; *ik acht mij niet verantwoord dit te zeggen* I do not feel justified in saying this; zie ook: *geacht*

achtens'waardig *bn* respectable

'**achter I** *voorz* behind, after, at the back of; *ik ben er ~* **1** ⟨nu weet ik het⟩ I've found it out; **2** ⟨nu ken ik het⟩ I've got into it; I've got the knack of it; *er ~ komen* discover, detect, find out; *er toevallig ~ komen* stumble upon; *~ iem. staan* fig support, stand by sbd.; *achter iem. (iets) heen zitten* keep at sbd. (sth.); **II** *bijw: hij is ~* **1** ⟨plaats⟩ he is in the backroom; **2** fig he is behindhand (in his studies, with his lessons); he is in arrear(s) [with his payments]; *mijn horloge is ~* my watch is slow; *~ raken* drop (fall) behind; get behind [with one's work]; *ten ~* in arrear(s) [with his payments]; behindhand [in his studies, with his lessons]; behind [with his work]; *ten ~ bij zijn tijd* behind the times; *van ~* [attack] from behind; [low] at the back; [viewed] from the back; *van ~ inrijden op* run into the back of, crash into the rear of [another train]; *van ~ naar voor* [spell a word] backwards

achter'aan *bijw* behind, in the rear, at the back

'**achteraandrijving** *v* rear-wheel drive

achter'aankomen[1] *onoverg* come last, lag behind, bring up the rear

'**achteraanzicht** *o* (-en) back (rear) view

achter'af *bijw* in the rear; [live] out of the way; *~ bekeken* **1** looking back, retrospectively, in retrospect; **2** after all [he is not a bad fellow]; *zich ~ houden* keep aloof

achter'afbuurt *v* (-en) quiet (remote) part of town, out-of-the-way place

'**achteras** *v* (-sen) rear (hind, back) axle

'**achterbak** *m* (-ken) Br boot; Am trunk

achter'baks I *bn* underhand, backdoor; **II** *bijw* underhand, behind one's back; *iets ~ houden* keep sth. back

'**achterbalkon** *o* (-s) rear platform [of a tram-car]

'**achterban** *m* supporters; ⟨steun v.d. ~⟩ grassroots support; *de ~ raadplegen* check with the rank and file of the party; consult one's colleagues

'**achterband** *m* (-en) back tyre

'**achterbank** *v* (-en) back seat, rear seat

'**achterblijven**[1] *onoverg* **1** eig stay behind, remain behind; **2** ⟨bij sterfgeval⟩ be left (behind); **3** ⟨bij wedstrijden &⟩ fall (drop, lag) behind, be outdistanced; **4** onderwijs be backward; *~ bij* fall (come) short of; *achtergebleven gebieden* backward countries, underdeveloped countries

'**achterblijver** *m* (-s) straggler, laggard

'**achterbout** *m* (-en) hind quarter

'**achterbuurt** *v* (-en) back street, slum

'**achterdeel** *o* (-delen) back part, hind part

'**achterdek** *o* (-ken) poop, after-deck

'**achterdeur** *v* (-en) backdoor

'**achterdocht** *v* suspicion; *~ hebben (koesteren)* have suspicions, be suspicious; *~ krijgen* become suspicious; *~ opwekken* arouse suspicion

achter'dochtig *bn* suspicious

achter'een *bijw* in succession, consecutively, at a stretch; *viermaal ~* four times running; *vier uur ~* four hours at a stretch (on end); *maanden ~* for months at a time, for months together

achtereen'volgend *bn* successive, consecutive

achtereen'volgens *bijw* successively, in succession, in turn, consecutively

'**achtereind** *o* (-en), '**achtereinde** *o* (-n) hind part, back part

achterel'kaar *bijw* one after the other; *~ lopen* walk in single (Indian) file; *~ door* continuously, without interruption; zie ook: *achtereen*

'**achteren** *bijw: naar ~* backward(s); *naar ~ gaan* gemeenz ⟨naar de wc⟩ go to the bathroom, spend a penny; *van ~* from behind; zie verder: *achter II*

'**achtergebleven** *bn* zie: *achterblijven*

'**achtergevel** *m* (-s) back-front

'**achtergrond** *m* (-en) background^2; *op de ~ blijven* keep (remain) in the background; *op de ~ raken* fall (recede) into the background

'**achtergrondgeheugen** *o* (-s) comput background memory

'**achtergrondinformatie** *v* background (information)

'**achtergrondmuziek** *v* background music, muzak

achter'halen (achterhaalde, h. achterhaald) *overg* **1** ⟨v. misdadiger &⟩ arrest; **2** ⟨v. voorwerpen⟩ recover; **3** ⟨v. fouten, gegevens⟩ trace, detect; *achterhaald* out of date

'**achterhand** *v* (-en) **1** ⟨handwortel⟩ carpus; **2** ⟨v. paard⟩ hind quarters

achter'heen *bijw: achter iets (iem.) heen zitten* keep at sth. (sbd.)

'**achterhoede** *v* (-n en -s) **1** mil rear(guard); **2** sp defence; *de ~ vormen* bring up the rear

'**achterhoedegevecht** *o* (-en) rearguard action

'**achterhoedespeler** *m* (-s) = *achterspeler*

'**achterhoofd** *o* (-en) back of the head, occiput; *gedachten in zijn ~* thoughts at the back of his mind; *hij is niet op zijn ~ gevallen* there are no flies on him

'**achterhouden**[1] *overg* keep back, hold back, withhold

'**achterhuis** *o* (-huizen) **1** ⟨achterste gedeelte⟩ back part of the house; **2** ⟨gebouw⟩ back premises

achter'in *bijw* at the back [of the book, of the garden &]; [sit] in the back [of a car, of a lorry], [climb, peer] into the back [of the car]

Achter-'Indië *o* Further India, Indochina

'**achterkamer** *v* (-s) backroom

'**achterkant** *m* (-en) back; reverse (side)

'**achterklap** *m* backbiting, scandal, slander(ing)

'**achterkleinkind** *o* (-eren) greatgrandchild

'**achterlader** *m* (-s) breech-loader

'**achterland** *o* (-en) hinterland

achter'lastig *bn* scheepv stern-heavy

'**achterlaten**[1] *overg* leave [sth. somewhere, with

sbd.]; leave behind [after one's departure or death]

'**achterlating** v: met ~ van leaving behind

'**achterlicht** o (-en) rear-light, tail-light, rear-lamp

'**achterliggen**[1] onoverg: ~ op, bij lag behind [sbd.]

'**achterligger** m (-s) **1** (in het verkeer) car in back (of one); **2** sp straggler

'**achterlijf** o (-lijven) abdomen [of insects]

'**achterlijk** bn **1** retarded, backward [= mentally deficient]; **2** (ouderwets) behind the times

'**achterlijkheid** v backwardness

'**achterlijn** v (-en) sp end line

'**achterlopen**[1] onoverg **1** ⟨v. uurwerk⟩ be slow; **2** fig lag behind, not keep up with the times

achter'na bijw after; behind; ~ gaan follow, pursue; ~ lopen, zitten run after; ~ zetten chase, pursue

'**achternaam** m (-namen) surname, family name

'**achterneef** m (-neven) **1** ⟨jongere generatie⟩ grand-nephew; **2** ⟨zelfde generatie⟩ second cousin

'**achternicht** v (-en) **1** ⟨jongere generatie⟩ grand-niece; **2** ⟨zelfde generatie⟩ second cousin

achter'om bijw the back way about; behind; back; ~ lopen go round (at the back); ~ zien & zie: om-zien &

achter'op bijw behind, at the back; on the back [of an envelope]; ~ raken fall behind; get behind with one's work (studies); be in arrear(s) [with one's payments]

achter'opkomen[1]: overg overtake [sbd.], catch [sbd.] up, come up with

achter'over bijw backward, on one's back

achter'overdrukken[1] overg gemeenz pinch, pilfer

achter'overleunen[1] onoverg lean back

achter'overslaan[1] **I** (is) onoverg ⟨vallen⟩ fall down backwards, fall over backwards; (steil) ~ van verba-zing be flabbergasted; **II** (h.) overg ⟨drank⟩ toss down [a drink]

achter'overvallen[1] onoverg fall backwards

'**achterpand** o (-en) back

'**achterplaats** v (-en) back-yard

'**achterplecht** v (-en) poop

'**achterpoot** m (-poten) hind leg

'**achterruit** v (-en) rear window

'**achterruitverwarming** v rear window demister

'**achterschip** o (-schepen) stern; op het ~ abaft

'**achterspeler** m (-s) back

'**achterstaan**[1] onoverg: ~ bij be inferior to; bij nie-mand ~ ook: be second to none

achter'stallig bn outstanding; overdue; ~e huur back rent; ~e rente interest arrears; ~ zijn be in ar-rear(s) with one's payments; be behind with the rent

'**achterstand** m arrears; ~ inlopen (inhalen) make up arrears

'**achterste I** bn hindmost, hind; **II** o (-n) **1** ⟨achter-stuk⟩ back part; **2** ⟨zitvlak⟩ bottom, backside, but-tocks

'**achterstellen**[1] overg subordinate (to); discriminate (against); slight [sbd.]; ~ bij neglect for

'**achterstelling** v neglect, slighting; met ~ van to the neglect of

'**achtersteven** m (-s) stern

achterste'voren bijw back to front

'**achtertuin** m (-en) back-garden

achter'uit I bijw **1** ⟨in 't alg.⟩ backward(s), back; **2** scheepv aft; **3** [full speed] astern; ~ daar! stand back!; **II** v auto reverse

achter'uitboeren[1] onoverg go downhill

achter'uitdeinzen[1] onoverg start back, recoil

achter'uitgaan[1] onoverg **1** ⟨in 't alg.⟩ go (walk) back(wards); **2** fig go back [of civilization], decline [in vitality, prosperity], go down in the world; **3** retrograde [in morals], fall off [in quality]; **4** fall [of barometer]; hard ~ ook: sink fast

1 '**achteruitgang** m (-en) rear-exit

2 **achter'uitgang** m going down, decline

achter'uitkijkspiegel m (-s) (driving) mirror

achter'uitkrabbelen[1] onoverg back out of sth.

achter'uitrijden[1] **I** onoverg **1** (h.) ride (sit) with one's back to the engine (to the driver); **2** (is) back, reverse [of motor-car]; **II** (h.) overg back, reverse [a motor-car]

achter'uitzetten[1] overg **1** put (set) back [a watch]; **2** (financieel &) throw back; **3** (v. gezondheid) put back; **4** (verongelijken) slight

'**achtervoegen**[1] overg affix, add

'**achtervoegsel** o (-s) suffix

achter'volgen (achtervolgde, h. achtervolgd) overg run after[2], pursue, dog; persecute

achter'volging v (-en) pursuit, persecution

achter'volgingswaanzin m persecution complex

achter'volgingswedstrijd m (-en) pursuit race

'**achterwaarts I** bn backward, retrograde; **II** bijw backward(s), back

achter'wege bijw: ~ blijven fail to appear; ~ laten omit, drop

'**achterwerk** o (-en) = achterste II 2

'**achterwiel** o (-en) back (hind, rear) wheel

'**achterwielaandrijving** v rear-wheel drive

'**achterzak** m (-ken) hip-pocket

'**achterzij** v (-den), '**achterzijde** v (-n) back, re-verse (side)

'**achthoek** m (-en) octagon

'**achthoekig**, **acht'hoekig** bn octagonal

'**achting** v esteem, regard, respect; de ~ genieten van... be held in esteem by...; ~ hebben voor hold in esteem; in iems. ~ dalen (stijgen) fall (rise) in sbd.'s esteem

'**achtjarig** bn **1** of eight years, eight-year-old; **2** oc-tennial (= lasting eight years)

'**achtste** telw eighth (part)

'**achttal** o (-len) (number of) eight

'**achttien** telw eighteen

'**achttiende** telw eighteenth (part)

acht'urendag m (-dagen) eight-hour(s) day

'**achtvlak** o (-ken) octahedron

'**achtvlakkig** bn octahedral

'**achtvoudig** *bn* eightfold, octuple

'**acne** *v* acne

acquisi'teur *m* (-s) canvasser

ac'quit *o* bilj spot; *van ~ gaan* cue off

acro'baat *m* (-baten) acrobat

acroba'tiek *v* acrobatics

acro'batisch *bn* acrobatic; *~e toeren* acrobatic feats

acro'niem *o* (-en) acronym

a'cryl *o* 1 ⟨textielvezel⟩ acrylic (fibre); 2 ⟨verf⟩ acrylic (paint)

'**acte**: *~ de présence geven* put in an appearance, show one's face; zie ook *akte*

ac'teren (acteerde, h. geacteerd) *onoverg & overg* act

ac'teur *m* (-s) actor, player

'**actie** *v* (-s) 1 recht action°, lawsuit; 2 agitation, campaign [in favour of]; drive [to raise funds &]; 3 mil action; *een ~ instellen tegen* recht bring an action against; *in ~ komen* 1 mil go into action; 2 fig act, take action; *~ voeren (voor)* agitate (for); *in ~ zijn* run

'**actiecomité** *o* (-s) action committee

ac'tief I *bn* 1 active, energetic; 2 mil with the colours; *actieve handelsbalans* handel favourable trade balance; **II** *bijw* actively, energetically; **III** *o* (-tiva): *~ en passief* handel assets and liabilities

'**actiefoto** *m* ('s) action photo(graph), action shot

'**actiegroep** *v* (-en) action group, action committee

'**actieradius** *m* radius (range) of action, flying range

'**actievoerder** *m* (-s) activist, campaigner

'**activa** *mv* handel assets; *~ en passiva* assets and liabilities

acti'veren (activeerde, h. geactiveerd) *overg* activate

acti'vist *m* (-en) activist

activi'teit *v* (-en) activity

ac'trice *v* (-s) actress

actuali'teit *v* (-en) topicality [of a theme]; actuality; *een ~* a topic of the day

actuali'teitenprogramma *o* ('s) current affairs programme

actu'aris *m* (-sen) actuary

actu'eel *bn* 1 ⟨in 't alg.⟩ of present interest; 2 topical [event, question, subject]; 3 timely [article in the papers]

acupunc'teur *m* (-s), **acupunctu'rist** *m* (-en) acupuncturist

acupunc'tuur *v* (-turen) acupuncture

a'cuut *bn* acute

ad *voorz* handel at ⟨7%⟩

AD *afk.* = anno Domini

'**adamsappel** *m* (-s) Adam's apple

'**adamskostuum** *o*: *in ~* in a state of nature

adap'tatie *v* (-s) adaptation

a'dapter *m* (-s) adaptor, adapter

adap'teren (adapteerde, h. geadapteerd) *overg* adapt

'**adder** *v* (-s) viper, adder; *een ~ aan zijn borst koesteren* nourish (cherish) a viper in one's bosom; *er*

schuilt een ~tje onder het gras there is a snag somewhere, there is a nigger in the woodpile

'**Addis A'beba** *o* Addis Ababa

'**adel** *m* nobility; *van ~ zijn* be of noble birth, belong to the nobility

'**adelaar** *m* (-s en -laren) eagle

'**adelaarsblik** *m* (-ken): *met ~* eagle-eyed

'**adelboek** *o* (-en) peerage

'**adelborst** *m* (-en) naval cadet, midshipman, gemeenz middy

'**adelbrief** *m* (-brieven) patent of nobility

'**adeldom** *m* nobility

'**adelen** (adelde, h. geadeld) *overg* ennoble[2], raise to the peerage

'**adellijk** *bn* 1 ⟨v. adel⟩ noble; 2 ⟨wild⟩ high, gamy

'**adelstand** *m* nobility, nobiliary rank; *in (tot) de ~ verheffen* ennoble, raise to the peerage

'**adem** *m* breath; *de ~ inhouden* hold one's breath; *~ scheppen* take breath; *de laatste ~ uitblazen* breathe one's last; *buiten ~* out of breath, breathless; *buiten ~ raken* get out of breath; *in één ~* in (one and) the same breath; *naar ~ snakken* gasp; *op ~ komen* recover one's breath; *op ~ laten komen* breathe; *van lange ~* 1 long-winded [speaker, tale]; 2 [a work] requiring time and labour

'**adembenemend, adembe'nemend** *bn* breathtaking

'**ademen** (ademde, h. geademd) *overg & onoverg* breathe; *piepend ~* wheeze

'**ademhalen** (haalde adem, h. ademgehaald) *onoverg* draw breath, breathe; *ruimer ~* breathe more freely, breathe again

'**ademhaling** *v* (-en) respiration, breathing; *kunstmatige ~* artificial respiration

'**ademhalingsoefening** *v* (-en) respiratory exercise, breathing exercise

'**ademhalingsorganen** *mv* respiratory organs

'**ademloos** *bn* breathless[2]

'**ademnood** *m* dyspn(o)ea

'**adempauze** *v* (-s) breathing space, breather

'**ademproef** *v* (-proeven) breath test

'**ademtocht** *m* breath

adeno'ïde vege'taties *mv* adenoids

a'dept *m* (-en) follower

ade'quaat *bn* adequate

'**ader** *v* (-s en -en) 1 ⟨in het lichaam of hout⟩ vein; 2 ⟨v. erts &⟩ vein, lode, seam

'**aderen** (aderde, h. geaderd) *onoverg* vein, grain

'**aderlaten** (liet ader, h. adergelaten) *overg* bleed[2]

'**aderlating** *v* (-en) blood-letting, bleeding[2]

'**aderlijk** *bn* venous

'**aderontsteking** *v* (-en) phlebitis

'**aderverkalking** *v* arteriosclerosis

ad 'fundum *tsw* bottoms up!

ad'hesie *v* adhesion; *zijn ~ betuigen* give one's adhesion [to a plan]

ad'hesiebetuiging *v* (-en) declaration of support

ad 'hoc *bn bijw* ad hoc

a'dieu *tsw* goodbye, farewell
ad 'interim ' *bn bijw* ad interim
'adjectief *o* (-tieven) adjective
adju'dant *m* (-en) mil adjudant; aide-de-camp,
A.D.C. [to a general]
ad'junct *m* (-en) assistant
administra'teur *m* (-s en -en) **1** (in 't alg.) administrator, manager; **2** scheepv purser; **3** (v. plantage) estate manager; **4** (boekhouder) book-keeper, accountant
admini'stratie *v* (-s) administration, management
administra'tief *bn* administrative
admini'stratiekosten *mv* administrative expenses
admini'streren (administreerde, h. geadministreerd) *overg* administer, manage
admi'raal *m* (-s en -ralen) **1** scheepv admiral; **2** (vlinder) red admiral
admi'raalschap *o* scheepv admiralship
admi'raalsschip *o* (-schepen) scheepv flagship
admi'raalvlinder *m* (-s) red admiral
admirali'teit *v* (-en) admiralty
adoles'cent *m* (-en) adolescent
adoles'centie *v* adolescence
adop'tant *m* (-en) adopter
adop'teren (adopteerde, h. geadopteerd) *overg* adopt
a'doptie *v* adoption
ado'ratie *v* (-s) adoration
ado'reren (adoreerde, h. geadoreerd) *overg* worship, adore, venerate
ad 'rem *bn* to the point
adrena'line *v* adrenaline; Am epinephrine
a'dres *o* (-sen) **1** (op brief) address, direction; **2** comput address; **3** (memorie) memorial, petition; *een ~ richten tot* adress a petition to; *dan ben je aan het verkeerde ~* you have come to the wrong shop; *per ~* care of, c/o
a'dresboek *o* (-en) directory
a'dreskaart *v* (-en) (voor postpakket) dispatch note
a'dresplaatje *o* (-s) address stencil
adres'sant *m* (-en) petitioner, applicant
adres'seermachine *v* (-s) addressing machine, addressograph
a'dressenbestand *o* (-en) directory; comput address file
adres'seren (adresseerde, h. geadresseerd) *overg* direct, address [a letter]
a'dresstrook *v* (-stroken) label, wrapper
a'dreswijziging *v* (-en) change of address
Adri'atische 'Zee *v: de ~* the Adriatic, Adriatic Sea
ad'structie *v: ter ~ van* in elucidation (explanation) of, in support of
ADV *afk. = arbeidsduurverkorting* ± shorter working hours
ad'vent *m* Advent
adver'teerder *m* (-s) advertiser
adver'tentie *v* (-s) advertisement; gemeenz ad; *kleine ~s* classified ads

adver'tentieblad *o* (-en) advertiser
adver'tentiebureau *o* (-s) advertising agency
adver'tentiecampagne *v* (-s) advertising campaign
adver'tentiekosten *mv* advertising charges
adver'tentiepagina *v* ('s) advertisement page
adver'teren (adverteerde, h. geadverteerd) *overg & abs ww* advertise
ad'vies *o* (-viezen) **1** (in 't alg.) advice; **2** recommendation [of a commission]; *op ~ van* at (by, on) the advise of; *commissie van ~* advisory committee; *het verstrekken van ~* (als beroep) consultancy
ad'viesbureau *o* (-s) consultancy firm
ad'viescommissie *v* (-s) advisory committee
ad'viesorgaan *o* (-ganen), **ad'viesraad** *m* (-raden) consultative body, consultative council
ad'viesprijs *m* (-prijzen) recommended price
ad'viessnelheid *v* recommended speed
advi'seren (adviseerde, h. geadviseerd) *overg* **1** (in 't alg.) advice; **2** recommend [of a jury &]
advi'serend *bn* advisory, consultative
advi'seur *m* (-s) adviser, consultant; *wiskundig ~* actuary
advo'caat *m* (-caten) **1** lawyer; Br barrister; (bij hogere rechtbank) solicitor; Am attorney; **2** (drank) advocaat; *als ~ toegelaten worden* be admitted to the bar; *~ van kwade zaken* shyster, pettifogger
advo'caat-gene'raal *m* (advocaten-generaal) Solicitor-General
advo'catencollectief *o* (-tieven) law centre
advo'catenstreken *mv*, **advocate'rij** *v* pettifoggery
advoca'tuur *v: de ~* the bar, the legal profession
aërody'namica *v* aerodynamics
aërody'namisch *bn* aerodynamic
aëro'sol *o* (-s en -solen) aerosol
af *bijw voorz* off; down; *~ en aan lopen* come and go; go top and fro; *~ en toe* off and on, every now and then, now and again, once in a while, occasionally; *Jan ~* exit John; *allen ~* exeunt all; *het (engagement) is ~* the engagement is off; *het (werk) is ~* the work is finished; *hij is ~* he is out [at a game]; *hij is minister ~* he is out (of office); *~! * **1** down! [to a dog]; **2** sp [are you ready?] go!; *hoeden ~! * hats off!; *links ~* to the left; *goed (slecht) af zijn* be well (badly) off; *alle prijzen ~ fabriek* handel all prices ex works (mill); *op de minuut & ~* to the minute &; *van ... ~* from [a child, his childhood, that day &], from [two pound] upwards; from [this day] onwards; *nu ben je van die ... ~* now you are rid of that (those) ...; *ze zijn van elkaar ~* they have separated; *je bent nog niet van hem ~* you have not done with him yet; you haven't heard (seen) the last of him yet
afa'sie *v* aphasia
'afbakenen (bakende af, h. afgebakend) *overg* **1** (weg &) trace (out), mark out; **2** scheepv (vaarwater) beacon; *duidelijk afgebakend* ook: clearly de-

fined

'**afbeelden** (beeldde af, h. afgebeeld) *overg* represent, portray, picture, paint, depict

'**afbeelding** *v* (-en) picture, portrait, representation, portraiture

'**afbekken** (bekte af, h. afgebekt) *overg* snap at, snap sbd.'s head off

'**afbellen** [1] *overg & abs ww* ⟨afbestellen⟩ countermand (cancel, put off) by telephone

'**afbestellen** (bestelde af, h. afbesteld) *overg* countermand, cancel ⟨the order⟩

'**afbestelling** *v* (-en) cancellation

'**afbetalen** [1] *overg* pay off, pay (up); pay [£ 10] on account

'**afbetaling** *v* (-en) (full) payment; ~ *in termijnen* payment by instalments; *£ 10 op* ~ £ 10 on account; *op* ~ *kopen* buy on the instalment plan (system), on the hire-purchase system, *gemeenz* on the never-never

'**afbetalingstermijn** *m* (-en) repayment [of a mortgage &], instalment

'**afbetten** [1] *overg* bathe [a wound]

'**afbeulen** (beulde af, h. afgebeuld) **I** *overg* overdrive, fag out [sbd.], override [a horse]; **II** *wederk*: *zich* ~ work oneself to the bone, work oneself to death

'**afbidden** [1] *overg* **1** ⟨trachten af te wenden⟩ avert; **2** ⟨bidden om⟩ pray for, invoke

'**afbijten** [1] *overg* **1** bite off [a bit]; **2** clip [one's words]; zie ook *bijten, afgebeten, spits*

'**afbikken** [1] *overg* chip (off)

'**afbinden** [1] **I** *overg* **1** untie [one's skates]; **2** ligature [a vein], tie (up) [an artery]; **II** *abs ww* untie one's skates

'**afbladderen** [1] *onoverg* peel off, scale off

'**afblaffen** [1] *overg*: *iem.* ~ storm at sbd.

'**afblazen** [1] *onoverg* **1** blow off, let off [2] [steam]; **2** ⟨geen doorgang doen vinden⟩ call off; *de demonstratie is afgeblazen* the demonstration has been cancelled; *de scheidsrechter blaast de wedstrijd af* the referee blows the whistle (to end the game)

'**afblijven** [1] *onoverg*: ~ *van iem.* keep one's hand off sbd.; ~ *van iets* let (leave) sth. alone

'**afbluffen** [1] *overg*: *iem.* ~ outbluff sbd.

'**afboeken** [1] *overg* ⟨*handel*⟩ **1** ⟨afschrijven⟩ write off; **2** ⟨overboeken⟩ transfer [from one account to another]; **3** ⟨afsluiten⟩ close [an account]

'**afboenen** [1] *overg* **1** ⟨droog⟩ rub; **2** ⟨nat⟩ scrub

'**afborstelen** [1] **I** *overg* **1** brush off [the dust]; **2** brush [clothes, shoes, a person]; **II** *wederk*: *zich* ~ brush oneself up

'**afbouwen** [1] *overg* **1** finish [a building construction]; **2** ⟨verminderen⟩ reduce, cut (run) down [numbers of staff]

'**afbraak** *v* **1** ⟨het afbreken⟩ demolition; **2** ⟨resterend materiaal⟩ old materials [of a house]; rubbish; **3** ⟨*chem*⟩ breakdown; *voor* ~ *verkopen* sell for its materials

'**afbraakpand** *o* (-en) building due for demolition, condemned building

'**afbraakprijzen** *mv* rock-bottom (distress) prices

'**afbraakproduct** *o* (-en) breakdown product

'**afbranden** [1] **I** (h.) *overg* burn off [the paint]; burn down [a house]; *een minister* ~ tear a minister to pieces; **II** (is) *onoverg* be burnt down

af'breekbaar *bn*: *biologisch* ~ biodegradable, biodestructible

'**afbreken** [1] **I** (h.) *overg* **1** break (off) [a flower from its stalk]; demolish, pull down [a house], break down [a bridge; chemically]; take down [a booth, a scaffolding]; **2** break off [a sentence, engagement &], divide [a word], interrupt [one's narrative]; cut short [one's holiday]; **3** cut [a connection]; **4** sever [friendship, relations]; **5** demolish, cry down, pull to pieces [an author &], write down [a book, play &]; **II** (is) *onoverg* **1** break (off) [a thread]; **2** stop [in the middle of a sentence]; **III** (h.) *abs ww* destroy, disparage; *hij is altijd aan het* ~ he is always crying (running) down people; **IV** *o* rupture, severance [of diplomatic relations]; zie ook: *afgebroken*

af'brekend *bn* destructive [criticism]

'**afbreking** *v* (-en) breaking off, rupture; interruption; demolition

'**afbrekingsteken** *o* (-s) break

'**afbrengen** [1] *overg*: *het er goed* ~ get through very well, do well; *het er levend* ~ get off (escape) with one's life; *het er slecht* ~ come off badly, do badly; *hij was er niet van af te brengen* he could not be dissuaded from it, we could not talk (reason) him out of it; *iem. van de goede (rechte) weg* ~ lead sbd. away from the right course, lead sbd. astray

afbreuk *v*: ~ *doen aan* be detrimental to, detract from [his reputation]; *de vijand* ~ *doen* do harm to the enemy

'**afbrokkelen** (brokkelde af, is afgebrokkeld) *onoverg* crumble (off, away)

'**afbuigen** [1] *onoverg* **1** ⟨in 't alg.⟩ turn off; **2** ⟨v. weg⟩ branch off

'**afchecken** [1] *overg* check against [a list], tick off

'**afdak** *o* (-daken) penthouse, shed

'**afdalen** [1] *onoverg* descend, come (go) down; ~ *in bijzonderheden* go (enter) into detail(s); ~ *tot* condescend to [inferiors]; descend to [the level of, doing something]

'**afdalend** *bn* descending

'**afdaling** *v* (-en) **1** ⟨in 't alg.⟩ descent; **2** ⟨*sp*⟩ downhill [in skiing]

'**afdammen** (damde af, h. afgedamd) *overg* dam up

'**afdamming** *v* (-en) damming up, dam

'**afdanken** [1] *overg* disband [troops]; dismiss [an army, a servant &]; pay off [the ship's crew]; superannuate [an official]; discard [a lover, clothes]; part with [a motorcar]; scrap [ships]

'**afdankertje** *o* (-s) cast-off

'**afdanking** *v* disbanding [of troops]; dismissal [of a servant &]

'**afdeinzen** (deinsde af, is afgedeinsd) *onoverg* withdraw, retreat

'**afdekken**[1] *overg* 1 ⟨toedekken⟩ cover; 2 cope [a wall]

'**afdeling** *v* (-en) 1 ⟨het afdelen⟩ division, classification; 2 ⟨onderdeel⟩ division, section, branch [of a party &]; 3 mil detachment [of soldiers], body [of horse], [landing] party; 4 ⟨compartiment⟩ compartment; 5 ⟨v. bestuur, winkel &⟩ department; ward [in a hospital]; [parliamentary] ± committee

'**afdelingschef** *m* (-s) head of a department, floorwalker [in shop]

'**afdelingshoofd** *o* (-en) divisional head

'**afdingen**[1] **I** *onoverg* bargain, chaffer; beat down the price; **II** *overg* beat down; *ik wil niets ~ op zijn verdiensten* I have no wish to detract from his merits; *daar is niets op af te dingen* there is nothing to be said against it, it is unobjectionable

'**afdoen**[1] *overg* 1 ⟨kledingstukken &⟩ take off; 2 ⟨afvegen⟩ clean, wipe, dust; 3 ⟨afmaken⟩ finish, dispatch, expedite [a business]; 4 ⟨uitmaken⟩ settle [a question]; 5 ⟨afbetalen⟩ pay off, settle [a debt]; *hij heeft afgedaan* he has had his day; *hij heeft bij mij afgedaan* I have done with him, I am through with him; *dat doet er niets aan toe of af* 1 it doesn't alter the fact; 2 that's neither here nor there; *iets van de prijs ~, er iets ~* knock off something, take something off; *dit doet niets af van de waarde* this does not detract from the value

af'doend *bn*: *dat is ~e* that settles the question; *een ~ argument (bewijs)* a conclusive argument (proof); *~e maatregelen* efficacious (effectual, effective) measures

'**afdoening** *v* (-en) 1 disposal, dispatch [of the business on hand]; 2 settlement [of business]; payment [of a debt]

'**afdraaien**[1] *overg* 1 turn off [a tap, the gas]; 2 ⟨er ~⟩ twist off; 3 ⟨rammelend opzeggen⟩ reel off, rattle off [one's lines]; 4 grind out [on a barrel-organ]; 5 run off [a stencil on a duplicating machine]; 6 show [a film]; 7 play [a gramophone record]

'**afdracht** *v* remittance [of money]

'**afdragen**[1] *overg* 1 carry down [the stairs &]; 2 wear out [clothes]; 3 remit, hand over [money]

'**afdreggen**[1] *overg* drag

'**afdrijven**[1] **I** (is) *onoverg* 1 float (drift) down [the river]; 2 ⟨v. schip⟩ drift (off), make leeway; 3 ⟨onweer &⟩ blow over; *met de stroom ~* be borne down the stream; fig go with the stream; **II** (h.) *overg* produce an abortion

'**afdrogen**[1] *overg* 1 ⟨in 't alg.⟩ dry, wipe (off); 2 ⟨afranselen⟩ beat, thrash

'**afdronk** *m* aftertaste [of wine]

'**afdroogdoek** *m* (-en) tea-towel

'**afdruipen**[1] *onoverg* 1 ⟨vloeistoffen⟩ trickle (drip) down, drain; 2 ⟨wegsluipen⟩ slink away, slink off [with one's tail between one's legs]

'**afdruiprek** *o* (-ken) drainer, draining board

'**afdruk** *m* (-ken) 1 ⟨indruk⟩ imprint, print; 2 ⟨v. boek of gravure⟩ impression, copy; 3 ⟨v. foto⟩ print

'**afdrukken**[1] *overg* 1 print (off) [a book]; 2 impress [on wax]; 3 sp clock [8 minutes 7.10 seconds in a race]

'**afduwen** **I** *overg* push off; **II** *abs ww* push off, shove off

'**afdwalen** (dwaalde af, is afgedwaald) *onoverg* 1 eig stray off, stray from the company; 2 fig stray (wander) from one's subject, depart from the question; ⟨op verkeerde wegen⟩ go astray

'**afdwaling** *v* (-en) 1 straying, wandering from the point, digression; 2 ⟨fout⟩ aberration

'**afdwingen**[1] *overg* 1 compel, command [admiration, respect]; 2 extort [a concession from]

'**afeten**[1] **I** *overg* eat off; **II** *onoverg* finish one's dinner &

af'faire *v* (-s) 1 ⟨zaak⟩ affair, business; 2 handel business; 3 ⟨transactie⟩ transaction

af'fect *o* (-en) psych affect

affec'tatie *v* (-s) affectation

af'fectie *v* (-s) affection

af'fiche *o & v* (-s) poster, placard; playbill [of a theatre]

affi'cheren (afficheerde, h. geafficheerd) *overg* 1 ⟨in 't alg.⟩ post up, placard; 2 fig show off, parade

affili'atie *v* affiliation

affini'teit *v* (-en) affinity

af'fix *v* (-en) affix

'**affluiten**[1] *overg* whistle for a foul

af'freus *bn* horrid, horrible

af'front *o* (-en) ZN affront

affron'teren (affronteerde, h. geaffronteerd) *overg* ZN affront

af'fuit *v & o* (-en) mil (gun-)carriage; [fixed] mounting

'**afgaan**[1] **I** *onoverg* 1 ⟨afvaren⟩ start, sail; 2 ⟨v. vuurwapen⟩ go off; 3 ⟨v. getij⟩ recede, ebb; *er ~* come off [of paint]; 4 ⟨poepen⟩ excrete; 5 ⟨falen⟩ fail dismally; *het gaat hem glad (handig, gemakkelijk) af* it comes very easy to him; *dat gaat hem goed af* it [his new dignity &] sits well on him; *bij de rij ~* take them in their order; *~ op iem.* 1 walk up to sbd., make for sbd. [the enemy]; 2 fig rely on sbd.; *op praatjes ~* trust (go by) what people say; *recht op zijn doel ~* go straight to the point; *~ van* leave [school, sbd.]; *daar gaat niets van af* there is no denying it; **II** *overg* go (walk) down [the stairs, a hill &]

'**afgang** *m* (-en) failure, flop

'**afgebeten** *bn* clipped [speech]

'**afgebroken** *bn* broken off, broken, interrupted

'**afgedaan** *bn* zie: *afdoen*

'**afgeladen** *bn bijw de treinen waren ~ (vol)* the trains were packed, crowded [with passengers]

'**afgelasten**[1] *overg* countermand, cancel [a dinner, a football match], call off [a strike]

'**afgeleefd** *bn* decrepit, worn with age

'**afgelegen** *bn* distant, remote, outlying, out-of-the-way, sequestered

'**afgeleid** *bn* derived; ~ *woord* derivative; zie ook: *afleiden*

'**afgelopen** *bn* past [year]; *nu is het* ~! stop it!

'**afgemat** *bn* tired out, worn out, exhausted

'**afgemeten** *bn* measured[2], formal, stiff; *op* ~ *toon* [speak] in measured tones, stiffly

'**afgepast** *bn* **1** (in 't alg.) adjusted; **2** ready-made [curtains &]; zie ook: *gepast*

'**afgepeigerd** *bn* gemeenz ready to drop, more dead than alive, exhausted, fagged out

'**afgerond** *bn* rounded (off); *een* ~ *geheel* a self-contained unit; *een* ~*e som* a round sum

'**afgescheiden** *bn* separate; *een* ~ *dominee* a dissenting minister; ~ *van* apart from

'**afgesloofd** *bn* fagged (out), worn out

'**afgesloten** *bn* closed; ~ *rijweg!* no thoroughfare!

'**afgestampt** *bijw:* ~ *vol* packed

'**afgestompt** *bn* dull, impassive

'**afgestorven** **I** *bn* deceased, dead; **II** *znw: de* ~*e* the deceased, the defunct; *de* ~*en* the deceased, the dead

'**afgetobd** *bn* haggard [look]; careworn [with care], exhausted [with suffering]

'**afgetrapt** *bn:* ~*e schoenen* boots down at heel; *met* ~*e schoenen aan* down at heel

'**afgetrokken** *bn* pale, white

'**afgevaardigde** *m* (-n) deputy, delegate, representative; *het Huis van Afgevaardigden* the House of Representatives [in Australia, USA &]

'**afgeven**[1] *overg* **1** deliver up [what is not one's own]; hand [a parcel], hand in (over); leave [a card] on [sbd.], leave [a letter] with [sbd.]; issue [a declaration, a passport]; **2** (van zich geven) give off, give out [heat &], emit [a smell &]; *een boodschap* ~ deliver a message; *een wissel* ~ *op...* draw (a bill) on...; **II** *wederk: zich* ~ *met een meisje* take up with a girl; *zich* ~ *met iets* meddle with sth.; *geef u daar niet mee af, met hem niet af* have nothing to do with it, with him; **III** *onoverg* come off [of paint]; stain [of material]; ~ *op iem. (iets)* cry (run) down sbd. (sth.)

'**afgewerkt** *bn* (olie) used; (lucht) stale

'**afgezaagd** *bn* fig trite, stale, hackneyed, hard-worked, worn-out

'**afgezant** *m* (-en) **1** (in 't alg.) ambassador, envoy, messenger; **2** (geheim) emissary

'**afgezien:** ~ *van voorz* apart from

'**afgezonderd** *bn* secluded, retired, sequestered; ~ *van* separate from; ~ *wonen* live in an out-of-the-way place

Af'**ghaan** *m* (-ghanen) Afghan

Af'**ghaans** *bn* Afghan

Af'**ghanistan** *o* Afghanistan

'**afgieten**[1] *overg* **1** (v. kooksel) pour off, strain off; **2** (v. gipsbeelden) cast

'**afgietsel** *o* (-s) (plaster) cast

'**afgifte** *v* delivery; *bij* ~ on delivery

'**afglijden**[1] *onoverg* **1** slide down (off), slip down (off); **2** luchtv stall; **3** fig slide, drift [into chaos &]

'**afgod** *m* (-goden) idol[2], false god

af'**gode'rij** *v* (-en) idolatry, idol worship

af'**godisch** *bn* idolatrous; ~ *liefhebben (vereren)* idolize

'**afgodsbeeld** *o* (-en) idol

'**afgooien**[1] *overg* **1** (naar beneden gooien) throw down; **2** (v. bommen) drop; **3** (v. kleding) throw off, fling off

'**afgraven**[1] *overg* dig off, level

'**afgraving** *v* (-en) quarry

'**afgrazen**[1] *overg* graze, browse

'**afgrendelen**[1] *overg* mil seal off [an area]

af'**grijselijk,** af'**grijslijk** *bn* horrible, horrid, ghastly

'**afgrijzen** *o* horror; *een* ~ *hebben van* abhor

'**afgrond** *m* (-en) abyss[2], gulf[2], precipice[2]

'**afgunst** *v* envy, jealousy

af'**gunstig** *bn* envious (of), jealous (of)

'**afhaalrestaurant** *o* (-s) take-away (restaurant)

'**afhaken**[1] **I** *overg* **1** (in 't alg.) unhook; **2** uncouple [a railway carriage]; **II** *onoverg* (niet langer meedoen) drop out

'**afhakken**[1] *overg* cut off, chop off, lop off

'**afhalen**[1] *overg* **1** (naar beneden) fetch down; **2** (ophalen) collect, pick up [parcels]; **3** (personen) call for [a man at his house]; meet (at the station); take up, pick up [in one's car]; *de bedden* ~ strip the beds; *bonen* ~ string beans; *laten* ~ send for; *wordt afgehaald* to be left till called for; *niet afgehaalde bagage* left luggage

'**afhameren**[1] *overg* (snel afhandelen) rush through; *iem.* ~ call sbd. to order

'**afhandelen**[1] *overg* settle, conclude, dispatch

af'**handig** *bn: iem. iets* ~ *maken* trick sbd. out of sth.

'**afhangen**[1] *onoverg* hang down, depend[2]; ~ *van* depend (up)on, be dependent on; *dat zal er van* ~ that depends

'**afhangend** *bn* hanging, drooping

af'**hankelijk** *bn* dependent (van on)

af'**hankelijkheid** *v* dependence (van on)

'**afhaspelen**[1] *overg* ZN (slordig en haastig afmaken) bungle

'**afhechten**[1] *overg* **1** (breiwerk) cast off; **2** (naaiwerk) fasten off

'**afhellen**[1] *onoverg* slope down

'**afhelpen**[1] *overg* **1** help off, help down [from a horse &]; **2** rid [sbd. of his money]

'**afhouden**[1] **I** *overg* **1** keep [one's eyes] off, keep... from [evil courses &]; **2** deduct, stop [so much from sbd.'s pay]; **3** sp keep sbd. from the ball; *van zich* ~ keep [one's enemies] at bay (at a distance); **II** *onoverg* scheepv bear off; *van land* ~ scheepv stand from the shore; zie ook: *boot*

'**afhuren**[1] *overg* hire

a'**fijn** *tsw* so, well

'**afjakkeren**[1] *overg* override [a horse], overdrive, jade [one's servants], wear out [with work]

'**afkalven** (kalfde af, is afgekalfd) *onoverg* cave in

'**afkammen**[1] *overg* cut up, run down, pull to pieces [a book]

'**afkanten**[1] *overg* 1 ⟨in 't alg.⟩ cant, bevel, square; 2 ⟨breiwerk⟩ cast off

'**afkapen**[1] *overg* filch (pilfer) from

'**afkappen**[1] *overg* cut off, chop off, lop off

'**afkappingsteken** *o* (-s) apostrophe

'**afkatten**[1] *overg* snap at [sbd.]

'**afkeer** *m* aversion, dislike; *een ~ inboezemen* inspire an aversion; *een ~ hebben van* have a dislike of (to), feel (have) an aversion to (for, from); dislike; be allergic to; *een ~ krijgen van* take a dislike to, take an aversion to

'**afkeren**[1] **I** (h.) *overg* 1 turn away [one's eyes]; 2 avert [a blow]; **II** (h.) *wederk: zich ~* turn away

af'**kerig** *bn* averse; *~ van* averse from (to); *iem. ~ maken van* make sbd. take an aversion to; *~ worden van* take an aversion (a dislike) to

af'**kerigheid** *v* aversion

'**afketsen**[1] **I** (is) *onoverg* 1 ⟨v. kogels⟩ glance off, ricochet; 2 *fig* fall through; **II** (h.) *overg* reject [an offer], defeat [a motion]

'**afkeuren**[1] *overg* 1 ⟨zedelijk⟩ condemn, disapprove (of), rebuke; 2 ⟨niet aannemen⟩ reject [a man] as unfit; 3 ⟨buiten dienst stellen⟩ condemn [a house as unfit to live in], scrap [ships &]; declare [meat] unfit for use; *hij is afgekeurd* he was rejected (not passed) by the doctor

af'**keurend** **I** *bn* disapproving, [look] of disapproval; **II** *bijw* disapprovingly

af**keurens'waard**, af**keurens'waardig**, *bn* condemnable, objectionable, censurable, blameworthy

'**afkeuring** *v* (-en) 1 ⟨in 't alg.⟩ disapprobation, disapproval, condemnation, censure; 2 *mil* rejection [by the Army doctor]

'**afkickcentrum** *o* (-tra, -s) rehabilitation centre for drug addicts

'**afkicken** (kickte af, is afgekickt) *onoverg* slang kick it, kick the habit

'**afkijken**[1] **I** *overg*: *iets van iem. ~* 1 learn sth. from sbd. by watching him; 2 *onderwijs* copy, *gemeenz* crib sth. from sbd.; *de straat ~* look down the street; **II** *abs ww onderwijs* copy, *gemeenz* crib

'**afklaren**[1] *overg* ⟨vloeistof⟩ clarify, clear

'**afklauteren**[1], '**afklimmen**[1] (is) *overg* clamber (climb) down

'**afkleden**[1]: *dit kostuum kleedt (slank) af* this suit is slimming

'**afklemmen**[1] *overg* 1 ⟨in 't alg.⟩ clamp; 2 *med* strangulate; 3 *techn* disconnect

'**afkloppen**[1] **I** *overg* ⟨kleren &⟩ flick [the dust] off; **II** *abs ww* ⟨uit bijgeloof⟩ touch wood

'**afkluiven**[1] *overg* gnaw off, pick [a bone]

'**afknabbelen**[1] *overg* nibble off, nibble at

'**afknagen**[1] *overg* gnaw off

'**afknappen**[1] (is) *onoverg* 1 *eig* snap (off); 2 *fig* have a breakdown

'**afknapper** *m* (-s) letdown

'**afknijpen**[1] *overg* pinch (nip) off

'**afknippen**[1] *overg* clip (off), cut (off); snip (off) [a piece]

'**afknotten**[1] *overg* 1 truncate [a cone]; 2 top [a tree]

'**afkoelen**[1] **I** (h.) *overg* cool (down)[2]; **II** (is) *onoverg* 1 cool (down)[2]; 2 ⟨van het weer⟩ grow cooler

'**afkoeling** *v* (-en) 1 cooling (down)[2]; 2 fall in temperature

'**afkoelingsperiode** *v* (-s en -n) cooling-off period

'**afkoken**[1] *overg* boil

'**afkomen**[1] **I** *onoverg* 1 ⟨er af komen⟩ come down; get off (his horse &); 2 ⟨gereed komen⟩ get finished; 3 ⟨officieel bekend worden⟩ be published; 4 ⟨met geld⟩ *gemeenz* cough up; *er goed (goedkoop, slecht) ~* get off well (cheaply, badly); *er ~ met een boete* get off (be let off) with a fine; *er met ere ~* come out of it with honour; *er met de schrik ~* get off with a fright; *~ op* make for; *ik zag hem op mij ~* I saw him coming towards me, coming up to me; *~ van* ⟨afgeleid zijn van⟩ be derived from; *ik kon niet van hem ~* I could not get rid of him; *ik kon niet van mijn waren ~* I was left with my goods; **II** *overg* come down [the stairs &]

'**afkomst** *v* descent, extraction, origin, birth

af'**komstig** *bn*: *~ uit (van)* coming from; a native of [Dublin]; *hij is uit A. ~* he hails from A.; *~ van* coming from [my father], emanating from [his pen]; *dat is van hem ~* that proceeds from him; that comes from his pen

'**afkondigen** (kondigde af, h. afgekondigd) *overg* proclaim, promulgate [a decree], publish [the banns], declare, call [a strike]

'**afkondiging** *v* (-en) proclamation, publication

'**afkooksel** *o* (-s) decoction

'**afkoop** *m* (-kopen) buying off, redemption, ransom

'**afkoopsom** *v* (-men) ransom, redemption money

'**afkopen**[1] *overg* 1 ⟨in 't alg.⟩ buy (purchase) from; 2 ⟨loskopen⟩ buy off [a strike], ransom, redeem

'**afkoppelen**[1] *overg* 1 ⟨in 't alg.⟩ uncouple [railway carriages]; 2 *techn* disconnect, throw out of gear

'**afkorten**[1] *overg* shorten, abbreviate

'**afkorting** *v* (-en) abbreviation; *...is een ~ van... ...is* short for...

'**afkrabben**[1] *overg* scrape (scratch) off, scrape

'**afkraken**[1] *overg* slash, *gemeenz* slate, do down [a book]

'**afkrijgen**[1] *overg* 1 ⟨klaar krijgen⟩ get finished; 2 ⟨afnemen⟩ take (down) [from the cupboard &]; *ik kon hem niet van zijn plaats (stoel) ~* I could not get him away from where he stood, from his chair; *ik kon er geen cent ~* I could not get off one cent; *ik kon de vlek er niet ~* I could not get the stain out

'**afkunnen**[1] **I** *onoverg* ⟨afgemaakt kunnen worden⟩ get finished; *meer dan hij afkan* more than he can

733

manage, more than he can handle (cope with); *je zult er niet meer* ~ you won't be able to back out of it, they won't let you off; *het zal er niet* ~ I'm sure we (they) can't afford it; *hij kan niet van huis af* he can't leave home; *hij kon niet van die man af* he couldn't get rid of that fellow; **II** *overg: het alleen niet* ~ **1** be unable to manage the thing (things) alone; **2** be unable to cope with so much work alone; *het wel* ~ be able to manage, to cope

'**afkussen**[1] *overg* kiss away [tears]; *laten wij het maar* ~ let us kiss and be friends

'**aflaat** *m* (-laten) RK indulgence; *volle* ~ plenary indulgence

'**afladen**[1] *overg* unload, discharge; zie ook *afgeladen*

af'landig *bn* off-shore [breeze]

'**aflaten**[1] **I** *overg* let down; **II** *onoverg* (ophouden) cease, desist (from), leave off ...ing

'**aflebberen**[1] *overg gemeenz* **1** (aflikken) lick off; **2** (zoenen): *elkaar* ~ cover each other with wet, juicy kisses

'**afleggen**[1] *overg* **1** (neerleggen) lay down [a burden, arms &], take (put) off [one's cloak &]; **2** (voorgoed wegleggen) lay aside[2] [one's arrogance, mourning &]; **3** (lijk) lay out [a corpse]; **4** (doen) make [a declaration, a statement &]; **5** cover [a distance, so many kilometers]; **6** (v. plant) layer; *het* ~ have (get) the worst of it, be worsted, go to the wall; fail [of a student]; (sterven) die; *het* ~ *tegen* be unable to hold one's own against, be no match for; zie ook: *bezoek, eed &*

'**aflegger** *m* (-s) **1** layer-out [of a corpse]; **2** plantk layer; **3** (kleding) cast-off coat, trousers &

'**afleiden**[1] *overg* **1** (naar beneden) lead down; **2** (in andere richting) divert [the course of a river, sbd.'s attention]; distract, take off [one's mind, students from their studies]; **3** (trekken uit) derive [words from Latin &]; **4** (besluiten) deduce, infer, conclude [from sbd.'s words &]; *hij is gauw afgeleid* he is easily distracted

'**afleiding** *v* (-en) **1** diversion [of water &]; derivation [of words]; distraction, diversion [of the mind; ook: = amusement]; **2** gramm derivative

'**afleidingsmanoeuvre** *v & o* (-s) **1** (in 't alg.) diversion; **2** fig red herring, smoke screen

'**afleren**[1] *overg* **1** (iets) unlearn [the habit, the practice of]; **2** (iem. iets) break sbd. of a habit; *ik heb het lachen afgeleerd* **1** I have broken myself of the habit of laughing; **2** I have unlearned the practice of laughing; *ik zal het je afleren om...* I'll teach you to...

'**afleveren**[1] *overg* deliver

'**aflevering** *v* (-en) **1** delivery [of goods]; **2** number, part, instalment [of a publication]; **3** (v.e. tv-serie) episode; *in ~en laten verschijnen* serialize

'**aflezen**[1] *overg* read (out); read [ook: the thermometer]

'**aflikken**[1] *overg* lick [it] off; lick [one's fingers]

'**afloeren**[1] *overg: alles* ~ spy out everything

'**afloop** *m* (-lopen) **1** (v. gebeurtenis) end, terminate;

2 (uitslag) issue, result; **3** (v. termijn) expiration; *ongeluk met dodelijke* ~ fatal accident; *na* ~ *van het examen* when the examination is (was) over, after the examination; *na* ~ *van deze termijn* on expiry of this term

'**aflopen**[1] **I** (is) *onoverg* **1** (naar beneden) run down; **2** (afhellen) slope; **3** (ten einde lopen) run out, expire [of a contract]; **4** (eindigen) turn out [badly &]; end; **5** (v. uurwerk) run down; go off [of alarm]; **6** scheepv (v. schepen) leave the ways, be launched; *het zal gauw met hem* ~ all will soon be over with him; *het zal niet goed met je* ~ you will come to grief; *hoe zal het* ~? what will be the end of it?; *op iem.* ~ go (run) up to sbd.; *laten* ~ launch [a vessel]; let [the alarm] run down; terminate [a contract]; **II** (h. *of* is) *overg* **1** (naar beneden) run (walk, go) down [a hill &]; **2** (stuklopen) wear [one's shoes &] out (by walking), wear down [one's heels]; **3** (doorlopen) beat, scour [the woods]; **4** fig finish [a course]; pass through [a school]; **5** (plunderen) plunder [a vessel]; *alle huizen* ~ run from house to house; *de stad* ~ go through (search) the whole town; zie ook: *afgelopen*

'**aflopend** *bn* **1** (in 't alg.) sloping; **2** outgoing [tide]

af'losbaar *bn* redeemable, repayable

'**aflossen**[1] *overg* **1** (iem.) mil relieve [the guard]; take sbd.'s place; **2** (afbetalen) pay off [a debt], redeem [a bond, a mortgage]; *elkaar* ~ take turns

'**aflossing** *v* (-en) **1** (v. wacht &) relief; **2** (afbetaling) instalment; **3** (v. lening &) redemption

'**afluisterapparaat** *o* (-raten) detectophone, slang bug

'**afluisteren**[1] *overg* eavesdrop [on sbd.]; (v. telefoongesprekken vooral) listen in (on), monitor; (met afluisterapparatuur) tap, bug

'**afmaaien**[1] *overg* mow, cut, reap [corn]

'**afmaken**[1] **I** *overg* **1** finish [a letter], complete [a building]; **2** (beëindigen, uitmaken) settle [the matter]; **3** (doden) kill, dispatch [a victim]; **4** agree (up)on [a price]; *het* ~ *met zijn meisje* break it (the engagement) off; **II** *wederk: zich (met een grapje) van iets* ~ pass off the matter (with a joke); *zich met een paar woorden van een kwestie* ~ dismiss a question with a few words

'**afmarcheren**[1] (is) *onoverg* march off

'**afmars** *m & v* marching off, march

'**afmatten** (matte af, h. afgemat) *overg* fatigue, wear out, tire out

af'mattend *bn* fatiguing, tiring, trying

'**afmelden**[1] *wederk: zich* ~ check out

'**afmeren**[1] *onoverg* moor [a ship]

'**afmeten**[1] *overg* measure (off); *anderen naar zichzelf* ~ judge others by oneself; zie ook *afgemeten*

'**afmeting** *v* (-en) measurement, dimension

'**afmijnen**[1] *overg* bid at a public auction

'**afmonsteren** (monsterde af, afgemonsterd) **I** (h.) *overg* pay off, discharge [the crew]; **II** (is) *onoverg* be paid off '**afmonstering** *v* (-en) paying off, discharge

'**afname** *v*: *bij ~ van 100 stuks* when taking a hundred; zie *afneming*

af'neembaar *bn* 1 (in 't alg.) detachable, removable; 2 (v. behang &) washable

'**afnemen**[1] **I** (h.) *overg* 1 take (away) [a book, his rights & from a man, a child from school]; take off [a bandage], take down [a picture &]; 2 (afzetten) take off [one's hat to sbd.]; 3 (schoonvegen) clean [the windows &]; 4 (kopen) <u>handel</u> buy; *de kaarten ~* cut; zie ook *biecht, eed* &; **II** (is) *onoverg* decrease, decline [of forces]; diminish [of stocks]; abate [of a storm]; wane [of the moon & fig]; draw in [of the days]; **III** (h.) *abs ww* 1 cut [at cards]; 2 clear away, remove the cloth [after dinner]

'**afnemer** *m* (-s) client, buyer, purchaser

'**afneming** *v* 1 decrease, diminution, abatement [of a storm], wane[2]; 2 deposition [from the Cross]

'**afnokken** *onoverg* (nokte af, is afgenokt) knock off

afo'risme *o* (-n) aphorism

'**afpakken**[1] *overg* snatch (away) [sth. from sbd.]

'**afpalen**[1] *overg* 1 (omheinen) fence off, enclose; 2 (met palen afbakenen) stake out

'**afpassen**[1] *overg* pace [a field &]; *geld ~* give the exact sum (money); zie ook *afgepast*

'**afpeigeren** (peigerde af, h. afgepeigerd) <u>gemeenz</u> **I** *overg = afbeulen*; **II** *wederk: zich ~* wear oneself out; zie ook: *afgepeigerd*

'**afpellen**[1] *overg* peel, pare off

'**afperken** (perkte af, h. afgeperkt) *overg* 1 (afbakenen) peg out, delimit; 2 (inperken) fence in

'**afpersen**[1] *overg* extort [money & from]; blackmail; wring, wrest [a promise from]

'**afperser** *m* (-s) blackmailer, extortioner

'**afpersing** *v* extortion, exaction; blackmail

'**afpijnigen**[1] *overg* rack [one's brains]

'**afpikken**[1] *overg* 1 (v. vogels) peck off; 2 *iem. iets ~* <u>gemeenz</u> (stelen) pinch sth. from sbd.

'**afpingelen**[1] **I** *onoverg* haggle, chaffer; **II** *overg* beat down

'**afplatten** (platte af, h. afgeplat) *overg* flatten

'**afplatting** *v* flattening

'**afplukken**[1] *overg* pluck (off), pick

'**afpoeieren** (poeierde af, h. afgepoeierd) *overg: iem. ~* send sbd. about his business, rebuff sbd., put sbd. off

'**afprijzen** (prijsde af, h. afgeprijsd) *overg* mark down

'**afraden**[1] *overg: iem.... ~* advise sbd. against..., dissuade sbd. from...

'**afraffelen** (raffelde af, h. afgeraffeld) *overg* bungle, scamp [one's work]

'**afraken**[1] (is) *onoverg* be broken off [of an engagement]; *~ van* 1 (wegkomen) get away from, get off, get clear of [a dangerous spot &]; 2 (kwijtraken) get rid of [sbd., wares]; *van de drank ~* drop the drink habit; *van elkaar ~* get separated, drift apart[2]; *van zijn onderwerp ~* wander from one's subject; *van de*

weg ~ lose one's way, lose oneself, go astray

'**aframmelen**[1] *overg* 1 rattle off, reel off [one's lines]; 2 *= afranselen*

'**afranselen**[1] *overg* thrash, beat (up), flog, whack

'**afrasteren** (rasterde af, h. afgerasterd) *overg* rail off (in), fence off (in)

'**afrastering** *v* (-en) railing, fence

'**afratelen**[1] *overg* reel off [one's lesson], rattle off

'**afreageren**[1] *overg* 1 work off [one's bad temper]; 2 psych abreact

'**afreizen**[1] **I** (is) *onoverg* depart, set out (on one's journey), leave (*naar* for); **II** (h.) *overg* travel all over [Europe &]; tour [the country]

'**afrekenen**[1] **I** *overg* (aftellen) take off, deduct; **II** *onoverg* (betalen) settle, square up; *ik heb met hem afgerekend* we have settled accounts[2]; I have squared accounts with him; I have settled with him

'**afrekening** *v* (-en) 1 (betaling) settlement; 2 (bewijs) statement (of account), account

'**afremmen**[1] **I** *overg* 1 slow down[2]; 2 fig put a brake on [spending]; **II** *abs ww* 1 slow down[2]; 2 fig put on the brake(s)

'**africhten**[1] *overg* train [for a match &]; coach [for an examination]; break [a horse]

'**afrijden**[1] **I** *onoverg* 1 (is) (wegrijden) ride (drive) off, ride (drive) away; 2 (h.) (rijexamen doen) take one's driving test; **II** (h.) *overg* 1 (naar beneden rijden) ride (drive) down [a hill]; 2 (oefenen) exercise [a horse]; 3 (afjakkeren) override [one's horses]; *beide benen werden hem afgereden* both his legs were cut off [by a train]

'**Afrika** *o* Africa

Afri'kaan *m* (-kanen) African

Afri'kaans I *bn* African; **II** *o* (taal) Afrikaans

afri'kaantje *o* (-s) African marigold

Afri'kaner *m* (-s) ZA Afrikaner

'**afristen**[1] *overg* strip (off), string

'**afrit** *m* (-ten) 1 start [on horseback]; 2 slope [of a hill]; 3 exit [of motorway]

'**Afro-Azi'atisch** *bn* Afro-Asian, Afro-Asiatic

'**afroeien**[1] **I** (is) *onoverg* row off (away); **II** (h.) *overg* row down [the river]

'**afroep** *m*: *levering op ~* delivery at buyer's request

'**afroepen**[1] *overg* 1 call [the hours, a blessing upon]; 2 call over [the names]

'**afroffelen**[1] *overg* bungle, scamp [one's work]

'**Afro-kapsel** *o* Afro

'**afrollen**[1] (h.) *overg* unroll, unreel

'**afromen**[1] *overg* cream, skim [milk]

'**afronden**[1] *overg* round, round off; zie ook: *afgerond*

'**afrossen** (roste af, h. afgerost) *overg* thrash, beat (up), whack

'**afrossing** *v* (-en) thrashing, beating (up), whacking

'**afrotten** *onoverg* rot off (away)

'**afruimen**[1] (h.) **I** *overg* clear [the table]; **II** *abs ww* clear away

735

afrukken

'**afrukken**[1] **I** (h.) *overg* tear away (off, down); snatch (away), pluck off; **II** (is) *onoverg* ⟨v. leger⟩ withdraw

'**afschaafsel** *o* (-s) shavings

'**afschaduwen**[1] *overg* adumbrate, shadow forth

'**afschaduwing** *v* (-en) adumbration, shadow

'**afschaffen**[1] *overg* ⟨v. gebruik, gewoonte &⟩ abolish, do away with

'**afschaffing** *v* abolition [of a law, or slavery]; giving up [of one's car &]

'**afschampen**[1] *onoverg* glance off

'**afscheid** *o* parting, leave, leave-taking, farewell, adieu(s); ~ *nemen* take (one's) leave, say goodbye; ~ *nemen van* take leave of, say goodbye to, bid farewell to

'**afscheiden**[1] (h.) **I** *overg* **1** ⟨los-, vrijmaken⟩ separate, sever, mark off &; zie *scheiden*; **2** ⟨uitscheiden⟩ secrete; **II** *wederk: zich* ~ **1** separate, secede [from a confederation]; break away [from a movement]; **2** chem be secreted; zie ook: *afgescheiden*

'**afscheiding** *v* (-en) **1** ⟨v. lokaliteit⟩ separation, partition; **2** ⟨v. vocht⟩ secretion; **3** ⟨v. partij⟩ secession, separation, breakaway

'**afscheidingsbeweging** *v* (-en) separatist movement, secessionist movement

'**afscheidsgroet** *m* (-en) farewell, valediction

'**afscheidsreceptie** *v* (-s) farewell reception

'**afscheidsrede** *v* (-s) valedictory address

'**afschenken**[1] *overg* pour off, decant

'**afschepen** (scheepte af, h. afgescheept) *overg* **1** scheepv ship [goods]; **2** fig send [sbd.] about his business; put [sbd.] off

'**afscheppen**[1] *overg* **1** skim [milk]; **2** skim off [the cream, the fat]

'**afscheren**[1] *overg* **1** shave (off) [the beard]; **2** shear (off) [wool]

'**afschermen**[1] *overg* screen

'**afscheuren**[1] (h.) **I** *overg* tear off; tear down [a poster]; **II** *wederk: zich* ~ *van* tear oneself away from, break away from

'**afschieten**[1] (h.) **I** *overg* **1** ⟨vuurwapen⟩ discharge, fire (off), let off; ⟨pijl⟩ shoot, let fly; **2** ⟨wegschieten⟩ shoot off; ⟨raket⟩ launch; **3** ⟨afdelen⟩ partition off [a room]; ⟨met gordijn⟩ curtain off; ⟨met planken⟩ board off; **II** (is) *onoverg*: ~ *op iem.* rush at sbd.; ~ *van* slip (off) from

'**afschilderen**[1] *overg* paint, depict, portray

'**afschilferen**[1] *onoverg* (is) & *overg* (h.) scale, peel (flake) off

'**afschminken**[1] *wederk: zich* ~ take off one's make-up (one's grease paint)

'**afschraapsel** *o* (-s) scrapings

'**afschrabben**[1], '**afschrapen**[1], '**afschrappen**[1] *overg* scrape (off) [a carrot]; zie ook: *schrappen*

'**afschrapsel** *o* (-s) scrapings

'**afschrift** *o* (-en) copy; *gewaarmerkt* ~ certified copy; exemplification; *een ~maken van* make (take) a copy of

'**afschrijven**[1] *overg* **1** finish [what one is writing]; **2** copy [from original or another's work]; **3** write off [so much for depreciation, as lost]; *iem.* ~ **1** put sbd. off, write a message of excuse; **2** declare the deal off; **II** *onoverg Thelma en Loes hebben afgeschreven* **1** ⟨overgeschreven⟩ Thelma and Louise have copied; **2** ⟨zich afgemeld⟩ Thelma and Louise have written to excuse themselves; **III** *wederk: zich laten* ~ have one's name taken off the books [of a club &]; remove one's name from the list [of subscribers]

'**afschrijving** *v* (-en) **1** ⟨het overschrijven⟩ copying; **2** handel debit; *een ~ van de giro* a debit notice from the giro; ~ *voor waardevermindering* depreciation

'**afschrik** *m* horror; *een* ~ *hebben van* hold in abhorrence, abhor; *tot* ~ as a deterrent

'**afschrikken** (schrikte af, h. afgeschrikt) *overg* deter [from going &]; discourage; scare [wild animals]; *hij laat zich niet gauw* ~ he is not easily daunted; *hij liet zich niet* ~ *door...* he was not to be deterred by...

'**afschrikkend**, **afschrik'wekkend** *bn* deterrent [effect]; forbidding [appearance]; *een* ~ *middel (voorbeeld)* a deterrent

'**afschrikking** *v* deterrence

'**afschudden**[1] *overg* shake off

'**afschuimen**[1] *overg* **1** skim [metals]; **2** scour [the seas]

'**afschuinen**[1] *overg* bevel, chamfer, flue, splay

'**afschuiven**[1] **I** (h.) *overg* ⟨wegschuiven⟩ push off, move away [a chair from...]; *de schuld van zich* ~ shift the blame to sbd. else; *de verantwoordelijkheid op een ander* ~ shift responsibility (to another); gemeenz pass the buck; **II** *onoverg* **1** (is) ⟨in 't alg.⟩ slide (slip) down; **2** (h.) (betalen) slang shell out

'**afschutten**[1] *overg* partition (off), screen (off)

'**afschuw** *m* abhorrence, horror; *een* ~ *hebben van* hold in abhorrence, abhor

af'schuwelijk *bn* horrible, horrid, lurid, abominable, execrable

afschuw'wekkend *bn* revolting, repulsive

'**afslaan** **I** (h.) *overg* **1** eig knock (beat, strike) off; **2** beat off [the enemy], repulse [an attack]; **3** ⟨de thermometer⟩ beat down; **4** ⟨de prijs⟩ reduce [the price], knock down [a guilder]; **6** ⟨weigeren⟩ refuse [a request], decline [an invitation], reject [an offer]; *dat kan ik niet afslaan, dat sla ik niet af* I won't (can't) say no to that; I can't (won't) refuse it; *hij slaat niets af dan vliegen* nothing comes amiss to him; **II** (is) *onoverg* **1** ⟨afbuigen⟩ turn off [to the right]; **2** ⟨v. prijzen⟩ go down; **3** ⟨v. motor⟩ cut out; *links, rechts* ~ ⟨in het verkeer⟩ turn left, right; *(flink) van zich* ~ hit out

'**afslachten**[1] *overg* kill off, slaughter, massacre

'**afslag** *m* (-slagen) **1** abatement, reduction [of prices]; **2** ⟨veiling⟩ (sale by) Dutch auction; **3** ⟨v. autoweg⟩ exit; *bij* ~ *veilen (verkopen)* sell by Dutch

auction
'**afslager** *m* (-s) auctioneer
'**afslanken** (slankte af, is afgeslankt) *onoverg & overg* slim
'**afslijten**[1] *overg* (h.) & *onoverg* (is) wear down; wear off (out)[2]
'**afsloven**[1] *wederk*: zich ~ drudge, slave, toil and moil; zie ook: *afgesloofd*
'**afsluitdijk** *m* (-en) dam
'**afsluiten**[1] **I** *overg* **1** lock [a door]; **2** ⟨door sluiten versperren⟩ lock up [a garden &]; block, close [a road]; **3** ⟨insluiten⟩ fence off [a garden]; **4** ⟨v. toevoer⟩ turn off [the gas], cut off [the steam, the supply]; **5** ⟨opmaken⟩ <u>handel</u> balance [the books], close [an account]; **6** ⟨tot stand brengen⟩ conclude [a bargain, a contract]; effect [an insurance]; **7** ⟨beëindigen⟩ close [a period]; **II** *wederk*: zich ~ seclude oneself from the world (from society); zie ook: *afgesloten*
'**afsluiting** *v* (-en) **1** ⟨in 't alg.⟩ closing; **2** ⟨v. contract⟩ conclusion; **3** ⟨afsluitmiddel⟩ barrier, partition, enclosure
'**afsluitkraan** *v* (-kranen) stopcock
'**afsluitprovisie** *v* (-s) commission; ⟨v. makelaar⟩ brokerage
'**afsmeken**[1] *overg* implore, invoke (*over* on)
'**afsnauwen**[1] *overg* snarl at, snap at, snub; hij werd afgesnauwd ook: he had his head snapped off
'**afsnijden**[1] *overg* cut (off) [ook: gas &]; zie ook: [1]*pas*
'**afsnoepen**[1] *overg*: iem. iets ~ steal a march on sbd.
'**afsnoeren**[1] *overg* med tie up, strangulate
'**afsoppen**[1] *overg* wash [tiles &]
'**afspannen**[1] *overg* **1** unyoke [oxen]; unharness [a horse]; **2** ⟨afmeten met hand⟩ span
'**afspelen**[1] **I** *overg* **1** ⟨met geluidsapparatuur⟩ play (back); **2** sp pass; **II** *wederk*: het drama dat zich daar heeft afgespeeld the drama that was enacted there; de gebeurtenissen spelen zich af in Londen the events take place in London; de handeling speelt zich af in Frankrijk the scene is laid in France
'**afspiegelen**[1] **I** *overg* reflect, mirror; **II** *wederk*: zich ~ be reflected, be mirrored [in a lake &]
'**afspiegeling** *v* (-en) reflection
'**afsplijten**[1] *overg* (h.) & *onoverg* (is) split off
'**afsplitsen**[1] *overg* split off; **II** *wederk*: zich ~ split off; ⟨politiek⟩ secede
'**afspoelen**[1] *overg* wash, rinse, wash away
'**afsponsen**[1], '**afsponzen**[1] *overg* sponge (down, over)
'**afspraak** *v* (-spraken) agreement, appointment [to meet], engagement, arrangement; een ~ maken om... make an arrangement to...; agree upon ...ing; zich houden aan de ~ stand by the agreement, stick to one's word; tegen de ~ contrary to (our) agreement; volgens ~ according to (our) agreement, as agreed; [meet] by appointment
'**afspraakje** *o* (-s) date; een ~ maken date [a girl]; make a date [with sbd.]

'**afspreken**[1] *overg* agree upon, arrange; het was afgesproken voor de gelegenheid it was preconcerted, got up (for the occasion); de afgesproken plaats the place agreed upon; het was een afgesproken zaak it was an arranged thing, a concerted piece of acting, a put-up job; afgesproken! done!, that's a bargain!
'**afspringen**[1] *onoverg* **1** ⟨naar beneden⟩ leap down, jump off; **2** ⟨losgaan⟩ come off, fly off; **3** ⟨onderhandelingen⟩ break down; **4** ⟨koop⟩ come to nothing; ~ op **1** spring at [sbd.]; **2** = afstuiten
'**afstaan**[1] **I** *overg* cede [territory]; yield [possession, one's place]; resign [office, a right &]; surrender [a privilege]; give up, hand over [property &]; **II** *onoverg*: ~ van stand away (back) from; zijn oren staan af his ears stick (stand) out
'**afstammeling** *m* (-en) descendant; ~en progeniture; ~ in de rechte lijn lineal descendant; ~ in de zijlinie collateral descendant
'**afstammen**[1] *onoverg*: ~ van **1** be descended [in the (fe)male line] from, spring from, come of [a noble stock]; **2** be derived from [Latin &]
'**afstamming** *v* **1** descent [of man], [of Indian] extraction, ancestry; **2** derivation [of words]
'**afstammingsleer** *v* descent theory
'**afstand** *m* (-en) **1** distance[2]; **2** ⟨v. troon⟩ abdication; **3** ⟨v. recht⟩ relinquishment; **4** ⟨v. eigendom of recht⟩ cession, surrender, renunciation; ~ doen van renounce, give up, waive [a claim, a right]; abdicate [a power, the throne]; cede [a property, right]; forgo [an advantage]; part with [property]; ~ nemen <u>mil</u> take distance; op een ~ at a (some) distance; hij is erg op een ~ he is very stand-offish; op een ~ blijven, zich op een ~ houden keep at a distance; fig keep one's distance, keep aloof; op een ~ houden keep at a distance, keep [sbd.] at arm's length; van ~ tot ~ at regular distances, at intervals
af'**standelijk** *bn* detached
'**afstandsbediening** *v* (-en) remote control
'**afstandsmars** *m & v* (-en) mil route-march
'**afstandsmeter** *m* (-s) mil range-finder
'**afstandsrit** *m* (-ten) long-distance ride (run)
'**afstandsschot** *o* (-schoten) sp long shot
'**afstapje** *o* (-s): denk om het ~ mind the step
'**afstappen**[1] **I** (is) *onoverg* step down; get off [one's bike], alight [from one's horse], dismount; ~ bij een vriend put up with a friend; ~ in een hotel put up at a hotel; ~ op iem. step up to sbd.; ~ van het onderwerp change (drop) the subject; **II** (h.) *overg* walk [a horse]
'**afsteken**[1] **I** (h.) *overg* **1** ⟨met beitel⟩ bevel; ⟨met spa⟩ cut; **2** ⟨doen ontbranden⟩ let off [fireworks]; **3** ⟨kortere weg nemen⟩ take a short cut; een bezoek ~ pay a visit; een speech ~ make a speech; **II** (is) *onoverg* **1** <u>scheepv</u> push off [from the shore]; **2** contrast [with its surroundings]; gunstig ~ bij contrast favourably with; ~ tegen stand out against, be outlined against
'**afstel** *o* zie: *uitstel*

afstellen

'**afstellen**[1] *overg* <u>techn</u> adjust
'**afstelling** *v* <u>techn</u> adjustment
'**afstemmen**[1] *overg* **1** reject [a motion]; **2** <u>radio</u> tune (in), syntonize; ~ *op* **1** <u>radio</u> tune (in) to [Hilversum III]; **2** *fig* tune to; attune to [modern life &]
'**afstempelen**[1] *overg* ⟨v. rekeningen &⟩ stamp
'**afstempeling** *v* stamping [of shares &]
'**afsterven**[1] *onoverg* die; zie ook: *afgestorven*
'**afstevenen**[1] *onoverg*: ~ *op* make for, bear down upon
'**afstijgen**[1] **I** *onoverg* get off [one's horse], dismount [from horseback]; **II** *overg* go down [a hill &]
'**afstoffen**[1] *overg* dust
'**afstompen** (stompte af, afgestompt) **I** (h.) *overg* blunt[2]; *fig* dull; **II** (is) *onoverg* become dull[2]; zie ook: *afgestompt*
'**afstoppen**[1] (h.) *overg* <u>sp</u> stop, block
af'**stotelijk** *bn* = afstotend
'**afstoten**[1] **I** *overg* **1** *eig* push down (off), knock off (down), thrust down; **2** (iem.) repel; **3** ⟨bij transplantatie⟩ reject; **4** ⟨zich ontdoen van⟩ dispose of [shares &]; **5** discharge [personnel]; **II** *abs ww* repel, be repellent
af'**stotend** *bn* repelling, repellent, repulsive
'**afstoting** *v* (-en) **1** repulsion; **2** <u>med</u> rejection [of the transplant]; **3** <u>handel</u> disposal [of shares &]; **4** discharge [of personnel]
'**afstraffen**[1] *overg* punish; chastise, correct; *fig* trounce, <u>gemeenz</u> give a dressing-down
'**afstraffing** *v* (-en) **1** punishment, correction; **2** *fig* trouncing, <u>gemeenz</u> dressing-down
'**afstralen**[1] *overg* (h.) & *onoverg* (h. & is) radiate [heat, joy &]
'**afstraling** *v* (-en) radiation, reflection
'**afstrijken**[1] *overg* strike [a match, bushel]; *een afgestreken theelepel* a level teaspoonful
'**afstropen**[1] *overg* **1** *eig* strip (off) [the skin, a covering]; skin [an eel]; flay [a fox]; strip [a hare]; **2** *fig* ravage, harry [the country]
'**afstuderen**[1] (h. & is) *onoverg* finish one's studies
'**afstuiten**[1] *onoverg* rebound; ~ *op* **1** *eig* glance off [the cuirass], rebound from [a wall]; **2** *fig* be frustrated by, be foiled by [one's tenacity]
'**afstuiven**[1] *onoverg* **1** ⟨v. zaken⟩ fly off; **2** ⟨v. personen⟩ rush (tear) down [the stairs &]; ~ *op* make a rush for, rush at
'**aftaaien** (taaide af, is afgetaaid) *onoverg* <u>gemeenz</u> beat it, buzz off, split
'**aftakdoos** *v* (-dozen) <u>elektr</u> branch box
'**aftakelen** (takelde af, afgetakeld) **I** (h.) *overg* unrig, dismantle [a ship]; **II** (is) *onoverg*: *hij is aan het* ~ he is on the decline, he is going off, he is going downhill; *hij ziet er erg afgetakeld uit* he looks rather decrepit (a wreck)
'**aftakeling** *v* **1** <u>scheepv</u> unrigging &; **2** *fig* decay
'**aftakken** (takte af, is afgetakt) *overg* branch, (elektr ook) tap
'**aftakking** *v* (-en) **1** ⟨de tak⟩ branch, (elektr ook)

tap; **2** ⟨het aftakken⟩ branching, (elektr ook) tapping
af'**tands** *bn* **1** ⟨v. paarden⟩ long in the tooth[2]; **2** ⟨zwak, versleten⟩ past one's prime
'**aftapkraan** *v* (-kranen) drain-cock
'**aftappen**[1] *overg* **1** ⟨in 't alg.⟩ draw (off); **2** tap [a tree, telephones, calls &]; **3** drain [a pond]; **4** bottle [beer &]
'**aftasten**[1] *overg* **1** scan [TV a picture; an air space with a radar beam]; **2** feel, grope [an object]; **3** ⟨peilen⟩ put out feelers
'**aftekenen**[1] **I** *overg* **1** ⟨natekenen⟩ draw, delineate; **2** ⟨met tekens aangeven⟩ mark off; **3** ⟨voor gezien⟩ sign; **II** *wederk*: *zich* ~ *tegen* stand out against, be outlined against
'**aftellen**[1] **I** *overg* **1** ⟨tellen⟩ count (off, out); **2** ⟨bij spelen⟩ count out; **3** ⟨bij lancering⟩ count down; **4** ⟨aftrekken⟩ deduct; **II** *o*: *het* ~ *voor de lancering* the count-down
'**aftelrijmpje** *o* (-s) counting-out rhyme
'**aftiteling** *v* credits
'**aftobben**[1] *wederk*: *zich* ~ weary oneself out, worry oneself; zie ook: *afgetobd*
'**aftocht** *m* retreat[2]; *de* ~ *blazen* *fig* beat a retreat
'**aftoppen** (topte af, h. afgetopt) *overg* **1** ⟨v. bomen⟩ top; **2** ⟨salaris⟩ cap
'**aftrainen**[1] *onoverg* detrain
'**aftrap** *m* (-pen) <u>sp</u> kick-off; *de* ~ *verrichten* kick off
'**aftrappen**[1] **I** *overg* kick down (off); *hem van de kamer* ~ kick him out of the room; **II** *onoverg* ⟨bij voetbal⟩ kick off; *van zich* ~ kick out; zie ook: *afgetrapt*
'**aftreden**[1] **I** *onoverg* **1** *eig* step down; go off [the stage]; **2** ⟨v. ministers &⟩ resign (office), retire (from office); **II** *o*: *zijn* ~ his resignation, his retirement
af'**tredend** *bn* retiring, outgoing
'**aftrek** *m* **1** deduction; **2** <u>handel</u> ⟨verkoop⟩ sale, demand; *goede* ~ *vinden* meet with a large sale, find a ready market, sell well; *ze vinden weinig* ~ there is little demand for them; *na (onder)* ~ *van...* after deducting [expenses]; less [10%]; *vóór* ~ *van belasting* before-tax
af'**trekbaar** *bn* deductible
'**aftrekken**[1] **I** (h.) *overg* **1** ⟨neertrekken⟩ draw off (down), pull (tear) off; **2** ⟨v. geld⟩ deduct; **3** ⟨v. getal⟩ subtract; **4** ⟨v. vuurwapen⟩ fire (off) [a gun], pull the trigger; **5** ⟨kruiden &⟩ extract; **6** ⟨seksueel bevredigen⟩ jack off, wank (off), jerk off; ~ *van* **1** draw... from, pull away... from; **2** ⟨rekenen⟩ subtract, take [5] from [10]; *zijn (de) handen van iem.* ~ wash one's hands of sbd.; **II** (is) *onoverg* **1** ⟨weggaan⟩ withdraw, march off, <u>mil</u> retreat; **2** ⟨v. onweer⟩ blow over; *de* ~*de wacht* <u>mil</u> the old guard; zie ook: *afgetrokken*; **III** (h.) *wederk*: *zich* ~ jack off, wank (off)
'**aftrekker** *m* (-s) ⟨rekenen⟩ subtrahend
'**aftrekking** *v* (-en) **1** ⟨in 't alg.⟩ deduction; **2** <u>mil</u> subtraction

'**aftrekpost** *m* (-en) deductible item [from taxable income]

'**aftreksel** *o* (-s) infusion, extract

'**aftreksom** *v* (-men) ⟨rekenen⟩ subtraction sum

'**aftrektal** *o* (-len) ⟨rekenen⟩ minuend

'**aftroeven** (troefde af, h. afgetroefd) *overg* 1 ⟨kaartsp⟩ trump; 2 *fig* put [sbd.] in his place

'**aftroggelen** (troggelde af, h. afgetroggeld) *overg* wheedle (coax) out of, trick [sbd.] out of

'**aftuigen**[1] *overg* 1 unharness [a horse]; 2 *scheepv* unrig [a ship]; 3 ⟨mishandelen⟩ thrash, beat (up)

'**afturven** (turfde af, h. afgeturfd) *overg* score, notch, tick off

'**afvaardigen** (vaardigde af, h. afgevaardigd) *overg* delegate, depute; return [members of Parliament]

'**afvaardiging** *v* (-en) delegation, deputation

'**afvaart** *v* (-en) sailing, departure

1 '**afval** *m* 1 ⟨afvalligheid v. geloof⟩ apostasy; 2 ⟨in de politiek⟩ defection

2 '**afval** *o* & *m* (-len) 1 ⟨het afgevallene in 't alg.⟩ waste (matter), refuse (matter), rubbish; 2 ⟨bij het slachten⟩ offal, garbage; 3 ⟨bij het bewerken⟩ clippings, cuttings, parings; 4 ⟨v. eten⟩ leavings; 5 ⟨afgewaaide vruchten⟩ windfall

'**afvallen**[1] *onoverg* 1 ⟨naar beneden⟩ fall (off), tumble down; 2 ⟨mager, slank worden⟩ fall away, lose flesh, lose [six pounds] (in weight); 3 ⟨van geloof⟩ apostatize; 4 ⟨v. zijn partij⟩ desert [one's party, one's friends &]; secede [from...]; 5 ⟨bij spelen⟩ drop out [of be the race]; *er zal voor hem wel wat ~* he is sure to have his pickings out of it; *iem. ~ fall away from sbd.; let sbd. down

af'vallig *bn* apostate; unfaithful; *~ worden* be backslide; zie ook: *afvallen 3, 4*

af'vallige *m-v* (-n) 1 ⟨v. geloof⟩ apostate; 2 ⟨v. partij⟩ renegade, deserter

af'valligheid *v* 1 ⟨v. geloof⟩ apostasy; 2 ⟨v. partij⟩ desertion, defection

'**afvalproduct** *o* (-en) waste product

'**afvalstoffen** *mv* [chemical, radioactive] waste, waste materials

'**afvalsysteem** *o* sp knock-out competition

'**afvalverwerking** *v* waste disposal, waste treatment

'**afvalwater** *o* effluent [of factory into stream]

'**afvalwedstrijd** *m* (-en) sp (eliminating) heat

'**afvaren**[1] *onoverg* 1 ⟨wegvaren⟩ sail, depart, start, leave; 2 ⟨stroomafwaarts varen⟩ go down [the river]

'**afvegen**[1] *overg* wipe (off); *haar handen ~ aan een schort* wipe her hands on an apron

'**afvinken** (vinkte af, h. afgevinkt) *overg* tick off [items on a list]

'**afvissen**[1] *overg* fish (out), whip [a stream], draw [a pond]

'**afvlakken**[1] *overg* make flat, flatten

'**afvloeien**[1] *onoverg* 1 *eig* flow down, flow off; 2 *fig* be discharged gradually

'**afvloeiing** *v* (-en) 1 *eig* flowing down, flowing off;

2 *fig* gradual discharge

'**afvloeiingsregeling** *v* (-en) redundancy pay, redundancy scheme; <u>Am</u> severance pay, severance scheme

'**afvoer** *m* 1 carrying off, discharge [of a liquid]; 2 conveyance, transport, removal [of goods]; 3 = *afvoerbuis*

'**afvoerbuis** *v* (-buizen) outlet-pipe, waste-pipe, drain-pipe

'**afvoeren**[1] *overg* 1 ⟨afleiden⟩ carry off [water]; 2 ⟨vervoeren⟩ convey, transport, remove; 3 ⟨afschrijven⟩ remove [sbd.'s name from the list], strike off [the list]

'**afvoerkanaal** *o* (-nalen) drainage canal, outlet

'**afvragen**[1] **I** *overg* ask (for), demand; **II** *wederk: zich ~* ask oneself; *zij vroegen zich af...* they wondered...

'**afvuren**[1] *overg* fire off, fire, discharge

'**afwachten**[1] **I** *overg* wait (stay) for, await; abide [the consequences]; wait [one's turn]; bide [one's time]; *dat moeten we nog ~* that remains to be seen; **II** *onoverg* wait (and see); *een ~de houding aannemen* assume an attitude of expectation; follow a wait-and-see policy

'**afwachting** *v* expectation; *in ~ van de dingen die komen zouden* in (eager) expectation of what was to come; *in ~ van een regeling* pending a settlement; *in ~ uwer berichten* awaiting your news

'**afwas** *m* washing-up

'**afwasautomaat** *m* (-maten) (automatic) dishwasher

af'wasbaar *bn* washable

'**afwasbak** *m* (-ken) washing-up bowl

'**afwasborstel** *m* (-s) dishwashing brush

'**afwaskwast** *m* (-en) dish-mop

'**afwasmachine** *v* (-s) = *afwasautomaat*

'**afwasmiddel** *o* (-en) detergent, washing-up liquid

'**afwassen**[1] **I** *overg* 1 ⟨in 't alg.⟩ wash, wash off; 2 ⟨de vaat⟩ wash up; **II** *abs ww* wash up

'**afwaswater** *o* dish-water

'**afwateren**[1] *onoverg* drain

'**afwatering** *v* (-en) drainage, drain

'**afweer** *m* defence

'**afweergeschut** *o* anti-aircraft artillery

'**afweerhouding** *v* defensive attitude

'**afweerkanon** *o* (-nen) anti-aircraft gun

'**afweermechanisme** *o* (-n) defense mechanism

'**afweerreactie** *v* (-s) defensive reaction

'**afweerstof** *v* (-fen) anti-body

'**afweersysteem** *o* (-stemen) defence system

'**afweervuur** *o* defensive fire

'**afwegen**[1] *overg* weigh; weigh out [sugar]; *tegen elkaar ~* balance, compare the pro's and cons

'**afweken**[1] **I** (h.) *overg* remove by soaking; **II** (is) *onoverg* come off

'**afwenden**[1] **I** *overg* turn away [one's eyes]; divert [the attention]; avert [a danger]; ward off, parry [a blow], stave off [a calamity, ruin]; **II** *wederk: zich ~* turn away

'**afwennen**[1] *overg: iem. iets* ~ break sbd. of the habit of ...ing; *zich iets* ~ get out of a (bad) habit, break oneself of a habit

'**afwentelen**[1] *overg* roll off (down); *de schuld op iem. anders* ~ shift the blame on to another

'**afweren**[1] *overg* keep off; avert [danger]; ward off, parry [a blow]; counter [an attack]

'**afwerken**[1] *overg* **1** (beëindigen) finish, finish off, give the finishing touch(es) to; **2** get (work) through [the programme]; **3** ⟨v. naad⟩ overcast; zie ook: *afbeulen*

'**afwerking** *v* finishing (off), finish

'**afwerpen**[1] *overg* **1** (in 't alg.) cast off, throw off, shake off, fling off, throw down, hurl down; **2** cast, shed [the horns, the skin]; **3** luchtv drop [bombs, arms], parachute [a man, troops]; **4** fig yield [profit, results]; zie ook: *masker*

'**afweten**[1] *onoverg: het laten* ~ **1** (niet komen) not show (up); **2** (het niet doen) fail, refuse to work; *niets van computers* ~ not know anything about computers; *iets van een complot* ~ know something about a conspiracy

af'**wezig** *bn* **1** absent [from school &]; away [from home], not at home; **2** fig absent-minded; *de afwezige(n)* the absentee(s)

af'**wezigheid** *v* **1** absence, non-attendance; **2** fig absent-mindedness; *bij* ~ *van* in the absence of

'**afwijken**[1] *onoverg* differ, deviate, vary; ⟨v. naald⟩ deviate; ⟨v. lijn⟩ diverge; ⟨v. weg⟩ deflect [to the west]; fig deviate [from a course, rule, a predecessor, the truth &]; wander [from the right path]; depart [from custom, a method, truth]; differ [from sample]

af'**wijkend** *bn* deviating[2], divergent[2]; different [readings]; dissentient [views]; at variance [with the truth]; aberrant [forms]; psych deviant [social behaviour]

'**afwijking** *v* (-en) **1** (in 't alg.) deviation, deflection; divergence [from a course, line &]; departure [from a rule, a habit]; variation, difference [in a text]; **2** (geestelijk) aberrance, aberration; ⟨lichamelijk⟩ abnormity, anomaly; *in* ~ *van* contrary to [this rule]

'**afwijzen**[1] *overg* refuse admittance to, turn away [intending visitors]; turn down [proposal, offer]; reject [a candidate, a lover, an offer]; refuse [a request]; decline [an invitation]; deny [a charge]; dismiss [a claim]; *afgewezen worden* fail [in an examination]

af'**wijzend** *bijw* er werd ~ beschikt op zijn verzoek his request met with a refusal; ~ *staan tegenover* be averse to, from

'**afwijzing** *v* (-en) **1** refusal, denial [of a request]; **2** rejection [of a candidate, of an offer]

'**afwikkelen**[1] *overg* **1** unroll, unwind, wind off [a rope &]; **2** fig wind up [a business], settle [affairs]; **3** fulfil [a contract]

'**afwikkeling** *v* (-en) **1** unrolling, unwinding; **2** fig winding up [of a business]; **3** settlement [of affairs]; **4** fulfilment [of a contract]

'**afwimpelen** (wimpelde af, h. afgewimpeld) *overg* brush aside [a proposal], wave aside [compliments]

'**afwinden**[1] *overg* wind off, unwind, unreel

'**afwisselen I** *onoverg* **1** (elkaar) alternate; **2** (verschillen) vary; **II** *overg* **1** (iem.) relieve [sbd.], take turns with [sbd.]; **2** (iets) alternate, interchange, vary; *elkaar* ~ **1** (personen) relieve one another, take turns; **2** (zaken) succeed each other, alternate; *afgewisseld door...* relieved by[2]...

af'**wisselend I** *bn* **1** (ongelijk) various; **2** (vol afwisseling) varied, variegated; **3** (wisselend) alternate; **II** *bijw* alternately, by turns, in turn

'**afwisseling** *v* (-en) **1** (verandering) change, variation; **2** (verscheidenheid) variety; **3** (opeenvolging) alternation [of day and night], succession [of the seasons]; *ter* ~, *voor de* ~ for a change, by way of a change

'**afwissen**[1] *overg* wipe (off)

'**afwrijven**[1] *overg* rub (off)

'**afzadelen**[1] *overg* unsaddle

'**afzagen**[1] *overg* saw off; zie ook: *afgezaagd*

'**afzakken**[1] **I** *onoverg* **1** ⟨v. kleren⟩ come (slip) down; **2** ⟨v. bui⟩ blow (pass) over; **3** ⟨v. personen⟩ withdraw, drop away; **II** *overg*: *de rivier* ~ sail (float) down the stream

'**afzakkertje** *o* (-s) gemeenz one for the road

'**afzeggen**[1] *overg* countermand; *het (laten)* ~ send an excuse; *iem.* ~ put sbd. off

'**afzeiken**[1] *overg*: *iem.* ~ bully sbd., make sbd. look like a berk (Am jerk)

'**afzenden**[1] *overg* send (off), dispatch, forward, ship

'**afzender** *m* (-s) sender, shipper; ~ *X* from X

'**afzending** *v* **1** sending; **2** handel dispatch, forwarding, shipment

1 '**afzet** *m* handel sale; ~ *vinden* zie: *aftrek*

2 '**afzet** *m* sp (bij sprong) take-off

'**afzetgebied** *o* (-en) outlet, market

'**afzetten I** *overg* **1** ⟨afnemen⟩ take off [one's hat]; take [from the fire]; **2** ⟨uit vervoermiddel⟩ put (set) down [sbd. at the post office &], drop [a passenger]; **3** ⟨doen bezinken⟩ deposit [mud]; **4** ⟨v. ledematen⟩ cut off, amputate; **5** ⟨afstoten⟩ push off [a boat]; **6** ⟨afpalen⟩ peg out, stake out [an area]; **7** ⟨afsluiten⟩ block, close [a road]; ⟨in de lengte⟩ line [with soldiers]; ⟨met touwen⟩ rope off; **8** ⟨omheinen⟩ fence in; **9** ⟨omboorden⟩ set off [with pearls &]; trim [a dress with...]; **10** ⟨ontslaan⟩ depose [a king], dismiss [a functionary], deprive [a clergyman]; **11** ⟨verkopen⟩ sell; **12** ⟨stopzetten⟩ techn shut off, switch off, turn off [the TV]; stop [the alarm]; **13** ⟨te veel laten betalen⟩ fleece [one's customers]; *iem.* ~ *voor vijf gulden* swindle (cheat, do) sbd. out of five guilders; *ik kon het niet van mij* ~ I couldn't put away the thought from me, dismiss the idea, put it out of my head; *een stoel van de muur* ~ move away a chair from the wall; **II** *onoverg* scheepv push off; **III** *wederk: zich* ~ sp take off [for a jump]; *zich* ~ *tegen* fig dissociate oneself from

af'zetter *m* (-s) swindler, extortioner

afzette'rij *v* (-en) swindling, swindle

af'zetting *v* (-en) **1** dismissal [of a functionary], deprivation [of a clergyman], deposition [of a king]; **2** med amputation; **3** ⟨bezinking⟩ deposition; ⟨bezinksel⟩ deposit; ⟨v. ijs, rijp⟩ formation; **4** ⟨afsluiting⟩ cordon

'afzettingsgesteente *o* (-n en -s) sedimentary rocks

af'zichtelijk *bn* hideous

'afzien¹ **I** *overg* look down [the road]; *heel wat moeten* ~ have to go through quite a lot; **II** *onoverg* ZN ⟨lijden⟩ suffer; ~ *van* **1** ⟨afkijken⟩ copy from [one's neighbour]; **2** ⟨opgeven⟩ relinquish, renounce, waive [a claim, a right &]; forgo, give up [an advantage, a right]; abandon, give up [the journey, the attempt]; *er van* ~ cry off [from a bargain]; zie ook: *afgezien*

af'zienbaar *bn*: *in ⟨binnen⟩ afzienbare tijd* in the near future, in (within) the foreseeable future, within a measurable time

af'zijdig *bn*: *zich* ~ *houden* hold (keep, stand) aloof

'afzoeken¹ *overg* search, ransack [a room]; beat [the woods], scour [the country]; *de stad* ~ hunt through the town

'afzoenen¹ *overg* = *afkussen*

'afzonderen (zonderde af, h. afgezonderd) **I** *overg* separate (*van* from); rescind (*van* from); set apart; put aside [money]; isolate [patients], segregate [the sexes]; **II** *wederk: zich* ~ seclude oneself [from society]; retire [from the world]; zie ook: *afgezonderd*

'afzondering *v* (-en) separation; isolation; retirement, seclusion [from the world]; privacy; *in* ~ in seclusion

af'zonderlijk **I** *bn* separate, private, special; *elk deel* ~ each separate volume; ~*e gevallen* individual cases; **II** *bijw* separately; individually; [dine] apart

'afzuigen¹ *overg* suck (up), draw off [by suction]

'afzuiginstallatie *v* (-s) suction apparatus

'afzuigkap *v* (-pen) hood [over the kitchen range]

'afwaaien¹ *onoverg* mil be released, demob

'afwakken (zwakte af, h. afgezwakt) *overg* tone down²

'afzwemmen¹ **I** (h.) *onoverg* ⟨voor diploma⟩ pass the final swimming test; **II** (h. *en* is) *overg* swim down [the river]

1 'afzweren (zwoer af, h. afgezworen) *overg* **1** swear off [drink, a habit &]; **2** abjure [a heresy, cause]; **3** forswear [sbd.'s company]; **4** renounce [the world]

2 'afzweren (zwoor af *of* zweerde af, is afgezworen) *onoverg* ulcerate away

'afzwering *v* (-en) abjuration, renunciation

a'gaat *m & o* (agaten) agate

a'gaten *bn* agate

a'genda *v* ('s) **1** ⟨lijst v. te bespreken onderwerpen⟩

agenda, order-paper; **2** ⟨boekje⟩ diary

'agens *o* (a'gentia) agent

a'gent *m* (-en) **1** agent, representative; **2** ~ *(van politie)* policeman, constable, officer; gemeenz cop

a'gentschap *o* (-pen) **1** ⟨in 't alg.⟩ agency; **2** ⟨v. bank⟩ branch (office)

agen'tuur *v* (-turen) agency

a'geren (ageerde, h. geageerd) *onoverg*: ~ *voor (tegen)* agitate for (against) [capital punishment &]

agglome'raat *o* (-raten) agglomerate

agglome'ratie *v* (-s) agglomeration; *stedelijke* ~ conurbation

aggra'veren (aggraveerde, h. geaggraveerd) *overg* aggravate, exaggerate [symptoms]

aggre'gaat *o* (-gaten) **1** ⟨in 't alg.⟩ aggregate; **2** techn unit; **3** ZN ⟨lesbevoegdheid⟩ qualification

aggre'gatie *v* ZN ⟨lesbevoegdheid⟩ qualification

aggre'gatietoestand *m* (-en) state of matter (of aggregation)

'agio *o* premium

agi'tatie *v* agitation, flutter, excitement

agi'tator *m* (-s en -'toren) agitator

agi'teren (agiteerde, h. geagiteerd) *overg* agitate, flutter, fluster, flurry

a'gnosticus *m* (-ci) agnostic

ago'gie *v* **1** ⟨in vormingswerk⟩ ± behaviour-oriented social work; **2** ⟨in onderwijs⟩ ± change-oriented educational theory; **3** ⟨in organisatie⟩ plan change

a'gogisch *bn* agogic

a'grariër *m* (-s) farmer

a'grarisch *bn*: ~*e hervorming* land reform; ~*e producten* agricultural products, farm products

a'gressie *v* (-s) aggression; ~ *plegen (jegens)* aggress (on)

agres'sief *bn* aggressive

agressivi'teit *v* aggressiveness

a'gressor *m* (-s) aggressor

ah, aha *tsw*: ~! aha!

a'horn *m* (-en), **a'hornboom** *m* (-bomen) maple (tree)

a.h.w. *afk. als het ware* as it were

a.i. *afk.* = *ad interim*

aids *m Acquired Immune Deficiency Syndrome* AIDS, Aids

'aids-patiënt *m* (-en) Aids patient

'aids-virus *o* Aids virus, HIV virus

air *o* air, look, appearance; *een* ~ *aannemen, zich* ~*s geven* give oneself airs

'airbag *m* (-s) air bag

a'jakkes, a'jasses *tsw*: ~! bah!, faugh!

a'jour *bn* open-work

a'ju, a'juus *tsw* bye(-bye)

a'juin *m* (-en) ZN onion

a'kela *v* ('s) akela; Am den mother, den father

ake'lei *v* (-en) columbine

'akelig I *bn* dreary, dismal, nasty; *ik ben er nog* ~ *van* I still feel quite upset; *ik word er* ~ *van* it makes me (feel) sick; *wat een* ~ *goedje!* what vile (nasty) stuff!; *dat ~e mens* that hateful woman; *die ~e vent* gemeenz that rotten chap (fellow); *die ~e wind* that wretched wind; **II** *bijw* versterkend *~ geleerd* & awfully learned &

'Aken *o* Aix-la-Chapelle, Aachen

akke'fietje *o* (-s) **1** ⟨vervelend werkje⟩ (bad) job; **2** ⟨kleinigheid⟩ trifle

'akker *m* (-s) field

'akkerbouw *m* agriculture, farming, tillage [of the land]

'akkerwinde *v* bindweed

akke'vietje *o* = *akkefietje*

ak'koord I *o* (-en) **1** ⟨in 't alg.⟩ agreement, arrangement, settlement; **2** handel composition [with one's creditors]; **3** muz chord; *een ~ aangaan (sluiten, treffen)* come to an agreement; *het op een ~je gooien* compromise; come to terms (with); **II** *bn* correct; *~ bevinden* find correct; *~ gaan met* agree to [a resolution]; agree with [the last speaker]; *~!* agreed!

akoe'stiek *v* acoustics

a'koestisch *bn* acoustic(al)

ako'lei *v* = *akelei*

ako'niet I *v* (-en) plantk aconite; **II** *o* ⟨vergif⟩ aconite

'akte *v* (-n en -s) **1** ⟨in 't alg.⟩ document; **2** [legal] instrument; **3** deed [of sale &]; **4** diploma, certificate; **5** RK act [of faith, hope, and charity, of contrition]; **6** act [of a play]; *~ van beschuldiging* indictment; *~ van oprichting* memorandum of association; *~ van overdracht (verkoop, vennootschap &)* deed of conveyance (sale, partnership &); *~ van overlijden* death certificate; *~ nemen van* take note of; *~ opmaken van* make a record of

'aktetas *v* (-sen) brief case, portfolio

1 al, 'alle I *onbep vnw* all; every; *alle dagen* every day; *alle drie* all three (of them); *er is alle reden om...* there is every reason to...; *al het mogelijke* all that is possible; zie ook: *mogelijk II*; *al het vee* all the cattle; *wij (u, zij) allen* we (you, they) all, all of us (you, them); *gekleed en al* dressed as he was; *met schil en al* skin and all; *al met al* all in all; **II** *o: het al* the universe; *zij is zijn al* she is his all (in all); zie ook *met*

2 al *bijw* already, yet; *dat is ~ even moeilijk* quite as difficult; *het wordt ~ groter* it is growing larger and larger; *~ (wel) zes maanden geleden* as long as six months ago; *dat is ~ zeer ongelukkig* very unfortunate indeed; *~ de volgende dag* the very next day; *~ in de 16de eeuw* as early as, as (so) far back as the 16th century; *hoe ver ben je ~?* how far have you got yet?; *zijn ze ~ getrouwd?* are they married yet?; *nu (toen) ~* even now (then); *~ zingende* singing (all the while), as he sang; *~ te zwaar* too heavy; *het is maar ~ te waar* it's only too true; *niet ~ te best* none too good, rather bad(ly); *niet ~ te wijd* not too wide; *u kunt het ~ dan niet geloven* whether you believe it or not; *ik twijfelde of hij mij ~ dan niet ge-*

hoord had I was in doubt whether he had heard me or not

3 al *voegw* though, although, even if, even though; *~ is hij nog zo rijk* however rich he may be

a'larm *o* **1** ⟨noodsignaal⟩ alarm; **2** ⟨opschudding⟩ commotion, uproar; *~ blazen* sound the (an) alarm; *~ maken (slaan)* give (raise) the alarm; *loos ~ maken* make a false alarm

a'larmcentrale *v* (-s) emergency centre

alar'meren (alarmeerde, h. gealarmeerd) *overg* give the alarm [to the soldiers], alarm [the population]

alar'merend *bn* alarming

a'larminstallatie *v* (-s) alarm (device)

a'larmklok *v* (-ken) alarm-bell

a'larmnummer *o* (-s) emergency number

a'larmpistool *o* (-pistolen) blank (cartridge) pistol

a'larmsignaal *o* (-nalen) alarm(-signal)

a'larmtoestand *m* mil alert

Alba'nees I *m* (-nezen) Albanian; **II** *bn* & *o* Albanian

Al'banië *o* Albania

al'bast *o* (-en) alabaster

al'basten *bn* alabaster

'albatros *m* (-sen) albatross

'albe *v* (-n) alb

al'bino *m* ('s) albino

'album *o* (-s) album

alche'mie, alchi'mie *v* alchemy

alche'mist, alchi'mist *m* (-en) alchemist

'alcohol *m* (-holen) alcohol

'alcoholgehalte *o* alcoholic content

'alcoholhoudend *bn* alcoholic

alco'holica *mv* alcoholic drinks

alco'holisch *bn* alcoholic

alcoho'lisme *o* alcoholism

alcoho'list *m* (-en) alcoholic

'alcoholvrij *bn* non-alcoholic

al'daar *bijw* there, at that place

alde'hyde *o* (-n en -s) aldehyde

'aldoor *bijw* all the time

al'dus *bijw* thus, in this way

al'eer *voegw* before; *voor en ~* before

Ale'oeten *mv* Aleutian islands

a'lert *bn* alert

Ale'xander *m* Alexander; *~ de Grote* Alexander the Great

Ale'xandrië *o* Alexandria

alexan'drijn *m* (-en) alexandrine

'alfa *v* ('s) alpha

'alfabet *o* (-ten) alphabet

alfa'betisch I *bn* alphabetical; **II** *bijw* alphabetically, in alphabetical order

alfabeti'seren (alfabetiseerde, h. gealfabetiseerd) *overg* **1** ⟨alfabetisch ordenen⟩ alphabetize; **2** ⟨leren lezen en schrijven⟩ make literate

alfabeti'seringsproject *o* (-en) literacy campaign

alfanume'riek *bn* alphanumerical

'alfavakken, 'alfawetenschappen *mv* humanities, the arts

'**alge** v (-n) alga [mv algae]

'**algebra** v algebra

alge'**braïsch** bn algebraic

'**algeheel** bn complete, entire, total, whole; zie ook: geheel

'**algemeen, alge'meen I** bn **1** ⟨allen of alles omvattend⟩ universal [history, suffrage &], general [rule]; **2** ⟨overal verspreid⟩ general, common; **3** ⟨openbaar⟩ general, public; **4** ⟨onbepaald⟩ general, vague; dat is thans erg ~ that is very common now; met algemene stemmen unanimously; **II** bijw generally, universally; ~ in gebruik ook: in general (common) use; **III** o: in het ~ in general, on the whole; over het ~ generally speaking, on the whole

'**algemeenheid** v (-heden) universality, generality; vage algemeenheden commonplaces, platitudes; in algemeenheden spreken speak in vague terms

Alge'rije o Algeria

Alge'rijn m (-en) Algerian

Alge'rijns bn Algerian

al'**hier** bijw here, at this place

alhoe'**wel** voegw (al)though

'**alias** bijw alias, otherwise (called)

'**alibi** o ('s) alibi

'**alikruik** v (-en) periwinkle, winkle

alimen'**tatie** v alimony

a'**linea** v ('s) paragraph

al'**kali** o (-liën) alkali

al'**kalisch** bn alkaline

al'**koof** v (-koven) alcove, recess [in a wall]

'**allebei, alle'bei** telw both (of them)

alle'**daags** bn **1** eig daily [wear], everyday [clothes], quotidian [fever]; **2** fig common, commonplace [topic], ordinary, plain [face], stale, trivial, trite [saying]

alle'**daagsheid** v (-heden) triteness, triviality

al'**lee** v (-leeën) avenue

al'**leen I** bn **1** alone, single-handed, by oneself; **2** [feel] lonely; de gedachte ~ is... the mere (bare) thought is...; **II** bijw only, merely; ik dacht ~ maar dat... I only thought...; niet ~..., maar ook... not only..., but also...

al'**leenhandel** m monopoly

al'**leenheerschappij** v absolute monarchy (power, rule), autocracy

al'**leenheerser** m (-s) absolute monarch, autocrat

al'**leenrecht** o exclusive right, monopoly

al'**leenspraak** v (-spraken) monologue, soliloquy

al'**leenstaand** bn single, isolated [case], detached [house]

al'**leenstaande** m-v (-n) single, unattached man or woman

al'**leenverkoop** m sole sale, sole agency

al'**leenvertegenwoordiger** m (-s) sole agent

alle'**gaartje** o (-s) hotchpotch, medly

allego'**rie** v (-ieën) allegory

alle'**gorisch** bn allegoric

'**allemaal, alle'maal** telw all, one and all

alle'**machtig I** tsw: (wel) ~! well, I never!; by Jove!; **II** bijw versterkend awfully

'**alleman** onbep vnw everybody; zie ook: Jan

'**allemansgeheim** o (-en) open secret

'**allemansvriend** m (-en): hij is een ~ he is friends with everybody

'**allen** telw all (of them); zie: ¹al

al'**lengs, 'allengs** bijw by degrees, gradually

aller'**aardigst** bn most charming

aller'**armst** bn very poorest

allerbe'**lachelijkst** bn most ridiculous

'**allerbest, aller'best I** bn very best, best of all; ~e vriend dear(est) friend; het ~e the very best thing you can do (buy, get &); **II** bijw best (of all); zie ook: best

aller'**christelijkst** bn most Christian

aller'**eerst I** bn very first; **II** bijw first of all

'**allerergst, aller'ergst** bn very worst, worst of all

aller'**geen** o (-genen) allergen

allerge'**ringst** bn least (smallest) possible; niet het ~e not the least little bit

aller'**gie** v (-ieën) allergy

al'**lergisch** bn allergic (voor to)

allergo'**loog** m (-logen) allergist

'**allerhande** o of all sorts, all sorts (kinds) of

Aller'heiligen m All Saints' Day

aller'**heiligst** bn most holy; het Allerheiligste **1** the Holy of Holies; **2** RK the Eucharist

aller'**hoogst** bn very highest, supreme

aller'**laatst, 'allerlaatst I** bn very last; **II** bijw last of all

'**allerlei, aller'lei I** bn of all sorts, all sorts (kinds) of, miscellaneous; **II** o **1** ⟨in 't alg.⟩ all sorts of things; **2** ⟨in de krant⟩ miscellaneous

'**allerliefst, aller'liefst I** bn **1** ⟨heel lief⟩ loved, very dearest; **2** ⟨aardig⟩ charming, sweet; **II** bijw most charmingly, sweetly; het ~ hoor ik Wagner best of all I like to hear Wagner

'**allermeest, aller'meest** bn most, most of all; op zijn ~ at the very most

aller'**minst, 'allerminst I** bn (very) least, least possible; **II** bijw least of all; zie ook: minst

'**allernaast, aller'naast** bn very nearest, very next

'**allernieuwst, aller'nieuwst** bn very newest (latest)

'**allernodigst, aller'nodigst** bn most necessary; het ~e **1** what is most needed; **2** the common (least dispensable) necessaries

'**allerwegen** bijw everywhere

Aller'zielen m All Souls' Day

'**alles** onbep vnw all, everything; van ~ en nog wat the whole bag of tricks, all kinds of things; ~ of niets all or nothing; niets van dat ~ nothing of the sort; ~ op zijn tijd there's a time for everything; dat is ook niet ~ it is anything but pleasant, it is no joke; geld is niet ~ money is not everything; ~ tezamen genomen on the whole, taking it all in all; boven ~ above all; ~ op ~ zetten go all out; van ~ all sorts of things; van ~ en nog wat this that and the other, one thing and another; voor ~ above all; veiligheid voor ~! safety first!

'**allesbehalve** bijw anything but, not at all, far from

'**allesbeheersend** bn predominating [idea &], of paramount importance

'**allesbrander** m (-s) multi-burner

'**allesetend** bn omnivorous

'**alleseter** m (-s) omnivore

'**alleszins** bijw in every respect, in every way, in all respects, highly, very, wholly

alli'**age** v & o (-s) alloy

alli'**antie** v (-s) alliance

al'**licht** bijw 1 ⟨waarschijnlijk⟩ (most) probably; 2 ⟨tenminste⟩ at least; ~! of course!; je kunt het ~ proberen no harm in trying

alli'**gator** m (-s) alligator

allite'**ratie**, allitte'**ratie** v (-s) alliteration

allite'**reren**, allitte'**reren** (allit(t)ereerde, h. geallit(t)ereerd) onoverg alliterate; ~d alliterative [verse]

alloch'**toon** I m (-tonen) foreigner, alien; II bn foreign

al'**looi** o (v. edel metaal) alloy; van het laagste ~ fig of the lowest kind

all-'**riskverzekering** v (-en) comprehensive insurance

all'**round** bn all-round

all'**rounder** m (-s) all-rounder

al'**lure** v (-s): ~s airs; van (grote) ~ in the grand manner

al'**lusie** v (-s) allusion

allu'**sief** bn allusive

alluvi'**aal** bn alluvial

al'**luvium** o alluvium, alluvion

'**almaar** bijw = alsmaar

'**almacht** v omnipotence

al'**machtig** bn almighty, omnipotent, all-powerful; de Almachtige the Almighty, the Omnipotent

'**almanak** m (-ken) almanac

'**alom** bijw everywhere

alomtegen'**woordig** bn omnipresent, ubiquitous

'**alomvattend** bn all-embracing

'**aloud** bn ancient, antique

'**alpaca** o 1 ⟨dier & weefsel⟩ alpaca; 2 ⟨legering⟩ German silver

'**alpen**- voorv Alpine [club, flora, hut, pass, peak, rose &]

'**Alpen** mv: de ~ the Alps

'**alpenweide** v (-n) alpine pasture, alp

al'**pine**, al'**pien** bn Alpine [race]

alpi'**nisme** o mountaineering

alpi'**nist** m (-en) mountaineer, (mountain) climber, Alpinist

al'**pino** m (-s), al'**pinopet** v (-ten) beret

al'**ras** bijw (very) soon

al'**ruin** v (-en) mandrake, mandragora

als voegw 1 ⟨gelijk⟩ like [a father &]; 2 ⟨zoals: bij opsomming⟩ (such) as [ducks, drakes &]; 3 ⟨qua⟩ as [a father]; as [president]; by way of [a toothpick]; 4 ⟨alsof⟩ as if [he wanted to say...]; 5 ⟨wanneer⟩ when, whenever; 6 ⟨indien⟩ if; rijk ~ hij is (kan hij dat betalen) being rich; rijk ~ hij is (zal hij dat niet kunnen betalen) however rich he may be; ~ het ware as it were

als'**dan** bijw then

alsje'**blieft** tsw = alstublieft

'**alsmaar** bijw constantly, continuously

als'**mede** voegw and also, as well as, and... as well, together with

als'**nog** bijw yet, still

als'**of** voegw as if, as though; doen ~ pretend, make believe, play-act

als'**ook** voegw in addition, too, along with; zie ook: alsmede

alstu'**blieft** tsw 1 ⟨overreikend⟩ here is... [the key &], here you are; 2 ⟨verzoekend⟩ (if you) please; 3 ⟨toestemmend⟩ yes, please, thank you

alt v (-en) alto; ⟨mannelijke⟩ ook: countertenor; ⟨vrouwelijke⟩ ook: contralto

'**altaar** o (-taren) altar

'**altaarstuk** o (-ken) altarpiece

'**altblokfluit** v (-en) alto recorder, tenor recorder

alterna'**tief** o (-tieven) & bn alternative

alter'**neren** (alterneerde, h. gealterneerd) onoverg alternate

al'**thans** bijw at least, at any rate, anyway

'**altijd**, al'**tijd** bijw always, ever; ~ door all the time; ~ en eeuwig for ever (and ever); ~ nog always; nog ~ still; nog ~ niet not ...yet; ~ weer always, time and again; voor ~ for ever

'**altijddurend** bn everlasting

'**altijdgroen** bn evergreen; ~ gewas evergreen

'**altoos**, al'**toos** bijw vero = altijd

altru'**isme** o altruism

altru'**ist** m (-en) altruist

altru'**istisch** bn (& bijw) altruistic(ally)

'**altsaxofoon** m (-s en -fonen) alto saxophone

'**altsleutel** v (-s) alto clef

'**altstem** v (-men) contralto (voice)

'**altviool** v (-violen) viola, tenor violin

a'**luin** m (-en) alum

a'**luinaarde** v alumina, alum earth

alu'**minium** o Am aluminum, Br aluminium

alu'**miniumfolie** o tinfoil

al'**vast**: bn zo, dat is ~ gebeurd well, that's that; dat is ~ verkeerd that's wrong to begin with

al'**vleesklier** v (-en) pancreas

al'**vorens** voegw before, previous to

al'**waar** bijw where, wherever

al'**weer** bijw again, once again

al'**wetend** bn all-knowing, omniscient

'**alzijdig** bn universal, all-round

'**alzo**, al'**zo** bijw thus, in this manner, so

AM afk. amplitudemodulatie AM, amplitude modulation

amal'gaam *o* (-gamen) amalgam

amalga'matie *v* amalgamation

amalga'meren (amalgameerde, h. geamalga-
meerd) *overg* amalgamate

a'mandel *v* (-en en -s) **1** ⟨boom & noot⟩ almond;
2 ⟨klier⟩ tonsil

a'mandelontsteking *v* (-en) tonsilitis

a'mandelpers *o*, **a'mandelspijs** *v* almond paste

a'mandelvormig *bn* almond-shaped

amanu'ensis *m* (-ensissen en -enses) assistant [in
physics and chemistry]

ama'teur *m* (-s) amateur

amateu'risme *o* amateurism

amateu'ristisch *bn* amateurish, small-time

ama'zone *v* (-s) **1** ⟨paardrijdster⟩ horsewoman;
2 ⟨kostuum⟩ riding habit

Ama'zone *v* Amazon

'ambacht *o* (-en) trade, (handi)craft; *op een ~ doen
bij* apprentice [sbd.] to; *timmerman van zijn ~ a* carpenter by trade; *twaalf ~en en dertien ongelukken*
[he is] a Jack-of-all-trades and master of none

am'bachtelijk *bn bijw:* ~ *beroep* craft; ~ *vervaardigd* handmade

'ambachtsman *m* (-lieden en -lui) artisan

ambas'sade *v* (-s) embassy

ambassa'deur *m* (-s) ambassador

ambassa'drice *v* (-s) **1** ⟨vrouwelijke ambassadeur⟩
ambassador; **2** ⟨vrouw v.e. ambassadeur⟩ ambassador's wife

'amber *m* amber

ambi'ëren (ambieerde, h. geambieerd) *overg* aspire
after (to)

ambi'gu *bn* ambiguous, equivocal

am'bitie *v* (-s) **1** ⟨ijver⟩ zeal; **2** ⟨eerzucht⟩ ambition

ambiti'eus *bn* **1** zealous, full of zeal; **2** ambitious

ambiva'lent *bn* ambivalent

ambiva'lentie *v* ambivalence

'Ambon *o* Amboina

Ambo'nees *m* (-nezen) & *bn* Amboinese

ambro'zijn *o* ambrosia

ambt *o* (-en) **1** (in 't alg.) office, place, post, function; **2** ⟨kerkelijk⟩ ministry

'ambtelijk *bn* official

'ambteloos *bn* out of office; ~ *burger* private citizen

'ambtenaar *m* (-s en -naren) official [in the Government service], civil servant, officer, [public]
functionary, clerk; ~ *van de burgerlijke stand* registrar

'ambtenarenapparaat *o* civil service

ambtena'rij *v* officialdom, officialism, bureaucracy,
gemeenz red tape, bumbledom

'ambtgenoot *m* (-noten) colleague

'ambtsaanvaarding *v* entrance into office

'ambtsdrager *m* (-s) office holder

'ambtseed *m* (-eden) oath of office

'ambtsgeheim *o* (-en) official secret; *het ~* official
secrecy

'ambtsgewaad *o* (-waden) robes of office

'ambtshalve, ambts'halve *bijw* officially

'ambtsketen *v* (-s) chain of office

'ambtsmisdrijf *o* (-drijven), **'ambtsovertreding**
v (-en) misfeasance, abuse of power

'ambtsperiode *v* (-s en -n), **'ambtstermijn** *m*
(-en) term of office

'ambtswoning *v* (-en) official residence

ambu'lance *v* (-s en -n) **1** ⟨ziekenwagen⟩ ambulance; **2** ⟨veldhospitaal⟩ field hospital

ambu'lant *bn* ⟨v. patiënt⟩ ambulatory

a'mechtig *bn* breathless, out of breath

'amen *tsw* amen

amende'ment *o* (-en) amendment (*op* to)

amen'deren (amendeerde, h. geamendeerd) *overg*
amend

A'merika *o* America

Ameri'kaan *m* (-kanen) American

Ameri'kaans *bn* & *o* American

ame'thist *m* & *o* (-en) amethyst

ameuble'ment *o* (-en) suite (set) of furniture

amfeta'mine *v* amphetamine

amfi'bie *m* (-bieën) amphibian

amfi'bievaartuig *o* (-en) amphibian

amfi'bievoertuig *o* (-en) amphibious vehicle

am'fibisch *bn* amphibious [animal; mil operation]

amfithe'ater *o* (-s) amphitheatre

amfithe'atersgewijs *bn* in tiers

ami'caal I *bn* friendly; **II** *bijw* in a friendly way

a'mice *tsw* (dear) friend

a'minozuur *o* (-zuren) amino acid

am'monia *v* ammonia

ammoni'ak *m* ammonia

ammu'nitie *v* (am)munition

amne'sie *v* amnesia

amnes'tie *v* (-tieën) amnesty; *(algemene) ~* general
pardon; ~ *verlenen (aan)* amnesty

a'moebe *v* (-n) amoeba [*mv* amoebae]

'Amoer *m* Amur

a'mok *o* amuck; ~ *maken* run amuck

amo'reel *bn* non-moral

a'morf *bn* amorphous

amorti'satiefonds *o* (-en), **amorti'satiekas** *v*
(-sen) sinking fund

amorti'seren (amortiseerde, h. geamortiseerd)
overg amortize, redeem

amou'reus *bn* amorous [disposition, looks, words];
amatory [interests, successes]

amo'veren (amoveerde, h. geamoveerd) *overg* pull
down [houses]

'ampel *bn* ample

'amper *bijw* hardly, scarcely; barely [thirty]

am'père *m* (-s) ampere

am'pèremeter *m* (-s) ammeter

ampli'tude *v* (-s en -n) amplitude

am'pul *v* (-len) **1** (in 't alg.) ampulla [*mv* ampullae];
2 ⟨voor injectiestof⟩ ampoule; **3** RK cruet

ampu'tatie *v* (-s) amputation

ampu′teren (amputeerde, h. geamputeerd) *overg* amputate

Amster′dam *o* Amsterdam

Amster′dams *bn* Amsterdam

amu′let *v* (-ten) amulet, talisman, charm

amu′sant *bn* amusing

amuse′ment *o* (-en) amusement, entertainment, pastime

amuse′mentsbedrijf *o* entertainment industry

amuse′mentsfilm *m* (-s) entertainment film

amu′seren (amuseerde, h. geamuseerd) I *overg* amuse; II *wederk:* zich ~ enjoy (amuse) oneself; *amuseer je!* I hope you will enjoy yourself!, have a good time!

a′naal *bn* anal

ana′bool *bn: anabole steroïden* anabolic steroids

anachro′nisme *o* (-n) anachronism

anachro′nistisch *bn* anachronistic

anako′loet *v* anacoluthon, anacoluthia

analfa′beet *m* (-beten) illiterate

analfabe′tisme *o* illiteracy

ana′list *m* (-en) analyst, analytical chemist

analo′gie *v* (-gieën) analogy; *naar ~ van* on the analogy of, by analogy with

ana′loog *bn* analogous (*aan* to)

ana′lyse *v* (-n en -s) analysis [*mv* analyses]

analy′seren (analyseerde, h. geanalyseerd) *overg* analyse

ana′lyticus *m* (-ci) (psycho)analyst

ana′lytisch I *bn* analytical [geometry &], analytic; II *bijw* analytically

anam′nese *v* med anamnesis

′ananas *m* & *v* (-sen) pine-apple

anar′chie *v* anarchy

anar′chisme *o* anarchism

anar′chist *m* (-en) anarchist

anar′chistisch *bn* **1** pol anarchist [theories &]; **2** (ordeloos) anarchic(al)

Ana′tolië *o* Anatolia

anato′mie *v* anatomy

ana′tomisch *bn* anatomical

ana′toom *m* (-tomen) anatomist

anciënni′teit *v* seniority; *naar ~* by seniority

Anda′lusië *o* Andalusia

Anda′manen *mv* Andaman Islands

′ander I *bn* other [= different]; *een ~e keer* some other time; *~e kleren aantrekken* change one's clothes; *hij was een ~ mens* he was a changed man; *de ~e week* next week; *met ~e woorden* in other words; **II** *telw* other [= second]; *een ~e dag* another day, some other day; *om de ~e dag* every other day; **III** *vnw: een ~* another (man); *~en* others, other people; *de een na de ~* one after the other; *om de ~* by turns, in turn; zie ook: *om; onder ~* among other things; *het ene verlies op het ~e* loss upon loss

′anderdaags *bn: ~e koorts* tertian fever

′anderdeels *bijw:* on the other hand

′anderhalf, ander′half *telw* one and a half; ~ *maal zo lang* one and a half times the length of..., half as long again; ~ *uur* an hour and a half; *anderhalve man (en een paardenkop)* a handful of people

′andermaal *bijw* (once) again, once more, a second time

′andermans *onbep vnw* another man's, other people's

′anders I *bn* other [than he is], different [from us]; **II** *bijw* **1** ⟨verschillend⟩ otherwise, differently; **2** ⟨op andere tijd⟩ at other times; **3** ⟨op andere manier⟩ in other respects; ~ *niet?* nothing else?, is that all?; *net als ~* just as usual; *het is niet ~* it cannot be helped; *het kan niet ~* **1** it cannot be done in any other way; **2** there's no help for it; *ik kan niet ~* I can do no other, I have no choice; *ik kan niet ~ dan erkennen dat...* I cannot but recognize that..., I can't help recognizing that...; *hoe vlug hij ~ is, dit...* quick(-witted) as he is at other times (as a rule), this...; *iemand ~* anybody (any one) else, another (person), other people; *iets (niets) ~* something (nothing) else; *als u niets ~ te doen hebt* if you are not otherwise engaged; *wat (wie) ~?* what (who) else?; *dat is wat ~* that's another affair (matter); *ik heb wel wat ~ te doen* I've other things to do, I've other fish to fry

anders′denkend *bn* **1** ⟨in 't alg.⟩ of another opinion; **2** ⟨in godsdienst⟩ dissenting; *~en* **1** such as think (believe) otherwise; **2** dissentients

anders′denkende *m-v* (-n) dissident, dissenter

andersge′zind *bn* otherwise-minded, dissenting

anders′om *bijw* the other way round; *het is precies ~* it is quite the reverse

′anderszins *bijw* otherwise

′anderzijds *bn* on the other hand

′Andes *m: de ~* the Andes

an′dijvie *v* endive

An′dorra *o* Andorra

Andor′rees *m* (-rezen) & *bn* Andorran

andragolo′gie *v* ± adult education

anek′dote *v* (-s en -n) anecdote, gemeenz yarn

anek′dotisch *bn* anecdotal

ane′mie *v* an(a)emia

a′nemisch *bn* an(a)emic

ane′moon *v* (-monen) anemone

anesthe′sie *v* anaesthesia

anesthe′sist *m* (-en) anaesthetist

′angel *m* (-s) **1** sting [of a wasp]; **2** visserij (fish-) hook

′Angelen *mv* Angles

Angel′saks *m* (-en) Anglo-Saxon

Angel′saksisch *bn* & *o* Anglo-Saxon

′angelus *o* angelus

an′gina *v* med angina, quinsy; ~ *pectoris* angina pectoris

angli′caan *m* (-canen) Anglican

angli′caans *bn* Anglican

angli′cisme *o* (-n) Anglicism

an′glist *m* (-en) Anglicist

anglo'fiel *m* (-en) Anglophile

An'gola *o* Angola

Ango'lees I *bn* Angolan; **II** *m* (-lezen) Angolese

an'gorakat *v* (-ten) Angora cat

angst *m* (-en) **1** ⟨in 't alg.⟩ fear, terror; **2** ⟨sterker⟩ [mental] anguish, agony; **3** *psych* anxiety [complex, neurosis]; *uit ~ voor...* for fear of; *radeloze ~ gemeenz* blue funk; *duizend ~en uitstaan* be in mortal fear

angstaan'jagend *bn* terrifying, fearsome

'angstgevoel *o* (-ens) feeling of anxiety

'angsthaas *m* (-hazen) scaredy-cat

'angstig *bn* afraid ⟨alléén predicatief⟩; fearful; anxious [moment]

'angstkreet *m* (-kreten) cry of distress

'angsttoestand *m* (-en) anxiety state

angst'vallig *bn* scrupulous

angst'wekkend *bn* alarming

'angstzweet *o* cold perspiration, cold sweat

a'nijs *m* anise

a'nijszaad *o* aniseed

ani'line *v* aniline

ani'matiefilm *m* (-s) (animated) cartoon

ani'meermeisje *o* (-s) nightclub hostess

ani'meren (animeerde, h. geanimeerd) *overg* encourage, stimulate; *een geanimeerd gesprek* an animated (a lively) discussion

'animo *m & o* gusto, zest, spirit; *er was weinig ~ voor het plan* the plan was not too well received

animosi'teit *v* animosity

anje'lier (-en), **'anjer** *v* (-s) [red, white] carnation, pink

'anker *o* (-s) **1** scheepv anchor; **2** ⟨aan muur⟩ brace, cramp-iron; **3** ⟨v. magneet⟩ armature; **4** ⟨maat⟩ anker; *het ~ laten vallen* scheepv drop anchor; *het ~ lichten* scheepv weigh anchor; *het ~ werpen* scheepv cast anchor; *voor ~ liggen* scheepv be (lie, ride) at anchor

'ankerboei *v* (-en) anchor-buoy

'ankeren (ankerde, h. geankerd) *onoverg* scheepv anchor, cast (drop) anchor

'ankergrond *m* (-en) anchoring ground, anchorage

'ankerplaats *v* (-en) moorage, mooring, anchorage

'ankertouw *o* (-en) cable

'anklet *m* (-s) short [men's] sock, anklet

'Anna *v* Ann

an'nalen *mv* annals

an'nex *voorz*: *een huis ~ garage* a house with an adjoining garage, a combination house and garage

anne'xatie *v* (-s) annexation

anne'xeren (annexeerde, h. geannexeerd) *overg* annex

'anno *bn* in the year; *~ Domini* in the year of our Lord

an'nonce *v* (-s) advertisement, gemeenz ad

annon'ceren (annonceerde, h. geannonceerd) *overg* announce

anno'tatie *v* (-s) annotation, note

anno'teren (annoteerde, h. geannoteerd) *overg* annotate

annuï'teit *v* (-en) annuity

annu'leren (annuleerde, h. geannuleerd) *overg* cancel, annul

annu'lering *v* cancellation, annulment

annu'leringsverzekering *v* (-en) cancellation insurance

a'node *v* (-n en -s) anode

ano'niem *bn* anonymous

anonimi'teit *v* anonymity

a'nonymus *m* (-mi) anonymous writer

anorexia ner'vosa *v* anorexia nervosa

anor'ganisch *bn* inorganic [chemistry]

'ansichtkaart *v* (-en) picture postcard

an'sjovis *m* (-sen) anchovy

antago'nisme *o* antagonism

An'tarctica *o* Antarctica

An'tarctisch *bn* Antarctic; *~e Oceaan* Antarctic Ocean

antece'dent *o* (-en) **1** gramm antecedent; **2** ⟨ander geval⟩ precedent; *zijn ~en* his antecedents, his record

anteda'teren (antedateerde, h. geantedateerd) *overg* antedate

an'tenne *v* (-n en -s) RTV aerial, antenna

anti-Ameri'kaans *bn* anti-American

antibi'oticum *o* (-ca) antibiotic

anticham'breren (antichambreerde, h. geantichambreerd) *onoverg* be kept waiting; cool one's heels

anti'christ *m* (-en) Antichrist

antici'patie *v* anticipation

antici'peren (anticipeerde, h. geanticipeerd) *overg* anticipate

'anticlimax *m* (-en) anticlimax

anticon'ceptie *v* contraception

anticon'ceptiemiddel *o* (-en) contraceptive

anticonceptio'neel *bn* contraceptive; *~ middel* contraceptive

antida'teren (antidateerde, h. geantidateerd) *overg* = *antedateren*

an'tiek I *bn* **1** antique, old [furniture]; **2** ⟨ouderwets⟩ ancient, old-fashioned; **II** *o* ⟨voorwerpen⟩ antiques; **III** *mv*: *de ~en* ⟨Grieken, Romeinen⟩ the classics

an'tiekzaak *v* (-zaken) antique shop

anti'geen *o* (-genen) antigen

Antigua en Barbuda *o* Antigua and Barbuda

'antiheld *m* (-en) anti-hero

antikleri'kaal *bn* anticlerical

'antilichaam *o* (-chamen) antibody

An'tillen *mv de ~* the Antilles; *de Grote (Kleine) ~* the Greater (Lesser) Antilles

Antilli'aan *m* (-ianen) Antillian

Antilli'aans *bn* Antillian

anti'lope *v* (-n) antelope

antima′kassar *m* (-s) antimacassar
Antio′chië *o* Antioch
antipa′pisme *o* anticlericalism, hatred of Roman-Catholicism
′antipassaat *m* anti-trade (wind)
antipa′thie *v* (-thieën) antipathy, dislike
antipa′thiek *bn* antipathetic, unlikeable
anti′pode *m* (-n) antipode
anti′quaar *m* (-quaren) second-hand bookseller, antiquarian bookseller
anti′quair *m* (-s) antique dealer
antiquari′aat *o* (-riaten) **1** ⟨het vak⟩ antiquarian bookselling; **2** ⟨de winkel⟩ second-hand bookshop, antiquarian bookshop
anti′quarisch *bn* second-hand, antiquarian
antiqui′teit *v* (-en) antiques
′antireclame *v* negative publicity
antise′miet *m* (-en) anti-Semite
antise′mitisch *bn* anti-Semitic
antisemi′tisme *o* anti-Semitism
anti′septisch *bn* antiseptic
anti′slip *o* non-skid [tyre]
′antistof *v* (-fen) antibody
anti′tankgeschut *o* anti-tank gun
anti′these *v* (-n en -s) antithesis [*mv* antitheses]
anti′vries *o*, **anti′vriesmiddel** *o* (-en) anti-freeze
antra′ciet *m & o* anthracite
antropolo′gie *v* anthropology
antropo′logisch *bn* anthropologic
antropo′loog *m* (-logen) anthropologist
antroposo′fie *v* anthroposophy
antropo′sofisch *bn* anthroposophic
antropo′soof *m* (-sofen) anthroposophist
′Antwerpen *o* Antwerp
′antwoord *o* (-en) **1** ⟨op een brief, vraag &⟩ answer, reply; **2** ⟨op een antwoord⟩ rejoinder; *gevat* ~ *repar-tee*, ready answer; *in* ~ *op* in reply (answer) to
′antwoordapparaat *o* (-raten) answering machine
′antwoordcoupon *m* (-s) reply coupon
′antwoorden (antwoordde, h. geantwoord) **I** *overg* answer, reply, rejoin, retort; **II** *abs ww & onoverg* answer, reply; (brutaal) talk back; ~ *op* reply to, answer [a letter]
′antwoordkaart *v* (-en) business reply card
′antwoordnummer *o* (-s) ± freepost; Am prepaid reply
′anus *m* anus, vent
a′orta *v* (′s) aorta
AOW *v Algemene Ouderdomswet* old-age pension
AO′W′er *m* (-s) old-age pensioner
a′pache *m* (-n) Apache; apache [street robber]
a′part *bn* apart; separate; *een* ~ *ras* a race apart; ~ *berekenen* charge extra for; zie verder: *afzonderlijk*
a′partheid *v* apartheid
a′partje *o* (-s) private talk
apa′thie *v* apathy
a′pathisch *bn* apathetic

′apegapen *o op* ~ *liggen* be at one's last gasp
′apekool *v* gemeenz gammon, bosh
′apenkop *m* (-pen) monkey
′apenliefde *v* blind love, foolish fondness
Apen′nijnen *mv* Apennines
Apen′nijns *bn* Apennine [peninsula]
′apenootje *o* (-s) peanut
′apenpak *o* (-ken) gemeenz gala uniform
aperi′tief *o & m* (-tieven) apéritif
a′pert *bn* obvious, evident
′apetrots *bn* proud as a peacock
′apezat *bn* gemeenz dead-drunk
′apezuur *o*: *zich het* ~ *schrikken* be frightened out of one's wits
a′pin *v* (-nen) she-monkey, she-ape [tailless]
a′plomb *o* aplomb, self-possession, coolness, assurance
apoca′lyptisch *bn* apocalyptic
apo′crief *bn* apocryphal; *de* ~*e boeken* the Apocrypha
apo′dictisch *bn* apodictic
apolo′gie *v* (-gieën) apology°
a′postel *m* (-en en -s) apostle
a′postelschap, **aposto′laat** *o* apostolate, apostleship
apos′tolisch *bn* apostolic
apo′strof *v* (-fen en -s) apostrophe
apo′theek *v* (-theken) pharmacy, chemist's (shop), dispensary
apo′theker *m* (-s) pharmacist, (pharmaceutical, dispensing) chemist
apothe′ose *v* (-n) apotheosis
Appa′lachen *mv* Appalachian Mountains
appa′raat *o* (-raten) **1** ⟨in 't alg.⟩ apparatus, zie ook: *toestel*; **2** fig [government, production &] machinery, machine; *huishoudelijke apparaten* domestic (electrical) appliances
appara′tuur *v* equipment
apparte′ment *o* (-en) apartment
1 ′appel *m* (-en en -s) apple; *door de zure* ~ *heen bij-ten* make the best of a bad job; *voor een* ~ *en een ei* gemeenz for a (mere) song; *de* ~ *valt niet ver van de boom* it runs in the blood; like father, like son; zie ook: *appeltje*
2 ap′pel *o* (-s) **1** recht appeal; **2** mil roll-call, parade; ~ *aantekenen* give notice of appeal, lodge an appeal; ~ *houden* call the roll, take the roll-call; *ze goed onder* ~ *hebben* have them well in hand
′appelbeignet *m* (-s) apple fritter
′appelbol *m* (-len) apple dumpling
′appelboom *m* (-bomen) apple tree
′appelflap *v* (-pen) apple turnover
′appelflauwte *v* (-n en -s): *een* ~ *krijgen* pretend to faint
appel′lant *m* (-en) appellant
appel′leren (appelleerde, h. geappelleerd) *onoverg* recht appeal, lodge an appeal; ~ *aan* appeal to [reason, the sentiments]

'**appelmoes** *o* & *v* apple-sauce
'**appelsap** *o* apple juice
'**appelschimmel** *m* (-s) dapple-grey (horse)
'**appelstroop** *v* apple syrup
'**appeltaart** *v* (-en) apple-tart
'**appeltje** *o* (-s) (small) apple; *een ~ met iem. te schillen hebben* have a bone to pick with sbd.; have a rod in pickle for sbd.; have an account to settle with sbd.; *een ~ voor de dorst* a nest-egg; *een ~ voor de dorst bewaren* provide against a rainy day
'**appelwangen** *mv* rosy cheeks
'**appelwijn** *m* cider
appe'tijtelijk *bn* appetizing; *er ~ uitzien* look attractive
applaudis'seren (applaudisseerde, h. geapplaudisseerd) *onoverg* applaud, clap, cheer
ap'plaus *o* applause
appor'teren (apporteerde, h. geapporteerd) *onoverg* fetch and carry, retrieve
appreci'atie *v* (-s) appreciation
appreci'ëren (apprecieerde, h. geapprecieerd) *overg* appreciate, value
ap'pret *o* starch
appre'teren (appreteerde, h. geappreteerd) *overg* finish
approvian'deren (approviandeerde, h. geapproviandeerd) *overg* provision [a garrison &]
après-'ski *m* & *o* après-ski
a'pril *m* April; *eerste ~* first of April; *één ~* All Fools' Day; *één ~!* April Fool!
a'prilgrap *v* (-pen) April Fool's trick
apro'pos I *bijw* apropos, to the point; **II** *tsw* by the way, by the bye, talking of...; **III** *o* & *m*: *om op ons ~ terug te komen...* to return to our subject; *hij laat zich niet van zijn ~ brengen* he is not to be put out
A'pulië *o* Apulia
aqua'duct *o* (-en) aqueduct
'**aquajoggen** *ww* & *o* aqua jogging
'**aqualong** *v* (-en) aqualung
aquama'rijn *m* & *o* (-en) aquamarine
aqua'rel *v* (-len) aquarelle, water-colour
aquarel'leren (aquarelleerde, h. geaquarelleerd) *onoverg* & *overg* paint in water-colours
a'quarium *o* (-s en -ria) aquarium
Aquitanië *o* Aquitaine
ar *v* (-ren) sleigh, sledge
ara'besk *v* (-en) arabesque
A'rabië *o* Arabia
Ara'bier *m* (-en) Arab [man & horse]
A'rabisch I *bn* **1** Arabian [Desert, Sea &], Arab [horse, country, state, League]; **2** ⟨v. taal & getallen⟩ Arabic; **II** *o* Arabic
à raison van *voorz* at [15 pound]
a'rak *m* arrack, rack
'**Aralmeer** *o* Aral Sea
'**arbeid** *m* labour, work°; *zware ~* toil; *aan de ~ gaan* set to work; *aan de ~ zijn* be at work; *~ adelt* there is nobility in labour

arbeidbe'sparend *bn* labour-saving
'**arbeiden** (arbeidde, h. gearbeid) *onoverg* labour, work
'**arbeider** *m* (-s) worker, working man, labourer, hand, operative, workman
'**arbeidersbeweging** *v* (-en) labour movement
'**arbeidersbuurt** *v* (-en) working-class neighbourhood
'**arbeidersklasse** *v* (-n) working class(es)
'**arbeiderswijk** *v* (-en) = *arbeidersbuurt*
arbeiders'zelfbestuur *o* autogestion
'**arbeidsbemiddeling** *v*: *(bureau, dienst voor) ~* = *arbeidsbureau*
arbeidsbe'sparend *bn* = *arbeidbesparend*
'**arbeidsbeurs** *v* (-beurzen) = *arbeidsbureau*
'**arbeidsbureau** *o* (-s) labour exchange, employment exchange
'**arbeidscontract** *o* (-en) work contract, employment contract; *Am* service contract
'**arbeidscontractant** *m* (-en) ⟨in overheidsdienst⟩ public servant appointed on agreement
'**arbeidsgeschil** *o* (-len) labour dispute
'**arbeidsinspectie** *v* (-s) trade (industrial) supervision, factory inspection
arbeidsinten'sief *bn* labour-intensive
'**arbeidskracht** *v* (-en) worker, hand; *de ~en* ⟨als collectief⟩ the labour force; *goedkope ~en* cheap labour
'**arbeidsleer** *v* ergonomics
'**arbeidsloon, arbeids'loon** *o* (-lonen) wages
'**arbeidsmarkt** *v* labour market
arbeidsonge'schikt *bn* unfit for work, disabled
'**arbeidsovereenkomst** *v* (-en) labour contract, labour agreement; *collectieve ~* collective agreement; *het onderhandelen over een collectieve ~* collective bargaining
'**arbeidsplaats** *v* (-en) job
'**arbeidsprestatie** *v* (-s) (labour) efficiency, output, productivity
'**arbeidsreserve** *v* labour reserve
'**arbeidsterrein** *o* field (sphere) of activity, domain
'**arbeidstherapeut** *m* (-en) occupational therapist
'**arbeidstherapie** *v* occupational therapy
'**arbeidstijd** *m* (-en) working hours
'**arbeidstijdverkorting** *v* shortening (reduction) of working hours; reduced hours
'**arbeidsverdeling** *v* (-en) division of labour
'**arbeidsverleden** *o* employment record, track record
'**arbeidsvermogen** *o* working power, energy; *~ van beweging* kinetic (actual) energy; *~ van plaats* potential energy
'**arbeidsvoorwaarden** *mv* [favourable] terms of employment; [healthy] working conditions
'**arbeidsvrede** *m* & *v* labour peace
ar'beidzaam *bn* industrious
ar'biter *m* (-s) **1** ⟨scheidsman⟩ arbiter, arbitrator; **2** *sp* referee; ⟨bij tennis, honkbal, cricket⟩ umpire

arbi'trage *v* arbitration
arbi'trair *bn* 1 (willekeurig) arbitrary 2 recht arbitral
Ar'cadië *o* Arcadia
ar'cadisch *bn* Arcadian
ar'ceren (arceerde, h. gearceerd) *overg* hatch, shade
ar'chaïsch *bn* archaic
archa'ïsme *o* (-n) archaism
Archangelsk *o* Archangel
archeolo'gie *v* archaeology
archeo'logisch *bn* archaeological
archeo'loog *m* (-logen) archaeologist
'archetype *o* (-n) archetype
ar'chief *o* (-chieven) 1 ⟨documentenverzameling⟩ archives, records; 2 ⟨kantoor⟩ record office; 3 handel files
'archipel *m* (-s) archipelago
archi'tect *m* (-en) architect
architec'tonisch *bn* architectonic, architectural
architec'tuur *v* architecture
archi'traaf *v* (-traven) architrave
archi'varis *m* (-sen) archivist, keeper of the records
Ar'dennen *mv: de ~* the Ardennes
ar'duin *o* freestone, ashlar
'are *v* (-n) are [= 100 m^2]
areligi'eus *bn* areligious, religionless
a'rena *v* ('s) 1 (in 't alg.) arena; 2 bullring [for bullfights]; 3 ring [of circus]
'arend *m* (-en) eagle
'arendsblik *m* (-ken): *met ~* eagle-eyed
'arendsjong *o* (-en) eaglet
'arendsnest *o* (-en) eagle's nest, aerie
'arendsneus *m* (-neuzen) aquiline nose
'argeloos *bn* 1 (onschuldig) guileless, inoffensive; 2 (nietsvermoedend) unsuspecting
arge'loosheid *v* 1 guilelessness, inoffensiveness; 2 confidence
Argen'tijn *m* (-en) Argentine
Argen'tijns *bn* Argentine
Argen'tinië *o* Argentina, the Argentine
'arglist *v* craft(iness), cunning, guile
arg'listig *bn* crafty, cunning, guileful
argu'ment *o* (-en) argument, plea
argumen'tatie *v* (-s) argumentation
argumen'teren (argumenteerde, h. geargumenteerd) *onoverg* argue
'argusogen *mv: met ~* argus-eyed
'argwaan *m* suspicion, mistrust; *~ hebben* entertain (have) suspicions, misdoubt; *~ krijgen* become suspicious, gemeenz smell a rat
arg'wanend *bn* suspicious
'aria *v* ('s) air, aria
'Ariër *m* (-s) Aryan
'Arisch *bn* Aryan
aristo'craat *m* (-craten) aristocrat
aristocra'tie *v* (-tieën) aristocracy
aristo'cratisch *bn* aristocratic
Aris'toteles *m* Aristotle

ark *v* (-en) ark; *de ~ van Noach* Noah's ark; *~ des Verbonds* Ark of the Covenant
1 arm *m* (-en) 1 arm [of a man, the sea, a balance &]; 2 branch [of a river]; 3 bracket [of a lamp]; *de ~ der wet* the limb of the law; *haar de ~ bieden* give (offer) her one's arm; *met een meisje aan de ~* with a girl on his arm; *~ in ~* arm in arm; *iem. in de ~ nemen* consult sbd.; *zich in de ~en werpen van* throw oneself into the arms of; *met open ~en* ontvangen receive with open arms; *met de ~en over elkaar* with folded arms
2 arm *bn* poor², indigent, needy, penniless; *zo ~ als Job (als de mieren, als een kerkrat)* as poor as Job (as a church mouse); *een ~e* a poor man, a pauper; *de ~en* the poor; *de ~en van geest* the poor in spirit; *~ aan* poor in [minerals]
arma'tuur *v* (-turen) armature
'armband *m* (-en) bracelet
'armbandhorloge *o* (-s) wrist-watch
Ar'meens *o & bn* Armenian
'armelijk *bn* poor, shabby
'armenhuis (-huizen) *o* hist almshouse, workhouse
Ar'menië *o* Armenia
Ar'meniër *m* (-s) Armenian
'armenzorg *v* hist poor-relief
arme'tierig *bn* poor, wretched
arme'zondaarsbankje *o* (-s) penitent form
arme'zondaarsgezicht *o*: *een ~ zetten* put on a hangdog look
arm'lastig *bn*: *~ worden* hist come upon the parish (the rates)
'armleuning *v* (-en) arm, arm-rest
'armoe, 'armoede *v* poverty; *het is daar ~ troef* they are in dire want; *tot ~ geraken (vervallen)* be reduced to poverty; *uit ~* from poverty
ar'moedig *bn* poor, needy, poverty-stricken, shabby
ar'moedigheid *v* poverty; penury, poorness
'armoedje *o*: *mijn ~* what little I have, my few sticks of furniture
'armoedzaaier *m* (-s) poor devil
'armsgat *o* (-gaten) arm-hole
'armslag *m* elbow-room²
'armslengte *v* (-n): *op ~* at arm's length
'armstoel *m* (-en) arm-chair
arm'tierig = *armetierig*
'armvol *m* (-len) armful
arm'zalig *bn* pitiful, miserable, paltry, beggarly
a'roma *o* ('s) aroma, flavour
aro'maten *mv* flavourings
aro'matisch *bn* aromatic
'aronskelk *m* (-en) arum
a'room *o* (aromen) = *aroma*
arrange'ment *o* (-en) muz arrangement, orchestration
arran'geren (arrangeerde, h. gearrangeerd) *overg* arrange°, get up
'arrenslede *v* (-n), **'arrenslee** *v* (-sleeën) sleigh,

sledge

ar'rest o (-en) **1** ⟨vasthouding⟩ custody, arrest; **2** ⟨inbeslagname⟩ seizure; **3** ⟨besluit⟩ decision, judgement; *in* ~ under arrest; *in* ~ *nemen* = *arresteren[1]*; *in* ~ *stellen* place under arrest

arres'tant m (-en) arrested person, prisoner

arres'tantenkamer v (-s), **arres'tantenlokaal** o (-kalen) detention room

arres'tantenwagen m (-s) police van; gemeenz Black Maria

arres'tatie v (-s) arrest, apprehension

arres'tatiebevel o (-velen) recht warrant of arrest

arres'teren (arresteerde, h. gearresteerd) overg **1** arrest, take into custody, apprehend [an offender]; **2** confirm [the minutes]

arri'veren (arriveerde, is gearriveerd) onoverg arrive

arro'gant bn arrogant, presumptuous, uppish

arro'gantie v arrogance, presumption

arrondisse'ment o (-en) district

arrondisse'mentsrechtbank v (-en) county court

arse'naal o (-nalen) arsenal, armoury

ar'senicum o, **arse'niek** o arsenic

ar'tesisch bn: ~*e put* artesian well

articu'latie v (-s) articulation

articu'leren (articuleerde, h. gearticuleerd) overg articulate

ar'tiest m (-en) **1** ⟨in 't alg.⟩ artist; **2** ⟨in circus e.d.⟩ artiste, performer

ar'tiestennaam m (-namen) stage name

ar'tikel o (-en en -s) **1** ⟨in 't alg.⟩ article; ⟨wetenschappelijk⟩ ook: paper; **2** ⟨afdeling⟩ section, clause [of a law]; **3** ⟨in woordenboek⟩ entry; **4** handel article, commodity; ⟨bepaald soort⟩ line; ~*en* handel ook: goods, [own brand] items [at a supermarket]

ar'tikelsgewijs, **ar'tikelsgewijze** bn by clause

artille'rie v (-rieën) artillery, ordnance; *rijdende* ~ horse artillery

artille'rist m (-en) artilleryman, gunner

'Artis v the Amsterdam Zoo

arti'sjok v (-ken) artichoke

artistici'teit v artistry

artis'tiek bn artistic

artis'tiekerig bn gemeenz arty

arts m (-en) physician, general practioner

'artsenbezoeker m (-s) pharmaceutical representative, salesman

artse'nij v (-en) medicine, physic

artse'nijbereidkunde v pharmaceutics, pharmacy

1 as v (-sen) **1** axle, axle-tree [of a carriage]; **2** axis [of the earth & fig; mv axes]; **3** techn shaft; arbor; spindle; *vervoer per* ~ road transport

2 as v ⟨verbrandingsresten⟩ ash, ⟨v. lijken⟩ ook: ashes; [hot] embers; cinders; ~ *is verbrande turf* if ifs and ans were pots and pans; *in de* ~ *leggen* lay in ashes, reduce to ashes; *uit zijn* ~ *verrijzen* rise from its ashes; zie ook: *rusten*

a.s. afk. = *aanstaande I*

'asbak m (-ken) **1** ⟨voor rookwaren⟩ ash-tray;

2 ⟨vuilnisbak⟩ ash-bin

'asbelt m & v (-en) ash-pit, refuse dump

'asbest o asbestos

'asblond bn ash-blond(e)

as'ceet m (-ceten) ascetic

ascen'dant m (-en) ascendant

as'cese v asceticism

as'cetisch bn ascetic

ascor'binezuur o ascorbic acid

'asem m gemeenz: *geen* ~ *geven* keep silent, keep mum, not breathe a word

a'septisch bn aseptic

'asfalt o (-en) asphalt, bitumen

asfal'teren (asfalteerde, h. geasfalteerd) overg asphalt

'asfaltpapier o bituminized (asphalt) paper

'asfaltweg m (-wegen) asphalt (bituminous) road

'asgrauw bn ashen(-grey), ashy

a'siel o (-en) asylum, home, shelter; *politiek* ~ political asylum

a'sielrecht o right of asylum

a'sielzoeker m (-s) asylum seeker

asje'blief, asje'blieft tsw **1** ⟨en of!⟩ I should think so!, you bet!; ⟨nee maar!⟩ well now!, my word!; **2** = *alstublieft*

asjeme'nou tsw: ~! gemeenz good heavens!

'asmogendheden mv hist Axis powers

asoci'aal bn antisocial, unsocial

as'pect o (-en) aspect

as'perge v (-s) asparagus

aspi'rant m (-en) applicant, candidate

aspi'ratie v (-s) aspiration, ambition

aspi'rine v (-s) aspirin

assem'blage v (car) assembly

assem'blagebedrijf o (-drijven) (car) assembly plant

assem'blee v (-s) 'assembly [of UNO]

assem'bleren (assembleerde, h. geassembleerd) overg assemble [cars]

'Assepoester, 'assepoes(ter) v Cinderella[2]

asser'tief bn assertive

assertivi'teit v assertiveness

assimi'latie v (-s) assimilation

assimi'leren (assimileerde, h. geassimileerd) overg assimilate

as'sisenhof o (-hoven) ZN Assize Court

assi'stent m (-en) assistant

assi'stente v (-s & -n) assistant, lady help

assi'stentie v assistance, help

assi'steren (assisteerde, h. geassisteerd) overg & abs ww assist

associ'atie v (-s) association°; handel partnership

associa'tief bn bijw associative

associ'é m (-s) handel partner

associ'ëren (associeerde, h. geassocieerd) **I** overg associate; *ik associeer Kerstmis met sneeuw* I associate Christmas with snow; **II** wederk: *zich* ~ handel enter into partnership (*met* with)

'**Assoean** *o* Aswan

assorti'ment *o* (-en) assortment

assura'deur *m* (-en en -s) **1** (in 't alg.) insurer; **2** scheepv underwriter

assu'rantie *v* (-iën en -s) **1** [fire, accident] insurance; **2** [life] assurance

assu'rantiebezorger *m* (-s) insurance agent

assu'rantiepremie *v* (-s) (insurance) premium

assu'reren (assureerde, h. geassureerd) *overg* **1** insure, effect an insurance [against fire]; **2** assure [one's life]

As'syrië *o* Assyria

As'syriër *m* (-s) Assyrian

As'syrisch *bn* & *o* Assyrian

'**aster** *v* (-s) aster

aste'risk *m* (-en) asterisk

'**astma** *o* asthma

'**astmalijder** *m* (-s) asthmatic (patient)

ast'matisch *bn* asthmatic

astrolo'gie *v* astrology

astro'logisch *bn* astrological

astro'loog *m* (-logen) astrologer

astro'naut *m* (-en) astronaut

astrono'mie *v* astronomy

astro'nomisch *bn* astronomical [figures], astronomic

astro'noom *m* (-nomen) astronomer

As'turië *o* Asturias

'**asvaalt** *v* (-en) vero = *asbelt*

'**aswenteling** *v* (-en) rotation

As'woensdag *m* Ash Wednesday

asym'metrisch *bn* asymmetric(al), dissymmetric

at, (aten) V.T. v. *eten*

ata'visme *o* (-n) atavism, throw-back

ata'vistisch *bn* atavistic

ATB *m* ('s) all terrain bike ATB

ate'lier *o* (-s) **1** studio; atelier [of an artist]; **2** workshop, work-room [of an artisan]

'**aten** V.T. meerv. v. *eten*

A'theens *bn* Athenian

athe'isme *o* atheism

athe'ïst *m* (-en) atheist

athe'ïstisch *bn* atheistic

A'thene *o* Athens

A'thener *m* (-s) Athenian

athe'neum *o* (-s en -nea) ± secondary modern school

At'lantisch *bn* **1** (v. Atlantis) Atlantean; **2** (v.d. ~e Oceaan) Atlantic; *~e Oceaan* Atlantic Ocean, the Atlantic

'**atlas** *m* (-sen) atlas

at'leet *m* (-leten) athlete

atle'tiek *v* athletics

at'letisch *bn* athletic

atmos'feer *v* (-feren) atmosphere

atmos'ferisch *bn* atmospheric; *~e storing* static

a'tol *o* (-len) atoll

ato'mair *bn* atomic

ato'naal *bn* atonal

a'toom *o* (atomen) atom

a'toom- *voorv* atomic, nuclear

a'toombom *v* (-men) atom bomb, atomic bomb

a'toomcentrale *v* (-s) atomic powerstation

a'toomenergie *v* atomic energy

a'toomgewicht *o* (-en) atomic weight

a'toomkern *v* (-en) atomic nucleus [*mv* nuclei]

a'toomkop *m* (-pen) atomic war-head

a'toomproef *v* (-proeven) atomic (nuclear) test

a'toomsplitsing *v* fission

a'toomtijdperk *o* atomic age

a'toomwapen *o* (-s) nuclear weapon

'**Atrecht** *o* Arras

atro'fie *v* atrophy

atrofi'ëren (atrofieerde, *overg* h., *onoverg* is geatrofieerd) atrophy

atta'ché *m* (-s) attaché

atta'chékoffer *m* (-s) attaché-case

at'taque *m* (-s) (beroerte) stroke

atten'deren (attendeerde, h. geattendeerd) *overg*: ~ *op* draw attention to

at'tent *bn* **1** (oplettend) attentive; **2** (vol attenties) considerate (*voor* to), thoughtful (*voor* of, for); *iem. ~ maken op* draw sbd.'s attention to

at'tentie *v* (-s) **1** attention; **2** consideration, thoughtfulness

at'test *o* (-en) **1** (in 't alg.) certificate; **2** (getuigschrift) testimonial

attes'tatie *v* (-s) attestation; testimonial, certificate

at'tractie *v* (-s) attraction

attrac'tief *bn* attractive

attractivi'teit *v* attractiveness

attribu'tief *bn bijw* attributive

attri'buut *o* (-buten) attribute

atv, ATV *v* = *arbeidstijdverkorting* ± shorter working hours

au *tsw*: ~! ouch!, ow!

a.u.b. *afk.* = *alstublieft*

au'bade *v* (-s) aubade

au bain ma'rie *bijw* in a double saucepan; Am in a double boiler

auber'gine *v* (-s) aubergine, eggplant

audi'ëntie *v* (-s) audience; ~ *aanvragen bij* ask (request) an audience of; ~ *verlenen* grant an audience; *op ~ gaan bij de minister* have an audience of the minister

'**audiorack** *o* (-s) music centre, stereo (system)

'**audiovisu'eel** *bn* audiovisual

audi'teren (auditeerde, h. geauditeerd) *onoverg* audition

au'ditie *v* (-s) audition

audito'raat *o* (-raten) ZN Court Martial

audi'torium *o* (-s en -ria) **1** auditory [= part of building & assembly of listeners]; **2** audience [= assembly of listeners]

'**Augiasstal** *m de ~ reinigen* clean the Augean stables

au'gurk *v* (-en) gherkin

augus'tijn *m* (-en) **1** ⟨monnik⟩ Augustinian, Austin friar; **2** typ cicero

Augus'tinus *m* Augustine

au'gustus *m* August

Au'gustus *m* ⟨keizer⟩ Augustus

'aula *v* ('s) auditorium

au 'pair *v* (-s) & *bijw* au pair

aure'ool *v* (-reolen) aureole, halo

aus'piciën *mv*: *onder de ~ van* under the auspices of, sponsored by; under the aegis of

'ausputzer *m* (-s) sp sweeper

Aus'tralië *o* Australia

Aus'traliër *m* (-s) Australian

Aus'tralisch *bn* Australian

autar'kie *v* autarky, self-sufficiency

au'tarkisch *bn* autarkic(al), selfsufficient

au'teur *m* (-s) author

au'teursrecht *o* copyright

authentici'teit *v* authenticity

authen'tiek *bn* authentic

au'tisme *o* psych autism

au'tistisch *bn* autistic

'auto *m* ('s) car, motor-car

'autoband *m* (-en) ⟨automobile, motor⟩ tyre

'autobezitter *m* (-s) car owner

autobiogra'fie *v* (-fieën) autobiography

autobio'grafisch *bn* autobiographical

'autobus *m & v* (-sen) motor-bus, coach

'autocar *m & v* (-s) ZN motor-bus, coach

autoch'toon I *m* (-tonen) native; **II** *bn* native, indigenous

'autocoureur *m* (-s) = *coureur 1*

auto'craat *m* (-craten) autocrat

autocra'tie *v* (-tieën) autocracy

auto'cratisch *bn* autocratic

autodi'dact *m* (-en) autodidact, self-taught man

auto'geen *bn* autogenous [welding]

'autogordel *m* (-s) seat belt, safety belt

auto'gram *o* (-men) autograph

'autokerkhof *o* (-hoven) car dump

auto'maat *m* (-maten) **1** ⟨machine⟩ automaton, robot; **2** ⟨apparaat waarin munten worden gegooid⟩ slotmachine, dispenser; Am vending machine; ⟨voor kaartjes⟩ ticket machine; **3** ⟨auto⟩ automatic

automa'tiek *v* (-en) automat

auto'matisch *bn* automatic, self-acting; *~e handeling* automatism

automati'seren (automatiseerde, h. geautomatiseerd) *overg* automate, computerize

automati'sering *v* automation, computerization

automa'tisme *o* (-n) automatism

automo'biel *m* (-en) motor-car, Am automobile

automobi'lisme *o* motoring

automobi'list *m* (-en) motorist

'automonteur *m* (-s) motor mechanic

autono'mie *v* autonomy

auto'noom *bn* autonomous, autonomic

'autonummer *o* (-s) registration number, car number

'auto-ongeluk *o* (-ken) car crash, car accident

'autopapieren *mv* car registration papers

'autopark *o* (-en) **1** ⟨terrein⟩ car park; **2** ⟨de auto's⟩ fleet of (motor-)cars

'autopech *m* car breakdown

'autoped *m* (-s) scooter

autop'sie *v* (-s) autopsy

'autoradio *m* ('s) car radio

'autorijden I (reed auto, h. autogereden) *onoverg* drive [a car], motor; **II** *o* motoring

'autorijder *m* (-s) motorist

'autorijschool *v* (-scholen) driving-school, school of motoring

autori'seren (autoriseerde, h. geautoriseerd) *overg* authorize

autori'tair *bn* **1** authoritative [air, manner, tones], officious; **2** ⟨niet-democratisch⟩ authoritarian [regime, State]

autori'teit *v* (-en) authority°

'autoslaaptrein *m* (-en) car sleeper train

'autosloperij *v* (-en) breaker's yard

'autosnelweg *m* (-wegen) Br motorway; Am super highway, turnpike

'autostop *m* ZN: *~ doen* hitch-hike

'autotelefoon *m* (-s) car phone

'autotentoonstelling *v* (-en) motor show

'autoverhuur *m* car hire; *~ zonder chauffeur* self-drive (car hire)

'autoverkeer *o* motor traffic

auto'vrij *bn* pedestrian [zone]

'autoweg *m* (-wegen) motorway, motor road

'autowrak *o* (-ken) car wreck

a'val *o* guarantee [of a bill]; *voor ~ tekenen* guarantee

a'vances *mv* advances, approaches, overtures

avant-'garde I *v* avant-garde; **II** *bn* avant-garde

avant-gar'distisch *bn* avant-garde

'avegaar *m* (-s) auger

'averechts I *bn* **1** purl [stitch]; **2** fig wrong [way, ideas &]; **3** preposterous [means]; **II** *bijw* wrongly, the wrong way (round); *~ breien* purl

ave'rij *v* damage; *~ grosse* general average; *~ particulier* particular average; *~ krijgen* suffer damage, break down

a'versie *v* aversion

A4-tje *o* (-s) A4-page, page of A4; *één ~* a single side of A4

avo'cado *m* ('s) avocado

'avond *m* (-en) evening, night; *de ~ tevoren* the evening (night) before; *de ~ vóór de slag* the eve of the battle; *'s avonds* in the evening, at night; *bij ~* in the evening, at night; *laat op de ~* late in the evening; *tegen de ~* towards evening; *het wordt ~* night is falling

'avondblad *o* (-bladen) evening paper

'**avondcursus** *m* (-sen) evening-classes
'**avondeten** *o* supper
'**avondgebed** *o* (-beden) night prayers
'**avondjapon** *m* (-nen) evening gown (frock)
'**avondje** *o* (-s) evening (party); *een gezellig* ~ a social evening; *een* ~ *uit* a night out
'**avondjurk** *v* (-en) evening gown
'**avondkleding** *v* evening dress
'**avondklok** *v* curfew; *een* ~ *instellen* impose a curfew
'**avondland** *o* Occident
'**avondmaal** *o* supper, evening-meal; *het Avondmaal* the Lord's Supper, Holy Communion; *het Laatste Avondmaal* the Last Supper
'**avondopleiding** *v* (-en) evening course, evening classes
'**avondrood** *o* afterglow, red evening-sky
'**avondschemering** *v* evening twilight
'**avondschool** *v* (-scholen) night-school, evening school, evening classes
'**avondspits** *m* (-en) evening rush hour
'**avondster** *v* evening star
'**avondstond** *m* (-en) evening (hour)
'**avondvoorstelling** *v* (-en) evening performance
'**avondwinkel** *m* (-s) late-night shop
avon'turen (avontuurde, h. geavontuurd) *overg* risk, venture
avon'turenfilm *m* (-s) adventure film
avontu'rier *m* (-s) adventurer
avon'tuur *o* (-turen) adventure
avon'tuurlijk I *bn* adventurous [life]; risky [plan &]; *een* ~ *leven* ook: a life of adventures; **II** *bijw* adventurously
avon'tuurtje *o* (-s) (vluchtige liefdesverhouding) affair
à 'vue *bijw* at sight
axi'oma *o* ('s) axiom
a'zalea *v* ('s) azalea
'**azen** (aasde, h. geaasd) *onoverg*: ~ *op* fig covet
Azerbai'dzjaans *bn* Azerbaijan
Azer'baidzjan *o* Azerbaijan
A'zeri *m* ('s) Azerbaijani
Azi'aat *m* (Aziaten) Asian, Asiatic
Azi'atisch *bn* Asian, Asiatic
'**Azië** *o* Asia
a'zijn *m* (-en) vinegar
a'zijnzuur *o* acetic acid
'**azimut** *o* azimuth
A'zoren *mv*: *de* ~ the Azores
Az'teek *m* (-teken) Aztec
Az'teeks *bn* Aztec
a'zuren *bn* azure, sky-blue
a'zuur *o* azure, sky blue

B

b *v* ('s) b
ba *tsw* bah!, pooh!, pshaw!, pah!; zie ook: *boe*
'**baadje** *o* (-s) (sailor's) jacket; *iem. op zijn* ~ *geven* gemeenz dust (trim) sbd.'s jacket
baai (-en) **I** *v* (inham) bay; **II** *m & o* (stof) baize; **III** *m* (tabak) cross-cut Maryland
'**baaien** *bn* baize
'**baaierd** *m* chaos, welter
baak *v* (baken) = *baken*
baal *v* (balen) **1** (geperst) bale [of cotton &]; (gestort) bag [of rice &]; **2** ten reams [of paper]; *(de) balen (tabak) van iets hebben* = *balen*
'**Baäl** *m* Baal
'**baaldag** *m* (-dagen) **1** (slechte dag) off-day; **2** (vrije dag) day off
baan *v* (banen) **1** (weg) path, way, road; **2** (renbaan) (race-)course, (running) track; **3** (v.e. hemellichaam &) orbit [of planet, (earth) satellite]; trajectory [of projectile]; **4** (tennisbaan) court; **5** (v. spoorweg) track; **6** (v. autoweg, v. zwembassin &) lane; **7** (ijsbaan) (skating) rink; (bij wedstrijdschaatsen) track; **8** (glijbaan) slide; **9** (kegelbaan) alley; **10** (strook) breadth, width [of cloth &]; **11** (v. vlag) stripe; **12** (werkkring) job; *zich* ~ *breken* make (push, force) one's way; fig ook: gain ground; *ruim* ~ *maken* clear the way; *in een* ~ *brengen* put into orbit, orbit [an artificial satellite]; *in een* ~ *draaien* orbit; *in een* ~ *(om de aarde) komen* come into orbit; *vlucht in een* ~ orbital flight; *het gesprek in andere banen leiden* turn the conversation into other channels; *op de lange* ~ *schuiven* put off (indefinitely), shelve, postpone; *dat is nu van de* ~ that question has been shelved, that's off now; *er een baan bijnemen* moonlight; zie ook: *baantje*
baan'brekend *bn* pioneer [work], epoch-making [discovery]
'**baanbreker** *m* (-s) pioneer, pathfinder
'**baancafé** *o* (-s) road house
'**baanrecord** *o* (-s) track record
'**baanschuiver** *m* (-s) fender, track-clearer
'**baantje** *o* (-s) **1** slide [on snow]; **2** (werkkring) job; billet, berth; *een gemakkelijk (lui)* ~ gemeenz a soft job
'**baantjesjager** *m* (-s) place-hunter
'**baanvak** *o* (-ken) section [of a railroad line]
'**baanveger** *m* (-s) sweeper
'**baanwachter** *m* (-s) signalman
baar I *v* (baren) **1** (golf) wave, billow; **2** (lijkbaar) bier; **3** (draagbaar) litter, stretcher; **4** (staaf) bar, ingot; **II** *bn*: ~ *geld* ready money
baard *m* (-en) **1** beard [of man, animals, grasses &];

2 barb, wattle [of a fish]; **3** feather [of a quill]; **4** whalebone, baleen [of a whale]; **5** bit [of a key]; *een ~ van een week* a week's growth of beard; *hij heeft de ~ in de keel* his voice is breaking; *iets in zijn ~ brommen* mutter something in one's beard; *zijn ~ laten staan* grow a beard; *om 's keizers ~ spelen* play for love; zie ook: ²*mop*

'**baardaap** *m* gemeenz (-apen) beaver
'**baardeloos** *bn* beardless
'**baardig** *bn* bearded
'**baardwalvis** *m* (-sen) whalebone whale
'**baarlijk** *bn: de ~e duivel* the devil himself; *~e nonsens* utter (rank) nonsense, gibberish
'**baarmoeder** *v* (-s) womb, uterus
'**baarmoederhals** *m* (-halzen) cervix
baars *m* (baarzen) perch, bass
baas *m* (bazen) **1** master; foreman [in a factory]; gemeenz boss; **2** (als aanspreking) gemeenz governor, mister; *de ~* gemeenz the old man [at the office &]; *is de ~ thuis?* gemeenz is your man [= husband] in?; *een leuke ~* **1** gemeenz a funny chap; **2** gemeenz a jolly buffer; *het is een ~ hoor!* gemeenz what a whopper!; *hij is de ~ (van het spul)* gemeenz he runs the show; *hij is een ~* he is a dab (*in* at); *zijn vrouw is de ~* the wife wears the breeches; *de ~ blijven* remain top dog; *de ~ spelen* lord it (over), overbear; *om de inflatie de ~ te worden* to get inflation under control; *de socialisten zijn de ~ (geworden)* the socialists are in control, have gained control; *zij werden ons de ~* they got the better of us; *hij is mij de ~* he beats me [in...]; he is one too many for me, he has the whip hand of me; *er is altijd ~ boven ~* a man always finds his master; *zijn eigen ~ zijn* be one's own master
baat *v* (baten) **1** (voordeel) profit, benefit; **2** (genezing) relief; *te ~ nemen* avail oneself of, take [the opportunity]; use, employ [means]; *~ vinden bij* be benefited by, derive benefit from; *zonder ~* without avail; zie ook: *bate*, ²*baten*
'**baatzucht** *v* selfishness, selfinterest
baat'zuchtig *bn* selfish, self-interested
'**babbel** *m* (-s) **1** (persoon) chatterbox; **2** (babbeltje) chat
'**babbelaar** *m* (-s) **1** tattler, chatterbox, gossip, telltale; **2** (snoep) bull's-eye
'**babbelachtig** *bn* talkative
'**babbelen** (babbelde, h. gebabbeld) *onoverg* chatter, babble, prattle, tittle, chit-chat, tittle-tattle, gossip
'**babbeltje** *o* (-s) chat
'**babbelziek** *bn* talkative
'**babbelzucht** *v* talkativeness
'**Babel** *o* Babel
'**baby** *m* ('s) baby
'**babybox** *m* (-en) playpen
baby'foon *m* (-s en -fonen) baby intercom, baby phone
'**Babylon** *o* Babylon
Baby'loniër *m* (-s) Babylonian

Baby'lonisch *bn* Babylonian [captivity, exile]; *een ~e spraakverwarring* a perfect Babel
'**babysit,,** '**babysitter** *m-v* (-s) baby-sitter
'**babysitten** *onoverg* baby-sit
'**babyuitzet** *m* (-ten) baby linen, layette
baccalaure'aat *o* baccalaureate, bachelor's degree
baccha'naal *o* (-nalen) bacchanal
ba'cil *m* (-len) bacillus [*mv* bacilli]
ba'cillendrager *m* (-s) (germ-)carrier
back *m* (-s) sp back
'**bacon** *o & m* bacon
bac'terie *v* (-riën) bacterium [*mv* bacteria]
bacteri'eel *bn* bacterial
bacterio'gie *v* bacteriology
bacterio'logisch *bn* bacteriological
bacterio'loog *m* (-logen) bacteriologist
1 bad *o* (baden) bath [= vessel, or room for bathing in]; *een ~ geven* bath [the baby]; *een ~ nemen* have (take) a bath [in the bathroom]; have (take) a bathe [in the sea, river]
2 bad (baden) V.T. v. *bidden*
'**badcel** *v* (-len) shower cabinet
1 '**baden** (baadde, h. gebaad) **I** *onoverg* bathe²; *in bloed ~* bathe in blood; *in tranen ~* be bathed in tears; *in weelde ~* be rolling in luxury; **II** *overg* bath [a child]; **III** *wederk: zich ~* bathe [= take a bath or bathe]
2 '**baden** V.T. meerv. v. *bidden*
3 '**baden** meerv. v. ¹*bad*
'**badgast** *m* (-en) visitor [at a watering place; at a seaside resort]
'**badhanddoek** *m* (-en) bath towel
'**badhokje** *o* (-s) bathing box
'**badhuis** *o* (-huizen), '**badinrichting** *v* (-en) (public) baths
'**badjas** *m & v* (-sen) bathing wrap
'**badkamer** *v* (-s) bathroom
'**badkuip** *v* (-en) bath, bath-tub
'**badmantel** *m* (-s) bathing wrap
'**badmeester** *m* (-s) bath(s) superintendent
'**badminton** *o* badminton
'**badmintonnen** (badmintonde, h. gebadmintond) *onoverg* play badminton
'**badmuts** *v* (-en) bathing cap
'**badpak** *o* (-ken) bathing suit
'**badplaats** *v* (-en) **1** (niet aan zee) spa, watering place; **2** (aan zee) seaside resort
'**badschuim** *o* foam bath, bath foam, bubble bath
'**badseizoen** *o* (-en) bathing season
'**badspons** *v* (-en en -sponzen) bath sponge
'**badstof** *v* towelling, terry (cloth)
'**badtas** *v* (-sen) beach bag, swimming bag
'**badwater** *o* bath-water; *het kind met het ~ weggooien* throw out the baby with the bath-water
'**badzeep** *v* bath soap
'**badzout** *o* (-en) bath salts
ba'gage *v* luggage; ook: (mil en vooral Am) baggage
ba'gagebureau *o* (-s) luggage office

ba'gagedepot *o* & *m* (-s) cloak-room
ba'gagedrager *m* (-s) (luggage) carrier
ba'gagekluis *v* (-kluizen) luggage locker
ba'gagenet *o* (-ten) (luggage) rack
ba'gagereçu *o* ('s) luggage ticket
ba'gagerek *o* (-ken) luggage rack
ba'gageruimte *v* boot
ba'gagewagen *m* (-s) luggage van
baga'tel *v* & *o* (-len) trifle, bagatelle, fillip
bagatelli'seren (bagatelliseerde, h. gebagatelli-
seerd) *overg* make light of [a matter]; minimize [the
gravity of ..., its importance], play down
'Bagdad *o* Baghdad, Bagdad
'bagger *v* mud, slush
'baggereiland *o* (-en) dredging rig
'baggeren (baggerde, h. gebaggerd) **I** *overg* dredge;
II *onoverg: door de modder* ~ wade through the mud
'baggerlaarzen *mv* waders
'baggermachine *v* (-s) dredging machine, dredger
'baggermolen *m* (-s) dredger
'baggerschuit *v* (-en) dredge, mud-barge
bah *tsw:* ~! bah!, pooh!, pshaw!, pah!
Ba'hama's *mv: de '* the Bahamas
Bahami'aan *m* (-mianen) Bahamian
Bahami'aans *bn* Bahamian
'bahco *m* ('s) adjustable wrench, adjustable spanner, monkey wrench
Bah'rein *o* Bahrain
Bah'reini *m* (*mv* idem) Bahraini
Bah'reins *bn* Bahraini
'baileybrug *v* (-gen) Bailey bridge
bain-ma'rie *o* zie: *au bain marie*
'baisse *v* fall; *à la* ~ *speculeren* speculate for a fall,
sell short, bear
baissi'er *m* (-s) bear
'bajes *v* gemeenz slammer, can; *in de* ~ in quod, in
the nick, in jug
'bajesklant *m* (-en) jail bird
bajo'net *v* (-ten) bayonet; *met gevelde* ~ with fixed
bayonets
bajo'netsluiting *v* (-en) bayonet catch (joint)
bak *m* (-ken) **1** trough [for animal food, mortar &];
cistern, tank [for water]; bin [for dust]; bucket [of a
dredging-machine]; basket [for bread]; tray [in a
trunk]; body [of a carriage]; **2** ⟨grap⟩ joke, gemeenz
gag; **3** ZN ⟨krat⟩ crate
'bakbeest *o* (-en) colossus
'bakblik *o* (-ken) baking tin
'bakboord *o* port; *aan* ~ port-side, to port; *iem. van*
~ *naar stuurboord zenden* send sbd. from pillar to
post
bake'liet *o* bakelite
bake'lieten *bn* bakelite
'baken *o* (-s) beacon; *als* ~ *dienen* beacon; *de* ~*s verzetten* change one's policy, change one's tack; *de* ~*s*
zijn verzet times have changed
'bakenlicht *o* (-en) beacon light
'baker *v* (-s) monthly nurse, (dry-)nurse

'bakeren (bakerde, h. gebakerd) **I** *overg* swaddle; **II**
wederk: zich ~ bask [in the sun]; zie ook: *gebakerd*
'bakerkind *o* (-eren) infant in arms
'bakermat *v* (-ten) cradle[2] [of democracy]
'bakerpraatjes *mv* old wives' tales, gossip
'bakerrijmpje *o* (-s) nursery rhyme
'bakerspeld *v* (-en) large safety-pin
'bakersprookje *o* (-s) nursery tale, old wives' tale
'bakfiets *m* & *v* (-en) carrier tricycle, carrier cycle
'bakje *o* (-s) gemeenz cup [of coffee]
'bakkebaard *m* (-en) (side-)whisker(s)
bakke'leien (bakkeleide, h. gebakkeleid) *onoverg*
tussle, be at loggerheads
'bakken (bakte, h. gebakken) **I** *overg* (in oven) bake;
⟨in pan⟩ fry; *iem. een poets* ~ play sbd. a trick; **II** *abs
ww* **1** make bread; **2** onderwijs fail [in an examina-
tion], gemeenz plough; *laten* ~ gemeenz pluck
[sbd.], plough [sbd.]; **III** *onoverg* bake [bread]; *aan*
de pan ~ stick to the pan
'bakker *m* (-s) baker
bakke'rij *v* (-en) **1** ⟨waar men bakt⟩ bakery, bakehouse; **2** ⟨winkel⟩ baker's shop
'bakkersknecht *m* (-s en -en) baker's man
'bakkerstor *v* (-ren) cockroach
'bakkerswinkel *m* (-s) baker's shop
'bakkes *o* (-en) gemeenz mug, phiz; *hou je* ~! gemeenz shut up!
'bakkie *o* (-s) **1** ⟨radiozendapparaat⟩ CB, rig; **2** ⟨aan-
hangwagentje⟩ trailer; **3** = *bakje*
'bakmeel *o: zelfrijzend* ~ self-raising (Am -rising)
flour
'Bakoe *o* Baku
'bakoven *m* (-s) (baking) oven
'bakpan *v* (-nen) frying-pan
'bakplaat *v* (-platen) baking sheet
'bakpoeder *o* & *m* baking powder
'baksel *o* (-s) batch, baking
'baksteen *o* & *m* (-stenen) brick; *zinken als een* ~
sink like a stone; *zakken als een* ~ fail ignomini-
ously [in one's exam]
'bakstenen *bn* brick
'bakvis *v* (-sen) teenager (girl)
'bakzeil *o:* ~ *halen* **1** scheepv back the sails; **2** fig
back down, climb down
1 bal *m* (-len) **1** ball [also of the foot]; **2** bowl [solid,
of wood]; **3** ⟨teel~⟩ testicle; *de* ~ *misslaan* miss the
ball; fig be beside (wide of) the mark; *de* ~ *aan het*
rollen brengen set the ball rolling; *er geen* ~ *van we-*
ten gemeenz not know the first thing about it; *geen*
~ *geven om* gemeenz not care a rap (damn, fig)
2 bal *o* (-s) ball; ~ *masqué* masked ball
balan'ceren (balanceerde, h. gebalanceerd) *overg* &
onoverg balance, poise
ba'lans *v* (-en) **1** ⟨weegschaal⟩ balance, (pair of)
scales; **2** techn beam; **3** handel balance-sheet; *de* ~
opmaken **1** handel draw up the balance-sheet; **2** fig
strike a balance
ba'lansopruiming *v* (-en) clearance sale

'**balbezit** *o*: *in* ~ *zijn* have the ball, be in possession of the ball; *op* ~ *spelen* keep the ball

'**balboekje** *o* (-s) (ball) programme, (dance) card

bal'dadig *bn* wanton

bal'dadigheid *v* (-heden) wantonness; *hij deed het uit louter* ~ he did it out of pure mischief

balda'kijn *o & m* (-s en -en) canopy, baldachin

'**balderen** (balderde, h. gebalderd) *onoverg* (v. vogels) court, display, call

Bale'aren *mv* Balearic Islands

ba'lein (-en) **I** *o* (v. walvis) whalebone, baleen; **II** *v* (v. korset) busk; *de* ~*en* ook: the steels [of a corset], the ribs [of an umbrella]

'**balen** (baalde, h. gebaald) *onoverg*: ~ *van iets* <u>*gemeenz*</u> be fed up with sth., be sick of sth., pall with sth.

balg *m* (-en) (leren zak) bellows

'**Bali** *o* Bali

'**balie** *v* (-s) **1** (in 't alg.) bar; **2** (v. kantoor) counter; **3** (v. brug) railing, parapet; *tot de* ~ *toegelaten worden* be called to the bar

'**baliekluiver** *m* (-s) loafer

Bali'nees *m* (-nezen) & *bn* Balinese

'**baljapon** *m* (-nen) ball dress

'**baljuw** *m* (-s) bailiff

'**baljuwschap** *o* (-pen) bailiwick

balk *m* (-en) **1** (in 't alg.) beam; **2** <u>muz</u> staff, stave; **3** <u>herald</u> bar; *dat mag wel aan de* ~ it is to be marked with a white stone; *het geld over de* ~ *gooien* play ducks and drakes with one's money; *het niet over de* ~ *gooien* be rather close-fisted

'**Balkan** *m* **1** (gebergte) Balkan Mountains; **2** (schiereiland) Balkan Peninsula

balkani'seren (balkaniseerde, gebalkaniseerd) **I** (h.) *overg* Balkanize; **II** (h.) *onoverg* be Balkanized

'**Balkanschiereiland** *o* Balkan Peninsula

'**Balkanstaten** *mv* Balkan states, Balkans

'**balken** (balkte, h. gebalkt) *onoverg* **1** (v. ezels) bray; **2** *fig* bawl

bal'kon *o* (-s) **1** (aan huis) balcony; **2** (v. tram) platform; **3** (in schouwburg) balcony, dress circle

bal'lade *v* (-s en -n) **1** ballad; **2** [mediaeval French] ballade

'**ballast** *m* ballast

'**ballen** (balde, h. gebald) **I** *onoverg* **1** ball [= grow into a lump]; **2** (met een bal spelen) play at ball; **II** *overg* ball; *de vuist* ~ clench, double one's fist

'**ballenjongen** *m* (-s) ball boy

'**ballentent** *v* (-en) <u>gemeenz</u> clip joint

balle'rina *v* ('s) ballerina

bal'let *o* ballet

bal'letdanser *m* (-s) ballet dancer

bal'letdanseres *v* (-sen) ballet dancer, ballet girl

'**balletje** *o* (-s) small ball; *een* ~ *over iets opgooien* <u>gemeenz</u> fly a kite, throw out a feeler

bal'letmeester *m* (-s) ballet master

bal'letschool *v* (-scholen) ballet school

'**balling** *m* (-en) exile

'**ballingschap** *v* exile, banishment

ballis'tiek *v* ballistics

bal'listisch *bn* ballistic

bal'lon *m* (-s en -nen) **1** (luchtbal) balloon; **2** (v. lamp) globe

bal'lonband *m* (-en) balloon tire

bal'lonvaarder *m* (-s) balloonist

bal'lonvaart *v* (-en) balloon flight

ballo'tage *v* (-s) ballot(ing), voting by ballot

ballo'teren (balloteerde, h. geballoteerd) *overg* ballot, vote by ballot

'**ballpoint** *m* (-s) zie: *balpen*

Ba'loetsjistan *o* Baluchistan

ba'lorig *bn* petulant, cross; *er* ~ *van worden* get out of all patience with it

ba'lorigheid *v* petulance

'**balpen** *m* (-nen) ballpoint, ball-point pen

balsa'mine *v* (-n) = *balsemien*

'**balsem** *m* (-s) balm², balsam

'**balsemen** (balsemde, h. gebalsemd) *overg* embalm²

balse'mien *v* (-en) balsam

'**balspel** *o* (-spelen) ball game

bal'sturig *bn* obstinate, refractory, intractable, stubborn

'**Baltisch** *bn* Baltic; *de* ~*e Zee* the Baltic

balts *m* <u>dierk</u> display

'**baltstijd** *m* mating season

balu'strade *v* (-s en -n) **1** balustrade [of a terrace &]; **2** banisters [of a staircase]

'**balzaal** *v* (-zalen) ball-room

'**balzak** *m* (-ken) scrotum

'**bamboe** *o & m*, *bn* bamboo

'**bami**, '**bami 'goreng** *m* chow mein

ban *m* (-nen) excommunication; *in de* ~ *doen* **1** (kerkelijk) excommunicate; **2** *fig* put (place) under a ban, proscribe, ostracize; *in de* ~ *van haar schoonheid* under the spell of her beauty

ba'naal *bn* banal, trite, commonplace

ba'naan *v* (-nanen) banana

banali'teit *v* (-en) banality, platitude

ba'nanenrepubliek *v* (-en) banana republic

ba'nanenschil *v* (-len) banana skin (peel)

'**banbliksem** *m* (-s) anathema, excommunication

1 band *o* (stofnaam) tape, ribbon

2 band *m* (-en) **1** tie [for fastening], tape [used in dressmaking and for parcels, documents, sound recording]; fillet, braid [for the hair]; string [of an apron, bonnet &]; **2** (draagband) sling [for injured arm &]; (breukband) truss; **3** (om arm, hoed &) band; **4** (om te verbinden) bandage; **5** (v. ton) hoop; **6** (v. auto, fiets) tyre, tire; **7** <u>bilj</u> cushion; **8** (in de anatomie) ligament; **9** (v. boek) binding, cover; (los) case; [ring, spring] binder; **10** (boekdeel) volume; **11** <u>radio</u> [frequency, wave] band; **12** *fig* tie [of blood, friendship], bond [of love, captivity &], link [with the people, with home]; [political] affiliation; *lopende* ~ <u>techn</u> conveyor (belt), assembly line; *aan de lopende* ~ [murders, novels &]

band

one after another; *iem. aan ~en leggen* put a restraint on sbd.; *aan de ~ liggen* be tied up; *uit de ~ springen* kick over the traces

3 band *m* (-s) <u>muz</u> band

ban'dage *v* (-s) **1** ⟨zwachtel⟩ bandage; **2** ⟨breukband⟩ truss

'bandbreuk *v* (-en) ZN flat tyre

bande'lier *m* (-s en -en) shoulder-belt, bandoleer

'bandeloos lawless, licentious, riotous

'bandenlichter *m* (-s) tyre lever

'bandenpech *m* puncture, tyre trouble

'bandenspanning *v* tyre pressure

bande'rol *v* (-rollen) band [for cigar]

banderol'leren (banderolleerde, h. gebanderolleerd) *overg* band [cigars]

ban'diet *m* (-en) bandit, ruffian, brigand

'bandijzer *o* bale tie, metal strapping

bandi'tisme *o* banditry

'bandje *o* (-s) ⟨v. cassetterecorder⟩ tape

'bandjir *m* (-s) spate

'bandopname *v* (-n en -s) tape recording

'bandopnemer (-s), **'bandrecorder** *m* (-s) tape recorder

'bandplooibroek *v* (-en) pleated pants

'banen (baande, h. gebaand) *overg*: *een weg ~* clear (break) a way; *nieuwe wegen ~* break new ground; *de weg ~ voor* pave the way for; *zich een weg ~ door* make (force, push) one's way through; *zich al strijdend een weg ~* fight one's way; *zie ook: gebaand*

bang I *bn* **1** (in 't alg.) afraid (alléén predicatief); fearful; **2** ⟨schuchter⟩ timorous, timid; **3** ⟨ongerust⟩ anxious; *~ voor* **1** afraid of [death, tigers &], in fear of [a person]; **2** afraid for, fearing for [one's life]; *daar ben ik niet ~ voor* I'm not afraid of that; *~ maken* frighten, make afraid, scare; *~ zijn* be afraid; *~ zijn om...* be afraid to..., fear to...; *~ zijn dat* be afraid that, fear that; *wees maar niet ~!* ook: no fear!; *zie ook: dood; zo ~ als een wezel* as timid as a hare; **II** *bijw* fearfully &

'bangelijk *bn* timid, fearful

'bangerd *m* (-s), **bangerik** *m* (-riken) coward, gemeenz funk

'Bangla'desh *o* Bangladesh

bangmake'rij *v* intimidation

ba'nier *v* (-en) banner, standard

'banjeren (banjerde, h. gebanjerd) *onoverg* **1** ⟨zwerven⟩ wander (about); **2** ⟨met grote stappen lopen⟩ swagger

'banjir *m* (-s) = *bandjir*

'banjo *m* ('s) banjo

bank *v* (-en) **1** ⟨zitbank⟩ bench, [garden] seat; **2** ⟨v. bankstel⟩ settee, couch; **3** ⟨schoolbank⟩ desk; **4** ⟨kerkbank⟩ pew; **5** ⟨mist-, zandbank &⟩ bank; **6** <u>handel</u> bank; *~ van lening* pawnshop; *de ~ houden* keep (hold) the bank; *door de ~ (genomen)* on the average

'bankafschrift *o* (-en) bank statement

'bankbediende *m-v* (-n en -s) bank clerk (official)

'bankbiljet *o* (-ten) bank-note

'bankbreuk *v* (-en) bankruptcy; *bedrieglijke ~* fraudulent bankruptcy

'bankdirecteur *m* (-en) bank manager

'bankdisconto *o* ('s) bank rate, bank discount

ban'ket *o* (-ten) **1** ⟨gastmaal⟩ banquet [= dinner with speeches &]; **2** ⟨gebak⟩ (fancy) cakes, pastry; ⟨met amandelpers⟩ almound pastry

ban'ketbakker *m* (-s) confectioner

banketbakke'rij *v* (-en) confectioner's (shop)

ban'ketletter *v* (-s) pastry letter

banket'teren (banketteerde, h. gebanketteerd) *onoverg* banquet, feast

'bankgeheim *o* banking secrecy

'bankhouder *m* (-s) **1** <u>sp</u> banker; **2** ⟨v. pandhuis⟩ pawnbroker

ban'kier *m* (-s) banker

ban'kieren (bankierde, h. gebankierd) *onoverg* bank

ban'kiershuis *o* (-huizen) banking house

'bankinstelling *v* (-en) banking house

'bankje *o* (-s) **1** ⟨kleine bank⟩ small bench, stool; **2** ⟨bankbiljet⟩ banknote

'bankkluis *v* (-kluizen) bank vault, strongroom

'bankkrediet *o* (-en) bank credit (loan)

'bankloper *m* (-s) bank messenger

'bankoverval *m* (-len) bank raid

'bankpapier *o* paper currency, bank-notes

'bankpas *m* (-sen) bank card

'bankrekening *v* (-en) bank(ing) account

bank'roet *o* (-en) bankruptcy, failure; *~ gaan* become a bankrupt, go bankrupt; *frauduleus ~* frauduleent bankruptcy

bankroe'tier *m* (-s) bankrupt

'bankroof *m* (-roven) bank robbery

'banksaldo *o* ('s en -di) balance [with a bank]

'bankschroef *v* (-schroeven) vice

'bankstel *o* (-len) lounge suite, three-piece suite

'bankwerker *m* (-s) fitter, bench hand

'bankwezen *o* banking

'banneling *m* (-en) exile

'bannen (bande, h. gebannen) *overg* **1** ⟨verbannen⟩ banish[2], exile; **2** ⟨uitdrijven⟩ exorcise [evil spirits]

'bantamgewicht *o* bantam weight

'Bantoe *m* (-s) Bantu

'banvloek *m* (-en) anathema, ban

'baobab *m* (-s) baobab, monkey bread tree

bap'tist *m* (-en) baptist

1 bar *m* & *v* (-s) bar

2 bar I *bn* **1** barren [tract of land]; **2** inclement [weather]; **3** biting [cold]; **4** rough [manner]; *het is ~* it's a bit thick; **II** *bijw* versterkend awfully, very

ba'rak *v* (-ken) <u>mil</u> hut; *~ken* ook: <u>mil</u> barracks

bar'baar *m* (barbaren) barbarian

bar'baars *bn* barbarous, barbaric, barbarian

bar'baarsheid *v* (-heden) barbarousness, barbarity

Barba'daan *m* (-danen) Barbadian

Barba'daans *bn* Barbadian

Bar'bados *o* Barbados
barba'rij *v* barbarism
barba'risme *o* (-n) barbarism
'barbecue *m* (-s) barbecue
'barbecuen (barbecuede, h. gebarbecued) *onoverg* barbecue
bar'beel *m* (-belen) barbel
bar'bier *m* (-s) barber
barbitu'raat *o* (-raten) barbiturate
bard *m* (-en) bard
ba'rema *o* ('s) ZN scale
'baren (baarde, h. gebaard) *overg* give birth to, bring forth, bear [into the world]; *opzien* ~ create a stir; *zorg* ~ cause anxiety, give trouble; zie ook: *oefening*
'barensnood *m: in* ~ in labour, in travail
'barensweeën *mv* throes, pains of childbirth, birth pains, labour pains
ba'ret *v* (-ten) **1** [student's, magistrate's] cap; **2** [soldier's] beret
Bar'goens *o* **1** (thieves') flash; **2** *fig* jargon, gibberish, lingo, gemeenz double Dutch
'baring *v* (-en) delivery, child-birth, parturition
'bariton *m* (-s) baritone
'barium *o* barium
bark *v* (-en) scheepv bark, barque
bar'kas *v* (-sen) launch, longboat
'barkeeper *m* (-s) bar keeper
'barkruk *v* (-ken) bar stool
'barman *m* (-nen) barman, bartender
barm'hartig *bn* merciful, charitable
barm'hartigheid *v* (-heden) mercy, mercifulness, charity; *uit* ~ out of charity
'barnsteen *bn & m* amber
'barnstenen *bn* amber
ba'rok *bn, v* Baroque
'barometer *m* (-s) barometer
'barometerstand *m* (-en) height of the barometer, barometer reading
baro'metrisch *bn* barometric(al)
ba'ron *m* (-nen) baron
baro'nes, *v* (-sen), **baro'nesse** *v* (-n) baroness
baro'nie *v* (-nieën) barony
bar'rage *v* (-s) sp decider; paardensport jump-off
'barrevoets *bn* barefoot
barri'cade *v* (-n en -s) barricade; *een* ~ *opwerpen* raise (put up) a barricade
barrica'deren (barricadeerde, h. gebarricadeerd) *overg* barricade
barri'ère *v* (-s) barrier
bars *bn* stern, hard-featured [look]; grim [aspect]; harsh, gruff, rough [voice]
barst *m & v* (-en) crack, burst, flaw; *geen* ~ gemeenz zie: *zier*
'barsten (barstte, is gebarsten) *onoverg* burst°, crack [of glass &], split [of wood]; chap [of the skin]; *barst!* hell!; *een ~de hoofdpijn* a splitting headache; *(tot)* ~*s (toe) vol* crammed
Bartholo'meusnacht *m* Massacre of St. Bartholomew

'Bartjens, 'Bartjes *m: volgens* ~ according to Cocker
bas (-sen) **1** *v* ⟨instrument⟩ double-bass, contrabass; **2** *m* ⟨zanger⟩ bass
ba'salt *o* basalt, whimstone
bas'cule *v* (-s) weighing machine
'base *v* (-n) base
ba'seren (baseerde, h. gebaseerd) **I** *overg:* ~ *op* base, found, ground on; **II** *wederk: zich* ~ *op* take one's stand on, base one's case on
'bases *meerv.* v. *basis*
'basgitaar *v* (-taren) bass (guitar)
ba'silicum *o* basil
basi'liek *v* (-en) basilica
'basis *v* (-ses en -sissen) **1** ⟨grondslag⟩ basis; **2** wisk, mil base; **3** ⟨legerkamp⟩ base, station; *de* ~ *leggen voor* lay the foundation of; *op* ~ *van* on the basis of, on the principle that
'basisbeurs *v* (-beurzen) (study) grant
'basisch *bn* basic
'basisindustrie *v* (-rieën) basic industry
'basisinkomen *o* (-s) **1** ⟨zonder toeslagen⟩ basic income; **2** ⟨uitkering v.d. staat⟩ guaranteed income
'basisloon *o* (-lonen) basic wage
'basisonderwijs *o* elementary education
'basisschool *v* (-scholen) Br primary school; Am grammar school
Bask *m* (-en) Basque
'Baskenland *o* Basque Country; ⟨in Spanje⟩ Basque Provinces
'basketbal *o* basketball
basketballen (basketballde, h. gebasketbald) *onoverg* play basketball
'Baskisch I *bn* Basque; **II** *o* Basque
bas'kuul *v* (-kules) = *bascule*
bas-reli'ëf *o* (-s) bas-relief, low relief
'bassen (baste, h. gebast) *onoverg* bay, bark
bas'sin *o* (-s) **1** scheepv basin, reservoir; **2** ⟨zwem~⟩ pool
bas'sist *m* (-en) **1** bass (singer); **2** ⟨basspeler⟩ bass player
'bassleutel *m* (-s) bass clef, F-clef
'basstem *v* (-men) bass (voice)
bast *m* (-en) **1** bark, rind [of a tree]; bast [= inner bark]; **2** ⟨v. peulvruchten⟩ pod, husk, shell; *in z'n blote* ~ gemeenz in his birthday suit
'basta *tsw: (daarmee)* ~*!* and there's an end of it!, so there!, enough!
'bastaard *m* (-en en -s) **1** ⟨onecht kind⟩ bastard; **2** dierk, plantk mongrel; **3** plantk hybrid; *tot* ~ *maken* bastardize
bastaar'dij *v* bastardy
'bastaardnachtegaal *m* (-galen) hedge-sparrow
'bastaardras *o* (-sen) mongrel breed
'bastaardsuiker *m* = *bastersuiker*
'bastaardvloek *m* (-en) mild oath
'bastaardwoord *o* loan-word

'**Bastenaken** *o* Bastogne

'**basterd(-)** = *bastaard(-)*

'**basterdsuiker** *m* caster (castor) sugar

basti'on *o* (-s) bastion

'**basviool** *v* (-violen) bass-viol, violoncello

Ba'taaf *m* (-taven) Batavian

Ba'taafs *bn* Batavian

batal'jon *o* (-s) battalion

Bata'vier *m* (-en) Batavian

batch *m* comput batch

'**bate** *v: ten* ~ *van* for the benefit of, in behalf of, in aid of

1 '**baten** *mv* profits; *de* ~ *en lasten* the assets and liabilities

2 '**baten** (baatte, h. gebaat) *overg* avail; *niet(s)* ~ be of no use, of no avail; *wat baat het?* what's the use (the good)?; *daar ben je niet mee gebaat* that will not benefit you, that will not serve your interests; *gebaat worden door...* profit by

'**batig** *bn*: ~ *saldo* credit balance, surplus

'**batikken** (batikte, h. gebatikt) *overg & onoverg* batik

ba'tist *o* batiste, lawn, cambric

ba'tisten *bn* batiste, lawn, cambric

batte'rij *v* (-en) mil, elektr battery

bau'xiet *o* bauxite

bavi'aan *m* (-vianen) baboon

ba'zaar *m* (-s) **1** (oosterse marktplaats) bazaar; **2** (warenhuis) stores; **3** (voor liefdadig doel) bazaar, fancy-fair, jumble-sale

'**Bazel** *o* Basel, Basle

'**bazelen** (bazelde, h. gebazeld) *onoverg* twaddle, drivel

'**bazig** *bn* masterful, bossy

ba'zin *v* (-nen) mistress

ba'zooka *m* ('s) bazooka

ba'zuin *v* (-en) **1** muz trombone; **2** bijbel trumpet

BB *v Bescherming Bevolking* Civil Defense

b.b.h.h. *afk. bezigheden buitenshuis hebbende* away all day [in advertisements]

be'ademen[2] *overg* **1** med apply artificial respiration [to]; **2** breathe upon [a window-pane]

be'ambte *m-v* (-n) functionary, official, employee

be'amen (beaamde, h. beaamd) *overg* say yes to, assent to

be'angstigen (beangstigde, h. beangstigd) *overg* alarm

be'antwoorden[2] *overg & onoverg* answer, reply to [a letter, speaker]; return [love &]; acknowledge [greetings]; *aan de beschrijving* ~ answer (to) the description; *aan het doel* ~ answer (serve), fulfil) the purpose; *aan de verwachtingen* ~ come up to expectations

be'antwoording *v* answering, replying; *ter* ~ *van* in answer (reply) to

'**beautycase** *m* (-s) cosmetic case, vanity case

be'bakenen (bebakende, h. bebakend) *overg* beacon

be'bakening *v* (-en) **1** (de handeling) beaconing; **2** (de bakens) beacons

be'bloed *bn* blood-stained, covered with blood

be'boeten[2] *overg* fine, mulct, amerce

be'bossen (beboste, h. bebost) *overg* afforest

be'bossing *v* afforestation

be'bouwbaar *bn* arable, tillable, cultivable

be'bouwd *bn* **1** built on [plot]; ~*e kom* built-up area; **2** cultivated [land], under cultivation; ~ *met graan* under corn

be'bouwen[2] *overg* **1** build upon [a building plot]; develop [a housing estate]; **2** cultivate, till [the soil, the ground]

be'bouwing *v* (-en) **1** building upon [a plot]; development [of the City of London]; **2** cultivation [of the ground], tillage [of the soil]

be'broeden[2] *overg* brood, sit (on eggs); *bebroed* hard-set [egg]

be'cijferen[2] *overg* calculate, figure out

beconcur'reren[2] *overg* compete with

bed *o* (-den) bed[2]; *het* ~ *houden* stay in bed; *in (zijn)* ~ *in bed; in* ~ *leggen, naar* ~ *brengen* put to bed; *naar* ~ *gaan* go to bed, gemeenz hit the hay (the sack); *met iem. naar* ~ *gaan* sleep with sbd; *aan zijn* ~ at his bedside; *op zijn* ~ on (in) his bed; *te* ~ in bed; *te* ~ *liggen met reumatiek* be laid up (be down) with reumatism

be'daagd *bn* elderly, aged

be'daard *bn* calm, composed, quiet; zie ook: *bedaren*

be'daardheid *v* calmness, composure, quietness

be'dacht *bn*: ~ *zijn op* think of, be mindful (thoughtful) of; *niet* ~ *op* not prepared for

be'dachtzaam *bn* **1** (overleggend) thoughtful; **2** (omzichtig) cautious

be'dachtzaamheid *v* **1** thoughtfulness; **2** cautiousness

be'dankbrief *m* (-brieven) **1** (dankbetuiging) acknowledgement, (letter of) thanks; **2** (weigering) refusal

be'danken[2] **I** *overg* (dank betuigen) thank; **II** *onoverg & abs ww* **1** (zijn dank uitspreken) return (render) thanks; **2** (niet aannemen) decline [the honour &]; **3** (aftreden) resign; **4** (voor tijdschrift, lidmaatschap) withdraw one's subscription, withdraw one's name [from the society]; ~ *voor een betrekking* **1** decline the offer of a post (place); **2** send in one's papers, resign; ~ *voor een uitnodiging* decline an invitation

be'dankje *o* (-s) **1** (dankbetuiging) acknowledgement, (letter of) thanks; **2** (weigering) refusal; *ik heb er niet eens een* ~ *voor gehad* I've not even got a 'thank you' for it

be'dankt *tsw* thanks; *hartelijk* ~*!, reuze* ~*!* thank you very much!, thanks a lot!

be'daren (bedaarde, bedaard) **I** (is) *onoverg* calm down, quiet down, compose oneself; abate, subside [of a storm, tumult &]; **II** (h.) *overg* calm, soothe, quiet, appease, still; assuage, allay [pain]; *tot ~ brengen = bedaren II*; *tot ~ komen = bedaren I*; zie ook: *bedaard*

'**bedbank** *v* (-en) bed-settee

'**beddengoed** *o* bedding, bed-clothes

'**beddenlaken** *o* (-s) sheet

'**beddenpan** *v* (-nen) warming pan

'**beddensprei** *v* (-en) bedspread, counterpane, coverlet

'**beddentijk** (-en) **1** *o* (stof) ticking; **2** *m* (voorwerp) (bed)tick

'**beddenwinkel** *m* (-s) bedroom furniture shop

'**bedding** *v* (-en) **1** bed, watercourse [of a river]; **2** layer, stratum [*mv* strata] [of matter]; **3** mil platform [of a gun], rest

'**bede** *v* (-n) **1** (gebed) prayer; **2** (smeekbede) supplication, appeal, entreaty

be'**deesd** *bn* timid, bashful, shy

be'**deesdheid** *v* timidity, bashfulness, shyness

'**bedehuis** *o* (-huizen) house (place) of worship

be'**dekken**[2] *overg* cover, cover up

be'**dekking** *v* (-en) cover

be'**dekt** *bn* **1** covered [with straw &]; **2** fig veiled [hint]; *op ~e wijze* covertly

bedekt'**zadig** *bn* angiospermous

'**bedelaar** *m* (-s) beggar

'**bedelaarster** *v* (-s), **bedela'res** *v* (-sen) beggar-woman

bedela'**rij** *v* begging

'**bedelarmband** *m* (-en) charm bracelet

'**bedelbrief** *m* (-brieven) begging letter

1 '**bedelen** (bedelde, h. gebedeld) **I** *onoverg* beg; beg (ask) alms, beg charity; *er om ~* beg for it; **II** *overg* beg

2 be'**delen** (bedeelde, h. bedeeld) *overg* endow; *bedeeld met* endowed with, blessed with

be'**deling** *v* (-en) **1** distribution (of alms); **2** fig order, dispensation; *in de ~ zijn, van de ~ krijgen* hist be on the parish; *in deze ~, onder de tegenwoordige ~* in this dispensation, under the present dispensation

'**bedelmonnik** *m* (-niken) mendicant friar

'**bedelnap** *m* (-pen) begging bowl

'**bedelorde** *v* (-n en -s) mendicant order

'**bedelstaf** *m*: *tot de ~ brengen* reduce to beggary

'**bedeltje** *o* (-s) charm [for a bracelet]

be'**delven**[2] *overg* bury; *bedolven onder* fig snowed under with

'**bedelvolk** *o* beggarly people, beggars

'**bedelzak** *m* (-ken) (beggar's) wallet

be'**denkelijk I** *bn* **1** critical, risky [of operations &]; **2** serious, grave [of cases &]; **3** doubtful [of looks &]; **4** questionable [assertion]; *dat ziet er ~ uit* things look serious; *een ~ gezicht zetten* put on a serious (doubtful) face; *een ~e overeenkomst vertonen met...* look suspiciously like...; **II** *bijw* **1** alarmingly [thin &]; **2** suspiciously [alike]

be'**denken**[2] **I** *overg* **1** (niet vergeten) remember,

bear in mind [that]; **2** (overwegen) consider, take into consideration, reflect [that]; **3** (uitdenken) think of, bethink oneself of, devise, invent, contrive, hit upon; **4** (een fooi & geven) remember [the waiter]; *als men bedenkt dat...* considering that...; *een vriend in zijn testament ~* put a friend in one's will; **II** *wederk*: *zich ~* think better of it, change one's mind; *zich wel ~ alvorens te...* think twice before ...ing; *zonder (zich te) ~* without thinking, without hesitation; zie ook: *bedacht*

be'**denking** *v* (-en) objection; *geen ~ hebben tegen* have no objection to...

be'**denktijd** *m* time to consider

be'**derf** *o* **1** corruption [of what is good, of language &]; **2** decay [of a tooth &]; **3** depravation [of morals]; **4** [moral] taint; *aan ~ onderhevig* perishable; *tot ~ overgaan* go bad

be'**derfelijk** *bn* perishable [goods]

be'**derf'werend** *bn* antiseptic

be'**derven** (bedierf, bedorven) **I** (h.) *overg* **1** spoil [a piece of work, a child &]; **2** taint, vitiate [the air]; **3** disorder [the stomach]; **4** corrupt [the language &]; **5** deprave [the morals]; **6** ruin [sbd.'s prospects &]; **7** mar [the effect]; **II** (is) *onoverg* go bad; zie ook: *bedorven*

'**bedevaart** *v* (-en) pilgrimage

'**bedevaartganger** *m* (-s) pilgrim

'**bedevaartplaats** *v* (-en) place of pilgrimage

'**bedgenoot** *m* (-noten) bedfellow

be'**diende** *m-v* (-n en -s) **1** (huis~) servant; **2** (in hotel of restaurant) waiter, waitress, attendant; **3** ZN (kantoor~) employee; **4** (winkel~) assistant

be'**dienen**[2] **I** *overg* **1** serve, attend to [customers]; **2** wait upon [people at table &]; **3** mil serve [the guns]; **4** techn work [a pump], operate [an engine], control [from a distance, electronically]; *een stervende ~* RK administer the last sacraments to a dying man; **II** *wederk*: *zich ~* help oneself [at table]; *zich ~ van* **1** help oneself to [some meat &]; **2** avail oneself of [an opportunity]; use; **III** *onoverg & abs ww* **1** wait (at table); **2** serve (in the shop)

be'**diening** *v* **1** (in hotel &) attendance, service; waiting (at table); **2** mil serving, service [of the guns]; **3** techn working [of a pump], operation [of a machine], [remote] control; **4** RK administration of the last sacraments

be'**dieningsgeld** *o* [15%] service charge, house charge

be'**dierf** (bedierven) V.T. v. *bederven*

be'**dijken** (bedijkte, h. bedijkt) *overg* dam up, dam in, embank

be'**dijking** *v* (-en) embankment, dikes

be'**dilal** *m* (-len) fault-finder, caviller, carper

be'**dillen** (bedilde, h. bedild) *overg* censure, carp at

be'**dillerig**, be'**dilziek** *bn* censorious

be'**dilzucht** *v* censoriousness

be'**ding** *o* (-en) condition, proviso, stipulation; *on-*

der één ~ on one condition

be'dingen[2] *overg* stipulate (that), bargain for [a price], obtain [better terms]; *dat was er niet bij bedongen* that was not included in the bargain

bediscussi'ëren[2] *overg* discuss

be'disselen (bedisselde, h. bedisseld) *overg* arrange [matters], manage

'bedjasje *o* (-s) bed-jacket

bed'legerig *bn* bedridden, laid up, confined to one's bed

bedoe'ïen *m* (-en) Bedouin [*mv* Bedouin]

be'doeld *bn*: *(de)* ~*e...* the... in question

be'doelen[2] *overg* 1 ⟨een bedoeling hebben⟩ mean, intend; 2 ⟨willen zeggen⟩ mean (to say); *het was goed bedoeld* it was meant for the best, I (he) meant it kindly; *hij bedoelt het goed met je* he means well by you; *een goed bedoelde raad* a well-intentioned piece of advice; *ik heb er geen kwaad mee bedoeld!* it was meant for the best, no offence was meant!; *ik begrijp wat je bedoelt* I see your point; *wat bedoelt u daarmee?* what do you mean by it?

be'doeling *v* (-en) 1 ⟨voornemen⟩ intention, design, purpose, aim, recht intent; 2 ⟨betekenis⟩ meaning, purport; *het ligt niet in onze* ~ *om...* we have no intention to...; *met de beste* ~*en* with the best intentions; *met een bepaalde* ~ purposively; *zonder bepaalde* ~ unintentionally; *zonder kwade* ~ no offence being meant; no harm being meant

be'doen[2] *wederk: zich* ~ gemeenz wet one's pants, wet oneself

be'doening *v* ⟨drukte⟩ fuss, to-do; *het was een hele* ~ it was quite a to-do (job)

be'dompt *bn* close, stuffy, frowsty

be'domptheid *v* closeness, stuffiness

be'donderd *bn* 1 ⟨gek⟩ crazy; *ben je nou helemaal* ~? are you crazy, nuts, out of your mind?; 2 ⟨slecht⟩ rotten, beastly; *ik voel me* ~ I feel rotten, awful

be'donderen[1] *overg* cheat, fool

be'dorven I V.D. v. bederven; II *bn*: ~ *kind* spoiled child; ~ *lucht* foul air; ~ *maag* disordered stomach; ~ *vis (vlees)* tainted fish (meat); ~ *zeden* depraved morals

be'dotten (bedotte, h. bedot) *overg* take in, cheat, bilk

be'dotter *m* (-s) cheat

bedotte'rij *v* take-in, trickery, monkey business

be'drading *v* (-en) elektr wiring

be'drag *o* (-dragen) amount; *ten* ~*e van* to the amount of

be'dragen[2] *overg* amount to

be'dreigen[2] *overg* threaten, menace

be'dreiging *v* (-en) threat, menace

be'dremmeld *bn* confused, perplexed

be'dremmeldheid *v* confusion, perplexity

be'dreven *bn* skilful, skilled, experienced, practised, expert; ~ *in* (well) versed in

be'drevenheid *v* skill, skilfulness, expertness; *zijn* ~ *in* his proficiency in

be'driegen (bedroog, h. bedrogen) *overg* 1 ⟨misleiden⟩ deceive, cheat, take in, impose upon; 2 ⟨ontrouw zijn⟩ be unfaithful to [one's husband, one's wife]; *bedrogen echtgenoot* cuckold; *hij heeft ons voor een grote som bedrogen* he has cheated us out of a large amount; *hij kwam bedrogen uit* his hopes were deceived, he was disappointed

be'drieger *m* (-s) deceiver, impostor, cheat, fraud; *de* ~ *bedrogen* the biter bit

bedriege'rij *v* (-en) deceit, deception, imposture, fraud

be'drieglijk *bn* 1 deceitful [acting]; 2 fraudulent [practices]; 3 deceptive, fallacious, delusive [arguments &]

be'drieglijkheid *v* deceitfulness, fraudulence, deceptiveness, delusiveness, fallacy

be'drijf *o* (-drijven) 1 ⟨handeling⟩ action, deed; 2 ⟨beroep⟩ business, trade; 3 ⟨v. toneelstuk⟩ act [of a play]; 4 ⟨exploitatie⟩ working; 5 ⟨nijverheid⟩ industry; 6 ⟨dienst⟩ [gas, railway &] service; 7 ⟨onderneming⟩ business, concern, undertaking, [chemical] works; *buiten* ~ (standing) idle; *buiten* ~ *stellen* close down; *in* ~ in (full) operation; *in* ~ *stellen* put into operation; *onder de bedrijven door* in the meantime, meanwhile

be'drijfsarts *m* (-en) company doctor

be'drijfsauto *m* ('s) commercial vehicle

be'drijfseconomie *v* business economics

be'drijfsgeneeskunde *v* industrial medicine

be'drijfsinstallatie *v* (-s) working plant

be'drijfskapitaal *o* (-talen) working capital

be'drijfsklaar *bn* in working order

be'drijfskosten *mv* working expenses; *vaste* ~ overhead charges

be'drijfskunde *v* business administration

be'drijfsleider *m* (-s) (works) manager

be'drijfsleiding *v* (industrial) management

be'drijfsleven *o* trade and industry

be'drijfsongeval *o* (-len) industrial accident

be'drijfsresultaat *o* (-taten) operating results

be'drijfssluiting *v* (-en) close down

be'drijfstak *m* (-ken) industrial branch

be'drijven[2] (h.) *overg* commit, perpetrate; zie ook: bedreven

be'drijvend *bn* gramm active

be'drijvig *bn* active, busy, bustling

be'drijvigheid *v* activity, stir

'bedrinken[2] *wederk: zich* ~ get drunk, gemeenz get tight, fuddle oneself

be'droefd *bn* sad, sorrowful, grieved

be'droefdheid *v* sadness, sorrow, grief

be'droeven (bedroefde, h. bedroefd) I *overg* give (cause) pain (to), afflict, grieve, distress; *het bedroeft mij dat...* I am grieved (distressed) to learn (see) that...; II *wederk: zich* ~ *(over)* grieve, be grieved (at it, to see &)

be'droevend I *bn* sad, pitiable, deplorable; II *bijw*: ~ *weinig* precious little (few)

be'drog o deceit, deception, imposture, fraud; [optical] illusion; ~ *plegen* cheat [at play &]
be'drogen V.T. meerv. en V.D. v. *bedriegen*
be'droog (bedrogen) V.T. v. *bedriegen*
be'druipen[2] (h.) *overg* baste [meat]; *zich kunnen* ~ pay one's way, be selfsupporting
be'drukken[2] *overg* print (over)
be'drukt bn **1** eig printed [cotton &]; **2** fig depressed, dejected
be'druktheid v depression, dejection
'bedrust v confinement to bed, bedrest
'bedscène v (-s) bedroom scene
'bedsprei v (-en) = *beddensprei*
'bedstede v (-n), **'bedstee** v (-steeën) cupboard-bed
'bedtijd m bedtime
be'ducht bn: ~ *voor* apprehensive of [danger], apprehensive for [his life, safety]
be'duiden[2] *overg* **1** ⟨aanduiden, betekenen⟩ mean, signify; **2** ⟨duidelijk maken⟩ make clear [something to...], indicate; *het heeft niets te* ~ it does not matter; it is of no importance
be'duidend bn considerable
be'duimelen (beduimelde, h. beduimeld) *overg* thumb; *beduimeld* well-thumbed [book]
be'duusd bn dazed, gemeenz flabbergasted, taken aback
be'duvelen (beduvelde, h. beduveld) *overg* fool, hoodwink, double-cross, finagle
be'dwang o restraint, control; *goed in* ~ *hebben* have well in hand; *in* ~ *houden* hold (keep) in check, keep under control; *zich in* ~ *houden* control oneself
'bedwateren I *overg* wet one's bed; **II** o bed-wetting; med enuresis
be'dwelmen (bedwelmde, h. bedwelmd) *overg* stun, stupefy, drug, intoxicate
be'dwelmend bn stunning [beauty]; stupefying; intoxicating [liquor]; ~ *middel* ook: narcotic, drug
be'dwelming v (-en) stupefaction, stupor
be'dwingen[2] **I** *overg* restrain, subdue, control, check, curb; *een oproer* ~ repress (put down, quell) a rebellion; *zijn toorn* ~ contain one's anger; *zijn tranen* ~ keep back one's tears; **II** *wederk: zich* ~ contain oneself, restrain oneself
be'ëdigd bn **1** ⟨v. personen⟩ sworn (in); **2** ⟨v. verklaring⟩ sworn, on oath; ~*e verklaring* affidavit; ~ *makelaar* sworn broker
be'ëdigen (beëdigde, h. beëdigd) *overg* **1** ⟨iem.⟩ swear in [a functionary]; administer the oath to [the witnesses]; **2** ⟨iets⟩ swear to, confirm on oath
be'ëdiging v (-en) **1** swearing in [of a functionary]; **2** administration of the oath [to witnesses]; **3** confirmation on oath
be'ëindigen[2] *overg* **1** ⟨in 't alg.⟩ bring to an end, finish, conclude; **2** terminate [a contract]
be'ëindiging v **1** ⟨in 't alg.⟩ conclusion; **2** termination [of a contract]
beek v (beken) brook, rill, rivulet

'beekje o (-s) brooklet, rill, runnel
beeld o (-en) **1** ⟨spiegelbeeld⟩ image, reflection; **2** ⟨afbeelding⟩ image, picture, portrait; **3** ⟨standbeeld⟩ statue; **4** ⟨zinnebeeld⟩ image, symbol; **5** ⟨redefiguur⟩ figure (of speech), metaphor; **6** ⟨schoonheid⟩ beauty, gemeenz beaut; *zich een* ~ *vormen van* form a notion of, visualize, image to oneself, realize; *in* ~ *brengen* = *afbeelden; naar Gods* ~ *(en gelijkenis) geschapen* created after (in) the image of God
'beeldband m (-en) video-tape
'beeldbuis v (-buizen) cathode tube; *op de* ~ gemeenz on the small screen, on the box
'beeldenaar m (-s) effigy, head [of a coin]
'beeldend bn expressive; pictorial; ~*e kunsten* plastic arts
'beeldendienst m image-worship
'beeldenstorm m iconoclasm
'beeldenstormer m (-s) iconoclast
'beeldhouwen (beeldhouwde, h. gebeeldhouwd) *overg* sculpture
'beeldhouwer m (-s) sculptor
'beeldhouwkunst v sculpture
'beeldhouwwerk o (-en) sculpture
'beeldig bn charming, lovely, sweet
'beeldje o (-s) image, figurine, statuette
'beeldmerk o (-en) ideograph, ideogram
'beeldrijk bn full of images, vivid [style]
'beeldroman m (-s) = *beeldverhaal*
'beeldscherm o (-en) screen
'beeldschoon bn divinely beautiful
'beeldsnijder m (-s) (wood-)carver
'beeldspraak v figurative language, metaphor, imagery
'beeldtelefoon m (-s) videophone
'beeldverhaal o (-halen) comic strip
'beeltenis v (-sen) image, portrait, likeness
beemd m (-en) meadow, field, pasture, plechtig lea
been o **1** (benen) leg; **2** (beenderen) ⟨deel v. geraamte⟩ bone; **3** ⟨stofnaam⟩ bone; *benen maken, de benen nemen* take to one's heels; *het* ~ *stijf houden* stand firm, dig one's toes in, dig in one's heels; *er geen* ~ *in zien om...* make no bones about ...ing, make nothing of ...ing; *met één* ~ *in het graf staan* have one foot in the grave; *met het verkeerde* ~ *uit bed stappen* get out of bed on the wrong side; *op de* ~ *blijven* keep (on) one's feet; *op de* ~ *brengen* levy, raise [an army]; *iem. op de* ~ *helpen* set (put) sbd. on his legs; *op de* ~ *houden* keep going; *zich op de* ~ *houden = op de been blijven; op één* ~ *kan men niet lopen* two make a pair; *op zijn laatste benen lopen* be on one's last legs; *op eigen benen staan* stand on one's own feet (legs); *op de* ~ *zijn* **1** eig be on one's feet; **2** ⟨op zijn⟩ ook: be stirring; **3** ⟨rondlopen⟩ be about, be on the move; **4** ⟨na ziekte⟩ be on one's legs, be up and about again; *vlug (wel) ter* ~ *zijn* be a good walker; *het zijn sterke benen die de weelde kunnen dragen* set a beggar on horseback and he'll

ride to the devil; zie ook: *beentje*

'**beenbeschermer** *m* (-s) leg-guard, pad

'**beenbreuk** *v* (-en) fracture of the leg

'**beendergestel** *o* skeleton, osseous system

'**beendermeel** *o* bone-dust

'**beeneter** *m* (-s) caries, necrosis

'**beenhouwer** *m* (-s) ZN butcher

beenhouwe'rij *v* ZN **1** (-en) ⟨winkel⟩ butcher's shop; **2** ⟨bedrijf⟩ butcher's trade

'**beenkap** *v* (-pen) legging, gaiter

'**beenmerg** *o* bone marrow

'**beenruimte** *v* legroom

'**beentje** *o* (-s) **1** (small) bone; **2** (small) leg; ~ *over rijden* do the outside edge; *iem. (een)* ~ *lichten*) trip sbd. up; *zijn beste* ~ *voorzetten* put one's best foot foremost

'**beenvlies** *o* (-vliezen) periosteum

'**beenwarmer** *m* (-s) leg warmer

'**beenwindsel** *o* (-s) puttee

beer *m* (beren) **1** ⟨roofdier⟩ bear; **2** ⟨mannetjesvarken⟩ boar; **3** ⟨schoor⟩ buttress; **4** ⟨waterkering⟩ dam; **5** ⟨poep⟩ night-soil; *de Grote Beer* the Great Bear, Ursa Major; *de Kleine Beer* the Little Bear, Ursa Minor; *de huid van de* ~ *verkopen voor men hem geschoten heeft* count one's chickens before they are hatched; zie ook: *ongelikt*

'**beerput** *m* (-ten) cesspool, cesspit; *ze hebben een* ~ *geopend* fig they've opened a can of worms

be'ërven² *overg* inherit

beest *o* (-en) **1** ⟨dier in 't alg.⟩ animal; **2** ⟨wild dier⟩ beast; **3** ⟨bruut⟩ beast, brute; **4** bilj fluke, fluky shot; *een* ~ *van een kerel* a brute (of a man); *de* ~ *uithangen* raise hell (the devil, Cain)

'**beestachtig I** *bn* beastly, bestial, brutal, brutish; **II** *bijw* **1** in a beastly way, bestially &; **2** versterkend beastly [drunk, dull, wet]

'**beestenboel** *m*: *een* ~ a beastly mess

'**beestenspel** *o* (-len) menagerie

'**beestenvoeder**, '**beestenvoer** *o* fodder

'**beestenwagen** *m* (-s) cattle-truck

'**beestenweer** *o* beastly weather

'**beestig I** *bn* beastly; **II** *bijw* versterkend beastly

1 beet *m* (beten) **1** ⟨handeling⟩ bite; **2** ⟨hapje⟩ bit, morsel, mouthful; *hij heeft* ~ he has a bite (got a rise)

2 beet (beten) V.T. v. *bijten*

3 beet *v* (beten) = *biet*

'**beethebben**¹ *overg*: *iem.* ~ have got hold of sbd.; zie ook: *beet, beetnemen*

'**beetje** *o* (-s) (little) bit, little; *het* ~ *geld dat ik heb* **1** the little money I have; **2** what money I have; *lekkere* ~*s* titbits, dainties; *alle* ~*s helpen* every little helps; *bij* ~*s* bit by bit, little by little

'**beetkrijgen**¹ *overg* catch; zie ook: *beetpakken*

'**beetnemen**¹ *overg* **1** ⟨voor de gek houden⟩ pull sbd.'s leg; **2** ⟨bedotten⟩ take [sbd.] in; *je hebt je laten* ~ gemeenz you've been had (sold)

'**beetpakken**¹ *overg* seize, take (get) hold of, grip,

grasp

'**beetwortel** *m* (-en en -s) beet(root)

'**beetwortelsuiker** *m* beet(root) sugar

'**beevaart** *v* (-en) = *bedevaart*

bef *v* (-fen) bands

be'faamd *bn* noted, famous, renowned

be'faamdheid *v* fame, renown

'**beffen** (befte, h. gebeft) *overg* gemeenz eat [sbd.]; Am go down on [sbd.]

be'gaafd *bn* gifted, talented

be'gaafdheid *v* (-heden) gifts, talents

1 be'gaan (beging, h. begaan) **I** *overg* **1** ⟨lopen over⟩ walk (upon), tread; **2** ⟨bedrijven⟩ commit [an error], make [a mistake], perpetrate [a crime]; **II** *abs ww: laat hem maar* ~*!* leave him alone!; leave it to him!

2 be'gaan *bn* trodden [path], beaten [track]; ~ *zijn met* feel sorry for, pity; *de begane grond* the ground floor, the ground level; Am the first floor

be'gaanbaar *bn* passable, practicable [pass, road]

be'geerlijk *bn* desirable

be'geerte *v* (-n) **1** (in 't alg.) desire; **2** ⟨seksueel⟩ lust

bege'leiden (begeleidde, h. begeleid) *overg* **1** accompany [a lady]; **2** attend [a royal personage &]; **3** muz accompany, play the accompaniment; **4** mil escort, scheepv convoy; ~*d schrijven* covering letter; ~*de omstandigheden* attendant (concomitant) circumstances

bege'leider *m* (-s) **1** companion; **2** muz accompanist

bege'leiding *v* (-en) accompaniment; *met* ~ *van...* muz to the accompaniment of...

bege'nadigen (begenadigde, h. begenadigd) *overg* **1** ⟨gratie verlenen⟩ pardon, reprieve; **2** ⟨zegenen⟩ bless [with]; *een begenadigd kunstenaar* an inspired (talented) artist

'**begenadiging** *v* (-en) pardon, reprieve

be'geren (begeerde, h. begeerd) *overg* desire, wish, want, covet

begerens'waard, **begerens'waardig** *bn* desirable

be'gerig *bn* **1** (in 't alg.) desirous, covetous, eager; **2** ⟨gulzig⟩ edacious; **3** ⟨inhalig⟩ greedy; ~ *naar* avid of, eager for, greedy of; ~ *om te...* desirous to..., eager to...; ~*e blikken werpen op* cast covetous eyes on

be'gerigheid *v* covetousness, eagerness, greediness, avidity

be'geven² **I** *overg: zijn benen begaven hem* his legs gave way; *zijn krachten* ~ *hem* his strength begins to fail him; *zijn moed begaf hem* his heart sank; **II** *abs ww: de ketting kan het* ~ the chain may give; **III** *wederk: ik zou mij daar niet in* ~ I should not venture on that sort of thing; *zich* ~ *in gevaar* expose oneself to danger; *zich* ~ *naar* go to, repair to, set out (start) [for home]; zie ook: *rust, weg &*

be'gieten *overg* water

be'giftigen (begiftigde, h. begiftigd) *overg* endow [an institution]; *iem.* ~ *met...* endow sbd. with..., confer... on sbd.

be'gijn v (-en), **be'gijntje** o (-s) Beguine

be'gin o beginning, commencement, outset, opening, start, inception; *een ~ van brand* an outbreak of fire; *het ~ van het einde* the beginning of the end; *alle ~ is moeilijk* all beginnings are difficult; *een goed ~ is het halve werk* well begun is half done; *een verkeerd ~* a bad (false) start; *een ~ maken* make a beginning (a start); *een ~ maken met* begin, start [work &]; *bij het ~ beginnen* begin at the beginning; *in het ~* at (in) the beginning [of the year]; at first [all went well]; *al in het ~* at the (very) outset; from the outset [we could not hit it off]; *(in het) ~ (van) januari* at the beginning of January, early in January; *van het ~ af aan* from the first, from the beginning; *van het ~ tot het einde* from beginning to end, from start to finish, throughout

be'ginfase v (-s en -n) initial phase

be'ginletter v (-s) initial

be'ginneling m (-en) beginner, tyro, novice

be'ginnen (begon, is begonnen) **I** *overg* begin, commence, start; *een school ~* open a school; *wat moet ik ~?* what to do?; *wat ben ik begonnen!* what have I let myself in for!; **II** *onoverg* **1** (in 't alg.) begin, start; **2** set in [of winter]; **3** come on [rain, illness, night]; *begin maar!* go ahead!; *zij zijn begonnen!* they started it!; *om te ~ ...* to begin with..., to start with..., for a start...; *aan iets ~* begin (up)on sth., begin sth.; *daar begin ik niet aan* I don't go in for that sort of thing; *met iets ~* begin with sth.; *~ met te zeggen dat...* begin by saying that...; *er is niets met hem te ~* he is quite unmanageable; *er is niets mee te ~* **1** it won't do, it's hopeless; **2** I can make nothing of it; *om te ~...* to begin with..., to start with; *men moet iets hebben om te ~* to start upon; *~ (te praten) over* begin (start) on, broach [a subject, politics]; *van voren af aan ~* begin [it] over again; start afresh [in business]; *voor zich zelf ~* set up (start) for oneself; *met Frans ~* take up French; *~ te drinken* **1** (eenmalig) begin to drink, begin drinking; **2** (als gewoonte) take to drinking (drink)

be'ginner m (-s) beginner, tyro, novice

be'ginpunt o (-en) starting point

be'ginsalaris o (-sen) commencing salary

be'ginsel o (-en en -s) principle; *de (eerste) ~en* the elements, the rudiments; the ABC [of science]; *in ~* in principle; *uit ~* on principle

be'ginselloos *bn* without principle(s); *geringsch* unprincipled

be'ginselvast *bn* firm in one's principle(s)

be'ginselverklaring v (-en) platform [of a party], statement (declaration) of policy

be'ginsignaal o (-nalen) starting signal

be'ginsnelheid v (-heden) initial velocity

be'ginstadium o (-s en -dia) initial stage

be'gluren [2] *overg* spy upon, peep at; ogle [a girl]

be'gon (begonnen) V.T. v. *beginnen*

be'gonia v ('s) begonia

be'gonnen V.T. meerv. en V.D. v. *beginnen*

be'goochelen [2] *overg* bewitch, delude

be'goocheling v (-en) spell, delusion

be'graafplaats v (-en) burial-ground, cemetery, churchyard, graveyard

be'grafenis v (-sen) funeral, burial, interment

be'grafenisgezicht o (-en) funereal expression

be'grafeniskosten *mv* funeral expenses

be'grafenisondernemer m (-s) undertaker, mortician

be'grafenisonderneming o (-en) undertaker's business

be'grafenisplechtigheid v (-heden) **1** (in 't alg.) funeral ceremony; **2** (kerkelijk) burial-service

be'grafenisstoet m (-en) funeral procession

be'graven [2] *overg* bury, *plechtig* inter

be'grensd *bn* limited

be'grenzen [2] *overg* **1** (de grens vormen van) bound; **2** (beperken) limit

be'grenzing v (-en) limitation

be'grijpelijk *bn* understandable, comprehensible, intelligible

begrijpelijker'wijs, begrijpelijker'wijze *bijw* understandably, for obvious reasons

be'grijpelijkheid v comprehensibility, intelligibility

be'grijpen [2] *overg* understand, comprehend, conceive, grasp; *verkeerd ~* misunderstand; *alles inbegrepen* all included, inclusive (of everything); *het niet op iem. begrepen hebben* have no friendly feelings towards sbd.; *dat kun je ~! gemeenz* not likely!

be'grinden (begrindde, h. begrind), **be'grinten** (begrintte, h. begrint) *overg* gravel

be'grip o (-pen) **1** (idee) idea, notion, conception; **2** (bevatting) understanding, comprehension, apprehension; *kort ~* summary, epitome; *traag van ~* slow in the uptake; *zich een ~ van iets vormen* form an idea (a notion) of sth.; *dat gaat mijn ~ te boven* it passes my understanding, it is beyond my comprehension, it is beyond me; *~ hebben voor* appreciate [other people's problems], sympathize with [your difficulties], be understanding of [their point of view]; *volgens mijn ~pen* according to my notions of...

be'gripsverwarring v (-en) confusion of ideas

be'groeid *bn* overgrown, grown over (with), covered (with)

be'groeiing v (-en) vegetation

be'groeten [2] *overg* salute, greet; *gaan ~* (go and) pay one's respects to...

be'groeting v (-en) salutation, greeting

be'grotelijk *bn* expensive

be'groten (begrootte, h. begroot) *overg* estimate (*op* at)

be'groting v (-en) estimate; *de ~* the budget, the [Army, Navy, Air] estimates

be'grotingspost m (-en) item on a budget

be'grotingstekort v (-en) budgetary deficit

be'gunstigde m-v (-n) beneficiary

begunstigen

be'gunstigen (begunstigde, h. begunstigd) *overg*
1 (bevoordelen) favour; **2** (zedelijk steunen) countenance

be'gunstiger (-s) *m* patron

be'gunstiging (-en) *v* **1** (in 't alg.) favour, patronage, preferential treatment; **2** (voortrekkerij) favouritism; *onder ~ van...* favoured by..., under favour of [(the) night]

be'ha *m* ('s) bra

be'haaglijk *bn* pleasant, comfortable; *gemeenz*
snug

be'haagziek *bn* coquettish

be'haagzucht *v* coquetry

be'haard *bn* hairy, hirsute

be'hagen I (behaagde, h. behaagd) *overg* please; **II** *o*
pleasure; *~ scheppen in* find pleasure in, take delight (pleasure) in

be'halen *overg* obtain, gain, win; *eer ~ aan* gain
credit by; zie ook: *overwinning, prijs, winst*

be'halve *voegw* **1** (uitgezonderd) except, but, save,
apart from; **2** (naast) besides, in addition to

be'handelen[2] *overg* **1** (iem.) treat [well, ill]; deal
[cruelly &] with (by); (ruw) knock about; handle
[kindly, roughly]; attend [medically]; **2** (iets) handle, manipulate [an instrument]; treat [a sprained
ankle]; treat of [a subject]; deal with [a case, a matter, a question]; *recht* hear [civil cases], try [crimi-
nal cases]

be'handeling *v* (-en) treatment [of a man, a pa-
tient]; [medical] attendance; handling [of an in-
strument]; discussion [of a bill], *recht* hearing [of a
civil case], trial [of a criminal case]; *de zaak is in ~*
the matter is being dealt with, under discussion;
wanneer zal de zaak in ~ komen when will the matter come up for discussion (be dealt with)?; *hij is
onder ~* he is under medical treatment

be'handelkamer *v* (-s) consulting room

be'hang *o* = *behangsel*

be'hangen[2] *overg* **1** hang [with festoons]; **2** paper
[a room]

be'hanger *m* (-s) **1** (in 't alg.) paper-hanger; **2** (behanger en stoffeerder) upholsterer

be'hangsel *o* (-s), **be'hangselpapier** *o* (-en) (wall-)
paper

be'happen *onoverg: iets niet kunnen ~* not be able to
deal with sth.

be'hartigen (behartigde, h. behartigd) *overg* **1** (zorgen voor) look after, attend to; **2** (bevorderen) promote, further

be'hartiging *v* promotion, care

be'heer *o* management, control, direction, administration; *in eigen ~* under direct management; *onder
zijn ~* **1** under his management &; **2** during his
administration

be'heerder *m* (-s) manager, director, administrator;
~ van een failliete boedel trustee

be'heersen[2] **I** *overg* command, master [one's pas-
sions], control [oneself], dominate [a man, the sur-

rounding country], rule, govern, sway [a people
&]; be master of [a language, of the situation]; **II**
wederk: zich ~ control oneself

be'heersing *v* (-en) command [of a language], control, dominion, sway, rule

be'heerst *bn* **1** (kalm) self-possessed, composed,
restrained; **2** (gematigd) controlled

be'heksen[2] *overg* bewitch

be'helpen[2] *wederk: zich ~* make shift, make do,
manage to get on

be'helzen (behelsde, h. behelsd) *overg* contain, *~de
dat...* to the effect that...

be'hendig *bn* dext(e)rous, deft, adroit

be'hendigheid *v* (-heden) dexterity, deftness, skill,
adroitness

be'hept *bn: ~ met* amicted with, troubled with, affected with

be'heren (beheerde, h. beheerd) *overg* manage, control [affairs], superintend; administer [an estate],
conduct [a business]; *~d vennoot* managing (acting)
partner

be'hoeden[2] *overg* protect, guard, preserve (*voor*
from)

be'hoedzaam *bn* prudent, cautious, wary

be'hoedzaamheid *v* prudence, caution, cautiousness, wariness

be'hoefte *v* (-n) want, need [of money, for quiet]; *~
hebben aan* stand in need of, be in want of, want;
zijn ~ doen relieve oneself (nature), do one's needs;
zie ook: *voorzien*

be'hoeftig *bn* needy, indigent, destitute; *in ~e omstandigheden* in penury

be'hoeve: *ten ~ van* for the benefit of, in behalf of,
in aid of

be'hoeven[2] *overg* want, need require; *men behoeft
niet te ...om* there is no need to ..., it is not necessary to ...; *er behoeft niet gezegd te worden dat...* there
is no occasion (for me) to say that...; *het behoeft
geen betoog* it goes without saying

be'hoorlijk I *bn* proper, fit(ting); decent [coat, salary &]; siz(e)able [piece, cupboard]; *~e kennis van...*
fair knowledge of ..; **II** *bijw* properly, decently; *versterkend* pretty [cold]

be'horen[2] **I** *onoverg* **1** (toebehoren) belong to;
2 (betamen) be fit (proper); *je behoort (behoorde) te
gehoorzamen* you should (ought to) obey; *~ bij* go
with; *bij elkaar ~* belong together; *~ tot de besten*
be among the best; **II** *znw: naar ~* as it should be,
duly, properly, fittingly; zie ook: *toebehoren*

be'houd *o* **1** preservation [of one's health]; **2** conservation [of energy]; **3** salvation [of the soul &];
met ~ van zijn salaris on full pay, [holidays] with
pay

1 be'houden[2] *overg* keep, retain, preserve

2 be'houden *bn* safe, safe and sound

be'houdend *bn* conservative [party]

be'houdens *voorz* except for, but for; barring [mis-
takes &]; *~ nadere goedkeuring van...* subject to the

approval of...; ~ *onvoorziene omstandigheden* if no unforeseen circumstances arise; ~ *zijn recht om...* without prejudice to his right to...

be'houdzucht *v* conservatism

be'huild *bn* tear-stained [eyes], blubbered [face]

be'huisd *bn:* klein ~ *zijn* be confined (cramped) for room, live at close quarters; *ruim ~ zijn* have plenty of room

be'huizing *v* (-en) **1** ⟨huisvesting⟩ housing; **2** ⟨huis⟩ house, dwelling

be'hulp *o:* met ~ *van* with the help (assistance) of [friends], with the aid of (crutches)

be'hulpzaam *bn* helpful, obliging, ready to help; *iem. ~ zijn (bij...)* help, assist sbd. (in...); *iem. de behulpzame hand bieden* hold out a helping hand to sbd., lend sbd. a helping hand

be'huwd *bn* [brother &] in-law

'beiaard *m* (-s en -en) chimes, carillon

beiaar'dier *m* (-s) carillon player

'beide *telw* both; *met ons ~n* we two, the two of us; *met ons ~n kunnen wij dat wel* between us; *een van ~(n)* one of the two, either; *geen van ~(n)* neither; *wij, jullie ~n* both of us, both of you; *ons ~r vriend* our mutual friend; *in ~ gevallen* in either case

'beiden (beidde, h. gebeid) *overg* vero abide, wait for

'beiderlei *bn* of both sorts; *op ~ wijs* both ways, either way; *van ~ kunne* of both sexes, of either sex

'beiderzijds *bn* on both sides

'Beier *m* (-en) Bavarian

'beieren (beierde, h. gebeierd) *onoverg (& overg)* chime, ring (the bells)

'Beieren *o* Bavaria

'Beiers *bn* Bavarian

'beige *bn* & *o* beige

beig'net *m* (-s) fritter

be'ijveren[2] *wederk:* zich ~ om... do one's utmost to..., lay oneself out to...

be'ijzeld *bn* icy [roads]

be'ïnvloeden (beïnvloedde, h. beïnvloed) *overg* influence, affect

Bei'roet *o* Beirut, Beyrouth

'beitel *m* (-s) chisel

'beitelen (beitelde, h. gebeiteld) *overg* chisel [a block of marble]

beits *m* & *o* (-en) mordant, stain

'beitsen (beitste, h. gebeitst) *overg* stain

be'jaard *bn* aged

be'jaarden *mv* the aged, old people

be'jaardenpas *m* (-sen), **be'jaardenpaspoort** *o* (-en) senior citizen's pass; *Am* senior citizen's reduction card

be'jaardentehuis *o* (-huizen) old people's home

be'jaardenzorg *v* care for the aged

be'jammeren[2] *overg* deplore, bewail, lament

be'jegenen (bejegende, h. bejegend) *overg* use [ill &], treat [politely &]

be'jegening *v* (-en) treatment

be'jubelen[2] *overg* cheer, acclaim, extol

bek *m* (-ken) mouth [of a horse &, also techn]; beak, bill [of a bird]; snout [of fish &]; jaws [of a vice]; bit [of pincers]; *hou je ~!* shut up!; *een grote ~ hebben* be rude, be impudent; zie ook: *mond*

be'kaaid *bn:* er ~ *afkomen* come off badly, fare badly

'bekaf *bn* knocked up, done up, dog-tired

be'kakt *bn* haughty, supercilious

be'kapping *v* (-en) roofing

be'keerde *m* (-n) = bekeerling

be'keerling *m* (-en) convert, proselyte

be'kend *bn* **1** known; **2** ⟨welbekend⟩ well-known, noted, famous [author &], versterkend notorious [criminal]; familiar [face, ground]; ~ *(zijn) in Amsterdam* (be) acquainted or known in A.; ~ *met* acquainted with, familiar with; *als ~ aannemen (veronderstellen)* take for granted; *iem. met iets ~ maken* acquaint sbd. with sth.; ~ *worden* **1** ⟨v. personen⟩ become known; **2** ⟨v. geheim⟩ become known, get about (abroad); *met iem. ~ raken* get acquainted with sbd.; ~ *zijn* be known; *het is* ~ it is a well-known fact; ~ *zijn om* be known for; *het is algemeen* ~ *it* is a matter of common knowledge; *er zijn gevallen* ~ *van...* there are cases on record of...; ~ *zijn (staan) als...* be known as...; ~ *staan als de bonte hond* have a bad reputation; *ik ben hier (goed)* ~ I know the place (well), I know these parts; *ik ben hier niet* ~ I am a stranger (to the place); *voorzover mij* ~ as far as I know, for all I know; to (the best of) my knowledge

be'kende *m-v* (-n) acquaintance

be'kendheid *v* acquaintance, conversance, familiarity [with French, a fact &]; ~ *geven aan* make public; *grote ~ genieten* be widely known

be'kendmaken *overg* **1** ⟨wereldkundig maken⟩ announce, make known, publish; **2** ⟨onthullen⟩ reveal, disclose

be'kendmaking *v* (-en) announcement, notice [in the papers]; publication [of a report]; [official] proclamation

be'kennen[2] **I** *overg* confess, own, admit [one's guilt]; bijbel know [a woman]; *er was geen huis te ~* there was no sign of a house, there was not a house to be seen; *de moord ~* confess to the murder; *kleur* ~ follow suit [at cards]; **II** *abs ww* recht plead guilty

be'kentenis *v* (-en) confession, admission, avowal; *een volledige ~ afleggen* make a full confession; make a clean breast [of...]

'beker *m* (-s) **1** ⟨drink~ & als prijs⟩ cup, chalice, goblet, beaker, bowl; **2** mug [of cocoa]; **3** ⟨v. dobbelstenen⟩ dicebox

1 be'keren[2] **I** *overg* convert[2]; reclaim [a sinner]; proselytize; **II** *wederk:* zich ~ **1** ⟨tot een godsdienst⟩ be converted, become a convert; **2** ⟨v. zondaar⟩ reform, repent

2 'bekeren (bekerde, h. gebekerd) *onoverg* sp play in

767

bekering

a cup

be'kering v (-en) **1** ⟨tot een geloof⟩ conversion; **2** ⟨v. zondaar⟩ reclamation

'**bekerwedstrijd** m (-en) cup match, cup tie

'**bekerwinnaar** m (-s) cup winner

be'keuren² overg: iem. ~ give sbd. a ticket, take sbd.'s name

be'keuring v (-en) ticket

be'kijk o: veel ~s hebben attract a great deal of notice

be'kijken² overg look at, view; de zaak van alle kanten ~ turn the matter over in one's mind; zo heb ik het nog niet bekeken I have not thought of it that way

be'kisting v (-en) ⟨v. beton⟩ shuttering, formwork

'**bekken** o (-s) **1** ⟨schotel⟩ bowl, basin; **2** anat pelvis; **3** muz cymbal; **4** ⟨v. rivier⟩ (catchment) basin

bekke'nist m (-en), '**bekkenslager** m (-s) muz cymbalist

'**bekketrekken** onoverg clown

be'klaagde m-v (-n) (the) accused

be'klaagdenbankje o (-s) dock

be'kladden² overg **1** ⟨in 't alg.⟩ bespatter, blot; **2** fig asperse, smear, slander [a person]

be'klag o complaint; zijn ~ doen over ... bij complain of ... to ...; zijn ~ indienen (bij) lodge a complaint (with)

be'klagen² **I** overg **1** ⟨iets⟩ lament, deplore; **2** ⟨iem.⟩ pity, commiserate; **II** wederk: zich ~ complain; zich ~ over... bij... complain of... to...

beklagens'waard, beklagens'waardig bn (much) to be pitied, pitiable, lamentable

be'klant bn: goed ~e winkel well-patronized shop

be'kleden² overg **1** ⟨bedekken⟩ clothe, cover, upholster [chairs], drape, dress [a figure]; coat, line [with tinfoil], face [with layer of other material]; metal, sheathe [a ship's sides]; techn lag [a boiler to prevent loss of heat]; **2** fig ⟨innemen⟩ hold, fill [a place], occupy [a post]; ~ met endow with, (in)vest with [power]

be'kleding v (-en) clothing, covering &, upholstery [of chairs]

be'klemd bn ⟨benauwd⟩ oppressed; ~e breuk med strangulated hernia

be'klemdheid v oppression

be'klemmen² overg oppress

be'klemming v (-en) **1** ⟨angst⟩ oppression; **2** med strangulation; **3** ⟨op de borst⟩ constriction

be'klemtonen (beklemtoonde, h. beklemtoond) overg stress², fig emphasize

be'klijven (beklijfde, h. en is beklijfd) onoverg remain, stick

be'klimmen² (h.) overg **1** climb [a tree, a mountain]; **2** mount [a throne]; **3** ascend [a mountain, the throne]; **4** scale [a wall]

be'klimming v (-en) climbing, mounting, ascent

be'klinken² overg fig **1** settle [an affair]; **2** clinch [the deal, a question]; de zaak was spoedig beklonken

the matter was soon settled

be'kloppen² overg **1** ⟨in 't alg.⟩ tap; **2** med percuss, sound

be'knellen² overg pinch; bekneld raken get jammed, get wedged

be'knibbelen² overg pinch [sbd. for food], skimp, stint [sbd. in money, praise &]

be'knopt bn concise, brief, succinct

be'knoptheid v conciseness, briefness, brevity, succinctness

be'knorren² overg chide, scold

be'knotten² overg curtail

be'kocht bn: ik voelde mij ~ I felt taken in; hij is er aan ~ he has paid too dear for it; u bent er niet aan ~ you have got your money's worth; zie ook: bekopen

be'koelen² overg (h.) & onoverg (is) cool (down)²

be'kogelen² overg pelt [with eggs &]

be'kokstoven (bekokstoofde, h. bekokstoofd) overg = bekonkelen

be'komen I (h.) overg **1** ⟨krijgen⟩ get, receive, obtain; **2** ⟨v. spijzen⟩ agree with, suit; dat zal je slecht ~ you will be sorry for it; **II** (is) onoverg recover [from the shock]

be'kommerd bn concerned, anxious

be'kommeren (bekommerde, h. bekommerd) wederk: zich ~ om (over) care about, trouble about, be anxious about; zonder zich te ~ om heedless of, regardless of

be'kommernis v (-sen) anxiety, solicitude, trouble, care

be'komst v: zijn ~ hebben (van) gemeenz be fed up with

be'konkelen² overg plot, hatch, scheme

be'koorlijk bn charming, enchanting

be'koorlijkheid v (-heden) charm, enchantment

be'kopen² overg: hij moest het met de dood ~ he had to pay for it with his life; zie ook: bekocht

be'koren (bekoorde, h. bekoord) overg charm, enchant, fascinate; RK tempt; dat kan mij niet ~ that does not appeal to me

be'koring v (-en) charm, enchantment, fascination; RK temptation; onder de ~ komen van fall under the spell of

be'korten² overg **1** shorten [a distance]; **2** abridge [a book]; **3** cut short [a speech]

be'korting v (-en) shortening, abridgement

be'kostigen (bekostigde, h. bekostigd) overg defray (bear) the cost of, pay the expenses of; dat kan ik niet ~ I cannot afford it

be'krachtigen (bekrachtigde, h. bekrachtigd) overg **1** confirm [a statement]; **2** ratify [a treaty]; **3** sanction [a custom, a law]

be'krachtiging v (-en) confirmation; ratification; sanction; [royal] assent

be'krassen² overg scratch (all) over

be'kreunen wederk: zich ~ = zich bekommeren

be'krimpen² (h.) wederk: zich ~ cut down [on

food]

bekriti'seren[2] *overg* criticize, censure

be'krompen *bn* 1 〈personen, geest〉 narrow-minded, narrow; 2 〈beginselen〉 hidebound; 3 confined [space]; 4 slender [means], straitened [circumstances]

be'krompenheid *v* narrow-mindedness

be'kronen[2] *overg* 1 〈mooi beëindigen〉 crown; 2 〈boeken, films &〉 award a (the) prize to; zie ook: *bekroond*

be'kroning *v* (-en) 1 crowning; 2 award, prize

be'kroond *bn* prize (winning) [bull, poem, essay, fellowship]

be'kruipen[2] (h.) *overg*: *de lust bekroop hem om...* a desire to... came over him

'bekvechten *onoverg* wrangle, squabble

be'kwaam *bn* capable, able, clever, fit

be'kwaamheid *v* (-heden) capability, ability, capacity, aptitude, skill, proficiency; *zijn bekwaamheden* his capacities (faculties, abilities, accomplishments)

be'kwaamheidsgetuigschrift *o* (-en) ZN certificate of aptitude

be'kwamen (bekwaamde, h. bekwaamd) *wederk*: *zich ~* 1 fit oneself, qualify [for a post]; 2 read [for an examination]

bel *v* (-len) 1 〈v. metaal〉 bell; 2 〈luchtblaasje〉 bubble; zie ook: *kat*

be'labberd *bn bijw* = *beroerd*

be'lachelijk I *bn* ridiculous, ludicrous, laughable; *~ maken* ridicule; *zich ~ maken* make oneself ridiculous, make a fool of oneself; II *bijw* ridiculously

be'laden[2] *overg* load, lade, burden[2]

be'lagen (belaagde, h. belaagd) *overg* threaten, beset

be'lager *m* (-s) enemy, attacker

be'landen[2] (is) *onoverg* land; *waar is mijn pen beland?* what has become of my pen?; *doen ~* land

be'lang *o* (-en) 1 〈voordeel〉 interest; 2 〈belangrijkheid〉 importance; *~ hebben bij* have an interest in, be interested in; *er ~ bij hebben om...* find it one's interest to...; *~ stellen in* take an interest in, be interested in, interest oneself in; *~ gaan stellen in* become interested in; *ik doe het in uw ~* I do it in your interest; *het is in ons aller ~* it is to the interest of all of us; *het is van ~* it is important, it is of importance; *van groot ~* of consequence; *van geen ~* of no importance; *van het hoogste ~* of the first (of vital) importance; *van weinig ~* of little consequence (moment)

be'langeloos *bn* disinterested

be'langenconflict *o* (-en) clash of interests

be'langengemeenschap *v* (-pen) community of interests

be'langengroep *v* (-en), **be'langengroepering** *v* (-en), **be'langenorganisatie** *v* (-s) interest group, pressure group, lobby

be'langensfeer *v* (-sferen) sphere of interests

belang'hebbende *m-v* (-n) party concerned, party interested

be'langrijk I *bn* important, of importance; considerable [amount &]; marked [difference]; *een ~ man* a man of weight, a notability; II *bijw* versterkend considerably [better &]

be'langrijkheid *v* importance

belang'stellend I *bn* interested; II *bijw* with interest

belang'stellenden *mv* those interested

be'langstelling *v* interest (*voor* in); *bewijzen (blijken) van ~* marks of sympathy; *iems. ~ wekken voor* interest sbd. in; *met ~* with interest

belang'wekkend interesting

be'last *bn*: *~ en beladen* heavy-laden, heavily loaded; *erfelijk belast zijn* have a hereditary taint; *een erfelijk ~e* a victim of heredity

be'lastbaar *bn* dutiable [at the custom-house], taxable [income, capital, profits], assessable, rat(e)able [property]

be'lasten (belastte, h. belast) I *overg* 1 〈last opleggen〉 burden; 2 *techn* load; 3 〈belasting opleggen〉 tax [subjects], rate [city people]; impose a tax on [liquors]; 4 *handel* debit [with a sum]; *iem. met iets ~* charge sbd. with sth.; *belast zijn met (de zorg voor)* be in charge of; II *wederk*: *zich ~ met* undertake, take upon oneself, charge oneself with

be'lastend *bn* incriminating [evidence]

be'lasteren[2] *overg* calumniate, slander, malign, defame

be'lastering *v* (-en) calumniation, defamation

be'lasting *v* (-en) 1 〈het belasten〉 burdening; taxation [of subjects]; 2 *techn* weight, load [on arch &]; 3 〈rijks~〉 tax(es); duty [on petrol]; 〈gemeentelijk〉 rates; 4 〈de dienst, de fiscus〉 inland revenue; *~ over de toegevoegde waarde* zie BTW; *~ heffen van* levy a tax (taxes) on; *in de ~ vallen* be liable to taxation

be'lastingaangifte *v* (-n) (tax) return

be'lastingaanslag *m* (-slagen) assessment

be'lastingaftrek *m* tax deduction

be'lastingambtenaar *m* (-s en -naren) tax official, revenue official

be'lastingbetaler *m* (-s) taxpayer, ratepayer

be'lastingbiljet *o* (-ten) notice of assessment

be'lastingconsulent *m* (-en) tax consultant

be'lastingdruk *m* tax burden

be'lastingfaciliteit *v* (-en) tax relief (concession)

be'lastinginspecteur *m* (-s) assessor

be'lastingjaar *o* (-jaren) fiscal year

be'lastingkantoor *o* (-toren) tax-collector's office

be'lastingontduiking *v* tax-evasion, tax-dodging

be'lastingparadijs *o* (-dijzen) tax haven

belasting'plichtig *bn* taxable, ratable; *~en* taxpayers, ratepayers

be'lastingschuld *v* (-en) tax(es) due

be'lastingstelsel *o* (-s) system of taxation, tax system, fiscal system

be'lastingverhoging v (-en) tax increase; Am tax hike

be'lastingverlaging v (-en) tax abatement (relief, reduction)

be'lastingvrij bn tax-free, duty-free

be'lazeren (belazerde, h. belazerd) overg gemeenz cheat, swindle, defraud; ben je belazerd? are you mad?

'**belboei** v (-en) bell-buoy

be'ledigen (beledigde, h. beledigd) overg insult, affront, offend, hurt [one's feelings], (grof) outrage

be'ledigend bn offensive, insulting, opprobrious; ~ worden gemeenz become (get) personal

be'lediging v (-en) 1 (v. iem.) insult, affront; 2 (v. gevoelens) offence, outrage

be'leefd I bn polite, civil, courteous; II bijw politely &; wij verzoeken u ~ we kindly request you; ~ maar dringend gently but firmly

be'leefdheid v (-heden) politeness, civility, courteousness, courtesy; de burgerlijke ~ common politeness; beleefdheden civilities, compliments; dat laat ik aan uw ~ over I leave it to your discretion

be'leefdheidsbezoek o (-en) courtesy visit

beleefdheids'halve bijw out of politeness, out of courtesy

be'leefdheidsvorm m (-en) 1 (vormelijkheid) form of etiquette; 2 (aanspreekvorm) form of address

be'leenbaar bn pawnable

be'leenbrief m (-brieven) pawn ticket

be'leg o 1 mil siege; 2 = broodbeleg; het ~ slaan voor lay siege to; zie ook: opbreken, staat &

be'legen bn 1 matured [cigars, wine &]; 2 ripe [cheese]; 3 stale [bread]

be'legeraar m (-s) besieger

be'legeren [2] overg besiege

be'legering v (-en) siege

be'leggen [2] overg 1 cover, overlay [with a coating of...]; 2 invest [money]; 3 (bijeenroepen) convene, call [a meeting]; 4 (op touw zetten) arrange [a meeting]

be'legger m (-s) handel investor

be'legging v (-en) handel investment

be'leggingsfondsen mv 1 (maatschappij) investment fund; 2 (effect) ± gilt-edged securities

be'legsel o (-s) trimming [of a gown]

be'legstuk o (-ken) lining piece

be'leid o 1 (voorzichtigheid) prudence, discretion, generalship; 2 (politiek) [foreign] policy; met ~ te werk gaan proceed tactfully

be'leidsnota v ('s) (policy) note

be'lemmeren (belemmerde, h. belemmerd) overg hamper, hinder, impede, obstruct, stand in the way of; in de groei belemmerd stunted in growth

be'lemmering v (-en) hindrance, impediment, obstruction, handicap, obstacle

be'lendend bn adjacent, adjoining, neighbouring

be'lenen [2] overg pawn; borrow money on [securities]

be'lening v (-en) pawning; loan against security

be'lerend bn lecturing, didactic

be'let o: ~! don't come in!, occupied!; ~ geven not be at home [to visitors]; ~ hebben be engaged; hij heeft ~ he cannot receive you; ~ krijgen be denied; ~ laten vragen send to inquire if Mr and Mrs so-and-so are at home

'**bel-etage** v (-s) ground floor

be'letsel o (-s en -en) hindrance, obstacle, impediment

be'letten [2] overg 1 (iets) prevent; 2 (gevolgd door: te + infinitief) hinder (prevent) from, preclude from

be'leven [2] overg 1 (in 't alg.) live to see; 2 go through [many adventures, three editions]; zijn 80ste verjaardag nog ~ live to be eighty

be'levenis v (-sen) experience

be'leving v perception

be'lezen bn well-read

be'lezenheid v (range of) reading; zijn grote ~ his extensive (wide) reading

'**belfort** o (-s) bell tower, belfry

Belg m (-en) Belgian

belgi'cisme o (-n) belgicism

'**België** o Belgium

'**Belgisch** bn Belgian

'**Belgrado** o Belgrade

'**belhamel** m (-s) 1 (ram) bell-wether; 2 (deugniet) rascal

be'lichamen (belichaamde, h. belichaamd) overg embody

be'lichaming v (-en) embodiment

be'lichten [2] overg 1 (licht doen vallen op) illuminate, light (up); 2 fotogr expose; 3 (nader toelichten) shed light on; een probleem van verschillende kanten ~ discuss various aspects of a problem; een foto te lang (te kort) belichten overexpose (underexpose) a photo

be'lichting v (-en) 1 illumination, light; 2 lighting [of a picture]; 3 exposure [in photography]

be'lichtingsmeter m (-s) exposure meter

be'lichtingstijd m (-en) exposure time

be'lieven I (beliefde, h. beliefd) overg please; wat belieft u? (bij niet verstaan) (I beg your) pardon?; II o: naar ~ at pleasure, at will; [add sugar] to taste

be'lijden [2] overg 1 confess [one's guilt]; 2 profess [a religion]

be'lijdenis v (-sen) 1 confession [of faith]; 2 (godsdienst) profession, creed, denomination; 3 (aanneming tot lidmaat) confirmation; zijn ~ doen be confirmed

be'lijder m (-s) 1 adherent [of a faith], professor [of a religion]; 2 confessor [in spite of persecution and torture]; Eduard de Belijder hist Edward the Confessor

Beli'zaan m (-zanen) Belizian

Beli'zaans bn Belizian

Be'lize o Belize

'belknop *m* (-pen) bell-button, bell-push

bella'donna *v* belladonna

'bellen (belde, h. gebeld) *onoverg & overg* ring [the bell]; *er wordt gebeld* there is a ring (at the bell, at the door); *ik zal je ~* I'll give you a ring

'bellengeheugen *o* <u>comput</u> bubble memory

bellet'trie *v* belles-lettres

be'loeren² *overg* watch, spy upon, peep at

be'lofte *v* (-n) **1** (in 't alg.) promise; **2** (plechtig) pledge, undertaking; **3** <u>recht</u> affirmation; *zijn ~ breken* break one's promise; *zijn ~ houden* keep one's promise; *~ maakt schuld* promise is debt

be'loken *bn*: *~ Pasen* Low Sunday

be'lommerd *bn* shady

be'lonen² *overg* reward, recompense, remunerate

be'loning *v* (-en) reward; recompense, remuneration; *ter ~ van* as a reward for, in reward of, in return for; *een ~ uitloven* offer a reward

be'loop *o*: *alles op zijn ~ laten* let things take their course, let things drift

be'lopen (h.) *onoverg* amount to [of a sum]

be'loven² *overg* **1** (in 't alg.) promise; **2** (plechtig) vow; **3** <u>fig</u> bid fair [to be a success]; *de oogst belooft veel* the crops are very promising, promise well; *het belooft mooi weer te worden* there is every promise of fine weather; *dat belooft wat!* that looks promising!

'belroos *v* <u>med</u> erysipelas

belt *m & v* (-en) = *asbelt*

be'luik *o* (-en) <u>ZN</u> inner court, courtyard

be'luisteren² *overg* **1** overhear [a conversation]; **2** catch [a change of tone]; **3** listen in to [a broadcast]; **4** <u>med</u> auscultate

be'lust *bn*: *~ zijn op* be eager for, be keen on

be'machtigen² *overg* secure, seize, take possession of, possess oneself of

be'mannen (bemande, h. bemand) *overg* man [a ship]; *bemand* manned [spacecraft, space flight]

be'manning *v* (-en) crew

be'manningslid *o* (-leden) crewmember

be'mantelen (bemantelde, h. bemanteld) *overg* cloak², <u>fig</u> veil, palliate; gloze over, gloss over

be'merken² *overg* perceive, notice, find

be'mesten² *overg* **1** (in 't alg.) manure, dress; **2** (door bevloeiing) warp; **3** (met kunstmest) fertilize

be'mesting *v* (-en) **1** (in 't alg.) manuring, dressing; **2** (met kunstmest) fertilization

be'middelaar *m* (-s) mediator, go-between

be'middeld *bn* in easy circumstances, well-to-do

be'middelen (bemiddelde, h. bemiddeld) *overg* mediate [a peace]; *~d optreden* act as a mediator, mediate

be'middeling *v* (-en) mediation; *door ~ van* through the agency (intermediary, medium) of...

be'middelingspoging *v* (-en) mediatory effort

be'mind *bn* (be)loved; *zich ~ maken* make oneself loved [by...], popular [with...], endear oneself [to...]

be'minde *m-v* (-n) loved one, (well-)beloved, lover, sweetheart, betrothed

be'minnelijk *bn* **1** (passief) lovable; **2** (actief) amiable

be'minnen² *overg* be fond of, love, cherish

be'modderd *bn* muddy, mud-stained

be'moederen (bemoederde, h. bemoederd) *overg* mother

be'moedigen (bemoedigde, h. bemoedigd) *overg* encourage, cheer up

be'moediging *v* (-en) encouragement

be'moeial *m* (-len) busybody, meddler

be'moeien (bemoeide, h. bemoeid) *wederk*: *zich ~ met* meddle with, interfere with [what's not one's business]; *zich met zijn eigen zaken ~* mind one's own business; *hij bemoeit zich niet met anderen* he keeps himself to himself; *niet mee ~!* let well alone!; *je moet je niet zo met alles ~* you mustn't always be meddling

be'moeienis (-sen), **be'moeiing** *v* (-en): *ik heb er geen ~ mee* I have nothing to do with it; *door zijn ~* through his efforts

be'moeilijken (bemoeilijkte, h. bemoeilijkt) *overg* hamper, hinder, thwart

be'moeiziek *bn* meddlesome

be'moeizucht *v* meddlesomeness

be'monsteren² *overg* sample; *bemonsterde offerte* sampled offer, offer with sample(s)

be'morsen² *overg* soil, dirty, bedabble

be'most *bn* mossy, moss-grown

ben *v* (-nen) basket, hamper

be'nadelen (benadeelde, h. benadeeld) *overg* hurt, harm, injure, prejudice

be'nadeling *v* (-en) **1** (in 't alg.) injury; **2** <u>recht</u> lesion

be'naderen² (benaderde, h. benaderd) *overg* **1** (nabijkomen) approximate; **2** (schatten) estimate; **3** (iemand, een vraagstuk) approach; *moeilijk te ~* unapproachable

be'nadering *v* (-en) (v. getallen &) approximation; *de ~ van een probleem* the approach to a problem; *bij ~* approximately

be'nadrukken (benadrukte, h. benadrukt) *overg* stress, emphasize, underline

be'naming *v* (-en) name, appellation; *verkeerde ~* misnomer

be'nard *bn* critical; *in ~e omstandigheden* in straitened circumstances, in distress; *in deze ~e tijden* in these hard (trying) times

be'nauwd *bn* **1** (vertrek) close, stuffy; (weer) stifling, sultry, oppressive; **2** (op de borst) tight in the chest, oppressed; **3** (bang) fearful, timid, timorous; anxious [hours]; **4** (nauw) tight; *het is hier erg ~* **1** it is very close here; **2** we are rather cramped for room; *hij kreeg het ~* **1** he was hard pressed; **2** he became afraid; *wees maar niet ~!* no fear!, don't be afraid

be'nauwdheid *v* (-heden) **1** closeness; **2** tightness of the chest; **3** anxiety, fear

be'nauwen (benauwde, h. benauwd) *overg* oppress

be'nauwend *bn* oppressive

be'nauwing *v* (-en) oppression

'**bende** *v* (-n en -s) **1** band [of rebels]; **2** troop [of children]; **3** gang [of ruffians]; **4** pack [of beggars]; *de hele ~* the whole lot; *een hele ~* a lot of [mistakes]; *wat een ~!* **1** ⟨v. personen⟩ what a (disorderly) crew!; **2** ⟨v. toestand⟩ what a mess!

'**bendehoofd** *o* (-en), '**bendeleider** *m* (-s) gang leader

be'neden I *voorz* below, beneath, under; *dat is ~ mijn waardigheid* that is beneath me; *hij staat ~ mij* he is under me, my inferior; *inkomens ~ 2000.- gulden* incomes under 2000,- guilder; *ver ~ ... blijven* fall greatly short of ...; *~ verwachting* not up to (below) expectations; **II** *bijw* **1** downstairs, down; **2** below (ook = at the foot of the page); *wij wonen ~* we live on the ground-floor; *~ (aan de bladzijde)* at the foot (bottom) of the page, below; *naar ~* downstairs; downward(s), down; [jump] on to the ground; *5de regel van ~* from bottom

be'nedenbuur *m* (-buren) neighbour on the lower storey, ground-floor neighbour

be'nedeneind *o* (-en), **be'nedeneinde** *o* (-n) lower end, bottom

be'nedenhoek *m* (-en) bottom corner; *~ links (rechts)* bottom left-hand (right-hand) corner

be'nedenhuis *o* (-huizen) ground-floor flat; Am first-floor apartment

be'nedenloop *m* (-lopen) lower course [of a river]

be'nedenstad *v* lower town

be'nedenste *bn* lowest, lowermost, undermost, bottom

be'nedenverdieping *v* (-en) ground floor

Be'nedenwindse 'Eilanden *mv* Leeward Islands

be'nedenwoning *v* (-en) ground-floor flat; Am first-floor apartment

benedic'tijn *m* (-en) Benedictine (monk)

bene'fietvoorstelling *v* (-en) benefit performance, benefit night

Bene'lux *m* Benelux

be'nemen² *overg* take away [one's breath]; *het uitzicht ~* obstruct the view; *de moed ~* dishearten; *iem. de lust ~ om...* spoil sbd.'s pleasure in...

1 '**benen** *bn* bone

2 '**benen** (beende, h. & is gebeend) *onoverg* walk (quickly)

'**benenwagen** *m schertsend: met de ~ gaan* ride Shanks's(s) mare

be'nepen *bn* petty, small-minded; pinched [face]; *met een ~ hart* with a faint heart; *met een ~ stemmetje* in a timid voice

be'nepenheid *v* small-mindedness, pettiness, pinchedness

be'neveld *bn* ⟨halfdronken⟩ muzzy, fuddled

be'nevelen (benevelde, h. beneveld) *overg* **1** ⟨door mist, damp⟩ befog, cloud, dim; **2** ⟨door de drank⟩ bemuse, fuddle

be'nevens *voegw* (together) with, besides, in addition to

Ben'gaal *m* (-galen), **Ben'gali** *m* ('s) Bengalese, Bengali

Ben'gaals *bn* Bengalese, Bengali

Ben'galen *o* Bengal; *Golf van ~* Bay of Bengal

'**bengel** *m* (-s) **1** ⟨deugniet⟩ naughty boy, <u>gemeenz</u> pickle; **2** ⟨klepel⟩ clapper; **3** ⟨bel⟩ bell

'**bengelen** (bengelde, h. gebengeld) *onoverg* dangle, swing [on the gallows]

be'nieuwd *bn*: *~ zijn* be curious to know; *zeer ~ zijn* be anxious to know; *~ zijn naar* be curious about; zie ook: benieuwen

be'nieuwen (benieuwde, h. benieuwd) *overg*: *het zal mij ~ of hij komt* I wonder if he is going to turn up

'**benig** *bn* bony

be'nijdbaar *bn* enviable

be'nijden (benijdde, h. benijd) *overg* envy, be envious of

benijdens'waard, benijdens'waardig *bn* enviable

Be'nin *o* Benin

Be'niner *m* (-s) Beninese

Be'nins *bn* Beninese

'**benjamin** *m*: *hij is de ~ van de familie* he is the baby of the family

be'nodigd *bn* required, necessary, wanted

be'nodigdheden *mv* needs, necessaries, requisites, materials

be'noembaar *bn* eligible

be'noemd *bn*: *~ getal* concrete number

be'noemen² *overg* appoint, nominate; *hem ~ tot...* appoint him (to be)...

be'noeming *v* (-en) appointment, nomination; *zijn ~ tot...* his appointment to be (a)..., as (a)...

be'noorden *voorz* (to the) north of

bent *v* set, clique, party

'**bentgenoot** *m* (-noten) partisan, fellow

be'nul *o* notion; *ik heb er geen flauw ~ van* I have not the foggiest (slightest) idea

be'nutten (benutte, h. benut) *overg* utilize, make use of, avail oneself of

B. en W. *afk.* = Burgemeester en Wethouders, zie burgemeester

ben'zeen *o* benzene

ben'zine *v* **1** petrol; Am gasoline; **2** benzine [for cleaning clothes &]

ben'zineblik *o* (-ken) petrol can

ben'zinebom *v* (-men) petrol bomb, Molotov cocktail

ben'zinemeter *m* (-s) petrol gauge

ben'zinemotor *m* (-s en -toren) petrol engine

ben'zinepomp *v* (-en) petrol pump

ben'zinestation *o* (-s) filling station

ben'zinetank *m* (-s) fuel tank

'**beo** *m* ('s) myna(h)

be'oefenaar *m* (-s en -naren) practitioner [of pugilism &]; student [of English]; cultivator [of the art of painting]

be'oefenen^2 *overg* study [a science, an art], cultivate [an art]; practice, follow [a profession]; practice [virtue]

be'oefening *v* study [of a science, an art], practice, cultivation [of an art]

be'ogen (beoogde, h. beoogd) *overg* have in view, aim at, intend; *het had niet de beoogde uitwerking* it did not work

be'oordelen^2 *overg* **1** judge of [sth.], judge [sbd.]; **2** review, criticize [a book, play &]; *hem ~ naar...* judge him by...

be'oordeling *v* (-en) **1** ⟨in 't alg.⟩ judg(e)ment; **2** ⟨v. boek &⟩ criticism, review; **3** ⟨v. schoolwerk⟩ marking; *dit is ter ~ van...* this is at the discretion of...

be'oordelingsfout *v* (-en) misjudgement, miscalculation

be'oorlogen (beoorloogde, h. beoorloogd) *overg* wage (make) war on (against)

be'oosten *voegw* (to the) east of, eastward of

be'paalbaar *bn* determinable, definable

be'paald I *bn* **1** fixed [hour, price]; **2** ⟨duidelijk omlijnd⟩ definite [object], positive [answer], distinct [inclination]; **3** ⟨vaststaand⟩ stated [hours for...], appointed [times for...]; **4** gramm definite [article]; *in ~e gevallen* in certain (particular, specific) cases; *het bij de wet ~e* the provisions enacted (laid down) by law; *niets ~s* nothing definite; **II** *bijw* positively, quite, decidedly [fine, impossible &]; *u moet ~ gaan* you should go by all means; you should make a point of going; *hij moet daar ~ iets mee op het oog hebben* I am sure he must have a definite object in view; *als je nu ~ gaan wilt, dan...* if you are determined on going, then...; *hij is nu niet ~ slim* he is not exactly clever

be'paaldelijk *bijw* particularly, specifically

be'paaldheid *v* definiteness, positiveness

be'pakken^2 *overg* pack

be'pakking *v* (-en) mil pack; *met volle ~* in full marching kit

be'pakt *bn*: *~ en bezakt* (all) packed and ready (to go)

be'palen (bepaalde, h. bepaald) **I** *overg* **1** fix [a time, price], appoint [an hour for...], stipulate [a condition]; **2** ⟨bij besluit⟩ provide, lay down, decree, enact; **3** ⟨door onderzoek⟩ ascertain, determine [the weight &]; **4** ⟨omschrijven⟩ define [an idea]; **5** ⟨uitmaken⟩ decide, determine [the success]; *nader te ~* to be fixed, to be determined later on; **II** *wederk*: *zich ~ tot* restrict oneself to, confine oneself to

be'palend *bn* defining, determining; *~ lidwoord* definite article

be'paling *v* (-en) **1** ⟨v. uur &⟩ fixing; **2** ⟨v. begrip⟩ definition; **3** ⟨in contract⟩ stipulation, condition, clause; **4** ⟨in wet &⟩ provision, regulation; **5** ⟨door onderzoek⟩ determination; **6** gramm adjunct

be'pantseren^2 *overg* armour; *bepantserd* ook:

armour-plated

be'peinzen^2 *overg* meditate (on), muse (up)on

be'perken (beperkte, h. beperkt) **I** *overg* **1** ⟨in 't alg.⟩ limit, restrict, confine; **2** cut down, curtail [expenses, output], reduce [the service]; **3** modify, qualify [the sense of a word]; *de brand ~* localize the fire; **II** *wederk*: *zich ~ tot* limit (restrict) oneself to

be'perkend *bn* restrictive [clause &]

be'perking *v* (-en) **1** limitation, restriction, restraint; **2** reduction; **3** [credit, economic] squeeze

be'perkt *bn* **1** limited [area, means, franchise, sense]; **2** confined [space]; **3** restricted [application]; *~e aansprakelijkheid* limited liability; *~ tot* limited to, restricted to

be'perktheid *v* (-heden) limitedness, limitation

be'plakken^2 *overg* paste (over)

be'planten^2 *overg* plant

be'planting *v* (-en) planting, plantation

be'pleisteren^2 *overg* plaster (over)

be'pleistering *v* (-en) plastering

be'pleiten^2 *overg* plead, advocate

be'poederen^2, **be'poeieren**^{2} *overg* powder

be'potelen (bepotelde, h. bepoteld) *overg* ZN **1** ⟨betasten in 't alg.⟩ paw; **2** ⟨onzedelijk betasten⟩ finger

be'poten^2 *overg* plant, set [with]

be'praten^2 *overg* **1** ⟨iets⟩ talk about, discuss; **2** ⟨iem.⟩ talk ... around, persuade; *iem. ~ om* talk somebody into ...ing; *zich laten ~* allow oneself to be persuaded, to be talked into ...ing

be'proefd *bn* well-tried [system], approved [methods], efficacious [remedy], tried [friend]; *zwaar ~* bereaved [family], sorely tried [people]

be'proeven^2 *overg* **1** ⟨proberen⟩ try, attempt, endeavour [it]; **2** ⟨op de proef stellen⟩ try, test; **3** visit [with affliction]

be'proeving *v* (-en) trial, ordeal, affliction

be'raad *o* deliberation, consideration; *iets in ~ houden* think it over, consider it; *in ~ nemen* consider; *na rijp ~* after mature deliberation, on careful consideration

be'raadslagen (beraadslaagde, h. beraadslaagd) *onoverg* deliberate; *~ met* consult with; *~ over* deliberate upon

be'raadslaging *v* (-en) deliberation, consultation

1 be'raden *bn* **1** ⟨weloverwogen⟩ well-advised, deliberate; **2** ⟨vastbesloten⟩ resolute

2 be'raden^2 *wederk*: *zich ~* think [sth.] over

be'ramen (beraamde, h. beraamd) *overg* **1** ⟨bedenken⟩ devise [a plan]; plan [a journey &]; plot [his death]; **2** ⟨schatten⟩ estimate [at fifty pounds]

be'raming *v* (-en) ⟨raming⟩ estimate

'berber *m* (-s) ⟨tapijt⟩ berber carpet

'Berber *m* (-s) Berber

'berberis *v* (-sen) barberry

'berde zie *brengen*

be'rechten (berechtte, h. berecht) *overg* **1** try [a criminal]; **2** adjudicate [a civil case]; **3** ZN administer [the last sacraments]

be'rechting v (-en) **1** trial [of a criminal]; **2** adjudication [of a civil case]

be'redderen² overg arrange, put in order

be'reden bn mounted [police]

berede'neren² overg reason about (upon), discuss, argue

'beregoed bn bijw fantastic, brilliant

be'reid bn ready, prepared, willing; zich ~ verklaren express one's willingness

be'reiden (bereidde, h. bereid) overg **1** prepare [the meals]; **2** dress [leather]; **3** give [a cordial welcome, a surprise]

be'reidheid v readiness, willingness

be'reiding v (-en) preparation [of a meal]

be'reidingswijze v (-n) **1** (in 't alg) method of preparation; **2** (fabricage) manufacturing process

bereid'vaardig, bereid'willig bn ready, willing, obliging

be'reik o reach², range²; binnen ieders ~ within the reach of all²; [price] within the means of all; buiten mijn ~ beyond (out of) my reach²

be'reikbaar bn attainable, within (easy) reach, on (at) call

be'reiken² overg reach², attain²; fig achieve; we ~ er niets mee it does not get us anywhere, it gets us nowhere

be'reisd bn (widely-)travelled

be'reizen² (h.) overg travel over, visit

be'rekend bn: ~ op calculated (meant) for; ~ voor zijn taak equal to (up to) his task

be'rekenen² overg **1** (uitrekenen) calculate, compute [the number]; **2** (in rekening brengen) charge [five pounds]; teveel ~ overcharge

be'rekenend bn scheming, craftly [person]

be'rekening v (-en) calculation, computation

'berenklauw m & v (-en) (plant) cow parsnip, hogweed

'berenkuil m (-en) bear-pit

'berenmuts v (-en) bearskin (cap)

berg m (-en) mountain², mount; (in eigennamen) Mount [Everest]; gouden ~en beloven promise mountains of gold; over ~ en dal up hill and down dale; de haren rijzen mij te ~e it makes my hair stand on end; de ~ heeft een muis gebaard the mountain has brought forth a mouse

'bergachtig bn mountainous, hilly

berg'af bijw downhill

berg'afwaarts bijw downhill, down the slope

'bergbeklimmen ww & o mountain climbing, mountaineering

'bergbeklimmer m (-s) mountain climber, mountaineer

'bergbewoner m (-s) mountaineer

'bergen (borg, h. geborgen) **I** overg **1** (leggen) put; **2** (opslaan) store; **3** (bevatten) hold, contain; **4** (strandgoederen) salve; **5** (een lijk, ruimtecapsule) recover; **II** wederk: zich ~ get out of the way;

berg je! hide yourself!; get away!; save yourself!; niet weten zich te ~ van schaamte not to know where to hide

'Bergen o **1** ⟨België⟩ Mons; **2** ⟨Noorwegen⟩ Bergen

'bergengte v (-n en -s) defile

'berger m (-s) salvor

'berghelling v (-en) mountain slope

'berghok o (-ken) shed

'berghut v (-ten) climber's hut, mountain hut, Alpine hut

'berging v **1** (v. strandgoederen) salvage; **2** (v. ruimtecapsule) recovery

'bergingsmaatschappij v (-en) salvage company

'bergingsoperatie v (-s) salvage operation

'bergingsvaartuig o (-en) salvage vessel, salvor

'bergingswerk o salvage work

'bergkam m (-men) mountain ridge

'bergketen v (-s) chain (range) of mountains, mountain range, mountain chain, rand

'bergkloof v (-kloven) cleft, gorge, chasm, ravine, gully

'bergkristal o (-len) rock-crystal

'bergland o (-en) mountainous country

'bergloon o (-lonen) scheepv salvage (money)

berg'op bijw uphill

'bergpad o (-paden) mountain path

'bergpas m (-sen) mountain pass

'bergplaats v (-en) depository, shed

'Bergrede v Sermon on the Mount

'bergrug m (-gen) mountain ridge

'bergruimte v (-s en -n) storage room, Br box-room

'bergschoen m (-en) mountaineering boot

'bergsport v mountaineering

'bergstorting v (-en) landslide, landslip

'bergtop m (-pen) mountain top, mountain peak, pinnacle

'bergwand m (-en) mountain side, mountain slope

beri'beri m beriberi

be'richt o (-en) **1** ⟨nieuws⟩ news, tidings; **2** ⟨kennisgeving⟩ message, notice, advice, communication, report; **3** ⟨in krant⟩ paragraph; ~ van ontvangst acknowledgement (of receipt); ~ krijgen receive (get) news, hear [from sbd.]; ~ sturen (zenden) send word

be'richten (berichtte, h. bericht) overg let [us] know, send word [whether...], inform [of your arrival], report; zie ook: ontvangst

be'rijdbaar bn passable, practicable [of roads]

be'rijden² (h.) overg **1** ride over, drive over [a road]; **2** ride [a horse, a bicycle]

be'rijmen² overg rhyme, versify, put into verse

be'rijming v (-en) rhyming, rhymed version

be'rijpt bn frosted, hoar

be'rin v (-nen) she-bear

'Beringstraat v Bering Strait

Bering'zee v Bering Sea

be'rispen (berispte, h. berispt) overg blame, reprove, rebuke, reprehend, reprimand, censure, admonish, rate

be'risping *v* (-en) reproof, rebuke, reprimand

berk (-en), **'berkenboom** *m* (-bomen) birch, birch tree

'berken *bn* birchen

'berkenhout *o* birch-wood

Ber'lijn *o* Berlin

Ber'lijner *m* (-s) Berliner

Ber'lijns *bn* Berlin; ~ *blauw* Prussian blue

berm *m* (-en) (grass) verge [of a road], [hard, soft] shoulder; ⟨verhoogd⟩ bank

'bermlamp *v* (-en) spotlight

'bermtoerisme *o* roadside picknicking

Ber'muda *o*, **Bermuda-eilanden** *mv* Bermuda, Bermudas

ber'mudashort *m* (-s) Bermuda shorts, Bermudas

Bern *o* Bern

'Berner *bn* **1** Bernese [Oberland]; **2** Berne [Convention]

Berns *bn* Bernese

be'roemd *bn* famous, renowned, illustrious, celebrated; ~ *maken* gemeenz put on the map

be'roemdheid *v* (-heden) fame, renown; *een* ~ *a* celebrity

be'roemen[2] *wederk*: *zich* ~ boast, brag; *zich* ~ *op* boast of, pride oneself on, glory in

be'roep *o* (-en) **1** ⟨vak⟩ profession, trade, business, calling, occupation; **2** recht appeal; **3** ⟨predikant⟩ call; ~ *aantekenen* lodge an appeal; *een* ~ *doen op* appeal to [sbd. for sth.]; call on [sbd.'s help]; *in (hoger)* ~ *gaan* appeal to a higher court, appeal against a decision; *zijn* ~ *maken van* professionalize; *... van* ~ ... by profession, by trade, professional ...; *zonder* ~ (of) no occupation

be'roepen[2] **I** *overg* call [a clergyman]; **II** *wederk*: *zich* ~ *op* refer to [your evidence], plead [ignorance], invoke [article 34]

be'roepengids *m* (-en), **be'roepenlijst** *v* (-en) yellow pages

be'roeps(-) *voorv* professional

be'roepsbevolking *v* working population

be'roepsdeformatie *v* (-s): *hij heeft een ernstige* ~ he has been completely conditioned by his job

be'roepsgeheim *o* (-en) professional secret; *het* ~ professional secrecy [in journalism &]

beroeps'halve *bijw* by virtue of one's profession, professionally

be'roepshof *o* (-hoven) ZN Court of Appeal

be'roepskeuze *v* choice of a profession (of a career); *voorlichting bij* ~ vocational guidance

be'roepsleger *o* (-s) regular army

be'roepsmilitair *m* (-en) regular (soldier)

be'roepsmisdadiger *m* (-s) professional criminal

be'roepsofficier *m* (-en) regular officer

be'roepsopleiding *m* (-en) vocational training

be'roepsoriëntatie *v* (-s) ZN vocational guidance

be'roepsschool *v* (-scholen) ZN vocational school

be'roepsspeler *m* (-s) professional (player)

be'roepssport *v* professionalism

be'roepsvoetbal *o* professional football

be'roepsziekte *v* (-n en -s) occupational (industrial) disease

be'roerd I *bn* unpleasant, miserable, wretched, gemeenz rotten; **II** *bijw* versterkend wretchedly [bad &]

be'roeren[2] *overg* **1** eig touch lightly; **2** fig stir, disturb, perturb

be'roering *v* (-en) commotion, disturbance, turmoil, perturbation; *in* ~ *brengen* fig = beroeren

be'roerling *m* (-en) rotter

be'roerte *v* (-n en -s) stroke (of apoplexy), (apoplectic) fit, seizure; *een (aanval van)* ~ *krijgen, door een* ~ *getroffen worden* have an apoplectic fit (a stroke)

be'roet *bn* sooty

be'rokkenen (berokkende, h. berokkend) *overg* **1** cause [sorrow]; **2** give [pain]; *leed* ~ bring misery upon; *schade* ~ do damage to

be'rooid *bn* penniless, down and out

be'rouw *o* repentance, contrition, compunction, remorse; ~ *hebben van, over* repent (of), regret, feel sorry for

be'rouwen[2] *overg* **1** ⟨persoonlijk⟩ repent (of), regret; **2** ⟨onpersoonlijk⟩: *het zal u* ~ you will repent it; **3** ⟨als dreigement⟩ you shall repent (rue) it, you will be sorry for it; *die dag zal u* ~ you will rue the day

be'rouwvol *bn* repentant, contrite, penitent; ~ *zondaar* prodigal

be'roven[2] *overg* rob [a traveller]; *iem. van iets* ~ rob, deprive sbd. of sth.; *zich van het leven* ~ take one's own life

be'roving *v* (-en) robbery

'berrie *v* (-s) (hand-)barrow; stretcher [for the wounded]

'berst *m & v* (-en) = *barst*

'bersten (borst *of* berstte, is geborsten) *onoverg* = *barsten*

be'rucht *bn* notorious, disreputable, ...of ill repute [of persons, places &]; ~ *om (wegens)* notorious for

be'ruchtheid *v* notoriety, notoriousness, disreputableness

be'rusten[2] *bn*: ~ *bij* rest with, be in the keeping of, be deposited with [of a document &]; be lodged in [of power]; be vested in [of a right]; ~ *in iets* acquiesce in sth., resign oneself to sth.; ~ *op* be based (founded) on, rest on [solid grounds], be due to [a misunderstanding]

be'rustend *bn* resigned

be'rusting *v* resignation, acquiescence, submission; *de stukken zijn onder zijn* ~ the documents rest with him, are in his hands, are in his custody

1 bes *v* muz B flat

2 bes *v* (-sen) **1** ⟨vrucht in 't alg.⟩ berry; **2** ⟨aalbes⟩ currant

be'schaafd *bn* **1** ⟨niet barbaars⟩ civilized [nations]; **2** ⟨uiterlijk⟩ well-bred [people], polished, refined [manners, society], polite [society]; **3** ⟨geestelijk⟩

775

cultivated, educated, cultured

be'schaafdheid v refinement, good breeding

be'schaamd I bn **1** ⟨vol schaamte⟩ ashamed, shamefaced, abashed; **2** ⟨schuchter⟩ bashful; ~ maken make [sbd.] feel ashamed; ~ staan be ashamed; ~ doen staan make [sbd.] feel ashamed, put to shame; wij werden in onze verwachtingen (niet) ~ our hopes (expectations) were (not) falsified; ~ zijn over be ashamed of; **II** bijw **1** ⟨vol schaamte⟩ shamefacedly; **2** ⟨schuchter⟩ bashfully

be'schadigen (beschadigde, h. beschadigd) overg damage

be'schadiging v (-en) damage

be'schaduwen[2] overg shade, overshadow

be'schamen[2] overg **1** put to shame, confound [sbd.]; **2** falsify [sbd.'s expectations]; betray [our trust]

be'schamend bn humiliating

be'schaven[2] overg fig refine, polish, civilize

be'schaving v (-en) **1** ⟨maatschappij⟩ civilization; **2** ⟨welgemanierdheid⟩ culture, refinement

be'scheid o (-en) answer; de ⟨officiële⟩ ~en the ⟨official⟩ papers, documents

be'scheiden bn modest, unpretending, unassuming, unobtrusive

be'scheidenheid v modesty

be'schenken[2] overg: ~ met present with, bestow, confer [a title, a favour &] on, endow with [a privilege]

be'schermeling m (-en) protégé

be'schermelinge v (-n) protégée

be'schermen (beschermde, h. beschermd) overg protect, screen, shelter; beschermd tegen de wind sheltered (screened) from the wind; ~ voor protect from (against)

be'schermend bn **1** protecting [hand &]; protective [duties]; protectionist [system]; **2** patronizing [tone]

be'schermengel m (-en) guardian angel

be'schermer m (-s) protector

be'schermheer m (-heren) patron

be'schermheerschap o (-pen) patronage

be'schermheilige m-v (-n) patron(ess), patron saint

be'scherming v (-en) **1** ⟨beschutting⟩ protection; **2** ⟨begunstiging⟩ patronage; Bescherming Bevolking ± Civil Defence; in ~ nemen tegen shield from; onder ~ van under cover of [the night]

be'scheuren[2] (h.) wederk: zich ~ gemeenz split one's sides, laugh fit to burst

be'schieten[2] (h.) overg **1** mil fire at (upon), ⟨vooral met granaten⟩ shell; **2** ⟨bekleden⟩ board, wainscot [a wall]

be'schieting v (-en) firing, ⟨vooral met granaten⟩ shelling

be'schijnen[2] overg shine upon, light up

be'schikbaar bn available, at sbd.'s disposal; niet ~ unavailable

be'schikken[2] onoverg: gunstig (ongunstig) ~ op grant (refuse) [a request]; ~ over **1** ⟨in 't alg.⟩ have the disposal of, have at one's disposal; **2** dispose of [one's time]; **3** command [a majority, 50 seats in Parliament]; u kunt over mij ~ I am at your disposal; zie ook: wikken

be'schikking v (-en) **1** ⟨in 't alg.⟩ disposal; **2** [ministerial] decree; de ~ hebben over... have the disposal of..., have at one's disposal; bij ~ van de president by order of the president; het staat te uwer ~ it is at your disposal; ter ~ stellen van place (put) at the disposal of; ter ~ zijn be available

be'schilderen[2] overg paint, paint over

be'schimmeld bn mouldy

be'schimmelen[2] onoverg go (grow) mouldy

be'schimpen[2] overg taunt, jeer (at)

be'schoeien (beschoeide, h. beschoeid) overg campshed

be'schoeiing v (-en) campshot, campshedding, campsheeting

be'schonken bn drunk, intoxicated, tipsy

be'schoren bn: het was mij ~ it fell to my lot

be'schot o (-ten) **1** ⟨bekleedsel⟩ wainscoting; **2** ⟨afscheiding⟩ partition

be'schouwelijk bn contemplative

be'schouwen[2] overg look at, view, contemplate, consider, regard, envisage; ~ als consider [it one's duty], regard as [confidential], look upon as [a crime], hold (to be) [responsible], take [sbd. to be crazy, the news as true]; (alles) wel beschouwd after all, all things considered; op zichzelf beschouwd in itself; oppervlakkig beschouwd on the face of it

be'schouwend bn contemplative, speculative

be'schouwer m (-s) spectator, contemplator

be'schouwing v (-en) **1** ⟨als handeling⟩ contemplation; **2** ⟨bespiegeling⟩ speculation, contemplation; **3** ⟨beoordeling, bespreking⟩ consideration; **4** ⟨denkwijze⟩ view; bij nadere ~ on closer examination; buiten ~ laten leave out of consideration, leave out of account (out of the question), not take into consideration, ignore, prescind from

be'schrijven[2] overg **1** ⟨schrijven op⟩ write upon; **2** describe, draw [a circle &]; **3** ⟨schilderen⟩ describe [a voyage &]; **4** ⟨schriftelijk bijeenroepen⟩ convoke [a meeting]

be'schrijvend bn descriptive [style, geometry]

be'schrijving v (-en) description

be'schrijvingsbrief m (-brieven) convocation, notice of a meeting

be'schroomd I bn timid, timorous, diffident, shy; **II** bijw timidly

be'schuit v (-en) rusk

be'schuldigde m-v (-n): de ~ the accused

be'schuldigen (beschuldigde, h. beschuldigd) overg **1** incriminate [sbd.]; **2** accuse [other people]; **3** impeach [sbd. of treason, heresy &]; **4** indict [sbd. for riot, as a rioter]; ~ van accuse of [a fault, theft], charge with [carelessness, complicity], tax with [ingratitude], impeach of [high crime], indict for [riot]

be'schuldigend *bn* accusatory

be'schuldiging *v* (-en) accusation, charge, indictment, impeachment; *een ~ inbrengen tegen iem.* bring a charge against sbd.; *een ~ richten tot* level charges at; *onder ~ van* on a charge of

be'schutten (beschutte, h. beschut) *overg* shelter[2], screen[2], protect[2]; *~ voor (tegen)* shelter from [heat, danger &], protect from (against) [danger, injury]

be'schutting *v* (-en) shelter, protection; *~ geven (verlenen)* give shelter [from heat, danger &]; *~ zoeken* take shelter [in a cave, under a tree, with friends; from the rain, dangers &]

be'sef *o* 1 ⟨in 't alg.⟩ sense, notion; 2 realization [of the situation]; *geen flauw ~ hebben van* not have the faintest notion of; *tot het ~ komen van* realize

be'seffen (besefte, h. beseft) *overg* realize, be aware; *wij ~ heel goed dat...* we fully appreciate that...

'**besje** *o* (-s) vero old woman, gammer

'**besjeshuis** *o* (-huizen) vero old women's almshouse

be'slaan[1] (h.) *overg* 1 techn ⟨...slaan om⟩ hoop [a cask]; ⟨...slaan op⟩ stud [a door with nails], mount [a pistol with silver]; shoe [a horse]; 2 ⟨kloppend roeren⟩ beat up [the batter]; 3 take up [much room], occupy [much space], contain [300 pages], fill [the whole space]; **II** (is) *onoverg & abs ww* 1 become steamy, get dim [of panes]; 2 get covered over [with moisture]

be'slag *o* (-slagen) 1 techn ⟨als versiering⟩ mounting; ⟨aan deur⟩ ironwork, studs, ⟨iron, brass⟩ fittings; ⟨aan heipaal⟩ binding; ⟨aan ton⟩ hoops, bands; ⟨aan stok⟩ tip, ferrule; ⟨v. paard⟩ (horse-) shoes; 2 ⟨v. deeg⟩ batter; ⟨voor brouwsel⟩ mash; 3 ⟨op tong⟩ fur; 4 recht attachment, seizure; scheepv embargo; *de zaak heeft haar ~* the matter is settled; *~ leggen op* levy a distress upon [sbd.'s goods], seize; scheepv put (lay) an embargo on; *~ leggen op iemand(s tijd)* 1 ⟨v. personen⟩ trespass on sbd.'s time; 2 ⟨v. zaken⟩ engross sbd., take up all his time; *in ~ nemen* seize [goods smuggled]; fig take up [much time, much room]; engross [sbd.'s attention]

be'slagen *bn* 1 shod [of a horse]; 2 steamy, steamed [windows]; 3 dimmed with moisture [of glass]; 4 furred, coated [tongue]; zie ook: *beslaan & ijs*

be'slaglegging *v* (-en) = *beslag 4*

be'slapen[2] *overg*: *dit bed is al ~* this bed has been slept in

be'slechten[2] *overg* settle, compose [a quarrel]; zie ook: *pleit*

be'slissen (besliste, h. beslist) **I** *overg* 1 ⟨in 't alg.⟩ decide; 2 ⟨scheidsrechterlijk⟩ arbitrate (upon), rule; *~ ten gunste van* decide for (in favour of); *~ ten nadele van* decide against; **II** *abs ww* decide

be'slissend *bn* decisive [battle], final [match, trial], conclusive [proof], determinant [factor], critical

[moment], casting [vote]

be'slissing *v* (-en) 1 decision; 2 recht ruling; *een ~ nemen* make a decision, come to a decision

be'slissingswedstrijd *m* (-en) decider, play-off

be'slist *bn* decided, resolute, firm, peremptory

be'slistheid *v* decision, resolution, firmness, peremptoriness

be'slommering *v* (-en) care, worry

be'sloten resolved, determined; *ik ben ~* I am resolved, I have made up my mind; *vast ~ of* set purpose; *~ vennootschap* ± limited liability company; *~ jacht* private shooting; *~ vergadering* private meeting

be'sluipen[2] (h.) *overg* 1 ⟨op jacht⟩ stalk [deer]; 2 fig steal upon [sbd.]

be'sluit *o* (-en) 1 ⟨bij zichzelf⟩ resolve, resolution, determination, decision; 2 ⟨v. vergadering &⟩ resolution [of a meeting]; decree [set forth by authority]; 3 ⟨gevolgtrekking⟩ conclusion; 4 ⟨einde⟩ conclusion, close; *Koninklijk B~* Order in Council; *een ~ nemen* 1 ⟨in vergadering⟩ pass (adopt) a resolution; 2 ⟨v. persoon⟩ take a decision, make up one's mind; *een kloek ~ nemen* form a bold resolution; *tot ~ in conclusion*, to conclude; *tot een ~ komen* come to a conclusion (resolution); *hij kan nooit tot een ~ komen* he cannot make up his mind

be'sluiteloos *bn* undecided, irresolute

be'sluite'loosheid *v* irresolution, indecision, infirmity of purpose

be'sluiten[2] **I** *overg* 1 ⟨eindigen⟩ end, conclude [a speech]; 2 ⟨gevolgtrekking maken⟩ conclude, infer (*uit* from); 3 ⟨een besluit nemen⟩ decide, resolve, determine [to do, on doing]; *ergens toe ~* make up one's mind; *dat heeft me doen ~ te gaan* that has decided me to go; **II** *onoverg*: *~ met het volkslied* wind up with the national anthem; **III** *abs ww* decide; *hij kan maar tot niets ~* he cannot decide on anything; zie ook: *besloten*

be'sluit'vaardig *bn* resolute

be'sluitvorming *v* decision-making

be'smeren[2] *overg* 1 besmear, smear, daub; spread [with peanut butter]; 2 ⟨met boter⟩ butter [bread]

be'smet *bn* 1 ⟨met ziektekiemen⟩ contaminated, infected; polluted [water]; 2 ⟨bij werkstaking⟩ tainted [goods]

be'smettelijk *bn* contagious[2], infectious[2], catching[2]

be'smetten[2] *overg* 1 contaminate [by contact & morally]; 2 infect [the body & the mind]; 3 pollute[2] [water]; 4 taint[2] [meat]

be'smetting *v* (-en) contagion, contamination, infection, pollution, taint

be'smettingshaard *m* (-en) source of infection

be'smeuren (besmeurde, h. besmeurd) *overg* besmear, besmirch[2], soil[2], stain[2]

be'snaren (besnaarde, h. besnaard) *overg* string

be'sneeuwd *bn* covered with snow, snow-covered, snowy

besnijden

be'snijden[2] *overg* **1** cut, carve [wood]; **2** ⟨v. d. voorhuid⟩ circumcise

be'snijdenis *v* (-sen) circumcision

be'snoeien *overg* **1** fig cut down; **2** retrench, curtail [expenses &]

be'snoeiing *v* (-en) fig retrenchment, curtailment; ~*en* cutbacks

be'snuffelen[2] *overg* smell at, sniff at

besode'mieteren[1] (h.) *overg* gemeenz bugger about; Am screw [sbd.]

be'spannen[2] *overg* muz string [a violin]; *met paarden* ~ horse-drawn; *met vier paarden* ~ *wagen* coach and four, four-in-hand

be'sparen[2] *overg*: *dat leed werd haar bespaard* she was spared that grief; *zich (de moeite)* ~ save (spare) oneself [the trouble, the effort]

be'sparing *v* (-en) saving, economy; *ter* ~ *van kosten* to save expenses

be'spatten[2] *overg* splash, (be)spatter

be'spelen[2] *overg* **1** play on [an instrument, a billiards table &]; **2** play [an instrument]; **3** touch [the lyre]; **4** play in [a theatre]

be'speuren[2] *overg* perceive, descry

be'spieden[2] *overg* spy upon, watch

be'spiegelend *bn* **1** contemplative [life]; **2** speculative [philosophy]

be'spiegeling *v* (-en) speculation, contemplation; ~*en houden over* speculate on

be'spijkeren[2] *overg* stud [a door &] with nails; *met planken* ~ nail planks on to

be'spikkelen[2] *overg* speckle

bespio'neren[2] *overg* spy upon

be'spoedigen (bespoedigde, h. bespoedigd) *overg* accelerate [a motion], hasten, speed up [a work], expedite [a process]

be'spottelijk I *bn* ridiculous, ludicrous; ~ *maken* ridicule, deride, hold up to ridicule; *zich* ~ *aanstellen* make a fool of oneself, lay oneself open to ridicule; **II** *bijw* ridiculously

be'spotten[2] *overg* mock, deride, ridicule, quip

be'spotting *v* (-en) mockery, derision, ridicule

be'spreekbaar *bn* debatable, discussable, open to discussion; ⟨bij onderhandelingen⟩ negotiable

be'spreekbureau *o* (-s) **1** ⟨in 't alg.⟩ booking-office; **2** ⟨in theater⟩ box-office

be'spreken[2] *overg* **1** ⟨praten over⟩ talk about, talk [it] over, discuss; **2** ⟨beoordelen⟩ review [a book &]; **3** ⟨reserveren⟩ book [a berth, a place], secure, engage, reserve [seats], bespeak [a book at the library]

be'spreking *v* (-en) **1** discussion [of some subject], talk, conference; **2** review [of a book]; **3** booking [of seats]

be'sprenkelen[2] *overg* sprinkle

be'springen[2] (h.) *overg* leap (spring, pounce) upon

be'sproeien[2] *overg* water [plants]; **2** irrigate [land]

be'spuiten[2] *overg* **1** squirt [water] upon; **2** spray [an insecticide] on

Bessa'rabië *o* Bessarabia

'bessenboom *m* (-bomen) currant bush

'bessengelei *m & v* (-en) currant jelly

'bessenjenever *m* black-currant gin

'bessensap *o & m* (-pen) currant juice

'bessenstruik *m* (-en) currant bush

best I *bn* **1** ⟨overtreffende trap van 'goed'⟩ best; **2** ⟨heel goed⟩ very good; *mij* ~! all right!, I have no objection; *hij is niet al te* ~ he is none too well; ~*e aardappelen* prime potatoes; ~*e jongen* (my) dear boy; **II** *bijw* best; very well; *ik zou* ~ *met hem willen ruilen* I wouldn't mind swapping with him; *het is* ~ *mogelijk* it is quite possible; *hij schrijft het* ~ he writes best; **III** *znw* best; *dat kan de* ~ *gebeuren* that may happen to the best of us; *dan ben je een* ~*e!* there is a good boy (a dear); *het* ~*e zal zijn...* the best thing (plan) will be...; *het* ~*e ermee!* all the best, good luck (to you)!; *het* ~*e met je verkoudheid* I hope your cold will soon be better; *zijn* ~ *doen* do one's best; *zijn uiterste* ~ *doen* do one's utmost, exert oneself to the utmost; *beter zijn* ~ *doen* try harder; *er het* ~*e van hopen* hope for the best; *er het* ~ *van maken* make the best of it; *iem. het* ~*e wensen* wish sbd. all the best; *op zijn* ~ [Spielberg] at his best; [fifty] at the utmost, at most, at best; *Sjefke zal iets ten* ~*e geven* Sjefke is going to oblige the company; *alles zal ten* ~*e keren* everything will turn out for the best

be'staan[2] **I** *onoverg* **1** ⟨zijn⟩ be, exist; **2** subsist [= continue to exist]; *hoe bestaat 't?* how is it possible?; ~ *in* consist in; ~ *uit* consist of, be composed of; ~ *van* live on (upon); *iem. van na(bij)* ~ be near sbd. in blood; ~ *voor* live for; *hij heeft het* ~ *om...* he had the nerve to...; **II** *o* **1** ⟨het zijn⟩ being, existence; **2** ⟨onderhoud⟩ subsistence; *een aangenaam* ~ a pleasant life; *een behoorlijk* ~ a decent living; *de strijd om het* ~ the struggle for life; *hij heeft een goed* ~ he has a fair competency; *het vijftigjarig* ~ *herdenken van* commemorate the fiftieth anniversary of

be'staanbaar *bn* possible

be'staand *bn* existing, in existence

be'staansminimum *o* (-nima) subsistence minimum

be'staansrecht *o* right to exist

be'staansvoorwaarden *mv* living conditions

1 be'stand *bn*: ~ *zijn tegen* be able to resist, be proof against; ~ *tegen het weer* weather-proof

2 be'stand *o* (-en) **1** ⟨wapenstilstand⟩ truce; **2** ⟨v. gegevens⟩ file; **3** ⟨voorraad⟩ pool, reservoir; ⟨inventaris⟩ stock

be'standdeel *o* (-delen) element, component, (constituent) part, ingredient

be'standslijn *v* (-en) armistice (cease-fire) line

be'steden (besteedde, h. besteed) *overg* spend, pay [a certain sum]; *geld (tijd)* ~ *aan* spend money (time) on; *het is aan hem besteed* he can appreciate that; *het is aan hem niet besteed* it [the joke, advice &] is wasted (lost) on him; *goed (nuttig)* ~ make (a) good use of; *slecht* ~ make a bad use of

be'steding *v* (-en) expenditure, spending

be'stedingsbeperking *v* austerity, economic squeeze

be'stedingspatroon *o* (-tronen) spending pattern

be'steedbaar *bn*: ~ *inkomen* disposable income, income after taxes

be'stek *o* (-ken) **1** bouwk ⟨bij aanneming⟩ specification(s); **2** scheepv ⟨gegist ~⟩ (dead) reckoning; **3** ⟨eetgerei⟩ forks, knives and spoons; ⟨in restaurant, voor één persoon⟩ cover; *het* ~ *opmaken* scheepv determine (reckon) the ship's position; *binnen het* ~ *van dit werk* within the scope of this work; *veel in een klein* ~ much in a small compass; *in kort* ~ in brief, in a nutshell

beste'kamer *v* (-s) convenience, WC, privy

be'stekbak *m* (-ken) cutlery tray, cutlery drawer; Am silverware tray

be'stel *o* [new, old, present] order (of things); set-up, [financial, broadcasting &] system; *het (heersende)* ~ the Establishment; *het maatschappelijk* ~ the social order

be'stelauto *m* ('s) delivery van

be'stelbiljet *o* (-ten), **be'stelbon** *m* (-nen en -s) orderform

be'steldienst *m* (-en) parcels delivery (service)

be'stelen [2] *overg* rob

be'stelkaart *v* (-en) order-form

be'stellen [2] *overg* **1** ⟨bezorgen⟩ deliver [letters &]; **2** ⟨om te bezorgen⟩ order [goods from]; **3** ⟨ontbieden⟩ send for [sbd.]; *bij wie bestelt u uw boeken?* from whom do you order your books?

be'steller *m* (-s) **1** post postman; **2** parcels delivery man

be'stelling *v* (-en) **1** post delivery; **2** handel order; ~*en aannemen (doen, uitvoeren)* receive (place, fill) orders; ~*en doen bij* place orders with; *ze zijn in* ~ they are on order; *op (volgens)* ~ (made) to order

be'stelloon *o* (-lonen) porterage

be'stelwagen *m* (-s) delivery van

be'stemmen [2] *overg* destine, intend, mark out; ~ *voor* **1** destine for [some service]; **2** appropriate, set apart, allocate [a sum] for...; **3** appoint, fix [a day] for...; *dat was voor u bestemd* that was intended (meant) for you

be'stemming *v* (-en) **1** ⟨v. reis⟩ destination; **2** ⟨levenslot⟩ lot, destiny; *met* ~ for, bound (headed) for [Marseille]; *plaats van* ~ destination

be'stemmingsplan *o* (-nen) development plan

be'stempelen [2] *overg* stamp; ~ *met de naam van...* designate as..., style..., describe as..., label as...

be'stendig I *bn* **1** ⟨in 't alg.⟩ continual, constant, lasting, steady; **2** ZN ⟨v. bestuurslichamen⟩ permanent; ~ *weer* settled weather, set fair; **II** *bijw* continually, constantly

be'stendigen (bestendigde, h. bestendigd) *overg* **1** continue, confirm [in office]; **2** perpetuate [indefinitely]

be'stendiging *v* continuance; perpetuation

be'sterven [2] *overg*: *hij zal het nog* ~ it wil be the death of him; *zij bestierf het bijna van schrik (van het lachen)* she nearly jumped out of her skin

be'stijgen [2] (h.) *overg* climb, ascend [a mountain]; mount [a horse]; ascend [the throne]

be'stoken [2] *overg* **1** batter, shell [a fortress]; **2** harass [the enemy], press hard; ~ *met vragen* ply (assail) with questions

be'stormen [2] *overg* **1** storm, assault [a fortress]; **2** assail, bombard [people with questions]; **3** besiege [with requests]; *de bank werd bestormd* there was a run (rush) on the bank

be'stormer *m* (-s) stormer, assaulter

be'storming *v* (-en) storming, assault; rush [of a fortress, on a bank]

be'storven *bn*: *dat ligt hem in de mond* ~ it is constantly on his lips

be'stoven *bn* **1** ⟨stoffig⟩ dusty; **2** plantk pollinated

be'straffen [2] *overg* **1** ⟨in 't alg.⟩ punish; **2** ⟨berispen⟩ reproach, rebuke, reprimand; ~*d* reproachful, reproving [look]

be'straffing *v* (-en) punishment

be'stralen [2] *overg* **1** ⟨in 't alg.⟩ shine upon, irradiate; **2** med radiate; *hij wordt twee keer per week bestraald* he goes to radiation treatment twice a week

be'straling *v* (-en) **1** ⟨in 't alg.⟩ irradiation; **2** med radiation

be'straten (bestraatte, h. bestraat) *overg* pave

be'strating *v* (-en) **1** ⟨de handeling; de stenen⟩ paving; **2** ⟨de stenen⟩ pavement

be'strijden [2] *overg* **1** ⟨iem.⟩ fight (against), combat, contend with; **2** ⟨iets⟩ fight (against), combat [abuses, prejudice]; control [insects, diseases]; dispute, contest [a point], oppose [a proposal]; defray [the expenses], meet [the costs]

be'strijder *m* (-s) fighter, adversary, opponent

be'strijding *v* **1** fight [against cancer]; **2** control [of insects, of diseases]; *ter* ~ *van de kosten* to meet the costs, for the defrayment of expenses

be'strijdingsmiddel *o* (-en) pesticide

be'strijken [2] *overg* **1** spread (over) [with mortar &]; **2** mil cover, command, sweep; ~ *met* coat (spread) with; *een groot terrein* ~ cover a wide field

be'strooien [2] *overg* strew, sprinkle

bestu'deren [2] *overg* study, read up [a subject]; *bestudeerd* affected [attitude]

bestu'dering *v* study

be'stuiven [2] (h.) *overg* **1** ⟨met stof⟩ cover with dust; **2** plantk pollinate; **3** dust [crops with insecticide]

be'stuiving *v* (-en) plantk pollination

be'sturen [2] *overg* **1** govern, rule [a country]; **2** manage [affairs]; **3** conduct [a business]; **4** run [a house]; **5** steer [a ship]; **6** drive [a car]; **7** luchtv fly [an aeroplane]; *draadloos bestuurd* wireless-controlled, radio-controlled

be'sturing *v* (-en) techn steering &; *dubbele* ~ luchtv dual control; *linkse (rechtse)* ~ auto left-hand (right-hand) drive

be'sturingssysteem *o* (-stemen) <u>comput</u> operating system

be'stuur *o* (-sturen) **1** government, rule; administration [of a country]; **2** ⟨leiding⟩ administration, management, direction, control [of an undertaking]; **3** ⟨bestuurslichaam⟩ board, governing body, committee, executive [of a party]; *het plaatselijk ~* **1** ⟨concreet⟩ the local authorities; **2** ⟨abstract⟩ local government

be'stuurbaar 1 dirigible [balloon]; **2** ⟨bedrijven &⟩ manageable

be'stuurbaarheid *v* <u>scheepv</u> steerage

be'stuurder *m* (-s en -en) **1** ⟨v. land, bedrijf &⟩ governor, director, administrator; **2** <u>techn</u> driver; **3** <u>luchtv</u> pilot

be'stuurlijk *bn* administrative

be'stuursambtenaar *m* (-s en -naren) government official, civil servant

be'stuursfunctie *v* (-s) executive function

be'stuurslid *o* (-leden) member of the board &; zie: *bestuur* 3

be'stuurstafel *v* (-s) board table, committee table

be'stuursvergadering *v* (-en) committee meeting, meeting of the board, board meeting

'bestwil *o: om uw ~* for your good; *een leugentje om ~* a white lie

'bèta *v* ('s) beta

be'taalbaar *bn* payable; *~ stellen* make payable, domicile

be'taalcheque *m* (-s) Giro cheque, bank cheque, banker's cheque

be'taald *bn* paid (for); *het iem. ~ zetten* pay sbd. out, get even with sbd., take it out of sbd.; *met ~ antwoord* reply paid [telegram]; *~ voetbal* professional football

be'taaldag *m* (-dagen) ⟨v. loon &⟩ pay-day

be'taalkaart *v* (-en) giro cheque; *Am* giro check

be'taalkantoor *o* (-toren), **be'taalkas** *v* (-sen) pay-office

be'taalmeester *m* (-s) paymaster

be'taalmiddel *o* (-en): *wettig ~* legal tender, legal currency

be'taalpas *m* (-sen) bank card, cheque card

be'taalstaat *m* (-staten) pay-sheet

'bètablokker *m* (-s) <u>med</u> beta-blocker

be'talen (betaalde, h. betaald) **I** *overg* pay [one's debts, the servants &], pay for [the drinks, flowers &]; *wie zal dat ~?* who is to pay?; *zich goed laten ~* charge heavily; *~ met* pay with [ingratitude &]; pay in [gold]; *het is met geen geld te ~* money cannot buy it; **II** *abs ww* pay, settle; *dat betaalt goed* it pays (you well); *ze ~ slecht* **1** they are not punctual in paying; **2** they underpay their workmen (employees &)

be'taling *v* (-en) payment; *tegen ~ van...* on payment of; *ter ~ van* in payment of

be'talingsbalans *v* (-en) balance of payments

be'talingscondities *mv* terms of payment

be'talingstermijn *m* (-en) **1** ⟨termijn⟩ term (of payment, for the payment of...); **2** ⟨bedrag⟩ instalment

be'talingsvoorwaarden *mv* terms of (payment); *op gemakkelijke ~* on easy terms

be'tamelijk *bn* decent, becoming, proper, befitting

be'tamen (betaamde, h. betaamd) *onoverg* become, beseem, behove; *het betaamt u niet...* ook: it is not for you to...

be'tasten [2] *overg* **1** ⟨in 't alg.⟩ handle, feel; **2** <u>med</u> palpate

'bètastralen *mv* beta rays

'bètatron *o* (-s) betatron

'bètawetenschappen *mv* ⟨natural⟩ sciences

be'tegelen (betegelde, h. betegeld) *overg* tile

be'tekenen [2] *overg* **1** ⟨willen zeggen⟩ mean, signify; **2** ⟨voorspellen⟩ signify, portend, spell; **3** <u>recht</u> serve [a notice, writ] upon [sbd.]; *het heeft niet veel te ~* it does not amount to much; it is nothing much; *het heeft niets te ~* it does not matter; it is of no importance; *wat heeft dat te ~?* what does it all mean?, what's all this?

be'tekening *v* (-en) <u>recht</u> (legal) notice, service (of writ)

be'tekenis *v* (-sen) **1** ⟨inhoud, bedoeling⟩ meaning, sense, signification; acceptation ⟨= aangenomen betekenis⟩; pregnancy ⟨= volle betekenis⟩; **2** ⟨belang⟩ significance, importance, consequence; *het is van ~* it is significant; it is important; *van enige ~* of some significance (consequence); *het is van geen ~* it is of no importance (consequence), it does not signify; *mannen van ~* men of note; *een schrijver van ~* a distinguished writer

be'tekenisleer *v* semantics, semasiology

be'tekenisverandering *v* (-en) change of meaning, semantic change

'beten V.T. meerv. v. *bijten*

be'tengelen (betengelde, h. betengeld) *overg* lath

'beter I *bn* **1** better [weather &]; **2** better (i.e. improved), well (i.e. recovered) [of a patient]; *hij is ~* **1** he is better, a better man [than his brother]; **2** he is better (= improved) [of a patient]; **3** he is well again, he is (has) recovered [of a patient]; *het ~ hebben* be better off; *het kan nog ~* you (he, they) can do better yet; *zij hopen het ~ te krijgen* they hope to better themselves; *de volgende keer ~* better luck next time; *~ maken* set right, put right, cure [some defect &]; set up, bring round [a patient]; *dat maakt de zaak niet ~* that does not improve (help) matters; *~ weten* know better than that; *de zaken gaan ~* business is looking up; *ik ben er niets ~ van geworden* I did not get anything out of it, I have gained nothing of it; *~ worden* **1** become (get) better, mend, improve [of the outlook &]; **2** be getting well (better) [after illness]; **II** *bijw* better; *des te ~!* so much the better!; *hij deed ~ te zwijgen* he had better be silent; **III** *znw: als u niets ~s te doen hebt* if you are not better engaged

1 'beteren (beterde, gebeterd) **I** (is) *onoverg* become (get) better, mend, improve, recover [in health]; *aan de ~de hand zijn* be getting better, be doing well, be on the mend; **II** (h.) *wederk (& overg)*: *zich (zijn leven) ~* mend one's ways

2 be'teren[2] *overg* tar

'beterschap *v* improvement [in health], recovery; *~!* I hope you will soon be well again!; *~ beloven* promise to behave better (in future)

be'teugelen (beteugelde, h. beteugeld) *overg* bridle, curb, check, keep in check, restrain

be'teuterd *bn* confused, perplexed, puzzled]; *~ kijken* be taken aback

Bethlehem *o* Bethlehem

be'tichten (betichtte, h. beticht) *overg*: *iem. ~ van* accuse sbd. of, charge sbd. with, tax sbd. with

be'tijen *onoverg*: *iets laten ~* let sth. settle itself, let sth. sink in

be'timmeren[2] *overg* line with wood

be'timmering *v* (-en) woodwork [of a room]

be'titelen (betitelde, h. betiteld) *overg* title, entitle, style

be'titeling *v* (-en) style, title

be'toelagen (betoelaagde, h. betoelaagd) *overg* ZN subsidize

be'toelaging *v* (-en) ZN subsidization, subsidy

be'togen (betoogde, h. betoogd) **I** *overg* argue; **II** *onoverg* make a [public] demonstration, demonstrate

be'toger *m* (-s) demonstrator

be'toging *v* (-en) [public] demonstration

be'ton *o* concrete; *gewapend ~* reinforced concrete, ferro-concrete

be'tonen[2] **I** *overg* show [courage, favour, kindness], manifest [one's joy]; **II** *wederk*: *zich ~* show oneself [grateful], prove oneself [equal to]

be'tonijzer *o* reinforcement (reinforcing) steel

be'tonmolen *m* (-s) concrete mixer

1 be'tonnen (betonde, h. betond) *overg* buoy

2 be'tonnen *bn* concrete

be'tonning *v* (-en) **1** 〈de handeling〉 buoying; **2** 〈de tonnen〉 buoys

be'tonvlechter *m* (-s) steel bender, bar bender

be'tonwerker *m* (-s) concrete worker, concreter

be'toog *o* (-togen) argument(s); *dat behoeft geen ~* it is obvious

be'toogkracht *v* argumentative power

be'toogtrant *m* argumentation

be'toon *o* demonstration, show, manifestation

be'toveren[2] *overg* **1** *eig* bewitch[2], enchant[2], cast a spell on[2]; **2** *fig* fascinate, charm

be'toverend *bn* bewitching, enchanting, fascinating, charming

'betovergrootmoeder *v* (-s) great-great-grandmother

'betovergrootvader *m* (-s) great-great-grandfather

be'tovering *v* (-en) enchantment, bewitchment,

spell, fascination, glamour

be'traand *bn* tearful, wet with tears

be'trachten[2] *overg*: *zijn plicht ~* do one's duty

be'trappen[2] *overg* catch, detect; *iem. op diefstal ~* catch sbd. (in the act of) stealing; *iem. op een fout ~* catch sbd. out (tripping); *op heter daad ~* take in the (very) act, catch sbd. red-handed; *iem. op een leugen ~* catch sbd. in a lie

be'treden[2] (h.) *overg* **1** tread (upon), set foot upon (in); **2** enter [a building, a room &]; *de kansel ~* mount the pulpit

be'treffen[2] *overg* concern, regard, touch, affect, pertain; *waar het zijn eer betreft* where his honour is concerned; *voorzover het... betreft* so far as... is (are) concerned; *wat [uitgaan &] betreft* in the way of [entertainment &]; *wat mij betreft* as for me, as to me, I for one, personally, I; *wat dat betreft* as to that

be'treffende *voorz* concerning, regarding, with respect (regard) to, relative to

be'trekkelijk *bn* relative [pronoun &]; comparative [poverty &]; *alles is ~* all things go by comparison

be'trekkelijkheid *v* relativity

be'trekken **I** (h.) *overg* **1** 〈trekken in〉 move into [a house]; **2** 〈laten komen〉 get, order [goods from X &]; *iem. in iets ~* involve (implicate) sbd. in an affair, mix sbd. up in it; bring sbd. into the discussion &; draw sbd. into a conflict; **II** (is) *onoverg* become overcast [of the sky], cloud over[2] [of the sky, sbd.'s face]; *zie ook: betrokken*

be'trekking *v* (-en) **1** 〈verhouding〉 relation; relationship [of master and servant, with God]; **2** 〈baan〉 post, position, place, job, situation [as servant], [official] appointment; *diplomatieke ~en* diplomatic relations; *dat heeft daar geen ~ op* that does not relate to it, has no reference to it; that does not bear upon it; *het vraagteken heeft ~ op...* the question mark refers to...; *in ~* in employment; *in ~ staan met* have relations with; *in goede ~ staan met* be on good terms with; *met ~ tot* with regard (respect) to, in (with) reference to; *zonder ~* out of employment, unemployed; *Ministerie van Buitenlandse B~en* ZN, *Br* Ministry of Foreign Affairs, *Am* State Department

be'treuren[2] *overg* regret, deplore, lament, bewail, mourn for [a lost person], mourn [the loss of...]; *zie ook: mensenleven*

betreurens'waard, betreurens'waardig *bn* regrettable, deplorable, lamentable

be'trokken *bn* **1** cloudy, overcast [sky]; **2** clouded, gloomy [face]; *de ~ autoriteiten* the proper authorities; *bij (in) iets ~ zijn* be concerned in (with), be a party to, be mixed up with (in); be involved in [a bankruptcy]; *financieel ~ zijn bij* have a financial interest in; *de daarbij ~en* the persons concerned (involved)

be'trokkenheid *v* involvement

be'trouwbaar *bn* reliable, trustworthy

781

be'trouwbaarheid *v* reliability, reliableness, trustworthiness

'**betten** (bette, h. gebet) *overg* bathe, dab

be'tuigen (betuigde, h. betuigd) *overg* **1** express [sympathy, one's regret &]; **2** protest [one's innocence]; **3** profess [friendship]; **4** tender [thanks]

be'tuiging *v* (-en) **1** expression [of one's feelings]; **2** protestation [of one's innocence]; **3** profession [of friendship]

be'tuttelen (betuttelde, h. betutteld) *overg* chide, lecture, upbraid

'**betweter** *m* (-s) wiseacre, pedant, gemeenz backseat driver

betwete'rij *v* (-en) pedantry

be'twijfelen[2] *overg* doubt, question

be'twistbaar *bn* disputable, contestable [statements &], debatable [grounds], questionable [accuracy]

be'twisten[2] *overg* **1** (iets) dispute [a fact, every inch of ground], contest [a point], challenge [a statement]; **2** (iem. iets) dispute [a point] with; deny; **3** ZN, sp (deelnemen aan) contest [game]; *zij betwistten ons de overwinning* they disputed the victory with us

beu *bn*: *ik ben (die muziek)* ~ I'm tired (sick) of (that music)

beug *v* (-en) long line [for fishing]

'**beugel** *m* (-s) **1** (voor tanden; aan been) braces; **2** (stroomafnemer op tram &) (contact) bow; **3** (v. fles, handtas &) clasp; **4** (voor leidingen) clip; (aan muren) bracket; **5** (stijgbeugel) stirrup; **6** (v. geweer) (trigger) guard *dat kan niet door de* ~ **1** (kan er niet mee door) that will not do; **2** (is ongeoorloofd) this will not be allowed

'**beugelsluiting** *v* (-en) clasp

'**beugvisserij** *v* long-line fishing

1 beuk *m* & *v* (-en) bouwk **1** (hoofd~) nave; **2** (zij~) aisle

2 beuk *m* (-en), '**beukenboom** *m* (-bomen) beech, beech tree

3 beuk *m* (-en) (stomp) wham, whang, clout; *de* ~ *erin zetten* go for it; versterkend give them hell

1 'beuken *bn* beech(en)

2 'beuken (beukte, h. gebeukt) *overg* beat, batter, pummel, pommel; pound [with one's fists]; *de golven* ~ *de kust* the waves lash the shore; *er op los* ~ pound away [at sbd.]

'**beukenbos** *o* (-sen) beech-wood

'**beukenhout** *o* beech-wood, beech

'**beukennoot** *v* (-noten) beech-nut

'**beukhamer** *m* (-s) maul, mallet

beul *m* (-en) **1** (scherprechter) hangman, executioner; **2** fig brute, bully, torturer

'**beulsknecht** *m* (-s en -en) hangman's assistant

'**beulswerk** *o* fig drudgery, toil, grind

'**beunhaas** *m* (-hazen) interloper, dabbler

'**beunhazen** (beunhaasde, h. gebeunhaasd) *onoverg* dabble (in)

beunhaze'rij *v* (-en) dabbling

'**beuren** (beurde, h. gebeurd) *overg* **1** lift (up) [a load]; **2** receive [money]

1 beurs *bn* overripe, bruised [fruit]

2 beurs *v* (beurzen) **1** (portemonnee) purse; **2** handel exchange; Bourse [on the Continent]; **3** (studiebeurs) scholarship, bursary, grant; *in zijn* ~ *tasten* loosen one's purse strings; *elkaar met gesloten beurzen betalen* settle on mutual terms; *naar de* ~ *gaan* go to 'Change; *op de* ~, *ter beurze* on 'Change; *hij studeert van een* ~ he holds a scholarship

'**beursberichten** *mv* stock market prices; stock market report

'**beursgebouw** *o* (-en) exchange building

'**beurskoers**, '**beursnotering** *v* stock-exchange quotation

'**beursnotering** *v* (-en) **1** (stock market) quotation; **2** (koers) stock market price

'**beursoverzicht** *o* (-en) exchange report

'**beurspolis** *v* (-sen) exchange policy

'**beursstudent** *m* (-en) scholar, exhibitioner

'**beurstijd** *m* (-en) 'Change hours

'**beurswaarde** *v* market value; ~*n* stocks and shares

beurt *v* (-en) turn; *een grote* ~ (v. auto) an overhaul; *een kleine* ~ (v. auto) servicing; *iem. een* ~ *geven* **1** (op school) give sbd. a turn (to speak); Br hear sbd.'s work; **2** plat (neuken) lay sbd.; *een kamer een* ~ *geven* do (turn out) a room; *een* ~ *krijgen* (op school) get one's turn; *een goede* ~ *maken* make a good impression, score; *aan de* ~ *komen* come in for one's turn; *wie is aan de* ~? whose turn is it; next please!; *om de* ~, *om* ~*en* by turns, in turn; ~ *om* ~ turn (and turn) about, by turns; *ieder op zijn* ~ everyone in his turn; *te* ~ *vallen* fall to the share of, fall to; *vóór zijn* ~ out of his turn

'**beurtdienst** *m* (-en), **beurtvaart** *v* (-en) regular (barge) service

'**beurtelings** *bijw* by turns, turn (and turn) about, in turn, alternately

'**beurtrol** *m* (-len) ZN: *volgens een* ~ (bij toerbeurt) by turns

'**beurtzang** *m* (-en) alternate singing, antiphon(y)

'**beuzelachtig** *bn* trifling, trivial, futile

beuzela'rij *v* (-en) trifle

'**beuzelen** (beuzelde, h. gebeuzeld) *onoverg* dawdle, trifle

'**beuzeling** *v* (-en) trifle

'**beuzelpraat** *m* nonsense, twaddle

be'vaarbaar *bn* navigable

be'vaarbaarheid *v* navigableness, navigability

be'vaderen (bevaderde, h. bevaderd) *overg* patronize, paternalize

be'val (bevalen) V.T. v. bevelen

1 be'vallen[2] *onoverg* (aanstaan) please; *het zal u wel* ~ I am sure you will be pleased with it, you will like it; *hoe is 't u* ~? how did you like it?; *dat (zaakje) bevalt mij niet* I don't like it;

2 be'vallen[2] *onoverg* ⟨v.e. kind⟩ be confined (be delivered) [of a child]; *zij moet* ~ she is going to have a baby; *zij is* ~ *van een zoon* she gave birth to a son; *aan het* ~ *zijn* be in labour

be'vallig *bn* graceful

be'valligheid *v* (-heden) grace, gracefulness

be'valling *v* (-en) confinement, delivery; *pijnloze* ~ painless childbirth

be'vangen[2] **I** *overg* seize; *de koude beving hem* the cold seized him; *door slaap* ~ overcome with (by) sleep; *door vrees* ~ seized with fear; **II** *bn* ⟨verlegen⟩ timid, bashful

1 be'varen (h.) *overg* navigate, sail [the seas]

2 be'varen *bn*: ~ *matroos* able (experienced) sailor

be'vattelijk I *bn* **1** ⟨vlug⟩ intelligent, teachable; **2** ⟨verstaanbaar⟩ intelligible; **II** *bijw* intelligibly

be'vatten[2] *overg* **1** ⟨inhouden⟩ contain, comprise; **2** ⟨begrijpen⟩ comprehend, grasp

be'vatting *v* comprehension, (mental) grasp

be'vattingsvermogen *o* comprehension, (mental) grasp

be'vechten[2] *overg* fight (against), combat; *de zege* ~ gain the victory, carry the day

be'veiligen (beveiligde, h. beveiligd) *overg* secure, protect, safeguard; *beveiligd tegen (voor)* secure from (against) [attack], sheltered from [rain &]

be'veiliging *v* (-en) protection, safeguarding, shelter

be'veiligingsdienst *m* (-en) security service

be'vel *o* (-velen) order, command, injunction [= authoritative order]; ~ *tot aanhouding* warrant (of arrest); ~ *tot huiszoeking* search-warrant; ~ *geven om...* give orders to...; order [sbd.] to...; *het* ~ *overnemen* take over command; *het* ~ *voeren over* be in command (control) of, command; *onder iems.* ~ *staan* be under command; *op* ~ **1** [cry, laugh] to order; **2** ⟨op hoog bevel⟩ by order; *op* ~ *van* at (by) the command of, by order of

be'velen (beval, h. bevolen) *overg* order, command, charge; commend [one's spirit into the hands of the Lord]; ~*de toon* commanding tone

be'velhebber *m* (-s) commander

be'velschrift *o* (-en) warrant

be'velvoerder *m* (-s) commander

be'velvoerend *bn* commanding, in command

'**beven** (beefde, h. gebeefd) *onoverg* **1** tremble [with anger or fear]; **2** shake [with fear or cold]; **3** quiver, waver [of the voice]; **4** shiver [with cold]; **5** shudder [with horror]; ~ *als een riet* tremble like an aspen leaf

'**bever 1** *m* (-s) ⟨dier⟩ beaver; **2** *o* ⟨stof⟩ beaver

'**beverig** *bn* trembling, shaky

be'vestigen[2] *overg* **1** fix, fasten, attach [a thing to another]; **2** *fig* affirm [a declaration]; confirm [a report]; corroborate, bear out [an opinion, a statement]; consolidate [power]; confirm [new members of a Church]; induct [a new clergyman]; uphold [a judge's decision]

be'vestigend I *bn* affirmative; **II** *bijw* affirmatively, [answer] in the affirmative

be'vestiging *v* (-en) **1** ⟨vastmaking⟩ fastening; **2** ⟨bekrachtiging⟩ affirmation; **3** ⟨van bericht⟩ confirmation; **4** ⟨van macht, positie⟩ consolidation; **5** ⟨van lidmaten⟩ confirmation; **6** ⟨van predikant⟩ induction

be'vind *o*: *naar* ~ *(van zaken)* according to the circumstances

be'vinden[2] **I** *overg* find [sbd. guilty, correct]; **II** *wederk*: *zich* ~ **1** be (found) [of things]; **2** be, find oneself [of persons]; *zich ergens* ~, *zich in gevaar* ~ find oneself [somewhere], be [in danger]

be'vinding *v* (-en) finding [of a committee]; ~*en uitwisselen* compare notes

'**beving** *v* (-en) trembling, shivering, dither

be'vitten[2] *overg* cavil at, carp at, criticize

be'vlekken[2] *overg* stain, spot, soil, defile, pollute

be'vliegen[2] (h.) *overg* luchtv fly [a route]

be'vlieging *v* (-en) caprice, whim; *een* ~ *van edelmoedigheid* a fit of generosity

be'vloeien[2] (h.) *overg* irrigate

be'vloeiing *v* (-en) irrigation

be'vlogen *bn* inspired, enthusiastic

be'vochtigen (bevochtigde, h. bevochtigd) *overg* moisten, wet

be'vochtiger *m* (-s) damper

be'vochtiging *v* (-en) moistening, wetting

be'voegd *bn* competent, [fully] qualified, authorized, entitled; *de* ~*e instanties* the appropriate authorities; ~ *om...* qualified to...; having power to; *van* ~*e zijde* from an authoritative source, [hear] on good authority

be'voegdheid *v* (-heden) competence, competency; power [of the government, local officials &]; qualification; *met de* ~ *om...* qualified to [teach that language]; with power to [dismiss him]

be'voelen[2] *overg* feel, finger, handle

be'volen V.D. v. *bevelen*

be'volken (bevolkte, h. bevolkt) *overg* people, populate

be'volking *v* (-en) population

be'volkingsaanwas *m* increase in population

be'volkingscijfer *o* (-s) population figure, population returns

be'volkingsdichtheid *v* density of population, population density

be'volkingsexplosie *v* (-s) explosion of population, population explosion

be'volkingsgroei *m* = *bevolkingsaanwas*

be'volkingsgroep *v* (-en) **1** ⟨in 't alg.⟩ section of the population; **2** [Jewish, Muslim] community

be'volkingsoverschot *o* surplus population

be'volkingsregister *o* (-s) register (of population), registry

be'volkingsstatistiek *v* (-en) statistics of population, population statistics

be'volkt *bn* populated

be'**voogding** *v* paternalism

be'**voordelen** (bevoordeelde, h. bevoordeeld) *overg* favour

bevoor'**oordeeld** *bn* prejudiced, prepossessed, bias(s)ed

be'**voorraden** (bevoorraadde, h. bevoorraad) *overg* supply, provision

be'**voorrading** *v* (-en) supply, provisioning

be'**voorrechten** (bevoorrechtte, h. bevoorrecht) *overg* privilege, favour

be'**voorrechting** *v* (-en) **1** (in 't alg.) favouring; **2** (als stelsel) favouritism

be'**vorderen**[2] *overg* **1** further [a cause &]; **2** advance, promote [plans, sbd. to a higher office]; **3** prefer [sbd. to an office]; **4** aid [digestion]; **5** benefit [health]; **6** remove [a pupil]; ~ *tot kapitein* promote (to the rank of) captain

be'**vordering** *v* (-en) **1** advancement, promotion [of plans, persons]; **2** preferment [to an office]; **3** furtherance [of a cause]; **4** onderwijs remove; **5** ZN (voetbaldivisie) promotion

be'**vorderlijk** *bn*: ~ *voor* conducive to, beneficial to, instrumental to

be'**vrachten** (bevrachtte, h. bevracht) *overg* freight, charter [ships], load

be'**vragen** *overg*: *te* ~ *bij*... (for particulars) apply to..., information to be had at ...'s, inquire at...'s; *hier te* ~ inquire within

be'**vredigen** (bevredigde, h. bevredigd) *overg* satisfy [appetite or want], gratify [a desire], appease [hunger]; *het bevredigt (je) niet* it does not give satisfaction

be'**vredigend** *bn* satisfactory, satisfying

be'**vrediging** *v* (-en) satisfaction, gratification, appeasement

be'**vreemden** (bevreemdde, h. bevreemd) *overg*: *het bevreemdt mij, dat hij (het niet deed)* I wonder (am suprised to find) he...; *het bevreemdde mij* I wondered (was surprised) at it

be'**vreemding** *v* surprise

be'**vreesd** *bn* afraid; ~ *voor* **1** apprehensive of [the consequences, danger]; **2** apprehensive for [a person or his safety]

be'**vriend** *bn* friendly [nations]; ~ *met* on friendly terms with, a friend of; ~ *worden met* become friends (friendly) with

be'**vriezen** (bevroor, bevroren) **I** (is) *onoverg* **1** (water &) freeze (over, up), congeal; **2** (doodvriezen) freeze to death; *ik bevries* fig I am freezing; *je bevriest hier* fig one freezes to death here; *laten* ~ freeze [meat &]; **II** (h.) *overg* freeze

be'**vriezing** *v* freezing (over, up), congelation

be'**vrijd** *bn* free, at liberty, liberated [from tyranny]

be'**vrijden** (bevrijdde, h. bevrijd) *overg* **1** (in 't alg.) free, set free, set at liberty, deliver, liberate, rescue [from danger]; **2** release [from confinement], emancipate [from a yoke]

be'**vrijder** *m* (-s) deliverer, liberator, rescuer

be'**vrijding** *v* (-en) deliverance, liberation, rescue, release, emancipation

be'**vrijdingsbeweging** *v* (-en) liberation movement

Be'**vrijdingsdag** *m* Liberation day

be'**vrijdingsfront** *o* (-en) liberation front

be'**vrijdingsleger** *o* (-s) liberation army

be'**vrijdingsoorlog** *m* (-logen) war of liberation

be'**vroeden** (bevroedde, h. bevroed) *overg* **1** (vermoeden) suspect, surmise; **2** (begrijpen) realize, apprehend

be'**vroor (bevroren)** V.T. v. *bevriezen*

be'**vroos (bevrozen)** V.T. v. *bevriezen*

be'**vroren 1** V.T. meerv. en V.D. v. *bevriezen*; **2** frozen [meat, credits]; **3** frost-bitten [buds, toes]; frosted [window-panes]

be'**vrozen** V.T. meerv. en V.D. van *bevriezen*

be'**vruchten** (bevruchtte, h. bevrucht) *overg* **1** (in 't alg.) impregnate; **2** plantk fertilize

be'**vruchting** *v* (-en) **1** impregnation; **2** plantk fertilization

be'**vuilen** (bevuilde, h. bevuild) *overg* dirty, soil, foul, defile, pollute; *zich* ~ soil one's pants

be'**waarder** *m* (-s) **1** (in 't alg.) keeper, guardian; **2** (v. woning) care-taker

be'**waarengel** *m* (-en) guardian angel

be'**waargeving** *v* deposit

be'**waarheid** *bn*: ~ *worden* come true

be'**waarloon** *o* storage

be'**waarmiddel** *o* (-en) ZN preservative

be'**waarnemer** *m* (-s) depositary

be'**waarplaats** *v* (-en) depository, [furniture] repository, storehouse, [bicycle] shelter

be'**waarschool** *v* (-scholen) vero infant school, kindergarten

be'**waasd** *bn* steamed up [window]

be'**waken**[2] *overg* (keep) watch over, guard; *laten* ~ set a watch over

be'**waker** *m* (-s) **1** (in 't alg.) keeper, watch; **2** (in museum) custodian; **3** (v. auto) [car] attendant

be'**waking** *v* guard, watch(ing), custody; *onder* ~ under guard; *onder* ~ *van* in the charge of

be'**wakingsdienst** *m* (-en) = beveiligingsdienst

be'**wandelen**[2] (h.) *overg* walk, tread (upon); *de veilige weg* ~ keep on the safe side

be'**wapenen**[2] *overg* arm

be'**wapening** *v* armament

be'**wapeningsindustrie** *v* (-trieën) arms industry

be'**wapeningswedloop** *m* arms race

be'**waren** (bewaarde, h. bewaard) *overg* **1** keep [a thing, a secret, one's balance]; **2** preserve [fruit, meat &]; **3** maintain, keep up [one's dignity]; ~ *voor* preserve (defend, save) from, guard from (against); zie ook: *God, hemel*

be'**waring** *v* keeping, preservation, custody; *in* ~ *geven* deposit [luggage, money &]; *het hem in* ~ *geven* entrust him with the care of it; *in* ~ *hebben* have in one's keeping, hold in trust; *iem. in verze-*

kerde ~ *nemen* take sbd. into custody

be'wasemen² *overg* steam, dim (cloud) with moisture

be'weegbaar *bn* movable

be'weeggrond *m* (-en) motive, ground

be'weeglijk *bn* **1** (beweegbaar) movable; mobile [features]; **2** (veel bewegend) lively [children]

be'weeglijkheid *v* **1** movableness; mobility; **2** liveliness

be'weegreden *v* (-en) motive, ground

be'wegen² **I** *onoverg* move, stir; **II** *overg* **1** eig move, stir; **2** (ontroeren) move, stir, affect; **3** (overhalen) move, induce [sbd. to do it]; **III** *wederk: zich* ~ move, stir, budge; *zich in de hoogste kringen* ~ move in the best society (circles); *hij weet zich niet te* ~ he doesn't know how to behave, he has no manners

be'weging *v* (-en) **1** (het bewegen v. iets) motion, gemeenz move; movement, stir(ring); **2** (het bewegen met iets) motion [of the arms], movement [of the lever]; **3** (drukte) commotion, agitation, stir, bustle; **4** (lichaamsbeweging) exercise; *(veel)* ~ *maken* create a commotion; make a stir; *in* ~ *brengen* set (put) in motion, set going, techn start; fig stir [people]; *in* ~ *houden* keep going; *in* ~ *komen* begin to move, start; *in* ~ *krijgen* set (get) going; *in* ~ *zijn* **1** be moving, be in motion, be on the move [of sbd.]; **2** be in commotion [of a town &]; *uit eigen* ~ of one's own accord

be'wegingloos *bn* motionless

be'wegingsleer *v* kinetics, mechanics, dynamics

be'wegingsoorlog *m* (-logen) mobile (open) warfare

be'wegingsvrijheid *v* freedom of movement, elbow-room

be'wegwijzeren (bewegwijzerde, h. bewegwijzerd) *overg* signpost

be'wegwijzering *v* signposting

be'weiden² *overg* pasture, graze

be'wenen² *overg* weep for, weep, deplore, lament, bewail, mourn, mourn for

be'weren (beweerde, h. beweerd) *overg* **1** (in 't alg.) assert, contend, maintain, claim; **2** (wat onbewezen is) allege; **3** (meestal ten onrechte) pretend; *hij heeft niet veel te* ~ he has not much to say for himself; *naar men beweert* by all accounts

be'wering *v* (-en) **1** assertion, contention; **2** (onbewezen) allegation

be'werkelijk *bn* laborious, requiring or involving much labour, toilsome

be'werken² *overg* **1** work, dress, fashion, shape [one's material], till [the ground]; work up [materials]; **2** (omwerken) adapt [a novel for the stage]; **3** (tot stand brengen) effect, bring about; **4** (iem.) influence [sbd.]; gemeenz tamper with, prime [the witnesses]; *met vuisten* ~ pummel [sbd.]; *6de druk bewerkt door...* edited (revised) by...; ~ *tot* work up into

be'werker *m* (-s) **1** cause [of sbd.'s death]; **2** worker

[of mischief]; **3** compiler [of a book], adapter [of a novel], editor [of the revised edition]

be'werking *v* (-en) **1** (het bewerken) working [of material], tillage [of the ground]; wisk operation [in mathematics], adaptation, dramatization [of a play]; version [of a film]; **2** (wijze van bewerken) workmanship [of a box &]; *in* ~ in preparation

be'werkstelligen (bewerkstelligde, h. bewerkstelligd) *overg* bring about, effect

be'westen *voorz* (to the) west of

be'wieroken (bewierookte, h. bewierookt) *overg:* *iem.* ~ shower praise on sbd.; extol sbd.

be'wijs *o* (-wijzen) **1** (in 't alg.) proof, evidence, demonstration; **2** (bewijsgrond) argument; **3** (bewijsstuk) voucher; [doctor's, medical &] certificate; **4** (blijk) mark; *indirect* ~ recht circumstantial evidence; ~ *van goed gedrag* certificate of good character (conduct); ~ *van herkomst (oorsprong)* certificate of origin; ~ *van lidmaatschap* certificate of membership; ~ *van ontvangst* receipt; *ten bewijze waarvan* in support (proof) of which

be'wijsbaar *bn* provable, demonstrable

be'wijsexemplaar *o* (-plaren) **1** (v. boek) free copy, voucher copy; **2** (v. krant) reference copy

be'wijsgrond *m* (-en) argument

be'wijsje *o* (-s) small trace (of), suspicion (of)

be'wijskracht *v* evidential force, conclusiveness, conclusive force, cogency [of an argument]

be'wijslast *m* burden (onus) of proof

be'wijsmateriaal *o* evidence

be'wijsplaats *v* (-en) quotation in support, reference

be'wijsstuk *o* (-ken) **1** evidence; **2** recht exhibit; **3** title-deed [as evidence of a right]

be'wijsvoering *v* (-en) argumentation

be'wijzen² *overg* **1** (aantonen) prove, demonstrate [a proposition], establish [the truth of...], make out, make good [a claim, one's point]; **2** (betonen) show [favour], confer [a favour] upon, render [a service, the last funeral honours]; zie ook: *dienst*, ²*eer*, *gunst* &

be'willigen (bewilligde, h. bewilligd) *onoverg:* ~ *in* grant, consent to

be'wind *o* administration, government, rule; *het* ~ *voeren* hold the reins of government; *het* ~ *voeren over* rule (over); *aan het* ~ *komen* accede to the throne [of a king], come into power [of a minister]; *aan het* ~ *zijn* be in power

be'windsman *m* (-lieden) minister, member of the government

be'windvoerder *m* (-s) recht receiver, trustee

be'wogen *bn* **1** (ontroerd) moved, affected; **2** (emotioneel) moving, stirring; **3** (waarin veel gebeurt) eventful, stirring; *diep* ~ *zijn* be deeply moved; ~ *debat* heated debate; ~ *tijden* stirring times

be'wolken (bewolkte, is bewolkt) *onoverg* cloud over (up), become overcast

be'wolking *v* (-en) cloud(s)

be'wolkt *bn* clouded, cloudy, overcast

be'wonderaar *m* (-s), **be'wonderaarster** *v* (-s) admirer, fan

be'wonderen (bewonderde, h. bewonderd) *overg* admire

bewonderens'waard, **bewonderens'waardig** *bn* admirable

be'wondering *v* admiration

be'wonen[2] *overg* inhabit, occupy, live in, dwell in, reside in [a place]

be'woner *m* (-s) **1** inhabitant [of a country]; **2** tenant, inmate, occupant, occupier [of a room, a house]; **3** resident [and not a visitor]

be'woning *v* occupation [of a house], (in)habitation

be'woonbaar *bn* (in)habitable

be'woordingen *mv* wording; *in algemene* ~ in general terms; *in krachtige* ~ *gesteld* strongly worded

be'wust *bn* **1** (besef hebbend) conscious; **2** ⟨bedoeld⟩ in question; *ik was het mij niet* ~ I did not realize it, I was unaware of it; *hij was het zich ten volle* ~ he was fully aware of it; *zij werd het zich* ~ she became conscious of it; *hij was zich van geen kwaad* ~ he was not conscious of having done anything wrong; ~ *of onbewust* wittingly or unwittingly; *heb je de* ~*e persoon gezien?* have you seen the person in question?

be'wusteloos *bn* unconscious; ~ *slaan* beat insensible, knock senseless

bewuste'loosheid *v* unconsciousness, senselessness, insensibility

be'wustheid *v* consciousness

be'wustwording *v* awaking

be'wustzijn *o* consciousness, (full) knowledge; *het* ~ *verliezen* lose consciousness; *bij zijn volle* ~ fully conscious; *buiten* ~ unconscious; *weer tot* ~ *komen* recover (regain) consciousness

be'wustzijnsverruimend *bn* psychedelic, consciousness-expanding, mind-expanding, slang mind-blowing

be'zaaien[2] *overg* sow, seed; ~ *met* sow (seed) with[2]; fig strew with

be'zaan *v* (-zanen) scheepv miz(z)en

be'zaansmast *m* (-en) miz(z)enmast

be'zadigd *bn* sedate, staid, dispassionate [views]

be'zatten (bezatte, h. bezat) *wederk: zich* ~ get plastered

be'zegelen[2] *overg* seal[2] [a letter; sbd.'s fate]

be'zeilen[2] (h.) *overg* sail [the seas]; *er is geen land met hem te* ~ he is quite unmanageable

'bezem *m* (-s) **1** (in 't alg.) broom; **2** ⟨v. twijgen⟩ besom; *nieuwe* ~*s vegen schoon* new brooms sweep clean

'bezemsteel *m* (-stelen) broomstick

'bezemwagen *m* (-s) sp sag wagon

be'zeren (bezeerde, h. bezeerd) **I** *overg* hurt, injure; **II** *wederk: zich* ~ hurt oneself

be'zet *bn* **1** taken [of a seat]; **2** (bezig) engaged, occupied, busy; **3** occupied [of a town, building]; **4** ⟨met juwelen⟩ set [with rubies]; *alles* ~! full up!; *is deze plaats* ~? is this seat taken?; *ik ben zó* ~ *dat...* I am so busy that...; *al mijn uren zijn* ~ all my hours are taken up; *de rollen waren goed* ~ the cast was an excellent one; *de zaal was goed* ~ there was a large audience

be'zeten *bn* possessed; ~ *van* obsessed by

be'zetene *m-v* (-n) one possessed; *als een* ~, *als* ~*n* like mad

be'zetenheid *v* mania

be'zetten[2] *overg* occupy [a town, building]; take [seats]; fill [a post]; cast [a piece, play]; ~ *met* set with [diamonds]; zie ook: bezet

be'zetter *m* (-s) **1** mil the occupying forces; **2** ⟨v. gebouw, bedrijf &⟩ occupier

be'zetting *v* (-en) **1** ⟨het bezetten⟩ occupation [of a town, building]; sit-in [demonstration]; **2** ⟨v. toneelstuk⟩ cast; **3** ⟨v. orkest⟩ strength

be'zettingsgraad *m* (-graden) **1** ⟨v. kantoorgebouw &⟩ occupancy; **2** ⟨v.e. vliegtuig⟩ seat occupancy

be'zettingsleger *o* army of occupation

be'zettoon *m* (-tonen) engaged signal

be'zichtigen (bezichtigde, h. bezichtigd) *overg* **1** ⟨v. kerk, kasteel, stad⟩ visit, (have a) look at; **2** ⟨v. huis⟩ view, inspect; **3** ⟨v. fabriek⟩ inspect; *te* ~ on view, on show, on display

be'zichtiging *v* (-en) view(ing), inspection

be'zield *bn* animated, inspired

be'zielen (bezielde, h. bezield) *overg* animate, inspire; *wat bezielt je toch?* what has come over you?

be'zielend *bn* inspiring [influence, leadership]

be'zieling *v* animation, inspiration

be'zien[2] *overg* look at, view; *het staat te* ~ it remains to be seen

beziens'waardig *bn* worth seeing

beziens'waardigheid *v* (-heden) curiosity; *de bezienswaardigheden* the sights [of a town], the places of interest

'bezig *bn* busy, at work, occupied, engaged; *is hij weer* ~? is he at it again?; *aan iets* ~ *zijn* have sth. in hand, be at work (engaged) on sth.; *hij is er druk aan* ~ he is hard at work upon it, hard at it; ~ *zijn met...* be busy ...ing, be busy at (on), be working on

'bezigen (bezigde, h. gebezigd) *overg* use, employ

'bezigheid *v* (-heden) occupation, employment; *bezigheden* pursuits; *huishoudelijke bezigheden* household duties (chores)

'bezigheidstherapie *v* (-pieën) occupational therapy

'bezighouden[1] *overg: iem.* ~ keep sbd. busy; *het gezelschap (aangenaam)* ~ entertain the company; *de kinderen nuttig* ~ keep the children usefully occupied; *deze gedachte houdt mij voortdurend bezig* this thought haunts me; *zich met iets* ~ occupy (busy) oneself with sth.

be'zijden *voorz: het is* ~ *de waarheid* it is beside the truth

be'zingen² *overg* sing (of), chant

be'zinken² *onoverg* **1** eig settle (down); **2** fig sink [in the mind]

be'zinking v (-en) sedimentation

be'zinkingssnelheid v (-heden) sedimentation rate

be'zinksel o (-s) sediment, deposit, lees, dregs, residue

be'zinnen (bezon, h. bezonnen) **I** abs ww reflect; *bezint eer gij begint* look before you leap; **II** wederk: *zich ~* think, reflect, change one's mind; *zich lang ~* think long

be'zinning v conciousness; *zijn ~ verliezen* lose one's senses; *weer tot ~ komen* come to one's senses again; *iem. tot ~ brengen* bring sbd. to his senses

be'zit o **1** ⟨in 't alg.⟩ possession; **2** ⟨eigendom⟩ property; **3** ⟨tegenover schulden⟩ assets; **4** fig asset; **5** handel holdings [of securities, sterling &]; *in het ~ zijn van* be in possession of, be possessed of; *wij zijn in het ~ van uw brief* we have your letter; *in het volle ~ van zijn geestesvermogens* in full possession of his mental faculties

be'zitneming v occupancy, occupation

be'zittelijk bn possessive [pronoun]

be'zitten² *overg* **1** possess, own, have; **2** handel hold [securities]; *zijn ziel in lijdzaamheid ~* possess one's soul in patience; *de ~de klassen* the propertied classes

be'zitter m (-s) **1** ⟨in 't alg.⟩ possessor, owner, proprietor; **2** handel holder [of securities]

be'zitting v (-en) possession; property; *zijn persoonlijke ~en* his personal effects

be'zocht bn (much) frequented [place]; *druk ~ ook*: numerously attended [meeting]; *goed ~* well-attended; *door spoken ~* haunted

be'zoedelen (bezoedelde, h. bezoedeld) *overg* soil, sully, contaminate, stain, pollute, defile, blemish, besmirch

be'zoedeling v (-en) contamination, stain, pollution, defilement, blemish

be'zoek o (-en) **1** (visite) visit, call; [cinema-, museum-, theatre- &] going; **2** ⟨mensen⟩ visitor(s), guests, company; **3** ⟨aanwezig zijn⟩ attendance; *een ~ afleggen (brengen)* make a call, pay a visit; *een ~ beantwoorden* return a call; *er is ~, we hebben ~* we have visitors; *wij ontvangen vandaag geen ~* we are not at home to anybody to-day; *ik was daar op ~* I was on a visit there

be'zoekdag m (-dagen) visitors' (visiting) day

be'zoeken² *overg* **1** visit [a person, place, museum &]; **2** go (come) to see, call on, see [a friend, a man], call at [a house, the Jansens']; **3** attend [church, school, a lecture &]; **4** frequent [the theatres]

be'zoeker m (-s) visitor, caller, guest; frequenter [of a theatre], [theatre- &] goer

be'zoeking v (-en) visitation, affliction, trial

be'zoekregeling v (-en) visiting arrangements

be'zoekuur o (-uren) visiting hour

be'zoldigen (bezoldigde, h. bezoldigd) *overg* pay, salary

be'zoldiging v (-en) pay, salary

be'zondigen² *wederk: zich ~ aan* indulge in [alcohol]

be'zonken bn fig well-considered, mature [judgement]

be'zonnen bn level-headed, sober-minded, staid, sedate

be'zopen bn gemeenz **1** ⟨dronken⟩ sozzled, dead drunk; **2** ⟨dwaas⟩ fatuous, crazy, idiotic

be'zorgd bn anxious, solicitous; *~ voor* anxious (uneasy, concerned) about, solicitous about (for); *zich ~ maken* worry (over about)

be'zorgdheid v (-heden) anxiety, uneasiness, solicitude, concern, apprehension, worry

be'zorgen² *overg* **1** (brengen) deliver [goods, letters &]; **2** (verschaffen) procure, get, find [sth. for sbd.]; gain, win [him many friends], earn [him a certain reputation]; **3** give, cause [trouble &]; *we kunnen het u laten ~* you can have it delivered at your house

be'zorger m (-s) **1** ⟨in 't alg.⟩ delivery-man; **2** bearer [of a letter]; **3** [milk &] roundsman

be'zorging v (-en) delivery [of letters, parcels &]

be'zuiden voorz (to the) south of

be'zuinigen (bezuinigde, h. bezuinigd) *onoverg* economize, retrench, reduce one's expenses, cut down expenses, reduce expenditure; *~ op* economize on

be'zuiniging v (-en) economy, retrenchment, cut [in wages]

be'zuinigingsmaatregel m (-en) measure of economy, economy measure

be'zuipen² *wederk: zich ~* gemeenz fuddle oneself, booze

be'zuren (bezuurde, h. bezuurd) *overg: iets moeten ~* suffer (pay dearly, smart) for sth

be'zwaar o (-zwaren) **1** difficulty, objection; scruple [= conscientious objection]; **2** (nadeel) drawback; *dat is geen ~* that's no problem; *heeft u er ~ tegen...* do you mind...; *bezwaren maken* **1** raise objections, object (tegen to); **2** make difficulties, have scruples about doing

be'zwaard bn burdened², heavy-laden²; fig oppressed; *voelt u zich ~?* is there anything weighing on your mind?, have you any grievance?; *zich ~ voelen* have scruples; *met ~ gemoed* with a heavy heart; *~ met een hypotheek* encumbered (with a mortgage), mortgaged

be'zwaarlijk I bn difficult, hard; **II** bijw with difficulty

be'zwaarschrift o (-en) **1** ⟨in 't alg.⟩ petition; **2** ⟨tegen belasting⟩ appeal

be'zwangerd bn: *met geuren ~* laden (heavy) with odours

be'zwaren (bezwaarde, h. bezwaard) *overg* **1** burden², load², weight [with a load]; **2** oppress, weigh (lie) heavy upon [the stomach, the mind]; zie ook: *bezwaard*

be'zwarend *bn* burdensome [tax], onerous [terms], aggravating [circumstances], damaging [facts], incriminating [evidence]

be'zweek (bezweken) V.T. v. *bezwijken*

be'zweet *bn* perspiring, in a sweat

be'zweken V.T. meerv. en V.D. v. *bezwijken*

be'zwendelen¹ *overg* swindle

be'zweren (bezwoer, h. bezworen) *overg* **1** ⟨met eed⟩ swear (to), make oath [that...]; **2** ⟨bannen⟩ exorcise, conjure, lay [ghosts, a storm]; charm [snakes]; avert, ward off [a danger]; **3** ⟨smeken⟩ conjure, adjure [sbd. not to...]

be'zwering *v* (-en) **1** swearing; **2** exorcism; **3** conjuration, adjuration

be'zweringsformulier *o* (-en) incantation, charm, spell

be'zwijken (bezweek, is bezweken) *onoverg* succumb [to wounds, to a disease], yield [to temptation], give way, break down, collapse [also of things]

be'zwijmen (bezwijmde, is bezwijmd) *onoverg* faint (away), swoon

be'zwijming *v* (-en) fainting fit, faint, swoon

b.g.g. *afk. bij geen gehoor* if there is no answer

b.h. *m* ('s) bra

Bhoe'taans *bn* Bhutanese

Bhoe'tan *o* Bhutan

Bhoeta'nees *m* (-nezen) Bhutanese

bi'aisband *o* bias binding

bibbe'ratie *v* gemeenz the shivers

'**bibberen** (bibberde, h. gebibberd) *onoverg* shiver [with cold], tremble [with fear]

'**bibberig** *bn* shaky, tremulous

'**bibliobus** *m & v* (-sen) mobile library

biblio'fiel I *m-v* (-en) bibliophile, philobiblist; **II** *bn* bibliophilic, philobiblic

biblio'graaf *m* (-grafen) bibliographer

bibliogra'fie *v* (-fieën) bibliography

biblio'grafisch *bn* bibliographical

bibliothe'caris *m* (-sen) librarian

biblio'theek *v* (-theken) library

'**biceps** *m* (-en) biceps

'**bidbankje** *o* (-s) praying desk

'**biddag** *m* (-dagen) day of prayer

'**bidden** (bad (baden), h. gebeden) **I** *onoverg* **1** pray [to God], say one's prayers; **2** ⟨vóór het eten⟩ ask a blessing; **3** ⟨na het eten⟩ say grace; ~ *om* pray for; ~ *en smeken* beg and pray (implore); **II** *overg* **1** pray [to God]; **2** beg, entreat, implore [sbd. to...]; *niet zo vlug, wat ik u* ~ *mag* pray not so fast

bi'det *o & m* (-s) bidet

'**bidprentje** *o* (-s) **1** ⟨bij overlijden⟩ mortuary card; **2** ⟨als prijs &⟩ devotional picture

'**bidsprinkhaan** *m* (-hanen) praying mantis

'**bidstoel** *m* (-en) prie-dieu (chair)

'**bidstond** *m* (-en) **1** ⟨in 't alg.⟩ prayer meeting; **2** intercession service [for peace]

biecht *v* (-en) confession; *de* ~ *afnemen* **1** RK confess [a penitent]; **2** fig question [sbd.] closely; ~ *horen* hear confession; *te* ~ *gaan* go to confession

'**biechteling** *m* (-en), '**biechtelinge** *v* (-n) confessant

'**biechten** (biechtte, h. gebiecht) *overg & onoverg* confess; *gaan* ~ go to confession

'**biechtgeheim** *o* (-en) secret of the confessional

'**biechtstoel** *m* (-en) confessional (box)

'**biechtvader** *m* (-s) confessor

'**bieden** (bood, h. geboden) **I** *overg* **1** ⟨aanbieden⟩ offer, present; **2** ⟨bij verkoop & kaartspelen⟩ bid; *500 gulden* ~ *op* offer 500 guilders for; **II** *abs ww* bid, make bids; ~ *op* make a bid for; *meer* ~ *dan een ander* outbid sbd.

'**bieder** *m* (-s) bidder

'**biefstuk** *m* (-ken) rumpsteak

biels *m* (-en) sleepers [under the rails]

bier *o* beer, ale

'**bierblikje** *o* (-s) beer-can

'**bierbrouwer** *m* (-s) (beer-)brewer

bierbrouwe'rij *v* (-en) brewery

'**bierbuik** *m* (-en) pot-belly

'**bierfles** *v* (-sen) beer-bottle

'**bierglas** *o* (-glazen) beer-glass

'**bierhuis** *o* (-huizen) beerhouse, ale-house

'**bierkaai** *v: het is vechten tegen de* ~ it is lost labour

'**bierpomp** *v* (-en) beer-engine

'**bierton** *v* (-nen), '**biervat** *o* (-vaten) beer-cask, beer-barrel

'**bierviltje** *o* (-s) beer-mat

1 bies *v* (biezen): *zijn biezen pakken* clear out

2 bies *v* (biezen) **1** ⟨in 't alg.⟩ border; **2** piping [on trousers &]

'**bieslook** *o* chive

biest *v* beestings

biet *v* (-en) beet; *gekookte* ~*jes* cooked beets; Br cooked beetroot; *mij een* ~! gemeenz so what!, what do I care!

'**bietsen** (bietste, h. gebietst) *overg, gemeenz* scrounge, cadge; Am bum

'**bietsuiker** *m* beet sugar

'**biezen** *bn* rush, rush-bottomed [chair]

big *v* (-gen) young pig, piglet, pigling

biga'mie *v* bigamy; ~ *in* ~ *levend* bigamous

'**biggelen** (biggelde, h. gebiggeld) *onoverg* trickle; *tranen* ~ *langs haar wangen* tears trickle down her cheeks

'**biggen** (bigde, h. gebigd) *onoverg* farrow, cast [pigs]

'**biggetje** *o* (-s) piggy

bi'got *bn* bigot(ed)

1 bij *v* (-en) bee

2 bij I *voorz* by, with, near, about &; ~ *zijn aankomst* on (at) his arrival; ~ *de artillerie (marine)* in the artillery (navy); ~ *avond* in the evening; ~ *de Batavieren* with the Batavians; ~ *brand* in case of fire; *zijn* *broer was* ~ *hem* his brother was with him; ~ *zijn dood* at his death; ~ *het dozijn* by the dozen; ~ *een glas bier* over a glass of beer; ~ *honderden* by (in) hundreds; [they came] in their hundreds; *dat is reeds vermeld* ~ *Europa* (~ *Fichte*) already mentioned under Europe (in Fichte); ~ *al zijn geleerdheid...* with all his learning; ~ *het lezen* when reading; ~ *goed weer* if it is fine; *ik heb het niet* ~ *me* I've not got it with me; *er werd geen geld* ~ *hem gevonden* **1** no money was found (up)on him; **2** no money was found in his house; ~ *zijn leven* during his life; *hij is (iets)* ~ *de spoorwegen* he is (something) on (in) the railway; *er stond een streepje* ~ *zijn naam* against his name; ~ *ons* **1** with us; **2** in this country; ~ *het vallen van de avond* at nightfall; ~ *het venster* near (by) the window; *het is* ~ *vijven* going on for five; ~ *de zestig* close upon sixty; ~ *Waterloo* near Waterloo; *de slag* ~ *Waterloo* the battle of Waterloo; ~ *deze woorden* at these words; **II** *bijw: hij is goed* ~ he has (all) his wits about him, *gemeenz* he is all there; *ik ben niet* ~ I've got behind; *ik ben nog niet* ~ I am still behind; *het boek is* ~ is up to date; *de boeken zijn* ~ *handel* are posted up; *zie ook: erbij*

'**bijbaantje** *o* (-s) side-line; *een* ~ *hebben* moonlight

'**bijbedoeling** *v* (-en) hidden motive, by-end

'**bijbehorend** *bn* accessory; *met* ~*(e)*... with... to match

'**bijbel** *m* (-s) bible

'**bijbelboek** *o* (-en) book of the Bible

'**bijbelgenootschap** *o* (-pen) Bible society

'**bijbelplaats** *v* (-en) scriptural passage

'**bijbels** *bn* biblical, of the bible, scriptural; ~*e geschiedenis* sacred history

'**bijbelspreuk** *v* (-en) biblical proverb

'**bijbeltaal** *v* biblical language

'**bijbeltekst** *m* (-en) Scripture text

'**bijbelvast** *bn* well-read in Scripture

'**bijbelverklaring** *v* (-en) exegesis

'**bijbelvertaling** *v* (-en) translation of the bible; *de Engelse* ~ the English version of the Bible; ⟨van 1661⟩ the Authorized Version; ⟨van 1884⟩ the Revised Version

'**bijbenen**[1] (h.) *overg* **1** keep pace (step) with [sbd.]; **2** keep up with (abreast with) [sth.]; **3** be able to follow [what is said]

'**bijbetalen** (betaalde bij, h. bijbetaald) *overg* pay in addition, pay extra

'**bijbetaling** *v* (-en) additional (extra) payment

'**bijbetekenis** *v* (-sen) additional meaning, connotation

'**bijblad** *o* (-bladen) supplement [to a newspaper]

'**bijblijven**[1] *onoverg* **1** ⟨met lopen⟩ keep pace; ⟨met zijn tijd⟩ keep up to date; **2** ⟨in het geheugen⟩ remain, stick in one's memory; *ik kan niet* ~ I can't keep up (with you); *het is mij altijd bijgebleven* it has remained with me all along

'**bijbrengen**[1] *overg* **1** ⟨iets⟩ bring forward [evidence], produce [proofs]; **2** ⟨iem.⟩ bring round, bring to, restore to consciousness; **3** ⟨iem. iets⟩ impart [knowledge] to, instil [it] into sbd.'s mind, teach [a pupil French]

bijde'hand *bn* smart, quick-witted, bright

bijde'handje *o* (-s) bright child, smart child

'**bijdehands** *bn*: ~ *paard* near (left) horse

'**bijdraaien**[1] (is) *onoverg* **1** scheepv heave to, bring to; **2** fig come round

'**bijdrage** *v* (-n) contribution°; *een* ~ *leveren tot* make a contribution to(wards)

'**bijdragen**[1] *overg* contribute [money to a fund &]; *zijn deel (het zijne)* ~ ook: play one's part; zie ook: steentje

bij'een *bijw* together

bij'eenbehoren (hoorde bijeen, h. bijeenbehoord) *onoverg* belong together

bij'eenbrengen[1] *overg* **1** bring together [people]; **2** collect [money], raise [funds]

bij'eendrijven[1] (h.) *overg* drive together, round up

bij'eenhouden[1] *overg* keep together

bij'eenkomen[1] *onoverg* **1** ⟨v. personen⟩ meet, assemble, get together; **2** ⟨v. kleuren⟩ go together, match

bij'eenkomst *v* (-en) meeting, gathering, assembly

bij'eenroepen[1] *overg* call together, call, convene, convoke, summon

bij'eenschrapen[1] *overg* scrape together, scratch up [a living &]

bij'eenzoeken[1] *overg* get together, gather, find

'**bijenhouder** *m* (-s) bee-keeper, bee-master, apiarist

'**bijenkoningin** *v* (-nen) queen-bee

'**bijenkorf** *m* (-korven) beehive

'**bijenstal** *m* (-len) apiary

'**bijenteelt** *v* apiculture

'**bijenvolk** *o* (-en) hive, swarm (of bees)

'**bijenwas** *m* & *o* beeswax

'**bijenzwerm** *m* (-en) swarm of bees

'**bijfiguur** *v* (-guren) **1** secondary figure [in drawing]; **2** minor character [in novel &]

'**bijfilm** *m* (-s) supporting film

'**bijgaand** *bn* enclosed, annexed; ~ *schrijven* the accompanying letter

'**bijgebouw** *o* (-en) outbuilding, outhouse, annex(e)

'**bijgedachte** *v* (-n) **1** eig by-thought; **2** ⟨verborgen bedoeling⟩ ulterior motive

'**bijgeloof** *o* superstition

bijge'lovig *bn* superstitious

bijge'lovigheid *v* (-heden) superstitiousness

'**bijgeluid** *o* (-en) accompanying noise, background noise

'**bijgenaamd** *bn* nicknamed, surnamed

'**bijgerecht** *o* (-en) side-dish

bijge'val *bijw* by any chance, perhaps; *als je* ~... if you happen (chance) to...

bijge'volg *bijw* in consequence, consequently

'**bijholteontsteking** *v* (-en) sinusitis

'**bijhouden**[1] *overg* **1** ⟨iem., iets⟩ keep up with, keep pace with [sbd., sth.]; **2** ⟨zijn glas &⟩ hold out [one's glass]; **3** handel ⟨de boeken⟩ keep up to date [the books]; keep [the books]; **4** ⟨zijn talen &⟩ keep up [one's French, German]; **5** ZN ⟨oppassen⟩ babysit, look after; *er is geen ~ aan* it is impossible to cope with (keep up with)

'bijhuis *o* (-huizen) ZN ⟨filiaal⟩ branch, chain store

bij'kans *bijw* almost, nearly

'bijkantoor *o* (-toren) **1** ⟨in 't alg.⟩ branch office; **2** post sub-office

'bijkeuken *v* (-s) scullery

'bijknippen[1] *overg* trim

'bijkok *m* (-s) under-cook

'bijkomen[1] *onoverg* **1** ⟨na bewusteloosheid⟩ come to oneself again, come round; **2** ⟨na ziekte⟩ gain [in weight; four pounds &], put on weight; zie ook: *komen*

'bijkomend *bn*: *~e (on)kosten* additional (extra) costs, extras; *~e omstandigheden* attendant circumstances

bij'komstig *bn* of minor importance

bij'komstigheid *v* (-heden) thing of minor importance

bijl *v* (-en) axe, hatchet; *voor de ~ gaan* gemeenz be for it, get it; zie ook: *bijltje*

'bijladen[1] *overg* **1** ⟨in 't alg.⟩ fill up; **2** elektr recharge

'bijlage *v* (-n) appendix, enclosure, addendum

'bijlbundel *m* (-s) hist fasces (*mv*)

'bijleggen[1] *overg* **1** ⟨leggen bij⟩ add [to]; **2** ⟨beslechten⟩ make up, accommodate, arrange, compose, settle [differences]; *het weer ~* make it up again; *ik moet er nog (geld) ~* I lose on it, I'm a loser by it

'bijles *v* (-sen) extra lesson, coaching

'bijlichten[1] *overg*: *iem. ~* give sbd. a light

'bijltje *o* (-s) little axe; *het ~ er bij neerleggen* leave off, give up, chuck; *ik heb (hij heeft) al lang met dat ~ gehakt* I am (he is) an old hand at it, he is an old stager

'bijltjesdag *m* day of reckoning

'bijmaan *v* (-manen) mock-moon, moon dog

'bijna *bn* almost, nearly, next to, all but; *~ niet* hardly, scarcely; *~ niets (niemand, nooit)* hardly anything (anybody, ever)

'bijnaam *m* (-namen) **1** ⟨tweede naam⟩ surname; **2** ⟨scheldnaam⟩ nickname, byname, sobriquet

'bijnier *v* (-en) adrenal gland

bijoute'rieën *mv* jewellery

bijoute'riekistje *o* (-s) jewel-case

'bijpassen[1] *overg* pay in addition, pay extra

'bijpassend *bn* ...to match, ...to go with it (them)

'bijpraten[1] *onoverg*: *we moeten nodig weer eens ~* we need to catch up (on all the news) sometime, we should have a good long talk one of these days

'bijproduct *o* (-en) by-product, spin-off

'bijrijder *m* (-s) driver's mate

'bijrivier *v* (-en) tributary (stream), affluent

'bijrol *v* (-len) secondary part, minor role

'bijschaven[1] *overg* fig polish, smooth

'bijschilderen[1] *overg* **1** paint in [figures &]; **2** touch up, work up [here and there]

'bijscholen[1] *overg* give extra training; *zich ~* take a training course; ⟨herhalingscursus⟩ take a refresher course

'bijscholing *v* (-en) (extra) training; ⟨herhalingscursus⟩ refresher course

'bijschrift *o* (-en) **1** ⟨in 't alg.⟩ inscription, legend, motto, marginal note, postscript; **2** letterpress [to an illustration]

'bijschrijven[1] *overg* write up [the books]; *er wat ~* add something [in writing]

'bijschrijving *v* (-en) handel credit statement

'bijschuiven[1] **I** (h.) *overg* draw (pull) up [one's chair to the table]; **II** (is) *onoverg* close up

'bijslaap *m* cohabitation

'bijslag *m* extra allowance; zie ook: *toeslag*[1]

'bijsluiter *m* (-s) insert

'bijsmaak *m* (-smaken) **1** eig taste, flavour, tang[2]; **2** fig tinge

'bijspijkeren[1] *overg*: *zijn Engels ~* brush up on one's English

'bijspringen[1] (h.) *overg*: *iem. ~* stand by sbd.; help sbd. out

'bijstaan[1] *overg* assist, help, aid, succour

'bijstand *m* assistance, help, aid, succour; *~ verlenen* lend assistance; *van de ~ leven* live on social security, live on the dole; Am live on welfare; *in de ~ zitten* be on social security, be on the dole; Am be on welfare

'bijstandsmoeder *v* (-s) mother on social security; Am welfare mother

'bijstandsuitkering *v* (-en) social security (payment); Am welfare (payment)

'Bijstandswet *v* Br Social Security Act; Am welfare regulations

'bijstellen[1] *overg* (re)adjust

'bijstelling *v* (-en) gramm apposition

'bijster **I** *bn*: *het spoor ~ zijn* be on the wrong track; ⟨m.b.t. honden⟩ lose the scent; **II** *bijw* versterkend *hij is niet ~ knap* he is not particularly clever; *het is ~ koud* it is extremely cold

'bijstorten[1] *overg* make an additional payment of...

'bijsturen[1] *onoverg* correct [the course]

bijt *v* (-en) hole (made in the ice)

'bijtanken[1] *onoverg* refuel

'bijtekenen[1] *onoverg* **1** ⟨dienstverband verlengen⟩ renew (extend) the employment contract; **2** mil re-enlist [for another year]

'bijtellen[1] *overg* count in

'bijten (beet, h. gebeten) *overg & onoverg* bite[2]; *hij wou er niet in ~* he did not bite; *in het stof (zand) ~* **1** bite the dust; **2** ⟨ruiter⟩ be thrown, be unhorsed; *op zijn nagels ~* bite one's nails; *van zich af ~* show fight, not take it lying down

'bijtend *bn* **1** ⟨v. zuur &⟩ biting, caustic, corrosive; **2** nipping [cold]; **3** fig biting, caustic, cutting, mordant, pungent, poignant; ~*e spot* sarcasm

bij'tijds *bijw* in (good) time

'**bijtmiddel** *o* (-en) mordant, caustic, corrosive

'**bijtrekken**[1] **I** (h.) *overg* **1** draw, pull [a chair &] near(er); **2** join, add [an adjacent plot] on to [one's own garden &]; **II** (is) *onoverg*: *het zal wel* ~ it is sure to tone down [to the colour of the surrounding part]; *hij zal wel* ~ he'll come round in the end

'**bijtring** *m* (-en) teething ring

bijv. *afk.* = *bijvoorbeeld*

'**bijvak** *o* (-ken) subsidiary subject

'**bijval** *m* approval, approbation, applause; *stormachtige* ~ *oogsten* be received with a storm of applause; ~ *vinden* meet with approval [proposal]; catch on [plays]

'**bijvallen**[1] *overg*: *iem.* ~ concur in (fall in with) sbd.'s opinions (ideas &), agree with sbd.

'**bijvalsbetuigingen** *mv* applause, shouts of applause, cheers

'**bijvegen**[1] *overg* sweep up

'**bijverdienen** (verdiende bij, h. bijverdiend) *overg* earn sth. extra

'**bijverdienste** *v* (-n) extra earnings

'**bijverschijnsel** *o* (-en) side effect

'**bijvoeding** *v* extra feeding

'**bijvoegen**[1] *overg* add, join, subjoin, annex

'**bijvoeging** *v* (-en) addition; *onder* ~ *van...* adding..., enclosing...

bij'voeglijk I *bn* adjectival; ~ *naamwoord* adjective; **II** *bijw* adjectivally

'**bijvoegsel** *o* (-s) addition, supplement, appendix

bij'voorbeeld *bijw* for instance, for example, say [three]

'**bijvullen**[1] *overg* replenish, fill up

'**bijwagen** *m* (-s) trailer [of a tram-car]

'**bijweg** *m* (-wegen) by-road, by-path

'**bijwerken**[1] *overg* **1** [iets] touch up [a picture], bring up to date [a book]; *handel* post up [the books]; make up [arrears]; **2** ⟨een leerling⟩ coach; *bijgewerkt tot 1992* brought up to 1992

'**bijwerking** *v* (-en) *med* side-effect

'**bijwijzen**[1] *onoverg* follow with one's finger

'**bijwonen**[1] *overg* **1** be present at [some function]; **2** attend [divine service, a lecture, mass]; **3** witness [a scene]

'**bijwoord** *o* (-en) *gramm* adverb

bij'woordelijk *bn* adverbial

'**bijzaak** *v* (-zaken) matter of secondary (minor) importance, accessory matter; sideissue, sideshow; *geld is* ~ money is no object [with him]

'**bijzettafeltje** *o* (-s) occasional table

'**bijzetten**[1] *overg* **1** ⟨in 't alg.⟩ place or put near (to, by); **2** ⟨begraven⟩ inter; **3** *scheepv* set [a sail]; *kracht* ~ *aan* emphasize, add (lend) force to, press [a demand]; zie ook: *luister, zeil*

'**bijzetting** *v* (-en) interment

bij'ziend *bn* near-sighted, myopic

bij'ziendheid *v* near-sightedness, myopia

'**bijzijn** *o* presence; *in het* ~ *van* in the presence of

'**bijzin** *m* (-nen) *gramm* (subordinate) clause

'**bijzit** *v* (-ten) concubine

'**bijzitter** *m* (-s) **1** onderwijs second examiner; **2** recht assessor

'**bijzon** *v* (-nen) mock-sun, sun-dog

bij'zonder I *bn* **1** ⟨speciaal⟩ particular, special; **2** ⟨raar⟩ peculiar, strange; *in het* ~ in particular, especially; **II** *bijw* versterkend particularly, exceptionally, uncommonly, specially [active]

bij'zonderheid *v* (-heden) particularity, particular, detail, peculiarity

bi'kini *m* ('s) bikini

'**bikkel** *m* (-s) knucklebone

'**bikkelen** (bikkelde, h. gebikkeld) *onoverg* play at knucklebones

'**bikkelhard** *bn* hard as stone, stony

'**bikken** (bikte, h. gebikt) *overg* **1** chip [a stone]; **2** scale [a boiler]; **3** ⟨gemeenz⟩ ⟨eten⟩ eat

bil *v* (-len) buttock; rump [of oxen]; *voor de* ~*len geven* spank

bi'lan *m* & *o* ZN balance(-sheet)

bilate'raal *bn* bilateral

bil'jard *o* (-en) Br thousand billion; Am quadrillion

bil'jart *o* (-en) **1** ⟨het spel⟩ billiards; **2** ⟨de tafel⟩ billiard(s) table; *Amerikaans* ~ pool; ~ *spelen* play (at) billiards; *een partij* ~ a game of billiards

bil'jartbal *m* (-len) billiard-ball

bil'jarten (biljartte, h. gebiljart) *onoverg* play (at) billiards

bil'jarter *m* (-s) billiards player

bil'jartkeu *v* (-en en -s) billiard ceu

bil'jartlaken *o* (-s) billiard-cloth

bil'jartspel *o* (-spelen) (game of) billiards

bil'jartzaal *v* (-zalen) billiard(s) room

bil'jet *o* (-ten) **1** ⟨kaart⟩ ticket; **2** ⟨bank~⟩ (bank-)note; **3** ⟨aanplak~⟩ poster; **4** ⟨strooi~⟩ handbill

bil'joen *o* (-en) billion [= million millions]; Am trillion

'**billboard** *o* (-s) billboard

'**billijk** *bn* **1** ⟨redelijk⟩ fair, just, reasonable; **2** ⟨goedkoop⟩ moderate [prices]; *het is niet meer dan* ~ it is only fair

'**billijken** (billijkte, h. gebillijkt) *overg* approve of

billijker'wijs, **billijker'wijze** *bijw* in fairness, in justice

'**billijkheid** *v* fairness, justice, reasonableness [of demands]

'**bimbam** *tsw* ding-dong

bimetal'lisme *o* bimetallism

bi'nair *bn* binary

'**binden** (bond, h. gebonden) **I** *overg* **1** bind° [a book, sheaves, a prisoner]; **2** tie [a knot, sbd.'s hands]; **3** tie up [a parcel]; **4** thicken [soup, gravy]; **5** make [brooms]; *iem. iets op het hart* ~ enjoin sth. on sbd.; ~ *aan* tie to [a post &]; *de kinderen* ~ *mij aan huis* I am tied down to my home by the children; **II** *wederk*: *zich* ~ bind oneself, commit one-

self
'**bindend** *bn* binding [on both parties]
'**binder** *m* (-s) ⟨v. boeken⟩ binder
'**bindgaren** *o* (-s) string
'**binding** *v* (-en) **1** ⟨in 't alg.⟩ tie, bond; **2** ⟨v. ski⟩ ski-binding
'**bindmiddel** *o* **1** ⟨in 't alg.⟩ binder, cement²; **2** *fig* link
'**bindvlies** *o* (-vliezen) conjunctiva
'**bindweefsel** *o* (-s) connective tissue
'**bingo** **I** *o* ⟨spel⟩ bingo; **II** *tsw* ⟨uitroep⟩ bingo!
bink *m* (-en) *gemeenz* chap
'**binnen** **I** *voorz* within; ~ *enige dagen* in a few days; ~ *veertien dagen* within a fortnight; **II** *bijw:* ~*!* come in!; *wie is er* ~*?* who is inside (within)?; *hij is* ~ he is indoors; *fig* he is a made man; *naar* ~ *gaan* go (walk) in; *naar* ~ *gekeerd* [with the hairy side] in; [with his toes] turned in; *naar* ~ *zenden* send in; *iem. te* ~ *schieten* come to sbd.; *het wilde me niet te* ~ *schieten* I could not remember it (think of it), I could not hit upon it; *van* ~ **1** (on the) inside; [it looks fine] within; **2** [it came] from within; *van* ~ *en van buiten* inside and out
'**binnenbaan** *v* (-banen) inside track
'**binnenbad** *o* (-baden) indoor swimming-pool
'**binnenbal** *m* (-len) [football] bladder
'**binnenband** *m* (-en) (inner) tube
'**binnenblijven** [1] *onoverg* remain (keep) indoors, stay in
'**binnenbocht** *v* (-en) inside(-bend)
'**binnenbrand** *m* (-en) indoor fire
'**binnenbrengen** [1] *overg* **1** ⟨in 't alg.⟩ bring in, take in; **2** *scheepv* bring [a ship] into port
'**binnendeur** *v* (-en) inner door
'**binnendijks, binnen'dijks** *bn* (lying) on the inside of a dike, on the landside of the dike
binnen'door *bn:* ~ *gaan* **1** take a short cut; **2** go through the house
'**binnendringen** [1] (is) **I** *overg* penetrate, invade; *een huis* ~ penetrate into a house; **II** *onoverg* force one's way into a (the) house
'**binnendruppelen** [1] (is) *onoverg* *fig* trickle in
'**binnengaan** [1] *onoverg* & *overg* enter
binnen'gaats *bijw* *scheepv* in the roads
'**binnengrens** *v* (-grenzen) internal border
'**binnenhalen** [1] *overg* gather in; zie ook: *inhalen*
'**binnenhaven** *v* (-s) **1** ⟨haven⟩ inner harbour; **2** ⟨havenstad⟩ inland port
'**binnenhoek** *m* (-en) interior angle
'**binnenhof** *o* (-hoven) inner court
'**binnenhouden** [1] *overg* **1** keep [sbd.] in; **2** retain [food on one's stomach]
'**binnenhuisarchitect** *m* (-en) interior decorator
'**binnenhuisarchitectuur** *v* interior decoration
'**binnenhuisje** *o* (-s) interior
binnen'in *bijw* on the inner side, inside, within
'**binnenkant** *m* (-en) inside
'**binnenkoer** *v* (-en) ZN court(yard)

'**binnenkomen** [1] *onoverg* **1** ⟨personen, trein, geld &⟩ come in; get in(to a room), enter; **2** *scheepv* come into port; *laat haar* ~ show (ask) her in
'**binnenkomst** *v* (-en) entrance, entry, coming in
binnen'kort *bijw* before long, shortly
'**binnenkrijgen** [1] *overg* **1** get down [food]; **2** get in [outstanding debts]; *water* ~ ⟨v. schip⟩ make water
'**binnenland** *o* (-en) interior; *in binnen- en buitenland* at home and abroad
'**binnenlands** *bn* **1** inland [letter, navigation]; **2** home [market, news]; **3** home-made [products]; **4** interior, domestic, intestine [quarrels]; **5** internal [policy]; ~ *bestuur* hist civil service; *ambtenaar bij het* ~ *bestuur* hist civil servant; ~*e zaken* home affairs; zie ook: *ministerie* &
'**binnenlaten** [1] *overg* let in, show in, admit
'**binnenleiden** [1] *overg* usher in
'**binnenloodsen** [1] *overg* pilot [a ship] into port
'**binnenlopen** [1] (is) **I** *onoverg* **1** ⟨in 't alg.⟩ run in; **2** *scheepv* put into port; *even* ~ drop in for a minute; **II** *overg* **1** run into [a house]; **2** *scheepv* put into [port]
'**binnenmeer** *o* (-meren) inland lake
'**binnenmeisje** *o* (-s) parlourmaid
Binnen-Mongolië *o* Inner Mongolia
'**binnenmuur** *m* (-muren) inner wall
'**binnenpad** *o* (-paden) by-path
'**binnenpagina** *v* ('s) inside page
'**binnenplaats** *v* (-en) inner court, inner yard, courtyard [of a prison]
'**binnenpraten** *overg* ⟨v. vliegtuig⟩ talk down
'**binnenpretje** *o* (-s): ~*s hebben* be secretly amused, laugh inside oneself
'**binnenrijden** [1] (is) *onoverg* ride, drive in(to a place)
'**binnenroepen** [1] *overg* call in
'**binnenrukken** [1] (is) *onoverg* march in(to the town &)
'**binnenscheepvaart** *v* inland navigation
'**binnenschipper** *m* (-s) bargeman, bargemaster
binnens'huis *bijw* indoors, within doors
binnens'kamers *bijw* **1** *eig* in one's room; **2** *fig* in private, privately
'**binnensluipen** [1] (is) *onoverg* steal into [a house]
'**binnensmokkelen** [1] *overg* smuggle (in)
binnens'monds *bijw* under one's breath; ~ *spreken* speak indistinctly, mumble
'**binnenspeler** *m* (-s) *sp* inside right (or left) forward
'**binnenspiegel** *m* (-s) rear-view mirror
'**binnenstad** *v* (-steden) inner part of a town
'**binnenstappen** [1] (is) *onoverg* step in(to the room)
'**binnenste** **I** *bn* inmost; **II** *o* inside; *in zijn* ~ in his heart of hearts, deep down
binnenste'buiten *bijw* inside out
'**binnenstormen** [1] (is) *onoverg* rush in(to a house)
'**binnenstromen** [1] (is) *onoverg* **1** ⟨v. vloeistof⟩ stream (flow, pour) in; **2** *eig* stream (flock, flow,

pour) [into the country &]

'**binnenstuiven**[1] (is) *onoverg* = binnenstormen

'**binnentarief** *o* (-rieven) handel internal tariff

'**binnentreden**[1] (is) *onoverg* enter [the room]

'**binnentrekken**[1] (is) *onoverg* = binnenrukken

'**binnenvaart** *v* inland navigation

'**binnenvallen**[1] *onoverg* **1** scheepv put into port; **2** invade [a country]; **3** drop in [on a friend]

'**binnenvetter** *m* (-s) fig secret hoarder

'**binnenwaarts** **I** *bn* inward; **II** *bijw* inward(s)

'**binnenwateren** *mv* inland waterways

'**binnenweg** *m* (-wegen) **1** by-road, by-path; (korter) short cut; **2** ⟨v. h. verkeer⟩ secondary road

'**binnenwerk** *o* **1** ⟨in 't alg.⟩ inside work; **2** works [of a watch]; **3** interior [of a piano]; **4** filler [for cigars]

'**binnenwerks** *bn*: ~e maat inside diameter

'**binnenwippen**[1] (is) *onoverg* drop in, gemeenz blow in [upon sbd.]

'**binnenzak** *m* (-ken) inside pocket

'**binnenzee** *v* (-zeeën) inland sea

'**binnenzij** *v* (-den), '**binnenzijde** *v* (-n) inside, inner side

'**binnenzool** *v* (-zolen) insole

bi'**nomium** *o* binomial; *het* ~ *van Newton* the binomial theorem

bint *o* (-en) tie-beam, joist

'**biobak** *m* (-ken) green bin

bioche'**mie** *v* biochemistry

bio'**graaf** *m* (-grafen) biographer

biogra'**fie** *v* (-fieën) biography

bio'**grafisch** *bn* biographical

'**bio-industrie** *v* bio-industry

biolo'**geren** (biologeerde, h. gebiologeerd) *overg* mesmerize

biolo'**gie** *v* biology, natural history

bio'**logisch** *bn* biological

bio'**loog** *m* (-logen) biologist

'**biomassa** *v* biomass

bi'**onica** *v* = biotechniek

bi'**onisch** *bn* bionic

biop'**sie** *v* biopsy

'**bioritme** *o* biorhythm

bio'**scoop** *m* (-scopen) cinema; Am movie-theatre; *naar de* ~ *gaan* go to the cinema, go to the pictures; Am go to the movies

bio'**scoopbezoeker** *m* (-s) cinema goer; Am movie goer; *in 1991 bedroeg het aantal* ~s... in 1991 cinema attendance (movie attendance) numbered...

bio'**scoopvoorstelling** *v* (-en) cinema show, film show, picture show; Am movie show

bio'**sfeer** *v* biosphere

'**biotechniek** *v* bionics

'**biotechnologie** *v* biotechnology

bio'**toop** *v* (-topen) biotope

bips *v* (-en) gemeenz bottom, buttocks, behind

'**Birma** *o* Burma

Bir'**maan** *m* (-manen) Burmese [*mv* Burmese]

Bir'**maans** *bn* Burmese

1 bis *bijw* encore

2 bis *v* muz B sharp

'**bisambont** *o* musquash, musk-rat

'**bisamrat** *v* (-ten) musk-rat, musquash

bis'cuit *o* & *m* (-s) biscuit

'**bisdom** *o* (-men) diocese, bishopric

biseksu'**eel** *bn* bisexual

Bis'**kaje**: *Golf van* ~ Bay of Biscay

'**bismut** *o* bismuth

'**bisschop** *m* (-pen) ⟨kerkvorst & wijn⟩ bishop

bis'**schoppelijk** *bn* episcopal

'**bisschopsmijter** *m* (-s) mitre

'**bisschopsstaf** *m* (-staven) crosier

bissec'**trice** *v* (-n) bisector, bisecting line

bis'**seren** (bisseerde, h. gebisseerd) **I** *overg* encore; **II** *abs ww* demand an encore

bi'**stro** *m* ('s) bistro

1 'bit *o* (-ten) ⟨v. paarden⟩ bit

2 bit *m* comput bit

bits *bn* snappish, snappy, acrimonious, tart, sharp

'**bitter I** *bn* **1** bitter[2] [drink, disappointment, tone &]; **2** sore [distress]; **3** grinding [poverty]; **4** plain [chocolate]; **II** *bijw* bitterly; versterkend bitter; *zij hebben het* ~ *arm* they are extremely poor; *het is* ~ *koud* it is bitter cold; ~ *weinig* next to nothing; **III** *o* & *m* bitters; *een glaasje* ~ a (glass of) gin and bitters

'**bittergarnituur** *o* (-turen) appetizers

'**bitterheid** *v* (-heden) bitterness[2], fig acerbity, acrimony

'**bitterkoekje** *o* (-s) macaroon

'**bitterzout** *o* magnesium sulphate, Epsom salt(s)

bi'**tumen** *o* bitumen

'**bivak** *o* (-ken) bivouac; *ergens z'n* ~ *opslaan* fig stay temporarily

bivak'**keren** (bivakkeerde, h. gebivakkeerd) *onoverg* bivouac

'**bivakmuts** *v* (-en) balaclava

bi'**zar I** *bn* bizarre, grotesque, odd; **II** *bijw* in a bizarre way, grotesquely

'**bizon** *m* (-s) bison, buffalo

'**blaadje** *o* (-s) **1** plantk leaflet [= young leaf & part of compound leaf]; **2** sheet [of paper]; **3** ⟨tijdschrift⟩ geringsch (news) paper, gemeenz rag; **4** tray [of wood or metal]; *bij iem. in een goed (slecht)* ~ *staan* be in sbd.'s good (bad) books

blaag *m-v* (blagen) naughty boy or girl, brat

blaam *v* **1** ⟨afkeuring⟩ blame, censure; **2** ⟨smet⟩ blemish; *hem treft geen* ~ no blame attaches to him; *een* ~ *werpen op* put (cast) a slur on; *zich van alle* ~ *zuiveren* exculpate oneself; zie ook: vrees

blaar *v* (blaren) **1** ⟨zwelling⟩ blister; **2** ⟨bles⟩ blaze, white spot

blaas *v* (blazen) **1** anat bladder; **2** ⟨in vloeistof⟩ bubble

'**blaasbalg** *m* (-en) bellows; *een* ~ a pair of bellows

'**blaasinstrument** *o* (-en) wind instrument

'**blaasje** o (-s) **1** ⟨met vocht gevuld⟩ vesicle, bleb; **2** ⟨in vloeistof⟩ bubble

'**blaaskaak** v (-kaken) gas-bag, braggart

blaaskake'rij v (-en) gassing, swagger, braggadocio

'**blaaskapel** v (-len) brass band

'**blaasontsteking** v (-en) cystitis

'**blaasorkest** o (-en) wind-band

'**blaaspijp** v (-en) blow-pipe; ~je breathalyzer

'**blaassteen** m (-stenen) calculus

'**blaasworm** m (-en) bladder-worm

bla'bla m ⟨onzin⟩ blah, blah-blah-blah

black'jack m blackjack, pontoon

black-'out m (-s) blackout°

blad o **I** (bladen, bla(de)ren) leaf [of a tree, of a book]; **II** (bladen) **1** sheet [of paper, metal], blade [of an oar, of a saw & techn], top [of a table]; **2** tray [for glasses]; **3** (news)paper, magazine, journal; geen ~ voor de mond nemen not mince one's words, not mince matters; van het ~ spelen play at sight

'**bladaarde** v leaf-mould

'**bladder** v (-s) blister [in paint]

'**bladderen** (bladderde, h. gebladderd) onoverg blister

'**bladen** meerv. v. blad

'**bladerdeeg** o puff-paste

1 'bladeren (bladerde, h. gebladerd) onoverg: ~ in turn over the leaves [of a book], leaf (through) [a book]

2 'bladeren meerv. v. blad I

'**bladgoud** o gold-leaf

'**bladgroen** o leaf-green, chlorophyll

'**bladgroente** v (-n en -s) greens, leafy vegetable

'**bladknop** m (-pen) leaf-bud

'**bladkoper** o sheet-copper, leaf-brass

'**bladluis** v (-luizen) plant-louse, green fly, aphid, aphis (mv aphides)

'**bladspiegel** m (-s) type area

'**bladsteel** m (-stelen) leaf-stalk

'**bladstil** bn: het was ~ there was a dead calm, not a leaf stirred

'**bladtin** o tinfoil

'**bladvormig** bn leaf-like, leaf-shaped

'**bladvulling** v (-en) fill-up, stop-gap

'**bladwijzer** m (-s) bookmark(er)

'**bladzij** v (-den), '**bladzijde** v (-n) page

'**blaffen** (blafte, h. geblaft) onoverg bark² (tegen at)

'**blaffer** m (-s) **1** gemeenz ⟨vuurwapen⟩ piece; **2** ⟨hond⟩ barker

'**blaken** (blaakte, h. geblaakt) onoverg: ~ van gezondheid be in rude health, glow with health; ~ van vaderlandsliefde burn with patriotism

'**blakend** bn **1** (in 't alg.) burning, ardent; **2** ⟨zon⟩ blazing, scorching; in ~e welstand in the pink of health

'**blaker** m (-s) flat candlestick

'**blakeren** (blakerde, h. geblakerd) overg burn, scorch

bla'mage v (-s) disgrace (voor to)

bla'meren (blameerde, h. geblameerd) **I** overg: iem. ~ bring shame upon sbd.; **II** wederk: zich ~ disgrace oneself

blan'cheren (blancheerde, h. geblancheerd) overg blanch

'**blanco** bn blank; ~ stemmen abstain (from voting); tien ~ stemmen ten abstentions; ~ volmacht blank power of attorney

blank I bn **1** white, fair [skin]; **2** naked [sword]; ~ schuren scour bright; de weiden staan ~ the meadows are flooded; **II** o ⟨dominospel⟩ blank

'**blanke** m-v (-n) white man (woman); de ~n the whites

'**blaren** meerv. v. blad 1

bla'sé bn blasé, cloyed with pleasure

blasfe'meren (blasfemeerde, h. geblasfemeerd) onoverg blaspheme

blasfe'mie v blasphemy

'**blaten** (blaatte, h. geblaat) onoverg bleat

'**blauw I** bn blue; ~e druif black grape; een ~e maandag a very short time; de zaak ~ ~ laten let the matter rest; iemand een ~ oog slaan give sbd. a black eye; een ~e plek a bruise; ~e zone restricted parking zone; **II** o blue

'**blauwachtig** bn bluish

'**Blauwbaard**, '**blauwbaard** m (-s) Bluebeard

'**blauwbekken** (blauwbekte, h. geblauwbekt) onoverg staan ~ stand in the cold

'**blauwdruk** m (-ken) blueprint

blauwe'regen m (-s) plantk wistaria

'**blauwhelm** m (-en) blue helmet

'**blauwkous** v (-en) bluestocking

'**blauwsel** o (-s) powder-blue; door het ~ halen blue

'**blauwtje** o (-s): een ~ lopen be turned down, get the mitten, be jilted [by a girl]

'**blauwzuur** o Prussic acid

'**blazen** (blies, h. geblazen) **I** onoverg **1** blow°; **2** ⟨v. kat⟩ spit; ~ op blow [the flute, a whistle]; sound, wind [the horn]; sound [the trumpet]; **II** overg blow [one's tea, the flute, glass &], blow, play [an instrument]; zie ook: aftocht, alarm &

1 'blazer m (-s) ⟨muzikant⟩ player of a wind instrument; de ~s the wind section

2 'blazer m (-s) ⟨jasje⟩ blazer

bla'zoen o (-en) blazon, coat of arms

bleef (bleven) V.T. v. blijven

1 bleek bn pale, pallid, wan; ~ van toorn pale with anger

2 bleek v (bleken) bleach-field

3 bleek (bleken) V.T. v. blijken

'**bleekgezicht** o (-en) pale-face

'**bleekheid** v paleness, pallor

'**bleekjes** bn palish

'**bleekmiddel** o (-en) bleaching agent

'**bleekneus** m (-neuzen) tallow-face

'**bleekneusje** o (-s) delicate child, sickly-looking child

'**bleekpoeder** o & m bleaching-powder

'**bleekscheet** *m* (-scheten) **1** ⟨bleek persoon⟩ pale-face; **2** ⟨scheldnaam v. blanke⟩ whitey, honky

'**bleekselderij** *m* celery

'**bleekveld** *o* (-en) bleach-field

'**bleekwater** *o* bleach(ing liquor)

'**bleekzucht** *v* chlorosis, green sickness

bleek'zuchtig chlorotic

blei *v* (-en) dierk white bream

1 'bleken (bleekte, h. gebleekt) *overg & onoverg* bleach

2 'bleken V.T. meerv. v. **blijken**

'**blèren** (blèrde, h. geblèrd) *onoverg* bawl, howl

bles (-sen) **1** *v* ⟨vlek⟩ blaze; **2** *m* ⟨paard⟩ horse with a blaze

bles'seren (blesseerde, h. geblesseerd) *overg* injure, wound, hurt

bles'sure *v* (-n), **bles'suur** *v* (-suren) injury, wound, hurt

bles'suretijd *m* sp stoppage time

bleu *bn* timid, shy, bashful

'**bleven** V.T. meerv. v. **blijven**

bliek *m* (-en) dierk = **blei** & **sprot**

blies (bliezen) V.T. v. **blazen**

'**blieven** (bliefde, h. gebliefd) *overg* = **believen**

'**blij** *bn* glad, joyful, joyous, cheerful, pleased; *hij is er ~ mee* he is delighted (happy) with it; *ik ben er ~ om (over)* I am glad of it; *iem. ~ maken* please sbd., make sbd. happy; *iem. ~ maken met een dooie mus* fob sbd. off (with something worthless

'**blijdschap** *v* gladness, joy, mirth; *met ~ geven wij kennis van...* we are happy to announce...

blijf-van-mijn-'lijfhuis *o* (-huizen) shelter for abused (battered) women

'**blijheid** *v* gladness, joyfulness, joy

blijk *o* (-en) token, mark, proof, sign; *~ geven van* give evidence (proof) of, show

'**blijkbaar** *bijw* apparent, evident, obvious

'**blijken** (bleek, is gebleken) *onoverg* be evident, appear, be obvious; *het blijkt nu* it is evident now; *uit alles blijkt dat...* everything goes to show that...; *hij bleek de maker te zijn* he turned out (proved) to be the maker; *het is nodig gebleken te...* it has been found necessary to...; *het zal wel ~ uit de stukken* it will appear (be apparent, be evident) from the documents; *het moet nog ~* it remains to be seen; it is to be proved; *doen ~ van* give proof of; *niet de minste aandoening laten ~* not betray (show) the least emotion; *je moet er niets van laten ~* you must not appear to know anything about it

'**blijkens** *voorz* as appears from, from

blij'moedig *bn* joyful, cheerful, jovial, merry, gay, glad

'**blijspel** *o* (-spelen) comedy

'**blijspeldichter** *m* (-s) writer of comedies

'**blijven** (bleef, is gebleven) *onoverg* **1** remain [for weeks in Paris], stay [here!]; **2** ⟨in een toestand⟩ remain [faithful, fine, our friend]; go [unnoticed, unpunished]; **3** ⟨over~⟩ remain, be left [of former

glory]; **4** ⟨dood~⟩ die, be killed, perish; **5** ⟨doorgaan met⟩ continue to..., keep ...ing; *waar blijft hij toch?* where can he be?; *waar is het (hij) gebleven?* what has become of it (him)?; *waar zijn we gebleven?* where did we leave off (stop)?; *waar was ik gebleven?* where had I got to?; *waar blijft het eten toch?* where is dinner?; *waar blijft de tijd!* how time flies!; *hij blijft lang, hoor!* how long he is staying!; **2** he is a long time (in) coming (back); *blijf je het hele concert?* are you going to sit out the whole concert?; *goed ~* keep [of food]; *~ eten* stay to dinner; *~ leven* live (on); *hij blijft bij ons* he is going to stay with us; *alles blijft bij het oude* everything remains as it was; *maar daar bleef het niet bij* but that was not all; *ik blijf bij wat ik gezegd heb* I stick to what I have said; *hij blijft er bij, dat...* he persists in saying that...; *het blijft er dus bij dat...* so it is settled that...; *daarbij bleef het* there the matter rested, that was that; *dat blijft onder ons* this is strictly between ourselves; *blijf van mij (ervan) af!* hands off!; *daarmee moet je mij van het lijf ~!* none of that for me!; zie ook: **hangen** &

'**blijvend** *bn* **1** lasting [peace, evidence]; **2** enduring, abiding [value]; **3** permanent [abode, wave]

'**blijvertje** *o* (-s): *dat is geen ~* that child will never grow old; gemeenz it's a goner

1 blik *m* (-ken) glance, look; *zijn brede ~* his broad view; *zijn heldere ~* **1** his bright look; **2** his keen insight; *een ~ slaan (werpen) op* cast a glance at; *begerige ~ken werpen (laten vallen) op* cast covetous eyes on; *bij de eerste ~* at the first glance; *in één ~* at a glance; *met één ~ overzien* take it in at a (single) glance

2 blik *o* (-ken) **1** ⟨metaal⟩ tin, tin plate, white iron; **2** ⟨voor vuil⟩ dustpan; ⟨conserven⟩ tin [of meat], can [of peaches &]; *kreeft in ~* tinned (canned) lobster; *stoffer en ~* brush and dustpan

'**blikgroenten** *mv* tinned (canned) vegetables

'**blikje** *o* (-s) tin [of meat], can

1 'blikken *bn* tin

2 'blikken (blikte, h. geblikt) *overg* look, glance; *zonder ~ of blozen* without turning a hair

'**blikkeren** (blikkerde, h. geblikkerd) *onoverg* glitter, flash

'**blikkerig** *bn* tinny, brassy

'**blikopener** *m* (-s) tin-opener, can-opener

'**blikschade** *v* bodywork damage

'**bliksem** *m* (-s) lightning; *arme ~* poor devil; *wat ~!* gemeenz what the hell!; *als de ~* (as) quick as lightning, like blazes; *naar de ~ gaan* go to the dogs, go to pot; *loop naar de ~!* go to blazes!

'**bliksemactie** *v* (-s) lightning action

'**bliksemafleider** *m* (-s) lightning conductor[2]

'**bliksembezoek** *o* (-en) flying visit

'**bliksemcarrière** *v* (-s) rapid rise, lightning career

'**bliksemen** (bliksemde, h. gebliksemd) *onoverg* **1** ⟨bij onweer⟩ lighten; **2** ⟨v. de ogen &⟩ flash; *het bliksemt* it lightens, there is a flash of lightning; zie

bliksemflits

ook: *donderen*
'**bliksemflits** *m* (-en) flash (streak) of lightning
'**blikseminslag** *m* (-slagen) stroke of lightning
'**bliksems I** *bn: die ~e kerel* that confounded fellow;
 II *bijw* versterkend deucedly; **III** *tsw* the deuce!
'**bliksemschicht** *m* (-en) thunderbolt, flash of
 lightning
'**bliksemsnel** *bn* quick as lightning, with lightning
 speed; lightning [victory &]; gemeenz like winking
'**bliksemstraal** *m & v* (-stralen) flash of lightning;
 als een ~ uit heldere hemel like a bolt from the blue
'**blikslager** *m* (-s) tin-smith
'**blikvanger** *m* (-s) eye-catcher
'**blikvoer** *o* canned food, tinned food
1 blind *o* (-en) (vensterluik) shutter
2 blind *bn* blind[2]; *~ als een mol* as blind as a bat; *~e
 deur* blind (dead) door; *~e gehoorzaamheid* blind
 obedience; *~ geloof (vertrouwen)* implicit faith; *~e
 kaart* skeleton map, blank map; *~e klip* sunken
 rock; *~e muur* blank (dead) wall; *~e passagier* stowaway; *~e steeg* blind alley; *~ toeval* mere chance;
 ~e vlek blind spot; *~ aan één oog* blind of (in) one
 eye; *~ voor het feit dat...* blind to the fact that...; zie
 ook: *blinde*
'**blinddoek** *m* (-en) bandage
'**blinddoeken** (blinddoekte, h. geblinddoekt) *overg*
 blindfold
'**blinddruk** *m* (-ken) blind-blocking, blind-tooling,
 blind-stamping
'**blinde** *m-v* (-n) **1** blind man, blind woman; *de ~n*
 the blind; **2** kaartsp dummy; *in den ~* at random;
 blindly; *met de ~ spelen* kaartsp play dummy
blinde'darm *m* (-en) **1** eig caecum; **2** (wormvormig aanhangsel) vermiform appendix
blinde'darmontsteking *v* (-en) appendicitis
'**blindelings** *bijw* blindfold, blindly; *~ gehoorzamen*
 obey implicithy
'**blindemannetje** *o* (-s) blindman's buff; *~ spelen*
 play at blindman's buff
blindenge'leidehond *m* (-en) guide dog
'**blindeninstituut** *o* (-tuten) institution for the
 blind, home for the blind
'**blindenschrift** *o* braille
blin'deren (blindeerde, h. geblindeerd) *overg* **1** (kogelvrij maken) armour; **2** (aan het gezicht onttrekken) face, clad; *geblindeerde auto's* armoured cars
'**blindganger** *m* (-s) mil dud
'**blindge'boren** *bn* blind-born, born blind
'**blindheid** *v* blindness; *met ~ geslagen* struck
 blind[2]; fig blinded
'**blindtypen**[1] *onoverg* touch type
'**blindvaren**[1] (h.) *onoverg: ~ op iets, iem.* trust sth.,
 sbd. blindly
'**blindvliegen**[1] (h.) **I** *onoverg* fly blind; **II** *o* blind
 flying
'**blinken** (blonk, h. geblonken) *onoverg* shine,
 gleam; *het is niet alles goud wat er blinkt* all that glitters is not gold

blo *bn* vero bashful, timid; *beter ~ Jan dan do Jan*
 discretion is the better part of valour
'**blocnote** *m* (-s) (scribbling-)block, (writing-)pad
'**blode** *bn* vero = *blo*

bloed *o* blood; *blauw ~* blue blood; *kwaad ~ zetten*
 stir strong feelings, stir up bad blood; *nieuw ~ (in
 een vereniging &)* fresh blood; *het zit in het ~* it runs
 in the blood; *het ~ kruipt waar het niet gaan kan*
 blood is thicker than water
'**bloedaandrang** *m* congestion, rush of blood (to
 the head)
'**bloedarm** *bn* anaemic
'**bloedarmoede** *v* anaemia
'**bloedbaan** *v* (-banen) blood-stream
'**bloedbad** *o* (-baden) blood-bath, carnage, massacre, (wholesale) slaughter; *een ~ aanrichten onder...*
 make a slaughter of..., massacre...
'**bloedbank** *v* (-en) blood bank
'**bloedbezinking** *v* (-en) sedimentation rate
'**bloedblaar** *v* (-blaren) blood blister
'**bloeddoor'lopen** *bn* bloodshot
'**bloeddorst** *m* thirst for blood, bloodthirstiness
'**bloed'dorstig** *bn* bloodthirsty
'**bloeddruk** *m* [high, low] blood pressure
'**bloedeigen** *bn* very own
'**bloedeloos** *bn* bloodless
'**bloeden** (bloedde, h. gebloed) *onoverg* bleed[2]; *uit
 zijn neus ~* bleed at (from) the nose; *hij zal er voor
 moeten ~* they will make him bleed for it; *tot ~s toe*
 till the blood came
'**bloeder** *m* (-s) bleeder
'**bloederig** *bn* bloody
'**bloederziekte** *v* haemophilia
'**bloedgeld** *o* blood-money, price of blood
'**bloedgetuige** *m-v* (-n) martyr
'**bloedgever** *m* (-s) blood donor
'**bloedgroep** *v* (-en) blood group
'**bloedheet** *bn* sizzling hot
'**bloedhond** *m* (-en) bloodhound
'**bloedig** *bn* bloody, sanguinary
'**bloeding** *v* (-en) bleeding, h(a)emorrhage
'**bloedje** *o* (-s): *~s van kinderen* poor little mites
'**bloedkoraal** *o & v* (-ralen) red coral
'**bloedlichaampje** *o* (-s) blood corpuscle
'**bloedlink** *bn* gemeenz **1** (gevaarlijk) incredibly
 dangerous; **2** (woedend) hopping mad
'**bloedneus** *m* (-neuzen) bleeding nose; *hem een ~
 slaan* make his nose bleed
'**bloedonderzoek** *o* (-en) blood test
'**bloedplas** *m* (-sen) pool of blood
'**bloedplasma** *o* (blood) plasma
'**bloedproef** *v* (-proeven) blood test
'**bloedprop** *v* (-pen) blood clot, thrombus
'**bloedrood** *bn* blood-red, scarlet
'**bloedschande** *v* incest
bloed'schendig, bloed'schennig *bn* incestuous
'**bloedsomloop** *m* circulation of the blood, blood
 circulation

'**bloedspuwing** v (-en) spitting of blood
'**bloedstelpend** bn styptic; ~ middel styptic
'**bloed'stollend** bn blood-curdling, horrifying
'**bloedsuiker** m blood sugar
'**bloedtransfusie** v (-s) blood transfusion
'**bloeduitstorting** v (-en) extravasation of blood, effusion of blood, haematoma
'**bloedvat** o (-vaten) blood-vessel
'**bloedvergieten** o blood shed
'**bloedvergiftiging** v (-en) blood-poisoning, sepsis
'**bloedverlies** o loss of blood
'**bloedverwant** m (-en), '**bloedverwante** v (-n) (blood-)relation, relative, kinsman, kinswoman; naaste ~ near relative
'**bloedverwantschap** v (-pen) blood-relationship, consanguinity
'**bloedvlek** v (-ken) bloodstain
'**bloedworst** v (-en) black pudding, blood sausage
'**bloedwraak** v vendetta
'**bloedziekte** v (-n en -s) blood disease
'**bloedzuiger** m (-s) leech, blood-sucker²
'**bloedzuiverend** bn blood-cleansing
bloei m flowering, bloom², flower², fig prosperity; in ~ staan be in blossom; in de ~ der jaren in the prime of life; in volle ~ in full blossom, in (full) bloom
'**bloeien** (bloeide, h. gebloeid) onoverg 1 eig bloom, blossom, flower; 2 fig flourish, prosper, thrive
'**bloeiend** bn 1 eig blossoming, [early-, late-]-flowering; 2 fig flourishing, prosperous, thriving
'**bloeimaand** v May
'**bloeitijd** m (-en) 1 flowering time, florescence; 2 fig flourishing period
'**bloeiwijze** v (-n) inflorescence
bloem v (-en) 1 eig & fig flower; 2 ⟨v. meel⟩ flour; zie ook: bloemetje & bloempje
'**bloembak** m (-ken) flower-box
'**bloembed** o (-den) flower-bed
'**bloemblad** o (-bladen) petal
'**bloembol** m (-len) (flower) bulb
'**bloembollenteelt** v bulb growing
'**bloembollenveld** o (-en) bulb field
'**bloemencorso** m & o ('s) floral procession, flower pageant, flower parade
'**bloemenhandelaar** m (-s en -laren) florist
'**bloemenstalletje** o (-s) flower-stall
'**bloementeelt** v floriculture
'**bloemenvaas** v (-vazen) (flower) vase
'**bloemenwinkel** m (-s) flower shop, florist's shop
'**bloemetje** o (-s) little flower, floweret; de ~s buiten zetten go on the spree, be on a spree, gemeenz paint the town red, make whoopee
'**bloemig** bn floury, mealy [potatoes]
bloe'mist m (-en) florist, floriculturist
bloemiste'rij v (-en) 1 ⟨bedrijf⟩ floriculture; 2 florist's (garden, business, shop)
'**bloemkelk** m (-en) calyx
'**bloemknop** m (-pen) flower-bud

'**bloemkool** v (-kolen) cauliflower
'**bloemkooloor** o (-oren) cauliflower ear
'**bloemkrans** m (-en) garland, wreath (chaplet) of flowers
'**bloemkroon** v (-kronen) corolla
'**bloemlezing** v (-en) anthology
'**bloemperk** o (-en) flower-bed
'**bloempje** o (-s) 1 little flower, floweret; 2 ⟨v. bloeiwijze⟩ floret
'**bloempot** m (-ten) flowerpot
'**bloemrijk** bn 1 ⟨eig⟩ flowery²; 2 fig florid
'**bloemscherm** o (-en) plantk umbel
'**bloemschikken** o flower-arranging
'**bloemsteel** (-stelen), '**bloemstengel** m (-s) flowerstalk
'**bloemstuk** o (-ken) 1 ⟨v. bloemist⟩ bouquet; 2 ⟨schilderij⟩ flower-piece
bloes v (bloezen) blouse, shirt
'**bloesem** m (-s) blossom, bloom, flower
'**bloesemen** (bloesemde, h. gebloesemd) onoverg blossom, bloom, flower
blok I o (-ken) 1 block [of anything, also for chopping or hammering on]; log [of wood]; billet [of firewood]; chump [= short thick lump of wood]; clog [to leg]; brick [= building block]; pig [of lead]; 2 bloc [of parties, of nations]; het ~ ⟨straftuig⟩ the stocks; een ~ aan het been hebben be clogged; dat is een ~ aan zijn been it is a drag on him; iem. voor het ~ zetten leave sbd. no choice, give sbd. Hobson's choice; II m (-ken) ZN ⟨studieperiode⟩ unit
'**blokboek** o (-en) block book
'**blokdruk** m (-ken) block printing
'**blokfluit** v (-en) recorder
'**blokhoofd** o (-en) (air-raid) warden
'**blokhuis** o (-huizen) 1 blockhouse, loghouse; 2 ⟨v. spoorweg⟩ signal-box
'**blokhut** v (-ten) log-cabin
blok'kade v (-s) blockade; de ~ doorbreken run the blockade
'**blokken** (blokte, h. geblokt) onoverg: ~ (op) plod (at), gemeenz swot (at), mug (at), grind (at)
'**blokkendoos** v (-dozen) box of bricks
blok'keren (blokkeerde, h. geblokkeerd) overg 1 blockade [a port]; 2 block [a road &]; 3 handel an account, freeze [an account]
blok'kering v (-en) 1 blockade [of a port]; 2 blocking [of a road &; handel of an account]; 3 [of an account]
'**blokletter** v (-s) block capital, block letter
'**blokschrift** o block capitals, print
'**blokstelsel** o (-s) block system
'**blokvorming** v forming of blocks
blom v (-men) 1 ⟨bloem⟩ flower; 2 fig: een jonge ~ a young (and pretty) girl
blond bn blond, fair, light
blon'deren (blondeerde, h. geblondeerd) overg dye blond, bleach
blon'dine v (-s) blonde, fair-haired girl

blonk (blonken) V.T. v. *blinken*

'**bloodaard** *m* (-s) <u>vero</u> coward

bloot I *bn* **1** ⟨ongekleed⟩ naked, bare; **2** ⟨alleen maar⟩ bald, mere; *de blote feiten* the bald facts; *een ~ toeval* a mere accident; *met het blote oog* with the naked eye; *onder de blote hemel* in the open; *...op het blote lijf dragen* wear next (next to) the skin; **II** *bijw* barely, merely

'**blootgeven**[1] *wederk*: *zich ~* show one's hand, lay oneself open[2]; *fig* commit oneself; *zich niet ~* be non-committal

'**blootje**: *o in zijn (haar) ~* in the nude, in his (her) birthday suit

'**blootleggen**[1] *overg* lay bare[2], reveal [plans], expose [secrets]; *fig* state, uncover

'**blootliggen**[1] *onoverg* lie bare, lie open

'**blootshoofds, bloots'hoofds** *bn* bareheaded

'**blootstaan**[1] *onoverg*: *~ aan* be exposed to

'**blootstellen**[1] **I** *overg* expose; **II** *wederk*: *zich ~ aan* **1** expose oneself to [the weather]; **2** lay oneself open to [criticism]

'**blootsvoets, bloots'voets** *bn* barefoot

blos *m* **1** blush [of embarrassment], flush [of excitement]; **2** bloom [of health]

'**blouse** *v* (-s) blouse, shirt

'**blowen** (blowde, h. geblowd) *onoverg* smoke dope

'**blozen** (bloosde, h. gebloosd) *onoverg* blush, flush, colour; *zij bloosde tot achter haar oren* she blushed (coloured) to the roots of her hair; *doen ~* cause [sbd.] to blush, make [sbd.] blush; *~ om (over)* blush at [sth.]

'**blozend** *bn* **1** <u>eig</u> blushing; **2** ⟨v. gezondheid⟩ ruddy, rosy

'**blubber** *m* mud, slush

bluf *m* brag(ging), boast(ing), <u>gemeenz</u> swank

'**bluffen** (blufte, h. gebluft) *onoverg* brag, boast, <u>gemeenz</u> swank; *~ op* boast of

bluffe'rij *v* (-en) bragging, boasting, braggadocio

'**blunder** *m* (-s) blunder, howler

'**blunderen** (blunderde, h. geblunderd) *onoverg* blunder

'**blusapparaat** *o* (-raten) fire-extinguisher

'**blusmiddel** *o* (-en) fire-extinguisher

'**blussen** (bluste, h. geblust) *overg* **1** ⟨vuur doven⟩ extinguish, put out; **2** slack, slake [lime]

blut *bn* **1** ⟨platzak⟩ hard up, <u>gemeenz</u> broke; **2** ⟨na spel⟩ <u>gemeenz</u> cleaned out; *iem. ~ maken* <u>gemeenz</u> clean sbd. out

bluts *v* (-en) ⟨deuk⟩ dent

'**blutsen** (blutste, h. geblutst) *overg* ⟨deuken⟩ dent

blz. *afk.* = *bladzijde*

bnp *o Bruto Nationaal Product* G.N.P., gross national product

'**boa** *m* ('s) boa [snake & fur necklet]

'**bobbel** *m* (-s) **1** ⟨in 't alg.⟩ bubble; **2** ⟨gezwel⟩ lump

'**bobbelen** (bobbelde, h. gebobbeld) *onoverg* bubble

'**bobbelig** *bn* lumpy

'**bobo** *m* ('s) <u>gemeenz</u> big shot

'**bobslee** *v* (-sleeën en -sleden) bob-sled, bob-sleigh

'**bochel** *m* (-s) **1** hump, hunch; **2** ⟨persoon⟩ humpback, hunchback; zie ook: *lachen*

1 bocht *o & m* **1** ⟨rommel in 't alg.⟩ trash, rubbish; **2** ⟨v. drank⟩ rot-gut

2 bocht *v* (-en) **1** bend, turn(ing), winding [of a road, river &]; **2** trend [of the coast]; **3** flexion, curve [in a line]; **4** bight [in a rope]; **5** coil [of a cable]; **6** bight, bay [of the sea]; *voor iem. in de ~ springen* take sbd.'s part; *zich in ~en wringen* tie oneself in knots

'**bochtig** *bn* winding, tortuous, sinuous

'**bockbier** *o* bock(-beer)

bod *o* **1** <u>handel</u> offer; **2** ⟨op verkoping⟩ bid; *een hoger ~ doen dan* outbid [sbd.]; *aan ~ komen* get a chance; *een ~ doen* make a bid; *een ~ doen op* make a bid for[2]

'**bode** *m* (-n en -s) **1** messenger[2]; **2** ⟨vrachtrijder⟩ carrier; **3** ⟨v. gemeente &⟩ beadle; **4** <u>recht</u> usher

bo'dega *m* ('s) bodega

'**bodem** *m* (-s) **1** bottom [of a cask, the sea]; **2** [English] ground, soil, territory; **3** <u>scheepv</u> bottom, ship, vessel; *de ~ inslaan* **1** stave in [a cask]; **2** *fig* shatter [plans, hopes]; **3** dash [expectations]; *op de ~ van de zee* at the bottom of the sea; *vaste ~ onder de voeten hebben* be on firm ground; *op vreemde ~* on foreign soil; *tot de ~ leegdrinken* drain to the dregs

'**bodemgesteldheid** *v* nature of the soil, soil conditions

'**bodemkunde** *v* soil science, pedology

'**bodemloos** *bn* bottomless; *'t is een bodemloze put* it's like pouring money down a drain

'**bodemmonster** *o* (-s) soil sample

'**bodemonderzoek** *o* soil research

'**bodemprijs** *m* (-prijzen) minimum price

'**bodemsanering** *v* (-en) soil decontamination

'**bodemschatten** *mv* mineral resources

'**bodemverontreiniging** *v* soil pollution

'**boden** V.T. meerv. v. *bieden*

'**Bodenmeer** *o* Lake Constance

'**body-stocking** *m* (-s) body stocking

boe *tsw* bo(o)!; *~ roepen* boo, hoot; *geen ~ of ba zeggen* not open one's lips; *zij durft geen ~ of ba te zeggen* she cannot say boo to a goose

'**Boedapest** *o* Budapest

'**Boeddha, 'boeddha** *m* ('s) Buddha

'**boeddhabeeld** *o* (-en) Buddha

boed'dhisme *o* Buddhism

boed'dhist *m* (-en) Buddhist

boed'dhistisch *bn* Buddhist [monk &], Buddhistic

'**boedel** *m* (-s) (personal) estate, property, goods and chattels, movables; *de ~ aanvaarden* take possession of the estate; *de ~ beschrijven* make (draw up) an inventory

'**boedelafstand** *m* cession

'**boedelbeschrijving** *v* (-en) inventory

'**boedelscheiding** *v* (-en) division of an estate, division of property

boef *m* (boeven) scoundrel, villain, rascal; gemeenz crook

'**boefje** *o* (-s) scamp, rascal, urchin

boeg *m* (-en) scheepv bow(s); *het over een andere ~ gooien* change one's tack[2], try another tack[2]; *voor de ~ hebben* have to deal with [much work]; *wat wij nog voor de ~ hebben* what lies ahead of us, what is ahead

'**boegbeeld** *o* (-en) figurehead

'**boegeroep** *o* booing

boeg'seren (boegseerde, h. geboegseerd) *overg* tow [a boat]

'**boegspriet** *m* (-en) bowsprit

'**boegsprietlopen** *o* sp walking the greasy pole

1 boei *v* (-en) 1 ⟨aan voeten⟩ shackle, fetter; 2 ⟨aan handen⟩ handcuff; *in ~en* in irons, in chains; *iem. de ~en aandoen* handcuff sbd.; *iem. in de ~en sluiten* put sbd. in irons

2 boei *v* (-en) scheepv buoy; *met een kop als een ~* as red as a beetroot

'**boeien** (boeide, h. geboeid) *overg* **1** eig put in irons, handcuff; **2** fig captivate, enthral(l), fascinate, grip [the audience], arrest [the attention, the eye]

'**boeiend** *bn* captivating, enthralling, fascinating, arresting, absorbing

'**boeienkoning** *m* (-en) escapologist

'**boeier** *m* (-s) scheepv small yacht

boek *o* (-en) **1** book; **2** quire [of paper]; *dat is voor mij een gesloten ~* that is a sealed book to me; *te ~ staan als...* be reputed (as)..., be reputed to be..., pass for...; *te ~ stellen* set down, record; zie ook: *boekje*

boeka'nier *m* (-s) buccaneer

'**Boekarest** *o* Bucharest

'**boekband** *m* (-en) binding

'**boekbespreking** *v* (-en) (book) review, criticism

'**boekbinden** *o* bookbinding, bookbinder's trade

'**boekbinder** *m* (-s) bookbinder

boekbinde'rij *v* **1** (bedrijf) bookbinding; **2** (-en) ⟨zaak⟩ bookbinder's shop, bookbinding establishment, bookbindery

'**boekdeel** *o* (-delen) volume; *dat spreekt boekdelen* that speaks volumes

'**boekdruk** *m* typographic printing

'**boekdrukken** *o* (book) printing

'**boekdrukker** *m* (-s) (book) printer

boekdrukke'rij *v* (-en) printing office

'**boekdrukkunst** *v* (art of) printing, typography

'**boeken** (boekte, h. geboekt) *overg* **1** book [an order]; **2** enter (in the books); **3** fig record, register; *succes ~* score a success; *een post ~* make an entry; *in iems. credit (debet) ~* place [a sum] to sbd.'s credit (debit); *op een nieuwe rekening ~* carry to new account

'**boekenbeurs** *v* (-beurzen) book fair

'**boekenbon** *m* (-nen) book token

'**boekenclub** *v* (-s) book club

'**boekengeleerdheid** *v* book-learning

'**boekenkast** *v* (-en) bookcase

'**boekenlegger** *m* (-s) book-mark(er)

'**boekenlijst** *v* (-en) list of books

'**boekenmolen** *m* (-s) revolving book-stand

'**boekenplank** *v* (-en) book-shelf

'**boekenrek** *o* (-ken) book-rack

'**boekenstalletje** *o* (-s) (second-hand) bookstall

'**boekensteun** *m* (-en) book-end

'**boekentaal** *v* bookish language

'**boekentas** *v* (-sen) satchel

'**boekenwijsheid** *v* book-learning

'**boekenworm**, '**boekenwurm** *m* (-en) book-worm

boeke'rij *v* (-en) library

boe'ket *o & m* (-ten) **1** ⟨bloemen⟩ bouquet, nosegay; **2** ⟨v. wijn⟩ bouquet, aroma, flavour

'**boekhandel** *m* **1** ⟨bedrijf⟩ bookselling, book trade; **2** (-s) ⟨winkel⟩ bookseller's shop, bookshop

'**boekhandelaar** *m* (-s en -laren) bookseller

'**boekhouden**[1] **I** *onoverg* keep books (accounts); **II** *o* book-keeping; *dubbel (enkel) ~* book-keeping by double entry (by single entry)

'**boekhouder** *m* (-s) book-keeper

'**boekhouding** *v* (-en) **1** (in 't alg.) book-keeping; **2** ⟨afdeling⟩ accounts (accounting) department

'**boekhoudmachine** *v* (-s) book-keeping machine

'**boeking** *v* (-en) **1** ⟨bij het boekhouden⟩ entry; **2** ⟨reservering⟩ booking, reservation; *een ~ krijgen* sp be booked

'**boekjaar** *o* (-jaren) financial (fiscal) year

'**boekje** *o* (-s) small book, booklet; *ik zal een ~ over u opendoen* I'll let people know what (the) sort of man you are; *buiten zijn ~ gaan* go beyond one's powers; exceed one's orders; *bij iem. (niet) in een goed ~ staan* be in sbd.'s good (bad) books; *volgens het ~* by the book

'**boekomslag** *m* (-slagen) dust jacket

'**boekstaven** (boekstaafde, h. geboekstaafd) *overg* set down, record, chronicle

'**boekverkoper** *m* (-s) bookseller

'**boekverkoping** *v* (-en) book auction

'**boekwaarde** *v* book value

'**boekweit** *v* buckwheat

'**boekwerk** *o* (-en) book, work, volume

'**boekwinkel** *m* (-s) bookshop, bookstore

boel *m*: *een ~* (quite) a lot, lots [of sth.]; *een ~ geld* a lot (lots) of money; *de hele ~* the whole lot; the whole thing, gemeenz the whole show; *een (hele) ~ beter (meer)* gemeenz a jolly sight better (more); *een hele ~ mensen* an awful lot of people; *het was een dooie (saaie) ~* it was a dull affair; *een mooie ~!* a pretty kettle of fish, gemeenz a nice go (mess); *het is een vuile ~* it is a mess; *de ~ erbij neergooien* gemeenz chuck it

'**boeldag** *m* (-dagen) auction

'**boeltje** *o* (-s): *zijn ~* gemeenz his traps; *zijn ~ pakken* pack up one's traps

799

'boeman *m* (-nen) bogey(-man), bugaboo

'boemel *m* (-s) ⟨trein⟩ slow train; *aan de* ~ on the spree

'boemelaar *m* (-s) reveller, rake, run-about, fly-by-night

'boemelen (boemelde, h. geboemeld) *onoverg ge-meenz* go the pace, be on the spree, knock about

'boemeltrein *m* (-en) slow train

'boemerang *m* (-s) boomerang

'boender *m* (-s) scrubbing-brush, scrubber

'boenen (boende, h. geboend) *overg* scrub, rub, polish

'boenwas *m & o* beeswax

boer *m* (-en) **1** farmer; ⟨keuter~⟩ peasant; ⟨buitenman⟩ countryman; **2** kaartsp knave, jack; **3** ⟨lomperd⟩ boor, yokel; **4** ⟨oprisping⟩ belch, *gemeenz* burp; *een* ~ *laten* belch, *gemeenz* burp; *de* ~ *opgaan* go round the country hawking

boerde'rij *v* (-en) **1** ⟨bedrijf⟩ farm; **2** ⟨boerenwoning⟩ farm-house

'boeren (boerde, h. geboerd) *onoverg* **1** ⟨boer zijn⟩ farm, be a farmer; **2** ⟨oprispen⟩ belch, *gemeenz* burp; *hij heeft goed geboerd* he has managed his affairs well

boeren'arbeider *m* (-s) farmhand

'boerenbedrijf *o* farming

'boerenbedrog *o* humbug, monkey business, take-in

boeren'bont *o* ⟨stof⟩ gingham

boeren'bruiloft *v* (-en) country wedding

boeren'dans *m* (-en) country dance

boeren'hoeve *v* (-n), **boeren'hofstede** *v* (-steden) farmstead, farm, homestead

boeren'jongen *m* (-s) country lad; ~*s* ⟨drank⟩ brandy and raisins

boeren'kinkel *m* (-s) yokel, country lout

boeren'knecht *m* (-en en -s) farm-hand

boeren'kool *v* (-kolen) kale, kail

boeren'lul *m* (-len) clod, clodhopper, twit

boeren'lummel *m* (-s) clodhopper, bumpkin, lout

boeren'meisje *o* (-s) country girl, country lass; ~*s* ⟨drank⟩ brandy and apricots

'boerenoorlog *m* (-logen) peasants' war

'Boerenoorlog *m* (-logen) Boer War

boeren'pummel *m* (-s) bumpkin

boeren'slimheid *v* cunning, craftiness

boeren'stand *m* peasantry

boerenver'stand *o* common sense

boeren'vrouw *v* (-en) countrywoman

boeren'wagen *m* (-s) farm(er's) cart

boeren'zoon *m* (-s en -zonen) farmer's son

boeren'zwaluw *v* (-en) barnswallow

boe'rin *v* (-nen) **1** ⟨plattelandsvrouw⟩ countrywoman; **2** ⟨boerenvrouw⟩ farmer's wife

Boer'kina 'Faso *o* Burkina Faso

Boe'roendi *o* Burundi

Boe'roendiër *m* (-s) Burundian

Boe'roendisch *bn* Burundian

boers *bn* rustic, boorish

boert *v* (-en) vero bantering, jest, joke

'boertig *bn* vero jocular

Boetan *o* = *Bhoetan*

'boete *v* (-n en -s) **1** ⟨boetedoening⟩ penance; **2** ⟨geldboete⟩ penalty, fine; ~ *betalen* pay a fine; ~ *doen* do penance; *50 pond* ~ *krijgen* be fined 50 pound; ~ *opleggen* impose a fine; *op* ~ *van* under (on) penalty of

'boetedoening *v* (-en) penance, penitential exercise

'boetekleed *o* (-kleren) penitential robe (garment), hair-shirt; *het* ~ *aan hebben* stand in a white sheet

'boeteling *m* (-en), **'boetelinge** *v* (-n) penitent

'boeten (boette, h. geboet) **I** *overg* **1** ⟨herstellen⟩ mend [nets, sth.]; **2** ⟨boete doen⟩ atone [an offence], expiate [sin]; *iets* ~ *met zijn leven* pay for sth. with one's life; **II** *onoverg*: ~ *voor* expiate, atone for [an offence]; *hij zal ervoor* ~ he shall pay (suffer) for it

boe'tiek *v* (-s) boutique

'boetpredikatie *v* (-s en -tiën) penitential homily

'boetpsalm *m* (-en) penitential psalm

boet'seerklei *v* modelling clay

boet'seerklei *v* modelling clay

boet'seren (boetseerde, h. geboetseerd) *overg* model

boet'straffelijk *bn* ZN: ~*e rechtbank* magistrate's court

boet'vaardig *bn* contrite, penitent, repentant

boet'vaardigheid *v* contriteness, contrition, penitence, repentance; *het sacrament van* ~ RK the sacrament of penance

'boevenstreek *m & v* (-streken) villainy, roguish (knavish) trick, piece of knavery

'boeventaal *v* flash (language), thieves' slang (cant)

'boeventronie *v* (-s) hangdog face

'boevenwagen *m* (-s) police van, *gemeenz* black Maria, Am patrol wagon

'boezelaar *m* (-s) apron

'boezem *m* (-s) **1** ⟨borst⟩ bosom, breast; **2** auricle [of the heart]; **3** bay [of the sea]; **4** reservoir [of a polder]; *de hand in eigen* ~ *steken* search one's own heart

'boezemvriend *m* (-en), **'boezemvriendin** *v* (-nen) bosom friend

boeze'roen *m & o* (-s en -en) (workman's) blouse

bof *m* **1** med ⟨zwelling⟩ mumps; **2** (-fen) ⟨geluk⟩ stroke of luck, *gemeenz* fluke

'boffen (bofte, h. geboft) *onoverg* be lucky, be in luck; *daar bof je bij!* lucky for you!

'boffer *m* (-s) *gemeenz* lucky dog

'bogaard *m* (-en) = *boomgaard*

1 'bogen (boogde, h. geboogd) *onoverg*: ~ *op* glory in, boast

2 'bogen V.T. meerv. v. *buigen*

Bo'heems *bn* Bohemian

Bo'hemen *o* Bohemia

Bo'hemer *m* (-s) & *bn* Bohemian
bohé'mien *m* (-s) Bohemian
'boiler *m* (-s) (hot-water) heater
bok *m* (-ken) **1** ⟨mannetjesgeit⟩ (he-)goat; ⟨v. ree &⟩ buck; **2** ⟨voor gymnastiek⟩ vaulting buck; **3** ⟨v. rijtuig⟩ box; **4** ⟨schraag⟩ [sawyer's] jack; **5** ⟨hijstoestel⟩ derrick; **6** ⟨fout⟩ blunder, gemeenz bloomer, howler; *een ~ schieten* fig make a blunder; *als een ~ op de haverkist* as keen as mustard
bo'kaal *m* (-kalen) goblet, beaker, cup
'bokken (bokte, h. gebokt) *onoverg* **1** ⟨v. paard⟩ buck, buckjump; **2** fig be sulky
'bokkenpoot *m* (-poten) = *bokspoot*
'bokkenpruik *v* (-en): *de ~ op hebben* be in a (black) temper
'bokkensprong *m* (-en) caper, capriole; *~en maken* cut capers
'bokkig *bn* surly, churlish
'bokking *m* (-en) **1** ⟨vers⟩ bloater; **2** ⟨gerookt⟩ red herring
'boksbal *m* (-len) punch(ing)-ball
'boksbeugel *m* (-s) knuckle-duster; Am brass knuckles
'boksen (bokste, h. gebokst) *onoverg* box
'bokser *m* (-s) **1** sp boxer, prize-fighter; **2** ⟨hond⟩ boxer
'bokshandschoen *m* & *v* (-en) boxing glove
'bokskampioen *m* (-en) boxing champion
'bokspoot *m* (-poten) goat's paw; *met bokspoten* goat-footed
'bokspringen *o* **1** ⟨gymnastiekoefening⟩ vaulting; **2** ⟨kinderspel⟩ leap-frog
bok-sta'vast *o* high cockalorum
'bokswedstrijd *m* (-en) boxing match, prize-fight
'boktor *v* (-ren) capricorn beetle
1 bol *bn* **1** convex [glasses]; **2** bulging [sails]; **3** chubby [cheeks]; *~ staan* belly, bulge; *de kranten stonden ~ van het schandaal* the newspapers were full of the scandal
2 bol *m* (-len) **1** ⟨in 't alg.⟩ ball, sphere; **2** globe [of a lamp]; **3** bulb [of a plant & thermometer]; **4** crown [of a hat]; **5** ⟨hoofd⟩ gemeenz pate; **6** ZN ⟨kopje zonder oor⟩ bowl; *een knappe ~* a clever fellow, gemeenz a dab (*in at*)
'boldriehoek *m* (-en) spherical triangle
'boldriehoeksmeting *v* spherical trigonometry
bo'leet *m* (-leten) boletus
'bolgewas *o* (-sen) bulbous plant
'bolhoed *m* (-en) bowler (hat)
Bo'livia *o* Bolivia
Bolivi'aan *m* (-vianen) Bolivian
Bolivi'aans *bn* Bolivian
bolle'boos *m* (-bozen): *hij is een ~ in wiskunde* he's a whiz at maths, he's a maths wizard; *hij is een ~ in het zwemmen* he's a first-rate swimmer, a crack swimmer
'bollen (bolde, h. gebold) *onoverg* puff up, swell (fill) out

'bollenkweker *m* (-s) bulb-grower
'bollenteelt *v* bulb-growing
'bollenveld *o* (-en) bulb-field
'bolletje *o* (-s) **1** ⟨kleine bol⟩ (little) ball; ⟨druppeltje⟩ globule; **2** ⟨kadetje⟩ roll; **3** ⟨hoofd⟩ head
'bolrond *bn* convex, spherical
bolsje'wiek *m* (-en) bolshevik, bolshevist
bolsje'wisme *o* bolshevism
bolsje'wistisch *bn* bolshevik, bolshevist
'bolster *m* (-s) plantk shell, husk, hull; *ruwe ~ blanke pit* rough diamond
'bolus *m* (-sen) **1** bole [clay]; **2** med bolus [large pill]; **3** ⟨gebak⟩ treacle cake
'bolvorm *m* (-en) spherical shape
'bolvormig, bol'vormig *bn* spherical, globular, bulb-shaped, bulbous
'bolwassing *v* (-en) ZN thrashing; *iem. een ~ geven* thrash sbd.
'bolwerk *o* (-en) **1** eig rampart, bastion; **2** fig bulwark, stronghold [of liberty &]
'bolwerken (bolwerkte, h. gebolwerkt) *overg*: *het ~* manage, bring it off
1 bom *v* (-men) bomb; *zure ~* pickled gherkin; *de ~ is gebarsten* the fat is in the fire, the storm has broken; *hij heeft een ~ duiten* he has lots of money
2 bom *afk. bewust ongehuwde moeder* = *bom-moeder*
'bomaanslag *m* (-slagen) bomb outrage
'bomalarm *o* bomb alarm
bombarde'ment *o* (-en) **1** ⟨in 't alg.⟩ bombardment°; **2** ⟨met granaten⟩ shelling
bombar'deren (bombardeerde, h. gebombardeerd) *overg* **1** bombard° [also in nuclear physics]; **2** ⟨vooral luchtv⟩ bomb; **3** ⟨vooral met granaten⟩ shell; *met vragen ~* bombard [sbd.] with questions; *iem. ~ tot gemeenz* make sbd. a... on the spur of the moment, pitchfork sbd. into...
bom'barie *v* fuss, tumult; *~ maken over iets* make a fuss about sth
'bombast *m* bombast, fustian
bom'bastisch *bn* bombastic, fustian
'bombrief *m* (-brieven) bomb letter, letter bomb
'bomen (boomde, h. geboomd) **I** *overg* punt, pole [a boat]; **II** *onoverg* ⟨praten⟩ yarn, spin a yarn
'bomgat *o* (-gaten) bung-hole
'bomijs *o* cat-ice
'bominslag *m* (-slagen) bomb hit
'bomkrater *m* (-s) bomb crater
'bommelding *v* (-en) bomb alert, bomb scare
'bommen (bomde, h. gebomd) *onoverg* boom; *'t kan mij niet ~!* gemeenz I don't care a rap!, (a) fat lot I care!, I don't give a damn!
'bommenlast *m* (-en) bomb load
'bommenluik *o* (-en) bomb(-bay) door
'bommentapijt *o* (-en) bomb carpet
'bommenwerper *m* (-s) bomber
'bom-moeder *afk. bewust ongehuwde moeder* ± single mother
'bomscherf *v* (-scherven) fragment of a bomb,

splinter of a bomb

'bomvol *bn* crammed, chock-a-block, chock-full

'bomvrij *bn* bomb-proof, shell-proof

bon *m* (-nen) **1** ⟨in 't alg.⟩ ticket ⟨ook bekeuring⟩, check; **2** voucher [for the payment of money]; **3** coupon [of an agency, for meat &]; **4** [book, gift] token; *op de* ~ [sell food &] on the ration; *iem. op de* ~ *zetten* ⟨bekeuren⟩ take sbd.'s name

bona'fide *bn* in good faith

'bonboekje *o* (-s) **1** ⟨in 't alg.⟩ coupon-book; **2** ⟨v. distributie⟩ ration-book

bon'bon *m* (-s) bonbon, sweet, [chocolate, peppermint] cream, [liqueur] chocolate; *een doos* ~*s* ook: a box of chocolates

bonbon'nière *v* (-s) bonbon dish, bonbonniere

1 bond *m* (-en) alliance, association, union, league, confederacy, confederation

2 bond (bonden) V.T. v. *binden*

'bondgenoot *m* (-noten) ally, confederate

'bondgenootschap *o* (-pen) alliance, confederacy

bondgenoot'schappelijk *bn* allied

'bondig *bn* succinct, concise

'bondscoach *m* (-es) *sp* national coach

'bondsdag *m* (-dagen) federal diet

'bondskanselier *m* (-s) federal chancellor

'bondsrepubliek *v* federal republic

'bondsstaat *m* (-staten) federal state

'bonenkruid *o* savory

'bonensoep *v* (-en) bean-soup

'bonenstaak *m* (-staken) bean-stalk, beanpole[2]

'bongerd *m* (-s) orchard

'bongo *m* ('s) bongo (drum)

'boni *o* & *m* ('s) ZN bonus

bonifi'catie *v* (-s) ⟨vergoeding⟩ bonus; *sp* time bonus

'bonis: *hij is een man in* ~ he is well off

'bonje *v* gemeenz row, ructions

'bonjour *tsw* **1** ⟨bij komen of ontmoeten⟩ good morning, good day; **2** ⟨bij weggaan⟩ good-bye!

bon'jouren (bonjourde, h. gebonjourd) *overg: iem. er uit* ~ gemeenz bundle sbd. off, out of the room &

bonk *m* (-en) lump, chunk; *hij is één* ~ *zenuwen* he is a bundle of nerves; *een* ~ *van een kerel* a hulking lump of a fellow

'bonken (bonkte, h. gebonkt) *onoverg:* ~ *op* thump [(on) the door]

'bonkig *bn* bony, chunky

bonne'fooi: *op de* ~ on spec, hit or miss

1 bons *m* (bonzen) thump, bump, thud; ~*!* bang!; *de* ~ *geven* gemeenz give the sack (boot, mitten, push), jilt; *de* ~ *krijgen* gemeenz get the sack (the boot, the push)

2 bons *m* (bonzen) [trades-union, party] boss

1 bont *bn* **1** particoloured [dresses]; **2** motley [assembly, crowd]; **3** manycoloured, varicoloured, varied, variegated [flowers]; **4** spotted [cows]; **5** piebald, pied [horses]; **6** gay [colours]; **7** colourful[2]

[life, scene]; **8** geringsch gaudy [dress]; ~ *hemd* coloured shirt; ~ *schort* print apron; ~*e was* coloured washing; *in* ~*e rij* in motley rows; *het te* ~ *maken* go too far; ~ *en blauw slaan* beat black and blue; zie ook: *bekend*

2 bont *o* fur

'bonten *bn* fur, furry, furred

'bontjas *m* & *v* (-sen) fur coat

'bontje *o* (-s) fur collar

'bontmantel *m* (-s) fur coat

'bontmuts *v* (-en) fur cap

'bontwerk *o* furriery

'bontwerker *m* (-s) furrier

'bonus *m* (-sen) bonus

'bonusaandeel *o* (-delen) bonus share

bon-vi'vant *m* (-s) man about town

'bonze *m* (n) bonze [= Buddhist priest]; **2** fig [trades-union, party] boss

'bonzen (bonsde, h. gebonsd) *onoverg* throb, thump [of the heart]; ~ *op de deur* bang at the door, batter the door; *tegen iem. (aan)* ~ bump (up) against sbd.

bood (boden) V.T. v. *bieden*

'boodschap *v* (-pen) **1** ⟨bericht⟩ message; **2** ⟨opdracht⟩ errand; **3** ⟨een inkoop⟩ purchase; *de blijde* ~ the Gospel; *een blijde* ~ good news; *grote (kleine)* ~ gemeenz number two (one); *een* ~ *achterlaten (bij)* leave word (with); *de* ~ *brengen dat...* bring word that...; ~*pen doen* **1** be shopping [for oneself]; **2** run errands [for others]; *een* ~ *laten doen* send on an errand; *stuur hem maar even een* ~ just send him word

'boodschappen (boodschapte, h. geboodschapt) *overg* bring word, announce

'boodschappenjongen *m* (-s) errand-boy; *ik ben je* ~ *niet!* you cannot order me around!

'boodschappenlijstje *o* (-s) shopping list

'boodschappenmand *v* (-en) shopping basket

'boodschappennet *o* (-ten) string bag

'boodschappentas *v* (-sen) shopping bag

'boodschapper *m* (-s) messenger

1 boog *m* (bogen) **1** [archer's] bow; **2** ⟨v. gewelf⟩ arch; **3** ⟨v. cirkel⟩ arc; **4** ⟨bocht⟩ curve; **5** muz tie; *de* ~ *kan niet altijd gespannen zijn* the bow cannot always be stretched (strung); zie ook: *pijl*

2 boog (bogen) V.T. v. *buigen*

'boogbrug *v* (-gen) arch(ed) bridge

'booggewelf *o* (-welven) arched vault

'booglamp *v* (-en) [electric] arc-lamp

'boogpasser *m* (-s) wing divider

'boograam *o* (-ramen) arched window

'boogschieten *o* archery

'boogschutter *m* (-s) archer, bowman; *de B*~ *astron* the Archer, Sagittarius

'boogvenster *o* (-s) arched window

'boogvormig *bn* arched

boom *m* (bomen) **1** tree; **2** techn beam [of a plough, in a loom]; **3** scheepv punting pole; hoom [for stretching the sail]; **4** ⟨ter afsluiting⟩ bar [of a door]; barrier; **5** ⟨v. wagen⟩ shaft, pole; *een ~ van een kerel, een kerel als een ~* a strapping fellow; *een ~ opzetten* have a chat, gemeenz spin a yam; *hoge bomen vangen veel wind* high (huge) winds blow on high hills; *door de bomen het bos niet zien* not see the wood for the trees

'**boombast** *m* (-en) bark, rind
'**boomgaard** *m* (-en) orchard
'**boomgrens** *v* tree line, timber line
'**boomkikvors** *m* (-en) tree-frog
'**boomklever** *m* (-s) nuthatch
'**boomkruiper** *m* (-s) (tree-)creeper
'**boomkweker** *m* (-s) nursery-man
boomkweke'rij *v* **1** ⟨als handeling⟩ cultivation of trees; **2** (-en) ⟨kweekplaats⟩ nursery
'**boommarter** *m* (-s) pine marten
'**boompieper** *m* (-s) tree-pipit
'**boomschors** *v* (-en) (tree-)bark
'**boomstam** *m* (-men) (tree-)trunk, stem, hole
'**boomstomp** *m* (-en), '**boomstronk** *m* (-en) tree-stump
'**boomtak** *m* (-ken) (tree-)branch, hough
'**boomzaag** (-zagen) *v* pit-saw
boon *v* (bonen) bean; *blauwe ~* gemeenz bullet; *bruine bonen* kidney beans; *tuinbonen* broad beans; *witte bonen* white beans; *ik ben een ~ als het niet waar is* I'm blest (I'm a Dutchman) if it's not true; *in de bonen zijn* be at sea; zie ook: *boontje*
'**boonkruid** *o* = bonenkruid
'**boontje** *o* (-s) bean; *heilig ~* (little) saint; *~ komt om z'n loontje* his chickens have come home to roost; *zijn eigen ~s doppen* manage one's own affairs
boor *v* (boren) **1** ⟨elektrisch⟩ drill; **2** ⟨handboor⟩ brace and bit; **3** ⟨voor kaas⟩ taster; **4** ⟨voor appel⟩ corer
boord (-en) **1** *m* ⟨rand⟩ border [of a carpet &]; edge [of a forest]; brim [of a cup]; bank [of a river]; **2** *o & m* ⟨kraag⟩ collar; **3** *o & m* scheepv board; *dubbele ~* double collar; *omgeslagen ~* turndown collar; *staande ~* stand-up collar; *aan ~ van het schip* on board the ship; *aan ~ brengen* put on board; *aan ~ gaan* go on board; *te Genua aan ~ gaan* take ship, embark at Genoa; *aan ~ hebben* have on board, carry; *aan ~ nemen* take on board; *man over ~!* man overboard!; *over ~ gooien (werpen)* throw overboard[2], jettison[2]; fling [principles] to the winds; *over ~ slaan* be swept overboard; *van ~ gaan* go ashore, disembark
'**boordband** *o* binding, edging
'**boordcomputer** *m* (-s) (on-)board computer
'**boorden** (boordde, h. geboord) *overg* border, edge, hem
'**boordenknoopje** *o* (-s) collar stud
'**boordevol** *bn* filled to the brim, brimful
'**boordje** *o* (-s) = boord 2
'**boordlicht** *o* (-en) sidelight
'**boordlint** *o* tape

'**boordradio** *m* ('s) ship's radio
'**boordschutter** *m* (-s) (luchtv air-)gunner
'**boordsel** *o* (-s) edging, border
boordwerktuig'kundige *m-v* (-n) flight engineer
'**booreiland** *o* (-en) drilling platform, drilling rig
'**boorgat** *o* (-gaten) bore-hole
'**boorijzer** *o* (-s) bit
'**boorkop** *m* (-pen) drill head
'**boormachine** *v* (-s) drilling machine, boring machine
'**boorput** *m* (-ten) drilling hole
'**boortoren** *m* (-s) (drilling) derrick
'**boorwater** *o* boric lotion
'**boorzalf** *v* boric ointment
'**boorzuur** *o* bor(ac)ic acid
boos *bn* **1** ⟨kwaad⟩ angry, cross, annoyed; **2** ⟨kwaadaardig⟩ malign, malicious [influence], **3** ⟨slecht⟩ bad [wheather, dream], evil [spirits, tongues]; *het boze oog* the evil eye; *zo ~ als wat* as cross as two sticks; *~ worden, zich ~ maken* become angry, lose one's temper (*op* with); *~ zijn om (over)* be angry at; *~ zijn op* be angry (cross) with
boos'aardig *bn* malicious, malign
boos'aardigheid *v* malice
'**boosdoener** *m* (-s) malefactor, evildoer, culprit
'**boosheid** *v* (-heden) **1** ⟨kwaadheid⟩ anger; **2** ⟨slechtheid⟩ wickedness
'**booswicht** *m* (-en) wretch, villain
boot *m & v* (boten) boat, steamer, vessel; *toen was de ~ aan* then the fat was in the fire; *de ~ afhouden* fig play for time; *de ~ missen* miss the bus; *laat je niet in de ~ nemen* don't let yourself be fooled; *uit de ~ vallen* fig opt out
'**boothals** *m* (-halzen) boat neck
'**bootreis** *v* (-reizen) boat-journey, boat-trip
'**bootshaak** *m* (-haken) boat-hook
'**bootslengte** *v* (-n en -s) boat's length
'**bootsman** *m* (-lieden) boatswain
'**boottocht** *m* (-en) boat-excursion, boat-trip
'**boottrein** *m* (-en) boat-train
'**bootvluchtelingen** *mv* boat people
'**bootwerker** *m* (-s) docker, dock worker
'**borax** *m* borax
bord *o* (-en) **1** ⟨eetgerei⟩ plate; ⟨diep⟩ soup-plate, ⟨plat⟩ dinner-plate, ⟨houten⟩ trencher; **2** ⟨schoolbord⟩ blackboard; **3** ⟨aanplak~, dam~ &⟩ board; **4** ⟨voor het verkeer & uithang~⟩ sign; zie ook: *bordje*
bor'deaux *m* **I** *m* Bordeaux (wine); ⟨rode⟩ claret; **II** *o* ⟨kleur⟩ burgundy
bor'deauxrood *bn* burgundy
bor'deel *o* (-delen) brothel, bawdy (disorderly) house, house of ill fame
'**bordenrek** *o* (-en) plate-rack
'**bordenwasser** *m* (-s) dishwasher
'**bordenwisser** *m* (-s) ⟨op school⟩ eraser
borde'rel *o* (-len) list, docket
bor'des *o* (-sen) (flight of) steps

'bordje *o* (-s) **1** (small) plate; **2** (notice-)board, sign; *de ~s zijn verhangen* the tables are turned

'bordpapier *o* cardboard, pasteboard

bor'duren (borduurde, h. geborduurd) *onoverg & overg* embroider[2]

bor'duurgaas *o* (-gazen) canvas

bor'duurgaren *o* (-s) embroidery thread

bor'duurnaald *v* (-en) embroidery needle

bor'duurraam *o* (-ramen) embroidery frame

bor'duursel *o* (-s), **bor'duurwerk** *o* (-en) embroidery

bor'duurwol *v* crewel

'boren (boorde, h. geboord) *overg* bore, drill, pierce [a hole &], sink [a well]; *in de grond* ~ **1** scheepv sink [a ship]; **2** fig ruin [sbd.], torpedo [a plan]

1 borg *m* (-en) **1** (persoon) surety, guarantee, guarantor; **2** (zaak) security, guaranty; **3** recht bail; ~ *staan voor, zich* ~ *stellen voor* **1** stand surety (recht go bail) for [a friend]; **2** answer for, warrant, guarantee [the fulfilment of...]; give security

2 borg (borgen) V.T. v. *bergen*

1 'borgen (borgde, h. geborgd) *onoverg* give credit

2 'borgen V.T. meerv. v. *bergen*

'borgsom *v* (-men) deposit

'borgtocht *m* (-en) **1** handel security, surety; **2** recht bail; *onder* ~ *vrijlaten* recht release on bail

'boring *v* (-en) **1** (in 't alg.) boring; **2** (v. cilinder) bore; *~en* borings, drilling operations

'borrel *m* (-s) dram, nip, peg, gemeenz snorter, snifter

'borrelen (borrelde, h. geborreld) *onoverg* **1** (bellen maken) bubble, burble; **2** (borrels drinken) have drinks

'borrelglas *o* (-glazen) shot glass

'borrelpraat *m* trifling club chat, tattle

'borreluur *o* (-uren) cocktail hour

1 borst *v* (-en) **1** (vrouwenborst & v. dieren) breast; **2** (borstkas) chest; **3** plechtig bosom; **4** (v. kleding) front, breast; *een hoge* ~ *opzetten* throw out one's chest, give oneself airs; *een kind de borst geven* breastfeed (nurse) a baby; *aan de* ~ breastfed [baby]; *het op de* ~ *hebben* be chesty; *het stuit mij tegen de* ~ it goes against the grain with me; *uit volle* ~ at the top of one's voice, lustily

2 borst *m* (-en) (jongeman) lad; *brave* ~ good fellow; *een jonge* ~ *a* stripling; *een stevige* ~ *a* strapping lad

3 borst (borsten) V.T. v. *bersten*

'borstaandoening *v* (-en) chest affection

'borstbeeld *o* (-en) **1** eig bust; **2** (op munten &) effigy

'borstbeen *o* (-deren) breast-bone, sternum

'borstel *m* (-s) **1** (voor kleren &) brush; **2** (stijve haren) bristle

'borstelen (borstelde, h. geborsteld) *overg* brush

'borstelig *bn* bristly, bristling

'borsten V.T. meerv. v. *bersten*

'borstharnas *o* (-sen) breast-plate, cuirass

'borstholte *v* (-n) cavity of the chest

'borstkanker *m* breast cancer

'borstkas *v* (-sen) chest, thorax

'borstkruis *o* (-en) pectoral cross

'borstkwaal *v* (-kwalen) chest complaint, chest trouble

'borstmiddel *o* (-en) pectoral (medicine)

'borstplaat *v* (-platen) **1** (v. harnas) breast-plate, cuirass; **2** (suikergoed) fudge

'borstriem *m* (-en) breast-strap

'borstrok *m* (-ken) (under)vest

'borstslag *m* (-slagen) breast-stroke

'borstspier *v* (-en) pectoral muscle

'borststuk *o* (-ken) **1** (vlees) breast, brisket; **2** (v. harnas) breast-plate, corslet; **3** (v. insect) thorax, corslet

'borstvin *v* (-nen) pectoral fin

'borstvlies *o* (-vliezen) pleura

'borstvliesontsteking *v* (-en) pleurisy

'borstvoeding *v* breast feeding; mother's milk; *het kind krijgt* ~ the child is breast-fed

'borstwering *v* (-en) **1** parapet°; **2** mil ook: breastwork

'borstwijdte *v* (-n en -s) chest measurement

'borstzak *m* (-ken) breast-pocket

1 bos *m* (-sen) (bundel) bunch [of radishes, daffodils, keys], bottle [of hay], bundle [of grass, straw, papers &], truss [of straw], tuft, shock [of hair]

2 bos *o* (-sen) (woud) **1** wood; **2** (uitgestrekt) forest; *iem. het* ~ *insturen* gemeenz lead sbd. up the garden (path); zie ook: *bosje*

'bosachtig *bn* woody, woodlike, bosky

'bosbeheer *o* forest administration

'bosbes *v* (-sen) bilberry, whortleberry

'bosbouw *m* forestry

'bosbouwkunde *v* sylviculture, forestry

'bosbrand *m* (-en) forest-fire

'bosduif *v* (-duiven) woodpigeon, ring-dove

'bosgod *m* (-goden) sylvan deity, faun

'bosgrond *m* (-en) woodland

'bosje *o* (-s) (struikgewas) grove, thicket, shrubbery; zie ook: *bos*

'Bosjesman *m* (-nen) Bushman

'boskabouter *m* (-s) wood goblin

'boskat *v* (-ten) wild cat

'bosneger *m* (-s) Bush Negro, maroon

'Bosnië *o* Bosnia

'Bosniër *m* (-s) Bosnian

'bosnimf *v* (-en) wood-nymph

'Bosnisch *bn* Bosnian

'bosrand *m* (-en) edge of the wood(s)

'bosrijk *bn* woody, wooded

bos'schage *o* (-s) grove, spinney

'bosuil *m* (-en) tawny owl

'bosviooltje *o* (-s) wood-violet

'boswachter *m* (-s) forester

boswachte'rij *v* (-en) forestry

'bosweg *m* (-wegen) forest road

1 bot *bn* **1** eig blunt [of a knife]; **2** fig dull, obtuse, stupid [fellow]; **3** blunt [answer], flat [refusal]
2 bot: ~ *vangen* draw a blank
3 bot *m* (-ten) (vis) flounder
4 bot *o* (-ten) 〈been〉 bone
5 bot *v* (-ten) plantk bud
bo'tanicus *m* (-ci) botanist
bota'nie *v* botany
bo'tanisch *bn* botanical
botani'seertrommel *v* (-s) botanical collecting box
botani'seren (botaniseerde, h. gebotaniseerd) *onoverg* botanize
'botbreuk *v* (-en) fracture of a bone
'botenhuis *o* (-huizen) boat-house
'botenverhuurder *m* (-s) boatman
'boter *v* (-s) **1** eig butter; **2** 〈margarine〉 margarine, gemeenz marge; *het is* ~ *aan de galg gesmeerd* it's to no purpose; ~ *bij de vis* cash down; *met zijn neus in de* ~ *vallen* come at the right moment
'boterbloem *v* (-en) buttercup
'boterbriefje *o* (-s) gemeenz (marriage) lines
'boteren (boterde, h. geboterd) *overg* butter [bread]; *het botert niet tussen ons* we don't hit it off together
'boterfabriek *v* (-en) creamery, butter factory
'boterham *m & v* (-men) (slice of, some) bread and butter; *dubbele* ~ sandwich; *een goede* ~ *verdienen* make a decent living
'boterhammenpapier, **'boterhampapier** *o* greaseproof paper, sandwich paper
'boterhamtrommeltje *o* (-s) sandwich box
'boterkoek *m* (-en) ± shortbread
'boterletter *v* (-s) almond-paste letter
'boterpot *m* (-ten) butter pot, butter crock
'botervlootje *o* (-s) butter-dish
'botheid *v* bluntness[2], dulness[2], obtuseness[2]
'botje *o* (-s): ~ *bij* ~ *leggen* pool money, club together
'Botnisch *bn:* ~*e Golf* Gulf of Bothnia
'botsautootje *o* (-s) dodgem car, dodgem
'botsen (botste, h. en is gebotst) *onoverg:* ~ *tegen* **1** 〈v. voertuigen〉 collide with, crash into; **2** 〈anders〉 bump against, strike against, dash against
'botsing *v* (-en) **1** collision[2], [air, road, train] crash; **2** fig clash; *in* ~ *komen met* collide with[2]; fig clash with
Bots'waan *m* (-wanen) Botswanan
Bot'swana *o* Botswana
'bottelen (bottelde, h. gebotteld) *overg* bottle
'botten (botte, is gebot) *onoverg* bud
'bottenkraker *m* (-s) chiropractor
'botter *m* (-s) fishing boat
'botterik *m* (-riken) blockhead
botu'lisme *o* botulism
'botvieren[1] *overg:* *zijn hartstochten (lusten)* ~ give rein to one's passions
'botweg *bijw* bluntly; ~ *weigeren* refuse point-blank (flatly)

boud *bn* bold
bou'deren (boudeerde, h. geboudeerd) *onoverg* sulk
bou'doir *o* (-s) boudoir
'boudweg *bijw* boldly
bouf'fante *v* (-s) comforter, (woollen) muffler
bou'gie *v* (-s) spark(ing) plug
bou'giesleutel *m* (-s) sparking-plug spanner
bouil'lon *m* **1** 〈soep〉 broth, beef tea, clear soup; **2** stock [from stews, used for soups]
bouil'lonblokje *o* (-s) beef cube
boule'vard *m* (-s) boulevard
boule'vardblad *o* (-bladen) tabloid
boule'vardpers *v* yellow press, gutter press
bouli'mie *v* bulimia (nervosa)
bour'geois *m & bn* bourgeois
bourgeoi'sie *v* bourgeoisie
bour'gogne, bour'gognewijn, *m* burgundy
Bour'gondië *o* Burgundy
Bour'gondiër *m* (-s) Burgundian
Bour'gondisch *bn bijw* 〈uit Bourgondië〉 Burgundian
bout *m* (-en) **1** 〈metalen staaf〉 bolt; 〈houten staaf〉 pin; **2** 〈in strijkijzer〉 heater; 〈strijkijzer〉 iron; **3** 〈v. dier〉 leg, quarter, drumstick [of fowls]
bou'tade *v* (-s) witticism, sally
bou'vier *m* (-s) Bouvier des Flandres
bouw *m* **1** building, construction, erection [of houses]; **2** structure [of a crystal &], frame [of the body], build [of the body, a violin &]; **3** 〈v. land〉 cultivation, culture; **4** = *bouwbedrijf; krachtig van* ~ of powerful build
'bouwbedrijf *o* (-drijven) building trade, construction industry
'bouwbeleid *o* building policy
'bouwdoos *v* (-dozen) box of bricks
'bouwen (bouwde, h. gebouwd) **I** *overg* **1** build [a house], construct [a factory, an aircraft]; **2** throw [a party]; **II** *onoverg* build; *op iem. (iets)* ~ rely on sbd. (on sth.)
'bouwer *m* (-s) builder, constructor
'bouwfonds *o* (-en) building society
'bouwgrond *m* (-en) building ground, building site, building plot
'bouwjaar *o* (-jaren) date of construction; date of manufacture; *(een auto) van* ~ *1990* a 1990 model
'bouwkeet *v* (-keten) building shed
'bouwkunde *v* structural (building) engineering
bouw'kundig *bn* structural (civil) [engineer]; architectural [journal]
bouw'kundige *m-v* (-n) structural (construction) engineer
'bouwkunst *v* architecture
'bouwland *o* arable land, farmland
'bouwmaterialen *mv* building materials
'bouwmeester *m* (-s) architect, builder
bouw'nijverheid *v* building trade, construction industry
'bouwpakket *o* (-ten) building set, construction

805

set

'**bouwplaat** *v* (-platen) cut out
'**bouwplan** *o* (-nen) building scheme, plan
'**bouwpolitie** *v* building inspectors
'**bouwpromotie** *v* (-s) ZN project developing
'**bouwpromotor** *m* (-s) project developer
'**bouwput** *m* (-ten) excavation, excavated building-site
'**bouwrijp** *bn* ready for building
'**bouwsel** *o* (-s) structure
'**bouwsteen** *m* (-stenen) building stone; *bouwstenen* fig materials [for an essay &]
'**bouwstijl** *m* (-en) architecture, style (of building)
'**bouwstoffen** *mv* materials
'**bouwstop** *m* (-pen) building freeze
'**bouwtekening** *v* (-en) (floor) plan; blue print
'**bouwterrein** *o* (-en) building-site, building-plot
'**bouwtrant** *m* style of building
'**bouwvak** *o* (-ken) building trade
'**bouwvakarbeider** *m* (-s), '**bouwvakker** *m* (-s) building(-trade) worker, builder
'**bouwval** *m* (-len) ruin, ruins
bouw'vallig *bn* going to ruin, tumbledown, dilapidated, ramshackle, crazy
'**bouwverbod** *o* (-boden) building ban
'**bouwvergunning** *v* (-en) building permit (licence)
'**bouwwerf** *v* (-werven) ZN building site
'**bouwwerk** *o* (-en) building
'**boven I** *voorz* **1** above [par, criticism, one's station &]; **2** [fly, hover] over; **3** over, upwards of [fifty &]; **4** beyond [one's means]; ~ *de deur stond...* over the door; ~ *het lawaai (uit)* above the tumult (noise); *het gaat (stijgt)* ~ *het menselijke uit* it transcends the human; *hij is* ~ *de veertig* he is over forty; **II** *bijw* **1** (in 't alg.) above (in one's room, in this book); **2** (hogere verdieping) upstairs; *hij is* ~ he is upstairs; *deze kant* ~ this side up; *als* ~ as above; *naar* ~ up; *naar* ~ *brengen* **1** take up [luggage]; **2** bring up [a miner from the pit]; *naar* ~ *gaan* go upstairs; *naar* ~ *kijken* look up(wards); *te* ~ *gaan* **1** be above [one's strength]; **2** surpass [everything]; **3** exceed [the amount]; zie ook: *begrip* &; *te* ~ *komen* overcome, surmount [difficulties]; *wij zijn het nu te* ~ we have got over it now; *van* ~ **1** from upstairs; **2** from above, from on high [comes all blessing]; *(zoveelste regel) van* ~ from the top; *spits van* ~ pointed at the top; *van* ~ *naar beneden* from the top downward; *van* ~ *tot beneden* from top to bottom
boven'aan *bijw* at the upper end, at the top; ~ *op de lijst staan* be at the top (at the head) of the list, head list
'**bovenaards**, **boven'aards** *bn* **1** superterrestrial, supernatural [phenomena]; **2** heavenly [music]
boven'af *bijw*: *van* ~ from above, from the top, from the surface
'**bovenal**, **boven'al** *bijw* above all (things), especially

cially

'**bovenarm** *m* (-en) upper arm
bovenbe'doeld *bn* above(-mentioned)
'**bovenbeen** *o* (-benen) upper (part of the) leg, thigh
'**bovenblad** *o* (-bladen) table-top
'**bovenbouw** *m* superstructure
'**bovenbuur** *m* (-buren) upstairs neighbour
'**bovendek** *o* (-ken) scheepv upper deck
boven'dien *bijw* besides, moreover
'**bovendrempel** *m* (-s) lintel
'**bovendrijven** [1] (h. & is) *onoverg* **1** eig float on the surface; **2** fig prevail [of an opinion]
'**boveneind** *o* (-en), '**boveneinde** *o* (-n) upper end, top, head [of the table]
'**bovengedeelte** *o* (-n en -s) upper part
'**bovengemeld**, **bovenge'meld**, '**bovengenoemd**, **bovenge'noemd** *bn* above(-mentioned)
'**bovengronds** *bn* **1** above-ground, elevated [railway]; **2** elektr overhead [wires]; **3** surface [miner]
'**bovenhand** *v*: *de* ~ *krijgen* get (take) the upper hand
'**bovenhoek** *m* (-en) top corner; ~ *links (rechts)* top left-hand (right-hand) corner
'**bovenhuis** *o* (-huizen) **1** upper part of a house; **2** upstairs flat
boven'in *bijw* at the top
'**bovenkaak** *v* (-kaken) upper jaw
'**bovenkamer** *v* (-s) upper room, upstairs room; *het scheelt hem in zijn* ~ gemeenz he is a little wrong in the upper storey, he has a tile loose
'**bovenkant** *m* (-en) top, upper side
'**bovenkleding** *v* outer clothes, outer garments, outerwear
'**bovenkomen** [1] *onoverg* rise to the surface, come to the surface, come to the top [of the water]; come up(stairs); *laat hem* ~ show him up(stairs)
'**bovenlaag** *v* (-lagen) upper (top) layer
'**bovenlanden** *mv* uplands
'**bovenlast** *m* (-en) scheepv deck-load, deck-cargo
'**bovenleer** *o* upper leather, uppers
'**bovenleiding** *v* (-en) elektr overhead wires
'**bovenlichaam** *o* (-chamen) chest
'**bovenlicht** *o* (-en) skylight, transom-window
'**bovenlijf** *o* (-lijven) upper part of the body
'**bovenlip** *v* (-pen) upper lip
'**bovenloop** *m* (-lopen) upper course [of a river]
'**bovenmate**, **boven'mate**, **boven'matig** *bijw* extremely, exceedingly
'**Bovenmeer** *o* Lake Superior
boven'menselijk *bn* superhuman
bovenna'tuurlijk *bn* supernatural
boven'op *bijw* on (the) top, on top of [the others &]; *er (weer)* ~ *brengen (helpen)* **1** pull, bring [a patient] round (through), get [a patient] on his legs again; **2** put [a business man] on his feet again; *er weer* ~ *komen* pull through, pull round; *er* ~ *zijn* be

a made man
boven'over along the top
'bovenschip o (-schepen) upperworks
'bovenstaand bn above(-mentioned); het ~e the above
'bovenstad v (-steden) upper town
'bovenste I bn uppermost, upper, topmost, top; een ~ beste gemeenz a trump, a clipper; **II** znw: het ~ the upper part, the top
'bovenstuk o (-ken) upper part, top
'boventoon m (-tonen) overtone; de ~ voeren (pre-) dominate
boven'uit bijw: (men hoorde zijn stem) er ~ above (the noise, the tumult &)
'bovenverdieping v (-en) upper storey, upper floor, top floor
'bovenvermeld, bovenver'meld bn above(-mentioned), aforementioned
'bovenwijdte v bust size
'Bovenwindse 'Eilanden mv Windward Islands
'bovenzij v (-den), **'bovenzijde** v (-n) = bovenkant
boven'zinnelijk bn transcendental, supersensual
bowl m (-s) 1 ⟨kom⟩ bowl; 2 ⟨drank⟩ ⟨claret &⟩ cup
'bowlen (bowlde, h. gebowld) onoverg bowl
'bowlingbaan v (-banen) ⟨de baan en het gebouw⟩ bowling-alley
box m (-en) 1 ⟨in stal⟩ box; 2 ⟨in garage⟩ lock-up; 3 ⟨v. kinderen⟩ playpen; 4 <u>post</u> (post-office) box; 5 ⟨luidspreker⟩ loudspeaker, speaker
'boxershort m (-s) boxer shorts
'boycot m (-ten) boycott
'boycotten (boycotte, h. geboycot) overg boycott
'boze m: de B~ the Evil One; het is uit den ~ it is wrong
'braadkip v (-pen), **'braadkuiken** o (-s) broiler hen, broiler
'braadoven m (-s) roaster
'braadpan v (-nen) 1 ⟨met steel, koekenpan⟩ frying pan; 2 ⟨met deksel, vuurvaste tafelpan⟩ casserole
'braadschotel m & v (-s) ⟨gerecht⟩ roast
'braadslede v (-n), **'braadslee** v (-sleeën) baking dish, roasting pan
'braadspit o (-speten) spit, broach
'braadvet o (-ten) 1 ⟨uitgebraden vet⟩ dripping; 2 ⟨waarmee men braadt⟩ frying-fat
'braadworst v (-en) roast sausage
braaf bn 1 (in 't alg.) ± good, honest, <u>geringsch</u> worthy [people]; 2 honest and respectable [servant-girls]; ~! good (old) dog!
'braafheid v honesty
1 braak bn fallow; ~ liggen lie fallow[2]
2 braak v (braken) 1 ⟨inbraak⟩ breaking [into a house], burglary; 2 brake [for hemp]
'braakbal m (-len) pellet
'braakmiddel o (-en) emetic
'braaksel o vomit
braam v (bramen) 1 techn wire-edge, burr [of a knife]; 2 ⟨braambes⟩ blackberry

'braamstruik m (-en) blackberry bush, bramble
'brabbelen (brabbelde, h. gebrabbeld) overg & onoverg jabber
'brabbeltaal v jabber, gibberish
brace'let m (-ten) bracelet, bangle
bracht (brachten) V.T. v. brengen
'braden (braadde, h. gebraden) **I** overg 1 roast [on a spit]; 2 fry [in a pan]; 3 grill, broil [on a fire, on a gridiron]; 4 bake [in an oven]; **II** onoverg roast &; zie ook: gebraden
brade'rie v (-rieën) fair
'Brahma m Brahma
brah'maan m (-manen) Brahman, Brahmin
'braille, 'brailleschrift o braille
1 brak bn brackish, saltish, briny
2 brak m (-ken) ⟨hond⟩ beagle
3 brak (braken) V.T. v. breken
1 'braken (braakte, h. gebraakt) **I** overg 1 break [hemp]; 2 vomit[2] [blood, smoke &]; 3 bring up, belch forth [flames, smoke &]; **II** onoverg ⟨overgeven⟩ vomit
2 'braken V.T. meerv. v. breken
'brallen (bralde, h. gebrald) onoverg brag
bram m (-men) topgallant sail
'bramsteng v (-en) topgallant mast
bran'card m (-s) stretcher
'branche v (-s) 1 line [of business], trade; 2 ⟨filiaal⟩ branch
brand m (-en) 1 eig fire, conflagration; 2 ⟨uitslag⟩ eruption; 3 ⟨in het koren⟩ smut, blight; ~! fire!; er is ~ there is a fire; ~ stichten raise a fire; in ~ raken catch (take) fire, ignite; in ~ staan be on fire, be burning; in ~ steken set on fire, set fire to, ignite; iem. uit de ~ helpen gemeenz help sbd. out of a scrape
'brandalarm o fire-alarm, firecall
'brandassurantie v (-s) fire insurance
'brandbaar bn combustible, (in)flammable
'brandblaar v (-blaren) blister from a burn
'brandblusapparaat o (-raten) fire-extinguisher
'brandbom v (-men) incendiary bomb, incendiary, fire bomb
'brandbrief m (-brieven) <u>fig</u> pressing letter
'branddeur v (-en) emergency door
brande'bourg m (-s) frog
'brandemmer m (-s) fire-bucket
'branden (brandde, h. gebrand) **I** onoverg burn, be on fire; het brandt hem op de tong (om het te zeggen) he is burning to tell the secret; ~ van liefde burn with love; ~ van verlangen (om) ... be burning (dying) to...; **II** overg 1 burn [wood, lime, charcoal]; 2 brand [cattle]; 3 roast [coffee]; 4 scald [with hot liquid]; 5 distil [spirits]; 6 cauterize [a wound]; 7 stain [glass]; zie ook: gebrand
'brandend I bn 1 burning [fire &]; 2 lighted [candle, cigar]; 3 ardent [love]; **II** bijw: ~ heet burning (scalding) hot
'brander m (-s) 1 burner [of a lamp, of a gascooker

&]; **2** distiller [of spirits]; **3** hist fire-ship

'**branderig** bn: ik heb een ~ gevoel in mijn ogen my eyes burn (smart); een ~e lucht (smaak) a burnt smell (taste)

'**brandewijn** m (-en) brandy

'**brandgang** m (-en) fire lane

'**brandgevaar** o danger from fire, fire-risk

'**brandglas** o (-glazen) burning glass

'**brandhaard** m (-en) seat (source) of a fire

'**brandhout** o firewood

'**brandijzer** o (-s) **1** (voor wond) cauterizing iron; **2** (voor merk) branding iron

'**branding** v (-en) breakers, surf

'**brandkast** v (-en) safe, strong-box

'**brandkastkraker** m (-s) safe-breaker, safe-cracker, safe-blower

'**brandklok** v (-ken) fire-bell

'**brandkraan** m fire-alarm

'**brandlucht** v smell of burning

'**brandmelder** m (-s) fire alarm

'**brandmerk** o (-en) brand, stigma

'**brandmerken** (brandmerkte, h. gebrandmerkt) overg brand², fig stigmatize

'**brandmuur** m (-muren) fire-proof wall

'**brandnetel** v (-s) stinging nettle

'**brandoffer** o (-s) holocaust, burnt offering

'**brandplek** v (-ken) burn

'**brandpolis** v (-sen) fire-policy

'**brandpunt** o (-en) **1** focus (mv foci) [of a lens]; **2** fig focus [of interest]; **3** centre [of civilization]; in één ~ verenigen (brengen) focus

'**brandpuntsafstand** m (-en) focal distance

'**brandschade** v damage (caused) by fire, fire-loss

'**brandschatten** (brandschatte, h. gebrandschat) overg lay under contribution

'**brandschatting** v (-en) contribution

'**brandschel** v (-len) fire-alarm

'**brandscherm** o (-en) safety curtain, fire-curtain

'**brandschilderen** (brandschilderde, h. gebrand-schilderd) overg **1** (v. glas &) stain; **2** (emailleren) enamel; gebrandschilderd raam stained-glass window

'**brandschoon** bn **1** (geheel schoon) spotless; gemeenz spic-and-span; **2** (onschuldig) innocent; **3** (nuchter) sober

'**brandslang** v (-en) fire-hose, hose pipe

'**brandspiritus** m methylated spirit

'**brandspuit** v (-en) fire-engine; drijvende ~ fire-float

'**brandspuitgast** m (-en) fireman

'**brandstapel** m (-s) **1** hist (v. doodstraf) stake; **2** (v. lijken) (funeral) pile; op de ~ at the stake; tot de ~ veroordelen condemn to the stake

'**brandstichter** m (-s) incendiary, arsonist, fire raiser

'**brandstichting** v (-en) arson, incendiarism, fire-raising

'**brandstof** v (-fen) fuel, firing

'**brandstrook** v (-stroken) fire-break

'**brandtrap** m (-pen) fire-escape

'**brandverf** v paint used in pyrography

'**brandverzekering** v (-en) fire insurance

'**brandvrij** bn fire-proof

'**brandwacht** v (-en) fire-watcher, fire-warden

'**brandweer** v (-weren) fire-brigade, fire department

'**brandweerauto** v ('s) fire-engine

'**brandweerkazerne** v (-s) (fire-)brigade premises, fire-station

'**brandweerman** m (-nen en -lieden) fireman

'**brandwond** v (-en) **1** burn [from fire]; **2** scald [from hot liquids]; derdegraads ~en third-degree burns

'**brandwondzalf** v (-zalven) anti-burn ointment

'**branie** m **1** (durf) daring, pluck; (opschepperij) swagger, gemeenz swank; **2** (-s) (durfal) dare-devil; (opschepper) swank; de ~ uithangen swagger

'**branieachtig** bn swaggering

'**branieschopper** m (-s) show-off, hotshot

bras m (-sen) scheepv brace

'**brasem** m (-s) bream

'**braspartij** v (-en) orgy, revel

'**brassen** (braste, h. gebrast) **I** onoverg (eten & drinken) feast, revel; **II** overg scheepv brace

'**brasser** m (-s) feaster, reveller

brasse'rij v (-en) feasting, revel, orgy

bra'vo tsw bravo! [to actor &], good!, well done!; hear, hear! [to orator]

bra'voure v **1** (dapperheid) bravado; **2** (muzikale vaardigheid) bravura

Brazili'aan m (-lianen) Brazilian

Brazili'aans bn Brazilian

Bra'zilië o Brasil

breed **I** bn **1** broad [chest, smile, street]; **2** wide [street, river, brim &]; lang en ~ (in den brede) uit-eenzetten set forth at large, at length; **II** bijw: het niet ~ hebben be in straitened circumstances, not be well off; wie het ~ heeft, laat het ~ hangen they that have plenty of butter can lay it on thick; iets ~ zien take a wide view; zie ook: opgeven, uitmeten &

'**breedgerand** bn broad-brimmed

'**breedgeschouderd** bn broad-shouldered

'**breedheid** v breadth², width²

breed'sprakig bn verbose, diffuse, lengthy, long-winded, prolix

breed'sprakigheid v verbosity, prolixity, diffuse-ness

'**breedte** v (-n en -s) **1** (in 't alg.) breadth, width [of a piece of cloth]; **2** [geographical] latitude; in de ~ in breadth; breadthwise, breadthways, broadwise

'**breedtecirkel** m (-s) parallel of latitude

'**breedtegraad** m (-graden) degree of latitude

'**breedtepass** m (-es) lateral pass

breed'voerig **I** bn ample [discussion]; circumstan-tial [account]; **II** bijw amply, at length, in detail

breed'voerigheid v ampleness

'**breekbaar** bn **1** (in 't alg.) breakable, fragile, brittle; **2** ⟨v. stralen⟩ refrangible; *een ~ mannetje* a frail man

'breekbaarheid *v* fragility, brittleness

'breekijzer *o* (-s) crowbar, crow, jemmy

'breekpunt *o* (-en) **1** ⟨in 't alg.⟩ breaking point; **2** <u>tennis</u> break point

'breeuwen (breeuwde, h. gebreeuwd) *overg* caulk

'breidel *m* (-s) bridle[2]

'breidelen (breidelde, h. gebreideld) *overg* bridle, check, curb

'breidelloos *bn* unbridled

'breien (breide, h. gebreid) *onoverg & overg* knit [stockings]

'breikatoen *o & m* knitting cotton

'breikous *v* (-en) knitting, stocking

'breimachine *v* (-s) knitting machine

brein *o* **1** ⟨hersenen⟩ brain, intellect, mind; **2** <u>fig</u> ⟨complot⟩ mastermind; *elektronisch ~* electronic brain

'breinaald *v* (-en) knitting needle

'breipatroon *o* (-tronen) knitting pattern

'breipen *v* (-nen) knitting needle

'breister *v* (-s) knitter; *de beste ~ laat wel eens een steek vallen* it is a good horse that never stumbles

'breiwerk *o* (-en) knitting

'breiwol *v* knitting wool

'brekebeen *m-v* (-benen) duffer, bungler

'breken (brak (braken), gebroken) **I** (is) *onoverg* break, be broken; *~ door* break through [the enemy, the clouds]; *met iem. ~* break with sbd.; *met een gewoonte ~* **1** break oneself of a habit; **2** break through a practice; *uit de gevangenis ~* break out of prison; **II** (h.) *overg* **1** break [a glass, one's fall, the law, the record, resistance, a vow, the opponent's service (in tennis)]; **2** smash [a jug]; **3** fracture [a bone]; **4** refract [the light]; zie ook: *hals &*

'breker *m* (-s) breaker

'breking *v* (-en) **1** ⟨in 't alg.⟩ breaking; **2** refraction [of light]

'brekingshoek *m* (-en) angle of refraction

brem *m* <u>plantk</u> broom

'bremzout *bn* salt as brine

'brengen (bracht, h. gebracht) *overg* **1** carry [in vehicle, ship, hand], convey [goods &]; put [one's handkerchief to one's nose]; see [sbd. home]; **2** ⟨naar de spreker⟩ bring; **3** ⟨van de spreker af⟩ take; *het ver ~* go far [in the world]; make one's way; *wat brengt u hier?* what brings you here?; *wat brengt hem ertoe te...* what makes him [say that...]; *dit brengt ons niets verder* this gets us nowhere; *iem. aan het twijfelen ~* make sbd. doubt; *naar voren ~* put forward, mention; *iem. op iets ~* get sbd. on the subject, lead sbd. up to it; *iem. op een idee ~* suggest an idea to sbd.; *het gesprek ~ op* lead the conversation to the subject of; *het getal ~ op* raise the number to; *te berde ~* put forward, mention; *het zich te binnen ~* call it to mind, recall it; *iem. er toe ~ te...* bring (persuade, get) sbd. to...; *hij was er niet toe te ~* he

couldn't be made to do it; *het tot generaal ~* rise to be a general; *het tot niets ~* come to nothing; *tot wanhoop ~* drive to despair; zie ook: *aanraking, bed &*

'brenger *m* (-s) bearer; *~ dezes* bearer

bres *v* (-sen) breach; *een ~ schieten in...* make a breach in...[2]; *in de ~ springen voor* stand in the breach for; *op de ~ staan (voor iem.)* stand in the breach

Bre'tagne *o* Brittany

bre'tels *mv* braces, suspenders

Bre'ton *m* (-s) Breton

Bre'tons *bn & o* Breton

breuk *v* (-en) **1** burst, crack [in glass &]; **2** break [with a tradition]; **3** rupture, split [between friends]; **4** fracture [of a leg, an arm], rupture [of a blood-vessel], hernia [of the intestines]; **5** fraction [in arithmetics]; **6** <u>handel</u> breakage; *gewone ~* vulgar fraction; *onechte ~* improper fraction; *repeterende ~* repeater, repeating fraction; *gemengd repeterende ~* mixed repeater; *zuiver repeterende ~* pure repeater; *samengestelde ~* complex fraction; *tiendelige ~* decimal fraction

'breukband *m* (-en) truss

'breuklijn *v* (-en) line of fissure, rift

'breukvlak *o* (-ken) **1** (in aardlaag) fault(-plane); **2** (in gesteente) fracture

bre'vet *o* (-ten) patent, brevet, certificate

bre'vier *o* (-en) <u>RK</u> breviary; *zijn ~ bidden (lezen)* recite one's breviary

bre'vieren (brevierde, h. gebrevierd) *onoverg* <u>RK</u> recite one's breviary

bridge *o* bridge

'bridgen (bridgede, h. gebridged) *onoverg* play bridge

brie *m* Brie

brief *m* (brieven) letter, epistle; *een ~ op poten* <u>gemeenz</u> a snorter; *per ~* by letter; zie ook: *briefje*

'briefgeheim *o* privacy (secrecy) of correspondence

'briefhoofd *o* (-en) letter-head

'briefje *o* (-s) note; *dat geef ik u op een ~* you may take it from me

'briefkaart *v* (-en) postcard; *dubbele ~* letter-card; *~ met betaald antwoord* reply-postcard

'briefopener *m* (-s) paper-knife

'briefordener, 'briefordner *m* (-s) (letter) file

'briefpapier *o* writing-paper, note-paper

'briefport *o & m,* **'briefporto** *o & m* (-porti, -porto's) letter postage

'briefstijl *m* (-en) epistolary style

'brieftelegram *o* (-men) letter telegram

'briefvorm *m* epistolary form

'briefweger *m* (-s) = *brievenweger*

'briefwisseling *v* (-en) correspondence; *~ houden* carry on (keep up) a correspondence

bries *v* breeze

'briesen (brieste, h. gebriest) *onoverg* **1** snort [of

horses]; **2** roar [of lions]; **3** fig foam [with rage];
4 seeth [with anger]

'**brievenbesteller** m (-s) postman

'**brievenboek** o (-en) **1** ⟨kopieboek⟩ letter-book;
2 ⟨v. voorbeelden⟩ model letter-writer

'**brievenbus** v (-sen) **1** letter-box [of a house, at a
post office]; **2** pillar-box [in the street], post-box

'**brievenhoofd** o (-en) = *briefhoofd*

'**brievenpost** v mail, post

'**brievenweger** m (-s) letter-balance

bri'**gade** v (-s en -n) mil brigade; *vliegende* ~ flying
squad

bri'**gadecommandant** m (-en) mil brigadier

briga'**dier** m (-s) police sergeant

brij m (-en) **1** ⟨voedsel⟩ porridge, mush; **2** ⟨v.
sneeuw, modder⟩ slush; **3** ⟨v. papier &⟩ pulp

brik v (-ken) **1** brig [ship]; **2** break [carriage]

bri'**ket** v (-ten) briquette

bril m (-len) **1** (pair of) spectacles, glasses; ⟨tegen
stof, scherp licht &⟩ goggles; **2** seat [of a water-
closet]; *blauwe (groene, zwarte)* ~ dark glasses,
smoked glasses; *alles door een rooskleurige* ~ *bekijken*
look at (view) things through rose-coloured spectacles

bril'jant I bn brilliant; **II** m (-en) brilliant

brillan'tine v brilliantine

'**brillen** (brilde, h. gebrild) *onoverg* wear spectacles

'**brillendoos** v (-dozen)

'**brillenhuisje** o (-s), '**brillenkoker** m (-s) spec-
tacle-case

'**brilmontuur** o (-turen) spectacle-frame

'**brilslang** v (-en) cobra

brink m (-en) village green

bri'**santbom** v (-men) highly explosive bomb

Brit m (-ten) Briton, geringsch Britisher; *de* ~*ten*
⟨gezamenlijk⟩ the British

brits v (-en) wooden couch, plank-bed

Brits bn British

Brits-Co'lumbia o British Columbia

Brit'tannië o Britain

bro'**cante** v ZN bric-a-brac

brocan'**teur** m (-s) ZN curiosities merchant

'**broccoli** m broccoli

'**broche** v (-s) brooch

bro'**cheren** (brocheerde, h. gebrocheerd) *overg*
stitch, sew [a book]

bro'**chure** v (-s) pamphlet, brochure

'**broddelaar** m (-s) bungler, botcher

'**broddelen** (broddelde, h. gebroddeld) *onoverg*
bungle, botch

'**broddelwerk** o (-en) bungling, bungle, botch

'**brodeloos** bn breadless; *iem.* ~ *maken* throw sbd.
out of employment

'**broed** o **1** (in 't alg.) brood, hatch; **2** fry [of fish]

'**broedei** o (-eren) brood egg

'**broeden** (broedde, h. gebroed) *onoverg* brood, sit
(on eggs); *op iets zitten* ~ brood over, hatch [a plot]

'**broeder** m (-s en -en) **1** ⟨familielid⟩ brother;

2 ⟨geestelijke⟩ brother, friar; **3** ⟨zieken~⟩ male
nurse; *de zwakke* ~*s* the weaker brethren

'**broederdienst** m brotherly service; *vrijstelling wegens* ~ exemption owing to one's brother's (military) service

'**broederliefde** v fraternal (brotherly) love

'**broederlijk** bn brotherly, fraternal

'**broedermoord** m (-en) fratricide

'**broedermoordenaar** m (-s) fratricide

'**broederschap** v (-pen) **1** ⟨eigenschap⟩ fraternity,
brotherhood; **2** ⟨vereniging⟩ RK brotherhood, confraternity, sodality; ~ *sluiten met* fraternize with

'**broedervolk** o (-en en -eren) sister nation

'**broedhen** v (-nen) brood-hen

'**broedmachine** v (-s) incubator

'**broedplaats** v (-en) breeding place

'**broeds** bn wanting to brood, broody

'**broedsel** o (-s) = *broed*

'**broeibak** m (-ken) hotbed

'**broeien** (broeide, h. gebroeid) *onoverg* **1** ⟨v. d.
lucht⟩ be sultry; **2** ⟨v. hooi⟩ heat, get heated, get
hot; *daar (er) broeit iets* there is some mischief brewing; *dat heeft al lang gebroeid* that has been smouldering for ever so long; *er broeit een onweer* a storm
is gathering

'**broeierig** bn stifling, sweltering

'**broeikas** v (-sen) hothouse, forcing-house

'**broeikaseffect** o greenhouse effect

'**broeinest** o (-en) hotbed[2]

broek v (-en) (pair of) trousers; Am pants, *korte* ~
shorts; vero breeches; *de vrouw heeft de* ~ *aan* the
wife wears the breeches; *iem. achter de* ~ *zitten* keep
sbd. up to scratch; *voor de* ~ *geven* spank [a child];
voor de ~ *krijgen* be spanked; zie ook: *broekje*

'**broekenman** m (-nen) tiny tot, little mite, toddler

'**broekje** o (-s) **1** ⟨onderbroek⟩ underpants; **2** ⟨slipje⟩
panties; **3** ⟨korte broek⟩ shorts, short pants; **4** ⟨jon-
getje⟩ kid

'**broekpak** o (-ken) trouser suit

'**broekriem** m (-en) belt; *de* ~ *aanhalen* [ook fig]
tighten one's belt

'**broekrok** m (-ken) culottes, divided skirt

'**broeksband** m (-en) waist-band

'**broekspijp** v (-en) trouser-leg, trouser

'**broekzak** m (-ken) trouser(s) pocket

broer m (-s) = *broeder*

'**broertje** o (-s) little brother, baby brother; *ik heb er
een* ~ *aan dood* I hate (detest) it; *het is* ~ *en zusje* it
is six of one and half a dozen of the other

broes v (broezen) rose [of shower-bath, watering-
can]

brok m & v & o (-ken) piece, bit, morsel, lump, fragment; *hij voelde een* ~ *in de keel* he felt a lump in
his throat; ~*ken maken* fig blunder

bro'**kaat** o brocade

'**brokje** o (-s) bit, morsel

'**brokkelen** (brokkelde, h. gebrokkeld) *overg* & *onoverg* crumble

'**brokkelig** *bn* crumbly, friable, brittle

'**brokken** (brokte, h. gebrokt) *overg* break [bread]; zie ook: *melk*

'**brokkenpiloot** *m* (-loten) accident-prone person

'**brokstuk** *o* (-ken) fragment, piece, scrap

'**brombeer** *m* (-beren) grumbler

'**bromfiets** *m & v* (-en) moped, motorized bicycle, auto-cycle

'**bromfietser** *m* (-s) moped rider, mopedalist

'**brommen** (bromde, h. gebromd) *onoverg* **1** ⟨v. insecten⟩ drone, hum, buzz; **2** ⟨v. personen⟩ growl, grumble; **3** ⟨in gevangenis⟩ do time, do [a month]; **4** ⟨op bromfiets⟩ ride on a moped

'**brommer** *m* (-s) = *brombeer, bromfiets, bromvlieg*

'**brommerig** *bn* grumpy, grumbling

'**brompot** *m* (-ten) = *brombeer*

'**bromtol** *m* (-len) humming-top

'**bromvlieg** *v* (-en) bluebottle, flesh-fly

bron *v* (-nen) source^2, spring^2, well^2, fountainhead, fountain^2, plechtig fount; fig origin; ~ *van bestaan* means of living; ~ *van inkomsten* source of income (of revenue); *uit goede* ~ *iets vernemen* have sth. from a reliable source, on good authority

'**bronbemaling** *v* de-watering, drainage

'**bronchiën** *mv* bronchi, *enkelvoud:* bronchea

bron'chitis *v* bronchitis

'**bronnenstudie** *v* (-s) study of literary or historical sources

brons *o* bronze

'**bronskleurig** *bn* bronze-coloured

bronst *v* **1** ⟨v. mannetjesdier⟩ rut; **2** ⟨v. vrouwtjesdier⟩ heat

'**bronstig** *bn* **1** ⟨v. mannetjesdier⟩ ruttish; **2** ⟨v. vrouwtjesdier⟩ in heat

'**bronstijd** *m* bronze age

'**bronsttijd** *m* rutting season

'**bronwater** *o* (-en) **1** ⟨uit bron⟩ spring water; **2** ⟨mineraalwater⟩ mineral water

'**bronzen** **I** (bronsde, h. gebronsd) *overg* bronze; **II** *bn* bronze

brood *o* (broden) bread; *een* ~ a loaf [of bread]; *ons dagelijks* ~ our daily bread; *wiens* ~ *men eet, diens woord men spreekt* ± it is bad policy to quarrel with one's bread and butter; *zijn* ~ *hebben* earn one's bread; *goed zijn* ~ *hebben* be well off; *iem. het* ~ *uit de mond stoten* take the bread out of sbd.'s mouth; *zijn* ~ *verdienen* earn one's bread; *geen droog* ~ *verdienen* not earn a penny; *ergens geen* ~ *in zien* not think sth. will pay bread; *iemand aan een stuk* ~ *helpen* put sbd. in the way to earn a living; *hij doet het om den brode* he does it for a living; *iem. iets op zijn* ~ *geven* cast (fling, throw) sth. in sbd.'s teeth; zie ook: *broodje*

broodbakke'rij *v* **1** ⟨bedrijf⟩ bread-baking, baker's trade; **2** ⟨gebouw⟩ bakehouse, bakery

'**broodbeleg** *o*, '**broodbelegsel** *o* (-s) sandwich fillings and spreads

'**broodbezorger** *m* (-s) baker's delivery-man

'**broodboom** *m* (-bomen) bread-fruit tree

'**brooddeeg** *o* dough (for bread)

brood'dronken *bn* wanton

'**broodfabriek** *v* (-en) bread-factory, bakery

'**broodheer** *m* (-heren) employer

'**broodje** *o* (-s) roll, bun; *een* ~ *ham* a ham roll; *een* ~ *gezond* a salad roll; ~ *aap* ⟨ongeloofwaardig verhaal⟩ urban legend; *als warme* ~*s over de toonbank gaan* sell like hotcakes; *zoete* ~*s bakken* eat humble pie

'**broodkorst** *v* (-en) bread-crust

'**broodkruimel** *m* (-s) (bread) crumb

'**broodmager** *bn* as lean as a rake

'**broodmand** *v* (-en) bread-basket

'**broodmes** *o* (-sen) bread-knife

'**broodnijd** *m* professional jealousy

'**broodnodig** *bn* highly necessary, much-needed

'**broodnuchter** *bn* stone sober

'**broodplank** *v* (-en) bread-board

'**broodroof** *m*: ~ *plegen aan iem.* take the bread out of someone's mouth

'**broodrooster** *m & o* (-s) toaster

'**broodschrijver** *m* (-s) hack (writer)

'**broodtrommel** *v* (-s) bread-tin

'**broodvrucht** *v* (-en) bread-fruit

'**broodwinner** *m* (-s) bread-winner

'**broodwinning** *v* (-en) (means of) living, livelihood

'**broodzak** *m* (-ken) **1** ⟨in 't alg.⟩ bread-bag; **2** mil haversack

broom *o* **1** ⟨element⟩ bromine; **2** ⟨geneesmiddel⟩ potassium bromide

broom'kali *m* potassium bromide

'**broomzuur** *o* bromic acid

broos *bn* frail, brittle, fragile

bros *bn* crisp, brittle

'**brosse** [Fr]: *haar en* ~ crew cut

brouil'leren (brouilleerde, h. gebrouilleerd) *overg* set at variance; zie ook: *gebrouilleerd*

brousse *v* ZN **1** ⟨in 't alg.⟩ bush; **2** ⟨in de tropen⟩ jungle

1 'brouwen (brouwde, h. gebrouwen) *overg* **1** ⟨bier⟩ brew; **2** fig brew, concoct, plot [evil, mischief];

2 'brouwen (brouwde, h. gebrouwd) *onoverg* speak with a burr

'**brouwer** *m* (-s) brewer

brouwe'rij *v* (-en) brewery; zie ook: *leven II*

'**brouwerspaard** *o* (-en) dray-horse

'**brouwsel** *o* (-s) brew, concoction^2

brug *v* (-gen) **1** bridge; **2** ⟨turntoestel⟩ parallel bars; *over de* ~ *komen* pay up, cough up; *flink over de* ~ *komen* gemeenz come down handsomely

'**brugbalans** *v* (-en) weighing-machine

'**brugdek** *o* (-ken) roadway [of a bridge]

'**Brugge** *o* Bruges

'**bruggeld** *o* (-en) (bridge-)toll

'**bruggenhoofd** *o* (-en) **1** ⟨deel v. brug⟩ abutment; **2** mil bridgehead '**bruggenwachter** *m* (-s) = *brugwachter*

'**bruggepensioneerde** *m-v* (-n) ZN person receiving an early (reduced) retirement benefit

'**brugklas** *v* (-sen) Br ± Upper Third; Am ± 9th grade

'**brugleuning** *v* (-en) **1** 〈in 't alg.〉 railing; **2** 〈v. steen〉 parapet

'**Brugman** *m*: *praten kunnen als* ~ gemeenz have the gift of the gab

'**brugpensioen** *o* (-en) ZN early (reduced) retirement benefit

'**brugpieper** *m-v* (-s) ± freshman

'**brugpijler** *m* (-s) pier, pillar

'**brugwachter** *m* (-s) bridge-man

brui *m*: *ik geef er de* ~ *aan* gemeenz I chuck the thing (the whole show)

'**bruid** *v* (-en) bride

'**bruidegom** *m* (-s) bridegroom

'**bruidsbed** *o* (-bedden) bridal bed, nuptial couch

'**bruidsboeket** *o & m* (-ten) wedding-bouquet

'**bruidsdagen** *mv* bridal days

'**bruidsjapon** *m* (-nen) wedding-dress, bridal gown

'**bruidsjonker** *m* (-s) bride's page

'**bruidsjurk** *v* (-en) bridal gown, wedding dress

'**bruidsmeisje** *o* (-s) bridesmaid

'**bruidsnacht** *m* (-en) wedding night

'**bruidspaar** *o* (-paren) **1** 〈tijdens huwelijk〉 bride and bridegroom; **2** 〈pasgehuwden〉 newly-married couple

'**bruidsschat** *m* (-ten) dowry, dower, dot

'**bruidssluier** *m* (-s) wedding-veil

'**bruidsstoet** *m* (-en) wedding-procession

'**bruidssuikers** *mv* sugar(ed) almonds

'**bruidstaart** *v* (-en) wedding cake

'**bruidstooi** *m* bridal attire, bride's dress and jewellery

'**bruigom** *m* (-s) = *bruidegom*

'**bruikbaar** *bn* **1** 〈in 't alg.〉 serviceable, useful, fit for use; **2** workable [definition, scheme]

'**bruikbaarheid** *v* serviceableness, usefulness, utility

'**bruikleen** *o & m* (free) loan; *in* ~ *afstaan* lend

'**bruiloft** *v* (-en) wedding [ook: golden, silver &], wedding-party, plechtig nuptials; ~ *houden* celebrate one's wedding; have (attend) a wedding-party

'**bruiloftsdag** *m* (-dagen) wedding-day

'**bruiloftsfeest** *o* (-en) wedding-party

'**bruiloftsgast** *m* (-en) wedding-guest

'**bruiloftsmaal** *o* (-malen) wedding-banquet

'**bruiloftstaart** *v* (-en) wedding-cake

bruin I *bn* **1** 〈in 't alg.〉 brown; **2** tanned [by the sun]; **3** 〈v. paard〉 bay; ~*e beuk* copper beech; ~*e suiker* brown sugar; ~ *worden* 〈door zon〉 get a tan, tan; **II** *o* **1** 〈de kleur〉 brown; **2** 〈brood〉 brown (bread); zie ook: *bruintje*

'**bruinachtig** *bn* brownish

'**bruinen** (bruinde, *overg* h., *onoverg* is gebruind)

1 〈in 't alg.〉 brown; **2** 〈van huid door zon of kunstmatig〉 tan

brui'neren (bruineerde, h. gebruineerd) *overg* burnish

'**bruinharig** *bn* brown-haired

'**bruinkool** *v* (-kolen) brown coal, lignite

'**bruinogig** *bn* brown-eyed

'**bruintje** *o* (-s) **1** 〈paard〉 bay horse; **2** Bruin [the bear]; *dat kan* ~ *niet trekken* I cannot afford it

'**bruinvis** *m* (-sen) porpoise

'**bruisen** (bruiste, h. gebruist) *onoverg* **1** effervesce, fizz [of drinks]; **2** seethe, roar [of the sea]; **3** fig bubble [with energy]

'**bruispoeder** *o & m* (-s) effervescent powder

'**bruistablet** *v & o* (-ten) effervescent tablet

'**brulaap** *m* (-apen) howling-monkey

'**brulboei** *v* (-en) whistling-buoy

'**brullen** (brulde, h. gebruld) *onoverg* roar

brunch *m* (-es) brunch

'**Brunei** *o* Brunei

Bru'neier *m* (-s) Bruneian

'**Bruneis** *bn* Bruneian

bru'nette *v* (-n en -s) brunette

'**Brunswijk** *o* Brunswick

'**Brussel** *o* Brussels

'**Brussels** *bn* Brussels; ~ *kant* Brussels lace; ~ *lof* chicory

bru'taal I *bn* **1** 〈zich aan niets storend〉 bold, cool; **2** 〈al te vrijmoedig〉 forward, pert, saucy, brash, gemeenz cheeky; impudent, impertinent; *zo* ~ *als de beul* as bold as brass; ~ *zijn tegen iem.* cheek (sauce) sbd., give sbd. lip; *een* ~ *mens heeft de halve wereld* fortune favours the bold; **II** *bijw* coolly &; *het* ~ *volhouden* brazen it out

bru'taaltje *o* (-s) impertinent girl, gemeenz hussy

bru'taalweg *bijw* coolly

brutali'seren *overg*: *iem.* ~ give sbd. lip, cheek (sauce) sbd.

brutali'teit *v* (-en) forwardness &; impudence, impertinence, effrontery; *hij had de* ~ *om...* gemeenz he had the cheek to...

'**bruto** *bn* gross [income, national product, weight &]

'**brutosalaris** *o* (-sen) gross salary

bruusk *bn* brusque, abrupt, blunt, off-hand

bruut I *bn* brutal, brutish; ~ *geweld* brute force; **II** *m* (bruten) brute

'**bruutheid** *v* (-heden) brutality, brutishness

BS *m* = *Burgerlijke stand* zie: ¹*stand*

BTW *v belasting over de toegevoegde waarde* value-added tax, VAT

'**bubbelbad** *o* (-baden) **1** 〈voor massage〉 Jacuzzi; **2** 〈schuimbad〉 bubble bath

'**buddyseat** *m* (-s) buddyseat

bud'get *o* (-s en -ten) budget

budget'tair *bn* budgetary

budget'teren (budgetteerde, h. gebudgetteerd) **I** *onoverg* budget; **II** *overg* budget for

'**budget'tering** v budgeting
'**buffel** m (-s) buffalo
'**buffelen** (buffelde, h. gebuffeld) onoverg gobble, gorge oneself
'**buffer** m (-s) buffer
'**bufferstaat** m (-staten) buffer-state
'**buffervoorraad** m (-raden) buffer stock
'**bufferzone** v (-n en -s) buffer zone
buf'fet o (-ten) **1** ⟨meubel⟩ sideboard, buffet; **2** ⟨tapkast in station &⟩ refreshment bar, buffet; koud ~ buffet dinner (luncheon)
buf'fetbediende m-v (-n) barman, barmaid
buf'fetjuffrouw v (-en) barmaid
buf'fetwagen m (-s) refreshment trolley; Am food cart, snack cart
'**bugel** m (-s) bugle
bui v (-en) **1** shower [of rain, hail or arrows, stones &], squall [of wind, with rain or snow]; **2** ⟨gril⟩ freak, whim; **3** fit [of humour, of coughing]; bij ~en by fits and starts; in een goede ~ zijn be in a good humour; in een boze (kwade) ~ zijn be in a (bad) temper, be out of humour; in een royale ~ zijn be in a generous mood
'**buidel** m (-s) bag, pouch [ook = purse], sac
'**buideldier** o (-en) marsupial (animal)
'**buidelrat** v (-ten) opossum
'**buigbaar** bn pliable, flexible, pliant
'**buigen** (boog, is gebogen) **I** (h. of is) onoverg bend, bow, curve; hij boog en vertrok he made his bow; ~ als een knipmes make a deep bow; ~ of barsten bend or break; ~ voor bow to[2]; bow before [sbd.]; **II** (h.) overg bend [a branch, the knee, sbd.'s will], bow [the head, the back, sbd.'s will]; **III** (h.) wederk: zich ~ **1** bend (down), bow (down), stoop [of persons]; **2** curve [of a line]; **3** deflect, make a bend, trend [of a path &]; zich ~ over fig examine, look into [the problem]
'**buiging** v (-en) **1** bow [of head or body]; **2** curts(e)y [of a lady]; **3** declension [of a word]; **4** deflection [of a beam]
'**buigingsuitgang** m (-en) (in)flexional ending
'**buigspier** v (-en) flexor
'**buigtang** v (-en) pliers
'**buigzaam** bn flexible, supple[2], pliant[2]
'**buigzaamheid** v flexibility, suppleness[2], pliancy[2]
'**buiig** bn showery, gusty, squally
buik m (-en) belly [of man, animals & things], abdomen, stomach, geringsch paunch; gemeenz tummy; ik heb er mijn ~ vol van gemeenz I am fed up with it; zijn ~ vol eten eat one's fill; zijn ~ vasthouden van het lachen hold one's sides with laughter; twee handen op één ~ hand in glove; zie ook: buikje
'**buikband** m (-en) abdominal belt
'**buikdans** m (-en) belly dance
'**buikdanseres** v (-sen) belly dancer
'**buikgriep** v intestinal flu, gastroenteritis
'**buikholte** v (-n en -s) abdominal cavity

'**buikig** bn (big-)bellied, bulging
'**buikje** o (-s) **1** ⟨in 't alg.⟩ tummy; **2** ⟨dik⟩ potbelly, paunch; schertsend corporation
'**buikkramp** v (-en) gripes; gemeenz collywobbles
'**buiklanding** v (-en) belly landing
'**buikloop** m diarrhoea
'**buikpijn** v (-en) stomach ache, gemeenz tummy ache
'**buikriem** m (-en) girth, belly-band; de ~ aanhalen tighten the belt[2]
'**buikspreken** **I** onoverg ventriloquize; **II** o ventriloquy, ventriloquism
'**buikspreker** m (-s) ventriloquist
'**buiktyfus** m enteric (fever), typhoid
'**buikvin** v (-nen) dierk ventral fin
'**buikvlies** o (-vliezen) peritoneum
'**buikvliesontsteking** v (-en) peritonitis
'**buikziek** bn ⟨v. peer⟩ sleepy
buil v (-en) swelling, lump, bump, bruise; daar kun je geen ~ aan vallen it won't ruin (kill) you
'**builen** (builde, h. gebuild) overg bolt
'**builenpest** v bubonic plague
'**builtje** o (-s) sachet, [tea-]bag
1 buis o (buizen) ⟨kledingstuk⟩ jacket
2 buis v (buizen) tube [ook elektr], pipe, conduit, duct; de ~ gemeenz ⟨tv⟩ the box, the little screen
'**buisleiding** v (-en) conduit, duct, pipe, tube, pipeline(s)
'**buispost** v pneumatic dispatch
'**buisverlichting** v (-en) tube (fluorescent) lighting
'**buisvormig** bn tubular
'**buiswater** o spray, bow wave
buit m booty, spoils, prize, plunder, loot; met de ~ gaan strijken carry off the prize (the swag)
'**buitelaar** m (-s en -laren) tumbler
'**buitelen** (buitelde, h. en is gebuiteld) onoverg tumble
'**buiteling** v (-en) tumble
'**buiten I** voorz outside [the town], out of [the room, breath &], without [doors], beyond [one's reach, all question]; hij kon niet ~ haar he could not do without her; ~ iets blijven, zich er ~ houden keep out of sth.; iem. er ~ laten leave sbd. out of sth.; ergens ~ staan be (entirely) out of; ~ (behalve) zijn salaris besides (over and above) his salary; ~ mij was er niemand there was no one except me, but me; dat is ~ mij om gegaan I have nothing to do with it; het werd ~ mij om gedaan it was done without my knowledge, behind my back; hij was ~ zichzelf he was beside himself; **II** bijw outside, out, outdoors, out of doors, without; hij is ~ **1** he is outside; **2** he is in the country; hij woont ~ he lives in the country; naar ~! (go) outside!; naar ~ gaan **1** go outside, leave the house; **2** go into the country; naar ~ opengaan open outwards; zijn voeten naar ~ zetten turn out one's toes; te ~ gaan exceed; zich te ~ gaan aan indulge too freely in, partake too freely of; van ~ [come, as seen] from without;

[open] from the outside; *een meisje van* ~ a girl from the country, a country-girl; *van* ~ *gesloten* locked on the outside; *van* ~ *kennen* know by heart; *van* ~ *leren* learn by heart; *van* ~ *en van binnen* outside and in; **III** *o* (-s) country house, country seat; zie: **grens**; **IV** *tsw* ZN: ~! ⟨eruit⟩ (go) outside!; **V** *m* ZN ⟨platteland⟩ country

'**buitenaards** *bn* extraterrestrial

'**buitenbaan** *v* (-banen) sp outside track

'**buitenbad** *o* (-baden) open-air swimming-pool, lido

'**buitenband** *m* (-en) (outer) cover

'**buitenbeentje** *o* (-s) crank, maverick

buiten'**boordmotor** *m* (-s en -toren) outboard motor

'**buitendeur** *v* (-en) outside door, street door, front door

buiten'dien *bijw* moreover, besides

'**buitendienst** *m* (-en) field (outside) service

'**buitendijks**, buiten'**dijks** *bn* on the outside of the dike

buiten'**echtelijk** *bn* **1** ⟨relatie⟩ extra-marital; **2** ⟨kind⟩ illegitimate, born out of wedlock; ~ *kind* gemeenz side-blow, by-blow, side-slip

buiten'**gaats** *bijw* outside, offshore, in the offing

'**buitengemeen**, buitenge'**meen I** *bn* extraordinary, uncommon, exceptional; **II** *bijw* versterkend extraordinarily, uncommonly, exceptionally

buitenge'**rechtelijk** *bn* extrajudicial, out of court, private [settlement]

'**buitengewoon**, buitenge'**woon I** *bn* extraordinary; ~ *gezant* envoy extraordinary; ~ *hoogleraar* extraordinary professor; *buitengewone uitgaven* extras; *niets* ~*s* nothing out of the common; zie ook: *buitengemeen*; **II** *bijw* versterkend extraordinarily, uncommonly

'**buitengrens** *m* (-grenzen) external border

'**buitenhaven** *v* (-s) outer harbour

'**buitenhoek** *m* (-en) **1** ⟨v. e. driehoek⟩ exterior angle; **2** ⟨v. h. oog⟩ outer corner

'**buitenhof** *o* (-hoven) outer court, fore-court

'**buitenhuis** *o* (-huizen) country house, cottage

buite'**nissig** *bn* out-of-the-way, eccentric

buite'**nissigheid** *v* (-heden) oddity, eccentricity

'**buitenkansje** *o* (-s) (stroke of) good luck, godsend, windfall

'**buitenkant** *m* (-en) outside, exterior

buiten'**kerkelijk** *bn* non-church

'**buitenland** *o* foreign country (countries); *in het* ~ abroad, in foreign parts; *naar het* ~ abroad; *uit het* ~ from abroad

'**buitenlander** *m* (-s) foreigner

'**buitenlands** *bn* **1** foreign [affairs &]; **2** exotic [fruit]; *een* ~*e reis* a trip abroad; *van* ~ *fabrikaat* of foreign make, foreign-made; *Ministerie van B*~*e Zaken* zie: *ministerie*

'**buitenleven** *o* country-life

'**buitenlucht** *v* **1** ⟨open lucht⟩ open air; **2** ⟨geen stadslucht⟩ country air

'**buitenlui** *mv* country people; *burgers en* ~ town folk and country folk

'**buitenman** *m* (-lieden, -lui) countryman

buiten'**mate** *bijw* = *bovenmate*

'**buitenmens** *m-v* (-en) countryman

buitenmo'**del** *bn* mil non-regulation

'Buiten-**Mongolië** *o* Outer Mongolia

'**buitenmuur** *m* (-muren) outer wall

buiten'**om** *bijw* [go] round the house &

'**buitenopname** *v* (-n en -s) exterior (shot)

'**buitenparlementair** *bn bijw* extraparliamentary

'**buitenplaats** *v* (-en) country seat

'**buitenpost** *m* (-en) **1** mil outpost; **2** ⟨niet-militair⟩ out-station

buitens'**huis** *bijw* out of doors, outdoors; ~ *eten* eat (dine) out

buitens'**lands** *bijw* abroad, in foreign parts

'**buitensluiten**[1] *overg* exclude, shut out

'**buitensluiting** *v* exclusion

buiten'**spel** *o* & *bijw* sp offside

'**buitenspeler** *m* (-s) left (right) wing

buiten'**spelval** *m* sp offside trap

'**buitenspiegel** *m* (-s) auto driving mirror

buiten'**sporig I** *bn* extravagant, excessive, exorbitant [price]; **II** *bijw* extravagantly, excessively, to excess

buiten'**sporigheid** *v* (-heden) extravagance, excessiveness, exorbitance

'**buitenstaander** *m* (-s) outsider

'**buitenste** *bn* outmost, outer(most), exterior

'**buitentarief** *o* (-rieven) handel external tariff

'**buitenverblijf** *o* (-blijven) country house, country seat

'**buitenwaarts I** *bn* outward; **II** *bijw* outward(s)

'**buitenwacht** *v* (-en) outpost; *ik heb het van de* ~ I heard it from an outsider

'**buitenweg** *m* (-wegen) country-road, rural road

'**buitenwereld** *v* outer (outside, external) world

'**buitenwerk** *o* (-en) **1** mil outwork; **2** ⟨bezigheden buiten⟩ outdoor-work

'**buitenwijk** *v* (-en) suburb; *de* ~*en* ook: the outskirts

'**buitenzak** *m* (-ken) outside pocket, outer pocket

'**buitenzij** *v* (-den), '**buitenzijde** *v* (-den) outside exterior

'**buitmaken**[1] *overg* seize, take, capture

'**buizenpost** *v* = *buispost*

'**buizerd** *m* (-s) buzzard

'**bukken** (bukte, h. gebukt) **I** *onoverg* stoop; duck [to avoid a blow]; *gebukt gaand onder...* bending under, bowed (weighed) down by; ~ *voor* bow to (before), submit to; **II** *wederk*: *zich* ~ stoop, duck

buks *v* (-en) rifle

1 bul *m* (-len) ⟨stier⟩ bull

2 bul *v* **1** ⟨v.e. paus⟩ bull; **2** onderwijs diploma

'**bulderbast** *m* (-en) blusterer

'**bulderen** (bulderde, h. gebulderd) *onoverg* **1** boom

[of cannon &]; **2** bluster, roar [of wind, sea, persons]; **3** bellow [of persons]; ~ *tegen* bellow at; ~*d gelach* uproarious laughter

'**buldog** *m* (-gen) bulldog
Bul'gaar *m* (-garen) Bulgarian
Bul'gaars *bn* & *o* Bulgarian
Bulga'rije *o* Bulgaria
bulk *m* scheepv bulk
'**bulkartikelen** *mv* bulk goods
'**bulken** (bulkte, h. gebulkt) *onoverg* low, bellow, bawl, roar; ~ *van het geld* roll in money
'**bulldozer** *m* (-s) bulldozer
'**bullebak** *m* (-ken) bully, browbeater, bugbear, ogre
'**bullebijter** *m* (-s) **1** ⟨hond⟩ bulldog; **2** fig bully
'**bullen** *mv* gemeenz things
'**bullepees** *v* (-pezen) policeman's rod
bulle'tin *o* (-s) bulletin, newsletter
'**bullterriër** *m* (-s) bull-terrier
bult *m* (-en) **1** hunch [of a man], hump [of man or camel]; **2** boss, lump [= swelling]
'**bultig** *bn* **1** hunchbacked, humpbacked; **2** lumpy [old mattress]
'**bumper** *m* (-s) bumper; ~ *aan* ~ bumper to bumper
bun *v* (-nen) creel
'**bundel** *m* (-s) **1** bundle [of clothes, rods &]; **2** sheaf [of arrows, papers]; **3** beam [of light]; *een* ~ *gedichten* a volume of verse
'**bundelen** (bundelde, h. gebundeld) *overg* gather, bring together, collect; tie up together
'**bunder** *o* (-s) hectare
'**bungalow** *m* (-s) bungalow
'**bungalowpark** *o* (-en) holiday park; Am vacation cottages
'**bungalowtent** *v* (-en) family tent, frame tent
'**bungelen** (bungelde, h. gebungeld) *onoverg* dangle
'**bunker** *m* (-s) **1** ⟨verdedigingswerk⟩ bunker, blockhouse; **2** ⟨hindernis op golfbaan⟩ bunker
'**bunkeren** (bunkerde, h. gebunkerd) *onoverg* bunker, coal
'**bunzing** *m* (-s en -en) polecat, fitchew
bups *m: de hele* ~ the whole caboodle, all the lot
burcht *m* & *v* (-en) castle, stronghold[2], citadel[2]
'**burchtheer** *m* (-heren) hist castellan
'**burchtvrouw** *v* (-en), '**burchtvrouwe** *v* (-n) hist chatelaine
bu'reau *o* (-s) **1** ⟨meubel⟩ desk, writingtable; **2** ⟨lokaal⟩ bureau [*mv* bureaux], office; [police] station; **3** ⟨bedrijf⟩ [travel, publicity, private detective] agency
bu'reauchef *m* (-s) head-clerk
bureau'craat *m* (-craten) bureaucrat
bureaucra'tie *v* bureaucracy, gemeenz red tape
bureau'cratisch *bn* bureaucratic
bu'reaukosten *mv* office expenses
bu'reaulamp *v* (-en) desk lamp
bu'reau-mi'nistre *o* (bureaux-ministres) pedestal writing-table

bu'reauredacteur *m* (-s en -en) desk-editor
bu'reaustoel *m* (-en) desk chair
bu'reauwerk *o* office work, clerical work
bu'reel *o* (-relen) office, bureau
'**burengerucht** *o* disturbance; ~ *maken* cause a nuisance by noise
'**burenruzie** *v* (-s) quarrel between neighbours
burg *m* & *v* (-en) = *burcht*
burge'meester *m* (-s) mayor; ⟨in Schotland⟩ provost; ~ *en wethouders* mayor and aldermen
burge'meestersbuik *m* (-en) schertsend corporation
'**burger** *m* (-s) **1** citizen; commoner [not a nobleman]; schertsend & vero ⟨niet in Eng.⟩ burgher; **2** civilian [non-military man]; *in* ~ in plain clothes, gemeenz in civvies; mil in mufti; *agent in* ~ plainclothes (police)man; *een brave* ~ *worden* settle down; *dat geeft de* ~ *moed* that is encouraging
'**burgerbevolking** *v* (-en) civil(ian) population
'**burgerdeugd** *v* (-en) civic virtue
burge'rij *v* (-en) **1** ⟨als stand⟩ commonalty, commoners, middle classes; *de kleine* ~ the lower classes; **2** ⟨de ingezetenen⟩ citizens, citizenry [of Amsterdam &]
'**burgerkleding** *v* (-en) plain (civilian) clothes; *in* ~ zie *burger*
'**burgerkost** *m* plain fare
'**burgerlijk** *bn* **1** civil [engineering, law, rights &]; civic [functions], civilian [life]; **2** ⟨v. de burgerstand⟩ middle-class; **3** ⟨niet fijn of voornaam⟩ middle-class, bourgeois; conventional ⟨behaviour⟩; *B~e Bescherming* ZN civil protection; ~*e ingenieur* ZN civil engineer; zie ook: *ambtenaar, beleefdheid, ongehoorzaamheid, stand, wetboek*
'**burgerluchtvaart** *v* civil aviation
'**burgerman, burger'man** *m* (-lieden en -lui) middle-class man, bourgeois
'**burgeroorlog** *m* (-logen) civil war
'**burgerpakje** *o* (-s) mil, gemeenz civvies
'**burgerplicht** *m* & *v* (-en) civic duty
'**burgerrecht** *o* (-en) civil right, citizenship, freedom of a city; *dat woord heeft* ~ *verkregen* the word has been adopted into the language; *zijn* ~ *verliezen* forfeit one's civil rights
burger'rechtelijk *bn* ZN: ~*e aansprakelijkheid* legal liability
'**burgerschap** *o* citizenship
'**burgerschapskunde** *v* civics
'**burgerschapsrechten** *mv* civic rights
'**burgerstand** *m* (-en) middle classes
burger'vader *m* (-en en -s) mayor
'**burgerwacht** *v* (-en) **1** ⟨tegen criminaliteit⟩ neighbourhood watch; **2** ⟨korps v. gewapende burgers⟩ militia
'**burgerzin** *m* civic spirit, civic sense
'**burggraaf** *m* (-graven) viscount
'**burggravin** *v* (-nen) viscountess
bur'lesk *bn* burlesque, farcical

bur'leske v (-n) burlesque, farce
bur'saal m (-salen) scholar, exhibitioner
1 bus v (-sen) **1** (voor groenten &) tin, can; **2** (voor geld, brieven) (money-)box, (letter-)box; poor-box [in a church], collecting-box; **3** techn bush, box; **4** ⟨fonds⟩ club; *in de ~ blazen* dip deep in one's purse; *dat klopt (sluit) als een ~* it is perfectly logical; *uit de ~ komen* result; *een brief op de ~ doen* post a letter

2 bus m & v (-sen) ⟨autobus⟩ bus; ⟨voor lange afstanden⟩ coach
'buschauffeur m (-s) bus driver
'busconducteur m (-s) ticket-collector, gemeenz jumper
'busdienst m (-en) bus service
'bushalte v (-n en -s) bus stop
'buskruit o gunpowder; *hij heeft het ~ niet uitgevonden* he will never set the Thames on fire
'buslichting v (-en) collection
'buslijn v (-en) bus line, bus service
'busstation o (-s) bus station
'buste v (-n en -s) **1** ⟨borstbeeld & boezem⟩ bust; **2** ⟨v. vrouw⟩ bosom
'bustehouder m (-s) brassiere, bra
bu'taan o butane
'butagas o compressed butane, Calor gas
'butler m (-s) butler
buts v (-en) dent
'button m (-s) button, badge
buur m (buren) neighbour
'buurkind o (-eren) neighbour's child
'buurland o (-en) neighbour(ing) country
'buurman m (-lieden) neighbour
'buurmeisje o (-s) girl next door
'buurpraatje o (-s) neighbourly talk, gossip
'buurschap (-pen) **1** o neighbourhood; **2** v = *buurtschap*
buurt v (-en) **1** ⟨in 't alg.⟩ neighbourhood, vicinity; **2** ⟨wijk⟩ quarter; *het is in de ~* it is quite near; *een winkelier in de ~* a neighbouring shopkeeper; *hier in de ~* hereabout(s); near here; *(ver) uit de ~* far off, a long way off; *blijf uit zijn ~* don't go near him
'buurtbewoner m (-s) local resident
'buurtcentrum o (-centra, -s) = *buurthuis*
'buurten (buurtte, h. gebuurt) *onoverg* pay a visit to a neighbour
'buurthuis o (-huizen) community centre
'buurtschap v (-pen) hamlet
'buurtspoor o (-sporen) local railway
'buurtverkeer o local service
'buurvrouw v (-en) neighbour, neighbour's wife
b.v. *afk.* = *bij voorbeeld* zie *voorbeeld*
BV, B.V. v ('s) *besloten vennootschap* Br Ltd., Limited; Am Inc., Incorporated
BW o *burgerlijk wetboek* zie: *wetboek*
byte m (-s) comput byte
Byzan'tijn m (-en) Byzantine
Byzan'tijns bn Byzantine

By'zantium o Byzantium
BZ *afk. Buitenlandse Zaken* (het ministerie) Br (the) F.O., Foreign Affairs; Am State, the State Dept.

C

c *v* ('s) c

ca *afk.* = *centiare*

ca. *afk.* = *circa*

caba'ret *o* (-s) cabaret

cabare'tier *m* (-s) cabaret performer

ca'bine *v* (-s) **1** ⟨in 't alg.⟩ cabin; **2** ⟨v. vrachtauto⟩ cab; **3** ⟨v. bioscoop⟩ projection room

cabrio'let *m* (-ten) **1** ⟨rijtuig⟩ cabriolet; **2** auto convertible

ca'cao *m* cocoa

ca'caoboon *v* (-bonen) cocoa-bean

ca'caoboter *v* cocoa-butter

ca'caopoeder *o* & *m* cocoa-powder

ca'chet *o* (-ten) **1** ⟨zegel⟩ seal, signet; **2** ⟨persoonlijk kenteken⟩ cachet, stamp [of distinction]; *een zeker ~ hebben* bear a distinctive stamp

ca'chot *o* (-ten) lock-up, slang clink; mil cells

'cactus *m* (-sen) cactus [*mv* cacti]

ca'dans *v* (-en) cadence

'caddie *m* (-s) ⟨bij het golfen⟩ caddie, caddy

ca'deau *o* (-s) present; *iem. iets ~ geven* give sbd. sth. as a present, make sbd. a present of sth.; *ik zou het niet ~ willen hebben* I would not have it as a gift; *dat kun je van mij ~ krijgen!* you can have (keep) it!

ca'deaubon *m* (-nen) gift token, gift voucher

ca'dens *v* (-en) muz cadenza

ca'det *m* (-ten) cadet

ca'dettenschool *v* (-scholen) military school, cadet college

'cadmium *o* **1** chem cadmium; **2** ⟨cadmiumgeel⟩ cadmium yellow

ca'fé *o* (-s) café, coffee-house; ⟨met vergunning⟩ ± public house, gemeenz pub

ca'fé-chan'tant *o* (café-chantants) cabaret

ca'féhouder *m* (-s) café proprietor; ⟨met vergunning⟩ ± public-house keeper, publican

cafe'ïne *v* caffeine

cafe'ïnevrij *bn* caffeine-free, decaffeinated

ca'fé-restau'rant *o* (-s) café-restaurant

cafe'taria *v* ('s) cafeteria

ca'hier *o* (-s) exercise-book

cais'sière *v* (-s) cashier

cais'son *m* (-s) caisson

cais'sonziekte *v* caisson disease, decompression sickness, gemeenz the bends

cake *m* (-s) cake

cal *afk.* = *calorie*

Ca'labrië *o* Calabria

Ca'lais *o*: *Nauw van ~* Strait of Dover

'calcium *o* calcium

calcu'latie *v* (-s) **1** ⟨in 't alg.⟩ calculation, estima-

---

tion; **2** ⟨v. bouwwerk⟩ costing

calcu'lator *m* (-s) calculator, computing clerk

calcu'leren (calculeerde, h. gecalculeerd) *onoverg* **1** ⟨in 't alg.⟩ calculate, estimate, compute; **2** ⟨v. bouwwerk⟩ cost

ca'lèche *v* (-s) calash

caleido'scoop *m* (-scopen) kaleidoscope

caleido'scopisch *bn* kaleidoscopic

Cali'fornië *o* California

Cali'forniër *m* (-s) Californian

Cali'fornisch *bn* Californian

'callgirl *v* (-s) call-girl

calo'rie *v* (-rieën) calorie

calori'meter *m* (-s) calorimeter

ca'lorisch *bn* caloric

cal'queerlinnen *o* tracing-cloth

cal'queerpapier *o* (-en) transfer paper, tracing-paper

cal'queren (calqueerde, h. gecalqueerd) *overg* trace, calk

Cal'varieberg *m* (Mount) Calvary

Cal'vijn *m* Calvin

calvi'nisme *o* Calvinism

calvi'nist *m* (-en) Calvinist

calvi'nistisch *bn* Calvinistic

Cam'bodja *o* Cambodia

Cambod'jaan *m* (-janen) Cambodian

Cambod'jaans *o* & *bn* Cambodian

'Cambrium *o* Cambrian

'camcorder *m* (-s) camcorder

ca'mee *v* (-meeën) cameo

ca'melia *v* ('s) camellia

camem'bert *m* Camembert

'camera *v* ('s) camera; *~ obscura* camera obscura

'cameraman *m* (-nen) cameraman

'cameraploeg *v* (-en) camera crew

'camerawagen *m* (-s) dolly

camou'flage *v* camouflage

camou'fleren (camoufleerde, h. gecamoufleerd) *overg* camouflage

cam'pagne *v* (-s) **1** ⟨publieke actie⟩ campaign; **2** mil campaign; **3** working season [of a sugar factory]; **4** fig ook: [export] drive; *~ voeren (voor, tegen)* campaign (for, against)

'camper *m* (-s) camper

'camping *v* (-s) camping site, caravan park

'campus *m* (-sen) campus

'Canada *o* Canada

Cana'dees **I** *m* (-dezen) Canadian; **II** *bn* Canadian

ca'naille *o* (-s) **1** ⟨gespuis⟩ rabble, mob, riff-raff; **2** ⟨man⟩ scamp; **3** ⟨vrouw⟩ vixen

cana'pé *m* (-s) **1** ⟨zitbank⟩ sofa, settee; Am davenport; **2** ⟨hapje⟩ canapé

ca'nard *m* (-s) canard, newspaper hoax

Ca'narische 'Eilanden *mv* Canary Islands, Canaries

'cannabis *v* cannabis, hemp

canne'leren (canneleerde, h. gecanneleerd) *overg*

channel, flute
'**canon** *m* (-s) **1** canon°; **2** (lied) catch
cano'niek *bn* canonical; ~ *recht* canon law
canoni'satie *v* (-s) canonization
canoni'seren (canoniseerde, h. gecanoniseerd)
  overg canonize
can'tate *v* (-n en -s) cantata
cantha'rel *bn* (-len) chanterelle
ca'nule *v* (-s) can(n)ula
'**canvas** *o* canvas
CAO *v* collectieve arbeidsovereenkomst; zie *arbeidsovereenkomst*
ca'outchouc *o* & *m* caoutchouc, india-rubber
ca'pabel *bn* capable (of), able (to)
capaci'teit *v* (-en) capacity, ability
cape *v* (-s) **1** ⟨kort⟩ cape; **2** ⟨lang⟩ cloak
capil'lair *bn* capillary
capillari'teit *v* capillarity
capiton'neren (capitonneerde, h. gecapitonneerd)
  overg pad
Capi'tool *o* Capitol
capitu'latie *v* (-s) capitulation, surrender (*voor* to)
capitu'leren (capituleerde, h. gecapituleerd) *overg*
  capitulate, surrender (*voor* to)
cappuc'cino *m* ('s) cappuccino
caprici'eus *bn* capricious
capri'ool *v* (-olen) caper; *zijn (haar) capriolen* ook:
  his (her) antics; *capriolen maken* cut capers
cap'sule *v* (-s) **1** capsule°; **2** ⟨v. fles⟩ lead cap
'**captie** *v* (-s): ~*s maken* **1** ⟨bezwaren maken⟩ raise
  captious objections; **2** ⟨tegenstribbelen⟩ recalcitrate
capu'chon *m* (-s) hood
'**cara** *mv chronische aspecifieke respiratoire aandoenin-
  gen* CNSLD, Chronic Non-Specific Lung Disease
Cara'ïbisch *bn* = *Caribisch*
caram'bole *v* (-s) cannon
carambo'leren (caramboleerde, h. gecaram-
  boleerd) *onoverg* bilj cannon [against, with]
'**caravan** *m* (-s) caravan
car'bid *o* carbide
car'bol *o* & *m* carbolic acid
carboni'seren (carboniseerde, h. gecarboniseerd)
  overg carbonize
car'bonpapier *o* carbon paper
carbura'teur (-s), **carbu'rator** *m* (-s en -'toren)
  carburettor
car'danas *v* (-sen) propellor shaft
car'dankoppeling *v* (-en) universal joint
cardio'graaf *m* (-grafen) cardiograph
cardio'gram *o* (-men) cardiogram
cardiolo'gie *v* cardiology
cardio'loog *m* (-logen) cardiologist
carga'door *m* (-s) ship-broker
'**cargalijst** *v* (-en) manifest
'**cargo** *m* ('s) cargo
Ca'ribisch *bn*: *het* ~ *gebied* the Caribbean
'**cariës** *v* caries
caril'lon *o* & *m* (-s) carillon, chimes

carita'tief *bn* = *charitatief*
'**carnaval** *o* (-s) carnival
carni'voor *m* (-voren) carnivore
Caro'linen *mv* Caroline Islands
'**carpoolen** *ww* & *o* car-pooling
car'ré *o* & *m* (-s) square
carri'ère *v* (-s) career; ~ *maken* make a career for
  oneself
carri'èrejager *m* (-s) careerist
carrosse'rie *v* (-rieën) coach-work, body
carrou'sel *m* & *o* (-s) merry-go-round
'**carte**: *à la* ~ *eten* dine à la carte; ~ *blanche* carte
  blanche; *iem.* ~ *blanche geven* give sbd. a free hand
'**carter** *o* (-s) crank-case
Car'thaags *bn* Carthaginian
Car'thager *m* (-s) Carthaginian
Car'thago *o* Carthago
carto'graaf *m* (-grafen) cartographer
cartogra'fie *v* cartography
car'toon *m* (-s) cartoon
cartoo'nist *m* (-s) cartoonist
carto'theek *v* (-theken) filing cabinet, card-index
  cabinet, card index
cas'cade *v* (-s) cascade
'**casco** *o* ('s) body, hull [of ship]
'**cascoverzekering** *v* (-en) **1** scheepv hull insurance; **2** ⟨v. auto⟩ fully comprehensive insurance
cash *o* & *bijw* cash; ~ *betalen* pay in cash
ca'sino *o* ('s) casino
cas'satie *v* cassation, appeal; ~ *aantekenen* give notice of appeal
cas'seren (casseerde, h. gecasseerd) *overg* **1** reverse,
  quash [a judgment in appeal]; **2** mil cashier [an
  officer]
cas'sette *v* (-n en -s) **1** ⟨geldkist⟩ money-box; **2** ⟨v.
  juwelen⟩ casket; **3** ⟨v. bestek⟩ canteen; **4** ⟨v.e. boek⟩
  box; **5** ⟨geluidsbandje⟩ cassette; **6** fotogr cassette,
  cartridge
cas'settebandje *o* (-s) cassette (tape)
cas'settedeck *o* (-s) cassette deck
cas'setterecorder *m* (-s) cassette recorder
'**cassis** *v* (vruchtensap) cassis
castag'netten *mv* castanets
Castili'aan *m* (-anen) Castilian
Castili'aans *bn* & *o* Castilian
Cas'tilië *o* Castile
'**castorolie** *v* castor oil
cas'traat *m* (-traten) castrato
cas'treren (castreerde, h. gecastreerd) *overg* castrate, geld, emasculate
'**casu**: *in* ~ in (this) case
casu 'quo or, as the case may be
cata'combe *v* (-n) catacomb
Cata'laan *m* (-lanen) Catalonian
Cata'laans I *o* Catalan; **II** *bn* Catalonian
catalogi'seren (catalogiseerde, h. gecatalogiseerd)
  overg catalogue
ca'talogus *m* (-gi en -gussen) catalogue

ca'talogusprijs *m* (-prijzen) list price

Cata'lonië *o* Catalonia

cata'maran *m* (-s) catamaran

cata'ract *v* (-en) cataract

ca'tarre *v* (-s) catarrh

catastro'faal *bn* catastrophic, disastrous

cata'strofe *v* (-n en -s) catastrophe, disaster

'catcher *m* (-s) honkbal catcher

cate'cheet *m* (-cheten) catechist

cate'chetisch *bn* catechetic

catechi'sant *m* (-en) catechumen

catechi'satie *v* (-s) confirmation class(es)

cate'chismus *m* (-sen) catechism

categori'aal *bn* grouped (classified) according to category

catego'rie *v* (-rieën) category

cate'gorisch *bn* categorical

ca'tharsis *m* catharsis

Cathe'rina *v* Catherine; ~ *de Grote* Catherine the Great

cau'saal *bn* causal

causali'teit *v* causality

'causatief *bn* causative

cause'rie *v* (-rieën) causerie, talk; *een ~ houden* give a talk

cau'seur *m* (-s) conversationalist

'cautie *v* (-s) = *borgtocht*

caval'cade *v* (-s en -n) cavalcade

cavale'rie *v* cavalry, horse

cavale'rist *m* (-en) cavalryman, trooper

cava'lier *m* (-s) cavalier

'cavia *v* ('s) guinea-pig

ca'yennepeper *m* Cayenne pepper

cd *m* ('s) *Compact Disk* CD

cd-'rom *m* ('s) *compactdisc-read only memory* comput CD-ROM

c'd-speler *m* (-s) CD player

'cedel *v* & *o* (-s) = *ceel*

'ceder *m* (-s) cedar; ~ *van de Libanon* cedar of Lebanon

ce'deren (cedeerde, h. gecedeerd) *overg* recht assign

'cederhouten *bn* cedar

ce'dille *v* (-s) cedilla

ceel *v* & *o* (celen) 1 ⟨lijst⟩ list; 2 handel ⟨dock⟩ warrant

cein'tuur *v* (-s en -turen) belt, sash

cel *v* (-len) cell; *natte ~* wet cell; ook = *celstraf* & *cello*

'celdeling *v* cell division

cele'brant *m* (-en) celebrant

cele'breren (celebreerde, h. gecelebreerd) *overg* & *onoverg* celebrate

celi'baat *o* celibacy

celiba'tair *m* celibate, (old) bachelor

'celkern *v* (-en) nucleus

cel'list *m* (-en) violoncellist, cellist

'cello *m* ('s) cello

cello'faan *o* cellophane

cellu'lair *bn*: *~e opsluiting* solitary confinement

cellu'loid *o* celluloid

cellu'lose *v* cellulose

'Celsius *m* Celsius; *20° ~* 20 degrees centigrade

'celstraf *v* solitary confinement

'celvormig *bn* cellular

'celweefsel *o* cellular tissue

ce'ment *o* & *m* cement

ce'menten *bn* cement

cemen'teren (cementeerde, h. gecementeerd) *overg* cement

Ceno'zoïcum *o* Cenozoic, Cainozoic

'censor *m* (-s en -soren) censor, licenser [of plays]

censu'reren (censureerde, h. gecensureerd) *overg* censor [letters]

'census *m* census

cen'suur *v* censorship; *onder ~ staan* be censored; *onder ~ stellen* censor

cent *m* (-en) cent; *~en gemeenz* money; *~en hebben* have plenty of money; *ik heb geen ~* I haven't a penny; *het is geen ~ waard* it is not worth a red cent; *het kan me geen ~ schelen* I don't care a cent; *tot de laatste ~* to the last farthing; zie ook: *duit*

cen'taur *m* (-en) centaur

'centenaar *m* (-s) hundredweight, quintal

'center *m* (-s) sp centre

'centerboor *v* (-boren) centrebit

'centeren (centerde, h. gecenterd) *onoverg* sp centre

'centiare *v* (-n en -s) centiare, square metre

'centigram *o* (-men) centigramme

'centiliter *m* (-s) centilitre

'centimeter *m* (-s) 1 ⟨maat⟩ centimetre; 2 ⟨meetlint⟩ tape-measure

cen'traal *bn* central; centric(al); *met centrale verwarming* centrally heated; *~ staan bij* be central to [their idea, programme], be at the centre of [their strategy]; *deze kwestie staat ~ bij het conflict* ook: the conflict centres on this issue

Centraal-Afri'kaanse Repu'bliek *v* Central African Republic

cen'traalstation *o* (-s) central station

cen'trale *v* (-s) 1 elektr generating station, power station; 2 telec exchange; 3 handel bureau, agency

centrali'satie *v* centralization

centrali'seren (centraliseerde, h. gecentraliseerd) *overg* centralize

cen'treren (centreerde, h. gecentreerd) *overg* centre

centrifu'gaal *bn* centrifugal

centri'fuge *v* (-s) 1 ⟨in 't alg.⟩ centrifugal machine; 2 ⟨v. wasautomaat⟩ spin-drier

centrifu'geren (centrifugeerde, h. gecentrifugeerd) *overg* 1 ⟨v.d. was⟩ spin-dry; 2 ⟨stoffen scheiden d.m.v. centrifugeren⟩ centrifuge

centripe'taal *bn* centripetal

'centrum *o* (-s en -tra) centre

cera'miek *v* ceramics

ce'ramisch *bn* ceramic

cere'braal *bn* cerebral[2]

cere'monie *v* (-s en -niën) ceremony

ceremoni'eel I *bn* ceremonial; **II** *o: het* ~ the ceremonial

cere'moniemeester *m* (-s) Master of (the) Ceremonies

ceremoni'eus *bn* ceremonious

ce'rise *bn* cerise, cherry-red

certifi'caat *o* (-caten) certificate; ~ *van aandeel* share certificate; ~ *van oorsprong* certificate of origin

cerve'laatworst *v* (-en) saveloy

'cessie *v* (-s) cession

cessio'naris *m* (-sen) cessionary, assign(ee)

ce'suur *v* (-suren) caesura

Cey'lon *o* Ceylon

Ceylo'nees *m* (-nezen) & *bn* Ceylonese

cf [Lat] *afk. confer* vergelijk

cfk's *mv* = *chloorfluorkoolwaterstofverbindingen* cfc's, chlorofluorocarbons

cg *afk.* = *centigram*

cha'dor *m* (-s) chador

cha'grijn *o* chagrin, vexation

cha'grijnig *bn* chagrined, peevish, fretful

cham'breren (chambreerde, h. gechambreerd) *overg* ⟨v. wijn⟩ bring to room temperature

cham'pagne *m* (-s) champagne, gemeenz fizz, slang bubbly

champig'non *m* (-s) [edible] mushroom

champig'nonsoep *v* mushroom soup

chan'geant *bn:* ~ *zijde* shot silk

chan'son *o* (-s) song

chan'tage *v* blackmail; ~ *plegen jegens* blackmail [sbd.]

chan'teren (chanteerde, h. gechanteerd) *overg* blackmail

chan'teur *m* (-s) **1** muz singer, vocalist; **2** ⟨afperser⟩ blackmailer

cha'oot *m* (chaoten) scatterbrain, muddlehead

'chaos *m* chaos; *orde scheppen in de* ~ bring (make) order out of chaos, reduce chaos to order

cha'otisch *bn* chaotic

chape'ron *m* (-s),

chape'ronne *v* (-s) chaperon

chaperon'neren (chaperonneerde, h. gechaperonneerd) *overg* chaperon

cha'piter *o* (-s) chapter; *nu wij toch aan dat* ~ *bezig zijn* as (now) we are upon the subject; *om op ons* ~ *terug te komen* to return to our subject; *dat is een heel ander* ~ (but) that is quite something else

'charge *v* (-s) charge; *getuige à* ~ recht witness for the prosecution

char'geren (chargeerde, h. gechargeerd) *onoverg* **1** mil charge; **2** fig exaggerate, overact, overdraw

cha'risma *o* ('s) charisma, charism

charis'matisch *bn* charismatic

'charitas *v* charity

charita'tief *bn* charitable

'charlatan *m* (-s) charlatan, quack, mountebank

char'mant *bn* charming

'charme *m* (-s) charm

char'meren (charmeerde, h. gecharmeerd) *overg* charm; zie ook: *gecharmeerd*

char'taal *bn:* ~ *geld* notes and coin

'charter *o* (-s) charter

'charteren (charterde, h. gecharterd) *overg* charter

'chartermaatschappij *v* (-en) charter company

'chartervliegtuig *o* (-en) charter plane

'chartervlucht *v* (-en) charter flight

chas'seur *m* (-s) page(-boy), gemeenz buttons, Am bell-hop

chas'sis *o* (*mv* idem) **1** chassis [of a motorcar &]; **2** plate-holder [for a camera]

chauf'feren (chauffeerde, h. gechauffeerd) *onoverg* drive [a car]

chauf'feur *m* (-s) **1** ⟨in dienst bij iem.⟩ chauffeur; **2** ⟨bestuurder⟩ driver; zie ook: *autoverhuur*

chauvi'nisme *o* chauvinism

chauvi'nist *m* (-en) chauvinist

chauvi'nistisch *bn* chauvinistic

'checken (checkte, h. gecheckt) *overg* check, examine

'cheetah *m* (-s) cheetah

chef *m* (-s) **1** ⟨in 't alg.⟩ chief, head; **2** ⟨v. afdeling⟩ office-manager; **3** ⟨patroon⟩ employer; **4** ⟨directeur⟩ manager, gemeenz boss; ~ *de bureau* head-clerk; ~ *de cuisine*, ~-*kok* chef; ~-*d'oeuvre* masterpiece; ~ *van het protocol* head of protocol; ~-*staf* mil Chief of Staff

chef-'staf *m* (-s of chefs van staven) Chief of Staff

chemi'caliën *mv* chemicals

'chemicus *m* (-ci) chemist

che'mie *v* chemistry

'chemisch *bn* chemical; ~ *reinigen* dry-clean; *het* ~ *reinigen* dry-cleaning; ~*e wasserij* dry-cleaning works

'chemokar *v* (-ren) chemical waste van

'chemotherapie *v* (-pieën) chemotherapy

cheque *m* (-s) cheque

'chequeboek *o* (-en) cheque-book

'chertepartij *v* (-en) handel charter-party

cheru'bijn *m* (-en) cherub

che'vron *m* (-s) chevron, stripe

chic I *bn* smart, stylish, fashionable [hotel]; **II** *bijw* smartly &; **III** *m* smartness &; *de* ~ the smart set; *kale* ~ shabby-genteel people

chi'cane *v* (-s) chicane(ry)

chica'neren (chicaneerde, h. gechicaneerd) *onoverg* chicane, quibble

chica'neur *m* (-s) quibbler

chica'neus *bn* captious

Chi'leen *m* (-lenen) Chilean

Chi'leens *bn* Chilean

'Chili *o* Chile

'chimpansee *m* (-s) chimpanzee

'China *o* China

Chi'nees I *bn* Chinese, China; *Chinese Zee* (South) China Sea; **II** *o: het* ~ Chinese; **III** *m* (-nezen) Chi-

nese; *de Chinezen* the Chinese; zie ook: *raar*
chi'nezen (chineesde, h. gechineesd) *onoverg* **1** (in een Chinees restaurant eten) eat out at a Chinese restaurant; **2** (heroïne snuiven) chase the dragon
Chi'nezenwijk *v* (-en) Chinatown
chip *m* (-s) comput chip
chips *mv* (snack) crisps, Am potato chips
chique *bn* = *chic I*
chiro'practicus *m* (-ci) chiropractor
chi'rurg *m* (-en) surgeon
chirur'gie *v* surgery
chi'rurgisch *bn* surgical
'chloor *m & o* chlorine
chlo'reren (chloreerde, h. gechloreerd) *overg* chlorinate
chloro'form *m* chloroform
chloro'fyl *o* chlorophyll
choco'la *m* chocolate; *ik kan er geen ~ van maken* I can't make head nor tail of it
choco'laatje *o* (-s) chocolate, gemeenz choc
choco'lade = *chocola(-)*
choco'ladebonbon *m* (-s) chocolate cream
choco'ladeletter *v* (-s) chocolate initial
choco'lademelk *v* chocolate, Am chocolate milk
choco'ladereep *m* (-repen) bar of chocolate
'chocopasta *m & o* (') chocolate spread
choke *m* (-s) choke
'choken (chookte, h. gechookt) *onoverg* (use the) choke
'cholera *v* (malignant) cholera
cho'lericus *m* (-ci) choleric (irascible) person
cho'lerisch *bn* choleric
choleste'rol *m* cholesterol
cho'queren (choqueerde, h. gechoqueerd) *overg* shock
cho'queren (choqueerde, h. gechoqueerd) *onoverg & overg* shock, offend
choreo'graaf *m* (-grafen) choreographer
choreogra'fie *v* (-fieën) choreography
'christelijk *bn* Christian
'christen *m* (-en) Christian
christen-demo'craat *m* (-craten) Christian Democrat
christen-demo'cratisch *bn* Christian Democratic
'christendom *o* Christianity
'christenheid *v* Christendom
chris'tin *v* (-nen) Christian, Christian lady (woman)
'Christus *m* Christ; *in 200 na ~* in 200 A.D.; *in 200 voor ~* in 200 B.C.
chro'matisch *bn* chromatic
chromo'soom *o* (-somen) chromosome
'chronisch *bn* chronic
chronolo'gie *v* (-gieën) chronology
chrono'logisch *bn* chronological
chrono'meter *m* (-s) chronometer
'chroom *o* chromium
'chroomgeel *o* chrome yellow

'chroomleer *o* chrome leather
'chroomstaal *o* chrome steel
chry'sant *v* (-en) chrysanthemum
c.i. *afk.* = *civiel-ingenieur*
ci'borie *v* (-s en -riën) RK ciborium
cicho'rei *m & v* chicory
'cider *m* cider
cie. *afk.* = *commissie*
Cie. *afk.* = *compagnie*
'cijfer *o* (-s) **1** (in 't alg.) figure; **2** cipher [in cryptography]; **3** onderwijs mark; *Arabische (Romeinse) ~s* Arabic (Roman) numerals
'cijferen (cijferde, h. gecijferd) *onoverg* cipher
'cijferkunst *v* arithmetic
'cijferlijst *v* (-en) onderwijs marks list
'cijfermateriaal *o* figures
'cijferschrift *o* (-en) cipher, code; *in ~* in cipher
'cijferslot *o* (-sloten) combination lock
'cijfertelegram *o* (-men) code message
cijns *m* (cijnzen) tribute, tribute-money
ci'linder *m* (-s) cylinder
ci'linderbureau *o* (-s) roll-top desk
ci'linderinhoud *m* cubic capacity
ci'linderkop *m* (-pen) cylinder head
ci'lindervormig, ci'lindrisch *bn* cylindrical
cim'baal *v* (-balen) cymbal
cimba'list *m* (-en) cymbalist
'cineac *m* (-s) newsreel theatre
cine'ast *m* (-en) film maker
'cinema *m* ('s) cinema, picture-theatre
cinema'scope: *in ~* wide-screen
ci'pier *m* (-s) warder, jailer, gaoler, turnkey
ci'pres *m* (-sen) cypress
'circa *bijw* about, some [5 millions], circa
cir'cuit *o* (-s) circuit; *gesloten tv-~* closed-circuit television
circu'laire *v* (-s) circular letter, circular
circu'latie *v* circulation; *in ~ brengen* put into circulation
circu'latiebank *v* (-en) bank of issue
circu'latiestoornis *v* (-sen) circulatory disorder
circu'latiesysteem *o* (-temen) circulatory system
circu'leren (circuleerde, h. gecirculeerd) *onoverg* circulate; *laten ~* circulate, send round [lists &]
circum'flex *m & o* (-en) circumflex (accent)
'circus *o & m* (-sen) circus
'circusartiest *m* (-en) circus performer
'circusdirecteur *m* (-en) circus master
'circustent *v* (-en) circus tent
'cirkel *m* (-s) circle
'cirkelboog *m* (-bogen) arc of a circle
'cirkelen (cirkelde, h. gecirkeld) *onoverg* circle; *~ om de aarde* circle the earth
'cirkelgang *m* (-en) **1** eig circular course; **2** fig circle
'cirkelomtrek *m* (-ken) circumference of a circle
'cirkelredenering *v* (-en) circular reasoning
'cirkelvormig circular

'**cirkelzaag** *v* (-zagen) circular saw
'**cirruswolk** *v* (-en) cirr(h)us (cloud)
cis *v* (-sen) muz C sharp
cise'leren (ciseleerde, h. geciseleerd) *overg* chase
ci'taat *o* (-taten) quotation
cita'del *v* (-len en -s) citadel
'**citer** *v* (-s) zither
ci'teren (citeerde, h. geciteerd) *overg* 1 quote [a saying]; 2 cite [book, author]; 3 recht cite, summon
ci'troen *m & v* (-en) lemon
ci'troengeel *bn* lemon-coloured
ci'troenlimonade *v* lemonade
ci'troenpers *v* (-en) lemon-squeezer
ci'troensap *o* lemon juice
ci'troenschijfje *o* (-s) slice of lemon
ci'troenschil *v* (-len) lemon peel
ci'troenvlinder *m* (-s) brimstone butterfly
ci'troenzuur *o* citric acid
'**citrus** *m* (-sen) citrus
'**citrusvrucht** *v* (-en) citrus fruit
ci'vetkat *v* (-ten) civet, civet-cat
ci'viel 1 (burgerlijk) civil; 2 (billijk) moderate, reasonable [prices]
ci'viel-inge'nieur *m* (-s) civil engineer
civiel'rechtelijk *bn* civil law, of civil law; *een ~e procedure beginnen* bring a civil action against sbd.
civili'satie *v* (-s) civilization
civili'seren (civiliseerde, h. geciviliseerd) *overg* civilize
claim *m* (-s) (vordering, eis) claim; *een ~ leggen op* make demands on; *een ~ indienen* file a claim
'**claimen** (claimde, h. geclaimd) *overg* claim
clandes'tien *bn* clandestine, secret, illicit, illegal; *een ~e zender* a pirate transmitter
classi'cisme *o* classicism
'**classicus** *m* (-ci) classicist
classifi'catie *v* (-s) classification
classifi'ceren (classificeerde, h. geclassificeerd) *overg* classify, class
claus *v* (clausen) cue
claustrofo'bie *v* claustrophobia
clau'sule *v* (-s) clause, proviso
'**claxon** *m* (-s) horn, hooter
claxon'neren (claxonneerde, h. geclaxonneerd) *onoverg* sound the (one's) horn, honk, hoot
clean *bn* 1 (schoon) clean; 2 (zonder emoties) straight; 3 (vrij van drugs) clean
'**clearinginstituut** *o* (-tuten) clearing institute
cle'matis *v* (-sen) clematis
cle'ment *bn* lenient, clement
cle'mentie *v* clemency, leniency
'**clerus** *m* clergy
cli'ché *o* (-s) 1 plate [of type], block [of illustration]; 2 [photo] negative; 3 fig cliché, worn-out phrase, ready-made answer
cliché'matig *bn* clichéd, trite, hackneyed, commonplace
cli'cheren (clicheerde, h. geclicheerd) *overg* stereo-type

cli'ënt *m* (-en) 1 client [hist of a patrician &, recht of a lawyer]; 2 handel customer [of a shop]
cliën'teel, **clien'tèle** *v* clientele, customers, clients
cligno'teur *m* (-s) winker, trafficator, flashing signal (indicator)
'**climax** *m* (-en) climax
clinch *m* (-es) sp clinch; *met iem. in de ~ liggen* fig be at loggerheads with sbd.; *met iem. in de ~ gaan* fig lock horns with sbd.
clip *m* (-s) 1 (klem) clip, pin; 2 (muziekfilmpje) (video)clip
'**clitoris** *v* (-sen) clitoris
clo'chard *m* (-s) clochard, tramp
clo'set *o* (-s) water-closet, gemeenz loo
clo'setbak *m* (-ken) lavatory basin, lavatory pan
clo'setborstel *m* (-s) lavatory brush
clo'setpapier *o* toilet-paper
clo'setpot *m* (-ten) lavatory bowl
close-'up *m* (-s) close-up
clou *m* feature, chief attraction
clown *m* (-s) clown, funny-man
'**clownachtig**, '**clownerig**, **clow'nesk** *bn* clownish
club *v* (-s) club
'**clubfauteuil** *m* (-s) club (arm-)chair
'**clubhuis** *o* (-huizen) clubhouse
'**clubkaart** *m* (-en) sp club membership card
cm *afk.* = centimeter
Co. *afk.* = compagnon
coach *m* (-es) 1 sp coach; 2 (personenauto) two-door sedan
'**coachen** (coachte, h. gecoacht) *overg* sp coach
coa'litie *v* (-s) coalition
coa'litieregering *v* (-en) coalition government
'**coassistent** *m* (-en) medical student who walks the hospital
'**coaxkabel** *m* (-s) coaxial cable
'**cobra** *v* ('s) cobra
coca'ïne *v* cocaine
cocker'spaniël *m* (-s) cocker spaniel, cocker
'**cockpit** *m* (-s) cockpit
'**cocktail** *m* (-s) cocktail
'**cocktailjurk** *v* (-en) cocktail dress
'**cocktailparty** *v* ('s) cocktail party
co'con *m* (-s) cocoon
'**code** *m* (-s) code
co'deren (codeerde, h. gecodeerd) *overg* code
'**codetelegram** *o* (-men) code message
'**codewoord** *o* (-en) code word
'**codex** *m* (codices) codex [*mv* codices]
codi'cil *o* (-len) codicil
codifi'catie *v* (-s) codification
codifi'ceren (codificeerde, h. gecodificeerd) *overg* codify
coëdu'catie *v* coeducation
coëffi'cient *m* (-en) coefficient

coëxi'stentie *v* coexistence

coëxi'steren (coëxisteerde, h. gecoëxisteerd) *onoverg* coexist

'coffeeshop *m* (-s) coffie bar, *Am* coffee shop; (in Nederland) coffie bar (*Am* coffee shop) where soft drugs are sold

cog'nac *m* cognac, brandy

cognosse'ment *o* (-en) bill of lading, B/L

cohabi'teren (cohabiteerde, h. gecohabiteerd) *onoverg* copulate

cohe'rent *bn* coherent

cohe'rentie *v* (-s) coherence

co'hesie *v* cohesion

co'hort (-en), **co'horte** *v* (-n) cohort

coif'feren (coiffeerde, h. gecoiffeerd) *overg* dress (do) the hair

coif'feur *m* (-s) hairdresser

coif'fure *v* (-s) coiffure, hair-style, hairdo

coïnci'dentie *v* (-s) coincidence

coï'teren (coïteerde, h. gecoïteerd) *onoverg* cohabit, copulate

'coïtus, co'ïtus *m* coition

col *m* (-s) **1** ⟨bergpas⟩ col; **2** ⟨kraag v. trui⟩ polo-neck

'cola *m* ('s) coke

col'bert *o & m* (-s) **1** ⟨jasje⟩ jacket; **2** ⟨kostuum⟩ lounge-suit

col'bertkostuum *o* (-s) lounge-suit

collabora'teur *m* (-s) collaborator

collabo'ratie *v* collaboration

collabo'reren (collaboreerde, h. gecollaboreerd) *onoverg* collaborate

col'lage *v* (-s) collage

collate'raal *bn* collateral

col'latie *v* (-s) collation

collatio'neren (collationeerde, h. gecollationeerd) *overg* collate, check

collec'tant *m* (-en) collector

col'lecte *v* (-s en -n) collection; *een ~ houden* make a collection

col'lectebus *v* (-sen) collecting-box

collec'teren (collecteerde, h. gecollecteerd) **I** *overg* collect; **II** *abs ww* make a collection

col'lecteschaal *v* (-schalen) collection-plate

col'lectie *v* (-s) collection

collec'tief I *bn* collective; *collectieve arbeidsovereenkomst* collective (wage) agreement; *collectieve sector* public sector; **II** *o* (-tieven) **1** ⟨groep⟩ collective; **2** gramm collective (noun)

col'lega *m* ('s) colleague

col'lege *o* (-s) **1** college [of cardinals &]; board [of guardians]; **2** onderwijs lecture; *~ geven* give a course of lectures, lecture (*over* on); *~ lopen (volgen)* attend the lectures

col'legegelden *mv* lecture fees

col'legekaart *v* (-en) student ID

col'legezaal *v* (-zalen) lecture-room, lecture-hall

collegi'aal *bn* (in a) brotherly (spirit); *zich ~ opstellen* behave like a good colleague

'colli *o* ('s) package, bale, bag, barrel

'collie *m* (-s) collie

col'lier *v* (-s) necklace

'collo *o* ('s) = *colli*

colo'fon *o & m* (-s) colophon

Co'lombia *o* Colombia

Colombi'aan *m* (-bianen) Colombian

Colombi'aans *bn* Colombian

colon'nade *v* (-s) colonnade, portico

co'lonne *v* (-s) column; *auto~* motorcade; *vijfde ~* fifth column; *lid van de vijfde ~* fifth columnist

colo'radokever *m* (-s) Colorado beetle

colpor'tage *v* **1** ⟨werving⟩ canvassing; **2** ⟨verkoop⟩ selling door-to-door

colpor'teren (colporteerde, h. gecolporteerd) *overg* **1** ⟨werven⟩ canvass; **2** ⟨verkopen⟩ sell door-to-door

colpor'teur *m* (-s) **1** ⟨werver⟩ canvasser; **2** ⟨verkoper⟩ (door-to-door) salesman

'coltrui *v* (-en) polo-neck, sweater, roll-neck sweater

colum'barium *o* (-s en -ria) columbarium

'column *m* (-s) column

colum'nist *m* (-en) columnist

'coma *o* coma

coma'teus *bn* comatose

combat'tant *m* (-en) combatant

'combi *m* ('s) estate car, shooting-brake

combi'natie *v* (-s) **1** ⟨in 't alg.⟩ combination; **2** handel combine

combi'natietang *v* (-en) combination pliers

combi'natievermogen *o* power of combining

com'bine *v* (-s) combine

combi'neren (combineerde, h. gecombineerd) *overg* combine

'combo *m* ('s) combo

comes'tibles *mv* comestibles, provisions, table delicacies

com'fort *o* (conveniences conducive to) personal comfort

comfor'tabel I *bn* ⟨van huizen⟩ commodious, supplied with all conveniences, with every comfort, comfortable; **II** *bijw* conveniently, comfortably

comi'té *o* (-s) committee

comman'dant *m* (-en) **1** mil commandant, commander, officer in command; **2** scheepv captain

comman'deren (commandeerde, h. gecommandeerd) **I** *overg* order, command, be in command of; *hij commandeert iedereen maar* he orders people about; *zij laten zich niet ~* they will not be ordered about; **II** *onoverg & abs ww* **1** command; be in command; **2** order people about

comman'deur *m* (-s) commander [of an order of knighthood]

commandi'tair *bn*: *~ vennoot* sleeping (silent, dormant) partner; *~e vennootschap* limited partnership

com'mando ('s) **1** *o* (word of) command; **2** *m* ⟨spe-**

ciale militaire groep) commando; **3** _m_ ⟨lid daarvan⟩ commando; zie verder: _bevel_

com'mandobrug _v_ (-gen) <u>scheepv</u> (navigating) bridge

com'mandopost _m_ (-en) command post

com'mandotoren _m_ (-s) conning-tower

comme il 'faut _bijw_ correct, good form

commen'saal _m_ (-s en -salen) **1** ⟨kostganger⟩ boarder, lodger; **2** <u>plantk</u> commensal

commen'taar _m & o_ (-taren) commentary, comment; ~ _overbodig_ comment is needless; ~ _leveren op_ make comment on, comment (up)on; _zich van_ ~ _onthouden_ give no comment

commentari'ëren (commentarieerde, h. gecommentarieerd) _overg_ comment upon

commen'tator _m_ (-s en -'toren) commentator

com'mercie _v_ commerce, business; _de_ ~ the business world

commerci'eel _bn_ commercial

com'mies _m_ (-miezen) **1** (in 't alg.) (departmental) clerk; **2** ⟨v. douane⟩ custom-house officer

commissari'aat _o_ (-riaten) **1** (in 't alg.) commissionership; **2** ⟨politiebureau⟩ police-station

commis'saris _m_ (-sen) **1** (in 't alg.) commissioner; **2** ⟨v. onderneming⟩ supervisory director; **3** ⟨v. orde⟩ steward; **4** ⟨v. politie⟩ superintendent of police, chief constable; _Hoge C_~ High Commissioner; ~ _der Koningin_ provincial governor

com'missie _v_ (-s) **1** ⟨groep⟩ committee, board; **2** <u>handel</u> commission; ~ _van onderzoek_ fact-finding commission; ~ _van toezicht_ board of visitors [of a school], visiting committee; _in_ ~ <u>handel</u> [sell] on commission; [send] on consignment

com'missiehandel _m_ commission business

com'missieloon _o_ commission

commissio'nair _m_ (-s) commission-agent; ~ _in effecten_ stockbroker

commissori'aal _bn_: _iets_ ~ _maken_ refer sth. to a committee

commit'tent _m_ (-en) principal

com'mode _v_ (-s) chest of drawers

com'motie _v_ (-s) commotion, fuss; ~ _veroorzaken_ cause (make) a stir

communau'tair _bn_ community

com'mune _v_ (-s) commune

communi'cant _m_ (-en) <u>RK</u> communicant

communi'catie _v_ (-s) communication

communica'tief _bn_ communicative

communi'catiemiddel _o_ (-en) means of communication

communi'catiesatelliet _m_ (-en) communication satellite

communi'catiestoornis _v_ (-sen) failure of communication, breakdown in communications [between... and...]

communi'ceren (communiceerde, h. gecommuniceerd) _onoverg_ **1** ⟨mededelen⟩ communicate; **2** <u>RK</u> = _te communie gaan_

com'munie _v_ (-s en -niën) communion; _zijn_ ~ _doen_ <u>RK</u> receive Holy Communion for the first time; _de_ ~ _ontvangen_ <u>RK</u> take Holy Communion; _te_ ~ _gaan_ <u>RK</u> go to Communion

com'muniebank _v_ (-en) communion rail(s)

communi'qué _o_ (-s) communiqué

commu'nisme _o_ communism

commu'nist _m_ (-en) communist

commu'nistisch _bn_ communist [party, Manifesto], communistic [system]

'Comomeer _o_ Lake Como

Co'moren _mv_ Comoro Islands

com'pact _bn_ compact, dense

'compactdisc _m_ (-s) compact disc

'compact-diskspeler _m_ (-s) compact disc player

compag'nie _v_ (-s en -nieën) <u>mil</u>, <u>handel</u> company

compag'nieschap _v_ (-pen) <u>handel</u> partnership

compag'non _m_ (-s) partner

compa'rant _m_ (-en) <u>recht</u> appearer, party (to a suit)

compa'reren (compareerde, h. gecompareerd) _onoverg_ appear (in court)

compa'ritie _v_ (-s en -tiën) appearance

comparti'ment _o_ (-en) compartment

compa'tibel _bn_ compatible

compatibili'teit _v_ compatibility

com'pendium _o_ (-s en -dia) compendium

compen'satie _v_ (-s) compensation

compen'seren (compenseerde, h. gecompenseerd) _overg_ compensate, counterbalance, make up for

compe'tent _bn_ competent

compe'tentie _v_ (-s) competence; _het behoort niet tot mijn_ ~ it is out of my domain

compe'titie _v_ (-s) **1** ⟨mededinging⟩ competition; **2** <u>sp</u> league

compe'titiewedstrijd _m_ (-en) league game, league match

compi'latie _v_ (-s) compilation

compi'lator _m_ (-s en -'toren) compiler

com'piler _m_ (-s) <u>comput</u> compiler

compi'leren (compileerde, h. gecompileerd) _overg_ _& onoverg_ compile

com'pleet _bn_ complete

comple'ment _o_ (-en) complement

complemen'tair _bn_ complementary

com'plet _m & o_ (-s) ensemble

comple'teren (completeerde, h. gecompleteerd) _overg_ complete

com'plex _bn & o_ (-en) complex

complexi'teit _v_ complexity

compli'catie _v_ (-s) complication

compli'ceren (compliceerde, h. gecompliceerd) _overg_ complicate; zie ook: _gecompliceerd_

compli'ment _o_ (-en) compliment; _de_ ~_en aan allemaal_ best remembrances (love) to all; _de_ ~_en aan mevrouw_ kind regards to Mrs...; _de_ ~_en van mij en zeg dat..._ give him (them) my compliments and say that...; _zonder_ ~ without (standing upon) ceremony; _zonder veel (verdere)_ ~_en_ [dismiss him] without more ado, off-hand; *de ~en doen (maken)* give (make, pay, send) one's compliments; *iem. een (zijn)* ~ *maken over iets* compliment sbd. (up)on sth.; *hij houdt van ~en maken* he is given to paying compliments

complimen'teren (complimenteerde, h. gecomplimenteerd) *overg*: *iem.* ~ *compliment sbd.* [on, upon sth.]

complimen'teus *bn* complimentary

compli'mentje *o* (-s) compliment; *~s maken* turn compliments

com'plot *o* (-ten) plot, intrigue, conspiracy

complot'teren (complotteerde, h. gecomplotteerd) *onoverg* plot, intrigue, conspire

compo'nent *m* (-en) component

compo'neren (componeerde, h. gecomponeerd) *overg & onoverg* compose

compo'nist *m* (-en) composer

compo'sitie *v* (-s) composition°

compo'sitiefoto *v* (-s) Identikit (picture), photofit (picture)

com'post *o & m* compost

com'pote *m & v* (-s) compote, stewed fruit

com'pressor *m* (-s en -'soren) techn compressor

compri'meren (comprimeerde, h. gecomprimeerd) *overg* compress, condense

compro'mis *o* (-sen) compromise; *een* ~ *sluiten* compromise

compro'misvoorstel *o* (-len) compromise proposal

compromit'teren (compromitteerde, h. gecompromitteerd) **I** *overg* compromise; **II** *wederk*: *zich* ~ compromise oneself, commit oneself

comptabili'teit *v* **1** (rekenplichtigheid) accountability; **2** (kantoor) accountancy; audit-office

com'puter *m* (-s) computer

com'puterbestand *o* (-en) computer file

com'putergestuurd *bn* computer-controlled

computeri'seren (computeriseerde, h. gecomputeriseerd) *overg* computerize

computeri'sering *v* computerization

com'puterkraker *m* (-s) hacker

com'puterprogramma *o* ('s) computer program

com'puterspel *o* (-spellen, -spelen) computer game

com'putertaal *m* (-talen) computer language, programming language

com'putervirus *o* (-sen) computer virus

con'caaf *bn* concave

concen'tratie *v* (-s) concentration

concen'tratiekamp *o* (-en) concentration camp

concen'tratievermogen *o* power(s) of concentration

concen'treren (concentreerde, h. geconcentreerd) **I** *overg* **1** concentrate [troops, power, attention &, in chemistry]; **2** focus [one's attention &]; **II** *wederk*: *zich* ~ concentrate

con'centrisch *bn* concentric

con'cept *o* (-en) (rough) draft

con'ceptie *v* (-s) conception

con'cept-reglement *o* (-en) draft regulations

con'cern *o* (-s) concern

con'cert *o* (-en) **1** (in 't alg.) concert; **2** recital [by one performer]; **3** concerto [for solo instrument]

concer'teren (concerteerde, h. geconcerteerd) *onoverg* give a concert

con'certgebouw *o* (-en) concert hall

con'certmeester *m* (-s) leader

con'certstuk *o* (-ken) concert poece

con'certvleugel *m* (-s) concert grand

con'certzaal *v* (-zalen) concert hall

con'certzanger *m* (-s), **con'certzangeres** *v* (-sen) concert singer

con'cessie *v* (-s) concession; ~ *aanvragen* apply for a concession; *~s doen* make concessions; ~ *verlenen* grant a concession

con'cessiehouder *m* (-s), **concessio'naris** *m* (-sen) concessionaire

conci'ërge *m* (-s) door-keeper, hall-porter, caretaker [of flats &]

con'cilie *o* (-s) council [of prelates]

concipi'ëren (concipieerde, h. geconcipieerd) *overg* draft [a plan]

con'claaf *o* (-claven), **conclave** *o* (-n) conclave

conclu'deren (concludeerde, h. geconcludeerd) *overg* conclude (*uit* from)

con'clusie *v* conclusion

concor'daat *o* (-daten) concordat

concor'dantie *v* (-s en -tiën) (Bible) concordance

con'cours *o & m* (-en) competition; ~ *hippique* horse show

con'creet *bn* concrete

concreti'seren (concretiseerde, h. geconcretiseerd) **I** *overg* concretize, shape [one's attitude, a plan]; **II** *wederk*: *zich* ~ take shape, materialize

con'creto: *in* ~ actually, as a matter of fact

concubi'naat *o* concubinage

concu'bine *v* (-s) concubine, mistress

concur'rent I *bn* ordinary [creditor]; **II** *m* (-en) competitor, rival

concur'rentie *v* competition, rivalry

concur'rentiebeding *o* competition clause

concur'reren (concurreerde, h. geconcurreerd) *onoverg* compete [with...]

concur'rerend *bn* **1** competitive [price]; **2** rival [firms]

con'dens *m* condensation, condensate

conden'satie *v* condensation

conden'sator *m* (-s en -'toren) condenser

conden'seren (condenseerde, *overg* h., *onoverg* is gecondenseerd) condense; *gecondenseerde melk* evaporated milk

con'densstreep *v* (-strepen) contrail, vapour trail

con'ditie *v* (-s en -tiën) (voorwaarde) condition; *onze ~s zijn...* our terms are...; *in goede* ~ [kept] in good repair [of a house &]; in good form [of a person]; in good condition [of a horse &]

825

con'ditietraining *v* fitness training

conditio'neel *bn bijw* 1 ⟨voorwaardelijk⟩ conditional; 2 ⟨de lichamelijke conditie betreffend⟩ physical(ly)

conditio'neren (conditioneerde, h. geconditioneerd) *overg* 1 psych condition; 2 ⟨voorwaarden stellen⟩ stipulate

condolé'ance *v* (-s) condolence, sympathy

condolé'ancebezoek *o* (-en) call of condolence

condolé'ancebrief *m* (-brieven) letter of condolence, letter of sympathy

condolé'anceregister *o* (-s) condolences book

condole'antie *v* (-s) condolence, sympathy

condo'leren (condoleerde, h. gecondoleerd) *overg* condole, express one's sympathy; *iem.* ~ condole with sbd. [on a loss], sympathize with sbd. [in his loss]; *ik condoleer u van harte* accept my heartfelt sympathy

condome'rie *v* (-rieën) condom shop

con'doom *o* (-domen) condom, sheath, gemeenz rubber

'condor *m* (-s) condor

conduc'teur *m* (-s) 1 ⟨v. trein⟩ Br guard; 2 ⟨v. bus, tram, Am ook trein⟩ conductor; ticket-collector

conduc'trice *v* (-s) conductress, ticket-collector; Br gemeenz ⟨v. bus⟩ clippie

con'duitelijst *v* (-en), **con'duitestaat** *m* (-staten) mil confidential report

con'fectie *v* ready-made, ready-to-wear, off the peg (clothes)

con'fectiepak *o* (-ken) ready-made suit

confede'ratie *v* (-s) confederation, confederacy

confe'rence *v* (-s) sketch, act

conferen'cier *m* (-s) entertainer; ⟨komiek⟩ comedian

confe'rentie *v* (-s) conference, discussion, gemeenz palaver

confe'rentietafel *v* (-s) conference table

confe'rentietolk *m* (-en) conference interpreter

confe'rentiezaal *v* (-zalen) conference room

confe'reren (confereerde, h. geconfereerd) *onoverg* confer (consult) together; hold a conference; ~ *over* confer upon

con'fessie *v* (-s) confession

confessio'neel *bn* denominational

con'fetti *m* confetti

confi'dentie *v* (-s) confidence

confidenti'eel *bn* confidential

confis'catie *v* (-s) confiscation, seizure

confis'queren (confisqueerde, h. geconfisqueerd) *overg* confiscate, seize

confi'turen *mv* preserves, jam

con'flict *o* (-en) conflict; *in* ~ *komen met...* come into conflict with, conflict (clash) with

con'flictsituatie *v* (-s) situation of conflict, conflict situation

con'form *voorz* in conformity with

confor'meren (conformeerde, h. geconformeerd) *wederk: zich* ~ conform oneself

confor'misme *o* conformity

confor'mist *m* (-en) conformist

confor'mistisch *bn* conformist

con'frater *m* (-s) colleague, confrere

confron'tatie *v* (-s) confrontation

confron'teren (confronteerde, h. geconfronteerd) *overg* confront [with...]; *geconfronteerd met de werkelijkheid* faced with reality

con'fuus *bn* confused, abashed, ashamed

con'gé *o & m* dismissal; *iem. zijn* ~ *geven* gemeenz give sbd. the sack, dismiss sbd; *hij kreeg zijn* ~ gemeenz he got the sack, he was dismissed

con'gestie *v* (-s) congestion[2] [med, of traffic &]

conglome'raat *o* (-raten) conglomerate

congre'gatie *v* (-s) 1 ⟨in 't alg.⟩ congregation; 2 RK ook: sodality [for the laity]

con'gres *o* (-sen) congress

con'gresgebouw *o* (-en) conference hall

con'greslid *o* (-leden) 1 member of a (the) congress; 2 ⟨v. h. Am. Congres⟩ Member of Congress, Congressman

congres'seren (congresseerde, h. gecongresseerd) *onoverg* meet, hold a meeting, sit (in congress)

con'grestolk *m* (-en) congress interpreter

congru'ent *bn* congruent

congru'entie *v* (-s) congruence

coni'feer *m* (-feren) conifer

con'junctie *v* (-s) conjunction

'conjunctief *m* (-tieven) subjunctive

conjunc'tuur *v* (-turen) 1 ⟨in 't alg.⟩ conjuncture; 2 handel economic (trade, business) conditions; state of the market, state of trade (and industry); 3 ⟨periode⟩ trade cycle, business cycle

con'nectie *v* (-s) connection; ~*s hebben* have influence [with the minister]

conno'tatie *v* (-s) connotation

'corrector *m* (-s en -'toren) onderwijs second master, vice-principal

consa'creren (consacreerde, h. geconsacreerd) *overg* RK consecrate

consciënti'eus *bn* conscientious

con'scriptie *v* conscription

conse'cratie *v* (-s) RK consecration

conse'creren (consecreerde, h. geconsecreerd) *overg* RK consecrate

con'sensus *m* consensus

conse'quent *bn* (logically) consistent

conse'quentie *v* (-s) 1 ⟨logical⟩ consistency; 2 ⟨gevolg⟩ consequence

conserva'tief I *bn* conservative; Br pol Tory; **II** *m* (-tieven) conservative; Br pol Tory

conserva'tisme *o* conservatism; Br, pol Toryism

conser'vator *m* (-s en -'toren) custodian, curator [of a museum]

conserva'torium *o* (-s en -ria) school of music, conservatoire, conservatory

con'serven *mv* preserves

con'servenfabriek *v* (-en) preserving factory, canning factory, cannery

con'servenindustrie *v* (-trieën) preserving industry, canning industry

conser'veren (conserveerde, h. geconserveerd) *overg* preserve, keep; *goed geconserveerd* ⟨v. oudere personen⟩ well-preserved

conser'vering *v* preservation

conser'veringsmiddel *o* (-en) preservative

conside'ratie *v* (-s) consideration

consig'natie *v* (-s) consignment; *in* ∼ *zenden* send on consignment, consign

con'signe *o* (-s) **1** ⟨opdracht⟩ orders, instructions; **2** ⟨wachtwoord⟩ password

consig'neren (consigneerde, h. geconsigneerd) *overg* **1** handel consign [goods]; **2** mil confine [troops] to barracks

consis'tent *bn* consistent

consis'tentie *v* consistency

consi'storie *o* (-s) consistory

consi'storiekamer *v* (-s) vestry

con'sole *v* (-s) **1** bouwk console; **2** ⟨tafeltje⟩ console table

consoli'datie *v* consolidation

consoli'deren (consolideerde, h. geconsolideerd) *overg* consolidate

'consonant *v* (-en) consonant

con'sorten *mv* associates; *X en* ∼ X and his company, gemeenz X and his likes

con'sortium *o* (-s) consortium, syndicate, ring

con'stant, **'constant** *bn* constant, steady

con'stante *v* (-n) constant

'Constantijn *m* Constantine; ∼ *de Grote* Constantine the Great

Constanti'nopel *o* Constantinople

consta'teren (constateerde, h. geconstateerd) *overg* **1** ⟨in 't alg.⟩ state, ascertain, establish [a fact]; **2** med diagnose; *er werd geconstateerd dat...* ook: it was found that...

consta'tering *v* (-en) statement; *tot de* ∼ *komen dat* find that, observe that

constel'latie *v* (-s) **1** ⟨sterrenbeeld⟩ constellation; **2** ⟨situatie⟩ situation, gemeenz line-up

conster'natie *v* (-s) consternation, dismay

consti'patie *v* constipation

constitu'eren (constitueerde, h. geconstitueerd) **I** *overg* constitute; **II** *wederk: zich tot...* ∼ constitute themselves into...

consti'tutie *v* (-s) constitution

constitutio'neel *bn* constitutional

constras'teren (contrasteerde, h. geconstrasteerd) *onoverg* contrast

construc'teur *m* (-s) designer

con'structie *v* (-s) construction

construc'tief *bn* constructive

constru'eren (construeerde, h. geconstrueerd) *overg* construct

'consul *m* (-s) consul

consu'laat *o* (-laten) consulate

consu'laat-gene'raal *o* (consulaten-generaal) consulate general

consu'lair *bn* consular

consu'lent *m* (-en) adviser

'consul-gene'raal *m* (consuls-generaal) consul general

con'sult *o* (-en) consultation

consul'tatie *v* (-s) consultation

consul'tatiebureau *o* (-s) health centre, (infant) welfare centre

consul'teren (consulteerde, h. geconsulteerd) *overg* consult [a doctor]; ∼*d geneesheer* consulting physician

consu'ment *m* (-en) consumer

consu'mentenbond *m* (-en) consumers' association, consumers' union

consu'meren (consumeerde, h. geconsumeerd) *overg* consume

con'sumptie *v* (-s) **1** ⟨verbruik⟩ consumption; **2** ⟨eet-, drinkwaren⟩ food and drinks

con'sumptiebon *m* (-nen) voucher

consump'tief *bn* consumptive; *consumptieve bestedingen* consumer expenditures; ∼ *krediet* consumer credit

con'sumptiegoederen *mv* consumer goods

con'sumptie-ijs *o* ice cream

con'sumptiemaatschappij *v* consumer society

con'tact *o* (-en) contact, touch; ∼ *hebben met* be in contact with, be in touch with; ∼ *maken (opnemen) met* make contact with, contact [sbd.]; ∼*en leggen* make contacts

con'tactadvertentie *v* (-s) personal ad

con'tactafdruk *m* (-ken) contact print

con'tactdoos *v* (-dozen) socket, plug, outlet

con'tactdraad *m* (-draden) contact wire

contactge'stoord *bn* socially handicapped

con'tactlens *v* (-lenzen) contact lens

con'tactlijm *m* (-en) contact cement

con'tactman *m* (-nen en -lieden) contact (man)

con'tactpersoon *m* (-sonen) contact

con'tactsleuteltje *o* (-s) ignition key

con'tainer *m* (-s) (freight) container

contami'natie *v* (-s) contamination, blend

con'tant I *bn* cash; *à* ∼ for cash; ∼*e betaling* cash payment; **II** *bijw:* ∼ *betalen* pay cash; **III** *mv:* ∼*en* ready money, (hard) cash

con'tanten *mv* cash

contempla'tief *bn* contemplative, meditative

contempo'rain *bn* contemporary

con'tent *bn* content(ed), happy

'context *m* (-en) context

conti'nent *o* (-en) continent

continen'taal *bn* continental

contin'gent *o* (-en) **1** mil contingent[2]; **2** handel quota[2]

contingen'teren (contingenteerde, h. gecontingenteerd) *overg* establish quotas for [imports], quota, limit by quotas

contingen'tering v quota system, quota restriction, quota

conti'nu bn continuous

conti'nubedrijf o (-drijven) continuous industry

continu'eren (continueerde, h. gecontinueerd) overg & onoverg continue

continuï'teit v continuity

con'tour m (-en) contour, outline

'contra voorz contra, versus, against

'contrabande v contraband (goods)

'contrabas v (-sen) double-bass

contra'ceptie v contraception

con'tract o (-en) contract

contrac'tant m (-en) contracting party

con'tractbreuk v (-en) breach of contract

contrac'teren (contracteerde, h. gecontracteerd) onoverg & overg contract (for)

con'tractie v (-s) contraction

contractu'eel I bn contractual; II bijw by contract

'contradans m (-en) contra dance, contredance

contra'dictie v (-s) contradiction

'contrafagot m (-ten) muz double-bassoon

'contragewicht o (-en) counterpoise, counterweight

'contra-indicatie v (-s) counter indication

'contramine v: in de ~ zijn handel speculate for a fall; hij is altijd in de ~ he is always in the humour of opposition

contraproduc'tief bn counter-productive

'contrapunt o (-en) counterpoint

'contrarevolutie v (-s) counter-revolution

contrari'ëren (contrarieerde, h. gecontrarieerd) overg act (go) contrary to the wishes of, thwart the plans of

contrasig'neren (contrasigneerde, h. gecontrasigneerd) overg countersign

'contraspionage v counter-espionage

con'trast o (-en) contrast

con'trastvloeistof v (-fen) contrast medium

contre'coeur: à ~ half heartedly

con'treien mv regions; in deze ~ in these parts

contribu'ant m (-en) subscribing member

contribu'eren (contribueerde, h. gecontribueerd) overg & onoverg contribute

contri'butie v (-s) subscription

con'trole v (-s) check(ing), supervision, control; ~ uitoefenen op de... check the...

con'trolekamer v (-s) control room

con'trolepost m (-en) checkpoint

contro'leren (controleerde, h. gecontroleerd) overg 1 ⟨nagaan⟩ check, examine, verify, control; 2 ⟨toetsen⟩ test; 3 ⟨toezicht houden op⟩ supervise

contro'leur m (-s) 1 (in 't alg.) controller; 2 (in schouwburg &) ticket inspector

contro'verse v (-n en -s) controversy

controversi'eel bn controversial

conveni'ëren (convenieerde, h. geconvenieerd) onoverg suit; het convenieert mij niet I cannot afford it; als het u convenieert if it suits your convenience

con'ventie v (-s) convention

conventio'neel bn conventional, orthodox

conver'geren (convergeerde, h. geconvergeerd) onoverg converge

conver'satie v (-s) conversation; hij heeft geen ~ 1 he has no conversational powers; 2 he has no friends; zij hebben veel ~ they see much company

conver'satieles v (-sen) conversation lesson

conver'satiezaal v (-zalen) lounge

conver'seren (converseerde, h. geconverseerd) onoverg converse

con'versie v conversion

conver'teerbaar bn convertible

conver'teren (converteerde, h. geconverteerd) overg convert [into...]

convertibili'teit v convertibility

con'vex bn convex

convo'catie v (-s) 1 ⟨bijeenroeping⟩ convocation; 2 ⟨bericht⟩ notice (of a meeting)

convo'ceren (convoceerde, h. geconvoceerd) overg convene, convoke

coöpe'ratie v (-s) 1 ⟨samenwerking⟩ co-operation; 2 ⟨vereniging⟩ co-operative

coöpera'tief bn co-operative

coöp'tatie v (-s) co-optation

coördi'naten mv co-ordinates

coördi'natenstelsel o (-s) coordinate system

coördi'natie v (-s) co-ordination

coördi'nator m (-s of -na'toren) coordinator

coördi'neren (coördineerde, h. gecoördineerd) overg co-ordinate

copi'eus I bn plentiful [dinner]; II bijw: ~ dineren partake of a plentiful dinner

'coproductie v (-s) co-production

copu'leren (copuleerde, h. gecopuleerd) onoverg copulate

cordon 'bleu m (-s) 1 ⟨vleesgerecht⟩ escalope with ham and cheese; Am veal cordon bleu; 2 ⟨bekwame kok⟩ cordon bleu chef

'corduroy I o corduroy, cord; II bn corduroy, cord; een ~ broek corduroys, cords

Co'rinthe o Corinth

Co'rinthiër m (-s) Corinthian

Co'rinthisch bn Corinthian

cor'nedbeef m corned beef

'corner m (-s) sp, handel corner

'Cornisch o & bn Cornish

coro'nair bn coronary [thrombosis &]

corpo'ratie v (-s) corporate body, corporation

corpora'tief bn corporative

corps o (corpora) corps, body; zie ook: studentencorps; het ~ diplomatique the Diplomatic Corps, the Diplomatic Body

corpu'lent bn corpulent, stout

corpu'lentie v corpulence, stoutness

'corpus o (-sen) body

corpuscu'lair *bn* corpuscular
cor'rect *bn* correct
cor'rectheid *v* correctness
cor'rectie *v* (-s) correction
cor'rectielak *m & o* correction fluid
cor'rectieteken *o* (-s) correction mark
cor'rector *m* (-s en -'toren) (proof-)reader, corrector
corre'latie *v* (-s) correlation (Br ook: corelation)
corre'leren (correleerde, *onoverg* is, *overg* h. gecorreleerd) correlate (Br ook: corelate)
correspon'dent *m* (-en) correspondent; [foreign] correspondence clerk
correspon'dentie *v* (-s) correspondence
correspon'dentieadres *o* (-sen) postal address, mailing address
correspon'dentievriend *m* (-en), **correspon-'dentievriendin** *v* (-nen) pen friend, pen pal
correspon'deren (correspondeerde, h. gecorrespondeerd) *onoverg* correspond
corri'dor *m* (-s) corridor
corri'geren (corrigeerde, h. gecorrigeerd) *overg & onoverg* correct²; mark [papers], read [proofs]
cor'rosie *v* corrosion
corrum'peren (corrumpeerde, h. gecorrumpeerd) *overg & onoverg* corrupt
cor'rupt *bn* corrupt
cor'ruptie *v* (-s) corruption
cor'sage *v & o* (-s) corsage
corse'let *o* (-ten) corslet
'Corsica *o* Corsica
Corsi'caan *m* (-canen) Corsican
Corsi'caans *o & bn* Corsican
'corso *m & o* ('s) parade, procession
Co'ruña: *La ~* Corunna
cor'vee *v* (-s) 1 mil fatigue duty, fatigue party; 2 *het is een ~* it's quite a job; *~ hebben* do the chores
cory'fee *m & v* (-feeën) coryphaeus; coryphee
cos *afk.* = *cosinus*
'cosinus *m* cosine
cos'metica *mv* cosmetics
cosme'tiek *v* cosmetic
cos'metisch *bn* cosmetic²
Costa 'Rica *o* Costa Rica
Costari'caan *m* (-canen) Costa Rican
Costari'caans *bn* Costa Rican
'cotangens *v* cotangent
cote'rie *v* (-s en -rieën) coterie, clique, (exclusive) set
cou'chette *v* (-s) berth
cou'lant *bn* 1 (mild) accommodating; 2 (in handelszaken) reasonable [terms]; prompt [payment]; generous [attitude]
cou'lisse *v* (-n) side-scene, wing; *achter de ~n* behind the scenes, in the wings
cou'loir *m* (-s) lobby [of Lower House]
'counter *m* (-s) 1 sp counter, counter-attack; 2 (balie) counter

'counteren (counterde, h. gecounterd) *onoverg* sp counter, counter-attack
coup *m* (-s) (staatsgreep) coup; *een ~ plegen* stage a coup
coupe *v* (-s) 1 (v. kleding) cut; 2 (v. haar) style; 3 cup [as a drink]; *~ soleil* highlights
cou'pé *m* (-s) 1 (v. trein) compartment; 2 (rijtuig) coupé, brougham
'coupenaad *m* (-naden) dart
cou'peren (coupeerde, h. gecoupeerd) I *overg* 1 cut [the cards]; 2 make cuts [in a play]; 3 forestall [disagreeable consequences]; 4 dock [a tail], crop [ears]; *een gecoupeerde staart* a bobtail; II *abs ww* cut [the cards]
cou'peur *m* (-s), **cou'peuse** *v* (-s) cutter
cou'plet *o* (-ten) stanza; (tweeregelig) couplet
cou'pon *m* (-s) 1 handel coupon; 2 remnant [of dress-material], cutting
cou'ponblad *o* (-bladen) coupon-sheet
cou'ponboekje *o* (-s) book of coupons, book of tickets
cou'pure *v* (-s) cut; *in ~s van £ 50 en £ 10* in denominations of £ 50 and £ 10
1 cou'rant I *bn* current, marketable; II *o: Nederlands ~* Dutch currency
2 cou'rant *v* (-en) = *krant*
cou'reur *m* (-s) 1 (met auto) racing driver, racing motorist; 2 (met motor) racing motor-cyclist; 3 (met fiets) racing cyclist, racer
cour'gette *v* (-s) courgette; Am zucchini
cour'tage *v* (-s) brokerage
courti'sane *v* (-s) courtesan
'couscous *m* couscous
coutu'rier *m* (-s) couturier, fashion designer
cou'vert *o* (-s) 1 cover [of letter & plate, napkin, knife and fork]; 2 envelope; *onder ~* under cover
cou'veuse *v* (-s) incubator
cou'veusekind *o* (-eren) premature baby
'cover *m* (-s) 1 (boekomslag) cover, (dust) jacket; 2 (v.e. lied) cover version, remake
'coveren (coverde, h. gecoverd) *overg* retread [a tyre]
'cowboy *m* (-s) cowboy
'cowboyfilm *m* (-s) cowboy film, western
'cowboypak *o* (-ken) cowboy suit
c.q. *afk.* = *casu quo*
crack *m* (-s) 1 (uitblinker) ace, gemeenz crack; 2 (drug) crack
cra'paud *m* (-s) easy-chair
craque'lé *o* crackling
craque'leren (craqueleerde, h. gecraqueleerd) *overg* craze
crash *m* (-es) crash°
'crashen (crashte, is gecrasht) *onoverg* crash°
crawl *m* crawl
'crawlen (crawlde, h. gecrawld) *onoverg* crawl, swim the crawl
'crawlslag *m* (-slagen) crawl-stroke

cre'atie *v* (-s) creation
crea'tief *bn* creative, originative
creativi'teit *v* creativeness
crea'tuur *o* (-turen) creature
crèche *v* (-s) creche, day-nursery
'credit *o* credit
'creditcard *m* (-s) credit card
credi'teren (crediteerde, h. gecrediteerd) *overg: iem.*
~ *voor* place [a sum] to sbd.'s credit, credit sbd.
with
credi'teur *m* (-s en -en) creditor
'creditnota *v* ('s) credit note
'creditzijde *v* (-n) credit side, creditor side
'credo *o* ('s) 1 credo [during Mass]; 2 [Apostles', po-
litical] creed
cre'ëren (creëerde, h. gecreëerd) *overg* create [a part
&]
cre'matie *v* (-s) cremation
crema'torium *o* (-s en -ria) crematorium, crema-
tory
crème I *v* (-s) cream; **II** *bn* cream (-coloured)
cre'meren (cremeerde, h. gecremeerd) *overg* cremate
cre'ool *m* (-olen), **cre'oolse** *v* (-n) Creole
creo'soot *m & o* creosote
crêpe *m* crepe [ook = crepe rubber]
'crêpepapier *o* (-en) crepe paper
cre'peren (crepeerde, is gecrepeerd) *onoverg* die [of
animals]
cric *m* (-s) (car, lifting) jack
'cricket *o* cricket
crime *m* disaster, horror, nuisance, curse; *die nieuwe
rotondes zijn een* ~ those new roundabouts are a
disaster; ~ *passionnel* crime passionnel, crime of
passion
criminali'teit *v* 1 (het misdadige) criminality;
2 (de misdaad collectief) crime; *het toenemen van de*
~ the increase in crime; *zie ook: jeugdcriminaliteit*
crimi'neel *bn & m* (-nelen) criminal
criminolo'gie *v* criminology
crimino'loog *m* (-logen) criminologist
crino'line *v* (-s) crinoline, hoop petticoat, hoop
'crisis *v* (-sen en crises) 1 (in 't alg.) crisis° [*mv* cri-
ses], critical stage, turning-point; 2 (vooral economisch) depression, slump; 3 (noodtoestand v.d.
landbouw &) emergency; *tot een ~ komen* come to
a crisis (a head)
'crisismaatregel *m* (-en) emergency measure
'crisistijd *m* (-en) time of crisis; *de* ~ the depression
cri'terium *o* (-ria) criterion [*mv* criteria], test
criti'caster *m* (-s) criticaster
'criticus *m* (-ci) critic
crois'sant *m* (-s) croissant
'croquet *o* sp croquet
'crossen (crosste, h. gecrosst) *onoverg* 1 sp do cross-
country; 2 (wild rijden) tear about, race about
'crossfiets *m & v* (-en) 1 (voor kinderen) BMX bike;
2 (voor veldrijden) cross-country bike (bicycle)

'crossmotor *m* (-toren en -s) cross-country motorcycle, Am trailbike
cru *bn* crude, blunt
cruci'aal *bn* crucial, vital
'crucifix *o* (-en) crucifix
cruise *m* (-s) cruise
crypt (-en), **'crypte** *v* (-n) crypt
crypto'gram *o* (-men) (puzzel) cryptogram
c.s. *afk.* = *cum suis*
'Cuba *o* Cuba
Cu'baan *m* (-banen) Cuban
Cu'baans *bn* Cuban
culi'nair *bn* culinary
culmi'natie *v* (-s) culmination
culmi'natiepunt *o* (-en) culminating point[2]
culmi'neren (culmineerde, h. geculmineerd) *onoverg* culminate[2]
culti'veren (cultiveerde, h. gecultiveerd) *overg* cultivate
cul'ture *v* (-s) (plantage) plantation
cultu'reel *bn* cultural
'cultus *m* (culten) cult[2]
cul'tuur *v* (-turen) 1 (beschaving) culture; 2 (teelt)
culture, cultivation; 3 culture [= set of bacteria]
cul'tuurbarbaar *m* (-baren) philistine
cul'tuurfilosoof *m* (-sofen) social philosopher
cul'tuurgeschiedenis *v* social history
cul'tuurhistoricus *m* (-ci) social historian
cul'tuurhistorisch *bn* socio-historical
cul'tuurschok *m* (-ken) cultureshock
cul'tuurvolk *o* (-en en -eren) civilized nation
cum 'suis *bijw* and others
cumu'latie *v* (-s) accumulation
cumula'tief *bn* cumulative
'cumuluswolk *v* (-en) cumulus (cloud)
cup *m* (-s) cup°
'cupfinale *v* (-s) cup final
Cupido, **'cupido** *m* ('s) Cupid
'cupwedstrijd *m* (-en) cup tie
cura'tele *v* guardianship; *onder* ~ *staan* be in ward,
be under guardianship; *onder* ~ *stellen* put in ward,
deprive of the management of one's affairs
cu'rator *m* (-s en -'toren) 1 guardian; curator,
keeper [of a museum &]; 2 governor [of a school];
3 recht trustee, official receiver [in bankruptcy]
cura'torium *o* (-ria) board of governors [of a
school]
curet'tage *v* med curettage
curet'teren (curetteerde, h. gecuretteerd) *overg* cu-
rette
1 'curie *v* RK [Roman] curia
2 cu'rie *v* (stralingseenheid) curie
curi'eus *bn* curious, odd, queer
curiosi'teit *v* (-en) curiosity
cur'sief I *o* (-sieven) italic type, italics; **II** *bn* in italics, italicized; **III** *bijw* in italics
cur'siefje *o* (-s) (regular) column [in newspaper]
cur'siefletters *mv* italics

cur'sist *m* (-en) student of a course (of lectures)
cursi'veren (cursiveerde, h. gecursiveerd) *overg*
italicize, print in italics; *wij ~ the italics are ours,
our italics*
'cursor *m* (-s) <u>comput</u> cursor
'cursus *m* (-sen) course, curriculum; [evening]
classes
'curve *v* (-n) curve
c.v. *afk.* **1** = *commanditaire vennootschap, zie: com-
manditair;* **2** = *centrale verwarming, zie: centraal*
cyaan'kali *m* cyanide, prussic acid
cyber'netica *v* cybernetics
cyber'netisch *bn* cybernetic
cy'claam *v* (-clamen) cyclamen
Cy'claden *mv: de ~ the Cyclades*
'cyclisch *bn* cyclic(al)
cyclo'naal *bn* cyclonic(al)
cy'cloon *m* (-clonen) cyclone
cy'cloop *m* (-clopen) cyclops
cyclo'style *m* (-s) cyclostyle
cyclosty'leren (cyclostyleerde, h. gecyclostyleerd)
overg cyclostyle
cyclo'tron *o* (-s) cyclotron
'cyclus *m* (-sen en cycli) cycle
'cynicus *m* (-ci) cynic
'cynisch *bn* cynical
cy'nisme *o* cynicism
'cypers *bn: ~e kat* Cyprian cat
Cypri'oot *m* (-oten) Cypriot, Cyprian
'Cyprisch *bn* Cyprian, Cypriot
'Cyprus *o* Cyprus
cy'rillisch *bn* Cyrillic
'cyste *v* (-n) cyst
cytolo'gie *v* cytology

D

d *v* ('s) d
daad *v* (daden) deed, act, action, feat, achievement;
man van de ~ man of action; *de ~ bij het woord voegen* suit the action to the word; zie ook: *betrappen,
raad*
daad'werkelijk *bn* **1** (werkelijk, metterdaad) actual; **2** (krachtig) active [support &]
daags **I** *bn* daily; *mijn ~e jas* my everyday (week-
day) coat; **II** *bijw* by day; *'s anderen ~, ~ daarna* the
next day; *~ tevoren* the day before, the previous
day; *driemaal ~* three times a day
'daalder *m* (-s) <u>hist</u> Dutch coin, f 1,50-worth
daar **I** *bijw* there; **II** *voegw* as (in vóórzin), because
(in nazin)
daaraan'volgend *bn* following, next
daar'achter *bijw* behind it (that), at the back of
that
daarbe'neden *bijw* under it, down there; *...van 21
jaar en ~* ...and under
'daarbij, daar'bij *bijw* **1** (in de buurt) near it;
2 (bovendien) over and above this, besides, moreover, in addition, at that; *zij hebben ~ het leven verloren* they have lost their lives in it; *~ komt dat...*
another thing is that...
daar'binnen *bijw* within, in there
daar'boven *bijw* up there, above, over it; *50% en
iets ~* 50% and something over; *sommen van £ 500
en ~* sums of £ 500 and upwards; *God ~* God
above, God on high
daar'buiten *bijw* outside
'daardoor, daar'door *bijw* **1** (plaatselijk) through
it; **2** (oorzakelijk) by that, by doing so, by these
means
daaren'boven *bijw* moreover, besides
daaren'tegen *bijw* on the other hand, on the contrary; *hij is..., zijn broer ~ is zeer...* ook: he is...,
whereas his brother is very...
'daargelaten *bn* leaving aside; *dat ~* apart from
that; *nog ~ dat...* let alone (not to mention) that
daar'ginder, daar'ginds *bijw* over there; out
there [in Africa &]
'daarheen, daar'heen *bijw* there, thither
'daarin *bijw* in there; in it (this, that)
daar'langs *bijw* along that road (path, line &)
'daarlaten[1] *overg: dat wil ik nog ~* this I'll leave out
of consideration; zie ook: *daargelaten*
'daarmee, daar'mee *bijw* with that
'daarna, daar'na *bijw* after that; in the second
place
'daarnaar *bijw* by that, accordingly
'daarnaast, daar'naast *bijw* beside it, at (by) the

side of it, next to it

daar'net *bijw* just now

'**daarom, daar'om** *bijw* therefore, for that reason; ~ ga ik er niet heen ook: that's why I am not going

daarom'heen *bijw* around (it), about it

'**daaromstreeks** *bijw* thereabouts

'**daaromtrent, daarom'trent** I *voorz* about that, concerning that; II *bijw* thereabouts

'**daaronder, daar'onder** *bijw* 1 (lager) under it (that), underneath, 2 (daartussen) among them

'**daarop** *bijw* 1 (daarboven) on it, on that; 2 (daarna) there-upon, upon (after) this

daarop'volgend *bijw* following, next

'**daarover, daar'over** *bijw* 1 (naar andere zijde) over it (that), across it; 2 (betreffende dat) about (concerning) that, on that subject

'**daartegen, daar'tegen** *bijw* against that

daartegen'over *bijw* opposite; ~ staat dat... but then..., on the other hand..., however...

'**daartoe, daar'toe** *bijw* for it, for that purpose, to that end

'**daartussen, daar'tussen** *bijw* between (them), among them; en niets ~ and nothing in between

'**daaruit, daar'uit** *bijw* out (of it), from that (this), thence

'**daarvan** *bijw* 1 (behorende tot) of that; 2 (daarvandaan) from that

'**daarvandaan, daarvan'daan** *bijw* away from there

1 '**daarvoor, daar'voor** *bijw* for that, for it, for that purpose; ~ komt hij that is what he has come for

2 **daar'voor** *bijw* before (that); before it (them)

'**daarzo** *bijw* gemeenz there, over there

daas *bijw* dazed; foolish [plans]

dacht (dachten) V.T. v. *denken*

dactylosco'pie *v* finger-print identification

dactylo'scopisch *bn* finger-print [examination &]

'**dactylus** *m* (-tyli en -tylen) dactyl

'**dadel** *v* (-s) date

'**dadelboom** *m* (-bomen) date tree

'**dadelijk** I *bn* immediate, direct; II *bijw* immediately, at once, right away, directly, instantly; zo ~ presently

'**dadelpalm** *m* (-en) date-palm

'**dadendrang** *m* drive

'**dader** *m* (-s) author, doer, wrong-doer, culprit

'**dading** *v* (-en) recht settlement, arrangement

dag *m* (dagen) day; ~! zie: *goedendag*; ~ en nacht night and day, day and night, round the clock; de (ge)hele ~ all day (long); de jongste ~ the Day of Judgment; de oude ~ old age; de ~ daarna the following day; de ~ tevoren the day before, the previous day; de ~ des Heren the Lord's Day [= Sunday]; de ~ van morgen to-morrow; dezer ~en the other day, lately; één dezer ~en one of these days, some day soon; betere ~en gekend hebben have seen better days; het wordt ~ day is breaking; het is kort ~ time

is short; het is morgen vroeg ~ we have to get up early to-morrow; ~ aan ~ day by day, day after day; het aan de ~ brengen bring it to light; aan de ~ komen come to light; aan de ~ leggen display, manifest, show; bij ~ by day; bij de ~ leven live by the day; (in) de laatste ~en during the last few days, lately, or late; in vroeger ~en in former days, formerly; ~ in ~ uit day in day out; later op de ~ later in the day(-time); op de ~ (af) to the (very) day; midden op de ~ 1 in the middle of the day; 2 in broad daylight; op een (goeie) ~, op zekere ~ one (fine) day; op zijn oude ~ in his old age; heden ten ~e nowadays; tot op deze ~ to this (very) day; van ~ tot ~ from day to day, day by day; ... van de ~ current [affairs, politics]; voor ~ en dauw at dawn, before daybreak; iets voor de ~ halen produce sth., take it out, bring it out; voor de ~ komen appear, show oneself, turn up [of persons]; become apparent, show [of things]; voor de ~ ermee! out with it!; hij kwam er niet mee voor de ~ he didn't produce it [the promised thing], he didn't come out with it [his guess], he didn't put it [the idea] forward

'**dagafschrift** *o* (-en) (daily) statement

'**dagblad** *o* (-bladen) (daily) newspaper, daily paper, daily

'**dagbladcorrespondent** *m* (-en) newspaper correspondent

'**dagbladpers** *v* daily press

'**dagblind** *bn* day-blind

'**dagboek** *o* (-en) 1 (v. dagelijkse belevenissen) diary; 2 handel day-book

'**dagboot** *m & v* (-boten) day-boat, day-steamer

'**dagbouw** *m* open-cast mining, surface mining

'**dagdief** *m* (-dieven) idler

'**dagdienst** *m* (-en) 1 (dienst overdag) daywork; (bij ploegendienst) day shift; 2 (in dienstregeling) day service

'**dagdieven** (dagdiefde, h. gedagdiefd) onoverg idle

'**dagdieve'rij** *v* (-en) idling

'**dagdromen** *o* day-dreaming

'**dagelijks** I *bn* 1 (in 't alg.) daily, everyday [clothes, life]; 2 astron diurnal; het ~ bestuur 1 (v. gemeente) ± the mayor and aldermen; 2 (v. vereniging) the executive (committee); II *bijw* every day, daily

1 '**dagen** (daagde, h. gedaagd) I onoverg dawn; II overg summon, summons

2 '**dagen** meerv. v. *dag*

'**dagenlang** I *bn* lasting for days; II *bijw* for days on end

dag-en-'nachtevening *v* equinox

'**dageraad** *m* daybreak, dawn[2]

'**daggeld** *o* (-en) 1 handel call-money; 2 (loon) day's wage(s), daily wage(s)

'**daggelder** *m* (-s) day-labourer

'**daggeldlening** *v* (-en) day-to-day loan, call loan

'**dagindeling** *v* (-en) division of the day, timetable, schedule

'**dagje** *o* (-s) day; het er een ~ van nemen make a day

of it; *een ~ ouder worden* be getting on, not getting
any younger

'**dagjesmensen** *mv* day trippers, cheap trippers

'**dagkaart** *v* (-en) day-ticket

'**dagkoers** *m* (-en) day's rate of exchange, current
rate of exchange

'**daglicht** *o* daylight; *dat kan het ~ niet verdragen*
that cannot bear the light of day; *iem. in een kwaad
~ stellen* get sbd. in wrong [with sbd. else]; *bij ~* by
daylight

'**dagloner** *m* (-s) day-labourer

'**dagloon** *o* (-lonen) day's wage(s), daily wage(s)

'**dagmars** *m & v* (-en) day's march

'**dagmeisje** *o* (-s) day-girl, daily help, daily

'**Dagobert 'Duck** *m* Scrooge

'**dagorde** *v* order of the day

'**dagorder** *v & o* (-s) mil order of the day

'**dagpauwoog** *m* (-ogen) peacock butterfly

'**dagploeg** *v* (-en) day-shift

'**dagreis** *v* (-reizen) day's journey

'**dagretour** *o* (-s) day-return ticket

'**dagschool** *v* (-scholen) day-school

'**dagschotel** *m & v* (-s) special dish for the day

'**dagtaak** *v* (-taken) day's work

'**dagtekenen** (dagtekende, h. gedagtekend) *onoverg
& overg* date

'**dagtekening** *v* (-en) date

'**dagtochtje** *o* (-s) day trip

'**dagvaarden** (dagvaardde, h. gedagvaard) *overg*
cite, summon, summons, subpoena

'**dagvaarding** *v* (-en) summons, subpoena, writ

'**dagverdeling** *v* (-en) = *dagindeling*

'**dagvlinder** *m* (-s) (diurnal) butterfly

'**dagwaarde** *v* (-n, -s) market value

'**dagwerk** *o* daily work; *als..., dan had ik wel ~* there
would never be an end of it

'**dahlia** *v* ('s) dahlia

'**dak** *o* (daken) roof; *een ~ boven zijn hoofd hebben*
have a roof over one's head; *onder ~ brengen* give
[sbd.] shelter; *onder één ~ wonen met* live under the
same roof with; *ik kon nergens onder ~ komen* nobody could take me in, could put me up; *onder ~
zijn eig* be under cover [of a person]; *fig* be provided for; *iem. op zijn ~ komen fig* take sbd. to task;
dat krijg ik op mijn ~ they'll lay it at my door,
they'll blame it on me; *iem. iets op zijn ~ schuiven*
shove the blame (sth.) on sbd., saddle sbd. with
sth.; *dat kwam me koud op mijn ~ vallen* that caught
me by surprise; *over de ~en klauteren* scramble over
the rooftops; *uit zijn ~ gaan* go out of one's mind;
van de ~en schreeuwen proclaim from the house-
tops; *het gaat van een leien ~je* it goes smoothly
(swimmingly), the thing goes on wheels (without a
hitch)

'**dakbalk** *m* (-en) roof-beam

'**dakbedekking** *v* (-en) roofing, roofing material

'**dakdekker** *m* (-s) = *dekker*

'**dakgoot** *v* (-goten) gutter

'**dakkamertje** *o* (-s) attic, garret

'**dakkapel** *v* (-len) dormer-window

'**daklicht** *o* (-en) sky-light

'**dakloos** *bn* homeless, roofless

'**dakloze** *m-v* (-n) waif; *de ~n ook*: the homeless

'**dakpan** *v* (-nen) (roofing) tile

'**dakpijp** *v* (-en) gutter-pipe

'**dakrand** *m* (-en) (onderste) eaves

'**dakriet** *o* thatch

'**dakruiter** *m* (-s) (torentje) ridge turret

'**dakspaan** *v* (-spanen) shingle

'**dakspar** *m* (-ren) rafter

'**dakstoel** *m* (-en) truss

'**dakterras** *o* (-sen) roof garden, terrace

'**daktuin** *m* (-en) roof garden

'**dakvenster** *o* (-s) dormer-window, garret-window

'**dakvorst** *v* (-en) ridge [of a (the) roof]

'**dakwerk** *o* roofing

dal *o* (dalen) valley, *plechtig* vale; (vooral in Noord-
Engeland) dale; (smal en bebost) dell, dingle

'**dalen** (daalde, is gedaald) *onoverg* **1** descend, land
[of an airplane]; **2** sink, drop [of the voice]; **3** go
down [of the sun, of prices &]; **4** fall [of prices, the
barometer]; *de stem laten ~* drop (lower) one's
voice

'**daling** *v* (-en) descent, fall, drop, decline

Dal'matië *o* Dalmatia

dal'matiër, dalma'tiner, *m* (-s) (hond) Dalmatian

Dal'matiër *m* (-s) Dalmatian

Dal'matisch *bn* Dalmatian

'**dalurenkaart** *v* (-en) off-peak hours card

1 dam *m* (-men) dam, dike, causeway, barrage [to
hold back water], weir [across a river]; *een ~ opwerpen tegen* cast (throw) up a dam against; *dam up[2],
stem[2]* [the progress of evil]

2 dam *v* (-men) sp king [at draughts]; *~ halen*
crown a man, go to king; *~ spelen* play at draughts

da'mast *o* (-en) damask

da'masten *bn* damask

'**dambord** *o* (-en) draught-board

'**dame** *v* (-s) **1** (in 't alg.) lady; **2** partner [at dance &]

'**damesachtig** *bn* ladylike

'**damesblad** *o* (-bladen) women's magazine

dames'dubbel(spel) *o* women's doubles

dames'enkel(spel) *o* women's singles

'**damesfiets** *m & v* (-en) ladies' bicycle

'**dameshondje** *o* (-s) lap-dog

'**dameskapper** *m* (-s) ladies' hairdresser

'**dameskleding** *v* ladies' wear

'**dameskleermaker** *m* (-s) ladies' tailor

'**damesmantel** *m* (-s) lady's coat

'**damesmode** *v*: *de ~* ladies' fashion; *~s* ladies' wear

'**damestasje** *o* (-s) lady's bag, vanity bag

'**damestoilet** *o* (-ten) ladies', ladies, ladies' lavatory,
ladies room

'**damesverband** *o* sanitary towel, sanitary napkin

'**dameszadel** *o & m* (-s) **1** side-saddle [for horse];
2 lady's saddle [for bicycle]

'**damhert** o (-en) fallow-deer
'**dammen** (damde, h. gedamd) *onoverg* play at draughts
'**dammer** m (-s) draught-player
damp m (-en) vapour, steam, smoke, fume
'**dampen** (dampte, h. gedampt) *onoverg* steam [of soup &], smoke; *(zitten)* ~ sit and smoke, blow clouds
'**dampig** bn 1 (mistig) vaporous, vapoury, hazy; 2 (kortademig) broken-winded
'**dampkring** m (-en) atmosphere
'**damschijf** v (-schijven) (draughts)man
'**damspel** o 1 (het spel) draughts, game at (of) draughts; 2 (-len) (bord en schijven) draught-board and men
dan I bijw then; *zeg het,* ~ *ben je een beste vent* tell it, there's (that's) a good boy; *ik had* ~ *toch maar gelijk* so I was right after all; *ga* ~ *toch* do go; *en ik* ~? and what about me?; *wat is er* ~? now, what's the matter?; *wat zeur je* ~? why all the fuss?; *als je wilt,* ~ *kun je gaan* you can go, if you want to; *maar hij heeft* ~ *ook...* after all he has...; *nu eens hier,* ~ *weer daar* now here, now there; **II** voegw than; *groter* ~ bigger than
'**dancing** m (-s) dance-hall
'**dandy** m ('s) dandy, coxcomb
'**danig I** bn versterkend very great; *ik heb een* ~*e honger* I feel awfully hungry; **II** bijw very, very much, greatly [disappointed], vigorously [defending themselves], badly, severely [hurt], sadly [disappointed], sorely [mistaken, afflicted]
dank m thanks; *geen* ~! don't mention it!; *zijn hartelijke* ~ *betuigen* express one's heartfelt thanks; *ik heb er geen* ~ *van gehad* much thanks I have got for it!; ~ *weten* thank; *Gode zij* ~ thank God; *in* ~ 1 gratefully [accepted]; 2 [received] with thanks; *in* ~ *terug* returned with thanks; zie ook: *stank*
'**dankbaar** bn thankful, grateful
'**dankbaarheid** v thankfulness, gratitude
'**dankbetuiging** v (-en) expression of thanks, letter of thanks, vote of thanks; *onder* ~ with thanks
'**dankdag** m (-dagen) thanksgiving day
'**danken** (dankte, h. gedankt) **I** overg thank; *te* ~ *hebben* owe, be indebted for [to sbd.]; *hij heeft het aan zichzelf te* ~ he has himself to thank for it; *dank u* 1 (bij weigering) no, thank you; 2 (bij aanneming) thank you; *dank u zeer* thank you very much, thanks awfully; *niet te* ~! don't mention it!; **II** onoverg 1 (in 't alg.) give thanks; 2 say grace [after meals]; *daar dank ik voor* thank you very much; *ik zou je* ~! not likely!; thank you for nothing!
'**dankfeest** o (-en) 1 (in 't alg.) thanksgiving feast; 2 (oogstfeest) harvest festival
'**dankgebed** o (-beden) 1 (prayer of) thanksgiving; 2 grace [before and after meals]
'**danklied** o (-eren) song of thanksgiving
'**dankoffer** o (-s) thank-offering
'**dankwoord** o (-en) word (vote) of thanks; *een* ~

uitspreken say a word of thanks, offer a vote of thanks
'**dankzeggen**[1] *onoverg* give thanks, render (return) thanks, thank [sbd.]
'**dankzegging** v (-en) 1 (dankwoord) word of thanks, expression of gratitude; 2 (gebed) thanksgiving
'**dankzij** voorz thanks to; ~ *zij zijn hulp* thanks to his help
dans m (-en) dance; *de* ~ *ontspringen* have a narrow escape
'**dansclub** v (-s) dancing-club
'**dansen** (danste, h. gedanst) *onoverg* dance°; *hij danst naar haar pijpen* he dances to her piping (to her tune)
'**danser** m (-s), **danse'res** v (-sen) (in 't alg.) dancer; (danspartner) partner [at a dance]
dan'seuse v (-s) dancer, ballet-dancer
'**dansfiguur** v & o (-guren) dance figure
'**dansgelegenheid** v (-heden) dancehall
'**dansje** o (-s) dance, gemeenz hop; *een* ~ *maken* have a dance, slang shake a leg
'**danskunst** v (art of) dancing
'**dansleraar** m (-s en -raren) dancing master
'**dansles** v (-sen) dancing-lesson; (algemeen) dancing classes
'**dansmuziek** v dance music
'**dansorkest** o (-en) dance band, dance-orchestra
'**danspartij** v (-en) dancing-party, dance, gemeenz hop
'**danspas** m (-sen) dancing-step, step
'**dansschoen** m (-en) dancing shoe
'**dansschool** v (-scholen) dancing-school
'**dansvloer** m dance floor
'**danswijsje** o (-s) dance tune
'**danszaal** v (-zalen) ballroom, dancing-room, dancehall
'**dapper I** bn brave, valiant, gallant, valorous; *een* ~ *ventje* a plucky little fellow; **II** bijw bravely &; ~ *meedoen* join heartily in the game; *er* ~ *op los zingen* sing (away) lustily; *zich* ~ *houden* behave gallantly, bear oneself bravely, gemeenz keep one's pecker up
'**dapperheid** v bravery, valour, gallantry, prowess
dar m (-ren) drone
Darda'nellen mv: *de* ~ the Dardanelles
darm m (-en) intestine, gut; ~*en* ook: bowels; *dikke (dunne)* ~ large (small) intestine; *nuchtere* ~ jejunum; *twaalfvingerige* ~ duodenum
'**darmkanaal** o (-nalen) intestinal tube
'**darmontsteking** v (-en) enteritis
'**dartel** bn frisky, frolicsome, playful, skittish, sportive, wanton
'**dartelen** (dartelde, h. gedarteld) *onoverg* frisk, frolic, gambol, dally
'**dartelheid** v friskiness, playfulness, wantonness
darts o, '**dartsspel** o darts
darwi'nisme o Darwinism

darwi'nist *m* (-en) Darwinian, Darwinist
darwi'nistisch *bn* Darwinian, Darwinist
1 das *m* (-sen) ⟨dier⟩ badger
2 das *v* (-sen) **1** ⟨stropdas⟩ ⟨neck-⟩tie; **2** ⟨tegen kou⟩ scarf; **3** ⟨dik⟩ muffler; *iem. de ~ omdoen* be sbd.'s undoing, gemeenz do for sbd.
'dashboard *o* (-s, -en) dashboard
'dashboardkastje *o* (-s) glove compartment
'dashond *m* (-en) badger-dog
'dasspeld *v* (-en) tie-pin, scarf-pin
dat I *aanw vnw* that; *~ alles* all that; *~ moest je doen* that's what you ought to do; *~ zijn mijn vrienden* those are my friends; *het is je ~!* gemeenz that's the stuff!; *het is nog niet je ~* not quite what it ought to be; *hij heeft niet ~* not even that much; *wat zijn ~?* what are those?; *wie zijn ~?* who are they?; *~ zijn...* those are..., they are...; *ben jij ~?* is that you?; *wat zou ~?* what of it?; *wat moet ~?* what's all that?; *en ~ is ~* so much for that; *~ is het nu juist* that's just it; *hoe weet je ~?* how do you know?; **II** *betr vnw* that, which; *de dag ~ hij kwam* the day he came; **III** *voegw* that; *en regenen ~ het deed!* how it rained!
'data *mv* ⟨gegevens⟩ data
'databank *v* (-en) comput data bank, database
'database *m* (-s) comput database
'datacommunicatie *v* comput data communication
'datatransmissie *v* (-s) data communication
'datatypist *m* (-en) data processor
da'teren (dateerde, *overg* h., *onoverg* is gedateerd) date (*uit* from)
da'tering *v* (-en) **1** ⟨dagtekening⟩ date; **2** ⟨ouderdomsbepaling⟩ dating
'datgene *bepalingaankondigend vnw* that; *~ wat* that which
'datief *m* (-tieven) dative
'dato *bijw* dated...; *twee maanden na ~* two months after date
'DAT-recorder *m* (-s) DAT recorder
'datum *m* (data) date
dauw *m* dew
'dauwdroppel, 'dauwdruppel *m* (-s) dewdrop
'dauwen (dauwde, h. gedauwd) *onoverg* dew; *het dauwt* the dew is falling; *het begint te ~* it is beginning to dew
'dauwworm *m* med ringworm
d.a.v. *afk.* = *daaraanvolgend*
'daveren (daverde, h. gedaverd) *onoverg* thunder, resound, shake; *de zaal daverde van de toejuichingen* the house rang with cheers; *een ~d succes* a roaring succes
'daverend *bn* **1** ⟨dreunend⟩ resounding, thunderous; **2** ⟨geweldig⟩ tremendous; *een ~e knal* an enormous bang; *een ~ succes* a roaring (tremendous) success.
'davidster *v* (-ren) Star of David
'davit *m* (-s) davit
'dazen (daasde, h. gedaasd) *onoverg* gemeenz waffle,

talk rot, talk through one's hat
d.d. *afk.* = *de dato*
de *lidwoord* the
'deadline *m* (-s) deadline
deal *m* (-s) deal
'dealen (dealde, h. gedeald) *overg* deal in, push; *cocaïne ~* deal in cocaine, push cocaine
'dealer *m* (-s) **1** ⟨in 't alg.⟩ dealer; **2** ⟨van drugs⟩ dealer, pusher
de'bacle *v & o* debacle, collapse, gemeenz flop
deballo'teren (deballoteerde, h. gedeballoteerd) *overg* blackball
de'bat *o* (-ten) debate, discussion
de'bater *m* (-s) debater
debat'teren (debatteerde, h. gedebatteerd) *onoverg* debate, discuss; *~ over* debate (on), discuss
'debet I *o* debit; **II** *bn*: *u bent mij nog ~* you still owe me something; *ook hij is er ~ aan* he, too, is guilty of it
'debetnota *v* ('s) debit note, debit slip
'debetpost *m* (-en) debit item
'debetzijde *v* (-n) debit side, debtor side
de'biel I *bn* mentally deficient (defective); **II** *m-v* (-en) mental deficient (defective)
de'biet *o* **1** handel sale; *een groot ~ hebben* meet with (find, command) a ready sale, sell well; **2** ZN ⟨capaciteit⟩ capacity
debili'teit *v* mental deficiency
debi'teren (debiteerde, h. gedebiteerd) *overg* **1** handel debit [sbd. with an amount]; **2** dish up [arguments, lies]; *een aardigheid ~* crack a joke
debi'teur *m* (-s en -en) debtor
deblok'keren (deblokkeerde, h. gedeblokkeerd) *overg* handel unblock, unfreeze
deblok'kering *v* (-en) handel unblocking, unfreezing
debra'yeren (debrayeerde, h. gedebrayeerd) *onoverg* declutch
de'buggen (debugde, h. gedebugd) *overg* comput debug
debu'tant *m* (-en), **debu'tante** *v* (-n en -s) débutant(e)
debu'teren (debuteerde, h. gedebuteerd) *onoverg* make one's début
de'buut *o* (-buten) début, first appearance [of an actor &]
de'caan *m* (-canen) dean
de'cade *v* (-s en -n) decade
deca'dent *bn* decadent
deca'dentie *v* decadence
'decagram *o* (-men) decagramme
'decaliter *m* (-s) decalitre
'decameter *m* (-s) decametre
deca'naat *o* (-naten) deanship, deanery
decan'teren (decanteerde, h. gedecanteerd) *overg* decant
de'cember *m* December
de'cennium *o* (-niën en -nia) decennium, decade

835

de'cent *bn* decent, seemly

decentrali'satie *v* (-s) decentralization, devolution

decentrali'seren (decentraliseerde, h. gedecentraliseerd) *overg* decentralize

de'ceptie *v* (-s) disappointment

de'charge *v* discharge; ~ *verlenen* give a discharge; *getuige à* ~ recht witness for the defence

dechar'geren (dechargeerde, h. gedechargeerd) *overg* give [sbd.] a release, give formal approval of the actions of [sbd.]

'decibel *m* (-s) decibel

deci'deren (decideerde, h. gedecideerd) *overg & onoverg* decide; zie ook: *gedecideerd*

'decigram *o* (-men) decigramme

'deciliter *m* (-s) decilitre

deci'maal I *bn* decimal; **II** *v* (-malen) decimal place; *tot in 5 decimalen* to 5 decimal places

deci'maalteken *o* (-s) decimal point

deci'meren (decimeerde, h. gedecimeerd) *overg* decimate

'decimeter *m* (-s) decimetre

decla'matie *v* (-s) declamation, recitation

decla'mator *m* (-s en -'toren) elocutionist, reciter

decla'meren (declameerde, h. gedeclameerd) *overg & onoverg* declaim, recite

decla'ratie *v* (-s) **1** declaration, entry [at a customhouse]; **2** ⟨onkostenrekening⟩ expense account

decla'reren (declareerde, h. gedeclareerd) *overg* **1** charge [expences]; **2** declare [dutiable goods]

declas'seren (declasseerde, h. gedeclasseerd) *overg* ⟨overtroeven⟩ outclass

decli'natie *v* (-s) **1** declination [of star, compass]; **2** gramm declension

deco'deren (decodeerde, h. gedecodeerd) *overg* decode

decolle'té *o* (-s) low neckline, décolleté; *een gewaad met een* ~ a low-necked garment

decom'pressieziekte *v* decompression sickness, caisson disease; gemeenz the bends

de'cor *o* (-s) scenery, scenes, [film] set

decora'teur *m* (-s) **1** ⟨schilder v. versieringen⟩ (painter and) decorator, ornamental painter; **2** ⟨decorschilder⟩ scene-painter

deco'ratie *v* (-s) decoration [ook = order of knighthood, cross, star]; ornament; *de* ~*s* the scenery, the scenes

decora'tief *bn* decorative, ornamental

deco'reren (decoreerde, h. gedecoreerd) *overg* **1** decorate, ornament [a wall]; **2** decorate [a general &]

de'corontwerper *m* (-s) scene ⟨scenic, set⟩ designer, stage decorator

de'corum *o* decorum; *het* ~ ook: the proprieties, the decencies; *het* ~ *bewaren* keep up appearances

decou'peerzaag *v* (-zagen) jigsaw

de'creet *o* (-creten) decree

decre'teren (decreteerde, h. gedecreteerd) *overg* decree, ordain

dé'dain *o* contempt, hauteur, disdain

de 'dato *bijw* dated...

'deden V.T. meerv. v. *doen*

dedu'ceren (deduceerde, h. gededuceerd) *overg* deduce, infer

de'ductie *v* (-s) deduction

deduc'tief *bn* deductive

deed (deden) V.T. v. *doen*

deeg *o* **1** ⟨in 't alg.⟩ dough; **2** ⟨v. gebak⟩ paste

'deegachtig *bn* doughy

'deegroller *m* (-s) rolling-pin

1 deel *o* (delen) **1** ⟨gedeelte in 't alg.⟩ part, portion, share; **2** ⟨v.e. boek⟩ volume; **3** ⟨v.e. symfonie⟩ movement; *de edele delen* the vital parts; *ik heb er geen* ~ *aan* I am no party to it; *ik heb er geen* ~ *in* I have no share in it; *zijn* ~ *krijgen* come into one's own; come in for one's share [of vicissitudes &]; ~ *uitmaken van...* form part of...; be a member of...; *in genen dele* not at all, by no means; *iem. ten* ~ *vallen* fall to sbd.'s lot (share); *ten dele* partly; *voor een* ~ partly; *voor het grootste* ~ zie *gedeelte*; zie ook: *goeddeels, grotendeels*

2 deel *v* (delen) **1** ⟨plank⟩ board; ⟨van grenen- of vurenhout⟩ deal; **2** ⟨dorsvloer⟩ treshing-floor

deel'achtig *bn*: *iem. iets* ~ *maken* impart sth. to sbd.; *iets* ~ *worden* obtain, participate in [the grace of God]

'deelbaar *bn* divisible [number], partible

'deelbaarheid *v* divisibility

'deelgenoot *m* (-noten) **1** sharer [of my happiness], partner; **2** handel partner; *iem.* ~ *maken van een geheim* disclose (confide) a secret to sbd.

'deelgenootschap *o* (-pen) partnership

'deelge'rechtigd *bn* entitled to a share

'deelhebber *m* (-s) **1** ⟨in 't alg.⟩ participant, participator; **2** handel partner, copartner, joint proprietor

'deellijn *v* (-en) bisector

'deelname *v* = *deelneming*[2]

'deelnemen[1] *onoverg*: ~ *aan* participate in, take part in, join in [the conversation &], assist at [a dinner]; ~ *in* participate in, share in, share [sbd.'s feelings]

'deelnemer *m* (-s) **1** participant, participator, partner; **2** competitor, entrant, contestant [in a match &], entry [for a race, contest]

'deelneming *v* **1** ⟨medegevoel⟩ sympathy, compassion, commiseration, concern, pity; **2** ⟨het meedoen⟩ participation (*aan* in); entry [for sporting event &]; *iem. zijn* ~ *betuigen* = *condoleren*

deels *bijw* ~..., ~... partly..., partly...; ~ *door...*, ~ *door...* what with... and...

'deelsom *v* (-men) division sum

'deelstaat *m* (-staten) federal state

'deelstreep *v* (-strepen) **1** rekenkunde fraction line; **2** ⟨op graadmeters⟩ graduation line

'deeltal *o* (-len) dividend

'deelteken *o* (-s) **1** gramm diaeresis; **2** wisk division sign (mark)

'**deeltijdbaan** v (-banen) part-time job
'**deeltje** o (-s) particle
'**deeltjesversneller** m (-s) cyclotron
'**deelverzameling** v (-en) subset
'**deelwoord** o (-en) participle; *tegenwoordig (verleden, voltooid)* ~ present (past) participle
'**deemoed** m humility, meekness
dee'**moedig** bn humble, meek, apologetic
dee'**moedigen** (deemoedigde, h. gedeemoedigd) I overg humble, mortify [a person]; II wederk: zich ~ humble oneself
dee'**moedigheid** v humility, humbleness
Deen m (Denen) Dane
Deens I bn Danish; II o: het ~ Danish
'**deerlijk** I bn sad, grievous, piteous, pitiful, miserable; II bijw grievously, piteously &; ~ gewond badly wounded; zich ~ vergissen be greatly (sorely) mistaken
deern (-s), '**deerne** v (-n) vero 1 (meisje in 't alg.) girl, lass, wench; 2 ⟨snol⟩ hussy
'**deernis** v pity, commiseration, compassion; ~ hebben met take (have) pity on, pity
deernis'**waard**,
deernis'**waardig** bn pitiable
deernis'**wekkend** bn pitiful
de '**facto** bijw de facto
defai'**tisme** o defeatism
defai'**tist** m (-en) defeatist
defai'**tistisch** bn defeatist
de'**fect** I o (-en) defect, deficiency; [engine] trouble; II bn defective, faulty, [machinery] out of order; er is iets ~ there is something wrong [with the engine]; ~ raken get out of order, break down, go wrong
de'**fensie** v defence
defen'**sief** I bn defensive; II bijw defensively; ~ optreden act on the defensive; III o defensive; in het ~ on the defensive
'**deficit** o (-s) deficit, deficiency, shortfall
defi'**lé** o (-s) ⟨voorbijmarcheren⟩ march past; een ~ afnemen take the salute
defi'**leren** (defileerde, h. gedefileerd) onoverg defile; ~ (voor) march past
defini'**eerbaar** bn definable
defini'**ëren** (definieerde, h. gedefinieerd) overg define
defi'**nitie** v (-s) definition
defini'**tief** I bn 1 ⟨in 't alg.⟩ definitive; 2 final [agreement, decision]; 3 definite [answer, reductions]; 4 permanent [appointment]; II bijw definitively; finally; [coming, say] definitely; ~ benoemd worden be permanently appointed
de'**flatie** v deflation
deflatio'**nistisch**, defla'**toir** bn deflationary
'**deftig** I bn grave [mien], dignified, stately [bearing], portly [gentlemen], distinguished [air], fashionable [quarters]; ⟨overdreven ~⟩ genteel [woman]; zogenaamd ~ la-di-da; II bijw gravely &;

~ doen assume a solemn and pompous air
'**deftigheid** v gravity, stateliness, portliness; ⟨overdreven⟩ genteelness
de'**gelijk** I bn 1 substantial [food]; 2 solid [grounds]; 3 thorough [work &]; 4 sterling [fellow, qualities]; 5 sound [education, knowledge]; II bijw thoroughly; ik heb het wel ~ gezien I did see it; het is wel ~ waar it is really true
de'**gelijkheid** v solidity, thoroughness, sterling qualities, soundness, wear
'**degen** m (-s) sword; de ~s kruisen cross swords
de'**gene** (-n) bepalingaankondigend vnw he, she; ~n die those (they) who
degene'**ratie** v (-s) degeneracy, degeneration
degene'**reren** (degenereerde, is gedegenereerd) onoverg degenerate; zie ook: gedegenereerd
'**degenslikker** m (-s) sword-swallower
'**degenstoot** m (-stoten) sword thrust
degra'**datie** v (-s) 1 (in 't alg.) degradation, demotion; 2 mil reduction to the ranks; 3 scheepv disrating; 4 sp relegation
degra'**deren** (degradeerde, h. gedegradeerd) overg 1 degrade, demote, reduce to a lower rank; 2 mil reduce to the ranks; 3 scheepv disrate; 4 sp relegate
'**deinen** (deinde, h. gedeind) onoverg heave, roll
'**deining** v (-en) 1 ⟨v. water⟩ swell; 2 fig excitement, commotion
'**deinzen** (deinsde, is gedeinsd) onoverg recoil
dejeu'**ner** o (-s) ⟨middagmaal⟩ lunch(eon)
dejeu'**neren** (dejeuneerde, h. gedejeuneerd) onoverg lunch, have lunch
dek o (-ken) 1 (bedekking) cover, covering; 2 (op bed) bed-clothes; 3 (v. paard) horse-cloth; 4 scheepv deck; aan ~ scheepv on deck
'**dekbalk** m (-en) deck beam
'**dekbed** o (-den) quilt, eiderdown, duvet
'**dekbedovertrek** o & m (-ken) quilt cover, eiderdown cover, duvet cover
'**dekblad** o (-bladen) ⟨van sigaar⟩ wrapper
1 '**deken** m (-en en -s) ⟨persoon⟩ dean
2 '**deken** v (-s) ⟨op bed⟩ blanket; onder de ~s kruipen gemeenz turn in
'**dekhengst** m (-en) 1 ⟨paard⟩ stud-horse, stallion, sire; 2 ⟨persoon⟩ gemeenz stud
'**dekken** (dekte, h. gedekt) I overg 1 cover [one's head, one's bishop, expenses, a debt, a horse, the retreat &]; 2 ⟨met pannen⟩ tile, ⟨met lei⟩ slate, ⟨met riet⟩ thatch; 3 screen, shield [a functionary]; 4 (bevruchten) serve; 5 sp mark [an opponent]; gedekt zijn 1 be secured against loss; 2 be covered [of functionaries, soldiers &]; zich gedekt houden lie low; houd u gedekt! 1 be covered; 2 fig be careful!; II wederk: zich ~ 1 cover oneself [put on one's hat]; 2 shield oneself, screen oneself [behind others]; 3 handel secure oneself against loss(es); III abs ww lay the cloth, set the table; ~ voor 20 personen set the table for twenty
'**dekker** m (-s) 1 ⟨pannen~⟩ tiler; 2 ⟨lei~⟩ slater;

3 ⟨riet~⟩ thatcher

'**dekking** v (-en) **1** eig & mil cover; **2** fig cloak, shield, guard; ~ *zoeken* mil seek (take) cover (*voor* from

'**dekkleed** o (-kleden) cover

'**deklaag** v (-lagen) top (surface) layer, protective cover

'**deklading** v (-en) = *deklast*

'**deklast** m (-en) deck-cargo, deck-load

'**dekmantel** m (-s) cloak², fig veil, cover; *onder de ~ van...* under the cloak (cover) of...

dekoloni'satie v decolonization

dekoloni'seren (dekoloniseerde, h. gedekoloniseerd) *overg* decolonize

'**dekpassagier** m (-s) deck-passenger

'**dekriet** o thatch

'**dekschaal** v (-schalen) vegetable dish

'**dekschild** o (-en) wing-sheath, wing-case

'**dekschuit** v (-en) covered barge

'**deksel** o (-s) cover, lid; *wat ~!* gemeenz the deuce!, the devil!

'**deksels** bn bijw & tsw = *drommels*

'**deksteen** m (-stenen) slab [of a stone]; capstone; copingstone, coping [of a wall]

'**dekstier** m (-en) breeding bull; gemeenz stud bull

'**dekstoel** m (-en) deck-chair

'**dekstro** o thatch

'**dekveren** mv dierk coverts

'**dekverf** v (-verven) body-colour

'**dekzeil** o (-en) tarpaulin

1 del v (-len) ⟨dal⟩ hollow, dip

2 del v (-len) **1** ⟨slons⟩ slut, slattern; **2** ⟨slet⟩ slut, tramp

dele'gatie v (-s) delegation

dele'geren (delegeerde, h. gedelegeerd) *overg* delegate

'**delen** (deelde, h. gedeeld) **I** *overg* **1** divide [a sum of money &]; **2** share [sbd.'s feelings]; **3** split [the difference]; **II** *onoverg* divide; ~ *in* participate in, share in, share [sbd.'s feelings]; ~ *in iems. droefheid* sympathize with sbd.; ~ *met* share with; *samen* ~ go halves, go fifty-fifty

'**deler** m (-s) **1** ⟨persoon⟩ divider; **2** ⟨getal⟩ divisor; *(grootste) gemene* ~ (highest) common factor

'**delfstof** v (-fen) mineral

'**delfstoffenkunde** v = *delfstofkunde*

'**delfstoffenrijk** o mineral kingdom

'**delfstofkunde** v mineralogy

delfts o ⟨aardewerk⟩ delftware, delf(t)

'**delgen** (delgde, h. gedelgd) *overg* pay off, amortize, discharge, redeem [a loan], extinguish [a debt]

'**delging** v extinction [of a debt], redemption [of a loan], amortization, payment

delibe'ratie v (-s) deliberation

delibe'reren (delibereerde, h. gedelibereerd) *onoverg* deliberate

deli'caat **I** bn delicate°, ticklish; **II** *bijw* delicately, tactfully

delica'tesse v (-n) delicacy°; dainty (bit); ~*n* table delicacies, delicatessen

delica'tessenwinkel m (-s) delicatessen

de'lict o (-en) offence

'**deling** v (-en) **1** partition [of real property]; **2** wisk division

delin'quent **I** m (-en) delinquent, offender; **II** bn delinquent

de'lirium o delirium, delirium tremens; ~ *hebben* gemeenz see snakes, have the horrors

'**delta** v ('s) delta

'**deltavliegen** o hang gliding

'**deltavliegtuig** o (-en) hang glider

'**deiven** (dolf of delfde, h. gedolven) *overg & onoverg* dig

'**delver** m (-s) digger

demagneti'seren (demagnetiseerde, h. gedemagnetiseerd) *overg* demagnetize

demago'gie v demagogy

dema'gogisch bn demagogic

dema'goog m (-gogen) demagogue

demar'catie v (-s) demarcation

demar'catielijn v (-en) line of demarcation, demarcation line, dividing line

de'marche v (-s) demarche, diplomatic step

demar'rage v (-s) **1** (het demarreren) breaking away; **2** (uitlooppoging) breakaway; *een mislukte* ~ an unsuccessful break (breakaway)

demar'reren (demarreerde, h. & is gedemarreerd) *onoverg* break away

de'ment bn dement, demented

1 demen'teren (dementeerde, is gedementeerd) *onoverg* ⟨kinds worden⟩ grow senile, become dement(ed)

2 demen'teren (dementeerde, h. gedementeerd) *overg* ⟨ontkennen⟩ deny [a fact], disavow, disclaim

demen'ti o ('s) denial, disclaimer; *een* ~ *geven* give the lie

de'mentie v dementia

de'mi m ('s) = *demi-saison*

de'mi-fi'nale v (-s) sp semi-final

demilitari'seren (demilitariseerde, h. gedemilitariseerd) *overg* demilitarize

de'mi-sai'son m (-s) spring overcoat, summer overcoat, autumn overcoat

demissio'nair bn: ~ *zijn* be under resignation; ~ *kabinet* outgoing cabinet

'**demo** m ('s), '**demobandje** o (-s) demo, demo tape

demobili'satie v (-s) demobilization

demobili'seren (demobiliseerde, h. gedemobiliseerd) *overg* demobilize

demo'craat m (-en) democrat

democra'tie v (-tieën) democracy

demo'cratisch bn democratic

democrati'seren (democratiseerde, h. gedemocratiseerd) *overg* democratize

democrati'sering v democratization

demogra'fie v demography

demo'grafisch *bn* demographic

'demon *m* (de'monen) demon

de'monisch *bn* demoniac(al)

demon'strant *m* (-en) demonstrator

demonstra'teur *m* (-s) demonstrator [of an article, for a company]

demon'stratie *v* (-s) 1 ⟨het tonen⟩ demonstration, showing, display; 2 ⟨betoging⟩ demonstration, (protest) march

demonstra'tief *bn* demonstrative, ostentatious [behaviour &]

demon'streren (demonstreerde, h. gedemonstreerd) *overg & onoverg* 1 ⟨tonen⟩ demonstrate, show, display; 2 ⟨betogen⟩ demonstrate, march

demon'teren (demonteerde, h. gedemonteerd) *overg* 1 ⟨in 't alg.⟩ dismount [a gun]; 2 *techn* dismantle [machines, mines]

demorali'satie *v* demoralization

demorali'seren (demoraliseerde, h. gedemoraliseerd) *overg* demoralize

'demotiveren[1] *overg* demotivate, discourage

'dempen (dempte, h. gedempt) *overg* 1 fill up (in) [a canal &]; 2 quell, crush, stamp out [a revolt]; 3 muffle, deaden [the sound]; 4 subdue [light]; *met gedempte stem* in a hushed (muffled) voice

'demper *m* (-s) 1 <u>techn</u> damper; 2 <u>muz</u> mute

'demping *v* (-en) filling up

den *m* (-nen) fir, fir tree; *grove* ~ pine

'denappel *m* (-s) = *dennenappel*

denatu'reren (denatureerde, h. gedenatureerd) *overg* denature; *gedenatureerde alcohol* methylated spirit

'denderen (denderde, h. gedenderd) *onoverg* rumble

'denderend *bn bijw* <u>gemeenz</u> smashing

'Denemarken *o* Denmark

deni'grerend *bn* derogatory

'denim *o* denim

'denkbaar *bn* imaginable, conceivable, thinkable

'denkbeeld *o* (-en) 1 ⟨idee⟩ idea, notion; 2 ⟨mening⟩ view

denk'beeldig *bn* imaginary

'denkelijk I *bn* probable, likely; **II** *bijw* probably; *hij zal* ~ *niet komen* he is not likely to come

'denken I (dacht, h. gedacht) *onoverg & overg* think; *...denk ik* ...I think, I suppose; *...zou ik* I should think; *ik denk het wel, ik denk van wel* I think so, I should imagine so; *ik denk het niet, ik denk van niet* I think not, I don't suppose so; *wat denk je wel?* 1 what are you thinking of?; 2 who do you think you are?; *kun je net* ~*!* what an idea!, not likely!; *dat kun je* ~*!* <u>gemeenz</u> *dat had je gedacht!* fancy me doing that!, <u>gemeenz</u> catch me!, not I!; *ik denk er heen te gaan* I think of going (there); *ik denk er het mijne van* I know what to think of it; *het laat zich* ~ it may be imagined; ~ *aan iets* think of sth.; *daar is geen* ~ *aan* it is out of the question, <u>gemeenz</u> forget it; *ik moet er niet aan* ~ I cannot bear to think of it,

it does not bear thinking; *denk eraan dat...* mind you..., be sure to..., remember to...; *denk eens aan!* imagine, just think of it, fancy that!; *ik denk er niet aan!* I'll do nothing of the kind!, absolutely not!, I would not dream of it!; *ik denk er niet aan om...* I have no idea of ...ing, I do not intend to...; *ik dacht er niet aan dat...* I didn't realize that...; *nu ik eraan denk* now I come to think of it; *doen* ~ *aan* make [sbd.] think of; remind [them] of [his brother &]; *...dacht ik bij mijzelf* I thought to myself; *zonder er bij te* ~ without thinking, thoughtlessly; *om iets* ~ think of (remember) sth.; *denk er om!* mind!; *over iets* ~ think about (of) sth.; *ik denk er niet over* I wouldn't even dream of it; *hoe denk je erover?* how about it?; *ik zal er eens over* ~ I'll see about it; *ik denk er nu anders over* I now feel differently, I take a different view now; *daar kun je verschillend over* ~ that is a matter of opinion; **II** *o: het* ~ 1 [Marxist, modern] thought; 2 [creative, critical, crude, historical] thinking

'denker *m* (-s) thinker

'denkfout *v* (-en) error of thought

'denkpatroon *o* (-tronen) pattern of thinking

'denkproces *o* (-sen) thinking process, thought process

'denksport *v* (-en) 1 ⟨het oplossen van puzzels &⟩ puzzles, brain teasers &; 2 ⟨schaken, dammen &⟩ mind game

'denktank *m* (-s) think-tank

'denkvermogen *o* (-s) faculty of thinking, thinking faculty, intellectual power

'denkwerk *o* brain-work, <u>gemeenz</u> cerebration

'denkwijs, 'denkwijze *v* (-wijzen) way of thinking, way(s) of thought, habit of thought

'dennen *bn* fir

'dennenappel *m* (-s) fir-cone

'dennenboom *m* (-bomen) fir-tree

'dennenbos *o* (-sen) fir-wood

'dennenhout *o* fir-wood

'dennennaald *v* (-en) fir-needle

de'odorans, deodo'rant *o* (-tia, -s) deodorant

Dep. *afk.* = *departement*

departe'ment *o* (-en) department, (government) office, ministry

depen'dance *v* (-s) annex(e) [to a hotel]

deplo'rabel *bn* pitiable

depo'neren (deponeerde, h. gedeponeerd) *overg* 1 put down [sth.]; 2 deposit [a sum of money]; 3 lodge [a document with sbd.]; zie ook: *gedeponeerd*

depor'tatie *v* (-s) deportation, transportation

depor'teren (deporteerde, h. gedeporteerd) *overg* deport, transport

de'posito *o* ('s) deposit; *in* ~ on deposit

de'positobank *v* (-en) deposit bank

de'pot *o & m* (-s) 1 <u>mil</u> depot; 2 <u>handel</u> depot

de'pothouder *m* (-s) <u>handel</u> (sole) agent

'deppen (depte, h. gedept) *overg* dab

depreci'atie *v* depreciation

de'pressie *v* (-s) depression

depres'sief *bn* depressive

depri'meren (deprimeerde, h. gedeprimeerd) *overg* depress, dispirit

Dept. *afk.* = departement

depu'tatie *v* (-s) deputation; *Bestendige D~* ZN county council

der *lidwoord* of the, of

derail'leren (derailleerde, is gederailleerd) *onoverg* go (run) off the metals

deran'geren (derangeerde, h. gederangeerd) **I** *overg* inconvenience; **II** *wederk:* zich ~ put oneself out, trouble

'derde *telw* **I** *bn* third; ~ *man* **1** (in 't alg.) third person; **2** *sp* third player; ~ *wereld* Third World; *ten* ~ thirdly; **II** *znw* (-n) **1** third (part); **2** third person, third party; **3** third player; *aansprakelijkheid jegens* ~*n* third-party risks

'derdegraads *bn:* ~ *verbranding* third-degree burn; ~ *leraar* (in Nederland) secondary school teacher trained at a teacher's college

derde'machtsvergelijking *v* (-en) cubic equation

derde'machtswortel *m* (-s) cube root

'derdendaags *bn* quartan [fever]

'derderangs *bn* third-rate

deregu'lering *v* deregulation

'deren (deerde, h. gedeerd) *overg* harm, hurt; *wat deert het ons?* what do we care?; *het deerde hem niet, dat...* it was nothing to him that...

'dergelijk *aanw vnw* such, suchlike, like, similar; *en* ~*e* and the like; *iets* ~*s* something like it; some such thing, [say] something to that effect (in that strain)

der'halve *bijw* therefore, consequently, so

deri'vaat *o* (-vaten) derivate, derivative

'dermate *bijw* in such a manner, to such a degree

dermatolo'gie *v* dermatology

dermato'logisch *bn* dermatological

dermato'loog *m* (-logen) dermatologist

'derrie *v* muck

'dertien *telw* thirteen

'dertiende *telw* thirteenth (part)

'dertig *telw* thirty

'dertiger *m* (-s) someone in his thirties

'dertigjarig *bn* of thirty years; *de D~e Oorlog* the Thirty Years' War

'dertigste *telw* thirtieth (part)

'derven (derfde, h. gederfd) *overg* be (go) without, be deprived of, forgo [wages]

'derving *v* privation, want, loss

'derwaarts *bijw* thither, that way

1 des I *lidwoord* of the, of it, of that; **II** *bijw:* ~ *avonds* zie: *avond;* ~ *te beter* all the better, so much the better; *hoe meer..., ~ te meer...* the more..., the more...

2 des *v* muz d flat

desalniette'min *bijw* nevertheless, for all that

desas'treus *bn* disastrous

desavou'eren (desavoueerde, h. gedesavoueerd) *overg* repudiate, disavow

'desbetreffend *bn* pertinent (relating, relative) to the matter in question

'desem *m* (-s) leaven

'desemen (desemde, h. gedesemd) *overg* leaven

deser'teren (deserteerde, is gedeserteerd) *onoverg* desert

deser'teur *m* (-s) deserter

de'sertie *v* (-s) desertion

desge'lijks *bijw* likewise, also, as well

desge'vraagd *bijw:* ~ *verklaarde de president...* on being asked the presidant declared...

desge'wenst *bijw* if so wished, if desired

'desillusie *v* (-s) disillusionment, disenchantment

desillusio'neren (desillusioneerde, h. gedesillusioneerd) *overg* disillusion, disenchant

desinfec'teermiddel *o* (-en) disinfectant

desinfec'teren (desinfecteerde, h. gedesinfecteerd) *overg* disinfect

desin'fectie *v* disinfection

desin'fectiemiddel *o* (-en) disinfectant

desinte'gratie *v* disintegration

desinte'greren (desintegreerde, is gedesintegreerd) *onoverg* disintegrate

'desinteresse *v* lack of interest, disinterest; *blijk geven van* ~ show little interest

'desinvesteren (desinvesteerde, h. gedesinvesteerd) *overg* disinvest

'desinvestering *v* (-en) disinvestment

'desktop publishing *o* desktop publishing

des'kundig *bn* expert

des'kundige *m-v* (-n) expert

des'kundigheid *v* expert knowledge, expertise

desniettegen'staande, **desniette'min** *bijw* for all that, nevertheless

des'noods, **'desnoods** *bijw* if need be, *gemeenz* at a pinch

deso'laat *bn* disconsolate, ruined

deson'danks *bijw* nevertheless, for all that

desorgani'satie *v* disorganization

desorgani'seren (desorganiseerde, h. gedesorganiseerd) *overg* disorganize

desoriën'tatie *v* disorientation

desoriën'teren (desoriënteerde, h. gedesoriënteerd) *overg* disorientate, disorient

des'poot *m* (-poten) despot

des'potisch *bn* despotic

despo'tisme *o* despotism

des'sert *o* (-en) dessert; *bij het* ~ at dessert

des'sertlepel *m* (-s) dessert-spoon

des'sin *o* (-s) design, pattern

'destijds *bijw* at the (that) time

de'structie *v* destruction

destruc'tief *bn* destructive

desver'langd *bijw* if desired

'deswege *bijw* for that reason, on that account

detache'ment *o* (-en) detachment, draft, party

deta'cheren (detacheerde, h. gedetacheerd) *overg* detach, detail, draft (off)

de'tail *o* (-s) detail; *en ~* handel (by) retail; *in ~s* in detail; *in ~s treden* enter (go) into detail(s)

de'tailfoto *v* ('s) close-up

de'tailhandel *m* 1 ⟨kleinhandel⟩ retail trade; 2 ⟨winkel⟩ retail business

de'tailkwestie *v* (-s) matter of detail

detail'leren (detailleerde, h. gedetailleerd) *overg* detail, particularize, specify; zie ook: *gedetailleerd*

detail'list *m* (-en) retailer, retail dealer

de'tailprijs *m* (-prijzen) retail price

de'tailverkoop *m* (-kopen) retail sale

detec'tive, de'tective *m* (-s) detective; *particulier ~* private detective, private eye

detec'tiveroman *m* (-s) detective novel; *~s* ook: detective fiction

detec'tiveverhaal *o* (-halen) detective story, gemeenz whodunit

de'tentie *v* 1 ⟨hechtenis⟩ detention, arrest; 2 ⟨het houden⟩ custody

determi'natie *v* (-s) ZN ⟨onderwijs⟩ qualifying examination

determi'natiegraad *m* ZN qualifying level

determi'neren (determineerde, h. gedetermineerd) *overg* determine

determi'nisme *o* determinism

deti'neren (detineerde, h. gedetineerd) *overg* detain

deto'neren (detoneerde, h. gedetoneerd) *onoverg* 1 ⟨v. geluid⟩ be out of tune; 2 *fig* be out of keeping; 3 ⟨ontploffen⟩ detonate

deugd *v* (-en) virtue [ook = quality]; (good) quality; *lieve ~!* good gracious!

'deugdelijk I *bn* sound, valid; **II** *bijw* duly

'deugdelijkheid *v* soundness, validity

'deugdzaam *bn* virtuous [women]

'deugdzaamheid *v* virtuousness, virtue

'deugen (deugde, h. gedeugd) *onoverg* be good, be fit; *niet ~* be good for nothing, be no good, not be worth one's salt; *dit deugt niet* it is not any good, this won't do; *je werk deugt niet* your work is bad; *als onderwijzer deugt hij niet* as a teacher he is inefficient; *hij deugt niet voor onderwijzer* he will never make a good teacher, he will never do for a teacher

'deugniet *m* (-en) good-for-nothing, ne'er-do-well, rogue, rascal

deuk *v* (-en) dent; *zijn zelfvertrouwen heeft een flinke ~ opgelopen* his self-confidence took a terrible beating; *in een ~ gaan, liggen* gemeenz be in stitches, split one's sides

'deuken (deukte, h. gedeukt) *overg* dent, indent

'deukhoed *m* (-en) soft felt hat, trilby (hat)

deun *m* (-en) tune, song, singsong, chant

'deuntje *o* (-s) air, tune

deur *v* (-en) door; *dat doet de ~ dicht* gemeenz that puts the lid on it, that settles it; *bij iem. de ~ platlopen* be either coming or going; *ik ga (kom) de ~ niet*

uit I never go out; *iem. de ~ uitzetten,* ZN *aan de ~ zetten* turn sbd. out; *iem. de ~ wijzen* show sbd. the door; *een open ~ intrappen* force an open door; *aan de ~* at the door; *bij de ~* near (at) the door; *buiten de ~* out of doors; *in de ~* in his door, in the doorway; *achter gesloten ~en* behind closed doors; recht in camera; *met open ~en* with open doors; recht in open court; *met de ~ in huis vallen* go straight to the point; *het gevaar staat voor de ~* the danger is imminent; *de winter staat voor de ~* winter is at hand; *voor een gesloten ~ staan* find the door locked

'deurbel *v* (-len) door-bell

'deurklink *v* (-en) door-latch

'deurklopper *m* (-s) door-knocker

'deurknop *m* (-pen) door-handle, door-knob

'deurkozijn *o* (-en) door-frame

'deurlijst *v* (-en) door-frame

'deurmat *v* (-ten) door-mat

'deuropening *v* (-en) doorway

'deurpost *m* (-en) door-post, door-jamb

'deurslot *o* (-sloten) door-lock

'deurstijl *m* (-en) = *deurpost*

'deurwaarder *m* (-s) process-server, usher

'deurwaardersexploot *o* (-ploten) writ (of execution)

deux-'pièces *v* (*mv* idem) two-piece

devalu'atie *v* (-s) devaluation

devalu'eren (devalueerde, h. gedevalueerd) *overg* devaluate, devalue

devi'atie *v* (-s) deviation

de'vies *o* (-viezen) 1 ⟨spreuk⟩ device, motto; 2 *deviezen* handel (foreign) exchange, (foreign) currency

de'viezenhandel *m* foreign exchange dealings, foreign currency dealings

de'viezensmokkel *m* currency smuggling

de'voot *bn* devout, pious

de'votie *v* (-s) devotion, piety

de'welke *betr vnw* plechtig who, which, that

'deze *aanw vnw* this, these; *~ en gene* this one and the other; *~ of gene* somebody or other; this or that man; zie ook: *gene; de 10de ~r* the 10th inst.; *schrijver ~s* the present writer; *bij ~n* herewith, hereby; *in ~n* in this matter; *na (voor) ~n* after (before) this (date)

de'zelfde *bepalingaankondigend vnw* the same; *precies ~* the very same

'dezerzijds *bijw* on this side, on our part

de'zulken *mv* such

dhr. *afk. de heer* Mr

d.i. *afk. dat is* that is, i.e.

dia *m* ('s) slide, transparency

dia'betes *m* diabetes

dia'beticus *m* (-ci) diabetic

dia'bolisch *bn* diabolic(al)

dia'bolo *m* ('s) diabolo

diaco'nes *v* (-sen) sicknurse

diaco'nessenhuis *o* (-huizen) nursing-home

dia'critisch *bn*: *~ teken* diacritical mark, diacritical

sign
dia′deem m & o (-demen) diadem
dia′fragma o (′s) diaphragm
diag′nose v (-n en -s) diagnosis [mv diagnoses]; de ~ stellen diagnose the case
diagnosti′seren (diagnostiseerde, h. gediagnostiseerd) overg diagnose
diago′naal I bn diagonal; **II** v (-nalen) diagonal (line)
dia′gram o (-men) diagram
di′aken m (-en en -s) deacon
dia′lect o (-en) dialect
dia′lecticus m (-ci) dialectician
dialec′tiek v dialectic(s)
dia′lectisch bn 1 dialectal [word]; 2 dialectical [philosophy, materialism]
dia′loog m (-logen) dialogue
dia′lyse v dialysis°
dia′mant m & o (-en) diamond; geslepen ~ cut diamond; ongeslepen ~ rough diamond
diaman′tair m (-s) jeweller
dia′manten bn diamond
dia′mantslijper m (-s) diamond-polisher, diamond-cutter
diamantslijpe′rij v (-en) diamond-polishing factory
dia′mantwerker m (-s) diamond-worker
′diameter m (-s) diameter
diame′traal bn diametrical
diaposi′tief o (-tieven) slide, transparency
′diaprojector m (-s) slide projector
′diaraampje o (-s) slide frame
diar′ree v diarrhoea
′diaschuif v (-schuiven) slide carrier
dia′scoop m (-scopen) slide projector
′diaviewer m (-s) slide viewer
dicht I bn 1 closed [doors, car]; 2 dense [clouds, fog, forests &]; 3 close [texture]; 4 thick [fog, woods]; 5 tight [ships]; 6 clogged [nose]; de deur was ~ the door was closed (shut); hij is zo ~ als een pot he is very close; **II** bijw 1 closely [interwoven]; 2 densely [populated]
′dichtader v poetic vein
′dichtbevolkt, **dichtbe′volkt** bn densely populated
dicht′bij bijw close by, hard by, near; van ~ at close quarters
′dichtbinden[1] overg tie up
′dichtbundel m (-s) volume of verse
′dichtdoen[1] overg shut, close; zie ook: deur, oog, oogje
′dichtdraaien[1] (h.) overg turn off [a tap]
1 ′dichten (dichtte, h. gedicht) overg & onoverg make verses, write poetry
2 ′dichten (dichtte, h. gedicht) overg stop (up), close [a dyke]
′dichter m (-s) poet
dichte′res v (-sen) poetess

′dichterlijk bn poetic(al)
′dichtgaan[1] onoverg 1 ⟨v. deur &⟩ shut, close; 2 ⟨v. wond⟩ heal over (up), close
′dichtgooien[1] overg 1 slam [a door]; 2 fill up [a ditch]; 3 fill in [a well]
′dichtgroeien[1] onoverg 1 ⟨wond⟩ heal; 2 ⟨bosschage⟩ close; 3 ⟨verstoppen⟩ clog up
′dichtheid v density
′dichthouden[1] overg 1 ⟨in 't alg.⟩ keep closed (shut); 2 hold [one's nose]; 3 stop [one's ears]
′dichtklappen[1] **I** (h.) overg 1 ⟨dichtslaan⟩ snap [a book] shut; slam [a door]; 2 ⟨v. personen⟩ clam up; **II** (is) onoverg ⟨dichtgaan⟩ shut to, snap to
′dichtknijpen[1] overg 1 ⟨vingers⟩ clench; 2 ⟨handen⟩ squeeze; 3 ⟨ogen⟩ shut thightly; een oogje ~ turn a blind eye to sth.; de handen mogen ~ count oneself lucky; half dichtgeknopen ogen half-closed (slightly narrowed) eyes
′dichtknippen[1] overg snap shut, close with a snap
′dichtknopen[1] overg button up
′dichtkunst v (art of) poetry, poetic art
′dichtmaat v (-maten) metre; in ~ in verse
′dichtmaken[1] overg 1 close, stop [a hole]; 2 shut [one's book]; 3 do up [her dress]
′dichtmetselen[1] overg brick up, wall up, mure up
′dichtnaaien[1] overg sew up
′dichtplakken[1] overg seal (up)
′dichtregel m (-s en -en) verse
′dichtschroeien[1] (h.) overg 1 ⟨in 't alg.⟩ sear; 2 cauterize [a wound]
′dichtschroeven[1] overg screw down (up)
′dichtschuiven[1] (h.) overg shut
′dichtslaan[1] **I** (h.) overg slam, bang [a door]; **II** (is) onoverg slam (to)
′dichtslibben (slibde dicht, is dichtgeslibd) onoverg silt up
′dichtsmijten[1] overg slam shut
′dichtspelden[1] overg pin up
′dichtspijkeren[1] overg 1 ⟨in 't alg.⟩ nail up; 2 board up [a window]
′dichtstbijzijnd bn nearest
′dichtstoppen[1] overg stop, plug
′dichttrekken[1] (h.) overg pull [the door] to, draw [the curtains]
′dichtvallen[1] onoverg 1 ⟨deur⟩ click shut; 2 ⟨ogen⟩ close
′dichtvorm m (-en) poetic form; in ~ in verse
′dichtvouwen[1] overg fold up
′dichtvriezen[1] (is) onoverg freeze over (up)
′dichtwerk o (-en) poetical work, poem
dic′taat o (-taten) 1 ⟨het dicteren⟩ dictation; 2 ⟨het gedicteerde⟩ notes
dic′taatcahier o (-s) (lecture) notebook
dicta′foon m (-s) dictaphone
dic′tator m (-s) dictator
dictatori′aal bn dictatorial
dicta′tuur v (-turen) dictatorship
dic′tee o (-s) dictation

dic'teerapparaat *o* (-raten), **dic'teermachine** *v* (-s) dictating machine

dic'teersnelheid *v* dictation speed

dic'teren (dicteerde, h. gedicteerd) *overg & onoverg* dictate

'dictie *v* diction, utterance

dictio'naire *v* (-s) dictionary

di'dacticus *m* (-ci) didactician

didac'tiek *v* didactics

di'dactisch *bn* didactic

die I *aanw vnw* that, those; ~ *met de groene jas* the one in the green coat, he of the green coat; *Meneer* ~ *en* ~ (Mr) So-and-so; *in* ~ *en* ~ *plaats* in such and such a place; ~ *is goed, zeg!* I like that!; **II** *betr vnw* which, who, that

di'eet *o* (diëten) diet, regimen; ~ *houden, op* ~ *leven* be on a diet, diet (oneself); *hem op (streng)* ~ *stellen* put him on a diet, diet him

1 dief *m* (dieven) 〈scheut〉 bud, shoot

2 dief *m* (dieven) 〈iemand die steelt〉 thief; *houd(t) de* ~*!* stop thief!; *het is* ~ *en diefjesmaat* the one is as great a thief as the other; *wie eens steelt is altijd een* ~ once a thief, always a thief; *met dieven moet men dieven vangen* set a thief to catch a thief; *als een* ~ *in de nacht* as (like) a thief in the night

'diefachtig *bn* thievish

diefje-met-ver'los *o*: ~ *spelen* play prisoner's base

'diefstal *m* (-len) theft, robbery, recht larceny

'diegene *bepalingaankondigend vnw*: ~ *die* he (she) who; ~*n die* those who

'dienaangaande *bijw* with respect to that, on that score, as to that

'dienaar *m* (-s en -naren) servant

diena'res (-sen), **diena'resse** *v* (-n) servant

'dienblad *o* (-bladen) (dinner, tea) tray

'diencouvert *o* (-s) server

'diender *m* (-s) *vero* policeman, constable; *dooie* ~ *gemeenz* stick

'dienen (diende, h. gediend) **I** *overg* serve [the Lord, two masters &]; *dat kan u niet* ~ that won't serve your purpose; *waarmee kan ik u* ~*?* **1** 〈bij dienst-aanbieding〉 what can I do for you?; **2** 〈in winkel〉 can I help you?; *om u te* ~ **1** at your service; **2** right you are!; **II** *onoverg & abs ww* **1** serve [in the army, navy]; **2** be in service [of domestic servants &]; *aan tafel* ~ wait at table; *gaan* ~ go (out) to service; *het dient te gebeuren* it ought to (must) be done; *deze dient om u aan te kondigen, dat...* the present is to let you know that...; ~ *als verontschuldiging* serve as an excuse; ~ *bij de artillerie* serve in the artillery; ~ *bij rijke mensen* serve with rich people; *nergens toe* ~, *tot niets* ~ serve no purpose, be no good; *waartoe zou het* ~*?* what's the good?; *waartoe dient dit knopje?* what is the use of this switch?; ~ *tot bewijs* serve as a proof; *iem. van advies* ~ advise sbd.; *iem. van antwoord* ~ **1** answer sbd.; **2** 〈ironisch〉 serve sbd. out; *van zo iets ben ik niet gediend* none of that for me

'dienluik *o* (-en) service hatch

dienovereen'komstig *bijw* accordingly

dienst *m* (-en) service; *commissie van goede* ~*en* good offices commission (committee); *iem. een* ~ *bewijzen* do (render) sbd. a service, do sbd. a good office; *goede* ~*en bewijzen* do good service; *u hebt mij een slechte* ~ *bewezen* you have done me an ill service (a disservice, a bad turn); ~ *doen* perform the duties of one's office; be on duty [of police &]; *die jas kan nog* ~ *doen* that coat may be useful yet; ~ *doen als...* serve as, serve for, do duty as...; *de* ~ *doen* officiate [of a clergyman]; ~ *hebben* **1** be on duty; **2** be in attendance [at court]; *geen* ~ *hebben* **1** be off duty [of a soldier, of a doctor &]; **2** be out of employment [of servants]; ~ *nemen* mil enlist; *de* ~ *opzeggen* give warning, give (a month's) notice; *de* ~ *uitmaken* fig run the show; *de* ~ *weigeren* refuse to act [of a thing]; refuse to obey [of persons]; *de ene* ~ *is de andere waard* one good turn deserves another; *buiten* ~ **1** 〈v. persoon〉 off duty; retired [colonel &]; **2** 〈v. schip &〉 taken out of the service; **3** 〈als opschrift op bus &〉 not to be used!; *buiten* ~ *stellen* lay up, scrap [a ship &]; *in* ~ *gaan* go into service; mil enter the service; *in* ~ *hebben* employ [600 men and women]; *in* ~ *komen* enter upon one's duties, take up office; mil enter the service [the army]; *in* ~ *nemen* take [sbd.] into one's service (employ), engage [a servant &]; *in* ~ *stellen* put [a steamer] on the service; *in* ~ *stellen van* place [television] at the service of [propaganda]; *in* ~ *treden, in* ~ *komen, in* ~ *zijn* **1** be in service, be serving; **2** be on duty; **3** mil be in the army; *in mijn* ~ in my employ; *na de* ~ after (divine) service; *onder* ~ *gaan* mil enlist; *onder* ~ *zijn* mil be in the army; *ten* ~*e van* for the use of...; *tot de (heilige)* ~ *toegelaten* admitted to holy orders; *tot uw* ~*!* [na: thank you] not at all, don't mention it!; *het is tot uw* ~ it is at your service, at your disposal; *het zal u van* ~ *zijn* it will be of use to you; it will render you good service; *waarmee kan ik u van* ~ *zijn?* zie: *dienen; zonder* ~ out of employment

'dienstauto *m* ('s) official car

'dienstbaar *bn* liable to service, subservient, menial; *(een volk)* ~ *maken* subjugate; ~ *maken aan* make subservient to

'dienstbaarheid *v* servitude, subservience

'dienstbetoon *o* service(s) rendered; *maatschappelijk* ~ ZN social work, social welfare

'dienstbetrekking *v* (-en) service

'dienstbevel *o* (-velen) order

'dienstbode *v* (-n en -s) (domestic) servant, maid-servant

'dienstboek *o* (-en) service book [of the Church]

'dienstbrief *m* (-brieven) (official) missive

'dienstdoend *bn* **1** in waiting [at court]; **2** mil on duty; **3** 〈waarnemend〉 acting; ~*e beambte* official in charge

'dienstensector *m* service industry

'**dienster** *v* (-s) waitress
'**dienstig** *bn* serviceable, useful; ~ *voor* conducive to, beneficial to
'**dienstijver** *m* (professional) zeal
'**dienstjaar** *o* (-jaren) **1** financial year, fiscal year; **2** year of service; *dienstjaren* years of service, years in office
'**dienstkleding** *v* uniform
'**dienstklopper** *m* (-s) martinet
'**dienstknecht** *m* (-en) servant, man-servant
'**dienstmaagd** *v* (-en) vero servant, handmaid
'**dienstmeid** *v* (-en) vero (maid-)servant
'**dienstmeisje** *o* (-s) servant-girl
'**dienstorder** *v* (-s) service order
'**dienstpersoneel** *o* servants
'**dienstplicht** *m & v* compulsory (military) service; *algemene* ~ general conscription
dienst'**plichtig** *bn* liable to (military) service
dienst'**plichtige** *m* (-n) conscript
'**dienstregeling** *v* (-en) time-table, luchtv (& Am) schedule
'**dienstreis** *v* (-reizen) official journey, (duty) tour
'**diensttijd** *m* (-en) **1** 〈v. iedere dag〉 working-hours, hours of attendance; **2** 〈v. iems. loopbaan〉 term of office; **3** mil period of service
dienst'**vaardig** *bn* obliging
dienst'**vaardigheid** *v* obligingness
'**dienstverband** *o* engagement
'**dienstverlenend** *bn*: ~*e bedrijven* service industries
'**dienstverlening** *v* (-en) service
'**dienstvertrek** *o* (-ken) office
'**dienstweigeraar** *m* (-s) 〈met gewetensbezwaren〉 conscientious objector
'**dienstweigeren**[1] *onoverg* object to military service; refuse to serve in the army; refuse to enter the service
'**dienstweigering** *v* refusal to obey orders
dienst'**willig** *bn* obliging
'**dienstwoning** *v* (-en) official residence
'**dienstzaak** *v* (-zaken), '**dienstzaken** *mv* official business
'**dientafeltje** *o* (-s) dinner-wagon, dumb-waiter
dientenge'**volge** *bijw* in consequence, hence, as a result
'**dienwagen** *m* (-s) trolley, dinner-wagon
1 diep I *bn* **1** deep [water, bow, mourning, colour, sleep, sigh &]; **2** profound [interest, secret, bow]; *in* ~*e gedachten* deep in thought; **II** *bijw* deeply, profoundly; ~ *gevallen* fallen low; ~ *in de dertig* well on in the thirties; ~ *in de nacht* far into the night, very late in the night; ~ *in de schulden* deep in debt; *in het* ~*st van zijn hart* in the depths of his heart, in his heart of hearts
2 diep *o* (-en) deep, canal, channel of a harbour; *het grondeloze* ~ plechtig the unfathomed deep
'**diepbedroefd** *bn* deeply afflicted
'**diepdenkend** *bn* deep-thinking

'**diepdruk** *m* rotogravure
'**diepgaand** *bn* **1** searching [inquiry]; **2** profound [difference]; **3** scheepv with a deep draught
'**diepgang** *m* **1** scheepv draught; **2** fig depth; *een* ~ *hebben van 3 meter* draw 3 meters of water
'**diepliggend** *bn* sunken, deep-set [eyes]
'**dieplood** *o* (-loden) sounding-lead, deep-sea lead
'**dieploeg** *m* (-en) trench-plough
'**diepte** *v* (-n en -s) **1** deep [= the sea]; **2** depth[2]; **3** fig deepness, profoundness; *naar de* ~ *gaan* go to the bottom
'**dieptebom** *v* (-men) depth-charge
'**dieptemeter** *m* (-s) depth-gauge
'**dieptepass** *m* (-es) sp long ball, long pass
'**dieptepsychologie** *v* depth psychology
'**dieptepunt** *o* (-en) lowest point, the depth(s); ... *heeft het* ~ *bereikt* ... is at its lowest ebb
'**diepvries** *m* deep-freeze [vegetables &]
'**diepvrieskast**, '**diepvrieskist** *v* (-en) deep-freeze, freezer
'**diepvriesmaaltijd** *m* (-en) frozen dinner, Am TV dinner
'**diepvriesvak** *o* (-ken) deep-freeze chamber (compartment)
diep'**zeeduiker** *m* (-s) deep-sea diver
diep'**zeeonderzoek** *o* (-en) deep-sea research
diep'**zinnig** *bn* deep, profound, abstruse
diep'**zinnigheid** *v* (-heden) depth, profoundness, profundity, abstruseness
dier *o* (-en) animal, beast
'**dierbaar** *bn* dear, beloved, dearly beloved; *dierbare herinneringen* cherished memories; *mijn* ~*ste wens* my dearest wish
'**dierenarts** *m* veterinary surgeon, gemeenz vet
'**dierenasiel** *o* (-s en -en) animal shelter, pound
'**dierenbescherming** *v* protection of animals; humane society; *de D~* the Society for the Prevention of Cruelty to Animals
'**dierenbeul** *m* (-en) tormentor of animals
'**dierendag** *m* (world) animal day
'**dierenfabel** *v* (-s) beast fable, animal fable
'**dierenhandel** *m* **1** (bedrijf) animal trade; **2** (-s) (winkel) pet shop
'**dierenhandelaar** *m* (-s en -laren) naturalist
'**dierenmishandeling** *v* cruelty to animals
'**dierenpark** *o* (-en) zoological garden(s), zoo
'**dierenpsychologie** *v* animal psychology, zoopsychology
'**dierenriem** *m* astron zodiac
'**dierenrijk** *o* animal kingdom
'**dierentemmer** *m* (-s) tamer (of wild beasts)
'**dierentuin** *m* (-en) zoological garden(s), gemeenz zoo
'**dierenvel** *o* (-len) hide
'**dierenvriend** *m* (-en) animal lover
'**dierenwereld** *v* animal world, fauna
'**dierenwinkel** *m* (-s) pet shop
'**diergaarde** *v* (-n en -s) zoological garden(s), zoo

'**diergeneeskunde** v veterinary medicine
'**dierkunde** v zoology
dier'kundig bn zoological
dier'kundige m-v (-n) zoologist
'**dierlijk** bn **1** animal [fat, food, magnetism &];
2 bestial [instincts]; **3** brutal, brutish [lusts]
'**dierlijkheid** v **1** animality; **2** bestiality; **3** brutality
'**dierproef** v (-proeven) test (experiment) on an
animal; dierproeven verbieden ban animal testing
'**diersoort** v (-en) species of animals
dier'vriendelijk bn pro-animal
1 dies bijw therefore, consequently; en wat ~ meer
zij and so on, and so forth
2 'dies m [Lat] onderwijs ± Founders' Day, [Oxford
University] Commemoration
'**dieselmotor** m (-s en -toren) diesel engine
'**dieselolie** v diesel oil
dië'tist m (-en) dietician
diets bn: iem. iets ~ maken make one believe sth
Diets o (mediaeval) Dutch
die'vegge v (-n) (female) thief
'**dieven** (diefde, h. gediefd) overg steal, pilfer, thieve
'**dievenbende** v (-n en -s) gang of thieves
'**dievenhol** o (-holen) thieves' den
'**dievenklauw** v (-en) ± security lock
'**dievenlantaarn**, '**dievenlantaren** v (-s) dark
lantern, bull's-eye
'**dieventaal** v = boeventaal
'**dievenwagen** m (-s) = boevenwagen
dieve'rij v (-en) theft, robbery, thieving
differenti'aal v (-tialen) wisk differential
differenti'aalrekening v wisk differential calculus
differenti'eel I bn: differentiële rechten differential
duties; **II** v (-tiëlen) techn differential
differenti'ëren (differentieerde, h. gedifferen-
tieerd) overg differentiate
dif'fusie v diffusion
dif'fuus bn diffuse
difte'rie, **difte'ritis** v diphtheria
dif'tong v (-en) diphthong
difton'gering v (-en) diphthongization
di'gestie v digestion
'**diggel** m (-en) potsherd; aan ~en vallen gemeenz
fall to smithereens
digi'taal bn digital
digitali'seren (digitaliseerde, h. gedigitaliseerd)
overg comput digitalize, digitize
digni'taris m (-sen) dignitary
dij v (-en) thigh
'**dijbeen** o (-deren) thigh-bone, femur
'**dijenkletser** m (-s) thigh-slapper, side-splitter
dijk m (-en) dike, bank, dam; een ~ van een salaris a
massive (huge, substantial) salary; aan de ~ zetten
get rid of [a functionary]
'**dijkbestuur** o (-sturen) board of inspection of
dikes
'**dijkbreuk** v (-en), '**dijkdoorbraak** v (-braken)

bursting of a dike
'**dijkgraaf** m (-graven) dike-reeve
'**dijkschouw** m inspection of a dike (of dikes)
'**dijkwerker** m (-s) dike-maker, diker
dijn bez vnw zie mijn
'**dijspier** v (-en) thigh muscle
dik I bn thick°, big, bulky, burly, stout; ~ en vet
plump; Karel de D~ke Charles the Fat; de ~ke dame
the fat lady; een ~ke honderd gulden a hundred guilders odd; ~ke melk curdled milk; een ~ uur a good
hour; ~ke vrienden great (close, fast, firm) friends;
ze zijn ~ke vrienden gemeenz they are very thick
(together); een ~ke wang a swollen cheek; ~ke wangen plump cheeks; ~ doen swagger, boast; maak je
niet ~ don't get excited, slang keep your hair on; ~
worden grow fat, put on flesh, fill out; **II** bijw
thickly; het er ~ opleggen gemeenz lay it on thick,
pile it on; dat ligt er ~ op that is quite obvious; er ~
inzitten **1** (veel geld hebben) have plenty of money;
2 (waarschijnlijk zijn) be more than likely; **III** o
thick (part); grounds [of coffee]; door ~ en dun met
iem. meegaan go through thick and thin with sbd.
'**dikbuik** m (-en) gemeenz fatty
dik'buikig bn big-bellied, corpulent
'**dikdoener** m (-s) braggart, windbag
'**dikdoenerig** bn swaggering, ostentatious, braggart
'**dikheid** v thickness, corpulency, bigness
dik'huidig bn thick-skinned[2]; ~e dieren, ~en thick-
skinned quadrupeds, pachyderms
'**dikkerd** m (-s) = dikzak
'**dikkerdje** o (-s) gemeenz roly-poly
'**dikkopje** o (-s) dierk tadpole
'**dikte** v (-n en -s) **1** (in 't alg.) thickness, bigness &;
2 med swelling
'**dikwijls** bijw often, frequently
'**dikzak** m (-ken) big fellow, gemeenz fatty
'**dildo** m ('s) dildo
di'lemma o ('s) dilemma; iem. voor een ~ stellen
place sbd. on the horns of a dilemma
dilet'tant m (-en), **dilet'tante** v (-n) dilettante [mv
dilettanti], amateur
dilet'tanterig bn amateurish
dilettan'tisme o dilettantism, amateurishness
dili'gence v (-s) stage-coach, coach
'**dille** v dill
diluvi'aal bn diluvial
di'luvium o diluvium
di'mensie v (-s) dimension
'**dimlicht** o (-en): met ~ rijden drive on dipped
headlights
'**dimmen** (dimde, h. gedimd) overg & onoverg dip
[the headlights]
di'ner o (-s) dinner, dinner party
di'neren (dineerde, h. gedineerd) onoverg dine
ding o (-en) thing; een aardig ~ a bright young
thing [of a girl]; het is een heel ~ it is not an easy
thing; alle goede ~en bestaan uit drieën third time is
lucky

'**dingen** (dong, h. gedongen) *onoverg* chaffer, bargain, haggle; ~ *naar* compete for, try to obtain [a post &]

'**dinges** *m-v: mijnheer* ~ Mr So-and-so

'**dingsigheidje** *o* (-s) gadget, dinkey

dino'saurus *m* (-sen, -riërs) dinosaur

'**dinsdag** *m* (-dagen) Tuesday

'**dinsdags** I *bn* Tuesday; II *bijw* on Tuesdays

dio'cees *o* (-cesen) diocese

dioce'saan (-sanen) *bn* & *m* diocesan

dio'cese *v* (-n) = *diocees*

diop'trie *v* (-trieën) dioptre, diopter

dio'xine *o* dioxin

di'ploma *o* ('s) certificate, diploma

diplo'maat *m* (-maten) diplomat, diplomatist

diplo'matenkoffertje *o* (-s) attaché-case, dispatch case

diploma'tie *v* diplomacy

diploma'tiek I *bn* diplomatic; *langs ~e weg* through diplomatic channels; II *v* diplomatics

diplo'matisch *bn* diplomatic

diplo'meren (diplomeerde, h. gediplomeerd) *overg* certificate; *gediplomeerd verpleegster* ook: qualified (trained) nurse

'**dippen** (dipte, h. gedipt) *overg* dip

'**dipsaus** *v* (-en, -sauzen) dip

di'rect I *bn* direct, straight; II *bijw* directly, promptly, at once, straightaway

direc'teur *m* (-en en -s) 1 director, managing director [of a company]; 2 manager [of a theatre]; 3 governor [of a prison]; 4 superintendent [of a hospital]; 5 post postmaster; 6 principal, headmaster [of a school]; 7 muz (musical) conductor, choirmaster

direc'teur-gene'raal *m* (directeurs-generaal en directeuren-generaal) director-general [of the B.B.C.]; ~ *der Posterijen* Postmaster General

di'rectheid *v* directness

di'rectie *v* (-s) board, management

direc'tief *o* (-tieven) directive

di'rectiekeet *v* (-keten) building shed

di'rectielid *o* (-leden) senior executive, member of the board (of directors)

di'rectiesecretaresse *v* (-n) executive secretary

direc'toire *m* (-s) vero knickers, panties

directo'raat *o* (-raten) directorate

direc'trice *v* (-s) 1 (in 't alg.) directress; 2 manageress [of a hotel]; 3 (lady-)principal, headmistress [of a school]; 4 superintendent, matron [of a hospital]

diri'geerstok *m* (-ken) baton

diri'gent *m* (-en) 1 (v. orkest) (musical) conductor; 2 (v. koor) choirmaster

diri'geren (dirigeerde, h. gedirigeerd) *overg* 1 conduct [an orchestra]; 2 direct [troops]

diri'gisme *o* dirigism(e)

1 dis *v* (-sen) muz D sharp

2 dis *m* (-sen) plechtig (maaltijd) table, board

dis'agio *o* discount

dis'cipel *m* (-en en -s) disciple

discipli'nair *bn* disciplinary

disci'pline *v* (-s) discipline; *ijzeren* ~ tight rein

discipli'neren (disciplineerde, h. gedisciplineerd) *overg* discipline

'**disco** I *m* ('s) 〈discotheek〉 disco, discothèque; II *m* 〈muziek〉 disco, disco music

discon'teren (disconteerde, h. gedisconteerd) *overg* discount

dis'conto *o* ('s) (rate of) discount, (bank) rate

disco'theek *v* (-theken) 1 〈platenverzameling〉 record library; 2 〈amusementsgelegenheid〉 discothèque, disco

dis'creet *bn* 1 modest [behaviour]; 2 considerate [handling of the business]; 3 discreet [person]

discre'pantie *v* (-s) discrepancy, difference

dis'cretie *v* 1 〈bescheidenheid〉 modesty, considerateness; 2 〈geheimhouding〉 secrecy; 3 〈goedvinden〉 discretion

discrimi'natie *v* (-s) discrimination

discrimi'neren (discrimineerde, h. gediscrimineerd) *overg* discriminate against

'**discus** *m* (-sen) discus, disc, disk

dis'cussie *v* (-s) discussion, debate, argument; *in* ~ *brengen, ter* ~ *stellen* bring up for discussion, bring (call) in(to) question, challenge

dis'cussieleider *m* (-s) (panel) chairman

discussi'ëren (discussieerde, h. gediscussieerd) *onoverg* = *discuteren*

dis'cussiestuk *o* (-ken) working paper

'**discusvormig** *bn* discoid

'**discuswerpen** *o* throwing the discus

'**discuswerper** *m* (-s) discus thrower

discu'tabel *bn* arguable, debatable

discu'teren (discuteerde, h. gediscuteerd) *onoverg* discuss, argue; *met iem.* ~ argue with sbd.; *over iets* ~ discuss, talk over, ventilate a subject

'**disgenoot** *m* (-noten) neighbour at table, fellow-guest; *de disgenoten* the guests

'**disharmonie** *v* disharmony, discord

'**diskdrive** *m* (-s) comput disk-drive

dis'kette *v* (-s) comput diskette, floppy disk, floppy

'**diskjockey** *m* (-s) disc jockey

'**diskrediet** *o* discredit; *in* ~ *brengen* bring into discredit, bring (throw) discredit on, discredit

diskwalifi'catie *v* (-s) disqualification

diskwalifi'ceren (diskwalificeerde, h. gediskwalificeerd) *overg* disqualify

dis'pache *v* (-s) average adjustment

dispa'cheur *m* (-s) average adjuster

dispen'sarium *o* (-ria) ZN polyclinic, health centre

dispen'satie *v* (-s) dispensation (*van* from)

dispen'seren (dispenseerde, h. gedispenseerd) *overg* dispense (*van* from)

'**display** *m* (-s) display°

dispo'neren (disponeerde, h. gedisponeerd) *onoverg*: ~ *op* handel value on; ~ *over* dispose of; zie ook: *gedisponeerd*

dispo'nibel *bn* available, at one's disposal

dispo'sitie *v* (-s) disposition, disposal

dispu'teren (disputeerde, h. gedisputeerd) *onoverg* dispute, argue

dis'puut *o* (-puten) **1** ⟨twistgesprek⟩ dispute, disputation, argument; **2** ⟨club⟩ debating club

'dissel *m* (-s) **1** pole [of a carriage]; **2** [carpenter's] adze

'disselboom *m* (-bomen) pole

dis'senter *m* (-s) **1** <u>pol</u> dissident; **2** ⟨godsdienst⟩ dissenter

disser'tatie *v* (-s) **1** ⟨in 't algemeen⟩ dissertation; **2** <u>onderwijs</u> thesis [*mv* theses] [for a degree]

dissi'dent *m* (-en) dissident

disso'nant *m* (-en) <u>muz</u> discord; *dat was de enige ~* that was the only discordant note

dis'tantie *v* (-s) **1** <u>eig</u> distance; **2** <u>fig</u> reserve; *~ be-waren* keep (stand, hold) aloof from

distanti'ëren (distantieerde, h. gedistantieerd) *wederk: zich ~ van* **1** <u>mil</u> detach oneself from [the enemy]; **2** <u>fig</u> move away from, dissociate oneself from [those views &]

'distel *m & v* (-s) thistle

'distelvink *m & v* (-en) goldfinch

distil'laat *o* (-laten) distillate

distilla'teur *m* (-s) distiller

distil'latie *v* distillation

distilleerde'rij *v* (-en) distillery

distil'leerketel *m* (-s) still

distil'leerkolf *v* (-kolven) receiver of a still

distil'leertoestel *o* (-len) still

distil'leren (distilleerde, h. gedistilleerd) *overg* distil

dis'tinctie *v* (-s) refinement, elegance, distinction

distinc'tief *o* (-tieven) (distinctive) badge

distribu'eren (distribueerde, h. gedistribueerd) *overg* **1** ⟨in 't alg.⟩ distribute; **2** ⟨in tijden van schaarste⟩ ration

distri'butie *v* (-s) **1** ⟨in 't alg.⟩ distribution; **2** ⟨in tijden van schaarste⟩ rationing

dis'trict *o* (-en) district

dit *aanw vnw* this; *~ alles* all this; *~ zijn mijn kleren* these are my clothes

'ditje *o* (-s): *~s en datjes* **1** customary banalities; **2** trifles, knick-knacks; *wij praatten over ~s en datjes* we were talking about (of) this and that, about one thing and another

'ditmaal *bijw* this time, for this once

'dito *bijw* ditto, do

'diva *v* ('s) diva, prima donna

'divan *m* (-s) couch, divan

'divanbed *o* (-den) bed-settee, sofa bed

diver'geren (divergeerde, h. en is gedivergeerd) *onoverg* diverge

di'vers *bn* various; *~en* sundries, miscellaneous (articles, items, news &)

divi'dend *o* (-en) dividend

divi'dendbelasting *v* dividend (coupon) tax

divi'dendbewijs *o* (-wijzen) dividend coupon

di'visie *v* (-s) division°

Dji'bouti *o* Djibouti

dm *afk.* = decimeter

d.m.v. *afk. door middel van,* zie *middel*

DNA *o* DNA (deoxyribonucleic acid)

do *v* muz do

'dobbelbeker *m* (-s) dice cup, shaker, dicebox

'dobbelen (dobbelde, h. gedobbbeld) *onoverg* dice, play dice, gamble

'dobbelspel *o* (-spelen) dice-playing, game at dice

'dobbelsteen *m* (-stenen) **1** <u>sp</u> die [*mv* dice]; **2** cube [of bread &]

'dobber *m* (-s) float [of a fishing-line]; *een harde ~ hebben om...* be hard put to it to [do sth.]

'dobberen (dobberde, h. gedobberd) *onoverg* bob (up and down), float

'dobermannpinscher *m* (-s) Dobermann (pinscher)

do'cent *m* (-en) teacher

do'centenkamer *v* (-s) common room, staff room

do'ceren (doceerde, h. gedoceerd) *overg & onoverg* teach

doch *voegw* but

'dochter *v* (-s) daughter

'dochterbedrijf *o* (-drijven), **'dochtermaatschappij** *v* (-en), **'dochteronderneming** *v* (-en) subsidiary company

do'ciel *bn* docile, submissive

'doctor *m* (-s en -'toren) doctor

docto'raal *o* (-ralen) final examination for a degree

docto'raat *o* (-raten) doctorate, doctor's degree

docto'randus *m* (-di en -dussen) candidate for the doctorate (for a doctor's degree)

docto'reren (doctoreerde, is gedoctoreerd) *onoverg* graduate, take one's degree

'doctorsbul *v* (-len) doctor's diploma

doctri'nair *bn* doctrinaire

doc'trine *v* (-s) doctrine, tenet

docu'ment *o* (-en) document

documen'tair *bn* documentary

documen'taire *v* (-s) documentary (film), actuality film

documen'tatie *v* documentation

docu'mentenkoffertje *o* (-s) dispatch-box, dispatch-case

documen'teren (documenteerde, h. gedocumenteerd) *overg* document

'doddig *bn* sweet, adorable; <u>Am</u> cute

'dode *m-v* (-n) dead man, dead woman; *de ~ ook:* the deceased; *de ~n* the dead; *een ~* a dead man (body); *één ~* one dead, one killed; *het aantal ~n* the number of lives lost [in an accident], the casualties

'dodelijk I *bn* **1** mortal [blow], fatal [wounds]; **2** deadly [hatred]; **3** lethal [weapons]; **II** *bijw* **1** mortally, fatally [wounded]; **2** deadly [dull]

'dodemansknop *m* (-pen) dead-man's handle (pedal)

doden

'**doden** (doodde, h. gedood) *overg* **1** 〈in 't alg.〉 kill², slay, put (do) to death; **2** *fig* mortify [the flesh]; *de tijd ~* kill time

'**dodenakker** *m* (-s) *plechtig* God's acre, cemetery

'**dodencel** *v* (-len) condemned cell, deathcell

'**dodencultus** *m* cult of the dead

'**dodendans** *m* (-en) death-dance, Dance of Death [by Dürer]

'**dodenherdenking** *v* (-en) Br Remembrance Day; Am Memorial Day

'**dodenlijst** *v* (-en) **1** 〈bij ramp &〉 death-roll; **2** 〈lijst met te vermoorden personen〉 hit list

'**dodenmasker** *o* (-s) death-mask

'**dodenmis** *v* (-sen) requiem mass

'**dodenrijk** *o* realm of the dead

'**dodenrit** *m* (-ten) breakneck drive, suicidal drive

'**dodental** *o* death toll

'**dodenwacht**, '**dodenwake** *v* lyke-wake, watch, wake

'**Doebai** *o* Dubai

'**doedelen** (doedelde, h. gedoedeld) *onoverg* play the bagpipe

'**doedelzak** *m* (-ken) bagpipe, (bag)pipes

doe-het-'zelf *voorv* do-it-yourself, DIY [shop, kit &]

doe-het-'zelver *m* (-s) do-it-yourselfer, hobbyist

1 doek *m* (-en) **1** 〈in 't alg.〉 cloth; **2** 〈omslagdoek〉 shawl; *hij had zijn arm in een ~* he wore his arm in a sling; *uit de ~en doen* disclose

2 doek (-en) **1** *o & m* cloth [of woven stuff]; *scheepv* sail; **2** *o* canvas [of a painter]; curtain [of theatre]; screen [of cinema]; *het witte ~* the silver screen

'**doekje** *o* (-s) (piece of) cloth, rag; *~ voor het bloeden* palliative; *er geen ~s om winden* not beat about the bush; *een open ~ krijgen* have a curtain call

'**doekspeld** *v* (-en) brooch

'**doel** *o* (-en) **1** 〈in 't alg.〉 target°, mark; **2** *sp* goal; **3** *fig* mark, aim, goal, purpose, object, design; **4** 〈v. reis〉 destination; *een goed ~* a good (worthy) cause (intention); *het ~ heiligt de middelen* the end justifies the means; *recht op zijn ~ afgaan* go (come) straight to the point; *zijn ~ bereiken* gain (attain, secure, achieve) one's object (one's end); *zijn ~ missen* miss one's aim; *een ~ nastreven* pursue an object (end); *zijn ~ treffen* hit the mark; *het ~ voorbijschieten* overshoot the mark, defeat its own object; *met het ~ om... for the purpose of ...ing, with a view to...; with intent to... [steal]; *ten ~ hebben* be intended to... [ensure his safety &]; *zich ten ~ stellen* make it one's object to...; *voor een goed ~* for a good intention; *dat was genoeg voor mijn ~* that was enough for my purpose

doelbe'wust *bn* purposeful, purposive

'**doeleinde** *o* (-n) end, purpose

'**doelen** (doelde, h. gedoeld) *onoverg: ~ op* aim at, allude to; *dat doelt op mij* it is aimed at me

'**doelgebied** *o* (-en) goal area

'**doelgemiddelde** *o* (-n en -s) goal average

'**doelgericht** *bn* **1** 〈in 't alg.〉 purposeful; **2** 〈m.b.t.

maatregel〉 specific; **3** 〈m.b.t. campagne〉 targeted, selective; **4** 〈m.b.t. hulp〉 well-directed

'**doelgroep** *v* (-en) target group

'**doellijn** *v* (-en) goal line

'**doelloos** *bn* aimless, meaningless

'**doelloosheid** *v* aimlessness

'**doelman** *m* (-nen) = *doelverdediger*

doel'matig *bn* appropriate (to the purpose), suitable, efficient

doel'matigheid *v* suitability, efficiency

'**doelpaal** *m* (-palen) *sp* goal post

'**doelpunt** *o* (-en) *sp* goal; *een ~ maken* score (a goal)

'**doelsaldo** *o* ('s, -di) goal difference

'**doelschop** *m* (-pen) goal-kick

'**doelstelling** *v* (-en) aim

'**doeltrap** *m* (-pen) goal-kick

doel'treffend *bn* efficient, effective, to the purpose

'**doelverdediger** *m* (-s) goal-keeper

'**doelwit** *o* **1** 〈in 't alg.〉 target°, mark; **2** *fig* mark, aim, goal, purpose, object

doem *m* doom, curse; *er rust een ~ op* it is doomed, a curse rests upon it

'**doemdenken** *o* doom-mongering, doom-saying

'**doemen** (doemde, h. gedoemd) *overg* condemn, foredoom; *tot mislukking gedoemd* doomed to failure

'**doemscenario** *o* ('s) worst case scenario

doen (deed, h. gedaan) **I** *overg* **1** 〈in het alg.〉 do, work [harm, a service &]; **2** 〈vóór infinitief〉 make [sbd. go, people laugh]; **3** 〈steken, wegbergen〉 put [it in one's pocket &]; **4** 〈opknappen〉 do [one's hair, a room]; **5** 〈opbrengen, kosten〉 be worth, be, fetch [2 guilders a pound]; **6** 〈maken〉 make [a journey], take [a walk &]; **7** 〈uitspreken〉 make [a promise, vow], take [an oath]; **8** 〈ter herhaling van het werkw.〉 do [of onvertaald: he will cheat you, as he has (done) me; will you get it or shall I?]; zie ook: *afbreuk, dienst, groet, keuze; het ~* 〈v. machine〉 work, go; *die vaas doet het* produces its effect; *dat doet het bem* that's what does it; it works; *geld doet het hem* it's money makes the mare to go; *het doet er niet(s) toe* it does not matter; that is neither here nor there, no matter; *hij kan het (goed) ~* he can (well) afford it; he is comfortably off; *hij kan het er mee ~* he can take his change out of that; *hij doet het er om* he does it on purpose; *het is hem er om te ~ aan te tonen, dat...* he is concerned to show that...; *het is hem alleen om het geld te ~* it is only money that he is after, he is only in it for the money; *daarom is het niet te ~* that is not the point; *is het je daarom te ~?* is that what you are after?; *het zijne ~* play one's part; *iets ~* do something; *als je hem iets durft te ~* if you dare hurt (touch) him; *als ik er iets aan kan ~* if I can do anything about it; *ik zal zien of ik er iets aan kan ~* I'll see about it; *ik kan er niets aan ~* **1** I can do nothing about it (in the matter); **2** I cannot help it; *er is niets aan te ~* it

848

cannot be helped, there is no help for it; *je moet hem niets* ~, *hoor!* mind you don't hurt (touch) him; *zij hebben veel te* ~ **1** they have a lot of work to do; **2** they do a roaring business; *wat doet het er toe?* what does it matter?; *wat doet dat huis?* what's the rent of the house?; *wat doet hij?* what's his business (trade, profession)?; *wij hebben wel wat beters te* ~ we have better things to do; *ik heb het weer gedaan* I'm always blamed; *wat is hier te* ~ what is doing here?, what's up?, what is going on here?; ~ *alsof...* pretend to, make as if, make belief to; *je doet maar!* (do) as you please, please yourself; *je moet maar doen alsof je thuis bent* make yourself at home; *hij doet maar zo* he is only pretending (shamming); *daaraan heeft hij verkeerd (wijs) gedaan* he has done wrong (wisely) to...; *onverschillig* ~ feign indifference; *vreemd* ~ act (behave) strangely; *doe wel en zie niet om* do well and shame the devil; *doe zoals ik* do as I do; *zij* ~ *niet aan postzegels verzamelen* they don't go in for collecting stamps; *zij doet niet meer aan...* she has given up...; *ik kan daar niet aan* ~ I can't occupy myself with that; *zij* ~ *in wijnen* they deal in wines; *daar kun je jaren mee* ~ that will last you for years; *wij hadden met hem te* ~ we pitied him, we were (we felt) sorry for him; *pas op, als je met hem te* ~ *hebt* when dealing with him; *...je zult met mij te* ~ *krijgen* you shall have to do with me; *als je..., dan krijg je met mij te* ~ if you..., we shall get into a row; *met een gulden kun je niet veel* ~ a guilder does not go far; *hoelang doe je over dat werk?* how long does it take you?; *daar is heel wat over te* ~ *geweest* there has been a lot of talk about it, it has made a great stir; *zie ook: doende, gedaan;* **III** *o* doing(s); *hij weet ons* ~ *en laten* he knows all our doings; *het is geen* ~ it cannot be done; *in betere* ~ in better circumstances, better situated, better off; *in goede(n)* ~ *zijn* be well-to-do, well off, in easy circumstances; *hij is niet in zijn gewone* ~ he is not his usual self; *uit zijn gewone* ~ off (out of) one's beat; upset; *niets van* ~ *hebben met* have nothing to do with; *(dat is al heel goed) voor zijn* ~ for him (that is pretty good)

doende *bn* doing; ~ *zijn met* ...be busy ...ing; *al* ~ *leert men* practice makes perfect

'**doeniet** *m* (-en) do-nothing, idler

'**doenlijk** *bn* practicable, feasible

does *m* (doezen) poodle

'**doetje** *o* (-s) *gemeenz* silly, softy

'**doezelen** (doezelde, h. gedoezeld) *onoverg* doze, be drowsy

'**doezelig** *bn* dozy, drowsy

dof *bn* **1** dull [of colour, light, sound, mind &]; **2** dim [light]; **3** lacklustre [eyes]; **4** lustreless [pearls]; **5** dead [gold]

'**doffer** *m* (-s) cock-pigeon

'**dofheid** *v* dullness, dimness, lack of lustre

doft *v* (-en) thwart, (rower's) bench

dog *m* (-gen) mastiff, bulldog

'**dogma** *o* ('s en -ta) dogma

dog'maticus *m* (-ci) dogmatist

dogma'tiek *v* dogmatics

dog'matisch *bn* dogmatic

dok *o* (-ken) dock; *drijvend* ~ floating dock

'**doka** *v* ('s) *donkere kamer* darkroom

'**doken** V.T. meerv. v. duiken

'**dokgeld** *o* (-en) dockage; ~*en* dock-dues

'**dokken** (dokte, h. gedokt) **I** *overg* scheepv dock, put into dock; **II** *onoverg* **1** scheepv dock, go into dock; **2** (betalen) *gemeenz* fork out, cough up

dok'saal *o* (-salen) = oksaal

'**dokter** *m* (-s en dok'toren) doctor, physician; *hij is onder* ~*s handen* he is under medical treatment

'**dokteren** (dokterde, h. gedokterd) *onoverg* **1** ⟨v. dokter⟩ practise; **2** ⟨v. patiënt⟩ be under the doctor; ~ *aan* tinker at

'**doktersadvies** *o* -viezen: *op* ~ on doctor's (medical) advice

'**doktersassistente** *v* (-s) receptionist

'**doktersrekening** *v* (-en) doctor's bill

'**doktersroman** *m* (-s) doctor novel

'**doktersvisite** *v* (-s) doctor's visit

'**dokwerker** *m* (-s) dock labourer, docker

1 dol I *bn* mad, frantic, wild; *is het niet* ~? isn't it ridiculous?; *een* ~*le hond* a mad dog; ~*le pret* hilarious fun; ~*le schroef* screw that won't bite, stripped screw; *hij is* ~ *op haar* he is wild (crazy) about her; *hij is* ~ *op erwtensoep* he is very fond of pea-soup; *iem.* ~ *maken* drive sbd. mad (wild); ~ *worden* run mad; *het is om* ~ *van te worden* it is enough to drive you mad, it is maddening; **II** *o*: *door het* ~*le heen zijn* be mad (frantic) with joy, be wild

2 dol *m* (-len) scheepv thole, row lock

'**dolblij** *bn* mad with joy, overjoyed

'**dolboord** *o* (-en) gunwale

'**doldraaien** *onoverg*: *die schroef is dolgedraaid* the screw is slipping; *hij is dolgedraaid* ⟨m.b.t. personen⟩ he's been driven over the edge, he's gone around the bend

'**doldriest** *bn* reckless

dol'driftig *bn* furious

'**dolen** (doolde, h. gedoold) *onoverg* **1** ⟨zwerven⟩ wander (about), roam, rove, ramble; **2** err [be mistaken]

dolf (dolven) V.T. v. delven

dol'fijn *m* (-en) dolphin

dolfi'narium *m* (-riums, -ria) dolphinarium

'**dolgelukkig** *bn* deliriously happy

'**dol'graag** *tsw & bijw*: ~! with the greatest pleasure!, ever so much!; *ik zou het* ~ *willen* I'd love to

'**dolheid** *v* (-heden) wildness, madness, frenzy

'**dolik** *v* cockle, corn-cockle, darnel

dolk *m* (-en) dagger, poniard, stiletto, dirk

dolkmes *o* (-sen) bowie-knife

dolksteek *m* (-steken), **dolkstoot** *m* (-stoten) stab (with a dagger), stab^2 [in the back]

'**dollar** *m* (-s) dollar

dolle′kervel *m* hemlock

′dolleman *m* (-nen) madman, madcap

′dollemanswerk *o: het is ~* it is sheer madness, a mad thing to do

′dollen (dolde, h. gedold) *onoverg* lark about, frolic; *(met) iem. ~* lark about with sbd.

′dolmen *m* (-s) dolmen

dolo′miet *o* dolomite

Dolo′mieten *mv* Dolomites

′dolven V.T. meerv. v. *delven*

′dolverliefd *bn: ~ zijn op* be madly in love with, be mad (crazy) about, be head over heels in love with

dol′zinnig *bn* mad, frantic

dol′zinnigheid *v* (-heden) madness, frenzy

1 dom I *bn* stupid, dull; *een ~me streek* a stupid (silly, foolish) thing; *hij is zo ~ nog niet (als hij er uitziet)* he is not such a fool as he looks; *hij houdt zich van de ~me* he pretends ignorance, plays possum; *het geluk is met de ~men* fortune favours fools; **II** *bijw* stupidly

2 dom *m* ⟨kerk⟩ cathedral (church)

3 dom *m* ⟨titel⟩ dom

domani′aal *bn* domanial

do′mein *o* (-en) domain[2], crown land, demesne; *publiek ~* public property

′domheer *m* (-heren) canon, prebendary

′domheid *v* (-heden) stupidity, dullness; *domheden* ook: stupid (silly, foolish) things

domi′cilie *o* (-s en -liën) domicile; *~ kiezen* choose one's domicile

domicili′ëren (domicilieerde, h. gedomicilieerd) *overg* domicile

domi′nant *v* (-en) dominant

′dominee *m* (-s) **1** ⟨in ′t alg.⟩ clergyman; **2** minister [esp. in Nonconformist & Presbyterian Churches]; **3** vicar, rector [in Church of England]; **4** *geringsch* parson; **5** [Lutheran] pastor; *~ W. Brown* the Reverend W. Brown; *~ Niemöller* Pastor Niemöller

domi′neren (domineerde, h. gedomineerd) **I** *overg* dominate (over), lord it over, command; **II** *onoverg* play (at) dominoes

domi′nerend *bn* dominating, possessive

Do′minica *o* Dominica

domini′caan *m* (-canen) Dominican

Domini′caan *m* (-canen) Dominican

Domini′caans *bn* Dominican

Domini′caanse Repu′bliek *v: de ~* the Dominican Republic

dominica′nes *v* (-sen) Dominican nun

′domino *o* sp dominoes

′dominoën (dominode, h. gedominood) *onoverg* play (a game of) dominoes

′dominospel *o* **1** (game of) dominoes; **2** (-len) set of dominoes

′dominosteen *m* (-stenen) domino

′domkapittel *o* (-s) (dean and) chapter

′domkerk *v* (-en) cathedral (church)

′domkop *m* (-pen) blockhead, dunce, duffer, dolt,

numskull, dullard, nitwit

′dommekracht *v* (-en) <u>techn</u> jack

′dommel *m: in de ~ zijn* be in a doze

′dommelen (dommelde, h. gedommeld) *onoverg* doze, drowse

′dommelig *bn* dozy, drowsy

′dommerik *m* (-riken), **′domoor** *m* (-oren) = *domkop*

′dompelaar *m* (-s) **1** vogelk diver; **2** techn plunger; **3** <u>elektr</u> immersion heater

′dompelen (dompelde, h. gedompeld) **I** *overg* plunge[2], dip, duck, immerse; **II** *wederk: zich ~ in* plunge into

′domper *m* (-s) extinguisher; *een ~ zetten op* dampen, cast a damp over, pour (throw) cold water on

′dompig *bn* close, stuffy

′domproost *m* (-en) dean

domp′teur *m* (-s) (animal) trainer, (animal) tamer

′domtoren *m* (-s) cathedral tower

′domweg *bijw* **1** ⟨onnadenkend⟩ stupidly, without thinking; **2** ⟨eenvoudigweg⟩ just, simply

dona′teur *m* (-s) donor

do′natie *v* (-s) donation, gift

′Donau *m* Danube

′donder *m* (-s) thunder[2]; *arme ~* poor devil; *het kan me geen ~ schelen* I don't care a damn; *daar kun je ~ op zeggen* you bet, you can bet your life on it; *iem. op zijn ~ geven* give sbd. a proper dressing down; *als door de ~ getroffen* thunderstruck

′donderbui *v* (-en) thunderstorm

′donderbus *v* (-sen) <u>hist</u> blunderbuss

′donderdag *m* (-dagen) Thursday

′donderdags I *bn* Thursday; **II** *bijw* on Thursdays

′donderen (donderde, gedonderd) *onoverg* **I** (h.) thunder[2] [against abuses, in one's ears], fulminate[2]; *hij keek of hij het in Keulen hoorde ~* he stared like a stuck pig; **II** (is) ⟨vallen⟩ <u>gemeenz</u> pitch, tumble (down the stairs)

′donderend *bn* thundering[2], thunderous[2]

′dondergod *m* thunder-god, thunderer

′donderjagen (donderjaagde, h. gedonderjaagd) *onoverg* raise hell

′donders *gemeenz* **I** *bn* devilish, confounded; **II** *bijw* <u>versterkend</u> deucedly; *~ blij (groot)* thundering glad (great); **III** *tsw* the deuce!

′donderslag *m* (-slagen) thunderclap, peal of thunder; *een ~ bij heldere hemel* a bolt from the blue

′donderspeech *m -es* harangue; *een ~ houden* deliver a harangue

′dondersteen *m* (-stenen) ⟨deugniet⟩ little rascal

′donderstraal *m & v* (-stralen) **1** ⟨bij onweer⟩ streak of lightning; **2** ⟨scheldwoord⟩ <u>gemeenz</u> rogue, rascal, scoundrel

′donderwolk *v* (-en) thundercloud

dong (dongen) V.T. v. *dingen*

don′jon *m* (-s) dungeon, keep

Don Ju′an *m* Don Juan[2], lady-killer

′donker I *bn* dark[2], obscure, gloomy, sombre,

dusky, dim, plechtig darksome, darkling; *het ziet er ~ voor hem uit* things look pretty black (gloomy) for him; **II** *bijw* darkly; *hij keek ~* he looked gloomy; *hij ziet alles ~ in* he takes a gloomy view of things; **III** *o*: *het ~* the dark; *bij ~* at dark; *in het ~ in the dark*²; *in het ~ tasten* **1** grope (walk) in darkness; **2** be in the dark [about the future &]; *na ~* after dark; *vóór ~* before dark

'**donkerblauw** *bn* dark-blue, deep-blue

'**donkerbruin** *bn* dark-brown, deepbrown

'**donkergeel** *bn* deep-yellow

'**donkerheid** *v* darkness, obscurity

'**donkerrood** *bn* dark-red, deep-red

'**donkerte** *v* darkness, obscurity

'**donor** *m* (-s) donor

'**donorcodicil** *o* (-len) donor card

'**donorhart** *o* (-en) donor heart

dons *o* down, fluff; zie ook: *poederdons*

'**donsachtig** *bn* downy, fluffy

'**donzen** *bn* down; zie ook: *donzig*

'**donzig** *bn* downy, fluffy

dood I *bn* dead [also of capital, weight &]; *zo ~ als een pier* as dead as a door-nail; *de dode hand* mortmain; *een dode stad* a dead-alive town; *ze lieten hem voor ~ liggen* they left him for dead; *zich ~ drinken* drink oneself to death; *zich ~ houden* sham dead; *Dode Zee* Dead Sea; zie ook *kniezen* &; *iem. ~ verklaren* send sbd. to Coventry; **II** *m & v* death; *~ en verderf* death and destruction; *het is de ~ in de pot* it is a dead-alive business; *(er uitziend) als de ~ van Ieperen* ghastly white, wretchedly thin; *de een zijn ~ is de ander zijn brood* one man's meat is another man's poison; *duizend doden sterven* die a thousand deaths; *een natuurlijke ~ sterven* die a natural death; *de ~ vinden* meet one's death; *de ~ in de golven vinden* find a watery grave; *hij is er (zo bang) als de ~ voor* he is mortally afraid of it, he is scared stiff (of it); *de ~ nabij* at death's door; *hij heeft het gehaald bij de ~ af* he has been at death's door; *na de ~* after death; *om de (dooie) ~ niet!* not for anything!, not on your life!; by no means, not at all [stupid &]; *dat zou ik om de ~ niet willen* not for the life of me; *hij is ten dode opgeschreven* he is doomed (to death); *ter ~ brengen* put to death; *tot in de ~ getrouw* faithful unto death; *uit de ~ opstaan* rise from the dead

dood'arm *bn* very poor, as poor as Job, as poor as a church mouse

doodbe'daard *bn* quite calm, as cool as a cucumber

'**doodbidder** *m* (-s) undertaker's man

'**doodbijten**¹ *overg* bite to death

'**doodblijven**¹ *onoverg*: *ter plaatse ~* die on the spot

'**doodbloeden**¹ (is) *onoverg* **1** *eig* bleed to death; **2** *fig* fizzle out, die down

'**dooddoener** *m* (-s) clincher

'**dooddrukken**¹ *overg* press (squeeze) to death

doodeen'voudig I *bn* very easy, as easy as lying,

quite simple; **II** *bijw* simply

dood'eerlijk *bn* honest to the core

dood'eng *bn* creepy, eerie

dood'ernstig *bn* serious

'**doodgaan**¹ *onoverg* die

'**doodgeboren** *bn* **1** *eig* still-born²; **2** *fig* foredoomed to failure; *het boek was een ~ kindje* the book fell still-born from the press

'**doodgemakkelijk** *bn* quite easy

'**doodgemoedereerd** *bijw* coolly, calmly

'**doodgewoon I** *bn* quite common; ordinary, common or garden; **II** *bijw* simply

'**doodgoed** *bn* extremely kind-hearted, kind to a fault

'**doodgooien**¹ *overg* kill by throwing stones at...; *iem. ~ met geleerde woorden* knock sbd. down (bombard) with learned words

'**doodgraver** *m* (-s) **1** ⟨beroep⟩ grave-digger; **2** ⟨insect⟩ sexton-beetle

'**doodhongeren**¹ (*onoverg* is, *overg* h.) starve to death

'**doodjammer** *bn* a great pity

'**doodkalm** *bn* = *doodbedaard*

'**doodkist** *v* (-en) coffin

'**doodlachen**¹ *wederk*: *zich ~* nearly die laughing, split one's sides with laugher; *ik lach me dood!* that's a scream!, that's absolutely killing!; *'t is om je dood te lachen* it's too funny for words

'**doodleuk** *bn* quite coolly, as cool as a cucumber

'**doodlopen**¹ **I** (is) *onoverg* have a dead end [of a street]; *~de straat* cul-de-sac, blind alley; *~de weg* ⟨opschrift⟩ no through road; **II** (h.) *wederk*: *zich ~* tire oneself out with walking

dood'mak *bn* meek as a lamb

'**doodmaken**¹ *overg* kill, do to death

dood'makkelijk *bn* = *doodgemakkelijk*

'**doodmartelen**¹ *overg* torture to death

dood'moe *bn* dead-tired, dead-beat, tired to death

dood'nuchter *bn* quite sober; zie ook: *doodleuk*

doodonge'lukkig *bn* utterly miserable

doodon'schuldig *bn* as innocent as a lamb

dood'op *bn* dead-beat, knocked up

'**doodrijden**¹ **I** *overg* run over; **II** *wederk*: *zich ~* get oneself killed in a crash

doods *bn* deathly, deathlike [silence], dead, dead-alive [town]

'**doodsakte** *v* (-n en -s) death certificate

'**doodsangst** *m* (-en) **1** ⟨dodelijke angst⟩ mortal fear; **2** ⟨angst voor de dood⟩ death agony

'**doodsbang** *bn* terrified, mortally afraid, dead scared, scared stiff (*voor* of)

'**doodsbed** *o* (-den) death-bed

'**doodsbeenderen** *mv* (dead man's) bones

'**doodsbe'nauwd** *bn* = *doodsbang*

'**doodsbericht** *o* (-en) **1** ⟨in 't alg.⟩ announcement of sbd.'s death; **2** ⟨in krant⟩ obituary (notice)

'**doodsbleek** *bn* deathly pale, as white as a sheet

'**doodschamen**¹ *wederk*: *zich ~* die for shame

doodschieten

'**doodschieten**[1] (h.) *overg* shoot (dead)
'**doodschoppen**[1] *overg* kick to death
'**doodschrikken** (schrok dood, h. doodgeschrokken) *wederk*: zich ~ scare oneself to death, give oneself a fright
'**doodsgevaar** *o* (-varen) peril of death, danger of life, deadly danger
'**doodshemd** *o* (-en) shroud, winding-sheet
'**doodshoofd** *o* (-en) death's-head, skull
'**doodskist** *v* (-en) = *doodkist*
'**doodskleed** *o* (-kleden) **1** ⟨lijkwade⟩ shroud, winding-sheet; **2** ⟨over doodkist⟩ pall
'**doodskleur** *v* livid colour
'**doodsklok** *v* (-ken) death-bell, passing-bell, knell
'**doodskop** *m* (-pen) = *doodshoofd*
'**doodslaan**[1] (h.) *overg* **1** *eig* kill, slay, [a man], beat to death; **2** *fig* silence [sbd. in a discussion]
'**doodslag** *m* (-slagen) homicide, manslaughter
'**doodsmak** *m* (-ken) deadly crash (fall)
'**doodsnood** *m* (death) agony
'**doodsoorzaak** *v* (-zaken) cause of death
'**doodsschrik** *m* mortal fright; *iem. een ~ op het lijf jagen* frighten sbd. out of his wits
'**doodssnik** *m* last gasp
'**doodsstrijd** *m* (-en) death-struggle, agony
'**doodsstuip** *v* (-en) spasm of death
'**doodsteek** *m* (-steken) death-blow[2], finishing stroke[2]
'**doodsteken**[1] *overg* stab (to death)
'**doodstil** *bn* stock-still, still as death, deathly silent; [listen] dead silent; *hij stond ~* he stood as still as a statue
'**doodstraf** *v* (-fen) capital punishment, death penalty
'**doodsuur** *o* (-uren) hour of death, dying (last, mortal) hour
'**doodsverachting** *v* contempt for death
'**doodsvijand** *m* (-en) mortal enemy
'**doodszweet** *o* death-sweat, sweat of death
dood'tij *o* slack water; neap(-tide)
'**doodtrappen**[1] *overg* kick to death
'**doodvallen**[1] *onoverg* fall (drop) dead; *ik mag ~ als...* strike me dead if...
'**doodver'legen** *bn* very bashful, very timid
'**doodverven** *overg*: *met een betrekking gedoodverfd worden* be popularly designated for a place (post); *hij werd ermee gedoodverfd* it was attributed to him, it was laid at his door
'**doodvonnis** *o* (-sen) sentence of death, death-sentence; *het ~ uitspreken over* pass sentence of death on
'**doodvriezen**[1] (is) *onoverg* freeze (be frozen) to death
'**doodwerken**[1] *wederk*: zich ~ work oneself to death; *iem. zich laten ~* slave sbd. to death
'**doodziek** *bn* mortally ill
'**doodzonde** *v* (-n) RK mortal sin; *het is ~* it's a great pity, it's a terrible shame

'**doodzwijgen**[1] *overg* not talk about, hush up; ignore
doof *bn* deaf; *zo ~ als een kwartel* as deaf as a post; *oostindisch ~ zijn* sham deafness; ~ *aan één oor* deaf on (in) one ear; *aan dat oor was hij ~* he was deaf on that side; ~ *voor* deaf to; ~ *blijven voor...* turn a deaf ear to...
'**doofachtig** somewhat deaf
'**doofheid** *v* deafness
'**doofpot** *m* (-ten) extinguisher; *in de ~ stoppen* hush up (cover up) [the matter], draw a curtain
doof'stom *bn* deaf and dumb
doof'stomheid *v* deaf-muteness
doof'stomme *m-v* (-n) deaf-mute
doof'stommeninstituut *o* (-tuten) institution for the deaf and dumb
dooi *m* thaw
'**dooien** (dooide, h. gedooid) *onoverg* thaw; *het dooit* it is thawning; *het begint te ~* the thaw is setting in
'**dooier** *m* (-s) yolk
'**dooiweer** *o* thaw
dook (doken) V.T. v. duiken
'**doolhof** *m* (-hoven) labyrinth, maze
'**doolweg** *m* (-wegen) wrong way; *op ~en geraken* go astray
doop *m* baptism, christening; *de ~ ontvangen* be baptized, be christened; *ten ~ houden* hold (present) at the font
doopakte *v* (-n en -s) certificate of baptism
doopbekken *o* (-s) (baptismal) font
doopboek *o* (-en) register of baptisms
'**doopceel** *v & o* (-celen) certificate of baptism; *iems. ~ lichten* lay bare sbd.'s past
'**doopfeest** *o* (-en) christening feast
'**doopformulier** *o* (-en) service for baptism
'**doopgelofte** *v* (-n) baptismal vow(s)
'**doopgetuige** *m-v* (-n) sponsor
'**doophek** *o* (-ken) baptistery screen
'**doopjurk** *v* (-en) christening robe
'**doopkapel** *v* (-len) baptistery
'**doopkind** *o* (-eren) godchild
'**doopkleed** *o* (-kleden) christening robe; chrisom
'**doopleerling** *m* (-en) catechumen
'**doopmaal** *o* (-malen) christening feast
'**doopmoeder** *v* (-s) godmother
'**doopnaam** *m* (-namen) Christian name
'**doopplechtigheid** *v* (-heden) **1** ⟨christelijk⟩ christening ceremony; **2** ⟨v. schip &⟩ naming ceremony
'**doopregister** *o* (-s) register of baptisms
'**doopsel** *o* (-s) baptism
doopsge'zinde *m-v* (-n) Mennonite
'**doopvader** *m* (-s) godfather
'**doopvont** *v* (-en) (baptismal) font
'**doopwater** *o* baptismal water
door I *voorz* through; by; due to, on account of [the rain, his illness &]; ~ *de jaren heen* over the years; ~ *de eeuwen heen* through all ages; ~ *heel Europa* throughout Europe, all over Europe; ~ *mij geschre-*

ven written by me; *ik rende ~ de gang* I ran along the corridor; *ik liep ~ de kamer* I walked across the room; *~ de stad* through the town; *~ de week* during the week, on week-days; **II** *bijw* through; *ik ben het boek ~* I have got through the book; *de dag (het jaar) ~* throughout the day (the year); *al maar ~* all the time, on and on; *iems. hele leven ~* all through a man's life, all his life; *ze zijn er ~* they have got through; *de overeenkomst is er ~* the deal has come off; *~ en ~ eerlijk* thoroughly (completely) honest; *iets ~ en ~ kennen* know a thing thoroughly (through and through); *~ en ~ koud* chilled to the marrow, the bones; *~ en ~ nat* wet through, wet to the skin

door'bakken *bn* **1** ⟨v. vlees⟩ well-done; **2** ⟨v. brood⟩ well-baked; *niet ~* slack-baked [bread]

'doorberekenen (berekende door, h. doorberekend) *overg* pass on [the higher prices to the consumer]; *de verhoging ~ in de prijzen* pass the increase on in higher prices

'doorbetalen (betaalde door, h. doorbetaald) *overg* continue to pay wages [during temporary absence &]

'doorbijten[1] *overg* bite through

'doorbijter *m* (-s): *hij is een ~* he is a stayer, he doesn't give up

'doorbladeren[1] *overg* turn over the leaves of [a book], leaf, riffle, browse (through) [a book]

'doorblazen[1] *overg* blow through

'doorborduren[1] *onoverg*: *op een onderwerp ~* carry on talking about a subject

door'boren (doorboorde, h. doorboord) *overg* **1** ⟨met iets puntigs⟩ pierce, perforate; **2** ⟨met een wapen⟩ transfix [with a lance], run through [with a sword], stab [with a dagger]; impale [with a spear]; **3** ⟨met kogels⟩ riddle [with bullets]; **4** ⟨met zijn blikken⟩ transfix [him]; *~de blik* piercing look

'doorbraak *v* (-braken) **1** bursting [of a dike]; **2** breach [in a dike]; **3** *mil, fig* break-through

'doorbraden[1] *overg* roast well (thoroughly); *goed doorbraden* well-done [steak]

'doorbranden[1] **I** *onoverg* **1** ⟨h.⟩ ⟨blijven branden⟩ burn on, burn away; **2** ⟨is⟩ burn through; *de lamp is doorgebrand* the bulb has burnt out; *de zekering is doorgebrand* the fuse has blown; **II** ⟨h.⟩ *overg* burn through

1 door'breken (doorbrak, h. doorbroken) *overg* break through

2 'doorbreken **I** ⟨h.⟩ *overg* break [a piece of bread &]; **II** *onoverg & abs ww* ⟨is⟩ **1** burst [of a dike, an abscess]; **2** break through [of the sun, the enemy]; **3** cut [of teeth through gums]; **4** run [a blockade]

'doorbrengen[1] *overg* **1** pass [one's days]; **2** spend [days, money]; **3** run through [a fortune]

'doorbuigen[1] ⟨is⟩ *onoverg* bend, give way, sag

door'dacht *bn* well-considered, well thought-out

door'dat *voegw* because, on account of; *~ hij niet...* by (his) not having...

1 door'denken (doordacht, h. doordacht) **I** *overg* think out [a thought]; **II** *onoverg* think things out

2 'doordenken[1] *overg* consider fully, think out, reflect

'doordenkertje *o* (-s): *dat is een ~* that is a very cryptic (deep) remark

doorde'weeks *bn* weekday [clothes, morning, name &]; *een ~e dag* a weekday

'doordouwer *m* (-s) persevering person, pusher

'doordraaien[1] ⟨h.⟩ *onoverg* **1** ⟨doorgaan met draaien⟩ continue turning; **2** ⟨van groente &⟩ withdraw (from the market)

'doordrammen[1] *onoverg* go on [about sth.], nag [at sbd. about sth.]

'doordraven[1] ⟨is⟩ *onoverg* **1** *eig* rot on; **2** *fig* rattle on

door'drenkt *bn* drenched (with), permeated (with)

'doordringen[1] ⟨h.⟩ *overg* force through [measures]; *zijn wil (zin) ~* carry one's point, have one's own way

'doordrijver *m* (-s) self-willed whole-hogger

doordrijve'rij *v* (-en) obstinate assertion of one's will

door'dringbaar *bn* **1** penetrable [by shot &]; **2** pervious, permeable [to a fluid]

1 door'dringen (doordrong, h. doordrongen) *overg* pierce, penetrate, pervade; zie ook: *doordrongen*

2 'doordringen ⟨is⟩ *onoverg* penetrate [into sth.]; *het dringt niet tot hem door* he doesn't realize it, he doesn't take it in, it doesn't register with him

door'dringend *bn* penetrating [odour], piercing [cold, wind, looks, cry], searching [cold, look], strident [sound], permeating [light]

door'dringendheid *v* piercingness; searchingness; (power of) penetration

door'drongen *bn*: *~ van* **1** penetrated by [a sense of...]; **2** impressed with [the truth]; **3** imbued with [his own importance]

'doordrukken[1] **I** *onoverg* **1** ⟨doorgaan met duwen⟩ continue pressing; **2** ⟨meer drukwerk maken⟩ go on printing; **II** *overg* **1** ⟨door iets heen duwen⟩ press through; **2** ⟨doorzetten⟩ push through [a plan &]

'doordrukstrip *m* (-s, -pen) strip

door'een *bijw* pell-mell, in confusion; *~ genomen* on an average

door'eengooien[1] *overg* jumble together, make hay of [papers &]

door'eenhalen[1] *overg* = dooreengooien, dooreenhaspelen

door'eenhaspelen[1] *overg* mix up, muddle up

'doorgaan[1] **I** *onoverg* **1** ⟨verder gaan⟩ go (walk) on; **2** ⟨voortgang hebben⟩ come off, take place; **3** ⟨doorbreken⟩ break [of an abscess]; *ga (nu) door!* go on!; *de koop gaat niet door* the deal is off; *er van ~* zie: *ervandoor*; *~ met* go on with [his studies]; go on, continue, keep [doing something]; *op (over) iets ~* pursue the subject; *~ voor* be considered, be thought (to be), pass for; *zij wilden hem laten ~ voor*

853

de prins they wanted to pass him off as the prince; **II** *overg* go through [the street, accounts], pass through [the doorway]

'**doorgaand** *bn*: ~*e reizigers* through passengers; ~*e trein* through (non-stop) train; ~ *verkeer* through traffic

'**doorgaans** *bijw* generally, usually, normally, commonly, as a rule

'**doorgang** *m* (-en) passage, way, thoroughfare; *geen* ~ no thoroughfare; ... *zal geen* ~ *hebben* ...will not take place

'**doorgangshuis** *o* (-huizen) temporary stay institution

'**doorgangskamp** *o* (-en) transit camp

'**doorgeefkast** *v* (-en) two-way cupboard

'**doorgeefluik** *o* (-en) service hatch

'**doorgelegen** *bn*: ~ *plek* bedsore

'**doorgestoken** *bn* pierced; zie ook: *kaart*

'**doorgeven**[1] *overg* pass, pass [it] on, hand down, hand on

'**doorgewinterd** *bn* seasoned [soldier &], hard-core [politician]

door'**gloeien** (doorgloeide, h. doorgloeid) *overg* inflame, fire

'**doorgraven**[1] *overg* dig through, cut (through)

door'**groefd** *bn* rugged [face]

door'**gronden** (doorgrondde, h. doorgrond) *overg* fathom [a mystery], get to the bottom of [sth.], see into [the future], see through [sbd.]

'**doorhakken**[1] *overg* ⟨met bijl &⟩ cut (through), cleave

'**doorhalen**[1] *overg* **1** ⟨doortrekken⟩ pull through [a cord]; **2** ⟨doorstrepen⟩ strike (cross) out [a word]

'**doorhaling** *v* (-en) erasure, cancellation

'**doorhebben**[1] *overg* see through [a person, it], get wise [to sth.], realize [it]; *iets* ~ **1** ⟨begrijpen⟩ comprehend, <u>slang</u> tape; **2** ⟨erachter komen⟩ <u>slang</u> rumble sth.

door'**heen** *bijw* through; *ik ging er* ~ I went through [the ice]; *zich ergens* ~ *slaan* labour through

'**doorhelpen**[1] *overg* help on (<u>fig</u> see) through

'**doorhollen**[1] **I** (is) *onoverg* hurry on; **II** *overg* (h.) hurry through [the country], gallop through [a book]

door'**huiveren** (doorhuiverde, h. doorhuiverd) *overg* thrill

'**doorjagen**[1] *overg*: *er* ~ run through [a fortune &]; *een wetsvoorstel er* ~ rush a bill through

'**doorkiesnummer** *o* (-s) direct-dialling number

'**doorkijk** *m* (-en) vista

'**doorkijkbloes** *v* (-bloezen) see-through blouse

'**doorkijken**[1] *overg* look over, look (go) through [a list], glance through [the newspapers]

door'**klieven** (doorkliefde, h. doorkliefd) *overg* cleave

'**doorknagen**[1] *overg* gnaw through

door'**kneed** *bn*: ~ *in* **1** versed in, well-read in [his-

tory]; **2** steeped in [the philosophy of...]; **3** seasoned in [a science]

'**doorknippen**[1] *overg* cut (through)

'**doorknoopjurk** *v* (-en) button-through gown

'**doorkomen**[1] **I** *overg* **1** ⟨in 't alg.⟩ pass, get through[2]; **2** tide through [difficulties]; **II** *onoverg* get through[2], come through[2]; *er was geen* ~ *aan* you couldn't get through [the crowd]; *hij zal er wel* ~ he is sure to pass [his exam]; *zijn tandjes zullen gauw* ~ it will soon cut its teeth; *de zon zal gauw* ~ the sun will soon break through

'**doorkrijgen**[1] *overg* get through; *iem. (iets)* ~ see through sbd. (sth.)

door'**kruisen** (doorkruiste, h. doorkruist) *overg* **1** traverse [the streets]; **2** intersect [the country, of railways]; **3** scour [the seas, a forest]; **4** <u>fig</u> thwart [sbd.'s plans]

'**doorlaat** *m* (-laten) culvert

'**doorlaatpost** *m* (-en) checkpoint

'**doorlaten**[1] *overg* let [sbd., sth.] through, pass [a candidate], transmit [the light]

'**doorlekken**[1] *onoverg* leak through

'**doorleren**[1] *onoverg* keep studying

door'**leven** (doorleefde, h. doorleefd) *overg* go (pass) through [moments of..., dangers &]

'**doorlezen**[1] **I** *overg* read through, go through, peruse; **II** *onoverg* read on, go on reading

'**doorlezing** *v* reading, perusal

'**doorlichten**[1] *overg* <u>med</u> X-ray

'**doorlichting** *v* (-en) <u>med</u> X-ray examination

'**doorliggen**[1] *onoverg* get bedsores, become bedsore

'**doorloop** *m* (-lopen) passage

1 '**doorlopen**[1] **I** (is) *onoverg* **1** ⟨in 't alg.⟩ go (walk, run) on; keep going (walking, running); **2** ⟨v. kleuren⟩ run; ~ *(mensen)!* pass along!, move on!; *loop door!* gemeenz get along (with you)!; *loop wat door!* hurry up a bit!; **II** (h.) *overg* **1** go (walk, run) through [a wood]; **2** go through [a piece of music, accounts]; run over [the contents]; **3** wear out [one's shoes] by walking; *doorgelopen voeten* sore feet

2 door'**lopen** (doorliep, h. doorlopen) *overg* **1** ⟨in 't alg.⟩ walk through; **2** pass through [a school]

1 '**doorlopend** *bn* continuous, non-stop [performance]

2 door'**lopend** *bijw* continuously; ~ *genummerd* consecutively numbered

door'**luchtig** *bn* illustrious, (most) serene

door'**luchtigheid** *v* (-heden) illustriousness; *Zijne Doorluchtigheid* His Serene Highness

'**doormaken**[1] *overg* go (pass) through [a crisis &]

'**doormarcheren**[1] **I** (is) *onoverg* march on; **II** (h.) *overg* march through

'**doormeten**[1] *overg* <u>elektr</u> test [electrical apparatus, flex &]

door'**midden** *bijw* in half, [break] in two; [tear it] across

'**doorn** *m* (-en en -s) thorn, prickle, spine; *dat is hem* *een* ~ *in het oog* it is an eyesore to him, a thorn in his side; *een* ~ *in het vlees* a thorn in the flesh

'**doornachtig** *bn* thorny, spinous

'**doornappel** *m* (-s) thorn-apple

'**doornat** *bn* wet through, wet to the skin, soaked, drenched

'**doornemen**[1] *overg* go through, go over [a paper, book &]

'**doornenkroon** *v* (-kronen) crown of thorns

'**doornhaag** *v* (-hagen) thorn-hedge, hawthorn hedge

'**doornig** *bn* thorny[2]

'**Doornroosje** *o* the Sleeping Beauty

'**doornstruik** *m* (-en) thorn-bush

'**doornummeren**[1] *overg* number consecutively

door'**ploegen** (doorploegde, h. doorploegd) *overg* plough [the sea]

'**doorpraten**[1] **I** *onoverg* go on talking, talk on; **II** *overg* talk [it] out

door'**priemen** (doorpriemde, h. doorpriemd) *overg* pierce

'**doorprikken**[1] *overg* **1** (met een prik doen barsten) prick, pierce; **2** (ontzenuwen) burst

door'**regen** *bn* streaked, streaky [bacon]

'**doorreis** *v* passage (journey) through; *op mijn* ~ *door Woodstock* on my way through Woodstock

1 '**doorreizen**[1] *onoverg* go on

2 door'**reizen** (doorreisde, h. doorreisd) *overg* travel through

'**doorrennen**[1] **I** (is) *onoverg* race along; **II** (h.) *overg* race through[2] [the fields, a curriculum]

'**doorrijden**[1] *onoverg* **1** (is) (verder rijden) ride (drive) on; **2** (h.) (sneller rijden) ride (drive) faster; **3** (is) (door iets heen rijden) ride (drive) through

'**doorrijhoogte** *v* headroom

'**doorrit** *m* (-ten) passage

'**doorroeren**[1] *overg* stir

'**doorroesten**[1] *overg* corrode, rust

'**doorrollen**[1] **I** (is) *onoverg* continue rolling; *er* ~ gemeenz escape (pass) by the skin of one's teeth, scrape through; **II** (h.) *overg* roll through

'**doorschemeren**[1] *onoverg* shine (show) through; *laten* ~ hint, give to understand

'**doorscheuren**[1] (h.) *overg* rend, tear (up)

1 '**doorschieten**[1] (h.) **I** *onoverg* continue to shoot (fire); **II** *overg* shoot through

2 door'**schieten** (doorschoot, h. doorschoten) *overg* **1** (met kogels) riddle; **2** interleave [a book]

'**doorschijnen**[1] *onoverg* shine (show) through

door'**schijnend** *bn* translucent, diaphanous

'**doorschrappen**[1] *overg* cross (strike) out, cancel

'**doorschudden**[1] *overg* shake thoroughly; shake (up) [a mixture][2]

'**doorseinen**[1] *overg* transmit [a message]

'**doorsijpelen**[1] (is) *onoverg* ooze through, percolate

'**doorslaan** **I** (is) *onoverg* **1** eig go on beating; **2** (v. balans) dip; **3** (v. machine) brace; **4** (v. zekering) blow (out); **5** fig run on [in talking]; **6** slang (v. me-deplichtige) squeal, blow the gaff; **7** (v. vochtige muur) sweat; *de balans doen* ~ turn the scale[2]; **II** (h.) *overg* **1** sever [sth.] with a blow; **2** techn punch [a metal plate]; **3** elektr blow [a fuse]; zie ook: *door-schrappen*; **III** (h.) *wederk*: *zich er* ~ zie: *slaan*

'**doorslaand** *bn*: ~ *bewijs* conclusive proof; *een* ~ *succes* a resounding success

'**doorslag** *m* (-slagen) **1** (drevel) punch; **2** (kopie) carbon copy, gemeenz flimsy; **3** turn of the scale; *dat gaf de* ~ that's what turned the scale (what set-tled the matter), that did it

doorslag'**gevend** *bn* decisive [importance, proof, factor], deciding [factor, voice]

'**doorslagpapier** *o* copy(ing) paper

'**doorslapen**[1] *onoverg* sleep on, sleep without a break

'**doorslepen**[1] *overg* drag (pull) through[2]

'**doorslijten**[1] (*overg* h. & *onoverg* is) wear through

'**doorslikken**[1] *overg* swallow (down)

'**doorsmelten**[1] **I** (is) *onoverg* elektr blow (out); **II** (h.) *overg* elektr blow [a fuse]

'**doorsmeren**[1] *overg* auto grease

'**doorsnede** (-n), '**doorsnee** *v* (-sneden) [longitudi-nal, transverse] section; profile; diameter; *in* ~ (ge-middeld) on an (the) average

'**doorsneeprijs** *m* (-prijzen) average price

1 '**doorsnijden**[1] *overg* cut (through)

2 door'**snijden** (doorsneed, h. doorsneden) *overg* cut, traverse, intersect, cross; *elkaar* ~ intersect

door'**snuffelen** (doorsnuffelde, h. doorsnuffeld) *overg* ransack, rummage (in)

door'**spekken** (doorspekte, h. doorspekt) *overg* lard[2]; fig interlard

'**doorspelen**[1] **I** *onoverg* play on; **II** *overg* muz play over

'**doorspoelen**[1] (h.) *overg* **1** rinse (through) [stock-ings &]; **2** flush [a drain]; **3** fig wash down [one's food]

'**doorspreken**[1] **I** *onoverg* speak on, go on speaking; **II** *overg* discuss

door'**staan** (doorstond, h. doorstaan) *overg* **1** stand [the wear and tear, the test]; **2** sustain [a siege, hardships, a comparison]; **3** go through [many tri-als]; **4** endure [pain]; **5** weather [the storm]

'**doorstappen**[1] (h.) *onoverg* mend one's pace

'**doorsteek** *m* (-steken) (kortere weg) short cut

1 '**doorsteken**[1] **I** (h.) *overg* pierce [the dikes], prick [a bubble]; **II** (is) *onoverg* (kortere weg nemen) take a short cut; zie ook: *kaart*

2 door'**steken** (doorstak, h. doorstoken) *overg* run through, stab, pierce

'**doorstoten**[1] **I** (h.) *overg* thrust (push) through; **II** (is) *onoverg* bilj play a follow

'**doorstrepen**[1] *overg* = *doorschrappen*

'**doorstromen**[1] (is) *onoverg* **1** (verder stromen) flow, run, stream (on, through); **2** (m.b.t. huisvesting) buy upscale, go upmarket; **3** (m.b.t. opleiding) move (on), go (on)

door'stroming *v* flow[2], circulation[2]

'**doorstuderen**[1] *onoverg* continue one's studies

'**doorsturen**[1] *overg* = *doorzenden*

'**doortasten**[1] *onoverg* push on, go ahead, take strong action

door'tastend I *bn* energetic; *een ~ man* a man of action; **II** *bijw* energetically

door'timmerd *bn* solidly built; *een goed ~ betoog* a sound argument

door'tintelen (doortintelde, h. doortinteld) *overg* thrill

'**doortocht** *m* (-en) passage, march through; *zich een ~ banen* force one's way through

'**doortrappen**[1] *onoverg* pedal on

door'trapt *bn* sly, cunning, tricky

door'traptheid *v* wiliness, cunning

1 'doortrekken[1] (h.) *overg* **1** pull through [a thread in sewing]; **2** go through, march through [the country, the streets]; **3** continue [a line], extend [a railway]; *de wc ~* flush the toilet, pull the plug

2 door'trekken (doortrok, h. doortrokken) *overg* permeate, pervade, imbue, soak; zie ook: *doortrokken*

door'trokken *bn* **1** permeated [with a smell]; **2** imbued [with a doctrine]; **3** steeped [in prejudice]; **4** soaked [in, with]

'**doorvaart** *v* (-en) passage

'**doorvaarthoogte** *v* (-n en -s) headway, headroom

1 'doorvaren[1] (h. *of* is) *onoverg* sail on; pass [under a bridge]

2 door'varen (doorvoer, h. doorvaren) *overg* pass through

'**doorverbinden** (verbond door, h. doorverbonden) *overg* telec put [me] through (*met* to)

'**doorverkopen** (verkocht door, h. doorverkocht) *overg* resell

'**doorverwijzen**[2] *overg:* ~ *naar* refer to [a medical specialist, an authority &]

door'vlechten (doorvlocht, h. doorvlochten) *overg* interweave, intertwine, interlace

'**doorvliegen**[1] **I** (h. & is) *overg* **1** fly through [the country]; **2** run over [the contents]; **3** gallop through [a curriculum]; **II** (is) *onoverg* luchtv fly on [to Paris]

door'voed *bn* well-fed

'**doorvoer** *m* (-en) transit

'**doorvoeren**[1] *overg* **1** handel convey [goods] in transit; **2** carry through, follow out [a principle]

'**doorvoerhandel** *m* transit trade

'**doorvoerhaven** *v* (-s) transit port

'**doorvoerrechten** *mv* transit duties

door'vorsen (doorvorste, h. doorvorst) *overg* fathom, get to the bottom (of sth.)

door'waadbaar *bn* fordable

door'waden (doorwaadde, h. doorwaad) *overg* wade through, ford [a river]

door'waken (doorwaakte, h. doorwaakt) *overg* watch through [the night]; *doorwaakte nachten* wakeful nights

door'weekt *bn* soaked, sodden, soggy

door'weken (doorweekte, h. doorweekt) *overg* soak, steep

1 'doorwerken[1] **I** *onoverg* work on, keep working; **II** *overg* work through

2 door'werken (doorwerkte, h. doorwerkt) *overg* work [with gold]; *een doorwerkte studie* an elaborate study

door'weven (doorweefde, h. doorweven) *overg* interweave [with...]

door'worstelen (doorworstelde, h. doorworsteld) *overg* struggle (toil, plough, wade) through [a book]

door'wrocht *bn* elaborate

'**doorzagen**[1] **I** *overg* saw through; *iem. ~* **1** pester sbd. with questions; **2** gemeenz bore sbd. stiff; **II** *onoverg* saw on

'**doorzakken**[1] *onoverg* **1** eig sag; **2** (met sterke drank) go on a spree; *doorgezakte voet* fallen arch

'**doorzenden**[1] *overg* **1** send on [sth.]; **2** forward [letters]; **3** transmit [a memorial to the proper authority]

'**doorzetten**[1] **I** *overg* carry (see) ...through, see [a thing] out, go on with [it]; **II** *abs ww* persevere, carry on, gemeenz stick it

'**doorzetter** *m* (-s) go-getter

'**doorzettingsvermogen** *o* perseverance

door'zeven (doorzeefde, h. doorzeefd) *overg* riddle [with bullets]

'**doorzicht** *o* penetration, discernment, insight

door'zichtig *bn* transparent

door'zichtigheid *v* transparency

1 door'zien (doorzag, h. doorzien) *overg* see through [a man &]

2 'doorzien[1] *overg* = *doorkijken*

'**doorzijpelen**[1] (is) *onoverg* = *doorsijpelen*

door'zoeken (doorzocht, h. doorzocht) *overg* search, go through [a man's pockets], ransack [a house], rummage [a desk]

'**doos** *v* (dozen) box, case; *in de ~ slang* in quod; *uit de oude ~* antiquated

'**doosvrucht** *v* (-en) capsular fruit, capsule

dop *m* (-pen) **1** shell [of an egg, a nut], husk [of some seeds], pod [of peas], cup [of an acorn]; **2** top, cap [of a pen]; *hoge ~* top-hat; *een advocaat in de ~* a budding lawyer; *hij is pas uit de ~* just out of the shell; *goed uit zijn ~pen kijken* have all one's eyes about one; *kijk uit je ~pen* look where you're going

'**dopeling** *m* (-en) child (person) to be baptized

'**dopen** (doopte, h. gedoopt) *overg* **1** baptize, christen [a child, a church bell, a ship]; name [a ship]; **2** dip; sop [bread in tea]; *zij werd Charlotte gedoopt* she was christened Charlotte

'**doper** *m* (-s) baptizer; *Johannes de Doper* John the Baptist

'**doperwt** *v* (-en) green pea

'**dophei**, '**dopheide** *v* heath, bell-heather

'**dophoed** *m* (-en) gemeenz billycock

'**doping** *v* **1** ⟨de toediening⟩ doping; **2** ⟨de middelen⟩ drug(s)

'**dopingcontrole** *v* (-s) dope test

'**doppen** (dopte, h. gedopt) *overg* shell [eggs, peas]; husk [corn]

'**dopper** *m* (-s) = *doperwt*

'**dopsleutel** *m* (-s) socket wrench, box wrench

dor *bn* barren, arid, dry

'**doren** *m* (-s) = *doorn*

'**dorheid** *v* barrenness, aridity, dryness

'**Dorisch** *bn* Dorian, ⟨vooral bouwk⟩ Doric

dorp *o* (-en) village

'**dorpel** *m* (-s) threshold

'**dorpeling** *m* (-en) villager

dorps *bn* countrified, rustic

'**dorpsbewoner** *m* (-s) villager

'**dorpsdominee** *m* (-s) country vicar

'**dorpsgek** *m* (-ken) village idiot

'**dorpsherberg** *v* (-en) country inn, village inn

'**dorpskerk** *v* (-en) village church

'**dorpsmeisje** *o* (-s) country lass, country girl

'**dorpspastoor** *m* (-s) village priest

'**dorpspastorie** *v* (-rieën) country rectory

'**dorpsplein** *o* (-en) village square

'**dorpsschool** *v* (-scholen) village school

'**dorren** (dorde, is gedord) *onoverg* wither, fade

'**dorsen** (dorste, h. gedorst) *overg & onoverg* thresh

'**dorsmachine** *v* (-s) threshing machine

1 dorst *m* thirst²; *de ~ naar roem* the thirst for glory; *~ hebben (krijgen)* be (get) thirsty

2 dorst (dorsten) V.T. v. *durven*

1 'dorsten (dorstte, h. gedorst) *onoverg* **1** eig be thirsty; **2** fig thirst *(naar* for, after)

2 'dorsten V.T. meerv. v. *durven*

'**dorstig** *bn* thirsty

'**dorstigheid** *v* thirstiness, thirst

dorst'lessend *bn* refreshing, thirst-quenching

dorstver'wekkend *bn* producing thirst

'**dorsvlegel** *m* (-s) flail

'**dorsvloer** *m* (-en) threshing-floor

dos *m* attire, raiment, dress

do'seren (doseerde, h. gedoseerd) *overg* dose

do'sering *v* (-en) dosage

'**dosis** *v* (doses) dose, quantity; *te grote ~* overdose; *te kleine ~* underdose

'**dossen** (doste, h. gedost) *overg* = *uitdossen*

dos'sier *o* (-s) dossier, file

dot *m & v* (-ten) **1** knot [of hair, worsted &]; **2** tuft [of grass]; *een ~ van een kind (hoed)* a duck of a child (of a hat); *wat een ~!* what a dear!

'**dotterbloem** *v* (-en) marsh marigold

'**dotteren** *o* med angioplasty

douairi'ère *v* (-s) dowager

dou'ane *v* (-n) customs house, custom-house; *de ~* ook: the Customs

dou'anebeambte *m-v* (-n) customs officer, custom-house officer

dou'aneformaliteiten *mv* customs formalities

dou'anekantoor *o* (-toren) customs house, custom house

dou'aneloods *v* (-en) customs shed

dou'aneonderzoek *o* (-en) customs examination

dou'anepost *m* (-en) customs station

dou'anerechten *mv* customs (duties)

dou'anetarief *o* (-rieven) customs tariff

dou'ane-unie *v* (-s) customs union

dou'aneverklaring *v* (-en) customs declaration

doua'nier *m* (-s) = *douanebeambte*

dou'blé *o* gold-plated work

dou'bleren (doubleerde, h. gedoubleerd) **I** *overg* **1** double [a part, a role]; **2** onderwijs repeat [a class]; **II** *onoverg* kaartsp double

dou'blet *o* (-s) **1** double [of stamps & kaartsp]; **2** doublet [of words]

dou'blure *v* (-s) understudy [of an actor]

dou'ceurtje *o* (-s) tip, gratuity

'**douche** *v* (-s) shower(-bath); *een koude ~* fig a cold shower

'**douchecel** *v* (-len), '**douchecabine** *v* (-s) shower cabinet

'**douchen** (douchte, h. gedoucht) *onoverg* take a shower, shower

'**douw(en)** gemeenz = *duw(en)*

'**dove** *m-v* (-n) deaf man, deaf woman &

'**doveman** *m* deaf man; *dat is niet aan ~s oren gezegd* that did not fall on deaf ears

'**doven** (doofde, h. gedoofd) **I** *overg* extinguish, put out; **II** *onoverg* die down²

dove'netel *v* (-s) dead-nettle

'**Dover** *o* Dover; *Straat van ~* Strait of Dover

'**dovig** *bn* somewhat deaf

down *bn* **1** ⟨neerslachtig⟩ down (in the dumps); *~ zijn* be down, feel down; **2** comput down; **3** kaartsp down; *twee slagen down gaan* be down (by) two

do'zijn *o* (-en) dozen; *per ~* **1** [sell them] by the dozen; **2** [pack them] in dozens; *drie (vier &) ~* three (four &) dozen; *een paar ~* some dozens

Dr. *afk.* (= doctor) Dr.

dra *bijw* = *weldra*

1 draad *m* (draden) **1** thread [of cotton, screw & fig]; **2** fibre, filament [of plant or root]; **3** wire [of metal]; **4** filament [of electric bulb]; **5** string [of French beans]; **6** grain [of wood]; *een ~ in een naald steken* thread a needle; *de (rode) ~ die er doorheen loopt* the (leading) thread running through it; *de ~ kwijt zijn* have lost the thread (of one's argument &); *geen droge ~ aan het lijf hebben* not have a dry thread (stitch) on one; *de ~ weer opvatten* take up the thread (of one's narrative); *iedere dag een draadje, is een hemdsmouw in het jaar* many a little makes a mickle; *aan een zijden ~(je) hangen* hang by a thread; *(kralen) aan een ~ rijgen* thread beads; *met (op) de ~* with the grain; *tegen de ~* against the grain²; *versleten tot op de ~* threadbare; *voor de ~ komen* speak up

2 draad *o & m* 〈stofnaam〉 **1** thread [of cotton]; **2** wire [of metal]

'**draadglas** *o* wire(d) glass

'**draadharig** *bn* wire-haired [terrier]

'**draadloos** *bn* wireless

'**draadnagel** *m* (-s) wire-nail

'**draadomroep** *m* wire broadcasting

'**draadschaar** *v* (-scharen) wire-cutter

'**draadtang** *v* (-en) pliers, nippers

'**draadtrekker** *m* (-s) wire-drawer

'**draadvormig** *bn* thread-like

'**draadwerk** *o* (-en) 〈versiering〉 filigree

1 '**draagbaar** *bn* bearable; portable [loads]; wearable [clothes]

2 '**draagbaar** *v* (-baren) litter, stretcher

'**draagbalk** *m* (-en) beam, girder

'**draagband** *m* (-en) **1** 〈in 't alg.〉 strap; **2** sling [for arm]

'**draaggolf** *v* (-golven) carrier wave

'**draagkoets** *v* (-en) palanquin

'**draagkracht** *v* **1** ability to bear [something, also financial loads]; **2** 〈financieel〉 capacity to pay; **3** carrying-capacity [of a ship]; **4** range [of guns, of the voice]

draag'krachtig *bn* well-to-do, prosperous

'**draaglijk I** *bn* **1** tolerable [= endurable & fairly good], bearable; **2** passable, rather decent, middling; **II** *bijw* tolerably

'**draagloon** *o* porterage

'**draagmoeder** *v* (-s) surrogate mother

'**draagraket** *v* (-ten) carrier rocket, booster rocket

'**draagriem** *m* (-en) strap

'**draagstoel** *m* (-en) sedan (chair)

'**draagtas** *v* (-sen) carrier bag

'**draagtijd** *m* (-en) gestation (period)

'**draagvermogen** *o* = draagkracht

'**draagvlak** *o* (-ken) luchtv plane, bearing surface, aerofoil (Am airfoil)

'**draagvleugelboot** *m & v* (-boten) hydrofoil

'**draagwijdte** *v* **1** mil range; **2** fig bearing, full significance [of one's words]

draai *m* (-en) **1** 〈in 't alg.〉 turn; **2** twist [of a rope]; **3** turning, winding [of the road]; ~ (*om de oren*) box on the ear; *hij gaf er een* ~ *aan* he gave it a twist; *zijn* ~ *gevonden hebben* be as pleased as Punch (about it); *hij nam zijn* ~ *te kort* he took too short a bend

'**draaibaar** *bn* revolving

'**draaibank** *v* (-en) lathe

'**draaiboek** *o* (-en) shooting script, screenplay, continuity

'**draaibrug** *v* (-gen) swing-bridge

'**draaicirkel** *m* (-s) turning circle

'**draaideur** *v* (-en) revolving door

'**draaien** (draaide, gedraaid) **I** (h. & is) *onoverg* **1** eig turn [in all directions], spin [quickly round], whirl [rapidly round and round in orbit or curve], twist [spirally], gyrate [in circle or spiral], revolve, rotate [on axis], shift, veer [from one position to another, round to the East &]; **2** fig shuffle, prevaricate, tergiversate; *zitten te* ~ wriggle [on a chair]; *het (alles) draait mij, mijn hoofd draait* my head swims; *in deze bioscoop draait de film* this cinema is showing the film; *de fabriek draait (volop, op volle toeren)* the factory is working (to capacity), is running (at full capacity), is in full swing; *blijven* ~ fig keep going; *alles draait om dat feit* everything turns (hinges, pivots) on that fact; *om de zaak heen* ~ beat about the bush; **II** (h.) *overg* **1** turn [the spit, a wheel, ivory &]; **2** roll [a cigarette, pills]; **3** wind [round one's finger]; zie ook: *orgel &*; *een film* ~ **1** 〈vertonen〉 show a film; **2** 〈opnemen〉 shoot a film; *een nummer* ~ telec dial; *(grammofoon)platen* ~ play records; *hij weet alles zo te* ~ *dat...* he gives things a twist so that...; **III** *wederk*: *zich* ~ turn [to the right, left]

'**draaiend** *bn* turning &; rota(to)ry [motion]

'**draaier** *m* (-s) **1** (wood, ivory) turner; **2** fig shuffler, prevaricator; **3** 〈halswervel〉 axis

'**draaierig** *bn* giddy, dizzy

'**draaihek** *o* (-ken) turnstile

'**draaiing** *v* (-en) turn(ing); rotation

'**draaikolk** *m & v* (-en) whirlpool, eddy, vortex[2]

'**draaikont** *m* (-en) gemeenz **1** 〈huichelachtig persoon〉 timeserver, prevaricator, twister, dissembler; **2** 〈beweeglijk persoon〉 fidget

'**draaikraan** *v* (-kranen) rotary (swing, slewing) crane

'**draailicht** *o* (-en) revolving-light

'**draaimolen** *m* (-s) roundabout, merry-go-round, whirligig

'**draaiorgel** *o* (-s) barrel-organ

'**draaipunt** *o* (-en) turning-point, centre of rotation, fulcrum

'**draaischijf** *v* (-schijven) **1** turn-table [of a railway; of a gramophone]; **2** telec dial; **3** (potter's) wheel

'**draaispit** *o* (-ten) spit

'**draaistoel** *m* (-en) revolving chair

'**draaistroom** *m* elektr rotary current, three-phase current; 〈in samenst.〉 three-phase [motor &]

'**draaitafel** *v* (-s) turn-table [of record player]

'**draaitol** *m* (-len) **1** eig spinning-top; **2** fig weathercock

'**draaitoneel** *o* (-nelen) revolving stage

draak *m* (draken) **1** 〈mythologie〉 dragon[2]; **2** 〈film &〉 melodrama; *de* ~ *steken met* poke fun at [sbd.], make fun of [the regulations]

drab *v & o* dregs, lees, sediment

'**drabbig** *bn* turbid, dreggy

dracht *v* (-en) **1** 〈last〉 charge, load; **2** 〈zwangerschap〉 gestation, pregnancy; **3** 〈klederdracht〉 dress, costume, garb; **4** 〈etter〉 matter; **5** 〈draagwijdte〉 range

'**drachtig** *bn* pregnant, with young, in pup

'**draderig**, '**dradig** *bn* **1** 〈in 't alg.〉 thready, stringy; **2** ropy [of liquids]

1 draf *m* ⟨gang⟩ trot; *in volle* ~ at full trot; *op een* ~ at a trot

2 draf *m* ⟨veevoeder⟩ draff, hog-wash

'drafsport *v* trotting

dra'gee *v* (-s) dragée

'dragen (droeg, h. gedragen) **I** *overg* **1** bear [a load, arms, a name, the cost, interest &]; **2** wear [a beard, clothes, spectacles, diamonds, a look of... &]; **3** carry [sth., arms, a watch, interest, one's head high]; **4** support [the roof, a character, part]; **II** *onoverg & abs ww* **1** bear [of the ice, a tree]; **2** discharge [of a wound]; **3** mil carry [of fire-arms]; *~de vruchtbomen* fruit-trees in (full) bearing

'drager *m* (-s) bearer[2], carrier, porter; wearer [of contact lenses]

'dragon *m* tarragon

dra'gonder *m* (-s) dragoon; *een* ~ *(van een wijf)* a virago

drai'neerbuis *v* (-buizen) drain(age) pipe

drai'neren (draineerde, h. gedraineerd) *overg* drain

drai'nering *v* (-en) drainage, draining

'drakerig melodramatic

'dralen (draalde, h. gedraald) *onoverg* linger, tarry, dawdle; *zonder* ~ without (further) delay

'drama *o* ('s) drama

drama'tiek *v* drama

dra'matisch *bn* dramatic

dramati'seren (dramatiseerde, h. gedramatiseerd) *overg* dramatize, emotionalize

dramati'sering *v* (-en) dramatization

drama'turg *m* (-en) dramatist, dramaturge; script reader

dramatur'gie *v* dramaturgy

'drammen (dramde, h. gedramd) *onoverg* go on [about sth.], nag [at sbd. about sth.]

'drammer *m* (-s) nag

drang *m* pressure, urgency, impulse, urge [of impulse, instinct], drive [= strong impulse]; *onder de* ~ *der omstandigheden* under (the) pressure of circumstances

'dranger *m* -s door-closer

'dranghek *o* (-ken) crush-barrier

drank *m* (-en) **1** ⟨in 't alg.⟩ drink, beverage; **2** ⟨medicijn⟩ medicine, mixture, draught, [love, magic] potion; **3** drink; *sterke* ~ strong drink, spirits, liquor; *aan de* ~ *zijn* be given to drink, be addicted to liquor; zie ook: *raken*

'drankbestrijder *m* (-s) teetotaller

'drankbestrijding *v* temperance movement

'drankje *o* (-s) **1** ⟨geneesmiddel⟩ medicine, potion; **2** ⟨glaasje drinken⟩ drink

'drankmisbruik *o* excessive drinking

'drankorgel *o* (-s) gemeenz sponge, soaker, tippler

'dranksmokkel *m* bootlegging

'dranksmokkelaar *m* (-s) bootlegger, slang moonshiner

'drankverbod *o* (-boden) prohibition

'drankverkoop *m* (-kopen) sale of intoxicants

'drankverkoper *m* (-s) liquor-seller

'drankwinkel *m* (-s) gin-shop, liquor-shop

'drankzucht *v* dipsomania

drank'zuchtige *m-v* (-n) dipsomaniac

dra'peren (drapeerde, h. gedrapeerd) *overg* drape

drape'rie *v* (-rieën) drapery

'drasland *o* (-en) marshland, swamp

'drassig *bn* marshy, swampy, soggy

'drassigheid *v* marshiness

'drastisch *bn* drastic

'draven (draafde, h. gedraafd) *onoverg* trot

'draver *m* (-s) trotter

drave'rij *v* (-en) trotting-match

'dreadlocks *mv* dreadlocks

1 dreef *v* (dreven) **1** ⟨laan⟩ alley, lane; **2** ⟨veld⟩ field, region; *iem. op* ~ *helpen* help sbd. on; *op* ~ *komen* get into one's swing, get into one's stride; *op* ~ *zijn* be in the vein; be in splendid form

2 dreef (dreven) V.T. v. *drijven*

dreg *v* (-gen) drag, grapnel

'dreganker *o* (-s) grapnel

'dreggen (dregde, h. gedregd) *onoverg* drag *(naar* for)

'dreigbrief *m* (-brieven) threatening letter

dreige'ment *o* (-en) threat, menace

'dreigen (dreigde, h. gedreigd) *onoverg & overg* threaten, menace; *hij dreigde in het water te vallen* he was in danger of falling into the water; *het dreigt te regenen* it looks like rain; *er dreigt een onweer* a storm is threatening (brewing), it looks like thunder; *er dreigt oorlog* it threatens war; *er dreigt een staking* a strike is threatened; *er* ~ *moeilijkheden* there's trouble brewing

'dreigend I *bn* **1** threatening, menacing [looks, dangers &]; **2** imminent, impending [perils]; **3** lowering [clouds]; **4** ugly [situation]; *de* ~*e hongersnood (staking &)* the threatened famine (strike &); **II** *bijw* threateningly, menacingly

'dreiging *v* (-en) threat, menace

'dreinen (dreinde, h. gedreind) *onoverg* whine, whimper, pule

drek *m* **1** ⟨vuil⟩ dirt, muck; **2** ⟨uitwerpselen⟩ dung, excrement, droppings

'drempel *m* (-s) threshold

'drempelvrees *v* initial hesitation

'drempelwaarde *v* (-n) threshold (liminal) value

'drenkeling *m* (-en) **1** drowned person; **2** drowning person

'drenken (drenkte, h. gedrenkt) *overg* **1** water [cattle, horses &]; **2** drench [the earth]; ~ *in* steep (soak) in

'drentelen (drentelde, h. en is gedrenteld) *onoverg* saunter

'drenzen (drensde, h. gedrensd) *onoverg* = *dreinen*

'drenzerig *bn* whining, fretful, crabbed, cross

dres'seren (dresseerde, h. gedresseerd) *overg* **1** break (in) [horses]; **2** train [dogs]; **3** break in [schoolchildren]; *gedresseerde olifanten* performing elephants

859

dres'seur *m* (-s) **1** ⟨in 't alg.⟩ trainer; **2** ⟨v. paard⟩ horse-breaker

'dressman *m* (-men, -mannen) male model

dres'soir *o & m* (-s) sideboard

dres'suur *v* **1** breaking in² [of horses, schoolchildren]; **2** *sp* dressage [of a horse for show jumping &]; **3** training [of animals]

'dreumes *m* (-mesen) mite, toddler

dreun *m* (-en) **1** ⟨v. geluid⟩ drone, rumble, roar(ing), boom; **2** ⟨bij opzeggen⟩ singsong, chant; **3** ⟨opstopper⟩ gemeenz biff, pound, sock; *op een* ~ in monotone

'dreunen (dreunde, h. gedreund) *onoverg* drone, rumble, roar, boom; *(doen)* ~ shake [the house]

'drevel *m* (-s) drift, punch

'drevelen (drevelde, h. gedreveld) *overg* drift, punch

'dreven V.T. meerv. v *drijven*

'dribbel *v* (-s) *sp* dribble

'dribbelaar *m* (-s) *sp* dribbler

'dribbelen (dribbelde, h. en is gedribbeld) *onoverg* **1** ⟨met kleine pasjes lopen⟩ toddle, trip; **2** *sp* dribble

'dribbelpasjes *mv* tripping steps

drie *telw* three; *wij* ~*ën* the three of us; *het is bij* ~*ën* it's going on for three; it's almost three o'clock; *in* ~*ën delen* divide in three; zie ook: *ding*

'driebaansweg *m* (-wegen) three-lane road

drie'bandenspel *o* bilj three-cushion billiards, three cushions

'driedaags *bn* three days'...

'driedelig *bn* tripartite; three-piece [suit]

'driedik *bn* threefold, treble, three-ply

driedimensio'naal *bn* threedimensional

'driedraads *bn* three-ply

'driedubbel *bn* treble, triple, threefold

Drie-'eenheid *v* (Holy) Trinity

drie-'enig *bn* triune

'drieërlei *bn* of three sorts

drie'fasen, **drie'fasig** *bn* elektr three-phase [current]

'driehoek *m* (-en) **1** wisk triangle; **2** ⟨tekengereedschap⟩ set square

'driehoekig *bn* triangular, three-cornered

'driehoeksmeting *v* (-en) **1** ⟨in 't alg.⟩ trigonometry; **2** ⟨v. terrein⟩ triangulation

'driehoeksruil *m* triangular (ex)change [of houses &]

'driehoeksverhouding *v* (-en) triangular relationship, three-cornered love affair

'driehoofdig *bn* three-headed; ~*e spier* triceps

'driejaarlijks *bn* triennial

'driejarig *bn* of three years, three-year-old

'driekant,

'driekantig *bn* three-cornered

'drieklank *m* (-en) muz triad

'driekleur *v* (-en) tricolour

drie'kleurendruk *m* (-ken) three-colour printing

'driekleurig *bn* three-coloured

Drie'koningen *m* Twelfthnight, Epiphany

'driekwart *o & bn* three-quarter(s)

'driekwartsmaat *v* (-maten) three-four time

drie'ledig *bn* threefold

'drielettergrepig *bn* trisyllabic; ~ *woord* trisyllable

drie'letterwoord *o* (-en) ⟨vies woord⟩ four-letter word

'drieling *m* (-en) triplets

'drieluik *o* (-en) triptych

'driemaal *bijw* three times, thrice

'driemaandelijks *bn* quarterly; ~*e betaling* quarterage; *een* ~ *tijdschrift* a quarterly

'drieman *m* (-nen) triumvir

'driemanschap *o* (-pen) triumvirate

'driemaster *m* (-s) three-master

driemo'torig *bn* three-engined

'driepoot *m* (-poten) tripod

'driepuntsgordel *m* (-s) three-point seat-belt

'drieregelig *bn* of three lines, threeline...; ~ *vers* triplet

'driespan *o* (-nen) team of three horses (oxen)

'driesprong *m* (-en) three-forked road

driest *bn* audacious, bold

'driestemmig, **drie'stemmig** *bn* for three voices, three-part

'driestheid *v* (-heden) audacity, boldness

'drietal *o* (-len) (number of) three, trio

drie'talig *bn* trilingual

'drietallig *bn* ternary

'drietand *m* (-en) trident

'drietandig *bn* three-pronged [fork]

'drietrapsraket *o & v* (-ten) three-stage rocket

'drieversnellingsnaaf *v* (-naven) threespeed hub

'drievoet *m* (-en) tripod, trivet

'drievoetig *bn* three-footed, three-legged

'drievoud *o* (-en) treble; *in* ~ in triplicate

'drievoudig *bn* triple, threefold

Drie'vuldigheid *v* (Holy) Trinity

'driewegstekker *m* (-s) three-way plug

'driewerf *bn* three times, thrice

'driewieler *m* (-s) tricycle

'driezijdig *bn* three-sided, trilateral

drift *v* (-en) **1** drove [of oxen], flock [of sheep]; **2** scheepv drift [of a ship]; **3** ⟨woede, hartstocht⟩ passion; **4** psych impulse, urge; *in* ~ in a fit of passion; *in* ~ *geraken* lose one's temper; *op* ~ scheepv adrift

'driftbui *v* (-en) fit of temper

'driftig I *bn* **1** ⟨opvliegend⟩ passionate, quicktempered, fiery, hasty; **2** ⟨woedend⟩ angry; **3** scheepv adrift; ~ *worden, zich* ~ *maken* fly into a passion, lose one's temper; **II** *bijw* passionately; angrily

'driftigheid *v* passionateness, quick temper, hastiness of temper

'driftkikker, **'driftkop** *m* (-pen) hothead, spitfire, tartar

'driftleven *o* instinctive life

'**drijfanker** *o* (-s) drift-anchor
'**drijfas** *v* (-sen) driving shaft
'**drijfbeitel** *m* (-s) chasing-chisel
'**drijfgas** *o* (-sen) propellant
'**drijfhamer** *m* (-s) chasing-hammer
'**drijfhout** *o* driftwood
'**drijfijs** *o* drift-ice, floating ice
'**drijfjacht** *v* (-en) drive, battue
'**drijfkracht** *v* **1** techn motive power; **2** fig driving force, moving power; *voornaamste* ~ prime mover
'**drijfnat** *bn* soaking wet, sopping wet
'**drijfnet** *o* (-ten) drift-net
'**drijfriem** *m* (-en) driving-belt
'**drijfstang** *v* (-en) connecting-rod
'**drijfveer** *v* (-veren) moving spring²; fig mainspring, incentive, motive; *wat was zijn ~ tot die daad?* by what motive was he actuated?
'**drijfwerk** *o* (-en) **1** (in 't alg.) chased work, chasing; **2** techn driving-gear
'**drijfwiel** *o* (-en) driving-wheel
'**drijfzand** *o* quicksand(s)
'**drijven** (dreef, gedreven) **I** (*h. of is*) *onoverg* **1** float [on or in liquid], swim [on the surface]; **2** (meegevoerd worden) drift; **3** (nat zijn) be soaking wet; **II** (*h.*) *overg* **1** drive², propel², impel², fig actuate, prompt [to an action]; **2** chase [gold, silver]; *een zaak* ~ run a business; *het te ver* ~ carry it [economy, the thing] too far; *iem. in het nauw* ~ press sbd. hard; *het tot het uiterste* ~ push things to the last extremity (to an extreme); *iem. tot het uiterste* ~ drive sbd. to extremities; *door stoom gedreven* driven by steam; **III** (*h.*) *abs ww* be fanatically zealous [in some cause]; *door afgunst gedreven* prompted by jealousy
'**drijvend** *bn*: *de ~e kracht achter iets, iem.* the moving force (driving spirit) behind sth., sbd.
'**drijver** *m* (-s) **1** beater [of game]; driver, drover [of cattle]; **2** chaser [in metal]; **3** (fanaticus) zealot, fanatic; **4** techn, luchtv float
drijve'rij *v* (-en) fanaticism, zealotry, bigotry
1 dril *m* (-len) (boor) drill
2 dril *v* (vleesnat) jelly
3 dril *o* (weefsel) drill
'**drilboor** *v* (-boren) drill
'**drillen** (drilde, *h.* gedrild) *overg* **1** techn drill; **2** drill [soldiers &]; **3** onderwijs cram [pupils for an examination]
'**drilschool** *v* (-scholen) cramming-school
'**dringen** (drong, gedrongen) **I** (*h. of* is) *onoverg* push, crowd, throng; *de tijd dringt* time presses; ~ *door* pierce, penetrate; force (push) one's way through [the crowd]; ~ *in* = *binnendringen; naar voren* ~ force one's way (through); **II** (*h.*) *overg* push, crowd; press [against sth.]; *wanneer het hart (u) tot spreken dringt* when your heart urges (prompts) you to speak; *ze drongen hem de straat op* they hustled him out into the street
'**dringend** *bn* urgent, pressing

'**drinkbaar** *bn* drinkable
'**drinkbak** *m* (-ken) drinking-trough, watering-trough
'**drinkbakje** *o* (-s) (bird's) trough
'**drinkbeker** *m* (-s) cup, goblet
'**drinkebroer** *m* (-s) toper, tippler, winebibber
'**drinken** (dronk, *h.* gedronken) **I** *overg* **1** drink [water &]; **2** have, take [a glass of wine with sbd]; **II** *onoverg* drink; *op iems. gezondheid* ~ drink (to) sbd.'s health; *veel (zwaar)* ~ drink deep; **III** *abs ww* drink; **IV** *o* **1** (handeling) drinking; **2** (drank) beverage, drink(s)
'**drinker** *m* (-s) (great) drinker, toper, tippler
'**drinkgelag** *o* (-lagen) drinking-bout, carousal
'**drinkgeld** *o* (-en) ZN (fooi) gratuity, tip
'**drinkglas** *o* (-glazen) drinking-glass, tumbler
'**drinklied** *o* (-eren) drinking-song
'**drinkplaats** *v* (-en) watering-place
'**drinkwater** *o* drinking-water
'**drinkwatervoorziening** *v* water-supply
droef *bn* sad, afflicted
'**droefenis** *v* grief, sorrow, affliction
droef'geestig *bn* melancholy, gloomy, wistful
droef'geestigheid *v* melancholy, gloominess
'**droefheid** *v* sadness, affliction, sorrow
droeg (droegen) V.T. v. *dragen*
droes *m* **1** (goedaardige) strangles; **2** (kwade) glanders
'**droesem** *m* (-s) dregs, lees
'**droesemig** *bn* dreggy, turbid
'**droevig** *bn* **1** sad [man]; **2** pitiful, sorry [sight]; **3** mournful, rueful [countenance]
'**drogbeeld** *o* (-en) illusion, phantom
'**droge** *o*: *op het* ~ on dry land; zie ook: *vis*
'**drogen** (droogde, *h.* gedroogd) **I** *overg* dry, wipe; **II** *onoverg* dry
droge'naaldets *v* (-en) dry point
'**droger** *m* (-s) (voor wasgoed, haar &) drier
dro'geren (drogeerde, *h.* gedrogeerd) *overg* dope, drug
dro'gist *m* (-en) chemist, druggist
drogiste'rij *v* (-en) chemist's (shop), druggist's (shop)
'**drogreden** *v* (-en) fallacy
drol *m* (-len) gemeenz turd
drom *m* (-men) crowd, throng
drome'daris *m* (-sen) dromedary
'**dromen** (droomde, *h.* gedroomd) *onoverg & overg* dream²
'**dromenland** *o* dreamland, never-never land
'**dromer** *m* (-s) dreamer
'**dromerig** *bn* dreamy
drome'rij *v* (-en) day-dreaming, reverie
'**drommel** *m* (-s) deuce, devil; *arme* ~ poor devil; *wat* ~! what the deuce; *om de* ~ *niet!* not on your life!; *hij is om de* ~ *niet dom* he is by no means stupid
'**drommels I** *bn* devilish, deuced, confounded; **II**

861

bijw <u>versterkend</u> devilish; ~ *goed weten* know jolly well; **III** *tsw* the deuce!, what the dickens (devil)!, confound it!

'**drommen** (dromde, h. en is gedromd) *onoverg* throng, crowd [around sbd., to the city]

drong (drongen) V.T. v. *dringen*

1 dronk *m* (-en) draught, drink [of water &]; *een ~ instellen* propose a toast

2 dronk (dronken) V.T. v *drinken*

'**dronkaard** *m* (-s), '**dronkelap** *m* (-pen) drunkard, <u>gemeenz</u> soak, sponge

'**dronkemanspraat** *m* drunken twaddle

1 '**dronken** *bn* ⟨predicatief⟩ drunk, tight; ⟨attributief⟩ drunken, tipsy, cock-eyed

2 '**dronken** V.T. meerv. v. *drinken*

'**dronkenschap** *v* (-pen) drunkenness, inebriety

droog I *bn* **1** dry[2] [bread, cough, humour &]; **2** arid[2] [ground, subject &]; **3** parched [lips]; **4** *fig* dry-as-dust; *het zal wel ~ blijven* the fine (dry) weather will continue; *geen ~ brood verdienen* not earn enough for one's bread and cheese; *hij is nog niet ~ achter de oren* he is only just out of the shell; *het droge* zie: *droge*; **II** *bijw* drily[2], dryly[2]

'**droogautomaat** *m* (-maten) drying-machine, drier

'**droogbloeier** *m* (-s) meadow saffron

'**droogbloemen** *mv* everlastings, everlasting flowers

'**droogdoek** *m* (-en) tea-towel

'**droogdok** *o* (-ken) dry-dock, graving-dock

'**droogheid** *v* dryness, aridity

'**droogje** *o: op een ~ zitten* have nothing to drink

'**droogjes** *bijw* = *droogweg*

'**droogkap** *v* (-pen) electric hair-dryer

'**droogkoken**[1] (is) *onoverg* boil dry

'**droogkomiek I** *m* (-en) man of dry humour; **II** *bn* full of quiet fun (dry humour); **III** *bijw* with dry humour, drily, dryly

'**droogkuis** *m* <u>ZN</u> dry-cleaner's

'**droogleggen**[1] *overg* **1** *eig* drain [a marsh]; reclaim [a lake]; **2** ⟨alcoholvrij maken⟩ make [a country] dry

'**drooglegging** *v* (-en) **1** *eig* draining; reclaiming [of a lake]; **2** ⟨het alcoholvrij maken⟩ making dry [of a country], prohibition [of alcohol]

'**drooglijn** *v* (-en) clothes-line

'**drooglopen**[1] (is) *onoverg* run dry

'**droogmaken**[1] *overg* dry [what is wet]; zie ook: *droogleggen*

'**droogmake'rij** *v* (-en) **1** ⟨polder⟩ reclaimed land; **2** ⟨droogmaking⟩ reclamation of land

'**droogmaking** *v* (-en) = *drooglegging*

'**droogmolen** *m* (-s) collapsible clothesline

'**droogoven** *m* (-s) (drying-)kiln

'**droogrek** *o* (-ken) drying-rack, clothes-horse

'**droogstaan**[1] *onoverg* **1** ⟨v. planten⟩ be dry; **2** ⟨v. rivieren &⟩ be dry, have run (gone) dry; **3** ⟨v. alcoholisten⟩ be on the wagon; ⟨bij ontwenningskuur⟩

dry out; **4** ⟨v. koeien⟩ be dry, have gone dry

'**droogstempel** *o* (-s) die stamp

'**droogstoppel** *m* (-s) dry old stick, dry-as-dust

'**droogte** *v* (-n) **1** ⟨droogheid⟩ dryness, drought; **2** ⟨ondiepte⟩ shoal, sand-bank

'**droogtrommel** *v* (-s) tumble drier

'**droogvallen**[1] *onoverg* fall dry

'**droogweg** *bijw* drily, dryly, with dry humour

'**droogzolder** *m* (-s) drying-loft

'**droogzwierder** *m* (-s) <u>ZN</u> spin-drier

droom *m* (dromen) dream; *dromen zijn bedrog* dreams are deceptive; *uit de ~ helpen* undeceive

'**droombeeld** *o* (-en) vision

'**droomboek** *o* (-en) dream-book

'**droomgezicht** *o* (-en) vision

'**droomuitlegger** *m* (-s) interpreter of dreams

'**droomwereld** *v* dream world

droop (dropen) V.T. v *druipen*

1 drop *m* (-pen) **1** ⟨druppel⟩ drop; **2** ⟨het druppelen⟩ drip(ping) [of water from the roof]

2 drop *v & o* ⟨lekkernij⟩ liquorice, licorice; *Engels ~* liquorice all-sorts

'**dropen** V.T. meerv. v. *druipen*

'**droppel-** = *druppel-*

'**dropwater** *o* licorice-water

'**drossen** (droste, is gedrost) *onoverg* run away

drs. *afk.* = *doctorandus*

drug *m* (-s) drug; *~s gebruiken* be on drugs, <u>Am</u> do drugs

'**drugsgebruik** *o* use of drugs, drug-taking

'**drugsgebruiker** *m* (-s) drug user

'**drugshandel** *m* drug traffic, drug trafficking

'**drugshandelaar** *m* (-s en -laren) drug trafficker

'**drugskoerier** *m* (-s) (drug) runner

'**drugsrunner** *m* (-s) (drug) runner

'**drugverslaafde, drugsverslaafde** *m-v* (-n) drug addict, junkie

'**drugverslaving, drugsverslaving** *v* drug addiction, drug dependence

dru'ïde *m* (-n) druid

druif *v* (druiven) grape; *de druiven zijn zuur* the grapes are sour

'**druifluis** *v* (-luizen) vine-pest, phylloxera

'**druilen** (druilde, h. gedruild) *onoverg* mope, pout

'**druilerig** *bn* **1** moping [person]; **2** drizzling [weather]

'**druiloor** *m-v* (-oren) mope, moper

'**druipen** (droop, h. en is gedropen) *onoverg* drip; *~ van het bloed* drip with blood

'**druiper** *m* (-s) <u>med</u> gonorrhoea, <u>slang</u> clap

'**druipnat** *bn* dripping (wet)

'**druipneus** *m* (-neuzen) **1** ⟨neus⟩ running nose; **2** ⟨persoon⟩ sniveller

'**druipsteen** *m* (-stenen) **1** stalactite [hanging from roof of cave]; **2** stalagmite [rising from floor]

'**druivenblad** *o* (-bladen en -bladeren) vine-leaf

'**druivenkas** *v* (-sen) vinery

'**druivenkwekerij** *v* (-en) **1** ⟨het kweken⟩ grape

culture; **2** ⟨bep. bedrijf⟩ grapery

'druivenoogst *m* (-en) grape-harvest, vintage

'druivenpers *v* (-en) wine-press

'druivenpit *v* (-ten) grape-stone

'druivenplukker *m* (-s) grape gatherer, vintager

'druivensap *o* grape juice

'druivensuiker *m* grape-sugar, glucose, dextrose

'druiventros *m* (-sen) bunch (cluster) of grapes

1 druk I *bn* **1** ⟨v. plaatsen⟩ busy [street], crowded [meeting], bustling [town], lively [place]; **2** ⟨v. personen⟩ busy, bustling, fussy; lively, noisy [children]; **3** ⟨v. versiering⟩ loud [patterns]; *een ~ gebruik maken van...* make a frequent use of...; *een ~ gesprek* a lively conversation; *een ~ke handel* a brisk trade; *de ~ke uren* the busy hours, the rush hours; *~ verkeer* heavy traffic [on the road]; *een ~ke zaak* a well-patronized business; *het is mij hier te ~* things are too lively for me here; *het ~ hebben* be (very) busy; *het ontzettend ~ hebben* be rushed; *zij hadden het ~ over hem* he was made the general theme of their conversation; *ze hebben het niet ~ in die winkel* there is not much doing in that shop; *zich ~ maken* get excited; worry, bother, fuss (*om*, *over* about); *hij maakt zich niet ~* he takes things easy; **II** *bijw* busily; *~ bezochte vergadering* well-attended meeting; *~ bezochte winkel* well-patronized shop; zie ook: *bezig*

2 druk *m* (-ken) **1** pressure[2] [of the hand, of the atmosphere &, also = oppression]; squeeze [of the hand]; fig burden [of taxation]; **2** print(ing), [small] print, type; [5th] impression, edition; *~ uitoefenen op* bring pressure to bear upon [sbd.]; *in ~ verschijnen* appear in print

'drukcabine *v* (-s) pressurized cabin

'drukfout *v* (-en) misprint, printer's error, typographical error

'drukinkt *m* printer's (printing) ink

'drukken (drukte, h. gedrukt) **I** *overg* **1** press[2]; squeeze, fig weigh (heavy) upon, oppress [sbd.], depress [prices, the market]; **2** print [books, calico &]; *iem. aan zijn borst (het hart) ~* press sbd. to one's breast (heart); *iem. in zijn armen ~* clasp sbd. in one's arms; *iem. iets op het hart ~* impress (enjoin) sth. upon sbd.; **II** *onoverg* **1** eig press; **2** fig weigh (heavy) upon; *op de knop ~* press the button; zie ook: *gedrukt*

'drukkend *bn* **1** burdensome [load]; **2** heavy [air]; **3** oppressive [load, heat]; **4** close, stifling [atmosphere]; **5** sultry [weather]

'drukker *m* (-s) printer

drukke'rij *v* (-en) printing-office, printing-works

'drukkertje, **'drukknoopje** *o* (-s) press-button, press-stud

'drukknop *m* (-pen) push-button

'drukkosten *mv* cost of printing

'drukkunst *v* (art of) printing, typography

'drukletter *v* (-s) **1** ⟨in 't alg.⟩ type; **2** ⟨tegenover schrijfletter⟩ print letter

'drukmeter *m* (-s) pressure-gauge

'drukpan *v* (-nen) pressure-cooker

'drukpers *v* (-en) printing-press, press

'drukproef *v* (-proeven) proof [for correction]; *vuile ~* galley-proof, galley-sheet

'drukte *v* **1** ⟨in 't alg.⟩ stir, (hustle and) bustle; **2** [seasonal] pressure; **3** ⟨ophef⟩ fuss; *kouwe ~* gemeenz swank, la-di-da; *veel ~ over iets maken* make a noise (a great fuss) about sth.

'druktemaker *m* (-s) gemeenz fuss-pot; zie ook: *opschepper*

'druktoets *m* (-en) push key, push button

'drukverband *o* (-en) pressure bandage (dressing)

'drukwerk *o* (-en) printed matter; *een ~ post* a printed paper; *als ~ verzenden* send as printed matter

drum *m* (-s) muz drum

'drummen (drumde, h. gedrumd) *onoverg* muz drum

'drummer *m* (-s) muz drummer

'drumstel *o* (-len) drums, set of drums

drup *m* (-pen) = [1]*drop*

'druppel *m* (-s) drop, globule, bead; *het is een ~ op een gloeiende plaat* it's a drop in the ocean

'druppelen (druppelde, h. en is gedruppeld) *onoverg* drop; *het druppelt* drops of rain are falling; *het water druppelt van het dak* the water is dripping (trickling) from the roof

'druppelsgewijs, **'druppelsgewijze** *bijw* by drops

Ds.: *~ W. Brown* the Reverend W. Brown, the Rev. W. Brown

'D-trein *m* (-en) ± international express (with a surcharge)

dua'lisme *o* dualism

dua'listisch *bn* dualistic

'dubbel I *bn* double, twofold, dual; *~e bodem* false bottom; *de ~e hoeveelheid* double the quantity; *~e naam* double-barrelled name, hyphenated name; *zijn ~e natuur* his dual nature; *~e punt* zie: [3]*punt*; *~e schroef* twin-screw; **II** *bijw* doubly; *~ en dwars verdiend* more than deserved; *~ zo groot (lang & als)* twice the size (length &) (of); *~ zien* see double; **III** *m* (-en): *een ~e* **1** a duplicate [of a stamp]; **2** a double [at dominoes]

'dubbeldekker *m* (-s) **1** luchtv biplane; **2** (bus, trein) double-decker

dubbel'focusbril *m* (-len) bifocal glasses, bifocals

'dubbelganger *m* (-s) double

dubbel'hartig *bn* double-faced, double-hearted

dubbel'hartigheid *v* double-dealing, duplicity

dubbel'koolzuur *bn*: *~zure soda* bicarbonate of soda

'dubbelloops *bn* double-barrelled

'dubbelparkeren[1] *onoverg & overg* double-park

'dubbelpunt *v & o* (-en) colon

'dubbelrol *v* (-len): *een ~ spelen* double (as)

'dubbelspel *o* (-spelen) sp double [at tennis]; *da-*

mes- (heren)~ ladies' (men's) doubles; *gemengd ~* mixed doubles

'**dubbelspion** *m* (-nen) double agent
'**dubbelspoor** *o* (-sporen) double track
'**dubbelstekker** *m* (-s) multiple plug
'**dubbeltje** *o* (-s) 'dubbeltje', ten cent piece; *het is een ~ op zijn kant* it wil be touch and go; *ieder ~ tweemaal omkeren* look twice at one's money
'**dubbelvouwen**[1] *overg* fold in two; double up [with laughter]
'**dubbelzien**[1] *onoverg* see double, suffer from diplopia
dubbel'zinnig *bn* ambiguous, equivocal
dubbel'zinnigheid *v* (-heden) ambiguity, double entendre
'**dubben** (dubde, h. gedubd) *onoverg* be in two minds; waver
dubi'eus *bn* dubious, doubtful; *dubieuze vordering* handel doubtful (bad) debt
'**dubio**: *hij stond in ~* he was in two minds
'**Dublin** *o* Dublin
'**Dublinner** *m* (-s) Dubliner
Dublins *bn* Dublin
'**duchten** (duchtte, h. geducht) *overg* fear, dread, apprehend
'**duchtig I** *bn* fearful, strong; **II** *bijw* versterkend fearfully, terribly
du'el *o* (-s en -len) duel, single combat
duel'leren (duelleerde, h. geduelleerd) *overg* fight a duel, duel
du'et *o* (-ten) duet
duf *bn* 1 ⟨bedompt⟩ musty, stuffy, fusty; 2 ⟨saai⟩ stuffy, fusty; 3 ⟨slaperig, suf⟩ muzzy, drowsy, sleepy
'**duffel I** *o* duffel, duffle, pilot cloth; **II** *m* (-s) duffel coat
'**dufheid** *v* 1 ⟨benauwdheid⟩ fustiness, stuffiness; 2 fig fustiness, mustiness
dug-'out *m* (-s) dugout
'**duidelijk** *bn* 1 ⟨in 't alg.⟩ clear, plain, distinct, obvious, self-evident, explicit; 2 marked [improvement, influence, preference]
'**duidelijkheid** *v* clearness, plainness &
duidelijkheids'halve *bn* for the sake of clearness
'**duiden** (duidde, h. geduid) **I** *onoverg*: *~ op iets* point to sth.; **II** *overg* interpret; *ten kwade ~* take amiss (in bad part)
'**duiding** *v* (-en) interpretation
duif *v* (duiven) pigeon, dove[2]; *de gebraden duiven vliegen een mens niet in de mond* don't think the plums will drop into your mouth while you sit still; *zie ook: havik, schieten I*
'**duifje** *o* (-s) (small) pigeon; *mijn ~!* my dove!
duig *v* (-en) stave; *in ~en vallen* fall through, miscarry [of plans &]
duik *m* (-en) dive
'**duikbommenwerper** *m* (-s) dive-bomber
'**duikboot** *m & v* (-boten) submarine, [German] U-boat

'**duikbril** *m* (-len) diving goggles
'**duikelaar** *m* (-s) ⟨poppetje⟩ tumbler
'**duikelen** (duikelde, h. en is geduikeld) *onoverg* 1 eig tumble, fall head over heels; 2 fig fall flat
'**duikeling** *v* (-en) 1 ⟨in de lucht⟩ somersault; 2 ⟨val⟩ tumble; *een ~ maken = duikelen*
'**duiken** (dook, h. en is gedoken) *onoverg* dive, plunge, dip; *in elkaar gedoken* huddled (up), hunched (up), crouched (down); *in zijn stoel gedoken* ensconced in his chair; *onder de tafel ~* duck under the table
'**duiker** *m* (-s) 1 ⟨iem. die duikt & vogel⟩ diver (ook dierk); 2 techn culvert
'**duikerhelm** *m* (-en) diving-helmet
'**duikerklok** *v* (-ken) diving-bell
'**duikerpak** *o* (-ken) diving-dress, diving-suit
'**duikertoestel** *o* (-len) diving-apparatus
'**duikmasker** *o* (-s) face mask
'**duikplank** *v* (-en) diving board
'**duiksport** *v* skin-diving
'**duiktoren** *m* (-s) diving tower; gemeenz high dive
'**duikvlucht** *v* (-en) dive
duim *m* (-en) 1 thumb [of the hand]; 2 inch = 2,5 cm; 3 techn hook [also of a door]; *ik heb hem onder de ~* he is under my thumb; *zie ook: duimpje, zuigen*
'**duimafdruk** *m* (-en) thumb-print
'**duimbreed** *o*: *geen ~* not an inch
'**duimelot** *m* (-ten) 1 ⟨duim⟩ thumb; 2 *D~* ⟨Kleinduimpje⟩ Tom Thumb
'**duimen** (duimde, h. geduimd) *onoverg*: *ik zal voor je ~* ± I'll keep my fingers crossed
'**duimendik** *bijw*: *het ligt er ~ bovenop* (it is) as plain as pike staff
'**duimendraaien**[1] (h.) *onoverg* twiddle (twirl) one's thumbs[2]
'**duimpje** *o* (-s) thumb; *iets op zijn ~ kennen* have a thing at one's finger-ends
'**duimschroef** *v* (-schroeven) thumbscrew; *(iem.) de duimschroeven aanzetten* 1 eig put on the thumbscrews; 2 fig put on the screw
'**duimspijker** *m* (-s) ZN drawing-pin
'**duimstok** *m* (-ken) (folding) rule
'**duimzuigen** *o* thumb sucking
duin *v & o* (-en) dune
'**Duinkerke** *o* Dunkirk
'**duinpan** *v* (-nen) dip (hollow) in the dunes
'**duinroos** *v* (-rozen) Scotch rose
'**duinzand** *o* sand (of the dunes)
'**duister I** *bn* dark[2], obscure[2], dim[2]; gloomy[2]; fig mysterious; **II** *o*: *het ~* the dark; *iem. in het ~ laten* keep (leave) sbd. in the dark; *in het ~ tasten* be (grope) in the dark; *zie ook: donker*
'**duisterheid** *v* (-heden) darkness[2], obscurity
'**duisterling** *m* (-en) obscurant(ist)
'**duisternis** *v* (-sen) darkness, dark, obscurity
duit *m & v* (-en) hist doit; *een aardige (flinke) ~* a pretty penny; *hij heeft geen (rooie) ~* he has not a

penny to bless himself with, he hasn't a bean; *een hele (een slordige)* ~ *kosten* cost a pretty penny; *ook een* ~ *in het zakje doen* contribute one's mite; put in a word; ~*en hebben* gemeenz have plenty of money; *op de* ~*en zijn* be close-fisted; zie ook: *cent*

'**duitendief** *m* (-dieven) money-grubber

Duits I *bn* German; hist Teutonic [Order of Knights]; **II** *znw: het* ~ German; *een* ~*e* a German woman

'**Duitser** *m* (-s) German

'**Duitsland** *o* Germany

Duits'talig *bn* German speaking

'**duivel** *m* (-en en -s) devil[2], demon, fiend; *een arme* ~ a poor devil; *de* ~ *en zijn ouwe moer* the devil and his dam; *wat* ~ *is dat nou?* what the deuce have we here?; *de* ~ *hale me, als...* (the) deuce take me, if...; *het is of de* ~ *er mee speelt* the devil is in it; *loop naar de* ~*!* gemeenz go to hell!; *iem. naar de* ~ *wensen* wish sbd. at the devil; *als je van de* ~ *spreekt, trap je op zijn staart* talk of the devil and he is sure to appear

'**duivelachtig** *bn* devilish, fiendish, diabolic(al)

'**duivelbanner** *m* (-s), '**duivelbezweerder** *m* (-s) exorcist

'**duivelbanning** *v*, '**duivelbezwering** *v* exorcism

duive'lin *v* (-nen) she-devil

'**duivels I** *bn* 1 ⟨(als) van de duivel⟩ devilish, diabolic(al), fiendish; 2 ⟨woedend⟩ furious; *(iem.)* ~ *maken* infuriate; *het is om* ~ *van te worden* it would vex a saint; *het is een* ~*e kerel* he is a devil of a fellow; *die* ~*e kerel* that confounded fellow; *het is een* ~ *werk* it is a devilish business, the devil and all of a job; **II** *bijw* diabolically; versterkend devilish, deuced(ly); **III** *tsw* the deuce, the devil!

'**duivelsdrek** *m* asafoetida

'**duivelskind** *o* (-eren) imp, child of Satan

'**duivelskunstenaar** *m* (-s) magician, sorcerer

duivelskunstena'rij *v* (-en) devilish arts, magic

'**duivelstoejager** *m* (-s) factotum, handy-man

'**duivelswerk** *o* (-en) devilish work

'**duiveltje** *o* (-s) (little) devil, imp; *een* ~ *in een doosje* a Jack-in-the-box

'**duivenei** *o* (-eren) pigeon's egg

'**duivenhok** *o* (-ken), **duivenkot** *o* (-ten) pigeon-house, dovecot

'**duivenmelker** *m* (-s) pigeon-fancier

'**duivenslag** *o* (-slagen) pigeon-loft

'**duiventil** *v* (-len) pigeon-house, dovecot, columbarium

'**duizelen** (duizelde, h. geduizeld) *onoverg* grow dizzy (giddy); *ik duizel* I feel dizzy (giddy); *het (hoofd) duizelt mij* my head swims (whirls), my brain reels

'**duizelig** dizzy, giddy, vertiginous

'**duizeligheid** *v* dizziness, giddiness [of persons], swimming of the head

'**duizeling** *v* (-en) vertigo, fit of giddiness, swimming of the head; *een* ~ *overviel hem* he was seized (taken) with giddiness

duizeling'wekkend *bn* dizzy, giddy, vertiginous

'**duizend** *telw* (-en) a (one) thousand; *iem. uit* ~*en* one in a thousand

'**duizendblad** *o* milfoil, yarrow

duizend-en-een-'nacht *m* the Arabian Nights' (Entertainments), a Thousand and One Nights

'**duizendjarig** *bn* of a thousand years, millennial; *het* ~ *rijk* the millennium

'**duizendkunstenaar** *m* (-s) magician, sorcerer

'**duizendpoot** *m* (-poten) centipede, millipede

'**duizendschoon** *v* (-schonen) plantk sweet william

'**duizendste** *telw* thousandth (part)

'**duizendstemmig** *bn* many-voiced, myriad-voiced

'**duizendtal** *o* (-len) a thousand

'**duizendvoud** *o* multiple of a thousand

'**duizendvoudig** *bn* a thousandfold

du'kaat *m* (-katen) ducat

'**dukdalf** *m* (-dalven) dolphin

'**dulden** (duldde, h. geduld) *overg* 1 bear, suffer, endure [pain]; 2 stand, tolerate [practices, actions]; *het (Jan) niet* ~ not tolerate it (John); *zij* ~ *hem daar, hij wordt geduld, méér niet* he is there on sufferance

dummy *m* ('s) 1 ⟨model⟩ dummy; 2 kaartsp dummy; 3 ⟨pop⟩ dummy; 4 ⟨stroman⟩ figurehead

'**dumpen** (dumpte, h.gedumpt) *overg* dump

dun I *bn* 1 ⟨in 't alg.⟩ thin[2], slender [waists]; 2 ⟨v. vloeistof⟩ small [ale], washy [beer], clear [soup]; 3 ⟨ijl⟩ rare [air]; *het is* ~ 1 it is a poor performance, poor stuff; 2 it is mean; **II** *bijw* thinly [spread, inhabited]

dunbe'volkt *bn* thinly populated

'**dundoek** *o* bunting, flag

'**dundrukpapier** *o* thin paper, India paper

'**dunheid** *v* thinness[2]; rareness [of the air]

dunk *m* opinion; *een grote (hoge)* ~ *hebben van* have a high opinion of, think much (highly) of; *geen hoge* ~ *hebben van* have but a poor opinion of, think poorly of; have no opinion of, think little (nothing) of

1 '**dunken** *onoverg: mij dunkt* I think, it seems to me

2 '**dunken** (dunkte, h. gedunkt) *overg* ⟨basketbal⟩ dunk

'**dunnen** (dunde, h. gedund) **I** (h.) *overg* thin (out); *gedunde gelederen* depleted ranks; **II** (is) *onoverg* thin

'**dunnetjes I** *bijw* thinly; zie ook: *overdoen*; **II** *bn: het is* ~ zie: *dun*

'**dunsel** *o* thinnings

'**duo** ('s) **I** *o* 1 ⟨tweetal⟩ pair; 2 ⟨in cabaret, revue &⟩ duo; 3 muz duet; **II** *m* ⟨v. motorfiets⟩ pillion; ~ *rijden* ride pillion

'**duopassagier** *m* (-s) pillion-rider

'**duozitting** *v* (-en) pillion

'**dupe** *m-v* (-s) dupe, victim; *ik ben er de* ~ *van* I am to suffer for it

du'peren (dupeerde, h. gedupeerd) *overg* fail, disappoint, trick

dupli'caat *o* (-caten) duplicate
dupli'cator *m* (-s) duplicator
du'pliek *v* (-en) rejoinder
'duplo: *in* ~ in duplicate; *in* ~ *opmaken* draw up in duplicate, duplicate
'duren (duurde, h. geduurd) *overg* last, endure; *het duurde uren voor hij...* it was hours before...; *dit kan wel eindeloos* ~ this can go on (continue) for ever; *duurt het lang?* will it take (be) long)?; *wat duurt het lang voor jij komt* what a time you are!; *het duurde lang eer hij kwam* he was (pretty) long in coming; *het zal lang* ~ *eer...* it will be long before...; *het duurt mij te lang* it is too long for me; *zo lang als het duurde* while (as long as) it lasted
durf *m* daring, gemeenz pluck
'durfal *m* (-len) dare-devil
'durven (durfde *of* dorst, h. gedurfd) *overg* dare; *dat zou ik niet* ~ *beweren* I should not venture (be bold enough) to say such a thing, I am not prepared to say that; *zie ook: gedurfd*
dus I *bijw* thus, in that way; **II** *voegw* consequently, so, therefore; *we zien* ~, *dat...* ook: we see, then, that...
'dusdanig I *bn* such; **II** *bijw* **1** in such a way (manner), so; **2** to such an extent, so much
'duster *m* (-s) housecoat, duster, dressing-gown
'dusver, **'dusver(re)** *bijw*: *tot* ~ so far, hitherto, up to the present, up to this time, up to now
dut *m* (-ten) doze, snooze, nap
'dutje *o* (-s) = *dut; een* ~ *doen* take a nap
'dutten (dutte, h. gedut) *onoverg* doze, snooze, take a nap, have forty winks; *zitten* ~ doze
1 duur *m* **1** ⟨in 't alg.⟩ duration, continuance; **2** length [of service, of a visit]; **3** life [of an electric bulb]; *op den* ~ in the long run, in the end; *van korte* ~ of short duration; short-lived; *van lange* ~ of long standing; of long duration; long-lived; *het was niet van lange* ~ it did not last long
2 duur I *bn* dear, expensive, costly; *hoe* ~ *is dat?* how much is it?, what is the price?; *een dure eed zweren* swear a solemn oath; *het is mijn dure plicht* it is my bounden duty; **II** *bijw* dear(ly); *het zal u* ~ *te staan komen* you shall pay dearly for this; ~ *verkopen* **1** handel sell dear; **2** fig sell [one's life] dearly
'duurbaar *bn* = *dierbaar*
'duurkoop *bn* dear; zie ook: *goedkoop*
'duurte *v* dearness, expensiveness
'duurtetoeslag *m* (-slagen) cost-of-living allowance
'duurzaam *bn* **1** durable, lasting [peace]; **2** hardwearing, that wears well [stuff]; *duurzame gebruiksgoederen* consumer durables
'duurzaamheid *v* durability, durableness
'duvelstoejager *m* (-s) factotum, handy-man
duw *m* (-en) push, thrust, shove
'duwboot *v* (-boten) tug(boat)
'duwen (duwde, h. geduwd) *overg & onoverg* push, thrust, shove

'duwtje *o* (-s) nudge, shove, prod; *iem. een* ~ *geven* ook: nudge sbd.
D.V. *afk. deo volente* God willing
'dwaalbegrip *o* (-pen) false notion, fallacy
'dwaalgeest *m* (-en) wandering (erring) spirit
'dwaalleer *v* (-leren) false doctrine, heresy
'dwaallicht *o* (-en) will-o'-the-wisp
'dwaalspoor *o* (-sporen) wrong track; *iem. op een* ~ *brengen* lead sbd. astray; *op een* ~ *geraken* go astray
'dwaalster *v* (-ren) planet
'dwaalweg *m* (-wegen) wrong way, zie verder: *dwaalspoor*
dwaas I *bn* foolish, silly; ~ *genoeg heb ik...* I was fool enough to...; zie ook: *aanstellen*; **II** *bijw* foolishly, in a silly way; **III** *m-v* (dwazen) fool
'dwaasheid *v* (-heden) folly, foolishness
'dwalen (dwaalde, h. gedwaald) *onoverg* **1** ⟨zwerven⟩ roam, wander; **2** ⟨een verkeerd inzicht hebben⟩ err; ~ *is menselijk* to err is human
'dwaling *v* (-en) error
dwang *m* compulsion, constraint, coercion
'dwangarbeid *m* hard labour
'dwangarbeider *m* (-s) convict
'dwangbevel *o* (-velen) warrant, writ; distress warrant [for non-payment of rates]
'dwangbuis *o* (-buizen) strait-jacket
'dwanggedachte *v* (-n) obsession
'dwanghandeling *v* (-en) compulsive (obsessional) act
'dwangmaatregel *m* (-en) coercive measure
dwang'matig *bn* compulsive
'dwangmiddel *o* (-en) means of coercion
'dwangneurose *v* (-s) obsessive-compulsive neurosis
'dwangpositie *v* (-s) **1** kaartsp squeeze; **2** fig embarrassing situation, plight; *iem. in een* ~ *brengen* force (tie) sbd.'s hands
'dwangsom *v* (-men) penal sum
'dwangvoorstelling *v* (-en) obsession, fixed idea
'dwarrelen (dwarrelde, h. en is gedwarreld) *onoverg* whirl
'dwarreling *v* (-en) whirl(ing)
'dwarrelwind *m* (-en) whirlwind
dwars *bn* **1** eig transverse, diagonal; **2** fig (tegen de draad in) cross-grained, wrong-headed, contrary; ~ *door het veld gaan* go straight across the field; ~ *door het ruit gaan* go right through the window; ~ *over de weg liggen* lie right across the road; ~ *oversteken* cross [the street]; *iem. de voet* ~ *zetten, iem.* ~ *zitten* cross (thwart) sbd., gemeenz put sbd.'s nose out of joint; *dat zit hem* ~ that sticks in his gizzard, that annoys (worries) him
'dwarsbalk *m* (-en) cross-beam
'dwarsbeuk *m* (-en) transept
'dwarsbomen (dwarsboomde, h. gedwarsboomd) *overg* cross, thwart
'dwarsdal *o* (-dalen) transverse valley
'dwarsdoorsnede, **'dwarsdoorsnee** *v* (-sneden)

cross-section, slice

'dwarsdrijven (dwarsdrijfde, h. gedwarsdrijfd) *onoverg* take the opposite course (or view)

'dwarsdrijver *m* (-s) cross-grained (perverse) fellow

dwarsdrijve'rij *v* (-en) contrariness, perverseness

'dwarsfluit *v* (-en) German flute

'dwarsgang *m* (-en) transverse passage

'dwarsheid *v* = *dwarsdrijverij*

'dwarshout *o* (-en) cross-beam

'dwarskijker *m* (-s) spy, snooper

'dwarskop *m* (-pen): *hij is een* ~ he's stubborn (pigheaded), he's always against everything; *gemeenz* he's an awkward (Am ornery) so-and-so

'dwarslaesie *v* transverse lesion

'dwarslat *v* (-ten) 1 ⟨in 't alg.⟩ cross-lath; 2 *sp* crossbar

'dwarsligger *m* (-s) 1 sleeper [under the rails]; 2 *fig* anti

'dwarslijn *v* (-en) = *dwarsstreep*

dwars'scheeps *bn* abeam

'dwarsschip *o* (-schepen) transept [of a church]

'dwarssnede, 'dwarssnee *v* (-sneden) cross-section

'dwarsstraat *v* (-straten) cross-street

'dwarsstreep *v* (-strepen) cross-line, transverse line

'dwarsweg *m* (-wegen) cross-road

'dwarszitten[1] *overg* ⟨tegenwerken⟩ thwart, cross, frustrate; *wat zit je dwars?* what's bothering you?, what's eating you?

'dwaselijk *bijw* foolishly

'dweepachtig *bn* 1 fanatical [in religious matters]; 2 gushing [in sentimental matters]

'dweepziek *bn* 1 fanatical; 2 gushingly enthusiastic

'dweepzucht *v* fanaticism

dweil *m* (-en) 1 ⟨schoonmaakdoek⟩ floor-cloth, mop, swab; 2 ⟨slons⟩ slut

'dweilen (dweilde, h. gedweild) *overg* mop (up), swab, wash [floors]

'dwepen (dweepte, h, gedweept) *onoverg* be fanatical; ~ *met* be enthusiastic about [poetry], be dotingly fond of, *gemeenz* enthuse over [music], gush about [professor X], be a devotee of [Jimi Hendrix], rave about [a girl]

'dwepend *bn* zie: *dweepachtig*

'dweper *m* (-s) fanatic, enthusing zealot, devotee, enthusiast

'dweperig *bn* fanatic, bigoted

dwepe'rij *v* (-en) fanaticism, gushing enthusiasm

dwerg *m* (-en) dwarf, pygmy

'dwergachtig *bn* dwarfish, dwarf, pygmean

'dwergpoedel *m* (-s) toy poodle

'dwergvolk *o* (-en) pygmean race

'dwingeland *m* (-en) tyrant

dwingelan'dij *v* tyranny

'dwingen (dwong, h. gedwongen) **I** *overg* compel, force, constrain, coerce; *hij laat zich niet* ~ he

doesn't suffer himself to be forced; *dat laat zich niet* ~ you can't force it; **II** *onoverg* be tyrannically insistent [of a child]; *om iets* ~ be insistent on getting sth.; *(dat kind) kan zo* ~ always wants to have its own way

'dwingend *bn* 1 coercive [measures]; 2 compelling [reasons]

'dwingerig *bn* tyrannic, insistent

dwong (dwongen) V.T. v. *dwingen*

d.w.z. *afk. dat wil zeggen* that is (to say), namely

dy'namica *v* dynamics

dyna'miek *v* dynamics

dyna'miet *o* dynamite

dy'namisch *bn* dynamic

dy'namo *m* ('s) dynamo

dynas'tie *v* (-tieën) dynasty

dynas'tiek *bn* dynastic

dysente'rie *v* dysentery

dys'lectisch *bn* dyslexic

dysle'xie *v* dyslexia

E

e *v* ('s) e
e.a. *afk. en andere(n)* and others, and other things
eau de co'logne *v* eau de Cologne
eb, **'ebbe** *v* ebb, ebb-tide; ~ *en vloed* ebb-tide and flood-tide, ebb and flow
'ebben (ebde, h. geëbd) *onoverg* ebb, flow back; *het ebt* the tide ebbs, is ebbing, is going out
'ebbenhout *o* ebony
'ebbenhouten *bn* ebony
ebo'niet *o* ebonite, vulcanite
EG *v Europese Gemeenschap* EC, European Community
ecg, **ECG** *o* ('s) *elektrocardiogram* ECG, electrocardiogram
e'chec *o* (-s) check, rebuff, repulse, failure; ~ *lijden* **1** ⟨v. persoon⟩ meet with a rebuff; **2** ⟨v. regering &⟩ be defeated; **3** ⟨v. onderneming⟩ fail
eche'lon *m* (-s) mil echelon
'echo *m* ('s) echo
'echoën (echode, h. geëchood) *onoverg & overg* (re-)echo
'echolood *o* echo sounder
'echopeiling *v* (-en) echo sounding
'echoput *m* (-ten) echoing well
echosco'pie *v* (-pieën) ultra-sound scan
1 echt I *bn* authentic [letters], real [roses &], genuine [butter &], legitimate [children], true(-born) [Briton], out-and-out [boys]; gemeenz regular [blackguards]; *dat is nou ~ eens een man* he is a real man; **II** *bijw* versterkend really; *hij was ~ kwaad* he was downright angry; *het is ~ waar* it is really true
2 echt *m* plechtig marriage, matrimony, wedlock; *in de ~ treden, zich in de ~ begeven* marry; zie ook: *verbinden, verenigen*
'echtbreekster *v* (-s) adulteress
'echtbreken *onoverg* commit adultery
'echtbreker *m* (-s) adulterer
'echtbreuk *v* adultery
'echtelieden *mv* plechtig married people; *de ~* the married couple
'echtelijk *bn* **1** conjugal [rights]; **2** matrimonial [happiness]; **3** married [state]; **4** marital [bliss]
'echten (echtte, h. geëcht) *overg* legitimate [a child]
'echter *bijw* however, nevertheless; gemeenz though
'echtgenoot *m* (-noten) husband, spouse; *echtgenoten* zie ook: *gehuwd*
'echtgenote *v* (-n) wife, spouse, lady
'echtheid *v* authenticity [of a picture], genuineness
'echting *v* legitimation
'echtpaar *o* (-paren) (married) couple

'echtscheiding *v* (-en) divorce
'echtverbintenis *v* (-sen), **'echtvereniging** *v* (-en) plechtig marriage
ecla'tant *bn* signal, striking [case &]; brilliant, sensational [success]
ec'lecticus *m* (-ci) eclectic
ec'lectisch *bn* eclectic
e'clips *v* (-en) eclipse
eclip'seren (eclipseerde, geëclipseerd) **I** (h.) *overg* eclipse; **II** (is) *onoverg* fig abscond
ecolo'gie *v* ecology
eco'logisch *bn* ecological
eco'loog *m* (-logen) ecologist
econo'maat *o* (-maten) ZN caretaker's (janitor's) office
econome'trie *v* econometrics
econome'trist *m* (-en) econometrician, econometrist
econo'mie *v* (-mieën) **1** ⟨toestand⟩ economy; **2** ⟨wetenschap⟩ economics; *geleide ~* planned economy
eco'nomisch *bn* **1** ⟨staathuishoudkundig⟩ economic; **2** ⟨zuinig⟩ economical
economi'seren (economiseerde, h. geëconomiseerd) *onoverg* economize
eco'noom *m* (-nomen) **1** ⟨beoefenaar v.d. economie⟩ economist; **2** ZN ⟨beheerder⟩ care-taker, janitor
'ecosysteem *o* (-temen) ecosystem
'ecotaks *v* levy on fuel, petrol, electricity & (used to improve the environment)
e'cru *bn* ecru
'ecu *m* ('s) *European currency unit* ecu
'Ecuador *o* Ecuador
Ecuadori'aan *m* -rianen Ecuadorian
Ecuadoriaans *bn* Ecuadorian
ec'zeem *o* (-zemen) eczema
e.d. *afk. en dergelijke* zie: *dergelijk*
e'dammer *m* (-s) Edam (cheese)
'ede zie *eed*
'edel I *bn* **1** noble[2] [birth, blood, features, thoughts &]; **2** precious [metals, stones]; **3** vital [parts, organs]; *de ~en* the nobility; hist the nobles; zie ook: *deel*; **II** *bijw* nobly
edel'achtbaar *bn* honourable, worshipful; *Edelachtbare* Your Honour; Your Worship
'edelgas *o* (-sen) rare gas
'edelgesteente *o* (-n en -s) precious stone, gem
'edelheid *v* nobleness, nobility; *Hare (Zijne) Edelheid* Her (His) Grace
'edelhert *o* (-en) red deer
'edelknaap *m* (-knapen) page
'edelman *m* (-lieden) nobleman, noble
'edelmetaal *o* (-talen) precious metal
edel'moedig *bn* generous, noble(-minded)
edel'moedigheid *v* generosity, noblemindedness
'edelsmid *m* (-smeden) gold and silver smith
'edelsteen *m* (-stenen) = *edelgesteente*
'edelvrouw *v* (-en) noblewoman

'**edelweiss** *o* edelweiss

e'**dict** *o* (-en) edict [of Nantes &], decree

e'**ditie** *v* (-s) edition, issue

e'**doch** *voegw* but, however, yet, still

'**Eduard** *m* Edward; ~ *de Belijder* Edward the Confessor

edu'**catie** *v* education

educa'**tief** *bn* educational

eed *m* (eden) oath; *de* ~ *afnemen* administer the oath to, swear in [a functionary]; *een* ~ *doen (afleggen)* take (swear) an oath; *een* ~ *doen om...* swear [never] to...; *daarop heeft hij een* ~ *gedaan* **1** he has sworn it; **2** he has affirmed it on his oath; *onder ede* [declared] on oath; *hij staat onder ede* he is under oath

'**eedaflegging** *v* (-en) taking an (the) oath

'**eedafneming** *v* (-en) swearing in

'**eedbreuk** *v* (-en) violation of one's oath, perjury

'**eedsaflegging** *v* (-en) = *eedaflegging*

1 eeg, EEG *o* ('s) *elektro-encefalogram* EEG, electro-encephalogram

2 EEG *v Europese Economische Gemeenschap* EEC, European Economic Community

'**eega** *m-v* ('s en eegaas) spouse

'**eekhoorn**, '**eekhoren** *m* (-s) squirrel

'**eekhoorntjesbrood**, '**eekhorentjesbrood** *o* cep

eelt *o* callus, callosity

'**eeltachtig** *bn* callous, horny [hands]

'**eeltachtigheid** *v* callosity

'**eeltig** *bn* callous, horny [hands]

'**eeltknobbel** *m* (-s) callosity

1 een *lidwoord* a, an; ~ *vijftig* some fifty

2 een, één I *telw* one; *het was* ~ *en al modder* all mud, mud all over; ~ *en al oor* all ears; ~ *en ander* the things mentioned; *het* ~ *en ander* a few things, a thing or two, one thing and another; *de ene na de ander...* one... after another ; *de (het)* ~ *of andere* one or other, some; *het* ~ *of ander* **1** *bn* some; **2** *znw* something or other; *de* ~ *of andere dag* some day; *het* ~ *of het ander either...* or..., one or the other; *noch het* ~ *noch het ander* neither one thing nor the other; *in* ~ *of andere vorm* in one shape or another; *die ene dag* **1** (only) that one day; **2** that day of all others; ~*-twee-drie* gemeenz in two shakes; *op* ~ *na* all except one; the last but one; *ze zijn van* ~ *grootte (leeftijd)* they are of a size (of an age); ~ *voor* ~ one by one, one at a time; **II** *v* one; *drie enen* three ones

'**eenakter** *m* (-s) act play

'**eenarmig** *bn* one-armed

'**eencellig** *bn* unicellular; ~*e diertjes* protozoa

eend *v* (-en) **1** (dier) duck; **2** (domoor) goose, ass

'**eendaags** *bn* lasting one day, one day

'**eendagskuiken** *o* (-s) day-old chick

'**eendagsvlieg** *v* (-en) ephemeron, mayfly

'**eendekker** *m* (-s) monoplane

'**eendekroos** *o* duckweed

'**eendelig** *bn* one-piece [swim-suit]

'**eendenei** *o* (-eren) duck's egg

'**eendenjacht** *v* (-en) duck-shooting

'**eendenkooi** *v* (-en) decoy

'**eendenmossel** *v* (-s) barnacle

'**eender I** *bn* equal; the same; *het is mij* ~ it is all the same (all one) to me; **II** *bijw* equally; ~ *gekleed* dressed alike

'**eendracht** *v* concord, union, unity, harmony; ~ *maakt macht* union is strength

een'**drachtig I** *bn* united [efforts], harmonious, concerted [views]; **II** *bijw* unitedly, as one man, [act] in unity, in concert, [work together] harmoniously

'**eenduidig** *bn* unambiguous

'**eendvogel** *m* (-s) duck

'**eeneiig** *bn* (v. tweelingen) identical; uniovular, monozygotic

eenen'**twintigen** (eenentwintigde, h. geëenentwintigd) *onoverg* play blackjack

eenge'**zinswoning** *v* (-en) one-family-house

'**eenheid** *v* (-heden) **1** (als maat) unit; **2** (als eigenschap) oneness, uniformity [of purpose]; **3** (als deugd) unity; *de drie eenheden* the three (dramatic) unities

'**eenheidsprijs** *m* (-prijzen) unit price

'**eenheidsstaat** *m* (-staten) unitary state

'**eenheidsworst** *v* sameness, uniformity; *die spelletjesprogramma's op de tv zijn toch allemaal* ~ those TV game shows are all the same

'**eenhoevig** *bn* ungulate

'**eenhoofdig** *bn* monocratic, monarchial; *een* ~*e regering* a monocracy, monarchy

'**eenhoorn**, '**eenhoren** *m* (-s) unicorn

'**eenhuizig** *bn* plantk monoecious

'**eenjarig** *bn* **1** of one year, one-year-old [child]; **2** plantk annual; **3** dierk yearling

een'**kennig** *bn* shy, timid

een'**kennigheid** *v* shyness, timidity

'**eenlettergrepig** *bn* monosyllabic, of one syllable; ~ *woord* monosyllable

'**eenling** *m* (-en) individual, loner, lone wolf

'**eenlobbig** *bn* unilobed

'**eenmaal** *bijw* **1** (een keer) once; **2** (eens, een dag) one day; ~, *andermaal, derdemaal* going, going, gone!; ~ *is geenmaal* once is no custom; zie ook: *[1]zo I*

'**eenmaking** *v* unification, integration [of Europe]

'**eenmalig** *bn* once-only, single; *voor* ~ *gebruik* use only once

'**eenmansgat** *o* (-gaten) fox-hole

'**eenmanszaak** *v* (-zaken) one-man business

'**eenmotorig** *bn* single-engined

'**eenogig** *bn* one-eyed

'**eenoog** *m-v* (-ogen) one-eyed person; *in het land der blinden is* ~ *koning* in the kingdom of blind men the one-eyed is king

een'**oudergezin** *o* (-nen) single-parent family

'**eenpansmaaltijd** *m* (-en) one-dish meal

een'**parig I** *bn* **1** unanimous [in opinion]; **2** uniform [velocity]; **II** *bijw* **1** unanimously, with one accord; **2** uniformly [accelerated]

een'parigheid *v* **1** unanimity; **2** uniformity

'eenpersoons *bn* **1** for one person, one-man [show &]; **2** single [room, bed]; **3** single-seater [car, aeroplane]

eenper'soonshuishouden *o* (-s) single household

een'richtingsverkeer *o* oneway traffic; *straat voor* ~ one-way-street

eens *bijw* **1** once, one day (evening); (in sprookjes) once upon a time [there was...]; **2** (in de toekomst) one day [you will...]; **3** just [go, fetch, tell me &]; ~ *en voor al* once for all; *de ~ beroemde schoonheid* the once famous beauty; *hij bedankte niet* ~ he did not so much as (not even) thank us; ~ *zoveel* as much (many) again; *het ~ worden* come to an agreement [about the price &]; *wij zijn het ~ (met elkaar)* we are at one, we agree; *die twee zijn het* ~ there is an understanding between them; they are hand in glove; *ik ben het met mijzelf niet* ~ I am in two minds about it; *wij zijn het er over ~ dat...* we are of one mind as to..., we are agreed that...; *daar zijn we het niet over* ~ we don't see eye to eye on that point; *daarover zijn allen het* ~ there is only one opinion about that; *zij waren het onderling niet* ~ they were divided against themselves

'eensdeels: *bijw* ~...*anderdeels*... partly... partly...; for one thing... for another...

eensge'zind I *bn* unanimous, of one mind, at one, in harmony; **II** *bijw* unanimously, [act] in harmony, in concert

eensge'zindheid *v* unanimousness, unanimity, union, harmony

'eensklaps *bijw* all at once, suddenly, all of a sudden

een'slachtig *bn* monosexual, unisexual

eens'luidend *bn* of the same tenor; ~ *afschrift* a true copy; ~*e verklaringen* identical statements

'eensteensmuur *m* (-muren) 9 inch wall

een'stemmig, 'eenstemmig I *bn* muz for one voice; fig unanimous; ~*e liederen* unison songs; **II** *bijw* with one voice, unanimously

een'stemmigheid *v* unanimity, harmony

'eenterm *m* (-en) wisk monomial

eentje *o* one; *je bent me er* ~ gemeenz you are a one; *er* ~ *pakken* gemeenz have one; *in (op) mijn* ~ by myself

een'tonig I *bn* **1** monotonous[2] [song]; **2** fig humdrum, dull [life &]; **II** *bijw* monotonously

een'tonigheid *v* **1** eig monotony; **2** fig sameness

een-twee-'drie *bijw* at once, immediately

een-'tweetje *o* (-s) sp one-two

een'vormig *bn* uniform

een'vormigheid *v* uniformity

'eenvoud *m* simplicity, plainness, homeliness; *in alle* ~ without ceremony, in all simplicity

een'voudig I *bn* **1** simple [sentence, dress, style, people]; **2** plain [food, words]; **3** homely [fare, entertainment &]; **II** *bijw* simply; *ik vind het* ~ *een schande* I think it a downright shame; *ga* ~ *en zeg niets* (just) go and say nothing

een'voudigheid *v* simplicity; *in zijn* ~ in his simplicity

eenvoudigheids'halve *bijw* for the sake of simplicity

een'voudigweg *bijw* simply

'eenwording *v* unification, integration; *de Europese* ~ the European unification (integration)

'eenzaadlobbig *bn* unilobed

'eenzaam I *bn* solitary, lonely, lone(some), desolate, retired; *het is hier zo* ~ **1** it is (one is, one feels) so lonely here; **2** the place is so lonely; *een eenzame* a solitary; **II** *bijw* solitarily; ~ *leven* lead a solitary (secluded) life, live in solitude

'eenzaamheid *v* solitariness, loneliness, solitude, retirement; *in de* ~ in solitude

een'zelvig I *bn* solitary, keeping oneself to oneself, self-contained; **II** *bijw*: ~ *leven* lead a solitary (secluded) life

een'zelvigheid *v* solitariness

een'zijdig, een'zijdig *bn* **1** one-sided [views]; **2** partial [judgements]; **3** unilateral [disarmament]

'eenzijdigheid *v* one-sidedness, partiality

1 eer *bijw & voegw* before, sooner, rather; ~ *dat* before

2 eer *v* honour; credit; *de* ~ *aandoen om...* do [me] the honour to...; *op een manier die hun weinig* ~ *aandeed* (very) little to their honour (credit); *een schotel* ~ *aandoen* do justice to a dish; ~ *bewijzen* do (render) honour to; *iem. de laatste* ~ *bewijzen* render the last honours to sbd.; *ik heb de* ~ *u te berichten...* I have the honour to inform you...; *je hebt er alle* ~ *van* you have all credit of it, you have done a fine job; *de* ~ *aan zichzelf houden* save one's honour, put a good face on the matter; ~ *inleggen met iets* gain credit by sth.; *dat kwam (was) zijn* ~ *te na* that he felt as a disparagement to his honour; *er een* ~ *in stellen te...* make it a point of honour to..., be proud to...; *ere wie ere toekomt* honour to whom (where) honour is due; *ere zij God!* glory to God!; *dat bent u aan uw* ~ *verplicht* you are in honour bound to...; *in (alle)* ~ *en deugd* in honour and decency; *in ere houden* honour; *iems. aandenken in ere houden* hold sbd.'s memory in esteem; *met ere* with honour, with credit, honourably, creditably; *met militaire* ~ *begraven* bury with military honours; *te zijner ere* in (to) his honour; *ter ere van de dag* in honour of the day; *ter ere Gods* for the glory of God; *acceptatie ter ere* acceptance for honour; *tot zijn* ~ *zij het gezegd* to his credit be it said; *zich iets tot een* ~ *rekenen* consider sth. an honour; take credit (to oneself) for ...ing; *het zal u tot* ~ *strekken* it will be a credit to you, do you credit, reflect honour on you

'eerbaar *bn* virtuous, modest; *eerbare bedoelingen* honorable intentions

'**eerbaarheid** *v* virtue, modesty
'**eerbetoon** *o*, '**eerbetuiging** *v* (-en), '**eerbewijs** *o*
(-wijzen) honour; *militaire eerbewijzen* military
honours
'**eerbied** *m* respect, reverence
eer'biedig *bn* respectful, deferential, reverent
eer'biedigen (eerbiedigde, h. geëerbiedigd) *overg*
respect
eer'biedigheid *v* respect, deference, devotion
eer'biediging *v* respect
eerbied'waardig *bn* **1** ⟨in 't alg.⟩ respectable, venerable; **2** (door ouderdom) time-honoured
'**eerdaags** *bijw* one of these days, in a few days
'**eerder** *bijw* = ¹*eer*; *nooit* ~ never before; *hoe* ~ *hoe*
liever the sooner the better; ~ *te veel dan te weinig*
rather too much than too little
'**eergevoel** *o* sense of honour
'**eergisteren**, **eer'gisteren** *bijw* the day before yesterday
eergisteren'nacht, **eergister'nacht** *bijw* the
night before last
'**eerherstel** *o* rehabilitation
'**eerlang**, **eer'lang** *bijw* before long, shortly
'**eerlijk I** *bn* **1** honest [people]; **2** fair [fight, play,
dealings]; **3** honourable [burial, intentions]; ~! *ge-*
meenz honour bright!; ~ *duurt het langst* honesty is
the best policy; ~ *is* ~ fair is fair; **II** *bijw* honestly,
fair(ly); ~ *delen!* divide fairly!; ~ *gezegd...* to be
honest, honestly [I don't trust him]; ~ *spelen* play
fair; ~ *zijn brood verdienen* make an honest living;
~ *of oneerlijk* by fair means or foul; ~ *waar* it is the
honest truth
'**eerlijkheid** *v* honesty, probity, fairness
eerlijkheids'halve *bijw* in fairness
'**eerloos** *bn* infamous
'**eerloosheid** *v* infamy
eers'halve *bijw* for honour's sake
eerst I *bn* **1** first [aid, principles, hours, class &];
2 early [times]; **3** prime [minister]; **4** premier [posi-
tion]; **5** first-rate [singers &]; **6** leading [shops];
7 initial [difficulties, expenses]; **8** chief [clerk]; *de*
~*e de beste man* the (very) first man you meet, the
next man you see, anybody, any man; *hij is niet de*
~*e de beste* he is not everybody; *bij de* ~*e de beste*
gelegenheid at the first opportunity; *in de* ~*e zes*
maanden niet not for six months yet; *de* ~*e steen*
the foundation-stone; *de* ~*en van de stad* the upper
ten of the town; *hij is de* ~*e van zijn klas* he is at the
top of his class; *het* ~*e dat ik hoor* the first thing I
hear; *de* ~*e...*, *de laatste...* the former..., the latter...;
in het ~ at first; *ten* ~*e* first, in the first place, to
begin with; firstly; *ten* ~*e...*, *ten tweede...* ook: for
one thing..., for another...; *voor het* ~ for the first
time; **II** *bijw* first; ook: at first; *beter dan* ~ better
than before (than he used to); ~ *was hij zenuwach-*
tig **1** at first [when beginning his speech] he was
nervous; **2** [long ago] he used to be nervous; *als ik*
maar ~ *eens weg ben, dan...* when once away, I...; ~

gisteren is hij gekomen he came only yesterday; ~
gisteren heb ik hem gezien not before (not until) yesterday; ~ *in de laatste tijd* but (only) recently; ~
morgen not before tomorrow; ~ *nu (nu* ~*)* only
now [do I see it]; *doe dat het* ~ do it first thing; *hij*
kwam het ~ he was the first to come, he was first;
wie het ~ *komt, het* ~ *maalt* first come first served
eerstaan'wezend *bn* senior
'**eerstdaags** *bijw* in a few days, one of these days
eerste'dagenvelop, **eerste'dagenveloppe** *v*
(-loppen) first-day cover
'**eerstegraads** *bn*: ~ *verbranding* first-degree burn;
~ *leraar* teacher with a higher education teaching
qualification (Am credential); ~ *vergelijking* wisk
linear equation
eerste'hulppost *m* (-en) first-aid station
eerste'jaarsstudent *m* (-en) first-year student
'**eersteklas** *bn* first-class [hotel]
'**eersteling** *m* (-en) **1** first-born [child]; **2** firstling
[of cattle]; **3** *fig* first-fruits; *het is een* ~ it is a 'first'
book (picture &)
eerste'rangs *bn* first-rate, first-class
eerste'steenlegging *v* (-en) laying of the
foundation-stone
eerstge'boorterecht *o* birthright, (right of) primogeniture
eerstge'borene *m-v* (-n) first-born
'**eerstgenoemde** *m-v* (-n): *(de)* ~ the first-
mentioned, the former
eerst'komend, **eerst'volgend** *bn* next, following
'**eertijds** *bijw* formerly, in former times
'**eervergeten** devoid of all honour, lost to all sense
of honour, infamous
'**eerverleden** *bn*: ~ *week, jaar* the week, year before
last
'**eervol** *bn* honourable [discharge]; creditable
eer'waard *bn* reverend; *uw* ~*e* Your Reverence
eer'waardig *bn* venerable
'**eerzaam** *bn* respectable
'**eerzucht** *v* ambition
eer'zuchtig *bn* ambitious; ~ *zijn* aim high
'**eetbaar** *bn* fit to eat, eatable, edible [bird's nest,
fungus, snail], esculent
'**eetcafé** *o* (-s) pub; Am diner
'**eetgelegenheid** *v* (-heden) eating place, restaurant
'**eetgerei** *o* dinner-things
'**eetgewoonte** *v* (-n, -s) eating habit
'**eethoek** *m* (-en) dinette, dining recess
'**eethuis** *o* (-huizen) eating-house
'**eetkamer** *v* (-s) dining-room
'**eetketeltje** *o* (-s) mil mess-tin
'**eetkeuken** *v* (-s) dining-kitchen
'**eetlepel** *m* (-s) table-spoon
'**eetlust** *m* appetite; *dat heeft mij* ~ *gegeven* it has
given me an appetite
'**eetservies** *o* (-viezen) dinner-set, dinner-service
'**eetstokje** *o* (-s) chopstick
'**eettafel** *v* (-s) dining-table

'**eetwaren** *mv* eatables, victuals
'**eetzaal** *v* (-zalen) dining-room
eeuw *v* (-en) **1** (100 jaar) century; **2** (lange tijd) age; *de gouden ~* the golden age; *de twintigste ~* the twentieth century; *in geen ~en* not for ages
'**eeuwenlang** *bn* age-long [tyranny &]
'**eeuwenoud** *bn* centuries old [trees], age-old [errors]
'**eeuwfeest** *o* (-en) centenary
'**eeuwig I** *bn* eternal, everlasting, perpetual; *ten ~en dage, voor ~* for ever; **II** *bijw* for ever; <u>versterkend</u> eternally; *het is ~ jammer* it is a thousand pities
'**eeuwigdurend, eeuwig'durend** *bn = eeuwig*
'**eeuwigheid** *v* (-heden) eternity; *ik heb een ~ gewacht* I have been waiting for ages; *nooit in der ~* never; *ik heb je in geen ~ gezien* I have not seen you for ages; *tot in ~* to all eternity; *van ~ tot amen* for ever and ever
'**eeuwwisseling** *v* (-en) turn of the century; *bij de ~* at the turn of the century
efe'meer *bn* ephemeral
ef'fect *o* (-en) **1** (in 't alg.) effect; **2** <u>sp</u> spin, twist, slice; <u>bilj</u> ook: side; *nuttig ~* <u>techn</u> efficiency; *een bal ~ geven* <u>sp</u> put spin on a ball; <u>bilj</u> put side on a ball; *~ hebben, ~ sorteren* have, produce an effect; zie ook: *effecten*
ef'fectbal *m* (-len) **1** <u>voetbal</u> bananashot, swerve kick, swerver; **2** ⟨honkbal, tennis⟩ spinner; **3** <u>bilj</u> side; *een ~ geven* give a ball side
ef'fectbejag *o* straining after effect, claptrap
ef'fecten *mv* ⟨waardepapieren⟩ stocks (and shares), securities
ef'fectenbeurs *v* (-beurzen) stock exchange
ef'fectenhandel *m* stock-jobbing
ef'fectenhandelaar *m* (-s) stockjobber
ef'fectenmakelaar *m* (-s) stock-broker
ef'fectenmarkt *v* (-en) stockmarket
effec'tief I *bn* effective, real; *in effectieve dienst* on active service; *effectieve straf* <u>ZN</u> unconditional sentence; *~ kandidaat* <u>ZN</u> proposed candidate; **II** *o* <u>ZN</u> ⟨personeelsbestand⟩ manpower; **III** *m* (-tieven) **1** <u>ZN</u> (kamerlid) Member of Parliament; **2** <u>ZN</u>, <u>sp</u>: *de effectieven* selection, selected players
effectivi'teit *v* effectiveness
effectu'eren (effectueerde, h. geëffectueerd) *overg* implement, execute, effectuate
effectu'ering *v* implementation, execution, effectuation
'**effen** *bn* **1** smooth, even, level [ground]; **2** plain [colour, material]; **3** unruffled [countenance]; **4** settled [account]
'**effenen** (effende, h. geëffend) *overg* **1** <u>eig</u> smooth (down, over, out), level, make even; **2** <u>fig</u> smooth [the way for sbd.]; zie ook: *vereffenen*
'**effenheid** *v* smoothness, evenness
'**effening** *v* levelling, smoothing
effi'ciënt *bn* **1** ⟨v. zaken⟩ efficacious [cure, method]; **2** ⟨v. personen⟩ efficient

effi'ciëntie *v* efficiency
eg *v* (-gen) harrow, drag
EG *afk. Europese Gemeenschappen* EC, European Community
e'gaal *bn* **1** uniform, unicoloured, plain [in colour]; **2** smooth, even [grand]; *het is mij ~* it is all the same to me
egali'satie *v* (-s) levelling, equalization
egali'seren (egaliseerde, h. geëgaliseerd) *overg* level, make even [ground]; equalize
e'gards *mv* consideration(s), regard(s), attention; *iem. met (zonder) veel ~ behandelen* treat sbd. with (little) ceremony
E'geïsche 'Zee *v* Aegean Sea
'**egel** *m* (-s) hedgehog
egelan'tier *m* (-s en -en) eglantine, sweet briar
'**egelstelling** *v* (-en) <u>mil</u> all-round defense position
'**egelvis** *m* (-sen) porcupine fish
'**egge** *v* (-n) *= eg*
'**eggen** (egde, h. geëgd) *overg & onoverg* harrow, drag
EGKS *v Europese Gemeenschap voor Kolen en Staal* ECSC, European Coal and Steel Community
'**ego** *o* ('s) ego
ego'centrisch *bn* self-centred, self-absorbed, egocentric
ego''isme *o* egoism
ego'ïst *m* (-en) egoist
ego'ïstisch *bn* selfish, egoistic
'**egotrip** *m* (-s) ego-trip
E'gypte *o* Egypt
E'gyptenaar *m* (-s en -naren) Egyptian
E'gyptisch *bn* Egyptian; *~e duisternis* Egyptian darkness
EHBO *v Eerste Hulp bij Ongelukken* first-aid (association); *~-afdeling* emergency ward; *~-post* first-aid station
EHB'O-er *m* (-s) first-aider
1 ei *o* (-eren) egg; *gebakken ~* fried egg; *zacht (hard) gekookt ~* soft-(hard-)boiled egg; *het ~ van Columbus* the egg of Columbus; *het ~ wil wijzer zijn dan de hen!* teach your grandmother to suck eggs!; *een half ~ is beter dan een lege dop* half a loaf is better than no bread; *zij kozen eieren voor hun geld* they came down a peg or two; *dat is het hele eieren eten* that's all there is to it
2 ei *tsw ~!* ah!, indeed!
e.i. *afk. elektrotechnisch ingenieur* zie: *elektrotechnisch*
'**eicel** *v* (-len) egg, ovum
'**eiderdons** *o* eider-down
'**eidereend** *v* (-en) eider(-duck)
'**eierdooier** *m* (-s) yolk (of egg), egg-yolk
'**eierdop** *m* (-pen) egg-shell
'**eierdopje** *o* (-s) egg-cup
'**eierklopper** *m* (-s) egg-whisk, egg-beater
'**eierkoek** *m* (-en) egg-cake
'**eierkolen** *mv* egg coal, ovoids
'**eierleggend** *bn* egg-laying, oviparous
'**eierlepeltje** *o* (-s) egg-spoon

'**eierrekje** *o* (-s) egg-rack
'**eiersaus** *v* (-en) egg-sauce
'**eierschaal** *v* (-schalen) egg-shell
'**eiersnijder** *m* (-s) egg slicer
'**eierstok** *m* (-ken) ovary
'**eierwarmer** *m* (-s) egg cosy
'**eierwekker** *m* (-s) egg timer
'**eigeel** *o* yellow, (egg-)yolk
'**eigen** *bn* **1** ⟨in iems. bezit⟩ own, of one's own, private, separate; **2** ⟨aangeboren⟩ proper to [mankind], peculiar to [that class]; **3** ⟨kenmerkend⟩ characteristic, peculiar; **4** ⟨intiem⟩ friendly, familiar, intimate; ~ *broeder van...* own brother to...; *hij heeft een* ~ *huis* he has a house of his own; *in zijn* ~ *huis* in his own house; *zijn vrouws* ~ *naam* his wife's maiden name; *met de hem* ~ *beleefdheid* with his characteristic courtesy; *ik ben hier al* ~ I am quite at home here; *hij was zeer* ~ *met ons* he was on terms of great intimacy with us; *zich* ~ *maken* make oneself familiar with, master [a technique], acquire [all the knowledge needed]
'**eigenaar** *m* (-s en -naren) owner, proprietor; *van* ~ *verwisselen* change hands
eigen'aardig *bn* **1** ⟨merkwaardig⟩ curious; **2** ⟨bijzonder⟩ peculiar
eigen'aardigheid *v* (-heden) peculiarity
eigena'res *v* (-sen) owner, proprietress
'**eigenbaat** *v* self-interest, self-seeking
'**eigenbelang** *o* selfinterest, personal interest
'**eigendom** (-men) **1** *o* ⟨bezitting⟩ property; **2** *m* ⟨recht⟩ ownership [of the means of production]; *bewijs van* ~ title(-deed); *in* ~ *hebben* be in possession of, own
'**eigendomsbewijs** *o* (-wijzen) title deed
'**eigendomsoverdracht** *v* transfer of property
'**eigendomsrecht** *o* **1** ⟨in 't alg.⟩ ownership; **2** proprietary right(s) [of an estate]; **3** copyright [of a publisher]
'**eigendunk** *m* self-conceit
'**eigenerfde** *m-v* (-n) = *eigengeërfde*
'**eigengebakken** *bn* home-made
'**eigengeërfde** *m-v* (-n) freeholder
'**eigengemaakt** *bn* home-made
eigenge'rechtig *bn* self-righteous
eigenge'reid *bn* opinionated, selfwilled, stubborn
eigen'handig *bn* **1** [done] with one's own hands; **2** [written] in one's own hand; **3** [to be delivered] "by hand"; ~ *geschreven brieven aan...* apply in own handwriting to...; ~ *geschreven stuk* autograph
'**eigenliefde** *v* self-love, love of self
'**eigenlijk I** *bn* proper, properly so called; actual, real, true; zie ook: *zin*; **II** *bijw* properly speaking; really, actually; *wat betekent dit* ~? just what does this mean?; *wat is hij nu* ~? what is he exactly?; *wat wil je nu* ~? what in point of fact do you want?; *wie is die vent* ~? who is this fellow, anyway?; ~ *niet* not exactly; *kunnen we dat* ~ *wel tolereren?* can we really tolerate this?

eigen'machtig I *bn* arbitrary, highhanded; **II** *bijw* arbitrarily, high-handedly
eigen'machtigheid *v* arbitrariness, highhandedness
'**eigennaam** *m* (-namen) proper noun, proper name
'**eigenrichting** *v* recht taking the law into one's own hands
'**eigenschap** *v* (-pen) **1** property [of bodies]; **2** quality [of persons]; **3** attribute [of God]
eigen'tijds *bn* contemporary
'**eigenwaan** *m* conceitedness, presumption
'**eigenwaarde** *v*: *gevoel van* ~ feeling of one's own worth, self-esteem
eigen'wijs *bn* pigheaded, opinionated; ~ *zijn* always think one knows better
eigen'zinnig *bn* self-willed, wayward, wilful
eik *m* (-en) oak
'**eikel** *m* (-s) **1** ⟨v. boom⟩ acorn; **2** ⟨v.d. penis⟩ glans; **3** ⟨onnozel persoon⟩ muff, oaf
'**eiken** *bn* oak, oaken
'**eikenboom** *m* (-bomen) oak-tree
'**eikenbos** *o* (-sen) oak-wood
eiken'hakhout *o* oak coppice
'**eikenhout** *o* oak, oak-wood
'**eikenhouten** *bn* oak, oaken
'**eikenloof** *o* oak-leaves
'**eikenschors** *v* **1** ⟨in 't alg.⟩ oakbark; **2** ⟨gemalen⟩ tan
'**eiland** *o* (-en) island, isle; *het* ~ *Wight* the Isle of Wight
'**eilandbewoner** *m* (-s) islander
'**eilandengroep** *v* (-en) group of islands, archipelago
'**eileider** *m* (-s) Fallopian tube
eind *o* (-en) **1** end[2] [ook = death]; [happy] ending; close, termination, conclusion; ⟨uiteinde⟩ end, extremity; **2** ⟨stuk⟩ piece [of wood]; bit [of string]; length [of sausage]; zie ook: *eindje*; ~ *(weegs)* part of the way; *het is een heel* ~ it is a good distance (off), a long way (off); *maar een klein* ~ only a short distance; *het* ~ *van het liedje is...* the upshot is...., the end is...; *het was het* ~*e!* it was marvellous, super, great!; *zijn* ~ *voelen naderen* feel one's end drawing near; *aan het andere* ~ *van de wereld* at the back of beyond; *er komt geen* ~ *aan* there is no end to it; *komt er dan geen* ~ *aan?* shall we never see (hear) the last of it?; *er moet een* ~ *aan komen* it must stop; *hij kwam treurig aan zijn* ~ he came to a sad end; *aan alles komt een* ~ all things must have an end; *een* ~ *maken aan iets* put an end (a stop) to sth., make an end of sth.; *aan het kortste (langste)* ~ *trekken* come off worst (best), get the worst (best) of it, have the worst (better) end of the staff; *het bij het rechte* ~ *hebben* be right, be correct; *het bij het verkeerde* ~ *hebben* be mistaken, have got hold of the wrong end of the stick, be wrong; *in (op) het* ~ at last, eventually; *een* ~ *in de 40* well past forty, well

over forty years of age; *een* ~ *over zessen* well over six [o'clock]; *het loopt op een* ~ things are coming to an end (drawing to a close); *het loopt op zijn* ~ *met hem* his end is drawing near; *te dien* ~*e* to that end, with that end in view, for that purpose; *tegen het* ~ towards the end (close); *ten* ~*e...* in order to...; *ten* ~*e brengen* bring to an end (conclusion); *ten* ~*e lopen* come to an end, draw to an end (to a close), expire [of a contract]; *ten* ~*e raad zijn* be at one's wits' (wit's) end; *tot het* ~ *(toe)* till the end; *tot een goed* ~*e brengen* bring the matter to a favourable ending, bring [things] to a happy conclusion; *van alle* ~*en van de wereld* from all parts of the world; *ze stelen, daar is het* ~ *van weg* there is no end to it; *zonder* ~ without end, endless(ly); *het* ~ *zal de last dragen* the end will bear the consequences; ~ *goed al goed* all's well that ends well

'**eindbedrag** *o* (-dragen) total, sum total

'**eindbeslissing** *v* (-en), '**eindbesluit** *o* (-en) final decision

'**eindbestemming** *v* (-en) final destination, ultimate destination

'**eindcijfer** *o* (-s) **1** ⟨in 't alg.⟩ final figure; **2** onderwijs final mark; **3** (totaal) grand total

'**einddiploma** *o* ('s) (school) leaving certificate, ⟨v. middelbare school⟩ Br ± General Certificate of Education, G.C.E

'**einddoel** *o* (-en) final purpose, final goal, ultimate object

'**einde** *o* (-n) = eind

einde'jaar *o* ZN the season (period around Christmas and New Year)

einde'jaarsbal *o* (-s) ZN New Year's dance

einde'jaarsuitkering *v* (-en) Christmas bonus, year-end bonus

'**eindelijk** *bijw* finally, at last, ultimately, in the end, at length

'**eindeloos I** *bn* **1** (zonder einde) endless, infinite, interminable; **2** (geweldig) marvellous, super, gorgeous, terrific; **II** *bijw* infinitely, without end; ~ *lang* [talking, waiting] interminably

einde'loosheid *v* (-heden) endlessness, infinity

'**einder** *m* (-s) horizon

'**eindexamen** *o* (-s) final examination, (school) leaving examination

'**eindexamenkandidaat** *m* (-daten) Br sixthformer; Am senior

'**eindexamenklas** *v* (-sen) Br sixth form; Am senior class

'**eindfase** *v* (-n en -s) final stage

'**eindgebruiker** *m* (-s) end-user

'**eindig** *bn* finite

'**eindigen** (eindigde, geëindigd) **I** (is) *onoverg* end, finish, terminate, conclude; ~ *in* end in; ~ *met het geloven dat...* end in believing that...; ~ *met te zeggen* end with (by) saying that...; ~ *op een k* end in a k; **II** (h.) *overg* end, finish, conclude, terminate

'**eindigheid** *v* finiteness

'**eindje** *o* (-s) end, bit, piece; ⟨afstand⟩ *een klein* ~ a short distance, a short way; *een* ~ *verder* a little (way) further; *een* ~ *sigaar* a cigar-end, a cigar-stub; *ga je een* ~ *mee?* will you accompany me (are you coming) part of the way?; *de* ~*s aan elkaar knopen* make (both) ends meet

'**eindklassement** *o* (-en) final classification

'**eindletter** *v* (-s) final letter

'**eindoverwinning** *v* (-en) final victory

'**eindproduct** *o* (-en) finished product, end-product

'**eindpunt** *o* (-en) **1** ⟨in 't alg.⟩ terminal point, end; **2** [bus, tramway, railway] terminus

'**eindrangschikking** *v* (-en) overall standings

'**eindredacteur** *m* (-s, -en) ± editor-in-chief, senior editor

'**eindredactie** *v* (-s) **1** (v. tekst) final editing; **2** ⟨afdeling⟩ editorial board

'**eindresultaat** *o* (-taten) (end, final) result, upshot

'**eindrijm** *o* (-en) final rhyme

'**eindronde** *v* (-n, -s) last round, final round; *zich voor de* ~ *kwalificeren* qualify for the final round (the finals)

'**eindsignaal** *o* (-nalen) final whistle; *het* ~ *geven* blow the final whistle

'**eindspel** *o* (-spelen) end game [at chess]

'**eindsprint**, '**eindspurt** *m* (-en en -s) fial sprint

'**eindstand** *m* (-en) final score

'**eindstation** *o* (-s) terminal station, terminus

'**eindstreep** *v* (-strepen) finish(ing) line, finish

'**eindstrijd** *m* sp finals, final fight, final struggle, final contest

'**einduitslag** *m* (-slagen) (end, final) result

'**eindverantwoordelijkheid** *v* final responsibility

'**eindversterker** *m* (-s) output amplifier

'**eindwedstrijd** *m* (-en) final match, final

'**einzelgänger** *m* (-s) loner, lone wolf

'**eirond** *bn* egg-shaped, egg-like, oval

eis *m* (-en) demand, requirement, claim; petition [for a divorce]; *de gestelde* ~*en* the requirements; ~ *tot schadevergoeding* claim for damages; *de* ~*en voor het toelatingsexamen* the requirements of the entrance examination; *iems.* ~ *afwijzen* recht find against sbd.; *een* ~ *instellen* recht institute proceedings; *een* ~ *inwilligen* meet a claim; *hogere* ~*en stellen* make higher demands (aan on); *hem de* ~ *toewijzen* recht give judgement in his favour; *aan de gestelde* ~*en voldoen* come up to (meet) the requirements; *naar de* ~ as required, properly

'**eisen** (eiste, h. geëist) *overg* demand, require, claim

'**eiser** *m* (-s), **eise'res** *v* (-sen) **1** ⟨in 't alg.⟩ claimant; **2** recht plaintiff, prosecutor, prosecutrix

'**eisprong** *m* ovulation

'**eivol** *bn* crammed, chock-full

'**eivormig** *bn* = eirond

'**eiwit** *o* (-ten) **1** (v. ei) white of egg, glair, albumen; **2** chem protein

'**eiwithoudend** *bn* albuminous

'**eiwitstof** *v* (-fen) albumen, protein
ejacu'latie *m* (-s) ejaculation
ejacu'leren (ejaculeerde, h. geëjaculeerd) *onoverg*
ejaculate
e.k. *afk.* = *eerstkomend*
'**ekster** *v* (-s) magpie
'**eksteroog** *o* (-ogen) corn [on toe]
el *v* (-len) 〈oude lengtemaat van 69 cm〉 ell; bijbel
cubit; *Engelse* ~ [91 cm] yard
e'lan *o* élan, dash, impetuousness
'**eland** *m* (-en) elk
elastici'teit *v* elasticity, springiness
elas'tiek *o* (-en) elastic
elas'tieken *bn* elastic
elas'tiekje *o* (-s) **1** 〈in 't alg.〉 (piece of) elastic;
2 〈ringvormig〉 rubber ring; **3** 〈breed〉 rubber band
e'lastisch *bn* elastic, springy
'**Elbroes** *m* Elbrus
'**elders** *bijw* elsewhere; *naar* ~ *(vertrekken)* (move)
somewhere else; *overal* ~ everywhere (anywhere)
else
eldo'rado *o* ('s) El Dorado
electo'raal *bn* electoral
electo'raat *o* (-raten) electorate
ele'gant *bn* elegant, stylish
ele'gantie *v* elegance
ele'gie *v* (-gieën) elegy
e'legisch *bn* elegiac
e'lektra *o* gemeenz electricity; electric appliancies
elektri'cien *m* (-s) electrician
elektrici'teit *v* electricity
elektrici'teitsbedrijf *o* (-drijven) electricity company
elektrici'teitscentrale *v* (-s) power station
elektrici'teitsnet *o* (-ten) electricity grid
elektrici'teitsvoorziening *v* (-en) electricity supply
elektrifi'catie *v* electrification
elektrifi'ceren (elektrificeerde, h. geëlektrificeerd)
overg electrify
e'lektrisch *bn* electric
elektri'seren (elektriseerde, h. geëlektriseerd) *overg*
electrify
e'lektrocardiogram *o* (-men) electrocardiogram
elektrocu'teren (elektrocuteerde, h. geëlektrocu-
teerd) *overg* electrocute
elektro'cutie *v* electrocution
elek'trode *v* (-n en -s) electrode
elektro-encefalo'gram *o* (-men) electroencepha-
logram
elektro'lyse *v* electrolysis
e'lektromagneet *m* (-neten) electromagnet
elektromag'netisch *bn* electro-magnetic
e'lektromonteur *m* (-s) electrician
e'lektromotor *m* (-s en -toren) electric motor, elec-
tromotor
e'lektron *o* (-'tronen) electron
elek'tronenbuis *v* (-buizen) valve

elek'tronenflitser *m* (-s) electronic flash
elek'tronenmicroscoop *m* (-scopen) electron microscope
elek'tronica *v* electronics
elek'tronisch *bn* electronic; ~*e snelweg* electronic
highway
elektro'scoop *m* (-scopen) electroscope
e'lektroshock *m* (-s) electro-shock
elektro'technicus *m* (-ci) electrical engineer
e'lektrotechniek *v* electrical engineering
elektro'technisch *bn* electrical; ~ *ingenieur* electrical engineer
ele'ment *o* (-en) **1** element[2]; **2** elektr cell; *in zijn* ~
zijn be in one's element
elemen'tair *bn* elementary
1 elf *v* (-en) 〈natuurgeest〉 elf
2 elf *telw* eleven
'**elfde** *telw* eleventh (part)
elfen'dertigst *telw*: *op zijn* ~ at a snail's pace
'**elftal** *o* (-len) **1** 〈in 't alg.〉 (number of) eleven; **2** sp
eleven, team, side
elf'uurtje *o* (-s) elevenses
elimi'natie *v* (-s) elimination
elimi'neren (elimineerde, h. geëlimineerd) *overg*
eliminate
E'lisabeth *v* Elizabeth
eli'tair *bn* elite(-conscious)
e'lite *v* élite, pick, flower (of society)
e'lixer, e'lixir *o* (-s) elixir
elk *onbep vnw* every, each, any
el'kaar, el'kander *wederk vnw* each other, one another; *achter* ~ **1** one after the other, in succession;
2 at a stretch; *uren achter* ~ for hours (together), for
hours on end; *achter* ~ *lopen* file, walk in single (Indian) file; *bij* ~ *is het [200 gld.]* together; *bij* ~ *pakken (rapen &)* gather up; *door* ~ *gebruiken* use indifferently; *door* ~ *gebruikt kunnende worden* be interchangeable; *door* ~ *raken* get (become) mixed up;
door ~ *roeren* mix; *door* ~ *(genomen)* on an (the) average, by (in) the lot; *door* ~ *liggen* lie in a heap,
mixed up, pell-mell; *in* ~ *vallen (storten)* collapse,
fall to pieces; *in* ~ *zakken* collapse, sag; *in* ~ *zetten*
put together, techn assemble; *goed in* ~ *zitten* be
well-made, well-planned, well-organized, well set-
up; *met* ~ together; *na* ~ the one after the other;
after each other; naast ~ side by side; [four, five,
six] abreast; *onder* ~ zie: *onder I*; *op* ~ one on top of
the other; *met de benen over* ~ (with) legs crossed;
uit ~ *houden* tell apart; *uit* ~ *vallen* fall to pieces; zie
ook: uiteen; *van* ~ *gaan* separate; fig drift apart; *voor*
~ *willen ze het niet weten* they (are)..., but they
won't let it appear; *'t is voor* ~ it's settled; *het voor*
~ *krijgen* manage (it)
'**elkeen** *onbep vnw* every man, everyone, everybody
'**elleboog** *m* (-bogen) elbow; *het (ze) achter de* ~
(ellebogen) hebben be a slyboots; *de ellebogen vrij hebben* have elbow-room; *zijn ellebogen steken erdoor* he
is out at elbows

el'lende *v* misery, miseries, wretchedness
el'lendeling *m* (-en) wretch, miscreant
el'lendig *bn* miserable, wretched [feeling, weather]; *zich ~ voelen* feel low, feel miserable
'ellenlang *bn* **1** eig many yards long; **2** fig long-drawn
'ellepijp *v* (-en) ulna
el'lips *v* (-en) **1** ellipsis [of word]; **2** ellipse [oval]
el'liptisch *bn* elliptic(al)
el'pee *m* (-s) LP (long-playing record)
1 els *v* (elzen) [shoemaker's] awl, bradawl
2 els *m* (elzen) plantk alder
El Salva'dor *o* (El) Salvador
'Elzas *m*: *de ~* Alsace
'Elzas-'Lotharingen *o* Alsace-Lorraine
'Elzasser *m* (-s) Alsatian
El'zassisch *m* (-s) & *bn* Alsatian
'elzen *bn* alder
'elzenboom *m* (-bomen) alder-tree
'elzenhout *o* alder-wood
'elzenkatje *o* (-s) alder-catkin
e'mail *o* enamel
email'leren (emailleerde, h. geëmailleerd) *overg* enamel
email'leur *m* (-s) enameller
emanci'patie *v* (-s) emancipation, liberation
emanci'patiebeweging *v* (-en) emancipation movement, liberation movement
emancipa'toir, emancipa'torisch *bn* emancipatory
emanci'peren (emancipeerde, h. geëmancipeerd) *overg* emancipate, liberate
embal'lage *v* packing
embal'leren (emballeerde, h. geëmballeerd) *overg* pack (up)
embal'leur *m* (-s) packer
em'bargo *o* embargo; *onder ~ leggen* lay an embargo on, embargo
em'bleem *o* (-blemen) emblem
embo'lie *v* embolism
'embryo *o* ('s) embryo
embryolo'gie *v* embryology
embryo'loog *m* (-logen) embryologist
embryo'naal *bn* embryonic
emeri'taat *o* superannuation [of professors and clergymen]; *met ~ gaan* retire
e'meritus *bn* emeritus, retired
em'fatisch *bn* emphatic
emfy'seem *o* emphysema
emi'grant *m* (-en) emigrant
emi'gratie *v* (-s) emigration
emi'greren (emigreerde, is geëmigreerd) *onoverg* emigrate
emi'nent *bn* eminent
emi'nentie *v* (-s) eminence
'emir *m* (-s) emir, ameer
emi'raat *o* (-raten) emirate
e'missie *v* (-s) issue [of shares]

'emmentaler *m* ⟨soort kaas⟩ Emmental
'emmer *m* (-s) pail, bucket
'emmeren (emmerde, h. geëmmerd) *onoverg* gemeenz whine, bore, bother
'emoe *m* (-s) emu
emolu'menten *mv* emoluments, perquisites, fringe benefits
e'motie *v* (-s) emotion
emotionali'teit *v* emotionality
emotio'neel *bn* emotional, affective
empa'thie *v* empathy
em'pirisch *bn* empiric(al)
emplace'ment *o* (-en) **1** emplacement [of gun]; **2** ⟨spoorwegen⟩ railway-yard
em'plooi *o* **1** ⟨werkkring⟩ employ, employment; **2** ⟨gebruik⟩ employment; **3** theat part, rôle
emplo'yé *m* (-s) employee
EMS *o Europees Monetair Stelsel* EMS, European Monetary System
EMU *v Europese Monetaire Unie* EMU, European Monetary Union
emul'geren (emulgeerde, h. geëmulgeerd) *overg* emulsify
e'mulsie *v* (-s) emulsion
en *voegw* and; *en..., en...* both... and...; *... ~ zo* and such, and the like, and all that
en 'bloc *bijw* **1** ⟨in 't alg.⟩ en bloc; lock, stock and barrel; **2** [tender their resignation] in a body; **3** [reject proposals] in their entirety
enca'dreren (encadreerde, h. geëncadreerd) *overg* **1** ⟨omlijsten⟩ frame; **2** mil officer [a battalion]; enroll [recruits]
encanail'leren (encanailleerde, h. geëncanailleerd) *wederk: zich ~* keep low company, cheapen oneself
en'clave *v* (-s) enclave
en 'corps *bijw* in a body
ency'cliek *v* (-en) encyclical (letter)
encyclope'die *v* (-dieën) encyclop(a)edia
encyclo'pedisch *bn* encyclop(a)edic
end *o* (-en) = *eind*
'endeldarm *m* (-en) rectum
en'demisch *bn* endemic
endo'crien *bn* endocrine [gland]
endocrino'loog *m* (-logen) endocrinologist
endo'geen *bn* endogenous, endogenetic
endos'sant *m* (-en) endorser
endosse'ment *o* (-en) endorsement
endos'seren (endosseerde, h. geëndosseerd) *overg* endorse
'enenmale: *ten ~* entirely, wholly, utterly, totally, completely, absolutely
ener'gie *v* (-gieën) **1** ⟨in 't alg.⟩ energy; **2** power [from coal, water]
ener'giebedrijf *o* (-drijven) electricity company, power company
ener'giebesparing *v* energy saving
ener'giebron *v* (-nen) source of power, power source

ener'giek *bn* energetic

ener'gieverbruik *o* energy consumption, energy use, power consumption

ener'gievoorziening *v* (-en) power supply

'enerlei *bn* of the same kind; zie ook: *eender*

ener'veren (enerveerde, h. geënerveerd) *overg* agitate, fluster, enervate

'enerzijds *bijw* on the one side

en 'face *bijw* full face [portrait]

enfant ter'rible *o* enfant terrible

en'fin *tsw* in short...; ~! well, ...; *maar* ~ anyhow, anyway, but there,...

eng *bn* **1** ⟨nauw⟩ narrow [passage, street &]; tight, [coat &]; **2** ⟨akelig⟩ creepy, eerie, weird, uncanny

engage'ment *o* **1** ⟨verloving⟩ engagement, betrothal; **2** *pol* commitment

enga'geren (engageerde, h. geëngageerd) **I** *overg* ⟨in dienst nemen⟩ engage; **II** *wederk*: *zich* ~ become engaged (*met* to); zie ook: *geëngageerd*

'engel *m* (-en) angel[2]; *mijn reddende* ~ my saviour

'engelachtig *bn* angelic

'engelachtigheid *v* angelic nature

'Engeland *o* England; *plechtig* Albion

'engelbewaarder *m* (-s) guardian angel

'engelenbak *m* (-ken) gallery

'engelengeduld *o* angelic patience

'engelenhaar *o* angel hair [for Christmas tree]

'engelenkoor *o* (koren) angelic choir, angel choir

'engelenschaar *v* (-scharen) host of angels

'engelenzang *m* hymn of angels

'Engels I *bn* English [in samenst.] Anglo[-Dutch trade]; *de* ~*e Kerk* the Anglican Church; the Church of England; ~*e pleister* court-plaster; ~*e sleutel* techn monkey-wrench; ~*e ziekte* rachitis, rickets; *lijdend aan* ~*e ziekte* rickety; ~ *zout* Epsom salt(s); **II** *o*: *het* ~ English; **III** *v*: *een* ~*e an* Englishwoman; *zij is een* ~*e* ook: she is English; **IV** *mv*: *de* ~*en* the English

Engelsge'zind *bn* Anglophile

'Engelsman *m* (Engelsen) Englishman

'Engelstalig *bn* **1** English-speaking [countries, South Africans]; **2** English-language [churches, press]

'engeltje *o* (-s) (little) angel, cherub

'engerd *m* (-s) horrible fellow, gemeenz creep

'engerling *m* (-en) grub of the cockchafer

eng'hartig *bn* narrow-minded

'engheid *v* narrowness, tightness

en 'gros *bijw* handel wholesale

'engte *v* (-n en -s) **1** ⟨nauwe doorgang⟩ strait[2]; defile, narrow passage; **2** ('t eng zijn) narrowness '

'enig I *bn* sole [heir], single [instance], only [child], unique [specimen]; *een* ~*e vent* a smashing fellow; *dat (vaasje) is* ~! that is something unique; *dat (die) is* ~ that's a good one, that is capital!; *het was* ~! it was marvellous, delightful!; *het is* ~ *in zijn soort* it is (of its kind) unique; *de* ~*e...* ook: the one and only...; *de* ~ *die...* the one man who..., the only one

to...; *het* ~*e dat hij zei* the only thing he said; **II** *vnw* some, any; ~*en hunner* some of them; **III** *bijw*: ~ *en alleen omdat...* uniquely because...

'enigerlei *bn* any, of some sort

'enigermate *bijw* in a measure, in some degree

'eniggeboren *bn* only-begotten

'enigszins *bijw* somewhat, a little, slightly, rather; *als u ook maar* ~ *moe bent* if you are tired at all; *indien* ~ *mogelijk* if at all possible; *zo gauw ik maar* ~ *kan* as soon as I possibly can; *alle* ~ *belangrijke mensen* all people of any importance

1 'enkel *m* (-s) ankle; *tot aan de* ~*s* up to the ankles, ankle-deep

2 'enkel I *bn* single; ~*e reis* ⟨vervoerskaartje⟩ single, single ticket, Am one-way ticket; *geen* ~*e kans* not a single chance; *een* ~*e keer* once in a while, occasionally; *een* ~*e vergissing* an occasional mistake; *een* ~ *woord* just a word, a word or two; ~*e boeken* ⟨uren &⟩ a few books (hours &); zie ook: *keer* &; **II** *bijw* only, merely

'enkelband *m* (-en) anat ankle ligament

'enkeling *m* (-en) individual

'enkelspel *o* (-spelen) sp single ⟨at tennis⟩; *dames-(heren)*~ ladies' (men's) singles

'enkelspoor *o* (-sporen) single track

'enkeltje *o* (-s) ⟨enkele reis⟩ single ticket, Am one-way ticket [to Amsterdam]

'enkelvoud *o* (-en) singular (number)

enkel'voudig *bn* **1** singular ⟨number⟩; **2** simple ⟨tenses⟩

e'norm *bn* enormous, huge, immense, tremendous

enormi'teit *v* (-en) enormity; ~*en verkondigen* make shocking remarks, say the most awful things

en pas'sant *bijw* by the way, in passing

en 'plein public *bijw* in public, publicly

en pro'fil *bijw* in profile

en'quête *v* (-s) **1** ⟨door het parlement⟩ inquiry, investigation; **2** ⟨ondervraging van groot aantal personen⟩ poll, survey; *onder automobilisten een* ~ *houden naar alcoholgebruik* survey the alcohol consumption of drivers

en'quêtecommissie *v* (-s) ⟨van het parlement⟩ investigative committee, fact-finding committee

enquêteren (enquêteerde, h. geënquêteerd) *onoverg* ⟨een groot aantal mensen ondervragen⟩ poll, survey

enquê'teur *m* (-s) poll-taker

ensce'neren (ensceneerde, h. geënsceneerd) *overg* stage

ensce'nering *v* (-en) **1** ⟨abstract⟩ staging[2]; **2** ⟨concreet⟩ setting

en'semble *o* (-s) ensemble, [theatrical] company

ent *v* (-en) graft (on, into)

enta'meren (entameerde, h. geëntameerd) *overg* **1** enter upon, broach [a subject]; **2** start on, begin, address oneself to [a task]

'enten (entte, h. geënt) *overg* graft [upon]

'enteren (enterde, h. geënterd) *overg* board

'enterhaak *m* (-haken) grappling-iron

enter'tainen (entertainde, h. geëntertaind) *overg* entertain

enter'tainer *m* (-s) entertainer

enthousi'asme *o* enthusiasm, warmth

enthousi'ast I *m* (-en) enthusiast; **II** *bn* enthusiastic

'enting *v* (-en) grafting

enti'teit *v* (-en) entity

'entmes *o* (-sen) grafting knife

entou'rage *v* (-s) entourage, surroundings, environment

entr'acte *v* (-s en -n) entr'acte, interval, interlude

entre'côte *v* (-s) entrecôte, Am prime rib

entre-'deux *o & m* [lace] insertion

en'tree *v* (-s) **1** ⟨toelating⟩ entrance, admittance, admission; **2** ⟨binnentreden⟩ entrance, [ceremonial] entry; **3** ⟨plaats⟩ entrance, (entrance-)hall; **4** ⟨toelatingsprijs⟩ entrance-fee [of a club], admission [of a theatre], sp gate-money [received at football match]; **5** ⟨schotel⟩ entrée; ~ *betalen* pay for admission; *zijn* ~ at a charge; *vrij* ~ admission free

en'treebiljet *o* (-ten), **en'treekaartje** *o* (-s) (admission) ticket

en'treegeld *o* (-en) **1** ⟨in 't alg.⟩ door-money, admission; **2** ⟨als lid⟩ admission fee

entre'pot *o* (-s) bonded warehouse; *in* ~ *opslaan* bond [goods]

entre'sol *m* (-s) mezzanine (floor)

entro'pie *v* entropy

'entstof *v* (-fen) vaccine, serum

enve'lop, enve'loppe *v* (-loppen) envelope

enve'loptas *v* (-sen) clutch bag

enz. *afk.*, **enzo'voort(s), 'enzovoort(s)** etc., and so on

en'zym *o* (-en) enzyme

'eolusharp *v* (-en) Aeolian harp

epau'let *v* (-ten) mil epaulet(te)

epi'centrum *o* (-tra en -trums) epicentre

epicu'rist *m* (-en) epicure, epicurean

epicu'ristisch *bn* epicurean

epide'mie *v* (-mieën) epidemic

epi'demisch *bn* epidemic(al)

e'piek *v* epic poetry

epi'goon *m* (-gonen) epigone

epi'gram *o* (-men) epigram

epilep'sie *v* epilepsy

epi'lepticus *m* (-ci) epileptic

epi'leptisch *bn* epileptic

epi'leren (epileerde, h. geëpileerd) *overg* depilate

epi'loog *m* (-logen) epilogue

'episch *bn* epic

episco'paal *bn* episcopal, *de episcopalen* the episcopalians

episco'paat *o* episcopacy

epi'sode *v* (-n en -s) episode; *korte* ~ incident

e'pistel *o & m* (-s) epistle

epistemolo'gie *v* epistemology

e'pitheton *o* (-s) epithet; ~ *ornans* (Homeric) epithet

'epos *o* (epen en epossen) **1** ⟨in 't alg.⟩ epic, epic poem, epopee; **2** ⟨primitief, niet op schrift⟩ epos

e'quator *m* equator

equatori'aal *bn* equatorial; *Equatoriaal Guinee* Equatorial Guinea

equi'page *v* (-s) **1** scheepv crew; **2** ⟨uitrusting⟩ equipage; **3** ⟨rijtuig⟩ carriage

e'quipe *v* (-s) sp team, side

equipe'ment *o* (-en) mil equipment

equiva'lent *o* (-en) equivalent

er *bijw & vnw* there; ~ *zijn* ~ *die nooit...* there are people who never...; *hoeveel heb je* ~ how many have you (got)?; *ik heb* ~ *nog twee* I have (still) two left; *ik ken* ~ *zo* I know some like that; *wat is* ~? what's the matter?; what is it?; *is* ~ *iets?* what's wrong?, is anything the matter?; *ik ben* ~ *nog niet geweest* I have not been there yet; *we zijn* ~ here we are; ~ *komt niemand* nobody comes; *er gebeurt nooit iets* nothing ever happens; zie ook: *worden &*

'era *v* ('s) era

er'aan *bijw* ⟨vastzittend aan⟩ on (it), attached (to it); *een kapstok met jassen* ~ a hatrack with coats (hanging) on it; *ik kom* ~ I'm coming, I'm on my way; *hoe kom je* ~? how did you get (hold of) that?; *wat heb je* ~? what good does it do you?; *hij gaat* ~ ⟨gaat sterven⟩ he has had it, his time is up; *het record gaat* ~ the record is going to be broken

er'achter *bijw* behind (it); ~ *komen* ⟨ontdekken⟩ find out; ⟨beseffen⟩ realize; ~ *zijn* have got it

er'barmelijk *bn* pitiful, pitiable, miserable, wretched, lamentable

er'barmen (erbarmde, h. erbarmd) *wederk: zich* ~ *over* have pity (mercy) on

er'barming *v* pity, compassion

er'bij *bijw* ⟨behorend bij⟩ with (it), included (with it); *een encyclopedie met een atlas* ~ an encyclopedia with an atlas, including an atlas; *zij is* ~ ⟨aanwezig⟩ she is present, she is there; *hij is er niet bij* ⟨zonder aandacht⟩ he is not listening (to what I say); he is not paying attention (to his work); *je bent* ~! ⟨betrapt⟩ now you're in for it!, now you're going to get it!, now I've got you!; *zonder mij was je* ~ *geweest* without me you'd be caught, you'd be a goner; *hij kan er niet bij* **1** ⟨niet kunnen pakken⟩ he can't reach it; **2** ⟨niet begrijpen⟩ he doesn't get it; *ik blijf* ~ *dat...* I (still) maintain that...; *hoe kom je* ~? the idea!; how on earth did you come up with that?; *hoort dat* ~? is that part of it?; does that belong to it?

er'boven *bijw* ⟨boven het genoemde⟩ above, over (it); *een winkel met een woning* ~ a shop with living quaters upstairs, with living quarters above it; *die kritiek hindert hem niet, hij staat* ~ the criticism doesn't bother him, he's above all that; *haar naam staat* ~ her name is at the top

er'door *bijw* ⟨door het genoemde heen⟩ through

(it); *hij zette zijn bril op en bekeek ons* ~ he put on his glasses and he looked at us through them; *zij is* ~ 〈geslaagd〉 she passed, she made it; *de wet is* ~ the law passed, the law made it through [Parliament]

'**ere** *v* = ²*eer*

'**ereambt** *o* (-en), '**erebaantje** *o* (-s) honorary post (office)

'**ereblijk** *o* (-en) mark of respect, tribute

'**ereboog** *m* (-bogen) triumphal arch

'**ereburger** *m* (-s) freeman

'**ereburgerschap** *o* freedom [of a city]

'**erecode** *m* (-s) code of honour

e'**rectie** *v* (-s) erection

'**eredienst** *m* (-en) (public) worship

'**erediploma** *o* ('s) award of honour

'**eredivisie** *v* (-s) sp first division [in league football]

'**eredoctoraat** *o* (-raten) honorary degree, honorary doctorate

'**eregast** *m* (-en) guest of honour

'**erekroon** *v* (-kronen) crown of honour

'**erekruis** *o* (-en) cross of merit

'**erelid** *o* (-leden) honorary member

'**erelijst** *v* (-en) honour roll

'**ereloon** *o* (-lonen) ZN honorarium

'**eremedaille** *v* (-s) medal of honour

'**eremetaal** *o* medal of honour

ere'**miet** *m* (-en) = *heremiet*

'**eren** (eerde, h. geëerd) *overg* honour, revere

'**erepalm** *m* (-en) palm of honour

'**ereplaats** *v* (-en) place of honour

'**erepodium** *o* (-s en -dia) victory platform, podium

'**erepoort** *v* (-en) triumphal arch

'**ereprijs** *m* (-prijzen) **1** 〈prijs〉 prize; **2** plantk speedwell, veronica

'**ereronde** *v* (-n en -s) sp lap of honour

'**ereschuld** *v* (-en) debt of honour²

'**ereteken** *o* (-en en -s) mark (badge) of honour

'**eretitel** *m* (-s) title of honour, honorary title

'**eretribune** *v* (-s) ± grandstand; seats for honoured guests

'**erevoorzitter** *m* (-s) honorary president

'**erevoorzitterschap** *o* (-pen) honorary presidency

'**erewacht** *v* (-en) guard of honour

'**erewoord** *o* (-en) **1** word of honour; **2** recht parole; *op mijn* ~ upon my word; *op zijn* ~ *vrijlaten* recht liberate on parole

erf *o* (erven) **1** 〈grond〉 grounds; premises; **2** 〈v. boerderij〉 (farm)yard

'**erfdeel** *o* (-delen) portion, heritage; *vaderlijk* ~ patrimony

'**erfdochter** *v* (-s) heiress

'**erfelijk** *bn* **1** 〈v. goederen〉 hereditary; **2** biol hereditary; **3** med congenital; ~*e eigenschappen* hereditary characteristics, hereditary properties; ~ *belast zijn* have [a disease] run in the family, be a victim of heredity; carry a certain gene

'**erfelijkheid** *v* heredity

'**erfelijkheidsleer** *v* genetics

'**erfenis** *v* (-sen) inheritance, heritage, legacy [of the past, of the war]

'**erfgenaam** *m* (-namen) heir

'**erfgename** *v* (-n) heiress

'**erfgerechtigd** *bn* heritable

'**erfgoed** *o* (-eren) inheritance, estate; *vaderlijk* ~ patrimony

'**erflaatster** *v* (-s) testatrix

'**erfland** *o* (-en) patrimonial land

'**erflater** *m* (-s) testator

'**erflating** *v* (-en) bequest; legacy

'**erfopvolging** *v* (-en) succession

'**erfpacht** *v* (-en) **1** 〈de verbintenis〉 hereditary tenure, long lease; **2** 〈het geld〉 groundrent; *in* ~ on long lease

'**erfpachter** *m* (-s) long-lease tenant

'**erfprins** *m* (-en) hereditary prince

'**erfrecht** *o* **1** law of inheritance (succession); **2** right of inheritance (succession)

'**erfschuld** *v* (-en) debt(s) payable by the heirs

'**erfstuk** *o* (-ken) heirloom

'**erfvijand** *m* (-en) sworn (traditional, hereditary) enemy

'**erfzonde** *v* original sin

erg I *bn* bad, ill, evil; *het is* ~ it is (very) bad; **II** *bijw* badly; versterkend badly, very, very much, sorely [needed], severely [felt]; *ik heb het* ~ *nodig* I need it very badly; *vind je het* ~ ...? do you mind ...?; zie ook: *erger, ergst*; **III** *o*: *voor ik er* ~ *in had* before I was aware of it, before I knew where I was; *hij had er geen* ~ *in* he was not aware of any harm (of it); *(hij deed het) zonder* ~ quite unintentionally

'**ergens** *bijw* somewhere; *zo* ~ if anywhere; ~ *vind ik* gemeenz I think somehow; ~ *herinnert het aan...* it is somehow reminiscent of...

'**erger** *bn* worse; *al* ~ worse and worse; ~ *worden* grow worse; *om* ~ *te voorkomen* to prevent worse following

'**ergeren** (ergerde, h. geërgerd) **I** *overg* **1** 〈irriteren〉 annoy, irritate, gemeenz peeve; **2** 〈aanstoot geven〉 scandalize; bijbel offend; *het ergert mij* it annoys (vexes) me; *anderen* ~ make a nuisance of oneself; **II** *wederk: zich* ~ take offence [at sth.], be indignant [with sbd.]

'**ergerlijk** *bn* **1** 〈irritant〉 annoying, irritating, provoking, irksome, vexatious, aggravating; **2** 〈aanstootgevend〉 offensive, shocking, scandalous

'**ergernis** *v* (-sen) **1** 〈irritatie〉 annoyance, nuisance, irritation, aggravation, vexation; 〈sterker〉 anger; **2** 〈aanstoot〉 umbrage, offence, scandal; *tot mijn grote* ~ to my great annoyance

'**ergo** *bijw* ergo, therefore, consequently

ergono'mie *v* ergonomics

'**ergotherapeut** *m* (-en) ergotherapist

'**ergotherapie** *v* ergotherapy

ergst *bn* worst; *op het* ~*e voorbereid* prepared for the worst; *op zijn* ~ at (the) worst, at its worst; zie ook:

geval

er'heen *bijw*: ~ *gaan* go there; *op de weg* ~ on the way there

'erica *v* ('s) 〈plant〉 heath

'Eriemeer *o* Lake Erie

er'in *bijw* 〈in het genoemde〉 in, into (it); *een doos met een taart* ~ a box with a cake inside (in it); ~ *blijven* 〈van het lachen〉 die laughing; ~ *lopen* 〈gefopt worden〉 walk right into sth.; *iem.* ~ *laten lopen* set sbd. up; *iem.* ~ *luizen* take sbd. for a ride; *staat het* ~*?* is it in there?

Eri'trea *o* Eritrea

Eri'treeër *m* (-s) Eritrean

Eri'trees *bn* Eritrean

er'kennen (erkende, h. erkend) *overg* **1** recht acknowledge [to be...], recognize [a government]; **2** 〈toegeven〉 admit, own, confess, avow; *een erkende handelaar* a recognized dealer; *een erkende instelling* ook: an approved institution

er'kenning *v* (-en) **1** acknowledg(e)ment, recognition [of a government]; **2** admission [of a fact]

er'kentelijk *bn* thankful, grateful

er'kentelijkheid *v* thankfulness, gratitude

er'kentenis *v* = erkenning & erkentelijkheid

'erker *m* (-s) **1** 〈vierkant〉 bay-window; **2** 〈rond〉 bow-window; **3** 〈aan bovenverdieping〉 oriel window

er'mee *bijw* 〈met het genoemde〉 with (it); *hij heeft een potlood gekocht en tekent* ~ he bought a pencil and is using it to draw (and is drawing with it); *dat kan* ~ *door* that will do, that will be fine; *mij kan het niet schelen, je hebt vooral jezelf* ~ I don't care, you're the one that has to deal with it

er'na *bijw* 〈na het genoemde〉 after (it), afterwards; *de week erna* the week after, the following week

er'naar *bijw* 〈naar het genoemde〉 to, towards, at (it); *duizenden mensen keken* ~ thousands of people looked at it; *het* ~ *maken* 〈uitdagen〉 ask for it

er'naast *bijw* 〈naast het genoemde〉 beside, next to, adjoining (it); *een hoekhuis met een garage* ~ a corner house with an adjoining garage; ~ *zitten* 〈abuis zijn〉 be wrong, be way off, be off target

ernst *m* earnestness, earnest, seriousness, gravity [of the situation]; *is het u* ~*?* are you serious?; *het wordt nu* ~ things are getting serious now; *in* ~ in earnest, earnestly, seriously; *in alle (volle)* ~ in good (full, sober) earnest

'ernstig I *bn* **1** earnest [wish, word]; **2** serious [look, matter, rival, wound &]; **3** grave [concern, fault, symptom]; **4** serious-minded [persons]; **5** pensive [look]; **6** solemn [child, look]; **7** ZN 〈eerlijk〉 fair, honest; **8** ZN 〈degelijk〉 sound, solid; **9** ZN 〈bekwaam〉 capable, competent; **II** *bijw* earnestly &; badly [wounded]

ero'deren (erodeerde, h. geërodeerd) *overg* erode

ero'geen *bn* erogenous, ero(to)genic

er'om *bijw* 〈eromheen〉 around (it); *een tuin met een muur* ~ a garden with a wall around it, enclosed by

a wall); *het* ~ *doen* do it on purpose; *het hangt* ~ that depends, it could go either way

er'onder *bijw* 〈onder het genoemde〉 under, underneath (it); *de man zat op een bank en zijn hond lag* ~ the man sat on a bench and his dog lay under(neath) it; *iem.* ~ *houden* keep sbd. down; *iem.* ~ *krijgen* beat sbd.; ~ *lijden* suffer from it

er'op *bijw* 〈op het genoemde〉 on (it); *ijs met vruchtjes* ~ ice cream with fruit on it, topped with fruit; *de week* ~ the next (following) week; ~ *slaan* hit it; *haar naam staat* ~ it has her name on it; ~ *staan dat...* insist that...; *de vakantie zit* ~ that's it for our vacation; *met alles* ~ *en eraan* with the works, with all the frills; 〈m.b.t. een baby〉 it has everything it's supposed to; *het is* ~ *of eronder* sink or swim

e'rosie *v* erosion

ero'tiek *v* eroti(ci)sm

e'rotisch *bn* erotic

eroto'maan *m* (-manen) erotomaniac

erotoma'nie *v* erotomania

er'over *bijw* 〈over het genoemde heen〉 over, across (it); *een bed met een sprei* ~ a bed with a spread (over it, covering it); *zij spraken* ~ they talked about it; *wij zijn het* ~ *eens* we agree on that

er'rata *mv* errata

er'tegen *bijw* against it; ~ *kunnen* feel up to it, be able to cope with it (to stand it); *ik kan er niet meer tegen* I can't take it any more; ~ *zijn* be against it

er'toe *bijw* 〈tot het genoemde〉 to (it); *ook deze planten behoren* ~ these plants are also part of it; ~ *komen om...* get round to...; *iem.* ~ *brengen om...* get (persuade) sbd. to...; *wat doet het* ~*?* what does it matter?

erts *o* (-en) ore

'ertsader *v* (-s en -en) mineral vein, lode

'ertsboot *m & v* (-boten) ore carrier

er'tussen *bijw* 〈tussen het genoemde〉 (in) between (it); *twee sneeën brood met een plak kaas* ~ two slices of bread with a slice of cheese in between; *iem.* ~ *nemen* pull sbd.'s leg

eru'diet *bn* erudite

eru'ditie *v* erudition

er'uit *bijw* 〈uit het genoemde〉 from, out of (it); *het blik viel om en de olie stroomde* ~ the tin fell over and the oil poured out (of it); *vooruit,* ~*!* okay, get going!; *and now, out!*; ~ *komen* 〈oplossen〉 work it out; *het was moeilijk, maar ik ben* ~ it was hard, but I got it; ~ *liggen* 〈uitgeschakeld zijn〉 be eliminated; ~ *vliegen* 〈ontslagen worden〉 get the sack, get tossed out on one's ear

er'uitzien *onoverg*: *er goed (slecht) uitzien* look good (bad); ~ *als een prinses* look like a princess; *wat ziet het huis eruit!* the house looks like a mess!; *het ziet er goed (slecht) voor je uit* things are looking good (bad) for you

e'ruptie *v* (-s) eruption

er'van *bijw* 〈van het genoemde〉 from, out, out of (it); *er werd een pizza bezorgd en iedereen at* ~ we ordered a pizza and everyone ate some of it; ~ *houden om...* like to...; *dat komt* ~ that's what comes of that, that's what you get [when you do that]; *iem.* ~ *langs geven* let sbd. have it, give sbd. what-for; ~ *langs krijgen* get what-for, get raked over the coals; *het* ~ *nemen* live it up; *wat vind jij* ~? what do you think (of it, about that)? *mijn moeder weet* ~ my mother knows of it (about it)

•rvan'door *bijw*: ~ *gaan* bolt, take to one's heels, run away [also of a couple of lovers]; *de paarden gingen* ~ the horses bolted, ran away; *ik ga* ~ I'm off; *ik moet* ~ I must be off

‹ er'varen (ervaarde *of* ervoer, h. ervaren) *overg* **1** ⟨ondervinden⟩ experience; **2** ⟨gewaarworden⟩ perceive; **3** ⟨vernemen⟩ learn

2 er'varen *bn* experienced, expert, skilled, practised [in...]

er'varenheid *v* experience, skill

er'varing *v* (-en) experience; *uit eigen* ~ from one's own experience

er'varingswereld *v* (-en) world of (one's) experience

erve *v* (-n) = *erf*

‹ 'erven *mv* heirs; *de* ~ *Holley* Holley heirs

2 'erven (erfde, h. geërfd) **I** *overg* inherit; **II** *abs ww* come into money

er'voer (ervoeren) V.T. v. *ervaren*

er'voor *bijw* **1** ⟨zich bevindend voor het genoemde⟩ in front (of it); **2** ⟨voorafgaande aan het genoemde⟩ before (it); **3** ⟨ten behoeve van⟩ for it; *een kasteel met een vijver* ~ a castle with a pond in front; *dat was jaren* ~ that was years before that; *wat krijg ik* ~? what do I get for it?; how much is it worth? *iedereen was* ~ ⟨stemde in⟩ everyone was in favour of it, everyone was (all) for it; ~ *zorgen dat...* make sure that..., see to it that...

erwt *v* (-en) pea

'erwtensoep *v* (thick) pea-soup

1 es *v* (-sen) *muz* E flat

2 es *m* (-sen) ⟨boom⟩ ash, ash-tree

esca'latie *v* escalation

esca'leren (escaleerde, *onoverg* is, *overg* h. geëscaleerd) escalate

esca'pade *v* (-s) escapade, adventurous prank

esca'pisme *o* escapism

escargots *mv* escargots

eschatolo'gie *v* eschatology

es'corte *o* (-s) escort

escor'teren (escorteerde, h. geëscorteerd) *overg* escort

escu'laap *m* (-lapen) ⟨symbool⟩ Aesculapian staff, staff of Aesculapius

'esdoorn, 'esdoren *m* (-s) maple (tree)

es'kader *o* (-s) squadron

eska'dron *o* (-s) squadron

'Eskimo *m* ('s) Eskimo

eso'terisch *bn* esoteric

esp *m* (-en) aspen

espagno'let *v* (-ten) = *spanjolet*

'espen *bn* aspen

'espenblad *o* (-bladen, -bladeren) aspen leaf; *trillen als een* ~ shake (tremble) like a leaf

'espenboom *m* (-bomen) aspen

esperan'tist *m* (-en) Esperantist

Espe'ranto *o* Esperanto

espla'nade *v* (-s) esplanade

es'presso *m* ⟨koffie⟩ espresso, expresso

es'say *o* (-s) essay

'essen *bn* ash

es'sence *v* (-s) essence

'essenhout *o* ash-wood

'essenhouten *bn* ashen

es'sentie *v*: *de* ~ the substance, the inbeing

essenti'eel **I** *bn* essential; **II** *o*: *het essentiële* what is essential; the quintessence, gist [of the matter]

Est *m* (-en) Estonian

esta'fette *v* (-n en -s) ⟨wedstrijd⟩ relay

esta'fetteloop *m* (-lopen) *sp* relay race

esta'fetteploeg *v* (-en) relay team

'ester *m* (-s) ester

es'theet *m* (-theten) aesthete

es'thetica *v* aesthetics

es'thetisch *bn* aesthetic

'Estisch *o & bn* Estonian

'Estland *o* Esthonia

etablisse'ment *o* (-en) establishment

e'tage *v* (-s) floor, stor(e)y

eta'gère *v* (-s) whatnot, bracket

e'tagewoning *v* (-en) flat

eta'lage *v* (-s) **1** ⟨het raam, de ruimte⟩ shop-window, show-window; **2** ⟨het uitgestalde⟩ display; ~*s kijken* window-shop

eta'lagemateriaal *o* (-rialen) display material(s)

eta'lagepop *v* (-pen) ⟨window⟩ dummy

eta'leren (etaleerde, h. geëtaleerd) **I** *overg* display; **II** *abs ww* do the window-dressing; **III** *o* window-dressing

eta'leur *m* (-s) window-dresser

e'tappe *v* (-n en -s) **1** ⟨traject tussen twee punten⟩ stage, leg; **2** *sp* stage; **3** *mil* supply-depot; *in (korte)* ~*s* by (easy) stages; *in twee* ~*s* in two stages

e'tappedienst *m* (-en) *mil* supply service, rear service

e'tappeoverwinning *v* (-en) *sp* stage win, stage victory

e'tappewedstrijd *m* (-en) *sp* stage race

etc. *afk.* etcetera etc., &, and so on

'eten (at (aten), h. gegeten) **I** *overg* eat; *ik heb vandaag nog niets gegeten* I have had no food to-day; *wat* ~ *we vandaag?* what have we got for dinner to-day?, *gemeenz* what's for dinner to-day?; **II** *onoverg* **1** (in 't alg.) eat; **2** ⟨een maaltijd⟩ have dinner; *blijven* ~ stay for dinner; *je moet komen* ~ come and eat your dinner; *kom je bij ons* ~? will you come and dine with us?; **III** *o* food; *het* ~ *staat op tafel* dinner (supper) is on the table, is served, is ready;

hij laat er ~ en drinken voor staan it is meat and drink to him; *bij iem. ~* be dining with sbd.; *na het ~* after dinner; *onder het ~* during dinner; *iem. te ~ vragen* invite sbd. to dinner; *iem. uit ~ nemen* take sbd. out to dinner; *voor het ~* before dinner; *zonder ~ naar bed gaan* go to bed without supper

'etensbak *m* (-ken) **1** 〈voor hond, kat &〉 (food) bowl; **2** 〈trog〉 trough

'etenslucht *v* (-en) smell of food, smell of cooking

'etensresten *mv* leftovers

'etenstijd *m* (-en) dinner-time, meal-time

'etensuur *o* (-uren) dinner-hour

'etenswaar *v* (-waren) food, provisions

'etentje *o* (-s) dinner, small dinner party

'eter *m* (-s) eater

eter'niet *o* asbestos cement

'etgras, 'etgroen *o* after-grass, aftermath

'ether *m* (-s) **1** 〈vloeistof & lucht〉 ether; **2** RTV air; *door (in, uit) de ~* over (on, off) the air

e'therisch *bn* ethereal

'etherpiraat *m* (-raten) pirate station; pirate radio

'ethica, e'thiek, 'ethika *v* ethics

Ethi'opië *o* Ethiopia

Ethi'opiër *m* (-s) Ethiopian

Ethi'opisch *bn* Ethiopian

'ethisch *bn* ethical

etholo'gie *v* ethology

etho'logisch *bn* ethological

'ethos *o* ethos

e'thyl *o* ethyl

eti'ket *o* (-ten) label

etiket'teren (etiketteerde, h. geëtiketteerd) *overg* label

etiolo'gie *v* (a)etiology

eti'quette *v* etiquette

'etmaal *o* (-malen) (space of) 24 hours

'etnisch I *bn* ethnic(al); *~e minderheden* ethnic minorities; **II** *bijw* ethnically

etno'centrisch *bn* ethnocentric

etnocen'trisme *o* ethnocentricity, ethnocentrism

etno'graaf *m* (-grafen) ethnographer

etnogra'fie *v* ethnography

etno'grafisch *bn* ethnographic(ally)

etnolo'gie *v* ethnology

etno'logisch *bn* ethnological(ly)

etno'loog *m* (-logen) ethnologist

ets *v* (-en) etching

'etsen (etste, h. geëtst) *overg & onoverg* etch

'etser *m* (-s) etcher

'etskunst *v* (art of) etching

'etsnaald *v* (-en) etching-needle

'ettelijke *telw* a number of, some, several

'etter *m* **1** 〈pus〉 matter, pus, purulent discharge; **2** gemeenz 〈vervelend persoon〉 nuisance, rotter, pain in the neck, pain in the arse

'etterachtig *bn* purulent

'etterbak *m* (-ken) gemeenz pain in the neck, pain in the arse, horror

'etteren (etterde, h. geëtterd) *onoverg* fester, suppurate, ulcerate, run

'ettergezwel *o* (-len) abscess, gathering

'etterig *bn* purulent

'ettering *v* (-en) suppuration

e'tude *v* (-s) muz study

e'tui *o* (-s) case, etui, etwee

etymolo'gie *v* (-gieën) etymology

etymo'logisch *bn* etymological

etymo'loog *m* (-logen) etymologist

EU *v* Europese Unie EU (European Union)

euca'lyptus *m* (-sen) eucalyptus, eucalypt

eucharis'tie *v* RK Eucharist

eucharis'tieviering *v* (-en) celebration of the Eucharist

eucha'ristisch *bn* RK Eucharistic

eu'clidisch *bn*: *~e meetkunde* Eucledian geometry

eufe'misme *o* (-n) euphemism

eufe'mistisch *bn* euphemistic

eufo'nie *v* euphony

eu'fonisch *bn* euphonic

eufo'rie *v* euphoria

eu'forisch *bn* euphoric

'Eufraat *m* Euphrates

euge'netica *v* eugenetics

euge'netisch *bn* eugenetic

'eunuch *m* (-en) eunuch

Eur'azië *o* Eurasia

'eurocheque *m* (-s) Eurocheque

'Euromarkt *v* Common Market

Eu'ropa *o* Europe

Eu'ropacup *m* (-s) sp European Cup

'Europarlement *o* European Parliament

'Europarlementariër *m* (-s) member of the European Parliament, Euro-MP

Europe'aan *m* (-peanen) European

Euro'pees *bn* European

Eus'tachius *m*: *buis van ~* Eustachian tube

euthana'sie *v* euthanasia, mercy killing

eutha'naticum *o* (-ca) means of euthanasia

'euvel I *bijw*: *~ duiden* take amiss, take in bad part; *duid het mij niet ~* don't take it ill of me; **II** *bn*: *~e moed* insolence; **III** *o* (-en & -s) evil, fault

'euveldaad *v* (-daden) evil deed, crime

e.v. *afk. en volgende* f.f., and following

'Eva *v* Eve

EVA *v* Europese Vrijhandelsassociatie EFTA, European Free-Trade Association

evacu'atie *v* (-s) evacuation

evacu'é *m*, **evacu'ee** *v* (-s) evacuee

evacu'eren (evacueerde, h. geëvacueerd) *overg* **1** evacuate [a place]; **2** invalid home, send home [wounded soldiers]

evalu'atie *v* (-s) evaluation

evalu'eren (evalueerde, h. geëvalueerd) *overg* evaluate

evan'gelie *o* (-liën en -s) gospel; *het ~ van Johannes* the Gospel according to St. John

evan'geliewoord o (-en) gospel
evangeli'satie v evangelization, mission work
evan'gelisch bn evangelic(ally)
evangeli'seren (evangeliseerde, h. geëvangeliseerd) overg evangelize
evange'list m (-en) evangelist
'even I bn even [numbers, numbered]; ~ of oneven odd or even; het is mij om het ~ it is all the same (all one) to me; om het ~ wie no matter who; **II** bijw 1 ⟨gelijk⟩ equally; 2 ⟨eventjes⟩ just; ~... als... as... as...; overal ~ breed of uniform breadth; een ~ groot aantal an equal number; zij zijn ~ groot 1 they are equally tall; 2 they are of a size; haal eens ~... just go and fetch me...; wacht ~ wait a minute (bit); ~ aangaan bij iem. put in at sbd.
'evenaar m 1 equator; 2 (-s) index, tongue [of a balance]
'evenals voegw (just) as, (just) like
eve'naren (evenaarde, h. geëvenaard) overg equal, match, be a match for, come up to
'evenbeeld o (-en) image, picture
even'eens bijw also, likewise, as well
evene'ment o (-en) event
'evengoed bijw 1 ⟨eveneens⟩ as well; 2 ⟨niettemin⟩ all the same, nevertheless; 3 ⟨ook, net zo goed⟩ just as well
'evenknie v (-knieën) equal
'evenmens m (-en) fellow-man
'evenmin, even'min bijw no more; ~ te vertrouwen als... no more to be trusted than...; en zijn broer ~ nor his brother either
even'naaste m-v (-n) fellowman; bijbel neighbour
even'nachtslijn v equator
even'redig bn proportional [numbers, representation]; omgekeerd ~ met inversely proportional to; recht ~ met directly proportional to
even'redigheid v (-heden) proportion
'eventjes bijw just, only just, (just) a minute
eventuali'teit v (-en) contingency, possibility
eventu'eel I bn 1 contingent [expenses]; 2 possible [defeat]; 3 potential [buyer]; eventuele mogelijkheid off chance; eventuele onkosten worden vergoed any expenses will be made good; de eventuele schade wordt vergoed the damage, if any, will be made good; **II** bijw this being the case; if necessary; mocht hij ~ weigeren... in the event of his refusing...; ~ ben ik wel bereid om... if necessary I am prepared to...
even'veel telw as much, as many
even'wel bijw nevertheless, however
'evenwicht o balance, equilibrium, (equi)poise; het ~ bewaren keep one's balance; het ~ herstellen redress (restore) the balance; het ~ verliezen lose one's balance; het ~ verstoren upset the balance; in ~ equilibrium, evenly balanced; in ~ brengen bring into equilibrium, equilibrate, balance; in ~ houden keep in equilibrium, balance; uit zijn ~ off-balance

even'wichtig bn 1 well-balanced[2]; 2 fig level-headed
even'wichtigheid v 1 ⟨in 't alg.⟩ balance, equilibrium; 2 ⟨v. karakter⟩ composure, balance
'evenwichtsbalk m (-en) balance beam
'evenwichtsleer v statics
'evenwichtsorgaan o (-ganen) organ of equilibrium
'evenwichtsstoornis v (-sen) disequilibrium
even'wijdig bn parallel; ~e lijn parallel (line)
even'wijdigheid v parallelism
'evenzeer, even'zeer bijw as much
even'zo bijw likewise; ~ groot als... (just) as large as...; zijn broer ~ his brother as well, his brother too
'ever m (-s), **'everzwijn** o (-en) wild boar
evi'dent evident, plain, clear
evolu'eren (evolueerde, is geëvolueerd) onoverg evolve
evo'lutie v (-s) evolution
evo'lutieleer v theory of evolution
evt. = eventueel
ex- voorv ex, late, past, sometime [president &]
ex'act bn 1 exact [sciences]; 2 ⟨nauwkeurig⟩ precise, exact
ex 'aequo bijw equal, joint; ~ op de derde plaats eindigen finish joint third
ex'amen o (-s en -mina) examination; gemeenz exam; ~ afleggen undergo an examination; ~ afnemen examine; ik ga ~ doen I am going in for an examination; ik moet ~ doen I must go up for (my) examination, take my examination, sit for an examination; voor zijn ~ slagen pass (one's examination)
ex'amencommissie v (-s) examining board, examination board
ex'amengeld o (-en) examination fee
ex'amenopgaaf v (-gaven), **ex'amenopgave** v (-n) examination paper
ex'amenvak o (-ken) examination subject
ex'amenvrees v examination fright
exami'nandus m (-di) examinee
exami'nator m (-s en -'toren) examiner
exami'neren (examineerde, h. geëxamineerd) overg & onoverg examine (in on)
excel'lent bn excellent
excel'lentie v (-s) excellency; Ja, Excellentie Yes, Your Excellency
excel'leren (excelleerde, h. geëxcelleerd) onoverg excel (in, at)
excentri'citeit v (-en) eccentricity, oddity
excen'triek I bn eccentric(al); **II** o (-en) techn eccentric [gear]
excen'triekeling m (-en) eccentric, gemeenz freak
ex'centrisch bn eccentric
ex'ceptie v (-s) 1 ⟨in 't alg.⟩ exception; 2 recht demurrer, bar
exceptio'neel bn exceptional, unusual
excer'peren (excerpeerde, h. geëxcerpeerd) overg

make an abstract of

ex'cerpt *o* (-en) abstract

ex'ces *o* (-sen) excess

exces'sief *bn* excessive, extravagant; exorbitant [price]

excl. *afk. exclusief* excl. (excluded, excluding; exclusive)

exclu'sief *bn* **1** (in 't alg.) exclusive; **2** (niet inbegrepen) exclusive of..., excluding..., ...not included, extra

exclusivi'teit *v* exclusiveness, exclusivity

excommuni'catie *v* (-s) excommunication

excommuni'ceren (excommuniceerde, h. geëxcommuniceerd) *overg* excommunicate

ex'cretie *v* (-s) excretion

ex'cursie *v* (-s) excursion

excu'seren (excuseerde, h. geëxcuseerd) **I** *overg* excuse; **II** *wederk: zich ~* **1** ⟨verontschuldigingen maken⟩ excuse oneself, make one's excuses, apologize; **2** ⟨afwezigheidsbericht sturen⟩ send an excuse

ex'cuus *o* (-cuses) excuse, apology; *hij maakte zijn ~* he apologized; *ik vraag u ~* I beg your pardon

ex'cuus-Truus *v* (-Truzen) token woman

execu'tant *m* (-en) executant, performer

execu'teren (executeerde, h. geëxecuteerd) *overg:* *iem. ~* **1** ⟨terechtstellen⟩ execute sbd.; **2** *recht* sell sbd.'s goods under execution

execu'teur *m* (-s en -en) executor

execu'teur-testamen'tair *m* (executeurs-testamentair) executor

exe'cutie *v* (-s) execution°; *bij ~ laten verkopen* recht sell under execution

exe'cutiepeloton *o* (-s) firing-party, firing-squad

execu'tieve *v* (-n) ZN ⟨deelregering⟩ Executive Council

executori'aal *bn: executoriale verkoop* distress sale, compulsory sale

execu'trice *v* (-s) executrix

exe'geet *m* (-geten) exegete

exe'gese *v* (-n) exegesis

exem'plaar *o* (-plaren) specimen; copy [of a book &]

exem'plarisch *bn* exemplary, illustrative, representative

exer'ceren (exerceerde, h. geëxerceerd) *onoverg & overg* drill; *aan het ~* at drill

exer'citie *v* (-s) drill

exer'citieterrein *o* (-en) parade (-ground)

exhibitio'nisme *o* exhibitionism

exhibitio'nist *m* (-en) exhibitionist

exhibitio'nistisch *bn* exhibitionist

existentia'lisme *o* existentialism

existentia'list *m* (-en) existentialist

existentia'listisch *bn* existentialist

exis'tentie *v* existence

existenti'eel *bn* existential

exis'teren (existeerde, h. geëxisteerd) *onoverg* exist

ex-'libris *o* (-sen) ex-libris [ook *mv*], bookplate

exoga'mie *v* exogamy

exo'geen *bn* exogenous

exorbi'tant *bn* exorbitant, excessive

exor'cisme *o* exorcism

ex'otisch *bn* exotic

ex'pansie *v* expansion

ex'pansiedrang *m* urge for expansion; expansionism

expan'sief *bn* expansive

ex'pansiepolitiek *v* policy of expansion

ex'pansievat *o* (-vaten) expansion tank

expedi'ëren (expedieerde, h. geëxpedieerd) *overg* forward, send, dispatch, ship [goods]

expedi'teur *m* (-s en -en) forwarding-agent, shipping-agent

expe'ditie *v* (-s) **1** ⟨ontdekkingstocht⟩ expedition; **2** *mil* expedition; **3** *handel* forwarding, dispatch, shipping [of goods]

expe'ditiebedrijf *o* (-drijven) forwarding agency, shipping agency

expe'ditiekosten *mv* forwarding charges

experi'ment *o* (-en) experiment

experimen'teel *bn* experimental

experimen'teren (experimenteerde, h. geëxperimenteerd) *onoverg* experiment

ex'pert *m* (-s) **1** ⟨deskundige⟩ expert; **2** ⟨schatter⟩ appraiser; surveyor [of Lloyd's &]

exper'tise *v* (-s en -n) **1** ⟨onderzoek⟩ appraisement, survey; **2** ⟨rapport⟩ certificate of survey

ex'pertsysteem *o* (-systemen) comput expert system

expli'catie *v* (-s) explanation

expli'ciet *bn* explicit

explici'teren (expliciteerde, h. geëxpliciteerd) *overg* state explicitly

explo'deren (explodeerde, is geëxplodeerd) *onoverg* explode

exploi'tant *m* (-en) **1** owner [of a mine &]; **2** operator [of air service]

exploi'tatie *v* (-s) exploitation[2], working, operation [of air service]; *in ~* in working order

exploi'tatiekosten *mv* working-expenses, operating costs

exploi'teren (exploiteerde, h. geëxploiteerd) *overg* **1** exploit[2], work [a mine], run [hotel], operate [air service]; **2** *fig* trade on [sbd.'s credulity]

ex'ploot *o* (-ploten) writ; *iem. een ~ betekenen* serve a writ upon sbd.

explo'reren (exploreerde, h. geëxploreerd) *overg* explore

ex'plosie *v* (-s) explosion

explo'sief *bn* explosive

ex'plosiemotor *m* (-toren) internal combustion engine

expo'nent *m* (-en) exponent[2], index

exponenti'eel *bn* exponential

'export *m* export(ation), exports

'exportartikel *o* (-en) export article

expor'teren (exporteerde, h. geëxporteerd) *overg* export

expor'teur *m* (-s) exporter

'exporthandel *m* export trade

'exportvergunning *v* (-en) export permit

expo'sant *m* (-en) exhibitor

expo'sé *o* (-s) account; *een* ~ *geven* give a talk

expo'seren (exposeerde, h. geëxposeerd) *overg* exhibit, show

expo'sitie *v* (-s) **1** (tentoonstelling) exhibition, exposition, show; **2** muz, letterkunde exposition°

expo'sitieruimte *v* (-n, -s) exhibition space

ex'pres I *bijw* on purpose, deliberately, intentionally; *ik deed het niet* ~ ook: I didn't mean to do it; **II** *m* = exprestrein

ex'presbrief *m* (-brieven) express(-delivery) letter

ex'presse *v* (-n) ⟨brief⟩ express-delivery letter; *per* ~ *versturen* send by express delivery

ex'pressie *v* (-s) expression

expres'sief *bn* expressive

expressio'nisme *o* expressionism

expressio'nist *m* (-en) expressionist

expressio'nistisch *bn* expressionist [painter, painting], expressionistic

expressivi'teit *v* expressiveness, expressivity

ex'prestrein *m* (-en) express (train)

ex'presweg *m* (-wegen) ZN motorway; Am highway

ex'quis *bn* exquisite

ex'tase *v* ecstasy, rapture; *in* ~ enraptured; *in* ~ *raken* go into ecstasies [over sth.]; *in* ~ *zijn* be in an ecstasy

ex'tatisch *bn* ecstatic

exten'sief *bn* extensive

ex'tenso: *in* ~ in full, at (great) length

ex'tern I *bn* non-resident [master]; ~*e leerlingen* day-pupils, day-scholars; **II** *mv*: *de* ~*en* the day-pupils, day-boys

'extra *bn* extra, special, additional

'extraatje *o* (-s) extra

ex'tract *o* (-en) extract

extra'heren (extraheerde, h. geëxtraheerd) *overg* extract

extrale'gaal *bn* ZN supplementary, complementary

ex'traneus *m* (-nei) extramural student

extrapo'latie *v* (-s) extrapolation

extrapo'leren (extrapoleerde, h. geëxtrapoleerd) *overg* extrapolate

extraterritori'aal *bn* exterritorial, extraterritorial

extrava'gant *bn* extravagant; exorbitant [price]

extra'vert *m* (-en) & *bn* extrovert

ex'treem *bn* extreme

extre'misme *o* extremism

extre'mist *m* (-en) extremist

extre'mistisch *bn* extremist

extremi'teit *v* (-en) extremity

'ezel *m* (-s) **1** ⟨dier⟩ ass², donkey; **2** easel [of a painter]; *een* ~ *stoot zich geen tweemaal aan dezelfde steen* once bitten twice shy, the burnt child dreads the fire

'ezelachtig *bn* **1** ⟨v.e. ezel⟩ asinine²; **2** ⟨dom⟩ stupid

'ezelachtigheid *v* (-heden) (asinine) stupidity

eze'lin *v* (-nen) she-ass, jenny-ass

eze'linnenmelk *v* ass's milk

'ezelsbrug *v* (-gen), **'ezelsbruggetje** *o* (-s) aid (in study &)

'ezelskop *m* (-pen) **1** ⟨v. ezel⟩ ass's head; **2** fig dunce, ass

'ezelsoor *o* (-oren) **1** ⟨v. ezel⟩ ass's ear; **2** dog-ear [of a book]

'ezelsveulen *o* (-s) **1** ⟨v. ezel⟩ ass's foal; **2** fig dunce, ass

'ezelwagen *m* (-s) donkey-cart

F

f *v* ('s) f
f. *afk.* = *gulden*
fa *v muz* fa, f
fa. *afk.* = *firma*
'**faalangst** *m* fear of failure
faam *v* fame; reputation [as a scholar]
'**fabel** *v* (-en en -s) **1** ⟨dierenverhaal⟩ fable[2]; **2** fig myth
'**fabelachtig** *bn* fabulous
'**fabelleer** *v* mythology
'**fabeltje** *o* (-s) fabrication, fiction
fabri'cage *v*, **fabri'catie** *v* manufacture
fabri'ceren (fabriceerde, h. gefabriceerd) *overg* **1** *eig* manufacture; **2** fig fabricate [lies &]
fa'briek *v* (-en) factory, works, mill, plant
fa'brieken (fabriekte, h. gefabriekt) *overg* make
fa'brieksarbeider *m* (-s) (factory-)hand, factory-worker, mill-hand
fa'brieksgebouw *o* (-en) factory-building
fa'brieksgeheim *o* (-en) trade secret
fa'brieksmerk *o* (-en) trade mark
fa'brieksprijs *m* (-prijzen) manufacturer's price
fa'brieksschip *o* (-schepen) *scheepv* factory (ship)
fa'brieksstad *v* (-steden) manufacturing town
fa'brieksterrein *o* (-en) factory site
fa'briekswerk *o* machine-made article(s)
fabri'kaat *o* (-katen) make; *auto van Frans* ~ French-made car
fabri'kant *m* (-en) **1** ⟨producent⟩ manufacturer; **2** ⟨fabriekseigenaar⟩ factory-owner, mill-owner
fabri'keren (fabrikeerde, h. gefabrikeerd) *overg* = *fabriceren*
fabu'leren (fabuleerde, h. gefabuleerd) *overg* invent, fabricate, lie
fabu'leus *bn* fabulous
fa'çade *v* (-s en -n) facade, front
face-à-'main *m* (-s) lorgnette
'**facelift** *m* (-s) face-lift, face-lifting
fa'cet *o* (-ten) **1** ⟨aspect⟩ facet, aspect; **2** ⟨geslepen vlak⟩ facet
fa'cetoog *o* (-ogen) compound eye
'**facie** *o & v* (-s) face, *gemeenz* phiz, *slang* mug
facili'teit *v* (-ten) facility
facili'teitengemeente *v* (-n) Belgian municipality offering special facilities to linguistic minorities
fac'simile *o* ('s) facsimile, autotype
'**factie** *v* (-s) faction
fac'toor *m* (-toren) factor, agent
'**factor** *m* (-'toren) factor[2]
facto'rij *v* (-en) factory, trading-post
fac'totum *o* (-s) factotum

factu'reren (factureerde, h. gefactureerd) *overg* invoice
factu'rist *m* (-en) *handel* invoice clerk
fac'tuur *v* (-turen) *handel* invoice; *zijn facturen presenteren* ZN present the bill
fac'tuurprijs *m* (-prijzen) invoice price
faculta'tief *bn* optional [subjects]
facul'teit *v* (-en) faculty; *de medische* ~ the faculty of medicine
'**Faeröer** *mv* Faeroes, Faroe Islands
fa'got *m* (-ten) bassoon
fagot'tist *m* (-en) bassoonist
fa'ience *v* (-s) faience
fail'leren (failleerde, is gefailleerd) *onoverg* fail, become a bankrupt; be adjudged (adjudicated) bankrupt
fail'liet I *o* **1** failure, bankruptcy; **2** *m* (-en) bankrupt; **II** *bn*: ~*e boedel*, ~*e massa* bankrupt's estate; ~ *gaan* fail, become (go) bankrupt; *gemeenz* smash; *slang* bust up; ~ *verklaren* adjudge (adjudicate) bankrupt
fail'lietverklaring *v* (-en) adjudication order
faillisse'ment *o* (-en) failure, bankruptcy; *(zijn)* ~ *aanvragen* file one's petition (in bankruptcy); *in staat van* ~ *(verkerend)* in bankruptcy
faillisse'mentsaanvraag,
faillisse'mentsaanvrage *v* (-vragen) petition (in bankruptcy)
faillisse'mentswet *v* (-ten) Bankruptcy act
'**fait accom'pli** *m* (faits accomplis) fait accompli
'**fakir** *m* (-s) fakir
'**fakkel** *v* (-s) torch
'**fakkeldrager** *m* (-s) torch-bearer
'**fakkelloop** *m* (-lopen) torch race
'**fakkeloptocht**, '**fakkeltocht** *m* (-en) torch-light procession
fa'lafel *m* (-s) falafel
falderalde'riere *tsw* folderol
'**falen** (faalde, h. gefaald) *onoverg* fail, miss, make a mistake, err
'**falie** *v* (-s) *gemeenz*: *iem. op zijn* ~ *geven* dust sbd.'s jacket
falie'kant *bijw* wrong; ~ *uitkomen* go wrong; ~ *verkeerd* completely (all) wrong
'**Falklandeilanden** *mv* Falkland Islands
'**fallisch** *bn* phallic
'**fallus** *m* (-sen) phallus
'**fallussymbool** *o* (-bolen) phallic symbol
fal'saris *m* (-sen) falsifier, forger
fal'set *m & o* (-ten) falsetto
fal'setstem *v* (-men) head voice
falsifi'catie *v* (-s) **1** ⟨vervalsing⟩ forgery; **2** ⟨ontkrachting⟩ falsification
falsifi'ceren (falsificeerde, h. gefalsificeerd), **falsifi'ëren** (falsifieerde, h. gefalsifieerd) *overg* **1** ⟨vervalsen⟩ forge; **2** ⟨in de wetenschap⟩ falsify
fa'meus I *bn* famous; *het is* ~! it is enormous!; **II** *bijw* [enjoy oneself] splendidly, gloriously

famili'aal *m* (-s) ZN ⟨stationcar⟩ Br estate car; Am station-wagon

famili'air *bn* familiar, informal; *~ met iem. zijn* be on familiar terms with sbd.; *al te ~ met iem. om-gaan* take liberties with sbd.

familiari'teit *v* (-en) familiarity; *zich ~en veroorlo-ven jegens* take liberties with sbd.

fa'milie *v* (-s) family, relations, relatives; *de Konink-lijke ~* the royal family; *de ~ Schippers* the Schip-pers family; *zijn ~* his relations, his people; *ik ben ~ van hem* I am related to him; *van goede ~* of a good family, well-connected; *~ en vrienden* rela-tives and friends

fa'milieaangelegenheden *mv* family affairs (busi-ness)

fa'milieband *m* (-en) family tie

fa'milieberichten *m* births, marriages and deaths [column]

fa'miliedrama *o* ('s) domestic drama

fa'miliefeest *o* (-en) family celebration

fa'miliegraf *o* (-graven) family vault

fa'miliekring *m* (-en) family circle, domestic circle

fa'miliekwaal *v* (-kwalen) family complaint

fa'milieleven *o* family life

fa'milielid *o* (-leden) member of the family, rela-tion, relative; *familieleden* gemeenz folks

fa'milienaam *m* (-namen) surname, family name

fa'milieraad *m* (-raden) family council

fa'miliestuk *o* (-ken) family piece, heirloom

fa'milietrek *m* (-ken) family trait

fa'milietrots *m* family pride

fa'milietwist *m* (-en) family quarrel

fa'miliewapen *o* (-s) herald family arms

fa'milieziek *bn* clannish

fan *m* (-s) fan°

fa'naat (-naten), **fa'naticus** *m* (-ci) fanatic

fana'tiek *bn* fanatical

fana'tiekeling *m* (-en) fanatic

fana'tisme *o* fanaticism

'fanclub *v* (-s) fan club

fan'fare *v* (-n en -s) 1 ⟨muziekstuk⟩ fanfare, flour-ish; 2 ⟨korps⟩ brass band

fan'farekorps *o* (-en) brass band

fanta'seren (fantaseerde, h. gefantaseerd) **I** *overg* 1 invent [things]; 2 muz improvise; **II** *onoverg* 1 in-dulge in fancies, imagine things; 2 muz improvise

fanta'sie *v* (-sieën) phantasy, fancy, [rich] imagina-tion

fanta'sieloos *bn* unimaginative

fanta'siestof *v* (-fen) dress-material in fancy shades

fan'tast *m* (-en) fantast, phantast

fan'tastisch *bn* fantastic°; fanciful [project; writer]; visionary; *~ (goed, mooi)* versterkend marvellous, wonderful, terrific, great

fan'toom *o* (-tomen) phantom

fan'toompijn *v* (-en) phantom-limb pain

'farao *m* ('s) Pharaoh

'farce *v* (-n en -s) 1 ⟨schijnvertoning⟩ farce, mock-

ery; 2 ⟨vulling in spijzen⟩ stuffing

far'ceren (farceerde, h. gefarceerd) *overg* stuff

fari'zeeër *m* (-s) pharisee, hypocrite

fari'zees, fari'zeïsch *bn* pharisaic

farma'ceut *m* (-en) (pharmaceutical) chemist

farma'ceutisch *bn* pharmaceutical

farma'cie *v* pharmacy

farmacolo'gie *v* pharmacology

fasci'natie *v* fascination

fasci'neren (fascineerde, h. gefascineerd) *overg* fas-cinate; *~d* fig fascinating, magnetic, intriguing

fas'cisme *o* fascism

fas'cist *m* (-en) fascist

fas'cistisch *bn* fascist

'fase *v* (-s en -n) phase, stage, period

fa'seren (faseerde, h. gefaseerd) *overg* phase; stagger [holidays]

fast'food *m* fast food

fat *m* (-ten) dandy, fop, gemeenz swell

fa'taal *bn* fatal

fata'lisme *o* fatalism

fata'list *m* (-en) fatalist

fata'listisch *bn* fatalistic

'fata mor'gana *v* ('s) fata morgana, mirage

fat'soen *o* (-en) 1 ⟨beleefdheid⟩ decorum, (good) manners; 2 ⟨naam⟩ respectability; 3 ⟨vorm⟩ fash-ion, form, shape, make, cut; *zijn ~ houden* behave (decently); *zijn ~ ophouden* keep up appearances; *met (goed) ~* decently; *erg op zijn ~ zijn* be a great stickler for the proprieties; *voor zijn ~* for the sake of decency, to keep up appearances

fatsoe'neren (fatsoeneerde, h. gefatsoeneerd) *overg* fashion, shape, model

fat'soenlijk I *bn* ⟨net⟩ respectable [people]; reputa-ble [neighbourhood]; decent [behaviour, clothes, fellow]; *~e armen* deserving poor; *~e armoede* gilded poverty, shabby gentility; *een ~ salaris* a de-cent salary; **II** *bijw* respectably; decently; *zich ~ gedragen* behave (oneself)

fat'soenlijkheid *v* respectability, decency

fat'soenshalve *bijw* for decency's sake

fat'soensrakker *m* (-s) stickler for proprieties; bigot

'fatterig *bn* foppish, dandified

'fatterigheid *v* foppishness, dandyism

faun *m* (-en) faun

'fauna *v* fauna

fau'teuil *m* (-s) 1 ⟨stoel⟩ arm-chair, easy chair; 2 ⟨rang in theater⟩ fauteuil, stall

favo'riet I *bn* favourite; **II** *m* (-en) favourite; *hij is ~* he is the favourite

fax *m* (-en) ⟨apparaat; verzonden bericht⟩ fax

'faxen (faxte, h. gefaxt) *overg* fax

fa'zant *m* (-en) pheasant

fa'zantenhaan *m* (-hanen) cock-pheasant

fa'zantenhen *v* (-nen) hen-pheasant

fa'zantenjacht *v* (-en) pheasant shooting

fa'zantenpark *o* pheasant preserve

febru'ari *m* February
fe'caliën *mv* faeces
'feces *mv* faeces
fede'raal *bn* federal
federa'list *m* (-en) federalist
fede'ratie *v* (-s) federation
federa'tief *bn* federative
fee *v* (feeën) fairy
'feeënland *o* fairyland
feeë'rie *v* (-rieën) fairy play
feeë'riek *bn* fairy-like
feeks *v* (-en) vixen, termagant, shrew, virago
'feeling *v* feeling; ~ *hebben voor* have a feeling for
feest *o* (-en) **1** ⟨in 't alg.⟩ feast, festival, festivity, fête; **2** ⟨feestje, fuif⟩ party; *een waar* ~ a treat
'feestavond *m* (-en) festive evening, festive night
'feestcommissie *v* (-s) entertainment committee
'feestdag *m* (-dagen) **1** feast-day, festive day, festal day, high day; [national, public] holiday; **2** [church] holy-day; *op zon- en feestdagen* on Sundays and holidays
'feestdis *m* (-sen), **'feestdiner** *o* (-s) festive dinner, festive board, banquet
'feestdronk *m* (-en) toast
'feestdrukte *v* festive excitement (commotion, turmoil, bustle)
'feestelijk *bn* festive, festal; *dank je* ~ no, thank you; I'll thank you!, nothing doing!
'feestelijkheid *v* (-heden) festivity, merry-making, rejoicings; *met grote* ~ amid much festivity
'feesteling *m* (-en) ZN ⟨feestvarken⟩ hero of the feast
'feesten ⟨feestte, h. gefeest⟩ *onoverg* feast, make merry, celebrate
'feestgewaad *o* (-waden) festive attire, festal dress
'feestje *o* (-s) party
'feestmaal *o* (-malen), **'feestmaaltijd** *m* (-en) banquet
'feestneus *m* (-neuzen) false nose
'feestprogramma *o* ('s) program of (the) festivities
'feestrede *v* (-s) speech of the day
'feestredenaar *m* (-s) speaker of the day
'feeststemming *v* festive mood
'feestterrein *o* (-en) festive grounds
'feestvarken *o* (-s) hero of the feast
'feestverlichting *v* illumination
'feestvieren[1] *onoverg* feast, make merry, celebrate
'feestviering *v* (-en) feasting, celebration of a (the) feast, feast, festival
'feestvreugde *v* festive joy, festive mirth
feil *v* (-en) fault, error, mistake
'feilbaar *bn* fallible, liable to error
'feilbaarheid *v* fallibility
'feilen ⟨feilde, h. gefeild⟩ *onoverg* err, make a mistake
'feilloos *bn* faultless, indefectible
feit *o* (-en) fact; *in* ~*e* = *feitelijk* II
'feitelijk I *bn* actual, real; ~*e gegevens* factual data;

II *bijw* in point of fact, in fact [you are right]; virtually [the same case]
'feitenkennis *v* factual knowledge
'feitenmateriaal *o* body of facts, factual material, factual evidence
fel *bn* fierce [heat &]; *zij zijn er* ~ *op* they are very keen on it
'felgekleurd *bn* gaudy
'felheid *v* fierceness
felici'tatie *v* (-s) congratulation
felici'tatiebrief *m* (-brieven) letter of congratulation
felici'teren ⟨feliciteerde, h. gefeliciteerd⟩ **I** *overg* congratulate (*met* on); **II** *abs ww* offer one's congratulations
'femelaar *m* (-s), **'femelaarster** *v* (-s) canter, canting hypocrite, sniveller
'femelen ⟨femelde, h. gefemeld⟩ *onoverg* cant, snivel
femi'nisme *o* feminism
femi'nist *m* (-en), **femi'niste** *v* (-n) feminist
femi'nistisch *bn bijw* feminist(ic); *de* ~*e beweging* the feminist movement, Women's Lib(eration)
Fe'nicië *o* Phoenicia
Fe'niciër *m* (-s) Phoenician
Fe'nicisch *o* & *bn* Phoenician
'feniks *m* (-en) phoenix
fe'nol *o* (-nolen) phenol
feno'meen *o* (-menen) phenomenon (*mv* phenomena)
fenome'naal *bn* phenomenal, exceptional
fenomenolo'gie *v* phenomenology
fenomeno'logisch *bn* phenomenological
feo'daal *bn* feudal
feoda'lisme *o* feudalism, feudal system
ferm *bn* **1** ⟨flink, degelijk⟩ fine [boy]; smart [blow]; **2** ⟨v. karakter⟩ energetic, spirited
fer'ment *o* (-en) ferment
fermen'tatie *v* fermentation
fermen'teren ⟨fermenteerde, h. gefermenteerd⟩ *onoverg* ferment
fer'vent *bn* fervent, passionate
fes'tijn *o* (-en) feast, banquet
festival *o* (-s) (musical) festival
festivi'teit *v* (-en) festivity
fes'toen *o* & *m* (-en) **1** ⟨guirlande⟩ festoon [of flowers &]; **2** = *feston*
fes'ton *o* & *m* (-s) (geborduurde rand) scallop
feston'neren ⟨festonneerde, h. gefestonneerd⟩ *overg* **1** scallop [handkerchiefs &]; **2** buttonhole [lace]
fê'teren ⟨fêteerde, h. gefêteerd⟩ *overg* fête, lionize, make much of
'fetisj *m* (-en) fetish
feti'sjisme *o* fetishism
feu'daal *bn* = *feodaal*
feuille'ton *o* & *m* (-s) serial (story)
feut *m-v* (-en) fresher
fi'asco *o* ('s) fiasco, gemeenz wash-out, flop; *een* ~

worden (zijn) be a failure, fall flat
'**fiat I** *o* fiat; **II** *tsw* done!; that's a bargain
fiat'**teren** (fiatteerde, h. gefiatteerd) *overg* **1** ⟨in 't alg.⟩ give on's fiat to; authorize, *gemeenz* o.k.; **2** ⟨drukwerk⟩ pass for press
'**fiber** *o & m* fibre
'**fiberglas** *o* fibreglass
fi'**brine** *v* fibrin
'**fiche** *o & v* (-s) **1** ⟨penning⟩ counter, fish, marker; **2** ⟨v. kaartsysteem⟩ index card, filing card
fi'**cheren** (ficheerde, h. geficheerd) *overg* card-index
'**fictie** *v* (-s) fiction
fic'**tief** *bn* **1** fictitious [names]; **2** fictive [characters, persons]; **3** imaginary [profits]
'**ficus** *m* (-sen) **1** ⟨het plantengeslacht⟩ ficus; **2** ⟨de sierplant⟩ rubber plant (*Ficus elastica*)
fi'**deel** *bn* jolly, jovial
fiduci'**air** *bn* fiduciary
fi'**ducie** *v* confidence, trust; *niet veel ~ hebben in* not have much faith in
'**fiedel** *m* (-s) *gemeenz* fiddle
'**fiedelen** (fiedelde, h. gefiedeld) *onoverg & overg gemeenz* fiddle
'**fielt** *m* (-en) rogue, rascal, scoundrel
'**fieltachtig** *bn* rascally, scoundrelly
'**fieltenstreek** *m & v* (-streken) knavish trick, piece of knavery
'**fielterig** *bn* = *fieltachtig*
'**fier** *bn* proud
'**fierheid** *v* pride
'**fiets** *m & v* (-en) bicycle, cycle, *gemeenz* bike
'**fietsband** *m* (-en) (cycle-)tyre
'**fietsbel** *v* (-len) bicycle-bell, cycle-bell
'**fietsbenodigdheden** *mv* cycle accessories
'**fietsbroek** *v* (-en) cycling shorts
'**fietsen** (fietste, h. en is gefietst) *onoverg* cycle, *gemeenz* bike; *wat gaan ~ gemeenz* go for a spin
'**fietsenhok** *o* (-ken) bicycle shed
'**fietsenmaker** *m* (-s) (bi)cycle repairer, (bi)cycle repairman
'**fietsenrek** *o* (-ken) bicycle stand
'**fietsenstalling** *v* (-en) (bi)cycle store
'**fietser** *m* (-s) cyclist
'**fietsketting** *m & v* (-en) bicycle chain
'**fietslamp** *v* (-en) cycle-lamp
'**fietspad** *o* (-paden) cycling-track, cycle-track; Am bikeway
'**fietspomp** *v* (-en) inflator, cycle-pump
'**fietsrek** *o* (-ken) = *fietsenrek*
'**fietstas** *v* (-sen) cycle-bag
'**fietstocht** *m* (-en) cycling-tour, *gemeenz* spin
figu'**rant** *m* (-en) extra, walk-on, super, walking gentleman
figu'**rante** *v* (-n) extra, walk-on, super, walking lady
figura'**tief** *bn* figurative
figu'**reren** (figureerde, h. gefigureerd) *onoverg* **1** ⟨in 't alg.⟩ figure; **2** ⟨toneel, film⟩ walk on, have a walk-

ing-on part, be an extra
fi'**guur** *v & o* (-guren) **1** figure [of the body, decorative, geometrical, emblematical, historical, in dancing, in grammar, of speech]; **2** [illustrative] diagram; character [in drama, in history]; *een droevig (goed) ~ slaan (maken)* cut (make) a poor (good) figure; *zijn ~ redden* save one's face
fi'**guurlijk** *bn* figurative
fi'**guurnaad** *m* (-naden) dart
fi'**guurzaag** *v* (-zagen) fret-saw
fi'**guurzagen I** *onoverg* do fretwork; **II** *o* fretwork
'**Fiji** *o* **1** ⟨land⟩ Fiji; **2** ⟨taal⟩ Fijian
'**Fijiër** *m* (-s) Fijian
'**Fijisch** *bn* Fijian
'**fijn I** *bn* **1** ⟨prettig⟩ nice, fine, lovely, great; **2** ⟨scherp⟩ fine [point, tooth, ear, gold, distinctions], fine-tooth(ed) [comb]; **3** ⟨v. kwaliteit⟩ choice [food, wines]; exquisite [taste]; **4** ⟨v. onderscheiding⟩ nice [difference], delicate [ear for music], subtle [distinction], shrewd [remarks]; **5** ⟨orthodox⟩ precise, godly; **6** ⟨voornaam, chic⟩ fitter smart [people], *gemeenz* swell [neighbourhood, clothes]; *(dat is) ~!* good!, *gemeenz* capital!, famous!, (it's) great! *slang* ripping!; *een ~e vent* a fine (great) guy; *gemeenz* a man and a brother; *iets ~ vinden* like sth., appreciate sth.; *ik vond het ~ je te zien* it was good to see you; **II** *o*: *het ~e van de zaak* the ins and outs of the matter; **III** *bijw* finely
'**fijnbesnaard** *bn* finely strung, delicate, refined
'**fijngebouwd** *bn* of delicate build
'**fijngevoelig** *bn* delicate, sensitive
'**fijngevoeligheid** *v* (-heden) delicacy, sensitiveness
'**fijnhakken**[1] *overg* cut (chop) small, mince
'**fijnheid** *v* (-heden) fineness, choiceness, delicacy, nicety [of taste], subtlety
'**fijnknijpen**[1] *overg* squeeze
'**fijnkorrelig** *bn* fine-grained
'**fijnmaken**[1] *overg* pulverize, crush
'**fijnmalen**[1] *overg* grind (down)
'**fijnproever** *m* (-s) **1** ⟨v. voedsel⟩ gastronomer; **2** fig connoisseur
'**fijnschrijver** *m* (-s) fineliner
'**fijnstampen**[1] *overg* crush, bray, pound, pulverize
'**fijntjes** *bijw* smartly, cleverly, [guess] shrewdly, [remark] slyly
'**fijnwrijven**[1] *overg* rub (grind) down, bray, pulverize
fijn'**zinnig** *bn* discerning, delicate, subtle, scrupulous, fine
'**fijt** *v & o* (-en) whitlow
'**fik** *m* (-ken) *gemeenz* ⟨brand⟩ blaze, fire; *in de ~ staan (steken)* be (set) ablaze
'**fikken** *mv gemeenz* paws; *blijf eraf met je ~!* paws off!
'**fiks I** *bn* good, sound; *een ~e klap* a smart (hard) blow; **II** *bijw* well, soundly, thoroughly
'**fiksen** (fikste, h. gefikst) *overg* ⟨in orde brengen⟩ fix

(up)

filan'troop *m* (-tropen) philanthropist
filantro'pie *v* philanthropy
filan'tropisch *bn* philanthropic
filate'lie *v* philately
filate'list *m* (-en) philatelist
filate'listisch *bn* philatelic
fil d'é'cosse *o* lisle thread
'file *v* (-s) row, file, line, queue
fi'leren (fileerde, h. gefileerd) *overg* fillet [fish]
fi'let *m* & *o* (-s) **1** fillet [of fish &]; **2** undercut [of beef]
'filevorming *v* (-en) traffic congestion
filhar'monisch *bn* philharmonic
fili'aal *o* (-ialen) **1** (in 't algemeen) branch office, branch; **2** ⟨v. grootwinkelbedrijf⟩ chain store
fili'aalbedrijf *o* (-drijven) chain store
fili'aalhouder *m* (-s) branch manager
Filip'pijn *m* (-en) Filipino
Filip'pijnen *mv* Philippines
Filip'pijns *bn* Philippine
Filip'pino *m* ('s) Filipino
'Filips *m* Philip; ~ *Augustus* Philip Augustus; ~ *de Goede* Philip the Good; ~ *de Schone* ⟨van Bourgondië⟩ Philip the Handsome; ⟨van Frankrijk⟩ Philip the Fair
Filis'tijn *m* (-en) Philistine; *naar de* ~*en* ⟨kapot⟩ bust
film *m* (-s) **1** ⟨rolprent⟩ film, Am movie, (motion) picture; **2** ⟨rolletje⟩ film; **3** ⟨vlies⟩ film; *bij de* ~ *zijn* be in the film (Am movie) business; *naar de* ~ *gaan* go to the cinema; Am go to the movies, gemeenz go to the flicks
'filmacteur *m* (-s) film actor; Am movie actor
'filmcamera *v* ('s) **1** ⟨professioneel⟩ film camera; Am movie camera; **2** ⟨voor smalfilm⟩ cinecamera
'filmen (filmde, h. gefilmd) *overg* film; gemeenz shoot
'filmer *m* (-s) filmmaker
'filmindustrie *v* film industry; Am motion-picture industry
'filmisch *bn* cinematic
'filmjournaal *o* (-s) newsreel
'filmkeuring *v* **1** ⟨de praktijk⟩ film censorship; **2** ⟨de commissie⟩ board of film censors, viewing board
'filmkunst *v* **1** ⟨als tak v. kunst⟩ cinematography; **2** ⟨techniek v.h. filmen⟩ film technique
'filmmuziek *v* soundtrack, score
'filmoperateur *m* (-s) **1** ⟨die opneemt⟩ cameraman; **2** ⟨die vertoont⟩ projectionist
filmo'theek *v* (-theken) film library
'filmploeg *v* (-en) film crew
'filmscenario *o* ('s) film (Am movie) script, screen-play
'filmster *v* (-ren) film (Am movie) star
'filmsterretje *o* (-s) starlet
'filmstudio *m* ('s) film studio; Am motion-picture studio
'filmtoestel *o* (-len) = *filmcamera*
'filmverhuur *m* distribution
'filmverhuurder *m* (-s) distributor
filolo'gie *v* philology
filo'logisch *bn* philological
filo'loog *m* (-logen) philologist
filoso'feren (filosofeerde, h. gefilosofeerd) *onoverg* philosophize
filoso'fie *v* (-fieën) philosophy
filo'sofisch *bn* philosophical
filo'soof *m* (-sofen) philosopher
'filter *m* & *o* (-s) filter, percolator
'filteren (filterde, h. gefilterd) *onoverg* & *overg* **1** ⟨in 't alg.⟩ filter; **2** ⟨v. koffie⟩ percolate
'filtersigaret *v* (-ten) filter-tip cigarette
'filterzakje *o* (-s) filter bag; coffee filter
fil'traat *o* (-traten) filtrate
fil'treerpapier *o* (-en) filter(ing)-paper
fil'treren (filtreerde, h. gefiltreerd) *overg* **1** ⟨in 't alg.⟩ filter, filtrate; **2** ⟨v. koffie⟩ percolate
'Fin *m* (-nen) Finn
fi'naal I *bn* **1** ⟨in 't alg.⟩ final; **2** ⟨totaal⟩ complete, total; *finale uitverkoop* wind-up sale; **II** *bijw* quite [impossible]
fi'nale *v* (-s) **1** muz finale; **2** sp final; *halve* ~ semi-final
fina'list *m* (-en) finalist
finali'teit *v* (-en) ZN ⟨opleiding⟩ training
finali'teitsjaar *o* (-jaren) final year
financi'eel *bn* financial
fi'nanciën *m* **1** ⟨geld⟩ finances; **2** ⟨financiewezen⟩ finance
finan'cier *m* (-s) financier
finan'cieren (financierde, h. gefinancierd) *overg* finance
finan'ciering *v* financing; necessary funds, capital
finan'cieringstekort *o* (-en) (budget) deficit
fi'neer *o* veneer
fi'neren (fineerde, h. gefineerd) *overg* **1** refine [gold]; **2** veneer [wood]
fi'nesse *v* (-s) finesse, nicety; *de* ~*s (van een zaak)* ook: the ins and outs
fin'geren (fingeerde, h. gefingeerd) *overg* feign, simulate; zie ook: *gefingeerd*
'finish *m* finish
'finishen (finishte, h. gefinisht) *onoverg* finish
'Finland *o* Finland
Fins *o* & *bn* Finnish; ~*e Golf* Gulf of Finland
fi'ool *v* (fiolen) (flesje) phial
'firma *v* ('s) **1** ⟨met hoofdelijke aansprakelijkheid⟩ firm; **2** ⟨bedrijf in 't alg.⟩ firm, house, company
firma'ment *o* firmament, sky
'firmanaam *m* (-namen) firm, style
fir'mant *m* (-en) partner
fis *v* (-sen) muz F sharp
fis'caal *bn* fiscal
'fiscus *m* treasury, exchequer, Inland Revenue

'**fistel** v (-s) fistula

fit bn fit; ~ blijven keep fit

'**fitis** m (-sen) willow-warbler

'**fitnesscentrum** o (-s) fitness club, health club

'**fitter** m (-s) (gas-)fitter

'**fitting** m (-s en -en) fitting, lampholder, socket

fix'atie v (-s) fixation

fixa'tief o (-tieven) fixative

fi'xeerbad o (-baden) fixing-bath

fi'xeermiddel o (-en) fixer

fi'xeren (fixeerde, h. gefixeerd) overg 1 ⟨vastleggen, -zetten⟩ fix, fixate; 2 fix [a person with one's eyes], stare at [her]

fjord m (-en) fiord, fjord

fl. afk. = gulden

fla'con m (-s) 1 ⟨sierlijke fles⟩ flask; 2 ⟨klein flesje⟩ scent-bottle

'**fladderen** (fladderde, h. en is gefladderd) onoverg 1 flit [of bats &]; 2 flitter, flutter, hover [from flower to flower]

flageo'let m (-ten) flageolet

fla'grant bn glaring [error, injustice &]

flair m & o flair

'**flakkeren** (flakkerde, h. geflakkerd) onoverg flicker, waver

flam'bard m (-s) slouch hat, wideawake

flam'beren (flambeerde, h. geflambeerd) overg flambé

flam'bouw v (-en) torch

fla'menco m flamenco

flamin'gant m (-en) Flemish movement supporter, Flemish militant

fla'mingo m ('s) flamingo

fla'nel o flannel

fla'nellen bn flannel

fla'nelletje o (-s) flannel vest

fla'nelsteek m (-steken) herringbone stitch

fla'neren (flaneerde, h. geflaneerd) onoverg stroll, lounge, saunter, laze about

fla'neur m (-s) lounger, saunterer, idler

flank v (-en) flank, side; in de ~ (aan)vallen take in flank; rechts (links) uit de ~! by the right (the left)

'**flankaanval** m (-len) flank attack[2]

flan'keren (flankeerde, h. geflankeerd) overg flank[2]

flansen (flanste, h. geflanst) overg: in elkaar ~ knock together, rip up, whip up [a meal]

flap I m (-pen) 1 ⟨v. boekomslag⟩ [front, back] flap; 2 ⟨bankbiljet⟩ (bank) note; Am bill; 3 ⟨aan een stuk textiel⟩ flap; **II** tsw ⟨klanknabootsing⟩ clap, thud

'**flapdrol** m (-len) gemeenz wet; Am jerk, geek

'**flaphoed** m (-en) = flambard

'**flaporen** mv: met ~ flap-eared

'**flappen** (flapte, h. geflapt) onoverg flap; ook: = uitflappen

'**flappentap** m (-pen) gemeenz cash dispenser

'**flaptekst** m (-en) blurb

flap'uit m (-en) blab(ber)

'**flarden** mv rags, tatters; aan ~ [be] in tatters, in rags, [tear] to rags; een paar ~ van een gesprek opvangen catch a few snatches of a conversation

flat m (-s) flat; Am apartment; zie ook: flatgebouw

'**flater** m (-s) blunder, gemeenz howler

'**flatgebouw** o (-en) block of flats, Am apartment building

flat'teren (flatteerde, h. geflatteerd) overg flatter; de balans ~ cook (salt) the balance-sheet; het flatteert u niet [the photo] doesn't flatter you; een geflatteerd portret a flattering portrait

flat'teus bn flattering, becoming

flauw I bn 1 faint [resistance, notions, light, of heart, with hunger]; 2 insipid [food, remarks], mild [jokes], vapid [conversation]; 3 dim, pale [outline]; 4 handel flat [of the market]; 5 poor-spirited [fellows]; hij heeft er geen ~ begrip van he has not got the faintest notion of it; zie ook: idee; ik had er een ~ vermoeden van I had an inkling of it; dat is ~ van je (how) silly!; **II** bijw faintly, dimly

flauwe'kul m rubbish, fiddlesticks, stuff and nonsense, all my eyes (and Betty Martin); gemeenz bullshit

'**flauwerd** m, (-s), '**flauwerik** m (-riken) 1 ⟨kinderachtig persoon⟩ silly; 2 ⟨bangerd⟩ slang funk

flauw'hartig bn faint-hearted

flauw'hartigheid v faint-heartedness

'**flauwheid** v (-heden) faintness, insipidity

'**flauwigheid** v (-heden), **flauwi'teit** v (-en) silly thing, silly joke

'**flauwte** v (-n en -s) swoon, fainting fit, faint

'**flauwtjes** bijw faintly

'**flauwvallen**[1] onoverg go off in a swoon, have a fainting fit, swoon, faint

'**fleemster** v (-s) coaxer

'**flegma** o phlegm, stolidity

flegma'tiek, fleg'matisch bn phlegmatic(al), stolid

'**flemen** (fleemde, h. gefleemd) onoverg coax

'**flemer** m (-s) coaxer

flens m (flenzen) techn flange

'**flensje** o (-s) thin pancake

fles v (-sen) bottle; Leidse ~ Leyden jar; op de ~ gaan go to pot, go bust; (veel van de ~ houden) be fond of the bottle

'**flesopener** m (-s) bottle opener

'**flessen** (fleste, h. geflest) overg swindle, cheat, gemeenz diddle

'**flessenbier** o bottled beer

'**flessengas** o bottled gas

'**flessenhals** m (-halzen) bottle-neck

'**flessenkind** o (-eren) bottle-baby, bottle-fed child

'**flessenmelk** v milk in bottles, bottled milk

'**flessenrek** o (-ken) bottle-rack

'**flessentrekker** m (-s) swindler

flessentrekke'rij v (-en) swindle, swindling

'**flesvoeding** v: een baby ~ geven bottle-feed a baby

flets bn pale, faded, washy

'**fletsheid** v paleness, fadedness, washiness

fleur *m & v* bloom, flower, prime
'fleurig *bn* ⟨vrolijk⟩ bright, gay
'fleurigheid *v* ⟨vrolijkheid⟩ brightness, gaiety
flex'ibel *bn* flexible[2]
flexibili'teit *v* flexibility[2]
'flierefluiter *m* (-s) **1** ⟨losbol⟩ happy-go-lucky type; **2** ⟨nietsnut⟩ loafer, good-for-nothing
'flikflooien (flikflooide, h. geflikflooid) *overg & onoverg* cajole, wheedle, fawn on [sbd.]
'flikflooier *m* (-s) fawner, cajoler, wheedler
'flikje *o* (-s) chocolate drop
'flikken (flikte, h. geflikt) *overg* **1** ⟨oplappen⟩ patch, cobble [shoes]; **2** gemeenz ⟨doen⟩ manage, do; *het 'm ~* manage to do sth., bring sth. about; *iem. iets ~* play sbd. a trick, do sth. to sbd.
'flikker *m* (-s) gemeenz **1** ⟨homo⟩ poof, poofter; Am fag, faggot; *hij is een ~* he's gay; **2** ⟨zier⟩: *het kan me geen ~ schelen* I don't give a damn; *hij weet er geen ~ van* he doesn't know a damn thing (about it); **3** ⟨lichaam⟩: *iem. op zijn ~ slaan* beat sbd. up; *iem. op zijn ~ geven* (een uitbrander) tell sbd. off, give sbd. what-for
'flikkeren (flikkerde, geflikkerd) **I** *onoverg* **1** (h.) ⟨v. licht⟩ flicker, glitter, twinkle; **2** (is) gemeenz ⟨vallen⟩ fall, tumble, drop; **II** (h.) *overg* gemeenz ⟨smijten⟩ throw, fling, hurl
'flikkering *v* (-en) flicker(ing), glittering, twinkling
'flikkerlicht *o* (-en) flash-light
flink I *bn* **1** ⟨v. zaken⟩ good [walk, telling-off, number, size], considerable [sum], substantial [progress], goodly [size, volumes], sizable [desk, table], generous [piece], thorough [overhaul], sound [drubbing], smart [rap, pace &]; **2** ⟨v. personen⟩ fine [boy, lass, woman], sturdy, stout, lusty, robust, strapping, stalwart, hardy [fellows], notable [housekeeper]; *hij is niet ~* **1** he is not strong; **2** he is not energetic enough; *hij is nog ~* he is still going strong; *wees nou een ~e jongen!* be a brave chap now!; **II** *bijw* soundly, vigorously, thoroughly; *iem. ~ aframmelen* give sbd. a good (sound) drubbing; *~ eten* eat heartily (well); *hij kan ~ lopen* he is a good walker; *~ optreden* deal firmly (with), take a firm line; *het regent ~* it is raining hard; *zij zongen er ~ op los* they sang lustily; *ik heb hem ~ de waarheid gezegd* I have given him a piece of my mind, I have taken him up roundly
'flinkgebouwd *bn* strongly built, well set-up
'flinkheid *v* thoroughness; spirit
'flinkweg *bijw* without mincing matters
'flinter *m* (-s) **1** ⟨kleine hoeveelheid⟩ flake; **2** ⟨dun reepje⟩ thin slice, paring, shaving
'flinterdun *bn* wafer-thin
flip-'over *m* (-s) flip chart
'flippen (flipte, is geflipt) *onoverg* slang have a bad trip
'flipperautomaat *m* (-maten), **'flipperkast** *v* (-en) pinball machine, Br pintable
'flipperen (flipperde, h. geflipperd) *onoverg* play

pinball
'flippo *m* ('s) pogs
flirt 1 *m-v* (-en) ⟨persoon⟩ flirt; **2** *m* ⟨handeling⟩ flirtation
'flirten (flirtte, h. geflirt) *onoverg* flirt
flits *m* (-en) flash
'flitsblokje *o* (-s) flash-cube
'flitsen (flitste, h. geflitst) *onoverg* flash
'flitsend *bn* **1** ⟨modieus⟩ stylish; *een ~ pak aan hebben* have a snappy (trendy) suit on; **2** ⟨wervelend⟩ brilliant; *een ~e show geven* give a dazzling show
'flitser *m* (-s) fotogr flash, flash-gun
'flitslamp *v* (-en) flash lamp, ⟨klein⟩ flash bulb
'flitslicht *o* flash-light
'flitspuit *v* (-en) spray
'flodder *v* (-s): *losse ~* blank cartridges
'flodderbroek *v* (-en) floppy trousers
'flodderen (flodderde, h. geflodderd) *onoverg* **1** ⟨slobberen⟩ hang loosely, flop; **2** ⟨slordig werken⟩ work in a careless (sluttish) way, mess about, mess around
'flodderig *bn* floppy, baggy, slipshod
'flodderkous *v* (-en) frump
floep *tsw* **1** pop!; **2** ⟨in water⟩ flop!
floers *o* (-en) ⟨black⟩ crape; fig veil
'flonkeren (flonkerde, h. geflonkerd) *onoverg* sparkle, twinkle
'flonkering *v* (-en) sparkling, twinkling
floot (floten) V.T. v. *fluiten*
flop *m* (-pen) flop, fiasco
'floppen (flopte, is geflopt) *onoverg* flop; *deze musical is vreselijk geflopt* this musical was a terrible flop, a fiasco
'floppy *m* ('s), **floppy'disk** *m* (-s) comput floppy disk, floppy, diskette
'flora *v* flora
Flo'rence *o* Florence
Floren'tijn *m* (-en) Florentine
Floren'tijns *bn* Florentine
flo'reren (floreerde, h. gefloreerd) *onoverg* flourish, prosper, thrive
flo'ret *v & o* (-ten) ⟨degen⟩ foil
floris'sant *bn* flourishing, prospering, thriving
'flossen (floste, h. geflost) *onoverg* floss (one's teeth)
'floten V.T. meerv. v. *fluiten*
flot'tielje *v* (-s) flotilla
fluctu'atie *v* (-s) fluctuation
fluctu'eren (fluctueerde, h. gefluctueerd) *onoverg* fluctuate
'fluïdum *o* **1** ⟨gas, vloeistof⟩ fluid; **2** ⟨spiritistisch⟩ aura
fluim *v* (-en) phlegm, slang gob
'fluistercampagne *v* (-s) whispering campaign
'fluisteren (fluisterde, h. gefluisterd) *overg & onoverg* whisper; *het iem. in het oor ~* whisper it in his ear; *er wordt gefluisterd dat...* it is whispered that...
'fluisterend *bijw* whisperingly, in a whisper
'fluistergewelf *o* (-welven) whispering gallery

'fluistering v (-en) whispering, whisper

fluit v (-en) flute; *op de ~ spelen* play (on) the flute

'fluitconcert o (-en) concert for flute; *een ~ geven* (uitjouwen) boo, hiss

'fluiten (floot, h. gefloten) **I** onoverg **1** whistle [on one's fingers, of a bullet, the wind &]; **2** muz play (on) the flute; **3** warble, sing [of birds]; **4** hiss [in theatre &]; *je kan er naar ~* you may whistle for it; **II** overg whistle [a tune]

'fluitenkruid o cow parsley

flui'tist m (-en) flute-player, flautist, flutist

'fluitje o (-s) whistle

'fluitketel m (-s) whistling kettle

'fluitregister o (-s) muz flute-stop

'fluitsignaal o (-nalen) whistle

'fluitspel o fluteplaying

'fluitspeler m (-s) flute-player, flautist, flutist

fluks bijw quickly

'fluor o fluorine

fluores'centie v (-s) fluorescence

fluores'centielamp v (-en) fluorescent lamp

fluores'cerend bn fluorescent

fluo'ride o (-n) fluoride

fluori'deren (fluorideerde, h. gefluorideerd) overg fluoridate

fluori'dering v fluoridation

flut bn: *ik vind het ~* I think it's rubbish

flu'weel o (-welen) velvet; *op ~ zitten* fig be on velvet

flu'weelachtig bn velvety, velvet-like

flu'welen bn velvet; *met ~ handschoenen* [handle sbd.] with kid gloves

flu'welig bn velvety, velvet-like

flux de 'bouche o flow of words, gift of the gab

FM afk. *frequentiemodulatie* FM, frequency modulation

'fnuiken (fnuikte, h. gefnuikt) overg destroy, break, clip (the wings of)[2]

'fnuikend bn pernicious

fo'bie v (-bieën) phobia

'focus m (-sen) focus, focal point

'focussen (focuste, h. gefocust) onoverg: *~ op* fotogr & fig focus on

foe'draal o (-dralen) case, sheath, cover

foef v (foeven), **'foefje** o (-s) trick, gemeenz dodge

foei tsw: *~!* fie!, for shame!, phooey!

'foelie v (-s) **1** mace [of nutmeg]; **2** (tin-)foil [of a looking-glass]

foe'rage v forage

foera'geren (foerageerde, h. gefoerageerd) onoverg forage

foe'rier m (-s) quartermaster-sergeant

'foeteren (foeterde, h. gefoeterd) onoverg storm and swear; grumble (*over, tegen* at)

'foetsie tsw gone, slang napoo

'foetus m (-sen) foetus, fetus

föhn m **1** (wind) föhn, foehn; **2** (-s) (haardroger) hair-drier

'föhnen (föhnde, h. geföhnd) overg blow-dry

fok v (-ken) **1** scheepv foresail; **2** gemeenz (bril) specs: spectacles

'fokhengst m (-en) breeding stallion, sire, stud-horse

'fokken (fokte, h. gefokt) overg breed, rear [cattle]

'fokkenmast m (-en) foremast

'fokker m (-s) (cattle-)breeder, stock-breeder

fokke'rij v (-en) **1** (cattle-)breeding, stockbreeding; **2** (stock-)farm

'fokvee o breeding-cattle

'folder m (-s) folder

foli'ant m (-en) folio (volume)

'folie v foil

'folio o ('s) folio

folk m, **'folkmuziek** v folk, folk music

folk'lore v folklore

folklo'ristisch bn folkloric, folkloristic

'folteraar m (-s) torturer, tormentor

'folteren (folterde, h. gefolterd) overg **1** put to the rack[2]; **2** fig torture, torment

'foltering v (-en) torture, torment

'folterkamer v (-s) torture chamber

fond o & m background; fig bottom; *au ~* actually, fundamentally [he is right]

fonda'ment o (-en) **1** = *fundament*; **2** gemeenz (achterwerk) anus

fon'dant m (-s) fondant

fonde'ment o (-en) = *fundament*

fonds o (-en) **1** (kapitaal voor bep. doel) fund, funds; **2** (effect) stock, share; **3** (v. uitgever) (publisher's) list; *zijn ~en zijn gestegen* his shares have risen

'fondsdokter m (-s) panel doctor

'fondsenmarkt v (-en) stockmarket

'fondspatiënt m (-en) panel patient

'fondspraktijk v (-en) panel practice

fon'due v (-s) fondue

fon'duen (fonduede, h. gefondued) onoverg eat fondue, have fondue

fon'duestel o (-len) fondue set

fo'neem o (-nemen) phoneme

fone'tiek v phonetics

fo'netisch bn phonetic(al)

'fonkelen (fonkelde, h. gefonkeld) onoverg sparkle, scintillate

'fonkeling v (-en) sparkling, scintillation

'fonkelnieuw bn brand-new

fono'graaf m (-grafen) phonograph

fonolo'gie v phonology

fono'logisch bn phonological

fono'theek v (-theken) record library

fonta'nel v (-len) fontanel

fon'tein v (-en) fountain[2]

fon'teintje o (-s) (wall) wash-basin

fooi v (-en) **1** (drinkgeld) tip, gratuity; **2** (klein bedrag) pittance; *hem een (pond) ~ geven* tip him (a pound)

'**fooienpot** *m* (-ten) tronc
'**fooienstelsel** *o* tipping system
foor *v* (foren) ZN (kermis) fair
'**foorkramer** *m* (-s) ZN showman
'**foorwagen** *m* (-s) ZN caravan
'**foppen** (fopte, h. gefopt) *overg* fool, cheat, gull, hoax, slang cod
foppe'rij *v* (-en) hoax, trickery
'**fopspeen** *v* (-spenen) (baby's) comforter, dummy
for'ceren (forceerde, h. geforceerd) *overg* force [sbd., one's voice, a door, locks, defences]
fo'rel *v* (-len) trout
fo'rens *m* (-en en -renzen) non-resident; ± suburban, commuter
fo'rensenplaats *v* (-en) dormitory suburb
fo'rensentrein *m* (-en) suburban train, Am commuter train
fo'rensisch *bn*: ~*e geneeskunde* forensic medicine
fo'renzen (forensde, h. geforensd) *onoverg* commute
'**forma** *v*: *pro* ~ for form's sake
for'maat *o* (-maten) format, size[2]; ... *van (groot)* ~ [individuals] of large calibre, of great stature, [problems] of great magnitude, major [figures, problems]; *een denker van Europees* ~ a thinker of European stature
formali'seren (formaliseerde, h. geformaliseerd) *overg* formalize
formali'sering *v* (-en) formalization
forma'listisch *bn* formalist(ic)
formali'teit *v* (-en) formality
forma'teur *m* (-s) person charged with forming a new cabinet (a new government)
for'matie *v* (-s) 1 (vorming) formation; 2 (wijze van samenstelling) formation; 3 mil establishment, unit; 4 (muziekgroep) band, group; 5 geol formation; *boven de* ~ mil supernumerary; *in* ~ *vliegen* luchtv fly in formation
format'teren (formatteerde, h. geformatteerd) *overg* comput format
for'meel I *bn* formal, ceremonial; **II** *bijw* formally; ~ *weigeren* flatly refuse
for'meren (formeerde, h. geformeerd) *overg* form
for'mering *v* formation
'**formica** *o* Formica
formi'dabel *bn* formidable, mighty
for'mule *v* (-s) formula [*mv ook formulae*]
formu'leren (formuleerde, h. geformuleerd) *overg* formulate [a wish], word [a notion]; *anders* ~ reword
formu'lering *v* (-en) formulation, wording
formu'lier *o* (-en) 1 form [to be filled up]; 2 formulary [for belief or ritual]
for'nuis *o* (-nuizen) kitchen-range, [electric, gas] cooker
fors *bn* 1 robust [fellows]; 2 strong [voice, wind, style]; 3 vigorous [style]; 4 heavy [defeat, loss]
'**forsgebouwd** *bn* strongly built

'**forsheid** *v* robustness, strength, vigour
for'sythia *v* ('s) forsythia
1 fort *o* (-en) mil fort
2 fort [Fr] *o* & *m* forte, strong point
fortifi'catie *v* (-s) fortification
for'tuin 1 *v* fortune [= chance]; **2** *o* (-en) fortune [= wealth]; ~ *maken* make one's fortune; *zijn* ~ *zoeken* seek one's fortune
for'tuinlijk *bn* lucky
for'tuintje *o* (-s) 1 (kapitaaltje) small fortune; 2 (buitenkansje) piece of good fortune, windfall
for'tuinzoeker *m* (-s) fortune-hunter, adventurer
'**forum** *o* (-s) 1 forum[2]; 2 (als groep deskundigen) panel; 3 (als discussie) teach-in; *voor het* ~ *der publieke opinie brengen* bring before the bar of public opinion
fos'faat *o* (-faten) phosphate
'**fosfor** *m* & *o* phosphorus
fosfores'centie *v* phosphorescence
fosfores'ceren (fosforesceerde, h. gefosforesceerd) *onoverg* phosphoresce
fosfores'cerend *bn* phosphorescent
'**fosforzuur** *o* phosphoric acid
fos'siel I *bn* fossil; **II** *o* (-en) fossil
fos'sielenkunde *v* palaeontology
'**foto** *v* ('s) 1 (in 't alg.) photograph, photo; 2 (in krant &) picture
'**fotoalbum** *o* (-s) photograph album
'**fotocel** *v* (-len) photocell, photoelectric cell
foto-e'lektrisch *bn*: ~*e cel* photocell, photoelectric cell
'**fotofinish** *m sp* photo finish
fotoge'niek *bn* photogenic
foto'graaf *m* (-grafen) photographer
fotogra'feren (fotografeerde, h. gefotografeerd) *overg & abs ww* photograph; *zich laten* ~ have one's photo (picture) taken
fotogra'fie *v* 1 (de kunst) photography; 2 (-fieën) (beeld) photo(graph)
foto'grafisch *bn* photographic
fotogra'vure *v* (-s) photogravure
fotoko'pie *v* (-pieën) photocopy
fotokopi'eerapparaat *o* (-raten) photostat, copier
fotokopi'ëren (fotokopieerde, h. gefotokopieerd) *overg* photostat, photocopy
'**fotomodel** *o* (-len) (photographic) model, cover-girl
'**fotomontage** *v* 1 (de handeling) photo composing; 2 (-s) (het resultaat) composite picture
'**fotorolletje** *o* (-s) (roll of) film
'**fototoestel** *o* (-len) camera
'**fotowedstrijd** *m* (-en) photographic competition
'**fotozetmachine** *v* (-s) photosetter; Am phototypesetter
'**fotozetten** *o* photosetting; Am phototypesetting
fouil'leren (fouilleerde, h. gefouilleerd) *overg* search [a suspect], frisk
fouil'lering *v* (-en) search

four'neren (fourneerde, h. gefourneerd) *overg* furnish

fout I *v* (-en) fault, mistake, error, blunder; **II** *bn* wrong

fou'tief *bn* wrong

'**foutloos** *bn* faultless, perfect, impeccable

'**foutmelding** *v* (-en) error message

'**foutparkeren** *ww* & *o* park illegally

fox *m* (-en), **fox'terriër** *m* (-s) fox-terrier

fo'yer *m* (-s) foyer, lobby

fraai *bn* beautiful, handsome, pretty, nice, fine; *een ~e hand schrijven* write a fair hand; *dat is ~!* (ironisch) that is nice (of you)

'**fraaiheid** *v* (-heden) beauty, prettiness &

'**fraaiigheid** *v* (-heden) fine thing

'**fractie** *v* (-s) **1** (gedeelte) fraction; **2** (political) group; party; *(in) een ~ van een seconde* gemeenz (in) a split second

'**fractieleider** *m* (-s) ± leader of a parliamentary party

'**fractievoorzitter** *m* (-s) leader of a parliamentary party; ± whip [in Britain]

fractio'neel *bn* fractional

frac'tuur *v* (-turen) med fracture

fra'giel *bn* fragile

fragili'teit *v* fragility

frag'ment *o* (-en) fragment

fragmen'tarisch *bn* fragmentary, scrappy [knowledge]

fragmen'tatiebom *v* (-men) fragmentation bomb

frak *m* (-ken) dress-coat

fram'boos *v* (-bozen) raspberry

fram'bozenstruik *m* (-en) raspberry bush

'**frame** *o* (-s) frame

Fran'çaise *v* (-s) Frenchwoman

francis'caan *m* (-canen) Franciscan

'**franco** *bijw* **1** post post-free, post-paid, postage paid; **2** handel carriage paid; free [on board &]

franco'fiel I *bn* Francophile; **II** *m* (-en) Francophile

franco'foon *bn* French-speaking

franc-tir'eur *m* (francs-tireurs) franc-tireur, sniper

'**franje** *v* (-s) **1** (aan kleding &) fringe; **2** fig frills

1 frank *bn* frank; *~ en vrij* frank and free

2 frank *m* (-en) franc

fran'keerkosten *mv* postage [of a letter], carriage [of a parcel]

fran'keermachine *v* (-s) franking machine

fran'keerzegel *m* (-s) postage stamp

fran'keren (frankeerde, h. gefrankeerd) *overg* post **1** (in 't alg.) prepay; **2** (postzegels opplakken) stamp [a letter]; **3** (met machine) frank; Am meter; *gefrankeerd* post-paid; *gefrankeerde enveloppe* stamped envelope; *onvoldoende gefrankeerd* understamped

fran'kering *v* (-en) post prepayment, postage; *~ bij abonnement* paid

'**Frankrijk** *o* France

1 'Frans I *bn* French; **II** *o*: *het ~* French; *daar is geen*

woord ~ bij that is plain English; **III** *v*: *een ~e* a Frenchwoman; **IV** *mv*: *de ~en* the French

2 Frans *m* (koning v. Frankrijk) Francis

franskil'jon *m* (-s) ZN Fleming supporting Frenchifying policy

'**Fransman** *m* (Fransen) Frenchman

Fran'soos *m* (-sozen) gemeenz Frenchy

'**Franstalig** *bn* French-speaking

frap'pant *bn* striking

frap'peren (frappeerde, h. gefrappeerd) *overg* **1** (treffen) strike; **2** (koud maken) ice [drinks]

'**frase** *v* (-n en -s) phrase; *holle ~n* vapourings

fra'seren (fraseerde, h. gefraseerd) *overg* & *onoverg* phrase

'**frater** *m* (-s) (Christian) brother, friar

'**fratsen** *mv* caprices, whims, pranks

'**fratsenmaker** *m* (-s) buffoon

'**fraude** *v* (-s) fraud [on the revenue]

frau'deren (fraudeerde, h. gefraudeerd) *onoverg* practise fraud(s)

frau'deur *m* (-s) cheat, swindler

fraudu'leus *bn* fraudulent

freak *m-v* (-s) **1** (fanaat) freak, buff, nut, fan; *een voetbal~* a football freak, a football fan; *een jazz~* a jazz buff, a jazz nut; **2** (onconventioneel persoon) freak

'**Frederik** *m* Frederick; *~ Barbarossa* Frederick Barbarossa; *~ de Grote* Frederick the Great

free'lance *bn* freelance

free'lancen (freelancete, h. gefreelancet) *onoverg* work freelance, freelance

free'lancer *m* (-s) freelance, freelancer

frees *v* (frezen) techn (milling) cutter

'**freesmachine** *v* (-s) milling machine

fre'gat *o* (-ten) frigate

'**frêle** *bn* delicate, frail

fre'quent *bn* frequent

frequen'teren (frequenteerde, h. gefrequenteerd) *overg* frequent

fre'quentie *v* (-s) frequency, incidence

fre'quentiemodulatie *v* (-s) frequency modulation, F.M.

'**fresco** *o* ('s) fresco, *al ~ schilderen* paint in fresco, fresco

'**fresia** *v* ('s) freesia

fret (-ten) **1** *o* dierk ferret; **2** *m* techn auger

'**fretten** (frette, h. gefret) *onoverg* ferret

Freudi'aan *m* (-dianen) Freudian

Freudi'aans *bn* Freudian

'**freule** *v* (-s) honourable miss (lady)

'**frezen** (freesde, h. gefreesd) *overg* techn mill

'**frezer** *m* (-s) techn miller

frican'deau *m* (-s) fricandeau

fricas'see *v* (-s) ZN **1** (ragout) ragout; **2** (ragoutvlees) ragout meat

'**frictie** *v* (-s) friction

'**friemelen** (friemelde, h. gefriemeld) *onoverg* fumble

fries (friezen) **1** v & o bouwk frieze; **2** o ⟨stof⟩ frieze
Fries I bn Frisian; **II** o: het ~ Frisian; **III** m ⟨Friezen⟩ Frisian
'Friesland o Friesland
friet v (-en) = frites
Frie'zin v (-nen) Frisian (woman)
fri'gide bn frigid, sexually unresponsive
fri'go m ('s) ZN **1** ⟨ijskast⟩ fridge, refrigerator; **2** ⟨koelhuis⟩ cold store
frik m (-ken) gemeenz schoolmaster
frika'del, frikan'del v (-len) ± minced-meat ball
fris I bn **1** fresh [morning, complexion, wind &]; **2** refreshing [drinks]; **3** cool [room]; een ~ meisje a girl as fresh as a rose; zo ~ als een hoentje as fit as a fiddle, as fresh as paint; met ~se moed with fresh courage; **II** bijw freshly, fresh; **III** m ⟨frisdrank⟩ soft drink; ⟨koolzuurhoudend ook:⟩ pop
'frisbee m (-s) Frisbee
'frisdrank m (-en) soft drink
fri'seerijzer o (-s), **fri'seertang** v (-en) curling-tongs
fri'seren (friseerde, h. gefriseerd) overg crisp, curl, frizz
'frisheid v freshness; coolness
'frisjes bn a little fresh
frites mv French fries, (potato) chips, French fried potatoes
'friteskraam v (-kramen) French-fries stand, chips stand
fri'teuse v (-s) electric fryer
fri'turen (frituurde, h. gefrituurd) overg deep-fry
fri'tuurpan v (-nen) deep fryer, deep-fat fryer
fri'tuurvet o deep fat; in ~ bakken deep-fry
frivoli'té o tatting
frivoli'teit v (-en) frivolity
fri'vool bn frivolous
'fröbelen (fröbelde, h. gefröbeld) onoverg play about (around), potter about (around)
'fröbelschool v (-scholen) kindergarten
'frommelen (frommelde h. gefrommeld) overg rumple, crumple
frons v (-en en fronzen) frown, wrinkle
'fronsen (fronste, h. gefronst) overg: het voorhoofd (de wenkbrauwen) ~ frown, knit one's brows
front o (-en) front, façade; frontage [= **1** front of a building &; **2** extent of front &; **3** exposure]; ~ maken naar de straat front (towards) the street; ~ maken tegen zijn vervolgers front one's pursuers; aan het ~ mil at the front; met het ~ naar... fronting...; voor het ~ mil in front of the line (of the troops)
fron'taal bn bijw: ~ tegen elkaar botsen collide head-on; frontale botsing head-on collision
'frontaanval m (-len) frontal attack
frontis'pice o (-s) frontispiece
'frontje o (-s) front, slang dick(e)y
'frontlijn v (-en), **'frontlinie** v (-s) front line
frot'té o sponge cloth
fruit o fruit

'fruitautomaat m (-maten) fruit machine, one-armed bandit; Am slot machine
'fruiten (fruitte, h. gefruit) overg fry
'fruitig bn fruity [wine]
'fruitmand v (-en) fruit basket
'fruitschaal v (-schalen) fruit dish
'fruitwinkel m (-s) fruit shop, fruiterer's shop
'frunniken (frunnikte, h. gefrunnikt) onoverg fiddle (aan with)
frus'tratie v (-s) frustration
frus'treren (frustreerde, h. gefrustreerd) overg frustrate
'frutselen (frutselde, h. gefrutseld) onoverg trifle, tinker, fumble
'fuchsia v ('s) fuchsia
'fuga v ('s) fugue
fuif v (fuiven) celebration, party, spree, gemeenz beano; een ~ geven throw a party
'fuifnummer o (-s) gemeenz gay blade
fuik v (-en) trap; in de ~ lopen walk (fall) into the trap
'fuiven (fuifde, h. gefuifd) **I** onoverg feast, celebrate, revel, make merry; **II** overg feast [sbd. (op with)], treat (op to)
fulmi'neren (fulmineerde, h. gefulmineerd) onoverg fulminate, thunder; ~ tegen declaim (inveigh) against
'functie v (-s) function; in ~ treden enter upon one's duties; in ~ zijn be in function; in zijn ~ van in his capacity of
'functietoets m (-en) comput function key
functio'naris m (-sen) functionary, office-holder, official
functio'neel bn functional
functio'neren (functioneerde, h. gefunctioneerd) onoverg function
funda'ment o (-en) foundation(s)
fundamenta'lisme o fundamentalism
fundamenta'list m (-en) fundamentalist
fundamen'teel bn fundamental, basal
fun'datie v (-s en -tiën) foundation
fun'deren (fundeerde, h. gefundeerd) overg **1** (in 't alg.) found; **2** handel fund [a debt]
fun'dering v (-en) foundation
'Funen o Fyn
fu'nest bn fatal, disastrous
fun'geren (fungeerde, h. gefungeerd) onoverg officiate; ~ als act as, perform the duties of
fun'gerend bn acting, in charge, pro tem
funk m muz funk, funky music
'furie v (-s en -riën) fury[2]
furi'eus bn furious
fu'rore v: ~ maken create a furore
fu'seepen v (-en) techn kingbolt
fuse'lier m (-s) **1** fusilier; **2** vero private (soldier)
fu'seren (fuseerde, gefuseerd) overg (h.) & onoverg (is) **1** handel merge (with), amalgamate (with); **2** natuurkunde amalgamate, fuse

'fusie v (-s) **1** handel merger, amalgamation; **2** natuurkunde fusion, amalgamation; *een ~ aangaan (met)* handel merge (with), amalgamate (with)

fusil'leren (fusilleerde, h. gefusilleerd) *overg* shoot (down)

fusio'neren (fusioneerde, h. & is gefusioneerd) *overg & onoverg = fuseren*

fust o (-en) cask, barrel; *leeg ~* empty boxes, dummies; *wijn op ~* wine in the wood

fut m & v spirit, gemeenz spunk; *de ~ is eruit* gemeenz he has no kick (pep, snap) left in him

fu'tiel bn futile, insignificant

futili'teit v (-en) futility

'futloos bn spiritless

futu'risme o futurism

futu'rist m (-en) futurist

futu'ristisch bn futurist

futurolo'gie v futurology

fuut m (futen) grebe

'fysica v physics, natural science

'fysicus m (-ci) physicist

fy'siek I bn physical; **II** o (-en) physique, physical structure

fysiolo'gie v physiology

fysio'logisch bn physiologica

fysio'loog m (-logen) physiologist

fysiono'mie v (-mieën) physiognomy

'fysiotherapeut m (-en) physiotherapist

'fysiotherapie v physiotherapy

'fysisch bn physical

G

g v ('s) g

1 gaaf v (gaven) = *gave*

2 gaaf bn **1** eig sound, whole, entire; **2** fig pure, perfect, flawless [technique, work of art &]

'gaafheid v **1** eig soundness, wholeness; **2** fig purity, perfectness, flawlessness

gaai m (-en) jay

gaal v (galen) (in weefsel) thin place

gaan (ging, is gegaan) **I** onoverg **1** go°; **2** (vóór infinitieven) go and..., go to...; *ik ging hem bezoeken* I went to see him; *hij ging jagen* he went (out) shooting; *~ liggen* zie: *liggen; zullen wij ~ lopen?* shall we walk it?; *wij ~ verhuizen* we are going to move; *hij is ~ wandelen* he has gone for a walk; *ik ga, hoor!* I am off; *ik ga al* I am going; *ze zien hem liever ~ dan komen* they like his room better than his company; *daar ga je!, daar gaat-ie!* here goes!; *...en hij ging* and off he went, [saying...] he left, he walked away; *hoe gaat het (met u)?* how are you?, how do you do?; *hoe gaat het met uw broer (voet &)* how is your brother (your foot &)?; *hoe gaat het met uw proces (werk)?* how is your lawsuit (your work) getting on?; *het zal hem niet beter ~* he will fare no better; *het gaat hem goed* he is doing well; *het ging hem niet goed* things did not go well with him; *(hoe is het?) het gaat nogal* pretty middling, not too bad; *(hoe is het met je...?) o, het gaat (wel)* fairly well; *het stuk ging 150 keer* the play had a run of 150 nights; *(dat boek) zal wel (goed) ~* will sell well; *als alles goed gaat* if everything goes off (turns out) well; *onze handel gaat goed* our trade is going; *deze horloges ~ goed* **1** these watches go well, keep good time; **2** these watches sell well; *het ga je goed!* good luck to you!; *de zee ging hoog* there was a heavy sea on; *het (dat) gaat niet* that won't do (work), it can't be done; *zijn zaken ~ niet* he isn't doing well; *het zal niet ~!* no go!, gemeenz nothing doing!; *het gaat slecht* things are going badly; *het ging slecht* things went off badly; *het ging hem slecht* he was doing badly; *zij gingen verder* they walked on; *ga verder!* go on!; *het ging verkeerd* things turned out badly; *zo gaat het* that's the way of things; *zo is het gegaan* that is how it came about; *het zal wel ~* it will go all right; *het ga zoals het gaat* come what may; *er aan ~* gemeenz be for it; *dat gaat boven alles* that surpasses everything; that comes first (of all); *er gaat niets boven...* there is nothing like... [a good cigar &]; *dat gaat er bij mij niet in* that won't go down with me; *de weg gaat langs een kanaal* the road runs along a canal; *hiermee gaat het niet* this will not do; *met de pen gaat het nog niet* **I** (he &)

cannot yet manage a (his) pen; *met de trein* ~ go by train (by rail); ~ *met* gemeenz walk out with [a girl]; *naar de bioscoop* ~ go to the pictures, the cinema, Am the movie(s); *waar* ~ *ze naar toe?* where are they going?; *daar gaat het (niet) om* that is (not) the point; *daar gaat het juist om* that's just the point; *het gaat om je toekomst* your future is at stake; *5 gaat 6 keer op 30* 5 into 30 goes 6 times; *6 op de 5 gaat niet* 6 into 5 will not go; *over Brussel* ~ go via (by way of) Brussels; *de dokter gaat over veel patiënten* the doctor attends many patients; *het gesprek gaat over...* the conversation is about (on) [war, peace &]; *zij gaat over het geld* she has the spending; *wie gaat erover?* who is in charge?; *wij* ~ *tot A.* we are going as far as A.; *zij gingen tot 1000 gulden* they went as high as 1000 guilders; *uit eten* ~ dine out; *uit werken* ~ go out to work; *er van door* ~ zie: *ervandoor;* **II** *overg* go; zie: *²gang* &; **III** *wederk: zich laten* ~ let oneself go; **IV** *o* going, walking; *het* ~ *valt hem moeilijk* he walks with difficulty

'**gaande** *bn* going; *de* ~ *en komende man* comers and goers; ~ *houden* keep going; *de belangstelling* ~ *houden* keep the interest from flagging; *het gesprek* ~ *houden* keep up the conversation; ~ *maken* stir, arouse, move [sbd.'s pity]; provoke [sbd.'s anger]; *wat is er* ~? what is going on?, what is the matter?

gaande'rij *v* (-en) gallery

'**gaandeweg** *bijw* gradually, by degrees, little by little

gaans *bn een uur* ~ an hour's walk

gaap *m* (gapen) yawn

'**gaapziekte** *v* the gapes

gaar *bn* done [food]; *goed* ~ well-done; *juist* ~ done to a turn; *niet* ~ underdone [meat]; *te* ~ overdone; *een halve gare* a halfwit, an idiot

'**gaarkeuken** *v* (-s) eating-house

'**gaarne** *bijw* willingly, readily, gladly, with pleasure; ~ *doen* **1** like to...; **2** be quite willing to...; *iets* ~ *erkennen* admit sth. frankly; zie ook: *mogen* &, *graag* II

gaas *o* **1** (verband &) gauze; **2** (kippengaas) wire-netting

'**gaasachtig** *bn* gauzy

'**gaatje** *o* (-s) (small) hole

GAB *o Gewestelijk Arbeidsbureau* Br Regional Labour Exchange; Am Department of Employment

gabar'dine *v* (-s) gabardine

'**gabber** *m* (-s) gemeenz **1** (man, jongen) bloke; Am guy; **2** (maatje) pal, mate

Ga'bon *o* Gabon

Gabon'nees I *m* (-nezen) Gabonese; **II** *bn* Gabonese

Ga'bonner *m* (-s) Gabonese

Ga'bons *bn* Gabonese

'**gade** (-n) **1** *m* husband, consort; **2** *v* wife, consort

'**gadeslaan**[1] *overg* observe, watch

'**gading** *v* liking; *alles is van zijn* ~ nothing comes amiss to him, all's fish that comes to his net; *het is*

niet van mijn ~ it is not what I want

gaf (gaven) V.T. v. *geven*

'**gaffel** *v* (-s) **1** (hooivork) pitchfork, fork; **2** scheepv gaff

'**gaffelvormig** *bn* forked

'**gaffelzeil** *o* (-en) trysail

ga'ga *bn* gaga

'**gage** *v* (-s) **1** (in 't alg.) wage(s); **2** scheepv pay

'**gajes** slang *o* rabble, hoi polloi

GAK *o Gemeenschappelijk Administratiekantoor* Industrial Insurance Administration

gal *v* gall, bile; *zijn* ~ *uitbraken* vent one's bile [on sbd.]; *de* ~ *loopt hem over* his blood is up; *iems.* ~ *doen overlopen* stir (up) sbd.'s bile

'**gala** *o* gala; full dress; *in* ~ in full dress, [dine] in state

'**gala-avond** *m* (-en) gala night

ga'lactisch *bn* galactic

'**galadiner** *o* (-s) state dinner

'**galakleding** *v* full dress

ga'lant I *bn* gallant; **II** *m* (-s en -en) intended, betrothed, fiancé

galante'rie *v* (-rieën) gallantry; ~*ën* fancy goods

galan'tine *v* galantine

'**galappel** *m* (-s) gall-nut

'**galavoorstelling** *v* (-en) gala performance

'**galblaas** *v* (-blazen) gall-bladder

'**galbulten** *mv* hives

ga'lei *v* (-en) galley

ga'leiboef *m* (-boeven), **ga'leislaaf** *m* (-slaven) galleyslave

ga'leistraf *v* forced labour in the galleys

gale'rie *v* (-s en -rieën) (picture) gallery

gale'rij *v* (-en) gallery°; [Indonesian] veranda(h)

gale'rijflat *m* (-s) gallery flats; Am gallery apartments

galg *v* (-en) gallows; *op moord staat de* ~ murder is a hanging matter; *tot de* ~ *veroordelen* sentence to death on the gallows; *voor* ~ *en rad (voor de* ~) *opgroeien* be heading straight for the gallows

'**galgenaas** *o* (-azen) gallows bird, rogue, ruffian

'**galgenbrok** *m* (-ken) = *galgenaas*

'**galgenhumor** *m* gallows humour

'**galgenmaal** *o* last meal, parting meal

'**galgenstrop** *m* & *v* (-pen) = *galgenaas*

'**galgentronie** *v* (-s) hangdog look

'**galgje** *o* (spelletje) hangman

Ga'licië *o* (in Spanje & Polen) Galicia

gal'joen *o* (-en en -s) galleon

'**gallen** (galde, h. gegald) *overg* take the gall from [a fish]

galli'cisme *o* (-n) gallicism

'**Gallië** *o* Gaul

'**Galliër** *m* (-s) Gaul

'**gallig** *bn* bilious[2]

'**galligheid** *v* biliousness[2]

'**gallisch** *bn: ik werd er* ~ *van* I got totally fed up with it

'**Gallisch** *bn* Gallic

gallo'fiel *m* (-en) Francophile

galm *m* (-en) sound, resounding, reverberation

'**galmen** (galmde, h. gegalmd) *onoverg* 1 ⟨klokken &⟩ sound, resound; 2 ⟨schreeuwen⟩ bawl, chant [of persons]

'**galmgat** *o* (-gaten) belfry window, sound hole

'**galnoot** *v* (-noten) gall-nut

ga'**lon** *o* & *m* (-nen en -s) (gold or silver) lace, braid, galloon, piping

galon'neren (galonneerde, h. gegalonneerd) *overg* lace, braid

ga'**lop** *m* (-s) 1 ⟨v. paard⟩ gallop; 2 ⟨dans⟩ galop; *korte* ~ canter; *in* ~ at a gallop; *in volle* ~ (at) full gallop

galop'peren (galoppeerde, h. gegaloppeerd) *onoverg* 1 gallop [of a horse]; 2 galop [of a dancer]

'**galsteen** *m* (-stenen) gall-stone, bile-stone

galvani'satie *v* galvanization

gal'vanisch *bn* galvanic

galvani'seren (galvaniseerde, h. gegalvaniseerd) *overg* galvanize

galva'nisme *o* galvanism

'**galwesp** *v* (-en) gall-fly

'**galziekte** *v* (-n en -s) bilious complaint

'**Gambia** *o* Gambia

Gambi'aan *m* (-bianen) Gambian

Gambi'aans *bn* Gambian

gam'biet *o* (-en) gambit

ga'**mel** *v* (-len) mess-tin

'**gamma** *v* & *o* ('s) 1 muz gamut, scale; 2 ⟨letter⟩ gamma; 3 ⟨geordende reeks⟩ gamut, spectrum; *het hele* ~ *van misdaden* the whole gamut of crime

'**gammastralen** *mv* gamma rays

'**gammastraling** *v* gamma radiation

'**gammawetenschappen** *mv* ± social sciences

'**gammel** *bn* 1 ⟨vervallen, wrak⟩ ramshackle, decrepit; 2 ⟨versleten, afgeleefd⟩ worn out; 3 ⟨slap, lusteloos⟩ gemeenz seedy

1 **gang** *m* (-en) 1 [subterranean] passage [of a house], corridor [of a house, train]; 2 alley [= narrow street]; 3 gallery [of a mine]

2 **gang** *m* (-en) 1 ⟨v. persoon⟩ gait, walk; 2 ⟨v. hardloper, paard⟩ pace; 3 ⟨v. auto, trein &⟩ speed, rate; 4 ⟨v. zaak⟩ progress; 5 ⟨v. ziekte, geschiedenis⟩ course, march; 6 ⟨v. maaltijd⟩ course; 7 techn ⟨v. machine⟩ running, working; 8 techn ⟨v. schroef⟩ thread; 9 ⟨in het schermen⟩ pass; ~ *van zaken* course of things; *de gewone (normale)* ~ *van zaken* the usual procedure, the usual course of things, the customary routine; *voor de goede* ~ *van zaken* for a smooth running, for the proper working; *de verdere* ~ *van zaken* further developments; *er zit* ~ *in (de handeling)* it is full of go; *ga uw (je)* ~*!* 1 please yourself!; 2 ⟨toe maar!⟩ go ahead!, go on!, carry on!; *hij gaat zijn eigen* ~ he goes his own way; *laat hem zijn* ~ *maar gaan* let him have his way; *alles gaat weer zijn gewone* ~ things go on as usual; ~

maken sp spurt; *iems.* ~*en nagaan* watch sbd., have sbd. shadowed; *ik zal u die* ~ *sparen* I'll spare you that walk; *aan de* ~ *blijven* go on, continue (working &); *aan de* ~ *brengen (helpen, maken)* set going, start; *aan de* ~ *gaan* get going, set to work; *aan de* ~ *zijn* 1 ⟨v. persoon⟩ be at work; 2 ⟨v. voorstelling &⟩ have started, be in progress; *wat is er aan de* ~? what is going on?; *hij is weer aan de* ~ he is at it again; *in volle* ~ *zijn* be in full swing[2]; *op* ~ *brengen* set going, start; *op* ~ *houden* keep going; *op* ~ *komen* get going; *op* ~ *krijgen* get going

'**gangbaar** *bn* 1 ⟨v. geld⟩ valid; 2 ⟨v. artikelen⟩ popular, in demand; 3 ⟨v. woorden, uitdrukkingen⟩ current, in common use; 4 ⟨v. opvattingen⟩ current, prevailing; 5 ⟨v. methoden⟩ accepted, common; *gangbare munt* accepted currency, passable currency; *een gangbare maat* a common size; *niet meer* ~ out of date

'**gangbaarheid** *v* currency

'**gangboord** *o* & *m* (-en) gangway

'**Ganges** *m* Ganges

'**gangkast** *v* (-en) hall cupboard

'**gangloper** *m* (-s) corridor-carpet

'**gangmaker** *m* (-s) sp pace-maker

'**gangpad** *o* (-paden) ⟨in kerk, vliegtuig⟩ aisle

gan'**green** *o* gangrene, necrosis

'**gangspil** *o* (-len) capstan

'**gangster** *m* (-s) gangster

'**gannef** *m* (gannefen en ganneven) crook, rogue

1 **gans** *v* (ganzen) goose[2]; *sprookjes van Moeder de Gans* Mother Goose's tales

2 **gans I** *bn* whole, all; ~ *Londen* the whole of London [was burnt down]; all London [was at the races]; **II** *bijw* wholly, entirely; ~ *niet* not at all

'**gansje** *o* (-s) gosling, little goose[2]

'**ganzebloem** *v* (-en) ox-eye (daisy)

'**ganzenbord** *o* (-en) game of goose

'**ganzenborden** (ganzenbordde, h. geganzenbord) *onoverg* play the game of goose

'**ganzenhoeder** *m* (-s) gooseherd

'**ganzenlever** *v* (-s) goose-liver

'**ganzenmars** *m* (-en) Indian file, single file

'**ganzenpas** *m* (-sen) goose step

'**ganzenveer** *v* (-veren) goose-quill

'**gapen** (gaapte, h. gegaapt) *onoverg* 1 gape [in amazement, also of oysters, chasms, wounds]; 2 yawn [from hunger, drowsiness]; *een* ~*de afgrond* a yawning abyss (precipice)

'**gaper** *m* (-s) gaper

'**gaping** *v* (-en) gap, hiatus

'**gappen** (gapte, h. gegapt) *overg* & *onoverg* gemeenz pinch, slang nab, nip

ga'**rage** *v* (-s) garage

ga'**ragehouder** *m* (-s) garage keeper, garage proprietor

garan'deren (garandeerde, h. gegarandeerd) *overg* warrant, guarantee; zie ook: *gegarandeerd*

ga'**rant** *m* (-en) guarantor; ~ *staan voor, zich* ~ *stel-*

len voor guarantee, warrant, stand surety for

ga'rantie *v* (-s) guarantee, warrant, security, warranty; *onder* ~ *vallen* be under warranty

ga'rantiebewijs *o* (-wijzen) warranty

ga'rantiefonds *o* (-en) contingency fund

gard *v* (-en) **1** ⟨roede⟩ rod; **2** ⟨keukengereedschap⟩ whisk

'Gardameer *o* Lake Garda

'garde *v* **1** (-s) ⟨wacht⟩ guard; **2** (-n) = *gard*; *de koninklijke* ~ the Royal Guards; *de oude* ~ the old guard

gar'denia *v* ('s) gardenia

garde'robe *v* (-s) **1** ⟨voorraad kleding⟩ wardrobe; **2** ⟨opbergplaats voor jassen⟩ cloakroom

garde'robejuffrouw *v* (-en) cloak-room attendant

gar'dist *m* (-en) guard

ga'reel *o* (-relen) harness, (horse-)collar; *in het* ~ *in harness*[2]; *in het* ~ *brengen* bring into line

'garen I *o* (-s) thread, yarn; ~ *en band* haberdashery; *wollen* ~ worsted; **II** *bn* thread

garen-en-'bandwinkel *m* (-s) haberdashery

garf *v* (garven) sheaf; *in garven binden* sheave

gar'naal *m* (-nalen) shrimp; *een geheugen als een* ~ a memory like a sieve

gar'nalencocktail *m* (-s) shrimp cocktail

gar'nalenvangst *v* (-en) shrimping

gar'nalenvisser *m* (-s) shrimper

gar'neersel *o* (-s) trimming

gar'neren (garneerde, h. gegarneerd) *overg* **1** trim [a dress, hat &]; **2** garnish [a dish]

gar'nering *v* (-en) **1** trimming (of clothing); **2** garnish [of food]

garni'tuur *o* (-turen) **1** trimming [of a gown]; **2** set of jewels; **3** set of mantelpiece ornaments

garni'zoen *o* (-en) garrison; ~ *leggen in een plaats* garrison a town; *hij lag te G. in* ~ he was garrisoned at G.

garni'zoenscommandant *m* (-en) town major

garni'zoensplaats *v* (-en) garrison town

'garstig *bn* rancid

'garstigheid *v* rancidness

'garve *v* (-n) = *garf*

'garven (garfde, h. gegarfd) *overg* sheave, sheaf

gas *o* (-sen) gas; ~ *geven* open (out) the throttle, *gemeenz* step on the gas; ~ *op de plank geven* *gemeenz* step on the juice; ~ *terugnemen* throttle down

'gasaansteker *m* (-s) gas lighter°

'gasaanval *m* (-len) gas attack

'gasachtig *bn* **1** gaseous [body &]; **2** gassy [smell]

'gasbedrijf *o* (-drijven) gas company, gasboard

'gasbel *v* (-len) = *aardgasbel*

'gasbeton *o* aerated concrete, cellular concrete

'gasbrander *m* (-s) gas-burner, gas-jet

'gasbuis *v* (-buizen) gas-pipe

Gas'cogne *o* Gascony

'gasdicht *bn* **1** ⟨geen gas binnenlatend⟩ gas-proof; **2** ⟨geen gas naar buiten latend⟩ gas-tight

'gasfabriek *v* (-en) gas-works

'gasfitter *m* (-s) gas-fitter

'gasfles *v* (-sen) gas cylinder, gas cannister

'gasfornuis *o* (-nuizen) gas-cooker (-stove)

'gasgeiser *m* (-s) gas-heater

'gasgenerator *m* (-s en -toren) gas producer

'gashaard *m* (-en) gas-fire

'gashouder *m* (-s) gas-holder, gasometer

'gaskachel *v* (-s) gas-stove, gas-fire, gas-heater

'gaskamer *v* (-s) **1** gas-chamber [for executing human beings]; **2** lethal chamber [for killing animals]

'gaskomfoor *o* (-foren) gas-ring

'gaskraan *v* (-kranen) gas-tap

'gaslamp *v* (-en) gas-lamp

'gaslantaarn, 'gaslantaren *v* (-s) gas-light, gas-lamp

'gasleiding *v* (-en) **1** gas-main [in the street]; **2** gas-pipes [in the house]

'gaslek *o* (-ken) gas leak, gas leakage

'gaslicht *o* gas-light

'gaslucht *v* smell of gas, gassy smell

'gasmasker *o* (-s) gas-mask

'gasmeter *m* (-s) gas-meter

'gasmotor *m* (-s en -toren) gas-engine

'gasoven *m* (-s) **1** ⟨in huishouding⟩ gas stove; **2** *techn* gas furnace

'gaspedaal *o & m* (-dalen) accelerator (pedal)

'gaspit *v* (-ten) gas-burner, gas-jet

'gasrekening *v* (-en) gas-bill

'gassen (gaste, h. gegast) *overg* *mil* gas

'gasslang *v* (-en) gas-tube

'gasstel *o* (-len) = *gasfornuis en gaskomfoor*

gast *m* (-en) guest; visitor; *stevige* ~ robust fellow; *bij iem. te* ~ *zijn* be sbd.'s guest

'gastank *m* (-s) gas tank

'gastarbeider *m* (-s) foreign (immigrant, migratory) worker

'gastcollege *o* (-s) guest lecture

'gastdirigent *m* (-en) guest conductor

'gastdocent *m* (-en) visiting lecturer

'gastenboek *o* (-en) visitors' book

'gastenverblijf *o* (-blijven) ⟨apart v.h. pand⟩ guest-house; ⟨binnen het pand⟩ guest-room(s)

gas'teren (gasteerde, h. gegasteerd) *onoverg* be starring

'gastgezin *o* (-nen) host family

'gastheer *m* (-heren) host

'gasthoogleraar *m* (-s en -raren) visiting professor

'gasthuis *o* (-huizen) hospital

'gastland *o* (-en) host country

'gastmaal *o* (-malen) feast, banquet

'gastrol *v* (-len) star-part

gastrono'mie *v* gastronomy

gastro'nomisch *bn* gastronomic

gastro'noom *m* (-nomen) gastronomer

'gastspeler *m* (-s) visiting player

'gastspreker *m* (-s) guest speaker

'gasturbine *v* (-s) gas-turbine

'gastvoorstelling *v* (-en) starring-performance
gast'vrij *bn* hospitable; *heel* ~ *zijn* keep open house
gast'vrijheid *v* hospitality
'gastvrouw *v* (-en) hostess
'gasvergiftiging *v* (-en) gas poisoning
'gasverlichting *v* (-en) gas-lighting
'gasverwarming *v* (-en) gas heating
'gasvlam *v* (-men) gas-flame
'gasvormig *bn* gasiform, gaseous
'gasvorming *v* (-en) gasification
gat *o* (gaten) **1** hole, opening, gap [in a wall &]; **2** cavity (in tooth); **3** (achterwerk) bottom; ge-meenz arse; **4** (gehucht) hole [of a place]; *een* ~ *in de dag slapen* sleep all the morning; *een* ~ *in de lucht springen* jump for joy; *een* ~ *stoppen* stop a gap; *het ene* ~ *met het andere stoppen* rob Peter to pay Paul; *zich een* ~ *in het hoofd vallen* break one's head; *ergens geen* ~ *in zien* not see a way out of it, not see one's way to... [do something]; *iets in de* ~*en hebben* have got wind of sth., gemeenz have twigged sth.; *iem. in de* ~*en hebben* have found out sbd; *iem. in de* ~*en houden* keep one's eye on sbd.; *in de* ~*en krijgen* get wind of [sth.]; spot [sbd.]
'gatenkaas *m* (-kazen) cheese with holes
'gatenplant *v* (-en) monstera, Swiss cheese plant
gatver'darrie *tsw* gemeenz darn
gauw I *bn* **1** 〈v. beweging〉 quick, swift; **2** 〈v. verstand〉 quick; **II** *bijw* quickly, quick; soon; in a hurry; *ik kom* ~ I'm coming soon; *dat zal hij niet zo* ~ *weer doen* he won't do that again in a hurry; *zo* ~ *hij mij zag* as soon as he saw me
'gauwdief *m* (-dieven) thief, rogue
gauwdieve'rij *v* (-en) thieving
'gauwigheid *v* quickness[2], swiftness; *in de* ~ **1** in a hurry; **2** in my hurry
'gave *v* (-n) gift[2]
'gaven V.T. meerv. v. *geven*
ga'zel (-len), **ga'zelle** *v* (-n) gazelle
'gazen *bn* gauze
ga'zeuse *v* carbonated beverage, soft drink
ga'zon *o* (-s) lawn, green
ga'zonsproeier *m* (-s) (lawn) sprinkler
ge *pers vnw* = *gij*
ge'aard *bn* disposed
ge'aardheid *v* (-heden) disposition, temper, nature
geabon'neerde *m-v* (-n) = *abonnee*
geacciden'teerd *bn*: ~ *terrein* broken ground
geaccredi'teerd *bn* **1** credit-worthy [firm]; **2** accredited [diplomat]
geache'veerd *bn* carefully finished, completed, perfected
ge'acht *bn* respected, esteemed; *G~e heer* Dear Sir
geadres'seerde *m-v* (-n) addressee; consignee [of goods]
geaffec'teerd *bn* affected
geaffec'teerdheid *v* affectedness, affectation
geaggre'geerd *bn* ZN qualified (in teaching)
geaggre'geerde *m-v* (-n) ZN qualified teacher (with

or without a degree)
geagi'teerd *bn* agitated
Gealli'eerden *mv* Allied Powers
geamu'seerd *bn* *bijw* amused; ~ *toekijken* look on with amusement
ge'armd *bn* arm in arm
gearri'veerd *bn* settled, well-to-do
geavan'ceerd *bn* advanced, progressive
geb. *afk.* = *geboren*
GEB *o Gemeentelijk Energiebedrijf* local gas and electricity company (board)
ge'baand *bn* beaten [road]; ~*e wegen bewandelen (gaan)* follow the beaten track
ge'baar *o* (-baren) gesture[2], gesticulation, motion, sign; *gebaren maken* gesticulate, make gestures
ge'babbel *o* **1** (gepraat) chatter, babble, prattle, tattle, chit-chat; **2** (roddel) tittle-tattle, gossip
ge'bak *o* pastry, cake(s), confectionery
ge'bakerd *bn*: *heet* ~ hot-headed
ge'bakje *o* (-s) pastry (ook = ~s), tart(let)
ge'balk *o* braying, bray
ge'baren (gebaarde, h. gebaard) *onoverg* gesticulate, motion
ge'barenspel *o* **1** (in 't alg.) gesticulation, gestures; **2** (kunstvorm) pantomime, dumb-show
ge'barentaal *v* sign-language
ge'bazel *o* twaddle, drivel, balderdash
ge'bed *o* (-beden) prayer; *het* ~ *des Heren* the Lord's Prayer; *een* ~ *doen* say a prayer, pray
ge'bedel *o* begging
ge'beden V.D. v. *bidden*
ge'bedenboek *o* (-en) prayer-book
ge'bedsgenezer *m* (-s) faith healer
ge'bedsgenezing *v* (-en) faith healing
ge'bedsmolen *m* (-s) prayer wheel
ge'bedsriem *m* (-en) phylactery
ge'beente *o* (-n) bones
ge'beft *bn* with bands
ge'beier *o* chiming, ringing
ge'beiteld *bn*: ~ *zitten* gemeenz be sitting pretty, have it made
ge'bekt *bn*: *goed* ~ *zijn* have the gift of the gab; zie ook: *vogeltje*
ge'bel *o* ringing
ge'belgd *bn* offended (*over* at)
ge'belgdheid *v* resentment; anger
ge'bergte *o* (-n en -s) (chain of) mountains
ge'beten I V.D. v. *bijten*; **II** *bn*: ~ *zijn op iem.* have a grudge (spite) against sbd.
ge'beurde *o*: *het* ~ what (had) happened, the happenings, the occurrence(s), the incident
ge'beuren I (gebeurde, is gebeurd) *onoverg* happen, chance, occur, come about, come to pass, be; *het is me gebeurd, dat...* it has happened to me that...; *er* ~ *rare dingen* **1** strange things happen; **2** things come about (so) strangely; *wanneer zal het* ~? when is it to come about (come off, be)?; *dat zal me niet weer* ~ that will not happen to me again; *wat er ook* ~

moge happen (come) what may; *het moet ~! it must be done!; *het zal je ~! fancy that happening!; *dat gebeurt niet!* you will do nothing of the kind!; *wat ermee gebeurde, is onbekend* what happened to it is unknown; *voor ik wist wat er gebeurde* before I knew where I was; **II** *o* event

ge′beurtenis *v* (-sen), event, occurrence; *een blijde ~* a happy event; *een toevallige ~* a contingency

ge′beuzel *o* dawdling, trifling

ge′bied *o* (-en) territory, dominion, area; [mining] district; [arctic] region; <u>recht</u> jurisdiction; <u>fig</u> domain, sphere, department, province, field, range; *op het ~ van de kunst* in the domain (field, realm(s)) of art; *dat behoort niet tot mijn ~* that is not within my province

ge′bieden[2] **I** *overg* command, order, bid; **II** *onoverg* command, order; *~ over* command

ge′biedend *bn* imperious; imperative [necessity]; *de ~e wijs* the imperative (mood)

ge′bieder *m* (-s) ruler, master, lord

ge′biedsdeel *o* (-delen) territory; *overzeese gebiedsdelen* overseas territories

ge′biesd *bn*: *oranje ~* orange-piped

ge′bint (-en), **ge′binte** *o* (-n) cross-beams

ge′bit *o* (-ten) **1** ⟨echt⟩ set of teeth, teeth; **2** ⟨vals⟩ (set of) false teeth, denture(s)

ge′bitsbeschermer *m* (-s) gum-shield

ge′bitsverzorging *v* dental care

ge′blaas *o* **1** ⟨in 't alg.⟩ blowing; **2** ⟨v. kat⟩ spitting

ge′blaat *o* bleating

ge′bladerte *o* foliage, leaves

ge′blaf *o* bark(ing)

ge′bleken V.D. v. *blijken*

gebles′seerd *bn* sp injured

ge′bleven V.D. v. *blijven*

ge′bloemd *bn* flowered

ge′blok *o* plodding, <u>gemeenz</u> swotting

ge′blokt *bn* chequered

ge′blonken V.D. v. *blinken*

ge′bluf *o* boast(ing), brag(ging), <u>gemeenz</u> swank

ge′bocheld *bn* hunchbacked, humpbacked

ge′bochelde *m-v* (-n) hunchback, humpback

′gebod *o* (-boden) command; *de ~en* **1** the [ten] commandments; **2** ⟨huwelijksafkondiging⟩ the banns

ge′boden **I** V.D. v. *bieden & gebieden*; **II** *bn* required, necessary, called for

ge′boefte *o* riff-raff, rabble

ge′bogen V.D. v. *buigen*

ge′bonden **I** V.D. v. *binden*; **II** *bn* **1** bound [books]; **2** tied [hands &]; **3** latent [heat]; **4** thick [soup, sauce]; *~ stijl* poetic style, verse; *je bent zo ~* it is such a tie; *niet ~* uncommitted, non-aligned [nations]

ge′bons *o* thumping &, zie: *bonzen*

ge′boomte *o* (-n) trees

ge′boorte *v* (-n en -s) birth; *bij de ~* at birth; *na de ~* post-natal; *een Fransman van ~* a Frenchman by birth, [he is] French-born; *een Groninger van ~* a native of Groningen

ge′boorteaangifte *v* (-n) registration of birth

ge′boorteakte *v* (-n en -s) birth-certificate

ge′boortebeperking *v* birth-control

ge′boortecijfer *o* (-s) birth-rate

ge′boortedag *m* (-dagen) birthday

ge′boortedatum *m* (-s en -data) date of birth, birth-date

ge′boortegolf *v* (-golven) (birth) bulge

ge′boortegrond *m* native soil

ge′boortehuis *o* birth-place, house where... was born

ge′boortejaar *o* (-jaren) year of sbd.'s birth

ge′boortekaartje *o* (-s) birth announcement card

ge′boorteland *o* native land (country); ⟨officieel⟩ country of birth

ge′boorteoverschot *o* (-ten) excess of births

ge′boorteplaats *v* (-en) birth-place, place of (one's) birth

ge′boorterecht *o* birthright

ge′boorteregeling *v* (-en) birth control

ge′boorteregister *o* (-s) register of births

ge′boortestad *v* (-steden) native town; *zijn ~ Londen* his native London

ge′boortig *bn*: *~ uit Apeldoorn* born in (at) Apeldoorn, a native of Apeldoorn

ge′boren *bn* born; *hij is een ~ Fransman* he is a Frenchman by birth; *hij is een ~ Groninger* he is a native of Groningen; *Mevrouw Artunay, ~ Schippers* Mrs. Artunay, née Schippers, maiden name Schippers; *~ en getogen* born and bred

ge′borgen **I** V.D. v. *bergen*; **II** *bn* secure

ge′borgenheid *v* security

gebor′neerd *bn* limited, narrow-minded, narrow

ge′borrel *o* **1** ⟨opborrelen⟩ bubbling; **2** ⟨drinken van borrels⟩ tippling

ge′borsten V.D. v. *bersten*

ge′bouw *o* (-en) building, edifice[2], structure[2], <u>fig</u> fabric

Gebr. *afk.* = *Gebroeders*

ge′braad *o* roast, roast meat

ge′brabbel *o* **1** ⟨gewauwel⟩ gibberish, jabber; **2** ⟨v. kind⟩ prattle

ge′bracht V.D. v. *brengen*

ge′braden *bn* roasted [potatoes], roast [meat]

ge′bral *o* brag, wind, gas

ge′brand *bn* burnt &; zie: *branden; ~ zijn op* be keen (<u>gemeenz</u> hot) on [sth.]; be agog [to know...]

ge′bras *o* feasting, revelling

ge′breid *bn* knitted; *~e goederen* knitted goods, knitwear

ge′brek *o* (-breken) **1** ⟨tekort⟩ want, lack, shortage (*aan* of); **2** ⟨armoede⟩ want [= poverty]; **3** ⟨fout⟩ defect, fault, shortcoming; **4** ⟨lichaamsgebrek⟩ infirmity; *~ hebben, ~ lijden* suffer want, be in want; *~ hebben aan* be in want of, be short of; *aan niets ~ hebben* want for nothing; *~ aan eerbied* disrespect;

~ aan organisatie inorganization; *er is ~ aan steen-kolen* there is a famine in coal; *geen ~ aan klachten* no lack (want) of complaints; *bij ~ aan...* for want of..., in default of...; *bij ~ aan iets beters* for lack of something better; *bij ~ daaraan* failing that, in the absence of such; *in ~e blijven te...* fail to...; *in ~e blijven te betalen* default; *uit ~ aan* for want of
ge'brekkelijk *bn* infirm, crippled
ge'brekkig I *bn* **1** ⟨v. personen⟩ invalid [by injury], infirm [through age]; **2** ⟨v. zaken⟩ defective [machines], faulty [English]; **II** *bijw*: *zich ~ uitdrukken* express oneself badly (imperfectly, poorly); murder the King's English
ge'brekkigheid *v* defectiveness, faultiness
gebrevet'teerd *bn* ZN trained, qualified
ge'brild *bn* spectacled
ge'broddel *o* bungling, botch
ge'broed *o* brood
ge'broeders *mv* brothers; *de ~ Warner* the Warner brothers, <u>handel</u> Warner Brothers, Warner Bros
ge'broken I V.D. v. *breken*; **II** *bn*: *~ getal* fractional number, fraction; *~ rib* <u>med</u> ook: fractured rib; *in ~ Engels* in broken English; *~ zijn, zich ~ voelen* feel broken; *~ wit* off-white
ge'brom *o* **1** ⟨in 't alg.⟩ buzz(ing), humming, drone; **2** growling [of a dog, of a person]; **3** <u>fig</u> grumbling
gebrouil'leerd *bn* on bad terms, not on speaking terms
ge'bruik *o* (-en) **1** use [of cosmetics, opium &]; **2** employment [of special means]; **3** consumption [of food]; **4** custom, usage, habit, practice [followed in various countries]; *~ maken van* use, make use of [sth.]; avail oneself of [an offer, opportunity]; *een goed ~ maken van* make good use of [sth.], put [it] to good use, turn [one's time] to good account; *veel (druk) ~ maken van* use freely, make a great use of; *buiten ~* out of use; *in ~ (hebben)* (have) in use; *in ~ nemen (stellen)* put into use; *naar aloud ~* according to time-honoured custom; *ten ~e van* for the use of; *voor dagelijks ~* for everyday use, for daily wear
ge'bruikelijk *bn* usual, customary
ge'bruiken (gebruikte, h. gebruikt) **I** *overg* **1** use, make use of, employ [means]; **2** partake of, take [food, a drink, sugar]; **3** ⟨verbruiken⟩ consume; *drugs ~* take drugs; *hij kan (van) alles ~* he has a use for everything; *ik kan het (hem) niet ~* I have no use for it (for him); *Gods naam ijdel ~* take God's name in vain; *wat ~* take (have) some refreshment; *wat wilt u ~?* what will you have?, what's yours?; **II** *abs ww* ⟨m.b.t. drugs⟩ take drugs, be on drugs
ge'bruiker *m* (-s) user
gebruikers'vriendelijk *bn* user-friendly
ge'bruikmaking *v*: *met ~ van* using, by means of
ge'bruiksaanwijzing *v* (-en) directions for use
ge'bruiksgoederen *mv* utility goods; *duurzame ~* durable consumer goods
ge'bruiksklaar *bn* ready (for use)

ge'bruiksvoorwerp *o* (-en) article (thing) of use, useful object; *~en* utilities
ge'bruikswaarde *v* utility
ge'bruis *o* **1** ⟨v. frisdrank &⟩ effervescence; **2** ⟨v. kolkend water⟩ seething, roaring
ge'brul *o* roaring[2]
ge'bulder *o* rumbling, booming &, zie: *bulderen*; ook: roar
ge'bulk *o* bellowing, lowing &, zie: *bulken*
gechar'meerd *bn*: *~ zijn van* be taken with
gecivili'seerd *bn* civilized
gecommit'teerde *m* (-n) **1** ⟨in 't alg.⟩ delegate; **2** ⟨bij examen⟩ external examinor
gecompli'ceerd *bn* **1** complicated [affair]; **2** complex [character, problem, situation &]; **3** compound [fracture]
gecompli'ceerdheid *v* complexity°
geconcen'treerd *bn* concentrated°
geconsig'neerde *m-v* (-n) <u>handel</u> consignee
ge'daagde *m-v* (-n) defendant
ge'daan I V.D. v. *doen*; **II** *bn* finished; *~ geven* dismiss; *~ krijgen* <u>gemeenz</u> get the sack [of servants]; *ik kan niets van hem ~ krijgen* I have no influence with him; *het (iets) ~ krijgen* bring it off; *het is niets ~* it's no good; *ik kan alles van hem ~ krijgen* he will do anything for me; *het is met hem ~* it is all over (gemeenz all up) with him; <u>gemeenz</u> *he is done for, he is finished*; zie ook: *doen, zaak*
ge'daante *v* (-n en -s) shape, form, figure; *in de ~ van...* in the shape of...; *zich in zijn ware ~ vertonen* show oneself in one's true colours; *onder beiderlei ~n* in both kinds; *van ~ veranderen* change one's shape; *van ~ verwisselen* **1** change one's shape; **2** ook: be subject to metamorphosis [of insects]
gedaanteverandering, ge'daanteverwisseling *v* (-en) metamorphosis, transformation
ge'daas *o* balderdash, <u>slang</u> tosh
ge'dacht V.D. v. *denken*
ge'dachte *v* (-n) thought, idea, reflection, notion; *~n zijn (tol)vrij* thought is free; *de ~ daaraan* the thought of it; *de ~ alleen al* the mere thought; *de ~ dat ik zo iets zou kunnen doen* the idea of my doing such a thing; *ik heb mijn eigen ~n daarover* I have an idea of my own about it; *zijn ~n erbij houden* keep one's mind on what one is doing; *zijn ~n er niet bij hebben* be absent-minded, be wool-gathering; *zijn ~en erover laten gaan* give one's mind to the subject; just give a thought to the matter; *waar zijn uw ~n?* what are you thinking of?; *bij de ~ aan* when thinking of, at the thought of; *in ~n* in thought, in spirit; *ik zal het in ~ houden* I'll keep it in mind (remember it); *in ~n verzonken* lost in thought; *in ~n zijn* be (deep) in thought; *op de ~ komen* hit upon the idea; *hoe is hij op die ~ gekomen?* what can have suggested the idea to him?; *tot andere ~n komen* change one's mind, come to think differently about the matter; *hij kwam tot betere ~n* better thoughts came to him; *dat moet je je*

maar uit je ~n zetten you must put it out of your mind; *van ~ veranderen* change one's mind, think better of it; *van ~n wisselen* exchange views; *van ~ zijn dat* be of the opinion that; *van ~ zijn om...* think of ...ing, mean to...

ge'**dachteassociatie** *v* (-s) association of ideas, thought association

ge'**dachtegang** *m* (-en) train (line) of thought

ge'**dachtelezen** *o* thought-reading, mind-reading

ge'**dachteloop** *m* (-lopen) = *gedachtegang*

ge'**dachteloos** *bn* thoughtless

ge'**dachteloosheid** *v* thoughtlessness

ge'**dachtenis** *v* (-sen) **1** (herinnering) memory, remembrance; **2** (voorwerp ter herinnering) memento, souvenir, keepsake; *ter ~ van* in memory of

ge'**dachteoverbrenging** *v* thought-transference

ge'**dachtereeks** *v* (-en) train of thoughts

ge'**dachtesprong** *m* (-en) mental leap (jump), mental switch

ge'**dachtestreep** *v* (-strepen) dash

ge'**dachtevlucht** *v* flight of ideas

ge'**dachtewereld** *v* world of thought

ge'**dachtewisseling** *v* (-en) exchange of views

ge'**dachtig** *bn* mindful (of); *wees mijner ~* remember me [in your prayers]

ge'**dagzeggen** (zei gedag, h. gedaggezegd) *overg* say hello (goodbye)

ge'**dartel** *o* gambolling, frisking

geda'**teerd** *bn* dated, outdated, archaic

gedeci'**deerd** *bn* firm decided, resolute

gedecolle'**teerd** *bn* décolleté(e), low-necked [dress], [woman] in a low-necked dress

ge'**deelte** *o* (-n en -s) **1** (in 't alg.) part, section, piece; **2** (afbetalingstermijn) instalment; *bij ~n* [pay] in instalments; *voor een groot ~* largely; *voor het grootste ~* for the most (greater, better) part

ge'**deeltelijk I** *bn* partial; *~e betaling* part-payment; **II** *bijw* partly, in part

ge'**degen** *bn* **1** native [gold]; **2** (grondig) thorough [enquiry]; **3** (degelijk) sound, solid [knowledge]; **4** (wetenschappelijk verantwoord) scholarly [study]

gedegene'**reerd** *bn* degenerate; *een ~e* a degenerate

ge'**deisd** *bn* gemeenz: *zich ~ houden* lie doggo

ge'**dekt** (m.b.t. cheques) covered; (m.b.t. kleuren) subdued; (m.b.t. kapsel) ± short back and sides; *zich ~ houden* lie low; *een ~e tafel* a laid table, a set table; zie ook bij *dekken*

gedele'**geerde** *m-v* (-n) delegate

ge'**demilitari'seerd** *bn* demilitarized

ge'**dempt** *bn* **1** (v. geluid, licht, kleur) subdued, faint; **2** (v. kanaal) filled-in; *op ~e toon* in a subdued (faint) voice

ge'**denkboek** *o* (-en) memorial book; *~en* annals, records

ge'**denkdag** *m* (-dagen) anniversary

ge'**denken**[2] *overg* remember [in one's prayers], commemorate

ge'**denkjaar** *o* (-jaren) memorial year

ge'**denkpenning** *m* (-en) commemorative medal

ge'**denkplaat** *v* (-platen) (memorial) plaque, table

ge'**denkschrift** *o* (-en) memoir

ge'**denksteen** *m* (-stenen) memorial tablet (stone)

ge'**denkteken** *o* (-s en -en) monument, memorial

gedenk'**waardig** *bn* memorable

ge'**denkzuil** *v* (-en) commemorative column

gedepo'**neerd** *bn* registered [trade mark]

gedepor'**teerde** *m-v* (-n) deportee

gedepri'**meerd** *bn* depressed

gedepu'**teerde** *m-v* (-n) deputy, delegate

gedesillusio'**neerd** *bn* desillusioned

gedesoriën'**teerd** *bn* disoriented, disorientated

gedestil'**leerd** *bn* = *gedistilleerd*

gedetail'**leerd I** *bn* detailed; **II** *bijw* in detail

gedeti'**neerde** *m-v* (-n) prisoner

ge'**dicht** *o* (-en) poem

ge'**dichtenbundel** *m* (-s) volume of verse (poems)

ge'**dienstig** *bn* obliging; (overdreven) obsequious

ge'**dierte** *o* (-n en -s) **1** (dieren) animals, beasts; **2** (ongedierte) vermin

ge'**dijen** (gedijde, h. en is gedijd) *onoverg* thrive, prosper, flourish

ge'**ding** *o* (-en) **1** recht lawsuit, action, cause, case; **2** fig controversy; *kort ~* summary proceedings (procedure), proceedings for a rule nisi; *in het ~ brengen* argue, bring into discussion; *in het ~ komen* come into play; *in het ~ zijn* be at issue, be in question, be at stake

gediplo'**meerd** *bn* qualified, certified; registered [nurse]

gediscipli'**neerd** *bn* disciplined

gedispo'**neerd** *bn*: *ik ben er niet toe ~* I am not in the mood for it

gedistil'**leerd** *bn* distilled; *~e dranken* spirits, liquor

gedistin'**geerd** *bn* **1** (voornaam) distingué, distinguished; **2** (verfijnd) refined [taste]

ge'**dobbel** *o* gambling[2], dicing

ge'**docht** *vero* V.D. v. *dunken*

gedocumen'**teerd** *bn* **1** well-documented [report &]; **2** handel documentary [draft]

ge'**doe** *o* doings, bustle, carryings-on; gemeenz brouhaha; *het hele ~(tje)* the whole affair, the whole business

ge'**doemd** *bn* doomed; *tot mislukken ~* doomed to fail

ge'**dogen** (gedoogde, h. gedoogd) *overg* suffer, permit, allow, tolerate

ge'**doken** V.D. v. *duiken*

ge'**dolven** V.D. v. *delven*

ge'**donder** *o* **1** eig thunder; **2** fig trouble, botheration

ge'**dongen** V.D. v. *dingen*

ge'**doogzone** *v* (-s) zone where illegal activities take place with the connivance of the authorities

ge'**draaf** *o* running, trotting (about)

ge′draai o **1** eig turning, wriggling; **2** fig shuffling

ge′draal o lingering, tarrying, delay

ge′drag o (-dragingen) **1** [moral] conduct, behaviour, bearing; **2** [outward] demeanour, deportment [also in chemical experiment]

1 ge′dragen² *wederk: zich* ~ behave, conduct oneself; *zich netjes* ~ behave (oneself)

2 ge′dragen I V.D. v. *dragen* & *gedragen*; **II** *bn* lofty, exalted, elevated [tone]

ge′dragingen meerv. v. *gedrag*

ge′dragscijfer o (-s) onderwijs conduct mark

ge′dragslijn v line of conduct, line of action, course, policy

ge′dragspatroon o (-tronen) behavioural pattern, pattern of behaviour, pattern of conduct

ge′dragsregel m (-s) rule of conduct

ge′dragsstoornis v (-sen) behavioural disturbance

ge′dragswetenschappen mv behavioural sciences

ge′drang o crowd, throng, crush; *in het* ~ *komen*
1 eig get in a crowd; **2** fig be hard pressed; suffer, be neglected [of discipline &]

ge′drentel o sauntering

gedres′seerd bn trained; ⟨kunstjes vertonend⟩ performing

ge′dreun o droning &, zie: *dreunen*

ge′dreven V.D. v. *drijven*

ge′dribbel o **1** (getippel) toddling; **2** ⟨voetbal⟩ dribbling

ge′drocht o (-en) monster, misgrowth

ge′drochtelijk bn monstrous

ge′drongen I V.D. v. *dringen*; **II** bn **1** compact, terse [style]; **2** thick-set [body]; *wij voelen ons* ~ *te...* we feel prompted to...

ge′dronken V.D. v. *drinken*

ge′dropen V.D. v. *druipen*

ge′druis o noise, roar, hubbub

ge′drukt bn **1** printed [books, cottons &]; **2** (depressief) depressed, dejected, in low spirits; **3** handel depressed, weak [of the market]

ge′ducht I bn formidable, redoubtable, feared; versterkend tremendous [ook = huge]; **II** bijw fearfully, tremendously

ge′duld o patience, forbearance; ~ *hebben (oefenen)* have (exercise) patience; be patient [under trials]; *iems.* ~ *op de proef stellen* try sbd.'s patience; *wij verloren ons* ~ we lost patience; *mijn* ~ *is op, mijn* ~ *is ten einde* my patience is at an end; *met* ~ with patience, patiently

ge′duldig bn patient

ge′duldoefening v (-en) trial of patience

ge′duldwerk o work (task) requiring great patience

gedu′peerde m-v (-n) sufferer, victim

ge′durende voorz during, for, pending, over; ~ *twee dagen* for two days (at a stretch); ~ *de laatste vijf jaar* over the last five years; ~ *het onderzoek* pending the inquiry

ge′durfd bn daring

ge′durig bn continual, incessant

ge′duvel o bother, botheration, nuisance

ge′duw o pushing, jostling, elbowing

ge′dwarrel o whirling, whirl

ge′dwee bn meek, docile, submissive

ge′dweep o fanaticism; gushing enthusiasm

ge′dwongen I V.D. v. *dwingen*; **II** bn **1** forced [avowal, laugh, loan &]; **2** enforced [absence, idleness]; **3** constrained [manner]; **4** compulsory [service]; **III** bijw forcedly &; [laugh] in a strained manner; *hij deed het* ~ he did it under compulsion

ge′ëerd bn honoured, esteemed, respected

geef: *te* ~ for nothing; *het is te* ~ it is dirt-cheap

′geefster v (-s) giver, donor

geëigend bn appropriate [means]; right [person]

geel I bn yellow; *Gele Rivier* Yellow River; *Gele Zee* Yellow Sea; **II** o (gelen) yellow; *het* ~ *van een ei* the yolk

′geelachtig bn yellowish

′geelfilter m & o (-s) yellow filter

′geelgors v (-en) yellowhammer, yellowbunting

′geelkoper o brass

′geelkoperen bn brass

′geeltje o (-s) gemeenz 25-guilder note

′geelzucht v jaundice, med icterus

geëmanci′peerd bn emancipated, liberated

geëmotio′neerd bn moved, affected

geen telw no, none, not any, not one; ~ *van allen* none of them; ~ *ander (kan dat)* nobody else, no other; ~ *van beiden* neither of them; ~ *cent* not a (red) cent, not a (single) farthing; ~ *één* not a (single) one; *hij kent* ~ *Engels* he doesn't know (any) English; ~ *enkel geval* not a single case; ~ *geld meer* no money left; ~ *geld en ook* ~ *soldaten* no money nor soldiers either; *hij heet* ~ *Jan* he isn't called Jan; *dat is* ~ *spelen (vechten &)* that is not playing the game, that is not (what you call) fighting; ~ *hunner* none (neither) of them

geëndos′seerde m-v (-n) handel endorsee

geen′eens bijw gemeenz not even, not so much as

geënga′geerd bn **1** (verloofd) engaged; **2** fig committed [writer]

geënga′geerdheid v commitment

′geenszins, geens′zins bijw not at all, by no means

geep v (gepen) ⟨vis⟩ garfish

′geervalk m & v (-en) gerfalcon

geest m (-en) **1** (tegenover lichaam) spirit°, mind, intellect; **2** (geestigheid) wit; **3** ⟨onlichamelijk wezen⟩ spirit, ghost, spectre, phantom, apparition; [good, evil] genius; *de* ~ *des tijds* the spirit of the age; ~ *van wijn* spirit(s) of wine; *boze* ~*en* evil spirits; *zijn boze* ~ his evil genius; *zijn goede* ~ his good genius; *er heerste een prettige* ~ there was a pleasant atmosphere; *de Griekse* ~ the Greek genius; *een grote* ~ a great mind; *hoe groter* ~, *hoe groter beest* the greater the intellect, the worse the man; *de Heilige Geest* the Holy Ghost; *vliegende* ~ ammonia; ~ *van zout* spirits of salt; *de* ~ *geven* expire, breathe one's last, give up the ghost; *de* ~ *krijgen* be inspired, be in the mood; *er uitzien als een* ~ look like a ghost; *in de* ~ *(was ik bij u)* in (the) spirit; *in die* ~ *is het boek geschreven* that is the strain in which the book is written; *in die* ~ *handelen* act along these lines; *hij maakte nog een paar opmerkingen in deze* ~ in the same strain, to the same effect; *naar de* ~ *zowel als naar de letter* in (the) spirit as well as in (the) letter; *voor de geest brengen (roepen, halen)* call to mind, call up before the mind (our minds); *zich weer voor de* ~ *halen* recapture; *het staat mij nog voor de* ~ it is still present to my mind; *voor de* ~ *zweven* zie: *zweven; de* ~ *is gewillig, maar het vlees is zwak* bijbel the spirit is willing, but the flesh is weak; zie ook: *tegenwoordigheid*

'**geestdodend, geest'dodend** *bn* dull, monotonous

'**geestdrift** *v* enthusiasm; *in* ~ *brengen* rouse to enthusiasm; enrapture; *in* ~ *geraken* become enthusiastic

geest'driftig *bn* enthusiastic(al)

geestdrijve'rij *v* (-en) fanaticism

'**geestelijk I** *bn* **1** (niet stoffelijk) spiritual [comfort]; **2** ⟨van het verstand⟩ intellectual, mental [gifts, health, hygiene]; **3** ⟨niet werelds⟩ sacred [songs]; religious [orders], clerical, ecclesiastical [duties]; ~*e zaken* things spiritual; **II** *bijw* mentally [disturbed, handicapped]

'**geestelijke** *m* (-n) clergyman, divine; RK priest; ~*n en leken* clerics and laymen

'**geestelijkheid** *v* clergy, ministry

'**geesteloos** *bn* spiritless, insipid, dull

'**geestenbezweerder** *m* (-s) exorcist

'**geestenbezwering** *m* (-en) exorcism

'**geestenrijk** *o*, '**geestenwereld** *v* spirit world

'**geestesgaven** *mv* intellectual gifts, mental powers

'**geestesgesteldheid** (-heden) *v* mental condition, state of mind, mentality

'**geesteshouding** (-en) *v* mental attitude, mentality

'**geesteskind** *o* (-eren) brainchild

'**geestesoog** *o* mind's eye

'**geestesproduct** *o* (-en) brain child

'**geestesstoornis** *v* (-sen) (mental) derangement

'**geestestoestand** *m* (-en) = *geestesgesteldheid*

'**geesteswetenschappen** *mv* ± humanities

'**geestesziek** *bn* mentally ill (sick)

'**geesteszieke** *m-v* (-n) mental patient

'**geestesziekte** *v* (-n en -s) mental sickness, illness (disease) of the mind

'**geestgrond** *m* (-en) ± fertile sandy soil in the coastal area

'**geestig** *bn* witty, smart

'**geestigheid** *v* (-heden) wit, wittiness; *geestigheden* witty things, witticisms

'**geestkracht** *v* energy, strength of mind, intellectual power

'**geestrijk** *bn* witty; ~*e dranken* spirituous liquors, spirits

geestver'heffend *bn* elevating (the mind)

'**geestvermogens** *mv* intellectual faculties, mental powers

'**geestverruimend** *bn* mind-expanding, hallucinogenic [drugs]

'**geestverrukking** *v* (-en) rapture, trance

'**geestverschijning** *v* (-en) apparition, phantom

'**geestvervoering** *v* exaltation, rapture

'**geestverwant I** *bn* congenial; **II** *m-v* (-en) congenial, kindred spirit; [political] supporter

'**geestverwantschap** *v* (-pen) congeniality of mind

geeuw *m* (-en) yawn

'**geeuwen** (geeuwde, h. gegeeuwd) *onoverg* yawn

geëvacu'eerde *m-v* (-n) evacuee

geëxal'teerd *bn* over-excited, exaggerated

ge'femel *o* cant(ing)

gefin'geerd fictitious [name], feigned; ~*e factuur* pro forma invoice

ge'fladder *o* fluttering, flutter, flitting

geflat'teerd *bn*: *een* ~*e overwinning* a flattering victory

ge'fleem *o*, **ge'flikflooi** *o* coaxing, wheedling

ge'flikker *o* twinkling, twinkle, flashing, flash

ge'flirt *o* flirting, flirtation

ge'flonker *o* sparkling, sparkle, twinkling, twinkle

ge'floten V.D. v. *fluiten*

ge'fluister *o* whisper(ing), whispers

ge'fluit *o* **1** whistling [of a person, an engine]; **2** warbling, singing [of birds]; **3** hissing, catcalls [in theatre &]

gefor'ceerd *bn* forced

gefortu'neerd *bn* rich, wealthy; *de* ~*en* the rich

gefun'deerd *bn* well-founded; *een slecht* ~*e theorie* an ill-founded theory

ge'gadigde *m-v* (-n) interested party; intending purchaser; would-be contractor; applicant, candidate

ge'galm *o* **1** ⟨v. klokken &⟩ sound, resounding; **2** ⟨v. personen⟩ bawling; [monotonous] chant

gegaran'deerd *bn* **1** ⟨gewaarborgd⟩ guaranteed; **2** ⟨stellig⟩ definitely, absolutely

ge'geten V.D. v. *eten*

ge'geven I *bn* given; *in de* ~ *omstandigheden* in the circumstances, as things are; **II** *o* (-s) datum [*mv* data]; fundamental idea, subject [of a play &]

ge'gevensbestand *o* (-en) file

ge'gevensverwerking *v* data processing

ge'giechel *o* giggling, titter(ing)

ge'gier *o* scream(ing)

ge'gijzelde *m-v* (-n) hostage

ge'gil *o* screaming, yelling, screams, yells

ge'ginnegap *o* giggling, sniggering

ge'gleden V.D. v. *glijden*

ge'glommen V.D. v. *glimmen*

ge'goed *bn* well-to-do, well-off, in easy circumstances; *de meer* ~*en* those better off

ge'goedheid *v* wealth, easy circumstances

ge'golden V.D. v. *gelden*

ge'golfd *bn* **1** waved [hair]; **2** corrugated [iron]

ge'gons *o* **1** buzz(ing), hum(ming) [of insects]; **2** whirr(ing) [of wheels &]

ge'goochel *o* juggling²

ge'gooi *o* throwing

ge'goten I V.D. v. *gieten*; **II** *bn* cast [steel, iron]; *het zit als* ~ it fits like a glove

ge'grabbel *o* grabbling, scrambling, scramble [for money &]

gegradu'eerde *m-v* (-n) ZN person who obtained a higher education diploma; Am graduate

ge'grepen V.D. v. *grijpen*

ge'grinnik *o* snigger, chortle

ge'groefd *bn* **1** grooved [beams]; **2** fluted [columns]

ge'grom *o* grumbling, growling²

ge'grond *bn* well-grounded, well-founded, just; *dit zijn ~e redenen om dankbaar te zijn* these are strong reasons for gratitude

ge'grondheid *v* justice, soundness

ge'haaid *bn* sharp, knowing, wily

ge'haast *bn* hurried [work]; ~ *zijn* be in a hurry

ge'haat *bn* hated, hateful, odious

ge'had V.D. v. *hebben*

ge'hakketak *o* wrangling, bickering(s), squabble(s)

ge'hakt *o* minced meat; *bal(letje)* ~ minced-meat ball

ge'haktbal *m* (-len) meat-ball

ge'haktmolen *m* (-s) mincer

ge'halte *o* (-n en -s) grade [of ore], alloy [of gold or silver], proof [of alcohol], percentage [of fat], standard²; *van degelijk* ~ of (sterling) quality; *van gering* ~ low-grade [ore]; fig of a low standard

ge'hamer *o* hammering

ge'handicapt *bn* handicapped, disabled; *geestelijk* ~ mentally handicapped

gehandicapte *m-v* (-n) handicapped person; *geestelijk* ~ mentally handicapped person; *de ~n* the handicapped, the disabled

ge'hannes *o* **1** ⟨gezeur, gedoe⟩ bother; **2** ⟨geknoei⟩ bungling, mess-up

ge'hard *bn* **1** hardened, hardy [of body]; **2** tempered [steel]; ~ *tegen* inured to

ge'hardheid *v* hardiness, inurement

ge'harrewar *o* bickering(s), squabble(s)

ge'haspel *o* ⟨geknoei⟩ bungling

ge'havend *bn* battered, dilapidated, damaged

ge'hecht *bn* attached; ~ *aan* attached to

ge'hechtheid *v* attachment

ge'heel I *bn* whole, entire, complete; ~ *Engeland* the whole of England, all England; *gehele getallen* whole numbers; *de gehele mens* the entire man; *de gehele stad* the whole town; zie verder: *heel*; **II** *bijw* wholly; entirely, completely, all [alone, ears &]; ~ *(en al)* completely, quite; ~ *of gedeeltelijk* in whole or in part; **III** *o* (-helen) whole; *een* ~ *uitmaken (vormen)* form a whole; *in het* ~... in all...; *in het* ~ *niet* not at all; *in het* ~ *niets* nothing at all; *in zijn* ~ [the Church &] in its entirety; [swallow it] whole;

[look on things] as a whole; *over het* ~ *(genomen)* (up)on the whole

ge'heelonthouder *m* (-s) teetotaller, total abstainer; ~ *zijn* gemeenz be on the water-wagon

ge'heelonthoudersvereniging *v* (-en) temperance society

ge'heelonthouding *v* total abstinence, teetotalism

ge'heid *bn* gemeenz ⟨zeker⟩ certain, sure; *dat is een* ~*e strafschop* that's a sure penalty; *we gaan* ~ *winnen* we'll win, that's a (dead) cert

ge'heim I *bn* **1** secret [door, session, understanding &]; **2** clandestine [trade]; **3** occult [sciences]; **4** private [ballots &]; *het moet* ~ *blijven* it must remain a secret, it must be kept (a) secret; *je moet het* ~ *houden (voor hen)* keep it (a) secret (from them); *wat ben je er* ~ *mee!* how secret(ive) (mysterious) you are about it!; *voor mij is hier niets* ~ there are no secrets from me here; **II** *o* (-en) secret, mystery; *publiek* ~ open secret; *een* ~ *bewaren* keep a secret; *in het* ~ in secret, secretly, in secrecy

ge'heimenis *v* (-sen) mystery

ge'heimhoudend *bn* secret, secretive, close

ge'heimhouding *v* secrecy

ge'heimschrift *o* (-en) cipher, cryptography

ge'heimtaal *v* (-talen) secret language, code (language)

ge'heimzegel *o* (-s) privy seal

geheim'zinnig *bn* mysterious; *hij is er erg* ~ *mee* he is very mysterious about it

geheim'zinnigheid *v* (-heden) mysteriousness, mystery

ge'helmd *bn* helmeted

ge'hemelte *o* (-n en -s) palate

ge'hesen V.D. v. *hijsen*

ge'heugen *o* (-s) memory; *een goed* ~ a strong (retentive) memory; *een slecht* ~ a poor memory; *als mijn* ~ *me niet bedriegt* if my memory serves me; *iets in het* ~ *houden* keep (bear) sth. in mind

ge'heugensteuntje *o* (-s) mnemonic, reminder

ge'heugenverlies *o* loss of memory, amnesia

ge'heven V.D. v. *heffen*

ge'hijg *o* panting, gasping

ge'hinnik *o* neighing, whinnying

ge'hobbel *o* jolting

ge'hoest *o* coughing

ge'hol *o* running

ge'holpen V.D. v. *helpen*

ge'hoor *o* **1** ⟨zintuig⟩ hearing; **2** ⟨toehoorders⟩ audience, auditory; **3** ⟨geluid⟩ sound; *een goed muzikaal* ~ *hebben* have a good ear for music; *geen* ~ no ear for music; *bij geen* ~ if there's no answer; ~ *geven aan de roepstem van...* give ear to the call of..., obey the call of...; ~ *geven aan een verzoek* comply with a request; ~ *krijgen* get (obtain) a hearing; *ik klopte, maar ik kreeg geen* ~ **1** I could not make myself heard; **2** ook: there was no answer; ~ *verlenen* give an audience, receive in audience; *ik was onder zijn* ~ I sat under him (that clergyman); *op het* ~ *spelen* muz play by ear; *ten gehore brengen* <u>muz</u> play, sing

ge'**hoorapparaat** *o* (-raten) hearing aid

ge'**hoorbeentjes** *mv* the ossicles: anvil *(incus)*, stirrup *(stapes)*, hammer *(malleus)*

ge'**hoorbuis** *v* (-buizen) **1** acoustic duct [of the ear]; **2** ear-trumpet [for deaf people]

ge'**hoorgang** *m* (-en) auditory canal

ge'**hoorgestoord** *bn* hard of hearing

ge'**hoornd** *bn* horned, cornuted

ge'**hoororganen** *mv* auditory organs

ge'**hoorsafstand** *m*: *binnen* ~ within hearing, within earshot, within call

ge'**hoorzaal** *v* (-zalen) auditory, auditorium

ge'**hoorzaam** *bn* obedient

ge'**hoorzaamheid** *v* obedience; *tot* ~ *dwingen* enforce obedience

ge'**hoorzamen** (gehoorzaamde, h. gehoorzaamd) **I** *overg* obey; *niet* ~ refuse obedience, disobey; **II** *onoverg* **1** (in 't alg.) obey; **2** <u>mil</u> obey orders; ~ *aan* obey, be obedient to; ~*d aan* in obedience to...

ge'**hoorzenuw** *v* (-en) auditory nerve

ge'**horend** *bn* = *gehoornd*

ge'**horig** *bn* noisy, not sound-proof

ge'**hots** *o* jolting

ge'**houden** *bn*: ~ *zijn om*... be bound to...

ge'**houdenheid** *v* obligation

ge'**hucht** *o* (-en) hamlet

ge'**huichel** *o* dissembling, hypocrisy

ge'**huicheld** *bn* feigned, sham

ge'**huil** *o* **1** howling [of dogs &]; **2** crying [of a child]

ge'**huisvest** *bn* lodged, housed

gehu'**meurd** *bn*: *goed* ~ good-tempered (well-disposed); *slecht* ~ ill-tempered

ge'**huppel** *o* hopping, skipping

ge'**huwd** *bn* married; ~*en* married people (persons, couples)

'**geigerteller** *m* (-s) Geiger counter

ge'**ijkt** *bn*: ~*e termen* current (standing) expressions

geil *bn* **1** (v. personen) randy, horny; **2** (v. foto's &) lewd, sexy; **3** (v. grond) rank; ~ *worden* get turned on

'**geilen** (geilde, h. gegeild) *onoverg*: ~ *op iem., iets* lust after sbd., sth.; <u>Am</u> have the hots for sbd., sth.

'**geilheid** *v* **1** (v. personen) randiness, horniness; **2** (v. foto's &) lewdness; **3** (v. grond) rankness

geïllus'**treerd** *bn* illustrated, pictorial

gein *m* **1** (grappigheid, plezier) fun; **2** (grap) joke

'**geinig** *bn* funny, cute

geïnteres'**seerd** *bn* interested; [watch sth.] with interest; *de* ~*en* the persons interested, those concerned

geïnter'**neerde** *m-v* (-n) internee; *de* ~*n* ook: the interned

'**geintje** *o* (-s) <u>gemeenz</u> joke, lark, prank

geïntri'**geer** *o* scheming, intriguing

'**geiser** *m* (-s) geyser°

geit *v* (-en) **1** (soortnaam) goat; **2** (vrouwelijk dier)

she-goat; *vooruit met de* ~*!* off you go!, go it!

'**geitenhoeder** *m* (-s) goatherd

'**geitenkaas** *v* goat cheese

'**geitenleer** *o* goatskin

'**geitenmelk** *v* goat's milk

'**geitenmelker** *m* (-s) (vogel) nightjar, goatsucker

'**geitenvel** *o* (-len) goatskin

'**geitenwol** *v* goat's wool

'**geitje** *o* (-s) kid

ge'**jaag** *o* **1** eig hunting; **2** fig driving, hurrying

ge'**jaagd** *bn* hurried, agitated, nervous

ge'**jaagdheid** *v* hurry, agitation

ge'**jacht** *o* hurry(ing), hustling, hustle

ge'**jammer** *o* lamenting, lamentation(s)

ge'**jank** *o* yelping, whining, whine

ge'**jengel** *o* whining, whine

ge'**jodel** *o* yodelling

ge'**joel** *o* shouting, shouts

ge'**jok** *o* fibbing, story-telling

ge'**jouw** *o* hooting, ooing

ge'**jubel** *o*, ge'**juich** *o* cheering, cheers, shouting, shouts

gek I *bn* **1** (krankzinnig) mad, crazy, crack-brained, <u>gemeenz</u> cracked; <u>slang</u> moony, loony, loopy, nuts, daffy; **2** (onwijs) mad, foolish [pranks], nonsensical, silly [remarks]; **3** (vreemd) odd, funny, queer, curious; **4** (bespottelijk) funny, queer; *dat is* ~ that is funny; that is queer; *het is nog zo* ~ *niet* there's something in that; *zo iets* ~*s* such a funny (queer) thing; ~ *genoeg* (vond hij het niet erg) oddly enough (he didn't mind); *te* ~ *om los te lopen* too ridiculous; *die gedachte maakt je* ~ the thought is enough to drive you mad; *je wordt er* ~ *van* it's maddening; ~ *opzien* (staan kijken) look foolish, <u>gemeenz</u> sit up [at being told that...]; ~ *worden* go (run) mad; <u>slang</u> go off the hooks; ~ *worden op*... run mad after...; *dat ziet er* ~ *uit* it is awkward; *zich* ~ *zoeken* seek till one is half crazy; *hij is* ~ *met dat kind* he is mad about the child; *hij is* ~ *op zeldzame postzegels* he is mad after (about, on) rare stamps; ~ *van woede* mad with rage; *het* ~*ke* (van het geval) is the funny part of it is, the odd thing is; *te* ~*!* whoopee!, terrific!, great!; **II** *bijw* like a madman; foolishly, oddly, funnily; **III** *m* (-ken) **1** (krankzinnige) madman, lunatic; **2** (dwaas) fool; **3** (schoorsteenkap) cowl, chimney-cap; *hij is een grote* ~ he is a downright fool; *een halve* ~ a half-mad fellow; *ouwe* ~ old fool; *de* ~ *steken met iets* make sport of sth.; poke fun at sth.; *iem. voor de* ~ *houden, de* ~ *steken met iem.* make a fool of sbd., make fun of sbd., pull sbd.'s leg; fool sbd., josh sbd.; *voor* ~ *spelen* play the fool; *iem. voor* ~ *laten staan* make sbd. look a fool (foolish); *als een* ~ *staan kijken* look foolish; *ik heb als een* ~ *moeten vliegen* (lopen) I had to run like mad; *de* ~*ken krijgen de kaart* fortune favours fools; *één* ~ *kan meer vragen dan tien wijzen kunnen beantwoorden* one fool can ask more than ten wise men can answer

ge'kabbel *o* babbling, babble [of a brook]; *het ~ van de golven* the lapping of the waves

ge'kakel *o* cacling², cackle²

ge'kanker *o* gemeenz grousing, grumbling

ge'kant *bn*: *~ tegen* set against, opposed to, hostile to

ge'karteld *bn* **1** milled [coins]; **2** plantk crenate(d)

ge'kef *o* yapping

ge'keken V.D. v. *kijken*

ge'kerm *o* groaning, groans, moans, lamentation(s)

ge'keuvel *o* chat, chit-chat, tattle, gossip

ge'keven V.D. v. *kijven*

'gekheid *v* (-heden) folly, foolishness, foolery, madness; *Gekheid!* Fiddlesticks!; *het is geen ~* **1** I am not joking; **2** it is no joke; *uit ~* for a joke, for fun; *alle ~ op een stokje* joking apart; *zonder ~* seriously, no kidding; *~ maken* joke; *je moet hier geen ~ uithalen!* no foolery here!; *hij verstaat geen ~* he cannot take a joke

ge'kibbel *o* bickering(s), squabble(s)

ge'kietel *o* tickling

ge'kijf *o* quarrelling, wrangling, dispute

ge'kir *o* cooing

ge'kittel *o* tickling, titillation

'gekken (gekte, h. gegekt) *onoverg* jest, joke

'gekkenhuis *o* (-huizen) madhouse

'gekkenpraat *m* foolish talk, nonsense

'gekkenwerk *o* (sheer) madness

'gekkigheid *v* foolishness, madness; *de kinderen wisten van ~ niet wat ze moesten doen* **1** (uitgelaten) the children were so excited they didn't know what to do; **2** (verveeld) the children were at loose ends

ge'klaag *o* complaining, lamentation

ge'klad *o* daubing

ge'klap *o* eig **1** clapping [of hands]; **2** cracking [of a whip]; **3** (geklets) prattle, tattle

ge'klapper *o* **1** flapping [of a sail]; **2** chattering [of the teeth]

ge'klapwiek *o* flapping of wings, wing-beat

ge'klater *o* splash(ing)

ge'kleed *bn* dressed [persons, dolls]; *geklede jas* frock-coat; *dat staat (niet) ~* it is (not) dressy

ge'klep *o* **1** tolling [of bells]; **2** clatter [of pigeon's wings]; **3** clapping [of storks]

ge'klepper *o* clatter(ing); zie ook: *geklep*

ge'klets *o* cackle, twaddle; slang jaw, rubbish, tosh

ge'kletter *o* clattering &, zie: *kletteren*

ge'kleurd *bn* coloured; *~ glas* stained glass; *~e platen* colour plates; *er ~ op staan* fig look a fool

ge'klik *o* tale-telling

ge'klommen V.D. v. *klimmen*

ge'klonken V.D. v. *klinken*

ge'klop *o* **1** knocking [at a door]; **2** throbbing [of the pulse]

ge'klots *o* dashing [of the waves], splashing, sloshing

ge'kloven V.D. v. *kluiven* en *klieven*

ge'kluns *o* gemeenz bungling, clumsiness

ge'knaag *o* gnawing

ge'knabbel *o* nibbling

ge'knars *o* gnashing [of the teeth], grinding

ge'knepen V.D. v. *knijpen*

ge'knetter *o* crackling

ge'kneusd *bn* bruised

ge'kneveld *bn* moustached; zie ook: *knevelen*

ge'knies *o* fretting, moping

ge'knipt *bn*: *~ voor* cut out for [a teacher], to the manner born for [the job]

ge'knoei *o* bungling &, zie: *knoeien*

ge'knor *o* grumbling, grunting, grunt

ge'knutsel *o* pottering; zie ook: *knutselwerk*

ge'kocht V.D. v. *kopen*

ge'koeld *bn* cooled; *met lucht ~* air-cooled

gekon'fijt *bn* candied

ge'konkel *o* intriguing, plotting, intrigues; gemeenz jiggery-pokery

ge'korven V.D. v. *kerven*

ge'kout *o* talk, chat(ting)

ge'kozen V.D. v. *kiezen*

ge'kraai *o* crowing²

ge'kraak *o* creaking; *met een luid ~* with a loud crash

ge'krabbel *o* **1** (in 't alg.) scratching; **2** (m.b.t. schrijven) scrawl, scribbling

gekra'keel *o* quarrelling, wrangling

ge'kras *o* **1** croaking [of raven], screeching [of owl]; **2** scratching [of a pen]

ge'kregen V.D. v. *krijgen*

ge'kreten V.D. v. *krijten*

ge'kreukeld *bn* rumpled, creased, wrinkled

ge'kreun *o* groaning, groans, moan(ing)

ge'kriebel *o* **1** tickling; **2** = *krabbelschrift*

ge'krijs *o* screeching

gekri'oel *o* swarming

ge'kroesd *bn* frizzy, crisp, fuzzy

ge'kromd *bn* curved

ge'krompen V.D. v. *krimpen*

ge'kropen V.D. v. *kruipen*

ge'kruid *bn* spicy; *een ~e stijl* a racy style

'gekscheren (gekscheerde, h. gegekscheerd) *onoverg* jest, joke, banter; *~ met* poke fun at; *hij laat niet met zich ~* he is not to be trifled with; *zonder ~* joking apart

'gekte *v* insanity, lunacy, madness

ge'kuch *o* coughing

ge'kuip *o* = *gekonkel*

ge'kunsteld *bn* artificial, mannered, affected, unnatural

ge'kunsteldheid *v* artificiality, mannerism

ge'kwaak *o* **1** quack-quack, quacking [of ducks]; **2** croaking [of frogs or ravens]

ge'kwebbel *o* chattering, chatter

ge'kweel *o* warbling

ge'kweten V.D. v. *kwijten*

ge'kwezel *o* cant(ing)

ge'**kwijl** o drivelling[2], slobber
ge'**kwispel** o (tail-)wagging
gel m gel
ge'**laagd** bn stratified
ge'**laagdheid** v stratification
ge'**laarsd** bn booted; de Gelaarsde Kat Puss in Boots
ge'**laat** o (-laten) countenance, face
ge'**laatkunde** v physiognomy
gelaat'**kundige** m-v (-n) physiognomist
ge'**laats**- voorv facial
ge'**laatskleur** v complexion
ge'**laatstrek** m (-ken) feature
ge'**laatsuitdrukking** v (-en) facial expression
ge'**lach** o laughter, laughing, mirth; een homerisch ~ Homeric laughter
ge'**laden** bn 1 (vuurwapen) charged, loaded; 2 ⟨accu⟩ charged; 3 fig (sfeer) tense
ge'**lag** m (-lagen): het ~ betalen pay for the drinks; het is een hard ~ (voor hem) it is hard lines (on him)
ge'**lagkamer** v (-s) bar-room, tap-room
gelamen'**teer** o lamenting, lamentation
ge'**lang** bn: naar ~ [their action was] in keeping; naar ~... according as... [we are rich or poor], as... [we grow older, we...]; naar ~ van in proportion to, according to; naar ~ van de omstandigheden according to the circumstances of the case; as circumstances may require
ge'**lasten** (gelastte, h. gelast) overg order, charge, instruct
ge'**lastigde** m-v (-n) proxy, delegate, deputy
ge'**laten** bn resigned
ge'**latenheid** v resignation
gela'**tine** v gelatine
gela'**tineachtig** bn gelatinous
gela'**tinepudding** m (-en) jelly
ge'**lauwerd** crowned with laurel
ge'**lazer** o load of trouble; daar heb je het ~ al now we are in a fine mess; daar krijg je ~ mee that will land you in trouble
geld o (-en) money; (af)gepast ~ zie: gepast; gereed ~ ready money, cash; ~ en goed money and property; kinderen half ~ children at half price; klein ~ change, small coin; slecht ~ bad (base) coin; vals ~ counterfeit money; weggegooid ~ money down the drain; de nodige ~en the necessary moneys; alles draait om het ~ money makes the world go round; er is geen ~ onder de mensen there is no money stirring; goed ~ naar kwaad ~ gooien throw good money after bad, throw the helve after the hatchet; zijn ~ in het water gooien (smijten) throw away one's money, throw one's money down the drain; het ~ groeit mij niet op de rug do you think I am made of money?; ~ hebben have some money, have private means; ~ hebben als water have tons of money; dat zal ~ kosten it will cost a pretty penny; ~ slaan coin money; ~ slaan uit make money (capital) out of...; ~ speelt geen rol money is no object; ~ stinkt niet money tells no tales; ~ stuk-

slaan make the money fly; heb je al ~ terug? have you got your change?; ~en toestaan voor... vote money towards...; ~ verdienen als water coin money; ~ verkwisten squander money; zwemmen in het ~ be rolling in money; duizend gulden aan ~ in cash; een meisje met ~ a moneyed girl; het is met geen ~ te betalen it's priceless; zijn... te ~e maken convert one's... into cash, realize; iem. ~ uit de zak kloppen relieve sbd. of his money, take sbd.'s money off him; van zijn ~ leven live on one's capital (private means); voor geen ~ van de wereld not for the world; voor ~ of goede woorden for love or money; een meisje zonder ~ a moneyless (dowerless) girl; geen ~ geen Zwitsers nothing for nothing; ~ moet rollen money is round, it will roll; ~ verzoet de arbeid ± money makes labour(s) sweet
'**geldadel** m moneyed aristocracy
'**geldautomaat** m (-maten) cash dispenser, cashpoint, automated teller machine, ATM
'**geldbelegging** v (-en) investment
'**geldbeurs** v (-beurzen) purse
'**geldboete** v (-n) (money-)fine
'**geldbuidel** m (-s) money-bag
'**gelddorst** m thirst for money
'**geldduivel** m (-s) 1 (geldzucht) demon of money; 2 ⟨vrek⟩ money-grubber
'**geldelijk I** bn 1 monetary [matters]; 2 pecuniary [considerations]; 3 financial [support]; 4 money [contributions, reward]; **II** bijw financially
'**gelden** (gold, h. gegolden) **I** onoverg 1 ⟨kosten⟩ cost, be worth; 2 ⟨v. kracht zijn⟩ be in force, obtain, hold (good); 3 ⟨betrekking hebben op⟩ concern, apply to, refer to; dat geldt niet that does not count; dat geldt (voor) ons allen it holds good with regard to all of us, it is true of all of us; mijn eerste gedachte gold hem my first thought was of him; (zulke redenen) ~ hier niet do not hold in this case; (zulke redenen) ~ bij mij niet carry no weight with me; (die wetten) ~ hier niet do not hold (good), cannot be applied here; ~ als, ~ voor be considered (to be); deze regeling geldt niet voor personen die... this scheme does not apply to persons who...; zijn invloed doen (laten) ~ assert one's influence, make one's influence felt; zich doen ~ 1 (v. personen) assert oneself; 2 (v. zaken) assert itself, make itself felt; dat laat ik ~ I grant (admit) that; **II** onpers ww: wie geldt het hier? who is aimed at?; het geldt uw leven your life is at stake; als het ... geldt when it is a question of...; wanneer het u zelf geldt when you are concerned
'**Gelderland** o Gelderland, Guelderland, Guelders
'**geldgebrek** o want of money; ~ hebben be short of money, be hard-pressed
'**geldhandel** m money-trade
'**geldhandelaar** m (-s en -laren) moneybroker
'**geldig** valid; ~ voor de wet valid in law; ~ voor een maand na de dag van afgifte valid (available) for a month after the day of issue

'**geldigheid** *v* validity
'**geldigheidsduur** *m* period of validity
'**geldingsdrang** *m* need for recognition; desire to be important
'**geldkist** *v* (-en) strong-box
'**geldkistje** *o* (-s) cash-box
'**geldkraan** *v*: *de ~ dichtdraaien* stop the flow of money, cut off funds
'**geldla** (-den), '**geldlade** *v* (-n) cash-drawer, till
'**geldlening** *v* (-en) loan
'**geldmagnaat** *m* (-naten) financial magnate
'**geldmarkt** *v* money market
'**geldmiddelen** *mv* pecuniary resources, financial resources, means; gemeenz the where withal; *zijn ~ ook: his finances*
'**geldnood** *m* shortage of money; *in ~ zitten* be short of money, be hard-pressed
'**geldontwaarding** *v* inflation
'**geldsanering** *v* (-en) currency reform
'**geldschaarste** *v* scarcity of money
'**geldschieter** *m* (-s) money-lender
'**geldsom** *v* (-men) sum of money
'**geldstuk** *o* (-ken) coin
'**geldswaarde** *v* money value, value in money, monetary value
gelds'waardig: *~e papieren* securities
'**geldverspilling** *v* (-en) waste of money
'**geldwezen** *o* finance
'**geldwisselaar** *m* (-s) money-changer
'**geldwolf** *m* (-wolven) money-grubber
'**geldzaak** *v* (-zaken) money affair; money matter
'**geldzak** *m* (-ken) money-bag[2]
'**geldzending** *v* (-en) remittance
'**geldzorgen** *mv* money troubles (worries)
'**geldzucht** *v* love of money
geld'zuchtig *bn* covetous, money-grubbing, mercenary
'**geldzuivering** *v* (-en) currency reform
1 ge'leden *bn* ago; *het is lang ~* it is long since, long ago, a long time ago
2 ge'leden V.D. v. *lijden*
ge'lederen meerv. v. *gelid*
ge'leding *v* (-en) **1** articulation, joint [of the bones]; **2** techn joint; **3** indentation [of coastline]; **4** ⟨onderdeel⟩ section [of the people]
ge'leed *bn* jointed, articulated
ge'leerd *bn* learned; *dat is mij te ~* that is beyond me, beyond my comprehension; *jong ~, oud gedaan* as the twig is bent, the tree is inclined
ge'leerde *m-v* (-n) **1** learned man, scholar; learned woman, scholar; **2** [atomic] scientist
ge'leerdheid *v* (-heden) learning, erudition, scholarship
ge'legen I V.D. v. *liggen*; **II** *bn* **1** ⟨liggend⟩ lying, situated; **2** ⟨passend⟩ convenient; *het is er zó mee ~* that is how matters stand; *als het u ~ komt* if it suits your convenience, at your convenience; *net ~* at an opportune moment, just in time; *het komt mij*

niet ~ it is not convenient (to me) just now; *daar is veel aan ~* it is of great importance, it matters a great deal; *daar is niets aan ~* it is of no consequence; *ik laat mij veel aan hem ~ liggen* I interest myself in him; *te ~er tijd* zie: *tijd*
ge'legenheid *v* (-heden) opportunity, occasion; *er was ~ om te dansen* there was a place to dance; *de ~ aangrijpen om...* seize the opportunity to... (for..., of ...ing); *iem. (de) ~ geven om...* give (afford) sbd. an opportunity to... (for ...ing), put sbd. in the way of...; *~ geven* ⟨v. pooier⟩ procure, pander; *de ~ hebben om...* have an opportunity to... (of ...ing); *(de) ~ krijgen* get, find, be given an opportunity (to, of, for); *wanneer hij er de ~ toe zag* when he saw his opportunity; *een ~ voorbij laten gaan* miss an opportunity; *als de ~ zich aanbiedt* when the opportunity offers, when occasion arises; *bij ~* **1** on occasion, occasionally [I go there]; **2** at the first opportunity [I mean to do it]; *bij een andere ~* on some other occasion; *bij deze ~* on this occasion; *bij de een of andere ~* as opportunity occurs; *bij de eerste ~* at (on) the first opportunity; *bij de eerste ~ vertrekken* sail by the first steamer, leave by the next train; *bij elke (iedere) ~* on every occasion, on all occasions; *bij feestelijke gelegenheden* on festive occasions; *bij voorkomende ~* when opportunity offers, when occasion arises; *bij ~ van zijn huwelijk* on the occasion of his marriage; *iem. in de ~ stellen om...* give sbd. an opportunity to...; *in de ~ zijn om...* be in a position to..., have opportunities to...; *op eigen ~* on one's own; *ter ~ van* on the occasion of; *de ~ maakt de dief* opportunity makes the thief
ge'legenheidsdief *m* (-dieven) sneak-thief
ge'legenheidsgedicht *o* (-en) occasional verse
ge'legenheidskleding *v* full dress, formal dress
ge'legenheidsstuk *o* (-ken) occasional piece
ge'lei *m & v* (-en) **1** ⟨voor vlees &⟩ jelly; **2** ⟨v. vruchten⟩ jelly, preserve(s); *paling in ~* jellied eel(s)
ge'leiachtig *bn* jelly-like
ge'leibiljet *o* (-ten) permit
ge'leibrief *m* (-brieven) safe-conduct
ge'leid *bn* guided; *~e economie* planned economy; *~ projectiel* guided missile
ge'leide *o* **1** ⟨in 't alg.⟩ guidance, care, protection; **2** mil escort; **3** scheepv convoy; *mag ik u mijn ~ aanbieden?* may I offer to accompany you (to see you home)?; *onder ~ van* escorted by
ge'leidehond *m* (-en) guide-dog (for the blind)
ge'leidelijk I *bn* gradual; **II** *bijw* gradually, by degrees, little by little; *heel ~* inchmeal
ge'leidelijkheid *v* gradualness
ge'leiden[2] *overg* **1** lead, conduct, accompany [persons]; **2** conduct [electricity, heat]
ge'leider *m* (-s) **1** ⟨gids⟩ guide, conductor; **2** ⟨warmte, elektr.⟩ conductor
ge'leiding *v* (-en) **1** ⟨abstract⟩ leading, conducting; conduction [of electricity, heat]; **2** ⟨concreet⟩ conduit, pipe; elektr wire

ge'leidingsvermogen *o* conductivity
ge'leidraad *m* (-draden) <u>elektr</u> conducting-wire
ge'leken V.D. v. *lijken* en *gelijken*
ge'letterd *bn* lettered², literary; ~*e* man, woman of letters; *de* ~ *en* ook: the literati
ge'leuter *o* drivel, twaddle, <u>gemeenz</u> rot
ge'lezen *bn* read; *het* ~*e* the things (books &) read
ge'lid *o* (-lederen) **1** joint [of, in the body]; **2** <u>mil</u> rank, file; *de gelederen der liberalen* the ranks of the liberals; *dubbele (enkele) gelederen* <u>mil</u> double (single) files; *de gelederen sluiten* close the ranks; *in* ~ *opstellen* align; *zich in* ~ *opstellen* draw up; *in de voorste gelederen* in the front ranks; *uit het* ~ zie: *lid*; *uit het* ~ *treden* leave the ranks, <u>mil</u> fall out
ge'liefd *bn* **1** beloved, dear; **2** = *geliefkoosd*
ge'liefde *m-v* (-n) sweetheart, beloved, [his] ladylove, inamorata; [her] lover, inamorato; *de* ~*n* the lovers
ge'liefhebber *o* amateurism, dilettantism, dabbling [in politics &]
ge'liefkoosd *bn* favourite
1 ge'lieven *mv* lovers
2 ge'lieven (geliefde, h. geliefd) *overg* please; *gelieve mij te zenden* please send me; *als het hem gelieft te komen* when he chooses to come
'gelig *bn* yellowish
ge'lijk I *bn* **1** (hetzelfde) similar, identical [things]; [they are] alike, equal, even [quantities]; **2** (gelijkwaardig) equivalent; **3** (effen) even, level, smooth; ~ *en gelijkvormig* congruent [triangles]; *dat is mij* ~ it is all the same to me; *mijn horloge is* ~ my watch is right; *wij zijn* ~ we are even (quits); *40* ~*!* forty all!, (bij tennis) deuce!; ~ *spel* <u>sp</u> draw; *twee en drie is* ~ *aan vijf* two and three equal (make) five; *zich* ~ *blijven* act consistently; *ze zijn* ~ *in grootte (jaren)* they are of a size, of an age; ~ *van hoogte* of the same height; zie ook: *maat, munt* &; **II** *bijw* **1** (evenmatig) equally; **2** (eender) alike, similarly; **3** (in gelijke porties) equally, evenly; **4** (tegelijkertijd) at the same time; **III** *voegw* as, <u>vero</u> like; **IV** *o* right; *iem.* ~ *geven* grant that sbd. is right, agree with sbd., back sbd. up; ~ *hebben* be right, be correct; *soms:* be in the right; ~ *heb je!* quite right too!, right you are; *hij heeft groot* ~ *dat hij het niet doet* he is quite right not to do it; *hij wil altijd* ~ *hebben* he always wants to know better; ~ *krijgen* be put in the right; *iem. in het* ~ *stellen* declare that sbd. is right; decide in sbd.'s favour; *de uitkomst heeft hem in het* ~ *gesteld* has proved him right, has justified him; zie ook: *gelijke*
gelijk'benig *bn* isosceles [triangle]
ge'lijke *m-v* (-n) equal; *hij heeft zijns* ~ *niet* there is no one like him, he has no equal
ge'lijkelijk *bijw* equally
ge'lijken² **I** *overg* be like, resemble, look like; **II** *onoverg:* ~ *op* be like &; zie ook: ²*lijken*
ge'lijk- en gelijk'vormigheid *v* congruence
ge'lijkenis *v* (-sen) **1** (overeenkomst) likeness, re-

semblance (*met* to), similitude; **2** (zinnebeeldig verhaal) parable
gelijkge'rechtigd *bn* having equal rights, equal
gelijkge'rechtigdheid *v* equality
gelijkge'stemd *bn* like-minded
gelijkge'zind *bn* of one mind, likeminded, consentient
ge'lijkheid *v* **1** (in 't alg.) equality; **2** parity [among members of a church]; **3** (overeenkomst) similarity, likeness; **4** evenness, smoothness [of a path, road]; zie ook: *voet*
gelijk'hoekig *bn* equiangular
ge'lijklopen¹ *onoverg: mijn horloge loopt gelijk* my watch is right, my watch keeps good time
ge'lijklopend *bn* **1** (v. lijnen) parallel; **2** (v. uurwerken) keeping good time
gelijk'luidend *bn* **1** <u>muz</u> consonant; homonymous [words]; **2** of the same tenor, identical [clauses]; ~ *afschrift* true copy
gelijk'luidendheid *v* **1** <u>muz</u> consonance; **2** conformity
ge'lijkmaken¹ **I** *overg* **1** equalize [quantities]; **2** level [with], raze [to the ground]; **II** *onoverg* <u>sp</u> equalize
ge'lijkmaker *m* (-s) <u>sp</u> equalizer
ge'lijkmaking *v* equalization; levelling
gelijk'matig *bn* equal, equable, even [temper &], uniform [size, acceleration]
gelijk'matigheid *v* equability, equableness, evenness, uniformity
gelijk'moedig I *bn* of equable temperament; **II** *bijw* with equanimity
gelijk'moedigheid *v* equanimity
gelijk'namig *bn* **1** of the same name; **2** <u>rekenkunde</u> having the same denominator [of fractions]; **3** <u>elektr</u> similar [poles]; ~ *maken* reduce to a common denominator [of fractions]
ge'lijkrichter *m* (-s) rectifier
ge'lijkschakelen¹ *overg* **1** (op gelijk niveau brengen) harmonize; *lonen* ~ bring salaries to the same level; **2** <u>pol</u> (op een lijn brengen) bring into line; *vakbonden* ~ bring the unions into line, force the unions to conform; **3** <u>elektr</u> connect to the same circuit
ge'lijkschakeling *v* **1** (het op gelijk niveau brengen) bringing to the same level; **2** <u>pol</u> (het op een lijn brengen) bringing onto line
gelijk'slachtig *bn* homogeneous
gelijk'soortig *bn* homogeneous, similar
gelijk'soortigheid *v* homogeneousness, similarity
gelijk'spel *o* (gelijke spelen) tie, draw
ge'lijkspelen¹ *onoverg* <u>sp</u> draw (a game)
ge'lijkstaan¹ *onoverg* be equal, be on a level; ~ *met* **1** be equal to, be equivalent to, be tantamount to, amount to [an insult &]; **2** be on a level (on a par) with [a minister &]
ge'lijkstellen¹ *overg* equate, compare, put on a level (on a par) (*met* with)

ge'lijkstelling *v* (-en) equalization, levelling
gelijk'straats *bn* at street-level
ge'lijkstroom *m* direct current
ge'lijkteken *o* (-s) sign of equality
gelijk'tijdig *bn* simultaneous, synchronous
gelijk'tijdigheid *v* simultaneousness, simultaneity, synchronism
gelijk'vloers *bn* on the ground floor; ~*e kruising* level crossing
gelijk'vormig *bn* of the same form, similar
gelijk'vormigheid *v* (-heden) similarity
gelijk'waardig *bn* **1** (in 't alg.) equal in value, equivalent; **2** equal [members, partners]
gelijk'waardigheid *v* (-heden) equivalence; equality [between the sexes]
ge'lijkzetten[1] *overg*: *de klok* ~ set the clock (right); ~ *met* set by; *hun horloges met elkaar* ~ synchronize their watches
gelijk'zijdig *bn* equilateral [triangles]
ge'lijnd, gelini'eerd *bn* ruled
ge'lispel *o* lisping, lisp
ge'lobd *bn* lobed, lobate
ge'loei *o* lowing, belowing, roaring, roar; wail [of sirenes]
ge'lofte *v* (-n) **1** vow [of chastity, obedience, poverty]; **2** (toezegging) promise; *de* ~ *afleggen* RK take the vow; *een* ~ *doen* make a vow
ge'logen V.D. v. *liegen*
ge'loken vero: *met* ~ *ogen* with eyes closed
ge'lonk *o* ogling
ge'loof *o* (-loven) **1** (kerkelijk) faith, creed, belief [in God]; **2** (niet kerkelijk) credit, credence, trust; belief [in ghosts]; *de twaalf artikelen des* ~*s* the Apostles' Creed; *het* ~ *verzet bergen* faith will remove mountains; *een blind* ~ *hebben in* have an implicit faith in; ~ *hechten aan* give credence to, give credit to, believe; *het verdient geen* ~ it deserves no credit; ~ *vinden* be credited; *op goed* ~ on trust
ge'loofsartikel *o* (-en en -s) article of faith
ge'loofsbelijdenis *v* (-sen) confession of faith, profession of faith, creed; *de apostolische* ~ the Apostles' Creed
ge'loofsbrieven *mv* **1** letters of credence, credentials [of an ambassador]; **2** documentary proof of one's election
ge'loofsdwang *m* coercion (constraint) in religious matters, religious constraint
ge'loofsgenoot *m* (-noten) co-religionist
ge'loofsijver *m* religious zeal
ge'loofsleer *v* doctrine (of faith)
ge'loofsovertuiging *v* (-en) religious conviction
ge'loofspunt *o* (-en) doctrinal point
ge'loofsvervolging *v* (-en) religious persecution
ge'loofsverzaker *m* (-s) apostate, renegade
ge'loofsverzaking *v* apostasy
ge'loofsvrijheid *v* religious liberty
ge'loofswaarheid *v* (-heden) religious truth
ge'loofszaak *v* (-zaken) matter of faith

geloof'waardig *bn* **1** credible [of things]; **2** trustworthy, reliable [of persons]
geloof'waardigheid *v* credibility, trustworthiness, reliability
ge'loop *o* running
ge'loven (geloofde, h. geloofd) *onoverg & overg* **1** (in 't alg.) believe; **2** (menen) believe, think, be of opinion; *het is niet te* ~*!* it's incredible!; *je kunt me* ~ *of niet* believe it or not; *je kunt niet* ~ *hoe...* you can't think (imagine) how...; *geloof dat maar!* you can take it from me!; *dat geloof ik!* I should think so!, I dare say; *ze* ~ *het wel* they don't bother, they couldn't care less; *iem. op zijn woord* ~ believe sbd. on his word, take sbd.'s word for it; ~ *aan spoken* believe in ghosts; *niet* ~ *aan* disbelieve in; *hij moest eraan* ~ there was no help for it, he had to...; *mijn jas moest er aan* ~ my coat had to go; ~ *in God* believe in God
ge'lovig *bn* **1** (in God gelovend) believing, faithful; religious; **2** (vroom) pious; *de* ~*en* the faithful, the believers
ge'lovigheid *v* faithfulness
ge'lui *o* ringing, tolling, peal of bells, chime
ge'luid *o* (-en) sound, noise
ge'luiddempend *bn* sound-deadening
ge'luiddemper *m* (-s) **1** silencer [of engine, firearm]; **2** *muz* mute [for violin, trumpet], sordine [for violin]; **3** muffler [for engine, piano]
ge'luiddicht *bn* soundproof
ge'luidgevend *bn* sounding
ge'luidloos *bn* soundless
ge'luidsapparatuur *v* sound equipment
ge'luidsband *m* (-en) recording tape, audiotape
ge'luidsbarrière *v* (-s) sound barrier, sonic barrier
ge'luidsbron *v* (-nen) sound source
ge'luidseffect *o* (-en) sound effect
ge'luidsfilm *m* (-s) sound film, sound picture
ge'luidsgolf *v* (-golven) sound wave
ge'luidshinder *m* noise pollution
ge'luidsinstallatie *v* (-s) sound equipment
ge'luidsisolatie *v* sound proofing, sound isolation
ge'luidsleer *v* acoustics
ge'luidsopname *v* (-n) sound recording
ge'luidsoverlast *m* noise pollution
ge'luidssignaal *o* (-nalen) sound signal
ge'luidssnelheid *v* sonic speed, speed of sound
ge'luidsspoor *o* (-sporen) sound track
ge'luidstechnicus *m* (-ci) sound engineer, sound mixer
ge'luidstrilling *v* (-en) sound vibration
ge'luidswal *m* (-len) noise barrier
ge'luier *o* idling, lazing, laziness
ge'luimd *bn* in the mood [for...], in the humour [to...]; *goed (slecht)* ~ in a good (bad) temper
ge'luk *o* **1** (als gevoel) happiness, felicity [= intense happiness], bliss; **2** (zegen) blessing; **3** (gunstig toeval) fortune, (good) luck, chance; **4** (succes) success; *als je* ~ *hebt...* with some luck...; *wat een* ~*!*

what a mercy!; *stom* ~ sheer luck; *dat is nu nog eens een* ~ that is a piece of good fortune, indeed; *dat ontbrak nog maar aan mijn* ~ (ironisch) that would be all I'd need; *een* ~ *bij een ongeluk* a blessing in disguise; ~ *ermee!* I wish you joy of it!; *het* ~ *dient u* you are always in luck; *meer* ~ *dan wijsheid* more lucky than wise; *zijn* ~ *beproeven* try one's luck; ~ *hebben* be fortunate, be in luck; *het* ~ *hebben om*... have the good fortune to...; *hij mag nog van* ~ *spreken* he may thank his lucky stars, he may consider himself lucky; *bij* ~ by chance; *op goed* ~ at a venture, at random, at haphazard, on the off-chance, gemeenz on spec; hit or miss

ge'lukaanbrengend *bn* bringing luck, lucky

ge'lukje *o* (-s) piece (stroke) of good fortune, windfall

ge'lukken[2] *onoverg* succeed; *alles gelukt hem* he is succesful in everything; *als het gelukt* if the thing succeeds; *het gelukte hem*... he succeeded in ...ing; *het gelukte hem niet*... ook: he failed to...

ge'lukkig I *bn* **1** ⟨v. gevoel⟩ happy; **2** ⟨v. kans⟩ lucky, fortunate; **3** ⟨goed gekozen &⟩ felicitous; *een* ~*e dag* **1** a happy day; **2** a lucky day; *een* ~*e gedachte* a happy thought; *een* ~ *huwelijk* a happy marriage; ~ *in het spel, ongelukkig in de liefde* lucky at play (at cards), unlucky in love; *wie is de* ~*e?* who is the lucky one?; **II** *bijw* **1** ⟨live⟩ happily; **2** = gelukkigerwijs; ~! thank goodness!

gelukkiger'wijs, gelukkiger'wijze *bijw* fortunately, happily, luckily

ge'luksdag *m* (-dagen) **1** happy day; **2** lucky day

ge'lukskind *o* (-eren) favourite (spoiled child) of fortune, gemeenz lucky dog

ge'luksnummer *o* (-s) lucky number

ge'lukspoppetje *o* (-s) mascot

ge'luksspel *o* (-spelen) game of chance

ge'luksster *v* (-ren) lucky star

ge'lukstelegram *o* (-men) greetings telegram, congratulatory telegram

ge'lukstreffer *m* (-s) fluke; sp lucky goal

ge'luksvogel *m* (-s) gemeenz lucky dog

ge'lukwens *m* (-en) congratulation

ge'lukwensen[1] *overg* congratulate (*met* on); wish [a person] good luck; wish [a person] joy (*ermee* of it)

geluk'zalig *bn* blessed, blissful; *de* ~*en* the blessed

geluk'zaligheid *v* (-heden) blessedness, bliss, felicity, beatitude

ge'lukzoeker *m* (-s) adventurer, fortune-hunter

ge'lul *o* gemeenz rot, rubbish, drivel, nonsense, bullshit

ge'maakt *bn* ⟨gekunsteld⟩ affected, pretended, artificial, sham

ge'maaktheid *v* affectation, artificiality, mannerism

1 ge'maal *o* (-malen) **1** ⟨het malen⟩ grinding; **2** ⟨in polder⟩ pumping-engine (-station)

2 ge'maal *m* (-s en -malen) plechtig ⟨echtgenoot⟩ consort, spouse

ge'machtigde *m-v* (-n) proxy, deputy; ⟨van postwissel &⟩ endorsee

ge'mak *o* (-ken) **1** ⟨gemakkelijkheid⟩ ease, facility; **2** ⟨rustigheid⟩ ease; **3** ⟨gerief⟩ comfort, convenience; *hou je* ~*!* **1** I don't move; **2** keep quiet!; *zijn* ~ *(ervan) nemen* take one's ease; *met* ~ easily; *een huis met vele* ~*ken* a house with many conveniences; *op zijn* ~ at ease; *niet op zijn* ~ ill at ease; *hij had het op zijn* ~ *kunnen doen* he might have... and done it easily; *doe het op uw* ~ take it easy; take your time; *op zijn* ~ *gesteld* easy-going; *iem. op zijn* ~ *stellen* put sbd. at ease; *op zijn* ~ *winnen* have a walk-over [of a race-horse]; *iem. op zijn* ~ *stellen* put sbd. at ease; *zit je daar op je* ~*?* gemeenz are you quite comfy there?; *van zijn* ~ *houden* love one's ease, like one's comforts; *van alle moderne* ~*ken voorzien* fitted with all modern conveniences; *voor het* ~ for convenience('s sake)

ge'makkelijk I *bn* **1** easy [sums, chairs &]; **2** commodious [house]; **3** comfortable [armchairs]; *zij hebben het niet* ~ they are not having an easy time; *hij is wat* ~ he likes to take his ease (to take things easy); *hij is niet* ~, *hoor!* gemeenz he is an ugly customer to deal with; he is hard to please; *het zich* ~ *maken* make oneself comfortable, take one's ease; take things easy; **II** *bijw* **1** [done] easily, at one's ease, with ease; **2** conveniently [arranged], comfortably [settled]; ~ *te bereiken vanuit*... within easy reach of...; *zit je daar* ~*?* are you comfortable there?; *die stoel zit* ~ that is an easy chair

ge'makkelijkheid *v* facility, ease, easiness, commodiousness, comfortableness

gemaks'halve *bijw* for convenience('s sake)

ge'makzucht *v* love of ease

gemak'zuchtig *bn* easy-going

gema'lin *v* (-nen) consort, spouse, lady

gema'nierd *bn* well-behaved, well-mannered

gemanië'reerd *bn* mannered

gemanië'reerdheid *v* mannerism

gemari'neerd *bn* marinaded [herring]

ge'martel *o* tormenting, torturing

ge'maskerd *bn* masked; ~ *bal* masked ball, fancy-dress ball

ge'matigd *bn* **1** moderate [claims]; **2** measured [terms, words]; **3** temperate [zones]; *de* ~*en* the moderates

ge'matigdheid *v* **1** moderation; **2** temperateness

ge'mauw *o* mewing

'gember *m* ginger

'gemberbier *o* ginger ale, ginger beer

ge'meden V.D. v. mijden

ge'meen I *bn* **1** ⟨algemeen⟩ common, public; **2** ⟨gemeenschappelijk⟩ common, joint; **3** ⟨gewoon⟩ common, ordinary; **4** ⟨ordinair⟩ common, vulgar, low; **5** ⟨slecht in zijn soort⟩ bad, inferior, vile; **6** ⟨min⟩ mean, base, scurvy; **7** ⟨zedenkwetsend, vuil⟩ obscene, foul, filthy, smutty; *een gemene jaap* an ugly gash; *die gemene jongens* those mean (bad) boys; ~ *recht* ZN public law; *een gemene streek* a dirty trick; *gemene taal* foul language, foul talk; *een gemene vent* a shabby fellow, a blackguard, a scamp; *de gemene zaak* the public cause, zie ook: *zaak*; ~ *hebben met* have in common with; *iets ~ maken* make it common property; **II** *bijw* basely, meanly &; versterkend beastly [cold &]; **III** *o* rabble, mob

ge'meend *bn* serious

ge'meengoed *o* common property

ge'meenheid *v* **1** meanness, baseness; **2** (-heden) mean action, shabby trick

ge'meenlijk *bijw* commonly, usually

ge'meenplaats *v* (-en) commonplace [expression], platitude, ready-made answer (opinion)

ge'meenschap *v* (-pen) **1** ⟨maatschappij⟩ community; **2** ⟨geslachtsgemeenschap⟩ intercourse; **3** ⟨groep⟩ community, fellowship; **4** ⟨het gezamenlijk hebben⟩ community; *op kosten van de ~ leven* live at public expense; *vleselijke (geslachtelijke) gemeenschap met iem. hebben* have carnal knowledge of sbd., have sexual intercourse with sbd.; *Europese G~pen* European Communities; *de ~ der heiligen* the communion of saints; *in ~ van goederen trouwen* marry under community-property laws

gemeen'schappelijk I *bn* **1** common [friend, market, room]; **2** joint [property, interests, statement]; *voor ~e kosten (rekening)* on joint account; **II** *bijw* in common, jointly; ~ *optreden* act together, act in concert

ge'meenschapsgevoel *o* communal sense

ge'meenschapshuis *o* (-huizen) community centre

ge'meenschapszin *m* sense of community (solidarity)

ge'meente *v* (-n en -s) **1** ⟨burgerlijke⟩ municipality; **2** ⟨kerkelijke⟩ parish; **3** ⟨kerkgangers⟩ congregation

ge'meenteambtenaar *m* (-s en -naren) municipal official

ge'meentebestuur *o* (-sturen) municipality, [the Mayor and his] corporation

ge'meentehuis *o* (-huizen) town hall

ge'meentelijk *bn* municipal

ge'meentenaren *mv* inhabitants

ge'meentepolitie *v* municipal police; Am city police

ge'meenteraad *m* (-raden) town (municipal, parish) council

ge'meenteraadslid *o* (-leden) town councillor

ge'meenteraadsverkiezing *v* (-en) municipal election

ge'meentereiniging *v* (-en) municipal scavenging department

ge'meenteschool *v* (-scholen) municipal school

ge'meentesecretaris *m* (-sen) town clerk

ge'meenteverordening *v* (-en) by-law

ge'meentewerken *mv* municipal works

ge'meentewet *v* (-ten) Municipal Corporations Act

ge'meentewoning *v* (-en) council-house

ge'meenzaam *bn* familiar; ~ *met* familiar with

ge'meenzaamheid *v* (-heden) familiarity

ge'meld *bn* (above-)said, above-mentioned

gemê'leerd *bn* mixed, blended

'gemelijk *bn* peevish, sullen, fretful, morose

gemene'best *o* (-en) commonwealth; *het Britse G~* the British Commonwealth of Nations; *het G~ van Onafhankelijke Staten* the Commonwealth of Independent States (CIS)

ge'mengd *bn* **1** ⟨in 't alg.⟩ miscellaneous; **2** mixed [number, company, marriage]; **3** assorted [biscuits]; ~ *bedrijf* mixed farming; ~*e berichten*, ~ *nieuws* miscellaneous news; *voor ~ koor* muz for mixed voices

ge'menigheidje *o* (-s) (bit of) trickery, dirty trick

gemeubi'leerd *bn* furnished

gemi'auw *o* mewing

ge'middeld I *bn* average, mean; **II** *bijw* on an average, on the average

ge'middelde *o* (-n en -s) average

ge'mier *o*: *wat een ~!* bother!, what a bore!, botheration!

ge'mijmer *o* reverie, musing, meditation

ge'mijterd *bn* mitred

ge'mis *o* want, lack; *een ~ vergoeden* make up for a deficiency; *het ~ aan...* the lack of...

ge'mocht V.D. v. *mogen*

ge'modder *o* **1** eig messing in the mud; **2** fig bungling; *wat een ~!* what a mess!

ge'moed *o* (-eren) mind, heart; *in ~e* in (all) conscience; *zijn ~ luchten* vent one's feelings, pour out one's heart; *de ~eren waren verhit* feeling was running high

ge'moedelijk *bn* kind(-hearted), good-natured, genial; heart-to-heart [talk]; ~ *met iem. spreken* have a heart-to-heart talk with sbd.

ge'moedelijkheid *v* (-heden) kind-heartedness, good nature

gemoede'reerd *bijw* coolly, calmly, serenely

ge'moedsaandoening *v* (-en) emotion

ge'moedsbezwaar *o* (-zwaren) conscientious scruple

ge'moedsgesteldheid *v* frame of mind, temper, disposition

ge'moedsleven *o* inner life

ge'moedsrust *v* peace of mind, tranquillity (of mind), serenity

ge'moedsstemming *v* (-en) mood; zie ook: *gemoedsgesteldheid*

ge'moedstoestand *m* (-en) state of mind, disposition of mind, temper

ge'moeid *bn*: ... *is er mee ~* ...is at stake; ...is involved; *daar is veel ... mee ~* it takes a lot of...

ge'mok *o* sulking

ge'molken V.D. v. *melken*

ge'mompel *o* mumbling, muttering, murmur

ge'moogd V.D. v. *mogen*

ge'mopper *o* grumbling, slang grousing

ge'mor o murmuring, grumbling
ge'morrel o fumbling
ge'mors o messing, slopping
gemotori'seerd bn motorized
gems v (gemzen) chamois
'gemsleer o = gemzenleer
ge'mummel o mumbling
ge'munt bn coined; op wie heb je het ~? who do you aim at?, who is it meant for?; hij heeft het op haar geld ~ he is after her money; hij heeft het altijd al op mij ~ he always picks on me
ge'murmel o purl(ing), gurgling, murmur(ing)
ge'mutst bn: goed (slecht) ~ in a good (bad) temper
'gemzenleer o chamois, shammy (leather)
gen o (genen) gene
ge'naakbaar bn accessible[2], approachable[2]
ge'naakbaarheid v accessibility, approachableness
ge'naamd bn named, called
ge'nade v 1 grace [of God]; 2 mercy [from our fellow-men]; 3 recht pardon; geen ~! mil no quarter!; goeie (grote) ~! good gracious!, bless my soul!; Uwe Genade Your Grace; ~ voor recht laten gelden temper justice with mercy; iem. ~ schenken pardon sbd.; (geen) ~ vinden in de ogen van... find (no) favour in the eyes of...; aan de ~ van... overgeleverd zijn be at the mercy of..., be left to the tender mercies of...; door Gods ~ by the grace of God; weer in ~ aangenomen worden be restored to grace (to favour); om ~ bidden (smeken) pray (cry) for mercy; zich op ~ of ongenade overgeven surrender at discretion; van andermans ~ afhangen be dependent upon the bounty of others; zonder ~ without mercy
ge'nadebrood o bread of charity, bread of dependence; hij eet het ~ he eats the bread of charity, he lives upon charity
ge'nadeloos bn merciless, ruthless; hip and thigh
ge'nademiddel o (-en) means of grace; de ~en der Kerk RK the sacraments
ge'nadeschot o (-schoten) coup de grace, death-blow
ge'nadeslag m (-slagen) finishing stroke, death-blow
ge'nadig I bn 1 (vergevingsgezind) merciful; 2 (neerbuigend vriendelijk) gracious; een ~ knikje a gracious (condescending) nod; God zij ons ~ God have mercy upon us; wees hem ~ be merciful to him; **II** bijw 1 mercifully; er ~ afkomen get off lightly; 2 graciously, patronizingly, condescendingly
ge'naken (genaakte, is genaakt) overg & onoverg approach, draw near; hij is niet te ~ he is inaccessible (unapproachable)
gê'nant bn embarrassing, awkward
ge'nas (genazen) V.T. v. genezen
gen'darme m (-n en -s) gendarme
gendarme'rie v gendarmerie
'gene aanw vnw that, the former; aan ~ zijde van de

rivier beyond the river; ~ de..., deze de... the former..., the latter...
gêne v embarrassment
genealo'gie v (-gieën) genealogy
genea'logisch bn genealogical
genea'loog m (-logen) genealogist
Ge'neefs bn Genevan, Genevese
ge'neesheer m (-heren) physician, doctor; ~-directeur medical superintendent
ge'neeskracht v curative power, healing power
genees'krachtig bn 1 curative, healing [properties]; 2 medicinal [springs], officinal [herbs]
ge'neeskunde v medicine, medical science
genees'kundig bn medical; (gemeentelijke) ~e dienst public health department; arts van de (gemeentelijke) ~e dienst medical officer of health
genees'kundige m-v (-n) physician, doctor
ge'neeskunst v medicine, medical science
ge'neeslijk bn curable
ge'neeslijkheid v curability
ge'neesmethode v (-n en -s) therapy
ge'neesmiddel o (-en) remedy, medicine
ge'neeswijze v (-n) curative (medical) method, method of treatment
ge'negen I V.D. v. nijgen; **II** bn inclined, disposed (to...); iem. ~ zijn feel favourably (friendly) disposed towards sbd.
ge'negenheid v (-heden) affection, inclination
ge'neigd bn: ~ om te (tot)... inclined, disposed, apt to..., geringsch prone to...
ge'neigdheid v (-heden) inclination, disposition, aptness, proneness, propensity
'genenbank v (-en) gene bank
ge'nepen V.D. v. nijpen
1 gene'raal bn general; generale bas thoroughbass; zie ook: repetitie
2 gene'raal m (-s) mil general
gene'raal-ma'joor m (-s) major-general
generali'satie v (-s) generalization, generalizing
generali'seren (generaliseerde, h. gegeneraliseerd) onoverg generalize
generali'sering v (-en) generalization
genera'lissimus m generalissimo
gene'ratie v (-s) generation
gene'rator m (-s en -'toren) generator, [gas] producer
ge'neren (geneerde, h. gegeneerd) wederk: zich ~ feel embarrassed; geneer je maar niet! 1 don't be shy! (there's plenty more); 2 don't stand on ceremony; geneer u maar niet voor mij never (don't) mind me; zij geneerden zich het aan te nemen they were nice about accepting it; zij ~ zich zo iets te doen they are ashamed (think shame) of doing a thing like that
gene'reren (genereerde, h. gegenereerd) overg generate
gene'reus bn generous
ge'nerfd bn nervate

'generlei *bn* no ... whatever; *op* ~ *wijze* in no way
generosi'teit *v* generosity
ge'neselijk(-) = *geneeslijk(-)*
ge'netica *v* genetics
ge'neticus *m* (-ci) geneticist
ge'netisch *bn* genetic(al)
ge'neugte *v* (-n) pleasure, delight, delectation
ge'neurie *o* humming
Ge'nève *o* Geneva; *Meer van* ~ Lake Geneva
ge'nezen (genas (nazen), genezen) **I** (h.) *overg* cure^2 [a patient, malaria], heal [wounds, the sick], restore [people] to health; *iem.* ~ *van...* cure^2 sbd. of...; **II** (is) *onoverg* get well again [of persons, wounds]; heal [of wounds]; recover (*van* from) [of persons]
ge'nezing *v* (-en) cure, recovery, healing
geni'aal **I** *bn* 1 [man, stroke, work] of genius; 2 brilliant [idea, general]; *iets* ~*s* a touch of genius; **II** *bijw* with genius; brilliantly
geniali'teit *v* genius
1 ge'nie *o* (-nieën) genius; *een* ~ a man of genius
2 ge'nie *v: de* ~ mil the (Royal) Engineers
ge'niep *o: in het* ~ in secret, secretly, on the sly, stealthily
ge'nieperig, ge'niepig **I** *bn* sneaking; **II** *bijw* = *in het geniep* zie bij: *geniep*
ge'niepigerd *m* (-s) sneak
ge'nies *o* sneezing
ge'niesoldaat *m* (-daten) mil engineer
ge'nietbaar *bn* enjoyable
ge'nieten (genoot, h. genoten) **I** *overg* 1 enjoy [sbd.'s favour, poor health]; 2 savour [a wine &]; *een goede opvoeding genoten hebben* have received a good education; *een salaris* ~ receive (be in receipt of) a salary; **II** *onoverg:* ~ *van* enjoy [one's dinner, the performance]; **III** *abs ww* enjoy it
ge'nieter *m* (-s) epicurean, sensualist
ge'nieting *v* (-en) enjoyment
ge'nietroepen *mv* mil engineers
geni'taliën *mv* genitals; gemeenz (privy) parts
'genitief *m* (-tieven) genitive
'genius *m* (geniën) genius [*mv* genii]
geno'cide *v* genocide
ge'nodigde *m-v* (-n) person invited, guest
ge'noeg *bijw telw* enough, sufficient(ly); ~ *hebben van iem.* have had enough of sbd.; ~ *hebben van alles* have enough of everything, have no lack of anything; *er schoon* ~ *van hebben* gemeenz be fed up with it; *meer dan* ~ more than enough, enough and to spare; ~ *zijn* suffice, be sufficient; *zo is het* ~ *ook:* that will do; *vreemd* ~, *hij...* oddly enough, he...; *het moet u* ~ *zijn, dat ik...* you ought to be satisfied with the assurance that I...; *men kan niet voorzichtig* ~ *zijn* one cannot be too careful
ge'noegdoening *v* satisfaction, reparation
ge'noegen *o* (-s) pleasure, delight, satisfaction; *u zult er* ~ *van beleven* it (he) will give you satisfaction; *dat zal hem* ~ *doen* he will be pleased (with it), be pleased (satisfied) to hear it; *dat doet mij* ~ I

am very glad to hear it; *wil je me het* ~ *doen bij mij te eten?* will you do me the pleasure (the favour) of dining with me?; *wij hebben het* ~ *u mede te delen* we have pleasure in informing you...; *met wie heb ik het* ~ *(te spreken)?* may I ask whom I have the pleasure of speaking to?; ~ *nemen met* be satisfied with, be content with, put up with; *daarmee neem ik geen* ~ I won't put up with that; ~ *scheppen in, (zijn)* ~ *vinden in* take (a) pleasure in; *met* ~ with pleasure; *met alle* ~ I shall be delighted!; *was het naar* ~? were you satisfied with it (with them)?; *neem er van naar* ~ take as much (many) as you like; *ik kon niets naar zijn* ~ *doen* I couldn't possibly please (satisfy) him in anything; *als het niet naar* ~ *is* if it does not give satisfaction; *ten* ~ *van...* to the satisfaction of...; *adieu, tot* ~! good-bye!, I hope we shall meet again!; *tot mijn* ~ to my satisfaction; *(hij reist) voor zijn* ~ for pleasure
ge'noeglijk **I** *bn* pleasant, agreeable, enjoyable, contented; **II** *bijw* pleasantly, contentedly
ge'noeglijkheid *v* (-heden) pleasantness, agreeableness, contentedness
ge'noegzaam *bn* sufficient
ge'noegzaamheid *v* sufficiency
ge'noemd *bn* mentioned, named, called; *(de)* ~*e personen* the persons mentioned, (the) said persons
ge'nomen V.D. v. *nemen*
1 ge'noot *m* (-noten) fellow, companion
2 ge'noot (genoten) V.T. v. *genieten*
ge'nootschap *o* (-pen) [learned] society
'genot *o* (genietingen) 1 ⟨vreugde⟩ joy, pleasure, delight; 2 ⟨genoegen⟩ enjoyment; 3 recht usufruct; ~ *verschaffen* afford pleasure; *onder het* ~ *van...* while enjoying...
ge'noten V.T. meerv. en V.D. v. *genieten*
ge'notmiddel *o* (-en) luxury
ge'notrijk, ge'notvol *bn* delightful
'genotype *o* (-n) genotype
ge'notziek *bn* pleasure-loving
ge'notzoeker *m* (-s) pleasure seeker
ge'notzucht *v* love of pleasure
genot'zuchtig *bn* pleasure-seeking
'genre *o* (-s) genre, kind, style
'genrestuk *o* (-ken) genre painting
Gent *o* Ghent
genti'aan *v* (-tianen) gentian
2 'genua *v* ('s) scheepv Genoa (jib)
1 'Genua *o* Genoa
genuan'ceerd *bn* differentiated [opinion]
Genu'ees *m* (-nuezen) Genoese [*mv* Genoese]
geode'sie *v* geodesy
ge'oefend *bn* practised, trained, expert
geo'fysica *v* geophysics
geo'graaf *m* (-grafen) geographer
geogra'fie *v* geography
geo'grafisch *bn* geographical
ge'olied *bn* 1 eig oiled; ⟨m.b.t. machines⟩ lubricated; 2 fig well-oiled

geolo'gie *v* geology

geo'logisch *bn* geological

geo'loog *m* (-logen) geologist

geome'trie *v* geometry

ge'oorloofd *bn* lawful, allowed, permitted, admissible, allowable

ge'opend *bn* open; ~ *voor het publiek* open to the public

ge'ordend *bn* ordered, well-ordered, orderly

Ge'orgië *o* Georgia

Ge'orgiër *m* (-s) Geogrgian

Ge'orgisch I *bn* Georgian; **II** *o* Georgian

geoutil'leerd *bn*: *goed* ~ fully equipped

geouwe'hoer *o* gemeenz crap, bull

'geowetenschappen *mv* geo-sciences

ge'paard *bn* **1** (in 't alg.) in pairs, in couples, coupled; **2** plantk geminate; *dat gaat* ~ *met...* that is attended by..., that is coupled with...; *that involves...; en de daarmee* ~ *gaande...* the ... attendant upon it; [old age] and its attendant... [ills]

ge'pakt *bn*: ~ *en gezakt* all ready to depart

ge'pantserd *bn* armoured, armour-plated (-clad); ~*e vuist* mailed fist; ~ *tegen* proof against

geparen'teerd *bn* related (*aan* to)

gepassio'neerd *bn* passionate

ge'past *bn* fit, fitting, befitting, proper, suitable, becoming; ~ *geld* the exact sum (money); *met* ~ *geld betalen!* no change given!, (in bus, tram) exact fare!

ge'pastheid *v* fitness, propriety, suitability, becomingness

ge'peins *o* musing, meditation(s), pondering; *in diep* ~ *verzonken* absorbed in thought, in a brown study

gepensio'neerde *m-v* (-n) pensioner

ge'peperd *bn* **1** (met veel peper) peppered, peppery; **2** fig ⟨pikant⟩ highly seasoned [stories], spiced [jests]; **3** ⟨duur⟩ exorbitant [bills], stiff [prices]

ge'peupel *o* mob, populace, rabble; gemeenz ragtag (and bobtail)

ge'peuter *o* picking, fumbling

ge'pieker *o* brooding

ge'piep *o* chirping, squeaking

gepi'keerd I *bn* piqued (*over* at); *hij is* ~ he is in a fit of pique; *gauw* ~ touchy; **II** *bijw* with a touch of feeling

gepi'keerdheid *v* pique

ge'pimpel *o* toping, tippling

ge'pingel *o* **1** ⟨het afdingen⟩ haggling; **2** ⟨op muziekinstrument⟩ thrumming, strumming

ge'plaag *o* teasing

ge'plas *o* splashing, splash

ge'ploeter *o* ⟨gezwoeg⟩ drudging

ge'plozen V.D. v. *pluizen*

ge'poch *o* boasting, brag(ging)

ge'poft *bn* ⟨kastanjes &⟩ roast; ~*e maïs* popcorn

ge'pokt *bn*: ~ *en gemazeld zijn* know the tricks of the trade

gepor'teerd *bn*: ~ *zijn voor* favour, have a liking for

gepo'seerd *bn* staid, steady

ge'praat *o* talk, tattle

ge'preek *o* preaching, sermonizing, lecturing

ge'prevel *o* muttering, mumbling

ge'prezen V.D. v. *prijzen*

ge'priegel *o* finicking (finicky) work, meticulous work

ge'prikkeld *bn* irritated, huffish; *...zei hij* ~ *...he* said irritably

ge'prikkeldheid *v* irritation

gepromo'veerde *m-v* (-n) graduate

ge'pronk *o* ostentation

gepronon'ceerd *bn* pronounced[2]

geproportio'neerd *bn* [well-, ill-]proportioned

ge'pruikt *bn* periwigged

ge'pruil *o* pouting, sulkiness

ge'pruts *o* pottering, tinkering

ge'pruttel *o* **1** simmering [of a kettle]; **2** grumbling [of a person]

ge'raakt *bn* **1** eig hit, touched; **2** fig piqued, offended

ge'raaktheid *v* pique, irritation

ge'raamte *o* (-n en -s) **1** skeleton [of animal or vegetable body]; **2** carcass [of ship]; **3** shell [of a house]; **4** frame, framework [of anything]

ge'raas *o* noise, din, hubbub, roar

ge'raaskal *o* raving(s)

ge'radbraakt *bn*: *zich* ~ *voelen* feel knocked up, feel used up (exhausted)

ge'raden *bn*: *het* ~ *achten* think it advisable; *het is je* ~ you'd better (do it)

geraffi'neerd *bn* **1** refined[2] [sugar; taste]; **2** ⟨sluw⟩ cunning, crafty; *een* ~*e schelm* a thorough-paced rogue

ge'raken[2] (is) *onoverg* get, come to, arrive, attain; zie ook: *raken; in gesprek* ~ get into conversation, get *in iems. gunst* ~ win sbd.'s favour; *in verval* ~ fall into decay; *onder dieven* ~ fall among thieves; *te water* ~ fall into the water; *tot zijn doel* ~ attain one's end

ge'rammel *o* clanking, rattling

ge'rand *bn* **1** edged [lace]; **2** rimmed [glasses]; **3** bordered [parterres]; **4** milled [coins]

ge'ranium *v* (-s) geranium

ge'rant *m* (-s en -en) manager

ge'ratel *o* rattling

gera'vot *o* romping

1 ge'recht *bn* ⟨rechtvaardig⟩ just, condign [punishment], righteous [indignation]

2 ge'recht *o* (-en) **1** recht court (of justice), tribunal; **2** ⟨deel v. maaltijd⟩ course; [egg &] dish; *voor het* ~ *dagen* summon; *voor het* ~ *moeten verschijnen* have to appear in court

ge'rechtelijk I *bn* **1** judicial [murder, sale]; **2** legal [adviser]; ~*e geneeskunde* forensic medicine; **II** *bijw* judicially; legally; *iem.* ~ *vervolgen* proceed against sbd., bring an action against sbd.

ge'rechtigd *bn* authorized, qualified, entitled

ge'rechtigheid *v* (-heden) justice

ge'rechtsbode *m* (-n en -s) usher

ge'rechtsdag *m* (-dagen) court-day

ge'rechtsdienaar *m* (-s en -naren) police officer

ge'rechtsgebouw *o* (-en) court house

ge'rechtshof *o* (-hoven) court (of justice)

ge'rechtskosten *mv* legal charges; costs

ge'rechtszaal *v* (-zalen) court-room

gerecht'vaardigd *bn* justified, legitimate, rightful; ~e eisen legitimate, rightful claims

ge'redelijk *bijw* readily

ge'reden V.D. v. *rijden*

gerede'neer *o* arguing

ge'reed *bn* 1 ready [money, to do something]; 2 finished [product]; ~ *houden* hold ready, hold in readiness; *zich ~ houden* hold oneself in readiness, stand by [to assist]; ~ *leggen* put in readiness, lay out; ~ *liggen* be (lie) ready; *(zich) ~ maken* make (get) ready, prepare; ~ *staan* be (stand) ready; ~ *zetten* put ready, set out [the tea-things], lay [dinner]

ge'reedheid *v* readiness; *in ~ brengen* put in readiness, get ready

ge'reedschap *o* (-pen) tools, instruments, implements, utensils

ge'reedschapskist *v* (-en) tool-box, tool-chest, kit

ge'reedschapsmaker *m* (-s) tool maker

gerefor'meerd *bn* Dutch Reformed

ge'regeld I *bn* regular, orderly, fixed; ~e *veldslag* pitched battle; II *bijw* regularly

ge'regeldheid *v* regularity

ge'regen V.D. v. *rijgen*

ge'rei *o* 1 things [for tea &]; 2 tackle [for shaving &]; 3 [fishing] gear

ge'reis *o* travelling

ge'rekt *bn* long-drawn(-out), long-winded, protracted; *ietwat ~* ook: lengthy

ge'remd *bn* psych inhibited

ge'remdheid *v* (-heden) inhibition

1 'geren (geerde, h. gegeerd) *onoverg* slant; (v. rok) flare

2 ge'ren *o* running

gerenom'meerd *bn* famous, renowned

gerepatri'eerde *m-v* (-n) repatriate

gereser'veerd *bn* reserved[2]

gereser'veerdheid *v* reserve

ge'reten V.D. v. *rijten*

ge'reutel *o* [dying man's] death-rattle

ge'rezen V.D. v. *rijzen*

geri'ater *m* (-s) geriatrician

geria'trie *v* geriatrics

geri'atrisch *bn* geriatric

ge'ribd *bn* ribbed

ge'richt *o*: *het jongste ~* judgment day

ge'rief *o* convenience, comfort; *veel ~ bieden* offer many comforts; *ten gerieve van...* for the convenience of...

ge'riefelijk, ge'rieflijk *bn* commodious, convenient, comfortable

ge'rieven (geriefde, h. geriefd) *overg* accommodate, oblige [persons]

ge'rijmel *o* rhyming

ge'ring *bn* small, scanty, slight, trifling, inconsiderable, low; *van niet ~e bekwaamheid* of no mean ability; *een ~e dunk hebben van* have a poor opinion of; *een ~e kans* a slender chance, a slim chance; *met ~ succes* with scant success

ge'ringheid *v* smallness, scantiness

ge'ringschatten[1] *overg* hold cheap, have a low opinion of, disparage

ge'ringschattend *bn* slighting

ge'ringschatting *v* disdain, disregard, slight

ge'rinkel *o* jingling

ge'ritsel *o* rustling, rustle

Ger'maan *m* (-manen) Teuton

Ger'maans *bn* Teutonic, Germanic

germa'nisme *o* (-n) germanism

germa'nist *m* (-en) Germanist

ge'rochel *o* death-rattle

ge'roddel *o* talk, gossip

ge'roep *o* calling, shouting, shouts, call

ge'roerd *bn* touched; moved [person]

ge'roezemoes *o* bustle, buzz(ing), hubbub

ge'roffel *o* roll, rub-a-dub [of a drum]

ge'roken V.D. v. *rieken* en v. *ruiken*

ge'rol *o* rolling

ge'rommel *o* rumbling [of a cart, of thunder]

ge'ronk *o* 1 snoring [of a sleeper]; 2 snorting [of an engine]; 3 drone [of aircraft], zie: *ronken*

ge'ronnen *bn* 1 curdled [milk]; 2 clotted [blood]

gerontolo'gie *v* gerontology

geronto'loog *m* (-logen) gerontologist

ge'rookt *bn* smoked

gerouti'neerd *bn* (thoroughly) experienced, expert, practised

gerst *v* barley

'gerstekorrel, gerstkorrel *m* (-s) 1 barleycorn; 2 (gezwel aan ooglid) sty; 3 (weefsel) huckaback

ge'rucht *o* (-en) 1 (praatje, roddel) rumour, report, whisper; 2 (geluid) noise; *er gaat een ~ dat...* it is rumoured that...; ~ *maken* make a noise; *het (een) ~ verspreiden (dat ...)* spread a rumour, noise it abroad (that ...); *bij ~e* [know] by (from) hearsay; *in een kwaad ~ staan* be in bad repute; *hij is voor geen klein ~(je) vervaard* he is not easily frightened

gerucht'makend *bn* sensational

ge'ruggensteund, ge'rugsteund *bn* backed (up), supported (by)

ge'ruim *bn*: ~e *tijd* a (some) considerable time

ge'ruis *o* 1 noise [of moving thing]; 2 rustling, rustle [of a dress, leaf]; 3 murmur [of a stream]; 4 rushing [of a torrent]

ge'ruisloos *bn* noiseless, silent

ge'ruit *bn* checked, chequered

ge'rust I *bn* quiet, easy; *u kunt er ~ op zijn dat...* you may rest assured that...; *wees daar maar ~ op* make your mind easy on that point (about that); *ik ben er niet* ~ *op* I feel uneasy about it, I have some misgivings; **II** *bijw* [sleep] quietly; *ik durf* ~ *beweren, dat...* I venture to say that...; *u kunt er* ~ *heengaan* you can go there without fear; *zij kunnen* ~ *wegblijven* they may stay away and welcome; *u kunt* ~ *zeggen, dat...* you may freely say (say with a clear conscience) that...; *wij kunnen dat* ~ *zeggen* we may safely say that

ge'rustheid *v* peace of mind, tranquillity

ge'ruststellen[2] *overg* set [sbd.'s mind] at rest (at ease), reassure [sbd.]

gerust'stellend *bn* reassuring

ge'ruststelling *v* (-en) reassurance

ge'sar *o* teasing

ge'schal *o* **1** shouting, sound [of voices]; **2** clang [of a horn]

ge'schapen V.D. v. *scheppen*

ge'scharrel *o* scraping &; zie: *scharrelen*

ge'schater *o* burst (shout) of laughter; *hun* ~ their peals of laughter

ge'scheiden *bn* **1** separated [gardens]; **2** divided [into parts]; **3** divorced [women]; **4** [living] apart

ge'schel *o* ringing

ge'scheld *o* abuse (*op* of)

ge'schenen V.D. v. *schijnen*

ge'schenk *o* (-en) present, gift; *iets ten* ~*e geven* make a present of sth., present (sbd.) with sth.

ge'schenkbon *m* (-s en -nen) gift voucher, gift token

ge'schenkverpakking *v* (-en) gift-wrapping; *in* ~ gift-wrapped

ge'schenkzending *v* (-en) gift parcel

ge'schept *bn* (papier) hand-made

ge'scherm *o* fencing; zie: *schermen*

gescher'mutsel *o* skirmishing

ge'scherts *o* joking, banter

ge'scheten V.D. v. *schijten*

ge'schetter *o* **1** eig flourish, blare; **2** (gebluf) bragging

ge'schiedboeken *mv* annals, records

ge'schieden (geschiedde, is geschied) *onoverg* happen, come to pass, occur, chance, befall, take place; *Uw wil geschiede* Thy will be done!

ge'schiedenis *v* (-sen) **1** (historie) history; **2** (verhaal) story; *de hele* ~ the whole affair; *een mooie* ~*!* a pretty story, a pretty kettle of fish!; *het is weer de oude* ~ it is the old story over again; *een rare* ~ a queer story; *het is een saaie (taaie)* ~ it is a flat affair, a tedious business; *dat zal spoedig tot de* ~ *behoren* that will soon be a thing of the past

ge'schiedenisboek *o* (-en) history book

ge'schiedkunde *v* history

geschied'kundig *bn* historical

geschied'kundige *m-v* (-n) historian

ge'schiedrol *v* (-len) records, archives

ge'schiedschrijver *m* (-s) historical writer, historian, historiographer [= official historian]

ge'schiedschrijving *v* writing of history, historiography

ge'schiedvervalsing *v* (-en) falsification of history; (minder sterk) historical misrepresentation

ge'schift *bn* gemeenz crack-brained, dotty

ge'schikt *bn* **1** fit [person, to do..., to be..., for...]; **2** able, capable, efficient [man, servant &]; **3** suitable, suited [to or for the purpose], appropriate [to the occasion]; **4** practical [solution]; **5** eligible [candidate]; **6** proper [time, way]; *een* ~*e vent* gemeenz a decent chap; ~ *zijn voor* lend oneself (itself) [to the purpose, the occasion]; make a good [teacher]; *dat is er niet* ~ *voor* that's no good

ge'schiktheid *v* fitness, capability, ability, suitability

ge'schil *o* (-len) difference, dispute, quarrel

ge'schilpunt *o* (-en) point (matter) at issue, point of difference

ge'schimp *o* scoffing, abuse

ge'schitter *o* glitter(ing)

ge'schok *o* jolting, shaking

ge'scholden V.D. v. *schelden*

ge'scholen V.D. v. *schuilen*

ge'schommel *o* swinging &, zie: *schommelen*

ge'schonden V.D. v. *schenden*

ge'schonken V.D. v. *schenken*

ge'schoold *bn* **1** trained [voices &]; **2** skilled [labourers]

ge'schop *o* kicking

ge'schoren V.D. v. *scheren*

ge'schoten V.D. v. *schieten*

ge'schoven V.D. v. *schuiven*

ge'schraap *o* **1** scraping [on the violin]; **2** ⟨v. keel⟩ throat-clearing; **3** fig money-grubbing

ge'schreden V.D. v. *schrijden*

ge'schreeuw *o* cry, cries, shrieks, shouts; *veel* ~ *en weinig wol* much ado about nothing

ge'schrei *o* weeping, crying

ge'schreven V.D. v. *schrijven*

ge'schrift *o* (-en) **1** (geschrevene) writing; **2** (geschreven stuk) document, letter, paper; *in* ~*e* in writing; zie ook: *valsheid*

ge'schrijf *o* scribbling, writing

ge'schrokken V.D. v. *schrikken*

ge'schubd *bn* scaled, scaly

ge'schuifel *o* shuffling, scraping [of feet]

ge'schut *o* artillery, guns, ordnance; *grof* ~ heavy artillery, heavy guns[2]; *licht* ~ light artillery; *een stuk* ~ a piece of ordnance; *het zware* ~ the heavy guns

ge'schutkoepel *m* (-s) (gun-)turret

ge'schutpoort *v* (-en) porthole

ge'schuttoren *m* (-s) (gun-)turret

ge'schutvuur *o* gunfire

'gesel *m* (-en en -s) scourge[2] [of war, of God], lash[2] [of satire], whip

'geselen (geselde, h. gegeseld) *overg* lash[2], scourge[2], flagellate, whip, flog

'geseling *v* (-en) lashing[2], scourging[2], flagellation,

whipping, flogging
'ge**selkoord** o & v (-en) lash
'ge**selpaal** m (-palen) whipping-post
'ge**selroede** v (-n) scourge², lash²
'ge**selslag** m (-slagen) lash
'ge**selstraf** v (-fen) lashing, whipping, flogging
ge**ser'reerd** bn terse, succinct
ge'**sis** o hissing
gesitu'**eerd** bn: beter ~ well-(better-)off; de beter
~en the better-off, the more substantial class; de
minder ~en the less well-to-do
ge'**sjacher** o bartering, traffic
ge'**sjochten** bn gemeenz done for, down and out
ge'**sjouw** o toiling
ge'**slaagd** bn successful
1 ge'slacht o (-en) 1 (generatie) generation; 2 (familie) race, family [of men], lineage; 3 genus [mv
genera] [of animals, plants]; 4 (kunne) [male, fe-
male] sex; 5 gramm [masculine, feminine, neuter]
gender; het andere ~ the opposite sex; het menselijk
~ the human race, mankind; het schone ~ the fair
sex; het sterke ~ the sterner sex; het zwakke ~ the
weaker sex
2 ge'slacht o killed meat, butcher's meat
ge'**slachtelijk** bn sexual
ge'**slachtkunde** v genealogy
ge'**slachtloos** bn 1 sexless [beings]; asexual;
2 plantk agamic, agamous
ge'**slachtsboom** m (-bomen) genealogical tree,
pedigree
ge'**slachtsdaad** v sexual act, coitus
ge'**slachtsdelen** mv genitals, private parts
ge'**slachtsdrift** v sexual urge, desire, sex instinct,
libido
ge'**slachtsgemeenschap** v intercourse, coition,
coitus, sex, intimacy, love-making; ~ hebben met
have intercourse with, have sex with, lie with
ge'**slachtskenmerken** mv sex characteristics
ge'**slachtsklier** v (-en) 1 anat sexual gland; 2 dierk
germ gland
ge'**slachtsnaam** m (-namen) family name
ge'**slachtsorgaan** o (-ganen) sexual organ
ge'**slachtsregister** o (-s) genealogical register
ge'**slachtsrijp** bn sexually mature
ge'**slachtsrijpheid** v sexual maturity
ge'**slachtsverkeer** o sexual intercourse
ge'**slachtswapen** o (-s) family arms
ge'**slachtsziekte** v (-n en -s) venereal disease
ge'**slagen** I V.D. v. slaan; II bn beaten; ~ goud
beaten gold
ge'**sleep** o dragging
ge'**slenter** o sauntering, lounging
ge'**slepen** I V.D. v. slijpen; II bn 1 sharp, whetted
[knives]; 2 cut [glass]; 3 fig cunning, sly; III bijw
cunningly, slyly
ge'**slepenheid** v cunning, slyness
ge'**sleten** V.D. v. slijten
ge'**slinger** o scheepv roll

ge'**slof** o shuffling
ge'**sloken** V.D. v. sluiken
ge'**slonken** V.D. v. slinken
ge'**sloof** o drudgery
ge'**slopen** V.D. v. sluipen
ge'**sloten** I V.D. v. sluiten; II bn 1 shut [doors],
closed [doors, books, car, circuit, economy, system;
to traffic]; sealed [envelope]; (op slot) locked; 2 mil
serried [ranks], close [formation]; 3 (v. personen)
uncommunicative, close(-mouthed), reticent; ~
jachttijd close season, fence-season
ge'**slotenheid** v uncommunicativeness, closeness
ge'**sluierd** bn 1 veiled [lady]; 2 fogged [plate]
ge'**smaal** o reviling, scoffing, contumely
ge'**smak** o smacking [of lips]
ge'**smeek** o supplication(s), entreaty
ge'**smeerd** bijw het loopt ~ it's going smoothly
ge'**smeten** V.D. v. smijten
ge'**smolten** I V.D. v. smelten; II bn melted [butter],
molten [lead]
ge'**smul** o feasting, banqueting
ge'**snap** o (tittle-)tattle, prattle, small talk
ge'**snater** o chatter(ing)
ge'**snauw** o snarling, snubbing
ge'**sneden** I V.D. v. snijden; II bn 1 (in 't alg.) cut;
2 sliced [bread]; 3 (gecastreerd) gelded
ge'**snik** o sobbing, sobs
ge'**snoef** o boasting, boast, bragging
ge'**snor** o whirr(ing)
ge'**snork** o snoring
ge'**snoten** V.D. v. snuiten
ge'**snotter** o snivelling
ge'**snoven** V.D. v. snuiven
ge'**snuffel** o ferreting, rummaging
ge'**soes** o dozing
gesoig'**neerd** = verzorgd 2
gesp m & v (-en) buckle, clasp
ge'**spannen** bn 1 bent [of a bow]; 2 taut, tight
[rope]; 3 (nerveus) nervous, on edge; 4 strained²
[relations], tense² [situation &]; zie ook: verwachting, voet
ge'**spartel** o sprawling, floundering
ge'**speel** o playing
ge'**speend** bn: ~ van deprived of, devoid of, without
'ge**spen** (gespte, h. gegespt) overg buckle
ge'**speten** V.D. v. spijten
ge'**spierd** bn 1 eig muscular, sinewy, brawny; 2 fig
vigorous, forceful [language]
ge'**spikkeld** bn spotted, speckled
ge'**spin** o purring [of a cat]
ge'**spitst** bn: met ~e oren with his ears pricked up; ~
zijn op be keen on, be eager on
ge'**spleten** I V.D. v. splijten; II bn split, cleft; ~ verhemelte cleft palate
ge'**spogen** V.D. v. spugen
ge'**sponnen** V.D. v. spinnen
ge'**spoord** bn spurred

ge'spot o mocking, jeering, scoffing &
ge'spoten V.D. v. *spuiten*
ge'sprek o (-ken) **1** (in 't alg.) conversation, talk; **2** telec call; **3** fig dialogue [of the Church with the State]; *in ~* telec number engaged (Am number busy); *een ~ aanknopen* enter into conversation; *een ~ voeren* hold (have) a conversation, have a talk ; *het ~ van de dag* the talk of the town
ge'spreksgroep v (-en) discussion group
ge'sprekskosten mv call charge
ge'sprekspartner m (-s) interlocutor
ge'sproken V.D. v. *spreken*
ge'sprongen V.D. v. *springen*
ge'sproten V.D. v. *spruiten*
ge'spuis o rabble, riff-raff, scum
ge'staag, ge'stadig I bn steady, continual, constant; **II** bijw steadily, constantly
ge'stadigheid v steadiness, constancy
ge'stalte v (-n en -s) figure, shape, stature
ge'stamel o stammering
ge'stamp o **1** (in 't alg.) stamping; **2** scheepv pitching [of a steamer]
ge'stand: *zijn woord ~ doen* redeem one's promise (word, pledge), keep one's word
'geste v (-n en -s) gesture[2]
ge'steente o (-n en -s) **1** (precious) stones; **2** stone, rock; *vast ~* solid rock
ge'stegen V.D. v. *stijgen*
ge'stel o (-len) system, constitution
ge'steld I voegw: *~ dat het zo is* supposing it to be the case; **II** bn: *de ~e machten (overheid)* the constituted authorities, schertsend the powers that be; *het is er zó mee ~* that's how the matter stands; *~ zijn op* be fond of [a good dinner, a friend]; stand on [getting things well done &]; be a stickler for [ceremony]; *daar ben ik niet op ~* I don't appreciate that, I want none of that
ge'steldheid v **1** (in 't alg.) state, condition; **2** nature [of the soil &]
ge'stemd bn **1** muz tuned; **2** fig disposed; *ik ben er niet toe ~* I am not in the vein for it; *gunstig ~ zijn jegens* be favourably disposed towards
ge'sternte o (-n) star, constellation, stars; *onder een gelukkig ~ geboren* born under a lucky star
ge'steun o moaning, groaning
ge'steven V.D. v. *stijven*
1 ge'sticht o (-en) (voor krankzinnigen) mental institution, mental home, mental asylum
2 ge'sticht bn fig edified
gesticu'latie v (-s) gesticulation
gesticu'leren (gesticuleerde, h. gegesticuleerd) onoverg gesticulate
ge'stoei o romping
ge'stoelte o (-n en -s) seat, chair
gestof'feerd bn (partly) furnished [rooms]
ge'stoken V.D. v. *steken*
ge'stolen V.D. v. *stelen*
ge'stommel o clatter(ing)

ge'stonken V.D. v. *stinken*
ge'stoofd (v. etenswaren) stewed
ge'stoord disturbed; *geestelijk ~* mentally deranged (handicapped)
ge'storven V.D. v. *sterven*
ge'stotter o stuttering, stammering
ge'stoven V.D. v. *stuiven*
ge'streden V.D. v. *strijden*
ge'streept bn striped
ge'streken V.D. v. *strijken*
ge'strekt stretched; *in ~e draf* (at) full gallop; *~e hoek* straight angle
ge'streng bn = [2]streng
gestructu'reerd bn structured
gestu'deerd bn: *~ iem.* (university) graduate
ge'suf o day-dreaming, dozing
ge'suikerd bn sugared, sugary, candied
ge'suis o = suizing
ge'sukkel o (v. zieke) ailing
gesyndi'ceerde m-v (-n) trade union member
ge'taand bn tawny, tanned
ge'takt bn branched, branchy, branching
ge'tal o (-len) number; *in groten ~e* in (great) numbers; *ten ~ van* to the number of..., ...in number
ge'tallenprijs m (-prijzen) trade discount (price)
ge'talm o lingering, loitering, dawdling
ge'talsterkte v numerical strength
ge'tand bn **1** (in 't alg.) toothed; **2** plantk dentate; **3** techn toothed, cogged
ge'tapt bn **1** drawn [beer]; skimmed [milk]; **2** fig popular [with the boys &]
ge'teem o drawl(ing), whine, whining
ge'teisem o riff-raff
ge'tekend bn **1** (m.b.t. mensen) drawn, marked; **2** (m.b.t. dieren) marked; **3** (ondertekend) signed
ge'teut o dawdling, loitering
ge'tier o noise, clamour, vociferation
ge'tij, ge'tijde o (-den) **1** (eb en vloed) tide [high or low]; **2** RK: *de getijden* the hours; *het ~ keert* the tide turns; *dood ~* neap tide; zie ook: *baken*
ge'tijdenboek o (-en) RK breviary
ge'tijhaven v (-s) tidal harbour
ge'tijrivier v (-en) tidal river
ge'tijstroom m (-stromen) tidal current
ge'tijtafel v (-s) tide-table
ge'tik o **1** ticking [of a clock]; **2** tapping [at a door]; **3** click(ing) [of an engine &]
ge'tikt bn gemeenz nuts, daft, weird, loopy, crack-brained
ge'timmer o carpentering
ge'timmerte o (-n) structure
ge'tingel o tinkling
ge'tintel o sparkling &, zie: *tintelen*
ge'titeld bn **1** titled [person]; **2** [book &] entitled
ge'tjilp o chirping, twitter
ge'tob o **1** (bezorgdheid) bother, worry; **2** (gezwoeg) toiling, drudgery
ge'toeter o tooting, hoot(ing)

ge'togen V.D. v. *tijgen*; zie ook: *geboren*

ge'tokkel *o* thrumming, twanging &, zie: *tokkelen*

ge'touw *o* (-en) gear, loom; zie ook: *touw*

ge'tralied *bn* grated, latticed, barred

ge'trappel *o* stamping, trampling

ge'trapt *bn*: ~*e verkiezingen* elections at two removes, indirect elections

ge'treiter *o* teasing, nagging

ge'treur *o* pining, mourning

ge'treuzel *o* dawdling, lingering

ge'trippel *o* tripping, patter, pitter-patter

getroe'bleerd *bn* (mentally) deranged, *gemeenz* a bit touched, a bit cracked

ge'troffen V.D. v. *treffen*

ge'trokken V.D. v. *trekken*

ge'trommel *o* drumming, rattle of drums

ge'tuigen (getroostte, h. getroost) *wederk: zich* ~ bear patiently, put up with; *zich een grote inspanning* ~ make a great effort; *zich de moeite* ~ *om...* go (put oneself) to the trouble of ...ing; *zich veel moeite* ~ spare no pains

ge'trouw *bn* = *trouw I & II*; *zijn* ~*en* his trusty followers, his stalwarts, his henchmen

'getto *o* ('s) ghetto

ge'tuige *m-v* (-n) **1** *recht* witness; **2** ⟨bij huwelijk⟩ best man; **3** ⟨bij duel⟩ second; ~ *van mijn armoede* witness my poverty; *schriftelijke* ~*n* written references; *ik zal u goede* ~*n geven* I'll give you a good character; *iem. tot* ~ *roepen* call (take) sbd. to witness; ~ *zijn van* be a witness of, witness

ge'tuigen (getuigde, h. getuigd) **I** *overg* testify to, bear witness [that...]; **II** *onoverg* appear as a witness, give evidence; *dat getuigt tegen...* that is what testifies against...; ~ *van* attest to..., bear witness to...; *dat getuigt van zijn...* that testifies to his..., that bears testimony to his...; ~ *voor* testify in favour of; *dat getuigt voor hem* that speaks in his favour

ge'tuigenbank *v* (-en) witness-box

ge'tuigenbewijs *o* (-wijzen) proof by witnesses, oral evidence

ge'tuigengeld *o* (-en) conduct money

ge'tuigenis *o & v* (-sen) evidence, testimony; ~ *afleggen van* bear witness to, give evidence of

ge'tuigenverhoor *o* (-horen) examination (hearing) of the witnesses

ge'tuigenverklaring *v* (-en) deposition, testimony, evidence

ge'tuigschrift *o* (-en) certificate, testimonial; [applicant's] reference; [servant's] character

getver'derrie *tsw* = *gatverdarrie*

ge'twist *o* quarreling, wrangling, bickering(s)

geul *v* (-en) gully, channel, watercourse

geur *m* (-en) smell, odour, fragrance, flavour, aroma, perfume, scent; *in* ~*en en kleuren* in detail

'geuren (geurde, h. gegeurd) *onoverg* **1** smell, be fragrant, give forth scent (perfume); **2** *gemeenz* swank; ~ *met* show off [one's learning], sport, *gemeenz* flash [a gold watch]

'geurig *bn* sweet-smelling, odoriferous, fragrant, aromatic

'geurigheid *v* perfume, smell, fragrance

'geurmaker *m* (-s) swagger

1 geus *m* (geuzen) *hist* Beggar, Protestant [during the revolt of the Netherlands against Spain]

2 geus *v* (geuzen) *scheepv* jack

'geuzennaam *m* (-namen) ± honorary nickname

'gevaar *o* (-varen) danger, peril, risk; *er is geen* ~ *bij* there is no danger; *daar is geen* ~ *voor* no danger (no fear) of that; ~ *voor brand* danger of fire; *een* ~ *voor de vrede* a danger to peace; ~ *lopen om...* run the risk of ...ing; *buiten* ~ out of danger [of a patient &]; *in* ~ *brengen* endanger, imperil; ⟨v. reputatie⟩ compromise, jeopardize; *in* ~ *verkeren* be in danger (peril); *op* ~ *af u te beledigen* at the risk of offending you; *zonder* ~ without danger, without (any) risk

ge'vaarlijk *bn* dangerous, perilous, risky, hazardous; *het* ~*e eraan* the danger of it; ~*e zone* danger zone (area)

ge'vaarlijkheid *v* dangerousness &

ge'vaarte *o* (-n en -s) colossus, monster, leviathan

ge'vaarvol *bn* perilous, hazardous

ge'val (-len) *o* **1** case; **2** *schertsend* affair; *het* ~ *zijn* be the case; *een gek* ~ a queer business (situation), a strange affair; *een lastig* ~ an awkward case; *bij* ~ by any chance, possibly; *dat is met hem ook het* ~ that's the same with him, he is in the same position; *in* ~ *van* in case of [need], in the event of [war]; *in negen van de tien* ~*len* in nine cases out of ten; *in elk* ~ in any case, at all events; at any rate, anyhow; *in het ergste* ~ if the worst comes to the worst; *in het gunstigste* ~ at (the) best; *in geen* ~ in no case, not on any account, on no account; *in uw* ~ *zou ik...* if it were my case I should...; *van* ~ *tot* ~ individually; *voor het* ~ *dat...* in case... [you should...]; *wat wou nu het* ~ it so turned out that..., it happened that...

ge'vallen² *onoverg* *plechtig* happen; *zich laten* ~ put up with

ge'vangen *bn* captive; zie: *geven II*

ge'vangenbewaarder *m* (-s) warder, jailer, turnkey

ge'vangene *m-v* (-n) prisoner, captive

ge'vangenenkamp *o* (-en) = *gevangenkamp*

ge'vangenhouden¹ *overg* detain, keep in prison (in custody)

ge'vangenhouding *v* detention

ge'vangenis *v* (-sen) **1** ⟨gebouw⟩ prison, jail, gaol; *slang* nick, quod; **2** ⟨straf⟩ imprisonment, gaol; *de* ~ *ingaan* be sent to prison

ge'vangeniskleren *mv* prison clothes

ge'vangeniskost *m* prison food

ge'vangenisstraf *v* (-fen) imprisonment; *tot* ~ *veroordelen* sentence to prison

ge'vangeniswezen *o* prison system

ge'vangenkamp *o* (-en) prison camp, prisoners'

923

camp

ge'vangennemen[1] *overg* **1** <u>recht</u> arrest, apprehend, capture; **2** <u>mil</u> take prisoner, take captive

ge'vangenneming *v* (-en) arrest, apprehension, capture

ge'vangenschap *v* **1** (vooral <u>mil</u>) captivity; **2** (als straf) imprisonment

ge'vangenwagen *m* (-s) prison van; <u>gemeenz</u> black Maria

ge'vangenzetten[1] *overg* put in prison, imprison

ge'vangenzetting *v* (-en) imprisonment

ge'vangenzitten[1] *onoverg* be in prison (in jail)

ge'vankelijk *bn*: ~ *wegvoeren* **1** <u>recht</u> take away in custody; **2** <u>mil</u> march off under guard

ge'varendriehoek *m* (-en) red warning (advance danger) triangle

ge'varenzone *v* (-s) danger zone (area)

gevari'eerd *bn* varied

ge'vat *bn* **1** quick-witted [debater]; **2** witty [answer], clever, smart [retort]

ge'vatheid *v* (-heden) quick-wittedness, ready wit, quickness at repartee, smartness

ge'vecht *o* (-en) **1** <u>mil</u> fight, combat, battle, action, engagement; **2** (lijf aan lijf) fight; *de ~en duren nog voort* the fighting still goes on; *buiten ~ stellen* put out of action, disable

ge'vechtsklaar *bn* combatready, clear for action

ge'vechtslinie *v* (-s) line of battle

ge'vechtsvliegtuig *o* (-en) fighter

ge'vederd *bn* feathered

ge'vederte *o* feathers, feathering

ge'veins *o* dissembling, dissimulation

ge'veinsd *bn* feigned, simulated, hypocritical

ge'veinsdheid *v* dissembling, dissimulation, hypocrisy

'gevel *m* (-s) front, façade

'gevelbreedte *v* (-s) frontage

ge'veldak *o* (-daken) gabled roof

'gevelspits *v* (-en), **'geveltop** *m* (-pen) gable

'geveltoerist *m* (-en) cat burglar

'geven (gaf (gaven), h. gegeven) **I** *overg* **1** give [money, a cry]; **2** (als cadeau) make a present of [it], present with [a thing]; **3** (opleveren) afford, yield, produce; give out [heat]; **4** (aanreiken) hand, give; **5** <u>kaartsp</u> deal [the cards]; *mag ik u wat kip ~?* may I help you to some chicken?; *geef mij nog een kopje* let me have another cup; *geef mij maar Amsterdam* commend me to Amsterdam; *dat zal wel niets ~* it will be of no avail, it will be no use (no good); *het geeft 50%* it yields 50 per cent.; *rente (interest) ~* bear interest; *welk stuk wordt er gegeven?* what is on (to-night)?; *een toneelstuk ~* produce (put on) a play; *ik gaf hem veertig jaar* I took him to be forty, I put him down at forty; *het geeft je wat of je al...* it is no use telling him (to tell him); *wat geeft het?* (helpen) what's the use (the good)?; (hinderen) what does it matter?; (wat zou dat?) what of that?; *wat moet dat ~?* what will be the end of it?;

God geve dat het niet gebeurt God grant that it does not happen; *het roken er aan ~* give up smoking; *er een andere uitleg aan ~* put a different construction (up)on it; *niets ~ om* not care for; *veel ~ om* care much for; *weinig ~ om* care little for [jewels]; not mind [privations], make little of [pains]; zie ook: *brui, cadeau, gewonnen, les, rekenschap, vuur*; **II** *wederk:* zich ~ *zoals men is* give oneself in one's true character; *zich gevangen ~* give oneself up [to justice], surrender; zie ook: *gewonnen*; **III** *onoverg & abs ww* **1** give; **2** <u>kaartsp</u> deal; ~ *en nemen* give and take; *u moet ~* <u>kaartsp</u> it is your deal, the deal is with you; *er is verkeerd gegeven* <u>kaartsp</u> there was a misdeal; *geef hem ervan langs!* let him have it!; *te denken ~* give food for thought

'gever *m* (-s) **1** (in 't alg.) giver, donor; **2** <u>kaartsp</u> dealer

ge'vest *o* (-en) hilt

ge'vestigd *bn* fixed [opinion]; ~*e belangen* vested interests; *zijn ~e reputatie* his (old-, well-)established reputation

ge'vierd *bn* famous; zie ook: *vieren*

ge'vind *bn* **1** <u>dierk</u> finned, finny; **2** <u>plantk</u> pinnate

ge'vingerd *bn* <u>plantk</u> digitate

ge'vit *o* fault-finding, cavilling

ge'vlamd *bn* **1** flamed [tulips]; **2** watered [silk]

ge'vlei *o* flattering &, zie: *vleien*

ge'vlekt *bn* **1** (in 't alg.) spotted, stained; **2** piebald [horse]

ge'vleugeld *bn* winged[2]; ~*e woorden* winged words, well-known sayings

ge'vlij *o*: *bij iem. in het ~ zien te komen* make up to sbd., try to ingratiate oneself with sbd.

ge'vlochten V.D. v. *vlechten*

ge'vloden V.D. v. *vlieden*

ge'vloek *o* cursing, swearing

ge'vlogen V.D. v. *vliegen*

ge'vloten V.D. v. *vlieten*

ge'vochten V.D. v. *vechten*

ge'voeg *o*: *zijn ~ doen* relieve nature

ge'voeglijk *bijw* decently; *wij kunnen nu ~...* we may as well...

ge'voeglijkheid *v* decency, propriety

ge'voel *o* **1** (-ens) (als aandoening) feeling, sensation, sentiment, sense, feel; **2** (als zintuig) feeling, touch; *het ~ hebben dat...* have the feeling that...; *het ~ voor...* the sense of...; ~ *voor humor* sense of humour; *met ~* with expression, with much feeling; *op het ~* by the feel

ge'voelen[2] **I** *overg* = *voelen*; **II** *o* (-s) **1** (gewaarwording) feeling; **2** (mening) opinion; *edele ~s* noble sentiments; *naar mijn ~* in my opinion; *wij verschillen van ~* we are of a different opinion [about this], we differ

ge'voelig I *bn* **1** (veel gevoel hebbend) feeling, susceptible, impressionable, sensitive [people]; **2** (lichtgeraakt) touchy; **3** (pijnlijk) tender [feet]; **4** (hard) smart [blow]; severe [cold &]; **5** <u>fotogr</u> sensitive [plates]; *een ~e nederlaag* a heavy defeat; *~e plek* tender spot; fig sore point; *~ op het punt van eer* sensitive about honour; *~ voor* sensitive to [kindness]; *~ zijn voor* ook: appreciate [sbd.'s kindness]; *~ maken* sensitize [a plate &]; zie ook: *snaar;* **II** *bijw* feelingly

ge'voeligheid *v* (-heden) **1** sensitiveness; **2** tenderness; *gevoeligheden kwetsen* wound (offend) susceptibilities

ge'voelloos *bn* **1** (in 't alg.) unfeeling; **2** insensible [to emotion]; **3** numb [foot, arm]; *~ maken* anaesthetize

ge'voelloosheid *v* **1** unfeelingness; **2** insensibility

ge'voelsleven *o* emotional life, inner life

gevoels'matig *bn* instinctive, intuitive

ge'voelsmens *m* (-en) emotional person

ge'voelstemperatuur *v* (-en) (wind)chill factor

ge'voelswaarde *v* emotional value

ge'voelszenuw *v* (-en) sensory nerve

ge'voelszin *m* sense of touch (feeling)

ge'voelvol *bn* feeling

ge'vogelte *o* birds, fowl(s), poultry

ge'volg *o* (-en) **1** (personen) followers, suite, train, retinue; **2** (uit oorzaak) consequence, result; effect [of the wars on the nations]; *geen nadelige ~en ondervinden van* be none the worse for; *de ~en zijn voor hem* he must take the consequences; *~ geven aan een opdracht* carry an order into effect; *~ geven aan een verzoek* grant a request; *~ geven aan een wens* comply with a wish, carry out (fulfil) a wish; *met goed ~* with success, successfully; *ten ~e hebben* cause [sbd.'s death &], result in [a big profit], bring on; *ten ~e van* in consequence of, as a result of, owing to; *zonder ~* without success, unsuccessful(ly)

ge'volgaanduidend *bn* gramm consecutive

ge'volglijk *bijw* consequently

ge'volgtrekking *v* (-en) conclusion, deduction, inference; *een ~ maken* draw a conclusion (*uit* from)

ge'volmachtigd *bn*: *~ minister* minister plenipotentiary

ge'volmachtigde *m-v* (-n) **1** plenipotentiary [of a country]; **2** proxy [in business]

ge'vonden V.D. v. *vinden*

ge'vorderd *bn* advanced, late; *op ~e leeftijd* at an advanced age; *op een ~ uur* at a late hour

ge'vorkt *bn* forked, furcated

ge'vraag *o* asking, inquiring, questioning

ge'vraagd *bn* **1** (gewild) in demand; **2** (in advertenties) wanted; Am want; *een veel ~ artikel* an item in great demand, a popular item

ge'vreeën V.D. v. *vrijen*

ge'vreesd *bn* dreaded

ge'vroren V.D. v. *vriezen*

ge'vuld *bn* **1** well-lined [purse]; **2** full, plump [figure]

ge'waad *o* (-waden) garment, dress, garb, attire

ge'waagd *bn* **1** (riskant) hazardous, risky; **2** (m.b.t. grap) risqué; *aan elkaar ~ zijn* be well-matched

ge'waand *bn* supposed, pretended, feigned

gewaar'deerd *bn* valued [friends, help]

ge'waarmerkt *bn* certified, attested, authenticated

ge'waarworden[1] *overg* **1** (merken) become aware of, perceive, notice; **2** (te weten komen) find out, discover

ge'waarwording *v* (-en) **1** (aandoening) sensation; **2** (vermogen) perception

ge'wag *o*: *~maken van = gewagen*

ge'wagen[2] *onoverg:* *~ van* mention, make mention of

ge'wapend *bn* armed [soldiers, peace, eye]; *~ beton* reinforced concrete; *~ glas* wired glass

ge'wapenderhand *bijw* by force of arms

ge'wapper *o* fluttering

ge'warrel *o* whirl(ing)

ge'was *o* (-sen) **1** (gekweekte planten) growth, crop(s), harvest; **2** (plant in 't alg) plant

gewat'teerd *bn* quilted, wadded [quilt]

ge'wauwel *o* twaddle, drivel, gemeenz (tommy-)rot

ge'weeklaag *o* lamentation(s)

ge'ween *o* weeping, crying

ge'weer *o* (-weren) gun, rifle, vero musket; *in het ~ komen* **1** mil turn out [of the guard]; stand to [of a company in the field]; **2** fig be up in arms (*tegen* against); *het ~ presenteren* present arms

ge'weerfabriek *v* (-en) small-arms factory

ge'weerkogel *m* (-s) (rifle) bullet

ge'weerkolf *v* (-kolven) rifle butt

ge'weerloop *m* (-lopen) (gun-)barrel

ge'weermaker *m* (-s) gunsmith, gunmaker

ge'weerrek *o* (-ken) arm-rack

ge'weerriem *m* (-en) rifle-sling

ge'weerschot *o* (-schoten) gunshot, rifleshot

ge'weervuur *o* rifle-fire, musketry, fusillade

ge'weest V.D. v. *wezen* en *zijn*

1 ge'wei *o* (-en) (horens) horns, antlers [of a deer]

2 ge'wei, ge'weide *o* **1** (ingewanden) bowels, entrails; **2** (uitwerpselen) droppings

ge'weifel *o* hesitation, wavering

ge'weken V.D. v. *wijken*

ge'weld *o* **1** (kracht) force, violence; **2** (lawaai) noise; *~ aandoen* do violence to[2], fig strain, stretch [the truth &]; *zich zelf ~ aandoen* do violence to one's nature (one's feelings); *zich ~ aandoen om (niet) te...* make an effort (not) to...; *~ gebruiken* use force, use violence; *met ~* by (main) force, by violence; *hij wou er met alle ~ heen* he wanted to go by all means, at any cost; *hij wou met alle ~ voor ons betalen* he insisted on paying for us; *fysiek ~* the mailed fist

ge'welddaad *v* (-daden) act of violence; *tot gewelddaden overgaan* offer violence

geweld'dadig *bn* violent, forcible

geweld'dadigheid *v* (-heden) violence

ge'weldenaar *m* (-s en -naren) **1** (tiranniek heerser) tyrant; **2** ⟨sterk persoon⟩ superman; **3** ⟨zeer kundig persoon⟩ whiz, crack

ge'weldig I *bn* **1** ⟨hevig⟩ violent; **2** ⟨machtig⟩ powerful, mighty, enormous; **3** *versterkend* terrible; *ze zijn ~!* they are wonderful (marvellous, terrific, fabulous, super)!; **II** *bijw versterkend* dreadfully, terribly, awfully

ge'weldloos *bn* non-violent

geweld'loosheid *v* non-violence

ge'weldpleging *v* (-en) violence

ge'welf *o* (-welven) vault, arched roof, dome, archway

ge'welfd *bn* vaulted, arched, domed

ge'wemel *o* swarming &, zie: *wemelen*

ge'wend *bn* accustomed; *~ aan* accustomed to, used to; *~ zijn om...* be in the habit of ...ing; *ben je hier al ~?* do you feel at home here?; *hij is niet veel ~* he is not used to better things

ge'wennen[2] *overg & onoverg* = *wennen*; zie ook: *gewend*

ge'wenning *v* habituation, habit-formation

ge'wenst *bn* **1** ⟨wat men zich wenst⟩ wished (for), desired; **2** ⟨wenselijk⟩ desirable

ge'werveld *bn* vertebrate

ge'west *o* (-en) region, province; *betere ~en* better lands, the fields of heavenly bliss

ge'westelijk *bn* regional, provincial

ge'westvorming *v* (-en) regionalization

1 ge'weten *o* (-s) conscience; *een rekbaar, ruim ~ hebben* have an elastic conscience; *door zijn ~ gekweld* stricken; *het met zijn ~ overeenbrengen* reconcile it to one's conscience; *iets op zijn ~ hebben* have something on one's conscience; *heel wat op zijn ~ hebben* have a lot to answer for; *zonder ~* = *gewetenloos*

2 ge'weten V.D. v. *weten* en v. *wijten*

ge'wetenloos I *bn* unscrupulous, unprincipled; **II** *bijw* unscrupulously

geweten'loosheid *v* unscrupulousness, unprincipledness

ge'wetensbezwaar *o* (-zwaren) (conscientious) scruple, conscientious objection

ge'wetensbezwaarde *m-v* (-n) conscientious objector, *gemeenz* conchie, conchy, CO

ge'wetensdwang *m* moral constraint

ge'wetensgeld *o* (-en) conscience money

ge'wetensgevangene *m-v* (-n) prisoner of conscience

ge'wetensnood *m* moral quandary, moral dilemma

ge'wetensvol *bn* conscientious, scrupulous, painstaking

ge'wetensvraag *v* (-vragen) question of conscience

ge'wetensvrijheid *v* freedom of conscience

ge'wetenswroeging *v* (-en) sting (pangs, qualms, twinges) of conscience, compunction(s)

ge'wetenszaak *v* (-zaken) matter of conscience; *van iets een ~ maken* make sth. a matter of conscience

ge'wettigd *bn* justified, legitimate

ge'weven *bn* woven, textile [fabrics]

1 ge'wezen *bn* late, former, ex

2 ge'wezen V.D. v. *wijzen*

ge'wicht *o* (-en) **1** weight[2]; **2** *fig* importance; *dood (eigen) ~* dead weight; *soortelijk ~* specific gravity; *(geen) ~ hechten aan* attach (no) importance to; *~ in de schaal leggen* carry weight; *zijn ~ in de schaal werpen* throw the weight of one's (his) influence into the scale; *bij het ~ verkopen* sell by weight; *een man van ~* a man of weight (consequence); *een zaak van groot ~* a matter of weight (moment, importance); *van het grootste ~* all-important

ge'wichtheffen *o* weightlifting

ge'wichtheffer *m* (-s) (weight)lifter

ge'wichtig *bn* important, weighty, momentous, of weight; *~ doen* assume consequential airs; *~ doend* consequential, pompous, self-important

gewichtigdoene'rij *v* (-en) pomposity, pompousness, self-importance

ge'wichtigheid *v* importance, weightiness

gewicht'loosheid *v* weightlessness

ge'wichtseenheid *v* (-heden) unit of weight

ge'wichtsverlies *o* loss of weight

ge'wiekst *bn* knowing, sharp, *gemeenz* deep

ge'wiekstheid *v* knowingness &

ge'wiekt *bn* winged

ge'wijd *bn* consecrated [Host], sacred [music &]

ge'wijsde *o* (-n) *recht* final judgment; *in kracht van ~ gaan recht* become final

ge'wild *bn* **1** ⟨populair⟩ in demand, in favour, much sought after, popular; **2** ⟨gekunsteld⟩ studied [= affected], would-be

ge'willig *bn* willing

ge'willigheid *v* willingness

ge'win *o* gain, profit; *vuil ~* filthy lucre

ge'winzucht *v* = *winzucht*

ge'wis *bn* certain, sure

ge'wisheid *v* certainty, certitude

ge'woel *o* stir, bustle, turmoil

ge'wogen V.D. v. *wegen*

ge'wond *bn* wounded, injured

ge'wonde *m-v* (-n) wounded person, injured person; *de ~en* the wounded, the injured

ge'wonden V.D. v. *winden*

ge'wonnen V.D. v. *winnen*; *zo ~ zo geronnen* light(ly) come, light(ly) go; *het ~ geven* give it up, give up the point; *zich ~ geven* yield the point [in an argument]; own defeat, throw up the sponge; zie ook: *spel*

ge'woon I *bn* **1** ⟨gewend⟩ accustomed, used to, customary, usual, wonted; **2** ⟨niet buitengewoon⟩ common [people, cold]; ordinary [people, shares, members]; plain [people]; [professor] in ordinary; *de gewone man* the man in the street; *het is heel ~* it is quite common, nothing out of the common; *~ raken aan* get accustomed (used) to; *~ zijn aan* be accustomed (used) to...; *~ zijn om...* be in the habit of ...ing; *hij was ~ om...* ook: he used to...; **II** *bijw* commonly; gemeenz simply, just; [everything is going on] as usual; *het was ~ verrukkelijk* gemeenz it was simply ravishing; *het is ~ niet waar* gemeenz it is just not true

ge'**woonheid** *v* commonness

ge'**woonlijk** *bijw* usually, as a rule, normally, mostly, generally, ordinarily; *als ~* as usual

ge'**woonte** *v* (-n en -s) **1** ⟨gebruik⟩ custom, use, usage; **2** ⟨aanwensel⟩ habit, wont; **3** ⟨aangewende handelwijze⟩ practice; *zijn ~s* his ways; *ouder ~* as usual, from old habit; *dat is een ~ van hem* that is a custom with him, a habit of his; *een ~ aannemen* contract a habit; *die ~ afleggen* get out of that habit; *zoals de ~ is, als naar ~, volgens ~* as usual, according to custom; *tegen zijn ~* contrary to his wont; *tot een ~ vervallen* fall into a habit; *alleen uit ~* from (sheer force of) habit; *~ is een tweede natuur* use is a second nature

ge'**woontedrinker** *m* (-s) habitual drinker

ge'**woontegetrouw** *bijw* as usual, according to custom

ge'**woontemisdadiger** *m* (-s) habitual criminal

ge'**woonterecht** *o* common law

ge'**woonweg** *bijw* simply, just

ge'**worden**[2] *plechtig* come to hand; *het is mij ~* it has come to hand; *ik zal het u doen (laten) ~* I'll let you have it

ge'**worpen** V.D. v. *werpen*

ge'**worven** V.D. v. *werven*

ge'**woven** gemeenz V.D. v. *wuiven*

ge'**wreven** V.D. v. *wrijven*

ge'**wricht** *o* (-en) joint, articulation

ge'**wrichtsontsteking** *v* (-en) arthritis

ge'**wrichtsreumatiek** *v* rheumatoid arthritis

ge'**wrocht** *o* (-en) work, masterpiece, creation

ge'**wroet** *o* **1** ⟨in aarde &⟩ rooting &; **2** fig insidious agitation, intrigues

ge'**wroken** V.D. v. *wreken*

ge'**wrongen** **I** V.D. v. *wringen*; **II** *bn* distorted

ge'**wurm** *o* toiling and moiling

Gez. = *Gezusters*

ge'**zaag** *o* **1** eig sawing; **2** fig scraping [on a violin]

ge'**zag** *o* authority; *~ hebben over, het ~ voeren over* command; *op eigen ~* on one's own authority

ge'**zagdrager** *m* (-s) authority

gezag'**hebbend** *bn* authoritative

ge'**zaghebber** *m* (-s) director, administrator

ge'**zagscrisis** *v* (-ses en -sissen) crisis of authority

ge'**zagsgetrouw** *bn* law-abiding

ge'**zagsverhoudingen** *mv* power structure

ge'**zagvoerder** *m* (-s) **1** scheepv master, captain; **2** luchtv chief pilot, captain

ge'**zakt** *bn* ⟨in zakken gedaan⟩ bagged; zie ook: *gepakt*

ge'**zalfde** *m* (-n) [the Lord's] anointed

ge'**zamenlijk** **I** *bn* **1** joint [owners, account]; **2** collective [interests, action]; **3** aggregate, total

[amount]; **4** complete [works of Christie &]; **II** *bijw* jointly, together

ge'**zang** *o* (-en) **1** ⟨het zingen⟩ singing; warbling [of birds]; **2** ⟨het te zingen of gezongen lied⟩ song; **3** ⟨kerkgezang⟩ hymn

ge'**zangboek** *o* (-en) hymn-book

ge'**zanik** *o* bother, botheration

ge'**zant** *m* (-en) ambassador, envoy; *pauselijk ~* (papal) nuncio

ge'**zantschap** *o* (-pen) embassy, legation

ge'**zapig** *bn* indolent, easy-going, languid

ge'**zegd** *bn* above-said, above-mentioned

ge'**zegde** *o* (-n en -s) **1** ⟨zegswijze⟩ saying, expression, phrase, dictum; ⟨opmerking⟩ statement; **2** gramm predicate

ge'**zegeld** *bn* **1** sealed [envelope]; **2** stamped [paper]

ge'**zegen** V.D. v. *zijgen*

ge'**zegend** *bn* blessed; *~ met* ook: happy in the possession of...

ge'**zeggen** *overg: zich laten ~* listen to reason; obey

ge'**zeglijk** *bn* biddable, docile, amenable

ge'**zeglijkheid** *v* docility

ge'**zeken** gemeenz V.D. v. *zeiken*

ge'**zel** *m* (-len) **1** ⟨metgezel⟩ mate, companion, fellow; **2** ⟨handwerksman⟩ workman, journeyman [baker &]

ge'**zellig** *bn* **1** ⟨v. persoon⟩ companionable, sociable, convivial; **2** ⟨v. vertrek &⟩ snug, cosy; *een ~e avond* a pleasant (enjoyable) evening; *~e bijeenkomst* social meeting; *een ~e boel* a pleasant affair; *een ~e sfeer* a convivial atmosphere; *hij is een ~e vent* he is good company

ge'**zelligheid** *v* companionableness, sociability, conviviality; snugness, cosiness; *voor de ~* for company

ge'**zelligheidsvereniging** *v* (-en) social club, students' society

gezel'**lin** *v* (-nen) companion, mate

ge'**zelschap** *o* (-pen) company°, society; *ons (het koninklijk &) ~* our (the royal &) party; *besloten ~* private party, club; *iem. ~ houden* bear, keep sbd. company; *in ~ van* in (the) company of, in company with, accompanied by; *wil jij van het ~ zijn?* will you be of the party?; *hij is zijn ~ waard* he is good company

ge'**zelschapsbiljet** *o* (-ten) party ticket

ge'**zelschapsdame** *v* (-s) (lady-)companion

ge'**zelschapsreis** *v* (-reizen) conducted party tour

ge'**zelschapsspel** *o* (-spelen) round game

ge'**zet** *bn* **1** ⟨dik⟩ corpulent, thickset, stout, stocky; **2** ⟨bepaald⟩ set, fixed; *op ~te tijden* at regular intervals, at set times

ge'**zeten** **I** V.D. v. *zitten*; **II** *bn*: *~ burger* substantial citizen

ge'**zetheid** *v* corpulence, stoutness, stockiness

ge'**zeur** *o* **1** ⟨gezanik⟩ moaning (and groaning), drivel, twaddle; **2** ⟨vervelend gedoe⟩ bother

'**gezicht** *o* (-en) **1** ⟨zintuig⟩ (eye)sight; **2** ⟨aange-

zicht) face; slang mug; **3** 〈uitdrukking〉 looks, countenance; **4** 〈het geziene〉 view, sight; **5** 〈visioen〉 vision; ~*en trekken* pull (make) faces *(tegen* at); *een vrolijk (treurig)* ~ *zetten* put on a cheerful (sad) face; *zijn* ~ *redden* save his face; *zijn* ~ *verliezen* **1** 〈gezichtsvermogen〉 lose his sight; **2** 〈aanzien〉 lose face; *bij (op) het* ~ *van...* at sight of; *in het* ~ *van de kust* in sight of the coast; *in het* ~ *komen* heave in sight; *in het* ~ *krijgen* catch sight of, sight; *hem in het* ~ *uitlachen* laugh in his face; *hem (recht) in zijn* ~ *zeggen* tell him (straight) to his face; *op het eerste* ~ at first sight, at the first blush; *zo op het eerste* ~ *is het...* on the face of it, it is...; *iem. op zijn* ~ *geven* tan sbd.'s hide; *uit het* ~ *verdwijnen* disappear, vanish (from sight); *uit het* ~ *verliezen* lose sight of; *uit het* ~ *zijn* be out of sight; *hem van* ~ *kennen* know him by sight; *scherp van* ~ sharp-sighted; *(ergens) even je* ~ *laten zien* gemeenz show the flag
ge'**zichtsbedrog** *o* optical illusion
ge'**zichtseinder** *m* horizon
ge'**zichtshoek** *m* (-en) optic (visual) angle
ge'**zichtskring** *m* (-en) horizon, ken
ge'**zichtsorgaan** *o* (-organen) organ of sight
ge'**zichtspunt** *o* (-en) 〈mening〉 point of view, viewpoint
ge'**zichtsscherpte** *v* visual acuity
ge'**zichtsveld** *o* (-en) field of vision
ge'**zichtsverlies** *o* **1** 〈v. gezichtsvermogen〉 loss of (eye)sight; **2** 〈v. aanzien〉 loss of face
ge'**zichtsvermogen** *o* visual faculty, visual power; *zijn* ~ his eyesight
ge'**zichtszenuw** *v* (-en) optic nerve
ge'**zien I** *bn* esteemed, respected; *hij is daar niet* ~ he is not liked (not popular) there; *mij niet* ~! nothing doing!; **II** *voorz:* ~ *de risico's* in view of the risks
ge'**zin** *o* (-nen) family, household; *een groot* ~ a large family; *een* ~ *bestaande uit drie personen* a family of three; *een* ~ *stichten* start a family
ge'**zind** *bn* inclined, disposed; ...-minded; *iem. goed (slecht)* ~ *zijn* be kindly (unfriendly) disposed towards sbd.
ge'**zindheid** *v* (-heden) **1** 〈neiging〉 inclination, disposition; **2** 〈overtuiging〉 persuasion
ge'**zindte** *v* (-n) persuasion, sect
ge'**zinsfles** *v* (-sen) jumbo bottle, king-size(d) bottle
ge'**zinshelpster** *v* (-s) home help
ge'**zinshoofd** *o* (-en) head of the family
ge'**zinshulp** *v* (-en) home help
ge'**zinsleven** *o* family life
ge'**zinsplanning** *v* family planning
ge'**zinsuitbreiding** *v:* ~ *verwachten* expect an addition to the family
ge'**zinsverpakking** *v* (-en) home help
ge'**zinsverzorgster** *v* (-s) trained mother's help
ge'**zinsvoogd** *m* (-en) family guardian
ge'**zocht I** V.D. v. *zoeken;* **II** *bn* **1** 〈gewild〉 in demand, in request, sought after [articles, wares];

2 〈niet natuurlijk〉 studied, affected; **3** 〈vergezocht〉 far-fetched
ge'**zoden** V.D. v. *zieden*
ge'**zoek** *o* seeking, search
ge'**zoem** *o* buzz(ing), hum(ming)
ge'**zoen** *o* kissing
ge'**zogen** V.D. v. *zuigen*
ge'**zond I** *bn* **1** healthy[2] [life, man &]; **2** wholesome[2] [food]; **3** sound[2] [body, mind, policy &]; **4** fig sane [judgment, views]; **5** 〈alléén predicatief〉 [a man] in good health; *uw* ~ *verstand* your common sense; *de zaak is* ~ it's all right, the business is safe; ~ *en wel* fit and well, safe and sound; *zo* ~ *als een vis* as fit as a fiddle; ~ *naar lichaam en geest* sound in body and mind; ~ *van lijf en leden* sound in life and limb; ~ *bidden* heal by prayer; ~ *blijven* keep fit; ~ *maken* restore to health, cure; *weer* ~ *worden* recover (one's health); **II** *bijw* **1** [live] healthily; **2** [reason] soundly[2]
ge'**zondbidden** *o* faith-healing
ge'**zondbidder** *m* (-s) faith-healer
ge'**zonden** V.D. v. *zenden*
ge'**zondheid** *v* **1** eig health, healthiness &; **2** fig soundness; ~ *is de grootste schat* health is better than wealth; *op iems.* ~ *drinken* drink sbd.'s health; *op uw* ~! your health!; *voor zijn* ~ for health
ge'**zondheidsattest** *o* (-en) health certificate
ge'**zondheidscommissie** *v* (-s) **1** 〈belast met openbare gezondheid〉 Board of Health; **2** 〈voor keuringen〉 Medical Board
ge'**zondheidsdienst** *m* public health service, health department
ge'**zondheidsleer** *v* hygiene
ge'**zondheidsmaatregel** *m* (-en) sanitary measure
ge'**zondheidsonderzoek** *o* (-en): *algemeen* ~ check-up, medical (examination)
ge'**zondheidsredenen** *mv* considerations of health; *om* ~ **1** for reasons of health; **2** on the ground of ill health
ge'**zondheidstoestand** *m* (-en) (state of) health; *de* ~ *van de astronauten is uitstekend* the astronauts are in excellent health
ge'**zondheidszorg** *v* healthcare, health care; *in de* ~ *werken* be a healthcare worker
ge'**zongen** V.D. v. *zingen*
ge'**zonken** V.D. v. *zinken*
ge'**zonnen** V.D. v. *zinnen*
ge'**zopen** V.D. v. *zuipen*
ge'**zouten** *bn* **1** salt° [food]; **2** 〈predicatief〉 salted
ge'**zucht** *o* sighing, sighs
ge'**zusters** *mv* sisters; *de* ~ *Akgün* the Akgün sisters
ge'**zwam** *o* jaw, blah; slang tosh
ge'**zwegen** V.D. v. *zwijgen*
ge'**zwel** *o* (-len) swelling, growth, tumour
ge'**zwendel** *o* swindling
ge'**zwets** *o* vapourings, wind, gemeenz gas
ge'**zwind** *bn* swift, quick; *met* ~*e pas* at the double
ge'**zwoeg** *o* drudgery, toiling

ge'zwolgen V.D. v. *zwelgen*
ge'zwollen I V.D. v. *zwellen;* **II** *bn* **1** ⟨v. gezicht⟩ swollen; ⟨v. lichaamsdelen ook:⟩ tumid, tumescent; **2** ⟨v. stijl⟩ bombastic, inflated, stilted, turgid
ge'zwollenheid *v* (-heden) **1** ⟨v. gezicht⟩ swollenness; ⟨v. lichaamsdelen ook:⟩ tumidity, tumescence; **2** ⟨v. stijl⟩ bombast, inflation, turgidity
ge'zwommen V.D. v. *zwemmen*
ge'zworen I V.D. v. *zweren;* **II** *bn* sworn [friends, enemies]; *een ~e* a juror, a juryman; *de ~en* the jury
ge'zworene *m-v* (-n) juror, juryman, jurywoman
ge'zworven V.D. v. *zwerven*
gft-afval *o* = *groente-, fruit- en tuinafval* organic waste
GG(& G)D *m* = *Gemeentelijke Geneeskundige en Gezondheidsdienst* ± Municipal Public Health Department
'Ghana *o* Ghana
Gha'nees *bn* & *m* (-nezen) Ghanaian
Gi'braltar *o* Gibraltar; *Straat van ~* Strait of Gibraltar
gids *m* (-en) guide[2], ⟨boek⟩ ook: guide-book, handbook; *Gids voor Londen* Guide to London
'gidsland *o* (-en) model country
'giechelen (giechelde, h. gegicheld) *onoverg* giggle, titter
giek *m* (-en) scheepv gig
1 gier *m* (-en) ⟨vogel⟩ vulture
2 gier *v* ⟨mest⟩ liquid manure
'gierbrug *v* (-gen) flying-bridge
1 'gieren (gierde, h. gegierd) *onoverg* **1** ⟨gillen⟩ scream; **2** ⟨v. wind⟩ howl; *~ van het lachen (de pret)* scream (shriek) with laughter, delight; *het was om te ~* gemeenz it was screamingly funny
2 'gieren (gierde, h. gegierd) *onoverg* scheepv jaw, sheer
gierig I *bn* miserly, niggardly, stingy, avaricious, close-fisted; **II** *bijw* stingily, avariciously
'gierigaard *m* (-s) miser, niggard, skinflint
'gierigheid *v* avarice, miserliness, stinginess
'gierpont *v* (-en) flying-bridge
gierst *v* millet
'giertank *m* (-s) liquid manure tank
'giervalk *m* & *v* (-en) gyrfalcon
'gierzwaluw *v* (-en) swift
'gietbeton *o* poured concrete
'gietbui *v* (-en) downpour
'gieten (goot, h. gegoten) **I** *overg* **1** pour [water]; **2** found [guns], cast [metals &], mould [candles &]; **II** *onoverg:* ⟨het regent dat⟩ *het giet* it is pouring, it is raining cats and dogs
'gieter *m* (-s) **1** ⟨voor planten⟩ watering-can, watering-pot; **2** ⟨metaalbewerker⟩ founder, caster
giete'rij *v* (-en) foundry
'gietijzer *o* cast iron
'gietstaal *o* cast steel
'gietstuk *o* (-ken) casting

'gietvorm *m* (-en) casting-mould
'gietwerk *o* (-en) cast work
gif *o* (-en) **1** ⟨in 't alg.⟩ poison[2]; **2** ⟨v. dier⟩ venom[2]; **3** ⟨v. ziekte⟩ virus[2]
'gifbeker *m* (-s) poisoned cup
'gifbelt *m* & *v* (-en) toxic-waste dump
'gifblaas *v* (-blazen) venom bag
'gifgas *o* (-sen) poison-gas
'gifkikker *m* (-s) gemeenz crosspatch, hothead
'gifklier *v* (-en) poison-gland, venom gland
'giflozing *v* (-en) dumping of toxic waste
'gifmenger *m* (-s), **'gifmengster** *v* (-s) poisoner
'gifplant *v* (-en) poisonous plant
'gifslang *v* (-en) poisonous snake
gift *v* (-en) ⟨geschenk⟩ gift, present, donation, gratuity
'giftand *m* (-en) poison-fang
'giftig *bn* **1** eig poisonous, venomous[2]; **2** fig venomous [person]; virulent [remark]
'giftigheid *v* **1** eig poisonousness, venomousness[2]; **2** fig virulence, anger
'gifvrij *bn* non-poisonous
'gigabyte *m* (-s) comput gigabyte
gi'gant *m* (-en) giant
gi'gantisch *bn* giant, gigantic
'gigolo *m* ('s) gigolo, slang lounge lizard
gij *pers vnw* vero you; *plechtig* ye; ⟨alléén enkelv.⟩ thou
gij'lieden *pers vnw* vero you, you fellows, you people
'gijpen (gijpte, h. gegijpt) *onoverg* scheepv gybe, jibe
'gijzelaar *m* (-s) **1** ⟨gegijzelde⟩ hostage; **2** ⟨wegens schuld⟩ prisoner for debt
'gijzelen (gijzelde, h. gegijzeld) *overg* **1** seize and keep as hostage(s); **2** ⟨wegens schuld⟩ imprison for debt
'gijzelhouder, **'gijzelnemer** *m* (-s) hostage-taker; ⟨kaper⟩ hijacker
'gijzeling *v* (-en) **1** seizure and keeping as hostage(s); **2** ⟨wegens schuld⟩ imprisonment for debt
gil *m* (-len) yell, shriek, scream
gild *o* (-en), **'gilde** *o* & *v* (-n) hist guild, corporation, craft
'gildenbroeder *m* (-s) freeman of a guild
'gildenhuis *o* (-huizen) guildhall
'gillen (gilde, h. gegild) *onoverg* yell, shriek, scream; *het was om te ~* gemeenz it was a scream
'giller *m* (-s) gemeenz scream, howler
'ginder *bijw* over there, yonder
ginds I *bn* yonder, *plechtig* yon; *~e boom* the tree over there; *aan ~e kant* on the other side, over the way, over there; **II** *bijw* over there
ging (gingen) V.T. v. *gaan*
'ginnegappen (ginnegapte, h. geginnegapt) *onoverg* giggle, snigger
gips *o* (-en) **1** ⟨mengsel⟩ plaster (of Paris); **2** ⟨mineraal⟩ gypsum; *in het ~ liggen* lie in plaster

'**gipsafgietsel** *o* (-s) plaster cast
'**gipsbeeld** *o* (-en) plaster image, plaster figure
1 '**gipsen** *bn* plaster
2 '**gipsen** (gipste, h. gegipst) *overg* plaster
'**gipskruid** *o* gypsophila
'**gipsmodel** *o* (-len) plaster cast
'**gipsplaat** *v* (-platen) plasterboard
'**gipsverband** *o* (-en) plaster of Paris dressing
'**gipsvorm** *m* (-en) plaster mould
gi'**raal** *bn*: ~ *geld* deposit money, money in account
gi'**raf**, gi'**raffe** *v* (-raffen en -raffes) giraffe
gi'**reren** (gireerde, h. gegireerd) *overg* pay by giro, giro
'**giro** *m* Giro
'**girobank** *v* (-en) handel clearing-bank, Giro bank
'**girobetaalkaart** *v* (-en) Giro cheque
'**girodienst** *m* (-en) = *giro*
'**girokaart** *v* (-en) Giro transfer slip
'**giro'maat** *m* (-maten) = *geldautomaat*
giro'**maatpas** *m* (-sen) ATM card
'**gironummer** *o* (-s) Giro number
'**giro-overschrijving** *v* (-en) Giro transfer, payment by Giro
'**giropas** *m* (-sen) = *giromaatpas*
'**girorekening** *v* (-en) Giro account
gis I *v* guess, conjecture; *op de* ~ at random; **II** *bn* ⟨slim⟩ smart, sharp, clever
'**gispen** (gispte, h. gegispt) *overg* blame, censure
'**gisping** *v* (-en) blame, censure
'**gissen** (giste, h. gegist) **I** *overg* guess, conjecture, surmise; **II** *onoverg* guess; ~ *naar iets* guess at sth.
'**gissing** *v* (-en) guess, conjecture, estimation; *het is maar een* ~ it is mere guesswork; *naar* ~ at a rough guess (estimate)
gist *m* yeast, barm
'**gisten** (gistte, h. gegist) *onoverg* ferment[2], work; *het had al lang gegist* things had been in a ferment for a long time already
'**gisteren** *bijw* yesterday; *hij is niet van* ~ he was not born yesterday, there are no flies on him, he knows a thing or two; *de Times van* ~ yesterday's (issue of the) Times; *gister(en)avond* last night, yesterday evening; *gister(en)morgen* yesterday morning
'**gisting** *v* (-en) working, fermentation[2], ferment[2]; fig agitation, excitement; *in* ~ *verkeren* be in a ferment[2]
git *o* & *v* (-ten) jet
gi'**taar** *v* (-taren) guitar
gita'**rist** *m* (-en) guitarist
'**gitten** *bn* (made of) jet
'**gitzwart** *bn* jet-black
'**glaasje** *o* (-s) **1** (small) glass; **2** slide [of a microscope]; *hij heeft te diep in het* ~ *gekeken* he has had a drop too much; *een* ~ *nemen* have a glass
gla'**cé I** *bn* kid; **II** *o* (-s) kid (leather); **III** *m* (-s) ⟨handschoen⟩ kid glove
gla'**céhandschoen** *m* (-en) = *glacé III*
gla'**ceren** (glaceerde, h. geglaceerd) *overg* **1** glaze

[tiles]; **2** ice, frost [pastry, cakes]
glad I *bn* **1** eig slippery [roads, ground]; **2** sleek [hair]; **3** eig & fig smooth [surface, chin, skin, style, verse &]; **4** fig cunning, slick, smooth-faced [fellow]; *een* ~*de ring* a plain ring; *een* ~*de vogel* fig a slippery customer; *de wegen zijn plaatselijk* ~ there are icy patches on the roads; **II** *bijw* smooth(ly); ~ *lopen* run smooth(ly); *je hebt het* ~ *mis* you are quite wrong; *dat zal je niet* ~ *zitten* you're not going to get away with that; *ik ben het* ~ *vergeten* I have clean forgotten it; *dat was* ~ *verkeerd* that was quite wrong
'**gladakker** *m* (-s) **1** ⟨schurk⟩ rascal, scamp; **2** ⟨slimmerd⟩ gemeenz sly dog, slyboots
'**gladgeschoren** *bn* clean-shaven
glad'**harig** *bn* sleek-haired, smooth-haired
'**gladheid** *v* smoothness[2], slipperiness
gladi'**ator** *m* (-s en -'toren) gladiator
gladi'**ool** *v* (-diolen) gladiolus [*mv* gladioli]
'**gladjanus** *m* (-sen) gemeenz sly dog, slyboots
'**gladmaken**[1] *overg* smooth, polish
'**gladschaaf** *v* (-schaven) smoothing-plane
'**gladstrijken**[1] *overg* smooth (out)[2]
'**gladweg** *bijw* **1** clean [forgotten]; **2** [refuse] flatly
'**gladwrijven**[1] *overg* polish
glans *m* (glansen en glanzen) **1** shine [of boots], gloss [of hair], lustre[2]; **2** gleam [in his eye]; **3** ⟨pracht⟩ glory, splendour, brilliancy, glamour; **4** ⟨poetsmiddel⟩ polish; **5** (v. penis) glans; ~ *verlenen aan* lend lustre to; *hij is met* ~ *geslaagd* he has passed with flying colours
'**glansloos** *bn* **1** lustreless [stuff]; **2** lacklustre [eyes]
'**glanspapier** *o* glazed (coated) paper
'**glansperiode** *v* (-n en -s) heyday, golden age
'**glanspunt** *o* (-en) acme, height, highlight
'**glansrijk I** *bn* splendid, glorious, radiant, brilliant; **II** *bijw* gloriously, brilliantly; *het* ~ *afleggen tegen* fail signally; *de vergelijking* ~ *doorstaan* compare very favourably (with)
'**glansrol** *v* (-len): *een* ~ *vervullen* play a star role
'**glanzen** (glansde, h. geglansd) **I** *onoverg* gleam, shine; **II** *overg* **1** gloss [cloth]; **2** glaze [paper]; **3** burnish [steel &]; **4** polish [marble, rice]; **5** brighten [metal]
'**glanzend** *bn* gleaming, glossy
'**glanzig** *bn* shining, glossy, glittering
glas *o* (glazen) **1** (in 't alg.) glass; **2** chimney [of a lamp]; *zes glazen* scheepv six bells; *het* ~ *heffen* raise one's glass; *zijn eigen glazen ingooien* cut (bite) off one's nose to spite one's face; *stand in one's own light; quarrel with one's bread and butter; onder* ~ *kweken* grow under glass
'**glasachtig** *bn* glasslike, glassy, vitreous
'**glasbak** *m* (-ken) bottle bank
'**glasblazen**[1] **I** *onoverg* blow glass; **II** *o* glass-blowing
'**glasblazer** *m* (-s) glass-blower
glasblaze'**rij** *v* (-en) glass-works

'**glascontainer** *m* (-s) = *glasbak*
'**glasdicht** *bn* glazed
'**glasfabriek** *v* (-en) glass-works
'**glasfiber** *o* & *m* glass fibre
'**glashandel** *m* (-s) glass-trade
'**glashard** *bn* hard as nails; *hij weigerde* ~ he refused flatly (bluntly)
'**glashelder** *bn* **1** eig clear as glass; **2** fig crystal-clear
glas-in-'loodraam *o* leaded window, leaded light, lattice window; (gebrandschilderd) stained-glass window
'**glasnost** *m* glasnost
'**glasoven** *m* (-s) glass-furnace
'**glasplaat** *v* (-platen) sheet of glass; (bewerkt) glass-plate
'**glaspotlood** *o* (-loden) chinagraph pencil
'**glasruit** *v* (-en) window-pane
'**glasscherf** *v* (-scherven) piece of broken glass
'**glasschilder** *m* (-s) stained-glass artist, glass-painter
'**glasschilderen** *o* glass-painting
'**glaslijper** *m* (-s) glass-grinder
'**glassnijder** *m* (-s) glass-cutter
'**glasverzekering** *v* (-en) plate-glass insurance
'**glasvezel** *v* (-s) glass fibre
'**glaswerk** *o* (-en) **1** (glazen spullen) glass-work, (table) glass-ware, glasses, glass things; **2** glazing [windows &]
'**glaswol** *v* glass mineral wool
1 '**glazen** *bn* (of) glass, glassy; ~ *deur* glass door, glazed door; *een* ~ *oog* a glass eye
2 '**glazen** meerv. v. *glas*
glaze'nier *m* (-s) = *glasschilder*
'**glazenkast** *v* (-en) glazed cabinet, glazed cupboard
'**glazenmaker** *m* (-s) glazier
'**glazenspuit** *v* (-en) window-cleaning syringe
'**glazenwasser** *m* (-s) **1** (beroep) window-cleaner; **2** (insect) dragon-fly
glazenwasse'rij *v* (-en) window-cleaning company
'**glazig** *bn* **1** (glasachtig) glassy; **2** waxy [potato]
gla'zuren (glazuurde, h. geglazuurd) *overg* glaze
gla'zuur *o* **1** glaze [of pottery]; **2** enamel [of teeth]
gleed (gleden) V.T. v. *glijden*
'**gletsjer** *m* (-s) glacier
gleuf *v* (gleuven) groove, slot, slit
'**glibberen** (glibberde, is geglibberd) *onoverg* slither, slip
'**glibberig** *bn* slithery, slippery
'**glijbaan** *v* (-banen) slide
'**glijbank** *v* (-en) sliding-seat [in a gig]
'**glijbekisting** *v* (-en) formwork
'**glijboot** *m* & *v* (-boten) hydroplane (motorboat)
'**glijden** (gleed, h. en is gegleden) *onoverg* **1** glide [over the water &]; **2** slide [on ice, recreation ground]; **3** slip [over a patch of oil, from one's hands, off the table]; *laten* ~ slide [a drawer &]; slip [a coin into sbd.'s hand]; run [one's fingers over, one's eyes along...]; *zich laten* ~ slip [off one's

horse]; slide [down the banisters]; *door de vingers* ~ slip through one's fingers; *over iets heen* ~ slide over a delicate subject
'**glijmiddel** *o* (-en) lubricant
'**glijvlucht** *v* (-en) glide
'**glimlach** *m* smile
'**glimlachen** (glimlachte, h. geglimlacht) *onoverg* smile; ~ *over (tegen)* smile at
'**glimmen** (glom, h. geglommen) *onoverg* **1** (in 't alg.) shine, glimmer, gleam; **2** glow [under the ashes]; *haar neus glimt* her nose is shiny
'**glimmend** *bn* shining, shiny
'**glimmer** *o* (-s) mica
glimp *m* (-en) glimpse; *een* ~ *van iets opvangen* catch a glimpse of sth.
'**glimworm** *m* (-en) glow-worm, firefly
'**glinsteren** (glinsterde, h. geglinsterd) *onoverg* glitter, sparkle, shimmer, glint
'**glinstering** *v* (-en) glittering, sparkling, sparkle, shimmering, shimmer, glint
'**glippen** (glipte, is geglipt) *onoverg* slip; *er door* ~ slip through
glo'baal I *bn* **1** (in 't alg.) rough; **2** road [picture]; **II** *bijw* roughly, in the gross
'**globe** *v* (-s) globe
'**globetrotter** *m* (-s) globe-trotter
gloed *m* **1** eig blaze, glow; **2** fig ardour, fervour, verve; *in* ~ *geraken* warm up [to one's subject]
'**gloednieuw** *bn* brand-new
'**gloedvol** glowing [speech]
'**gloeidraad** *m* (-draden) elektr filament
'**gloeien** (gloeide, h. gegloeid) **I** *onoverg* **1** (v. metalen) glow, be red-hot (white-hot); **2** (v. wangen &) burn; ~ *van* glow (be aglow) with, burn with, be aflame with; **II** *overg* bring to a red (white) heat
'**gloeiend I** *bn* **1** (in 't alg.) glowing; **2** red-hot [iron]; **3** burning [cheeks]; **4** fig ardent; ~*e kolen* hot (live) coals; **II** *bijw:* ~ *heet* **1** burning hot, baking hot; **2** (v. metalen) red-hot; **3** (v. water) scalding hot
'**gloeihitte** *v* red (white) heat; intense heat
'**gloeikousje** *o* (-s) gas-mantle, incandescent mantle
'**gloeilamp** *v* (-en) glow-lamp, bulb
'**gloeilicht** *o* incandescent light
glom (glommen) V.T. v. *glimmen*
'**glooien** (glooide, h. geglooid) *onoverg* slope
'**glooiend** *bn* sloping
'**glooiing** *v* (-en) slope, escarp
'**gloren** (gloorde, h. gegloord) *onoverg* **1** (schijnsel geven) glimmer; **2** (licht worden) dawn; *bij het* ~ *van de dag* at dawn, at peep of day
'**glorie** *v* glory, lustre, splendour
'**glorierijk, glori'eus** *bn* glorious
'**glorietijd** *m* (-en) heyday
glos'sarium *o* (-ria) glossary
glu'cose *v* glucose
'**Glühwein** *m* glühwein, mulled wine; Am glögg,

glogg

'**gluipen** (gluipte, h. gegluipt) *onoverg* sneak, skulk

'**gluiper**, '**gluiperd** *m* (-s) sneak, skulking fellow

'**gluiperig** *bn* sneaking

'**glunderen** (glunderde, h. geglunderd) *onoverg* beam (with geniality)

'**gluren** (gluurde, h. gegluurd) *onoverg* peep, <u>gering-sch</u> leer

'**gluurder** *m* (-s) peeping Tom, voyeur

glyce'rine *v* glycerine

'**gniffelen** (gniffelde, h. gegniffeld) *onoverg* chuckle

gnoe *m* (-s) gnu, wildebeest

gnoom *m* (gnomen) gnome, goblin

'**gnuiven** (gnuifde, h. gegnuifd) *onoverg* chuckle

goal *m* (-s) goal

gobe'lin *o* & *m* (-s) gobelin, Gobelin tapestry

god *m* (goden) god

God *m* God; ~ *bewaar me* God forbid!, save us!; ~ *weet waar* Heaven (Goodness) knows where; *om ~s wil* for God's sake; *zo ~ wil* God willing; ~ *zij gedankt (dank)* thank God; *leven als ~ in Frankrijk* be in clover

god'dank *tsw* thank God!

'**goddelijk** *bn* divine [providence, beauty], heavenly

'**goddelijkheid** *v* divineness, divinity

'**goddeloos I** *bn* godless, impious, ungodly, wicked, unholy; *een ~ kabaal* a dreadful (infernal) noise; **II** *bijw* **1** godlessly, impiously; **2** <u>geringsch</u> dreadfully

godde'loosheid *v* (-heden) godlessness, ungodliness, impiety, wickedness

'**godendienst** *m* (-en) idolatry

'**godendom** *o* (heathen) gods

'**godendrank** *m* nectar

'**godenleer** *v* mythology

'**godenspijs** *v* ambrosia

'**godgans**, '**godganselijk** *bn: de ~e dag* the whole blessed day

'**godgeklaagd** *bn: het is ~* it is a crying shame

'**godgeleerd** *bn* theological

'**godgeleerde** *m-v* (-n) theologian, divine

'**godgeleerdheid** *v* theology

'**godheid** *v* (-heden) **1** divinity [of Christ], godhead; **2** deity

go'din *v* (-nen) goddess

god'lof *tsw* thank God (heavens)

'**godloochenaar** *m* (-s) atheist

'**godloochening** *v* (-en) atheism

'**Godmens** *m* God-man

'**godsakker** *m* (-s) God's acre, churchyard

'**godsdienst** *m* (-en) **1** ⟨religie⟩ religion; **2** ⟨godsvering⟩ divine worship

gods'dienstig I *bn* **1** religious [people]; **2** devotional [literature]; **II** *bijw* religiously

gods'dienstigheid *v* religiousness, piety

'**godsdienstijver** *m* religious zeal

'**godsdienstleraar** *m* (-s en -raren) religious teacher

'**godsdienstoefening** *v* (-en) divine service

'**godsdienstonderwijs** *o* religious teaching

'**godsdienstonderwijzer** *m* (-s) religious teacher

'**godsdienstoorlog** *m* (-logen) religious war

'**godsdienstplechtigheid** *v* (-heden) religious ceremony (rite)

'**godsdiensttwist** *m* (-en) religious dissension

'**godsdienstvrijheid** *v* religious liberty, freedom of religion

'**godsdienstwaanzin** *m* religious mania

'**godsgericht** *o* (-en) **1** judgment of God; **2** = *godsoordeel*

'**godsgeschenk** *o* (-en) **1** eig gift of God; **2** ⟨kostbaar bezit⟩ godsend

'**Godsgezant** *m* (-en) divine messenger

gods'gruwelijk *bn* <u>gemeenz</u> god-awful; *zij hebben een ~e hekel aan elkaar* they hate each other's guts

'**godshuis** *o* (-huizen) **1** ⟨kerk &⟩ house of God, place of worship; **2** ⟨liefdadigheidsinstelling⟩ charitable institution, almshouse

'**godslamp** *v* (-en) sanctuary lamp

'**godslasteraar** *m* (-s) blasphemer

'**godslastering** *v* (-en) blasphemy

gods'lasterlijk *bn* blasphemous, profane

gods'mogelijk *bn: hoe is het ~* how on earth (how the hell) is it possible

'**godsnaam** *m: in ~ ga weg!* for Heaven's sake go!; *ga in ~* go in the name of God; *in ~ dan maar* all right! [I'll go]; *waar heb je het in ~ over?* what on earth are you talking about?

'**godsonmogelijk** *bn* absolutely impossible

'**godsoordeel** *o* (-delen) (trial by) ordeal

'**godsvrede** *m* (-s) truce of God

'**godsvrucht** *v* piety, devotion

'**godswil** *m: om ~* for Heaven's sake; goodness gracious

'**godswonder** *o* (-en) miracle

godver'domme *tsw* God damn it, god-damn(ed), god-dam, damn

'**godvergeten I** *bn* **1** ⟨eenzaam⟩ godforsaken [place]; **2** ⟨m.b.t. persoon⟩ wicked; **II** *bijw* damned; *je weet ~ goed dat...* you know damned well that...

god'vrezend *bn* godfearing, pious

god'vruchtig *bn* devout, pious

god'vruchtigheid *v* devotion, piety

god'zalig *bn* godly

'**godzijdank** *tsw* thank God

1 goed I *bn* **1** ⟨niet slecht⟩ good; **2** ⟨niet verkeerd⟩ right, correct; **3** ⟨goedhartig⟩ kind; **4** ⟨gezond⟩ well; *een ~ eind* a goodly distance; *een ~ jaar* **1** a good year [for fruit]; **2** ⟨geheel jaar⟩ a round (full) year; *een ~ rekenaar* a clever (good) hand at figures; *een ~ uur* a full (a good) hour; *hij is een ~e veertiger* he is (has) turned forty; *~ volk* honest people; *Goede Vrijdag* Good Friday; *de Goede Week* RK Holy Week; *die is ~!* that's a good one!; *mij ~!* all right!, I don't mind!; *net ~!* serve him (you, them) right!; *nou, ~!* well!; all right!; *ook ~!* just as well!; *al te ~ is buur-*

muns gek all lay goods on a willing horse; *(alles)* ~ *en wel* that's all very well, (all) well and good [but...]; *wij zijn* ~ *en wel aangekomen* safe and sound; *het is maar* ~ *dat* it's a good thing that, it's as well that; *dat is maar* ~ *ook!* and a (very) good thing (it is), too!; ~ *zo!* well done!, good business that!; *het zou* ~ *zijn als...* it would be a good thing if...; *hij is niet* ~ **1** ⟨ziek⟩ he is not well; **2** ⟨geestesgestoord⟩ he is not in his right mind!; *ben je niet* ~? are you mad?; *hij was zo* ~ *niet of hij moest...* he had to... whether he liked it or not; *wees zo* ~ *mij te laten weten...* be so kind as to, be kind enough to...; *zou u zo* ~ *willen zijn mij het zout aan te reiken?* ook: would you mind passing the salt?; *hij is zo* ~ *als dood* he is as good as (all but) dead, nearly dead; *zo* ~ *als niemand* next to nobody; *zo* ~ *als niets* next to nothing; *het is zo* ~ *als onmogelijk* it is well-nigh impossible; *zo* ~ *als zeker* next to certain, all but certain, almost certain; *het weer* ~ *maken, weer* ~ *worden* make it up (again); *hij is* ~ *af* zie: *af*; *hij is* ~ *in talen* he is good at languages, gemeenz he is a whale at languages; *hij is weer* ~ *op haar* he is friends with her again; ~ *voor tien gulden* good for ten guilders; *hij is* ~ *voor zijn medemens* kind to his fellowmen; *hij is er* ~ *voor* he is good for it [that sum]; *hij is nergens* ~ *voor* he is a good-for-nothing sort of fellow, he is no good; *het is ergens (nergens)* ~ *voor* it serves some (no) purpose; *daar ben ik te* ~ *voor* I am above that; *hij is er niet te* ~ *voor* he is not above that; *zich te* ~ *doen* do oneself well; *zij deden zich te* ~ *aan mijn wijn* they were having a go at my wine; *nog iets te* ~ *hebben (van)* **1** have something in store; **2** ⟨nog te vorderen⟩ zie: *tegoed*; *ik heb nog geld te* ~ money is owing to me; *ik heb nog geld van hem te* ~ he owes me money; *ten* ~*e beïnvloed* influenced for good; *verandering ten* ~*e* change for the good (for the better); *u moet het mij ten* ~*e houden* you must not take it ill of me; *dat zal u ten* ~*e komen* it will benefit you; *jullie hebben* ~ *praten* it is all very well for you to say so; zie ook: *houden, uitzien &*; *ik wens u alles* ~*s* I wish you well; *niets dan* ~*s* nothing but good; **II** *bijw* well; *als ik het* ~ *heb* if I'm not mistaken; *zo* ~ *en zo kwaad als hij kon* as best he might, somehow or other; *het is* ~ *te zien* it is easily seen; *men kan net zo* ~*...* one might just as well...; *hij doet (maakt) het* ~ he is doing well; *hij kan* ~ *leren* he is good at learning; *hij kan* ~ *rekenen* he is good at sums; *hij kan* ~ *schaatsen* he is a clever skater; *het smaakt* ~ it tastes good; zie ook: *goede*

2 goed *o* **1** ⟨het goede⟩ good; **2** ⟨kledingstukken⟩ clothes, things; **3** ⟨reisgoed⟩ luggage, things; **4** ⟨gerei⟩ things; **5** ⟨koopwaar⟩ wares, goods; **6** ⟨bezitting⟩ goods, property, possession; **7** ⟨landgoed⟩ estate; **8** ⟨stoffen⟩ stuff, material [for dresses]; *lijf en* ~ life and property; *de strijd tussen* ~ *en kwaad* the struggle between good and evil; *meer* ~ *dan kwaad* more good than harm; *aardse* ~*eren* worldly goods;

ik kan geen ~ *bij hem doen* I can do no good in his eyes; *gestolen* ~ *gedijt niet* ill-gotten goods seldom prosper; *het hoogste* ~ the highest good; *het kleine* ~ the small fry; *onroerend* ~ real property, real estate, immovables; *roerend* ~ personal property, movables; *schoon* ~ a change of linen; clean things; *vaste* ~*eren = onroerend goed*; *vuil* ~ dirty linen; *mijn goeie* ~ gemeenz my Sunday best; *dat zoete* ~ that (sort of) sweet stuff

goed'aardig I *bn* **1** ⟨v. mensen⟩ good-natured, benignant; **2** ⟨v. ziekten⟩ benign [tumour], mild [form of measles]; **II** *bijw* good-naturedly, benignantly

goed'aardigheid *v* **1** good nature [of a person, an animal]; **2** benignity, mildness [of a disease]

'goedbedoeld *bn* well-meant

'goedbetaald *bn* well-paid

'goedbloed *m* (-s): *een* ⟨Joris⟩ ~ gemeenz a softy

'goeddeels *bijw* for the greater part

'goeddoen[1] *onoverg* do good

'goeddunken I (docht goed, h. goedgedocht) *onoverg* think fit; **II** *o* approbation; *naar* ~ as you think fit, at discretion; *handel naar* ~ use your own discretion

'goede *o* good; *het* ~ *doen* do what is right; *te veel van het* ~ too much of a good thing

goede'middag *tsw* good afternoon

goede'morgen *tsw* good morning

goede'nacht *tsw* good night

goeden'avond *tsw* ⟨bij komst⟩ good evening; ⟨bij vertrek⟩ good night

goeden'dag *tsw* ⟨bij komst⟩ good day, hello; ⟨bij afscheid⟩ good-bye, bye-bye; ~ *zeggen* ⟨in het voorbijgaan⟩ say hello, give the time of day; ⟨bij vertrek⟩ say good-bye, bid farewell

'goederen *mv* goods

'goederenkantoor *o* (-toren) goods office

'goederenloods *v* (-en) goods shed

'goederenstation *o* (-s) goods station

'goederentrein *m* (-en) freight train, goods train

'goederenverkeer *o* goods traffic

'goederenvervoer *o* carriage of goods

'goederenvoorraad *m* (-raden) stock(-in-trade)

'goederenwagen *m* (-s) goods van [of a train], truck

goeder'tieren *bn* merciful, clement

goeder'tierenheid *v* mercy, clemency

'goedgebouwd *bn* well-built

goed'geefs *bn* liberal, generous, open-handed

goed'geefsheid *v* liberality, generosity, openhandedness

goedgehu'meurd, goedge'mutst *bn* goodhumoured, good-tempered

goedge'lovig *bn* credulous

goedge'lovigheid *v* credulity

'goedgemikt *bn* well-aimed

'goedgevuld *bn* **1** well-lined [purse]; **2** full [house, figure]

goedge'zind *bn* friendly

goed'gunstig *bn* kind

goed'gunstigheid *v* kindness

goed'hartig I *bn* good-natured, good-tempered, kind-hearted; **II** *bijw* good-naturedly, kindheartedly

goed'hartigheid *v* (-heden) good nature, kindheartedness

'**goedheid** *v* goodness, kindness; *grote ~!* good heavens!, good gracious!; *wilt u de ~ hebben...* will you have the kindness to..., will you be so kind as to...

'**goedhouden**[1] *wederk:* zich ~ zie: *houden III*

'**goedig** *bn* good-natured

'**goedigheid** *v* good nature

'**goedje** *o: dat ~* that (sort of) stuff

'**goedkeuren**[1] *overg* **1** approve (of) [a measure]; **2** pass [a person, play, film]; **3** mil pass [sbd.] fit (for service)

'**goedkeurend** *bn* approving; ~ *knikken* nod one's assent

'**goedkeuring** *v* **1** approval, approbation; assent; **2** onderwijs good mark; *zijn ~ hechten aan* approve of; *zijn ~ onthouden (aan)* not approve (of); *onder nadere ~ van* subject to the approval of; *ter ~ voorleggen* submit for approval

goed'koop *bn* cheap[2]; low-budget; ~ *is duurkoop* cheap goods are dearest in the long run; cheap bargains are dear

goed'lachs *bn* fond of laughter, easily amused; *zij is erg ~* she laughs very easily

goed'leers *bn* teachable, docile

'**goedmaken**[1] *overg* **1** ⟨verbeteren⟩ put right, repair [a mistake]; **2** ⟨aanvullen, inhalen, herstellen⟩ make good, make up for [a loss]; *het weer ~* make (it) up again

goed'moedig *bn bijw* = *goedhartig*

'**goedpraten**[1] *overg:* iets ~ gloze (varnish) sth. over, explain sth. away, gloss over, whitewash

'**goedschiks** *bijw* with a good grace, willingly; ~ *of kwaadschiks* willy-nilly

goeds'moeds *bijw* **1** ⟨moedig⟩ with a good courage; **2** ⟨vrolijk⟩ of good cheer

'**goedvinden**[1] **I** *overg* think fit, approve of; *hij zal het wel ~* he won't mind; **II** *o* approval; *met ~ van...* with the consent of...; *met onderling ~* by mutual consent; *doe (handel) naar eigen ~* use your own discretion; *naar eigen ~ handelen* act on one's own discretion

goed'willig *bn* willing

'**goedzak** *m* (-ken) gemeenz = *goeierd*

goege'meente *v: de ~* the general public, the public at large

'**goeierd** *m* (-s) **1** ⟨goedig mens⟩ dear (kind) soul, good fellow; **2** geringsch simpleton, softy, gemeenz juggins

'**goelasj** *m* goulash

'**goeroe** *m* (-s) guru

'**goesting** *v* (-en) ZN desire, appetite

gok *m* gamble; *een ~* gemeenz a flutter

'**gokautomaat** *o* (-maten) fruit machine, one-armed bandit, Am slot machine

'**gokken** (gokte, h. gegokt) *onoverg* gamble

'**gokker** *m* (-s) gambler

gokke'rij *v* (-en) gamble, gambling

'**gokspel** *o* (-spelen) gambling game, game of chance

'**goktent** *v* (-en) gambling house, disorderly house

'**gokverslaving** *v* compulsive gambling

gold (golden) V.T. v. *gelden*

1 golf *v* (golven) **1** ⟨in 't alg.⟩ wave°, billow; **2** stream [of blood]; **3** ⟨baai⟩ bay, gulf

2 golf *o* sp golf

'**golfbaan** *v* (-banen) golf-course, golf-links

'**golfbeweging** *v* (-en) undulatory motion, undulation

'**golfbreker** *m* (-s) breakwater, pier, bulwark

'**golfdal** *o* (-dalen) trough (of the sea)

'**golfen** (golfte, h. gegolft) *onoverg* play golf, golf

'**golfijzer** *o* corrugated iron

'**golfkarton** *o* corrugated cardboard

'**golflengte** *v* (-n en -s) wave-length

'**golflijn** *v* (-en) wavy (sinuous) line

'**Golfoorlog** *m* Gulf War

'**golfplaat** *v* (-platen) corrugated iron

'**golfslag** *m* dash of the waves

'**golfslagbad** *o* (-en) wave pool

'**Golfstaat** *m* (-staten) Gulf state

'**golfstok** *m* (-ken) golf-club

'**Golfstroom** *m* Gulf-Stream

'**golven** (golfde, h. gegolfd) *overg & onoverg* wave, undulate; zie ook: *gegolfd*

'**golvend** *bn* **1** waving, wavy [hair]; **2** undulating [countryside]; **3** rolling [fields]; **4** flowing [robes]

'**golving** *v* (-en) waving, undulation

gom *m & o* (-men) gum; *Arabische ~* gum arabic; zie ook: *vlakgom*

'**gomachtig** *bn* gummy

'**gombal** *m* (-len) gum, gum-drop

gomelas'tiek *o* (india-)rubber

'**gomhars** *o & m* (-en) gum-resin

'**gommen** (gomde, h. gegomd) *overg* gum

'**gondel** *v* (-s) gondola

gonde'lier *m* (-s) gondolier

'**gondellied** *o* (-eren) barcarol(l)e

gong *m* (-s) gong

goniome'trie *v* goniometry

gonor'roe *v* gonorrhea, slang clap

'**gonzen** (gonsde, h. gegonsd) *onoverg* buzz, hum, drone, whirr; *het gonst van de geruchten* the air buzzes with rumours

'**goochelaar** *m* (-s) juggler, conjurer, illusionist

goochela'rij *v* (-en) conjuring, conjuring trick(s); juggling, jugglery

'**goochelen** (goochelde, h. gegoocheld) *onoverg* conjure, perform conjuring tricks; juggle[2]; ~ *met* *cijfers* juggle with figures

'**goochelkunst** *v* (-en) **1** prestidigitation; **2** = *goocheltoer*

'**goocheltoer** *m* (-en), '**goocheltruc** *m* (-s) conjuring trick

'**goochem** *bn* gemeenz knowing, smart, shrewd, all there

'**goochemerd** *m* (-s) gemeenz slyboots; ironisch clever Dick

gooi *m* (-en) cast, throw; *een* ~ *naar iets doen* **1** (gissen) have a shot at sth., have a try at sth.; **2** (pogen te behalen) make a bid for sth.

'**gooien** (gooide, h. gegooid) **I** *overg* fling, cast, throw; *door elkaar* ~ jumble; *iets in het vuur* ~ throw (fling, toss) sth. into the fire; *met de deur* ~ slam the door; *iem. met iets* ~ throw (pitch, shy) sth. at sbd.; *iem. met stenen* ~ pelt sbd. with stones; *iets naar iem.* ~ toss (throw) sth. to sbd.; *op papier* ~ dash off [an article &]; *het (de schuld) op iem.* ~ gemeenz lay the blame (for it) on sbd.; *het op iets anders* ~ turn the talk to something else; zie ook: *balk & boeg*; **II** *abs ww* throw; *jij moet* ~ it is your turn to throw; *gooi jij ook eens* have a throw, too

gooi-en-'smijtfilm *m* (-s) slapstick film

goor *bn* **1** (smerig) dingy, grimy, grubby; **2** (onsmakelijk) nasty

'**goorheid** *v* **1** (smerigheid) dinginess, griminess, grubbyness; **2** (onsmakelijkheid) nastiness

1 goot *v* (goten) gutter, gully, kennel, drain

2 goot (goten) V.T. v. *gieten*

'**gootsteen** *m* (-stenen) (kitchen) sink

'**gootsteenkastje** *o* (-s) kitchen sink cupboard

'**gootwater** *o* gutter-water, slops

'**gordel** *m* (-s) **1** girdle [round waist]; **2** belt[2] [of leather, of forts]; **3** (gebied) zone; *een stoot onder de* ~ *toebrengen* hit below the belt[2]

'**gordeldier** *o* (-en) armadillo

'**gordelriem** *m* (-en) belt

'**gordelroos** *v* shingles

'**gorden** (gordde, h. gegord) **I** *overg* gird; **II** *wederk*: *zich ten strijde* ~ (plechtig) gird oneself (up) for the fight

gordi'aans *bn*: *de* ~*e knoop* the Gordian knot; zie ook: *knoop*

gor'dijn *o & v* (-en) **1** curtain [of window, in theatre]; **2** (op rollen) blind; *ijzeren* ~ iron curtain

gor'dijnkoord *o & v* (-en) curtain-cord

gor'dijnrail *v* (-s) curtain-rail

gor'dijnring *m* (-en) curtain-ring

gor'dijnroe (-den), **gor'dijnroede** *v* (-n) curtain-rod, curtain-pole

'**gording** *v* (-s en -en) scheepv bunt-line

'**gorgeldrank** *m* (-en) gargle

'**gorgelen** (gorgelde, h. gegorgeld) *onoverg* gargle

go'rilla *m* ('s) gorilla

gors *v* (gorzen) (vogel) bunting

gort *m* groats, grits; barley

'**gortdroog** *bn* **1** eig dry as dust; **2** fig exceedingly

dry; *zijn humor is* ~ he has an exceedingly dry sense of humour

'**gortig** *bn*: *het al te* ~ *maken* go too far

GOS *o Gemenebest van Onafhankelijke Staten* CIS, Commonwealth of Independent States

'**gospel** *m* (-s) gospel

'**gossie, gossie'mijne** *tsw* gemeenz: ~*!* gosh!

'**goten** V.T. meerv. v. *gieten*

'**Goten** *mv* Goths

'**Gotenburg** *o* Gothenburg

go'tiek *v* Gothic (style)

'**gotisch** *bn* Gothic; ~*e letter* Gothic letter, black letter

'**Gotisch** *o* Gothic

'**gotspe** *v* chutzpah, cheek

gou'ache *v* (-s) gouache

goud *o* gold; *het is* ~ *waard* it is worth its weight in gold; *het is niet alles* ~ *wat er blinkt* it is not all gold that glitters

'**goudachtig** *bn* gold-like, golden

'**goudblond** *bn* golden

'**goudbrokaat** *o* gold-brocade

'**goudbruin** *bn* golden brown; (vooral v. haar) auburn

'**goudclausule** *v* (-s) gold clause

'**gouddekking** *v* (-en) gold cover

'**gouddelver** *m* (-s) gold-digger

'**gouddorst** *m* thirst for (of) gold, lust of gold, goldthirst

'**gouddraad** *o & m* (-draden) **1** (v. metaal) goldwire; **2** (gesponnen) gold-thread

'**gouddruk** *m* gold-printing

'**gouden** *bn* gold, golden[2]; ~ *bril* gold-rimmed spectacles; ~ *standaard* gold standard

'**gouden'regen** *m* (-s) laburnum

'**gouderts** *o* (-en) gold-ore

'**goudfazant** *m* (-en) golden pheasant

'**goudgeel** *bn* gold-colored, golden

'**goudgeld** *o* gold coin, gold

'**goudgraver** *m* (-s) gold-digger

'**goudhoudend** *bn* gold-bearing, auriferous

'**goudkleur** *v* gold colour

'**goudkleurig** *bn* golden, gold-coloured

'**goudklomp** *m* (-en) nugget of gold

'**goudkoorts** *v* gold-fever

'**Goudkust** *v* Gold Coast

'**goudleer** *o* gilt leather

'**goudleren** *bn* gilt-leather

'**goudmerk** *o* (-en) hallmark [on gold]

'**goudmijn** *v* (-en) gold-mine[2]

'**goudrenet** *v* (-ten) golden rennet

'**goudsbloem** *v* (-en) marigold

'**goudschaal** *v* (-schalen) gold-balance, gold-scales, assay-balance; *zijn woorden op een* ~ *wegen* weigh one's every word

'**goudsmid** *m* (-smeden) goldsmith

'**goudstuk** *o* (-ken) gold coin

'**goudveld** *o* (-en) gold-field

'goudvink *m* & *v* (-en) bullfinch

'goudvis *m* (-sen) goldfish

'goudviskom *v* (-men) globe (for goldfish), gold-fish bowl

'goudvoorraad *m* (-raden) gold stock(s)

'goudwerk *o* (-en) gold-work

'goudzoeker *m* (-s) gold-seeker

gour'metten (gourmette, h. gegourmet) *onoverg* gourmandize

gouver'nante *v* (-s) governess

gouverne'ment *o* (-en) government

gouverne'mentsambtenaar *m* (-s en -naren) government officer (official, servant)

gouverne'mentsdienst *m* (-en) government service; *in* ~ in the government service

gouver'neur *m* (-s) **1** *pol* governor; **2** ⟨onderwijzer⟩ tutor

gouver'neur-gene'raal *m* (gouverneurs-generaal) governor-general

gouver'neurs- *voorv* gubernatorial

gouw *v* (-en) district, province

'gouwenaar *m* (-s) long clay, gemeenz church-warden

'gozer *m* (-s) gemeenz bloke, guy, chap

graad *m* (graden) **1** degree°; **2** ⟨rang⟩ rank, grade, degree; **3** ⟨van bloedverwantschap⟩ remove; *14 graden vorst* 14 degrees of frost; *een* ~ *halen* take one's [university] degree; *bij 0 graden* at zero; *in* ~ *stijgen* ZN, mil promote (to the rank of); *in graden verdelen* graduate; *op 52 graden noorderbreedte en 16 graden westerlengte* in latitude 52° north and in longitude 16° west

'graadboog *m* (-bogen) protractor, graduated arc, quadrant scale

'graadmeter *m* (-s) **1** eig graduator; **2** fig criterion, standard

'graadverdeling *v* (-en) graduation

graaf *m* (graven) **1** earl [in England]; **2** count [on the Continent]

'graaflijk *bn* = grafelijk

'graafmachine *v* (-s) excavator

'graafschap *o* (-pen) **1** ⟨gebied⟩ county, shire; **2** ⟨waardigheid⟩ countship, earldom

'graafwerk *o* (-en) digging, excavation(s)

'graafwesp *v* (-en) digger-wasp

graag I *bn* eager; **II** *bijw* gladly, readily, willingly, with pleasure; *hij doet het* ~ he likes to do it, he likes it; *ik zou niet* ~ I would not care to; *(wil je nog wat...?) heel* ~! thank you!; ~ *of niet* take it or leave it!; zie ook: *gaarne*

'graagte *v* eagerness, appetite

'graaien (graaide, h. gegraaid) *overg* & *onoverg* grab, grabble

graal *m* (Holy) Grail

'graalridder *m* (-s) Knight of the Round Table

graan *o* (granen) corn, grain; *granen* cereals

'graanbeurs *v* (-beurzen) corn-exchange

'graanbouw *m* corn-growing

'graangewassen *mv* cereals

'graanhandel *m* corn-trade

'graanhandelaar *m* (-s en -laren) corn-dealer, corn-merchant

'graankorrel *m* (-s) grain of corn

'graanoogst *m* (-en) grain-crop(s), cereal crop

'graanpakhuis *o* (-huizen) granary

'graanschuur *v* (-schuren) granary²

'graansilo *m* ('s) = graanpakhuis

'graantje *o* (-s): *een* ~ *meepikken* profit by, gain by

'graanzolder *m* (-s) corn-loft

'graanzuiger *m* (-s) grain elevator

graat *v* (graten) fish-bone, bone; *niet zuiver op de* ~ fig unreliable; unorthodox [in politics]; *van de* ~ *vallen* be faint (with hunger)

'grabbel: *zijn eer te* ~ *gooien* throw away one's honour; *zijn geld te* ~ *gooien* fig make ducks and drakes of one's money

'grabbelen (grabbelde, h. gegrabbeld) *onoverg* scramble [for a thing], grabble [in...]

'grabbelton *v* (-nen) bran-tub, bran-pie, lucky dip

gracht *v* (-en) **1** canal [in a town]; **2** ditch, moat [round a town]; *ik woon op een* ~ I live in a canal street

'grachtenhuis *o* (-huizen), **'grachtenpand** *o* (-en) [Amsterdam] canal(side) house

graci'eus *bn* graceful

gra'datie *v* (-s) gradation

'gradenboog *m* (-bogen) = graadboog

gra'deren (gradeerde, h. gegradeerd) *overg* graduate

gradu'aat *o* ZN baccalaureate

gradu'eel *bn* [difference] of (in) degree

graf *o* (graven) grave, plechtig tomb, sepulchre; *het Heilige Graf* the Holy Sepulchre; *zijn eigen* ~ *graven* dig one's own grave; *een* ~ *in de golven vinden* find a watery grave, gemeenz go to Davy Jones's locker; *hij sprak aan het* ~ he spoke at the graveside; *dat zal hem in het* ~ *brengen* that will bring him to his grave; *het geheim met zich meenemen in het* ~ carry the secret with one to the grave; *hij zou zich in zijn* ~ *omkeren* he would turn in his grave; *ten grave dalen* sink into the grave; *iem. ten grave dragen* bear sbd. to burial; *dit zal hem ten grave slepen* it will bring him (carry him off) to his grave; *tot aan het* ~ till death

'grafelijk *bn* **1** ⟨van een graaf⟩ of a count, of an earl; **2** ⟨als van een graaf⟩ like a count, like an earl; zie: *graaf*

graf'fiti *m* graffiti

'grafgewelf *o* (-welven) **1** ⟨in 't alg.⟩ sepulchral vault; **2** ⟨onder kerk⟩ crypt

'grafheuvel *mv m* **1** ⟨in 't alg.⟩ burial mound, grave-mound; **2** archeologie barrow, tumulus [*mv*: tumuli]

'graficus *m* (-ci) graphic artist

gra'fiek *v* (-en) **1** ⟨kunst⟩ graphic arts, graphics; ⟨voortbrengselen daarvan⟩ drawings; **2** ⟨voorstelling⟩ graph, diagram

gra'fiet *o* graphite, plumbago

'grafisch *bn* graphic; ~*e kunst* graphic arts, graphics; ~*e voorstelling* (in de statistiek) graph, diagram

'grafkamer *v* (-s) burial chamber

'grafkapel *v* (-len) mortuary chapel

'grafkelder *m* (-s) (family) vault

'grafkrans *m* (-en) (funeral) wreath

'grafkuil *m* (-en) grave

'graflegging *v* (-en) interment, sepulture; *de ~ van Christus* the Entombment of Christ

'graflucht *v* sepulchral smell

'grafmonument *o* (-en) mortuary monument

grafolo'gie *v* graphology

grafo'loog *m* (-logen) graphologist, handwriting expert

'grafrede *v* (-s) funeral oration

'grafschender, **'grafschenner** *m* (-s) desecrator of a grave (of graves)

'grafschennis *v* desecration of graves (a grave)

'grafschrift *o* (-en) epitaph

'grafsteen *m* (-stenen) gravestone, tombstone

'grafstem *v* (-men) sepulchral voice

'graftombe *v* (-s en -n) tomb

'grafwaarts *bijw* to the grave

'grafzerk *v* (-en) = *grafsteen*

'grafzuil *m* (-en) sepulchral pillar

1 gram *o* (-men) ⟨gewicht⟩ gramme

2 gram *v*: *zijn ~ halen* obtain satisfaction (compensation), get one's own back

gram'matica *v* ('s) grammar

grammati'caal *bn* grammatical

grammo'foon *m* (-s en -fonen) gramophone, record player

grammo'foonnaald *v* (-en) stylus; vroeger gramophone needle

grammo'foonplaat *v* (-platen) (gramophone) record, disk

'gramschap *v* anger, wrath

gram'storig *bn* angry, wrathful

1 gra'naat I *m* (-naten) ⟨de steen⟩ garnet; **II** *o* ⟨stofnaam⟩ garnet

2 gra'naat *v* (-naten) mil shell, (hand) grenade

gra'naatappel *m* (-en en -s) pomegranate

gra'naatscherf *v* (-scherven) shell splinter

gra'naattrechter *m* (-s) shell hole, shell crater

gra'naatvuur *o* shell fire

Gra'nada *o* Granada

grandi'oos *bn* grandiose, grand

'grand-seig'neur *m* (grands-seigneurs) fine gentleman; gemeenz swell; *de ~ uithangen* do the grand, play the swell

gra'niet *o* granite

gra'nietblok *o* (-ken) block of granite

gra'nieten *bn* granite

granu'leren (granuleerde, h. gegranuleerd) *overg* granulate

grap *v* (-pen) joke, jest, gag; *een dure ~* an expensive business (affair); *een mooie ~!* a nice affair!; *dat zou*

me een ~ zijn! **1** wouldn't that be fun (some fun)?; **2** gemeenz that would be a nice go!; *~pen maken* joke, cut jokes; *~pen uithalen* play tricks; *je moet hier geen ~pen uithalen* you must not play off your (any) jokes here, don't come your tricks over me; *hij maakte er een ~(je) van* he laughed it off; *voor de ~* in (for) fun, by way of a joke

'grapefruit *m* grapefruit

'grapjas *m* (-sen), **'grappenmaker** *m* (-s) comedian, wag, joker

'grappen (grapte, h. gegrapt) *onoverg* joke, jest

grappenmake'rij *v* (-en) drollery, waggery

'grappig I *bn* funny, amusing, droll, comic(al); (met opzet) humorous; *een ~e opmerking* an amusing remark, a humorous remark; *het ~e is* the funny thing is; *het ~ste was* the funniest part of it was, the best joke of all was; **II** *bijw* funnily, drolly, comically, humorously

'grappigheid *v* (-heden) fun, drollery, comicality, humour

gras *o* (-sen) grass; *Engels ~* plantk sea-pink, thrift; *hij laat er geen ~ over groeien* he doesn't let the grass grow under his feet; *iem. het ~ voor de voeten wegmaaien* cut the ground from under sbd.'s feet

'grasachtig *bn* grass-like, grassy

'grasbaan *v* (-banen) sp **1** grass-court [for lawntennis]; **2** grass-track [for racing]

'grasboter *v* grass-butter, May-butter

'grasduinen (grasduinde, h. gegrasduind) *onoverg*: *ergens in ~* browse [among books &, in a book]

'grasgewas *o* (-sen) **1** (in weiland) grass crop; **2** (grassoort) graminaceous plant

'grasgroen *bn* as green as grass, grassgreen

'grashalm *m* (-en) grass-blade, blade of grass

'grasje *o* (-s) blade of grass

'grasland *o* (-en) grassland

'graslinnen *o* grass-linen, grass-cloth

'grasmaaier *m* (-s) **1** (persoon) grassmower; **2** = *grasmaaimachine*

'grasmaaimachine *v* (-s) lawn-mower, grass-cutter

'grasmaand *v* April

'grasmachine *v* (-s) lawn-mower

'grasmat *v* (-ten) turf, sward

'grasmus *v* (-sen) whitethroat

'grasperk *o* (-en) grass-plot, lawn

'grasroller *m* (-s) garden-roller

'grasspriet *m* (-en) blade of grass

'grasveld *o* (-en) grass-field, lawn, grass-plot

'grasvlakte *v* (-n en -s) grassy plain, prairie

'graszode *v* (-n) (turf) sod

'gratie I *v* **1** ⟨genade⟩ pardon, grace; ⟨v. doodstraf⟩ reprieve; **2** ⟨bevalligheid⟩ grace; *~ verlenen (aan)* pardon; *verzoek om ~* appeal for mercy; *bij de ~ Gods* by the grace of God; *weer in de ~ komen* be restored to grace (in favour); *in de ~ trachten te komen bij* ingratiate oneself with; *bij iem. in de ~ zijn* be in favour with sbd., be in sbd.'s good books; *bij iem. uit de ~ raken* lose favour with sbd., fall from grace; *uit de ~ zijn* be out of favour with sbd., be no longer in sbd.'s good books; *de drie Gratiën* the three Graces

'**gratieverzoek** *o* (-en) plea for pardon, clemency

gratifi'catie *v* (-s) bonus, gratuity

'**gratig** *bn* bony

'**gratis I** *bn* free (of charge), gratis; *~ monster* hand<u>el</u> free sample; **II** *bijw* gratis, free (of charge)

gra'tuit *bn* gratuitous [remark]

1 grauw *m* (-en) 〈snauw〉 growl, snarl

2 grauw *o* 〈gepeupel〉 rabble, mob

3 grauw *bn* **1** 〈grijs〉 grey; **2** 〈kleurloos〉 drab

'**grauwachtig** *bn* greyish, grizzly

'**grauwen** (grauwde, h. gegrauwd) *onoverg* snarl; *~ en snauwen* growl and grumble, snap and snarl

'**grauwtje** *o* (-s) donkey

gra'veerder *m* (-s) engraver

gra'veerkunst *v* art of engraving

gra'veernaald *v* (-en), **gra'veerstaal** *o*, **gra'veerstift** *v* (-en) engraving-needle, burin

gra'veerwerk *o* (-en) engraving

'**gravel** *o* gravel; *op ~ spelen* play on clay

'**gravelbaan** *v* (-banen) clay court

1 'graven (groef, h. gegraven) **I** *overg* **1** dig [a hole, pit, well &]; **2** 〈v. dieren〉 burrow [a hole]; **3** sink [a mine, a well]; **II** *onoverg* dig; burrow

2 'graven meerv. v. *graf* en *graaf*

'**graver** *m* (-s) digger

gra'veren (graveerde, h. gegraveerd) *overg & onoverg* engrave

gra'veur *m* (-s) engraver

gra'vin *v* (-nen) countess

gra'vure *v* (-n en -s) engraving, plate

'**grazen** (graasde, h. gegraasd) *onoverg* graze, pasture, feed; *iem. te ~ nemen* **1** 〈in de maling nemen〉 take sbd. in; **2** 〈in elkaar slaan〉 beat sbd. up

'**grazig** *bn* grassy; *~e weiden* green pastures

1 greep I *m* 〈het grijpen〉 grip, grasp; *geringsch* clutch; **II** *v* (grepen) **1** 〈handvol〉 handful [of salt &]; **2** 〈handvat〉 grip [of a weapon &], clutch [of a crane], handle [of a tool &], pull [of a bell], hilt [of a sword], haft [of a dagger]; **3** 〈vork〉 (dung-)fork; *een gelukkige ~* a lucky hit; *hier en daar een ~ doen in...* dip into the subject here and there; *een ~ doen naar* make a grab at; *fig* make a bid for [power]

2 greep (grepen) V.T. v. *grijpen*

Gregori'aans *bn* (& *o*) Gregorian (chant)

grei'neren (greineerde, h. gegreineerd) *overg* granulate

'**greintje** *o* (-s) particle, atom, spark; *geen ~ ijdelheid* not a grain of vanity; *geen ~ verschil* not a bit of difference

Gre'nada *o* Grenada

Grena'daan *m* (-danen) Grenada

Grena'daans *bn* Grenada

grena'dier *m* (-s) grenadier

grena'dine *v* grenadine

'**grendel** *m* (-s) bolt [of a door, of a rifle &], slot

'**grendelen** (grendelde, h. gegrendeld) *overg* bolt

'**grenen** *bn* deal

'**grenenhout** *o* deal

grens *v* (grenzen) **1** 〈in 't alg., limiet〉 limit, boundary; **2** 〈beperking〉 bound; **3** 〈politieke scheilijn〉 frontier, border; 〈natuurlijke scheilijn〉 border; *alles heeft zijn grenzen* there are limits to everything; *de grenzen te buiten gaan* go beyound all bounds, exceed all bounds; *zijn... kent geen grenzen his...* knows no bounds; *binnen zekere grenzen* within certain limits; *binnen de grenzen blijven van...* keep within the bounds of...; *op de ~ van* fig on the verge of; *over de ~ zetten* conduct across the frontier

'**grensbewoner** *m* (-s) frontier inhabitant, borderer

'**grensgebied** *o* (-en) border (frontier) area, borderland; *fig* borderland, twilight zone

'**grensgeschil** *o* (-len) frontier (border) dispute

'**grensgeval** *o* (-len) borderline case

'**grenshospitium** *o* (-s) ± examination station (for asylum-seekers)

'**grensincident** *o* (-en) border incident

'**grenskantoor** *o* (-toren) frontier customhouse

'**grensland** *o* (-en) borderland

'**grenslijn** *v* (-en) border line, boundary; *pol* line of demarcation

'**grensnut** *o* marginal utility

'**grenspaal** *m* (-palen) boundary post, landmark

'**grensrechter** *m* (-s) *sp* linesman

'**grensregeling** *v* (-en) frontier settlement

'**grensrivier** *v* (-en) river forming a border

'**grensstation** *o* (-s) frontier station

'**grenssteen** *m* (-stenen) boundary stone

'**grensverkeer** *o* frontier (border) traffic

'**grensverleggend** *bn* path-breaking, trail-blazing; *~ onderzoek* path-breaking research, innovative research, research opening up new horizons

'**grensvesting** *v* (-en) frontier fortress

'**grenswaarde** *v* (-n) **1** *wisk* ultimate (limit) value; **2** *handel* marginal utility [of an article]

'**grenswacht** (-en) **I** *v* 〈post〉 frontier outpost; **II** *m* 〈persoon〉 frontier guard

gren'zeloos *bn* boundless, unlimited

'**grenzen** (grensde, h. gegrensd) *onoverg:* *~ aan* **1** 〈eig〉 border on, abut on; **2** *fig* border on (upon), verge on (upon); *dit land grenst ten noorden aan...* is bounded on the North by...

'**grepen** V.T. meerv. v. *grijpen*

'**greppel** *v* (-s) trench, ditch, drain

'**gretig** *bn* avid [of], eager [for], greedy [of]

'**gretigheid** *v* avidity, eagerness, greediness

'**gribus** *m* (-sen) **1** 〈krot〉 slum, hovel, gemeenz hole; **2** 〈krottenwijk〉 slum

grief *v* (grieven) **1** 〈reden tot klagen〉 grievance; **2** 〈krenking〉 wrong; *een ~ hebben* have a monkey on one's back

Griek *m* (-en) Greek[2]

'**Griekenland** *o* Greece

'**Grieks I** *bn* **1** ⟨echt Grieks⟩ Greek; **2** ⟨naar Grieks model⟩ Grecian; **II** *o* Greek

griend *v* (-en) low willow-ground

'**grienen** (griende, h. gegriend) *onoverg* cry, snivel, blubber, whimper

griep *v* influenza, gemeenz flu

'**griepepidemie** *v* (-mieën) influenza epidemic

'**grieperig** *bn* ill with flu; *ik voel me een beetje* ~ I feel like I have the flu

gries *o* middlings

'**griesmeel** *o* semolina

1 griet *v* (-en) ⟨vis⟩ brill

2 griet *m* (-en) ⟨vogel⟩ godwit

3 griet *v* (-en) ⟨meisje⟩ gemeenz chick, bird, gal, piece

'**grieven** (griefde, h. gegriefd) *overg* hurt, offend

'**grievend** *bn* offensive, bitter

'**griezel** *m* (-s) **1** ⟨oorzaak van afkeer⟩ horror; **2** ⟨eng persoon⟩ creep, horror; **3** ⟨rilling⟩ shudder, (the) creep(s)

'**griezelen** (griezelde, h. gegriezeld) *onoverg* shiver, shudder; ~ *bij de gedachte* shiver (shudder) at the thought; *ik griezel ervan* it makes me shudder; it gives me the creeps

'**griezelfilm** *m* (-s) horror film

'**griezelig** *bn* gruesome, creepy, weird

grif *bijw* readily, promptly

'**griffel** *v* (-s) slate-pencil

'**griffeldoos** *v* (-dozen), '**griffelkoker** *m* (-s) pencil-case

'**griffen** (grifte, h. gegrift) *overg* grave (*in* in), inscribe (*in* in)

'**griffie** *v* (-s) office of the clerk; *ter* ~ *deponeren* ⟨ter inzage⟩ shelve [a proposal &]

grif'fier *m* (-s) clerk (of the court), recorder, registrar

'**griffierecht** *o* (-en) registration fee

griffi'oen, grif'foen *m* (-en) griffin

'**grifweg** *bijw* = *grif*

grijns *v* (grijnzen) smirk, grimace

'**grijnslach** *m* sneer

'**grijnslachen** (grijnslachte, h. gegrijnslacht) *onoverg* laugh sardonically, sneer

'**grijnzen** (grijnsde, h. gegrijnsd) *onoverg* smirk, grimace

'**grijparm** *m* (-en) **1** techn grip arm, transfer arm; **2** dierk tentacle

'**grijpen** (greep, h. gegrepen) **I** *overg* **1** ⟨omvatten⟩ catch, seize, lay hold of, grasp; **2** ⟨naar zich toe⟩ grasp, grab, snatch; **3** ⟨in zijn klauw⟩ clutch; **II** *onoverg*: *in elkaar* ~ techn gear into one another; ~ *naar* grab (snatch, grasp) at [it]; reach for [his revolver &]; take up [arms]; make a bid for [power]; *om zich heen* ~ spread [of flames]; zie ook: *ineengrijpen*; **III** *o*: *je hebt ze maar voor het* ~ they are as plentiful as black berries; *ze zijn niet voor het* ~ they are not found every day, they do not grow on every bush; *voor het* ~ *liggen* be (lie) ready to hand,

be readily available; ⟨oplossing⟩ be obvious

'**grijper** *m* (-s) techn grab

'**grijpstaart** *m* (-en) prehensile tail

'**grijpstuiver** *m* (-s) gemeenz trifle

grijs *bn* **1** ⟨in 't alg.⟩ grey; **2** ⟨met grijs haar⟩ greyhaired, grey-headed; **3** fig hoary [antiquity]; ~ *worden* = *grijzen*

'**grijsaard** *m* (-s) grey-haired man, old man

'**grijsachtig** *bn* greyish

'**grijsheid** *v* greyness, hoariness[2]

'**grijsrijden** *ww* & *o* fare-dodging, riding the bus & for less than full fare

'**grijsrijder** *m* (-s) fare-dodger

'**grijzen** (grijsde, is gegrijsd) *onoverg* grow (become, go, turn) grey, grey

'**grijzig** *bn* greyish

gril *v* (-len) caprice, whim, freak, fancy

grill *m* (-s) grill, gridiron

'**grille** *v* (-s) ⟨v. auto⟩ radiator grill

'**grillen** (grilde, h. gegrild), **gril'leren** (grilleerde, h. gegrilleerd) *overg* grill

'**grillig** *bn* capricious, whimsical, freakish, fitful, fickle, wanton; gemeenz crotchety

'**grilligheid** *v* (-heden) capriciousness, caprice, whimsicality, whimsicalness, fitfulness

gri'mas *v* (-sen) grimace, wry face; ~*sen maken* grimace, make wry faces, pull faces

'**grime** *v* (-s) make-up [of actors]

gri'meren (grimeerde, h. gegrimeerd) **I** *overg* make up; **II** *wederk*: *zich* ~ make up

gri'meur *m* (-s) make-up artist

'**grimmig** *bn* grim, truculent

'**grimmigheid** *v* grimness

grind *o* gravel

'**grindweg** *m* (-wegen) gravel-road, gravelled road

'**grinniken** (grinnikte, h. gegrinnikt) *onoverg* chuckle, chortle, snigger

grip *m* (-s) grip°

'**grissen** (griste, h. gegrist) *overg* grab, snatch

1 groef *v* (groeven) = *groeve*

2 groef (groeven) V.T. v. *graven*

groei *m* growth; *in de* ~ *zijn* be growing; *op de* ~ *gemaakt* made with a view to growing requirements

'**groeien** (groeide, is gegroeid) *onoverg* grow; *zijn haar laten* ~ grow his hair; *iem. boven het hoofd* ~ **1** eig outgrow sbd.; **2** fig get beyond sbd.'s control; *ergens in* ~ ⟨zich gaandeweg bekwamen⟩ grow into; *uit zijn kracht (kleren)* ~ outgrow one's strength (clothes)

'**groeifonds** *o* (-en) growth stock

'**groeikern** *v* (-en) **1** ⟨in 't alg⟩ centre of growth; **2** ⟨m.b.t. stad⟩ centre of urban growth (development)

'**groeikracht** *v* vegetative faculty, vigour, vitality

'**groeimarkt** *v* (-en) growth market, expanding market

'**groeiproces** *o* (-sen) process of growth

'**groeisnelheid** v (-heden) rate of growth, growth rate

'**groeistuip** v (-en): ~ en growing pains, infantile convulsions

'**groeizaam** bn favourable to vegetation; ~ weer growing weather

groen I bn **1** green, plechtig & fig verdant; **2** 〈milieubeschermend〉 green; het werd hem ~ en geel voor de ogen his head began to swim; het licht op ~ zetten voor give the green light (the go-ahead) to [a plan &]; een ~e hand (~e vingers) hebben have a green thumb (green fingers); ~e kaart international motor insurance card; ~e zeep soft soap; ~e zone green belt; **II 1** o 〈als kleur〉 green; 〈levend〉 verdure, greenery; **2** m-v (-en) greenhorn; 〈op universiteit〉 freshman, fresher

'**groenachtig** bn greenish

'**Groenen** mv: de ~ 〈politieke richting〉 the Greens

'**groengordel** m (-s) green belt

'**groenheid** v greenness[2], verdancy

'**groenig** bn greenish, plechtig viridescent

'**Groenland** o Greenland

'**groenstrook** v (-stroken) **1** 〈groengordel〉 green belt; **2** 〈middenberm〉 grass strip; centre strip [of grass]

'**groente** v (-n en -s) **1** 〈ongekookt〉 greens, vegetables, green stuff; **2** 〈gekookt〉 vegetables

'**groenteboer** m (-en) greengrocer

'**groentekweker** m (-s) vegetable grower, market gardener

'**groentekwekerij** v (-en) market garden

'**groenteman** m (-nen) greengrocer

'**groentemarkt** v (-en) vegetable market

'**groentesoep** v (-en) vegetable soup

'**groentetuin** m (-en) kitchen-garden, vegetable garden

'**groentevrouw** v (-en) greengrocer('s wife)

'**groentewinkel** m (-s), '**groentezaak** v (-zaken) greengrocer's (shop)

'**groentijd** m (-en) 〈op universiteit〉 noviciate

'**groentje** o (-s) greenhorn, novice; 〈militair〉 new recruit, rooky; 〈student〉 freshman

'**groenvink** m & v (-en) greenfinch

'**groenvoer** o green fodder

groep v (-en) **1** 〈in 't alg.〉 group; **2** cluster [of stars, islands, houses]; **3** clump [of trees, plants]; **4** batch [of children, recruits]; **5** body [of men, members]; **6** band [of robbers, fugitives]

groe'**page** v **1** 〈over zee〉 joint cargo; **2** 〈over land〉 combined truck load

groe'**peren** (groepeerde, h. gegroepeerd) **I** overg group; **II** wederk: zich ~ group themselves

groe'**pering** v (-en) grouping

'**groepje** o (-s) **1** (little) group [of people]; **2** cluster, clump [of trees]

'**groepsfoto** v (-s) group photo

'**groepsgewijs**, '**groepsgewijze** bijw in groups

'**groepspraktijk** v (-en) group practice

'**groepstaal** v (-talen) jargon, lingo; taalk sociolect

'**groepsverband** o: in ~ in groups; werken in ~ do teamwork

groet m (-en) greeting, salutation, salute; de ~en aan allemaal! best love to all!; de ~ thuis remember me to the family; hij laat de ~en doen he begs to be remembered to you; he sends his love; met vriendelijke ~en with kind(est) regards

'**groeten** (groette, h. gegroet) **I** overg greet, salute; gegroet, hoor! **1** good-bye!; **2** 〈sarcastisch〉 good afternoon!; groet hem van mij kindly remember me to him; **II** abs ww salute, raise (take off) one's hat, touch one's cap

'**groetenis** v (-sen) salutation

'**groeve** v (-n) **1** groove, channel, flute [in a column]; **2** furrow[2] [between two ridges; in the forehead]; **3** line [in a face]; **4** pit [for marl]; **5** quarry [for stones]; bij de (geopende) ~ at the graveside, at the open grave

1 '**groeven** (groefde, h. gegroefd) overg groove; zie ook: gegroefd

2 '**groeven** V.T. meerv. v. graven

'**groezelig** bn dingy, grubby, dirty

'**groezeligheid** v dinginess, dirtiness

grof I bn **1** 〈niet fijn〉 coarse [bread, cloth, hair, salt, features &]; rough [work]; large-toothed [comb]; **2** 〈niet bewerkt〉 crude [oar]; **3** 〈niet glad〉 coarse [hands]; rough [towels]; **4** 〈laag〉 deep [voice]; **5** fig coarse [language], rude, abusive [words, terms]; crude [style]; gross [injustice, insult, ignorance], big [lies &]; guess [estimate]; dadelijk ~ worden become rude (abusive) at once; **II** bijw coarsely &; ~ liegen lie barefacedly; ~ spelen play high; ~ geld verdienen make big money; ~ (geld) verteren spend money like water

'**grofgebouwd** bn large-limbed, big-boned

'**grofgrein** o grogram

'**grofheid** v (-heden) coarseness &; grofheden ook: rude things

'**grofkorrelig** bn coarse-grained

'**grofsmid** m (-smeden) blacksmith

'**grofweg** bijw 〈bij benadering〉 roughly, about

grog m grog

'**groggy** bn groggy

'**grogstem** v (-men) husky voice

grol v (-len) broad joke; ~len buffoonery

grom m growl

'**grommen** (gromde, h. gegromd) onoverg grumble, growl (tegen at)

'**grompot** m (-ten) grumbler

grond m (-en) **1** 〈aarde〉 ground, earth, soil; **2** 〈land〉 land; **3** 〈onderste〉 ground, bottom; **4** 〈grondslag〉 ground, foundation, substratum [of truth]; **5** 〈reden〉 ground, reason; vaste ~ firm ground; vaste ~ onder de voeten hebben be on firm ground; ~ hebben (krijgen, voelen, vinden) feel ground, touch ground; de ~ leggen tot... lay the foundation(s) of...; ~ verliezen lose ground; ik voelde geen ~ I was out of my depth; *aan de ~ raken (zitten)* <u>scheepv</u> run (be) aground; *aan de ~ geraakt* down and out; *boven de ~* above ground; *door de ~ zinken* sink through the ground; *iets in de ~ kennen* know sth. thoroughly; *in de ~ is hij eerlijk* he is an honest fellow at bottom; *in de ~ hebt u gelijk* fundamentally you are right; *onder de ~* under ground, underground; *op ~ van...* on the ground of..., on the score of..., on the strength of...; *op ~ van het feit dat...* on the ground(s) that...; *op goede ~* on good grounds; *op de ~ gooien* throw down; *op de ~ vallen* fall to the ground; *te ~e gaan* go to rack and ruin, be ruined, come to nought; *te ~e richten* bring to ruin (nought), ruin, wreck; *tegen de ~ gooien* throw (dash) to the ground; *uit de ~ van zijn hart* from the bottom of his heart; *van alle ~ ontbloot* without any foundation; *een dichter van de koude ~* a would-be poet; *groenten van de koude ~* open-grown vegetables; *van de ~ komen* get off the ground

'**grondbeginsel** *o* (-en en -s) fundamental (basic, root) principle; *de ~en* the elements, rudiments, fundamentals

'**grondbegrip** *o* (-pen) fundamental (basic) idea

'**grondbelasting** *v* (-en) land-tax

'**grondbestanddeel** *o* (-delen) fundamental part

'**grondbezit** *o* landed property

'**grondbezitter** *m* (-s) landed proprietor, landholder

'**grondboring** *v* (-en) soil drilling, soil boring

'**gronddienst** *m* (-en) <u>luchtv</u> ground organization

'**grondeigenaar** *m* (-s en -naren) = *grondbezitter*

'**grondeigendom** *o* (-men) = *grondbezit*

'**grondel** *m* (-s), '**grondeling** *m* (-en) 〈vis〉 gudgeon

'**grondeloos** *bn* bottomless, unfathomable

gronde'loosheid *v* bottomless depth

'**gronden** (grondde, h. gegrond) *overg* **1** ground [a painting]; **2** <u>fig</u> ground, found, base [one's belief &]; zie ook: *gegrond*

'**grondgebied** *o* (-en) territory

'**grondgedachte** *v* (-n) leading thought, root idea

'**grondgesteldheid** *v* (-heden) nature (condition) of the soil

'**grondhouding** *v* fundamental attitude

'**grondig I** *bn* **1** 〈degelijk〉 thorough [cleaning, overhaul, knowledge], profound [study]; **2** 〈m.b.t. smaak〉 earthy; **II** *bijw* thoroughly; *iets ~ doen* ook: <u>gemeenz</u> go the whole hog

'**grondigheid** *v* **1** 〈degelijkheid〉 thoroughness; **2** 〈m.b.t. aarde〉 earthiness [of taste]

'**grondijs** *o* ground-ice, anchor-ice

'**grondkamer** *v* (-s) land-control board

'**grondkleur** *v* (-en) **1** 〈verf〉 ground-colour, priming; **2** 〈kleur〉 primary colour

'**grondlaag** *v* (-lagen) **1** 〈onderste laag〉 bottom layer; **2** 〈verf〉 priming coat

'**grondlasten** *mv* land-tax

'**grondlegger** *m* (-s) founder, father, founding father

'**grondlegging** *v* (-en) foundation

'**grondlijn** *v* (-en) base

'**grondmonster** *o* (-s) soil sample

'**grondoefening** *v* (-en) floor exercise

'**grondoorzaak** *v* (-zaken) original (first, root) cause

'**grondpatroon** *o* (-tronen) basic pattern

'**grondpersoneel** *o* <u>luchtv</u> ground staff

'**grondrechten** *mv* civil rights

'**grondregel** *m* (-en en -s) fundamental rule, principle, maxim

'**grondslag** *m* (-slagen) **1** foundation(s)^2; **2** <u>fig</u> basis; *~en* grass-roots; *ten ~ liggen aan* underlie

'**grondsoort** *v* (-en) kind of soil

'**grondsop** *o* grounds, dregs

'**grondstelling** *v* (-en) **1** axiom [in geometry]; **2** 〈principe〉 principle, maxim

'**grondstewardess** *v* (-en) ground hostess, ground stewardess

'**grondstof** *v* (-fen) raw material, element

'**grondstrijdkrachten** *mv* ground forces

'**grondtal** *o* (-len) base, radix; *met 10 als ~* base 10

'**grondtoon** *m* (-tonen) keynote^2

'**grondtrek** *m* (-ken) main feature

'**grondverf** *v* (-verven) ground-colour, priming

'**grondverven** (grondverfde, h. gegrondverfd) *overg* ground, prime

'**grondverzakking** *v* (-en) subsidence

1 '**grondvesten** *mv* foundations

2 '**grondvesten** (grondvestte, h. gegrondvest) *overg* found, lay the foundations of

'**grondvester** *m* (-s) founder, founding father

'**grondvesting** *v* (-en) foundation

'**grondvlak** *o* (-ken) base [of cube]

'**grondvoorwaarde** *v* (-n) basic condition, fundamental condition

'**grondvorm** *m* (-en) primitive form

'**grondwaarheid** *v* (-heden) fundamental truth; *de grondwaarheden* the basic truths

'**grondwater** *o* (under)ground water

'**grondwerk** *o* (-en) earthwork

'**grondwerker** *m* (-s) navvy

'**grondwet** *v* (-ten) fundamental law, constitution

'**grondwetsherziening** *v* (-en) revision of the Constitution

grond'wettelijk, grond'wettig *bn* constitutional

'**grondwoord** *o* (-en) primary word, primitive word-form, etymon

'**grondzee** *v* (-zeeën) breaker

'**grondzeil** *o* (-en) ground sheet

'**Groningen** *o* Groningen

groot I *bn* **1** 〈omvang〉 large, big [trees, houses]; voluminous; **2** 〈uitgestrekt〉 great, large, vast [area]; **3** 〈v. gestalte〉 tall; **4** 〈niet meer klein〉 grown-up; **5** <u>fig</u> great [men, composers, powers]; **6** grand [entrance, dinner]; **7** major [crisis, operations &]; *een grote eter* a big (great) eater; *de grote massa* the masses; *de grote mast* <u>scheepv</u> the mainmast; *de*

Grote Oceaan the Pacific (Ocean); *de grote weg* the high road, the highway, the main road; ~ *wild* big game; ~ *worden* grow (up), grow tall; *wat ben je ~ geworden!* how tall you have grown!; ~ *groeien* <u>kindertaal</u> grow *tweemaal zo groot als* twice the size of, twice as big as; **II** *bijw* large; ~ *gelijk!* quite right!; *je hebt* ~ *gelijk* you are perfectly right; ~ *leven* live in grand style; **III** *znw: de groten* the great ones (of the earth); *het grote* what is great; *in het* ~ **1** (groots) in grand style, on a large scale; in a large way; **2** <u>handel</u> wholesale; *iets* ~*s* something great (grand), a great thing; *voor* ~ *en klein* for young and old

'**grootbedrijf** *o* large-scale industry; *het* ~ *ook:* the big industries

'**grootbeeld-tv** *m* ('s) large-screen television

'**grootboek** *o* (-en) **1** <u>handel</u> ledger; **2** Great Book of the Public Debt

'**grootbrengen**[1] *overg* bring up, rear

Groot-Brit'tannië *o* Great Britain

'**grootdoen** *onoverg* give oneself airs, swagger

grootdoene'rij *v* (-en) swagger

groot'grondbezit *o* large ownership

groot'grondbezitter *m* (-s) big landowner, big landed proprietor

'**groothandel** *m* (-s) wholesale trade

'**groothandelaar** *m* (-s) wholesale dealer

'**groothandelsprijs** *m* (-prijzen) wholesale price

groot'hartig *bn* magnanimous, generous

'**grootheid** *v* (-heden) **1** <u>eig</u> greatness, largeness, bigness, tallness; **2** <u>fig</u> grandeur, magnitude[2], quantity; ~ *van ziel* magnanimity; *algebraïsche grootheden* algebraic magnitudes; *een onbekende* ~ an unknown quantity[2]

'**grootheidswaan**, '**grootheidswaanzin** *m* delusion of grandeur, megalomania; *lijder aan* ~ megalomaniac

'**groothertog** *m* (-togen) grand duke

groot'hertogdom *o* (-men) grand duchy [of Luxembourg]

groother'to'gin *v* (-nen) grand duchess

'**groothoeklens** *v* (-lenzen) wide-angle lens

'**groothouden**[1] *wederk: zich* ~ keep up appearances, bear it bravely, keep a stiff upper lip

'**grootindustrie** (-trieën) *v: de* ~ the big industries

'**grootindustrieel** *m* (-triëlen) captain of industry

'**grootje** *o* (-s) <u>gemeenz</u> granny; *je* ~*!* not a bit!; *maak dat je* ~ *wijs* you tell that to the marines

'**grootkapitaal** *o* **1** high finance; **2** *het* ~ the big capitalists

'**grootkruis** *o* (-en) grand cross

'**grootma** *v* ('s) grandmother

'**grootmacht** *v* (-en) superpower

'**grootmama** *v* ('s) grandmother

'**grootmeester** *m* (-s) Grand Master [Mason; of an order of knighthood; of chess]

'**grootmetaal** *v* heavy industry, iron and steel industry

'**grootmoe**, '**grootmoeder** *v* (-moeders) grandmother

groot'moedig *bn* magnanimous, generous

groot'moedigheid *v* magnanimity, generosity

'**grootmogol** *m* (-s) Great Mogul

'**grootouders** *mv* grandparents

'**grootpa**, '**grootpapa** *m* ('s) grandfather, granddad

groots *bn* **1** (grandioos) grand, grandiose, noble, majestic; ambitious [plans]; **2** (trots) proud, haughty

groot'schalig *bn* large-scale [plans, projects]

'**grootscheeps, groot'scheeps I** *bn* **1** (in 't alg.) grand; **2** ambitious [attempt]; **3** large-scale [programme]; **II** *bijw* in grand style; on a large scale

'**grootsheid** *v* **1** (pracht) grandeur, grandiosity, nobleness, majesty; **2** (trots) pride, haughtiness

'**grootspraak** *v* boast(ing), brag(ging), big words

groot'sprakig *bn* vainglorious, boastful

'**grootspreken** *onoverg* boast, brag, talk big

'**grootspreker** *m* (-s) boaster, braggart

'**grootstad** *v* (-steden) <u>ZN</u> city, metropolis

groot'steeds *bn:* ~*e manieren* city manners

'**grootte** *v* (-n en -s) **1** (in 't alg.) bigness, largeness, greatness, size, extent; **2** magnitude [of stars, an offer]; *in deze* ~ of this size; *op ware* ~ full-size(d); *ter* ~ *van* the size of; *van dezelfde* ~ *zijn* be of a size; *van de eerste* ~ of the first magnitude[2]

'**grootvader** *m* (-s) grandfather

'**grootverbruik** *o* large-scale consumption, bulk consumption

'**grootvizier** *m* (-en en -s) grand vizier

'**grootvorst** *m* (-en) grand duke

'**grootvorstin** *v* (-nen) grand duchess

groot'waardigheidsbekleder *m* (-s) high dignitary

groot'winkelbedrijf *o* (-drijven) **1** (collectief) multiple shop organization, chain; **2** (één winkel daarvan) multiple shop, chain store

'**grootzegel** *o* (-s): *het* ~ the great seal

groot'zegelbewaarder *m* (-s) keeper of the great seal; <u>Br</u> Lord Privy Seal

'**grootzeil** *o* (-en) mainsail

gros *o* (-sen) **1** gross [= 12 dozen]; **2** (merendeel) gross, mass, main body; *het* ~ *ook:* the majority

'**groslijst** *v* (-en) list of candidates

'**grosse** *v* (-n) engrossment, engrossed document

gros'seren (grosseerde, h. gegrosseerd) *overg* engross

gros'sier *m* (-s) wholesale dealer

grossier'derij *v* **1** (groothandel) wholesale trade; **2** (-en) (groothandelszaak) wholesale business

gros'sieren (grossierde, h. gegrossierd) *onoverg* **1** sell wholesale; **2** <u>fig</u> collect; *hij grossiert in commissariaten* he sits on a whole slew of boards

gros'siersprijs *m* (-prijzen) wholesale price, trade price

grot *v* (-ten) grotto, cave

'**grote** (-n) **1** *m* grown-up person, adult; *de ~n der aarde* the great ones [of the earth]; **2** *v* ⟨grote boodschap⟩ gemeenz number two; **3** *o: wie het kleine niet eert is het ~ niet weerd* take care of the pence and the pounds will take care of themselves

'**grotelijks** *bijw* greatly, in a large measure

'**grotendeels** *bijw* for the greater part, for the most part; largely [depend on]

gro'**tesk** *bn* grotesque

gro'**teske** *v* (-n) grotesque

'**grotonderzoek** *o* (-en) speleology

'**grotschildering** *v* (-en) cave painting

'**grovelijk** *bijw* grossly, coarsely

gruis *o* **1** coal-dust; **2** grit [of stone]

grut *o: het kleine ~* the small fry

'**grutten** *mv* groats, grits

'**grutter** *m* (-s) grocer

'**gruttersware** *mv* groceries

'**grutto** *m* ('s) godwit

'**gruwel** *m* (-en) **1** ⟨afkeer⟩ abomination; **2** ⟨daad⟩ atrocity, horror; *...is mij een ~* I detest (loath, abhor)..., *...is my pet aversion (abomination)

'**gruweldaad** *v* (-daden) atrocity

'**gruwelijk I** *bn* abominable, horrible, atrocious; **II** *bijw* abominably, horribly, atrociously, versterkend awfully; *zich ~ vervelen* be bored to death

'**gruwelkamer** *v* (-s) chamber of horrors

'**gruwelverhaal** *o* (-halen) horror story

'**gruwen** (gruwde, h. gegruwd) *onoverg* shudder; *~ bij de gedachte* shudder at the thought; *~ van* abhor

'**gruwzaam** *bn* horrible, gruesome

gruzele'menten *mv: aan ~* to shivers

'**guano** *m* guano

Guate'mala *o* Guatemala

Guatema'laan (-lanen), **Guatemal'teek** *m* (-teken) Guatemalan

Guatema'laans, Guatemal'teeks *bn* Guatemalan

guer'rilla *m* ('s), **guer'rillaoorlog** *m* (-logen) guer(r)illa (warfare)

guer'rillastrijder *m* (-s) guer(r)illa

'**guichelheil** *o* (scarlet) pimpernel

guillo'tine *v* (-s) guillotine

Gui'nee *o* Guinea; *Golf van ~* Gulf of Guinea

Gui'nee-Bis'sau *o* Guinea-Bissau

Gui'neeër *m* (-s) Guinean

Gui'nees *bn* Guinean; *~ biggetje* guinea-pig

guir'lande *v* (-s) garland, festoon, wreath, [paper] chain

guit *m* (-en) rogue²

'**guitenstreek** *m & v* (-streken) roguish trick

'**guitig** *bn* roguish, arch

'**guitigheid** *v* (-heden) roguishness, archness

gul I *bn* **1** ⟨vrijgevig⟩ generous, open-handed, liberal; **2** ⟨openhartig⟩ frank, open, open-hearted, genial; **II** *bijw* **1** generously, liberally; **2** frankly, genially

1 '**gulden** *bn* ⟨gouden⟩ golden; *de ~ middenweg* the happy (golden) mean (medium)

2 '**gulden** *m* (-s) ⟨munt⟩ guilder

gul'hartig *bn bijw* = *gul I 2*

gul'heid *v* (-heden) **1** ⟨vrijgevigheid⟩ generosity, open-handedness, liberality, bounty; **2** ⟨openhartigheid⟩ frankness, openness, open-heartedness, geniality

gulp *v* (-en) **1** gulp [of blood]; **2** ⟨in broek⟩ fly

'**gulpen** (gulpte, h. gegulpt) *onoverg* gush, spout

'**gulzig** *bn* gluttonous, greedy, edacious

'**gulzigaard** *m* (-s) glutton

'**gulzigheid** *v* (-heden) gluttony, greediness, greed

gum *m & o = gom*

'**gummen** (gumde, h. gegumd) *overg* rub out

'**gummetje** *o* (-s) rubber

'**gummi** *o & m* (india-)rubber

'**gummihak** *v* (-ken) rubber heel

'**gummihandschoen** *m & v* (-en) rubber glove

'**gummiknuppel** *m* (-s), **gummistok** *m* (-ken) truncheon, baton

'**gummiwaren** *mv* rubber articles (goods)

'**gunnen** (gunde, h. gegund) *overg* **1** ⟨toewijzen⟩ grant; **2** ⟨niet benijden⟩ not grudge, not envy; *het is je gegund* you are welcome to it

'**gunning** *v* (-en) allotment

gunst I *v* (-en) **1** ⟨in 't alg.⟩ favour; **2** handel favour, patronage, custom, goodwill; *een ~ bewijzen* do a favour, oblige; *in de ~ komen bij* get into favour with, gemeenz get on the right side of; *weer bij iem. in de ~ komen* get into sbd.'s good books again; *in de ~ trachten te komen bij* ingratiate oneself with; *in de ~ staan bij iem.* be in favour with sbd., be in sbd.'s good books; *ten ~e van...* **1** in favour of...; **2** in behalf of...; *uit de ~ geraken* fall out of favour (bij with); *uit de ~ zijn* be in disfavour; **II** *tsw: ~!* goodness gracious!

'**gunstbejag** *o* favour-hunting

'**gunstbetoon** *o* marks of favour

'**gunstbewijs** *o* (-wijzen) mark of favour, favour

'**gunsteling** *m* (-en), '**gunstelinge** *v* (-n) favourite

'**gunstig I** *bn* favourable, propitious, auspicious; *het geluk was ons ~* fortune (fate) favoured us; *op het ~ste moment* at the flood; zie ook: *geval*; **II** *bijw* favourably; *~ bekend* enjoying a good reputation

'**gunstkoop** *m* (-kopen), '**gunstkoopje** *o* (-s) ZN bargain

'**gunstprijs** *m* (-prijzen) ZN nominal price, ridiculously low price

'**guppy** *m* ('s) guppy

gut *tsw: ~! = gunst II*

guts *v* (-en) techn gouge

1 '**gutsen** (gutste, h. gegutst) *overg* techn gouge

2 '**gutsen** (gutste, h. gegutst) *onoverg* **1** ⟨stromen⟩ gush, spout [of blood]; **2** stream, run [of sweat]

guur *bn* bleak, raw, inclement, damp and chilly

'**guurheid** *v* bleakness, inclemency, intemperance [of climate]

Guy'aan *m* (-anen) Guyanese [*mv* Guyanese]

Guy'aans *bn* Guyanese

Guy'ana *o* Guyana

g.v.d. *tsw = godverdomme*

gym gemeenz **I** *v* ⟨gymnastiek⟩ gym; **II** *o = gymnasium*

'gymbroek *v* (-en) gym slip

'gymmen (gymde, h. gegymd) *onoverg* have gym, have physical education (P.E.); (vooral Br) have physical training (P.T.)

gymnasi'aal *bn* grammar-school...

gymnasi'ast *m* (-en) pupil of a grammarschool

gym'nasium *o* (-s en -sia) Br ± grammar school; Am ± high school

gym'nast *m* (-en) gymnast

gymnas'tiek *v* gym, gymnastics, physical education, P.E., (vooral Br) physical training, PT; *ritmische ~* callisthenics

gymnas'tiekleraar *m* (-s en -raren) gym teacher; Br games master

gymnas'tieklerares *m* (-sen) gym teacher; Br games mistress

gymnas'tiekles *v* (-sen) gym, gymnastics, gym class, P.E., Br P.T.

gymnas'tieklokaal *o* (-kalen) gym, gymnasium

gymnas'tiekschoen *m* (-en) gym shoe; Br pump; Am sneaker

gymnas'tiekwerktuigen *mv* gymnastic equipment

gymnas'tiekzaal *v* (-zalen) gym, gymnasium

gym'nastisch *bn* gymnastic

'gympjes *mv*, **'gymschoenen** *mv*, **'gympen** *mv* gym shoes; Br pumps; Am sneakers

gynaecolo'gie *v* gynaecology

gynaeco'loog *m* (-logen) gynaecologist

H

h *v* ('s) h

H. *afk. = heilige*

ha *tsw*: *~!* ha!, oh!, ah!; *~ die Jan!* hullo John!

haag *v* (hagen) **1** ⟨heg⟩ hedge, hedgerow; **2** lane [of people, of soldiers]

Haag: *Den ~ o* The Hague

'haagappel *m* (-en en -s) haw, hawthorn berry

'haagbeuk *m* (-en) hornbeam

'haagdoorn, 'haagdoren *m* (-s) = hagendoorn

Haags *bn* (of The) Hague

haai *m* (-en) **1** ⟨vis⟩ shark; **2** ⟨persoon⟩ shark, vulture, kite; *naar de ~en gaan* scheepv go to Davy Jones's locker; *fig* go down the drain; *hij is voor de ~en* he is going to the dogs

'haaibaai *v* (-en) shrew, virago, scold

'haaienvinnensoep *v* shark-fin soup

haak *m* (haken) **1** ⟨in 't alg.⟩ hook; **2** cradle [of desk telephone]; **3** picklock [for opening locks &]; **4** ⟨winkel~⟩ techn square; **5** ⟨kleerhanger⟩ peg; *haken en ogen* hooks and eyes; *fig* difficulties, squabbles, bickerings; *aan de ~ slaan* hook[2]; *schoon aan de ~* dressed (net) weight; *(niet) in de ~* (not) right; *de hoorn weer op de ~ leggen* telec put down the receiver, ring off, hang up; *de hoorn van de ~ nemen* telec lift the receiver

'haakbus *v* (-sen) (h)arquebus

'haakgaren *o* (-s) crochet cotton

'haakje *o* (-s) ⟨in de drukkerij⟩ bracket, parenthesis: ( ) ; *tussen (twee) ~ s* between brackets; *fig* in parentheses; *tussen twee ~s, heb je ook...?* by the way, have you...?

'haaknaald *v* (-en), **'haakpen** *v* (-nen) crochethook

haaks *bn* square; *niet ~* out of square

'haakvormig *bn* hook-shaped, hooked

'haakwerk *o* (-en) crochet-work, crocheting

haal *m* (halen) stroke [in writing]; *aan de ~ gaan* take to one's heels, run away

'haalbaar *bn* practicable, realizable, feasible

haam *o* (hamen) collar [of a horse]

haan *m* (hanen) cock; *daar zal geen ~ naar kraaien* nobody will be the wiser; *zijn ~ kraait daar koning* he is (the) cock of the walk, he has it all his own way; *de rode ~ laten kraaien* set the house & ablaze; *de ~ overhalen* cock a gun; *de gebraden ~ uithangen* do the grand

'haantje *o* (-s) **1** ⟨kleine haan⟩ young cock, cockerel **2** ⟨macho⟩ macho, tough guy; *een half ~* half a chicken; *hij is ~ de voorste* he is the cock of the walk

1 haar 1 *bez vnw* her; **2** *pers vnw* her; *het is van ~* it is hers

2 haar *o of v* (haren) hair [of the head &]; *hij is geen ~ beter* he is not a bit (whit) better; *geen ~ op mijn hoofd die er aan denkt* I don't even dream of doing such a thing; *~ op de tanden hebben* be a tough customer, have a sharp tongue; *het scheelde maar een ~, geen ~* it was a near thing (a near miss), it was touch and go; *iem. geen ~ krenken* not touch (harm) a hair of sbd.'s head; *ergens grijze haren van krijgen* worry about sth., lose sleep over sth.; *zijn haren rezen hem te berge* his hair stood on end; *zijn wilde haren verliezen* sow one's wild oats; *elkaar in het ~ vliegen* go for one another, come to blows; *elkaar altijd in het ~ zitten* quarrel constantly, always be at loggerheads; *iets met de haren erbij slepen* drag it in; *dat is er met de haren bijgesleept* that's far-fetched; *op een ~ na* by (to) a hair, by a hair's breadth; *alles op haren en snaren zetten* leave no stone unturned; *tegen het ~ instrijken* stroke against the hair, rub [sbd.] the wrong way; zie ook: *hand, huid, vos*

'haarband *m* (-en) hair ribbon, fillet, head-band

'haarborstel *m* (-s) hairbrush

'haarbos *m* (-sen) **1** ⟨pluk haar⟩ tuft of hair; **2** ⟨haardos⟩ shock of hair

'haarbreed *o* hair's-breadth, hairbreadth

'haarbuisje *o* (-s) capillary vessel (tube)

haard *m* (-en) **1** ⟨open⟩ hearth, fireside, fireplace; **2** ⟨kachel⟩ stove; **3** *fig* focus [*mv* foci], seat [of the fire], centre [of infection, resistance]; *eigen ~ is goud waard* there is no place like home, home is home be it (n)ever so homely; *aan de huiselijke ~, bij de ~* by (at) the fireside

'haardijzer *o* (-s) **1** fender [to keep coals from rolling into room]; **2** firedog [for supporting burning wood]

'haardkleedje *o* (-s) hearth-rug

'haardos *m* (head of) hair

'haardplaat *v* (-platen) hearth-plate

'haardracht *v* (-en) coiffure, hairdo

'haardroger *m* (-s) hair drier

'haardscherm *o* (-en) fire-screen, fender

'haardstede *v* (-n) hearth, fireside

'haardstel *o* (-len) (set of) fire-irons

'haardvuur *o* fire on the hearth

'haarfijn **I** *bn* **1** ⟨zeer fijn⟩ as fine as a hair; **2** *fig* minute [account], subtle [distinction]; **II** *bijw* minutely, [tell] in detail

'haargroei *m* hair growth, growth of the hair

'haargroeimiddel *o* (-en) hair-grower, hair-restorer, pilatory

'haarkam *m* (-men) hair-comb

'haarkloven (haarkloofde, h. gehaarkloofd) *onoverg* split hairs

'haarklover *m* (-s) hair-splitter, casuist

haarklove'rij *v* (-en) hair-splitting

'haarknippen *o* hair-cutting

'haarlak *m* hair spray

'Haarlemmer *bn* Haarlem; *~ olie* Dutch drops

'haarlijntje *o* (-s) fine line, hairline

'haarlint *o* (-en) hair-ribbon

'haarlok *v* (-ken) lock of hair

'haarloos *bn* hairless, without hair

'haarnetje *o* (-s) hairnet

'haarpijn *v* gemeenz a head, a hang-over

'haarscherp *bn* very clear

'haarscheurtje *o* (-s) hairline crack

'haarspeld *v* (-en) hairpin, hair-slide, bobby-pin

'haarspeldbocht *v* (-en) hairpin bend

'haarstukje *o* (-s) hairpiece, toupee

'haaruitval *m* loss of hair; med alopecia

'haarvat *o* (-vaten) capillary vessel

'haarverf *v* (-verven) hair-dye

'haarversteviger *m* (-s) setting lotion

'haarvlecht *v* (-en) **1** ⟨in 't alg.⟩ plait, braid; **2** ⟨aan weerszijden v.h. hoofd⟩ pigtail; **3** ⟨v. rasta's⟩ dreadlock

'haarwassing *v* (-en) shampoo

'haarwater *o* (-s) hair-wash (lotion)

'haarworm *m* (-en) trichina

'haarwortel *m* (-s) root of a hair

'haarzakje *o* (-s) hair follicle

haas *m* (hazen) **1** ⟨knaagdier⟩ hare; **2** ⟨stuk vlees⟩ fillet, tenderloin, undercut [of beef]

haasje-'over *o* leap-frog

1 haast *v* haste, speed, hurry [= undue haste]; *er is ~ bij* it is urgent; *er is geen ~ bij* there is no hurry; *~ hebben* be in a hurry; *~ maken* make haste, be quick; *in ~* in a hurry; *waarom zo'n ~?* what's the hurry?

2 haast *bijw* **1** = *bijna*; **2** *kom je ~?* are you coming soon (yet)?

'haasten (haastte, h. gehaast) **I** *overg* hurry; **II** *wederk: zich ~ hasten*, make haste; *haast je langzaam!* make haste slowly!; *haast je (wat)!* hurry up!; *haast je rep je...* in a hurry; zie ook: *haast-je-rep-je, gehaast*

'haastig **I** *bn* hasty, hurried; *~e spoed is zelden goed* more haste, less speed; **II** *bijw* hastily, in haste, in a hurry, hurriedly

haast-je-'rep-je *bijw* post-haste, Am slang lickety-split

'haastklus *m* (-sen) hurry-up job

'haastwerk *o* (-en) rush job, rush order

haat *m* hatred (tegen of), plechtig hate

haat'dragend *bn* resentful, rancorous

haat'dragendheid *v* resentfulness, rancour

haat-'liefdeverhouding *v* (-en) love-hate relationship

'habbekrats *m* gemeenz: *voor een ~* for a mere song (trifle)

ha'bijt *o* (-en) habit

habitu'é *m* (-s) regular customer (visitor), patron

'habitus *m* habit

ha'chee *m & o* (-s) hash [of warmed-up meat]

'hachelen (hachelde, h. gehacheld) *overg*: *je kunt me*

945

de bout ~ gemeenz go climb a tree

'**hachelijk** *bn* precarious, critical, dangerous, perilous

'**hachje** *o* (-s): *bang voor zijn* ~ anxious to save one's skin; *zijn* ~ *er bij inschieten* not be able to save one's skin

had (hadden) V.T. v. *hebben*

Hadri'anus *m* Hadrian

haf *o* (-fen) lagoon

haft *o* (-en) mayfly, ephemeron

hage'dis *v* (-sen) lizard

hagel *m* (-s) 1 ⟨neerslag⟩ hail; 2 ⟨munitie⟩ (small) shot

'**hagelbui** *v* (-en) shower of hail, hailstorm; *een* ~ *van stenen* a shower of stones

'**hagelen** (hagelde, h. gehageld) *onoverg* hail; *het hagelde kogels* volleys of shot pattered down

'**hagelkorrel** *m* (-s) 1 ⟨neerslag⟩ hailstone; 2 ⟨munitie⟩ grain of shot

'**hagelschade** *v* damage (caused) by hail

'**hagelslag** *m* ⟨broodbeleg⟩ chocolate sprinkles

'**hagelsteen** *m* (-stenen) hailstone

'**hagelwit** *bn* white as snow

'**hagendoorn**, '**hagendoren** *m* (-s) hawthorn

'**hagenprediker** *m* (-s) hist hedge-priest

'**hagenpreek** *v* (-preken) hist hedge-sermon

'**haiku** *m* ('s) haiku

Ha'ïti *o* Haiti

Haïti'aan *m* (-tianen) Haitian, Haytian

Haïti'aans *bn* Haitian, Haytian

1 **hak** *v* (-ken) 1 ⟨gereedschap⟩ hoe, mattock, pickaxe; 2 ⟨v. schoen⟩ heel; *schoenen met hoge (lage, platte)* ~*ken* high-heeled (low-heeled, flat-heeled) shoes; *met de* ~*ken over de sloot* [escape] by the skin of one's teeth, only just [managed to...]; *op de* ~*nemen* make fun of

2 **hak** *m* (-ken) cut [of wood]; *iem. een* ~ *zetten* play sbd. a nasty trick; *van de* ~ *op de tak springen* jump (skip) from one subject to another, ramble

'**hakbijl** *v* (-en) 1 ⟨in 't alg.⟩ hatchet; 2 ⟨v. slager⟩ chopper, cleaver

'**hakbord** *o* (-en) chopping-board

'**haken** (haakte, h. gehaakt) **I** *overg* 1 ⟨vasthaken⟩ hook, hitch [to..., on to...]; 2 ⟨handwerken⟩ crochet; 3 ⟨ten val brengen⟩ trip (sbd.) up; **II** *abs ww* ⟨handwerken⟩ do crochetwork; *in een struik blijven* ~ be caught in a bush; **III** *onoverg*: *zij bleef met haar jurk aan (achter) een spijker* ~ she caught her dress on a nail; ~ *naar* hanker after, long for, yearn for (after)

'**hakenkruis** *o* (-en en -kruizen) swastika

'**hakhout** *o* copse, coppice

'**hakkebord** *o* (-en) muz dulcimer

'**hakkelen** (hakkelde, h. gehakkeld) *onoverg* stammer, stutter

'**hakken** (hakte, h. gehakt) *overg & onoverg* cut, chop, hack, hew, hash, mince [to pieces]; *op iem. zitten* ~ peck, nag at sbd.; *waar gehakt wordt vallen spaanders* ± you can't make an omelette without breaking eggs; zie ook: *inhakken, pan &*

'**hakketakken** (hakketakte, h. gehakketakt),

hakke'teren (hakketeerde, h. gehakketeerd) *onoverg* bicker, squabble, wrangle

'**hakmes** *o* (-sen) chopping-knife, cleaver

'**haksel** *o* (-s), '**hakstro** *o* chopped straw, chaff

hal *v* (-len) hall; (covered) market

'**halen** (haalde, h. gehaald) **I** *overg* 1 ⟨in 't alg.⟩ fetch, get; 2 ⟨naar zich toe halen⟩ draw, pull; 3 run [the comb through one's hair, one's pen through the name]; *laten* ~ send for; *een akte* ~ obtain (secure) a certificate (a diploma); *hij zal de dag niet meer* ~ he won't last out the night; *een dokter* ~ go for (call in) a doctor; *er bij* ~ drag in [sbd.'s name]; *hij zal het wel* ~ he's sure to pull through; *de doker kan hem er niet door* ~ the doctor can't pull him through; *het wetsvoorstel erdoor* ~ carry the bill; *hij haalde het nog net* he just made it; *de post* ~ **1** fetch the mail; **2** be in time for the post; *het zal nog geen 10 dollar* ~ it will not even fetch 10 dollars; *de honderd* ~ live to be a hundred; *de trein* ~ catch the train; *iem. van de trein* ~ meet sbd. at the station; *daar is niets te* ~ nothing to be got there; *worden jullie (straks) gehaald?* is anybody coming for you?; *een huis tegen de grond* ~ pull down a house; *zijn portomonnee tevoorschijn* ~ pull out one's purse; *dat haalt niets uit* that's no good; *waar haalt hij het vandaan?* where does he get it?; zie ook: *hals*; **II** *abs ww* **1** scheepv pull; **2** draw (raise) the curtain; *dat haalt niet bij...* gemeenz that is not a patch (up-) on..., that cannot touch...

half I *bn* half; *halve cirkel* semicircle; ~ *één* half past twelve; ~ *Engeland* half (one half of) England; ~ *geld* half the money, half price; *een halve gulden* ⟨waarde⟩ half a guilder; *een* ~ *jaar* half a year, six months; ~ *maart* mid-March; *tot* ~ *maart* until the middle of March; *een halve toon* muz a semitone; *een* ~ *uur* half an hour; *de halve wereld* half the world; zie ook: *verstaander*; *het slaat* ~ the half-hour is striking; **II** *o* half; *twee en een* ~ two and a half; *twee halven* two halves; *ten halve iets doen* do a thing by halves; *beter ten halve gekeerd dan ten hele gedwaald* he who stops halfway is only half in error; **III** *bijw* half; ~ *te geef* half for nothing; *dat is mij maar* ~ *naar de zin* not altogether to my liking; *iets maar* ~ *verstaan* understand only half of it; *hij is niet* ~ *zo...* he is not half so...

'**halfaap** *m* (-apen) half-ape

half'bakken *bn* half-baked[2]

'**halfbloed I** *bn* half-bred; **II** *m-v* (-en en -s) half-breed, half-caste, half-blood

'**halfbroer** *m* (-s) half-brother

'**halfdek** *o* quarter-deck

'**halfdonker** *o* semi-darkness

half'dood *bn* half-dead

'**halfedelsteen** *m* (-stenen) semi-precious stone

1 '**half-en-half** *bijw*: ~ *beloven* half promise; *ik denk*

er ~ *over om...* I have half a mind to...
2 half-en-'half *o* & *m* = *half-om-half*
'halffabrikaat *o* (-katen) semi-manufactured article
half'gaar *bn* **1** eig half-done, half-baked; **2** fig half-baked, gemeenz dotty
'halfgeleider *m* (-s) semi-conductor
'halfgod *m* (-goden) demigod
half'hartig *bn* half-hearted
'halfheid *v* half-heartedness, irresolution
'halfjaarlijks, half'jaarlijks I *bn* half-yearly; **II** *bijw* every six months
'halfje *o* (-s) gemeenz **1** ⟨half glaasje⟩ half a glass; **2** ⟨oude munt⟩ [Dutch] half-cent
'halfklinker *m* (-s) semivowel
'halfleer *o* half calf; *halfleren band* half binding
'halflinnen *o* half cloth
'halfluid *bn* in an undertone, under one's breath
'halfmaandelijks, half'maandelijks I *bn* fortnightly; **II** *bijw* every fortnight
half'om: *broodje* ~ liver and salted beef sandwich (roll)
half-om-'half *o* & *m* ⟨gehakt⟩ mixed beef and pork mince; Am mixed beef and pork hamburger
'halfpension *o* half board
'halfrond *o* (-en) hemisphere
'halfschaduw *o* (-en) penumbra
half'slachtig *bn* **1** biol amphibious; **2** fig half-hearted
'halfsleets *bn* halfworn
'halfspeler *m* (-s) half-back
half'stok *bijw* at half-mast, half-mast high
half'vasten *m* mid-Lent
'halfvol *bn*: ~*e melk* semi-skimmed milk
half'was *m-v* (-sen) apprentice
'halfweg, half'weg *bijw* halfway
half'wijs *bn* half-witted
half'zacht *bn* **1** medium-boiled [egg]; **2** fig half-baked, dotty
'halfzuster *v* (-s) half-sister
half'zwaargewicht *m* (-en) light-heavyweight
halle'luja *o* ('s) hallelujah
hal'lo *tsw* hello, hallo, hullo
halluci'natie *v* (-s) hallucination
halluci'neren (hallucineerde, h. gehallucineerd) *onoverg* hallucinate
hallucino'geen I *o* (-genen) hallucinogen; **II** *bn* hallucinogenic
halm *m* (-en) stalk, blade
'halo *m* ('s) halo
halo'geenlamp *v* (-en) halogen lamp
hals *m* (halzen) **1** neck [of body, bottle, garment &]; **2** tack [of a sail]; **3** ⟨sukkel⟩ simpleton; *zijn (de)* ~ *breken* break one's neck; *dat zal hem de* ~ *breken* that will be his undoing; *iem. om* ~ *brengen* make away with sbd.; *iem. om de* ~ *vallen* fling one's arms round sbd.'s neck, fall upon sbd.'s neck; *zich iets op de* ~ *halen* bring sth. on oneself, incur [pun-

ishment &]; catch [a disease, a cold &]; ~ *over kop* head over heels, [rush] headlong [into...], [run] helterskelter; in a hurry
'halsader *v* (-en en -s) jugular (vein)
'halsband *m* (-en) collar
halsboord *o* & *m* (-en) neckband [of a shirt]
'halsbrekend *bn* breakneck
'halsdoek *m* (-en) neckerchief, scarf
'halsketting *m* & *v* (-en) neck-chain, necklace
'halslengte *v* (-n en -s) [win by a] neck
'halsmisdaad *v* (-daden) capital crime
'halsoverkop *bn* zie: hals
'halsreikend *bijw*: ~ *uitzien naar* eagerly look forward to; ~ *uitzien naar de zomer* long for the summer
'halsslagader *v* (-en en -s) carotid (artery)
'halssnoer *o* (-en) necklace
hals'starrig I *bn* headstrong, stubborn, obstinate; **II** *bijw* stubbornly, obstinately
hals'starrigheid *v* stubbornness, obstinacy
'halster *m* (-s) halter
'halswervel *m* (-s) cervical vertebra
'halszaak *v* (-zaken): *laten we er geen* ~ *van maken* let's not make a song and dance about it
halt I *v* halt; ~ *houden* make a halt, halt, make a stand, stop; ~ *laten houden* mil halt [soldiers]; call a halt [on the march]; **II** *o*: *een* ~ *toeroepen aan* fig put a stop to, check; **III** *tsw*: ~! halt!, stop!
'halte *v* (-s) **1** wayside station [of railway]; **2** stopping-place, stop [of tramway or bus]
'halter *m* (-s) **1** ⟨kort⟩ dumb-bell; **2** ⟨lang⟩ bar-bell
halva'rine *v* medium-fat margarine
'halve *o* zie: *half*
halve'maan *v* (-manen) half-moon, crescent
halve'maantje *o* (-s) crescent roll, croissant
halvemaan'vormig *bn* semilunar, crescent-shaped
hal'veren (halveerde, h. gehalveerd) *overg* halve
'halverhoogte *bijw* halfway up
hal'vering *v* (-en) halving
hal'veringstijd *m* (-en) half-life (period)
halver'wege *bijw* halfway
ham *v* (-men) ham
'Hamburg *o* Hamburg
'hamburger *m* (-s) hamburger, beefburger
'Hamburger *m* (-s) Hamburger
'Hamburgs *bn* Hamburg
'hamel *m* (-s) wether
'hamer *m* (-s) hammer, ⟨van hout ook:⟩ mallet; *onder de* ~ *brengen* bring to the hammer; *onder de* ~ *komen* come under the hammer, be sold by auction; *tussen* ~ *en aambeeld* between the devil and the deep sea
'hameren (hamerde, h. gehamerd) *onoverg* & *overg* hammer; *op iets blijven* ~ fig keep harping on a matter
'hamerhaai *m* (-en) hammer-head shark
'hamerslag I *m* (-slagen) blow (stroke) of a hammer, hammer stroke, hammer blow[2]; **II** *o* hammer-

scale, scale

'hamerstuk o (-ken) ⟨makkelijk te nemen besluit⟩ formality

'hamlap m (-pen) pork steak

'hamster v (-s) hamster

'hamsteraar m (-s) (food-) hoarder

'hamsteren (hamsterde, h. gehamsterd) onoverg & overg hoard (food)

'hamvraag v (-vragen); dat is de ~ that is the crux, the crucial question

hand v (-en) hand; z'n ~en staan verkeerd he is very unhandy; de vlakke ~ the flat of the hand; iem. de ~ drukken (geven, schudden) shake hands with sbd.; iem. de ~ op iets geven shake hands on (over) it; de ~ hebben in iets have a hand in sth.; de vrije ~ hebben have carte blanche; de ~ houden aan enforce [a regulation &]; iem. de ~ boven het hoofd houden extend one's protection to sbd.; de ~en ineenslaan clasp one's hands; fig join hands; de ~en ineenslaan van verbazing throw up one's hands in wonder; iem. de vrije ~ laten leave (give, allow) sbd. a free hand; de laatste ~ leggen aan het werk put the finishing touches to the work; de ~ leggen op lay hands on; de ~ lenen tot iets lend oneself to sth., be a party to sth.; de ~ lichten met let oneself off lightly from the labour of ...ing, make light of...; zijn ~ niet omdraaien voor iets make nothing of ...ing; ~en omhoog! hands up!, hold (stick) them up!; de ~ opheffen tegen iem. lift (raise) one's hand against sbd.; de ~ ophouden 1 hold out one's hand; 2 (bedelen) beg; de ~ aan zich zelf slaan lay violent hands on oneself; de ~en uit de mouwen steken put one's shoulder to the wheel, buckle to; geen ~ uitsteken om... not lift (raise, stir) a finger to...; ~en vol geld heaps (lots) of money; de ~en vol hebben have (have got) one's hands full, have one's work cut out; de ~ vragen van een meisje ask a girl's hand in marriage; geen ~ voor ogen kunnen zien not be able to see one's hand before one; aan de ~ van deze gegevens on the basis of these data; aan de ~ van voorbeelden from examples; ~ aan ~ hand in hand; iem. iets aan de ~ doen procure (find, get) sth. for sbd.; suggest [a means] to sbd.; aan de beter(end)e ~ zijn zie: beteren; wat is er aan de ~ ? what is up?; er is iets aan de ~ there is something going on; er is niets aan de ~ there's nothing wrong, there's nothing doing; aan ~en en voeten binden bind hand and foot; iets achter de ~ hebben have sth. up one's sleeve; iets (altijd) bij de ~ hebben have sth. at hand, ready (to hand), handy; al vroeg bij de ~ up early; met de degen in de ~ sword in hand; zie ook: hoed; de situatie in de ~ hebben have the situation under control, have the situation in hand; wij hebben dat niet in de ~ these things are beyond (out of) our control; in ~ in hand in hand; in ~en komen (vallen) van... fall into the hands of...; iets in ~en krijgen get hold of sth.; in andere ~en overgaan change hands; iem. iets in ~en spelen smuggle sth. into

sbd.'s hands; hij heeft zich iets in de ~ laten stoppen he has been taken in; in ~en van de politie vallen fall into the hands of the police; iem. in de ~ werken play the game (into the hands) of sbd.; iets in de ~ werken promote sth.; in ~en zijn van be in the hands of; met de ~ gemaakt hand-made, made by hand; met de ~en in het haar zitten be at one's wit's (wits') end; met de ~en in de schoot zitten sit with folded hands; met de ~ op het hart in all conscience; hand on heart [they affirmed]; met beide ~en aangrijpen jump at [a proposal], seize [the opportunity] with both hands; met lege ~en empty-handed; (met) de ~ over het hart strijken strain a point; met ~ en tand tooth and nail; met de ~ geschilderd painted by hand; met losse ~en [fietsen] with no hands; iem. naar zijn ~ zetten manage sbd. (at will); niets om ~en hebben have nothing to do; onder de ~ meanwhile; iets onder ~en hebben have a work in hand, be at work on sth.; iem. onder ~en nemen take sbd. in hand, take sbd. to task; iets onder ~en nemen (opknappen) take in hand, undertake; clean, overhaul; iem. op ~en dragen adore sbd., make much of sbd.; het publiek op zijn ~ hebben have the audience with one; op iems. ~ zijn be on sbd.'s side, side with sbd.; op ~en zijn be near at hand, be drawing near; op ~en en voeten on all fours; ~ over ~ hand over hand; ~ over ~ toenemen spread, be rampant; een voorwerp ter ~ nemen take it in one's hands, take it up; een werk ter ~ nemen undertake, take (put) it in hand; iem. iets ter ~ stellen hand sth. to sbd.; uit de eerste (tweede) ~ (at) first (second) hand; uit de eerste ~ gemeenz straight from the horse's mouth; uit de vrije ~ by hand; iets uit ~en geven trust sth. out of one's hands; (iem.) uit de ~ lopen get out of hand; uit de ~ verkopen sell by private contract; van hoger ~ [a revelation] from on high; [an order] from high quarters, from the government; [hear] on high authority; iets van de ~ doen dispose of, part with, sell sth.; goed van de ~ gaan sell well; van de ~ wijzen refuse [a request], decline [an offer], reject [a proposal]; van ~ tot ~ from hand to hand; van de ~ in de tand from hand to mouth; voor de ~ liggen be obvious; het zijn twee ~en op één buik they are hand in (and) glove; als de ene ~ de andere wast, worden ze beide schoon one hand washes another; veel ~en maken licht het werk many hands make light work

'handappel m (-en en -s) eating apple, eater

'handarbeider m (-s) manual worker

'handbagage v hand-luggage

'handbal o & m (-len) handball

'handbereik o: binnen ~ within reach

'handbibliotheek v (-theken) reference library

'handboeien mv handcuffs, manacles

'handboek o (-en) manual, handbook, textbook

'handboog m (-bogen) crossbow

'handboor v (-boren) 1 ⟨klein⟩ gimlet; 2 ⟨groot⟩ auger

'handbreed o, **'handbreedte** v (-n en -s) hand's

breadth; *geen ~ wijken* not budge an inch

handdienst *m* (-en) zie *hand- en spandiensten*

handdoek *m* (-en) towel; *~ op rol* roller-towel

handdoekenrek *o* (-ken), **'handdoekenrekje** *o* (-s) **1** ⟨los⟩ towel-horse; **2** ⟨vast⟩ towel-rail

handdruk *m* (-ken) hand pressure, handshake; *een ~ wisselen* shake hands

1 'handel *m* **1** trade, commerce; *geringsch* traffic[2]; **2** (-s) ⟨zaak⟩ business; *~ en wandel* conduct, life; *~ drijven* do business, trade (*met* with); *in de ~ brengen* put on the market; *in de ~ gaan (zijn)* go into (be in) business; *niet in de ~* **1** [goods] not supplied to the trade; **2** privately printed [pamphlets]

2 'handel *o & m* (-s) techn handle

handelaar *m* (-s en -laren) merchant, dealer, trader; geringsch [drug] trafficker

handelbaar *bn* tractable, manageable, docile

handeldrijvend *bn* trading

handelen (handelde, h. gehandeld) *onoverg* **1** ⟨doen⟩ act; **2** ⟨handel drijven⟩ trade, deal; *~ in hout* deal (trade) in timber; *~ naar (een beginsel)* act on (a principle); *op de Levant ~* trade to the Levant; *over een onderwerp ~* treat of (deal with) a subject

handeling *v* (-en) **1** (in 't alg.) action, act; **2** action [of a play]; *H~en der Apostelen* Acts of the Apostles; *de ~en van dit genootschap* the Proceedings (Transactions) of this Society; *Handelingen van het Engelse Parlement* Hansard

handelingsbe'kwaam *bn* competent, capable to contract

handelmaatschappij *v* (-en) trading-company

'handelsadresboek *o* (-en) business directory

'handelsagent *m* (-en) commercial agent

'handelsakkoord *o* (-en) trade agreement

'handelsartikel *o* (-en en -s) article of commerce, commodity

handelsattaché *m* (-s) commercial attaché

'handelsbalans *v* (-en) balance of trade, trade balance; *tekort op de ~* trade gap

'handelsbank *v* (-en) merchant bank

'handelsbelang *o* (-en) commercial interest

'handelsberichten *mv* commercial news

'handelsbetrekkingen *mv* commercial relations

'handelsbrief *m* (-brieven) business letter

'handelscorrespondent *m* (-en) correspondence clerk

'handelscorrespondentie *v* (-s) commercial correspondence

'handelsembargo *o* trade embargo

'handelsgebruik *o* (-en) commercial custom, business practice, trade usage

'handelsgeest *m* commercial spirit

'handelshogeschool *v* (-scholen) school of economics, school of commerce

'handelshuis (-huizen) *o* business house, firm

'handelsingenieur *m* (-s) ZN Master of Commerce

'handelskennis *v* commercial practice

'handelskrediet *o* (-en) trade credit

'handelsmaatschappij *v* (-en) = *handelmaatschappij*

'handelsman *m* (-lieden en -lui) business man

'handelsmerk *o* (-en) trade mark

'handelsnaam *m* (-namen) trade name

'handelsnederzetting *v* (-en) trading post, trading station

'handelsonderneming *v* (-en) commercial enterprise (undertaking), business concern

'handelsovereenkomst *v* (-en) commercial agreement, trade agreement

'handelspolitiek *v* commercial policy

'handelsrecht *o* commercial law, law merchant

'handelsregister *o* (-s) commercial register

'handelsreiziger *m* (-s) salesman, commercial traveller

'handelsrekenen *o* commercial arithmetic

'handelsschool *v* (-scholen) commercial school

'handelsstad *v* (-steden) commercial town

'handelstarief *o* (-rieven) commercial tariff

'handelsterm *m* (-en) business term

'handelsverdrag *o* (-dragen) treaty of commerce, commercial treaty, trade treaty

'handelsverkeer *o* **1** (in 't alg.) trade, business dealings; **2** (in het groot) commerce

'handelsvloot *v* (-vloten) merchant fleet

'handelsvriend *m* (-en) business friend, correspondent

'handelsvrijheid *v* freedom of trade

'handelswaar *v* (-waren) commercial articles (goods), merchandise

'handelswaarde *v* market (commercial) value

'handelsweg *m* (-wegen) trade route

'handelswereld *v* commercial world

'handelswet *v* (-ten) commercial law

'handelswetboek *o* (-en) mercantile code

'handelszaak *v* (-zaken) business concern, business

'handeltje *o* (-s) **1** ⟨het handelen⟩ deal, job; **2** ⟨handelswaar⟩ lot

'handelwijze *v* (-wijzen) proceeding, method, way of acting

'handenarbeid *m* **1** (v. arbeider) manual labour; **2** onderwijs manual training, hand(i)craft

'handenbinder *m* (-s): *een baby is een ~* a baby ties you down

hand- en 'spandiensten *mv* hist statute-labour; *~ verlenen aan (verrichten voor) de vijand* aid and abet the enemy

'handexemplaar *o* (-plaren) author's copy

'handgebaar *o* (-baren) gesture, motion of the hand

'handgeklap *o* hand-clapping, applause

'handgeld *o* earnest-money, handsel

'handgemeen I *bn*: *~ worden* come to blows, engage in a hand-to-hand fight, come to handgrips; **II** *o* mêlée, hand-to-hand fight, affray

'handgranaat *v* (-naten) (hand-)grenade

'handgreep *m* (-grepen) **1** ⟨greep⟩ grasp, grip;

2 ⟨handvat⟩ handle; **3** ⟨handigheid⟩ knack; **4** ⟨truc⟩ trick

'**handhaven** (handhaafde, h. gehandhaafd) **I** *overg* maintain, vindicate [one's rights]; **II** *wederk: zich ~* hold one's own, keep one's ground

'**handhaving** *v* maintenance

'**handicap** *m* (-s) handicap[2]

'**handicappen** (handicapte, h. gehandicapt) *overg* handicap[2]

'**handig I** *bn* **1** ⟨behendig⟩ handy, clever, skilful, adroit, deft, practical; **2** ⟨slim⟩ slick; **II** *bijw* cleverly, skilfully, adroitly &

'**handigheid** *v* (-heden) handiness, skill, adroitness; *~je* trick

'**handje** *o* (-s) (little) hand; *ergens een ~ van hebben* have a little way of ...ing; *een ~ helpen* lend a (helping) hand

'**handjeklap** *o: ~ spelen met* ⟨samenspannen⟩ be in league with

'**handjevol** *o* handful, fistful

'**handkar** *v* (-ren) barrow, hand-cart, push-cart

'**handkoffer** *m* (-s) (suit-)case

'**handkracht** *v: door ~ aangedreven* hand-operated

'**handkus** *m* (-sen) kiss on the hand

'**handlanger** *m* (-s) helper, geringsch accomplice

'**handleiding** *v* (-en) manual, guide

'**handlezen** *ww* & *o* palmistry

'**handlezer** *m* (-s) palmist

'**handlichting** *v* (-en) emancipation

'**handomdraai** *m: in een ~* in a twinkling, off-hand

'**handoplegging** *v* imposition (laying on) of hands

'**handopsteken** *o: bij (door) ~* by (a) show of hands

'**handpalm** *m* (-en) palm of the hand

'**handreiking** *v* (-en) a helping hand, assistance

'**handrem** *v* (-men) handbrake

hands *o* hands; *aangeschoten ~* unintentional hands; *~ maken* handle the ball

'**handschoen** *m* & *v* (-en) **1** ⟨in 't alg.⟩ glove; **2** [hist; ook auto-, werkhandschoen] gauntlet; *de ~ opnemen* take up the gauntlet; *iem. de ~ toewerpen* throw down the gauntlet (the glove); *met de ~ trouwen* marry by proxy

'**handschoenenkastje** *o* (-s), '**handschoenenvakje** *o* (-s) glove compartment

'**handschrift** *o* (-en) **1** ⟨wijze van schrijven⟩ handwriting; **2** ⟨handgeschreven tekst⟩ manuscript

'**handslag** *m* (-slagen) slap (with the hand); *iets op (met, onder) ~ beloven* slap hands upon sth.

'**handspaak** *v* (-spaken) handspike, capstan bar

'**handspiegel** *m* (-s) hand-mirror, handglass

'**handstand** *m* handstand

'**handtas** *v* (-sen) handbag

hand'tastelijk *bn: ~ worden* become agressive, violent; paw [a girl]

hand'tastelijkheden *mv* **1** ⟨fysieke gewelddadigheden⟩ physical violence; **2** ⟨bij een vrouw⟩ pawing; *het kwam tot ~* a fight broke out, it came to blows

'**handtekenen** *o* free-hand drawing

'**handtekening** *v* (-en) signature

hand'vaardigheid *v* dexterity, manual skill

'**handvat** *o* (-vatten) handle

'**handvest** *o* (-en) charter [of the United Nations]; covenant [of the League of Nations]

'**handvol** *v* handful; *een ~ geld* gemeenz a lot of money

'**handvuurwapens** *mv* small arms

'**handwerk** *o* (-en) **1** ⟨beroep⟩ trade, (handi)craft; **2** ⟨m.b.t. product⟩ hand-made...; handiwork; **3** ⟨borduur-, haak-, breiwerk &⟩ fancy-work, needlework

'**handwerken** (handwerkte, h. gehandwerkt) *onoverg* do needlework, do fancy-work

'**handwerkje** *o* (-s) (piece of) fancy-work

'**handwerksman** *m* (-lieden en -lui) artisan

'**handwijzer** *m* (-s) signpost, finger-post

'**handwoordenboek** *o* (-en) concise dictionary, desk dictionary

'**handwortel** *m* (-s) carpus

'**handzaag** *v* (-zagen) hand-saw

'**handzaam** *bn* **1** ⟨handelbaar⟩ tractable, manageable [person]; **2** ⟨gemakkelijk te hanteren⟩ handy [saw]

'**handzetter** *m* (-s) (hand) compositor

'**hanenbalk** *m* (-en) purlin, tie-beam; *onder de ~en* in the garret

'**hanengekraai** *o* cock-crow(ing)

'**hanengevecht** *o* (-en) cock-fight(ing)

'**hanenkam** *m* (-men) **1** ⟨kam v.e. haan⟩ cock's comb; **2** ⟨zwam⟩ chanterelle; **3** ⟨kapsel⟩ Mohawk (haircut), Mohican (haircut)

'**hanenpoten** *mv* (-poten) ⟨slecht handschrift⟩ scrawl, scribble

'**hanenveer** *v* (-veren) cock's feather

hang *m: een ~ naar* a leaning (bent, tendency) to(wards); nostalgy for [the past]

han'gaar, han'gar *m* (-s) hangar

'**hangbrug** *v* (-gen) suspension bridge

'**hangbuik** *m* (-en) potbelly

'**hangen** (hing, h. gehangen) *overg* & *onoverg* hang; *ik mag ~ als...* I'll be hanged if...!; *ik zou nog liever ~* I'll be hanged first; *het was tussen ~ en wurgen* it was a tight squeeze; *het hangt als droog zand (van leugens) aan elkaar* zie: aaneenhangen; *aan iems. lippen ~* hang on sbd.'s lips; *aan een spijker ~* be hung from a nail; *aan een touw ~* hang by a rope; *hij is daar blijven ~* he has stuck there; *blijven ~ aan* be caught in [a branch &]; *hij is eraan blijven ~* he was stuck with it; *er zal weinig van blijven ~* very little of it will stick in the memory; *het hoofd laten ~* hang one's head; *de lip laten ~* hang its lip [of a child], pout; *sta daar niet te ~* don't hang about, don't stand idling (lazing) there; zie ook: draad, klok

'**hangend I** *bn* hanging; pending [question]; **II** *voorz: ~e het onderzoek* pending the inquiry

hang- en 'sluitwerk *o* locks and hinges

'hanger *m* (-s) **1** ⟨klerenhanger⟩ hanger; **2** ⟨oorsieraad⟩ ear-drop; **3** ⟨halssieraad⟩ pendant, pendent
'hangerig *bn* listless, languid
'hangijzer *o* (-s): *een heet* ~ a ticklish question, a knotty question (affair)
'hangkast *v* (-en) hanging wardrobe
'hangklok *v* (-ken) hanging clock
'hanglamp *v* (-en) hanging lamp
'hanglip *v* (-pen) hanging lip
'hangmap *v* (-pen) suspended filing folder
'hangmat *v* (-ten) hammock
'hangoor *o* (-oren) lop-ear
'hangoortafel *v* (-s) gate-legged table
'hangop *m* curds
'hangpartij *v* (-en) schaken adjourned game
'hangplant *v* (-en) hanging plant
'hangslot *o* (-sloten) padlock
'hangsnor *v* (-ren) drooping moustache(s)
'hangtiet *v* (-en) droopy tit
'hangwangen *mv* baggy cheeks
'hanig *bn* macho
'hannesen (hanneste, h. gehannest) *onoverg* ⟨beuzelen⟩ dawdle, potter
Han'nover *o* Hanover
han'sop *m* (-pen) combination night-dress
hans'worst *m* (-en) buffoon
han'teerbaar *bn* easy to handle, manageable
han'teren (hanteerde, h. gehanteerd) *overg* **1** handle [one's tools]; **2** ply [the needle]; **3** wield [a weapon, the pencil]
'Hanze *v* Hanse, Hanseatic League
'Hanzestad *v* (-steden) Hanseatic town
hap *m* (-pen) **1** ⟨het happen⟩ bite; **2** ⟨mondvol⟩ bite, morsel, bit; *in één* ~ at one bite, at one mouthful
'haperen (haperde, h. gehaperd) *onoverg* **1** ⟨bij het spreken⟩ falter, stammer, waver; **2** ⟨v. machine⟩ stick, miss, not work (function) properly; *hapert er iets aan?* anything wrong (the matter)?; *de motor hapert* the engine is missing, has got out of order; *zonder* ~ unfalteringly, without a hitch
'hapering *v* (-en) **1** ⟨storing⟩ hitch; **2** ⟨bij het spreken⟩ hesitation
'hapje *o* (-s) bit, bite, morsel
'hapklaar *bn* ready-to-eat; *hapklare brokken* bite-sized chunks
'happen (hapte, h. gehapt) *onoverg* snap, bite; ~ *in* bite; ~ *naar* snap at
'happig *bn: (niet erg)* ~ *op iets zijn* (not) be keen upon a thing, (not) be eager for it
hap'snap *bijw* bitty, uncoordinated
hapto'mie *v* haptonomy
hapto'noom *m* (-nomen) haptonomist
hara'kiri *o* hara-kiri
hard I *bn* **1** hard² [stone, winter, fight, work &]; **2** harsh [punishment, words]; **3** tough [policy, writers]; **4** loud [voice]; **5** hardboiled [eggs]; *het is* ~ *(voor een mens) als...* it is hard lines upon a man if...; ~*e schijf* comput hard disk; **II** *bijw* **1** hard,

[treat a person] hardly, harshly; **2** [talk] loud; ... *is* ~ *nodig* ...is badly needed; *het gaat* ~ *tegen* ~ it is a fight to the finish; it is pull devil, pull baker; *zo* ~ *zij konden, om het* ~*st* as hard (loud, fast &) as they could, they... their hardest (loudest &)
'hardboard *o* hardboard
'harddraven (harddraafde, h. geharddraafd) *onoverg* run in a trotting-match; run
'harddraver *m* (-s) trotter
harddrave'rij *v* (-en) trotting-match
'harddrug *m* (-s) hard drug
'harden (hardde, h. gehard) *overg* harden², temper [steel]; *het niet kunnen* ~ gemeenz not be able to stick it; *het is niet te* ~ it's unbearable; zie ook: *gehard*
hard'handig *bn* rough, harsh
'hardheid *v* (-heden) hardness, harshness
hard'hoofdig *bn* headstrong, obstinate
hard'horend, hard'horig *bn* dull (hard) of hearing
'hardhout *o* hardwood
hard'leers *bn* **1** ⟨moeilijk lerend⟩ dull, unteachable; **2** ⟨eigenwijs⟩ headstrong, obstinate
hard'leersheid *v* **1** ⟨traagheid bij het leren⟩ dullness, slowness; **2** ⟨eigenwijsheid⟩ obstinacy
hard'lijvig *bn* constipated
hard'lijvigheid *v* constipation
'hardloopwedstrijd *m* (-en) footrace
'hardlopen (liep hard, h. hardgelopen) *onoverg* running
'hardloper *m* (-s) **1** ⟨iem. die rent⟩ runner; **2** sp racer, jogger; ~*s zijn doodlopers* haste trips over its own heels
'hardmaken¹ *overg* ⟨bewijzen⟩ prove
hard'nekkig *bn* **1** ⟨v. persoon⟩ obstinate, stubborn; **2** ⟨v. geruchten, pogingen &⟩ persistent; **3** ⟨v. ziekte⟩ rebellious, obstinate
hard'nekkigheid *v* obstinacy, stubbornness, persistency
hard'op, 'hardop *bijw* [dream, read, speak, say] aloud
'hardrijden *o* racing; ~ *op de schaats* speed-skating
'hardrijder *m* (-s) racer; ~ *op de schaats* speed-skater
hardrijde'rij *v* (-en) skating-match
'hardsteen *o & m* (-stenen) freestone, ashlar
'hardstenen *bn* freestone, ashlar
'hardvallen (viel hard, is hardgevallen) *overg: iem.* ~ *over...* be hard on sbd. for...; zie ook: *vallen I*
hard'vochtig *bn* hard-hearted, callous, flinty
'hardware *m* hardware
'harem *m* (-s) harem, seraglio
1 'haren *bn* hair [shirt]
2 'haren (haarde, h. gehaard) *overg* sharpen [a scythe]
'harent: *te(n)* ~ at her home
'harenthalve *bijw* for her sake
'harentwege *bijw* as for her; *van* ~*wege* on her be-

half, in her name
'**harentwille** *bijw* for her sake
'**harerzijds** *bijw* on her part, on her behalf
'**harig** *bn* hairy
'**haring** *m* (-en) **1** ⟨vis⟩ herring; **2** ⟨v. tent⟩ tent-peg;
 als ~en in een ton packed like sardines; *zure ~* pickled herring; *zoute ~* salted herring
'**haringhaai** *m* (-en) porbeagle
'**haringkaken** *o* curing of herrings
'**haringsla** *v* herring-salad
'**harington** *v* (-nen) herring-barrel
'**haringvangst** *v* (-en) **1** ⟨haringvisserij⟩ herring-
 fishing; **2** ⟨vangst in één keer⟩ catch of herrings
'**haringvisser** *m* (-s) herring-fisher
haringvisse'rij *v* herring-fishery
hark *v* (-en) **1** ⟨gereedschap⟩ rake; **2** ⟨stijf persoon⟩
 stick, muff
'**harken** (harkte, h. geharkt) *over & onoverg* rake
'**harkerig I** *bn* stiff, wooden; **II** *bijw* stiffly
harle'kijn, '**harlekijn** *m* (-s) **1** eig harlequin;
 2 ⟨nar⟩ buffoon
harleki'nade *v* (-s) harlequinade
har'monica *v* ('s) accordion
har'monicadeur *v* (-en) folding door
har'monicatrein *m* (-en) corridor-train
har'monicawand *m* (-en) folding partition
harmo'nie *v* **1** (-nieën) harmony°; **2** (-s) = *harmo-
 nieorkest*
harmo'nieleer *v* theory of harmony
harmo'niemodel *o* (-len) conflict-avoidance strategy
harmo'nieorkest *o* (-en) wood-wind and brass
 band
harmoni'ëren (harmonieerde, h. geharmonieerd)
 onoverg harmonize (*met* with)
harmoni'eus *bn* **1** ⟨welluidend⟩ harmonious;
 2 ⟨evenmatig⟩ harmonic
harmoni'satie *v* (-s) harmonization
har'monisch *bn* = *harmonieus*
harmoni'seren (harmoniseerde, h. geharmoni-
 seerd) *overg* harmonize
harmoni'sering *v* (-en) harmonization
har'monium *o* (-s) harmonium
'**harnas** *o* (-sen) cuirass, armour; *iem. (tegen zich) in
 het ~ jagen* put sbd.'s back up, set sbd. against oneself; *hen tegen elkaar in het ~ jagen* set them by the
 ears; *in het ~ sterven* die in harness
harp *v* (-en) muz harp
har'pij *v* (-en) harpy
har'pist *m* (-en), **har'piste** *v* (-s) (lady) harpist
har'poen *m* (-en) harpoon
harpoe'neren (harpoeneerde, h. geharpoeneerd)
 overg harpoon
'**harpspeler** *m* (-s) harpist
'**harrewarren** (harrewarde, h. geharreward) *onoverg* bicker, wrangle, squabble
hars *o & m* (-en) resin, rosin
'**harsachtig** *bn* resinous

'**harshoudend** *bn* resinous, resiniferous
hart *o* (-en) heart²; *het ~ hebben om...* have the
 heart to..., have the conscience to...; *niet het ~ hebben om* not have the heart (courage) to, not dare
 to; *als je het ~ hebt!* if you dare!; *heb het ~ niet*
 don't you dare, don't you have the cheek; *hij
 draagt het ~ op de juiste plaats* his heart is in the
 right place; *het ~ op de tong hebben* wear one's heart
 upon one's sleeve; *geen ~ hebben voor zijn werk* not
 have one's heart in the work; *een goed ~ hebben* be
 kind-hearted; *het ~ klopte mij in de keel* my heart
 was in my mouth; *zijn ~ luchten* give vent to one's
 feelings, speak one's mind; *zijn ~ ophalen aan* eat
 (read &) one's fill of; *iem. een ~ onder de riem steken*
 hearten sbd.; *iem. een goed ~ toedragen* be well disposed toward sbd.; *het ~ zonk hem in de schoenen*
 his heart sank (into his boots); *ik hou mijn ~ vast* I
 have misgivings, I tremble, I expect (fear) the
 worst; *iem. aan het ~ drukken* clasp sbd. to one's
 heart (bosom), embosom sbd.; *dat zal hem aan het
 ~ gaan* it will go to his heart; *hij heeft het aan zijn ~*
 he has a weak heart, he has (got) heart trouble; *dat
 is mij na aan het ~ gebakken* I hold it dear; *dat ligt
 mij na aan het ~* it is very near my heart; *in zijn ~
 (gaf hij mij gelijk)* in his heart (of hearts); *in zijn ~ is
 hij...* at heart he is...; *hij is een... in ~ en nieren* he is
 a... to the backbone; *met ~ en ziel* heart and soul;
 met een bezwaard (bloedend) ~ with a heavy (bleeding) heart; *hij is een man naar mijn ~* he is a man
 after my own heart; *het wordt mij wee om het ~* I am
 sick at heart; *iem. iets op het ~ binden (drukken)* enjoin sth. upon sbd., urge sbd. to... [do sth.]; *iets op
 het ~ hebben* have sth. on one's mind; *zeggen wat
 men op het ~ heeft* speak freely, speak one's mind;
 hij kon het niet over zijn ~ krijgen om... he did not
 have the heart to...; *uw welzijn gaat mij ter ~e* I
 have your welfare at heart, I'm very concerned
 about your welfare; *ter ~e nemen* take (sth.) to
 heart; *dat is mij uit het ~ gegrepen* this is quite after
 my heart; *uit de grond (het diepst) van zijn ~* from
 the bottom of his heart; *van zijn ~ geen moordkuil
 maken* speak freely; *van ~e, hoor!* congratulations!;
 van ganser ~e [love sbd.] with all one's heart;
 [thank sbd.] whole-heartedly, from one's heart;
 waar het ~ vol van is, stroomt de mond van over out
 of the abundance of the heart, the mouth speaketh
'**hartaandoening** *v* (-en) cardiac affection
'**hartaanval** *m* (-len) heart attack
'**hartader** *v* (-en en -s) **1** anat great artery, aorta;
 2 fig artery
'**hartafwijking** *v* (-en) heart condition
'**hartbewaking** *v* ⟨ziekenhuisafdeling⟩ coronary-
 care unit
'**hartboezem** *m* (-s) auricle (of the heart)
'**hartbrekend** *bn* heart-breaking, heart-rending
'**hartchirurgie** *v* cardiosurgery
'**hartelijk** *bn* hearty, cordial, warm; *de ~e groeten
 van allen* kindest love (regards) from all

'**hartelijkheid** v (-heden) heartiness, cordiality
'**harteloos** bn heartless
'**hartelust** m: naar ~ to one's heart's content
'**harten** v (-s) kaartsp hearts; ~aas & ace & of hearts
'**hartenbloed** o heart's blood, lifeblood
'**hartendief** m (-dieven) darling, slang heart-throb
'**hartenkreet** m (-kreten) heartfelt cry
'**hartenlap** m (-pen) = hartendief
'**hartenleed** o grief, heartache
hart- en 'vaatziekten mv cardiovascular diseases
'**hartenwens** m (-en) heart's desire
'**hartgebrek** o (-breken) cardiac defect
hart'grondig bn whole-hearted, cordial
'**hartig** bn 1 ⟨zout⟩ salt; 2 ⟨stevig⟩ hearty [meal]; een ~ woordje met iem. spreken have a heart-to-heart talk with sbd.
'**hartigheid** v (-heden) 1 saltness; 2 heartiness
'**hartinfarct** o (-en) cardiac infarct, coronary thrombosis, gemeenz coronary
'**hartje** o (-s) (little) heart; mijn ~! dear heart!; in het ~ van Rusland in the centre of Russia; in het ~ van de winter in the dead of winter; in het ~ van de zomer in the height of summer
'**hartkamer** v (-s) ventricle (of the heart)
'**hartklep** v (-pen) 1 anat cardiac valve; 2 techn suction-valve
'**hartklopping** v (-en) palpitation (of the heart), heart palpitation
'**hartkramp** v (-en) spasm of the heart
'**hartkwaal** v (-kwalen) disease of the heart, heart disease, heart trouble
'**hartlijder** m (-s), '**hartpatiënt** m (-en) heart sufferer, cardiac patient
hart-'longmachine v (-s) heart-lung machine
'**hartoperatie** v (-s) heart surgery, cardiac surgery; open ~ open heart surgery
'**hartpatiënt** m (-en) cardiac, heart patient; ~ zijn have a heart condition
hart'roerend I bn pathetic, moving; II bijw pathetically
'**hartruis** m heart murmur, cardiac murmur
'**hartsgeheim** o (-en) secret of the heart
'**hartslag** m (-slagen) heart-beat, pulsation of the heart
'**hartspecialist** m (-en) cardiologist
'**hartspier** v (-en) heart muscle
'**hartstikke** bijw gemeenz awfully [bad, good, nice, rich &]; ~ dood (doof) stone-dead (-deaf); ~ goed super, smashing; ~ gek stark (staring) mad
'**hartstilstand** m cardiac arrest
'**hartstocht** m (-en) passion
harts'tochtelijk bn passionate(ly)
'**hartstreek** v (-streken) cardiac region
'**hartsvanger** m (-s) cutlass, hanger
'**hartsvriend** m (-en), '**hartsvriendin** v (-nen) bosom friend
'**harttoon** m (-tonen) heart sound
'**harttransplantatie** v (-s) heart transplant

'**hartvergroting** v (-en) megalocardia, cardiac dilatation, heart enlargement
hartver'heffend, '**hartverheffend** bn uplifting, exalting
'**hartverlamming** v (-en) paralysis of the heart, heart failure
hartver'overend bn enchanting, ravishing
hartver'scheurend bn heart-rending
'**hartversterkertje** o (-s) ⟨borrel⟩ pick-me-up
'**hartversterking** v (-en) cordial, pick-me-up
'**hartvervetting** v (-en) fatty degeneration of the heart
hartver'warmend bn heart-warming
'**hartvormig** bn heart-shaped
'**hartzakje** o (-s) pericardium
'**hartzeer** o heartache, heart-break, grief
hasj, **hasjiesj** m hash, hashish
'**hasjhond** m (-en) sniffer-dog
'**hasjpijp** v (-en) hash pipe
'**haspel** m (-s) reel
'**haspelen** (haspelde, h. gehaspeld) I overg reel, wind; II onoverg 1 ⟨winden⟩ reel, wind; 2 ⟨knoeien⟩ bungle, muddle; door elkaar ~ mix up, confuse
'**hat-eenheid** v (-heden) ± single unit
'**hatelijk** I bn spiteful, invidious, hateful, odious, malicious, ill-natured; II bijw spitefully
'**hatelijkheid** v (-heden) spitefulness, invidiousness, hatefulness, spite, malice; een ~ a gibe
'**haten** (haatte, h. gehaat) overg hate; zie ook: gehaat
hausse v rise, ⟨sterk, snel⟩ boom; à la ~ speculeren buy for a rise, bull
haus'sier m (-s) bull
hau'tain bn haughty
haute-cou'ture v haute couture
haut-reliëf o (-s) high relief
Ha'vanna o Havana
ha'vannasigaar v (-garen) Havana
'**have** v property, goods, stock; ~ en goed goods and chattels; levende ~ livestock, cattle; tilbare ~ movables, personal property
'**haveloos** bn shabby, ragged
'**haven** v (-s) 1 harbour, dock(s); ⟨grote ~ ook⟩ port; 2 ⟨havenstad⟩ port; 3 fig ⟨toevluchtsoord⟩ haven; een ~ aandoen put in at a port
'**havenarbeider** m (-s) dock labourer, docker
'**havendam** m (-men) mole, jetty, pier
'**havenen** (havende, h. gehavend) overg batter, illtreat, damage; zie ook: gehavend
'**havengeld** o (-en) harbour dues, dock dues
'**havenhoofd** o (-en) jetty, pier, mole
'**havenkantoor** o (-toren) harbour office
'**havenkwartier** o (-en) dockland
'**havenlicht** o (-en) harbour light
'**havenloods** m (-en) harbour pilot
'**havenmeester** m (-s) harbour master
'**havenplaats** v (-en) (sea)port
'**havenpolitie** v harbour police
'**havenstad** v (-steden) seaport town, port town,

port

'**havenstaking** v (-en) dock strike

'**havenwerken** mv harbour-works

'**haver** v oats; *iem. kennen van ~ tot gort* know sbd. thoroughly (inside out); *iets van ~ tot gort vertellen* tell sth. in great detail

'**haverklap** m: *om de ~* at every moment, on the slightest provocation

'**havermeel** o oatmeal

'**havermout** m **1** ⟨korrels⟩ rolled oats; **2** ⟨als pap⟩ (oatmeal) porridge

'**haverstro** o oat-straw

'**haverzak** m (-ken) nosebag [of a horse]

'**havezate** v (-n) ± manorial estate, manorial farm

'**havik** m (-viken) hawk, goshawk; *~en en duiven* fig hawks and doves

'**haviksneus** m (-neuzen) hawk-nose, aquiline nose; *met een ~* hawknosed

'**haviksogen** mv: *met ~* hawk-eyed

'**havo** afk. hoger algemeen voortgezet onderwijs Senior (Higher) General Secondary Education

'**hazardspel** o (-spelen) game of chance (of hazard)

'**hazelaar** m (-s en -laren) hazel(-tree)

'**hazelnoot** v (-noten) (hazel-)nut, filbert

'**hazelworm** m (-en) blind-worm, slow-worm

'**hazenjacht** v (-en) hare-hunting, hare-shooting

'**hazenleger** o (-s) form of a hare

'**hazenlip** v (-pen) harelip

'**hazenpad** o: *het ~ kiezen* take to one's heels

'**hazenpeper** m jugged hare

'**hazenslaap** m dog-sleep, cat-nap

'**hazenvel** o (-len) hare-skin

haze'wind m (-en) greyhound

hbo afk. hoger beroepsonderwijs Higher Professional Education

'**H-bom** v (-men) H-bomb

hé tsw hey!, ha!, ah!, oh!, o!, I say!; scheepv ahoy!

heao afk. hoger economisch en administratief onderwijs School of Business Administration and Economics

'**hebbeding** o (-en) knick-knack

'**hebbelijkheid** v (-heden) (bad) habit, trick; *hebbelijkheden* ways, idiosyncracies

'**hebben** (hij heeft; had, h. gehad) **I** overg have; *wij ~ nu aardrijkskunde* we are doing geography now; *ik kan je hier niet ~* I have no use for you here; *daar heb ik je!* I had you there; *daar heb je hem weer!* there he is again!; *daar heb je bijv. ... there is..., now take...; *daar heb je het nou!* there you are!; *hier heb je het* here you are; *dat hebben we weer gehad* that's that; *(hij zong) van heb ik jou daar* lustily; *een klap van heb ik jou daar* an enormous blow; *ik heb 't* I've got it; *het gemakkelijk ~* have an easy time of it; *het goed ~* be well off, be in easy circumstances; *het hard ~* have a hard time of it; *het koud ~* be cold; *hoe heb ik het nou?* well, I'm jiggered!; *hij weet niet hoe hij het heeft* he doesn't know whether he is standing on his head or on his heels; *het rustig ~* be quiet; *het in de buik (in de ingewanden) ~* suffer

from intestine troubles; *het over iem. (iets) ~* be talking about sbd. (sth.); *het tegen iem. ~* be talking to sbd.; *hij zal iets aan zijn voet ~* there will be something the matter with his foot; *je hebt er niet veel aan* it is (they are) not much use; *daar hebt u niets aan* **1** it is nothing for you; **2** it will not profit you; *zijn boeken (paraplu &) niet bij zich ~* not have... with one; *hij heeft wel iets van zijn vader* he looks (is) somewhat like his father; *hij heeft niets van zijn vader* he is nothing like his father; *het heeft er wel iets van* it looks like it; *heeft u er iets tegen?* have you any objection?; *hij heeft iets tegen mij* he owes me a grudge; *als ma er niets tegen heeft* if ma sees no objection, if ma doesn't mind; *ik heb niets tegen hem* I have nothing against him; *daar moet ik niets van ~* I don't hold with that, I'm not having any; *hij moest niets ~ van...* he didn't take kindly to..., he didn't hold with..., he didn't like...; *he wasn't having any (of it)*, he said; *wat heb je toch?* what is the matter (wrong) with you?; *wat heeft hij toch?* what has come over him?; *wie moet je ~?* whom do you want?; *je moet wat ~* **1** you deserve what for; **2** there must be something the matter with you; *wat heb je eraan?* what is the use (the good) of it?; *daar heb ik niets aan* that's of no use to me; *ik weet niet wat ik aan hem heb* I cannot make him out; *wat zullen we nu ~?* what's up now?; *iets niet kunnen ~* not be able to stand (bear) sth.; *ik moet nog geld van hem ~* he is still owing me; *ik wil (moet) mijn... ~* I want my...; *ik wil het niet ~* I won't have (allow) it; zie ook: *dorst, gelijk, nodig, spijt &;* **II** abs ww have; *~ is ~ maar krijgen is de kunst* possession is nine points of the law; **III** o: *zijn hele ~ en houden* all his belongings

'**hebber(d)** m (-s) greedy person

'**hebberig** bn = hebzuchtig

'**hebbes** tsw got you, gotcha

He'breeuws o & bn Hebrew

He'briden mv Hebrides

'**hebzucht** v greed, covetousness, avarice

heb'zuchtig bn greedy, grasping, covetous

1 hecht o (-en) = heft

2 hecht bn solid, firm, strong

'**hechtdraad** m (-draden) basting (tacking) thread

'**hechten** (hechtte, h. gehecht) **I** overg **1** ⟨vastmaken⟩ attach, fasten, affix; **2** ⟨vastnaaien⟩ stitch up, suture [a wound]; **3** fig attach [importance, a meaning to...]; zie ook: *goedkeuring &;* **II** onoverg & abs ww: *~ aan iets* believe in [a method &]; *erg ~ aan de vormen* be very particular about forms; *gehecht aan die school* ZN ⟨verbonden⟩ employed by that school; **III** wederk: *zich ~ aan iem. (iets)* become (get) attached to sbd. (sth.); zie ook: *gehecht*

'**hechtenis** v custody, detention; *in ~ nemen* take into custody, arrest, apprehend; *in ~ zijn* be under arrest; *uit de ~ ontslaan* free from custody

'**hechtheid** v solidity, firmness, strength

'**hechting** v (-en) suture, stitch

'hechtmachine *v* (-s) stapling-machine, stitching-machine

'hechtpleister *v* (-s) sticking-plaster, adhesive plaster

'hechtwortel *m* (-s) clinging root

hec'tare *v* (-n en -s) hectare

'hectisch *bn* hectic

'hectogram *o* (-men) hectogramme

'hectoliter *m* (-s) hectolitre

'hectometer *m* (-s) hectometre

'heden I *bijw* to-day, this day; ~! dear me!; ~ *over 8 dagen* this day week; ~ *over 14 dagen* this day fortnight; ~ *ten dage* nowadays; *tot* ~ up to the present, to this day; **II** *o: het* ~ the present

heden'avond *bijw* this evening, tonight

'hedendaags I *bn* modern, present, present-day, contemporary; *de* ~*e dames* the ladies of to-day; **II** *bijw* nowadays

heden'middag *bijw* this afternoon

heden'morgen *bijw* this morning

heden'nacht *bijw* to-night

hedo'nisme *o* hedonism

hedo'nist *m* (-en) hedonist

hedo'nistisch *bn* hedonistic, hedonic

heeft 3e pers. enkelv. tegenw. tijd v. *hebben*

heel I *bn* whole, entire; *dat is een* ~ *besluit* that is quite a decision; *de hele dag* all day, the whole day; *een* ~ *getal* a whole number; *(de klok sloeg) het hele uur* the hour; *hij is een hele heer (held &)* he is quite a gentleman (hero &); *langs de hele oever* all along the bank; *het kost hele sommen* large sums, lots of money; *een* ~ *spektakel* gemeenz a regular row; *een hele tijd* a good while, a long time; *(hij blijft soms) hele weken (weg)* for weeks together; *er bleef geen ruit* ~ not a window was left unbroken (remained intact); *hij liet geen stuk* ~ *van het meubilair* he smashed all the furniture; *hij liet geen stukje* ~ *van het betoog* he slated (slashed) the argument to shreds; **II** *bijw* quite; ~ *en al* wholly, totally, entirely, altogether, quite; ~ *goed (mooi &)* very good (fine &); ~ *iets anders* quite a different thing; ~ *in de verte* far, far away; zie ook: *geheel*

heel'al *o* universe

'heelbaar *bn* curable; that can be healed

'heelhuids *bijw* with a whole skin, unscathed

'heelkunde *v* surgery

heel'kundige *m-v* (-n) surgeon

'heelmeester *m* (-s) surgeon; *zachte* ~*s maken stinkende wonden* desperate ills call for desperate remedies

'heemkunde *v* local history and geography; local lore

'heemraad *m* (-raden) **1** ⟨persoon⟩ dike-reeve; **2** ⟨college⟩ polder authority

'heemraadschap *o* (-pen) **1** ⟨ambt⟩ office of a dike-reeve; **2** = *heemraad*²

heemst *v* plantk marsh mallow

heen *bijw* away; ~ *en terug* there and back; ~ *en weer* to and fro; ~-*en-weergeloop* coming and going; ~-*en-weergepraat* cross-talk; *waar moet dit (boek, schilderij)* ~? where does this (book, painting) go?; *waar moet dat* ~? **1** where are you going to?; **2** ⟨verzuchting⟩ what are we coming to?; *waar ik* ~ *wilde* **1** where I wanted to go to; **2** ⟨tijdens gesprek⟩ what I was driving at

heen- en te'rugreis *v* (-reizen) **1** ⟨in 't alg.⟩ journey there and back; **2** scheepv voyage out and home

heen-en-'weer *o: krijg het* ~! go climb a tree

'heengaan I *onoverg* **1** ⟨weggaan⟩ go away, leave, go; **2** ⟨sterven⟩ pass away; *daar gaan weken mee heen* it will take weeks (to do it), it will be weeks before...; **II** *o* **1** ⟨vertrek⟩ departure [also of a minister &]; **2** ⟨dood⟩ passing away, death

'heenkomen *o: een goed* ~ *zoeken* seek safety in flight

'heenlopen¹ *onoverg* run away; *ergens over* ~ make light of it; *scamp one's work &*; *loop heen!* gemeenz get along with you!

'heenreis *v* (-reizen) **1** ⟨in 't alg.⟩ outward journey; **2** scheepv voyage out

'heenrijden¹ (is) *onoverg* ride (drive) away

'heensnellen¹ (is) *onoverg* run away

'heenstappen¹ (is) *onoverg* stride off; *over iets* ~ **1** eig step across sth.; **2** fig ignore sth., not mind sth.; *hij stapte over die bezwaren heen* he brushed aside these objections

'heenvlieden¹ (is) *onoverg* fleet

'heenwedstrijd *m* (-en) ZN away game, away match

'heenweg *m* way there

'heenzetten¹ *wederk: zich* ~ *over iets* get over sth.

1 heer *m* (heren) **1** ⟨man (van beschaving)⟩ gentleman; **2** ⟨van adel⟩ lord; **3** ⟨voor eigennaam⟩ Mr (Mister) ⟨mv Messrs⟩; **4** ⟨bij dans⟩ partner; **5** kaartsp king; **6** ⟨meester, gebieder⟩ master; *de Heer* the Lord; *de* ~ *Vermeer* Mr Vermeer; *de heren Kolff & Co.* handel Messrs. Kolff & Co.; *die heren* those gentlemen; *Heer der Heerscharen* Lord God of Hosts; *de* ~ *des huizes* the master of the house; ~ *en meester zijn* be master; *de grote* ~ *uithangen* zie: *uithangen*; *met grote heren is het kwaad kersen eten* the weakest always goes to the wall; *zo* ~ *zo knecht* like master, like man; *nieuwe heren, nieuwe wetten* new lords, new laws; *niemand kan twee heren dienen* nobody can serve two masters

2 heer *o* (heren) geringsch gent, chap; *een raar* ~ a queer chap, a rum customer

3 heer *o* (heren) ⟨leger⟩ host

'heerbaan *v* (-banen) high road

'heerleger *o* (-s) = ³*heer*

'heerlijk I *bn* **1** ⟨prachtig⟩ glorious, splendid, lovely; **2** ⟨v. smaak, geur &⟩ delicious, delightful, divine; **3** hist ⟨v.e. heerlijkheid⟩ manorial, seigniorial [rights]; **II** *bijw* deliciously, gloriously

'heerlijkheid *v* (-heden) **1** ⟨pracht⟩ splendour, magnificence, glory, grandeur; **2** hist ⟨eigendom⟩

manor, seigniory; *al die heerlijkheden* all those good things

'**heerschap** *o* (-pen) ⟨spottend⟩ gent; *een vreemd ~* an oddball, a strange chap

heerschap'pij *v* mastery, dominion, rule, lordship, empire; *elkaar de ~ betwisten* contend (struggle) for mastery; *~ voeren* bear sway, rule, lord it

'**heerscharen** *mv* hosts; zie ook: *¹heer*

'**heersen** (heerste, h. geheerst) *onoverg* **1** ⟨regeren⟩ rule, reign; **2** ⟨v. ziekte⟩ reign, prevail, be prevalent; *~ over* rule (over)

'**heersend** *bn* ruling, prevalent, prevailing; *de ~e godsdienst* the prevailing religion; *de ~e smaak* the reigning fashion; *de ~ ziekte* the prevalent (prevailing) disease

'**heerser** *m* (-s), **heerse'res** *v* (-sen) ruler°

'**heerszucht** *v* ambition for power, lust for power

heers'zuchtig *bn* imperious, ambitious for power, dictatorial

heers'zuchtigheid *v* imperious spirit, ambition for power

'**heertje** *o* (-s) dandy, <u>slang</u> nut, fop, <u>geringsch</u> gent

'**heerweg** *m* (-wegen) high road

1 hees *bn* hoarse

2 hees (hesen) V.T. v. *hijsen*

'**heesheid** *v* hoarseness

'**heester** *m* (-s) shrub

heet I *bn* **1** hot²; **2** ⟨v. luchtstreek⟩ torrid; *het ~ hebben* be hot; *~ van de naald* piping hot; *in het ~st van de strijd* in the thick of the fight; **II** *bijw: het zal er ~ toegaan* it will be hot work there

heetge'bakerd *bn* zie: *gebakerd*

'**heethoofd** *m-v* (-en) hothead; *Griekse & ~en* hotheaded Greeks &

heet'hoofdig *bn* hot-headed

'**heetlopen**¹ (is) *onoverg = warmlopen*

heet'waterkruik *v* (-en) hot-water bottle

heet'watertoestel *o* (-len) (hot-water) heater

hef *v = heffe*

'**hefboom** *m* (-bomen) lever

'**hefbrug** *v* (-gen) lift(ing)-bridge

'**heffe** *v* dregs; *de ~ des volks* the scum of the earth, the dregs of humanity

'**heffen** (hief, h. geheven) *overg* **1** ⟨omhoog brengen⟩ raise, lift; **2** levy [taxes on]

'**heffing** *v* (-en) levying, levy; *~ ineens* capital levy

'**hefschroefvliegtuig** *o* (-en) helicopter

heft *o* (-en) haft, handle; <u>fig</u>: *het ~ in handen hebben* be at the helm (in command)

'**heftig** *bn* vehement, violent

'**heftigheid** *v* vehemence, violence

'**heftruck** *m* (-s) lift truck

'**hefvermogen** *o* (-s) lifting capacity, lifting power

heg *v* (-gen) hedge; *~ noch steg weten* not know one's way at all

hegemo'nie *v* hegemony

'**hegge** *v* (-n) = *heg*

'**heggenrank** *v* (-en) (white) bryony

'**heggenschaar**, '**hegschaar** *v* (-scharen) hedge shears, hedge clippers

1 hei *tsw* ho!, hey!, hallo!; *~ daar!* hey there!, I say!

2 hei *v* (-en) <u>techn</u> rammer, pile-driver

3 hei *v = heide*

'**heibel** *m = herrie*

'**heibezem** *m* (-s) heather broom

'**heiblok** *o* (-ken) ram, monkey

'**heide** *v* **1** ⟨veld⟩ heath, moor; **2** ⟨plant⟩ heather

'**heideachtig** *bn* heathy, heathery

'**heidebrand** *m* (-en) heath fire

'**heidegrond** *m* heath, moor, moorland

'**heidehoning** *m* heather honey

'**heiden** *m* (-en) **1** ⟨veelgodendienaar⟩ heathen, pagan; **2** ⟨tegenover jood⟩ gentile; *aan de ~en overgeleverd zijn* be delivered to the gentiles

'**heidendom** *o* heathenism, paganism

'**heidens** *bn* heathen, pagan, heathenish; *een ~ leven* gemeenz an infernal noise

'**heideontginning** *v* (-en) reclaiming of moorland

'**heideveld** *o* (-en) heath, moor

'**heien** (heide, h. geheid) **I** *overg* ram, drive (in) [a pile], pile [the ground]; **II** *o* piling, pile-work

'**heiig** *bn* hazy

'**heikneuter** *m* (-s) yokel, bumpkin, clodhopper

heil *o* **1** ⟨welzijn⟩ welfare, good; **2** ⟨godsdienstig⟩ salvation; *~ u!* hail to thee!; *veel ~ en zegen!* a happy New Year!; *ergens geen ~ in zien* expect no good from, not believe in...; *zijn ~ zoeken bij* seek the support of; *zijn ~ zoeken in* resort to, seek salvation in; *zijn ~ zoeken in de vlucht* seek safety in flight

'**Heiland** *m* Saviour, Redeemer

'**heilbede** *v* (-n) prayer for the well-being

'**heilbot** *m* (-ten) halibut

'**heildronk** *m* (-en) toast, health; *een ~ instellen* propose a toast

'**heilgymnastiek** *v* Swedish gymnastics

'**heilig I** *bn* **1** ⟨v. personen & zaken⟩ holy; **2** ⟨v. zaken⟩ sacred; *de H~e Elisabeth* St. (Saint) Elizabeth; *het is mij ~e ernst* I am in real earnest; *~ huisje* sacred cow; *de ~e koe* ⟨de auto⟩ the almighty car; *het H~e Land* the Holy Land; *in de ~e overtuiging dat...* honestly convinced that...; *de H~e Schrift* the Holy Bible, Holy Scripture; *de H~e Stad* the Holy City; *het ~e moeten* a case of must; *niets is hem ~* nothing is sacred to (from) him; *haar wens is ~* her wish is sacred with me; *hij is nog ~ vergeleken bij...* he is a paragon (saint) in comparison with...; *~ verklaren* canonize; *het H~e der H~en²* the Holy of Holies²; **II** *bijw* sacred; *~ verzekeren* assure solemnly; *zich ~ voornemen om...* make a firm resolution to...

'**heiligbeen** *o* (-deren) sacrum

'**heiligdom** *o* (-men) **1** ⟨plaats⟩ sanctuary; gemeenz sanctum [= den]; **2** ⟨voorwerp⟩ relic

'**heilige** *m-v* (-n) saint; *Heiligen der Laatste Dagen* [Church of Jesus Christ of] Latter-day Saints; zie ook: *heilig I*

'**heiligen** (heiligde, h. geheiligd) *overg* **1** sanctify [a place, us]; **2** hallow [God's name]; **3** keep holy [the Sabbath &]; **4** consecrate [the host]; *geheiligd zij Uw naam* hallowed be thy name; zie ook: *doel*
'**heiligenbeeld** *o* (-en) image of a saint, holy image
'**heiligheid** *v* holiness, sacredness, sanctity; *Zijne Heiligheid (de Paus)* His Holiness
'**heiligschennend** *bn* sacrilegious
'**heiligschennis** *v* sacrilege, profanation
'**heiligverklaring** *v* (-en) canonization
'**heilloos** *bn* **1** ⟨noodlottig⟩ fatal, disastrous; **2** ⟨verdorven⟩ wicked, impious; *een heilloze weg* a slippery slope
'**Heilsleger** *o* Salvation Army
'**heilsoldaat** *m* (-daten) Salvationist
'**heilsoldate** *v* (-n) Salvationist, *gemeenz* Sally Ann
'**heilstaat** *m* ideal state
'**heilwens** *m* (-en) congratulation
'**heilzaam** *bn* beneficial, salutary, wholesome
'**heilzaamheid** *v* beneficial influence, salutariness, wholesomeness
'**heimachine** *v* (-s) pile-driver, monkey engine
'**heimelijk** *bn* secret, clandestine
'**heimelijkheid** *v* (-heden) secrecy
'**heimwee** *o* homesickness, nostalgia; *~ hebben* be homesick (*naar* for)
Hein *m* Harry; *magere ~* the Grim Reaper; *een ijzeren ~* ⟨man die tegen alles bestand is⟩ a man of iron
'**heinde** *bijw*: *~ en ver* far and near, far and wide
'**heining** *v* (-en) enclosure, fence
'**Heintje** *m* & *o* Harry; *~ Pik* Old Scratch
'**heipaal** *m* (-palen) pile
heir *o* = ³*heer*
'**heirkracht** *v* ZN force majeure
'**heisa** *tsw* huzza!; *wat een ~* what a lot of fuss
'**heitje** *o* (-s) = *kwartje*; *een ~ voor een karweitje* bob-a-job
'**heitoestel** *o* (-len) pile-driver, monkey-engine
hek *o* (-ken) **1** ⟨omheining⟩ fence, barrier; ⟨v. latten⟩ paling; ⟨v. ijzer⟩ railing(s); **2** ⟨toegangshek⟩ gate; **3** ⟨in kerk⟩ screen; **4** *scheepv* stern; *het ~ is van de dam* it is Liberty Hall
'**hekel** *m* (-s) **1** ⟨vlaskam⟩ hackle; **2** ⟨afkeer⟩ dislike; *ik heb een ~ aan...* I dislike (hate)...; I'm allergic to...; *een ~ krijgen aan...* take a dislike to...; *over de ~ halen* criticize; satirize
'**hekeldicht** *o* (-en) satire
'**hekeldichter** *m* (-s) satirist
'**hekelen** (hekelde, h. gehekeld) *overg* **1** ⟨vlas kammen⟩ hackle; **2** ⟨afkeuren⟩ criticize; satirize
'**hekelschrift** *o* (-en), '**hekelvers** *o* (-verzen) satire, diatribe
'**hekkensluiter** *m* (-s) last comer
heks *v* (-en) witch²; *fig* vixen, hag
'**heksen** (hekste, h. gehekst) *onoverg* use witchcraft, practise sorcery; *ik kan niet ~* I am no wizard
'**heksendans** *m* (-en) witches' dance
'**heksenjacht** *v* (-en) witch-hunt(ing)²

'**heksenketel** *m* (-s) **1** *eig* witches' cauldron; **2** *fig* chaos
'**heksenkring** *m* (-en) plantk fairy ring
'**heksenproces** *o* (-sen) trial for witchcraft
'**heksensabbat** *m* (-ten) witches' sabbath
'**heksentoer** *m* (-en): *het was een ~* it was a devil of a job; *dat is zo'n ~ niet* that's no magic, there's nothing to it
'**heksenwerk** *o* sorcery, witchcraft, witchery; *dat is zo'n ~ niet* zie: *heksentoer*
hekse'rij *v* (-en) sorcery, witchcraft, witchery
'**hekwerk** *o* (-en) railing(s), trellis-work
1 hel *v* hell²
2 hel *bn* bright, glaring, blazing
hela *tsw*: *~!* hallo!
he'laas I *tsw* alas!; **II** *bijw* unfortunately
held *m* (-en) hero; *een ~ zijn in...* be good at...
'**heldendaad** *v* (-daden) heroic deed, exploit
'**heldendicht** *o* (-en) heroic poem, epic, epopee
'**heldendichter** *m* (-s) epic poet
'**heldendood** *m* & *v* heroic death; *de ~ sterven* die heroically
'**heldenmoed** *m* heroism; *met ~* heroically
'**heldenrol** *v* (-len) heroic part, part of a hero
'**heldentenor** *m* (-s) heroic tenor
'**heldenverering** *v* hero-worship
'**heldenzang** *m* (-en) epic song
'**helder** *bn* **1** ⟨v. licht, water, lucht⟩ clear; **2** ⟨v. kleur, lucht, ogen⟩ bright; ⟨v. lucht ook⟩ serene; **3** ⟨v. klank⟩ clear, sonorous; **4** ⟨v. gedachten⟩ lucid, clear; **5** ⟨schoon⟩ clean; *~ rood* bright red; *~ van geest* clear-headed; *een ~ ogenblik* a lucid moment, a moment of lucidity; *een ~e uiteenzetting* a lucid exposition
'**helderdenkend** *bn* clear-headed
'**helderheid** *v* **1** clearness &, clarity, lucidity; **2** cleanness
helder'ziend *bn* clairvoyant; *een ~e* a clairvoyant
helderziendheid *v* clairvoyance
held'haftig I *bn* heroic; **II** *bijw* heroically
held'haftigheid *v* (-heden) heroism
hel'din *v* (-nen) heroine
'**heleboel**, **hele'boel** *m*: *een ~* many, a lot, lots
'**helemaal**, **hele'maal** *bijw* wholly, totally, entirely, quite, altogether; *~ achterin* right at the back; *kom je ~ van Stadskanaal?* have you come all the way from Stadskanaal?; *~ niet* not at all; *niet ~* not quite, not altogether; *~ niets* nothing at all
1 'helen (heelde, *onoverg* is, *overg* h. geheeld) ⟨v. wonden⟩ heal
2 'helen (heelde, h. geheeld) *overg* ⟨v. gestolen goederen⟩ receive
'**heler** *m* (-s) receiver; *de ~ is net zo goed (net zo erg) als de steler* the receiver is as bad as the thief
helft *v* (-en) half; *zijn betere ~* his better half; *de ~ van 10 is 5* the half of 10 is 5; *voor de ~ van het geld* for half the money; *de ~ ervan is rot* half of it is rotten, half of them are rotten; *(ik verstond niet) de ~ ~*

van wat hij zei one half (what) he said; *meer dan de* ~ more than one half (of them); *de ~ minder* less by half; *maar tot op de ~* only half

'**Helgoland** *o* Heligoland

'**helhond** *m* (-en) hell-hound, Cerberus

'**helihaven** *v* (-s) heliport

heli'kopter *m* (-s) helicopter, *gemeenz* chopper

1 '**heling** *v* (-en) ⟨genezing⟩ healing

2 '**heling** *v* receiving [of stolen goods]

'**helium** *o* helium

'**hellebaard** *v* (-en) halberd

hellebaar'dier *m* (-s) halberdier

Hel'leen *m* (-lenen) Hellene

Hel'leens *bn* Hellenic

'**hellen** (helde, h. geheld) *onoverg* incline, slant, slope, shelve

'**hellend** *bn* slanting, sloping, inclined, zie ook: *vlak III*

helle'nisme *o* Hellenism

helle'nist *m* (-en) Hellenist

'**hellepijn** *v* (-en) torture of hell

'**hellevaart** *v* descent into hell

'**helleveeg** *v* (-vegen) hell-cat, termagant, shrew

'**helling** *v* (-en) **1** ⟨in 't alg.⟩ incline, declivity, slope; **2** gradient [of railway]; **3** scheepv slipway, slips; *op de ~* scheepv in dock; *op de ~ nemen* overhaul [education]

'**hellingproef** *v* (-proeven) hill-start

'**hellingshoek** *m* (-en) gradient

1 **helm** *v* ⟨gras⟩ marram

2 **helm** *m* (-en) **1** ⟨hoofdbescherming⟩ helmet; **2** ⟨v. duiker⟩ headpiece; **3** ⟨v. distilleerkolf⟩ head; **4** ⟨bij geboorte⟩ caul; *met de ~ geboren* born with a caul

'**helmdraad** *m* (-draden) plantk filament

'**helmstok** *m* (-ken) scheepv tiller, helm

'**helmteken** *o* (-s) herald crest

help *tsw* help!; *lieve ~* good gracious

'**helpen** (hielp, h. geholpen) **I** *overg* **1** ⟨hulp verlenen⟩ help, aid, assist; **2** ⟨baten⟩ avail, be of avail, be of use; **3** ⟨bedienen⟩ serve [customers], attend to [a baby]; *wordt u al geholpen?* are you being served?; *waarmee kan ik u ~?* what can I do for you?; *zo waarlijk helpe mij God almachtig!* so help me God!; *dat zal u niets ~* that won't be much use, will be of no avail; *wat zal het ~?* of what use will it be?, what good will it do?; *hij kan het niet ~* it is not his fault; *help me onthouden dat...* remind me that...; *aan iets ~* help to, procure, get; *kunt u me ~ aan* can you oblige me [with a light]?; *er is geen ~ aan* it can't be helped; *iem. bij (met) zijn sommen ~* help sbd. to do his sums; *iem. in zijn jas ~* help sbd. in his coat; *iem met geld ~* assist sbd. with money; *iem. uit zijn bed ~* help sbd. out of bed; *de kat laten helpen* ⟨laten steriliseren, castreren⟩ have the cat fixed (neutered); **II** *onoverg* help, avail, be of avail, be of use; *help!* help!; *het helpt al* it is doing some good already; *alle beetjes helpen* every little helps; *het helpt niet* it's no good, it's no use, it is of no

avail; *het helpt tegen de hoofdpijn* it is good for a headache; **III** *wederk*: *zich ~* help oneself

'**helper** *m* (-s), '**helpster** *v* (-s) helper, assistant

hels I *bn* hellish, infernal, devilish; *iem. ~ maken* gemeenz drive sbd. wild; *hij was ~ slang* he was in a wax; *een ~ lawaai* a hellish noise (din); *~e machine* infernal machine; *~e pijn* excruciating pain, agony; *~e steen* lunar caustic, argentic (silver) nitrate; **II** *bijw* versterkend infernally, devilish(ly)

hem *pers vnw* him; *het is van ~* it is his; *hij is ~* he is it; *dat is het ~* that's it; *daar zit het ~ in* that's just it (the case)

hemd *o* (-en) **1** ⟨ondergoed⟩ Br vest; Am undershirt, T-shirt; **2** ⟨overhemd⟩ shirt; *hij heeft geen ~ aan zijn lijf* he has not a shirt to his back; *iem. het ~ van het lijf vragen* pester sbd. with questions; *het ~ is nader dan de rok* charity begins at home; *in zijn ~ staan* fig cut a sorry figure; *iem. in zijn ~ laten staan* make sbd. look foolish; *tot op het ~ toe nat* wet to the skin; *iem. tot op het ~ uitkleden* strip sbd. naked

'**hemdsknoop** *m* (-knopen) shirt-button

'**hemdsmouw** *v* (-en) shirt-sleeve; *in zijn ~en* in his shirt-sleeves

'**hemel** *m* (-en en -s) **1** ⟨verblijfplaats v. God &⟩ heaven; **2** ⟨uitspansel⟩ sky, firmament, heaven(s); **3** ⟨dak⟩ canopy [of throne]; tester [of bed]; *goeie (lieve) ~!* good heavens!; *de ~ beware ons!* God forbid!; *de ~ geve dat hij...!* would to God he...!; *~ en aarde bewegen* move heaven and earth; *de ~ mag weten* heaven knows, goodness knows; *de sterren aan de ~* the stars in the sky; *in de ~* in heaven; *in de ~ komen* go to heaven; *tussen ~ en aarde* between heaven and earth, [hang] in mid-air; *als de ~ valt hebben we allemaal een blauwe hoed* if the sky falls we shall catch larks; zie ook: *bloot, hemelsnaam, schreien*

'**hemelbed** *o* (-den) four-poster

'**hemelbestormer** *m* (-s) **1** ⟨in de mythologie⟩ Titan; **2** fig ⟨iem. met wilde, revolutionaire ideeën⟩ revolutionary, idealist

'**hemelbol** *m* (-len) celestial globe

'**hemelgewelf** *o* vault of heaven, firmament

'**hemelhoog I** *bn* sky-high, reaching (towering) to the skies; **II** *bijw* sky-high, to the skies; *iem. ~ verheffen* exalt (laud) sbd. to the skies

'**hemellichaam** *o* (-chamen) heavenly body, celestial body

'**hemelopneming** *v* (-en) assumption [of the Virgin Mary]

'**hemelpoort** *v* (-en) gate of Heaven

'**hemelrijk** *o* kingdom of Heaven

'**hemels I** *bn* celestial, heavenly [Father &]; *het Hemelse Rijk* the Celestial Empire [China]; **II** *bijw* celestially, heavenly; diviny [beautiful &]

'**hemelsblauw** *bn* sky-blue, azure

'**hemelsbreed** *bn bijw*: *een ~ verschil* a big difference; *er is een ~ verschil tussen hen* they are as wide asunder as the poles; *~ 100 km* 100 km as the crow flies

'hemelsbreedte *v* celestial latitude

'hemelsnaam *m*: *in ('s)* ~ for Heaven's sake; *hoe heb je dat in ('s)* ~ *kunnen doen?* how on earth could you do that?; zie ook: *godsnaam*

'hemelstreek *v* (-streken) **1** ⟨luchtstreek⟩ climate, zone; **2** ⟨windstreek⟩ point of the compass

'hemeltergend *bn* crying to heaven, crying

'hemeltje *tsw* good heavens!

'Hemelvaart *v* Ascension (of Christ)

'hemelvaartsdag *m* Ascension Day

'hemelvuur *o* ⟨bliksem⟩ lightning

'hemelwaarts *bijw* heavenward(s), towards Heaven

'hemelwater *o* rain

hemi'sfeer *v* (-sferen) hemisphere

hemofi'lie *v* haemophilia

1 hen *v* (-nen) ⟨kip⟩ hen

2 hen *pers vnw* them; *voor* ~ *die vertrokken* for those who left

'hendel *o & m* (-s) = ²*handel*

'Hendrik *m* Henry

'Henegouwen *o* Hainaut, Hainault

'hengel *m* (-s) **1** ⟨v. vissers⟩ fishing-rod; **2** ⟨v. microfoon⟩ boom

'hengelaar *m* (-s) angler

'hengelen I (hengelde, h. gehengeld) *onoverg* angle; *naar een complimentje* ~ be angling (fishing) for a compliment; **II** *o*: *het* ~ angling

'hengelsnoer *o* (-en) fishing-line

'hengelstok *m* (-ken) fishing-rod

'hengsel *o* (-s) **1** ⟨v. emmer &⟩ handle; **2** ⟨scharnier⟩ hinge [of a door]

'hengselmand *v* (-en) hand-basket

hengst *m* (-en) stallion, stud-horse

'hengsten (hengstte, h. gehengst) *onoverg* = *blokken*

'henna *v* henna

'hennep *m* hemp

'hennepen *bn* hempen, hemp

'hennepolie *v* hempseed oil

'hennepzaad *o* (-zaden) hempseed

hens: *alle* ~ *aan dek* scheepv all hands on deck

hepa'titis *v* hepatitis

her *bijw*: ~ *en der* here and there, hither and thither; *van eeuwen* ~ ages old; *jaren* ~ ages since

her'ademen² *onoverg* breathe again

her'ademing *v* (-en) fig relief

heral'diek I *v* heraldry; **II** *bn* heraldic

he'raldisch *bn* heraldic

he'raut *m* (-en) herald²

her'barium *o* (-s en -ria) herbarium

'herbebossen² *overg* reafforest

'herbebossing *v* (-en) reforestation

'herbeginnen² *overg* ZN ⟨hervatten⟩ resume, return to

'herbenoemen (herbenoemde, h. herbenoemd) *overg* reappoint

'herbenoeming *v* (-en) reappointment

'herberg *v* (-en) inn, public house; gemeenz pub, tavern

'herbergen (herbergde, h. geherbergd) *overg* accommodate, lodge

herber'gier *m* (-s) innkeeper, landlord, host

her'bergzaam *bn* hospitable

herbewapenen (herbewapende, h. herbewapend) *overg & wederk*: *(zich)* ~ rearm

herbewapening *v* (-en) rearmament; *morele* ~ moral rearmament

'herbezinnen *wederk*: *zich* ~ *over iets* reconsider sth.

herbi'voor *m* (-voren) herbivore

her'boren *bn* born again, reborn, regenerate

'herbouw *m* rebuilding

her'bouwen² *overg* rebuild

'herculesarbeid *m* Herculean labour

'herdenken² *overg* commemorate, call to remembrance

her'denking *v* (-en) commemoration; *ter* ~ *van* in commemoration of

her'denkingszegel *m* (-s) commemorative stamp

'herder *m* (-s) **1** ⟨v. schapen⟩ shepherd, ⟨v. ander vee⟩ herdsman, ⟨meest in samenst.⟩ [swine-]herd; **2** ⟨geestelijke⟩ shepherd, pastor; **3** = *herdershond*; *de Goede H~* the Good Shepherd

herde'rin *v* (-nen) shepherdess

'herderlijk *bn* pastoral; ~ *ambt* pastorate, pastorship; ~ *schrijven* pastoral (letter)

'herdersambt *o* (-en) pastorship, pastorate

'herdersdicht *o* (-en) pastoral (poem); ~*en* bucolics

'herdersfluit *v* (-en) shepherd's pipe

'herdershond *m* (-en) **1** ⟨in 't alg⟩ shepherd's dog, sheepdog; **2** ⟨ras⟩: *Duitse* ~ Alsatian

'herdersspel *o* (-spelen) pastoral (play)

'herdersstaf *m* (-staven) **1** ⟨v. herder⟩ sheep-hook, [shepherd's] crook; **2** [bishop's] crosier

'herderstasje *o* (-s) ⟨plant⟩ shepherd's-purse

'herdersuurtje *o* (-s) lovers' tryst

'herderszang *m* (-en) pastoral (song), eclogue

'herdruk *m* (-ken) reprint, new edition; *het boek is in* ~ the book is reprinting

her'drukken² *overg* reprint

here'miet *m* (-en) hermit

heremijn'tijd *tsw* Good heavens!

'herenboer *m* (-en) gentleman-farmer

'herendienst *m* (-en) forced labour, statute labour

heren'dubbel, heren'dubbelspel *o* men's doubles

heren'enkelspel, heren'enkelspel *o* men's singles

'herenhuis *o* (-huizen) **1** ⟨groot woonhuis in stad⟩ mansion; **2** ⟨buiten⟩ manor-house; **3** ⟨makelaarsterm⟩ residence

her'enigen (herenigde, h. herenigd) *overg* reunite

her'eniging *v* (-en) **1** ⟨in 't alg.⟩ reunion; **2** pol [German] reunification

'**herenkleding** v men's wear
'**herenleventje** o: een ~ hebben live like a prince, be in clover
'**herenmode** v (-s) (gentle)men's fashion; ~s men's wear; winkelier in ~s (men's) outfitter, clothier
'**herexamen** o (-s) re-examination
herfst m autumn, Am fall
'**herfstachtig** bn autumnal
'**herfstaster** v (-s) Michaelmas daisy
'**herfstbloem** v (-en) autumnal flower
'**herfstdag** m (-dagen) autumn day, day in autumn
'**herfstdraden** mv air-threads, gossamer
'**herfstig** bn autumnal, autumn-like
'**herfstmaand** v (-en) **1** ⟨maand in herfst⟩ autumn month; **2** (in 't bijz.) September
'**herfsttijd** m autumn time
'**herfsttijloos** v (-lozen) meadow saffron
'**herfstvakantie** v (-s) autumn holidays
'**hergebruiken**² overg **1** (opnieuw gebruiken) reuse; **2** ⟨recyclen⟩ recycle
her'geven² overg **1** give again; **2** kaartsp deal again
'**hergroeperen** (hergroepeerde, h. gehergroepeerd) overg regroup
'**hergroepering** v regrouping
her'haald bn repeated; ~e malen repeatedly, again and again
her'haaldelijk bijw repeatedly, again and again
her'halen² **I** overg **1** ⟨overnieuw doen⟩ repeat, say (over) again, reiterate; **2** ⟨kort⟩ recapitulate; **II** wederk: zich ~ repeat oneself (itself)
her'haling v (-en) repetition; bij ~ again and again; repeatedly; in ~en vervallen repeat oneself
her'halingscursus m (-sen) refresher course
her'halingsoefening v (-en) recapitulatory exercise; ~en mil (military) training [of reservists]
her'halingsteken o (-s) repeat
'**herijken**² overg regauge
'**herik** m (-riken) charlock
her'inneren (herinnerde, h. herinnerd) **I** overg: aan iets ~ recall sth.; iem. aan iets ~ remind sbd. of sth.; **II** wederk: zich ~ remember, (re)call to mind, recollect, recall; voorzover ik mij herinner to the best of my recollection, as far as I can remember
her'innering v (-en) **1** ⟨in 't alg.⟩ memory, remembrance, recollection, reminiscence; **2** ⟨aandenken⟩ souvenir, memento, keepsake; **3** ⟨geheugenopfrissing⟩ reminder; iem. iets in ~ brengen remind sbd. of sth.; ter ~ aan in memory (remembrance) of
her'inneringsmedaille v (-s) commemorative medal
her'inneringsvermogen o memory
'**herintreden** onoverg re-enter the work force
her'kansing v (-en) **1** sp supplementary heat; **2** ⟨school⟩ re-examination
her'kauwen² overg & onoverg **1** ⟨v. dieren⟩ ruminate, chew the cud; **2** fig repeat (the same thing)
'**herkauwend** bn: ~ dier = herkauwer
'**herkauwer** m (-s) dierk ruminant

'**herkauwing** v rumination
her'kenbaar bn recognizable, knowable (aan by)
her'kennen² overg recognize (aan by); know again; ik herkende hem aan zijn stem ook: I knew him by his voice
her'kenning v (-en) recognition
her'kenningsmelodie v (-dieën) (signature) tune
her'kenningsteken o (-en en -s) **1** ⟨in 't alg.⟩ mark of recognition, identification mark; **2** luchtv marking
'**herkeuren**² overg examine again, re-examine
'**herkeuring** v (-en) (medical) re-examination
her'kiesbaar bn re-eligible, eligible for re-election; zich niet ~ stellen not seek re-election
her'kiezen² overg re-elect
her'kiezing v (-en) re-election
her'komst v (-en) origin
her'krijgen² overg get back, recover, regain [one's health, vigour]
her'krijging v (-en) recovery
her'leidbaar bn reducible
her'leiden² overg reduce, convert
her'leiding v (-en) reduction, conversion
her'leidingstabel v (-len) reduction table, conversion table
her'leven² onoverg revive, return to life, live again; doen ~ revive, bring to life again; resurrect [the past]
her'leving v revival, resurgence
her'lezen² overg re-read, read (over) again
her'lezing v (-en) re-reading, second reading
hermafro'diet m-v (-en) hermaphrodite
Her'mandad m: de heilige ~ the police, the law
herme'lijn m (-en) ⟨dier⟩ ermine [white], stoat [red]; **2** o ⟨bont⟩ ermine
herme'lijnen bn ermine
'**hermesstaf** m (-staven) caduceus
her'metisch bn hermetical
her'nemen² overg **1** ⟨in 't alg.⟩ take again [something]; **2** mil retake, recapture [a fortress]; **3** mil take up [the offensive] again; **4** ⟨hervatten⟩ resume, reply
her'neming v retaking, recapture
'**hernhutter** m (-s) Moravian brother [mv Moravian brethren]
'**hernia** v ('s) **1** ⟨inz. v. tussenwervelschijf⟩ slipped disc (disk); **2** ⟨anders⟩ hernia
her'nieuwen (hernieuwde, h. hernieuwd) overg renew
her'nieuwing v (-en) renewal, resurgence
He'rodes m Herod
hero'iek I bn heroic(al); **II** v heroism
hero'ïne v heroin
hero'ïnehoertje o (-s) heroin prostitute
he'roïsch bn heroic(al)
hero'ïsme o heroism
'**herontdekken** (herontdekte, h. herontdekt) overg rediscover

'herontdekking *v* (-en) rediscovery

her'openen[2] *overg* re-open

her'opening *v* (-en) **1** (in 't alg.) re-opening; **2** ZN (hervatting) resumption

'heropvoeding *v* re-education

'heroriëntatie *v* (-s) reorientation

'heros *m* (he'roën) hero

her'overen (heroverde, h. heroverd) *overg* reconquer, recapture, retake, recover [from the enemy]

her'overing *v* (-en) reconquest, recapture

'heroverwegen[2] *overg* reconsider

'herpes *v* herpes

'herplaatsen[2] *overg* **1** (in 't alg.) replace; **2** (v. advertentie &) reinsert; **3** (m.b.t. arbeidsplaats) reinstate

'herplaatsing *v* (-en) **1** (in 't alg.) replacement; **2** (v. advertentie &) reinsertion; **3** (m.b.t. arbeidsplaats) reinstatement

'herrie *v* **1** (lawaai) noise, din, uproar, racket, hullabaloo; **2** (ruzie) row; ~ *hebben* gemeenz have a row, be at odds; ~ *krijgen* gemeenz get into a row; ~ *maken*, ~ *schoppen* gemeenz kick up a row (a shindy), slang raise a stink

'herriemaker *m* (-s), **'herrieschopper** *m* (-s) rowdy, hooligan, troublemaker

her'rijzen[2] *onoverg* **1** (in 't alg.) rise again; **2** rise [from the dead]

her'rijzenis *v* (-sen) ressurection

her'roepbaar *bn* revocable, repealable

her'roepen[2] *overg* **1** recall, revoke, rescind [a decision]; **2** recant [a statement]; **3** repeal, annul [a law]; **4** retract [a promise]

her'roeping *v* (-en) recall, revocation [of the Edict of Nantes], repeal, recantation, retractation, annulment

her'schapen *bn* transformed, turned [into]

'herschatten[2] *overg* revalue

'herschatting *v* (-en) revaluation

her'scheppen (herschiep, h. herschapen) *overg* recreate, create anew, regenerate, transform, turn (*in* into)

her'schepping *v* (-en) recreation, regeneration, transformation

'herscholen[2] *overg* retrain

'herscholing *v* retraining

her'schrijven[2] *overg* rewrite

'hersenarbeid *m* brain-work

'hersenbeschadiging *v*, **'hersenletsel** *o* brain damage

'hersenbloeding *v* (-en) cerebral haemorrhage

'hersencel *v* (-len) brain cell

'hersendood *v* brain death

'hersenen *mv* brain; *de grote* ~ the cerebrum; *de kleine* ~ the cerebellum; zie ook: *hersens*

'hersengymnastiek *v* mental gymnastics; (vraagspel) quiz

'hersenloos *bn* brainless

'hersenontsteking *v* (-en) encephalitis

'hersenpan *v* (-nen) brain-pan, cranium

'hersens *mv* **1** brain [as organ]; **2** brains [as matter & intelligence]; *met een prima stel* ~ with a first-rate brain; *z'n* ~ *afpijnigen* cudgel one's brains; *iem. de* ~ *inslaan* knock sbd.'s brains out, bash sbd.'s brains in; *hoe haalt hij het in zijn* ~? how does he get it into his head?; *dat zal hij wel uit zijn* ~ *laten* he will think twice before doing it; he will not even dare to think of doing such a thing

'hersenschim *v* (-men) idle fancy, chimera

hersen'schimmig *bn* chimerical

'hersenschors *v* brain cortex, cerebral cortex

'hersenschudding *v* (-en) concussion (of the brain)

'hersenspinsel *o* (-s) chimera, figment of (one's) imagination

'hersenspoeling *v* brainwashing

'hersenstam *m* brain stem

'hersentrombose *v* cerebral thrombosis

'hersentumor *m* (-s en -moren) tumor of the brain, brain tumor

'hersenverweking *v* (-en) softening of the brain

'hersenvlies *o* (-vliezen) cerebral membrane

'hersenvliesontsteking *v* (-en) meningitis

'hersenweefsel *o* (-s) brain tissue

'hersenwerk *o* brain-work

'hersenwinding *v* (-en) convolution of the brain

'hersenziekte *v* (-n en -s) brain disease

her'stel *o* **1** reparation, repair [of what is broken]; **2** recovery [after illness, of business, of prices &]; **3** restoration [of confidence, of order, of a building]; **4** re-establishment [of sbd.'s health, of the monarchy]; **5** handel rally [of shares]; **6** redress [of grievances]; **7** reinstatement [of an official]

her'stelbaar *bn* repairable, reparable, remediable, restorable, retrievable

her'stelbetalingen *mv* reparations

her'steldienst *m* (-en) ZN repair service

her'stellen[2] **I** (h.) *overg* **1** repair, mend [shoes &]; **2** remedy [an evil]; **3** correct [mistakes]; **4** right [a wrong]; **5** redress [grievances]; **6** set [it] right, make good [the damage, the loss &]; **7** retrieve [a loss, an error &]; **8** restore [order, confidence]; **9** re-establish [authority]; **10** reinstate [an official]; *in zijn eer* ~ rehabilitate; *een gebruik in ere* ~ revive a custom; **II** (is) *abs ww* recover [from an illness]; *herstel!* mil as you were!; **III** (h.) *wederk*: zich ~ recover oneself, pull oneself together; recover [from]

her'stellende *m-v* (-n) convalescent

her'steller *m* (-s) repairer, restorer

her'stelling *v* (-en) repairing, repair, restoration, re-establishment, recovery; ~*en doen* make repairs

her'stellingsoord *o* (-en) **1** (plaats, streek) health-resort; **2** (inrichting) sanatorium; **3** (tehuis voor herstellenden) convalescent home

her'stellingsteken *o* (-s) muz natural (sign)

her'stellingswerkplaats *v* (-en) repair shop

her'stelwerkzaamheden *o* repairs, repair work

'**herstemmen**[2] *onoverg* vote again

'**herstemming** *v* (-en) second ballot

'**herstructureren** (herstructureerde, h. geherstructureerd) *overg* restructure

'**herstructurering** *v* (-en) restructuring

hert *o* (-en) **1** (in 't alg.) deer [*mv* deer]; **2** (mannetjes~) stag; *vliegend* ~ (insect) stag-beetle

'**hertelling** *v* (-en) recount [of votes]

'**hertenbout** *m* (-en) haunch of venison

'**hertenjacht** *v* (-en) stag-hunting, deer-stalking

'**hertenkamp** *m* (-en) deer-park

'**hertenleer** *o* = *hertsleer*

'**hertenvlees** *o* venison

'**hertog** *m* (-togen) duke

'**hertogdom** *o* (-men) duchy

her'**togelijk** *bn* ducal

herto'**gin** *v* (-nen) duchess

her'**trouwen**[2] *onoverg* remarry, marry again

1 '**hertshoorn** *o* & *m* (stofnaam) hartshorn

2 '**hertshoorn**, '**hertshoren** *m* (-s) (plant) staghorn, stag's horn

'**hertsleer** *o* deerskin

hertz *m* hertz

'**heruitvoering** *v* (-en) (v. toneelstuk in 't alg.) repeat performance; (v. oud toneelstuk) revival

'**heruitzending** *v* (-en) rerun, repeat

her'**vatten**[2] *overg* resume, return to [work, a conversation]

her'**vatting** *v* (-en) resumption

'**herverdeling** *v* (-en) redistribution [of wealth]

'**herverkaveling** *v* (-en) re-allocation [of arable land]

'**herverzekeren**[2] *v* reinsure

'**herverzekering** *v* (-en) reinsurance

her'**vinden**[2] *overg* find again

her'**vormd** *bn* reformed; *de* ~*en* the Protestants

her'**vormen**[2] *overg* reform

her'**vormer** *m* (-s) reformer

her'**vorming** *v* (-en) **1** (v.d. maatschappij &) reform; **2** (v.d. kerk) reformation

Her'**vormingsdag** *m* Reformation Day

'**herwaarderen**[2] *overg* **1** (v. valuta) revalue; **2** (opnieuw beoordelen) reassess

'**herwaardering** *v* (-en) revaluation; reassessment

'**herwaarts** *bijw* hither, this way

her'**winnen**[2] *overg* **1** regain [one's footing, consciousness]; **2** win back [money]; **3** recover [a loss, lost ground]; **4** retrieve [a battle]

her'**zien**[2] *overg* **1** revise [a book, a treaty &]; **2** reconsider [a policy]; **3** review [a lawsuit]

her'**ziening** *v* (-en) **1** revision [of a book, a treaty &]; **2** reconsideration [of a policy]; **3** review [of a lawsuit]

hes *v* (-sen) smock

'**hesen** V.T. meerv. v. *hijsen*

'**Hessen** *o* Hesse

'**Hessisch** *bn* Hessian

het I *lidwoord* the; *3 gulden* ~ *pond* 3 guilders a pound; *3 gulden* ~ *stuk* 3 guilders each; **II** *pers vnw* it

hete'**luchtverwarming** *v* (-en) hot-air heating

1 '**heten** (heette, h. geheet) *overg* heat [= make hot]

2 '**heten** (heette, h. geheten) **I** *overg* **1** name, call; **2** vero order, bid [sbd. welcome]; **II** *onoverg* be called, be named; *hoe heet dat?* what is it called?; *hoe heet hij?* what is his name?; *vraag hem hoe hij heet* go and ask his name; *het heet dat hij...* it is reported (said) that he...; *zoals het heet* as the saying goes; *zo waar ik ... heet* as sure as my name is ...; *hij heet Jan naar zijn vader* he is called John after his father; *(Een beetje druk hier?) Wat heet!* That's putting it mildly!

'**heterdaad**: *iem. op* ~ *betrappen* catch sbd. in the act, catch sbd. red-handed

hetero'**fiel** *bn* & *m-v* heterosexual

heterofi'**lie** *v* heterosexuality

hetero'**geen** *bn* heterogeneous

heterogeni'**teit** *v* heterogeneity

heteroseksu'**eel I** *bn* heterosexual; **II** *m-v* (-elen) heterosexual

het'**geen** *betr vnw* that which, what, which

het'**welk** *betr vnw* which

'**hetze** *v* (-s) **1** (in 't alg.) agitation, (smear) campaign; **2** (in krant) yellow-press campaign

het'**zelfde** *aanw vnw* the same

het'**zij** *voegw* either ... or

heug: *tegen* ~ *en meug* reluctantly, against one's wish

'**heugen** (heugde, h. geheugd) *onoverg*: *het heugt mij* I remember; *dat zal u* ~ you won't forget that in a hurry

'**heugenis** *v* remembrance, recollection, memory

'**heuglijk** *bn* **1** (gedenkwaardig) memorable; **2** (verheugend) joyful, pleasant

heul *o* comfort

'**heulen** (heulde, h. geheuld) *onoverg*: ~ *met* be in league with, be in collusion with

heup *v* (-en) hip; *hij heeft 't op zijn* ~*en* he is in one of his tempers

'**heupbeen** *o* (-deren) hip-bone

'**heupbroek** *v* (-en) hipsters (*mv*

'**heupbroek** *v* (-en) hipsters, hiphuggers

'**heupfles** *v* (-sen) hip-flask

'**heupwiegen** (heupwiegde, h. geheupwiegd) *onoverg* swing (sway, roll) one's hips

'**heupworp** *m* (-en) hip throw

'**heupzwaai** *m* (-en) (worstelen) cross-buttock

heur *bez vnw*: ~ *haar* her hair~

heus I *bn* **1** (beleefd) courteous, kind; **2** (echt) real, live; **II** *bijw* **1** (hoffelijk) courteously, kindly; **2** (werkelijk) really, truly; *Heus?* really?, have you though?; *..., maar niet* ~! ..., (but) not really!

'**heusheid** *v* (-heden) courtesy, kindness

'**heuvel** *m* (-en en -s) hill

'**heuvelachtig** *bn* hilly

'**heuvellandschap** *o* (-pen) hilly landscape

'**heuvelrug** *m* (-gen) range of hills
'**heuveltje** *o* (-s) knoll, hillock, mound
'**heuveltop** *m* (-pen) hill top
'**hevel** *m* (-s) siphon
'**hevelen** (hevelde, h. geheveld) *overg* siphon
'**hevig I** *bn* **1** vehement, violent [storm &], **2** severe, heavy [fighting]; **3** intense [heat, pain]; **II** *bijw* **1** vehemently, violently; **2** *versterkend* greatly, badly [bleeding &]
'**hevigheid** *v* vehemence, violence, intensity, severity
he'xameter *m* (-s) hexameter
HH *afk. heren* gentlemen
hi'aat *m* & *o* (-hiaten) hiatus, gap
hief (hieven) V.T. v. *heffen*
hiel *m* (-en) heel; *iem. op de ~en zitten* be close upon sbd.'s heels; *nauwelijks heb ik de ~en gelicht, of...* no sooner have I turned my back than...; *zijn ~en laten zien* show a clean pair of heels
'**hielbeen** *o* (-deren) heel-bone
hield (hielden) V.T. v. *houden*
'**hielenlikker** *m* (-s) lickspittle, toady
hielp (hielpen) V.T. v. *helpen*
'**hielprik** *m* (-ken) heel prick, PKU test
'**hielstuk** *o* (-ken) counter
hiep *tsw*: ~, ~, *hoera!* hip, hip, hurrah!
hier *bijw* here; ~ *en daar* here and there; *wel* ~ *en daar!* gemeenz the deuce!, by Jove!; ~ *en daar over spreken* talk about this and that; ~ *te lande* in this country; ~ *ter stede* in this town
'**hieraan** *bijw* to this, by this &
hier'achter *bijw* **1** ⟨plaats⟩ behind (this); **2** ⟨verwijzing in boeken &⟩ hereafter, hereinafter
hiërar'chie *v* (-chieën) hierarchy
hië'rarchisch *bn* hierarchical
hierbe'neden *bijw* down here, here below
'**hierbij, hier'bij** *bijw* **1** ⟨ingesloten⟩ herewith, enclosed; **2** hereby, herewith [I declare]
hier'binnen *bijw* within this place or room, in here, within
hier'boven *bijw* up here, above
hier'buiten *bijw* outside (this)
'**hierdoor, hier'door** *bijw* **1** ⟨oorzaak⟩ by this; **2** ⟨door het genoemde heen⟩ through here
'**hierheen, hier'heen** *bijw* hither, here, this way
'**hierin, hier'in** *bijw* in here, herein, in this
'**hierlangs** *bijw* this way, past here
'**hiermede, 'hiermee** *bijw* with this
'**hierna, hier'na** *bijw* after this, hereafter
hiernaar *bijw* after this, from this
hier'naast *bijw* next door
hier'namaals I *bijw* hereafter; *het leven* ~ the future life; **II** *o* hereafter, after-world
hier'nevens *bijw* enclosed, annexed
hiëro'gliefen *mv* = *hiëroglyfen*
hiëro'glifisch *bn* = *hiëroglyfisch*
hiëro'glyfen *mv* hieroglyphics
hiëro'glyfisch *bn* hieroglyphic

'**hierom** *bijw* **1** ⟨om het genoemde heen⟩ round this; **2** ⟨reden⟩ for this reason
hierom'heen *bijw* round this
'**hieromtrent** *bijw* **1** ⟨om die zaak⟩ about this, on this subject; **2** ⟨omgeving⟩ hereabout(s)
hier'onder *bijw* **1** ⟨onder het genoemde⟩ underneath, below; **2** at the foot [of the page]; **3** ⟨tussen het genoemde⟩ among these
'**hierop** *bijw* upon this, hereupon
'**hierover** *bijw* **1** ⟨plaats⟩ opposite, over the way; **2** ⟨betreffende⟩ on (about) this subject, about this
'**hiertegen** *bijw* against this
hiertegen'over *bijw* opposite; against this; ~ *staat dat...* on the other hand...
'**hiertoe** *bijw* for this purpose; *tot* ~ thus far, so far
hier'tussen *bijw* between these
'**hieruit** *bijw* from this, hence
'**hiervan** *bijw* of this (that), about this, hereof
'**hiervoor** *bijw* **1** ⟨voor dit doel⟩ for this, in exchange, in return (for this); **2** ⟨tijd, plaats⟩ before (this)
'**hierzo** *bijw gemeenz* here, over here
hieuw (hieuwen) V.T. v. *houwen*
'**hieven** V.T. meerv. v. *heffen*
hij *pers vnw* he; *is het een* ~ *of een zij?* is it a he or a she?
'**hijgen** (hijgde, h. gehijgd) *overg* pant, gasp (for breath); ~ *naar* fig pant (yearn) for
'**hijger** *m* (-s) heavy breather; *door een* ~ *worden opgebeld* receive an obscene phonecall
hijs *m* hoisting, hoist; *een hele* ~ quite a job
'**hijsbalk** *m* (-en) hoisting beam
'**hijsblok** *o* (-ken) pulley-block
'**hijsen** (hees, h. gehesen) *overg* hoist [a sail, a flag &], pull up; run up [a flag]
'**hijskraan** *v* (-kranen) crane
'**hijstoestel** *o* (-len) hoisting apparatus, hoist
'**hijstouw** *o* (-en) hoisting rope
hik *m* (-ken) hiccup, hiccough
'**hikken** (hikte, h. gehikt) *onoverg* hiccup, hiccough
hilari'teit *v* hilarity
'**hinde** *v* (-n) hind, doe
'**hinder** *m* hindrance, impediment, obstacle; *ik heb er geen* ~ *van* it does not hinder me; it is no trouble to me; it is not in my way
'**hinderen** (hinderde, h. gehinderd) **I** *overg* hinder, impede, incommode, inconvenience, trouble; *het hindert mij bij mijn werk* it hinders me in my work; *dat hinderde hem* that's what annoyed him; **II** *abs ww* hinder, be in the way; *dat hindert niet* it does not matter
'**hinderlaag** *v* (-lagen) ambush, ambuscade; *een* ~ *leggen* lay an ambush; *in* ~ *liggen* lie in ambush; *in een* ~ *lokken* ambush; *in een* ~ *vallen* be ambushed
'**hinderlijk** *bn* **1** annoying, troublesome [persons]; **2** inconvenient [things]
'**hindernis** *v* (-sen) hindrance, obstacle; *wedren met* ~*sen* obstacle race

'hinderpaal *m* (-palen) obstacle, impediment, hindrance; *iem. hinderpalen in de weg leggen* put (throw) obstacles in sbd's way; *alle hinderpalen uit de weg ruimen* remove all obstacles

'hinderwet *v* nuisance act

'Hindoe *m* (-s) Hindu, Hindoo

hindoe'isme *o* Hinduism

'Hindoes *bn* Hindu, Hindoo

Hindoe'staan *m* (-stanen) Hindu

'Hindoestan *o* Hindustan

Hindoe'stani *o & bn* Hindustani, Hindoostani

hing (hingen) V.T. v. *hangen*

'hinkelbaan *v* (-banen) hopscotch

'hinkelen (hinkelde, h. gehinkeld) *onoverg* hop, play at hopscotch

'hinken (hinkte, h. gehinkt) *onoverg* **1** (kreupel lopen) limp, walk with a limp; gemeenz dot and carry one; **2** sp hop, play at hopscotch; *op twee gedachten* ~ halt between two opinions

'hinkepoot *m* (-poten) limper, cripple

'hink-stap-sprong *m* hop-step-and-jump, triple jump

'hinniken (hinnikte, h. gehinnikt) *onoverg* **1** (v. paard) neigh, whinny; **2** (lachen) titter, cackle

hint *m* (-s) hint, clue

hip *bn* hip, trendy [clothes]; swinging [town]

'hiphop *m* hip-hop

'hippie *m-v* (-s) hippie

'hippisch *bn* equestrian

hippo'droom *m & o* (-dromen) hippodrome

His'panje *o* plechtig Hispania

his'toricus *m* (-ci) historian

his'torie *v* (-s en -riën) history, story; zie: *geschiedenis*

his'torieschrijver *m* (-s) historiographer

his'torisch I *bn* **1** historical [novel, materialism &]; **2** historic [building, event, monument, procession]; *het is* ~*!* it actually happened; **II** *bijw* historically

1 hit *m* (-ten) (pony, inz. Shetland) pony, nag

2 hit *m* (-s) (succesvolle plaat) hit, hit record

'hitparade *v* (-s) hit parade, charts

'hitsig *bn* hot-blooded

'hitte *v* heat[2]

hittebe'stendig *bn* heat-resistant

'hittegolf *v* (-golven) heat-wave

'hittepetit *v* (-ten) gemeenz chit

'hitteschild *o* (-en) heat shield

HKH *afk.* Hare Koninklijke Hoogheid H.R.H. (Her Royal Highness)

hl *afk.* = hectoliter

h'm *tsw* ahem!

HM *afk.* Hare Majesteit H.M. (Her Majesty)

ho *tsw* ~*!* ho!; zie ook: [1]*hei*

HO *o hoger onderwijs* zie: *onderwijs*

'hobbel *m* (-s) knob, bump

'hobbelen (hobbelde, h. gehobbeld) *onoverg* **1** (in 't alg.) rock (to and fro), jolt [in a cart]; **2** (op hobbel-paard) ride on a rocking-horse

'hobbelig *bn* rugged, uneven, bumpy

'hobbelpaard *o* (-en) rocking-horse

'hobbezak *m* (-ken) **1** ⟨kledingstuk⟩ sack, sacklike dress; **2** ⟨persoon⟩ jumbo

'hobby *m* ('s) hobby

hobby'isme *o* geringsch amateurism, dilettantism

hobby'ist *m* (-en) **1** ⟨beoefenaar v.e. hobby⟩ hobbyist; **2** geringsch amateur, dilettante

'hobbykamer *v* (-s) workroom

ho'bo *m* ('s) oboe

hobo'ïst *m* (-en) oboist, oboe-player

'hockey *o* hockey, Am field hockey

hocus-'pocus *m & o* hocus-pocus, gemeenz hankypanky; ~ *pas!* hey presto!

hoe *bijw voegw* how; ~ *dan ook* anyhow, anyway; ~ *zo?* how so?, what do you mean?; ~ *langer* ~ *erger* worse and worse; ~ *meer...,* ~ *minder...* the more..., the less...; ~ *rijk hij ook is* however rich he may be; ~ *het ook zij* however that may be; *zij weet* ~ *de mannen zijn* she knows what men are like; *ik zou graag weten* ~ *of wat* I should like to know where I stand; *het* ~ *en wat (waarom) weet hij niet* he does not know the ins and outs of the case

hoed *m* (-en) **1** ⟨voor man⟩ hat; **2** ⟨voor vrouw⟩ hat, bonnet; *hoge* ~ top-hat, topper; *de* ~ *afnemen (voor iem.)* raise (take off) one's hat (to sbd.); *daar neem ik mijn (de)* ~ *voor af* I take off my hat to that; *met de* ~ *in de hand komt men door het ganse land* cap in hand will take you through the land; *van de* ~ *en de rand weten* know what's what

'hoedanig *vragend vnw* how, what

hoe'danigheid *v* (-heden) quality; *in zijn* ~ *van...* in his capacity as..., in his capacity of...

'hoede *v* guard, care, protection; *onder zijn* ~ *nemen* take under one's protection, take charge of; *(niet) op zijn* ~ *zijn* be on (off) one's guard (*voor* against)

'hoeden (hoedde, h. gehoed) **I** *overg* guard, take care of, tend [flocks], keep, herd, watch, look after [the cattle]; **II** *wederk: zich* ~ *voor* beware of, guard against [mistakes]

'hoedendoos *v* (-dozen) hat-box, [lady's] bandbox

'hoedenlint *o* (-en) hatband

'hoedenmaakster *v* (-s) milliner

'hoedenmaker *m* (-s) hatter

'hoedenpen *v* (-nen) hat-pin

'hoedenplank *v* (-en) back shelf, parcel shelf

'hoedenwinkel *m* (-s) hat-shop

'hoeder *m* (-s) **1** (in 't alg.) keeper[2]; **2** fig guardian; **3** (v. vee) herdsman; **4** (meest in samenst.) [swine-]herd; *mijns broeders* ~ bijbel my brother's keeper

'hoedje *o* (-s) (little) hat; *onder één* ~ *spelen met* be in league with; *nu is hij onder een* ~ *te vangen* gemeenz he sings small now

hoef *m* (hoeven) hoof

'hoefblad *o* coltsfoot

'hoefdier *o* (-en) hoofed animal, ungulate

'hoefgetrappel *o* clatter of hoofs

'**hoefijzer** *o* (-s) horseshoe, shoe
'**hoefnagel** *m* (-s) horseshoe nail
'**hoefslag** *m* (-slagen) hoofbeat
'**hoefsmid** *m* (-smeden) farrier
'**hoefstal** *m* (-len) frame
'**hoegenaamd, hoege'naamd** *bijw*: ~ *niets* absolutely nothing, nothing whatever, nothing at all
hoek *m* (-en) **1** ⟨besloten door twee lijnen of vlakken⟩ angle; **2** ⟨besloten door twee muren⟩ corner; **3** ⟨v. straat, oog, mond &⟩ corner; **4** ⟨beschut plekje⟩ nook; **5** <u>boksen</u> hook; **6** ⟨vishaak⟩ hook, fishhook; *dode* ~ blind angle; *iem. in een* ~ *drijven* corner sbd.; *een jongen in de* ~ *zetten* put a boy in the cranny; *in alle* ~*en en gaten* in every nook and corner; *om de* ~ round the corner; *ga de* ~ *om* go round the corner; *onder een* ~ *van* ... at an angle of [40°]; *op de* ~ at (on) the corner; *hij kan zo aardig uit de* ~ *komen* he can come out with a joke (witty remark &) quite unexpectedly; *hij kwam flink uit de hoek* <u>gemeenz</u> he came down handsomely; zie ook: *wind*
'**hoekhuis** *o* (-huizen) corner house
'**hoekig** *bn* **1** angular[2]; **2** <u>fig</u> rugged
'**hoekje** *o* (-s) corner, nook; *bij het* ~ *van de haard* at the fireside; *het* ~ *omgaan* <u>slang</u> kick the bucket
'**hoekkast** *v* (-en) corner cupboard
'**hoekman** *m* (-nen) ⟨beurs⟩ jobber
'**hoekplaats** *v* (-en) corner-seat
'**hoekpunt** *o* (-en) angular point
'**hoekschop** *m* (-pen) corner
'**hoeksteen** *m* (-stenen) corner-stone[2], quoin
'**hoektand** *m* (-en) canine (tooth), eye-tooth
'**hoekvlag** *v* (-gen) corner flag
hoen *o* (-deren en -ders) hen, fowl
'**hoenderachtig** *bn* gallinaceous
'**hoenderhof** *m* (-hoven) poultry-yard, chicken-yard
'**hoenderhok** *o* (-ken) poultry-house, henhouse
'**hoenderpark** *o* (-en) poultry-farm
'**hoenders** *mv* (barn-door) fowls, poultry, chickens
'**hoenderteelt** *v* chicken breeding (farming)
'**hoentje** *o* (-s) chicken, pullet; *zo fris als een* ~ as fresh as a daisy
'**hoepel** *m* (-s) hoop
'**hoepelen** (hoepelde, h. gehoepeld) *onoverg* play with a (the) hoop, trundle a hoop
'**hoepelrok** *m* (-ken) hoop-petticoat, crinoline
'**hoepelstok** *m* (-ken) hoop-stick
hoer *v* (-en) whore, harlot, prostitute
hoe'ra *tsw* hurrah, hurray; *driemaal* ~ *voor*... three cheers for...
'**hoerenkast** *v* (-en) brothel, bawdy house
'**hoerenloper** *m* (-s) <u>gemeenz</u> whore-hopper, brothel louse
'**hoerenmadam** *v* (-men) madam
hoe'reren (hoereerde, h. gehoereerd) *onoverg* whore
hoere'rij *v* (-en) whoring; fornication
'**hoerig** *bn* whorish, slutty

'**hoertje** *o* (-s) floosie, floozie
hoes *v* (hoezen) **1** ⟨in 't alg.⟩ cover, dust sheet; **2** ⟨v. grammofoonplaat⟩ sleeve
'**hoeslaken** *o* (-s) fitted sheet
hoest *m* cough
'**hoestbui** *v* (-en) fit of coughing
'**hoestdrankje** *o* (-s) cough mixture
'**hoesten** (hoestte, h. gehoest) *onoverg* cough
'**hoestmiddel** *o* (-en) cough remedy
'**hoestpastille** *v* (-s) cough lozenge
'**hoeve** *v* (-n) farm, farmstead, homestead
'**hoeveel, hoe'veel** *telw* **1** ⟨voor enkelvoud⟩ how much [money]; **2** ⟨voor meervoud⟩ how many [books]
hoe'veelheid *v* (-heden) quantity, amount
hoe'veelste *telw*: *de* ~ *keer?* how many times (have I told you)?; *de* ~ *van de maand hebben wij?* what day of the month is it?; *de* ~ *bent u?* what is your number?
'**hoeven** (hoefde, h. gehoefd *of* gehoeven) *overg*: *dat hoeft niet* that's not necessary; you don't have to do that; *dat had je niet* ~ *doen* you didn't have to do that; there was no need for you to do that; ⟨na ontvangst v.e. cadeau⟩ you shouldn't have done that; *van mij hoeft skiën niet meer, ik hoef niet meer zo nodig te skiën* I'm no longer interested in skiing; zie ook: *behoeven*
'**hoeverre** *bijw*: *in* ~ how far
hoe'wel *voegw* although, though
hoe'zee *tsw* hurrah, huzza!
hoe'zeer *bijw* however much
hoe'zo? *tsw* what do you mean?; ~ *slecht weer?* what do you mean, bad weather?; ~ *oranje licht?* what yellow light?

1 hof *m* (hoven) ⟨tuin⟩ garden
2 hof *o* (hoven) court [of arbitration, cassation, of a king &]; *het* ~ *maken* pay court to, pay one's addresses to; *aan het* ~ at court
'**hofbal** *o* (-s) court ball, state ball
'**hofdame** *v* (-s) court lady, lady-in-waiting, ⟨ongehuwd⟩ maid of honour
'**hofdignitaris** *m* (-sen) court official
'**hofetiquette** *v* court etiquette
'**hoffelijk** *bn* courteous
'**hoffelijkheid** *v* (-heden) courteousness, courtesy
'**hofhouding** *v* (-en) court, household
'**hofje** *o* (-s) **1** ⟨v. bejaarden⟩ almshouse; **2** ⟨binnenplaats⟩ court
'**hofjonker** *m* (-s) page
'**hofkapel** *v* (-len) **1** ⟨kerkje⟩ court chapel; **2** <u>muz</u> court band
'**hofkliek** *v* (-en) court clique
'**hofkring** *m* (-en): *in* ~*en* in court circles
'**hofleverancier** *m* (-s) purveyor to His (Her) Majesty, by appointment (to His Majesty, to Her Majesty)
'**hofmaarschalk** *m* (-en) Lord Chamberlain
'**hofmeester** *m* (-s) <u>scheepv</u> steward

hofmeeste'res *v* (-sen) scheepv stewardess
'hofmeier *m* (-s) major-domo
'hofnar *m* (-ren) court jester, court fool
'hofprediker *m* (-s) court chaplain
'hofstede, **'hofstee** *v* (-steden) homestead, farmstead, farm
hoge'drukgebied *o* (-en) high(-pressure) area, high, anticyclone
hoge'drukpan *v* (-nen) pressure cooker
'hogelijk *bijw* = *hooglijk*
'hogepriester *m* (-s) high priest
'hoger *bn* higher
hoger'hand *v*: *van* ~ zie *hand*
'Hogerhuis *o* Upper House, House of Lords
hoger'op *bijw* higher; ~ *willen* have higher aspirations, be ambitious; *het* ~ *zoeken* ⟨bij hogere instantie⟩ take it higher up, take it to a higher authority
hoge'school *v* (-scholen) college, university; *aan de* ~ in the University; *op de* ~ at college
hoge'snelheidstrein *m* (-en) high-speed train
hoi *tsw* **1** ⟨groet⟩ hi, hello; **2** ⟨juichkreet⟩ whoopee
1 hok *o* (-ken) **1** ⟨voor dieren⟩ kennel [for dogs], sty [for pigs], pen [for sheep, poultry], [pigeon-, poultry-] house, cage [for lions], hutch [for rabbits]; **2** ⟨bergruimte⟩ shed [for coals &]; **3** ⟨kamertje voor hobby &⟩ den; **4** slang ⟨gevangenis⟩ quod; **5** gemeenz ⟨voetbaldoel⟩ goal; *een* ~ *(van een kamer)* a poky little room, gemeenz a hole
2 hok *o* (-ken) ⟨v. garven, schoven⟩ shock
'hokje *o* (-s) **1** ⟨bergruimte voor papieren &⟩ compartment; ⟨in een bureau⟩ pigeon-hole; **2** ⟨kleedhokje; slaapkamertje⟩ cubicle **3** ⟨vierkant vakje⟩ square; **4** ⟨op invulbiljet⟩ box
'hokjesgeest *m* need to compartmentalize
1 'hokken (hokte, h. gehokt) *onoverg* ⟨even stil vallen⟩ come to a standstill; *er hokt iets* there's a hitch somewhere; *het gesprek hokte* the talk hung for a time
2 'hokken (hokte, h. gehokt) *onoverg* ⟨in concubinaat leven⟩ slang shack up; *bij elkaar* ~ huddle together; *zij* ~ *altijd thuis* they are stay-at-homes
'hokkerig *bn* poky, cramped
'hokvast *bn*: *hij is (erg)* ~ he is a stay-at-home
1 hol *o* (-holen) **1** ⟨in 't alg.⟩ cave, cavern; **2** ⟨v. dier⟩ hole; **3** ⟨v. wild dier⟩ den, lair; **4** ⟨plaats van duistere praktijken⟩ den; **5** gemeenz ⟨achterste⟩ arse; Am ass; *zich in het* ~ *van de leeuw wagen* brave the lion's den; *iem. een schop onder zijn* ~ *geven* gemeenz kick sbd. in the arse (in the butt); *het kan me geen* ~ *schelen* gemeenz I don't give a shit
2 hol *m*: *op* ~ *slaan (raken)* bolt, run away; *iem. het hoofd op* ~ *brengen* turn sbd.'s head; *zijn hoofd is op* ~ it has turned his head
3 hol I *bn* **1** hollow[2] [stalks, cheeks, phrases, tones]; **2** empty[2] [vessels, phrases]; **3** cavernous [eyes]; **4** concave [lenses]; ~*le weg* sunken road; ~*le zee* rough sea; *in het* ~*st van de nacht* at dead (in the

dead) of night; **II** *bijw* hollow
'hola *tsw* hallo!; hold on!, stop!
'holbewoner *m* (-s) cave-dweller, troglodyte
'holderdebolder *bijw* head over heels, helterskelter; ~ *door elkaar* pell-mell
'hold-up *m* (-s) ZN hold-up
'holenbeer *m* (-beren) cave-bear
'holenkunde *v* speleology
'holenkunst *v* cave-art
'holenmens *m* (-en) cave-man
'holheid *v* hollowness[2], emptiness[2]
'holklinkend *bn* hollow(-sounding)
'Holland *o* **1** ⟨Nederland⟩ the Netherlands; ⟨onofficieel⟩ Holland; **2** ⟨provincies⟩ Holland
'Hollander *m* (-s) **1** ⟨Nederlander⟩ ⟨onofficieel⟩ Dutchman; **2** ⟨uit provincies⟩ Hollander; *vliegende* ~ **1** scheepv Flying Dutchman; **2** sp (boy's) racer; *de* ~*s* the Dutch
'Hollands I *bn* Dutch; **II** *o*: *het* ~ Dutch; **III** *v*: *een* ~*e* a Dutchwoman
'hollen (holde, h. & is gehold) *onoverg* run; *het is altijd* ~ *of stilstaan met hem* he is always running into extremes; *een* ~*d paard* a runaway horse
'holletje *o* scamper; *op een* ~ at a scamper
'holocaust *m* ⟨volkerenmoord⟩ holocaust; ⟨m.b.t. de joden tijdens de Tweede Wereldoorlog⟩ Holocaust
'hologig *bn* hollow-eyed
holo'grafisch *bn* holograph(ic)
holo'gram *o* (-men) hologram
'holrond *bn* concave
holst *o* zie: *[3]hol*
'holster *m* (-s) holster
'holte *v* (-n en -s) **1** hollow [of the hand, in the ground &]; **2** cavity [in a solid body]; **3** socket [of the eye, of the hip]; **4** pit [of the stomach]
hom *v* (-men) milt, soft roe
homeo'paat *m* (-paten) homoeopath
homeopa'thie *v* homoeopathy
homeo'pathisch *bn* homoeopathic(al)
'hometrainer *m* (-s) exercise bicycle, stationary bicycle
'hommel *v* (-s) **1** ⟨dar⟩ drone; **2** ⟨grote brombij⟩ bumblebee
'hommeles: *het is* ~ *tussen hen* they are at odds, gemeenz there is a row
'homo *m* ('s) gemeenz queer, slang queen, pansy, sissy
homo'fiel *bn* & *m-v* homosexual, gemeenz gay
homofi'lie *v* homosexuality ~
homo'geen *bn* homogeneous
homogeni'teit *v* homogeneity, homogeneousness
homolo'gatie *v* (-s) sanction
homo'niem I *o* (-en) homonym; **II** *bn* homonymous
homoseksuali'teit *v* homosexuality
homoseksu'eel *bn* & *m-v* homosexual, gemeenz gay

homp *v* (-en) hunk, lump, chunk [of bread &]

'**hompelen** (hompelde, h. gehompeld) *onoverg* hobble, limp

hond *m* (-en) **1** (in 't alg. & scheldwoord) dog²; **2** ⟨jachthond⟩ hound²; *jonge ~* puppy, pup; *de ~ uitlaten* take the dog out for a walk; *jij stomme ~!* you mooncalf!; *vliegende ~* flying fox; *blaffende ~en bijten niet* his bark is worse than his bite; *men moet geen slapende ~en wakker maken* let sleeping dogs lie; *de ~ in de pot vinden* go without one's dinner; *wie een ~ wil slaan, kan licht een stok vinden* it is easy to find a staff to beat a dog; *veel ~en zijn der hazen dood* nobody can hold out against superior numbers; *bekend staan als de bonte ~* have a bad reputation; *de gebeten ~ zijn* (always) get the blame; *daar lusten de ~en geen brood van* even a dog would turn up its nose at that; *als twee ~en vechten om een been, loopt een derde er ras mee heen* two dogs fight for a bone, and a third runs away with it; *commandeer je ~(je) en blaf zelf* I'm not your slave

'**hondenasiel** *o* (-en) home for dogs, dogs' home

'**hondenbaantje** *o* (-s) gemeenz rotten job

'**hondenbelasting** *v* dog-tax

'**hondenbrokken** *mv* dry dog food, kibble

'**hondenbrood** *o* dog-biscuit

'**hondenhok** *o* (-ken) (dog-)kennel

'**hondenkar** *v* (-ren) cart drawn by dogs

'**hondenketting** *m & v* (-en) dog-chain

'**hondenleven** *o* (-s) dog's life

'**hondenlul** *m* (-len) gemeenz **1** eig dog's prick, dog's penis; **2** ⟨scheldwoord⟩ prick

'**hondenmepper** *m* (-s) doghunter

'**hondenpenning** *m* (-en) dog-licence badge

'**hondenpoep** *v* dog's dirt; gemeenz dogshit, Am dog-doo

'**hondenras** *o* (-sen) breed of dogs

'**hondenriem** *m* (-en) dog's leash, slip

'**hondententoonstelling** *v* (-en) dogshow

'**hondentrimmer** *m* (-s) canine beautician

'**hondenvlees** *o* dog's meat

'**hondenwacht** *v* scheepv dog-watch, middle watch

'**hondenweer** *o* gemeenz beastly weather

'**hondenziekte** *v* distemper

'**honderd** *telw* a (one) hundred; *~en mensen* hundreds of people; *bij ~en* by the hundred; *alles is in het ~* everything is at sixes and sevens; *alles loopt in het ~* everything goes awry (wrong); *de boel in het ~ laten lopen* make a muddle (a mess) of it; *vijf ten ~* five per cent.

'**honderdduizend** *telw* a (one) hundred thousand; *~en* hundreds of thousands

'**honderdjarig I** *bn* a hundred years old, centenary, centennial, secular; *~ bestaan, ~ gedenkfeest* centenary; *de H~e Oorlog* the Hundred Year's War; **II** *m-v* *een ~e* a centenarian

'**honderdste** *telw* hundredth (part)

'**honderdtal** *o* (-len) (a, one) hundred, (a) five score

'**honderduit**: *~ praten* talk nineteen to the dozen

'**honderdvoud** *o* centuple

'**honderdvoudig** *bn* a hundredfold, centuple

honds I *bn* **1** currish [fellow]; **2** brutal [treatment &]; **II** *bijw* brutally

'**hondsbrutaal** *bn* as bold as brass, shameless; *~ zijn* be as bold as brass, be incredibly insolent, be incredibly cheeky

'**hondsdagen** *mv* dog-days

honds'dolheid *v* **1** ⟨bij dieren⟩ rabies, canine madness; **2** ⟨bij mensen⟩ hydrophobia

'**hondsdraf** *v* ground-ivy

'**hondshaai** *m* (-en) dog-fish

'**hondsroos** *v* dog-rose

'**hondsster** *v* dog-star

'**hondsvot** *v & o* (-ten) gemeenz rascal, scoundrel, scamp

Hon'duras *o* Honduras

Hondu'rees *m* (-rezen) & *bn* Honduran

'**honen** (hoonde, h. gehoond) *overg* jeer at, taunt, insult, fleer

'**honend** *bn* scornful, jeeringly

Hon'gaar *m* (-garen) Hungarian

Hon'gaars *o* & *bn* Hungarian

Honga'rije *o* Hungary

'**honger** *m* hunger; *~ hebben* be hungry; *~ krijgen* get hungry; *~ lijden* starve; *van ~ sterven* die of hunger; *~ maakt rauwe bonen zoet* hunger is the best sauce

'**hongerdood** *m & v* death from hunger, starvation

'**hongeren** (hongerde, h. gehongerd) *onoverg* hunger, be hungry

'**hongerig** *bn* hungry

'**hongerkunstenaar** *m* (-s) fasting champion, professional starver

'**hongerkuur** *v* (-kuren) hunger (fasting) cure

'**hongerlijder** *m* (-s) starveling

'**hongerloon** *o* (-lonen) starvation wages, pittance

'**hongeroedeem** *o* hunger oedema; Am hunger edema

'**hongersnood** *m* (-noden) famine

'**hongerstaker** *m* (-s) hunger striker

'**hongerstaking** *v* (-en) hunger strike; *in ~ gaan* go on hunger strike

'**hongerwinter** *m* (-s) winter of starvation

'**Hongkong** *o* Hong Kong

'**Hongkongs** *bn* Hong Kong

'**honing** *m* honey; *iem. ~ om de mond smeren* butter sbd. up

'**honingbij** *v* (-en) honey-bee~

'**honingdauw** *m* honeydew

'**honingraat** *v* (-raten) honeycomb

'**honingzoet** *bn* **1** ⟨zeer zoet⟩ as sweet as honey, honey-sweet²; **2** fig honeyed, mellifluous [words]

honk *o* (-en) **1** ⟨thuis⟩ home; **2** sp base; *bij ~ blijven* **1** stay near, stay at home; **2** fig keep to the point; *van ~ gaan* leave home; *van ~ zijn* be absent, be away from home

'**honkbal** o baseball
'**honkbalknuppel** m (-s) baseball bat
'**honkballer** m (-s) baseball player
'**honkslag** m (-slagen) (one-)base hit
'**honkvast** bn = hokvast
'**honnepon** v & m (-nen) sweetie
hon'neurs mv honours; de ~ waarnemen do the
   honours [of the house]
hono'rair bn honorary
hono'rarium o (-s en -ria) fee
hono'reren (honoreerde, h. gehonoreerd) overg
   1 (betalen) pay; **2** (geldig verklaren) honour [a bill];
   niet ~ dishonour [a bill]
ho'noris 'causa bn honorary; hij werd tot doctor ~
   benoemd the honorary degree was conferred upon
   him, he was given the honorary degree of doctor
   of laws &
hoofd o (-en) **1** ⟨in 't alg.⟩ head°; gemeenz noddle;
   slang loaf, knob, nut; **2** ⟨chef⟩ chief, leader; **3** principal [of a school, university]; **4** heading [of a paper, an article]; headline(s) [of an article]; ~ van een
   school headmaster, headmistress; een ~ groter taller
   by a head; ~ links (rechts)! mil eyes... left (right)!;
   zijn ~ is er mee gemoeid it may cost him his head;
   het ~ bieden aan make head against, stand up to
   [sbd.], brave, face [dangers &], meet [a difficulty],
   cope with, deal with [this situation]; bear up
   against [misfortunes]; zich het ~ breken over rack
   one's brains over (about) sth.; een goed ~ hebben
   voor wiskunde have a good head for mathematics;
   ergens een hard ~ in hebben have great doubts about
   sth.; het ~ vol hebben van... have one's head full
   of...; het ~ boven water houden keep one's head
   above water; het ~ hoog houden carry (hold) one's
   head high; het ~ in de schoot leggen give in, resign;
   mijn ~ loopt om my head is in a whirl; het ~ opsteken raise its head (their heads); de ~en bij elkaar
   steken lay (put) their heads together; zijn ~ stoten
   fig meet with a rebuff; het ~ verliezen lose one's
   head; het ~ niet verliezen keep one's head; het ~ in
   de nek werpen bridle up; veel aan het ~ hebben have
   lots of things to attend to; aan het ~ staan van be at
   the head of; be in charge of [a prison &]; niet goed
   bij het (zijn) ~ zijn not be in one's right mind; wat
   ons boven het ~ hangt what is hanging over our
   heads; dat is mij door het ~ geschoten it has slipped
   my memory; it has completely gone out of my
   head; iets in zijn ~ halen get (take) sth. into one's
   head; iets in zijn ~ hebben have sth. in one's mind;
   hoe kon hij het in zijn ~ krijgen (halen)? how could
   he get it into his head?; zich iets in 't ~ zetten take
   (get) sth. into one's head; zich een gat in het ~ vallen zie: gat; met opgeheven ~ with head erect; met
   het ~ tegen de muur lopen run one's head against a
   wall; iem. naar het (zijn) ~ gooien throw sth. at
   sbd.'s head; fig fling sth. in sbd.'s teeth; iem. beledigingen naar het ~ slingeren hurl insults at sbd.; naar
   het ~ stijgen go to one's head; z'n ~ om de deur ste-

ken pop one's head in; het zal op uw ~ neerkomen be
it on your head(s); iets over het ~ zien overlook sth.;
3 gulden per ~ 3 guilders per head; uit ~e van on
account of, owing to; uit dien ~e on that account,
for that reason; iets uit zijn ~ kennen (leren, opzeggen) know (learn, say) sth. by heart; berekeningen uit
het ~ maken make calculations in one's head; uit
het ~ spelen play from memory; van het ~ tot de
voeten from head to foot, from top to toe, all over;
van het ~ tot de voeten gewapend armed cap-a-pie (to
the teeth); iem. van ~ tot voeten opnemen look sbd.
up and down; iem. voor het ~ stoten rebuff sbd.; ~
voor ~ individually; zoveel ~en, zoveel zinnen (so)
many men, (so) many minds
hoofd- voorv **1** ⟨in 't alg.⟩ main, principal; **2** chief
   [engineer, merit &]
'**hoofdagent** m (-en) **1** handel general agent; **2** ⟨v.
   politie⟩ ± police sergeant
'**hoofdakte** v (-n en -s) headmaster's certificate
'**hoofdaltaar** o & m (-taren) RK high altar
'**hoofdambtenaar** m (-naren en -s) higher official,
   senior officer
'**hoofdarbeider** m (-s) brain-worker
'**hoofdartikel** o (-en en -s) leading article, leader,
   editorial
'**hoofdassistent** m (-en) chief (senior) assistant
'**hoofdbeginsel** o (-en en -s) chief principle
'**hoofdbestanddeel** o (-delen) main constituent
'**hoofdbestuur** o **1** ⟨v. vereniging⟩ managing committee, executive committee, general committee;
   2 ⟨v. bedrijf⟩ governing (central) board of directors
'**hoofdbewerking** v (-en) rekenkunde elementary
   operation
'**hoofdbewoner** m (-s) principal occupier
'**hoofdboekhouder** m (-s) head bookkeeper
'**hoofdbreken**, '**hoofdbrekens** o trouble, care,
   worry
'**hoofdbron** v (-nen) head-spring, chief source
'**hoofdbuis** v (-buizen) main (tube)
'**hoofdbureau** o (-s) **1** head-office [of a company];
   2 police headquarters (office)
'**hoofdcommissaris** m (-sen) (chief) commissioner
   (of police)
'**hoofddeksel** o (-s) head-gear
'**hoofddeur** v (-en) main door, main entrance
'**hoofddoek** m (-en) kerchief, turban [of a native]
'**hoofddoel** o main object, principal aim
'**hoofdeind** (-en), '**hoofdeinde** o (-n) head [of a
   bed &]
'**hoofdelijk** bn per capita; ~e stemming voting by
   roll-call; zie ook: omslag
'**hoofdfiguur** v (-guren) principal figure
'**hoofdfilm** m (-s) feature film, main film, big film
'**hoofdgebouw** o (-en) main building
'**hoofdgeld** o (-en) capitation, poll-tax, headmoney
'**hoofdgerecht** o (-en) main course
'**hoofdhaar** o (-haren) hair of the head
'**hoofdingang** m (-en) main entrance

'**hoofdinspecteur** *m* (-s) chief inspector
'**hoofdkaas** *m* (pork) brawn
'**hoofdkantoor** *o* (-toren) head-office, head-quarters
'**hoofdkleur** *v* (-en) primary colour
'**hoofdknik** *m* (-ken) nod of the head
'**hoofdkraan** *v* (-kranen) main cock
'**hoofdkussen** *o* (-s) pillow
'**hoofdkwartier** *o* (-en) mil headquarters; *het grote* ~ mil general headquarters, G.H.Q
'**hoofdleiding** *v* (-en) **1** (bestuur) general management; **2** (v. gas, water &) main, mains
'**hoofdletter** *v* (-s) capital (letter)
'**hoofdlijn** *v* (-en) main line, trunk-line [of a railway]; *de ~en* the main features
'**hoofdmaaltijd** *m* (-en) main meal
'**hoofdman** *m* (-nen en -lieden) chief
'**hoofdmoot** *v* (-moten) principal part
'**hoofdofficier** *m* (-en) field-officer
'**hoofdonderwijzer** *m* (-s) head-teacher
'**hoofdpersoon** *m* (-sonen) principal person, central figure; *de hoofdpersonen (van de roman)* the principal characters
'**hoofdpijn** *v* (-en) headache; ~ *hebben (krijgen)* have (get) a headache
'**hoofdpostkantoor** *o* (-toren) head post office; (in Londen) General Post Office
'**hoofdprijs** *m* (-prijzen) first prize [in a lottery]
'**hoofdpunt** *o* (-en) main point
'**hoofdredacteur** *m* (-en en -s) chief editor, editor-in-chief
'**hoofdregel** *m* (-en en -s) principal rule
'**hoofdrekenen** *o* mental arithmetic
'**hoofdrol** *v* (-len) principal part (rôle), leading part
'**hoofdschakelaar** *m* (-s) main switch
'**hoofdschakeldoos** *v* (-dozen), '**hoofdschakel-kast** *v* (-en) service box
'**hoofdschotel** *m* & *v* (-s) **1** eig principal dish, pièce de résistance; **2** fig principal feature, main item, pièce de résistance
'**hoofdschudden** *o* shaking (shake) of the head
'**hoofdschuddend** *bijw* **1** (meewarig) pityingly; **2** (afkeurend) disapprovingly
'**hoofdschuldige** *m-v* (-n) chief culprit
'**hoofdslagader** *v* aorta
'**hoofdsom** *v* (-men) **1** (het totaal) sum total; **2** (het kapitaal) principal
'**hoofdstad** *v* (-steden) **1** (v. land) capital city, capital, metropolis; **2** (v. provincie, graafschap) chief-town, county town
hoofd'**stedelijk** *bn* metropolitan
'**hoofdstel** *o* (-len) head-stall
'**hoofdsteun** *m* (-en) head-rest
'**hoofdstraat** *v* (-straten) principal street, main street, (main) thoroughfare
'**hoofdstuk** *o* (-ken) chapter
'**hoofdtelwoord** *o* (-en) cardinal number
'**hoofdtoon** *m* (-tonen) **1** (klemtoon) main stress;

2 muz keynote[2]
'**hoofdtrek** *m* (-ken) principal trait (characteristic), main feature; *in ~ken* in outline
'**hoofdvak** *o* (-ken) principal subject
'**hoofdverkeersweg** *m* (-wegen) arterial road
'**hoofdverpleegster** *v* (-s) head-nurse, sister in charge
'**hoofdweg** *m* (-wegen) main road, main route, highroad
'**hoofdwerk** *o* **1** (-en) (voornaamste schepping) main work; **2** (voornaamste bezigheid) main occupation; **3** (werk met het hoofd) headwork, mental work, mental effort
'**hoofdwond** *v* (-en) wound in the head, head wound
'**hoofdwoord** *o* (-en) headword
'**hoofdwortel** *m* (-s) plantk main root, tap-root
'**hoofdzaak** *v* (-zaken) main point, main thing; *hoofdzaken* ook: essentials; *in* ~ in the main, on the whole, substantially
hoofd'**zakelijk** *bijw* principally, chiefly, mainly
'**hoofdzetel** *m* (-s) principal seat, head-quarters
'**hoofdzin** *m* (-nen) gramm principal sentence
'**hoofdzonde** *v* (-n) deadly sin
'**hoofdzuster** *v* (-s) head-nurse, sister (in charge)
hoofs *bn* courtly
'**hoofsheid** *v* courtliness
hoog I *bn* **1** high [favour, hills, jump, opinion, temperature, words &]; **2** tall [tree, glass]; **3** lofty [roof]; **4** senior [officers]; *een hoge g* muz a top G; *hoge druk* high pressure; *onder hoge druk* at high pressure; *het hoge noorden* the extreme North; ~ *en droog* high and dry; *dat gaat mij te* ~ that is beyond me, above my comprehension; *de sneeuw ligt* ~ the snow lies deep; ~ *staan* be high [of prices]; *hij woont twee* ~ two stairs up; **II** *m-v*: *een hoge* gemeenz a bigwig, slang a big shot, a V.I.P.; mil, gemeenz a brass hat; *(hele) hogen* mil, slang (top) brass; *God in den hoge* God on high; *uit den hoge* from on high; **III** *bijw* **1** [play, sing] high; **2** highly [paid, placed]
'**hoogachten**[1] *overg* (hold in high) esteem, respect; ~*d* yours faithfully, yours sincerely, yours truly
'**hoogachting** *v* esteem, respect, regard; *met (de meeste)* ~ yours faithfully, yours sincerely, yours truly
'**hoogaltaar** *o* & *m* (-taren) high altar
'**hoogbedaagd**, '**hoogbejaard** *bn* very old, aged, advanced in years
'**hoogblond** *bn* sandy
'**hoogbouw** *m* high-rise flats, high-rise (office) blocks, multistorey building
'**hoogconjunctuur** *v* boom
hoog'**dravend I** *bn* high-sounding, high-flown, highfalutin(g), grandiloquent, pompous; **II** *bijw* pompously
hoog'**dravendheid** *v* grandiloquence, pompousness
hoog'**dringendheid** *v* ZN urgency

'hoogdruk *m* (-ken) letter-press [printing]

'Hoogduits *bn* & *o* (High) German

'hoogfrequent *bn* high-frequency

'hooggaand *bn* high; ~*e ruzie hebben* have high words; ~*e zee* heavy sea

'hooggeacht *bn* (highly) esteemed; *H~e heer* Dear Sir

'hooggebergte *o* (-n en -s) high mountains

'hooggeboren *bn* high-born

'hooggeëerd *bn* highly honoured

'hooggeleerd *bn* very learned

'hooggelegen *bn* high

'hooggeplaatst *bn* highly placed, highplaced

hoogge'rechtshof *o* Supreme Court

'hooggeschat *bn* (highly) valued

'hooggespannen *bn* high-strung, high

'hooggestemd *bn* high-pitched

'hoogglans(verf) *v* paint with a high gloss

hoog'hartig *bn* proud, haughty; *op zijn ~e manier* in his off-hand manner

hoog'hartigheid *v* haughtiness

'hoogheid *v* (-heden) highness, height, grandeur; *Zijne (Hare) Koninklijke Hoogheid* His (Her) Royal Highness

'hooghouden[1] *overg* uphold, maintain

'hoogkoor *o* (-koren) sanctuary

'hoogland *o* (-en) highland

'Hooglanden *mv* Highlands

'Hooglander *m* (-s) Highlander

hoog'leraar *m* (-s en -raren) (University) professor

hoog'leraarschap *o* (-pen) professorship

'Hooglied *o: het* ~ bijbel the Song of Songs, the Canticles

'hooglijk *bijw* highly, greatly

'hooglopend *bn* = hooggaand

'hoogmis *v* (-sen) high mass

'hoogmoed *m* pride, haughtiness; ~ *komt voor de val* pride will have a fall

hoog'moedig *bn* proud, haughty

'hoogmoedswaan, **'hoogmoedswaanzin** *m* = grootheidswaan

hoog'mogend *bn* high and mighty; *Hunne Hoogmogenden* Their High Mightinesses

'hoognodig *bn* very (highly) necessary, urgently needed, much-needed; *het ~e* what is strictly necessary

'hoogoven *m* (-s) blast-furnace

'hoogrood *bn* **1** (in 't alg.) bright red; **2** flushed [face &]

'hoogschatten[1] *overg* esteem highly

'hoogschatting *v* esteem

'hoogseizoen *o* (-en) high season, peak season

'hoogspanning *v* high tension

'hoogspannings- *voorv* high-tension...

'hoogspanningskabel *m* (-s) high-tension cable

'hoogspringen *o sp* high jump

hoogst I *bn* **1** (in 't alg.) highest, supreme; **2** top [class, prices &]; *op zijn (het)* ~ *zijn* be at its height

[of quarrel, storm &]; *op zijn (het)* ~ at (the) most; *ten* ~*e* **1** at (the) most; **2** highly, greatly, extremely; *een boete van ten* ~*e 100 gulden* a fine not exceeding 100 guilders; **II** *bijw* highly, very, greatly, extremely, quite

'hoogstaand *bn* of high standing, eminent, distinguished, superior, high-minded

hoogst'aangeslagene *m-v* (-n) highest taxpayer

'hoogstand *m* (-en) handstand

'hoogstandje *o* (-s) tour de force, amazing feat

hoogst'biedende *m-v* (-n) highest bidder

'hoogsteigen *bn: in* ~ *persoon* in his own proper person

'hoogstens *bijw* at (the) most, at the utmost, at the outside, at best

'hoogstnodig *bn* absolutely necessary, strictly necessary; most urgent [repairs]

'hoogstpersoonlijk *bn* in person, personnaly

'hoogstwaarschijnlijk I *bn* highly probable; **II** *bijw* most probably

'hoogte *v* (-n en -s) **1** (het hoog zijn) height [of a hill &]; **2** altitude [of the stars, above the sea-level]; **3** (verhevenheid) height, elevation, eminence; **4** handel highness [of prices]; **5** muz pitch [of the voice]; **6** level [in social, moral & intellectual matters]; *de* ~ *hebben (krijgen)* be (get) tipsy; *daar kan ik geen* ~ *van krijgen* it is above my comprehension, it beats me; *ik kan geen* ~ *van haar krijgen* I don't understand her, I can't make her out; *de* ~ *ingaan* rise[2]; fig go up, look up [of prices]; ~ *verliezen* luchtv lose altitude; *in de* ~ *steken* cry up [a book &]; *op de* ~ *van Gibraltar* scheepv off Gibraltar; *op dezelfde* ~ *als...* on a level with, on a par with; *op geringe (grote)* ~ [fly] at low (high) altitude; *op de* ~ *blijven* stay in the picture, keep oneself posted (up); keep abreast of the times; *iem. op de* ~ *brengen* post sbd. (up); *iem. op de* ~ *houden* keep sbd. posted (informed); *iem. op de* ~ *stellen van* inform sbd. of; *zich op de* ~ *stellen van iets* acquaint oneself with sth.; *op de* ~ *van zijn tijd zijn* be well abreast of the times; *op de* ~ *van de Franse taal* familiar with the French language; *goed op de* ~ *van iets zijn* be well-informed, be in the picture, be well-posted on a subject; *tot op zekere* ~ to a certain extent; *iem. uit de* ~ *behandelen* treat sbd. loftily, in an off-hand manner; *uit de* ~ *neerzien op* look down upon; *uit de* ~ *zijn* gemeenz be uppish

'hoogtecirkel *m* (-s) = breedtecirkel

'hoogtelijn *v* (-en) **1** perpendicular [in a triangle]; **2** contour line [in a map]

'hoogtemeter *m* (-s) altimeter

'hoogtepunt *o* (-en) **1** (in 't alg.) culminating point[2]; **2** fig high point, peak, pinnacle, zenith; *op het* ~ at the height (at the flood) [of his glory]

'hoogterecord *o* (-s) luchtv height (altitude) record

'hoogteroer *o* (-en) luchtv elevator

'hoogteverschil *o* (-len) difference in height, difference in altitude '**hoogtevrees** v acrophobia, height fear; ~ *hebben* be afraid of heights

'**hoogtezon** v (-nen) **1** artificial sun(light); **2** ⟨apparaat⟩ sun-lamp

'**hoogtij** o: ~ *vieren* reign supreme, run riot, be rampant

'**hoogtijdag** m (-dagen) **1** great day [of the Christian year &]; **2** holy day [in Islam's calendar &]

'**hooguit** bijw = *hoogstens*

'**hoogveen** o peat-moot

'**hoogverheven** bn lofty, exalted, sublime

'**hoogverraad** o high treason

'**hoogvlakte** v (-n en -s) plateau, tableland

'**hoogvliegend** bn high-flying, soaring

'**hoogvlieger** m (-s) **1** ⟨duif⟩ high-flying pigeon; **2** fig genius

hoog'**waardig** bn venerable, eminent

hoog'**waardigheid** v eminence

hoog'**waardigheidsbekleder** m (-s) dignitary

hoog'**water** o high water, high tide

hoog'**waterlijn** v (-en) high-water mark, tidemark

'**hoogwerker** m (-s) tower waggon (Am wagon), hydraulic arm

'**hoogzwanger** bn heavily pregnant; gemeenz very pregnant

hooi o hay; *te veel* ~ *op zijn vork nemen* bite off more than one can chew; have too many irons in the fire; *te* ~ *en te gras* by fits and starts, occasionally

'**hooiberg** m (-en) haystack, hayrick

'**hooibouw** m haymaking, hay harvest

'**hooibroei** m overheated hay

'**hooien** (hooide, h. gehooid) overg make hay

'**hooier** m (-s) haymaker

'**hooikist** v (-en) haybox

'**hooikoorts** v hay fever

'**hooiland** o (-en) hayfield

'**hooimaand** v July

'**hooimijt** v (-en) haystack

'**hooioogst** m hay harvest

'**hooiopper** m (-s) haycock

'**hooischelf** v (-schelven) haystack

'**hooischudder** m (-s) tedder

'**hooischuur** v haybarn

'**hooitijd** m (-en) hay(making) time, hay harvest

'**hooivork** v (-en) hayfork

'**hooiwagen** m (-s) **1** hay cart; **2** ⟨insect⟩ daddy-long-legs

'**hooizolder** m (-s) hayloft

hoon m contumely, insult, taunt, scorn

'**hoongelach** o scornful laughter

1 hoop m (hopen) **1** heap[2], pile [of things]; **2** heap, crowd, multitude [of people]; **3** lot [of trouble &]; **4** ⟨drol(len)⟩ stools; gemeenz turd, shit; *een* ~ *doen* do one's business; *een* ~ *leugens* a pack of lies; *de grote* ~ the multitude, the masses; *bij hopen* in heaps; *geld bij hopen* heaps (lots) of money; *te* ~ *lopen* gather in a crowd, flock together

2 hoop v ⟨verwachting⟩ hope, hopes; *weinig* ~ *geven* hold out little hope; ~ *hebben* have a hope, have hopes [of...]; *er is weinig* ~ *op* there is little hope of this; *in de* ~ *dat* in the hope that, hoping that...; *op* ~ *van...* hoping for...; *tussen* ~ *en vrees* between fear and hope

hoop'gevend bn promising, hopeful

'**hoopvol** bn hopeful, optimistic

hoor I tsw: *goed* ~! good!, great!; *Ik? Nee* ~! Me? No way!; *niet vergeten,* ~! don't forget now!; *ja* ~, *ik kom* OK, I'm coming; **II:** ~ *en wederhoor* zie: *wederhoor*

'**hoorapparaat** o (-raten) hearing aid, deaf-aid, ear aid

'**hoorbaar** bn audible

'**hoorcollege** o (-s) lecture

'**hoorder** m (-s) hearer, listener, auditor

1 hoorn m (-en en -s) **1** horn [on head of cattle, deer, snail; wind-instrument of the hunter &]; **2** mil bugle; **3** ⟨v. telefoon⟩ receiver; ⟨spreekgedeelte⟩ mouthpiece; ~ *des overvloeds* horn of plenty

2 hoorn o ⟨stofnaam⟩ horn

Hoorn: *Kaap* ~ Cape Horn

'**hoornachtig** bn horny

'**hoornblazer** m (-s) **1** ⟨in 't alg.⟩ horn-blower; **2** mil bugler

hoorn'dol bn crazy[2]

'**hoorndrager** m (-s) **1** ⟨in 't alg.⟩ horned animal; **2** ⟨bedrogene⟩ cuckold

'**hoornen** bn horn

'**hoorngeschal** o **1** sound of horns; **2** trumpet sound

'**hoornig** bn horny

hoor'nist m (-en) horn-player

'**hoornsignaal** o (-nalen) mil bugle call

'**hoornvee** o horned cattle, horned beasts

'**hoornvlies** o (-vliezen) cornea

'**hoornvliesontsteking** v (-en) keratitis, inflammation of the cornea

'**hoornvliestransplantatie** v (-s) corneal graft(ing)

'**hoorspel** o (-spelen) radio play

'**hoortoestel** o (-len) = *hoorapparaat*

'**hoorzitting** v (-en) hearing

hoos v (hozen) violent whirlwind; *water*~ waterspout

'**hoosvat** o (-vaten) scoop, bailer

1 hop v ⟨plant⟩ hop, hops

2 hop m (-pen) ⟨vogel⟩ hoopoe

3 hop tsw: ~! gee-up

'**hopakker** m (-s) hop-field

'**hopelijk** bijw it is to be hoped (that...)

'**hopeloos** bn hopeless, desperate

'**hopen** (hoopte, h. gehoopt) **I** overg hope (for); *het beste* ~ hope for the best; **II** onoverg hope; ~ *op* hope for

'**hopje** o (-s) coffee-flavoured sweet, Am coffee candy

'**hopman** m (-s & -lieden) ⟨scouting⟩ scoutmaster

'**hoppe** *v* = ¹*hop*

'**hoppen** (hopte, h. gehopt) *overg* hop

'**hopsa** *tsw*: ~! hey-day!

'**hopsen** (hopste, h. gehopst) *onoverg* jig

hor *v* (-ren) wire-blind, screen

'**horde** *v* (-n en -s) **1** sp hurdle; **2** ⟨troep⟩ horde, troop, band

'**hordenloop** *m* (-lopen) hurdle-race, hurdles

'**horecabedrijf** *o* **1** hotel, restaurant and catering industry; **2** (-drijven) hotel, restaurant, or café

1 '**horen I** (hoorde, h. gehoord) *overg* **1** ⟨met gehoor waarnemen⟩ hear; **2** ⟨vernemen⟩ hear, learn; *ik heb niets meer van hem gehoord* I have not heard from him, I had no news from him; *heb je nog wat van hem gehoord?* heard [any news] about him?; *gaan ~ wat er is* go and hear what is up; *een geluid laten ~* utter (produce) a sound; *het is niet te ~* it cannot be heard; *ik heb het ~ zeggen* I have heard it said; *ik heb het van ~ zeggen* I had it from hearsay; **II** *onoverg & abs ww* hear; *hoor eens, wat...* (I) say, what...?; *hoor eens, dat gaat niet!* look here, that won't do!; ~ *naar* listen to [advice]; *hij wil er niet van ~* he will not hear of it; *wie niet ~ wil, moet voelen* he who will not be taught must suffer; ~*de doof zijn* be like those who having ears hear not, sham deafness; **III** *o*: *het was een leven dat ~ en zien je verging* the noise was deafening; ~ *en zien verging ons* we were bewildered

2 '**horen** (hoorde, h. gehoord) *onoverg* = *behoren I*

3 '**horen** *m* (-s) = ¹*hoorn*

'**horendol** *bn*: crazy, nuts; *ik word ~ van dat lawaai* that noise is driving me nuts

'**horige** *m-v* (-n) hist serf, villain

'**horizon** *m* (-nen) horizon, sky-line; *aan (onder) de* ~ on (below) the horizon

horizon'taal *bn* **1** (in 't alg.) horizontal; **2** ⟨bij kruiswoordraadsel⟩ across

'**horizonvervuiling** *v* ruining of the landscape, ruining of the skyline

'**horlepijp** *v* (-en) hornpipe

hor'loge *o* (-s) watch; *(3 uur) op mijn* ~ by my watch

hor'logebandje *o* (-s) watch-strap

hor'logeglas *o* (-glazen) watch-glass

hor'logekast *v* (-en) watch-case

hor'logeketting *m & v* (-en) watch chain

hor'logemaker *m* (-s) watchmaker

'**Hormoez**: *Straat van* ~ Strait of Hormuz

hormo'naal *bn* hormonal

hor'moon *o* (-monen) hormone

horos'coop *m* (-scopen) horoscope; *iems.* ~ *trekken* cast sbd.'s horoscope, cast sbd's nativity

'**horrelvoet** *m* (-en) clubfoot

hors d'oeuvre *o* (-s) hors d'oeuvres

horst *m* (-en) ⟨nest⟩ aerie, aery

hort *m* (-en) jerk, jolt, jog, push; *met ~en en stoten* by fits and starts

'**horten** (hortte, h. gehort) *onoverg* jolt, be jerky²

'**hortend** *bn* jerky²

hor'tensia *v* ('s) hydrangea

'**hortus** *m* (-sen) botanical garden

'**horzel** *v* (-s) horse-fly, hornet, gad-fly

'**hospes** *m* (-sen en -pites) landlord

'**hospik** *m* (-ken) mil, gemeenz medical orderly; Am medic

'**hospita** *v* ('s) landlady

hospi'taal *o* (-talen) hospital

hospi'taallinnen *o* waterproof sheeting

hospi'taalschip *o* (-schepen) hospital ship

hospi'taalsoldaat (-daten) *m* hospital orderly, aid man

hospi'tant *m* (-en) teacher-trainee

hospi'teren (hospiteerde, h. gehospiteerd) *onoverg* onderwijs attend a lesson as a visitor

'**hossen** (hoste, h. gehost) *onoverg* jig, jolt

'**hostie** *v* (-s en -tiën) host

'**hot** *tsw* gee-up!; ~ *en haar* right and left; ~ *en haar door elkaar* higgledy-piggledy

ho'tel *o* (-s) hotel

ho'telbedrijf *o* (-drijven) hotel trade, hotel industry, hotel business

hotelde'botel *bn* gemeenz upset, confused, in a muddle, at sea

ho'telhouder *m* (-s) hotelier, hotel-keeper

ho'telrat *v* (-ten) hotel thief

ho'telschakelaar *m* (-s) two-way switch

ho'telschool *v* (-scholen) catering and hotel-management school

'**hotsen** (hotste, h. gehotst) *onoverg* jolt, bump, shake

Ho Tsji 'Minhstad *v* Ho Chi Minh City

'**Hottentot** *m* (-ten) Hottentot

'**Hottentots** *bn* Hottentot

hou: ~ *en trouw* loyal and faithful

'**houdbaar** *bn* ⟨verdedigbaar⟩ tenable; *boter die (niet)* ~ *is* butter that will (not) keep

'**houdbaarheid** *v* **1** ⟨verdedigbaarheid⟩ tenability; **2** ⟨v. eetwaren⟩ keeping qualities

'**houden** (hield, h. gehouden) **I** *overg* **1** ⟨vasthouden⟩ hold; **2** ⟨inhouden⟩ hold, contain; **3** ⟨er op nahouden⟩ keep [pigs, a pub, servants]; **4** ⟨behouden⟩ keep [the change]; **5** ⟨vieren⟩ keep, observe, celebrate [a feast]; **6** ⟨nakomen⟩ keep [a promise]; **7** ⟨uitspreken⟩ make, deliver [a speech &], give [an address]; *hij was niet te* ~ he could not be checked, he could not be kept quiet; *houd de dief!* stop thief!; zie ook: *bed, kamer, steek* &; *'t met een andere vrouw* ~ carry on with another woman; *wij moeten het aan de gang* ~ we must keep the thing going; *het aan zich* ~ reserve it to oneself; *je moet ze bij elkaar* ~ you should keep them together; *hen er buiten* ~ keep them out of it; *ik kan u niet in dienst* ~ I can't continue you in my service; *in ere* ~ zie: *eer*; *een stuk (brief &) onder zich* ~ keep it (back); *ik kan ze maar niet uit elkaar* ~ I can't tell them apart, I can't tell which is which; *u moet die jongens van elkaar* ~

keep these boys apart; *ik houd hem voor een vriend* I consider him to be a friend; *ik hield hem voor een Amerikaan* I (mis)took him for an American; *ik houd het voor onvermijdelijk* I regard it as inevitable; *ik houd het voor een slecht teken* I consider it a bad sign; *ik houd het ervoor dat...* I take it that...; *waar houdt u mij voor?* what do you take me for?; *zich ~ voor* consider oneself [a better man]; *iets voor zich ~* keep it [the money &] for oneself; keep it [the secret] to oneself; *hij kan niets vóór zich ~* he can't keep his counsel; **II** *abs ww & onoverg* hold, keep; *links (rechts) ~!* keep to (the) left (right)!; *het zal erom ~ of...* it will be touch and go whether...; *van iets ~* like sth., be fond of sth.; *veel van iem. ~* be fond of sbd., love sbd.; **III** *wederk*: *zich ~ alsof...* make as if..., pretend to...; *zich doof ~* pretend not to hear, sham deafness; *zich goed ~* **1** ⟨v. personen⟩ keep one's countenance, control oneself; **2** ⟨v. zaken⟩ keep [of apples]; wear well [of clothes]; **3** ⟨v. weer⟩ hold; *zich goed ~ voor zijn leeftijd* carry one's years well; *hij kon zich niet meer goed ~* he could not help laughing (crying); *hou je goed!* **1** keep well!; **2** never say die!; *zich ver ~ van* hold aloof from [a question &]; *zich ziek ~* pretend to be ill; *zich ~ aan* stick to [the facts &], abide by [a decision], keep [a strict diet, a treaty &]; *zich aan iems. woord ~* take sbd. at his word; *ik weet nu waar ik mij aan te ~ heb* I now know where I stand; zie ook: *been* &; **IV** *o* zie: *hebben III*

'**houder** *m* (-s) holder, keeper, bearer

'**houdgreep** *m* (-grepen) hold

'**houding** *v* (-en) **1** (in 't alg.) bearing, carriage, posture, attitude; **2** *mil* position of 'attention'; *de ~ aannemen* mil come to attention; *een (gemaakte) ~ aannemen* strike an attitude; *een dreigende (gereserveerde) ~ aannemen* assume a threatening (guarded) attitude; *zich een ~ geven* assume an air; *om zich een ~ te geven* in order to save his face; *in de ~ staan* mil stand at attention

'**houdstermaatschappij** *v* (-en) holding company

house *m* house (music)

'**housen** (houste, h. gehoust) *onoverg* go to a rave

'**houseparty** *v* ('s) rave

hout *o* **1** ⟨in 't alg.⟩ wood, timber; **2** ⟨stuk hout⟩ piece of wood; *de Haarlemmer H~* the Haarlem Wood; *alle ~ is geen timmerhout* every reed will not make a pipe; *dat snijdt geen ~* that does not hold good, that cuts no ice; *hij is uit hetzelfde ~ gesneden* he is cast in the same mould; *hij is uit het goede ~ gesneden* he is of the right stuff; *vloeibaar ~* plastic wood *het ging van dik ~ zaagt men planken* ⟨weinig subtiel⟩ it was lacking in subtlety

'**houtaankap** *m* (-pen) ⟨het kappen⟩ felling of trees

'**houtachtig** *bn* woody, ligneous

'**houtbewerker** *m* (-s) woodworker

'**houtblazer** *m* (-s) woodwind player

'**houtblok** *o* (-ken) (wood) log

'**houtduif** *v* (-duiven) wood-pigeon

'**houten** *bn* wooden; *~ klaas* stick

'**houterig** *bn* wooden[2]

'**houtgravure** *v* (-n en -s) wood engraving

'**houthakker** *m* (-s) wood-cutter

'**houthandel** *m* (-s) timber trade

'**houthandelaar** *m* (-s) timber merchant

'**houthaven** *v* (-s) timber port

'**houtje** *o* (-s) bit of wood; *op (zijn) eigen ~* on one's own hook, off one's own bat; *we moesten op een ~ bijten* we had nothing (little) to eat; *van 't ~ zijn* gemeenz be a Roman Catholic

houtje-'touwtje-jas *m* (-sen) duffle coat

'**houtlijm** *m* joiner's glue

'**houtloods** *v* (-en) wood-shed

'**houtluis** *v* (-luizen) wood-louse

'**houtmijt** *v* (-en) stack of wood

'**houtmolm** *m* dry rot

'**houtpulp** *v* wood pulp

'**houtrijk** *bn* woody, well-wooded

'**houtschroef** *v* (-schroeven) wood-screw

'**houtschuur** *v* (-schuren) wood-shed

'**houtskool** *v* charcoal

'**houtskooltekening** *v* (-en) charcoal drawing

'**houtsnede**, '**houtsnee** *v* (-sneden) woodcut

'**houtsnijder** *m* (-s) **1** ⟨v. houtsneden⟩ wood-cutter; **2** ⟨v. houten voorwerpen⟩ wood-carver

'**houtsnijkunst** *v* **1** ⟨m.b.t. houtsneden⟩ woodcutting; **2** ⟨m.b.t. houten voorwerpen⟩ woodcarving

'**houtsnijwerk** *o* woodcarving

'**houtsnip** *v* (-pen) ⟨vogel⟩ woodcock

'**houtsoort** *v* (-en) kind of wood

'**houtspaander** *m* (-s) chip of wood

'**houtteer** *m & o* wood tar

'**houtveiling** *v* (-en), '**houtverkoping** *v* (-en) timber sale

'**houtverbinding** *v* (-en) joint, scarf

'**houtvester** *m* (-s) forester

'**houtveste'rij** *v* (-en) forestry

'**houtvezel** *v* (-s) wood-fibre

'**houtvlot** *o* (-ten) (timber) raft

'**houtvlotter** *m* (-s) raftsman

'**houtvrij** *bn* free from wood-pulp

'**houtwaren** *mv* wooden ware

'**houtwerk** *o* woodwork

'**houtwol** *v* wood-wool

'**houtworm** *m* (-en) wood-worm

'**houtzaagmolen** *m* (-s) saw-mill

'**houtzager** *m* (-s) wood-sawyer

houtzage'rij *v* (-en) saw-mill

'**houtzolder** *m* (-s) wood-loft ~

hou'**vast** *o* **1** *eig* handhold; **2** *fig* hold; *dat geeft ons enig ~* that's something to go by (to go on); *zijn ~ verliezen* loose one's footing

houw *m* (-en) cut, gash

'**houwdegen** *m* (-s) **1** ⟨wapen⟩ broadsword; **2** ⟨vechtjas⟩ tough fighter, rugged old soldier

hou'**weel** *o* (-welen) pickaxe, mattock

'**houwen** (hieuw, h. gehouwen) *onoverg* hew, hack,

cut, slash; zie ook: *slaan*

hou'witser *m* (-s) howitzer

ho'vaardig *bn* proud, haughty

hovaar'dij *v* pride, haughtiness

'hoveling *m* (-en) courtier

'hoven meerv. v. *hof*

hove'nier *m* (-s) gardener

'hozen (hoosde, h. gehoosd) *onoverg & overg* scoop, bail (out), bale

hs. *afk.* = *handschrift*

HS *afk.* = *Heilige Schrift* zie bij: *Schrift*

hts *v* = *Hogere Technische School* ± secondary technical school

hu *tsw:* ~! **1** (vooruit) gee!; **2** (stop) whoa!; **3** (v. afgrijzen) ugh

'Hudsonbaai *v* Hudson Bay

'hufter *m* (-s) *gemeenz* lout, bumpkin

'hugenoot *m* (-noten) Huguenot

'huichelaar *m* (-s), **'huichelaarster** *v* (-s) hypocrite, dissembler

'huichelachtig *bn* hypocritical

huichela'rij *v* (-en) hypocrisy, humbug, dissembling, dissimulation

'huichelen (huichelde, h. gehuicheld) **I** *overg* simulate, feign, sham; **II** *onoverg* dissemble, play the hypocrite

huid *v* (-en) **1** skin [of human or animal body]; **2** hide [raw or dressed]; **3** fell [with the hair]; *een dikke (harde)* ~ *hebben* be thick-skinned; *iem. de* ~ *vol schelden* shower abuse on sbd., slang sbd.; *men moet niet de* ~ *verkopen voordat men de beer geschoten heeft* sell not the skin before you have caught the bear, don't count your chickens before they are hatched; *zijn* ~ *wagen* risk one's life; *met* ~ *en haar verslinden* swallow whole; *iem. op zijn* ~ *geven (komen)* slang tan a person's hide

'huidaandoening *v* (-en) skin disease

'huidarts *m* (-en) skin doctor, dermatologist

'huidenkoper *m* (-s) fellmonger

'huidig *bn* **1** present [age]; **2** modern, present-day [difficulties, knowledge, needs]; *ten* ~*en dage* nowadays; *tot op de* ~*e dag* to this day

'huidje *o* (-s) skin, film

'huidplooi *v* (-en) crease, fold (in skin)

'huidskleur *v* (-en) colour of the skin

'huidspecialist *m* (-en) = *huidarts*

'huidtransplantatie *v* (-s) skin-grafting

'huiduitslag *m* rash, eruption (of the skin), skin eruption

'huidverzorging *v* skin care

'huidziekte *v* (-n en -s) skin disease

huif *v* (huiven) **1** (hoofddeksel) coif; **2** (v. wagen) hood, awning, tilt

'huifkar *v* (-ren) tilt-cart, hooded cart

huig *v* (-en) uvula

'huik *v* (-en) (ouderwetse mantel) hooded cloak; *de* ~ *naar de wind hangen* (trim to the times and) hang one's cloak to the wind

'huilbui *v* (-en) fit of crying (of weeping)

'huilebalk *m* (-en) cry-baby, sissy

'huilebalken (huilebalkte, h. gehuilebalkt) *onoverg* blubber, whine

'huilen (huilde, h. gehuild) *onoverg* **1** (v. mens) cry, weep; **2** (v. dier) howl, whine; **3** (v. wind) howl; *het is om te* ~ I could cry!; ~ *met de wolven in het bos* run with the hare and hunt with the hounds; *het* ~ *stond hem nader dan het lachen* he was on the verge of tears

'huiler *m* (-s) (zeehondje) orphan seal-pup

'huilerig *bn* tearful

huis *o* (huizen) house, home; *het* ~ *des Heren* the House of God; *het Koninklijk* ~ the Royal family; *het* ~ *van Oranje* the House of Orange; *men kan huizen op hem bouwen* one can always depend on him; *er is geen* ~ *met hem te houden* there is no doing anything with him, he is impossible; *ik kom veel bij hen aan* ~ I see a good deal of them; ~ *aan* ~ [go] from door to door; door-to-door [canvassing], house-to-house [visiting]; *(dicht) bij* ~ near home; *bezigheden in* ~ activities in the home; *er is geen brood in* ~ there is no bread in the house; *wij gaan naar* ~ we are going home; *naar* ~ *sturen* send home; mil release [troops]; dissolve [Parliament]; *niet om over naar* ~ *te schrijven* nothing to write home about; *uit* ~ *zetten* turn out of [evict from] the house; *te mijnen huize* at my house; *ten huize van...* at the house of...; *hij is van* ~ he is away from home; *hij is van goeden huize* he comes of a good family; *van* ~ *gaan* leave home; *van* ~ *komen* come from one's house; *nog verder van* ~ even worse off; *van* ~ *tot* ~ from house to house; *van* ~ *uit is hij...* originally he is a...; *van* ~ *en hof verdreven* driven out of house and home; *elk* ~*je heeft zijn kruisje* there is a skeleton in every cupboard

'huisadres *o* (-sen) home address

'huisapotheek *v* (-theken) (family) medicine chest

'huisarrest *o* confinement in one's home; ~ *hebben* **1** mil be confined to quarters; **2** (in 't alg.) be confined to one's house

'huisarts *m* (-en) family doctor, general practitioner, G.P.

'huisbaas *m* (-bazen) landlord

huis'bakken *bn* **1** eig home-made; **2** fig prosaic, pedestrian

'huisbediende *m-v* (-n en -s) domestic servant

'huisbel *v* (-len) street-door bell

'huisbewaarder *m* (-s) care-taker; custodian

'huisbezoek *o* (-en) **1** (v. arts) home visit; **2** (v. geestelijke) parochial visit, parish visiting; *op* ~ *gaan* visit, go visiting

'huisbrand *m* domestic fuel

'huisbrandolie *v* domestic fuel oil

'huisdealer *m* (-s) licensed dealer in soft drugs

'huisdeur *o* (-en) street-door

'huisdier *o* (-en) domestic animal

'huisdokter *m* (-s) = *huisarts*

'**huiseigenaar** *m* (-s en -ren) **1** ⟨in 't alg.⟩ house-owner; **2** ⟨huisbaas⟩ landlord

'**huiselijk I** *bn* **1** ⟨m.b.t. huishouden⟩ domestic, household; home; **2** ⟨gezellig⟩ homelike, homy; ~*e aangelegenheden* family affairs; domestic affairs; ~*e kring* domestic circle; *het* ~ *leven* home life; *een* ~ *man* a man of domestic habits, a home-loving man; ~*e plichten* household duties; **II** *bijw* in a homely manner, informally

'**huiselijkheid** *v* domesticity

'**huisgenoot** *m* (-noten) housemate, inmate; *de huisgenoten* the inmates, the whole family

'**huisgezin** *o* (-nen) family household

'**huisgoden** *mv* household gods

'**huisheer** *m* (-heren) **1** ⟨huisbaas⟩ landlord; **2** ⟨gezinshoofd⟩ master of the house

'**huishoudbeurs** *v* (-beurzen) home exhibition; Am home fair

'**huishoudboek** *o* (-en) housekeeping book

huis'**houdelijk** *bn* domestic, household; *zaken van* ~*e aard* domestic affairs; *voor* ~ *gebruik* for household purposes; ~*e artikelen* household ware; ~*e uitgaven* household expenses; ~*e vergadering* private meeting

'**huishouden I** *onoverg* (hield 'huis, h. 'huisgehouden) keep house; *vreselijk* ~ *(onder)* make (play) havoc (with, among); **II** *o* **1** ⟨gezin⟩ household, establishment, family; **2** ⟨huishoudelijk werk⟩ housekeeping; *een* ~ *van Jan Steen* a house where everything is at sixes and sevens; *het* ~ *doen* keep house

'**huishoudgeld** *o* (-en) housekeeping money

'**huishouding** *v* **1** ⟨huishoudelijk werk⟩ housekeeping; **2** (-en) ⟨gezin⟩ household, family

'**huishoudkunde** *v* domestic economy

'**huishoudschool** *v* (-scholen) vroeger domestic science school, school of domestic economy

'**huishoudschort** *v* & *o* (-en) overall, apron dress

'**huishoudster** *v* (-s) housekeeper

'**huishoudzeep** *v* household soap

'**huishuur** *v* (-huren) rent

'**huisindustrie** *v* home industry

'**huisje** *o* (-s) **1** ⟨klein huis⟩ small house, cottage; **2** ⟨v. slak⟩ shell; **3** ⟨v. bril⟩ case

'**huisjesmelker** *m* (-s) rack-renter

'**huisjesslak** *v* (-ken) snail

'**huiskamer** *v* (-s) sitting-room, living-room

'**huiskapel** *v* (-len) **1** ⟨kerkje⟩ private chapel; **2** muz private band

'**huisknecht** *m* (-en en -s) man-servant, footman

'**huiskrekel** *m* (-s) house-cricket

'**huislijk(-)** = *huiselijk(-)*

'**huislook** *o* houseleek

'**huisman** *m* (-nen) househusband

'**huismeester** *m* (-s) caretaker

'**huismerk** *o* (-en) own label, own brand

'**huismiddel** *o* (-en) domestic remedy

'**huismoeder** *v* (-s) mother of a (the) family

'**huismus** *v* (-sen) **1** ⟨vogel⟩ (house-)sparrow; **2** fig stay-at-home

'**huisnummer** *o* (-s) number (of the house)

'**huisonderwijs** *o* private tuition

'**huisonderwijzer** *m* (-s) private teacher, tutor

'**huisorde** *v* (-n) **1** ⟨huisregels⟩ rules of the house; **2** family order [of knighthood]

'**huisraad** *o* (household) furniture, household goods

'**huisschilder** *m* (-s) house-painter

'**huissleutel** *m* (-s) latchkey, house-key

'**huistelefoon** *m* (-s) house telephone

huis-, tuin- en 'keuken- *afk.* common or garden

'**huisvader** *m* (-s) father of a (the) family, pater familias

'**huisvesten** (huisvestte, h. gehuisvest) *overg* house, lodge, take in, put up

'**huisvesting** *v* lodging, accommodation, housing; ~ *verlenen* = *huisvesten*

'**huisvestingsbureau** *o* (-s) housing office

'**huisvlijt** *v* **1** ⟨nijverheid⟩ home industry; **2** ⟨uit liefhebberij⟩ home handicrafts

'**huisvredebreuk** *v* disturbance of domestic peace

'**huisvriend** *m* (-en) family friend

'**huisvrouw** *v* (-en) housewife

'**huisvuil** *o* household refuse

'**huiswaarts** *bijw* homeward(s); ~ *gaan* go home

'**huiswerk** *o* **1** ⟨v. bedienden⟩ housework; **2** onderwijs home tasks, homework, gemeenz prep

'**huiszoeking** *v* (-en) house search; *er werd* ~ *gedaan* the house was searched; *bevel tot* ~ search warrant

'**huiszwaluw** *v* (-en) (house-)martin

'**huiveren** (huiverde, h. gehuiverd) *onoverg* **1** shiver [with cold or fear]; **2** shudder [with horror]; *ik huiverde bij de gedachte* I shuddered to think of it; *hij huiverde er voor* he shrank from it

'**huiverig** *bn* shivery, chilly; ~ *om zo iets te doen* shy of doing such a thing

'**huivering** *v* (-en) **1** ⟨v. kou &⟩ shiver(s), shudder(s); **2** ⟨aarzeling⟩ fig hesitation, scruple; *een* ~ *voer mij door de leden* a shudder went through me

huivering'**wekkend** *bn* horrible, ghastly

'**huizen** (huisde, h. gehuisd) *onoverg* house, live

'**huizenblok** *o* (-ken) residential block

'**huizenhoog I** *bn* mountainous [seas]; **II** *bijw:* ~ *springen (van vreugde)* jump (leap) out of one's skin; ~ *uitsteken boven* rise head and shoulders above

'**huizenkant** *m: aan de* ~ *komen* walk on the inside of the pavement (Am sidewalk)

'**huizenrij** *v* (-en) row of houses

'**hulde** *v* homage, tribute; *iem.* ~ *brengen* pay homage, tribute to sbd.; ~*!* bravo!

'**huldebetoon** *o* homage

'**huldeblijk** *o* (-en) tribute, testimonial

'**hulde-exemplaar** *o* (-plaren) ZN complimentary copy, presentation copy

'**huldigen** (huldigde, h. gehuldigd) *overg* **1** do (pay) homage to[2]; **2** hold [an opinion], believe in [a method]

975

'**huldiging** *v* (-en) homage
'**huldigingseed** *m* (-eden) oath of allegiance
'**hullen** (hulde, h. gehuld) **I** *overg* **1** *eig* envelop, wrap (up); **2** *fig* shroud [in mystery]; **II** *wederk: zich ~ wrap oneself (up) [in a cloak]*
hulp *v* (-en) help, aid, assistance, succour, relief; *eerste ~ bij ongelukken* first aid; *~ in de huishouding* lady help; *~ en bijstand* aid and assistance; *te ~ komen* come (go) to [sbd.'s] aid, come to the rescue [of the crew &]; *te ~ roepen* call in; *te ~ snellen* hasten (run) to the rescue; *zonder ~* without anyone's help (assistance), unaided, unassisted
'**hulpactie** *v* (-s) relief action, relief measures
hulpbe'hoevend *bn* helpless, infirm; *hij is ~ ook*: he is an invalid
'**hulpbetoon** *o* assistance
'**hulpbisschop** *m* (-pen) auxiliary bishop
'**hulpbron** *v* (-en) resource
'**hulpdienst** *m* (-en): *telefonische ~* telephone emergency service [in Britain: (Telephone) Samaritans]
'**hulpeloos** *bn* helpless
'**hulpgeroep** *o* cry for help
'**hulpkracht** *v & m* (-en) **1** ⟨tijdelijk⟩ additional (temporary) worker; **2** ⟨hulp in 't alg.⟩ help(er), assistant
'**hulpkreet** *m* (-kreten) cry for help
'**hulplijn** *v* (-en) **1** ⟨meetkunde⟩ auxiliary line; **2** *muz* ledger-line
'**hulpmechanisme** *o* (-n) servo-mechanism
'**hulpmiddel** *o* (-en) expedient, makeshift; *fotografische ~en* photographic aids; *zijn ~en ook*: his resources; *rijk aan ~en* resourceful
'**hulpmotor** *m* (-s en -toren) auxiliary motor, auxiliary engine; *rijwiel met ~* motor-assisted bicycle, powered pedal-cycle
'**hulpploeg** *v* (-en) breakdown gang
'**hulppost** *m* (-en) aid post
'**hulppostkantoor** *o* (-toren) sub(post)office
'**hulpprediker** *m* (-s) curate
'**hulpstuk** *o* (-ken) **1** (in 't alg.) accessory; **2** ⟨v. stofzuiger⟩ attachment; **3** ⟨v. buizen⟩ fitting
'**hulptroepen** *mv* auxiliaries, auxiliary troops, reinforcements
hulp'vaardig *bn* willing to help, helpful
hulp'vaardigheid *v* willingness to help
'**hulpverlener** *m* (-s) social worker, relief worker
'**hulpverlening** *v* assistance; relief work
'**hulpwerkwoord** *o* (-en) auxiliary (verb)
huls *v* (hulzen) **1** plantk pod, husk, shell; **2** ⟨patroonhuls⟩ (cartridge-)case; **3** ⟨omhulsel⟩ cover, wrapping; (straw) case [for bottle]
'**hulsel** *o* (-s) = *omhulsel*
hulst *m* holly
1 hum *o gemeenz* = *humeur*
2 hum *tsw*: *~! = h'm*
hu'maan *bn* humane
humani'ora *mv* humanities; *oude ~* ZN curriculum including classical languages; *moderne ~* ZN cur-

riculum including modern languages
huma'nisme *o* humanism
huma'nist *m* (-en) humanist
huma'nistisch *bn* humanistic
humani'tair *bn* humanitarian
humani'teit *v* humaneness, humanity
'**humbug** *m* humbug
hu'meur *o* (-en) humour, mood, temper; *in zijn ~* in a good humour; *niet in zijn ~, uit zijn ~* out of humour, in a (bad) temper
hu'meurig *bn* moody, crabby, grumpy, subject to moods, having tempers
hu'meurigheid *v* (-heden) moodiness
'**hummel** *m* (-s), '**hummeltje** *o* (-s) (little) tot, mite
'**hummen** (humde, h. gehumd) *onoverg* **1** hem [to call attention]; **2** clear one's throat
'**humor** *m* humour
humo'rist *m* (-en) humorist
humo'ristisch *bn* comic(al), humorous
humus *m* humus, vegetable mould
hun I *bez vnw* their; **II** *pers vnw* them; *het ~ne, de ~nen* theirs
Hun *m* (-nen) Hun[2]
'**hunebed** *o* (-den) hunebed, ± dolmen, cromlech
'**hunkeren** (hunkerde, h. gehunkerd) *onoverg* hanker; *~ naar* hanker after; *ik hunker er naar hem te zien* I am longing (anxious) to see him
'**hunnent**: *te(n) ~* at their house
'**hunnenthalve** *bijw* for their sake(s)
'**hunnentwege** *bijw* as for them; *van ~wege* on their behalf, in their name
'**hunnentwille** *bijw: om ~* for their sake(s)
'**hunnerzijds** *bijw* on their part, on their behalf
hup *tsw* ⟨aanmoedigingskreet⟩ come on; *~ Holland!* go Holland!
'**huplakee** *tsw* whoops, oops
'**huppelen** (huppelde, h. & is gehuppeld) *onoverg* hop, skip
'**huppen** (hupte, h. gehupt) *onoverg* hop, skip, jump
hups *bn* kind, nice
'**hupsakee** *tsw* = *huplakee*
'**huren** (huurde, h. gehuurd) *overg* **1** hire, rent [a house &]; **2** hire, engage [servants]; **3** scheepv charter [a ship]
1 'hurken *mv*: *op zijn ~* squatting
2 'hurken (hurkte, h. gehurkt) *onoverg* squat (down)
'**hurktoilet** *o* (-ten) Turkish loo; Am Turkish toilet
'**Huronmeer** *o* Lake Huron
hut *v* (-ten) **1** ⟨eenvoudige woning⟩ cottage, hut, hovel; **2** ⟨op schip⟩ cabin
'**hutbagage** *v* cabin luggage
'**hutje** *o* (-s): *met ~ en mutje* with bag and baggage; *het hele ~mutje* the whole caboodle
'**hutkoffer** *m* (-s) cabin-trunk
'**hutselen** (hutselde, h. gehutseld) *overg* shake up, mix up
'**hutspot** *m* (-ten) hotchpotch[2], hodgepodge[2]; [as

Dutch speciality:] mashed potatoes, carrots and onions with meat

huur (huren) v **1** ⟨in 't alg.⟩ rent, rental, hire; **2** ⟨loon⟩ wages; **3** ⟨huurtijd⟩ lease; *in* ~ on hire; *auto's te* ~ cars for hire; *huis te* ~ house to let; *te* ~ *of te koop* to be let or sold; *vrij van* ~ rent-free

'huurauto m ('s) hire(d) car

'huurbescherming v legal guarantee against eviction from a rented house

'huurcompensatie v (-s) (governmental) rent subsidy

'huurcontract o (-en) lease

'huurder m (-s) **1** ⟨in 't alg.⟩ hirer; **2** ⟨v. huis⟩ tenant, lessee

'huurhuis o (-huizen) **1** ⟨gehuurd huis⟩ rented house, hired house; **2** ⟨te huren⟩ house to let

'huurkazerne v (-s) tenement house, <u>gemeenz</u> warren

'huurkoetsier m (-s) hackney-coachman, cabman

'huurkoop m hire-purchase (system); *in* ~ on the hire-purchase system

'huurleger o (-s) mercenary army

'huurling m (-en) hireling, mercenary

'huurmoordenaar m (-s) hired assassin; <u>gemeenz</u> hitman

'huurpenningen mv rent

'huurprijs m (-prijzen) rent

'huurrijtuig o (-en) hackney-carriage, cab

'huurschuld v (-en) rent arrears

'huurtijd m (-en) term of lease, lease

'huurtroepen mv mercenary troops, mercenaries

'huurverhoging v (-en) rent increase

'huurwaarde v (-n) rental (value)

'huurwet v Rent Act

'huwbaar bn marriageable, nubile

'huwbaarheid v marriageable age, nubility

'huwelijk o (-en) **1** ⟨in 't alg.⟩ marriage, matrimony, wedlock; **2** ⟨feest, ritueel⟩ wedding; *een* ~ *aangaan (sluiten)* contract a marriage; *een goed* ~ *doen* marry well; *een rijk* ~ *doen* marry a fortune; *in het* ~ *treden* marry; *een meisje ten* ~ *vragen* ask a girl in marriage, propose to a girl

'huwelijksaankondiging v (-en) wedding announcement

'huwelijksaanzoek o (-en) proposal, offer (of marriage); *iem. een* ~ *doen* propose to sbd.

'huwelijksadvertentie v (-s) matrimonial advertisement

'huwelijksafkondiging v (-en) **1** public notice of (a) marriage; **2** ⟨kerkelijk⟩ banns

'huwelijksbelofte v (-n) promise of marriage

'huwelijksbemiddeling v (-en) ± matchmaking

'huwelijksbootje o: *in het* ~ *stappen* embark on matrimony

'huwelijksbureau o (-s) matrimonial agency, marriage bureau

'huwelijkscadeau o (-s) wedding present

'huwelijkscontract o (-en) marriage settlement, marriage articles

'huwelijksfeest o (-en) wedding, wedding-feast, wedding-party

'huwelijksgeluk o wedded happiness

'huwelijksgeschenk o (-en) wedding present

'huwelijksgift v (-en), **'huwelijksgoed** o (-eren) marriage portion, dowry

'huwelijksinzegening v (-en) marriage (wedding) ceremony

'huwelijksleven o married life

'huwelijksplicht m & v (-en) conjugal duty

'huwelijksreis v (-reizen) wedding-trip, honeymoon (trip)

'huwelijkstrouw v conjugal fidelity

'huwelijksvoorwaarden mv marriage contract

'huwelijksvoorwaarden mv marriage contract; *het echtpaar is op* ~ *getrouwd* the couple has separation of property

'huwen (huwde, *overg* h., *onoverg* is gehuwd) marry, wed; ~ *met* marry; *gehuwd met een Duitser* married to a German

hu'zaar m (-zaren) hussar

hu'zarensla v Russian salad

'huzarenstukje o (-s) daring exploit, courageous deed

hya'cint v (-en) hyacinth

hy'bridisch bn hybrid

'hydra v ('s) hydra

hy'draat o (-draten) hydrate

hy'draulica v hydraulics

hy'draulisch bn hydraulic(ally)

'hydrodynamica v hydrodynamics

hydro-e'lektrisch bn hydro-electric

hy'ena v ('s) hyena

hygi'ëne v hygiene

hygi'ënisch bn hygienic(al)

'hygrometer m (-s) hygrometer

'hymne v (-n) hymn

hyper'bolisch bn hyperbolical

hyper'bool v (-bolen) hyperbole

'hypergevoelig bn hypersensitive

'hypermodern bn hypermodern

'hypernerveus bn extremely tense

hyper'tensie v hypertension

hypertro'fie v hypertrophy

'hyperventileren (hyperventileerde, h. gehyperventileerd) *onoverg* hyperventilate

hyp'nose v hypnosis

hyp'notisch bn hypnotic(al)

hypnoti'seren (hypnotiseerde, h. gehypnotiseerd) *overg* hypnotize

hypnoti'seur m (-s) hypnotist

hypno'tisme o hypnotism

hypo'chonder m (-s) hypochondriac

hypochon'drie v hypochondria

hypo'chondrisch bn hypochondriac(al)

hypo'criet m (-en) hypocrite

hypocri'sie v hypocrisy

hypo'critisch hypocritical
hypo'fyse v (-n) pituitary body (gland), hypophysis
hypote'nusa v ('s) hypotenuse
hypothe'cair bn: ~e schuld mortgage debt
hypo'theek v (-theken) mortgage; met ~ bezwaard mortgaged
hypo'theekakte v (-n en -s) mortgage deed
hypo'theekbank v (-en) mortgage bank
hypo'theekbewaarder m (-s) registrar of mortgages
hypo'theekgever m (-s) mortgagor
hypo'theekhouder m (-s), **hypo'theeknemer** m (-s) mortgagee
hypo'theekkantoor o (-toren) mortgage registry
hypo'theekkrente v (-s) mortgage interest
hypothe'keren (hypothekeerde, h. gehypothekeerd) overg mortgage
hypo'these v (-n en -s) hypothesis [mv hypotheses]
hypo'thetisch bn hypothetic(al)
hys'terica v ('s), **hys'tericus** m (-ci) hysteric
hyste'rie v hysteria
hys'terisch bn hysterical; een ~e aanval krijgen go into hysterics; gemeenz go off the hooks

I

i v ('s) i
i'a tsw (v. ezel) hee-haw
i'aën (iade, h. geïaad) onoverg hee-haw
ib., ibid. afk. ibidem in the same place
I'berië o Iberia
I'berisch bn Iberian
'ibis m (-sen) ibis
i.c. afk. in casu in this case
i'coon, 'icon v (iconen) icon, ikon
id. afk. = idem
ide'aal I bn ideal; **II** o (idealen) ideal
ideali'seren (idealiseerde, h. geïdealiseerd) overg & abs ww idealize
idea'lisme o idealism
idea'list m (-en) idealist
idea'listisch bn idealistic(al)
ide'aliter bijw ideally
i'dee o & v (ideeën) idea, thought, notion; precies mijn ~! quite my opinion!; naar mijn ~ in my view; je hebt er geen ~ van you have no notion of it; er niet het minste (flauwste) ~ van hebben not have the least idea; ik heb géén ~! gemeenz search me!; ik heb zo'n ~ dat... I have a notion that...; naar mijn ~ in my opinion; op het ~ komen om... get it into one's head to..., hit upon an idea
ide'ëel bn idealistic
i'deeënbus v (-sen) suggestion box
idee-'fixe o & v (-n) fixed idea
'idem bijw the same, ditto, do
iden'tiek bn identical
identifi'catie v identification
identifi'catieplicht m & v requirement to carry identification
identifi'ceren (identificeerde, h. geïdentificeerd) **I** overg identify; **II** wederk: zich ~ prove one's identity
identi'teit v identity
identi'teitsbewijs o (-wijzen), **identi'teitskaart** v (-en) identity card
identi'teitscrisis v (-sissen, -crises) identity crisis
identi'teitspapieren mv identity papers, ID
identi'teitsplaatje o (-s) identity disk
ideolo'gie v (-gieën) ideology
ideo'logisch bn ideological
ideo'loog m (-logen) ideologue, ideologist
idio'lect o (-en) idiolect
idio'matisch bn idiomatic(al)
idi'oom o (idiomen) idiom
idi'oot I bn idiotic(al), foolish; **II** m (idioten) idiot, fool, nitwit
idiote'rie v (-rieën) idiocy

idio'tie *v* idiocy°; ⟨dwaasheid ook:⟩ folly, madness

idio'tisme *o* (-n) **1** ⟨stompzinnigheid⟩ idiocy; **2** gramm idiom

ido'laat *bn*: ~ *van* infatuated with

idola'trie *v* idolatry

i'dool *o* (idolen) idol

i'dylle *v* (-n en -s) idyl(l)

i'dyllisch *bn* idyllic(al)

'ieder I *bn* **1** ⟨afzonderlijk; een of meer⟩ each; **2** ⟨tezamen; meer dan twee⟩ every; **3** ⟨wie dan ook⟩ any; ~ *kind krijgt een boek* each child will receive a book; ~*e avond huiswerk hebben* have homework every evening; ~*e idioot kan het* any idiot can do it; **II** *znw* everyone, everybody, each (one); ⟨wie dan ook⟩ anyone, anybody; *tot* ~*s verbazing* to everyone's (everybody's surprise); ~ *van ons* each (one) of us; *een* ~ everyone, everybody, anyone, anybody; ~ *kan zich dat veroorloven* everyone (everybody), anyone (anybody) can afford that; ~ *voor zich* everyone (everybody) for himself, every man (woman) for himself (herself)

ieder'een, **'iedereen** *onbep vnw* everybody, everyone; ⟨wie dan ook⟩ anyone, anybody; ~ *kent* ~ everyone (everybody) knows everyone (everybody); *jij bent niet* ~ you're not just anyone

'iegelijk *onbep vnw*: *een* ~ *vero* everybody

iel *bn* thin, scanty

'iemand *onbep vnw* **1** ⟨deze of gene⟩ someone, somebody; ⟨in vragende en ontkennende zinnen⟩ anyone, anybody; ~ *die uitblinkt* someone (somebody) who stands out; *is er* ~ *die...?* is there anyone (anybody) who...?; ~ *van school* someone (somebody) from school; **2** ⟨persoonlijkheid⟩ someone, somebody, a person; *een bijzonder* ~ someone special; *een aardig* ~ a nice person; *een zeker* ~ (a certain) somebody

'iemker *m* (-s) = *imker*

iep *m* (-en), **'iepenboom** *m* (-bomen) elm, elm-tree

'iepen *bn* e!m

Ieper *o* Ypres

'iepziekte *v* ⟨Dutch⟩ elm disease

Ier *m* (-en) Irishman; *de* ~*en* the Irish

'Ierland *o* Ireland, *plechtig* Hibernia, Erin

Iers I *bn* Irish; ~*e Zee* Irish Sea; **II** *o*: *het* ~ Irish; **III** *v*: *een* ~*e* an Irishwoman

iet *onbep vnw* zie: ¹*niet II*

iets I *vnw* something; ⟨in vragende en ontkennende zinnen⟩ anything; *er is* ~ *in zijn stem dat...* there is (a certain) something in his voice that...; *is er* ~? anything wrong?, is anything the matter?; *echt* ~ *voor haar!* how typical of her!, she would!; *er is nog* ~ there is something else, there is one more thing; *die jurk is net* ~ *voor jou!* that dress is just right for you!, it's your kind of dress!; *zo* ~ *heb ik nog nooit gezien* I've never seen anything like it; **II** *bijw* somewhat, a little; *zij heeft* ~ *van Madonna* she somewhat resembles Madonna, she looks a little like Madonna

'ietsepietsje *o* trifle, little bit

'ietsje *o*: *een* ~ a shade [better]; a thought [shorter]; a trifle [too short, too tough]; *met een* ~... with something of..., with a touch of...

'ietwat *bijw* = *iets* en *ietsje*

'iezegrim *m* (-men en -s) surly fellow, crab, grumbler

ieze'grimmig *bn* surly, crabbed

'iglo *m* ('s) igloo

i-'grec *v* (-s) [the letter] y

'ijdel *bn* **1** vain [= empty, useless & conceited]; **2** idle [hope]

'ijdelheid *v* (-heden) vanity, vainness; ~ *der ijdelheden* bijbel vanity of vanities

'ijdeltuit *v* (-en) vain person

ijk *m* (-en) verification and stamping of weights and measures

'ijken (ijkte, h. geijkt) *overg* gauge, verify and stamp; zie ook: *geijkt*

'ijker *m* (-s) gauger; inspector of weights and measures

'ijkkantoor *o* (-toren) gauging-office

'ijkmaat *v* (-maten) standard measure

'ijkmeester *m* (-s) = *ijker*

1 ijl *v*: *in aller* ~ at the top of one's speed, with all speed, in great haste

2 ijl *bn* thin, rare; ~*e lucht* rarefied air; *de* ~*e ruimte* (vacant) space

'ijlbode *m* (-n en -s) courier, express messenger

1 'ijlen (ijlde, is geijld) *onoverg* ⟨haasten⟩ hasten, hurry (on), speed

2 'ijlen (ijlde, h. geijld) *onoverg* ⟨wartaal spreken⟩ rave, wander, be delirious; *de patiënt ijlt* the patient is wandering in his (her) mind

'ijlgoed *o* (-eren) express goods; *als* ~ by express delivery

ijl'hoofdig *bn* **1** ⟨door koorts⟩ light-headed, delirious; **2** ⟨dom⟩ feather-brained, feather-headed

'ijlings *bijw* hastily, in great haste, post-haste

'ijltempo *o* ('s) top speed

ijs *o* **1** ⟨bevroren water⟩ ice; **2** ⟨om te eten⟩ icecream; ~ *en weder dienende* weather permitting; *het* ~ *breken* break the ice; *zich op glad* ~ *wagen* tread on dangerous ground, skate over thin ice; *(goed) beslagen ten* ~ *komen* be fully prepared (for...); *niet over één nacht* ~ *gaan* not move in too hurried a manner, take no risks

'ijsafzetting *v* icing

'ijsbaan *v* (-banen) skating-rink, ice-rink

'ijsbeer *m* (-beren) polar bear, white bear

'ijsberen (ijsbeerde, h. geijsbeerd) *onoverg* walk (pace) up and down

'ijsberg *m* (-en) iceberg

'ijsbergsla *v* iceberg lettuce

'ijsbestrijder *m* (-s) luchtv de-icer

'ijsbloemen *mv* frost flowers

'ijsblokje *o* (-s) ice-cube

'ijsbreker *m* (-s) ice-breaker

'ijsclub *v* (-s) skating-club
'ijsco *m* ('s) = *ijsje*
'ijscoman *m* (-nen) ice-cream vendor
'ijselijk *bn* horrible, frightful, shocking, terrible, dreadful
'ijsemmer *m* (-s) ice bucket
'ijsfabriek *v* (-en) ice-factory, ice-works
'ijsgang *m* **1** (v. drijfijs) breaking up and drifting of the ice, ice drift; **2** ZN (ijzel) freezing rain
'ijsglas *o* frosted glass
'ijsheiligen *mv* Ice Saints
'ijshockey *o* sp ice-hockey; Am hockey
'ijsje *o* (-s) ice, ice-cream; (waterijs) ice lolly
'ijskap *v* (-pen) ice sheet (cap), ice mantle
'ijskast *v* (-en) refrigerator, icebox, gemeenz fridge; *in de ~ zetten (leggen, bergen)* (ook fig) keep on ice, put in cold storage
'ijskegel *m* (-s) icicle
'ijskelder *m* (-s) ice-house
'ijsklomp *m* (-en) lump of ice
'ijskorst *v* (-en) crust of ice
'ijskoud I *bn* cold as ice, icy-cold², icy², frigid²; *ik werd er ~ van* a chill came over me; **II** *bijw* **1** (zeer koud) icily², frigidly²; **2** fig (gewoonweg) quite coolly, as cool as a cucumber; *een ~e blik* a stony stare
'ijskreem *v* ZN ice cream
'ijskristal *o* (-len) ice crystal
'IJsland *o* Iceland
'IJslander *m* (-s) Icelander
'IJslands I *bn* Icelandic; *~ mos* Iceland moss (lichen); **II** *o* Icelandic
'ijslolly *m* ('s) iced lollipop, ice lolly
'ijsmachine *v* (-s) freezing-machine
'ijspegel *m* (-s) icicle
'ijssalon *m* (-s) ice-cream parlour, Am soda fountain
'ijsschol *v* (-len), **'ijsschots** *v* (-en) floe (flake) of ice, ice-floe
IJssel'meer *o* Ijsselmeer, Ysselmeer
'ijstaart *v* (-en) ice-cream cake
'ijstijd *m* (-en) ice-age, glacial age
'ijsventer *m* (-s) ice-cream vendor
'ijsvlakte *v* (-n en -s) ice-plain, ice-field, sheet of ice
'ijsvogel *m* (-s) kingfisher
'ijsvorming *v* ice formation
'ijsvrij *bn* ice-free
'ijswafel *v* (-s) ice-cream wafer
'ijswater *o* iced water, ice-water
'ijszak *m* (-ken) ice-bag, ice-pack
'ijszee *v* (-zeeën) polar sea, frozen ocean; *de Noordelijke IJszee* the Arctic (Ocean); *de Zuidelijke IJszee* the Antarctic (Ocean)
'ijszeilen *o* ice-boating
'ijver *m* diligence, zeal, ardour
'ijveraar *m* (-s en -raren), **'ijveraarster** *v* (-s) zealot
'ijveren (ijverde, h. geijverd) *onoverg* be zealous; *~ tegen* declaim against, preach down; *~ voor...* be

zealous for (in the cause of)...
'ijverig *bn* diligent, industrious, zealous, assiduous, fervent; *hij was ~ bezig aan zijn werk* he was intent upon his work
'ijverzucht *v* jealousy, envy
ijver'zuchtig *bn* jealous, envious
'ijzel *m* glazed frost
'ijzelen (ijzelde, h. geijzeld) *onoverg: het ijzelt* there is a glazed frost
'ijzen (ijsde, h. geijsd) *onoverg* shudder; *ik ijsde ervan* it sent a shudder through me
'ijzer *o* (-s) **1** (in 't alg.) iron [ook = branding-iron & flat-iron for smoothing]; **2** (v. schaats) runner; zie ook: *hoefijzer, oorijzer; oud ~* scrap iron; *men moet het ~ smeden als het heet is* strike the iron while it is hot, make hay while the sun shines; *men kan geen ~ met handen breken* you cannot make a silk purse out of a sow's ear
IJzer *m* (rivier) Yser
'ijzerachtig *bn* iron-like, irony
'ijzerdraad *o & m* (-draden) (iron) wire
'ijzeren *bn* iron²; *IJ~ Poort* Iron Gate
'ijzererts *o* (-en) iron ore
'ijzergaas *o* **1** (grof) wire-netting; **2** (fijn) wire-gauze
'ijzergaren *o* two-cord yarn, patent-strong yarn
ijzergiete'rij *v* (-en) iron foundry, ironworks
'ijzerhandel *m* (-s) iron trade, ironmongery
'ijzerhandelaar *m* (-s en -laren) ironmonger
'ijzerhard *bn* as hard as iron, iron-hard
'ijzerhoudend *bn* containing iron, ferruginous [earth, water]
'ijzerhout *o* ironwood
'ijzerroest *m & o* rust (of iron)
ijzersmede'rij *v* (-en) forge
ijzersmelte'rij *v* (-en) iron-smelting works
'ijzersterk *bn* strong as iron, iron
'ijzertijd *m* iron age
'ijzervijlsel *o* iron filings
'ijzervreter *m* (-s) fire-eater, swashbuckler
'ijzerwaren *mv* hardware, ironmongery
'ijzerwerk *o* (-en) ironwork
'ijzerwinkel *m* (-s) ironmonger's shop
'ijzerzaag *v* (-zagen) hacksaw
'ijzig *bn* icy; zie ook: *ijzingwekkend*
ijzing'wekkend *bn* gruesome, appalling; zie ook: *ijselijk*
ik *pers vnw* I; *het ~* the ego; *zijn eigen ~* his own self; *mijn tweede ~* my other self
'ik-figuur *v* (-guren) first-person narrator [in a novel &]
'iktijdperk *o* (age of the) me-generation
'ikvorm *m: in de ~ geschreven* [novel] with a first-person narrator
'Ilias *v* Iliad
ille'gaal *bn* underground, clandestine
illegali'teit *v* (-en) resistance movement
illumi'natie *v* (-s) illumination

illumi'neren (illumineerde, h. geïllumineerd) *overg* illuminate

il'lusie *v* (-s) illusion; *iem. de ~ (zijn ~s) benemen* disillusion(ize) sbd., rob sbd. of his illusions; *zich geen ~s maken over* be under no illusions about, have no illusions about

illusio'nist *o* (-en) illusionist, conjurer

illu'soir *bn* illusory

il'luster *bn* illustrious

illu'stratie *v* (-s) illustration

illustra'tief *bn*: *~ voor* illustrative of

illu'strator *m* (-s) illustrator

illu'streren (illustreerde, h. geïllustreerd) *overg* illustrate

'image *v & o* (-s) image

imagi'nair *bn* imaginary

i'mago *o* ('s) **1** ⟨image⟩ image; **2** ⟨v. insect⟩ imago

'imam *m* (-s) imam

imbe'ciel I *m-v* (-en) imbecile; **II** *bn* imbecile

imbecili'teit *v* imbecility

imi'tatie *v* (-s) imitation

imi'tatieleer *o* imitation leather

imi'tator *m* (-s) imitator

imi'teren (imiteerde, h. geïmiteerd) *overg* imitate

'imker *m* (-s) beekeeper, apiarist

imma'nent *bn* immanent

immateri'eel *bn* immaterial, insubstantial

immatricu'latie *v* ZN registration

immatricu'leren (immatriculeerde, h. geïmmatriculeerd) *overg* ZN register

im'mens *bn* immense, huge

'immer *bijw* ever

'immermeer *bijw* ever, evermore

'immers I *bijw*: *ik heb het ~ gezien* I have seen it, haven't I?; *hij is ~ thuis?* he is in, isn't he?; *dat kon ik ~ niet weten* how was I to know? **II** *voegw* for; *(men moet altijd zijn best doen) ~ vlijt alleen kan...* for it is only industry that...; *(dit moet grondig worden onderzocht) ~ de democratie staat hier op het spel* after all, democracy is at stake here

immi'grant *m* (-en) immigrant

immi'gratie *v* (-s) immigration

immi'greren (immigreerde, is geïmmigreerd) *onoverg* immigrate

immo'biel *bn* immobile

immorali'teit *v* immorality

immo'reel *bn* immoral

immor'telle *v* (-n) immortelle, everlasting

immuni'satie *v* immunization

immuni'seren (immuniseerde, h. geïmmuniseerd) *overg* immunize, make (render) immune

immuni'teit *v* (-en) immunity

im'muun *bn* immune; *~ maken* render immune [from...], immunize [from...]

'impact *m* impact

im'passe *v* (-n en -s) deadlock; *in een ~* at a deadlock; *uit de ~ geraken* solve (break, end) the deadlock

'imperatief, impera'tief I *bn* imperative; **II** *m*: *de ~* the imperative (mood)

imperi'aal *o & v* (-rialen) **1** top [for passengers on bus, coach]; **2** roof rack [for luggage]

imperia'lisme *o* imperialism

imperia'list *m* (-en) imperialist

imperia'listisch *bn* imperialist(ical)

im'perium *o* (-s en -ria) empire

imperti'nent *bn* impertinent, rude

implan'tatie *v* (-s) implant, implantation

implan'teren (implanteerde, h. geïmplanteerd) *overg* implant

implemen'tatie *v* (-s) implementation

implemen'teren *overg* implement

impli'catie *v* (-s) implication

impli'ceren (impliceerde, h. geïmpliceerd) *overg* implicate, imply

impli'ciet *bn* implicit, implied

im'plosie *v* (-s) implosion

impondera'bilia *mv* imponderables

impo'neren (imponeerde, h. geïmponeerd) *overg* impress (forcibly), awe

impo'nerend *bn* imposing, impressive

impopu'lair *bn* unpopular

'import *m* (-en) import(ation)

impor'teren (importeerde, h. geïmporteerd) *overg* import

impor'teur *m* (-s) importer

impo'sant *bn* imposing, impressive

impo'tent *bn* impotent

impo'tentie *v* impotence

impreg'neren (impregneerde, h. geïmpregneerd) *overg* impregnate

impre'sario *m* ('s) impresario

im'pressie *v* (-s) impression

impressio'nisme *o* impressionism

impressio'nist *m* (-en) impressionist

impressio'nistisch *bn* impressionist [painter, painting], impressionistic

improduc'tief *bn* unproductive

improvi'satie *v* (-s) improvisation, impromptu

improvi'sator *m* (-s en -'toren) improvisator

improvi'seren (improviseerde, h. geïmproviseerd) *overg & onoverg* improvise, extemporize, speak extempore

impro'viste: *à l'~* ex tempore; *à l'~ spreken* extemporize

im'puls *m* (-en) impulsion, impulse; elektr pulse

im'pulsaankoop *m* (-kopen) impulse purchase; *het doen van impulsaankopen* impulse buying

impul'sief *bn* impulsive, on impulse

impulsivi'teit *v* impulsiveness

1 in I *voorz* in, into, at, on; *~ de commissie zitting hebben* be on the committee; *~ Arnhem* at Arnhem; *~ Londen* in London; *~ Parijs* at Paris, in Paris; *twee plaatsen ~ een vliegtuig* [reserve] two seats on a plane; *goed ~ talen* good at languages; *doctor ~ de medicijnen, de theologie &* doctor of medicine, of theology &; *(60 minuten)* ~ *het uur* to the hour; *(er zijn er)* ~ *de veertig* forty odd; *hij is* ~ *de veertig* he is turned forty; ~ *geen drie weken* not for three weeks; *dat wil er bij mij niet* ~ that won't go down with me; *zij was* ~ *het zwart (gekleed)* she was (dressed) in black, she wore black; **II** *bijw*: ~ *zijn* ⟨in de mode⟩ be in, be trendy; *de bal is* ~ *sp* the ball is in

2 in- (als eerste lid in samenstellingen met een *bn* of *bijw*) very; intensive(ly), deep(ly); *intriest* & very sad(ly) &

in ab'stracto *bijw* in the abstract

inaccep'tabel *bn* unacceptable

inaccu'raat *bn* inaccurate

in'achtneming *v* observance; *met* ~ *van* having regard to, regard being had to

inac'tief *bn* inactive

'inademen [1] *overg* breathe (in), inhale, inspire

'inademing *v* (-en) breathing (in), inhalation, inspiration, intake of breath

inade'quaat *bn* inadequate

inaugu'ratie *v* (-s) inauguration

inaugu'reel *bn* inaugural [address]

inaugu'reren (inaugureerde, h. geïnaugureerd) *overg* inaugurate

'inbaar *bn* collectable [bills, debts]

'inbakeren [1] **I** *overg* swaddle [an infant]; **II** *wederk*: *zich* ~ muffle (wrap) oneself up

'inbedden (bedde in, h. ingebed) *overg* bed, embed, imbed

'inbedroefd *bn* very sad, deeply afflicted

'inbeelden (beeldde in, h. ingebeeld) *wederk*: *zich* ~ imagine, fancy; *zich heel wat* ~ rather fancy oneself

'inbeelding *v* (-en) **1** ⟨fantasie⟩ imagination, fancy; **2** ⟨verwaandheid⟩ (self-)conceit

'inbegrepen *bn* ⟨= met inbegrip van...⟩ zie: *inbegrip*; *alles* ~ all in, everything included; *niet* ~ exclusive of...

'inbegrip *o*: *met* ~ *van* including, inclusive of [charges], [charges] included

'inbeitelen [1] *overg* chisel, carve with a chisel

inbe'schuldigingstelling *v*: *Kamer van* ~ *ZN* public prosecutor

inbe'slagneming *v* (-en) seizure, attachment

inbe'zitneming *v* (-en) taking possession [of]

inbe'zitstelling *v* (-en) **1** ⟨in 't alg.⟩ handing over; **2** recht delivery

'inbijten [1] (is) *onoverg* ⟨v. zuur⟩ bite into, corrode

'inbijtend *bn* corrosive

'inbinden [1] **I** *overg* bind [books]; *laten* ~ have [books] bound; **II** *onoverg* fig climb down

'inblazen [1] *overg* **1** eig blow into; **2** fig prompt, suggest; *nieuw leven* ~ breathe new life into

'inblazing *v* (-en) prompting(s), instigation, suggestion

'inblij *bn* very glad, as pleased as Punch

'inblikken (blikte in, h. ingeblikt) *overg* can, tin

'inboedel *m* (-s) furniture, household effects

'inboeken [1] *overg* book, enter

'inboeten [1] *overg*: *veel aan invloed* ~ lose much in influence; *er het leven bij* ~ pay for it with one's life

'inboezemen (boezemde in, h. ingeboezemd) *overg* inspire with [courage], strike [terror] into

in 'bonis *bn* well-to-do, in easy circumstances

'inboorling *m* (-en) native, aborigine

'inborst *v* character, nature, disposition

'inbouwen [1] *overg* build in, let into, fit

'inbouwkeuken *v* (-s) (fully-)fitted kitchen

'inbraak *v* (-braken) house-breaking, burglary

'inbraakbeveiliging *v* burglar alarm, security system

'inbraakvrij *bn* burglar-proof

'inbranden [1] *overg* burn (in)

'inbreken [1] (h.) *onoverg* break into a house, commit burglary; *er is bij ons ingebroken* our house has been broken into

'inbreker *m* (-s) burglar, house-breaker

'inbreng *m* **1** ⟨ingebracht kapitaal⟩ capital brought in [to undertaking], contribution; ⟨in een huwelijk⟩ dowry; **2** ⟨bijdrage⟩ contribution; *zijn* ~ *in het gesprek* his contribution to the conversation

'inbrengen [1] *overg* **1** bring in, gather in [the crops]; **2** bring in [capital]; *je hebt hier niets in te brengen* you have nothing to say here; *daar kan ik niets tegen* ~ **1** I can offer no objection; **2** it leaves me without a reply

'inbreuk *v* (-en) **1** infringement [of rights]; **2** infraction [of the law]; **3** encroachment [on rights]; ~ *maken op* infringe [the law, rights], encroach upon [rights]

'inburgeren (burgerde in, h. & is ingeburgerd) *wederk* & *onoverg*: *hij is hier helemaal ingeburgerd* he has struck root here, he feels quite at home here; *die woorden hebben zich ingeburgerd* these words have found their way into the language

'incalculeren [1] *overg* allow for; *tegenstand* ~ reckon with opposition

inca'pabel *bn* incompetent

incar'natie *v* (-s) incarnation

incar'neren (incarneerde, h. geïncarneerd) *overg* incarnate

incas'seerder *m* (-s) collector

incas'seren (incasseerde, h. geïncasseerd) *overg* **1** cash [a bill]; **2** collect [debts]; **3** fig take [a blow, a hiding]

incas'sering *v* (-en) cashing-collection

incas'seringsvermogen *o* resilience

in'casso *o* ('s) collection [of bills, debts &]

in'cassobureau *o* (-s) collection agency [of debts]

in'cassokosten *mv* collecting-charges

in 'casu *bijw* in this case

'incest *m* incest

incestu'eus *bn* incestuous

'inchecken [1] *overg* & *onoverg* check in

inci'dent *o* (-en) incident

inciden'teel *bn* incidental

in'cisie *v* (-s) incision

inci'viek *bn* ZN politically unreliable
inci'visme *o* ZN lacking civic spirit
incl. *afk. inclusief* including; ~ *BTW* including VAT
in'cluis *bijw* included
inclu'sief *bijw* inclusive of..., including...
in'cognito incognito, *gemeenz* incog
incohe'rent *bn* incoherent
incompa'tibel *bn* incompatible
incompe'tent *bn* incompetent
incompe'tentie *v* incompetence
incom'pleet *bn* incomplete
in con'creto *bijw* in the concrete
inconse'quent *bn* inconsistent
inconse'quentie *v* (-s) inconsistency
inconsis'tent *bn* inconsistent
inconstitutio'neel *bn* inconstitutional
inconti'nent *bn* incontinent
inconveni'ënt *o* (-en) drawback
incor'rect *bn* incorrect[2]
incou'rant *bn* **1** unsalable, unmarketable [articles]; **2** unlisted [securities]
incu'batie *v* incubation
incu'batietijd *m* incubation period, latent period
incu'nabel *m* (-en) early printed book, incunabulum
in'dachtig *bn* mindful of...; *wees mij* ~ remember me
'indalen[1] (is) *onoverg* med engage
'indammen (damde in, h. ingedamd) *overg* embank, dam[2]
'indampen[1] *overg* evaporate, boil down
inde'cent *bn* indecent, shocking
'indekken[1] *wederk: zich* ~ *tegen* safeguard against
'indelen[1] *overg* **1** (in 't alg.) divide; **2** (in klassen) class(ify), group; **3** (in graden) graduate; **4** mil incorporate (*bij* in, with)
'indeling *v* (-en) **1** division; **2** classification, grouping; **3** graduation; **4** mil incorporation
'indenken[1] *wederk: zich ergens* ~ try to realize it, think oneself into the spirit of...; *zich iets* ~ image sth., conceive sth.
inder'daad *bijw* indeed, really
inder'haast *bijw* in a hurry, hurriedly
inder'tijd *bijw* at the time
'indeuken[1] *overg* dent, indent [a hat &]
'index *m* (-en en -dices) index, table of contents; *op de* ~ *plaatsen* place on the index
'indexcijfer *o* (-s) index figure
inde'xeren (indexeerde, h. geïndexeerd) *overg* index
'India *o* India
Indi'aan *m* (-dianen) (American) Indian, Native American
Indi'aans *bn* Indian
'Indiaas *bn* Indian
indi'anenverhaal *o* (-halen) ⟨onwaarschijnlijk verhaal⟩ tall story
indi'catie *v* (-s) indication

'indicatief, indica'tief I *m* (-tieven) gramm indicative; **II** *bn* indicative
'Indië *o* hist **1** (British) India; **2** the (Dutch) Indies, the East Indies
in'dien *voegw* if, in case
'indienen[1] *overg* **1** present [the bill, a petition to...]; **2** tender [one's resignation]; **3** bring forward, bring in, introduce [a bill, a motion]; **4** submit [a claim]; **5** move [an address]; **6** lodge [a complaint]; **6** make [a protest]
'indiening *v* **1** presentation [of a petition &]; **2** introduction [of a bill in Parliament]
in'diensttreding *v* entrance upon one's duties; ~ *1 juli* duties (to) commence on July 1
'Indiër *m* (-s) Indian
indi'gestie *v* indigestion
'indigo *m* indigo
'indigoblauw *bn* indigo-blue
'indijken (dijkte in, h. ingedijkt) *overg* dike, dike (dam) in, embank
'indijking *v* (-en) diking, embankment
'indikken (dikte in, *overg* h., *onoverg* is ingedikt) thicken, concentrate
'indirect *bn* indirect, oblique
'Indisch *bn* Indian; ~*e Oceaan* Indian Ocean
indis'creet *bn* indiscreet
indis'cretie *v* (-s) indiscretion
indivi'du *o* (-en) individual; *een verdacht* ~ a shady character
individuali'seren (individualiseerde, h. geïndividualiseerd) *overg* individualize
individua'lisme *o* individualism
individua'list *m* (-en) individualist
individuali'teit *v* individuality
individu'eel *bn* individual
'Indo *m* ('s) Eurasian, half-caste
Indo-'China *o* Indo-China
Indochi'nees *m* (-nezen) & *bn* Indochinese
indoctri'natie *v* indoctrination
indoctri'neren (indoctrineerde, h. geïndoctrineerd) *overg* indoctrinate
Indo-europe'aan *m* (-eanen) **1** ⟨Indogermaan⟩ Indo-European; **2** ⟨halfbloed⟩ Eurasian
Indo-euro'pees *bn* **1** ⟨Indogermaans⟩ Indo-European; **2** ⟨v. gemengd bloed⟩ Eurasian
Indoger'maan *m* (-manen) Indo-European, Indo-Germanic
Indoger'maans *bn* & *o* Indo-European, Indo-Germanic
indo'lent *bn* indolent
indo'lentie *v* indolence
'indommelen[1] (is) *onoverg* = *indutten*
'indompelen[1] *overg* plunge in, dip in, immerse
'indompeling *v* immersion
Indo'nesië *o* Indonesia
Indo'nesiër *m* (-s) Indonesian
Indo'nesisch *bn* Indonesian
'indoor *bn* sp indoor

'**indopen**[1] *overg* dip in(to)

'**indraaien**[1] (h.) *overg* screw in; *zich ergens* ~ worm oneself into a post

'**indrijven**[1] **I** (h.) *overg* drive into; **II** (is) *onoverg* float into

'**indringen**[1] **I** (is) *onoverg* penetrate (into), enter by force; **II** (h.) *wederk: zich* ~ intrude, slang horn in [on]; *zich* ~ *bij iem.* **1** obtrude oneself upon sbd. (upon sbd.'s company); **2** insinuate onself into sbd.'s favour

in'**dringend** *bn* **1** (diepgaand) profound; **2** (nadrukkelijk) emphatic

'**indringer** *m* (-s) intruder

in'**dringerig** *bn* intrusive, obtrusive

'**indrinken**[1] *overg* drink (in), imbibe

'**indroevig** *bn* intensely sad, heart-breaking

'**indrogen**[1] (is) *onoverg* dry up

'**indroppelen** *overg & onoverg* = indruppelen

'**indruisen** (druiste in, h. en is ingedruist) *onoverg:* ~ *tegen* **1** run counter to [all conventions]; **2** interfere with [one's interests]; **3** clash with [a previous statement]; **4** be at variance with [truth]; **5** be contrary to [laws, customs &]

'**indruk** *m* (-ken) impression[2]; imprint; ~ *maken* make an impression; *de* ~ *maken van...* give an impression of...; *onder de* ~ *komen* be impressed (*van* by, with); *hij was nog onder de* ~ he had not got over it yet

'**indrukken**[1] *overg* **1** (door drukken kapot doen gaan) push in, stave in; **2** (naar binnen drukken) push in, press; **3** (een afdruk aanbrengen in) impress, imprint [a seal &]; *de knop* ~ press the button

indruk'wekkend *bn* impressive, imposing

'**indruppelen**[1] **I** (is) *onoverg* drip in; **II** (h.) *overg* drip in, instil

in 'dubio: ~ *staan* be in doubt

indu'ceren (induceerde, h. geïnduceerd) *overg* induce

in'**ductie** *v* (-s) induction

induc'tief *bn* inductive

in'**ductieklos** *m & v* (-sen) induction coil

in'**ductiestroom** *m* (-stromen) induced current

in'**ductor** *m* (-'toren) inductor

industriali'satie *v* industrialization

industriali'seren (industrialiseerde, h. geïndustrialiseerd) *overg* industrialize

industriali'sering *v* industrialization

indus'trie *v* (-trieën) industry

indus'triearbeider *m* (-s) industrial worker

indus'triecentrum *o* (-s en -tra) industrial centre

indus'triediamant *m & o* (-en) industrial diamond

industri'eel I *bn* industrial; **II** *m* (-triëlen) industrialist, manufacturer

indus'triegebied *o* (-en) industrial area

indus'trieschool *v* (-scholen) technical school

indus'triestad *v* (-steden) industrial town

indus'trieterrein *o* (-en) industrial site, industrial estate

'**indutten**[1] (is) *onoverg* doze off, drop off, go to sleep

'**induwen**[1] *overg* push in, push in, shove in

in'**eendraaien**[1] (h.) *overg* twist together

in'**eenflansen**[1] *overg* throw together

in'**eenfrommelen**[1] *overg* crumple up

in'**eengedoken** *bn* zie: *duiken*

in'**eengrijpen**[1] *overg* interlock

in'**eenkrimpen**[1] (is) *onoverg* writhe, shrink, cringe

in'**eenkronkelen**[1] *wederk: zich* ~ coil up, curl up

in'**eenlopen**[1] (is) *onoverg* **1** run into each other [of colours]; **2** communicate [of rooms]

in'**eens** *bijw* all at once; ~ *te betalen* payable in one sum

in'**eenschuiven**[1] (h.) *overg* telescope (into each other)

in'**eenslaan**[1] (h.) *overg* strike together; zie ook: *hand*

in'**eenstorten**[1] (is) *overg* collapse[2]

in'**eenstorting** *v* (-en) collapse[2]

in'**eenstrengelen**[1] *overg* intertwine, interlace

in'**eenvloeien**[1] (is) *onoverg* flow together, run into each other [of colours]

in'**eenzakken**[1] *onoverg* collapse

ineffici'ënt *bn* inefficient

'**inenten**[1] *overg* vaccinate, inoculate

'**inenting** *v* (-en) vaccination, inoculation

in'**ert** *bn* inert

in'**ertie** *v* inertia

in'**faam** *bn* infamous

infan'terie *v* infantry, foot

infante'rist *m* (-en) infantryman

infan'tiel *bn* infantile

infanti'lisme *o* infantilism

in'**farct** *o* (-en) (cardiac) infarct

infec'teren (infecteerde, h. geïnfecteerd) *overg* infect[2]

in'**fectie** *v* (-s) infection[2]

in'**fectiehaard** *m* (-en) focus of infection

in'**fectieziekte** *v* (-n en -s) infectious disease

infe'rieur *bn* inferior (= lower in rank & of poor quality); *een* ~*e* one of inferior rank, an inferior, a subordinate

inferiori'teit *v* inferiority

in'**filtrant** *m* (-en) infiltrator

in'**filtratie** *v* (-s) infiltration

in'**filtreren** (infiltreerde, *overg* h., *onoverg* is geïnfiltreerd) infiltrate

'**infinitief** *m* (-tieven) infinitive

in'**flatie** *v* (-s) inflation

inflatio'nistisch, infla'toir *bn* inflationary

influ'enza *v* influenza, gemeenz flu

'**influisteren**[1] *overg* whisper [in sbd.'s ear], prompt, suggest

'**influistering** *v* (-en) whispering, prompting, suggestion

'**info** *v* gemeenz info

infor'mant *m* (-en) informant

informa'teur *m* (-s) pol person charged with overseeing the formation of a new government (cabinet)

infor'matica *v* computer science, information science, informatics

infor'matie *v* (-s) information; ~ *geven (over)* give information (about, on); ~ *inwinnen* make inquiries

infor'matiebureau *o* (-s) inquiry-office, information bureau (centre)

infor'matiedrager *m* (-s) data carrier

informa'tief *bn* informative

infor'matiestroom *m* (-stromen) information flow

infor'matietoon *m* telec number obtainable signal

infor'matieverwerking *v* data processing

informati'sering *v* computerization

informa'trice *v* (-s) telec information operator; *zij is ~ bij de VVV* she works at the information counter of the tourist information office

infor'meel *bn* informal, unofficial

infor'meren (informeerde, h. geïnformeerd) *overg* inquire [after it], make inquiry (inquiries) [about it]; ~ *bij* inquire of [sbd.]

infra'rood *bn* infra-red

'infrastructuur *v* infrastructure

in'fusiediertjes *mv* infusoria

in'fuus *o* (-fuzen) med drip, IV

'ingaan¹ *onoverg* 1 ⟨binnengaan⟩ enter, go (walk) into; 2 ⟨v. vakantie, abonnement &⟩ begin; 3 ⟨van kracht worden⟩ date (take effect, run) from; *de eeuwigheid ~* pass into eternity; *zijn zeventigste jaar ~* enter upon one's seventieth year; *de geschiedenis ~* go down in history; *de wijde wereld ~* go out into the world; *dat artikel zal er wel ~* gemeenz is sure to catch (take) on; *(dieper) ~ op iets* go into the subject, labour a point; *nader ~ op* go further into the matter; *op een aanbod ~* take up an offer; *op een offerte ~* entertain an offer; *op een verzoek ~* comply with (grant) a request; *er niet op ~* take no notice of it, make no comment, let it pass, ignore it; ~ *tegen* **1** zie: *indruisen*; **2** ⟨zich verzetten⟩ oppose, counteract, go against

'ingang *m* (-en) entrance, way in, entry; ~ *vinden* find acceptance, gemeenz go down (with the public); *met ~ van 6 sept.* (as) from Sept. 6; ~ *vrij* ZN admission free; *verboden ~* ZN no admission

'ingebeeld *bn* **1** ⟨niet werkelijk⟩ imaginary; **2** ⟨verwaand⟩ (self-)conceited, pretentious, presumptuous; ~*e zieke (ziekte)* imaginary invalid (illness)

'ingeblikt *bn* **1** tinned, Am canned [fruit]; **2** canned [sound, laughter]

'ingeboren *bn* innate, native

'ingebouwd *bn* built-in, fitted, installed, mounted

inge'brekestelling *v* notice of default, prompt note

inge'bruikneming *v* **1** ⟨v. huis &⟩ occupation;

2 ⟨v. nieuwe producten⟩ introduction

'ingeburgerd *bn* **1** ⟨v. personen⟩ naturalized; **2** ⟨v. woorden, gebruiken⟩ established

'ingehouden *bn* **1** subdued, restrained [force]; **2** pent-up [rage]; *met ~ adem* with bated breath

'ingekankerd *bn* inveterate [hatred]

'ingelegd *bn* **1** inlaid, tessellated, mosaic [floors, table]; **2** = *ingemaakt*

'ingemaakt *bn* **1** preserved, potted [foods, vegetables]; **2** pickled [meat, fish &]

'ingemeen *bn* vile

'ingenaaid *bn* ⟨v. boek⟩ stitched, sewn; ~ *etiket* sewed-in label

ingeni'eur *m* (-s) engineer

ingeni'eus *bn* ingenious

'ingenomen *bn* taken; ~ *met iets zijn* be taken with sth.; *ik ben er erg mee ~* I am highly pleased with it; *hij is zeer met zichzelf ~* he rather fancies himself

inge'nomenheid *v* satisfaction; ~ *met zichzelf* self-complacency

inge'nottreding *v* ZN ⟨v. onroerend goed⟩ taking possession

ingé'nue *v* (-s) ingenue

'ingeroest *bn* fig inveterate, deep-rooted

'ingeschreven *bn* inscribed; ~ *leerlingen* pupils on the books (on the rolls); ~ *veelhoeken* inscribed polygons; ~*e* entrant

'ingesloten *bn* enclosed; zie ook: *inbegrepen*

'ingesneden *bn* indented [coast-line]

'ingespannen **I** *bn* **1** strenuous [work]; **2** hard [thinking]; **3** intent [gaze]; **II** *bijw* **1** strenuously [working]; **2** [think] hard; **3** intently [listening, looking at]

inge'sprektoon *m* Br engaged signal; Am busy signal

'ingetogen *bn* modest

'ingetogenheid *v* modesty

inge'val *voegw* in case

'ingevallen *bn* **1** hollow [cheeks]; **2** sunken [eyes]

'ingeven¹ *overg* **1** administer [medicine]; **2** prompt, suggest [a thought, a word]; **3** inspire with [an idea, hope &]; **4** dictate [by fear]

'ingeving *v* (-en) prompting, suggestion, inspiration; *plotselinge ~* brainwave; *als bij ~* as if by inspiration; *naar de ~ van het ogenblik handelen* act on the spur of the moment

'ingevoerd *bn*: *goed ~ zijn in* be well informed about; *zij is goed ~ in de informatica* she is well informed about computer science, she knows all there is to know about computer science

inge'volge *voorz* in pursuance of, pursuant to, in compliance with, in obedience to

'ingevroren ice-bound, frost-bound, frozen in

'ingewanden *mv* bowels, intestines, entrails

'ingewijd *bn* initiated; *een ~e* an initiate, an insider

'ingewijde *m-v* (-n) insider, initiate

inge'wikkeld *bn* intricate, complicated, complex; sophisticated [machines]; *het is een ~ verhaal* there are wheels within wheels; *een ~e zinsbouw* an involved construction

inge'wikkeldheid *v* intricacy, complexity

'ingeworteld *bn* deep-rooted, inveterate

'ingezet *bn* set-in, put-in, inserted

'ingezetene *m-v* (-n) inhabitant, resident

'ingezonden *bn* sent in; *~ mededeling* paragraph advertisement; *~ stuk* letter to the editor (to the press)

'ingieten[1] *overg* pour in, infuse

'ingooi *m* (-en) *sp* throw in

'ingooien[1] *overg*: *de ruiten ~* smash (break) the windows; *zie ook: glas*

'ingraven[1] *wederk*: *zich ~* **1** mil dig (oneself) in; **2** burrow [of a rabbit]

ingredi'ënt *o* (-en) ingredient

'ingreep *m* (-grepen) med operation, surgery

'ingriffen[1] *overg* engrave

'ingrijpen[1] *onoverg* intervene

in'grijpend *bn* radical, far-reaching [change]

'ingroeien[1] *onoverg* grow in (into)

'inhaalmanoeuvre *v* (-s) passing (overtaking) manuvre

'inhaalstrook *v* (-stroken) overtaking lane

'inhaalverbod *o* (-boden) overtaking prohibition

'inhaalwedstrijd *m* (-en) rearranged fixture

'inhaken[1] *onoverg* **1** (in 't alg.) hook in(to); **2** link [arms]; *~ op* go on from what was said before, follow up (take up) a point

'inhakken[1] **I** *overg* hew in, break open; **II** *onoverg*: *op de vijand ~* pitch into the enemy; *dat zal er ~* it will run into a lot of money, it will make a hole in your (my) pocket

inha'latie *v* (-s) inhalation

inha'latietoestel *o* (-len) inhaler

'inhalen[1] *overg* **1** ⟨naar binnen trekken⟩ take in [sails]; haul in [a rope]; **2** ⟨binnenhalen⟩ receive in state [a prince &]; **3** ⟨achterhalen⟩ come up with, catch up with, overtake; **4** ⟨voorbijgaan in het verkeer⟩ overtake, pass; scheepv overhaul; **5** ⟨weer goed maken⟩ make up for [lost time]; *de achterstand ~* make up arrears, make up leeway; *~ verboden* no overtaking

inha'leren (inhaleerde, h. geïnhaleerd) *overg & abs ww* inhale

in'halig *bn* greedy, grasping, covetous

in'haligheid *v* greed, covetousness

'inham *m* (-men) creek, bay, bight, inlet

'inhameren[1] *overg* hammer in, hammer home

'inhebben[1] *overg* hold, contain, scheepv carry

in'hechtenisneming *v* (-en) apprehension, arrest; *bevel tot ~* warrant

in'heems *bn* **1** native, indigenous [population, products]; **2** home-bred [cattle]; **3** home [produce, market]; **4** endemic [diseases]

'inheien[1] *overg* drive in [piles]

inhe'rent *bn* inherent; *~ zijn aan* inhere in

'inhoud *m* (-en) **1** contents [of a book &]; **2** tenor,

purport [of a letter]; **3** content [of a cube]; **4** capacity [of a vessel]; *korte ~* abstract, summary; *een brief van de volgende ~* ook: to the following effect

in'houdelijk *bn* in substance, in content(s)

'inhouden[1] **I** *overg* **1** ⟨bevatten⟩ contain, hold; **2** ⟨tegenhouden⟩ hold in, rein in [a horse]; hold [one's breath]; check, restrain, keep back [one's anger, tears]; retain [food]; **3** ⟨niet uitbetalen⟩ deduct [a month's salary], stop [allowance, pocketmoney]; *dit houdt niet in, dat...* this does not imply that...; *de pas ~* check one's step; **II** *wederk*: *zich ~* contain (restrain) oneself; *zie ook: ingehouden*

'inhouding *v* (-en) **1** ⟨het niet uitbetalen⟩ withholding; **2** ⟨ingehouden bedrag⟩ deduction

'inhoudsmaat *v* (-maten) measure of capacity, cubic measure

'inhoudsopgaaf, inhoudsopgave *v* (-gaven) table of contents, contents table, contents list

'inhouwen[1] *overg & onoverg* = *inhakken*

'inhuldigen[1] *overg* **1** ⟨in 't alg.⟩ inaugurate, install; **2** ZN ⟨gebouw⟩ inaugurate; ⟨standbeeld⟩ unveil; ⟨kerk⟩ consecrate

'inhuldiging *v* (-en) inauguration, installation

inhu'maan *bn* inhumane

'inhuren[1] *overg* hire again; *opnieuw ~* renew the lease

initi'aal *v* (-tialen) initial

initi'atie *v* (-s) initiation

initia'tief *o* (-tieven) initiative; *het particulier ~* private enterprise; *geen ~ hebben* be lacking initiative; *het ~ nemen* take the initiative (the lead); *op ~ van* at (on) the initiative of; *op eigen ~ handelen* act on one's own initiative (of one's own accord)

initia'tiefnemer *m* (-s) initiator

initia'tiefvoorstel *o* (-len) pol Br private member's bill; Am Congressional bill

initi'eel *bn* initial [costs]

ini'tiëren (initieerde, h. geïnitieerd) *overg* ⟨het initiatief nemen tot⟩ set off, initiate, take the first step towards

'injagen[1] *overg* drive in(to); *iem. de dood ~* send sbd. to his death

injec'teren (injecteerde, h. geïnjecteerd) *overg* inject[2]

in'jectie *v* (-s) injection

in'jectiemotor *m* (-s en -toren) (fuel) injection engine

in'jectienaald *v* (-en) hypodermic needle

in'jectiespuitje *o* (-s) hypodermic syringe

'inkankeren[1] (is) *onoverg* **1** ⟨in metalen &⟩ eat into, corrode; **2** fig become inveterate; *zie ook: ingekankerd*

'inkapselen (kapselde in, h. ingekapseld) *overg* encyst, encapsulate[2]

'inkeer *m* repentance; *tot ~ komen* repent

'inkepen (keepte in, h. ingekeept) *overg* indent, notch, nick

'inkeping *v* (-en) indentation, notch, nick

'**inkeren**¹ (is) *onoverg*: *tot zich zelf* ~ retire into oneself; search one's own heart; repent
'**inkerven**¹ *overg* = *inkepen*
'**inkijk** *m* **1** ⟨bij huizen⟩ view (of the inside); *gordijnen tegen* ~ curtains to keep people at looking in(side); **2** ⟨bij vrouwen- en meisjeskleding⟩ cleavage; ~ *hebben* be able to see all the way to Brighton
'**inkijken**¹ **I** *onoverg* ⟨naar binnen kijken⟩ look in [at the window]; **II** *overg* ⟨vluchtig bekijken⟩ glance over [a letter]; skim through, browse through [a book]
'**inklappen**¹ **I** (h.) *overg* fold up; **II** (is) *onoverg* ⟨geestelijk instorten⟩ collapse, break down
'**inklaren**¹ *overg* clear [goods]
'**inklaring** *v* (-en) clearance, clearing
'**inkleden**¹ *overg* ⟨vorm geven⟩ frame, express; *een verzoek op een bepaalde manier* ~ frame (put) a request in a certain way
'**inklemmen**¹ *overg* jam in, wedge in
'**inklimmen**¹ (is) *onoverg* climb in(to)
'**inklinken**¹ (is) *onoverg* set
'**inkoken**¹ ⟨onoverg h., *onoverg* is⟩ boil down
'**inkomen**¹ **I** *onoverg* enter, come in; ~*de rechten* import duties; *daar kan ik* ~ I can understand that (enter into your feelings), I can see that; *daar komt niets van in* that's out of the question altogether; **II** *o* (-s) income
'**inkomensgroep** *v* (-en) income group
'**inkomensklasse** *v* (-n) income bracket (group)
'**inkomenspolitiek** *v* income policy
'**inkomst** *v* (-en) entry; ~*en* income [of a person], earnings, gainings, profits; revenue [of a State]; ~*en en uitgaven* receipts and expenditure
'**inkomstenbelasting** *v* (-en) income tax
'**inkoop** *m* (-kopen) purchase; *inkopen doen* make purchases, buy things; go (do) shopping
'**inkooporganisatie** *v* (-s) buying organization
'**inkoopprijs**, '**inkoopsprijs** *m* (-prijzen) cost price
'**inkopen**¹ **I** *overg* **1** ⟨kopen om weer te verkopen⟩ buy, purchase; **2** ⟨terugkopen⟩ buy in; **II** *wederk*: *zich* ~ *(in een zaak)* buy oneself into a business
'**inkoper** *m* (-s) purchaser, handel buyer [for business house]
'**inkoppen**¹ *overg* head in, head into the goal
'**inkorten**¹ *overg* shorten, curtail
'**inkorting** *v* (-en) shortening, curtailment
'**inkrijgen**¹ *overg* **1** ⟨naar binnen krijgen⟩ get in; **2** ⟨v. voedsel⟩ get down; zie ook: *water*
'**inkrimpen**¹ **I** (is) *onoverg* ⟨kleiner worden⟩ shrink, contract; *(het aantal...) was ingekrompen tot...* had dwindled to...; **II** (h.) *overg* ⟨vermindering v. personeel, productie &⟩ reduce, cut back
'**inkrimping** *v* (-en) **1** ⟨het kleiner worden⟩ shrinking [of bodies]; **2** ⟨vermindering⟩ reduction, curtailment; contraction [of credit]; dwindling [of numbers]; retrenchment [of expenses]
inkt *m* (-en) ink; *Oost-Indische* ~, ZN Chinese ~ Indian ink

'**inkten** (inktte, h. geïnkt) *overg* ink
'**inktfles** *v* (-sen) ink-bottle
'**inktgom** *m* & *o* ink-eraser
'**inktkoker** *m* (-s) inkstand, ink-well
'**inktlap** *m* (-pen) penwiper
'**inktlint** *o* (-en) ink ribbon
'**inktpot** *m* (-ten) inkpot, ink-well
'**inktpotlood** *o* (-loden) copying-pencil, indelible pencil
'**inktvis** *m* (-sen) **1** ⟨in 't alg.⟩ ink-fish, cuttle-fish; **2** ⟨pijlinktvis⟩ squid
'**inktvlek** *v* (-ken) blot of ink, ink-stain
'**inktzwam** *v* (-men) ink-cap
'**inkuilen** (kuilde in, h. ingekuild) *overg* ensilage, ensile, clamp [potatoes]
'**inkwartieren** (kwartierde in, h. ingekwartierd) *overg* billet, quarter
'**inkwartiering** *v* (-en) billeting, quartering; *wij hebben* ~ we have soldiers billeted on us
'**inlaat** *m* (-laten) inlet
'**inlaatklep** *v* (-pen) inlet valve
'**inladen**¹ *overg* load [goods]; scheepv put on board; ship [goods]
'**inlander** *m* (-s) native
'**inlands** *bn* **1** home, home-grown, home-made [products]; **2** home-bred [cattle]; **3** native, indigenous [tribes]; *een* ~*e* a native woman
'**inlas** *m* (-sen) insert
'**inlassen**¹ *overg* insert, intercalate
'**inlassing** *v* (-en) insertion, intercalation
'**inlaten**¹ **I** *overg* ⟨binnenlaten⟩ let in, admit; **II** *wederk*: *zich* ~ *met iem.* associate with sbd., have dealings with sbd.; *ik wil er mij niet mee* ~ I will have nothing to do with it; *u hoeft u niet met mijn zaken in te laten* you need not concern yourself with (in) my affairs
'**inleg** *m* **1** ⟨v. rok⟩ tuck; **2** ⟨aan geld⟩ entrance money [of member]; stake(s) [wagered]; deposit [in a bank]
'**inleggeld** *o* (-en) = *inleg 2*
'**inleggen**¹ *overg* **1** lay in, put in [something]; **2** inlay [wood with ivory &]; **3** preserve [fruit &]; **4** pickle [meat, fish]; **5** deposit [money at a bank]; **6** stake [at cards &]; take in [a dress]; zie ook: *eer*
'**inlegger** *m* (-s) depositor
'**inlegkruisje** *o* (-s) panty shield
'**inlegvel** *o* (-len) inset, insert, supplementary sheet
'**inlegwerk** *o* inlaid work, marquetry, mosaic
'**inleiden**¹ *overg* **1** ⟨binnenleiden⟩ introduce, usher in [a person]; **2** ⟨openen⟩ open [the subject], initiate [the debate]; *hij leidde ons de kamer in* he ushered us into the room; *deze ontdekking leidde een nieuw tijdperk in* this discovery ushered in a new era; *een bevalling* ~ induce labour
'**inleidend** *bn* introductory, opening, preliminary
'**inleider** *m* (-s) speaker appointed (invited) to introduce the discussion (to open the subject), lec-

turer of the evening

'inleiding v (-en) introduction; introductory lecture; preamble, exordium

'inleven[1] wederk: zich in iem. ~ put oneself in sbd.'s shoes, imagine oneself in another (someone else's) situation

'inleveren[1] overg **1** deliver up [arms]; **2** send in, give in, hand in [documents]; **3** give in [their exercises]

'inlevering v delivery; giving in, handing in

'inlezen[1] overg comput read in

'inlichten (lichtte in, h. ingelicht) overg inform; ~ over (omtrent) give information about

'inlichting v (-en) information; ~en geven give information; ~en inwinnen gather information, make inquiries; ~en krijgen get (obtain) information

'inlichtingendienst m (-en) intelligence service

'inliggend bn enclosed

'inlijsten[1] overg frame

'inlijven (lijfde in, h. ingelijfd) overg incorporate (bij in, with), annex (bij to)

'inlijving v (-en) incorporation, annexation

'inloggen (logde in, h. ingelogd) onoverg comput log on

'inloodsen[1] overg pilot in [a ship], take [a ship] into port

'inloopzaak v (-zaken) walk-in shop (Am store)

'inlopen[1] **I** (is) onoverg **1** (ingaan) enter, walk into [a house]; turn into [a street]; drop in [bij iem. (up-) on sbd.]; **2** (inhalen, winnen) gain (op on); hij zal er niet ~ he is not going to walk into the trap; iem. erin laten lopen fool sbd., take sbd. in; hij wilde me erin laten lopen he wanted to catch me; **II** (h.) overg: de achterstand ~ **1** make up arrears; **2** sp gain on one's competitors; schoenen ~ break in shoes

'inlossen[1] overg redeem

'inlossing v (-en) redemption

'inloten[1] onoverg (op universiteit) draw a place

'inluiden[1] overg ring in[2]; herald (usher in) [a new era]

'inluizen (luisde in, onoverg is, overg h. ingeluisd) **I** onoverg gemeenz: erin luizen walk into a trap, get caught straight, be the dupe; **II** overg: iem. ergens ~ double-cross sbd., betray sbd.

'inmaak m preservation; onze ~ our preserves

'inmaakfles v (-sen) preserving-bottle

'inmaakpartij v (-en) sp walkover, cinch

'inmaakpot m (-ten) preserving-jar

'inmaken[1] overg **1** preserve [fruit], pickle [meat, fish &]; **2** sp overwhelm [by 5 goals to 0]

in me'moriam 1 (voorafgaande aan een naam) in memoriam; **2** o (-s) (artikel ter nagedachtenis) obituary

'inmengen[1] wederk: zich ergens ~ interfere in, meddle with, get mixed up in sth.

'inmenging v (-en) meddling, interference, intervention

'inmetselen[1] overg wall up, immure

in'middels bijw in the meantime, meanwhile

'innaaien[1] overg sew, stitch [books]

'inname v taking, capture [of a town]

'innemen[1] overg **1** (naar binnen halen) take in [chairs, cargo, sails &]; ship [the oars]; **2** (nemen, gebruiken) take [physic, poison]; **3** (beslaan) take (up), occupy [space, place]; **4** (veroveren) mil take, capture [a town]; fig captivate, charm; **5** (opzamelen) collect [tickets]; **6** (innaaien) take in [a garment]; brandstof (benzine) ~ fuel, fill up; kolen ~ bunker, coal; water ~ water; de mensen tegen zich ~ prejudice people against oneself, antagonize people; de mensen voor zich ~ prepossess people in one's favour; zie ook: ingenomen

in'nemend bn taking, winning, prepossessing, engaging, attractive, endearing [ways]; ~ zijn have a way with one

in'nemendheid v charm, endearing ways

'inneming v (-en) taking, capture [of a town]

'innen (inde, h. geïnd) overg **1** collect [debts, bills]; **2** cash [a cheque]; **3** get in [debts]; te ~ wissel bill receivable

'innerlijk I bn **1** inner [life]; **2** inward [conviction]; **3** internal [feelings]; **4** intrinsic [value]; **II** bijw inwardly; internally; **III** o inner life, inner self, heart, mind

'innestelen[1] wederk: zich ~ ⟨v. eicel⟩ become implanted

'innig I bn heartfelt [thanks, words], tender [love], close [co-operation, friendship]; profound [conviction, hope], ardent, fervent [admiration], fervent [prayer]; **II** bijw [love] tenderly, dearly; closely [connected], [pray] fervently

'innigheid v heartfelt affection, tenderness, earnestness, fervour

1 'inning v **1** collection [of debts, bills]; **2** cashing [of a cheque]

2 'inning m (-s) honkbal inning; cricket innings

'inningskosten mv collecting-charges

inno'vatie v (-s) innovation

inno'veren (innoveerde, h. geïnnoveerd) overg innovate

'inoogsten[1] overg reap[2]

inoppor'tuun bn inopportune

'inpakken[1] **I** overg pack (up), wrap up, parcel up; zal ik het voor u ~? shall I wrap it up (do it up) for you?; **II** wederk: zich ~ wrap (oneself) up; **III** abs ww pack; hij kan wel ~ gemeenz he can hop it (pack off)

'inpalmen (palmde in, h. ingepalmd) overg **1** ⟨v. touw⟩ haul in; **2** iem. ~ get round sbd.

in'pandig bn ⟨v. vertrek⟩ built-in

'inpassen[1] overg fit in

'inpeperen[1] overg: ik zal het hem ~ I'll make him pay for it, I'll take it out of him

'inperken (perkte in, h. ingeperkt) overg **1** ⟨omheinen⟩ fence in; **2** ⟨beperken⟩ restrict

in 'petto bijw in reserve, in store, up one's sleeve

'**inpikken**¹ *overg* gemeenz **1** ⟨zich meester maken van⟩ swipe, pinch; *de beste plaatsen* ~ grab ⟨snap up⟩ the best places; **2** ⟨klaarspelen⟩ fix, wangle; *dat heb je handig ingepikt* you managed to fix that up (to wrangle that) pretty well

'**inplakken**¹ *overg* paste in

'**inplanten**¹ *overg* implant²; fig inculcate

'**inplanting** *v* (-en) implantation²; fig inculcation

in 'pleno *bijw* plenary [session]

'**inpolderen** (polderde in, h. ingepolderd) *overg* reclaim

'**inpoldering** *v* (-en) reclamation

'**inpompen**¹ *overg* pump into; *lessen* ~ cram (lessons)

'**inprenten**¹ *overg* imprint, impress, stamp, inculcate [sth.] on [sbd.]

'**inproppen**¹ *overg* cram in(to)

'**input** *m* input

inquisi'teur *m* (-s) inquisitor

inqui'sitie *v* inquisition

'**inregenen**¹ *onoverg* rain in

'**inreisvisum** *o* (-s en visa) entry visa

'**inrekenen**¹ *overg* run in [a criminal]

'**inrichten**¹ **I** *overg* **1** ⟨regelen⟩ arrange; **2** ⟨meubileren⟩ fit up, furnish; **3** ZN ⟨organiseren⟩ organize, arrange; *ingericht als* ... fitted up as a ... [bedroom &]; *een goed ingericht huis* a well-appointed home; *bent u al ingericht?* are you settled in yet?; **II** *wederk*: *zich* ~ furnish one's house, set up house

'**inrichter** *m* (-s) ZN ⟨organisator⟩ organizer

'**inrichting** *v* (-en) **1** ⟨regeling⟩ arrangement; layout; **2** ⟨meubilering⟩ furnishing, fitting up; **3** ⟨meubels⟩ furniture; **4** ⟨stichting, instelling⟩ establishment, institution; **5** techn apparatus, appliance, device; **6** ZN ⟨organisatie⟩ organization

'**inrijden**¹ **I** (h.) *overg* **1** break in [a horse]; **2** techn run in [a motorcar]; **II** (is) *onoverg* ride (drive) into [a town]; ~ *op* run into, crash into [another train]; *op elkaar* ~ collide

'**inrit** *m* (-ten) way in, entrance; *verboden* ~ no entry

'**inroepen**¹ *overg* invoke, call in [sbd.'s help]

'**inroesten**¹ *onoverg* rust; zie ook: *ingeroest*

'**inruil** *m* ⟨van gebruikt voor nieuw⟩ trade-in, partexchange

'**inruilen**¹ *overg* **1** ⟨in 't alg.⟩ exchange [for...]; **2** ⟨gebruikte goederen voor nieuwe⟩ trade in [one's car]

'**inruilpremie** *v* (-s) trade-in bonus, part-exchange bonus

'**inruilwaarde** *v* trade-in value

'**inruimen**¹ *overg*: *plaats* ~ *(voor)* make room (for)

'**inrukken**¹ (is) *onoverg* **1** mil march into [a town]; **2** mil ⟨naar kwartieren⟩ march back to barracks; **3** ⟨v. brandweer &⟩ withdraw; *laten* ~ mil dismiss; *ingerukt!* clear out!, hop it!, beat it!; *ingerukt mars!* mil dismiss!

'**inschakelen**¹ *overg* **1** techn throw into gear; **2** elektr switch on, ⟨door stekker⟩ plug in [a radia-

tor &]; **3** fig bring in [workers], call in [a detective &], include [in the Government]

'**inschalen** (schaalde in, h. ingeschaald) *overg* rank (according to scale), put on a scale; *iem. te laag* ~ put sbd. too low on the scale

'**inschatten**¹ *overg* assess, estimate; *iem. (iets) verkeerd* ~ misjudge sbd. (sth.)

'**inschenken**¹ *overg & onoverg* **1** pour (out) [tea &]; **2** fill [a glass]; *ik zal de thee* ~ I shall be mother

'**inschepen** (scheepte in, h. ingescheept) **I** *overg* embark, ship; **II** *wederk*: *zich* ~ *(naar)* embark, take ship (for)

'**inscheping** *v* embarkation, embarking

'**inscherpen**¹ *overg*: *iem. iets* ~ inculcate, impress sth. upon sbd.

'**inscheuren**¹ **I** (*overg* h. & *onoverg* is) tear; **II** (is) *onoverg* med rupture

'**inschieten**¹ (is) *onoverg* dash into [a house]; *er geld bij* ~ lose money over it; *er het leven bij* ~ lose one's life in the affair; *dat is er bij ingeschoten* there was no time left for it

in'schikkelijk *bn* obliging, compliant, complaisant, accommodating

in'schikkelijkheid *v* obligingness, complaisance, compliance

'**inschikken**¹ (is) *onoverg* close up, sit or stand closer

'**inschoppen**¹ *overg* **1** ⟨door schoppen kapot maken⟩ kick in [a door]; **2** ⟨naar binnen schoppen⟩ kick into; *de wereld* ~ gemeenz spawn

'**inschrift** *o* (-en) inscription

'**inschrijfformulier** *o* (-en) registration form

'**inschrijfgeld** *o* (-en) registration fee

'**inschrijven** **I** *overg* **1** ⟨in 't alg.⟩ inscribe; **2** book, enrol(l), register [items, names &]; **3** enter [names, students, horses]; *zich laten* ~ enrol(l) oneself, enter one's name; **II** *onoverg* send in a tender; ~ *op aandelen* apply for shares; ~ *op een lening* subscribe to a loan; *voor de bouw van een nieuwe school* ~ tender for a new school

'**inschrijver** *m* (-s) **1** subscriber [to a charity, a loan &]; **2** handel applicant [for shares]; tenderer; *laagste* ~ holder of the lowest tender

'**inschrijving** *v* (-en) **1** enrolment, registration [of names &]; **2** ⟨voor tentoonstelling &⟩ entry; **3** ⟨op lening &⟩ subscription; **4** ⟨op aandelen⟩ application; **5** ⟨bij aanbesteding⟩ (public) tender; *de* ~ *openen* call for tenders; *bij* ~ by tender

'**inschrijvingsbiljet** *o* (-ten) **1** tender [for a work]; **2** handel form of application

'**inschuiven**¹ **I** (h.) *overg* push in, shove in; **II** (is) *onoverg* = inschikken

in'scriptie *v* (-s) inscription

in'sect *o* (-en) insect

in'secteneter *m* (-s) insectivore

in'sectenkunde *v* entomology, insectology

in'sectenpoeder *o & m* insect powder

insecti'cide *v* (-n) insecticide, pesticide

'**inseinen**[1] *overg* tip off

insemi'natie *v: kunstmatige* ~ artificial insemination

insge'lijks *bijw tsw* likewise, in the same manner; *het beste met u! I~!* (the) same to you!

in'signe *o* (-s) badge; *de* ~*s* (ook:) the insignia (of office)

'**insijpelen**[1] (is) *onoverg* trickle in, filter in

insinu'atie *v* (-s) insinuation, innuendo

insinu'eren (insinueerde, h. geïnsinueerd) *overg* insinuate

insis'teren (insisteerde, h. geïnsisteerd) *onoverg* insist

'**inslaan**[1] **I** (h.) *overg* **1** ⟨slaan in...⟩ drive in [a nail, a pole]; **2** ⟨stukslaan⟩ beat in, dash in, smash [the windows]; **3** ⟨opdoen⟩ lay in (up) [provisions]; **4** ⟨nemen⟩ take, turn into [a road]; *een vat de bodem* ~ stave in a cask; zie ook: *bodem*; *iem. de hersens* ~ knock sbd.'s brains out; **II** (is) *onoverg* **1** ⟨v. bliksem, projectiel⟩ strike; **2** *fig* ⟨indruk maken⟩ go home [of a remark, speech &]; make a hit [of a play &]

'**inslag** *m* (-slagen) **1** ⟨v. weefsel⟩ woof; zie ook: *schering*; **2** ⟨van projectiel⟩ striking; **3** *fig* tendency, strain [of mysticism], [her strong practical] streak

'**inslapen**[1] (is) *onoverg* **1** *eig* fall asleep; **2** *fig* pass away

'**inslijten**[1] (is) *onoverg* wear down; *een ingesleten gewoonte* an ingrained habit

'**inslikken**[1] *overg* swallow

'**insluimeren**[1] (is) *onoverg* fall into a slumber, doze off

'**insluipen**[1] (is) *onoverg* **1** *eig* steal in, sneak in; **2** *fig* slip in, creep in

'**insluiper** *m* (-s) intruder

'**insluiping** *v* stealing in

'**insluiten**[1] *overg* **1** lock in [oneself, sbd.]; **2** lock up [a thief]; **3** enclose [a meadow, a letter]; **4** hem in, surround [a field &]; **5** invest [a town]; **6** include, involve, comprise, embrace [the costs for..., everything]; *dit sluit niet in, dat...* this does not imply that...

'**insluiting** *v* (-en) enclosure, investment, inclusion

'**inslurpen**[1] *overg* gulp down

'**insmeren**[1] *overg* grease, smear, oil

'**insmijten**[1] *overg* throw in, smash, break

'**insneeuwen**[1] (is) *onoverg* snow in; *ingesneeuwd zijn* be snowed up, be snow-bound

'**insnijden**[1] *overg* cut into, incise

'**insnijding** *v* (-en) **1** incision [with a lancet]; **2** indentation [of the coast-line]

'**insnoeren**[1] *overg* constrict

'**insnuiven**[1] *overg* sniff in, inhale

insol'vent *bn* insolvent

insol'ventie *v* insolvency

'**inspannen**[1] **I** *overg* **1** put [the horses] to; **2** exert [one's strength]; **3** strain [every nerve]; **II** *wederk: zich* ~ exert oneself, endeavour, do one's utmost

[to achieve sth.]

in'spannend *bn* strenuous [work]

'**inspanning** *v* (-en) exertion, effort; *met* ~ *van alle krachten* using every effort

in 'spe *bn* prospective, ...to-be

inspec'teren (inspecteerde, h. geïnspecteerd) *overg* inspect

inspec'teur *m* (-s) inspector

in'spectie *v* (-s) inspection

in'spectiereis *v* (-reizen) tour of inspection

inspec'trice *v* (-s) woman inspector, inspectress

'**inspelen**[1] **I** *overg* play in [an instrument]; **II** *onoverg* *sp* warm up; *op elkaar ingespeeld raken* get used to each other's ways

inspici'ënt *m* (-en) stage manager

inspi'ratie *v* (-s) inspiration

inspi'reren (inspireerde, h. geïnspireerd) *overg* inspire

'**inspraak** *v* **1** ⟨recht iets te zeggen⟩ participation, say; **2** ⟨ingeving⟩ dictate, dictates [of the heart]; ~ *hebben (bij)* have a say (in)

'**inspraakprocedure** *v* (-s) public inquiry (procedure)

'**inspreken**[1] *overg: moed* ~ inspire with courage, hearten

'**inspringen**[1] *onoverg* **1** ⟨v. hoek⟩ recess; **2** ⟨v. huis⟩ stand back from the street, recede; *voor hem* ~ take his place; *doen* ~ indent [a line]

'**inspuiten**[1] *overg* inject

'**inspuiting** *v* (-en) injection

'**instaan**[1] *overg:* ~ *voor de echtheid* guarantee the genuineness; *voor iem.* ~ answer for sbd.; ~ *voor iets (voor de waarheid)* vouch for sth. (for the truth)

insta'biel *bn* ⟨v. constructies⟩ unstable; ⟨v. toestanden⟩ fluid

installa'teur *m* (-s) **1** [central heating] installer; **2** *elektr* electrician

instal'latie *v* (-s) **1** installation [of a functionary], inauguration, enthronement [of a bishop], induction [of a clergyman]; **2** *techn* [electric, heating] installation; [radar, stereo] equipment; plant [in industrial process]

instal'latiekosten *mv* cost of installation, installation costs

instal'leren (installeerde, h. geïnstalleerd) *overg* **1** install, instate [an official], enthrone [a bishop], induct [a clergyman], inaugurate [a new governor]; **2** install [electric light]

'**instampen**[1] *overg* ram in; *het iem.* ~ hammer (drum, pound) it into sbd.'s head

in'standhouding *v* maintenance, preservation, upkeep

in'stantie *v* (-s) **1** *recht* instance, resort; **2** ⟨overheidsorgaan⟩ [education, civil, military &] authority, [international &] agency; *in eerste (laatste)* ~ in the first instance (in the last resort)

'**instapkaart** *v* (-en) boarding pass

'**instappen**[1] (is) *onoverg* step in(to), get in; ⟨de bus-

chauffeur roept:) ~! (take your) seats, please!; *wij moesten* ~ we had to get in

'**insteekhaven** *v* (-s) ⟨om te parkeren⟩ ± parking space

'**insteken**¹ *overg* put in; *een draad* ~ thread a needle

'**instellen**¹ *overg* **1** adjust [instruments], focus [a microscope &]; **2** set up [a board]; institute [an inquiry, proceedings &]; establish [a passenger-service]; zie ook: *dronk*

'**instelling** *v* (-en) **1** ⟨organisatie⟩ institution; **2** ⟨mentaliteit⟩ attitude

'**instemmen**¹ *onoverg:* ~ *met* agree with [an opinion]; approve of [a plan]

'**instemming** *v* agreement; approval [of a plan]

insti'**gatie** *v* instigation; *op* ~ *van* at the instigation of

in'**stinct** *o* (-en) instinct

instinc'**tief**, instinct'**matig** **I** *bn* instinctive; **II** *bijw* instinctively, by instinct

'**instinken**¹ (is) *onoverg: er* ~ gemeenz get caught, fall into a trap, be the dupe; *iem. ergens laten* ~ deceive sbd., double-cross sbd., dupe sbd.

institutionali'**seren** (institutionaliseerde, h. geïnstitutionaliseerd) *overg* institutionalize

institutio'**neel** *bn* institutional [investor &]

insti'**tuut** *o* (-tuten) **1** ⟨instelling⟩ institute, institution; **2** ⟨kostschool⟩ boarding-school

'**instoppen**¹ **I** *overg* **1** tuck in [a child in bed]; **2** stuff [the shawl &] in; *er van alles* ~ put in all sorts of things; *de kinderen er eerst* ~ pack off the children to bed first; **II** *wederk: zich* ~ tuck oneself up

'**instorten**¹ (is) *onoverg* **1** collapse, fall down, fall in; **2** relapse [of patients]; *de aandelenmarkt is ingestort* the stock market has collapsed; *mijn hele wereld stortte in* my whole world collapsed

'**instorting** *v* (-en) **1** ⟨in 't alg.⟩ collapse²; **2** *fig* downfall; **3** relapse [of patient]

'**instromen**¹ (is) *onoverg* flow in, stream in, pour in (into)

instruc'**teur** *m* (-s) instructor, mil drillsergeant

in'**structie** *v* (-s) **1** ⟨in 't alg.⟩ instruction [= teaching & direction], briefing; **2** recht preliminary inquiry into the case; ~ *geven* instruct, direct [sbd.]

instruc'**tief** *bn* instructive

instru'**eren** (instrueerde, h. geïnstrueerd) *overg* **1** ⟨onderwijzen⟩ instruct; **2** ⟨instructies geven⟩ instruct, brief [an employee, a pilot]; **3** recht prepare [a case]

instru'**ment** *o* (-en) instrument

instrumen'**taal** *bn* instrumental

instrumenta'**list** *m* (-en) instrumentalist

instrumen'**tarium** *o* (-s en -taria) (set of) instruments

instrumen'**tatie** *v* (-s) instrumentation

instru'**mentenbord** *o* (-en) instrument panel, dash-board

instrumen'**teren** (instrumenteerde, h. geïnstru-

menteerd) *overg* instrument

instru'**mentmaker** *m* (-s) instrument-maker

'**instuderen**¹ *overg* **1** practise [a sonata]; **2** study [a role]; **3** rehearse [a play &]; *ze zijn het stuk aan het* ~ the play is in rehearsal

'**instuif** *m* (-stuiven) **1** ⟨feest⟩ open-house party, get-together; **2** ⟨informele ontvangst⟩ informal reception

'**instuiven**¹ (is) *onoverg* fly in (into), rush in (into)

'**instulpen** (stulpte in, is ingestulpt) *onoverg* ⟨van darm⟩ invaginate

'**insturen**¹ *overg* **1** ⟨inzenden⟩ send in(to); **2** ⟨naar binnen sturen⟩ steer in(to)

insubordi'**natie** *v* (act of) insubordination

Insu'**linde** *o* plechtig vroeger Dutch East Indies

insu'**line** *v* insulin

in'**sult** *o* (-en) med attack, fit

in'**tact** *bn* intact, unimpaired

'**intakegesprek** *o* (-ken) admissions interview

'**intapen** (tapete in, h. ingetapet) *overg* tape

'**inteelt** *v* inbreeding

in'**tegendeel** *bijw* on the contrary

in'**teger** *bn* upright, honest, conscientious, incorruptible

inte'**graal** *bn* integral

inte'**graalhelm** *m* (-en) regulation helmet, crash helmet

inte'**graalrekening** *v* integral calculus

inte'**gratie** *v* integration

inte'**greren** (integreerde, h. geïntegreerd) *overg &* *onoverg* integrate

inte'**grerend** *bn* integral; *een* ~ *deel vormen van* be part and parcel of

integri'**teit** *v* integrity

'**intekenaar** *m* (-s en -naren) subscriber

'**intekenbiljet** *o* (-ten) subscription form

'**intekenen**¹ *overg* subscribe [to a work]; ~ *voor 500* *gulden* subscribe 500 guilders (*op* to)

'**intekening** *v* (-en) subscription

'**intekenlijst** *v* (-en) subscription list

'**intekenprijs** *m* (-prijzen) subscription price

intel'**lect** *o* intellect

intellectua'**listisch** *bn* intellectualist

intellectu'**eel** **I** *bn* intellectual; **II** *m* (-tuelen) intellectual; geringsch gemeenz egghead

intelli'**gent** *bn* intelligent

intelli'**gentie** *v* intelligence

intelli'**gentiequotiënt** *o* (-en) intelligence quotient, I.Q.

intelli'**gentietest** *m* (-s) intelligence test

intelli'**gentsia** *v* intelligentsia

inten'**dance** *v* (-s) mil Army Service Corps

inten'**dant** *m* (-en) intendant; A.S.C. officer

in'**tens** *bn* intense

inten'**sief** *bn* intensive

intensi'**teit** *v* intensity

in'**tensive** '**care** *v* intensive care (unit)

intensi'**veren** (intensiveerde, h. geïntensiveerd)

overg intensify

intensi'vering *v* intensification

in'tentie *v* (-s) intention

in'tentieverklaring *v* (-en) declaration of intent

inter'actie *v* (-s) interaction, interplay

interac'tief *bn* interactive

inter'city *m* ('s) Br intercity; Am ± limited

'intercom *m* (-s) intercom

intercommu'nale *v* (-s) ZN public utility board

intercontinen'taal *bn* intercontinental

inter'dict *o* (-en) interdict

inter'dictie *v* (-s) ZN (curatele) guardianship

interdiscipli'nair *bn* interdisciplinary

'interen[1] **I** (is) *onoverg* eat into one's capital, live on one's fat; **II** (h.) *overg: 1000 gulden* ~ be 1000 guilders to the bad

interes'sant *bn* interesting; *het ~e* the interesting part of the case; *iets ~s* something interesting; *veel ~s* much of interest

inte'resse *v* (-s) interest

interes'seren (interesseerde, h. geïnteresseerd) **I** *overg* interest; *dat interesseert me niet* that doesn't interest me, I don't care; **II** *wederk: zich ~ voor iem.* take an interest in sbd., interest oneself in sbd.; *zich voor iets ~* take an interest in sth., be interested in sth.; be curious about sth.; zie ook: *geïnteresseerd*

'interest *m* (-en) interest; *met ~ terugbetalen* return with interest[2]; *~ op ~* at compound interest; *op ~ plaatsen* put out at interest; *tegen ~* at interest

'interface *m* (-s) comput interface

interfe'rentie *v* interference [of vibrations, waves]

interfe'reren (interfereerde, h. geïnterfereerd) *onoverg* interfere

interi'eur *o* (-s) interior

'interim ZN **I** *m* (-s) (vervanging) substitution; **II** *m-v* (-s) ⟨vervanger⟩ substitute

interi'maris *m* (-sen) ZN substitute, temporary employee

'interimbestuur *o* (-sturen) interim government

'interimdividend *o* (-en) interim dividend

inter'kerkelijk *bn* interdenominational

inter'landwedstrijd *m* (-en) international contest (match)

inter'linie *v* (-s) (interlinear) space; typ lead

interlini'ëren (interlinieerde, h. geïnterlinieerd) *overg* space lines; typ lead

interlo'kaal I *bn:* ~ *gesprek* telec trunk call; **II** *bijw* telec by trunk call

intermedi'air *bn* & *m* & *o* intermediary

'intermenselijk *bn* interpersonal

inter'mezzo *o* ('s en -mezzi) intermezzo[2]

intermit'terend *bn* intermittent

in'tern *bn* **1** internal [questions, affairs, medicine &]; **2** (inwonend) resident; ~ *geheugen* comput internal memory, internal storage; ~*e leerling* boarder; ~ *onderwijzer* resident teacher; ~*e patiënt* in-patient; ~ *zijn* live in

inter'naat *o* (-naten) boarding-school

internali'seren (internaliseerde, h. geïnternaliseerd) *overg* internalize

internatio'naal *bn* international

Internatio'nale *v* International(e)

internationali'seren (internationaliseerde, h. geïnternationaliseerd) *overg* internationalize

inter'neren (interneerde, h. geïnterneerd) *overg* intern

inter'nering *v* (-en) internment

inter'neringskamp *o* (-en) internment camp

inter'nist *m* (-en) specialist in internal medicine

inter'nuntius *m* (-sen en -tii) internuncio

interpel'lant *m* (-en) interpellator, questioner

interpel'latie *v* (-s) interpellation, question

interpel'leren (interpelleerde, h. geïnterpelleerd) *overg* interpellate, ask a question

interplane'tair *bn* interplanetary

interpo'latie *v* (-s) interpolation

interpo'leren (interpoleerde, h. geïnterpoleerd) *overg* interpolate

interpre'tatie *v* (-s) interpretation

interpre'teren (interpreteerde, h. geïnterpreteerd) *overg* interpret

inter'punctie *v* punctuation

interrum'peren (interrumpeerde, h. geïnterrumpeerd) *overg* interrupt

inter'ruptie *v* (-s) interruption

inter'ruptiemicrofoon *m* (-s, -fonen) intervention microphone

interstel'lair *bn* interstellar

'interval *o* (-len) muz interval

interveni'ënt *m* (-en) **1** (in 't alg.) intervener; **2** handel acceptor for honour

interveni'ëren (intervenieerde, h. geïntervenieerd) *onoverg* intervene

inter'ventie *v* (-s) intervention

inter'view *o* (-s) interview

inter'viewen (interviewde, h. geïnterviewd) *overg* interview

inter'viewer *m* (-s) interviewer

interzo'naal *bn* interzonal

in'tiem I *bn* intimate; ~*e bijzonderheden* inner details; *zij zijn zeer ~ (met elkaar)* they are on very intimate terms; **II** *bijw* intimately

in'tiemspray *m* (-s) intimate spray

in'tijds *bijw* in good time (season)

'intikken[1] *overg* **1** ⟨v. ruiten &⟩ smash, break; **2** (intypen) type in

intimi'datie *v* (-s) intimidation

intimi'deren (intimideerde, h. geïntimideerd) *overg* intimidate, browbeat, cow; *zich niet laten ~ door* stand up to

intimi'teit *v* (-en) intimacy; *ongewenste ~en* sexual harassment

'intocht *m* (-en) entry; *zijn ~ houden* make one's entry

intole'rant *bn* intolerant (*tegenover* of)

intole'rantie *v* intolerance

'intomen[1] *overg* **1** curb, rein in [one's horse]; **2** fig check, restrain

into'natie *v* (-s) intonation

into'neren (intoneerde, h. geïntoneerd) *overg* intone

intoxi'catie *v* (-s) intoxication, poisoning

intransi'tief *bn* intransitive

'intrappen[1] **I** (h.) *overg* kick in (open); *een open deur ~* force an open door; **II** (is) *onoverg: ergens ~ fig* fall for a trick, walk into a trap

intrave'neus *bn* intravenous

'intrede *v* **1** ⟨binnenkomst⟩ entrance, entry; **2** ⟨introductie⟩ appearance, advent; *zijn ~ doen* **1** ⟨zijn debuut maken⟩ make one's entry; **2** ⟨v. jaargetijde, dooi⟩ set in; **3** ⟨v. nieuwe ontwikkeling⟩ make its appearance; *voordat de telefoon zijn ~ deed* before the advent of the telephone

'intreden[1] (is) *onoverg* **1** ⟨binnentreden⟩ enter; **2** ⟨v. dooi, jaargetijde⟩ set in; **3** ⟨v. stilte, duisternis⟩ fall; *de dood is onmiddellijk ingetreden* death was instantaneous; *er trad geen verbetering in* no improvement took place

'intree *v = intrede*

'intreerede *v* (-s) inaugural speech (address), maiden speech

'intrek *m: zijn ~ nemen* put up at [a hotel], take up one's abode [somewhere]

in'trekbaar *bn* retractable

'intrekken[1] **I** (h.) *overg* **1** draw in, retract[2] [claws, horns &]; **2** fig withdraw [a grant, a sanction, money]; **3** retire [notes, bonds]; **4** revoke [a decree]; **5** cancel [a permission]; **II** (is) *onoverg* **1** move in [into a house]; **2** march into [a town]; *zie ook: intrek*

'intrekking *v* withdrawal, cancellation, revocation, retractation

'intrest *m = interest*

intri'gant *m* (-en), **intri'gante** *v* (-n) intriguer, schemer, plotter, wire-puller

in'trige *v* (-s) **1** ⟨gekonkel⟩ intrigue; **2** plot [of a story, drama]

intri'geren (intrigeerde, h. geïntrigeerd) **I** *onoverg* intrigue, plot, scheme; **II** *overg: dat intrigeert me* that's what puzzles me

intrin'siek *bn* intrinsic(al)

'intro *m* ('s) intro

introdu'cé *m* (-s) guest

introdu'ceren (introduceerde, h. geïntroduceerd) *overg* introduce

intro'ductie *v* (-s) introduction

intro'ductieprijs *m* (-prijzen) introductory prize

'introeven[1] *overg* trump, ruff

intro'spectie *v* (-s) introspection

intro'vert *m* (-en) & *bn* introvert

intu'ïtie *v* (-s) intuition

intuï'tief *bn* intuitive

in'tussen *bijw* **1** ⟨inmiddels⟩ meanwhile, in the meantime; **2** ⟨toch⟩ yet

'intypen[1] *overg* type in

inun'datie *v* (-s) inundation

inun'deren (inundeerde, h. geïnundeerd) *overg* inundate

'inval *m* (-len) **1** invasion [of a country], irruption, incursion [into a place], [police] raid [on a café]; **2** ⟨ingeving⟩ fancy, sally of wit, thought, idea; *een dwaze ~* a whimsy; *een gelukkige ~* a happy thought; *een idiote ~* a brain-storm, a crazy idea; *wonderlijke ~* freak, whim; *het is daar de zoete ~* they keep open house there; *ik kreeg de ~* it occurred to me, the thought flashed upon me; *een ~ doen in* invade [a country], raid [a café]

inva'lide I *bn* invalid, disabled [soldier]; **II** *m-v* (-n) invalid, disabled soldier

inva'lidenwagentje *o* (-s) invalid chair, invalid vehicle

invalidi'teit *v* disablement, disability

invalidi'teitsrente *v* (-n en -s) disability pension

invalidi'teitsuitkering *v* (-en) disability benefit

invalidi'teitswet *v* (-ten) disability insurance act, disabled pensions act

'invallen[1] *onoverg* **1** ⟨instorten⟩ collapse, tumble down, fall in; **2** ⟨v. licht⟩ fall; **3** ⟨v. nacht⟩ fall; **4** ⟨v. vorst &⟩ set in; **5** muz join in; **6** ⟨bij spel, in het gesprek⟩ cut in; **7** ⟨in dienst⟩ deputize; substitute; **8** ⟨van gedachten⟩ come into one's head; **9** ⟨van wangen⟩ fall in; *het viel mij in* it occurred to me, the thought flashed upon me; *het wou mij niet ~* I could not hit upon it, I could not remember it; *~ in een land* invade a country; *~ voor een collega* substitute for a colleague; *bij ~de duisternis* at dark; *~de lichtstralen* incident rays

'invaller *m* (-s) **1** ⟨vervanger⟩ substitute, sp deputizer, reserve, stand-in; **2** ⟨in een land⟩ invader

'invalshoek *m* (-en) angle of incidence

'invalsweg *m* (-wegen) access road, approach road

'invaren[1] (is) *onoverg* sail in (into)

in'vasie *v* (-s) invasion

inven'taris *m* (-sen) inventory; *de ~ opmaken* draw up an inventory, take stock

inventari'satie *v* stock-taking

inventari'seren (inventariseerde, h. geïnventariseerd) *overg* draw up an inventory of, take stock of

inven'tarisuitverkoop *m* stock-taking sale

inven'tief *bn* inventive, ingenious

inventivi'teit *v* inventiveness

in'versie *v* (-s) inversion

inver'zekeringstelling *v* (taking into) custody

inves'teren (investeerde, h. geïnvesteerd) *overg* invest

inves'tering *v* (-en) investment

inves'teringsaftrek *m* investment allowance

investi'tuur *v* investiture

'invetten (vette in, h. ingevet) *overg* grease, oil

invi'tatie *v* (-s) invitation

invi'tatiekaart *v* (-en) invitation card

invi'tatiewedstrijd *m* (-en) invitation race, invitation match

in'vite *v* (-s) kaartsp call (for trumps), lead

invi'té *m* (-s) guest

invi'teren (inviteerde, h. geïnviteerd) *overg* invite [to dinner &]

in-'vitrofertilisatie *v* med in vitro fertilization

'invlechten[1] *overg* **1** eig plait in, intertwine, entwine; **2** fig plait in, insert [a few remarks]

'invliegen[1] **I** (is) *onoverg* fly into; fly in; *er ~* fig be caught, walk into the trap; **II** (h.) *overg* luchtv test [a machine]

'invlieger *m* (-s) test pilot

'invloed *m* (-en) influence; gemeenz pull; effect [of the war, of the slump], impact [of the war, of western civilization &]; *zijn ~ bij* his influence with; *zijn ~ aanwenden bij* use one's influence with; *~ hebben op* **1** have an influence upon (over), have a hold on; **2** affect [the results]; *~ uitoefenen* exercise (an) influence; *onder de ~ staan van* be influenced by; *onder de ~ zijn van* be under the influence of; *onder de ~ van sterke drank* under the influence of drink

'invloedrijk *bn* influential

'invloedssfeer *v* (-sferen) sphere of influence

'invochten (vochtte in, h. ingevocht) *overg* damp [the washing]

'invoegen[1] **I** *overg* put in, insert, intercalate; **II** *onoverg* ⟨bij autorijden⟩ filter in

'invoeging *v* (-en), **'invoegsel** *o* (-s) insertion

'invoegstrook *v* (-stroken) acceleration lane, slip road

'invoelen[1] *overg* feel

'invoer *m* (-en) **1** ⟨het invoeren⟩ import, importation; **2** ⟨de goederen⟩ imports; **3** comput input; *de ~ verlagen en de uitvoer verhogen* reduce imports and increase exports

'invoerapparaat *o* (-raten) comput input device, input unit

'invoerartikel *o* (-en) article of import, importation; *~en* ook: imports

'invoeren *overg* **1** handel import; **2** ⟨ingang doen vinden⟩ introduce; **3** comput enter

'invoerhandel *m* import trade

'invoerhaven *v* (-s) import harbour

'invoering *v* introduction

'invoerpremie *v* (-s) bounty on importation

'invoerrechten *mv* import duties

'invoerstop *m* (-s) import ban, suspension of imports

'invoerverbod *o* (-boden) import prohibition, import embargo (ban)

'invoervergunning *v* (-en) import licence

'invorderen[1] *overg* collect [money]

'invordering *v* (-en) collection

'invreten[1] (is) *onoverg* eat into, corrode; *~d* corrosive

'invreting *v* corrosion

'invriezen[1] **I** (is) *onoverg* ⟨in ijs vastraken⟩ be frozen in; **II** (h.) *overg* ⟨v. voedsel⟩ quick-freeze, deep-freeze

in'vrijheidstelling *v* liberation, release

'invulbiljet *o* (-ten), **'invulformulier** *o* (-en) blank form

'invullen[1] *overg* **1** fill up [a ballot-paper]; **2** fill in [a cheque &]; *een formulier ~* complete a form

'invulling *v* (-en) filling up, filling in, completion [of a form]

'inwaaien[1] (is) *onoverg* ⟨naar binnen waaien; stukwaaien⟩ be blown in

'inwaarts I *bn* inward; **II** *bijw* inward(s)

'inwachten[1] *overg* await [a reply]; *sollicitaties worden ingewacht* applications are invited

in'wendig I *bn* **1** inward, interior, internal [parts]; **2** inner [man]; **3** home [mission]; *voor ~ gebruik* to be taken interiorly (inwardly); **II** *bijw* inwardly, internally; on the inside; **III** *o: het ~e* the interior (part, parts)

'inwerken[1] **I** *onoverg: ~ op* act (operate) upon, affect, influence; *op elkaar ~* interact; *op zich laten ~* absorb; **II** *wederk: zich ~* post oneself (thoroughly) up, work one's way in; read up [on a subject]; **III** *overg* break in [sbd.]

'inwerking *v* (-en) action, influence

in'werkingtreding *v* coming into force

'inwerpen[1] *overg* **1** ⟨naar binnen werpen⟩ throw in; **2** ⟨kapot gooien⟩ smash [a window]; **3** sp throw in; **4** ⟨geld in een automaat⟩ insert

'inweven[1] *overg* weave in, interweave

'inwijden[1] *overg* **1** ⟨v. kerk⟩ consecrate; **2** ⟨v. gebouw⟩ inaugurate; **3** ⟨bekend maken met⟩ initiate; **4** ⟨voor het eerst gebruiken⟩ gemeenz break in; *iem. in de geheimen ~* initiate sbd. in(to) the secrets, let sbd. in on the secrets; *een nieuw huis ~* give a house-warming

'inwijding *v* (-en) **1** ⟨v. kerk &⟩ consecration; **2** ⟨v. gebouw &⟩ inauguration; **3** ⟨v. persoon⟩ initiation, inauguration

'inwikkelen[1] *overg* wrap (up)

'inwilligen (willigde in, h. ingewilligd) *overg* grant

'inwilliging *v* (-en) granting

'inwinnen[1] *overg: inlichtingen ~ (omtrent)* gather information, make inquiries (about), apply for information; inquire ⟨bij of⟩; zie ook: *raad*

in'wisselbaar *bn* exchangeable [for]; convertible [into]

'inwisselen[1] *overg* **1** change, convert [foreign currency]; **2** collect, cash in [a cheque]; *~ voor* exchange for

'inwisseling *v* (-en) changing, (ex)change

'inwonen[1] *onoverg* **1** ⟨in 't alg.⟩ live in; **2** ⟨van kinderen⟩ live at home; *~ bij* live (lodge) with; *~d geneesheer* house-physician, resident physician (surgeon); *een ~d onderwijzer* a resident master

'inwoner *m* (-s) inhabitant, resident

'inwoneraantal *o* (-len) population

'**inwoning** v 1 (in 't alg.) lodging; 2 ⟨door woning-tekort⟩ sharing of a house; *plaats van inwoning* place of residence; zie ook: *kost*

'**inworp** m (-en) sp throw-in

'**inwortelen**[1] *onoverg* take root, become deeply rooted

'**inwrijven**[1] *overg* rub in(to), rub

inz. *afk.* = *inzonderheid*

'**inzaaien**[1] *overg* sow

'**inzage** v inspection; ~ *nemen van* inspect, examine [reports &]; *ter* ~ on approval [of books &]; open to inspection [of letters]; *de stukken liggen ter* ~ *ten kantore van...* the reports may be seen at the office of...

in'zake *voorz* in the matter of, on the subject of, concerning, with regard to, re [your letter]

'**inzakken**[1] *onoverg* sink down, sag, collapse

'**inzamelen**[1] *overg* collect, gather, plechtig garner

'**inzameling** v (-en) collection, gathering; *een* ~ *houden* make a collection

'**inzamelingsactie** v (-s) collection; fund-raising campaign

'**inzegenen**[1] *overg* bless, consecrate

'**inzegening** v (-en) blessing, consecration

'**inzeilen**[1] (is) *onoverg* sail into, enter [the harbour]

'**inzenden**[1] *overg* send in

'**inzender** m (-s) 1 contributor, writer [of a letter to the editor]; 2 ⟨zender⟩ sender; 3 exhibitor [for an exposition]

'**inzending** v (-en) 1 exhibit [for a show]; 2 contribution [to a periodical]; 3 entry [for a competition]; 4 ⟨anders⟩ sending in

'**inzepen**[1] *overg* 1 soap [before washing]; 2 lather [before shaving]

'**inzet** m (-ten) 1 ⟨bij gokspel⟩ stake, stakes; 2 ⟨bij veiling⟩ upset price; 3 muz start; 4 ⟨v. troepen &⟩ employment; 5 ⟨toewijding⟩ devotion, effort, dedication; 6 sp ⟨schot⟩ shot; ⟨kopbal⟩ header

in'zetbaar *bn* available, usable

'**inzetstuk** o (-ken) techn insert

'**inzetten** I *overg* 1 set in [the sleeves of a frock]; 2 put in [window-panes &]; 3 insert [a piston &]; 4 set [diamonds &]; 5 stake [money at cards &]; 6 start [a house at auction for...]; 7 muz start [a hymn]; 8 launch [an attack]; 9 employ [troops, workmen]; 10 devote [one's energies, one's life, oneself to one's country &]; II *onoverg & abs ww* 1 muz begin to play (to sing &), strike up; 2 ⟨bij gokspel⟩ put down one's stake(s), stake one's money, stake [heavily]; *de zomer zet goed in* summer starts well; III *wederk: zich* ~ *voor* dedicate oneself to, devote oneself to [an ideal], do one's best [to get a good result]

'**inzetter** m (-s) ⟨veiling⟩ first bidder

'**inzicht** o (-en) 1 ⟨begrip⟩ insight; 2 ⟨mening⟩ view; 3 ⟨beoordeling⟩ judg(e)ment, opinion; 4 ZN ⟨voornemen⟩ intend; *naar mijn* ~ in my view; *naar zijn* ~*(en) handelen* act according to one's (own) views

'**inzien**[1] I *overg* 1 look into, glance over [a newspaper, a letter], skim [a book]; 2 see, realize [the danger, one's error]; *het ernstig (optimistisch)* ~ take a grave (an optimistic) view of things; II o: *bij nader* ~ on reflection, on second thoughts; *mijns* ~*s* in my opinion (view), to my thinking

'**inzinken**[1] *onoverg* sink[2] (down); fig decline

'**inzinking** v (-en) 1 (in 't alg.) sinking, decline; 2 med ⟨wederinstorting⟩ relapse; 3 psych [mental, nervous] breakdown

'**inzitten**[1] *onoverg: ergens over* ~ be worried about sth., bother about sth.; zie ook: *dik II*

in'zittenden *mv: de* ~ the occupants

'**inzoet** *bn* intensely sweet

in'zonderheid *bijw* especially

'**inzoomen** (zoomde in, h. ingezoomd) *onoverg* zoom in (*op* on)

'**inzouten**[1] *overg* salt

in'zover, **in'zoverre** I *bijw:* ~ *ben ik het met u eens* so far I am with you; II *voegw:* ~ *(als)...* (in) so far as..., as far as...

'**inzuigen**[1] *overg* suck in, suck up, imbibe

'**inzwachtelen**[1] *overg* swathe, bandage

i'on o (ionen) ion

i'onentheorie v ionic theory

ioni'satie v ionization

ioni'seren (ioniseerde, h. geïoniseerd) *overg* ionize

iono'sfeer v ionosphere

i.p.v. *afk.* in plaats van instead of

IQ o *intelligentiequotiënt* IQ, intelligence quotient

Ir. *afk.* = *ingenieur*

I'raaks *bn* Iraqi

I'raans *bn* Iranian

I'rak o Iraq

Ira'kees m (-kezen) Iraqi

I'ran o Iran

I'raniër m (-s) Iranian

'**iris** v (-sen) iris

irisco'pie v iridology

iro'nie v irony

i'ronisch *bn* ironical, wry

irratio'neel *bn* irrational

irre'ëel *bn* unreal

irregu'lier *bn* irregular

irrele'vant *bn* irrelevant, not to the point

irri'gatie v (-s) irrigation

irri'gator m (-s en -'toren) irrigator, douche, syringe

irri'geren (irrigeerde, h. geïrrigeerd) *overg & abs ww* irrigate

irri'tant *bn* irritating, galling

irri'tatie v (-s) irritation

irri'teren (irriteerde, h. geïrriteerd) *overg* irritate

is 3de pers. enkelv. tegenwoordige tijd v. *zijn*

'ischias v sciatica

isge'lijkteken o (-s) equals sign

is'lam m: *de* ~ Islam

isla'miet m (-en) Islamite

isla'mist *m* (-en) ⟨fundamentalist⟩ islamist
isla'mitisch *bn* Islamitic, Islamic
'isme *o* (-n en -s) ism
iso'baar *m* (-baren) isobar
iso'latie *v* (-s) **1** ⟨in 't alg.⟩ isolation; **2** elektr insulation
iso'latieband *o* (-en) insulating tape
iso'latiemateriaal *o* insulating material, insulant; ⟨om leidingen, boiler &⟩ lagging
iso'lator *m* (-s en -'toren) insulator
iso'leercel *v* (-len) isolation cell
isole'ment *o* isolation
iso'leren (isoleerde, h. geïsoleerd) *overg* **1** ⟨in 't alg.⟩ isolate; **2** elektr insulate
iso'lering *v* (-en) **1** ⟨in 't alg.⟩ isolation; **2** elektr insulation
iso'therm *m* (-en) isotherm
iso'toop *m* (-topen) isotope
'Israël *o* Israel
Isra'ëli *m* ('s) Israeli
Israë'liet *m* (-en) Israelite
Isra'ëlisch *bn* Israeli
Israë'litisch *bn* Israelitish
'issue *o* (-s) issue
'Istanboel *o* Istanbul
Istrië *o* Istria
Itali'aan *m* (-lianen) Italian
Itali'aans I *bn* Italian; **II** *o*: het ~ Italian
I'talië *o* Italy
'item *o* (-s) item
i.v.m. *afk. in verband met* in connection with
i'voor *m* & *o* (ivoren) ivory
I'voorkust *v* Ivory Coast
i'voren *bn* ivory
'Iwan *m* Ivan; ~ de Verschrikkelijke Ivan the Terrible
I'wriet *o* (modern) Hebrew
'Izaäk *m* Isaac

996

J

j *v* ('s) j
ja I *bijw* **1** ⟨bevestiging⟩ yes; **2** ⟨versterkend⟩ indeed, plechtig nay, vero yea; **3** ⟨aarzelend⟩ m-yes; ~, ~! yes, yes!, well, well!; is hij uit?, ik meen (van) ~ did he got out? I think he did; has he gone out? I think he has; ~ zeggen say yes [to life]; hij zei van ~ he said yes; op alles ~ en amen zeggen say yes and amen to everything; met ~ beantwoorden answer in the affirmative; **II** *o* ('s) yes
'jaagpad *o* (-paden) tow-path
'jaagschuit *v* (-en) tow-boat
jaap *m* (japen) cut, gash, slash
jaar *o* (jaren) year; het ~ onzes Heren the year of our Lord, the year of grace; de jaren tachtig, negentig & the eighties, the nineties &; nog vele jaren! many happy returns of the day!; de jaren nog niet hebben om... not be old enough to...; een- of tweemaal per ~ once or twice a year; het hele ~ door all the year round, throughout the year; de laatste jaren of late years, in recent years; in het ~ nul in the year one; in het begin van het ~ at the turn of the year; ~ in ~ uit year in year out; met de jaren with the years; na ~ en dag after many years; om het andere ~ every other year; ~ op ~ year by year; op jaren komen be getting on in years; op jaren zijn be well on in years; over een ~ in a year; vandaag over een ~ this day twelvemonth; per ~ per annum; eens per ~ once a year; sinds ~ en dag for years and years; van ~ tot ~ from year's end to year's end; every year; een jongen van mijn jaren a boy my age
'jaarbeurs *v* (-beurzen) industries fair, trade fair, fair
'jaarboek *o* (-en) year-book, annual; ~en annals
'jaarcijfers *mv* annual returns
'jaarclub *v* (-s) fraternity whose members came up in the same year
'jaarfeest *o* (-en) annual feast, anniversary
'jaargang *m* (-en) **1** (annual) volume [of a periodical]; **2** vintage [of wine]
'jaargeld *o* (-en) **1** ⟨pensioen⟩ pension; **2** ⟨lijfrente⟩ annuity
'jaargenoot *m* (-noten) someone of the same age as oneself; fellow-student who came up the same year as oneself
'jaargetij (-den), **'jaargetijde** *o* (-n) season
'jaarkring *m* (-en) **1** annual cycle [in almanac]; **2** plantk annual ring [of a tree]
'jaarlijks I *bn* yearly, annual; **II** *bijw* yearly, annually, every year
'jaarloon *o* (-lonen) (annual) salary
'jaarmarkt *v* (-en) (annual) fair

'jaaroverzicht *o* (-en) annual report
'jaarrekening *v* (-en) annual account
'jaarring *m* (-en) annual ring
'jaarsalaris *o* annual (yearly) salary
'jaarstukken *mv* annual accounts
'jaartal *o* (-len) year [in chronology], date
'jaartelling *v* (-en) era
'jaarvergadering *v* (-en) annual meeting
'jaarverslag *o* (-verslagen) annual report
'jaarwedde *v* (-n) (annual) salary
'jaarwisseling *v* turn of the year; *bij de* ~ at the turn of the year
ja'bot *m & o* (-s) jabot, frill
'jabroer *m* (-s) gemeenz yes-man
1 jacht *v* (-en) **1** ⟨het jagen⟩ hunting, shooting; **2** ⟨jachtpartij⟩ hunt, shoot; **3** fig ⟨het nastreven⟩ hunt, pursuit; ~ *maken op* hunt [elephants &]; give chase to [a ship], be in pursuit of²; ~ *maken op effect* strain after effect; *op* ~ *gaan* go (out) shooting (hunting); *op* ~ *naar* on the hunt for
2 jacht *o* (-en) ⟨schip⟩ yacht
'jachtakte *v* (-n en -s) shooting licence, game-licence
'jachtbommenwerper *m* (-s) fighter-bomber
'jachtbuks *v* (-en) hunting-rifle
'jachten (jachtte, h. gejacht) *overg & onoverg* hurry, hustle
'jachteskader *o* (-s) fighter-squadron
'jachtgeweer *o* (-weren) (sporting-)gun
'jachtgrond *m* (-en) hunting-ground
'jachthaven *v* (-s) marina
'jachthond *m* (-en) sporting-dog, hound
'jachthoorn, 'jachthoren *m* (-s) hunting-horn
'jachthuis *o* (-huizen) hunting-lodge, hunting-box
'jachtig *bn* hurried, hasty, hard-pressed
'jachtluipaard *o* (-en) cheetah
'jachtopziener *m* (-s) gamekeeper
'jachtpaard *o* (-en) hunter
'jachtpartij *v* (-en) **1** ⟨in 't alg.⟩ hunting-party, hunt; **2** ⟨op klein wild⟩ shooting-party, shoot
'jachtrecht *o* shooting-rights
'jachtschotel *m & v* (-s) hotpot
'jachtslot *o* (-sloten) hunting lodge (seat)
'jachtstoet *m* (-en) hunting-party
'jachtterrein *o* (-en) = jachtveld
'jachttijd *m* (-en) shooting-season
'jachtveld *o* (-en) hunting-field, hunting-ground; *eeuwige* ~*en* happy hunting-grounds; *particulier* ~ preserve
'jachtvlieger *m* (-s) fighter pilot
'jachtvliegtuig *o* (-en) fighter
'jachtwet *v* (-ten) game-act
jack *o* (-s) ⟨sportief jasje⟩ jacket
'jacket *o* (-s) ⟨in gebit⟩ crown
'jacketkroon *v* (-kronen) jacket crown
'jackpot *m* (-ten) jackpot
Ja'cobus *m* ⟨naam v. vorsten & heiligen⟩ James
jac'quet *o & v* (-s en -ten) morningcoat, cut-away

(coat)
'jade *o & m* jade
'jaeger *o* Jaeger; ~ *ondergoed* Jaeger (woollen) underclothes
'jagen (joeg *of* jaagde, h. gejaagd) **I** *overg* **1** hunt [wild animals, game]; shoot [hares, game]; chase [deer &]; **2** fig drive, hurry on [one's servants &]; *zich een kogel door het hoofd* ~ put a bullet through one's head; *iets erdoor jagen* rush sth. through; *de vijanden uit het land* ~ drive the enemy out of the country; **II** *abs ww & onoverg* **1** ⟨op wild &⟩ hunt, shoot; **2** fig race, rush, tear; ~ *naar eer* hunt after honours; ~ *op hazen* hunt the hare; zie ook: *lijf, vlucht &*
'jager *m* (-s) **1** ⟨op wild &⟩ hunter, sportsman; **2** mil rifleman; **3** luchtv fighter; *de* ~*s* mil ook: the Rifles
'jagermeester *m* (-s) huntsman; zie ook: *opperjager(meester)*
'jagerslatijn *o* tall story (stories)
'jagerstaal *v* sportsman's language
'jagerstas *v* (-sen) game-bag
'jaguar *m* (-s) jaguar
'Jahweh *m* Yahweh
'jajem *m* slang Dutch gin
1 jak *o* (-ken) ⟨jasje⟩ jacket
2 jak *m* (-ken) ⟨dier⟩ yak
'jakhals *m* (-halzen) jackal
'jakkeren (jakkerde, h. gejakkerd) *onoverg* tear (along), race, drive furiously
'jakkes *tsw*: ~! faugh!, bah!
'jaknikker *m* (-s) **1** ⟨jabroer⟩ gemeenz yes-man; **2** techn ⟨pomp⟩ nodding donkey
'Jakob *m* ⟨aartsvader⟩ Jacob
jako'bijn *m* (-en) Jacobin
jako'bijns *bn* Jacobin
'jakobsladder *v* (-s) Jacob's ladder°; ⟨ketting⟩ bucket chain
ja'loers *bn* jealous, envious (*op* of); *iem.* ~ *maken* gemeenz put sbd.'s nose out of joint
ja'loersheid *v* (-heden) jealousy
jaloe'zie *v* (-zieën) **1** ⟨jaloersheid⟩ jealousy; **2** ⟨blind⟩ Venetian blind, (sun-)blind
'Jalta *o* Yalta
jam *m & v* jam
Ja'maica *o* Jamaica
Jamai'caan *m* -canen Jamaican
Jamai'caans *bn* Jamaican
'jambe *v* (-n) iambus, iamb
'jambisch *bn* iambic
'jammen (jamde, h. gejamd) *onoverg* jam
'jammer *o & m* misery; *het is* ~ it is a pity; *het is eeuwig* ~ it is a thousand pities; *ik vind het* ~ *(dat)* I regret, I'm sorry; *hoe* ~!, *wat* ~! what a pity!, what a shame!
'jammeren (jammerde, h. gejammerd) *onoverg* lament, wail
'jammerhout *o* (-en) gemeenz fiddle
'jammerklacht *v* (-en) lamentation

'jammerlijk I *bn* miserable, pitiable, piteous, pitiful, woeful, wretched; **II** *bijw* miserably, piteously, woefully, wretchedly

'jampot *m* (-ten) jamjar, jampot

'jamsessie *v* (-s) jam session, jam

Jan *m* John; ~ *Compagnie* John Company; *een* ~ *Klaassen* ⟨clownesk figuur⟩ a buffoon, merry andrew; ~ *Klaassen en Katrijn* Punch and Judy; ~ *Modaal* the average wage earner; ~, *Piet en Klaas* Tom, Dick, and Harry; ~ *Rap en zijn maat* ragtag and bobtail; ~ *zonder Land* John Lackland; ~ *zonder Vrees* John the Fearless; ~ *en alleman* everyone and his dog; ~ *met de pet* the man in the street; *boven* ~ *zijn* have turned the corner

'janboel *m* muddle, mess

janboeren'fluitjes: *op z'n* ~ in a slipshod way, in a happy-go-lucky way

jan'hagel *o* ⟨gepeupel⟩ rabble

jan'hen *m* (-nen) sissy

'janken (jankte, h. gejankt) *onoverg* yelp, whine, squeal

jan'klaassen *m* 1 ⟨gekheid⟩ tomfoolery; 2 ⟨drukte⟩ fuss; zie ook: *Jan*

'janmaat *m* (-s) gemeenz Jack, Jack-tar

janple'zier *m* (-en en -s) char-à-banc, charabanc

jan'salie *m* (-s) stick-in-the-mud

'jansenisme *o* Jansenism

'Jantje *o* Johnnie; *de j~s* scheepv the bluejackets; *zich met een jantje-van-leiden van iets afmaken* 1 ⟨iets luchthartig afdoen⟩ shirk the difficulty, talk one's way out of sth.; 2 ⟨slordig werk leveren⟩ do sth. in a slapdash manner; *een* ~ *Sekuur* a punctilious fellow

janu'ari *m* January

jan-van-'gent *m* (-s) gannet

Jap *m* (-pen) geringsch Jap

Ja'pan *o* Japan

Ja'panner *m* (-s) Japanese (*mv* idem); gemeenz Jap

japanolo'gie *v* Japanology

Ja'pans I *bn* Japanese; ~*e Zee* Sea of Japan; **II** *o*: *het* ~ Japanese

'japen (jaapte, h. gejaapt) *overg* gash, slash

ja'pon *m* (-nen en -s) dress, gown

ja'ponstof *v* (-fen) dress material

'Jappenkamp *o* (-en) Japanese (POW) camp

'jarenlang I *bn* of years, of many years' standing; **II** *bijw* for years (together)

jar'gon *o* (-s) jargon

'jarig *bn* a year old; *zij is vandaag* ~ it is her birthday today

'jarige *m-v* (-n): *de* ~ the person celebrating his (her) birthday

jarre'tel *v* (-s) suspender

jarre'telgordel *m* (-s) suspender-belt

jas *m & v* (-sen) 1 ⟨overjas⟩ coat; 2 ⟨jasje⟩ jacket

'jasbeschermer *m* (-s) dress guard

jas'mijn *v* (-en) 1 ⟨struik⟩ jasmine, jessamine; 2 ⟨boeren~⟩ mock orange

'jaspanden *mv* coat-tails

'jaspis *m & o* (-sen) jasper

'jasschort *v & o* (-en) overall, dust-coat

'jassen (jaste, h. gejast) *overg* peel [potatoes]; *piepers* ~ gemeenz bash spuds

'jasses *tsw*: ~*!* faugh!, bah!

'jaszak *m* (-ken) coat-pocket

jat *v* (-ten) slang: ~*ten* hands, paws

'jatten (jatte, h. gejat) *overg* slang pinch, swipe

Java *o* Java

Ja'vaan *m* (-vanen) Javanese (*mv* idem)

Ja'vaans *bn & o* Javanese

'Javazee *v* Java Sea

ja'wel *tsw* yes, indeed

'jawoord *o* consent, yes; *het* ~ *geven* say yes

jazz *m* jazz

'jazzballet *o* jazzercize

'jazzband *m* (-s) jazzband

je I *pers vnw* you; **II** *bez vnw* your; *dat is* ~ *van hèt* that's absolutely it, it's the thing

Jeanne d'Arc *v* Joan of Arc

jee *tsw*: ~*!* oh dear!

'jegens *voorz* towards, to; [honest] with

Je'hovah *m* Jehovah; ~*'s getuigen* Jehovah's Witnesses

'jekker *m* (-s) jacket

je'lui *pers vnw* vero = *jullie*

'Jemen *o* (the) Yemen

Jeme'niet *m* (-en) Yemeni

Jeme'nitisch *bn* Yemeni

je'never *m* gin, Hollands, geneva

je'neverbes *v* (-sen) juniper berry

je'neverneus *m* (-neuzen) bottle-nose

je'neverstokerij *v* (-en) gin-distillery

'jengelen (jengelde, h. gejengeld) *onoverg* whine

'jennen (jende, h. gejend) *overg* gemeenz needle, tease

Jere'mia *m* Jeremiah; zie ook: *klaaglied*

jeremi'ade *v* (-s en -n) jeremiad

jeremi'ëren (jeremieerde, h. gejeremieerd) *onoverg* lament

Je'ruzalem *o* Jerusalem

Je'saja *m* Isaia

jet *m* (-s) jet plane

'Jetje: *geef 'm van* ~*!* ⟨ervan langs geven⟩ let him have it!; ⟨ter aanmoediging⟩ go for it!

'jetlag *m* (-s) jet lag

'jetset *m* jet set

jeu de 'boules *o* boule, boules, bocci ball, ± lawn bowling

jeugd *v* youth; *tweede* ~ Indian summer

'jeugdbeweging *v* (-en) youth movement

'jeugdcriminaliteit *v* juvenile delinquency

'jeugdherberg *v* (-en) youth hostel

'jeugdherbergvader *m* (-s) youth hosteller

'jeugdherinnering *v* (-en) childhood memory

'jeugdig *bn* youthful

'jeugdigheid *v* youthfulness, youth

'**jeugdjournaal** *o* news for young people
'**jeugdleider** *m* (-s) youth leader, leader of a youth-group
'**jeugdliefde** *v* (-s) old love, old flame; *die twee vrouwen zijn mijn jeugdliefdes* these two women are the loves of my youth
'**jeugdloon** *o* (-lonen) juvenile wage
'**jeugdorganisatie** *v* (-s) youth organization
'**jeugdportret** *o* (-ten) youth portrait
'**jeugdpuistjes** *mv* acne, pimples
'**jeugdsentiment** *o* nostalgia for one's youth
'**jeugdverkeersbrigade** *v* (-s) **1** school safety patrol [in U.S.A.]; **2** school crossing patrol [in Britain]
'**jeugdverkeersbrigadiertje** *o* (-s) patrol member
'**jeugdvriend** *m* (-en), '**jeugdvriendin** *v* (-nen) childhood friend, old friend
'**jeugdwerk** *o* (-en) **1** (van kunstenaar) early work; **2** (welzijnswerk voor jeugd) youth welfare (work)
'**jeugdzonde** *v* (-n) youthful transgression (indiscretion)
'**jeuïg** *bn* juicy
'**jeuk** *m* itching, itch, pruritus
'**jeuken** (jeukte, h. gejeukt) *onoverg* itch; *mijn handen jeukten (om)* I was itching (to)
'**jeukerig** *bn* itchy, itching
'**jeukpoeder** *o* itching-powder
'**jeune pre'mier** *m* (jeunes premiers) juvenile (lead)
'**jezu'ïet** *m* (-en) Jesuit
'**jezu'ïetenorde** *v* order of Jesuits
'**Jezus** *m* Jesus; ~ *Christus* Jesus Christ
Jhr. *afk.* = *jonkheer*
'**jicht** *v* gout
'**jichtig** *bn* gouty
'**jichtknobbel** *m* (-s) chalk-stone
'**jichtlijder** *m* (-s) gouty sufferer (patient)
'**jichtpijnen** *mv* gouty pains
'**Jiddisch** *o* Yiddish
jij *pers vnw* you
'**jijbak** *m* (-ken): *dat is een* ~ gemeenz that's stealing sbd.'s thunder
'**jijen** (jijde, h. gejijd) *overg:* ~ *en jouwen* behave (speak) (over)familiarly [towards]
jioe-'jitsoe *o* jiu-jitsu
Jkvr. *afk.* = *jonkvrouw* 2
jl. *afk.* = *jongstleden*
job *m* (-s) job
Job *m* (bijbelboek) Job; *zo arm als* ~ as poor as a church mouse; *de jarige* ~ birthday boy, birthday girl
'**jobsbode** *m* (-s) bearer of bad tidings
'**jobstijding** *v* (-en) (piece of) bad news
'**jobstudent** *m* (-en) ZN working student
joch, '**jochie** *o* (jochies) gemeenz boy, kid, sonny
'**jockey** *m* (-s) jockey
'**jodelen** (jodelde, h. gejodeld) *onoverg & overg* yodel
'**jodenbuurt** *v* (-en) Jewish quarter, Jews' quarter
'**jodendom** *o* **1** (de leer) Judaism; **2** (de joden) Jews, Jewry

'**jodenkoek** *m* (-en) ± molasses cookie
'**jodenster** *v* (-ren) Star of David
'**jodenstreek** *m & v* (-streken) dirty trick
'**jodenvervolging** *v* (-en) persecution of the Jews, Jew-baiting
jo'dide *o* (-n) iodide
jo'din *v* (-nen) Jewess
'**jodium** *o* iodine
'**jodiumtinctuur** *v* tincture of iodine
jodo'form *o*
joeg (joegen) V.T. van *jagen*
Joego'slaaf *m* (-slaven) Yugoslav
Joego'slavië *o* Yugoslavia
Joego'slavisch *bn* Yugoslav
'**joekel** *m* (-s) whopper
'**joelen** (joelde, h. gejoeld) *onoverg* shout
'**joetje** *o* (-s) slang ten guilders; Br tenner; Am sawbuck
'**jofel** *bn* gemeenz fine, splendid, capital, topping
'**joggen** (jogde, h. gejogd) *onoverg* jog
'**jogger** *m* (-s) jogger
'**joggingpak** *o* (-ken) track suit
Jo'hanna *v* Joan; ~ *de Waanzinnige* Joan the Mad
Jo'hannes *m* (naam v. heiligen & pausen) John; ~ *de Doper* John the Baptist; zie ook: *openbaring*
johan'nieter *m* (-s) Knight of St. John
joint *m* (-s) joint
'**jojo** *m* ('s) yoyo
'**joker** *m* (-s) kaartsp joker; *voor* ~ *staan* look like an idiot (a fool)
'**jokeren** (jokerde, h. gejokerd) *onoverg* kaartsp card game in which jokers are the most important cards
'**jokkebrok** *m-v* (-ken) fibber, story-teller
'**jokken** (jokte, h. gejokt) *onoverg* fib, tell fibs, tell stories
jol *v* (-len) **1** (in 't alg.) yawl, jolly-boat; **2** (kleinere) dinghy
'**jolig** *bn* jolly, merry
'**joligheid** *v* jollity
jo'lijt *v & o* fun, frolics
'**Jonas** *m* Jonah
'**jonassen** (jonaste, h. gejonast) *overg* toss [a person] in a blanket
jong I *bn* young; ~*e kaas* new cheese; *van* ~*e datum* of recent date; *de* ~*ste berichten* the latest news; *de* ~*ste gebeurtenissen* recent events; *de* ~*ste oorlog* the late war; ~*ste vennoot* junior partner; **II** *o* **1** (in 't alg.) young one; **2** (wolf's, bear's &) cub; *de* ~*en* the young ones, the young of...; ~*en krijgen (werpen)* litter
'**jonge** *m* (jenever) Hollands
jonge'dame *v* (-s) young lady
jonge'heer *m* (-heren) **1** (jong persoon) young gentleman; ~ *Tom* (als aanspreekvorm) Master Tom; **2** (penis) John Thomas, willy, willie
jonge'juffrouw *v* (-en) young lady; *een oude* ~ an old maid
'**jongeling** *m* (-en) young man, youth, lad

jonge'lui *mv* young people
jonge'man *m* (-nen) young man
1 '**jongen** *m* (-s) **1** boy, lad; **2** (vriend) boyfriend, sweetheart; *ouwe ~!* old boy!; *zware ~* gemeenz tough (guy)
2 '**jongen** (jongde, h. gejongd) *onoverg* **1** (in 't alg.) bring forth young (ones); **2** litter, kitten [of cat]; **3** pup, whelp [of dog]; **4** kid [of goat]; **5** calve [of cow]; **6** foal [of mare]; **7** yean, lamb [of ewe]; **8** fawn [of deer]; **9** whelp [of lion]; **10** pig [of sow]
'**jongensachtig** *bn* boyish
'**jongensgek** *v* (-ken) girl fond of boys
'**jongensjaren** *mv* (years of) boyhood
'**jongenskop** *m* (-pen) (kapsel) Eton crop
'**jongensschool** *v* (-scholen) boys' school
'**jongensstreek** *m & v* (-streken) boyish trick
'**jonger I** *bn* younger, junior; *twee jaar ~ dan hij (zij)* ook: two years his (her) junior; **II** *mv: de ~en* the younger generation; *de ~en van Jezus* Jesus' disciples
'**jongere** *m-v* (-n): *de ~n* the young, the younger generation; *werkende ~n* working youth
'**jongerejaars** *m-v* (*mv* idem) onderwijs first or second year student, freshman
'**jongerencentrum** *o* (-tra, -s) youth centre
'**jongerenpas** *m* (-sen) ± youth discount card
'**jongetje** *o* (-s) little boy
jongge'borene *m-v* (-n) new-born baby
jongge'huwden *mv: de ~* the newly married couple, gemeenz the newly-weds
jongge'zel *m* (-len) bachelor, single man
jong'leren (jongleerde, h. gejongleerd) *onoverg* juggle
jong'leur *m* (-s) juggler
jong'maatje *o* (-s) **1** (leerling) apprentice; **2** (scheepsjongen) shipboy
jong'mens *o* (jonge'lieden, jonge'lui) young man
jongs *bijw: van ~ af* from one's childhood up; *ik ken hem van ~ af* I know him man and boy
jongst'leden *bn* last; *de 12de maart ~* on March 12th last; *de 12de ~* (van vorige maand) the 12th ultimo (ult.); *de 3de ~* (van deze maand) the 3rd instant (inst.); *~ maandag* last Monday, Monday last
jonk *m* (-en) scheepv junk
'**jonker** *m* (-s) (young) nobleman; (country-)squire
'**jonkheer** *m* (-heren) 'jonkheer', ± esquire
'**jonkie** *o* (-s) (dier) young one
'**jonkvrouw** *v* (-en) **1** vero (jongedame) maid; **2** (predikaat) honourable miss (lady)
1 jood *m* (joden) Jew
2 jood *o* (jodium) iodine
jood'kali *m* potassium iodide
joods *bn* **1** Jewish [life &]; **2** Judaic [law]
jool *m* **1** (plezier) fun, frolic, jollity, jollification; **2** [students'] rag
Joost *m: ~ mag het weten* goodness knows
Jor'daan *m: de ~* the (river) Jordan

Jor'daans *bn* Jordanian
Jor'danië *o* Jordan
Jor'daniër *m* (-s) Jordanian
'**Joris** *m* George; *~ Goedbloed* gemeenz softy, nincompoop
'**jota** *v* ('s) iota
jou *pers vnw* you; *is het van ~?* is it yours?; *van heb ik ~ daar* immense, enormous
'**joule** *m* (-s) joule
jour *m* (-s) at-home day, at-home; *~ houden* be at home, receive
jour'naal *o* (-nalen) **1** (dagboek) journal [ook handel]; **2** scheepv logbook; **3** RTV news, newscast; (bioscoop) newsreel
journali'seren (journaliseerde, h. gejournaliseerd) *overg* handel journalize
journa'list *m* (-en) journalist, newspaperman, newsman, pressman, gemeenz newshawk
journalis'tiek I *v* journalism; **II** *bn* journalistic
jouw *bez vnw* your
'**jouwen** (jouwde, h. gejouwd) *onoverg* hoot, boo
jovi'aal *bn* genial; *joviale kerel* gemeenz blade
joviali'teit *v* geniality, bonhomie
'**joyriden** *onoverg* joyride
'**joystick** *m* (-s) joystick
'**Jozef** *m* Joseph; *de ware ~* Mr Right
'**Jozua** *m* Joshua
jr. *afk.* = junior
'**jubelen** (jubelde, h. gejubeld) *onoverg* jubilate, be jubilant, exult; *~ van vreugde* shout for joy
'**jubelfeest** *o* (-en) jubilee
'**jubeljaar** *o* (-jaren) jubilee year
'**jubelkreet** *m* (-kreten) shout of joy
'**jubelzang** *m* (-en) paean
jubi'laris *m* (-sen) **1** (bij jubileum) person celebrating his jubilee; **2** (feestvarken) hero of the feast
jubi'leren (jubileerde, h. gejubileerd) *onoverg* celebrate one's jubilee
jubi'leum *o* (-s en -ea) jubilee
'**juchtleer** *o* Russia leather
'**juchtleren** *bn* Russia leather
'**Judas** *m* Judas
'**judaskus** *m* (-sen) Judas kiss
'**judaspenning** *m* (-en) honesty
'**judassen** (judaste, h. gejudast) *overg* tease, nag, badger
Ju'dea *o* Judaea
'**judo** *o* judo
ju'doka *m-v* ('s) judoka
juf *v* (-fen en -s) gemeenz = *juffrouw*
'**juffer** *v* (-s) **1** (juffrouw) young lady, miss; **2** scheepv pole, beam; **3** (insect) dragon-fly; **4** (staatstamper) paving-beetle, rammer
'**juffershondje** *o* (-s) toy dog
'**juffertje** *o* (-s) missy
'**juffertje-in-'t-'groen** *o* (juffertjes-in-'t-groen) (plant) love-in-a-mist
'**juffrouw** *v* (-en) **1** (onderwijzeres) teacher; **2** (kin-

derjuffrouw) nurse, nanny; **3** <u>vero</u> ⟨ongetrouwde vrouw⟩ miss; **4** <u>vero</u> ⟨als aanspreektitel⟩ Miss; madam; **5** schertsend lady

'juichen (juichte, h. gejuicht) *onoverg* shout, jubilate; ~ *over* exult at (in); *de ~de menigte* the cheering crowd

'juichkreet *m* (-kreten) shout of joy, cheer

juist I *bn* exact, correct, right, proper, precise; *de ~e man op de ~e plaats* the right man in the right place *het ~e midden* the happy (golden) mean; *het ~e woord* the right (proper) word; ~, *dat is het* right, exactly; *zeer* ~ very well; hear! hear! [to an orator]; **II** *bijw* just; exactly; correctly; *ik wou ~...* I was just going to...; *zeer* ~ *gezegd* that's it exactly; ~ *wat ik hebben moet* the very thing I want; ~ *daarom* for that very reason; *waarom* ~ *hij?* why he of all people?; *waarom* ~ *hier?* why here of all places?

'juistheid *v* exactness, exactitude, correctness, precision

ju'jube *m* & *v* (-s) jujube

juk *o* (-ken) **1** ⟨v. trekdieren⟩ yoke; **2** ⟨v. balans⟩ beam; *het* ~ *afschudden (afwerpen)* shake (throw) off the yoke; *onder het* ~ *brengen* bring under the yoke

'jukbeen *o* (-deren) cheeck-bone

'juli *m* July

'jullie I *pers vnw* you, gemeenz you fellows, you people; *is het van* ~? is it yours?; **II** *bez vnw* your

jun. *afk.* = *junior*

'jungle *m* jungle

'juni *m* June

'junior *bn* & *m* (-ni'oren en -ni'ores) junior; *P.* ~ ook: the younger P.

junk *m* gemeenz **I** *m* ⟨heroïne⟩ junk, smack; **II** *m-v* ⟨verslaafde⟩ junkie

'junkie *m* (-s) junkie

'junta *v* ('s) junta

'Jupiter *m* Jove, Jupiter

ju'pon *m* (-s) petticoat

ju'reren (jureerde, h. gejureerd) *abs ww* act as a judge or umpire in a competition

ju'ridisch *bn* **1** ⟨in 't alg.⟩ juridical; **2** legal [adviser, aid, aspect, ground]

juris'dictie *v* (-s) jurisdiction

jurispru'dentie *v* jurisprudence; collective body of judgements given

ju'rist *m* (-en) **1** ⟨rechtsgeleerde⟩ jurist, barrister, lawyer; **2** ⟨rechtenstudent⟩ law-student

juriste'rij *v* legal quibbling

jurk *v* (-en) frock, dress, gown

'jury *v* ('s) jury; *centrale* ~ <u>ZN</u> examination (examining) board

'jurylid *o* (-leden) **1** ⟨bij wedstrijden &⟩ member of the jury, judge; **2** recht member of the jury, juror, juryman, jurywoman

'juryrechtspraak *v* trial by jury

jus *m* gravy

jus d'o'range *m* orange juice

'juskom *v* (-men) gravy-boat

'juslepel *m* (-s) gravy-spoon

jus'titie *v* justice, judicature; *de* ~ ook: the law; the police [are after him]

justiti'eel *bn* judicial

Jut *m* (-ten) Jutlander, Jute; *kop van* ~ try-your-strength machine

'jute *v* jute

'jutefabriek *v* (-en) jute mill

'jutezak *m* (-ken) gunny bag

'Jutland *o* Jutland

'jutter *m* (-s) wrecker, beachcomber

ju'weel *o* (-welen) jewel[2], gem[2]; *een* ~ *van bouwkunst* an architectural gem; *een* ~ *van een vrouw* a jewel of a woman

ju'welen *bn* jewelled

ju'welenkistje *o* (-s) jewel-box, jewel-case

juwe'lier *m* (-s) jeweller

juwe'lierswinkel *m* (-s) jeweller's (shop)

K

k *v* ('s) k
ka *v* = *kaai*
kaai *v* (-en) = *kade*
'kaaiman *m* (-s en -nen) cayman, caiman, alligator
kaak *v* (kaken) **1** anat jaw, jaw-bone; **2** gill [of fish];
 3 mandible [of an insect]; **4** hist ⟨schandpaal⟩ pillory; **5** ZN ⟨wang⟩ cheek; *aan de ~ stellen* (put into
 the) pillory, denounce, expose, show up; *met be-
 schaamde kaken* shamefaced
'kaakbeen *o* (-deren) jaw-bone, mandible
'kaakchirurg *m* (-en) dental surgeon
'kaakholte *v* (-s, -n) maxillary sinus
'kaakholteontsteking *v* (-en) (maxillar) sinusitis
'kaakje *o* (-s) ⟨koekje⟩ biscuit
'kaakslag *m* (-slagen) ⟨met vlakke hand⟩ slap in the
 face; ⟨met vuist⟩ punch in the face
kaal *bn* eig **1** ⟨mens⟩ bald; **2** ⟨vogel⟩ callow, unfledged; **3** ⟨boom⟩ leafless, bare; **4** ⟨kleren⟩ threadbare; **5** ⟨velden, hei⟩ barren; **6** ⟨muren⟩ bare, naked;
 fig shabby; *zo ~ als een biljartbal* as bold as a coot;
 er ~ afkomen come away with a flea in one's ear,
 fare badly; *~ vreten* eat bare
'kaalgeknipt *bn* close-cropped [heads]
'kaalgeschoren *bn* **1** ⟨v. mensen &⟩ (close-)shaven;
 2 ⟨v. schapen⟩ shorn
'kaalheid *v* **1** baldness [of head]; **2** bareness [of
 wall &]; **3** threadbareness, shabbiness² [of a coat];
 4 barrenness [of a tract of land]
kaal'hoofdig *bn* baldheaded
kaal'hoofdigheid *v* **1** ⟨in 't alg.⟩ baldness; **2** med
 alopecia
'kaalkop *m* (-pen) baldpate, baldhead
'kaalslag *m* clear-cutting, deforestation
kaam *v* mould
'kaantjes *mv* greaves, cracklings
kaap *v* (kapen) cape, headland, promontory; *de
 Kaap de Goede Hoop* the Cape of Good Hope
'Kaapprovincie *v* Cape Province
Kaaps *bn:* ~ *viooltje* African violet
'Kaapstad *v* Cape Town
'kaapstander *m* (-s) capstan
'kaapvaarder *m* (-s) privateer
'kaapvaart *v* privateering
Kaap'verdië *o* Cape Verde
Kaap'verdiër *m* (-s) Cape Verdean
Kaap'verdisch *bn* Cape Verdean
kaar *v* (karen) basket
kaard (-en), **'kaarde** *v* (-en) card
'kaarden (kaardde, h. gekaard) *overg* card [wool]
'kaardenbol *m* (-len) teasel
'kaardendistel *m & v* (-s) teasel

'kaardwol *v* carding wool
kaars *v* (-en) **1** candle; ⟨dunne ~⟩ taper; **2** plantk ⟨v.
 paardebloem⟩ blowball
'kaarsenfabriek *v* (-en) candle-factory
'kaarsenmaker *m* (-s) candle-maker
'kaarsenpit *v* (-ten) candle-wick
'kaarsensnuiter *m* (-s) (pair of) snuffers
'kaarslicht *o* candlelight; *bij* ~ by candlelight
'kaarsrecht *bn* straight as an arrow; ~ *zitten* sit
 bolt upright
'kaarssnuiter *bn* = *kaarsensnuiter*
'kaarsvet *o* tallow
kaart *v* (-en) **1** ⟨speelkaart, naamkaart, voor aantekeningen &⟩ card; **2** ⟨zeekaart⟩ chart; **3** ⟨landkaart⟩
 map; **4** ⟨toegangskaart⟩ ticket; **5** ⟨spijskaart⟩ menu;
 dat is doorgestoken ~ that's a put-up job, a trumped-
 up charge; *een gele ~ krijgen* sp be shown the yellow card, be booked; *een rode ~ krijgen* sp be shown
 the red card, be sent off (the field); *groene* ~ green
 card; *goede ~en hebben* have a good hand; *alle ~en
 op tafel leggen (gooien)* put (throw) all one's cards on
 the table; *het is een (geen) haalbare* ~ it is (not) on
 the cards; *alle ~en in handen hebben* hold all the
 cards; *iem. de ~ leggen* tell sbd.'s fortunes from the
 cards; *de ~ van het land kennen* know the lie of the
 land; ~ *spelen* play (at) cards; *open* ~ *spelen* lay
 one's cards on the table; act above-board, be frank;
 in ~ brengen map [a region], chart [a coast]; *iem. in
 de ~ kijken* look at sbd.'s cards; *zich in de ~ laten
 kijken* show one's hand; *iem. in de ~ spelen* play
 into sbd.'s hands, play sbd.'s game; *alles op één* ~
 zetten stake one's all on one (a single) throw, put
 all one's eggs in one basket
'kaartavondje *o* (-s) card-party
'kaartclub *v* (-s) card(-playing) club
'kaartcontrole *v* (-s) **1** ⟨in voertuig⟩ ticket inspection; **2** ⟨bij toegang⟩ ticket barrier
'kaarten (kaartte, h. gekaart) *onoverg* play (at) cards
'kaartenbakje *o* (-s) card-tray
'kaartenhuis *o* (-huizen) house of cards; *als een* ~
 in elkaar vallen come down like a house of cards
'kaartenkamer *v* (-s) scheepv chart-room
'kaartenmaker *m* (-s) cartographer, map maker
'kaartje *o* (-s) **1** ⟨naam⟩ card; **2** ⟨trein &⟩ ticket; *zijn
 ~ afgeven (bij)* leave one's card (upon); *een ~ leggen*
 have a game of cards
'kaartlegster *v* (-s) fortune-teller (by cards)
'kaartspel *o* **1** ⟨het spelen⟩ card-playing, cards;
 2 (-en) ⟨een partij⟩ game at (of) cards; **3** (-en) ⟨soort
 van spel⟩ card game; **4** (-len) ⟨pak kaarten⟩ pack of
 cards
'kaartspeler *m* (-s) card-player
'kaartsysteem *o* (-temen) card-index (system)
'kaarttelefoon *m* (-s) cardphone
'kaartverkoop *m* sale of tickets; ~ *van 8 tot 10*
 box-office open from 8 till 10
kaas *m* (kazen) cheese; *zich de* ~ *niet van het brood
 laten eten* stand up for oneself, fight back; *hij heeft*

er geen ~ van gegeten he doesn't understand anything about it, he doesn't know the first thing
about it

'**kaasachtig** bn cheesy, cheese-like, caseous

'**kaasbereiding** v cheese-making

kaasblokje o (-s) cheese cube

'**kaasboer** m (-en) **1** ⟨vervaardiger⟩ cheese-maker;
2 ⟨verkoper⟩ cheesemonger

'**kaasboor** v (-boren) cheese-taster

'**kaasburger** m (-s) cheeseburger

'**kaasdoek** m (-en) cheese cloth

'**kaasfondue** v (-s) (cheese) fondue

'**kaashandel** m cheese-trade

'**kaashandelaar** m (-s en -laren) cheesemonger

'**kaasjeskruid** o mallow

'**kaaskop** m (-pen) nickname for a Dutchman

'**kaaskoper** m (-s) ⟨kaashandelaar⟩ cheesemonger

'**kaaskorst** v (-en) cheese-rind, rind of cheese

'**kaasmaker** m (-s) cheese-maker

'**kaasmarkt** v (-en) cheese-market

'**kaasmes** o (-sen) cheese-cutter

'**kaaspakhuis** o (-huizen) cheese-warehouse

'**kaaspers** v (-en) cheese-press

'**kaasschaaf** v (-schaven) cheese slicer

'**kaassoufflé** m (-s) ± cheese piroshki

'**kaasstof** v casein

'**kaasstolp** v (-en) cheese-cover

'**kaasvorm** m (-en) cheese-mould

'**kaaswinkel** m (-s) cheese-shop

'**kaatsen** (kaatste, h. gekaatst) onoverg **1** ⟨stuiten⟩
bounce; **2** ⟨het kaatsspel spelen⟩ play 'kaatsspel';
wie kaatst moet (kan) de bal verwachten if you play at
bowls you must look for rubbers

'**kaatsspel** o Dutch game in which two teams hit a
small ball with gloved hands

ka'**baal** o noise, din, hubbub, racket; ~ maken
(schoppen, trappen) kick up a row

'**kabbelen** (kabbelde, h. gekabbeld) onoverg ripple,
babble, purl, lap

'**kabbeling** v rippling, babble, lapping, purl

'**kabel** m (-s) scheepv, telec cable

'**kabelbaan** v (-banen) cable railway, funicular railway

'**kabelballon** m (-s) captive balloon

'**kabelbericht** o (-en) cable-message, cablegram,
cable

'**kabelgaren** o (-s) rope-yarn

kabel'jauw m (-en) cod, cod-fish

kabel'jauwvangst v cod-fishing

'**kabellengte** v (-n en -s) cable's length

'**kabelnet** o (-ten) grid

'**kabelschip** o (-schepen) cable-ship

'**kabelspoorweg** m (-wegen) cable-railway, telpher
line

'**kabeltelegram** o (-men) = kabelbericht

'**kabeltelevisie** v cable television

'**kabeltouw** o (-en) cable

kabi'net o (-ten) **1** ⟨meubel⟩ cabinet; **2** ⟨kamertje⟩

closet; **3** ⟨kunstverzameling⟩ picture-gallery, museum, vero cabinet; **4** ⟨regering⟩ cabinet, government; **5** ZN ⟨toilet⟩ toilet, WC

kabi'netformaat o cabinet-size

kabi'netschef m (-s) ZN secretary general of a ministry

kabi'netscrisis v (-sen en -crises) cabinet crisis

kabi'netsformateur m (-s) person charged with
forming a new cabinet (a new government)

kabi'netskwestie v cabinet question; de ~ stellen
ask for a vote of confidence

Ka'boel o Kabul

ka'bouter m (-s) **1** ⟨aardmannetje⟩ elf, gnome,
dwarf; **2** ⟨padvindster⟩ Brownie

'**kachel** v (-s) stove; elektrisch ~tje electric fire
(heater)

'**kachelglans** m blacklead

'**kachelhout** o kindling, fire-wood

'**kachelpijp** v (-en) **1** ⟨in 't alg.⟩ stove-pipe; **2** gemeenz ⟨hoed⟩ chimney-pot hat, stove-pipe

'**kachelsmid** m (-smeden) stove-maker

ka'daster o (-s) **1** ⟨dienst⟩ land registry; **2** ⟨kantoor⟩
Offices of the Land registry

kadas'traal bn cadastral

ka'daver o (-s) ⟨dead⟩ body; med subject

ka'daverdiscipline v iron discipline

'**kade** v (-n) quay, wharf; embankment [along a
river]

'**kadegeld** o (-en) quayage, wharfage

'**kademuur** m (-muren) quay wall

'**kader** o (-s) **1** mil ⟨regimental⟩ cadre, skeleton [of a
regiment]; **2** ⟨lijst, omlijsting⟩ framework; **3** ⟨in
kranten &⟩ box; **4** ⟨bestuurders v.e. organisatie⟩ executives, executive staff; binnen het ~ van within
the framework of [this organization]; in het ~ van
in connection with [the reorganization, the exhibi-
tion], under [this agreement, a scheme]

'**kadercursus** m (-sen) training-course for executives

'**kaderlid** o (-leden) **1** ⟨in bedrijfsleven⟩ executive;
2 mil officer

'**kaderpersoneel** o executive staff

ka'detje o (-s) french roll [of bread]

'**kadi** m ('s) cadi, kadi

ka'duuk bn used up, decrepit, broken

kaf o chaff; het ~ van het koren scheiden separate
chaff from wheat, sift the grain from the husk; als
~ voor de wind like chaff before the wind

'**kaffer** m (-s) scheldwoord boor, lout

kaft m & v (-en) wrapper, cover, jacket

'**kaftan** m (-s) caftan

'**kaften** (kaftte, h. gekaft) overg cover [a book]

'**kaftpapier** o wrapping-paper

'**Kaïnsteken** o brand (mark) of Cain

'**kajak** m (-s en -ken) kayak

ka'jotter m, **ka'jotster** v (-s) ZN member of a club
for young working catholics

ka'juit v (-en) cabin

ka'juitsjongen *m* (-s) cabin-boy
ka'juitspoort *v* (-en) porthole
kak *m* gemeenz **1** ⟨poep⟩ muck, mire, shit, crap;
2 ⟨bluf⟩ *kale (kouwe)* ~ bunkum, baloney, hot air,
swank, slang eyewash
'**kakebeen** *o* (-deren) = *kaakbeen*
'**kakelbont** *bn* motley, variegated, chequered
'**kakelen** (kakelde, h. gekakeld) *onoverg* cackle[2], fig
gabble, chatter
'**kakelvers** *bn* **1** eig farm-fresh; **2** fig brand-new
kake'ment *o* (-en) jaw(s)
'**kaken** (kaakte, h. gekaakt) *overg* cure [herrings]
'**kakenestje** *o* (-s) ZN last-born, benjamin
'**kaketoe** *m* (-s) cockatoo
'**kaki** *o* khaki
'**kakken** (kakte, h. gekakt) *onoverg* gemeenz shit,
crap; *iem. te* ~ *zetten* ridicule sbd., make a fool of
sbd.
'**kakkerlak** *m* (-ken) cockroach, blackbeetle
kakki'neus *bn* gemeenz stuck-up, Br toffee-nosed
'**kakmadam** *v* (-men) gemeenz la-di-da type,
snooty type
kakofo'nie *v* (-nieën) cacophony
ka'lander (-s) **1** *m* ⟨insect⟩ weevil; **2** *v* techn calender
kale'bas *v* (-sen) calabash, gourd
'**kalen** (kaalde, h. gekaald) *onoverg* be balding
ka'lender *m* (-s) calendar
ka'lenderjaar *o* (-jaren) calendar year
kalf *o* (kalveren) **1** ⟨dier⟩ calf; **2** ⟨bovendrempel⟩ lintel; ⟨dwarshout⟩ crossbeam; **3** ⟨onnozel persoon⟩
simpleton, noodle, softy; *een* ~ *van een jongen* a
calf, a booby; *als het* ~ *verdronken is, dempt men de
put* after the horse has bolted (is stolen) the stable-
door is locked; *het gouden* ~ *aanbidden* worship the
golden calf; zie ook: *mesten*
kal'faten (kalfaatte, h. gekalfaat), **kal'fateren** (kal-
faterde, h. gekalfaterd) *overg* scheepv caulk
'**kalfsbiefstuk** *m* (-ken) veal steak
'**kalfsborst** *v* (-en) breast of veal
'**kalfsbout** *m* (-en) joint of veal
'**kalfsgehakt** *o* minced veal
'**kalfskarbonade** *v* (-s en -n) veal cutlet
'**kalfskop** *m* (-pen) calf's head
'**kalfskotelet** *v* (-ten) veal cutlet
'**kalfslapje** *o* (-s) veal steak
'**kalfsleer** *o* calf, calfskin, calfleather; *in kalfsleren
band* bound in calf
'**kalfsoester** *v* (-s) veal collop
'**kalfsschnitzel** *o & m* (-s) scallop of veal
'**kalfsvlees** *o* veal
'**kalfszwezerik** *m* (-en) sweetbread
'**kali** *m* potassium
ka'liber *o* (-s) calibre[2], bore
'**kalief** *m* (-en) caliph
kali'faat *o* (-faten) caliphate
'**kalium** *o* potassium
kalk *m* **1** ⟨in 't alg.⟩ lime; **2** ⟨gebluste ~⟩ slaked lime;

3 ⟨ongebluste ~⟩ quicklime; **4** ⟨metsel~⟩ mortar;
5 ⟨pleister~⟩ plaster
'**kalkaanslag** *m* fur, scale
'**kalkaarde** *v* calcareous earth
'**kalkachtig** *bn* limy, calcareous
'**kalkbak** *m* (-ken) hod
kalkbrande'rij *v* (-en) limekiln
'**kalkei** *o* (-eren) preserved egg
'**kalken** (kalkte, h. gekalkt) *overg* **1** lime [skins &];
roughcast, plaster [a wall]; **2** ⟨schrijven⟩ write,
chalk
'**kalkgroeve** *v* (-n) limestone quarry
'**kalkhoudend** *bn* calcareous, calciferous
kal'koen *m* (-en) turkey
'**kalkoven** *m* (-s) limekiln
'**kalkput** *m* (-ten) lime pit
'**kalksteen** *o & m* limestone
'**kalkwater** *o* lime water
'**kalkzandsteen** *o & m* sand-lime bricks
kalligra'fie *v* calligraphy
kalm *bn* calm, quiet, composed, peaceful, untroubled; ~ *(aan)!* easy!, steady!; *blijf* ~ take it easy; *doe
(het)* ~ *aan zo easy* (met on), slang cool it; ~ *en bedaard* calm and quiet, cool and collected
kal'meren (kalmeerde, gekalmeerd) **I** (h.) *overg*
calm, soothe, appease, tranquillize; **II** (is) *onoverg*
calm down, compose oneself; *~d middel* sedative,
tranquillizer, calmative
kal'meringsmiddel *o* (-en) sedative, tranquillizer
'**kalmoes** *m* sweet flag
'**kalmpjes** *bijw* calmly; ~ *aan!* easy!, steady!, easy
does it!
'**kalmte** *v* **1** ⟨bedaardheid⟩ calm, calmness, composure; **2** ⟨rust⟩ quiet, quietude, repose
ka'lotje *o* (-s) **1** ⟨v. man in 't alg.⟩ skull-cap; **2** ⟨v.
geestelijke⟩ calotte
'**kalven** (kalfde, h. gekalfd) *onoverg* calve
'**kalverachtig** *bn* calf-like
'**kalveren** *meerv. v. kalf*
'**kalverliefde** *v* (-s) calf-love
kam *m* (-men) **1** comb [for the hair]; **2** crest [of a
cock, helmet, hill &]; **3** bridge [of violin]; **4** techn
cam, cog [of wheel]; **5** hand [of bananas]; *over één
~ scheren* lump (together) with, treat all alike
ka'meel *m* (-melen) camel [also for raising ships]
ka'meeldrijver *m* (-s) camel-driver
ka'meelhaar *o* camel's hair
kamele'on *o & m* (-s) chameleon[2]
kamele'ontisch *bn* chameleonic
kame'nier *v* (-s) (lady's) maid
'**kamer** *v* (-s) **1** ⟨vertrek⟩ room, chamber; **2** ⟨v. vuur-
wapen⟩ chamber; **3** ⟨van het hart⟩ ventricle; *de Eerste Kamer* the First Chamber; [in Britain] the Upper
House; *de Tweede Kamer* the Second Chamber; [in
Britain] the Lower House; *de Kamer van Koophandel*
the Chamber of Commerce; *de Kamer van Volksver-
tegenwoordigers* the [Belgian] Chamber of Deputies;
de ~ *bijeenroepen* convoke the House; *de* ~ *ontbin-*

den (openen, sluiten) dissolve (open, prorogue) the Chamber; *donkere ~* dark room; *gemeubileerde ~s* furnished apartments; *~s te huur hebben* have apartments (rooms) to let; *zijn ~ houden* keep one's room; *hij woont op ~s* he lives in lodgings; *ik woon hier op ~s* I am in rooms here; *hij is niet op zijn ~* he is not in his room

kame'raad *m* (-raden) comrade, mate, fellow, companion, gemeenz chum, pal

kame'raadschap *v* companionship, (good-) fellowship, comradeship

kameraad'schappelijk I *bn* friendly, gemeenz chummy; **II** *bijw* in a friendly manner

'**kamerarrest** *o* confinement to one's room; *~ hebben* schertsend have to keep one's room

'**kamerbewoner** *m* (-s), '**kamerbewoonster** *v* (-s) lodger

'**kamerbreed** *bn: ~ tapijt* wall-to-wall carpeting

'**kamercommissie** *v* (-s) parliamentary committee

'**kamerdebat** *o* (-ten) Parliamentary debate

'**kamerdeur** *v* (-en) room-door

'**kamerdienaar** *m* (-s en -naren) **1** (in 't alg.) valet, man(-servant); **2** (aan het hof) groom (of the chamber), chamberlain

'**kamerfractie** *v* (-s) parliamentary party; *de ~ van de Labourpartij* the parliamentary Labour party

'**kamergeleerde** *m-v* (-n) armchair scholar

'**kamergenoot** *m* (-noten) room-mate

'**kamergymnastiek** *v* indoor gymnastics

'**kamerheer** *m* (-heren) chamberlain, gentleman in waiting [at court]

'**kamerhuur** *v* room-rent

'**kamerjas** *m* (-sen) dressing-gown

'**kamerlid** *o* (-leden) member of the Chamber, member of Parliament [in Britain]

'**kamermeisje** *o* (-s) chambermaid

'**kamermuziek** *v* chamber music

Kame'roen *o* Cameroon

Kame'roener *m* (-s) Cameroonian

Kame'roens *bn* Cameroonian

'**kamerolifant** *m* (-en) butterball, lard bucket

'**kamerontbinding** *v* (-en) dissolution of the Chamber(s)

'**kamerorkest** *o* (-en) chamber orchestra

'**kamerplant** *v* (-en) indoor plant

'**kamerpot** *m* (-ten) chamber pot

'**kamerscherm** *o* (-en) draught-screen, folding-screen

'**kamertemperatuur** *v* room temperature

'**kamerverhuurder** *m* (-s), '**kamerverhuurster** *v* (-s) lodging-house keeper

'**kamerverkiezing** *v* (-en) parliamentary elections

'**kamerverslag** *o* (-slagen) report of the Parliamentary debates

'**kamervoorzitter** *m* (-s) chairman of the House

'**kamerzetel** *m* (-s) seat (in Parliament)

'**kamerzitting** *v* (-en) session of Parliament

'**kamfer** *m* camphor

'**kamferboom** *m* (-bomen) camphor-tree

'**kamferspiritus** *m* camphorated spirits

'**kamgaren** *o* (-s) & *bn* worsted

'**kamhagedis** *v* (-sen) iguana

'**kamig** *bn* mouldy

kami'kazeactie *v* (-s) kamikaze attack

kami'kazepiloot *m* (-loten) kamikaze[2]

ka'mille *v* camomile

ka'millethee *m* camomile tea

kami'zool *o* (-zolen) camisole

'**kammen** (kamde, h. gekamd) **I** *overg* **1** (in 't alg.) comb; **2** card [wool]; **II** *wederk: zich ~* comb one's hair

1 kamp *o* (-en) 〈groep tenten〉 camp[2]

2 kamp *m* (-en) 〈strijd〉 combat, fight, struggle, contest

3 kamp *bn: ~ geven* yield, throw up the sponge; *het bleef ~* the race (the sports &) ended in a tie (in a draw)

kam'panje *v* (-s) scheepv poop(-deck)

'**kampbeul** *m* (-en) camp bully; sadist

'**kampcommandant** *m* (-en) camp commandant

kam'peerauto *m* ('s), **kam'peerbus** *v* (-sen) camper (van)

kam'peerboerderij *v* (-en) farmyard campsite

kam'peercentrum *o* (-s en -tra) = *kampeerterrein*

kam'peerder *m* (-s) camper

kam'peerterrein *o* (-en) camping ground, camping site

kam'peerwagen *m* (-s) caravan

kampe'ment *o* (-en) encampment, camp

'**kampen** (kampte, h. gekampt) *onoverg* fight, combat, struggle, contend, wrestle; *te ~ hebben met* have to contend with

kam'peren (kampeerde, h. gekampeerd) **I** *overg* (en)camp; **II** *onoverg* camp, be (lie) encamped, camp out; **III** *o* camping

kamper'foelie *v* (-s) honeysuckle; *wilde ~* woodbine

kampi'oen *m* (-en) champion°

kampi'oenschap *o* (-pen) championship

'**kamprechter** *m* (-s) umpire

'**kampvechter** *m* (-s) fighter, wrestler, champion

'**kampvuur** *o* (-vuren) camp-fire

'**kampwacht** *v* (-en) camp guard

'**kampwinkel** *m* (-s) camp(ing) shop

'**kamrad** *o* (-raderen) cog-wheel

'**kamvormig** *bn* comb-shaped

'**kamwol** *v* combing-wool

kan *v* (-nen) **1** 〈vaatwerk〉 jug, can, mug, tankard; **2** 〈inhoudsmaat〉 litre; *het is in ~nen en kruiken* the matter (everything) is settled, fixed (up)

ka'naal *o* (-nalen) **1** 〈gracht〉 canal; **2** channel 〈vaargeul & fig〉; *het K~* the Channel

Ka'naaleilanden *mv* Channel Islands

Ka'naaltunnel *m* Channel tunnel, Chunnel

ka'naalzwemmer *m* (-s) cross-Channel swimmer

'**Kanaän** *o* Canaan

Kanaäniet

Kanaä'niet *m* (-en) Canaanite
kanali'satie *v* (-s) canalization
kanali'seren (kanaliseerde, h. gekanaliseerd) *overg* canalize
ka'narie *m* (-s) canary
ka'nariegeel *bn* canary-yellow
ka'nariekooi *v* (-en) canary-bird cage
ka'nariepiet *m* (-en) canary
ka'nariezaad *o* (-zaden) canary-seed
kan'deel *v* caudle
'kandelaar *m* (-s en -laren) candlestick
kande'laber *m* (-s) candelabra
kandi'daat *m* (-daten) **1** candidate [for appointment or honour]; **2** applicant [for an office]; *iem. ~ stellen* nominate sbd., put sbd. up; *zich ~ stellen* **1** become a candidate; **2** contest a seat in Parliament, stand for [Shrewsbury]; *~ in de letteren* Bachelor of Arts; *~ in de rechten* Bachelor of Laws
kandi'daats *o*: *zijn ~ hebben* vroeger have one's ordinary degree
kandi'daatstelling *v* (-en) nomination
kandida'tuur *v* (-turen) candidature, candidateship, nomination; *zijn ~ stellen* ZN become a candidate
kandi'deren (kandideerde, h. gekandideerd) *overg* nominate
kan'dij *v* candy
kan'dijsuiker *m* sugar-candy
ka'neel *m & o* cinnamon
ka'neelappel *m* (-s) custard apple
'kangoeroe *m* (-s) kangaroo
'kanis *m* (-sen) (hoofd) gemeenz nut, pate, noddle; *hou je ~* hold your trap; *iem. op z'n ~ geven* tan sbd.'s hide
'kanjer *m* (-s), gemeenz a big one, spanker, whopper
'kanker *m* **1** med cancer; **2** plantk, dierk canker; **3** fig (voortwoekerend kwaad) cancer, canker
'kankeraar *m* (-s) gemeenz grouser, grumbler
'kankerachtig *bn* cancerous, cancroid
'kankerbestrijding *v* fight against cancer
'kankeren (kankerde, h. gekankerd) *onoverg* **1** (voortwoekeren) canker; **2** (mopperen) grouse, grumble
'kankergezwel *o* (-len) cancerous tumour, cancerous growth
'kankerlijder *m* (-s) cancer patient
'kankeronderzoek *o* cancer research
'kankerpatiënt *m* (-en) cancer patient
'kankerpit *m* (-ten) grumbler, croaker
kankerver'wekkend *bn* carcinogenic
kanni'baal *m* (-balen) cannibal
kanni'baals *bn* cannibalistic
kanniba'lisme *v* cannibalism
'kano *m* ('s) canoe
'kanoën (kanode, h. gekanood) *onoverg* canoe
ka'non *o* (-nen) gun, cannon
ka'nongebulder *o* roar (booming) of guns
kanon'nade *v* (-s) cannonade

kanon'neerboot *m & v* (-boten) gun-boat
ka'nonnenvlees, ka'nonnenvoer *o* cannon-fodder
kanon'neren (kanonneerde, h. gekanonneerd) *overg* cannonade
kanon'nier *m* (-s) gunner
ka'nonschot *o* (-schoten) cannon-shot
ka'nonskogel *m* (-s) cannon-ball
ka'nonvuur *o* gun-fire, cannonade
'kanosport *v* canoeing
'kanovaarder *m* (-s) canoeist
kans *v* (-en) change, opportunity; *iem. een ~ geven* give sbd. a chance; *~ hebben om...* have a chance of ...ing; *hij heeft goede ~en* he stands a good change; *weinig ~ hebben om...* stand little chance of ...ing; *geen schijn van ~* not the ghost of a chance; *de ~ krijgen om...* get a chance of ...ing; *de ~ lopen om...* run the risk of ...ing; *~ maken op* stand a chance of ...ing; *een ~ missen* lose (miss) an opportunity; *de ~ schoon zien om...* see one's chance (opportunity) to...; *de ~ waarnemen* seize the opportunity; *de ~ wagen* take one's chance; *als hij ~ ziet om...* when he sees his chance to..., when he manages to...; *ik zie er geen ~ toe* I don't see my way to do it, I can't manage it; *er is alle ~ dat...* there is every chance (it is very likely) that...; *daar is geen ~ op* there is no chance of it; *de ~ keerde* the (my, his &) luck was turning; *de ~en staan gelijk* the odds are even
kans'arm *bn* underprivileged
'kansberekening *v* calculation of probability; (als wetenschap) theory of probability
'kansel *m* (-s) pulpit
kansela'rij *v* (-en) chancellery
kansela'rijstijl *m* official style, officialese
kanse'lier *m* (-s en -en) chancellor
'kanselredenaar *m* (-s) pulpit orator
'kanshebber *m* (-s) likely candidate, likely winner; *tot de ~s behoren* be one of the favourites
'kansloos *bn* prospectless
'kansrekening *v* zie: *kansberekening*
'kansrijk *bn* likely [candidate]
'kansspel *o* (-spelen) game of chance
1 kant *m* (-en) **1** side [of a road, of a bed &]; border [of the Thames &]; edge [of the water, of a forest]; brink [of a precipice]; margin [of a printed or written page]; **2** ⟨richting⟩ side, direction; **3** aspect [of life, of the matter, of the same idea]; *dat raakt ~ noch wal* that is neither here nor there; *die ~ moet het uit met...* that way... ought to tend; *een andere ~ uitkijken* look the other way; *aan de ~ van de weg* at the side of the road, by the roadside; *aan de andere ~ moeten wij niet vergeten dat...* on the other hand (but then) we should not forget that...; *aan de veilige ~* on the safe side; *dat is weer aan ~* that job is jobbed; *de kamer aan ~ maken* straighten up (do) the room, put things tidy; *zijn zaken aan ~ doen* retire from business; *het mes snijdt aan twee ~en* the knife cuts both ways; *aan de ~ zetten* cast aside,

throw over; *naar alle ~en* [look, run] in every direction; *een vaatje op zijn ~ zetten* cant (tilt) a cask; *het is im dubbeltje op zijn ~* zie: *dubbeltje*; *veel over zijn ~ laten gaan* not be so very particular (about...); *van alle ~en* on every side, from every quarter; *de zaak van alle (verschillende) ~en bekijken* look at the question from all sides (from different angles); *van die ~ bekeken...* looked at from that point...; *van vaders ~* on the paternal (one's father's) side; *van de ~ van* on the part of; *van welke ~ komt de wind?* from which side does the wind blow?; *iem. van ~ maken* put sbd. out of the way, do sbd. in; *zich van ~ maken* make (do) away with oneself; zie ook: *¹zijde*

2 kant *m* ⟨stofnaam⟩ lace

3 kant *bn* neat; *~ en klaar* all ready; cut and dried; ready to hand

'kant'teel *m* (-telen) crenel, battlement

'kanteldeur *v* (-en) up-and-over door

'kantelen (kantelde, gekanteld) **I** (h.) *overg* **1** ⟨wentelen⟩ turn over, overturn; **2** ⟨op z'n kant zetten⟩ cant, tilt; **II** (is) *onoverg* topple over, overturn, turn over; *scheepv* capsize; *niet ~!* this side up!

'kantelraam *o* (-ramen) tilting window

1 'kanten (kantte, h. gekant) **I** *overg* cant, square; **II** *wederk:* zich ~ *tegen* oppose; zie ook: *gekant*

2 'kanten *bn* lace

'kantig *bn* angular

kan'tine *v* (-s) canteen

kan'tinewagen *m* (-s) mobile canteen

'kantje *o* (-s) page, side [of note-paper]; *het was op het ~ af* it was a near (close) thing, it was touch and go; *op het ~ af geslaagd* got through by the skin of his teeth; *'t was op het ~ van onbeleefd* it was sailing near the wind

'kantklossen *o* pillow lace-making

'kantlijn *v* (-en) **1** ⟨op papier⟩ marginal line; **2** ⟨v.e. kubus &⟩ edge; *een ~ trekken* rule a margin

kan'ton *o* (-s) canton

'Kanton *o* Canton

Kanto'nees *m* (-nezen) & *o* & *bn* Cantonese

kan'tongerecht *o* (-en) magistrate's court

kan'tonrechter *m* (-s) ± justice of the peace

kan'toor *o* (-toren) office; *~ van afzending* forwarding office; *~ van ontvangst* delivery office; *op een ~* in an office; *ten kantore van...* at the office of...

kan'toorbaan *v* (-banen) office job

kan'toorbediende *m-v* (-n en -s) (office) clerk

kan'toorbehoeften *mv* stationery

kan'toorboek *o* (-en) office book

kan'toorboekhandel *m* (-s) stationer's (shop)

kan'toorboekhandelaar *m* (-s en -laren) stationer

kan'toorgebouw *o* (-en) office building

kan'toorklerk *m* (-en) clerk [in bank, office &]

kan'toorkruk *v* (-ken) office stool

kan'toormachine *v* (-s) office machine; *~s* ook: office machinery

kan'toormeubelen *mv* office furniture

kan'toorpersoneel *o* office staff, clerical staff, clerks

kan'toorpik *m* (-ken) *geringsch* pen-pusher

kan'toorstoel *m* (-en) office chair

kan'toortijd *m* (-en) office hours

kan'toortuin *m* (-en) open-plan (landscaped) office

kan'tooruren *mv* office hours

kan'toorwerkzaamheden *mv* office work

'kantrechten (kantrechtte, h. gekantrecht) *overg* square

'kanttekening *v* (-en) marginal note

'kantwerk *o* (-en) lace-work

'kantwerkster *v* (-s) lace-maker

ka'nunnik *m* (-en) canon

kao'lien *o* kaolin

kap *v* (kappen) **1** ⟨hoofdbedekking⟩ cap [of a cloak], hood [of a cowl]; **2** ⟨v. voertuig⟩ hood; **3** ⟨v. schoorsteen⟩ cowl; **4** ⟨v. molen⟩ cap; **5** ⟨v. lamp⟩ shade; **6** ⟨v. laars⟩ top; **7** ⟨v. huis⟩ roof, roofing; **8** ⟨v. muur⟩ coping; **9** *techn* bonnet [of motorcar engine], cowl(ing) [of aircraft engine]; cap, cover

ka'pel *v* (-len) **1** chapel [house of prayer]; **2** *muz* band; **3** ⟨vlinder⟩ butterfly

kape'laan *m* (-s) chaplain, RK curate, assistant priest

ka'pelmeester *m* (-s) (military) bandmaster; conductor; *vero* choirmaster [in a church or chapel]

'kapen (kaapte h. gekaapt) **I** *onoverg* *scheepv* privateer; **II** *overg* **1** *scheepv* capture; **2** *luchtv* hijack [aircraft]; **3** *gemeenz* (wegnemen) filch, pilfer

'kaper *m* (-s) **1** *scheepv* privateer, raider; **2** *luchtv* hijacker [of aircraft]; *er zijn ~s op de kust* **1** the coast is not clear; **2** there are rivals in the field

'kaperbrief *m* (-brieven) letter of marque (and reprisal)

'kaperschip *o* (-schepen) privateer, corsair

'kaping *v* (-en) *luchtv* hijacking [of aircraft]

kapi'taal **I** *bn* capital [letter]; *een ~ huis* a fine (substantial) house; **II** *o* (-talen) capital; *~ en interest* principal and interest

kapi'taalbelegging *v* (-en) investment (of capital)

kapi'taalgoederen *mv* capital goods

kapitaalinten'sief *bn* requiring large capital assets

kapitaal'krachtig *bn* substantial [firm], financially strong, backed by sufficient capital

kapi'taalmarkt *v* capital market

kapi'taalschaarste *v* shortage of capital

kapi'taalsoverdrachtbelasting *v* (-en) capital transfer tax

kapi'taalvlucht *v* flight of capital

kapi'taalvorming *v* capital formation

kapitali'satie *v* (-s) capitalization

kapitali'satiebon *m* (-s) ZN premium bond, debenture (bond)

kapitali'seren (kapitaliseerde, h. gekapitaliseerd) *overg* capitalize

kapita'lisme o capitalism
kapita'list m (-en) capitalist
kapita'listisch I bn capitalist [country, society], capitalistic [production]; **II** bijw capitalistically
kapi'teel o (-telen) capital [of a column]
kapi'tein m (-s) **1** mil, scheepv captain; **2** scheepv master; ~-luitenant-ter-zee commander; ~-vlieger flight-lieutenant
Kapi'tool o Capitol
ka'pittel o (-s) chapter
ka'pittelen (kapittelde, h. gekapitteld) overg: iem. ~ lecture sbd., read sbd. a lecture
ka'pittelheer m (-heren) canon
ka'pittelkerk v (-en) minster
'kapje o (-s) **1** (mutsje) little cap; **2** (leesteken) circumflex; **3** (v.e. brood) heel (crusty end)
'kaplaars v (-laarzen) top-boot
'kapmantel m (-s) dressing-jacket
'kapmeeuw v (-en) = kokmeeuw
'kapmes o (-sen) chopper, cleaver
ka'poen m (-en) capon
ka'pok m kapok
Ka'posi-sarcoom o (-comen) med Kaposi Sarcoma
ka'pot bn broken, out of order, gone to pieces [of a tool &]; in holes [of a coat &]; ik ben ~ I am fairly knocked up; ik ben er ~ van I am dreadfully cut up by it; ~ gaan go to pieces; ~ gooien smash; ~ maken spoil, put out of order, break
ka'potje o (-s) gemeenz (condoom) rubber, sheath, slang French letter
'kappa tsw roger
'kappen (kapte, h. gekapt) **I** overg **1** chop [wood]; cut (down), fell [trees]; **2** dress [the hair]; **II** onoverg & abs ww **1** chop &; **2** dress the hair; ergens mee ~ (ophouden) knock off (doing sth.); **III** wederk: zich ~ dress one's hair
'kapper m (-s) hairdresser
'kappersbediende m-v (-n en -s) hairdresser's assistant
'kapperswinkel m (-s) hairdresser's (shop)
'kappertjes mv capers
'kapsalon m (-s) hairdresser's salon
'kapseizen (kapseisde, is gekapseisd) onoverg scheepv capsize
'kapsel o (-s) coiffure, hairdo, hair-style
kap'sones mv: ~ hebben gemeenz swagger, give oneself airs
'kapspiegel m (-s) toilet-glass
'kapster v (-s) (lady) hairdresser
'kapstok m (-ken) **1** (aan muur) row of pegs; **2** (in gang) hat-rack, hat-stand, hall-stand, coat-rack; **3** (één haak) peg
'kaptafel v (-s) dressing-table
kapu'cijn m (-en) Capuchin
kapu'cijner o (-s) (erwt) marrowfat (pea)
'kapverbod o felling prohibition
kar v (-ren) **1** cart [on 2 or 4 wheels]; **2** gemeenz (fiets) bike; (auto) car

kar. afk. = karaat
ka'raat o (-s en -raten) carat; 18-~s 18-carat [gold]
kara'bijn v (-en) carbine
ka'raf v (-fen) **1** (voor water) water-bottle; **2** (voor wijn) decanter
ka'rakter o (-s) **1** (aard) character, nature; **2** (letterteken) character
ka'raktereigenschappen mv qualities of character
ka'rakterfout v (-en) defect of character
karakteri'seren (karakteriseerde, h. gekarakteriseerd) overg characterize
karakteris'tiek I bn characteristic; **II** bijw characteristically; **III** v (-en) characterization
ka'rakterkunde v characterology, ethology
ka'rakterloos bn characterless
karakter'loosheid v characterlessness, lack of character
ka'raktermoord m & v character assassination
ka'rakterschets v (-en) characterization
ka'rakterspeler m (-s) character actor
ka'rakterstuk o (-ken) character piece
ka'raktertrek m (-ken) trait of character, feature
ka'raktervorming v character-building
kara'mel v (-s en -len) caramel
ka'rate o karate
ka'rateka m-v ('s) karateka
kara'vaan v (-vanen) caravan
kar'bies v (-biezen) shopping basket
karbo'nade v (-s en -n) chop, cutlet
kar'bonkel m & o (-s) carbuncle
kar'bouw m (-en) (water) buffalo
kardi'naal I m (-nalen) cardinal; tot ~ verheffen raise to the purple; **II** bn cardinal [point, error]
kardi'naalschap o cardinalship
kardinaalshoed m (-en) cardinal's hat
kare'kiet m (-en) = karkiet
'Karel m Charles; ~ de Grote Charlemagne; ~ de Kale Charles the Bald; ~ de Stoute Charles the Bold
karia'tide v (-n) caryatid
'karig I bn scanty, frugal [meal], sparing [use]; (niet) ~ zijn met (not) be chary (sparing) of; **II** bijw scantily, frugally, sparingly, with a sparing hand
'karigheid v scantiness, frugality, sparingness
karikatu'raal bn bijw caricatural
karikaturi'seren (karikaturiseerde, h. gekarikaturiseerd) overg caricature
karika'tuur v (-turen) caricature
karika'tuurtekenaar m (-s) caricaturist
Ka'rinthië o Carinthia
kar'kas o & v (-sen) carcass, carcase, skeleton
kar'kiet m (-en) reed-warbler
karme'liet m (-en) Carmelite
kar'mijn o carmine
karn v (-en) churn
'karnemelk v buttermilk
'karnen (karnde, h. gekarnd) overg churn
'karnpols (-en), **'karnstok** m (-ken) dasher

'**karnton** *v* (-nen) churn
Karo'linger *m* (-s) Carlovingian
Karo'lingisch *bn* Carlovingian
ka'ros *v* (-sen) coach, state carriage
Kar'paten *mv* Carpathians
'**karper** *m* (-s) carp
kar'pet *o* (-ten) (square of) carpet
'**karren** (karde, h. gekard) *onoverg* **1** (fietsen) pedal;
  2 (rijden) drive
'**karrenpaard** *o* (-en) cart-horse
'**karrenspoor**, '**karspoor** *o* (-sporen) rut, cart
  track
'**karrenvracht** *v* (-en) cart-load
1 kar'tel *o* (-s) **1** handel cartel, syndicate, combine;
  gemeenz ring; **2** ZN (v. politieke partijen) coalition
2 kartel *m* (-s) (inkerving) notch
'**karteldarm** *m* (-en) colon
'**kartelen** (kartelde, h. gekarteld) *overg* notch; mill
  [coins]; zie ook: *gekarteld*
'**kartelrand** *m* (-en) milled edge
kar'telvorming *v* formation of cartels
kar'teren (karteerde, h. gekarteerd) *overg* **1** (in 't
  alg.) map; **2** (vooral luchtv) survey
kar'tering *v* **1** (in 't alg.) mapping; **2** (vooral
  luchtv) survey(ing)
kar'ton *o* (-s) cardboard, pasteboard; *een ~* a cardboard box, a carton
karton'nagefabriek *v* (-en) cardboard factory
kar'tonnen *bn* cardboard, pasteboard
karton'neren (kartonneerde, h. gekartonneerd)
  overg bind in boards [books]; *gekartonneerd* (in)
  boards
kar'tuizer *m* (-s) Carthusian (monk)
kar'wats *v* (-en) horsewhip, riding-whip
kar'wei *v & o* (-en) job; *op ~ gaan* go out jobbing;
  op ~ zijn be on the job
kar'weitje *o* (-s) job; *(allerlei) ~s* odd jobs; *het is me
  een ~* it is a nice job
kar'wij *v* caraway
kas *v* (-sen) **1** (ter invatting) case [of a watch],
  socket [of a tooth]; **2** (tuinbouw &) hothouse,
  greenhouse, glasshouse; **3** (kassa) cash desk;
  4 (geldkistje) cash-box; **5** (betaalkantoor) pay-
  office; **6** (fonds) fund; *kleine ~* petty cash; *'s lands
  ~* the exchequer, the coffers of the State; *de openbare ~* the public purse; *de ~ houden* keep the cash;
  de ~ opmaken make up the cash; *goed bij ~ zijn* be
  in cash, be in funds, have plenty of money, be
  heeled; *slecht bij ~ zijn* be short of cash, be out of
  funds, be hard up; *geld in ~* cash in hand
'**kasbloem** *v* (-en) hothouse (stove) flower
'**kasboek** *o* (-en) cashbook
'**kascheque** *m* (-s) giro cheque
'**kasdruiven** *mv* hothouse grapes
'**kasgeld** *o* (-en) till-money, cash (in hand)
'**kasgroente** *v* (-n en -s) hothouse vegetables
kasjmier *o* cashmere
'**kasmiddelen** *mv* cash (in hand)

'**Kaspisch** *bn*: *~e Zee* Caspian Sea
'**kasplant** *v* (-en) hothouse plant; *~je* fig delicate
  person
'**kasregister** *o* (-s) cash-register
'**kassa** *v* ('s) **1** (geldkas) cash; **2** (v. betaling) cash-
  desk, (pay-)desk; check-out [of supermarket]; box-
  office [of cinema &]; **3** (telmachine) cash-register,
  till; *per ~* net cash
'**kassabon** *m* (-s en -nen) receipt
'**kassaldo** *o* ('s & -di) cash balance
kas'sei *m & v* (-en) ZN **1** (steen) cobble-stone;
  2 (weg) road paved with cobble-stones
'**kassen** (kaste, h. gekast) *overg* set [in gold &]
kasse'rol *v* (-len) = *kastrol*
kas'sier *m* (-s) **1** (kasbeheerder) cashier, (v. bank
  ook:) teller; **2** (v. grote betalingen) banker
kas'siersboekje *o* (-s) pass-book
kas'sierskantoor *o* (-toren) banking-office
'**kasstuk** *o* (-ken), '**kassucces** *o* (-sen) toneel box-
  office success
kast *v* (-en) **1** cupboard [for crockery, provisions &];
  wardrobe [for clothes]; chest [for belongings];
  book-case [for books]; press [in a wall]; cabinet [for
  valuables]; **2** gemeenz (kamer) diggings; slang (gevangenis) quod; **3** case [of a watch &]; *iem. in de ~
  zetten* slang put him in quod; *iem. op de ~ jagen*
  gemeenz rile, bait, tease sbd.
kas'tanje *v* (-s) chestnut; *wilde ~* horse-chestnut;
  voor iem. de ~s uit het vuur halen pull the chestnuts
  out of the fire for sbd., be made a cat's-paw of
kas'tanjeboom *m* (-bomen) chestnut-tree
kas'tanjebruin *bn* chestnut, auburn
'**kaste** *v* (-n) caste
kas'teel *o* (-telen) **1** castle, mil citadel; **2** (schaken)
  castle, rook
'**kastegeest** *m* spirit of caste, caste-feeling
'**kastekort** *o* (-en) deficit, deficiency
kaste'lein *m* (-s) innkeeper, landlord, publican
'**kasteloze** *m-v* (-n) outcaste, pariah
'**kastenmaker** *m* (-s) cabinetmaker
'**kastenstelsel** *o* (-s) caste system
kas'tijden (kastijdde, h. gekastijd) *overg* chastise,
  castigate, punish
kas'tijding *v* (-en) chastisement, castigation
'**kastje** *o* (-s) **1** (in 't alg.) (small) cupboard; **2** (sierlijk) cabinet; **3** (v. leerling, voetballer &) locker; *van
  het ~ naar de muur sturen* send from pillar to post
'**kastlijn** *v* (-en) typ dash
'**kastpapier** *o* shelf-paper
'**kastrand** *m* (-en) shelf edging
kas'trol *v* (-len) casserole
kasu'aris *m* (-sen) cassowary
kat *v* (-ten) **1** (dier) cat, tabby; **2** (vinnige vrouw)
  cat; **3** (snauw) snarl; **4** hist (wapen) cat; *de ~ de bel
  aanbinden* bell the cat; *als een ~ in een vreemd pakhuis* like a fish out of water; *een ~ in de zak kopen*
  buy a pig in a poke; *als een ~ om de hete brij* like a
  cat on hot bricks; *de ~ op het spek binden* set the fox

to watch the geese; trust the cat to keep the cream; *de ~ uit de boom kijken* see which way the cat jumps; sit on the fence; *de ~ in het donker knijpen* saint it in public and sin it in secret; do things on the sly; be a slyboots (a sneak); *als de ~ van huis is, dansen de muizen op tafel* when the cat's away the mice will play; *zij leven als ~ en hond* they live like cat and dog; *iem. een ~ geven* snarl at sbd.

'**katachtig** *bn* catlike, feline[2]

kata'falk *v* (-en) catafalque

kataly'sator *m* (-s en -'toren) catalyst

kataly'seren (katalyseerde, h. gekatalyseerd) *overg* catalyze

'**katapult** *m* (-en) catapult

'**katenspek** *o* ± smoked bacon

'**kater** *m* (-s) **1** ⟨mannetjeskat⟩ tom cat, tom; **2**: *een ~ hebben* have a head, a hangover

ka'tern *v & o* (-en) gathering

ka'theder *m* (-s) chair

kathe'draal I *bn* cathedral; **II** *v* (-dralen) cathedral (church)

ka'theter *m* (-s) catheter

ka'thode *v* (-n en -s) cathode

ka'thodestraal *m & v* (-stralen) cathode ray

katholi'cisme *o* (Roman) Catholicism

katho'liek *m* (-en) & *bn* (Roman) Catholic; *dat is niet ~* ZN (niet pluis) it is not as it ought to be, it is fishy

'**katje** *o* (-s) **1** ⟨poesje⟩ kitten; **2** ⟨bloeiwijze⟩ catkin; *zij is geen ~ om zonder handschoenen aan te pakken* she can look after herself, she is a spitfire; *bij nacht zijn alle ~s grauw* in the dark all cats are grey

'**katjesspel** *o* kittenish romps

Katman'doe *o* Kathmandu

ka'toen *o & m* cotton; *hem van ~ geven* let oneself go, gemeenz put some vim into it; *hun van ~ geven* give them hell

ka'toenachtig *bn* cottony

ka'toenboom *m* (-bomen) cotton-tree

ka'toenbouw *m* cotton-growing

ka'toendrukker *m* (-s) calico-printer

katoendrukke'rij *v* (-en) calico-printing factory

ka'toenen *bn* cotton; *~ stoffen* cotton fabrics, cottons

ka'toenfabriek *v* (-en) cotton-mill

ka'toenflanel *o* flannelette

ka'toenfluweel *o* cotton velvet, velveteen

ka'toenmarkt *v* (-en) cotton market

ka'toenplantage *v* (-s) cotton plantation

katoenspinne'rij *v* (-en) cotton mill

ka'toentje *o* (-s) print (dress); *~s* cotton prints

ka'trol *v* (-len) pulley

ka'trolblok *o* (-ken) pulley block, tackle-block

ka'trolschijf *v* (-schijven) sheave

'**kattebelletje** *o* (-s) ⟨hasty⟩ scribble, scrawl

'**Kattegat** *o* Kattegat, Cattegat

'**katten** (katte, h. gekat) **I** *overg* cat; **II** *onoverg* ⟨snauwen⟩ snarl (at)

'**kattenbak** *v* (-ken) **1** ⟨voor behoefte v. kat⟩ cat's box; **2** dickey(-seat) [of a carriage]

'**kattenbakvulling** *v* kitty litter

'**kattendarm** *m* (-en) catgut

'**kattengespin** *o* cat's purr; *het eerste gewin is ~* first winnings don't count

'**kattenkop** *m* (-pen) fig cat

'**kattenkwaad** *o* naughty (monkey) tricks, mischief

'**kattenluik** *o* (-en) cat flap, cat door

'**kattenmepper** *m* (-s) cat-catcher (-snatcher)

'**kattenpis** *m* gemeenz cat piss; *dat is geen ~* ⟨m.b.t. een geldbedrag⟩ that's not peanuts

'**kattenstaart** *m* (-en) **1** ⟨staart v. kat⟩ cat's tail; **2** ⟨plant⟩ purple loosestrife

'**kattentong** *v* (-en) ⟨chocola⟩ langue de chat

'**kattenvel** *o* (-len) catskin

'**kattenwasje** *o* (-s) a lick and a promise

'**katterig** *bn* **1** ⟨licht ziek⟩ gemeenz chippy; **2** ⟨na dronkenschap⟩ gemeenz having a head (a hangover)

'**kattig** *bn* catty, cattish

'**katuil** *m* (-en) barn-owl

'**katvis** *m* (-vissen) small fry

'**katzwijm** *m*: *in ~ liggen* be in a fainting fit; *in ~ vallen* faint, swoon

Kau'kasiër *m* (-s) Caucasian

Kau'kasisch *bn* Caucasian

'**Kaukasus** *m* Caucasus

kauw *v* (-en) ⟨vogel⟩ jackdaw, daw

'**kauwen** (kauwde, h. gekauwd) **I** *onoverg* chew, masticate; *~ op* chew; **II** *overg* chew, masticate

'**kauwgom** *m & o* chewing gum

'**kauwspier** *v* (-en) masticatory muscle

ka'valje *o* (-s) wreck

'**kavel** *m* (-s) lot, parcel

'**kavelen** (kavelde, h. gekaveld) *overg* lot (out), parcel out, divide into lots

kavi'aar *m* caviar(e)

Ka'zach *m* (-en) Kazak, Kazakh

'**Kazachstan** *o* Kazakstan, Kazakhstan

kaze'mat *v* (-ten) casemate

ka'zerne *v* (-s en -n) barracks, ook: barrack; *in ~s onderbrengen* barrack

ka'zernewoning *v* (-en) tenement house

ka'zuifel *m* (-s) chasuble

Kb, kb *afk. comput kilobyte* K, k

KB *o* = *Koninklijk Besluit*, zie *besluit*

keef (keven) V.T. van *kijven*

keek (keken) V.T. van *kijken*

keel *v* (kelen) throat; *een zere ~* a sore throat; *een ~ opzetten* set up a cry; *iem. de ~ dichtknijpen* choke (throttle, strangle) sbd.; *iem. bij de ~ grijpen* seize sbd. by the throat; *angst snoerde (hem) de ~ dicht* be choked with fear; *het woord bleef mij in de ~ steken* the word stuck in my throat; *iem. naar de ~ vliegen* fly at sbd.'s throat; *het hangt mij de ~ uit* gemeenz I am fed up with it

'**keelaandoening** *v* (-en) throat affection
'**keelamandel** *v* (-en) tonsil
'**keelgat** *o* (-gaten) gullet; *het kwam in het verkeerde*
~ it went down the wrong way
'**keelgeluid** *o* (-en) guttural sound
'**keelholte** *v* (-n en -s) pharynx
'**keelklank** *m* (-en) guttural (sound)
keel-, neus- en 'oorarts *m* (-en) otorhinolaryn-
gologist
'**keelontsteking** *v* (-en) inflammation of the
throat, quinsy
'**keelpijn** *v* (-en) pain in the throat; ~ *hebben* have
a sore throat
'**keelspiegel** *m* (-s) laryngoscope
keep *v* (kepen) notch, nick, indentation
'**keepen** (keepte, h. gekeept) *onoverg* keep goal
'**keeper** *m* (-s) goal-keeper
keer *m* (keren) **1** 〈wending〉 turn; **2** 〈maal〉 time; *de*
ziekte heeft een goede (gunstige) ~ *genomen* the illness
has taken a favourable turn; *(voor) deze* ~ this time;
twee ~ twice; *de twee keren dat hij...* the two times
that he...; *een* ~ *of drie* two or three times; *drie* ~
three times, thrice; *een enkele* ~ once in a while,
occasionally; *de laatste* ~ (the) last time; *de volgende*
~ next time; *in één* ~ at one time, at one go, [kill]
at a blow, [drink] at a draught; *in (binnen) de kortste*
keren in no time at all, without further delay, before you can say knife (Jack Robinson), lickety-
split; *op een* ~ one day (one evening &); ~ *op* ~
time after time; *voor deze ene* ~ for this once
'**keerdam** *m* (-men) barrage, weir
'**keerkoppeling** *v* (-en) reverse gear
'**keerkring** *m* (-en) tropic
'**keerpunt** *o* (-en) **1** eig turning-point; **2** fig turning
point [in career], watershed [in history]
'**keerzij** (-den), '**keerzijde** *v* (-n) **1** 〈achterzijde〉
reverse (side), back; **2** fig seamy side; *de* ~ *van de*
medaille fig the other side of the coin (the picture);
aan de ~ on the back
'**keeshond** *m* (-en) Pomeranian (dog)
keet *v* (keten) shed; ~ *maken* gemeenz make a mess;
kick up a row
'**keffen** (kefte, h. gekeft) *onoverg* yap²
'**keffer** *m* (-s) yapper²
keg *v* (-gen) wedge
'**kegel** *m* (-s) **1** wisk cone; **2** 〈bij kegelspel in 't alg.〉
pin; 〈bij bowling〉 tenpin; 〈bij spel met negen ke-
gels〉 skittle, ninepin; **3** 〈ijskegel〉 icicle
'**kegelaar** *m* (-s) player at skittles
'**kegelbaan** *v* (-banen) skittle-alley, bowling-alley
'**kegelbal** *m* (-len) skittle-ball
'**kegelen** (kegelde, h. gekegeld) *onoverg* play at skittles, at ninepins
'**kegelsnede** *v* (-n) conic section
'**kegelspel** *o* (game of) skittles, ninepins
'**kegelvlak** *o* (-ken) conical surface
'**kegelvormig** *bn* conical, cone-shaped, coniform
'**kegge** *v* (-n) = *keg*

kei *m* (-en) **1** 〈rotsblok〉 boulder; **2** 〈ter bestrating〉
paving-stone, [round] cobble(-stone); **3** fig 〈bolle-
boos〉 dab, crack
'**keihard** *bn* **1** eig stone-hard; **2** fig adamant; *een* ~
schot a fierce shot; *een* ~*e vrouw* a hard-boiled
woman; *de radio stond* ~ *aan* the radio was full on,
was on at full blast
keil *m* (-en) wedge, pin, peg, cotter
'**keilbout** *m* (-en) cotter bolt
'**keileem** *o* loam
'**keilen** (keilde, h. gekeild) *overg* fling, pitch; *steen-*
tjes over het water ~ make ducks and drakes
'**keislag** *m* stone chippings
'**keisteen** *m* (-stenen) = *kei 1 & 2*
'**keizer** *m* (-s) emperor; *geef de* ~, *wat des* ~*s is* bijbel
render unto Caesar the things which are Caesar's;
waar niets is, verliest de ~ *zijn recht* the King looseth
his right where nought is to be had
keize'rin *v* (-nen) empress
'**keizerlijk** *bn* imperial
'**keizerrijk** *o* (-en) empire
'**keizerschap** *v* emperorship
'**keizerskroon** *v* (-kronen) imperial crown
'**keizersnede**, '**keizersnee** *v* (-sneden) caesarean
operation (section)
'**keken** V.T. meerv. van *kijken*
'**kelder** *m* (-s) **1** 〈in 't alg.〉 cellar; **2** 〈kluis〉 vault;
naar de ~ *gaan* **1** scheepv go to the bottom; **2** fig go
to the dogs
'**kelderen** (kelderde, gekelderd) **I** (h.) *overg* lay up,
cellar, store (in a cellar); **II** (is) *onoverg* slump [of
shares]
'**keldergat** *o* (-gaten) air-hole, vent-hole
'**kelderluik** *o* (-en) trap-door, cellar-flap
'**keldermeester** *m* (-s) **1** 〈in 't alg.〉 cellarman; **2** 〈v.
klooster〉 cellarer
'**keldermot** *v* (-ten) sow-bug
'**kelderraam** *o* (-ramen) cellar-window
'**kelderruimte** *v* (-n en -s) cellarage
'**keldertrap** *m* (-pen) cellar stairs
'**kelderverdieping** *v* (-en) basement
'**kelderwoning** *v* (-en) basement
'**kelen** (keelde, h. gekeeld) *overg* cut the throat of,
kill
kelk *m* (-en) **1** 〈glas〉 cup, chalice; **2** plantk calyx
'**kelkblad** *o* (-bladen) sepal
'**kelkvormig** *bn* cup-shaped
'**kelner** *m* (-s) waiter; scheepv steward
kelne'rin *v* (-nen) waitress
Kelt *m* (-en) Celt
'**Keltisch** *bn* Celtic
'**KEMA** afk. Dutch quality-control institute (for the
electrical power industry)
'**kemelshaar** *o* camel's hair
'**kemphaan** *m* (-hanen) **1** 〈vogel〉 ruff, gamecock,
fighting cock; **2** fig fighter, bantam
'**kenau** *v* (-s) virago, tartar, battle-axe
'**kenbaar** *bn* knowable; ~ *maken* make known

'**kengetal** *o* (-tallen) = *netnummer*
'**Kenia** *o* Kenya
Keni'aan *m* (-ianen) Kenyan
Keni'aans *bn* Kenyan
'**kenmerk** *o* (-en) **1** (kenteken) distinguishing mark; **2** (karakteristiek) characteristic feature
'**kenmerken** (kenmerkte, h. gekenmerkt) **I** *overg* characterize, mark; **II** *wederk*: zich ~ door be characterized by
ken'merkend *bn* characteristic (*voor* of)
'**kennel** *m* (-s) kennel
'**kennelijk** **I** *bn* obvious; in ~e staat (van dronkenschap) under the influence of drink, intoxicated, drunk; **II** *bijw* clearly, obviously
'**kennen** (kende, h. gekend) *overg* know, be acquainted with; *dat* ~ *we!* I've heard that one before!; *ken u zelven* know thy self; *geen ... van ... ~* not know... from ...; *zijn pappenheimers* ~ know with whom one has to deal; *hij kent geen vrees* he knows no fear; *te* ~ *geven* give to understand, hint, signify, intimate, express [a wish], declare; *zich doen* ~ *als...* show oneself a...; *zich laten* ~ show oneself in one's true colours; *iemand leren* ~ get acquainted with sbd., come (learn) to know sbd.; *zij wilden hem niet* ~ gemeenz they cut him; *ik ken hem aan zijn stem (manieren, gang)* I know him by his voice (manners, gait); *iem. niet in iets* ~ act without sbd.'s knowledge, not consult sbd.; *ze uit elkaar* ~ know them apart
'**kenner** *m* (-s) connoisseur, (good) judge (*van* of); *een* ~ *van het Latijn* & a Latin & scholar
kennersblik *m* (-ken) look of a connoisseur; *met* ~ with the eye of a connoisseur
kennis 1 *v* [theoretical or practical] knowledge [of a thing]; acquaintance [with persons & things]; know-how; *oppervlakkige* ~ smattering; **2** *m-v* (-sen) (persoon) acquaintance; ~ *is macht* knowledge is power; ~ *dragen van* have knowledge (cognizance) of; ~ *geven van* announce, give notice of; ~ *hebben aan iem.* be acquainted with sbd.; (geen) ~ *hebben van* have (no) knowledge of; ~ *maken met iem.* make sbd.'s acquaintance; *nader* ~ *maken met iem.* improve sbd.'s acquaintance; ~ *maken met iets* get acquainted with sth.; ~ *nemen van* take cognizance (note) of, acquaint oneself with; *bij* ~ *zijn* be conscious; *weer bij* ~ *komen* regain consciousness; *buiten* ~ *zijn* be unconscious, have lost consciousness; *dat is buiten mijn* ~ *gebeurd* that happened without my knowledge; *met elkaar in* ~ *brengen* make acquainted with each other, introduce to each other; *iem. in* ~ *stellen van* acquaint sbd. with, inform sbd. of; *met* ~ *van zaken* with (full) knowledge; *wij zijn onder* ~sen we are among acquaintances (friends) here; *iets ter (algemene)* ~ *brengen* give (public) notice of sth.; *ter* ~ *komen van* come to the knowledge of
'**kennisgeving** *v* (-en) notice, [official] notification; *voor* ~ *aannemen* lay [a petition] on the table; *het*

zal voor ~ *aangenomen worden* the Government (the Board &) do not intend (propose) to take notice of it
'**kennisleer** *v* epistemology
kennismaken (maakte kennis, h. kennisgemaakt) *onoverg*: *met iem.* ~ get acquainted with sbd., meet sbd.; *aangenaam kennis te maken* pleased to meet you; *hebben jullie al kennisgemaakt?* have you two been introduced?
'**kennismaking** *v* (-en) getting acquainted, acquaintance; *bij de eerste (nadere)* ~ on first (nearer) acquaintance; *op onze* ~! to our better acquaintance!; *ter* ~ *handel* on approval
'**kennisneming** *v* (taking) cognizance, examination, inspection
'**kennissenkring** *m* (-en) (circle of) acquaintances
'**kennistheorie** *v* = *kennisleer*
'**kenschetsen** (kenschetste, h. gekenschetst) *overg* characterize
ken'taur *m* (-en) = *centaur*
'**kenteken** *o* (-s en -en) **1** (in 't alg.) distinguishing mark, badge, token; **2** (v. auto) registration number
'**kentekenbewijs** *o* (-wijzen) registration certificate
'**kentekenen** (kentekende, h. gekentekend) *overg* characterize
'**kentekenplaat** *v* (-platen) registration plate
'**kenteren** (kenterde, is gekenterd) *onoverg* turn
'**kentering** *v* (-en) **1** turn, turning (of the tide); **2** change [of the monsoon(s)]; *er komt een* ~ *in de publieke opinie* the tide of popular feeling is on the turn
'**kenvermogen** *o* cognition
'**keper** *m* (-s) **1** (weefsel) twill; **2** ZN (dakrib) beam; *op de* ~ *beschouwen* examine carefully; *op de* ~ *beschouwd* on close inspection; after all
'**keperen** (keperde, h. gekeperd) *overg* twill
'**kepie** *m* (-s) kepi
'**keppeltje** *o* (-s) yarmulke
kera'miek *v* = *ceramiek*
ke'ramisch *bn* = *ceramisch*
'**kerel** *m* (-s) fellow, chap
'**keren** (keerde, gekeerd) **I** (h.) *overg* **1** (omkeren) turn [a coat, one's face in a certain direction &]; kaartsp turn up [a card]; **2** (tegenhouden) stem, stop, check, arrest; *hooi* ~ make (toss, ted) hay; **II** (is) *onoverg* turn; *in zichzelf* ~ retire within oneself; *in zichzelf gekeerd* retiring; *beter ten halve gekeerd dan ten hele gedwaald* he who stops halfway is only half in error; *per* ~*de post* by return (of post); **III** *wederk*: zich ~ turn; *zich tegen iedereen* ~ turn against everybody; *zich ten goede (kwade)* ~ turn out well (badly), take a turn for the better; *zich tot God* ~ turn to God
kerf *v* (kerven) notch, nick
'**kerfstok** *m* (-ken) tally; *hij heeft veel op zijn* ~ his record is none of the best
kerk *v* (-en) **1** [established] church; **2** [dissenting] chapel; *de* ~ *in het midden laten* pursue a give-and-

take policy; *hoe laat begint de ~?* at what o'clock does divine service begin?; *in de ~* at (in) church; in the church; *na ~* after church; *naar de ~ gaan* **1** ⟨als gelovige⟩ go to church; **2** ⟨als toerist⟩ go to the church

'**kerkban** *m* excommunication
'**kerkbank** *v* (-en) pew
'**kerkbestuur** *o* (-sturen) church government; *het ~ = kerkenraad*
'**kerkbezoek** *o* church attendance
'**kerkboek** *o* (-en) **1** ⟨v. gebeden &⟩ church book; prayer book; **2** ⟨register⟩ parish register
'**kerkconcert** *o* (-en) church concert
'**kerkdief** *m* (-dieven) church-robber
'**kerkdienst** *m* (-en) divine service, church service, religious service
'**kerkelijk** *bn* ecclesiastical; *een ~e begrafenis* a religious burial; *een ~ feest* a church festival; *~e goederen* church property; *een ~ huwelijk* a church (religious) wedding; *het ~ jaar* the Christian year; *~ recht = kerkrecht*; *de K~e Staat* the Papal States, the Pontifical State
'**kerken** (kerkte, h. gekerkt) *onoverg* go to church
'**kerkenraad** *m* (-raden) church council; consistory [Lutheran]
'**kerkenzakje** *o* (-s) collection-bag
'**kerker** *m* (-s) dungeon, prison
'**kerkeren** (kerkerde, h. gekerkerd) *overg* imprison, incarcerate
'**kerkfabriek** *v* (-en) ZN church council
'**kerkgang** *m* going to church, church-going
'**kerkganger** *m* (-s) church-goer
'**kerkgebouw** *o* (-en) church (-building)
'**kerkgenootschap** *o* (-pen) denomination
'**kerkgeschiedenis** *v* ecclesiastical history, church history
'**kerkgezang** *o* **1** (het zingen) church-singing; **2** (-en) ⟨lied⟩ (church)hymn
'**kerkgoed** *o* (-eren) church property
'**kerkhervormer** *m* (-s) reformer
'**kerkhervorming** *v* (-en) reformation
'**kerkhof** *o* (-hoven) **1** ⟨bij kerk⟩ churchyard; **2** ⟨begraafplaats in 't alg⟩ graveyard, cemetery; *op het ~* in the churchyard; *de dader ligt op het ~* the cat has done it
'**kerkklok** *v* (-ken) **1** ⟨uurwerk⟩ church clock; **2** (bel) church bell
'**kerkkoor** *o* (-koren) choir, church choir
'**kerklatijn** *o* Church Latin
'**kerkleraar** *m* (-raren & -s) RK Doctor of the Church
'**kerkmeester** *m* (-s) churchwarden
'**kerkmuziek** *v* church music
'**kerkorgel** *o* (-s) church organ
'**kerkplein** *o* (-en) parvis, church square
'**kerkportaal** *o* (-portalen) church-porch
'**kerkprovincie** *v* (-s) (church) province
'**kerkraam** *o* (-ramen) church-window

'**kerkrat** *v*: *zo arm als een ~* as poor as a church mouse
'**kerkrecht** *o* canon law
'**kerkroof** *m* church-robbery
'**kerks** *bn* churchy
'**kerkstoel** *m* (-en) prie-dieu (chair)
'**kerktoren** *m* (-s) **1** ⟨in 't alg.⟩ church-tower; **2** ⟨spits⟩ church-steeple
'**kerkuil** *m* (-en) barn-owl
'**kerkvader** *m* (-s) Father (of the Church), Church Father
'**kerkvergadering** *v* (-en) church-meeting, synod
'**kerkvervolging** *v* (-en) persecution of the Church
'**kerkvolk** *o* church-goers
'**kerkvoogd** *m* (-en) **1** RK prelate; **2** Prot church-warden
'**kerkvorst** *m* (-en) prince of the church
'**kerkwijding** *v* (-en) consecration of a church
'**kerkzakje** *o* (-s) = *kerkenzakje*
'**kermen** (kermde, h. gekermd) *onoverg* moan, groan
'**kermis** *v* (-sen) fair; *het is niet alle dagen ~* Christmas comes but once a year; *het is ~ in de hel* it's rain and shine together; *hij kwam van een koude ~ thuis* he came away with a flea in his ear
'**kermisbed** *o* (-den) shakedown
'**kermisgast** *m* (-en) **1** visitor of the fair; **2** ⟨spullenbaas⟩ showman
'**kermistent** *v* (-en) booth
'**kermisterrein** *o* (-en) fair ground
'**kermisvolk** *o* showmen
'**kermiswagen** *m* (-s) caravan
'**kern** *v* (-en) **1** ⟨v. noot, pit⟩ kernel; **2** ⟨v. perzik, kers⟩ stone; **3** natuurkunde, biol nucleus [*mv*: nuclei]; **4** fig substance, heart, core, kernel, pith; **5** ⟨v. plaats⟩ centre; *een ~ van waarheid* a nucleus of truth; *de ~ van de zaak* the heart (substance, core, pith, kernel) of the matter; *de harde ~ van...* the hard core of...
'**kernachtig** *bn* pithy, terse
'**kernachtigheid** *v* pithiness, terseness
'**kernafval** *o* nuclear waste
'**kernbewapening** *v* nuclear armament
'**kernbom** *v* (-men) nuclear bomb
'**kerncentrale** *v* (-s) nuclear power-station
'**kerndeling** *v* (-en) nuclear fission
'**kernenergie** *v* nuclear energy, nuclear power
'**kernexplosie** *v* (-s) nuclear explosion
'**kernfusie** *v* (-s) nuclear fusion
'**kernfysica** *v* nuclear physics
'**kernfysicus** *m* (-sici) nuclear physicist
'**kerngedachte** *v* (-n) central idea
'**kerngezond** *bn* **1** ⟨v. personen⟩ in perfect good health **2** ⟨v. zaken⟩ thoroughly sound
'**kernhout** *o* heart-wood, duramen
'**kerninstallatie** *v* (-s) nuclear plant
'**kernkop** *m* (-pen) mil nuclear warhead
'**kernlading** *v* (-en) nuclear charge

'kernmacht *v* (-en), **'kernmogendheid** *v* (-heden) nuclear power
'kernonderzoek *o* nuclear research
'kernoorlog *m* (-logen) nuclear war
'kernploeg *v* (-en) national selection
'kernprobleem *o* central problem
'kernproef *v* (-proeven) nuclear test
'kernpunt *o* (-en) central (crucial) point, crux
'kernraket *v* (-ten) nuclear missile
'kernramp *v* (-en) nuclear disaster
'kernreactor *m* (-s) nuclear power
'kernsplitsing *v* nuclear fission
'kernspreuk *v* (-en) pithy saying, aphorism
'kernstopverdrag *o* (-dragen) **1** ⟨m.b.t. kernwapenbezit⟩ non-proliferation treaty; **2** ⟨m.b.t. kernproeven⟩ test-ban treaty
'kernvak *o* (-ken) key subject
'kernwapen *o* (-s) nuclear weapon
'kernwetenschap *v* nuclear physics
kero'sine *v* kerosene, paraffin oil
'kerrie *m* **1** ⟨in 't alg.⟩ curry; **2** ⟨poeder⟩ curry-powder
kers *v* (-en) ⟨vrucht⟩ cherry; *~en op brandewijn* cherry brandy
'kersenbloesem *m* (-s) cherry blossom
'kersenbonbon *m* (-s) cherry chocolate
'kersenboom *m* (-bomen) cherry tree
'kersenboomgaard *m* (-en) cherry orchard
'kersenhout *o* cherry-wood
'kersenjam *m* & *v* cherry jam
'kersenpit *v* (-ten) **1** cherry stone; **2** gemeenz ⟨hoofd⟩ nob
'kersentijd *m* cherry season, cherry time
'kerspel *o* (-s en -en) parish
kerst *v* Christmas, Xmas
'kerstavond *m* (-en) **1** ⟨24 dec.⟩ Christmas Eve; **2** ⟨25 dec.⟩ Christmas evening
'kerstbal *m* (-len) ⟨versiering⟩ Christmas tree ornament
'kerstboodschap *v* Christmas message
'kerstboom *m* (-bomen) Christmas tree
'kerstdag *m* (-dagen) Christmas Day; *eerste ~* Christmas Day; *tweede ~* the day after Christmas Day, Boxing Day; *in de ~en* at Christmas, during Christmas time
'kerstenen (kerstende, h. gekerstend) *overg* christianize
'kerstening *v* christianization
'kerstfeest *o* (-en) Christmas(-feast)
'kerstgeschenk *o* (-en) Christmas present
'kerstgratificatie *v* (-s) Christmas bonus
'kerstkaart *v* (-en) Christmas card
'Kerstkind, 'Kerstkindje *o* Christ child, infant Jesus [in the crib]
'kerstkribbe *v* (-n) Christmas crib
'kerstlied *o* (-eren) Christmas carol
'kerstman *m* (-nen) Father Christmas, Santa Claus
'Kerstmis *m* Christmas, Xmas

'kerstnacht *m* (-en) Christmas night
'kerstpakket *o* (-ten) Christmas box
'kerstroos *v* (-rozen) Christmas rose
'kerstspel *o* (-spelen) Nativity play
'kerststal *m* (-len) crib
'kerststukje *o* (-s) floral arrangement for Christmas
'kersttijd *m* Christmas time, yule (tide)
'kerstvakantie *v* (-s) Christmas holidays
'kerstverhaal *o* (-halen) Christmas story
'kerstversiering *v* (-en) Christmas decoration
'kerstweek *v* (-weken) Christmas week
'kerstzang *m* (-en) Christmas carol
'kersvers *bn* quite new, quite fresh; *~ van school* straight (fresh) from school
'kervel *m* chervil
'kerven (kerfde *of* korf, *overg* h., *onoverg* is gekerfd *of* gekorven) *overg* carve, cut, notch, slash
'ketchup *m* ketchup, Am catsup
'ketel *m* (-s) **1** ⟨voor keuken⟩ kettle, cauldron, copper; **2** techn boiler
'ketelbikker *m* (-s) scaler
'keteldal *o* (-dalen) basin
'ketelhuis *o* (-huizen) boiler-house, boiler-room
'ketellapper *m* (-s) tinker
'ketelmaker *m* (-s) boiler-maker
'ketelmuziek *v* mock serenade with kettles, pans, horns &
'ketelsteen *o* & *m* (boiler-)scale, fur
'keteltrom *v* (-men) kettledrum
1 'keten *v* (-s en -en) **1** ⟨ketting⟩ chain; **2** *mv*: *~s, ~en* ⟨boeien⟩ bonds, chains, fetters [ook *fig*]; **3** ⟨aaneenschakeling⟩ concatenation, series, chain; *in ~en slaan* chain, put into chains
2 'keten (keette, h. gekeet) *onoverg* gemeenz fool about, monkey about
'ketenen (ketende, h. geketend) *overg* chain, enchain, shackle
'ketjap *m* soya sauce, soy sauce
'ketsen (ketste, is geketst) *onoverg* **1** ⟨v. vuurwapen⟩ misfire; **2** ⟨biljarten⟩ miscue; **3** ⟨afschampen⟩ rebound
'ketsschot *o* (-schoten) misfire
'ketter *m* (-s) heretic; *roken als een ~* smoke like a chimney; *hij zuipt als een ~* he drinks like a fish; *hij vloekt als een ~* he swears like a trooper
'ketteren (ketterde, h. geketterd) *onoverg* swear, rage
kette'rij *v* (-en) heresy, misbelief
'ketterjacht *v* (-en) heresy hunt
'ketterjager *m* (-s) heresy hunter
'ketters *bn* heretical
'kettervervolging *v* (-en) persecution of heretics
'ketting *m* & *v* (-en) **1** chain [of metal links]; **2** warp [in weaving]
'kettingbotsing *v* (-en) pile-up
'kettingbreuk *v* (-en) continued fraction
'kettingbrief *m* (-brieven) chain-letter
'kettingbrug *v* (-gen) chain-bridge

'**kettingdraad** *m* (-draden) warp
'**kettingformulier** *o* (-en) continuous forms
'**kettinghond** *m* (-en) bandog, ± watch-dog
'**kettingkast** *v* (-en) gear-case, chain-guard
'**kettingreactie** *v* (-s) chain reaction
'**kettingroker** *m* (-s) chain-smoker
'**kettingslot** *o* (-sloten) chain lock
'**kettingsteek** *m* (-steken) chain stitch
'**kettingzaag** *v* (-zagen) chain-saw
keu *v* (-s en -en) (billiard-)cue
'**keuken** *v* (-s) **1** ⟨vertrek⟩ kitchen; **2** ⟨spijsbereiding⟩ cooking; *Franse* ~ French cuisine; *koude* ~ cold dishes
'**keukenblok** *o* (-ken) kitchen unit
'**keukenbuffet** *o* (-ten) dresser
'**keukenfornuis** *o* (-fornuizen) kitchen-range
'**keukengerei** *o* kitchen-utensils, kitchenware
'**keukenhanddoek** *m* (-en) ZN dish towel
'**keukenkast** *v* (-en) kitchen-cupboard
'**keukenlift** *m* (-en) dumb waiter
'**keukenmeid** *v* (-en) kitchen maid; ⟨die ook kookt⟩ cook; *gillende* ~ whizzer, whizz-bang
'**keukenmeidenroman** *m* (-s) cheap sentimental novel
'**keukenprinses** *v* (-sen) cook
'**keukenrol** *v* (-len) kitchen roll
'**keukenstroop** *v* molasses
'**keukenwagen** *m* (-s) kitchen-car
'**keukenzout** *o* kitchen-salt
'**Keulen** *o* Cologne; ~ *en Aken zijn niet op één dag gebouwd* Rome was not built in a day; *zij keek alsof ze het in* ~ *hoorde donderen* she looked astonished, she looked flabbergasted
Keuls *bn* Cologne; ~*e pot* Cologne jar, stone jar
keur *v* (-en) **1** ⟨keus⟩ choice, selection; **2** ⟨merk⟩ hallmark; **3** ⟨verordening⟩ bylaw; ~ *van spijzen* choice viands (food); zie ook: *²kust*
'**keurbende** *v* (-n en -s) picked (body of) men
'**keurcollectie** *v* (-s) choice collection
'**keurder** *m* (-s) = *keurmeester*
'**keuren** (keurde, h. gekeurd) *overg* **1** assay [gold, silver]; **2** [medically] examine [recruits]; **3** inspect [food &]; **4** taste [wine &]; *hij keurde mij geen blik waardig* he didn't deign to look at me
'**keurig I** *bn* choice, nice, exquisite, trim; **II** *bijw* choicely &; *het past u* ~ it fits you beautifully
'**keurigheid** *v* choiceness, nicety
'**keuring** *v* (-en) **1** assay(ing) [of gold &]; **2** (medical) examination; **3** inspection [of food]
'**keuringsdienst** *m* (-en): ~ *voor waren* food inspection department
'**keuringsraad** *m* (-raden) medical board
'**keurkorps** *o* (-en) picked (body of) men
'**keurmeester** *m* (-s) assayer [of gold &]; inspector [of food &]; judge
'**keurmerk** *o* hallmark
keurs *o* (-en en keurzen), '**keurslijf** *o* (-lijven) **1** *eig* bodice, stays; **2** *fig* curb, trammels

'**keurslijf** *o* (-lijven) strait-jacket
'**keurstempel** *o* (-s), '**keurteken** *o* (-s) hallmark, stamp
'**keurtroepen** *mv* picked men
'**keurvorst** *m* (-en) elector
'**keurvorstendom** *o* (-men) electorate
keus *v* (keuzen) = *keuze*
'**keutel** *m* (-s) turd
'**keutelaar** *m* (-s) trifler, dawdler
'**keutelen** (keutelde, h. gekeuteld) *onoverg* trifle, potter
'**keuterboer** *m* (-en) small farmer
keuvela'rij *v* (-en) chat
'**keuvelen** (keuvelde, h. gekeuveld) *onoverg* chat
'**keuze** *v* (-n) choice, selection; *een ruime* ~ a large assortment, a wide choice; *een* ~ *doen* make a choice; *u hebt de* ~ the choice lies with you; *als mij de* ~ *gelaten wordt* if I am given the choice; *iem. de* ~ *laten tussen... en...* leave sbd. to choose between... and...; *een* ~ *maken* make a choice; *bij* ~ by selection; *naar* ~ at choice; *een leervak naar* ~ an optional subject; *een... of een..., naar* ~ a(n)... or a(n)... to choice; *naar (ter)* ~ *van...* at the option of...; *uit vrije* ~ from choice
'**keuzecommissie** *v* (-s) selection committee
'**keuzepakket** *o* (-ten) options; Am choice of electives
'**keuzevak** *o* (-vakken) optional subject; Am elective
'**keven** V.T. meerv. van *kijven*
'**kever** *m* (-s) beetle
'**keyboard** *o* (-s) keyboard
kg *afk.* = kilogram
Khar'toem *o* Khartoum
KI *v* = kunstmatige inseminatie, zie *inseminatie*
kibbela'rij *v* (-en) bickering(s), wrangle, squabble
'**kibbelen** (kibbelde, h. gekibbeld) *onoverg* bicker, wrangle, squabble [about]
'**kibbelpartij** *v* (-en) squabble
'**kibboets** *m* (-en en kibboetsiem) kibbutz [*mv* kibbutzim]
kick *m* (-s): *een* ~ *van iets krijgen* get a kick out of sth.; *iets voor de* ~ *doen* do sth. just for kicks
'**kickboksen** *o* kickboxing
'**kicken** (kickte, h. gekickt) *onoverg*: ~ *op* get a kick out of
'**kidnappen** (kidnapte, h. gekidnapt) *overg* kidnap
'**kidnapper** *m* (-s) kidnapper
kiek *m* (-en) gemeenz snap(shot)
'**kiekeboe** *tsw* peek-a-boo; ~ *spelen* play (at) bo-peep
1 '**kieken** *o* (-s) ⟨kuiken⟩ chicken
2 '**kieken** (kiekte, h. gekiekt) *overg* snapshot, snap, take
'**kiekendief** *m* (-dieven) ⟨vogel⟩ harrier, kite
'**kiekje** *o* (-s) gemeenz snap, snapshot
1 kiel *m* (-en) blouse, smock(-frock)
2 kiel *v* (-en) scheepv keel; *de* ~ *leggen van een schip*

lay down a ship

'kiele'kiele I *tsw* tickle-tickle!; **II** *bn: het was ~* fig it was touch-and-go

'kielen (kielde, h. gekield) *overg* scheepv keel, careen, heave down

'kielhalen (kielhaalde, h. gekielhaald) *overg* **1** ⟨voor reparatie⟩ careen; **2** ⟨als straf⟩ keelhaul

'kielvlak *o* (-ken) luchtv fin

'kielwater *o* wake, dead water

'kielzog *o* wake; *in iems. ~ varen* follow in sbd.'s wake

kiem *v* (-en) germ[2]; *in de ~ smoren* nip in the bud

'kiemblad *o* (-bladen) cotyledon

'kiemcel *v* (-len) germ-cell

'kiemen (kiemde, is gekiemd) *onoverg* germinate[2]

'kieming *v* germination

'kiemkracht *v* germination capacity, germinative power

'kiemvrij *bn* germ-free

kien I *tsw* ± bingo; **II** *bn* ⟨pienter⟩ gemeenz cute, with it

'kienen (kiende, h. gekiend) *onoverg* play lotto, play bingo

'kienspel *o* (-len) lotto, bingo

'kiepauto *m* ('s) tipper

'kieperen (kieperde, gekieperd) **I** (h.) *overg* gemeenz chuck; **II** (is) *onoverg* tumble

kier *m & v* (-en) **1** ⟨v. deur⟩ narrow opening; **2** ⟨in schutting &⟩ chink; *op een ~ staan (zetten)* be (set) ajar

'kierewiet *bn* gemeenz touched, crackers

1 kies *v* (kiezen) molar (tooth), tooth, grinder

2 kies *o* ⟨stofnaam⟩ pyrites

3 kies I *bn* **1** delicate [subject]; **2** considerate [man]; **II** *bijw* **1** [treat a subject] with delicacy; **2** [act] considerately

'kiescollege *o* (-s) electoral college

'kiesdeler *m* (-s) quota

'kiesdistrict *o* (-en) constituency, (parliamentary) borough; ward

'kiesdrempel *m* (-s) electoral threshold

'kiesgerechtigd *bn* qualified to vote; *~e leeftijd* voting age

'kiesheid *v* delicacy, considerateness

'kieskauwen (kieskauwde, h. gekieskauwd) *onoverg* peck at one's food

'kieskauwer *m* (-s) reluctant eater

kies'keurig *bn* dainty, nice, (over)particular, fastidious, squeamish, choosy

'kieskring *m* (-en) electoral district

'kieslijst *v* (-en) list of candidates, ballot

'kiesman *m* (-nen) elector

'kiespijn *v* toothache

'kiesrecht *o* franchise, suffrage; *algemeen ~* universal suffrage

'kiesschijf *v* (-schijven) telec dial

'kiesstelsel *o* (-s) electoral system

'kiestoon *m* (-tonen) telec dialling tone

'kiesvereniging *v* (-en) electoral association

'kieswet *v* (-ten) electoral law, ballot act

'kietelen (kietelde, h. gekieteld) *overg & onoverg* tickle

kieuw *v* (-en) gill

kieuwdeksel *o* (-s) gill-cover

kieuwholte *v* (-n) gill-opening

kieuwspleet *v* (-spleten) gill-cleft, gill-split

'kieviet, 'kievit *m* (-en) lapwing, pe(e)wit

'kievietsei, 'kievitsei *o* (-eren) lapwing's egg, gemeenz plover's egg

1 'kiezel *o* ⟨stofnaam⟩ gravel

2 'kiezel *m* (-s) ⟨steentje⟩ pebble

'kiezelaarde *v* siliceous earth, silica

'kiezelsteen *m* (-stenen) pebble

'kiezelweg *m* (-wegen) gravelled road

'kiezelzand *o* gravel

'kiezelzuur *o* silicic acid

'kiezen (koos, h. gekozen) **I** *overg* **1** ⟨in 't alg.⟩ choose, select; **2** elect [as a representative]; **3** pick [one's words]; *hij is gekozen tot lid van...* he has been elected a member of...; *kies Jansen!* vote for J.; zie ook: *hazenpad, kwaad, partij, zee &*; **II** *abs ww* **1** ⟨in 't alg.⟩ choose; **2** ⟨bij verkiezingen⟩ vote; *je moet ~ of delen* you must make your choice

'kiezer *m* (-s) constituent, voter, elector

'kiezersbedrog *o* voter deception

'kiezerskorps *o* (-en) electorate

'kiezerslijst *v* (-en) list (register) of voters, poll

'kiezersvolk *o* electorate

kif *m* kef

kift *v* **1** ⟨afgunst⟩ envy; *dat is de ~!* sour grapes!; **2** ⟨ruzie⟩ squabble, gemeenz row

'kiften (kiftte, h. gekift) *onoverg* squabble, gemeenz row

kijf: *buiten ~* beyond dispute, beyond question, indisputably

kijk *m* view, outlook; *mijn ~ op het leven* my outlook on life; *zijn ~ op de zaak* his view of the case; *ik heb daar een andere ~ op* I take a different view of the thing; *hij heeft een goede ~ op die dingen* he is a good judge of such things; *er is geen ~ op* it is out of the question; *hij loopt er mee te ~* he makes a show of it; *te ~ zetten* place on view, display; *het is te ~* it is on show, on view; *tot ~!* see you (again)!, gemeenz so long!

'kijkbuis *v* (-buizen) schertsend box

'kijkcijfers *mv* ratings

'kijkdag *m* (-dagen) show-day, view-day; *~ twee dagen vóór de verkoop* on view two days prior to sale

kijk'dichtheid *v* TV viewing figures

'kijkdoos *v* (-dozen) raree-show, peep-show

'kijken (keek, h. gekeken) *onoverg* **1** ⟨in 't alg.⟩ look, have a look; **2** ⟨glurend⟩ peep; *televisie ~* watch television; *kijk, kijk!* **1** ⟨bevelend⟩ look (there)!; **2** ⟨ironisch⟩ ah!, indeed!; *kijk eens aan!* look here!, at that now!; *laat eens ~* let me see; *wij zullen eens gaan ~* we shall go and have a look; *ga eens ~ of...* just go and see if...; *ik zal eens komen* ~ I am coming round one of these days; *hij komt pas* ~ he is only just out of the shell; *er komt heel wat bij* ~ it is rather a bit of a job; *alles wat daarbij komt* ~ all that is involved; *staan* ~ stand and look; *daar sta ik van te* ~ that's a surprise to me; well, I am dashed; ~ *naar* **1** look at [sth.]; **2** watch [television, a play, a boat-race]; *laat naar je* ~! be your age!, don't be silly (ridiculous)!; *kijk naar je eigen!* look at home!; ~ *op* look at [his watch &]; *zij* ~ *niet op een paar gulden* they are not particular about a few guilders; *kijk uit!* look out!, watch it!; ~ *staat vrij* a cat may look at a king

'**kijker** *m* (-s) **1** (persoon) looker-on, spectator; <u>TV</u> (tele)viewer, television viewer; **2** (kijkglas) spy-glass, telescope; **3** (toneel~) opera-glass; **4** (dubbele verrekijker) binoculars; **5** (veld~) fieldglasses; *een paar heldere* ~s a pair of bright eyes (<u>slang</u> peepers)

'**kijkgat** *o* (-gaten) peep-hole, spy-hole
'**kijkgeld** *o* television licence fee
'**kijkgraag** *bn* curious
'**kijkje** *o* (-s) look, glimpse, view; *een* ~ *gaan nemen* go and have a look, <u>gemeenz</u> have a dekko
'**kijkkast** *v* (-en) **1** <u>gemeenz</u> (televisie) the box; **2** = *kijkdoos*
'**kijkoperatie** *v* (-s) exploratory operation
'**kijkoperatie** *v* (-s) exploratory operation, exploratory surgery
'**kijkspel** *o* (-spelen) **1** (op kermis) show at a fair, booth; **2** (spektakelstuk) show-piece
'**kijven** (keef, h. gekeven) *onoverg* quarrel, wrangle; ~ *op* scold
'**kik** *m: hij gaf geen* ~ he did not utter a sound
'**kikken** (kikte, h. gekikt) *onoverg: je hoeft maar te* ~ you need only say the word, you only have to say so; *je mag er niet van* ~ you must not breathe a word of it to anyone
'**kikker** *m* (-s) **1** (dier) frog; **2** <u>scheepv</u> cleat
'**kikkerbilletje** *o* (-s) frog's leg
'**kikkerdril** *o* frog-spawn
'**kikkerland** *o* frogland [= Holland]
'**kikkervisje** *o* (-s) tad-pole
'**kikvors** *m* (-en) frog
'**kikvorsman** *m* (-nen) frogman
1 kil *v* (-len) channel
2 kil *bn* chilly
'**kilheid** *v* chilliness
'**killen** (kilde, h. gekild) *overg* <u>gemeenz</u> (vermoorden) kill
'**kilo** *o* ('s), '**kilogram** (-men) kilogramme
'**kilobyte** *m* (-s) <u>comput</u> kilobyte
'**kilohertz** *m* kilocycle
'**kilojoule** *m* (-s) kilojoule
'**kilometer** *m* (-s) kilometre
'**kilometerteller** *m* (-s) mileage recorder
'**kilometervergoeding** *v* mileage allowance
'**kilometervreter** *m* (-s) sbd. who is always on the

road
'**kilowatt** *m* (-s) kilowatt
'**kilowattuur** *o* (-uren) kilowatthour
'**kilte** *v* chilliness
kim *v* (-men) horizon, sea-line
'**kimduiking** *v* (-en) dip (of the horizon)
'**kimme** *v* (-n) = *kim*
ki'**mono** *m* ('s) kimono
kin *v* (-nen) chin
'**kina** *m* cinchona
'**kinabast** *m* cinchona, Jesuits' bark
'**kinaboom** *m* (-bomen) cinchona(-tree)
'**kinadruppels** *mv* quinine drops
'**kinawijn** *m* quinine wine
kind *o* (-eren) child, babe, baby, infant, <u>gemeenz</u> kid; little one; *een* ~ *krijgen* have a child; *een* ~ *verwachten* expect a child; *een* ~ *kan de was doen* it's very easy; *daar ben ik maar een* ~ *bij* I'm a mere baby to that; *geen* ~ *aan iem. hebben* he (she) is no trouble at all; *hij is zo onschuldig als een pasgeboren* ~ he is as innocent as the babe unborn; *ik ben geen* ~ *meer* I'm not a kid any longer; *ik ben er als* ~ *aan huis* I am treated like one of the family; *hij is een* ~ *des doods* he is a dead man; *hij werd het* ~ *van de rekening* he had to pay the piper; *hij is een* ~ *van zijn tijd* he is the child of his age; *van* ~ *af aan* from a child; *het* ~ *bij zijn naam noemen* call a spade a spade; ~ *noch kraai hebben* be alone in the world
'**kindeke**, '**kindeken** *o* (-s) <u>plechtig</u> infant; *het* ~ *Jezus* the infant Jesus
'**kinderachtig I** *bn* childish, babyish; **II** *bijw* childishly
'**kinderafdeling** *v* (-en) **1** (in winkel) children's department; **2** (in ziekenhuis) children's ward
'**kinderaftrek** *m* (tax) relief in respect of each child
'**kinderarbeid** *m* child-labour
'**kinderarts** *m* (-en) pediatrician
'**kinderbed** *o* (-den) child's bed, cot; *in het* ~ *liggen* be in childbed
kinder'bedtijd *m* children's bedtime
'**kinderbescherming** *v* protection of children, child protection
'**kinderbeul** *m* (-en) bully
'**kinderbewaarplaats** *v* (-en) creche, day nursery
'**kinderbijslag** *m* family allowance
'**kinderboek** *o* (-en) children's book
'**kinderboerderij** *v* (-en) children's farm; (in dierentuin) petting zoo
'**kinderdagverblijf** *o* (-blijven) day nursery, day-care centre
'**kinderdoop** *m* infant baptism
'**kindergeneeskunde** *v* pediatrics
'**kindergoed** *o* child's clothes, babies' clothes
'**kinderhand** *v* (-en) child's hand; *een* ~ *is gauw gevuld* small hearts have small desires
'**kinderhoofdje** *o* (-s) (straatsteen) cobble (stone)
'**kinderjaren** *mv* (years of) childhood, infancy

'**kinderjuffrouw** v (-en) nurse, nanny
'**kinderkaart** v (-en) half ticket
'**kinderkamer** v (-s) nursery
'**kinderkoor** o (-koren) children's choir
'**kinderkost** m children's food; *dat is geen* ~ that is
no milk for babes
'**kinderleed** o childish grief
'**kinderliefde** v **1** love of (one's) children; **2** (voor
de ouders) filial love
'**kinderlijk** bn **1** (als een kind) childlike, childish;
2 (m.b.t. zoon of dochter) filial [love, respect, obe-
dience]
'**kinderlijkheid** v naïveté
'**kinderlokker** m (-s) ± child molester
'**kinderloos** bn childless
'**kindermeel** o infants' food
'**kindermeid** v (-en), '**kindermeisje** o (-s) nursemaid, nurse-girl
'**kindermenu** o ('s) children's menu
'**kindermoord** m (-en) child-murder, infanticide;
de ~ *te Bethlehem* the massacre of the Innocents
'**kinderoppas** m-v (-sen) child-minder
'**kinderopvang** m nursery, day care
'**kinderpartijtje** o (-s) children's party
'**kinderpistooltje** o (-s) toy pistol
'**kinderpostzegel** m (-s) postage stamp sold to benefit children
'**kinderpraat** m childish talk[2], baby talk[2]
'**kinderpsychologie** v child psychology
'**kinderrechtbank** v (-en) juvenile court
'**kinderrechter** m (-s) juvenile court magistrate
'**kinderrijmpje** o (-s) nursery rhyme
'**kinderroof** m kidnapping
'**kinderschaar** v bunch of children, swarm of children
'**kinderschoen** m (-en) child's shoe; *de* ~*en ontwassen zijn* be past a child; *nog in de* ~*en staan (steken)*
be still in its infancy
'**kinderslot** o (-sloten) childproof lock
'**kinderspeelgoed** o children's toys
'**kinderspel** o (-spelen) child's play[2]; childhood
game, children's game
'**kindersprookje** o (-s) nursery tale
'**kinderstem** v (-men) child's voice; ~*men* children's voices
'**kindersterfte** v infant mortality
'**kinderstoel** m (-en) baby-chair, high chair
'**kindertaal** v children's talk[2]
'**kindertehuis** o (-huizen) children's home
'**kindertelefoon** m **1** (-s) (speelgoedtelefoon) toy
telephone; **2** (voor hulpverlening) children's help-
line
'**kindertijd** m childhood
'**kinderuurtje** o (-s) RTV children's hour
'**kinderverlamming** v infantile paralysis, poliomyelitis, polio
'**kinderversje** o (-s) nursery rhyme
'**kinderverzorging** v child welfare

'**kinderverzorgster** v (-s) trained children's nurse
'**kindervoedsel** o infants' food
'**kindervriend** m (-en) lover of children
'**kinderwagen** m (-s) baby-carriage, perambulator,
gemeenz pram
'**kinderweegschaal** v (-schalen) baby-balance
'**kinderwereld** v children's world
'**kinderwerk** o child's work, children's work
'**kinderziekenhuis** o (-huizen) children's hospital
'**kinderziekte** v (-n en -s) children's complaint;
~*(n)* fig growing pains, teething trouble
'**kinderzitje** o (-s) **1** (op fiets) child's seat; **2** (in
auto) car seat
'**kinderzorg** v child welfare
'**kindje** o (-s) (little) child, baby, babe; *het* ~ *Jezus*
the infant Jesus
'**kindlief** tsw dear child, my child
'**kinds** bn doting; ~ *worden* become childish; ~ *zijn*
be in one's dotage
'**kindsbeen** o: *van* ~ *af* from a child
'**kindsdeel** (-delen), '**kindsgedeelte** o (-n en -s)
(child's) portion
'**kindsheid** v **1** (dementie) second childhood, dotage; **2** (jeugd) childhood, infancy
'**kindskind** o (-eren) grandchild; *onze* ~*eren* our
children's children
'**kindvrouwtje** o (-s) child wife
kine'sie v ZN physiotherapy
ki'nesietherapie v ZN physiotherapy
kine'sist m (-en), kine'siste v (-n) ZN physiotherapist
ki'nesitherapeut m (-en) ZN physiotherapist
ki'nine v quinine
ki'ninepil v (-len) quinine pill
kink v (-en) twist, kink; *er is een* ~ *in de kabel* there
is a hitch somewhere
'**kinkel** m (-s) lout, bumpkin
'**kinketting** m & v (-en) curb(-chain)
'**kinkhoest** m (w)hooping-cough
'**kinnebak** v (-ken) jaw-bone, mandible
ki'osk v (-en) kiosk
kip v (-pen) **1** (levend) hen, fowl; **2** (op tafel)
chicken; **3** (agent) gemeenz cop, copper; *als een* ~
zonder kop praten talk through one's hat, talk nonsense; *er is geen* ~ *te zien* not a soul to be seen; ~ *ik
heb je!* got you!; *de* ~ *met de gouden eieren slachten*
kill the goose with the golden eggs; *er als de* ~*pen
bij zijn* be on it like a bird, be quick to...; *met de*
~*pen op stok gaan* go to bed with the birds
'**kipfilet** m & o (-s) chicken breast
'**kipkar** v (-ren) tip-car(t)
'**kiplekker** bn as fit as a fiddle
'**kippen** (kipte, h. gekipt) overg tip up
'**kippenborst** v (-en) **1** eig chicken-breast; **2** (v.
mens) pigeon-breast
'**kippenboutje** o (-s) drumstick
'**kippenei** o (-eren) hen's egg
kippenfokke'rij v **1** (het fokken) poultry farming;

2 (-en) ⟨bedrijf⟩ poultry farm
'**kippengaas** *o* wire-netting, chicken wire
'**kippenhok** *o* (-hokken) hen-house
'**kippenlever** *m* (-s) chicken liver
kippenmeste'rij *v* (-en) broiler house
'**kippenren** *m* (-lopen) chicken-run, fowl-run
'**kippensoep** *v* chicken-broth
'**kippenvel** *o* fig goose-flesh, goose-pimples; *ik krijg
er ~ van* it makes my flesh creep
'**kippenvoer** *o* poultry food
'**kipper** *m* (-s) ⟨kiepauto⟩ tipper
'**kippetje** *o* (-s) gemeenz ⟨meisje⟩ bird, chick
'**kippig** *bn* short-sighted
'**kipwagen** *m* (-s) tip-car(t)
Kir'gies *m* (-giezen) Kyrgyz
Kir'gizië, Kir'gizistan *o* Kyrgyzstan
Kiri'bati *o* Kiribati
'**kirren** (kirde, h. gekird) *onoverg* coo
'**kiskassen** (kiskaste, h. gekiskast) *onoverg* make
ducks and drakes
'**kissebissen** (kissebiste, h. gekissebist) *onoverg* ⟨ru-
zieën⟩ squabble
kist *v* (-en) **1** ⟨in 't alg.⟩ case, chest, box; **2** ⟨dood-
kist⟩ coffin
'**kistdam** *m* (-men) coffer-dam
'**kisten** (kistte, h. gekist) *overg* ⟨v. lijk⟩ coffin
'**kistenmaker** *m* (-s) **1** ⟨in 't alg.⟩ box-maker; **2** ⟨v.
doodkisten⟩ coffin-maker
'**kistje** *o* (-s) **1** ⟨voor sigaren⟩ box; **2** gemeenz ⟨stugge
schoen⟩ beetle-crusher
'**kistkalf** *o* (-kalveren) boxed calf
kit I *v* (-ten) **1** ⟨kolenemmer⟩ scuttle; **2** ⟨kroeg,
nachtclub⟩ joint; **II** *v & o* ⟨lijm⟩ glue, cement; ⟨om
iets lucht- of waterdicht te maken⟩ sealant
kits *v* (-en) scheepv ketch; *alles ~?* gemeenz everything o.k.?
kitsch *m* kitsch
'**kittelaar** *m* (-s) clitoris
'**kittelen** (kittelde, h. gekitteld) *overg & onoverg*
tickle, titillate
'**kittelig** *bn* ticklish
'**kitteling** *v* (-en) tickling, titillation
kitte'lorig *bn* touchy
'**kitten** (kitte, h. gekit) *overg* lute
'**kittig** *bn* smart, spruce
'**kiwi** *m* ('s) kiwi°
'**klaaglied** *o* (-eren) lament, lamentation; *~eren*
lamentations [of Jeremiah]
'**klaaglijk** *bn* plaintive, mournful
'**Klaagmuur** *m: de ~* the Wailing Wall [of Jerusa-
lem]
'**klaagster** *v* (-s) **1** ⟨in 't alg.⟩ complainer; **2** recht
plaintiff
'**klaagtoon** *m* (-tonen) plaintive tone; *op een ~*
ook: in a querulous tone
'**klaagvrouw** *v* (-en) hired mourner, mute
'**klaagzang** *v* (-en) dirge, elegy
klaar I *bn* **1** ⟨helder⟩ clear; evident; **2** ⟨gereed⟩

ready; **3** ⟨voltooid⟩ finished; *~!* ready!; done!; *~ is
Kees!* that's done!, that job is jobbed; *en ~ is Kees!*
and there you are!; *ik ben ~ met ontbijten (met eten
&)* I have finished (my) breakfast, I have finished
eating; *klare jenever* plain (neat, raw) Hollands; *dat
is zo ~ als een klontje* that is as clear as daylight; **II**
bijw clearly; *~ wakker* broad awake, wide awake
klaar'blijkelijk I *bn* clear, evident, obvious; **II**
bijw clearly &; *~ had hij niet...* he clearly (evidently
&) had not...
'**klaarhebben**[1] *overg* have (got) ready; *altijd een
antwoord ~* be always ready with an answer
'**klaarheid** *v* clearness, clarity; *tot ~ brengen* clear
up
'**klaarkomen**[1] *onoverg* **1** ⟨gereed⟩ get ready, get
done; **2** ⟨orgasme⟩ come
'**klaarkrijgen**[1] *overg* complete, finish, get ready
'**klaarleggen**[1] *overg* put in readiness, lay out
'**klaarlicht** *bn: op ~e dag* in broad daylight
'**klaarliggen**[1] *onoverg* lie ready
'**klaarmaken**[1] **I** *overg* get ready, prepare; *een
drankje ~* prepare a potion; *iem. ~ voor een examen*
coach sbd. for an examination; *een medicijn (een
recept) ~* make up a prescription; **II** *wederk: zich ~*
get ready
klaar-'over *m* (-s) Br school crossing patrol; Am
crossing guard
'**klaarspelen**[1] *overg: het ~* manage (it), cope; ook:
pull it off
'**klaarstaan**[1] *onoverg* be ready; *altijd voor iem. ~*
1 be always ready to oblige sbd.; **2** ⟨om te gehoor-
zamen⟩ be at sbd.'s beck and call
'**klaarstomen**[1] *overg* cram [pupils]
'**klaarte** *v* clearness, lucidity
'**klaarwakker** *bn* wide awake
'**klaarzetten**[1] *overg* **1** lay [dinner &]; **2** set out [the
tea-things]
Klaas *m* Nicholas; *~ Vaak* the sandman; *een houten
klaas* a stick
kla'bak *m* (-ken) gemeenz cop, copper, pig
klacht *v* (-en) **1** ⟨in 't alg.⟩ complaint; lamentation;
2 recht indictment, complaint; *een ~ tegen iem.
indienen* lodge a complaint against sbd.
'**klachtenboek** *o* (-en) complaintbook
klad (-den) **1** *v* ⟨vlek⟩ blot, stain, blotch; **2** *o* ⟨ont-
werp⟩ rough draught, rough copy; *de ~ erin brengen*
spoil the trade; *iem. bij de ~den pakken* catch hold
of sbd.; *in het ~ schrijven* make a rough copy
'**kladblok** *o* (-ken) scribbling-pad
'**kladboek** *o* (-en) handel waste-book, jotter
'**kladden** (kladde, h. geklad) **I** *onoverg* ⟨vlekken
doen ontstaan⟩ stain, blot; **II** *overg* ⟨slordig schilderen &⟩ daub
'**kladderen** (kladderde, h. gekladderd) *onoverg* ⟨met
inkt⟩ blot; ⟨met verf⟩ daub
'**kladje** *o* (-s) rough draught, rough copy
'**kladpapier** *o* (-en) scribbling-paper
'**kladschilder** *m* (-s) dauber

'kladschrift *o* (-en) rough-copybook

'kladwerk *o* (-en) ⟨knoeiwerk⟩ daub

'klagen (klaagde, h. geklaagd) *onoverg* complain; lament; ~ *bij* complain to; ~ *over* complain of; *hij mag niet* ~, *hij heeft geen* ~ he has no cause for complaint; zie ook: *nood, steen &*

'klagend *bn* plaintive

'klager *m* (-s) **1** (in 't alg.) complainer; **2** recht plaintiff

klak *v* (-ken) ZN cap

'klakhoed *m* (-en) crush-hat, opera-hat

'klakkeloos gratuitous

'klakken (klakte, h. geklakt) *overg* clack [one's tongue]

klam *bn* clammy, damp, moist

'klamboe *m* (-s) mosquito-net

'klamheid *v* clamminess, dampness, moistness

klamp *m & v* (-en) clamp, cleat

'klampen (klampte, h. geklampt) *overg* clamp

klan'dizie *v* clientele, custom, goodwill

klank *m* (-en) sound, ring; *zijn naam heeft een goede* ~ he enjoys a good reputation; *(dat zijn maar) ijdele* ~*en* idle words

'klankbeeld *o* (-en) (radio) feature

'klankbodem *m* (-s) sound-board

'klankbord *o* (-en) sound-board, sounding-board

klank-en-'lichtspel *o* (-en) son et lumière

'klankkast *v* (-en) sound box, sound body, resonance box

'klankkleur *v* (-en) timbre

'klankleer *v* phonetics

'klankloos *bn* toneless

'klanknabootsing *v* (-en) onomatopoeia

'klankrijk *bn* sonorous, rich [voice]

'klankverandering *v* (-en) sound-change

'klankverschuiving *v* (-en) **1** (in 't alg.) shifting of sound; **2** taalk permutation of consonants

'klankwet *v* (-ten) phonetic law

klant *m* (-en) customer[2], client; *vaste* ~ regular (customer)

'klantenbinding *v* customer relations

'klantenkring *m* clientele, regular customers

'klantenservice *m* customer service, after-sales service

klap *m* (-pen) **1** (slag) slap, smack, blow, buffet; **2** (geluid) clap; *iem. een* ~ *geven, iem.* ~*pen geven (om de oren)* strike sbd. a blow, box sbd.'s ears; *iem. een* ~ *in het gezicht geven* give sbd. a slap in the face[2]; ~*pen krijgen* **1** eig have one's ears boxed, have one's face slapped; **2** fig be hard hit, suffer heavy losses; *geen* ~ = *geen steek* zie: *steek*

'klapband *m* (-en) blow-out

'klapbankje *o* (-s) tip-up seat, drop seat

'klapbes *v* (-sen) gooseberry

'klapdeur *v* (-en) swing-door

'klapekster *v* (-s) ⟨vogel⟩ grey shrike

'klaphek *o* (-ken) swing-gate

'klaplopen *onoverg* sponge (*bij* on), cadge

'klaploper *m* (-s) sponger, cadger, parasite

klaplope'rij *v* sponging, cadging

'klappen (klapte, h. & is geklapt) **I** *onoverg* **1** ⟨met de handen⟩ clap; **2** ⟨uit elkaar ~⟩ burst; *in de handen* ~ clap one's hands; *(in de handen)* ~ *voor* applaud [a player, a speaker &]; *met de zweep* ~ crack one's whip; *uit de school* ~ tell tales; **II** *overg: zijn hakken tegen elkaar* ~ click one's heels; **III** *o: het* ~ *van de zweep kennen* know the ropes

1 'klapper *m* (-s) **1** ⟨ringband⟩ file index, ring file, ring binder; **2** ⟨register⟩ index; **3** ⟨groot succes⟩ winner, success; *een flinke* ~ *maken met een product* have a winning product, have a winner

2 'klapper *m* (-s) ⟨kokosnoot⟩ coco-nut

'klapperboom *m* (-bomen) coco-nut tree

'klapperen (klapperde, h. geklapperd) *onoverg* **1** (in 't alg.) rattle, clack; **2** chatter [of teeth]; **3** flap [of sails, shutters &]

'klappermelk *v* coconut milk

'klappernoot *v* (-noten) coco-nut

'klapperpistool *o* (-tolen) cap pistol

'klappertanden (klappertandde, h. geklappertand) *onoverg: hij klappertandt* his teeth chatter

'klappertje *o* (-s) cap [for toy pistol]

'klaproos *v* (-rozen) poppy

'Klaproosdag *m* Poppy Day

'klapsigaar *m* (-garen) trick cigar

'klapstoel *m* (-en) folding chair, tip-up seat

'klapstuk *o* (-ken) **1** ⟨vlees⟩ brisket of beef; **2** fig hit, pièce de résistance

'klaptafel *v* (-s) folding table, drop-leaf table, gatelegged table

'klapwieken (klapwiekte, h. geklapwiekt) *onoverg* clap (flap) the wings

'klapzoen *m* (-en) smack

'klare *m: een* ~ a glass of Hollands

'klaren (klaarde, geklaard) **I** (h.) *overg* **1** clear, clarify, fine [liquids]; **2** clear [goods at the customhouse, scheepv the anchor]; *hij zal het wel* ~ he'll manage; **II** (is) *onoverg* clear; *het begint te* ~ the weather begins to clear up

klari'net *v* (-ten) clarinet, clarionet

klarinet'tist *m* (-en) clarinettist

kla'roen *v* (-en) clarion

kla'roengeschal *o* clarion call

klas *v* (-sen) **1** onderwijs class, [in secondary schools] form, [in elementary schools] standard, Am grade; **2** ⟨lokaal⟩ class-room; **3** = *klasse 1; alle* ~*sen aflopen* do all one's classes; *in de* ~ in class

'klasboek *o* (-en) = *klassenboek*

'klasgenoot *m*, **'klasgenote** *v* (-noten) class mate

'klaslokaal *o* (-kalen) class-room

'klasse *v* (-n) **1** ⟨v. dieren, artikelen, sociale ~ &⟩ class; **2** onderwijs = *klas; de werkende* ~ the propertied classes

'klasseloos *bn* classless

klasse'ment *o* (-en) sp [general] classification, classified results

'**klassenavond** m (-en) class party
klassenbe'wust bn class conscious
'**klassenboek** o (-en) homework book, class diary
'**klassenhaat** m class-hatred
'**klassenjustitie** v justice based on class bias
'**klassenleraar** m (-leraren) form master
'**klassenlokaal** o (-kalen) = klaslokaal
'**klassenpatiënt** m (-en) private patient
'**klassenstrijd** m class-war, class-struggle
'**klassenvertegenwoordiger** m (-s) class representative
klas'seren (klasseerde, h. geklasseerd) overg classify, class
klas'sering v (-en) classification
klas'siek I bn classic [simplicity], classical [music]; **II** bijw classically
klas'sieken mv: de ~ the classics
klas'sieker m (-s) classic
klassi'kaal I bn classical, class; ~ onderwijs class-teaching; **II** bijw in class
'**klateren** (klaterde, h. geklaterd) onoverg splash [of water]
'**klatergoud** o tinsel[2], Dutch gold
'**klauteraar** m (-s) clamberer, climber
'**klauteren** (klauterde, h. en is geklauterd) onoverg clamber, scramble
klauw m & v (-en) **1** claw (v. roofdier, vogel, mens); talon (v. roofvogel); fig clutch, paw; **2** scheepv fluke [of an anchor]
'**klauwen** (klauwde, h. geklauwd) overg & onoverg claw
'**klauwhamer** m (-s) claw-hammer
klau'wier m (-s) shrike
'**klauwplaat** v (-platen) techn chuck
'**klauwzeer** o: mond-en-~ foot-and-mouth disease
klave'cimbel m & o (-s) harpsichord
'**klaver** v (-s) clover, trefoil, shamrock; zie ook: klaveren
'**klaverblad** o (-bladen en -bladeren) **1** (v. plant) clover-leaf; **2** (voor verkeer) cloverleaf
'**klaveren** mv kaartsp clubs; ~aas & ace & of clubs
klaver'jassen (klaverjaste, h. geklaverjast) onoverg kaartsp play jass
klavertje'vier o (plant) four-leaved clover
'**klaverveld** o (-en) clover-field
klaver'vier v kaartsp four of clubs
'**klaverzuring** v wood-sorrel
kla'vier o (-en) **1** (toetsenbord) keyboard; **2** (piano) piano
'**kledder** m (-s) slush, sludge
'**kledderen** (kledderde, h. gekledderd) onoverg = kliederen
'**kledderig** bn slushy, squashy
'**kleddernat** bn soaking wet
'**kleden** (kleedde, h. gekleed) **I** overg dress, clothe; dat kleedt haar (niet) goed it is (not) becoming; **II** wederk: zich ~ dress; zie ook: gekleed
'**klederdracht** v (-en) costume

kle'dij v clothes
'**kleding** v clothes, dress, attire
'**kledingindustrie** v clothing industry
'**kledingmagazijn** o (-en) (ready-made) clothes shop
'**kledingstuk** o (-ken) article of clothing, article of dress, garment
'**kledingzaak** v (-zaken) dress shop; Am clothing store
kleed o **1** (kleдеren) (kledingstuk) garment, garb, dress; **2** (kleden) (vloer~) carpet [on the floor]; **3** (kleden) (tafel~) table-cover; **4** (kleden) ZN (jurk) dress
'**kleedgeld** o (-en) dress-allowance, pin-money
'**kleedhokje** o (-s) (dressing-)cubicle
'**kleedje** o (-s) **1** (op de vloer) rug; **2** (op tafel) table-centre; **3** ZN (jurkje) child's dress
'**kleedkamer** v (-s) **1** (in theater) dressing-room; **2** (voor sporters) changing-room
'**kleedster** v (-s) dresser
Kleef o Cleves
'**kleefband** o adhesive tape
'**kleefkracht** v adhesive strength
'**kleefmiddel** o (-en) glue, adhesive
'**kleefpleister** v (-s) = hechtpleister
'**kleefstof** v (-fen) glue, gluten
'**kleerborstel** m (-s) clothes-brush
'**kleerhanger** m (-s) coat-hanger
'**kleerkast** v (-en) wardrobe, clothes-press
'**kleermaker** m (-s) tailor
'**kleermakerskrijt** o French chalk
'**kleermakerszit** m: in ~ sitting crosslegged
'**kleermot** v (-ten) clothes-moth
'**kleerscheuren** mv: er zonder ~ afkomen get off with a whole skin (without a scratch)
klef bn **1** (v. brood) doughy; **2** (v. sneeuw) sticky; **3** (v. handen) clammy
klei v clay
'**kleiaarde** v clay
'**kleiachtig** bn clayey
'**kleiduif** v (-duiven) sp clay pigeon
'**kleiduivenschieten** o skeet
'**kleien** (kleide, h. gekleid) onoverg play with plasticene
'**kleigrond** m (-en) clay-soil, clay-ground
'**kleilaag** v (-lagen) clay-layer
'**kleimasker** o (-s) mud pack
klein I bn **1** (in 't alg.) little, small, petty; **2** (v. gestalte, afstand) short; **3** (van minder belang) minor [accident, officials, strike &]; **4** slight [improvement, mistake &]; een ~ beetje a tiny bit; de K~e Antillen the Lesser Antilles; de ~ste bijzonderheden the minutest details; een ~e boer a small farmer; ~e druk small print; ~e stappen short steps; ~e uitgaven petty expenses; een ~ uur less than an hour; nearly an hour; ~ maar dapper small but plucky; ~ maar fijn small but good; **II** znw: ~ en groot zie: groot; **III** m-v: de ~e the little one, the baby; in het ~ **1** in a

small way, on a small scale; **2** [an ocean] in mini-ature; **3** *handel* by retail; *de wereld in het* ~ the world in a nutshell; *wie het* ~*e niet eert, is het grote niet weerd* who will not keep a penny shall never have many; **IV** *bijw* small; *zich* ~ *voelen* feel small
Klein-'Azië *o* Asia Minor
'kleinbedrijf *o* small-scale industry; *het* ~ *ook:* small industries
'kleinbeeldcamera *v* ('s) miniature camera
'kleinbeeldfilm *m* (-s) miniature film, 35-mm film
kleinbe'huisd *bn* cramped for space
klein'burgerlijk *bn* narrow-minded, low-brow, parochial, suburban
'kleindochter *v* (-s) grand-daughter
klein'duimpje *o* (-s) hop-o'-my-thumb
Klein'duimpje *o* Tom Thumb
'kleine *m-v* (-n) baby, little one
klei'neren (kleineerde, h. gekleineerd) *overg* belit-tle, disparage
klei'nering *v* belittlement, disparagement
klein'geestig *bn* small-minded, narrow-minded
'kleingeld *o* (small) change, small coin
kleinge'lovig *bn* of little faith
kleinge'lovigheid *v* little faith
'kleinhandel *m* retail trade
'kleinhandelaar *m* (-s) retail dealer, retailer
'kleinhandelsprijs *m* (-prijzen) retail price
'kleinheid *v* smallness
'kleinigheid *v* (-heden) small thing, trifle
'kleinkind *o* (-eren) grandchild
'kleinkrijgen[1] *overg: iem.* ~ bring sbd. to heel, sub-due (tame) sbd., break sbd. down, browbeat sbd.
'kleinkunst *v* cabaret
'kleinkunstenaar *m* (-s) cabaret artiste
'kleinmaken[1] *overg* chop small; *een bankbiljet* ~ break a banknote
klein'moedig *bn* faint-hearted, timid, pusillani-mous
'kleinood *o* (-noden) jewel[2], gem[2]
klein'schalig *bn* small-scale
'kleinslaan[1] *overg* smash
klein'steeds *bn* provincial, parochial
klein'steedsheid *v* provinciality, parochialism
'kleintje *o* (-s) little one, baby; *op de* ~*s passen* fig take care of the pence; *veel* ~*s maken een grote* many a little makes a mickle; *voor geen* ~ *vervaard* not easily frightened (scared)
'kleintjes I *bijw:* ~ *doen* act humbly; **II** *bn zich* ~ *voelen* feel small
'kleinvee *o* small stock
'kleinverbruik *o* small scale consumption
'kleinverbruiker *m* (-s) small scale consumer
klein'zerig *bn* squeamish about pain
klein'zielig *bn* small-minded, petty [excuse &]; *hoe* ~*!* how shabby!
'kleinzoon *m* (-zonen en -s) grandson
'kleitablet *o* (-ten), **'kleitafel** *v* (-s) (clay) tablet
klem I *v* (-men) **1** ⟨val⟩ catch, (man)trap; **2** *techn*

bench-clamp; clip; **3** *elektr* terminal; **4** ⟨ziekte⟩ lockjaw; **5** ⟨nadruk⟩ stress[2], accent, emphasis; *in de* ~ *zitten* zie: *knel I; met* ~ [speak] emphatically, with great force, urgently; *met* ~ *van redenen* with co-gent reasons; **II** *bn:* ~ *lopen, raken, zijn, zitten* jam, get jammed; ~ *zetten* jam
klembord *o* (-en) clipboard
'klemhaak *m* (-haken) clip, holdfast
'klemmen (klemde, h. geklemd) **I** *overg* **1** pinch [one's finger in the door]; **2** clench, set [one's teeth]; **3** tighten [one's lips]; **4** clasp [one's arms round..., sbd. to one's breast]; **II** *onoverg* stick, jam [of a door]
'klemmend *bn* cogent [reasons]
'klemschroef *v* (-schroeven) clamping-screw
'klemtoon *m* (-tonen) stress, accent, emphasis
'klemtoonteken *o* (-s) stress-mark
klem'vast *bn: de bal* ~ *hebben* sp have the ball safely in his hands
klep *v* (-pen) **1** ⟨ter afsluiting⟩ flap; **2** *mil* ⟨v. vizier⟩ leaf; **3** ⟨v. pet⟩ peak; **4** *techn* valve; **5** ⟨v. kachelpijp⟩ damper; **6** ⟨v. blaasinstrument⟩ key
'klepel *m* (-s) clapper, tongue
'kleppen (klepte, h. geklept) *onoverg* **1** ⟨klepperen⟩ clack, clap; **2** ⟨v. klok⟩ toll
'klepper *m* (-s) **1** *hist* ⟨nachtwacht⟩ watchman; **2** ⟨dier⟩ steed; ~*s muz* castanets
'klepperen (klepperde, h. geklepperd) *onoverg* **1** ⟨in 't alg.⟩ clack, clap; **2** ⟨v. ooievaar⟩ clatter
'klepperman *m* (-nen) watchman
klepto'maan *m* (-manen) kleptomaniac
kleptoma'nie *v* kleptomania
'klere- *voorv* gemeenz fucking, rotten, bloody
'klerelijer *m* (-s) gemeenz rotter, son of a bitch, s.o.b.
'kleren *mv* clothes; *de* ~ *maken de man* the tailor makes the man, fine feathers make fine birds; *het raakt mijn koude* ~ *niet* it leaves me perfectly cold; *het gaat je niet in je koude* ~ *zitten* it takes it out of you; *iem. in de* ~ *steken* clothe sbd.
'klerenhanger *m* (-s) = kleerhanger
'klerenkast *v* (-en) = kleerkast
kleri'kaal *bn* clerical; *de klerikalen* the clericalists
klerika'lisme *o* clericalism
klerk *m* (-en) clerk
1 klets *v* **1** (-en) smack, slap [in the face]; **2** splash [of water]; **3** *fig, gemeenz* rubbish; ~*! slang* rats!, gemeenz rot!
2 klets *tsw:* ~*!* slap!, flap!, smack!, bang!
'kletscollege *o* (-s) geringsch talkfest; Br talking shop
'kletsen (kletste, h. gekletst) *onoverg* **1** ⟨babbelen⟩ chatter; **2** ⟨onzin vertellen⟩ talk nonsense, talk rub-bish; **3** ⟨roddelen⟩ gossip; **4** ⟨een kletsend geluid maken⟩ splash; *we hebben gezellig zitten* ~ we've been having a good chat; *je kletst uit je nekharen* you're talking through your hat; *iem. de oren van het hoofd kletsen* talk the hind legs off a donkey; *er*

wordt flink over dat stel gekletst there's a whole lot of gossiping going on about that couple; *de regen kletste tegen het raam* the rain splashed against the window

'**kletser** *m* (-s) = *kletskous*

'**kletskoek** *m* bosh and nonsense, tommyrot, gup, piffle

'**kletskous** *v* (-en) chatterbox, tittler

'**kletsmajoor**, '**kletsmeier** *m* (-s) twaddler, blabber

'**kletsnat** *bn* soaking wet, sopping wet

'**kletspraat** *m* gemeenz rubbish; ~ *verkopen* gemeenz talk rot; ~*jes* gossiping

'**kletteren** (kletterde, h. gekletterd) *onoverg* 1 clatter, pelt, patter [of hail, rain]; 2 clash [of arms]; 3 ⟨bergbeklimmen⟩ mountaineer

'**kleumen** (kleumde, h. gekleumd) *onoverg* be half frozen, shiver

kleur *v* (-en) 1 ⟨in 't alg.⟩ colour, hue; 2 ⟨v. gezicht⟩ complexion; 3 kaartsp suit; 4 fig colour; ~ *bekennen* 1 kaartsp follow suit; 2 fig show one's colours; *een ~ hebben als een bellefleur* have rosy cheeks; *een ~ krijgen* colour, blush; *met (in) levendige (donkere) ~en afschilderen* paint in bright (dark) colours; *van ~ verschieten* change colour; *politici van allerlei ~* politicians of all colours

'**kleurbad** *o* (-baden) 1 ⟨in 't alg.⟩ dye bath; 2 fotogr toner bath

'**kleurboek** *o* (-en) painting-book

'**kleurdoos** *v* (-dozen) paint-box, box of paints

'**kleurecht** *bn* fast(-dyed), colourfast, colour-proof

'**kleuren** (kleurde, h. gekleurd) **I** *onoverg* ⟨blozen⟩ colour, blush; **II** *overg* (een kleur geven) colour; ⟨foto⟩ tone; zie ook: *gekleurd*

'**kleurenafdruk** *m* (-ken) colour print

'**kleurenblind** *bn* colour-blind

'**kleurenblindheid** *v* colour-blindness

'**kleurendia** *m* ('s) colour transparency, colour slide

'**kleurendruk** *m* colour-printing; *in ~* in colour

'**kleurenfilm** *m* (-s) colour film, film in colour

'**kleurenfoto** *v* ('s) colour photograph

'**kleurenfotografie** *v* colour photography

'**kleurengamma** *v & o* ('s) colour range

'**kleurenleer** *v* chromatics

'**kleurenpracht** *v* blaze of colour(s), rich (brilliant) colouring

'**kleurenspectrum** *o* (-s en -tra) chromatic spectrum

'**kleurenspel** *o* play of colours

'**kleurentelevisie** *v* (-s) colour television

'**kleurfilter** *m & o* (-s) colour filter

'**kleurfixeerbad** *o* (-baden) (tone) fixing bath

kleurge'voelig *bn* colour sensitive

'**kleurhoudend** *bn* fast-dyed, colour-fast

'**kleurig** *bn* colourful, gay

'**kleuring** *v* (-en) colouring, coloration

'**kleurkrijt** *o* (coloured) chalk

'**kleurling** *m* (-en) coloured man

'**kleurloos** *bn* 1 colourless[2] [cheeks &]; 2 fig drab

'**kleurmenging** *v* colour-blending, colour-mixture

'**kleurplaat** *v* (-platen) colouring picture

'**kleurpotlood** *o* (-loden) coloured pencil

'**kleurrijk** *bn* coloured, colourful

'**kleurschakering** *v* (-en) 1 ⟨nuance⟩ shade, hue, tinge; 2 ⟨overgang⟩ colour gradation

'**kleursel** *o* (-s) colour(ing)

'**kleurshampoo** *m* (colour) rinse shampoo

'**kleurspoeling** *v* (colour) rinse

'**kleurstof** *v* (-fen) colouring matter, pigment; ~*fen* dye-stuffs

'**kleurtje** *o* (-s) colour

'**kleuter** *m* (-s) little one, (tiny) tot, todler, gemeenz kid, kiddy

'**kleuterklas** *v* (-sen) infant class

'**kleuterleidster** *v* (-s) infant-school teacher, kindergarten teacher

'**kleuterschool** *v* (-scholen) infant school, kindergarten

'**kleuterzorg** *v* infant care

'**kleven** (kleefde, h. kleefd) *onoverg* stick, adhere, cling; ~ *aan* stick & to; *daar kleeft geen schande aan* no disgrace attaches to it

'**kleverig** *bn* sticky, gluey, viscous

'**kleverigheid** *v* stickiness, viscosity

'**kliederboel** *m* mess

'**kliederen** (kliederde, h. gekliederd) *onoverg* dabble, make a mess

kliek *v* (-en) clique, set, coterie, junto

'**kliekgeest** *m* cliquishness

'**kliekjes** *mv* scraps, leavings, left-overs, gemeenz scran

'**kliekjesdag** *m* (-dagen) left-over day

klier *v* (-en) 1 anat gland; 2 = *kliergezwel*; *een ~ (van een vent)* gemeenz a rotter, a cad

'**klierachtig** *bn* 1 ⟨in 't alg.⟩ glandular; 2 med scrofulous

'**klieren** (klierde, h. geklierd) *onoverg* gemeenz pester, annoy

'**kliergezwel** *o* (-len) scrofulous tumour

'**klierziekte** *v* (-n en -s) scrofulous disease, scrofula

'**klieven** (kliefde, ZN kloof, h. gekliefd, ZN gekloven) *overg* cleave; *de golven ~* cleave (plough) the waves (the waters)

klif *o* (-fen) cliff

klik *m* (-ken) click°

1 '**klikken** (klikte, h. geklikt) *onoverg* tell (tales); *over iem. ~* tell upon sbd.

2 '**klikken** (klikte, h. geklikt) *onoverg* click [of cameras]; *het klikte meteen tussen hen* they hit it off from the start

'**klikker** *m* (-s), '**klikspaan** *v* (-spanen) telltale, gemeenz sneak

klim *m* climb; *een hele ~* a bit of a climb

kli'maat *o* (-maten) climate

kli'maatgordel *m* (-s) climatic zone (belt)

kli'maatregeling *v* air-conditioning

klimati'seren (klimatiseerde, h. geklimatiseerd) *overg* air-condition

klimatolo'gie *v* climatology

'**klimijzer** *o* (-s) crampon

'**klimmen** (klom, h. en is geklommen) *onoverg* climb, ascend, mount; *in een boom* ~ climb (up) a tree; *klim maar op de canapé (op mijn knie)* climb on to the sofa (on to my knee); *bij het* ~ *der jaren* as we advance in years

'**klimming** *v* climbing

'**klimop** *m & o* ivy

'**klimpaal** *m* (-palen) climbing-pole

'**klimpartij** *v* (-en) climb

'**klimplant** *v* (-en) climbing-plant, climber

'**klimrek** *o* (-ken) ⟨op speelplaats⟩ climbing frame; ⟨in gymzaal⟩ wall bars, monkey bars

'**klimroos** *v* (-rozen) rambler

'**klimvogel** *m* climber

kling *v* (-en) blade [of a sword]; *over de* ~ *jagen* put to the sword

'**klingelen** (klingelde, h. geklingeld) *onoverg* jingle, tinkle

kli'niek *v* (-en) clinic

'**klinisch** *bn* clinical

klink *v* (-en) latch [of door]; *op de* ~ on the latch; *de deur op de* ~ *doen* latch the door; *de deur van de* ~ *doen* unlatch the door

'**klinkdicht** *o* (-en) sonnet

'**klinken** (klonk, h. geklonken) **I** *onoverg* **1** ⟨geluid geven⟩ sound, ring; **2** ⟨aanstoten⟩ clink (touch) glasses; *een diner dat (een stem die) klonk als een klok* a number one dinner, a voice as clear as a bell; *bekend (in de oren)* ~ sound familiar; **II** *overg* techn rivet, clinch²

'**klinkend** *bn* **1** (in 't alg.) sounding; **2** resounding [reply, victory]; ~*e munt* handel hard cash; ~*e naam* a name of great reputation

'**klinker** *m* (-s) **1** vowel [sound or letter]; **2** ⟨steen⟩ clinker, brick; **3** techn riveter

'**klinkerpad** *o* (-paden) brick path

'**klinkerweg** *m* (-wegen) brick-paved road

'**klinkhamer** *m* (-s) riveting-hammer

'**klinkklaar** *bn*: *dat is klinkklare onzin* it is sheer (broad, pure) nonsense

'**klinknagel** *m* (-s) rivet

klip *v* (-pen) rock, reef; *tegen de* ~*pen op* ⟨drinken, liegen⟩ (drink, lie) outrageously; *tussen de* ~*pen door zeilen* steer clear of the rocks

'**klipdas** *m* (-sen) hyrax

'**klipgeit** *v* (-en) chamois

'**klipper** *m* (-s) scheepv clipper

'**klipzout** *o* rock-salt

klis *v* (-sen) **1** plantk bur(r); **2** ⟨warrige knoop⟩ tangle; *als een* ~ *aan iem. hangen* stick to sbd. like a bur(r), like a limpet

klit *v* (-ten) = *klis*

'**klitten** (klitte, h. geklit) *onoverg* tangle; *aan elkaar* ~ cling (hang) together

'**klittenband** *m* Velcro

KLM *v* Koninklijke Luchtvaart Maatschappij Royal Dutch Airlines

'**klodder** *m* (-s) **1** clot [of blood]; **2** blob, blotch, daub [of paint]

'**klodderaar** *m* (-s) dauber

'**klodderen** (klodderde, h. geklodderd) *overg* daub [paint]

1 kloek I *bn* brave, stout, bold; *twee* ~*e delen* two substantial volumes; **II** *bijw* bravely, stoutly, boldly

2 kloek *v* (-en) mother hen

'**kloekheid** *v* bravery, courage, vigour

kloek'moedig *bn* stout-hearted, valiant, courageous

kloek'moedigheid *v* stout-heartedness, bravery, courage, valour

'**kloffie** *o* (-s) gemeenz rags, togs; *in zijn ouwe* ~ in his old togs

'**klojo** *m* ('s) gemeenz Br berk; Am jerk

1 klok *tsw* cluck!

2 klok *v* (-ken) **1** ⟨uurwerk⟩ clock; **2** ⟨torenbel⟩ bell; **3** ⟨glazen stolp⟩ bell-jar, bell-glass; *hij heeft de* ~ *horen luiden, maar hij weet niet waar de klepel hangt* he has heard about it, but he does not know what to make of it; *hij hangt alles aan de grote* ~ he noises everything abroad; *met de* ~ *mee* clockwise; *hij kan* ~ *kijken* he can tell the clock; *op de* ~ *af* to the minute; *tegen de* ~ *in* anti-clockwise; *een man van de* ~ a punctual man; *het is betalen wat de* ~ *slaat* pay(ing) is the order of the day

'**klokbeker** *m* (-s) bell beaker

'**klokgelui** *o* bell-ringing, peals, chiming

'**klokgevel** *m* (-s) Dutch gable

'**klokhuis** *o* (-huizen) core [of an apple]

'**klokje** *o* (-s) **1** ⟨uurwerk⟩ small clock; **2** plantk harebell, bluebell; *het* ~ *van gehoorzaamheid* time to go to bed; *zoals het* ~ *thuis tikt, tikt het nergens* there's no place like home

'**klokke**: ~ *zes* on the stroke of six, at six o'clock precisely

'**klokken** (klokte, h. geklokt) *onoverg* **1** ⟨klokkend geluid maken⟩ cluck [of hens], gobble [of turkeys], gurgle [of a liquid]; **2** ⟨tijd opnemen⟩ time; **3** ⟨wijd uitlopen⟩ flare; *een* ~*de rok* a flared skirt

'**klokkengieter** *m* (-s) bell-founder

'**klokkengiete'rij** *v* **1** [het gieten] bell-founding; **2** (-en) ⟨werkplaats⟩ bell-foundry

'**klokkenluider** *m* (-s) bell-ringer

'**klokkenmaker** *m* (-s) clockmaker

'**klokkenspel** *o* (-len) **1** ⟨beiaard⟩ carillon, chimes; **2** ⟨slaginstrument⟩ glockenspiel

'**klokkenspeler** *m* (-s) carillon player

'**klokkentoren** *m* (-s) belltower, steeple, belfry

'**klokkentouw** *o* (-en) bell-rope

'**klokradio** *m* ('s) clock radio

'**klokrok** *m* (-ken) full skirt

'**kloksein** (-en), '**kloksignaal** *o* (-nalen) bell-signal

'**klokslag** *m* (-slagen) stroke of the clock; ~ *vier uur* on the stroke of four

'klokslot o (-sloten) time-lock

'klokspijs v bell-metal

'klokvormig bn bell-shaped

klom (klommen) V.T. van *klimmen*

klomp m (-en) **1** ⟨brok⟩ lump; **2** ⟨schoeisel⟩ clog, wooden shoe, sabot; *een ~ goud* a nugget of gold; *nou breekt mijn ~!* gemeenz that's the limit!, that takes the cake!, that does it!

'klompendans m (-en) (Dutch folk-)dance on wooden shoes

'klompenmaker m (-s) clogmaker

'klompschoen m (-en) clog

'klompvoet m (-en) club-foot, talipes

'klonen (kloonde, h. gekloond) *overg* clone

klonk (klonken) V.T. van *klinken*

klont m & v (-en) **1** clod [of earth]; **2** lump [of sugar &]

'klonter m (-s) clot [of blood]

'klonteren (klonterde, is geklonterd) *onoverg* clot

'klonterig bn clotted, clotty

'klonterigheid v clottiness

'klontje o (-s) lump [of sugar]

1 kloof v (kloven) **1** ⟨van de aarde⟩ cleft, chasm, gap; **2** ⟨aan de handen⟩ chap; **3** fig gap; *de ~ dempen (overbruggen) tussen hen* bridge (over) the gap (gulf) between them; *de ~ verbreden* widen the gap (gulf)

2 kloof (kloven) V.T. v. *klieven* en *kluiven*

'klooien (klooide, h. geklooid) *onoverg* gemeenz botch; *met iets zitten ~* fiddle with sth.

kloon m (klonen) clone

'klooster o (-s) **1** ⟨in het alg.⟩ cloister; **2** monastery [for men]; **3** convent [for women]; *in het ~ gaan* go into a convent; go into a monastery

'kloosterachtig bn cloistral, conventual, monastic

'kloosterbroeder m (-s) **1** conventual, friar; **2** ⟨lekenbroeder⟩ lay brother

'kloostercel v (-len) convent cell; monastery cell

'kloostergang m (-en) cloister

'kloostergelofte v (-n) monastic vow

'kloosterkerk v (-en) conventual church, monastic church

'kloosterlatijn o Low Latin

'kloosterleven o monastic life, convent life

'kloosterlijk bn cloistral, conventual, monastic

'kloosterling m (-en) monk; *~en* ook: conventuals

'kloosterlinge v (-n) nun

'kloostermoeder v (-s) prioress, abbess, Mother (Lady) Superior

'kloosterorde v (-n en -s) monastic order

'kloosterregel m (-s) monastic rule

'kloosterschool v (-scholen) monastic school, convent school

'kloostervader m (-s) prior, abbot, Father Superior

'kloosterwezen o monasticism, monachism

'kloosterzuster v (-s) nun

kloot m (kloten) gemeenz ⟨testikel⟩ ball, testicle;

naar de kloten zijn be screwed up; *dat is kloten (van de bok)* that's really shitty

'klootjesvolk o gemeenz hoi polloi

'klootzak m (-ken) scheldwoord bastard, son of a bitch, arse-hole

klop m (-pen) knock, tap, rap; *iem. ~ geven* beat sbd., gemeenz lick sbd.; *~ krijgen* be beaten, gemeenz be licked (van by)

'klopboor v (-boren) hammer drill

'klopgeest m (-en) rapping spirit, poltergeist

'klopjacht v (-en) **1** ⟨drijfjacht⟩ battue; **2** round-up [by police]

'kloppartij v (-en) scuffle, affray, set-to, gemeenz scrap

'kloppen (klopte, h. geklopt) **I** *onoverg & abs ww* **1** knock, rap [at a door]; **2** tap [on the shoulder]; **3** pat [on the head]; **4** beat, throb, palpitate [of the heart]; **5** knock [of a motor]; *er wordt geklopt* there is a knock (at the door); *binnen zonder ~* please walk in!; *(het) klopt* (it's) right; *de cijfers ~ niet* the figures do not balance; *dat klopt niet [met]* that does not tally (square, fit in) [with], it doesn't add up [with]; *de boel ~d maken* square things; **II** *overg* **1** beat [a carpet]; **2** beat up [eggs]; **3** break [stones]; *iem. ~* beat sbd., gemeenz lick sbd.; *geld ~ uit* make money out of...; *iem. iets uit de zak ~* do sbd. out of sth.

'klopper m (-s) **1** ⟨op deur⟩ (door-)knocker; **2** ⟨mattenklopper⟩ (carpet-)beater

'klopping v (-en) beat(ing), throb(bing), palpitation, pulsation

'klopsignaal o (-nalen) **1** ⟨in 't alg.⟩ knock; **2** ⟨spiritisme⟩ rap

'kloris m (-sen) gemeenz beau

klos m & v (-sen) **1** ⟨garen &⟩ bobbin, spool, reel; **2** elektr coil; **3** bilj = klots; *hij is de ~* he's for it, he is (always) the dupe (loser)

'kloskant m bobbin lace

'klossen (kloste, h. en is geklost) *onoverg* **1** clump; **2** bilj = klotsen

'kloten bn gemeenz fucking, bloody

'kloterig bn gemeenz rotten, lousy

klots m (-en) bilj kiss

'klotsen (klotste, h. geklotst) *onoverg* **1** dash [of the waves], slosh; **2** bilj kiss

1 'kloven (kloofde, h. gekloofd) *overg* **1** cleave [diamonds]; **2** chop [wood]

2 'kloven V.T. meerv. van *klieven* en *kluiven*

klucht v (-en) farce

'kluchtig bn comical, droll, farcical, odd

'kluchtigheid v (-heden) comicalness, drollery, oddness, oddity

'kluchtspel o (-spelen) farce

kluif v (kluiven) **1** ⟨bot⟩ bone (to pick); **2** ⟨als gerecht⟩ knuckle; *dat is een hele ~* fig that is a hard nut to crack, that is a tough proposition (a tough job)

kluis v (kluizen) **1** ⟨v. kluizenaar⟩ hermitage, cell;

2 (v. bank &) strong-room, vault, safe-deposit

kluisgat *o* (-gaten) scheepv hawse-hole

'**kluister** *v* (-s) fetter, shackle; ~s shackles, trammels

'**kluisteren** (kluisterde, h. gekluisterd) *overg* fetter, shackle; *aan het bed gekluisterd* confined to one's bed, bed-ridden; *aan haar stoel gekluisterd* pinned to her chair

1 kluit *m & v* (-en) clod, lump; *de hele ~ gemeenz* the whole lot; *hij is flink uit de ~en gewassen* he is a tall, spanking fellow

2 kluit *m* (-en) (vogel) avocet

'**kluitje** *o* (-s) (small) clod, lump; *iem. met een ~ in het riet sturen* put sbd. off with fair words, fob sbd. off with promises; *op een ~ [zitten]* in a heap, huddled

'**kluiven** (kloof, h. gekloven) *overg & onoverg* pick, gnaw, nibble; *iets om aan te ~* something to gnaw; fig, gemeenz a tough proposition

'**kluiver** *m* (-s) scheepv jib

'**kluizenaar** *m* (-s en -naren) hermit, recluse

'**kluizenaarsleven** *o* life of a hermit

'**klunen** (kluunde, h. gekluund) *onoverg* walk (on skates)

'**klungel** *m-v* (-s) (knoeier) bungler, muff

'**klungelen** (klungelde, h. geklungeld) *onoverg* **1** (knoeien) bungle (one's task), muff it; **2** (beuzelen) dawdle

'**klungelig** *bn* botchy

'**klungelwerk** *o* bungling, bungle

'**kluns** *m* (klunzen) bungler, muff

'**klunzen** (klunsde, h. geklunsd) *onoverg* = *klungelen*

'**klunzig** *bn* bungling

'**klusje** *o* (-s) odd job

'**klusjesman** *m* (-nen) odd-job man, handyman

'**klussen** (kluste, h. geklust) *onoverg* do odd jobs

kluts *v: de ~ kwijt raken* be put out; *de ~ kwijt zijn* be at sea, be all abroad

'**klutsen** (klutste, h. geklutst) *overg* beat up [eggs]

kluut *m* (kluten) avocet

'**kluwen** *o* (-s) ball [of yarn, wool, string], clew

'**klysma** *o* ('s) enema, clyster

km *afk.* = *kilometer*

KMO *afk.* ZN: *kleine en middelgrote ondernemingen* small and medium-sized enterprises

'**knaagdier** *o* (-en) rodent

knaak *v* (knaken) gemeenz = *rijksdaalder*

knaap *m* (knapen) **1** (jongen) boy, lad, youth, youngster, fellow; **2** gemeenz (joekel) whopper

'**knaapje** *o* (-s) **1** (jongetje) little boy; **2** (kleerhanger) clothes hanger

'**knabbelen** (knabbelde, h. geknabbeld) *overg (& onoverg)* nibble (*aan* at)

'**knäckebröd** *o* Swedish crisp bread, knäckebröd

'**knagen** (knaagde, h. geknaagd) *onoverg* gnaw[2]; ~ *aan* gnaw (at)[2]

'**knaging** *v* (-en) gnawing; ~*en van het geweten* pangs (qualms, twinges) of conscience

knak *m* (-ken) **1** eig crack, snap; **2** fig blow, injury, damage; *de handel een ~ geven* cripple (the) trade; *zijn gezondheid heeft een ~ gekregen* his health has received a shock, has suffered a set-back

'**knakken** (knakte, geknakt) **I** *onoverg* **1** (is) snap [of a flower]; **2** (h.) crack [of the finger-joints]; **II** (h.) *overg* **1** break [a flower]; **2** injure, impair, shake [sbd.'s health]

'**knakker** *m* (-s) gemeenz character

'**knakworst** *v* (-en) frankfurter (sausage)

knal *m* (-len) (geluid) crack, bang, pop, detonation, report; *iem. een ~ voor zijn kop geven* clout sbd. on the head

'**knalbonbon** *m* (-s) cracker

'**knalgeel** *bn* bright yellow

'**knallen** (knalde, h. geknald) *onoverg* **1** (v. vuurwapen, zweep) crack; (v. vuurwapen ook) bang; **2** (v. kurk) pop; *tegen een boom ~* smash into a tree

'**knalpot** *m* (-ten) silencer

'**knalrood** *bn* bright red, vivid red

1 knap *m* (-pen) crack, snap

2 knap I *bn* **1** (v. uiterlijk) handsome, comely, good-looking; smart; **2** (v. verstand) clever, able, capable; *een ~ meisje* a pretty girl; *een ~pe vent* **1** a handsome fellow, a good looker; **2** a clever fellow; ~ *in het Engels* well up in English; **II** *bijw* **1** cleverly, ably; **2** versterkend pretty; ~ *donker (duur)* pretty dark (expensive)

'**knapheid** *v* **1** good looks; **2** cleverness, ability, skill

'**knapjes** cleverly; *zij kwam ~ voor de dag* she was neatly dressed

'**knappen** (knapte, geknapt) **I** (h. en is) *onoverg* **1** (in 't alg.) crack, go crack; **2** (v. vuur) crackle; *het touw zal ~* the string will snap; **II** (is) *overg* crack [a bottle]

'**knappend** *bn* **1** crackling [fire]; **2** crunchy, crisp [biscuit]

'**knapperd** *m* (-s) clever fellow, clever one

'**knapperen** (knapperde, h. geknapperd) *onoverg* crackle

'**knapperig** *bn* crisp, crunchy, brittle

'**knapzak** *m* (-ken) knapsack, haversack

knar *m* (-ren) gemeenz: *ouwe ~* old fogey

'**knarpen** (knarpte, h. geknarpt) *onoverg* crunch

'**knarsen** (knarste, h. geknarst) *onoverg* creak, grate; grind [also of a door]; *met de tanden ~* gnash one's teeth

'**knarsetanden** (knarsetandde, h. geknarsetand) *onoverg* gnash one's teeth

knauw *m* (-en) **1** (beet) bite; **2** fig = *knak 2*

'**knauwen** (knauwde, h. geknauwd) *onoverg* gnaw, munch

knecht *m* (-en en -s) man-servant, servant, man

'**knechten** (knechtte, h. geknecht) *overg* enslave

'**knechtschap** *o* servitude

'**kneden** (kneedde, h. gekneed) *overg* knead[2]; fig mould [sbd. like wax]

'**kneedbaar** *bn* 1 eig kneadable, fictile; 2 fig pliable
'**kneedbom** *v* (-men) plastic bomb
1 **kneep** *v* (knepen) 1 eig pinch; mark of a pinch;
  2 fig trick, gemeenz dodge; *daar zit 'm de* ~ that's
  why, there's the rub; *de knepen van het vak kennen*
  know the ropes (the tricks of the trade)
2 **kneep (knepen)** V.T. v. *knijpen*
'**knekelhuis** *o* (-huizen) charnel-house, ossuary
knel I *v*: *in de* ~ *zitten* be in a scrape, slang be up a
  gum-tree; II *bn*: ~ *raken* jam, get jammed; ~ *zitten*
  be stuck
'**knellen** (knelde, h. gekneld) I *overg* pinch,
  squeeze; II *abs ww & onoverg* pinch
'**knellend** *bn* fig oppressive
'**knelpunt** *o* (-en) bottle-neck²
'**knepen** V.T. meerv. v. *knijpen*
'**knerpen** (knerpte, h. geknerpt) *onoverg* crunch
'**knersen** (knerste, h. geknerst) *onoverg* grind,
  crunch
'**knetter** *bn* ⟨gek⟩ gemeenz crackers, nuts
'**knetteren** (knetterde, h. geknetterd) *onoverg*
  crackle
'**knettergek** *bn* bonkers, crackers, raving mad,
  barmy
kneu *v* (-en) linnet
'**kneusje** *o* (-s) misfit
'**kneuterig** *bn* snug
'**kneuzen** (kneusde, h. gekneusd) I *overg* bruise,
  contuse; II *wederk*: *zich* ~ get bruised
'**kneuzing** *v* (-en) bruise, contusion
'**knevel** *m* (-s) 1 moustache [of a man]; 2 whiskers
  [of an animal]
knevela'rij *v* extortion
'**knevelen** (knevelde, h. gekneveld) *overg* 1 ⟨met
  touwen⟩ pinion, tie; 2 fig ⟨geld afpersen⟩ extort
  money from [people]; 3 fig ⟨de vrijheid beperken⟩
  gag, muzzle [the press]
'**knibbelaar** *m* (-s), '**knibbelaarster** *v* (-s) haggler
'**knibbela'rij** *v* (-en) haggling
'**knibbelen** (knibbelde, h. geknibbeld) *onoverg* ⟨af-
  dingen⟩ haggle
'**knibbelspel** *o* (-len) spillikins
knie *v* (knieën) knee; *de* ~*(ën) buigen* bend (bow)
  the knee(s); *door de* ~*ën gaan* give way, go down,
  knuckle under (*voor* to); *iets onder de* ~ *hebben* have
  mastered sth.; *op de* ~*ën vallen* drop on one's
  knees; *voor iem. op de* ~*ën vallen* go down on one's
  knees to sbd.; *een kind over de* ~ *leggen* lay a child
  over one's knee; *tot aan de* ~*ën kneedeep* [in the
  water]; *er zitten altijd* ~*ën in zijn broek* his trousers
  are always baggy
'**knieband** *m* (-en) 1 anat hamstrings; 2 ⟨ter be-
  scherming⟩ knee protector
'**kniebeschermer** *m* (-s) knee cap
'**kniebroek** *v* (-en) knickerbockers, kneebreeches
'**kniebuiging** *v* (-en) genuflexion; *diepe* ~ deep
  knee-bend [in gymnastics]
'**kniegewricht** *o* (-en) knee-joint

'**knieholte** *v* (-n en -s) hollow of the knee
'**kniekous** *v* (-en) knee-stocking
'**knielbank** *v* (-en) kneeling stool
'**knielen** (knielde, h. en is geknield) *onoverg* kneel,
  go down on one's knees, bend the knee; ~ *voor* fig
  kneel to; *geknield* kneeling, on one's knees
'**knielkussen** *o* (-s) hassock
'**kniepees** *v* (-pezen) hamstring
'**knieschijf** *v* (-schijven) knee-cap, knee-pan, patella
'**kniesoor** *m-v* (-oren) grumbler
'**knietje** *o* (-s): *iem. een* ~ *geven* knee sbd.
'**knieval** *m* (-len) prostration; *een* ~ *doen voor* bow
  the knee before, go down on one's knees to
'**kniezen** (kniesde, h. gekniesd) *onoverg* fret, mope;
  zich dood ~ fret (mope) oneself to death; *er over* ~
  fret about it
'**kniezer** *m* (-s) = *kniesoor*
'**kniezerig**, '**kniezig** *bn* fretful, mopy
knijp *v*: *in de* ~ *zitten* gemeenz be in a scrape
'**knijpbril** *m* (-len) pince-nez
'**knijpen** (kneep, h. geknepen) I *overg* pinch²; fig
  squeeze; *hij kneep mij in mijn neus* he tweaked my
  nose; *hij kneep het kindje in de wang* he pinched the
  child's cheek; II *onoverg* pinch; *hem* ~ ⟨bang zijn⟩
  be in a funk; *er tussenuit* ~ 1 ⟨stilletjes weggaan⟩
  decamp, abscond; 2 ⟨sterven⟩ pop off
'**knijper** *m* (-s) 1 ⟨voorwerp om iets vast te klem-
  men⟩ clip; 2 ⟨voor de was⟩ clothes-peg, clothes-pin;
  3 ⟨vrek⟩ niggard, skinflint
'**knijpfles** *v* (-sen) squeeze bottle
'**knijpkat** *v* (-ten), '**knijplamp** *v* (-en) hand-dyna-
  mo torch
'**knijptang** *v* (-en) pincers, nippers
knik *m* (-ken) 1 ⟨buiging⟩ nod, bob; 2 ⟨breuk⟩ crack;
  3 ⟨kromming⟩ bend
'**knikkebenen** (knikkebeende, h. geknikkebeend)
  onoverg wobble
'**knikkebollen** (knikkebolde, h. geknikkebold) *onoverg* nod, doze
'**knikken** (knikte, h. geknikt) *onoverg* nod; *hij knikte
  van ja* he nodded assent; *zijn knieën knikten* his legs
  gave way, his knees shook; *met* ~*de knieën* with
  shaking knees
'**knikker** *m* (-s) marble; *kale* ~ bald pate
'**knikkeren** (knikkerde, h. geknikkerd) I *onoverg*
  play at marbles; II *overg*: *iem. eruit* ~ gemeenz
  chuck sbd. out
'**knikkerspel** *o* (-en) game of marbles
1 **knip** *m* (-pen) 1 ⟨insnijding⟩ cut, snip; 2 fillip
  [with finger and thumb], flip, flick; *hij is geen* ~
  voor de neus waard he is not worth a straw (his salt)
2 **knip** *v* (-pen) ⟨voorwerp⟩ 1 catch [of a door];
  2 snap [of a bag, of a bracelet]; 3 trap [to catch
  birds]
'**knipbeugel** *m* (-s) snap [of a purse]
'**knipbrood** *o* (-broden) incised loaf
'**knipkaart** *v* (-en) card, ticket book

knipmes

'knipmes o (-sen) clasp-knife, jack-knife; *buigen als een ~* bow and scrape

'knipogen (knipoogde, h. geknipoogd) *onoverg* wink, blink; *~ tegen* wink at

'knipoogje o (-s) wink (of the eyes); *iem. een ~ geven* wink at sbd.

knippatroon o (-tronen) paper pattern

'knippen (knipte, h. geknipt) **I** *overg* **1** cut [the hair]; cut out [a dress]; punch [tickets]; clip [tickets, coupons]; trim [one's beard]; pare [one's nails]; **2** flip, flick (off) [the ashes]; **3** *slang* pinch, nab [a thief]; *zich laten ~* have one's hair cut; *je moet mijn haar kort ~* crop my hair short; *het uit The Guardian ~* cut it from The Guardian; **II** *abs ww* cut (out); **III** *onoverg: met de ogen ~* blink; *met de vingers ~* snap one's fingers; zie ook: *geknipt*

'knipperbol m (-len) flashing (Belisha) beacon

'knipperen (knipperde, h. geknipperd) *onoverg: met de ogen ~* blink

'knipperlicht o (-en) flashing light, winker

'knippersignaal o (-nalen) intermittent signal

'knipsel o (-s) cutting(s), clipping(s)

'knipseldienst m (-en) cutting department, clipping department; (bij een krant) *gemeenz* morgue

'kniptang v (-en) punch

'knisperen (knisperde, h. geknisperd) *onoverg* (v. vuur, chips) crackle

'knisteren (knisterde, h. geknisterd) *onoverg* crackle, rustle

KNMI o *Koninklijk Nederlands Meteorologisch Instituut* Royal Dutch Meteorological Institute

KNO-arts m (-en) ENT-specialist [ear, nose and throat]

'knobbel m (-s) **1** bump [on the skull, swelling caused by blow]; **2** knob [at end or surface of a thing]; **3** knot [in animal body], knurl [= knot, knob]; **4** *med* tubercle

'knobbelig bn knotty, knobby

knock-'out bn & m (-s) knock-out; *iem. ~ slaan* knock sbd. out

'knoedel m (-s) **1** (gerecht) dumpling; **2** (knot) knot, bun [of hair]

knoei m muddle; *wij zitten in de ~* we are in a fine mess!, *slang* we are in the soup!

'knoeiboel m mess

'knoeien (knoeide, h. geknoeid) *onoverg* **1** (morsen) mess, make a mess; **2** (fouten maken) bungle, blunder [over one's work]; **3** (oneerlijk handelen) tamper (with), swindle, cheat; *~ aan iets* meddle (mess) with sth.; *met as ~* mess ashes about; *met de boter ~* adulterate butter; *in de boeken ~* tamper with the books

'knoeier m (-s) **1** (rommelmaker) bungler, dabbler, botcher; **2** (oplichter) swindler, cheat, intriguer

knoeie'rij v (-en) **1** (rommel) messing, mess; **2** (fraude) malversation, underhand dealings, intrigue(s), jobbery

'knoeipot m (-ten) messy person

'knoeiwerk o bungling, bungle

knoert m (-en) *gemeenz: een ~ van een...* a huge..., an enormous...

'knoerthard bn **1** eig stone-hard; **2** fig tough; zie ook: *keihard*

knoest m (-en) knot, gnarl

'knoestig bn knotty, gnarled, gnarly

knoet m (-en) knout

'knoflook o & m garlic

'knoflookpers m (-en) garlic press

knok m & v (-ken) = *knook*

'knokig bn bony

'knokkel m (-s) knuckle

knokkelkoorts v dengue, dandy fever

'knokken (knokte, h. geknokt) *onoverg* fight, *gemeenz* scrap

'knokpartij v (-en) fight, tussle

'knokploeg v (-en) strong-arm squad, gang of strong boys

knol m (-len) **1** (v. aardappel &) tuber; **2** (knolraap) turnip; **3** (paard) jade; **4** (horloge) turnip; *iemand ~len voor citroenen verkopen* gull a person, take a person in

'knolachtig bn tuberous

'knolgewas o (-sen) tuberous plant

'knollentuin m *hij is in zijn ~* he is as pleased as Punch

'knolraap v (-rapen) Swedish turnip, swede

'knolselderij m turnip-rooted celery

knook m & v (knoken) bone

knoop m (knopen) **1** (in touw &) knot; **2** *plantk* node, joint; **3** (aan kleding) button; stud [of collar &]; *de blauwe ~* the blue ribbon; *de (gordiaanse) ~ doorhakken* cut the (Gordian) knot; *een ~ leggen* tie a knot; *een ~ in zijn zakdoek leggen* make a knot in one's handkerchief; *uit de ~ halen* unravel; *een ~ losmaken* untie (undo) a knot; *zoveel knopen lopen* *scheepv* run (make) so many knots

'knooplaars v (-laarzen) button-boot

'knooppunt o (-en) junction

'knoopsgat o (-gaten) buttonhole

'knoopsluiting v (-en) button fastening, buttoning

knop m (-pen) **1** knob [of a stick, door &]; **2** pommel [of a saddle, a sword]; **3** button, push [of an electric bell]; **4** switch [of electric light]; **5** *plantk* bud

'knopehaak m (-haken) button-hook

'knopen (knoopte, h. geknoopt) *overg* **1** (in 't alg.) knot, tie, button; **2** make [nets]; *het in zijn oor ~* make a mental note of it

knor m (-ren) grunt; *~ren krijgen* get a scolding

'knorhaan m (-hanen) gurnet, gurnard

'knorren (knorde, h. geknord) *onoverg* **1** grunt [of pigs]; **2** fig grumble, growl; *~ op* scold

'knorrepot m (-ten) grumbler

'knorrig bn grumbling, growling, grumpy

'knorrigheid v grumbling (growling) disposition,

koeltje

grumpiness

knot *v* (-ten) **1** knot [of silk, hair]; **2** ball [of wool]

1 knots *v* (-en) club, bludgeon; *een ~ van een... a big...*

2 knots *bn* gemeenz ⟨gek⟩ mad, crazy; *~⟨gek⟩ zijn* be nuts, be crackers, have a slate loose (a bee in one's bonnet), be as mad as a March hare

'**knotsgek** *bn* gemeenz nuts

'**knotsvormig** *bn* club-shaped

'**knotten** (knotte, h. geknot) *overg* **1** pollard [a willow], head down [a tree]; **2** truncate [a cone]; **3** fig curtail [power]

'**knotwilg** *m* (-en) pollard-willow

'**knudde** *bn* gemeenz: *het is ~* it's a flop, a wash-out

'**knuffel** *m* (-s) **1** ⟨omhelzing⟩ hug, cuddle; **2** ⟨knuffeldier⟩ cuddly toy

'**knuffeldier** *o* (-en) cuddly toy

'**knuffelen** (knuffelde, h. geknuffeld) *overg* hug, cuddle

knuist *m & v* (-en) fist, paw; *blijf eraf met je ~en! paws off!*

knul *m* (-len) fellow

'**knullig** *bn* clumsy, awkward

'**knuppel** *m* (-s) **1** ⟨dikke stok⟩ cudgel, club, bludgeon; **2** gemeenz ⟨stuurknuppel⟩ joy-stick; **3** ⟨lomperd⟩ lout; *een ~ in het hoenderhok gooien* flutter the dovecotes

'**knuppelen** (knuppelde, h. geknuppeld) *overg* cudgel

knus *bn* snug, cosy

'**knusjes** *bijw* snugly

'**knutselaar** *m* (-s) handy-man, potterer

'**knutselen** (knutselde, h. geknutseld) *onoverg* do handicraft, do small jobs; potter; *in elkaar ~* put together

'**knutselwerk** *o* amateur handicraft; pottering, trifling work

KO *o* knock-out KO, gemeenz kayo

ko'**alabeer** *m* (-beren) koala

ko'**balt** *o* cobalt

ko'**baltblauw** *o & bn* cobalt-blue

'**kobold** *m* (-en en -s) gnome, imp, goblin

kocht (kochten) V.T. van *kopen*

'**koddebeier** *m* (-s) gemeenz gamekeeper

'**koddig I** *bn* droll, odd, comical; **II** *bijw* drolly

koe *v* (koeien) cow; *heilige ~* sacred cow; *oude ~ien uit de sloot halen* rake up old stories, dust off an old legend; *geen oude ~ien uit de sloot halen* let bygones be bygones; *er is geen ~ zo bont of er is wel een vlekje aan* there is no smoke without fire; *de ~ bij de horens vatten (pakken)* take the bull by the horns, grasp the nettle; *men kan nooit weten hoe een ~ een haas vangt* a cow may catch a hare

'**koedoe** *m* (-s) koodoo

'**koehandel** *m* horse-trading, bargaining, jobbery

'**koehoorn**, '**koehoren** *m* (-s) cow's horn

'**koehuid**, '**koeienhuid** *v* (-en) cow's hide

'**koeienkop** *m* (-pen) cow's head

'**koeienletter** *v* (-s): *met ~s* in big lettering

'**koeienoog** *o* (-ogen) cow's eye

'**koeienstaart** *m* (-en) cow's tail

'**koeienstal** *m* (-len) cowshed, cowhouse, byre

koeio'**neren** (koeioneerde, h. gekoeioneerd) *overg* bully

koek *m* (-en) **1** ⟨lekkernij⟩ cake; gingerbread; **2** ⟨v. vuil⟩ cake, crust; **3** ⟨koekje⟩ Br biscuit; Am cooky; *dat is andere ~!* that's something else!, now you're talking!; *dat is gesneden ~* that's mere child's play; *het gaat erin als ~* they lap it up; *ze zijn ~ en ei* they are hand in glove; *iets voor zoete ~ slikken* swallow sth., take sth. for gospel

'**koekbakker** *m* (-s) = *koekenbakker*

'**koekdeeg** *o* cake paste

koeke'**loeren** (koekeloerde, h. gekoekeloerd) *onoverg* peer; *zitten ~* be day-dreaming, sit and stare

'**koeken** (koekte, is gekoekt) *onoverg* cake

'**koekenbakker** *m* (-s) botcher

'**koekenbakker** *m* (-s) pastry-cook

'**koekenpan** *v* (-nen) frying-pan

koek-en-'**zopie** *o* (-s) stand, esp. on ice, selling hot milk drinks and cakes

'**koekje** *o* (-s) Br (sweet) biscuit; Am cooky; *een ~ van eigen deeg* a dose (taste) of one's own medicine

'**koekoek** *m* (-en) **1** ⟨vogel⟩ cuckoo; **2** ⟨bovenlicht⟩ skylight; *het is altijd ~ één zang met hem* he is always harping on the same string

'**koekoeksbloem** *v* (-en) ragged robin; red campion

'**koekoeksklok** *v* (-ken) cuckoo clock

'**koektrommel** *v* (-s) biscuit tin

koel I *bn* cool², cold [reception]; *in ~en bloede* in cold blood, cold-bloodedly; **II** *bijw* coolly

'**koelauto** *m* ('s) refrigerated lorry

'**koelbak** *m* (-ken) cooler

koel'**bloedig I** *bn* cool-headed, level-headed, steady, cool; **II** *bijw* coolly, steadily

'**koelbox** *m* (-en) cool box

'**koelcel** *v* (-len) cold storage

'**koelelement** *o* (-en) refrigerating element

'**koelen** (koelde, gekoeld) **I** (h.) *overg* cool; zie ook: *woede* &; **II** (is) *onoverg* cool (down)

'**koelheid** *v* coolness²; fig coldness

'**koelhuis** *o* (-huizen) cold store, cold-storage depot

'**koelie** *m* (-s) coolie

'**koeliewerk** *o* fig donkey work, drudgery

'**koeling** *v* **1** (het koelen) cooling; **2** ⟨koelcel⟩ cold store; **3** ⟨v. motor⟩ cooling system

'**koelinrichting** *v* (-en) refrigerator, refrigerating plant

'**koelkamer** *v* (-s) cold store, cooling-room

'**koelkast** *v* (-en) refrigerator

'**koelmiddel** *o* (-en) coolant

'**koelschip** *o* (-schepen) refrigerator ship

'**koeltas** *v* (-sen) cool-bag

'**koelte** *v* coolness; cool [of the evening]

'**koeltje** *o* (-s) breeze

'koeltjes *bijw* coolly, coldly
'koelvat *o* (-en) cooler
'koelvloeistof *v* (-fen) coolant
'koelwagen *m* (-s) refrigerator car
'koelwater *o* cooling water
'koemelk *v* cow's milk
koen I *bn* bold, daring, hardy; **II** *bijw* boldly
'koenheid *v* boldness, daring, hardihood
'koeoog *o* (-ogen) = *koeienoog*
'koepel *m* (-s) **1** ⟨v. gebouw⟩ dome, dome-shaped top, arch, cupola; **2** ⟨tuinhuisje⟩ summer-house
'koepeldak *o* (-daken) dome-shaped roof, dome
'koepelgewelf *o* (-welven) dome-shaped vault, dome
'koepelgraf *o* (-graven) beehive tomb, tholos
'koepelkerk *v* (-en) dome-church
'koepelvormig *bn* domeshaped
'koepokinenting *v* (-en) vaccination
'koepokken *mv* cowpox
'koepokstof *v* vaccine (lymph)
Koerd *m* (-en) Kurd
'Koerdisch *bn* & *o* Kurdish
'Koerdistan *o* Kurdistan
'koeren (koerde, h. gekoerd) *onoverg* coo
koe'rier *m* (-s) courier
'koeriersdienst *m* (-en) courier service, messenger service
Koe'rilen *mv* Kuril Islands
koers *m* (-en) **1** *scheepv* course, tack; **2** *handel* quotation, price; rate (of exchange); **3** *fig* course, line of action; ~ *zetten naar* shape one's course for, make for, steer for; *uit de* ~ be off course; *uit de* ~ *raken* be driven off one's course; *van* ~ *veranderen* change course
'koersbericht *o* (-en) market report
'koersdaling *v* (-en) fall in prices
'koersen (koerste, h. gekoerst) *onoverg scheepv* = *koers zetten*
'koerslijst *v* (-en) list of quotations
'koersnotering *v* (-en) (market) quotation
'koersschommeling *v* (-en) fluctuation in price (exchange)
'koersverandering *v* (-en) change of course[2]; *fig* new orientation
'koersverlies *o* (-liezen) loss on stock prices, loss on exchange parities
'koersverschil *o* (-len) difference in price
'koerswaarde *v* market value
'koerswinst *v* (-en) exchange profits; gains
'koeskoes *m* couscous
koest *bn* quiet; ~! down, dog!; *zich* ~ *houden* be (keep) mum, lie low (and say nothing)
'koestaart *m* (-en) = *koeienstaart*
'koestal *m* (-len) = *koeienstal*
'koesteren (koesterde, h. gekoesterd) **I** *overg* **1** cherish [children, plants, feelings, a design to..., &]; **2** entertain [feelings &]; **3** harbour [thoughts]; **II** *wederk*: *zich* ~ bask

koet *m* (-en) coot
koeter'waals *o* gibberish, *gemeenz* double Dutch
'koetje *o* (-s) (small) cow; *over* ~*s en kalfjes praten* talk about this and that, about one thing and another, about things in general; *gepraat over* ~*s en kalfjes* small-talk
koets *v* (-en) coach, carriage
'koetshuis *o* (-huizen) coach-house
koet'sier *m* (-s) driver, coachman
'koetswerk *o* (-en) coachwork
'koevoet *m* (-en) crowbar
'Koeweit *o* Kuwait
Koe'weiti *m* ('s) Kuwaiti
'Koeweits *bn* Kuwaiti
'koffer *m* (-s) **1** ⟨voor bagage⟩ (suit-)case, (hand)bag; ⟨groot formaat⟩ trunk; **2** ⟨voor waardevolle zaken⟩ box; **3** *gemeenz* (bed) sack; *de* ~ *induiken* hit the sack
'kofferbak *m* (-ken) *Br* boot; *Am* trunk
'koffergrammofoon *m* (-s en -fonen) portable grammophone
'kofferruimte *v* (-n en -s) boot, trunk
'kofferschrijfmachine *v* (-s) portable typewriter
'koffertje *o* (-s) (suite-)case
'koffie *m* coffee; ~ *drinken* take (have) coffee; ~ *zetten* make coffee; *op de* ~ *komen* come over for coffee; *fig* catch it; *dat is geen zuivere* ~ there is something fishy about it, it looks suspicious
'koffieautomaat *m* (-maten) coffee machine
'koffiebaal *v* (-balen) coffee bag
'koffiebar *m* & *v* (-s) coffee bar
'koffiebes *v* (-sen) coffee-berry
'koffieboom *m* (-bomen) coffee-tree
'koffieboon *v* (-bonen) coffee-bean
'koffiebrander *m* (-s) coffee-roaster
'koffiebranderij *v* (-en) coffee-roasting factory
'koffiebruin *bn* coffee-brown, coffee-coloured
'koffiecultuur *v* coffee-growing
'koffiedik *o* coffee-grounds; *zo helder als* ~ as clear as mud
'koffiedrinken *o* drink coffee, have coffee
'koffie-extract *o* coffee essence
'koffiefilter *m* & *o* (-s) coffee filter
'koffiehuis *o* (-huizen) **1** ⟨voor koffie, broodjes &⟩ coffee-house; **2** *vero* ⟨café⟩ (licensed) café
'koffiejuffrouw *v* (-en) tea lady
'koffiekamer *v* (-s) refreshment-room
'koffiekan *v* (-nen) coffee-pot
'koffiekopje *o* (-s) coffee-cup
'koffielepeltje *o* (-s) *ZN* tea spoon
'koffieleut *v* (-en) coffee freak
'koffiemelk *v* pasteurized, thickened milk
'koffiemolen *m* (-s) coffee-mill, coffee-grinder
'koffiepauze *v* (-n en -s) coffee-break
'koffieplantage *v* (-s) coffee-plantation
'koffieplanter *m* (-s) coffee-planter
'koffiepoeder *o* & *m* instant coffee
'koffiepot *m* (-ten) coffee-pot

'koffieroom *m* thin (single) cream
'koffieservies *o* (-viezen) coffee-service, coffee-set
'koffieshop *m* (-s) coffee shop
'koffiesurrogaat *o* (-gaten) coffee-substitute
'koffietafel *v* (-s) lunch
'koffietijd *m* coffee-break
'koffiezetapparaat *o* (-raten) coffee machine, percolator
'kofschip *o* (-schepen) koff
'kogel *m* (-s) **1** ⟨v. vuurwapen⟩ bullit; **2** ⟨v. kanon⟩ ball; **3** techn ⟨in een lager⟩ ball-bearing; **4** ⟨bij atletiek⟩ shot; *de ~ is door de kerk* the die is cast; *de ~ krijgen* be shot; *tot de ~ veroordelen* sentence to be shot, to death by shooting; *door een verdwaalde ~ worden geraakt* be hit by a stray bullit; *zich een ~ door het hoofd jagen* blow out one's brains
'kogelbaan *v* (-banen) trajectory
'kogelbiefstuk *m* (-ken) round steak
'kogelen (kogelde, h. gekogeld) *overg* hurl
'kogelflesje *o* (-s) globe-stoppered bottle
'kogelgat *o* (-gaten) bullet hole
'kogelgewricht *o* (-en) ball-and-socket joint
'kogellager *o* (-s) ball-bearing
'kogelregen *m* shower (hail) of bullets
'kogelrond *bn* globular, spherical
'kogelslingeren *o* throwing the hammer
'kogelstoten *o* shot-put
'kogelstoter *m* (-s) shot-putter
'kogelvanger *m* (-s) butt
'kogelvormig *bn* globular, spherical
'kogel'vrij *bn* bullet-proof, shot-proof
ko'hier *o* (-en) register
1 kok *m* (-s) **1** ⟨die kookt⟩ cook; **2** ⟨die maaltijden bezorgt⟩ caterer; *het zijn niet allen ~s die lange messen dragen* all are not hunters that blow the horn; *veel ~s bederven de brij* too many cooks spoil the broth
2 kok *m* (-ken) ⟨bacterie⟩ coccus
ko'karde *v* (-s) cockade
'koken (kookte, h. gekookt) **I** *onoverg* boil; *~ van woede* boil (seethe) with rage; **II** *overg:* *hij kan goed koken* he is an excellent cook; *wie kookt voor u?* who does your cooking?; **III** *overg* **1** boil [water &]; **2** cook [food]
1 'koker *m* (-s) ⟨kookapparaat⟩ boiler
2 'koker *m* (-s) **1** ⟨om iets in op te bergen⟩ case, sheath; **2** ⟨buis⟩ tube; **3** ⟨voor pijlen⟩ quiver
'kokerjuffer *v* (-s) caddis-fly
'kokervrucht *v* (-en) follicle
ko'ket *bn* coquettish
koket'teren (koketteerde, h. gekoketteerd) *onoverg* coquet(te), flirt[2]
kokette'rie *v* (-rieën) coquetry
'kokhalzen (kokhalsde, h. gekokhalsd) *onoverg* retch, keck, heave
'kokker, 'kokkerd *m* (-s) bouncer, gemeenz spanker, whopper; *een ~ van een neus* gemeenz a conk

kokke'rellen (kokkerelde, h. gekokkereld) *onoverg* cook gourmet food
kok'kin *v* (-nen) cook
'kokmeeuw *v* (-en) black-headed gull
'kokos *o* coconut
'kokosmakron *m* (-s en -kronen) coconut macaroon
'kokosmat *v* (-ten) coco-nut mat, coir matting
'kokosmelk *v* coco-nut milk
'kokosnoot *v* (-noten) coco-nut
'kokosolie *v* coco-nut oil
'kokospalm *m* (-en) coco-nut palm (tree), coco
'kokosvezel *v* (-s) coco-nut fibre
'kokoszeep *v* coco-soap
'koksjongen *m* (-s) cook's boy
'koksmaat *m* (-s) cook's mate
'koksmuts *v* (-en) chef's hat
kol (-len) **1** *v* ⟨heks⟩ witch, sorceress; **2** *m* star [of a horse]
'kola *m* cola, kola
'kolanoot *v* (-noten) cola nut, kola nut
'kolbak *m* (-ken en -s) busby
1 'kolder *m* (-s) ⟨harnas⟩ hist jerkin
2 'kolder *m* **1** ⟨paardenziekte⟩ (blind) staggers; **2** ⟨onzin⟩ (wild) nonsense; *hij heeft de ~ in z'n kop* the temper is on him; he is in a mad frenzy
kolde'riek *bn* crazy
'kolen *mv* coal, coals; *ik zat op hete ~* I was kept on thorns; *vurige ~ op iems. hoofd stapelen* bijbel heap coals of fire upon sbd.'s head
'kolenbedding *v* (-en) coal-seam
'kolenbekken *o* (-s) coal basin
'kolenbrander *m* (-s) charcoal-burner
'kolendamp *m* carbon monoxide
'kolendampvergiftiging *v* carbonmonoxide poisoning
'kolenemmer *m* (-s) coal-scuttle
'kolengruis *o* coal-dust
'kolenhok *o* (-ken) **1** ⟨in 't alg.⟩ coal-hole; **2** ⟨schuur⟩ coal-shed
'kolenkit *v* (-ten) coal-scuttle
'kolenlaag *v* (-lagen) layer (bed) of coals, coalstratum
'kolenmijn *v* (-en) coal-mine, coal-pit, colliery
'kolenschip *o* (-schepen) collier
'kolenschop *v* (-pen) coal-shovel, coal-scoop
'kolenschuur *v* (-schuren) coal-shed
'kolenstof *o* coal-dust
'kolentremmer *m* (-s) coal-trimmer
'kolenwagen *m* (-s) **1** ⟨in 't alg.⟩ coal-truck; **2** ⟨v. locomotief⟩ tender
kolf *v* (kolven) **1** butt(-end) [of a rifle]; **2** receiver [of a retort]; **3** spike, cob [of corn]; spadix [*mv* spadices]
'kolfje *o* (-s): *dat is een ~ naar zijn hand* that's the very thing he wants
'kolibrie *m* (-s) humming-bird
ko'liek *o* & *v* (-en) colic

kolk

kolk *m & v* (-en) **1** ⟨draaikolk⟩ eddy, whirlpool; **2** ⟨waterput⟩ pit, pool; **3** ⟨afgrond⟩ abyss, gulf; **4** ⟨v. sluis⟩ chamber

'kolken (kolkte, h. gekolkt) *onoverg* eddy, whirl, swirl

ko'lom *v* (-men) column

kolo'nel *m* (-s) colonel

koloni'aal I *bn* colonial; **II** *m* (-nialen) <u>hist</u> colonial soldier

kolonia'lisme *o* colonialism

kolonia'list *m* (-en) colonialist

kolonia'listisch *bn* colonialist

ko'lonie *v* (-s en -niën) colony, settlement

koloni'satie *v* (-s) colonization, settlement

koloni'sator *m* (-s en -'toren) colonizer

koloni'seren (koloniseerde, h. gekoloniseerd) *overg & onoverg* colonize, settle

kolo'nist *m* (-en) colonist, settler

kolo'riet *o* coloration, colouring

ko'los *m* (-sen) colossus, leviathan

kolos'saal I *bn* colossal, huge, tremendous; **II** *bijw* colossally, hugely, tremendously

'kolven (kolfde, h. gekolfd) *onoverg & overg* ⟨m.e. borstkolf⟩ express milk

kom *v* (-men) **1** ⟨vaatwerk⟩ basin, bowl; **2** ⟨v. gewricht⟩ socket; *de ~ van de gemeente* the centre; *bebouwde ~* built-up area; *zijn arm is uit de ~ geschoten* his arm has been dislocated

kom'aan *tsw* ~! come!; well!

kom'af *m* descent, origin; *van adellijke ~* of noble birth, highborn; *van goede ~* of a good (respectable) family; *van lage ~* of low birth (descent), lowborn

kom'buis *v* (-buizen) caboose, galley, cook's house

komedi'ant *m* (-en) comedian; *hij is een echte ~* he is always acting a part

ko'medie *v* (-s) **1** ⟨blijspel⟩ comedy; **2** ⟨gebouw⟩ theatre; *het is allemaal maar ~* it's all sham, it's mere make-believe, it is mere acting; *~ spelen* (doen alsof) put up an act

ko'meet *v* (-meten) comet

'komen (kwam (kwamen), is gekomen) *onoverg* come; *kom, kom* come now; *och kom!* zie: *och; ik kom al!* (I'm) coming!; *er komt regen* we are going to have rain; *hij zal er wel ~* he is sure to get there (to succeed); *wij kunnen er niet ~* we cannot make (both) ends meet; *er moge van ~ wat wil* come what may; *hoe komt het dat...* how comes it that..., how is it that...?; *hoe kom ik daar* how do I get there?; *(hij wist niet) hoe het gekomen was* how it had come about; *zo kom je er niet* this is not the right way; fig in this way you'll never make it (succeed), this will get you nowhere; *er kwam maar geen geld* no money was forthcoming; *(wij moeten maar) afwachten wat er ~ zal* await (further) developments; *is het zo ver gekomen dat...* has it come to this (to such a pass) that...?; *wie ('t) eerst komt ('t) eerst maalt* first come, first served; *ik zal hem laten ~* I'll send for him; *ik*

zal het laten ~ I'll order it; *~ te spreken over* get talking about; *als ik zou ~ te overlijden* if I should (come to) die; *kom ze halen* come and fetch (get) them; *ik kom u vertellen dat...* I have come to tell you that...; *u moet eens ~ kijken* come and see, come and have a look (at things); *hij kwam naast me zitten* he sat down by my side; *hij kwam naast mij te zitten* he happened to have his seat next to mine; *op hoeveel komt dat?* what does it come to?; *hoe duur komt u dat te staan?* what does it cost you?; *er mee aan de deur ~* hawk from door to door, come to the house; *hoe zal ik aan het geld ~?* how am I to come by (get) the money?, how am I to raise the money?; *eerlijk aan iets ~* come by sth. honestly; *kom er niet aan!* don't touch it!; *hoe kom je daaraan?* **1** how have you come by it?; **2** how did you find out?; how did you get knowledge of it?; *achter iets ~* find sth. out; *zal je bij me ~?* will you come to me?; *ik kom dadelijk bij je* I'll join you directly; *wij ~ niet meer bij hen* we don't visit at their house any more; *hoe kom je erbij?* what makes you think so?; *bij elkaar ~* come together, meet; *daarbij komt dat zij...* added to this they...; *dat moest er nog bij ~!* that would be the last straw; *er door ~* get through[2], pass through [a town]; *ik kon niet in mijn jas ~* I could not get into my coat; *in de kamer ~* come into the room, enter the room; *er een beetje in ~* catch on, get one's hand in, <u>gemeenz</u> gather speed; *ergens in kunnen ~* understand; *hij kwam naar mij toe* he came up to me; *hij komt om iets* he has come for something or other; *op hoeveel komt dat beeldje?* how much is that figure?; *het komt op 10 gulden per persoon* it comes to (works out at) 10 guilders per head; *ik kon niet op mijn fiets, mijn paard ~* I could not get on to my bicycle, my horse; *ik kan er niet op ~* I cannot think of it, remember it, recall it; zie ook: *gedachte, idee, inval; ik kon er niet toe ~* I could not bring myself to do it; *hoe bent u daartoe gekomen?* how did you come to do it?; *~ tot (middel, schouder)* come up to; *tot iem. ~ come to sbd.; tot zichzelf ~* come to one's senses; *tot een regeling ~* come to, arrive at, reach a settlement; *zij ~ uit een dorp* they are from a village; *die woorden ~ uit het Grieks* those words are derived from Greek; *ik kom er niet uit* fig I can't make it out; *kun jij eruit ~?* what do you make of it?; *dat komt van het vele lezen* that comes of reading so much; *van lezen (werken &) zal vandaag niets ~ komen* there will be no reading (working &) to-day; *wat zal ervan ~?* what is it going to end in?; *als er ooit iets van komt* if it ever comes to anything; *er zal niets van ~* nothing will come of it; *daar komt niets van in* that's out of the question; <u>gemeenz</u> nothing doing; *dat komt ervan* that comes of being...; that's what comes from ...ing; *waar kom jij vandaan?* **1** where do you come from?; **2** where do you hail from, where are you from?

kom'foor *o* (-foren) chafing-dish, brazier; zie ook:

gaskomfoor en *theelichtje*

1 ko'miek I *bn* comical, funny, droll; **II** *bijw* in a comical (funny) way

2 ko'miek *m* (-en) comedian, clown, funny-man

ko'mijn *m* cum(m)in

ko'mijnekaas *m* (-kazen) cum(m)in-seed cheese

'komisch *bn* comic [film, opera], comical; *het ~e is dat...* the funny part of the matter is that...

kom'kommer *v* (-s) cucumber

kom'kommersla *v* cucumber salad

kom'kommertijd *m* fig dull (dead, silly) season; *de ~* ook: the slack

'komma *v & o* ('s) comma; *0,5 = nul ~ vijf* decimal five

'kommaneuker *m* (-s) gemeenz hairsplitter

komma'punt *v & o* (-en) semicolon

'kommer *m* **1** ⟨bezorgdheid⟩ solicitude; **2** ⟨ellende⟩ trouble, affliction, sorrow, grief, misery

'kommerlijk *bn* needy, pitiful

'kommerloos *bn* free from cares, untroubled

'kommernis *v* (-sen) solicitude, anxiety, concern

'kommervol *bn* distressful, wretched

'kommetje *o* (-s) (small) cup, mug

Ko'moren *mv: de ~* The Comoro Islands

kom'pas *o* (-sen) compass

kom'pasbeugel *m* (-s) gimbals

kom'pashuisje *o* (-s) binnacle

kom'pasnaald *v* (-en) needle (of a compass)

kom'pasroos *v* (-rozen) compass-card

kom'passtreek *v* (-streken) point of the compass, rhumb

'kompel *m* (-s) pitman

kom'pres I *bn* solid [composition]; **II** *bijw* closely [printed]; **III** *o* (-sen) compress

komst *v* **1** ⟨in 't alg.⟩ coming, arrival; **2** plechtig advent [of Christ; of the car, the computer]; *op ~ zijn* be coming, be drawing near, be on the way

'komvormig bowl-shaped, basin-shaped

kon (konden) V.T. van *kunnen*

Kon. *afk.* = *Koninklijk*

kond: *~ doen* make known

'konden V.T. meerv. van *kunnen*

kon'fijten (konfijtte, h. gekonfijt) *overg* preserve, candy

'Kongo *o* Congo

Kongo'lees I *bn* Congolese; **II** *m* (-lezen) Congolese; *de Kongolezen* the Congolese

'kongsi ('s), **'kongsie** *v* (-s) **1** handel combine, ring, trust; **2** ⟨kliek⟩ clique

ko'nijn *o* (-en) rabbit, gemeenz bunny

ko'nijnenberg *m* (-en) (rabbit-)warren

ko'nijnenhok *o* (-ken) rabbit-hutch

ko'nijnenhol *o* (-holen) burrow

ko'nijnenjacht *v* rabbit-shooting

ko'nijnenvel *o* (-len) **1** ⟨in 't alg.⟩ rabbit's skin, rabbit-skin; **2** ⟨als bont⟩ cony

'koning *m* (-en) king; *de ~ der dieren* the king of beasts; *hij is de ~ te rijk* he is very happy

konin'gin *v* (-en) queen; *~-moeder* queen mother; *~-regentes* queen regent; *~-weduwe* queen dowager

koningin-'moeder *v* (-s) queen mother

Konin'ginnedag *m* (-dagen) the Queen's feast [in the Netherlands]

konin'ginnenpage *m* (-s) swallow-tailed butterfly

'koningsarend *m* (-en) royal eagle

'koningschap *o* **1** royalty, kingship [of Christ]; **2** [absolute, constitutional] monarchy

'koningsdochter *v* (-s) king's daughter

koningsge'zind *bn* royalist

koningsge'zinde *m-v* (-n) royalist

koningsge'zindheid *v* royalism

'koningshuis *o* (-huizen) royal house

'koningskind *o* (-eren) royal child

'koningskroon *v* (-kronen) royal crown

'koning-'stadhouder *m* king-stadtholder

'koningstijger *m* (-s) royal tiger

'koningstitel *m* (-s) title of king, regal title

'koningstroon *m* (-tronen) royal throne

'koningsvaren *v* (-s) osmund

'koningszoon *m* (-s en -zonen) king's son

'koninkje *o* (-s) petty king, kingling, kinglet

'koninklijk I *bn* royal, regal, kingly, kinglike; *van ~e afkomst* ook: royally descended; **II** *bijw* royally, regally, in regal splendour; in a kingly way

'koninkrijk *o* (-en) kingdom; *het ~ Denemarken* the Kingdom of Denmark; *het ~ der hemelen* the Kingdom of Heaven

'konisch *bn* conic(al), cone-shaped

'konkelaar *m* (-s) plotter, intriguer, schemer

konkela'rij *v* (-en) plotting, intriguing, scheming, machination(s)

'konkelen (konkelde, h. gekonkeld) *onoverg* plot, intrigue, scheme

konkel'foezen (konkelfoesde, h. gekonkelfoesd) *onoverg* plot against sbd., scheme

kon'stabel *m* (-s) scheepv gunner

'Konstanz *o* Constance; *Meer van ~* Lake Constance

kont *v* (-en) rear, bottom; slang bum; plat arse, Am ass; *in zijn (haar) blote ~* in the altogether; *een schop onder zijn ~ (voor zijn ~)* a kick in the arse

konter'feiten (konterfeitte, h. gekonterfeit) *overg* portray, picture

konter'feitsel *o* (-s) portrait, likeness

'kontje *o* (-s) bottom, slang bum; *iem. een ~ geven* give sbd. a leg up

kon'vooi *o* (-en) convoy

konvooi'eren (konvooieerde, h. gekonvooieerd) *overg* convoy

kooi *v* (-en) **1** cage [for birds, lions &]; **2** fold, pen [for sheep]; **3** decoy [for ducks]; **4** scheepv berth, bunk; *naar ~ gaan* gemeenz turn in

'kooiconstructie *v* (-s) cage

'kooieend *v* (-en) decoy-duck

'kooien (kooide, h. gekooid) *overg* **1** ⟨in een kooi sluiten⟩ cage, put into a cage; **2** ⟨v. schapen⟩ fold,

1033

pen
'**kooiker** *m* (-s) decoy man
kook *v*: *aan de ~ brengen* bring to the boil; *aan de ~ zijn* be on the boil; *van de ~ zijn* **1** eig be off the boil; **2** fig be upset
'**kookboek** *o* (-en) cook(ery) book
'**kookcursus** *m* (-sen) course of cookery, cooking classes
'**kookfornuis** *o* (-nuizen) cooking range, kitchen stove, kitchener, cooker
'**kookhitte** *v* boiling-heat
'**kookkachel** *v* (-s) cooking-stove
'**kookkunst** *v* cookery, art of cooking, culinary art
'**kookles** *v* (-sen) cookery lesson
'**kookplaat** *v* (-platen) hot-plate, cooking plate
'**kookpunt** *o* (-en) boiling-point
'**kookster** *v* (-s) cook
'**kooktoestel** *o* (-len) cooker, cooking-apparatus
'**kookwekker** *m* (-s) kitchen timer
1 kool *v* (kolen) (groente) cabbage; *de ~ en de geit sparen* temporize; *iem. een ~ stoven* play sbd. a trick; *groeien als ~* shoot up; *het is allemaal ~ gemeenz* it's all gammon
2 kool *v* (kolen) **1** (steenkool) coal; **2** (v. hout) charcoal; **3** (koolstof) carbon; zie ook: *kolen*
'**koolborstel** *m* (-s) carbon brush
kool'dioxide *o* carbon dioxide
'**koolhydraat** *o* (-draten) carbohydrate
'**koolmees** *v* (-mezen) great tit(mouse)
kool'monoxide *o* carbon monoxide
'**koolraap** *v* (-rapen) (koolgewas) Swedish turnip-cabbage
kool'rabi *v* ('s) kohlrabi, turnip-cabbage
kool'spits *v* (-en) carbon(-point), crayon
'**koolstof** *v* carbon
'**koolstofdatering** *v* carbon dating
'**koolstofhoudend** *bn* carbonic, carbonaceous, carboniferous
'**koolstofverbinding** *v* (-en) carbon compound
'**koolstronk** *m* (-en) stalk of cabbage
'**koolteer** *m* & *o* coal-tar
kool'waterstof *v* (-fen) hydrocarbon
'**koolwitje** *o* (-s) cabbage butterfly
'**koolzaad** *o* (-zaden) rapeseed
'**koolzuur** *o* carbonic acid, carbon dioxide
'**koolzuurhoudend** *bn* carbonated [water]
'**koolzwart** *bn* coal-black, carbon black
koon *v* (konen) cheek
koop *m* (kopen) purchase, bargain, buy; *een ~ sluiten* strike a bargain; *op de ~ toe* into the bargain; *te ~* for sale, on sale; *te ~ aanbieden* offer (put up) for sale; *te ~ lopen met zijn geleerdheid* show off (air) one's learning; *met zijn gevoelens te ~ lopen* wear one's heart on one's sleeve; *weten wat er in de wereld te ~ is* know what is going on in the world
'**koopakte** *v* (-n en -s) purchase deed
'**koopavond** *m* (-en) late shopping night
'**koopbriefje** *o* (-s) bought note

'**koopcontract** *o* (-en) contract of sale
'**koopgraag** *bn* acquisitive, eager to buy
'**koophandel** *m* trade, commerce
'**koopje** *o* (-s) (great) bargain, (good) buy; *daaraan heb ik een ~* that's a (real) bargain, that's a good buy; *op een ~* on the cheap
'**koopjesjager** *m* (-s) bargain-hunter
'**koopkracht** *v* **1** (v. persoon) purchasing power, buying power; **2** (v. h. publiek) spending power
koop'krachtig *bn* having great purchasing power, able to buy
'**kooplieden** meerv. van *koopman*
'**kooplust** *m* inclination (desire) to buy, buying propensity
koop'lustig *bn* acquisitive, eager to buy, fond of buying
'**koopman** *m* (-lieden en -lui) **1** (in 't alg.) merchant, dealer; **2** (venter) (street) hawker
'**koopmansbeurs** *v* (-beurzen) (commodity) exchange
'**koopmansboek** *o* (-en) account book
'**koopmanschap** *v* trade, business
'**koopovereenkomst** *v* (-en) purchase agreement
'**kooppenningen** *mv* purchase money
'**koopprijs** *m* (-prijzen) purchase price
'**koopsom** *v* (-men) purchase money
'**koopsompolis** *v* (-sen) single-premium insurance
'**koopstad** *v* (-steden) commercial town
'**koopvaarder** *m* (-s) = *koopvaardijschip*
koopvaar'dij *v* merchant service
koopvaar'dijschip *o* (-schepen) merchantman
koopvaar'dijvloot *v* (-vloten) merchant fleet, merchant navy
'**koopvrouw** *v* (-en) tradeswoman; (vegetable &) woman
'**koopwaar** *v* (-waren) merchandise, commodities, wares
'**koopwoede** *v* spending mania
'**koopwoning** *v* (-en) owner-occupied dwelling
'**koopziek** *bn* eager to buy
'**koopzucht** *v* eagerness to buy
koor *o* (koren) **1** (zangers) choir; **2** (tegenover solo; rei) chorus; **3** (plaats) choir, chancel; *in ~* in chorus
'**koorbank** *v* (-en) choir-stall
koord *o* & *v* (-en) cord, string, rope; *de ~en van de beurs in handen hebben* hold the purse-strings; *op het slappe ~ dansen* walk (balance) on the slack-rope
'**koorddanser** *m* (-s), '**koorddanseres** *v* (-sen) rope-dancer, rope-walker
'**koorde** *v* (-n) chord
'**koordirigent** *m* (-en) choral conductor
'**koordje** *o* (-s) (bit of) string
'**koorgezang** *o* (-en) choral song(s), choral singing
'**koorhek** *o* (-ken) choir-screen
'**koorhemd** *o* (-en) surplice
'**koorkap** *v* (-pen) cope
'**koorknaap** *m* (-knapen) chorister, choirboy

koppelaar

koorts *v* (-en) fever; *de gele* ~ yellow fever; *koude* ~ ague; *(de)* ~ *hebben* have a, (the) fever; *de* ~ *krijgen* be taken with the fever
'koortsaanval *m* (-len) attack (fit) of fever
'koortsachtig I *bn* feverish²; **II** *bijw* feverishly²
'koortsdroom *m* (-dromen) feverish dream; *koortsdromen hebben* be delirious with fever
'koortsgloed *m* fever-heat
'koortsig *bn* feverish
'koortslijder *m* (-s) fever patient
'koortsmiddel *o* (-en) febrifuge
'koortsthermometer *m* (-s) fever (clinical) thermometer
'koortsuitslag *m* cold sore, fever spots
'koortsverwekkend *bn* pyretogenic
'koortsvrij free from fever
'koortswerend pyretic
'koorzang *m* (-en) = *koorgezang*
'koorzanger *m* (-s) chorister
koos (kozen) V.T. van *kiezen*
'koosjer *bn* = *kousjer*
'koosnaam *m* (-namen) pet name
koot *v* (koten) **1** ⟨v. mens⟩ knuckle-bone; **2** ⟨v. paard⟩ pastern
'kootje *o* (-s) phalanx [*mv* phalanges]
kop *m* (-pen) **1** head [of a person, a nail &], *gemeenz* pate, *slang* nob, noodle; **2** fig ⟨hersens⟩ head, brains; **3** heading, headline [of newspaper article]; **4** cup [for coffee, tea]; **5** bowl [of a pipe]; **6** crest [of a wave]; **7** mil war-head [of rocket, torpedo]; ~ *van jut* try-your-strength machine; *een schip met 100* ~*pen* with a hundred souls (hands); *een goede* ~ *hebben* have a good head [for names &]; *(hou je)* ~ *dicht!* gemeenz shut up!; ~ *op!* don't let it get you down, cheer up!; *iets de* ~ *indrukken* nip sth. in the bud, stamp out, quell [a rebellion]; scotch [a rumour]; *de* ~ *nemen* sp take the lead; *de* ~ *opsteken* crop up; ~*pen zetten* cup [a patient]; *aan de, op* ~ *liggen* sp lead; *op de* ~ *af* exactly [five]; *iem. op zijn* ~ *geven* let sbd. have it; *op zijn* ~ *krijgen* catch it; *al ging hij op zijn* ~ *staan* though he should do anything; *de wereld staat op zijn* ~ the world has turned topsy-turvy; *iets op de* ~ *tikken* **1** pick sth. up [at a sale]; **2** slang nab sth.; *de dingen op hun* ~ *zetten* stand things on their head; *iem. op z'n* ~ *zitten* bully sbd.; *hij laat zich niet op zijn* ~ *zitten* he doesn't suffer himself to be sat upon; *over de* ~ *gaan* ⟨failliet gaan⟩ gemeenz go bust; *over de* ~ *schieten, over de* ~ *slaan* turn over; *zonder* ~ *of staart* without either head or tail; without beginning or end; zie ook: *hoofd*
'kopbal *m* (-len) sp header
'kopduel *o* (-len) heading duel
ko'peke *m* (-n) kopeck
'kopen (kocht, h. gekocht) **I** *overg* buy², purchase; *wat koop ik er voor?* fig what good can it do me?, what's the good of that?; **II** *abs ww* buy; *wij* ~ *niet bij hen* we don't deal with them

Kopen'hagen *o* Copenhagen
1 'koper *m* (-s) buyer, purchaser
2 'koper *o* copper; *geel* ~ brass; *rood* ~ copper; *het* ~ muz the brass
'koperachtig *bn* coppery; brassy
'koperblazers *mv* brass winds
koper'diepdruk, 'koperdruk *m* (-ken) copperplate printing, photogravure
'koperdraad *o & m* (-draden) brass-wire
1 'koperen *bn* copper, brass
2 'koperen (koperde, h. gekoperd) *overg* copper
'kopererts *o* (-en) copper-ore
'kopergeld *o* coppers, copper coin
kopergiete'rij *v* (-en) brass-foundry
'kopergravure *v* (-s en -n) copperplate
'kopergroen *o* verdigris
'koperhoudend *bn* containing copper, cupreous
'koperkleurig *bn* copper-coloured, brass-coloured
'kopermijn *v* (-en) copper-mine
koperplette'rij *v* (-en) copper-mill
'koperpoets *m & o* copper polish, brass polish
'koperslager *m* (-s) copper-smith, brazier
'kopersmarkt *v* buyers' market
'koperwerk *o* brass-ware
'koperwiek *v* (-en) redwing
'kopgroep *v* (-en) leading group
ko'pie *v* (-pieën) **1** copy [of a letter]; **2** replica [of work of art]; *voor* ~ *conform* a true copy
ko'pieboek *o* (-en) handel letter-book
kopi'eerapparaat *o* (-raten) copying machine, copier
kopi'eerinkt *m* copying-ink
kopi'ëren (kopieerde, h. gekopieerd) *overg* **1** ⟨in 't alg.⟩ copy; **2** engross [a deed]
kopi'ist *m* (-en) **1** transcriber, copyist [of documents]; **2** copying-clerk [in an office &]
ko'pij *v* (-en) copy; *er zit* ~ *in* it makes good copy, there is a story in it
ko'pijrecht *o* (-en) copyright
'kopje *o* (-s) **1** ⟨klein hoofd⟩ head; **2** ⟨drinkgerei⟩ cup; **3** ZA ⟨heuvel⟩ kopje; **4** headline [of an article]; *wat een lief* ~*!* what a sweet face!; ~ *duikelen* somersault; ~*-onder gaan* take a header, get a ducking; *iem. een* ~ *kleiner maken* behead sbd., gemeenz chop sbd.'s head off
'kopklep *v* (-pen) overhead valve
'koplamp *v* (-en) headlamp
'koplicht *o* (-en) headlight
'koploper *m* (-s): ~ *zijn* take (be in) the lead
'kopman *m* (-nen) sp leader
'koppakking *v* (-en) cylinder head gasket
1 'koppel *o* (-s) **1** ⟨stel⟩ couple; **2** ⟨patrijzen⟩ brace; **3** muz ⟨v. orgel⟩ coupler; *een* ~ ZN ⟨een paar⟩ some, a few
2 'koppel *m* (-s) **1** ⟨voor zwaard⟩ belt; **2** ⟨voor hond⟩ leash
'koppelaar *m* (-s) **1** ⟨huwelijk⟩ procurer, matchmaker; **2** ⟨prostitutie⟩ pimp

1035

'**koppelaarster** v (-s) matchmaker, procuress
koppela'rij v (-en) 1 ⟨huwelijk⟩ matchmaking;
2 ⟨prostitutie⟩ procuring, procuration, pimping
'**koppelbaas** m (-bazen) contractor, recruiter
'**koppelen** (koppelde, h. gekoppeld) overg 1 couple
[chains &]; 2 dock [of spacecraft]; 3 leash
[hounds]; 4 join [words]; 5 ⟨v. mensen⟩ make a
match
'**koppeling** v (-en) 1 ⟨in 't alg.⟩ coupling; 2 ⟨v. auto
ook:⟩ clutch; 3 ⟨ruimtevaart⟩ docking; de ~ op laten
komen declutch; de ~ intrappen engage the clutch
'**koppelingspedaal** o & m (-dalen) clutch (pedal)
'**koppelriem** m (-en) belt
'**koppelstang** v (-en) 1 ⟨in 't alg.⟩ coupling-rod;
2 ⟨v. motor⟩ connecting-rod
'**koppelteken** o (-s) hyphen
'**koppeltjeduikelen** onoverg somersault
'**koppelverkoop** m linked transaction package
deal
'**koppelwerkwoord** o (-en) copula
'**koppelwoord** o (-en) copulative
'**koppen** (kopte, h. gekopt) overg 1 ⟨v. kop ontdoen⟩
poll, cut back, head; 2 voetbal head [the ball]
'**koppensnellen** o head-hunting
'**koppensneller** m (-s) head-hunter
koppie-'koppie tsw good thinking
'**koppig I** bn 1 headstrong, obstinate [people], refractory; 2 heady [of liquors]; II bijw obstinately
'**koppigheid** v 1 obstinacy [of people]; 2 headiness
[of liquors]
'**koppijn** v gemeenz a head
'**koppositie** v (-s) sp lead
'**kopra** v copra
'**kopregel** m (-s) running head(line)
'**koprol** v (-len) somersault
'**kopschuw** bn shy; ~ maken frighten (off); ~ worden jib
'**kopspijker** m (-s) 1 ⟨in 't alg.⟩ tack; 2 bobnail [for
boots]
kop-'staartbotsing v (-en) rear-end collision
'**kopstation** o (-s) terminus [mv termini]
'**kopstem** v (-men) head-voice
'**kopstoot** m (-stoten) header
'**kopstuk** o (-ken) headpiece; de ~ken van de partij
gemeenz the big men of the party
Kopt m (-en) Copt
'**koptelefoon** m (-s) headphone(s), headset
'**Koptisch** bn Coptic
'**kopwerk** o sp front riding
'**kopzorg** v (-en) worry; zich ~(en) maken worry
(over about)
1 **ko'raal** o (-ralen) muz chorale
2 **ko'raal** o (-ralen) ⟨de stof⟩ coral
ko'raalachtig bn coralline
ko'raalbank v (-en) coral reef
ko'raaldier o (-en) coral polyp
ko'raaleiland o (-en) coral island
ko'raalmos o coral moss, coralline

ko'raalmuziek v choral music
ko'raalrif o (-fen) coral reef
ko'raalvisser m (-s) coral fisher, coral diver
Ko'raalzee v Coral Sea
ko'ralen bn coral, coralline
ko'ran m Koran
kor'daat bn determined, resolute, firm
kor'don o (-s) cordon [of police &]
Ko'rea o Korea
Kore'aan m (-reanen) Korean
Kore'aans o & bn Korean
'**koren** o corn, grain; het is ~ op zijn molen that is
just what he wants, that is grist to his mill
'**korenaar** v (-aren) ear of corn
'**korenbeurs** v (-beurzen) corn-exchange
'**korenblauw** bn cornflower blue
'**korenbloem** v (-en) cornflower, bluebottle
'**korenhalm** m (-en) corn-stalk
'**korenmaat** v (-maten) cornmeasure; zie ook: ²licht
'**korenmolen** m (-s) corn-mill
'**korenschoof** v (-schoven) sheaf of corn
'**korenschuur** v (-schuren) granary²
'**korenveld** o (-en) cornfield
'**korenwan** v (-nen) winnow
'**korenzolder** m (-s) corn-loft, granary
1 **korf** m (korven) 1 ⟨mand⟩ basket, hamper;
2 ⟨voor bijen⟩ hive
2 **korf** (**korven**) V.T. van kerven
'**korfbal** o korfball
'**korfballen** (korfbalde, h. gekorfbald) overg play
korfball
'**Korfoe** o Corfu
'**korhaan** m (-hanen) black-cock
'**korhoen** o (-ders) grey-hen; korhoenders grouse
kori'ander m coriander
Korinth- = Corinth-
1 **kor'net** m (-ten) mil cornet, ensign
2 **kor'net** v (-ten) muz cornet
kor'noelje v (-s) cornel, dogberry
kor'nuit m (-en) comrade, companion, mate, fellow
korpo'raal m (-s) corporal
korps o (-en) ⟨army⟩ corps; zie ook: muziekkorps,
politiekorps, studentencorps &
'**korpsgeest** m esprit de corps
'**korrel** m (-s) 1 ⟨zaadje, bolletje⟩ grain; 2 = vizierkorrel; op de ~ nemen eig aim at, draw a bead on; fig
snipe at
'**korrelen** (korrelde, h. gekorreld) overg grain,
granulate
'**korrelig** bn granular
'**korreling** v granulation, graining
'**korreltje** o (-s) grain, granule; met een ~ zout with
a pinch of salt
'**Korsakovsyndroom** o (-dromen) Korsakoff's syndrom
kor'set o (-ten) 1 ⟨in 't alg.⟩ corset, vero (pair of)
stays; 2 ⟨licht, zonder baleinen⟩ girdle

korst v (-en) **1** crust [of bread]; **2** rind [of cheese]; **3** scab [on a wound]

'**korstachtig** bn crusty

'**korstdeeg** o short pastry

'**korstig** bn **1** ⟨brood &⟩ crusty; **2** ⟨wond⟩ scurfy, scabby

'**korstloos** bn crustless; korstloze kaas rindless cheese

'**korstmos** o (-sen) lichen

kort I bn short, brief; ~ en bondig short and concise, short and to the point; clear and succinct; ~ en dik thick-set, squat; ~ en goed in a word, in short; alles ~ en klein slaan smash everything to atoms; ~ maar krachtig short and sweet; om ~ te gaan to be brief, to make a long story short; iem. ~ houden **1** keep sbd. short (on short allowance); **2** keep sbd. on a tight rein; het ~ maken make it short; ik zal ~ zijn I will be brief; ~ van memorie zijn have a short memory; ~ van stof zijn be brief, be shortspoken; in ~ bestek in brief, in a few words; na ~ere of langere tijd sooner or later; sedert ~ lately, recently; geld te ~ komen be short of money; ik kom een paar gulden te ~ I am a few guilders short; er niet bij te ~ komen profit by it, get something out of it; er is 20 gulden te ~ there are twenty guilders short; **II** o: in het ~ in brief, briefly; tot voor ~ until recently; **III** bijw briefly, shortly; ~ daarna (daarop) shortly after; het is ~ dag time is getting short; om ~ te gaan the long and the short of it [is]; ~ geleden lately, recently

kortaangebonden short-tempered

kort'ademig bn asthmatic, short of breath, short-winded

kort'ademigheid v shortness of breath, asthma, short-windedness

'**kort'af I** bn curt; hij was erg ~ tegen me he was very short with me; **II** bijw curtly

korte'baan- voorv short-distance

korte'golfontvanger m (-s) short-wave receiver

korte'golfzender m (-s) short-wave transmitter

'**kortelings** bijw a short time ago, not long ago

'**korten** (kortte, gekort) **I** (h.) overg **1** shorten [a string, the hours]; **2** clip [wings]; **3** deduct from [wage]; **4** beguile [the time]; **II** (is) onoverg grow shorter; de dagen ~ the days are shortening (drawing in)

'**kortgeknipt** bn close-cut [nails, grass]; close-cropped [hair]

'**kortharig** bn short-haired

'**kortheid** v shortness, brevity, succinctness

kortheids'halve bijw for the sake of brevity; [called Tom] for short

'**korthoornvee** o short-horned cattle, shorthorns

'**korting** v (-en) **1** deduction [from wages]; **2** handel discount, rebate, allowance; ~ voor contant cash discount

'**kortingkaart** v (-en) reduced-fare card (pass)

'**kortlopend** bn short-term

'**kortom, kort'om** bijw in short, in a word, in fine; ~, ik wil niet to make a long story short, I will not

'**kortoren** (kortoorde, h. gekortoord) overg crop the ears of

'**kortparkeerder** m (-s) short-term parker

'**Kortrijk** o Courtrai

'**kortsluiting** v elektr short-circuit, short-circuiting

'**kortstaart** m (-en) bobtail

'**kortstaarten** (kortstaartte, h. gekortstaart) overg dock (the tail of)

kort'stondig bn of short duration, short-lived

kort'stondigheid v shortness, brevity

'**kortverhaal** o (-halen) ZN short story

'**kortweg** bijw curtly, summarily

'**kortwieken** (kortwiekte, h. gekortwiekt) overg clip the wings of; iem. ~ fig clip sbd.'s wings

kort'zicht o: wissel op ~ short(-dated) bill

kort'zichtig bn near-sighted, short-sighted[2], purblind

kort'zichtigheid v near-sightedness, short-sightedness[2]

1 '**korven** (korfde, h. gekorfd) overg **1** put into a basket (baskets); **2** hive [bees]

2 '**korven** V.T. meerv van kerven

kor'vet v (-ten) corvette

'**korzelig I** bn crabbed, crusty; **II** bijw crabbedly

'**korzeligheid** v crabbedness, crustiness

'**kosmisch** bn cosmic [rays]

kosmogra'fie v cosmography

kosmolo'gie v cosmology

kosmo'naut m (-en) cosmonaut

kosmopo'liet m (-en) cosmopolite, cosmopolitan

kosmopo'litisch bn cosmopolitan

'**kosmos** m cosmos

kost m board, food, fare, victuals, livelihood; ~ en inwoning board and lodging, bed and board; degelijke ~ substantial fare; dat is oude ~ that is old news; slappe ~ cat-lap; volle ~ full board; zware ~ **1** eig heavy food; **2** fig strong meat; geen ~ voor kinderen **1** eig no food for children; **2** fig no milk for babes; iem. de ~ geven feed sbd.; de ~ verdienen earn one's keep; aan de ~ komen earn one's keep, make a living; (een jongen) in de ~ doen put out (a boy) to board; bij een leraar in de ~ boarded out with a teacher; iem. in de ~ nemen take sbd. in to board; in de ~ zijn bij be boarding with; wat doet hij voor de ~? what does he do for a living?; zonder ~ without food; zie ook: koste & [2]kosten

'**kostbaar** bn **1** expensive, costly, dear [objects of art]; **2** precious [gems]; **3** valuable [furniture, time]; **4** sumptuous [banquets]

'**kostbaarheid** v (-heden) expensiveness, costliness, sumptuousness; kostbaarheden valuables

'**kostbaas** m (-bazen) landlord

'**koste** m: ten ~ van zijn gezondheid at the cost of his health; zich ten ~ van iem. anders vermaken amuse oneself at the expense of someone else; ten ~ leggen aan spend [money &] on

'**kostelijk I** *bn* **1** ⟨heerlijk⟩ exquisite, delicious [food]; **2** ⟨uitstekend⟩ splendid, glorious; *wij hebben ons ~ vermaakt* we had a marvellous (wonderful) time; *die is ~!* that is a good one!, that's rich!; **II** *bijw* splendidly

'**kosteloos I** *bn* free, gratis; **II** *bijw* free of charge, gratis

1 '**kosten** (kostte, h. gekost) *overg* cost; *wat kost het?* how much is it?, what do you charge for it?; *het kan hem zijn betrekking ~* it is as much as his place is worth; *het zal mij twee dagen ~* it will take me two days; *al kost het mij het leven* even if it cost my life; *het kostte vijf personen het leven* it cost the lives of five persons; *het zal u veel moeite ~* it will give you a lot of trouble; *het koste wat het kost* cost what it may, at any cost (price); *tegen de ~de prijs* at cost-price

2 '**kosten** *mv* **1** ⟨in 't alg.⟩ expense(s), cost; **2** *recht* costs [of a lawsuit]; *de ~ bestrijden* defray the expenses; *~ maken* go to expense, incur expenses; *~ noch moeite sparen* spare neither effort nor expense; *aanzienlijke ~ meebrengen* involve considerable expense; *bijkomende ~* additional charges; *op eigen ~* at his (her) own expense; *op mijn ~* at my (own) expense; *iem. op (hoge) ~ jagen* put sbd. to (great) expense; *op ~ van ongelijk* at the loser's risk; *uit de ~ komen* break even

'**kostenberekening** *v* (-en) **1** ⟨in 't alg.⟩ calculation of expense; **2** handel cost-accounting, costing

'**kostenbesparing** *v* (-en) economy

kosten'dekkend *bn* cost-effective

'**koster** *m* (-s) sexton, verger

'**kostganger** *m* (-s) boarder

'**kostgeld** *o* (-en) board

'**kosthuis** *o* (-huizen) boarding-house

'**kostje** *o* (-s) gemeenz chow

'**kostjuffrouw** *v* (-en) landlady

'**kostprijs** *m* cost-price, prime cost

'**kostschool** *v* (-scholen) boarding-school

'**kostschoolhouder** *m* (-s) boarding-school master

'**kostschoolleerling** *m* (-en) boarder

kostu'meren (kostumeerde, h. gekostumeerd) *overg & wederk* dress up (as a...); *gekostumeerd bal* fancy(-dress) ball

kos'tuum *o* (-s) **1** ⟨pak voor heren⟩ suit, suit of clothes; **2** ⟨mantelpak⟩ costume, suit; **3** ⟨voor gekostumeerd bal⟩ fancy dress

kos'tuumnaaister *v* (-s) dressmaker

kos'tuumrepetitie *v* (-s) dress rehearsal

'**kostwinner** *m* (-s) bread-winner

'**kostwinnersvergoeding** *v* separation allowance

'**kostwinning** *v* livelihood

kot *o* (-ten) **1** pen [for sheep]; **2** kennel [for dogs]; **3** sty [for pigs]; **4** slang quod [= prison]; **5** ZN ⟨studentenkamer⟩ student flat

kote'let *v* (-ten) cutlet, chop

'**koter** *m* (-s) gemeenz kid

kots *m* gemeenz puke

'**kotsen** (kotste, h. gekotst) *onoverg* throw up, puke

'**kotsmisselijk** *bn* sick to death; *ik ben er ~ van* I am sick and tired of it

'**kotter** *m* (-s) cutter

kou *v* cold; *een ~ in het hoofd* a cold in the head; *~ vatten* catch (a) cold

koud I *bn* cold[2]; frigid [zone]; *het ~ hebben* be cold; *ik werd er ~ van* it made my blood run cold; *het laat mij ~* it leaves me cold; *iem. ~ maken* ⟨doden⟩ slang do away with sbd.; **II** *bijw* coldly[2]; **III** *voegw* ⟨nauwelijks⟩ hardly, scarcely

'**koudbloedig** *bn* coldblooded[2]

'**koude** *v* = kou

'**koudefront** *o* (-en) cold front

'**koudegolf** *v* (-golven) cold-wave

'**koudgreep** *v* (-grepen) insulated handle

'**koudheid** *v* coldness

'**koudjes I** *bn* coldish; **II** *bijw* coldly

'**koudmakend** *bn* cooling; *~ mengsel* freezing mixture

koud'vuur *o* gangrene

koud'watervrees *v* fig cold feet

'**koufront** *o* (-en) cold front

'**koukleum** *m-v* (-en) chilly person

kous *v* (-en) stocking; zie ook: *kousje; daarmee is de ~ af* that settles the matter; *de ~ op de kop krijgen* ⟨afgewezen worden⟩ be given the brush off, get turned down; *met de ~ op de kop thuiskomen* come away with a flea in one's ear; *op zijn ~en* in his stockinged feet

'**kousenband** *m* (-en) garter

'**kousenvoeten** *mv: op ~* in one's stockinged feet°

'**kousenwinkel** *m* (-s) hosier's shop

'**kousje** *o* (-s) **1** ⟨v. olielamp⟩ wick; **2** ⟨v. gaslamp⟩ (incandescent) mantle

'**kousjer** *bn* kosher[2]

kout *m* talk, chat

'**kouten** (koutte, h. gekout) *onoverg* vero talk, chat

'**kouter** *o* (-s) ⟨v. ploeg⟩ coulter

'**kouvatten**[1] *onoverg* catch cold

'**kouwelijk** *bn* chilly

ko'zak *m* (-ken) Cossack

'**kozen** V.T. meerv. van kiezen

ko'zijn *o* (-en) window-frame

kraag *m* (kragen) **1** collar [of linen, of a coat]; **2** tippet [of fur]; **3** ⟨geplooid⟩ ruff; *bij de ~ pakken* seize [sbd.] by the collar, collar [sbd.]

'**kraagje** *o* (-s) collaret(te)

kraai *v* (-en) **1** ⟨vogel⟩ crow; **2** schertsend ⟨doodbidder⟩ undertaker's man; *bonte ~* hooded crow; *zwarte ~* carrion crow

'**kraaien** (kraaide, h. gekraaid) *onoverg* crow

'**kraaienmars** *m: de ~ blazen* gemeenz go west, slang kick the bucket

'**kraaiennest** *o* (-en) crow's nest°

'**kraaienpootjes** *mv* crow's-feet

kraak *m* (kraken) **1** ⟨inbraak⟩ break-in; Am slang heist; **2** ⟨geluid⟩ crack, cracking; *een ~ zetten* slang crack a crib; *er zit ~ noch smaak aan* it just has no taste at all

'**kraakactie** *v* (-s) squat

'**kraakamandel** *v* (-s en -en) shell-almond

'**kraakbeen** *o* gristle, cartilage

'**kraakbeweging** *v* squatter's movement

'**kraakhelder** *bn* spotlessly clean, spick-and-span

'**kraaknet** *bn* ZN spic-and-span

'**kraakpand** *o* (-en) squat

'**kraakstem** *v* (-men) grating voice

1 kraal *v* (kralen) (bolletje) bead

2 kraal *v* (kralen) (omsloten ruimte) kraal

'**kraaloogjes** *mv* beady eyes

kraam *v* (kramen) booth, stall, stand; *dat komt niet in zijn ~ te pas* that does not suit his book (his purpose, his game)

'**kraamafdeling** *v* (-en) maternity ward

'**kraambed** *o* childbed; *in het ~ liggen* be confined, lie in

'**kraambeen** *o* (-benen) white-leg, milk-leg

'**kraambezoek** *o* maternity visit

'**kraaminrichting** *v* (-en) maternity home, maternity hospital

'**kraamkamer** *v* (-s) delivery room

'**kraamkliniek** *v* (-en) maternity (lying-in) hospital

'**kraamkoorts** *v* (-en) puerperal fever

'**kraampje** *o* (-s) booth [at a fair]

'**kraamverpleegster** *v* (-s) maternity nurse

'**kraamverzorgster** *v* (-s) monthly nurse

'**kraamvisite** *v* maternity visit

'**kraamvrouw** *v* (-en) mother of newly-born child

1 kraan *v* (kranen) **1** (aan vat &) tap, cock, <u>Am</u> faucet; **2** (om te hijsen) crane, derrick

2 kraan *m* (kranen) (uitblinker) dab; *hij is een ~ in...* he is a dab at...

3 kraan *m* (kranen) (vogel) = *kraanvogel*

'**kraanbalk** *m* (-en) cat-head

'**kraandrijver** *m* (-s) crane-driver

'**kraaneiland** *o* (-en) floating crane

'**kraangeld** *o* (-en) cranage

'**kraanvogel** *m* (-s) crane

'**kraanwagen** *m* (-s) breakdown lorry

'**kraanwater** *o* tap water

1 krab *v* (-ben) (schram) scratch

2 krab *v* (-ben) (dier) crab

'**krabbel** *v* (-s) **1** scratch [with the nails]; **2** scrawl, scribble [with a pen]; **3** thumb-nail sketch [by an artist]; **4** doodle [while thinking or listening]

'**krabbelen** (krabbelde, h. gekrabbeld) **I** *onoverg* scratch; scrawl, scribble; doodle [idly, while thinking or listening]; **II** *overg* scratch; scrawl, scribble [a few lines]

'**krabbelig** *bn* scrawled, crabbed, cramped [handwriting]

'**krabbelschrift** *o* crabbed writing; *zijn ~ ook:* his scrawl(s)

'**krabbeltje** *o* (-s) note, scrawl, word

'**krabben** (krabde, h. gekrabd) **I** *onoverg* scratch [with the nails]; **II** *overg* scratch, scrape; *iem. in zijn gezicht ~* scratch sbd.'s face; **III** *wederk: zich ~* scratch (oneself); *zich achter de oren ~* scratch one's head

'**krabber** *m* (-s) scratcher, scraper

'**krabbetje** *o* (-s) spare-rib

'**krabijzer** *o* (-s) scraping-iron, scraper

krach *m* (-s) <u>handel</u> crash

kracht *v* (-en) **1** (in 't alg.) energy, power, strength, force, vigour; **2** (werkkracht) employee, worker; *zijn ~en beproeven (op...)* try one's hand (at...); *~ bijzetten aan...* zie: *bijzetten*; *van wet hebben* have the force of law; *zijn ~en herkrijgen (herstellen)* regain one's strength; *al zijn ~en inspannen* exert one's utmost strength; *zijn ~en wijden aan* devote one's energy to; *in de ~ van hun leven* in their prime, in the prime of life; *met alle ~* with might and main; *met halve ~* <u>scheepv</u> ease her!, half speed; *met vereende ~en* with united efforts; *met volle ~ (vooruit!)* ful speed (ahead!); *(weer) op ~en komen* regain strength, recuperate; *uit ~ van* in (by) virtue of; *van ~ zijn* in force; *van ~ worden* come into force; *God geeft ~ naar kruis* God tempers the wind to the shorn lamb

'**krachtbron** *v* (-nen) source of power

kracht'dadig *bn* **1** (energiek) strong, powerful, energetic; **2** (doeltreffend) efficacious

kracht'dadigheid *v* energy; efficacy

'**krachteloos** *bn* **1** (v. persoon) powerless, nerveless, impotent; **2** (v. wet &) invalid; *~ maken* **1** enervate [of the body]; **2** invalidate, annul, make null and void [of laws &]

krachte'loosheid *v* **1** powerlessness, impotence; **2** invalidity

'**krachtens** *voorz* in (by) virtue of

'**krachtig I** *bn* **1** (lichaam) strong, robust; **2** (middelen &) strong, powerful, forceful, potent; **3** (maatregelen &) strong, energetic, vigorous; **4** (taal, stijl) strong, powerful, forcible; **5** (voedsel) nourishing; **II** *bijw* strongly, energetically

'**krachtinstallatie** *v* (-s) (electric) power plant

'**krachtlijn** *v* (-en) line of force

'**krachtmeting** *v* trial of strength, <u>gemeenz</u> showdown

'**krachtoverbrenging** *v* transmission of power

'**krachtpatser** *m* (-s) muscle man, strong-arm man

'**krachtproef** *v* (-proeven) test of strength

'**krachtseenheid** *v* dynamic unit

'**krachtsinspanning** *v* exertion, effort

'**krachtsport** *v* (-en) strength sports

'**krachtstroom** *m* electric power

'**krachtterm** *m* (-en) strong word (expression), expletive, swear word; *~en* strong language

'**krachttoer** *m* (-en) tour-de-force

'**krachtveld** *o* (-en) field of force

'**krachtverhouding** *v* relative (comparative) strength

'**krachtverspilling** v waste of energy
'**krachtvoer** o concentrate
krak I tsw crack; ~ zei het ijs crack went the ice;
II m (-ken) crack
kra'keel o (-kelen) quarrel, wrangle
kra'kelen (krakeelde, h. gekrakeeld) onoverg quarrel, wrangle
'**krakeling** m (-en) cracknel
'**kraken** (kraakte, h. gekraakt) **I** onoverg crack [of the ice], creak, squeak [of boots]; **II** overg **1** ⟨krakend openbreken⟩ crack [nuts &] **2** ⟨v. huizen⟩ squat (in); **3** ⟨afkraken⟩ pan, Br slate [an author, a play, a book]; **4** ⟨door bottenkraker⟩ manipulate; **5** comput hack
'**kraker** m (-s) **1** ⟨v. huizen⟩ squatter; **2** ⟨inbreker⟩ cracksman; **3** ⟨bottenkraker⟩ bonecrusher, chiropractor; **4** ⟨populair lied⟩ smash hit; **5** comput hacker
krakke'mikkig bn ramshackle, tumble-down
'**Krakow** o Cracow
'**kralensnoer** o (-en) bead necklace
kram v (-men) **1** cramp(-iron), staple; **2** clasp [of a bible]
'**kramer** m (-s) pedlar, hawker
krame'rij v (-en) small wares
'**krammen** (kramde, h. gekramd) overg cramp, clamp
'**krammetje** o (-s) clip
kramp v (-en) cramp, spasm; hij kreeg ~ he was seized with cramp
kramp'achtig bn spasmodic(al), convulsive, jerky; zich ~ vasthouden aan cling desparately to
'**kramphoest** m spasmodic cough
'**kranig I** bn brave; een ~e kerel a smart (dashing) man; een ~ soldaat a dashing soldier; dat is een ~ stukje that is a fine feat; **II** bijw in dashing (gallant) style; ~ voor de dag komen make a fine show; zij hebben zich ~ gehouden they bore themselves splendidly
'**kranigheid** v dash
krank bn plechtig sick, ill
krank'jorum bn gemeenz crackers, nuts
krank'zinnig I bn insane, lunatic, mad, crazy; **II** bijw exorbitantly [expensive, high]
krank'zinnige m-v (-n) lunatic, madman, mad woman, slang nut-case
krank'zinnigengesticht o (-en) vero lunatic asylum
krank'zinnigheid v insanity, lunacy, madness, craziness
krans m (-en) wreath, garland, crown
'**kransje** o (-s) ⟨v. personen⟩ club, circle
'**kranslegging** v (-en) laying a wreath
'**kransslagader** v (-s en -en) coronary artery
krant v (-en) (news)paper
'**krantenartikel** o (-en) newspaper article
'**krantenbericht** o (-en) newspaper report, (news-paper) paragraph
'**krantenjongen** m (-s) newsboy
'**krantenkiosk** v (-en) newspaper-kiosk, news-stand
'**krantenknipsel** o (-s) press cutting
'**krantenkoning** m (-en) press baron
'**krantenkop** m (-pen) (newspaper) headline
'**krantenman** m (-nen) newsman
'**krantenpapier** o newsprint, newspaper
'**krantentaal** v journalese
'**krantenverkoper** m (-s) newsvendor, newsman
'**krantenwijk** v (-en) Br newspaper round; Am newspaper route
1 krap v (-pen) (meekrap) madder
2 krap I bn tight, narrow, skimpy; het geld is ~ money is tight; **II** bijw tightly, narrowly, skimpily; het is ~ aan it's barely enough; zij hebben het maar ~ they are in straitened circumstances; ~ meten give short measure; de tijd te ~ nemen cut the time too sharp; wij zitten hier ~ we are cramped for room
'**krapjes** bijw = ²krap II
1 kras I bn **1** ⟨v. persoon & maatregel⟩ strong, vigorous; **2** ⟨v. bewering &⟩ gemeenz stiff, steep; dat is (wat al te) ~ gemeenz that's a bit stiff (steep, thick); hij is nog ~ voor zijn leeftijd he is still hale and hearty (still going strong); **II** bijw strongly, vigorously; dat is nogal ~ gesproken that is strong language
2 kras v (-sen) scratch
'**kraslot** o (-loten) scratch-card
'**krassen** (kraste, h. gekrast) **I** onoverg **1** ⟨in 't alg.⟩ scratch; **2** scrape [of a pen, on a violin]; **3** screech [of owl], croak, caw [of raven]; **4** grate [of voice]; **5** jar [of sounds, upon sbd.'s ears]; **II** overg scratch [a name in soft stone]
krat o (-ten) **1** ⟨kist⟩ crate; **2** ⟨v. wagen⟩ tailboard
'**krater** m (-s) crater
'**kratermeer** o (-meren) crater-lake
'**kratervormig** bn crater-shaped, crater-like
krats v: voor een ~ for a song
'**krauwen** (krauwde, h. gekrauwd) overg scratch
kre'diet o (-en) credit; op ~ on credit
kre'dietbank v (-en) credit bank
kre'dietbeperking v credit squeeze
kre'dietbrief m (-brieven) letter of credit
kre'diethypotheek v (-theken) equitable mortgage
kre'dietinstelling v (-en) credit establishment
kre'dieturen mv ZN day release
krediet'waardig v solvent, credit-worthy
krediet'waardigheid v solvency, credit-worthiness
kreeft m & v (-en) **1** ⟨zoetwater⟩ crayfish, crawfish; **2** ⟨zee⟩ lobster; de Kreeft astron Cancer
'**kreeftengang** m: hij gaat de ~ he is going backward
'**kreeftensla** v lobster salad
'**kreeftskeerkring** m tropic of Cancer

kreeg (kregen) V.T. van *krijgen*

kreek *v* (kreken) creek, cove

1 kreet *m* (kreten) cry, scream, shriek

2 kreet (kreten) V.T. van *krijten*

'**kregel**, '**kregelig I** *bn* peevish; ~ *maken* irritate; **II** *bijw* peevishly

'**kregeligheid** *v* peevishness

'**kregen** V.T. meerv. van *krijgen*

krek *bijw* exactly, quite (so)

'**krekel** *m* (-s) (house-)cricket

kreng *o* (-en) **1** ⟨kadaver⟩ carrion; **2** ⟨kwaadaardig mens⟩ beast [of a master &], rotter; ⟨vrouw⟩ bitch; *dat ~ van een ding* the blooming thing; *oud ~* old crock

'**krenken** (krenkte, h. gekrenkt) *overg* hurt, offend, injure; *iems. gevoelens ~* wound sbd.'s feelings; *geen haar op uw hoofd zal gekrenkt worden* not a hair of your head shall be touched; *iems. goede naam ~* injure sbd.'s reputation; *zijn geestvermogens zijn gekrenkt* he is of unsound mind; *op gekrenkte toon* in a hurt tone

'**krenkend I** *bn* injurious, offensive, insulting, wounding; **II** *bijw* injuriously, offensively

'**krenking** *v* (-en) injury[2], *fig* mortification

krent *v* (-en) **1** ⟨gedroogde druif⟩ (dried) currant; **2** gemeenz ⟨achterste⟩ behind, bum; **3** ⟨gierigaard⟩ skinflint, miser

'**krenten** (krentte, h. gekrent) *overg* thin out [grapes]

'**krentenbaard** *m* impetigo

'**krentenbol** *m* (-len) currant-bun

'**krentenbrood** *o* (-broden) currant-bread; *een ~ a* currant-loaf

'**krentenkakker** *m* (-s) gemeenz tightwad, skinflint, niggard

'**krentenweger** *m* (-s) ⟨zuinig persoon⟩ cheeseparer, skinflint

'**krenterig I** *bn* mean, niggardly; **II** *bijw* meanly

'**Kreta** *o* Crete

'**kreten** V.T. meerv. v. *krijten*

Kre'tenzer *m* (-s) Cretan

Kre'tenzisch *bn* Cretan

kretolo'gie *v* sloganizing

kreuk (-en), '**kreukel** *v* (-s) crease

'**kreukelen** (kreukelde, *overg* h., *onoverg* is gekreukeld) crease, rumple, crumple

'**kreukelig** *bn* creased, crumpled

'**kreukelzone** *v* (-n) crushable zone

'**kreuken** (kreukte, *overg* h., *onoverg* is gekreukt) = *kreukelen*

kreukher'stellend, '**kreukvrij** *bn* crease-(wrinkle-)proof, crease-resistant, non-creasing

'**kreukvrij** *bn* crease-resistant

'**kreunen** (kreunde, h. gekreund) *onoverg* moan, groan

'**kreupel** *bn* lame; ~ *lopen* walk with a limp, limp; *een ~e* a lame person, a cripple

'**kreupelbos** *o* (-sen) thicket, brake, underwood

'**kreupelhout** *o* underwood, undergrowth

'**kreupelrijm** *o* (-en) doggerel

'**krib** (-ben), '**kribbe** *v* (-n) **1** ⟨voederbak⟩ manger, crib; **2** ⟨slaapstee⟩ cot; **3** ⟨waterkering⟩ groyne

'**kribbenbijter** *m* (-s) crosspatch

'**kribbig I** *bn* peevish, crabby, testy; **II** *bijw* peevishly, testily

'**kriebel** *m* (-s) itch(ing); *ik krijg er de ~s van* gemeenz it gives me the jim-jams, it's driving me crazy

'**kriebelen** (kriebelde, h. gekriebeld) *onoverg & overg* tickle; zie ook: *krabbelen*

'**kriebelhoest** *m* tickling cough

'**kriebelig** *bn* (kriebelend) ticklish; *je wordt er ~ van* it is irritating, it gets under your skin; zie ook: *krabbelig*

'**kriebeling** *v* (-en) tickling

'**kriebelschrift** *o* = *krabbelschrift*

'**kriegel** *bn* peevish

kriek *v* (-en) black cherry; zie ook: *lachen*

'**krieken** (kriekte, h. gekriekt) *onoverg* chirp; *bij het ~ van de dag* at day-break, at peep of day

kriel I *o* small potatoes (apples); small fry; **II** *m-v* (-en) pygmy, midget, small child

'**krielhaan** *m* (-hanen) dwarf-cock

'**krielhen** *v* (-nen), '**krielkip** *v* (-pen), '**krielkippetje** *o* (-s) dwarf-hen

'**krieuwel** *m* = *kriebel*

'**krieuwelen** (krieuwelde, h. gekrieuweld) *onoverg & overg* = *krioelen* & *kriebelen*

krijg *m* (-en) vero war; ~ *voeren* make war, wage war (*tegen* on)

'**krijgen** (kreeg, h. gekregen) *overg* get [sth.]; receive, obtain [books, money &]; acquire [a reputation]; catch [a thief, measles &]; receive [a hurt]; have [a boy, a girl, a holiday, kittens]; have [a beard] coming; put forth, send out [leaves]; *kan ik een boek ~?* can I have a book?; *hoeveel krijgt u van me?* how much do I owe you?, how much is it?; ~ *ze elkaar?* do they get married (in the end)?; *ik zal je ~!* I'll make you pay for it!; *ik kan het niet dicht (open) ~* I cannot shut it (open it); *het koud (warm) ~* begin to feel cold (hot); *het te horen (te zien) ~* get to hear of it, get to see it; *ik zal trachten hem te spreken te ~* I'll try to see him; *het uit hem ~* get it out of him; draw it from him; *het zijne ~* come by one's own; *er genoeg van ~* have (got) enough of it, get tired of it; *ik kan hem er niet toe ~* I cannot get him to do it, make him do it; *niet meer te ~* not to be had any more; zie ook: *benauwd, gelijk, kwaad, lek, ongeluk, doorkrijgen*

'**krijger** *m* (-s) warrior

'**krijgertje** *o*: ~ *spelen* play tag

'**krijgsartikelen** *mv* articles of war

'**krijgsauditeur** *m* (-s) ZN official of the Public Prosecutor

'**krijgsbanier** *v* (-en) banner of war

'**krijgsdienst** *m* military service

'**krijgsgevangene** *m-v* (-n) prisoner of war
'**krijgsgevangenschap** *v* captivity
krijgs'haftig *bn* martial, warlike
krijgs'haftigheid *v* martial spirit, warlike appearance
'**Krijgshof** *o* ZN military court of justice
'**krijgskunde** *v* art of war
krijgs'kundig *bn* military; ~*e* military expert
'**krijgslieden** *mv* warriors, (band of) soldiers
'**krijgslist** *v* (-en) stratagem, ruse of war
'**krijgsmacht** *v* (-en) (military) forces
'**krijgsman** *m* (-lieden) warrior, soldier
'**krijgsraad** *m* (-raden) 1 (vergadering) council of war; 2 *recht* court-martial; ~ *houden* hold a council of war; *iem. voor de* ~ *brengen* recht court-martial sbd.
'**krijgsschool** *v* (-scholen) military school (college); *hogere* ~ staff-college
'**krijgstocht** *m* (-en) military expedition, campaign
'**krijgstoneel** *o* (-nelen) seat (theatre) of war
'**krijgstucht** *v* military discipline
krijgs'tuchtelijk *bn* disciplinary
'**krijgsvolk** *o* soldiers, soldiery, military
'**krijgswet** *v* (-ten) martial law
'**krijgswetenschap** *v* (-pen) military science
'**krijsen** *onoverg & overg* scream, shriek, screech, cry
krijt *o* **1** (delfstof) chalk; **2** (om te tekenen) crayon; *in het* ~ *staan (bij)* be in debt (to); *met dubbel* ~ *schrijven* charge double
'**krijtbakje** *o* (-s) chalk-box
'**krijtberg** *m* (-en) chalk-hill
1 '**krijten** (kreet, h. gekreten) *onoverg plechtig* (huilen) cry, lament, weep
2 '**krijten** (krijtte, h. gekrijt) *overg bilj* chalk [one's cue]
'**krijtgebergte** *o* (-n en -s) chalk-hills
'**krijtje** *o* (-s) piece of chalk
'**krijtrots** *v* (-en) chalk-cliff
'**krijtstreep** *v* (-strepen) chalk-line
'**krijttekening** *v* (-en) crayon drawing
'**krijtwit I** *o* chalk-dust, whiting; **II** *bn* as white as chalk (as a sheet), chalk-white
krik *m* (-ken) jack
krikke'mikkig *bn* = krakkemikkig
Krim *v: de* ~ the Crimea
'**krimi** *m* ('s) whodunit, whodunnit
'**Krimoorlog** *m: de* ~ the Crimean War
krimp *m* shrinking; shrinkage; *geen* ~ *hebben* be well-off; *geen* ~ *geven* not yield; bear up, hold out
'**krimpen** (kromp, gekrompen) **I** (is) *onoverg* **1** (v. stof) shrink; **2** *scheepv* (van wind) back; ~ *van de pijn* writhe with pain; **II** (h.) *overg* (v. kleding) shrink
'**krimpfolie** *v* cling film
'**krimpvrij** *bn* unshrinkable
kring *m* (-en) circle, ring; *blauwe* ~*en onder de ogen* dark rings under the eyes; *de hogere* ~*en* the upper circles; *in sommige* ~*en* in some quarters

'**kringelen** (kringelde, h. gekringeld) *onoverg* coil, curl
'**kringetje** *o* (-s) circlet, ring; ~*s blazen* blow rings of smoke
'**kringloop** *m* **1** (in 't alg.) circular course; **2** (v. oud papier &) recycling; **3** *fig* circle, cycle [of life and death]
'**kringlooppapier** *o* recycled paper
'**kringspier** *v* (-en) sphincter
'**krinkel** *m* (-s) crinkle
'**krinkelen** (krinkelde, h. gekrinkeld) *onoverg* crinkle
kri'oelen (krioelde, h. gekrioeld) *onoverg* swarm; ~ *van* crawl with, swarm with, bristle with
krip *o* crape
kris *v* (-sen) creese [Malay dagger]
'**kriskras** *bijw* criss-cross
kris'tal *o* (-len) crystal
kris'talachtig *bn* crystalline
kris'talhelder *bn* (as clear as) crystal, crystal-clear
kris'tallen, kristal'lijnen *bn* crystal(line)
kristalli'satie *v* (-s) crystallization
kristalli'seren (kristalliseerde, h. gekristalliseerd) *overg, onoverg & wederk* crystallize (*tot* into)
kris'talsuiker *m* granulated sugar
kris'talwater *o* water of crystallization
kri'tiek I *bn* critical; *een* ~ *ogenblik* a critical (crucial) moment; *een* ~ *punt bereiken* come to a head; **II** *v* (-en) **1** criticism (*op* of); **2** critique [in art or literature], review [of books]; ~ *hebben op* be critical of [a plan &]; ~ *uitoefenen (op)* pass criticism (on...), criticize...; *beneden* ~ below criticism, beneath contempt
kri'tiekloos *bn* uncritical
'**kritisch** *bn* critical; ~ *staan tegenover* be critical of [a plan &]
kriti'seren (kritiseerde, h. gekritiseerd) *overg* **1** criticize, censure [= criticize unfavourably]; **2** review [books]
Kro'aat *m* (Kroaten) Croatian
Kro'atië *o* Croatia
Kro'atisch *o* & (*bn*) Croatian
krocht *v* (-en) **1** (crypt) crypt, undercroft [under a church]; **2** (spelonk) cavern
kroeg *v* (-en) *gemeenz* pub; *Am* bar
'**kroegbaas** (-bazen), **kroeghouder** *m* (-s) publican, landlord
'**kroegentocht** *m* (-en) pub-crawl
'**kroegloper** *m* (-s) pub-loafer, pub-crawler
'**kroegtijger** *m* (-s) barfly
'**kroelen** (kroelde, h. gekroeld) *onoverg* pet, make love
kroep *m* croup
'**kroepoek** *m* prawn crackers, shrimp crackers
1 kroes *m* (kroezen) **1** cup, pot, mug, noggin [for drinking]; **2** crucible [for melting]
2 kroes *bn* frizzled, frizzy, fuzzy, woolly
'**kroeshaar** *o* frizzy hair

'**kroeskop** *m* (-pen) curly-pate, curly-head, fuzzy head, frizzly head

'**kroezen** (kroesde, h. gekroesd) *onoverg* curl, friz(z), crisp; zie ook: *gekroesd*

kro'kant *bn* crisp, crusty

kro'ket *v* (-ten) ⟨snack⟩ croquette

kroko'dil *m & v* (-len) crocodile

kroko'dillenleer *o* crocodile leather; *tas van ~* crocodile bag

kroko'dillentranen *mv* crocodile tears

'**krokus** *m* (-sen) crocus

'**krokusvakantie** *v* (-s) ± Br spring half-term, Am spring break

'**krollen** (krolde, h. gekrold) *onoverg* caterwaul

krols *bn* ⟨v. katten⟩ in heat

krom *bn* crooked, curved; *~me benen* bandy-legs, bow-legs; *een ~me lijn* a curved line, a curve; *een ~me neus* a hooked nose; *een ~me rug* a crooked back, a crook-back; *~ van de reumatiek* doubled up with rheumatism

'**krombenig** bandy-legged, bow-legged

'**kromgroeien**[1] *onoverg* become (get) bent (crooked)

'**kromheid** *v* crookedness

'**kromhout** *o* (-en) scheepv knee

'**kromliggen**[1] *onoverg* stint (pinch) oneself

'**kromlopen**[1] *onoverg* **1** ⟨v. persoon⟩ walk with a stoop, stoop; **2** ⟨v. weg &⟩ curve

'**kromme** *v* (-n) wisk curve

'**krommen** (kromde, *overg* h., *onoverg* is gekromd) bow, bend, curve

'**kromming** *v* (-en) bend, curve

kromp (krompen) V.T. van *krimpen*

'**krompasser** *m* (-s) callipers

'**krompen** V.T. meerv. van *krimpen*

'**krompraten**[1] *onoverg* **1** ⟨in kromme zinnen⟩ talk brokenly, murder the King's English; **2** ⟨lispelen⟩ lisp

'**kromstaf** *m* (-staven) crossier, crook

'**kromtrekken**[1] *onoverg* warp

'**kromzwaard** *o* (-en) **1** ⟨in 't alg.⟩ scimitar; **2** ⟨kort⟩ falchion

'**kronen** (kroonde, h. gekroond) *overg* crown[2]; *hem tot koning ~* crown him king

kro'niek *v* (-en) **1** ⟨geschiedschrijving⟩ chronicle; *~en* ook: memorials; **2** ⟨in krant⟩ [sports, theatrical] column, [financial &] news

kro'niekschrijver *m* (-s) **1** ⟨geschiedschrijver⟩ chronicler; **2** ⟨v.e. krant⟩ reporter

'**kroning** *v* (-en) crowning, coronation

'**kroningsdag** *m* (-dagen) coronation day

'**kroningsplechtigheid** *v* (-heden) coronation ceremony

'**kronkel** *m* (-s) twist, coil

'**kronkeldarm** *m* (-en) ileum

'**kronkelen** (kronkelde, h. en is gekronkeld) *overg & onoverg* **1** ⟨in 't alg.⟩ wind, twist; **2** meander [of a river]

'**kronkelig** *bn* winding, sinuous, meandering

'**kronkeling** *v* (-en) winding, coil, convolution

'**kronkelpad** *o* (-paden) **1** eig winding path; **2** fig devious (circuitous) way

kroon *v* (kronen) **1** ⟨v. vorst; munt⟩ crown; **2** ⟨boom⟩ crown, top; **3** ⟨licht⟩ chandelier, lustre; **4** plantk corolla; **5** ZN ⟨bloemenkrans⟩ garland, wreath; *de ~ neerleggen* abdicate, resign the crown; *iem. de ~ van het hoofd nemen* rob sbd. of his honour; *iem. de ~ opzetten* crown sbd.; *de ~ spannen* bear the palm; *dat spant de ~* that caps everything; that takes the cake; *iem. naar de ~ steken* vie with (rival) sbd.; *de ~ op het werk zetten* crown it all

'**kroondomein** *o* (-en) demesne of the crown, crown land

'**kroongetuige** *m-v* (-n) crown witness, King's (Queen's) evidence

'**kroonjaar** *o* (-jaren) jubilee year

'**kroonjuwelen** *mv* crown jewels

'**kroonkolonie** *v* (-s en -niën) crown colony

'**kroonkurk** *v* (-en) crown cork

'**kroonlid** *o* (-leden) Crown appointee

'**kroonlijst** *v* (-en) cornice

'**kroonluchter** *m* (-s) chandelier

'**kroonpretendent** *m* (-en) pretender to the throne

'**kroonprins** *m* (-en) crown prince

'**kroonprinses** *v* (-sen) crown princess

'**kroonsieraden** *mv* regalia

'**kroontje** *o* (-s) herald coronet

'**kroonvormig** *bn* crown-shaped

kroop (kropen) V.T. van *kruipen*

kroos *o* duckweed

kroost *o* offspring, progeny, issue

kroot *v* (kroten) ⟨biet⟩ beetroot

1 krop *m* (-pen) **1** ⟨v. vogels⟩ crop, gizzard, craw; **2** ⟨ziekte⟩ goitre

2 krop *m* (-pen) head [of cabbage, lettuce]

'**kropduif** *v* (-duiven) cropper, pouter

'**kropen** V.T. meerv. van *kruipen*

'**kropgezwel** *o* (-len) goitre

1 'kroppen (kropte, h. gekropt) *onoverg* head [of salad]

2 'kroppen (kropte, h. gekropt) *overg* cram [a bird]; *hij kan het niet ~* zie: *verkroppen*

'**kropsla** *v* head (cabbage-)lettuce

krot *o* (-ten) hovel, den; *wat een ~!* what a hole!

'**krotopruiming** *v* slum clearance

'**krottenwijk** *v* (-en) slum, slums

'**krotwoning** *v* (-en) slum dwelling

kruid *o* (-en) herb; *daar is geen ~ tegen gewassen* there is no cure for it

'**kruidachtig** *bn* herbaceous

'**kruidboek** *o* (-en) herbal

'**kruiden** (kruidde, h. gekruid) *overg* season[2], spice[2]; *sterk gekruid* highly seasoned[2], spicy[2]

'**kruidenaftreksel** *o* (-s) decoction of herbs

'**kruidenazijn** *m* aromatic (herb) vinegar

'**kruidenboter** *v* herb butter
'**kruidenbuiltje** *o* (-s) bouquet garni
'**kruidendokter** *m* (-s) herb-doctor, quack
kruide'nier *m* (-s) grocer
kruide'niersgeest *m* bigotry, narrow-mindedness
kruide'niersvak *o* grocer's trade
kruide'nierswaren *mv* groceries
kruide'nierswinkel *m* (-s) grocer's (shop), grocery shop
'**kruidenrek** *o* (-ken) spice rack
'**kruidenthee** *m* herbal tea, herb-tea
'**kruidentuin** *m* (-en) herb garden, herbary
'**kruidenwijn** *m* (-en) spiced wine
kruide'rijen *mv* spices
'**kruidig** *bn* spicy
kruidje-'roer-mij-niet *o* (kruidjes-) **1** ⟨plant⟩ sensitive plant, humble plant; **2** *fig* touch-me-not
'**kruidkoek** *m* (-en) spiced gingerbread
'**kruidkunde** *v* botany
kruid'kundige *m* (-n) botanist, herbalist
'**kruidnagel** *m* (-s) clove
'**kruien** (kruide, h. gekruid) **I** *onoverg* **1** ⟨m. kruiwagen⟩ trundle a wheelbarrow; **2** ⟨v. ijs⟩ drift; *de rivier kruit* the river is full of drift-ice; **II** *overg* wheel [in a wheelbarrow]
'**kruier** *m* (-s) porter
'**kruiersloon** *o* porterage
kruik *v* (-en) stone bottle, jar, pitcher; *warme ~* hot-water bottle; *de ~ gaat zo lang te water tot zij barst* so often goes the pitcher to the well that it comes home broken at last
kruim *v & o* (-en) **1** ⟨binnenste v. brood⟩ crumb; **2** ZN ⟨het fijnste⟩ best of the lot; **3** ZN ⟨verstand⟩ pick of the bunch
'**kruimel** *m* (-s) crumb
'**kruimeldief** *m* (-dieven) petty thief, magpie
'**kruimeldiefstal** *m* (-len) petty theft, pilferage
'**kruimelen** (kruimelde, *overg* h., *onoverg* is gekruimeld), '**kruimen** (kruimde, *overg* h., *onoverg* is gekruimd) crumble
'**kruimelig** *bn* crumbly
'**kruimig** *bn* floury, mealy [potatoes]
kruin *v* (-en) ⟨v. berg, hoofd &⟩ crown, top
'**kruipen** (kroop, h. en is gekropen) *onoverg* **1** crawl², creep²; **2** plantk creep, trail; **3** *fig* ⟨v. onderdanigheid⟩ cringe [to a person]
'**kruipend** *bn* **1** crawling², creeping²; **2** plantk creeping, trailing; **3** dierk reptile, reptilian; **4** *fig* cringing; *~ dier* reptile, reptilian
'**kruiper** *m* (-s) crawler²
'**kruiperig** *bn* cringing
'**kruipolie** *v* penetrating oil
'**kruippakje** *o* (-s) crawlers, jumpers
'**kruipruimte** *v* (-n) crawl space
kruis *o* (-en en kruizen) **1** (in het alg.) cross; **2** ⟨lichaamsdeel⟩ small of the back, crotch [of man]; croup [of animals], crupper [of horse]; **3** ⟨v. broek⟩ seat, crotch; **4** muz sharp; **5** scheepv ⟨v. anker⟩

crown; **6** *fig* ⟨bezoeking⟩ cross [= trial, affliction, nuisance]; *~ of munt* heads or tails; *~en en mollen* muz sharps and flats; *iem. het heilige ~ nageven* be glad to see the back of sbd.; *een ~ slaan* make the sign of the cross, cross oneself
'**kruisafneming** *v* (-en) deposition from the Cross, descent from the Cross
'**kruisband** *m* (-en) anat cruciate ligament
'**kruisbeeld** *o* (-en) crucifix
'**kruisbes** *v* (-sen) gooseberry
'**kruisbeuk** *m* (-en) transept
kruis'bloemig **I** *bn* cruciferous; **II** *mv*: *~en* cruciferae
'**kruisboog** *m* (-bogen) hist cross-bow
'**kruiselings** *bijw* crosswise, crossways
'**kruisen** (kruiste, h. gekruist) **I** *overg* **1** cross [the arms]; **2** cross [animals, plants]; *elkaar ~* cross, cross each other [of letters &]; *gekruist ras* crossbreed; **II** *onoverg* scheepv cruise
'**kruiser** *m* (-s) cruiser
'**kruisfinale** *v* (-s) ± semi-final
'**kruisgang** *m* (-en) bouwk cloister
'**kruisgewelf** *o* (-welven) cross vault
'**kruisgewijs**, '**kruisgewijze** *bn* crosswise, crossways
'**kruishout** *o* cross-beam; *aan het ~* (up)on the cross
'**kruisigen** (kruisigde, h. gekruisigd) *overg* crucify
'**kruisiging** *v* (-en) crucifixion
'**kruising** *v* (-en) **1** (het kruisen) cross-breeding; **2** ⟨dier, plant⟩ cross-breed; cross [between... and...]; **3** ⟨v. wegen⟩ crossing
'**kruisje** *o* (-s) **1** (small) cross; **2** typ obelisk; *zij heeft de drie ~s achter de rug* she is turned (of) thirty
'**kruiskerk** *v* (-en) cruciform church
'**kruiskopschroef** *v* (-schroeven) Phillips screw
'**kruiskopschroevendraaier** *m* (-s) Phillips screwdriver
'**kruisnet** *o* (-ten) square fishing-net
'**kruispeiling** *v* (-en) cross bearing
'**kruispunt** *o* (-en) ⟨v. wegen⟩ crossing, crossroad, (point of) intersection; ⟨vooral v. spoorbanen⟩ junction
'**kruisraket** *v* (-ten) cruise missile
'**kruisridder** *m* (-s) knight of the Cross
'**kruissnarig** *bn* overstrung [piano]
'**kruissnede** *v* (-n) crucial incision
'**kruissnelheid** *v* cruising speed
'**kruisspin** *v* (-nen) cross-spider
'**kruisstandig** *bn* decussate(d)
'**kruissteek** *m* (-steken) cross-stitch
'**kruisteken** *o* (-s) sign of the cross
'**kruistocht** *m* (-en) **1** hist *fig* crusade; **2** scheepv cruise
'**kruisvaarder** *m* (-s) hist crusader
'**kruisvaart** *v* (-en) hist crusade
'**kruisverband** *o* (-en) **1** bouwk cross-bond; **2** med cross-bandage

'**kruisvereniging** *v* (-en) medical welfare society

'**Kruisverheffing** *v* Exaltation of the Cross

'**kruisverhoor** *o* (-horen) cross-examination

'**kruisvluchtwapen** *o* (-s) cruise missile

'**kruisvormig** *bn* cross-shaped, cruciform

'**kruisvuur** *o* cross-fire²

'**kruisweg** *m* (-wegen) **1** ⟨dwarsweg⟩ crossroad; **2** RK Way of the Cross; *de ~ bidden* RK do the Stations (of the Cross)

'**kruiswoordraadsel** *o* (-s) crossword puzzle

kruit *o* powder, gunpowder; *hij heeft al zijn ~ verschoten* he has fired his last shot

'**kruitdamp** *m* gunpowder smoke

'**kruithoorn, kruithoren** *m* (-s) powder-horn, powder-flask

'**kruitkamer** *v* (-s) powder-room

'**kruitmagazijn** *o* (-en) powder-magazine

'**kruitmolen** *m* (-s) powder-mill

'**kruitschip** *o* (-schepen) gunpowder ship

'**kruitvat** *o* (-vaten) powder-keg²

'**kruiwagen** *m* (-s) wheelbarrow; *hij heeft goede ~s* he has powerful patrons (influence, patronage)

kruize'munt *v* mint

1 kruk *v* (-ken) **1** ⟨voor kreupelen⟩ crutch; **2** ⟨v. deur⟩ handle; **3** techn crank; **4** ⟨stoeltje⟩ stool, tabouret

2 kruk *m-v* (-ken) ⟨stuntel⟩ bungler, duffer

'**krukas** *v* (-sen) crank-shaft

'**krukken** (krukte, h. gekrukt) *onoverg* ⟨onhandig doen⟩ bungle

'**krukkig** *bn* clumsy

krul *v* (-len) **1** ⟨haar⟩ curl; **2** ⟨hout⟩ shaving; **3** ⟨bij het schrijven⟩ flourish, scroll; *er zit geen ~ in dat haar* the hair doesn't curl; *de ~ is er uit* it is out of curl; *~len zetten* set curls

'**krulhaar** *o* curly hair

'**krulijzer** *o* (-s) curling-iron

'**krullen** (krulde, h. gekruld) **I** *onoverg* curl; **II** *overg* curl, crisp, friz(z) [the hair]

'**krullenbol** (-len), '**krullenkop** *m* (-pen) curly-head, curly-pate

'**krullenjongen** *m* (-s) **1** eig carpenter's apprentice; **2** fig factotum

'**krulletter** *v* (-s) flourished letter

'**krullig** *bn* curly

'**krulsla** *v* curly-leaf lettuce

'**krulspeld** *v* (-en) curling pin, (hair) curler

'**krulstaart** *m* (-en) curly tail

'**krultang** *v* (-en) curling-tongs

kub. *afk.* = *kubiek*

ku'biek, '**kubiek** *bn* cubic; *de ~e inhoud* the cubic content, cubage

ku'biekwortel *m* (-s) cube root

ku'bisme *o* cubism

ku'bistisch *bn* cubist

'**kubus** *m* (-sen) cube

kuch I *m* (-en) ⟨hoest⟩ (dry) cough; **II** *o & m* ⟨brood⟩ slang tommy

'**kuchen** (kuchte, h. gekucht) *onoverg* cough

'**kudde** *v* (-n en -s) **1** herd [of cattle], flock [of sheep]; **2** ⟨v. zielenherder⟩ flock

'**kuddedier** *o* (-en) fig herd animal, gregarious animal

'**kuddegeest** *m* fig herd-instinct (-mentality)

'**kuddemens** *m* (-en) person who follows the crowd

'**kuier** *m* stroll, walk

'**kuieren** (kuierde, h. en is gekuierd) *onoverg* stroll, walk

kuif *v* (kuiven) **1** tuft, crest [on a bird's head]; **2** forelock [on a man's head]

'**kuifeend** *v* (-en) tufted duck

'**Kuifje** *m* Tintin

'**kuifleeuwerik** *m* (-en) tufted lark

'**kuiken** *o* (-s) chicken

kuikenmeste'rij *v* (-en) broiler house

'**kuikensekser** *m* (-s) sexer

kuil *m* (-en) **1** ⟨gat in grond⟩ pit, hole; **2** ⟨voor aardappels &⟩ clamp; *wie een ~ graaft voor een ander valt er zelf in* those who lay traps for others get caught themselves; harm set, harm get

'**kuilen** (kuilde, h. gekuild) *overg* = *inkuilen*

'**kuiltje** *o* (-s) **1** ⟨kleine kuil⟩ (little) hole; **2** ⟨in de wangen⟩ dimple; *met ~s in de wangen* with dimpled cheeks

'**kuilvoer** *o* ensilage

kuip *v* (-en) tub, vat; zie ook: *vlees*

'**kuipen** (kuipte, h. gekuipt) *onoverg* intrigue

'**kuiper** *m* (-s) intriguer

kuipe'rij *v* (-en) intrigue

'**kuipstoel** *m* (-en) bucket-seat

kuis *bn* chaste, pure

'**kuisen** (kuiste, h. gekuist) *overg* **1** (zuiveren in 't alg.) chasten, purify; **2** (v. boek) bowdlerize, expurgate

'**kuisheid** *v* chastity, purity

'**kuisheidsgordel** *m* (-s) chastity belt

kuit *v* **1** (-en) ⟨v. been⟩ calf; **2** ⟨v. vis⟩ roe, spawn [female hard roe]; *~ schieten* spawn

'**kuitbeen** *o* (-deren) splint-bone

'**kuitenflikker** *m* (-s): *een ~ slaan* cut a caper

kukele'ku *bijw* cock-a-doodle-doo

'**kukelen** (kukelde, is gekukeld) *onoverg* gemeenz (vallen) tumble, roll

kul *m*: *flauwe ~* nonsense, gemeenz rot

'**kunde** *v* knowledge

'**kundig** *bn* able, clever, skilful

'**kundigheid** *v* (-heden) skill, knowledge, learning; *kundigheden* accomplishments

'**kunne** *v* (-n) sex

'**kunnen I** (kon, h. gekund) *overg & onoverg* be able; *het kan (niet)* it can(not) be done; *dat kan niet* that's impossible; *hij kan tekenen* he can draw; *hij kan het gedaan hebben* he may have done it; *hij kan het niet gedaan hebben* he cannot have done it; *hij kan niet begrijpen hoe...* ook: he fails to understand how...; *hij kan het weten* he ought to know; *hoe kan ik dat* *weten?* how am I to know?; *tot hij niet meer kon un-til he was spent; *zo kon hij uren zitten* thus he would sit for hours; *ik kan er niet bij* I cannot reach it; *fig* that's beyond me; *het kan er mee door* it will do, it may pass; *hij kan daar niet tegen* he can't stand it [being laughed at]; it [that food] does not agree with him; *hij kon niet meer terug fig* he couldn't back out; **II** *o* [technical] prowess

kunst *v* (-en) **1** ⟨beeldende ~ &⟩ art; **2** ⟨vaardigheid; foefje⟩ trick; *beeldende ~en* plastic arts; *de schone ~en* the fine arts; *de vrije ~en* the liberal arts; *zwarte ~* necromancy, the black art; *geen ~en alsjeblieft!* none of your games!; *~en maken* perform feats; *je moet hier geen ~en uithalen!* none of your tricks here!; *zijn ~en vertonen* show what one can do; *hij verstaat de ~ om...* he knows how to..., he has a knack of ...ing; *dat is geen ~* that's not difficult; *dat is nu juist de ~* that's the art of it; *volgens de regelen der ~* skilfully

'kunstacademie *v* (-s) academy of arts
'kunstarm *m* (-en) artificial arm
'kunstbloem *v* (-en) artificial flower
'kunstbroeder *m* (-s) fellow-artist
'kunstcriticus *m* (-ci) art critic
'kunstdrukpapier *o* art paper
'kunstenaar *m* (-s) artist
'kunstenaarschap *o* artistry
kunstena'res *v* (-sen) artist
'kunstenmaker *m* (-s) **1** ⟨akrobaat⟩ acrobat; **2** ⟨goochelaar⟩ juggler
kunst- en 'vliegwerk *o*: *met veel ~* by the skin of one's teeth
'kunstgebit *o* (-ten) set of artificial teeth, denture, dental prothesis
'kunstgeschiedenis *v* (-sen) history of art, art history
'kunstgras *o* artificial grass, artificial turf
'kunstgreep *m* (-grepen) artifice, trick, knack
'kunsthandel *m* **1** ⟨bep. bedrijf⟩ (-s) picture-shop, print(-seller's) shop; **2** ⟨het handelen⟩ dealing in works of art, art trade
'kunsthandelaar *m* (-s en -laren) art dealer
'kunsthars *o* & *m* (-en) synthetic resin
'kunsthart *o* (-en) artificial heart
'kunsthistoricus *m* (-ci) art historian, historian of art
kunsthis'torisch *bn* of art history, [a work] on art history, art-historical [studies]
'kunstig *bn* ingenious
'kunstijsbaan *v* (-banen) (ice) rink
'kunstje *o* (-s) trick, knack, *gemeenz* dodge; *~s met de kaart* card-tricks; *dat is een koud (klein) ~* there's nothing to it, that's simple
'kunstkabinet *o* (-ten) art gallery
'kunstkenner *m* (-s) connoisseur
'kunstkoper *m* (-s) art dealer
'kunstkritiek *v* (-en) art criticism
'kunstleer *o* artificial leather, leatherette

'kunstlicht *o* artificial light
'kunstliefhebber *m* (-s) lover of art (of the arts), art-lover
kunst'lievend *bn* art-loving
'kunstmaan *v* (-manen) earth satellite
kunst'matig *bn* artificial; *~e intelligentie* artificial intelligence
'kunstmest *m* artificial manure, fertilizer
'kunstmeststof *v* (-fen) (artificial) fertilizer
'kunstmiddel *o* (-en) artificial means
kunst'minnend *bn* art-loving
'kunstmoeder *v* (-s) ⟨broedmachine⟩ incubator
'kunstnier *v* (-en) artificial kidney, kidney machine
kunst'nijverheid *v* industrial arts, arts and crafts
'kunstpenis *m* (-sen) dildo
'kunstproduct *o* (-en) art product, work of art
'kunstrijden *o*: *~ op de schaats* figure-skating
'kunstrijder *m* (-s) **1** ⟨te paard⟩ equestrian, circus-rider, performer; **2** ⟨op schaatsen⟩ figure-skater
'kunstschaats *v* (-en) figure skate
'kunstschaatsen *o* figure-skating
'kunstschatten *mv* art treasures
'kunstschilder *m* (-s) painter, artist
'kunststof *v* (-fen) synthetic
'kunststuk *o* (-ken) tour de force, feat, performance
'kunsttaal *v* (-talen) artificial language
kunst'vaardig *bn* skilful
kunst'vaardigheid *v* skill
'kunstveiling *v* (-en) art auction (sale)
'kunstverlichting *v* artificial lighting
'kunstverzameling *v* (-en) art collection
'kunstvezel *v* (-s) synthetic (man-made) fibre
'kunstvliegen *o* stunt-flying, aerobatics
'kunstvoorwerp *o* (-en) work of art, art object
'kunstvorm *m* (-en) form of art, art form
'kunstwaarde *v* artistic value
'kunstwerk *o* (-en) **1** ⟨v. beeldende kunst &⟩ work of art; **2** ⟨in weg- en waterbouw⟩ constructional work
'kunstzij, 'kunstzijde *v* artificial silk, rayon
kunst'zinnig *bn* artistic
kunst'zinnigheid *v* artistry
'kunstzwemmen *o* ⟨solo, duet⟩ synchronized swimming
ku'ras *o* (-sen) cuirass
kuras'sier *m* (-s) cuirassier
'kuren (kuurde, h. gekuurd) *onoverg* zie: *een kuur doen*
'kurhaus *o* (-en) spa
kurk I *o* & *m* ⟨stofnaam⟩ cork; **II** *v* (-en) ⟨voorwerp⟩ cork
'kurkdroog *bn* bone-dry
'kurkeik *m* (-en) cork-oak
1 kurken (kurkte, h. gekurkt) *overg* cork
2 kurken *bn* cork
'kurkentrekker *m* (-s) corkscrew
'kursaal *o* & *m* (-salen) pavilion

kus *m* (-sen) kiss
kushandje *o* (-s): *een ~ geven* kiss one's hand to, blow a kiss to
1 **'kussen** (kuste, h. gekust) *overg* kiss
2 **'kussen** *o* (-s) 1 ⟨om op te zitten⟩ cushion; 2 ⟨beddenkussen⟩ pillow; *op het ~ zitten* fig be in office
'kussengevecht *o* (-en) pillow fight
'kussensloop *o* & *v* (-slopen) pillow-case, pillow-slip
1 **kust** *v* (-en) coast, shore
2 **kust**: *te ~ en te keur* in plenty, of every description
'kustafslag *m* coastal erosion
'kustbatterij *v* (-en) coastal battery, shore battery
'kustbewoner *m* (-s) inhabitant of the coast
'kustgebied *o* (-en) coast(al) region, seaboard
'kustlicht *o* (-en) coast-light
'kustlijn *v* (-en) coast-line
'kustplaats *v* (-en) coastal town
'kuststreek *v* (-streken) coastal region
'kuststrook *v* (-stroken) coastal strip
'kustvaarder *m* (-s) coaster
'kustvaart *v* coasting trade, coastwise trade
'kustvisse'rij *v* inshore fishery
'kustvlakte *v* (-n en -s) coastal plain
'kustwacht *v* coast-guard
'kustwachter *m* (-s) coast-guard(sman)
'kustwateren *mv* coastal waters
kut *v* (-ten) *gemeenz* cunt, pussy; *~!* shit!, damn!; *dat is ~ met peren* that's the shits; *dat slaat als ~ op dirk* that doesn't have a damn thing to do with it
'kutsmoes *v* (-smoezen) *gemeenz* shitty excuse
kuur *v* (kuren) 1 ⟨gril⟩ whim, freak, caprice; 2 med cure; *een ~ doen (volgen)* take a cure; take (a course of medical) treatment; *zij heeft (vertoont) de laatste tijd vreemde kuren* she has been moody lately; *de auto heeft kuren* the car has been acting up; *en nu geen kuren meer!* stop playing games!
'kuuroord *o* (-en) health resort, spa
K.v.K. *v* Kamer van Koophandel Chamber of Commerce
kW *afk.* = kilowatt
kwaad I *bn* 1 ⟨slecht⟩ bad, ill, evil; 2 ⟨boos⟩ angry; *dat is (lang) niet ~* that is not (slang half) bad; *het te ~ krijgen* feel queer, be on the point of breaking down or fainting; *het te ~ krijgen met...* get into trouble with [the police &]; *iem. ~ maken* make sbd. angry, provoke sbd.; *zich ~ maken, ~ worden* become (get) angry, fly into a passion, throw a fit; *~ zijn op iem.* be angry with sbd.; *hij is de ~ste niet* he is not so bad (such a bad fellow); *zij ziet er niet ~ uit* she is not bad to look at; **II** *bijw: het niet ~ hebben* not be badly off; **III** *o* (kwaden) 1 ⟨wat slecht is⟩ wrong, evil; 2 ⟨nadeel, letsel⟩ harm, wrong, injury; *een noodzakelijk ~* a necessary evil; *~ brouwen* brew mischief; *~ doen* do wrong; *niemand zal u ~ doen* nobody will harm you; *het heeft zijn goede naam veel ~ gedaan* it has done his reputation

much harm; *dat kan geen ~* there is no harm in that; *hij kan bij haar geen ~ doen* he can do no wrong in her eyes; *ergens geen ~ in zien* see no harm in it; *ten kwade beïnvloed* influenced for evil; zie ook: *duiden; van ~ tot erger vervallen* go from bad to worse; *van twee kwaden moet men het minste kiezen* of two evils choose the lesser
kwaad'aardig *bn* 1 ill-natured, malicious [people, reports]; 2 malignant [growth, tumour], virulent [diseases]
kwaad'aardigheid *v* 1 malice, ill-nature; 2 malignancy, virulence
kwaad'denkend *bn* suspicious, distrustful
'kwaadheid *v* anger
'kwaadschiks *bijw* unwillingly; zie ook: *goedschiks*
'kwaadspreken[1] *onoverg* talk scandal; *~ van* speak ill of, slander, throw mud at
kwaad'sprekend slanderous, backbiting
'kwaadspreker *m* (-s) backbiter, slanderer, scandalmonger
kwaadspreke'rij *v* (-en) backbiting, slander(ing), scandal
kwaad'willig *bn* malevolent, ill-disposed
kwaad'willigheid *v* malevolence
kwaal *v* (kwalen) complaint, disease, evil, ill; *~tjes* aches and pains
kwab *v* (-ben) 1 ⟨week vlees in 't alg.⟩ flab; 2 ⟨aan de hals⟩ dewlap; 3 ⟨v. hersenen, longen⟩ lobe
kwa'draat *o* (-draten) square, quadrate; *3 (in het) ~ is 9* 3 squared is 9; *een ezel in het ~* a downright ass
kwa'draatgetal *o* (-len) square number
kwa'drant *o* (-en) quadrant
kwadra'tuur *v* quadrature; *de ~ van de cirkel* the squaring of the circle
kwa'jongen *m* (-s) mischievous (naughty) boy
kwa'jongensachtig *bn* boyish, mischievous
kwa'jongensstreek *m* & *v* (-streken) monkey-trick
kwak I *tsw* flop!; **II** *m* (-ken) 1 ⟨geluid⟩ flop, thud; 2 ⟨hoeveelheid⟩ dab [of soap &]; 3 ⟨klodder⟩ blob
'Kwak *m* zie: *Kwik*
'kwaken (kwaakte, h. gekwaakt) *onoverg* quack[2]; croak [of frogs]
'kwakkel *m* & *v* (-s, -en) ZN ⟨verzinsel⟩ rumour
'kwakkelen (kwakkelde, h. gekwakkeld) *onoverg* be ailing
'kwakkelwinter *m* (-s) lingering 'off-and-on' winter, sluggish, fitful winter
'kwakken (kwakte, h. gekwakt) **I** *overg* dump, plump, flop, dash (down); *dicht ~* slam [the door]; **II** *onoverg* bump
'kwakzalver *m* (-s) 1 ⟨namaakarts⟩ quack (doctor); 2 ⟨oplichter⟩ charlatan
kwakzalve'rij *v* (-en) quackery; charlatanry
kwal *v* (-len) jelly-fish; *een ~ van een vent* slang a rotter
kwalifi'catie *v* (-s) qualification
kwalifi'ceren (kwalificeerde, h. gekwalificeerd) *overg* qualify

'**kwalijk I** *bn* **1** bad [joke, thing]; **2** ill [effects]; **3** evil [consequences]; **4** ugly [business]; **II** *bijw* **1** (slecht) ill, amiss; badly [treated]; **2** (met moeite) hardly, scarcely; *iets ~ nemen* take sth. amiss, take sth. in bad part, resent sth.; *neem me niet ~* (I) beg (your) pardon; excuse me; sorry!; *neem het hem niet ~* don't take it ill of him; *ik kan het hem niet ~ nemen* I cannot blame him; *dat zou ik u ~ kunnen zeggen* I could hardly tell you; *~ riekend* evil-smelling

kwalijkge'zind *bn* **1** (vijandig) evil-minded; **2** (kwaadwillig) ill-disposed

kwalita'tief *bn* qualitative

kwali'teit *v* (-en) **1** (in 't alg.) quality, capacity; *in zijn ~ van...* in his capacity of...; **2** handel quality, grade

kwam (kwamen) V.T. van *komen*

kwan'suis *bijw* vero for the look of the thing; *hij kwam ~ eens kijken* for form's sake; *hij deed ~ of hij mij niet zag* he pretended (feigned) not to see me

kwant *m* (-en) fellow, gemeenz blade

kwantita'tief *bn* quantitative

kwanti'teit *v* (-en) quantity

kwark *m* curds

'**kwarktaart** *v* (-en) cheesecake

kwart (-en) **1** *o* fourth (part), quarter; **2** *v* muz (noot) crotchet; (interval) fourth; *~ over vier* a quarter past four; *~ voor vier* a quarter to four

kwar'taal *o* (-talen) quarter (of a year), three months; *per ~* quarterly

kwar'taaldrinker *m* (-s) binge drinker

kwar'taalstaat *m* (-staten) quarterly list

'**kwarteeuw** *v* quarter of a century, quarter-century

'**kwartel** *m* & *v* (-s) quail

'**kwartelkoning** *m* (-en) landrail, corn-crake

kwar'tet *o* (-ten) quartet(te)

kwar'tetspel *o* (-spellen) happy families

kwar'tetten (kwartette, h. gekwartet) *onoverg* play happy families

'**kwartfinale** *v* (-s) quarter-final

kwar'tier *o* (-en) quarter (of an hour, of the moon, of a town); *geen ~ geven* give (grant) no quarter

kwar'tiermaker *m* (-s) quartermaster

kwar'tiermeester *m* (-s) mil, scheepv quartermaster; *~-generaal* mil quartermaster-general

'**kwartje** *o* (-s) 'kwartje', twenty-five cent piece; Am quarter

'**kwartjesvinder** *m* (-s) gemeenz sharper

'**kwartnoot** *v* (-noten) crotchet

'**kwarto** *o* ('s) quarto; *in ~* in quarto, 4to

kwarts *o* quartz

'**kwartshorloge** *o* (-s) quartz watch

'**kwartslag** *m* (-slagen) quarter turn

'**kwartslamp** *v* (-en) quartz lamp

1 kwast *m* lemon-squash [a drink]

2 kwast *m* (-en) **1** brush [of a painter]; [dish] mop; tassel [of a curtain, cushion]; **2** knot [in wood]; **3** (malloot) fop, fool, coxcomb

'**kwastig** *bn* knotty, gnarled

'**kwatong** *v* (-en) backbiter

kwa'trijn *o* (-en) quatrain

'**kwebbel** *m-v* (-s) chatterbox

'**kwebbelen** (kwebbelde, h. gekwebbeld) *onoverg* chatter

kwee *v* (kweeën), '**kweeappel** *m* (-s en -en) quince

1 kweek *v* (kweken) (plant) couch-grass, quitch

2 kweek *m* (kweken) (wat gekweekt is) culture

'**kweekbed** *o* (-den) seed-bed

'**kweekgras** *o* couch-grass, quitch

'**kweekplaats** *v* (-en) nursery[2]

'**kweekreactor** *m* (-s en -toren) breeder reactor

'**kweekschool** *v* (-scholen) **1** vero (pedagogische academie) training-college (for teachers); **2** fig breeding ground

'**kweekvijver** *m* (-s) **1** (voor vis) fish-breeding pond; **2** fig breeding ground

'**kweepeer** *v* (-peren) quince

kweet (kweten) V.T. van *kwijten*

Kwek *m* zie: *Kwik*

'**kwekeling** *m* (-en), '**kwekelinge** *v* (-n) **1** (leerling) pupil; **2** (toekomstig onderwijzer) pupil-teacher

'**kweken** (kweekte, h. gekweekt) *overg* **1** grow, cultivate[2] [plants]; **2** raise [vegetables]; **3** fig foster, breed [discontent]; **4** ZN (v. kinderen, dieren) raise; *gekweekte champignons* cultivated mushrooms; *gekweekte rente* accrued interest

'**kweker** *m* (-s) grower, nurseryman

kweke'rij *v* (-en) nursery

'**kwekken** (kwekte, h gekwekt) *onoverg* **1** (v. eenden) quack; **2** (kwebbelen) yap, cackle

'**kwelder** *v* (-s) land on the outside of a dike

'**kwelduivel** *m* (-s) = *kwelgeest*

'**kwelen** (kweelde, h. gekweeld) *onoverg & overg* warble, carol

'**kwelgeest** *m* (-en) teaser, tormentor, pain in the neck

'**kwellen** (kwelde, h. gekweld) **I** *overg* vex, tease, torment, plague, pester, harass; **II** *wederk: zich ~* torment oneself

'**kweller** *m* (-s) = *kwelgeest*

'**kwelling** *v* (-en) vexation (of spirit), torment, trouble

'**kwelwater** *o* seeping water

'**kwestie** *v* (-s) question, matter; *dat is een andere ~* that's another question; *een ~ van smaak* a matter of taste; *een ~ van tijd* a matter (question) of time; *zij hebben ~* they have a quarrel; *geen ~ van!* that's out of the question!; *buiten de ~* outside the question; *buiten ~* beyond (without) question; *de zaak in ~* the matter in question; the point at issue

kwesti'eus *bn* doubtful, questionable

'**kweten** V.T. meerv. v. *kwijten*

'**kwetsbaar** *bn* vulnerable

'**kwetsen** (kwetste, h. gekwetst) *overg* injure[2], wound[2], hurt[2]; fig offend

kwet'suur *v* (-suren) injury, wound, hurt

'**kwetteren** (kwetterde, h. gekwetterd) *onoverg* **1** ⟨v. vogel⟩ twitter; **2** ⟨v. mens⟩ chatter

'**kwezel** *v* (-s) devotee, sanctimonious person

'**kwezelachtig** *bn* sanctimonious

kwezela'rij *v* (-en) sanctimoniousness

kWh *afk.* = *kilowattuur*

'**kwibus** *m* (-sen) gemeenz (odd) character, (queer) fellow; *rare* ~ queer bird

kwiek *bn* smart, bright, sprightly, spry

kwijl *v & o* slaver, slobber

'**kwijlen** (kwijlde, h. gekwijld) *onoverg* slaver, slobber, drivel, dribble, slang drool

'**kwijnen** (kwijnde, h. gekwijnd) *onoverg* **1** languish[2], pine [of persons]; wither, droop [of flowers &]; **2** fig flag [of a conversation]; *een ~d bestaan leiden* linger on

kwijt *bn*: *ik ben het* ~ **1** I have lost it [the book &]; **2** I have got rid of it [my cold &]; **3** it has slipped my memory; *die zijn we lekker* ~ he is (that is) a good riddance; *hij is zijn verstand* ~ he is off his head

'**kwijten** (kweet, h. gekweten) *wederk*: *zich* ~ *van* acquit oneself of [an obligation, a duty, a task], discharge [a responsibility, a debt]

'**kwijting** *v* (-en) discharge

'**kwijtraken** (raakte kwijt, is kwijtgeraakt) *overg* **1** ⟨verliezen⟩ lose; **2** ⟨verlost raken van⟩ get rid of

'**kwijtschelden**[1] *overg* remit [punishment, a debt, a fine &]; *iem. het bedrag* ~ let sbd. off the payment of the amount; *voor ditmaal zal ik het u* ~ I will let you off for this once

'**kwijtschelding** *v* **1** remission [of sins, debts]; **2** ⟨v. straf⟩ (free) pardon, amnesty

1 kwik *o* ⟨element⟩ mercury, quicksilver

2 kwik *v* (-ken): *~ken en strikken* frills

'**kwikbak** *m* (-ken) mercury trough

'**kwikbarometer** *m* (-s) mercurial barometer

'**kwikkolom** *v* (-men) mercurial column

Kwik, Kwek en Kwak *mv* Huey, Louie and Dewey

'**kwiklamp** *v* (-en) mercury lamp

'**kwikstaart** *m* (-en) wagtail

'**kwikthermometer** *m* (-s) mercurial thermometer

'**kwikvergiftiging** *v* mercurial poisoning

'**kwikzilver** *o* mercury, quicksilver

kwinke'leren (kwinkeleerde, h. gekwinkeleerd) *onoverg* warble, carol

'**kwinkslag** *m* (-slagen) witticism, quip, jest, joke, bon mot

kwint *v* (-en) muz fifth

'**kwintessens** *v* quintessence

kwin'tet *o* (-ten) quintet(te)

kwispe'door *o & m* (-s en -doren) spittoon, cuspidor

'**kwispelen** (kwispelde, h. gekwispeld), '**kwispelstaarten** (kwispelstaartte, h. gekwispelstaart) *onoverg* wag the tail

'**kwistig** *bn* lavish, liberal; ~ *met* **1** lavish of [money]; **2** liberal in [bestowing titles]

'**kwistigheid** *v* lavishness, prodigality, liberality

kwi'tantie *v* (-s) receipt

kwi'tantieboekje *o* (-s) receipt book

kwi'teren (kwiteerde, h. gekwiteerd) *overg* receipt

kynolo'gie *v* dog breeding, cynology

L

l *v* ('s) l
1 la *v* ('s) <u>muz</u> la
2 la *v* ('s en laas) = *lade*
'laadbak *m* (-ken) <u>auto</u> body, platform
'laadboom *m* (-bomen) <u>scheepv</u> derrick
'laadkist *v* (-en) (freight) container
'laadklep *v* (-pen) tail-board
'laadruim *o* (-en) cargo-hold
'laadruimte *v* (-n en -s) <u>scheepv</u> cargo-capacity, tonnage
'laadstok *m* (-ken) <u>mil</u>, <u>hist</u> ramrod, rammer
'laadvermogen *o* carrying-capacity
1 laag I *bn* low[2]; *fig* base, mean, low-minded; *lage druk* low pressure; **II** *bijw* [sing, fly] low; *fig* basely, meanly; ~ *denken van* think meanly of; ~ *houden* keep down [prices, one's weight]; ~ *neerzien op* look down upon; ~ *vallen* fall low[2], *fig* sink low; zie ook: [1]*lager*
2 laag *v* (lagen) **1** ⟨dikte⟩ layer, stratum [*mv* strata], bed; course [of bricks]; coat [of paint]; **2** ⟨hinderlaag⟩ ambush, snare; *alle lagen van de bevolking* all sections of the population, all walks of life; *alle lagen van de samenleving* all strata of society; *de vijand de volle ~ geven* give the enemy a broadside; *iem. de volle ~ geven* let sbd. have it
laag-bij-de-'gronds *bn* trite, commonplace; ~*e opmerkingen* fatuous remarks
'laagbouw *m* low building
'laagconjunctuur *v* recession
'laagfrequent *bn* low-frequency
'laaggelegen *bn* low-lying
'laaghangend *bn* lowering [sky]
laag'hartig *bn* base, vile, mean
'laagheid *v* (-heden) **1** *eig* lowness; **2** ⟨gemeenheid⟩ baseness, meanness; *laagheden* mean things
'laagje *o* (-s) thin layer
'laagland *o* (-en) lowland
'laaglandbaan *v* sea-level skating rink
'laagspanning *v* low tension
'laagspannings- *voorv* low-tension...
laagstbe'taalden *mv* the low-paid
'laagte *v* (-n en -s) lowness; *in de ~* down below
'laagtij *o* low tide
'laagveen *o* bog
'laagvlakte *v* (-n en -s) low-lying plain
'laagvormig *bn* stratified
'laagvorming *v* stratification
laag'water *o* low tide; *bij ~* at low tide (low water)
laag'waterlijn *v* low-water mark
'laaie: *in lichte(r) ~* in a blaze, ablaze
'laaiend *bn:* ~ *zijn* ⟨woedend⟩ be furious, livid, rag-

ing; ~ *enthousiast zijn* be very enthusiastic, be quite delighted; ~*e ruzie hebben* have a fierce row
'laakbaar *bn* condemnable, blamable, blameworthy, censurable, reprehensible
laan *v* (lanen) avenue; *iem. de ~ uitsturen* send sbd. packing
'laantje *o* (-s) alley
laars *v* (laarzen) boot
'laarzenknecht *m* (-en en -s) bootjack
'laarzenmaker *m* (-s) bootmaker
laat I *bn* late; *hoe ~?* what time?, at what o'clock?; *hoe ~ is het?* what's the time?, what time is it?, *what o'clock is it?* so that's the time of day!, that's your little game!; *is het weer zo ~* are you (is he) at it again?; *hoe laat heb je het?* what time do you make it?; *op de late avond* late in the evening; *de trein is een uur te ~* the train is an hour late (overdue); **II** *bijw* late; *te ~ komen* be late; *u komt te ~* **1** you are late [I expected you at noon]; **2** you are too late [to be of any help]; *tot ~ in de nacht* to a late hour; ~ *op de dag* late in the day; *beter ~ dan nooit* better late than never
'laatbloeiend *bn* late-flowering
'laatbloeier *m* (-s) late-bloomer[2]
laat'dunkend *bn* self-conceited, overweening, overbearing, arrogant
laat'dunkendheid *v* self-conceit, arrogance
'laatje *o* (-s) ⟨kleine lade⟩ (little) drawer; *aan het ~ zitten* handle the cash; *dat brengt geld in het ~* it brings in money
'laatkomer *m* (-s) late comer
laatst I *bn* **1** ⟨in 't alg.⟩ last, final; **2** ⟨jongst⟩ latest, (most) recent; **3** ⟨van twee⟩ latter [part of May]; *het ~e artikel* **1** the last article [in this review]; **2** the last-named article [is sold out]; *zijn ~e artikel* **1** his latest [most recent] article; **2** his last article [before his death]; *de ~e dagen* the last few days; *in de ~e jaren* of late (recent) years; *de ~e (paar) maanden* the last few months; *het ~e nieuws* the latest news; *de ~e tijd* of late, recently; *de ~e drie weken* these last three weeks; **II** *znw: de ~e* the last-named, the latter; *dit ~e* this last, this latter [is always a matter of difficulty]; *de ~en zullen de eersten zijn* <u>bijbel</u> the last shall be first; *op het ~* at last, finally; *op zijn ~* at (the) latest; *ten (als) ~e* lastly, last; *tot het ~* to (till) the last; *voor het ~* for the last time; **III** *bijw* lately, the other day; ~ *op een middag* the other afternoon
'laatstelijk *bijw* last, lastly, finally
'laatstgeboren *bn* last-born
laatstge'noemd *bn* last-named, latter; ~*e* the latter
'laatstleden *bn* = *jongstleden*
lab *o* (-s) <u>gemeenz</u> lab
'labbekak *m* (-ken) <u>gemeenz</u> milksop, wet blanket
labber'daan *m* salt cod
labber'doedas *m* (-sen) <u>gemeenz</u> blow, crack [on the head], punch, lunge
'label *m* (-s) label

la'beur o & m ZN ⟨zwaar werk⟩ drudgery, toiling
la'biel bn unstable
labili'teit v instability
'labo o ⟨'s⟩ ZN lab(oratory)
labo'rant m (-en) laboratory worker
labora'torium o (-s en -ria) laboratory
labora'toriumonderzoek o laboratory research
labo'reren (laboreerde, h. gelaboreerd) onoverg labour (aan under)
'labrador m (-s) labrador
laby'rint o (-en) labyrinth, maze
Lacca'diven mv Laccadive
lach m laugh, laughter; in de ~ schieten burst out laughing, laugh outright
'lachbui v (-en) fit of laughter
'lachebek m (-ken): zij is een ~ she laughs very easily
'lachen (lachte, h. gelachen) **I** onoverg laugh; in zich zelf ~ laugh to oneself; ~ om iets laugh at (over) sth.; ik moet om je ~ you make me laugh; ik moet erom ~ it makes me laugh; tegen iem. ~ smile at sbd.; het is niet om te ~ it is no laughing matter; ik kon niet spreken van het ~ I could hardly speak for laughing; hij lachte als een boer die kiespijn heeft he laughed on the wrong side of his mouth; wie het laatst lacht, lacht het best he laughs best who laughs last; laat me niet ~! don't make me laugh; **II** wederk: zich een aap (bochel, bult, kriek, ongeluk, puist, stuip, tranen, ziek) ~ split one's sides
'lachend I bn laughing, smiling; **II** bijw laughing(ly), with a laugh
'lacher m (-s): de ~s op zijn hand hebben (krijgen) have the laugh on one's side
'lacherig bn giggly
'lachertje o (-s) joke
'lachfilm m (-s) comedy
'lachgas o nitrous oxide, laughing-gas
'lachlust m inclination to laugh, risibility; de ~ opwekken provoke (raise) a laugh
'lachsalvo o ⟨'s⟩ gale of laughter
'lachspiegel m (-s) distorting mirror
'lachspier v (-en): op de ~en werken provoke (raise) a laugh
'lachstuip v (-en) convulsion of laughter
lach'wekkend bn ludicrous, ridiculous, laughable
laco'niek bn laconic(al)
la'cune v (-s) vacancy, void, gap
'ladder v (-s) **1** ⟨trap⟩ ladder; **2** ⟨in kous⟩ Br ladder; Am run; de maatschappelijke ~ the social ladder
'ladderen (ladderde, h. geladderd) onoverg ladder, run
'ladderzat bn plastered, loaded
'lade v (-n) **1** ⟨v. bureau⟩ drawer; **2** ⟨v. kassa⟩ till; **3** ⟨v. geweer⟩ stock
'laden (laadde, h. geladen) **I** overg **1** ⟨wagen⟩ load; **2** ⟨schip⟩ load; **3** ⟨vuurwapen⟩ load, charge; **4** elektr charge; de verantwoording op zich ~ undertake the responsibility; **II** onoverg & abs ww load, take in

cargo; ~ en lossen load and discharge, discharge and load
'ladenkast v (-en) chest of drawers
'ladenlichter m (-s) till-sneak
'lader m (-s) loader
'lading v (-en) **1** cargo, load [of a waggon]; **2** mil, elektr charge; ~ innemen take in cargo, load; het schip is in ~ the ship is (in) loading
'ladingmeester m (-s) loading clerk
'ladykiller m (-s) lady-killer
lae'deren (laedeerde, h. gelaedeerd) overg injure
'laesie v (-s) lesion
laf I bn **1** ⟨flauw⟩ insipid[2]; **2** ⟨lafhartig⟩ cowardly, slang yellow; **II** bijw **1** insipidly[2]; **2** in a cowardly manner, faint-heartedly
'lafaard m (-s) coward, poltroon, gemeenz chicken
'lafbek m (-ken) coward, milksop
'lafenis v (-sen) refreshment, comfort, relief
laf'hartig bn = laf[2]
'lafheid v **1** ⟨lafhartigheid⟩ cowardice; **2** ⟨flauwheid⟩ insipidity[2]
lag (lagen) V.T. van liggen
lage'drukgebied o (-en) low pressure area
1 'lager bn lower, inferior; een ~e ambtenaar a minor offical; zie ook: onderwijs
2 'lager o (-s) techn bearing(s)
3 'lager, 'lagerbier o lager (beer)
'Lagerhuis o House of Commons, Lower House
lager'wal m leeshore; aan ~ raken fig go downhill, come down (in the world), go to the dogs (to pot)
'Lago Mag'giore o Lake Maggiore
la'gune v (-n en -s) lagoon
lak o & m (-ken) **1** ⟨verf⟩ lacquer; lac [produced by insect]; varnish [for the nails]; **2** ⟨zegel~⟩ sealingwax; ⟨~zegel⟩ seal; daar heb ik ~ aan! gemeenz fat lot I care!; ik heb ~ aan hem he can go to the devil
la'kei m (-en) footman, lackey, geringsch flunkey
1 'laken (laakte, h. gelaakt) overg blame, censure
2 'laken o **1** ⟨stof⟩ cloth; **2** (-s) ⟨v. bed⟩ sheet; dan krijg je van hetzelfde ~ een pak you will be served with the same sauce; hij deelt de ~s uit gemeenz he runs (bosses) the show
'lakenfabriek v (-en) cloth manufactory
'lakenfabrikant m (-en) clothier, cloth manufacturer
'lakens bn cloth
lakens'waardig bn objectionable, blameworthy
'lakjas v (-sen) patent leather jacket (coat)
'lakken (lakte, h. gelakt) overg **1** ⟨in de lak zetten⟩ lacquer, varnish, japan; **2** seal [a letter &]
'laklaag v (-lagen) layer of lacquer
'lakleer o patent leather
'lakmoes o litmus
'lakmoespapier o litmus paper
'lakmoesproef v litmus test[2]
laks bn lax, slack, indolent
'lakschoen m (-en) patent leather shoe

'laksheid v laxness, laxity, slackness, indolence
'lakverf v (-verven) glossy paint
'lakvernis o & m (-sen) lac varnish, lacquer
'lakwerk o 1 (het lakken) lacquer; 2 (gelakte voor-werpen) japanned goods, lacquered ware
'lallen (lalde, h. gelald) *onoverg* slur one's words
1 lam o (-meren) lamb; *Lam Gods* Lamb of God
2 lam bn 1 (verlamd) paralysed, paralytic; 2 (onaan-genaam) tiresome, provoking; 3 (erg dronken) blind drunk; *wat is dat ~, (een ~me boel, geschiede-nis)!* how provoking!; *wat een ~me vent!* what a tire-some fellow!; *zich ~ schrikken* be frightened (star-tled) to death; *iem. ~ slaan* beat sbd. to a jelly; *zich ~ voelen* feel miserable; *een ~me* a paralytic
1 'lama m ('s) (priester) lama
2 'lama m ('s) (dier) llama
lambri'sering v (-en) wainscot(ing), panelling, dado
la'mel v (-len) lamella
la'melvloer m (-en) tongue-and-groove parquet
lamen'tabel bn pitiful, wretched
lamen'teren (lamenteerde, h. gelamenteerd) *on-overg* lament
'lamgelegd bn 1 eig paralysed; 2 (door staking) strike-bound
'lamheid v paralysis; *met ~ geslagen* paralysed
lami'naat o (-naten) laminate
lami'neren (lamineerde, h. gelamineerd) *onoverg & overg* laminate
'lamleggen[1] *overg* paralyze [the traffic, communi-cations, an industry &]
lam'lendig bn miserable
'lammeling m (-en) miserable fellow; *jij ~!* ge-meenz (you) cad, rotter!
lamme'nadig bn 1 (futloos) weak, limp, spineless; 2 (niet wel) gemeenz seedy; 3 (beroerd) wretched
1 'lammeren (lammerde, h. gelammerd) *onoverg* lamb
2 'lammeren meerv. van *1lam*
'lammergier m (-en) lammergeyer
'lammetje o (-s) little lamb
la'moen o (-en) (pair of) shafts, thill
lamp v (-en) 1 (in 't alg.) lamp; 2 (gloei~) bulb; 3 (elektronenbuis) valve; *tegen de ~ lopen* get caught, get into trouble, come to grief
'lampenglas o (-glazen) lamp-chimney
'lampenkap v (-pen) lamp-shade
'lampenpit v (-ten) lamp-wick
lam'petkan v (-nen) ewer, jug
lam'petkom v (-men) wash-basin, wash-hand ba-sin
lampi'on m (-s) Chinese lantern
'lamplicht o lamplight
lam'prei v (-en) lamprey
'lampzwart o lamp-black, smokeblack
'lamsbout m (-en) leg of lamb
'lamskotelet v (-ten) lamb cutlet
'lamslaan[1] *overg* paralyse, cripple [trade]; *iem. ~*

beat sbd. to a jelly
'lamstraal m (-stralen) gemeenz cad, rotter
'lamsvlees o lamb
lan'ceerbasis v (-bases en -sissen) launching site
lan'ceerinrichting v (-en) launcher
lan'ceerplatform o (-en en -s) launching pad
lan'ceerterrein o (-en) launching site
lan'ceren (lanceerde, h. gelanceerd) *overg* 1 launch[2] [a missile, a torpedo, a new enterprise]; 2 set afloat, float [an affair, a rumour]; 3 start [a report]
lan'cering v (-en) [missile, space] launching
lan'cet o (-ten) lancet
lan'cetvisje o (-s) lancelet
lan'cetvormig bn lanceolate
land o (-en) 1 (tegenover zee) land; 2 (staat) coun-try, nation; 3 (tegenover stad) country; 4 (akker) field; 5 (landbezit) estate; *~ en volk* land and peo-ple; *het ~ van belofte* bijbel the promised land; *de Lage Landen* the Low Countries; *een stukje ~* a plot, an allotment; *het ~ hebben* 1 (boos zijn) be an-noyed; 2 (landerig zijn) have a fit of the blues; *het ~ hebben aan* hate [sbd., sth.]; *ik heb er het ~ over* 1 I am hating myself for it; 2 (niet kunnen ver-kroppen) I cannot stomach it; *het ~ krijgen* become annoyed, gemeenz get the hump; *het ~ krijgen aan* take a dislike to, come to hate [sbd., sth.]; *iem. het ~ op jagen* gemeenz give sbd. the hump, rile sbd.; *aan ~* ashore, ook: on land; *aan ~ gaan* go ashore; *aan ~ komen* land, come ashore; *iem. aan ~ zetten* put sbd. ashore; *de zomer is in het ~* summer has come in; *naar ~ to* the shore; *op het ~ wonen* live in the country; *over ~* by land, overland; *te ~ en te water* [transportation] by land and sea; *onze strijd-krachten te ~ en ter zee* our land-forces and naval forces; *de strijdkrachten te ~,* ter zee en in de lucht the armed forces on land, at sea and in the air; *hier te ~e* in this country; *een meisje van het ~* a country lass
'landaanwinning v (-en) reclamation of land, (land) reclamation
'landaard m 1 (volkskarakter) national character; 2 (nationaliteit) nationality
'landadel m country nobility
'landarbeider m (-s) farm worker, agricultural la-bourer (worker)
'landauer m (-s) landau
'landbezit o 1 (het land) (landed) property; 2 (het bezitten) landownership
'landbouw m agriculture
'landbouwbedrijf o (-drijven) agricultural enter-prise, farm
'landbouwconsulent m (-en) consulting agricul-turist
'landbouwer m (-s) farmer, tiller, agriculturist
'landbouwgereedschappen mv agricultural im-plements
'landbouwhogeschool v (-scholen) agricultural

university
'**landbouwkrediet** *o* (-en) agricultural credit
'**landbouwkunde** *v* agriculture, husbandry, agronomics
landbouw'kundig *bn* agricultural
landbouw'kundige *m* (-n) agriculturist
'**landbouwmachine** *v* (-s) agricultural machine; ~s ook: farm(ing) machinery, agricultural machinery
'**landbouwonderneming** *v* (-en) agricultural enterprise
'**landbouwonderwijs** *o* agricultural education, agricultural instruction
'**landbouwpolitiek** *v* agricultural politics
'**landbouwproducten** *mv* agricultural produce (products), farm products (produce)
landbouw'proefstation *o* (-s) agricultural experiment-station
'**landbouwschool** *v* (-scholen) agricultural college
'**landbouwtentoonstelling** *v* (-en) agricultural show
'**landbouwwerktuig** *o* (-en) agricultural implement, farming implement
'**landdag** *m* (-dagen) diet; *de Poolse* ~ the Polish Diet; *een Poolse* ~ *fig* a regular beargarden
'**landdier** *o* (-en) land animal
'**landedelman** *m* (-lieden) country gentleman, squire
'**landeigenaar** *m* (-s en -naren) landowner, landed proprietor
'**landelijk** *bn* 1 ⟨v. h. platteland⟩ rustic, rural, country...; 2 ⟨v. h. gehele land⟩ national
'**landelijkheid** *v* rusticity
'**landen** (landde, geland) **I** (h.) *overg* land, disembark; **II** (is) *onoverg* land
'**landengte** *v* (-n en -s) isthmus
land- en 'volkenkunde *v* geography and ethnography
'**landenwedstrijd** *m* (-en) international contest
land- en 'zeemacht *v* Army and Navy
'**landerig** *bn* blue
'**landerigheid** *v* the blues
lande'rijen *mv* landed estates
'**landgenoot** *m* (-noten) (fellow-)countryman, compatriot
'**landgenote** *v* (-n) (fellow-)countrywoman
'**landgoed** *o* (-eren) country-seat, estate, manor
'**landgrens** *v* (-grenzen) land-frontier
'**landheer** *m* (-heren) lord of the manor
'**landhervorming** *v* (-en) land reform
'**landhoofd** *o* (-en) abutment
'**landhuis** *o* (-huizen) country-house, villa
'**landhuishoudkunde** *v* rural economy
'**landhuur** *v* (-huren) land-rent
'**landing** *v* (-en) **1** landing [of troops &]; **2** disembarkation [from ship]; **3** *luchtv* landing, descent; **4** ⟨v. ruimtevaartuig in zee⟩ splash-down
'**landingsbaan** *v* (-banen) runway

'**landingsbrug** *v* (-gen) ⟨aanlegsteiger⟩ landing-stage
'**landingsgestel** *o* (-len) (under-)carriage, landing-gear
'**landingsrechten** *mv* landing rights
'**landingsstrip** *m* (-s, -pen) landing-strip, airstrip
'**landingsstrook** *v* (-stroken) *luchtv* airstrip
'**landingsterrein** *o* (-en) landing-ground
'**landingstroepen** *mv* landing-forces
'**landingsvaartuig** *o* (-en), '**landingsvaartuigen** *mv* landing-craft
land'inwaarts *bijw* inland
'**landjonker** *m* (-s) (country-)squire
'**landjuweel** *o* (-welen) ZN ⟨toneelwedstrijd⟩ acting competition
'**landkaart** *v* (-en) map
'**landkikvors** *m* (-en) grass frog
'**landklimaat** *o* continental climate
'**landleger** *o* land-forces
'**landleven** *o* country-life
'**landloper** *m* (-s) vagabond, vagrant, tramp, layabout
landlope'rij *v* vagabondage, vagrancy, tramping
'**landmacht** *v* land-forces; *de* ~ ook: the Army
'**landman** *m* (-lieden) **1** ⟨plattelandsbewoner⟩ countryman; **2** ⟨landbouwer⟩ farmer
'**landmeten** *o* surveying
'**landmeter** *m* (-s) surveyor
'**landmijn** *v* (-en) landmine
'**landoorlog** *m* (-logen) land war
lan'douw *v* (-en) field, region
'**landpaal** *m* (-palen) boundary mark
'**landrat** *v* (-ten) = *landrot*
'**landrente** *v* (-n en -s) land-revenue
'**landrot** *v* (-ten) *fig* landlubber
'**landsadvocaat** *m* (-caten) government prosecutor
'**landsbelang** *o* national interest
'**landsbond** *m* (-en) ZN co-ordinate alliance
'**landschap** *o* (-pen) landscape
'**landschapschilder** *m* (-s) landscape painter, landscapist
'**landschapschilderkunst** *v* landscape painting
'**landschapspark** *o* (-en) national park
'**landscheiding** *v* (-en) boundary
'**landschildpad** *v* (-den) land tortoise
'**landsdienaar** *m* (-s en -naren) public servant
landsdrukke'rij *v* (-en) government printing-office, H. M. Stationery Office
'**landsheer** *m* (-heren) sovereign lord, monarch
'**landskampioen** *m* (-en) *sp* national champion
'**landsman** *m* (-lieden) (fellow-)countryman
'**landstaal** *v* (-talen) vernacular (language)
'**landstitel** *m* (-s) *sp* national title
'**landstreek** *v* (-streken) region, district, quarter
'**landsverdediging** *v* defence of the country, national defence; *de* ~ the land defences *ministerie van* ~ ZN Ministry of Defence
'**landsvrouwe** *v* (-n) sovereign lady

'**landtong** *v* (-en) spit of land
'**landverhuizer** *m* (-s) emigrant
'**landverhuizing** *v* (-en) emigration
'**landverraad** *o* high treason
'**landverrader** *m* (-s) traitor to one's country
'**landvolk** *o* country-people
'**landvoogd** *m* (-en) governor (of a country)
'**landwaarts** *bn* landward(s); *meer* ~ more inland
'**landweer** *v* mil territorial army
'**landweg** *m* (-wegen) **1** ⟨door een land⟩ country-road, rural road, (country-)lane; **2** ⟨over land en niet over zee⟩ overland route
'**landwijn** *m* (-en) simple, regional wine
'**landwind** *m* (-en) land-wind, land-breeze
'**landwinning** *v* (-en) = *landaanwinning*
'**landzij**, '**landzijde** *v* land-side
lang I *bn* **1** (in 't alg.) long; **2** ⟨v. gestalte⟩ tall, high; *hij is 2 meter* ~ he is two metres in height; *de tafel is 3 meter* ~ the table is three metres in length; ~ *en slank* tall and slim; ~ *als hij was viel hij* he fell at full length; *een* ~ *gezicht (trekken)* (pull) a long face; *hij is nogal* ~ *van stof* he is rather long-winded; *het is zo* ~ *als het breed is* it is as broad as it is long, it is six of one and half a dozen of the other; ~ *worden* **1** ⟨v. persoon⟩ grow tall; **2** ⟨v. dag⟩ = *lengen*; **II** *bijw* long; *ik heb het hem* ~ *en breed verteld* I've told him the whole thing at great length; *hoe* ~? how long [am I to wait]?; *twee jaar* ~ for two years; *zijn leven* ~ all his life; *ben je hier al* ~? have you been here long?; *zie ook:* ²*al*; *ik ben er nog* ~ *niet* I still have a long way to go; *dat is* ~ *niet slecht* not bad at all; *lang* not half bad; ~ *niet sterk genoeg* not strong enough by a long way; ~ *niet zo oud (als je zegt)* nothing like so old; *hij is al* ~ *weg* he has been gone a long time; *wat ben je* ~ *weggebleven!* what a time you have been!; *bij* ~ *niet zo...* not nearly so, not by a long way so; *hoe* ~*er hoe beter* **1** *eig* the longer the better; **2** ⟨steeds beter⟩ better and better; *hoe* ~*er hoe meer* more and more; *waarom heb je in zo* ~ *niet geschreven?* why have you not written me for so long?; *ik heb hem in* ~ *niet gezien* I've not seen him for a long time; *op zijn* ~*st* at (the) most; *sedert* ~ for a long time
lang'dradig *bn* long-winded, prolix, prosy
lang'dradigheid *v* long-windedness, prolixity
lang'durig *bn* long [illness &], prolonged [applause &], protracted; [connection, quarrel &] of long standing
lang'durigheid *v* long duration, length ·
lange'afstandsbommenwerper *m* (-s) long-range bomber
lange'afstandsloper *m* (-s) long-distance runner
lange'afstandsrace *m* (-s) long-distance race
lange'afstandsraket *v* (-ten) long-range rocket
'**langgerekt**, **langge'rekt** *bn* **1** long-drawn(-out) [sound &]; **2** protracted, lengthy [negotiations &]
'**langharig**, **lang'harig** *bn* long-haired
'**langlauf** *m* cross-country skiing, langlauf

'**langlaufen** *o* ski cross-country
'**langlopend** *bn* long-term
'**langparkeerder** *m* (-s) long-term parker
'**langpootmug** *v* (-gen) crane-fly, daddy-long-legs
langs I *voorz* **1** along [the river]; **2** past [the house]; **3** by [this route]; **II** *bijw*: *hij ging* ~ he went past, he passed; *iem. er van* ~ *geven* let sbd. have it, gemeenz give sbd. what for; *er van* ~ *krijgen* catch it, gemeenz get what for
'**langsgaan**¹ *onoverg* **1** ⟨voorbij gaan⟩ pass, pass by; **2** ⟨op bezoek gaan⟩ call in, drop in [on sbd., at sbd.'s house]
'**langskomen**¹ *onoverg* **1** ⟨voorbij komen⟩ pass by, come by; **2** ⟨op bezoek komen⟩ drop in, drop by
'**langslaper** *m* (-s) lie-abed
'**langslopen**¹ *onoverg* walk past, walk by
'**langsnuitkever** *m* (-s) weevil
'**langspeelplaat** *v* (-platen) long-play(ing) record, long player, L.P.
langs'scheeps *bn* fore and aft
'**langstlevende**, **langst'levende** *m-v* (-n) longest liver, survivor
langs'zij *bijw* alongside
'**languit** *bijw* (at) full length
'**langverwacht** *bn* long-expected
lang'werpig *bn* oblong; ~ *rond* oval
lang'werpigheid *v* oblong form
'**langzaam I** *bn* slow, tardy, lingering; ~ *maar zeker* slow and sure; **II** *bijw* **1** (in 't alg.) slowly; **2** scheepv easy [ahead, astern]; ~ *werkend vergif* slow poison; ~ *maar zeker* slowly but surely; ~ *aan!* easy!, steady!; ~ *aan dan breekt het lijntje niet* easy does it
langzaam-'aan-actie *v* (-s) go slow
langzamer'hand *bijw* gradually, by degrees, little by little
lank'moedig *v* long-suffering, patient
lank'moedigheid *v* long-suffering, patience
lans *v* (-en) lance; *met gevelde* ~ lance in rest; *een* ~ *breken voor* **1** intercede for [sbd.]; **2** advocate [measures &], break a lance for
lan'sier *m* (-s) **1** hist lancer; **2** ZN ⟨tanksoldaat⟩ soldier of tank battalion
'**lansknecht** *m* (-en) hist lansquenet
lan'taarn *v* (-s) **1** ⟨straatverlichting⟩ streetlight; **2** ⟨niet-elektrische lamp⟩ lantern; ⟨elektrisch⟩ lamp; **3** ⟨zaklantaarn⟩ Br torch; Am flashlight
lan'taarnopsteker *m* (-s) lamplighter
lan'taarnpaal *m* (-palen) lamp-post
lan'taarnplaatje *o* (-s) vroeger lantern-slide
lan'taren(-) = *lantaarn(-)*
'**lanterfanten** (lanterfantte, h. gelanterfant) *onoverg* idle, laze (about), loaf, slang mike
'**lanterfanter** *m* (-s) idler, loafer
'**Laos** *o* Laos
Laoti'aan *m* (-tianen) Laotian
Laotiaans *o* & *bn* Laotian
lap *m* (-pen) **1** piece [of woven material]; rag, tatter

[of cloth, paper]; **2** ⟨om te verstellen⟩ patch; **3** ⟨om te wrijven⟩ cloth; **4** ⟨overgebleven stuk goed⟩ remnant; **5** ⟨stuk⟩ patch [of arable land]; slice [of meat], steak [for frying, stewing &]; **6** sp ⟨baanronde⟩ lap; *de leren* ~ the shammy (leather); *dat werkt op hem als een rode* ~ *op een stier* it is like a red rag to a bull; *er een* ~ *op zetten* put a patch upon it, patch it; *de* ~*pen hangen erbij* it is in rags (in tatters); *een gezicht van oude* ~*pen* a sour face

Lap *m* (-pen) Lapp, Laplander

la'pel *m* (-len) lapel

lapi'dair *bn* lapidary

'lapje *o* (-s) (small) patch &, zie: *lap;* ~*s* ⟨vlees⟩ slices; ⟨rundvlees⟩ steaks; *iem. voor het* ~ *houden* pull sbd.'s leg

'lapjeskat *v* (-ten) tortoise (shell) cat

'Lapland *o* Lapland

'Laplander *m* (-s) Laplander, Lapponian, Lapp

'Laplands *bn* Lappish, Lapponian

'lapmiddel *o* (-en) palliative, makeshift

'lappen (lapte, h. gelapt) *overg* **1** ⟨herstellen⟩ patch, piece; mend [clothes &]; **2** wash [windows]; **3** gemeenz ⟨geld bijeenbrengen⟩ pass the hat; *hij zal het hem wel* ~ he'll do (manage) it; *wie heeft mij dat gelapt?* who has played me that trick?; *dat lap ik aan mijn laars!* gemeenz fat lot I care!; *een waarschuwing aan zijn laars* ~ ignore a warning; *iem. er bij* ~ slang cop a man; *alles er door* ~ run through a fortune &

'lappendeken *v* (-s) patchwork quilt

'lappenmand *v* (-en) remnant basket; *in de* ~ *zijn* be laid up, be on the sick-list

Laps *o* & *bn* Lappish

'lapwerk *o* **1** eig patchwork[2]; **2** fig tinkering

'lapzwans *m* (-en) gemeenz dud

lar'deerpriem *m* (-en) larding-pin

lar'deren (lardeerde, h. gelardeerd) *overg* lard

larf *v* (larven) = *larve*

'larie I *v* nonsense, fudge; **II** *tsw* fiddlesticks!

'lariekoek *m* = *larie*

'lariks *m* (-en) larch

larmoy'ant *bn* tearful, maudlin

'larve *v* (-n) larva [*mv* larvae]; ook: grub [of insects]

1 las *v* (-sen) weld, joint, seam, scarf

2 las (lazen) V.T. van *lezen*

'la'sagna *v* lasagne

'lasapparaat *o* (-raten) welder

'lasbril *m* (-len) welding goggles

'laser *m* (-s) laser

'laserprinter *m* (-s) laser printer

'laserstraal *v* (-stralen) laser beam

'lassen (laste, h. gelast) *overg* **1** weld [iron]; **2** joint [a wire]; **3** scarf [timber]; **4** splice [film]

'lasser *m* (-s) [electric] welder

'lasso *m* ('s) lasso

1 last *m* **1** ⟨opgeladen vracht⟩ load[2], burden[2]; **2** ⟨zwaartedruk⟩ load[2], burden[2], weight[2]; **3** ⟨lading⟩ load, scheepv cargo; **4** ⟨overlast⟩ trouble, nuisance;

5 ⟨bevel⟩ order, command; ~*en* charges, rates and taxes; *baten en* ~*en* assets and liabilities; ~ *hebben van* be incommoded by [the neighbourhood of...]; be troubled with, suffer from [a complaint]; be subject to [fits of dizziness]; ~ *veroorzaken* incommode, cause (give) trouble; *in* ~ *hebben om...* be charged to...; *op* ~ *van...* by order of...; *op zware* ~*en zitten* be heavily encumbered; *ten* ~*e komen van* be chargeable to; *iem. iets ten* ~*e leggen* charge sbd. with a thing, lay it to sbd.'s charge; *iem. tot* ~ *zijn* **1** ⟨lastig vallen⟩ incommode sbd.; **2** ⟨bron v. zorg zijn⟩ be a burden on sbd.; *zich van een* ~ *kwijten* acquit oneself of a charge

2 last *o* & *m* (-en) scheepv last [= 2 tons]

'lastbrief *m* (-brieven) mandate

'lastdier *o* (-en) beast of burden, pack-animal

'lastdrager *m* (-s) porter

'lastendruk *m* ± tax burden

'lastenkohier *o* (-en) ZN quantity survey

'lastenverlichting *v* reduction in the financial burden; ⟨via belastingen⟩ tax relief, tax cut

'lastenverzwaring *v* increase in the financial burden; ⟨via belastingen⟩ tax increase, tax hike

'laster *m* slander, calumny, defamation

'lasteraar *m* (-s en -raren) slanderer, calumniator

'lastercampagne *v* (-s) campaign of calumny (of slander), gemeenz smear campaign

'lasteren (lasterde, h. gelasterd) *overg* slander, calumniate, defame; *God* ~ blaspheme (God)

'lasterlijk I *bn* **1** ⟨beledigend⟩ slanderous, defamatory, libellous; **2** ⟨godslasterlijk⟩ blasphemous; **II** *bijw* **1** slanderously; **2** blasphemously

'lasterpraatjes *mv* slanderous talk, scandal

'lastertaal *v* slander

'lastgever *m* (-s) principal

'lastgeving *v* (-en) mandate, commission

'lasthebber *m* (-s) mandatary

'lastig I *bn* **1** ⟨moeilijk uit te voeren⟩ difficult, hard; **2** ⟨moeilijk te regeren⟩ troublesome, unruly; **3** ⟨vervelend⟩ annoying, awkward; **4** ⟨veeleisend⟩ exacting, hard to please; **5** ⟨ongemakkelijk⟩ inconvenient; *wat zijn jullie vandaag weer* ~*!* what nuisances you are to-day!; *de kinderen zijn helemaal niet* ~ the children give no trouble; *een* ~ *geval* a difficult case; *een* ~*e vent* a troublesome customer; ~ *vallen* importune, molest [sbd.]; *het spijt mij dat ik u* ~ *moet vallen* I am sorry to be a nuisance, sorry to trouble you; *dat zal u niet* ~ *vallen* it will not be difficult for you; **II** *bijw* with difficulty; *dat zal* ~ *gaan* that will hardly be possible

'lastpak *o* (-ken) gemeenz handful, nuisance

'lastpost *m* (-en) nuisance; *die* ~*en van jongens* ook: those troublesome boys

lat *v* (-ten) **1** ⟨in 't alg.⟩ lath; **2** ⟨v.e. jaloezie⟩ slat; **3** sp ⟨doel~⟩ cross-bar; ⟨spring~⟩ bar; *de lange* ~*ten* the skis; *onder de* ~ *staan* keep goal; *op de* ~ *kopen* gemeenz buy on tick

'latafel *v* (-s) chest of drawers

'laten (liet, h. gelaten) **I** *hulpwerkwoord* let; ~ *we gaan!* let us go!; *laat ik u niet storen* do not let me disturb you; **II** *zelfstandig werkwoord* **1** ⟨laten in zekere toestand⟩ leave [things as they are]; **2** ⟨nalaten⟩ omit, forbear, refrain from [telling &]; leave off, give up [drinking, smoking]; **3** ⟨toelaten⟩ let [sbd. do sth.], allow, permit, suffer [sbd. to...]; **4** ⟨toewijzen⟩ let have; **5** ⟨gelasten⟩ make, have [sbd. do sth.]; get, cause [sbd. to...]; ~ *bouwen* have... built; *wij zullen het* ~ *doen* we shall have (get) it done; *het laat zich niet beschrijven* it cannot be described, it defies (beggars) description; *het laat zich denken* it may be imagined; *het laat zich verklaren* it can be explained; *laat dat!* don't!; stop it!; *laat (me) los!* let (me) go!; *laat het maar hier* leave it here; *je had het maar moeten* ~ you should have left it undone; *hij kan het niet* ~ he cannot help it, he cannot desist from it; *als je mij maar tijd wilt* ~ if only you allow me time; *ver achter zich* ~ leave far behind, outdistance; throw into the shade; *wij zullen het hier bij* ~ we'll leave it at that; *hij zal het er niet bij* ~ he is not going to let the matter rest, to lie down under it; *ik kan het u niet voor minder* ~ I can't let you have it for less; *wij zullen dat* ~ *voor wat het is* we'll let it rest; *ik weet niet waar hij het (al dat eten) laat* I don't know where he puts it; *waar heb ik mijn boek gelaten?* where have I put my book?; *waar heb je het geld gelaten?* what have you been and done with the money?; zie ook: *vallen*, *¹weten*, *zien*

la'tent *bn* latent
'later I *bn* later; **II** *bijw* later; later on
late'raal *bn* lateral
'latertje *o*: *dat wordt een* ~ it will be late, it will be well into the small hours [before we are finished]
'latex *o* & *m* latex
'latexverf *v* latex paint
'lathyrus *m* (-sen) sweet pea
La'tijn *o* Latin; *aan 't eind van z'n* ~ *zijn* be at the end of one's rope
La'tijns *bn* Latin
Latijns-A'merika *o* Latin America
Latijns-Ameri'kaan *m* (-kanen) Latin American
Latijns-Ameri'kaans *bn* Latin-American
'lat-relatie *v* (-s) l.a.t.-relationship
la'trine *v* (-s) latrine
'latwerk *o* (-en) **1** ⟨in 't alg.⟩ lath-work; **2** ⟨v. leibomen⟩ trellis
laure'aat *m* (-reaten) ZN **1** ⟨geslaagde⟩ succesful candidate; **2** ⟨winnaar⟩ winner, champion
lau'rier *m* (-en) laurel, bay
lau'rierblad *o* (-blaren en -bladeren) laurel-leaf, bay-leaf
'laurierboom *m* (-bomen) laurel(-tree), bay(-tree)
lauw *bn* **1** ⟨enigszins warm⟩ lukewarm², tepid; **2** fig ⟨niet uitbundig⟩ half-hearted
'lauwer *m* (-en) laurel, bay; ~*en behalen* win (reap) laurels; *op zijn* ~*en rusten* rest on one's laurels

'lauweren (lauwerde, h. gelauwerd) *overg* crown with laurels, laurel
'lauwerkrans *m* (-en) wreath of laurels
'lava *v* lava
lava'bo *m* ('s) lavabo
'laveloos *bn* dead drunk, sozzled
lave'ment *o* (-en) enema, clyster
'laven (laafde, h. gelaafd) **I** *overg* refresh; **II** *wederk*: *zich* ~ refresh oneself; *zich aan die bron* ~ drink from that source
la'vendel *v* lavender
la'veren (laveerde, h. en is gelaveerd) *onoverg* **1** scheepv tack² (about), beat up against the wind; **2** fig manoeuvre
'laving *v* (-en) refreshment
la'waai *o* noise, din, tumult, uproar, hubbub; ~ *schoppen* roister
la'waaibestrijding *v* noise abatement
la'waaierig, la'waaiig *bn* noisy, uproarious, loud
la'waaimaker, la'waaischopper *m* (-s) blusterer, bounder, roisterer
la'waaischopper *m* (-s) noise-maker
la'wine *v* (-s) avalanche
la'winegevaar *o* danger of avalanches
'laxans *o* (la'xantia) aperient, laxative
la'xeermiddel *o* (-en) = *laxans*
la'xeren (laxeerde, h. gelaxeerd) *onoverg* open (relax) the bowels
la'xerend *bn* laxative
lay-'out *m* (-s) layout
laza'ret *o* (-ten) lazaretto
'lazarus *bn* gemeenz: ~ *zijn* be loaded, be drunk
'lazen V.T. meerv. van *lezen*
'lazer gemeenz: *iem. op z'n* ~ *geven* give sbd. hell, give sbd. a hiding
'lazeren gemeenz (lazerde, gelazerd) **I** (h.) *overg* ⟨smijten⟩ chuck, fling, hurl; *iem. er uit* ~ chuck (fling, hurl) sbd. out; **II** (is) *onoverg* ⟨vallen⟩: *van de trap* ~ pitch down the stairs
lbo *afk. lager beroepsonderwijs* lower vocational education
LCD *o* ('s) LCD *(liquid crystal display)*
'leadzanger *m* (-s) lead singer
leao *afk. lager economisch en administratief onderwijs* lower business education
'leaseauto *m* ('s) leased car
'leasen (leasde, h. geleasd) *overg* lease
'leasing *v* leasing
leb, 'lebbe *v* (lebben) rennet
'lebberen (lebberde, h. gelebberd) *overg* lap (up)
'lebmaag *v* (-magen) rennet-stomach
'lector *m* (-'toren en -s) reader
lecto'raat *o* (-raten) readership
lec'tuur *v* **1** (het lezen) reading; **2** (leesstof) reading-matter
'ledematen *mv* limbs
1 'leden V.T. meerv. v. *lijden*
2 'leden mv. v. *lid*

'ledenbestand o membership file

'ledenlijst v (-en) list (register) of members

'ledenpop v (-pen) **1** eig lay figure, manikin; **2** fig puppet

'ledenvergadering v (-en) general meeting

'ledenwerving v recruitment of new members

'leder = -³leer

'lederen bn = ²leren

'ledig bn = leeg

'ledigen (ledigde, h. geledigd) overg empty

'lediggang m idleness

'ledigheid v **1** (het ledig zijn) emptiness; **2** (lediggang, nietsdoen) idleness; ~ is des duivels oorkussen idleness is the parent of vice

ledi'kant o (-en) bedstead

1 leed I o **1** (lichamelijk) harm, injury; **2** (v. de ziel) affliction, grief, sorrow; in lief en ~ for better and for worse; het doet mij ~ I am sorry (for it); iem. zijn ~ klagen pour out one's grief to sbd.; u zal geen ~ geschieden you shall suffer no harm; **II** bn: met lede ogen with regret

2 leed (leden) V.T. v. lijden

'leedvermaak o enjoyment of others' mishaps

'leedwezen o regret; met ~ with regret; regretfully; tot mijn ~ kan ik niet... I regret not being able to..., to my regret

'leefbaar bn liveable

'leefbaarheid v liveableness

'leefgemeenschap v (-pen) community

'leefklimaat o living climate, living conditions

'leefmilieu o (-s) environment

'leefnet o (-ten) keepnet

'leefregel m (-s) regimen, diet

'leefruimte v living space, lebensraum

'leeftijd m (-en) lifetime, age; eerste, tweede, derde ~ ZN youth, middle age, old age; op die ~ at that age; op hoge ~ at a great age; op late(re) ~ late(r) in life; op ~ komen be getting on in years; op ~ zijn be well on in life; een jongen van mijn ~ a boy my age; zij zijn van dezelfde ~ they are of an age

'leeftijdgenoot m (-noten) contemporary

'leeftijdsgrens v (-grenzen) age limit

'leeftijdsgroep v (-en) age group

'leeftijdsverschil o (-len) difference of age

'leeftocht m provisions, victuals

'leefwijze v manner of life, style of living

leeg bn **1** (niets inhoudend) empty², vacant²; **2** (nietsdoend) idle

'leegdrinken¹ overg empty, finish [one's glass]

'leeggieten¹ overg empty out

'leeghalen¹ overg **1** (in 't alg.) clear out; **2** (plunderen) strip

'leegheid v emptiness

'leeghoofd o & m-v (-en) empty-headed person

'leegloop m slang downtime

'leeglopen¹ onoverg **I** (is) (de inhoud verliezen) empty, become empty; go flat [of a balloon, a tyre]; laten ~ **1** empty [a cask]; **2** deflate [a balloon, a

tyre]; **3** drain [a pond]; **II** (h.) (lanterfanten) idle (about), loaf

'leegloper m (-s) idler, loafer

'leegmaken¹ overg empty

'leegpompen¹ overg **1** eig pump dry; **2** fig drain (dry)

'leegstaan¹ onoverg be empty, stand empty, be uninhabited (unoccupied)

'leegstand m vacancy

'leegte v (-n) emptiness²; fig void, blank

1 leek m (leken) layman²; outsider [in art &]; de leken ook: the laity

2 leek (leken) V.T. van lijken

leem o & m loam, clay, mud

'leemachtig bn loamy

'leemgroeve v (-n) loam-pit

'leemgrond m (-en) loamy soil

'leemkuil m (-en) loam-pit

'leemte v (-n en -s) gap, lacuna [mv lacunae], hiatus, deficiency

leen o (lenen) hist fief, feudal tenure; in ~ hebben **1** have it lent to one; **2** hist hold in feud; te ~ on loan; mag ik dat van u te ~ hebben? may I borrow this (from you)?; will you favour me with the loan of it?; te ~ geven lend; te ~ vragen ask for the loan of

'leenbank v (-en) loan-office

'leendienst m (-en) feudal service, vassalage

'leengoed o (-eren) feudal estate

'leenheer m (-heren) feudal lord, liege (lord)

'leenman m (-nen) vassal

'leenplicht m & v (-en) feudal duty

leen'plichtig bn liege

'leenrecht o **1** hist feudal right; **2** (door bibliotheken) lending rights

leen'roerig bn feudal, feudatory

'leenstelsel o hist feudal system

'leentjebuur m: ~ spelen borrow (right and left)

'leenwoord o (-en) loan-word

leep I bn sly, cunning, shrewd, longheaded; **II** bijw slyly, shrewdly, cunningly

'leepheid v slyness, cunning

1 leer v (leren) (ladder) ladder

2 leer v (leren) **1** (leerstelsel) doctrine; teaching [of Christ]; **2** (theorie) theory; **3** (het leerling zijn) apprenticeship; in de ~ doen bij bind apprentice to; in de ~ zijn serve one's apprenticeship [with], be bound apprentice [to a goldsmith]

3 leer o (stofnaam) leather; ~ om ~ tit for tat; van ~ trekken draw one's sword; go at it (at them); van andermans ~ is het goed riemen snijden it is easy to cut thongs out of another man's leather

'leerachtig bn leathery

'leerboek o (-en) text-book, lesson-book

'leercontract o (-en) ZN apprenticeship

'leerdicht o (-en) didactic poem

'leergang bn (-en) course, course of lectures

'leergeld o premium; ~ betalen fig learn it to one's

cost

'leergezag *o* <u>RK</u> teaching authority (of the Church)
leer'gierig *bn* eager to learn, studious
leer'gierigheid *v* eagerness to learn, studiousness
'leerhuid *v* true skin
'leerjaren *mv* (years of) apprenticeship
'leerjongen *m* (-s) 〈leerling〉 apprentice
'leerkracht *v* (-en) teacher
'leerling *m* (-en) **1** 〈op school &〉 pupil, disciple; **2** = *leerjongen*
'leerlingstelsel *o* apprentice system
leerling-ver'pleegster *v* (-s) student nurse, probationer
leerling-'vlieger *m* (-s) aircraft apprentice
'leerlooien *abs ww* tan; *het* ~ tanning
'leerlooier *m* (-s) tanner
leerlooie'rij *v* (-en) tannery
'leermeester *m* (-s) teacher, master, tutor
'leermeisje *o* (-s) apprentice
'leermiddelen *mv* educational appliances
'leeropdracht *v* (-en) teaching assignment, lectureship
'leerplan *o* (-nen) curriculum [*mv* curricula]
'leerplicht *m & v* compulsory education
leer'plichtig *bn* liable to compulsory education
'leerschool *v* (-scholen) school; *een harde* ~ *doorlopen* learn the hard way, go (pass) through the mill
leer'stellig *bn* **1** 〈dogmatisch〉 dogmatic; **2** 〈volgens een doctrine〉 doctrinaire
'leerstelling *v* (-en) tenet, dogma
'leerstoel *m* (-en) chair [of Greek History &, in college or university]
'leerstof *v* subject-matter of tuition
'leerstuk *o* (-ken) dogma, tenet
'leertijd *m* **1** 〈op school, v. cursussen &〉 time of learning; pupil(l)age; **2** 〈v. leerjongen〉 (term of) apprenticeship
'leertje *o* (-s) 〈v. kraan〉 washer
'leervak *o* (-ken) subject (taught)
'leervergunning *v* (-en) <u>ZN</u> provisional licence
'leerwaren *mv* leather goods
'leerwerk *o* leatherwork, leather goods
'leerzaam I *bn* **1** 〈v. persoon〉 docile, teachable, studious; **2** 〈v. boek &〉 instructive; **II** *bijw* instructively
'leerzaamheid *v* **1** docility, teachableness [of persons]; **2** instructiveness [of books]
'leesapparaat *o* (-raten) reader
'leesbaar *bn* **1** legible [writing]; **2** readable [novels]
'leesbeurt *v* (-en) **1** 〈op school〉 turn to read; **2** 〈lezing〉 lecture
'leesbibliotheek *v* (-theken) lending-library
'leesblind *bn* dyslexic; <u>Am</u> dyslectic
'leesblindheid *v* word-blindness, alexia
'leesboek *o* (-en) reading-book, reader
'leesbril *m* (-len) reading-glasses
'leesgezelschap *o* (-pen), **'leeskring** *m* (-en) reading-club

'leeslamp *v* (-en) reading-lamp
'leesles *v* (-sen) reading lesson
'leesmoeder *v* (-s) parent volunteer, school volunteer
'leesoefening *v* (-en) reading exercise
'leesonderwijs *o* instruction in reading
'leespen *v* (-nen) bar code reader
'leesplank *v* (-en) *vroeger* hornbook
'leesportefeuille *m* (-s) book and magazine portfolio [of a readingclub]
lees/'schrijfkop *m* (-pen) <u>comput</u> read/write head
'leesstof *v* reading-matter
leest *v* (-en) **1** 〈v. lichaam〉 waist; **2** 〈van schoenmaker〉 last; 〈om te rekken〉 (boot-)tree; *we zullen dat op een andere* ~ *moeten schoeien* we shall have to put it on a new footing; *op dezelfde* ~ *schoeien* cast in the same mould; *op socialistische* ~ *geschoeid* organized on socialist lines; *op de* ~ *zetten* put on the last; zie ook: *schoenmaker*
'leestafel *v* (-s) reading-table
'leesteken *o* (-s) punctuation mark, stop; ~*s aanbrengen* punctuate
'leesvaardigheid *v* reading skill
'leesvoer *o* light reading material
'leeswijzer *m* (-s) book-mark(er)
'leeswoede *v* mania for reading
'leeszaal *v* (-zalen) reading room; *openbare* ~ public library
leeuw *m* (-en) lion[2]; *de Leeuw* astron Leo
'leeuwachtig *bn* leonine
'Leeuwehart: *Richard* ~ Richard Coeur de Lion, Richard the Lion-Heart, Richard the Lion-Hearted
'leeuwenbek *m* (-ken) 〈plant〉 snapdragon
'leeuwendeel *o* lion's share
'leeuwenkuil *m* (-en) den of lions
'leeuwenmanen *mv* lion's mane
'leeuwenmoed *m* courage of a lion; *met* ~ *bezield* lion-hearted [man]
'leeuwentemmer *m* (-s) lion-tamer
'leeuwerik *m* (-en) 〈sky〉 lark
leeu'win *v* (-nen) lioness
'leeuwtje *o* (-s) **1** 〈kleine leeuw〉 little lion; **2** 〈hondenras〉 Maltese dog
'leewater *o* water on the knee, synovitis
lef *o & m* **1** 〈moed〉 pluck, courage; **2** 〈branie〉 swagger; *het* ~ *hebben iets te doen* have the guts to do sth.; *als je het* ~ *hebt* if you dare
'lefdoekje *o* (-s) breast-pocket handkerchief
'lefgozer, **'lefschopper** *m* (-s) braggart, swanker, toff
leg *m* egg-laying; *aan de* ~ in lay; *van de* ~ *zijn* have stopped laying
le'gaal *bn* legal
le'gaat (-gaten) **1** *o* 〈erfenis〉 legacy, bequest; **2** *m* 〈van paus〉 legate
legali'satie *v* (-s) legalization
legali'seren (legaliseerde, h. gelegaliseerd) *overg* legalize

lega'taris *m* (-sen) legatee
lega'teren (legateerde, h. gelegateerd) *overg* bequeath
le'gatie *v* (-s) legation
'legbatterij *v* (-en) battery
'legen (leegde, h. geleegd) *overg* = *ledigen*
le'genda *v* ('s) (op een kaart) legend
legen'darisch *bn* legendary, fabled
le'gende *v* (-n en -s) 1 〈heiligenleven〉 legend; 2 〈volksoverlevering〉 myth, legend
'leger *o* (-s) 1 *mil* army[2]; *vero* & *fig* host; 2 *vero* 〈bed〉 bed; 3 〈v. dieren〉 form [of a hare]; lair [of wild animals]; haunt [of a wolf]; *Leger des Heils* Salvation Army
'legeraalmoezenier *m* (-s) army chaplain, *gemeenz* padre
'legerafdeling *v* (-en) unit
'legerbericht *o* (-en) army bulletin
'legercommandant *m* (-en) commander-in-chief
1 **'legeren** (legerde, h. gelegerd) *overg* & *onoverg* & *wederk* encamp [of troops]
2 **'geren** (legeerde, h. gelegeerd) *overg* alloy [metals]
1 **'legering** *v* *mil* encampment
2 **le'gering** *v* (-en) alloy [of metals]
'legerkamp *o* (-en) army camp
'legerkorps *o* (-en) army corps
'legerleider *m* (-s) army commander
'legerleiding *v* (army) command
'legerplaats *v* (-en) camp
'legerpredikant *m* (-en) army chaplain, *gemeenz* padre
'legerscharen *mv* hosts, army
'legerstede *v* (-n) *vero* couch, bed
'legertent *v* (-en) army tent
'legertrein (-en), **'legertros** *m* (-sen) baggage (of an army), train (of an army)
'leges *mv* legal charges, fee
'leggen (legde *of* lei, h. gelegd) I *overg* 1 lay, put, place [a thing somewhere]; 2 lay [eggs]; II *abs ww* lay [of hens]
'legger *m* (-s) 1 〈persoon〉 layer; 2 〈register〉 register, ledger
'legging *m* (-s) leggings; Am stretch pants
'leghen *v* (-nen) layer, laying hen
'legio *bn* numberless, innumerable, no end of [possibilities]; *die zijn* ~ their name (number) is legion
legi'oen *o* (-en) legion
legio'nairsziekte *v* Legionnaire's disease
legi'tiem *bn* legitimate, lawful
legiti'matie *v* (-s) legitimation
legiti'matiebewijs *o* (-wijzen) identity card
legiti'meren (legitimeerde, h. gelegitimeerd) I *overg* legitimate; II *wederk*: *zich* ~ prove one's identity
'legkast *v* (-en) cupboard (with shelves)
'legpenning *m* (-en) commemorative coin (medal)
'legpuzzel *m* (-s) jigsaw puzzle

legu'aan *m* (-guanen) iguana
1 **lei** *v* & *o* (-en) slate; *met een schone* ~ *beginnen* start with a clean slate (sheet)
2 **lei** *v* (-en) ZN 〈laan〉 tree-lined lane
3 **lei** (**leien**) *gemeenz* V.T. van *leggen*
'leiband *m* (-en) leading-string(s); *aan de* ~ *lopen* be in leading-strings[2]
'leiboom *m* (-bomen) espalier
'leidekker *m* (-s) slater
'leiden (leidde, h. geleid) I *overg* 1 lead [a person, a party, a solitary life &]; 2 conduct [visitors, matters, a meeting]; 3 guide [us, the affairs of state &]; 4 direct [one's actions, a rehearsal &]; 5 *sp* lead, be in the lead; *zich laten* ~ *door...* be guided by...; *bij (aan) de hand* ~ lead by the hand; *leid ons niet in verzoeking (RK in bekoring)* lead us not into temptation; *die weg leidt naar...* that road leads (conducts) to...; *dat leidt tot niets* that leads nowhere (to nothing); II *abs ww sp* lead [by ten points &]; zie ook: *geleid*
'Leiden *o* Leiden, Leyden; *toen was* ~ *in last* then there was the devil to pay, then we (they &) were in a fix
'leidend *bn* 1 leading [persons, principle &]; 2 guiding [motive, ground &]; 3 executive [capacity in business and industry]
'leider *m* (-s) 1 leader [a party, some movement &]; 2 director [of institution &]; 3 [spiritual] guide; 4 [sales, works] manager
'leiderschap *o* leadership
'leiding *v* (-en) 1 〈bestuur &〉 leadership, conduct, guidance, direction, management; *sp* lead; 2 〈buizen &〉 conduit, pipe; 3 *elektr* wire; ~ *geven aan* lead; *de* ~ *hebben* 1 (besturen) be in control; 2 *sp* lead; *de* ~ *(op zich) nemen* take the lead; *ik vertrouw hem aan uw* ~ *toe* I entrust him to your guidance; *onder* ~ *van...* under the guidance of...; 〈orchestra〉 conducted by, [a delegation] led by, [a committee] headed by...
leiding'gevend *bn* executive; ~ *e capaciteiten* executive capacity; ~ *personeel* managerial staff; senior executives
'leidingwater *o* tap water, company's water
'leidmotief *o* (-tieven) leitmotiv[2], leading motive[2]
'leidraad *m* (-draden) 1 〈richtsnoer〉 guide, guideline; 2 〈boek〉 guidebook
Leids *bn* of Leiden (Leyden)
'leidsel *o* (-s) rein
'leidsman *m* (-lieden) leader, guide[2]
1 **'leidster** *v* (-sterren) *fig* guiding star, *plechtig* lodestar
2 **'leidster** *v* (-s) 〈geleidster, leidsvrouw〉 leader, guide, conductress
'leidsvrouw *v* (-en) 1 〈die leiding geeft〉 leader; 2 〈gids〉 guide
1 **'leien** *gemeenz* V.T. meerv. v. *leggen*
2 **'leien** *bn* slate; *dat gaat van een* ~ *dakje* it goes smoothly (on wheels, without a hitch)

'**leigroef** (-groeven), '**leigroeve** v (-n) slate quarry
'**leikleurig** bn slate-coloured
'**leisteen** o & m slate
lek I o (-ken) **1** leak [in a vessel]; **2** leakage, escape
[of gas]; **3** puncture [in a bicycle tire]; een ~ krijgen
spring a leak; een ~ stoppen stop a leak[2]; **II** bn
leaky; ~ke band punctured tire, flat tyre, a flat; ~
zijn **1** (in 't alg.) be leaky, leak; **2** scheepv make water
'**leken** V.T. meerv. v. lijken
'**lekenapostolaat** o apostolate of the laity, lay apostolate
'**lekenbroeder** m (-s) lay brother
'**lekendom** o laity
'**lekenspel** o (-spelen) ± nativity play
'**lekenzuster** v (-s) lay sister
lek'kage v (-s) leakage, leak
'**lekken** (lekte, h. en is gelekt) onoverg **1** (lek zijn)
leak, be leaky, have a leak; **2** lick [of flames]; een
~de kraan ook: a dripping tap; de ~de vlammen
ook: the lambent flames
'**lekker I** bn **1** (v. smaak) nice, delicious, good; **2** (v.
reuk) nice, sweet; **3** (v. weer) nice, fine; ik vind 't
niet ~ I don't like it; ik voel me niet ~ I feel out of
sorts, I am (feel) under the weather; iem. ~ maken
make sbd.'s mouth water, get sbd. all worked up;
~, dat je nu ook eens straf hebt! serve you right!; ~ is
maar een vinger lang what is sweet cannot last long;
geef ons wat ~s give us something nice (to eat); het
is wat ~s! a nice job, indeed!; **II** bijw nicely; heb je
~ gegeten? **1** did you enjoy your meal?; **2** did you
have a nice meal?; ik doe het ~ niet gemeenz catch
me doing it; dat heb je nou eens ~ mis yah, out you
are!; het is hier ~ warm it is nice and warm here
'**lekkerbek** m (-ken) gourmand, epicure, dainty
feeder
'**lekkerbekje** o (-s) fried fillet of haddock
lekker'nij v (-en) dainty, titbit, delicacy
'**lekkers** o sweets, sweetmeats, goodies
'**lekkertje** o (-s) sweet[2]
lel v (-len) **1** lobe [of the ear]; **2** wattle, gill [of a
cock]; **3** uvula [of the throat]; **4** gemeenz (klap)
whack, clout; **5** slang = lellebel
'**lelie** v (-s en plechtig -liën) lily
lelieblank bn as white as a lily, lily-white
lelietje-van-'dalen o (lelietjes-) lily of the valley
'**lelijk I** bn **1** ugly [houses, faces, rumours &];
2 plain [girls]; **3** nasty [smell &]; **4** badly [wounded
&]; ~ als de nacht as ugly as sin; dat is ~ (ik heb
mijn sleutel verloren) that's awkward; dat staat u ~ it
does not become you[2]; dat ziet er ~ uit things look
bad (black), it's a pretty mess, that's a bad outlook;
een ~ gezicht trekken make a wry face, scowl; ~e
woorden zeggen use bad language; **II** bijw uglily;
badly; ~ vallen have a bad fall
'**lelijkerd** m (-s) ugly person
'**lelijkheid** v ugliness, plainness
'**lellebel** v (-len) slut, hussy

1 'lemen (leemde, h. geleemd) overg loam, cover
(coat) with loam
2 'lemen bn loam, mud [hut]; ~ voeten feet of clay
'**lemma** o (-ta en 's) headword [in a dictionary]
'**lemmer** (-s), '**lemmet** o (-en) blade [of a knife]
'**lemming** m (-en, -s) lemming
'**lende** v (-n en -nen) loin
'**lendenbiefstuk** o (-ken) sirloin
'**lendendoek** m (-en) loin-cloth
'**lendenpijn** v (-en) lumbar pain, lumbago
'**lendenstreek** m small of the back
'**lendenstuk** o (-ken) sirloin [of beef]
'**lendenwervel** m (-s) lumbar vertebra
'**lenen** (leende, h. geleend) **I** overg **1** (aan iemand)
lend (to); **2** (van iemand) borrow (of, from); **II**
wederk: zich ~ tot... lend oneself (itself) to...
'**lener** m (-s) **1** (aan iemand) lender; **2** (van iemand)
borrower
leng (-en) **I** m (vis) ling; **II** o scheepv sling
'**lengen** (lengde, h. & is gelengd) onoverg become
longer, lengthen, draw out [of the days]
'**lengte** v (-s en -n) **1** (in 't alg.) length; **2** (van persoon) height; **3** (in de geografie) longitude; tot in ~
van dagen for many years to come; in de ~ (doorzagen) lengthwise, lengthways; 3 meter in de ~ 3 metres in length; in zijn volle ~ (at) full length
'**lengteas** v longitudinal axis
'**lengtecirkel** m (-s) meridian
'**lengtedal** o (-dalen) longitudinal valley
'**lengtegraad** m (-graden) degree of longitude
'**lengtemaat** v (-maten) linear measure
'**lenig** bn lithe, supple, pliant
'**lenigen** (lenigde, h. gelenigd) overg alleviate, relieve, assuage
'**lenigheid** v litheness, suppleness, pliancy
'**leniging** v alleviation, relief, assuagement
'**lening** v (-en) loan; een ~ sluiten contract a loan;
een ~ uitschrijven issue a loan; een ~ verstrekken
make a loan
1 lens v (lenzen) (v. oog, camera; contactlens) lens
2 lens bn empty; de pomp is ~ the pump is dry; iem.
~ slaan (trappen) beat (kick) the living daylights
out of sbd.
'**lensopening** v (-en) aperture, diaphragm
'**lensvormig** bn lens-shaped, lenticular
'**lente** v (-s) spring[2]
'**lenteachtig** bn spring-like
'**lentebode** m (-n en -s) harbinger of spring
'**lentedag** m (-dagen) day in spring, spring-day
'**lentelied** o (-eren) vernal song, spring-song
'**lentemaand** v (-en) **1** (in 't alg.) month of spring;
2 (maart) March; de lentemaanden the spring-
months
'**lentetijd** m springtime
'**lenzen** (lensde, h. gelensd) overg empty
'**lepel** m (-s) **1** (om te eten) spoon; (om op te scheppen) ladle; **2** (volle lepel) spoonful; **3** (jagerstaal)
ear [of a hare]

'lepelaar *m* (-s en -laren) spoonbill
'lepelblad *o* (-bladen) bowl [of a spoon]
'lepelen (lepelde, h. gelepeld) **I** *onoverg* use one's spoon; **II** *overg* spoon, ladle
'lepelvormig *bn* spoon-shaped
'leperd *m* (-s) slyboots, cunning fellow
'leppen (lepte, h. gelept), **'lepperen** (lepperde, h. gelepperd) *onoverg & overg* sip, lap, lick
'lepra *v* leprosy
'lepralijder (-s), **le'proos** *m* (-prozen) leper
'leraar *m* (-s en -raren) **1** onderwijs teacher; **2** ⟨geestelijke⟩ minister; ~ *in natuur- en scheikunde* science master
'leraarsambt *o* mastership
'leraarskamer *v* (-s) (masters') common room, staff room
lera'res *v* (-sen) (woman) teacher, mistress; ~ *in natuur- en scheikunde* science mistress
1 'leren (leerde, h. geleerd) **I** *onoverg* learn; **II** *overg* **1** teach [a person]; **2** learn [lessons &]; ~ *lezen* learn to read; *uit 't hoofd* ~ memorize; *iem.* ~ *lezen* teach sbd. to read; *wacht, ik zal je* ~! I'll teach you!
2 'leren *bn* ⟨v. leer⟩ leather
'lering *v* (-en) **1** ⟨in 't alg.⟩ instruction; **2** = *catechisatie*; *ergens* ~ *uit trekken* learn from sth.
les *v* (-sen) lesson; ~ *geven* give lessons, teach; ~ *hebben* be having one's lesson; *(de onderwijzer) heeft* ~ is in class; *we hebben vandaag geen* ~ no lessons to-day; *iem. de* ~ *lezen* lecture sbd.; ~ *nemen bij...* take lessons (from)...; *onder de* ~ during lessons
'lesauto *m* ('s) learner car
lesbi'enne *v* (-s) lesbian
'lesbisch *bn* lesbian
'lesbo *v* ('s) geringsch dyke, dike
'lesgeld *o* lesson-money, fee, tuition
'lesgeven[1] *onoverg* teach, instruct
'lesje *o* (-s) lesson; *iem. een* ~ *geven* teach sbd. a lesson
'leslokaal *o* (-kalen) class-room
Le'sotho *o* Lesotho
'lespakket *o* (-ten) teaching package
'lesrooster *m & o* (-s) time-table
'lessen (leste, h. gelest) *overg* quench, slake [one's thirst]
'lessenaar *m* (-s) desk, reading-desk, writing-desk
lest *bn* vero last; ~ *best* the best is at the bottom; *ten langen* ~e at long last
'lestoestel *o* (-len) luchtv trainer
'lesuur *o* (-uren) lesson; *per* ~ *betalen* pay by the lesson
'lesvliegtuig *o* (-en) trainer
'leswagen *m* (-s) learner car
Let *m* (-ten) Latvian
le'taal *bn* lethal
lethar'gie *v* lethargy
le'thargisch *bn* lethargic
'Letland *o* Latvia
Lets *o & bn* Latvian

'letsel *o* (-s) injury, hurt, [bodily] harm, damage; ~ *hebben* be injured; *ernstig* ~ *oplopen bij een ongeluk* suffer severe injuries in an accident; *zonder* ~ unharmed
1 'letten (lette, h. gelet) *onoverg*: *let wel!* mind!, mark you!; ~ *op* attend to, mind, pay attention to; take notice of; *op de kosten zal niet gelet worden* the cost is no consideration; *let op mijn woorden* mark my words; *gelet op...* in view of...
2 'letten (lette, h. gelet) *overg*: *wat let me of ik...* what prevents me from ...ing
'letter *v* (-s) letter, character, type; *met grote* ~ in big letters; *kleine* ~ small letter; *met kleine* ~ *(gedrukt)* in small type; *in de* ~*en studeren* study literature; *naar de* ~ to the letter
'letterbak *m* (-ken) typecase
'letterdief *m* (-dieven) plagiarist
letterdieve'rij *v* (-en) plagiarism; ~ *plegen* plagiarize
'letteren (letterde, h. geletterd) *overg* letter, mark
'lettergieter *m* (-s) type-founder
lettergiete'rij *v* (-en) type-foundry
'lettergreep *v* (-grepen) syllable
'letterkast *v* (-en) type-case
'letterknecht *m* (-en) literalist
letterknechte'rij *v* literalism
'letterkorps *o* (-en) size of type
'letterkunde *v* literature
letter'kundig *bn* literary
letter'kundige *m-v* (-n) man (woman) of letters, literary man (woman), bookman (-woman)
'letterlijk **I** *bn* literal; **II** *bijw* literally, to the letter; *zij werden* ~ *gedecimeerd* they were literally decimated
'letterraadsel *o* (-s) word-puzzle
'letterschrift *o* writing in characters
'letterslot *o* (-sloten) letterlock
'lettersoort *v* (-en) (kind of) type
'letterspecie, 'letterspijs *v* type-metal
'lettertang *v* (-en) letter punch
'letterteken *o* (-s) character
'lettertype *o* (-n en -s) (kind of) type
'letterwoord *o* (-en) acronym
'letterzetten *o* type-setting
'letterzetter *m* (-s) compositor, typesetter
letterzette'rij *v* (-en) composing room
letterzifte'rij *v* (-en) hair-splitting
'leugen *v* (-s) lie, falsehood; *dat is een grote (grove)* ~ that is a big lie; *al is de* ~ *nog zo snel, de waarheid achterhaalt haar wel* liars have short memories
'leugenaar *m*, **'leugenaarster** *v* (-s) liar
'leugenachtig *bn* lying, mendacious, untruthful, false
'leugenachtigheid *v* mendacity, falseness
'leugencampagne *v* (-s) lying campaign, smear lying
'leugendetector *m* (-s) lie-detector
'leugentaal *v* lying, lies

'leugentje *o* (-s) fib; ~ *om bestwil* white lie

leuk *bn* **1** 〈grappig〉 amusing, funny [story], arch [way of telling]; **2** 〈aardig, prettig〉 jolly, pleasant; **3** 〈onbewogen〉 cool, dry, sly [fellow]; *dat zal ~ zijn* that will be great fun, won't it be jolly!; *(ik vind het) erg ~!* (I think it) fine!; *het was erg ~!* such fun!; *hij vond het niet ~* he did not much like it; *die is ~, zeg!* that's a good one; *zo ~ als wat, zei hij...* with the coolest cheek he said; *het ~ste is dat...* the richest point about the story is that...

leuke'mie *v* leuk(a)emia

'leukerd *m* (-s) gemeenz funny chap

'leukoplast *m & o* sticking-plaster

'leukweg *bijw* dryly

'leunen (leunde, h. geleund) *onoverg* lean (*op* on; *tegen* against)

'leuning *v* (-en) **1** 〈reling〉 rail; **2** banister, handrail [of a staircase]; **3** parapet [of a bridge]; **4** back [of a chair]; **5** 〈arm~〉 arm(-rest) [of a chair]

'leunstoel *m* (-en) arm-chair

'leurder *m* (-s) hawker

'leuren (leurde, h. geleurd) *onoverg* hawk; ~ *met* hawk

leus *v* (leuzen) slogan, catchword, watchword

leut *v* gemeenz **1** 〈plezier〉 fun; **2** 〈koffie〉 coffee; *voor de ~* for fun

'leuteraar *m* (-s) **1** 〈kletser〉 twaddler, driveller; **2** 〈talmer〉 dawdler

'leuteren (leuterde, h. geleuterd) *onoverg* **1** 〈kletsen〉 twaddle, drivel; **2** 〈talmen〉 dawdle

'leuterpraat *m* twaddle, drivel

'leutig *bn* jolly

'Leuven *o* Louvain

'leuze *v* (-n) = *leus*

Le'vant *m* Levant

Levan'tijn *m* (-en) Levantine

Levan'tijns *bn* Levantine

'leven (leefde, h. geleefd) **I** *onoverg* live; *leve...!* three cheers for... [France]; hurrah for... [the holidays &]; *leve de koning!* long live the King!; ~ *en laten ~* live and let live; *wie dan leeft wie dan zorgt* sufficient unto the day is the evil thereof; *van brood alleen kan men niet ~* we cannot live by bread alone; *van gras ~* live (feed) on grass; *daar kan ik niet van ~* I cannot subsist (live) on that; *alleen voor (de) muziek ~* live only for music; **II** *o* (-s) **1** 〈in 't alg.〉 life; **2** 〈rumoer〉 noise; **3** 〈het levende vlees〉 the quick; ~ *in de brouwerij brengen* liven things up; *er komt ~ in de brouwerij* things are beginning to move (to hum); *daar had je het lieve ~ aan de gang* then there was the devil to pay; *er zit geen ~ in* there is no life (spirit) in it; *wel al mijn ~!* well, I never!; *een nieuw ~ beginnen* begin a new life, turn over a new leaf; *zijn ~ beteren* mend one's ways; *in ~ blijven* keep body and soul together; ~ *geven aan* give life to, put life into [a statue]; zie ook: *schenken*; *zijn ~ geven voor* lay down (sacrifice) one's life for [one's country]; *geen ~ hebben* lead a wretched life; *iets*

nieuw ~ inblazen put new life into sth.; *het ~ erbij inschieten, het ~ laten* lose one's life; ~ *maken* make a noise; *bij het ~* 〈in hevige mate〉 intensely, with a will; *bij zijn ~* during his life, in his lifetime, in life; *bij ~ en welzijn* if I have life; *nog in ~ zijn* be still alive; *in ~ (notaris te...)* in his lifetime; *in ~ blijven* remain (keep) alive, live; *in ~ houden* keep alive; *in het ~ roepen* bring (call) into being (existence), create; *zijn ~ lang* all his life; *naar het ~ getekend* drawn from (the) life; *iem. naar het ~ staan* seek to kill sbd.; *om het ~ brengen* kill, do to death; *om het ~ komen* lose one's life, perish; *een strijd op ~ en dood* a fight to the death, a life-and-death struggle; *zijn ~ op het spel zetten* take one's life in one's hands; *weer tot ~ brengen* resuscitate; *uit het ~ gegrepen* taken from life; *van mijn ~ (heb ik zoiets niet gezien)* never in my life; *nooit van mijn ~!* never!; *wel heb je van je ~!* well, I never!; not on your life!, not for the life of me!; *de kans (de schrik &) van mijn ~* the chance (the fright &) of my life; *voor het ~ (benoemd, gekozen)* for life; *zolang er ~ is, is er hoop* as long as there is life there is hope

'levend *bn* **1** 〈in 't alg〉 living; 〈alleen predicatief〉 alive; **2** 〈muziek &〉 live; *~e have* live stock; *de ~e talen* the modern languages; ~ *maken (worden)* bring (come) to life; *iem. ~ verbranden* burn sbd. alive

'levendbarend *bn* viviparous

'levendig I *bn* lively, animated [discussion], vivid [imagination], green [memories], vivacious [person], keen [interest], active [market], brisk [demand]; **II** *bijw* in a lively manner; *ik kan me ~ voorstellen* I can well imagine

'levendigheid *v* liveliness, vivacity

'levenloos *bn* lifeless, inanimate

'levensadem *m* breath of life, life-breath

'levensader *v* life-blood artery, fountain of life; fig life-blood, life artery, life-line

'levensavond *m* evening of life

'levensbeginsel *o* (-en en -s) principle of life

'levensbehoeften *mv* necessaries of life

'levensbehoud *o* preservation of life

'levensbelang *o* vital importance

levensbe'schouwelijk *bn* philosophical [questions]; ideological [conflicts]

'levensbeschouwing *v* (-en) weltanschauung

'levensbeschrijving *v* (-en) biography, life

'levensbron *v* (-nen) source of life, lifespring

'levensdagen *mv: al zijn ~* his whole life; *wel heb ik van mijn ~!* well, I never!, did you ever!, by Jove!

'levensdoel *o* aim of life, aim in life

'levensdrang *m* life-force, vital force (urge)

'levensduur *m* **1** 〈v. personen, dieren〉 length of life; lifetime; **2** 〈v. apparaten〉 service life; life; *vermoedelijke ~* expectation of life

'levensecht *bn* lifelike [portrait]; [a character written] true to life

'levenselixer *o* (-s) elixir of life

'**levenservaring** v experience of life

'**levensgeesten** mv vital spirits; de ~ weer opwekken bij resuscitate; de ~ waren geweken life was extinct

'**levensgenieter** m (-s) epicure

'**levensgevaar** o danger (peril) of life; in ~ in peril of one's life; met ~ at the peril (risk) of one's life

levensge'vaarlijk bn dangerous to life, involving risk of life, perilous

'**levensgezel** m (-len), '**levensgezellin** v (-nen) partner for life

'**levensgroot** bn life-sized, life-size, as large as life; meer dan ~ larger than life, over life-size

'**levenshouding** v (-en) attitude to life

'**levenskans** v (-en) chance of survival

'**levenskracht** v (-en) vital power, vitality

levens'krachtig bn 1 ⟨vitaal⟩ full of life; 2 = levensvatbaar

'**levenskunstenaar** m (-s) master in the art of living

'**levenskwestie** v (-s) vital question, question of life and death

'**levenslang I** bn bijw for life, lifelong; tot ~ e gevangenschap veroordeeld worden be sentenced to imprisonment for life, get a life sentence; **II** o ⟨levenslange gevangenisstraf⟩ gemeenz lifer

'**levenslicht** o: het ~ aanschouwen be born, see the light

'**levenslied** o (-eren) ± sentimental song

'**levensloop** m course of life, career

'**levenslust** m zest for life, love of live, animal spirits

levens'lustig bn cheerful, vivacious, sprightly, buoyant

'**levensmiddelen** mv provisions, victuals, foodstuffs, food(s)

'**levensmiddelenbedrijf** o (-drijven) grocer's shop

'**levensmoe** bn weary of life

'**levensomstandigheden** mv circumstances in life, living conditions

'**levensonderhoud** o livelihood, sustenance; kosten van ~ cost of living, living costs

'**levensopvatting** v (-en) philosophy of life

'**levenspad** o (-paden) path of life

'**levensstandaard** m standard of life, standard of living, living standard

'**levensteken** o (-s en -en) sign of life; ~en vertonen show life

levens'vatbaar bn viable, capable of living

'**levensvatbaarheid** v viability, vitality

'**levensverhaal** o (-halen) story of my (his &) life

'**levensverwachting** v life expectancy

'**levensverzekering** v (-en) life-assurance, lifeinsurance; een ~ sluiten take out a life-policy, insure one's life

'**levensverzekeringsmaatschappij** v (-en) lifeinsurance (life-assurance) company

'**levensvoorwaarde** v (-n) 1 eig condition of life; 2 fig vital condition

'**levensvraag** v (-vragen) = levenskwestie

'**levensvreugde** v joy of life, delight in life

'**levenswandel** m conduct in life, life

'**levensweg** m path of life

'**levenswerk** o life-work

'**levenswijsheid** v (-heden) wisdom of life

'**levenswijze** v (-n) mode of life, way of living; conduct

'**leventje** o life; dat was me een ~! **1** what a jolly life we had of it!; **2** ⟨ironisch⟩ what a life!

'**levenwekkend** bn life-giving, vivifying

'**lever** v (-s) liver

leveran'cier m (-s) **1** handel contractor, supplier, purveyor, dealer; **2** ⟨v. voedsel⟩ caterer; de ~s ook: the tradesmen

leve'rantie v (-s) supply(ing), purveyance

'**leverbaar** bn **1** ⟨af te leveren⟩ deliverable, ready for delivery; **2** ⟨te verschaffen⟩ available; beperkt ~ in short supply

'**leveren** (leverde, h. geleverd) overg **1** ⟨afleveren⟩ deliver; **2** ⟨verschaffen⟩ furnish, supply [goods], provide; **3** contribute [an article to a newspaper]; achterhoedegevechten ~ fight rear guard actions; er zijn hevige gevechten geleverd there was heavy fighting, heavy fighting took place; (maaltijden) ~ aan cater for; (aan) iem. brandstoffen ~ supply sbd. with fuel; het bewijs ~ dat... prove that...; stof ~ voor provide matter for [discussion, a novel]; hij heeft prachtig werk geleverd he has done splendid work; hij zal het hem wel ~ he is sure to manage it; wie heeft me dat geleverd? who has played me that trick?

'**levering** v (-en) **1** ⟨aflevering⟩ delivery; **2** ⟨verschaffing⟩ supply

'**leveringscondities** mv = leveringsvoorwaarden

'**leveringscontract** o (-en) delivery contract

'**leveringsdatum** m (-data en -s) delivery date

'**leveringstermijn** m (-en) time (term) of delivery

'**leveringstijd** m (-en) delivery period, delivery time

'**leveringsvoorwaarden** mv terms of delivery

'**leverkleurig** bn liver-coloured

'**leverkwaal** v (-kwalen) liver complaint, liver disorder

'**leverpastei** v (-en) liver pie

'**levertijd** m (-en) = leveringstijd

'**levertraan** m cod-liver oil

'**leverworst** v (-en) liver sausage

le'viet m (-en) Levite

lexico'graaf m (-grafen) lexicographer

lexicogra'fie v lexicography

lexico'grafisch bn lexicographical

'**lexicon** o (-s) lexicon

'**lezen** (las (lazen), h. gelezen) **I** onoverg read [ook = give a lecture]; **II** overg **1** read [books]; **2** glean, gather [ears of corn]; het stond op zijn gezicht te ~ it was written on his face, it was depicted in his face; (het boek) laat zich gemakkelijk ~ reads easily, makes easy reading; zie ook: les, mis &

lezens'waard, **lezens'waardig** *bn* readable, worth reading

'lezer *m* (-s), **leze'res** *v* (-sen) **1** ⟨v. tekst⟩ reader; **2** ⟨v. aren &⟩ gleaner, gatherer

'lezerskring *m* (-en) readership

'lezing *v* (-en) **1** ⟨v. barometer⟩ reacting; **2** ⟨interpretatie⟩ version; **3** ⟨voorlezing⟩ lecture; *een ~ houden* give a lecture, lecture ⟨*over* on⟩

lhno *afk. lager huishouds- en nijverheidsonderwijs* domestic science education

li'aan, **li'ane** *v* (lianen) liana, liane

liai'son *v* (-s) liaison

li'as *v* (-sen) file

Liba'nees I *bn* Lebanese; **II** *m* (-nezen) Lebanese; *de Libanezen* the Lebanese

'Libanon *m* the Lebanon

li'bel *v* (-len) ⟨insect⟩ dragon-fly

libe'raal I *bn* liberal; **II** *m* (-ralen) liberal

liberali'seren (liberaliseerde, h. geliberaliseerd) *overg* liberalize

liberali'sering *v* liberalization

libera'lisme *o* liberalism

Li'beria *o* Liberia

Liberi'aan *m* (-rianen) Liberian

Liberi'aans *bn* Liberian

'libero *m* ('s) sp libero, free back, <u>gemeenz</u> sweeper

liber'tijn *m* (-en) libertine

liber'tijns *bn* **1** ⟨losbandig⟩ licentious; **2** ⟨wulps⟩ lascivious

'libido *m* libido

'Libië *o* Libya

'Libiër *m* (-s) Libyan

'Libisch *bn* Libyan

li'bretto *o* ('s) libretto, book (of words)

licenti'aat I *o* final examination for a degree; **II** *m* (-tiaten) Master (of Arts, Science &)

li'centie *v* (-s) licence; *in ~ vervaardigd* manufactured under licence

li'centiehouder *m* (-s) licensee

'lichaam *o* (-chamen) body, frame; *naar ~ en ziel* in body and mind

'lichaamsarbeid *m* bodily labour

'lichaamsbeweging *v* (-en) physical exercise

'lichaamsbouw *m* build, stature

'lichaamsdeel *o* (-delen) part of the body

'lichaamsgebrek *o* (-breken) bodily defect

'lichaamsgestel *o* constitution

'lichaamsgewicht *o* body weight

'lichaamshouding *v* (-en) posture, carriage of the body

'lichaamskracht *v* (-en) physical strength, force

'lichaamsoefening *v* (-en) bodily exercise

'lichaamstemperatuur *v* (-turen) body temperature, blood-heat

'lichaamswarmte *v* body heat

li'chamelijk I *bn* **1** corporal [punishment]; **2** corporeal [being]; **3** bodily [harm &]; **4** physical [culture, education, work]; **II** *bijw* corporally, physi-

cally

1 licht I *bn* **1** ⟨niet donker⟩ light^2 [materials], light-coloured [dresses], bright [day], fair [hair]; **2** ⟨niet zwaar^2⟩ light [weight, bread, work, sleep, troops, step]; slight [wound, repast, cold]; mild [beer, tobacco]; **3** ⟨v. zeden⟩ wanton [woman]; *het wordt al ~* it is getting light; *~ in het hoofd* light-headed; **II** *bijw* **1** lightly, slightly; **2** easily; zie ook: *allicht*; *~gewond* slightly wounded; *het ~ opnemen* make light of it, take it lightly; *men vergeet ~ dat...* one is apt to forget that...; *het wordt ~ een gewoonte* it tends to become a habit

2 licht *o* (-en) light^2; fig luminary; *~ en schaduw* light(s) and shade(s)^2; *hij is geen ~* he is no great light (luminary); *je bent me ook een ~!* what a shining light you are!; *er gaat mij een ~ op* now I begin to see light; *er ging mij een ~ op* it dawned on me; *~ geven* give off light; *iem. het ~ in de ogen niet gunnen* grudge sbd. the light of his eyes; *wij zullen eens wat ~ maken* ⟨met lucifers⟩ we'll strike a light; ⟨elektrisch⟩ we'll turn (switch) on the light; *het ~ opsteken* light the lamp; *(bij iem.) zijn ~ opsteken* fig make inquiries, inform oneself [about sth.]; *het ~ schuwen* shun the light; *(een helder) ~ werpen op* throw (shed) (a bright) light upon; *zijn ~ onder de korenmaat zetten* bijbel hide one's light under a bushel; *het ~ zien* see the light; *aan het ~ brengen* bring to light, reveal; *aan het ~ komen* come (be brought) to light; *een boek in het ~ geven* publish a book; *zichzelf in het ~ staan* stand in one's own light; *iets in een gunstig (ongunstig) ~ stellen* place (put) it in a favourable (unfavourable) light; *paint it in bright (dark) colours*; *iets in een helder ~ stellen* throw light upon sth.; *iets in een heel ander ~ zien* see sth. in a totally different light; *tegen het ~ houden* hold (up) to the light; *tussen ~ en donker* in the twilight; *ga uit het ~* stand out of my (the) light

'lichtbak *m* (-ken) **1** ⟨als reclame⟩ illuminated sign; **2** ⟨van stropers⟩ light

'lichtbaken *o* (-s) beacon (light)

'lichtbeeld *o* (-en) lantern view

'lichtblauw *bn* light (pale) blue

'lichtblond *bn* light(-blond), fair

'lichtboei *v* (-en) light-buoy

'lichtboog *m* (-bogen) electric arc

'lichtbron *v* (-nen) source of light

'lichtbruin *bn* light brown

'lichtbundel *m* (-s) pencil of rays, beam of light

'lichtdruk *m* (-ken) phototype

'lichtecht *bn* fast

'lichteffect *o* (-en) effect(s) of light, light-effect(s)

'lichtekooi *v* (-en) light-o-love, prostitute

'lichtelaaie = *lichterlaaie*

'lichtelijk *bijw* somewhat, a little, slightly

1 'lichten (lichtte, h. gelicht) *overg* **1** ⟨optillen⟩ lift, raise; **2** ⟨v. anker⟩ weigh; **3** ⟨v. gezonken schip⟩ raise; **4** ⟨v. brievenbus⟩ clear; zie ook: *doopceel, hand, hiel, voet* &

2 'lichten (lichtte, h. gelicht) *onoverg* **1** ⟨licht geven⟩ give light, shine; **2** ⟨licht worden⟩ get light, dawn; **3** ⟨weerlichten⟩ lighten; *het ~ van de zee* the phosphorescence of the sea
'lichtend *bn* **1** luminous, shining [example]; **2** ⟨v. zee⟩ phosphorescent
'lichter *m* (-s) scheepv lighter
lichter'laaie *in ~ staan* be ablaze
'lichtfilter *m & o* (-s) light (colour) filter
'lichtflits *m* (-en) flash
'lichtgas *o* illuminating gas, coal-gas
'lichtgeel *bn* light yellow
lichtge'lovig *bn* credulous
lichtge'lovigheid *v* credulousness, credulity
lichtge'raakt *bn* quick to take offence, touchy, huffish
lichtge'raaktheid *v* touchiness
'lichtgevend *bn* luminous
lichtge'voelig *bn* light-sensitive
'lichtgewapend *bn* light-armed
'lichtgewicht *m* (-en) lightweight[2]
'lichtgrijs *bn* light grey
'lichtgroen *bn* light green
licht'hartig *bn* light-hearted
'lichtheid *v* **1** ⟨in 't alg.⟩ lightness; **2** ⟨gemak⟩ easiness
'lichting *v* (-en) **1** post collection; **2** mil draft, levy; *de ~ 1973* mil the 1973 class
'lichtinstallatie *v* (-s) lighting equipment, lighting
'lichtjaar *o* (-jaren) lightyear
'lichtkegel *m* (-s) cone of light
'lichtkever *m* (-s) fire-fly, glow-worm
'lichtkogel *m* (-s) Very light, signal flare
'lichtkrans *m* (-en) **1** wreath of light, halo [round a saint's head, round sun or moon]; **2** [round the sun] corona
'lichtkrant *v* (-en) illuminated news trailer
'lichtkroon *v* (-kronen) chandelier
'lichtleiding *v* (-en) **1** ⟨buiten⟩ electric main; **2** ⟨binnen⟩ electric wire
'lichtmast *m* (-en) light standard
'lichtmatroos *m* (-trozen) ordinary seaman
'lichtmeter *m* (-s) **1** ⟨fotometer⟩ photometer; **2** ⟨van camera⟩ lightmeter
'lichtmis *m* (-sen) libertine, rake, debauchee
'lichtnet *o* (-ten) (electric) mains
'lichtprikkel *m* (-s) luminous stimulus
'lichtpunt *o* (-en) **1** ⟨lichtend punt⟩ luminous point; **2** fig bright spot; **3** ⟨aansluiting op lichtnet⟩ connection
'lichtreclame *v* (-s) illuminated sign(s) (advertising)
'lichtrood *bn* light red, pink
'lichtschip *o* (-schepen) lightship
'lichtschuw *bn* shunning the light; *~ gespuis* shady characters
licht'schuwheid *v* photophobia

'lichtsein *o* (-en), **'lichtsignaal** *o* (-nalen) light signal
'lichtshow *m* (-s) light show
'lichtstad *v* (-steden) city of light; ⟨Parijs⟩ City of Light
'lichtsterkte *v* luminosity, light intensity; *de ~ is...* the candle-power is...
'lichtstraal *m & v* (-stralen) ray of light, beam of light
licht'vaardig *bn* rash
'lichtval *m* light
licht'voetig *bn* light-footed
'lichtwedstrijd *m* (-en) floodlight match
'lichtzijde *v* (-n) bright side
licht'zinnig *bn* frivolous
licht'zinnigheid *v* (-heden) levity, frivolity
lid *o* (leden) **1** ⟨v. lichaam⟩ limb; **2** ⟨van vereniging⟩ member; **3** ⟨v. vinger⟩ phalanx [*mv* phalanges]; **4** ⟨v. wetsartikel⟩ paragraph; **5** ⟨v. vergelijking⟩ term; **6** ⟨gewricht⟩ joint; **7** ⟨v. verwantschap⟩ degree, generation; **8** ⟨deksel; ooglid⟩ lid; **9** ⟨penis⟩ member, penis; *~ worden van* join [a club, a party]; *become a member of; een arm weer in het ~ zetten* reduce an arm; *een ziekte onder de leden hebben* be sickening for something; *over al zijn leden beven* tremble in every limb; *tot in het vierde ~* to the fourth generation; *zijn arm is uit het ~* out (of joint), dislocated
'lidboekje *o* (-s) ZN membership card
'lidcactus *m* (-sen) crab cactus
'lidmaat *m* (-maten) member
'lidmaatschap *o* membership
'lidstaat *m* (-staten) member state
'lidwoord *o* (-en) article
'Liechtenstein *o* Liechtenstein
'Liechtensteiner *m* (-s) Liechtensteiner
lied *o* (-eren) **1** ⟨in 't alg.⟩ song; **2** [church] hymn; **3** hist lay [of a minstrel]
'liedboek *o* (-en) = *liederboek*
'lieden *mv* people, folks, men
'liederboek *o* (-en) book of songs, songbook
'liederen meerv. v. *lied*
'liederlijk I *bn* ⟨zedeloos⟩ dissolute, debauched; *een ~e man* a lecher, a debauchee; *~e taal uitslaan* use coarse (vulgar) language; **II** *bijw: zich ~ gedragen* behave abominably; *zich ~ vervelen* be bored to death
'liederlijkheid *v* (-heden) dissoluteness, debauchery
'liedje *o* (-s) song, tune, ditty, (street-)ballad; *het is altijd hetzelfde (oude) ~* it is always the same (old) song; *een ander ~ zingen* fig change one's tune; *het eind van het ~* the end of the matter, the upshot; *het ~ van verlangen zingen* dawdle at bedtime for a few moments' grace [of children]
'liedjeszanger *m* (-s) ballad-singer
1 lief I *bn* **1** ⟨bemind⟩ dear, beloved; **2** ⟨beminnelijk⟩ amiable; **3** ⟨aanminnig⟩ sweet, pretty; **4** ⟨aar-

dig voor anderen) nice; **5** ⟨vriendelijk⟩ kind; **6** ⟨ironisch⟩ nice, fine; *toen had je het lieve leven gaande* then there was the devil to pay; *maar mijn lieve mensen...* but my dear people...; *dat is erg ~ van hem* very kind (nice) of him; *...meer dan me ~ is* ...more than I care for; **II** *bijw* amiably, sweetly nicely, kindly; *~ doen* do the amiable; *iets voor ~ nemen* put up with sth.; *ik wou net zo ~...* I would just as soon...; zie ook: *liefst* en *liever*

2 lief *o* (lieven) (geliefde) love, sweetheart; *in ~ en leed* in weal and woe

lief'dadig I *bn* charitable; **II** *bijw* charitably

lief'dadigheid *v* charity

lief'dadigheidsinstelling *v* (-en) charitable institution

lief'dadigheidsvoorstelling *v* (-en) charity performance

'liefde *v* (-s en -n) **1** ⟨in 't alg.⟩ love; **2** *vero* ⟨christelijke⟩ charity; *kinderlijke ~* filial piety; *de ~ voor de kunst* the love of art; *~ tot God* love of God; *de ~ bedrijven* make love; *uit ~* for (out of, from) love; *een huwelijk uit ~* a love-match; *oude ~ roest niet* old love never dies

'liefdeblijk *o* (-en) token of love

'liefdedienst *m* (-en) act of charity (of kindness)

'liefdegave *v* (-n) alms, charity

'liefdeleven *o* love-life

'liefdeloos *bn* loveless, uncharitable

'liefderijk I *bn* charitable; **II** *bijw* charitably

'liefdesbetuiging *v* (-en) profession of love

'liefdesbrief *m* (-brieven) love-letter

'liefdesgeschiedenis *v* (-sen) **1** ⟨verhaal⟩ love-story; **2** ⟨affaire⟩ love-affair

'liefdeslied *o* (-liederen) love song

'liefdesmart *v* (-en) pangs of love

'liefdesverdriet *o*: *~ hebben* be crossed (disappointed) in love, be heart-broken

'liefdesverklaring *v* (-en) declaration (of love)

'liefdevol *bn* full of love, loving

'liefdewerk *o* (-en) charitable deed, good work

'liefdezuster *v* (-s) sister of charity

lief'doene'rij *v* demonstrative affection

'liefelijk I *bn* lovely, sweet; **II** *bijw* in a lovely manner, sweetly

'liefelijkheid *v* loveliness, sweetness; *liefelijkheden* (feline) amenities

'liefhebben[1] *overg* love, cherish

'liefhebbend *bn* loving, affectionate; *uw ~e...* yours affectionately

'liefhebber *m*, **'liefhebster** *v* (-s) **1** ⟨iem. die ergens van houdt⟩ lover, fan; **2** ⟨gegadigde⟩ interested party; **3** ZN ⟨amateur⟩ dabbler; ⟨bij wielrennen⟩ amateur; *er zijn veel ~s* there is a keen demand [for it]; *er zijn geen ~s voor* people are not interested; *hij is een ~ van wandelen* he is fond of hiking; *hij is een groot ~ van wijn* he's a real wine-lover (wine-buff); *hij is daar geen ~ van* he doesn't like it; *zijn er nog ~s voor een potje schaak?* anyone

interested in a game of chess?

'liefhebberen (liefhebberde, h. geliefhebberd) *onoverg* **1** ⟨in 't alg.⟩ do amateur work; **2** dabble [in politics &]

liefhebbe'rij *v* (-en) hobby

'liefheid *v* **1** ⟨beminnelijkheid⟩ amiability, sweetness; **2** ⟨vriendelijkheid⟩ kindness

'liefje *o* (-s) sweetheart, gemeenz ducks; gemeenz dreamboat

'liefkozen (liefkoosde, h. geliefkoosd) *overg* caress, fondle

'liefkozing *v* (-en) caress

'liefkrijgen[1] *overg* get (grow) to like, grow fond of

'lieflijk(-) = *liefelijk(-)*

liefst I *bn* dearest, favourite; **II** *bijw* rather; *wat heb je 't ~?* which do you like best, which do you prefer?; *~ die soort* preferably that sort, ...for preference; *~ niet* rather not

'liefste (-n) **1** *m* sweetheart, lover; **2** *v* sweetheart, beloved

lief'tallig I *bn* sweet; **II** *bijw* sweetly

lief'talligheid *v* (-heden) sweetness

'liegbeest *o* (-en) fibber

'liegen (loog, h. gelogen) **I** *overg & abs ww* lie, tell lies, tell stories; *lieg er nu maar niet om* don't lie about it; *de brief liegt er niet om* the letter is very explicit; *de cijfers ~ er niet om* the figures speak for themselves; *hij liegt alsof het gedrukt staat* he is a terrible liar; *als ik lieg dan lieg ik in commissie* if it is a lie, you have the tale as cheap as I; **II** *overg*: *dat lieg je, je liegt het* that's a lie

liep (liepen) V.T. v. *lopen*

lier *v* (-en) **1** *muz* lyre; vroeger ⟨orgeltje⟩ hurdy-gurdy; **2** *scheepv* winch; *branden als een ~* burn fiercely

li'ëren (lieerde, h. gelieerd) *onoverg* connect, unite, join

lies *v* (liezen) groin

'liesbreuk *v* (-en) inguinal, hernia

'lieslaars *v* (-laarzen) thigh boot

liet (lieten) V.T. v. *laten*

lieve'heersbeestje *o* (-s) ladybird

'lieveling *m* (-en) darling, favourite, pet, love

'lievelingsdichter *m* (-s) favourite poet

lieve'moederen *onoverg*: *daar helpt geen ~ aan* there is no help for it

'liever I *bn* dearer, sweeter &; **II** *bijw* rather; *ik heb dit huis ~* I like this house better, I prefer this house [to that]; *hij zou ~ sterven dan...* he would rather die than...; *ik zou er ~ niet heengaan* I had rather not go; *je moest maar ~ naar bed gaan* you'd (you had) better go to bed; *je moest daar ~ niet heengaan* you had better not go; *niets ~ verlangen (wensen, willen) dan...* want nothing better than...; *(je kunt stuivers krijgen) als je dat ~ hebt* if you'd rather; *~ niet!* I'd rather not!

'lieverd *m* (-s) darling

'lieverdje *o* (-s): *je bent me een ~!* you're a nice one!

'lieverkoekjes *mv*: ~ *worden niet gebakken* if you don't like it you may lump it

'lieverlede: *van* ~ gradually, by degrees, little by little

lievevrouwe'bedstro *o* woodruff

'lievig *bn* quasi-sweet

'liflafje *o* (-s) fancy dish, trifle

lift *m* (-en) ⟨in gebouw⟩ lift, Am elevator; *een* ~ *geven (krijgen)* give (get) a lift; *een* ~ *vragen* thumb a lift

'liften (liftte, h. en is gelift) *onoverg* **1** ⟨in 't alg.⟩ hitch-hike; **2** ⟨met vrachtauto's⟩ lorry-hop

'lifter *m* (-s) hitch-hiker

'liftjongen *m* (-s) lift-boy

'liftkoker *m* (-s) lift-shaft

'liftkooi *v* (-en) cage

'liga *v* ('s) league

liga'tuur *v* (-turen) ligature[2]

'ligbad *o* (-baden) bath

'liggeld *o* (-en) scheepv **1** dock dues; **2** = *overliggeld*

'liggen (lag, h. gelegen) *onoverg* lie [also of troops], be situated; *de lonen* ~ *lager* wages are lower; *dat werk ligt me niet* the job does not suit me, it's not in my line; *altijd* ~ *te zeuren* always be bothering; *blijven* ~ remain; *hij zal enige dagen moeten blijven* ~ he will have to lie up for a couple of days; *(morgen) blijf ik wat langer* ~ I'll remain in bed a little longer; *gaan* ~ **1** (om even te rusten) have a lie-down; **2** ⟨wegens ziekte⟩ take to one's bed; *ga daar* ~ lie down there; *de wind is gaan* ~ the wind has abated; *ik heb het geld* ~ I have the money ready; *iets nog hebben* ~ have sth. in store (on hand); *laat dat* ~! leave it there!, leave it alone!; *hij heeft het lelijk laten* ~ he has made a mess of it; *(die stad) ligt aan een rivier* is situated on a river; *hij ligt al 8 dagen met die ziekte* he has been laid up (in bed) with it for a week; *dat ligt geheel aan u* that depends entirely on you, the issue lies with you; *als het aan mij lag* if I had any say in the matter; *aan mij zal het niet* ~ it will be through no fault of mine, it won't be my fault; *het ligt niet in zijn aard* it's not in him; *waar ligt het aan dat...?* what may be the cause (of it)?; *in zijn bed* ~ lie (be) in bed; *(het huis) ligt op een heuvel* stands on a hill; *het huis ligt op het oosten* it has an eastern aspect, it faces east; *de wagen ligt goed op de weg* the car holds the road well; *hij lag op bed* he was in bed; ~ *te slapen* lie sleeping; zie ook: *bedoeling* &

'liggend *bn* **1** lying, recumbent [position &]; **2** turn-down [collar]

'ligging *v* (-en) **1** situation, lie [of a house]; **2** [geographical] position; **3** ⟨v. kind bij baring⟩ presentation

'ligkuur *v* (-kuren) rest-cure

'ligplaats *v* (-en) scheepv berth, moorings

'ligstoel *m* (-en) reclining-chair, lounge-chair

Li'gurisch *bn*: ~*e Zee* Ligurian Sea

li'guster *m* (-s) privet

'ligweide *v* (-n) sunbathing area

lij *v* lee; *aan* ~ alee, on the lee-side

'lijdelijk *bn* passive

'lijdelijkheid *v* passiveness, passivity

'lijden (leed, h. geleden) **I** *overg* suffer, endure, bear; *dorst* ~ suffer thirst; *iem. mogen* ~ rather like sbd.; *ik mag* ~ *dat hij...* I wish he may...; **II** *onoverg* suffer; *nu kan het wel* ~ we can afford it now; ~ *aan hoofdpijn* suffer from (be affected with) headaches; *erg* ~ *van* ook: suffer a great deal from..., be a martyr to...; ~ *onder iets* suffer under sth.; *zij* ~ *er het meest onder* they are the greatest sufferers; *te* ~ *hebben van* suffer from; **III** *o* suffering(s); *het* ~ *van Christus* the passion of Christ; *uit zijn* ~ *verlossen* put out of (his) misery

'lijdend *bn* **1** ⟨in 't alg.⟩ suffering; **2** gramm passive; *de* ~*e partij* the suffering party, the sufferer; *de* ~*e partij zijn* be the loser; ~ *voorwerp* direct object; *de* ~*e vorm van het werkwoord* the passive voice

'lijdensgeschiedenis *v* (-sen) Passion [of Christ]; *het is een hele* ~ it is a long tale of misery (of woe)

'lijdenskelk *m* cup of bitterness

'lijdenspreek *v* (-preken) Passion sermon

'lijdensweek *v* (-weken) Holy Week

'lijdensweg *m* (-wegen) **1** (v. Christus) way of the Cross; **2** fig [long] martyrdom

'lijder *m* (-s) sufferer, patient

'lijdzaam *bn* patient, meek

'lijdzaamheid *v* patience, meekness

lijf *o* (lijven) body; *het aan den lijve ondervinden (voelen)* learn what it feels like, feel it personally; *in levenden lijve* in the flesh; *hier is hij in levenden lijve* here he is as large as life; *niet veel om het* ~ *hebben* be no great matter, amount to very little; *iem. de schrik (de stuipen) op het* ~ *jagen* give sbd. a fright (a turn); *iem. op het* ~ *vallen* unexpectedly drop in on sbd.; take sbd. unawares; *iem. ergens mee op het* ~ *vallen* spring sth. on sbd.; *over zijn hele* ~ *beven* tremble in every limb; *iem. te* ~ *gaan* go at (for) sbd.; *iem. tegen het* ~ *lopen* run into (up against) sbd.; *zich... van het* ~ *houden* keep... at arm's length

'lijfarts *m* (-en) personal physician, physician in ordinary

'lijfblad *o* (-bladen) favourite paper

'lijfeigene *m-v* (-n) serf, thrall

'lijfeigenschap *v* bondage, serfage

'lijfelijk *bn* physical, bodily

'lijfgoed *o* (-eren) body-linen

'lijfje *o* (-s) bodice, corsage

'lijfknecht *m* (-en en -s) valet

'lijflucht *v* body odour

'lijfrente *v* (-n en -s) (life-)annuity

'lijfsbehoud *o* preservation of life

'lijfsdwang *m* physical force

'lijfsgevaar *o* (-varen) danger of life

'lijfsieraad *o* (-raden) personal ornament

'lijfspreuk *v* (-en) motto, favourite maxim

'lijfstraf *v* (-fen) corporal punishment

'lijftocht *m* subsistence

'lijfwacht *m-v* (-en) bodyguard, life-guard

lijk *o* (-en) **1** corpse, (dead) body; [anatomical] subject; **2** *scheepv* leech [of a sail]

'lijkauto *m* ('s) hearse, funeral car

'lijkbaar *v* (-baren) bier

'lijkbezorger *m* (-s) undertaker

'lijkbezorging *v* (-en) disposal of the dead

'lijkbidder *m* (-s) undertaker's man

'lijkbleek *bn* deathly pale

'lijkdienst *m* (-en) funeral service; service for (the burial of) the dead

'lijkdrager *m* (-s) bearer [at a funeral]

'lijken (leek, h. geleken) **I** *onoverg* **1** ⟨overeenkomen⟩ be (look) like, resemble; **2** ⟨schijnen⟩ seem, appear; *het lijkt alsof...* it looks as if...; *het lijkt wel dat zij...* it would appear that they...; *hij lijkt wel gek* he must be mad; *ofschoon het heel wat leek* though it made a great show; *zij zijn niet wat zij ~* they are not what they appear (to be); *het is niet zo makkelijk als het lijkt* it is not so easy as it looks; *dat lijkt maar zo* it only seems so; *het lijkt er niet naar dat ze...* there is no appearance of their ...ing; *het lijkt naar niets, het lijkt nergens naar* it is below contempt; *zij ~ op elkaar* they look like each other, they resemble each other; *zij ~ (niet) veel op elkaar* they are (not) very like; *zij ~ op elkaar als twee druppels water* they are as like as two peas; *dat begint er op te ~* that's more like it; *ik lijk wel doof vandaag* I seem (to be) deaf today; *dat (portret) lijkt goed (niet)* it is a good (poor) likeness; **II** *overg: dat zou mij wel wat ~* that's what I should like

'lijkengif *o* ptomaine

'lijkenhuisje *o* (-s) mortuary

'lijkenpikker *m* (-s) *fig* vulture

'lijkkist *v* (-en) coffin

'lijkkleed *o* **1** (-kleden) ⟨over de kist⟩ pall; **2** (-kleden) ⟨kledingstuk⟩ shroud, winding-sheet

'lijkkleur *v* livid (cadaverous) colour

'lijkkleurig *bn* livid, cadaverous

'lijkkoets *v* (-en) hearse

'lijkopening *v* (-en) autopsy, dissection

'lijkplechtigheden *mv* funeral ceremonies, obsequies

'lijkrede *v* (-s) funeral oration (speech)

'lijkroof *m* body-snatching

'lijkschennis *v* violation of a corpse

'lijkschouwer *m* (-s) coroner

'lijkschouwing *v* (-en) post-mortem (examination)

'lijkstaatsie *v* (-s), **'lijkstoet** *m* (-en) burial procession, funeral procession, funeral

'lijkverbranding *v* (-en) cremation

'lijkwa (-den), **'lijkwade** *v* (-n) shroud

'lijkwagen *m* (-s) hearse, funeral car

'lijkzang *m* (-en) funeral song, dirge

lijm *m* **1** ⟨in 't alg.⟩ glue, gum; **2** ⟨vogellijm⟩ lime

'lijmen (lijmde, h. gelijmd) *overg* glue; *iets ~ talk* sbd. over, rope sbd. in

'lijmerig *bn* **1** *eig* sticky, gluey; **2** *fig* drawling [voice]; *~ spreken* speak with a drawl, drawl

'lijmkwast *m* (-en) glue-brush

'lijmpot *m* (-ten) glue-pot

lijn *v* (-en) **1** ⟨in 't alg.⟩ line [also of a railway &]; **2** ⟨koord⟩ cord, rope; leash, lead [for dog]; *de ~ trekken* gemeenz swing the lead; *één ~ trekken* pull together, take the same line; *de harde ~ volgen* adopt a strong policy; *aan de ~ blijven* (telefoon) hold on, hold the line; *aan de (slanke) ~ doen* slim; *honden aan de ~* dogs on the leash; *in grote ~en* broadly outlined; *dat ligt niet in mijn ~* that is not in my line; *met ~ 3* by number 3 bus, ⟨tram⟩ by number 3 car; *om de ~ denken* watch one's figure; *op één ~ met* on a par with; *op één ~ staan* be on a level; *op één ~ stellen met* bring (put) on a level with; *over de hele ~* **1** *eig* all along the line; **2** *fig* all-round, overall [situation]; *voor de (slanke) ~* for the figure

'lijnbaan *v* (-banen) rope-walk

'lijnboot (-boten) *m & v* liner

'lijncliché *o* (-s) line engraving

'lijndienst *m* (-en) regular service

'lijndraaier *m* (-s) rope-maker

'lijnen (lijnde, h. gelijnd) **I** *overg* ⟨liniëren⟩ rule; **II** *onoverg* ⟨aan de lijn doen⟩ slim

'lijnkoek *m* (-en) linseed cake, oilcake

'lijnolie *v* (-oliën) linseed oil

'lijnrecht **I** *bn* straight, perpendicular, diametrical; *in ~ tegenspraak met* in flat contradiction with; **II** *bijw* straightly, perpendicularly, diametrically; *~ staan tegenover* be diametrically opposed to

'lijnrechter *m* (-s) *sp* linesman

'lijntekenen *o* geometrical drawing

'lijntje *o* (-s) line; *ik heb hem aan het ~* I have him in my power; *iem. aan het ~ houden* keep sbd. on a string; *met een zacht (zoet) ~* with soothing words

'lijntoestel *o* (-len) air-liner

'lijntrekken[1] (h.) *onoverg* malinger, shirk duty, gemeenz swing the lead

'lijntrekker *m* (-s) shirker

lijntrekke'rij *v* shirking

'lijnvliegtuig *o* (-en) airliner

'lijnvlucht *v* (-en) scheduled flight

'lijnwaad *o* (-waden) linen

'lijnwerker *m* (-s) lineman

'lijnzaad *o* linseed

lijp *bn* gemeenz daft, weak-minded

lijs *m-v* (lijzen) ⟨sloom mens⟩ dawdler, slow-coach; *een lange ~* a maypole

lijst *v* (-en) **1** ⟨reeks⟩ list, register; **2** ⟨om een schilderij⟩ frame; **3** ⟨uitspringende rand⟩ cornice, moulding; *in een ~ zetten* frame [a picture]; *op de ~ zetten* place (enter) on the list

'lijstaanvoerder *m* (-s) first candidate (of a party) on the list [at elections]

'lijsten (lijstte, h. gelijst) *overg* frame [a picture] '**lijstenmaker** *m* (-s) frame-maker

'**lijster** *v* (-s) thrush; *grote ~* missel-thrush; *zwarte ~* = *merel*

'**lijsterbes** *v* (-sen) **1** ⟨vrucht⟩ mountain-ash berry, rowan berry; **2** ⟨boom⟩ mountain-ash, rowan

'**lijsttrekker** *m* (-s) person heading the list of candidates, ± party leader

'**lijstverbinding** *v* (-en) electoral alliance

'**lijstwerk** *o* **1** ⟨in 't alg.⟩ framework; **2** bouwk moulding

'**lijvig** *bn* **1** ⟨v. personen⟩ corpulent; **2** ⟨v. boeken &⟩ voluminous, bulky, thick

'**lijvigheid** *v* corpulency; voluminousness, bulkiness, thickness

'**lijwaarts** *bijw* leeward

'**lijzig** *bn* drawling, slow

'**lijzigheid** *v* drawling, slowness

'**lijzij**, '**lijzijde** *v* leeside

1 lik *m* (-ken) lick [with the tongue]; *~ op stuk geven* give tit for tat

2 lik *v* (-ken) gemeenz ⟨gevangenis⟩ nick, quod

'**likdoorn**, '**likdoren** *m* (-s) corn

li'keur *v* (-en) liqueur

li'keurglaasje *o* (-s) liqueur glass

li'keurtje *o* (-s) glass of liqueur

'**likkebaarden** (likkebaardde, h. gelikkebaard) *onoverg* lick (smack) one's lips (one's chops)

'**likken** (likte, h. gelikt) *onoverg & overg* lick

'**likmevestje** *o*: ...*van ~* gemeenz a twopenny-halfpenny...

lil *o & m* jelly, gelatine

'**lila** *bn* lilac

'**lillen** (lilde, h. gelild) *onoverg* quiver, tremble

'**lilliputachtig** *bn* Lilliputian

'**lilliputter** *m* (-s) Lilliputian[2]

'**limerick** *m* (-s) limerick

li'miet *v* (-en) **1** ⟨in 't alg.⟩ limit; **2** ⟨op veiling⟩ reserve (price)

limi'teren (limiteerde, h. gelimiteerd) *overg* **1** ⟨in 't alg.⟩ limit; **2** ⟨op veiling⟩ put a reserve price on

li'moen *m* (-en) lime

limo'nade *v* (-s) lemonade

limo'nadesiroop *v* lemon syrup

limou'sine *v* (-s) limousine

'**linde** *v* (-n) lime-tree, lime, linden, lindentree

'**lindebloesem** *m* (-s) lime-tree blossom

'**lindeboom** *m* (-bomen) = *linde*

'**lindehout** *o* lime-wood

'**lindelaan** *v* (-lanen) lime-tree avenue, lime avenue

'**linea**: *~ recta* straight [for]

line'air *bn* linear

linea 'recta *bijw* straight

linge'rie *v* lingerie

lingu'ïst *m* (-en) linguist

linguïs'tiek *v* linguistics

lini'aal *v & o* (-nialen) ruler

'**linie** *v* (-s) line; *over de hele ~* on all points; *over de hele ~ zegevieren* carry all (everything) before one;

de ~ passeren cross the line

lini'ëren (linieerde, h. gelinieerd) *overg* rule

'**linieschip** *o* (-schepen) ship of the line

'**linietroepen** *mv* troops of the line

1 link *bn* **1** ⟨slim⟩ artful, gemeenz cute, sharp; **2** ⟨gevaarlijk⟩ risky, dangerous

2 link *m* (-s) ⟨verbinding⟩ link

'**linker** *bn* left; herald sinister

linker'achterpoot *m* (-poten) near hindleg

linker'arm *m* (-en) left arm

linker'hand *v* (-en) left hand; *hij heeft twee ~en* his fingers are all thumbs

'**linkerkant** *m* (-en) left side; *aan de ~* ook: on the left-hand side; *naar de ~* to the left

linker'vleugel *m* (-s) left wing

linker'voorpoot *m* (-poten) near foreleg

'**linkerzij** (-den), '**linkerzijde** *v* (-n) left(-hand) side; *de Linkerzijde* the (parliamentary) Left

links I *bn* **1** ⟨tegenover rechts, ook in de politiek⟩ left; **2** ⟨linkshandig⟩ left-handed; **3** ⟨onhandig⟩ gauche, awkward, clumsy; *~ georiënteerd* leftist; *een ~e regering &* a left-wing government &; **II** *bijw* **1** to (on, at) the left; **2** fig in a gauche way, awkwardly, clumsily; *de ... ~ laten liggen* leave the ... on the left; *iem. ~ laten liggen* give sbd. the cold shoulder, ignore sbd.; *naar ~* to the left

links'achter, **links'back** *m* (-s) sp left back

'**linksaf**, **links'af** *bijw* to the left; *~ buigen* bear to the left; *~ slaan* turn left

links'binnen *m* (-s) sp inside left

links'buiten *m* (-s) sp outside left, left winger

'**linkshandig** *bn* left-handed

'**linksheid** *v* fig gaucherie, awkwardness, clumsiness

links'om *bijw* to the left; *~... keert!* mil left... turn!

'**linnen** *o & bn* linen; *~ (boek)band* cloth binding; *in ~ (gebonden)* (in) cloth

'**linnendroger** *m* (-s) ZN tumble dryer

'**linnengoed** *o* linen

'**linnenjuffrouw** *v* (-en) linen-maid

'**linnenkamer** *v* (-s) linen-room

'**linnenkast** *v* (-en) linen-cupboard

li'noleum *o & m* linoleum, gemeenz lino

li'noleumdruk *m* (-ken), **li'noleumsnede** *v* (-n) linocut

lint *o* (-en) ribbon

'**lintbebouwing** *v* ribbon development

'**lintje** *o* (-s) ribbon; *een ~ krijgen* obtain an order of knighthood

'**lintjesregen** *m* shower of birthday honours

'**lintmeter** *m* (-s) ZN measuring tape

'**lintworm** *m* (-en) tapeworm

'**lintzaag** *v* (-zagen) band-saw

'**linze** *v* (-n) lentil

'**linzensoep** *v* lentil soup; bijbel mess of potage

lip (-pen) *v* lip; *aan iemands ~pen hangen* zie: *hangen*; *zich op de ~pen bijten* bite one's lips; *het lag mij op de ~pen* I had it on the tip of my tongue; *over* *iems.* ~*pen komen* pass sbd.'s lips

lip'bloemig *bn* labiate; ~*en* labiates

'lipje *o* (-s) ⟨om een blik & te openen⟩ tab

'liplezen *o* lip-reading

'lippendienst *m* (-en) lip-service; ~ *bewijzen aan* pay lip-service to

'lippenstift *v* (-en) stick

'lipssleutel *m* (-s) Yale key

'lipsslot *o* (-sloten) Yale lock

lipsyn'chroon *bn* lip-synched, dubbed

liquida'teur *m* (-s) liquidator

liqui'datie *v* (-s) **1** ⟨v. ondernemingen⟩ liquidation, winding-up; ⟨op de beurs⟩ settlement; **2** ⟨v. personen⟩ elimination, liquidation

li'quide *bn* liquid

liqui'deren (liquideerde, h. geliquideerd) *overg* **1** ⟨v. ondernemingen⟩ liquidate, wind up; **2** ⟨v. personen⟩ eliminate, liquidate

liquidi'teit *v* liquidity

'lire *v* (-s) lira

1 lis *m & o* (-sen) ⟨plant⟩ iris, blue flag, yellow flag

2 lis *v* (-sen) = *lus*

'lisdodde *v* (-n) reed-mace

'lispelen (lispelde, h. gelispeld) *onoverg* lisp

'Lissabon *o* Lisbon

list *v* (-en) **1** ⟨listigheid⟩ craft, cunning; **2** ⟨daad⟩ trick, stratagem, ruse

'listig *bn* sly, cunning, crafty, dodgy, wily, subtle

'listigheid *v* (-heden) slyness, cunning, subtlety

'Lita: *lieve* ~ agony aunt

lita'nie *v* (-nieën) litany

'liter *m* (-s) litre

lite'rair *bn* literary

lite'rair-his'toricus *m* (-rici) literary historian, historian of literature

lite'rair-his'torisch *bn* of literary history, [a work] on literary history

lite'rator *m* (-'toren) literary man, man of letters

litera'tuur *v* literature°

litera'tuurgeschiedenis *v* (-sen) literary history, history of literature

litera'tuurlijst *v* (-en) reading list

litera'tuuropgave *v* (-n) references, bibliography

litera'tuurwetenschap *v* study of literature

'literfles *v* (-sen) liter bottle

litho'graaf *m* (-grafen) lithographer

lithogra'feren (lithografeerde, h. gelithografeerd) *overg* lithograph

lithogra'fie *v* **1** ⟨kunst⟩ lithography; **2** (-fieën) ⟨plaat⟩ lithograph

'Litouwen *o* Lithuania

'Litouwer *m* (-s) Lithuanian

'Litouws *bn* Lithuanian

lits-ju'meaux *o* (-s) double bed, twin beds

'litteken *o* (-s) scar, cicatrice

'littekenweefsel *o* scar tissue

'littera- = *litera-*

litur'gie *v* (-gieën) liturgy

li'turgisch *bn* liturgical

'living *v* (-s) living room

Li'vorno *o* Livorno, Leghorn

li'vrei *v* (-en) livery

ll. *afk.* = *laatstleden*

LO *o* = *lager onderwijs* zie bij: *onderwijs*

1 lob *v* (-ben) ⟨kwab⟩ lobe

2 lob *m* (-s) sp lob

'lobbes *m* (-en): *goeie* ~ good-natured fellow; *een* ~ *van een hond* a big, good-natured dog

'lobby *v* ('s) lobby²

'lobbyen (lobbyde, h. gelobbyd) *onoverg* lobby

'lobby'ist *m* (-en) lobbyer, lobbyist

lo'catie *v* (-s) location

'loco *bijw* handel (on) spot; ~ *Amsterdam* ex warehouse Amsterdam; ~ *station* free station

'loco-burgemeester *m* (-s) deputy mayor

locomo'tief *v* (-tieven) engine, locomotive

'locopreparaat *o* (-raten) generic drug

'lodderig *bn* drowsy

1 'loden *bn* lead, leaden²; *met* ~ *schoenen* with leaden feet

2 'loden (loodde, h. gelood) **I** *overg* **1** ⟨in lood vatten⟩ lead; **2** ⟨in de bouwkunde⟩ plumb; **3** scheepv ⟨peilen⟩ sound; **II** *abs ww* scheepv take soundings

3 'loden I *m & o* ⟨stofnaam⟩ loden; **II** *bn* loden [raincoat]

'Lodewijk *m* Louis; ~ *de Heilige* Saint Louis; ~ *de Duitser* Louis the German; ~ *de Vrome* Louis the Pious, Louis the Debonair

'loeder *o & m* (-s) scheldwoord **1** ⟨man⟩ bastard; **2** ⟨vrouw⟩ bitch

loef *v*: *de* ~ *afsteken* **1** scheepv get to windward of; **2** fig outdo sbd., steal a march on sbd.

'loefwaarts *bijw* to windward, aweather

'loefzij, 'loefzijde *v* windward side, weather-side

'loeien (loeide, h. geloeid) *onoverg* **1** low, moo [of cows], bellow [of bulls]; **2** roar [of the wind]; **3** wail [of sirens]

'loeihard *bn* gemeenz: ~*e muziek* blaring music; *een* ~*e service* a hard (fast) serve

'loempia *v* ('s) spring roll, Am egg roll

loens *bn* squint-eyed; ~ *kijken* squint

'loensen (loenste, h. geloenst) *onoverg* squint

loep *v* (-en) magnifying glass, magnifier, lens; *onder de* ~ *nemen* examine

'loepzuiver *bn* flawless

loer *v*: *op de* ~ *liggen* lie in wait, lie on the look-out, lurk; *iem. een* ~ *draaien* play sbd. a dirty trick

'loerder *m* (-s) peeper, Peeping Tom

'loeren (loerde, h. geloerd) *onoverg* peer, spy; ~ *op iem.* lie in wait for sbd.; *op een gelegenheid* ~ watch one's opportunity

'loeven (loefde, h. en is geloefd) *onoverg* luff

'loever, 'loevert: *te* ~ to windward

1 lof *m* praise, eulogy; *God* ~! praise be to God!, thank God!; *zijn eigen* ~ *verkondigen* blow one's own trumpet; *de* ~ *verkondigen (zingen) van* sing the praises of; *boven alle* ~ *verheven* beyond all praise; *zij spraken met veel* ~ *over hem* they were loud in praise of him

2 lof *o: Brussels* ~ chicory

3 lof *o* (loven) RK benediction, evening service

'**lofdicht** *o* (-en) panegyric, laudatory poem

'**loffelijk** *bn* laudable, commendable, praiseworthy

'**loflied** *o* (-eren) hymn (song) of praise

'**lofprijzing** *v* (-en) eulogy

'**lofpsalm** *m* (-en) psalm (hymn) of praise

'**lofrede** *v* (-s) laudatory speech, panegyric

'**lofspraak** *v* praise, commendation

'**loftrompet** *v: de* ~ *steken over* trumpet forth the praises of....; sing (sound) sbd.'s praises

'**loftuiting** *v* (-en) praise, commendation

lof'waardig *bn = loffelijk*

'**lofzang** *m* (-en) hymn (song) of praise, panegyric

1 log I *bn* heavy [gait], unwieldy, cumbrous, cumbersome [mass]; **II** *bijw* heavily

2 log *v* (-gen) scheepv log

3 log *v* rekenkunde log (= logarithm)

loga'ritme *v* (-n) logarithm

loga'ritmentafel *v* (-s) table of logarithms

'**logboek** *o* (-en) logbook

'**loge** *v* (-s) **1** ⟨v. vrijmetselaars⟩ lodge; **2** ⟨in theater⟩ box; **3** ⟨v. portier⟩ lodge; *in de* ~ in the masonic hall

lo'gé *m* (-s) guest, visitor; *betalend* ~ paying guest

lo'geerbed *o* (-den) spare bed

lo'geergast *m* (-en) guest, visitor

lo'geerkamer *v* (-s) spare (bed)room, visitor's room, guest-room

loge'ment *o* (-en) boarding house, lodging

loge'menthouder *m* (-s) lodging-keeper, boardinghouse owner

1 'logen (loogde, h. geloogd) *overg* steep in lye

2 'logen V.T. meerv. v. *liegen*

'**logenstraffen** (logenstrafte, h. gelogenstraft) *overg* **1** give the lie to, belie [hopes, a statement]; **2** falsify [an assumption]

lo'geren (logeerde, h. gelogeerd) **I** *onoverg* stay, stop; *ik logeer bij mijn oom* I am staying at my uncle's (with my uncle); *u kunt bij ons* ~ you can stay with us; *ik ben daar te* ~ I am on a visit there; *we hebben mensen te* ~ ook: we have visitors; *ze gaan* ~ *in de Zon* they are going to put up at the Sun hotel; **II** *overg* put sbd. up

'**loggen** (logde, h. gelogd) *onoverg* heave the log

'**logger** *m* (-s) lugger

'**logica** *v* logic

lo'gies *o* **1** ⟨in 't alg.⟩ lodging, accommodation; **2** scheepv quarters; ~ *en ontbijt* bed and breakfast

'**logisch I** *bn* logical; *dat is nogal* ~ gemeenz of course, that goes without saying; *het* ~*e van het geval* the logic of the case; **II** *bijw* logically

logis'tiek I *bn* logistic; **II** *v* logistics

'**logo** *m* ('s) logo, logotype

logope'die *v* speech-training

logope'dist *m* (-en) speech-trainer

'**loipe** *o* (-s) ski run

lok *v* (-ken) lock, curl, strand [of hair]; ~*ken* tresses

lo'kaal I *bn* local; **II** *o* (-kalen) room, hall

lo'kaaltje *o* (-s), **lo'kaaltrein** *m* (-en) local (train); Am shuttle train

lo'kaalvredebreuk *v* breach of the peace

'**lokaas** *o* (-azen) bait, allurement, decoy

lokali'satie *v* (-s) localization

lokali'seren (lokaliseerde, h. gelokaliseerd) *overg* localize

lokali'teit *v* (-en) **1** ⟨plaats in 't alg.⟩ locality; **2** ⟨vertrek, zaal⟩ room, hall; **3** ZN ⟨woonplaats⟩ residence, domicile

'**lokartikel** *o* (-en) loss-leader

'**lokduif** *v* (-duiven) stool-pigeon

'**lokeend** *v* (-en) decoy(-duck)

lo'ket *o* (-ten) **1** ⟨station⟩ ticket-office, booking-office, ticket-window; **2** ⟨schouwburg⟩ (box-)office, (box-office) window; **3** ⟨postkantoor e.d.⟩ counter; **4** pigeon-hole [of a cabinet]; **5** (safe-deposit) box; *aan het* ~ at the counter, [sell] over the counter

lo'ketbeambte *m-v* (-n) **1** booking-clerk [at railway station]; **2** counter clerk [at post office]

loket'tist *m* (-en), **loket'tiste** *v* (-s) = *loketbeambte*

'**lokfluitje** *o* (-s) bird-call

'**lokken** (lokte, h. gelokt) *overg* **1** ⟨in 't alg.⟩ lure, allure, entice, decoy; **2** attract, draw [customers]

'**lokkertje** *o* (-s) bait, lure

'**lokmiddel** *o* (-en) enticement, bait, lure

'**lokroep** *m* **1** eig call-note; **2** fig lure

'**lokspijs** *v* (-spijzen) bait, lure

'**lokstem** *v* (-men) enticing voice, siren voice

'**lokvogel** *m* (-s) decoy-bird, decoy[2]

'**lokzet** *m* (-ten) sp decoy move

lol *v* fun, gemeenz lark(s); ~ *maken* make fun, lark; *voor de* ~ for fun, for a lark

'**lolbroek** *v* (-en) clown, comedian

'**lolletje** *o* (-s) lark; *het was geen* ~ it was no fun

'**lollig I** *bn* jolly, funny; *het was zo* ~*!* it was such fun!; *het is niks* ~ it is not a bit amusing; **II** *bijw* funnily

'**lolly** *m* ('s) lollipop, lolly

Lombar'dije *o* Lombardy

'**lombok** *m* red pepper

'**lommer** *o* **1** ⟨schaduw⟩ shade; **2** ⟨gebladerte⟩ foliage

'**lommerd** *m* (-s) pawnbroker's shop, pawnshop; *in de* ~ in pawn, slang in pop, at my uncle's; *naar de* ~ *brengen* take to the pawnbroker's (to uncle's)

'**lommerdbriefje** *o* (-s) pawn-ticket

'**lommerdhouder** *m* (-s) pawnbroker

'**lommerrijk** *bn* shady, shadowy

1 lomp *v* (-en) rag, tatter

2 lomp *bn* **1** ⟨van vorm⟩ ungainly; **2** ⟨onhandig⟩ clumsy, awkward, flat-footed; **3** ⟨grof⟩ hulking; **4** ⟨vlegelachtig⟩ rude, unmannerly

'**lompenkoopman** *m* (-lieden en -lui) ragman,

dealer in rags

'lomperd *m* (-s) boor, lout

'lompheid *v* (-heden) **1** ungainliness; **2** clumsiness, awkwardness; **3** rudeness

lom-school *v* (-scholen) remedial school, special school

'Londen *o* London

'Londenaar *m* (-s, -naren) Londoner

'Londens *bn* London

'lonen (loonde, h. geloond) *overg* pay; *het loont de moeite (niet)* it is (not) worth while

'lonend *bn* paying, remunerative

long *v* (-en) lung

'longaandoening *v* (-en) pulmonary affection

'longarts *m* (-en) lung specialist

'longblaasje *o* (-s) alveolus

'longdrink *m* (-s) long drink

'longkanker *m* lung cancer

'longkruid *o* lungwort

'longontsteking *v* (-en) pneumonia

'longslagader *v* (-s en -en) pulmonary artery

'longspecialist *m* (-en) lung specialist

'longtering *v* pulmonary consumption, phthisis

lonk *m* (-en) ogle; *iem. ~jes toewerpen* ogle sbd.

'lonken (lonkte, h. gelonkt) *onoverg* ogle; *naar iem. ~* make eyes at sbd.

lont *v* (-en) (slow) match, fuse; *~ ruiken* smell a rat; *de ~ in het kruit steken* **1** *eig* put the torch to the powder-magazine; **2** *fig* put the spark to the tinder

'loochenen (loochende, h. geloochend) *overg* deny

'loochening *v* (-en) denial

lood *o* (loden) **1** (element) lead; **2** (dieplood) sounding-lead, lead; **3** (schietlood) plumb-line; **4** *vero* (gewicht) decagramme; *het is ~ om oud ijzer* it is six of one and half a dozen of the other; *in het ~* (verticaal) plumb, upright; *glas in ~, in ~ gevatte ruitjes* leaded lights; *met ~ in de schoenen* with leaden feet; *uit het ~* out of plumb; *hij was uit het ~ geslagen* he was taken aback; he was thrown off his balance

'looderts *o* (-en) lead-ore

'loodgieter *m* (-s) plumber

'loodgieterswerk *o* plumbing

'loodglans *o* lead glance

'loodglit *o* litharge

'loodhoudend *bn* plumbic

'loodje *o* (-s) **1** (stukje lood) small lump of lead; **2** (met stempel) lead seal; *de laatste ~s wegen het zwaarst* it is the last straw that breaks the camel's back; *hij moest het ~ leggen* he had to pay the piper; he got the worst of it

'loodkleur *v* lead colour, leaden hue

'loodkleurig *bn* lead-coloured, leaden

'loodlijn *v* (-en) **1** *wisk* perpendicular (line); **2** *scheepv* sounding-line; *een ~ oprichten (neerlaten)* erect (drop) a perpendicular

'loodmijn *v* (-en) lead-mine

'loodrecht *bn* perpendicular

1 loods *v* (-en) **1** (in 't alg.) shed; **2** (aangebouwd)

lean-to; **3** luchtv hangar

2 loods *m* (-en) scheepv pilot

'loodsboot *m & v* (-boten) pilot-boat

'loodsdienst *m* pilot-service, pilotage

'loodsen (loodste, h. geloodst) *overg* pilot [2]

'loodsgeld *o* (-en) pilotage (dues)

'loodsmannetje *o* (-s) pilot-fish

'loodswezen *o* pilotage

'loodvergiftiging *v* lead poisoning

'loodvrij *bn* lead-free

'loodwit *o* white lead

'loodzwaar *bn* heavy as lead, leaden

loof *o* **1** (gebladerte) foliage, leavees; **2** [potato] tops; **3** (inz. gedroogd als stro) haulm

'loofboom *m* (-bomen) foliage tree

'loofbos *o* (-sen) broad-leaved forest

'loofhout *o* hardwood

'loofhut *v* (-ten) tabernacle

'Loofhuttenfeest *o* Feast of Tabernacles

'loofrijk *bn* leafy

'loofwerk *o* bouwk leaf-work, foliage

1 loog *v & o* (logen) lye

2 loog (logen) V.T. van *liegen*

'loogbak *m* (-ken) lye-trough

'loogkuip *v* (-en) steeper

'loogwater *o* lye

'looien (looide, h. gelooid) *overg* tan

'looier *m* (-s) tanner

looie'rij *v* **1** (-en) (bedrijf) tannery, tan-yard; **2** (het looien) tanner's trade

'looikuip *v* (-en) tan vat

'looistof *v* (-fen) tannin

'looizuur *o* tannic acid

look *o & m* garlic, leek

loom *bn* **1** (langzaam) slow, heavy; **2** (lusteloos) languid; *met lome schreden* with heavy feet, with lazy (tardy) steps

'loomheid *v* slackness, dul(l)ness, slowness, heaviness, lassitude, languor

loon *o* (lonen) **1** (salaris) wages, pay; **2** (beloning) reward, recompense; *met behoud van ~* with full pay; *hij kreeg ~ naar werken* he got his due; *hij heeft zijn verdiende ~* it serves him right

'loonactie *v* (-s) agitation for higher wages

'loonadministratie *v* wages administration

'loonarbeid *m* wagework

'loonbelasting *v* (-en) pay-as-you-earn income-tax, P.A.Y.E

'loonbeslag *o* attachment (distraint) of wages

'loonbriefje *o* (-s) pay-slip

'loonderving *v* loss of pay (wages)

'loondienst *m* (-en) wage-earning; *personen in ~* employed persons; *werk in ~* paid labour; *werk in ~ verrichten* work for wages

'looneis *m* (-en) wage(s) demand, wage claim, pay claim

loon- en 'prijsbeleid *o* price and income policy

'loongeschil *o* (-len) wage dispute

'loongrens *v* (-grenzen) wage limit, salary limit; ⟨ziekenfondsgrens⟩ maximum wage level, maximum salary level

'loonkosten *mv*, ZN **'loonkost** *m* wage expenditure

'loonlijst *v* (-en) pay-list, pay-roll, wage(s) sheet

'loonmaatregel *m* (-en) government wage control

'loonpauze *v* (-s) temporary wage freeze

'loonpeil *o* wage level, level of wages

'loonpolitiek *v* wages policy, pay (wage) policy

'loonronde *v* (-n) wage round

'loonschaal *v* wage scale; *glijdende* ~ sliding scale (of wages)

'loonslaaf *m* (-slaven) wage-slave, drudge, hack, journeyman

'loonstandaard *m* rate of wages, wage rate

'loonstelsel *o* (-s) wage(s) system

'loonstop *m* (-s) wage freeze, pay freeze; *een* ~ *afkondigen* freeze wages

'loonstrookje *o* (-s) pay slip

'loonsverhoging *v* (-en) rise in wages, pay rise

'loonsverlaging *v* (-en) wages reduction

'loontrekker *m* (-s) wage-earner

'loonwet *v* [iron] law of wages

'loonzakje *o* (-s) pay-packet, wage-packet

loop *m* (lopen) **1** ⟨het lopen⟩ run; **2** ⟨gang v. persoon⟩ walk, gait; **3** ⟨v. zaken⟩ course; trend, march [of events]; **4** ⟨van geweer⟩ barrel; *'s werelds* ~ the way of the world; *het recht moet zijn* ~ *hebben* the law must take its course; *de vrije* ~ *laten aan... let...* take their (own) course; give free course to...; *een andere* ~ *nemen* take a different turn; *in de* ~ *van de dag* in the course of to-day, during to-day; *in de* ~ *der jaren* over the years; *in de* ~ *der tijden* in the course of ages (of time); *iets in zijn* ~ *stuiten* arrest (check) ...in its (their) course; *op de* ~ *gaan* run for it, take to one's heels, slang cut and run; bolt [also of a horse]; *op de* ~ *zijn* be on the run

'loopafstand *m* (-en): *op* ~ within walking distance

'loopbaan *v* (-banen) career

'loopbrug *v* (-gen) **1** ⟨v. voetgangers⟩ foot bridge; **2** ⟨loopplank⟩ gangway

'loopgraaf *v* (-graven) trench

'loopje *o* (-s) **1** ⟨wandelingetje⟩ short walk; **2** muz run, passage; *een* ~ *met iem. nemen* pull sbd.'s leg

'loopjongen *m* (-s) errand-boy, office-boy

'loopkat *v* (-ten) crab

'loopkraan *v* (-kranen) travelling crane, transporter, gemeenz jenny

'looplamp *v* (-en) inspection lamp

'loopneus *m* (-neuzen) running (dripping) nose

'loopnummer *o* (-s) sp running event

'looppas *m* double time; *in* ~ at the double

'loopplank *v* (-en) gangway, duckboard

'looprek *o* (-ken) walking frame

loops *bn* in (on, at) heat

'looptijd *m* (-en) currency [of a bill]

'loopvlak *o* (-ken) tread [of a tyre]

'loopvogel *m* (-s) walker

loor: *te* ~ *gaan* get lost

loos *bn* **1** ⟨slim⟩ cunning, crafty, wily; **2** ⟨niet echt⟩ dummy [doors &], false [bottom, alarm]

loot *v* (loten) plantk shoot; gemeenz scion, offspring

'lopen (liep, h. en is gelopen) **I** *onoverg* **1** ⟨gaan⟩ walk; **2** ⟨hardlopen⟩ run; **3** ⟨zich bewegen⟩ go [of machines, clocks &]; run [of rivers, wheels &]; **4** ⟨etteren⟩ run; **5** *fig* run [of a contract, lease &]; ~ *als een kievit* run like a hare (like mad); *zullen we* ~? shall we walk?; *loop heen!* gemeenz get along with you!, go on!; *deze trein loopt vandaag niet* this train doesn't run today; *het liep anders* things turned out differently; *mijn horloge loopt goed* my watch goes well, is a good timekeeper; *dit artikel loopt goed (slecht)* this article sells well (doesn't sell); *de kleuren* ~ *door elkaar* the colours run together; *deze schoenen* ~ *lekker* these shoes are comfortable; *zullen we een eindje gaan* ~? shall we go for a walk?; *hij laat alles maar* ~ he lets things slide (drift); *we zullen hem maar laten* ~ better leave him alone; give him the go-by; *men liet het metaal in een vorm* ~ they ran the metal into a mould; *zijn vingers over de toetsen laten* ~ run one's fingers over the keys; *zij* ~ *te bedelen* they go about begging; *het loopt in de duizenden* it runs into thousands; *het loopt in de papieren* zie: papier; zie ook: inlopen; *het loopt naar (tegen) twaalven* it is getting on for twelve o'clock; *hij loopt naar de vijftig* he is getting on for fifty; *de gracht loopt om de stad* the canal goes round the town; *dit schip loopt 20 knopen* this ship runs 20 knots; *op een mijn & ~ scheepv* strike a mine &; *(de ketting) loopt over een katrol* passes over a pulley; *(de weg) loopt over Breda* goes via Breda; *die zaken* ~ *over de boekhouder* these affairs are handled by the bookkeeper; *ergens tegen aan* ~ ⟨onverwacht tegenkomen⟩ come across sth.; zie ook: einde, voet **II** *wederk: zich moe* ~ tire oneself out with walking (with running); **III** *o: het is een uur* ~ it is an hour's walk; *onder het* ~ while walking; *het op een* ~ *zetten* take to one's heels

'lopend *bn* **1** running [dogs, boys, bills &]; **2** current [year]; ~*e band* assembly line, conveyor-belt; ~ *commentaar* running commentary; *de zevende van de* ~*e maand* the seventh inst. (= instant); ~ *patiënt* ambulant patient; ~*e rekening* **1** ⟨rekening courant⟩ current account; **2** ⟨onbetaalde rekening⟩ outstanding (open) claim; ~ *schrift* cursive; *zich als een* ~ *vuurtje verspreiden* spread like wildfire; ~*e schulden* running (outstanding) debts; *de* ~*e zaken* current affairs, the business of the day; *(rekeningen)* ~*e over de laatste drie jaar* covering the last three years

'loper *m* (-s) **1** ⟨in 't alg.⟩ runner; **2** ⟨krantenbezorger⟩ newsman; **3** ⟨v. bank &⟩ messenger; **4** ⟨schaakspel⟩ bishop; **5** ⟨tapijt⟩ carpet; **6** ⟨tafelkleedje⟩ table-

lor

runner; **7** ⟨sleutel⟩ master-key, pass-key, skeleton-key

lor *o & v* (-ren) rag; *het is een ~* gemeenz it is a dud; it is mere trash, rubbish; *een ~ van een roman* a rubbishy novel; *geen ~* not a bit (a straw)

lor'dose *v* lordosis

lorg'net *v & o* (-ten) eye-glasses, pince-nez

'lorre *m* gemeenz ⟨papegaai⟩ Poll(y)

'lorrie *v* (-s) lorry, trolley, truck

'lorrig *bn* trashy, rubbishy, trumpery

'lorum gemeenz: *in de ~* **1** ⟨verward⟩ confused, put out, at a loss; **2** ⟨dronken⟩ tight, drunk

1 los *m* (-sen) ⟨dier⟩ lynx

2 los I *bn* **1** ⟨niet vast⟩ loose [screw, connection]; *~se bloemen* cut flowers; *~ geld* loose change; *~ werkman* casual labourer; *~se auto-onderdelen* individual spare parts; *met ~se handen rijden* ride with no hands; *je veter is ~* your shoelace has come undone, is untied *zij stelen alles wat ~ en vast zit* they steal whatever they can lay their hands on; **2** ⟨niet verpakt⟩ loose; *~se koffie* ± fresh-ground coffee; **3** ⟨niet samenhangend⟩ disconnected; *~se aantekeningen* stray notes, occasional notes; *~se nummers van een tijdschrift* single issues, stray copies; *~ van de vraag ...* apart (aside) from the question ...; **4** ⟨afneembaar⟩ detachable; *een ~se voering* a detachable lining; **5** ⟨niet stijf⟩ easy, informal; *een ~e stijl* a fluent style, an easy style; **6** ⟨lichtzinnig⟩ loose; *~se zeden* loose morals, lax morals; *~ zijn* ⟨v. koopman⟩ be sold-out **II** *bijw* loosely[2]; *~!* let go!; *op iem. ~ gaan* go at sbd.; *erop ~ leven* live it up; *erop ~ slaan* hit out, pitch into [sbd.]

los'bandig *bn* licentious, dissolute, profligate

los'bandigheid *v* (-heden) licentiousness, dissoluteness, profligacy, libertinism

'losbarsten[1] *onoverg* **1** ⟨in 't alg.⟩ break out, burst, explode; **2** ⟨v. bui, storm⟩ break

'losbarsting *v* (-en) outbreak, burst, explosion

'los'bladig *bn* loose-leaf...

'losbol *m* (-len) loose liver, profligate, rake

'losbranden[1] (is) *onoverg* **1** ⟨afgeschoten worden⟩ blaze away, fire away; *het geschut brandde los* the artillery blazed away; **2** ⟨beginnen⟩ burst into; *er brandde een felle discussie los* they burst into a heated discussion

'losbreken[1] (is) *onoverg* **1** ⟨los raken⟩ break loose, break away; **2** ⟨van bui, storm⟩ break

'losdraaien[1] *overg* unscrew loosen [a screw]

'losgaan[1] *onoverg* get loose; zie ook: ²los II

'losgeld *o* (-en) **1** ⟨bij ontvoering &⟩ ransom; **2** handel landingcharges

'losgeraakt *bn* undone

'losgeslagen *bn* adrift

'losgespen[1] *overg* unbuckle

'losgooien *overg* cast off, throw off

'loshaken[1] *overg* unhook

'loshangen[1] *onoverg* hang loose

'loshangend *bn* fly-away, loose [hair]

'losjes *bn* **1** ⟨in 't alg.⟩ loosely; **2** ⟨vluchtig⟩ lightly

'losknopen *overg* **1** ⟨v. jas &⟩ unbutton; **2** ⟨v. touw⟩ untie

'loskomen[1] *onoverg* **1** get loose [of a person &]; **2** fig come out of one's shell, open out; **3** luchtv get off the ground

'loskopen[1] *overg* buy off, ransom, redeem

'loskoppelen[1] *overg* disconnect

'loskrijgen[1] *overg* **1** eig get loose; **2** gemeenz extract [money, a promise from sbd.]; *geld zien los te krijgen* try to raise money

'loslaten[1] **I** *overg* **1** let loose, let go of [my hand], release, unhand; **2** abandon [a policy, a system]; **3** let slip [a secret]; *hij laat niets los* he is very reticent; *de gedachte laat mij niet meer los* the thought haunts me; **II** *onoverg & abs ww* **1** ⟨in 't alg.⟩ let go; **2** come off [of paint &]; *laat los!* let go!; *hij laat niet los* he holds on like grim death (like a leech)

'loslating *v* release

los'lippig *bn* indiscreet

los'lippigheid *v* indiscretion

'loslopen[1] *onoverg* be at liberty; *~de honden* unattached dogs; *~d jongmens* unattached young man; *dat zal wel ~* it is sure to come right

'losmaken[1] **I** *overg* **1** loosen, untie, unbind, undo [a knot]; **2** dislodge [a stone &]; **3** fig disengage [moneys]; **4** disjoin [what was united]; **II** *wederk*: *zich ~* disengage (free) oneself; *zich ~ van...* dissociate oneself from [a company], break away from

'lospeuteren[1] *overg* work off, pry off, jiggle loose; *informatie ~* extract information

'losplaats *v* (-en) scheepv discharging-berth (-place)

'losprijs *m* (-prijzen) ransom

'losraken[1] (is) *onoverg* get loose, get undone

'losrukken[1] **I** *overg = losscheuren* I; **II** *wederk*: *zich ~ (van) = losscheuren* II

löss *v* loess

'losscheuren[1] (h.) **I** *overg* tear loose, tear (away) from; **II** *wederk*: *zich ~ (van)* tear oneself away (from), break away (from)

'losschieten[1] (is) *onoverg* slip

'lossen (loste, h. gelost) **I** *overg* **1** ⟨v. goederen⟩ unload; **2** ⟨v. vuurwapen⟩ discharge; fire [a shot at him]; **II** *onoverg* unload, break bulk

'loslaan[1] *onoverg* scheepv break adrift

'losspringen[1] (is) *onoverg* spring loose (open)

'losstaand *bn* detached [house]

'losstormen[1] (is) *onoverg*: *~ op* rush upon

'lostornen[1] *overg* unsew, rip (open)

'lostrekken[1] (h.) *overg* pull loose, tear loose

'losweg *bijw* casually, off-handedly

'losweken[1] *overg* ⟨door weken losmaken⟩ soak off [stamps &]; *zich ~ van* fig detach oneself from, break away from

'loswerken[1] **I** (h. & is) *overg & onoverg* work loose; **II** (h.) *wederk*: *zich ~* work loose, disengage oneself

lot *o* **1** ⟨noodlot⟩ fate, destiny, lot; **2** ⟨levenslot⟩ lot;

3 (loten) ⟨loterijbriefje⟩ (lottery-)ticket; *dat is een ~ uit de loterij* fig that's a stroke of luck; *iem. aan zijn ~ overlaten* abandon (leave) sbd. to his fate, leave sbd. to his own devices

'loteling *m* (-en) conscript

'loten (lootte, h. geloot) *onoverg* draw lots

lote'rij *v* (-en) lottery

lote'rijbriefje *o* (-s) lottery-ticket

'lotgenoot *m* (-noten) companion in distress

'lotgeval *o* (-len) adventure

'Lotharingen *o* Lorraine

'loting *v* (-en) drawing of lots

lo'tion *v* (-s) lotion

'lotje: *van ~ getikt* crackbrained

'lotto *m* ('s) lotto

'lotus *m* (-sen) lotus

'lotushouding *v* lotus position

louche *bn* shady

'louter *bn* pure [gold], mere [politeness]; *~ leugens* only (nothing but) lies; *~ onzin* sheer nonsense

'louteren (louterde, h. gelouterd) *overg* purify, refine

'loutering *v* (-en) purification, refining

'louwmaand *v* January

1 'loven (loofde, h. geloofd) *overg* praise, laud, extol, glorify, sing praises of; *~ en bieden* haggle, chaffer, bargain

2 'loven mv. v. ⁵*lof*

'lovend *bn* laudatory; *een ~e recensie* a favourable review; *~e woorden* words of praise

'lover *o* (-s) foliage

'lovertje *o* (-s) spangle, sequin

loxo'droom *m* (-dromen) rhumb

lo'yaal *bn* loyal

loyali'teit *v* loyalty

'lozen (loosde, h. geloosd) *overg* **1** drain, void [water]; **2** heave [a sigh]; **3** get rid of [a person]

'lozing *v* (-en) drawing (off); *illegale ~* illegal dumping

LPG *o* *Liquefied Petroleum Gas* LPG, LPG-gas

LSD *o* LSD, gemeenz acid

lts *v* *lagere technische school* junior technical school

'lubben (lubde, h. gelubd) *overg* **1** ⟨castreren⟩ geld, castrate; **2** ⟨strikken⟩ inveigle, wheedle [sbd. into doing sth.]

'Lucas *m* Luke

lucht *v* (-en) **1** ⟨gas⟩ air; **2** ⟨uitspansel⟩ sky; **3** ⟨reuk⟩ smell, scent²; *~ geven aan zijn gevoelens (verontwaardiging)* give vent to one's feelings, vent one's indignation; *de ~ krijgen van iets* get wind (scent) of it, scent it; *in de ~* in the air; *dat hangt nog in de ~* it is still (somewhat) in the air; *in de ~ vliegen* explode, be blown up; *in de ~ zijn* ⟨v. radiostation⟩ be on the air; *het zit in de ~* it is in the air; *in de ~ zitten kijken* stare into the air (into vacancy); *in de open ~* in the open (air); *dat is uit de ~ gegrepen* it is without any foundation; *uit de ~ komen vallen* drop from the skies, appear out of the blue

'luchtaanval *m* (-len) air attack, air raid

'luchtafweer *m* **1** = *luchtverdediging*; **2** = *luchtafweergeschut*

'luchtafweergeschut *o* anti-aircraft artillery

'luchtalarm *o* air-raid warning, alert

'luchtballon *m* (-s, -nen) balloon

'luchtband *m* (-en) tyre, pneumatic tyre

'luchtbasis *v* (-sen en -bases) air base

'luchtbed *o* (-den) air-bed, air-mattress

'luchtbel *v* (-len) (air-)bubble

'luchtbelwaterpas *o* (-sen) spirit-level

'luchtbescherming *v* air-raid precautions, A.R.P., Civil Defence, C.D.

'luchtbombardement *o* (-en) aerial bombardment

'luchtbrug *v* (-gen) **1** ⟨voetbrug⟩ overhead bridge; **2** ⟨verbinding met vliegtuigen⟩ air-lift

'luchtbuis *v* (-buizen) **1** ⟨buis voor luchttoevoer⟩ air-pipe; **2** anat ⟨luchtpijp⟩ trachea [*mv* tracheae]

'luchtbuks *v* (-en) air rifle, air gun

'luchtbus *m* & *v* (-sen) air-shuttle

'luchtcirculatie *v* air circulation

'luchtdicht **I** *bn* airtight; **II** *bijw* hermetically

'luchtdoelgeschut *o* anti-aircraft artillery

'luchtdoop *m: ik onderging de ~* it was my first flight

'luchtdruk *m* **1** ⟨v. atmosfeer⟩ atmospheric pressure; **2** ⟨v. explosie⟩ air-pressure, blast

'luchten (luchtte, h. gelucht) *overg* air², ventilate²; fig vent; *zijn geleerdheid ~* air one's learning; *zijn gemoed (hart) ~* relieve one's feelings, unburden one's mind (heart); *de kamers ~* air the rooms; *ik kan hem niet ~ of zien* I hate the very sight of him

'luchter *m* (-s) **1** ⟨lichtkroon⟩ chandelier; **2** ⟨kandelaar⟩ candlestick

'luchtfilter *m* & *o* (-s) air-filter

'luchtfoto *v* ('s) air (aerial) photograph, air (aerial) view

'luchtgat *o* (-gaten) air hole, vent(-hole)

'luchtgekoeld *bn* air-cooled

'luchtgesteldheid *v* **1** ⟨in 't alg.⟩ condition of the air; **2** ⟨klimaat⟩ climate

'luchtgevecht *o* (-en) dogfight

lucht'hartig *bn* light-hearted

'luchthaven *v* (-s) airport

'luchtig I *bn* **1** ⟨dun, licht⟩ airy [room]; light, thin [blouse]; light [bread]; **2** ⟨niet ernstig⟩ airy, light-hearted; *een ~e opmerking* a casual remark; *iets op een ~e toon zeggen* say sth. airily (breezily); **II** *bijw* airily, lightly, *iets ~ opvatten* treat sth. lightly, make light of sth.

'luchtigheid *v* airiness, lightness, levity

'luchtje *o* (-s) smell, odour; *er zit een ~ aan* it smells; fig there is something fishy about it; *een ~ (gaan) scheppen* (go) get some fresh air

'luchtkartering *v* air (aerial) survey

'luchtkasteel *o* (-telen) castle in the air, castle in Spain; *luchtkastelen bouwen* build castles in the air

'luchtklep *v* (-pen) air valve
'luchtkoeling *v* air-cooling; *motor met* ~ air-cooled engine
'luchtkoker *m* (-s) air shaft
'luchtkussen *o* (-s) air-cushion
'luchtkussenvaartuig *o* (-en) hovercraft (ook *mv*)
'luchtkuur *v* (-kuren) open-air treatment
'luchtlaag *v* (-lagen) layer of air
'luchtlanding *v* (-en) air-borne landing
'luchtlandings- *voorv* air-borne [troops &]
lucht'ledig I *bn* void of air; ~*e ruimte* vacuum; **II** *o* vacuum
'luchtlijn *v* (-en) airline
'luchtmacht *v* air force
'luchtmachtbasis *v* (-bases) air base
'luchtnet *o* (-ten) air network
'luchtoorlog *m* (-logen) air war
'luchtpijp *v* (-en) windpipe, trachea [*mv* tracheae]
'luchtpomp *v* (-en) air-pump
'luchtpost *v* air mail
'luchtpostblad *o* (-bladen) air letter, aerogramme
'luchtrecht *o* air-mail postage
'luchtreclame *v* aerial advertising
'luchtregeling *v* air-conditioning
'luchtreis *v* (-reizen) voyage by air, air voyage, air journey
'luchtreiziger *m* (-s) air-traveller
'luchtrooster *m & o* (-s) air grating
'luchtruim *o* 1 atmosphere; [the conquest of the] air; 2 [national, Dutch &] airspace
'luchtschip *o* (-schepen) airship
'luchtschommel *m & v* (-s) swing-boat
'luchtschroef *v* (-schroeven) airscrew, propeller
'luchtsluis *v* (-sluizen) air-lock
'luchtspiegeling *v* (-en) mirage, fata morgana
'luchtspoorweg *m* (-wegen) elevated (overhead) railway
'luchtstoringen *mv* atmospherics
'luchtstreek *v* (-streken) climate, zone
'luchtstrijdkrachten *mv* air force
'luchtstroom *m* (-stromen) air current
'luchtvaart *v* aeronautics, aviation
'luchtvaartmaatschappij *v* (-en) airline (company), aviation company
'luchtvaartuig *o* (-en) aircraft
'luchtverdediging *v* air defence
'luchtverfrisser *m* (-s) air freshener
'luchtverkeer *o* aerial traffic, air traffic
'luchtverkeersleider *m* (-s) air traffic controller
'luchtverkenning *v* air reconnaissance, aerial reconnaissance
'luchtverontreiniging *v* air pollution
'luchtverschijnsel *o* (-en en -s) atmospheric phenomenon
'luchtverversing *v* ventilation
'luchtvervuiling *v* air pollution
'luchtvloot *v* (-vloten) air fleet
'luchtvochtigheid *v* atmospheric humidity

'luchtvracht *v* air freight
lucht'waardig *bn* airworthy
'luchtweerstand *m* air resistance
'luchtweg *m* (-wegen) luchtv air route
'luchtwegen *mv* anat bronchial tubes
'luchtwortel *m* (-s) aerial root
'luchtzak *m* (-ken) air-pocket
'luchtziek *bn* airsick
'luchtziekte *v* airsickness
lu'cide *bn* lucid
'lucifer *m* (-s) match
'lucifersdoosje *o* (-s) match-box
lucra'tief *bn* lucrative
lu'diek *bn* (in) playful (form)
'lues *v* lues, syphilis
lu'guber *bn* lugubrious, sinister, lurid
1 lui I *bn* lazy, idle, slothful; *liever* ~ *dan moe zijn* be born tired; **II** *bijw* lazily
2 lui *mv* people, folks
'luiaard *m* (-s) **1** (lui mens) lazy-bones, sluggard; **2** (dier) sloth
luid *bn* loud
'luiden (luidde, h. geluid) **I** *onoverg* sound; *hoe luidt de brief?* how does the letter run?; *het antwoord luidt niet gunstig* the answer is unfavourable; *zoals de uitdrukking luidt* as the phrase has it (goes); **II** *abs ww* sound, ring, peal, chime [for a birth], toll [for a death]; **III** *overg* ring, peal, chime, toll
'luidens *voorz* according to
'luidkeels *bijw* at the top of one's voice
luid'ruchtig *bn* loud, noisy, boisterous
'luidspreker *m* (-s) loud-speaker
'luidsprekerinstallatie *v* (-s) loud-speaker system, public-address system
'luier *v* (-s) (baby's) napkin, nappy, <u>Am</u> diaper
'luieren (luierde, h. geluierd) *onoverg* be idle, idle, laze
'luiermand *v* (-en) **1** (mand) baby-linen basket; **2** (babykleren) layette, baby linen, baby clothes
'luierstoel *m* (-en) easy chair
'luifel *v* (-s) **1** (afdak) penthouse; **2** (glass) porch [at hotel door &]; **3** awning [over railway platform]
'luiheid *v* laziness, idleness, sloth
luik *o* (-en) **1** (aan raam) shutter; **2** (in vloer) trap-door; **3** scheepv hatch; **4** (v. schilderij) panel; **5** ZN (deel v. formulier) section of a form; **6** ZN pol part of a (political) program
Luik *o* Liège
'luilak *m* (-ken) lazy-bones
'luilakken (luilakte, h. geluilakt) *onoverg* idle, laze
lui'lekkerland *o* land of Cockaigne, Billy Bunter-land, land of plenty
luim *v* (-en) **1** (gemoedsgesteldheid) humour, mood; **2** (gril) whim, caprice, freak; *in een goede (kwade)* ~ *zijn* be in a good (bad) temper (humour)
'luimig *bn* capricious
'luipaard *m* (-en) leopard
luis *v* (luizen) louse [*mv* lice]

luister *m* lustre, splendour, resplendence, pomp (and splendour); ~ *bijzetten* grace, add lustre to
luisteraar *m* (-s) listener
luisterbijdrage *v* (-n) (listener's) licence fee
luister'dichtheid *v* listening figures
luisteren (luisterde, h. geluisterd) *onoverg* **1** ⟨in 't alg.⟩ listen; **2** radio listen (in); *wie luistert aan de wand, hoort zijn eigen schand* eavesdroppers hear no good of themselves; *naar iem.* ~ listen to sbd.; ~*de naar de naam Fox* answering to the name of Fox; *naar het roer* ~ scheepv answer (respond to) the helm; *dat luistert nauw* that requires much care and attention
luister- en 'kijkgeld *o* radio and television licence fee
'luisterlied *o* (-eren) song in which the text is the most important element
luisterpost *m* (-en) listening-post
'luisterrijk I *bn* splendid, magnificent, glorious; **II** *bijw* splendidly, magnificently, gloriously
'luistervergunning *v* (-en) radio licence
'luistervink *m & v* (-en) eavesdropper
'luistervinken (luistervinkte, h. geluistervinkt) *onoverg* eavesdrop, play the eavesdropper
luit *v* (-en) muz lute
'luitenant *m* (-s) lieutenant; ~*-ter zee 2de klasse* scheepv sub-lieutenant
luitenant-gene'raal *m* (-s) lieutenant-general
'luitenant-kolo'nel *m* (-s) **1** lieutenant-colonel; **2** luchtv wing commander
'luitjes *mv* gemeenz people, folks
'luitspeler *m* (-s) lute-player, lutanist
'luiwagen *m* (-s) scrubbing-brush
'luiwammes *m* (-en) = *luilak*
'luizenbaan *v* (-banen) soft job
'luizenei *o* (-eren) nit
'luizenkam *m* (-men) fine-tooth comb
'luizenleven *o* easy life; *een* ~ *hebben* lead the life of Riley
'luizig *bn* lousy[2]
'lukken (lukte, is gelukt) *onoverg* succeed; zie: *gelukken*
'lukraak *bijw* at random, hit or miss
lul *m* (-len) gemeenz **1** ⟨penis⟩ prick, dick, cock; **2** ⟨scheldwoord⟩ prick, ass(hole); *de* ~ *zijn* have had it; *voor* ~ *staan* stand there like an idiot (an asshole); *een stijve* ~ *hebben (krijgen)* have (get) a hard-on
'lulkoek *m* gemeenz bullshit
'lullen (lulde, h. geluld) *onoverg* gemeenz bullshit, yackety-yak; *er wordt hier te veel geluld* there is too much bullshitting (yackety-yak) going on here; *zit niet zo slap te* ~*!* quit running off at the mouth!
'lullig *bn* gemeenz shitty, rotten; *doe niet zo* ~ don't be such a jerk; *zich* ~ *voelen* feel rotten
lumi'neus *bn* luminous, brilliant, bright
'lummel *m* (-s) lout, lubber, galoot
'lummelachtig *bn* loutish, lubberly

'lummelen (lummelde, h. gelummeld) *onoverg* laze (about)
'lummelig *bn* = *lummelachtig*
'lunapark *o* (-en) amusement park, fun fair
lunch *m* (-en en -s) lunch(eon)
'lunchen (lunchte, h. geluncht) *onoverg* lunch, have lunch
'lunchpakket *o* (-ten) packed lunch
'lunchroom *m* (-s) tea-room(s), tea-shop
luns *v* (lunzen) linchpin
lu'pine *v* (-n) lupin(e)
'luren *mv*: *iem. in de* ~ *leggen* con sbd., take sbd. for a ride
'lurken (lurkte, h. gelurkt) *onoverg* suck
'lurven *mv*: *iem. bij zijn* ~ *pakken* grab sbd.
lus *v* (-sen) **1** ⟨in tram⟩ strap; **2** ⟨v. schoen⟩ tag; **3** ⟨v. touw⟩ noose; **4** ⟨als ornament⟩ loop
lust *m* (-en) **1** ⟨zin⟩ inclination, liking, mind; **2** ⟨verlangen⟩ desire, appetite; **3** ⟨genot⟩ delight; **4** lust [of the flesh], concupiscence; **5** psych pleasure [and displeasure]; *een* ~ *voor het oog* a feast for the eyes, a sight for sore eyes; ~ *hebben*... have a mind to..., feel inclined to...; *ik heb er geen* ~ *in* I have no mind to, I don't feel like it; *het is mijn* ~ *en mijn leven* that is meat and drink to me; *ja, een mens zijn* ~ *is een mens zijn leven* my mind to me a kingdom is; *zij... dat het een (lieve)* ~ *is* with a will
'lusteloos I *bn* **1** ⟨in 't alg.⟩ listless, apathetic; **2** handel dull [market]; **II** *bijw* listlessly, apathetically
luste'loosheid *v* listlessness, apathy, dullness
'lusten (lustte, h. gelust) *overg* like; ... *gaarne* ~ be a lover of...; *zij* ~ *dat niet* they don't like it; *hij zal ervan* ~ he is going to catch it (hot)
'luster *m* (-s) lustre
'lustgevoel *o* (-ens) pleasure sensation
'lusthof *m* (-hoven) **1** eig pleasure-ground; **2** fig (garden of) Eden
'lustig I *bn* merry, cheerful; plechtig blithe, blithesome; **II** *bijw* **1** ⟨in 't alg.⟩ merrily, cheerfully, plechtig blithely; **2** versterkend lustily
'lustmoord *m* (-en) sex-murder
'lustoord *o* (-en) delightful spot, pleasure-ground
'lustrum *o* (-tra) lustrum, lustre
luthe'raan *m* (-ranen) Lutheran
'luthers *bn* Lutheran
'luttel *bn* **1** ⟨bij enkelvoud⟩ small, little; **2** ⟨bij meervoud⟩ few
'luwen (luwde, is geluwd) *onoverg* **1** abate, die down [of a storm, of wind]; **2** calm down, quiet down [of excitement]; **3** cool down [of friendship]
'luwte *v* lee
'luxaflex *m* venetian blind
'luxe *m* luxury
'luxeartikel *o* (-en) article of luxury; ~*en* ook: luxury goods
'luxeauto *m* ('s) luxury car
'luxebrood *o* (-broden) fancy bread

'**luxe-editie** _v_ (-s) de luxe edition
'**luxehut** _v_ (-ten) <u>scheepv</u> state cabin
'**luxeleven** _o_ life of luxury
'**Luxemburg** _o_ Luxemburg, Luxembourg
'**Luxemburger** _m_ (-s) Luxemburger, Luxembourger
'**Luxemburgs** _bn_ Luxemburg, Luxembourg
luxu'eus _bn_ luxurious, de luxe
'**Luzern** _o_ Lucerne; _Meer van_ ~ Lake Lucerne, Lake
  of the Four Forest Cantons
ly'ceum _o_ (-cea en -s) **1** <u>hist</u> lyceum; **2** <u>onderwijs</u>
  ± grammar school, Am ± high school
'**lychee** _m_ (-s) lychee, litchi
'**lymf**, '**lymfe** _v_ lymph
lym'fatisch _bn_ lymphatic
'**lymfeklier**, '**lymfklier** _v_ (-en) lymph gland
'**lymfevat**, '**lymfvat** _o_ (-vaten) lymphatic vessel
'**lynchen** (lynchte, h. gelyncht) _overg_ lynch
'**lynchpartij** _v_ (-en) lynching
lynx _m_ (-en) lynx
Lyon _o_ Lyon, Lyons
'**lyricus** _m_ (-ci) lyrist
ly'riek _v_ **1** ⟨poëzie⟩ lyric poetry, lyrics; **2** ⟨lyrische
  aard⟩ lyricism
'**lyrisch I** _bn_ lyrical [account, verses], lyric [poetry];
  II _bijw_ lyrically
ly'sol _o & m_ lysol

M

1 m _v_ ('s) m
2 m _afk._ = meter
ma _v_ ('s) mamma
maag _v_ (magen) stomach
'**maagbloeding** _v_ (-en) haemorrhage from the
  stomach; <u>med</u> gastrorrhagia
maagd _v_ (-en) **1** ⟨maagdelijk meisje⟩ virgin; **2** <u>vero</u>
  ⟨jong meisje⟩ maid; _de Maagd_ <u>astron</u> Virgo; _de Heilige Maagd_ the (Holy) Virgin; _de Maagd van Orléans_
  the Maid of Orleans
'**maagdelijk** _bn_ virginal; virgin [forest]
'**maagdelijkheid** _v_ virginity
'**Maagdenburg** _o_ Magdeburg
'**Maagdeneilanden** _mv_ Virgin Islands
'**maagdenpalm** _m_ (-en) periwinkle
'**maagdenvlies** _o_ (-vliezen) hymen
'**maagkanker** _m_ cancer of the stomach
'**maagklachten** _mv_ gastric complaints
'**maagkramp** _v_ (-en) stomach cramp, spasm of the
  stomach
'**maagkwaal** _v_ (-kwalen) stomach complaint
'**maagpijn** _v_ (-en) stomach ache
'**maagsap** _o_ (-pen) gastric juice
'**maagstreek** _v_ gastric region
'**maagzuur** _o_ **1** ⟨substantie⟩ gastric juice; **2** <u>med</u>
  heartburn; _brandend_ ~ acid indigestion
'**maagzweer** _v_ (-zweren) gastric ulcer, stomach ulcer
'**maaidorser** _m_ (-s), **maai'dorsmachine** _v_ (-s)
  combine, combine harvester
'**maaien** (maaide, h. gemaaid) _overg en onoverg_ **1** ⟨af-
  snijden⟩ mow, cut; **2** ⟨oogsten⟩ reap; **3** ⟨met de armen zwaaien⟩ flail
'**maaier** _m_ (-s) mower, reaper
'**maailand** _o_ (-en) mowing-field
'**maaimachine** _v_ (-s) **1** ⟨v. gras⟩ mowing-machine;
  2 ⟨v. graan⟩ reaper, reaping-machine [for grain]
'**maaitijd** _m_ mowing-time
'**maaiveld** _o_ (maailand) mowing field; **2** (oppervlakte) ground (surface) level
maak _m & v:_ _ik heb een jas in de_ ~ I am having a
  coat made; _in de_ ~ _zijn_ **1** ⟨in reparatie⟩ under repair; **2** ⟨in voorbereiding⟩ be in the making, be in
  preparation
'**maakloon** _o_ (-lonen) charge for making, cost of
  making
'**maaksel** _o_ (-s) make
'**maakwerk** _o_ [goods, books &] made to order
1 maal _v & o_ (malen) ⟨keer⟩ time; _een_~ once; _zie
  ook: eenmaal; een enkele_ ~ once in a while; _twee_~
  twice; _drie_~ three times; _vier_~ four times; _zie ook:_

keer

2 maal *o* (-malen) ⟨maaltijd⟩ meal

'**maalmachine** *v* (-s) masticator, crusher, grinding (crushing) machine

'**maalstroom** *m* (-stromen) whirlpool, vortex², maelstrom²

'**maalteken** *o* (-s) multiplication sign

'**maaltijd** *m* (-en) [hot] meal, repast

maan (manen) *v* moon; *afnemende* ~ waning moon; *nieuwe* ~ new moon; *volle* ~ full moon; *wassende* ~ waxing moon; *naar de* ~ *gaan* fig gemeenz go to the dogs; *loop naar de* ~ gemeenz go to the devil; *alles is naar de* ~ all is gone (lost); *naar de* ~ *reiken* cry for the moon

maand *v* (-en) month

'**maandabonnement** *o* (-en) monthly subscription; ⟨voor openbaar vervoer⟩ monthly season ticket

'**maandag** *m* (-dagen) Monday; *een blauwe* ~ a very short time; ~ *houden* take Monday off

'**maandags I** *bn* Monday; **II** *bijw* on Mondays

'**maandagziek** *bn* Mondayish

'**maandblad** *o* (-bladen) monthly (magazine)

'**maandelijks I** *bn* monthly; **II** *bijw* monthly, every month

'**maandgeld** *o* (-en) monthly pay, monthly wages, monthly allowance

'**maandsalaris** *o* (-sen) monthly salary

'**maandstaat** *m* (-staten) monthly returns

'**maandstonden** *mv* menses

'**maandverband** *o* (-en) sanitary towel, Am sanitary napkin

'**maanfase** *v* (-s en -n), '**maangestalte** *v* (-n) phase of the moon

'**maanjaar** *o* (-jaren) lunar year

'**maanlander** *m* (-s) = *maansloep*

'**maanlanding** *v* (-en) landing on the moon, lunar landing

'**maanlandschap** *o* (-pen) moonscape, lunar landscape

'**maanlicht** *o* moonlight

'**maanraket** *v* (-ten) moon rocket

'**maansikkel** *v* (-s) crescent

'**maansloep** *v* (-en) lunar module

'**maansteen** *m* (-stenen) moonstone

'**maansverduistering** *v* (-en) eclipse of the moon, lunar eclipse

'**maanvlucht** *v* (-en) flight to the moon

'**maanzaad** *o* poppy seed

'**maanziek** *bn* moon-struck, lunatic

1 maar I *voegw* but; **II** *bijw* but, only; *je bent* ~ *eens jong* you're only young once; *pas* ~ *op* do be careful; *kon ik het* ~! I wish I could; **III** *o* (maren) but; *er komt een* ~ *bij* there is a but; *geen maren!* no buts!; **IV** *tsw* but!; ~, ~, *hoe heb ik het nou!* dear me!

2 maar *v* (maren) = *mare*

'**maarschalk** *m* (-en) marshal

maart *m* March

maarts *bn* (of) March; *de* ~*e buien* April showers

maas *v* (mazen) **1** mesh [of a net]; **2** stitch [in knitting &]; *hij kroop door de mazen* he slipped through the meshes

Maas *v* Meuse

'**maasbal** *m* (-len) darning-ball, darning-egg

1 maat *v* (maten) **1** ⟨afmeting⟩ measure, size; **2** ⟨waarmee men meet⟩ measure; **3** muz time, measure; ⟨concreet⟩ bar; **4** ⟨verskunst⟩ metre, measure; *maten en gewichten* weights and measures; *enkele maten rust* muz a few bars rest; *de* ~ *aangeven* muz mark the (time; ~ *7 hebben* take size 7; ~ *houden* **1** ⟨gematigd zijn⟩ keep within bounds; **2** muz keep time; *geen* ~ *houden* go beyond all bounds; overdo it; *geen* ~ *weten te houden* not be able to restrain oneself; *iem. de* ~ *nemen (voor een jas)* measure sbd. (take sbd.'s measure) (for a coat); *de* ~ *slaan* beat time; *de* ~ *is vol* that's the limit; *bij de* ~ *verkopen* sell by measure; *in de* ~ muz in time; *in die mate dat...* to the extent that...; *in gelijke mate* in the same measure, equally; *in hoge mate* in a large measure, highly, greatly, extremely; *in de hoogste mate* highly, exceedingly, to a degree; *in mindere mate* to a less extent; *in meerdere of mindere mate* more or less; *in ruime mate* in a large measure, to a large extent; largely, amply; *in zekere mate* in a measure; *met mate* in moderation; *alles met mate* there is a measure in all things; *met twee maten meten* apply a double standard; *naar* ~ *(gemaakt)* (made) to measure, made to order; *naar de mate van mijn vermogens* as far as lies within my power; *onder de* ~ *blijven* **1** fig be undersized [of conscripts]; **2** fig fall short of what is expected (required), not be up to (the) standard; *op* ~ to measure; *op de* ~ *van de muziek* in time to the music; *uit de* ~ muz out of time

2 maat *m* (-s) mate, comrade, companion, sp partner

'**maatafdeling** *v* (-en) bespoke department

'**maatbeker** *m* (-s) = *maatglas*

maat'**gevend** *bn* decisive [of], a criterion [of]

'**maatgevoel** *o* sense of rhythm

'**maatglas** *o* (-glazen) measuring glass (cup, jug)

1 maatje *o* (-s) ⟨vriend⟩ mate; *zij zijn goede* ~*s* they are as thick as thieves; *met iedereen goede* ~*s zijn* be hail-fellow-well-met with everybody

2 maatje *o* (-s) ⟨moedertje⟩ gemeenz mammy

3 maatje *o* (-s) vero ⟨deciliter⟩ decilitre

'**maatjesharing** *m* (-en) young herring

'**maatkleding** *v* custom-made clothes, made-to-measure clothes

'**maatpak** *o* (-ken) tailor-made suit

'**maatregel** *m* (-s en -en) measure; *halve* ~*en* half measures; ~*en treffen* take measures

'**maatschap** *v* (-pen) partnership

maat'**schappelijk I** *bn* social; ~ *assistent* ZN social worker; ~ *kapitaal* registered capital; ~ *werk* social work, social welfare; ~ *werk(st)er* social worker; **II**

1079

bijw socially

maatschap'pij v (-en) **1** ⟨samenleving⟩ society; **2** ⟨genootschap⟩ society; **3** handel company; ~ *op aandelen* joint-stock company; *in de* ~ in society

maatschap'pijleer v civics

'**maatschoenmaker** m (-s) bespoke shoemaker

'**maatslag** m (-slagen) muz beat

'**maatstaf** m (-staven) **1** eig measuring-rod, standard[2]; **2** fig measure, gauge, criterion; *naar deze* ~ (measured) by this standard; at this rate; *een andere* ~ *aanleggen* apply another standard

'**maatstok** m (-ken) **1** ⟨meetlat⟩ rule; **2** muz ⟨conductor's⟩ baton

'**maatstreep** v (-strepen) **1** muz bar; **2** ⟨maatverdelingsstreep⟩ grade mark

'**maatwerk** o custom-made goods, made-to-measure goods; ⟨kleding⟩ tailor-made clothes

ma'caber bn macabre

maca'dam o & m macadam

maca'roni m macaroni

Mace'donië o Macedonia

Mace'doniër m (-s) Macedonian

Mace'donisch o & (bn) Macedonian

machiavel'lisme o machiavellianism, machiavellism

machiavel'listisch bn Machiavellian

machi'naal bn mechanical, automatic(al); ~ *vervaardigd* machine-made

machi'natie v (-s) machination

ma'chine v (-s) engine, machine[2]; ~*s* ook: machinery

machine'bankwerker m (-s) engine fitter

ma'chinebouw m engine building

ma'chinefabriek v (-en) engineering-works

ma'chinegeweer o (-weren) machine-gun

ma'chinekamer v (-s) engine-room

ma'chineolie v machine oil

ma'chinepark o machinery, mechanical equipment

ma'chinepistool o (-tolen) submachine gun, machine pistol

machine'rie v, **machine'rieën** mv machinery

ma'chineschrift o typescript

ma'chineschrijven o typewriting

ma'chinetaal v comput machine code, machine language

ma'chinetekenaar m (-s) engineering draughtsman

machi'nist m (-en) **1** engine-driver [of a train], gemeenz locoman; **2** engineer [of a ship]; **3** sceneshifter [in a theatre]; *eerste* ~ scheepv chief engineer

'**macho I** m ('s) macho; **II** bn macho

macht v (-en) **1** ⟨in 't alg.⟩ power, might; **2** mil force(s); *de hemelse (helse)* ~*en* the heavenly (hellish) powers; *vaderlijke (ouderlijke)* ~ paternal authority; *de* ~ *der gewoonte* the force of habit; *een* ~ *mensen* gemeenz a power of people; *geen* ~ *hebben*

over zichzelf not be able to control oneself, not be master of oneself; *hij was de* ~ *over het stuur kwijtgeraakt* he had lost control of the car; *ik ben niet bij* ~*e dit te doen* I am not able to do it; it does not lie in my power to do it; *het gaat boven mijn* ~, *het staat niet in mijn* ~ it is beyond my power (control), it is not in my power; *het in zijn* ~ *hebben om...* have the power to... (the power of ...ing); *iem. in zijn* ~ *hebben* have sbd. in one's power, have a hold on sbd., have sbd. at one's mercy; *18 in de 3de* ~ *verheffen* raise 18 to the third power; *met alle* ~ with all his (their) might; *uit alle* ~ all he (she, they) could, to the utmost of their power, [shout] at the top of one's voice

'**machteloos** bn powerless, impotent [fury]; ~ *staan tegenover...* be powerless against...

machte'loosheid v powerlessness, impotence

'**machthebber** m (-s) ruler, man in power; *de* ~*s* ook: those in power

'**machtig I** bn **1** ⟨met macht⟩ powerful, mighty; **2** ⟨zwaar te verteren⟩ rich [food], heavy [dishes]; *iets* ~ *worden* get hold of sth.; *een taal* ~ *zijn* have mastered a language, have a language at one's command; *dat is mij te* ~ that is too much for me; *het werd haar te* ~ she was overcome by her emotions, she broke down; **II** bijw **1** ⟨in 't alg.⟩ powerfully; **2** versterkend mightily, gemeenz mighty; *hij is* ~ *rijk* awfully rich

'**machtigen** (machtigde, h. gemachtigd) overg empower, authorize

'**machtiging** v (-en) authorization

'**machtigingswet** v (-ten) enabling act

'**machtsevenwicht** o balance of power

'**machtsmiddel** o (-en) means of power

'**machtsmisbruik** o abuse of power

'**machtspolitiek** v power politics

'**machtspositie** v (-s) position of power

'**machtsstrijd** m struggle for power

'**machtsverheffing** v (-en) involution

'**machtsverhouding** v (-en) balance of power

'**machtsvertoon** o display of power

'**machtswellust** m lust for power

macra'mé o macramé

macrobio'tiek v macrobiotics

macrobi'otisch bn macrobiotic

Mada'gaskar o Madagascar

Mada'gaskisch bn Madagascan

'**made** v (-n) maggot, grub

made'liefje o (-s) daisy

ma'dera m Madeira

ma'donna v ('s) madonna

Ma'drid o Madrid

madri'gaal, madri'gal o (-galen) madrigal

maf bn **1** ⟨gek⟩ gemeenz nuts, crackers, balmy; **2** ⟨drukkend, v. weer⟩ muggy

'**maffen** (mafte, h. gemaft) onoverg gemeenz kip, have a nap, have a kip; *gaan* ~ hit the hay, hit the sack

'maffer *m* (-s) gemeenz ⟨stakingsbreker⟩ blackleg, scab

'maffia *v* mafia

'mafkees *m* (-kezen), **'mafketel** *m* (-s) gemeenz nut, loony, weirdo

mag tegenw. tijd enkelv *v. mogen*

maga'zijn *o* (-en) **1** ⟨pakhuis⟩ warehouse; store-house; **2** store(s) [= shop]; **3** magazine [of rifle]

maga'zijnbediende *m-v* (-n en -s) warehouseman

maga'zijnmeester *m* (-s) storekeeper

'mager 1 ⟨dun⟩ thin; **2** ⟨met weinig vet⟩ lean [meat]; **3** ⟨karig⟩ meagre ⟨result, wages⟩; ⟨sober⟩ thin, lean; **4** ⟨uitgemergeld⟩ gaunt, skinny [person]

'magerheid, 'magerte *v* leanness, thinness

'magertjes *bijw* poorly, scantily

'maggiblokje *o* (-s), **'maggitablet** *v & o* (-ten) Br stock cube; Am bouillon cube

ma'gie *v* magic art, [black, white] magic

'magiër *m* (-s) magician

ma'girusladder *v* (-s) extension ladder

'magisch I *bn* magic [power]; **II** *bijw* magically

magis'traal *bn* masterly [work]; *een magistrale bereiding* ZN an excellent preparation

magis'traat *m* (-traten) magistrate

magistra'tuur *v* magistracy; *de ~ ook:* the robe

'magma *o* magma

mag'naat *m* (-naten) magnate

mag'neet *m* (-neten) **1** ⟨in 't alg.⟩ magnet; **2** ⟨v. motor⟩ magneto

mag'neetband *m* (-en) magnetic tape

mag'neetijzer *o* magnetic iron

mag'neetkaart *v* (-en) magnetic card

mag'neetkracht *v* magnetic force

mag'neetnaald *v* (-en) magnetic needle

mag'neetstrip *m* (-pen, -s) magnetic strip (stripe)

mag'nesia *v* magnesia

mag'nesium *o* magnesium

mag'netisch I *bn* magnetic; **II** *bijw* magnetically

magneti'seren (magnetiseerde, h. gemagnetiseerd) *overg* magnetize

magneti'seur *m* (-s) magnetizer

magne'tisme *o* magnetism

magne'tron, magne'tronoven *m* (-s) microwave oven

mag'nificat *o* magnificat

magni'fiek *bn* magnificent, splendid

mag'nolia *v* ('s) magnolia

ma'honie, ma'honiehout *o* mahogany

ma'honiehouten *bn* mahogany

mail'lot *o* (-s) **1** ⟨v. meisjes & vrouwen⟩ tights; **2** ⟨v. dansers, acrobaten &⟩ leotard

'mainframe *o* (-s) comput mainframe

mainte'née *v* (-s) kept woman, fancy woman, mistress

mainte'neren (mainteneerde, h. gemainteneerd) *overg* keep [a mistress]

maïs *m* maize, Indian corn

'maïskolf *v* (-kolven) corncob

'maïsmeel *o* corn flour

maison'nette *v* (-s) maisonette, double flat

'maïspap *v* mush

'maïsvlokken *mv* corn flakes

maï'tresse *v* (-s en -n) mistress

maï'zena *m* Br cornflour; Am cornstarch

'majesteit *v* (-en) majesty; *Zijne Majesteit* His Majesty

'majesteitsschennis *v* lese-majesty

majestu'eus I *bn* majestic; **II** *bijw* majestically

ma'jeur *v* major

ma'jolica *o & v* majolica

ma'joor *m* (-s) **1** mil major; **2** luchtv squadron-leader

majo'rette *v* (-s) drum majorette

mak *bn* **1** eig tame, gentle, meek; **2** fig manageable

'makelaar *m* (-s) broker; *~ in assurantie* insurance broker; *~ in effecten* stock-broker; *~ in huizen* house-agent; *~ in onroerende goederen* (real) estate agent

makelaar'dij *v* brokerage, broking

'makelaarsloon *o* (-lonen), **'makelaarsprovisie** *v* (-s) brokerage

makela'rij *v = makelaardij*

make'lij *v* make, workmanship

'maken (maakte, h. gemaakt) *overg* **1** ⟨vervaardigen⟩ make; manufacture, produce; [products]; take [a photograph]; create [a sculpture]; **2** ⟨doen zijn⟩ make [happy], drive [crazy]; **3** ⟨opwerpen⟩ make, raise [objections &]; **4** ⟨uitmaken⟩ make [a difference]; **5** ⟨doen⟩ make [a journey &], do; **6** ⟨repareren⟩ repair, fix; mend [a broken toy]; **7** onderwijs do [homework, sums, translations &]; **8** ⟨vormen⟩ form [an idea of...]; **9** ⟨innemen⟩ make [water]; *hoe maak u het?* how are you?, how do you do?; *hij maakt het goed* he's (doing) well; Am he's doing fine; *hij kan je ~ en breken* he can make or break you; *maak dat je wegkomt!* get out of here!, beat it!; *wat moet ik daarvan ~?* what am I to make (think) of it?; *dat maakt vijftig gulden* that amounts to, that makes fifty guilders; *dat kan je niet ~!* you can't do that!; *niemand kan mij wat ~* no one can do anything to me, no one can touch me; *het (weer) goed ~* ⟨na ruzie⟩ make up; *hij zal het niet lang meer ~* he won't last much longer; *zij heeft het er (zelf) naar gemaakt* she has only herself to thank for it, she was asking for it; *zij heeft het helemaal gemaakt* (is succesvol) she has really got it made; *dat heeft er niets mee te ~* that has nothing to do with it, that is neither here nor there; *je hebt hier niets te ~* you have no business here; *ik wil er niets mee te ~ hebben* I don't want to have anything to do with it; *ik wil niet met die vent te ~ hebben* I don't want to have anything to say to (to do with) that fellow; *ik wil niets meer met haar te ~ hebben* I'm through with her; *dat maakt niets uit* that doesn't matter; *hij maakt er maar wat van* he's making a pretty poor job of it; *wij hebben ervan gemaakt wat ervan te ~*

was we did the best we could; *veel geld maken* earn a lot of money; *veel werk ~ van* go through a lot of trouble; *ik heb haar de vertaling laten ~* I've made her do the translation; *zijn fiets laten ~* have one's bike fixed (repaired); *ik laat een jas voor me ~* I'm having a coat made; *zij ~ mij aan het lachen* they make me laugh; *lange dagen ~* work long hours; *zich boos ~* get angry; *die woorden tot de zijne ~* make those words one's own; *een zienswijze tot de zijne ~* espouse a view; *maak er wat van!* do the best you can!, go for it!

'maker *m* (-s) maker, author
make-'up *m* make-up
'makheid *v* tameness, gentleness, meekness
'makkelijk *bn = gemakkelijk*
'makker *m* (-s) mate, comrade, companion
'makkie *o* piece of cake, easy job
ma'kreel *m* (-krelen) mackerel
1 mal *m* (-len) **1** ⟨model⟩ model, mould; **2** ⟨ter controle v. afmetingen⟩ gauge; **3** ⟨letter~⟩ stencil
2 mal *I bn* ⟨raar⟩ foolish, silly, funny, crazy, mad; *ben je ~?* are you kidding?; of course not!; *iem. voor de ~ houden* make a fool of sbd.; *II bijw* foolishly; *doe niet zo ~* gemeenz don't be silly (daft); zie ook: *aanstellen*
mala'fide *bn* malafide
ma'laise *v* handel depression, slump
Ma'lakka *o* Malacca
ma'laria *v* malaria
ma'larialijder *m* (-s) malaria(l) patient
ma'lariamug *v* (-gen) malaria mosquito, anopheles
Ma'lawi *o* Malawi
Ma'lawiër *m* (-s) Malawian
Ma'lawisch *bn* Malawian
malcon'tent *I bn* discontented; *II znw: de ~en* the malcontents
Male'diven *mv: de ~* the Maldive Islands, the Maldives
Male'diviër *m* (-s) Maldivian
Male'divisch *bn* Maldivian
Ma'leier *m* (-s) Malay
Ma'leis *I bn* Malay; *II o* Malay; *III v: een ~e* a Malay woman
Ma'leisië *o* Malaysia
Ma'leisiër *m* (-s) Malaysian
Ma'leisisch *bn* Malaysian; *~ Schiereiland* Malay Peninsula
1 'malen (maalde, h. gemalen) *overg* grind [corn, coffee]; *die 't eerst komt, het eerst maalt* first come first served
2 'malen (maalde, h. gemaald) *onoverg: wat maal ik erom?* what do I care!, who cares?; *daar maalt hij over* that is what his mind is running on; *hij is ~de* he is mad (crazy); zie ook: *zaniken*
'malheid *v* (-heden) foolishness
mal'heur *o* (-en en -s) mishap
'mali *o* ZN deficit

'Mali *o* Mali
'maliënkolder *m* (-s) coat of mail, hauberk
'Maliër *m* (-s) Malian
Mali'nees *bn* Malian
'maling *v: ~ aan iets hebben* not care (a damn &) about sth.; *iem. in de ~ nemen* make a fool of sbd.
mal'kaar *wederk vnw* ZN ⟨elkaar⟩ each other, one another
malle'jan *m* (-s) truck
malle'moer: *dat gaat je geen ~ aan* gemeenz it's none of your business
'mallemolen, malle'molen *m* (-s) merry-go-round
'mallen (malde, h. gemald) *onoverg* fool, dally
'mallepraat *m* nonsense; *~!* fiddlesticks!
'malligheid *v* (-heden) foolishness, folly; *allerlei malligheden* foolish things
mal'loot *m-v* (-loten) idiot, fool
Mal'lorca *o* Majorca
mal'lotig *bn* silly, idiotic
mals *bn* **1** ⟨vlees⟩ tender [meat]; **2** ⟨fruit⟩ soft, mellow; *hij is lang niet ~* he is rather severe
'malsheid *v* **1** ⟨v. vlees⟩ tenderness; **2** ⟨fruit⟩ softness, mellowness
'Malta *o* Malta
Mal'tees *m* (-tezen) & *o* & *bn* Maltese
Mal'tezer *bn* & *m* (-s) Maltese
maltrai'teren (maltraiteerde, h. gemaltraiteerd) *overg* maltreat
malver'satie *v* (-s) malversation
'mama *v* ('s) mamma
'mammoet *m* (-en en -s) mammoth
'mammoettanker *m* (-s) supertanker
'mammon *m: de ~* mammon
man *m* (-nen) **1** ⟨in 't alg.⟩ man; **2** ⟨echtgenoot⟩ husband; *een ~ van zijn woord zijn* be as good as one's word; *een ~ van zaken* a business man; *zes ~ en een korporaal* mil six men and a corporal; *duizend ~* mil a thousand troops; *1000 ~ infanterie* mil a thousand foot; *de kleine ~* the little man, the man in the street; *een stuiver de ~* a penny a head; *als één ~* to a man, as one man; *hij is er de ~ niet naar om...* he is not the man to..., it is so unlike him...; *~ en paard noemen* give chapter and verse; *~ en vrouw* husband and wife; *als ~ en vrouw leven* cohabit; *zijn ~ staan* be able to hold one's own; *zijn ~ vinden* meet (find) one's match; *aan de ~ brengen* sell [goods]; marry off [daughters]; *met ~ en macht werken aan* work all out, with might and main; *met ~ en muis vergaan* go down with all hands (on board); *op de ~ af* pointblank; *per ~* [so much] a head; *een gevecht van ~ tegen ~* a hand-to-hand fight; *tot op de laatste ~* to the last man; *een ~ een ~, een woord een woord* an honest man's word is as good as his bond; zie ook: *mans*
'management *o* management
'manager *m* (-s) manager
'managerziekte *v* manager's disease

manche *v* (-s) sp **1** heat [of a contest, match]; **2** game [at whist, bridge]

man'chester *o* ⟨stof⟩ corduroy

man'chet *v* (-ten) **1** ⟨in 't alg.⟩ cuff; **2** ⟨vast, ook⟩ wristband

man'chetknoop *m* (-knopen) cuff-link

'manco *o* ⟨'s⟩ handel shortage; short delivery

mand *v* (-en) basket°; ⟨voor etenswaren⟩ hamper; *hij viel door de ~* he had to own up

man'daat *o* (-daten) **1** ⟨opdracht⟩ mandate; **2** ZN ⟨postwissel⟩ postal order, money order; *zijn ~ neerleggen* resign one's seat [in Parliament]; *~ tot aanhouding* ZN warrant of arrest

man'daatgebied *o* (-en) trust territory

'mandag *m* (-dagen) man-day

manda'rijn *m* (-en) **1** ⟨Chinese overheidspersoon⟩ mandarin; **2** ⟨vrucht⟩ tangerine

manda'taris *m* (-sen) **1** ⟨lasthebber⟩ mandatary, mandatory; **2** ZN ⟨afgevaardigde⟩ delegate, representative

'mandekking *v* sp Br man-to-man marking; Am man-on-man coverage

mande'ment *o* (-en) RK pastoral letter (from the bishop(s))

'mandenmaken *o* basket-making

'mandenmaker *m* (-s) basket-maker

'mandenwerk *o* basket-ware, wicket-work

'mandfles *v* (-sen) **1** ⟨voor wijn &⟩ wicker-bottle; **2** ⟨voor drinkwater of zuren⟩ carboy; **3** ⟨groot⟩ demijohn

mando'line *v* (-s) mandolin(e)

man'dril *m* (-len) mandrill

'mandvol *v* basketful, hamperful

ma'nege *v* (-s) manege, riding-school

ma'negepaard *o* (-en) riding-school horse

1 'manen (maande, h. gemaand) *overg* dun [a debtor for payment]

2 'manen *mv* mane [of horse]

'maneschijn *m* moonlight

'manestraal *m* & *v* (-stralen) moonbeam

man'gaan *o* manganese

man'gaanerts *o* manganese ore

'mangat *o* (-gaten) manhole

'mangel *m* (-s) mangling-machine, mangle

'mangelen (mangelde, h. gemangeld) *overg* mangle [linen]

'mangelwortel *m* (-s) mangel-wurzel

'mango *m* ⟨'s⟩ mango

man'haftig I *bn* manful, manly, brave; **II** *bijw* manfully

man'haftigheid *v* manliness, courage

mani'ak *m* (-ken) **1** ⟨iem. met een manie⟩ maniac; **2** ⟨fanaat⟩ freak, faddist, fan(atic); ⟨fanatiek liefhebber⟩ gemeenz [crossword-puzzle, sex &] fiend

mania'kaal *bn* maniacal, fanatic

mani'cure I *m-v* (-n) ⟨persoon⟩ manicure, manicurist; **II** *v* **1** ⟨de handeling⟩ manicure; **2** ⟨stel werktuigen⟩ manicure set

mani'curen (manicuurde, h. gemanicuurd) *overg* manicure

'manie *v* (-s) mania, craze, rage, fad

ma'nier *v* (-en) manner, fashion, way; *goede ~en* good manners; *wat zijn dat voor ~en?* where are your manners?; *dat is geen ~ (van doen)* that is not as it should be; *hij kent geen ~en* ook: his manners are bad; *op deze ~* in this manner (way); after this fashion; *op zijn ~* his way, after his fashion; *op de een of andere ~* (in) one way or another; *op alle (mogelijke) ~en* in every possible way; *o, op die ~* ah, I see what you mean

manië'risme *o* mannerism

ma'niertje *o* (-s) ⟨handigheidje⟩ trick, knack; *~s hebben* [verbeelding] put on airs

mani'fest I *o* (-en) **1** ⟨publicatie⟩ manifesto; **2** scheepv manifest; **II** *bn* manifest, evident, palpable [error]

manifes'tant *m* (-en) demonstrator

manifes'tatie *v* (-s) **1** ⟨betoging⟩ demonstration; **2** ⟨v. ziekte, geesten⟩ manifestation

manifes'teren (manifesteerde, h. gemanifesteerd) **I** *onoverg* demonstrate; **II** *wederk: zich ~* ⟨v. geest, ziekte⟩ manifest itself

ma'nilla *v* ⟨'s⟩ manilla

ma'nillahennep *m* Manil(l)a hemp

mani'ok *m* manioc

manipu'latie *v* (-s) manipulation; *genetische ~* genetic engineering

manipu'leren (manipuleerde, h. gemanipuleerd) *overg* manipulate

'manisch *bn* manic

'manisch-depres'sief *bn* manic-depressive

'manjaar *o* (-jaren) man-year

mank *bn* lame, crippled; *~ gaan* limp; *die vergelijking gaat ~* the comparison is faulty; *aan een euvel ~ gaan* have a defect

manke'ment *o* (-en) defect, trouble

man'keren (mankeerde, h. gemankeerd) *onoverg* fail; *hij mankeert nooit* he never fails to put in an appearance; *er ~ er vijf* **1** ⟨nog nodig⟩ five are wanting (missing); **2** ⟨afwezig⟩ five are absent; there are five absentees; *dat mankeert er nog maar aan!* that's all we need!; that's the last straw!; *wat mankeert je?* what is the matter with you?; what possesses you?; *er mankeert wat aan* there is something wrong; *ik mankeer niets* I'm all right; *ik zal niet ~ u bericht te zenden* I shall not fail to send you word; *zonder ~* without fail

'mankracht *v* man-power

'manlief *m* gemeenz hubby

'manlijk(heid) = *mannelijk(heid)*

man'moedig I *bn* manful, manly, brave; **II** *bijw* manfully

man'moedigheid *v* manliness, bravery, courage

'manna *o* manna

'mannelijk 1 ⟨in 't alg.⟩ male; masculine [ook gramm]; **2** ⟨moedig⟩ manly

'**mannelijkheid** v 1 ⟨in 't alg.⟩ manliness, masculinity, manhood; 2 ⟨geslachtsdelen⟩ male genitals
'**mannenafdeling** v (-en) ⟨in ziekenhuis⟩ men's ward
'**mannengek** v (-ken) man-chaser; *zij is een echte ~* she's really crazy about men
'**mannenklooster** o (-s) monastery
'**mannenkoor** o (-koren) male choir, men's choral society
'**mannenkracht** v manly strength
'**mannenmaatschappij** v (-en) man's world
'**mannenmoed** m manly courage
'**mannenstem** v (-men) male voice, man's voice
'**mannentaal** v manly (virile) language
'**mannenwerk** o a man's job
manne'quin (-s) 1 v ⟨vrouw⟩ (fashion) model; 2 m ⟨man⟩ (male) model; 3 ⟨pop⟩ mannequin
'**mannetje** o (-s) 1 ⟨persoon⟩ little man, little fellow, little chap, manikin; *~ aan ~ staan* stand packed together (shoulder to shoulder); *zijn ~ staan* stick (stand) up for oneself; *daar heb ik mijn ~ voor* I've got my man for that; 2 ⟨gestalte⟩ small figure; ⟨getekend⟩ little man; 3 dierk male; vogelk cock; *~ en wijfje* male and female
'**mannetjesbij** m (-en) drone
'**mannetjeseend** m (-en) drake
'**mannetjesezel** m (-s) jackass
'**mannetjesgans** m (-ganzen) gander
'**mannetjesolifant** m (-en) bull-elephant
'**mannetjesputter** m (-s) 1 ⟨man⟩ he-man; 2 ⟨vrouw⟩ strapping woman; schertsend she-man
ma'noeuvre v & o (-s) manoeuvre[2]
manoeu'vreerbaar bn manoeuvrable
manoeu'vreerbaarheid v manoeuvrability
manoeu'vreren (manoeuvreerde, h. gemanoeuvreerd) *onoverg* manoeuvre[2]
'**manometer** m (-s) manometer, pressure gauge
mans: *hij is ~ genoeg* he is man enough; *hij is heel wat ~* he is very strong
'**manschappen** mv 1 scheepv ⟨bemanning⟩ crew, ratings; 2 mil men, personnel
'**manshoog** bn to a man's height
'**manskleding** v male attire, man's dress
'**manspersoon** m (-sonen) male person, male, man
'**mantel** m (-s) 1 ⟨in 't alg. en kort of zonder mouwen⟩ cloak, mantle; 2 ⟨v. vrouwen en lang⟩ coat; 3 ⟨v. effect⟩ certificate; 4 techn jacket; *iets met de ~ der liefde bedekken* cover it with the cloak of charity, draw a veil over it; *iem. de ~ uitvegen* scold sbd.
'**mantelbaviaan** m (-vianen) hamadryas
'**manteljas** m & v (-sen) cloak with cape
'**mantelmeeuw** v (-en) black-backed gull, saddleback
'**mantelorganisatie** v (-s) front (organization)
'**mantelpak** o (-ken) coat and skirt, suit
'**mantelzak** m (-ken) coat pocket
man'tille v (-s) mantilla

Mantsjoe'rije o Manchuria
manu'aal o (-ualen) muz manual, keyboard
manu'eel bn manual
manufac'turen mv drapery, soft goods, (linen-)draper's goods
manufac'turenzaak v (-zaken) = *manufactuurzaak*
manufactu'rier m (-s) (linen-)draper
manufac'tuurzaak v (-zaken) drapery business
manus'cript o (-en) manuscript
'**manusje-van-'alles** o (manusjes-) handy-man
'**manuur** o (-uren) man-hour
'**manvolk** o menfolk, men
'**manwijf** o (-wijven) virago
'**Manxkat** v (-ten) Manx cat
'**manziek** bn man-crazy, nymphomaniac
maoïsme o Maoism
maoïst m (-en) Maoist
map v (-pen) 1 ⟨omslag voor papieren⟩ folder; 2 ⟨tekenportefeuille⟩ portfolio
ma'quette v (-s) model
'**maraboe** m (-s) ⟨vogel⟩ marabou
maras'kijn m maraschino
'**marathon** m (-s), '**marathonloop** m (-lopen) marathon
'**marathonloper** m (-s) marathon runner
'**marathonvergadering** v (-en) marathon meeting
marchan'deren (marchandeerde, h. gemarchandeerd) *onoverg* bargain, chaffer, haggle
mar'cheren (marcheerde, h. en is gemarcheerd) *onoverg* march; *goed ~* fig go well
marco'nist m (-en) wireless operator
'**Marcus** bn Mark; *~ Antonius* Mark Antony; *~ Aurelius* Marcus Aurelius
'**mare** v (-n) plechtig news, tidings, report
marechaus'see 1 v ⟨korps⟩ constabulary; 2 m (-s) ⟨persoon⟩ member of the constabulary
'**maren**: *niks te ~!* no buts about it!
'**maretak** m, '**maretakken** mv mistletoe
marga'rine v margarine
'**marge** v (-s) margin
margi'naal bn marginal
mar'griet v (-en) ox-eye (daisy)
mar'grietwieltje o (-s) daisy wheel
Ma'ria v Mary; *~ de Bloedige* (Tudor) Bloody Mary
Ma'riabeeld o (-en) image of the Virgin (Mary)
Maria-'Boodschap v Lady Day, Annunciation Day [March 25th]
Maria-'Hemelvaart v Assumption
Maria-'Lichtmis m Candlemas
Mari'anen mv Mariana Islands
Maria-ten-'Hemel-Opneming v Assumption
Ma'riaverering v veneration (worship) of the Virgin Mary
marihu'ana v marijuana, marihuana
mari'nade v (-s) marinade
ma'rine v navy; *bij de ~* in the navy
ma'rinebasis v (-bases) naval base

ma'rineblauw *bn* navy blue

mari'neren (marineerde, h. gemarineerd) *overg* marinate; zie ook: *gemarineerd*

ma'rinewerf *v* (-werven) naval dockyard

mari'nier *m* (-s) marine

mario'net *v* (-ten) puppet[2], marionette

mario'nettenregering *v* (-en) puppet government

mario'nettenspel *o* (-len) puppet

mario'nettentheater *o* (-s) puppet theatre

mari'tiem *bn* maritime

marjo'lein *v* marjoram

mark *m* (-en) ⟨munt⟩ mark

mar'kant *bn* 1 striking [case]; 2 outstanding [example]

mar'keerstift *v* (-ten) marker

mar'keren (markeerde, h. gemarkeerd) *overg* mark; *de pas ~* mark time[2]

marke'tentster *v* (-s) sutler, camp-follower

1 mar'kies *m* (-kiezen) ⟨edelman⟩ marquis, marquess

2 mar'kies *v* (-kiezen) ⟨zonnescherm⟩ awning, sunshade

markie'zin *v* (-nen) 1 ⟨in 't alg.⟩ marchioness; 2 [French] marquise

marki'zaat *o* (-zaten) marquisate

markt *v* (-en) 1 ⟨koop en verkoop⟩ market; 2 ⟨plaats⟩ market (place); *aan de ~ komen* come into the market; *aan de ~ zijn* be upon the market; *naar de ~ gaan* go to market; *onder de ~ verkopen* sell below market-price, undersell; *op de ~* eig in the market place; *op de ~ brengen (gooien)* put (throw) on the market; *ter ~ brengen* put on the market, market; *van alle ~en thuis zijn* be an all-round man

'marktaandeel *o* (-delen) market share

'marktanalyse *v* market research

'marktbericht *o* (-en) market report

'marktdag *m* (-dagen) market day

'markten (marktte, h. gemarkt) *onoverg* go to market, go marketing

'marktgeld *o* market dues

'marktkoopman *m* (-lieden en -lui) market trader

'marktkraam *v* & *o* (-kramen) market stall, booth

'marktleider *m* (-s) market leader

'marktmechanisme *o* (-s) market forces

'marktonderzoek *o* market research

'marktplaats *v* (-en) 1 ⟨plein &⟩ market place, market; 2 ⟨stad⟩ market town

'marktplein *o* (-en) market square

'marktprijs *m* (-prijzen) 1 ⟨in 't alg.⟩ market price, ruling price; 2 market quotation [of stocks]

'marktvrouw *v* (-en) market-woman

'marktwaarde *v* market (marketable) value

marme'lade *v* (-s en -n) marmalade

'marmer *o* marble

'marmerachtig *bn* marbly

1 'marmeren *bn* 1 marble[2] [statue &]; 2 marbly

[cheeks]; 3 marble-tiled [floor]; 4 marble-topped [table &]

2 'marmeren (marmerde, h. gemarmerd) *overg* marble

'marmergroef, 'marmergroeve *v* (-groeven) marble-quarry

'Marmora: *Zee van ~* Sea of Marmara

mar'mot *v* (-ten) 1 eig marmot; 2 ⟨cavia⟩ guinea-pig

maro'kijn *o* morocco(-leather)

Marok'kaan *m* (-kanen) Moroccan

Marok'kaans *bn* Moroccan

Ma'rokko *o* Morocco

1 mars *v* (-en) 1 ⟨v. marskramer⟩ (pedlar's) pack; 2 scheepv top; *grote ~* scheepv maintop; *hij heeft heel wat in zijn ~* he has brains; *hij heeft weinig in zijn ~* he is not very bright

2 mars *m* & *v* (-en) ⟨tocht⟩ march; muz march; *~, de deur uit!* begone!; *op ~* on the (their) march

Mars *m* Mars°

'Marsbewoner *m* (-s) Martian

'marsepein *m* & *o* marzipan

'marsepeinen *bn* marzipan

'marskramer *m* (-s) pedlar, hawker

'marsmannetje *o* (-s) Martian

'marsmuziek *v* marching music

'marsorde *v* order of march

'marsorder *v* (-s) marching orders

'marssteng *v* (-en) topmast

'marstempo *o* ('s) 1 mil rate of march; 2 muz march-time

'marstenue *o* & *v* (-s) marching-kit, marching-order

mars'vaardig *bn* ready to march

'marszeil *o* (-en) topsail

'martelaar *m* (-s en -laren) 1 ⟨in 't alg.⟩ martyr; 2 ZN ⟨sukkel⟩ dullard, noodle, simpleton, softy

'martelaarschap *o* martyrdom

martela'res *v* (-sen) martyr

'marteldood *m* & *v* martyrdom; *de ~ sterven* die a martyr

'martelen (martelde, h. gemarteld) *overg* torment, torture, martyr

'martelgang *m* torment, agony

'marteling *v* (-en) torture, [one long] martyrdom

'martelwerktuig *o* (-en) instrument of torture

'marter *m* (-s) marten

marti'aal *bn* martial

'Marva *v* ('s) Wren

mar'xisme *o* Marxism

mar'xist *m* (-en) Marxist

mar'xistisch *bn* Marxist

mas'cara *v* mascara

mas'cotte *v* (-s) mascot

'maser *m* maser

'masker *o* (-s) mask[2]; iem. *het ~ afrukken* unmask sbd.; *het ~ afwerpen* throw off (drop) the mask; *onder het ~ van vroomheid* under the show of piety

maske'rade *v* (-s en -n) masquerade, pageant

maskeren

1 'maskeren (maskerde, h. gemaskerd) *overg* mask
2 mas'keren (maskeerde, h. gemaskeerd) *overg* mask
maso'chisme *o* masochism
maso'chist *m* (-en) masochist
maso'chistisch *bn* masochistic
'massa *v* ('s) **1** ⟨menigte⟩ mass, crowd, multitude; **2** ⟨grote hoeveelheid⟩ mass, bulk; **3** natuurkunde mass; *de grote* ~ the masses, the many; *bij* ~ *'s in heaps*; *in* ~ *produceren* mass-produce; *in* ~ *verkopen* sell by the lump
mas'saal *bn* **1** ⟨grootschalig⟩ mass, massive [attack, unemployment]; wholesale [massacre]; **2** ⟨in grote hoeveelheden⟩ massive [dose]; [transport] in bulk
'massa-artikel *o* (-en en -s) mass-produced article
'massabijeenkomst *v* (-en) mass meeting
'massacommunicatie *v* mass communication
'massacommunicatiemiddel *o* (-en) mass medium [*mv* mass media]
'massamoord *m & v* (-en) mass murder
'massamoordenaar *m* (-s) mass murderer
'massaproductie *v* mass production
'massapsychologie *v* mass psychology
'massapsychose *v* mass psychosis
mas'seren (masseerde, h. gemasseerd) *overg* massage
mas'seur *m* (-s) masseur
mas'seuse *v* (-s) masseuse
mas'sief *bn* **1** solid [gold, silver]; **2** massive [building]
mast *m* (-en) **1** scheepv, techn, RTV mast; **2** elektr [power] pylon; **3** ⟨gymnastiek⟩ pole; *vóór de* ~ *varen* sail afore the mast; *voor de* ~ *zitten* have eaten one's fill
'mastbok *m* (-ken) shear-legs
'mastbos *o* (-sen) fir-wood
'masten (mastte, h. gemast) *overg* scheepv mast
mas'tiek *m & o* mastic
'mastklimmen *o* pole-climbing
'mastkraan *v* (-kranen) shear-legs
masto'dont *m* (-en) mastodon
mastur'batie *v* masturbation
mastur'beren (masturbeerde, h. gemasturbeerd) *onoverg* masturbate
'mastworp *m* (-en) scheepv clove-hitch
1 mat *v* (-ten) mat; *zijn* ~*ten oprollen* gemeenz pack up; zie ook: *matje*
2 mat *bn* **1** tired, faint, weary [patient, voice &]; **2** dead, dull [tone, colour]; **3** mat [gold]
3 mat *bn* ⟨schaakmat⟩ checkmate
4 mat (maten) V.T. van *meten*
mata'dor *m* (-s) ⟨stierenvechter⟩ matador

match *m & v* (-es, -en) match; ~ *nul spelen* ZN draw
'matchpoint *o* (-s) match point
'mate *v* zie ¹*maat*
'mateloos I *bn* measureless, boundless, immense; **II** *bijw* immensely
mate'lot *m* (-s) sailor-hat, boater
'maten V.T. meerv. van *meten*
'matennaaier *m* (-s) gemeenz sbd. who screws his pals
materi'aal *o* (-ialen) material(s)
materia'lisme *o* materialism
materia'list *m* (-en) materialist
materia'listisch *bn* materialistic(al)
ma'terie *v* matter
materi'eel I *bn* material; **II** *bijw* materially; **III** *o* material(s); *rollend* ~ rolling-stock
'matglas *o* frosted glass
'matheid *v* weariness, dul(l)ness, languor
mathe'maticus *m* (-ci) mathematician
mathe'matisch *bn* mathematical
'matig I *bn* **1** moderate [sum, income & smoker]; **2** moderate, temperate, sober, abstemious, frugal [man]; **3** reasonable [prices]; **4** conservative [estimate]; **5** = *middelmatig*; **II** *bijw* moderately &; ~ *gebruiken* make a moderate use of; *maar* ~ *tevreden* not particularly pleased; *ik vind het maar* ~ I don't think much of it, I'm not too pleased
'matigen (matigde, h. gematigd) **I** *overg* moderate, temper, modify; zie ook: *gematigd*; **II** *wederk*: *kun je je niet wat* ~? can't you restrain yourself, keep your temper a bit?
'matigheid *v* moderation, temperance, soberness, abstemiousness, frugality
'matiging *v* moderation, modification
mati'nee *v* (-s) matinée, afternoon performance
mati'neus *bn*: ~ *zijn* be an early riser
'matje *o* (-s): *op het* ~ *moeten komen* be put on the spot; *iem. op het* ~ *roepen* put sbd. on the carpet
ma'tras *v & o* (-sen) mattress
matriar'chaat *o* matriarchy
ma'trijs *v* (-trijzen) matrix, mould
'matrix *v* (-trices) matrix
'matrixbord *o* (-en) Br motorway speed restriction signal; Am electronic speed indicator
'matrixprinter *m* (-s) matrix printer, dot matrix printer
ma'trone *v* (-s) matron
ma'troos *m* (-trozen) sailor
ma'trozenlied *o* (-eren) sailor's song, chanty, shanty
ma'trozenpak (-ken), **ma'trozenpakje** *o* (-s) sailor suit
'matse *m* (-s) matzo(h)
'matsen (matste, h. gematst) *overg* gemeenz **1** ⟨iem. helpen⟩ lend a helping hand, do a favour; **2** ⟨iets regelen⟩ wangle; *ik zal je* ~ I'll fix things up for you, I'll wangle it for you
'matten (matte, h. gemat) *overg* mat, rush [chairs]

1086

'mattenbies v (-biezen) bulrush
'mattenklopper m (-s) carpet-beater
'mattenmaker m (-s) mat-maker
mat'teren (matteerde, h. gematteerd) overg **1** frost [glass]; **2** mat [cigars, gold]
Mattheüs m Matthew
'matwerk o matting
Maure'tanië o Mauritania
Maure'taniër m (-s) Mauritanian
Maure'tanisch bn Mauretanian
Mauriti'aan m (-tianen) Mauritian
Mauriti'aans Mauritian
Mau'ritius o Mauritius
mauso'leum o (-lea en -s) mausoleum
'mauve bn mauve
'mauwen (mauwde, h. gemauwd) onoverg mew
'mavo m ('s) ± secondary school for lower general education, ± O level
m.a.w. afk. met andere woorden in other words
'maxi-jurk v (-en) maxi-dress
maxi'maal, 'maximaal bn maximum
maximali'seren (maximaliseerde, h. gemaximaliseerd) overg maximize
Maximili'aan bn Maximilian
'maximum o (-ma) maximum
'maximumprijs m (-prijzen) maximum price
'maximumsnelheid v (-heden) **1** speed limit [for motor-cars &]; **2** techn top speed
mayo'naise v mayonnaise
'mazelen mv measles
'mazen (maasde, h. gemaasd) overg darn
ma'zout m ZN **1** ⟨stookolie⟩ liquid fuel; **2** ⟨diesel⟩ Diesel oil
ma'zurka m & v ('s) mazurka
'mazzel m gemeenz (good) luck
'mazzelaar m (-s) lucky dog
'mazzelen (mazzelde, h. gemazzeld) onoverg have (good) luck
Mb, mb afk. comput megabyte MB, megabyte
mbo o middelbaar beroepsonderwijs intermediate vocational education
m.b.t. afk. met betrekking tot with regard to, in reference to
me pers vnw (to) me
ME afk. **1** Mobiele Eenheid Riot Squad; **2** middeleeuwen MA, Middle Ages
meao o middelbaar economisch en administratief onderwijs intermediate business education
mecani'cien m (-s) mechanic
mece'naat o patronage
me'cenas m (-sen) Maecenas
me'chanica v mechanics
mecha'niek v & o **1** ⟨in 't alg.⟩ mechanism; **2** action, works [of a watch]; ~je device
me'chanisch bn mechanical
mechani'seren (mechaniseerde, h. gemechaniseerd) overg mechanize
mechani'sering v mechanization

mecha'nisme o (-n) mechanism
'Mechelen o Mechlin, Malines
'Mechels bn Mechlin; ~e kant Mechlin (lace)
me'daille v (-s) medal
medail'leur m (-s) medallist
medail'lon o (-s) **1** bouwk medallion; **2** ⟨halssieraad⟩ locket
1 'mede v = ¹mee
2 'mede bijw = ²mee
'medeaansprakelijk bn jointly liable (responsible)
'medearbeider m (-s) fellow-worker, workmate
'medebeslissingsrecht o right of co-determination
'medebewoner m (-s) ⟨v. huis⟩ co-occupant
'medebrengen¹ overg = meebrengen
'medeburger m (-s) fellow-citizen
mede'deelzaam bn communicative, expansive
mede'deelzaamheid v communicativeness
'mededelen¹ overg announce, state, tell; iem. iets ~ communicate sth. to sbd., impart sth. to sbd., inform sbd. of sth.
'mededeling v (-en) communication, information, announcement, statement; een ~ doen make a communication (a statement)
'mededelingenblaadje o (-s) newsletter
'mededelingenbord o (-en) notice-board
'mededingen¹ onoverg compete; ~ naar compete for
'mededinger m (-s) rival, competitor
'mededinging v competition, rivalry
'mededirecteur m joint director, co-director
'mededogen o compassion, pity
'mede-eigenaar m (-s en -naren) joint owner, partowner
'mede-erfgenaam m (-namen) joint heir
'mede-erfgename v (-s) joint heiress
'medefirmant m (-en) copartner
'medegaan¹ onoverg = meegaan
'medegevangene m-v (-n) fellow prisoner
'medegevoel o sympathy, fellow-feeling
'medehelper m (-s), **'medehelpster** v (-s) assistant
'medehuurder m (-s) co-tenant
'medeklinker m (-s) consonant
'medeleerling m (-en) school-fellow, fellow-student
'medeleven¹ onoverg & o = meeleven
'medelid o (-leden) fellow-member
'medelijden o compassion, pity; ~ hebben met have (take) pity on, feel pity for, pity; iems. ~ opwekken rouse sbd.'s pity; uit ~ **1** out of pity [for him]; **2** in pity [of his misery]
mede'lijdend bn compassionate
'medemens m (-en) fellow-man
mede'menselijkheid v humaneness, humanity
'medeminnaar m (-s) rival
2 'meden V.T. meerv. van mijden

1 'Meden *mv* Medes
'medeondertekenaar *m* (-s) co-signatory
'medepassagier *m* (-s) fellow-passenger
mede'plichtig *bn* accessory; ~ *aan* accessory to; *hij is eraan* ~ he is an accomplice
mede'plichtige *m-v* (-n) accomplice, accessory
mede'plichtigheid *v* complicity (*aan* in)
'medereiziger *m* (-s) fellow-passenger, fellow-traveller
'medeschepsel *o* (-s en -en) fellow-creature
'medeschuldeiser *m* (-s) fellow-creditor
'medeschuldig *bn*: ~ *aan* implicated in, accessory to
'medeschuldige *m-v* (-n) accomplice
'medespeler *m* (-s) fellow-player, partner
'medestander *m* (-s) supporter, partisan
'medestudent *m* (-en) fellow-student
'medevennoot *m* (-noten) copartner
'medeverantwoordelijk *bn* jointly responsible
'medewerken[1] *onoverg* = meewerken
'medewerker *m* (-s) **1** (iem. die ergens aan meewerkt) co-operator, co-worker; **2** (assistent) assistant; **3** [author's] collaborator; **4** contributor [to a periodical]
'medewerking *v* co-operation; *zijn* ~ *verlenen* co-operate, contribute; *met* ~ *van*... with the co-operation of...
'medeweten *o* knowledge; *met* ~ *van*... with the knowledge of...; *zonder zijn* ~ without his knowledge, unknown to him
mede'zeggenschap *v & o* say; participation [in industrial enterprise], (workers') co-management; ~ *hebben* have a say [in the matter]
'media *mv* media
medi'aan *v* (-dianen) median
'mediacampagne *v* (-s) media campaign
media'miek *bn* mediumistic
medica'ment *o* (-en) medicament, medicine
medi'catie *v* (-s) medication
medi'cijn *v* (-en) medicine, physic; ~*en gebruiken* take physic; *in de* ~*en studeren* study medicine; *student in de* ~*en* medical student
medi'cijnflesje *o* (-s) medicine bottle
medi'cijnkastje *o* (-s) medicine cupboard
medi'cijnman *m* (-nen) medicine-man, witch doctor
medici'naal *bn* medicinal
'medicus *m* (-ci) **1** (arts) medical man, physician, doctor; **2** (student) medical student
'medio *bijw*: ~ *mei* (in) mid-May; *tot* ~ *mei* until the middle of May
'medisch *bn* medical
medi'tatie *v* (-s) meditation
medi'teren (mediteerde, h. gemediteerd) *onoverg* meditate
mediter'raan *bn* Mediterranean
'medium *o* (-dia en -s) medium
1 mee *v* **1** (meekrap) madder; **2** (honingdrank) mead

2 mee *bijw* also, likewise, as well; ~ *van de partij zijn* make one, too; *alles* ~ *hebben* have everything in one's favour
'meebrengen[1] *overg* **1** bring along with one; bring[2]; **2** *fig* entail; **3** carry [responsibilities]
meed (meden) V.T. van *mijden*
'meedelen[1] *overg* = mededelen
'meedenken[1] *onoverg* think along with, help think [of a solution]
'meedingen[1] *onoverg* = mededingen
'meedoen[1] *onoverg* join [in the game, in the sport &], take part (*aan* in); *doe je mee?* will you make one?; *ik doe mee* I'm on; count me in; *niet* ~ stand out; *ik doe niet mee* count me out; *daar doe ik niet aan mee* I will be no party to that
mee'dogend *bn* compassionate
mee'dogenloos *bn* pitiless, merciless, ruthless, relentless
'meedraaien[1] *onoverg* (samen draaien met) turn with; *ik draai hier al weer heel wat jaartjes mee* I've been around (working) here for some years
'mee-eter *m* (-s) comedo (*mv* comedones), blackhead
'meegaan[1] *onoverg* go (along) with [sbd.], accompany [sbd.]; *ik ga met u mee* **1** (begeleiden) I'll accompany you, I'll go with you; **2** (instemmen) I concur in what you say, I agree with you; *met zijn tijd* ~ move with the times; *ga je mee?* are you coming?; *deze schoenen gaan lang mee* these shoes last long (wear well)
mee'gaand *bn* yielding, accommodating, pliable, compliant
mee'gaandheid *v* compliance, complaisance, pliability
'meegeven **I** *overg* give (along with); **II** *onoverg* yield, give way, give
'meegevoel *o* = medegevoel
'meehelpen[1] *onoverg* assist, bear a hand
'meekomen[1] *onoverg* come along [with sbd.]; *hij kan niet* ~ he cannot keep up
'meekrap *v* madder
'meekrapwortel *m* (-s) madder-root
'meekrijgen[1] *overg*: *zij zal veel* ~ she will get a fair dowry; *wij konden hem niet* ~ he could not be persuaded to join us
meel *o* (v. tarwe) flour; (v. maïs, haver &) meal
'meelachen[1] *onoverg* join in the laugh
'meelachtig *bn* mealy, farinaceous
'meelbiet *v* (-en) bore
'meeldauw *m* mildew
'meeldraad *m* (-draden) stamen
'meeleven[1] **I** *onoverg* enter into the feelings & of..., sympathize with... [you]; **II** *o* sympathy
'meelfabriek *v* (-en) flour mill
'meelij *o* = medelijden
meelij'wekkend *bn* pitiful
'meelkost *m* farinaceous food

'**meelokken**[1] *overg* entice (away), lure
'**meelopen**[1] *onoverg* walk (run) along with; *het loopt hem altijd mee* he is always lucky (in luck)
'**meeloper** *m* (-s) **1** (in 't alg.) hanger-on; **2** fellow-traveller [of a political party]
'**meelspijs** *v* (-spijzen) farinaceous food
'**meelworm** *m* (-en) meal-worm
'**meelzak** *m* (-ken) flour-sack, meal-sack
'**meemaken**[1] *overg*: *veel* ~ go through a great deal; *hij heeft twee oorlogen meegemaakt* he has been through two wars
'**meenemen**[1] *overg* take away, take (along) with; *dat is altijd meegenomen* that is so much gained
'**meepikken**[1] *overg* **1** (stelen) swipe; **2** (nog snel even doen, bezoeken) take in, include; *toen we in Amsterdam waren, hebben we het Anne Frank-huis nog even meegepikt* when we were in Amsterdam, we also took in the Anne Frank house
'**meepraten**[1] *onoverg* join in the conversation; *hij wil ook* ~ he wants to put in a word; *kunnen* ~ *over* be familiar with; be well-informed about; *daar kan ik van* ~ I know something about it; you don't have to tell me
1 meer *telw* more; *iets meer* something more; *iets* ~ *dan...* a little upward of..., a little over...; *niemand* ~ *(dan 1000 gulden)?* any advance (on a thousand guilders)?; *niet* ~ no more, no longer; *hij is niet* ~ he is no more; *wie was er nog* ~*?* who else was there?; *je moet wat* ~ *komen* you should come more often; *ik hoop je* ~ *te zien* I hope to see more of you; *hij kon niet* ~ *lopen* he could not walk any longer (any further); *zij is niet jong* ~ she is not young any longer (any more), she is not so young as she was; *niet* ~ *dan drie* no more than three; *het is niet* ~ *dan natuurlijk (billijk)* it is only natural (fair); *niets* ~ *of minder dan* neither more nor less than; *er is niets* ~ there is nothing left; *te* ~ *daar...* the more so as...; *een reden te* ~ all the more reason, an added (additional) reason; *wat* ~ *is* what is more; ~ *en* ~ more and more; *steeds* ~ more and more, ever more; *zonder* ~ simply, without much ado; zie ook: *dies, geen, onder, woord, zonder* &
2 meer *o* (meren) lake
'**meerboei** *v* (-en) mooring-buoy
'**meerder** *bn* more, greater, superior; ~*e* (verscheidene) several; *mijn* ~*en* my betters, <u>mil</u> my superiors
'**meerderen** (meerderde, is gemeerderd) *onoverg* increase
'**meerderheid** *v* **1** (in aantal) majority; **2** (geestelijk) superiority
meerder'jarig *bn* of age; ~ *worden* come of age, attain one's majority; ~ *zijn* be of age
meerder'jarigheid *v* majority
meerder'jarigverklaring *v* (-en) declaration of majority
'**meerekenen**[1] *overg* count (in); include (in the reckoning); *...niet meegerekend* exclusive of...

'**meerijden**[1] *onoverg* drive (ride) along with; *iem. laten* ~ give sbd. a lift
meer'jarenplan *o* (-nen) long-range plan
meer'jarig *bn* perennial [plants], long-term [contracts]
meer'keuzetoets *m* (-en) multiple-choice test
meer'keuzevraag *v* (-vragen) multiple-choice question
'**meerkoet** *m* (-en) coot
meerletter'grepig *bn* polysyllabic
'**meerling** *m* (-en) multiple birth
'**meermaals**, '**meermalen** *bijw* more than once, repeatedly
'**meerman** *m* (-nen) merman
'**meermin** *v* (-nen) mermaid
'**meeropbrengst** *v* (-en): *wet van de afnemende* ~ law of diminishing returns
'**meerpaal** *m* (-palen) mooring-mast
'**meerschuim** *o* meerschaum
'**meerschuimen** *bn* meerschaum
'**meerstemmig** *bn* (to be) sung in parts, polyphonic; ~ *gezang* part-singing; ~ *lied* part-song, glee
'**meertrapsraket** *v* (-ten) multi-stage rocket
'**meertros** *m* (-sen) mooring line, mooring cable; ~*en* (ook:) moorings
'**meerval** *m* (-len) sheatfish
'**meervoud** *o* (-en) plural
'**meervoudig**, **meer'voudig** *bn* plural; ~ *onverzadigde vetzuren* poly-unsaturated fatty acids
'**meervoudsuitgang** *m* (-en) plural ending
'**meervoudsvorm** *m* (-en) plural form
'**meervoudsvorming** *v* formation of the plural
'**meerwaarde** *v* surplus value
mees *v* (mezen) titmouse, tit
'**meeslepen**[1] *overg* drag (carry) along (with one); *meegesleept door...* carried away by [his feelings &]
mee'slepend *bn* moving, compelling; stirring [speech]
'**meesleuren**[1] *overg* drag along; *wij werden door de stroom meegesleurd* we were swept along by the current
'**meesmuilen** (meesmuilde, h. gemeesmuild) *onoverg* smile scornfully, smirk, snigger
'**meespelen**[1] *onoverg* **1** (ook spelen) play too; **2** (deelnemen) join in the game; take a part; *deze acteur speelt niet mee* this actor is not in the cast
'**meespreken**[1] *onoverg* = *meepraten*
meest I *bn* most, the majority of; *de* ~*e vergissingen* most mistakes; **II** *znw*: *de* ~*en* **1** most of them; **2** most people, the majority; *hij heeft het* ~ he has got most, he has got the bulk; *op zijn* ~ at (the) most; **III** *bijw* **1** most; **2** (voorafgaande aan een *bn*) most-[hated man, widely read book]; **3** (gewoonlijk) mostly, usually; *hij schrijft het* ~ he writes most; *waarvan hij het* ~ *hield* which he liked best
'**meestal** *bijw* mostly, usually
'**meestamper** *m* (-s) catchy song, catchy tune; *dat*

is een echte ~ that really got them tapping their feet

'**meestbe'gunstigd** *bn* most favoured

'**meestbe'gunstiging** *v* most-favoured-nation treatment

'**meestbe'gunstigingsclausule** *m-v* (-n) highest bidder

'**meester** *m* (-s) master°; ~*-timmerman* & master carpenter &; *meester in de rechten* ± Master of Laws, LL.M; *hij is meester in de rechten* he has a law degree; *hij is een* ~ *in dat vak* he is a master (pastmaster) of his craft (of his trade); *de brand* ~ *worden* get the fire under control; *de toestand* ~ *zijn* have the situation (well) in hand; *de bestuurder was de wagen niet meer* ~ the driver had lost control of the car; *hij is het Engels (volkomen)* ~ he has a thorough command of English; *hij is zich zelf niet* ~ he has no control over himself; *zich van iets* ~ *maken* take possession of a thing; *zijn* ~ *vinden* meet one's master, meet more than one's match

'**meeste'res** *v* (-sen) mistress

'**meestergast** *m* (-en) ZN foreman

'**meesterhand** *v* master's hand

'**meesterknecht** *m* (-en en -s) foreman

'**meesterkok** *m* (-s) chef, chief cook

'**meesterlijk I** *bn* masterly; **II** *bijw* in a masterly way

'**meesterschap** *o* mastership, mastery

'**meesterstitel** *m* recht degree of Master of Laws; *een* ~ *halen* obtain a law degree

'**meesterstuk** *o* (-ken) masterpiece

'**meesterwerk** *o* (-en) masterpiece

'**meet** *v: van* ~ *af* from the beginning

'**meetapparatuur** *v* measuring apparatus

'**meetbaar** *bn* measurable, mensurable

'**meetbaarheid** *v* measurableness, mensurability

'**meetband** *m* (-en) = meetlint

'**meetellen**[1] **I** *overg* count (in), include; ...*niet meegeteld* exclusive of...; **II** *onoverg* count; ~ *voor pensioen* count towards pension; *hij telt niet mee* he does not count

'**meetinstrument** *o* (-en) measuring-instrument

'**meetkunde** *v* geometry

'**meet'kundig** *bn* geometrical

'**meet'kundige** *m-v* (-n) geometrician

'**meetlat** *v* (-ten) rule, measure, measuring-rod

'**meetlint** *o* (-en) tape-measure, measuring tape

'**meetlood** *o* (-loden) plummet, plumb

'**meetrekken**[1] **I** (h.) *overg* (achter zich aan trekken) drag along; *de moeder trok het kind aan zijn arm mee* the mother dragged the child by the arm behind her; **II** (is) *onoverg* (op trektocht vergezellen) go with, travel with

'**meetronen**[1] *overg* coax along, lure on

'**meetstok** *m* (-ken) measuring-rod

'**meeuw** *v* (-en) (sea-)gull, seamew

'**meevallen**[1] *onoverg* turn out (end) better than was expected, exceed expectations; *het valt niet mee* it is

rather more difficult & than one expected; *hij valt erg mee* he improves on acquaintance

'**meevaller** *m* (-s) piece of good luck, windfall

'**meevechten**[1] *onoverg* join in the fight

'**meevoelen**[1] *onoverg: met iem.* ~ sympathize with sbd., share sbd.'s feelings

'**meevoeren**[1] *overg* carry along

'**meewandelen**[1] *onoverg* walk with, accompany

'**mee'warig** *bn* compassionate

'**mee'warigheid** *v* compassion

'**meewerken**[1] *onoverg* co-operate; ~ *aan* contribute to [a magazine]; participate in [an investigation]; zie ook: voorwerp

'**meezingen**[1] *overg* sing along (with)

'**meezinger** *m* (-s) popular song, catchy tune

'**meezitten**[1]: *onoverg: het zat hem niet mee* luck was against him, he was unlucky

'**megabyte** *m* (-s) comput megabyte

'**mega'foon** *m* (-s en -fonen) megaphone, loudhailer

'**megaloma'nie** *v* megalomania

'**mei** *m* May

'**meiboom** *m* (-bomen) maypole

'**meid** *v* (-en) **1** vero ⟨dienstmeisje⟩ (maid-)servant, servant-girl, maid; **2** gemeenz ⟨meisje⟩ girl; ...*dan ben je een beste* ~ there's a good girl; *een lekkere* ~ slang a crumpet

'**meidengek** *m* (-ken) girl-chaser; *hij is een echte* ~ he's really girl-crazy

'**meidengroep** *v* (-en) ⟨popgroep⟩ female group, female band

'**meidoorn**, '**meidoren** *m* (-s) hawthorn

'**meieren** (meierde, h. gemeierd) *onoverg* gemeenz bore, nag

'**meikers** *v* (-en) May cherry

'**meikever** *m* (-s) cockchafer, May-bug

'**meimaand** *v* month of May

'**mein'edig** *bn* perjured, forsworn

'**mein'edige** *m-v* (-n) perjurer

'**meineed** *m* (-eden) perjury; *een* ~ *doen* perjure (forswear) oneself, commit perjury; *tot* ~ *aanzetten* suborn

'**meisje** *o* (-s) **1** girl; gemeenz missy; **2** ⟨bediende⟩ servant-girl, girl; **3** ⟨vriendin⟩ girl-friend, sweetheart

'**meisjesachtig** *bn* girlish

'**meisjesnaam** *m* (-namen) **1** ⟨vóórnaam⟩ girl's name; **2** ⟨v. getrouwde vrouw⟩ maiden name

'**meizoentje** *o* (-s) daisy

Mej. *afk.* = *mejuffrouw*

me'juffrouw *v* = *juffrouw*

me'kaar wederk vnw = *elkaar*

'**Mekka** *o* Mecca

Mek'kaans *bn* Meccan

'**Mekkaganger** *m* (-s) Mecca pilgrim

'**mekkeren** (mekkerde, h. gemekkerd) *onoverg* bleat[2]

me'laats *bn* leprous

me'laatse *m-v* (-n) leper

me'laatsheid *v* leprosy
melancho'lie *v* melancholy, psych melancholia
melancho'liek, melan'cholisch *bn* melancholy
Mela'nesië *o* Melanesia
me'lange *m* & *o* (-s) blend
me'lasse *v* molasses
'**melden** (meldde, h. gemeld) **I** *overg* **1** ⟨noemen⟩ mention, make mention of; **2** ⟨berichten⟩ inform of, state, report; **II** *wederk*: zich ~ report (oneself); zich ziek ~ report sick; zich ~ bij de politie report to the police; zie ook: *gemeld*
'**melding** *v* (-en) mention; ~ maken van make mention of, mention; report [70 arrests]
'**meldkamer** *v* (-s) centre; ⟨voor noodgevallen⟩ emergency room, incident room
'**meldzuil** *v* (-en) = *praatpaal*
mê'**leren** (mêleerde, h. gemêleerd) *overg* **1** mix [goods, ingredients]; **2** blend [coffee, tea &]
'**melig** *bn* **1** mealy [potatoes]; **2** woolly [pears]; **3** corny [humour]
melk *v* milk; hij heeft niets in de ~ te brokken he doesn't command any influence
'**melkachtig** *bn* milky
'**melkbezorger** *m* (-s), '**melkboer** *m* (-en) milkman, milk roundsman
melkboeren'hondenhaar *o* mousy hair
'**melkbrood** *o* (-broden) milk-loaf
'**melkbus** *v* (-sen) milk-churn, milk-can
'**melkchocola, 'melkchocolade** *m* milk chocolate
'**melkdistel** *m* & *v* (-s) sow-thistle
'**melkemmer** *m* (-s) milk-pail
'**melken** (molk *of* melkte, h. gemolken) *onoverg* & *overg* milk
melke'rij *v* (-en) ⟨zuivelboerderij⟩ dairy-farm
'**melkfles** *v* (-sen) milk-bottle
'**melkgebit** *o* (-ten) milk-dentition
'**melkglas** *o* (-glazen) **1** ⟨wit glas⟩ opal glass; **2** ⟨glas voor melk⟩ milk glass
'**melkinrichting** *v* (-en) dairy
'**melkkan** *v* (-nen) milk-jug
'**melkkies** *v* (-kiezen) milk-molar
'**melkkoe** *v* (-koeien) **1** eig dairy cow, milch cow²,[good, bad] milker; **2** fig milch cow, money-maker
'**melkkoker** *m* (-s) milk-boiler
'**melkmachine** *v* (-s) milking machine
'**melkman** *m* (-lieden, -lui) = *melkbezorger*
'**melkmeisje** *o* (-s) milk-maid
'**melkmuil** *m* (-en) milksop, greenhorn, sapling
'**melkpoeder** *o* & *m* powdered milk, milk-powder
'**melksalon** *m* & *o* (-s) milk bar, creamery
'**melkslijter** *m* (-s) = *melkbezorger*
'**melkspijs** *v* (-spijzen) milkfood
'**melksuiker** *m* milk-sugar, lactose
'**melktand** *m* (-en) milk-tooth
'**melkvee** *o* milch cattle, dairy cattle
'**melkwagen** *m* (-s) **1** ⟨karretje⟩ milk-cart; **2** ⟨vracht-wagen⟩ milk lorry

'**Melkweg** *m* Milky Way, Galaxy
'**melkwegstelsel** *o* (-s) galaxy
'**melkzuur** *o* lactic acid
melo'die *v* (-dieën) melody, tune, air; plechtig strain
melodi'eus, me'lodisch *bn* melodious, tuneful
melo'drama *o* ('s) melodrama
melodra'matisch *bn* melodramatic(al)
me'loen *m* & *v* (-en) melon
mem'braan *o* & *v* (-branen) **1** ⟨in 't alg.⟩ membrane; **2** ⟨v. microfoon &⟩ diaphragm
'**memo** *o* & *m* ('s) memorandum, gemeenz memo
me'moires *mv* memoirs
memo'randum *o* (-da en -s) memorandum
memo'reren (memoreerde, h. gememoreerd) *overg* recall (to mind)
me'morie *v* **1** ⟨geheugen⟩ memory; **2** (-s) ⟨geschrift⟩ memorial; ~ van antwoord memorandum in reply; ~ van toelichting explanatory memorandum, explanatory statement; pro ~ pro memoria
memori'seren (memoriseerde, h. gememoriseerd) *overg* memorize, learn by heart
men *onbep vnw* one, people, man, a man, they, we, you, gemeenz a fellow; ~ hoort we hear; ~ zegt they say, it is said; ~ zegt dat hij... he is said to...; ~ heeft het mij gezegd I was told so; wat zal ~ ervan zeggen? what will people (the world) say?; wat ~ er ook van zegge in spite of anything people may say; ~ leeft daar zeer goedkoop it is very cheap living there
menage'rie *v* (-rieën en -s) menagerie
me'neer *m* (-neren) **1** ⟨heer⟩ gentleman; **2** ⟨aanspreking zonder naam⟩ sir; ⟨met naam⟩ Mr; is ~ thuis? is Mr... at home?
'**menen** (meende, h. gemeend) *overg* **1** ⟨bedoelen⟩ mean (to say); **2** ⟨denken⟩ think, feel, suppose; hoe meent u dat?, wat meent u daarmee? what do you mean (by that)?; dat zou ik ~! I should think so!; zo heb ik het niet gemeend! no offence (was) meant!, I didn't mean it thus!; dat meen je toch niet? you're not serious (are you?); hij meent het he is in earnest, he is quite serious; hij meent het goed he means well; het goed (eerlijk) met iem. ~ mean well by sbd., be well-intentioned towards sbd.; zie ook: *gemeend*
'**menens**: het is ~ it is serious
'**mengbak** *m* (-ken) mixing-basin
'**mengeling** *v* (-en) mixture
'**mengelmoes** *o* & *v* medley, hodge-podge, jumble
'**mengelwerk** *o* (-en) miscellany
'**mengen** (mengde, h. gemengd) **I** *overg* mix, blend [tea], alloy [metals], mingle, intermingle; **II** *wederk*: zich ~ in meddle with, interfere in; meng u er niet in don't interfere; zich in het gesprek ~ join in the conversation; zich onder de menigte ~ mix with the crowd; zie ook: *gemengd*
'**menging** *v* (-en) mixing, mixture, blending
'**mengkleur** *v* (-en) mixed colour, blended shade
'**mengkraan** *v* (-kranen) mixer tap

mengpaneel

'**mengpaneel** o (-nelen) mixer
'**mengsel** o (-s) mixture
'**mengsmering** v [two-stroke] fuel oil
'**menhir** m (-s) menhir
'**menie** v red lead
'**meniën** (meniede, h. gemenied) overg paint with red lead
'**menig** onbep vnw many (a)
'**menigeen** onbep vnw many a man, many a one
'**menigmaal** bijw many a time, repeatedly, often
'**menigte** v (-n en -s) multitude, crowd; een ~ feiten a great number (a host) of facts
menig'**vuldig** I bn manifold, frequent, multitudinous; II bijw frequently
menig'**vuldigheid** v multiplicity, frequency, abundance
'**mening** v (-en) opinion; de openbare ~ public opinion; de openbare ~ in Frankrijk French opinion; als zijn ~ te kennen geven dat... give it as one's opinion that...; zijn ~ zeggen **1** give one's opinion; **2** speak one's mind; bij zijn ~ blijven stick to one's opinion; in de ~ dat... in the belief that...; in de ~ verkeren dat... be under the impression that...; naar mijn ~ in my opinion, to my mind; naar mijn bescheiden ~ in my humble opinion; van ~ zijn dat... be of opinion that...; ik ben van ~ dat... ook: it is my opinion that..., I feel that...; van dezelfde ~ zijn be of the same opinion; van ~ verschillen disagree, differ in opinion; ik ben van een andere ~ I am of a different opinion, I think differently; zijn ~ niet onder stoelen of banken steken make no secret of one's opinion, be quite frank [with sbd.]; zijn ~ voor een betere geven be open to correction
'**meningsuiting** v expression of opinion(s); vrijheid van ~ freedom of speech (and expression)
'**meningsverschil** o (-len) difference (of opinion)
me'**niscus** m (-sen) **1** anat meniscus; gemeenz kneecap; **2** (blessure) torn cartilage
me'**nist** m (-en) Mennonite
'**mennen** (mende, h. gemend) overg & onoverg drive
menno'**niet** m (-en) Mennonite
'**menopauze** v menopause, gemeenz the change of life
Me'**norca** o Minorca
mens I m (-en) man; de ~ man; een ~ a human being; ~ en dier man and beast; half ~, half dier half human, half animal; geen ~ nobody, no one, not anybody; ik ben geen ~ meer I am dead beat; de ~en people, mankind; er waren maar weinig ~en there were but few people; wij ~en we men (and women); leraren zijn ook ~en even teachers are human beings; wij zijn allemaal ~en we are all human; de grote ~en the grown-ups; als de grote ~en spreken, moeten de kinderen zwijgen children should be seen and not heard; zo'n goed ~ such a good soul; de oude ~ afleggen put off the old man; wij krijgen ~en we are going to have company; de in-

wendige ~ versterken refresh one's inner man; (niet) onder de ~en komen (not) mix (in society), (not) go into company; II o geringsch woman; dat ~! that person!, that creature!; het arme ~ the poor soul; het oude ~ the old woman
'**mensa** m ('s) refectory, university canteen; Am commons
'**mensaap** m (-apen) anthropoid (ape)
'**mensdom** o: het ~ mankind
'**menselijk** bn human
menselijker'**wijs** bijw: ~ gesproken humanly speaking
'**menselijkheid** v humanity
'**menseneter** m (-s) man-eater, cannibal
'**mensengedaante** v (-n en -s) human shape
'**mensenhaai** m (-haaien) great white shark
'**mensenhaat** m misanthropy
'**mensenhater** m (-s) misanthrope
'**mensenheugenis** v: sedert, sinds ~ within living memory
'**mensenkenner** m (-s) judge of men
'**mensenkennis** v knowledge of men
'**mensenkind** o (-eren) human being; mensenkinderen! good heavens!
'**mensenleeftijd** m (-en) lifetime
'**mensenleven** o (-s) span of life; life; ~s redden save human life; er zijn geen ~s te betreuren no lives were lost
'**mensenliefde** v philanthropy, love of mankind
'**mensenmaatschappij** v human society
'**mensenmassa** v ('s) crowd (of people)
'**mensenoffer** o (-s) human sacrifice
'**mensenpaar** o (-paren) [the first] human couple
'**mensenras** o (-sen) human race
'**mensenrechten** mv human rights
'**mensenschuw** bn shy, unsociable
'**mensensmokkel** m **1** smuggling of people; **2** hist slave-running
'**mensenverstand** o human understanding
'**mensenvlees** o human flesh slang meat
'**mensenvrees** v fear of men
'**mensenvriend** m (-en) philanthropist
'**mensenwerk** o work of man
mens-'erger-je-niet o ludo
'**mensheid** v **1** (mensdom) mankind; **2** (mensennatuur) human nature
mens'**lievend** bn philanthropic(al), humane
mens'**lievendheid** v philanthropy, humanity
mensont'**erend**, menson'**waardig** bn degrading, disgraceful, unworthy of man
menstru'**atie** v menstruation, gemeenz period
menstru'**atiecyclus** m (-sen en -cycli) menstrual cycle
menstru'**atiepijn** v (-en) (menstrual) cramps
menstru'**eren** (menstrueerde, h. gemenstrueerd) onoverg menstruate, gemeenz have one's period
mens'**waardig** bn fit for a human being; een ~ loon a living wage

'**menswetenschappen** *mv* social sciences
'**menswording** *v* incarnation
men'taal *bn* mental
mentali'teit *v* mentality
men'thol *m* menthol
'**mentor** *m* (-s) mentor
me'nu *o & m* ('s) menu, bill of fare
menu'et *o & m* (-ten) minuet
me'nugestuurd *bn* comput menu-driven
mep *m & v* (-pen) blow, slap
'**meppen** (mepte, h. gemept) *overg* slap, smack, strike
mer'ci *tsw* thanks
Mer'curius *m* Mercury
'**merel** *m & v* (-s) blackbird
'**meren** (meerde, h. gemeerd) *overg* moor [a ship]
'**merendeel** *o: het ~* the greater part, the majority [of countries], the mass [of imports], most of them
'**merendeels** *bijw* for the greater part, mostly
merg *o* **1** marrow [in bones]; **2** plantk pith; **3** fig pith; *dat gaat door ~ en been* it pierces you to the very marrow, that sets one's teeth on edge; *een vrijhandelaar in ~ en been* a free-trader to the backbone (the core)
'**mergel** *m* marl
'**mergelgroeve** *v* (-n) marlpit
'**mergelsteen** *o & m* (-stenen) marlstone
'**mergpijp** *v* (-en) marrow-bone
meridi'aan *m* (-dianen) meridian
meridi'aanshoogte *v* (-n) meridian altitude
'**merinos** *o* merino
'**merinosschaap** *o* (-schapen) merino
merk *o* (-en) **1** (in 't alg.) mark; **2** brand [of cigars]; **3** [registered] trade mark; **4** make [of a bicycle, car]; **5** hall-mark [on metals]; *een fijn ~* a choice brand; fig, gemeenz a specimen
'**merkartikel** *o* (-en) proprietary article; *~en* ook: branded goods
'**merkbaar** *bn* perceptible, noticeable, appreciable, marked [difference]
'**merkelijk** *bn* ZN considerable
'**merken** (merkte, h. gemerkt) *overg* **1** (met een merk) mark [goods]; **2** (bemerken) perceive, notice; *je moet niets laten ~* don't let on (let it appear) that you know anything
'**merkgaren** *o* marking-thread
'**merkinkt** *m* marking-ink
'**merklap** *m* (-pen) sampler
'**merknaam** *m* (-namen) brand name
'**merkteken** *o* (-s en -en) mark, sign, token
merk'waardig *bn* remarkable, curious
merk'waardigheid *v* (-heden) remarkableness, curiosity
'**merrie** *v* (-s) mare
'**merrieveulen** *o* (-s) filly
mes *o* (-sen) knife; *het ~ snijdt aan twee kanten* it cuts both ways; *het ~ erin zetten* fig take drastic measures, apply the axe; *iem. het ~ op de keel zetten*

put a knife to sbd.'s throat
mesalli'ance *v* (-s) misalliance
mesca'line *o & v* mescaline, mescalin
'**mesje** *o* (-s) **1** ⟨klein mes⟩ (small) knife; **2** blade [of a safety-razor]
me'sjokke *bn* gemeenz barmy, daft; crackpot [idea]
Mesopotamië *o* Mesopotamia
Meso'zoïcum *o* Mesozoic
'**mespunt** *o* (-en) **1** eig tip of a knife; **2** ⟨klein beetje⟩ pinch [of pepper &]
mess *m* (-es) mess, mess hall
'**messenlegger** *m* (-s) knife-rest
'**messenmaker** *m* (-s) cutler
'**messenslijper** *m* (-s) knife-grinder
Messi'aans *bn* Messianic
Mes'sias *m* Messiah
'**messing 1** *o* brass; **2** *v: ~ en groef* tongue and groove
'**messteek** *m* (-steken) cut with a knife, knife-thrust
mest *m* dung, manure, dressing, fertilizer
'**mesten** (mestte, h. gemest) *overg* **1** ⟨land⟩ dung, dress, manure; **2** ⟨dieren⟩ fatten; *het gemeste kalf slachten* kill the fattened calf
'**mesthoop** *m* (-hopen) dunghill, muck-heap, manure heap, midden
mes'ties *m-v* (-tiezen) mestizo
'**mestkalf** *o* (-kalveren) **1** ⟨nog te mesten⟩ fatting calf; **2** ⟨al gemest⟩ fattened calf
'**mestkever** *m* (-s) dung-beetle
'**mestput** *m* (-ten) dung-pit
'**meststof** *v* (-fen) manure, fertilizer
'**mestvaalt** *v* (-en) dunghill
'**mestvarken** *o* (-s) fattening pig
'**mestvee** *o* fat cattle
'**mestvork** *v* (-en) dung-fork
'**mestwagen** *m* (-s) dung-cart
met *voorz* with; *(u spreekt) ~ Hendricks* (in telefoongesprek) Hendricks speaking; *(spreek ik) ~ Sheila?* ⟨in telefoongesprek⟩ is that you, Sheila?; *hoe is het ~ je?* how are you?; *hoe is het ~ je vader?* how is your father?; *~ dat al* for all that; *~ de boot, de post, het spoor* by boat, by post, by rail; *~ inkt, ~ potlood* [written] in ink, in pencil; *~ de dag* every day; *de man ~ de hoge hoed* the man in the top-hat; *~ de hoed in de hand* hat in hand; *de man ~ de lange neus* he of the long nose; *~ 1 januari* on January 1st; *~ Pasen* at Easter; *~ 10% toenemen* increase by 10%; *~ hoeveel zijn jullie?* how many are you?; *wij waren ~ ons vijven* there were five of us, we were five; *~ ons allen hadden we één... between us we had one...*
me'taal (-talen) **1** *o* metal; **2** *v = metaalindustrie*
me'taalachtig *bn* metallic
me'taalbewerker *m* (-s) metal-worker
me'taaldraad *o & m* (-draden) techn metallic wire
metaalgiete'rij *v* (-en) foundry
me'taalglans *m* metallic lustre
me'taalindustrie *v* metal (metallurgical) industry
me'taalmoeheid *v* fatigue of metals, metal fatigue

me'taalslak *v* (-ken) slag [*mv* slag], scoria [*mv* scoriae]

me'taalvoorraad *m* (-raden) bullion

me'taalwaren *mv* metalware

metabo'lisme *o* metabolism

meta'foor *v* (-foren) metaphor, figure of speech

meta'forisch *bn* metaphorical

meta'fysica *v* metaphysics

meta'fysisch *bn* metaphysical

me'talen *bn* metal

metalli'seren (metalliseerde, h. gemetalliseerd) *overg* metallize

metallur'gie *v* metallurgy

metamor'fose *v* (-n en -s) metamorphosis [*mv* metamorphoses]

meta'stase *v* metastasis

me'teen *bijw* **1** (tegelijkertijd) at the same time; **2** (dadelijk) at once, immediately; presently; *zo* ~ in a minute; *tot* ~! so long!

'meten (mat (maten), h. gemeten) **I** *overg* measure, gauge; *hij meet 2 meter* he stands 2 metres; *het schip meet 5000 ton* the ship measures (carries) 5000 tons; zie ook: ¹*maat*; **II** *wederk*: *zich met iem.* ~ measure one's strength (oneself) against sbd.; *zich niet kunnen* ~ *met...* be no match for

mete'oor *m* (-teoren) meteor

mete'oorsteen *m* (-stenen) meteoric stone

meteo'riet *m* (-en) meteorite

meteorolo'gie *v* meteorology

meteoro'logisch *bn* meteorological

meteoro'loog *m* (-logen) meteorologist

1 'meter *m* (-s) **1** (lengtemaat) metre; **2** (gas &) meter; **3** (persoon) measurer

2 'meter *v* (-s) (peettante) godmother

'meterkast *v* (-en) meter cupboard

'meteropnemer *m* (-s) meter-reader

'meterstand *m* (-en) meter reading; *de* ~ *opnemen* take the meter reading, read the meter

'meterstand *m* (-en) meter reading

'metgezel *m* (-len), **'metgezellin** *v* (-nen) companion, mate

me'thaan *o* methane

me'thaangas *o* marsh-gas

metha'don *o* methadone

me'thode *v* (-n en -s) method; modus (operandi)

metho'diek *v* methodology

me'thodisch *bn* methodical

metho'disme *o* Methodism

metho'dist *m* (-en) Methodist

methodolo'gie *v* methodology

Me'thusalem *m* Methuselah

mé'tier *o* (-s) trade, profession

'meting *v* (-en) measuring, measurement

me'triek I *bn* metric; *het* ~*e stelsel* the metric system; **II** *v* metrics, prosody

'metrisch *bn* metrical

'metro *m* ('s) metro

'metronet *o* (-ten) Br underground system; Am subway system

metro'noom *m* (-nomen) metronome

metropo'liet *m* (-en) metropolitan (bishop)

metro'pool *v* (-polen) metropolis

'metrostation *o* (-s) underground station; Am subway station

'metrum *o* (-s en -tra) metre

'metselaar *m* (-s) bricklayer

'metselen (metselde, h. gemetseld) **I** *onoverg* lay bricks; **II** *overg* lay the bricks of, build [a wall &]

'metselkalk *m*, **'metselspecie** *v* mortar

'metselsteen *o & m* (-stenen) brick

'metselwerk *o* brickwork, masonry

'metser *m* (-s) ZN bricklayer

'metten *mv* matins; *donkere* ~ RK tenebrae; *korte* ~ *maken met...* make short work of..., give [sbd.] short shrift

metter'daad *bijw* actually

metter'tijd *bijw* in course of time

metter'woon *bijw*: *zich* ~ *vestigen* take up (fix) one's abode, establish oneself, settle

'metworst *v* (-en) German sausage

'meubel *o* (-s en -en) piece (article) of furniture; *onze* ~*en* (~*s*) our furniture (furnishings)

'meubelen (meubelde, h. gemeubeld) *overg* furnish

'meubelfabriek *v* (-en) furniture factory

'meubelfabrikant *m* (-en) furniture manufacturer

'meubelmagazijn *o* (-en) furniture store

'meubelmaker *m* (-s) cabinet-maker, furniture-maker, joiner

meubelmake'rij *v* (-en) cabinetmaking, furniture-making (works)

'meubelplaat *v* (-platen) blockboard

'meubelstuk *o* (-ken) piece (article) of furniture

meubi'lair *o* furniture

meubi'leren (meubileerde, h. gemeubileerd) *overg* furnish, fit up

meubi'lering *v* **1** (het meubileren) furnishing; **2** (meubels) furniture

meug *m* liking; *elk zijn* ~ everyone to his taste; zie ook: *heug*

'meute *v* (-n en -s) **1** (honden) pack; **2** (mensen) horde, crowd

mevr. *afk.* = *mevrouw*

me'vrouw *v* (-en) **1** lady; **2** (als aanspreking zonder naam) madam; ~ *Heesen* Mrs Heesen

Mexi'caan *m* (-canen) Mexican

Mexi'caans *bn* Mexican

Mexico *o* Mexico; ~*-Stad* Mexico City

1 mi *v* ('s) muz mi

2 mi *m* (spijs) noodles

m.i. *afk. mijns inziens* in my opinion

mi'auw *tsw* miaow, mew

mi'auwen (miauwde, h. gemiauwd) *onoverg* miaow, mew, miaul

'mica *o & m* mica

Michiganmeer *o* Lake Michigan

mi'crobe *v* (-n) microbe

'**microbiologie** v microbiology
'**microcomputer** m (-s) microcomputer
'**micro-elektronica** v micro-electronics
'**microfilm** m (-s) microfilm
micro'**foon** m (-s en -fonen) microphone, gemeenz mike
micro'**kosmos** m microcosm
'**micron** o & m (-s) micron
Micro'**nesië** o Micronesia
'**micro-organisme** o (-n) micro-organism
'**microprocessor** m (-s) microprocessor
micro'**scoop** m (-copen) microscope
micro'**scopisch** bn microscopic(al)
'**middag** m (-dagen) **1** ⟨na 12 uur⟩ afternoon; **2** ⟨12 uur⟩ noon, midday; *na de* ~ in the afternoon; *voor de* ~ before noon, in the morning; *'s* ~*s* **1** in the afternoon; **2** at noon; *om vier uur 's* ~*s ook:* at 4 p.m.
'**middagdutje** o (-s) = *middagslaapje*
'**middageten** o midday-meal, lunch
'**middaghoogte** v meridian altitude
'**middagmaal** o (-malen) midday-meal, lunch
'**middagpauze** v (-n en -s) midday break (interval), luncheon break
'**middagslaapje** o (-s) afternoon nap, siesta
'**middagvoorstelling** v (-en) afternoon performance
'**middel** o **1** (-s) ⟨v. h. lichaam⟩ waist, middle; **2** (-en) ⟨voor een doel⟩ means, expedient; medium [mv media]; **3** (-en) ⟨tot genezing⟩ remedy; *eigen* ~*en* private means; *ruime* ~*en* ample funds; ~*en van bestaan* means of subsistence (of support); *door* ~ *van* **1** by means of; **2** through [the post &]; *het* ~ *is erger dan de kwaal* the remedy is worse than the disease
'**middelaar** m (-s en -laren) mediator
'**middelbaar** bn **1** ⟨niet groot of klein⟩ middle, medium; **2** ⟨gemiddeld⟩ average; *middelbare grootte* middling size; *van middelbare grootte* medium-sized, middle-sized; *op middelbare leeftijd* in middle life, in middle age; *van middelbare leeftijd* middle-aged; zie ook: *onderwijs &*
'**middeleeuwen** mv Middle Ages
middel'**eeuws** bn medi(a)eval
middeler'**wijl** bijw meanwhile, in the meantime
middeleven'**redige** v (-n) the mean proportional
'**middelgewicht** m (-en) sp middle weight
'**middelgroot** bn medium(-sized)
'**middelkleur** v (-en) intermediate colour
'**Middellandse Zee** v Mediterranean
'**middellang** bn: ~*e termijn* medium term
'**middellijk** bn indirect, mediate
'**middellijn** v (-en) diameter
middel'**loodlijn** v (-en) perpendicular bisector
'**middelmaat** v medium size; *de gulden* ~ the golden mean
middel'**matig** bn **1** ⟨gemiddeld⟩ average, medium; **2** ⟨matig, zwak⟩ average, mediocre, so-so

middel'**matigheid** v (-heden) mediocrity
'**middelmoot** v (-moten) = *middenmoot*
'**middelpunt** o (-en) centre[2]
middelpunt'**vliedend** bn centrifugal
middelpunt'**zoekend** bn centripetal
'**middels** voorz by means of
'**middelschot** o (-ten) partition [in a room]
'**middelsoort** v & o (-en) medium (quality, size &)
'**middelste** bn middle, middlemost
'**middelvinger** m (-s) middle finger
'**midden I** o (-s) **1** middle [of the day, month, of summer]; **2** midst [of dangers]; **3** centre [of the town]; *het* ~ *houden tussen... en...* be midway between ...; be something between... and...; *iets in het* ~ *brengen* put sth. forward; *iets in het* ~ *laten* leave it as it is; give no opinion on sth., leave sth. an open question; *hij is niet meer in ons* ~ he is no longer in our midst; *te* ~ *van* **1** in the midst of [pleasures]; **2** among [friends]; *iemand uit ons* ~ one from our own number; one of ourselves; *zij kozen iemand uit hun* ~ they selected one from among themselves; **II** bijw: ~ *in* in the middle of [the room, winter, my work]
Midden-A'**merika** o Middle America
Middenameri'**kaan** m (-kanen) Middle American
Middenameri'**kaans** bn Middle American
'**middenberm** m (-en) centre strip, Am median strip
'**middencirkel** m (-s) sp centre circle
midden'**door** bijw **1** [go] down the middle; **2** in two, [tear it] across
'**midden- en 'kleinbedrijf** o: *het* ~ small- and medium-sized businesses
Midden-Eu'**ropa** o Central Europe
'**middengewicht** o (-en) = *middelgewicht*
'**middengolf** v medium wave
midden'**in** bijw in the middle
'**middenklasse** v (-n) **1** ⟨met middelmatige prijs⟩ mid range; *een auto uit de* ~ a mid-size car, a mid-range car; **2** ⟨maatschappelijke klasse⟩ middle class
'**middenklasser** m ⟨auto⟩ mid-size car, mid-range car
'**middenlijn** v sp centre line
'**middenmoot** v (-moten) **1** ⟨v. vis⟩ middle slice; **2** fig middle bracket, middle group; *tot de* ~ *behoren* ⟨v. sportclub⟩ be just an average club
midden'**oorontsteking** v (-en) inflammation of the middle ear, otitis media
Midden-'**Oosten** o Middle East
'**middenpad** o (-paden) **1** ⟨in bus &⟩ gangway; **2** ⟨in kerk, vliegtuig &⟩ aisle; **3** ⟨in tuin⟩ central path
'**middenrif** o (-fen) midriff, diaphragm
'**middenschip** o (-schepen) nave
'**middenschool** v (-scholen) Br comprehensive school; Am middle school, junior high school
'**middenschot** o (-ten) = *middelschot*
'**middensoort** v & o (-en) = *middelsoort*
'**middenspel** o middle game [at chess &]

middenstand

'**middenstand** *m* **1** ⟨burgerij⟩ middle class(es); **2** ⟨winkeliers⟩ tradespeople, shopkeepers

'**middenstander** *m* (-s) tradesman, shopkeeper

'**middenstandsdiploma** *o* ('s) certificate of qualifications for retailers and traders in the Netherlands

'**middenstandsvereniging** *v* (-en) traders' association

'**middenstip** *v* (-pen) centre spot

'**middenveld** *o* (-en) sp **1** ⟨deel v.h. veld⟩ midfield; **2** ⟨spelers⟩ midfielders, midfield players

'**middenvelder** *m* (-s) midfielder

'**middenvoetsbeentje** *o* (-s) metatarsal bone

midden'**voor** *m* (-s) sp centre forward

'**middenweg** *m* middle course, middle way; *de gulden* ~ the golden mean; *de* ~ *bewandelen* tread the middle way, steer a middle course

'**middenzwaard** *o* (-en) centre-board

midder'**nacht** *m* midnight

midder'**nachtelijk** *bn* midnight

midder'**nachtzon** *v* midnight sun

'**midgetgolf** *o* miniature golf, midget golf

mid'**half** *m* (-s) sp centre half

mid'**scheeps** *bn* amidships

mid'**voor** *m* (-s) = middenvoor

mie *m* (-s) gemeenz effeminate homosexual, sissy

mier *v* (-en) ant; *rode* ~ red ant; *witte* ~ white ant, termite

'**mieren** (mierde, h. gemierd) *onoverg* **1** ⟨piekeren⟩ worry; **2** ⟨zeuren⟩ bother

'**miereneter** *m* (-s) ant-eater

'**mierenhoop** *m* (-hopen) ant-hill, ant-heap

'**mierenleeuw** *m* (-en) ant-lion

'**mierennest** *o* (-en) ants' nest, ant-hill

'**mierenneuker** *m* (-s) gemeenz nit-picker

'**mierenzuur** *o* formic acid

'**mierikwortel**, '**mierikswortel** *m* (-s) horseradish

'**mierzoet** *bn* saccharine (ook fig)

'**mieter** *m* (-s) gemeenz body; *iem. op z'n* ~ *geven* give sbd. a drubbing

'**mieteren** (mieterde, gemieterd) gemeenz **I** *overg* (h.) ⟨smijten⟩ fling, throw [down]; **II** *onoverg* (is) ⟨vallen⟩ pitch down

'**mieters** *bn* gemeenz smashing, stunning, slang wizard, corking, super

'**Mietje** *o*: *elkaar geen* ~ *noemen* not beat around the bush, call a spade a spade

'**miezeren** (miezerde, h. gemiezerd) *onoverg* drizzle

'**miezerig** *bn* **1** drizzly [weather]; **2** ⟨minnetjes⟩ measly, scanty; **3** ⟨bedrukt⟩ dejected

mi'**graine** *v* migraine, sick headache

mi'**grant** *m* (-en) migrant

mi'**gratie** *v* migration

mi'**greren** (migreerde, is gemigreerd) *onoverg* migrate

mi'**hoen** *m* Chinese noodles

mij *pers vnw* (to) me; *dat is van* ~ it is mine

Mij. *afk.* = *Maatschappij* Company, Co.

'**mijden** (meed, h. gemeden) *overg* shun, avoid, fight shy of

mijl *v* (-en) mile (1609 metres); vero league; ~ *op zeven* a roundabout way

'**mijlpaal** *m* (-palen) **1** eig milestone[2], milepost; **2** fig landmark

'**mijmeraar** *m* (-s) (day-)dreamer, muser

'**mijmeren** (mijmerde, h. gemijmerd) *onoverg* dream, muse; brood (over on)

'**mijmering** *v* (-en) musing, day-dream

1 mijn *bez vnw* my; *de (het)* ~*e* mine; *ik en de* ~*en* I and mine; *ik wil er het* ~*e van weten* I want to know what is what; *het* ~ *en dijn* mine and thine

2 mijn *v* (-en) mine°

'**mijnader** *v* (-s) mineral vein

'**mijnbouw** *m* mining

mijnbouw'**kundig** *bn* mining

'**mijndetector** *m* (-s) mine detector

'**mijnen** (mijnde, h. gemijnd) *overg* buy at a public sale

'**mijnenlegger** *m* (-s) minelayer

'**mijnent** *bijw*: *te(n)* ~ at my house

'**mijnenthalve** *bijw* for my sake

'**mijnentwege** *bijw* as for me; *van* ~ on my behalf, in my name

'**mijnentwil**, '**mijnentwille** *bijw*: *om* ~ for my sake

'**mijnenveger** *m* (-s) mine sweeper

'**mijnenveld** *o* (-en) minefield

'**mijnerzijds** *bijw* on my part

'**mijngang** *m* (-en) gallery of a mine

'**mijngas** *o* (-sen) fire-damp

mijn'**heer** *m* (-heren) = meneer

'**mijnhout** *o* pitwood, pit-props

'**mijningenieur** *m* (-s) mining-engineer

'**mijnlamp** *v* (-en) safety-lamp, Davy

'**mijnramp** *v* (-en) mining disaster

'**mijnschacht** *v* (-en) shaft [of a mine]

'**mijnwerker** *m* (-s) miner, pitman

'**mijnwezen** *o* mining

'**mijnworm** *m* (-en) hookworm

1 mijt *v* (-en) mite [insect]

2 mijt *v* (-en) stack [of hay &]

'**mijter** *m* (-s) mitre

mik *v* (-ken) ⟨brood⟩ loaf

mi'**kado** *m* ('s) mikado

'**mikken** (mikte, h. gemikt) *onoverg* take aim, aim (op at)

'**mikmak** *m*: *de hele* ~ the whole caboodle; *zich het* ~ *schrikken* be frightened out of one's wits

'**mikpunt** *o* (-en) **1** eig aim; **2** fig butt, target; *het* ~ *van hun aardigheden* their laughing-stock

Mi'**laan** *o* Milan

mild I *bn* **1** ⟨zacht⟩ soft, genial [weather &]; **2** ⟨niet streng⟩ lenient [sentence]; **3** ⟨welwillend⟩ charitable [view]; **4** ⟨vrijgevig⟩ liberal, generous, free-handed, open handed; **5** ⟨overvloedig⟩ bountiful;

de ~e gever the generous donor; *~ met* free of, liberal of; *met ~e hand* lavishly; **II** *bijw* liberally, generously

mild'dadig I *bn* liberal, generous; **II** *bijw* liberally, generously

'mildheid *v* **1** ⟨vrijgevigheid⟩ liberality, generosity; **2** leniency [of a sentence]

mili'cien *m* (-s) ZN conscript

mili'eu *o* (-s) **1** ⟨natuurlijke omgeving⟩ environment; **2** ⟨sociale omstandigheden⟩ surroundings, environment, (social) background

mili'eu-activist *m* (-en) environmentalist

mili'eubelasting *v* (-en) eco-tax

mili'eubeleid *o* environmental policy

mili'eubescherming *v* environmental protection

mili'eubeweging *v* environment movement

milieube'wust *bn* eco-conscious, green conscious

mili'eubewustzijn *o* eco-consciousness, green consciousness

mi'lieuheffing *v* (-en) ecology tax

mili'euhygiëne *v* = milieubescherming

mili'eupartij *v* (-en) Green party, Greens

mili'euramp *v* (-en) environmental disaster

mili'euverontreiniging *v* environmental pollution

mili'euvervuiling *v* environmental polution

milieu'vriendelijk *bn* eco-friendly, environment friendly

mili'tair I *bn* military [profession, service &]; *~e dienst* national service; *~e luchtvaart* & service aviation &; **II** *m* (-en) military man (woman), soldier, serviceman; *de ~en* the military, the troops

mili'tant I *bn* militant; **II** *m* (-en) ZN **1** ⟨actievoerder⟩ canvasser; **2** ⟨knokploeglid⟩ gang member

milita'risme *o* militarism

milita'ristisch *bn* militarist

'military *v* paardensport three-day event

mi'litie *v* militia

mil'jard *o* (-en) milliard [= thousand million]; Am billion

miljar'dair *m* (-s) multimillionaire; Am billionaire

mil'joen *o* (-en) a (one) million

mil'joenennota *v* ('s) budget

mil'joenenrede *v* (-s) budget speech

mil'joenste *telw* millionth (part)

miljo'nair *m* (-s) millionaire

mille *o* (a) thousand

'millibar *m* millibar

'milligram *o* (-men) milligramme

'millimeter *m* (-s) millimetre

'millimeteren (millimeterde, h. gemillimeterd) *overg* crop (close)

milt *v* (-en) spleen

'miltvuur *o* anthrax

'Milva *v* ('s) Waac

'mime *m* mime

'mimespeler *m* (-s) mime, mime artist

mi'miek *v* mimicry, mimic art

'mimisch *bn* mimic

'mimitafeltje *o* (-s): *~s* nest of (small) tables

mi'mosa *v* ('s) mimosa

1 min *v* plechtig ⟨liefde⟩ love

2 min *v* (-nen) ⟨zoogster⟩ nurse, wet-nurse

3 min I *bn* mean, base; *dat is (erg) ~ van hem* that is very mean (shabby) of him; *(het examen was) ~ a* poor performance; *de zieke is (erg) ~* the patient is very low, gemeenz very poorly; *dat is mij te ~* that's beneath me; *daar moet je niet zo ~ over denken* don't underestimate it, don't belittle it; *(hij is) mij te ~* beneath contempt for me; *zo ~ mogelijk* as little as possible; **II** *bijw* less; *~ of meer* more or less; somewhat; *7 ~ 5* 7 less 5, 7 minus 5

'minachten (minachtte, h. geminacht) *overg* hold in contempt, disdain

'minachtend *bn* contemptuous, disdainful

'minachting *v* contempt, disdain

mina'ret *v* (-ten) minaret

'minder I *telw* ⟨m.b.t. hoeveelheid⟩ less; ⟨m.b.t. aantal⟩ fewer; **II** *bn* ⟨m.b.t. kwaliteit⟩ inferior, worse, minor; *de ~e goden* the lesser gods; *~ worden* decrease, fall off, lessen, decline, diminish; *mijn ogen worden ~* my (eye)sight is failing; *(de zieke) wordt ~* is getting worse; *ik heb ze wel voor ~ verkocht* I've sold them for less; *je benat me er niet ~ om* [not withstanding that] I still like you; *~ leuk (aardig)* not quite funny (nice), not so funny (nice); *dat doet er ~ toe, dat is van ~ belang* that's of less importance; *iets ~ dan een miljoen* just under a million; *~ dan een pond* under a pound; *~ dan een week* within a week; *in ~ dan geen tijd* in less than no time; *niemand ~ dan* no less a person than; *niets ~ dan* no less than; *niet ~ dan* nothing less than, nothing short of; *het zal me er niet ~ om smaken* it will taste none the worse; *hoe ~ je ervan zegt, hoe beter* least said, soonest mended; *kan het niet voor wat ~?* can't you knock off a little from this price?

'minderbroeder *m* (-s) Franciscan friar

'mindere *m-v* (-n) inferior; *hij is de ~ van zijn broer* he is inferior to his brother; *een ~ mil* a private; *de ~n* mil the rank and file

'minderen (minderde, h. geminderd) **I** *overg* diminish, decrease; **II** *onoverg* ⟨bij breien⟩ decrease

'minderhedenbeleid *o* policy on minorities

'minderheid *v* (-heden) **1** ⟨in aantal⟩ minority; **2** ⟨geestelijk⟩ inferiority

'minderheidsregering *v* (-en) minority government

'mindering *v* (-en) **1** ⟨in 't alg.⟩ diminution, diminishing, decrease; **2** ⟨bij breien⟩ decrease; *in ~ van de hoofdsom* to be deducted from the principal; *in ~ brengen* deduct

minder'jarig *bn* under age

minder'jarige *m-v* (-n) one under age, minor; recht infant

minder'jarigheid *v* minority, nonage; recht infancy

minder'waardig *bn* **1** ⟨v. geringere waarde⟩ inferior; *geestelijk* ~ mentally deficient; **2** ⟨verachtelijk⟩ base, mean

minder'waardigheid *v* inferiority

minder'waardigheidscomplex *o* (-en) inferiority complex

minder'waardigheidsgevoel *o* (-ens) sense of inferiority

mine'raal *o* (-ralen) mineral

mine'raalwater *o* mineral water

mineralo'gie *v* mineralogy

minera'loog *m* (-logen) mineralogist

mi'neur *o* muz minor; *in* ~ in a minor key

'mini, 'miniauto *m* ('s) mini(car) &

minia'tuur *v* (-turen) miniature

minia'tuurschilder *m* (-s) miniature painter

'minicomputer *m* (-s) minicomputer

mi'niem I *bn* small, trifling, negligible; **II** *m* (-en) ZN, sp ⟨jeugdlid⟩ junior (member)

'minigolf *o* sp midget golf

'mini-jurk *v* (-en) minidress

'minima *mv* ⟨mensen met een minimuminkomen⟩ minimum wage earners

mini'maal *bn* minimum, minimal

minimali'seren (minimaliseren, h. geminimaliseerd) *overg* minimize

'minimum *o* (-ma) minimum; *in een* ~ *van tijd* in (less than) no time

'minimumlijder *m* (-s) gemeenz **1** ⟨iem. met minimuminkomen⟩ minimum wage earner; **2** ⟨lijntrekker⟩ minimalist, skiver, shirker

'minimumloon *o* (-lonen) minimum wage

'minirok *m* (-ken) miniskirt

mini'seren (miniseerde, h. geminiseerd) *overg* cut down [on eating, smoking &]

mi'nister *m* (-s) minister, secretary; *eerste* ~ Prime Minister, premier; ~ *van Binnenlandse Zaken* Secretary of State for Home Affairs, Home Secretary [in Brit.]; Minister of the Interior; ~ *van Buitenlandse Zaken* Secretary of State for Foreign Affairs, Foreign Secretary [in Brit.]; Minister for Foreign Affairs, Foreign Minister; [U.S.] Secretary of State; [Australian, Canadian &] Minister of External Affairs; ~ *van Defensie* Secretary of State for Defence [in Brit.]; Minister of Defence; ~ *van Financiën* Chancellor of the Exchequer [in Brit.]; Minister of Finance; ~ *van Justitie* Lord High Chancellor [in Brit.]; Minister of Justice; ~ *van Onderwijs en Wetenschappen* Minister of Education and Science; ~ *van Staat* Minister of State; ~ *van Verkeer en Waterstaat* First Commissioner of Works [in Brit.]; Minister of Transport and Public Works

minis'terie *o* (-s) ministry, department, Office; ~ *van Binnenlandse Zaken* Home Office [in Brit.]; Ministry (Department) of Home Affairs (the Interior); ~ *van Buitenlandse Zaken* B̲r̲ (Ministry of) Foreign Office, [sinds 1968] Ministry of Foreign Affairs; A̲m̲ Department of State, State Department; ~ *van De-*

fensie Ministry (Department) of Defence; A̲m̲ ook: Pentagon; ~ *van Financiën* Treasury [in Brit.]; Finance Department; ~ *van Landbouw en Visserij* Ministry of Agriculture and Fisheries; ~ *van Justitie* Department of Justice; ~ *van Onderwijs en Wetenschappen* Ministry of Education and Science; ~ *van Verkeer en Waterstaat* Ministry of Transport and Public Works; *het Openbaar* ~ the Public Prosecutor

ministeri'eel *bn* ministerial

mi'nister-presi'dent *m* (ministers-presidenten) prime minister, premier

mi'nisterraad *m* (-raden) cabinet council

mi'nisterschap *o* ministry

mi'nistersportefeuille *m* (-s) ministrial portfolio

'minkukel *m* (-s) boob, dummy

'minnaar *m* (-s en -naren) lover

minna'res *v* (-sen) love, mistress

'minne *v* = ¹*min*; *de zaak in der* ~ *schikken* settle the matter amicably

'minnebrief *m* (-brieven) love-letter

'minnedicht *o* (-en) love-poem

'minnedichter *m* (-s) love-poet

'minnedrank *m* (-en) love-potion, philtre

'minnekozen (minnekoosde, h. geminnekoosd) *onoverg* bill and coo

'minnelied *o* (-eren) love-song

'minnelijk *bn* amicable, friendly; *bij* ~*e schikking* amicably

'minnen (minde, h. gemind) *overg* love; ~*de paartjes* courting couples

'minnenijd *m* jealousy

'minnetjes *bn* poorly

'minnezang *m* (-en) love-song

'minnezanger *m* (-s) minstrel, troubadour

'minpunt *o* (-en) minus

minst I *bn* **1** least; slightest; **2** ⟨m.b.t. aantallen⟩ fewest; *niet de* ~*e moeite* not the least trouble; *niet de* ~*e twijfel* not the slightest doubt, not the shadow of a doubt; *de* ~ *gevaarlijke plaats* the least dangerous place; *zij heeft de* ~*e fouten gemaakt* she has made the fewest mistakes; **II** *znw: het* ~*(e)* (the) least; *het* ~*e dat je kunt verwachten* the least you can expect; *de* ~*e zijn* yield; *hij eet het* ~ he eats least (of all); *als u ook maar in het* ~ *vermoeid bent* if you are tired at all; *niet in 't* ~ not in the least, not in the slightest, not at all, by no means; *op zijn* ~ **1** eig at the least; **2** at least [he might have...]; *ten* ~*e* at least; **III** *bijw* least; *waar men ze het* ~ *verwacht* where you least expect them

'minstens *bijw* at least, at the least; ~ *even... als...* at least as... as...; ~ *tien* ten at the least; *zij is* ~ *veertig* she is forty if she is a day; *(Moet ik er heen?) Minstens!* that's the (very) least (thing) you can do

'minstreel *m* (-strelen) minstrel

mint *v* **1** ⟨kruid⟩ mint; **2** ⟨thee⟩ mint tea

'minteken *o* (-s) minus sign

'mintthee *m* mint tea

'minus *voorz* & *o* minus

minus'cuul *bn* very small, tiny
minuti'eus *bn* minute
1 mi'nuut *v* (-nuten) minute; *het is 3 minuten vóór half zeven* it is 27 minutes past six; *het is 3 minuten over half zeven* it is 27 minutes to seven; *op de ~ (af)* to the minute
2 mi'nuut *v* (-nuten) ⟨akte⟩ minute
mi'nuutwijzer *m* (-s) minute-hand
minver'mogend *bn* poor, indigent
'**minzaam I** *bn* **1** ⟨vriendelijk⟩ affable, bland, suave; **2** ⟨v. aanzienlijk persoon⟩ gracious; **II** *bijw* **1** affably; **2** graciously
'**minzaamheid** *v* **1** affability, blandness, suavity; **2** graciousness
miracu'leus *bn* miraculous
mi'rakel *o* (-s) ⟨wonder⟩ miracle
mi'rakels I *bn* dashed, darn(ed); **II** *bijw* incredibly, awfully
mi'rakelspel *o* (-spelen) miracle play
'**mirre** *v* myrrh
mirt (-en), '**mirte** (-n), '**mirtenboom** *m* (-bomen) myrtle
1 mis *v* (-sen) RK mass; *stille ~* low mass; *de ~ bijwonen* attend mass; *de ~ bedienen* serve the mass; *de ~ doen* celebrate mass; *de ~ horen* hear mass; *de ~ lezen (opdragen)* read (say) mass, celebrate mass
2 mis *bijw* (& *bn*) amiss, wrong; *het ~ hebben* be wrong, be mistaken; *je hebt het ~ (als je denkt dat)* you are under a mistake; *je hebt het niet zo ver ~* you are not far out; *dat heb je ~!* that's your mistake!; *~ poes!* out you are!, wrong!, nope!; *'t is weer ~* things are going wrong again; *dat is ~* that's a miss; *het schot was ~* the shot went wide, missed, was off target; *hij schoot ~* he shot wide, he missed; *dat was gisteren niet ~* slang that was some yesterday; *dat was lang niet ~* slang that was not half bad
misan'troop *m* (-tropen) misanthropist
mis'baar *o* uproar, clamour, hubbub; *veel ~ maken* raise an outcry
'**misbaksel** *o* (-s) fig monster
'**misboek** *o* (-en) missal
'**misbruik** *o* (-en) abuse, misuse; *~ maken van* **1** take (an unfair) advantage of, impose (up)on, abuse [kindness &]; **2** trespass on [sbd.'s time]; *~ maken van sterke drank* indulge too freely in liquor, drink to excess; *~ van macht* abuse of power; *~ van vertrouwen* breach of trust
mis'bruiken (misbruikte, h. misbruikt) *overg* **1** abuse [sbd.'s kindness &]; **2** misuse, make a bad use of [time]
'**misdaad** *v* (-daden) crime, misdeed, misdoing
mis'dadig *bn* criminal
'**misdadiger** *m* (-s) criminal, malefactor
mis'dadigheid *v* criminality
mis'deeld *bn*: *niet ~ zijn van...* not be wanting in...; *~e kinderen* underprivileged children; *de ~en* the poor, the dispossessed
'**misdienaar** *m* (-s) server, acolyte, altar-boy

mis'doen (misdeed, h. misdaan) **I** *onoverg* offend, sin; **II** *overg*: *wat heb ik misdaan?* what wrong have I done?
mis'dragen (misdroeg, h. misdragen) *wederk: zich ~* misbehave
'**misdrijf** *o* (-drijven) crime, criminal offence
mis'drijven (misdreef, h. misdreven) *overg* do wrong
'**misdruk** *m* (-ken) spoilt sheet(s), mackle
mis'duiden (misduidde, h. misduid) *overg* misinterpret, misconstrue; *misduid het mij niet* don't take it ill of me
mise-en-'scène *v* setting, staging, get-up
mise'rabel I *bn* **1** ⟨ellendig⟩ miserable; *in ~e omstandigheden leven* live in wretched circumstances; **2** ⟨verachtelijk⟩ miserable; *een ~e vent* a wretched man, a despicable man; **II** *bijw* miserably, wretchedly; *een ~ slecht geschreven boek* an abysmally written book; *hij schaakt ~* he's a wretched (rotten) chessplayer
mi'sère *v* (-s) misery
mi'serie *v* (-s) ZN misery
'**misgaan**[1] *onoverg* go wrong; *het gaat mis met hem* he is going to the dogs
'**misgeboorte** *v* (-n) miscarriage, abortion
'**misgewaad** *o* (-waden) vestments
'**misgewas** *o* (-sen) bad crop, failure of crops
'**misgooien**[1] *overg & onoverg* miss [in throwing]
'**misgreep** *m* (-grepen) mistake, error, slip
'**misgrijpen**[1] *onoverg* miss one's hold
mis'gunnen (misgunde, h. misgund) *overg*: *iem. iets ~* grudge (envy, begrudge) sbd. sth.
mis'hagen (mishaagde, h. mishaagd) **I** *onoverg* displease; **II** *o* displeasure
mis'handelen (mishandelde, h. mishandeld) *overg* ill-treat, ill-use, maltreat, mishandle
mis'handeling *v* (-en) ill-treatment, ill-usage
'**miskelk** *m* (-en) chalice
mis'kennen (miskende, h. miskend) *overg* fail to appreciate; *een miskend genie* an unrecognized genius
mis'kenning *v* (-en) lack of appreciation
'**miskleun** *m* (-en) gemeenz blunder, faux pas
'**miskleunen** (kleunde mis, h. misgekleund) *onoverg* gemeenz blunder, make a blunder
'**miskleur** *v* discoloured, off-shade [cigar &]
'**miskoop** *m* (-kopen) bad bargain
'**miskraam** *v* (-kramen) miscarriage, abortion; *een ~ hebben* miscarry
mis'leiden (misleidde, h. misleid) *overg* mislead, deceive, impose on
mis'leidend *bn* misleading, deceptive
'**mislopen**[1] **I** *onoverg* **1** ⟨verkeerd lopen⟩ miss one's way, go wrong; **2** ⟨mislukken⟩ go wrong, fail, miscarry, turn out badly; **II** *overg* miss; *zijn carriere ~* miss one's vocation; *dat ben ik net misgelopen* I just missed it; *zij zijn elkaar misgelopen* they missed each other

mislukkeling

mis'lukkeling *m* (-en) social misfit, failure
mis'lukken (mislukte, is mislukt) *onoverg* miscarry, fail; *het mislukte haar...* she did not succeed... (in ...ing); *doen ~ wreck* [a plan &]; zie ook: *mislukt*
mis'lukking *v* (-en) failure, miscarriage
mis'lukt *bn* unsuccessful, abortive [attempt &]
mis'maakt *bn* misshapen, deformed, disfigured
mis'maaktheid *v* (-heden) deformity
mis'maken (mismaakte, h. mismaakt) *overg* deform, disfigure
mis'moedig I *bn* discouraged, disheartened, dejected, despondent, disconsolate; *~ maken* discourage, dishearten; **II** *bijw* dejectedly, despondently, disconsolately
mis'moedigheid *v* discouragement, despondency, dejection
mis'noegd I *bn* displeased, discontented, dissatisfied; *de ~en* the malcontents; **II** *bijw* discontentedly
mis'noegdheid *v* discontentedness, dissatisfaction, discontent, displeasure
mis'noegen *o* displeasure
'misoffer *o* (-s) sacrifice of the Mass
'misoogst *m* (-en) crop failure, failure of crops
'mispel *v* (-s) medlar
mis'plaatst *bn* 1 [thing] out of place; 2 misplaced [faith, confidence], mistaken [zeal]
mis'prijzen (misprees, h. misprezen) *overg* 1 (afkeuren) disapprove (of), condemn; 2 ZN (verachten) despise, contempt
'mispunt *o* (-en) 1 (deugniet) good-for-nothing fellow, *slang* rotter; 2 (onaangenaam mens) beast
'misraden[1] *onoverg* guess wrong; *misgeraden!* your guess is wrong
1 mis'rekenen (misrekende, h. misrekend) *wederk: zich ~* be out in one's calculations
2 'misrekenen[1] *onoverg* miscalculate
'misrekening *v* (-en) miscalculation
mis'saal *o* (-salen) RK missal
mis'schien *bijw* perhaps, maybe
'misschieten[1] *onoverg* miss, miss the mark, miss one's aim, shoot wide
'misschot *o* (-schoten) miss
'misselijk *bn* 1 (ziek) sick, queasy; 2 (weerzinwekkend) disgusting, sickening; *je wordt er ~ van* it makes you sick; *(hij verdient twee ton per jaar) dat is niet ~* that's no chicken-feed
'misselijkheid *v* nausea, sickness, queasiness
misselijk'makend *bn* disgusting, sickening
'missen (miste, h. gemist) **I** *onoverg* 1 (misschieten, -gooien &) miss; 2 (ontbreken) be missing; *de spits miste* the forward missed; *er ~ een paar bladzijden uit dit boek* there are a few pages missing from this book; *dat kan niet ~* it is bound to happen, you can't fail to see it, hit it &; **II** *overg* miss°; *het jongetje mist zijn moeder* the boy misses his mother; *ik mis mijn boek (mijn tas)* my book (my bag) is missing; *wij ~ een bedrag van honderd gulden* an amount

of a hundred guilders is missing; *de bal miste het doel* the ball missed the goal, the ball went wide; *zijn doel ~* zie: *doel*; *de moed ~* lack the courage; *wij kunnen dat niet ~* **1** we can't spare it; **2** we cannot do without it; *zij kunnen hem ~ als kiespijn* they prefer his room to his company; *zij kunnen het best (slecht) ~* they can well (can't well) afford it; *het kan niet gemist worden* they can't do without it; *kun je het een paar dagen ~?* can you spare it for a couple of days?; *de trein ~* miss (lose) the train; *de boot ~ fig* miss the bus; *het mist zijn uitwerking* it is ineffective; *het zal zijn uitwerking niet ~* it will not fail to produce its effect; *een arm moeten ~* lose an arm
'misser *m* (-s) 1 (misschot &) miss; 2 (fiasco) gemeenz flop; 3 (flater) blunder
'missie *v* (-s) mission
'missiehuis *o* (-huizen) mission-house
'missiewerk *o* missionary work
missio'naris *m* (-sen) missionary
mis'sive *v* (-s en -n) missive
'misslaan[1] *overg & onoverg* miss; zie ook: [1]*bal*
'misslag *m* (-slagen) 1 *eig* miss; 2 *fig* error, fault
mis'staan (misstond, h. misstaan) *onoverg* suit ill, be unbecoming
'misstand *m* (-en) abuse
'misstap *m* (-pen) 1 *eig* wrong step, false step; slip; 2 *fig* lapse; *een ~ begaan (doen)* make a false step[2]
'misstappen[1] *onoverg* make a false step, miss one's footing
'misstelling *v* (-en) (typographical) error
'misstoot *m* (-stoten) 1 (in 't alg.) miss; 2 *bilj* miss, miscue
'misstoten[1] *onoverg* 1 (in 't alg.) miss one's thrust; 2 *bilj* give a miss
mist *m* (-en) 1 (dik) fog; 2 (nevel) mist; *de ~ ingaan fig* come to nothing, fail
'mistasten[1] *onoverg* 1 *eig* fail to grasp; 2 *fig* make a mistake
'mistbank *v* (-en) fog bank
'misten (mistte, h. gemist) *onoverg* be foggy, be misty
'misthoorn, 'misthoren *m* (-s) fog-horn, siren
'mistig *bn* foggy, misty
'mistigheid *v* fogginess, mistiness
'mistlamp *v* (-en) fog lamp
mis'troostig *bn* dejected, sad
mis'troostigheid *v* dejection, sadness
mis'trouwig *bn* distrustful
'misvatting *v* (-en) misconception, misunderstanding, misapprehension
'misverstaan (verstond mis, h. misverstaan) *overg* misunderstand, misapprehend, misconstrue
'misverstand *o* (-en) misunderstanding, misapprehension
mis'vormd *bn* misshapen, deformed, monstrous, disfigured
mis'vormen (misvormde, h. misvormd) *overg* deform, disfigure

mis'vorming v (-en) deformation, disfigurement

'miswijzing v (-en) ⟨v. kompas⟩ magnetic declination; scheepv compass variation

mi'taine v (-s) mitten, mitt

mi'tella v ('s) sling

mitrail'leren (mitrailleerde, h. gemitrailleerd) overg machine-gun

mitrail'leur m (-s) machine-gun

mits voegw provided (that)

m.i.v. afk. met ingang van from, as of

mix m mix, mixture

'mixen (mixte, h. gemixt) overg mix

'mixer m (-s) mixer

mm afk. = millimeter

m.n. afk. = met name zie bij: name

MO o = Middelbaar Onderwijs zie bij: onderwijs

mo'biel I bn mobile; ~ maken mobilize; **II** o (-s) mobile

mobili'satie v (-s) mobilization

mobili'seren (mobiliseerde, h. gemobiliseerd) overg & onoverg mobilize

mobilo'foon m (-s) radiotelephone

'mocassin m (-s) moccasin

mocht (mochten) V.T. van mogen

mo'daal bn modal

modali'teit v modality

'modder m mud, mire, ooze

'modderbad o (-baden) mud-bath

'modderen (modderde, h. gemodderd) onoverg 1 eig dig in the mud; 2 fig muddle

'modderfiguur v & o: een ~ slaan cut a sorry figure

'modderig bn muddy, miry, oozy

'modderpoel m (-en) slough, quagmire, puddle

'modderschuit v (-en) mud-scow, mud-boat

'moddersloot v (-sloten) muddy ditch

'moddervet bn obese, disgustingly fat

'mode v (-s) fashion; de ~ aangeven set the fashion; ~ worden become the fashion; in de ~ komen come into fashion, become the vogue; in de ~ zijn be the fashion, be in fashion, be the wear, be in the wear; het is erg in de ~ it is all the fashion, it is quite the go; naar de laatste ~ gekleed dressed in (after) the latest fashion; uit de ~ raken (zijn) go (be) out of fashion

'modeartikel o (-en) fashionable article; ~en ⟨snuisterijen⟩ fancy-goods

'modeblad o (-bladen) fashion magazine, fashion-paper

'modegek m (-ken) fop, dandy, coxcomb

'modegril v (-len) craze, fad, whim of fashion

'modehuis o (-huizen) fashion house

'modekleur v (-en) fashionable colour

'modekoning m (-en) fashionable dress designer, couturier

mo'del o **I** (-len) **1** ⟨vaste vorm⟩ model, pattern, cut; ⟨v. pijp &⟩ shape; ⟨v. sigaret⟩ size; **2** ⟨persoon⟩ model [posing for sculpture and painting], sitter [for portrait]; uit ~ zijn be out of shape; **II** bn

model...; mil regulation...

mo'delactie v (-s): een ~ a work-to-rule; een ~ voeren work to rule

mo'delboerderij v (-en) model farm

mo'delflat m (-s) show-flat

mo'delkamer v (-s) show-room

model'leren (modelleerde, h. gemodelleerd) overg model, mould

model'leur m (-s) modeller

mo'delwoning v (-en) show-house

'modem m (-s) comput modem

'modeontwerper m (-s) fashion designer

'modeplaat v (-platen) fashion-plate, fashion-sheet

'modepop v (-pen) fashion plate

mode'ramen o (-mina en -s) synodal board, board of moderators

mode'rator m (-s en -'toren) moderator

mo'dern bn modern; geringsch modernist

moderni'seren (moderniseerde, h. gemoderniseerd) overg modernize

moderni'sering v modernization

'modeshow v (-s) fashion parade, dress parade, fashion show, dress show

'modevak o millinery

'modeverschijnsel o (-en) craze, fad

'modewinkel m (-s) milliner's shop

'modewoord o (-en) vogue-word, fashionable word, catchword

'modezaak v (-zaken) fashion business, fashion house

modi'eus I bn fashionable; **II** bijw fashionably; ~ gekleed dressed in the height of fashion

modifi'ceren (modificeerde, h. gemodificeerd) overg modify

modi'nette v (-s) seamstress

mo'diste v (-s en -n) milliner, modiste, dressmaker

modu'latie v (-s) modulation

mo'dule° m (-n, -s) module

modu'leren (moduleerde, h. gemoduleerd) onoverg & overg modulate

'modus m (modi) **1** ⟨wijze⟩ mode; proberen een ~ te vinden om beter met elkaar om te gaan try to find a way to deal with each other better; ~ vivendi modus vivendi; **2** taalk mood

1 moe bn tired, fatigued, weary; ik ben ~ I'm tired; zo ~ als een hond dog-tired; ik ben het werken ~ I am tired of work; ik ben ~ van het werken I am tired with working; ~ maken tire, fatigue

2 moe v gemeenz = moeder

moed m courage, heart, spirit; de ~ der wanhoop the courage of desperation; ~ bij elkaar schrapen muster up courage; iem. ~ geven put some heart into sbd.; goede ~ hebben be of good heart; de treurige ~ hebben... have the conscience (audacity) to...; ~ houden keep a (good) heart; de ~ erin houden keep up one's courage; de ~ opgeven, verliezen, laten zinken lose courage, lose heart; ~ scheppen (vatten) take (pluck up) courage, take heart; je kunt begrij-

moede

pen, hoe het mij te ~*e was* how I felt; *droef te* ~*e* sad at heart; *wel te* ~*e* of good cheer, cheerful; *in arren* ~*e* in despair; <u>vero</u> in anger

'**moede** *bn* = ¹*moe*; zie ook: *moed*

'**moedeloos** *bn* out of heart, heavy-hearted, with a sunken heart, without courage, despondent, dejected

moede'loosheid *v* despondency, dejectedness

'**moeder** *v* (-s) **1** ⟨in 't alg.⟩ mother; **2** ⟨v. gesticht⟩ matron; ⟨v. jeugdherberg⟩ warden; ~ *Natuur* Mother Nature; *de Moeder Gods* Our Lady; ~ *de vrouw* <u>gemeenz</u> the wife, <u>schertsend</u> the missus, <u>slang</u> my old Dutch

'**moederbinding** *v* mother fixation

'**moederdag** *m* (-dagen) Mother's Day

'**moederhuis** *o* (-huizen) <u>ZN</u> ⟨kraaminrichting⟩ maternity hospital

'**moederkerk** *v* (-en) mother church

'**moederklok** *v* (-ken) master clock

'**moederkoek** *m* (-en) placenta

'**moederkoren** *o* ergot

'**moederland** *o* (-en) mother country

'**moederliefde** *v* maternal love

'**moederlijk I** *bn* motherly, maternal; **II** *bijw* maternally

'**moederloos** *bn* motherless

'**moedermaatschappij** *v* (-en) parent company

'**moedermavo** *m* ('s) ± adult education especially for women

'**moedermelk** *v* breast milk

'**moedermoord** *m* (-en), matricide

'**moedermoordenaar** *m* (-s) matricide

'**moedernaakt** *bn* stark naked

'**moederschap** *o* motherhood, maternity

'**moederschip** *o* (-schepen) mother ship, parent ship

'**moederschoot** *m* **1** ⟨schoot v.e. moeder⟩ mother's lap; **2** ⟨baarmoeder⟩ womb

'**moederskant** *m* = *moederszijde*

'**moederskindje** *o* (-s) mother's darling, mollycoddle

'**moederszijde** *v*: *van* ~ **1** [related] on the (one's) mother's side; **2** maternal [grandfather]

'**moedertaal** *v* (-talen) mother tongue, native tongue

'**moedertjelief** *o*: *daar helpt geen* ~ *aan* you cannot get away from that

'**moedervlek** *v* (-ken) mother's-mark, mother-spot, birth-mark, mole

'**moederziel**: ~ *alleen* all alone

'**moedig** *bn* courageous, brave, spirited

'**moedwil** *m* wantonness; *uit* ~ wantonly, wilfully, on purpose

moed'willig *bn* wanton

moed'willigheid *v* (-heden) wantonness, wilfulness

'**moeheid** *v* fatigue, weariness, lassitude

'**moeien** (moeide, h. gemoeid) *overg* zie: *gemoeid,* *bemoeien*

'**moeilijk I** *bn* difficult, hard, troublesome; *een* ~*e* *taak* a difficult (arduous) task; ~*e toestand* trying situation; ~*e tijden* hard (trying) times; **II** *bijw* with difficulty, hardly, not easily; *het* ~ *hebben* have a bad time, <u>gemeenz</u> go through the hoop; *het zal* ~ *gaan om...* it will be difficult to...; *ik kan* ~ *anders* I can hardly do otherwise

'**moeilijkheid** *v* (-heden) difficulty, trouble, scrape; *in moeilijkheden komen* get into trouble; *in moeilijkheden verkeren* be in trouble, be in a scrape, be on the mat; <u>handel</u> be involved; *om moeilijkheden vragen* ask for trouble

'**moeite** *v* (-n) **1** ⟨moeilijkheid⟩ trouble, difficulty; **2** ⟨inspanning⟩ trouble, pains, labour; *het is geen* ~*!* it's no trouble at all!, don't mention it!; *ik had de grootste* ~ *om...* it was all I could do to..., I had my work cut out to...; *het was vergeefse* ~ it was labour lost; *iem. veel* ~ *bezorgen* cause sbd. a great deal of trouble; ~ *doen* take pains, exert oneself, try; *alle* ~ *doen om...* do one's utmost to...; *doet u maar geen (verdere)* ~ don't give yourself any trouble, please don't trouble; ~ *geven (veroorzaken)* give trouble; *zich* ~ *geven* **1** take trouble [to do sth.]; **2** take pains, exert oneself, try; *zich (veel)* ~ *geven om...* trouble (oneself) to...; ook: be at (great) pains to...; *zich de* ~ *geven om...* take the trouble to...; *zich niet eens de* ~ *geven om...* not even trouble (bother) to...; ~ *hebben met* have difficulty with; ~ *hebben te* find it difficult to; *de grootste* ~ *hebben met* make heavy weather of [sth.]; ~ *hebben met leren* learn with difficulty; *de* ~ *nemen om...* take the trouble to....; *het gaat in één* ~ *door, het is één* ~ it is all in the day's work; *hij deed het in één* ~ *door* he did it at the same time, he took it in his stride; *met (de grootste)* ~ with (the utmost) difficulty; *zonder veel* ~ without much difficulty; zie ook: ³*waard*

'**moeiteloos** *bn* effortless

'**moeitevol** *bn* hard

'**moeizaam I** *bn* laborious, wearisome, hard; **II** *bijw* laboriously

'**moeke** *o* (-s) <u>gemeenz</u> mammy, mummy

moer *v* **1** (-en) mother, dam [of animals]; **2** (-en) <u>techn</u> nut, female screw; **3** lees, dregs, sediment [of liquids]; *geen* ~*!* <u>gemeenz</u> nothing!, not a damn!

moe'ras *o* (-sen) marsh, morass²; swamp, bog, fen

moe'rasbever *m* (-s) coypu

moe'rasgas *o* (-sen) marsh gas

moe'raskoorts *v* (-en) malaria

moe'rassig *bn* marshy, swampy, boggy

moe'rassigheid *v* marshiness

moe'rasveen *o* peat-bog

'**moerbei** *v* (-en) mulberry

'**moerbout** *m* (-en) nut bolt

'**moeren** (moerde, h. gemoerd) *overg* <u>gemeenz</u> ⟨stuk maken⟩ spoil, destroy, ruin

'**moerschroef** *v* (-schroeven) nut, female screw

'**moersleutel** *m* (-s) monkey-wrench, spanner

'moerstaal v: spreek je ~! talk plain English (Dutch &)!

1 moes v gemeenz = moesje 3

2 moes o **1** ⟨gerecht⟩ stewed greens or fruit; **2** ⟨brij, zachte massa⟩ mash, mush, pulp; tot ~ maken squash; iem. tot ~ slaan beat sbd. to a jelly (a pulp)

'moesappel m (-s en -en) cooking-apple

'moesje o (-s) **1** patch, beauty-spot [of woman]; **2** [on dress materials] spot, polka dot; **3** ⟨moeder⟩ gemeenz mummy, mammy

'moeskruid o (-en) greens, pot-herbs, vegetables

'moesson m (-s) monsoon

moest (moesten) V.T. van moeten

'moestuin m (-en) kitchen garden

'moeten (moest, h. gemoeten) **I** onoverg **1** ⟨gedwongen zijn⟩ must, have to, be compelled to, be obliged to, be forced to; **2** ⟨zich verplicht achten⟩ should, ought to; **3** ⟨onvermijdelijk zijn⟩ must, have to; **4** ⟨willen, behoefte hebben aan⟩ want, need, like; **5** ⟨waar, waarschijnlijk zijn⟩ must, be said to, be reported to; wat moet je? what do you want?; moet je niet wat eten? don't you want to eat anything; ik moet gaan I have to go, I must go; hij moest gaan **1** he had to go; **2** he should go, he ought to go; ik zal ~ gaan I shall have to go; je moest nu maar gaan you had better go now; ik moet naar de wc I need to go to the loo; het moet zo zijn it has to be like this; daar moet ik niets van hebben I'll have none of it; ze ~ het wel zien they can't fail to see it; we moesten wel lachen we could not help laughing; hij moet wel een goede sportman worden he is bound to be a good sportsman; hij moet erg rijk zijn he is said to be very rich; hij moet gezegd hebben, dat... he is reported to have said that...; Bali moet erg mooi zijn Bali must be very beautiful; hoe ~ we nu verder? where do we go from here?; daar moet je... voor zijn it takes a... to...; als het moet (dan moet het) if it cannot be helped, if there is no help for it, if it has to be done; under pressure of necessity; het moet! it has to be done!; **II** overg: ik ~ hem (het) niet I don't like him (it); hoeveel moet ik u ZN how much do I owe you

'moetje o (-s) gemeenz **1** ⟨huwelijk⟩ shotgun marriage; **2** ⟨kind⟩ seven-months baby

'Moezel m Moselle

'moezelwijn m (-en) moselle

1 mof v (-fen) **1** ⟨voor de handen⟩ muff; **2** techn sleeve, socket

2 mof m (-fen) ⟨scheldnaam⟩ gemeenz Jerry, Kraut

'moffelen (moffelde, h. gemoffeld) overg enamel

'moffeloven m (-s) muffle-furnace

'mogelijk I bn possible; alle ~e dingen all sorts of things; alle ~e hulp all the assistance possible; op alle ~e manieren in every possible way; alle ~e middelen all means possible, all possible means; alle ~e moeite every possible effort; dat is best ~ that's quite possible; met de grootst ~e strengheid with the utmost possible severity; zo goed ~ as best as you can, to the best of your ability; zo slecht ~ as bad as bad can be; het is mij niet ~ I cannot possibly do it; **II** znw: (ik heb) al het ~e (gedaan) all that is possible; all I can do (could do); **III** bijw possibly; zo ~ if possible; zo spoedig ~ as soon as possible; ~ weet hij het it is possible that he knows it

mogelijker'wijs bijw possibly

'mogelijkheid v (-heden) **1** ⟨in 't alg.⟩ possibility; **2** ⟨gebeurtenis⟩ eventuality; de ~ bestaat there is a possibility; met geen ~ kunnen wij... we cannot possibly...

'mogen (mocht, h. gemogen) **I** hulpww **1** ⟨toestemming hebben⟩ can, be allowed to, be permitted to; ⟨in de tegenwoordige tijd⟩ may; **2** ⟨wenselijk zijn⟩ ought to, had better, should; je mag nu gaan you can (may) go now; mag ik even binnenkomen? can I come in for a minute?; zij ~ komen they may come; als zij mochten komen if they should come, should they come; ze zullen niet ~ komen they will not be allowed to come; dat mag niet that is not allowed; je mag hier niet roken it's not allowed to smoke here; ik mag niet van mijn moeder my mother won't let me; mag ik uw telefoonnummer even? could I have your phone number please?; waar gaat u heen als ik vragen mag? where are you going if you don't mind my asking?; hij mag wel uitkijken he had better watch out; je had je wel eens mogen wassen you ought to have washed yourself; wat er ook moge gebeuren come what may, whatever happens; zo mag ik het graag zien that's the way I like it, that's the spirit; zo mag ik het graag horen now you are talking; ik mag graag reizen I like to travel; wat mag het zijn? (in restaurant) what can I get you?; het mocht wat! gemeenz indeed!, nothing doing!, so what?; **II** overg ⟨aardig vinden⟩ like; zij ~ hem niet they don't like him; ik mag hem wel I rather like him

'mogendheid v (-heden) power; de grote mogendheden the Great Powers

mo'gol m (-s) Mogul

mo'hair o mohair

Mohammed m Mohammed, Muhammad

mohamme'daan m (-danen) Mohammedan, Muslim

mohamme'daans bn Mohammedan, Muslim

Mohi'kaan m (-kanen) Mohican; de laatste der Mohikanen fig the last of the Mohicans

mok v (-ken) mug

'moker m (-s) maul, sledge

'mokeren (mokerde, h. gemokerd) overg hammer, strike with a maul

Moker'hei v gemeenz: loop naar de ~ go to blazes!; ik wou dat hij op de ~ zat I wish he were at (in) Jericho

'mokka, 'mokkakoffie m Mocha coffee, mocha

'mokkel v & o (-s) slang (chubby) girl; een lekker ~ a nice (piece of) skirt

'mokken (mokte, h. gemokt) onoverg sulk

1 mol m (-len) **1** ⟨dier⟩ mole; **2** ⟨spion⟩ mole

2 mol v (-len) <u>muz</u> flat; b-~ B flat

'Moldau m Vltava

Mol'davië o Moldavia

Mol'daviër m (-s) Moldavian

Mol'davisch o & bn Moldavian

molecu'lair bn molecular

mole'cule v & o (-n) molecule

'molen m (-s) mill; de ambtelijke ~s vertragen het pro-ces red tape delays the process; je zit in de ~ fig you're in the pipeline; zie ook: betonmolen, gehakt-molen, koffiemolen, koren, windmolen

'molenaar m (-s) miller

'molenbeek v (-beken) mill-race

'molenrad o (-raderen) mill-wheel

'molensteen m (-stenen) millstone

'molentje o (-s) **1** little mill; **2** (kinderspeelgoed) paper wheel; hij loopt met ~s he has bats in the belfry

'molenwiek v (-en) wing of a mill, sail, vane

mo'lest o war risks; ~ aandoen molest

moles'tatie v molestation

moles'teren (molesteerde, h. gemolesteerd) overg molest

mo'lestverzekering v (-en) war-risk insurance

moli'ère m (-s) lace-up shoe

molk (molken) V.T. van melken

'mollen (molde, h. gemold) overg <u>slang</u> spoil, destroy, ruin

'mollenval v (-len) mole-trap

'mollenvel o (-len) moleskin

'mollig bn **1** plump [arms, legs]; **2** chubby [cheeks]

'molligheid v plumpness, chubbiness

molm m & o **1** (v. hout) mouldered wood; **2** (v. turf) peat (dust)

'moloch m (-s) Moloch

'molotovcocktail m (-s) Molotov cocktail

'molshoop m (-hopen) mole-hill

'molsla v **1** (als gewas) dandelion; **2** (als gerecht) dandelion tops

'molton o swanskin

Mo'lukken mv: de ~ the Moluccas

Mo'lukker m (-s) Moluccan

Mo'luks bn Moluccan

mom o (-men) mask; onder het ~ van under the show (mask, cloak) of

'mombakkes o (-en) mask

mo'ment o (-en) moment°, instant

momen'teel I bn momentary; **II** bijw at the moment

mo'mentopname v (-n) instantaneous photo-graph, snapshot

'mommelen overg (mommelde, h. gemommeld) = mummelen

'mompelen (mompelde, h. gemompeld) onoverg & overg mutter, mumble

Mo'naco o Monaco

mo'narch m (-en) monarch

monar'chaal bn monarchical

monar'chie v (-chieën) monarchy

monar'chist m (-en) monarchist

monar'chistisch bn monarchist [party]

mond m (-en) **1** (in 't alg.) mouth; **2** muzzle [of a gun]; een grote ~ hebben talk big; zijn ~ houden hold one's tongue; hij kan zijn ~ niet houden fig he can't keep his (own) counsel; hou je ~! shut up!; geen ~ opendoen not open one's lips; hij durft geen ~ open te doen he cannot say bo to a goose; een grote ~ op-zetten tegen iem. give sbd. lip, talk back to sbd.; zijn ~ roeren wag one's tongue; iem. de ~ snoeren stop sbd.'s mouth, silence sbd.; zijn ~ voorbijpraten shoot off one's mouth, commit oneself, put one's foot in; zijn ~ staat nooit stil he never stops talking; iedereen heeft er de ~ vol van they talk of nothing else, it's the talk of the town; bij ~e van by (through) the mouth of; iem. woorden in de ~ leggen put words into sbd.'s mouth; met open ~ staan kij-ken stand open-mouthed, stand gaping (naar at); met de ~ vol tanden staan have nothing to say for oneself, be dumbfounded; met twee ~en spreken say one thing and mean another; iem. naar de ~ praten toady to sbd.; uit zijn eigen ~ from his own mouth; als uit één ~ unanimously; iem. de woorden uit de ~ nemen take the words out of sbd.'s mouth; iets uit zijn ~ sparen save sth. out of one's mouth; van ~ tot ~ gaan pass from mouth to mouth; hij zegt alles wat hem voor de ~ komt he says whatever comes uppermost

mon'dain bn fashionable [hotel &]

'monddood bn: iem. ~ maken silence sbd.

'mondeling I bn oral, verbal; ~e afspraak verbal agreement; ~ bericht verbal message; ~ examen oral examination; ~e getuigen verbal references; **II** o: mijn ~ my viva voce; **III** bijw orally, verbally, by word of mouth

mond- en 'klauwzeer o foot-and-mouth disease

'mondharmonica v ('s) mouth-organ

'mondharp v (-en) jew's harp

'mondheelkunde v dental surgery

'mondhoek m (-en) corner of the mouth

'mondholte v (-n en -s) cavity of the mouth

'mondhygiëniste v (-s) dental hygienist

mondi'aal bn over the whole world, world-wide

'mondig bn of age; zie verder: meerderjarig

'mondigheid v majority

'monding v (-en) mouth

'mondje o (-s) (little) mouth; ~ dicht! mum's the word!; niet op zijn ~ gevallen zijn have a ready tongue; have plenty to say for oneself

'mondjesmaat v scanty measure; het is ~ we are on short commons; ~ toebedelen dole out in driblets

'mondjevol o: hij kent een ~ Frans he has a smattering of French

'mondkost m provisions, victuals

mond-op-'mondbeademing v mouth-to-mouth resuscitation, mouth-to-mouth method

'**mondorgel** o (-s) mouth-organ
'**mondspoeling** v (-en) mouth-wash
'**mondstuk** o (-ken) **1** (in 't alg.) mouthpiece; **2** ⟨v. blaasinstrument⟩ mouthpiece, embouchure; **3** ⟨v. sigaret⟩ filter, tip; **4** ⟨v. kanon⟩ chase; *zonder ~* plain [cigarette]
mond-tot-'mondreclame v advertising by word of mouth
'**mondvol** m mouthful
'**mondvoorraad** m provisions
'**mondwater** o mouth-wash
Mone'gask m (-en) Monacan
Mone'gaskisch bn Monegasque
mone'tair bn monetary
mon'golenplooi v (-en) epicanthic fold, Mongolian eyefold
Mon'golië o Mongolia
mongo'lisme o mongolism, Down's syndrome
Mon'gool m (-golen) Mongol, Mongolian
Mon'gools I o Mongol; **II** bn Mongolian
mon'gooltje o (-s) mongol
'**monitor** m (-s) monitor°
moni'trice v (-s) ZN (female) youth leader
'**monnik** m (-en) monk, friar; *gelijke ~en, gelijke kappen* what is sauce for the goose is sauce for the gander
'**monnikenklooster** o (-s) monastery
'**monnikenorde** v (-n en -s) monastic order
'**monnikenwerk** o **1** eig monkish work; **2** fig time-consuming, painstaking task
'**monnikskap** v (-pen) **1** eig cowl, monk's hood; **2** ⟨plant⟩ monk's-hood, aconite
'**monnikspij** v (-en) (monk's) frock
mo'nocle m (-s) (single) eye-glass, monocle
mono'gaam bn monogamous
monoga'mie v monogamy
monogra'fie v (-fieën) monograph
mono'gram o (-men) monogram, cipher
mono'liet m (-en) monolith
mono'lithisch bn monolithic[2]
mono'logue inté'rieur m stream of consciousness, interior monologue
mono'loog m (-logen) monologue
mono'maan m (-manen) monomaniac
monoma'nie v monomania
mono'polie o (-s en -liën) monopoly
monopoli'seren (monopoliseerde, h. gemonopoliseerd) overg monopolize
'**monorail** m (-s) monorail
monothe'ïsme o monotheism
monoto'nie v monotony
mono'toon bn monotonous
Mon'roeleer v Monroe Doctrine
monseig'neur m (-s) monsignor
'**monster** o (-s) **1** (afzichtelijk wezen) monster; **2** handel sample, pattern; *~ zonder waarde* sample of no value (without value); *als ~ verzenden* send by sample post; *volgens ~* up to sample, as per sample

'**monsterachtig** bn monstrous
'**monsterachtigheid** v monstrosity
'**monsterboek** o (-en) = *stalenboek*
'**monsterbriefje** o (-s) sampling order
'**monsteren** (monsterde, h. gemonsterd) overg **1** (inspecteren) muster; **2** = *aanmonsteren*
'**monstering** v (-en) mil muster, review
'**monsterlijk** bn monstruous, atrocious, hideous
'**monsterrol** v (-len) **1** mil, scheepv muster-roll; **2** scheepv list of the crew, ship's articles
'**monsterscore** m (-s) record score
'**monsterverbond** o (-en) ⟨tegennatuurlijk verbond⟩ monstrous alliance
'**monsterzakje** o (-s) sample-bag
mon'strans m & v (-en) monstrance
mon'tage v (-s) **1** techn mounting, fitting up, erecting, assembly; **2** ⟨v. auto's⟩ assemblage; **3** ⟨v. film⟩ editing; **4** ⟨v. drukwerk &⟩ montage; **5** ⟨v. foto⟩ composing
mon'tagebouw m prefabrication, prefabricated house construction
mon'tagefoto v ('s) photomontage
mon'tagehal v (-len) assembly shop (hall)
mon'tagelijn v (-en) assembly line
mon'tagetafel v (-s) cutting table, editing table
mon'tagewagen m (-s) tower wagon
mon'tagewerker m (-s) assembler
mon'tagewerkplaats v (-en) assembly room
Montene'grijn m (-en) Montenegrin
Montene'grijns bn Montenegrin
Monte'negro o Montenegro
'**monter I** bn brisk, lively, cheerful; **II** bijw briskly, cheerfully
mon'teren (monteerde, h. gemonteerd) overg **1** fix, fit up, erect [apparatus]; **2** assemble [a motorcar &]; **3** cut, edit ⟨a film⟩; **4** mount [a picture, a jewel]
montes'sorischool v (-scholen) Montessori school
mon'teur m (-s) **1** assembler, fitter [of machine]; **2** ⟨in garage &⟩ mechanic; **3** (reparateur) serviceman
mon'tuur o & v (-turen) **1** (in 't alg.) frame, mount; **2** setting [of a jewel]; *bril met hoornen ~* horn-rimmed glasses, glasses with horn rims
'**montycoat** m (-s) duffle-coat
monu'ment o (-en) monument
monumen'taal bn monumental
monu'mentenlijst v: *op de ~ plaatsen* register as a national monument
monu'mentenzorg v protection of monuments; *onder ~ staan* be under (a) preservation order
mooi I bn handsome, fine, beautiful, pretty; *een ~e hand schrijven* write a fair hand; *een ~e jongen!* a fine fellow!; *mijn ~e pak* my Sunday best; *~ zo!* good!; *dat is niet ~ van u* it's not nice of you; *daar ben je ~ mee!* **1** a lot of good that will do you!; **2** that's a pretty pickle you are in!; *ik ben er al weken ~ mee* I have been troubled with it for weeks;

wat ben je ~! gemeenz what a beauty (swell) you are!; *wel, nu nog ~er!* well I never!; *dat is wat ~s!* a pretty kettle of fish!, fine doings these!, here is a nice go!; *ze hebben wat ~s van je verteld!* fine things they say of you!; **II 1** *m-v: je bent me een ~e!* you are a nice one!; **2** *o: het ~ste van alles is...* the best of it all is that...; **III** *bijw* handsomely, finely, beautifully; versterkend pretty, badly; *hij heeft u ~ beetgehad* he had you there, and no mistake; *ze hebben hem niet ~ behandeld* he has been unhandsomely treated; *zich ~ maken* prink (smarten) oneself up; *dat staat u niet ~* it does not become you[2]

'mooiprater *m* (-s) coaxer, flatterer

mooiprate'rij *v* coaxing, flattery

moois *o* fine things; *er het ~ afkijken* look too long at it; zie ook: *mooi*

'mooizitten[1] *onoverg* ⟨v. hond⟩ beg

Moor *m* (Moren) Moor, blackamoor

moord *m & v* (-en) murder (*op* of); *~ en brand schreeuwen* cry blue murder

'moordaanslag *m* (-slagen) attempt upon sbd.'s life, attempted murder

moord'dadig *bn* murderous

'moorden (moordde, h. gemoord) *onoverg* kill, commit murder(s)

'moordenaar *m* (-s) murderer

moordena'res *v* (-sen) murderess

'moordend *bn* murderous, deadly; *~e concurrentie* cut-throat competition

'moordgriet *v* (-en) great girl (woman, chick); B̲r̲ super girl

'moordkuil *m* (-en) cut-throat place; zie: *hart*

'moordlust *m* bloodthirstiness

'moordpartij *v* (-en) massacre

'moordtuig *o* instrument(s) of murder

'moordvent *m* great guy; B̲r̲ super chap

'moordwapen *o* (-s) murderous weapon

'moorkop *m* (-pen) ± chocolate éclair

Moors *bn* Moorish, Moresque

moot *v* (moten) **1** slice [of meat &]; **2** fillet [of fish]

1 mop *m* (-pen) = mopshond

2 mop *v* (-pen) **1** ⟨grap⟩ joke, gag; **2** ⟨meisje⟩ sweetheart, sweetie, love, honey; **3** ⟨vlek⟩ blob; *een ouwe ~, een ~ met een baard* a stale joke, gemeenz a hoary chestnut; *dat is nu juist de ~* that's the joke (the funny part) of it; *voor de ~* for a lark; *~pen tappen (vertellen)* gag

'mopje *o* (-s) ⟨deuntje⟩ tune

'mopneus *m* (-neuzen) pug-nose

'moppenblaadje *o* (-s) funny paper

'moppentapper *m* (-s) joker

'mopperaar *m* (-s) grumbler, gemeenz grouser

'mopperen (mopperde, h. gemopperd) *onoverg* grumble, gemeenz grouse; *zonder ~* without grumbling, without a murmur

'mopperig *bn* grumbling, grumpy

'mopperkont *m* (-en) grumbler, gemeenz grouser, belly-acher

'moppie *o* (-s) **1** ⟨deuntje⟩ tune; **2** ⟨meisje⟩ sweetheart, sweetie, love, honey

'moppig *bn* funny

'mopshond *m* (-en) pug(-dog)

mo'raal *v* **1** ⟨zedenles⟩ moral; **2** ⟨zedenleer⟩ morality, ethics; **3** ⟨zedelijke beginselen⟩ morals

morali'seren (moraliseerde, h. gemoraliseerd) *onoverg* moralize, point a moral

mora'lisme *o* moralism

mora'list *m* (-en) moralist

morali'teit *v* morality, principles

mora'torium *o* (-s en -ria) moratorium

Mo'ravië *o* Moravia

mor'bide *bn* morbid

'mordicus *bijw: ergens ~ tegen zijn* be dead against sth.

mo'reel I *bn* moral; **II** *o* mil morale

mo'rel *v* (-len) morello

mo'rene *v* (-s en -n) moraine

'mores *mv: iem. ~ leren* teach sbd.

mor'feem *o* (-femen) morpheme

mor'fine *v* morphine, morphia

morfi'nist *m* (-en) morphine addict, morphinomaniac

morfolo'gie *v* morphology

morga'natisch *bn* morganatic(al)

1 'morgen *m & o* (-s) 2,25 acre [of land]

2 'morgen *m* (-s) morning; *in de vroege ~* early in the morning; *op een ~* one morning; *van de ~ tot de avond* from morning till night; *'s (des) ~s in the morning*; zie ook: *ochtend*

3 'morgen *bijw* tomorrow; *~ vroeg* early tomorrow morning; *~ komt er weer een dag* tomorrow is another day; *(hij betalen?) ~ brengen!* gemeenz nothing doing!, not likely!; *~ over acht dagen* tomorrow week

morgen'avond *bijw* tomorrow evening; ⟨na 20.00 uur⟩ tomorrow night

'morgengebed *o* (-beden) morning prayer

'morgenland *o* Orient

morgen'middag *bijw* tomorrow afternoon

morgen'ochtend *bijw* tomorrow morning

'morgenrood *o* red of dawn

'morgenschemering *v* morning twilight

'morgenster *v* morning star

'morgenstond *m* morning time; *de ~ heeft goud in de mond* the early bird catches the worm

'morgenuur *o* (-uren) morning hour

'morgenwijding *v* (-en) early (radio) service

mo'rille *v* (-s) morel [mushroom]

'mormel *o* (-s) monster

mor'moon *m* (-monen) Mormon

mor'moons *bn* Mormon

'morrelen (morrelde, h. gemorreld) *onoverg* fumble; *~ aan* monkey with

'morren (morde, h. gemord) *onoverg* grumble, murmur

'morsdood *bn* stone-dead

'**morse** o Morse, Morse code
'**morsebel** v (-len) slut, slattern, drab
'**morsen** (morste, h. gemorst) **I** onoverg mess, make a mess; **II** overg spill [tea]
'**morseschrift** o Morse code
'**morsesleutel** m (-s) Morse key
'**morseteken** o (-s) Morse signal
'**morsig** bn dirty, untidy
'**morspot** m (-ten) dirty boy (girl &)
mortali'teit v mortality
'**mortel** m mortar
'**mortelbak** m (-ken) hod
'**mortelmolen** m (-s) mortar mixer
mor'tier m & o (-en) mortar
mor'tierstamper m (-s) pestle
mortu'arium o (-s en -ria) mortuary
mos o (-sen) moss
'**mosachtig** bn mossy, moss-like
'**mosgroen** bn moss-green
mos'kee v (-keeën) mosque
'**Moskou** o Moscow
Mosko'viet m (-en) Muscovite
Mos'kovisch bn Muscovite; ~ gebak sponge-cake
'**moslem**, '**moslim** m (-s) Moslem, Muslim
'**mosroos** v (-rozen) moss-rose
'**mossel** v (-s en -en) mussel
'**mosselbank** v (-en) mussel-bank, mussel-bed
'**mossig** bn mossy
most m must
'**mosterd** m mustard; dat is ~ na de maaltijd it is too late to be of any use; ik zal je tot ~ slaan I'll beat you to a jelly; zie ook: Abraham
'**mosterdgas** o mustard gas
'**mosterdpot** m (-ten) mustard pot
'**mosterdsaus** v mustard sauce
'**mosterdzaad** o **1** eig mustard seed; **2** bijbel, fig grain of mustard seed
'**mosterdzuur** o piccalilli
1 mot v (-ten) (insect) (clothes-)moth; de ~ zit in die jurk that dress is moth-eaten
2 mot v (ruzie) gemeenz tiff, squabble; ~ hebben met iem. fall out with sbd.
mo'tel o (-s) motel
mo'tet o (-ten) motet
'**motgaatje** o (-s) moth-hole; met ~s moth-eaten
'**motie** v (-s) **1** (in 't alg.) motion; **2** (aangenomen ~) resolution; een ~ indienen bring forward (move, put in) a motion; stemmen over een ~ vote on a motion; een ~ aannemen carry a motion; een ~ ondersteunen second a motion; een ~ verwerpen reject a motion; ~ van afkeuring vote of censure; een ~ van vertrouwen aannemen pass a vote of confidence; ~ van wantrouwen vote of no-confidence
mo'tief o (-tieven) **1** (reden) motive [= ground]; **2** (in de kunst) motif
moti'vatie v (-s) motivation
moti'veren (motiveerde, h. gemotiveerd) overg motivate, motive, state the grounds for, account for

moti'vering v (-en) **1** (het motiveren) motivation; **2** (de motieven) grounds, motives
'**moto** m ('s) ZN motorbike
'**motor** m (-s en -'toren) **1** (krachtmachine) motor, engine; **2** (motorfiets) motorcycle, gemeenz motorbike
'**motoragent** m (-en) motorcycle policeman, police motorcyclist
'**motorbarkas** v (-sen) motorlaunch
'**motorboot** m & v (-boten) motorboat, motorlaunch
'**motorbril** m (-len) motoring goggles
'**motorcross** m (-en, -es) motocross
'**motordefect** o (-en) engine trouble
'**motorfiets** m & v (-en) motorcycle, motorbicycle, gemeenz motorbike
moto'riek v motions, motor activity, muscular movement
mo'torisch bn **1** (m.b.t. de motoriek) motor; **2** (voort)bewegend) locomotive, (loco)motor, motorial; **3** (m.b.t. de motor) motor, engine; ~e zenuwen motor nerves; ~ vermogen motor power
motori'seren (motoriseerde, h. gemotoriseerd) overg motorize
motori'sering v motorization
'**motorjacht** o (-en) motor yacht
'**motorkap** v (-pen) **1** (v. auto) bonnet, Am hood; **2** (v. oude typen vliegtuigen) cowling, cowl
'**motorpech** m engine trouble
'**motorrace** m (-s) motorcycle race
'**motorrijder** m (-s) motorcyclist
'**motorrijtuig** o (-en) motor vehicle
'**motorrijtuigenbelasting** v motor vehicle tax
motorschip o (-schepen) motor vessel
'**motorsport** v (-en) motor(cycle) racing
'**motregen** m (-s) drizzling rain, drizzle
'**motregenen** (motregende, h. gemotregend) onoverg drizzle, mizzle
'**mottenbal** m (-len) moth-ball
'**mottenzak** m (-ken) mothproof storage bag
'**mottig** bn **1** (pokdalig) pock-marked; **2** (door de mot aangetast) moth-eaten; **3** (van het weer) drizzly; **4** ZN (vuil) dirty, untidy; **5** ZN (lelijk) ugly; **6** ZN (misselijk) sick, queasy
'**motto** o ('s) motto, device
'**mouche** v (-s) beauty-spot
'**mountainbike** m (-s) mountain bike
mousse'line v & o muslin
mous'seren (mousseerde, h. gemousseerd) onoverg effervesce; ~de wijn sparkling (effervescent) wine
mout o & m malt
mouw v (-en) sleeve; ze achter de ~ hebben be a slyboots; iem. iets op de ~ spelden make sbd. believe sth., gull sbd.; uit de ~ schudden knock off, throw off [verses, articles &]; ergens een ~ aan passen arrange matters, find a way out; de handen uit de ~en steken put one's shoulder to the wheel; iem. de ~ vegen ZN flatter someone

'**mouwloos** *bn* sleeveless

moven *onoverg:* ~*!* beat it!

moza'iek *o* (-en) mosaic work, mosaic

moza'iekvloer *m* (-en) mosaic floor

Mozambi'quaan *m* (-quanen) Mozambican

Mozambi'quaans *bn* Mozambican

Mozam'bique *o* Mozambique

'**Mozes** *m* Moses

Mr. *afk.* = *meester (in de rechten)*

ms. *afk.* = *manuscript*

mts *v middelbare technische school* intermediate technical school

mud *o & v* (-den) hectolitre

'**mudvol** *bn* chock-full

'**muesli** *v* muesli

muf, '**muffig** *bn* musty, fusty

mug *v* (-gen) mosquito, gnat, midge; *van een ~ een olifant maken* make a mountain out of a molehill

'**muggenbeet** *m* (-beten) mosquito-bite, gnat-bite, midge-bite

'**muggenziften** (muggenziftte, h. gemuggenzift) *onoverg* split hairs

'**muggenzifter** *m* (-s) hair-splitter, niggler; ge-meenz nit-picker

muggenzifte'rij *v* (-en) hair-splitting

mui *v* (-en) gully

muil (-en) **1** *m* ⟨bek⟩ mouth, muzzle; ⟨v. roofdier⟩ jaws; **2** *v* ⟨pantoffel⟩ mule

'**muilband** *m* (-en) muzzle

'**muilbanden** (muilbandde, h. gemuilband) *overg* muzzle[2]

'**muildier** *o* (-en) mule

'**muildierdrijver** *m* (-s) muleteer

'**muilezel** *m* (-s) hinny

'**muilezeldrijver** *m* (-s) muleteer

'**muilkorf** *m* (-korven) muzzle

'**muilkorven** (muilkorfde, h. gemuilkorfd) *overg* muzzle

'**muilpeer** *v* (-peren) box on the ear, cuff, slap

muis *v* (-muizen) **1** ⟨dier & comput⟩ mouse [*mv* mice]; **2** ⟨v. hand⟩ ball of the thumb; **3** ⟨aardappel⟩ kidney potato

'**muisje** *o* (-s) (little) mouse; *dat ~ zal een staartje hebben* there will be some consequences, the matter will not end there; *gestampte ~s* ground candy coated aniseed

'**muisstil** *bn* noiseless, perfectly silent

'**muiten** (muitte, h. gemuit) *onoverg* mutiny, rebel; *aan het ~ slaan* mutiny; *de ~de troepen* the mutinous troops

'**muiter** *m* (-s) mutineer, rebel

muite'rij *v* (-en) mutiny, rebellion

'**muizen** (muisde, h. gemuisd) *onoverg* **1** ⟨muizen vangen⟩ mouse; **2** ⟨eten⟩ feed; *katjes die ~ mauwen niet* the silent pig is the best feeder

'**muizengat** *o* (-gaten), '**muizenhol** *o* (-holen) mouse-hole

'**muizengif** *o* rat-poison

'**muizenissen** *mv* worries; *haal je geen ~ in het hoofd* don't worry

'**muizennest** *o* (-en) **1** eig mouse-nest; **2** fig worry

'**muizenval** *v* (-len) mousetrap

'**muizenvanger** *m* (-s) mouser

'**muizetarwe** *v* rat-poison

1 mul *bn* loose, sandy

2 mul *v & o* ⟨aarde⟩ mould, dust

3 mul *m* (-len) ⟨vis⟩ red mullet

mu'lat *m* (-ten), **mulat'tin** *v* (-nen) mulatto

'**mulder** *m* (-s) miller°

'**multicultureel** *bn* multicultural, pluralistic

multilate'raal *bn* multilateral

multi'media *mv* multimedia

'**multimiljonair** *m* (-s) multimillionaire

mul'tiple scle'rose *v med* multiple sclerosis

'**multiplex** *o* plywood

multipli'cator *m* (-s) multiplier

'**multomap** *v* (-pen) ring binder

mum *o: in een ~* in no time, in a jiffy

'**mummelen** (mummelde, h. gemummeld) *onoverg* mumble

'**mummie** *v* (-s) mummy

mummifi'catie *v* mummification

mummifi'ceren (mummificeerde, h. gemummificeerd) *overg & onoverg* mummify

'**München** *o* Munich

mu'nitie *v* (am)munition, munition

mu'nitiewagen *m* (-s) ammunition wagon

'**munster** *o* (-s), '**munsterkerk** *v* (-en) minster

munt *v* (-en) **1** ⟨stuk⟩ coin; ⟨geld⟩ money, coinage, coin(s); [foreign] currency; **2** ⟨gebouw⟩ mint; **3** ⟨plant⟩ mint; *iem. met gelijke ~ betalen* pay sbd. (back) in his own coin, repay sbd. in kind, give sbd. tit for tat; *hij neemt alles voor goede ~ aan* he swallows everything; *~ slaan* coin (mint) money; *~ slaan uit* make capital out of, cash in on; zie ook: *kruis*

'**muntbiljet** *o* (-ten) currency note

'**munteenheid** *v* (-heden) monetary unit, currency unit

'**munten** (muntte, h. gemunt) *overg* coin, mint; *het gemunt hebben op* zie: *gemunt*

'**muntenkabinet** *o* (-ten) numismatic cabinet

munt- en 'penningkunde *v* numismatics

'**muntloon** *o* (-lonen) mintage

'**muntmeester** *m* (-s) mint-master, Master of the Mint

'**muntmeter** *m* (-s) slot-(gas)meter

'**muntstelsel** *o* (-s) monetary system

'**muntstempel** *o* (-s) stamp, die

'**muntstuk** *o* (-ken) coin

'**munttelefoon** *m* (-s) pay phone, coin-box

'**muntthee** *m* mint tea

'**muntvervalsing** *v* (-en) debasement of coinage

'**muntvoet** *m* standard

'**muntwet** *v* (-ten) coinage act

'**muntwezen** *o* monetary system, coinage

'**murmelen** (murmelde, h. gemurmeld) *onoverg*
murmur, purl, gurgle, burble

murmu'reren (murmureerde, h. gemurmureerd)
onoverg murmur, grumble

murw *bn* ⟨niet vast⟩ soft, tender, mellow; **2** *fig*
softened up [of enemy, person]; *iem. ~ beuken* beat
sbd. to a jelly

mus *v* (-sen) sparrow; zie ook: *blij*

mu'seum *o* (-sea en -s) museum

mu'seumstuk *o* (-ken) museum piece

musi'ceren (musiceerde, h. gemusiceerd) *overg*
make music

'**musici** meerv. van *musicus*

musicolo'gie *v* musicology

musico'logisch *bn* musicological

musico'loog *m* (-logen) musicologist

'**musicus** *m* (-ci) musician

mus'kaat 1 *m* (-katen) ⟨boom⟩ nutmeg; **2** *v* (wijn)
muscatel

mus'kaatnoot *v* (-noten) nutmeg

mus'ket *o* (-ten) musket

muske'tier *m* (-s) musketeer

mus'kiet *m* (-en) mosquito

mus'kietengaas *o* mosquito-netting

mus'kietennet *o* (-ten) mosquito-net

'**muskus** *m* musk

'**muskusdier** *o* (-en) musk-deer

'**muskusrat** *v* (-ten) muskrat, musquash

'**muskusroos** *v* (-rozen) musk-rose

müsli *v* = *muesli*

'**mussenhagel** *m* dust-shot

'**mustang** *m* (-s) mustang

mu'tatie *v* (-s) mutation; *~s* ⟨in personeelsbestand⟩
turnover, changes

mu'teren (muteerde, h. gemuteerd) *onoverg* mutate

muti'leren (mutileerde, h. gemutileerd) *overg* mutilate

muts *v* (-en) cap, bonnet; *daar staat mijn ~ niet naar*
I am not in the mood for it; *er met de ~ naar gooien*
have a shot at it

'**mutsaard** *m* (-s) faggot; *het riekt naar de ~ fig* it
smells of heresy

mutuali'teit *v* (-en) ZN ⟨ziekenfonds⟩ national
health service

1 muur *m* (muren) wall; *blinde ~* blank wall; *de muren hebben oren* walls have ears; *tussen vier muren* in
prison, behind bars

2 muur *v* ⟨plant⟩ = *sterrenmuur*

'**muuranker** *o* (-s) cramp-iron, brace

'**muurbloem** *v* (-en) ⟨plant⟩ wallflower

'**muurbloempje** *o* (-s) fig wallflower

'**muurkast** *v* (-en) wall cupboard

'**muurkrant** *v* (-en) poster

'**muurschildering** *v* (-en) mural painting, wall-
painting

'**muurtegel** *m* (-s) wall-tile

'**muurvast** *bn* as firm as a rock

'**muurverf** *v* (-verven) distemper

'**muurversiering** *v* (-en) mural decoration

'**muurvlakte** *v* (-n en -s) wall space

m.u.v. *afk. met uitzondering van* with the exception
of, excluding

'**muze** *v* (-n) muse

'**muzelman** *m* (-nen) <u>vero</u> Mussulman

mu'ziek *v* music; *~ maken* make music; *op de ~* to
the music; *op ~ zetten* set to music; *dat klinkt mij
als ~ in de oren* that's music to my ears

mu'ziekavondje *o* (-s) musical evening

mu'ziekboek *o* (-en) music-book

mu'ziekcriticus *m* (-ci) music critic

mu'ziekdoos *v* (-dozen) musical box, music-box

mu'ziekgezelschap *o* (-pen) musical society

mu'ziekhandel *m* (-s) music-house

mu'ziekhandelaar *m* (-s en -laren) music-seller

mu'ziekinstrument *o* (-en) musical instrument

mu'ziekkapel, **mu'ziekkorps** *o* (-en) band (of
musicians)

mu'ziekkritiek *v* (-en) music criticism

mu'ziekleer *v* theory of music

mu'ziekleraar *m* (-raren en -s) music-master

mu'ziekles *v* (-sen) music-lesson

mu'zieklessenaar *m* (-s) music-desk

mu'ziekliefhebber *m* (-s) music-lover

mu'zieknoot *v* (-noten) note

mu'ziekonderwijs *o* musical instruction

mu'ziekschool *v* (-scholen) school of music

mu'zieksleutel *m* (-s) clef

mu'ziekstandaard *m* (-s) music-stand

mu'ziekstuk *o* (-ken) piece of music

mu'ziektent *v* (-en) bandstand

mu'ziekuitvoering *v* (-en) musical performance

mu'ziekvereniging *v* (-en) musical society, musical club

mu'ziekwetenschap *v* musicology

mu'ziekwinkel *m* (-s) music-shop

mu'ziekzaal *v* (-zalen) concert-room

muzi'kaal *bn* musical; *hij is zeer ~* **1** he has a fine
ear for music; **2** he is very fond of music

muzikali'teit *v* musicality

muzi'kant *m* (-en) musician, bandsman

mv. *afk.* = *meervoud*

my'oom *o* (myomen) myoma

myri'ade *v* (-n) myriad

mys'terie *o* (-s en -riën) mystery

mys'teriespel *o* (-spelen) mystery (play)

mysteri'eus *bn* mysterious

mysti'cisme *o* mysticism

'**mysticus** *m* (-ci) mystic

mys'tiek I *bn* **1** mystical [body, experience, union];
2 mystic [life, rose, vision, way]; **II** *bijw* mystically;
III *v* mysticism; **IV** *mv: de ~en* the mystics

mystifi'catie *v* (-s) mystification

mystifi'ceren (mystificeerde, h. gemystificeerd)
overg mystify

'**mythe** *v* (-n) myth

'**mythisch** *bn* mythical

mytholo'gie *v* (-gieën) mythology
mytho'logisch *bn* mythological
mytho'loog *m* (-logen) mythologist
myxoma'tose *v* myxomatosis

N

n *v* ('s) n
n° *afk. numero, nummer* number
N. *afk.* = *noord*
na I *voorz* after; ~ *elkaar* one after the other, in succession; *twee keer* ~ *elkaar* twice running; ~ *u!* after you!; ~ *u (heb ik alles aan hem te danken)* next to you; ~ *vijven* after five o'clock; **II** *bijw* near, plechtig nigh; *dat lag hem* ~ *aan het hart* zie: *hart; je moet hem niet te* ~ *komen* **1** you must not come too near him; **2** *fig* you must not offend him; *dat kwam (was) zijn eer te* ~ zie: *eer; op mijn broer* ~ except my brother, but for my brother; *op één* ~ one excepted; *de laatste op één* ~ the last but one; *op één* ~ *de grootste ter wereld* the second largest in the world; *neem wat pudding* ~ take some pudding to top up with
naad *m* (naden) **1** (in textiel &) seam; **2** ⟨v. wond⟩ suture; *nylons met* ~ seamed nylons
'naadje *o* (-s): *hij wil graag het* ~ *van de kous weten* he wants to know the ins and outs of it
'naadloos *bn* seamless
naaf *v* (naven) nave, hub
'naafdop *m* (-pen) hub-cap
'naaicursus *m* (-sen) sewing-class
'naaidoos *v* (-dozen) sewing-box
'naaien (naaide, h. genaaid) **I** *overg* **1** (in 't alg.) sew; *een knoop* ~ *aan* sew a button on; **2** *gemeenz* (neuken) fuck, screw; **3** gemeenz (belazeren) screw; **II** *onoverg & abs ww* sew, do needlework
'naaigaren *o* (-s) sewing-thread
'naaigerei *o* sewing-things
'naaikistje *o* (-s) sewing-box
'naaikrans *m* (-en) sewing-circle
'naaimachine *v* (-s) sewing-machine
'naaimand *v* (-en) work-basket, sewing-basket
'naaister *v* (-s) seamstress, needlewoman
'naaiwerk *o* needlework
naakt *bn* **1** (in 't alg.) naked[2], bare[2]; **2** nude [figure]; **3** *gemeenz* in the altogether; ~*e feiten* hard (dry) facts; *de* ~*e waarheid* the bare (naked, plain) truth; *hij werd* ~ *uitgeschud* he was stripped to the skin
'naaktfiguur *v* (-guren) nude
'naaktfoto *v* ('s) nude photograph
'naaktheid *v* nakedness, bareness [of the walls &], nudity
'naaktloper *m* (-s) nudist
'naaktslak *v* (-ken) slug
'naaktstrand *o* (-en) nudist beach
naald *v* (-en) needle°
'naaldboom *m* (-bomen) conifer

'**naaldbos** *o* (-sen) pine forest, conifer forest
'**naaldenboekje** *o* (-s) needle-book, needle-case
'**naaldenkoker** *m* (-s) needle-case
'**naaldhak** *v* (-ken) stiletto heel; *schoen met* ~ stiletto-heeled shoe
'**naaldhout** *o* softwood
'**naaldvormig** *bn* needle-shaped
'**naaldwerk** *o* needlework

naam *m* (namen) name; appellation, designation; *hoe is uw ~?* what's your name?; *zijn ~ met ere dragen* not belie one's name; *het mag geen ~ hebben* it is not worth mentioning; *een goede ~ hebben* have a good name, enjoy a good reputation; *een slechte ~ hebben* have an ill name (a bad reputation); *hij heeft nu eenmaal de ~ van...* he has the name of..., he has a name for [honesty &]; ~ *maken* make a name for oneself; *geen namen noemen* mention no names; *iem. bij zijn ~ noemen* call sbd. by his name; *in ~ is hij...* in name (nominally) he is...; *in ~ der wet* in the name of the law; *noemen met ~ en toenaam* mention by name; *onder een aangenomen ~* under an assumed name; *onder een vreemde ~* in another name, not in their real names; *bekend staan onder de ~ van...* go by the name of...; *op een andere ~ overschrijven* zie: *overschrijven*; *aandelen op ~* zie: *aandeel*; *op ~ van* in the name of; *hij heeft tien romans op zijn ~ (staan)* he has ten novels to his credit (to his name); *te goeder ~ (en faam) bekend staand* enjoying a good reputation, of good standing and repute; *uit ~ van mijn vader* from my father, on behalf of my father; *iem. van ~ kennen* know sbd. by name; *een ... van ~* a distinguished...; *zonder ~* without a name, nameless; zie ook: *name*
'**naambordje** *o* (-s) name-plate
'**naamcijfer** *o* (-s) cipher, monogram, initials
'**naamdag** *m* (-dagen) saint's day, name-day
'**naamgenoot** *m* (-noten) namesake
'**naamkaartje** *o* (-s) (visiting-)card
'**naamlijst** *v* (-en) list of names, roll, register
'**naamloos** *bn* without a name, nameless, anonymous; zie ook: *vennootschap*
'**naamplaatje** *o* (-s) door-plate, name-plate
'**naamval** *m* (-len) case; *eerste ~* nominative; *tweede ~* genitive; *derde ~* dative; *vierde ~* accusative
'**naamwoord** *o* (-en) noun
'**naamwoordelijk** *bn* nominal; ~ *gezegde* nominal predicate; ~ *deel van het gezegde* subject complement
'**na-apen** (aapte na, h. nageaapt) *onoverg* ape, imitate, mimic
'**na-aper** *m* (-s) ape, imitator, mimic
na-ape'rij *v* (-en) aping, imitation
1 naar I *voorz* to, according to, after, by; ~ *boven &* zie: *boven &*; *hij heet ~ zijn vader* he is called after his father; ~ *huis gaan* go home; *hij kwam ~ me toe* he came up to me; ~ *de natuur schilderen* paint from nature; II *bijw: ja maar het is er ook* ~ but then it is no better than it should be; *een mooie*

auto, maar de prijs is er dan ook ~ a nice car, but with a price-tag to match *hij is er de man niet* ~ *om...* zie: *man*; III *voegw:* ~ *men zegt* it is said (that), word has it (that); ~ *mijn mening* in my opinion
2 naar *bn* (vervelend) disagreeable, unpleasant, sad, dismal; *een nare jongen* an unpleasant (nasty) boy; *die nare jongen!* that wretched boy!; *een nare smaak* a nasty taste; *een nare vent* gemeenz bleeder, cad; ~ *weer* sour weather; *ik voel me zo* ~ I feel so queer (unwell); *hij is er* ~ *aan toe* he is in a bad way; *ik word er* ~ *van* it makes (turns) me sick
naar'dien *voegw* since, whereas
naar'geestig *bn* dismal, gloomy, sombre
naarge'lang *bijw voegw* zie: *gelang*
'**naarling** *m* (-en) nasty (beastly) fellow
naar'mate *voegw* according as, as [we grow older]
'**naarstig** *bn* assiduous, diligent, industrious, sedulous
'**naarstigheid** *v* assiduity, diligence, industry, sedulity

naast I *bn* nearest, next; *mijn ~e buurman* my next-door neighbour; *mijn ~e bloedverwant* my nearest relation, my next of kin; *de ~e toekomst* the near future; *ten ~e bij* approximately, about; *ieder is zichzelf het* ~ near is my shirt, but nearer is my skin; II *voorz* next (to); ~ *elkaar* side by side; *het is niet* ~ *de deur* it is not next door; ~ *God (heb ik hem alles te danken)* next to God; *hij zat* ~ *haar* beside her, by her side; ~ *ons (wonen Fransen)* next-door to us; *je zit er* ~ you are beside the mark (wrong)
naast'bijzijnd *bn* nearest
'**naaste** *m-v* (-n) neighbour, fellow-creature
'**naasten** (naastte, h. genaast) *overg* **1** (door staat) nationalize, take over; **2** (verbeurd verklaren) confiscate, seize
'**naastenliefde** *v* love of one's neighbour, charity
'**naastgelegen** *bn* next-door, adjacent
'**naasting** *v* (-en) **1** (door staat) nationalization; **2** (verbeurdverklaring) confiscation, seizure
'**naatje** *o: het is* ~ gemeenz it's wretched, it's inadequate
'**nababbelen**[1] *onoverg* = *napraten II*
'**nabauwen** (bauwde na, h. nagebauwd) *overg* repeat [sth.] parrot-like, echo [what one has heard]
'**nabeeld** *o* (-en) after-image
'**nabehandeling** *v* (-en) after-treatment, follow-up
'**nabeschouwing** *v* (-en) commentary; *een* ~ *houden* consider in retrospect
'**nabespreking** *v* (-en) (subsequent) discussion; gemeenz post-mortem; *tijdens de* ~ during the discussion afterwards
'**nabestaande** *m-v* (-n) relation, relative; *de* ~n ook: the next of kin
'**nabestellen** (bestelde na, h. nabesteld) **I** *overg* give a repeat order for, order a fresh supply of; **II** *onoverg* repeat an order
'**nabestelling** *v* (-en) repeat order, repeat
'**nabetalen** (betaalde na, h. nabetaald) *onoverg* pay

afterwards

'**nabetaling** v (-en) subsequent payment

'**nabeurs** v (bourse of the) closing hours, the Street

na'bij I bijw near, close; de dag is ~ the day is near at hand; van ~ from close by; van ~ bekeken seen at close quarters; iem. van ~ kennen know sbd. intimately; het raakt ons van ~ it concerns us nearly, it touches us very closely; **II** voorz near, close to; **III** bn: de dood ~ near death; N~e Oosten Middle East

na'bijgelegen bn neighbouring, adjacent

na'bijheid v neighbourhood, vicinity, proximity; er was niemand in de ~ there was nobody near

na'bijkomen[1] overg & onoverg **1** (dichterbij komen) come near (to), approach; **2** fig (bijna de gelijke zijn van) come close (to), approach

na'bijzijnd bn **1** near-by [place]; **2** forthcoming [event]

'**nablijven**[1] onoverg **1** (in 't alg.) remain, stay on; **2** onderwijs be kept in, be detained (at school)

'**nabloeden**[1] onoverg: de wond bleef ~ the wound kept on bleeding

'**nabloeien**[1] onoverg bloom later

'**nabloeier** m (-s) **1** plantk late flowerer; **2** fig epigone

'**nablussen**[1] overg damp down, extinguish completely; een uur geleden is men met het ~ begonnen the fire was brought under control an hour ago

'**nabob** m (-s) nabob

'**nabootsen** (bootste na, h. nagebootst) overg imitate, mimic

'**nabootser** m (-s) imitator, mimic

'**nabootsing** v (-en) imitation

na'burig bn neighbouring

'**nabuur** m (-buren) neighbour

'**nachecken**[1] overg check (afterwards)

nacht m (-en) night; 's (des) ~s [12 o'clock] at night, [work] by night, in the night-time, vero of nights; de ~ van maandag op dinsdag the night from Monday to Tuesday; de hele ~ all night (long), the whole night; het wordt ~ night is falling; bij ~ by night, in the night-time; bij ~ en ontij at unseasonable hours; in de ~ at night, during the night; van de ~ een dag maken turn night into day

'**nachtarbeid** m night-work

'**nachtasiel** o (-en) night-shelter

'**nachtbel** v (-len) night-bell

'**nachtblind** bn night-blind

'**nachtblindheid** v night-blindness, med nyctalopia

'**nachtboot** m & v (-boten) night-boat

'**nachtbraken** (nachtbraakte, h. genachtbraakt) onoverg make a night of it

'**nachtbraker** m (-s) night-reveller

'**nachtclub** v (-s) night club, night spot

'**nachtdienst** m **1** (openbaar vervoer) night-service; **2** ⟨ziekenhuizen &⟩ night-duty; **3** (industrie) night-shift; ~ hebben be on night-duty

'**nachtdier** o (-en) nocturnal animal

'**nachtegaal** m (-galen) nightingale

'**nachtelijk** bn **1** nocturnal [visit]; **2** night [attack &]; **3** [disorder] by night; de ~e stilte the silence of the night

'**nachtevening** v (-en) equinox

'**nachtfilm** m (-s) late-night film

'**nachtgewaad** o (-waden) night-attire

'**nachtgoed** o night-clothes, night-things, slumberwear

'**nachthemd** o (-en) night-shirt

'**nachtjapon** m (-nen) night-dress, night-gown, gemeenz nightie

'**nachtkaars** v (-en) night-light; als een ~ uitgaan fizzle out

'**nachtkastje** o (-s) pedestal cupboard

'**nachtkijker** m (-s) night-vision binoculars

'**nachtkluis** v (-kluizen) night-safe

'**nachtlampje** o (-s) night-lamp

'**nachtleven** o night-life

'**nachtlichtje** o (-s) night-light

'**nachtmens** o (-en) nightbird; gemeenz night-owl

'**nachtmerrie** v (-s) nightmare

'**nachtmis** v (-sen) midnight mass

'**nachtpermissie** v (-s) night leave

'**nachtpitje** o (-s) rushlight, floating wick

'**nachtploeg** v (-en) night-shift

'**nachtpon** m (-nen) = nachtjapon

'**nachtportier** m (-s) night-porter

'**nachtrust** v night's rest

'**nachtschade** v (-n) nightshade

'**nachtschuit** v (-en) night-boat; met de ~ komen be late

'**nachtslot** o (-sloten) double lock; op het ~ doen double-lock

'**nachtspiegel** m (-s) chamber pot, slang jordan

'**nachtstroom** m elektr cheap hours

'**nachttarief** o night rate, night tariff

'**nachttrein** m (-en) night-train

'**nachtuil** m (-en) **1** (vogel) screech-owl; **2** ZN ⟨nachtelijk kroegbezoeker⟩ night loafer

'**nachtuiltje** o (-s) (insect) night-moth

'**nachtvlinder** m (-s) (night-)moth

'**nachtvlucht** v (-en) night flight

'**nachtvogel** m (-s) night-bird[2]

'**nachtvoorstelling** v (-en) late-night showing [of a film]

'**nachtvorst** m (-en) night-frost; ⟨aan de grond⟩ ground frost

'**nachtwacht I** m (-en) ⟨persoon⟩ night-watchman; **II** (gezamenlijke wachters) v night-watch; de N~ (van Rembrandt) the Midnight Round, (Rembrandt's) Night Watch

'**nachtwaker** m (-s) night-watchman

'**nachtwerk** o night-work, lucubration; er ~ van maken make a night of it, burn the midnight oil

'**nachtzoen** m (-en) good-night kiss

'**nachtzuster** v (-s) night-nurse

'**nachtzwaluw** v (-en) nightjar

'**nacompetitie** v (-s) play-offs

'**nadagen** mv **1** the latter days [of sbd.'s life], the declining years; **2** the last stage [of a revolution]

na'dat voegw after [we had seen it]

'**nadeel** o (-delen) disadvantage, injury, harm, hurt, loss; dat is het ~ van zo'n betrekking that is the drawback of such a place; in uw ~ against you; ten nadele van at the cost (expense) of, to the detriment (prejudice) of; hij kan niets te mijnen nadele zeggen he can say nothing against me; tot zijn eigen ~ to his cost

na'delig bn disadvantageous, hurtful, detrimental, prejudicial; ~ zijn voor, ~ werken op be detrimental to; ~ voor detrimental to, hurtful to, harmful to, injurious to

'**nadenken**[1] **I** onoverg think [about], reflect [(up-) on]; ik moet er eens over ~ I must think about it; ergens goed over ~ consider sth. carefully, give sth. serious consideration; **II** o reflection; tot ~ aanzetten make [sbd.] think (reflect), set [sbd.] thinking; tot ~ stemmen furnish food for thought; zonder na te denken without thinking, unthinkingly

na'denkend I bn pensive, meditative, thoughtful, thinking; **II** bijw pensively, meditatively

'**nader I** bn **1** nearer [road]; **2** further [information]; hebt u al iets ~ s vernomen? have you got any further information (news)?; **II** bijw nearer; je zult er ~ van horen you will hear of this; ~ aanduiden indicate more precisely; er ~ van horen hear more of it; ~ op iets ingaan **1** enter into the details of it; **2** make further inquiries; zie ook: ingaan; ik zal u ~ schrijven I'll write you more fully; ~ verwant (aan) more nearly allied (to); zie ook: inzien, kennis, verklaren &

nader'bij bijw nearer

'**naderen** (naderde, is genaderd) **I** onoverg approach, draw near; ~ tot... RK go to [Holy Communion]; **II** overg approach, draw near to [of persons, things]; we ~ het doel ook: we are nearing the goal

nader'hand bijw afterwards, later on

'**nadering** v approach

na'dien bijw since

'**nadoen**[1] overg imitate, mimic

'**nadorst** m thirst after drinking to excess

'**nadruk** m (-ken) **1** (klem) emphasis, stress, accent; **2** (het nagedrukte of nadrukken) reprint; **3** (zonder vergunning) pirated copy; piracy; de ~ leggen op stress[2], fig lay stress on, accentuate emphasize; ~ verboden all rights reserved; met ~ emphatically

na'drukkelijk bn emphatic

'**nadrukken**[1] overg **1** (in 't alg.) reprint; **2** (zonder vergunning) pirate [a book]

'**na-eten**[1] overg eat after the others; wat eten we na? what are we going to finish with?, what do we have for dessert?

'**nafluiten**[1] overg **1** (fluiten naar aantrekkelijk persoon) let out a wolf-whistle, let out a cat-call; **2** (een melodie) whistle a tune

'**nafta** m naphtha

nafta'leen o naphthalene

'**nagaan** (ging na, h. en is nagegaan) **I** overg **1** (volgen) follow; **2** (het oog houden op) keep an eye on, look after; **3** (onderzoeken) trace; iemands gangen ~ keep track of sbd.; de rekeningen ~ look into (check) the notes; het verleden ~ retrace the past; we worden nagegaan we are watched; als je nagaat dat ... when considering that...; je kunt ~ hoe... you can easily imagine how...; voorzover we kunnen ~ as far as we can ascertain; kun je ~! just imagine!; **II** onoverg be slow [of a watch]

'**nagalm** m resonance, echo

'**nagalmen**[1] onoverg resound, echo

'**nageboorte** v (-n) afterbirth, placenta

'**nagedachtenis** v memory, remembrance; gewijd aan de ~ van sacred to the memory of; ter ~ aan in commemoration of

'**nagekomen** bn: ~ berichten stop-press news; ~ stukken subsequent correspondence

'**nagel** m (-s en -en) **1** nail°; **2** (kruidnagel) clove; dat was een ~ aan zijn doodkist it was a nail in his coffin

'**nagelaten** bn: ~ werk posthumous work

'**nagelbed** o (-den) nail-bed

'**nagelbijten** o nail-biting

'**nagelbijter** m (-s) nail-biter

'**nagelborstel** m (-s) nail-brush

'**nagelen** (nagelde, h. genageld) overg nail; aan de grond genageld rooted to the ground (to the spot)

'**nagelkaas** m (-kazen) clove-cheese

'**nagelknipper** m (-s) nail clipper(s)

'**nagellak** o & m nail-varnish

'**nagelriem** m (-en) cuticle

'**nagelschaartje** o (-s) nail-scissors

'**nagelvast** bn fixed with nails; aard- en ~ immovable, clinched and riveted; alles wat ~ is the fixtures

'**nagelvijltje** o (-s) nail-file

'**nagemaakt** bn counterfeit, forged, faked

'**nagenieten**[2] onoverg enjoy (the memory of); we hebben nog lang van de voorstelling zitten ~ we enjoyed the performance long after it was over

'**nagenoeg** bijw almost, nearly, all but

'**nagerecht** o (-en) dessert

'**nageslacht** o posterity, progeny, offspring, issue

'**nageven** overg: dat moet hem (tot zijn eer) worden nagegeven that must be said to his honour (credit); dat moet ik hem ~ I'll say that for him

'**naheffing** v (-en) additional income tax assessment

'**naherfst** m last days of autumn

'**nahollen**[1] overg run (tear) after

'**nahouden**[1] overg keep in (at school); er op ~ **1** eig keep (articles for sale); **2** fig hold [theories]; er geen bedienden op ~ not keep (any) servants

na'ief bn naive, artless, ingenuous, simple-minded

na'ieveling m (-en) naïve person, innocent

'**naijlen**[1] overg hasten after

'**naijver** *m* **1** ⟨jaloezie⟩ envy, jealousy; **2** ⟨wedijver⟩ emulation

na'**ijverig** *bn* envious, jealous, ⟨*op* of⟩

naïve'**teit, naïvi'teit** *v* naivety

'**najaar** *o* (-jaren) autumn

'**najaarsbeurs** *v* (-beurzen) autumn fair

'**najagen**[1] *overg* **1** chase[2] [chimeras]; **2** pursue[2] [game, a plan, pleasures]; **3** hunt for [a job]; **4** hunt (strain) after [effect]

'**najouwen**[1] *overg* hoot after

'**nakaarten**[1] *onoverg* *fig* hold a post-mortem

'**naken** (naakte, is genaakt) *onoverg* vero approach, come near(er), draw near

'**nakie** *o: in zijn ~* gemeenz in the altogether

'**nakijken**[1] *overg* = *nazien*

'**naklank** *m* (-en) resonance, echo[2]

'**naklinken**[1] *onoverg* continue sounding, resound

'**nakomeling** *m* (-en) descendant

'**nakomelingschap** *v* posterity, progeny, offspring, issue

'**nakomen**[1] **I** *onoverg* come afterwards, come later (on), arrive afterwards, follow; **II** *overg* **1** ⟨volgen⟩ come after, follow; **2** ⟨volbrengen⟩ fulfil, make good [a promise], meet, honour [an obligation]

'**nakomertje** *o* (-s) gemeenz afterthought

'**nakoming** *v* performance, fulfilment

'**nalaten**[1] *overg* **1** ⟨achterlaten, bij overlijden⟩ leave (behind); **2** ⟨niet meer doen⟩ leave off; **3** ⟨niet doen⟩ omit, fail; neglect [one's duties]; *ik kan niet ~ te...* I cannot help (forbear, refrain from) ...ing

na'**latenschap** *v* (-pen) **1** ⟨in 't alg.⟩ inheritance; **2** ⟨boedel⟩ estate

na'**latig** *bn* negligent, neglectful, remiss, careless; *een ~e betaler* a bad payer

na'**latigheid** *v* **1** ⟨zorgeloosheid⟩ negligence, remissness, carelessness; **2** ⟨verzuim⟩ dereliction of duty

'**naleven**[1] *overg* **1** live up [to a principle]; **2** observe [certain rules]; **3** fulfil [instructions]

'**naleveren**[1] *overg* deliver subsequently

'**nalevering** *v* (-en) subsequent delivery

'**naleving** *v* **1** living up to [principles]; **2** observance [of rules]; **3** ⟨instructies⟩ fulfilment

'**nalezen**[1] *overg* **1** ⟨teksten⟩ peruse, read over; **2** glean [a field &]

'**nalopen**[1] **I** (h. *en* is) *overg* run after[2], follow[2]; *ik kan niet alles ~* I can't attend to everything; **II** (h.) *onoverg* be slow [of a watch]; *mijn horloge loopt iedere dag een minuut na* my watch loses one minute a day

nam (namen) V.T. van *nemen*

'**namaak** *m* imitation, counterfeit, forgery; *wacht u voor ~* beware of imitations

'**namaaksel** *o* (-s) imitation

'**namaken**[1] *overg* **1** copy, imitate [a model]; **2** counterfeit, forge [a signature]

'**name** *m* *met ~* especially, notably; *met ~ noemen* name (mention) expressly; *ten ~ van* in the name

of

'**namelijk** *bijw* **1** ⟨te weten⟩ namely, viz., that is, videlicet, vero to wit; **2** ⟨want, immers⟩ for; *ik wist ~ niet...* the fact is that I didn't know...

'**nameloos** *bn* nameless, unutterable, unspeakable, inexpressible; zie ook: *naamloos*

'**namen** V.T. meerv. v. *nemen*

'**Namen** *o* Namur

'**namens** *voorz* in the name of, on behalf of

'**nameten**[1] *overg* measure again, check

Na'**mibië** *o* Namibia

Na'**mibiër** *m* (-s) Namibian

Na'**mibisch** *bn* Namibian

na'**middag** *m* (-dagen) **1** ⟨einde v. middag⟩ late afternoon; **2** ZN ⟨middag⟩ afternoon

'**nanacht** *m* (-en) latter part of the night

'**naogen**[1] *overg* follow with one's eyes

'**naoorlogs** *bn* post-war

nap *m* (-pen) cup, bowl, basin, porringer

NAP, N.A.P. *afk. Normaal Amsterdams Peil* Normal Amsterdam Level

'**napalm** *o* napalm

'**Napels** *o* Naples

'**napijn** *v* (-en) after-pain

'**napluizen**[1] *overg* ferret into, investigate

Napole'**ontisch** *bn* Napoleonic

Napoli'**taan** *m* (-tanen) Neapolitan

Napoli'**taans** *bn* Neapolitan

'**nappa, 'nappaleer** *o* ± dogskin

'**napraten**[1] **I** *overg* echo, repeat [sbd.'s words]; **II** *onoverg: nog wat ~* remain talking, have a talk after the meeting (the session &)

'**napret** *v* fun after the feast, amusement after the event

nar *m* (-ren) fool, jester

'**narcis** *v* (-sen) narcissus, daffodil

nar'**cisme** *o* narcissism

nar'**cist** *m* (-en) narcissist

nar'**cistisch** *bn* narcissistic

nar'**cose** *v* narcosis, anaesthesia; *onder ~ brengen* narcotize, anaesthetize; *onder ~ zijn* be under the (an) anaesthetic

nar'**coticabrigade** *v* (-s, -n) drug squad

nar'**coticum** *o* (-ca) narcotic; *narcotica* narcotics

nar'**cotisch** *bn* narcotic; *~ middel* narcotic

narcoti'**seren** (narcotiseerde, h. genarcotiseerd) *overg* narcotize, anaesthetize

narcoti'**seur** *m* (-s) anaesthetist

'**nardus** *m* nard, spikenard

na'**rede** *v* (-s) epilogue

na'**reizen**[1] *overg* travel after

na'**rekenen**[1] *overg* **1** ⟨controleren⟩ check; **2** ⟨berekenen⟩ calculate

na'**rennen**[1] *overg* run (gallop) after

na'**righeid** *v* (-heden) trouble, misery

na'**roepen**[1] *overg* **1** ⟨in 't alg.⟩ call after; **2** ⟨uitschelden⟩ call names

'**narrenkap** *v* (-pen) fool's cap, cap and bells

'**narrenpak** o (-ken) fool's dress
'**narrig I** bn peevish; **II** bijw cross; *zij is de hele dag al zo* ~ she's been cross like this all day
'**narwal** m (-s en -len) narwhal
na'saal I bn nasal; **II** bijw nasally; **III** v (-salen) nasal
'**naschilderen**[1] overg copy
'**nascholing** v refresher course
'**naschreeuwen**[1] overg cry (bawl) after; *iem.* ~ *hoot at sbd.*
'**naschrift** o (-en) postscript
'**naschrijven**[1] overg **1** copy [a model]; **2** plagiarize [an author]
'**naseizoen** o (-en) end of the season, late season
nasi m rice; ~ *goreng* fried rice
'**naslaan**[1] overg **1** look up [a word]; **2** consult [a book]
'**naslagwerk** o (-en) book of reference, reference book, work of reference, reference work
'**nasleep** m train (of consequences); *de* ~ *van de oorlog* war's aftermath
'**naslepen**[1] **I** overg drag after; **II** onoverg drag (trail) behind
'**nasluipen**[1] overg steal after
'**nasmaak** m (-smaken) after-taste, tang; *een bittere* ~ *hebben* leave a bitter taste
'**nasnellen**[1] overg run (hasten) after
'**nasnuffelen**[1] overg **1** pry into [a secret]; **2** ferret in [one's pockets]
'**naspel** o (-spelen) **1** ⟨v. toneelstuk⟩ afterpiece; **2** muz ⟨concluding⟩ voluntary; **3** fig sequel, aftermath; **4** ⟨seksueel⟩ afterplay
'**naspelen**[1] overg muz replay [by ear]
'**naspeuren**[1] overg trace, track, investigate
'**naspoelen**[1] overg rinse
'**nasporen**[1] overg trace, investigate
'**nasporing** v (-en) investigation; *zijn* ~*en* ook: his researches
'**naspreken**[1] overg repeat [my words]; geringschl echo
'**naspringen**[1] overg leap (jump) after
'**nastaren**[1] overg gaze (stare) after
'**nastreven**[1] overg **1** strive after, pursue [happiness, wealth &]; **2** emulate [sbd.]; *het* ~ the pursuit [of happiness, a policy &]
'**nasturen**[1] overg forward [a letter]
'**nasynchronisatie** v (-s) dubbing
'**nasynchroniseren**[1] overg dub [a film]
nat I bn **1** ⟨in 't alg.⟩ wet; **2** ⟨vochtig⟩ moist, damp; *zo* ~ *als een verzopen kat* as wet as a drowned rat; ~ *van het zweet* wet with perspiration; ~ *maken* wet; *maak je borst maar* ~*!* be prepared!; **II** o wet, liquid; *het is een pot* ~ zie: *potnat*
'**natafelen**[1] onoverg remain at table after dinner is over
'**natekenen**[1] overg copy, draw [from a model]
'**natellen**[1] overg count over, count again, check
'**nathals** m (-halzen) tippler, soaker

'**natheid** v wetness, moistness, dampness
'**natie** v (-s en natiën) nation
'**natievlag** v (-gen) scheepv ensign
natio'naal bn national
natio'naal-socia'lisme o National Socialism
natio'naal-socia'listisch bn National Socialist
nationali'satie v (-s) nationalization
nationali'seren (nationaliseerde, h. genationaliseerd) overg nationalize
nationa'lisme o nationalism
nationa'list m (-en) nationalist
nationa'listisch bn **1** nationalist [party, press]; **2** ⟨chauvinistisch⟩ nationalistic
nationali'teit v (-en) nationality
nationali'teitsbewijs o (-wijzen) certificate of nationality
nationali'teitsgevoel o national feeling
'**natje** o: *hij krijgt hier op tijd zijn* ~ *en zijn droogje* he gets his food and drink on time here
'**natrappen**[1] overg **1** sp commit foul play by kicking an opponent; **2** fig ⟨een overwonnene nogmaals treffen⟩ kick sbd. who is down
'**natrekken**[1] overg **1** ⟨nareizen⟩ follow; **2** ⟨overtrekken⟩ trace, copy [a drawing]; **3** ⟨verifiëren⟩ verify, check
'**natrillen**[1] onoverg continue to vibrate
'**natrium** o sodium
'**natriumlamp** v (-en) sodium-vapour lamp
natte-'vingerwerk o guesswork
'**nattig** bn wet(tish)
'**nattigheid** v wetness, wet, damp
na'tura: *in* ~ in kind
naturali'satie v (-s) naturalization
naturali'seren (naturaliseerde, h. genaturaliseerd) overg naturalize; *zich laten* ~ take out letters of naturalization
natura'lisme o naturalism
natura'listisch bn naturalistic
natu'risme o naturism
natu'rist m (-en) naturist
na'tuur v (-turen) **1** ⟨in 't alg.⟩ nature; **2** ⟨~schoon⟩ (natural) scenery; **3** ⟨aard⟩ nature, disposition, temper; *de* ~ *is er erg mooi* the scenery is very beautiful there; *er zijn van die naturen die...* there are natures who...; *dat is bij hem een tweede* ~ *geworden* it has become a second nature with him; *de* ~ *is sterker dan de leer* nature passes nurture; *in de vrije* ~ in the open air; *naar de* ~ from nature; *overeenkomstig de* ~ according to nature; *tegen de* ~ against nature; *van nature* by nature, naturally
na'tuurbad o (-baden) lido
na'tuurbehoud o conservancy (conservation) of nature
na'tuurbeschermer m (-s) conservationist
na'tuurbescherming v preservation (conservation) of natural beauty
na'tuurboter v natural butter
na'tuurgebied o (-en) nature reserve

na'tuurgeneeskunde v naturopathy

na'tuurgeneeswijze v (-n) nature cure

na'tuurgetrouw bn **1** true to nature; **2** true to life

natuurhis'torisch bn natural-historical, natural history [society]

na'tuurkenner m (-s) naturalist, natural philosopher

na'tuurkennis v natural history; zie ook: *natuur-kunde*

na'tuurkracht v (-en) force of nature

na'tuurkunde v physics, (natural) science

natuur'kundig bn physical; ~ *laboratorium* physics laboratory

natuur'kundige m-v (-n) physicist, <u>vero</u> natural philosopher

na'tuurlijk I bn natural; ~e *aanleg* natural bent; ~e *historie* natural history; ~ *kind* **1** (ongekunsteld) natural (artless) child; **2** (onecht) natural child, child born out of wedlock; **II** bijw naturally; ~! of course!

natuurlijker'wijs, natuurlijker'wijze bijw naturally

na'tuurlijkheid v naturalness, artlessness

na'tuurmens m (-en) **1** (oermens) primitive man; **2** (natuurliefhebber) nature lover

na'tuurmonument o (-en) place of natural beauty

na'tuuronderzoeker m (-s) naturalist

na'tuurproduct o (-en) natural product

na'tuurramp v (-en) natural calamity (catastrophe, disaster)

na'tuurrecht o natural right

na'tuurreservaat o (-vaten) nature reserve

na'tuurschoon o (beautiful) scenery; *ons* ~ our beauty spots

na'tuurstaat m original state; *in de* ~ in a state of nature; *tot de* ~ *terugkeren* return to a state of nature

na'tuursteen o & m natural stone

na'tuurtafereel o (-relen) scene of natural beauty

na'tuurtalent o (-en) **1** (talent) natural talent, gift; **2** (persoon met talent) person born with a gift (talent), gifted person

na'tuurverschijnsel o (-en en -s) natural phenomenon [mv phenomena]

na'tuurvolk o (-en) primitive people

na'tuurvorser m (-s) naturalist

na'tuurvriend m (-en) lover of nature, nature lover

na'tuurwet v (-ten) law of nature, natural law

na'tuurwetenschap v, **na'tuurwetenschappen** mv (natural) science

natuurweten'schappelijk bn scientific [research]

'Na'uru o Nauru

nauw I bn **1** (eng) narrow [road &]; **2** tight [dress]; **3** <u>fig</u> close [friendship &]; **II** bijw narrowly; tightly; closely [related]; ~ *bij elkaar* close together; ~ *merkbaar* scarcely perceptible; *hij neemt het (kijkt) zo* ~ *niet* he is not so very particular; **III** o **1** <u>scheepv</u>

strait(s); **2** fig scrape; *het Nauw van Calais* the Straits of Dover; *in het* ~ *zitten* be in a scrape, be in a (tight) corner, be hard pressed; *iem. in het* ~ *brengen* press sbd. hard, drive sbd. into a corner; *in het* ~ *gedreven* with one's back to the wall, cornered

'nauwelijks bijw scarcely, hardly, barely; ~ *was hij er of...* scarcely (hardly) had he arrived when...; no sooner had he arrived than...

nauwge'zet I bn conscientious, painstaking, punctual; **II** bijw conscientiously, punctually

nauwge'zetheid v conscientiousness, punctuality

nauw'keurig bn exact, accurate, close

nauw'keurigheid v exactness, accuracy

nauw'lettend bn close, exact, accurate, strict, particular; ~e *zorg* anxious care

nauw'lettendheid v exactness, accuracy

'nauwsluitend bn close-fitting, skin-tight

'nauwte v (-s en -n) <u>scheepv</u> strait(s), narrows

n.a.v. afk. *naar aanleiding van* zie: *aanleiding*

Na'varra o Navarre

'navel m (-s) navel, <u>anat</u> umbilicus

'navelbreuk v (-en) umbilical hernia

'navelsinaasappel m (-en, -s) navel orange

'navelstreng v (-en) umbilical cord, navel-string

nave'nant bijw in keeping [with it], correspondingly; *we moesten vlug werken en de resultaten zijn dan ook* ~ we had to work quickly and it shows in the results

'navertellen (vertelde na, h. naverteld) overg repeat, retell; *zij zouden het niet meer* ~ they wouldn't live to tell the tale

'naverwant I bn closely related; **II** znw: ~en relations

navi'gatie v navigation; *Akte van Navigatie* <u>hist</u> Navigation Act

navi'gator m (-s) navigator [ook <u>luchtv</u>]

navi'geren (navigeerde, h. genavigeerd) overg navigate

'navliegen[1] overg fly after

NAVO v *Noord-Atlantische Verdragsorganisatie* NATO, North Atlantic Treaty Organization

'navoelen[1] overg empathize; *ik kan haar angst heel goed* ~ I can really empathize with her fear

na'volgbaar bn imitable

'navolgen[1] overg follow, imitate

na'volgend bn following

navolgens'waard, navolgens'waardig bn worthy of imitation

'navolger m (-s) follower, imitator

'navolging v (-en) imitation; ~ *verdienen* deserve to be imitated, deserve to serve as a model; *in* ~ *van* in imitation of, following

'navordering v (-en) (v. belasting) additional assessment

'navorsen[1] overg investigate, search (into)

'navorsing v (-en) investigation; *zijn* ~en ook: his researches

'navraag v **1** (inlichtingen) inquiry; **2** <u>handel</u> demand; *er is veel ~ naar* it is in great demand; *~ doen naar* inquire after; *bij ~* on inquiry

'**navragen**[1] *onoverg* inquire

na'vrant *bn* harrowing, poignant

'**naweeën** *mv* **1** *eig* afterpains; **2** *fig* after-effects, aftermath

'**nawerken**[1] *onoverg* produce after-effects

'**nawerking** *v* after-effect(s)

'**nawijzen**[1] *overg* point after (at); zie ook: *vinger*

'**nawinter** *m* (-s) latter part of the winter

'**nawoord** *o* (-en) epilogue

'**nawuiven**[1] *overg* wave after

'**nazaat** *m* (-zaten) descendant

'**nazeggen**[1] *overg* repeat

'**nazenden**[1] *overg* send (on) after, forward, redirect

'**nazetten**[1] *overg* pursue, chase

'**nazi** *m* ('s) & *bn* Nazi

'**nazicht** *o* ZN **1** (toezicht) surveillance; **2** (verificatie) inspection; **3** (correctie) correction; **4** (onderhoud) maintenance

'**nazien**[1] *overg* **1** (naogen) look after, follow with one's eyes [a person]; **2** (kritisch nagaan) examine; techn overhaul [a machine, a bicycle &]; go over [one's lessons]; **3** (verbeteren) correct [exercises]; *ik zal het eens ~* I'll look it up [in the dictionary]

'**naziskin** *m* (-s) neo-nazi skinhead

na'zisme *o* Nazism, Naziism

na'zistisch *bn* Nazi

'**nazitten**[1] *overg* pursue

'**nazoeken**[1] *overg* (in een boek) look up

'**nazomer** *m* (-s) latter part of the summer; *mooie ~* Indian summer

'**nazorg** *v* after-care

NB *afk.* = *noorderbreedte; nota bene*

n. Chr. *afk.* = *na Christus* A.D., Anno Domini

Ndl. *afk.* = *Nederlands*

Ne'anderthaler *m* (-s) Neanderthal man

neces'saire *m* (-s) **1** (met toiletbenodigdheden) dressing-case, toilet-case; **2** (met naaigerei) housewife

necro'fiel I *m* (-en) necrophil(e), necrophiliac; **II** *bn* necrophilic

necrofi'lie *v* necrophilia, necrophily, necrophilism

necrolo'gie *v* (-gieën) necrology

'**nectar** *m* nectar

necta'rine *v* (-s) nectarine

'**neder(-)** *voorv* = *neer(-)*

'**Neder-Californië** *o* Lower California

'**Nederduits** *o* & *bn* Low German

'**nederig I** *bn* humble, lowly; **II** *bijw* humbly

'**nederigheid** *v* humility, humbleness, lowliness

'**nederlaag** *v* (-lagen) defeat, reverse, overthrow; *een ~ lijden* suffer defeat, be defeated; *de vijand een zware ~ toebrengen* inflict a heavy defeat upon the enemy

'**Nederland** *o* the Netherlands; *de ~en* the Netherlands

'**Nederlander** *m* (-s) Dutchman

'**Nederlanderschap** *o* Dutch nationality

'**Nederlands I** *bn* Dutch, Netherlands; *N~e Antillen* (the) Netherlands Antilles; **II** *o: het ~* Dutch

'**Nederlands-Indië** *o* Dutch East Indies

'**Nederlandstalig** *bn* Dutch-speaking

'**Neder-Saksen** *o* Lower Saxony

'**nederwiet** *m* Dutch grass, Dutch weed

'**nederzetting** *v* (-en) settlement

nee *tsw* no; *~ maar!* well, I never!; *~ zeggen* say no, refuse; *hij zei van ~* he said no; *met ~ beantwoorden* answer in the negative

neef *m* (-s en neven) **1** (oomzegger) nephew; **2** (neefzegger) cousin; *ze zijn ~ en nicht* they are cousins

neeg (negen) V.T. van *nijgen*

neen *tsw* = *nee*

neep (nepen) V.T. van *nijpen*

neer *bijw* down

'**neerbuigen**[1] **I** *onoverg* bend (bow) down; **II** *overg* bend down; **III** *wederk: zich ~* bow (kneel) down

neer'buigend *bn* condescending, patronizing

'**neerdalen**[1] *onoverg* come down, descend

'**neerdaling** *v* (-en) descent

'**neerdoen**[1] *overg* let down

'**neerdraaien**[1] *overg* turn down

'**neerdrukken**[1] *overg* press down, weigh down, oppress[2]

'**neergaan**[1] *onoverg* go down

'**neergaand** *bn* downward; *in ~e lijn* on the down grade

'**neergooien**[1] *overg* **1** (in 't alg.) throw (fling) down [sth.]; **2** (v. kaarten) throw up [one's cards]; *de boel (het bijltje) er bij ~* gemeenz chuck the whole thing; throw in the towel

'**neerhaal** *m* (-halen) downstroke [in writing]

'**neerhalen**[1] *overg* **1** pull down, haul down [a flag], lower; **2** bring down [aircraft]

'**neerhangen**[1] *onoverg* hang down, droop

'**neerhof** *m* & *o* (-hoven) ZN (erf) farm yard

'**neerhurken** (hurkte neer, h. en is neergehurkt) *onoverg* squat (down)

'**neerkijken**[1] *onoverg* look down [upon]

'**neerknallen**[1] *overg* (neerschieten) plug, shoot (down)

'**neerknielen**[1] *onoverg* kneel down

'**neerkomen**[1] *onoverg* come down; *~ op een tak* alight on a branch; *daar komt het op neer* it comes (amounts) to this, it boils down to this; *het komt alles op hetzelfde neer* it comes to the same thing, it works out the same in the end; *alles komt op hem neer* all falls on his shoulders (on him)

'**neerkwakken**[1] *overg* dump down, slam down

neer'landicus *m* (-ci) Dutch specialist

neerlandis'tiek *v* Dutch language and literature

'**neerlaten**[1] *overg* **1** let down, lower [a blind]; **2** drop [the curtain, a perpendicular, a parachutist]

'**neerleggen**[1] **I** *overg* lay down, put down; *zijn ambt ~* resign (one's office); *zijn betrekking ~* lay down (vacate) one's office; *het commando* ~ relinquish the command; *ik moest 25 gulden* ~ I had to put down 25 guilders; *zijn hoofd* ~ lay down one's head²; *de praktijk* ~ retire from practice; *veel vijanden* ~ shoot (kill) many enemies; *de wapens* ~ lay down one's arms; *het werk* ~ 1 (gewoon) cease (stop) work; 2 (bij staking) strike work, strike, down tools; *zoveel stuks wild* ~ bring down (kill) so many heads of game; *naast zich* ~ disregard, ignore, take no notice of; **II** *wederk: zich bij iets* ~ acquiesce in it; accept the fact; *men moet er zich maar bij* ~ one has to put up with it, one can only resign oneself to it; *zich* ~ *bij het vonnis* defer to the verdict

'**neerliggen**¹ *onoverg* lie down

'**neerploffen**¹ **I** (h.) *overg* dash down; **II** (is) *onoverg* flop down, fall down (come down) with a thud

'**neersabelen**¹ *overg* cut down, put to the sword

'**neerschieten**¹ **I** (h.) *overg* **1** shoot down [a bird &]; **2** shoot [a man]; **3** bring down [aircraft]; **II** (is) *onoverg* (snel naar beneden komen) dart down, dash down [upon...]; ~ *op* ook: pounce upon, swoop down

'**neerschrijven**¹ *overg* write down

'**neerslaan**¹ **I** (h.) *overg* **1** (door slaan doen vallen) strike down [a person]; **2** (de ogen) cast down; **3** (kraag &) turn down, let down, lower; **4** chem precipitate; **5** fig (neerslachtig maken) dishearten; **6** (opstand) crush, suppress, put down; **II** (is) *onoverg* **1** (vallen) be struck down; **2** chem precipitate

neer'slachtig *bn* dejected, low(-spirited), depressed; gemeenz down in the mouth

neer'slachtigheid *v* dejection, low spirits, depression of spirits, gemeenz the blues

'**neerslag I** *m* (regen &) precipitation; **II** *m & o* (-slagen) **1** chem precipitation, precipitate; **2** (bezinksel) deposit, sediment; *radioactieve* ~ fall-out

'**neersmijten**¹ *overg* throw down, fling down, slap down

'**neersteken**¹ *overg* stab

'**neerstorten**¹ **I** (is) *onoverg* **1** (in 't alg.) fall down; **2** luchtv crash; **II** *overg* dump down

'**neerstrijken** (streek neer, h. en is neergestreken) *onoverg* alight [on a branch &]

'**neerstromen**¹ *onoverg* stream down

'**neertellen**¹ *overg* **1** (tellend neerleggen) count out; **2** (betalen) pay out; *voor dit huis hebben we een flink bedrag moeten* ~ we had to fork over a lot of money for this house

'**neertrekken**¹ *overg* pull down, draw down

'**neertuimelen**¹ *onoverg* tumble down

'**neervallen**¹ *onoverg* fall down, drop

'**neervellen**¹ *overg* fell, strike down

'**neervlijen**¹ **I** *overg* lay down; **II** *wederk: zich* ~ lie down

'**neerwaarts I** *bn* downward; **II** *bijw* downward(s)

'**neerwerpen**¹ **I** *overg* **1** (in 't alg.) cast (throw, fling, hurl) down; **2** luchtv drop, parachute; **II** *wederk:*

zich ~ throw oneself down

'**neerzetten**¹ *overg* set down, put down

'**neerzien**¹: *onoverg* look down (*op* upon)

'**neerzijgen**¹, '**neerzinken**² *onoverg* sink down; ~ *in* sink into [an armchair &]

'**neerzitten** (zat neer, is neergezeten) *onoverg* sit down

neet *v* (neten) nit

nega'tief I *bn* negative; **II** *bijw* negatively; **III** *o* (-tieven) negative

1 '**negen** *telw* nine; *alle* ~ *gooien* throw all nine

2 '**negen** V.T. meerv. v. *nijgen*

'**negende** *telw* ninth (part)

'**negenjarig** *bn* of nine years, nine-year-old

'**negenoog** *v* (-ogen) **1** (vis) lamprey; **2** med carbuncle

'**negental** *o* (-len) nine

'**negentien** *telw* nineteen

'**negentiende** *telw* nineteenth (part)

'**negentig** *telw* ninety

'**negentigjarig** *bn* of ninety years, ninety-year-old; *een* ~*e* a nonagenarian, a ninety year old

'**negentigste** *telw* ninetieth (part)

'**negenvoud** *o* multiple of nine

'**negenvoudig** *bn* ninefold

'**neger** *m* (-s) Black, black man; vroeger & geringsch Negro

'**negerbevolking** *v* black population

1 '**negeren** (negerde, h. genegerd) *overg* bully, hector

2 ne'**geren** (negeerde, h. genegeerd) *overg* ignore [sth., sbd.]; cut [sbd.]

nege'rin *v* (-nen) Black, black woman; vroeger & geringsch Negress

'**negerzoen** *m* (-en) (lekkernij) ± chocolate-covered marshmallow

negli'gé *o* (-s) undress, négligé; *in* ~ in dishabille

nego'rij *v* (-en) hole [of a place]

ne'gotie *v* (-s) trade; *zijn* ~ his wares

negro'ïde *bn* Negroid; *het* ~ *ras* the Negroid race, the Negro race

'**neigen** (neigde, h. geneigd) **I** *onoverg* incline, bend; *ter kimme* ~ (plechtig) decline; *ten val* ~ totter to its ruin; *geneigd tot...* zie: *geneigd*; **II** *overg* incline, bend [one's head]

'**neiging** *v* (-en) leaning (*tot* towards, to), propensity, tendency, bent, inclination; ~ *voelen om...* feel inclined to...

nek *m* (-ken) back of the neck, nape of the neck; *hij heeft een stijve* ~ he has got a stiff neck; ~ *aan* ~ sp neck and neck; *zij kijken hem met de* ~ *aan* they give him the cold shoulder; *iem. de* ~ *breken* break sbd.'s neck; *dat zal hem de* ~ *breken* that will ruin him; *over zijn* ~ *gaan* **1** eig puke; **2** fig be sick to death (*van* of); *daar ga ik van over mijn* ~ that makes me want to puke; *zijn* ~ *uitsteken* stick one's neck out

nek-aan-'nekrace *m* (-s) neck-and-neck race

nekhaar *o* (-haren) hair of the nape
'nekken (nekte, h. genekt) *overg* kill; *een voorstel ~ slang* kill (wreck) a proposal; *dat heeft hem genekt* that has been his undoing
'nekkramp *v* cerebro-spinal meningitis
'nekschot *o* (-schoten) shot in the back of the neck
'nekslag *m* (-slagen) **1** *eig* stroke in the neck, rabbit-punch; **2** *fig* deathblow
'nekspier *v* (-en) cervical muscle
'nekvel *o* scruff of the neck
'nemen (nam (namen), h. genomen) *overg* **1** take [sth.]; **2** ⟨bij schaken &⟩ take, capture [a piece]; **3** *mil* take, carry [a fortress]; **4** ⟨springen over⟩ take, negotiate [the hurdles]; **5** ⟨bespreken⟩ take, engage, book [seats]; **6** ⟨iem. voor de gek houden⟩ fool [sbd.], pull sbd.'s leg; **7** ⟨bedotten⟩ take in, cheat, *gemeenz* do [sbd.]; *neem wat vruchtensap* have some fruit juice; *dat neem ik niet* I am not having this; *ik zou 't niet ~ gemeenz* I wouldn't stand for it; *het ~ zoals het valt* take things just as they come; *iem. bij de arm ~* take sbd. by the arm; *iets op zich ~* undertake to do sth.; *het bevel op zich ~* take command; *een taak op zich ~* shoulder a task; *tot zich ~* **1** take [food]; **2** adopt [an orphan]; *een horloge uit elkaar ~* take a watch to pieces; *het er goed van ~* do oneself well; zie ook: *aanvang &*
neoclassi'cisme *o* neoclassicism
'neofascisme *o* neofascism
'neofascist *m* (-en) neofascist
neo'fiet *m-v* (-en) ZN, *sp* novice
'neogotiek *v* Gothic Revival
neo'gotisch *bn* neo-Gothic, Neo-Gothic
neolo'gisme *o* (-n) neologism
'neon *o* neon
neo'nazi *m-v* ('s) neo-Nazi
neona'zisme *o* neo-Nazism
'neonbuis *v* (-buizen) neon tube
'neonreclame *v* (-s) neon sign
nep *m gemeenz* **1** ⟨bedrog⟩ swindle; **2** ⟨namaak⟩ fake
nep- *voorv* imitation(-), fake
'Nepal *o* Nepal
Nepa'lees *m* (-lezen) & *o* & *bn* Nepalese, Nepali
Ne'pali *o* Nepali
'nepen V.T. meerv. van *nijpen*
nepo'tisme *o* nepotism
'neppen (nepte, h. genept) *overg* cheat, swindle, bamboozle; *genept worden* ⟨bij een aankoop⟩ be ripped off
Nep'tunus *m* Neptune
nerf *v* (nerven) **1** ⟨in 't alg.⟩ rib, nerve, vein; **2** ⟨v. hout⟩ grain
'nergens *bijw* nowhere; *~ toe dienen* zie: *dienen*; *~ om geven* care for nothing; *het is ~ goed voor* it is good for nothing; *~ zijn fig* be nowhere
'nering *v* (-en) **1** ⟨kleinhandelszaak⟩ trade, (small) business, retail trade; **2** ⟨klandizie⟩ custom, goodwill; *~ doen* keep a shop; *drukke ~ hebben* do a roaring trade

'neringdoende *m-v* (-n), **'neringdoener** *m* (-s) ZN retailer
'Nero *m* Neron
nerts I *m* (-en) ⟨dier⟩ mink; **II** *o* ⟨bont⟩ mink
nerva'tuur *v* (-turen) nervation
ner'veus *bn* nervous, *gemeenz* nervy; all of a dither; **II** *bijw* nervously
nervosi'teit *v* nervousness
nest *o* (-en) **1** ⟨v. vogels &⟩ nest; ⟨v. roofvogels⟩ eyrie; **2** ⟨v. honden⟩ litter; ⟨v. katten⟩ set; **3** *gemeenz* ⟨bed⟩ bunk; **4** *gemeenz* ⟨wicht⟩ minx, chit, snooty little thing; *~en uithalen* go nesting; *zijn eigen ~ bevuilen* foul one's own nest; *zijn ~ induiken gemeenz* hit the sack; *in de ~en zitten* be in a fix; *zich in de ~en werken* get into a fix; *uit een goed ~ komen* come from a good family, come of a good stock
'nestei *o* (-eren) nest-egg
'nestel *m* (-s) shoulder-knot, tag
'nestelen (nestelde, h. genesteld) **I** *onoverg* nest, make its (their) nest; **II** *wederk*: *zich ~ fig* nestle; *de vijand had zich daar genesteld* the enemy had lodged himself there
'nesthaar *o* first hair, down
'nestkastje *o* (-s) nest-box, nesting-box
'nestkuiken *o* (-s) nestling
'nestor *m* (-s) Nestor
'nestveren *mv* first feathers, down
1 net *o* (-ten) **1** net [of a fisherman &]; **2** string bag [for shopping]; **3** rack [in railway carriage]; **4** network [of railways]; **5** [railway, electricity, telephone &] system; *zijn ~ten uitwerpen* cast one's nets[2]; *achter het ~ vissen* come a day after the fair, be too late; *zij heeft hem in haar ~ten gelokt* she has netted (trapped) him; *in het ~ vallen* be netted[2], *fig* fall into the trap
2 net I *bn* **1** ⟨mooi gemaakt⟩ neat; **2** ⟨aardig⟩ smart, trim; **3** ⟨proper⟩ tidy, clean; **4** ⟨fatsoenlijk⟩ decent, nice [girls], respectable [boys, quarters]; **II** *o* fair copy; *in het ~ schrijven* copy fair, make a fair copy of; **III** *bijw* **1** ⟨netjes⟩ neatly, decently; **2** ⟨precies⟩ just; *~ genoeg* just enough; *~ goed!* serves you (him &) right!; *hij is ~ vertrokken* he has just left, he left this minute; *het is ~ zes uur* it is just six o'clock; *zij is ~ een jongen* quite a boy; *dat is ~ wat (iets) voor hem* **1** the very thing for him; **2** that is just like him; *~ zo* in exactly the same manner; *~ zo goed* just as well; *~ zo lang tot...* until (at last); *hij is er nog ~ door* he just made it, he has got through by the skin of his teeth; *het kan er ~ in* it just fits in; *ik heb hem ~ nog gezien* I saw him just now
'netel *v* (-s) nettle
'neteldoek *o* muslin
'neteldoeks *bn* muslin
'netelig *bn* thorny, knotty, ticklish [situation]; *~e positie* plight; *~e vraag gemeenz* floorer
'netelroos *v* nettle rash, hives, *med* urticaria
'netheid *v* **1** neatness, tidiness; **2** cleanness; **3** respectability

'**netje** *o* (-s) net; string-bag

'**netjes I** *bijw* neatly, nicely; ~ *eten* eat nicely; *zeg eens* ~ *gedag!* say goodbye like a good girl (boy)!; *een kamer* ~ *houden* keep a room tidy (clean); *zich* ~ *kleden* dress neatly; **II** *bn*: *keurig* ~ neat as a pin; *dat is (staat) niet* ~ that is not becoming, not good form; *dat is niet* ~ *van hem* it is not nice of him; zie ook: ²*net I*

'**netkous** *v* (-en) fishnet stocking

'**netmaag** *v* (-magen) reticulum

'**netnummer** *o* (-s) *telec* exchange number, trunk code, <u>Am</u> area code

'**netschrift** *o* (-en) **1** (in 't alg.) fair copy; **2** <u>onder-wijs</u> fair-copy book

'**netspanning** *v* (-en) voltage of the network

'**netto** *bn* net; *zij verdient f 2300* ~ she makes f 2300 net, she nets f 2300

net'**vleugelig** *bn* net-winged

'**netvlies** *o* (-vliezen) retina

'**netvliesontsteking** *v* (-en) retinitis

'**netvormig** *bn* reticular

'**netwerk** *o* (-en) network²

'**neuken** (neukte, h. geneukt) *onoverg & overg* <u>ge-meenz</u> fuck, screw

neural'**gie** *v* <u>med</u> neuralgia

'**Neurenberg** *o* Nuremberg

'**neuriën** (neuriede, h. geneuried) *overg & onoverg* hum

'**neurochirurgie** *v* neurosurgery

'**neurolo'gie** *v* neurology

'**neuro'loog** *m* (-logen) neurologist

neu'**root** *m* (-roten) neurotic

neu'**rose** *v* (-n en -s) neurosis [*mv* neuroses]

neu'**roticus** *m* (-ci) neurotic

neu'**rotisch** *bn* neurotic

neus *m* (neuzen) **1** nose [of man, a ship &]; **2** nozzle [of a spout &]; **3** toe-cap [of boot]; *dat is een wassen* ~ that's a blind, it's a mere formality; *een fijne* ~ *hebben* have a keen nose; *een fijne* ~ *hebben voor...* have a nose (a flair) for...; *hij kijkt niet verder dan zijn* ~ *lang* is he does not see beyond his nose; *een lange* ~ *maken tegen iem.* make a long nose at sbd., cock a snook at sbd.; *zijn* ~ *achternagaan* follow one's nose; *zijn* ~ *ophalen* sniff; *dat gaat zijn* ~ *voor-bij* that is not for him; *de* ~ *voor iets ophalen (optrek-ken)* turn up one's nose at sth., sneer at sth.; *zijn* ~ *buiten de deur steken* stick one's nose out of doors; *zijn* ~ *overal in steken* poke (thrust) one's nose into everything; *de* ~ *in de wind steken* put on airs; *de neuzen tellen* count noses; *iem. bij de* ~ *nemen* take sbd. in, pull sbd.'s leg; *door zijn (de)* ~ *praten* speak through one's nose; *iem. iets door de* ~ *boren* cheat sbd. of sth., do sbd. out of sth.; *(ik zei het) zo langs mijn* ~ *weg* casually; *hij zit altijd met zijn* ~ *in de boeken* he is always poring over his books; *hij moet overal met zijn* ~ *bij zijn* he wants to be present at everything; *iem. iets onder de* ~ *wrijven* cast sth. in sbd.'s teeth, rub it in; *op zijn* ~ *(staan) kijken* look

blank (foolish); *iem. iets voor zijn* ~ *wegnemen* take it away from under his (very) nose; *het ligt voor je* ~ it is under your (very) nose; *de deur voor iems.* ~ *dichtslaan* slam (shut) the door in sbd.'s face; *wie zijn* ~ *schendt, schendt zijn aangezicht* it's an ill bird that fouls his own nest

'**neusbeen** *o* (-deren) nasal bone

'**neusbloeding** *v* (-en) nosebleeding, nosebleed

'**neusdruppels** *mv* nosedrops

'**neusgat** *o* (-gaten) nostril [of man & beast]

'**neusgeluid** *o* (-en) nasal sound, nasal twang

'**neusholte** *v* (-n en -s) nasal cavity

'**neushoorn**, '**neushoren** *m* (-s) rhinoceros

'**neusje** *o* (-s) (little) nose; *het* ~ *van de zalm* the pick of the bunch

'**neusklank** *m* (-en) nasal sound

'**neuslengte** *v* (-n, -s) fig nose; *met een* ~ *verschil winnen* win by a nose

'**neusring** *m* (-en) nose-ring

'**neusvleugel** *m* (-s) wing of the nose, nostril

'**neuswarmer** *m* (-s) nose-warmer, cutty

'**neuswijs** *bn* conceited, pert, cocky

'**neutje** *o* (-s) gemeenz drop, nip, peg

neu'**traal** *bn* **1** (in 't alg.) neutral; **2** (nietszeggend) non-committal; ~ *blijven* remain neutral, gemeenz sit on the fence

neutrali'**seren** (neutraliseerde, h. geneutraliseerd) *overg* neutralize

neutrali'**teit** *v* neutrality

'**neutron** *o* neutron

neu'**tronenbom** *v* (-men) neutron bomb

'**neutrum** *o* (-tra) neuter

'**neuzelen** (neuzelde, h. geneuzeld) *onoverg & overg* **1** (door de neus praten) speak with a twang; **2** (on-zin praten) drivel; **3** (mompelen) mumble

'**neuzen** (neusde, h. geneusd) *onoverg* nose

'**nevel** *m* (-s en -en) **1** (lichte mist) mist, haze; **2** <u>as-tron</u> nebula [*mv* nebulae]

'**nevelachtig** *bn* nebulous², misty², hazy²

'**nevelen** (nevelde, h. geneveld) *onoverg*: *het nevelt* it is misty

'**nevelig** *bn* misty, hazy

'**nevelspuit** *v* (-en) mist spray

'**nevelvlek** *v* (-ken) nebula [*mv* nebulae]

'**nevenactiviteit** *v* (-en) sideline

'**nevenbedoeling** *v* (-en) ulterior motive

'**neveneffect** *o* (-en) side effect

'**nevenfunctie** *v* (-s) secondary occupation, side-line

'**nevengeschikt** *bn* co-ordinate

'**nevenindustrie** *v* (-trieën) ancillary industry

'**neveninkomsten** *mv* additional income

'**nevens** *voorz* zie: *naast & benevens*

'**nevenschikkend** *bn* co-ordinative

'**nevenschikking** *v* (-en) co-ordination

'**nevensgaand** *bn* accompanying, enclosed

new '**wave** *m* <u>muz</u> new wave

New 'York *o* New York

New'yorker *m* (-s) New Yorker

New'yorks *bn* New York

Nia'garawatervallen *mv* Niagara Falls

Nica'ragua *o* Nicaragua

Nicara'guaan *m* (-guanen) Nicaraguan

Nicaraguaans *bn* Nicaraguan

nicht (-en) **1** *v* ⟨oomzegster⟩ niece; **2** *v* ⟨neefzegster⟩ cousin; **3** *m* ⟨homoseksueel⟩ gemeenz queer, queen

'**nichtenrock** *m* glitter rock

'**nichterig** *bn* fairy; ~ *praten* talk like a fairy (like a queen); *van die ~e types* fairies, the limp-wrist brigade

Nico'baren *mv* Nicobar Islands

'**Nicolaas** *m* Nicolas

nico'tine *v* nicotine

nico'tinevergiftiging *onbep vnw* nobody, no one, none; ~ *anders dan...* none other than...; ~ *minder dan...* no less a person than...; ~ *niet?* no one better?

'**niemandsland** *o* no man's land

niemen'dal *onbep vnw* nothing at all

niemen'dalletje *o* (-s) nothing, trifle

nier *v* (-en) kidney

'**nierbekkenontsteking** *v* (-en) pyelitis

'**nierdialyse** *v* med haemodialysis

'**nierlijder** *m* (-s) nephritic patient

'**nierontsteking** *v* (-en) nephritis

'**niersteen** *m* (-stenen) **1** med renal calculus, stone in the kidney; **2** ⟨jade⟩ jade

'**niersteenvergruizer** *m* (-s) lithotripter

'**niervet** *o* kidney-suet

'**niervormig** *bn* kidney-shaped

'**nierziekte** *v* (-n en -s) nephritic disease, renal disease, kidney complaint

'**niesbui** *v* (-en) sneezing fit

'**niesen** *onoverg* (nieste, h. geniest) sneeze

'**nieskruid** *o* hellebore

'**niespoeder**, '**niespoeier** *o & m* sneezing-powder

'**niesziekte** *v* feline enteritis; gemeenz (cat) distemper

1 niet I *bijw* not; ~ *eens* zie: *eens*; ~ *langer* no longer; ~ *te veel* not too much, none too many; ~ *dat ik...* not that I...; *geloof dat maar* ~*!* don't you believe it!; *dat is* ~ *onaardig* that's rather nice; **II 1** *o* (niets) nothingness; **2** *m* (lot) blank; *in het* ~ *verzinken (vallen)* **1** sink into nothingness; **2** pale (sink) into insignificance (*bij* beside); *om* ~ *voor* nothing, gratis; *om* ~ *spelen* play for love; *te* ~ *doen* **1** ⟨in 't alg.⟩ nullify, annul, cancel, abolish; **2** dispose of [an argument, a myth]; **3** bring (reduce) to naught [plans, a fortune]; **4** dash [sbd.'s hopes]; **5** undo [our actions, the good work]; *te* ~ *gaan* be lost, perish; *uit het* ~ *tevoorschijn roepen* call up from nothingness; *een* ~ *trekken* draw a blank; *als* ~ *komt tot iet kent iet zichzelve* ~ set a beggar on horseback and he'll ride to the devil

2 niet *v* (-en) = *nietje*

niet-'aanvalsverdrag *o* (-dragen) non-aggression pact

'**nietapparaat** *o* (-raten) = *nietmachine*

'**nieten** (niette, h. geniet) *overg* staple

'**nietes** *bijw* gemeenz it isn't, 'tisn't; ~*!, welles!* no it isn't!, yes it is!

niet-gebonden *bn* pol non-aligned [countries]

'**nietig** *bn* **1** ⟨niets betekenend⟩ insignificant; **2** ⟨onbeduidend⟩ miserable, paltry [sums]; **3** ⟨ongeldig⟩ (null and) void; ~ *verklaren* declare null and void, annul, nullify

'**nietigheid** *v* (-heden) **1** ⟨onbeduidendheid⟩ insignificance; **2** ⟨ongeldigheid⟩ nullity; *zulke nietigheden* such futilities (nothings, trifles)

'**nietigverklaring** *v* (-en) nullification, annulment

'**nietje** *o* (-s) staple

'**niet-leden** *mv* non-members

'**nietmachine** *v* (-s) stapler, stapling machine

niet-'nakoming *v* non-fulfilment

'**nietpistool** *o* (-tolen) staple gun

'**niet-roker** *m* (-s) nonsmoker

niets I *vnw* nothing; ~ *anders dan...* nothing (else) than, nothing (else) but, zie ook: *anders*; ~ *beter dan* no better than; ~ *dan lof* nothing but praise; ~ *minder dan...* nothing less than; ~ *nieuws* nothing new; *het is* ~*!* it is nothing!; ~ *te veel* none too much; *of het* ~ *is* without more ado; *... is er* ~ *bij ...* is nothing to this, *...is* not in it; ~ *daarvan!* nothing of the sort!; *het is* ~ *gedaan* it's no good; *om (voor)* ~ for nothing; *dat is* ~ *voor jou* that is not in your line; *het is* ~ *voor jou om...* it is not like you to...; *hij had niet voor* ~ *(in Duitsland gewerkt)* not for nothing had he...; ~ *voor* ~ nothing for nothing; *zij moet* ~ *van hem hebben* she will have none of him; **II** *bijw* nothing; ~ *bang* nothing afraid; *het bevalt me* ~ I don't like it at all; *het lijkt er* ~ *op* it's nothing like it; *ik heb er* ~ *geen zin in* I've no mind at all to...; **III** *o* nothingness

'**nietsbeduidend**, '**nietsbetekenend** *bn* insignificant

'**nietsdoen** *o* idleness

'**nietsdoend** *bn* idle

'**nietsdoener** *m* (-s) idler, do-nothing

'**nietsnut** *m* (-ten) good-for-nothing, ne'er-do-well, waster, wastrel

'**nietsontziend** *bn* unscrupulous; ruthless [criminal]; *een* ~ *offensief* a desperate offensive

'**nietsvermoedend** *bn* unsuspecting

niets'waardig *bn* worthless

niets'zeggend *bn* **1** meaningless [look]; **2** noncommittal [words]; **3** inexpressive [features]

niettegen'staande I *voorz* in spite of, notwithstanding; **II** *voegw* although, though

niette'min *bijw* nevertheless, for all that

niet'waar: *tsw: u bent het toch met me eens,* ~*?* you do agree, don't you?; *(dit is) een prachtig schilderij,* ~*?* a beautiful painting, don't you think?; this is a beautiful painting, isn't it?; *we hadden geen keus,* ~*?* we didn't have a choice, did we?

nieuw I *bn* **1** (in 't alg.) new; **2** fresh [courage, evidence &]; **3** recent [book]; **4** novel [idea]; **5** modern [history &]; ~*ste mode* latest fashion; **II** *bijw de* ~ *aangekomene* the new-comer, the new arrival

'**nieuwbakken, nieuw'bakken** *bn* **1** new [bread]; **2** *fig* newfangled [theories]; *het* ~ *echtpaar* the newly-married couple

'**nieuwbouw** *m* **1** (het bouwen) construction (building) of new houses; **2** (gebouwen) new buildings, new housing

'**nieuwbouwwijk** *v* (-en) new housing estate; *ze woonde in een saaie* ~ she lived in a dull suburban area

Nieuw-Cale'donië *o* New Caledonia

'**nieuweling** *m* (-en) **1** (in 't alg.) novice, newcomer, beginner, tyro; **2** *onderwijs* new boy (girl)

nieuwer'wets *bn* new-fashioned, novel, geringsch newfangled

'**Nieuwgrieks** *o* Modern Greek

Nieuw-Gui'nea *o* New Guinea

'**nieuwigheid** *v* (-heden) novelty, innovation

nieuw'jaar, 'nieuwjaar *o* new year; *ik wens u een gelukkig (zalig)* ~ I wish you a happy New Year

nieuw'jaarsbrief *m* (-brieven) ZN new year's letter

nieuwjaars'dag *m* (-dagen) New Year's Day

nieuw'jaarskaart *v* (-en) New Year's card

nieuw'jaarswens *m* (-en) New Year's wish

'**nieuwkomer** *m* (-s) **1** (persoon) newcomer; **2** (ding) novelty

'**nieuwkuis** *m* (-en) ZN dry cleaner's

'**nieuwlichter** *m* (-s) modernist, innovator

nieuwlichte'rij *v* (-en) modernism

nieuw'modisch *bn* new-fashioned, fashionable, stylish

nieuws *o* news, tidings, piece of news; *geen* ~? any news?; *dat is geen* ~ that is no news; *dat is wat* ~! that's something new (indeed)!; *geen* ~ *goed* ~ no news good news; *iets* ~ something new; *het laatste* ~ the latest intelligence; *laatste* ~ (in krant) stop-press; *oud* ~ ancient history; *wat voor* ~? what's the news?; *van de dag* the news of the day; *niets* ~ *onder de zon* nothing new under the sun; *in het* ~ *komen* hit (make) the headlines; *in het* ~ *zijn* be in the news

'**nieuwsagentschap** *o* (-pen) news agency

'**nieuwsbericht** *o* (-en) news item

'**nieuwsblad** *o* (-bladen) newspaper

'**nieuwsdienst** *m* (-en) news service

'**nieuwsgaring** *v* gathering of news, collection of news; *vrije* ~ free press

'**nieuws'gierig** *bn* inquisitive, curious (*naar* about); *ik ben* ~ *te horen...* I am anxious to know...

nieuws'gierigheid *v* inquisitiveness, curiosity (*naar* about)

'**nieuwslezer** *m* (-s) RTV newscaster, newsreader

nieuws'tijding *v* (-en) news, tidings

nieuws'uitzending *v* (-en) RTV newscast

'**nieuwtje** *o* (-s) **1** (nieuwigheid) novelty; **2** (bericht)

piece of news; *het* ~ *is eraf* the gilt is off the gingerbread; *als het* ~ *eraf gaat* when the novelty wears off

'**nieuwwaarde** *v*: *verzekering tegen* ~ new-for-old insurance, replacement value insurance

Nieuw-'Zeeland *o* New Zealand

Nieuw'zeelander *m* (-s) New Zealander

Nieuw'zeelands *bn* New Zealand

Nieuw-Zuid-'Wales *o* New South Wales

'**niezen** (niesde, h. geniesd) *onoverg* sneeze

'**Niger** *o* Niger

Nige'rees *bn* Nigerien

Ni'geria *o* Nigeria

Nigeri'aan *m* (-rianen) Nigerian

Nigeri'aans *bn* Nigerian

Nige'rijns *bn* Nigerien

'**nihil** *bn* nil

nihi'lisme *o* nihilism

nihi'list *m* (-en) nihilist

nihi'listisch *bn* nihilist, nihilistic [style, utterance]

nijd *m* envy

'**nijdas** *m* (-sen) crosspatch

'**nijdig I** *bn* angry; ~ *worden* get angry, fly into a passion; **II** *bijw* angrily

'**nijdigheid** *v* anger

'**nijdnagel** *m* (-s) = *nijnagel*

'**nijgen** (neeg, h. genegen) *onoverg* bow, make a bow, drop a curtsy, curtsy

'**nijging** *v* (-en) bow, curtsy

Nijl *m* Nile

'**Nijldal** *o* Nile valley

'**nijlpaard** *o* (-en) hippopotamus

'**nijnagel** *m* (-s) hang-nail, agnail

'**nijpen** (neep, h. genepen) *onoverg & overg* pinch; *als het nijpt* when it comes to the pinch

'**nijpend** *bn* **1** biting [cold]; **2** dire [poverty]; **3** acute [shortage, crisis]

'**nijptang** *v* (-en) (pair of) pincers

'**nijver** *bn* industrious, diligent

'**nijverheid** *v* industry

'**nijverheidsschool** *v* (-scholen) technical school

'**nijverheidstentoonstelling** *v* (-en) industrial exhibition

'**nikkel** *o* nickel

'**nikkelen** *bn* nickel

'**nikken** (nikte, h. genikt) *onoverg* nod

'**nikker** *m* (-s) scheldwoord nigger, negro

niks *onbep vnw* gemeenz nothing, nil; ~, *hoor!* nothing doing!

'**niksen** (nikste, h. genikst) *onoverg* do nothing, take it easy; *zitten te* ~ sit around doing nothing, sit around twiddling one's thumbs

'**nillens 'willens** ZN against his will, in spite of himself

'**nimbus** *m* (-sen) nimbus

nimf *v* (-en) nymph

'**nimmer** *bijw* never

'**nimmermeer** *bijw* nevermore, never again

'**Nimrod**, '**nimrod** *m* (-s) Nimrod²

'**nippel** *m* (-s) nipple

'**nippen** (nipte, h. genipt) *onoverg* sip

'**nippertje** *o: op het* ~ in the (very) nick of time, by a narrow margin; *het was net op het* ~ it was touch and go, it was a near thing (a close shave, a narrow squeak); *op het* ~ *komen* cut it fine

nipt I *bn* narrow [escape, victory]; **II** *bijw* just, barely; ~ *winnen* win by a narrow margin; ~ *slagen* scrape through an examination

nir'vana, **nir'wana** *o* nirvana

nis *v* (-sen) **1** (in 't alg.) niche; **2** recess [in a wall]; **3** embrasure [of a window]

ni'traat *o* (-traten) nitrate

ni'triet *o* (-en) nitrite

nitroglyce'rine *v* nitroglycerine

ni'veau *o* (-s) level; *op hetzelfde* ~ *als...* on a level with...; *op universitair &* ~ at university & level

ni'veauverschil *o* (-len) difference in levels

nivel'leren (nivelleerde, h. genivelleerd) *overg* level (up, down)

nivel'lering *v* (-en) levelling

nl. *afk.* = namelijk

n.m. *afk.* namiddag in the afternoon

NN *afk. Nomen Nescio* anon(ymous)

NO *afk.* = noordoosten

'**Noach** *m* Noah

'**nobel I** *bn* noble; **II** *bijw* nobly

No'belprijs *m* (-prijzen) Nobel prize

noch *bijw* neither... nor

noch'tans *bijw* nevertheless, yet, still

noc'turne *v* (-s) *muz* nocturne

'**node** *bijw* reluctantly; *van* ~ *hebben (zijn)* = nodig hebben (zijn)

'**nodeloos** *bn* needless

'**noden** (noodde, h. genood) *overg* invite; *zij laat zich niet* ~ she does not need much pressing

'**nodig I** *bn* necessary, requisite, needful; ~ *hebben* be in want of, want, be (stand) in need of, need; *vandaag niets* ~ not today thank you; ~ *maken* necessitate; ~ *zijn* be necessary, be needed; *(blijf niet langer) dan* ~ is than you need, than you can help; *meer dan* ~ is more than is necessary; *er is kracht voor* ~ *om...* it requires strength to...; *daar is moed voor* ~ it takes courage; *er is heel wat voor* ~ *om...* it takes a good deal to...; *zo* ~ if needs be, if necessary; **II** *bijw* necessarily, needs; **III** *o: het* ~*e* what is necessary; the necessaries of life; *het* ~*e verrichten* do the needful

'**nodigen** (nodigde, h. genodigd) *overg* invite; zie ook: noden

'**noemen** (noemde, h. genoemd) **I** *overg* name, call, style, term, denominate, mention; *zij is naar haar moeder genoemd* she is named after her mother; *hoe noemt u dit?* what do you call this?; *feiten en cijfers* ~ cite facts and figures; *om maar eens iets te* ~ say [fifty guilders]; just to mention one; zie ook: kind, naam, genoemd; **II** *wederk: zich* ~ call oneself

noemens'waard, **noemens'waardig** *bn* worth mentioning; *niets* ~*s* nothing to speak of

'**noemer** *m* (-s) denominator [of a fraction]

noen *m* ZN noon

'**noenmaal** *o* (-malen) ZN lunch

noest *bn* diligent, industrious; *zijn* ~*e vlijt* his unflagging industry (diligence)

'**noestheid** *v* diligence, industry

nog *bijw* yet, still, besides, further; ~ *een appel* another apple; *[wil je]* ~ *koffie?* more coffee?; *is er* ~ *koffie?* is there any coffee left?; *hoeveel* ~? how many more?; *hoe lang* ~ how much longer?; *hoe ver* ~? how much further?; ~ *iemand* somebody else, another one; *er is* ~ *iets* there is something else; ~ *enige* a few more; ~ *eens* once more, (once) again; ~ *eens zoveel* as much (many) again; *dat is* ~ *eens een hoed* that's something like a hat, there's a hat for you, *slang* some hat!; ~ *erger* still worse, even worse; ~ *iets?* anything else?; ~ *geen maand geleden* less than a month ago; ~ *geen tien* not (quite) ten, under ten; ~ *(maar) vijf* only five (left); ~ *vijftig arbeiders te werk stellen* employ an additional fifty workers; ~ *vijftig auto's bestellen* order a further fifty cars; ~ *meer* [give me] (some) more; *wat* ~ *meer?* what besides?; *een* ~ *moeilijker taak* a yet more difficult task; ~ *niet* not yet; ~ *steeds niet* still not; ~ *wat* some more; *wacht* ~ *wat* stay a little longer; *hij zal* ~ *wel komen* he is sure to turn up yet; *en* ~ *wel...* and... too; *en zijn beste vriend* ~ *wel* and that his best friend; *en dat* ~ *wel op kerstdag* and that on Christmas of all days; *neem* ~ *wat* take some more; *weet je* ~ *wel?* do you remember?; *dat weet ik* ~ *zo net niet* I am not quite sure about that; *ken je me* ~? do you remember me?; *gisteren (vorige week)* ~ only yesterday (last week); *vandaag (vanmiddag)* ~ to-day, this very day (this very afternoon); ~ *in de 16de eeuw* as late as the 16th century; *tot* ~ *toe* up to now, so far, as yet

'**noga** *m* nougat

nog'al, '**nogal** *bijw* rather, fairly; ~ *gezet* pretty stout

'**nogmaals** *bijw* once more, once again

no-'iron *bn* non-iron, drip-dry

nok *v* (-ken) **1** (v. huis) ridge; **2** *scheepv* yard-arm; **3** *techn* cam

'**nokbalk** *m* (-en) ridge-pole, rooftree

'**nokken** (nokte, h. genokt) *onoverg gemeenz* (ophouden) knock off; *om 5 uur* ~ *met werken* knock off work at 5

'**nokkenas** *v* (-sen) camshaft

'**nolens 'volens** *bijw* willy-nilly

no'maden *mv* nomads

no'madenleven *o* nomadic life

no'madenstam *m* (-men) nomadic tribe

no'madenvolk *o* (-en en -eren) nomad people

no'madisch *bn* nomadic

nomencla'tuur *v* nomenclature

nomi'naal *bn* nominal

nomi'natie v (-s) nomination; *nummer één op de ~* first on the short list

'nominatief m nominative

nomi'neren (nomineerde, h. genomineerd) *overg* nominate

non v (-nen) nun

non-accep'tatie v non-acceptance

non-ac'tief bn: *op ~ stellen* suspend; (wegens gebrek aan werk) lay off; *op ~ staan* be suspended; be laid off

non-activi'teit v suspension; (wegens gebrek aan werk) lay-off

non-alco'holisch bn non-alcoholic, soft [drinks]

noncha'lance v nonchalance, carelessness

noncha'lant bn nonchalant, careless

non-combat'tant m (-en) non-combatant

non-confor'misme o non-conformity

non-confor'mist m (-en) nonconformist

non-confor'mistisch bn nonconformist

non-'ferrometalen mv non-ferrous metals

non-figura'tief bn non-figurative [painting]

'nonkel m (-s) ZN uncle

'nonnenklooster o (-s) convent, nunnery

'nonnetje o (-s) (eend) smew

non-prolife'ratieverdrag o non-proliferation treaty

'nonsens I m nonsense, gemeenz rubbish, Am bullshit; **II** tsw: *~!* gemeenz rubbish!, Am bullshit!

nonsensi'caal bn nonsensical, absurd

'non-stopvlucht v (-en) nonstop flight

nood m (noden) need, necessity, want, distress; *geen ~!* no fear!; *zijn ~ klagen* disclose one's troubles; complain, lament; *door de ~ gedwongen* compelled by necessity; *in geval van ~* in case of emergency; *in ~ zijn (verkeren)* be in trouble, be in distress; *in ~ leert men zijn vrienden kennen* a friend in need is a friend indeed; *uit ~* compelled by necessity; *iem. uit de ~ helpen* get sbd. out of a scrape, help sbd. out; *van de ~ een deugd maken* make a virtue of necessity; *~ breekt wet* necessity has (knows) no law; *~ leert bidden, ~ maakt vindingrijk* necessity is the mother of invention; *als de ~ aan de man komt* in case of need; *als de ~ het hoogst is, is de redding nabij* the darkest hour is before the dawn

'noodaggregaat o (-gaten) stand-by power unit

'noodanker o (-s) sheet-anchor

'noodbrug v (-gen) temporary bridge

'nooddeur v (-en) emergency door

'nooddruft m & v (armoe) indigence, destitution, poverty

nood'druftig bn needy, indigent, destitute; *de ~en* the needy, the destitute

'noodgang m: *met een ~* like greased lightning, at the double-quick, tearing along

'noodgebied o (-en) distress area

'noodgebouw o (-en) temporary building

'noodgedwongen bn compelled by necessity, perforce

'noodgeval o (-len) (case of) emergency

'noodgreep v (-grepen) ⟨noodmaatregel⟩ emergency measure

'noodhaven v (-s) port of refuge

'noodhulp v (-en) **1** (persoon) emergency worker, temporary help; **2** (zaak) makeshift, stop-gap

'noodklok v (-ken) alarm-bell, tocsin

'noodkreet m (-kreten) cry of distress

'noodlanding v (-en) forced landing, emergency landing

nood'lijdend bn **1** necessitous, distressed [provinces]; **2** indigent, poor, destitute [people]

'noodlot o fate, destiny

nood'lottig bn fatal

'noodluik o (-en) escape hatch

'noodmaatregel m (-en en -s) emergency measure

'noodmast m (-en) jury-mast

'noodoplossing v (-en) temporary (provisional) solution, makeshift

'noodrantsoen o (-en) emergency rations

'noodrem v (-men) **1** (in 't alg.) safety-brake; **2** (in trein) communication cord

'noodschot o (-schoten) distress-gun

'noodsein o (-en) distress-signal, distress-call, SOS (message)

'noodsprong m (-en): *als ~* as (in) the last resort

'noodstop m (-pen) emergency stop

'noodtoestand m (state of) emergency

'nooduitgang m (-en) emergency exit

'noodvaart v = noodgang

'noodverband o (-en) first dressing

'noodverlichting v emergency lighting

'noodvlag v (-gen) flag of distress

'noodvulling v (-en) temporary filling

1 'noodweer o ⟨slecht weer⟩ heavy weather

2 'noodweer v ⟨zelfverdediging⟩ self-defence; *uit ~* in self-defence

'noodwet v (-ten) emergency decree

'noodwoning v (-en) temporary house, emergency dwelling

'noodzaak v necessity

nood'zakelijk I bn necessary; **II** bijw necessarily, of necessity, needs

nood'zakelijkerwijs bijw of necessity; *daaruit volgt ~ dat...* it follows as a matter of course that...

nood'zakelijkheid v (-heden) necessity; *in de ~ verkeren om...* be under the necessity of ...ing

'noodzaken (noodzaakte, h. genoodzaakt) *overg* oblige, compel, constrain, force; *zich genoodzaakt zien om...* be (feel) obliged to...

nooit bijw never; *~ ofte (en te) nimmer* never in all my born days; at no time; never, never [criticize]; *dat ~!* never!; *aan m'n ~ niet!* gemeenz not on my life!; not a bit of it!

Noor m (Noren) Norwegian

noord bn north

Noord-A'merika o North America

Noord-Ameri'kaan m (-kanen) North American

Noord-Ameri'kaans *bn* North American

'**noordelijk I** *bn* northern, northerly; *de ~en* the Northerners; *N~e IJszee* Arctic Ocean; **II** *bijw* northerly

'**noordeling** *m* (-en) = *noorderling*

'**noorden** *o* north; *in het ~* in the north; *naar het ~* (to the) north, northward(s); *op het ~* facing north; *ten ~ van* (to the) north of...; *uit het ~* from the north, northerly

noorden'wind *m* (-en) north wind

'**noorderbreedte** *v* North latitude

noorder'licht *o* northern lights, aurora borealis

'**noorderling** *m* (-en) northerner

'**noorderzon** *v*: *met de ~ vertrekken* abscond, slang shoot the moon

Noord-'Holland *o* North Holland

Noord-'Ierland *o* Northern Ireland

'**Noordkaap** *v* North Cape

'**Noord-Korea** *o* North Korea

Noord-Kore'aan *m* (-reanen) North Korean

Noord-Kore'aans *bijw* North Korean

noord'oostelijk I *bn* north-easterly, north-eastern; **II** *bijw* towards the north-east

noord'oosten *o* north-east

'**noordpool** *v* north pole

noord'poolgebied *o* (-en) arctic regions

noord'poolreiziger *m* (-s) arctic explorer

Noordrijn-West'falen *o* North Rine-Westphalia

noords *bn* **1** (van, uit het noorden) northern, northerly; **2** (m.b.t. Noord-Europa) Nordic; *de ~e combinatie* sp the Nordic combined

'**noordster** *v* North Star, polar star

'**noordwaarts I** *bn* northward; **II** *bijw* northward(s)

noord'westelijk I *bn* north-westerly; **II** *bijw* towards the north-west

noord'westen *o* north-west

noord'wester *m* (-s) north-wester

'**Noordzee** *v* North Sea

'**Noorman** *m* (-nen) Northman, Norseman, Dane

Noors *bn* & *o* Norwegian

'**Noorwegen** *o* Norway

noot *v* (noten) **1** (vrucht) nut, (walnoot) walnut; **2** muz note; **3** (aantekening) note; *achtste ~* muz quaver; *halve ~* minim; *hele ~* semi-breve; *tweeëndertigste ~* demi-semiquaver; *zestiende ~* semiquaver; *hij heeft veel noten op zijn zang* he is very exacting

'**nootjeskolen** *mv* nuts

nootmus'kaat *v* nutmeg

nop *v* (-pen) **1** (in textiel) burl; **2** (onder schoen) stud; zie ook: *noppes*

'**nopen** (noopte, h. genoopt) *overg* induce, urge, compel; *zich genoopt zien* be obliged [to...]

'**nopens** *voorz* concerning, with regard to

'**nopjes** *mv*: *in zijn ~ zijn* be in high feather, be as pleased as Punch

'**noppen** (nopte, h. genopt) *overg* burl

'**noppes** *onbep vnw* gemeenz nothing; *voor ~* **1** (gratis) free, for nothing; **2** (tevergeefs) in vain

nor *v* (-ren) slang jug; *in de ~* in quod

'**noren** *mv* racing skates

norm *v* (-en) norm, rule, standard

nor'maal I *bn* normal; *hij is niet ~* **1** he is not his usual self; **2** he is not right in his head; **II** *bijw* normally

nor'maalonderwijs *o* ZN teachers' training

nor'maalschool *v* (-scholen) ZN College of Education

nor'maalspoor *o* standard gauge

normali'satie *v* **1** (in 't alg.) standardization, normalization; **2** regulation [of a river]

normali'seren (normaliseerde, h. genormaliseerd) *overg* **1** (in 't alg.) standardize, normalize; **2** regulate [a river]

normali'sering *v* (-en) **1** (in 't alg.) standardization, normalization; **2** regulation [of a river]

nor'maliter *bijw* normally

Nor'mandië *o* Normandy

Nor'mandiër *m* (-s) Norman

Nor'mandisch *bn* Norman; *de ~e Eilanden* the Channel Islands; *de ~e kust* the Normandy coast

norma'tief *bn* normative

'**normenstelsel** *o* conventions

'**normvervaging** *v* decay of moral standards

nors I *bn* gruff, surly; **II** *bijw* gruffly, surlily

'**norsheid** *v* gruffness, surliness

nostal'gie *v* nostalgia

nos'talgisch *bn* nostalgic

'**nota** *v* ('s) **1** [tradesman's] bill, account; **2** [diplomatic] note, [official] memorial; *~ nemen van* take (due) note of, note

no'tabel *bn* notable

no'tabele *m-v* (-n) notable; *de ~n* ook: the notabilities, gemeenz the big (great) guns, bigwigs

nota 'bene *tsw* nota bene; (ironisch) if you please

notari'aat *o* (-riaten) profession of notary

notari'eel *bn* notarial

no'taris *m* (-sen) notary (public)

no'tarisambt *o* profession of notary

no'tariskantoor *o* (-toren) notary's office

no'tarisklerk *m* (-en) notary's clerk

no'tatie *v* (-s) notation

'**notawisseling** *v* (-en) exchange of notes (memorandums, memoranda)

'**notenbalk** *m* (-en) staff [mv staves], stave

'**notenbar** *v* (-s) **1** (winkel) nut shop; **2** (deel v.e. winkel) nut section

'**notenboom** *m* (-bomen) walnut-tree

'**notendop** *m* (-pen) **1** eig nutshell; **2** (scheepje) cockleshell; *in een ~* fig in a nutshell

'**notenhout** *o* walnut

'**notenhouten** *bn* walnut

'**notenkraker** *m* (-s) **1** (apparaat) nutcracker, (pair of) nutcrackers; **2** (vogel) nutcracker

'**notenschrift** *o* (-en) musical notation

no'teren (noteerde, h. genoteerd) *overg* **1** ⟨opschrijven⟩ note, write down, jot (note) down, make a note of [a word &]; **2** put [sbd.] down [for...]; **3** handel quote [prices]

no'tering *v* (-en) **1** noting &; **2** handel quotation

'**notie** *v* (-s) notion; *hij heeft er geen* ~ *van* he has not got the faintest notion of it; ~*s* ZN ⟨kennis⟩ knowledge

no'titie *v* (-s) **1** ⟨aantekening⟩ note, jotting; entry [in a diary]; **2** ⟨aandacht⟩ notice; *geen* ~ *van iets nemen* take no notice of sth., ignore sth.

no'titieblok *o* (-ken) notepad

no'titieboekje *o* (-s) notebook, memorandum book

no'toir *bn* notorious

'**notulen** *mv* minutes; *de* ~ *arresteren* confirm the minutes; *de* ~ *lezen en goedkeuren* read and approve the minutes; *de* ~ *maken* take the minutes; *het in de* ~ *opnemen* enter it on the minutes, place on record

'**notulenboek** *o* (-en) minute-book

notu'leren (notuleerde, h. genotuleerd) *overg* take down, minute

notu'list *m* (-en) (minutes) secretary

nou *bijw gemeenz* = *nu*

nouveau 'riche *m* (nouveaux riches) nouveau riche, newly-rich, parvenu, upstart

nouveau'té *v* (-s) novelty; ~*s* fancy-goods

Nova 'Zembla *o* Novaya Zemlya

no'veen *v* (-venen) novena

no'velle *v* (-n) novella, short novel

no'vember *m* november

no'vene *v* (-n) = *noveen*

no'vice *m-v* (-n en -s) novice

novici'aat *o* (-ciaten) novitiate

no'viet *m* (-en) onderwijs freshman

'**novum** *o* (nova) novelty

'**nozem** *m* (-s) Teddy boy; Am greaser

nr. *afk.* = *nummer*

NS *afk. Nederlandse Spoorwegen* Dutch railways

NT *afk. Nieuwe Testament* NT, New Testament

nu **I** *bijw* now, at present; by this time, by now [he will be ready]; *tot* ~ *toe* up to now, so far; *van* ~ *af* from this moment, henceforth; *wat* ~? what next?; ~ *eens..., dan weer* ... now..., now...; *at one time..., at another...*; ~ *en dan* now and then, occasionally, at times; ~ *niet* not now; ~ *nog niet* not yet; ~ *of nooit* now or never; **II** *tsw* ~, *hoe gaat het?* well, how are you?; ~, *ja!* well!; **III** *voegw* now that (soms: now)

nu'ance *v* (-s) nuance, shade

nuan'ceren (nuanceerde, h. genuanceerd) *overg* shade²

nu'anceverschil *o* (-len) slight difference, difference in nuance

'**Nubië** *o* Nubia

'**nuchter** *bn* sober²; fig matter-of-fact, hard-headed [man], down-to-earth; *hij is nog* ~ he has not yet breakfasted; *hij is mij te* ~ he is too matter-of-fact

for me; ~ *kalf* newly born calf; fig greenhorn; *op de* ~*e maag* on an empty stomach

'**nuchterheid** *v* sobriety; soberness²

nucle'air *bn* nuclear

nucle'ïnezuur *o* (-zuren) nucleic acid

nu'disme *o* nudism

nu'dist *m* (-en) nudist

nuf *v* (-fen) affected girl

'**nuffig** *bn* prim

nuk *v* (-ken) freak, whim, caprice

'**nukkig** *bn* freakish, whimsical, capricious

nul *v* (-len) **1** ⟨cijfer⟩ nought, naught, cipher, zero; **2** telec O; *hij is een* ~ he is a nonentity, a dead loss, a numskull; *(zijn invloed) is gelijk* ~ is nil; *twee-*~ sp two-nil; ~ *komma* ~ nil, nothing at all; ~ *op het rekest krijgen* meet with a rebuff; *tien graden boven (onder)* ~ ten degrees above (below) zero; *op* ~ at zero

nulli'teit *v* (-en) nullity, nonentity, cipher

'**nulmeridiaan** *m* (-dianen) prime meridian

'**nulpunt** *o* zero; *het absolute* ~ the absolute zero; *tot onder het* ~ *dalen* fall to zero²

nume'riek *bn* numerical

'**numero** *o* ('s) number

numero'teren (numeroteerde, h. genumeroteerd) *overg* number

numero'teur *m* (-s) numbering stamp

'**numerus** *m* number; ~ *clausus*, ~ *fixus* student stop

'**nummer** *o* (-s) **1** ⟨in 't alg.⟩ number; **2** size [in gloves]; **3** item [of programme, catalogue]; number [of singer, band]; track [on record, CD]; turn [of music-hall artist], [circus] act; [sporting] event; **4** lot [at auction]; **5** [Christmas] number, issue [of a newspaper]; *ook een* ~! gemeenz a fine specimen!; ~ *één zijn* onderwijs be at the top of one's form; sp be first²; ~ *honderd* schertsend the loo; *hij moet op zijn* ~ *gezet worden* he needs to be put in his place

'**nummerbord** *o* (-en) = *nummerplaat*

'**nummeren** (nummerde, h. genummerd) *overg* number

'**nummering** *v* (-en) numbering

'**nummerplaat** *v* (-platen) number plate

'**nummerschijf** *v* (-schijven) telec dial

'**nummertje** *o* (-s): *een* ~ *maken* gemeenz screw, fuck; *een* ~ *trekken* (in winkel) draw a number; zie ook: *nummer*

nuntia'tuur *v* nunciature

'**nuntius** *m* (-tii en -tiussen) nuncio

nurks I *bn* peevish, pettish; **II** *m* (-en) grumbler

nut *o* use, benefit, profit; usefulness [of an inquiry]; *praktisch* ~ practical utility; *ten* ~*te van* for the use of; *ten algemenen* ~*te* for the general good; *tot* ~ *van (het algemeen)* for the benefit of (the community); *het is tot niets* ~ it is good for nothing; *van* ~ *zijn* be useful; *van geen (groot)* ~ *zijn* be of no (great) use

'**nutria 1** *v* ('s) ⟨dier⟩ coypu, nutria; **2** *o* ⟨bont⟩ nu-

'**nutsbedrijf** *o* (-drijven) public utility
'**nutteloos I** *bn* useless; *zijn pogingen waren* ~ his efforts were in vain; **II** *bijw* uselessly, in vain
'**nuttig I** *bn* useful, profitable; *het ~e met het aangename verenigen* combine business with pleasure; **II** *bijw* usefully, profitably
'**nuttigen** (nuttigde, h. genuttigd) *overg* take, partake of, eat or drink
'**nuttigheid** *v* (heden) utility, profitableness
NV *v* ('s) = *Naamloze Vennootschap* zie bij: *vennootschap*
NW *afk.* = *noordwesten*
'**nylon 1** *o* & *m* nylon; **2** *v* (-s) (kous) nylon (stocking)
nymfo'maan *bn* & *v* (-manen en -manes) nymphomaniac
nymfo'mane *v* (-n en -s) nymphomaniac

O

1 o *v* ('s) o
2 o *tsw* oh!, ah!; ~ *God!* my God!; ~ *jee!* good Heavens!, dear me!; ~ *zo!* aha!
o. *afk.* = *onzijdig*
O. *afk.* = *oost*
o.a. *afk. onder andere(n)* among other things, among others
o'ase *v* (-n en -s) oasis [*mv* oases]
ob'ductie *v* (-s) post-mortem, autopsy
obe'lisk *m* (-en) obelisk
'**o-benen** *mv* bandy-legs, bow-legs; *iem. met* ~ a bandy-legged person, a bow-legged person
'**ober** *m* (-s) waiter
ob'ject *o* (-en) **1** (in 't alg.) object, thing; **2** ⟨doel, ook mil⟩ objective
ob'jectglas *o* (-glazen) slide [of a microscope]
objec'tief I *bn* objective, detached; **II** *o* (-tieven) ⟨v. verrekijker, camera⟩ object-lens, object-glass
objectivi'teit *v* objectivity
o'blie *v* (-s en oblieën) rolled wafer
obli'gaat I *bn* **1** (in 't alg.) obligatory; **2** muz obbligato; **II** *o* (-gaten) muz obbligato
obli'gatie *v* (-s) bond, debenture
obli'gatiehouder *m* (-s) bondholder
obli'gatielening *v* (-en) debenture loan
obli'gatieschuld *v* (-en) bonded debt
ob'sceen *bn* obscene
obsceni'teit *v* (-en) obscenity
ob'scuur I *bn* obscure; *een* ~ *type (zaakje)* a shady character (business); **II** *bijw* obscurely
obse'deren (obsedeerde, h. geobsedeed) *overg* obsess
obse'derend *bn* obsessive [idea &]
obser'vatie *v* (-s) observation; *in* ~ under observation; *ter* ~ *opgenomen* taken in for observation
obser'vatiegraad *m* ZN comprehensive education
obser'vatiehuis *o* (-huizen) remand home
obser'vatiepost *m* (-en) observation post
obser'vator *m* (-s) observer
observa'torium *o* (-ria en -s) observatory
obser'veren (observeerde, h. geobserveerd) *overg* watch, observe
ob'sessie *v* (-s) obsession
ob'stakel *o* (-s) obstacle, hindrance
obste'trie *v* obstetrics
obsti'naat *bn* obstinate
obsti'patie *v* constipation
ob'structie *v* (-s) obstruction; ~ *voeren* **1** (in 't alg.) practise obstruction; **2** pol stonewall
'**obus** *m* (-sen) ZN grenade, canon ball
oc'casie I *v* (-s) **1** ⟨occasion⟩ opportunity, occasion;

2 <u>ZN</u> ⟨koopje⟩ bargain; **II** *bn* <u>ZN</u> ⟨tweedehands⟩ second hand
oc'casiewagen *m* (-s) <u>ZN</u> used car
occa'sion *v* (-s) opportunity, occasion
occasio'neel *bn* occasional
oc'cult *bn* occult
occul'tisme *o* occultism
occu'patie *v* (-s) occupation
occu'peren (occupeerde, h. geoccupeerd) *onoverg & overg* occupy
oce'aan *m* (-eanen) ocean; *de Grote O~, de Stille O~* the Pacific (Ocean)
Oce'anië *o* Oceania
och *tsw* oh!, ah!; *~ arme* poor woman, poor thing!; *~ kom!* **1** (bij twijfel) why, indeed!; **2** (bij verbazing) you don't say so!; *~, waarom niet?* (well,) why not?; *~ wat!* come on!, nonsense!
'ochtend *m* (-en) morning; *des ~s, 's ~s* in the morning
'ochtendblad *o* (-bladen) morning paper
'ochtenddienst *m* (-en) **1** ⟨werk⟩ morning duty; **2** ⟨kerkdienst⟩ morning service
'ochtendgloren *o* dawn, daybreak
'ochtendgymnastiek *v* morning exercises
'ochtendhumeur *o* morning crossness
'ochtendjas *m & v* (-sen) house-coat, dressing-gown, *Am* robe
'ochtendmens *m* (-en) early bird, early riser
'ochtendspits *v* morning rush
'ochtendziekte *v* irritability (ill-temper) in the morning
oc'taaf *o & v* (-taven) octave
oc'taan *o* octane
oc'taangetal *o* octane number; *benzine met een hoog ~* high-octane petrol
oc'tant *m* (-en) octant
oc'tavo *o* ('s) octavo
oc'tet *o* (-ten) <u>muz</u> octet
'octopus *m* (-sen) octopus
oc'trooi *o* (-en) patent
oc'trooibrief *m* (-brieven) letters patent
octrooi'eren (octrooieerde, h. geoctrooieerd) *overg* patent
oc'trooigemachtigde *m-v* (-n) *Br* patent agent, *Am* patent attorney
oc'trooiraad *m* patent office
ocu'latie *v* inoculation, grafting
ocu'leren (oculeerde, h. geoculeerd) *overg* inoculate, graft
'ode *v* (-n en -s) ode
o'deur *m* (-s), **o'deurtje** *o* (-s) perfume, scent
'odium *o* odium
oecu'mene *v* oecumenical movement
oecu'menisch *bn* oecumenical [council, movement]
oe'deem *o* (-demen) oedema
'oedipuscomplex *o* Oedipus complex
oef *tsw* ugh!

'oefenen (oefende, h. geoefend) **I** *overg* **1** (in 't alg.) exercise, practise; **2** train [the ear, soldiers &]; zie ook: *geduld, wraak;* **II** *wederk: zich ~* practise, train; *zich ~ in* practise; **III** *abs ww* practise, train
'oefening *v* (-en) exercise, practice; *een ~* an exercise; *vrije ~en* free exercises; *~ baart kunst* practice makes perfect
'oefenkamp *o* (-en) training-camp
'oefenmeester *m* (-s) trainer, coach
'oefenschool *v* (-scholen) training-school
'oefenterrein *o* (-en) training-ground
'oefenvlucht *v* (-en) practice flight, training-flight
'oefenwedstrijd *m* (-en) practice match
Oe'ganda *o* Uganda
Oegan'dees *m* (-dezen) & *bn* Ugandan
'oehoe *m* (-s) eagle owl
oei *tsw* oh!, ouch!
oe'kaze *v* (-n en -s) ukase
Oekra'iens *o* & *bn* Ukrainian
Oekra'ïne *v: de ~* the Ukraine
Oekra'ïner *m* (-s) Ukrainian
'oelewapper *m* (-s) <u>gemeenz</u> nincompoop, simpleton
oen *m* (-en) <u>gemeenz</u> *Br* berk, *Am* geek
'Oeral *m: de ~* the Ural(s)
'oerbos *o* (-sen) prim(a)eval forest
'oerdrift *v* (-en) primitive urge, basic drive
'oerge'zond *bn* bursting (glowing) with health
'oerknal *m* (-len) big bang
'oermens *m* (-en) primitive man
'oeroud *bn* ancient, age-old
'oersaai *bn* as dull as ditchwater
'oersterk *bn* strong as a horse
'oertekst *m* (-en) original text
'oertijd *m* (-en) primeval age(s)
'oervader *m* (-s en -en) primogenitor
'oervorm *m* (-en) archetype
'oerwoud *o* (-en) primeval forest, virgin forest
OESO *v Organisatie voor Economische Ontwikkeling en Samenwerking* OECD, Organization for Economic Cooperation and Development
'oester *v* (-s) oyster
'oesterbank *v* (-en) oyster-bank
'oesterkweker *m* (-s) oyster breeder
'oesterput *m* (-ten) oyster-pond
'oesterschelp *v* (-en) oyster-shell
'oesterteelt *v* oyster culture
'oestervisserij *v* oyster fishery
oestro'geen *o* (-genen) oestrogen, *Am* estrogen
'oeuvre *o* (-s) [Rembrandt's] works, [an author's] writings
'oever *m* (-s) **1** shore [of the sea]; **2** bank [of a river]; *de rivier is buiten haar ~s getreden* the river has overflowed its banks
'oeverloos *bn* **1** <u>eig</u> unlimited, boundless; **2** (oneindig) endless, aimless [talks]
'oeverstaat *m* (-staten) riparian state
Oez'beek *m* (-beken) Uzbek

Oez'bekistan *o* Uzbekistan

of *voegw* **1** ⟨nevenschikkend⟩: *wit ~ zwart* white or black; *~ hij ~ zijn broer* either he or his brother; *ja ~ nee* (either) yes or no; *een dag ~ drie* two or three days; *een man ~ twee* a man or two; *een minuut ~ tien* ten minutes or so; *een jaar ~ wat* some years; **2** ⟨onderschikkend⟩ if, whether; ⟨vóór onderwerpszinnen⟩ *het duurde niet lang ~ hij...* he was not long in ...ing; ⟨vóór voorwerpszinnen⟩ *ik vraag me af ~ hij komt* I wonder whether (if) he will come; *ik weet niet ~ hij trouweloos is ~ dom* I don't know whether he is faithless or stupid; ⟨vóór bijv. bijzinnen⟩ *hij is niet zo gek ~ hij weet wel wat hij doet* he is not such a fool but (but that, but what) he knows what he is about; ⟨vóór bijw. bijzinnen⟩ *ik kom vanavond ~ ik moet verhinderd zijn* I'll come to-night unless something would prevent me; *ik kan hem niet zien ~ ik moet lachen* I cannot see him without being compelled to laugh; *ik zie hem nooit ~ hij heeft een stok in de hand* I never see him but he has a stick in his hand; ⟨vóór vergelijkingen⟩ *het is net ~ hij mij voor de gek houdt* it is just as if he is making a fool of me; *nou en ~!* rather!, you bet!, sure!; *~ ze 't weten!* don't they just know it!; *~ ik 't me herinner?!* do I remember?

offen'sief I *bn* offensive; **II** *bijw* offensively; *~ optreden* act on the offensive; **III** *o* (-sieven) offensive; *tot het ~ overgaan* take the offensive

'offer *o* (-s) **1** ⟨het offeren⟩ offering, sacrifice[2]; **2** ⟨slachtoffer⟩ victim; *een ~ brengen* make a sacrifice; *hij viel als het ~ van zijn driften, hij viel ten ~ aan zijn driften* he fell a victim to his passions; *zij zijn gevallen als ~ van...* they have been the victims of [their patriotism]; *ten ~ brengen* sacrifice

'offeraar *m* (-s) offerer, sacrificer

'offerande *v* (-n en -s) **1** ⟨in 't alg.⟩ offering, sacrifice, oblation; **2** RK offertory

'offerblok *o* (-ken), **'offerbus** *v* (-sen) alms-box, poor-box, offertory box

'offerdier *o* (-en) sacrificial animal, victim

'offeren (offerde, h. geofferd) *overg* offer as a sacrifice, sacrifice, offer up

'offergave *v* (-n) offering

'offerlam *o* (-meren) sacrificial lamb, Lamb of God

'offerplechtigheid *v* (-heden) sacrificial ceremony

of'ferte *v* (-s en -n) offer

offer'torium *o* (-s en -ria) offertory

offer'vaardig *bn* **1** ⟨in 't alg.⟩ willing to make sacrifices; **2** ⟨vrijgevig⟩ liberal

offer'vaardigheid *v* **1** ⟨in 't alg.⟩ willingness to make sacrifices; **2** ⟨vrijgevigheid⟩ liberality

of'ficie *o* (-s) office

offici'eel *bn* **1** ⟨ambtelijk⟩ official; **2** ⟨plechtig⟩ formal; *~ onderwijs* ZN public education

offi'cier *m* (-en en -s) ⟨military⟩ officer; *eerste ~* scheepv chief officer; *~ van administratie* paymaster; *~ van de dag* orderly officer; *~ van gezondheid* army (military) surgeon, medical officer; *~ van jus-*

titie Public Prosecutor; *~ van de wacht* scheepv officer of the watch

offi'ciersmess *m* (-es) **1** ⟨in 't alg.⟩ officer's mess-room; **2** scheepv wardroom

offi'ciersrang *m* (-en) officer's rank

offici'eus *bn* semi-official

'off line *bijw* comput off-line, offline

of'freren (offreerde, h. geoffreerd) *overg* offer

of'schoon *voegw* although, though

ofte'wel *voegw* or, that is

'ofwel *voegw* **1** ⟨overeenkomst⟩: *dit is een luipaard ~ panter* this is a leopard, that is (to say) a panther; **2** ⟨tegenstelling⟩: *wij gaan morgen ~ naar de dierentuin, ~ naar de bioscoop* we are going tomorrow to either the zoo or the cinema

'ogen (oogde, h. geoogd) *onoverg*: *goed ~* look good

'ogenblik *o* (-ken) moment, instant, twinkling of an eye, gemeenz mo; *een ~!* one moment!; *heldere ~ken* lucid moments; *in een ~* in a moment; *in een onbewaakt ~* in an unguarded moment; *op dit ~, op het ~* at the moment, at present, just now; *op het juiste ~* at the right moment; in the very nick of time; *op dit kritieke ~* at this juncture; *een... op het laatste ~* a last-minute ...; *voor een ~* for a moment; *voor het ~* for the present, for the time being; *zonder een ~ na te denken* without a moment's thought; zie ook: *ondeelbaar, verloren, zwak*

ogen'blikkelijk I *bn* **1** momentary [impression]; **2** immediate [danger]; **II** *bijw* immediately, directly, instantly, on (the spur of) the moment

'ogendienst *m* base flattery

ogen'schijnlijk *bn* apparent

'ogenschouw *m*: *in ~ nemen* inspect, examine, take stock of, review, survey

o'gief *o* (-gieven) ogive

ogi'vaal *bn* ogival

ohm *m & o* (-s) ohm

o'ho *tsw* aha!

o.i. *afk. onzes inziens* in our opinion

o.i.d. *afk. of iets dergelijks* or the like

o'jief *o* (-jieven) bouwk ogee

'oker *m* (-s) ochre

okerachtig *bn* ochr(e)ous

'okerkleurig *bn* ochr(e)ous

'okkernoot *v* (-noten) walnut

ok'saal *o* (-salen) organ-loft

'oksel *m* (-s) armpit

'okshoofd *o* (-en) hogshead

ok'tober *m* October

old-'timer *m* (-s) ⟨antieke auto⟩ **1** ⟨van voor ± 1918⟩ veteran car; **2** ⟨van ± 1918 tot ± 1930⟩ vintage car

ole'ander *m* (-s) oleander

'olie *v* oil; *dat is ~ op het vuur* that is pouring oil on the flames, adding fuel to the fire; *in de ~ zijn* gemeenz be well oiled, be in one's cups; *~ op de golven gieten* pour oil on the waters

'olieachtig *bn* oily

'oliebol *m* (-len) oil-dumpling

'oliebron v (-nen) oil-well
'oliecarter o (-s) oil-sump
'olieconcern o (-s) oil company
'oliedom bn very stupid, asinine
'oliedruk m oil-pressure
'oliedrukmeter m (-s) oil-pressure gauge
olie-en-a'zijnstel o (-len) cruetstand, set of castors
'oliefilter o (-s) oilfilter
'oliegoed o oilskins, oils
'oliehoudend bn oily, oil-bearing [seeds]
'oliejas m & v (-sen) oilskin
'oliekachel v (-s) oil-stove
'olielamp v (-en) oil-lamp
'olieman m (-nen) **1** techn oiler, greaser; **2** ⟨verkoper⟩ oilman
'oliën (oliede, h. geolied) overg oil, lubricate
'olienootje o (-s) peanut
'oliepak o (-ken) oilskins
'oliepalm m (-en) oil-palm
'olieproducerend bn oil-producing
'olieraffinaderij v (-en) oil refinery
'oliereservoir o (-s) oil-tank, sump
'oliesel o extreme unction; *het laatste ~ ontvangen (toedienen)* receive (give, administer) extreme unction
'oliespuitje o (-s) oil-squirt
'oliesteen m (-stenen) oilstone
'oliestook, **'oliestookinrichting** v oil-heating (apparatus), oil-fired heating (system)
'olietanker m (-s) oil-tanker
'olieveld o (-en) oil-field
'olieverf v (-verven) oil-paint, oil-colour; *in ~* in oils
'olieverfportret o (-ten) oil-portrait
'olieverfschilderij o & v (-en) oil-painting
'olievlek v (-ken) **1** oil stain [on dress &]; **2** ⟨op (zee)water⟩ (oil) slick
'oliewinning v oil extraction
'oliezaad o (-zaden) oil-seed
'olifant m (-en) elephant
'olifantenjacht v (-en) elephant-hunt(ing)
'olifantshuid v (-en) elephant's skin; *een ~ hebben* be thick-skinned
'olifantssnuit m (-en) elephant's trunk
'olifantstand m (-en) elephant's tusk
oligar'chie v oligarchy
oli'garchisch bn oligarchic
o'lijf v (olijven) olive
o'lijfachtig bn olivaceous
O'lijfberg m Mount of Olives
o'lijfboom m (-bomen) olive-tree
o'lijfgroen bn olive-green
o'lijfkleurig bn olive-coloured, olive
o'lijfolie v oil of olives, olive-oil
o'lijftak m (-ken) olive-branch
'olijk bn waggish, arch
'olijkerd m (-s) wag
'olim bijw formerly; *in de dagen van ~* in the days of yore

olm m (-en) elm
o.l.v. afk. *onder leiding van* conducted by; led by
O.L.V. v = *Onze-Lieve-Vrouw*
olympi'ade v (-n en -s) **1** hist olympiad; **2** ⟨Olympische Spelen⟩ Olympiad, Olympic Games; **3** ⟨schaaktoernooi⟩ Olympiad
o'lympisch bn Olympic [games]
O'lympus m Mount Olympus
om I voorz **1** ⟨om ... heen⟩ round [his shoulders, the table, the world &]; **2** ⟨omstreeks⟩ about [Easter &]; **3** ⟨te⟩ at [three o'clock]; **4** ⟨periodiek na⟩ every [fortnight &]; **5** ⟨voor, tegen⟩ for [money &]; at [a pound]; **6** ⟨wegens⟩ for, because of, on account of [the trouble &]; **7** ⟨wat betreft⟩ for [me]; *~ de andere dag* every other (every second) day; *~ de andere vrijdag* on alternate Fridays; *~ te* in order to, to, so as to; *hij is bereid ~ u te helpen* he is willing to help you; *het was niet ~ uit te houden* you couldn't stand it; *hij is ~ en nabij de vijftig* he is round about fifty; *zij schreeuwden ~ het hardst* they cried their loudest; **II** bijw: *de hoek ~* round the corner; *wij doen dat ~ en ~* turn and turn about; *het jaar is ~* the year is out; *de tijd is ~* time is up; *mijn tijd is ~* my time has expired; *mijn verlof is ~* my leave is up; *eer de week ~ is* before the week is out; *~ hebben* ⟨v. kledingstuk⟩ have on; *'m ~ hebben* be drunk; *dat is wel ~* that is out of the way, a round-about way; *een eindje ~ gaan* take a stroll
o.m. afk. *onder meer* among other things
OM o *Openbaar Ministerie* Public Prosecutor
'oma v ('s) grandmother, gemeenz grandma, granny
O'man o Oman
Oma'niet m (-en) Omani
Oma'nitisch bn Omani
om'armen (omarmde, h. omarmd) overg embrace
om'arming v (-en) embrace
'omber v umber [pigment]
'ombinden[1] overg tie (bind) round
om'boorden (omboordde, h. omboord) overg border, hem, edge
om'boordsel o (-s) border, edging
'ombouw m surrounds [of a bed]
'ombouwen[1] overg convert, make alterations, modify
'ombrengen[1] overg kill, destroy, dispatch, do to death
'ombudsman m (-nen) Ombudsman
'ombuigen[1] **I** (h.) overg bend; fig ⟨bezuinigen⟩ cut down on (government) expenditures; *het beleid ~* change one's policy, change one's course; **II** (is) onoverg bend
'ombuiging v (-en) ⟨bezuiniging⟩ cut, cut back, retrench; ⟨v. beleid⟩ change of policy
om'cirkelen (omcirkelde, h. omcirkeld) overg encircle, ring
om'dat voegw because, as
'omdoen[1] overg **1** put on [clothes]; **2** put [a cord]

round...
'omdopen[1] *overg* rename
'omdraai *m* turn, swing (round)
'omdraaien[1] **I** (h.) *overg* turn (over); *het hoofd ~* turn (round) one's head; *iem. de nek ~* wring sbd.'s neck; *zijn polsen ~* twist his wrists; **II** (is) *onoverg* **1** ⟨v.d. wind⟩ turn; **2** ⟨in politiek &⟩ veer round; *het hart draait mij om in mijn lijf* it makes me sick (to see...); **III** (h.) *wederk:* zich ~ **1** ⟨staande⟩ turn round; **2** ⟨liggende⟩ turn over [on one's face &]
'omdraaiing *v* (-en) turning, rotation
'ome *m* (-s) = *oom;* *hoge ~* bigwig, big noise
'omega *v* ('s) omega
ome'let *v* (-ten) omelet(te)
om'floersen (omfloerste, h. omfloerst) *overg*
 1 muffle [a drum]; **2** *fig* veil
'omgaan[1] **I** *onoverg* **1** ⟨rondgaan⟩ go about, go round; **2** ⟨voorbijgaan⟩ pass; **3** ⟨gebeuren⟩ happen, go on; *dat gaat buiten mij om* I have nothing to do with it; *er gaat veel om in die zaak* they are doing a roaring business; *er gaat tegenwoordig niet veel om in de handel* there is not much doing in trade at present; *(hij kon niet zeggen) wat er in hem omging* what were his feelings, what was going on in his mind &; *~ met* **1** ⟨v. personen⟩ associate with, mix with, keep company with, *gemeenz* rub elbows with; **2** ⟨v. gereedschap &⟩ handle; *ik ga niet veel met hen om* I don't see much of them; *vertrouwelijk met iem. ~* be on familiar terms with sbd.; *ik weet (niet) met hem om te gaan* I (don't) know how to manage him; *met leugens ~* be a liar; *per ~de* by return (of post); **II** *overg:* *een eindje ~* take a walk, go for a stroll; *een heel eind ~* go a long way about; *een hoek ~* turn a corner; *zie ook: hoekje*
'omgang *m* (-en) **1** (social, sexual) intercourse, association [with other people]; company; **2** ⟨optocht⟩ round; procession; **3** ⟨v. wiel⟩ rotation; **4** ⟨v. toren⟩ gallery; *~ hebben met* zie: *omgaan met*
'omgangsregeling *v* (-en) ± visiting rights
'omgangstaal *v* colloquial language; *in de ~* in common parlance, in everyday speech
'omgangsvormen *mv* manners
'omgekeerd **I** *bn* **1** turned, turned up [card]; **2** turned upside down [box &]; **3** turned over [leaf]; **4** [coat] inside out; **5** reverse [order]; **6** inverted [commas &]; **7** reverse [proportion]; *precies ~* the other way round (on, about), just (quite) the reverse; *in het ~e geval* in the opposite case; **II** *o: het ~e* the reverse; *het ~e van beleefd* the reverse of polite; *het ~e van een stelling* the converse of a proposition; **III** *bijw* reversely, conversely; *en ~* and conversely, vice versa; *zie ook: evenredig*
'omgelegen *bn* surrounding, neighbouring
'omgespen[1] *overg* buckle on
om'geven (omgaf, h. omgeven) *overg* surround, encircle, encompass
om'geving *v* **1** surroundings, environs, environment [of a town]; ⟨nabijheid⟩ neighbourhood;

2 surroundings, entourage [of a person]
'omgooien[1] *overg* **1** knock over, upset, overturn [a thing]; **2** throw on [a cloack &]; **3** *techn* reverse
om'gorden, **'omgorden** (omgordde/gordde om, h. omgord/omgegord) *overg* gird[2]; gird on [a sword]
'omhaal *m* **1** ⟨drukte⟩ ceremony, fuss; **2** *sp* overhead kick; *vallende ~* bicycle kick; *waartoe al die ~?* **1** ⟨drukte⟩ why all this fuss?; *~ van woorden* verbiage; *met veel ~* with much circumstance; *zonder veel ~* **1** without much ado; **2** straight away
'omhakken[1] *overg* cut down, chop down, fell
'omhalen[1] *overg* **1** pull down [walls]; **2** break up [earth]; **3** pull about [things]; **4** *sp* kick overhead
1 'omhangen[1] **I** *overg* **1** ⟨kleding &⟩ put on, wrap round one; **2** ⟨anders hangen⟩ hang otherwise; **3** *mil* sling [arms]; *iem. een medaille ~* hang a medal round sbd.'s neck; **II** *onoverg* ⟨rondhangen⟩ hang about, loll about
2 om'hangen (omhing, h. omhangen) *overg* hang; *~ met* hung with
om'heen *bijw* about, round about
om'heinen (omheinde, h. omheind) *overg* fence in, fence round, hedge in, enclose
om'heining *v* (-en) fence, enclosure
om'helzen (omhelsde, h. omhelsd) *overg* embrace[2]
om'helzing *v* (-en) **1** *eig* embrace; **2** *fig* embracement
om'hoog *bijw* on high, aloft, up; *handen ~!* hands up!; *met zijn voeten ~* feet up; *naar ~* up(wards); *van ~* from above
om'hooggaan[1] *onoverg* go up[2]
om'hooggooien[1] *overg* throw up
om'hoogheffen[1] *overg* lift (up)
om'hooghouden[1] *overg* hold up
om'hoogtrekken[1] *overg* pull up
om'hoogzitten[1] *onoverg* *fig* be in a fix
'omhouden[1] *overg* keep on
'omhouwen[1] *overg* = *omhakken*
om'hullen (omhulde, h. omhuld) *overg* envelop, wrap round, enwrap
om'hulsel *o* (-s) wrapping, wrapper, envelope, cover; *stoffelijk ~* mortal remains
omi'neus *bn* ominous
o'missie *v* (-s) omission
'omkantelen[1] *overg* zie: *kantelen*
'omkappen[1] *overg* = *omhakken*
'omkeer *m* **1** ⟨in 't alg.⟩ change, turn, reversal, revolution, about-face; **2** revulsion [of feeling]; *een hele ~ teweegbrengen* in ook: revolutionize
om'keerbaar *bn* **1** reversible [order, motion &]; **2** convertible [terms]
om'keerbaarheid *v* reversibility; convertibility
'omkeren[1] **I** (h.) *overg* **1** turn [a card, one's coat]; **2** turn over [hay, a leaf]; **3** turn up [a card]; **4** turn upside down [a box &]; **5** turn out [one's pockets]; **6** invert [commas &]; **7** reverse [a motion, the or-

omkering

der]; **8** convert [a proposition]; zie ook: *omgekeerd*; **II** (is) *onoverg* turn back; **III** (h.) *wederk: zich ~* turn (round)

'**omkering** *v* (-en) **1** inversion [of order of words, a ratio]; **2** conversion [of a proposition]; **3** reversal, revolution

'**omkiepen** (kiepte om, h. omgekiept), '**omkieperen**[1] (kieperde om, h. omgekieperd) *overg* tip over, tilt, upset

'**omkijken**[1] *onoverg* look back, look round; *~ naar iets* **1** turn to look at a thing; **2** look about for a situation; *hij kijkt er niet meer naar om* he wil not so much as look at it, he doesn't care for it any more; *je hebt er geen ~ naar* it does not need any attention, it needs no looking after

1 '**omkleden**[1]: *wederk: zich ~* change (one's dress)
2 om'**kleden** (omkleedde, h. omkleed) *overg: ~ met* clothe with[2], invest with[2] [power]; *met redenen omkleed* motivated

om'**klemmen** (omklemde, h. omklemd) *overg* clench, clasp in one's arms, hug (in close embrace), grasp tightly

om'**knellen** (omknelde, h. omkneld) *overg* clench, hold tight (in one's grasp), hold as in a vice

'**omkomen**[1] *onoverg* **1** come to an end [of time]; **2** perish [of people]; *van honger ~* & perish with (from, by) hunger &; *een hoek ~* get (come) around a corner

om'**koopbaar** *bn* bribable, corruptible, venal
'**omkopen**[1] *overg* buy, bribe, corrupt [officials]; gemeenz grease (oil) the palm

omkope'**rij** *v* (-en) bribery, corruption; gemeenz oil, grease

'**omkoping** *v* (-en) = *omkoperij*

om'**kransen** (omkranste, h. omkranst) *overg* wreathe

'**omkruipen**[1] (is) *onoverg* creep, drag on [of time]
om'**laag** *bijw* below, down; *naar ~* down
om'**laaghouden**[1] *overg* keep down

'**omleggen**[1] *overg* **1** (andersom) turn, put about; **2** shift [the helm, railway points]; **3** careen [a ship]; **4** divert [a road, traffic]; **5** apply [a bandage]

'**omlegging** *v* (-en) diversion [of road, traffic]
'**omleiden**[1] *overg* divert [traffic, a road]
'**omleiding** *v* (-en) diversion [of road, traffic]
om'**liggend** *bn* surrounding
om'**lijnen** (omlijnde, h. omlijnd) *overg* outline; *duidelijk (scherp) omlijnd* clear-cut
om'**lijning** *v* (-en) outline
om'**lijsten** (omlijstte, h. omlijst) *overg* frame
om'**lijsting** *v* **1** (het omlijsten) framing; **2** (-en) (lijst) frame, framework[1]; **3** fig setting

'**omloop** *m* (-lopen) **1** revolution [of a planet, a satellite]; **2** rotation [of a wheel]; **3** circulation [of the blood, of money]; **4** gallery [round a tower]; **5** med (zweer) whitlow; *aan de ~ onttrekken* withdraw from circulation; *in ~ brengen* **1** circulate [money], put in circulation; **2** spread [a rumour]; *in ~ zijn*

1 be in circulation [of notes, money]; **2** be abroad, be current [of a story]

'**omloopsnelheid** *v* (-heden) **1** astron orbal velocity; **2** techn running speed

om'**looptijd** *m* (-en) time (period) of revolution
'**omlopen**[1] *onoverg* **1** walk round [the town], walk about [in a town]; **2** (een omweg maken) walk (go) round; make a detour; *we lopen wel even om* we'll go round the back; *het hoofd loopt mij om* my head is in a whirl, my head reels; *een straatje ~* go for a stroll

'**ommegang** *m* (-en) procession
'**ommekeer** *m = omkeer*
'**ommekomst** *v* expiration, expiry
'**ommelanden** *mv* environs
'**ommestaand** *bn: zie ~* see overleaf
'**ommetje** *o* (-s) turn, breather
'**ommezien** *o: in een ~* in a trice, in no time, gemeenz in a jiffy

'**ommezij** (-den), '**ommezijde** *v* (-n) back; *aan ~* overleaf; *zie ~* please turn over, P.T.O.

'**ommezwaai** *m* (-en) volte face
om'**muren** (ommuurde, h. ommuurd) *overg* wall in
'**omnibus** *m & v* (-sen) **1** (boekwerk) omnibus; **2** ZN (stoptrein) slow train

'**omnium** *o & m* (-s) ZN (all-riskverzekering) (fully) comprehensive insurance

omni'**voor** *m* (-voren) omnivore, omnivorous animal

om'**palen** (ompaalde, h. ompaald) *overg* fence in, palisade

om'**perken** (omperkte, h. omperkt) *overg* fence in, enclose

'**omploegen**[1] *overg* plough (up)
'**ompraten**[1] *overg* talk round, talk over; *hij wou me ~* he wanted to talk me into doing it (talk me out of it)

om'**randen** (omrandde, h. omrand) *overg* border, edge

om'**ranken** (omrankte, h. omrankt) *overg* twine round, encircle

om'**rasteren** (omrasterde, h. omrasterd) *overg* fence (rail) in

om'**rastering** *v* (-en) railing
'**omrekenen** *overg* convert
'**omrekening** *v* conversion
'**omrijden** **I** (h.) *overg* (omver rijden) ride down, knock over; **II** (h. *of* is) *onoverg* (een omweg nemen) make a detour, take a roundabout route; *het rijdt om* it is a roundabout way

om'**ringen** (omringde, h. omringd) *overg* surround, encircle, encompass

'**omroep** *m* broadcasting
'**omroepbestel** *o* broadcasting system
'**omroepbijdrage** *v* (-n) TV licence fee
'**omroepen**[1] *overg* **1** cry out; **2** (via radio, tv) broadcast; *iems naam ~* page a person
'**omroeper** *m* (-s) **1** (town) crier, common crier;

2 RTV announcer
'**omroeporkest** *o* (-en) broadcasting orchestra
'**omroepster** *v* (-s) lady announcer
'**omroepvereniging** *v* (-en) broadcasting society
'**omroeren** *overg* stir [a cup of tea, porridge]
'**omrollen**[1] **I** (h.) *overg* roll over, topple; **II** (is) *on-overg* roll about, topple (over)
'**omruilen**[1] *overg* exchange, change, gemeenz swap
'**omrukken**[1] *overg* pull down
'**omschakelen**[1] *onoverg & overg* change over[2]
'**omschakeling** *v* (-en) change-over[2]
'**omscholen**[1] *overg* retrain
'**omscholing** *v* transition training
'**omschoppen**[1] *overg* kick down, kick over
'**omschrift** *o* (-en) legend [of a coin]
om'**schrijven** (omschreef, h. omschreven) *overg*
  1 〈in taal〉 define, paraphrase; 2 〈in meetkunde〉 circumscribe; 3 〈beschrijven〉 describe
om'**schrijving** *v* (-en) 1 definition, paraphrase; 2 circumscription; 3 description
om'**singelen** (omsingelde, h. omsingeld) *overg* 1 〈in 't alg.〉 surround, encircle; 2 invest [a fortress]; 3 round up [criminals]
om'**singeling** *v* (-en) 1 〈in 't alg.〉 encircling; 2 investment [of a fortress]; 3 round-up [of criminals]
'**omslaan**[1] **I** (h.) *overg* 1 〈omver〉 knock down; 2 〈néér〉 turn down [a collar &]; turn up [one's trousers]; 3 〈omkeren〉 turn over [a leaf], turn [the pages]; 4 〈om lichaam〉 throw on [a cloak &], wrap [a shawl] round one; 5 〈gelijkelijk verdelen〉 apportion, divide (*over* among); *de hoek* ~ turn (round) the corner; **II** (is) *onoverg* 1 〈omvallen〉 be upset, upset, capsize [of a boat]; be blown inside out [of umbrella]; 2 〈veranderen〉 change, break [of the weather]; *links (rechts)* ~ turn to the left (to the right); *het rijtuig sloeg om* the carriage was upset; *het weer is omgeslagen* the weather has broken
om'**slachtig** *bn* 1 〈in 't alg.〉 cumbersome; 2 long-winded [story]; zie ook: *omstandig*
om'**slachtigheid** *v* cumbersomeness
'**omslag** *m & o* (-slagen) 1 〈aan kleding〉 cuff [of a sleeve]; turn-up [of trousers]; 2 〈v. boek〉 cover, wrapper, 〈stof~〉 jacket; envelope [of a letter]; 3 med compress; 4 techn brace [of a drill]; 5 *m* 〈drukte〉 ceremony, fuss, ado; 6 *m* 〈v.h. weer〉 break (in the weather); 7 *m* 〈verdeling〉 apportionment; *hoofdelijke* ~ head tax; *zonder veel* ~ without much ado
'**omslagartikel** *o* (-en) cover story
'**omslagboor** *v* (-boren) brace and bit
'**omslagdoek** *m* (-en) shawl, wrap
'**omslagverhaal** *o* (-halen) cover story
om'**sluieren** (omsluierde, h. omsluierd) *overg* veil
om'**sluiten** (omsloot, h. omsloten) *overg* enclose, encircle, surround, embosom
'**omsmelten**[1] *overg* melt down
'**omsmijten**[1] *overg* knock down, overturn, upset
om'**spannen** (omspande, h. omspannen) *overg*

span
om'**spelen** (omspeelde, h. omspeeld) *overg*: *een te-genstander* ~ sp dribble round (past) an opponent
'**omspitten**[1] *overg* dig (up)
1 '**omspoelen**[1] *overg* rinse (out), wash
2 om'**spoelen** (omspoelde, h. omspoeld) *overg* wash, bathe [the shores]
'**omspringen**[1] *onoverg*: *royaal (zuinig) met iets* ~ use sth. freely (sparingly); *onzorgvuldig met iets* ~ handle, deal with, treat sth. carelessly
'**omstanders** *mv* bystanders
om'**standig I** *bn* circumstantial, detailed; **II** *bijw* circumstantially, in detail
om'**standigheid** *v* (-heden) 1 〈in 't alg.〉 circumstance; 2 〈uitvoerigheid〉 circumstantiality; *zijn omstandigheden* his circumstances in life; *zijn geldelijke omstandigheden* his financial position; *maatschappelijke omstandigheden* ook: social conditions; *in de gegeven omstandigheden* in (under) the circumstances; *naar omstandigheden wel* very well, considering; *onder geen enkele* ~ on no account
'**omstoten**[1] *overg* overturn, upset, push down
om'**stralen** (omstraalde, h. omstraald) *overg* shine about; *met luister omstraald* in a glorious halo
om'**streden** *bn* 1 controversial [leader, subject]; 2 disputed [territory]
'**omstreeks I** *bijw* about [fifty, ten o'clock]; **II** *voorz* in the neighbourhood of [5000]
'**omstreken** *mv* environs, neighbourhood
om'**strengelen** (omstrengelde, h. omstrengeld) *overg* entwine, wind (twine) about, wind [a child] in one's arms
om'**stuwen** (omstuwde, h. omstuwd) *overg* surround, flock (press) round
'**omtoveren**[1] *overg* transform, change (magically)
'**omtrappen**[1] *overg* = *omschoppen*
'**omtrek** *m* (-ken) 1 circumference [of a circle]; 2 contour, outline [of a figure]; 3 〈omgeving〉 neighbourhood, environs, vicinity; *in* ~ in circumference; *in de* ~ in the neighbourhood; ... *mijlen in de* ~ for ... miles around, within ... miles; *in* ~ *schetsen* outline
'**omtrekken**[1] *overg* 1 〈omver trekken〉 pull down [a wall]; 2 〈ommarcheren〉 march about; 3 〈omsingelen〉 turn, outflank [the enemy]; *een ~de beweging* a turning movement
om'**trent I** *voorz* 1 〈ten opzichte van〉 about, concerning, with regard to, as to; 2 〈in de buurt van〉 about; **II** *bijw* about, near; ~ *100 gulden* about 100 guilders
'**omtuimelen**[1] *onoverg* tumble down, topple over
om'**vademen** (omvademde, h. omvademd) *overg* 1 eig put one's arms round; 2 fig encompass
'**omvallen**[1] *onoverg* fall down, be upset, upset, overturn; *zij vielen haast om van het lachen* they almost split their sides with laughter; *je valt om van de prijzen* the prices are staggering; ~ *van verbazing* be knocked over (bowled over) with surprise; *ik val om*

van de slaap I can hardly stand for sleep, I am ready to drop with sleep

om'**vamen** (omvaamde, h. omvaamd) *overg = omvademen*

'om**vang** *m* **1** girth [of a tree]; **2** extent, compass, circumference, range [of a voice]; **3** size [of a book]; **4** latitude [of an idea]; **5** ambit [of meaning]

om'**vangen** (omving, h. omvangen) *overg* surround, encompass

om'**vangrijk** *bn* voluminous, bulky, extensive

1 'om**varen**[1] **I** (is) *onoverg* ⟨via een omweg⟩ sail by a roundabout way; **II** (h.) *overg* ⟨omver varen⟩ sail down

2 om'**varen** (omvoer, h. omvaren) *overg* **1** ⟨in 't alg.⟩ sail about, circumnavigate; **2** double, round [a cape]

om'**vatten** (omvatte, h. omvat) *overg* **1** ⟨omsluiten⟩ enclose, encircle, encompass, embrace; ⟨m.b.t. tijd, ruimte⟩ span; **2** fig ⟨inhouden⟩ comprise, encompass, include; **3** ⟨begrijpen⟩ grasp [an idea]

om'**vattend** *bn* **1** ⟨in 't alg.⟩ embracing; **2** mil turning [movement]; **3** fig comprehensive

om'**ver** *bijw* down, over

om'**verblazen**[1] *overg* blow down

om'**verduwen**[1] *overg* push over

om'**vergooien**[1] *overg = omgooien 1*

om'**verhalen**[1] *overg* pull down

om'**verlopen**[1] *overg* run (knock) [sbd.] over (down)

om'**verpraten**[1] *overg* talk down

om'**verrennen**[1] *overg* run down

om'**verschieten**[1] *overg* shoot down

om'**verslaan**[1] **I** (h.) *overg* knock over; **II** (is) *onoverg* fall down

om'**verstoten**[1] *overg = omstoten*

om'**vertrekken**[1] *overg* pull down

om'**vertuimelen**[1] *onoverg = omtuimelen*

om'**verwaaien**[1] **I** (h.) *overg* blow down; **II** (is) *onoverg* be blown down

om'**verwerpen**[1] *overg* upset[2] [a glass, a plan], overturn, overset; overthrow [the government]

om'**verwerping** *v* (-en) upsetting[2]; fig overthrow

'om**vliegen**[1] *onoverg* fig ⟨v. tijd⟩ fly by, fly

'om**vormen**[1] *overg* transform, remodel

'om**vouwen**[1] *overg* fold down, turn down

'om**waaien**[1] *overg & onoverg = omverwaaien*

om'**wallen** (omwalde, h. omwald) *overg* wall (round), wall in, circumvallate

om'**walling** *v* (-en) circumvallation

'om**wandelen**[1] *overg & onoverg* walk about

'om**wassen**[1] *overg* wash (up)

'om**weg** *m* (-wegen) roundabout way, circuitous route; detour; *een hele ~* a long way about; *een ~ maken* go about (a long way), make a detour (a circuit); *langs een ~* by a circuitous route, by a roundabout way; *langs ~en* by devious ways; *zonder ~en* without beating about the bush; pointblank

'om**wenden**[1] **I** *overg* turn; **II** *wederk: zich ~* turn

'om**wentelen**[1] *onoverg* revolve, rotate, gyrate

'om**wenteling** *v* (-en) **1** ⟨draaiing⟩ revolution, rotation, gyration; **2** pol ⟨revolutie⟩ revolution; *een ~ teweegbrengen in* revolutionize

'om**wentelingsas** *v* (-sen) axis of rotation

'om**wentelingssnelheid** *v* (-heden) velocity of rotation

'om**wentelingstijd** *m* (-en) time of revolution

'om**wentelingsvlak** *o* (-ken) surface of revolution

'om**werken**[1] *overg* remould, remodel, refashion, recast [a book], rewrite [an article &]

'om**werking** *v* (-en) recast(ing) &

'om**werpen**[1] *overg = omgooien*

om'**wikkelen** (omwikkelde, h. omwikkeld) *overg* wrap round

om'**wille**: *~ van* because of, for the sake of; *~ van mijn moeder* for my mother's sake

om'**winden** (omwond, h. omwonden) *overg* entwine, envelop; wind around

'om**wisselen**[1] *overg & onoverg* change

1 'om**woelen**[1] *overg* **1** turn up, rout [the earth]; **2** rumple [a bed]

2 om'**woelen** (omwoelde, h. omwoeld) *overg* ⟨omwinden⟩ muffle [a bell], wind around

'om**wonenden**, om'**wonenden** *mv* neighbours

'om**wroeten**[1] *overg* root up

'om**zagen**[1] *overg* saw down

1 'om**zeilen**[1] *overg = ¹omvaren*

2 om'**zeilen** (omzeilde, h. omzeild) *overg = ²omvaren; een moeilijkheid ~* evade, get round a difficulty

'om**zendbrief** *m* (-brieven) ZN circular (letter)

'om**zet** *m* (-ten) turnover, sales; *er is weinig ~* there is little doing; *kleine winst bij vlugge ~* small profits and quick returns

'om**zetbelasting** *v* sales tax

'om**zetsnelheid** *v* turnover rate

'om**zetten**[1] *overg* **1** ⟨anders zetten⟩ arrange (place) differently [of things]; shift [furniture]; transpose [letters, numbers &]; **2** techn reverse [an engine]; **3** handel turn over, sell; *hij kwam de hoek ~* he came (driving &) round the corner; *~ in* convert into; *... in daden ~* translate ... into action

'om**zetting** *v* (-en) **1** transposition [of a term, a word]; **2** conversion, inversion [of the order of words]; **3** translation [into action]; **4** techn reversal [of an engine]

om'**zichtig** *bn* circumspect, cautious

om'**zichtigheid** *v* circumspection, cautiousness, caution

1 'om**zien**[1] *onoverg* look back; *~ naar* **1** ⟨in 't alg.⟩ look back at; **2** look out for [another servant]; *niet ~ naar* **1** not attend to [one's business]; **2** be negligent of [one's affairs]; **3** neglect [the children]; *hij ziet er niet naar om* he doesn't care for it

2 'om**zien** *o = ommezien*

1 'om**zomen**[1] *overg* ⟨een zoom maken in⟩ hem

2 om'**zomen** (omzoomde, h. omzoomd) *overg* fig

border, fringe

'**omzwaai** *m* (-en) = *ommezwaai*

'**omzwaaien**[1] **I** (h.) *overg* swing round, swerve;
II (is) *onoverg* (veranderen v. studie &) switch over,
change over

om'zwachtelen (omzwachtelde, h. omzwachteld)
overg **1** (in 't alg.) swathe, bandage; **2** swaddle [a
baby]

'**omzwalken**[1] *onoverg* drift about

'**omzwenken**[1] *onoverg* swing (wheel) round

om'zwermen (omzwermde, h. omzwermd) *overg*
swarm about

'**omzwerven**[1] *onoverg* rove (ramble, wander) about

'**omzwerving** *v* (-en) wandering, roving, rambling

om'zweven (omzweefde, h. omzweefd) *overg* hover
about, float about

'**omzwikken**[1] *onoverg* sprain (wrench) one's ankle

onaan'doenlijk *bn* impassive, apathetic, stolid

onaan'doenlijkheid *v* impassiveness, apathy, stolidity

on'aangebroken *bn* unopened, fresh [bottle], un-
broached [cask]

on'aangedaan *bn* unmoved, untouched

on'aangekondigd *bn* unannounced

on'aangemeld *bn* unannounced

on'aangenaam *bn* **1** disagreeable, offensive
[smell], unpleasant[2]; **2** *fig* unwelcome [truths]

on'aangenaamheid *v* (-heden) disagreeableness,
unpleasantness; *onaangenaamheden krijgen met iem.*
fall out with sbd.

on'aangepast *bn* maladjusted

on'aangepastheid *v* maladjustment

on'aangeroerd *bn* untouched, intact; ~ *laten* leave
untouched[2]; *fig* not touch upon

on'aangetast *bn* untouched

on'aangevochten *bn* unchallenged

onaan'nemelijk *bn* **1** unacceptable [conditions];
2 (weinig geloofwaardig of waarschijnlijk) implausible

onaan'nemelijkheid *v* **1** unacceptableness; **2** im-
plausibility

onaan'raakbaar *bn* untouchable

onaan'tastbaar *bn* unassailable[2]; inviolable
[rights]

onaan'tastbaarheid *v* unassailableness[2]

onaan'trekkelijk *bn* unattractive

onaan'vaardbaar *bn* unacceptable

onaan'zienlijk *bn* inconsiderable, insignificant

onaan'zienlijkheid *v* inconsiderableness, insignificance

on'aardig *bn* unpleasant, unkind; *het is* ~ *van je* it
is not nice of you

on'aardigheid *v* (-heden) unpleasantness, unkindness

on'achtzaam *bn* inattentive, negligent, careless

on'achtzaamheid *v* (-heden) inattention, negligence, carelessness

on'af *bn* unfinished, incomplete

on'afgebroken *bn* uninterrupted, continuous

on'afgedaan *bn* **1** unfinished [work]; **2** unpaid,
outstanding [debts]; **3** handel unsold

on'afgehaald *bn* unclaimed [goods, prizes]

on'afgewerkt *bn* unfinished

onaf'hankelijk *bn* independent

onaf'hankelijkheid *v* independence

onaf'hankelijkheidsbeweging *v* (-en) liberation
movement

onaf'hankelijkheidsdag *m* (-dagen) (in de VS)
Independance Day (4th of July)

'**onaf'hankelijkheidsoorlog** *m* (-en) war of independence; [in de VS, 1775-1783] Revolutionary
War

onaf'hankelijkheidsverklaring *v* (-en) declaration of independence

onaf'scheidelijk I *bn* inseparable; **II** *bijw* insepa-
rably

onaf'scheidelijkheid *v* inseparability

onaf'wendbaar *bn* not to be averted, inevitable

onaf'zetbaar *bn* irremovable

onaf'zienbaar *bn* immense, endless

ona'neren (onaneerde, h. geonaneerd) *onoverg*
masturbate

ona'nie *v* onanism

onappe'tijtelijk *bn* unappetizing, unattractive

onat'tent *bn* inattentive

onbaat'zuchtig *bn* disinterested, unselfish

onbaat'zuchtigheid *v* disinterestedness, unselfishness, selflessness

onbarm'hartig *bn* merciless, pitiless

onbarm'hartigheid *v* mercilessness

onbe'antwoord *bn* **1** unanswered [letters, ques-
tions]; **2** unreturned [love]

'**onbebouwd** *bn* **1** uncultivated, untilled [soil];
2 unbuilt on [spaces]; **3** waste [ground]

onbe'daarlijk *bn* uncontrollable, inextinguishable
[mirth]

onbe'dacht, onbe'dachtzaam *bn* thoughtless,
rash, inconsiderate

onbe'dachtzaamheid *v* (-heden) thoughtlessness,
rashness, inconsiderateness

onbe'dekt *bn* uncovered, bare, open

onbe'doeld *bn* unintended

onbe'dorven *bn* **1** (fris) unspoiled, sound; **2** (onschuldig) unspoiled, innocent, uncorrupted

onbe'dorvenheid *v* innocence

onbe'dreigd, 'onbedreigd *bn sp* unchallenged,
uncontested

onbe'dreven, 'onbedreven *bn* unskilled, inexperienced

onbe'drevenheid *v* inexperience, unskilfulness

onbe'drieglijk *bn* **1** unmistakable [signs]; **2** [in-
stinct, memory] never at fault

onbe'duidend I *bn* **1** insignificant [people];
2 trivial, trifling [sums]; *niet* ~ not inconsiderable;
II *bijw* insignificantly

onbe'duidendheid *v* (-heden) insignificance; triviality

onbe'dwingbaar I *bn* uncontrollable, indomitable; II *bijw* uncontrollably, indomitably

'onbeëdigd *bn* unsworn

onbe'gaanbaar *bn* impassable, impracticable

'onbegonnen *bn*: ~ *werk* an endless (hopeless) task, flog a dead horse

onbe'grensd *bn* unlimited, unbounded

onbe'grepen *bn* 1 ⟨in 't alg.⟩ not understood; 2 unappreciated [poet &]

onbe'grijpelijk I *bn* inconceivable, incomprehensible, unintelligible; II *bijw* inconceivably

'onbegrip *o* incomprehension

onbe'haaglijk *bn* unpleasant, disagreeable, uncomfortable, uneasy

onbe'haaglijkheid *v* unpleasantness &, discomfort

onbe'haard *bn* hairless

'onbehagen *o* uneasiness, discomfort

onbe'heerd *bn* 1 ⟨in 't alg.⟩ without an owner, unowned, ownerless; 2 ⟨v. auto, fiets &⟩ unattended

onbe'heerst, **'onbeheerst** uncontrolled, unrestrained, wanton, undisciplined

onbe'holpen *bn* awkward, clumsy

onbe'hoorlijk I *bn* unseemly, improper, indecent; II *bijw* improperly

onbe'hoorlijkheid *v* (-heden) unseemliness, impropriety, indecency

1 'onbehouwen *bn* unhewn [blocks]

2 onbe'houwen *bn* ⟨ruw⟩ ungainly, unwieldy, rugged, unmannerly

onbe'huisd *bn* homeless; *de* ~*en* the homeless

onbe'hulpzaam *bn* unwilling to help, disobliging

onbe'kend *bn* unknown, unfamiliar; *dat is hier* ~ that is not known here; *ik ben hier* ~ I am a stranger here; *hij is nog* ~ he is still unknown; *dat was mij* ~ it was unknown to me, I was not aware of the fact; ~ *met* unacquainted with, unfamiliar with, ignorant of; ~ *maakt onbemind* unknown, unloved; *op* ~ *terrein* fig off (out of) one's beat

onbe'kende *m-v* (-n) stranger; *de* ~ ook: the unknown; *het* ~ the unknown; *twee* ~*n* 1 two unknown people, two strangers; 2 two unknowns [in algebra]

onbe'kendheid *v* 1 ⟨in 't alg.⟩ unacquaintedness, unacquaintance; 2 ⟨duisterheid⟩ obscurity; *zijn* ~ *met...* his unacquaintance (unfamiliarity) with, his ignorance of...

onbe'klant *bn* without customers

onbe'klimbaar *bn* unclimbable, inaccessible

onbe'kommerd, **'onbekommerd** *bn* unconcerned; *een* ~ *leven leiden* lead a care-free life

onbe'kommerdheid *v* unconcern

onbe'kookt *bn* inconsiderate, thoughtless, rash

onbe'krompen *bn* 1 ⟨kwistig⟩ unstinted, unsparing, lavish; 2 ⟨ruimdenkend⟩ liberal, broad-minded; II *bijw* 1 unsparingly, lavishly; 2 liberally; ~ *leven* be in easy circumstances

onbe'krompenheid *v* liberality

onbe'kwaam *bn* 1 ⟨in 't alg.⟩ incapable, unable, incompetent; 2 ZN ⟨arbeidsongeschikt⟩ disabled

onbe'kwaamheid *v* incapacity, inability, incompetence

onbe'langrijk *bn* unimportant, insignificant, trifling, inconsequential, immaterial

onbe'langrijkheid *v* unimportance, insignificance, triflingness

'onbelast *bn* 1 ⟨in 't alg.⟩ unburdened, unencumbered; 2 ⟨belastingvrij⟩ untaxed; 3 techn without load

'onbelastbaar *bn* tax-free, tax-exempt

onbe'leefd I *bn* impolite, uncivil, ill-mannered, rude; II *bijw* impolitely, uncivilly, rudely

onbe'leefdheid *v* (-heden) impoliteness, incivility, rudeness

onbe'lemmerd, **'onbelemmerd** *bn* unimpeded, unhampered, free

onbe'loond, **'onbeloond** *bn* 1 ⟨zonder beloning⟩ unrewarded; 2 ⟨v. arbeid, moeite⟩ unrequited; *dat zal niet* ~ *blijven* that shall not go unrewarded

onbe'mand, **'onbemand** *bn* unmanned [flight, space-craft]

onbe'merkt, **'onbemerkt** I *bn* unperceived, unnoticed, unobserved; II *bijw* without being perceived

onbe'middeld *bn* without means

onbe'mind *bn* unloved, unbeloved, unpopular

onbe'minnelijk *bn* unamiable, unlovely

onbe'noemd *bn* 1 ⟨in 't alg.⟩ unnamed; 2 wisk abstract [number]

'onbenul *m-v* (-len) moron, fool, nobody, nonentity

onbe'nullig I *bn* fatuous, dullheaded; II *bijw* fatuously

onbe'nulligheid *v* (-heden) fatuousness, fatuity

onbe'paalbaar *bn* indeterminable

onbe'paald, **'onbepaald** *bn* 1 ⟨onbeperkt⟩ unlimited; 2 ⟨onbegrensd⟩ indefinite; 3 ⟨vaag⟩ uncertain, vague; *voor* ~*e tijd* indefinitely; ~*e wijs* infinitive

onbe'paaldheid *v* unlimitedness; indefiniteness; uncertainty, vagueness

onbe'perkt I *bn* unlimited, unrestrained, boundless, unbounded; II *bijw* unlimitedly

onbe'proefd *bn* untried[2]; *niets* ~ *laten* leave nothing untried, leave no stone unturned

onbe'raden *bn* inconsiderate, ill-advised

onberede'neerd I *bn* 1 unreasoned [fear]; 2 inconsiderate [behaviour]; II *bijw* inconsiderately

onbe'reikbaar *bn* 1 eig inaccessible; 2 fig unattainable, unreachable

onbe'rekenbaar *bn* incalculable[2], fig unpredictable

onbe'rekend *bn* 1 ⟨in 't alg.⟩ uncalculated; 2 unequal [to a task]

onbe'rijdbaar *bn* impassable [roads]

onbe'rispelijk I *bn* irreproachable, blameless, immaculate, faultless, flawless; **II** *bijw* proachably, faultlessly

onberoerd *bn* untouched, unmoved

onbe'schaafd *bn* **1** ⟨v. mensen, manieren⟩ ill-bred, unmannerly, uneducated, unrefined, uncultured; **2** ⟨v. volken⟩ uncivilized

onbe'schaafdheid *v* (-heden) **1** ill-breeding, unmannerliness; **2** want of civilization

onbe'schaamd I *bn* unabashed, impudent, checky, audacious, impertinent, bold; *~e leugen* barefaced lie; *~e kerel* impudent fellow; **II** *bijw* impudently

onbe'schaamdheid *v* (-heden) impudence, impertinence; *de ~ hebben om ...* have the nerve to ..., be cheeky enough to ...

onbe'schadigd *bn* undamaged

onbescheiden *bn* indiscreet, immodest

'onbescheidenheid *v* (-heden) indiscretion, immodesty

onbe'schermd *bn* unprotected, undefended

onbe'schoft *bn* impertinent, insolent, impudent, rude

onbe'schoftheid *v* (-heden) impertinence, insolence, impudence, rudeness

'onbeschreven *bn* **1** not written upon, blank [paper]; **2** ⟨feiten &⟩ undescribed

onbe'schrijfelijk, onbe'schrijflijk I *bn* indescribable; **II** *bijw* indescribably, versterkend very

onbe'schroomd *bn* undaunted, fearless

onbe'schut *bn* unsheltered, unprotected

'onbeslagen *bn* unshod; *~ ten ijs komen* be unprepared (for...)

onbe'slapen, 'onbeslapen *bn* not slept-in, undisturbed [bed]

onbe'slecht *bn* undecided

onbe'slist *bn* undecided; *~ spel* drawn game; *het spel bleef ~* the game ended in a tie, in a draw

'onbesmet *bn* undefiled

onbe'spied *bn* unobserved

'onbespoten *bn* unsprayed

'onbesproken, onbe'sproken *bn* **1** undiscussed [subjects]; **2** unbooked, free [seat]; **3** *fig* blameless, irreproachable [conduct]

onbe'staanbaar *bn* impossible; *~ met* inconsistent (incompatible) with

onbe'staanbaarheid *v* **1** ⟨onmogelijkheid⟩ impossibility; **2** ⟨onverenigbaarheid⟩ inconsistency, incompatibility [with]

onbe'stelbaar, 'onbestelbaar *bn* undeliverable; *een onbestelbare brief* post a dead letter

'onbestemd *bn* indeterminate, vague

onbe'stendig *bn* **1** ⟨instabiel⟩ unsettled, unstable, inconstant; **2** ⟨wispelturig⟩ fickle

onbe'stendigheid *v* unsettled state, instability, inconstancy; fickleness

'onbestorven *bn* too fresh [meat &]; *een ~ weduwe* a grass widow

onbe'stuurbaar *bn* unmanageable, out of control

onbe'suisd I *bn* rash, hot-headed, foolhardy; **II** *bijw* rashly; *~ te werk gaan* go at it boldheaded

onbe'suisdheid *v* (-heden) rashness, foolhardiness

onbe'taalbaar *bn* **1** unpayable [debts]; **2** *fig* priceless, invaluable; *een onbetaalbare grap* a capital joke

'onbetaald, onbe'taald *bn* unpaid, unsettled; *~e rekeningen* outstanding accounts

onbe'tamelijk I *bn* unbecoming, improper, unbefitting, unseemly, indecent; **II** *bijw* unbecomingly

onbe'tamelijkheid *v* (-heden) unbecomingness, impropriety, unseemliness, indecency

onbe'tekenend *bn* insignificant, unimportant, inconsiderable, trifling

onbe'teugeld *bn* unbridled, unrestrained

onbe'treden, 'onbetreden *bn* untrodden [paths]

onbe'trouwbaar *bn* unreliable

onbe'trouwbaarheid *v* unreliability

onbe'tuigd *bn*: *hij liet zich niet ~* **1** he rose to the occasion, he was quick to respond; **2** ⟨aan tafel⟩ do justice to a meal

onbe'twist, 'onbetwist *bn* undisputed, uncontested

onbe'twistbaar *bn* indisputable

onbe'vaarbaar *bn* innavigable

onbe'vallig *bn* ungraceful, inelegant

onbe'valligheid *v* ungracefulness, inelegance

'onbevangen, onbe'vangen *bn* **1** ⟨onbevooroordeeld⟩ unprejudiced, open-minded, unbiassed; **2** ⟨niet verlegen⟩ unconcerned, uninhibited, frank

onbe'vangenheid *v* **1** open-mindedness, impartiality; **2** unconcern(edness), frankness

onbe'vattelijk *bn* **1** slow [pupil]; **2** incomprehensible [thing]

'onbeveiligd *bn* unprotected; *een ~e spoorwegovergang* Br a level crossing; Am a grade crossing

'onbevestigd *bn* unconfirmed [report]

'onbevlekt, onbe'vlekt *bn* **1** ⟨zonder vlek⟩ unstained, undefiled; **2** *godsd* immaculate; *de Onbevlekte Ontvangenis* the Immaculate Conception

'onbevoegd, onbe'voegd *bn* **1** incompetent, unqualified [teacher]; **2** unauthorized [persons, people]

onbe'voegde *m-v* (-n) unauthorized person

onbe'voegdheid *v* incompetence

'onbevolkt *bn* unpopulated, uninhabited

onbevoor'oordeeld *bn* unprejudiced, unbiassed

onbe'vredigd, 'onbevredigd *bn* unsatisfied, ungratified

onbe'vredigend *bn* unsatisfactory

onbe'vreesd, 'onbevreesd I *bn* undaunted, unafraid, fearless; **II** *bijw* undauntedly, fearlessly

'onbevrucht *bn* unfertilized

onbe'waakt, 'onbewaakt *bn* unguarded; zie ook: *ogenblik, ¹overweg*

onbe'weegbaar *bn* immovable

onbe'weeglijk I *bn* motionless, immovable, immobile; **II** *bijw* immovably

onbe'weeglijkheid *v* immobility

'onbeweend *bn* unwept

1137

onbe'werkt, **'onbewerkt** *bn* **1** unmanufactured, raw [material]; **2** 〈niet versierd〉 plain

onbe'wezen *bn* not proven

onbe'wijsbaar *bn* unprovable

'onbewimpeld, **onbe'wimpeld I** *bn* undisguised, frank; **II** *bijw* frankly, without mincing matters

onbe'wogen *bn* unmoved, untouched, unruffled, impassive, placid

'onbewolkt, **onbe'wolkt** *bn* unclouded, cloudless

onbe'woonbaar *bn* **1** uninhabitable [country]; **2** [dwelling] unfit for (human) habitation; ~ *verklaren* condemn

onbe'woond, **onbe'woond** *bn* **1** uninhabited [region, place &]; **2** unoccupied, untenanted [house]; ~ *eiland* desert island

'onbewust, **onbe'wust** *bn* **1** unconscious [act]; **2** unwitting [hope]; *mij ~ hoe (of, waar &)* not knowing how (if &); ~ *van...* unaware of...; *het ~e* the unconscious

'onbewustheid *v* unconsciousness

'onbezeerd *bn* unhurt, uninjured

'onbezet, **onbe'zet** *bn* unoccupied [chair], vacant [post]

'onbezield *bn* inanimate, lifeless

onbe'zoedeld *bn* undefiled, unsullied

onbe'zoldigd *bn* unsalaried, unpaid; *een ~ baantje* an honorary job; *een ~ politieagent* a special constable

onbe'zonnen *bn* inconsiderate, thoughtless, unthinking, rash

onbe'zonnenheid *v* inconsiderateness, thoughtlessness, rashness

'onbezorgd, **onbe'zorgd I** *bn* **1** 〈zonder zorgen〉 free from care, care-free [old age]; **2** 〈onbekommerd〉 unconcerned; **3** post undelivered; **II** *bijw* care-free; unconcernedly

onbe'zorgdheid *v* freedom from care; unconcern

onbe'zwaard, **'onbezwaard** *bn* **1** unencumbered [property]; **2** unburdened [mind]; **3** clear [conscience]

on'billijk *bn* unjust, unfair, unreasonable

on'billijkheid *v* (-heden) injustice, unfairness, unreasonableness

'onbloedig *bn* bloodless

on'blusbaar *bn* inextinguishable, unquenchable

on'brandbaar *bn* incombustible, non-flammable [clothing, materials]

on'brandbaarheid *v* incombustibility

on'breekbaar *bn* unbreakable

'onbruik *o: in ~ geraken* go out of use [of words], fall into disuse, into desuetude

on'bruikbaar *bn* **1** unfit for use, useless, unserviceable [things]; **2** ineffective [methods]; **3** impracticable [roads]; **4** inefficient [persons]

on'bruikbaarheid *v* uselessness; unserviceableness; impracticability; inefficiency

on'buigbaar *bn* inflexible

on'buigzaam *bn* inflexible[2]; fig unbending, unyielding, rigid, hardset, adamant

on'buigzaamheid *v* inflexibility, rigidity

on'christelijk *bn* unchristian

oncollegi'aal *bn* disloyal, unlike a colleague

oncontro'leerbaar *bn* unverifiable

'ondank *m* thanklessness, ingratitude; *zijns ~s* in spite of him; ~ *is 's werelds loon* the world's wages are ingratitude

on'dankbaar *bn* ungrateful, unthankful, thankless; *een ondankbare rol* an unthankful part

on'dankbaarheid *v* (-heden) ingratitude, thanklessness, unthankfulness

'ondanks *voorz* in spite of, notwithstanding

on'deelbaar *bn* indivisible; ~ *getal* prime number; *één ~ ogenblik* one split second

on'deelbaarheid *v* indivisibility

ondefini'eerbaar *bn* indefinable

on'degelijk *bn* unsubstantial, flimsy

ondemo'cratisch *bn* undemocratic

on'denkbaar *bn* unthinkable, inconceivable

'onder I *voorz* **1** 〈in 't alg.〉 under[2], beneath, plechtig underneath; **2** 〈te midden van〉 among; **3** 〈gedurende〉 during; ~ *Alexander de Grote* under Alexander the Great; ~ *andere(n)* **1** 〈v. zaken〉 among other things; **2** 〈v. personen〉 among others; ~ *elkaar* between them [they had a thousand pounds]; [discuss, quarrel, marry] among themselves; ~ *meer* zie: ~ *andere(n)*; ~ *ons* between you and me, between ourselves; *'t moet ~ ons blijven* it must not go any further; ~ *ons gezegd* between you and me and the bedpost (gate-post); *iets ~ zich hebben* have sth. in one's keeping; ~ *een glas wijn* over a glass of wine; ~ *het eten* during meals; at dinner; ~ *het lezen* while (he was) reading; ~ *het lopen* as he went; ~ *de preek* during the sermon; ~ *de toejuichingen van de menigte* amid the cheers of the crowd; ~ *de regering van Koningin Wilhelmina* during (in) the reign of Queen Wilhelmina; ~ *vrienden* among friends; ~ *vijanden* amid(st) enemies; ~ *de modder (het stof &) zitten* be covered with mud (dust &); **II** *bijw* below; *de zon is ~* the sun is set (is down); *hoe is hij er ~?* how does he take it?; *er is een kelder ~* underneath there is a cellar; ~ *aan de bladzijde* at the foot (at the bottom) of the page; ~ *aan de trap* at the foot of the stairs; ~ *in de fles* at the bottom of the bottle; *naar ~(en)* down, below; *ten ~ brengen* subjugate, overcome; *ten ~ gaan* go to rack and ruin, be ruined; *van ~en!* below there!; *glad van ~* smooth underneath; *van ~ naar boven* from the bottom upward(s); *van ~ op* **1** eig from below; **2** fig [start] from the bottom (from scratch); *derde regel van ~* third line from the bottom

'onderaan, **onder'aan I** *voorz* at the bottom of; **II** *bijw* at the bottom, at (the) foot

'onderaanbesteden (h. onderaanbesteed) *overg* sublet

'onderaandeel *o* (-delen) sub-share

'onderaannemer *m* (-s) sub-contractor

onder'aards, **'onderaards** *bn* subterranean, underground

'onderafdeling *v* (-en) subdivision, subsection

'onderarm *m* (-en) forearm

'onderbaas *m* (-bazen) charge-hand

'onderbelicht, **onderbe'licht** *bn* under-exposed

'onderbelichting *v* under-exposure

'onderbetalen (h. onderbetaald) *overg* underpay

'onderbevelhebber *m* (-s) second in command

'onderbevolking *v* underpopulation

onderbe'volkt *bn* underpopulated

'onderbewust *bn* subconscious

onderbe'wuste *o* subconscious

'onderbewustzijn *o* subconscious, subconsciousness

'onderbezet *bn* undermanned, understaffed

'onderbinden[1] *overg* tie on [skates]

'onderbouw *m* **1** ⟨v. bouwwerk⟩ substructure, foundation; **2** ⟨v. voortgezet onderwijs⟩ <u>Br</u> secondary school; <u>Am</u> secondary education

onder'bouwen (onderbouwde, h. onderbouwd) *overg* ground, found, base; <u>fig</u> substantiate; *het regeringsbeleid goed* ~ base government policy on firm (solid) ground; *een goed onderbouwd verhaal* a well-substantiated story, a story based on solid facts

onder'breken (onderbrak, h. onderbroken) *overg* interrupt, break [a journey, holidays]

onder'breking *v* (-en) interruption, break

'onderbrengen[1] *overg* shelter, house, accommodate, place[2]

'onderbroek *v* (-en) (pair of) underpants, briefs; ⟨voor dames⟩ panties, <u>Br</u> knickers; ⟨voor heren⟩ <u>Br</u> pants, <u>Am</u> shorts; *lange* ~ long johns

'onderbroekenlol *v* ± bathroom humour

'onderbuik *m* (-en) abdomen

'onderdaan *m* (-danen) subject; *onderdanen* nationals [of a country, when abroad]; *mijn onderdanen* <u>gemeenz</u> my pins [= legs]

'onderdak *o* shelter; *geen* ~ *hebben* have no shelter (no home, no accommodation); ~ *verschaffen* accommodate

onder'danig I *bn* submissive, humble; *Uw* ~*e dienaar* Yours obediently; **II** *bijw* submissively, humbly

onder'danigheid *v* submissiveness, humility

'onderdeel *o* (-delen) **1** ⟨onderste gedeelte⟩ lower part; **2** ⟨gedeelte⟩ part; **3** <u>techn</u> accessory, part; **4** <u>mil</u> unit; *een* ~ *vormen (zijn) van* form (be) a part of; *dat is maar een* ~ that's only part of it, a fraction; *in een* ~ *van een seconde* in a fraction of a second, one split second; *het laatste* ~ *van het programma* the last item on the program

'onderdeur *v* (-en) <u>eig</u> lower half of a door, hatch; ~*tje* <u>fig</u> insignificant person, dwarf

'onderdirecteur *m* (-en en -s) **1** ⟨in 't alg.⟩ submanager; **2** <u>onderwijs</u> second master, vice-principal

'onderdoen[1] **I** *overg* tie on [skates]; **II** *onoverg*: *niet*

~ *voor ... in ...* not yield to ... in ...; *voor niemand* ~ *(in ...)* be second to none, yield to none (in ...)

'onderdompelen[1] *overg* submerge, immerse

'onderdompeling *v* (-en) submersion, immersion, <u>gemeenz</u> ducking

onder'door *bijw* underneath; *er* ~ *gaan* <u>fig</u> succomb, break down

onder'doorgang *m* (-en) tunnel, subway, underpass

onder'drukken (onderdrukte, h. onderdrukt) *overg* **1** keep down [one's anger]; **2** oppress [a nation]; **3** suppress [a rebellion, a groan, a yawn &]; **4** stifle [a sigh]; **5** smother [a laugh, a yawn]; **6** quell [a revolt]

onder'drukker *m* (-s) **1** oppressor [of people]; **2** suppressor [of revolt]

onder'drukking *v* (-en) **1** oppression [of the people]; **2** suppression [of a revolt]

'onderduiken[1] (is) *onoverg* **1** ⟨onder water duiken⟩ dive, duck; **2** ⟨zich verbergen⟩ go into hiding; *ondergedoken zijn* be in hiding

'onderduiker *m* (-s) person in hiding

onder'duims *bijw* <u>ZN</u> sneaking, secret

onder'een *bijw* <u>ZN</u> among themselves; mixed up

'ondereind (-en), **'ondereinde** *o* (-n) lower end

'onderen *bijw*: *naar* ~, *van* ~ zie: *onder II*

1 'ondergaan[1] *onoverg* **1** ⟨v. schip⟩ go down, sink; **2** ⟨v. zon⟩ set, go down; **3** ⟨bezwijken⟩ go down, perish

2 onder'gaan (onderging, h. ondergaan) *overg* **1** undergo [an operation, a change, punishment]; **2** suffer, endure [hardship, misery, pain]; *hij onderging zijn lot* he underwent his fate; *gevangenisstraf* ~ serve a term of imprisonment; *een verandering* ~ undergo (suffer) a change; *wat ik* ~ *heb* what I have undergone (gone through, suffered)

'ondergang *m* **1** setting [of the sun]; **2** <u>fig</u> (down)fall, ruin, destruction, <u>plechtig</u> doom; *dat was zijn* ~ that was the ruin of him, that was his undoing

onderge'schikt *bn* **1** subordinate [person]; **2** inferior [role]; *van* ~ *belang* of minor importance; ~ *maken aan* subordinate to

onderge'schikte *m-v* (-n) subordinate, inferior; *zijn* ~*n* those under him, his inferiors

onderge'schiktheid *v* subordination, inferiority

'ondergeschoven *bn* supposititious; ~ *kind* changeling

onderge'tekende *m-v* (-n) undersigned; <u>schertsend</u> yours truly; *ik* ~ *verklaar* I the undersigned declare; *wij* ~*n verklaren* we the undersigned declare

'ondergewicht *o* short weight

'ondergoed *o* underwear, underclothes

onder'graven (ondergroef, h. ondergraven) *overg* undermine, sap

'ondergrond *m* (-en) subsoil[2]; <u>fig</u> foundation; *op een zwarte* ~ on (against) a black (back)ground

onder'gronds *bn* underground[2] [railway; movement]; subterranean

onder'grondse v **1** ⟨vervoer⟩ underground, ge-meenz tube, Am subway; **2** ⟨verzet⟩ resistance movement, underground

onder'hand bijw meanwhile, in the meantime; *dat werd ~ wel eens tijd* it was about time

onder'handelaar m (-s en -laren) negotiator

onder'handelen (onderhandelde, h. onderhandeld) onoverg negotiate, treat

onder'handeling v (-en) negotiation; *in ~ treden met...* enter into negotiations with...; *in ~ met iem. zijn over...* be negotiating with sbd. for...

onder'handelingstafel v (-s): *aan de ~ zitten* sit down at the negotiation table

onder'hands bn **1** underhand [intrigues]; **2** handel [sale] by private contract; private [arrangement, contract, sale]

onder'havig bn: *in het ~e geval* in the present case

onder'hevig bn: *~ aan* subject to [change]; liable to [error]; open to, admitting of [doubt]

onder'horig bn dependent, subordinate, belonging to

onder'horige m-v (-n) subordinate

onder'horigheid v **1** ⟨afhankelijkheid⟩ dependence, subordination; **2** ⟨gebied⟩ dependency

'onderhoud o **1** ⟨het in stand houden⟩ maintenance, upkeep [of the roads &]; servicing [of a car]; **2** ⟨levensonderhoud⟩ maintenance, support, sustenance; **3** ⟨gesprek⟩ conversation, interview, talk; *in zijn (eigen) ~ voorzien* support oneself, be self-supporting, provide for oneself

1 'onderhouden[1] overg keep under; *de jongens er ~* keep the boys in hand

2 onder'houden (onderhield, h. onderhouden) **I** overg **1** ⟨in orde houden⟩ keep in repair [a house &]; **2** ⟨aan de gang houden⟩ keep up [the firing, a correspondence, one's French &], maintain [a service]; **3** ⟨in leven houden⟩ support, provide for [one's family &]; **4** ⟨bezighouden⟩ amuse; entertain [people]; **5** keep [God's commandments]; *iem. ergens over ~* call (bring) sbd. to account for sth., take sbd. to task for sth.; *het huis is goed (slecht) ~* the house is in good (bad) repair; *een goed (slecht) ~ tuin* a well-kept (badly kept) garden; **II** wederk: *zich ~* support (provide for) oneself; *zich ~ over...* converse about

onder'houdend bn entertaining, amusing

'onderhoudsbeurt v (-en) overhaul

'onderhoudskosten mv cost of upkeep, maintenance cost(s)

'onderhoudswerkzaamheden mv maintenance work, maintenance

'onderhout o underwood, undergrowth, brush-wood

'onderhuid v true skin

'onderhuids, onder'huids bn subcutaneous; hypodermic [injection]

'onderhuis o (-huizen) lower part of a house; base-

ment

'onderhuren[1] overg sub-rent

'onderhuur v subtenancy

'onderhuurder m (-s) subtenant

onder'in bijw at the bottom [of the cupboard]

'onderjurk v (-en) (under)slip

'onderkaak v (-kaken) lower jaw, mandible

'onderkant m (-en) bottom

'onderkast v (-en) lower case

onder'kennen (onderkende, h. onderkend) overg **1** ⟨waarnemen⟩ discern, perceive; **2** ⟨onderscheiden⟩ distinguish

'onderkin v (-nen) double chin

'onderkleren mv = ondergoed

onder'koeld bn **1** eig supercooled; **2** fig cool, unemotional; *~e regen* black ice

onder'koelen (onderkoelde, h. onderkoeld) onoverg & overg supercool

'onderkomen o: *een ~ vinden* find shelter, find accommodation

'onderkoning m (-en) viceroy

onder'kruipen (onderkroop, h. onderkropen) onoverg **1** handel undercut, spoil sbd.'s trade; **2** ⟨bij staking⟩ blackleg

'onderkruiper m (-s) **1** handel underseller; **2** ⟨bij staking⟩ blackleg, scab; **3** = onderkruipsel

'onderkruiping v (-en) **1** handel undercutting; **2** ⟨bij staking⟩ playing the blackleg

'onderkruipsel o (-s) scheldwoord dwarf, midget, manikin

'onderlaag v (-lagen) substratum [mv substrata]

'onderlaken o (-s) bottom sheet

onder'langs bijw along the bottom (the foot)

onder'legd bn: *goed ~* well-grounded

'onderlegger m (-s) blotting-pad, (writing-)pad

'onderliggen[1] onoverg **1** eig lie under; **2** fig be worsted; *de ~de partij* the underdog

'onderlijf o (-lijven) belly, abdomen, lower part of the body

onder'lijnen (onderlijnde, h. onderlijnd) overg underline, underscore

'onderling I bn mutual; *~e verzekeringsmaatschappij* mutual insurance company; **II** bijw **1** ⟨wederzijds⟩ mutually; **2** ⟨samen⟩ together, between them; *~ verdeeld* divided among themselves

'onderlip v (-pen) lower lip

'onderlopen[1] onoverg be flooded, be overflowed, be swamped [of a meadow]; *laten ~* inundate, flood

onder'maans bn sublunary; *het ~e* the sublunary world; *in dit ~e* here below

onder'maats bn **1** ⟨te klein⟩ undersized; *~e vis* undersized fish; **2** ⟨van slechte kwaliteit⟩ inferior, below par; *~e prestatie* substandard performance, under-achievement

onder'mijnen (ondermijnde, h. ondermijnd) overg undermine[2], sap[2]

onder'mijnend bn: *~e activiteiten* subversive activities

onder'mijning *v* undermining², sapping²

onder'nemen (ondernam, h. ondernomen) *overg* undertake, attempt

onder'nemend *bn* enterprising

onder'nemer *m* (-s) entrepreneur; ⟨eigenaar⟩ owner, proprietor; *kleine* ~ small businessman

onder'neming *v* (-en) 1 ⟨project⟩ undertaking, enterprise; ⟨met risico⟩ venture; 2 ⟨bedrijf⟩ company, business; ⟨groot⟩ concern; 3 ⟨plantage⟩ estate, plantation

onder'nemingsgeest *m* (spirit of) enterprise

onder'nemingsraad *m* (-raden) works council

'onderofficier *m* (-en en -s) 1 mil non-commissioned officer, N.C.O.; 2 scheepv petty officer

'onderom *bijw* round the foot (bottom)

onder'onsje *o* (-s) 1 ⟨aangelegenheid⟩ private business; 2 ⟨bijeenkomst⟩ small sociable party, informal gathering

'onderontwikkeld *bn* 1 underdeveloped, depressed [areas]; 2 underdeveloped [negative]

'onderpand *o* (-en) pledge, guarantee, security; *op* ~ on security; *in* ~ *geven* pledge

'onderpastoor *m* (-s) ZN assistant priest, curate

'onderproductie *v* underproduction

'onderrand *m* (-en) lower edge [of a page]

'onderregenen (regende onder, is ondergeregend) *onoverg* be swamped with rain

'onderricht *o* instruction, tuition

onder'richten (onderrichtte, h. onderricht) *overg* 1 ⟨onderwijzen⟩ instruct, teach; 2 ⟨informeren⟩ inform (*van* of)

onder'richting *v* (-en) 1 instruction; 2 information

'onderrok *m* (-ken) petticoat

onder'schatten (onderschatte, h. onderschat) *overg* undervalue underestimate, underrate

onder'schatting *v* underestimation

'onderscheid *o* 1 ⟨verschil⟩ difference; 2 ⟨het maken v. verschil⟩ distinction, discrimination; *de jaren des* ~*s* the years of discretion; ~ *maken tussen... en...* distinguish (discriminate) between... and...; *dat maakt een groot* ~ that makes all the difference; *allen zonder* ~ all without exception; zie ook: *oordeel*

1 onder'scheiden (onderscheidde, h. onderscheiden) **I** *overg* 1 eig distinguish, discern; 2 fig distinguish, single out; *hij is* ~ *met de Nobelprijs* he has been awarded the Nobel prize, the Nobel prize has been awarded to him; *ik kon de spelers niet meer onderscheiden* I could not discern the players any longer; ~ *in...* distinguish into...; ~ *van...* distinguish... from, tell... from; **II** *wederk: zich* ~ distinguish oneself

2 onder'scheiden *bn* different, various, distinct

onder'scheidenlijk *bijw* respectively [called A, B, C]

onder'scheiding *v* (-en) 1 ⟨het maken v. verschil⟩ distinction; 2 ⟨decoratie⟩ decoration, honour, distinction; 3 ⟨prijs voor film, muziek⟩ award

onder'scheidingsteken *o* (-s en -en) distinguishing mark, badge

onder'scheidingsvermogen *o* discrimination, discernment

onder'scheppen (onderschepte, h. onderschept) *overg* intercept

onder'schepping *v* (-en) interception

'onderschikkend *bn* gramm subordinating

'onderschikking *v* gramm subordination

'onderschrift *o* (-en) 1 subscription, signature [of a letter]; 2 caption, letterpress [under a picture]

onder'schrijven (onderschreef, h. onderschreven) *overg: het* ~ subscribe to that [statement], endorse the statement

'onderschuifbed *o* (-den) fold-away twin bed

onders'hands *bijw* privately, by private contract

'ondersneeuwen (sneeuwde onder, is ondergesneeuwd) *onoverg* be snowed under

'onderspit *o: het* ~ *delven* be worsted, have the worse, get the worst of it

'onderstaand *bn* subjoined, undermentioned

'onderstand *m* ZN support, aid

'onderste *bn* lowest, lowermost, undermost, bottom; *wie het* ~ *uit de kan wil hebben, krijgt het lid op de neus* much would have more and lost all

onderste'boven *bijw* upside down, wrong side up, topsy-turvy; ~ *gooien* overthrow, upset; ~ *halen* turn upside down; *ik was ervan* ~ it bowled me over, I was bowled over (by it)

'ondersteek *m* (-steken) bed-pan

'onderstel *o* (-len) ⟨in 't alg.⟩ (under-)carriage, underframe; ⟨v. auto ook:⟩ chassis

onder'stellen (onderstelde, h. ondersteld) *overg* suppose

onder'stelling *v* (-en) supposition, hypothesis; zie ook: *veronderstelling*

onder'steunen (ondersteunde, h. ondersteund) *overg* support

onder'steuning *v* support, relief

onder'steuningsfonds *o* (-en) relief fund

onder'strepen (onderstreepte, h. onderstreept) *overg* underline²

'onderstroom *m* (-stromen) undercurrent

'onderstuk *o* (-ken) lower part, bottom piece

'ondertand *m* (-en) lower tooth

onder'tekenaar *m* (-s en -naren) 1 ⟨in 't alg.⟩ signer, subscriber; 2 signatory [to a convention]

onder'tekenen (ondertekende, h. ondertekend) *overg* sign, affix one's signature to

onder'tekening *v* (-en) 1 ⟨handtekening⟩ signature, subscription; 2 ⟨de handeling⟩ signing; *ter* ~ for signature

'ondertitel *m* (-s) 1 ⟨v. boek⟩ subtitle, subheading; 2 ⟨v. film⟩ subtitle

onder'titelen (ondertitelde, h. ondertiteld) *overg* subtitle

onder'titeling *v* ⟨v. film⟩ subtitles

'ondertoon *m* (-tonen) overtone, undertone; *met een duidelijke ~ van...* with clear overtones of...

'ondertrouw *m* betrothal

onder'trouwen (ondertrouwde, is ondertrouwd) *onoverg* have their names entered at the registry-office, put up the banns

onder'tussen *bijw* **1** (inmiddels) meanwhile, in the meantime; **2** (toch) yet

onder'uit *bijw* from below; *er niet ~ kunnen* be unable to get (wriggle) out of it

onder'uitgaan[1] *onoverg* fall down; (uitglijden) slip

onder'uithalen[1] *overg* **1** sp bring down; **2** fig trip up

onder'uitzakken[1] *onoverg* sprawl, slump [in one's chair]

onder'vangen (onderving, h. ondervangen) *overg* obviate [criticism], anticipate, meet [objections]

'onderverdelen (verdeelde onder, h. onderverdeeld) *overg* subdivide

'onderverdeling *v* (-en) subdivision

'onderverhuren (h. onderverhuurd) *overg* sublet

'onderverhuurder *m* (-s) sublessor

'ondervertegenwoordigd *bn* underrepresented

'onderverzekerd *bn* underinsured

onder'vinden (ondervond, h. ondervonden) *overg* experience, meet with [difficulties]

onder'vinding *v* (-en) experience; *~ is de beste leermeesteres* experience is the best of all schoolmasters; *bij (door) ~* [know] by (from) experience

onder'voed *bn* underfed, undernourished

onder'voeding *v* underfeeding, malnutrition

'ondervoorzitter *m* (-s) vice-chairman

onder'vragen (ondervroeg, ondervraagde, h. ondervraagd) *overg* **1** (verhoren) interrogate, question; **2** ZN (overhoren) hear a lesson, examine a student

onder'vrager *m* (-s) interrogator, examiner

onder'vraging *v* (-en) **1** (verhoor) interrogation; **2** ZN (overhoring) test, examination

'onderwaarderen (h. ondergewaardeerd) *overg* undervalue

'onderwaardering *v* (-en) undervaluation

onder'watersport *v* skindiving, underwaterswimming

onder'weg *bijw* on the way; *hij was ~* he was on his way

'onderwereld *v* underworld

'onderwerp *o* (-en) **1** (v. boek, lezing &) subject, topic, theme; **2** gramm subject

onder'werpen (onderwierp, h. onderworpen) **I** *overg* subject, subdue; *~ aan* submit to [an examination], subject to [a test]; **II** *overg: zich ~* submit; *zich aan een examen ~* go in for an examination; *zich aan zijn lot ~* resign oneself to one's fate; *zich ~ aan Gods wil* resign oneself to the will of Heaven

onder'werping *v* subjection, submission

'onderwerpszin *m* (-nen) subjective clause

'onderwicht *o* handel short weight

bijw meanwhile, the while

'onderwijs *o* instruction, tuition, schoolteaching, education, schooling; *bijzonder ~* denominational education; *hoofdelijk ~* individual teaching; *hoger ~* university education, higher education; *lager ~* primary (elementary) education; *middelbaar ~* secondary education; *openbaar ~* public education; *technisch ~* technical education; *vrij ~* ZN denominational education; *het ~ in geschiedenis* history teaching, the teaching of history; *~ geven (in)* teach; *bij het ~ zijn* be a teacher

'onderwijs- *voorv* educational, teaching

'onderwijsbevoegdheid *v* (-heden) teacher('s) training certificate (qualification); Am teacher certification

'onderwijsinrichting *v* (-en) educational establishment, teaching institution

'onderwijskracht *v* (-en) teacher

onder'wijzen (onderwees, h. onderwezen) **I** *overg* instruct [persons], teach [persons, a subject]; *het ~d personeel* the teaching staff; **II** *abs ww* teach

onder'wijzer *m* (-s) teacher

onderwijze'res *v* (-sen) (woman) teacher

onder'wijzersakte *v* (-n en -s) teacher's certificate

onder'wijzing *v* (-en) instruction

onder'worpen I *bn* **1** (nederig) submissive; **2** (overwonnen) subject [nation, race]; *~ aan* subject to [duty &]; **II** *bijw* submissively

onder'worpenheid *v* subjection, submission, submissiveness

onder'zeeboot *m & v* (-boten), **onder'zeeër** *m* (-s) submarine

onder'zeebootjager *m* (-s) submarine chaser, subchaser

onder'zees *bn* submarine

'onderzetter *m* (-s) (table) mat, (beer) mat

'onderzij (-den), **'onderzijde** *v* (-n) bottom

'onderzoek *o* **1** (in 't alg.) inquiry, investigation, examination; **2** (wetenschappelijk) research; *~ doen naar iets* inquire into sth.; *een ~ instellen* make inquiries, inquire into the matter, investigate; *bij (nader) ~* upon (closer) inquiry; *de zaak is in ~* the matter is under investigation (examination)

onder'zoeken (onderzocht, h. onderzocht) *overg* **1** (in 't alg.) inquire (look) into, investigate, examine; **2** make [scientific] researches into; *~ op* test for, examine for; *een ~de blik* a searching look

onder'zoeker *m* (-s) **1** (in 't alg.) investigator; **2** (wetenschappelijk) researcher, research-worker

onder'zoeking *v* (-en) exploration [of unknown regions], zie: *onderzoek*

onder'zoekingstocht *m* (-en) journey (voyage) of exploration, exploring expedition

'onderzoeksbureau *o* (-s) research bureau

'onderzoeksrechter *m* (-s) ZN examining magistrate

'onderzoeksresultaat *o* (-taten) test result, findings

ondes'kundig *bn* inexpert

'ondeugd *v* (-en) 1 ⟨tegenover deugd⟩ vice; 2 ⟨ondeugendheid⟩ naughtiness, mischief; 3 *m-v* ⟨persoon⟩ naughty boy (girl)

on'deugdelijk *bn* unsound, faulty, defective

on'deugend I *bn* 1 ⟨stout⟩ naughty, mischievous [children &]; 2 ⟨guitig⟩ naughty; II *bijw* naughtily

on'deugendheid *v* (-heden) naughtiness, mischief

on'dichterlijk *bn* unpoetical

'ondienst *m* (-en) bad (ill) service, bad (ill) turn; *iem. een ~ bewijzen* ook: do sbd. a disservice

on'diep *bn* shallow

'ondiepte *v* 1 ⟨'t ondiep zijn⟩ shallowness; 2 (-n en -s) ⟨ondiepe plaats⟩ shallow, shoal

'ondier *o* (-en) brute², monster²

'onding *o* (-en) 1 ⟨onzinnigheid⟩ absurdity; 2 = *prul*

ondoel'matig *bn* unsuitable, inexpedient

ondoel'matigheid *v* unsuitability, inexpediency

on'doenlijk *bn* unfeasible, impracticable

ondoor'dacht *bn* inconsiderate, thoughtless, rash

ondoor'dringbaar *bn* impenetrable, impervious; *~ voor...* impervious to...

ondoor'grondelijk *bn* inscrutable, unfathomable

on'doorgrondelijkheid *v* inscrutability

ondoor'schijnend *bn* opaque

ondoor'schijnendheid *v* opacity

ondoor'zichtig *bn* untransparent

ondoor'zichtigheid *v* untransparency

on'draaglijk *bn* unbearable, not to be borne, intolerable, insupportable, insufferable, beyond bearing

on'drinkbaar *bn* undrinkable

ondubbel'zinnig *bn* unambiguous, unequivocal

on'duidelijk I *bn* 1 indistinct [utterance, outlines &]; 2 ⟨duister⟩ obscure [situation, theory]; *het is mij ~* it is not clear to me; II *bijw* indistinctly; not clearly

on'duidelijkheid *v* (-heden) indistinctness; obscurity

on'duldbaar *bn* unbearable, intolerable

ondu'leren (onduleerde, h. geonduleerd) *overg* wave [of the hair]

1 on'echt *bn* 1 ⟨niet echt⟩ not genuine; false, imitation [jewellery]; forged, unauthentic [letters], spurious [coin], improper [fractions]; 2 *fig* sham [feelings], mock [sympathy]

2 'onecht *bn* ⟨buitenechtelijk⟩ illegitimate [children]

on'edel I *bn* 1 ⟨in 't alg.⟩ ignoble, base, mean; 2 base [metals]; II *bijw* basely, meanly

onedel'moedig *bn* ungenerous

on'eens *bn*: *zij zijn het ~* they disagree, they are at variance; *ik ben het met mezelf ~* I am in two minds about it

'oneer *v* dishonour, disgrace

on'eerbaar *bn* indecent, immodest

on'eerbaarheid *v* (-heden) indecency, immodesty

oneer'biedig *bn* disrespectful, irreverent

oneer'biedigheid *v* (-heden) disrespect, irreverence

on'eerlijk *bn* unfair, dishonest

on'eerlijkheid *v* (-heden) dishonesty, improbity

on'eervol, 'oneervol *bn* dishonourable; *~ ontslag* dishonourable discharge; *iem. ~ ontslaan* dismiss sbd. in disgrace

on'eetbaar *bn* uneatable, inedible

on'effen *bn* uneven, rough, rugged

on'effenheid *v* (-heden) unevenness, roughness, ruggedness

on'eigenlijk *bn* figurative, metaphorical

on'eindig I *bn* infinite, endless; *het ~* the infinite; *tot in het ~e* indefinitely; II *bijw* infinitely; *~ klein* infinitesimally small

on'eindigheid *v* infinity

on'enig *bn* disagreeing, at variance

on'enigheid *v* (-heden) discord, disagreement, dissension; *~ krijgen* fall out

oner'varen *bn* inexperienced

oner'varenheid *v* inexperience

ones'thetisch *bn* unaesthetic

on'even, 'oneven *bn* ⟨v. getal⟩ odd; *~ genummerd* odd numbered

oneven'redig I *bn* disproportionate, out of (all) proportion; II *bijw* disproportionately, out of (all) proportion

oneven'redigheid *v* (-heden) disproportion

oneven'wichtig *bn* unbalanced, unpoised

onfat'soenlijk *bn* indecent, improper

onfat'soenlijkheid *v* (-heden) indecency, impropriety

on'feilbaar *bn* unfailing, infallible, foolproof [method]

on'feilbaarheid *v* infallibility

onfor'tuinlijk *bn* unlucky, luckless

on'fris *bn* 1 ⟨niet vers⟩ not fresh; 2 ⟨kwalijk⟩ unsavoury, shady [business]; 3 ⟨onwel⟩ out of sorts, off colour

ong. *afk.* = *ongeveer*

on'gaar *bn* underdone, not thoroughly cooked

on'gaarne, 'ongaarne *bijw* unwillingly, reluctantly, with a bad grace

on'gans *bn* unwell; *zich ~ eten* overeat oneself, gorge

ongast'vrij *bn* inhospitable

'ongeacht I *bn* unesteemed; II *voorz* irrespective of [race or creed]; in spite of, notwithstanding

'ongebaand, onge'baand *bn* unbeaten, untrodden

'ongebleekt, onge'bleekt *bn* unbleached [cotton]

'ongeblust *bn* 1 unquenched [of fire]; 2 unslaked [of lime]; zie ook: *kalk*

'ongebogen *bn* not bent, unbent

onge'bonden I *bn* 1 ⟨v. boeken⟩ unbound, in sheets; 2 *fig* dissolute, licentious, loose; *~ stijl* prose; II *bijw* dissolutely, licentiously

'ongebondenheid *v* dissoluteness, licentiousness

'ongeboren *bn* unborn; *~ vrucht* foetus, fetus

'**ongebreideld** *bn* unbridled, unchecked, uncurbed
'**ongebroken** *bn* unbroken
onge'**bruikelijk**, '**ongebruikelijk** *bn* **1** ⟨in 't alg.⟩ unusual; **2** unorthodox [methods]
'**ongebruikt** *bn* unused, unemployed, idle
'**ongebuild**, **onge'build** *bn* whole [meal]
ongecompli'ceerd *bn* uncomplicated, simple
onge'daan *bn* undone, unperformed; ~ *maken* **1** undo [it]; **2** handel cancel [a bargain]
'**ongedagtekend**, '**ongedateerd** *bn* not dated
'**ongedeerd** *bn* unhurt, uninjured, unscathed, whole
'**ongedekt** *bn* **1** uncovered, bare [head]; **2** un-laid [table]; **3** bad [cheque]
'**ongedierte** *o* vermin
ongediscipli'neerd *bn* undisciplined
'**ongedrukt** *bn* unprinted [essays &]
'**ongeduld** *o* impatience
onge'duldig *bn* impatient
onge'duldigheid *v* impatience
onge'durig *bn* inconstant, restless [person]; *hij is een beetje* ~ he is rather fidgety; *zij is erg* ~ she is a regular fidget
onge'durigheid *v* inconstancy, restlessness
onge'dwongen *bn* **1** ⟨niet geforceerd⟩ unconstrained, unrestrained, unforced; **2** ⟨natuurlijk⟩ natural, easy [manners]; *een* ~ *gesprek* an informal chat
onge'dwongenheid *v* unconstraint, abandon
ongeëve'naard *bn* unequalled, matchless, unparalleled [success]
ongefortu'neerd *bn* without means
'**ongefrankeerd** *bn* **1** post not prepaid, unpaid; unstamped [letter]; **2** handel carriage forward
ongege'neerd *bn* unashamed, unembarassed; *hij zat* ~ *boeren te laten* he sat there burping shamelessly, openly, without the slightest embarrassment
ongege'neerdheid *v* lack of shame, lack of embarrassment
onge'grond *bn* groundless, unfounded, without foundation, baseless
onge'grondheid *v* groundlessness, unfoundedness, baselessness
'**ongehavend** *bn* undamaged
onge'hinderd, '**ongehinderd** *bn* unhindered, unhampered
onge'hoord, '**ongehoord** *bn* unheard (of), unprecedented; *iets* ~*s* a thing unheard-of
onge'hoorzaam *bn* disobedient, insubordinate
onge'hoorzaamheid *v* (-heden) disobedience, insubordination; *burgerlijke* ~ civil disobedience
'**ongehuwd** *bn* unmarried; *de* ~*e staat* celibacy, single life
'**ongein** *m* (flauw, vervelend gedoe) nonsense; *ik heb genoeg van die* ~ I've enough of your feeble attempts at jokes; *...en meer van die* ~ and more of that nonsense
ongeïnteres'seerd *bn* disinterested

ongeïnteres'seerdheid *v* disinterestedness
'**ongekamd** *bn* uncombed, unkempt
'**ongekend**, **onge'kend** *bn* unprecedented
'**ongekleed**, **onge'kleed** *bn* **1** ⟨zonder kleren⟩ unclothed, undressed; **2** ⟨niet correct gekleed⟩ in undress, in dishabille
'**ongekleurd**, **onge'kleurd** *bn* **1** ⟨in 't alg.⟩ uncoloured; **2** plain [picture postcard]
onge'kookt, '**ongekookt** *bn* **1** unboiled [water]; **2** raw [egg, milk]
onge'kroond, '**ongekroond** *bn* uncrowned
'**ongekuist** *bn* **1** coarse [language]; **2** unexpurgated [edition], unbowdlerized
onge'kunsteld I *bn* artless, ingenuous, unaffected, unsophisticated; **II** *bijw* artlessly, ingenuously
'**ongeladen** *bn* **1** mil unloaded [gun]; **2** scheepv unladen [ships]; **3** elektr uncharged
on'geldig *bn* not valid, invalid; ~ *maken* render null and void, invalidate, nullify; ~ *verklaren* declare null and void, annul
on'geldigheid *v* invalidity, nullity
on'geldigverklaring *v* annulment, nullification, invalidation
onge'legen *bn* inconvenient, unseasonable, inopportune; *op een* ~ *uur* at an unseasonable hour; *kom ik u* ~? am I intruding?; *het bezoek kwam mij* ~ the visit came at an inopportune moment
onge'legenheid *v* inconvenience; *geldelijke* ~ pecuniary difficulties; *in* ~ *brengen* inconvenience; *in* ~ *geraken* get into trouble
onge'letterd *bn* unlettered, illiterate [population]
onge'lezen *bn* unread
1 '**ongelijk**, **onge'lijk** *bn* uneven, unequal; ~ *van lengte* of unequal lengths
2 '**ongelijk** *o* wrong; ~ *bekennen* acknowledge oneself to be wrong; *iem.* ~ *geven, in het* ~ *stellen* put sbd. in the wrong, give it against sbd.; *ik kan hem geen* ~ *geven* I can't blame him; ~ *hebben* be (in the) wrong; ~ *krijgen* be put in the wrong, be proved wrong
ongelijk'benig *bn* scalene [triangle]
onge'lijkheid *v* (-heden) **1** unevenness, inequality [of surface, rank &]; **2** ⟨niet gelijkend⟩ dissimilarity, disparity
ongelijk'matig *bn* **1** unequal [climate]; **2** uneven [temper &]
ongelijk'matigheid *v* (-heden) inequality, unevenness
ongelijk'namig *bn* **1** not having the same name; **2** [fractions] not having the same denominator
ongelijk'soortig *bn* dissimilar, heterogeneous
ongelijk'soortigheid *v* dissimilarity, heterogeneity
ongelijk'vloers *bn:* ~*e (weg)kruising* fly-over
ongelijk'vormig *bn* dissimilar [triangles]
ongelijk'vormigheid *v* dissimilarity
ongelijk'zijdig *bn* with unequal sides; ~*e driehoek* scalene triangle

'**ongelikt, onge'likt** *bn* unlicked; *een ~e beer* an unlicked cub², ook: quite a bear

'**ongelinieerd, ongelini'eerd** *bn* unruled [paper]

onge'lofelijk *bn* not to be believed, unbelievable, incredile, beyond belief, past (all) belief

onge'lofelijkheid *v* incredibility

'**ongelogen** *bijw: het water was ~ een meter gestegen* the water had risen one metre without exaggeration

'**ongeloof** *o* unbelief, disbelief

onge'looflijk(heid) *v* = ongelofelijk(heid)

ongeloof'waardig *bn* not deserving belief, incredible

onge'lovig I *bn* unbelieving, incredulous; **II** *bijw* incredulously

onge'lovige *m-v* (-n) unbeliever, infidel

onge'lovigheid *v* incredulity

'**ongeluk** *o* (-ken) **1** ⟨door omstandigheden⟩ misfortune; **2** ⟨gemoedstoestand⟩ unhappiness; **3** ⟨ongelukkige gebeurtenis⟩ accident, mishap; **4** ⟨pech⟩ bad luck; *dat ~ van een...* that wretch of a...; *dat was zijn ~* that was his undoing; *dat zal zijn ~ zijn* that will be his ruin; *een ~ begaan aan iem.* do sbd. a mischief; *zich een ~ eten* eat till one bursts; *een ~ krijgen* meet with an accident; *een ~ komt zelden alleen* it never rains but it pours; *een ~ zit in een klein hoekje* great accidents spring from small causes; *per ~* by accident, accidentally; *zonder ~ken* without accidents

onge'lukkig I *bn* **1** ⟨niet gelukkig zijnd⟩ unhappy; **2** ⟨ongunstig⟩ unfortunate; **3** ⟨geen geluk hebbend⟩ unlucky; **4** ⟨noodlottig⟩ ill-fated [day], ill-starred [attempt]; *een ~ huwelijk* an unhappy marriage; *~e liefde* unrequited (unreturned) love; *een ~ toeval* an unfortunate coincidence; *diep ~* miserable, wretched; **II** *bijw* unfortunately; [married] unhappily

onge'lukkigerwijs, onge'lukkigerwijze *bijw* unfortunately

'**ongeluksbode** *m* (-n) messenger of bad news

'**ongeluksdag** *m* (-dagen) **1** ⟨dag vol kleine tegenslagen⟩ unlucky day; **2** ⟨rampzalige dag⟩ fatal day, black day; *vrijdag de 13de is een ~* Friday the 13th is an unlucky day

'**ongeluksgetal** *o* (-len) unlucky number

'**ongelukskind** *o* (-eren) unlucky person

'**ongeluksprofeet** *m* (-feten) prophet of woe

'**ongeluksvogel** *m* (-s) unlucky person

'**ongemak** *o* (-ken) **1** ⟨ongerief⟩ inconvenience, discomfort; **2** ⟨kwaal, gebrek⟩ trouble, infirmity

onge'makkelijk I *bn* **1** ⟨niet comfortabel⟩ not easy, uneasy, uncomfortable [chair, clothes]; **2** ⟨moeilijk in de omgang⟩ difficult [man]; *zich ~ voelen* feel uncomfortable; **II** *bijw* **1** not easily; uncomfortably; **2** versterkend properly

ongema'nierd *bn* unmannerly, ill-mannered, ill-bred

ongema'nierdheid *v* (-heden) unmannerliness

onge'meen I *bn* uncommon, singular, extraordinary; **II** *bijw* versterkend uncommonly, extraordinarily

onge'merkt, 'ongemerkt I *bn* **1** unperceived [approach]; **2** unmarked [linen]; **II** *bijw* without being perceived, imperceptibly, inadvertenly, unawares

ongemeubi'leerd *bn* unfurnished

onge'moeid *bn* undisturbed, unmolested; *hem ~ laten* leave him alone

'**ongemotiveerd** *bn* **1** ⟨zonder reden⟩ not motived, unwarranted, uncalled for, gratuitous; **2** ⟨zonder drijfveer⟩ unmotivated

onge'naakbaar *bn* unapproachable, inaccessible [of mountains &, also of persons]

onge'naakbaarheid *v* unapproachableness, inaccessibility

'**ongenade** *v* disgrace, disfavour; *in ~ vallen bij iem.* fall out of favour with sbd.; *in ~ zijn* be in disgrace (*bij* with)

onge'nadig I *bn* merciless, pitiless; **II** *bijw* **1** ⟨in 't alg.⟩ mercilessly; **2** versterkend severely, tremendously; *hij heeft er ~ van langs gehad* he has been mercilessly thrashed

onge'neeslijk *bn* incurable [illness], past recovery; *een ~e zieke* an incurable

onge'neeslijkheid *v* incurableness

onge'negen *bn* disinclined, unwilling

onge'negenheid *v* disinclination

onge'neigd, 'ongeneigd *bn* disinclined, unwilling

onge'neigdheid *v* disinclination

onge'neselijk(heid) *bn* = ongeneeslijk(heid)

onge'nietbaar *bn* **1** ⟨onverteerbaar⟩ indigestible; **2** ⟨humeurig⟩ disagreeable

'**ongenoegen** *o* (-s) **1** ⟨misnoegen⟩ displeasure; **2** ⟨ruzie⟩ tiff; *zij hebben ~* they are at variance; *~ krijgen* fall out

onge'noegzaam *bn* insufficient

onge'noegzaamheid *v* insufficiency

'**ongenoemd, onge'noemd** *bn* unnamed, anonymous; *een ~e* a nameless one, an anonymous person

'**ongenood, onge'nood** *bn* unasked, unbidden, uninvited [guest]

ongenuan'ceerd *bn* oversimplified

onge'oefend *bn* untrained, unpractised, inexperienced

onge'oefendheid *v* want of practice, inexperience

onge'oorloofd *bn* unallowed, illicit, unlawful

'**ongeopend** *bn* unopened

onge'ordend *bn* **1** ⟨niet geordend⟩ unordered, disorganized; **2** ⟨wanordelijk⟩ disorderly; *een ~e bende* a mess

'**ongepaard** *bn* unpaired, odd [glove &]

onge'past I *bn* unseemly, improper, indecorous; **II** *bijw* improperly, indecorously

onge'pastheid *v* (-heden) unseemliness, impropriety, indecorousness

'**ongepeld** *bn* rough [rice]

ongepermit'teerd *bn* not permitted

'ongeraden, onge'raden *bn* unadvisable

onge'rechtigheid *v* (-heden) iniquity, injustice; *ongerechtigheden* flaws

ongerecht'vaardigd *bn bijw* unjustified

'ongerede *o: in het ~ raken* **1** 〈zoek〉 get lost, be mislaid; **2** 〈onbruikbaar〉 get out of order, go wrong

onge'regeld I *bn* irregular, disorderly; **II** *bijw* irregularly; *~e goederen* unassorted goods

onge'regeldheid *v* (-heden) irregularity; *ongeregeldheden* disorders, disturbances, riots

'ongerekend *bn* uncounted; *(nog) ~...* not including..., apart from...

onge'remd, 'ongeremd *bn* uninhibited

onge'rept *bn* **1** untouched, virgin [forests]; **2** *fig* undefiled, pure

'ongerief *o* inconvenience, trouble; *~ veroorzaken* put to inconvenience

onge'riefelijk, onge'rieflijk *bn* inconvenient; incommodious

onge'riefelijkheid, onge'rieflijkheid *v* (-heden) inconvenience, incommodiousness

onge'rijmd *bn* absurd, preposterous, nonsensical; *het ~e van...* the absurdity (preposterousness) of...; *tot het ~e herleiden* reduce to an absurdity; *uit het ~e bewijzen* prove by negative demonstration

onge'rijmdheid *v* (-heden) absurdity

'ongeroepen, onge'roepen *bn* uncalled, unbidden

'ongeroerd *bn* unmoved, impassive

onge'rust *bn* uneasy; *~ over iem.* anxious about sbd.; *zich ~ maken, ~ zijn* be worried, worry (*over* about); *zich ~ maken over iets* be uneasy about sth., become anxious about sth.

onge'rustheid *v* uneasiness, anxiety

onge'schikt *bn* unfit, inapt, unsuitable, improper; *~ maken voor...* render unfit for...

onge'schiktheid *v* unfitness, inaptness, inaptitude, unsuitability, impropriety

'ongeschokt, onge'schokt *bn* unshaken [faith]

'ongeschonden, onge'schonden *bn* undamaged, inviolate, unviolated

'ongeschoold, onge'schoold *bn* **1** untrained [new-comers]; **2** unskilled [labourer]

'ongeschoren, onge'schoren *bn* **1** unshaved, unshaven [faces]; **2** unshorn [lambs]

'ongeschreven *bn* unwritten

'ongeslachtelijk *bn* asexual, vegetative [reproduction]

'ongeslagen *bn sp* unbeaten

'ongesorteerd *bn* unsorted; mixed [chocolates]

onge'stadig I *bn* unsteady, unsettled, inconstant; **II** *bijw* unsteadily

onge'stadigheid *v* unsteadiness, inconstancy

onge'steld *bn* 〈ziek〉 indisposed, unwell; *~ zijn* 〈menstrueren〉 have one's period

onge'steldheid *v* (-heden) **1** 〈ziekte〉 indisposition, illness; **2** 〈menstruatie〉 menstruation

'ongestempeld *bn* unstamped

'ongestoffeerd *bn* unfurnished

onge'stoord, 'ongestoord *bn* undisturbed

onge'straft, 'ongestraft I *bn* unpunished; *~ blijven* go unpunished; **II** *bijw* with impunity

'ongetekend, onge'tekend *bn* not signed, unsigned

'ongeteld *bn* untold, unnumbered, uncounted

'ongetemd *bn* untamed; *~e energie* unbridled energy

'ongetrouwd, onge'trouwd *bn* unmarried, single

onge'twijfeld, 'ongetwijfeld *bijw* undoubtedly, doubtless(ly), without doubt, no doubt

onge'vaarlijk, 'ongevaarlijk *bn* harmless, without danger

'ongeval *o* (-len) accident, mishap

'ongevallenverzekering *v* (-en) accident insurance

'ongevallenwet *v* workmen's compensation act; *in de ~ lopen* be on disability, get workmen's compensation

'ongeveer, onge'veer *bijw* about, some, approximately, roughly, something like [ten pounds, five years &]; *zo ~* more or less

'ongeveinsd *bn* unfeigned, sincere

onge'veinsdheid *v* unfeignedness, sincerity

onge'voeglijk *bn* improper, unseemly, unbecoming

onge'voelig *bn* unfeeling, impassive, insensible (*voor* to)

onge'voeligheid *v* unfeelingness, impassiveness, insensibility

'ongevraagd, onge'vraagd *bn* **1** unasked, unasked for, unrequested [things]; **2** unsolicited [scripts]; **3** uninvited, unbidden [guests]; **4** uncalled for [remarks &]

onge'wapend, 'ongewapend *bn* unarmed

onge'wassen, 'ongewassen *bn* unwashed, soiled

'ongewenst, onge'wenst *bn* **1** undesirable [person]; **2** unwanted [children, pregnancy]

'ongewerveld, onge'werveld *bn* invertebrate; *~e dieren* invertebrates

'ongewettigd, onge'wettigd *bn* **1** unauthorized [proceedings]; **2** unfounded [claims]

onge'wijd *bn* unhallowed, unconsecrated

'ongewijzigd, onge'wijzigd *bn* unchanged, unaltered

onge'wild, 'ongewild *bn* **1** 〈zonder opzet〉 unintentional; **2** 〈niet in trek〉 not in demand

onge'willig *bn* unwilling

onge'willigheid *v* unwillingness

onge'wis *bn* **1** 〈onzeker〉 uncertain; **2** 〈grillig〉 capricious

onge'wisse *o: in het ~* uncertain, at loose ends

onge'woon, 'ongewoon *bn* unusual, uncommon, unfamiliar, unwonted; *iets ~s* something uncommon; *niets ~s* nothing out of the common

'ongezegeld *bn* **1** unsealed [letters]; **2** unstamped

[paper]

onge'zeglijk *bn* unruly, unbiddable, intractable, indocile

onge'zeglijkheid *v* unruly behaviour, intractability, indocility

onge'zellig I *bn* **1** ⟨v. mensen⟩ unsociable, uncompaniable; **2** ⟨v. kamer &⟩ cheerless, not cosy; **II** *bijw* unsociably

onge'zelligheid *v* unsociableness

'ongezien, onge'zien *bn* **1** eig unseen, unobserved, unperceived; **2** ⟨niet geacht⟩ unesteemed, not respected

'ongezocht *bn* **1** ⟨zich vanzelf voordoend⟩ unsought; **2** ⟨ongekunsteld⟩ unstudied

onge'zond *bn* **1** unhealthy [climate]; **2** unwholesome [food]; **3** insalubrious [air]

onge'zondheid *v* unhealthiness; unwholesomeness; insalubrity

'ongezouten, onge'zouten I *bn* unsalted, fresh; ~ *taal* blunt speaking; **II** *bijw: ik heb hem* ~ *de waarheid gezegd* I have given him a piece of my mind; *hij heeft er* ~ *van langs gehad* he has had a sound thrashing

'ongezuiverd *bn* unpurified, unrefined

'ongezuurd, onge'zuurd *bn* unleavened [bread]

ongods'dienstig *bn* irreligious

ongods'dienstigheid *v* irreligiousness

on'grijpbaar *bn* **1** eig elusive; **2** fig impalpable

ongrond'wettig *bn* unconstitutional

'ongunst *v* disfavour

on'gunstig I *bn* **1** ⟨in 't alg.⟩ unfavourable; **2** adverse [balance, effect on prices]; **II** *bijw* **1** unfavourably; **2** adversely [affected]

on'guur *bn* **1** sinister [air, countenance, forest]; **2** unsavoury [business, story]; *een* ~ *type* a bad character, an ugly customer

on'haalbaar *bn* unfeasible

on'handelbaar *bn* unmanageable, intractable, wanton, unruly

on'handig *bn* clumsy, awkward [man]

on'handigheid *v* (-heden) clumsiness, awkwardness

on'handzaam *bn* unwieldy

onhar'monisch *bn* inharmonious

on'hartelijk I *bn* not cordial, unkind; **II** *bijw* not cordially, unkindly

on'hartelijkheid *v* lack of cordiality, unkindness

on'hebbelijk *bn* unmannerly, rude

on'hebbelijkheid *v* (-heden) rudeness

'onheil *o* (-en) calamity, disaster, mischief; ~ *stichten* make mischief

onheil'spellend *bn* ominous

'onheilsprofeet *m* (-feten) prophet of doom

onher'bergzaam *bn* inhospitable

onher'bergzaamheid *v* inhospitality

onher'kenbaar *bn* unrecognizable; *tot* ~ *wordens toe* [change] out of recognition, beyond (all) recognition

onher'roepelijk *bn* irrevocable [resolution]

onher'roepelijkheid *v* irrevocableness

onher'stelbaar I *bn* irreparable, irremediable, past remedy, past redress, irretrievable, irrecoverable [loss]; **II** *bijw* irreparably &, [damaged] beyond repair

onher'stelbaarheid *v* irreparableness &, irreparability

on'heuglijk *bn* immemorial; *sedert* ~*e tijden* from time immemorial, time out of mind

on'heus *bn* ungracious, discourteous, disobliging

on'heusheid *v* (-heden) ungraciousness, discourtesy, disobligingness

on'hoffelijk *bn* = *onheus*

on'hoffelijkheid *v* (-heden) = *onheusheid*

on'hoorbaar *bn* inaudible

on'houdbaar *bn* **1** ⟨onverdedigbaar⟩ untenable [position, theory]; **2** ⟨ondraaglijk⟩ unbearable [situation]; **3** ⟨niet te stoppen⟩ unstoppable [shot]; *het onhoudbare van de toestand* the untenable state of affairs

on'houdbaarheid *v* untenableness

onhygi'ënisch *bn* unhygienic

on'inbaar *bn* irrecoverable, bad [debts]

on'ingevuld *bn* not filled up, blank

on'ingewijd *bn* uninitiated; *de* ~*en* the uninitiated, the outsiders

'oninteressant *bn* uninteresting

on'juist *bn* inaccurate, inexact, erroneous, incorrect

on'juistheid *v* (-heden) inaccuracy, erroneousness, misstatement, error, incorrectness

on'kenbaar *bn* unknowable; zie ook: *onherkenbaar*

on'kerkelijk *bn* unchurchly

on'kies *bn* indelicate, immodest

on'kiesheid *v* (-heden) indelicacy, immodesty

on'klaar, 'onklaar *bn* **1** ⟨niet helder⟩ not clear; **2** ⟨kapot⟩ out of order; **3** scheepv fouled [anchor]

on'klopbaar *bn* ZN unbeatable

on'knap *bn: niet* ~ rather pretty (good-looking)

'onkosten *mv* expenses, costs; *algemene* ~ overhead expenses, overhead; *met de* ~, ~ *inbegrepen* charges included; *zonder* ~, ~ *niet meegerekend* not counting expenses; ~ *maken* incur expenses

'onkostendeclaratie *v* (-s) expense claim, statement of expenses, bill; *een* ~ *indienen* submit an expense claim

'onkostennota *v* ('s) note of charges

'onkostenrekening *v* (-en) expense account

'onkostenvergoeding *v* expense allowance

on'kreukbaar *bn* **1** fig unimpeachable; **2** eig = *kreukvrij*

on'kreukbaarheid *v* integrity

'onkruid *o* weeds; ~ *vergaat niet* ill weeds grow apace

'onkruidverdelger *m* (-s) weed-killer

on'kuis *bn* unchaste, impure, lewd

on'kuisheid *v* (-heden) unchastity, impurity, lewdness

'**onkunde** *v* ignorance
on'kundig *bn* ignorant; ~ *van* ignorant of, not aware of; *iem.* ~ *laten van* keep sbd. in ignorance of
on'kwetsbaar *bn* invulnerable
on'kwetsbaarheid *v* invulnerability
'**onlangs** *bijw* the other day, lately, recently; ~ *op een middag* the other afternoon
on'ledig *bn*: *zich* ~ *houden met* busy oneself with
on'leefbaar *bn* ⟨m.b.t. een plaats⟩ unhabitable; *een onleefbare situatie* an intolerable situation
on'leesbaar I *bn* 1 illegible [writing]; 2 unreadable [novels &]; II *bijw* illegibly
on'leesbaarheid *v* illegibility
on'lesbaar *bn* unquenchable [thirst]
onli'chamelijk *bn* incorporeal
'**on line** *bijw* comput on-line, online
on'logisch *bn* illogical
on'loochenbaar *bn* undeniable
onlos'makelijk *bn* indissoluble; ~ *verbonden zijn met* inextricably bound up with
'**onlust** *m* (-en) uneasiness, psych displeasure; ~*en* troubles, disturbances, riots
onmaat'schappelijk *bn* antisocial
'**onmacht** *v* 1 ⟨machteloosheid⟩ impotence, inability; 2 ⟨bezwijming⟩ swoon, fainting fit; *in* ~ *vallen* faint (away), swoon
on'machtig *bn* impotent, unable
on'matig *bn* immoderate, intemperate
on'matigheid *v* immoderateness, intemperance, insobriety
onmede'deelzaam *bn* taciturn, tight-lipped
onmee'dogend *bn* merciless, pitiless, ruthless
on'meetbaar *bn* immeasurable; *onmeetbare getallen* irrationals, surds
on'meetbaarheid *v* immeasurableness, incommensurability
'**onmens** *m* (-en) brute, monster
on'menselijk *bn* inhuman, brutal
on'menselijkheid *v* (-heden) inhumanity, brutality
on'merkbaar *bn* imperceptible
on'metelijk *bn* inmeasurable, immense
on'metelijkheid *v* inmeasurableness, immensity
on'middellijk I *bn* immediate, instant; II *bijw* directly, immediately, at once, instantly
on'middellijkheid *v* immediacy
'**onmin** *v* discord, dissension; *in* ~ *geraken* fall out; *in* ~ *leven* be at variance
on'misbaar *bn* indispensable (*voor* to)
on'misbaarheid *v* indispensableness
onmis'kenbaar *bn* undeniable, unmistakable
on'mogelijk I *bn* impossible; *een* ~*e hoed* (*vent*) an impossible hat (fellow); *het was mij* ~ *om...* it was not possible (impossible) for me to...; *het* ~*e* what is impossible, the impossible; *het* ~ *vergen* demand an impossibility (impossibilities); II *bijw* not... possibly; *die plannen kunnen* ~ *verwezenlijkt worden* these plans cannot possibly be realized; *niet* ~ not

impossibly; *een* ~ *lange naam* an impossibly long name
on'mogelijkheid *v* (-heden) impossibility
on'mondig *bn* under age
on'mondigheid *v* minority, nonage
onmuzi'kaal *bn* unmusical
onna'denkend I *bn* thoughtless, inconsiderate, unthinking; II *bijw* thoughtlessly, inconsiderately, unthinkingly
onna'denkendheid *v* want of thought
onna'speurlijk *bn* inscrutable, unsearchable, untraceable
onna'speurlijkheid *v* (-heden) inscrutableness, unsearchableness, inscrutability, untraceableness
onna'tuurlijk *bn* not natural, unnatural
onna'tuurlijkheid *v* (-heden) unnaturalness
onnauw'keurig *bn* inaccurate, inexact, lax
onnauw'keurigheid *v* (-heden) inaccuracy, inexactitude, laxity
onna'volgbaar *bn* inimitable
'**on-Nederlands** *bn* un-Dutch
on'neembaar *bn* impregnable
on'net *bn* 1 eig untidy; 2 fig improper
on'nodig *bn* needless, unnecessary; ~ *te zeggen* needless to say
on'noemelijk, **on'noemlijk** *bn* 1 untold [misery], inexpressible; 2 ⟨talloos⟩ innumerable, numberless, countless
on'nozel I *bn* 1 ⟨dom⟩ silly, simple, stupid; 2 ⟨argeloos⟩ innocent; 3 ⟨lichtgelovig⟩ gullible; *een* ~*e hals* a simpleton, a gander; *een* ~*e jongen* a silly boy, a simpleton; *een* ~*e tien gulden* a paltry ten guilders; II *bijw* 1 in a silly way, stupidly; 2 innocently
on'nozelaar *m* (-s) ZN innocent
Onnozele-'Kinderen, **Onnozele-'Kinderendag** *m* Innocents' Day, Childermas (Day)
on'nozelheid *v* (-heden) 1 silliness, simplicity; 2 innocence
'**onnut** *m-v* (-ten) useless
onomato'pee *v* (-peeën) onomatopoeia
onom'keerbaar *bn* irreversible
onom'koopbaar *bn* not to be bribed, incorruptible
onom'stotelijk *bn* irrefutable, irrefragable
onom'wonden *bn* explicit, plain, without mincing matters, forthright
'**ononderbroken** *bn* continuous, uninterrupted
onont'beerlijk *bn* indispensable
onont'beerlijkheid *v* indispensableness, indispensability
onont'bindbaar *bn* indissoluble
onont'cijferbaar *bn* undecipherable
onont'gonnen *bn* uncultivated, unworked [coal], undeveloped [areas]
onont'koombaar *bn* ineluctable, inescapable, inevitable
onont'warbaar *bn* inextricable
onont'wijkbaar *bn* inevitable, unescapable
onont'wikkeld *bn* 1 ⟨in 't alg.⟩ undeveloped;

2 ⟨v. persoon⟩ uneducated

on'ooglijk *bn* unsightly

on'ooglijkheid *v* unsightliness

on'oorbaar *bn* improper, indecent

onoordeel'kundig *bn* injudicious

on'opgehelderd *bn* unexplained, uncleared-up; *de moord bleef* ~ the murder remained unsolved

on'opgelost *bn* 1 ⟨in vloeistoffen⟩ undissolved; 2 ⟨problemen &⟩ unsolved

on'opgemaakt *bn* 1 unmade [bed]; 2 not made up [face]; undressed [hair]; ~*e drukproef* galley-proof

on'opgemerkt *bn* unobserved, unnoticed, unnoted; *dat is niet* ~ *gebleven* this has not gone unnoted (unremarked)

on'opgesmukt *bn* 1 unadorned, uncoloured, unvarnished, plain [tale]; 2 bald [reports &]

on'opgevoed *bn* ill-bred

onop'houdelijk *bn* incessant

onop'lettend *bn* inattentive

onop'lettendheid *v* (-heden) inattention

onop'losbaar *bn* 1 insoluble[2] [matter]; 2 unsolvable [problems]

onop'losbaarheid *v* insolubility[2]; unsolvableness

onop'merkzaam *bn* unobservant

onop'recht *bn* insincere

onop'rechtheid *v* (-heden) insincerity

onop'vallend *bn* inconspicuous, unobtrusive

onop'zettelijk *bn* unintentional, inadvertent

on'ordelijk *bn* in disorder

on'ordelijkheid *v* disorderliness

onortho'dox *bn* unorthodox

onover'brugbaar *bn* unbridgeable; *een onoverbrugbare kloof* fig an unbridgeable gap

onover'dekt *bn* uncovered

onover'gankelijk *bn* intransitive

onover'komelijk *bn* insurmountable, insuperable

onover'komelijkheid *v* insuperability

onover'trefbaar *bn* unsurpassable

onover'troffen *bn* unsurpassed

onover'winlijk, onover'winnelijk *bn* unconquerable, invincible

onover'winlijkheid, onover'winnelijkheid *v* invincibility

onover'wonnen *bn* unconquered

onover'zichtelijk *bn* 1 badly arranged [matter]; 2 [the position is] difficult to survey

onparlemen'tair *bn* unparliamentary; ~ *taalgebruik* unparliamentary language

onpar'tijdig *bn* impartial

onpar'tijdigheid *v* impartiality

'onpas *bijw*: *te* ~ ill-timed; *te pas en te* ~ at all times, time after time, at every odd moment

on'passelijk *bn* sick

on'passelijkheid *v* sickness

onpeda'gogisch *bn* unpedagogical

on'peilbaar *bn* unfathomable

on'peilbaarheid *v* unfathomableness

onper'soonlijk *bn* impersonal

onple'zierig *bn* unpleasant, disagreeable

on'praktisch *bn* unpractical

on'prettig *bn* unpleasant, disagreeable

onproduc'tief *bn* unproductive

'onraad *o* trouble, danger; *daar is* ~ there is something wrong, I smell a rat

on'raadzaam *bn* unadvisable

'onrecht *o* injustice, wrong; *iem.* ~ *aandoen* wrong sbd., do sbd. an injustice (a wrong); *ten* ~*e* unjustly, wrongly; *zij protesteren ten* ~*e* they are wrong to protest (in protesting)

onrecht'matig *bn* unlawful

onrecht'matigheid *v* (-heden) unlawfulness

onrecht'vaardig *bn* unjust

onrecht'vaardigheid *v* (-heden) injustice

on'redelijk *bn* unreasonable, undue

on'redelijkheid *v* (-heden) unreasonableness

'onregeerbaar, onre'geerbaar *bn* ungovernable [country]

onregel'matig *bn* irregular

onregel'matigheid *v* (-heden) irregularity

on'rein *bn* unclean, impure

on'reinheid *v* (-heden) uncleanness, impurity

onren'dabel *bn* non-paying, unremunerative

on'rijp *bn* unripe, immature[2]

on'rijpheid *v* unripeness, immaturity[2]

'onroerend, on'roerend *bn* immovable; zie ook: [2]*goed*

onroerend-'goedbelasting *v* property tax

'onrust 1 *v* ⟨in 't alg.⟩ restlessness, unrest, disquiet, commotion; 2 *m-v* (-en) ⟨persoon⟩ restless person, restless child; 3 *v* (-en) ⟨in een horloge⟩ fly, balance

onrust'barend *bn* alarming

on'rustig I *bn* 1 ⟨in 't alg.⟩ restless, unquiet, turbulent; 2 troubled [areas, days, sleep, world]; 3 uneasy [night]; **II** *bijw* restlessly

on'rustigheid *v* restlessness, unrest

'onruststoker, 'onrustzaaier *m* (-s) mischiefmaker

1 ons I *pers vnw* us; **II** *bez vnw* our; ~ *land* ook: this country; zie ook: *volk*; *de onze* ours; *de onzen* ours

2 ons *o* (-en en onzen) 1 ⟨100 gram⟩ hectogram(me); 2 ⟨Engels gewicht⟩ ounce

onsamen'hangend *bn* 1 incoherent, disconnected, rambling [talk]; 2 disjointed [speech]; 3 scrappy [discourse]

onsamen'hangendheid *v* incoherence, disjointedness

on'schadelijk *bn* harmless, innocuous, inoffensive; ~ *maken* render harmless; *hij werd* ~ *gemaakt* he was put out of the way

on'schadelijkheid *v* harmlessness

on'schatbaar *bn* inestimable, invaluable, priceless; *van onschatbare waarde* invaluable

on'scheidbaar *bn* inseparable, distasteful

on'scheidbaarheid *v* inseparability

on'schendbaar *bn* inviolable

on'schendbaarheid *v* inviolability

on'scherp *bn* blurred, vague

'onschuld *v* innocence; *ik was mijn handen in* ~ I wash my hands of it

on'schuldig I *bn* **1** ⟨zonder schuld⟩ innocent, guiltless; **2** ⟨onschadelijk⟩ harmless; *ik ben er* ~ *aan* I am innocent of it; *zo* ~ *als een pasgeboren kind* as innocent as a lamb; **II** *bijw* innocently

on'smakelijk *bn* unsavoury, unpalatable

on'smakelijkheid *v* (-heden) unsavouriness &

on'smeltbaar *bn* not to be melted, infusible

onso'lide I *bn* **1** not strong, unsteady, unstable [furniture &]; **2** unsubstantial [building]; **3** unsound [business]; **II** *bijw* unsubstantially; unsteadily

on'splinterbaar *bn* unsplinterable

onspor'tief *bn* unsporting

onsta'biel *bn* unstable, unsteady

onstand'vastig *bn* unstable, inconstant

onstand'vastigheid *v* instability, inconstancy

onstelsel'matig *bn* unsystematic

on'sterfelijk *bn* immortal

on'sterfelijkheid *v* immortality

on'stilbaar *bn* unappeasable, insatiable

on'stoffelijk *bn* immaterial, insubstantial, spiritual

on'stuimig *bn* **1** ⟨stormachtig⟩ tempestuous; **2** ⟨roerig⟩ boisterous, turbulent; **3** *fig* impetuous [man]

on'stuimigheid *v* (-heden) tempestuousness; boisterousness, turbulence; *fig* impetuosity

on'stuitbaar *bn* unstoppable

onsympa'thiek *bn* uncongenial; *soms:* unsympathetic [personality]

onsyste'matisch *bn* unsystematic, planless

ont'aard *bn* **1** ⟨gedegenereerd⟩ degenerate; **2** unnatural [mother]

ont'aarden (ontaardde, is ontaard) *onoverg* degenerate [into], deteriorate

ont'aarding *v* degeneration, degeneracy

on'tactisch *bn* tactless

On'tariomeer *o* Lake Ontario

on'tastbaar *bn* impalpable, intangible

ont'beren (ontbeerde, h. ontbeerd) *overg* be in want of; do without; *wij kunnen het niet* ~ we can't do without it

ont'bering *v* (-en) want, privation; *allerlei* ~*en* all sorts of hardships

ont'bieden [2] *overg* summon, send for

ont'bijt *o* (-en) breakfast

ont'bijten [2] *onoverg* breakfast (*met* on), have breakfast

ont'bijtkoek *m* (-en) ± honey cake

ont'bijtspek *o* (streaky) bacon

ont'binden [2] *overg* **1** untie, undo [a knot, fetters &]; **2** disband [troops]; **3** decompose [the body, light, a substance]; **4** dissolve [a marriage, Parliament, a partnership]; **5** resolve [forces &]; **6** separate [numbers into factors]

ont'binding *v* (-en) **1** *eig* untying &; **2** dissolution [of a marriage &]; **3** decomposition [of the body, light, a substance]; **4** resolution [of forces]; **5** disbandment [of troops]; *in staat van* ~ in a state of decomposition; *tot* ~ *overgaan* become decomposed, decay

ont'bladeren [2] *overg* strip of the leaves, defoliate

ont'bladering *v* defoliation

ont'bladeringsmiddel *o* (-en) defoliant

ont'bloeien (ontbloeide, is ontbloeid) *onoverg* effloresce

ont'bloot *bn* naked, bare; ~ *van* destitute of, devoid of, without; *zie ook: grond*

ont'bloten (ontblootte, h. ontbloot) *overg* **1** bare [the sword]; **2** uncover [the head]; ~ *van* denude of

ont'bloting *v* (-en) baring, denudation

ont'boezeming *v* (-en) effusion, outpouring

ont'bolsteren (ontbolsterde, h. ontbolsterd) *overg* **1** *eig* shell, husk, hull; **2** *fig* polish [a man]

ont'bossen (ontboste, h. ontbost) *onoverg* disafforest, deforest

ont'bossing *v* disafforestation, deforestation

ont'brandbaar *bn* (in)flammable, combustible

ont'branden (ontbrandde, is ontbrand) *onoverg* **1** *eig* take fire, ignite; **2** ⟨v. strijd, oorlog⟩ break out; *doen* ~ kindle, ignite

ont'branding *v* (-en) ignition, combustion

ont'breken [2] **I** *onoverg* **1** ⟨afwezig zijn⟩ be absent; **2** ⟨gemist worden⟩ be wanting (missing); *er* ~ *er vijf* I five are absent; **2** five are wanting (missing); *er ontbreekt nog wel iets aan* something is wanted still; *dat ontbreekt er nog maar aan* that's the last straw; **II** *onpers ww: het ontbreekt hem aan geld* he wants money; *het ontbreekt hem aan moed* he is lacking (wanting) in courage; *laat het hem aan niets* ~ let him want for nothing; *het zou mij daartoe aan tijd* ~ time would fail me (to do that); *het* ~*de* the deficiency; the balance; **III** *o* absence

ont'cijferen [2] *overg* **1** ⟨handschrift⟩ decipher; **2** ⟨geheimschrift⟩ decode

ont'cijfering *v* (-en) **1** decipherment; **2** decoding

ont'daan *bn* disconcerted, upset; *geheel* ~ quite taken aback; ~ *van* stripped of [details &]

ont'dekken [2] *overg* **1** discover [a country]; **2** find out [the truth]; **3** detect [an error, a criminal]

ont'dekker *m* (-s) discoverer

ont'dekking *v* (-en) discovery; *tot de* ~ *komen dat...* discover, find (out) that...

ont'dekkingsreis *v* (-reizen) voyage of discovery

ont'dekkingsreiziger *m* (-s) explorer

ont'doen I *overg: iem.* ~ *van* strip sbd. of; **II** *wederk: zich* ~ *van* get rid of, dispose of, part with; take off [one's coat]

ont'dooien (ontdooide, ontdooid) **I** (is) *onoverg* thaw [2]; *fig* melt; **II** (h.) *overg* thaw [2]; defrost [a refrigerator]; *de waterleiding* ~ thaw out the waterpipe(s)

ont'dubbelen (ontdubbelde, h. ontdubbeld) *overg* ZN **1** ⟨klas⟩ split up; **2** ⟨openbaar vervoer⟩ put on (an extra train &)

ont'duiken [2] *overg* **1** elude [a blow]; **2** get round [the regulations]; **3** elude [the laws]; **4** evade [a difficulty, a tax]; **5** dodge [arguments, conditions, a tax &]

ont'duiking *v* (-en) elusion, evasion; *~ van de belasting* tax evasion

ontegen'sprekelijk, ontegen'zeglijk *bn* incontestable undeniable, unquestionable

ont'eigenen (onteigende, h. onteigend) *overg* expropriate

ont'eigening *v* (-en) expropriation

on'telbaar I *bn* countless, innumerable, numberless; **II** *bijw* innumerably

on'tembaar *bn* untamable, indomitable

on'tembaarheid *v* untamableness, indomitableness

onte'recht *bn* unjust, inequitible, wrongful

ont'eren[2] *overg* **1** ⟨in 't alg.⟩ dishonour; **2** ⟨verkrachten⟩ violate, deflower, dishonour, ravish, rape

ont'erend *bn* dishonouring, ignominious

ont'ering *v* (-en) dishonouring

ont'erven *overg* disinherit

ont'erving *v* (-en) disinheritance

onte'vreden *bn* discontented; *~ over* discontented (dissatisfied, displeased) with; *de ~en* the malcontents

onte'vredenheid *v* discontent(edness); dissatisfaction (*over* with), displeasure (*over* at)

ont'fermen (ontfermde, h. ontfermd) *wederk: zich ~ over* take pity on, have mercy on

ont'ferming *v* pity

ont'futselen (ontfutselde, h. ontfutseld) *overg: iem. iets ~* filch (pilfer) sth. from sbd.

ont'gaan[2] *onoverg* escape, elude; *het is mij ~* **1** it has slipped my memory; **2** I have failed to notice it; *de humor ontging hem* the humour was lost (up)-on him; *het kampioenschap ontging hem* he missed the championship

ont'gelden *overg: het moeten ~* have to pay (suffer) for it

ont'ginnen (ontgon, h. ontgonnen) *overg* **1** reclaim [land]; **2** break up [a field]; **3** work, exploit [a mine]; **4** develop [a region]

ont'ginning *v* (-en) reclamation; working, exploitation; development

ont'glippen[2] *onoverg* **1** slip from one's grasp [of an eel &]; **2** slip from one's tongue [of words]

ont'gon (ontgonnen) V.T. van *ontginnen*

ont'gonnen V.T. meerv. en V.D. van *ontginnen*

ont'goochelen[2] *overg* disillusion, undeceive

ont'goocheling *v* (-en) disillusionment

ont'graten (ontgraatte, h. ontgraat) *overg* bone [a fish]

ont'grendelen[2] *overg* unbolt

ont'groeien[2] *onoverg: ~ (aan)* outgrow, grow out of

ont'groenen (ontgroende, h. ontgroend) *overg* Br rag [a fellow student]; Am put [a fellow student] through hazing

ont'groening *v* (-en) Br ragging; Am hazing

ont'haal *o* **1** eig treat, entertainment; **2** fig reception; *een goed ~ vinden* meet with a kind reception

ont'halen[2] *overg* treat, entertain, feast, regale; *~ op* treat [sbd.] to, entertain [sbd.] with

ont'hand *bn* inconvenienced; *erg ~ zijn* be greatly inconvenienced

ont'harden[2] *overg* soften

ont'harder *m* (-s) softener

ont'haren (onthaarde, h. onthaard) *overg* depilate

ont'haring *v* depilation

ont'haringsmiddel *o* (-en) depilatory

ont'heemd *bn* **1** (buiten het vaderland) homeless; **2** ⟨buiten de vertrouwde omgeving⟩ uprooted

ont'heemde *m-v* (-n) displaced person

ont'heffen[2] *overg: iem. ~ van zijn ambt* relieve sbd. of his office; *iem. van het commando ~* relieve sbd. of (remove from) his command; *iem. van een verplichting ~* zie: *ontslaan*

ont'heffing *v* (-en) **1** ⟨in 't alg.⟩ exemption, dispensation, exoneration; **2** ⟨van ambt, commando⟩ discharge, removal

ont'heiligen[2] *overg* desecrate, profane

ont'heiliging *v* (-en) desecration, profanation

ont'hoofden (onthoofdde, h. onthoofd) *overg* behead, decapitate

ont'hoofding *v* (-en) decapitation

ont'houden[2] **I** *overg* **1** ⟨niet geven⟩ withhold, keep from; **2** ⟨niet vergeten⟩ remember, bear in mind; *5, 3 onthouden* ⟨bij rekenen⟩ 5 carry 3; *help 't me ~* remind me of it; *onthoud dat wel!* don't forget that!; *zij kan slecht namen ~* she has a bad memory for names; **II** *wederk: zich ~ van* abstain from [voting], refrain from

ont'houding *v* (-en) **1** ⟨het niet gebruiken⟩ abstinence, abstemiousness; **2** ⟨bij stemming &⟩ abstention; *periodieke ~* the rhythm method

ont'houdingsverschijnselen *mv* withdrawal symptoms

ont'hullen[2] *overg* **1** unveil [a statue]; **2** fig reveal, disclose

ont'hulling *v* (-en) **1** ⟨standbeeld &⟩ unveiling; **2** fig revelation, disclosure

ont'hutsen (onthutste, h. onthutst) *overg* disconcert, bewilder

ont'hutst *bn* disconcerted, dismayed, upset

on'tiegelijk *bijw* terribly

'ontij *m: bij nacht en ~* at unreasonable hours, at all hours of the night

on'tijdig I *bn* untimely, premature; **II** *bijw* untimely, prematurely

ont'kalken[2] *onoverg* decalcify

ont'kennen[2] **I** *overg* deny [that it is so &]; **II** *abs ww* deny the charge

ont'kennend I *bn* negative; **II** *bijw* negatively, [reply] in the negative

ont'kenning *v* (-en) denial, negation

ont'kerstening *v* dechristianization

ont'ketenen[2] *overg* **1** let loose, unchain [a prisoner]; **2** unleash [a storm of protest, forces]; **3** launch [an attack]; **4** start [a war]

ont'kiemen[2] *onoverg* germinate

ont'kieming *v* germination

ont'kleden[2] *overg & wederk* undress

ont'knopen[2] *overg* **1** eig unbutton, untie; **2** fig unravel

ont'knoping *v* (-en) dénouement, unravelling

ont'kolen (ontkoolde, h. ontkoold) *overg* decarbonize [a cylinder]

ont'komen[2] *onoverg* escape; *hij wist te ~* he managed to escape; *daaraan kunnen wij niet ~* we cannot escape that, we cannot get away from that; *zij ontkwamen aan de vervolging* they eluded pursuit

ont'koming *v* escape

ont'koppelen[2] **I** *overg* **1** techn uncouple, ungear, throw out of gear, disconnect; **2** unleash [hounds]; **II** *onoverg* auto declutch

ont'koppeling *v* disconnection

ont'koppelingspedaal *o* (-dalen) clutch pedal

ont'krachten (ontkrachtte, h. ontkracht) *overg* weaken

ont'kurken (ontkurkte, h. ontkurkt) *overg* uncork

ont'laden[2] *overg* **1** (in 't alg.) unload; **2** elektr discharge

ont'lading *v* (-en) **1** scheepv unloading; **2** elektr discharge

ont'lasten (ontlastte, h. ontlast) **I** *overg* unburden[2]; *iem. van... ~* relieve sbd. of...; **II** *wederk*: *zich ~* **1** discharge (itself), disembogue [of a river]; **2** (van uitwerpselen) relieve oneself

ont'lasting *v* (-en) **1** (in 't alg.) discharge, relief; **2** (uitwerpselen) stools; *~ hebben* have a movement, relieve oneself, defecate; *voor goede ~ zorgen* keep the bowels open

ont'leden (ontleedde, h. ontleed) *overg* **1** (in 't alg) analyse; **2** (anatomie) dissect, anatomize; **3** (redekundig) analyse; **4** (taalkundig) parse

ont'leding *v* (-en) **1** (in 't alg.) analysis [*mv* analyses]; **2** (in de anatomie) dissection; **3** (redekundige) analysis; **4** (taalkundige) parsing

ont'leedkunde *v* anatomy

ontleed'kundig *bn* anatomical

ontleed'kundige *m-v* (-n) anatomist

ont'leedmes *o* (-sen) dissecting-knife

ont'leedtafel *v* (-s) dissecting-table

ont'lenen[2] *overg*: *~ aan* borrow from, adopt from, derive from, take [one's name] from

ont'lening *v* (-en) borrowing, adoption

ont'loken *bn* full-blown [flower, talent]

ont'lokken[2] *overg* draw (elicit, coax) from

ont'lopen[2] *overg* run away from, escape, avoid; *ik tracht hem zoveel mogelijk te ~* I always give him a wide berth; *ze ~ elkaar niet veel* there is not much difference between them

ont'luchten[2] *overg* de-aerate, deventilate

ont'luchting *v* ventilation, evacuation

ont'luiken (ontlook, is ontloken) *onoverg* open,

expand; *een ~de liefde* a dawning love; *een ~d talent* a budding talent; zie ook: *ontloken*

ont'luisteren (ontluisterde, h. ontluisterd) *overg* **1** (de glans wegnemen) tarnish, dim; **2** fig (van de schijn ontdoen) debunk [heroism, a myth], take the shine out of

ont'luizen (ontluisde, h. ontluisd) *overg* delouse

ont'maagden (ontmaagdde, h. ontmaagd) *overg* deflower

ont'maagding *v* defloration

ont'mannen (ontmande, h. ontmand) *overg* castrate, emasculate

ont'mantelen (ontmantelde, h. ontmanteld) *overg* dismantle

ont'manteling *v* dismantling

ont'maskeren (ontmaskerde, h. ontmaskerd) **I** *overg* unmask[2]; fig show up, expose; **II** *wederk*: *zich ~* unmask

ont'maskering *v* unmasking[2]; fig exposure

ont'moedigd *bn* discouraged, disheartened, dispirited, down-hearted

ont'moedigen (ontmoedigde, h. ontmoedigd) *overg* discourage

ont'moediging *v* discouragement

ont'moeten (ontmoette, h. ontmoet) *overg* **1** (toevallig) meet with, meet, run into [sbd.]; chance upon [an expression]; **2** (niet toevallig) meet; **3** fig encounter [resistance]

ont'moeting *v* (-en) **1** (in 't alg.) meeting; **2** [hostile] encounter

ont'moetingspunt *o* (-en) meeting point

ontmythologi'seren (ontmythologiseerde, h. ontmythologiseerd) *overg* demythologize

ont'nemen[2] *overg* take (away) from, deprive of

ont'nuchteren (ontnuchterde, h. ontnuchterd) *overg* sober[2]; fig disenchant, disillusion

ont'nuchtering *v* (-en) fig disenchantment, disillusionment

ontoe'gankelijk *bn* unapproachable, inaccessible

ontoe'gankelijkheid *v* unapproachableness, inaccessibility

ontoe'laatbaar *bn* inadmissible [evidence], impermissible

ontoe'passelijk *bn* inapplicable

ontoe'passelijkheid *v* inapplicability

ontoe'reikend *bn* insufficient, inadequate

ontoe'reikendheid *v* insufficiency, inadequacy

ontoe'rekenbaar *bn* **1** not imputable [crimes]; **2** irresponsible [for one's actions]

ontoe'rekenbaarheid *v* irresponsibility

ontoerekenings'vatbaar *bn* not responsible, not accountable; recht non compos mentis, non compos; *hij is ~* he cannot be held accountable for his actions; *iem. ~ verklaren* declare sbd. to be of unsound mind

ontoe'schietelijk *bn* aloof, stand-offish, distant

on'toonbaar *bn* not fit to be shown [of things], not fit to be seen [of persons]

ont'pitten (ontpitte, h. ontpit) *overg* stone, take the stone out of [cherries]

ont'plofbaar *bn* explosive; *ontplofbare stoffen* explosives

ont'ploffen[2] *onoverg* explode, detonate

ont'ploffing *v* (-en) explosion, detonation; *tot ~ brengen* explode; *tot ~ komen* explode

ont'plooien (ontplooide, h. ontplooid) *overg & wederk* **1** (in 't alg.) unfurl, unfold[2]; **2** display, show [initiatives, activities]; **3** develop [one's talents]

ont'plooiing *v* unfolding, development

ont'poppen (ontpopte, h. ontpopt) *wederk: zich ~ als...* turn out to be..., show oneself a...

ont'potting *v* handel dishoarding

ont'raadselen (ontraadselde, h. ontraadseld) *overg* unriddle, unravel

ont'raden[2] *overg* dissuade from, advise against

ont'rafelen[2] *overg* unravel[2]

ont'reddered *bn* (put) out of joint, disabled

ont'reddering *v* disorganization, general collapse [of society]

ont'regelen[2] *overg* upset, throw into chaos

ont'rieven (ontriefde, h. ontrief) *overg: als ik u niet ontrief* if I don't put you to inconvenience

ont'roeren[2] **I** *overg* move, affect; **II** *onoverg* be moved

ont'roerend *bn bijw* touching, moving

ont'roering *v* (-en) emotion

ont'rollen[2] *overg & wederk* unroll, unfurl, unfold; *iem. iets ~* pilfer sth. from sbd.

ont'romen[2] *overg* skim, cream [milk]

on'troostbaar *bn* not to be comforted, disconsolate, inconsolable

on'troostbaarheid *v* disconsolateness

'ontrouw I *bn* **1** unfaithful [husband, wife]; **2** disloyal, false [to oneself]; **II** *v* unfaithfulness, disloyalty, [marital] infidelity

ont'roven[2] *overg* rob of, steal from

ont'ruimen[2] *overg* **1** (leeghalen) vacate; *een kamer ~* clear a room; **2** (de aanwezigen doen vertrekken) clear, evacuate; *na de bommelding werd het gebouw ontruimd* the building was evacuated after the bomb scare

ont'ruiming *v* evacuation, vacation, clearing

ont'rukken[2] *overg* tear from, snatch (away) from, wrest from

ont'schepen (ontscheepte, h. ontscheept) **I** *overg* **1** unship [cargo]; **2** disembark [passengers]; **II** *wederk: zich ~* disembark

ont'scheping *v* (-en) **1** (v. passagiers) disembarkation; **2** (v. lading) unshipping

ont'schieten[2] *onoverg* slip from; *het is mij ontschoten* it has slipped my memory

ont'sieren[2] *overg* disfigure, deface, mar

ont'siering *v* (-en) disfigurement, defacement

ont'slaan[2] *overg* discharge, dismiss, gemeenz fire; *~ uit zijn betrekking* discharge, dismiss; *~ uit de gevangenis* release from gaol; *~ van* discharge from, re-

lease from, free from; *iem. van een belofte ~* let sbd. off his promise; *iem. van een verplichting ~* relieve sbd. from (absolve sbd. from) an obligation

ont'slag *o* (-slagen) **1** (uit betrekking) discharge, dismissal, resignation; **2** (uit gevangenis) release; *iem. zijn ~ geven* discharge (dismiss) sbd., gemeenz fire sbd.; *zijn ~ indienen (aanvragen)* tender one's resignation, send in (give in) one's papers; *zijn ~ krijgen* be dismissed, gemeenz be fired; *~ nemen* resign

ont'slagaanvraag *v* (-vragen) **1** (van werkgever) application for dismissal; **2** (van werknemer) letter of resignation; *een ~ indienen* give in one's notice

ont'slagbrief *m* (-brieven) **1** (v. werknemer) (letter of) resignation; **2** (v. werkgever) notice of dismissal, certificate of discharge

ont'slapen (ontsliep, is ontslapen) *onoverg* plechtig pass away; *in de Heer ~ zijn* sleep in the Lord

ont'slapene *m-v* (-n): *de ~* plechtig the (dear) deceased, the (dear) departed

ont'sluieren[2] *overg* unveil[2]; fig disclose, reveal

ont'sluiten[2] **I** *overg* unlock; open[2]; **II** *wederk: zich ~* open

ont'sluiting *v* (-en) opening up [of new territory]

ont'smetten[2] *overg* disinfect

ont'smetting *v* disinfection

ont'smettingsmiddel *o* (-en) disinfectant

ont'snappen (ontsnapte, is ontsnapt) *overg* escape, make one's escape; *~ aan* escape from [sbd.]; give [sbd.] the slip; escape [sbd.'s vigilance]; *je kunt er niet aan ~* there is no escape (from it)

ont'snapping *v* (-en) escape

ont'snappingsclausule *v* (-s) let-out clause, contracting-out clause, escape clause

ont'snappingsluik *o* (-en) escape hatch

ont'spannen I *overg* **1** unbend [a bow, the mind]; **2** relax [the muscles]; **3** release [a spring]; **4** ease [the situation]; **II** *wederk: zich ~* unbend, relax

ont'spanner *m* (-s) fotogr release

ont'spanning *v* (-en) **1** (in 't alg.) relaxation[2]; **2** (verminderde spanning) relief; [international] détente, easing (of the political situation); **3** (vermaak) diversion, relaxation, recreation; *hij neemt nooit ~* he never unbends

ont'spanningslectuur *v* light reading, escape literature

ont'spanningslokaal *o* (-kalen) recreation hall

ont'spanningsoord *o* (-en) [holiday &] resort

ont'spanningspolitiek *v* policy of détente

ont'sparen[2] *onoverg* dissave

ont'sparing *v* dissaving, savings outflow

ont'spiegeld *bn* auto anti-dazzle [front pane]

ont'spinnen[2] *onoverg: er ontspon zich een interessante discussie* this led to an interesting discussion

ont'sporen[2] *onoverg* run off the metals (rails), be derailed, derail

ont'sporing *v* (-en) derailment

ont'springen[2] *onoverg* rise [of a river]; zie ook: *dans*

ontspruiten

ont'spruiten[2] *onoverg* spring, sprout; ~ *uit* fig arise from, spring from, proceed from

ont'staan I (ontstond, is ontstaan) *overg* **1** (in 't alg.) come into existence (into being), originate; **2** start [of a fire]; **3** develop [of a crisis, fever &]; *doen* ~ give rise to, cause, create; start [a fire]; ~ *uit* arise from; **II** *o* origin

ont'staansgeschiedenis *v* genesis

ont'steken[2] **I** (h.) *overg* kindle, light, ignite, blast off [a rocket]; *iem. in toorn doen* ~ kindle sbd.'s wrath; **II** (is) *onoverg* become inflamed [of a wound]; *in toorn* ~ fly into a passion (rage)

ont'steking *v* (-en) **1** ⟨v. vuur⟩ kindling; **2** elektr ignition; **3** ⟨v. motor⟩ ignition; **4** ⟨v. wonden⟩ inflammation

ont'stekingsmechanisme *o* (-n) **1** ⟨v. motor⟩ igniter; **2** ⟨v. vuurwapen⟩ firing gear; **3** ⟨v. bom⟩ detonator

ont'stekingsschakelaar *m* (-s) ignition switch

ont'steld *bn* alarmed, frightened, dismayed

ont'stelen[2] *overg* steal from; *zij hebben het hem ontstolen* they have stolen it from him

ont'stellen (ontstelde, ontsteld) **I** (h.) *overg* startle, alarm, frighten, dismay, stun; **II** (is) *onoverg* be startled, become alarmed

ont'stellend I *bn* shocking [news]; **II** *bijw* terribly, awfully, dreadfully, fearfully

ont'steltenis *v* consternation, alarm, dismay

ont'stemd *bn* **1** <u>muz</u> out of tune; **2** (boos) put out, displeased

ont'stemmen[2] **I** *overg* (h.) **1** <u>muz</u> put out of tune; **2** fig put out, displease; **II** *onoverg* (is) <u>muz</u> go out of tune

ont'stemming *v* displeasure, dissatisfaction, soreness

ont'stentenis *v*: *bij* ~ *van* in default of, in the absence of, failing...

ont'stichten[2] *overg* offend, give offence

ont'stoken *bn* inflamed [of a wound]

ont'stoppen[2] *overg* unblock, unclog [a pipe, the drain]

ont'takelen[2] *overg* <u>scheepv</u> unrig, dismantle

ont'takeling *v* (-en) <u>scheepv</u> unrigging, dismantling

ont'trekken[2] **I** *overg* withdraw (*aan* from); *aan het oog* ~ hide; **II** *wederk*: *zich* ~ *aan* **1** (in 't alg.) withdraw from; **2** shirk [a duty]; **3** back out of [an obligation]

ont'trekking *v* (-en) withdrawal

ont'tronen[2] *overg* dethrone

ont'troning *v* dethronement

'ontucht *v* vice, lewdness; ~ *plegen met minderjarigen* sexually abuse minors

on'tuchtig *bn* lewd

'ontuig *o* riff-raff

ont'vallen[2] *onoverg* drop (fall) from [one's hands]; *zich geen woord laten* ~ not drop a single word; *het is mij* ~ it escaped me; *zijn kinderen ontvielen hem*

he lost his children

ont'vangbewijs *o* (-wijzen) receipt

ont'vangdag *m* at-home (day)

ont'vangen[2] **I** *overg* receive°, <u>handel</u> take delivery of [the goods]; *de vijand werd warm* ~ the enemy was given a warm reception; **II** *abs ww* receive; *wij* ~ *vandaag niet* we are not at home to-day

ont'vangenis *v* conception

ont'vanger *m* (-s) **1** (in 't alg.) recipient; **2** <u>handel</u> consignee; **3** ⟨ambtenaar⟩ tax-collector; **4** (ontvangtoestel) receiver

ont'vangerskantoor *o* (-toren) tax-collector's office

ont'vangkamer *v* (-s) **1** (in 't alg.) reception room; **2** ⟨salon⟩ drawing room, parlour, salon

ont'vangst *v* (-en) receipt; reception [of a person & <u>RTV</u>]; *de ~en van één dag* <u>handel</u> the takings of one day; *de ~ berichten (bevestigen, erkennen) van...* acknowledge receipt of...; *de ~ weigeren van...* <u>handel</u> refuse to take delivery of...; *bij de ~ van...* on receiving...; *in ~ nemen* receive, <u>handel</u> take delivery of; *na ~ van...* on receipt of...

ont'vangstation *o* (-s) receiving-station

ont'vangstbewijs *o* (-wijzen) receipt

ont'vangtoestel *o* (-len) receiver, receiving set

ont'vankelijk *bn* receptive, susceptible; ~ *voor* accessible to, amenable to; *zijn eis werd* ~ *verklaard* he was entitled to proceed with his claim, his claim was admitted; *zijn eis werd niet* ~ *verklaard* it was decided that the action would not lie, his claim was dismissed

ont'vankelijkheid *v* receptivity, susceptibility

ont'veinzen[2] *overg* plechtig: *wij* ~ *het ons niet* we fully realize it; *wij kunnen ons niet* ~ *dat...* we cannot disguise from ourselves the fact that (the difficulty & of...), we are fully alive to the fact that...

ont'vellen (ontvelde, h. ontveld) *overg* graze, <u>gemeenz</u> bark [one's knee &]

ont'velling *v* (-en) abrasion, excoriation

ont'vetten (ontvette, h. ontvet) *overg* remove the fat (grease) from, degrease [gravy], scour [wool]

ont'vlambaar *bn* inflammable

ont'vlambaarheid *v* inflammableness

ont'vlammen[2] *onoverg* inflame, kindle[2]

ont'vlamming *v* inflammation

ont'vlekken[2] *overg* remove stains from

ont'vlieden[2] *onoverg* vero fly from, flee from

ont'vluchten[2] **I** *onoverg* fly, flee, escape, make good one's escape; **II** *overg* fly (from), flee (from)

ont'vluchting *v* (-en) flight, escape

ont'voerder *m* (-s) abductor, kidnapper

ont'voeren[2] *overg* carry off, abduct, kidnap

ont'voering *v* (-en) abduction, kidnapping

ont'volken (ontvolkte, h. ontvolkt) *overg* depopulate

ont'volking *v* depopulation

ont'voogden (ontvoogdde, h. ontvoogd) *overg* emancipate

ont'voogding *v* emancipation
ont'vouwen[2] *overg & wederk* unfold[2]
ont'vouwing *v* unfolding
ont'vreemden (ontvreemdde, h. ontvreemd) *overg* steal
ont'vreemding *v* theft
ont'waarding *v* handel devaluation
ont'waken (ontwaakte, is ontwaakt) *onoverg* awake[2], wake up[2], get awake; *uit zijn droom* ~ awake from a dream
ont'waking *v* awakening
ont'wapenen[2] *overg & onoverg* disarm
ont'wapening *v* 1 disarming [of a soldier]; 2 disarmament [movement]
ont'waren (ontwaarde, h. ontwaard) *overg* perceive, descry
ont'warren (ontwarde, h. ontward) *overg* disentangle, unravel
ont'warring *v* disentanglement, unravelling
ont'wassen[2] *onoverg* = ontgroeien
ont'wateren[2] *overg* drain, dewater
ont'weien (ontweide, h. ontweid) *overg* disembowel
ont'wellen[2] *onoverg* spring from
ont'wennen[2] *overg* get out of the habit (of doing sth.)
ont'wenningskliniek *v* (-en) [voor alcohol, drugs] rehabilitation centre
ont'wenningskuur *v* (-kuren) detoxification
ont'wenningsverschijnselen *mv* withdrawal symptoms
ont'werp *o* (-en) **1** ⟨in 't alg.⟩ project, plan, (rough) draft, design; **2** ⟨wetsontwerp⟩ bill
ont'werpen[2] *overg* draft, draw up, frame, design, style [a car], project, plan [towns]
ont'werper *m* (-s) **1** draftsman [of a document]; **2** [fashion] designer, framer, planner, projector
ont'wijden[2] *overg* desecrate, profane, defile
ont'wijding *v* desecration, profanation, defilement
on'twijfelbaar *bn* indubitable, unquestionable, unquestioned, doubtless
ont'wijken[2] *overg* **1** evade, dodge [a blow]; **2** avoid, shun [a man, a place]; **3** fight shy of [sbd.]; **4** *fig* blink, evade, elude, fence with [a question]; **5** shirk [the main point]; **6** side-step [a problem]
ont'wijkend *bn* evasive
ont'wijking *v* (-en) evasion
ont'wikkelaar *m* (-s) fotogr developer
ont'wikkeld *bn* **1** ⟨in 't alg.⟩ (fully) developed; **2** ⟨geestelijk⟩ educated, well-informed
ont'wikkelen[2] **I** *overg* develop; **II** *wederk: zich* ~ develop[2] (*tot* into)
ont'wikkeling *v* (-en) development; *algemene* ~ general education; *tot* ~ *brengen* develop; *tot* ~ *komen* develop
ont'wikkelingsgebied *o* (-en) development area
ont'wikkelingshulp *v* development aid
ont'wikkelingsland *o* (-en) developing country

ont'wikkelingsleer *v* theory of evolution
ont'wikkelingspsychologie *v* developmental psychology
ont'wikkelingssamenwerking *v* development cooperation
ont'wikkelingstijdperk *o* (-en) period of development
ont'wikkelingswerk *o* ⟨ontwikkelingshulp⟩ development aid
ont'woekeren[2] *overg:* ~ *aan* wrest from; *ontwoekerd aan de baren* reclaimed from the sea, wrested from the waves
ont'wormen (ontwormde, h. ontwormd) *overg* worm
ont'worstelen[2] *overg* wrest from
ont'wortelen (ontwortelde, h. ontworteld) *overg* uproot
ont'wricht *bn* **1** ⟨v. ledematen⟩ dislocated, out of joint; **2** *fig* disrupted
ont'wrichten (ontwrichtte, h. ontwricht) *overg* **1** dislocate[2], disjoint; **2** disrupt [society, traffic]
ont'wrichting *v* (-en) **1** dislocation[2] [also of affairs]; **2** disruption [of society, traffic, postal services]
ont'wringen[2] *overg* wrest from, extort from
ont'zag *o* awe, respect, veneration; ~ *inboezemen* inspire with awe, (over)awe; ~ *hebben voor* stand in awe of
ont'zaglijk *bn* awful, enormous, tremendous [quantity], vast [number]
ont'zaglijkheid *v* enormousness
ontzag'wekkend *bn* awe-inspiring
ont'zegelen[2] *overg* unseal, break the seal of
ont'zeggen[2] (ontzegde *of* ontzei, h. ontzegd) **I** *overg* deny; *mijn benen* ~ *mij de dienst* my legs fail me; *hij zag zich zijn eis ontzegd* his suit was dismissed; *ik ontzeg u het recht om...* I deny to you the right to...; *de toegang werd hem ontzegd* he was denied admittance; **II** *wederk: zich iets* ~ deny oneself sth.
ont'zegging *v* denial; ~ *van de rijbevoegdheid* disqualification from driving, revoking of sbd.'s driving licence
ont'zeilen[2] *onoverg* sail away from; *de klip van...* ~ steer clear of the rock of..., steer clear of...
ont'zenuwen (ontzenuwde, h. ontzenuwd) *overg* **1** ⟨verzwakken⟩ enervate, unnerve; **2** ⟨weerleggen⟩ refute, invalidate [grounds, arguments]; pick holes in [arguments]
1 ont'zet *bn* aghast, appalled
2 ont'zet *o* **1** mil relief [of a besieged town]; **2** rescue [of a person]
ont'zetten[2] *overg* **1** mil relieve; rescue [by the police]; **2** ⟨afzetten⟩ dismiss; **3** ⟨met ontzetting vervullen⟩ appal; **4** ⟨ontwrichten, verbuigen⟩ twist, buckle [metal, a wheel], warp [wood]; *iem. uit zijn ambt* ~ deprive sbd. of his office; *uit de ouderlijke macht* ~ deprive of parental rights

1155

ontzettend

ont'zettend I *bn* appalling, dreadful, terrible; *(het is)* ~*!* it is awful!; **II** *bijw* dreadfully, **versterkend** awfully, terribly

ont'zetting *v* (-en) **1** mil relief [of a town]; rescue [of a person]; **2** deprivation [of office], dismissal [of functionary]; **3** ⟨schrik⟩ horror, dismay; *tot mijn* ~ to my dismay

ont'zettingsleger *o* (-s) relieving army

ont'zield *bn* inanimate, lifeless

ont'zien[2] **I** *overg* spare [sbd.], consider (sbd.'s feelings); *hij moet* ~ *worden* he must be dealt with gently; *geen moeite* ~ *om...* spare no pains to...; **II** *wederk*: *zich* ~ spare oneself; take care of oneself (of one's health)

ont'zilting *v* desalinization

ont'zinken[2] *onoverg*: *de moed ontzonk mij* my courage gave way

onuit'blusbaar *bn* inextinguishable, unquenchable

on'uitgegeven *bn* unpublished

on'uitgemaakt *bn* unsettled, not settled, open [question]

on'uitgesproken *bn* unspoken, unexpressed

on'uitgewerkt *bn* sketchy, rough

onuit'puttelijk *bn* inexhaustible, unfailing

onuit'puttelijkheid *v* inexhaustibleness

onuit'roeibaar *bn* ineradicable

onuit'spreekbaar *bn* unpronounceable

onuit'sprekelijk I *bn* unspeakable, inexpressible, unutterable, ineffable [joy]; **II** *bijw*: ~ *gelukkig* ook: too happy for words, happy beyond words

onuit'staanbaar *bn* insufferable, intolerable, unbearable

onuit'voerbaar *bn* impracticable, impossible

onuit'voerbaarheid *v* impracticability

onuit'wisbaar *bn* indelible, ineffaceable

onuit'wisbaarheid *v* indelibility

'onvaderlands *bn* unpatriotic

on'vast, 'onvast *bn* **1** unstable, unsteady [gait, character &]; **2** unsettled, uncertain [state of things]; **3** loose [soil]; **4** light [sleep]

on'vastheid *v* instability, unsteadiness

on'vatbaar *bn*: ~ *voor* **1** immune from [a disease]; **2** insusceptible of [pity]; impervious [to argument], unreceptive [to new ideas]

on'vatbaarheid *v* **1** immunity [from disease]; **2** insusceptibility [of pity]

on'veilig *bn* unsafe, insecure; ~*!* danger!; ~ *maken* make unsafe, infest [the roads]; ~ *sein* danger signal; *het sein staat op* ~ the signal is at danger

on'veiligheid *v* unsafeness, insecurity

onver'anderbaar *bn* unchangeable, immutable

onver'anderd *bn* unchanged, unaltered

onver'anderlijk *bn* **1** unchangeable, unalterable, immutable [decision &]; **2** unvarying, invariable [behaviour &]; **3** immovable [feasts as Christmas &]

onver'anderlijkheid *v* unchangeableness, immutability, invariableness

'onverantwoord *bn* **1** ⟨v. handeling⟩ unjustified, unwarranted; **2** ⟨v. geld⟩ not accounted for

onverant'woordelijk *bn* **1** ⟨niet aansprakelijk⟩ not responsible, irresponsible; **2** ⟨niet te rechtvaardigen⟩ unwarrantable, unjustifiable

onverant'woordelijkheid *v* **1** irresponsibility; **2** unwarrantableness, unjustifiableness

onver'beterlijk *bn* **1** incorrigible [child &]; **2** confirmed [drunkard]

onver'biddelijk *bn* relentless, unyielding, inexorable

'onverbindend, onver'bindend *bn* not binding

onver'bloemd, 'onverbloemd I *bn* undisguised, unvarnished, plain, frank; **II** *bijw* [tell me] in plain terms, bluntly, point-blank, without mincing matters

'onverbogen *bn* gramm undeclined

onver'brandbaar *bn* incombustible

onver'breekbaar, 'onverbreekbaar, onver'brekelijk, 'onverbrekelijk *bn* indissoluble, irrefrangible

onver'buigbaar, 'onverbuigbaar *bn* gramm indeclinable

onver'dacht, 'onverdacht *bn* above suspicion

onver'dedigbaar, 'onverdedigbaar *bn* indefensible

onver'dedigd *bn* undefended

'onverdeelbaar, onver'deelbaar *bn* indivisible

onver'deelbaarheid *v* indivisibility

onver'deeld, 'onverdeeld *bn* **1** (in 't alg.) undivided, whole, entire; **2** unqualified [praise, success]

onver'diend, 'onverdiend I *bn* **1** unearned [money]; **2** undeserved [reproach]; **3** unmerited [praise]; **II** *bijw* undeservedly

onver'dienstelijk *bn*: *niet* ~ not without merit

onver'draaglijk *bn* = *ondraaglijk*

onver'draagzaam *bn* intolerant

onver'draagzaamheid *v* intolerance

onver'droten, 'onverdroten I *bn* indefatigable, unwearying, unflagging [zeal]; sedulous [care]; **II** *bijw* indefatigably; sedulously

onver'dund, 'onverdund *bn* undiluted, neat [drink]

onver'enigbaar *bn* not to be united; *onverenigbare begrippen* irreconcilable ideas; ~ *met* incompatible with, inconsistent with

onver'enigbaarheid *v* incompatibility, inconsistency

onver'flauwd, 'onverflauwd I *bn* **1** undiminished, unabated [energy]; **2** unrelaxing [diligence]; **3** unremitting [attention]; **4** unflagging [zeal]

onver'gankelijk *bn* imperishable, undying

onver'gankelijkheid *v* imperishableness

onver'geeflijk, onver'gefelijk *bn* unpardonable, unforgivable, inexcusable

onver'geeflijkheid onver'gefelijkheid *v* unpardonableness

1156

onverge'lijkelijk I *bn* incomparable, matchless, peerless; **II** *bijw* incomparably
onver'getelijk *bn* unforgettable
'onverhard *bn*: *een ~e weg* Br an unmetalled road; Am an unpaved road
onver'hinderd, 'onverhinderd *bn* unhindered, unimpeded; **II** *bijw* without being hindered
onver'hoeds, 'onverhoeds I *bn* unexpected, sudden; *een ~e aanval* a surprise attack; **II** *bijw* **1** ⟨in 't alg.⟩ unawares, unexpectedly, suddenly; **2** [attack] by surprise
onver'holen, 'onverholen I *bn* **1** unconcealed [disgust]; **2** undisguised [contempt]; **II** *bijw* frankly, openly, without mincing matters
onver'hoopt, 'onverhoopt *bn* unexpected, un-looked-for
'onverhuurd *bn* not let, unlet, untenanted
onver'kiesbaar *bn* ineligible
onver'kiesbaarheid *v* ineligibility
onver'kieselijk, onver'kieslijk *bn* undesirable
onver'klaarbaar *bn* inexplicable
onver'klaarbaarheid *v* inexplicableness
onver'kocht *bn* unsold; *mits ~ handel* if unsold
onver'koopbaar *bn* unsal(e)able, unmarketable
'onverkort *bn* unabridged, uncurtailed
onver'kwikkelijk *bn* unpleasant, unpalatable, unsavoury [case &]
'onverlaat *m* (-laten) miscreant, vile wretch
onver'let, 'onverlet *bn* unhindered, unimpeded
onver'meld *bn* unmentioned, unrecorded; *(niet) ~ blijven* (not) go unrecorded
onver'mengd, 'onvermengd *bn* unmixed, unalloyed, unqualified, pure
onver'mijdelijk *bn* inevitable, unavoidable; *het ~e* the inevitable
onver'mijdelijkheid *v* unavoidableness, inevitability
onver'minderd, 'onverminderd I *bn* undiminished, unabated; **II** *voorz* without prejudice to
'onvermoed *bn* unsuspected, unthought-of
onver'moeibaar, 'onvermoeibaar *bn* indefatigable, unwearying
onver'moeibaarheid *v* indefatigability
onver'moeid, 'onvermoeid *bn* unwearied, untired, tireless
onver'moeidheid *v* tirelessness
'onvermogen *o* **1** ⟨onmacht⟩ impotence, inability; **2** ⟨geldelijk⟩ impecuniosity; **3** ⟨behoeftigheid⟩ indigence; *~ om te betalen* insolvency; *in staat van ~* insolvent
'onvermogend *bn* **1** ⟨machteloos⟩ unable; **2** ⟨geldeloos⟩ impecunious; **3** ⟨behoeftig⟩ indigent
onver'murwbaar *bn* unrelenting, inexorable
onver'nielbaar *bn* indestructible
onver'pakt *bn* unpackaged; loose [nails, screws]; *~e lading* bulk cargo
onver'poosd, 'onverpoosd I *bn* uninterrupted, unremitting; **II** *bijw* uninterruptedly, unceasingly

'onverricht *bn* undone, unperformed; *~er zake* without having attained one's end, [return] without success
'onversaagd, onver'saagd *bn* undaunted, intrepid
onver'saagdheid *v* undauntedness, intrepidity
onver'schillig I *bn* **1** indifferent, careless [person]; **2** [air, tone &] of indifference; *~ door welk middel* no matter by what means; *~ of we... dan wel... whether... or...; ~ voor...* indifferent to...; *~ wat (wie)* no matter what (who); *het is mij ~* it is all the same (all one) to me; **II** *bijw* indifferently, carelessly, insouciantly
onver'schilligheid *v* indifference, insouciance
onver'schrokken *bn* undaunted, intrepid
onver'schrokkenheid *v* undauntedness, intrepidity
'onverslapt *bn* unflagging; zie ook: *onverflauwd*
onver'slijtbaar, 'onverslijtbaar *bn* indestructible, everlasting
'onversneden *bn* undiluted, unqualified [wine &]
onver'staanbaar *bn* unintelligible
onver'staanbaarheid *v* unintelligibleness, unintelligibility
'onverstand *o* unwisdom
onver'standig *bn* unwise; *het ~e ervan* the unwisdom of it
onver'stoorbaar *bn* imperturbable
onver'stoorbaarheid *v* imperturbability, phlegm
onver'stoord, 'onverstoord *bn* **1** eig undisturbed; **2** fig unperturbed
onver'taalbaar *bn* untranslatable
onver'teerbaar, 'onverteerbaar *bn* indigestible[2]
'onverteerd *bn* undigested[2]
onver'togen *bn* unseemly
onver'vaard, 'onvervaard I *bn* fearless, undaunted; **II** *bijw* fearlessly, undauntedly
onver'valst *bn* unadulterated, unalloyed, genuine, unsophisticated; *een ~e schurk* an unmitigated blackguard
onver'vangbaar *bn* irreplaceable
onver'vreemdbaar *bn* **1** inalienable [goods, property]; **2** indefeasible [rights]
onver'vreemdbaarheid *v* inalienability, indefeasibility
onver'vulbaar *bn* unfulfillable
'onvervuld *bn* **1** unoccupied [place]; **2** unaccomplished [wishes]; **3** unperformed, unfulfilled [promises]
onver'wacht *bn* unexpected, unlooked for
onver'wachts *bn* unexpectedly, unawares
'onverwarmd *bn* unheated [room], unwarmed
onver'wijld, 'onverwijld *bn* immediate, without delay
onver'woestbaar *bn* indestructible
onver'woestbaarheid *v* indestructibility
onver'zadelijk *bn* insatiable
onver'zadelijkheid *v* insatiability

onver'zadigbaar *bn* insatiable
onver'zadigd, **'onverzadigd** *bn* (onvoldoende gegeten hebbend) unsatiated, unsatisfied; *~e vetzuren* unsaturated fatty acids
'onverzegeld *bn* unsealed
onver'zettelijk *bn* immovable[2]; <u>fig</u> unyielding, inflexible
onver'zettelijkheid *v* inflexibility
onver'zoenlijk *bn* irreconcilable, implacable
onver'zoenlijkheid *v* irreconcilability, implacability
'onverzorgd, **onver'zorgd** *bn* 1 (niet opgepast) not attended to; 2 (niet gesoigneerd) uncared-for, unkempt [gardens]; untidy [nails]; slovenly [style]; 3 (zonder middelen) unprovided for
'onverzwakt, **onver'zwakt** *bn* not weakened, unimpaired; zie ook: *onverflauwd*
on'vindbaar *bn* not to be found; *het bleek ~* it could not be found
on'voegzaam *bn* indecent, unseemly
on'voegzaamheid *v* indecency, unseemliness
onvol'daan *bn* 1 unsatisfied, dissatisfied [people]; 2 unpaid, unsettled [bills]
onvol'daanheid *v* dissatisfaction
onvol'doend *bn* insufficient
onvol'doende *v* (-s en -n) <u>onderwijs</u> insufficient mark; *hij heeft vier ~s* he is insufficient in four branches
onvol'dragen *bn* immature, unripe
onvol'eind, **onvol'eindigd** *bn* unfinished, uncompleted
onvol'groeid *bn* 1 <u>eig</u> stunted; 2 (onvolwassen) immature
onvol'komen *bn* imperfect, incomplete
onvol'komenheid *v* (-heden) imperfection, incompleteness
onvol'ledig *bn* incomplete, defective
onvol'ledigheid *v* incompleteness, defectiveness
onvol'maakt *bn* imperfect, defective
onvol'maaktheid *v* (-heden) imperfection, deficiency
onvol'prezen, **'onvolprezen** *bn* unsurpassed, beyond praise
onvol'tallig *bn* incomplete
onvol'tooid *bn* 1 (in 't alg.) unfinished, incomplete; 2 <u>gramm</u> imperfect [tense]
onvol'voerd *bn* unperformed, unfulfilled
onvol'waardig *bn* 1 [physically] unfit; 2 [mentally] deficient; *~e arbeidskrachten* partially disabled workers
onvol'wassen *bn* half-grown, not full-grown, immature [behaviour]
on'voorbereid *bn* unprepared, off-hand
onvoor'delig *bn* unprofitable
onvoor'deligheid *v* unprofitableness
onvoor'spelbaar *bn* unpredictable
onvoor'spoedig *bn* unsuccessful
onvoor'stelbaar, **'onvoorstelbaar** I *bn* inconceivable, unimaginable [distances]; II *bijw* inconceivably [remote from], incredibly [low prices]
onvoor'waardelijk *bn* unconditional, implicit; *onvoorwaardelijke overgave* unconditional surrender
onvoor'zichtig *bn* imprudent
onvoor'zichtigheid *v* (-heden) imprudence
onvoor'zien *bn* unforeseen, unexpected
onvoor'zienbaar *bn* unforeseeable
onvoor'ziens *bijw* unexpectedly, unawares
'onvrede *m & v* 1 (twist) discord, dissension; 2 (onbehagen) discontent; *in ~ leven met* be at variance (on bad terms) with
on'vriendelijk *bn* unkind
on'vriendelijkheid *v* (-heden) unkindness
onvriend'schappelijk I *bn* unfriendly; II *bijw* in an unfriendly way
on'vrij *bn* not free; *het is hier erg ~* there is no privacy here
on'vrijheid *v* (-heden) want of freedom, constraint, lack of privacy
onvrij'willig *bn* involuntary, unwilling
on'vrouwelijk *bn* unfeminine, unwomanly, unladylike
on'vruchtbaar *bn* infertile [land]; unfruitful[2], sterile[2], barren[2]
on'vruchtbaarheid *v* infertility, unfruitfullness, sterility, barrenness
on'waar *bn* untrue, not true, false
onwaar'achtig *bn* insincere, untruthful
onwaar'achtigheid *v* (-heden) insincerity
'onwaarde *v* invalidity, nullity; *van ~ verklaren* declare null and void; *van ~ zijn* be null and void
on'waardig I *bn* 1 (in 't alg.) unworthy; 2 undignified [spectacle]; II *bijw* unworthily
on'waardigheid *v* unworthiness
on'waarheid *v* (-heden) untruth, falsehood, lie
onwaar'schijnlijk *bn* improbable, unlikely
onwaar'schijnlijkheid *v* (-heden) improbability, unlikeliness
on'wankelbaar *bn* 1 unshakable, unwavering [decision]; 2 unswerving [loyalty, belief]
on'wankelbaarheid *v* unshakableness
'onweer *o* (-weren) thunderstorm, storm
'onweerachtig *bn* thundery
onweer'legbaar *bn* irrefutable, unanswerable, irrefragable
onweer'legbaarheid *v* irrefutableness
'onweersbeestje *o* (-s) thrips
'onweersbui *v* (-en) thunderstorm
'onweerslucht *v* (-en) thundery sky
onweer'staanbaar *bn* irresistible
onweer'staanbaarheid *v* irresistibility
'onweerswolk *v* (-en) thunder-cloud, storm-cloud
on'wel *bn* indisposed, unwell, <u>gemeenz</u> off-colour
on'welkom *bn* unwelcome
onwel'levend *bn* discourteous, impolite
onwel'levendheid *v* (-heden) discourteousness, impoliteness

onwel'luidend *bn* unharmonious
onwel'luidendheid *v* want of harmony
onwel'riekend *bn* unpleasant-smelling, malodorous
onwel'voeglijk *bn* indecent, improper
onwel'voeglijkheid *v* (-heden) indecency
onwel'willend *bn* unkind, uncooperative
onwel'willendheid *v* (-heden) unkindness, uncooperativeness
on'wennig *bn: zich ~ voelen* feel strange, feel awkward
on'wenselijk *bn* undesirable
'onweren (onweerde, h. geonweerd) *onoverg: het zal ~* there will be a thunderstorm
on'werkbaar *bn: een onwerkbare situatie* an impossible situation
on'werkelijk *bn* unreal
on'werkelijkheid *v* unreality
on'werkzaam *bn* inactive
on'werkzaamheid *v* inaction, inactivity
on'wetend *bn* ignorant; *iem. volkomen ~ laten van* leave sbd. in complete ignorance of
on'wetendheid *v* ignorance
onweten'schappelijk *bn* unscientific, unscholarly
on'wettelijk *bn* illegal
on'wettig *bn* 1 ⟨tegen de wet⟩ unlawful, illegal; 2 ⟨v. kind⟩ illegitimate
on'wettigheid *v* 1 unlawfulness, illegality; 2 illegitimacy
on'wezenlijk *bn* unreal
on'wezenlijkheid *v* unreality
on'wijs *bn* unwise, foolish
on'wijsheid *v* (-heden) unwisdom, folly
'onwil *m* unwillingness
onwille'keurig I *bn* involuntary; **II** *bijw* involuntarily; *ik moest ~ lachen* I could not help laughing
on'willig I *bn* unwilling, reluctant; *met ~e honden is het slecht hazen vangen* one man may lead a horse to water, but fifty cannot make him drink; **II** *bijw* unwillingly, with a bad grace
on'willigheid *v* unwillingness, reluctance
on'wrikbaar *bn* immovable², fig unshakable [conviction], unflinching
on'wrikbaarheid *v* immovability², unshakableness &
'onyx *o & m* (-en) onyx
on'zacht, **'onzacht I** *bn* ungentle, rude, rough; **II** *bijw* rudely
on'zakelijk *bn* unbusinesslike
on'zalig *bn* unholy, evil, unhappy
on'zedelijk *bn* immoral
on'zedelijkheid *v* (-heden) immorality
on'zedig *bn* immodest
on'zedigheid *v* immodesty
onzee'waardig *bn* unseaworthy
on'zegbaar *bn = onuitsprekelijk*
on'zeker *bn* 1 ⟨in 't alg.⟩ uncertain; 2 insecure [ice, foundation]; 3 unsafe [ice, people]; 4 precarious

[income, living]; 5 unsteady [hand, voice, steps]; *het is nog ~* it is still uncertain; *het ~e* what is uncertain; *iem. in het ~e laten* leave sbd. in uncertainty; *in het ~e omtrent iets verkeren (zijn)* be uncertain (in the dark) as to...
on'zekerheid *v* (-heden) uncertainty; insecurity; *in ~ verkeren* be in uncertainty
onzelf'standig *bn* dependent on others
onzelf'standigheid *v* dependency on others
onzelf'zuchtig *bn* unselfish, self-forgetful
onzelf'zuchtigheid *v* unselfishness
Onze-Lieve-'Heer *m* our Lord, the Lord
onzelieve'heersbeestje *o* (-s) ladybird
Onze-Lieve-'Vrouw *v* Our Lady
onzelievevrouwe'bedstro *o* woodruff
Onze-Lieve-'Vrouwekerk *v* (-en): *de ~* Our Lady's Church
'onzent *bijw: te(n) ~* at our house, at our place
'onzenthalve *bijw* for our sake(s)
'onzentwege *bijw* as for us; *van ~* on our behalf, in our names
'onzentwil, **'onzentwille** *bijw: om ~* for our sake(s)
'onzerzijds *bijw* on our part, on our behalf
onze'vader *o* (-s) Our Father, Lord's Prayer
on'zichtbaar I *bn* invisible; *onzichtbare inkt* sympathetic ink; **II** *bijw* invisibly; *~ stoppen* repair by invisible mending
on'zichtbaarheid *v* invisibility
on'zienlijk *bn* invisible
on'zijdig *bn* 1 ⟨geen partij kiezend⟩ neutral; 2 gramm neuter; *zich ~ houden* remain neutral
on'zijdigheid *v* neutrality
'onzin *m* nonsense, rubbish; *wat een ~!* the very idea!, bosh!, fiddlesticks!, slang guff!, what rot!; *~ uitkramen (verkopen)* talk (stuff and) nonsense
on'zindelijk *bn* uncleanly, dirty
on'zindelijkheid *v* (-heden) uncleanliness, dirtiness
on'zinnig *bn* nonsensical, absurd, senseless, piffling
on'zinnigheid *v* (-heden) absurdity, nonsense, senselessness
onzorg'vuldig *bn* careless, inaccurate, negligent
onzorg'vuldigheid *v* (-heden) carelessness, inaccuracy, negligence
on'zuiver *bn* 1 ⟨in 't alg.⟩ impure; 2 unjust [scales]; 3 muz out of tune, false; 4 ⟨bruto⟩ gross [profit &]; *~ in de leer* unsound in the faith, heterodox
on'zuiverheid *v* (-heden) impurity
ooft *o* fruit
'ooftboom *m* (-bomen) fruit-tree
oog *o* (ogen) 1 eye°; 2 ⟨op dobbelsteen &⟩ point, spot; *goede (slechte) ogen* [have] good (bad) eyesight; *geheel ~ zijn* be all eyes; *hij kon er zijn ogen niet afhouden* he could not keep his eyes off it; *een ~ dichtdoen* zie: *oogje*; *geen ~ dichtdoen* not sleep a wink [all night]; *het ~ laten gaan over* cast one's eye over;

hij kon zijn ogen niet geloven he could not believe his eyes; *geen ~ voor iets hebben* have no eye for sth.; *een open ~ hebben voor* be (fully) alive to [the requirements of...]; *heb je geen ogen in je hoofd?* have you no eyes (in your head)?; *het ~ wil ook wat* the eye has its claims too; *hij heeft zijn ogen niet in zijn zak* he has all his eyes about him; *het ~ op iets houden* keep an eye on sth.; *ik kan er geen ~ op houden* I can't keep track of them; *een ~ in het zeil houden* keep an eye upon [him, them], keep one's weather-eye open; *zijn ogen de kost geven* look about one; *iem. de ogen openen* open sbd.'s eyes; *grote ogen opzetten* open one's eyes wide, stare; *het ~ slaan op...* cast a look (a glance) at...; *de ogen sluiten voor...* shut one's eyes to...; *geen ~ dichtdoen* not sleep a wink [all night]; *het ~ treffen* meet the eye; *iem. de ogen uitsteken* zie: *uitsteken*; *zijn ~ erop laten vallen* lay eyes on it; cast a glance at it; *mijn ~ viel erop* it caught my eye; *door het ~ van een naald kruipen* have a narrow escape; *iets in het ~ houden* **1** eig keep an eye upon sth.; **2** fig not lose sight of sth.; *iem. in het ~ houden* keep an eye on sbd.'s movements; *iets (iem.) in het ~ krijgen* catch sight of sth. (sbd.), spot sth. (sbd.); *in het ~ lopen (vallen)* strike the eye; *in het ~ lopend (vallend)* conspicuous, striking, obvious; *in het ~ springen* zie: *springen*; *in mijn ogen, in mijn ~* in my eyes; *in zijn eigen ogen* in his own conceit; *met de ogen volgen* follow with one's eyes; *ik zag het met mijn eigen ogen* I saw it with my own eyes; *met open ogen* with one's eyes open; *een man met een open ~ voor onze noden* a man (fully) alive to our needs; *het met lede ogen aanzien* view it with a jealous eye, with regret; *met het ~ op...* **1** (iets toekomstigs) with a view to..., with an eye to...; **2** ⟨gelet op⟩ in view of...; *iem. naar de ogen zien* read sbd.'s wishes; *zij behoeven niemand naar de ogen te zien* they are not dependent upon anybody; they can hold up their heads with the best; *~ om ~, tand om tand* an eye for an eye, a tooth for a tooth; *onder vier ogen* in private, privately; *een gesprek onder vier ogen* a private talk; *iem. iets onder het ~ brengen* point out sth. to sbd., remonstrate with sbd. on sth.; *iem. onder de ogen komen* come under sbd.'s eye, under sbd.'s notice, face sbd.; *kom me niet meer onder de ogen* let me never set eyes on you again; *iets onder de ogen krijgen* set eyes upon sth.; *de dood onder de ogen zien* look death in the face; *de feiten (het gevaar) onder de ogen zien* face the facts (the danger); *de mogelijkheid onder het ~ zien* envisage the possibility; *op het ~ is het...* when looked at, outwardly, on the face of it; *iets op het ~ hebben* have sth. in view (mind); *iem. op het ~ hebben* have one's eye on sbd. [as a fit candidate]; have sbd. in mind [when making an allusion]; *(ga) uit mijn ogen!* out of my sight!; *kijk uit je ogen!* look where you are going!; *te lui om uit zijn ogen te kijken* too lazy to open his eyes; *(goed) uit zijn ogen kijken (zien)* use one's eyes, have all one's eyes about one; *uit het ~,*

uit het hart out of sight, out of mind; *iets (iem.) uit het ~ verliezen* lose sight of sth. (sbd.); lose track of; *(het is alles) voor het ~* for show; *God voor ogen houden* keep God in view; *iets voor ogen houden* bear sth. in mind; *met dat doel voor ogen* with that object in view, with this in view; *met de dood voor ogen* in the face of certain death, with death staring [him] in the face; *geen hand voor ogen zien* not see one's hand before one's face; *voor het ~ van de wereld* for the world; *het staat mij nog voor ogen* I have a vivid recollection of it; *het ~ van de meester maakt het paard vet* the eye of the master makes the cattle thrive; zie ook: *oogje, naald*

'oogappel *m* (-s) apple of the eye², eyeball
'oogarts *m* (-en) oculist, ophthalmologist, eye specialist
'oogbadje *o* (-s) eye-bath
'oogbal, oogbol *m* (-len) eye-ball
'oogdruppelbuisje *o* (-s) eye-dropper
'oogdruppels *mv* eye-drops
'ooggetuige *m-v* (-n) eye-witness
'ooggetuigenverslag *o* eye-witness's account; sp running commentary
'ooghaar *o* (-haren) eyelash
'oogheelkunde *v* ophthalmology
'ooghoek *m* (-en) corner of the eye
'oogholte *v* (-n en -s) orbit, socket of the eye, eye-socket
'ooghoogte *v*: *op ~* at eye-level
'oogje *o* (-s) (little) eye, eyelet; *~s geven* make eyes at; *een ~ hebben op* **1** have an eye to [business]; **2** have designs on [a girl]; *een ~ houden op* keep an eye on; *een ~ dichtdoen (dichtknijpen)* turn a blind eye (*voor* on), wink at
'oogkas *v* (-sen) = *oogholte*
'oogkleppen *mv* blinkers
'ooglap *m* (-pen) eye-patch
'ooglid *o* (-leden) eyelid
'ooglijder *m* (-s) eye-patient
oog'luikend *bijw* ~ *toelaten* connive at
'oogluiking *v* connivance
'oogmerk *o* (-en) object in view, aim, intention, purpose; *met het ~ om...* **1** (in 't alg.) with a view to ...ing; **2** recht with intent to...
'oogontsteking *v* (-en) inflammation of the eye, ophthalmia
'oogopslag *m* glance, look; *met één ~, bij de eerste ~* at a glance, at the first glance
'oogpunt *o* (-en) point of view, view-point; *uit een ~ van...* from the point of view of...; *uit dat ~ beschouwd* viewed from that angle
'oogschaduw *v* eyeshadow
'oogspiegel *m* (-s) ophthalmoscope, fundoscope
'oogspier *v* (-en) muscle of the eye
oogst *m* (-en) harvest², crop(s)
'oogsten (oogstte, h. geoogst) *overg* reap², gather, harvest
'oogstfeest *o* (-en) harvest home

'**oogstlied** *o* (-eren) harvest-song
'**oogstmaand** *v* harvest month (= August)
'**oogstmachine** *v* (-s) harvester, combine
'**oogstrelend** *bn* delightful to the eye
'**oogsttijd** *m* (-en) reaping-time, harvest time
'**oogtand** *m* (-en) eye-tooth
oogver'blindend *bn* dazzling
'**oogvlies** *o* (-vliezen) tunic (coat) of the eye
'**oogwater** *o* (-s) eye-wash
'**oogwenk** *m* (-en) wink; *in een* ~ in no time, ge-meenz in a jiffy, before one can say Jack Robinson
'**oogwit** *o* white of the eye, sclera
'**oogzalf** *v* (-zalven) eye-salve
'**oogzenuw** *v* (-en) optic nerve
'**oogziekte** *v* (-n en -s) disease of the eyes, eyetrouble
ooi *v* (-en) ewe
'**ooievaar** *m* (-s en -varen) stork
'**ooievaarsbek** *m* (-ken) **1** ⟨snavel v. ooievaar⟩ stork's bill; **2** (plant) crane's-bill
'**ooilam** *o* (-meren) ewe-lamb
ooit *bijw* ever; *heb je* ~ *(van je leven)* did you ever?, well I never!
ook *bijw* also, too, likewise, as well; *je bent me* ~ *een groentje!* you are a green one, you are!; *jij bent* ~ *een leukerd (mooie)!* you are a nice one!; *zij is* ~ *zo jong niet meer* she is none so young either; *en het gebeurde (dan)* ~ and so it happened; *het gebeurde (dan)* ~ *niet* nor dit it happen; *hij kon het dan* ~ *niet vinden* nor could he find it, as was to be expected; *ik lees dan* ~ *geen moderne romans* that's why I don't read modern novels; *maar waarom lees je dan* ~ *geen moderne romans?* but then why don't you read modern novels?; *Was het dan* ~ *te verwonderen dat...?* Now was it to be wondered at that...?; *ik houd veel van roeien en hij* ~ I am fond of boating and so is he; *ik houd niet van roken en hij (zijn broer)* ~ *niet* I do not like smoking, neither (no more) does he, nor does his brother either; *wat zei hij* ~ *weer?* what did he say?; *hoe heet hij* ~ *weer?* what's his name again?; *zijn er* ~ *appels?* are there any apples?; *al is het* ~ *nog zo lelijk* though it be (n)ever so ugly; *kunt u mij* ~ *zeggen waar...?* can (could) you tell me where...?; zie ook: *waar, wat, wie* &
oom *m* (-s) uncle; *bij ome Jan* slang at my uncle's, up the spout; *een hoge ome* gemeenz a bigwig, a big shot
'**oomzegger** *m* (-s) nephew
'**oomzegster** *v* (-s) niece
oor *o* (-oren) **1** ear°; **2** ⟨ezelsoor⟩ dog's ear [in book]; *het gaat het ene* ~ *in en het andere uit* it goes in at one ear and out at the other; *geheel* ~ *zijn* be all ears; *iem. de oren van het hoofd eten* eat sbd. out of house and home; *wel oren naar iets hebben* lend a willing ear to sth.; *ik heb er wel oren naar* I rather like the idea, I don't decline the invitation &; *hij had er geen oren naar* he would not hear of it; *geen* ~ *hebben voor muziek* have no ear for music; *leen mij*

het ~ lend me your ears; *het* ~ *lenen aan* give ear to, lend (an) ear to; *zijn* ~ *te luisteren leggen* put one's ear to the ground; *zijn oren sluiten voor* turn a deaf ear to; *de oren spitsen* prick (up) one's ears[2]; fig cock one's ears; *een open* ~ *vinden* find a ready ear; *iem. de oren wassen* rebuke sbd.; *iem. over iets aan de oren zaniken (zeuren)* din sth. into sbd.'s ears; *hem aan zijn oren trekken* pull his ears; *met een half* ~ *luisteren* listen with half an ear; *iem. om zijn (de) oren geven* box sbd.'s ears; *om zijn oren krijgen* have one's ears boxed; *met de hoed op één* ~ his hat cocked on one side; *hij ligt nog op één* ~ he is still in bed; *het is op een* ~ *na gevild* it is almost finished; *het is mij ter ore gekomen* it has come to (reached) my ear; *tot over de oren in de schulden* up to his ears in debt; *tot over de oren blozend* blushing up to the ears; *tot over de oren verliefd* over head and ears in love; *ik zit tot over de oren in het werk* I am up to the eyes in work; *wie oren heeft om te horen, die hore* bijbel he that hath ears to hear let him hear
'**oorarts** *m* (-en) ear specialist, aurist, ear-doctor
'**oorbaar** *bn* decent, proper; *het* ~ *achten om...* see (think) fit to...
'**oorbel** *v* (-len) earring, ear-drop
oord *o* (-en) place, region, [holiday] resort
'**oordeel** *o* (-delen) **1** recht judgment, sentence, verdict; **2** (mening) judgment, opinion; *het laatste* ~ the last judgment, the day of judgment; ~ *des onderscheids* discernment, discrimination; *een leven als een* ~ a clamour (noise) fit to wake the dead, a pandemonium; *zijn* ~ *opschorten* reserve (suspend) one's judgment; *zijn* ~ *uitspreken* give one's judgment, pass judgment; *een* ~ *vellen over* pass judgment on; *dat laat ik aan uw* ~ *over* I leave that to your judgment; *naar (volgens) mijn* ~ in my opinion (judgment); *van* ~ *zijn dat...* be of opinion that..., hold that...; *volgens het* ~ *van de kenners* according to the best opinion
oordeel'kundig *bn* judicious
'**oordeelvelling** *v* (-en) judgment
'**oordelen** (oordeelde, h. geoordeeld) **I** *onoverg* (rechtspreken) judge; **II** *overg* **1** ⟨achten⟩ judge, deem, think, deem [it necessary &]; **2** (een oordeel vellen) judge, pass judgement on; *te* ~ *naar...* judging from (by); ~ *over* judge of, pass judgement on; *ik oordeel het mijn plicht* I deem it my duty; *oordeelt niet, opdat ge niet geoordeeld worde* bijbel judge not that ye be not judged
'**oordopje** *o* (-s) earplug
'**oorhanger** *m* (-s) ear-pendant, ear-drop
'**oorheelkunde** *v* otology
'**oorijzer** *o* (-s) (gilt, gold, silver) casque, helmet [under a lace cap]
'**oorklep** *v* (-pen) ear-flap
'**oorknopje** *o* (-s) ear-drop
'**oorkonde** *v* (-n) charter, deed, document, instrument [of ratification]
'**oorkondenleer** *v* diplomatics

'**oorkussen** *o* (-s) pillow; zie ook: *ledigheid*
'**oorlam** *o* (-men) <u>scheepv</u> allowance of gin, dram
'**oorlel** *v* (-len) lobe of the ear, earlobe
'**oorlog** *m* (-logen) war, [naval, aerial, gas &] warfare; *de koude ~* the cold war; *er is ~* there is a war on; *de ~ aandoen* make (declare) war on; *de ~ verklaren* declare war (up)on; *~ voeren* carry on war, make (wage) war; *~ voeren tegen* make (wage) war against (on); *in de ~* in war; *in ~ zijn met* be at war with; *ten ~ trekken* go to war
'**oorlogsbodem** *m* (-s) = *oorlogsschip*
'**oorlogsgedenkteken** *o* (-s) war memorial
'**oorlogsgraf** *o* (-graven) war grave
'**oorlogshaven** *v* (-s) naval port
'**oorlogsinspanning** *v* (-en) war effort
'**oorlogsinvalide** *m-v* (-n) disabled ex-soldier, war cripple
'**oorlogskerkhof** *o* (-hoven) war cemetery
'**oorlogskreet** *m* (-kreten) war cry, war whoop
'**oorlogslening** *v* (-en) war loan
'**oorlogsmateriaal** *o* war material
'**oorlogsmisdaad** *v* (-daden) war crime
'**oorlogsmisdadiger** *m* (-s) war criminal
'**oorlogsmonument** *o* (-en) war memorial
'**oorlogspad** *o* war path
'**oorlogsrisico** *o* ('s) war risk(s)
'**oorlogsschade** *v* war damage
'**oorlogsschatting** *v* (-en) war contribution
'**oorlogsschip** *o* (-schepen) man-of-war, war-ship, war-vessel
'**oorlogsslachtoffer** *m* (-s) war victim
'**oorlogssterkte** *v* war strength
'**oorlogstijd** *m* time of war, wartime
'**oorlogstoestand** *m* state of war
'**oorlogstoneel** *o* (-nelen) theatre (seat) of war
'**oorlogstuig** *o* = *oorlogsmateriaal*
'**oorlogsverklaring** *v* (-en) declaration of war
'**oorlogsvloot** *v* (-vloten) navy, (war) fleet
'**oorlogswapen** *o* (-s) weapon of war
'**oorlogswinst** *v* (-en) war profit; *~ maken* profiteer
oorlogs'zuchtig *bn* eager for war, warlike, bellicose; *een ~e geest* a bellicose spirit
'**oorlogvoerend** *bn* belligerent, waging war, at war; *de ~en* the belligerents
'**oorlogvoering** *v* **1** (in 't alg.) conduct (prosecution) of the war [against...]; **2** [modern, economic, naval &] warfare
'**oormerk** *o* (-en) earmark; ⟨v. koeien⟩ eartag
'**oormerken** (oormerkte, h. geoormerkt) *overg* earmark
'**oorontsteking** *v* (-en) inflammation of the ear, otitis
'**oorpijn** *v* (-en) ear-ache
'**oorring** *m* (-en) earring
'**oorrob** *v* (-ben) eared seal
'**oorschelp** *v* (-en) auricle
'**oorsieraad** *o* (-raden) ear-trinket, ear-jewel
'**oorsmeer** *o* earwax, cerumen

'**oorspiegel** *m* (-s) otoscope
'**oorsprong** *m* (-en) origin, fountain-head, source; *zijn ~ vinden in...* have its origin in..., originate in...
oor'**spronkelijk I** *bn* original° [works, remarks, people]; **II** *o*: *het ~e* the original; *Don Quichotte in het ~e* Don Quixote in the original
oor'**spronkelijkheid** *v* originality
'**oorsuizing** *v* (-en) ringing (singing) in the ears
'**oortje** *v* (-s) <u>hist</u> (munt) farthing; *hij kijkt of hij zijn laatste ~ versnoept heeft* he looks blue (dejected)
'**ooruil** *m* (-en) eared owl
'**oorveeg** *v* (-vegen) box on the ear
oorver'dovend, '**oorverdovend** *bn* deafening, ear-splitting
'**oorvijg** *v* (-en) = *oorveeg*
'**oorwarmer** *m* (-s) earmuff
'**oorworm**, '**oorwurm** *m* (-en) earwig; *een gezicht als een ~* zetten look glum
'**oorzaak** *v* (-zaken) cause [and effect], origin [of the fire]; *kleine oorzaken hebben grote gevolgen* little strokes fell great oaks; *ter oorzake van* on account of
oor'**zakelijk** *bn* causal; *~ verband* causality, causal relation
oost *bn* east; *~ west, thuis best* east, west, home's best; home is home be it (n)ever so homely
Oost *v*: *de ~* the East
Oost-'Azië *o* East Asia
'**Oost-Chinese Zee** *v* East China Sea
Oost-'Duits *bn* East German
Oost-'Duitser *m* (-s) East German
Oost-'Duitsland *o* East Germany; <u>hist</u> German Democratic Republic
'**oostelijk** *bn* eastern, easterly; *~ van Amsterdam* (to the) east of Amsterdam
'**oosten** *o* east; *het O~* the East, the Orient; *het Nabije O~* the Near East; *het Verre O~* the Far East; *ten ~ van* (to the) east of
Oost'ende *o* Ostend
'**Oostenrijk** *o* Austria
'**Oostenrijker** *m* (-s) Austrian
'**Oostenrijks** *bn* Austrian
oosten'wind *m* (-en) east wind
ooster'lengte *v* east longitude
'**oosterling** *m* (-en) Oriental, Eastern, native of the East
'**oosters** *bn* Eastern, Oriental
'**Oosterschelde** *v* East Scheldt
Oost-Eu'ropa *o* Eastern Europe
Oost-Euro'pees *bn* Eastern European
Oost-'Friesland *o* East Friesland
'**oostfront** *o* east front, eastern front
'**Oostgoten** *mv* Ostrogoths
Oost'gotisch *bn* Ostrogothic
Oost-'Indië *o* the East Indies
Oost-'Indisch *bn* East-Indian; *de ~e Compagnie* the East India Company; *~e kers* nasturtium; zie ook: *doof, inkt*
'**oostkust** *v* (-en) east coast

'**oostmoesson** *m* (-s) north-east monsoon
'**Oost-Romeins** *bn* Eastern; *het ~e Rijk* the Eastern (the Lower) Empire
Oost-'Vlaanderen *o* East Flanders
'**oostwaarts** I *bn* eastward; II *bijw* eastward(s)
Oost'zee *v: de ~* the Baltic
'**oostzij**, '**oostzijde** *v* east side
'**ootje** *o: iem. in het ~ nemen* make fun of sbd., chaff sbd.
'**ootmoed** *m* meekness, humility
oot'moedig *bn* meek, humble
oot'moedigheid *v* meekness, humility
op I *voorz* on, upon, at, in; *~ het dak (de tafel &)* on the roof (the table &); *~ het dak klimmen* climb upon the roof; *~ het dak springen* jump on to the roof; *~ een eiland* in an island; *de bloemen ~ haar hoed* the flowers in her hat; *~ Java* in Java; *~ zijn kamer* in his room; *~ pantoffels* in slippers; *~ school* at school, zie ook: *school*; *~ straat* in the street, zie ook: *straat*; *~ de wereld* in the world; *~ zee* at sea, zie ook: *zee*; *~ zijn Engels* **1** (manier) in (after) the English fashion; **2** (taal) in English; *~ zijn hoogst* at (the) most; *een antwoord ~ een brief* a reply to a letter; *brief ~ brief* letter after letter; *~ een avond* one evening; *twee keer ~ één avond* twice in one evening; *~ zekere dag* one day; *later ~ de dag* later in the day; *~ dit uur* at this hour; *~ mijn horloge* by my watch [it is 6 o'clock]; *~ de kop af* exactly; *één inwoner ~ de vijf* one inhabitant in every five [owns a bicycle]; *één inwoner ~ de vierkante kilometer* one inhabitant to the square kilometre; II *bijw* up; *~!* up!; *de trap ~* up the stairs; *mijn geduld is ~* my patience is at an end; *zijn geld is ~* his money is spent (all gone); *die jas is ~* that coat is worn (out); *onze suiker is ~* we are out of sugar; *de wijn is ~* the wine is out; *~ is ~!* gone is gone; *hij heeft twee borrels ~* he has had two drinks; *de zon was ~* the sun had risen (was up); *het is ~* there is nothing left, it has all been eaten; *hij is ~* **1** (opgestaan) he is out of bed; he is up; **2** (uitgeput) he is quite knocked up, done up, spent, finished; *hij is weer ~ (na zijn ziekte)* he is about again; *óp van de zenuwen zijn* have the jitters; *vraag maar ~!* ask away!; *kom ~!* come on!; *~ en af, ~ en neer* up and down
'**opa** *m* ('s) grandfather, gemeenz grandad
o'paal *m & o* (opalen) opal
o'paalachtig *bn* opaline
'**opbakken**[1] *overg* bake again, fry again
'**opbaren** (baarde op, h. opgebaard) *overg* place upon a bier; *opgebaard liggen* lie in state
'**opbellen**[1] *overg* ring (up), call (up), phone, give a call (a ring)
'**opbergen**[1] *overg* put away, pack up, stow away, store [furniture]
'**opbergmap** *v* (-pen) file, folder
'**opbeuren**[1] *overg* **1** (optillen) lift up; **2** (opvrolijken) cheer (up), comfort
'**opbeuring** *v* **1** lifting up; **2** comfort

'**opbiechten**[1] *overg* confess; *eerlijk ~* make a clean breast of it
'**opbieden**[1] *onoverg* make a higher bid; *tegen elkaar ~* try to outbid each other
'**opbinden**[1] *overg* tie (bind) up
op'blaasbaar *bn* inflatable [dinghy]
'**opblaaspop** *v* (-pen) inflatable doll
'**opblazen**[1] *overg* **1** (met lucht vullen) blow up, inflate, insufflate, puff up; **2** (doen exploderen) blow up [a bridge &]; **3** (overdrijven) magnify, exaggerate [an incident]
'**opblijven**[1] *onoverg* sit up, stop up, stay up
'**opbloei** *m* revival [of interest &]
'**opbloeien** (bloeide op, is opgebloeid) *onoverg* revive
'**opbod** *o: bij ~ verkopen* sell by auction
'**opboksen**[1] *onoverg: ~ tegen* compete with
'**opbollen** (bolde op, opgebold) I (is) *onoverg* bulge; II (h.) *overg* puff up
'**opborrelen**[1] *onoverg* bubble up
'**opborreling** *v* bubbling up, ebullition
'**opborstelen**[1] *overg* brush (up), give a brush
'**opbouw** *m* construction, building up
'**opbouwen**[1] *overg* build up; *weer ~* reconstruct; *~de kritiek* constructive criticism
'**opbouwwerker** *m* (-s) community worker
'**opbranden** (brandde op, opgebrand) I (h.) *overg* burn, consume; II (is) *onoverg* be burnt
'**opbreken**[1] I (h.) *overg: het beleg ~* raise the siege; *zijn huishouden ~* break up one's home; *het kamp (de tenten) ~* break (strike) camp, strike the tents; *de straat ~* tear up the pavement; *de straat is opgebroken* the street is up (for repair); II (is) *onoverg & abs ww* **1** break camp; **2** break up [of a meeting, of the company]; *dat zal je ~!* you shall smart for it
'**opbrengen**[1] *overg* **1** (opdoen) bring in, bring up [dinner]; **2** (inrekenen) take to the police-station, run in [a thief]; seize [ships]; **3** (aanbrengen) apply [colours &]; **4** (grootbrengen) bring up, rear; **5** (opleveren) bring in [much money], realize, fetch [big sums, high prices], yield [profit]; **6** (betalen) pay [taxes]; *dat kan ik niet ~* I cannot afford it
'**opbrengst** *v* (-en) yield, produce, proceeds [from the sale of...]
'**opbrengsteigendom** *o & m* (-men) <u>ZN</u> investment in real estate
'**opbrengsthuis** *o* (-huizen) <u>ZN</u> real estate yielding rent
'**opbruisen** (bruiste op, is opgebruist) *overg* effervesce, bubble up
'**opbruisend** *bn* **1** eig effervescent; **2** fig hot-headed
'**opcenten**, <u>ZN</u> '**opcentiemen** *mv* additional percentage
'**opdagen**[1] *onoverg* turn up, come along, appear
op'dat *voegw* that, in order that; *~ niet* lest
'**opdeciemen** *mv* <u>ZN</u> additional percentage on fines
'**opdelven**[1] *overg* **1** eig dig up; **2** fig unearth [a book &]

'**opdienen**[1] *overg* serve up, dish up
'**opdiepen** (diepte op, h. opgediept) *overg* fig unearth, fish out
'**opdirken** (dirkte op, h. opgedirkt) **I** *overg* dress up, prink up, bedizen; **II** *wederk: zich* ~ prink oneself up
'**opdissen** (diste op, h. opgedist) *overg* serve up[2], dish up[2]
'**opdoeken** (doekte op, h. opgedoekt) *overg* **1** eig furl [sails]; **2** fig (opheffen) shut down; ⟨v. winkel ook:⟩ shut up shop
'**opdoemen** (doemde op, is opgedoemd) *onoverg* loom (up)
'**opdoen**[1] **I** *overg* **1** ⟨opdissen⟩ serve up, bring in [the dinner]; **2** ⟨krijgen⟩ get, gain, acquire, obtain; **3** ⟨inslaan⟩ lay in [provisions]; *kennis &* ~ gather, acquire knowledge; *een nieuwtje* ~ pick up a piece of news; *een ziekte* ~ catch (get, take) a disease; *waar heb je dat opgedaan?* where did you get that (come by that)?, where did you pick it [your English &] up?; **II** *wederk: zich* ~ arise; *als er zich eens wat opdoet* when (if) something turns up
'**opdoffen** (dofte op, h. opgedoft) **I** *overg* polish, clean; **II** *wederk: zich* ~ dress up
'**opdoffer** *m* (-s) thump, punch; *iem. een* ~ *verkopen* punch sbd. up, clout sbd. (on the head)
'**opdokken**[1] *onoverg & overg* slang shell out, fork out, pay up
'**opdonder** *m* (-s) gemeenz sock, clout, blow; *iem. een* ~ *verkopen* clout sbd. on the head, sock it to sbd.; *hij heeft een flinke* ~ *gehad van die hartaanval* he had quite a setback after the heart attack; *een kleine* ~ ⟨klein, brutaal persoon⟩ a mite; [jongetje] a little shaver
'**opdonderen**[1] *onoverg* gemeenz make oneself scarce; *donder op!* get lost!, beat it!, get (the hell) out of here!
'**opdraaien**[1] **I** (h.) *overg* ⟨opwinden⟩ wind up; **II** (is) *onoverg: dan moet ik ervoor* ~ I have to pay the piper (to suffer for it)
'**opdracht** *v* (-en) **1** ⟨toewijding in boek &⟩ dedication; **2** ⟨taak⟩ order, assignment, charge, mandate, commission, instruction, mission; **3** ⟨aan kunstenaar⟩ commission; ~ *geven* instruct, commission, order; *wie heeft u die* ~ *gegeven?* who has instructed you?; *een* ~ *krijgen* receive an order; *een* ~ *uitvoeren* carry out an order, execute a commission; *een kunstenaar een* ~ *verstrekken* commission an artist [to paint, to write...]; ~ *hebben om...* be instructed to...; *in* ~ *van* by order of; *in* ~ *handelen* act under orders
'**opdrachtgever** *m* (-s) client, customer
'**opdragen**[1] *overg* **1** ⟨een opdracht geven⟩ charge, instruct commission; **2** ⟨lezen⟩ celebrate [mass]; **3** ⟨toewijden⟩ dedicate; *iem. iets* ~ charge sbd. with sth.; instruct him to...; *ik draag u mijn belangen op* I consign my interests to your care
'**opdraven**[1] *onoverg* run up [the stairs]; *iem. laten* ~ send for sbd., whistle sbd. up; *komen* ~ put in an appearance

'**opdreunen**[1] *overg* rattle off, chant
'**opdrijven**[1] *overg* **1** ⟨v. prijzen⟩ force up; **2** ⟨v. wild⟩ start
'**opdrijving** *v* inflation [of prices]
'**opdringen**[1] **I** *onoverg* press on, press forward; **II** *overg: iem. iets* ~ thrust, force [a present, goods &] upon (on) sbd., force [one's views] down sbd.'s throat; **III** *wederk: zich* ~ obtrude oneself [upon other people], intrude; *die gedachte drong zich aan mij op* the thought forced itself upon me
op'**dringerig** *bn* obtrusive, intrusive
op'**dringerigheid** *v* obtrusiveness, intrusiveness
'**opdrinken**[1] *overg* drink (up), empty, finish, drink off
'**opdrogen**[1] *onoverg* **1** ⟨droog worden⟩ dry (up); **2** ⟨v. bron &⟩ run dry
'**opdrogend** *bn:* ~ *(middel)* desiccative
'**opdroging** *v* desiccation
'**opdruk** *m* (-ken) overprint, surcharge [on postage stamp]; *met* ~ surcharged
'**opdrukken**[1] *overg* (im)print upon
'**opduikelen**[1] *overg* unearth [a book &], pick up
'**opduiken**[1] **I** (is) *onoverg* **1** ⟨in 't alg.⟩ emerge, turn up, crop up, pop up; **2** scheepv surface; ~ *uit* emerge from; **II** (h.) *overg* unearth [a book &]
'**opduvel** *m* (-s) gemeenz hit, blow, clout
'**opduvelen** (duvelde op, is opgeduveld) *onoverg* gemeenz beat it, hop it
'**opdweilen**[1] *overg* mop up
OPEC *v* OPEC (*Organization of Petroleum Exporting Countries*)
op'**een** *bijw* one upon another, together, in a heap
op'**eendringen**[1] *onoverg* crowd together
op'**eenhopen**[1] **I** *overg* heap up, pile up, accumulate; **II** *wederk: zich* ~ crowd together
op'**eenhoping** *v* (-en) accumulation, congestion
op'**eenjagen**[1] *overg* drive together
op'**eenpakken**[1] *overg* pack together
op'**eens** *bijw* all at once, suddenly
op'**eenstapelen**[1] **I** *overg* heap up, pile up, accumulate; **II** *wederk: zich* ~ pile up, accumulate
op'**eenstapeling** *v* (-en) accumulation
op'**eenvolgen**[1] *onoverg* succeed (follow) each other
op'**eenvolgend** *bn* successive, consecutive
op'**eenvolging** *v* succession, sequence
op'**eisbaar** *bn* claimable
'**opeisen**[1] *overg* **1** ⟨in 't alg.⟩ claim; **2** mil summon [a town] to surrender
'**opeising** *v* **1** ⟨in 't alg.⟩ claiming; **2** mil summons to surrender
'**open I** *bn* **1** open [door &, credit, letter, knee, question, weather, face, heart, carriage, car, city, tuberculosis]; **2** vacant [situation]; **3** sore [leg]; **4** sliding [roof]; *een* ~ *doekje* applause during the action [in the theatre]; *een* ~ *plek in een bos* a glade; *is de kruidenier nog* ~? is the grocer's open yet?; *(het ligt daar)* ~ *en bloot* open to everybody; **II** *bijw* openly;

~ *met iem. spreken* be open with sbd.

op- en 'aanmerkingen *mv* critical remarks and observations

open'baar, 'openbaar I *bn* public; ~ *maken* make public, publish, disclose, make known; ~ *lichaam* authority; *de openbare mening* public opinion; *openbare school* non-denominational school; ~ *vervoer* public transport; *openbare weg* public road, the (King's) highway; *openbare werken* public works, public utilities; *in het* ~ in public, publicly; **II** *bijw* publicly, in public

open'baarheid *v* publicity; ~ *aan iets geven* make it public

open'baarmaking *v* publication, disclosure

open'baren (openbaarde, h. geopenbaard) **I** *overg* 1 (in 't alg.) reveal, disclose, divulge; 2 *godsd* reveal; *geopenbaarde godsdienst* revealed religion; **II** *wederk: zich* ~ reveal itself, manifest itself

open'baring *v* (-en) revelation, disclosure; *de O~ van Johannes* the Apocalypse, Revelations

openbreken[1] *overg* burst, break (force) open

'opendoen[1] **I** *overg* open [a door, one's eyes]; **II** *abs ww* answer the door; zie ook: *mond*

'opendraaien[1] *overg* open, turn on [the gas, the tap]

'openen (opende, h. geopend) **I** *overg* open° [a door, the debate, a credit &]; *geopend van... tot...* open from... to...; *de krant opende met het verslag van...* the front-page story of the newspaper was the report of...; **II** *wederk: zich* ~ open

'opener *m* (-s) [tin-]opener, [bottle-]opener

'opengaan[1] *onoverg* open

'opengewerkt *bn* open-work [stockings]

'opengooien[1] *overg* throw open, fling open

open'hartig *bn* frank, outspoken, open-hearted

open'hartigheid *v* frankness, outspokenness, open-heartedness

'openheid *v* openness, frankness, candour

'openhouden[1] *overg* keep open[2], hold open

'opening *v* (-en) 1 opening° [also at chess]; 2 (gat) gap, hole, aperture [in a wall, in a hedge]; *de ~en tussen de latten* the intersticies between the laths; ~ *van zaken geven* disclose the state of affairs

'openingsbod *o* opening bid

'openingskoers *m* (-en) opening price

'openingsrede *v* (-s) inaugural address

'openingszet *m* (-ten) opening move

'openkrabben[1] *overg* scratch open

'openkrijgen[1] *overg* get open, open

'openlaten[1] *overg* leave [a door, the possibility] open; *ruimte* ~ leave a blank

'openleggen[1] *overg* 1 *eig* lay open; 2 *fig* disclose, reveal; *de kaarten* ~ lay one's cards on the table

'openliggen[1] *onoverg* lie open

'openlijk *bn* open, public

open'luchtbad *o* (-baden) open-air (swimming) pool

open'luchtklassen *mv ZN* outdoor lessons

open'luchtmuseum *o* (-sea en -s) (open-air) folk museum

open'luchtspel *o* 1 (v. kinderen) outdoor game; 2 (-en) (toneelspel) open-air play

open'luchttheater *o* (-s) open-air theatre

open'luchtvoorstelling *v* (-en) open-air performance

'openmaken[1] *overg* open

'openrijten[1] *overg* rip up[2], tear

'openrukken[1] *overg* tear open

'openscheuren[1] *overg* tear open

'openslaan[1] *overg* open [a book]; ~*d* 1 folding [door]; 2 [window] opening outwards; 3 French [window, down to the ground]

'opensnijden[1] *overg* cut open

'openspalken[1] *overg* dilate [the eyes]; *met opengespalkte kaken* with distended jaws

'opensperren[1] *overg* open wide, distend

'openspringen[1] *onoverg* 1 (in 't alg.) burst (open); 2 chap, crack [of skin, lips]

'openstaan[1] *onoverg* be open, be vacant; *voor allen* ~ be open to all; *er stond mij geen andere weg open* there was no other way open to me, there was no alternative; ~ *voor argumenten* be accessible to argument; ~*de rekening* unpaid account

'openstellen[1] *overg* open, throw open [to the public]

'openstelling *v* opening

'openstoten[1] *overg* push open

'op-en-top *bijw*: ~ *een gentleman* every inch a gentleman, a gentleman all over; ~ *een gek* a downright fool

'opentrappen[1] *overg* kick in

'opentrekken[1] *overg* 1 open, draw back [the curtains]; 2 uncork, open [a bottle]

'openvallen[1] *onoverg* 1 *eig* fall open; 2 *fig* fall vacant

'openvouwen[1] *overg* unfold

'openwaaien[1] *onoverg* be blown open, blow open

'openwerpen[1] *overg* throw open, fling open

'openzetten[1] *overg* 1 (v. deur) open; 2 (v. kraan) turn on

'opera *m* ('s) 1 (muziekstuk) opera; 2 (gebouw) opera-house

ope'rabel *bn* operable

opera'teur *m* (-s) 1 (v. computers &) operator; 2 (cameraman) cameraman; 3 (in bioscoop) projectionist

ope'ratie *v* (-s) operation[2]; *een* ~ *ondergaan* undergo an operation, be operated upon

ope'ratiebasis *v* (-sen en -bases) <u>mil</u> base of operations

opera'tief I *bn* operative [surgery]; **II** *bijw* [remove a tumor] surgically; *slechts* ~ *ingrijpen kan...* only a surgical operation can..., only by surgery...

ope'ratiekamer *v* (-s) operating room (theatre)

ope'ratietafel *v* (-s) operating table

ope'ratiezaal *v* (-zalen) operating theatre

ope'ratiezuster *v* (-s) surgical nurse

operatio'neel *bn* operational

'operazanger *m* (-s), **'operazangeres** *v* (-sen) opera(tic) singer

ope'reren (opereerde, h. geopereerd) **I** *onoverg* <u>mil</u> & <u>med</u> operate; **II** *overg* <u>med</u> operate on

ope'rette *v* (-s) [Viennese] operetta; musical comedy

'opeten[1] *overg* eat up, eat

'opfleuren (fleurde op, *overg* h., *onoverg* is opgefleurd) brighten (up), cheer up

'opflikkeren[1] *onoverg* flare up, blaze up

'opflikkering *v* (-en) flare-up, flicker

'opfokken[1] *overg* **1** (fokken) breed, rear [cattle]; **2** (provoceren) work up; (seksueel ook:) turn on; *laat je niet ~!* don't get excited!

'opfrissen (friste op, opgefrist) **I** (is) *onoverg* freshen; *daar zal hij van ~* <u>gemeenz</u> that will make him sit up; **II** (h.) *overg* **1** (in 't alg.) refresh, revive; **2** brighten up [colours]; **3** <u>ZN</u> (verbouwen) renovate, refurbish; *iems. geheugen eens ~* refresh (jog, rub up) sbd.'s memory; *zijn kennis wat ~* rub up (brush up, touch up) his knowledge; **III** *wederk*: *zich ~* freshen up, have a wash and brush-up

'opfrissing *v* (-en) refreshment

'opgaaf *v* (-gaven) = opgave

'opgaan[1] **I** *onoverg* **1** (de hoogte in) rise [of the sun, a kite, the curtain]; **2** (geen rest laten) leave no remainder [of a division sum]; **3** (juist zijn) hold (good) [of a comparison]; **4** (voor examen) go up, go in; **5** (opraken) run out, give out; *(het eten) gaat schoon op* nothing will be left; *dat gaat niet op hier* that won't do here; *die vergelijking gaat niet op* that comparison does not hold (good); *hij gaat dit jaar niet op* he is not going to present himself for the exam this year; *7 gaat niet op 34* 7 does (will) not go into 34; *~ in* be merged into [one large organization]; *~ in rook* vanish into smoke; *geheel in zijn vrouw ~* be totally wrapped up in his wife; *~ in zijn werk* be absorbed in one's work; **II** *overg* **1** ascend, mount [a hill]; **2** go up [the stairs]

'opgang *m* (-en) **1** (in 't alg.) rise; **2** entrance [of house]; *~ maken* <u>gemeenz</u> catch on [of a fashion], become popular; *het maakte (veel) ~* it achieved (a great) success, it made a great hit; *het maakte geen ~* it fell flat

'opgave *v* (-n) **1** (mededeling) statement [of reasons], [official] returns; **2** (taak) task; **3** <u>onderwijs</u> exercise, problem; *de schriftelijke ~n* the written work, the papers

'opgeblazen *bn* **1** <u>eig</u> blown up, puffed; **2** <u>fig</u> bumptious; puffed up, inflated [with pride]

'opgeblazenheid *v* <u>fig</u> bumptiousness

'opgebruiken[1] *overg* use up

'opgedirkt *bn* prinked up

'opgefokt *bn* worked up, wrought up; *zo'n ~ type* a high-strung type

'opgeilen[1] *overg* <u>gemeenz</u> turn on

'opgeklopt *bn*: *~e verhalen* exaggerated stories, tall stories, tall tales

'opgelaten *bn* [feel] embarrassed

'opgeld *o* (-en) <u>handel</u> agio; *~ doen* be in great demand, <u>gemeenz</u> be in

'opgelegd *bn* **1** laid-up [ship]; **2** veneered [table]; **3** marked [faults, changes]; *~ pandoer* <u>slang</u> a (dead) cert

'opgelucht *bn* relieved; *weer ~ kunnen ademhalen* heave a sigh of relief

'opgemaakt *bn* **1** made-up [face, dress &]; **2** made [dish]; **3** dressed [hair]

'opgeprikt *bn* dressed up [girl]

'opgepropt *bn* crammed, packed

'opgericht *bn* raised, erect

'opgeruimd I *bn* in high spirits, cheerful; **II** *bijw* cheerfully

opge'ruimdheid *v* high spirits, cheerfulness

'opgescheept *bn*: *met iem. ~ zijn* have sbd. on one's back, be saddled with sbd.; *nu zitten we met dat goed ~* we have the stuff on our hands now

'opgeschoten *bn*: half-grown [youths]

'opgeschroefd *bn* <u>fig</u> **1** stilted [language]; **2** unnatural [enthusiasm]

'opgesmukt *bn* ornate, embellished

'opgetogen *bn* delighted, elated [with]

opge'togenheid *v* delight, elation

'opgeven I *overg* **1** (afgeven) give up [what one holds]; **2** (toereiken) hand up, hand over; **3** (vermelden) give, state [one's name &]; **4** (braken) expectorate, spit [blood]; **5** (als taak) set [a task, a sum]; ask [riddles], propound [a problem]; **6** (laten varen) give up, abandon [hope]; **7** <u>med</u> give up [a patient]; *mijn benen gaven het op* my legs gave out; *ik geef het op* I give it up; *hij geeft het niet op* he is not going to yield, he will stick it out; **II** *abs ww* **1** (braken) expectorate; **2** *hoog ~ van iets* speak highly of something, make much of a thing; **III** *wederk*: *zich ~* enter one's name, apply [for a situation, for membership]

'opgewassen *bn*: *~ zijn tegen* be a match for [sbd.], be equal to [the task], rise to [the occasion]

'opgewekt I *bn* **1** (v. personen) cheerful, in high spirits; **2** (v. gesprekken &) animated; **II** *bijw* cheerfully

opge'wektheid *v* cheerfulness, buoyancy, high spirits

'opgewonden *bn* **1** (in 't alg.) excited; **2** heated [debate]

opge'wondenheid *v* excitement

'opgezet 1 stuffed [birds]; **2** bloated [face]; **3** swollen [vein]

'opgieten[1] *overg* pour upon

'opgooien[1] *overg* throw up, toss (up); *zullen wij erom ~?* shall we toss (up) for it?

'opgraven[1] *overg* **1** (zaken) dig up, unearth; **2** (lijken) disinter, exhume

'opgraving *v* (-en) **1** digging up, excavation [at

Pompeii], dig; **2** ⟨v. lijken⟩ disinterment, exhumation

'opgroeien[1] *onoverg* grow up

'ophaal *m* (-halen) **1** upstroke, hair-line [of a letter]; **2** snag [in a stocking]

'ophaalbrug *v* (-gen) drawbridge, lift-bridge

'ophaaldienst *m* (-en) collecting service

'ophakken[1] *onoverg* brag

'ophakker *m* (-s) braggart, swaggerer

ophakke'rij *v* (-en) brag(ging)

'ophalen[1] **I** *overg* **1** ⟨in de hoogte⟩ draw up [a bridge]; pull up [blinds]; raise [the curtain]; hitch up [one's trousers]; weigh [anchor]; shrug [one's shoulders]; turn up [one's nose] (at); **2** ⟨herhalen⟩ bring up again [a sermon &]; revive (old memories); **3** ⟨inzamelen⟩ collect [money, rubbish, the books]; **4** ⟨verdiepen⟩ brush up, rub up [one's French]; *zijn kous ergens aan* ~ snag one's stocking; *ladders* ~ mend ladders [in a stocking]; *kan ik het nog* ~*?* can I make good yet?; *u moet zo iets (dat) niet weer* ~ let bygones be bygones; **II** *abs ww* regain health (lost ground &)

op'handen *bijw* at hand; *het* ~ *zijnde feest* the approaching (coming) festivity

'ophangen[1] **I** *overg* **1** hang [a man, a picture &]; **2** hang out [the washing]; **3** hang up [one's coat &]; **4** suspend [a lamp &]; *de telefoon* ~ hang up (replace) the receiver; *een verhaal van iets* ~ paint a picture of sth.; *het schilderij werd opgehangen* the picture was hung (put up); *hij werd opgehangen* he was hanged (ook: hung); *zie ook: tafereel;* **II** *wederk: zich* ~ hang oneself

'ophanging *v* (-en) **1** ⟨v. mensen⟩ hanging; **2** techn [frontwheel] suspension

'ophebben[1] *overg* **1** have on [one's hat]; **2** have eaten [one's meal]; **3** onderwijs have got to do; *veel* ~ *met* be taken with [sbd.]; *ik heb niet veel op met...* I can't say I care for (I fancy)..., I don't hold with...

'ophef *m* fuss; *veel* ~ *van (over) iets maken* make a fuss of (over) sth

'opheffen[1] *overg* **1** ⟨in de hoogte⟩ lift (up), raise [something], elevate [the Host]; **2** raise [one's eyes]; **3** ⟨zedelijk⟩ raise, lift up [the mind]; **4** ⟨afschaffen &⟩ abolish [a law], lift [a ban], do away with [abuses], remove [doubts], close [a school, a meeting], adjourn [a meeting], call off [a strike], discontinue [a branch-office], raise [an embargo, blockade &], annul [a bankruptcy]; *het ene heft het andere op* one neutralizes (cancels) the other

'opheffing *v* (-en) **1** elevation, raising; **2** ⟨afschaffing⟩ abolition [of a law], removal [of doubts], closing [of a school], discontinuance [of a branch-office], raising [of an embargo], annulment [of a bankruptcy]

'opheffingsuitverkoop *m* winding-up sale

'ophelderen (helderde op, 'opgehelderd) **I** (h.) *overg* clear up, explain, elucidate, clarify; **II** (is) *onoverg* = *opklaren I*

'opheldering *v* (-en) **1** ⟨verduidelijking⟩ explanation, elucidation; **2** ⟨v. weer⟩ clearing up

'ophelpen[1] *overg* help up, assist in rising

'ophemelen (hemelde op, h. opgehemeld) *overg* extol, praise to the skies, cry ⟨write, gemeenz crack⟩ up

'ophijsen[1] *overg* hoist up, hoist

'ophitsen (hitste op, h. opgehitst) *overg* **1** set on [a dog]; **2** fig set on, stir up, egg on, incite, instigate [people]

'ophitser *m* (-s) instigator, inciter

'ophitsing *v* (-en) setting on, incitement, instigation

'ophoepelen (hoepelde op, is opgehoepeld) *onoverg* gemeenz beat it, hop it, get lost

'ophoesten[1] *overg* cough up[2]; *slijm* ~ cough up (cough out) phlegm; *informatie, geld* ~ cough up information, money

'ophogen (hoogde op, h. opgehoogd) *overg* heighten, raise

'ophopen (hoopte op, h. opgehoopt) **I** *overg* heap up, pile up, bank up, accumulate; **II** *wederk: zich* ~ accumulate

'ophoping *v* (-en) accumulation, piling-up

'ophoren[1] *onoverg: er vreemd van* ~ be surprised to hear it

'ophouden[1] **I** (h.) *overg* **1** ⟨in de hoogte⟩ hold up [one's head]; **2** hold out [one's hand]; **3** ⟨afhouden van bezigheid⟩ detain, keep [sbd.]; **4** ⟨tegenhouden⟩ hold up; **5** ⟨niet afzetten⟩ keep on [one's hat]; **6** ⟨niet verkopen⟩ withdraw [a house]; **7** fig ⟨hooghouden⟩ keep up [appearances], uphold [the honour of...]; **II** (is) *onoverg* cease, stop, come to a stop; *houd op!* stop (it)!, chuck it! gemeenz cheese it!; ~ *te bestaan* cease to exist; ~ *lid te zijn* discontinue one's membership; ~ *met* cease (from) ...ing, stop ...ing; ~ *met vuren* mil cease fire; ~ *met werken* stop work; **III** *wederk: zich* ~ stay, live [somewhere]; *zich onderweg* ~ stop on the road; *houd u daar niet mee op, met hem niet op* have nothing to do with it, with him; **IV** *o: zonder* ~ continuously, incessantly; *het heeft drie dagen zonder* ~ *geregend* it has been raining for three days at a stretch

opi'aat *o* (-aten) opiate

o'pinie *v* (-s) opinion; *naar mijn* ~ in my opinion

o'pinieblad *o* (-bladen) news weekly

o'pinieonderzoek *o* (-en) (public) opinion poll, Am Gallup-poll

o'pinieonderzoeker *m* (-s) pollster

o'piniepeiling *v* (-en) = *opinieonderzoek*

'opium *m* & *o* opium

'opiumkit *v* (-ten) opium den

'opiumpijp *v* (-en) opium pipe

'opiumschuiver *m* (-s) opium smoker

'opjagen[1] *overg* **1** eig rouse [a stag], start [a hare &], flush [birds], spring [a partridge], dislodge [the enemy]; **2** fig force up, send up, run up [prices]; **3** ZN ⟨gewassen⟩ force; *zich niet laten* ~ refuse to be rushed

'opjager *m* (-s) **1** ⟨op jacht⟩ beater; **2** ⟨bij verkoping⟩ runner-up, puffer

'opjuinen (juinde op, h. opgejuind) *onoverg* <u>gemeenz</u> egg on, stir up

'opjutten (jutte op, h. opgejut) *overg* **1** ⟨haasten⟩ hustle, hurry; **2** ⟨opzetten⟩ egg on, incite, urge

'opkalefateren (kalefaterde op, h. opgekalefaterd) *overg* patch up, fix up

'opkammen¹ *overg* comb (up); *iem.* ~ *fig* extol sbd., <u>gemeenz</u> crack sbd. up

opkamme'rij *v* (-en) <u>gemeenz</u> cracking up

'opkijken¹ *onoverg* look up; *hij zal er (vreemd) van* ~ he will be surprised, <u>gemeenz</u> it will make him sit up

'opkikkeren (kikkerde op, *overg* h., *onoverg* is opgekikkerd) buck up

'opkikkertje *o* (-s) ⟨borrel⟩ pick-me-up, bracer

'opklapbed *o* (-den) folding bed

'opklaptafel *v* (-s) gate-legged table

'opklaren (klaarde op, opgeklaard) **I** (is) *onoverg* **1** *eig* clear up, brighten up [of the weather]; **2** *fig* brighten [of the face, prospect]; **II** (h.) *overg* **1** make clear² [what we see or what is hidden]; **2** *fig* elucidate, clarify [the matter]

'opklaring *v* (-en): *met tijdelijke* ~*en* [rainy weather] with bright intervals

'opklauteren¹ *overg* clamber up

'opklimmen¹ *onoverg* **1** ⟨trap, berg &⟩ climb (up), mount, ascend; **2** *fig* rise [to be a captain &, to a high position]

'opkloppen¹ *overg* **1** ⟨doen rijzen⟩ beat up [cream, eggs]; **2** ⟨overdrijven⟩ exaggerate; *een opgeklopt verhaal* a tall story

'opknabbelen¹ *overg* munch

'opknapbeurt *v* (-en) ⟨v. huis⟩ redecoration, face-lift; overhaul

'opknappen I (knapte op, h. opgeknapt) *overg* **1** ⟨netjes maken⟩ tidy up [a room]; do up [the garden, an old house]; **2** ⟨beter maken⟩ put right [a patient]; patch up [a thing]; *hij zal het alleen wel* ~ he'll manage it quite well by himself; *hij zal het wel voor je* ~ he will fix it up for you; **II** (knapte op, is opgeknapt) *abs ww*: *het weer knapt wat op* the weather is looking up; **III** *wederk*: *zich* ~ smarten oneself up

'opknopen¹ *overg* tie up; string up, hang [a man]

'opkoken¹ *overg* **1** ⟨doen koken⟩ boil up [of milk]; **2** ⟨opnieuw koken⟩ reboil [syrup]; cook again

'opkomen¹ *onoverg* **1** ⟨opstaan⟩ get up (again), recover one's legs; **2** ⟨plantk come up; **3** ⟨uitkomen⟩ come out [of pox]; **4** ⟨rijzen⟩ rise [of dough]; **5** ⟨verschijnen⟩ rise [of the sun]; come on [of actor; of thunderstorm; of fever]; present oneself [of candidates]; <u>mil</u> join the colours; <u>recht</u> appear; **6** *fig* ⟨zich voordoen⟩ arise, crop up [of questions]; *het getij komt op* the tide is making; *de koning (met zijn gevolg) komt op* enter king [and attendants]; *de leden* *zijn flink opgekomen* the members turned up in (good) force; *het eten zal wel* ~ the are sure to eat it all up; *laat ze maar* ~*!* let them come on!; *die gedachte kwam bij mij op* that idea crossed my mind (occurred to me); *het komt niet bij mij op* I don't even dream of it; ~ *tegen iets* take exception to sth., protest against sth.; *wij konden niet tegen de wind* ~ we could not make head against the wind; ~ *voor zijn rechten* make a stand for one's rights; ~ *voor zichzelf, zijn vrienden* stand up for oneself, one's friends

'opkomend *bn* rising² [sun, author &]

'opkomst *v* **1** ⟨v. zon &⟩ rise; **2** ⟨v. vergadering &⟩ attendance; **3** turn-out [on election day]

'opkomstplicht *v* compulsory attendance

'opkopen¹ *overg* buy up

'opkoper *m* (-s) buyer-up, second-hand dealer, junk-dealer

'opkrabbelen (krabbelde op, is opgekrabbeld) *onoverg* **1** *eig* scramble to one's legs (feet); **2** *fig* pick up

'opkrassen (kraste op, is opgekrast) *onoverg* **1** ⟨weggaan⟩ <u>gemeenz</u> skedaddle; make oneself scarce; **2** ⟨doodgaan⟩ <u>plat</u> peg out

'opkrijgen¹ *overg*: *ik kan het niet* ~ I can't eat all that; *veel werk* ~ be set a great task

'opkrikken (krikte op, h. opgekrikt) *overg* jack up

'opkroppen (kropte op, h. opgekropt) *overg* bottle up [one's anger]; *opgekropte woede* pent-up wrath

'opkruipen¹ *onoverg* creep up [of insects]

'opkruisen¹ *onoverg* <u>scheepv</u> beat up

'opkunnen¹ **I** *overg*: *ik zou het niet* ~ I could not eat all that; *zijn plezier wel* ~ have a bad (thin) time; **II** *onoverg*: *niet* ~ *tegen...* be no match for...

'opweken¹ *overg* breed, bring up, rear, nurse

'opwikken (kwikte op, h. opgekwikt) *overg* refresh

'oplaag *v* (-lagen) = *oplage*

'oplaaien (laaide op, is opgelaaid) *onoverg* blaze up; *hoog* ~ run high [of excitement, passions &]

'opladen¹ *overg* load

'oplage *v* (-n) **1** impression [of a book]; **2** circulation [of a newspaper]; *de* ~ *is slechts honderd exemplaren* edition limited to 100 copies

'oplappen¹ *overg* patch up², piece up² [old shoes &, a play], cobble [shoes]; *fig* tinker up [a patient]

'oplaten¹ *overg* fly [a kite, pigeons], launch [a balloon]

'oplawaai *m* (-en) clout, <u>gemeenz</u> biff, cuff, punch

'oplazer *m* (-s) <u>gemeenz</u> sock, thwack

'oplazeren *onoverg* <u>gemeenz</u> bugger off

'opleggen¹ *overg* **1** ⟨leggen op⟩ lay on [hands, paint], impose [one's hands]; **2** ⟨belasten met⟩ charge with [sth.], impose [sth., one's will upon sbd.], set [sbd. a task]; **3** ⟨gelasten⟩ lay [an obligation] upon [sbd.], impose [silence], enjoin [secrecy upon sbd.]; **4** <u>scheepv</u> ⟨vastleggen⟩ lay up; **5** <u>techn</u> ⟨inleggen met⟩ veneer; *er een gulden* ~ **1** raise the price by one guilder; **2** bid another guilder [at an auction]; *hem werd een zware straf opgelegd* he had a heavy punishment inflicted on him

'**oplegger** *m* (-s) (semi-)trailer [of a tractor]; *truck met* ~ articulated lorry

'**oplegging** *v* laying on, imposition [of hands]

'**oplegsel** *o* (-s) **1** trimming [of a gown]; **2** veneer [of a piece of furniture]

'**opleiden**[1] *overg* **1** ⟨in 't alg.⟩ train, bring up, educate; **2** ZN ⟨verdachte⟩ arrest, run in, bring up; *iem. voor een examen* ~ prepare (coach) sbd. for an examination; *voor geestelijke opgeleid* bred for the Church

'**opleider** *m* (-s) teacher, tutor

'**opleiding** *v* (-en) training

'**opleidingscentrum** *o* (-tra, -s) training centre

'**opleidingsschip** *o* (-schepen) training-ship, school-ship

'**opleidingsschool** *v* (-scholen) training-school

'**oplepelen**[1] *overg* ladle out[2]

'**opletten**[1] *onoverg* attend, pay attention

op'**lettend** *bn* attentive

op'**lettendheid** *v* attention, attentiveness

'**opleven** (leefde op, is opgeleefd) *onoverg* revive; *doen* ~ revive

'**opleveren**[1] *overg* **1** ⟨opbrengen⟩ produce, yield, bring in, realize [big sums]; present [difficulties]; **2** ⟨afleveren⟩ deliver (up) [a house]

'**oplevering** *v* (-en) delivery [of a work]

'**opleveringstermijn** *m* (-en) completion date

'**opleving** *v* **1** ⟨in 't alg.⟩ revival, upswing; **2** handel upturn

'**oplezen**[1] *overg* read out

1 '**oplichten**[1] *overg* **1** ⟨optillen⟩ lift (up); **2** ⟨bedriegen⟩ swindle, slang sharp; *iem.* ~ *voor...* swindle sbd. out of...

2 '**oplichten**[1] *onoverg* ⟨lichter worden⟩ light up [of face, eyes]

'**oplichter** *m* (-s) swindler, sharper

oplichte'**rij** *v* (-en) swindle, swindling, fraud; confidence trick

'**oplikken**[1] *overg* lick up, lap up

'**oploeven** (loefde op, is opgeleefd) *onoverg* luff up, haul to the wind

'**oploop** *m* **1** ⟨rel⟩ tumult, riot, row; **2** ⟨menigte⟩ crowd

'**oplopen**[1] **I** (is) *onoverg* **1** eig rise; **2** fig ⟨hoger worden⟩ rise, advance [of prices]; mount up [of bills]; add up [nicely]; **3** ZN ⟨opzwellen⟩ swell (up); *samen (een eindje)* ~ go part of the way together; ~ *tegen = aanlopen tegen; een rekening laten* ~ run up a bill; *de twist liep hoog op* the dispute ran high; **II** (h. of is) *overg*: *straf* ~ incur punishment; *de trap* ~ go up the stairs; *verwondingen* ~ receive injuries; *een ziekte* ~ catch a disease

'**oplopend** *bn* rising[2]

op'**losbaar** *bn* **1** soluble [substance]; **2** solvable [problem]

op'**losbaarheid** *v* **1** solubility [of a substance]; **2** solvability [of a problem]

'**oploskoffie** *m* instant (soluble) coffee

'**oplosmiddel** *o* (-en) solvent

'**oplossen** (loste op, opgelost) **I** (h.) *overg* **1** dissolve [in a liquid]; **2** resolve [an equation]; **3** solve [a problem, a riddle]; **II** (is) *onoverg* dissolve [in a liquid]

'**oplossing** *v* (-en) **1** solution [of a solid or gas, of a problem, sum]; **2** resolution [of an equation]; *de juiste* ~ *van het vraagstuk* ook: the right answer to the problem

'**opluchten**[1] *overg*: *het zal u* ~ you will be relieved [to hear that...]

'**opluchting** *v* relief

'**opluisteren** (luisterde op, h. opgeluisterd) *overg* add lustre to, grace, adorn

'**opluistering** *v* adornment

'**opmaak** *m* make-up

'**opmaat** *v* (-maten) muz upbeat

'**opmaken**[1] **I** *overg* **1** ⟨verteren⟩ use up [one's tea], spend [one's money]; ⟨verkwisten⟩ squander [one's money]; **2** ⟨in orde maken &⟩ make [a bed]; trim [hats]; get up[2] [a dress, a programme]; do (up), dress [her hair]; garnish [a dish]; make up [one's face, the type]; make out [a bill]; draw up [a report]; *daaruit moeten wij* ~ *dat...* from that we must conclude that..., we gather from this..., we read into this; **II** *wederk*: *zich* ~ **1** ⟨zich voorbereiden⟩ get ready, prepare, set out; **2** make up [of a woman]; *zich* ~ *voor de reis* get ready for the journey

'**opmaker** *m* (-s) **1** ⟨v. geld⟩ spendthrift; **2** ⟨v. zetsel &⟩ maker-up

'**opmarcheren**[1] *onoverg* march (on); *dan kun je* ~ gemeenz you may beat it, you can hop it

'**opmars** *m & v* (-en) mil advance, march (*naar* on)

op'**merkelijk I** *bn* remarkable, noteworthy; **II** *bijw* remarkably

'**opmerken**[1] *overg* **1** ⟨waarnemen⟩ notice, observe; **2** ⟨commenterend zeggen⟩ remark, observe; *mag ik hierbij* ~ *dat...?* may I point out to you that...?; *wat heeft u daarover op te merken?* what have you to remark upon that?

opmerkens'waard, opmerkens'waardig *bn* remarkable, noteworthy

'**opmerker** *m* (-s) observer

'**opmerking** *v* (-en) remark, observation

'**opmerkingsgave** *v* power of perceiving [of observation], perception

op'**merkzaam** *bn* attentive, observant; ~ *maken op* draw attention to

op'**merkzaamheid** *v* attention, attentiveness

'**opmeten**[1] *overg* **1** measure [one's garden &]; **2** survey [a country &]

'**opmeting** *v* (-en) **1** measurement; **2** survey

'**opmonteren** (monterde op, h. opgemonterd) *overg* cheer up

'opmontering *v* cheering up

'opnaaien[1] *overg* gemeenz: *iem. ~* get sbd. going, get a rise out of sbd.; *je moet je niet zo laten ~* don't let them jerk you around

'opnaaisel *o* (-s) tuck

'opname *v* (-n en -s) **1** [documentary] record; **2** ⟨het opnemen⟩ recording [of music]; **3** shooting [of a film]; *een fotografische ~* a photo, a view, a picture; ⟨v. film⟩ a shot; zie ook: *opneming*

'opnamestudio *m* ('s) recording studio

'opnemen[1] **I** *overg* **1** ⟨in handen nemen⟩ take up [a newspaper]; **2** ⟨optillen⟩ take up, lift [a weight]; **3** ⟨hoger houden⟩ gather up [one's gown]; **4** ⟨een plaats geven⟩ take up, pick up [passengers], insert [an article], include [in a book, in the Government], take in [guests, straying travellers], admit [patients]; **5** ⟨tot zich nemen⟩ take [food], assimilate[2] [material or mental food], absorb [heat, a liquid]; **6** ⟨geld⟩ take up [money at a bank]; **7** ⟨ophalen⟩ collect [the papers, votes]; **8** ⟨wegnemen⟩ take up, take away [the carpet]; **9** ⟨opdweilen⟩ mop up [a puddle]; **10** ⟨meten⟩ take [sbd.'s temperature]; **11** ⟨in kaart brengen⟩ survey [a property &]; **12** ⟨geluid⟩ record; **13** ⟨beeld⟩ shoot [a film, a scene]; **14** ⟨stenografisch⟩ take down [a letter, in shorthand]; **15** fig receive [sth. favourably]; survey [sbd.], take stock of [sbd.], measure [sbd.] with one's eyes; **16** ⟨bekijken⟩ take in [details]; **17** ⟨beginnen⟩ take up [a study]; **18** ⟨hervatten⟩: *weer ~* resume one's work; *contact met iem. ~* get in touch with sbd., contact sbd.; *het gemakkelijk ~* take things easy; *u moet het in de krant laten ~* you must have it inserted; *het kunnen ~ tegen iem.* be able to hold one's own against sbd., be a match for sbd.; *het ~ voor iem.* stand up for sbd.; *hoe zullen zij het ~?* how are they going to take it?; *iem. van top tot teen ~* take stock of sbd.; *hij werd in die orde opgenomen* he was received into that order; *iem. ~ in een vennootschap* take sbd. into partnership; *iem. ~ in een (het) ziekenhuis* admit sbd. to hospital; *iets goed (slecht) ~* take sth. in good (bad) part; *iets hoog ~* resent sth.; *iets verkeerd ~* take sth. ill (amiss); *de gasmeter ~* read the gas-meter; *een gevallen steek ~* take up a dropped stitch; *iems. tijd ~* time sbd.; **II** *onoverg* catch on, meet with success

'opnemer *m* (-s) ⟨landmeter⟩ surveyor

'opneming *v* (-en) **1** ⟨in 't alg.⟩ taking &, zie: *opnemen*; **2** ⟨opmeting⟩ survey; **3** ⟨in krant⟩ insertion; *zijn ~ in het ziekenhuis* his admission to (the) hospital

op'nieuw *bijw* anew, again, a second time

'opnoemen[1] *overg* name, mention, enumerate; *te veel om op te noemen* too numerous to mention; *en noem maar op* gemeenz or what have you, and what not

'opnoeming *v* (-en) naming, mention, enumeration

'opoe *v* (-s) gemeenz granny

'opofferen[1] *overg* sacrifice, offer up

'opoffering *v* (-en) sacrifice; *met ~ van* at the sacrifice of

opofferingsge'zind *bn* self-sacrificing, selfless

'oponthoud *o* **1** ⟨kort verblijf⟩ stay, stopoff, stopover; **2** ⟨vertraging⟩ delay, stoppage

o'possum *o* (-s) opossum

'oppakken[1] *overg* **1** ⟨opnemen⟩ pick up, take up [a book]; **2** ⟨inrekenen⟩ run in [a thief], round up [collaborators]

'oppas *m-v* (-sen) baby-sitter

'oppassen[1] **I** *overg* ⟨verzorgen⟩ take care of; nurse, tend [a patient]; **II** *onoverg* take care, be careful; *je moet voor hem ~* be careful of him, beware of him

op'passend *bn* well-behaved

op'passendheid *v* good behaviour

'oppasser *m* (-s) **1** ⟨v. dierentuin &⟩ keeper, attendant [of a museum]; **2** mil batman; **3** ⟨lijfknecht⟩ valet; **4** = *ziekenoppasser*

'oppassing *v* attendance, nursing, care

'oppeppen (pepte op, h. opgepept) *overg* pep up

'opper *m* (-s) **1** ⟨hooistapel⟩ (hay)cock; **2** = *opperwachtmeester*; *aan ~s zetten* cock [hay]

'opperbest *bn* excellent; *je weet ~...* you know perfectly well...

'opperbestuur *o* supreme direction; *het ~* ook: the government

'opperbevel *o* supreme command, [Russian &] High Command, [British] Higher Command

'opperbevelhebber *m* (-s) **1** ⟨in 't alg.⟩ commander-in-chief; **2** supreme commander [of the Allied Forces]

'oppercommando *o* supreme command

'opperen (opperde, h. geopperd) *overg* **1** propose, suggest, put forward, advance [a plan]; **2** raise [objections, a question]

'oppergezag *o* supreme authority

'opperheer *m* (-heren) sovereign, overlord

'opperheerschappij *v* sovereignty

'opperhoofd *o* (-en) chief, head

'opperhuid *v* epidermis, cuticle, scarfskin

'opperjager, **'opperjagermeester** *m* (-s) Master of Hounds

'opperkamerheer *m* (-heren) Lord Chamberlain

'opperlieden, **'opperlui** meerv. van *opperman*

'oppermacht *v* supreme power, supremacy

opper'machtig *bn* supreme; *~ heersen (regeren)* reign supreme

'opperman *m* (-lui, -lieden en -mannen) hodman

'opperofficier *m* (-en) general officer

'opperrabbijn *m* (-en) chief rabbi(n)

'opperrechter *m* (-s) chief justice

'oppersen[1] *overg* press [one's trousers &]

'opperst *bn* uppermost, supreme

'opperstalmeester *m* (-s) (Lord Grand) Master of the Horse

'oppertoezicht *o* supervision, superintendence

'oppervlak *o* (-ken) = *oppervlakte*

opper'vlakkig I *bn* superficial²; fig shallow; **II** *bijw* superficially

'**oppervlakkigheid** *v* (-heden) superficiality, shallowness

'**oppervlakte** *v* (-n en -s) **1** ⟨boven-, buitenzijde⟩ surface; **2** ⟨grootte⟩ area, superficies; *aan de ~ brengen* eig & fig bring to the surface, raise

'**oppervlaktewater** *o* surface water

'**opperwachtmeester** *m* (-s) sergeant-major

'**Opperwezen** *o* Supreme Being

'**oppeuzelen**¹ *overg* munch

'**oppiepen**¹ *overg* ⟨oproepen⟩ beep

'**oppikken**¹ *overg* pick up

'**opplakken**¹ *overg* **1** ⟨in 't alg.⟩ paste on; **2** mount [photographs]

'**oppoetsen**¹ *overg* rub up, clean, polish

'**oppoken**¹ *overg* poke (up), stir [the fire]

'**oppompen**¹ *overg* **1** pump up [water]; **2** blow out, inflate [the tyres of a bicycle &]

oppo'nent *m* (-en) opponent, objector

oppo'neren (opponeerde, h. geopponeerd) *onoverg* oppose, raise objections

'**opporren**¹ *overg* **1** stir [the fire]; **2** fig shake up, rouse

opportu'nisme *o* opportunism

opportu'nist *m* (-en) opportunist

opportu'nistisch *bn* opportunist

opportuni'teit *v* opportuneness, expediency

oppor'tuun *bn* opportune, timely, well-timed

oppo'sant *m* (-en) opponent

oppo'sitie *v* (-s) opposition

oppo'sitiepartij *v* (-en) opposition party

'**oppotten**¹ *overg* save, hoard [money]

'**oppotting** *v* ⟨v. geld⟩ hoarding

'**opprikken**¹ *overg* pin (up)

'**opproppen**¹ *overg* cram, fill

op'puntstelling *v* (-en) ZN **1** ⟨uitwerking⟩ elaboration; **2** ⟨afstelling⟩ adjustment

'**oprakelen**¹ *overg* **1** poke (up) [the fire]; **2** fig rake up, dig up [old disputes &]; *rakel dat nu niet weer op* don't bring up bygones

'**opraken**¹ *onoverg* run low, give out, run out

'**oprapen**¹ *overg* pick up, take up; *ze liggen voor het ~* they are as plentiful as blackberries

op'recht I *bn* sincere, straightforward; **II** *bijw* sincerely

op'rechtheid *v* sincerity, straightforwardness

'**opredderen**¹ *overg* straighten up, tidy up

'**oprekken**¹ *overg* stretch [gloves]

'**oprichten**¹ **I** *overg* **1** ⟨in 't alg.⟩ raise, set up²; **2** erect [a statue]; **3** establish [a business]; **4** found [a college]; **5** form [a company]; **II** *wederk: zich ~* draw oneself up, sit up [in bed], rise

'**oprichter** *m* (-s) **1** erector [of a statue]; **2** founder [of a business]

'**oprichtersaandelen** *mv* founder's shares

'**oprichting** *v* (-en) **1** erection [of a statue]; **2** establishment, foundation, formation

'**oprichtingskapitaal** *o* (-talen) foundation capital

'**oprichtingskosten** *mv* formation expenses

'**oprijden**¹ *overg* ride (drive) up [a hill]; *het trottoir ~* mount the pavement [of a motorcar]; *~ tegen* run (crash) into

'**oprijlaan** *v* (-lanen) drive, sweep

'**oprijzen**¹ *onoverg* rise, arise

'**oprispen** (rispte op, h. opgerispt) *onoverg* belch, repeat

'**oprisping** *v* (-en) belch, eructation

'**oprit** *m* (-ten) **1** ⟨naar snelweg⟩ approach road; Br slip-road; **2** ⟨inrit naar garage &⟩ drive(way)

'**oproeien**¹ *onoverg* row up [a river]; zie ook: *stroom*

'**oproep** *m* **1** ⟨verzoek te verschijnen⟩ summons; **2** ⟨opwekking⟩ call

'**oproepcontract** *o* (-en) ± flexible part-time contract

'**oproepen**¹ *overg* **1** call up [soldiers]; **2** summon, convoke [members]; **3** conjure up, raise [spirits]; **4** excite [criticism]; **5** call up, evoke [the past &]

'**oproeping** *v* (-en) **1** ⟨het oproepen⟩ call, summons; convocation; mil call-up [of soldiers]; **2** ⟨biljet⟩ notice (of meeting); mil calling-up notice

'**oproepkracht** *v* (-en) stand-by worker

'**oproer** *o* (-en) **1** ⟨opstand⟩ revolt, rebellion, insurrection, mutiny, sedition; **2** ⟨ongeregeldheden⟩ riot(s); *~ kraaien* preach sedition; *~ verwekken* stir up a revolt

op'roerig *bn* rebellious, mutinous, seditious

op'roerigheid *v* rebelliousness, seditiousness

'**oproerkraaier** *m* (-s) preacher of revolt, agitator, ringleader

'**oproerling** *m* (-en) insurgent, rebel

'**oproerpolitie** *v* riot police

'**oproken**¹ *overg* **1** ⟨roken⟩ smoke [another man's cigarettes]; **2** ⟨ten einde roken⟩ finish [one's cigarette]; *een half opgerookte sigaar* a half-smoked cigar

'**oprollen**¹ *overg* ⟨tot een rol maken⟩ roll up; *een bende ~* round up a gang

'**oprotpremie** *v* (-s) schertsend **1** ⟨m.b.t. werknemers⟩ severance pay; **2** ⟨m.b.t. allochtonen⟩ repatriation bonus

'**oprotten** (rotte op, is opgerot) *onoverg* get lost

'**opruien** (ruide op, h. opgeruid) *overg* incite, instigate; *~de artikelen* seditious articles; *~de woorden* inflammatory (incendiary) words

'**opruier** *m* (-s) agitator, inciter, instigator

'**opruiing** *v* (-en) incitement, instigation, sedition

'**opruimen**¹ **I** *overg* **1** ⟨wegruimen⟩ clear away [the tea-things &]; clear [mil mines; slum dwellings]; **2** ⟨uitverkopen⟩ sell off, clear (off) [stock]; **3** fig remove [obstacles]; **4** ⟨doden⟩ put [sbd.] out of the way [by poison]; **5** make a clean sweep [of criminals]; *de kamer ~* tidy up the room; *de tafel ~* clear the table; **II** *abs ww* put things straight; *dat ruimt op!* (it, he, she is) a good riddance!

'**opruiming** *v* (-en) **1** ⟨in 't alg.⟩ clearing away,

clean-up; **2** ⟨handel⟩ selling-off, clearance(-sale), [January] sales; ~ *houden* **1** *eig* clear away things; **2** *fig* make a clean sweep (*onder* of)

'oprukken[1] *onoverg* advance; *je kunt* ~*!* slang hop it!; ~ *naar* march upon, advance upon [a town]; ~ *tegen* march against, advance against [the enemy]

'opscharrelen[1] *overg* ferret (rout) out, rummage out

'opschenken[1] *overg* pour on

'opschepen (scheepte op, h. opgescheept) *overg* saddle with; zie ook: *opgescheept*

'opscheppen[1] **I** *overg* ⟨voedsel⟩ ladle out, serve out; *ze liggen voor het* ~ zie: *oprapen*; **II** *onoverg* ⟨bluffen⟩ boast, brag, *gemeenz* swank, shoot a line

'opschepper *m* (-s) braggart

op'schepperig *bn gemeenz* swanky

opscheppe'rij *v* (-en) bragging, *gemeenz* swank

'opschieten[1] *onoverg* ⟨snel opgroeien⟩ shoot up; ⟨voortmaken⟩ make headway, get on; *schiet op!* **1** ⟨haast je⟩ hurry up!, do get a move on!; **2** ⟨ga weg⟩ *slang* hop it!; *goed met iemand kunnen* ~ get on (along) well with sbd.; *schiet het al op?* how is it getting on?; *wat schiet je ermee op?* where does it get you?; *je schiet er niets mee op* it does not get you anywhere, it gets you nowhere

'opschik *m* finery, trappings

1 'opschikken[1] *onoverg* ⟨opzij gaan⟩ move up, close up

2 'opschikken I *overg* ⟨versieren⟩ dress up, trick out, prink up; **II** *wederk*: *zich* ~ prink oneself up

'opschilderen[1] *overg* paint up

'opschorten (schortte op, h. opgeschort) *overg* **1** tuck up [one's sleeves]; **2** reserve [one's judgment]; **3** suspend [hostilities, judgment &]; **4** postpone [a decision]

'opschorting *v* (-en) suspension, postponement

'opschrift *o* (-en) **1** heading [of an article &]; **2** inscription [on a coin]; **3** direction [on a letter]

'opschrijfboekje *o* (-s) notebook

'opschrijven[1] *overg* write down, take down; *wilt u het voor mij* ~*?* will you put that down to me?

'opschrikken[1] *onoverg* start, be startled

'opschroeven[1] *overg* **1** *eig* screw up; **2** ⟨opdrijven⟩ force up [prices]; zie ook: *opgeschroefd*

'opschrokken[1] *overg* bolt, devour, wolf

'opschudden[1] *overg* shake, shake up

'opschudding *v* (-en) bustle, commotion, tumult, upheaval, kick-up, *gemeenz* to-do; ~ *veroorzaken* create a sensation, cause (make) a stir

'opschuiven[1] **I** (h.) *overg* **1** *eig* push up; **2** ⟨uitstellen⟩ postpone, put off; **II** (is) *onoverg* move up; *kunt u wat* ~*?* could you please move over (up)?

'opschuiving *v* (-en) moving-up

'opsieren[1] *overg* embellish, adorn

'opsiering *v* (-en) embellishment, adornment

'opslaan[1] **I** (h.) *overg* **1** ⟨omhoog doen⟩ turn up [one's collar &]; put up, raise [the hood of a motorcar]; raise [the eyes]; **2** ⟨openslaan⟩ open [a book],

turn up [a page]; **3** ⟨opzetten⟩ pitch [camp, a tent]; **4** ⟨prijzen⟩ put [a penny] on, raise [the price]; **5** ⟨inslaan⟩ lay in [potatoes &]; **6** ⟨in entrepot⟩ store, warehouse [goods]; **7** *comput* store; **II** (is) *onoverg* go up, advance, rise [in price]; *de suiker is een dubbeltje opgeslagen* ook: sugar is up ten cents

'opslag *m* (-slagen) **1** ⟨prijs-, loonsverhoging⟩ advance, rise; **2** facing [of a uniform], cuff [of a sleeve]; **3** (in pakhuis &) storage; **4** *muz* upbeat; **5** *comput* storage; *de* ~ *van de goederen* the storage (storing) of the goods; *het dienstmeisje* ~ *geven* raise the servant's wages

'opslagplaats *v* (-en) storage, building, store, depot, [ammunition] dump

'opslagruimte *v* (-n en -s) storage space (accommodation)

'opslagterrein *o* (-en) storage yard

'opslokken[1] *overg* swallow, gulp down

'opslorpen[1] *overg* **1** ⟨in 't alg.⟩ lap up, absorb; **2** *ZN* ⟨opkopen⟩ take over [a business]; **3** *ZN* ⟨bezighouden⟩ engross [a person]

'opslorping *v* absorption

'opsluiten[1] **I** *overg* **1** lock (shut) up [things, persons]; **2** confine [a thief &]; **3** *mil* close [the ranks]; *daarin ligt opgesloten...* it implies... (that...); **II** *wederk*: *zich* ~ shut oneself up (in one's room); **III** *onoverg mil* close the ranks, close up

'opsluiting *v* locking up, confinement, incarceration; *eenzame* ~ solitary confinement

'opslurpen[1] *overg* = *opslorpen*

'opsmuk *m* finery, trappings

'opsmukken (smukte op, h. opgesmukt) *overg* trim, dress up, embellish[2]

'opsnijden[1] *onoverg* ⟨opscheppen⟩ brag, *gemeenz* swank

'opsnijder *m* (-s) braggart

'opsnijderig *bn gemeenz* swanky

opsnijde'rij *v* (-en) bragging, *gemeenz* swank

'opsnorren[1] *overg* rout out, ferret out, unearth

'opsnuiven[1] *overg* sniff (up), inhale

'opsodemieteren[1] *onoverg gemeenz* bugger off

'opsommen (somde op, h. opgesomd) *overg* enumerate, sum up

'opsomming *v* (-en) enumeration

'opsouperen[1] *overg* spend, use up

'opspannen[1] *overg* **1** stretch [a cord], tighten [a rope]; **2** mount [a picture]; **3** *techn* fix, clamp

'opsparen[1] *overg* save up, lay by, put by

'opspelen[1] *onoverg* **1** play first, lead [at cards]; **2** ⟨razen⟩ kick up a row, cut up rough; *mijn maag speelt op* my stomach is playing up

'opsplitsen[1] *overg* split up (into)

'opsporen[1] *overg* trace, track (down), find out

'opsporing *v* (-en) **1** ⟨in 't alg.⟩ tracing; **2** exploration [of gold &]; ~ *verzocht* wanted by the police

'opsporingsbericht *o* (-en) ⟨aanplakbiljet⟩ wanted sign; ⟨op radio, tv⟩ request for information regarding the whereabouts of...; *Am* all points bulletin,

APB

'opsporingsdienst m **1** ⟨v. misdadigers⟩ tracing and search department; criminal investigation department; **2** ⟨v. mijnen⟩ prospecting department

'opspraak v scandal; *in ~ brengen* compromise; *in ~ komen* get talked about

'opspreken[1] *onoverg* speak out; *spreek op!* speak!

'opspringen[1] *onoverg* **1** ⟨v. personen⟩ jump (leap, start) up, jump to one's feet; **2** ⟨v. bal⟩ bounce; *van vreugde ~* leap for joy

'opspuiten[1] **I** *onoverg* ⟨water⟩ spout (up), spurt (up), squirt (up); **II** *overg* **1** ⟨verf⟩ spray on; **2** ⟨room⟩ squirt on; **3** *fig* ⟨snel opzeggen⟩ spout [Latin verses]; reel off [names]

'opstaan (stond op, h. en is opgestaan) *onoverg* **1** ⟨in 't alg.⟩ get up, rise; **2** ⟨uit bed⟩ rise; **3** ⟨in verzet komen⟩ rise, rebel, revolt (*tegen* against); *het eten staat op* dinner is cooking; *het water staat op* the kettle is on; *als je hem te pakken wilt nemen, moet je vroeg(er) ~* you have to be up early to be even with him; zie ook: *dood, tafel*

'opstal m (-len) buildings

'opstalverzekering v (-en) building insurance, house insurance

'opstand m (-en) **1** bouwk (vertical) elevation; **2** ⟨v. winkel⟩ fixtures; **3** ⟨verzet⟩ rising, insurrection, rebellion, revolt; *in ~ komen tegen iets* revolt against (at, from) sth.; *in ~ zijn* be in revolt

'opstandeling m (-en) insurgent, rebel

op'standig bn insurgent, rebel, mutinous

op'standigheid v mutinousness

'opstanding v resurrection

'opstapelen[1] **I** *overg* stack (up), heap up, pile up, accumulate; **II** *wederk*: *zich ~* **1** accumulate, pile up [dirt, capital &]; **2** bank up [snow]

'opstapeling v (-en) piling up, accumulation

'opstapje o (-s) step; *denk aan het ~* mind the step; Am watch your step; *ik beschouw deze baan als een ~ naar een betere betrekking* I look upon this job as a stepping stone to a better position

'opstappen *onoverg* go (away), gemeenz move on, push off, get along, be off

'opstarten[1] (h.) *overg* start up

'opsteken (stak op, opgestoken) **I** (h.) *overg* **1** ⟨in de hoogte⟩ hold up, lift [one's hand]; put up [one's hair]; prick up [one's ears]; put up [an umbrella]; **2** ⟨leren⟩ learn; **3** ⟨openmaken⟩ broach [a cask]; **4** ⟨aansteken⟩ light [a cigarette &]; *hij zal er niet veel van ~* he will not profit much by it; *stemmen met het ~ der handen* vote by show of hands; **II** *abs ww* light up; *wilt u eens ~?* will you light up; **III** (is) *onoverg* rise [of a storm]

'opsteker m (-s) ⟨meevaller⟩ windfall

'opstel o (-len) composition, theme, paper; *een ~ maken over* write (do) a paper on

'opstellen[1] **I** *overg* **1** ⟨opzetten⟩ set up [a pole]; **2** mil ⟨plaatsen⟩ post, draw up [soldiers]; **3** ⟨in positie brengen⟩ mount [guns]; **4** ⟨in elkaar zetten⟩

mount [machinery]; **5** ⟨redigeren⟩ draft, draw up [a deed]; frame [a treaty]; redact [a paper]; *opgesteld zijn* sp be lined up, be in the line-up; **II** *wederk*: *zich ~* **1** ⟨in 't alg.⟩ take up a (one's) position; **2** mil form up, line up; **3** line up [of a football team]; *zich hard ~* take a hard line on

'opsteller m (-s) **1** ⟨v. akte⟩ drafter; **2** ⟨v. verdrag⟩ framer

'opstelling v (-en) **1** ⟨in 't alg.⟩ drawing up &; **2** formation, line-up [of a football team]

'opstijgen[1] *onoverg* **1** ⟨in 't alg.⟩ ascend, mount, go up, rise; **2** luchtv take off, gemeenz hop off; *~!* to horse!

'opstijging v (-en) **1** ⟨in 't alg.⟩ ascent; **2** luchtv take-off

'opstijven I (stijfde op, is opgesteven) *onoverg* set; **II** (stijfde, steef op, h. opgesteven, opgestijfd) *overg* starch [linen]

'opstoken[1] *overg* **1** ⟨vuur⟩ poke (up), stir (up); **2** ⟨ophitsen⟩ set on, incite, instigate; **3** ⟨ten einde toe stoken⟩ burn [all the fuel]

'opstoker m (-s) inciter, instigator

opstoke'rij v (-en) incitement, instigation

'opstomen[1] *overg* steam up [a river]

'opstommelen[1] *overg* stumble up [the stairs]

'opstootje o (-s) disturbance, riot

'opstoppen[1] *overg* stop up, fill

'opstopper m (-s) cuff, slap

'opstopping v (-en) stoppage, congestion [of traffic]; [traffic] block, jam

'opstormen[1] *onoverg* tear up [the stairs]

'opstrijken[1] *overg* **1** ⟨gladstrijken⟩ iron [clothes]; twirl up [one's moustache]; **2** ⟨verkrijgen⟩ pocket, rake in [money]

'opstropen[1] *overg* tuck up, roll up [sleeves]

'opstropping v (-en) ZN congestion, jam [of traffic]

'opstuiven[1] *onoverg* **1** ⟨v. zand &⟩ fly up; **2** fig fly out, flare up, gemeenz fly off the handle

'opsturen[1] *overg* forward, send on

'opstuwen[1] *overg* push up, drive up [water]

'optakelen[1] *overg* scheepv rig up

'optassen[1] *overg* pile up

'optater m (-s): *iem. een ~ verkopen* give sbd. a sock, deal sbd. a blow

'optekenen[1] *overg* note (write, jot) down, note, record

'optekening v (-en) notation

'optellen[1] *overg* add (up), cast up, tot up

'optelling v (-en) addition, casting up

'optelsom v (-men) addition sum

1 'opteren[1] *overg* ⟨verbruiken⟩ eat up, consume

2 op'teren (opteerde, h. geopteerd) *onoverg*: *~ voor* decide in favour of, choose, opt for

'optica v optics

opticien m (-s) optician

'optie v (-s) option (ook handel); *in ~ geven (hebben)* give (have) the refusal of...; *een ~ nemen op een huis* take an option on a house '**optiebeurs** *v* (-beurzen) options exchange, options market

op'tiek *v* = *optica*

'**optillen**¹ *overg* lift up, raise

opti'maal *bn* optimum, optimal

optimali'seren (optimaliseerde, h. geoptimaliseerd) *overg* optimize

opti'misme *o* optimism

opti'mist *m* (-en) optimist

opti'mistisch *bn* optimistic(al), sanguine

optio'neel *bn* optional

'**optisch** *bn* optical

'**optocht** *m* (-en) procession, [historical] pageant

'**optomen** (toomde op, h. opgetoomd) *overg* bridle [a horse]

'**optooien**¹ *overg* deck out, adorn, decorate

'**optooiing** *v* adornment, decoration

'**optornen** (tornde op, h. en is opgetornd) *onoverg*: ~ *tegen* struggle against²

'**optreden**¹ **I** *onoverg* **1** make one's appearance [as an actor], appear (on the stage), enter; **2** appear [on TV]; **3** perform [in night clubs &]; **4** fig take action, act; ~ *als* act as...; *hij durft niet op te treden* he dare not assert himself; ~ *tegen* take action against, deal with; *voor iem.* ~ act on behalf of sbd.; *strenger* ~ adopt a more rigorous action; **II** *o* **1** appearance [on the stage]; **2** fig [military, defensive] action; **3** [disgraceful] proceedings; **4** [reckless, aggressive] behaviour; *eerste* ~ first appearance, debut²; *gezamenlijk* ~ joint action

'**optrekje** *o* (-s) cottage

'**optrekken**¹ **I** (h.) *overg* **1** draw up [a blind]; **2** pull up [a load, *luchtv* one's machine &]; **3** raise [the curtain, one's eyebrows; the living standard]; **4** turn up [one's nose]; **5** shrug [one's shoulders]; **6** hitch up [one's trousers]; **7** ⟨bouwen⟩ raise [a building]; **II** (h.) *wederk: zich* ~ pull oneself up; **III** (is) *onoverg* **1** ⟨wegtrekken⟩ lift [of a fog]; **2** ⟨marcheren⟩ march (*tegen* against); **3** ⟨omgaan, zich bezighouden met⟩ take care of, be busy with, tag along with, hang around with; **4** *techn* accelerate [of a motorcar]; *ze trekken veel samen op* they spend a lot of time together

'**optrommelen**¹ *overg* drum up

'**optuigen** (tuigde op, h. opgetuigd) **I** *overg* **1** rig [a ship]; **2** harness [a horse]; **3** decorate [the Christmas tree]; **II** *wederk: zich* ~ rig oneself up

'**optutten** (tutte op, h. opgetut) *overg* gemeenz doll up, posh up

'**opvallen**¹ *onoverg* attract attention; *het zal u* ~ it will strike you; *het valt niet op* it is not conspicuous

op'vallend *bn* striking

'**opvang** *m* relief; (voor kinderen) day care

'**opvangcentrum** *o* (-tra en -s) reception centre

'**opvangen**¹ *overg* **1** catch [a ball, a glance, a sound, the water]; **2** collect [the water]; **3** snap up [a piece of bread]; **4** RTV pick up [a station, a transmission]; **5** absorb [shocks]; **6** receive [the sword-point with

one's shield]; **7** meet² [an attack, the difference, a loss &]; **8** overhear [what is said]; **9** receive [refugees &]

'**opvaren**¹ *overg* go up, sail up

op'varende *m-v* (-n) person on board; *de* ~*n* those on board

'**opvatten**¹ *overg* **1** (opnemen) take up² [a book, the pen, the thread of the narrative]; **2** ⟨krijgen⟩ conceive [a hatred against, love for, a dislike to]; **3** ⟨vormen⟩ conceive [a plan]; **4** ⟨begrijpen⟩ understand, interpret, view, take; *de dingen licht* ~ take things easy; *iets somber* ~ take a gloomy view (of things); *u moet het niet verkeerd* ~ **1** you must not take it in bad part; **2** you must not misunderstand me; *het als een belediging* ~ take it as an insult; *zijn taak weer* ~ resume one's task

'**opvatting** *v* (-en) view, opinion, conception

'**opvegen**¹ *overg* sweep, sweep up

'**opveren**¹ (is) *onoverg* ⟨rechterop gaan zitten⟩ sit up, straighten up; *bij het horen van dit nieuws veerde iedereen op* everyone perked up when they heard the news

'**opverven**¹ *overg* paint up

'**opvijzelen** (vijzelde op, h. opgevijzeld) *overg* **1** eig jack up, lever up, screw up; **2** ⟨ophemelen⟩ cry up, gemeenz crack up; **3** send up, force up [prices]

'**opvissen**¹ *overg* fish up, fish out; *als ik het kan* ~ if I can unearth it

'**opvlammen**¹ *onoverg* flame up, flare up

'**opvliegen**¹ *onoverg* **1** eig fly up; **2** fig fly out, flare up; *hij kan* ~ ! he can go to blazes!

op'vliegend *bn* short-tempered, quick-tempered, irascible, peppery

op'vliegendheid *v* quick temper, irascibility

'**opvlieging** *v* (-en) med congestion, gemeenz hot flush

op'voedbaar *bn* educable, trainable; *een moeilijk* ~ *kind* a difficult (problem) child

'**opvoeden**¹ *overg* bring up, raise, rear, educate

'**opvoedend** *bn* educative, pedagogic(al)

'**opvoeder** *m* (-s) **1** (in 't alg.) educator; **2** ZN (toezichthouder) master on duty

'**opvoeding** *v* raising, upbringing, bringing-up, education; *lichamelijke* ~ physical training

'**opvoedingsgesticht** *o* (-en) approved school, borstal institution

'**opvoedkunde** *v* pedagogy, pedagogics

opvoed'kundig I *bn* **1** pedagogic(al) [books]; **2** educative [value]; **II** *bijw* pedagogically

opvoed'kundige *m-v* (-n) education(al)ist, pedagogue

'**opvoeren**¹ *overg* **1** ⟨hoger brengen⟩ carry up; **2** ⟨hoger maken⟩ raise, force up [the price, their demands]; **3** ⟨vermeerderen⟩ increase, step up [production]; **4** speed up [an engine]; **5** ⟨ten tonele voeren⟩ put on the stage; perform, give [a play]

'**opvoering** *v* (-en) **1** performance [of a play]; **2** raising [of prices]; **3** increase, stepping up [of produc-

'**opvolgen**[1] *overg* **1** (h. *of* is) succeed [one's father, one another]; **2** (h.) obey [a command]; **3** (h.) act upon, follow [advice]

'**opvolger** *m* (-s) successor; *(benoemd &) als ~ van* in succession to

'**opvolging** *v* (-en) succession

op'vorderbaar *bn* claimable; *direct ~* <u>handel</u> on call, on demand

'**opvorderen**[1] *overg* claim

op'vouwbaar *bn* foldable [music stand], collapsible [boat], folding [bicycle]

'**opvouwen**[1] *over* fold (up)

'**opvragen**[1] *overg* **1** call in, withdraw [money from the bank]; **2** claim [letters]; **3** <u>ZN</u> (overhoren) hear a lesson

'**opvreten**[1] **I** *overg* devour, eat up; **II** *wederk: zich ~* fret away one's life, eat one's heart out

'**opvriezen**[1] *onoverg: opgevroren wegdek* **1** road surface covered with black ice; **2** road surface damaged by frost

'**opvrijen**[1] *overg* chat up, play up [to sbd.]

'**opvrolijken** (vrolijkte op, h. opgevrolijkt) *overg* brighten, cheer (up), enliven

'**opvullen**[1] *overg* **1** (in 't alg.) fill up, fill out; **2** stuff [a cushion], pad

'**opvulsel** *o* (-s) filling, stuffing, padding

'**opwaaien**[1] **I** (h.) *overg* blow up; **II** (is) *onoverg* be blown up

'**opwaarderen**[1] *overg* revalue

'**opwaardering** *v* (-en) revaluation

'**opwaarts I** *bn* upward; **II** *bijw* upward(s)

'**opwachten**[1] *overg* **1** (in 't alg.) wait for; **2** (om te overvallen) waylay

'**opwachting** *v: zijn ~ maken bij* pay one's respects to [sbd.], wait upon

'**opwarmen**[1] *overg* warm up[2], heat up

'**opwarmertje** *o* (-s) warm-up

'**opwegen**[1] *onoverg: ~ tegen* (counter-)balance

'**opwekken**[1] *overg* **1** (teweegbrengen) awake[2], rouse[2], stir up; **2** (uit de dood) resuscitate, raise; **3** (doen ontstaan) excite [feelings &]; **4** (aansporen) incite, spur; **5** (op gang brengen) stimulate, provoke [fermentation, indignation &]; **6** generate [electricity]; *iem. tot iets ~* **1** rouse sbd. to something; **2** invite sbd. to do sth.

op'wekkend *bn* stimulating; *~ middel* tonic, cordial, stimulant

'**opwekking** *v* (-en) **1** (het teweegbrengen) excitement, raising, stimulation; **2** generation [of electricity]; **3** (uit dood) resuscitation, <u>bijbel</u> raising [of Lazarus]; **4** (aansporing) incitement, exhortation

'**opwellen**[1] *onoverg* **1** *eig* well up; **2** *fig* well up (forth)

'**opwelling** *v* (-en) **1** (in 't alg.) ebullition, outburst; **2** flush [of joy]; **3** access [of anger]; *in de eerste ~* on the first impulse; *in een ~* on impulse

'**opwerken**[1] **I** *overg* work up, touch up; **II** *wederk:*

zich ~ tot... work oneself up to

'**opwerkingsfabriek** *v* (-en) reprocessing plant

'**opwerpen**[1] **I** *overg* **1** (omhoog) throw up; **2** put up [barricades]; *een vraag ~* raise a question; *moeilijkheden ~* put obstacles in the way; zie ook: *[1]dam*; **II** *wederk: zich ~ als...* set oneself up as..., constitute oneself the...

'**opwinden**[1] **I** *overg* **1** *eig* wind up; **2** *fig* excite, thrill; **II** *wederk: zich ~* get excited

op'windend *bn* exciting, thrilling

'**opwinding** *v* **1** *eig* winding up; **2** *fig* excitement, agitation, thrill

'**opwrijven**[1] *overg* rub up, polish

'**opzadelen**[1] *overg* saddle

'**opzamelen**[1] *overg* collect, gather

'**opzameling** *v* (-en) collection

op'zegbaar *bn* terminable; *~ kapitaal* capital redeemable at notice

'**opzeggen**[1] *overg* **1** (uit het hoofd) say, repeat, recite [a lesson]; **2** (intrekken) cancel [a contract], revoke [a treaty], recall [moneys]; *een abonnement ~* cancel a subscription; *zijn baan ~* resign one's job; *de huur ~* **1** (door verhuurder) give notice to quit; **2** (door huurder) give notice of removal; *iem. (de dienst) ~* give sbd. notice; *de krant ~* discontinue (cancel) the paper

'**opzegging** *v* (-en) **1** (v. contract, abonnement) cancellation; **2** (v. verdrag) revocation; **3** (v. huur) notice; *met twee maanden ~* at two months' notice

'**opzeggingstermijn**,

'**opzegtermijn** *m* (-en) term of notice

'**opzeilen**[1] *onoverg* sail up

'**opzenden**[1] *overg* **1** (in 't alg.) send; **2** <u>post</u> forward [a letter]; **3** offer (up) [a prayer]

'**opzet** *m* design, intention; *boos ~* malice (prepense), malicious intent; *met ~* on purpose, purposely, intentionally, designedly; *zonder ~* unintentionally, undesignedly

op'zettelijk I *bn* **1** (in 't alg.) intentional, wilful, premeditated; **2** deliberate [lie]; **II** *bijw* zie: *met opzet*

'**opzetten**[1] **I** (h.) *overg* **1** (zetten op) put on [one's hat &]; **2** (overeind) place upright [a plank], put up, set up [skittles], pitch, put up, erect [a tent], turn up [one's collar]; **3** (op het spel zetten) stake [money]; **4** (oprichten) set up, establish [a business], start [a shop]; **5** (doen staan) spin [a top]; **6** (spannen) brace [one's biceps]; **7** (openspannen) put up, open [an umbrella]; **8** (breiwerk) cast on; **9** (prepareren) stuff [birds, a dead lion &]; **10** (v. cd, grammofoonplaat) put on; *de bajonet(ten) ~* <u>mil</u> fix bayonets; *de mensen tegen elkaar ~* set people against each other, set persons by the ears; *de mensen tegen de regering ~* set people against the government; **II** (is) *onoverg* swell; *er komt een onweer ~* a storm is coming on; *toen kwam hij ~* then he came along

'**opzetting** *v* swelling [of a limb &]

1175

'**opzicht** *o* (-en) supervision; *in ieder ~, in alle ~en* in every respect, (in) every way; *in dit ~* in this respect; *in financieel ~* financially [a disappointing year]; *in zeker ~* in a way; *te dien ~e* in this respect; *ten ~e van* with respect (regard) to

'**opzichter** *m* (-s) **1** (in 't alg.) overseer, superintendent; **2** (op bouwterrein) supervisor, foreman

op'zichtig I *bn* showy, gaudy, loud [dress]; **II** *bijw* showily, gaudily, loudly

op'zichtigheid *v* showiness, gaudiness, loudness

opzich'zelfstaand *bn* isolated [case]

'**opzien**[1] **I** *onoverg* look up [to sbd.]; *tegen iets ~* shrink from the task, the difficulty &; *ik zie er tegen op* I dread having to do it; *tegen geen moeite ~* not think any trouble too much; *er vreemd van ~* be surprised; **II** *o*: ~ *baren* make (cause, create) a sensation, make a stir

opzien'barend *bn* sensational

'**opziener** *m* (-s) overseer, inspector

op'zij *bijw* aside; ~ *zetten* **1** eig put aside; **2** fig brush away; ~! away!; ~ *van het huis* at the side of the house; *met een degen ~* sword by side; ~ *duwen* push aside; ~ *gaan* make way (voor for); *niet voor...* ~ *gaan* not give way to...; fig not yield to...; ~ *leggen* lay by [money]; save [money]; ~ *schuiven* shove on one side; set aside[2]

'**opzitten**[1] *overg* **1** (overeind zitten) sit up; **2** (opblijven) stay up, sit up; **3** mount (one's horse); ~! to horse!; ~! (tegen hond) beg!; *er zit niets anders op dan...* there is nothing for it but to...; *er zal een standje voor je ~* you will be in for a scolding

'**opzoeken**[1] *overg* **1** (zoeken) seek, look for [sth.]; look up [a word]; **2** (bezoeken) call on [sbd.]

'**opzouten**[1] *overg* **1** eig salt, pickle; **2** fig salt down

'**opzuigen**[1] *overg* suck (in, up), absorb

'**opzuipen**[1] *overg* gemeenz swill, swig; *hij heeft al ons geld opgezopen* he spent all our money on liquor

'**opzwellen**[1] *onoverg* swell, tumefy; *doen ~* swell, tumefy

'**opzwelling** *v* (-en) swelling, tumefaction, tumescence

'**opzwepen**[1] *overg* whip up[2], fig work up

o'raal *bn* oral

o'rakel *o* (-s en -en) oracle[2]

o'rakelachtig *bn* oracular

o'rakelen (orakelde, h. georakeld) *onoverg* talk like an oracle

o'rakelspreuk *v* (-en) oracle

o'rakeltaal *v* oracular language

oran'gist *m* (-en) **1** (Oranjeaanhanger in Nederland) Orangist, Orangeist; **2** (in Noord-Ierland) Orangeman

orang-'oetan, orang-'oetang *m* (-s) orang-utan

o'ranje *bn* orange

o'ranjeappel *m* (-s en -en) orange

o'ranjebloesem *v* (-s) orange blossom

O'ranjegezind *bn* loyal to the House of Orange

O'ranjegezindheid *v* (in Ulster) Orangeism

O'ranjehuis *o* House of Orange

o'ranjekleur *v* (-en) orange colour

o'ranjemarmelade *v* orange marmalade

oranje'rie *v* (-rieën en -s) orangery, greenhouse

O'ranjerivier *v* Orange

o'ranjesnippers *mv* candied orange-peel

Oranje-'Vrijstaat *m* Orange Free State

o'ratie *v* (-s) oration

ora'torisch *bn* oratorical

ora'torium *o* (-ria en -s) oratorio

orchi'dee *v* (-deeën) orchid

'**orde** *v* (-n en -s) order°, orderliness; *de ~ handhaven* maintain order; *de ~ herstellen* restore order; ~ *houden* keep order; ~ *scheppen in de chaos* zie: *chaos*; ~ *op zaken stellen* put one's affairs straight, settle one's affairs, set one's house in order; *aan de ~ komen* come up for discussion; *aan de ~ stellen* put on the order-paper; *aan de ~ zijn* be under discussion; *aan de ~ van de dag zijn* be the order of the day; *dat onderwerp is niet aan de ~* that question is out of order; *buiten de ~* out of order; *in ~!* all right!; *in ~ brengen, maken* put right, set right; *het zal wel in ~ komen* it's sure to come right; *het is nu in ~* it is all right now; *het is niet in ~* it is out of order; that is not as it should be; *ik ben niet goed in ~* I don't feel quite well; *in goede ~* in good order; *we hebben uw brief in goede ~ ontvangen* we duly received your letter; *in verspreide ~* mil in extended order; *wij konden niet op ~ komen* we could not get straight; *als jullie (helemaal) op ~ zijn* when you are straight; when you are settled in; *gaat over tot de ~ van de dag* passes to the order of the day; *iem. tot de ~ roepen* call sbd. to order; *voor de goede ~* for the sake of good order

'**ordebewaarder** *m* (-s) attendant [of a museum]

'**ordebroeder** *m* (-s) brother, friar

'**ordedienst** *m* (-en) guard (ook: lid v.e. ~)

'**ordeketen** *v* (-s) chain, collar [of an order]

'**ordekruis** *o* (-en) cross [of an order]

orde'lievend *bn* orderly; law-abiding [citizens]

orde'lievendheid *v* love of order

'**ordelijk I** *bn* orderly; **II** *bijw* in good order

'**ordelijkheid** *v* orderliness

'**ordelint** *o* (-en) ribbon [of an order]

'**ordeloos** *bn* disorderly

orde'loosheid *v* disorderliness

'**ordenen** (ordende, h. geordend) *overg* **1** (in orde schikken) order, arrange, marshal [facts, data &], regulate [industry], plan [economy]; **2** (wijden) ordain

'**ordener** *m* (-s) file

'**ordening** *v* (-en) **1** arrangement, regulation [of industry], planning [of economy]; **2** (wijding) ordination

or'dentelijk *bn* **1** decent [people]; **2** fair [share &]

or'dentelijkheid *v* **1** decency; **2** fairness

'**order** *v* & *o* (-s) **1** (bevel) order, command; **2** handel order; *een ~ plaatsen bij* place an order with;

(gelieve te betalen aan...) of ~ or order; *aan eigen* ~ to my own order; *aan de* ~ *van...* to the order of...; *op* ~ *van...* by order of...; *tot uw* ~*s* at your service; *tot nader* ~ until further orders, until further notice; *wat is er van uw* ~*s?* what can I do for you?

'**orderbevestiging** *v* (-en) confirmation of sale (of order)

'**orderbiljet** *o* (-ten) = *orderbriefje*

'**orderboek** *o* (-en) order-book

'**orderbriefje** *o* (-s) order-form

'**orderportefeuille** *m* (-s) order-book

'**ordeteken** *o* (-s en -en) badge, *mv* ook: insignia

'**ordeverstoorder** *m* (-s) **1** *recht* disturber of the peace; **2** ⟨herrieschopper⟩ hooligan

'**ordeverstoring** *v* (-en) disturbance of the peace

'**ordewoord** *o* (-en) ZN password

ordi'nair I *bn* **1** ⟨vulgair⟩ low, vulgar, common; **2** inferior [quality]; *een* ~*e vent* a vulgarian; **II** *bijw* **1** vulgarly, commonly; **2** inferiorly

'**ordner** *m* (-s) file

ordon'nans *m* (-en) [officer's] orderly

ordon'nansofficier *m* (-en) aide-de-camp

ordon'nantie *v* (-s) order, decree, ordinance

ordon'neren (ordonneerde, h. geordonneerd) *overg* order, decree, ordain

ore'gano *m* oregano

o'reren (oreerde, h. georeerd) *onoverg* declaim, hold forth, gemeenz orate

or'gaan *o* (-ganen) organ[2]

organ'die *m & o* organdie, organdy

organi'satie *v* (-s) organization

organi'sator *m* (-'toren en -s) organizer

organisa'torisch *bn* organizational

or'ganisch I *bn* organic; **II** *bijw* organically

organi'seren (organiseerde, h. georganiseerd) *overg* organize, arrange

orga'nisme *o* (-n en -s) **1** ⟨in 't alg.⟩ organism; **2** ZN ⟨instelling⟩ institution, organization

orga'nist *m* (-en) organist

or'gasme *o* (-n en -s) orgasm

'**orgel** *o* (-s) organ; *een (het)* ~ *draaien* grind an (the) organ

'**orgelconcert** *o* (-en) **1** ⟨uitvoering⟩ organ recital; **2** ⟨muziekstuk⟩ organ concerto

'**orgeldraaier** *m* (-s) organ-grinder

'**orgelen** (orgelde, h. georgeld) *onoverg* fig warble

'**orgelman** *m* (-nen) organ grinder

'**orgelmuziek** *v* organ music

'**orgelpijp** *v* (-en) organ-pipe

'**orgelregister** *o* (-s) organ-stop, stop of an organ

'**orgelspel** *o* organ-playing

'**orgelspeler** *m* (-s) organ-player

'**orgeltrapper** *m* (-s) organ-blower

or'gie *v* (-gieën) **1** ⟨feest⟩ orgy; **2** fig riot [of colours]

oriën'taals *bn* oriental

oriën'tatie *v* orientation

oriën'tatiegraad *m* ZN comprehensive education

oriën'teren (oriënteerde, h. georiënteerd) *wederk*:

zich ~ take one's bearings; *hij kon zich niet meer* ~ he had lost his bearings; *internationaal (links &) georiënteerd* internationally (left- &) minded

oriën'tering *v* orientation; *te uwer* ~ for your information

oriën'teringsvermogen *o* sense of direction (locality)

originali'teit *v* originality

ori'gine *v* origin

origi'neel I *bn* original; **II** *o & m* (-nelen) original

'**orka** *m* ('s) orca, killer whale

or'kaan *m* (-kanen) hurricane

Or'kaden *mv* Orkneys, Orkney Islands

or'kest *o* (-en) orchestra, band; *klein* ~ small orchestra; *groot* ~ full orchestra

or'kestdirigent (-en), **or'kestleider** *m* (-s) orchestra(l) conductor

or'kestmeester *m* (-s) leader

orkes'tratie *v* (-s) orchestration, scoring

orkes'treren (orkestreerde, h. georkestreerd) *overg* orchestrate, score

or'naat *o* **1** ⟨in 't alg.⟩ official robes; **2** ⟨v. geestelijke⟩ pontificals, vestments; *in vol* ~ in full pontificals [of a bishop &]; in state [of a king &]; onderwijs in full academicals

orna'ment *o* (-en) ornament

ornamen'teel *bn* ornamental, decorative

ornamen'tiek *v* ornamental art

orne'ment *o* (-en) = *ornament*

ornitholo'gie *v* ornithology

ornitho'logisch *bn* ornithological

ornitho'loog *m* (-logen) ornithologist

orthodon'tie *v* orthodontics

ortho'dox *bn* orthodox

orthodo'xie *v* orthodoxy

orthogra'fie *v* orthografy

'**orthopedagogie** *v* Br ± remedial education; Am special education

orthope'die *v* orthopaedy

ortho'pedisch *bn* orthopaedic(al)

orthope'dist *m* (-en) orthopaedist

os *m* (-sen) ox [*mv* oxen], bullock

OS *afk. Olympische Spelen* Olympic Games, the Olympics

oscil'leren (oscilleerde, h. geoscilleerd) *onoverg* oscilate

os'mose *v* osmosis

'**ossenbloed** *o* **1** eig blood of an ox; **2** ⟨kleur⟩ oxblood

'**ossendrijver** *m* (-s) ox-driver, drover

'**ossenhaas** *m* (-hazen) fillet of beef

'**ossenhuid** *v* (-en) ox-hide

'**ossenkop** *m* (-pen) ox-head

'**ossenstaart** *m* (-en) ox-tail

'**ossenstaartsoep** *v* oxtail soup

'**ossenstal** *m* (-len) ox-stall

'**ossentong** *v* (-en) **1** eig neat's tongue, ox-tongue; **2** ⟨plant⟩ bugloss

'**ossenvlees** o beef
'**ossenwagen** m (-s) bullock-cart, ZA ox-wagon
osten'tatie v ostentation
ostenta'tief bn ostentatious
osteopa'thie v osteopathy
OT o Oude Testament O.T., OT, Old Testament
'**otter** m (-s) otter
Otto'maans bn Ottoman
otto'mane v (-n en -s) ottoman
ou'bollig bn droll, comical
oud I bn **1** ⟨bejaard⟩ old, aged; **2** ⟨v.d. oude tijd⟩ antique [furniture], ancient [history, Rome, writers, bridge]; classical [languages]; **3** ⟨vroeger⟩ former, ex-; *hoe ~ is hij?* how old is he?, what age is he?; *hij is twintig jaar ~* he is twenty (years old), twenty years of age; *we zijn net even ~* we are precisely the same age; *toen ik zo ~ was als jij* when I was your age; *~ maken* age; *~ worden* grow old, age; *hij zal niet ~ worden* he will not live to be old; *~ brood* stale bread; *een ~e firma* an old-established firm; *~ ijzer* scrap iron; *~e kaas* ripe cheese; *~ nummer* back number [of a periodical]; *~ papier* waste paper; *de ~e schrijvers* the ancient writers, the classics; *~e tijden* olden times; *een ~e zondaar* an old sinner, a hardened sinner; *zo ~ als de weg naar Rome* as old as Adam (as the hills); **II** znw: *~ en jong* old and young; *~ en nieuw vieren* see the old year out, see the new year in; *alles bij het ~e laten* leave things as they are [as they were]; *de ~e* gemeenz **1** the governor [= my father]; **2** the old man [at the office &], the boss; *ik ben weer de ~e* I am my usual (old) self again; *de O~n* ⟨klassieken⟩ the ancients; *(de) ~en van dagen* the aged, old people; zie ook: *ouder* & *oudst*
oud- voorv former, late, ex-, retired
'**oudachtig** bn oldish, elderly
oud'bakken bn stale
oud-burge'meester m (-s) **1** ⟨in 't alg.⟩ late burgomaster; **2** ⟨in Engeland⟩ ex-mayor
'**oude** m-v (-n) zie: oud II
oude'dagsvoorziening v (-en) old-age benefit
oude'heer m (-heren): *de ~* slang the (my) governor, the old man
oude'jaar o last day of the year
oudejaars'avond m (-en) New Year's Eve
oude'lui mv old folks
oude'mannenhuis o (-huizen) old men's home
'**ouder I** bn older; elder; *hij is twee jaar ~* two years older, my elder by two years; *een ~e broer* an elder brother; *hoe ~ hoe gekker* there's no fool like an old fool; *wij ~en* we oldsters; **II** m (-s) parent; *van ~ op (tot) ~* from generation to generation
'**ouderavond** m (-en) parents' evening
'**oudercommissie** v (-s) parent's committee; ± PTA, parent-teacher association [met deelname v. leerkrachten]
'**ouderdom** m age, old age; *hoge ~* great age; *in de gezegende ~ van...* at the good old age of

'**ouderdomsklachten** mv infirmities of old age, geriatric complaints
'**ouderdomskwaal** v (-kwalen) infirmity of old age
'**ouderdomspensioen** o (-en) old-age pension
'**ouderdomsverschijnsel** o (-en en -s) symptom of old age
'**ouderdomsverzekering** v (-en) old-age insurance, retirement pension
'**ouderdomswet** v old-age insurance act, retirement pension act
'**ouderejaars** m-v senior student
'**ouderhuis** o parental home
'**ouderliefde** v parental love
'**ouderlijk** bn parental
'**ouderling** m (-en) **1** ⟨v. kerkenraad⟩ elder; **2** ZN ⟨bejaarde⟩ senior citizen
'**ouderlingschap** o eldership
'**ouderloos** bn parentless
ouder'loosheid v orphanhood
'**ouderpaar** o (-paren) parents
'**ouders** mv parents
'**ouderschap** o parenthood
'**oudervereniging** v (-en) parent's association; ± PTA, parent-teacher association [met deelname v. leerkrachten]
'**oudervreugde** v parental joy (bliss)
ouder'wets I bn old-fashioned, old-fangled; **II** bijw in an old-fashioned way
oude'wijvenpraatje o (-s) old woman's tale; *~s* gossip
oudge'diende m-v (-n) old campaigner
'**Oudgrieks** o Ancient Greek
'**oudheid** v (-heden) antiquity; *de Griekse ~* Greek antiquity; *Griekse oudheden* Greek antiquities; *koopman in oudheden* antique dealer
'**oudheidkamer** v (-s) local archaeological museum
'**oudheidkenner** m (-s) antiquarian, antiquary
'**oudheidkunde** v archaeology
oudheid'kundig bn antiquarian, archaeological
oudheid'kundige m-v (-n) antiquarian, antiquary, archaeologist
'**oudheidskamer** v (-s) local archaeological museum
oud'jaar o = oudejaar, oudejaarsavond
'**oudje** o (-s) old man, old woman; *de ~s* the old folks
oud-'leerling m (-en) ex-pupil, former pupil, old boy
oud-'leerlinge v (-n) ex-pupil, former pupil, old girl
'**oudoom** m (-s) great-uncle
oud'roest o scrap-iron
'**ouds, 'oudsher** bijw: *van ~* of old
oudst bn oldest, eldest; *de ~e boeken* the oldest books; *zijn ~e broer* his eldest brother; *~e vennoot* senior partner
oud-'strijder m (-s) veteran, ex-Serviceman

'**oudtante** v (-s) great-aunt
oudtesta'mentisch bn (of the) Old Testament
'**oudtijds** bijw in olden times
outil'lage v equipment
outil'leren (outilleerde, h. geoutilleerd) overg equip
'**output** m comput output
'**outsider** m (-s) outsider
ouver'ture v (-s) muz overture
ou'vreuse v (-s) usherette
ouwe'hoer m-v (-en) gemeenz windbag, gasbag, hot air artist, bullshitter
ouwe'hoeren (ouwehoerde, h. geouwehoerd) onoverg gemeenz blabber, go on, bullshit, shoot the breeze
'**ouwel** m (-s) **1** wafer [for letter]; communion wafer; rice-paper; **2** med cachet
'**ouwelijk** bn oldish
o'vaal I bn oval; **II** o (ovalen) oval
o'vatie v (-s) ovation; een ~ brengen (krijgen) give (have) an ovation
'**oven** m (-s) **1** (in 't alg.) oven, furnace; **2** (kalkoven) kiln
'**ovenschaal** v (-schalen) ovenproof dish
'**ovenschotel** m & v (-s) oven dish
'**ovenwant** v (-en) oven glove
'**over I** voorz **1** (zich bewegende op of langs een oppervlakte) along [a good road we sped...]; **2** (boven) over [the meadow]; **3** (over... heen) over [the brook, the hedge], across [the river]; on top of [his cassock he wore...]; **4** (aan de overzijde van) beyond [the river]; **5** (méér dan) above, upwards of, over [fifty]; **6** (via) by way of, via [Paris]; **7** (na) in [a week &]; **8** ZN (tegenover) opposite [the post office &]; een boek ~ Afrika a book on (about) Africa; ~ een dag of acht in a week or ten days; zondag ~ acht dagen Sunday week; ~ een maand, een paar jaar a month, a few years from now; ~ land zie land; het is ~ vieren it is past four (o'clock); hij is ~ de zestig he is over (past) sixty; hij heeft iets ~ zich he has certain ways, there is something about him (that...); **II** bijw over; ik heb er één ~ I have one left; hij is ~ **1** (aan de overkant) he has got across; **2** (als gast) he is staying with us; **3** onderwijs Br he has been moved up; Am he has been promoted; mijn pijn is ~ my pain is over (better); ~ en weer mutually, reciprocally; geld (tijd &) te ~ plenty of money (time &)
over'al, '**overal** bijw everywhere; ~ waar wherever
over'all m (-s) overalls, dungarees, boiler-suit
'**overbekend** bn generally known; notorious
'**overbelasten**² overg **1** (in 't alg.) overburden; **2** techn overload; **3** (belastingen) overtax
'**overbeleefd** bn too polite, (over-)officious
'**overbelicht** bn over-exposed
'**overbelichting** v over-exposure
'**overbemesting** v overfertilization
'**overbesteding** v (-en) overexpenditure
'**overbevolking** v **1** (in de demografie) overpopula-

tion [and poverty]; **2** overcrowding [in dwellings &]
overbe'volkt bn **1** (land) overpopulated; **2** (ziekenhuis &) overcrowded
'**overbezet** bn **1** overcrowded [buses, forms]; **2** (door personeel) overstaffed
over'bieden (overbood, h. overboden) overg outbid², overbid [inz. kaartsp]
'**overblijfsel** o (-s en -en) remainder, remnant, relic, remains [of animals, plants &], rest
'**overblijven**¹ onoverg be left, remain; Nicoline blijft vannacht over Nicoline remains for the night (will stay the night); er bleef me niets anders over dan... nothing was left to me (remained for me) but to..., there was nothing for it but to...
'**overblijvend** bn remaining; ~e plant perennial (plant); het ~e the remainder, the rest; de ~en the survivors
'**overbloezen** (bloesde over, h. overgebloesd) onoverg blouse
over'bluffen (overblufte, h. overbluft) overg bluff; overbluft taken aback, dumbfounded
over'bodig bn superfluous
over'bodigheid v (-heden) superfluity
'**overboeken**¹ overg handel transfer
'**overboeking** v (-en) transfer
over'boord bijw scheepv overboard; zie ook: boord
'**overbrengen**¹ overg **1** carry [a thing to another place]; **2** transfer, transport, remove [a piece of furniture &]; **3** transmit [a disease, news, heat, electricity &]; **4** take [a message]; **5** convey [a parcel, a letter, sound]; **6** translate [into another language]; **7** transpose [algebraic values]; **8** repeat [a piece of news, tales]; de zetel van de regering ~ naar transfer the seat of government to
'**overbrenger** m (-s) **1** eig carrier, bearer, conveyer; **2** fig telltale, informer
'**overbrenging** v (-en) **1** carrying, transport, conveyance [of goods]; **2** transfer [of a business, sums]; **3** transmission [of power &]; **4** translation [of a document]; **5** [thought] transference
'**overbrieven**¹ (briefde over, h. overgebriefd) overg tell, repeat [things heard]
'**overbriever** m (-s) telltale
over'bruggen (overbrugde, h. overbrugd) overg bridge (over), tide over
over'brugging v (-en) bridging
over'bruggingskrediet o (-en) bridge loan, bridge financing
over'bruggingsregeling v (-en) temporary arrangement
'**overbuur** m (-buren) opposite neighbour
'**overcompensatie** v (-s) overcompensation
'**overcompleet** bn superfluous, surplus
'**overdaad** v excess, superabundance; in ~ leven live in luxury; ~ schaadt too much of a thing is good for nothing
over'dadig I bn superabundant, excessive; **II** bijw

superabundantly &, to excess

over'dag *bijw* by day, in the day-time, during the day

over'dekken (overdekte, h. overdekt) *overg* cover (up, in); *overdekt* covered, roofed over, indoor [swimming-pool]

over'denken (overdacht, h. overdacht) *overg* consider, meditate (on)

over'denking *v* (-en) consideration, reflection

'**overdoen**[1] *overg* **1** ⟨nog eens⟩ do [it] over again; **2** ⟨afstaan⟩ part with, make over, sell, dispose of; *het dunnetjes ~* repeat the thing

over'donderen (overdonderde, h. overdonderd) *overg* = *overbluffen*

'**overdosis** *v* (-doses en -sen) overdose

over'draagbaar *bn* **1** ⟨in 't alg⟩ transferable; **2** *med* communicable, transmittable; *seksueel overdraagbare ziekten* sexually transmittable diseases

'**overdracht** *v* (-en) transfer, conveyance

over'drachtelijk *bn* metaphorical

'**overdragen**[1] *overg* **1** ⟨overbrengen⟩ carry over; **2** convey, make over, hand over, transfer [property]; **3** assign [a right]; **4** delegate [power]; **5** depute [a task]; **6** hand over [the management]; **7** transmit [a disease, emotions]

over'dreven I *bn* **1** exaggerated [statements]; **2** excessive, immoderate, out of proportion [claims]; **II** *bijw* exaggeratedly; excessively, immoderately

1 '**overdrijven**[1] *onoverg* ⟨voorbij drijven⟩ blow over[2]

2 **over'drijven** (overdreef, h. overdreven) **I** *overg* exaggerate, overdo; **II** *onoverg* exaggerate

over'drijving *v* (-en) exaggeration

1 '**overdruk** *m* (-ken) **1** off-print, separate (reprint) [of an article &]; **2** overprint [on postage stamps]; **3** *techn* overpressure

2 '**over'druk** *bn* too much occupied, over-busy

'**overdrukken**[1] *overg* **1** ⟨in 't alg.⟩ reprint; **2** overprint [stamps]

'**overduidelijk** *bn* very obvious

over'dwars *bijw* athwart, across

over'eenbrengen[1] *overg: dat is niet overeen te brengen met* it cannot be reconciled with, it is not consistent with; *zie ook: geweten*

over'eenkomen[1] **I** *onoverg* **1** agree [with sbd, on sth.]; **2** be in keeping [with]; *~ met* agree with, correspond with; **II** *overg* agree on [a price &]

over'eenkomst *v* (-en) **1** ⟨gelijkheid⟩ resemblance, similarity, conformity, agreement; *~ vertonen* resemble; **2** ⟨contract⟩ agreement

overeen'komstig I *bn* conformable; corresponding, similar [period]; *~e hoeken* corresponding angles; *een ~e som* an equivalent sum; **II** *bijw* correspondingly; *~ het bepaalde* agreeably (conformably) to the provisions; *~ uw wensen* in accordance with (in compliance with, in conformity with) your wishes

overeen'komstigheid *v* (-heden) conformable-

ness, conformity, similarity

over'eenstemmen[1] *onoverg* agree, concur, harmonize; *~ met* agree & with, be in accordance (in harmony) with; *dat stemt niet overeen met wat hij zei* that does not tally (is not in keeping) with what he said

over'eenstemmend *bn* consonant[2], concordant[2], harmonizing[2] [with...]

over'eenstemming *v* **1** ⟨harmonie⟩ harmony, consonance; **2** ⟨eensgezindheid⟩ agreement, concurrence; *gramm* concord; *in ~ brengen (met)* bring into line (with); *dat is niet in ~ met de feiten* that is not in accordance with the facts; *met iem. tot ~ komen* come to an understanding with sbd.; *in ~ met de omgeving* in harmony with the surroundings; *tot ~ geraken of komen (omtrent)* come to an agreement (about)

over'eind *bijw* on end, upright, up, erect; *nog ~ staan* be still standing[2]; *hij ging ~ staan* he stood up; *~ zetten* set up; *hij ging ~ zitten* he sat up; *hij krabbelde ~* he scrambled to his feet

over'erfelijk *bn* hereditary, inheritable

over'erfelijkheid *v* heredity

'**overerven**[1] **I** (h.) *overg* inherit; **II** (is) *onoverg* be hereditary [of a disease]

'**overerving** *v* heredity, inheritance

over'eten (overat, h. overeten) *wederk: zich ~* overeat oneself, overeat

'**overgaan**[1] *onoverg* **1** ⟨aanslaan⟩ go, ring [of a bell]; **2** *onderwijs Br* move up; *Am* be promoted; **3** ⟨ophouden⟩ pass off, wear off [of suffering &]; *in iets anders ~* change (develop) into something different; *in elkaar ~* become merged, merge [of colours]; *het woord is overgegaan in het Engels* the word has passed into English; *de leiding gaat over van... op...* the leadership passes from... to...; *alvorens wij daartoe ~* before passing on to that; *~ [van...] tot...* change over [from one system] to [another]; (let oneself) be converted to [Protestantism &]; *tot daden ~, tot handelen ~* proceed to action; *tot liquidatie ~* go into liquidation; *tot stemming ~* proceed to the vote

'**overgang** *m* (-en) **1** ⟨in 't alg.⟩ transition, change; **2** change-over [to another system]; **3** conversion [to another religion]

'**overgangsbepaling** *v* (-en) temporary provision

'**overgangsexamen** *o* (-s) qualifying examination

'**overgangsfase** *v* (-s, -n) transitional phase (stage)

'**overgangsjaren** *mv: de ~* the change of life, the menopause

'**overgangsklimaat** *o* intermediate climate

'**overgangsleeftijd** *m* (-en) climacteric age

'**overgangsmaatregel** *m* (-en en -s) transitional measure

'**overgangsrapport** *o* (-en) *Br* summer (final) term report; *Am* final report card

'**overgangsregeling** *v* (-en) transitional (provisional, temporary) regulation '**overgangsstadium** *o* (-dia en -s) stage (period) of transition, transition(al) stage (phase)

'**overgangstijdperk** *o* (-en) transition(al) period

'**overgangstoestand** *m* state of transition

over'gankelijk *bn* transitive

'**overgave** *v* **1** handing over, delivery [of parcels]; **2** giving up, surrender [of fortress, to God's will]

'**overgedienstig** *bn* (over-)officious, obsequious

'**overgelukkig** *bn* most happy, overjoyed

'**overgeven**[1] **I** *overg* **1** 〈aanreiken〉 hand over, hand, pass [sth.]; **2** 〈afstaan〉 deliver up, give over (up), yield; **3** 〈braken〉 vomit [blood]; **II** *onoverg* 〈braken〉 vomit, be sick; *moet je ~?* do you feel sick?; **III** *wederk: zich ~* surrender; *zich ~ aan...* abandon oneself to..., indulge in...; *zich aan smart, wanhoop ~* surrender (oneself) to grief, to despair

'**overgevoelig, overge'voelig** *bn* **1** 〈al te gevoelig〉 over-sensitive [people]; **2** med allergic [to pollen]

overge'voeligheid *v* **1** over-sensitiveness; **2** med allergy

'**overgewicht** *o* overweight

1 '**overgieten**[1] *overg* pour (*in* into), transfuse, decant

2 **over'gieten** (overgoot, h. overgoten) *overg: ~ met* pour on, cover with[2], suffuse with[2]

'**overgooien**[1] *overg* **1** 〈heen- en weer gooien v. bal〉 throw around; *de kinderen waren aan het ~* the children were throwing (tossing) the ball around; **2** 〈opnieuw gooien〉 throw again

'**overgooier** *m* (-s) pinafore (dress), Am jumper

'**overgordijn** *o* (-en) curtain

'**overgroot** *bn* **1** vast [majority]; **2** major [part]

'**overgrootmoeder** *v* (-s) great-grandmother

'**overgrootvader** *m* (-s) great-grandfather

over'haast I *bn* rash, hurried, hasty, brash; **II** *bijw* rashly, hurriedly, in a hurry

over'haasten (overhaastte, h. overhaast) *overg & wederk* hurry

over'haastig *bn bijw* = *overhaast*

over'haasting *v* precipitation, precipitancy

'**overhalen** *overg* **1** 〈met veerpont〉 ferry over; **2** 〈in andere stand zetten〉 pull [a handle, a switch]; **3** cock [a rifle]; **4** 〈distilleren〉 distil [spirits]; **5** fig 〈overreden〉 talk (bring) round, persuade, win over

'**overhand** *v: de ~ hebben* have the upper hand (*op* of); predominate (*op* over), prevail; *de ~ krijgen* get the upper hand, get the better (*op* of)

over'handigen (overhandigde, h. overhandigd) *overg* hand (over), present, deliver

over'handiging *v* handing over, presentation, delivery

over'hands *bn* overhand

'**overhangen**[1] *onoverg* hang over, incline, beetle

'**overhead** *m*, '**overheadkosten** *mv* overheads, overhead expenses; Am overhead

'**overheadprojector** *m* (-s) overhead projector

'**overhebben**[1] *overg* have left; *daar heeft hij alles voor over* he is willing to give anything for it; *ik heb*

er een pond voor over I am willing to pay a pound for it; *wij hebben iem. over* we have sbd. staying with us

over'heen *bijw* **1** 〈in 't alg.〉 over, across; **2** [she wore a jumper] on top; *daar is hij nog niet ~* he has not (quite) got over it yet

over'heenstappen[1] *overg* step across; *over de moeilijkheden heenstappen* brush aside the difficulties; *er maar ~* not mind that, ignore it

'**overheerlijk** *bn* delicious, exquisite

over'heersen (overheerste, h. overheerst) **I** *overg* domineer over, dominate; **II** *onoverg* predominate

over'heersend *bn* (pre)dominant

over'heerser *m* (-s) ruler, tyrant

over'heersing *v* rule, domination

'**overheid** *v* (-heden) *de ~* the authorities; the Government; *de lagere (plaatselijke) overheid* the local authorities

'**overheids-** *voorv* public [authorities, organizations, services &], government [controls]

'**overheidsambt** *o* (-en) **1** 〈in 't alg.〉 public office; **2** recht magistracy

'**overheidsapparaat** *o* administrative machinery, machinery of government

'**overheidsbemoeiing** *v* government interference

'**overheidsdienst** *m* (-en): *in ~* in the civil service

'**overheidsinstelling** *v* (-en) government authority, administrative body

'**overheidspersoneel** *o* public servants

'**overheidspersoon** *m* (-sonen) **1** 〈in 't alg.〉 public officer; **2** recht magistrate

'**overheidswege**: *van ~* by the authorities; *van ~ bekendmaken* announce officially

'**overhellen**[1] *onoverg* hang over, lean over, incline, scheepv list, luchtv bank; *~ naar* fig incline to(wards), have a leaning to, lean towards

'**overhelling** *v* inclination[2], leaning[2]; scheepv list

'**overhemd** *o* (-en) shirt

'**overhevelen**[1] *overg* **1** 〈v. vloeistof〉 siphon over; **2** fig transfer; *geld naar een andere rekening ~* transfer money to another account; *het hoofdkantoor wordt overgeheveld naar Amsterdam* the main office is being transferred (relocated) to Amsterdam

'**overheveling** *v* transfer[2]

over'hoeks *bn* diagonal

over'hoop *bijw* in a heap, pell-mell, in a mess, topsyturvy; *~ halen* turn over, put in disorder; *~ liggen* be a variance (at odds) with; *~ schieten* shoot down; *~ steken* stab; *~ werpen* overthrow, upset

over'horen (overhoorde, h. overhoord) *overg* test [a pupil]; *schriftelijk ~* give a written test

over'horing *v* (-en) test; *mondelinge ~* oral test; *schriftelijke ~* written test

'**overhouden**[1] *overg* save [money]; *iets overgehouden hebben* have sth. left

'**overig I** *bn* remaining; *het ~e Europa* the rest of Europe; **II** *znw: het ~e* the remainder; *voor het ~e* for the rest; *de ~en* the others, the rest '**overigens** *bijw* apart from that [all is well, he is quite sane], after all, moreover [I don't know...]; by the way [I met John the other day], [he] incidentally [looked quite the gentleman]

over'ijld *bn* = overhaast

over'ijlen (overijlde, h. overijld) *wederk: zich ~* hurry

over'ijling *v* precipitation, precipitancy

over'ijverig *bn* overzealous

over'jarig *bn* **1** (meer dan 1 jaar oud) more than one year old, over a year old; **2** (v. planten) perennial; *een ~e hippie* an aging hippie

'**overjas** *m & v* (-sen) overcoat, greatcoat, top-coat

'**overkalken**[1] *overg* fig copy, crib

'**overkant** *m* opposite side, other side; *aan de ~ van* ook: beyond [the river, the Alps], across [the Channel]; *hij woont aan de ~* he lives over the way (across the road, opposite)

over'kappen (overkapte, h. overkapt) *overg* roof in

over'kapping *v* (-en) roof; zie ook: *luifel*

'**overkijken**[1] *overg* look over, go through

over'klassen (overklaste, h. overklast) *overg* sp outclass

'**overkleed** *o* (-klederen en -kleren) upper garment [of a priest &]

'**overklimmen**[1] *overg* climb over

over'kluizen (overkluisde, h. overkluisd) *overg* vault, overarch

over'koepelen (overkoepelde, h. overkoepeld) *overg* co-ordinate

'**overkoken** (kookte over, is overgekookt) *onoverg* boil over

over'komelijk *bn* surmountable

1 '**overkomen**[1] *onoverg* come over; *goed ~* [fig] come (get) across [of a joke, message, play]; *ik kan maar eens in de week ~* I can come to see (him, her, them) but once a week

2 **over'komen** (overkwam, is overkomen) *overg* befall, happen to; *er is hem een ongeluk ~* he has met with an accident; *dat is mij nog nooit ~* I never yet had that happen to me

'**overkomst** *v* coming, visit

over'kropt *bn* overburdened; *haar overkropt gemoed* her overburdened heart

'**overlaat** *m* (-laten) overflow

1 '**overladen**[1] *overg* **1** tranship [goods]; transfer [from one train into another]; **2** (opnieuw) reload

2 **over'laden** (overlaadde, h. overladen) *overg* overload[2], overburden[2]; fig overstock [the market]; overcrowd; *iem. met geschenken, verwijten & ~* shower presents upon sbd., heap reproaches upon sbd.; *zich de maag ~* surfeit one's stomach, overeat (oneself)

1 '**overlading** *v* transhipment, transfer

2 **over'lading** *v* (-en) surfeit [of the stomach]; fig overburdening, overloading

'**overladingskosten** *mv* handel transhipment charges

over'land *bijw* by land

over'langs **I** *bn* longitudinal; **II** *bijw* lengthwise, longitudinally

over'lappen (overlapte, h. overlapt) *onoverg & overg* overlap

'**overlast** *m* inconvenience, annoyance, nuisance; *~ bezorgen, veroorzaken* cause inconvenience, cause trouble, annoy; *tot ~ van* to the inconvenience of

over'laten[1] *overg* leave; *dat laat ik aan u over* I leave that to you; *laat dat maar aan hem over* let him alone to do it; *aan zichzelf overgelaten* left to himself, left to his own resources; zie ook: *lot*

over'leden *bn* deceased, dead

over'ledene *m-v* (-n): *de ~* the dead (man, woman); *de ~(n)* the deceased, the departed, the defunct

'**overleer** *o* upper leather, vamp

over'leg *o* **1** (het overdenken) deliberation, forethought, judg(e)ment, management; **2** (beraadslaging) deliberation, consultation; *~ is het halve werk* a stitch in time saves nine; *~ plegen* consult together; *~ plegen met* consult; *in ~ met...* in consultation with...; *met ~* with deliberation; *zonder ~* without (taking) thought

1 '**overleggen**[1] *overg* **1** (aanbieden) hand over, produce [a document]; **2** (besparen) lay by, put by [money]

2 **over'leggen** (overlegde, h. overlegd) *overg* **1** (beraadslagen) consult, deliberate; **2** (overwegen) consider; *je moet het maar met hem ~* you should consult with him about it

1 '**overlegging** *v* production; *na (onder) ~ der stukken* upon (against) presentation and surrender of the documents

2 **over'legging** *v* (-en) consideration, deliberation

over'legorgaan *o* (-ganen) consultative body

over'leven (overleefde, h. overleefd) *overg* survive, outlive

over'levende *m-v* (-n) survivor, longest liver

'**overleveren**[1] *overg* transmit, hand down; *~ aan* give up to, deliver up to; *overgeleverd aan...* at the mercy of [impostors, swindlers &]

'**overlevering** *v* (-en) tradition

over'levingskans *v* (-en) chance of survival

over'levingspensioen *o* (-en) ZN widows', orphans' pension

'**overlezen**[1] *overg* read over, go through

'**overligdag** *m* (-dagen) day of demurrage

'**overliggeld** *o* (-en) demurrage

'**overliggen**[1] *onoverg* be on demurrage

over'lijden (overleed, is overleden) **I** *onoverg* die, plechtig pass away, depart this life, decease; *aan de verwondingen ~* die of injuries; **II** *o* death, plechtig decease, recht demise; *bij ~* in the event of death

over'lijdensakte *v* (-s en -n) death certificate

over'lijdensbericht *o* (-en) announcement of sbd.'s death, obituary (notice)

over'lijdensdatum *m* (-ta en -s) date of death

'**overloop** *m* (-lopen) **1** (bij huis) corridor; **2** (van trap) landing; **3** (van rivier) overflow

1 'over**lopen**[1] **I** (is) *onoverg* **1** (overstromen) run over, overflow; **2** go over, desert, defect [to the West, to the East]; *naar de vijand* ~ go over to the enemy; *hij loopt over van vriendelijkheid* he is all kindness; **II** (h. *of* is) *overg* cross [a road]

2 over'lopen (overliep, h. overlopen) *overg* visit too frequently; *je overloopt ons ook niet* we don't see much of you

'over**loper** *m* (-s) deserter, turncoat, defector [to capitalism, to communism]

over'**luid** *bn* aloud

'over**maat** *v* **1** *eig* over-measure; **2** *fig* excess; *een* ~ *aan informatie* an excess of information; *tot* ~ *van ramp* to make matters (things) worse, on top of all that

'over**macht** *v* **1** (grotere macht) superior power, superior forces; **2** *recht* force majeure; **3** scheepv Act of God; *voor de* ~ *bezwijken* succumb to superior numbers

over'**machtig** *bn* stronger, superior (in numbers)

'over**maken**[1] *overg* **1** (opnieuw maken) do over again [one's work]; **2** (geld) make over, remit; **3** ZN (toezenden) send, forward

'over**making** *v* (-en) remittance

over'**mannen** (overmande, h. overmand) *overg* overpower, overcome; *overmand door slaap* overcome by sleep

over'**matig** *bn* excessive

over'**meesteren** (overmeesterde, h. overmeesterd) *overg* overmaster, overpower, conquer

over'**meestering** *v* conquest

'over**moed** *m* **1** (roekeloosheid) recklessness; **2** (aanmatiging) presumption

over'**moedig** *bn* **1** (roekeloos) reckless; **2** (aanmatigend) presumptuous

'over**morgen** *m* the day after to-morrow

over'**naads** *bn* clinker-built [boat]

over'**nachten** (overnachtte, h. overnacht) *onoverg* stop (during the night), pass the night, stay overnight [at a hotel]

over'**nachting** *v* (-en) overnight stay [at a hotel]

'over**name** *v* taking over, adoption, purchase; *ter* ~ *aangeboden... ...*for sale

'over**nemen**[1] *overg* **1** take [something] from; **2** take over [a business, command &]; **3** adopt [a word from another language]; **4** borrow, copy [something from an author]; **5** take up [the refrain]; **6** buy [books &]; *de dienst (de wacht, de zaak &)* ~ take over; *gewoonten* ~ adopt habits

'over**nemertje** *o* (-s) cat's cradle

over'**nieuw** *bijw* (all) over again; *we doen het* ~ we'll do it all over again, we'll do it once more

'over**oud** *bn* very old, ancient

'over**pad** *o* (-paden) foot-path; *recht van* ~ right of way

'over**pakken**[1] *overg* repack, pack again

over'**peinzen** (overpeinsde, h. overpeinsd) *overg* meditate, reflect upon

over'**peinzing** *v* (-en) meditation, reflection

'over**pennen**[1] *overg* copy, crib

'over**plaatsen**[1] *overg* **1** *eig* remove, transfer; **2** *fig* transfer [an employee &]

'over**plaatsing** *v* (-en) **1** *eig* removal, transfer; **2** transfer [of an employee]

'over**planten**[1] *overg* transplant

'over**planting** *v* (-en) transplantation

over'**prikkelen** (overprikkelde, h. overprikkeld) *overg* overexcite

over'**prikkeling** *v* (-en) overexcitement

'over**productie** *v* overproduction

over'**reden** (overreedde, h. overreed) *overg* persuade, prevail upon [sbd.], talk [sbd.] round; *hij wou mij* ~ *om...* he wanted to persuade me to..., to persuade me into ...ing; *hij was niet te* ~ he was not to be persuaded

over'**redend** *bn* persuasive

over'**reding** *v* persuasion

over'**redingskracht** *v* persuasiveness, power of persuasion, persuasive powers

'over**reiken**[1] *overg* hand, reach, pass

over'**rijden** (overreed, h. overreden) *overg* run over [a person, a dog]

'over**rijp** *bn* over-ripe

over'**rompelen** (overrompelde, h. overrompeld) *overg* surprise, take by surprise, catch off-balance

over'**rompeling** *v* (-en) surprise attack, surprise[2]

over'**rulen** (overrulede, h. overruled) *overg* **1** (door bevoegdheid) overrule; **2** sp outclass

over'**schaduwen** (overschaduwde, h. overschaduwd) *overg* **1** *eig* shade, overshadow; **2** *fig* throw into the shade, eclipse

'over**schakelen**[1] *onoverg* **1** (in 't alg.) switch over[2], change over[2] [from... to...]; **2** auto change gear; *we schakelen over naar de concertzaal* we are taking you over to the concert hall; *naar de tweede versnelling* ~ change into second (gear)

over'**schatten** (overschatte, h. overschat) *overg* overrate, overestimate

over'**schatting** *v* overestimation, overrating

'over**schenken**[1] *overg* decant, pour over [in a glass]

'over**schepen** (scheepte over, h. overgescheept) *overg* tranship

'over**scheping** *v* (-en) transhipment

'over**scheppen**[1] *overg* scoop (ladle) from... into...

'over**schieten**[1] *onoverg* remain, be left

1 overschilderen**[1] *overg* paint over, repaint

2 overschilderen** (overschilderde, h. overschilderd) *overg* paint out [to make it invisible]

'over**schoen** *m* (-en) overshoe, galosh, golosh

'over**schot** *o* (-ten) **1** (rest) remainder, rest; **2** (teveel) surplus, overplus; zie ook: *stoffelijk*

over'**schreeuwen** (overschreeuwde, h. overschreeuwd) **I** *overg* cry down, shout down, roar down; *hij kon ze niet* ~ ook: he could not make himself heard; **II** *wederk: zich* ~ overstrain one's voice

over'schrijden (overschreed, h. overschreden) *overg* (over iets heen gaan) step across, cross; *de grens* ~ cross the border; fig ⟨te buiten gaan⟩ exceed, overstep; *het budget* ~ exceed (go beyond) the budget; *een termijn* ~ exceed (pass) a term; *de maximumsnelheid* ~ exceed the speed limit

1 'overschrijven[1] *overg* **1** ⟨kopiëren⟩ write out (fair), copy (out) [a letter &]; **2** handel transfer; *iets op iemands naam laten* ~ have a property transferred; *je hebt dat van mij overgeschreven* you have copied that from me

2 over'schrijven (overschreef, h. overschreven) *overg* comput overwrite

'overschrijving *v* (-en) **1** ⟨het kopiëren⟩ transcription; **2** handel transfer

'overschrijvingskosten *mv*, **'overschrijvingsrechten** *mv* transfer duties

'overseinen[1] *overg* transmit, telegraph, wire

over'sekst *bn* oversexed

'overslaan[1] **I** (h.) *overg* **1** ⟨geen beurt geven⟩ pass [sbd.] over; **2** ⟨niet lezen &⟩ omit, skip [a line], jump [some pages], miss [a performance]; **3** scheepv tranship [goods]; **II** (is) *onoverg*: ⟨...zei zij⟩ *terwijl haar stem oversloeg* with a catch in her voice; ~ *op* **1** spread to [of a fire]; **2** infect [of laughter &]

'overslag *m* (-slagen) **1** ⟨aan kledingstuk⟩ turn-up; **2** ⟨v. enveloppe⟩ flap; **3** scheepv transhipment; **4** bridge overtrick

'overslagbedrijf *o* (-drijven) transhipment company

'overslaghaven *v* (-s) port of transhipment, transhipment harbour

1 over'spannen (overspande, h. overspannen) **I** *overg* span [a river &]; overstrain; **II** *wederk: zich* ~ overexert oneself

2 over'spannen *bn* overstrung, overstrained, overwrought [nerves, imagination]

over'spanning *v* (-en) **1** span [of a bridge]; **2** ⟨v. zenuwen &⟩ overstrain, overexertion, overexcitement

'oversparen[1] *overg* save, lay aside [money]

'overspel *o* adultery

1 'overspelen[1] *overg* replay [a match]; *een overgespeelde wedstrijd* a replay

2 over'spelen (overspeelde, h. overspeeld) *overg* outclass [a team]

over'spelig *bn* adulterous

over'spoelen (overspoelde, h. overspoeld) *overg* flood, overrun

'overspringen[1] *onoverg* **1** ⟨in 't alg.⟩ leap over, jump over; **2** elektr jump over

'overstaan *o: ten* ~ *van* in the presence of, before

'overstaand *bn* opposite

over'stag *bijw:* ~ *gaan* scheepv tack (about), go about, change one's tack[2]

'overstapje, **'overstapkaartje** *o* (-s) correspondence ticket, transfer (ticket)

'overstappen[1] *overg* change (into another train), transfer [to an open car]

'overste *m-v* (-n) **1** mil lieutenant-colonel; **2** RK prior, Father Superior; **3** ZN ⟨meerdere⟩ head, manager, superior; *moeder* ~ prioress, Mother Superior

'oversteek *m* (-steken) crossing

'oversteekplaats *v* (-en) pedestrian crossing, crossing

'oversteken (stak over, overgestoken) **I** (is) *onoverg* cross (over); *gelijk* ~ swap at the same time; **II** (h.) *overg* cross

over'stelpen (overstelpte, h. overstelpt) *overg* overwhelm[2]; *we worden overstelpt met aanvragen* we are swamped (inundated, flooded, overrun) with applications

1 'overstemmen[1] **I** *overg* tune again [a piano]; **II** *onoverg* ⟨opnieuw een stemming houden⟩ vote again

2 over'stemmen (overstemde, h. overstemd) *overg* **1** ⟨in geluid overtreffen⟩ drown [sbd.'s voice]; **2** ⟨meer stemmen halen⟩ outvote [sbd.]

over'stijgen (oversteeg, h. overstegen) *overg* surpass, go beyond

'overstort *m* (-en) overflow

1 'overstromen[1] *onoverg* ⟨over de rand, oever stromen⟩ overflow

2 over'stromen (overstroomde, h. overstroomd) *overg* ⟨onder water zetten⟩ inundate[2], flood; *overstroomd door dagjesmensen* overrun by day trippers; *de markt* ~ *met...* flood, glut (deluge) the market with...

over'stroming *v* (-en) inundation, flood

1 'oversturen[1] *overg* = overzenden

2 over'sturen (overstuurde, is overstuurd) *onoverg* ⟨v. auto⟩ oversteer

over'stuur *bn* out of order; upset, in a dither; *zij was helemaal* ~ she was quite upset, she was all of a dither

over'tallig *bn* supernumerary

'overtappen[1] *overg* transfer from one cask to another

1 'overtekenen[1] *overg* **1** redraw [a drawing]; **2** ⟨natekenen⟩ copy

2 over'tekenen (overtekende, h. overtekend) *overg* oversubscribe [a loan]

'overtellen[1] *overg* count again, recount

'overtikken[1] *overg* type out

'overtocht *m* (-en) passage, crossing

over'tollig *bn* **1** ⟨in 't alg.⟩ superfluous, redundant; **2** surplus [stock]

over'tolligheid *v* (-heden) superfluity, superfluousness, redundancy

over'treden (overtrad, h. overtreden) *overg* **1** contravene, transgress, infringe [the law]; **2** break (through) [rules]

over'treder *m* (-s) transgressor, breaker [of rules], trespasser

over'treding *v* (-en) contravention, transgression,

infringement, breach [of the rules], trespass

over'treffen (overtrof, h. overtroffen) *overg* surpass, exceed, excel, outdo, outvie; *iem.* ~ outmatch sbd.; *zichzelf* ~ surpass (excel) oneself; *de vraag overtreft het aanbod* demand exceeds supply

'overtrek *o & m* (-ken) case, casing, cover

1 'overtrekken[1] **I** *overg* **1** (h.) ⟨trekken over⟩ pull across; **2** (h.) ⟨overhalen⟩ pull [the trigger]; **3** (is) ⟨gaan over⟩ cross [a river &]; **4** (h.) ⟨natrekken⟩ trace [a drawing]; **II** (is) *onoverg* blow over [of a thunderstorm]

2 over'trekken (overtrok, h. overtrokken) *overg* **1** cover, upholster [furniture]; recover [an umbrella]; **2** handel overdraw [one's account]; **3** ⟨v. vliegtuig⟩ stall; **4** ⟨overdrijven⟩ overdraw, overact

'overtrekpapier *o* tracing-paper

over'troeven (overtroefde, h. overtroefd) *overg* **1** kaartsp overtrump; **2** fig go one better than [sbd.], score off [sbd.]

over'tuigd *bn* **1** staunch [supporter]; **2** true [socialist]

over'tuigen (overtuigde, h. overtuigd) **I** *overg* convince; **II** *wederk*: *zich* ~ convince oneself; **III** *abs ww* carry conviction

over'tuigend *bn* convincing

over'tuiging *v* (-en) conviction; *de* ~ *hebben dat...* be convinced that; *tot de* ~ *komen dat...* come to the conclusion (conviction) that...; *uit* ~ from conviction; *stuk van* ~ recht exhibit

over'tuigingskracht *v* force of conviction, convincing power, cogency

'overtypen[1] *overg* type out

'overuren *mv* overtime, hours of overtime; ~ *maken* work overtime

'overvaart *v* (-en) passage, crossing

'overval *m* (-len) raid [also by police], hold-up

over'vallen (overviel, h. overvallen) *overg* **1** ⟨aanvallen⟩ raid, assault; **2** ⟨v. onweer &⟩ overtake; **3** ⟨verrassen⟩ take by surprise, surprise; *door de regen* ~ caught in the rain

'overvaller *m* (-s) raider

'overvalwagen *m* (-s) police van

1 'overvaren[1] **I** (is) *onoverg* cross (over); **II** *overg* **1** (is) cross [a river]; **2** (h.) take [a person] across

2 over'varen (overvoer, h. overvaren) *overg* run down [a vessel]

'oververhitten (oververhitte, h. oververhit) *overg* overheat; superheat [steam]

'oververmoeid *bn* over-fatigued, overtired

over'vermoeidheid *v* over-fatigue

'oververtegenwoordigd *bn* overrepresented

'oververtellen (vertelde over, h. oververteld) *overg* repeat, tell

'oververven[1] *overg* **1** redye; **2** = *overschilderen*

'oververzadigen (oververzadigde, h. oververzadigd) *overg* **1** supersaturate [a solution]; **2** fig surfeit

'oververzadiging *v* **1** supersaturation; **2** fig surfeit

over'vleugelen (overvleugelde, h. overvleugeld)

overg **1** ⟨overtreffen⟩ surpass, outstrip; **2** mil outflank

'overvliegen[1] *overg* fly over; fly across

'overvloed *m* abundance, plenty, profusion; ~ *hebben van* abound in; ...*in* ~ *hebben* have plenty of...; *ten* ~*e* moreover, needless to say

over'vloedig *bn* abundant, plentiful, copious, profuse

'overvloeien[1] *onoverg* overflow; ~ *van* (in 't alg.) abound in, brim with; **2** swim [with tears]; ~ *van melk en honing* bijbel flow with milk and honey

over'voeden (overvoedde, h. overvoed) *overg* overfeed

over'voeding *v* overfeeding

1 'overvoeren[1] *overg* carry over, transport

2 over'voeren (overvoerde, h. overvoerd) *overg* **1** ⟨te veel voer geven⟩ overfeed; **2** fig overstock, glut, flood [the market]

'overvol *bn* full to overflowing, chock-full, overcrowded, crowded [house]

'overvracht *v* excess luggage, excess

over'vragen (overvroeg, overvraagde, h. overvraagd) *overg* ask too much, overcharge

'overwaaien[1] *onoverg* blow over

'overwaarde *v* surplus value

'overwaarderen[1] *overg* overvalue

'overwaardering *v* overvaluation

1 'overweg *m* (-wegen) level crossing; *onbewaakte* ~ unguarded level crossing

2 over'weg *bijw*: *met iets* ~ *kunnen* know how to manage sth.; *ik kan goed met hem* ~ I can get on with him very well; *zij kunnen niet met elkaar* ~ they don't hit it off

1 'overwegen[1] *overg* ⟨opnieuw wegen⟩ reweigh, weigh again

2 over'wegen (overwoog, h. overwogen) *overg* ⟨overdenken⟩ consider, weigh, think over, contemplate

over'wegend *bn* preponderant; *van* ~ *belang* of paramount importance; ~ *droog weer* dry on the whole; *(de bevolking is)* ~ *Duits* predominantly German

over'weging *v* (-en) **1** ⟨beraad⟩ consideration; **2** ⟨gedachte⟩ reflection; *iem. iets in* ~ *geven* suggest sth. to sbd., recommend sth. to sbd.; *in* ~ *nemen* take into consideration; *ter* ~ for reflection; *uit* ~ *van* in consideration of

'overwegwachter *m* (-s) gateman, crossing keeper

over'weldigen (overweldigde, h. overweldigd) *overg* **1** overpower [a person]; **2** usurp [a throne]

over'weldigend *bn* overwhelming

over'weldiger *m* (-s) usurper

over'weldiging *v* usurpation

over'welfsel *o* (-s) vault

over'welven (overwelfde, h. overwelfd) *overg* overarch, vault

over'welving *v* (-en) vault

'overwerk *o* extra work, overwork, overtime

overwerken

1 'overwerken[1] *onoverg* work overtime
2 over'werken (overwerkte, h. overwerkt) *wederk*:
zich ~ overwork oneself
over'werkt *bn* overworked
'overwerktarief *o* (-rieven) overtime rate
'overwerkuren *mv* zie: *overuren*
'overwicht *o* 1 *eig* overbalance; 2 *fig* preponderance, ascendancy; *het* ~ *hebben* preponderate
over'winnaar *m* (-s en -naren) conqueror, victor
over'winnen (overwon, h. overwonnen) I *overg*
1 conquer, vanquish, overcome [the enemy]; 2 *fig*
conquer, overcome, surmount [difficulties]; *een*
overwonnen standpunt an exploded idea; II *abs ww*
conquer, vanquish, be victorious
over'winnend *bn* victorious, conquering
over'winning *v* (-en) victory; *de* ~ *behalen op* gain
the victory over; *het heeft mij een* ~ *gekost* it has
been an effort to me
over'winningsroes *m* flush of victory
'overwinst *v* (-en) surplus profit, excess profit
over'winteren (overwinterde, h. overwinterd) *on-*
overg winter, hibernate
over'wintering *v* (-en) wintering, hibernation
'overwippen[1] I *onoverg* pop over; *kom eens* ~ just
slip across, step round; *naar Alkmaar* ~ pop over to
Alkmaar; II *overg* pop across [the road]
over'woekeren (overwoekerde, h. overwoekerd)
overg grow over; *overwoekerd* overgrown (*door* with)
over'wonnene *m-v* (-n) vanquished person; *de*
overwonnenen the vanquished
over'zees *bn* oversea(s)
'overzeilen[1] I *onoverg* sail over, sail across; II *overg*
sail across, sail [the seas]
'overzenden[1] *overg* 1 (in 't alg.) send, forward, dispatch; 2 transmit [a message]; 3 remit [money]
'overzending *v* dispatch; transmission; remittance
'overzetboot *m & v* (-boten) ferry-boat
'overzetten[1] *overg* 1 (overvaren) ferry over, take
across; 2 (vertalen) translate
'overzetter *m* (-s) 1 (veerman) ferryman; 2 (vertaler) translator
'overzetting *v* (-en) translation
'overzicht *o* (-en) survey, synopsis, [general] view,
review [of foreign affairs &]; *beknopt* ~ resumé,
summary, abstract
over'zichtelijk I *bn* clear, neat [arrangement of
the matters]; II *bijw* clearly [arranged]
over'zichtelijkheid *v* clarity [of the arrangement]
1 'overzien[1] *overg* ⟨nakijken⟩ look over, go through
2 over'zien (overzag, h. overzien) *overg* ⟨in zijn geheel zien⟩ overlook, survey; *alles met één blik* ~ take
in everything at a glance, sum up a situation; *niet*
te ~ 1 (reusachtig) immense, vast[2]; 2 incalculable
[consequences]
'overzij, 'overzijde *v* = *overkant*
'overzwemmen[1] *overg* swim across, swim [the
Channel]
O'vidius *m* Ovid

OV-'jaarkaart *v* (-en) public transport season
ticket
ovu'latie *v* (-s) ovulation
o'weeër *m* (-s) war-profiteer
oxi'datie *v* (-s) oxidation
o'xide *o* (-n en -s) oxide
oxi'deren (oxideerde, h. geoxideerd) *overg & on-*
overg oxidize
'ozon *o & m* ozone
'ozonlaag *v* ozone layer

P

p *v* ('s) p
pa *m* ('s) gemeenz pa(pa), dad(dy)
p.a. *afk.* = per *adres*
'**paadje** *o* (-s) footpath, walk
1 '**paaien** (paaide, h. gepaaid) *overg* ⟨tevredenstellen⟩ appease, soothe
2 '**paaien** (paaide, h. gepaaid) *onoverg* spawn [of fish]
'**paaiplaats** *v* (-en) spawning grounds
'**paaitijd** *m* (-en) spawning season
paal *m* (palen) **1** pile [driven into ground]; pole [rising out of ground]; post [strong pole]; stake, mil palisade; **2** herald pale; ~ *en perk* metes and bounds; ~ *en perk stellen aan* check [a disease], put a stop to, stop [abuses], set bounds to; *dat staat als een* ~ *boven water* that's a fact, that is unquestionable
'**paalbewoner** *m* (-s) lake-dweller
'**paaldorp** *o* (-en) lake-village, lacustrine settlement
'**paaltje** *o* (-s) picket, peg
'**paalvast** *bn* as firm as a rock
'**paalwerk** *o* (-en) pilework, palisade
'**paalwoning** *v* (-en) piledwelling, lake-dwelling
'**paalzitten** *ww & o* pole-squatting
paap *m* (papen) scheldwoord **1** ⟨katholiek⟩ papist; **2** ⟨geestelijke⟩ blackcoat
'**paapje** *o* (-s) ⟨vogel⟩ whinchat
paaps *bn* geringsch papistic(al), popish
paar *o* (paren) **1** pair [of shoes &]; **2** couple, brace [of partridges &]; *een* ~ *dagen* a day or two, a few days, a couple of days; *een* ~ *dingen* one or two things; *een gelukkig* ~ a happy pair (couple); *verliefde paren* couples of lovers; *zij vormen geen goed* ~ they don't match; ~ *aan* ~ two together; *bij paren, bij het* ~ *verkopen* sell in pairs
paard *o* (-en) **1** ⟨dier⟩ horse; **2** ⟨schaakspel⟩ knight; **3** ⟨gymnastiek⟩ (vaulting-)horse; ~ *rijden* ride (on horseback); *(de)* ~*en die de haver verdienen krijgen ze niet* desert and reward seldom keep company; *het beste* ~ *struikelt wel eens* it is a good horse that never stumbles; *men moet een gegeven* ~ *niet in de bek kijken* you must not look a gift horse in the mouth; *het* ~ *achter de wagen spannen* put the cart before the horse; *ik heb honger als een* ~ I'm famished, I'm starving, I could eat a horse; *op het* ~ *helpen* fig give a leg up; *zij is over het* ~ *getild* she is rather swollen-headed, she thinks she is God's gift to mankind; *te* ~ on horseback, mounted; *te* ~*!* to horse!; zie ook: *stijgen &*
'**paardebloem** *v* (-en) dandelion
'**paardendek** *o* (-ken), '**paardendeken** *v* (-s) horse-cloth
'**paardenfokker** *m* (-s) horse-breeder
paardenfokke'rij *v* (-en) **1** ⟨het fokken⟩ horse-breeding; **2** ⟨bedrijf⟩ stud; stud-farm
'**paardenhaar** *o* horsehair
'**paardenhandel** *m* horse-trade
'**paardenharen** *bn* horsehair
'**paardenhoef** *m* (-hoeven) hoof (of a horse)
'**paardenhoofdstel** *o* (-len) headstall
'**paardenhorzel** *v* (-s) horse-fly, gad-fly
'**paardenknecht** *m* (-en) groom
'**paardenkoper** *m* (-s) horse-dealer, coper
'**paardenkracht** *v* (-en) horse-power, h.p
'**paardenmarkt** *v* (-en) horse-fair
'**paardenmiddel** *o* (-en) kill or cure remedy
'**paardenras** *o* (-sen) breed of horses
'**paardenrennen** *mv* races
'**paardenrookvlees** *o* smoked horsemeat
'**paardenslager** *m* (-s) horsebutcher
'**paardenslagerij** *v* (-en) horsebutcher's shop
'**paardensport** *v* equestrianism
'**paardensprong** *m* (-en) knight's move
'**paardenstaart** *m* (-en) **1** horse-tail (ook plantk); **2** ⟨haardracht⟩ pony tail
'**paardenstal** *m* (-len) stable
paardenstoete'rij *v* (-en) stud; stud-farm
'**paardentoom** *m* (-tomen) bridle
'**paardentram** *v* (-s) horse-tramway
'**paardentuig** *o* harness
'**paardenvijg** *v* (-en) ball of horse-dung; ~*en* horse-manure
'**paardenvlees** *o* **1** ⟨vlees v. paard⟩ horseflesh; **2** ⟨als gerecht⟩ horse meat
'**paardenvlieg** *v* (-en) horse-fly
'**paardenvoet** *m* (-en) **1** eig horse's foot; **2** ⟨mismaakte voet⟩ club-foot
'**paardenvolk** *o* cavalry, horse
'**paardje** *o* (-s) little horse, gemeenz gee-gee; ~ *rijden* ride the horsy, ride the gee-gee
'**paardmens** *m* (-en) centaur
'**paardrijden** *o* **1** riding (on horse-back), horse-riding; **2** ⟨als kunst⟩ horsemanship; *zij gingen* ~ they went out riding
'**paardrijder** *m* (-s) rider, horseman, equestrian
'**paardrijdster** *v* (-s) horsewoman, lady equestrian
paarle'moer *o* mother-of-pearl, nacre
paarle'moeren *bn* mother-of-pearl [buttons &]
paars *bn & o* **1** ⟨paarsrood⟩ purple; **2** ⟨paarsblauw⟩ violet; *het* ~*e kabinet* coalition government supported by the social democratic and liberal democratic parties
paarsge'wijs, **paarsge'wijze** *bijw* in pairs, two and two
'**paartijd** *m* pairing-time, mating-time
'**paartje** *o* (-s) couple [of lovers]
'**paasbest** *o* Easter best, Sunday best
'**paasbloem** *v* (-en) ZN daffodil
'**paasbrood** *o* (-broden) **1** Easter loaf [of the Chris-

1187

tians]; **2** Passover bread [of the Jews]

'**paasdag** *m* (-dagen) Easter day

'**paasei** *o* (-eieren) Easter egg

'**Paaseiland** *o* Easter Island

'**paasfeest** *o* (-en) **1** ⟨v.d. christenen⟩ Easter; **2** Passover [of the Jews]

'**paashaas** *m* (-hazen) Easter bunny; ⟨v. chocola⟩ chocolate Easter bunny

'**paaslam** *o* (-meren) paschal lamb

paas'**maandag** *m* (-dagen) Easter Monday

'**paasplicht** *m* & *v* RK Easter duties

'**paastijd** *m* Easter time

'**paasvakantie** *v* (-s) Easter holidays

'**paasvuur** *o* (-vuren) Easter bonfire

'**paasweek** *v* (-weken) Easter week

paas'**zaterdag** *m* (-dagen) Easter Eve

paas'**zondag** *m* (-dagen) Easter Sunday

'**paatje** *o* (-s) gemeenz daddy

'**pabo** *v Pedagogische Academie voor het Basisonderwijs* Training College for Primary Teachers

'**pacemaker** *m* (-s) pace-maker, *Am* cardiac pace-maker

pacht *v* (-en) **1** ⟨'t pachten⟩ lease; **2** ⟨geld⟩ rent; *in ~ geven* let out, farm out; *in ~ hebben* hold on lease, rent; *in ~ nemen* take on lease, rent; *vrij van ~* rent-free; zie ook: *wijsheid*

'**pachtboer** *m* (-en) tenant farmer

'**pachtcontract** *o* (-en) lease

'**pachten** (pachtte, h. gepacht) *overg* **1** ⟨in 't alg.⟩ rent; **2** *vero* farm [a monopoly]

'**pachter** *m* (-s) **1** tenant, tenant farmer [of a farm]; **2** lessee, leaseholder [of a theatre &]; **3** *vero* farmer [of a monopoly]

'**pachtgeld** *o* (-en) rent

'**pachthoeve** *v* (-n) farm

'**pachthof** *o* (-hoven) ZN tenant farm

'**pachtkamer** *v* (-s) recht court for lend-lease disputes

'**pachtsom** *v* (-men) rent

'**pachttermijn** *m* (-en) tenancy

'**pachtvrij** *bn* rent-free

pacifi'**catie** *v* (-s) pacification

pacifi'**ceren** (pacificeerde, h. gepacificeerd) *overg* pacify

paci'**fisme** *o* pacifism

paci'**fist** *m* (-en) pacifist

paci'**fistisch** *bn* pacifist

pact *o* (-en) pact

1 pad *o* (-en) **1** ⟨in 't alg.⟩ path[2] [of virtue &], walk; **2** ⟨tussen zitplaatsen⟩ gangway, aisle; *op ~ gaan* set out; *(laat) op ~ zijn* be out (late)

2 pad *v* (-den) ⟨dier⟩ toad

'**paddestoel** *m* (-en) **1** ⟨in 't alg.⟩ toadstool; **2** ⟨eetbare⟩ mushroom; *eetbare ~en* ook: edible fungi; *als ~en uit de grond rijzen* spring up like mushrooms

'**paddestoelwolk** *v* (-en) mushroom cloud

'**paden** meerv. van [1]*pad*

'**padi** *m* paddy

'**padvinder** *m* (-s) (boy) scout

padvinde'rij *v* (boy-) scout movement, scouting

'**padvindster** *v* (-s) girl guide

paf *tsw* puff; bang!; *hij stond ~* he was staggered, gemeenz he was flabbergasted

'**paffen** (pafte, h. gepaft) *onoverg* **1** ⟨roken⟩ puff; **2** pop [with a gun]

'**pafferig** *bn* puffy, bloated

pag. *afk.* = *pagina*

pa'**gaai** *m* (-en) paddle

pa'**gaaien** (pagaaide, h. gepagaaid) *onoverg* & *overg* paddle

pa'**gadder** *m* (-s) ZN mischievous (naughty) boy

'**page** *m* (-s) page

'**pagekop** *m* (-pen) bobbed hair

'**pagina** *v* ('s) page

'**paginagroot** *bn* full-page

pagi'**neren** (pagineerde, h. gepagineerd) *overg* page, paginate

pagi'**nering** *v* (-en) paging, pagination

pa'**gode** *v* (-s) pagoda

pail'**lette** *v* (-ten) spangle, sequin

pair *m* (-s) peer

'**pairschap** *o* peerage

pais *v*: *in ~ en vree* amicably, peacefully

pak *o* (-ken) **1** package, parcel, packet [of matches], bundle; [pedlar's] pack; **2** *fig* load; **3** suit [of clothes]; **4** ZN ⟨zakje⟩ bag; *een ~ slaag* a thrashing, a flogging, a drubbing, gemeenz a hiding; *een ~ voor de broek* a spanking; *wij kregen een nat ~* we got wet through; *ik ben niet bang voor een nat ~* I don't fear a wetting; *dat was een ~ van mijn hart* that was a load off my mind; *bij de ~ken neerzitten* sit down in despair, give it up as a bad job; *een dik ~ sneeuw* a heavy fall of snow

'**pakezel** *m* (-s) pack-mule

'**pakgaren** *o* packthread

'**pakhuis** *o* (-huizen) warehouse; zie ook: *kat*

'**pakijs** *o* pack-ice

Paki'**staan** *m* (-stanen) Pakistani

Paki'**staans** *bn* Pakistani

'**Pakistan** *o* Pakistan

'**pakje** *o* (-s) **1** ⟨pakketje⟩ packet, package; **2** ⟨cadeautje⟩ parcel, present; **3** ⟨dameskleding⟩ ensemble, suit(-dress); *een ~ sigaretten* a packet of cigarettes

'**pakkamer** *v* (-s) packing-room

'**pakkans** *v* chance of getting caught, chance of being arrested

'**pakken** (pakte, h. gepakt) **I** *overg* **1** ⟨grijpen⟩ seize, clutch, grasp, take [sth. up, sbd.'s hands]; **2** ⟨omhelzen⟩ hug, cuddle [a child &]; **3** ⟨inpakken⟩ pack [one's trunk]; **4** *fig* fetch [one's public]; grip [the reader]; *mag ik even mijn zakdoek ~?* may I get my handkerchief?; *pak ze!* sick him!; *het te ~ hebben* have caught a cold; *hij heeft het erg (zwaar) te ~* it's hit him very hard, he has got it badly; *hij zal het gauw te ~ hebben* he will soon get the trick of it; *je hebt een koorts te ~* you have got fever (on you); *als* *ik hem te* ~ *krijg* **1** [I'll tell him] if I can get hold of him; **2** [I'll smash him] if he ever falls into my clutches; *ze kunnen hem niet te* ~ *krijgen* **1** they can't get hold of him; **2** they can't catch him; *iem. te* ~ *nemen* **1** make a fool of sbd.; pull sbd.'s leg; **2** take sbd. in; **II** *abs ww* ball, bind [of snow]; *ik moet nog* ~ I must pack (up); *het stuk pakt niet* the play does not catch on; *de zaag pakt niet* the saw doesn't bite

'**pakkend** *bn* **1** fetching, taking [manner]; **2** gripping, fascinating [story]; **3** catchy [melodies, songs]; **4** telling [device]

1 '**pakker** *m* (-s) ⟨inpakker⟩ packer

2 '**pakker**, '**pakkerd** *m* (-s) ⟨omhelzing⟩ gemeenz hug, squeeze

pak'ket *o* (-ten) **1** *eig* parcel, packet; **2** *fig* package

pak'ketboot *m & v* (-boten) packet-boat

pak'ketpost *v* parcel post

pak'ketvaart *v* packet service

'**pakking** *v* (-en en -s) techn packing, gasket

'**pakkingring** *m* (-en) techn gasket-ring

'**pakkist** *v* (-en) (packing-)case

'**paklinnen** *o* (-s) packing-cloth, packing sheet, canvas

'**pakloon** *o* packing-charges

'**pakmand** *v* (-en) hamper

'**paknaald** *v* (-en) packing-needle

'**pakpapier** *o* packing-paper

'**pakschuit** *v* (-en) barge

'**paktafel** *v* (-s) packing table, wrapping table

'**paktouw** *o* twine

'**pakweg** *bijw* about, say, roughly, some; *dat gaat je* ~ *200 pond kosten* that will cost you about 200 pounds; *we hebben* ~ *twintig minuten gewacht* we waited some twenty minutes

'**pakzadel** *m & o* (-s) pack-saddle

'**pakzolder** *m* (-s) storage loft

1 pal *m* (-len) click, ratchet, pawl [of a watch]

2 pal I *bn* firm; ~ *staan* stand firm; **II** *bijw* **1** firmly [fixed &]; **2** right [in the middle]; ~ *noord* due north

pala'dijn *m* (-en) paladin

palan'kijn *m* (-s) palanquin

pala'taal *bn & v* (-talen) palatal

pa'laver *o* (-s) palaver

pa'leis *o* (-leizen) palace; *ten paleize* at the palace; at court

pa'leisrevolutie *v* (-s) palace revolution

pa'leiswacht *v* palace guard

'**palen** (paalde, h. gepaald) *onoverg:* ~ *aan* confine upon

paleogra'fie *v* palaeography

paleo'grafisch *bn* palaeographic

Pales'tijn *m* (-en) Palestinian

Pales'tijns *bn* Palestinian

Pales'tina *o* Palestine

pa'let *o* (-ten) palette, pallet

pa'letmes *o* (-sen) palette-knife

palfre'nier *m* (-s) groom

palin'droom *o* (-dromen) palindrome

'**paling** *m* (-en) eel

'**palingfuik** *v* (-en) eel buck

palis'sade *v* (-n en -s) palisade; ⟨rondom⟩ paling

palissa'deren (palissadeerde, h. gepalissadeerd) *overg* palisade

palissa'dering *v* (-en) **1** ⟨het palissaderen⟩ palisading; **2** ⟨palissade⟩ palisade

palis'sanderhout *o* rosewood

pal'jas *m* (-sen) ⟨grappenmaker⟩ clown, buffoon

'**pallet** *m* (-s) pallet

pal'lieter *m* (-s) ZN epicure, jolly fellow

palm *m* (-en) **1** ⟨v. hand⟩ palm; **2** ⟨boom, tak⟩ palm

palma'res *m* (-sen) ZN list of records, prize winners

'**palmblad** *o* (-bladeren en -blaren) palm-leaf

'**palmboom** *m* (-bomen) palm-tree

'**palmboompje** *o* (-s) = *palmstruik*

'**palmbos** *o* (-sen) palm-grove

'**palmhout** *o* box-wood, box

'**palmolie** *v* palm-oil

Palm'paas, **Palm'pasen** *m* Palm Sunday

'**palmstruik** *m* (-en) box-tree

'**palmtak** *m* (-ken) **1** *eig* palmbranch; **2** ⟨symbolisch⟩ palm

'**palmwijn** *m* palm-wine

Palm'zondag *m* (-en) Palm Sunday

Palts *v* Palatinate [of the Rhine]

'**paltsgraaf** *m* (-graven) count palatine

pam'flet *o* (-ten) tract, pamphlet; ⟨brochure⟩ pamphlet, leaflet

pam'fletschrijver (-s), **pamflet'tist** *m* (-en) pamphleteer

'**pampa** *v* ('s) pampas

'**Pampus** *o*: *voor* ~ *liggen* gemeenz **1** ⟨vermoeid⟩ be deadtired (dead-beat); **2** ⟨dronken⟩ be dead-drunk

pan *v* (-nen) **1** ⟨keukengerei⟩ pan; **2** ⟨van dak⟩ tile; **3** ⟨herrie⟩ gemeenz row; *wat een* ~*!* what a go!; *in de* ~ *hakken* cut up, cut to pieces, wipe out; *die muziek swingt de* ~ *uit* this music really swings; *(het feest &) swingt de* ~ *uit* fig (the party &) is going with a swing

pana'cee *v* (-ceeën en -s) panacea, cure-all

'**Panama** *o* Panama

'**panamahoed** *m* (-en) Panama hat, panama

'**Panamakanaal** *o* Panama Canal

Pana'mees *m* (-mezen) & *bn* Panamanian

panameri'kaans *bn* Pan-American

panamerika'nisme *o* Pan-Americanism

'**pancreas** *m & o* (-sen) pancreas

pand *o* (-en) **1** ⟨onderpand⟩ pledge, security, pawn, sp forfeit; **2** *o* ⟨huis en erf⟩ premises; **3** *m & o* ⟨v. jas⟩ flap, tail, skirt; ~ *verbeuren* zie: *verbeuren; in* ~ *geven* offer in pawn, give as (a) security; *tegen* ~ on security

'**panda** *m* ('s) panda

'**pandbrief** *m* (-brieven) mortage bond

pan'decten *mv* recht pandects

pandemonium

pande'monium o ⟨verwarring⟩ pandemonium, uproar

'panden (pandde, h. gepand) *overg* seize, distrain upon

'pandgever m (-s) pawner

'pandhouder m (-s) pawnee

'pandjesbaas m (-bazen) pawnbroker

'pandjeshuis o (-huizen) pawnshop

'pandjesjas m & v (-sen) tail-coat

pan'doer o & m kaartsp 'pandoer'; *opgelegd* ~ **1** ⟨zekerheid⟩ a (dead) cert, a sure thing; **2** ⟨afgesproken werk⟩ a put-up job, a fix

'pandrecht o lien

'pandverbeuren o (game of) forfeits

pa'neel o (-nelen) panel

pa'neermeel o bread-crumbs

'panel o (-s) panel

pa'neren (paneerde, h. gepaneerd) *overg* (bread-)-crumb

'panfluit v (-en) Pan-pipe, Pandean pipes

pang *tsw* bang, pow

pa'niek v panic; [war] scare; *in* ~ *geraakt* panic-stricken; *in* ~ *raken* panic

pa'niekerig bn panicky

pa'niekstemming v panicky atmosphere

pa'niektoestand m state of panic

pa'niekvoetbal o **1** ⟨m.b.t. voetbal⟩ panicky play; **2** ⟨m.b.t. gedrag⟩ panicky behaviour; ~ *spelen* fig be panicking

pa'niekzaaier m (-s) scare-monger

pani'keren (panikeerde, h. gepanikeerd) *onoverg* ZN panic

'panisch bn panic; ~*e schrik* panic

panisla'misme o Pan-Islamism

'panklaar bn ready for the frying-pan

'panne v (-s) breakdown

pannenbakke'rij v (-en) tile-works

'pannendak o (-daken) tiled roof

'pannendekker m (-s) tiler

'pannenkoek m (-en) pancake

'pannenlap m (-pen) **1** ⟨om te reinigen⟩ (pot) scourer; **2** ⟨om aan te vatten⟩ pot-holder

'pannenlikker m (-s) dough scraper

'pannenspons v (-en en -sponzen) (pot) scourer

pa'nopticum o (-ca en -s) = *wassenbeeldenmuseum*

pano'rama o ('s) panorama

'pansfluit v (-en) = *pansfluit*

panta'lon m (-s) pair of trousers; Am pants

'panter m (-s) panther

panthe'ïsme o pantheism

panthe'ïst m (-en) pantheist

panthe'ïstisch bn pantheistic(al)

'pantheon o (-s) pantheon

pan'toffel v (-s) slipper; *onder de* ~ *zitten* be henpecked (*van* by), be under petticoat government

pan'toffelheld m (-en) henpecked husband

pan'toffelparade v (-s) parade; ⟨na kerk⟩ church-parade

panto'mime v (-s en -n) pantomime, dumb show

'pantry m ('s) pantry

'pantser o (-s) **1** ⟨harnas⟩ cuirass, (suit of) armour; **2** ⟨bekleding⟩ armour-plating

'pantserauto m ('s) armoured car

'pantserdek o (-ken) armoured deck

'pantserdivisie v (-s) tank division

'pantseren (pantserde, h. gepantserd) *overg* armour-plate, armour; zie ook: *gepantserd*

'pantserglas o bullet-proof glass

'pantserkruiser m (-s) armoured cruiser

'pantserplaat v (-platen) armour-plate

'pantserschip o (-schepen) armoured ship, armour-clad

'pantservoertuig o (-en) armoured vehicle, armoured car

'pantserwagen m (-s) armoured car

'panty m ('s) panty-hose, (pair of) tights

pap v (-pen) **1** ⟨om te eten⟩ porridge [made of oatmeal or cereals]; pap [soft food for infants or invalids]; **2** med poultice; **3** ⟨in de nijverheid⟩ dressing [for textiles]; [paper] pulp; **4** ⟨stijfsel⟩ paste; **5** ⟨v. sneeuw, modder⟩ slush; *een vinger in de* ~ *hebben* have a finger in the pie

pa'pa m ('s) papa

pa'paja m ('s) pawpaw, papaw, papaya

pa'paver v (-s) poppy

pa'paverbol m (-len) poppyhead

pa'paverzaad o poppy-seed

pape'gaai m (-en) parrot[2]

pape'gaaienziekte v psittacosis

'papenvreter m (-s) antipapist

pape'rassen mv papers, gemeenz bumf

'paperback m (-s) paperback

'paperclip m (-s) paper-clip

Papia'mento o Papiamento

pa'pier o (-en) paper; ~*en* papers; *zijn* ~*en rijzen* his stock is going up[2]; *goede* ~*en hebben* have good testimonials; *het* ~ *is geduldig* anything may be put on paper; *het zal in de* ~*en lopen* it will run into a lot of money; *op* ~ on paper; *op* ~ *brengen (zetten)* put on paper; commit to paper

pa'pieren bn paper; ~ *geld* paper money, paper currency

pa'pierfabriek v (-en) paper-mill

pa'pierfabrikant m (-en) paper-maker

pa'piergeld o paper money

pa'pierhandel m paper-trade

pa'pierhandelaar m (-s en -laren) paper-seller

pa'pierindustrie v papermaking industry

pa'pierklem v (-men) ZN paper-clip

papier-ma'ché o papier mâché

pa'piermand v (-en) waste-paper basket

pa'piermolen m (-s) paper-mill

pa'piertje o (-s) bit of paper

pa'pierwinkel m eig stationer's shop; fig mass of paperwork

pa'pierwol v paper shavings

pa'pil *v* (-len) papilla [*mv* papillae]

papil'lot *v* curl-paper; *met ~ten in het haar* with her hair in papers

pa'pisme *o* papistry, popery

pa'pist *m* (-en) papist

'papkindje *o* (-s) mollycoddle

'paplepel *m* (-s) pap-spoon; *het is hem met de ~ ingegeven* he has sucked it in with his mother's milk

'Papoea *m* ('s) Papuan

'Papoeaas *bn* Papuan

'Papoea-Nieuw-Gui'nea *o* Papua-New Guinea

'pappen (papte, h. gepapt) *overg* **1** poultice [a wound]; **2** techn dress

'pappenheimers *mv*: *hij kent zijn ~* he knows his people, his men

'papperig *bn* soft, pulpy, pappy, mashy, mushy

'pappie *m* kindertaal daddy

'pappig *bn* pappy

'pappot *m* (-ten) pap-pot; *bij moeders ~ blijven* be tied to mother's apron-strings

'paprika *v* ('s) paprika

'paprikachips *mv* paprika crisps; Am barbecue potato chips

'paprikapoeder *o* paprika

papyrolo'gie *v* papyrology

pa'pyrus *m* (-sen en -pyri) papyrus

'papzak *m* (-ken) fats, fatso

pa'raaf *m* (-rafen) initials [of one's name]

pa'raat *bn* ready, prepared, in readiness; *parate kennis* ready knowledge

pa'raatheid *v* readiness, preparedness

pa'rabel *v* (-s en -en) parable

para'bolisch *bn* parabolic(al)

para'bool *v* (-bolen) parabola

para'chute *m* (-s) parachute

parachu'teren (parachuteerde, h. geparachuteerd) *overg* parachute

para'chutespringen *ww & o* parachute jumping; *ga je mee ~?* do you want to go parachuting with me?

para'chutesprong *m* (-en) parachute jump

para'chutetroepen *mv* parachute troops, paratroops

parachu'tist *m* (-en) **1** ⟨in 't alg.⟩ parachutist; **2** mil paratrooper

pa'rade *v* (-s) **1** mil parade, review; **2** parade, parry [in fencing]; **3** fig parade, show; *de ~ afnemen* take the salute; *~ houden* parade, hold a review; *~ maken* parade

pa'radepaard *o* (-en) **1** eig parade-horse; **2** fig ⟨persoon⟩ pride; ⟨voorwerp⟩ showpiece

pa'radepas *m* (-sen) parade step, [stiff-legged] goose-step

pa'radeplaats *v* (-en) parade ground

para'deren (paradeerde, h. geparadeerd) *onoverg* **1** mil parade; **2** fig parade, show off

para'digma *o* (-ta en 's) paradigm

para'dijs *o* (-dijzen) paradise[2]

para'dijsachtig *bn* paradisiac(al)

para'dijselijk *bn* paradisiac(al)

para'dijsvogel *m* (-s) bird of paradise

para'dox *m* (-en) paradox

parado'xaal *bn* paradoxical

para'feren (parafeerde, h. geparafeerd) *overg* initial [a document &]

para'fering *v* initial(l)ing

paraf'fine *v & o* **1** ⟨wasachtige stof⟩ paraffin wax; **2** ⟨bepaalde koolwaterstof⟩ paraffin

para'frase *v* (-s en -n) paraphrase

parafra'seren (parafraseerde, h. geparafraseerd) *overg* paraphrase

paragno'sie *v* extrasensory perception

para'gnost *m* (-en) psychic

para'gnostisch *bn* extrasensory

para'graaf *m* (-grafen) **1** ⟨tekstonderdeel⟩ section, paragraph; **2** ⟨teken⟩ section-mark, paragraph: §

'Paraguay *o* Paraguay

Paraguay'aan *m* (-guayanen) Paraguayan

Paraguayaans *bn* Paraguayan

paral'lel *v* (-len) *bn* parallel; *~ lopen met* run parallel with; *een ~ trekken* draw a parallel

parallelle'pipedum *o* (-da en -s) parallelepiped

parallello'gram *o* (-men) parallelogram

paral'lelschakeling *v* (-en) shunt

paral'lelweg *m* (-wegen) parallel road

para'medisch *bn* paramedical

'paramilitair *bn* para-military

para'noia *v* paranoia

para'noicus *m* (-ci) paranoiac

parano'ïde *bn* paranoiac

'paranoot *v* (-noten) Brazil nut

'paranormaal *bn* paranormal

para'plu *m* ('s) umbrella

para'plubak *m* (-ken), **para'plustandaard** *m* (-s) umbrella-stand

'parapsychologie *v* parapsychology, [Society for] psychical research

parapsycho'logisch *bn* parapsychological

para'siet *m* (-en) parasite[2]

parasi'tair *bn* parasitic [disease]

parasi'teren (parasiteerde, h. geparasiteerd) *onoverg* be parasitic(al), sponge [on]

para'sitisch I *bn* parasitic(al); **II** *bijw* parasitically

para'sol *m* (-s) sunshade, parasol, (beach) umbrella

parasta'taal *bn* ZN semi-official

parasta'tale *v* (-n) ZN semi-official government, authority

'paratroepen *mv* paratroops

'paratyfus *m* paratyphoid

par'cours *o* (-en) circuit, course

par'does *bijw* bang, plump, slap

par'don *o* pardon; *~, meneer!* **1** sorry!, beg pardon, sir!; **2** excuse me, sir, could you...; *zonder ~* without mercy, inexorably; *geen ~ geven* give no quarter

'parel *v* (-s en -en) pearl[2]; *~en voor de zwijnen werpen* bijbel cast pearls before swine

'parelachtig bn pearly, pearl-like
'parelcollier m (-s) pearl-necklace, rope of pearls
'parelduiker m (-s) **1** ⟨visser⟩ pearl-diver, pearl-fisher; **2** ⟨vogel⟩ black-throated diver
'parelen (parelde, h. gepareld) onoverg pearl, sparkle, bead; *het zweet parelde hem op het voorhoofd* the perspiration stood in beads on his brow
'parelgerst v, **'parelgort** m pearl-barley
'parelgrijs bn pearl-grey
'parelhoen o (-ders) guinea-fowl
parel'moer(-) = *paarlemoer(-)*
'pareloester v (-s) pearl-oyster
'parelschelp v (-en) pearl-shell
'parelsnoer o (-en) pearl-necklace, rope of pearls
'parelvisser m (-s) pearl-fisher
parelvisse'rij v pearl-fishery, pearling
'paren (paarde, h. gepaard) **I** overg pair, couple, match, unite; *...~ aan* combine... with; **II** onoverg pair, mate, copulate [sexually]; zie ook: *gepaard*
paren'these, pa'renthesis v (-thesen en -theses) parenthesis; *in ~* within parentheses
pa'reren (pareerde, h. gepareerd) overg parry, ward off [a blow]
par'fum o & m (-s) perfume, scent
parfu'meren (parfumeerde, h. geparfumeerd) overg perfume, scent
parfume'rie v (-rieën) **1** ⟨reukwerk⟩ perfume, scent; **2** ⟨winkel⟩ perfumery
'pari bijw & o ('s) handel par; *a ~* at par; *beneden ~* below par, at a discount; *boven ~* above par, at a premium; *~ staan* be at par
'paria m-v ('s) pariah
Pa'rijs I o Paris; **II** bn Parisian, Paris
Pa'rijzenaar m (-s) Parisian
'paring v (-en) mating, pairing, copulation
'paringsdaad v (-daden) sexual act, copulation
'paringsdrift v mating instinct, sexual drive
Parisi'enne v (-s) Parisian
pari'tair bn on an equal footing, having equal rights; *~ comité* ZN committee of employers and trade-unionists who are equally represented
pari'teit v (-en) parity
park o (-en) **1** ⟨in 't alg.⟩ park, (pleasure) grounds; **2** ZN ⟨babybox⟩ playpen; *nationaal ~* national park
'parka m ('s) parka
par'keerautomaat m (-maten) car park ticket machine
par'keergarage v (-s) parking garage
par'keergeld o (-en) parking fee
par'keergelegenheid v (-heden) parking facilities
par'keerhaven v (-s) lay-by, parking bay
par'keerlicht o (-en) parking light
par'keermeter m (-s) parking meter
par'keerplaats v (-en) car park, parking place
par'keerschijf v (-schijven) parking disc
par'keerterrein o (-en) car park
par'keerverbod o (-boden) parking ban
par'keerwachter m (-s) traffic warden

par'keren (parkeerde, h. geparkeerd) onoverg & overg park; *dubbel ~* double-park; *niet ~* no parking
par'ket o (-ten) **1** ⟨vloerbedekking⟩ parquet; **2** ⟨Openbaar Ministerie⟩ Public Prosecutor's Office; ⟨ambtenaren daarvan⟩ Public Prosecutor; **3** ⟨rang in theater⟩ ± stalls; Am parquet; *iem. in een lastig ~ brengen* put (place) sbd. in an awkward predicament (position), embarrass sbd.; *hij zat in een lastig ~* gemeenz he was in an awful scrape (fix)
parket'teren (parketteerde, h. geparketteerd) overg parquet
par'ketvloer m (-en) parquet floor(ing)
par'kiet m (-en) parakeet, paroquet
'parking m (-s) ZN parking place, car park
par'koers o (-en) = *parcours*
parle'ment o (-en) parliament
parlemen'tair I bn parliamentary; *de ~e vlag* the flag of truce; **II** m (-s en -en) bearer of a flag of truce
parlementariër m (-s) parliamentarian, member of parliament
parlemen'teren (parlementeerde, h. geparlementeerd) onoverg (hold a) parley
parle'mentslid o (-leden) member of parliament, M.P.
parle'mentszitting v (-en) session of parliament
parle'vinken (parlevinkte, h. geparlevinkt) onoverg ⟨kletsen⟩ labber, talk gibberish
parle'vinker m (-s) scheepv bumboat trader
parlo'foon m (-s) ZN house telephone
par'mant, par'mantig bn pert, perky, dapper
parme'zaan m Parmesan cheese
Par'nas,, Par'nassus m: *de ~* Parnassus
parochi'aal bn parochial
parochi'aan m (-chianen) parishioner
pa'rochie v (-s en -chiën) parish
pa'rochiekerk v (-en) parish church
paro'die v (-dieën) parody, travesty, skit
parodi'ëren (parodieerde, h. geparodieerd) overg parody, travesty, take off
paro'dist m (-en) parodist
pa'rool o (-rolen) **1** ⟨erewoord⟩ parole; **2** ⟨wachtwoord⟩ parole, password; **3** ⟨leus⟩ watchword
1 part o (-en) part, portion, share; *ik had er ~ noch deel aan* I had neither part nor lot in it; *voor mijn ~* as for me, as far as I am concerned...
2 part v: *iem. ~en spelen* play a trick on sbd., play sbd. false
par'terre o & m (-s) **1** pit [in a theatre]; **2** ground floor [of a house]; **3** ⟨bloemperk⟩ parterre
'Parthen mv Parthians
partici'pant m (-en) participant
partici'patie v (-s) participation
partici'peren (participeerde, h. geparticipeerd) onoverg participate
particu'lier I bn private; *~e school* private school; *~e weg* occupation road; *~e woning* private house; **II** bijw privately; **III** m (-en) private person

parti'eel *bn* partial; *partiële leerplicht* ZN education which is partially compulsory

par'tij *v* (-en) **1** party°; **2** game [of billiards &]; **3** handel parcel, lot [of goods]; **4** muz part; *beide ~en* both sides, both parties; *een goede ~* a good match; *een ~(tje) biljarten* have a game of billiards; *een ~tje geven* give a party; *~ kiezen* take sides; ⟨bij spelletjes⟩ pick sides; *~ kiezen tegen* take part against, side against; *~ kiezen voor* take part with, side with; *de wijste ~ kiezen* choose the wisest course; *zijn ~ meeblazen* keep one's end up; *zijn ~ spelen* play one's part; *~ trekken voor* take part with, stand up for; *hij is geen ~ in deze zaak* he is not involved in this matter; *bij ~en verkopen* sell in lots; *boven de ~en staan* be above party, be impartial; *van ~ veranderen* change sides; *van de ~ zijn* be in on sth.

par'tijbons *m* (-bonzen) party bigwig

par'tijdig I *bn* partial, biassed; **II** *bijw* in a biassed way

par'tijdigheid *v* partiality, bias

par'tijganger *m* (-s) partisan

par'tijgeest *m* party spirit

par'tijgenoot *m* (-noten) party member

par'tijleider *m* (-s) party leader

par'tijleus, par'tijleuze *v* (-leuzen) party cry, slogan

par'tijlid *o* (-leden) party member

par'tijloos *bn* non-party

par'tijman *m* (-nen) party man, partisan

par'tijpolitiek *v* party politics, [the] party line

par'tijprogramma *o* ('s) party programme, party platform

par'tijstrijd *m* party battle, party warfare

par'tijtje *o* (-s) **1** ⟨feest⟩ party; **2** handel lot; **3** ⟨spelletje⟩ game

par'tijtop *m* (-pen) party leadership, party executive

parti'tuur *v* (-turen) score

parti'zaan *m* (-zanen) partisan

'partje *o* (-s) slice, section, small piece, segment [of an orange]

'partner *m & v* (-s) partner

'partnerruil *m* partner exchange, mate-swopping

parve'nu *m* ('s) parvenu, upstart

parve'nuachtig I *bn* parvenu...; **II** *bijw* like a parvenu

1 pas *m* (-sen) **1** ⟨stap⟩ pace, step; **2** ⟨bergweg⟩ pass, defile; **3** ⟨paspoort⟩ passport; **4** ⟨vrijgeleide⟩ pass; *de ~ aangeven* set the pace; *iem. de ~ afsnijden* cut sbd. off; *daarvoor is mij de ~ afgesneden* I find my way barred to that; *zijn ~ inhouden* check one's step; *er de ~ in houden* keep up a smart pace; *er de ~ in zetten* step out; *~ op de plaats maken* mark time²; *in de ~ zijn* in de ~ *blijven* met keep pace (step) with; *in de ~ komen* catch step; *in de ~ lopen* keep step; *op tien ~ (afstand)* at ten paces; *uit de ~ raken* get (fall) out of step, break step; *uit de ~ zijn* be out of step

2 pas *o: waar het ~ geeft* where proper; *dat geeft geen ~* that is not becoming; *that won't do; te ~ en te onpas* in season and out of season; *het zal u nog van (te) ~ komen* it will come in handy; *dat komt niet te ~* that is not becoming; *that won't do; er aan te ~ komen* enter into it (the question); *hij moest er aan te ~ komen* he had to step in; *ik kwam er niet eens aan te ~* I didn't even get a chance; *je komt net van ~* as if you had been called; *dat kwam mij net van ~* that came in very handy (opportunely)

3 pas *bijw* just, only, recently, not until, as late as; *~ gisteren* not before (not until) yesterday, only yesterday; *~ getrouwd* newly-wed; *ik ben ~ ziek geweest* I've been ill of late; *zij is ~ in 1980 overleden* she died as late as 1980; *dat zou ~ mooi zijn!* that would be really nice!; *dat is ~ muziek!* that's what I call music!

'pasar *m* (-s) bazaar, market

'pascontrole *v* (-s) examination of passports, passport check

'Pasen *m* **1** ⟨christelijk⟩ Easter; **2** ⟨bij de joden⟩ Passover

'pasfoto *v* ('s) passport photo

'pasgeboren *bn* newborn

'pasgeld *o* change, small money

'pasja *m* ('s) pasha

'pasje *o* (-s) **1** ⟨legitimatiebewijs⟩ pass; **2** ⟨betaalpas &⟩ card

'paskamer *v* (-s) fitting-room

'pasklaar *bn* **1** eig ready for trying on; **2** fig cut and dried [methods]; *~ maken voor...* fig adapt to...

pas'kwil *o* (-len) **1** ⟨schotschrift⟩ libel, lampoon; **2** ⟨bespotting⟩ mockery, farce

'paslood *o* (-loden) plummet

'pasmunt *v* change, small money

'paspoort *o* (-en) passport

'paspop *v* (-pen) tailor's dummy

pass *m* (-es) sp pass; *een ~ geven* pass, make a pass

pas'saatwind *m* (-en) trade wind

pas'sabel I *bn* passable; **II** *bijw* passably

pas'sage *v* (-s) **1** ⟨doorgang⟩ passage; **2** ⟨galerij⟩ arcade; **3** ⟨gedeelte⟩ passage [of a book]; **4** scheepv passage; **5** = *passagegeld*; *~ bespreken* book [by the "Queen Mary" &]; *we hebben hier veel ~* we've many people passing here

pas'sagebiljet *o* (-ten) ticket

pas'sagebureau *o* (-s) booking-office

pas'sagegeld *o* passage-money, fare

passa'gier *m* (-s) passenger

passa'gieren (passagierde, h. gepassagierd) *onoverg* go on shore-leave

passa'giersaccommodatie *v* passenger accommodation

passa'giersboot *m & v* (-boten) passenger-ship

passa'giersgoed *o* (-eren) passenger's luggage

passa'gierslijst *v* (-en) list of passengers, passenger-list

passa'giersvliegtuig *o* (-en) passenger plane

1 pas'sant *m* (-en) **1** ⟨voorbijganger⟩ passer-by;
2 ⟨doorreizende⟩ passing traveller; **3** ⟨schouder-
bedekking⟩ shoulderknot

2 pas'sant: *en* ~ by the way, in passing

passé *bn* passé, out of date, outmoded, behind the
times

passe'ment *o* (-en) passement, passementerie, galloon

1 'passen (paste, h. gepast) **I** *onoverg* **1** ⟨v. kleren⟩ fit;
2 kaartsp pass; *het past me niet* **1** it [the suit &] does
not fit; **2** it [the buying &] is not convenient, I
can't afford it; **3** it is not for me [to tell him]; *het
past u niet om...* it does not become you to..., it is
not (not fit) for you to...; *deze kleren* ~ *mij precies*
these clothes fit me to a nicety; *dat past er niet bij* it
does not go (well) with it, it doesn't match it; *kunt
u mij zijde geven die bij deze past?* can you match me
this silk?; *ze* ~ *(niet) bij elkaar* they are (not) well
matched; *slecht bij elkaar* ~ be ill-assorted; *de steel
past niet in de opening* the handle doesn't fit the
opening; ~ *op iets* mind sth., take care of sth.; *op de
kinderen* ~ look after the children, take care of the
children; *die kurk past op deze kruik* that cork [stop-
per] fits this jar; *op zijn woorden* ~ be careful of
one's words; *(ik) pas* kaartsp (I) pass; *ik pas er voor*
that's what I won't put up with; ~ *en meten* cut
and contrive; **II** *overg* fit on, try on [a coat]; *kunt u
het niet* ~? haven't you got the exact money?; zie
ook: *gepast*

2 'passen (passte, h. gepasst) *overg* ⟨een pass geven⟩
pass

'passenbureau *o* (-s) passport office

'passend *bn* **1** ⟨geschikt⟩ suitable, fit, appropriate;
2 ⟨in de goede maat⟩ fitting

passe-par'tout *m & o* (-s) passepartout

'passer *m* (-s) (pair of) compasses; *kromme* ~ callipers

'passerdoos *v* (-dozen) case of mathematical instruments

pas'seren (passeerde, h. en is gepasseerd) **I** *onoverg*
1 ⟨voorbijgaan⟩ pass, pass by; **2** ⟨gebeuren, overko-
men⟩ happen, occur; *u mag dat niet laten* ~ you
should not let that pass; **II** *overg* **1** ⟨oversteken⟩
pass [the frontier]; **2** ⟨inhalen⟩ pass, overtake;
3 ⟨doorbrengen⟩ pass [the time]; **4** ⟨overslaan⟩ pass
over [sbd. who ought to be promoted]; **5** ⟨goedkeu-
ren⟩ execute [a deed]; *hij is de vijftig gepasseerd* he
has turned fifty

'passie *v* (-s) **1** ⟨hartstocht⟩ passion; **2** ⟨manie⟩ mania, craze; *de Passie* the Passion [of Christ]; zie ook:
vos

'passiebloem *v* (-en) passion-flower

pas'sief I *bn* passive; *passieve handelsbalans* ook:
adverse trade balance; **II** *bijw* passively; **III** *o* (-si-
va): *het* ~ *en actief* handel the liabilities and assets

'passiespel *o* (-spelen) Passion-play

'passietijd *m* Passiontide

'passievrucht *v* (-en) passion-fruit

'passieweek *v* (-weken) Passion Week, Holy Week

'passiva *mv* handel liabilities

passivi'teit *v* passiveness, passivity

'passus *m* (-sen) passage

'pasta *m & o* ('s) paste

pas'tei *v* (-en) pie, pasty

pas'teibakker *m* (-s) pastry-cook

pas'teitje *o* (-s) patty

pas'tel *o* (-s en -len) ⟨krijt; tekening⟩ pastel

pas'telkleur *v* (-en) pastel colour

pas'telschilder *m* (-s) pastel(l)ist

pas'teltekening *v* (-en) pastel drawing

pas'teltint *v* (-en) pastel shade

pasteuri'satie *v* pasteurization

pasteuri'seren (pasteuriseerde, h. gepasteuriseerd)
overg pasteurize

pas'tille *v* (-s) pastille, lozenge

pas'toor *m* (-s) ⟨parish⟩ priest; *ja,* ~ yes, Father

'pastor *m* (-s) pastor

pasto'raal I *bn* pastoral [theology, Epistles, Council; poetry]; **II** *v* RK pastoral duties

pasto'rale *v* (-s en -n) **1** ⟨letterkunde⟩ pastoral;
2 muz pastorale

pasto'rie *v* (-rieën) **1** RK presbytery; **2** ⟨van domi-
nee⟩ rectory, vicarage, parsonage; **3** [Nonconform-
ist] manse

'pasvorm *m* (-en) fit

'paswerker *m* (-s) ZN fitter

1 pat *bn & o* stalemate [in chess]; ~ *zetten* stalemate

2 pat *v* (-ten) tab [on uniform]

Pata'gonië *o* Patagonia

pa'tat *m* **1** ⟨patates frites⟩ chips; Am French fries;
2 (-ten) ZN ⟨aardappel⟩ potato

patates 'frites *mv* = *patat 1*

pa'tatkraam *v & o* (-kramen) stand selling chips;
Am stand selling French fries

pâ'té *m* (-s) pâté, paste

pa'teen *v* (-tenen) paten

1 pa'tent I *bn* capital, first-rate; A 1; *een* ~*e jongen*
gemeenz a brick; *er* ~ *uitzien* look (very) fit; **II** *bijw*
capitally

2 pa'tent *o* (-en) **1** patent [for an invention]; **2** licence [to carry on some business]; ~ *nemen op iets*
take out a patent for sth.; ~ *verlenen* grant a patent

paten'teren (patenteerde, h. gepatenteerd) *overg*
patent

pa'tenthouder *m* (-s) patentee

pa'tentolie *v* patent oil

pa'tentrecht *o* (-en) patent right

pa'tentsluiting *v* (-en) patent lock, patent fastening

'pater *m* (-s) father [of a religious order]; *Witte Pater*
White Father

paterna'lisme *o* paternalism

paterna'listisch *bn* paternalistic

pater'noster (-s) **1** *o* ⟨gebed⟩ paternoster; **2** *m* ⟨ro-
zenkrans⟩ rosary; ~*s* (= handboeien) gemeenz
bracelets

pa'thetisch *bn* pathetic(al)
patholo'gie *v* pathology
patho'logisch *bn* pathological
patho'loog *m* (-logen) pathologist; ~-*anatoom* pathologist
'**pathos** *o* pathos
pa'tience *o* patience
pati'ënt *m* (-en) patient
'**patina** *o* patina
'**patio** *m* ('s) patio
patisse'rie *v* (-rieën) ZN **1** ⟨gebak⟩ cake, pastry; **2** ⟨banketbakkerij⟩ confectioner
'**patjakker** *m* (-s) scamp, rogue, scoundrel
'**patjepeeër** *m* (-s) *gemeenz* cad, vulgarian
patri'arch *m* (-en) patriarch
patriar'chaal *bn* patriarchal
patriar'chaat *o* **1** ⟨waardigheid v. patriarch⟩ patriarchate; **2** ⟨volkenkunde⟩ patriarchy
patrici'aat *o* patriciate
pa'triciër *m* (-s) patrician
pa'triciërshuis *o* (-huizen) patrician mansion
pa'tricisch *bn* patrician
pa'trijs *m & v & o* (-trijzen) partridge
pa'trijshond *m* (-en) pointer, setter
pa'trijspoort *v* (-en) porthole
pa'trijzenjacht *v* (-en) partridge shooting
patri'ot *m* (-ten) patriot
patri'ottisch *bn* patriotic
patriot'tisme *o* patriotism
patro'naat *o* (-naten) **1** ⟨bescherming⟩ patronage; **2** ⟨Church⟩ club; **3** ZN ⟨werkgeversorganisatie⟩ employers' organization
patro'nage *m* patronage
patro'nes *v* (-sen) **1** ⟨heilige⟩ patron saint; **2** ⟨beschermvrouw⟩ patroness
1 pa'troon *m* (-s) **1** ⟨baas⟩ employer, master, principal; **2** ⟨heilige⟩ patron saint; **3** ⟨beschermheer⟩ patron
2 pa'troon *v* (-tronen) ⟨in vuurwapen⟩ cartridge; *losse* ~ blank cartridge; *scherpe* ~ ball cartridge
3 pa'troon *o* (-tronen) ⟨model⟩ pattern, design
pa'troongordel *m* (-s) **1** ⟨om middel⟩ cartridge-belt; **2** ⟨over schouder⟩ bandoleer
pa'troonhouder *m* (-s) cartridge-clip
pa'troonhuls *v* (-hulzen) cartridge-case
pa'troontas *v* (-sen) cartridge-box
pa'trouille *v* (-s) patrol
patrouil'leren (patrouilleerde, h. gepatrouilleerd) *onoverg* patrol; ~ *door (in) de straten* patrol the streets
pa'trouillevaartuig *o* (-en) patrol vessel (boat)
pats I *v* (-en) smack, slap; **II** *tsw* slap!, bang!
'**patser** *m* (-s) *gemeenz* cad
'**patserig** *bn* flashy, show-offish
'**patstelling** *v* **1** ⟨schaken⟩ stalemate; **2** *fig* stalemate, deadlock
pauk *v* (-en) kettledrum; *de* ~*en* the timpani
pauke'nist *m* (-en), '**paukenslager** *m* (-s) timpanist, kettledrummer
'**Paulus** *m* Paul
'**pauper** *m* (-s) pauper
paupe'risme *o* pauperism
paus *m* (-en) pope
'**pausdom** *o* papacy
'**pauselijk** *bn* papal
'**pausgezind** *bn* papistic(al); ~*e* papist
'**pausschap** *o* papacy
pauw *m* (-en) peacock[2]
'**pauwachtig** *bn* fig peacockish
'**pauwenoog** *m* (-ogen) = *pauwoog*
'**pauwenstaart** *m* (-en) peacock's tail
'**pauwenveer** *v* (-veren) peacock's feather
pau'win *v* (-nen) peahen
'**pauwoog** *m* (-ogen) ⟨vlinder⟩ peacock butterfly
'**pauwstaart** *m* (-en) ⟨duif⟩ fantail (pigeon)
'**pauze** *v* (-s en -n) **1** (in 't alg.) break, pause; **2** ⟨in toneelvoorstelling &⟩ interval; **3** onderwijs break; **4** muz rest
'**pauzefilmpje** *o* (-s) filler
pau'zeren (pauzeerde, h. gepauzeerd) *onoverg* make a pause, pause, stop
pau'zering *v* (-en) pause, stop
'**pauzeteken** *o* (-s) interval signal
pavil'joen *o* (-en en -s) pavilion
pavoi'seren (pavoiseerde, h. gepavoiseerd) *overg* dress [with flags]
pc *m* ('s) *personal computer* PC, pc
pct. *afk.* = *percent, procent*
pech *m* bad luck, hard luck; trouble; ~ *hebben* be down on one's luck, have a run of bad luck; *wat een* ~*!* oh, bad (tough, hard) luck!; *wij hadden* ~ *met de auto* we got trouble with the car
'**pechvogel** *m* (-s) unlucky person
pe'daal *o & m* (-dalen) pedal [of a piano, bicycle &]
pe'daalemmer *m* (-s) pedal bin
pedago'gie, pedago'giek *v* pedagogics, pedagogy
peda'gogisch I *bn* pedagogic(al); ~*e academie* (teacher) training-college; **II** *bijw* pedagogically
peda'goog *m* (-gogen) educationalist
pe'dant I *m* (-en) pedant; **II** *bn* pedantic
pedante'rie *v* (-rieën) pedantry
'**peddel** *m* (-s) paddle
'**peddelen** (peddelde, h. en is gepeddeld) *onoverg* **1** ⟨fietsen⟩ pedal; **2** ⟨roeien⟩ paddle
pe'del *m* (-len en -s) mace-bearer, beadle
pede'rast *m* (-en) pederast, paederast
pederas'tie *v* pederasty, paederasty
pedi'ater *m* (-s) p(a)ediatrician
pedia'trie *v* paediatrics, *Am* pediatrics
pedi'cure (-s) **1** *m-v* ⟨persoon⟩ chiropodist, pedicure; **2** *v* ⟨handeling⟩ pedicure, chiropody
pedo'fiel I *m-v* (-en) paedophile, *Am* pedophile **II** *bn* paedophile, *Am* pedophile
pedofi'lie *v* paedophilia, *Am* pedophilia
pedolo'gie *v* **1** ⟨bodemkunde⟩ pedology; **2** ⟨t.b.v. kinderen⟩ study of disturbed children

pee *v* gemeenz: *de ~ in hebben* be annoyed (about sth.), be mad, be in a bad mood

peen *v* (penen) carrot; *witte ~* parsnip

'peenhaar *o* carroty hair

peer *v* (-peren) **1** ⟨vrucht⟩ pear; **2** ⟨gloeilamp⟩ bulb; *iem. met de gebakken peren laten zitten* leave sbd. in the lurch, leave sbd. holding the baby

'peervormig *bn* pear-shaped

pees *v* (pezen) tendon, sinew, string

'peesachtig *bn* = *pezig*

'peeskamertje *o* (-s) prostitute's work room

peet *m-v* (peten) sponsor, godfather, godmother

'peetdochter *v* (-s) goddaughter

'peetmoeder *v* (-s) godmother

'peetoom *m* (-s) godfather

'peetschap *o* sponsorship

'peettante *v* (-s) godmother

'peetvader *m* (-s) godfather

'peetzoon *m* (-s en -zonen) godson

'Pegasus *m* Pegasus

'pegel *m* (-s) ⟨ijspegel⟩ icicle; gemeenz: *~s* ⟨geld⟩ dough, bread, cash

peig'noir *m* (-s) dressing gown, Am robe

peil *o* (-en) **1** eig gauge, water-mark; **2** fig standard, level; *het ~ verhogen* raise the level; *beneden ~* below the mark, not up to the mark; *beneden (boven) Amsterdams ~* below (above) Amsterdam water-mark; *op ~ brengen* level up, bring up to the required standard; *op hetzelfde ~ brengen* put on the same level; *op ~ houden* keep up (to the mark), maintain [exports, stocks &]; *op een laag zedelijk ~ staan* stand morally low; *er is geen ~ op hem te trekken* he can't be relied upon

'peildatum *m* (-ta en -s) set day, date set [for assessment of benefit claims &]

'peilen (peilde, h. gepeild) *overg* **1** gauge[2] [the depth of liquid content, the mind]; **2** sound[2] [the sea, a pond, sbd., sbd's sentiments on...]; **3** fathom[2] [the sea, depth of water, the heart &]; **4** probe [a wound]; **5** plumb[2] [depth, misery]; **6** fig search [the hearts]

'peiler *m* (-s) gauger

'peilglas *o* (-glazen) gauge-glass, (water-)gauge

'peiling *v* (-en) **1** ⟨in 't alg.⟩ gauging; **2** scheepv sounding

'peillood *o* (-loden) sounding-lead

'peilloos *bn* fathomless, unfathomable

'peilschaal *v* (-schalen) tide-gauge

'peilstok *m* (-ken) **1** ⟨in 't alg.⟩ gauging-rod; **2** auto dip-stick

'peinzen (peinsde, h. gepeinsd) *onoverg* ponder, meditate, muse (*over* upon)

'peinzend *bn* meditative, pensive

'peinzer *m* (-s) muser

peis *v* = *pais*

pejora'tief *bn & m* (-tieven) pejorative

pek *o & m* **1** pitch; **2** (cobbler's) wax; *wie met ~ omgaat, wordt er mee besmet* they that touch pitch will be defiled

'pekel *m* pickle, brine

'pekelen (pekelde, h. gepekeld) *overg* **1** ⟨voedsel in 't alg⟩ pickle; **2** ⟨vlees⟩ salt; **3** ⟨wegen⟩ salt

'pekelharing *m* (-en) salt herring

'pekelnat *o* brine; *het ~* ook: gemeenz the briny [= the sea]

'pekelvlees *o* salt(ed) meat

'pekelzonde *v* (-n) peccadillo

peki'nees *m* (-nezen) ⟨hond⟩ Pekingese, Pekinese

Peki'nees *m* (-nezen) *& bn* Pekingese, Pekinese

'Peking *o* Peking

'pekingeend *v* (-en) Peking duck, peking duck

'pekken (pekte, h. gepekt) *overg* pitch

pel *v* (-len) **1** skin [of fruit]; **2** shell [of an egg]; **3** pod [of peas, beans]

pele'rine *v* (-s) pelerine

'pelgrim *m* (-s) pilgrim, vero palmer

pelgri'mage *v* (-s) pilgrimage

'pelgrimsgewaad *o* (-waden), **'pelgrimskleed** (-kleren) pilgrim's gar

'pelgrimstaf *m* (-staven), **'pelgrimstok** *m* (-ken) pilgrim's staff

'pelgrimstas *v* (-sen) pilgrim's scrip

'pelgrimstocht *m* (-en) pilgrimage

peli'kaan *m* (-kanen) pelican

'pellen (pelde, h. gepeld) *overg* **1** peel [an egg, shrimps, almonds]; **2** shell [nuts, peas]; **3** hull, husk [rice]; **4** ZN peel [potatoes]

Pelopon'nesisch *bn* Peloponnesian

Pelopon'nesus *m* Peloponnese

pelo'ton *o* (-s) **1** mil platoon [= half company]; **2** sp bunch, pack, main body of [cyclists &]

pels *m* (pelzen) **1** ⟨bont⟩ fur, pelt; **2** ZN ⟨jas⟩ fur coat, fur

'pelsdier *o* (-en) furred animal

'pelshandelaar *m* (-s en -laren) furrier

'pelsjager *m* (-s) (fur-)trapper

'pelsjas *m & v* (-sen) fur coat, fur

'pelsmuts *v* (-en) fur cap

'pelswerk *o* furriery

pelte'rij *v* (-en) furriery

'peluw *v* (-s en -en) bolster

pen *v* (-nen) **1** ⟨in het alg.⟩ pen; **2** ⟨losse pen⟩ nib; **3** ⟨veren pen⟩ feather, quill; **4** ⟨naald om te breien &⟩ needle; **5** = *pin*; *de ~ voeren* wield the pen; *het is in de ~ gebleven* it never came off; *in de ~ geven* dictate; *in de ~ klimmen* take up the pen; *het is (zit) in de ~* it is in preparation; *het is met geen ~ te beschrijven* it is beyond description; *het is mij uit de ~ gevloeid* it was a slip of the pen; *van de ~ leven* live by one's pen

'penalty *m* ('s) penalty kick, penalty

'penaltystip *v* (-pen) penalty spot

pe'nant *o* (-en) pier [between two windows]

pe'nantspiegel *m* (-s) pier-glass

pe'nanttafel *v* (-s) piertable

pe'narie *v*: *in de ~ zitten* gemeenz be in a scrape, be in the soup

pe'naten *mv* penates, household gods

pen'dant *o* & *m* (-en) pendant, companion picture (portrait, piece), counterpart[2]

'pendel *m* (-s) **1** ⟨slinger⟩ pendulum; **2** ZN ⟨wichelroede⟩ divining-rod

'pendelaar *m* (-s) **1** ⟨forens⟩ commuter; **2** ZN ⟨wichelroedeloper⟩ diviner

'pendeldienst *m* (-en) shuttle service

'pendelen (pendelde, h. gependeld) *onoverg* **1** ⟨heen- en weerreizen⟩ commute, shuttle; **2** ZN ⟨m. e. wichelroede⟩ search with a divining-rod

pen'dule *v* (-s) clock, timepiece

pen-en-'gatverbinding *v* (-en) dowel-joint

pene'trant *bn* penetrating

pene'tratie *v* (-s) penetration

pene'treren (penetreerde, h. gepenetreerd) *overg* penetrate (*in* into)

'penhouder *m* (-s) penholder

pe'nibel *bn* painful, embarrassing, awkward

penicil'line *v* penicillin

'penis *m* (-sen) penis

'penisnijd *m* penis envy

peni'tent *m* (-en) penitent

penitenti'air *bn*: ~*e inrichting* penitentiary

peni'tentie *v* (-s en -tiën) **1** ⟨boete⟩ penance; **2** *fig* vexation, trial

'pennen (pende, h. gepend) *overg* pen, write [a letter]

'pennenbak *m* (-ken) pen-tray

'pennendoos *v* (-dozen) pen-box

'pennenhouder *m* (-s) penholder

'pennenkoker *m* (-s) pen-case

'pennenlikker *m* (-s) quill-driver

'pennenmes *o* (-sen) penknife

'pennenstreek *v* (-streken) stroke (dash) of the pen; *met één* ~ with (by) one stroke of the pen

'pennenstrijd *m* paper war

'pennenvrucht *v* (-en) writing

'pennenzak *m* (-ken) ZN pencil case

'penning *m* (-en) **1** ⟨munt⟩ penny; **2** ⟨eereteken⟩ medal; **3** ⟨metalen plaatje⟩ badge; *op de* ~ *zijn* be tight-fisted

'penningkruid *o* moneywort

'penningkunde *v* numismatics

penning'kundige *m-v* (-n) numismatist

'penningmeester *m* (-s) treasurer

'penningmeesterschap *o* treasurership

'penningske *o* (-s) bijbel: *het* ~ *der weduwe* the widow's mite

pe'noze *m* underworld

pens *v* (-en) **1** ⟨maag⟩ paunch; **2** ⟨als gerecht⟩ tripe; **3** ZN ⟨bloedworst⟩ black pudding

pen'see *v* (-s) pansy, heart's-ease

pen'seel *o* (-selen) paint-brush, brush, pencil

pen'seelstreek *v* (-streken) stroke of the brush

pen'selen (penseelde, h. gepenseeld) *overg* **1** ⟨aanstrijken⟩ pencil; **2** ⟨schilderen⟩ paint

pensi'oen *o* (-en) ⟨retiring, retirement⟩ pension; mil retired pay; ~ *aanvragen* apply for one's pension; ~ *krijgen* **1** (in 't alg.) be pensioned off; **2** mil be placed on the retired list; ~ *nemen, met* ~ *gaan* **1** (in 't alg.) take one's pension, retire (on (a) pension); **2** mil go on retired pay

pensi'oenaanspraak *v* (-spraken) pension claim

pensi'oenbijdrage *v* (-n) = *pensioensbijdrage*

pensi'oenbreuk *v* break in pension contributions (due to unemployment, job transfer &)

pensi'oenfonds *o* (-en) pension fund

pensi'oengerechtigd *bn* pensionable, entitled to a pension; *de* ~*e leeftijd bereiken* reach retiring age

pensi'oensbijdrage *v* (-n) contribution towards pension

pensi'on *o* (-s) boarding-house; *in* ~ *zijn* be living at a boarding-house; *met volledig* ~ with full board

pensio'naat *o* (-naten) boarding-school

pensio'nair *m* (-s) boarder [at a school]

pensio'naris *m* (-sen) hist pensionary

pensio'neren (pensioneerde, h. gepensioneerd) *overg* **1** ⟨in 't alg.⟩ pension off; **2** mil place on the retired list; *een gepensioneerd generaal* a retired general

pensio'nering *v* (-en) retirement, superannuation

pensi'ongast *m* (-en) boarder

pensi'onhouder *m*, **pensi'onhoudster** *v* (-s) boarding-house keeper

'pentekening *v* (-en) pen-drawing

pep *m* **1** ⟨fut⟩ pep; **2** ⟨stimulerend middel⟩ pep pill

'peper *m* (-s) pepper; *Spaanse* ~ chilli

'peperachtig *bn* peppery

'peperbus *v* (-sen) pepperbox, pepper-castor

'peperduur *bn* high-priced, stiff [prices]

'peperen (peperde, h. gepeperd) *overg* pepper; zie ook: *gepeperd*

peper-en-'zoutkleurig *bn* pepper-and-salt

'peperhuisje *o* (-s) cornet, screw

'peperig *bn* peppery

'peperkoek *m* (-en) ⟨gekruide koek⟩ gingerbread

'peperkorrel *m* (-s) peppercorn

'pepermolen *m* (-s) pepper mill

peper'munt *v* (-en) **1** ⟨kruid⟩ peppermint; **2** = *pepermuntje*

peper'muntje *o* (-s) peppermint, mint

'pepernoot *v* (-noten) gingerbread cube

'peperstruik *m* (-en) pepper plant

'pepertuin *m* (-en) pepper plantation

'pepervreter *m* (-s) toucan

'pepmiddel *o* (-en) stimulant

'peppel *m* (-s) vero poplar

'peppil *v* (-len) pep pill

per *voorz* by [train &, the dozen &]; ~ *dag* a day, per day; *135 inwoners* ~ *vierkante kilometer* 135 inhabitants to the square kilometre; *er worden 5000 auto's* ~ *week gemaakt* ook: motorcars are being manufactured at the rate of 5000 a week

per'ceel *o* (-celen) **1** ⟨stuk grond⟩ plot, lot, parcel;

2 ⟨huis + erf⟩ premises, property

per'ceelsgewijs, per'ceelsgewijze *bijw* in lots

per'cent *o* (-en) per cent; ~*en* percentage

percen'tage *o* (-s) percentage

per'centsgewijs, per'centsgewijze *bijw* proportionally

percentu'eel *bn* proportionally

per'ceptie *v* perception

percipi'ëren (percipieerde, h. gepercipieerd) *overg* psych apperceive

perco'lator *m* (-s) percolator

per'cussie *v* percussion

percussio'nist *m* (-en) percussionist

percu'teren (percuteerde, h. gepercuteerd) *overg* percuss

'perenboom *m* (-bomen) pear-tree

per'fect *bn* perfect

per'fectie *v* (-s) perfection; *in de* ~ perfectly, to perfection

perfectio'neren (perfectioneerde, h. geperfectioneerd) *overg* perfect

perfectio'nisme *o* perfectionism

perfectio'nist *m* (-en) perfectionist

per'fide *bn* perfidious

perfo'rator *m* (-s en -'toren) perforator, punch

perfo'reren (perforeerde, h. geperforeerd) *overg* perforate

peri'feer *bn* peripheral

perife'rie *v* 1 ⟨omtrek⟩ periphery[2]; 2 ⟨randgebied⟩ fringe(s); 3 ZN ⟨buitenwijken⟩ outskirts, suburbs

pe'rikel *o* (-s en -en) adventure, intricacy, difficulty

pe'rikelen *mv* ⟨wederwaardigheden⟩ adventures, ups and downs

peri'ode *v* (-s en -n) 1 ⟨in 't alg.⟩ period; 2 ⟨korte tijd⟩ spell [of rain, sunshine &]; *in deze* ~ in this period; at this stage

perio'diek I *bn* periodical; **II** *v & o* (-en) periodical

peri'scoop *m* (-copen) periscope

perk *o* (-en) (flower-)bed; *binnen de* ~*en blijven* remain within the bounds of decency (of the law); *alle* ~*en te buiten gaan* go beyond all bounds

perka'ment *o* (-en) parchment, vellum

perka'mentachtig *bn* parchmentlike

perka'menten *bn* parchment

perma'nent I *m* permanent (wave); **II** *bn* lasting [peace]; standing [committee]; ~ *geheugen* comput permanent storage

perma'nenten (permanentte, h. gepermanent) *overg*: *zijn haar laten* ~ have one's hair permed

perma'nentie *v* ZN continuity of a service

per'missie *v* 1 ⟨in 't alg.⟩ permission; 2 mil leave (of absence), furlough [of soldiers]; *met* ~ with your leave

permit'teren (permitteerde, h. gepermitteerd) **I** *overg* permit; **II** *wederk*: *zich* ~ permit oneself; *dat kan ik mij niet* ~ I cannot afford it

'peroxide *o* (-n en -s) peroxide

per'petuum 'mobile *o* ⟨toestel dat eeuwigdurend beweegt⟩ perpetual motion machine

per'plex *bn* perplexed, taken aback

per'ron *o* (-s) platform

per'ronkaartje *o* (-s) platform ticket

1 pers *v* (-en) press; *hij is bij de* ~ he is on the press; *ter* ~*e* at press, in the press; *ter* ~*e gaan* go to press; *ter* ~*e zijn* be in the press

2 pers *m* (perzen) ⟨tapijt⟩ Persian carpet

3 Pers *m* (Perzen) Persian

'persagentschap *o* (-pen) news agency

per 'saldo *bijw* after all

'persattaché *m* (-s) press attaché

'persauto *m* ('s) press car

'persbericht *o* (-en) press report

'persbureau *o* (-s) press bureau, news agency

'perscampagne *v* (-s) press campaign

'perschef *m* (-s) press and public relations officer

'perscommuniqué *o* (-s) press release (handout)

'persconferentie *v* (-s) press conference

'persdelict *o* (-en) press offence

per 'se *bijw* by all means, [he must] needs [go]; *een afgestudeerde is nog niet* ~ *een geleerde* a graduate is not per se (not on that account, not necessarily) a scholar

'persen (perste, h. geperst) *overg* press, squeeze

'persfotograaf *m* (-grafen) press photographer, cameraman

'persgesprek *o* (-ken) interview

persi'aner *o* Persian lamb

persi'enne *v* (-s) Persian blind

persi'flage *v* (-s) persiflage, banter

persi'fleren (persifleerde, h. gepersifleerd) *overg & onoverg* banter

'persijzer *o* (-s) (tailor's) goose

'persing *v* (-en) pressing, pressure

'perskaart *v* (-en) press-ticket, (press) pass

'persklaar *bn* ready for (the) press

'persleiding *v* (-en) high-pressure line (pipe)

'perslucht *v* compressed air

'persman *m* (-nen) pressman, journalist

'persmuskiet *m* (-en) geringsch press hound

perso'nage *o & v* (-s) 1 ⟨persoon⟩ personage, person, character; 2 ⟨in toneelstuk &⟩ character

perso'nalia *mv* personal notes; *zijn* ~ *opgeven* give one's name and birth-date [to a policeman]

personali'seerbaar *bn* ZN referring to a person

personali'seren (personaliseerde, h. gepersonaliseerd) *overg* ZN personify

personali'teit *v* (-en) personality

perso'neel I *bn* personal; *personele belasting* duty or tax on houses, property &; **II** *o* personnel, staff, servants

perso'neelsadvertentie *v* (-s) employment ad

perso'neelsbestand *o*, **perso'neelsbezetting** *v* number of persons employed, manpower

perso'neelschef *m* (-s) personnel manager

perso'neelslid *o* (-leden) member of the staff, employee

perso'neelsraad *m* (-raden) representation of the personnel

perso'neelsstop *m* halt in recruitment

perso'neelszaken *mv: afdeling ~* personnel department

per'sonenauto *m* ('s) passenger car

per'sonenlift *m* (-en) passenger lift

per'sonentrein *m* (-en) passenger train

per'sonenvervoer *o* passenger traffic

personifi'catie *v* (-s) personification

personifi'ëren (personifeerde, h. gepersonifieerd) *overg* personify

per'soon *m* (-sonen) person; *mijn ~* I, myself; *publieke personen* public characters; *in (hoogst eigen) ~* in (his own) person, personally; *hij is de goedheid in ~* he is kindness personified, he is kindness itself; *... per ~ drie gulden* three guilders a head, three guilders each

per'soonlijk I *bn* personal; *ik wil niet ~ worden (zijn)* I don't want to be personal; **II** *bijw* personally, in person

per'soonlijkheid *v* (-heden) personality; *persoonlijkheden* personal remarks

per'soonsbeschrijving *v* (-en) personal description

per'soonsbewijs *o* (-wijzen) identity card

per'soonsverheerlijking *v* personality cult

per'soonsverwisseling *v* (-en) [case of] mistaken identity

per'soontje *o* (-s) (little) person; *mijn ~* I, my humble self, yours truly

'persorgaan *o* (-ganen) organ of the press

perspec'tief *o* (-tieven) perspective[2]

perspec'tivisch *bn* perspective

'perspomp *v* (-en) force-pump

'perssinaasappel *m* (-s) juice orange

'perstribune *v* (-s) reporters' gallery, press gallery

'persverslag *o* (-slagen) press account

'persvrijheid *v* liberty (freedom) of the press, press freedom

'perte totale *v* ZN total loss, write-off

perti'nent I *bn* categorical, positive; *een ~e leugen* a downright lie; **II** *bijw* categorically, positively

Pe'ru *o* Peru

Peru'aan *m* (-ruanen) Peruvian

Peru'aans *bn* Peruvian

'perubalsem *m* balsam of Peru

Peruvi'aan *m* (-vianen) Peruvian

Peruvi'aans *bn* Peruvian

per'vers *bn* perverse

per'versie *v* (-s) **1** ⟨handeling⟩ perversion; **2** ⟨aard⟩ perversity

perversi'teit *v* (-en) perversity

'Perzië *o* Persia

'perzik *v* (-en) peach

'perzikboom *m* (-bomen) peach-tree

'Perzisch I *bn* Persian; *~e Golf* Persian Gulf; **II** *o* Persian

pe'seta *m* ('s) peseta

pes'sarium *o* (-ria en -s) pessary, diaphragm

pessi'misme *o* pessimism

pessi'mist *m* (-en) pessimist

pessi'mistisch *bn* pessimistic

pest *v* **1** ⟨ziekte⟩ plague, pestilence[2]; **2** *fig* pest; *de ~ aan iets hebben* hate and detest sth.; *de ~ in hebben* be really ratty, be (hopping) mad; *daar heb ik de ~ over in* that gives me the hump; *dat is de ~ voor de zenuwen* it plays the devil with (is disastrous for) one's nerves

'pestbacil *m* (-len) plague bacillus

'pestbui *v* (-en), **'pesthumeur** *o* (-en) bad temper, cantankerous mood

'pesten (pestte, h. gepest) *overg* tease, nag

peste'rij *v* (-en) teasing, nagging

'pesthaard *m* (-en) plague spot[2]

'pesthuis *o* (-huizen) plague-house

pesti'cide *o* (-n) pesticide, pest killer

pesti'lentie *v* (-s en -tiën) pestilence, plague

'pestkop *m* (-pen) teaser, beast, bully

'pestlijder *m* (-s) plague patient

'pestlucht *v* pestilential air

'pestvogel *m* (-s) waxwing

'pestweer *o* gemeenz rotten weather

'pestziekte *v* pestilence, plague

pet *v* (-ten) cap; ⟨decoratief stijf⟩ hat; *ergens met de ~ naar gooien* do sth. by halves, do sth. in a slipshod fashion; *met de ~ rondgaan* pass the hat; *zie ook: petje*

'petekind *o* (-eren) godchild

'petemoei *v* (-en) godmother

'peter *m* (-s) godfather

Peter *m* Peter; *~ de Grote* Peter the Great

'Petersburg *o*: *Sint-~* Saint Petersburg

peter'selie *v* parsley

pe'tieterig *bn* teeny-weeny

petit'four *m* (-s) small cream cake

pe'titie *v* (-s) petition, memorial

petitio'neren (petitioneerde, h. gepetitioneerd) *overg* petition

petitionne'ment *o* (-en) petition

'petje *o* (-s) cap; *zijn ~ afnemen voor* fig take off one's hat to

pe'toet *m* slang clink, jug; *in de ~* in the nick, in clink

Pe'trarca *m* Petrarch

petroche'mie *v* petrochemistry

petro'chemisch *bn* petrochemical

pe'troleum *m* **1** (in 't alg.) petroleum, oil; **2** ⟨gezuiverd⟩ kerosene

pe'troleumblik *o* (-ken) oil-tin

pe'troleumboer *m* (-en) kerosene peddler

pe'troleumbron *v* (-nen) oil-well

pe'troleumkachel *v* (-s) oil-stove, oil-heater

pe'troleumlamp *v* (-en) paraffin-lamp

pe'troleummaatschappij *v* (-en) oil company

pe'troleumraffinaderij *v* (-en) oil refinery

pe′troleumstel o (-len) oil-stove
pe′troleumveld v (-en) oil-field
′Petrus m (St.) Peter
′petto: in ~ in store, in the offing; [have sth.] up one's sleeve
peuk m (-en), **′peukje** o (-s) [cigarette-, cigar-]end, stub
peul v (-en) husk, shell, pod; ~en = peultjes
′peulenschil v (-len) 1 eig pea-pod; 2 fig trifle; dat is een ~letje voor hem that is a mere flea-bite to him; for him it's a piece of cake
′peultjes mv podded peas
′peulvrucht v (-en) pulse, leguminous plant; ~en pulse
peur v (-en) bob
′peurder m (-s) sniggler, bobber [for eels]; kennis ~ uit ... draw wisdom from ...
′peuren (peurde, h. gepeurd) onoverg sniggle, bob [for eels]
peut m ⟨terpentine⟩ turps, thinner
′peuter m (-s) 1 ⟨kind⟩ toddler; 2 ⟨m.b.t. onderwijs⟩ pre-schooler
′peuteraar m (-s) ⟨muggenzifter⟩ niggler; gemeenz nit-picker
′peuteren (peuterde, h. gepeuterd) onoverg tinker, fiddle, niggle; wie heeft daaraan gepeuterd who has tampered with it?; in zijn neus ~ pick one's nose
′peuterig bn ⟨klein⟩ tiny, minute; ⟨m.b.t. hand-schrift⟩ microscopic; ~ werk fiddly work
′peuterleidster v (-s) nursery school teacher
peuter′speelzaal v (-zalen), ZN: **′peutertuin** m (-en) crèche, day nursery
′peuterwerk o fiddly work
′peuzelen (peuzelde, h. gepeuzeld) onoverg & overg munch
′pezen (peesde, h. en is gepeesd) onoverg 1 ⟨hard rijden⟩ tear along, run; 2 ⟨hard werken⟩ toil (and moil), sweat; 3 ⟨zich prostitueren⟩ walk the streets
′pezig bn 1 ⟨mager en gespierd⟩ tendinous, sinewy, wiry; 2 stringy [meat]
P.G. afk. = Protestantse Godsdienst en procureur-generaal
pia′nino v (′s) pianino, upright piano, cottage piano
pia′nist m (-en), **pia′niste** v (-s en -n) pianist
pi′ano v (′s) piano; ~ spelen play the piano
pi′anobegeleiding v piano(forte) accompaniment
pi′anoconcert o (-en) 1 ⟨uitvoering⟩ piano recital; 2 ⟨muziekstuk⟩ piano(forte) concerto
pi′anokruk v (-ken) ⟨revolving⟩ pianostool
pia′nola v (′s) Pianola, player-piano
pi′anoleraar m (-s en -raren) piano-teacher
pi′anoles v (-sen) piano-lesson
′piano-orgel o (-s) piano-organ
pi′anospel o piano-playing
pi′anospeler m (-s) pianist
pi′anostemmer m (-s) piano-tuner
pi′as m (-sen) clown, buffoon

pi′aster m (-s) piastre
Pi′cardië o Picardy
picca′lilly m piccalilli
′piccolo m (′s) 1 ⟨fluit⟩ piccolo; 2 ⟨bediende⟩ page, gemeenz buttons
′picknick m (-s) picnic
′picknicken (picknickte, h. gepicknickt) overg picnic
pick-′up m (-s) record player
′picobello bn gemeenz spick and span, super, slang ritzy
′Picten mv Picts
picto′gram o (-men) pictograph, pictogram
′picture: in de ~ zijn be in the limelight; in de ~ komen come to the fore
pied-à-′terre o (-s) pied-à-terre
pied de ′poule m hound's tooth
piëde′stal o & m (-len en -s) pedestal
pief tsw: ~, paf poef! bang, pop!
piek v (-en) 1 ⟨lans⟩ pike; 2 ⟨top⟩ peak; een ~ haar a wisp of hair; 3 gemeenz ⟨gulden⟩ guilder; ± quid [= pond], Am buck [= dollar]
′pieken (piekte, h. gepiekt) onoverg 1 ⟨puntig uitsteken⟩ be straggly; ⟨punk⟩ be spikey; dat natte haar piekt alle kanten op that wet hair is sticking out all over; 2 sp ⟨de topvorm bereiken⟩ peak; volgens het trainingsschema moesten de atleten op de Olympische Spelen ~ according to the training schedule, the athletes should (reach their) peak at the Olympics
′piekeraar m (-s) ⟨tobber⟩ worrier
′piekeren (piekerde, h. gepiekerd) onoverg worry, brood, reflect; hij zat er de hele tijd over te ~ he was worrying (brooding) about it all the time
′piekerig bn wispy [hair]
′piekfijn I bn smart, tip-top, A 1, spick and span; **II** bijw: ~ gekleed dressed up to the nines
′piekuur o (-uren) peak hour
′piemel m (-s) gemeenz willy; Am peter
′piemelnaakt bn gemeenz stark-naked
Pie′monte o Piedmont
′pienter I bn clever, smart, bright; **II** bijw cleverly &
piep tsw peep!, chirp, squeak
′piepen (piepte, h. gepiept) onoverg 1 ⟨v. muis, vogel &⟩ peep, chirp, squeak; 2 ⟨v. deur &⟩ creak; 3 ZN ⟨loeren⟩ peep
′pieper m (-s) 1 ⟨in ′t alg.⟩ squeaker; 2 ⟨aardappel⟩ gemeenz spud; 3 ⟨semafoon⟩ bleeper
′pieperig bn squeaking, squeaky
′piepjong bn very young
′piepklein bn tiny, weeny, minute
′piepkuiken o (-s) springchicken
′piepschuim o polystyrene foam
′piepstem v (-men) reedy (shrill, piping) voice
′piepzak m: in de ~ zitten be in a (blue) funk; gemeenz be scared stiff
1 pier m (-en) ⟨dier⟩ earthworm; voor de ~en zijn be done for; zo dood als een ~ as dead as mutton (as a doornail)

2 pier *m* (-en) ⟨dam⟩ pier, jetty

'piercing *m* (-s) piercing

pierema'chochel *m* (-s) ⟨boot⟩ (hired) rowing boat

piere'ment *o* (-en) gemeenz = straatorgel

'pierenbad *o* (-baden) shallow swimming-bath, paddling pool

'pierenverschrikker *m* (-s) ⟨borrel⟩ gemeenz wet, dram, nip

'pierewaaien (pierewaaide, h. gepierewaaid) *onoverg* be on the spree

'pierewaaier *m* (-s) rip, rake

pier'rot *m* (-s) pierrot

'piesen (pieste, h. gepiest) *onoverg* gemeenz **1** ⟨plassen⟩ piss; **2** ⟨motregenen⟩ drizzle

'piespot *m* (-ten) gemeenz piss-pot

piet *m* (-en): *een hele ~* **1** ⟨'n hele meneer⟩ slang a toff; **2** ⟨'n kei⟩ gemeenz a dab (*in* at); *een hoge ~* gemeenz a bigwig; *een saaie ~* a dull dog, wet blanket

Piet *m* Peter; *~ de Smeerpoets* Shock-headed Peter

pië'teit *v* piety, reverence

piete'peuterig *bn* finical

piete'peuterigheid *v* fussiness

'Pieter *m* Peter

'pieterig *bn* puny

'pieterman (-nen) *m* ⟨vis⟩ weever

pieter'selie *v* = peterselie

'Pieterspenning *m* (-en): *de ~* RK Peter's pence

pië'tisme *o* pietism

piëtist *m* (-en) pietist

'pietje *o* (-s) **1** ⟨hoofdluis⟩ louse; **2** ⟨kanarie⟩ canary-bird

Pietje *o*: *een ~ Precies* a fuss-pot

piet'lut *m* & *v* (-ten) fuss-pot, niggler

piet'luttig *bn* niggling, pernickety

'pietsje *o* (-s) = tikkeltje

pig'ment *o* pigment

pigmen'tatie *v* pigmentation

pij *v* (-en) frock, habit

'pij-jekker *m* (-s) pea-jacket

pijl *m* (-en) **1** ⟨wapen⟩ arrow, bolt; **2** sp dart; **3** ⟨richtingteken⟩ arrow; *~ en boog* bow and arrow; *hij heeft al zijn ~en verschoten* he has shot all his bolts; *als een ~ uit de boog* as swift as an arrow, [be off] like a shot; *meer ~en op zijn boog hebben* have more strings to one's bow

'pijlbundel, 'pijlenbundel *m* (-s) bundle of arrows

'pijler *m* (-s) **1** ⟨in 't alg.⟩ pillar, column; **2** ⟨v.e. brug⟩ pier

'pijlkoker *m* (-s) quiver

'pijlkruid *o* arrow-head

'pijlpunt *m* (-en) arrow-head

'pijlsnel *bn* (as) swift as an arrow

'pijlstaart *m* (-en) **1** ⟨vogel⟩ pintail duck; **2** ⟨rog⟩ = pijlstaartrog; **3** ⟨vlinder⟩ = pijlstaartvlinder

'pijlstaartrog *m* (-gen) sting-ray

'pijlstaartvlinder *m* (-s) hawkmoth

'pijlvormig *bn* arrow-shaped

'pijlwortel *m* (-s) arrowroot

1 pijn *m* (-en) ⟨boom⟩ pine, pine-tree

2 pijn *v* (-en) pain, ache; *~ doen* zie: ¹*zeer (doen)*; *ik heb ~ aan mijn hand* my hand hurts; *ik heb ~ in mijn borst* I have a pain in my chest; *ik heb ~ in mijn keel* I have a sore throat

'pijnappel *m* (-s) fir-cone, pine-cone

'pijnappelklier *v* (-en) pineal gland

'pijnbank *v* (-en) rack; *iem. op de ~ leggen* put sbd. to the rack

'pijnbestrijding *v* pain control

'pijnboom *m* (-bomen) pine-tree, pine

'pijnigen (pijnigde, h. gepijnigd) *overg* torture, rack, torment

'pijniger *m* (-s) torturer, tormentor

'pijniging *v* (-en) torture

'pijnlijk *bn* painful; *het is ~* ook: it hurts; *~e voeten* aching feet, tender feet

'pijnlijkheid *v* (-heden) painfulness

'pijnloos *bn* painless

'pijnstillend *bn* soothing, anodyne; *~ middel* anodyne, pain-killer

'pijnstiller *m* (-s) painkiller

pijp *v* (-en) **1** ⟨rookgerei⟩ pipe; **2** ⟨buis⟩ pipe, tube; **3** ⟨v. broek⟩ leg; *de ~ uitgaan* gemeenz kick the bucket, snuff it; *een zware ~ roken* come in for something unpleasant

'pijpaarde *v* pipe-clay

'pijpen I (pijpte, h. gepijpt) *overg* gemeenz ⟨afzuigen⟩ suck off, do a blow-job; *iem. pijpen* do a blow-job on sbd.; **II**: *naar iems. ~ dansen* dance to sbd.'s tune

'pijpenkop *m* (-pen) bowl (of a pipe)

'pijpenkrul *v* (-len) ringlet

'pijpenla (-den), **'pijpenlade** *v* (-n) **1** eig pipe-box; **2** ⟨smal vertrek⟩ long, narrow room

'pijpenpeuter *m* (-s) pipe cleaner (picker)

'pijpenrek *o* (-ken) pipe-rack

'pijpensteel *m* (-stelen) stem (shank) of a tobacco-pipe; *het regent pijpenstelen* it is raining cats and dogs

'pijpkaneel *m* & *o* cinnamon (in sticks)

'pijpleiding *v* (-en) pipe-line

'pijporgel *o* (-s) pipe organ

'pijpsleutel *m* (-s) box-spanner, socket spanner

'pijptabak *m* pipe tobacco

1 pik *o* & *m* ⟨teer⟩ = pek

2 pik *m*: *hij heeft de ~ op mij* he has (holds) a grudge against me

3 pik *v* (-ken) ⟨houweel⟩ pick, pickax(e)

4 pik *m* (-ken) ⟨prik, steek⟩ sting, stab, peck

5 pik *v* (-ken) gemeenz ⟨penis⟩ prick, cock

pi'kant *bn* **1** ⟨heet⟩ piquant, seasoned, spicy, pungent; **2** ⟨gewaagd⟩ risqué [story]; *dat gaf het gesprek iets ~s* that added a zest (that's what gave a piquancy) to the conversation

pikante'rie *v* (-rieën) piquancy²; fig spiciness

'pikbroek *m* (-en) gemeenz (Jack-)tar [sailor]

1201

'**pikdonker I** *bn* pitch-dark; **II** *o* pitch-darkness
pi'keren (pikeerde, h. gepikeerd) *overg* nettle; *hij was erover gepikeerd* he was nettled at it; zie ook: *gepikeerd*
pi'ket 1 *o* ⟨kaartspel⟩ piquet; **2** *m* (-ten) mil picket
pi'ketpaal *m* (-palen) picket
pi'keur *m* (-s) **1** ⟨in 't alg.⟩ riding-master; **2** ⟨v. circus⟩ ringmaster; **3** ⟨jager⟩ huntsman
'**pikhaak** *m* (-haken) **1** scheepv boat-hook; **2** ⟨bij korenoogst⟩ reaping-hook
'**pikhouweel** *o* (-welen) pickaxe, Am pickax
'**pikkedonker** *bn* & *o* = pikdonker
1 '**pikken** (pikte, h. gepikt) *overg* ⟨besmeren met pek⟩ = *pekken*
2 '**pikken** (pikte, h. gepikt) **I** *onoverg* pick, peck; **II** *overg* ⟨oppikken⟩ peck; ⟨prikken⟩ prick; ⟨stelen⟩ gemeenz bag, filch, pilfer; gemeenz: *dat pik ik niet* I am not having this
'**pikorde** *v* pecking order, peck order
'**pikzwart** *bn* coal-black, pitch-black
pil *v* (-len) **1** ⟨medicijn⟩ pill; **2** ⟨dikke boterham⟩ chunk of bread; **3** ⟨dik boek⟩ tome; *~len draaien* roll pills; *een bittere ~ slikken* swallow a bitter pill; *de ~ vergulden* gild the pill
pi'laar *m* (-laren) pillar, post
pi'laarheilige *m* (-n) stylite
pi'laster *m* (-s) pilaster
Pi'latus *m* Pilate; zie ook: *Pontius*
'**pili-'pili** *m* ZN mixture of pungent spices
'**pillendoos** *v* (-dozen) pill-box[2]
'**pillendraaier** *m* (-s) pill-roller
'**pilo** *o* corduroy
pi'loot *m* (-loten) pilot; *tweede ~* co-pilot
pils *m* & *o* Pilsen(er), lager; *een ~(je)* a pint (of light beer)
pi'ment *o* pimento, allspice
'**pimpelaar** *m* (-s) boozer, tippler
'**pimpelen** (pimpelde, h. gepimpeld) *onoverg* tipple
'**pimpelmees** *v* (-mezen) blue tit(mouse)
'**pimpelpaars** *bn* purple
pin *v* (-nen) **1** techn peg, pin; **2** ZN ⟨gierigaard⟩ miser; *iem. de ~ op de neus zetten* put pressure on sbd., make things hot for sbd.; zie ook: *pen*
pi'nakel *m* (-s) pinnacle
pi'nas *v* (-sen) pinnace
pince-'nez *m* (-s) pince-nez
pin'cet *o* & *m* (-ten) (pair of) tweezers
'**pincode** *m* (-s) PIN code
'**pinda** *v* ('s) peanut
'**pindakaas** *m* peanut butter
'**pindaman** *m* (-nen) peanut vendor
'**pindarotsje** *o* (-s) peanut brittle
pi'neut *m* gemeenz: *de ~ zijn* be for it, be the dupe
ping *m* = pingping
'**pingelaar** *m*, '**pingelaarster** *v* (-s) haggler
'**pingelen** (pingelde, h. gepingeld) *onoverg* **1** ⟨afdingen⟩ haggle; **2** ⟨met bal⟩ keep dribbling; **3** ⟨op piano, gitaar⟩ tinkle

ping'ping *m* gemeenz lolly [= money], brass
'**pingpong** *o* ping-pong
'**pinguïn** *m* (-s) penguin
1 pink *m* (-en) little finger; zie ook: ¹*pinken*
2 pink *m* (-en) scheepv pink, fishing-boat
3 pink *m* (-en) ⟨jong rund⟩ yearling
1 '**pinken** *mv: bij de ~ zijn* gemeenz be all there, have one's wits about one
2 '**pinken** (pinkte, h. gepinkt) *overg: een traan uit de ogen ~* brush away a tear
3 '**pinken** (pinkte, h. gepinkt) *onoverg* ZN **1** ⟨v. sterren⟩ twinkle; **2** ⟨knipogen⟩ wink; **3** ⟨richting aangeven⟩ indicate direction
'**pinkogen** (pinkoogde, h. gepinkoogd) *onoverg* blink
'**pinksterbeweging** *v* Pentecostal movement, Pentecostalism
'**pinksterbloem** *v* (-en) ⟨bloem⟩ cuckooflower
'**pinksterdag** *m* (-dagen) Whit Sunday; *tweede ~* Whit Monday
pinkster'dinsdag, **pinkster'drie** *m* Whit Tuesday
'**Pinksteren** *m* Whitsun(tide), Pentecost
'**pinksterfeest** *o* (-en) **1** ⟨christelijk⟩ Whitsuntide; **2** ⟨joods⟩ Pentecost
'**pinkstergemeente** *v* (-n, -s) Pentecostal Church
pinkster'maandag *m* Whit Monday
'**pinkstertijd** *m* Whitsuntide
'**pinkstervakantie** *v* (-s) Whitsun(tide) holidays
'**pinksterweek** *v* (-weken) Whit(sun) week
pinkster'zondag *m* Whit Sunday
1 '**pinnen** (pinde, h. gepind) *overg* ⟨met pinnen bevestigen⟩ pin, peg, fasten with pins
2 '**pinnen** (pinde, h. gepind) *overg* ⟨geld opnemen met een pinpas⟩ ± take money out, pay with a cash-card
'**pinnig** *bn* **1** ⟨onvriendelijk⟩ biting; *een ~e dame* a woman with a biting tongue, a caustic type; **2** ⟨gierig⟩ niggardly, tight-fisted
'**pinpas** *m* (-sen) ± cash-card
'**pinscher** *m* (-s) pinscher
pint *v* (-en) pint°
pinte'lieren (pintelierde, h. gepintelierd) *onoverg* ZN booze, tipple
pi'oen *v* (-en), **pi'oenroos** *v* (-rozen) peony
pi'on *m* (-nen) pawn [at chess]
pio'nier *m* (-s) pioneer[2]
pio'nieren (pionierde, h. gepionierd) *onoverg* pioneer, break new ground
pio'nierswerk *o* **1** eig pioneering; **2** fig spadework
pi'ot *m* (-ten) ZN soldier, private
pip *v* pip [disease of birds]; *hij kan de ~ krijgen!* gemeenz he can go to blazes (go climb a tree, go fly a kite)!
pi'pet *v* & *o* (-ten) pipette
pips *bn* ⟨vermoeid uitziend⟩ peaked, drawn
pi'qué *o* piqué
pi'raat *m* (-raten) pirate

pirami'daal *bn* pyramidal; *het is* ~ it is enormous

pira'mide *v* (-s en -n) pyramid

pi'ranha *m* ('s) piranha

pi'ratenzender *m* (-s) pirate (radio station, transmitter)

pirate'rij *v* piracy

pirou'ette *v* (-s en -n) pirouette

pirouet'teren (pirouetteerde, h. gepirouetteerd) *onoverg* pirouette

pis *m* gemeenz piss

'pisang *v* (-s) **1** gemeenz banana; **2** = *pineut*

'pisbak *m* (-ken) gemeenz **1** (aan de muur) urinal; **2** (openbaar) pissoir, public urinal

'pisbloem *v* (-en) ZN dandelion

'pisbuis *v* (-buizen) urethra

'pisnijdig *bn* gemeenz furious, in a rage, really mad

'pispaal *m* gemeenz scape-goat

'pispot *m* (-ten) = *piespot*

'pissebed *v* (-den) sow-bug

'pissen (piste, h. gepist) *onoverg* gemeenz piss; *hij is* ~ he is gone

'pissig *bn* gemeenz pissed off

pis'sijn *v* (-en) ZN gemeenz public urinal

pis'soir *o & m* (-s) public urinal, Am pissoir

pis'tache *v* (-s) **1** (noot) pistachio; **2** (knalbonbon) cracker

'piste *v* (-s en -n) **1** (v. circus) ring; **2** (voor wielrenners) track

pisto'let *m* (-ten) (broodje) (crusted) roll

pis'ton *m* (-s) muz cornet

pisto'nist *m* (-en) cornetist

pis'tool *o* (-tolen) pistol [weapon]; *iem. het* ~ *op de borst zetten* clap a pistol to sbd.'s breast

pis'toolschot *o* (-schoten) pistol-shot

pit *o & v* (-ten) **1** kernel [of nut]; pip [of an apple, orange]; seed [of apple, cotton, grape, orange, raisin, sunflower]; stone [of grapes &]; **2** fig pith, spirit; **3** body [of wine, a novel]; **4** wick [of a lamp]; **5** burner [of a gas-cooker]; *er zit geen* ~ *in hem* he has no grit in him; *rozijnen zonder* ~ seedless raisins

'pitbull, 'pitbullterriër *m* (-s) pitbull (terrier)

'pitcher *m* (-s) honkbal pitcher

'pitje *o* (-s): *iets op een laag* ~ *zetten* put sth. on the back burner

'pitloos *bn* seedless, pitless

'pitriet *o* ± rattan

'pitten (pitte, h. gepit) *onoverg* gemeenz sleep

'pittig I *bn* **1** pithy, spirited, brisk, sharp, lively, stirring [music]; **2** [beer, wine] of a good body; **3** spicy, savoury [dish]; **II** *bijw* pithily, briskly, sharply

'pittigheid *v* pithiness², briskness, spirit

pitto'resk *bn* picturesque

'pitvrucht *v* (-en) pome

'pixel *m* (-s) pixel

'pizza *v* ('s) pizza

pizze'ria *v* ('s) pizzeria

pk *afk.* = *paardenkracht*

plaag *v* (plagen) plague, vexation, nuisance, pest

'plaaggeest *m* (-en) bully, teaser, tease

'plaagstoot *m* (-stoten) **1** boksen playful (teasing) blow; **2** fig dig; *een paar plaagstoten uitdelen* (plagend uitdagen) make a few digs

'plaagziek fond of bullying (teasing)

'plaagzucht *v* teasing disposition

'plaaster *m* (-s) ZN plaster

'plaasteren (plaasterde, h. geplaasterd) *overg* ZN plaster

plaat *v* (platen) **1** (ijzer) sheet, plate [also of glass]; **2** (marmer) slab; **3** (wijzerplaat) dial; **4** (gravure) picture, engraving, print; **5** (grammofoon~) record; **6** (ondiepte) shoal, sands; *de* ~ *poetsen* bolt, gemeenz beat it

'plaatijzer *o* sheet-iron

'plaatje *o* (-s) **1** (afbeelding) picture; **2** (v. ijzer &) plate; ~*s kijken* look at the pictures [in a book]

'plaatkoek *m* (-en) griddle cake

plaats *v* (-en) **1** (in 't alg.) place; **2** (ruimte) room, place; [enclosed] court, yard; **3** (hofstede) farm; **4** (zitplaats) seat; **5** (betrekking) place, situation, post, office; [clergyman's] living; **6** (in boek) place; **7** scene [of the crime, of the disaster]; **8** ZN (dorpsplein) village square; **9** ZN (bergruimte) storage (box) room; (bicycle) shelter; **10** ZN (kamer) room; *het is hier niet de* ~ *om...* the present (this) is not a place for ...ing; ~ *bieden aan* admit, seat [200 persons]; *de* ~ *innemen van...* take the place of...; *neemt uw* ~ *in* take your places; *een eervolle* ~ *innemen* hold an honoured place; *het neemt te veel* ~ *in* it takes up too much room; ~ *maken* make room; make way [for others]; give place [to doubt], give way [to hesitation]; ~ *nemen* sit down, take a seat; *in de* ~ *van (de heer Hendriks, benoemd tot...)* in (the) place of...; *in (op) de allereerste* ~ first and foremost; *in (op) de eerste* ~ in the first place, first of all, firstly; primarily [intended for pupils, students &]; *in (op) de laatste* ~ last of all, lastly; *wat had u in mijn* ~ *gedaan?* in my place; *in uw* ~ if I were (had been) in your place; *in* ~ *van* instead of; *in* ~ *daarvan* instead; *in de* ~ *komen van (voor)* take the place of; *in de* ~ *stellen van* substitute for; *op de* ~ *(dood) blijven* be killed on the spot; *op de* ~ *rust!* stand easy!; *op alle* ~*en* in all places, everywhere; *daar is hij op zijn* ~ he is in his element there; *(dat woord) is hier niet op zijn* ~ is out of place, is not in place; *iem. op zijn* ~ *zetten* put sbd. in his (proper) place; *ter* ~*e* on the spot; *daar ter* ~*e* there, at that place; *wij zijn ter* ~*e* we have reached our destination; *niet van zijn* ~ *komen* not move from the spot; *de schoenmaker van de* ~ the local shoemaker

'plaatsbekleder *m* (-s) deputy, substitute; *de P*~ the Vicar of Christ

'plaatsbepaling *v* (-en) location

'plaatsbeschrijving *v* (-en) topography

'plaatsbespreking *v* (advance) booking

'plaatsbewijs *o* (-wijzen) ticket

'plaatschade *v* bodywork damage

'**plaatscommandant** *m* (-en) town major
'**plaatselijk** *bn* local
'**plaatsen** (plaatste, h. geplaatst) *overg* **1** 〈zetten〉
put, place; **2** 〈een plaats geven〉 seat [guests &]; give
employment to [people]; **3** 〈stationeren〉 station,
post; **4** 〈opstellen〉 put up [a machine]; **5** 〈opne-
men〉 insert [an advertisement]; **6** 〈aan de man
brengen〉 dispose of [articles &]; **7** sp place [a horse,
a team]; **8** 〈uitzetten〉 invest [money]; *hij heeft zijn
zoons goed weten te ~* he has got his sons into good
situations; *geplaatst voor een moeilijkheid (het probleem)* faced with a difficulty (the problem)
'**plaatsgebrek** *o* want (lack) of space
'**plaatsgrijpen**¹ *onoverg* take place
'**plaatshebben**¹ *onoverg* take place
'**plaatsing** *v* (-en) **1** (in 't alg.) placing & (zie *plaatsen*); **2** insertion [of advertisements]; **3** investment
[of capital]; **4** appointment [of personnel]
'**plaatsje** *o* (-s) **1** (in 't alg.) place; **2** yard [of a
house]; **3** 〈zitplaats〉 seat; *in die kleine ~s* in those
small towns
'**plaatskaart** *v* (-en) ticket
'**plaatsnaam** *m* (-namen) place name
'**plaatsopneming** *v* (-en) judicial inspection of the
premises
'**plaatsruimte** *v* space, room; *~ bieden (hebben)
voor* have (provide) accommodation for
'**plaatstaal** *o* sheet (plate) steel
'**plaatsvervangend** *bn* acting [manager], deputy
[commissioner], temporary
'**plaatsvervanger** *m* (-s) **1** (in het alg.) substitute;
2 〈met volmacht〉 deputy; **3** 〈dokter〉 locum tenens,
deputy; **4** 〈acteur〉 understudy; **5** 〈bisschop〉 surrogate
'**plaatsvervanging** *v* substitution
'**plaatsvervulling** *v* (-en) recht representation
'**plaatsvinden**¹ *onoverg* take place
'**plaatwerk** *o* (-en) **1** book of pictures (or reproduc-
tions); **2** techn plating
pla'**cebo** *m* ('s) placebo
placemat *m* (-s) place-mat
pla'**centa** *v* ('s) placenta
placht (plachten) V.T. van ²*plegen*
pla'**dijs** *m* (-dijzen) ZN plaice
pla'**fon**, pla'**fond** *o* (-s) ceiling
plafon'**neren** (plafonneerde, h. geplafonneerd)
overg ZN 〈stukadoren〉 plaster
plafon'**nière** *v* (-s) ceiling light
plag *v* (-gen) sod (of turf)
'**plagen** (plaagde, h. geplaagd) **I** *overg* **1** 〈speels〉
tease; **2** 〈uit boosaardigheid〉 vex; 〈pesten〉 bully;
3 = *kwellen*; *zij ~ hem ermee* they chaff him about
it; *mag ik u even ~?* excuse my disturbing you; **II**
abs ww tease
plager *m* (-s) teaser, tease
'**plagerig** *bn* teasing, vexatious
plage'**rij** *v* (-en) teasing; zie: *plagen*
'**plagge** *v* (-n) sod (of turf)

'**plaggenhut** *v* (-ten) sod house, turf hut
'**plaggensteker** *m* (-s) turfcutter
plagi'**aat** *o* (-iaten) plagiarism, plagiary; *~ plegen*
commit plagiarism, plagiarize
plagi'**aris** (-sen), plagi'**ator** *m* (-s) plagiarist
plaid *m* (-s) **1** 〈Schotse mantel〉 plaid; **2** 〈reisdeken〉
(travelling-)rug
plak *v* (-ken) **1** slice [of ham &]; slab [of cake,
chocolate &]; **2** sp [gold &] medal; **3** vroeger
[schoolmaster's] ferule; *onder de ~ van zijn vrouw
zitten* be henpecked [by one's wife]; *flink onder de ~
houden* keep a tight hand over
'**plakband** *o* **1** 〈doorzichtig〉 adhesive tape, sellotape, Scotch tape; **2** 〈v. papier〉 gummed paper
'**plakboek** *o* (-en) scrap book
plak'kaat *o* (-katen) **1** 〈poster〉 placard, poster;
2 hist edict
plak'kaatverf *v* poster paint (colour)
'**plakken** (plakte, h. geplakt) **I** *overg* paste, stick,
glue; **II** *onoverg* stick, be sticky; *blijven ~* fig stay on
and never know when to go away
'**plakker** *m* (-s) **1** 〈sticker〉 sticker; **2** 〈iem. die (aan)-
plakt〉 (bill) sticker; **3** 〈insect〉 gipsymoth; **4** 〈iem.
die blijft hangen〉 sticker
'**plakkerig** *bn* sticky²
'**plakplaatje** *o* (-s) sticker
'**plakpleister** *v* (-s) = *hechtpleister*
'**plaksel** *o* (-s) paste
'**plakstift** *v* (-en) glue-stick
'**plakzegel** *m* (-s) receipt-stamp
pla'**muren** (plamuurde, h. geplamuurd) *overg &
onoverg* fill, stop with filler
pla'**muur** *m & o*, pla'**muursel** *o* filler
pla'**muurmes** *o* (-sen) stopping-knife
plan *o* (-nen) **1** 〈voornemen〉 plan, design, project,
intention; **2** 〈voorbereiding〉 plan, design, scheme,
project; **3** 〈tekening〉 plan; **4** (ook -s) ZN 〈platte-
grond〉 map; *dat is zijn ~ niet* that is not his intention, that is not part of his plan; *~nen beramen*
make plans, lay schemes; *zijn ~nen blootleggen (ontvouwen)* unfold one's plans; *een ~ ontwerpen (opmaken)* draw up a plan; *het ~ opvatten om... * conceive
the project of ...ing; *~nen smeden* forge plots; *zijn
~ vaststellen* lay down one's plan; *een ~ vormen*
form a scheme; *met het ~ om...* with the intention
to; *op een hoger ~* on a higher plane, at a higher
level; *van ~ zijn (om)* intend, mean to, think of...;
we zijn niet van ~ te werken voor anderen we are not
prepared (are not going) to work for others
'**planbureau** *o* (-s) planning office
plan de cam'pagne *o* plan of action (campaign)
'**planeconomie** *v* statism
pla'**neet** *v* (-neten) planet
pla'**neetbaan** *v* (-banen) orbit of a planet
pla'**neren** (planeerde, h. geplaneerd) **I** *overg* **1** planish [metals]; **2** size [paper]; **II** *onoverg* 〈v. vliegtuig,
boot〉 glide, plane down
plane'**tair** *bn* planetary

plane'tarium *o* (-ria en -s) planetarium, orrery
pla'netenstelsel *o* (-s) planetary system
planetoïde *v* (-n) planetoid
planime'trie *v* plane geometry
plank *v* (-en) **1** ⟨5-15 cm dik⟩ plank; **2** ⟨minder dan 5 cm⟩ board; **3** shelf [in book-case &]; *de ~ misslaan* be beside (wide of) the mark; *hij komt op de ~en* he will appear on the stage; *van de bovenste ~* A 1, tophole; *hij is er een van de bovenste ~* he is a first-rate fellow
'planken *bn* made of boards, wooden; *een ~ vloer* a boarded floor
'plankenkoorts *v* stage-fright
'plankgas *o:* ~ *geven* step on it, *Am* step up the gas
plan'kier *o* (-en) **1** ⟨planken bevloering⟩ planking; **2** ⟨vlonder⟩ platform; **3** ⟨aanlegsteiger⟩ landing stage
'plankton *o* plankton
'plankzeilen *ww & o* windsurfing, sailboarding
'plankzeiler *m* (-s) windsurfer, sailboarder
'plan'matig *bn* planned [economy]
'plannen (plande, h. gepland) *onoverg & overg* plan
'plannenmaker *m* (-s) planner, schemer, projector
'planning *v* planning
'plano: *in ~* in sheets
planolo'gie *v* planning
plano'logisch *bn* planning [problems &]
plano'loog *m* (-logen) planner
plant *v* (-en) plant
plant'aardig *bn* vegetable; ~ *voedsel* a vegetable diet
plan'tage *v* (-s) plantation, estate
'planten (plantte, h. geplant) *overg* plant [trees &, the flag]
'plantenboter *v* vegetable butter
'plantenetend *bn* plant-eating, herbivorous
'planteneter *m* (-s) herbivore
'plantengroei *m* vegetation, plant-growth
'plantenkenner *m* (-s) botanist
'plantenkweker *m* (-s) nurseryman
plantenkweke'rij *v* (-en) nursery(-garden)
'plantenleer *v* botany
'plantenleven *o* plant life, vegetable life; *een ~ leiden* vegetate
'plantenrijk *o* vegetable kingdom
'plantentuin *m* (-en) botanical garden
'plantenvezel *v* (-s) vegetable fibre
'plantenwereld *v* vegetable world
'plantenziekte *v* (-s en -n) plant disease, blight
'plantenziektekunde *v* plant pathology
plantenziekte'kundig *bn* of plant pathology
'planter *m* (-s) planter
'plantkunde *v* botany
plant'kundig *bn* botanical
plant'kundige *m-v* (-n) botanist
'plantluis *v* (-luizen) = *bladluis*
'plantrekker *m* (-s) ZN **1** ⟨opportunist⟩ opportunist; **2** ⟨lijntrekker⟩ shirker, sponger

plant'soen *o* (-en) public garden, pleasure grounds, park
plas *m* (-sen) **1** ⟨regen &⟩ puddle, pool; **2** ⟨urine⟩ water, *gemeenz* pee, piddle; **3** ⟨vijver⟩ pond; **4** ⟨meer⟩ lake; *een ~ doen* make water, *gemeenz* pee, wee-wee
'plasma *o* [blood] plasma
'plaspil *v* (-len) diuretic
'plasregen *m* (-s) splashing rain, downpour
'plasregenen (plasregende, h. geplasregend) *onoverg* rain cats and dogs
'plassen (plaste, h. geplast) *onoverg* **1** ⟨met water spelen⟩ splash; **2** ⟨urineren⟩ make water, *gemeenz* pee, wee-wee
'plasser *m* kindertaal (-s) willy, *Am* peter
'plastic I *o* (-s) plastic; **II** *bn* plastic
plas'tiek I *v* (-en) ⟨kunst⟩ plastic art; **II** *o* ⟨kunststof⟩ plastic; **III** *bn* ZN plastic
plas'tieken *bn* plastic
plastifi'ceren (plastificeerde, h. geplastificeerd) *overg* plasticize
'plastisch I *bn* **1** plastic [art; materials; nature; surgery]; **2** ⟨aanschouwelijk⟩ graphic [description]; **II** *bijw* **1** plastically; **2** graphically [told &]
plas'tron *o & m* (-s) plastron
plat I *bn* **1** flat [roof &]; **2** broad [accent]; **3** coarse, vulgar [language]; *een ~te beurs* an empty purse; *~te knoop* scheepv reefknot; ~ *maken (worden)* flatten; **II** *bijw* **1** ⟨egaal⟩ flat; **2** ⟨vulgair⟩ vulgarly, coarsely; **III** *o* (-ten) **1** flat [of a sword &]; **2** flat, leads [of a roof]; **3** cover [of a book]; *continentaal ~* continental shelf; **4** patois, dialect [of a region]
pla'taan *m* (-tanen) plane(-tree)
'platbodemd, 'platboomd *bn* flat-bottomed
'platbranden[1] *overg* burn down
'platdrukken[1] *overg* crush, flatten out, press flat
'Platduits *o* Low German
pla'teau *o* (-s) plateau, tableland
pla'teauschoen *m* (-en) platform shoe
pla'teauzool *v* (-zolen) platform (sole); *schoenen met plateauzolen* platform shoes
pla'teel *o* (-telen) Delft ware, faience
pla'teelbakker *m* (-s) Delft-ware maker
pla'teelbakkerij *v* (-en) Delft-ware pottery
'platenatlas *m* (-sen) pictorial atlas
'platenbon *m* (-nen en -s) record token
'platenhoes *v* (-hoezen) record sleeve
'platenindustrie *v* (-strieën) record industry
'platenlabel *o* (-s) record label
'platenmaatschappij *v* (-en) record company
'platenspeler *m* (-s) record player
'platenwisselaar *m* (-s) record changer
'platenzaak *v* (-zaken) record shop, *Am* record store
pla'teren (plateerde, h. geplateerd) *overg* plate [metals]
'platform *o* (-s en -en) **1** ⟨in 't alg.⟩ platform; **2** luchtv apron, tarmac [of airfield]
'platgetreden *bn* **1** *eig* downtrodden; **2** *fig* beaten

platgooien

[track]

'platgooien[1] *overg* **1** ⟨door staking stilleggen⟩ shut down; **2** ⟨bombarderen⟩ flatten

'platheid *v* (-heden) **1** ⟨effenheid⟩ flatness; **2** ⟨vulgariteit⟩ coarseness, vulgarity

'platina *o* platinum

'platinablond *bn* platinum blonde

plati'tude *v* (-s) platitude, trite (commonplace) remark

'platje *o* (-s) **1** ⟨plat dakje⟩ flat, leads; **2** ⟨terrasje⟩ terrace, porch; **3** ⟨platluis⟩ crab-louse

'platleggen[1] *overg* ⟨door staking⟩ strike; *platgelegd* strikebound

'platliggen[1] *onoverg* **1** ⟨vlak liggen⟩ lie flat; **2** ⟨door staking⟩ be strikebound

'platlopen[1] *overg: de deur bij iem.* ~ go to see sbd. very often; *we lopen de deur bij elkaar niet plat* we don't see much of each other

'platluis *v* (-luizen) crab-louse

pla'tonisch I *bn* platonic; **II** *bijw* platonically

'platslaan[1] *overg* **1** ⟨platmaken⟩ flatten; **2** ⟨neerslaan⟩ beat down

'platspuiten[1] *overg: iem.* ~ gemeenz dose up, stupefy with drugs

platte'grond *m* (-en) **1** ground-plan [of a building]; **2** plan, map [of the town]

'plattekaas *m* ZN fresh cheese, soft cheese

platte'land *o* country, countryside

platte'landsbewoner *m* (-s) countryman, rural resident

platte'landsvrouw *v* (-en) countrywoman

'plattrappen[1] *overg* trample (down)

'platvis *m* (-sen) flatfish

plat'vloers *bn* banal, low, vulgar

plat'vloersheid *v* (-heden) banality, vulgarity

'platvoet *m* (-en) **1** ⟨voet⟩ flat-foot; **2** ⟨persoon⟩ flat-footed person

'platweg *bijw* flatly

'platzak *bn:* ~ *zijn* have an empty purse, be hard up

plau'sibel *bn* plausible

pla'veien (plaveide, h. geplaveid) *overg* pave

pla'veisel *o* (-s) pavement

pla'veisteen *m* (-stenen) paving-stone

pla'vuis *m* (-vuizen) paving tile, flag (stone)

play'back I *o* ⟨geïmiteerde zang⟩ lip-synch; **II** *bijw: zij zingt* ~ she's lip-synching (the words)

play'backen (playbackte, h. geplaybackt) *overg* lip-synch

ple'bejer *m* (-s) plebeian

ple'bejisch *bn* plebeian

plebis'ciet *o* plebiscite

plebs *o* rabble, riff-raff

plecht *v* (-en) fore-deck, after-deck

'plechtanker *o* (-s) sheet-anchor[2]

'plechtig I *bn* **1** ⟨in 't alg.⟩ solemn, ceremonious, stately; **2** formal [opening of Parliament]; ~*e communie* RK solemn communion; **II** *bijw* **1** ⟨in 't alg.⟩

solemnly, ceremoniously, in state; **2** formally [opened]

'plechtigheid *v* (-heden) ceremony, solemnity; *een* ~ ook: a function

plecht'statig *bn* solemn, stately, ceremonious

plecht'statigheid *v* solemnity, stateliness, ceremoniousness

'plectrum *o* (-tra en -s) plectrum

plee *m* (-s) gemeenz privy, loo, can, Am john

'pleefiguur *o* gemeenz: *een* ~ *slaan* cut a sorry figure, blunder, make a howler

'pleegbroeder, **'pleegbroer** *m* (-s) foster-brother

'pleegdochter *v* (-s) foster-daughter

'pleeggezin *o* (-nen) foster-family, foster-home

'pleegkind *o* (-eren) foster-child

'pleegmoeder *v* (-s) foster-mother

'pleegouders *mv* foster-parents

'pleegvader *m* (-s) foster-father

'pleegzoon *m* (-zonen en -s) foster-son

'pleegzuster *v* (-s) **1** foster-sister; **2** vero ⟨verpleegster⟩ sick-nurse, nursing sister

pleet *o* elektroplate

'pleetwerk *o* plated articles, plated ware

1 plegen (pleegde, h. gepleegd) *overg* commit, perpetrate ⟨a crime⟩

2 plegen (placht) *onoverg: men pleegt te vergeten dat...* one is apt to forget that...; *hij placht te drinken* he used to drink; *vaak placht hij 's morgens uit te gaan* he often would go out in the morning

'pleger *m* (-s) perpetrator

plei'dooi *o* (-en) pleading, plea, defence; *een* ~ *houden voor* make a plea for

plein *o* (-en) **1** ⟨in 't alg.⟩ square; **2** ⟨rond⟩ circus

'pleinvrees *v* agoraphobia

1 'pleister *v* (-s) ⟨verbandmiddel⟩ plaster; *een* ~ *op de wond* a salve for his wounded feelings

2 'pleister *o* ⟨specie⟩ plaster, stucco

1 'pleisteren (pleisterde, h. gepleisterd) *overg* ⟨met specie⟩ plaster, stucco

2 'pleisteren (pleisterde, h. gepleisterd) *onoverg* ⟨rust houden⟩ fetch up, stop [at an inn]; *de paarden laten* ~ bait the horses

'pleisterkalk *m* parget

'pleisterplaats *v* (-en) **1** ⟨rustplaats⟩ halting-place, pull-up; **2** hist baiting place, stage

'pleisterwerk *o* plastering, stucco

Pleisto'ceen *o* Pleistocene

pleit *o* plea, (law)suit; *toen was het* ~ *beslecht (voldongen)* then their fate was decided, then the battle was over; *zij hebben het* ~ *gewonnen* they have gained the day

'pleitbezorger *m* (-s) **1** recht solicitor, counsel; **2** ⟨voorvechter⟩ fig advocate

'pleite *bn* gemeenz gone

'pleiten (pleitte, h. gepleit) *onoverg* recht plead; ~ *tegen u* tell against you; ~ *voor* **1** recht plead in favour of (for), defend; **2** fig advocate; *dat pleit voor je* that speaks well for you, that tells in your favour

1206

'**pleiter** *m* (-s) <u>recht</u> pleader
'**pleitrede** *v* (-s) pleading, plea, defence
Ple'jaden *mv* Pleiades
plek *v* (-ken) **1** ⟨plaats⟩ spot, place, patch; **2** ⟨vlek⟩ stain, spot; *kale* ~ bald patch
'**plekken** (plekte, h. geplekt) *onoverg & overg* stain
'**plempen** (plempte, h. geplempt) *overg* fill up [with earth, rubbish &]
ple'nair *bn* plenary, full
'**plengen** (plengde, h. geplengd) *overg* **1** shed [tears, blood]; **2** pour out [wine]
'**plengoffer** *o* (-s) libation
plens *m* (plenzen) splash
'**plensbui** *v* (-en) downpour, cloudburst
'**plenty** *onbep telw* plenty; *we hebben* ~ *tijd* we have plenty of time
'**plenum** *o* full assembly, plenary session, plenum
'**plenzen** (plensde, h. geplensd) *onoverg* splash
pleo'nasme *o* (-n) tantalogy, pleonasm
pleo'nastisch *bn (& bijw)* tantalogical, pleonastic(ally)
'**plethamer** *m* (-s) flatt(en)ing-hammer
'**pletmolen** *m* (-s) rolling-mill, flatting-mill
'**pletrol** *v* (-len) flatt(en)ing-roller
'**pletten** (plette, h. geplet) **I** *overg* flatten, roll [metal]; **II** *onoverg* ⟨van stoffen⟩ crush
'**pletter**: *te* ~ *slaan, te* ~ *vallen* smash, be smashed, crash
plette'rij *v* (-en) rolling-mill, flatting-mill
'**pleuris** *v & o, **pleu'ritis** *v* pleurisy; *krijg de* ~*!* go to hell!; *ik schrok me de* ~ I was scared to death; *de* ~ *is uitgebroken* the fat is in the fire
ple'vier *m* (-en) plover
'**plexiglas** *o* Plexiglas, Perspex
ple'zant *bn bijw* = *plezierig*
ple'zier *o* pleasure; *veel* ~*!* enjoy yourself!, have a good time!; *het zal hem* ~ *doen* it will please him, be a pleasure to him; *iem. een* ~ *doen* do sbd. a favour; ~ *hebben* have a good time, enjoy oneself, have fun; ~ *hebben in iets* find, take (a) pleasure in sth.; ~ *hebben van iets* derive pleasure from sth.; *hij had niet veel* ~ *van zijn zoons* his sons never did anything to give him pleasure; ~ *maken* have fun, make merry; ~ *vinden in iets* find, take (a) pleasure in sth.; *met* ~*!* with pleasure!; *voor (zijn)* ~ for pleasure
ple'zierboot *m & v* (-boten) excursion steamer, pleasure steamer
ple'zieren (plezierde, h. geplezierd) *overg* please
ple'zierig *bn* pleasant
ple'zierjacht *o* (-en) (pleasure) yacht
ple'zierreis *v* (-reizen) pleasure trip
ple'zierreiziger *m* (-s) excursionist
ple'ziertochtje *o* (-s) pleasure trip, jaunt
ple'ziertrein *m* (-en) excursion train
ple'ziervaartuig *o* pleasure craft
plicht *m & v* (-en) duty, obligation; *zijn* ~ *doen* do one's duty; play one's part; *zijn* ~ *verzaken* neglect

(fail in) one's duty; *volgens zijn* ~ *handelen* act up to one's duty
'**plichtbesef** *o* sense of duty
'**plichtbetrachting** *v* (-en) devotion to duty
'**plichtgetrouw** *bn* dutiful
plicht'matig *bn* perfunctory, dutiful
'**plichtpleging** *v* (-en) compliment; *geen* ~*en* no ceremony
'**plichtsbesef** *o* = *plichtbesef*
'**plichtsbetrachting** *v* = *plichtbetrachting*
'**plichtsgetrouw** *bn bijw* = *plichtgetrouw*
'**plichtsgevoel** *o* sense of duty
plichts'halve *bijw* from a sense of duty, dutifully
'**plichtsverzuim** *o* neglect of duty
'**plichtvergeten** *bn* forgetful of one's duty, undutiful
'**plichtverzuim** *o* = *plichtsverzuim*
'**Plinius** *m* Pliny
plint *v* (-en) **1** skirting-board [of a room &]; **2** plinth [of a column]
Plio'ceen *o* Pliocene
plis'sé *o* pleating
plis'seren (plisseerde, h. geplisseerd) *overg* pleat
PLO *v* *Palestine Liberation Organization* PLO
1 ploeg *m & v* (-en) ⟨werktuig⟩ plough; *de hand aan de* ~ *slaan* put one's hand to the plough
2 ploeg *v* (-en) ⟨groep⟩ **1** [day, night] shift, gang [of workmen]; **2** [rescue &] party, *gemeenz* batch; **3** team² [of footballers]; **4** crew [of rowing-boat]
'**ploegbaas** *m* (-bazen) ganger, foreman
'**ploegboom** *m* (-bomen) plough-beam
'**ploegen** (ploegde, h. geploegd) *overg* plough
'**ploegenachtervolging** *v* sp team pursuit
'**ploegendienst** *m* (-en) shift
'**ploegenklassement** *o* (-en) sp team holdings
'**ploegenstelsel** *o* shift system; *volgens het* ~ on the shift system
'**ploegentijdrit** *m* (-ten) sp team time-trial
'**ploeger** *m* (-s) ploughman, plougher
'**ploegijzer** *o* (-s) coulter
'**ploegland** *o* land under the plough, ploughland
'**ploegleider** *m* (-s) sp team manager
'**ploegos** *m* (-sen) plough-ox
'**ploegpaard** *o* (-en) plough horse; *werken als een* ~ work like a horse
'**ploegrister** *m* (-s) mould-board
'**ploegschaar** *v* (-scharen) ploughshare
'**ploegstaart** *m* (-en) plough-tail
'**ploegverband** *o*: *in* ~ as a team
'**ploegvoor** *v* (-voren) furrow
ploert *m* (-en) cad; *de koperen* ~ *gemeenz* the burning hot sun
'**ploertachtig** *bn* caddish
'**ploertendoder** *m* (-s) bludgeon, life-preserver
'**ploertenstreek** *m & v* (-streken) dirty (scurvy) trick
'**ploertig** caddish
'**ploeteraar** *m* (-s) plodder

'**ploeteren** (ploeterde, h. geploeterd) *onoverg* ⟨zwoegen⟩ toil (and moil), drudge, plod; ~ *aan* plod at

plof I *tsw* plop!, flop!, plump!; II *m* (-fen) thud

'**ploffen** (plofte, is geploft) *onoverg* plump (down), flop, plop

'**plokworst** *v* (-en) coarse beef sausage

'**plombe** *v* (-s) = *plombeerloodje & plombeersel*

plom'beerloodje *o* (-s) lead seal, lead

plom'beersel *o* (-s) stopping, filling, plug

plom'beren (plombeerde, h. geplombeerd) *overg* 1 plug, stop, fill [a tooth]; 2 handel lead [goods]

plom'bière *v* (-s) icecream with fruit, sundae

1 **plomp** I *tsw* plumb!, flop!; II *m* (-en) flop; *in de ~ vallen* fall into the water

2 **plomp** I *bn* 1 ⟨onhandig⟩ clumsy; 2 ⟨grof⟩ rude; II *bijw* 1 clumsily; 2 rudely

3 **plomp** *v* (-en) ⟨plant⟩ (white, yellow) waterlily

'**plompheid** *v* 1 ⟨onhandigheid⟩ clumsiness; 2 ⟨grofheid⟩ rudeness; 3 (-heden) ⟨grove daad⟩ rude thing

'**plompverloren** *bijw* plump

'**plompweg** *bijw* = botweg

plons I *tsw* plop!; II *m* (-en en plonzen) splash

'**plonsbad** *o* (-baden) ZN paddling pool

'**plonzen** (plonsde, is geplonsd) *onoverg* splash

plooi *v* (-en) 1 fold, pleat [in cloth]; 2 crease [of trousers]; 3 wrinkle [in the forehead]; *de ~en gladstrijken* fig smooth matters over; *zijn gezicht in de ~ zetten* compose one's countenance, put on a straight face; *hij komt nooit uit de ~* he never unbends

'**plooibaar** *bn* 1 ⟨makkelijk te plooien⟩ pliable, pliant, adaptable; 2 ZN ⟨opvouwbaar⟩ collapsible, foldable; 3 ZN ⟨buigzaam⟩ flexible

'**plooibaarheid** *v* pliability, pliancy

'**plooien** (plooide, h. geplooid) *overg* 1 ⟨vouwen⟩ fold, crease, pleat; 2 wrinkle [one's forehead]; 3 fig arrange [things]; 4 ZN ⟨buigen⟩ bend

'**plooiing** *v* (-en) folding

'**plooiingsgebergte** *o* (-s en -n) folded mountains

'**plooirok** *m* (-ken) pleated skirt

'**plooisel** *o* (-s) pleating

ploos (plozen) V.T. van *pluizen*

plot *m* (-s) plot

plots I *bijw* ⟨plotseling⟩ suddenly; II *bn* ZN ⟨onverwacht⟩ sudden, unexpected

'**plotseling** I *bn* sudden; II *bijw* suddenly, all of a sudden

'**plotsklaps** *bijw* all of a sudden

'**plotter** *m* (-s) comput plotter

'**plozen** V.T. meerv v. *pluizen*

pluche *o & m* plush

'**pluchen** *bn* plush

plug *v* (-gen) plug

'**pluggen** (plugde, h. geplugd) *overg* 1 ⟨van een plug voorzien⟩ plug; 2 ⟨promoten⟩ plug, promote

pluim *v* (-en) plume, feather, crest

plui'mage *v* (-s) plumage, feathers

'**pluimbal** *m* (-len) shuttlecock

'**pluimen** (pluimde, h. gepluimd) *overg* ZN 1 pluck [birds]; 2 fig fleece [a customer]; 3 ⟨bedriegen⟩ deceive, cheat

'**pluimgewicht** *o* ZN featherweight

'**pluimpje** *o* (-s) 1 ⟨veer⟩ little feather; 2 ⟨lof⟩ compliment; *dat is een ~ voor u* that is a feather in your cap

'**pluimstaart** *m* (-en) bushy tall

'**pluimstrijken** (pluimstrijkte, h. gepluimstrijkt) *overg* adulate, fawn upon, toady

'**pluimstrijker** *m* (-s) adulator, fawner, toady

pluimstrijke'rij *v* (-en) adulation, fawning, toadyism

'**pluimvee** *o* poultry

'**pluimveehouder** *m* (-s) poultry keeper, poultry farmer

'**pluimveeteelt** *v* poultry farming

'**pluimveetentoonstelling** *v* (-en) poultry show

1 **pluis** *v & o* (pluizen) fluff, flue; zie ook: *pluisje*

2 **pluis** *bn*: *het is er niet* ~ it's rather fishy out there; *dat zaakje is niet* ~ it's a bit of a shady business; *het is met hem niet* ~ he is not right in his head

'**pluisje** *o* (-s) bit of fluff

'**pluizen** I (pluisde, h. gepluisd) *onoverg* become fluffy; II (ploos, h. geplozen) *overg* pick [oakum]

'**pluizig** *bn* fluffy

pluk *m* (-ken) 1 gathering, picking [of fruit]; 2 ⟨bosje⟩ tuft, wisp; 3 fig handful

'**plukharen** (plukhaarde, h. geplukhaard) *onoverg* have a tussle, tussle

'**plukken** (plukte, h. geplukt) I *overg* 1 pick, gather, cull[2] [flowers &]; 2 pluck [birds]; 3 ⟨bestelen⟩ fleece [a customer]; II *onoverg*: ~ *aan* pick at, pull at

'**plukker** *m* (-s) picker, gatherer, reaper

'**pluksel** *o* (-s) lint

'**pluktijd** *m* picking-season

plu'meau *m* (-s) feather-duster, feather-brush

'**plumpudding** *m* (-en, -s) plum pudding

'**plunderaar** *m* (-s) plunderer, pillager, looter, robber

'**plunderen** (plunderde, h. geplunderd) I *overg* plunder, pillage, loot, (ran)sack [a town], rifle [a house], rob [a man]; II *onoverg* plunder, pillage, loot, rob

'**plundering** *v* (-en) 1 ⟨in 't alg.⟩ plundering, pillage, looting; 2 ⟨met veel verwoesting⟩ (ran)sack

'**plunje** *v* (-s) gemeenz togs

'**plunjezak** *m* (-ken) kit-bag

plu'ralis *m* (-sen en -lia) plural; ~ *majestatis* royal plural

plura'lisme *o* pluralism

plurali'teit *v* plurality, multiplicity, great number

pluri'form *bn* pluriform

pluriformi'teit *v* multiplicity, great number

plus *bijw & voorz* plus

plus'four *m* (-s) plus-fours

plus'minus *bijw* about

'**pluspunt** *o* (-en) advantage, asset
'**plusteken** *o* (-s) plus sign, addition sign
pluto'craat *m* (-craten) plutocrat
plutocra'tie *v* plutocracy
pluto'cratisch *bn* plutocratic
plu'tonium *o* plutonium
plu'vier *m* (-en) plover
pneu'matisch *bn* pneumatic
pneumo'nie *v* pneumonia
po *m* ('s) chamber (pot), gemeenz jordan
p.o. *afk. per omgaande* by return (of post)
'**pochen** (pochte, h. gepocht) *onoverg* boast, brag; ~
op boast of
'**pocher** *m* (-s) boaster, braggart
po'cheren (pocheerde, h. gepocheerd) *overg* poach
[eggs]
poche'rij *v* (-en) boasting, boast, brag(ging)
po'chet *v* (-ten) (breast) pocket handkerchief
'**pochhans** *m* (-hanzen) boaster, braggart
'**pocket** (-s), '**pocketboek** *o* (-en) paperback
'**pocketcamera** *v* ('s) pocket camera
'**pocketeditie** *v* (-s) paperback edition
'**podagra** *o* gout
'**podium** *o* (-dia en -s) platform, stage, [conductor's]
rostrum
'**poedel** *m* (-s) **1** ⟨hond⟩ poodle; **2** miss [at bowling,
billiards]
'**poedelen** (poedelde, h. gepoedeld) **I** *onoverg* **1** ⟨in
water⟩ dabble [duck], paddle [children]; **2** sp miss
[at ninepins]; **II** *overg* techn puddle
'**poedelnaakt** *bn* stark naked; in one's altogether
'**poedelprijs** *m* (-prijzen) booby prize, consolation
prize
'**poeder** *m & v & o* (-s) **1** ⟨in 't alg.⟩ powder; **2** ZN
⟨buskruit⟩ gunpowder
'**poederdons** *m & o* (-donzen) powder-puff
'**poederdoos** *v* (-dozen) powder-box
'**poederen** (poederde, h. gepoederd) *overg* powder,
strew with powder
'**poederig** *bn* powdery, powderlike
'**poederkoffie** *m* powdered coffee
'**poederkwast** *m* (-en) powder-puff
'**poedermelk** *v* powdered milk
'**poedersneeuw** *v* powder snow
'**poedersuiker** *m* powdered sugar, icing sugar
'**poedervorm** *m*: *in* ~ powdered
po'ëet *m* (poëten) poet
poef *m* (-s en -en) pouffe
poe'ha *o & m* **1** ⟨drukte⟩ fuss; **2** ⟨opschepperij⟩
swank
poe'hamaker *m* (-s) braggart
'**poeier(-)** = *poeder(-)*
poel *m* (-en) puddle, pool, slough; *een* ~ *van ellende*
the depths of misery; *een* ~ *van verderf* a cesspit of
vice
poe'let *o & m* soup meat
poe'lier *m* (-s) poulterer
'**poema** *m* ('s) puma

poen *m* **1** (-en) gemeenz ⟨patser⟩ vulgarian,
bounder, cad; **2** gemeenz ⟨geld⟩ dough, lolly, bread
'**poenig** *bn* vulgar, flashy
poep *m* gemeenz **1** ⟨ontlasting⟩ dirt, shit; **2** ZN ⟨ach-
terwerk⟩ bum, backside
'**poepen** (poepte, h. gepoept) gemeenz *onoverg*
1 ⟨zich ontlasten⟩ shit, (have a) crap; **2** ZN ⟨neu-
ken⟩ fuck, copulate
poepe'rij *v* gemeenz: *aan de* ~ *zijn* have diarrhea
'**poepje** *o* (-s) fart; *ik zal ze eens een* ~ *laten ruiken* I'll
show them (a thing or two)
poer *v* (-en) = *peur*
'**poeren** *onoverg* (poerde, h. gepoerd) = *peuren*
'**Poerim** *o* Purim
poes *v* (-en en poezen) cat, puss(y); *hij is voor de* ~
gemeenz it's all up with him, he's finished; *ze is
niet voor de* ~ she is not to be trifled with; *dat is niet
voor de* ~*!* gemeenz that's some!
1 '**poesje** *o* (-s) **1** ⟨katje⟩ pussy-cat, pussy; ⟨klein⟩ kitten; **2** ⟨vagina⟩ pussy
2 '**poesje** *m* (-s) ZN ⟨poppenkast⟩ puppet-theatre
poesje'nel *m* (-len) ZN puppet, marionette
poesje'nellenkelder *m* (-s) ZN puppet-theatre
'**poeslief** *bn* bland, suave, sugary
'**poesmooi** *bn* dressed up to the nines, dolled-up
'**poespas** *m* **1** ⟨rommel⟩ hotch-potch, hodge-podge;
2 ⟨omhaal⟩ fuss
'**poesta** *v* ('s) puszta, steppe [in Hungary]
poet *v* slang loot, swag
po'ëtisch I *bn* poetic(al); **II** *bijw* poetically
poets *v* (-en) trick, prank, practical joke; *iem. een* ~
bakken play a trick upon sbd.
'**poetsdoek** *m* (-en) polishing cloth, cleaning rag
'**poetsen** (poetste, h. gepoetst) *overg* polish, clean;
de plaat ~ bolt, gemeenz beat it
'**poetser** *m* (-s) polisher, cleaner
'**poetsgerei**, '**poetsgoed** *o* cleaning things
'**poetskatoen** *o* cotton waste
'**poetslap** *m* (-pen) polishing cloth, cleaning rag
'**poetspommade** *v* polishing paste
'**poezelig** *bn* plump, chubby
poë'zie *v* **1** ⟨in 't alg.⟩ poetry^2; **2** [bucolic, Latin &]
verse
poë'ziealbum *o* (-s) ⟨van kinderen⟩ girl's album of
friend's verses
pof *m* ⟨bons⟩ thud; *op de* ~ *kopen* gemeenz buy (go)
on tick
'**pofbroek** *v* (-en) knickerbockers, plus-fours
'**poffen** (pofte, h. gepoft) *overg* **1** gemeenz ⟨op krediet kopen⟩ buy on tick; **2** ⟨krediet geven⟩ give
credit; sell on tick; **3** roast [chestnuts]
'**poffertje** *o* (-s) 'poffertje' [buttered and sugared
tiny pancake]
'**poffertjeskraam** *v & m & o* (-kramen) booth
where 'poffertjes' are sold
'**pofmouw** *v* (-en) puff sleeve
'**pogen** (poogde, h. gepoogd) *overg* endeavour, attempt, try

1209

'poging v (-en) endeavour, attempt, effort; *een ~ doen om...* make an attempt at ...ing; *geen ~ doen om...* make no attempt to...; *een ~ tot moord (zelfmoord)* attempted murder (suicide)

'pogrom m (-s) pogrom

pointe v (-s) point [of a joke]

pok v (-ken) pock; ⟨litteken⟩ pock-mark

pok'dalig bn pock-marked

'poken (pookte, h. gepookt) *onoverg* poke (stir) the fire

'pokeren (pokerde, h. gepokerd) *onoverg* play poker

'pokken mv smallpox, variola; *zij kregen de ~ken* they got smallpox; *zich de ~ schrikken* scare one's wits out; *gepokt en gemazeld zijn* know the tricks of the trade

'pokkenbriefje o (-s) vaccination certificate

'pokkenweer o <u>gemeenz</u> lousy weather, nasty weather

'pokstof v vaccine lymph, vaccine

pol m (-len) tuft, tussock [of grass]

po'lair bn polar

polari'satie v polarization

polari'seren (polariseerde, h. gepolariseerd) *overg* polarize

polari'teit v polarity

'polder m (-s) polder

'polderbestuur o (-sturen) polder board

'polderdijk m (-en) dike of a polder

'polderjongen m (-s) navvy

polderland o polder-land

pole'miek v (-en) **1** ⟨pennenstrijd⟩ polemic, controversy; **2** ⟨m.b.t. kerkleer⟩ polemics

po'lemisch bn polemic(al), controversial

polemi'seren (polemiseerde, h. gepolemiseerd) *onoverg* polemize, carry on a controversy; be engaged in a paper war; *ik wil niet met u ~* I'm not going to contest the point with you

pole'mist m (-en) polemicist, controversialist

polemolo'gie v study of the causes of war

'Polen o Poland

polichi'nel m (-s en -len) punchinello, Punch

po'liep v (-en) **1** ⟨dier⟩ polyp; **2** ⟨gezwel⟩ polypus [mv polypi]

po'lijsten (polijstte, h. gepolijst) *overg* **1** ⟨in 't alg.⟩ polish, smooth, sand; **2** ⟨metaal⟩ planish

po'lijster m (-s) polisher

'polikliniek v (-en) outpatient department, policlinic

poli'klinisch bn: *een ~e behandeling* treatment on an outpatient basis; *de ziekte werd ~ behandeld* the illness was treated in an outpatient department (clinic)

'polio v polio

poliomye'litis v poliomyelitis

'polis v (-sen) (insurance) policy

politicolo'gie v political science, politics

politico'loog m (-logen) political scientist

po'liticus m (-ci) politician

po'litie v police

po'litieacademie v (-s) <u>Br</u> police college; <u>Am</u> police academy

po'litieagent m (-en) policeman, constable, police officer

po'litieauto m ('s) police car

po'litiebericht o (-en) wanted notice; missing person notice

po'litiebureau o (-s) **1** ⟨in 't alg.⟩ police station; **2** ⟨hoofdbureau⟩ police headquarters

politi'eel bn police [action, operation &]

po'litiehond m (-en) police dog

poli'tiek I bn **1** ⟨staatkundig⟩ political; **2** ⟨diplomatiek⟩ politic; *de ~e partijen* the political parties; *dat is niet ~* it is bad policy, it would not be politic; **II** v **1** ⟨staatkundige beginselen⟩ politics; **2** ⟨gedragslijn⟩ policy, line of policy; *zijn ~* his policy; *in de ~* in politics; *om ~e redenen* from policy, for political reasons

po'litieker m (-s) <u>ZN</u> politician

po'litiekorps o (-en) police force

po'litiemacht v body of police, police force

po'litieman m (-nen) police officer, policeman

po'litiepatrouille v (-s) police patrol

po'litiepost m (-en) police-station, police post

po'litierapport o (-en) police report

po'litierechter m (-s) police magistrate

po'litiespion m (-nen) police informer, <u>slang</u> nark

po'litiestaat m (-staten) police state

po'litietoezicht o police supervision

po'litieverordening v (-en) police regulation

po'litiewezen o: *het ~* the police

politio'neel bn police [action, operation &]

politi'seren (politiseerde, h. gepolitiseerd) *overg* make a political issue of

poli'toer o & m (French) polish

poli'toeren (politoerde, h. gepolitoerd) *overg* (French-)polish

'polka m & v ('s) polka

'polkahaar o bobbed hair

'pollen o <u>biol</u> pollen

'pollepel m (-s) ladle

pol'lutie v (-s) <u>ZN</u> ⟨milieuverontreiniging⟩ pollution

'polo o polo

'polohemd o (-en) polo shirt

polo'naise v (-s) polonaise

1 pols m (-en) = *polsstok*

2 pols m (-en) **1** ⟨slagader⟩ pulse; **2** ⟨gewricht⟩ wrist; *iem. de ~ voelen* feel sbd.'s pulse[2]

'polsader v (-s) radial artery, pulse artery

'polsen (polste, h. gepolst) *overg: iem. ~* sound sbd. (*over* on)

'polsgewricht o (-en) wrist(-joint)

'polshorloge o (-s) wristwatch

'polsmof v (-fen) wristlet

'polsslag m (-slagen) pulsation

'polsstok m (-ken) leaping-pole, jumping-pole

'polsstokhoogspringen *onoverg* & *o* pole vaulting
'polsstokspringen *o* pole jumping, pole vaulting
poly'ester *o* polyester
poly'ether *m* foam plastic
poly'foon *bn* polyphonic
poly'gaam *bn* polygamous
polyga'mie *v* polygamy
poly'glot *m* (-ten) polyglot
Poly'nesië *o* Polynesia
Poly'nesiër *m* (-s), Poly'nesisch *bn* Polynesian
poly'technisch *bn* polytechnic; ~e school polytechnic (school)
polythe'ïsme *o* polytheism
polythe'ïst *m* (-en) polytheist
polythe'ïstisch *bn* polytheistic
polyva'lent *bn* polyvalent
pome'rans *v* (-en) **1** ⟨vrucht⟩ bitter orange; **2** bilj ⟨aan keu⟩ (cue-)tip
pome'ransbitter *o* & *m* orange bitters
pom'made *v* (-s) pomade, pomatum
pomma'deren (pommadeerde, h. gepommadeerd) *overg* pomade
'Pommeren *o* Pomerania
pomp *v* (-en) pump; *loop naar de ~!* go to blazes!
'pompbediende *m-v* (-s en -n) (petrol) pump attendant
Pom'peji *o* Pompeii
Pom'pejus *m* Pompey
'pompelmoes *v* (-moezen) **1** ⟨groot⟩ pomelo, shaddock; **2** ZN ⟨grapefruit⟩ grape-fruit
'pompen (pompte, h. gepompt) *onoverg* & *overg* pump; ~ *of verzuipen* sink or swim
'pomper *m* (-s) pumper
pomper'nikkel *m* (-s) pumpernickel
pom'peus *bn* pompous
pom'peusheid *v* pompousness, pomposity
pom'pier *m* (-s) ZN ⟨brandweerman⟩ fireman
pom'poen *m* (-en) pumpkin, gourd
pom'pon *m* (-s) pompon, tuft
'pompstation *o* (-s) **1** ⟨v. leidingwater⟩ pumping station; **2** ⟨tankstation⟩ filling station
'pompwater *o* pump-water
pon *m* (-nen) *gemeenz* nighty, night-dress
pond *o* (-en) pound°; ⟨metrische maat ook⟩ 500 grams; *het volle ~ eisen* exact one's pound of flesh; *in (Engelse) ~en betalen* ook: pay in sterling
'pondenbezit *o* sterling holdings
pondspondsge'wijs, pondspondsge'wijze *bn* pro rata, proportionally
'ponem *o* (-s) = *porem*
po'neren (poneerde, h. geponeerd) *overg* state
'ponjaard *m* (-s en -en) poniard, dagger
pons *m* (-en) techn punch
'ponsband *m* (-en) punched tape
'ponsen (ponste, h. geponst) *overg* punch
'ponskaart *v* (-en) punched card, punch card
'ponsmachine *v* (-s) punch(ing) machine, punch(ing) press, puncher

pont *v* (-en) ferry-boat
ponte'neur *o*: *op zijn ~ staan* stand on one's dignity
pontifi'caal **I** *bn* pontifical; **II** *o*: *in ~* in full pontificals, in full regalia
'Pontius *m* Pontius; *iem. van ~ naar Pilatus sturen* send sbd. from pillar to post
pon'ton *m* (-s) pontoon
pon'tonbrug *v* (-gen) pontoon-bridge
ponton'nier *m* (-s) pontoneer, pontonier
'pontveer *o* (-veren) ferry
'pony *m* ('s) **1** ⟨paardje⟩ pony; **2** = *ponyhaar*
'ponyhaar *o* bang, fringe
'pooien (pooide, h. gepooid) *onoverg* gemeenz booze
'pooier *m* (-s) slang pimp, ponce, pander, fancyman, procurer
pook *m* & *v* (poken) **1** ⟨kachel~⟩ poker; **2** auto gear lever
'pookje *o* (-s) gemeenz gear lever
1 pool *v* (polen) ⟨v. aarde, magneet &⟩ pole
2 pool *v* (polen) ⟨v. tapijt &⟩ pile
3 pool *m* (-s) ⟨samenwerking⟩ pool
4 Pool *m* (Polen) Pole
'poolcirkel *m* (-s) polar circle
'poolexpeditie *v* (-s) polar expedition
'poolgebied *o* (-en) polar region
'poolhond *m* (-en) Eskimo dog, husky
'poolijs *o* polar ice
'poollicht *o* polar lights
'poolonderzoek *o* exploration of the polar regions
Pools **I** *bn* Polish; **II** *o*: *het ~* Polish; **III** *v*: *een ~e* a Polish Woman; zie ook: *landdag*
'poolshoogte *v* astron elevation of the pole, latitude; *~ nemen* see how the land lies
'poolster *v* polar star, pole-star
'poolstreek *v* (-streken) polar region
'pooltocht *m* (-en) polar expedition
'poolvos *m* (-sen) arctic fox
'poolzee *v* (-zeeën) polar sea
poon *m* (ponen) gurnard
poort *v* (-en) gate, doorway, gateway
'poortader *v* (-s) portal vein
'poorter *m* (-s) hist citizen, freeman
'poortwachter *m* (-s) gate-keeper
poos *v* (pozen) while, time, interval
'poosje *o* (-s) little while; *een ~* for a while
poot *m* (poten) **1** ⟨v. dier⟩ paw, foot, leg; **2** plat ⟨been⟩ leg; ⟨hand⟩ paw; **3** ⟨v. meubel⟩ leg; **4** ⟨homoseksueel⟩ queer; *wat een ~ heeft hij!* ⟨m.b.t. handschrift⟩ what a fist he writes!; *zijn ~ stijf houden* refuse to give in, stand firm (fast), stand one's ground; *iem. een ~ uitdraaien* gemeenz fleece, soak sbd.; *geen ~ aan de grond krijgen* gemeenz have no chance of success; *geen ~ uitsteken* gemeenz not stir a finger; *iets op poten zetten* set up sth.; *iets weer op poten zetten* get sth. back on its feet; *een brief op poten* a sharp (strongly worded) letter; *op hoge poten*

up in arms, in high dudgeon; *op zijn ~ spelen = op-spelen 2; op zijn achterste poten gaan staan* **1** eig rear [of a horse]; **2** ⟨opstuiven⟩ flare up; *op zijn ~jes te-rechtkomen* fall (land) on one's feet

poot'aan *bijw:* ~ *spelen* work (peg) hard, put one's back into it

'**pootaardappel** *m* (-s en -en) seed-potato

'**pootijzer** *o* (-s) dibble

'**pootje** *o* (-s) **1** ⟨kleine poot⟩ paw; **2** med podagra, gout; *met hangende ~s* with one's tail between one's legs, crestfallen; *zie ook: poot*

'**pootjebaden** *onoverg* paddle

'**pootvijver** *m* (-s) nurse-pond

'**pootvis** *m* fry

1 pop *v* (-pen) **1** ⟨speelgoed⟩ doll; **2** ⟨in poppenspel⟩ puppet; **3** ⟨paspop⟩ dummy; **4** ⟨v. insect⟩ pupa [*mv* pupae], chrysalis, nymph; **5** ⟨v. vogels⟩ hen; **6** ⟨in kaartspel⟩ picture-card, court-card; **7** ⟨kind⟩ darling; **8** gemeenz ⟨gulden⟩ guilder; *toen had je de ~pen aan 't dansen* then there was the devil to pay, the fat was in the fire

2 pop *m* ⟨popmuziek⟩ pop

'**popconcert** *o* (-en) pop concert, rock concert

'**pope** *m* (-s en -n) pope

'**popelen** (popelde, h. gepopeld) *overg* quiver, throb; *zijn hart popelde* his heart went pit-a-pat; ~ *om te zien* be itching to see

pope'line *o & m* poplin

'**popgroep** *v* (-en) pop group

'**popmuziek** *v* pop music

'**poppengezicht** *o* (-en) doll's face

'**poppengoed** *o* doll's clothes

'**poppenhuis** *o* (-huizen) doll's house

'**poppenjurk** *v* (-en) doll's dress

'**poppenkast** *v* (-en) **1** eig Punch-and-Judy show, puppet-show; **2** ⟨vertoon, gedoe⟩ tomfoolery

'**poppenkastpop** *v* (-pen) glove puppet

'**poppenspel** *o* (-len) puppet-show

'**poppenspeler** *m* (-s) puppeteer

'**poppenwagen** *m* (-s) doll's carriage, doll's peram-bulator, doll's pram

'**poppenwinkel** *m* (-s) doll-shop

popperig *bn* dollish, pretty pretty

'**poppetje** *o* (-s) little doll, dolly; *een teer ~* a delicate child; ~*s tekenen* draw figures

'**popster** *m* (-ren) pop star, rock star

popu'lair *bn* popular

popu'lair-weten'schappelijk *bn* popular-science, popularised

populari'seren (populariseerde, h. gepopulari-seerd) *overg* popularize

populari'teit *v* popularity

popu'latie *v* (-s) population

popu'lier *m* (-en) poplar

popu'lisme *o* populism

'**popzanger** *m* (-s) pop singer

'**popzender** *m* (-s) pop radio-station

por *m* (-ren) thrust, dig [in sbd.'s side], poke, jab

'**porem** *o* (-s) gemeenz mug, kisser; *dat is geen ~* ⟨ziet er raar uit⟩ it looks awful

po'reus *bn* porous, permeable

po'reusheid *v* porosity

por'fier *o* porphyry

'**porie** *v* (-riën) pore

'**porno** *v* porn, porno; *soft* ~ soft porn(o); *hard* ~ hard porn(o), hard-core porn(o)

'**pornofilm** *m* (-s) porn(o) film, blue film

porno'graaf *m* (-grafen) pornographer

pornogra'fie *v* pornography

porno'grafisch *bn* pornographic

'**porren** (porde, h. gepord) *overg* **1** poke, stir [the fire]; **2** prod [sbd.]; jab [sbd. in the leg &]; **3** ⟨wek-ken⟩ knock up, call up; **4** ⟨aansporen⟩ rouse, urge; *daar is hij wel voor te* ~ he is always game for that

porse'lein *o* china, china-ware, porcelain

porse'leinaarde *v* china-clay, kaolin

porse'leinen *bn* china, porcelain

porse'leinfabriek *v* (-en) china (porcelain) factory

porse'leinkast *v* (-en) china-cabinet; *voorzichtig-heid is de moeder van de* ~ caution is the mother of wisdom

porse'leinwinkel *m* (-s) china shop

1 port *o & m* post postage

2 port *m* (-en) = portwijn

por'taal *o* (-talen) **1** landing [of stairs]; **2** ⟨deurnis v. kerk &⟩ porch, hall

porte-bri'see *v* (-s) folding doors, double door

por'tee *v* meaning, significance, drift [of an argu-ment]

porte'feuille *m* (-s) **1** ⟨v. minister, schilder &⟩ port-folio; **2** ⟨voor geld⟩ wallet; *de* ~ *aanvaarden* accept office; *de* ~ *neerleggen* ⟨ter beschikking stellen⟩ resign (office), leave the ministry; *aandelen in* ~ unissued shares; *minister zonder* ~ minister without portfolio

portemon'nee *m* (-s) purse

'**portglas** *o* (-glazen) port-wine glass

'**portie** *v* (-s) **1** portion, share [of sth.]; **2** helping [at meals]; **3** fig dose [of patience]; *een* ~ *ijs* an ice

por'tiek *v* (-en) **1** ⟨met zuilen⟩ portico; **2** ⟨uitge-bouwd⟩ porch; **3** ⟨overkapte deurtoegang⟩ doorway

1 por'tier *m* (-s) **1** ⟨iem. bij de deur⟩ doorman (-woman); **2** ⟨v. hotel, bank &⟩ porter, portress

2 por'tier *o* (-en) ⟨v. voertuigen⟩ door

portière *v* (-s) portière, door-curtain

por'tierraampje *o* (-s) **1** ⟨v. trein⟩ carriage window; **2** ⟨v. auto⟩ car window

1 'porto *o & m* (-ti en 's) postage

2 'porto *m* ZN ⟨wijn⟩ port, port-wine

porto'foon *m* (-s) walkie-talkie

'**portokosten** *mv* postage

Portori'caan *m* (-canen) Porto Rican

Portori'caans *bn* Porto Rican

Porto 'Rico *o* Puerto Rico

por'tret *o* (-ten) portrait, likeness, photo(graph); *zij is me een fraai* ~! she's a nice one, isn't she?

por'tretalbum *o* (-s) photograph album

por'tretlijstje *o* (-s) photo-frame
por'tretschilder *m* (-s) portrait-painter
por'trettengalerij *v* (-en) portrait gallery
portret'teren (portretteerde, h. geportretteerd)
  overg portray[2]
portret'tist *m* (-en) portraitist
'Portugal *o* Portugal
Portu'gees *m* (-gezen) & *o* & *bn* Portuguese
por'tuur *v* & *o* (-turen) match
'portvrij *bn* post-paid, free
'portwijn *m* (-en) port(-wine)
'portzegel *m* (-s) postage due stamp
'pose *v* (-s en -n) posture, attitude, pose
po'seren (poseerde, h. geposeerd) *onoverg* **1** pose, sit
  [to a painter]; **2** fig pose [as...], attitudinize, strike
  an attitude; zie ook: *geposeerd*
po'seur *m* (-s) poseur
po'sitie *v* (-s) **1** ⟨houding &⟩ position; **2** ⟨betrek-
  king⟩ position, situation; **3** ⟨rang in de maatschap-
  pij⟩ position, status; *in ~ zijn* be pregnant, gemeenz be expecting
po'sitiebepaling *v* position-finding, fixing of position, location
posi'tief I *bn bijw* **1** ⟨in 't alg.⟩ positive; **2** ⟨bevesti-
  gend⟩ affirmative; **3** ⟨gunstig⟩ favourable; **4** ⟨opbou-
  wend⟩ constructive; *~ geladen deeltjes* positively
  charged particles; **II** *o* (-tieven) ⟨v. foto⟩ positive
po'sitiejurk *v* (-en) maternity dress
po'sitiekleding *v* maternity clothes
posi'tieven *mv: hij kwam weer bij zijn ~* he came to
  his senses; *bij zijn ~ zijn* have all one's faculties;
  niet wel bij zijn ~ not right in his head, not in his
  right mind
po'sitieverbetering *v* (-en) improvement in social
  position
positi'visme *o* positivism
1 post *m* (-en) post [as support]
2 post *m* (-en) **1** ⟨standplaats⟩ mil post[2] [also place
  of duty], station; **2** ⟨betrekking⟩ post, office; **3** ⟨post-
  bode⟩ postman; **4** handel item, entry [in a book];
  5 ⟨schildwacht⟩ sentry; **6** ⟨bij staking⟩ picket; *~ van
  vertrouwen* position of confidence; *~ vatten* take up
  one's station; *de mening heeft ~ gevat, dat...* it is the
  prevailing opinion that...; *op zijn ~ blijven* mil remain at one's post; *op ~ staan* mil stand sentry;
  daar op ~ staand posted there; *een ~ uitzetten* mil
  post [sentries]; *op zijn ~ zijn* be (present) at one's
  post; *ik moet om 4 uur op mijn ~ zijn* I am on at four
  o'clock
3 post *v* **1** ⟨postbestelling⟩ post, mail; **2** ⟨kantoor⟩
  post office, post; *hij is bij de ~* he is in the post office; *met deze, de eerste, laatste ~* by this mail, by
  first (last) post; *een brief op de ~ doen* post a letter,
  take a letter to the post; *over (met) de ~* through the
  post; *per ~* by post, through the post; *per kerende ~*
  by return of post
postacademi'aal, postaca'demisch *bn* postgraduate, post-doctoral

'postadres *o* (-sen) postal address
'postagentschap *o* (-pen) postal agency, sub-post
  office
'postambtenaar *m* (-s en -naren) post-office official
'postauto *m* ('s) post-office van
'Postbank *v* Girobank
'postbeambte *m-v* (-n) post-office servant
'postbesteller *m* (-s) postman
'postbestelling *v* (-en) postal delivery (round)
'postbewijs *o* (-wijzen) postal order
'postblad *o* (-bladen) letter-card
'postbode *m* (-n en -s) postman
'postboot *m* & *v* (-boten) mail-steamer, mail-boat
'postbus *v* (-sen) post-office box, box
'postcheque *m* (-s) postal cheque
'postcode *m* (-s) postcode, postal code; Am Zip
  code (*zone improvement plan code*)
postda'teren (postdateerde, h. gepostdateerd) *overg*
  post-date
'postdienst *m* (-en) postal service
'postdirecteur *m* (-en en -s) postmaster
'postduif *v* (-duiven) carrier-pigeon, homing pigeon
poste'lein *m* purslane
'posten (postte, h. gepost) *overg* **1** ⟨op de bus doen⟩
  post [a letter]; **2** ⟨bij staking⟩ picket [of workmen]
1 'poster *m* (-s) ⟨bij staking⟩ picketer
2 'poster *m* (-s) ⟨affiche⟩ poster
pos'teren (posteerde, h. geposteerd) *overg* post, station
poste res'tante to be (left till) called for
poste'rijen *mv: de ~* the Post Office
'postgiro *m* Br National Giro, postal giro service
'posthoorn, 'posthoren *m* (-s) post-horn
postil'jon *m* (-s) postilion, post-boy
'postkaart *v* (-en) ZN post-card
'postkamer *v* (-s) post room
'postkantoor *o* (-toren) post office
'postkoets *v* (-en) mail coach, stagecoach
'postkwitantie *v* (-s) postal collection order
'postmandaat *o* (-daten) ZN postal order
'postmeester *m* (-s) ZN postmaster
'postmerk *o* (-en) postmark; *datum ~* date as per
  postmark
postmo'dern *bn* post-modern
postmoder'nisme *o* post-modernism
'postorder *m* (-s) mail-order
'postorderbedrijf *o* (-drijven) mail-order business
'postpakket *o* (-ten) parcel, postal parcel; *als ~ verzenden* send by parcel post
'postpapier *o* note-paper, letter-paper
'postrekening *v* (-en) (postal) giro account, postal
  clearing account
post'scriptum *o* (-ta en -s) postscript
'postspaarbank *v* (-en) post-office savings bank
'postspaarbankboekje *o* (-s) P.O. savingsbank
  book

'**poststempel** *o & m* (-s) postmark
'**poststuk** *o* (-ken) postal article
'**posttarief** *o* (-rieven) postal rate(s), postage rates, rates of postage
'**posttijd** *m* (-en) post-time, mail-time
'**posttrein** *m* (-en) mail train
postu'**laat** *o* (-laten) postulate
postu'**lant** *m* (-en) postulant
postu'**leren** (postuleerde, h. gepostuleerd) *overg* postulate
postunie *v* postal union
pos'**tuum** *bn* posthumous
pos'**tuur** *o* (-turen) shape, figure, build; *zich in ~ stellen (zetten)* draw oneself up
'**postvak** *o* (-ken) pigeon-hole
'**postverbinding** *v* (-en) postal communication
'**postverkeer** *o* postal traffic
'**postvlucht** *v* (-en) (air-)mail flight
'**postwagen** *m* (-s) mail-coach, mail-car, mail-carriage
'**postwezen** *o*: *het ~* the Post Office
'**postwissel** *m* (-s) postal order, [foreign, international] money-order
'**postzak** *m* (-ken) post-bag, mail-bag
'**postzegel** *m* (-s) (postage) stamp
'**postzegelalbum** *o* (-s) stamp album
'**postzegelautomaat** *m* (-maten) stamp machine
'**postzegelveiling** *v* (-en) stamp auction
'**postzegelverzamelaar** *m* (-s) stamp collector
'**postzegelverzameling** *v* (-en) stamp collection
pot I *m* (-ten) **1** ⟨om in te maken &⟩ pot; jar ⟨ook tabaks~⟩; **2** ⟨om te drinken⟩ pot, mug; **3** ⟨po⟩ chamber (pot); **4** ⟨inzet⟩ stakes, pool; **5** ZN ⟨kookpan⟩ pan; *~ten en pannen* pots and pans; *een gewone (goede) ~* plain (good) cooking; *het is één ~ nat* it is six of one and half a dozen of the other; *je kan de ~ op! gemeenz* go fly a kite, go jump into the lake; *de ~ verteren* spend the pool; *u moet voor lief nemen wat de ~ schaft* you must take pot-luck; *de ~ winnen* win the jack-pot; *de ~ verwijt de ketel dat hij zwart is* the pot calls the kettle black; *naast de ~ piesen* ⟨overspel plegen⟩ have a bit on the side; **II** *v* (-ten) *gemeenz* ⟨lesbienne⟩ dyke, dike
'**potas** *v* potash
'**potdeksel** *o* (-s) pot-lid
'**potdicht** *bn* **1** (v. zaken) tightly closed, close(-shut); **2** (v. personen) very close
'**potdoof** *bn* stone-deaf
'**poteling** *m* (-en) sturdy (brawny) fellow
'**poten** (pootte, h. gepoot) *overg* **1** plant [potatoes &]; **2** set [fish]; **3** ⟨neerzetten⟩ *gemeenz* dump
'**potenrammer** *m* (-s) *gemeenz* queer-basher
po'**tent** *bn* potent, virile
poten'**taat** *m* (-taten) potentate
potenti'**aal** *m* (-tialen) potential
potenti'**aalverschil** *o* (-len) potential difference
po'**tentie** *v* potency
potenti'**eel I** *bn* potential; **II** *o* potential

'**poter** *m* (-s) **1** ⟨persoon⟩ planter; **2** ⟨aardappel⟩ seed-potato
'**potgrond** *m* potting compost
'**pothoed** *m* (-en) cloche (hat)
'**potig** *bn* strong, robust, strapping
'**potje** *o* (-s) **1** ⟨kleine pot⟩ (small) pot, jar; **2** ⟨po⟩ *gemeenz* potty; *een ~ bier* a pint of beer; *een ~ biljarten* have a game of billiards; *hij kan een ~ breken* they connive at his doings; *zijn eigen ~ koken* do one's own cooking; *een ~ maken* ⟨geld inzamelen⟩ lay by something for a rainy day; *er een ~ van maken* mess things up; *kleine ~s hebben grote oren* little pitchers have long ears; *op het ~ zetten* gemeenz pot [the baby]
'**potjeslatijn** *o* dog Latin
'**potkachel** *v* (-s) pot-bellied stove
'**potkijker** *m* (-s) = *pottenkijker*
'**potloden** (potloodde, h. gepotlood) *overg* black-lead
'**potlood** *o* **1** (-loden) ⟨om te schrijven⟩ (lead-)pencil; **2** ⟨smeersel⟩ black lead
'**potloodslijper** *m* (-s) pencil sharpener
'**potloodtekening** *v* (-en) pencil drawing
'**potloodventer** *m* (-s) *schertsend* flasher
'**potplant** *v* (-en) potted plant, pot-plant
'**potpourri** *m & o* ('s) potpourri, medley[2]
pots *v* (-en) = *poets*
'**potscherf** *v* (-scherven) potsherd, crock
'**potsenmaker** *m* (-s) wag, buffoon, clown
pot'**sierlijk I** *bn* ludicrous, comical; **II** *bijw* ludicrously, comically
'**potten** (potte, h. gepot) **I** *overg* **1** pot [plants]; **2** hoard (up) [money]; **II** *abs ww* salt down money
'**pottenbakken** *onoverg* make pottery, pot
'**pottenbakker** *m* (-s) potter
'**pottenbakke'rij** *v* (-en) pottery, potter's workshop
'**pottenkijker** *m* (-s) *gemeenz* snooper
'**pottenwinkel** *m* (-s) earthenware shop
'**potter** *m* (-s) hoarder
potver'**domme**, potver'**dorie** *tsw gemeenz* darn
'**potverteren** *o* spending of the pool for a treat to all
'**potvis** *m* (-sen) cachalot
'**poule** *v* (-s) ⟨groep⟩ group
pou'**let** *o & m* = *poelet*
pousse-ca'fé *m* (-s) pousse-café, chasse
pous'**seren** (pousseerde, h. gepousseerd) *overg* **1** ⟨in 't alg.⟩ promote; **2** (v. waren) boost
'**pover** *bn* poor, shabby
'**poverheid** *v* poorness
'**povertjes** *bijw* poorly
p.p. *afk.* = *per persoon; per procuratie*
Praag *o* Prague
'**praaien** (praaide, h. gepraaid) *overg* hail, speak [ships]
praal *v* pomp, splendour, magnificence
'**praalbed** *o* (-den) bed of state; *op een ~ liggen* lie in state

'**praalgraf** *o* (-graven) mausoleum
'**praalhans** *m* (-hanzen) braggart, boaster
'**praalkoets** *v* (-en) coach of state, state carriage
'**praalvertoon** *o* pomp, ostentation
'**praalwagen** *m* (-s) float
'**praalziek** *bn* fond of display, ostentatious
'**praalzucht** *v* love of display, ostentation
praam *v* (pramen) pram [flat-bottomed boat], lighter
praat *m* talk, tattle; *veel ~s hebben* talk big, be boasting; *iem. aan de ~ houden* hold (keep) sbd. in talk
'**praatgraag** *bn* = *praatziek*
'**praatgroep** *v* (-en) **1** (voor bewustzijnsvorming) consciousness-raising group; **2** (v. patiënten e.d.) self-help group
'**praatje** *o* (-s) talk; *het is maar een ~, dat zijn maar ~s (voor de vaak)* it's all idle talk; *een ~ maken (met)* have a chat (with); *och wat, ~s!* fiddlesticks!; *het ~ gaat dat...* there is some talk of...; *zoals het ~ gaat* as the talk goes; *er liepen ~s (over haar)* people were talking (about her); *u moet niet alle ~s geloven* you should not believe all that is told; *~s rondstrooien* chat, whisper, spread, set afloat [rumours]; *~s vullen geen gaatjes* fair words butter no parsnips
'**praatjesmaker** *m* (-s) braggart, swaggerer
'**praatpaal** *m* (-palen) roadside emergency telephone
'**praatprogramma** *o* ('s) talk programme
'**praats** zie: *praat*
'**praatster** *v* (-s) talker, chatterer, gossip
'**praatstoel** *m*: *op zijn ~ zitten* **1** be in the vein for talking; **2** be talking nineteen to the dozen
'**praatvaar** *m* (-s) great talker
'**praatziek** *bn* talkative, loquacious, garrulous
'**praatzucht** *v* talkativeness, loquacity, garrulity
pracht *v* splendour, magnificence, pomp; *~ en praal* pomp and splendour
'**prachtband** *m* (-en) de luxe binding
'**prachtexemplaar** *o* (-plaren) **1** de luxe copy [of a book]; **2** beautiful specimen [of something], beauty
'**prachtig** *bn* magnificent, splendid, superb, sumptuous; *dat zou ~ zijn* that would be grand (splendid); *~, hoor!* marvellous
'**prachtkerel** *m* (-s) splendid fellow
pracht'lievend *bn* loving splendour (magnificence)
'**prachtstuk** *o* (-ken) beauty
'**prachtuitgave** *v* (-n) de luxe edition
'**practicum** *o* (-ca en -s) practical training
'**practicus** *m* (-ci) practical person
pragma'tiek *bn* pragmatic [sanction]
prag'matisch *bn* pragmatic
'**prairie** *v* (-s) prairie
'**prairiebrand** *m* (-en) prairie fire
'**prairiehond** *m* (-en) prairiedog
'**prairiewolf** *m* (-wolven) prairie-wolf, coyote
prak *m* (-ken) mash; *een auto in de ~ rijden* gemeenz

wreck (bang up) a car
'**prakken** (prakte, h. geprakt) *overg* mash
prakki'seren (prakkiseerde, h. geprakkiseerd) gemeenz **I** *onoverg* muse, think; **II** *overg* contrive
prak'tijk *v* (-en) **1** (in 't alg.) practice; **2** (v. personeel, leerkrachten &) experience; *kwade ~en* evil practices; *die dokter heeft een goede ~* has a large practice; *de ~ uitoefenen* practise (for a doctor); *in de ~* in practice [not in theory]; *in ~ brengen* put in practice; *zonder ~* **1** [doctor] without practice; **2** briefless [barrister]
'**praktisch I** *bn* practical; *~e bekwaamheid* practical skill; *~e kennis* working knowledge; *~ plan* practicable (workable) plan; **II** *bijw* practically, for all practical purposes, virtually
prakti'seren (praktiseerde, h. gepraktiseerd) *onoverg* practise; be in practice; *~d geneesheer* medical practitioner, general practitioner; *~d katholiek* practising Roman Catholic
prakti'zijn *m* (-s) recht legal adviser, Am counsel
'**pralen** (praalde, h. gepraald) *onoverg* **1** (schitteren) be resplendent, shine, glitter; **2** (opscheppen) boast, flaunt; *~ met (zijn rijkdom)* show off (his wealth)
'**praler** *m* (-s) showy fellow, swaggerer
prale'rij *v* (-en) ostentation, showing off, show
pra'line *v* (-s) praline
'**pramen** (praamde, h. gepraamd) *overg* ZN urge, press, insist (on)
'**prangen** (prangde, h. geprangd) *overg* **1** (dringen) press; **2** (benauwen) oppress
prat *bn*: *~ gaan op* pride oneself on
'**praten** (praatte, h. gepraat) *onoverg* talk, chat; geringsch prate; *u moet hem aan het ~ zien te krijgen* **1** make him talk; **2** try to draw him; *hij heeft gepraat* **1** he has talked; **2** he has told tales; *hij kan mooi ~* he has a smooth tongue; *hij heeft mooi ~* it is all very well for him to say so; *er valt met hem te ~* he is a reasonable man; *er valt niet met hem te ~* there is no reasoning with him; *er omheen ~* talk round a subject, beat about the bush; *zij waren over kunst aan het ~* they were talking art; *ze zitten altijd over hun vak te ~* they are always talking shop; *praat me daar niet over* don't talk to me of that; *u moet hem dat uit het hoofd ~* talk him out of it; *daar weet ik van mee te ~* zie: *meepraten*
'**prater** *m* (-s) talker
prauw *v* (-en) prau, outrigger-canoe
pré *m* (-s) preference
'**preadvies** *o* (-viezen) preliminary advice, report
pream'bule *v* (-s) preamble
pre'bende *v* (-n) prebend
pre'cair *bn* precarious
pre'cario *o* ('s) local tax for installations on public ground
prece'dent *o* (-en) precedent
pre'cies I *bn* precise, exact; **II** *bijw* precisely, exactly; *om 5 uur ~* at five precisely (sharp); *deze kle-*

ren passen mij ~ zie: *¹passen I*

preci'eus *bn* affected

preci'osa *mv* valuables

preci'seren (preciseerde, h. gepreciseerd) *overg* define, state precisely, specify

pre'cisie-instrument *o* (-en) precision instrument, instrument of precision

predesti'natie *v* predestination

predesti'neren (predestineerde, h. gepredestineerd) *overg* predestine

predica'tief *bn* predicative

predi'kaat *o* (-katen) **1** 〈gezegde〉 predicate; **2** 〈titel〉 title; **3** 〈beoordeling〉 rating, marks

predi'kant *m* (-en) **1** = *dominee;* **2** 〈v. leger, vloot, ziekenhuis, gevangenis &〉 chaplain; **3** RK = *kanselredenaar*

predi'kantsplaats *v* (-en) living

predi'kantswoning *v* (-en) rectory, vicarage, parsonage

predi'katie *v* (-s) sermon, homily

predikbeurt *v* (-en) = *preekbeurt*

'prediken (predikte, h. gepredikt) *overg & onoverg* preach

'prediker *m* (-s) preacher; *P~* bijbel Ecclesiastes

'predikheer *m* (-heren) Dominican (friar)

'prediking *v* preaching

'predikstoel *m* (-en) = *preekstoel*

predispo'neren (predisponeerde, h. gepredisponeerd) *overg* predispose

predispo'sitie *v* predisposition

preek *v* (preken) sermon [ook geringsch]

'preekbeurt *v* (-en) turn to preach, preachingengagement

'preekheer *m* (-heren) = *predikheer*

'preekstoel *m* (-en) pulpit

'preektoon *m* preachy tone

prees (prezen) V.T. van *prijzen*

prefabri'catie *v* prefabrication

prefabri'ceren (prefabriceerde, h. geprefabriceerd) *overg* prefabricate

pre'fect *m* (-en) **1** 〈in 't alg.〉 prefect; **2** ZN 〈surveillant〉 master on duty

prefec'tuur *v* (-turen) prefecture

prefe'rent *bn* preferential; *~e schuldeiser* preferential creditor; *~e schulden* preferred debts; zie ook: *aandeel*

prefe'rentie *v* (-s) preference

prefe'reren (prefereerde, h. geprefereerd) *overg* prefer (*boven* to)

'prefix *o* (-en) prefix

preg'nant *bn* concise, terse

'prehistoricus *m* (-ci) prehistorian

'prehistorie *v* prehistory

prehis'torisch *bn* prehistoric

prei *v* (-en) leek

prejudici'ëren (prejudicieerde, h. geprejudicieerd) *onoverg* prejudge; anticipate [on sth.]

'preken (preekte, h. gepreekt) *onoverg & overg*

preach²

'prekerig *bn* geringsch preachy

pre'laat *m* (-laten) prelate

pre'laatschap *o* prelacy

prelimi'nair *bn* preliminary, introductory

pre'lude *v* (-s) prelude²

prelu'deren (preludeerde, h. gepreludeerd) *onoverg* prelude; *~ op* fig prelude, foreshadow

prema'tuur *bn* premature

'premie *v* (-s) **1** 〈in 't alg.〉 premium²; **2** 〈boven het loon〉 bonus; **3** 〈voor uitvoer〉 bounty; **4** 〈van AOW &〉 contribution

'premiedruk *m* social security contribution

'premieheffing *v* (-en) social security contribution

premie'koopwoning *v* (-en) private house built with a government subsidy

'premielening *v* (-en) premium (lottery) loan

pre'mier *m* (-s) prime minister, premier

pre'mière *v* (-s) **1** première, first night [of a play &]; **2** first run [of a film]; *in ~ gaan* to be premiered

'premiestelsel *o* (-s) premium (bounty) system

'premievrij *bn* **1** paid-up [policy]; **2** non-contributory [pension]

pre'misse *v* (-n) premise, premiss

prena'taal *bn* antenatal, Am prenatal

prent *v* (-en) print, engraving, picture

'prentbriefkaart *v* (-en) picture postcard

'prenten (prentte, h. geprent) *overg* imprint; *het (zich iets) in het geheugen ~* imprint it on one's memory

'prentenboek *o* (-en) picture-book

'prentenkabinet *o* (-ten) print-room

'prentje *o* (-s) picture

'prentkunst *v* copper engraving

preoccu'patie *v* (-s) preoccupation

prepa'raat *o* (-raten) preparation

prepa'reren (prepareerde, h. geprepareerd) **I** *overg* **1** 〈in 't alg.〉 prepare; **2** 〈v. dierenhuid〉 dress; **II** *wederk: zich ~* get ready, make ready, prepare oneself

preroga'tief *o* (-tieven) prerogative

presbyteri'aan *m* (-rianen) Presbyterian

presbyteri'aans *bn* Presbyterian

'preselectie *v* (-s) ZN programming

pre'senning *v* (-s) scheepv tarpaulin

1 pre'sent *o* (-en) present; *~ geven* make a present of; *~ krijgen* get it as a present

2 pre'sent *bn* present; *~!* here!

presen'tabel *bn* presentable

presen'tatie *v* (-s) presentation

presen'tator *m* (-s en -'toren), **presenta'trice** *v* (-s) 〈v. actualiteiten〉 presenter, anchorman; 〈v. lichte programma's〉 host, hostess; 〈v. amusement〉 compère; *de ~ van dit programma is...* this programme is presented by...

presen'teerblad *o* (-bladen) salver, tray

presen'teren (presenteerde, h. gepresenteerd) *overg* **1** 〈in 't alg.〉 offer [sth.]; **2** 〈rekening &〉 present; *het* *geweer* ~ present arms; *iets* ~ offer (hand round) some refreshments

pre'sentexemplaar *o* (-plaren) presentation copy, complimentary copy, free copy

pre'sentie *v* presence

pre'sentiegeld *o* (-en) attendance money

pre'sentielijst *v* (-en) list of members present, attendance register

preserva'tief *o* (-tieven) contraceptive

'preses *m* (-sides en -sen) chairman, president

presi'dent *m* (-en) **1** president [of a meeting, republic, a board]; **2** chairman [of a meeting]; **3** foreman [of a jury]

presi'dent-commis'saris *m* (-sen) chairman of the board [of a company]

presi'dent-direc'teur *m* (-s en -en) president of the board of directors

presi'dente *v* (-n en -s) chairwoman

presidenti'eel *bn* presidential

presi'dentschap *o* (-pen) presidency², chairmanship

presi'dentsverkiezing *v* (-en) presidential election

presi'dentszetel *m* (-s) (presidential) chair

presi'deren (presideerde, h. gepresideerd) **I** *overg* preside over, preside at [a meeting]; **II** *abs ww* preside, be in the chair

pre'sidium *o* (-dia en -s) **1** (in 't alg.) presidentship, chairmanship; **2** hist ⟨v.d. Sovjet-Unie⟩ presidium

'pressen (preste, h. geprest) *overg* **1** hist, mil, scheepv (im)press (into service); **2** ⟨dwingen⟩ force [to do, into doing sth.]

presse-pa'pier *m* (-s) paperweight

pres'seren (presseerde, h. gepresseerd) *overg* press, hurry [sbd.]

'pressie *v* pressure; ~ *uitoefenen op* exert pressure on

'pressiegroep *v* (-en) pressure group

'pressiemiddel *o* (-en): *een* ~ *toepassen* apply pressure; ⟨dwangmatig⟩ apply a coersive measure

pres'tatie *v* (-s) **1** (in 't alg.) performance [also techn, luchtv]; **2** achievement [of our industry]; **3** [physical &] feat, accomplishment

pres'tatieloop *m* (-lopen) endurance race

pres'teren (presteerde, h. gepresteerd) *overg* achieve

pres'tige *o* prestige; *zijn* ~ *ophouden* maintain one's prestige; *zijn* ~ *redden* save one's face

pres'tigekwestie *v* (-s) matter of prestige

prestigi'eus *bn* prestigious

pret *v* pleasure, fun; *dat was me een* ~ it was great fun; *ik heb dolle* ~ *gehad* I had great fun, I've had a wonderful time; ~ *hebben over iets* revel in sth.; ~ *maken* enjoy oneself, have fun

preten'dent *m* (-en) **1** pretender [to the throne]; **2** suitor [for girl's hand]

preten'deren (pretendeerde, h. gepretendeerd) *overg* pretend

pre'tentie *v* (-s) pretension, claim [to merit]; *vol* ~*s* pretentious; *zonder* ~ modest, unassuming, unpre-

tentious; *niet de* ~ *hebben (alles te weten)* don't pretend to (know everything)

pre'tentieloos *bn* modest, unassuming, unpretentious

pretenti'eus *bn* pretentious

'pretje *o* (-s) bit of fun, frolic, gemeenz lark; *het is me nogal een* ~! a nice job, indeed!

'pretmaker *m* (-s) joker

'pretor *m* (-'toren en -s) hist praetor

pretori'aan *m* (-rianen) hist praetorian

pretori'aans *bn* hist praetorian [guard]

'pretpakket *o* (-ten) onderwijs ± easy subjects

'pretpark *o* (-en) pleasure ground, amusement park

'prettig I *bn* ⟨in 't alg.⟩ pleasant, nice, agreeable; likeable [man]; comfortable [chair]; ~*e vakantie!* enjoy your holidays!; *het* ~ *vinden* like it; **II** *bijw* pleasantly, agreeably

preuts *bn* prudish, prim, demure, squeamish

'preutsheid *v* prudishness, prudery, primness, demureness, squeamishness

preva'leren (prevaleerde, h. geprevaleerd) *onoverg* prevail, predominate

'prevelen (prevelde, h. gepreveld) *onoverg & overg* mutter, mumble

pre'ventie *v* (-s) prevention

preven'tief *bn* preventive; *in preventieve hechtenis houden* keep [him] under remand; ~ *middel* preventive (means)

prezen V.T. meerv. v. *prijzen*

pria'pisme *o* med priapisme

pri'eel *o* (priëlen) bower, arbour, summerhouse

'priegelen (priegelde, h. gepriegeld) *onoverg* do detailed (delicate) work

'priegelig *bn* delicate; *dat is* ~ *werk* that's delicate (detailed) work; *een* ~ *handschrift* a small (delicate) handwriting; ~ *schrijven* write small (delicately)

priem *m* (-en) **1** techn pricker, piercer, awl; **2** ZN ⟨breinaald⟩ knitting needle

'priemen (priemde, h. gepriemd) *overg* prick, pierce

'priemgetal *o* (-len) prime number

'priester *m* (-s) priest

'priesterambt *o* priestly office

'priestercelibaat *o* clerical celibacy

'prieste'res *v* (-sen) priestess

'priestergewaad *o* (-waden) sacerdotal garments, clerical garb

'priesterkaste *v* (-n) priestly caste

'priesterlijk *bn* priestly

'priesterschap *o* priesthood

'priesterstudent *m* (-en) RK clerical student

'priesterwijding *v* (-en) ordination

'prietpraat *m* twaddle, tea-table talk

'prijken (prijkte, h. geprijkt) *onoverg* shine, glitter, blaze; *...prijkte in al haar schoonheid* ...was in the pride of her beauty

prijs (prijzen) **1** *m* ⟨waarde⟩ price; ⟨kaartje met prijsaanduiding⟩ price tag; **2** *m* ⟨beloning⟩ prize; award

prijsafspraak

[for the best book of the year]; **3** *v* scheepv ⟨buit⟩ prize; *altijd ~!* a sure hit!; *marktprijzen, lopende prijzen* prices current; *speciale prijzen* (in hotel &) special terms; *de eerste ~ behalen* win (gain, carry off) the first prize; *~ maken* scheepv make a prize of [a ship], prize, capture, seize [a ship]; *goede prijzen maken* handel command (fetch) good prices [of things]; obtain (make) good prices [of a seller, for his articles]; *~ stellen op* **1** appreciate, value [your friendship]; **2** be anxious to [do sth.]; *een ~ zetten op iems. hoofd* set a price on sbd.'s head; *beneden (onder) de ~ verkopen* sell below the market; *op ~ houden* keep up the price (of...); *op ~ stellen* appreciate, value; *tegen elke ~* at any price[2]; *tegen lage ~* at a low price, at low prices; *tot elke ~* at any cost, at all costs, at any price; *voor geen ~* not at any price; *voor die ~* at the price; *voor een zacht ~je* cheap

'**prijsafspraak** *v* (-spraken) price agreement
'**prijsbeheersing** *v* price control
'**prijsbeleid** *o* price policy
'**prijsbepaling** *v* (-en) fixing (fixation) of prices
'**prijsbeschikking** *v* (-en) price control order
prijsbe'wust *bn* price conscious
'**prijsbinding** *v* price maintenance
'**prijscompensatie** *v* (-s) indexation
'**prijscourant** *m* (-en) price-list
'**prijsdaling** *v* (-en) fall in prices
'**prijsgeld** *o* scheepv prize-money
'**prijsgericht** *o* scheepv Prize Court
'**prijsgeven**[1] *overg* abandon; give up, commit; yield, surrender, relinquish, divulge; *~ aan de golven, het vuur* abandon (commit to) the waves, the flames; *geheimen ~* divulge (yield up) secrets; *terrein (een stad, een vesting) ~* give up (abandon, yield) ground (a city, a fortress); *het geloof ~* relinquish (abandon) faith; zie ook: *vergetelheid* &
prijs'houdend *bn* firm
'**prijsindex** *m* (-en en -dices) price-index
'**prijskaartje** *o* (-s) price tag[2]
'**prijskamp** *m* (-en) ZN (proefwerk) (test) paper
'**prijskartel** *o* (-s) price cartel
'**prijsklas** (-sen), '**prijsklasse** *v* (-n) price-range
'**prijslijst** *v* (-en) price-list
'**prijsmaatregel** *m* (-en en -s) price control order
'**prijsniveau** *o* (-s) price-level
'**prijsnotering** *v* (-en) quotation (of prices)
'**prijsopdrijving** *v* upward thrust, Am price-hike
'**prijsopgaaf**, '**prijsopgave** *v* (-gaven) quotation
'**prijspeil** *o* price-level
'**prijspolitiek** *v* price-policy
'**prijsrecht** *o* prize-law
'**prijsschieten** *o* shooting-match
'**prijsspiraal** *v* (-ralen) price spiral
'**prijsstelling** *v* (-en) **1** ⟨vaststelling v.d. prijs⟩ price fixing; **2** ⟨vastgestelde prijs⟩ fixed price; *de fabrikant heeft gekozen voor een gunstige ~* the manufacturer has set a reasonable price

'**prijsstijging** *v* (-en) rise (in prices)
'**prijsstop** *m* (-s) price stop (freeze); *een ~ afkondigen* freeze prices
'**prijsuitdeling**, '**prijsuitreiking** *v* (-en) distribution of prizes, prize-giving
'**prijsverbetering** *v* (-en) improvement (in prices)
'**prijsverhoging** *v* (-en) increase, rise (in prices)
'**prijsverlaging** *v* (-en) reduction, markdown; *grote ~!* sweeping reductions
'**prijsvermindering** *v* (-en) = prijsverlaging
'**prijsverschil** *o* (-len) difference in price
'**prijsvorming** *v* price setting
'**prijsvraag** *v* (-vragen) competition; *een ~ uitschrijven* offer a prize [for the best...]
'**prijswinnaar** *m* (-s) prize-winner
'**prijszetting** *v* price-fixing
1 '**prijzen** (prees, h. geprezen) *overg* ⟨loven⟩ praise, commend, extol; *iem. gelukkig ~* call sbd. happy; *zich gelukkig ~* call oneself lucky, thank (bless) one's lucky star; *zijn waren ~* ⟨aanprijzen⟩ praise one's wares
2 '**prijzen** (prijsde, h. geprijsd) *overg* ⟨de prijs bepalen⟩ price; *zijn waren ~* ⟨v.e. prijs voorzien⟩ price one's wares; *zich uit de markt ~* handel price oneself out of the market
'**prijzenhof** *o* scheepv prize court
'**prijzenslag** *m* (-slagen) price war
prijzens'waard, **prijzens'waardig** *bn* praiseworthy, laudable, commendable
'**prijzig** *bn* expensive, gemeenz pricey
prik *m* (-ken) **1** ⟨met naald &⟩ prick, stab, sting; **2** ⟨in frisdrank⟩ gemeenz fizz, pop; **3** ⟨vis⟩ lamprey
'**prikactie** *v* (-s) brief spell of industrial action
'**prikbord** *o* (-en) billboard, notice-board
'**prikje** *o* (-s) prick; *voor een ~* for a song
'**prikkel** *m* (-s) **1** ⟨prikstok⟩ goad; **2** ⟨stekel⟩ sting; **3** ⟨aanmoediging⟩ stimulus [*mv* stimuli], spur, incentive, impetus
'**prikkelbaar** *bn* irritable, excitable, irascible, prickly
'**prikkelbaarheid** *v* irritability, excitability
'**prikkeldraad** *o* & *m* barbed wire
'**prikkeldraadversperring** *v* (-en) (barbed) wire entanglement
'**prikkelen** (prikkelde, h. geprikkeld) *overg* **1** ⟨prikken, (doen) tintelen⟩ prickle; tickle [the palate]; **2** ⟨opwekken⟩ stimulate, excite, spur on; **3** ⟨irriteren⟩ irritate [the nerves], provoke [a person]; *de nieuwsgierigheid ~* arouse one's curiosity
'**prikkelend** *bn* **1** ⟨prikkend⟩ prickling, prickly; **2** ⟨activerend⟩ stimulating; **3** ⟨irritant⟩ irritating, provoking; **4** ⟨pikant⟩ piquant, racy, juicy, spicey
'**prikkeling** *v* (-en) **1** ⟨tinteling⟩ prickle, tickle; **2** ⟨opwekking⟩ stimulation; **3** ⟨irritatie⟩ irritation, provocation
'**prikken** (prikte, h. geprikt) *overg* & *onoverg* **1** ⟨in 't alg.⟩ prick; **2** ⟨op prikklok⟩ clock in (out); **3** ⟨op de muur⟩ tack, pin; **4** ⟨een datum⟩ set [a date]

prikker *m* (-s) ⟨stok⟩ pricker; ⟨cocktail~⟩ cocktail stick

'**prikklok** *v* (-ken) time-clock

'**priklimonade** *v* (-s) soda(water), gemeenz fizz, pop

'**prikpil** *v* (-len) contraceptive injection

'**prikslede** (-n), '**prikslee** *v* (-sleeën) sledge moved by prickers

'**prikstok** *m* (-ken) pricker

'**priktol** *m* (-len) pegtop

pril *bn* early, first, plechtig nascent; ~ *geluk* budding happiness; *in zijn* ~*le jeugd* in his early youth

'**prima I** *bn* first-class, first-rate, prime, A 1; **II** *v* ('s) handel first of exchange

1 pri'maat *m* (-maten) primate°

2 pri'maat *o* primacy [of the pope; of thought]

pri'maatschap *o* primacy, primateship

prima-'donna *v* ('s) prima donna

pri'mair I *bn* primary; **II** *m-v* (-en) ZN ⟨onderontwikkeld persoon⟩ narrow-minded, uneducated person

pri'meur *v* (-s) ⟨v. krant⟩ scoop; ~*s* early fruit, early vegetables; *de* ~ *van iets hebben* be the first to use sth., to hear sth. &

primi'tief *bn* primitive, crude

primitivi'teit *v* primitiveness, crudity

'**primo** *bijw* in the first place; ~ *januari* on the first of January

'**primula** *v* ('s) primrose

1 'primus *m* (-sen) ⟨eerste⟩ first

2 'primus *m* (-sen) ⟨kooktoestel⟩ primus

prin'ciep *o* (-en) = *principe*

princi'paal *m* (-palen) ⟨superieur⟩ master, employer

prin'cipe *o* (-s) principle; *in* ~ in principle; *uit* ~ on principle

principi'eel I *bn* fundamental [differences]; *een* ~ *akkoord* an agreement in principle; *een principiële kwestie* a question of principle; *een* ~ *tegenstander* an opponent on principle; **II** *bijw* fundamentally, on principle; ~ *uitmaken* decide the question on principle

prins *m* (-en) prince; *van de* ~ *geen kwaad weten* be as innocent as a newborn babe; *leven als een* ~ lead a princely life

prinsdom *o* (-men) principality

Prins-'Edwardeiland *o* Prince Edward Island

'**prinselijk** *bn* princely

prin'ses *v* (-sen) princess

prin'sessenboon *v* (-bonen) French bean

prins-ge'maal *m* Prince Consort

'**prinsgezinde** *m-v* (-n) hist one loyal to the Prince of Orange

'**prinsheerlijk** *bn* pleased as Punch, happy as a king

'**prinsjesdag** *m* third Tuesday of September when the Queen of the Netherlands opens Parliament

prins-re'gent *m* (-en) Prince Regent

print *m* (-s) **1** comput printout; **2** fotogr print

'**printen** (printte, h. geprint) *overg* comput print (out)

'**printer** *m* (-s) comput printer

'**prior** *m* (-s) prior

prio'raat *o* priorship, priorate

prio'res *v* (-sen) prioress

pri'ori: *a* ~ apriori, beforehand, previously

prio'rij *v* (-en) priory

priori'teit *v* priority

priori'teitsaandeel *o* (-delen) preference share

'**prisma** *o* ('s) prism

'**prismakijker** *m* (-s) prism(atic) binoculars

pris'matisch *bn* prismatic

pri'vaat I *bn* private; **II** *o* (-vaten) vero privy, closet

pri'vaatdocent *m* (-en) lecturer

pri'vaatrecht *o* private law; *internationaal* ~ private international law

privaat'rechtelijk *bn* under private law; ~ *lichaam* private corporation

'**privacy** *v* privacy; *zij is erg op haar* ~ *gesteld* she values her privacy, she's a private person

privati'seren (privatiseerde, h. geprivatiseerd) *overg* privatize, denationalize

priva'tissimum *o* (-s en -sima) tutorial

pri'vé *bn* private, personal; *kan ik u even* ~ *spreken?* can I talk to you privately for a minute?; *dat is wel erg* ~ this is rather confidential

pri'vé-adres *o* (-sen) private (home) address

pri'vé-gebruik *o* personal use

pri'vé-kantoor *o* (-toren) private office

pri'vé-les *v* (-sen) private lesson; ⟨privé-onderwijs⟩ private tuition

pri'vé-leven *o* private life, privacy

pri'vé-secretaresse *v* (-n en -s) private (confidential, personal) secretary

privi'lege *o* (-s) privilege

privilegi'ëren (privilegieerde, h. geprivilegieerd) *overg* privilege

pro *voorz* pro; *het* ~ *en contra* the pros and cons

pro'baat *bn* efficacious, approved, sovereign [remedy]

pro'beersel *o* (-s) experiment

pro'beren (probeerde, h. geprobeerd) **I** *overg* try [it]; attempt [to do it]; *je moet het maar eens* ~ just try; *dat moet je niet met mij* ~ you must not try it on with me; *we zullen het eens met u* ~ we shall give you a trial; **II** *abs ww* try; *probeer maar!* (just) try!, have a try!

pro'bleem *o* (-blemen) problem

pro'bleemgebied *o* (-en) depressed (distressed) area

pro'bleemloos *bn* unproblematic

pro'bleemstelling *v* (-en) formulation of a problem

problema'tiek *v* problems; problematic nature

proble'matisch *bn* problematic

procé'dé *o* (-s) process, procedure

procederen

proce'deren (procedeerde, h. geprocedeerd) *on-overg* take (legal) proceedings (*tegen*, against); *gaan* ~ take (count) action (*tegen* against); *aan het* ~ *zijn* be involved in a lawsuit (*tegen* against)

proce'dure *v* (-s) 1 ⟨werkwijze⟩ procedure; 2 recht ⟨proces⟩ action, lawsuit, proceedings

pro'cent *o* (-en) per cent; *(voor de volle) honderd* ~ a hundred per cent; zie ook: *percent*

procentu'eel I *bn* proportional; **II** *bijw* in terms of percentage

pro'ces *o* (-sen) 1 recht lawsuit, action; [criminal] trial, [divorce] case, proceedings; 2 ⟨bewerking; verloop⟩ process; *iem. een* ~ *aandoen* bring an action against sbd., take the law of sbd.; *in* ~ *liggen* be engaged in a lawsuit, be at law [with...]

pro'ceskosten *mv* costs

pro'cesrecht *o* law of procedure

pro'cessie *v* (-s) procession

pro'cessor *m* (-s) comput (central) processor

pro'cesstukken *mv* documents in the case

proces-ver'baal *o* (processen-verbaal) 1 ⟨verklaring⟩ (official) report, record (of evidence); minutes [of proceedings]; 2 ⟨bekeuring⟩ warrant; ~ *opmaken tegen iem.* take sbd.'s name, summons sbd.

procla'matie *v* (-s) proclamation

procla'meren (proclameerde, h. geproclameerd) *overg* proclaim; *iem. tot...* ~ proclaim sbd.

procu'ratie *v* (-s) power of attorney, proxy, procuration

procu'ratiehouder *m* (-s) confidential clerk, proxy

procu'reur *m* (-s) solicitor, attorney; ~ *des Konings* ZN Public Prosecutor

procu'reur-gene'raal *m* (procureurs-generaal) Attorney General

prode'aan *m* (-deanen) defendant needing legal aid

pro 'Deo *bijw* free; *deze juristen werken* ~ these lawyers work for free, these lawyers are from the legal aid society; *een* ~-*advocaat* legal-aid counsel

pro-'deozaak *v* (-zaken) legal-aid case

produ'cent *m* (-en) producer

produ'ceren (produceerde, h. geproduceerd) *overg* produce, turn out

pro'duct *o* (-en) product°; ~*en* ook: [natural, agricultural] produce

pro'ductie *v* production, output

pro'ductieapparaat *o* productive machine (machinery)

produc'tief *bn* productive; *iets* ~ *maken* make it pay

pro'ductiefactoren *mv* production factors

pro'ductiekosten *mv* cost(s) of production, production costs

pro'ductiemiddelen *mv* means of production; capital goods

pro'ductievermogen *o* (productive) capacity

productivi'teit *v* productivity, productive capacity

proef *v* (proeven) 1 ⟨drukproef⟩ proof; 2 ⟨test⟩ trial, test, experiment [of sth.]; 3 ⟨voorbeeld⟩ specimen,

sample; *dat is de* ~ *op de som* that settles it; *de* ~ *op de som nemen* put [sth.] to the test; *proeven van bekwaamheid afleggen* give proof of one's ability; *proeven doen* make experiments; *een zware* ~ *doorstaan* stand a severe test; *er eens een* ~ *mee nemen* give it a trial (try); *proeven nemen (met)* make experiments (on), experiment (on); *op* ~ [he is there] on probation; ⟨i.e. bedrijf⟩ on trial; on approval, on approbation, gemeenz on appro; *op de* ~ *stellen* put to the test, try, tax [one's patience]; *het stelde mijn geduld erg op de* ~ my patience was severely tried

'proefabonnement *o* (-en) trial subscription

'proefbalans *v* (-en) trial balance

'proefballon *m* (-s) 1 eig pilot-balloon; 2 fig kite; *een* ~ *oplaten* throw out a feeler, gemeenz fly a kite

'proefbank *v* (-en) techn test bench

'proefbestelling *v* (-en) trial order

'proefboring *v* (-en) exploratory drilling, trial boring

'proefdier *o* (-en) laboratory animal, experimental animal, subject

'proefdraaien I *onoverg* run on trial; **II** *o* dummy trial, trial run

'proefdruk *m* (-ken) proof

'proefflesje *o* (-s) trial bottle

'proefhuwelijk *o* (-en) trial marriage

'proefjaar *o* (-jaren) probationary year

'proefje *o* (-s) sample, specimen

'proefkonijn *o* (-en) fig guinea-pig

'proefles *v* (-sen) test lesson

'proeflezer *m* (-s) proof reader

'proeflokaal *o* (-kalen) pub

'proefmonster *o* (-s) handel testing sample

'proefnemer *m* (-s) experimenter

'proefneming *v* (-en) 1 ⟨handeling⟩ experimentation; 2 ⟨afzonderlijk geval⟩ experiment; ~*en doen* make experiments, experimentalize

'proefnummer *o* (-s) specimen copy

proefonder'vindelijk *bn* experimental

'proeforder *v* (-s) handel trial order

'proefperiode *v* (-n en -s) probationary period

'proefpersoon *m* (-sonen) test subject

'proefproces *o* (-sen) test case

'proefrit *m* (-ten) trial run; auto (ook:) test drive

'proefschrift *o* (-en) thesis [*mv* theses]; *een* ~ *verdedigen* uphold a thesis

'proefstation *o* (-s) experiment(al) station, research-station

'proefsteen *m* (-stenen) touchstone

'proefstomen (proefstoomde, h. geproefstoomd) **I** *onoverg* scheepv make a (her) trial trip; fig make a trial; **II** *o* trial trip (run), trials

'proefstuk *o* (-ken) specimen

'proeftijd *m* period (time) of probation, probation, probationary period, apprenticeship, noviciate

'proeftocht *m* (-en) trial trip (run)

'proeftuin *m* (-en) experimental garden (plot), test plot '**proefvel** *o* (-len) proof(-sheet)

'**proefveld** *o* (-en) trial field, test (experimental) plot

'**proefverlof** *o* (-loven): ~ *krijgen* be released on trial probation; ⟨v. psychiatrische inrichting⟩ be granted a home visit

'**proefvlucht** *v* (-en) trial flight, test flight

'**proefwerk** *o* (-en) onderwijs (test) paper

'**proefzending** *v* (-en) trial consignment

'**proesten** (proestte, h. geproest) *onoverg* sneeze, splutter; ~ *van het lachen* burst out laughing

'**proeve** *v* (-n) specimen

'**proeven** (proefde, h. geproefd) **I** *overg* **1** taste [food, drinks &]; **2** sample [wine]; *je proeft er niets van* it does not taste; **II** *onoverg* taste; *proef maar eens* just taste (at) it

'**proever** *m* (-s) taster

'**prof** *m* (-s) **1** gemeenz ⟨hoogleraar⟩ professor; **2** sp pro (= professional)

pro'faan *bn* profane

profa'natie *v* (-s) profanation

profa'neren (profaneerde, h. geprofaneerd) *overg* profane

'**profclub** *v* (-s) sp professional sports club

pro'feet *m* (-feten) prophet; *hij is een ~ die brood eet* his prophecies are of no value; *een ~ is niet geëerd in eigen land* a prophet is not without honour save in his own country

pro'fessen (profeste, h. geprofest) *onoverg* profess

pro'fessie *v* (-s) profession

professio'neel *bn* professional, specialist

pro'fessor *m* (-s en -'soren) professor; ~ *in de sociologie* professor of sociology

professo'raal *bn* professorial

professo'raat *o* (-raten) professorship

profe'teren (profeteerde, h. geprofeteerd) *overg* prophesy

profe'tes *v* (-sen) prophetess

profe'tie *v* (-tieën) prophecy

pro'fetisch *bn* prophetic

pro'ficiat *tsw*: ~! congratulations (*met* on)

pro'fiel *o* (-en) **1** profile [esp. of face], half face; **2** side-view, section [of a building]

pro'fielschets *v* (-en) profile

pro'fielzool *v* (-zolen) grip sole

pro'fijt *o* (-en) profit, gain

pro'fijtbeginsel *o* principle of consumer-paid services

pro'fijtelijk *bn* profitable

pro'fil: *en* ~ in profile

profi'leren (profileerde, h. geprofileerd) *overg* profile

profi'teren (profiteerde, h. geprofiteerd) *onoverg*: *van iets* ~ **1** ⟨gunstig⟩ profit by; **2** ⟨ongunstig⟩ take advantage of

profi'teur *m* (-s) profiteer

pro 'forma *bn* for form's sake; ~ *rekening* pro forma account

'**profspeler** *m* (-s) professional sportsman, gemeenz pro

'**profvoetbal** *o* professional soccer

profy'lactisch *bn* prophylactic, preventive

prog'nose *v* (-s) prognosis [*mv* prognoses]

pro'gramma *o* ('s), **pro'gram** (-s) **1** (in 't alg.) program(me); **2** ⟨v. schouwburg⟩ play-bill, bill; **3** ⟨v. partij⟩ platform; **4** onderwijs curriculum; syllabus [of a course, of examinations]; *het staat op het ~* it is on the programme[2]

pro'grammablad *o* (-bladen) programme guide; RTV ± Radio Times, TV Times

pro'grammamaker *m* (-s) ⟨bij radio, tv⟩ programme maker, producer

program'matisch *bn* programmatic

programma'tuur *v* comput software

program'meertaal *v* (-talen) comput programming language

program'meren (programmeerde, h. geprogrammeerd) *overg* programme

program'mering *v* programming

program'meur *m* (-s) programmer

pro'gressie *v* (-s) progression

progres'sief I *bn* **1** progressive, graduated [tax]; **2** forward-looking [policy]; **3** advanced [intellectuals]; **II** *bijw* progressively; **III** *znw: de progressieven* the progressives, the progressists

progres'sieveling *m* (-en) schertsend (do-good) liberal; leftist

pro'ject *o* (-en) project, scheme, planning

projec'teren (projecteerde, h. geprojecteerd) *overg* **1** ⟨in 't alg.⟩ project; **2** psych project

pro'jectgroep *v* (-en) project group

pro'jectie *v* (-s) projection

projec'tiel *o* (-en) projectile, missile

pro'jectielamp *v* (-en) projector

pro'jectiescherm *o* (-en), (projection) screen

pro'jectleider *m* (-s) divisional head

pro'jectontwikkelaar *m* (-s) developer

pro'jector *m* (-s) projector

pro'laps *m* (-en) prolapse

pro'leet *m* (-leten) cad, vulgarian

proletari'aat *o* proletariat

prole'tariër *m* (-s) proletarian

prole'tarisch *bn* proletarian; ~ *winkelen* liberate goods from shops

prolife'ratie *v* proliferation

prolon'gatie *v* (-s) continuation; *op* ~ handel on security

prolon'gatierente *v* (-n en -s) contango

prolon'geren (prolongeerde, h. geprolongeerd) *overg* **1** continue [an engagement, a film]; **2** handel renew [a bill]

pro'loog *m* (-logen) prologue, proem

prome'nade *v* (-s) promenade, walk

prome'nadeconcert *o* (-en) promenade concert, Br gemeenz prom

prome'nadedek *o* (-ken) promenade-deck

pro'messe *v* (-n en -s) promissory note, note of hand

promil'lage *o: een alcohol~ van 5* 5 parts of alcohol to a thousand

pro'mille *o: 5 ~ van de kinderen* 5 children out of (in) every thousand

promi'nent *bn* prominent, outstanding, distinguished

promis'cue *bn* promiscuous

promiscuï'teit *v* 1 ⟨m.b.t. persoon⟩ promiscuity; 2 ⟨m.b.t. maatschappij⟩ promiscuousness, promiscuity

pro'moten (promootte, h. gepromoot) *overg* promote

pro'motie *v* (-s) 1 ⟨in 't alg.⟩ promotion, rise, advancement, preferment; 2 onderwijs graduation (ceremony); 3 handel (sales) promotion; *~ maken* be promoted; *sociale ~* ZN educational leave

pro'motiediner *o* (-s) onderwijs graduation dinner

pro'motiewedstrijd *m* (-en) match deciding promotion

pro'motor *m* (-s en -'toren) handel promotor, company promoter; *wie is zijn ~* by whom is he going to be presented [for his degree]?

promo'vendus *m* (-di) person taking his doctor's degree

promo'veren (promoveerde, gepromoveerd) **I** (is) *onoverg* 1 ⟨op universiteit⟩ take one's doctoral degree, take one's Ph.D.; 2 sp be promoted (*naar* to); **II** (h.) *overg* confer a doctor's degree on

prompt I *bn* 1 prompt [delivery &]; 2 ready [answer]; **II** *bijw* promptly [paid]

'promptheid *v* promptitude, promptness, readiness

pronk *m* 1 ⟨abstract⟩ show, ostentation, pomp; 2 ⟨concreet⟩ finery; *te ~ staan* be exposed to view

'pronkboon *v* (-bonen) runner bean

'pronken (pronkte, h. gepronkt) *onoverg* 1 ⟨in 't alg.⟩ strut (about), show off; 2 ⟨v. pauw⟩ spread its tail; *~ met* make a show of, show off, parade

'pronker *m* (-s) showy fellow; beau

'pronkerig I *bn* showy, ostentatious; **II** *bijw* showily, ostentatiously

pronke'rij *v* (-en) show, parade

'pronkerwt *v* (-en) sweet pea

'pronkgewaad *o* (-waden) dress of state, gala dress

'pronkjuweel *o* (-welen) jewel, gem

'pronkkamer *v* (-s) state-room

'pronkster *v* (-s) doll, fine lady

'pronkstuk *o* (-ken) showpiece

'pronkziek *bn* showy, ostentatious

'pronkzucht *v* ostentatiousness, ostentation

pronosti'keren (pronostikeerde, h. gepronostikeerd) *overg* ZN predict

pro'nuntius *m* (-tii) pronuncio

prooi *v* (-en) prey[2]; *ten ~ aan* a prey to; *ten ~ vallen aan* fall a prey to

proos'dij *v* (-en) deanery

1 proost *m* (-en) 1 ⟨v.e. kapittel⟩ dean; 2 ZN ⟨v.e. vereniging⟩ clerical advisor, governor

2 proost *tsw* your health!, here is to you!, gemeenz mud in your eye!

'proosten (proostte, h. geproost) *onoverg* toast; *op iem., iets ~* give (propose) a toast to sbd., sth.

prop *v* (-pen) 1 stopple, stop(per) [of a bottle]; 2 cork [of a bottle]; 3 bung [of a cask]; 4 wad [of a gun, of cotton-wool]; 5 gag [for the mouth]; 6 lump [in the throat]; 7 [antiseptic] plug; 8 pellet [made by schoolboys]; 9 ⟨dik mens⟩ roly-poly, dumpy person; *op de ~pen komen* turn up; *hij durft er niet mee op de ~pen komen* he dare not come out with it

pro'paangas *o* propane

propa'ganda *v* propaganda; *~ maken* make propaganda, propagandize; *~ maken voor* ook: agitate for, promote [a different life style], propagate [ideas]

propa'gandadoeleinden *mv* purposes of propaganda

propa'gandamiddel *o* (-en) means of propaganda

propagan'dist *m* (-en) propagandist

propagan'distisch *bn* propagandist

propa'geren (propageerde, h. gepropageerd) *overg* propagate

prope'deuse *v* propaedeutics, foundation course

prope'deutisch *bn* propaedeutic(al), preliminary [examination]

pro'peller *m* (-s) propeller

'proper *bn* tidy, clean

'properheid *v* tidiness, cleanness

'propertjes *bijw* tidily

'propjes *o* gemeenz onderwijs propaedeutic(al) examination, preliminary examination

propo'nent *m* (-en) postulant, probationer

pro'portie *v* (-s) proportion; *buiten ~* out of scale

proportio'neel *bn* proportional

propo'sitie *v* (-s) proposal

'proppen (propte, h. gepropt) *overg* cram

'proppenschieter *m* (-s) popgun

'propperig *bn* squat, dumpy

'propvol *bn* crammed, chock-full, cram-full

prose'liet *m* (-en) proselyte

'prosit *tsw* = [2]*proost!*

proso'die *v* prosody

pros'pectus *o & m* (-sen) prospectus

pros'taat *m* (-taten) prostate gland, prostate

prostitu'ee *v* (-s) prostitute

prostitu'eren (prostitueerde, h. geprostitueerd) **I** *overg* prostitute; **II** *wederk: zich ~* prostitute oneself

prosti'tutie *v* prostitution

Prot. *afk.* = *protestants*

pro'tectie *v* protection; geringsch patronage, favouritism, interest, influence

protectio'nisme *o* protectionism

protectio'nist *m* (-en) protectionist

protectio'nistisch *bn* protectionist

protecto'raat *o* (-raten) protectorate
proté'gé *m* (-s) protégé
proté'gée *v* (-s) protégée
prote'geren (protegeerde, h. geprotegeerd) *overg* protect, patronize
prote'ïne *v & m & o* (-n) protein
pro'test *o* (-en) protest, protestation; ~ *aantekenen tegen...* protest against; *onder* ~ under protest; *uit* ~ in protest
protes'tant *m* (-en) Protestant
protestan'tisme *o* Protestantism
protes'tants *bn* Protestant
pro'testbetoging *v* (-en) protest demonstration
pro'testbeweging *v* (-en) protest movement
pro'testdemonstratie *v* (-s) protest march, protest demonstration
protes'teren (protesteerde, h. geprotesteerd) **I** *onoverg* protest, make a protest; ~ *bij* protest to [the Government]; ~ *tegen* protest against; **II** *overg* handel protest [a bill]
pro'testnota *v* ('s) note of protest
pro'teststaking *v* (-en) strike of protest, protest strike
pro'these *v* (-n en -s) **1** ⟨vervanging⟩ prosthesis; **2** ⟨concreet⟩ prosthesis; *been*~ artificial leg; *gebits*~ artificial teeth, (set of) dentures, false teeth
'prothesis *v* (-theses en -sen) gramm prosthesis
pro'thetisch *bn* prosthetic
proto'col *o* (-len) protocol
protocol'lair *bn* formal, according to protocol
'proton *o* (-'tonen) proton
proto'plasma *o* protoplasm
'prototype *o* (-n en -s) prototype
proto'zoën *mv* protozoa
'protsen (protste, h. geprotst) *onoverg* gemeenz swank
'protser *m* (-s) gemeenz bounder, vulgarian
'protserig *bn* gemeenz swanky, vulgar
Proven'çaals *bn* Provençal
Pro'vence *v* Provence
prove'nu *o* ('s en -en) proceeds
provi'and *m & o* provisions, victuals, stores
provian'deren (proviandeerde, h. geproviandeerd) *overg* provision, cater, victual
provian'dering *v* provisioning, catering, victualling
provi'andschip *o* (-schepen) store-ship
provinci'aal I *bn* provincial; **II** *m* (-cialen) **1** ⟨iem. uit de provincie⟩ provincial; **2** RK provincial [of a religious order]
provincia'lisme *o* provincialism
pro'vincie *v* (-s) province
pro'vincieraad *m* (-raden) ZN District Council
pro'vinciestad *v* (-steden) provincial town
pro'visie *v* (-s) **1** ⟨voorraad⟩ stock, supply, provisions; **2** handel ⟨loon⟩ commission; ⟨v. makelaar⟩ brokerage
pro'visiebasis *v*: *op* ~ on a commission basis

pro'visiekamer *v* (-s) pantry, larder
pro'visiekast *v* (-en) pantry, larder
provisio'neel *bn* provisional
provi'sorisch *bn* provisional
'provo *m* ('s) ⟨opstandige jongere in de jaren '60 in Nederland⟩ Provo
provoca'teur *m* (-s) agent provocateur
provo'catie *v* (-s) provocation
provo'ceren (provoceerde, h. geprovoceerd) *overg* provoke
provo'cerend *v* provocative
1 pro'voost *m* (-en) hist provost
2 pro'voost *v* (-en) ⟨strafruimte⟩ detention-room
'proza *o* prose
pro'zaïsch *bn* prosaic
proza'ïst *m* (-en), **'prozaschrijver** *m* (-s) prose-writer
'prude *bn* prudish, prim
prude'rie *v* (-rieën) prudishness, prudery, primness
pruik *v* (-en) **1** ⟨vals haar⟩ wig, periwig, peruke; **2** ⟨bos haar⟩ shock (of hair)
'pruikenmaker *m* (-s) wig-maker
'pruikentijd *m* ± Regency period
'pruilen (pruilde, h. gepruild) *onoverg* pout, sulk, be sulky
'pruiler *m* (-s) sulky person
'pruillip *v* (-pen) pout
pruim *v* (-en) **1** ⟨vrucht⟩ plum; **2** ⟨gedroogd⟩ prune; **3** ⟨tabak⟩ quid, plug; **4** plat ⟨vagina⟩ pussy
pruime'dant *v* (-en) prune
'pruimen (pruimde, h. gepruimd) **I** *overg* chew [tobacco]; *dit eten is niet te* ~ this food is disgusting; *ik vond die film niet te* ~ I found it a rotten film; **II** *abs ww* **1** chew tobacco; **2** munch [= eat]
'pruimenboom *m* (-bomen) plum-tree
'pruimenmondje *o* (-s): *een* ~ *zetten* make a pretty mouth
'pruimenpit *v* (-ten) plum-stone
'pruimentaart *v* (-en) plum-tart
'pruimer *m* (-s) tobacco-chewer
'pruimtabak *m* chewing-tobacco
Pruis *m* (-en) Prussian
'Pruisen *o* Prussia
'Pruisisch *bn* Prussian; ~ *blauw* Prussian blue; ~ *zuur* prussic acid
prul *o* (-len) bauble, rubbishy stuff; *het is een* ~ it is trash; *wat een* ~ *(van een vent)!* gemeenz what a dud!; *allerlei* ~*len* all sorts of gewgaws
'pruldichter *m* (-s) poetaster, paltry poet
prul'laria *mv* rubbish, gewgaws, knick-knacks
'prullenbak *m* (-ken), **'prullenmand** *v* (-en) waste-paper basket
'prullenboel *m* trashy stuff, trash
'prullenwerk *o* = *prulwerk*
'prullerig *bn* = *prullig*;
'prullig *bn* rubbishy, trumpery, trashy, cheap
'prulroman *m* (-s) trashy novel, Grub-street novel
'prulschrijver *m* (-s) hack, Grub-street writer

'**prulwerk** *o* trash, rubbish

prut *v* **1** (koffieprut) grounds; **2** (slijk) slush, sludge

'**prutsding** *o* (-en) trifle, knick-knack

'**prutsen** (prutste, h. geprutst) *onoverg* potter, tinker (*aan* at, with), bungle, botch

'**prutser** *m* (-s) potterer, tinkerer

prutse'rij *v* (-en) pottering (work)

'**prutswerk** *o* bungled work, botch

'**pruttelaar** *m* (-s) grumbler

'**pruttelen** (pruttelde, h. geprutteld) *onoverg* **1** *eig* simmer; **2** (mopperen) grumble

'**pruttelig** *bn* grumbling, grumpy

PS *afk.* = postscriptum

psalm *m* (-en) psalm

'**psalmboek** *o* (-en) psalmbook, psalter

'**psalmdichter** *m* (-s) psalmist

'**psalmgezang** *o* psalm-singing

psal'mist *m* (-en) psalmist

psalmodi'ëren (psalmodieerde, h. gepsalmodieerd) *onoverg* sing psalms, psalmodize, intone

'**psalter** *o* (-s) **1** (instrument) psaltery; **2** (boek) psalter

'**pseudo-** *voorv* pseudo-, false; ~*intellectueel* pseudo-intellectual

pseudo'niem I *o* (-en) pseudonym, pen-name; **II** *bn* pseudonymous

pso'riasis *v* psoriasis

pst *tsw*: ~*!* (hi)st!

'**psyche** *v* (geest) psyche

psyche'delisch *bn* psychedelic

psychi'ater *m* (-s) psychiatrist

psychia'trie *v* psychiatry

psychi'atrisch *bn* psychiatric; ~ *ziekenhuis* mental hospital

'**psychisch** *bn* psychic(al)

'**psychoanalyse** *v* (-n en -s) psychoanalysis

psychoana'lytisch *bn* psychoanalytic

psycho'geen *bn* psychogenic

psycholo'gie *v* psychology

psycho'logisch *bn* psychological

psycho'loog *m* (-logen) psychologist

psy'choot *m* (-choten) psychotic

psycho'paat *m* (-paten) psychopath

psycho'pathisch *bn* psychopathic

psychopatholo'gie *v* psychopathology, abnormal psychology

psy'chose *v* (-n en -s) psychosis (*mv* psychoses)

psychoso'matisch *bn* psychosomatic

'**psychotechniek** *v* psychotechnics

psycho'technisch *bn*: ~ *onderzoek* testing

'**psychotherapeut** *m* (-en) psychotherapist

psychothera'peutisch *bn* psychotherapeutic

'**psychotherapie** *v* psychotherapy, psychotherapeutics

psy'chotisch *bn* psychotic

PTT *afk.* Posterijen, Telegrafie en Telefonie <u>Br</u> P.O., Post Office; <u>Am</u> US Postal Service

'**puber** *m-v* (-s) adolescent

pube'raal *bn* adolescent

puber'teit *v* adolescence, puberty

puber'teitsleeftijd *m* age of puberty

pu'bliek: *en plein* ~ in public, publicly

publi'catie *v* (-s) publication

publi'catiebord *o* (-en) notice-board, bill board

publi'ceren (publiceerde, h. gepubliceerd) *overg* publish, bring before the public, make public, issue

publi'cist *m* (-en) publicist

publici'teit *v* publicity; *er* ~ *aan geven* make it public

pu'bliek I *bn* public; ~ *engagement* open engagement; *de* ~*e opinie* popular verdict (opinion); ~*e vrouw* fancy woman; ~*e tribune* zie: *tribune*; *iets* ~ *maken* give publicity to sth., publish sth.; ~ *worden* be made public, be published; **II** *bijw* publicly, in public; **III** *o* public; *het grote* ~ the general public; *het stuk trok veel* ~ the play drew a full house (a large audience)

pu'bliekelijk *bn* publicly, in public

pu'bliekrecht *o* public law

publiek'rechtelijk *bn* of public law; ~ *lichaam* public corporation

pu'blieksfilm *m* (-s) popular film; <u>Am</u> popular movie

puck *m* (-s) *sp* puck

'**puddelen** (puddelde, h. gepuddeld) *overg* <u>techn</u> puddle

'**pudding** *m* (-en en -s) pudding

'**puddingbroodje** *o* (-s) custard bun

'**puddingpoeder**, '**puddingpoeier** *o & m* (-s) pudding powder

'**puddingvorm** *m* (-en) pudding mould

puf *m*: *ik heb er niet veel* ~ *in* I don't feel like it

'**puffen** (pufte, h. gepuft) *onoverg* puff

pui *v* (-en) lower front of a building, shop front

puik I *bn* excellent, choice, prime, first-rate; **II** *bijw* beautifully, to perfection; **III** *o* choice, best, pick (of...)

'**puikje** *o* = puik III

'**puilen** (puilde, h. gepuild) *onoverg* protrude, bulge; *zijn ogen puilden uit hun kassen* his eyes started from his head

'**puimen** (puimde, h. gepuimd) *overg* pumice

'**puimsteen** *m & o* (-stenen) pumice (-stone)

puin *o* rubbish, debris, wreckage, [brick] rubble; ~ *storten* shoot rubbish; *in* ~ *gooien (leggen)* lay in ruins, reduce to rubble; *in* ~ *liggen* be (lie) in ruins; *in* ~ *rijden* wreck [a car]; *in* ~ *vallen* fall into ruins, crumble to pieces

'**puinhoop** *m* (-hopen) heap of ruins, ruins, heap of rubble, rubble heap, heap of rubbish; <u>fig</u> *wat een* ~*!* what a mess (muddle)!

puis'sant *bijw* exceedingly [rich]

puist *v* (-en) pimple, pustule, tumour

'**puistachtig**, '**puisterig**, '**puistig** *bn* full of pimples, pimpled, pimply

'**puistje** *o* (-s) pimple; ~*s* acne

puit *m* (-en) ZN: *een ~ in de keel hebben* have a sore throat

'**pukkel** *v* (-s) pimple

pul *v* (-len) jug, vase

'**pulken** (pulkte, h. gepulkt) *onoverg* pick; *in zijn neus ~* pick one's nose

pull'over *m* (-s) pullover, jersey

pulp *v* **1** ⟨brij⟩ pulp; **2** fig ⟨rotzooi⟩ trash

'**pulpkrant** *v* (-en) rag

puls *m* (-en) elektr pulse

pul'seren (pulseerde, h. gepulseerd) *onoverg* pulsate, throb

'**pulver** *o* **1** ⟨poeder⟩ powder, dust; **2** ⟨buskruit⟩ gunpowder

pulveri'seren (pulveriseerde, h. gepulveriseerd) *overg* pulverize, powder

'**pummel** *m* (-s) boor, lout, yokel, bumpkin, clodhopper

'**pummelig** *bn* boorish

pump *m* (-s) court shoe; Am pump

pu'naise *v* (-s) drawing-pin

punch *m* punch

punc'teren (puncteerde, h. gepuncteerd) *overg* puncture, tap

'**punctie** *v* (-s) puncture, tapping

punctuali'teit *v* punctuality

punctu'atie *v* punctuation

punctu'eel *bn* punctual

'**Punisch** *bn* Punic

punk I *m* ⟨muziek⟩ punk, punk rock; ⟨levenshouding⟩ punk; **II** *m-v* = *punker*

'**punker** *m* (-s) punk; ⟨aanhanger van punkmuziek ook:⟩ punk rocker

'**punkhaar**, '**punkkapsel** *o* punk haircut

1 punt *m* (-en) **1** point [of a pen, pin &]; **2** tip [of a cravat, the nose &]; corner [of an apron]; **3** toe [of shoe]; **4** top [of asparagus]; **5** wedge [of tart, cake]; **6** peak [of anchor]

2 punt *o* (-en) **1** point [of intersection]; **2** fig point [of discussion &]; **3** item [on the agenda]; **4** ⟨waar het om gaat, pointe⟩ nub; *~ van aanklacht* count [of an indictment]; *hoeveel ~en heb je?* **1** onderwijs what marks have you got?; **2** sp what's your score?; *10 ~en maken* score ten; *op het ~ van...* in point of...; *op het ~ te...* on the point of ...ing, about to...; *op dit ~ geeft hij niet toe* on this point he will never yield; *op het dode ~* at a deadlock; *op het dode ~ komen* come to a deadlock, reach an impasse; *hen over het dode ~ heen helpen* lift them from the deadlock; *verslaan (winnen) op ~en* sp beat (win) on points; *een ~ zetten achter* call it a day, put a stop to; *~ voor ~* point by point

3 punt *v & o* (-en) ⟨leesteken⟩ **1** dot [on i]; **2** full stop, period [after sentence]; *dubbele ~* colon; *~ uit!* enough!, that's that!; zie ook: *puntje*

'**puntbaard** *m* (-en) pointed beard, Vandyke beard

'**puntboord** *o & m* (-en) butterfly collar, wing collar

'**puntdak** *o* (-daken) pointed roof

'**puntdicht** *o* (-en) epigram

'**puntdichter** *m* (-s) epigrammatist

'**punten** (puntte, h. gepunt) *overg* **1** point, sharpen [a pencil]; **2** trim [the hair]

'**puntenlijst** *v* (-en) terms' report; list of marks

'**puntenslijper** *m* (-s) pencil sharpener

'**puntentelling** *v* (-en) score; *de ~ bijhouden* keep (the) score

'**punter** *m* (-s) punt

'**puntgaaf** *bn* perfect, in mint condition

'**puntgevel** *m* (-s) gable

'**punthoofd** *o* gemeenz: *ik krijg er een ~ van* it drives me to the wall (up a tree)

'**puntig** *bn* pointed°, sharp°

'**puntigheid** *v* (-heden) pointedness[2], sharpness

'**puntje** *o* (-s) **1** point [of a pencil &]; **2** tip [cigar, nose, tongue]; **3** dot [on i]; **4** ⟨broodje⟩ roll; *de ~s op de i zetten* dot one's i's and cross one's t's; *als ~ bij paaltje komt* when it comes to the point; *daar kun jij een ~ aan zuigen* that leaves you nowhere; *alles was tot in de ~s verzorgd* everything was shipshape (in apple-pie order); *hij zag er in de ~s uit* he looked very trim (spick and span); zie ook: [2]*punt*

punt'komma *v & o* ('s) semicolon

'**puntlassen** *onoverg* spot-weld

'**puntmuts** *v* (-en) pointed hat (cap)

'**puntschoen** *m* (-en) pointed shoe

'**puntzakje** *o* (-s) cornet, screw

pup *m* (-s), '**puppy** *m* ('s) pup, puppy

pu'pil (-len) **I** *m & v* **1** ⟨pleegkind⟩ pupil, ward; **2** ⟨leerling⟩ pupil, student; **II** *v* ⟨v. oog⟩ pupil

pu'ree *v* **1** ⟨v. tomaten &⟩ purée; **2** ⟨v. aardappelen⟩ mashed potatoes, mash; *in de ~ zitten* be in a fix

'**puren** (puurde, h. gepuurd) *overg*: *~ uit* **1** eig suck [honey] from; **2** fig draw [wisdom] from

pu'reren (pureerde, h. gepureerd) *overg* mash

pur'gatie *v* (-s) purge

pur'geermiddel *o* (-en) laxative, purgative

pur'geren (purgeerde, h. gepurgeerd) *onoverg* purge oneself, take a purgative

'**Purim** *o* Purim

pu'risme *o* (-n) purism

pu'rist *m* (-en) purist

pu'ristisch *bn* puristic

puri'tein *m* (-en) puritan

Puri'tein *m* (-en) hist Puritan

puri'teins *bn* puritanical

'**purper** *o* purple

'**purperachtig** *bn* purplish

1 'purperen (purperde, h. gepurperd) *overg* purple

2 'purperen *bn* purple

'**purperkleurig** *bn* purple

'**purperrood** *bn & o* purple

pur 'sang *bn* complete; pur sang; *hij is een liberaal ~* he's a downright liberal, he's a liberal through and through

pus *o & m* pus

'**pushen** (pushte, h. gepusht) *overg* push°

1225

'pussen (puste, h. gepust) *onoverg* suppurate
put *m* (-ten) **1** ⟨waterput⟩ well; **2** ⟨kuil⟩ pit; **3** ZN ⟨mijn⟩ mine, mine shaft; *in de ~ fig* in low spirits, under the weather, in the dumps
'puthaak *m* (-haken) bucket-hook
'putje *o* (-s) **1** ⟨in de grond⟩ little hole; **2** ⟨in de kin⟩ dimple
'putjesschepper *m* (-s) scavenger
'puts *v* (putsen) ⟨canvas⟩ bucket
putsch *m* (-en) putsch
'putten (putte, h. geput) *overg* draw [water, comfort, strength & from...]; *uit zijn eigen ervaringen ~* draw upon one's personal experiences; *waaruit heeft hij dat geput?* what has been his source?
putter *m* (-s) ⟨vogel⟩ goldfinch
'putwater *o* well-water
puur I *bn* **1** ⟨in 't alg.⟩ pure²; **2** ⟨v. sterke drank⟩ neat, raw, short, straight; *pure chocolade* plain chocolate; *het is pure onzin* it is pure (sheer) nonsense; **II** *bijw* purely; *~ uit baldadigheid* out of pure mischief
'puzzel *m* (-s) puzzle
'puzzelaar *m* (-s) puzzler; *hij is een echte ~* he really enjoys doing (crossword) puzzles
'puzzelen (puzzelde, h. gepuzzeld) *onoverg* solve puzzles; *~ op (over)* puzzle over
'puzzelrit *m* (-ten), **'puzzeltocht** *m* (-en) mystery tour
pvc *afk. polyvinylchloride* PVC, polyvinyl chloride
pyg'mee *m-v* (-meeën) pygmy
py'jama *m* ('s) pyjamas, pyjama suit; *een ~* a set of pyjamas
py'jamabroek *v* (-en) pyjama trousers
py'jamajasje *o* (-s) pyjama jacket
Pyre'neeën *mv. de ~* the Pyrenees
Pyre'nees *bn* Pyrenean
py'riet *o* pyrites
pyro'maan *m* (-manen) gemeenz fire-bug, arsonist, psych pyromaniac
pyroma'nie *v* pyromania
'pyrometer *m* (-s) pyrometer
'Pyrrusoverwinning *v* (-en) Pyrrhic victory
'python *m* (-s) python

Q

q *v* ('s) q
Qa'tar *o* Qatar
Qa'tari *m* ('s) Qatari
qua *voorz* qua, in the capacity of
quadril'joen *o* (-en) quadrillion
qua'drille *m & v* (-s) quadrille
quadrofo'nie *v* quadrophonics
'quaker *m* (-s) quaker
quali'tate 'qua *bijw* officially; by virtue of one's office
'quantum *o* (-s en -ta) quantum, amount
'quantummechanica *v* quantum mechanics
quaran'taine *v* (-s) quarantine
quaran'tainehaven *v* (-s) quarantine station
quaran'tainevlag *v* (-gen) quarantine flag, gemeenz yellow Jack
'quark *m* (-s) *natuurkunde* quark
quartair I *bn* quaternary; **II** *o: het Q~* geol the Quaternary
'quasar *m* (-s) quasar
'quasi *bn* **1** quasi seeming [friends]; **2** miscalled [improvements]; **3** pretended [interest]; **4** ZN ⟨bijna⟩ nearly, almost
quater'temperdag *m* (-dagen) Ember day
quatre-'mains *m* (*mv* idem) duet (for piano); *~ spelen* play duets
quatsch *m* rubbish, nonsense
queru'lant *m* (-en) querulous person, grumbler
queue *v* (-s en queueën) queue, line; *~ maken* stand in a queue, wait in the queue, queue up, line up
'quitte *bn* quits; *we zijn ~* we are quits; *~ spelen handel* break even
qui-'vive *o: op zijn ~ zijn* be on the qui vive (on the alert)
quiz *m* (-zen en -zes) quiz
'quorum *o* (-s) quorum
quota *v* ('s), **'quotum** *o* (-s en -ta) quota, share
quo'tatie *v* (-s) ZN ⟨notering⟩ timing
quo'teren (quoteerde, h. gequoteerd) *overg* ZN **1** ⟨waarde⟩ estimate; **2** ⟨een voorstelling⟩ judge
quo'tering *v* (-en) ZN **1** ⟨prijsnotering⟩ quotation; **2** ⟨beoordeling⟩ valuation, judgement
quo'tiënt *o* (-en) quotient

R

r *v* ('s) r

ra *v* ('s en raas) scheepv yard; *grote ~* scheepv mainyard

raad *m* **1** ⟨raadgeving⟩ advice, counsel; **2** ⟨redmiddel⟩ remedy, means; **3** (raden) ⟨raadgevend lichaam⟩ council; **4** (raden) ⟨lid v. raadgevend lichaam⟩ councillor; *dat is een goede ~* that is a good piece of advice; *goede ~ was duur* we were in a fix; *Hoge R~* Supreme Court; *~ van beheer* ZN (v.e. NV) board of directors; *~ van beroep* board of appeal; *Raad van Beroerten* hist council of troubles; *~ van bestuur* board of directors; *~ van commissarissen* board of supervisory directors; *de Raad van Europa* the Council of Europe; *Raad van State* Council of State; *~ van toezicht* supervisory board; *neem mijn ~ aan* take my advice; *iem. ~ geven* advise sbd.; *~ inwinnen* ask [sbd.'s] advice; *zij moeten ~ schaffen* they must find ways and means; *iems. ~ volgen* follow sbd.'s advice; *hij weet altijd ~* he is sure to find a way (out); *hij wist zich geen ~ meer* he was at his wit's (wits') end; *met zijn... geen ~ weten* not know what to do with one's...; *met zijn figuur geen ~ weten* be embarrassed; *overal ~ op weten* be never at a loss for an expedient; *daar is wel ~ op* I'm sure a way may be found; *in de ~ zitten* be on the (town) council; *iem. met ~ en daad bijstaan* assist sbd. by word and deed; *iem. om ~ vragen* ask sbd.'s advice; *op zijn ~* at (on) his advice; *bij iem. te rade gaan* consult sbd.; zie ook: *eind*

'raadgevend *bn* advisory, consultative [body]

'raadgever *m* (-s) adviser, counsellor

'raadgeving *v* (-en) advice, counsel; *een ~* a piece of advice

'raadhuis *o* (-huizen) town hall

'raadkamer *v* (-s) council chamber

'raadpensionaris *m* (-sen) hist Grand Pensionary

'raadplegen (raadpleegde, h. geraadpleegd) *overg* consult

'raadpleging *v* (-en) **1** ⟨in 't alg.⟩ consultation; **2** ZN ⟨v.e. arts &⟩ consulting hour

'raadsbesluit *o* (-en) **1** ⟨v. gemeenteraad⟩ decision of the town council; **2** fig ordinance, decree [of God]

'raadsel *o* (-s en -en) riddle, enigma; *...is mij een ~* ...is a mystery to me; *in ~en spreken* speak in riddles; *voor een ~ staan* be puzzled

'raadselachtig *bn* enigmatic(al), mysterious

'raadselachtigheid *v* (-heden) enigmatic character, mysteriousness

'raadsheer *m* (-heren) **1** ⟨lid v.e. raad⟩ councillor; **2** recht justice; **3** ⟨schaakstuk⟩ bishop

'raadslid *o* (-leden) councillor, town councillor

'raadsman *m* (-lieden) **1** ⟨advocaat⟩ legal counsel (adviser); **2** ⟨adviseur⟩ advisor, counsellor

'raadsvergadering *v* (-en) council meeting

'raadsverkiezing *v* (-en) municipal election

'raadsverslag *o* (-slagen) report of the meeting

'raadsvrouw *v* (-en) **1** ⟨advocate⟩ legal counsel (adviser); **2** ⟨adviseuse⟩ advisor, counsellor

'raadszaal *v* (-zalen) = raadzaal

'raadszetel *m* (-s) seat on the (town) council

'raadszitting *v* (-en) session of the town council

'raadzaal *v* (-zalen) council hall

'raadzaam *bn* advisable

'raadzaamheid *v* advisableness, advisability

raaf *v* (raven) raven; *witte ~* white crow; zie ook: *stelen*

'raagbol *m* (-bollen) = ragebol

'raaigras *o* (-sen) darnel; *Engels ~* rye-grass

raak *bn* telling [blow, effect]; *altijd ~!* you can't go wrong there!; *een rake beschrijving* an effective description; *maar ~ kletsen* talk at random; *~ slaan* hit home; *wat hij zegt is ~* what he says gets there; *die was ~, zeg!* that shot told!, he had you there!

'raaklijn *v* (-en) tangent

'raakpunt *o* (-en) point of contact

'raakvlak *o* (-ken) tangent plane

raam *o* (ramen) **1** ⟨v. huis⟩ window; **2** ⟨omlijsting⟩ frame; **3** fig ⟨kader⟩ framework; *binnen (of: in) het ~ van* within the framework of; *uit het ~ kijken* look out of the window; *er hangen gordijnen voor het ~* curtains hang at the window; *het lag voor het ~* it was in the window

'raamadvertentie *v* (-s) window card

'raamantenne *v* (-s) frame aerial

'raambiljet *o* (-ten) poster, bill

'raamkozijn *o* (-en) windowframe

'raamvertelling *v* (-en) frame story

'raamwet *v* (-ten) skeleton law

raap *v* (rapen) ⟨groente⟩ turnip; *iem. voor zijn ~ schieten* gemeenz bump sbd. off; *recht voor zijn ~* gemeenz without mincing words, straight from the shoulder, right to the point

'raapkoek *m* (-en) rapeseed cake, rape-cake

'raapkool *v* (-kolen) kohlrabi, turnip-cabbage

'raapolie *v* rapeseed oil, colza oil

'raapstelen *mv* turnip-tops

'raapzaad *o* rapeseed

raar **I** *bn* **1** ⟨zonderling⟩ strange, queer, odd; **2** ZN ⟨zeldzaam⟩ rare; *een rare (Chinees, snoeshaan, snuiter)* a queer (rum) customer, a queer fish; *ik voel me zo ~* I feel so faint, funny; *ben je ~?* are you mad?; **II** *bijw* **1** ⟨merkwaardig⟩ strangely; **2** ZN ⟨zelden⟩ seldom, rarely

'raaskallen (raaskalde, h. geraaskald) *overg* rave, talk nonsense

raat *v* (raten) honeycomb

ra'barber *v* rhubarb

ra'bat *o* <u>handel</u> reduction, discount, rebate

ra'bauw *m* (-en) ugly customer

'rabbelen (rabbelde, h. gerabbeld) *onoverg* rattle, chatter

'rabbi *m* ('s), **rab'bijn** *m* (-en) rabbi, rabbin

rab'bijns, rabbi'naal *bn* rabbinical

rabbi'naat *o* (-naten) rabbinate

'rabiës *v* rabies

race *m* (-s) race

'raceauto *m* ('s) racing-car, racer

'racebaan *v* (-banen) race-course, race-track

'raceboot *m & v* (-boten) speed-boat

'racefiets *m & v* (-en) racing-bicycle, racer

'racen (racete, h. geracet) *onoverg* race

'racepaard *o* (-en) race-horse, racer

'raceterrein *o* (-en) race-track, turf

'racewagen *m* (-s) racing-car, racer

ra'chitis *v* rachitis, rickets

ra'chitisch *bn* rickety

raci'aal *bn* racial

ra'cisme *o* racism, racialism

ra'cist *m* (-en) racist, racialist

ra'cistisch *bn* racist, racialist

'racket *o* (-s) racket

1 rad *o* (raderen) wheel; *het ~ van avontuur, het ~ van fortuin* the wheel of fortune; *iem. een ~ voor ogen draaien* throw dust in sbd.'s eyes; *het vijfde ~ aan de wagen* an unwanted, useless person or thing; *~ slaan* turn cart-wheels

2 rad I *bn* **1** ⟨snel⟩ quick, nimble; **2** glib [tongue]; *~ van tong zijn* have the gift of the gab; **II** *bijw* quickly, nimbly; glibly

'radar *m* radar

'radarcontrole *v* radar trap

'radarinstallatie *v* (-s) radar installation

'radarscherm *o* (-en) radar screen

'radbraken (radbraakte, h. geradbraakt) *overg* **1** hist break upon the wheel [a convict]; **2** fig murder [a language]; *ik voel me geradbraakt* I am deadbeat

'raddraaier *m* (-s) ringleader

ra'deergum *o* (-men) eraser, india rubber

ra'deermesje *o* (-s) eraser, erasing-knife

ra'deernaald *v* (-en) (etching) needle, point

'radeloos *bn* desperate, at one's wit's (wits') end

rade'loosheid *v* desperation

'raden (raadde, h. geraden) **I** *overg* **1** ⟨raad geven⟩ counsel, advise; **2** ⟨goed gissen⟩ guess; *iem. iets ~* advise sbd. to do sth.; *te ~ geven* leave to guess; *laat je ~!* be advised!; *dat zou ik je ~, het is je geraden* you will be well advised to do it; **II** *onoverg & abs ww* guess; *nou raad eens!* (just) give a guess!; *naar iets ~* guess at (make a guess at) sth.

'raderboot *m & v* (-boten) paddle-boat

1 'raderen meerv. van ¹*rad*

2 ra'deren (radeerde, h. geradeerd) *overg* **1** ⟨met gum⟩ erase; **2** ⟨met mes⟩ scratch (out)

ra'dering *v* erasure

'raderwerk *o* (-en) **1** ⟨in 't alg.⟩ wheels², gear mechanism; **2** ⟨v. uurwerk⟩ watchwork, clockwork

'radheid *v* quickness, nimbleness; *~ van tong* glibness, volubleness, volubility

radi'aalband *m* (-en) radial (ply) tyre, <u>gemeenz</u> radial

radia'teur (-s), **radi'ator** *m* (-s en -'toren) radiator

radi'atordop *m* (-pen) radiator cap

radi'caal I *bn* radical; *radicale hervorming* sweeping (root-and-branch, thoroughgoing) reform; **II** *bijw* radically; **III** *m* (-calen) radical

radicali'seren (radicaliseerde, h. geradicaliseerd) *onoverg & overg* radicalize

radica'lisme *o* radicalism

ra'dijs *v* (-dijzen) radish

'radio *m* ('s) radio; (sound) broadcasting; *over de ~* over the radio, over the air; *voor, op de ~* on the radio, on the air

radioac'tief *bn* radioactive

radioactivi'teit *v* radioactivity

'radioamateur *m* (-s) radio amateur, amateur radio operator, gemeenz (radio) ham

'radioantenne *v* (-s) radio aerial

'radiobaken *o* (-s) radio beacon

'radiobericht *o* (-en) radio report, radio message

'radiobuis *v* (-buizen) (radio) valve

radiocas'setterecorder *m* (-s) radio recorder, radio cassette player

'radiocentrale *v* (-s) relay exchange, relay company

'radiogolf *v* (-golven) radio (broadcast) wave

radiogra'fie *v* radiography

radio'grafisch *bn* radiographic

radio'gram *o* (-men) radiogram, radiotelegram

'radiolamp *v* (-en) (radio) valve

radiolo'gie *v* radiology

'radiomonteur *m* (-s) radio mechanic

radio'nieuwsdienst *m* news-cast, radio news

'radio-omroep *m* (-en) broadcasting corporation

'radiopeiling *v* (-en) (radio) direction-finding

'radiopiraat *m* (-raten) **1** ⟨station⟩ pirate radio station; **2** ⟨persoon⟩ pirate radio operator

'radiopraatje *o* (-s) broadcast talk

'radioprogramma *o* ('s) radioprogramme, broadcast

'radiorede *v* (-s) broadcast (speech)

'radioreportage *v* (-s) (running) commentary

'radioreporter *m* (-s) (radio) commentator

radiosco'pie *v* fluoroscopy, radioscopy

'radiospreker *m* (-s) broadcaster

'radiostation *o* (-s) radio station

'radiotechnicus *m* (-ci) radio engineer

'radiotechniek *v* radio engineering

radio'technisch *bn* radio-engineering

radiotelefo'nie *v* radiotelephony

radiotelegra'fie *v* radiotelegraphy

radiotelegra'fist *m* (-en) wireless operator

'radiotelegram *o* (-men) = *radiogram*

'**radiotelescoop** *m* (-scopen) radiotelescope
'**radiotherapie** *v* radiotherapeutics, radiotherapy
'**radiotoestel** *o* (-len) radio
'**radio-uitzending** *v* (-en) broadcast, programme
'**radiowekker** *m* (-s) radio alarm
'**radiozender** *m* (-s) radio transmitter
'**radium** *o* radium
'**radius** *m* (-sen en -dii) radius [*mv* radii]
'**radja** *m* ('s) rajah
'**radslag** *m* (-en) cartwheel; ~*en maken* cartwheel, turn cartwheels
'**radvormig** *bn* wheelshaped
RAF *afk.* 1 *Royal Air Force*; 2 *Rote Armee Fraktion* Red Army Faction
ra'**factie** *v* handel allowance for damage
'**rafel** *v* (-s) ravel
'**rafelen** (rafelde, *onoverg* is, *overg* h. gerafeld) *onoverg & overg* fray, unravel, ravel out
'**rafelig** *bn* frayed
'**raffia** *m & o* raffia, bast
raffinade'rij *v* (-en) refinery
raffina'deur *m* (-s) refiner
raffine'ment *o* refinement; subtlety
raffi'neren (raffineerde, h. geraffineerd) *overg* refine; zie ook: *geraffineerd*
rag *o* cobweb
'**rage** *v* (-s) rage, craze, fad
'**ragebol** *m* (-len) 1 (borstel) Turk's head, mop; 2 (kapsel) mop
'**ragfijn** *bn* gossamer, filmy, fine-spun
'**raggen** gemeenz (ragde, h. geragd) *onoverg* (woest rijden) drive like mad, tear [along]
'**raglan** *m* (-s) raglan [sleeve]
ra'**gout** *m* (-s) ragout
rail *v* (-s) rail; *uit de* ~*s lopen* leave the metals
rail'leren (railleerde, h. gerailleerd) I *overg* banter, chaff, poke fun at [sbd.]; II *abs ww* banter, chaff, poke fun
raille'rie *v* (-rieën) raillery, banter, chaff
rai'son: *à* ~ *van* for the price of; ~ *d'être* raison d'être
rak *o* (-ken) (v. rivier) reach
'**rakelen** (rakelde, h. gerakeld) *overg* rake
'**rakelijzer** *o* (-s) rake
'**rakelings** *bijw*: *de kogel ging mij* ~ *voorbij* the bullet brushed past me (grazed my shoulder &); *de auto ging* ~ *langs het hek* the car just cleared the gate
'**raken** (raakte, geraakt) I (h.) *overg* 1 (treffen) hit; 2 (aanraken) touch; 3 (aangaan) affect, concern; *deze cirkels* ~ *elkaar* these circles touch; *dat raakt hem niet* 1 (betreffen) that does not concern him; 2 (bekommeren) he does not care; II (is) *onoverg* get; zie: *geraken*; *gevangen* ~ become a prisoner; ~ *aan* touch[2]; *aan de drank* ~ take to drink(ing), become addicted to drink; *hoe aan mijn geld te* ~ how to come by my money; *aan de praat* ~ get talking; *in oorlog* ~ *met* become involved in a war with; *uit de mode* ~ go out of fashion; *'m flink* ~ gemeenz

eat [drink &] one's fill
ra'**ket** *v* (-ten) 1 (ruimtevaart) missile, rocket; 2 (vuurwerk) rocket; 3 (plant) hedge mustard
ra'**ketbasis** *v* (-sen en -bases) rocket base
ra'**ketbom** *v* (-men) rocket bomb
ra'**ketmotor** *m* (-s en -toren) rocket engine
ra'**ketvliegtuig** *o* (-en) rocket plane
'**rakker** *m* (-s) rascal, rogue, scapegrace; *ondeugende* ~ jackanapes
'**rally** *m* ('s) rally
ram *m* (-men) 1 (dier) ram, tup; 2 hist (battering-) ram; *de R*~ astron Aries
RAM *afk.* comput *Random Access Memory* RAM (direct toegankelijk geheugen)
'**ramadan** *m* Ramadan
'**rambam** *o*: *zich het* ~ *schrikken* be scared to death; *krijg het* ~*!* go to hell!
'**ramen** (raamde, h. geraamd) *overg* estimate (*op* at)
'**raming** *v* (-en) estimate
ram'mei *v* (-en) hist battering-ram
ram'meien (rammeide, h. gerammeid) *overg* ram
'**rammel** *m* (-s) rattle; *een pak* ~ a drubbing, a beating
'**rammelaar** *m* (-s) 1 (speelgoed) rattle; 2 (konijn) buck(-rabbit); 3 (haas) buck(-hare)
'**rammelen** (rammelde, h. gerammeld) I *onoverg* 1 (lawaai maken) rattle, clatter, clash, clank; 2 (ondeugdelijk zijn) rattle; ~ *met* ... rattle (clatter, clank) ...; *ik rammel van de honger* I am starving, I am ravenous, I have a terrific hunger; II *overg*: *iem. door elkaar* ~ give sbd. a good shaking
'**rammeling** *v* (-en) drubbing
'**rammelkast** *v* (-en) 1 (voertuig) rattletrap; ramshackle motorcar &; 2 (piano) old piano
'**rammen** (ramde, h. geramd) *overg* ram
ramme'nas *v* (-sen) black radish
ramp *v* (-en) disaster, calamity, catastrophe
'**rampenfonds** *o* [national] disaster fund
'**rampenplan** *o* (-nen) contingency plan
'**rampgebied** *o* (-en) disaster area
'**rampspoed** *m* (-en) adversity
ramp'spoedig I *bn* disastrous, calamitous; II *bijw* disastrously
'**ramptoerisme** *o* onlookers at a disaster; Am rubberneckers
ramp'zalig *bn* 1 (ellendig) miserable, wretched; 2 (noodlottig) fatal
ramp'zaligheid *v* (-heden) misery, wretchedness
ramsj *m* irregulars; *het boek ligt in de* ~ the book has been remaindered
ran'cune *v* (-s) rancour, grudge
rancu'neus vindictive, spiteful
rand *m* (-en) brim [of a hat]; rim [of a bowl]; margin [of a book]; [black, grass] border; edge [of a table, a bed, a wood]; edging [of a towel]; brink [of a precipice]; fringe [of a wood]; *op de* ~ *van* fig on the verge of; zie ook: *randje*
'**randapparatuur** *v* peripheral device, peripheral

equipment

'**randfiguur** *v* (-guren) background character; *de randfiguren* those on the fringe, in the background

'**randgebergte** *o* (-n en -s) border mountains

'**randgemeente** *v* (-n en -s) adjoining town

'**randgroep** *v* (-en) fringe group

'**randgroepjongere** *m-v* (-n) (young) dropout

'**randje** *o: dat was op het* ~ that was close; that was touch and go

'**randschrift** *o* (-en) legend [of a coin]

'**randstaat** *m* (-staten) border state

'**randstad** *v: de* ~ *Holland* the rim-shaped agglomeration of cities in the western part of the Netherlands

'**randstoring** *v* (-en) secondary depression

'**randverschijnsel** *o* (-en en -s) marginal phenomenom

'**randversiering** *v* (-en) ornamental border

'**randweg** *m* (-wegen) ring road

rang *m* (-en) **1** (in 't alg.) rank, degree, grade; **2** mil rank, file; **3** ZN (rij) row; ~ *en stand* rank and station; *in* ~ *staan boven* rank above...; *met de* ~ *van kapitein* holding the rank of a captain; *wij zaten op de eerste* ~ we had seats in the first row (in the stalls); *van de eerste* ~ first-rate [man], first-class [restaurant]

ran'geerder *m* (-s) shunter, yardman

ran'geerlocomotief *v* (-tieven) shunting engine, dummy

ran'geerterrein *o* (-en) marshalling yard, shunting yard

ran'geerwissel *m* (-s) shunting switch

ran'geren (rangeerde, h. gerangeerd) *overg & onoverg* shunt

'**ranggetal** *o* (-len) ordinal number

'**ranglijst** *v* (-en) **1** mil army list [of officers]; scheepv navy list; **2** list (of candidates)

'**rangnummer** *o* (-s) number

'**rangorde** *v* order

'**rangschikken** (rangschikte, h. gerangschikt) *overg* **1** arrange, range [things]; **2** fig marshal [the facts]; ~ *onder* class with, subsume under [a category]

'**rangschikkend** *bn* gramm ordinal

'**rangschikking** *v* (-en) arrangement, classification

'**rangtelwoord** *o* (-en) ordinal number

'**ranja** *m* orange squash

1 rank *v* (-en) (stengel) tendril

2 rank *bn* **1** (slank) slender [of persons]; **2** scheepv crank(y)

'**ranken** (rankte, h. gerankt) *onoverg* plantk twine, shoot tendrils

'**rankheid** *v* **1** (slankheid) slenderness; **2** scheepv crank(i)ness

ra'nonkel *v* (-s) ranunculus

rans *bn* rancid

'**ransel** *m* (-s) mil knapsack, pack; *pak* ~ (pak slaag) flogging, drubbing

'**ranselen** (ranselde, h. geranseld) *overg* drub, ge-

meenz wallop, whop, thwack

'**ransig** *bn = ranzig*

rant'soen *o* (-en) ration, allowance; *op* ~ *stellen* put on rations, ration

rantsoe'neren (rantsoeneerde, h. gerantsoeneerd) *overg* ration, put on rations

rantsoe'nering *v* (-en) rationing

'**ranzig** *bn* rancid

'**ranzigheid** *v* rancidness, rancidity

1 rap I *bn* nimble, agile, quick; **II** *bijw* nimbly

2 rap *m* (muziekgenre) rap (music)

ra'paille *o* rabble, riff-raff

'**rapen** (raapte, h. geraapt) *overg & onoverg* **1** (in 't alg.) pick up, gather; **2** glean [ears of corn]

ra'pier *o* (-en) **1** (in 't alg.) rapier; **2** (bij schermen) foil

rappe'leren (rappeleerde, h. gerappeleerd) *overg* **1** (terugroepen) recall; **2** (herinneren) remind, send a reminder

'**rappen** (rapte, h. gerapt) *onoverg* rap

rap'port *o* (-en) statement, account; report [ook onderwijs]; ~ *uitbrengen over* report on...

rap'portcijfer *o* (-s) report mark

rappor'teren (rapporteerde, h. gerapporteerd) *overg & onoverg* report (over on)

rappor'teur *m* (-s) reporter

rapso'die *v* (-dieën) rhapsody

ra'punzel *o & m* (-s) rampion

'**rara** *tsw* guess; ~, *wie is daar?* guess who

'**rarigheid** *v* (-heden) queerness, oddness, oddity, curiosity

rari'teit *v* (-en) curiosity, curio; ~*en* curios

rari'teitenkabinet *o* (-ten), **rari'teitenkamer** *v* (-s) museum of curiosities

1 ras *o* (-sen) **1** race [of men]; **2** breed [of cattle]; *gekruist* ~ cross-breed; *van zuiver* ~ thoroughbred

2 ras I *bn* quick, swift, speedy; **II** *bijw* soon, quickly

'**rasartiest** *m* (-en) a natural (true-born) artist

'**rasecht** *bn* thoroughbred, true-bred

'**rashoenders** *mv* pedigree fowls

'**rashond** *m* (-en) pedigree dog, true-bred dog

'**raskenmerk** *o* (-en) racial characteristic

rasp *v* (-en) **1** (in keuken) grater; **2** (vijl) rasp

'**raspaard** *o* (-en) thoroughbred, bloodhorse

'**raspen** (raspte, h. geraspt) *overg* **1** grate [cheese]; **2** rasp [wood]

'**rassendiscriminatie** *v* racial discrimination

'**rassenhaat** *m* racial hatred, race hatred

'**rassenrellen** *mv* race riots

'**rassenscheiding** *v* racial segregation

'**rassenstrijd** *m* racial conflict

'**rassenvermenging** *v* mixture of races, racial mixture

'**rassenverschil** *o* (-len) racial difference

'**rassenwaan** *m* racism, racialism

'**rasta** *m* ('s) Rasta(farian)

'**raster** *o & m* (-s) **1** (lat) lath; **2** (hekwerk) = *rastering*; **3** (netwerk van lijnen) screen

'**rasterdiepdruk** *m* photogravure

'**rastering** *v* (-en), '**rasterwerk** *o* (-en) trellis-work, lattice, grill, railing, grating

'**rasverschil** *o* (-len) = *rassenverschil*

'**rasvooroordeel** *o* (-delen) racial prejudice

'**raszuiver** *bn* thoroughbred, true-bred

rat *v* (-ten) rat

'**rata**: zie: *rato*

'**rataplan 1** *o* sound (rub-a-dub) of drums; **2** *m*: *de hele ~* gemeenz the whole caboodle (show)

'**ratel** *m* (-s) **1** ⟨apparaat; ratelend geluid⟩ rattle; **2** ⟨kwebbelaar⟩ rattle; *hou je ~!* gemeenz shut your trap!, shut up!

'**ratelaar** *m* (-s) ⟨persoon⟩ rattler, rattle

'**ratelen** (ratelde, h. gerateld) *onoverg* **1** ⟨in 't alg.⟩ rattle; **2** ⟨kwebbelen⟩ rattle; **3** ⟨v. motor⟩ knock; *~de donderslagen* rattling peals of thunder; *zij ratelt maar door* she keeps rattling on

'**ratelslang** *v* (-en) rattlesnake

ratifi'catie *v* (-s) ratification

ratifi'ceren (ratificeerde, h. geratificeerd) *overg* ratify

'**ratio** *v* **1** ⟨rede, verstand⟩ reason, intellect; **2** ⟨verhouding⟩ ratio

rationali'satie *v* (-s) rationalization

rationali'seren (rationaliseerde, h. gerationaliseerd) *overg* rationalize

ratio'nalisme *o* rationalism

ratio'nalist *m* (-en) rationalist

ratio'nalistisch I *bn* rationalist, rationalistic; **II** *bijw* rationalistically

ratio'neel *bn* rational

'**ratjetoe** *m* & *o* **1** mil soldiers' hodgepodge; **2** fig farrago, hotchpotch

'**rato**: *naar ~* in proportion (*van* to), pro rata

rats *v*: *in de ~ zitten* gemeenz have the jitters, be in a funk, have the wind up

'**rattengif**, '**rattenkruit** *o* arsenic

'**rattenklem** *v* (-men) rat-trap

'**rattenkoning** *m* (-s en -ningen) tangle of rats

'**rattenplaag** *v* (-plagen) rat plague

'**rattenval** *v* (-len) rat-trap

'**rattenvanger** *m* (-s) **1** ⟨persoon⟩ rat-catcher; **2** ⟨hond⟩ ratter; *de ~ van Hamelen* the Pied Piper of Hamelin

'**rattenverdelging** *v* destruction of rats

rauw *bn* **1** raw, uncooked [food]; **2** raucous, hoarse [voice]; **3** harsh [of sounds]; **4** fig crude [statements]

'**rauwelijks** *bn* recht without previous notice

'**rauwheid** *v* (-heden) **1** ⟨het ongekookt-zijn⟩ rawness; **2** fig crudity

'**rauwkost** *m* raw food, uncooked food, raw vegetables, vegetable salads

ra'vage *v* (-s) **1** ⟨verwoesting⟩ ravage [of the war]; havoc, devastations; **2** ⟨overblijfselen⟩ wreckage [of a motorcar &], debris, shambles [of a building]; *een ~ aanrichten* make havoc (*onder, in* of)

'**ravengekras** *o* croaking (of a raven)

'**ravenzwart** *bn* raven-black; *~e haren* raven locks

ra'vijn *o* (-en) ravine

ravi'oli *m* ravioli

ravitail'leren (ravitailleerde, h. geravitailleerd) *overg* supply

ravitail'lering *v* supply

ra'votten (ravotte, h. geravot) *onoverg* romp

ray'on *o* & *m* (-s) **1** radius [of a circle]; **2** shelf [of a bookcase]; **3** department [in a shop]; **4** ⟨gebied⟩ area; handel [commercial traveller's] territory; **5** ⟨stofnaam⟩ rayon [artificial silk]

ray'ongaren *o* rayon yarn

ray'onvezel *v* (-s) rayon staple

'**razeil** *o* (-en) square sail

'**razen** (raasde, h. geraasd) *onoverg* rage, rave; *~ en tieren* rage and rave, storm and swear; *over de weg ~* tear along the road; *het water raast in de ketel* the kettle sings

'**razend I** *bn* raving, raging, mad, wild, gemeenz savage; *~e honger* ravenous hunger; *~e vaart* tearing pace; *ben je ~?* are you mad?; *het is om ~ van te worden* it is enough to drive you mad; *het maakt me ~* it makes me wild; *je maakt me ~ met je...* you drive me mad with your...; *hij is ~ op mij* he is furious with me; *als een ~e* like mad; **II** *bijw*: *hij heeft ~ veel geld* he has a mint of money; *wij hebben ~ veel plezier gehad* we have enjoyed ourselves immensely; *hij is ~ verliefd op haar* he is madly in love with her

'**razendsnel** *bn* as quick as lightning

razer'nij *v* **1** ⟨woede⟩ rage, frenzy; **2** ⟨gekheid⟩ madness

'**razzia** *v* ('s) razzia, raid, round-up [of suspects]; *een ~ houden in een café* raid a café; *een ~ houden op verdachten* round up suspects

re *v* ('s) muz re

re'aal *m* (realen) real [= silver coin]

re'actie *v* (-s) reaction[2] (*op* to)

re'actiemotor *m* (-s en -toren) reaction engine

re'actiesnelheid *v* (-heden) **1** ⟨in 't alg.⟩ speed of response; **2** chem rate of reaction

reactio'nair *bn* & *m* (-en) reactionary

re'actor *m* (-s) reactor

rea'geerbuis *v* (-buizen) test-tube

rea'geerbuisbaby *m* ('s) test-tube baby

rea'geerbuisbevruchting *v* (-en) in vitro fertilization

rea'geermiddel *o* (-en) = *reagens*

rea'geerpapier *o* test-paper

rea'gens *o* (-gentia) reagent, test

rea'geren (reageerde, h. gereageerd) *onoverg* **1** eig react (*op* to); **2** fig respond (*op* to)

reali'satie *v* (-s) **1** ⟨in 't alg.⟩ realization; **2** ZN ⟨film⟩ production; direction

reali'seerbaar *bn* realizable, feasible, practicable

reali'seren (realiseerde, h. gerealiseerd) **I** *overg* **1** ⟨in 't alg.⟩ realize; **2** handel realize, cash, convert into money, sell; **II** *onoverg* handel realize, sell; **III** *wederk: zich* ~ realize [that...]

reali'sering *v* ⟨verwezenlijking⟩ realization, actualization, execution

rea'lisme *o* realism

rea'list *m* (-en) realist

rea'listisch I *bn* realistic; **II** *bijw* realistically

reali'teit *v* (-en) reality

reani'matie *v* med resuscitation

reani'meren (reanimeerde, h. gereanimeerd) *overg* med resuscitate

re'bel *m* (-len) rebel, mutineer

rebel'leren (rebelleerde, h. gerebelleerd) *onoverg* rebel, revolt [against...]

rebel'lie *v* (-lieën) rebellion, mutiny

re'bels *bn* rebellious, mutinous

'rebus *m* (-sen) rebus, picture-puzzle

recalci'trant *bn* recalcitrant

recapitu'latie *v* (-s) recapitulation

recapitu'leren (recapituleerde, h. gerecapituleerd) *onoverg & overg* recapitulate

recen'sent *m* (-en) reviewer, critic

recen'seren (recenseerde, h. gerecenseerd) **I** *overg* review [an author, a book]; **II** *onoverg* review, write a review

re'censie *v* (-s) **1** ⟨in 't alg.⟩ review, critique; **2** ⟨kort⟩ notice; *ter* ~ for review

re'censie-exemplaar *o* (-plaren) review copy

re'cent *bn* recent

re'centelijk *bijw* recently

rece'pis *o & v* (-sen) handel scrip (certificate)

re'cept *o* (-en) **1** ⟨voor keuken &⟩ recipe², receipt; **2** med prescription

re'ceptenboek *o* (-en) **1** (household) recipe book; **2** med prescription book

re'ceptie *v* (-s) reception

recep'tief *bn* receptive

receptio'nist *m* (-en) receptionist

receptivi'teit *v* receptivity

recep'tuur *v* dispensing

re'ces *o* (-sen) recess, adjournment; *op* ~ *gaan (uiteengaan)* rise, adjourn; *op* ~ *zijn* be in recess

re'cessie *v* handel recession

reces'sief *bn* recessive

re'cette *v* (-s) takings, receipts

ré'chaud *m & o* (-s) hot plate

re'cherche *v* detective force, Criminal Investigation Department, C.I.D.

recher'cheur *m* (-s) detective

re'cherchevaartuig *o* (-en) revenue-cutter

1 recht I *bn* right [side, word, angle &]; straight [line]; *wat* ~ *en billijk is* what is just and fair; *zo* ~ *als een kaars* as straight as an arrow; *in de* ~*e lijn (afstammend)* (descended) in the direct line, lineal [descendants]; *te* ~*er tijd* zie: tijd; *ik weet er het* ~ *niet van* I do not know the rights of the case; **II** *bijw* **1** ⟨ in 't alg.⟩ rightly; **2** *versterkend* right, quite; straight; ~ *door zee gaand* straightforward, straight;

hij is niet ~ *bij zijn verstand* he is not quite right in his head; ~ *op hem af* straight at him; zie ook: rechttoe

2 recht *o* (-en) **1** ⟨rechtvaardigheid⟩ justice, right; **2** ⟨gezamenlijke rechtsregels⟩ law; **3** ⟨rechtspraak⟩ justice, law; **4** ⟨bevoegdheid⟩ right, title, claim [to a pension]; **5** ⟨heffing⟩ poundage [on money-orders]; duty, custom [on goods]; [registration] fee; *burgerlijk* ~ civil law; *het gemene (gewone)* ~ common law; *het geschreven* ~ statute law; *ongeschreven* ~ unwritten law; *Romeins* ~ Roman law; *verkregen* ~*en* vested rights; ~ *van bestaan* reason for existence; ~ *van eerstgeboorte* (right of) primogeniture; ~ *van gratie* prerogative of pardon; ~ *van initiatief* initiative; ~ *van opstal* building rights; ~ *van opvoering* performing rights; ~ *van spreken hebben* have a right to speak; ~ *van de sterkste* right of the strongest; ~ *van vergadering* right of public meeting; ~*en en plichten* rights and duties; *onze* ~*en en vrijheden* our rights and liberties; ~ *doen* administer justice; *er moet* ~ *geschieden* justice must be done; *iem. het* ~ *geven om...* entitle sbd. to...; *het* ~ *hebben om...* have a (the) right to..., be entitled to...; *het volste* ~ *hebben om...* have a perfect right to...; ~ *hebben op iets* have a right to sth.; *op zijn* ~ *staan* assert oneself; ~*en studeren* read for the bar; *het* ~ *aan zijn zijde hebben* have right on one's side; *zich* ~ *verschaffen* right oneself; take the law into one's own hands; *iedereen* ~ *laten wedervaren* do justice to everyone; *iem.* ~ *laten wedervaren* do sbd. right, give sbd. his due; *in zijn* ~ *zijn* be within one's rights, be in the right; *iem. in* ~*en aanspreken* take legal proceedings against sbd., have (take) the law of sbd., sue sbd. [for damages]; *met* ~ rightly, justly; *met welk* ~? by what right?; *tot zijn* ~ *komen* show to full advantage; *beter tot zijn* ~ *komen* show to better advantage

recht'aan *bijw* straight on

'rechtbank *v* (-en) **1** ⟨groep rechters⟩ court of justice, law-court; ⟨voor bijzondere zaken⟩ tribunal; **2** ⟨gebouw⟩ court; zie ook: ²*gerecht*

recht'door, 'rechtdoor *bijw* straight on

rechtdoor'zee *bn* frank, candid

'rechtdraads *bn* with the grain

'rechte *v* (-n) wisk straight line

'rechteloos *bn* **1** ⟨in 't alg.⟩ without rights; **2** ⟨vogelvrij⟩ outlawed

'rechtens *bijw* by right(s), in justice

1 'rechter *m* (-s) judge, justice; ~ *van instructie* examining magistrate

2 'rechter *bn* right [hand &], right-hand [corner &]

rechter'achterpoot *m* (-poten) off hindleg

'rechterarm *m* (-en) right arm

'rechterbeen *o* (-benen) right leg

rechter-commis'saris *m* (rechters-commissarissen) **1** ⟨in 't alg.⟩ investigating magistrate; **2** ⟨bij faillissement⟩ registrar in bankruptcy

rechter'hand, 'rechterhand *v* (-en) **1** eig right

hand; **2** (assistent) right-hand man, right hand

'**rechterkant** *m* (-en) right side

'**rechterlijk** *bn* judicial; *de ~e macht* the judiciary; *leden van de ~e macht* gentlemen of the robe

'**rechter-plaatsvervanger** *m* (-s) deputy judge

'**rechtersambt** *o* judgeship

'**rechterstoel** *m* (-en) judgment seat², tribunal²

'**rechtervleugel** *m* (-s) right wing

'**rechtervoet** *m* (-en) right foot

rechter'voorpoot *m* (-poten) off foreleg

'**rechterzij**, '**rechterzijde** *v* right side, right; *de ~* the Right [in Parliament]

'**rechtgeaard** *bn* right-minded, upright, honest

rechtge'lovig *bn* orthodox

rechtge'lovigheid *v* orthodoxy

recht'hebbende *m-v* (-n) rightful claimant

'**rechtheid** *v* straightness

'**rechthoek** *m* (-en) rectangle

'**rechthoekig**, recht'hoekig *bn* right-angled, rectangular; *~e driehoek* right-angled triangle; *~ op* at right angles to

'**rechthoekszijde** *v* (-n) base or perpendicular

'**rechtlijnig** *bn* rectilinear [figure], linear [drawing]

'**rechtmaken**¹ *overg* straighten (out)

recht'matig *bn* rightful, lawful, legitimate

recht'matigheid *v* lawfulness, legitimacy

recht'op *bijw* upright, erect

'**rechtopstaand** *bn* vertical, upright, erect

recht'over *bijw* just opposite

rechts **I** *bn* **1** (in 't alg.) right; **2** (rechtshandig) right-handed; **3** of the Right [in politics]; right-wing [parties]; *de ~en, ~* the Right [in politics]; *een ~e regering* a right-wing government; **II** *bijw* to (on, at) the right

rechts'achter, rechts'back *m* (-s) sp right back

'**rechtsaf** *bijw* to the right

'**rechtsbedeling** *v* administration of justice; judicature

'**rechtsbeginsel** *o* (-selen, -s) legal principle

'**rechtsbegrip** *o* sense of justice

'**rechtsbijstand** *m* legal assistance

rechts'binnen *m* (-s) sp inside right

rechts'buiten *m* (-s) sp outside right, right winger

recht'schapen *bn* upright, honest

recht'schapenheid *v* honesty, rectitude

'**rechtscollege** *o* (-s) court

'**rechtsdwaling** *v* (-en) **1** (in 't alg.) error in law; **2** [case of] miscarriage of justice

'**rechtsdwang** *m* judicial constraint

rechtsextre'mist *m* (-en) right-wing extremist

'**rechtsfilosofie** *v* jurisprudence

'**rechtsgang** *m* court procedure, judicial process

'**rechtsgebied** *o* (-en) jurisdiction

'**rechtsgebouw** *o* (-en) law courts

'**rechtsgebruik** *o* (-en) legal usage, form of law

'**rechtsgeding** *o* (-en) lawsuit

rechts'geldig *bn* valid in law, legal

rechts'geldigheid *v* validity, legality

'**rechtsgeleerd** *bn* juridical, legal

'**rechtsgeleerde** *m-v* (-en) jurist, lawyer

'**rechtsgeleerdheid** *v* jurisprudence

rechtsge'lijkheid *v* equality (of rights)

'**rechtsgevoel** *o* sense of justice

'**rechtsgrond** *m* (-en) legal ground

'**rechtshandig** *bn* right-handed

'**rechtsherstel** *o* rehabilitation

'**rechtsingang** *m*: *~ verlenen tegen iem.* send sbd. to trial

'**rechtskracht** *v* legal force, force of law

rechts'kundig *bn* legal [adviser, aid &], juridical

'**rechtsmacht** *v* jurisdiction

'**rechtsmiddel** *o* (-en) legal remedy

'**rechtsom**, rechts'om *bijw* to the right; *~!* mil right turn!; *~... keert!* mil about ... turn!

rechtsom'keert *bijw*: *~ maken* mil **1** turn about, cut back; **2** fig turn tail

'**rechtsongelijkheid** *v* legal inequality, inequality before the law

'**rechtsorde** *v* legal order, legal system

'**rechtspersoon** *m* (-sonen) corporate body, corporation

'**rechtspersoonlijkheid** *v* incorporation; *~ aanvragen* apply for a charter of incorporation; *~ verkrijgen* be incorporated

'**rechtspleging** *v* (-en) administration of justice

'**rechtspositie** *v* legal status

'**rechtspraak** *v* jurisdiction, administration of justice

'**rechtspreken** *onoverg* administer justice

rechtsradi'caal *m* (-calen) right-wing extremist

'**rechtsstaat** *m* (-staten) constitutional state

'**rechtsstelsel** *o* (-s) legal system

'**rechtstaal** *v* legal language

'**rechtstaan**¹ *onoverg* ZN stand up, rise

recht'standig *bn* perpendicular, vertical

'**rechtsterm** *m* (-en) law-term

'**rechtstitel** *m* (-s) (legal) title

'**rechtstreeks I** *bn* direct; **II** *bijw* [send, order, buy] direct, directly

'**rechtsverdraaiing** *v* (-en) chicanery, pettifoggery

'**rechtsverkrachting** *v* (-en) violation of right

'**rechtsvervolging** *v* (-en) prosecution; *van ~ ontslaan* discharge

'**rechtsvordering** *v* (-en) action, (legal) claim

'**rechtsvorm** *m* (-en) legal form

'**rechtsvraag** *v* (-vragen) question of law

'**rechtswege**: *van ~* in justice, by right

'**rechtswetenschap** *v* (-pen) jurisprudence

'**rechtswezen** *o* judicature

'**rechtswinkel** *m* (-s) citizen's (legal) advice bureau

'**rechtszaak** *v* (-zaken) lawsuit, cause

'**rechtszaal** *v* (-zalen) court-room

'**rechtszekerheid** *v* legal security

'**rechtszitting** *v* (-en) session (meeting) of the court

recht'toe *bijw* straight on; *~ rechtaan* fig straightforward, outspoken

'**recht'trekken**[1] *overg* **1** eig straighten; **2** fig put right, correct

'**rechtuit**, **recht'uit** *bijw* **1** eig straight on; **2** fig frankly

recht'vaardig *bn* righteous, just

recht'vaardigen (rechtvaardigde, h. gerechtvaardigd) *overg* justify

recht'vaardigheid *v* righteousness, justice

recht'vaardiging *v* justification, warranty; *ter ~ van...* in justification of...

'**rechtverkrijgende** *m-v* (-n) assign

'**rechtzetten**[1] *overg* **1** straighten, put straight, adjust [one's hat]; **2** fig correct, rectify, put right

'**rechtzetting** *v* (-en) correction, rectification

recht'zinnig *bn* orthodox

recht'zinnigheid *v* orthodoxy

reci'dive *v* relapse (into crime), repetition of an offence

recidi'veren (recidiveerde, h. gerecidiveerd) *onoverg* relapse

recidi'vist *m* (-en) recidivist, old offender

recipi'ënt *m* (-en) techn receiver

recipi'ëren (recipieerde, h. gerecipieerd) *onoverg* entertain, receive

recita'tief *o* (-tieven) recitative

reci'teren (reciteerde, h. gereciteerd) **I** *overg* recite, declaim; **II** *onoverg* recite

re'clame *v* (-s) **1** (aanprijzing) advertising, publicity, advertisement; [advertisement, illuminated] sign; **2** (protest) claim, complaint, protest; *een ~ indienen* put in a claim; *~ maken* advertise; *~ maken voor* advertise, publicize, boost, boom, puff

re'clameaanbieding *v* (-en) bargain, special offer

re'clameartikel *o* (-en) article that is being sold cheap (as an advertisement)

re'clamebiljet *o* (-ten) (advertising) poster

re'clameblok *o* (-ken) block of advertisements

re'clameboodschap *v* (-pen) RTV commercial (advertisement)

re'clamebord *o* (-en) advertisement-board

re'clamebureau *o* (-s) publicity agency

re'clamecampagne *v* (-s) advertising (promotion) campaign

re'clamefilm *m* (-s) advertising film, publicity film

re'clamefolder *m* (-s) handbill, throwaway, advertisement leaflet (folder)

re'clameman *m* (-nen en -lieden) copywriter, adman

re'clameplaat *v* (-platen) (picture) poster

re'clameplaatje *o* (-s) advertising picture, showcard

recla'meren (reclameerde, h. gereclameerd) **I** *onoverg* put in a claim; complain (*over* about); **II** *overg* claim

re'clamespot *m* (-s) RTV commercial spot, commercial (advertisement)

re'clamestunt *m* (-s) publicity stunt

re'clametekenaar *m* (-s) commercial artist, advertising designer

re'clametekst *m* (-en) advertisement text (copy)

re'clamezuil *v* (-en) advertising-pillar

reclas'seren (reclasseerde, h. gereclasseerd) *overg* ⟨maatschappelijk begeleiden⟩ rehabilitate, ± handle the probation (for after-care) [of discharged prisoners]

reclas'sering *v* rehabilitation, ± probation, aftercare [of discharged prisoners]; *ambtenaar van de ~* probation officer

reclas'seringsambtenaar *m* (-naren, -s) probation officer

recomman'datie *v* (-s) recommendation

recomman'deren (recommandeerde, h. gerecommandeerd) *overg* recommend

recon'structie *v* (-s) reconstruction

reconstru'eren (reconstrueerde, h. gereconstrueerd) *overg* reconstruct

reconvales'cent *m* (-en) convalescent

reconvales'centie *v* convalescence

recon'ventie *v*: *eis in* ~ recht counterclaim

re'cord I *o* (-s) record; *het ~ breken (verbeteren)* beat (raise) the record; **II** *voorv* record [figure, number, speed], bumper [crop, harvest, season], peak [figure, year]

re'cordhouder *m* (-s) recordholder

re'cordtijd *m* (-en) record time

recre'ant *m* (-en) **1** ± holiday-maker; Am vacationer; **2** ⟨dagrecreant⟩ day-tripper

recre'atie *v* recreation

recrea'tief *bn* recreational

recre'atiegebied *o* (-en) recreation area

recre'atieoord *o* (-en) recreation resort

recre'atiezaal *v* (-zalen) recreation hall

rec'taal *bn* rectal

rectifi'catie *v* (-s) rectification

rectifi'ceren (rectificeerde, h. gerectificeerd) *overg* rectify, put right

'**rector** *m* (-'toren en -s) onderwijs headmaster, Am principal; *~ magnificus* Vice-Chancellor

recto'raat *o* (-raten) rectorship; zie: *rector*

'**rectrix** *v* (-'trices) headmistress; Am principal

re'çu *o* ('s) **1** (luggage-)ticket; **2** receipt [for something received]; **3** post certificate

recupe'ratie *v* recuperation

recupe'reren (recupereerde, is gerecupereerd) *onoverg* recuperate

recy'clage *v* ZN **1** ⟨bijscholing⟩ extra schooling; **2** ⟨omscholing⟩ transition training; **3** ⟨v. oud papier &⟩ recycling

re'cyclen (recyclede, h. gerecycled) *overg* recycle

redac'teur *m* (-en en -s) editor

re'dactie *v* (-s) **1** ⟨v. krant⟩ editorship, editorial staff, editors; **2** ⟨v. zin &⟩ wording; *onder ~ van* edited by

re'dactiebureau *o* (-s) editorial office

redactio'neel *bn* editorial

redac′trice *v* (-s) editress

′reddeloos I *bn* not to be saved, past recovery, irrecoverable, irretrievable; **II** *bijw* irrecoverably, irretrievably

′redden (redde, h. gered) **I** *overg* save, rescue, retrieve; *iem. het leven* ~ save sbd.'s life; *we zijn gered!* we are safe!; *de geredde* the rescued person; *de geredden* those saved; *uit de nood* ~ help sbd. out of distress; *iem.* ~ *van...* save (rescue) sbd. from; *er was geen* ~ *aan* saving was out of the question; **II** *wederk: zich* ~ save oneself; *je moet je zelf maar* ~ you ought to manage for yourself; *met 50 gulden kan ik me* ~ I can manage with 50 guilders, 50 guilders will do (for me); *hij weet zich wel te* ~ leave him alone to shift for himself; *(niet weten) hoe zich er uit te* ~ how to get out of this

′redder *m* (-s) saver, rescuer, deliverer, preserver; *de R~* the Saviour

′redderen (redderde, h. geredderd) *overg* put in order, arrange, clear, do [a room]

′redding *v* (-en) saving, rescue, deliverance; salvation²; *fig* retrieval [of situation]

′reddingsactie *v* (-s) rescue operation(s)

′reddingsboei *v* (-en) lifebuoy

′reddingsboot *m & v* (-boten) lifeboat, rescue boat

′reddingsbrigade *v* (-s en -n) rescue party

′reddingsgordel *m* (-s) lifebelt

′reddingslijn *v* (-en) life-line

′reddingsmedaille *v* (-s) medal for saving (human) life

′reddingsploeg *v* (-en) rescue team

′reddingspoging *v* (-en) attempt at a rescue, rescue attempt

′reddingstoestel *o* (-len) life-saving apparatus

′reddingswerk *o* rescue work

1 ′rede *v* (-s) **1** (redevoering) speech, discourse; **2** (denkvermogen) reason, sense; ~ *verstaan* listen to reason; *het ligt in de* ~ it stands to reason; *in de* ~ *vallen* interrupt; *naar* ~ *luisteren* listen to reason; *tot* ~ *brengen* bring to reason; *voor* ~ *vatbaar* amenable to reason

2 ′rede *v* (-n) scheepv roads, roadstead; *op de* ~ *liggen* lie in the roads

′rededeel *o* (-delen) gramm part of speech

′redekavelen (redekavelde, h. geredekaveld) *onoverg* argue, talk, reason

′redekaveling *v* (-en) reasoning

′redekunde *v* rhetoric

rede′kundig *bn* zie: *ontleden* en *ontleding*

′redekunst *v* rhetoric

rede′kunstig *bn* rhetorical; ~*e figuur* figure of speech, trope

′redelijk I *bn* **1** (met rede begaafd) rational [being]; [be] reasonable; **2** (niet overdreven) reasonable, moderate [charges, prices]; **3** (tamelijk) passable, gemeenz middling; **II** *bijw* **1** (in 't alg.) reasonably, in reason; **2** (als graadaanduiding) moderately; passably

′redelijkerwijs, ′redelijkerwijze *bijw* reasonably, in reason

′redelijkheid *v* reasonableness

′redeloos *bn* irrational, void of reason; ~ *dier* brute beast, brute; *de redeloze dieren* the brute creation

rede′loosheid *v* irrationality

redempto′rist *m* (-en) Redemptorist

1 ′reden *v* **1** (-en en -s) (oorzaak) reason, cause, motive, ground; **2** (-s) (verhouding) ratio; ~ *van bestaan* reason for existence; ~ *hebben om...* have reason to...; *daar had hij* ~ *voor* he had his reasons; *om* ~ *dat...* because...; *om* ~ *van* by reason of, on account of; *om die* ~ for that reason; *zonder (enige)* ~ without reason

2 ′reden V.T. meerv. van *rijden*

′redenaar *m* (-s) orator

′redenaarstalent *o* (-en) oratorical talent

rede′natie *v* (-s) reasoning

rede′neertrant *m* way of reasoning

rede′neren (redeneerde, h. geredeneerd) *overg* reason, argue (*over* about), discourse

rede′nering *v* (-en) reasoning

′redengevend *bn* gramm causal

′reder *m* (-s) (ship-)owner

rede′rij *v* (-en) ship-owners' society, shipping company; *de* ~ the shipping trade

′rederijker *m* (-s) hist rhetorician

′rederijkerskamer *v* (-s) hist society of rhetoricians, 'rhetorical chamber'

′rederijkerskunst *v* rhetoric

rede′rijvlag *v* (-gen) house-flag

′redetwist *m* (-en) dispute

′redetwisten (redetwistte, h. geredetwist) *onoverg* dispute (*over* about)

′redevoeren (redevoerde, h. geredevoerd) *onoverg* orate, speak

′redevoering *v* (-en) oration, speech, address, harangue; *een* ~ *houden* make a speech

redi′geren (redigeerde, h. geredigeerd) *overg* **1** edit, conduct [a paper]; **2** draw up, redact [a note]

′redmiddel *o* (-en) remedy, expedient, resource; *als laatste* ~ in the (as the) last resort

redou′bleren (redoubleerde, h. geredoubleerd) *overg & onoverg* kaartsp redouble

re′dres *o* redress

redres′seren (redresseerde, h. geredresseerd) *overg* redress, right

redu′ceren (reduceerde, h. gereduceerd) *overg* reduce

re′ductie *v* (-s) reduction

re′ductiebon *m* (-nen en -s) money-off coupon

′redzaam *bn* handy, efficient

1 ree *v & o* (reeën) (dier) roe, hind

2 ree *v* (reeën) scheepv = *rede*

′reebok *m* (-ken) (dier) roebuck

′reebout *m* (-en) haunch of venison

′reebruin *bn* fawn-coloured

reed (reden) V.T. van *rijden*

reeds *bijw* already; ~ *in...* as early as...; ~ *de ge-dachte...* the mere idea; zie verder: ²*al*

re'ëel *bn* **1** real [value]; **2** handel sound [business]; **3** ⟨nuchter⟩ reasonable

reef *o* ⟨reven⟩ scheepv reef; *een* ~ *inbinden* take in a reef²

reeg (regen) V.T. van *rijgen*

'reegeit *v* ⟨-en⟩ roe

'reekalf *o* ⟨-kalveren⟩ fawn

reeks *v* ⟨-en⟩ **1** series, sequence [of things]; train [of consequences &]; **2** progression [in mathematics]; **3** ZN ⟨tv-serie⟩ television series

reep *m* ⟨repen⟩ **1** ⟨strook⟩ strip; **2** *een* ~ *chocolade* a bar of chocolate; **3** ⟨touw⟩ rope, cable

'reepje *o* ⟨-s⟩ sliver

'reerug *m* ⟨-gen⟩ saddle (loin) of venison

rees (rezen) V.T. van *rijzen*

1 reet *v* ⟨reten⟩ **1** ⟨kier⟩ cleft, crack, chink, crevice; **2** gemeenz ⟨achterwerk⟩ arse, ass; *het kan me geen* ~ *schelen* plat I don't give (care) a damn

2 reet (reten) V.T. van *rijten*

re'factie *v* handel allowance for damage

refec'torium *o* ⟨-s en -ria⟩ refectory

refe'raat *o* ⟨-raten⟩ report

referen'daris *m* ⟨-sen⟩ referendary

refe'rendum *o* ⟨-s en -da⟩ referendum

refe'rent *m* ⟨-en⟩ **1** ⟨recensent⟩ reviewer, critic; **2** ⟨iem. die een onderwerp inleidt⟩ speaker; **3** ⟨deskundige⟩ expert, consultant

refe'rentie *v* ⟨-s en -tiën⟩ **1** ⟨inlichting⟩ reference; **2** ⟨persoon⟩ referee

refe'rentiekader *o* ⟨-s⟩ frame of reference

refe'reren (refereerde, h. gerefereerd) *overg* **1** ⟨berichten⟩ report, tell; **2** ⟨verwijzen⟩ refer; ~*de aan uw schrijven* referring to your letter &

re'ferte *v* ⟨-s⟩ reference; *onder* ~ *aan mijn brief* referring to my letter

reflec'tant *m* ⟨-en⟩ = *gegadigde*

reflec'teren (reflecteerde, h. gereflecteerd) **I** *overg* ⟨weerkaatsen⟩ reflect; **II** *onoverg:* ~ *op* **1** consider [an application]; **2** answer [an advertisement]; **3** entertain [an offer, a proposal]; *er zal alleen gereflecteerd worden op ...* only ... will be considered

re'flectie *v* ⟨-s⟩ reflection

re'flector *m* ⟨-s en -'toren⟩ reflector

re'flex *m* ⟨-en⟩ reflex; *voorwaardelijke* ~ conditioned reflex

re'flexbeweging *v* ⟨-en⟩ reflex action, reflex

refle'xief *bn* reflexive [verb]

refor'matie *v* ⟨-s⟩ reformation

reforma'torisch *bn* reformatory, reformative

re'formhuis *o* ⟨-huizen⟩, **re'formwinkel** *m* ⟨-s⟩ health food shop

re'frein *o* ⟨-en⟩ burden [of a song], chorus, refrain

'refter *m* ⟨-s⟩ **1** ⟨in klooster⟩ refectory; **2** ZN ⟨kantine⟩ canteen

re'gaal *o* ⟨-galen⟩ **1** muz vox humana [of organ]; **2** ⟨regalia⟩ ⟨koninklijk voorrecht⟩ royal prerogative

re'gatta *v* ⟨'s⟩ regatta

re'geerakkoord *o* ⟨-en⟩ coalition agreement

re'geerder *m* ⟨-s⟩ ruler

re'geerkunst *v* art of governing

'regel *m* ⟨-s en -en⟩ **1** ⟨lijn⟩ line; **2** ⟨voorschrift⟩ rule; **3** ZN ⟨lat⟩ ruler, measure; *de* ~ *van drieën* the rule of three; *geen* ~ *zonder uitzondering* no rule without exception; *nieuwe* ~*!* new line!; *in de* ~ as a rule; *tegen alle* ~*s in,* in strijd met de ~*s* against the rules, contrary to all rules; *zich tot* ~ *stellen* make it a rule; *tussen de* ~*s* between the lines; *volgens de* ~ according to rule; *volgens de* ~*en der kunst* in the approved manner

'regelaar *m* ⟨-s⟩ regulator, control

'regelafstand *m* ⟨-en⟩ line space, spacing

'regelbaar *bn* adjustable

'regelen (regelde, h. geregeld) **I** *overg* **1** arrange, order, settle [things]; **2** control [the traffic]; **II** *wederk:* *zich* ~ *naar* be regulated (ruled) by, conform to; zie ook: *geregeld*

'regelgeving *v* rules

'regeling *v* ⟨-en⟩ **1** ⟨overeenkomst⟩ arrangement, settlement; **2** ⟨m.b.t. pensioen &⟩ scheme; **3** techn control; **4** ⟨reglement⟩ regulation; **5** ⟨vereffening v. schade⟩ settlement; [claim] adjustment; *een* ~ *treffen* come to an agreement (arrangement, settlement), settle

regelkamer *v* ⟨-s⟩ control room

'regelknop *m* ⟨-pen⟩ regulator, control

'regelmaat *v* regularity

regel'matig *bn* regular

regel'matigheid *v* regularity

'regelneef *m* ⟨-neven⟩ busybody

'regelrecht *bn* straight

'regeltje *o* ⟨-s⟩ line; *schrijf me een* ~ write (drop) me a line

1 'regen *m* ⟨-s⟩ rain; *na* ~ *komt zonneschijn* sunshine follows the rain, every cloud has a silver lining; *van de* ~ *in de drup komen* fall out of the frying pan into the fire

2 'regen V.T. meerv. van *rijgen*

'regenachtig *bn* rainy, wet

'regenbak *m* ⟨-ken⟩ cistern, tank

'regenboog *m* ⟨-bogen⟩ rainbow

'regenboogvlies *o* ⟨-vliezen⟩ iris

'regenbui *v* ⟨-en⟩ shower of rain

'regendag *m* ⟨-dagen⟩ rainy day, day of rain, rain day

'regendroppel, **'regendruppel** *m* ⟨-s⟩ drop of rain, raindrop

'regenen (regende, h. geregend) *onpers ww* rain; *het regent dat het giet (bakstenen, pijpenstelen)* it is pouring, it is raining cats and dogs; *het regende klappen op zijn hoofd* blows rained upon his head

'regenjas *m* & *v* ⟨-sen⟩ raincoat, mackintosh

'regenkapje *o* ⟨-s⟩ rain-hood

'regenkleding *v* rainwear

'regenmantel *m* ⟨-s⟩ raincoat, mackintosh

'**regenmeter** *m* (-s) rain-gauge, pluviometer

'**regenpak** *o* (-ken) waterproof suit, rain gear

'**regenpijp** *v* (-en) down-pipe

'**regenput** *m* (-ten) cistern

'**regenschade** *v* damage done by the rain

'**regenscherm** *o* (-en) umbrella

re'gent *m* (-en) **1** ⟨v. vorst⟩ regent; **2** ⟨van inrichting⟩ governor; ⟨v. weeshuis &⟩ trustee

regen'taat *o* (-taten) ZN training-college, training-school

regen'tes *v* (-sen) **1** ⟨v. vorst⟩ regent; **2** ⟨v. inrichting⟩ lady governor, trustee

'**regentijd** *m* (-en) rainy season

'**regenton** *v* (-nen) water-butt

re'gentschap *o* (-pen) regency

'**regenval** *m* rainfall, fall of rain

'**regenvlaag** *v* (-vlagen) gust of rain

'**regenwater** *o* rain-water

'**regenweer** *o* rainy weather

'**regenwolk** *v* (-en) rain-cloud

'**regenworm** *m* (-en) earthworm

'**regenwoud** *o* (-en) rain forest

re'geren (regeerde, h. geregeerd) **I** *overg* **1** ⟨een staat &⟩ reign over, rule, govern; **2** control, manage [a horse &]; **II** *onoverg & abs ww* reign, rule, govern; ~ *over* reign over

re'gering *v* (-en) reign [of Queen Victoria], rule, [the British, the Kennedy &] government; *aan de* ~ *komen* come to the throne [of a king &]; come into power [of a cabinet &]; *onder de* ~ *van* in (during) the reign of

re'geringloos *bn* anarchical

regering'loosheid *v* anarchy

re'geringsalmanak *m* (-ken) Government Yearbook

re'geringsbeleid *o* (government) policy

re'geringsbesluit *o* (-en) decree, ordinance

re'geringscommissaris *m* (-sen) government commissioner

re'geringscrisis *v* (-crises en -sen) government(al) crisis

re'geringskringen *mv* government circles

re'geringsleider *m* (-s) prime-minister, premier

re'geringspartij *v* (-en) party in power, governing party

re'geringsstelsel *o* (-s) system of government

re'geringstroepen *mv* government troops

re'geringsverklaring *v* (-en) government policy statement

re'geringsvorm *m* (-en) form of government

re'geringswege: *van* ~ from the government, officially

re'geringszaak *v* (-zaken) affair of the government

'**reggae** *m* reggae

re'gie *v* (-s en -gieën) **1** régie, state monopoly [of tobacco, salt &]; **2** stage-management [in a theatre], staging [of a play], direction [of a film]; **3** ZN ⟨openbare werken⟩ public works, public utilities

re'gime *o* (-s) **1** ⟨bewind⟩ regime, régime; **2** ⟨dieet⟩ regimen

regi'ment *o* (-en) regiment

regi'mentsvaandel *o* (-s) regimental colours

'**regio** *v* ('s en regi'onen) region

regio'naal *bn* regional

regi'onen *mv* regions; *in de hogere* ~ *der diplomatie* in the higher reaches of diplomacy

regis'seren (regisseerde, h. geregisseerd) *overg* **1** stage [a play]; **2** direct [a film]

regis'seur *m* (-s) **1** ⟨toneel⟩ stage-manager; **2** ⟨film⟩ director

re'gister *o* (-s) **1** ⟨boek & v. stem⟩ register; **2** ⟨index⟩ index [of a book]; **3** muz (organ-)stop; ~ *van de burgerlijke stand* register of births, marriages and deaths; *alle* ~*s opentrekken* pull out all the stops[2]

re'gisteraccountant *m* (-s) chartered accountant

re'gisterton *v* (-nen) scheepv register ton

regi'stratie *v* registration

regi'stratiekantoor *o* (-toren) registry office

regi'stratiekosten *mv* registration fee

regi'streren (registreerde, h. geregistreerd) *overg* register, record

regle'ment *o* (-en) regulation(s), rules; ~ *van orde* standing orders

reglemen'tair I *bn* regulation, prescribed; **II** *bijw* according to the regulations

reglemen'teren (reglementeerde, h. gereglementeerd) *overg* regulate

reglemen'tering *v* (-en) regulation

re'gres *o* recourse

re'gresrecht *o* right of recourse

re'gressie *v* (-s) regression

regres'sief *bn* regressive

regu'lair *bn* regular, usual, ordinary

regulari'satie *v* (-s) regularization

regulari'seren (regulariseerde, h. geregulariseerd) *overg* regularize

regula'teur *m* (-s) **1** ⟨in uurwerk⟩ regulator; **2** techn ⟨regelaar⟩ governor, regulator

regu'leren (reguleerde, h. gereguleerd) *overg* regulate, adjust

regu'lier I *bn* RK regular [clergy]; **II** *m* (-en) RK regular [monk &]

rehabili'tatie *v* (-s) **1** ⟨eerherstel⟩ rehabilitation; **2** handel discharge [of bankrupt]

rehabili'teren (rehabiliteerde, h. gerehabiliteerd) **I** *overg* **1** ⟨herstellen v. eer⟩ rehabilitate; **2** handel discharge [a bankrupt]; **II** *wederk*: *zich* ~ rehabilitate oneself

rei *m* (-en) **1** ⟨koor⟩ chorus; **2** ⟨dans⟩ (round) dance

'**reidans** *m* (-en) round dance

'**reiger** *m* (-s) heron

'**reiken** (reikte, h. gereikt) **I** *onoverg* reach, stretch, extend; *zover het oog reikt* as far as the eye can reach; *zover reikt mijn inkomen niet* I cannot afford it; *ik kan er niet aan* ~ I can't reach (up to) it, it is beyond my reach; ~ *naar* reach (out) for; **II** *overg* reach; *de hand ~ aan* extend one's hand to; *iem. de (behulpzame) hand ~* lend sbd. a helping hand; *elkaar de hand ~* join hands

'**reikhalzen** (reikhalsde, h. gereikhalsd) *onoverg*: *~ naar* long for

'**reikwijdte** *v* **1** reach [of the arm]; **2** range [of a gun]; **3** coverage [of a radio station]

'**reilen** *onoverg*: *zoals het reilt en zeilt* with everything belonging thereto; lock, stock, and barrel

rein I *bn* pure, clean, chaste; *dat is je ~ste onzin* that is unmitigated (rank) nonsense; *in het ~e brengen* set right; II *bijw* purely, cleanly, chastely

'**Reinaert** *m*: *~ (de Vos)* Reynard the Fox

reïncar'natie *v* (-s) reincarnation

'**reincultuur** *v* (-turen) pure culture

reine-'claude *v* (-s) greengage

'**reinheid** *v* purity, cleanness, chastity

'**reinigen** (reinigde, h. gereinigd) *overg* clean, cleanse, purify

'**reiniging** *v* cleaning, cleansing, purification

'**reinigingsdienst** *m* (-en) sanitary department

'**reinigingsmiddel** *o* (-en) detergent, cleanser

'**Reintje** *o*: *~ (de Vos)* Reynard the Fox

reis *v* (reizen) **1** journey [by land or by sea, by air]; **2** voyage [by sea, by air]; **3** [pleasure] trip, tour [round the world]; *Gullivers reizen* Gulliver's travels; *goede ~!* a pleasant journey!; *een ~ maken* make a journey; *een ~ ondernemen* undertake a journey; *op ~* on a journey, on a voyage; *op ~ gaan* go (away) on a journey, set out on one's journey; *op ~ gaan naar* be leaving for; *hij is op ~* he is (away) on a journey; *als ik op ~ ben* when (I am) on a journey

'**reisagent** *m* (-en) travel agent

'**reisapotheek** *v* (-theken) portable medicine case

'**reisavontuur** *o* (-turen) travel adventure

'**reisbenodigdheden** *mv* travel necessaries

'**reisbeschrijving** *v* (-en) book of travel(s), itinerary, account of a journey (voyage)

'**reisbeurs** *v* (-beurzen) travel grant

'**reisbiljet** *o* (-ten) ticket

'**reisbureau** *o* (-s) travel agency, tourist agency

'**reischeque** *m* (-s) traveller's cheque

'**reisdeken** *v* (-s) travelling rug, <u>Am</u> lap robe

'**reisdoel** *o* destination, goal

reis- en ver'blijfkosten *mv* hotel and travelling expenses

'**reisexemplaar** *o* (-plaren) dummy copy

'**reisgeld** *o* travelling-money

'**reisgelegenheid** *v* (-heden) means of conveyance

'**reisgenoot** *m* (-noten) travelling-companion

'**reisgezelschap** *o* (-pen) party of travellers, travelling party; *mijn ~* my fellowtraveller(s), my travelling-companion(s)

'**reisgids** *m* (-en) guide, guide-book

'**reisgoed** *o* luggage, <u>Am</u> baggage

'**reiskoffer** *m* (-s) suitcase; (groot) (travelling-)trunk

'**reiskosten** *mv* travelling-expenses

'**reiskostenvergoeding** *v* (-en) **1** (de regeling) re-

fund (reimbursement) for travel expenses; **2** (het bedrag) travel allowance

'**reiskre'dietbrief** *m* (-brieven) circular letter of credit

'**reislectuur** *v* reading matter for a journey

'**reisleider** *m* (-s) tour-conductor, courier

'**reislust** *m* love of travel(ling)

reis'lustig *bn* fond of travelling

'**reismakker** *m* (-s) travelling-companion

'**reisnecessaire** *m* (-s) dressing-case

'**reispas** *m* (-sen) passport

'**reisplan** *o* (-nen) itinerary, travelling-plan

'**reisroute** *v* (-s) route (of travel), itinerary

'**reisseizoen** *o* travelling season

'**reistas** *v* (-sen) travelling-bag, holdall

'**reistijd** *m* (-en) travelling time; *de zomer is de beste ~* summer is the best time to travel; *een vlucht met een ~ van één uur* a one-hour flight; *met vermelding van de ~en* with the arrival and departure times noted

reis'vaardig *bn* ready to set out

'**reisverbod** *o* (-boden) travel ban

'**reisvereniging** *v* (-en) travel association

'**reisverhaal** *o* (-halen) = *reisbeschrijving*

'**reisverzekering** *v* (-en) travel insurance

'**reiswekker** *m* (-s) travel alarm

'**reiswieg** *v* (-en) carry-cot

'**reizen** (reisde, h. en is gereisd) *onoverg* travel, journey

'**reiziger** *m* (-s) **1** (in 't alg.) traveller; **2** (inzittende) passenger

'**reizigersverkeer** *o* passenger traffic

1 rek *m* (in elastiek) elasticity; *de ~ is eruit* fig there's little room to manoeuvre

2 rek *o* (-ken) **1** (latwerk in 't alg.) rack; **2** (v. kleren) clothes-horse; **3** (v. handdoek) towel-horse; **4** (v. kippen) roost; **5** (gymnastiektoestel) horizontal bar

'**rekbaar** *bn* elastic[2], extensible

'**rekbaarheid** *v* elasticity[2], extensibility

'**rekel** *m* (-s) **1** (reu) dog; **2** (kwajongen) rascal

'**rekenaar** *m* (-s) reckoner, calculator, arithmetician

'**rekenboek** *o* (-en) arithmetic book

'**rekencentrum** *o* (-tra en -s) computing centre

'**rekeneenheid** *v* (-heden) unit of account

'**rekenen** (rekende, h. gerekend) I *onoverg* count, cipher, calculate, reckon, *onderwijs* do sums; *reken maar!* you bet!; *we ~ hier met guldens* we reckon by guilders here; *~ op* depend upon [sbd.]; count upon [good weather]; *je kunt er vast op ~* you may rely (depend) on it; II *overg* **1** (cijferen) reckon, count; **2** (in rekening brengen) charge; *alles bij elkaar gerekend* all in all, all things considered; *door elkaar gerekend* on an average; *we ~ hen onder onze vrienden* we reckon them among our friends; *wij ~ het aantal op...* we compute the number at...; *iem. ~ tot de grote schrijvers* rank sbd. among the great writers; *wat rekent u hiervoor?* what do you charge for this?

'**rekenfout** v (-en) mistake (error) in (the) calculation

'**Rekenhof** o ZN Government audit office

'**rekening** v (-en) **1** ⟨nota⟩ bill, account; **2** ⟨het rekenen⟩ calculation, reckoning, computation; ~ *en verantwoording* [treasurer's] accounts; ~ *en verantwoording afleggen (doen)* render an account [of one's deeds]; ~ *houden met* take into account, take into consideration; *geen* ~ *houden met* take no account of; *in* ~ *brengen* charge; *op* ~ *kopen* buy on credit; *op* ~ *ontvangen* receive on account; *op nieuwe* ~ *overbrengen (boeken)* carry forward (to new account); *het op* ~ *stellen van* put it down to the account of; *fig* impute it to, ascribe it to, put it down to [negligence &]; *zet het op mijn* ~ charge it in the bill, put it down to my account; *voor* ~ *van...* for account of; *voor eigen* ~ on one's own account; *wanneer zal hij voor eigen* ~ *beginnen?* when is he going to set up for himself?; *voor gezamenlijke (halve)* ~ on joint account; *dat is voor mijn* ~ put that down to my account; *dat laat ik voor* ~ *van de schrijver* I leave the author responsible for that; *dat neem ik voor mijn* ~ **1** I'll make myself answerable for that; **2** I undertake to negotiate that, I'll account for that

rekening-cou'rant v (rekeningen-courant) account current, current account

'**rekeninghouder** m (-s) current account customer, account holder

'**rekeningrijden** o road-pricing

'**rekenkamer** v (-s) Government audit office

'**rekenkunde** v arithmetic

reken'kundig bn arithmetical

'**rekenlat** v (-ten) slide-rule

'**rekenles** v (-sen) arithmetic lesson

'**rekenliniaal** v & o (-ialen) slide-rule

'**rekenmachine** v (-s) calculator; ⟨elektronisch⟩ computer

'**rekenmunt** v (-en) money of account

'**rekenschap** v account; ~ *geven van* render an account of, account for; *zich* ~ *geven van* realize..., form an idea of...; *iem.* ~ *vragen* call sbd. to account

'**rekenschrift** o (-en) sum book

'**rekensom** v (-men) problem (sum) in arithmetic

'**rekenwonder** o (-s) mathematical genius

re'kest o (-en) petition; *een* ~ *indienen* file (lodge) a petition [with sbd.]; *nul op het* ~ *krijgen* get a denial (refusal)

rekes'trant m (-en) petitioner

rekes'treren (rekestreerde, h. gerekestreerd) onoverg petition, file (lodge) a petition

'**rekkelijk** bn **1** ⟨uitrekbaar⟩ elastic, extensible; **2** ⟨niet streng⟩ pliable, compliant

'**rekken** (rekte, gerekt) **I** (h.) overg **1** ⟨v. draad⟩ draw out; **2** ⟨v. goed⟩ stretch [cloth]; **3** fig draw out [one's words]; spin out [a speech]; prolong [a visit]; protract [the proceedings, the time]; **II** (is) onoverg stretch [of boots &]; **III** (h.) wederk: *zich* ~ stretch oneself; zie ook: *gerekt*

'**rekker** m (-s) stretcher

rekru'teren (rekruteerde, h. gerekruteerd) overg recruit [soldiers, sailors]; *nieuwe leden* ~ *uit* draw new members from [all classes]

rekru'tering v recruitment

re'kruut m (-kruten) recruit

'**rekstok** m (-ken) horizontal bar

'**rekverband** o (-en) extension bandage

re'kwest = *rekest-*

rekwi'reren (rekwireerde, h. gerekwireerd) overg **1** ⟨opeisen⟩ requisition, commandeer; **2** *recht* demand [a sentence of...]

rekwi'siet o (-en) (stage-)property

rekwisi'teur m (-s) property-man, property-master, gemeenz props

rekwi'sitie v (-s) requisition

rekwisi'toor o (-toren) = *requisitoir*

rel m (-len) **1** ⟨klein⟩ row; **2** ⟨groot⟩ riot

re'laas o (-lazen) account, story, tale, narrative

re'lais o elektr relay

rela'teren (relateerde, h. gerelateerd) overg: ~ *aan* relate to, connect with

re'latie v (-s) relation, connection; *goede* ~s good connections; ~s *aanknopen met* enter into relations with

rela'tief bn relative, comparative

re'latiegeschenk o (-en) advertising (business) gift, give-away

relati'veren (relativeerde, h. gerelativeerd) overg moderate, modify

relati'visme o relativisme

relativi'teit v (-en) relativity

relativi'teitstheorie v theory of relativity, relativity theory

re'laxen (relaxte, h. gerelaxt) onoverg relax, take it easy

relay'eren (relayeerde, h. gerelayeerd) overg relay

rele'vant bn relevant (to), pertinent (to), bearing ((up)on)

rele'veren (releveerde, h. gereleveerd) overg call attention to, point out

re'lict o (-en) relic

reli'ëf o (-s) relief; *en* ~ in relief, embossed

reli'ëfkaart v (-en) relief map

re'liek v & o (-en) relic

re'liekschrijn o & m (-en) reliquary

re'ligie v (-s) religion

religi'eus I bn religious; **II** mv: *de religieuzen* the religious, the nuns

reli'kwie v (-kwieën) relic

reli'kwieënkastje o (-s) reliquary

'**reling** v (-en en -s) scheepv rail(s)

'**relletje** o (-s) **1** ⟨klein⟩ disturbance, row; **2** ⟨met geweldadigheden⟩ riot

'**relmuis** v (-muizen) dormouse

'**relnicht** m (-en) queen

'**relschopper** *m* (-s) rioter, rowdy, hooligan

rem *v* (-men) brake², drag²; fig (vooral psychisch) inhibition; *op de ~ gaan staan* jam on one's brake

'**remafstand** *m* (-en) stopping distance

'**rembekrachtiging** *v* servo-assistance unit

'**remblok** *o* (-ken) brake-block, drag, skid, sprag

rem'bours *o* cash on delivery; *onder ~* cash on delivery, C.O.D.

'**remcircuit** *o* (-s) braking unit

re'medie *v* & *o* (-s) remedy

'**remgeld** *o* ZN patients' contributions towards medical services

remi'grant *m* (-en) remigrant

remi'gratie *v* remigration

remi'greren (remigreerde, is geremigreerd) *onoverg* remigrate

reminis'centie *v* (-s) reminiscence, memory

re'mise *v* (-s) 1 ⟨loods voor trams &⟩ depot; 2 sp draw, drawn game; 3 handel remittance

remit'tent *m* (-en) remitter

remit'teren (remitteerde, h. geremitteerd) *overg* remit

'**remkabel** *m* (-s) brake cable

'**remlicht** *o* (-en) stop light (signal)

'**remmen** (remde, h. geremd) **I** *overg* **1** brake [a train &]; **2** fig (inz. psychisch) inhibit; *iem. wat ~* check sbd.; *hij is niet te ~* there is no holding him; *hij is erg geremd* he is very inhibited; *hij wordt geremd door die gedachte* that thought restrains him; *de productie ~* put a brake on production; *het remt* (= werkt remmend op) *de productie* it acts as a brake on production; **II** *onoverg* & *abs ww* **1** eig put on the brake(s); **2** fig go slow; zie ook: *geremd*

'**remmer** *m* (-s) brakesman

'**remming** *v* (-en) psych inhibition

'**rempaardenkracht** *v* brake horse-power, b.h.p

'**remparachute** *m* (-s) drogue

'**rempedaal** *o* & *m* (-dalen) brake (pedal), foot brake

rempla'çant *m* (-en) substitute

'**remraket** *v* (-ten) retro-rocket

'**remschijf** *v* (-schijven) brake disc

'**remschoen** *m* (-en) brake-shoe, drag, skid

'**remspoor** *o* (-sporen) skid mark

'**remsysteem** *o* (-temen) braking system

'**remtoestel** *o* (-len) brake(s)

'**remvermogen** *o* stopping power

'**remvoering** *v* brake lining

'**remweg** *m* (-wegen) braking path; braking distance

1 ren *m* ⟨snelle loop⟩ race, run, gallop, trot; *in volle ~* (at) full gallop, (at) full speed

2 ren *v* (-nen) ⟨voor kippen⟩ chicken-run, fowl-run

renais'sance *v* Renaissance, renascence, revival

'**renbaan** *v* (-banen) race-course, race-track

'**renbode** *m* (-n en -s) courier

ren'dabel *bn* profitable, paying, remunerative

rende'ment *o* (-en) **1** ⟨in 't alg.⟩ yield, output; **2** techn efficiency, output

ren'deren (rendeerde, h. gerendeerd) *onoverg* pay (its way)

ren'derend *bn* paying, remunerative

rendez-'vous *o* (*mv* idem) rendezvous; *elkaar ~ geven* make an appointment

'**rendier** *o* (-en) reindeer

'**rendiermos** *o* reindeer-moss

rene'gaat *m* (-gaten) renegade

re'net *v* (-ten) rennet

'**rennen** (rende, h. en is gerend) *onoverg* race, run, gallop

'**renner** *m* (-s) racer

renom'mee *v* reputation, fame

re'nonce *v* revoke

renon'ceren (renonceerde, h. gerenonceerd) *onoverg* revoke

reno'vatie *v* (-s) renovation

reno'veren (renoveerde, h. gerenoveerd) *overg* renovate

'**renpaard** *o* (-en) race-horse, runner

'**rensport** *v* (horse-)racing, the turf

'**renstal** *m* (-len) racing-stable

rentabili'teit *v* profitability, remunerativeness

'**rente** *v* (-n en -s) interest; *~ op ~* at compound interest; *op ~ zetten* put out at interest; *van zijn ~ leven = rentenieren*

'**renteberekening** *v* calculation of interest

'**rentegevend** *bn* interest-bearing

'**rentekaart** *v* (-en) insurance card

'**renteloos** *bn* bearing no interest; idle [capital]; *~ voorschot* interest-free loan

'**renten** (rentte, h. gerent) *overg* yield interest; *~de 5%* bearing interest at 5%

rente'nier *m* (-s) rentier, man of (independent) means, retired tradesman

rente'nieren (rentenierde, h. gerentenierd) *onoverg* live upon the interest of one's money, live on one's means

'**rentespaarbrief** *m* (-brieven) mortgage bond

'**rentestand** *m* interest rate

'**rentestandaard** *m* rate of interest, interest rate

'**rentetrekker** *m* (-s) ⟨van ouderdomsrente⟩ (retirement) pensioner

'**rentevergoeding** *v* interest payment

'**renteverlaging** *v* lowering of the rate of interest

'**renteverlies** *o* loss of interest

'**renteverschil** *o* (-len) difference in the rate of interest, interest difference

'**rentevoet** *m* rate of interest, interest rate

'**rentmeester** *m* (-s) steward, (land) agent, bailiff

'**rentmeesterschap** *o* stewardship

'**rentree** *v* (-s) come-back

'**renwagen** *m* (-s) racing car, racer

reorgani'satie *v* (-s) reorganization

reorgani'seren (reorganiseerde, h. gereorganiseerd) *overg* reorganize

reo'staat *m* (-staten) rheostat

rep: *alles was in ~ en roer* the whole town & was in a

commotion; *in ~ en roer brengen* throw into confusion

repara'teur *m* (-s) repairer

repa'ratie *v* (-s) repair(s), reparation; *in ~ zijn* be under repair

repa'ratiekosten *mv* cost of repair

repa'reren (repareerde, h. gerepareerd) *overg* repair, mend

repatri'ëren (repatrieerde, gerepatrieerd) **I** (is) *onoverg* repatriate, go (return) home; **II** (h.) *overg* repatriate

repatri'ëring *v* repatriation

'repel *m* (-s) ripple

'repelen (repelde, h. gerepeld) *overg* ripple [flax]

reper'cussie *v* (-s) **1** ⟨v. geluid⟩ repercussion; **2** ⟨tegenmaatregel⟩ retaliation; **3** ⟨reactie⟩ reaction

reper'toire *o* (-s) repertoire, repertory

reper'toirestuk *o* (-ken) stock-piece, stock-play

reper'torium *o* (-ria) repertory

repe'teergeweer *o* (-weren) repeating rifle, repeater

repe'teerwekker *m* (-s) repeat alarm

repe'tent *m* (-en) period

repe'teren (repeteerde, h. gerepeteerd) *overg* **1** repeat [a word &]; **2** go over [lessons]; **3** coach [sbd. for an exam]; **4** rehearse [a play]; *~de breuk* recurring decimal

repe'titie *v* (-s) **1** repetition [of a word, a sound &]; **2** onderwijs test-paper(s); **3** ⟨van een stuk &⟩ rehearsal [of a play]; *algemene ~* full rehearsal; *generale ~* **1** final rehearsal [of a concert]; **2** dress rehearsal [of a play]

repe'titor *m* (-s en -'toren) private tutor, coach

'replica *v* ('s) replica, facsimile

repli'ceren (repliceerde, h. gerepliceerd) *overg & onoverg* rejoin, reply, retort

re'pliek *v* (-en) counter-plea, rejoinder; *van ~ dienen* rejoin, retort

repor'tage *v* (-s) **1** (in 't alg.) reporting, reportage; **2** RTV commentary

repor'tagewagen *m* (-s) recording van

re'porter *m* (-s) **1** (in 't alg.) reporter; **2** RTV commentator

'reppen (repte, h. gerept) **I** *onoverg*: *~ van* mention, make mention of; *er niet van ~* not breathe a word of it; **II** *wederk*: *zich ~* bestir oneself, hurry, scurry, scutter

repre'saille *v* (-s) reprisal; *~s nemen* make reprisals, retaliate *(tegen upon)*

repre'saillemaatregel *m* (-en) reprisal, retaliatory measure

represen'tant *m* (-en) representative

represen'tatie *v* (-s) representation, official entertainment

representa'tief *bn* representative *(voor* of); *representatieve verplichtingen* social duties; *hij heeft een ~ voorkomen* he has an imposing appearance

represen'tatiekosten *mv* entertainment expenses, expense funds

represen'teren (representeerde, h. gerepresenteerd) **I** *overg* represent; **II** *onoverg* entertain

re'pressie *v* (-s) repression

repres'sief *bn* repressive

repri'mande *v* (-s) reprimand, rebuke

re'prise *v* (-s) **1** revival [of a play]; **2** muz repeat

reprodu'ceerbaar *bn* reproducible

reprodu'ceren (reproduceerde, h. gereproduceerd) *overg* reproduce; duplicate

repro'ductie *v* (-s) reproduction

reprogra'fie *v* duplication, multiplication, reprography

rep'tiel *o* (-en) reptile

repu'bliek *v* (-en) republic²

republi'kein *m* (-en) republican

republi'keins *bn* republican

repu'tatie *v* (-s) reputation, name; *een goede ~ genieten* have a good reputation; *hij heeft de ~ van... te zijn* he has a reputation for... [courage &], he is reputed to be... [brave &]

'requiem *o* (-s) requiem

'requiemmis *v* (-sen) requiem mass

requisi'toir *o* (-s en -en) recht requisitory

res'contre *v* (-s) settlement

re'search *m* research

re'searchafdeling *v* (-en) research department

re'searchcentrum *o* (-s en -tra) research centre

re'searchteam *o* (-s) research team

re'searchwerk *o* research work

'reseda *v* ('s) mignonette

reser'vaat *o* (-vaten) [Indian &] reservation; reserve [for wild animals]; [bird] sanctuary

re'serve *v* (-s) **1** ⟨noodvoorraad⟩ reserve, reserves; **2** handel reserve; **3** mil reserve (troops), reserves; **4** sp reserve, substitute, sub; **5** ⟨terughoudendheid⟩ reserve, reservation; *~s hebben* have reservations; *in ~ hebben (houden)* hold in reserve, keep in store; *onder ~ iets aannemen* accept it with some reserve

re'serveband *m* (-en) spare tyre

re'servebank *v* (-en) sub bench; *op de ~ zitten* sit on the bench

re'servedeel *o* (-delen) spare part, spare

re'servefonds *o* (-en) reserve fund

re'servekapitaal *o* (-talen) reserve capital

re'serveofficier *m* (-en) reserve officer

re'serveonderdeel *o* (-delen) spare part, spare

re'servepotje *o* (-s) reserve fund, reserves

re'serverekening *v* (-en) reserve account

reser'veren (reserveerde, h. gereserveerd) *overg* reserve

reser'vering *v* (-en) [room, table] reservation

re'servespeler *m*, **re'servespeelster** *v* (-s) substitute player, sub

re'servetroepen *mv* reserve troops, reserves

re'servewiel *o* (-en) spare wheel

reser'vist *m* (-en) reservist

reser'voir *o* (-s) reservoir, tank, container

resi'dent *m* (-en) resident

resi'dentie *v* (-s) **1** (hofstad) (royal) residence, court-capital; **2** ZN (villa) villa, luxurious detached house; **3** ZN (luxe flatgebouw) residential apartment building

residenti'eel *bn* ZN: *residentiële buurt* residential area, estate

resi'deren (resideerde, h. geresideerd) *onoverg* reside

resi'du *o* ('s en -en) residue, residuum, rest, remainder

resi'stent *bn* resistant; ~ *zijn tegen* be resistant to

resi'stentie *v* resistance

reso'lutie *v* (-s) resolution

reso'luut *bn* resolute, determined

reso'nantie *v* (-s) resonance

reso'neren (resoneerde, h. geresoneerd) *onoverg* resound

resor'beren (resorbeerde, h. geresorbeerd) *overg* resorb

re'sorptie *v* resorption

resp. *afk.* = *respectievelijk*

res'pect *o* respect

respec'tabel *bn* respectable

respec'teren (respecteerde, h. gerespecteerd) *overg* respect

respec'tief *bn* respective, several

respec'tievelijk *bijw:* ~ *A en B* (achtereenvolgens) A and B respectively; *A* ~ *B* (onderscheidenlijk) A or B

res'pijt *o* respite, delay

res'pijtdag *m* (-dagen) day of grace

respon'deren (respondeerde, h. gerespondeerd) *onoverg* answer

res'pons *v & o* response

respon'sorie *v* (-riën) responsory, response

ressenti'ment *o* (-en) resentment

res'sort *o* (-en) jurisdiction, department, province; *in het hoogste* ~ in the last resort

ressor'teren (ressorteerde, h. geressorteerd) *onoverg:* ~ *onder* come within, fall under

rest *v* (-en) rest, remainder; *het laatste* ~*je* the last bit (shred); ~*jes* scraps, left-overs, pickings

res'tant *m & o* (-en) remainder, remnant

restau'rant *o* (-s) restaurant

restaura'teur *m* (-s) **1** (restauranthouder) restaurateur, restaurant keeper; **2** (hersteller) restorer [of monuments &]

restau'ratie *v* (-s) **1** (herstel) restoration, renovation; **2** (eethuis) restaurant; refreshment room [of railway station]

restau'ratiewagen *m* (-s) restaurant car, dining-car

restau'reren (restaureerde, h. gerestaureerd) *overg* restore, renovate

'resten (restte, h. gerest), **res'teren** (resteerde, h. geresteerd) *onoverg* remain, be left; *mij rest alleen...* it only remains for me to...

restitu'eren (restitueerde, h. gerestitueerd) *overg* repay, return

resti'tutie *v* (-s) restitution, repayment

'restje *o* (-s) zie: *rest*

res'torno *m* ('s) return of premium

re'strictie *v* (-s) restriction

'restwaarde *v* residual value

'restzetel *m* (-s) residual seat

resul'taat *o* (-taten) result, outcome; *geen* ~ *hebben* fail; *tot een* ~ *komen* arrive at a result; *zonder* ~ without result, to no effect

resul'taatvoetbal *o:* ~ *spelen* play to win

resul'tante *v* (-n) resultant

resul'teren (resulteerde, h. geresulteerd) *onoverg* result

resu'mé *o* (-s) **1** (in 't alg.) résumé, summary, abstract, précis, synopsis; **2** recht summing-up

resu'meren (resumeerde, h. geresumeerd) *overg* sum up, summarize

'resusaap *m* (-apen) Rhesus monkey

'resusfactor *m* Rhesus factor

'reten V.T. meerv. van *rijten*

reti'cule *m* (-s) reticule

reti'rade *v* (-s) w.c., lavatory

reti'reren (retireerde, is geretireerd) *onoverg* retire, retreat

'retor *m* (-s en -'toren) rhetorician

re'torica, reto'riek *v* rhetoric

re'torisch *bn* rhetorical

re'tort *v & o* (-en) retort

retou'cheren (retoucheerde, h. geretoucheerd) *overg* retouch, touch up

re'tour *o* (-s) return; *op (zijn &)* ~ past one's prime

re'tourbiljet *o* (-ten), **re'tourkaartje** *o* (-s) return ticket

retour'neren (retourneerde, h. geretourneerd) *overg* return

re'tourtje *o* (-s) = *retourbiljet*

re'tourvlucht *v* (-en) return flight

re'tourvracht *v* (-en) return freight

re'tourzending *v* (-en) return

re'traite *v* (-s) RK retreat

retrospec'tief *bn* retrospective [exhibition]

'rettich *m* (mierikswortel) horseradish

re'turnwedstrijd *m* (-en) return match

reu *m* (-en) (male) dog

reuk *m* **1** (zintuig) olfactory sense, sense of smell; **2** (geur) smell, odour, scent; *de* ~ *van iets hebben* (onraad bespeuren) smell a rat, get wind of sth.; *in een goede (slechte)* ~ *staan* be in good (bad) odour; *in de* ~ *van heiligheid* in the odour of sanctity

'reukeloos *bn* odourless

'reukflesje *o* (-s) smelling-bottle

'reukgras *o* vernal grass

'reukloos *bn* = *reukeloos*

'reukorgaan *o* (-ganen) organ of smell, olfactory organ

'reukverdrijvend *bn* deodorant, deodorizing

'**reukwater** o perfumed water
'**reukwerk** o (-en) perfume(s)
'**reukzenuw** v (-en) olfactory nerve
'**reukzin** m (sense of) smell
'**reuma** o, **reuma'tiek** v rheumatism
'**reumapatiënt** m (-en) rheumatic
reu'matisch bn rheumatic
reü'nie v (-s) reunion, rally
reus m (reuzen) giant, colossus
reus'achtig I bn gigantic, huge, colossal; **II** bijw
1 ⟨in 't alg.⟩ gigantically; **2** versterkend hugely,
enormously, awfully
reus'achtigheid v gigantic stature (size)
reut m: de hele ~ gemeenz the whole kit and caboodle, the whole lot
'**reutelen** (reutelde, h. gereuteld) onoverg rattle; hij
reutelde there was a rattle in his throat; ~de ademhaling stertorous breathing; het ~ van de dood the
death-rattle
'**reutemeteut** m gemeenz zie: reut
'**reuze** bn super, great, smashing, topping; het was
~! it was awfully funny!
'**reuzel** m (-s) lard
'**reuzen-** voorv giant ..., monster ..., mammoth ...
'**reuzenarbeid** m gigantic task
'**reuzenberenklauw** m (-en) cow parsnip, hogweed
'**reuzengestalte** v (-n) gigantic stature
'**reuzengroei** m gigantism, giantism
'**reuzenhonger** m: een ~ hebben be famishing, be
starving
'**reuzenkracht** v gigantic strength
'**reuzenletters** mv mammoth letters
'**reuzenpanda** m ('s) giant panda
'**reuzenrad** o (-raden en -raderen) Ferris wheel, giant wheel
'**reuzenschrede** v (-n) giant's stride; met ~n vooruitgaan advance with giant strides
'**reuzenslalom** m (-s) giant slalom
'**reuzenstrijd** m battle of giants, gigantomachy
'**reuzentaak** v (-taken), '**reuzenwerk** o (-en) gigantic task
'**reuzenzwaai** m (-en) grand circle
reu'zin v (-nen) giantess
revali'datie v rehabilitation
revali'datiecentrum o (-s en -tra) rehabilitation
centre
revali'deren (revalideerde, h. gerevalideerd) overg
rehabilitate
revalu'atie v (-s) revaluation
revalu'eren (revalueerde, h. gerevalueerd) overg
revalue
re'vanche v revenge; ~ nemen have (take) one's
revenge
re'vanchepartij v (-en) return match
revan'cheren (revancheerde, h. gerevancheerd)
wederk: zich ~ sp get one's revenge
re'veil o revival [of religious feeling]

re'veille v reveille; de ~ blazen sound the reveille
reve'latie v (-s) revelation; zij was de ~ van het toernooi she was the discovery of the tournament
'**reven** (reefde, h. gereefd) overg reef [a sail]
rever'beeroven m (-s) reverberatory
revé'rence v (-s) curtsy
re'vers m (mv idem) revers, facing, lapel
revi'deren (revideerde, h. gerevideerd) overg revise
revindi'catie v (-s) recht trover
revindi'catieproces o (-sen) recht action of trover
revi'seren (reviseerde, h. gereviseerd) overg techn
overhaul [engines]
re'visie v (-s) **1** ⟨in 't alg.⟩ revision; **2** recht review
[of a sentence]; **3** (v. drukwerk) revise; **4** techn
overhaul(ing) [of engines]
revisio'nisme o revisionism
re'visor m (-s en -'soren) reviser
re'volte v (-s) revolt, insurrection
revo'lutie v (-s) revolution
revo'lutiebouw m **1** ⟨'t bouwen⟩ jerry-building;
2 ⟨'t gebouwde⟩ jerry-built houses
revolutio'nair m (-en) & bn revolutionary
re'volver m (-s) revolver
re'volverdraaibank v (-en) turret lathe, capstan
lathe
re'volverheld m (-en) gunslinger
re'vue v (-s) **1** mil review[2]; **2** (op toneel) revue; de ~
passeren pass in review; de ~ laten passeren pass in
review[2]
'**rezen** V.T. meerv. van rijzen
Rho'desië o Rhodesia
RIAGG o Regionaal Instituut voor Ambulante Geestelijke Gezondheidszorg ± Regional Mental Health Institute
ri'ant bn splendid, grand
rib v (-ben) **1** rib [in body, of a leaf &]; **2** edge [of a
cube]; de valse (ware) ~ben the false (true) ribs
'**ribbel** v (-s) rib
'**ribbelen** (ribbelde, h. geribbeld) overg rib
'**ribbenkast** v (-en) gemeenz body, carcass
'**ribbenstuk** o (-ken) = ribstuk
'**ribfluweel** o corduroy
'**riblap** m (-pen) rib
'**ribstuk** o (-ken) rib (of beef)
Ri'chard m Richard; zie ook: Leeuwehart
'**richel** v (-s) ledge, border, edge
'**richten** (richtte, h. gericht) **I** overg **1** ⟨in 't alg.⟩ direct, aim, point; **2** mil dress [ranks]; zijn schreden ~
naar direct (turn, bend) one's steps towards; zijn
oog ~ op fix one's eye upon; aller ogen waren gericht
op hem all eyes were turned towards him; het kanon
~ op aim (point) the gun at; de motie was gericht
tegen... the motion was directed against (aimed
at)...; een brief ~ tot... address a letter to...; **II** wederk: zich ~ naar iem. take one's cue from sbd.; zich
~ tot iem. address oneself to sbd.
'**richter** m (-en) vero judge; het boek der Richteren
bijbel the book of Judges

'**richting** *v* (-en) **1** ⟨kant⟩ direction; **2** ⟨v. stroming, mening⟩ set; **3** ⟨v. kunst; v. gesprek⟩ trend; **4** ⟨overtuiging⟩ persuasion, school of thought, creed, orientation, views, line; *in de goede* ~ in the right direction; *wij gaan* ~ *Londen* we are going in the direction of London, we are heading for London; *van onze* ~ of our school of thought, of our persuasion; *dat komt aardig in de* ~ that's pretty close, that's more like it; *enkele* ~ ZN one-way traffic

'**richtingaanwijzer** *m* (-s) direction indicator, traffic indicator

'**richtingbord** *o* (-en) **1** ⟨v. verkeer⟩ signpost; **2** ⟨v. autobus &⟩ destination board (sign), route plate

'**richtinggevend** *bn* directive, guiding

'**richtinggevoel** *o* sense of direction

'**richtlijn** *v* (-en) directive, line of action

'**richtprijs** *m* (-prijzen) basic (guiding) price; recommended price

'**richtsnoer** *o* (-en) line of action

ri'**cinusolie** *v* castor-oil

rico'**cheren** (ricocheerde, h. gericocheerd) *onoverg* ricochet

rico'**chetschot** *o* (-schoten) ricochet (shot)

ricochet'**teren** (ricochetteerde, h. gericochetteerd) *onoverg* ricochet

'**ridder** *m* (-s) knight; *dolende* ~ knight errant; ~ *van de droevige figuur* knight of the rueful countenance; ~ *van de Kouseband* knight of the Garter; *tot* ~ *slaan* dub [sbd.] a knight, knight [sbd.]

'**ridderen** (ridderde, h. geridderd) *overg* **1** hist knight; **2** ⟨met onderscheiding⟩ decorate

'**riddergoed** *o* (-eren) manor, manorial estate

'**ridderkruis** *o* (-en) cross of an order of knighthood

'**ridderlijk I** *bn* knightly, chivalrous; **II** *bijw* chivalrously

'**ridderlijkheid** *v* chivalrousness, chivalry

'**ridderorde** *v* **1** (-n) ⟨gemeenschap⟩ order of knighthood; **2** (-s) ⟨onderscheiding⟩ decoration

'**ridderroman** *m* (-s) romance (novel) of chivalry

'**ridderschap** *v* (-pen) & *o* knighthood

'**ridderslag** *m* (-slagen) accolade; *de* ~ *ontvangen* be dubbed a knight; be given the accolade

'**ridderspel** *o* (-spelen) tournament

'**ridderspoor** *v* (-sporen) plantk larkspur

'**ridderstand** *m* knighthood

'**riddertijd** *m* age of chivalry

'**ridderverhaal** *o* (-halen) tale of chivalry

'**ridderwezen** *o* chivalry

'**ridderzaal** *v* (-zalen) hall (of the castle); *de R*~ the Knights' Hall [of the Binnenhof Palace at the Hague]

ridi'**cuul** *bn* ridiculous, absurd

'**riedel** *m* (-s) tune

riek *m* (-en) three-pronged fork

'**rieken** (rook, h. geroken) *onoverg* **1** ⟨geur afgeven⟩ smell; **2** = *ruiken*

riem *m* (-en) **1** ⟨v. leer⟩ strap; **2** ⟨om 't middel⟩ belt; girdle; sling [of a rifle]; **3** ⟨voor hond⟩ leash, lead; **4** ⟨roeiriem⟩ oar; **5** ⟨papier⟩ ream; *de* ~*en binnenhalen* scheepv ship the oars; *de* ~*en strijken* scheepv back the oars, back water

'**riempje** *o* (-s) leather thong

'**riemschijf** *v* (-schijven) belt pulley

'**riemslag** *m* (-slagen) stroke of oars

riep (riepen) V.T. van *roepen*

riet *o* **1** ⟨plant in 't alg.⟩ reed; ⟨bamboe⟩ cane; **2** ⟨bies⟩ rush; **3** ⟨v. daken⟩ thatch; **4** ⟨v. blaasinstrument⟩ reed

'**rietdekker** *m* (-s) thatcher

'**rieten** *bn* **1** reed [pipe]; **2** thatched [roof]; **3** cane [chair, furniture, trunk], wicker [basket]

'**rietfluit** *v* (-en) reed pipe, reed

'**rietje** *o* (-s) **1** ⟨stok⟩ cane; **2** ⟨om te drinken⟩ (drinking) straw

'**rietmat** *v* (-ten) reed mat, rush mat

'**rietsuiker** *m* cane-sugar

'**riettuin** *m* (-en) cane-field

'**rietveld** *o* (-en) **1** ⟨in 't alg.⟩ reed-land; **2** ⟨v. suikerriet⟩ cane-field

'**rietvoorn**, '**rietvoren** *m* (-s) rudd

'**rietzanger** *m* (-s) reed-warbler

1 rif *o* (-fen) **1** ⟨rots⟩ reef, skerry; **2** ⟨geraamte⟩ carcass, skeleton

2 rif *o* (reven) scheepv ⟨v. zeil⟩ = *reef*

ri'**gide** *bn* rigid

rigou'**reus** *bn* rigorous, severe

rij *v* (-en) row, range, series, file, line, queue [of shoppers, visitors &]; *aan* ~*en* in rows; *in de* ~ *staan* queue, be (stand) in the queue; *in de* ~ *gaan staan* queue up; *met één* ~ *(twee* ~*en) knopen* single-(double-)breasted [coat]; *op een* ~ in a row; *drie overwinningen op* ~ three victories in a row

'**rijbaan** *v* (-banen) **1** ⟨rijweg⟩ carriage-way, roadway; **2** ⟨als strook van de rijbaan⟩ lane; **3** ⟨voor schaatsenrijders⟩ skating-rink

'**rijbevoegdheid** *v* driving licence

'**rijbewijs** *o* (-wijzen) (driving) licence

'**rijbroek** *v* (-en) riding-breeches

'**rijden** (reed, h. en is gereden) **I** *onoverg* **1** ride [on a (motor)bike, on horseback]; **2** drive [in a car]; *een* ~*de auto* a moving car; *een* ~*de tentoonstelling* a mobile exhibition; *een* ~*de trein* a running train; *de treinen* ~ *vandaag niet* the trains are not running today; *hoe lang rijdt de trein er over?* how long does it take the train?; *(te) hard* ~ speed; *honderd kilometer per uur* ~ drive a hundred kilometres an hour (per hour); *gaan* ~ **1** go (out) for a ride (for a drive); **2** go by car; *ik zal zelf wel* ~ I'm going to drive myself; *door rood (licht)* ~, *door het stoplicht* ~ jump the lights; *op een paard* ~ ride a horse, ride on horseback; *zij zat op haar stoel te* ~ she sat fidgeting on her chair; **II** *overg* **1** drive [sbd. to a place]; **2** wheel [sbd. in a chair, a child in a perambulator]; *een paard kapot* ~ override a horse, ride a horse to death '**rijder** *m* (-s) **1** ⟨op paarden⟩ rider, horseman; **2** ⟨schaatsen⟩ skater

'**rijdier** *o* (-en) riding-animal, mount

'**rijdraad** *m* (-draden) <u>elektr</u> (overhead) contact-wire

'**rijen** (rijde, h. gerijd) *wederk*: *zich* ~ form a row, line up, follow

'**rijexamen** *o* (-s) driving-test

'**rijgdraad** *m* (-draden) tacking-thread, basting-thread

'**rijgedrag** *o* **1** ⟨v. bestuurder⟩ driving; **2** ⟨v. auto⟩ performance, handling

'**rijgen** (reeg, h. geregen) *overg* **1** lace [shoes, stays]; **2** string [beads], thread [on a string]; **3** tack [with pins]; **4** baste [a garment]; **5** file [papers]; *hem aan de degen* ~ run him through with one's sword

'**rijggaren** *o* tacking thread

'**rijglaars** *v* (-laarzen) lace-up boot

'**rijgnaald** (-en), '**rijgpen** *v* (-nen) bodkin

'**rijgschoen** *m* (-en) laced shoe

'**rijgsnoer** *o* (-en) (shoe) lace

'**rijgsteek** *m* (-steken) tack

'**rijhandschoenen** *mv* riding-gloves

'**rij-instructeur** *m* (-s) driving-instructor

1 rijk I *bn* **1** rich², wealthy [people]; **2** affluent [countries]; **3** copious [meals]; *hij is geen cent* ~ he is not worth a red cent; ~ *aan* rich in [gold &]; ~ *maken* enrich; *stinkend* ~ *zijn* be stinking rich, be loaded; **II** *bijw* richly

2 rijk *o* (-en) empire², kingdom², realm², *het R*~ ⟨de Staat⟩ the State; *het* ~ *der verbeelding* the realm of fancy; *zijn* ~ *is uit* his reign is at an end; *we hebben nu het* ~ *alleen* we have it (the place) all to ourselves now

'**rijkaard** *m* (-s) rich man

'**rijkdom** *m* (-men) **1** ⟨in 't alg.⟩ riches, wealth²; **2** fig abundance, copiousness, richness; *natuurlijke* ~*men* natural resources [of a country]

'**rijke** *m-v* (-n) rich person, wealthy person; *de* ~*n* the rich, the wealthy

'**rijkelijk I** *bn* zie: ¹*rijk I*; **II** *bijw* **1** ⟨in 't alg.⟩ richly, copiously, amply, abundantly; **2** <u>versterkend</u> rather [late &]; *iem.* ~ *belonen* reward sbd. liberally (handsomely); ~ *voorzien van...* abundantly provided with...

'**rijke'lui** *mv* rich people, rich folks

'**rijke'luiskind** *o* (-kinderen) rich man's child, child born with a silver spoon in its mouth

'**rijkheid** *v* richness

'**rijkleding** *v* riding clothes

'**rijknecht** *m* (-s en -en) groom

'**rijkostuum** *o* (-s) riding-suit, riding-dress

'**rijksadel** *m* nobility of the Empire

'**rijksadelaar** *m* (-s) imperial eagle

'**rijksadvocaat** *m* (-caten) ± counsel for the Government

'**rijksambtenaar**, **rijks'ambtenaar** *m* (-s en -naren) government official, civil servant

'**rijksappel** *m* (-s) orb, globe

'**rijksarchief** *o* (-chieven) Public Record Office, State Archives

'**rijksarchivaris** *m* (-sen) Master of the Rolls

'**rijksbegroting** *v* (-en) national budget, government budget

'**rijksbetrekking** *v* (-en) government office

rijks'daalder *m* (-s) two and a half guilder piece

'**rijksdag** *m* (-dagen) hist **1** ⟨in 't alg.⟩ diet; **2** ⟨in Duitsland⟩ Reichstag

'**rijksdeel** *o* (-delen) [overseas] territory, e.g. the Netherlands Antilles and Aruba

'**rijksdienst** *m* (-en) government service, public service; ⟨instelling⟩ governmental department, governmental agency

'**rijksgebied** *o* (-en) territory (of the empire)

'**rijksgenoot** *m* (-noten) inhabitant of Dutch overseas territory

'**rijksgrens** *v* (-grenzen) frontier (of the empire)

'**rijksinstelling** *v* (-en) government institution

'**rijkskanselier** *m* (-s) Chancellor of the Empire

rijks'luchtvaartdienst *m* (-en) <u>Br</u> Civil Aviation Authority; <u>Am</u> Civil Aeronautics Board

'**rijksmerk** *o* (-en) government stamp

'**rijksmunt**, **rijks'munt** *v* (-en) coin of the realm; *de R*~ the Mint

rijksmu'seum *o* (-musea, -s) national museum

rijks'opvoedingsgesticht *o* (-en) approved school

rijkspo'litie *v* state police

'**rijkssubsidie** *v & o* (-s) government grant, state aid

'**rijkswacht** *v* <u>ZN</u> police, constabulary

'**rijkswachter** *m* (-s) <u>ZN</u> police constable

'**rijkswapen** *o* (-s) <u>herald</u> government arms

'**rijksweg** *m* (-wegen) national highway

'**rijkswege**: *van* ~ by the government, governmental

'**rijkunst** *v* horsemanship

'**rijlaars** *v* (-laarzen) riding-boot

'**rijles** *v* (-sen) **1** ⟨in auto⟩ driving-lesson; **2** ⟨op paard⟩ riding-lesson

1 rijm *m* = ¹*rijp*

2 rijm *o* (-en) rhyme [in verse]; *slepend (staand)* ~ feminine (masculine) rhyme; *op* ~ in rhyme; *op* ~ *zetten* put into rhyme

'**rijmelaar** *m* (-s) paltry rhymer, poetaster

rijmela'rij *v* (-en) doggerel

'**rijmelen** (rijmelde, h. gerijmeld) *overg* write doggerel

'**rijmen I** (rijmde, h. gerijmd) *onoverg* rhyme; ~ *met (op)* rhyme with, rhyme to; *deze woorden* ~ *niet met elkaar* these words do not rhyme; *dat rijmt niet met wat u anders altijd zegt* that does not tally with what you are always saying; **II** *overg* rhyme; *hoe is dat te* ~ *met... ?* how can you reconcile that with...?

'**rijmer** *m* (-s) rhymer, rhymester; zie ook: *rijmelaar*

'**rijmklank** *m* (-en) rhyme

'**rijmkunst** *v* art of rhyming

'**rijmloos** *bn* rhymeless, blank
'**rijmpje** *o* (-s) short rhyme
'**rijmwoord** *o* (-en) rhyme, rhyming word
Rijn *m* Rhine
'**rijnaak** *m & v* (-aken) Rhine barge
'**Rijnland** *o* Rhineland
'**Rijnland-Palts** *o* Rhineland-Palatinate
'**Rijnlands** *bn* Rhineland
Rijns *bn* Rhenish
'**Rijnvaart** *v: de* ~ navigation on the Rhine
'**rijnwijn** *m* Rhine-wine, hock
rij-'op-rij-af *bn* roll-on roll-off
1 rijp *m* (bevroren dauw) hoar-frost, plechtig rime
2 rijp *bn* ripe, mature; *na* ~ *beraad (overleg)* after careful deliberation (reflexion); *de tijd is er nog niet* ~ *voor* the time is not yet ripe for it; ~ *maken,* ~ *worden* ripen, mature; *vroeg* ~, *vroeg rot* soon ripe, soon rotten
'**rijpaard** *o* (-en) riding-horse, mount
'**rijpelijk** *bijw: iets* ~ *overwegen* consider sth. fully
1 'rijpen (rijpte, *overg* h., *onoverg* is gerijpt) ripen[2], mature[2]
2 'rijpen (rijpte, h. gerijpt) *onoverg: het heeft van-nacht gerijpt* there was a hoar-frost last night
'**rijpheid** *v* ripeness, maturity
'**rijpwording** *v* ripening, maturation
'**rijrichting** *v* (-en) direction of traffic
rijs *o* (rijzen) twig, sprig, osier
'**rijsbezem** *m* (-s) birch-broom
'**rijschool** *v* (-scholen) **1** (autorijschool) driving-school, school of motoring; **2** (met paarden) rid-ing-school
'**Rijsel** *o* Lille
'**rijshout** *o* osiers, twigs, sprigs
'**rijsnelheid** *v* driving (running) speed
rijst *m* rice
'**rijstbouw** *m* cultivation of rice, rice-growing
'**rijstebloem** *v*, '**rijstemeel** *o* rice flour
rijste'brij *m*, '**rijstepap** *v* rice-milk
rijste'brijberg *m: zich door een* ~ *heen eten* plough one's way through [a mound of papers]
'**rijstijl** *m* (m.b.t. autorijden) driving style
'**rijstkorrel** *m* (-s) grain of rice, rice-grain
'**rijstland** *o* (-en) rice-plantation, rice-field
'**rijstoogst** *m* rice-crop
'**rijstpapier** *o* rice-paper
rijstpelle'rij *v* (-en) rice-mill
'**rijstrook** *v* (-stroken) (traffic) lane, carriage way
'**rijsttafel** *v* (-s) Indonesian 'rice-table', ± tiffin
'**rijsttafelen** (rijsttafelde, h. gerijsttafeld) *onoverg* ± take tiffin
'**rijstveld** *o* (-en) rice-field, paddy-field
'**rijstvogel** *m* (-s) rice-bird
'**rijstwater** *o* rice-water
'**rijswerk** *o* (-en) banks of osier and earth
'**rijten** (reet, h. gereten) *overg* tear
'**rijtest** *m* (-s) driving test

'**rijtijd** *m* (-en) (running)time, mileage; ~*en* (v. chauffeur) drivers' hours
'**rijtjeshuis** *o* (-huizen) terrace house, terraced house
'**rijtoer** *m* (-en) drive, ride; *een* ~ *doen* take a drive (a ride), go for a drive (a ride)
'**rijtuig** *o* (-en) carriage; *een* ~ *met vier (zes) paarden* a coach-and-four (six)
'**rijtuigmaker** *m* (-s) coach-builder
'**rijtuigverhuurder** *m* (-s) livery-stable keeper
rij'vaardigheid *v* driving ability
rij'vaardigheidsbewijs *o* (-wijzen) driving license
'**rijverbod** *o: er geldt hier een* ~ closed to motor ve-hicles; *er is hem een* ~ *opgelegd* his driver's licence has been lifted, taken away
'**rijverkeer** *o* vehicular traffic
rij'waardigheid *v* roadworthiness
'**rijweg** *m* (-wegen) carriage-way, road-way
'**rijwiel** *o* (-en) bicycle, cycle, gemeenz bike
'**rijwielhandel** *m* (-s) bicycle shop
'**rijwielhersteller** *m* (-s) cycle repairer
'**rijwielpad** *o* (-paden) cycle-track
'**rijwielstalling** *v* (-en) bicycle shed (shelter, store)
'**rijzen** (rees, is gerezen) *onoverg* **1** (in 't alg.) rise; (v. prijzen ook) go up; **2** (v. moeilijkheden &) arise; ~ *en dalen* rise and fall
'**rijzig** *bn* tall
'**rijzweep** *v* (-zwepen) horsewhip, riding-whip
'**rikkekikken** (rikkekikte, h. gerikkekikt), '**rik-kikken** (rikkikte, h. gerikkikt) *overg* croak [like a frog]
'**rikketik** *m* (hart) ticker; *van* ~ pit-a-pat; *in zijn* ~ *zitten* have one's heart in one's mouth
riks *m* (-en) gemeenz = *rijksdaalder*
'**riksja** *m* ('s) rickshaw, jinricksha
'**rillen** (rilde, h. gerild) *overg* shiver [with], shudder [at]; *ik ril ervan, het doet me* ~ it gives me the shud-ders
'**rillerig** *bn* shivery
'**rilling** *v* (-en) shiver, shudder
'**rimboe** *v* (-s) jungle, bush; *we zitten in de* ~ *hier* fig we're off the map here
'**rimpel** *m* (-s) **1** (in 't alg.) wrinkle [of the skin]; **2** (diep) furrow; **3** ruffle [of water]
'**rimpelen** (rimpelde, *overg* h., *onoverg* is gerimpeld) **1** wrinkle [the skin]; **2** ruffle [water, the brow]; **3** pucker [a material, the brow, a seam]; *het voor-hoofd* ~ ook: knit one's brow
'**rimpelig** *bn* wrinkled, wrinkly
'**rimpeling** *v* (-en) ripple, ruffle [especially of wa-ter]; wrinkling, puckering
'**rimpelloos** *bn* smooth
'**rimram** *m* balderdash, gemeenz rubbish
ring *m* (-en) ring
'**ringbaard** *m* (-en) fringe of beard
'**ringband** *m* (-en) ring binder
'**ringdijk** *m* (-en) ring-dike, circular embankment
'**ringduif**, '**ringelduif** *v* (-duiven) ring-dove

'**ringelmus** *v* (-sen) tree-sparrow

'**ringeloren** (ringeloorde, h. geringeloord) *overg* bully, order about

'**ringelrups** *v* (-en) = *ringrups*

'**ringen** (ringde, h. geringd) *overg* **1** ring [a pig, migratory birds]; **2** girdle [a tree]

'**ringetje** *o* (-s) little ring; *hij is om door een ~ te halen* he looks as if he came out of a bandbox

'**ringlijn** *v* (-en) circular railway (line)

'**ringmus** *v* (-sen) tree-sparrow

'**ringmuur** *m* (-muren) ring-wall, circular wall

'**ringrijden** *onoverg* tilt at the ring

'**ringrups** *v* (-en) ring-streaked caterpillar

'**ringslang** *v* (-en) ring-snake, grass-snake

'**ringsteken** *onoverg* tilt at the ring

'**ringvaart** *v* (-en) circular canal

'**ringvinger** *m* (-s) ring-finger

'**ringvormig** *bn* ring-shaped, annular

'**ringweg** *m* (-wegen) ringroad

'**ringwerpen** *o* quoits

'**ringworm** *m* (-en) **1** med ringworm; **2** ⟨worm⟩ annelid

'**rinkelbel** *v* (-len) **1** (globular) bell; **2** ⟨rammelaar⟩ rattle, coral

'**rinkelen** (rinkelde, h. gerinkeld) *onoverg* jingle, tinkle, chink; *~ met* **1** jingle [one's money]; **2** rattle [one's sabre]

rin'kinken (rinkinkte, h. gerinkinkt) *onoverg* tinkle, jingle

ri'noceros *m* (-sen) rhinoceros

rins *bn* sourish

ri'olenstelsel *o* (-s) = *rioolstelsel*

rio'leren (rioleerde, h. gerioleerd) *overg* sewer

rio'lering *v* (-en) sewerage

ri'ool *o & v* (riolen) sewer, drain

ri'oolbuis *v* (-buizen) sewer-pipe

ri'ooljournalistiek *v* gutter press journalism

ri'oolrat *v* (-ten) sewer rat

ri'oolstelsel *o* (-s) sewerage

ri'oolwater *o* sewage

ri'oolwerker *m* (-s) sewerman

ripos'teren (riposteerde, h. geriposteerd) *onoverg* riposte²

rips *o* rep

'**ripsfluweel** *o* corduroy

ris *v* (-sen) = *rist*

ri'see *v* laughing-stock

'**risico** *o & m* ('s) risk, hazard; *~ lopen* run risks; *eigen ~(bedrag)* franchise; *op uw ~* at your risk; *op ~ van* at the risk of

'**risicodragend** *bn* risk bearing; *~ kapitaal* risk capital

'**risicogroep** *v* (-en) high-risk group

ris'kant *bn* risky, hazardous

ris'keren (riskeerde, h. geriskeerd) *overg* risk, hazard

'**rissen** (riste, h. gerist) *overg* = *risten*

rist *v* (-en) **1** bunch [of berries]; **2** rope, string [of onions]; **3** fig string

'**risten** (ristte, h. gerist) *overg* string [onions]

'**rister** *o* (-s) mouldboard [of a plough]

ri'storno *m* ZN refund

1 rit *m* (-ten) ⟨het rijden⟩ ride, drive, run

2 rit *o* ⟨v. kikkers⟩ frog-spawn

'**rite** *v* (-s en -n) rite

'**ritje** *o* (-s) ride, drive, run; *een ~ maken* take a ride (a drive), go for a ride (a drive)

'**ritme** *o* (-n) rhythm

'**ritmebox** *m* (-en) rhythm box

'**ritmeester** *m* (-s) cavalry captain

rit'miek *v* rhythmics

'**ritmisch** *bn* rhythmic(al); *~e gymnastiek* callisthenics

rits *v* (-en) = *ritssluiting*

'**ritselen** (ritselde, h. geritseld) **I** *onoverg* rustle; *~ van de fouten* teem with mistakes; **II** *overg* gemeenz (voor elkaar krijgen) fix

'**ritseling** *v* (-en) rustle, rustling

'**ritsig** *bn* ruttish; in (on, at) heat

'**ritssluiting** *v* (-en) zip (fastening, fastener)

ritu'aal *o* (-tualen) ritual

ritu'eel I *bn* (& *bijw*) ritual(ly); **II** *o* (-tuelen) ritual

'**ritus** *m* (-sen en riten) rites

ri'vaal *m* (-valen) rival

rivali'seren (rivaliseerde, h. gerivaliseerd) *onoverg* rival

rivali'teit *v* rivalry

ri'vier *v* (-en) river; *aan de ~* on the river; *de ~ op (af) varen* go up (down) the river

Rivi'èra *m* Riviera

ri'vierarm *m* (-en) branch of a river

ri'vierbedding *v* (-en) river-bed

ri'vierklei *v* river-clay

ri'vierkreeft *m & v* (-en) crayfish

ri'viermond *m* (-en) river-mouth; *grote ~* estuary

ri'vieroever *m* (-s) riverside, bank

ri'vierschip *o* (-schepen) river-vessel; *mv* ook: rivercraft

ri'viervis *m* (-sen) river-fish

ri'vierwater *o* river-water

RK, R.K. *afk.* = *rooms-katholiek*

rob *m* (-ben) seal

'**robbedoes** *m-v* (-doezen) romping boy (girl); ⟨meisje⟩ hoyden, tomboy

'**robbenjacht** *v* seal-hunting, sealing

'**robbentraan** *m* seal-oil

'**robbenvel** *o* (-len) sealskin

'**robber** *m* (-s) rubber [at whist, bridge]

'**robbertje** *o*: *een ~ vechten* have a tussle, do battle

'**robe** *v* (-s) robe, gown

ro'bijn *m & o* (-en) ruby

ro'bijnen *bn* ruby

'**robot** *m* (-s) robot

ro'buust *bn* robust

'**rochel** *m* (-s) phlegm

'**rochelen** (rochelde, h. gerocheld) *onoverg* ⟨keelgeluiden maken⟩ hawk, hawk up; ⟨v. stervende⟩ rattle

rock *m* muz rock

rock-'n-'roll *m* rock and roll, rock 'n' roll

roco'co *o* rococo

'roddel *m* (-s) (piece of) gossip

'roddelaar *m* (-s) talker, gossip

'roddelblad *o* (-bladen) gossip magazine

'roddelcircuit *o* (-s) grapevine

'roddelen (roddelde, h. geroddeld) *onoverg* talk, gossip

'roddelpers *v* gossip papers

'roddelpraat *m* gossip, rumour

'rode *m* (-n) **1** (roodharige) redhead; ⟨als scheldwoord⟩ ginger; **2** ⟨socialist⟩ red

rode'hond *m* German measles

rode'kool *v* (-kolen) red cabbage

Rode 'Kruis *o* [International] Red Cross

'rodelbaan *v* (-banen) toboggan slide

'rodelen (rodelde, h. gerodeld) *onoverg* toboggan

rodo'dendron *m* (-s) rhododendron

roe *v* (-s) = roede

'roebel *m* (-s) rouble

'roede *v* (-n) **1** ⟨strafwerktuig⟩ rod; ⟨takkenbos⟩ birch, birchrod; **2** ⟨staaf voor gordijn, traploper &⟩ rod; **3** ⟨staf⟩ verge [as emblem of office]; **4** ⟨geslachtsdeel⟩ penis; *met de ~ krijgen* be birched; *wie zijn kind liefheeft, spare de ~ niet* spare the rod and spoil the child

'roedel *o* (-s) herd [of deer]; pack [of hounds, wolves]

'roedeloper *m* (-s) dowser, water-diviner

roef *v* (roeven) scheepv **1** deck-house; **2** cuddy [of a barge]

roef'roef *tsw* helter-skelter, hurry-scurry

'roeibaan *v* (-banen) rowing course

'roeibank *v* (-en) thwart, bench

'roeiboot *m & v* (-boten) rowing-boat, row-boat

'roeidol *v* (-len) thole(-pin)

'roeien (roeide, h. en is geroeid) *onoverg & overg* **1** ⟨in roeiboot⟩ row, pull; **2** ⟨peilen⟩ gauge; *men moet ~ met de riemen die men heeft* one must cut one's coat according to one's cloth

'roeier *m* (-s) **1** ⟨in roeiboot⟩ oarsman, rower; ⟨gehuurde roeier⟩ boatman; **2** ⟨peiler⟩ gauger

'roeiklamp *m & v* (-en) rowlock

'roeipen *v* (-nen) thole(-pin)

'roeiriem *m* (-en), **'roeispaan** *v* (-spanen) oar, scull

'roeisport *v* rowing, boating

'roeistok *m* (-ken) gauging-rod

'roeitochtje *o* (-s) row; *een ~ gaan maken* go for a row

'roeivereniging *v* (-en) rowing-club

'roeiwedstrijd *m* (-en) rowing-match, boat-race

roek *m* (-en) rook

'roekeloos *bn* rash, reckless

roeke'loosheid *v* (-heden) rashness, recklessness

roe'koeën (roekoede, h. geroekoed) *onoverg* coo

roem *m* glory, renown, fame; *~ behalen* reap glory;

eigen ~ stinkt self-praise is no recommendation

Roe'meen *m* (-menen) Rumanian

Roe'meens *bn* Rumanian

'roemen (roemde, h. geroemd) **I** *overg* praise; **II** *onoverg* boast; *~ op iets* boast of sth.; *onze stad kan ~ op...* our town can boast...

Roe'menië *o* Rumania

'roemer *m* (-s) ⟨glas⟩ rummer

'roemloos *bn* inglorious

'roemrijk, **'roemvol** *bn* illustrious, famous, famed, glorious, renowned

'roemrucht *bn* illustrious

'roemzucht *v* vainglory

roem'zuchtig *bn* vainglorious

roep *m* (-en) **1** ⟨kreet⟩ call, cry; **2** ⟨verlangen⟩ demand; **3** ⟨naam⟩ repute, reputation; *de ~ om democratie* the demand for democracy

'roepbereik *o*: *binnen ~* within call, within cooee

'roepen (riep, h. geroepen) **I** *onoverg* call, cry, shout; *~ om* cry (call) for [help, somebody]; *iedereen roept er over* everybody is praising it; *het is nu niet om er (zo) over te ~* it is no better than it should be; **II** *overg* call; *een dokter ~* call in (send for) a doctor; *wie heeft mij laten ~?* who has sent for me?; *u komt als geroepen* you come as if you had been sent for; *ik voel me niet geroepen om...* I don't feel called upon to...; *velen zijn geroepen, maar weinigen uitverkoren* bijbel many are called, but few are chosen

'roepende *m*: *een ~ in de woestijn* a voice in the wilderness

'roeper *m* (-s) **1** ⟨persoon⟩ crier; **2** ⟨voorwerp⟩ speaking-trumpet; megaphone

'roepia *m* ('s) rupiah

'roeping *v* (-en) call, calling, vocation; *hij heeft zijn ~ gemist* he has mistaken his vocation; *ik voel er geen ~ toe om...* I don't feel called upon to...; *~ voelen voor* feel a vocation for [...teaching &]; *zijn ~ volgen* follow one's vocation; *een toneelspeler uit ~* an actor by vocation

'roepnaam *m* (-namen): *zijn ~ is Jack* they call him Jack

'roepstem *v* (-men) call, voice

roer *o* (-en en -s) **1** scheepv ⟨blad⟩ rudder, ⟨stok⟩ helm, ⟨rad⟩ wheel; **2** vero ⟨geweer⟩ firelock; *het ~ omgooien* shift the helm; *het ~ recht houden* manage things well; *hou je ~ recht* keep straight, steady!; *aan het ~ komen* take the reins (of government); *aan het ~ staan* be at the helm[2]; zie ook: *rep*

Roer *m* Ruhr

'roerdomp *m* (-en) bittern

'roerei *v*, **'roereieren** *mv* scrambled eggs

'roeren (roerde, h. geroerd) **I** *onoverg* **1** ⟨met lepel &⟩ stir; **2** ⟨raken aan⟩ touch; **II** *overg* **1** stir [one's tea &]; **2** fig stir, touch [the heart]; **3** move [sbd. to tears]; *zijn mondje ~* be talking away; *de trom ~* beat the drum; **III** *wederk*: *zich ~* stir, move; *hij kan zich goed ~* he is well off

'roerend *bn* moving, touching [words &]

'roerganger *m* (-s) helmsman, man at the helm, man at the wheel

'Roergebied *o* Ruhr

'roerig *bn* **1** ⟨levendig⟩ active, stirring, lively; **2** ⟨wanordelijk⟩ unruly; turbulent

'roerigheid *v* **1** activity, liveliness [of a person]; **2** unrest [among the population]

'roering *v* (-en) ⟨beweging⟩ motion, stir

1 'roerloos *bn* **1** ⟨beweginloos⟩ motionless; **2** fig impassive

2 'roerloos *bn* scheepv rudderless

'roerpen *v* (-nen) tiller, helm

'roersel *o* (-en en -s) motive; *de ~en des harten* plechtig the stirrings of the heart

'roerspaan *v* (-spanen) **1** ⟨in 't alg.⟩ stirrer; **2** ⟨v. apotheker⟩ spatula

'roervink *m & v* (-en) **1** ⟨vogel⟩ decoy-bird; **2** fig ringleader

1 roes *m* (roezen) **1** ⟨v. dronkaard⟩ intoxicating glow; ⟨v. drugsverslaafde⟩ high; **2** ⟨opgewondenheid⟩ ecstasy; *hij is in een ~* he's intoxicated; *zijn ~ uitslapen* sleep it off; *~ der vrijheid* intoxication of liberty; *in de eerste ~* in a fit [of enthusiasm], in an ecstasy [of delight]; *in de ~ van de overwinning* in the flush of victory; *zij leefde in een ~* her life was a whirl of exitement; *de hond in een lichte ~ brengen* give the dog a light anaesthetic

2 roes *m*: *(bij) de ~* in the lump

1 roest *m & o* (-en) perch, roost [of birds]

2 roest *m & o* ⟨op metaal &⟩ rust; *~ in het koren* rust, blight, smut; *oud ~* zie: *oudroest*

1 'roesten (roestte, h. geroest) *onoverg* perch, roost [of birds]

2 'roesten (roestte, is geroest) *onoverg* ⟨v. metaal &⟩ rust

'roestig *bn* rusty

'roestigheid *v* rustiness

'roestkleurig *bn* rust-coloured

'roestvlek *v* (-ken) **1** ⟨in 't alg.⟩ rust-stain; **2** ⟨in wasgoed⟩ iron-mould

'roestvorming *v* (-en) corrosion, rust formation

'roestvrij *bn* rust-proof, stainless [steel]

'roestwerend *bn* rust-resistant, anti-corrosive

roet *o* soot; *~ in het eten gooien* spoil the game

'roetachtig *bn* sooty

'roetdeeltjes *mv* particles of soot

Roe'thenië *o* Ruthenia

'roetig *bn* sooty

'roetkleur *v* sooty colour

'roetkleurig *bn* of a sooty colour

'roetmop *m* (-pen) scheldwoord coon, nigger

'roetsjbaan *v* (-banen) slide, chute

'roetsjen (roetsjte, is geroetsjt) *onoverg* slide

'roetvlek *v* (-ken) smut

'roetzwart *bn* sooty black

'roezemoezen (roezemoesde, h. geroezemoesd) *onoverg* bustle, buzz, hum

'roezemoezig, 'roezig *bn* noisy; *~e stemmen* the hum of many voices

'roffel *m* (-s) roll, ruffle [of drums]

'roffelen (roffelde, h. geroffeld) *onoverg* roll, ruffle [the drum]

rog *m* (-gen) ray, thornback

'rogge *v* rye

'roggebrood *o* (-broden) rye-bread, black bread

'roggemeel *o* rye-flour

'roggeveld *o* (-en) rye-field

rok *m* (-ken) ⟨v. vrouwen⟩ skirt; ⟨v. mannen⟩ tailcoat, dress-coat; *in ~* in (white tie and) tails

ro'kade *v* (-s) castling [in chess]

'rokbroek *v* (-en) divided skirt, culottes

1 'roken (rookte, h. gerookt) **I** *onoverg* smoke; **II** *overg* smoke [tobacco; ham &]

2 'roken V.T. meerv. van *rieken* en *ruiken*

'roker *m* (-s) smoker

ro'keren (rokeerde, h. gerokeerd) *onoverg* castle [in chess]

'rokerig *bn* smoky

roke'rij *v* (-en) smoke house

'rokershoest *m* smoker's cough

'rokertje *o* (-s) gemeenz smoke

'rokkenjager *m* (-s) womanizer

'rokkostuum *o* (-s) dress-coat, white tie and tails

'rokoverhemd *o* (-en) boiled shirt

1 rol *v* (-len) **1** ⟨in het alg.⟩ roll; **2** techn roller, cylinder; **3** ⟨v. deeg⟩ rolling-pin; **4** ⟨van toneelspeler⟩ part, role, character; **5** recht calendar, (cause-)list; *~ papier of perkament* scroll; *de ~len van de Dode Zee* the Dead Sea Scrolls; *de ~len zijn omgekeerd* the tables are turned; *een ~ spelen* act (play) a part; *een voorname (grote) ~ spelen* play an important part; *de ~len verdelen* assign the parts; *in zijn ~ blijven* follow out the character; *op de ~ staan* recht appear in the calendar for trial; *uit zijn ~ vallen* act out of character

2 rol *m*: *aan de ~ gaan (zijn)* be on the spree, be on the loose, go on a pub-crawl

'rolberoerte *v* gemeenz fit; *een ~ krijgen* have a fit

'rolbevestigend *bn* role-reinforcing

'rolbezeting *v* cast

'rolblind *o* (-en) = *rolluik*

'rolconflict *o* (-en) divided loyalty

'roldak *o* (-daken) sliding-roof

'rolfilm *m* (-s) roll film

'rolgordijn *o* (-en) roller-blind

'rolhanddoek *m* (-en) roller-towel

'roljaloezie *v* (-zieën) rolling-shutter

'rolkraag *m* (-kragen) roll collar, polo neck, turtleneck

rol'lade *v* (-s en -n) collared beef, rolled roast, collar of brawn &

'rollager *o* (-s) roller-bearing

'rollebollen (rollebolde, h. gerollebold) *onoverg* **1** ⟨buitelen⟩ turn head over heels; do summersaults; **2** ⟨stoeiend vrijen⟩ tumble

rollen

'rollen (rolde, gerold) **I** (h. en is) *onoverg* **1** ⟨in 't alg.⟩ roll; **2** ⟨vallen⟩ tumble; *~d materieel* rolling stock; *~ met de ogen* roll one's eyes; *van de trap ~* tumble down the stairs; **II** (h.) *overg* **1** roll [paper &]; **2** pick [a man's pockets]

'rollenspel *o* sociodrama

'rolletje *o* (-s) **1** ⟨los⟩ ⟨small⟩ roll [of paper, of coins]; *een ~ drop* a roll of liquorice; **2** ⟨onder iets⟩ roller [of roller-skate]; castor, caster [of leg of a chair]; *het liep op ~s* it all went on (oiled) wheels, without a hitch, smoothly

'rolluik *o* (-en) rolling-shutter

'rolmaat *v* (-maten) flexible steel rule

'rolmops *m* collared herring

'rolpatroon *o* (-tronen) role pattern

'rolpens *v* (-en) minced beef in tripe

'rolprent *v* (-en) [cinema] film

'rolroer *o* (-en) aileron

'rolschaats *v* (-en) roller-skate

'rolschaatsbaan *v* (-banen) (roller-)skating rink

'rolschaatsen *o* roller-skating

'rolstoel *m* (-en) wheelchair

'roltabak *m* twist (tobacco)

'roltrap *m* (-pen) escalator, moving staircase

'rolvast *bn* letter-perfect [of an actor]

'rolveger *m* (-s) carpet-sweeper

'rolverdeling *v* (-en) cast [of a play]; casting

'rolwagen *m* (-s) trolley

ROM *afk.* comput *Read-Only Memory* ROM

Ro'maans *bn* **1** Romance [languages, philology], Romanic; **2** Romanesque [architecture, sculpture]

ro'man *m* (-s) **1** novel; **2** *fig & hist* romance [of the Rose]; *een ~netje* geringsch a novelette; *~s* ook: fiction

ro'mance *v* (-s en -n) romance

roman'cier *m* (-s) novelist

roman'cière *v* (-s) (lady, woman) novelist

ro'mancyclus *m* (-cli en -sen) cycle of novels, saga, roman-fleuve

roma'nesk *bn* (& bijw) romantic(ally)

ro'manheld *m* (-en) book hero, novel hero

romani'seren (romaniseerde, h. geromaniseerd) *overg* romanize

roma'nist *m* (-en) Romanist, Romanicist

romanis'tiek *v* study of Roman languages

ro'mankunst *v* art of fiction

ro'manlezer *m* (-s) novel reader, fiction reader

ro'manliteratuur *v* (prose) fiction

ro'manschrijfster *v* (-s) (lady, woman) novelist, fiction writer

ro'manschrijver *m* (-s) novelist, fiction writer

ro'manticus *m* (-ci) romanticist

roman'tiek *v* **1** ⟨kunstrichting⟩ romanticism; **2** ⟨'t romantische⟩ romance

ro'mantisch *bn* romantic

romanti'seren (romantiseerde, h. geromantiseerd) *overg* romanticize

ro'manwereld *v* fictional world

'Rome *o* Rome

ro'mein *v* Roman type

Ro'mein *m* (-en) Roman

Ro'meins *bn* Roman

'romen (roomde, geroomd) **I** (h) *overg* cream, skim; **II** (is) *onoverg* cream

'romer *m* (-s) = *roemer*

'romig *bn* creamy

'rommel *m* lumber, rubbish, litter, jumble; *de hele ~* the whole lot; *ouwe ~* (old) junk; *koop geen ~* don't buy trash; *maak niet zo'n ~* don't make such a mess

'rommelen (rommelde, h. gerommeld) *onoverg* **1** rumble [of the thunder]; **2** rummage [among papers &]

'rommelhok *o* (-ken) glory hole

'rommelig *bn* untidy, disorderly

'rommeling *v* (-en) rumbling

'rommelkamer *v* (-s) lumber-room

'rommelmarkt *v* (-en) flea market, junk market

'rommelwinkel *m* (-s) junk shop

'rommelzooi *v* (-en) = *rommel*

romp *m* (-en) **1** trunk [of the body]; **2** scheepv hull; **3** luchtv fuselage

'rompertje *o* (-s) rompers

'rompparlement *o* hist Rump (parliament)

'rompslomp *m* bother

rond I *bn* round, rotund, circular; *een ~ jaar* a full year; *~e som* round sum; *~e vent* straight fellow; *de ~e waarheid* the plain truth; *de zaak is ~* the case is completed, the matter is settled; **II** *bijw* = *ronduit*; zie ook: *ongeveer, uitkomen*; **III** *voorz* round [the table &]; **IV** *o* round; *in het ~* around, round about

'rondachtig *bn* roundish

'rondbazuinen[1] *overg* trumpet forth, blazon abroad

'rondboog *m* (-bogen) round arch

rond'borstig I *bn* candid, frank, open-hearted; **II** *bijw* candidly, frankly

rond'borstigheid *v* candour, frankness, open-heartedness

'rondbrengen[1] *overg* take round; *de kranten ~* ook: deliver the papers

'rondbrieven (briefde rond, h. rondgebriefd) *overg* rumour around

'ronddansen[1] *onoverg* dance about

'ronddartelen[1] *onoverg* romp around, rollick, scamper

'ronddelen[1] *overg* distribute, hand round

'ronddienen[1] *overg* serve round [tea &], hand round [cakes &]

'ronddobberen[1] *onoverg* drift about

'ronddolen[1] *onoverg* wander about, rove about

'ronddraaien[1] **I** (is) *onoverg* turn, turn about, turn round, rotate, gyrate; **II** (h.) *overg* turn (round)

'ronddraaiend *bn* rotary, rotatory

'ronddraven[1] *onoverg* trot about

'ronddrentelen[1] *onoverg* lounge about

'**ronddrijven**¹ *onoverg* float about, drift about
'**ronddwalen**¹ *onoverg* wander, roam (about)
'**ronde** *v* (-n en -s) **1** ⟨in 't alg.⟩ round; **2** mil round; **3** [postman's &] round; beat [of policeman]; **4** sp round [in boxing &]; lap [in cycle-racing]; *de ~ doen* **1** ⟨voor inspectie &⟩ make (go) one's rounds; **2** fig go round [of rumours]; *het verhaal doet de ~* the story goes the round(s); *het verhaal deed de ~ door het dorp* the story went the round of the village
'**rondedans** *m* (-en) round dance
ron'deel *o* (-delen) **1** rondeau, rondel [song]; **2** mil round bastion
'**ronden** (rondde, h. gerond) *overg* **1** ⟨omheen varen⟩ round [cape]; **2** ⟨rond maken⟩ make round, round off
ronde'tafelconferentie *v* (-s) round-table conference
'**rondfladderen**¹ *onoverg* flutter about
'**rondgaan**¹ *onoverg* go about (round); *laten ~* hand about, send (pass) [the hat] round, circulate; *~de brief* circular letter
'**rondgang** *m* (-en) circuit, tour; *een ~ maken door de fabriek* make a tour of the factory
'**rondgeven**¹ *overg* pass round, hand about
'**rondhangen**¹ *onoverg* hang (stand, lounge) about
'**rondheid** *v* **1** (het rond-zijn) roundness, rotundity; **2** ⟨openhartigheid⟩ frankness, openness, candour
'**rondhout** *o* (-en) **1** ⟨in 't alg.⟩ round timber, logs; **2** scheepv spar
'**ronding** *v* (-en) **1** ⟨in 't alg.⟩ rounding, curve; **2** scheepv camber
'**rondje** *o* (-s) round; *hij gaf een ~* he stood drinks (all round)
'**rondkijken**¹ *onoverg* look about
'**rondkomen**¹ *onoverg* make do [with], manage [with], get along [with], make (both) ends meet
'**rondleiden**¹ *overg* lead about; *iem. ~* show sbd. over the place, take sbd. round
'**rondleiding** *v* (-en) guided tour
'**rondlopen**¹ *onoverg* walk about, gemeenz knock about, gad about; *de dief loopt nog vrij rond* the thief is still on the loose, is still at large; *hij loopt weer rond* he is about again [after recovery]; *loop rond!* gemeenz get along with you; *~ met plannen* go about with plans
'**rondneuzen**¹ *onoverg* nose (poke) about
'**rondo** *o* ('s) rondeau, rondel
rond'om, '**rondom I** *bijw* round about, all round; *~ behangen met...* hung round with...; **II** *voorz* round about [the house &], around [us]
'**rondpunt** *o* (-en) ZN roundabout, traffic circle
'**rondreis** *v* (-reizen) (circular) tour, round trip
'**rondreisbiljet** *o* (-ten) circular ticket
'**rondreizen**¹ *onoverg* travel about
'**rondreizend** strolling, itinerant [player], touring *bn* [company]
'**rondrijden**¹ **I** (h. *en* is) *onoverg* ride about, drive

about; **II** (h.) *overg* **1** drive [sbd.] about; **2** tour [the town &]
'**rondrit** *m* (-ten) tour
'**rondscharrelen**¹ *onoverg* potter (poke) about; *~ in...* poke about in..., rummage in...
'**rondschrift** *o* round hand
'**rondschrijven** *o* circular, circular letter
'**rondsel** *o* (-s) techn pinion
'**rondslenteren**¹ *onoverg* lounge (saunter) about
'**rondslingeren**¹ **I** *overg* fling about; **II** *onoverg* lie about, lie around [of books &]
'**rondsluipen**¹ *onoverg* steal (prowl) about
'**rondsnuffelen**¹ *onoverg* nose (poke) about
'**rondspelen**¹ *overg* sp: *de bal ~* pass the ball back and forth
'**rondspoken**¹ *onoverg* move about, walk around
'**rondspringen**¹ *onoverg* jump about
'**rondstrooien**¹ *overg* **1** eig strew about; **2** fig put about
'**rondtasten**¹ *onoverg* grope about, grope one's way; *in het duister ~* **1** eig grope one's way in the dark; **2** fig be in the dark (omtrent about)
'**rondte** *v* (-n en -s) circle, circumference; *in de ~ draaien* turn round, zie ook: *rond IV & ronde*
'**rondtollen**¹ *onoverg* spin around
'**rondtrekken**¹ *onoverg* go about, wander about
'**rondtrekkend** *bn = rondreizend*
'**ronduit** *bijw* frankly, plainly, straight, roundly, bluntly; *spreek ~* speak your mind; *hem ~ de waarheid zeggen* tell him the plain truth, tell him some home truths; *~ gezegd...* frankly..., to put it bluntly...; *dat is ~ belachelijk* that's absolutely ridiculous
'**rondvaart** *v* (-en) **1** ⟨kort⟩ round trip, (circular) tour; **2** ⟨lang⟩ (circular) cruise
'**rondvaartboot** *m & v* (-boten) [Amsterdam] canal touring boat, tourist motorboat
'**rondventen**¹ *overg* hawk (about)
'**rondventer** *m* (-s) hawker
'**rondvertellen** (vertelde rond, h. rondverteld) *overg* spread [it]; *je moet het niet ~* ook: you must not tell
'**rondvliegen**¹ *onoverg* fly about, fly round; *~ boven* circle over [a town]
'**rondvlucht** *v* (-en) sight-seeing flight, circuit flight
'**rondvraag** *v*: *bij de ~* when questions are (were) invited
'**rondwandelen**¹ *onoverg* walk about
'**rondwaren**¹ *onoverg* walk (about); *er waren hier spoken rond* the place is haunted
1 '**rondweg** *bijw* roundly
2 '**rondweg** *m* (-wegen) by-pass (road), ring-road
'**rondwentelen**¹ *onoverg* revolve
'**rondzenden**¹ *overg* send round, send out
'**rondzien**¹ *onoverg* look around
'**rondzingen** *o* ⟨bij geluidsversterking⟩ acoustic feedback

'**rondzwalken**[1] *onoverg* **1** drift about, scour the seas; **2** = *rondzwerven*

'**rondzwerven**[1] *onoverg* wander (roam, rove) about

'**ronken** (ronkte, h. geronkt) *onoverg* **1** (snurken) snore; **2** (van machine) snort, whirr, hum, drone

'**ronselaar** *m* (-s) crimp

'**ronselaarsbende** *v* (-n en -s) press-gang

'**ronselen** (ronselde, h. geronseld) *onoverg & overg* crimp [sailors &]

'**röntgenapparaat** *o* (-raten) X-ray apparatus

'**röntgenfoto** *v* ('s) X-ray, radiograph

'**röntgenlaborant** *m* (-en) X-ray assistent

röntgenolo'gie *v* roentgenology

röntgeno'loog *m* (-logen) X-ray specialist, radiographer

'**röntgenonderzoek** *o* X-ray examination

'**röntgenstralen** *mv* X-rays

'**röntgentherapie** *v* roentgenotherapy, X-ray therapy

rood I *bn* red; *Rode Rivier* Red River; *Rode Zee* Red Sea; ~ *maken* make red, redden; ~ *worden* grow red, redden, blush; *zo* ~ *als een kreeft* as red as a lobster; **II** *o* red; zie ook: *lap*

'**roodaarde** *v* ruddle

'**roodachtig** *bn* reddish, ruddy

'**roodbont** *bn* red and white

'**roodborstje** *o* (-s) (robin) redbreast, robin

'**roodbruin** *bn* **1** (in 't alg.) reddish brown, russet; **2** bay [horse]

'**roodgloeiend** *bn* red-hot

'**roodharig** *bn* red-haired

'**roodheid** *v* redness

'**roodhout** *o* redwood, Brazil wood

'**roodhuid** *m* (-en) redskin, red Indian

Rood'kapje *o* Little Red Ridinghood

rood'koper *o* copper

rood'koperen *bn* copper

'**roodrok** *m* (-ken) <u>hist</u> redcoat [British soldier]

'**roodsel** *o* ruddle

'**roodstaartje** *o* (-s) redstart

'**roodvonk** *v & o* scarlet fever, scarlatina

'**roodwangig** *bn* red-cheeked, ruddy

'**roodwild** *o* red deer

1 roof *v* (roven) (op wond) scab, slough

2 roof *m* (diefstal) robbery, plunder; *op* ~ *uitgaan* **1** (door mensen) go plundering; **2** (door dieren) go in search of prey

'**roofachtig** *bn* rapacious

'**roofbouw** *m* excessive cultivation, exhaustion of the soil; ~ *plegen op iem.'s gezondheid* ruin one's health

'**roofdier** *o* (-en) beast of prey, predator

'**roofdruk** *m* (-ken) pirate edition

roof'gierig *bn* rapacious

roof'gierigheid *v* rapacity

'**roofhol** *o* (-holen) '**roofnest** *o* (-en) den of robbers, robbers' den

'**roofing** *m* ZN roofing material

'**roofje** *o* (-s) scab, slough, eschar

'**roofmoord** *m & v* (-en) murder with robbery

'**roofoverval** *m* (-len) hold-up

'**roofridder** *m* (-s) robber baron, robber knight

'**roofschip** *o* (-schepen) pirate ship

'**rooftocht** *m* (-en) predatory expedition

'**roofvis** *m* (-sen) predatory fish, fish of prey

'**roofvogel** *m* (-s) predatory bird, bird of prey

'**roofziek** *bn* rapacious

'**roofzucht** *v* rapacity

roof'zuchtig *bn* = *roofziek*

'**rooie** *m-v* (-n) = *rode*

'**rooien** (rooide, h. gerooid) *overg* **1** lift, dig (up) [potatoes]; **2** pull up [trees]

'**rooilijn** *v* (-en) building-line, alignment; *op de* ~ *staan* range with the street [of a house]

1 rook (roken) V.T. van *rieken* en *ruiken*

2 rook *m* smoke; *geen* ~ *zonder vuur* no smoke without fire; *onder de* ~ *van...* in the immediate neighbourhood of

'**rookbom** *v* (-men) smoke-bomb

'**rookcoupé** *m* (-s) smoking-compartment, <u>gemeenz</u> smoker

'**rookgat** *o* (-gaten) smoke-hole

'**rookgerei** *o* smoking requisites

'**rookglas** *o* smoked glass

'**rookgordijn** *o* (-en) smoke-screen

'**rookkamer** *v* (-s) smoking-room

'**rookkanaal** *o* (-nalen) flue

'**rookkolom** *v* (-men) column of smoke

'**rookloos** *bn* smokeless

'**rooklucht** *v* smoky smell

'**rookpluim** *v* (-en) wreath of smoke

'**rooksalon** *m & o* (-s) smoking-room

'**rookscherm** *o* (-en) smoke screen

'**rooksignaal** *o* (-nalen) smoke signal

'**rookspek** *o* smoked bacon

'**rooktabak** *m* smoking-tobacco

'**rooktafeltje** *o* (-s) smoker's table

'**rookvang** *m* (-en) flue [of a chimney]

'**rookverbod** *o* (-boden) smoking ban

'**rookverdrijver** *m* (-s) **1** (op schoorsteen) (chimney) cowl; **2** (kaars) smoke consumer

rook'vlees *o* smoked beef

'**rookwolk** *v* (-en) cloud of smoke, smoke cloud

'**rookworst** *v* (-en) smoked sausage

room *m* cream²

'**roomachtig** *bn* creamy

'**roomboter** *v* (dairy) butter

'**roomhoorn**, '**roomhoren** *m* (-s) cream horn

'**roomijs** *o* ice-cream

'**roomkaas** *m* (-kazen) cream cheese

'**roomkannetje** *o* (-s) cream-jug

'**roomklopper** *m* (-s) (gard) whisk

rooms *bn* Roman, Roman Catholic; *de ~en, mv* the Roman Catholics

roomsge'zind *bn* papistic

rooms-katho'liek *bn* Roman Catholic; *de ~en* the

Roman Catholics
'**roomsoes** *v* (-soezen) cream puff
'**roomtaart** *v* (-en) cream tart
'**roomvla** *v* cream custard
roos *v* (rozen) **1** ⟨bloem⟩ rose; **2** ⟨op hoofd⟩ dandruff; **3** ⟨huidziekte⟩ erysipelas; **4** ⟨in schietschijf⟩ bull's-eye; **5** scheepv ⟨compass-⟩card; *in de ~ treffen* score a bull's-eye; *onder de ~* under the rose, in secret; *op rozen zitten* be on a bed of roses; *zijn pad gaat niet over rozen* his path is not strewn with roses; *geen rozen zonder doornen* no rose without a thorn
'**roosachtig** *bn* rose-like
'**rooskleur** *v* rose colour
'**rooskleurig, roos'kleurig** *bn* rose-coloured², rosy²; *fig* bright [of prospects, the future &]; zie ook: *bril*
'**rooster** *m & o* (-s) **1** ⟨om te braden⟩ gridiron, grill; **2** ⟨in de kachel⟩ grate; **3** ⟨afsluiting⟩ grating; **4** ⟨lijst⟩ rota; *~ van werkzaamheden* time-table, time-sheet; *volgens ~ aftreden* go out by rotation
'**roosteren** (roosterde, h. geroosterd) *overg* **1** ⟨in 't alg.⟩ broil, roast, grill; **2** toast [bread]; *geroosterd brood* toast
'**roosterwerk** *o* grating
'**roosvenster** *o* (-s) rose-window
root *v* (roten) ⟨voor vlas⟩ retting-place
1 ros *o* (-sen) ⟨paard⟩ steed
2 ros *bn* reddish [hair], ruddy [glow]; *~se buurt* red-light district
ro'sarium *o* (-s) rosary
'**rosbief** *m & o* roast beef
'**rosé** *m* rosé
'**rosharig** *bn* red-haired
'**roskam** *m* (-men) curry-comb
'**roskammen** (roskamde, h. geroskamd) *overg* **1** ⟨v. paard⟩ curry; **2** ⟨hekelen⟩ criticize severely
rosma'rijn *m* = *rozemarijn*
'**rossig** *bn* reddish, sandy [hair], ruddy [glow]
1 rot *o* (-ten) mil file [consisting of two men], squad [of soldiers]; *een ~ geweren* a stack of arms; *de geweren werden aan ~ten gezet* mil the arms were stacked; *met ~ten rechts (links)* mil right (left) file
2 rot I *bn* **1** (in 't alg.) rotten, putrid, putrefied; **2** bad [fruit, tooth &]; *wat ~!* gemeenz how provoking!; **II** *bijw*: *zich ~ lachen* split one's sides, laugh one's head off; *zich ~ vervelen* be bored to death; *~ tegen iem. doen* be beastly to sbd.; *iem. voor ~ slaan* beat the hell out of sbd.; **III** *o* rot
3 rot *v* (-ten): *een oude ~* an old hand, an old stager
'**rotan** *o & m* rattan
ro'tatiepers *v* (-en) rotary press
'**roten** (rootte, h. geroot) *overg* ⟨v. vlas⟩ ret
ro'teren (roteerde, h. geroteerd) *onoverg* rotate
'**rotgang** *m*: *met een ~* at a break neck speed
'**rotgans** *v* (-ganzen) brent-goose
'**rothumeur** *o* gemeenz lousy mood
'**rotje** *o* (-s) ⟨vuurwerk⟩ squib, (fire)cracker; gemeenz

zich een ~ lachen laugh one's head off
'**rotjongen** *m* (-s), '**rotjoch** *m*, '**rotmeid** *v* (-en) brat, (little) stinker
ro'tonde *v* (-n en -s) **1** ⟨verkeersplein⟩ roundabout; **2** bouwk rotunda
'**rotor** *m* (-s en -'toren) rotor
rots *v* (-en) **1** ⟨grote steen⟩ rock; **2** cliff [= high steep rock]; *een ~ in de branding* a tower of strength
'**rotsachtig** *bn* rocky
'**rotsachtigheid** *v* rockiness
'**rotsbeen** *o* (-deren) petrosal (bone)
'**rotsblok** *o* (-ken) boulder
'**rotsduif** *v* (-duiven) rock-pigeon
'**rotseiland** *o* (-en) rocky island
'**rotskloof** *v* (-kloven) chasm
'**rotspartij** *v* (-en) rockery
'**rotsplant** *v* (-en) rock-plant
'**rotsschildering** *v* (-en) cave-painting
'**rotstekening** *v* (-en) cave-drawing
'**rotstreek** *v* (-streken) gemeenz dirty trick, mean trick
'**rotstuin** *m* (-en) rock garden, rockery
'**rotsvast** *bn* firm as a rock
'**rotswand** *m* (-en) rock-face, precipice; bluff [of coast]
'**rotswoning** *v* (-en) rock-dwelling
'**rotten** (rotte, is gerot) *onoverg* rot, putrefy
'**rottig** *bn* = ²*rot*
'**rottigheid** *v* misery
1 'rotting *v* ⟨ontbinding⟩ putrefaction
2 'rotting *m* (-en) ⟨wandelstok⟩ cane
'**rotvent** *m* (-en) ⟨scheldwoord⟩ rotter, bastard, son of a bitch, stinker
'**rotzak** *m* (-ken) bastard, son-of-a-bitch
'**rotzooi** *v* mess
'**rotzooien** (rotzooide, h. gerotzooid) *onoverg* **1** ⟨rommelig spelen, werken⟩ mess about (around); *de kinderen zijn met oude kleren aan het ~* the children are horsing about with old clothes; **2** ⟨seksuele spelletjes spelen⟩ fool around; *ze zaten met elkaar te ~ in de auto* they were making out in the car
'**rouge** *m & o* rouge
rou'lade *v* (-s) roulade
rou'latie *v*: *in ~ brengen* put into (general) circulation [a film]
rou'leren (rouleerde, h. gerouleerd) *onoverg* **1** ⟨in omloop zijn⟩ circulate, be in circulation; **2** ⟨om beurten worden waargenomen⟩ rotate, take turns
rou'lette *v* (-s) roulette
rou'lettetafel *v* (-s) roulette-table
'**route** *v* (-s en -n) route, way
'**routebeschrijving** *v* (-en) itinerary
rou'tine *v* **1** ⟨gewone gang⟩ routine; **2** ⟨bedrevenheid⟩ experience
routi'nier *m* (-s) old hand
rouw *m* mourning; *lichte (zware) ~* half (deep) mourning; *de ~ aannemen* go into mourning; *~ dragen (over)* mourn (for); *in de ~ gaan* go into

mourning; *in de ~ zijn* be in mourning; *uit de ~ gaan* go out of mourning

'**rouwband** *m* (-en) mourning-band

'**rouwbeklag** *o* condolence

'**rouwbrief** *m* (-brieven) notification of death

'**rouwcentrum** *o* (-tra, -s) funeral parlour

'**rouwdienst** *m* (-en) memorial service

'**rouwdrager** *m* (-s) mourner

'**rouwen** (rouwde, h. gerouwd) *onoverg* go into (be in) mourning, mourn (*over* for); zie ook: *berouwen*

'**rouwfloers** *o* crape

'**rouwgewaad** *o* (-waden) mourning garb

'**rouwig** *bn* sorry; *ik ben er helemaal niet ~ om* I am not at all sorry

'**rouwjaar** *o* (-jaren) year of mourning

'**rouwkamer** *v* (-s) funeral parlour

'**rouwklacht** *v* (-en) lamentation

'**rouwkleed** *o* (-kleden, -klederen en -kleren) mourning-dress; *rouwkleren* mourning-clothes

'**rouwkoets** *v* (-en) mourning-coach

'**rouwkoop** *m* smart-money; *~ hebben* repent one's bargain

'**rouwrand** *m* (-en) mourning-border, black edge

'**rouwsluier** *m* (-s) crape veil, weeper

'**rouwstoet** *m* (-en) funeral procession

'**rouwtijd** *m* period of mourning

'**roven** (roofde, h. geroofd) **I** *onoverg* rob, plunder; **II** *overg* steal

'**rover** *m* (-s) robber, brigand

'**roverbende** *v* (-n en -s) gang of robbers

'**roverhoofdman** *m* (-nen) robber-chief

rove'rij *v* (-en) robbery, brigandage

'**roversbende** *v* (-n en -s) = *roverbende*

'**rovershol** *o* (-holen) den of robbers, robbers' den

'**rovershoofdman** *m* (-nen) = *roverhoofdman*

'**rovertje** *o*: *~ spelen* play cops and robbers

ro'**yaal** **I** *bn* **1** liberal [man, tip &]; **2** free-handed, open-handed, munificent [man]; **3** handsome, generous [reward &]; *een royale kamer* a spacious room; *hij is erg ~ (met zijn geld)* he is very free with his money; **II** *bijw* liberally

roya'**list** *m* (-en) royalist

roya'**listisch** *bn* royalist

royali'**teit** *v* (-en) liberality, munificence, generosity

roye'**ment** *o* (-en) **1** expulsion [from a party]; **2** cancellation [of a contract]

ro'**yeren** (royeerde, h. geroyeerd) *overg* **1** remove from (strike off) the list; **2** expel [from a party]; **3** cancel [a contract]

'**roze** *bn* pink

'**rozelaar** *m* (-s) rose-bush, rose-tree

rozema'**rijn** *m* rosemary

'**rozenbed** *o* (-den) bed of roses

'**rozenblad** *o* (-bladen, -bladeren en -blaren) **1** ⟨van de struik⟩ rose-leaf; **2** ⟨bloemblad⟩ rose-petal

'**rozenboom** *m* (-bomen) rose-tree

'**rozenbottel** *v* (-s) rose-hip

'**rozengeur** *m* scent of roses; *het is (was) niet alles ~ en maneschijn* life is not a bed of roses, not all cakes and ale (beer and skittles)

'**rozenhoedje** *o* (-s) RK chaplet

'**rozenhout** *o* rosewood

'**rozenknop** *m* (-pen) rose-bud

'**rozenkrans** *m* (-en) **1** garland of roses; **2** RK rosary; *zijn ~ bidden* tell one's beads

'**rozenkruiser** *m* (-s) Rosicrucian

'**rozenkweker** *m* (-s) rose-grower

'**rozenolie** *v* oil (attar) of roses

'**Rozenoorlogen** *mv* Wars of the Roses

'**rozenrood** *bn* rose-red

'**rozenstek** *m* (-ken) rose-cutting

'**rozenstruik** *m* (-en) rose-bush

'**rozentuin** *m* (-en) rose-garden, rosary

'**rozenwater** *o* rose-water

ro'**zet** *v* (-ten) rosette

'**rozig** *bn* ⟨rooskleurig⟩ rosy, roseate

ro'**zijn** *v* (-en) raisin

'**rubber** *m & o* rubber

'**rubberboot** *m & v* (-boten) (rubber) dinghy

'**rubberhak** *v* (-ken) rubber heel

'**rubberhandschoen** *m* (-en) rubber glove

'**rubberlaars** *v* (-laarzen) rubber boot

'**rubberplantage** *v* (-s) rubber plantation

rubri'**ceren** (rubriceerde, h. gerubriceerd) *overg* classify, file

ru'**briek** *v* (-en) **1** column, feature, section [of newspaper]; **2** ⟨opschrift⟩ heading, head; **3** ⟨categorie⟩ section

'**ruche** *v* (-s) ruche, frill(ing), furbelow

'**ruchtbaar** *bn*: *~ maken* make public, make known, spread abroad; *~ worden* become known, get abroad, be noised abroad

'**ruchtbaarheid** *v* publicity; *~ geven aan* make public, disclose, divulge

'**rücksichtslos** *bn* unscrupulous

rudi'**ment** *o* (-en) rudiment

rudimen'**tair** *bn* rudimentary

'**ruften** (ruftte, h. geruft) *onoverg* fart

rug *m* (-gen) **1** ⟨v. lichaam⟩ back; **2** ⟨achterzijde in 't alg.⟩ back; **3** ⟨v. berg⟩ ridge; **4** ⟨v. boek⟩ back; **5** ⟨v. neus⟩ bridge; **6** gemeenz ⟨biljet van duizend gulden⟩ thousand-guilder note; *ik heb een brede ~* I have broad shoulders; *iem. de ~ toekeren* turn one's back (up)on sbd.; *~ aan ~* back to back; *hij deed het achter mijn ~* behind my back²; *de veertig achter de ~ hebben* be turned forty; *dat hebben wij goddank achter de ~* thank God it's finished, it's over now; *de vijand in de ~ (aan)vallen* attack the enemy in the rear, from behind; *hij stond met de ~ naar ons toe* he stood with his back to us; *met de ~ tegen de muur staan* have one's back to the wall; *met de handen op de ~* one's hands behind one's back

'**rugby** *o* Rugby (football), gemeenz rugger

'**rugbyen** (rugbyde, h. gerugbyd) *onoverg* play rugby

'**rugcrawl** *m* back-crawl

'**rugdekking** *v* backing

'**ruggelings** *bijw* **1** ⟨naar achteren⟩ backward(s); **2** ⟨rug aan rug⟩ back to back

'**ruggen** (rugde, h. gerugd) *overg* back

'**ruggengraat** *v* (-graten) vertebral column, backbone[2], spine

'**ruggengraatsverkromming** *v* (-en) deformity of the spine

'**ruggenmerg** *o* spinal marrow

'**ruggenmergsontsteking** *v* myelitis

'**ruggenmergstering** *v* tabes dorsalis, dorsal tabes

'**ruggenmergszenuw** *v* (-en) spinal nerve

'**ruggenprik** *m* (-ken) spinal puncture

'**ruggensteun** *m* backing, support

'**ruggenstreng** *v* (-en) spine

'**ruggenwervel** *m* (-s) = *rugwervel*

'**ruggespraak** *v* consultation; ~ *houden met iem.* consult sbd.

'**rugklachten** *mv* back troubles, back aches

'**rugleuning** *v* (-en) back [of a chair]

'**rugnummer** *o* (-s) sp (player's) number

'**rugpand** *o* (-en) back

'**rugpijn** *v* (-en) back-ache, pain in the back

'**rugschild** *o* (-en) carapace

'**rugslag** *m* back-stroke [in swimming]

'**rugsluiting** *v*: *met* ~ fastened at the back

'**rugsteunen** (rugsteunde, h. gerugsteund) *overg* back (up), support

'**rugstuk** *o* (-ken) back, back-piece

'**rugtitel** *m* (-s) back title

'**rugvin** *v* (-nen) dorsal fin

'**rugwaarts** **I** *bn* backward; **II** *bijw* backward(s)

'**rugwervel** *m* (-s) dorsal vertebra [*mv* dorsal vertebrae]

'**rugzak** *m* (-ken) rucksack

'**rugzwemmen** *onoverg* swim back-stroke

rui *m* **1** ⟨v. dieren⟩ moulting(-time); **2** ZN ⟨stadsgracht⟩ canal

'**ruien** (ruide, h. en is geruid) *onoverg* moult

ruif *v* (ruiven) rack

ruig *bn* **1** hairy, shaggy [beard]; **2** rough [cloth, sea]; **3** rugged [country]

'**ruigharig** *bn* **1** ⟨onverzorgd⟩ shaggy; **2** wire-haired [dog]

'**ruigheid** *v* **1** ⟨harigheid⟩ hairiness; shagginess; **2** ⟨woestheid⟩ roughness, ruggedness

'**ruigpoot** *m* (-poten) plat ⟨mannelijke homoseksueel⟩ queer

'**ruigte** *v* (-n en -s) **1** ⟨woestheid⟩ roughness, ruggedness; **2** ⟨struikgewas⟩ brush(-wood)

'**ruiken** (rook, h. geroken) **I** *overg* smell, scent; *hij ruikt wat, hij ruikt lont* he smells a rat; *dat kon ik toch niet* ~? how could I know?; **II** *onoverg* smell; *het ruikt goed* it smells good; *ze* ~ *lekker* they have a sweet (nice) smell; *ruik er eens aan* smell (at) it; *hij zal er niet aan* ~ he won't even get a smell of it; *het (hij) ruikt naar cognac* it (he) smells of brandy; *dat ruikt naar ketterij* that smells of heresy

'**ruike** . *i* (-s) nosegay, bouquet, bunch of flowers

ruil *m* (-en) exchange, barter; *een goede* ~ *doen* make a good exchange; *in* ~ *voor* in exchange for

'**ruilartikel** *o* (-en en -s) article for barter

'**ruilbeurs** *v* (-beurzen) exchange mart, Am swap meet

'**ruilen** (ruilde, h. geruild) **I** *overg* exchange, barter, gemeenz swop; ~ *tegen* exchange [it] for; ~ *voor* exchange for, barter for, gemeenz swop for; **II** *abs ww & onoverg* exchange; *ik zou niet met hem willen* ~ I wouldn't be in his shoes; *zullen we van plaats* ~? shall we (ex)change places?

'**ruilhandel** *m* (trade by) barter

'**ruilhart** *o* (-en) donor heart

'**ruiling** *v* (-en) exchange, barter

'**ruilmiddel** *o* (-en) medium of exchange

'**ruilobject** *o* (-en) object in exchange, bartering object

'**ruilverkaveling** *v* re-allotment

'**ruilverkeer** *o* exchange

'**ruilwaarde** *v* exchange value

1 ruim I *bn* large, wide, spacious, roomy, capacious, ample; *zijn* ~*e blik* his breadth of outlook; *een* ~ *gebruik van iets maken* use sth. freely; *een* ~ *geweten* easy (lax) conscience; *een* ~ *inkomen* a comfortable income ~*e kamer* spacious room; *in* ~*e kring* in wide circles; *een* ~*e meerderheid* a big majority; *het* ~*e sop* the open sea; ~*e voorraad* ample stores; *het niet* ~ *hebben* be in straitened circumstances, not be well off; **II** *bijw* largely, amply, plentifully; ~ *30 jaar geleden* a good thirty years ago; *hij is* ~ *30 jaar* he is past thirty; ~ *30 pagina's* well over thirty pages; ~ *40 pond* upwards of 40 pound; *hij sprak* ~ *een uur* he spoke for more than an hour; ~ *meten* measure liberally; ~ *uit elkaar* well apart; ~ *voldoende* amply sufficient; ~ *voorzien van...* amply provided with...; ~ *in de tijd zitten* have plenty of time; *je moet die dingen* ~ *zien* you must see things in a broad perspective

2 ruim *o* (-en) scheepv hold [of a ship]

ruim'denkend *bn* broad-minded, liberal, tolerant

'**ruimen** (ruimde, geruimd) **I** (h.) *overg* **1** ⟨leegmaken⟩ empty, evacuate; **2** ⟨verwijderen⟩ clear (away) [the snow, rubble &]; zie: *veld* &; **II** (is) *onoverg* scheepv veer aft, veer [of wind]

'**ruimschoots** *bn* amply, largely, plentifully; ~ *de tijd hebben* have ample (plenty of) time; ~ *zeilen* scheepv sail large

'**ruimte** *v* (-n en -s) room, space, capacity; *de* ~ scheepv the offing; *de oneindige* ~ ⟨infinite⟩ space; *iem. de* ~ *geven* give sbd. full play; *dat neemt te veel* ~ *in* that takes up too much room; *in de* ~ *kletsen* talk at random; *dit laat geen* ~ *voor twijfel* this leaves no room for doubt; ~ *maken* make room; ~ *openlaten* leave space, leave a blank [for the signature]

'**ruimtebesparend** *bn* space-saving

'**ruimtecabine** *v* (-s) space-cabin

'**ruimtecapsule** *v* (-s) space-capsule
'**ruimtedekking** *v* (-en) sp zonal defence
'**ruimtegebrek** *o* lack of room (of space)
'**ruimtelijk** *bn* spatial; ~*e ordening* area planning
'**ruimtemaat** *v* (-maten) measure of capacity
'**ruimteonderzoek** *o* exploration of space, space research
'**ruimtepak** *o* (-ken) spacesuit
'**ruimteraket** *v* (-ten) space rocket
'**ruimteschip** *o* (-schepen) spaceship
'**ruimtesonde** *v* (-s) space probe
'**ruimtestation** *o* (-s) space station
'**ruimtevaarder** *m* (-s) space traveller, spaceman, astronaut, [Soviet] cosmonaut
'**ruimtevaart** *v* space travel, astronautics
'**ruimtevaartuig** *o* spacecraft; ⟨met bemanning⟩ spaceship
'**ruimteveer** *o* (-veren) space shuttle
'**ruimtevlucht** *v* (-en) space flight
'**ruimtevrees** *v* agoraphobia
ruin *m* (-en) gelding
ru'**ïne** *v* (-s en -n) ruins; *het gebouw is een* ~ the building is a ruin; *hij is een* ~ he is a mere wreck
ruï'**neren** (ruïneerde, h. geruïneerd) **I** *overg* ruin; *hij is geruïneerd* ook: he is a ruined man; **II** *wederk*: zich ~ **1** ⟨financieel⟩ ruin oneself, bring ruin on oneself; **2** ⟨fysiek⟩ make a wreck of oneself
ruï'**neus** *bn* ruinous
ruis *m* ⟨bijgeluid⟩ noise
'**ruisen** (ruiste, h. geruist) *onoverg* **1** ⟨in 't alg.⟩ rustle; **2** ⟨v. beek⟩ murmur
'**ruising** *v* **1** ⟨in 't alg.⟩ rustle; **2** ⟨v. beek⟩ murmur
'**ruisvoorn**, '**ruisvoren** *m* (-s) rudd
ruit *v* (-en) **1** ⟨in raam⟩ (window-)pane; **2** ⟨vierhoekig figuur⟩ rhombus, rhomb, diamond, lozenge; **3** herald lozenge; **4** plantk rue; **5** ⟨op dam-, schaakbord⟩ square; zie ook: *ruitje*
1 '**ruiten** (ruitte, h. geruit) *overg* chequer; zie ook: *geruit*
2 '**ruiten** *v* (-s) kaartsp diamonds; ~ *zes* six of diamonds
'**ruitensproeier** *m* (-s) windscreen washer
'**ruitenwisser** *m* (-s) (wind)screen wiper
'**ruiter** *m* (-s) rider, horseman; *Spaanse (Friese)* ~*s* chevaux-de-frise
'**ruiterbende** *v* (-n en -s) troop of horse
ruite'**rij** *v* cavalry, horse
'**ruiterlijk** *bn* frank
'**ruiterpad** *o* (-paden) bridle-path, bridle-way
'**ruitersabel** *m* (-s) sabre, cavalry-sword
'**ruitersport** *v* horse-riding, equestrian sport
'**ruiterstandbeeld** *o* (-en) equestrian statue
'**ruiterstoet** *m* (-en) cavalcade
'**ruitertje** *o* (-s) tag, tab
'**ruitijd** *m* (-en) moulting-time, moulting-season
'**ruitje** *o* (-s) **1** ⟨v. raam⟩ pane; **2** ⟨op goed⟩ check
'**ruitjesgoed** *o* chequered material, check
'**ruitjespapier** *o* squared paper

'**ruitjespatroon** *o* (-patronen) check, check pattern
'**ruitvormig** *bn* lozenge-shaped, diamond-shaped
ruk *m* (-ken) pull, tug, jerk, wrench
'**rukken** (rukte, h. en is gerukt) **I** *overg* pull, tug, jerk, snatch; *iem. iets uit de handen* ~ snatch sth. out of sbd.'s hands; *een gezegde uit het verband* ~ wrest (tear) a phrase from its context; **II** *onoverg* **1** ⟨hard trekken⟩ pull, tug, jerk; *aan iets* ~ pull (tug) at sth., give sth. a tug; **2** plat ⟨masturberen⟩ jerk off, wank
'**rukker** *m* (-s): *hé, ouwe* ~! gemeenz hey, old buddy!
'**rukwind** *m* (-en) gust of wind, squall
rul *bn* loose [soil], sandy [road]
rum *m* rum
'**rumba** *m* ('s) r(h)umba
'**rumboon** *v* (-bonen) rum bonbon
rum-'cola *m* rum-and-coke
ru'**moer** *o* (-en) noise, uproar; ~ *maken (verwekken)* make a noise
ru'**moeren** (rumoerde, h. gerumoerd) *onoverg* make a noise
ru'**moerig** *bn* noisy, tumultuous, uproarious
1 **run** *v* ⟨gemalen schors⟩ tan, bark
2 **run** *m* (-s) run [on the bank; in cricket &]
rund *o* (-eren) **1** ⟨dier⟩ cow, ox; **2** ⟨stommeling⟩ blockhead, moron
'**rundergehakt** *o* minced beef; Am ground round
'**runderlapje** *o* (-s) beefsteak
'**runderpest** *v* cattle-plague
'**runderstal** *m* (-len) stable (shed) for cattle
'**rundleer** *o* cowhide, neat's leather
'**rundvee** *o* ⟨horned⟩ cattle
'**rundveestamboek** *o* (-en) herd-book
'**rundvet** *o* **1** ⟨in 't alg.⟩ beef suet; **2** ⟨gesmolten⟩ beef dripping
'**rundvlees** *o* beef
'**rune** *v* (-n) rune, runic letter
'**runenschrift** *o* runic writing
'**runmolen** *m* (-s) tan-mill
'**runnen** (runde, h. gerund) *overg* run [a business]
'**runner** *m* (-s) runner°
rups *v* (-en) caterpillar
'**rupsband** *m* (-en) caterpillar; *met* ~*en* tracked [vehicles]
'**rupswiel** *o* (-en) caterpillar wheel
rus *m* (-sen) slang ⟨rechercheur⟩ dick, snoop
Rus *m* (-sen) Russian
'**Rusland** *o* Russia
Rus'sin *v* (-nen) Russian lady (woman)
'**Russisch I** *bn* Russian; ~ *leer* Russia leather; **II** *o*: *het* ~ Russian
rust *v* **1** rest, repose [after exertion], quiet, tranquillity [of mind], calm; **2** muz rest; **3** sp half-time, interval; *(op de plaats)* ~! mil stand at ease!; ⟨bij tweede rust⟩ stand easy!; ~ *en vrede* peace and quiet; ~ *geven* give a rest, rest; *zich geen ogenblik* ~ *gunnen* not give oneself a moment's rest; *geen* ~ *hebben*

vóórdat... not be easy till...; *hij is een van die mensen die ~ noch duur hebben* who cannot rest for a moment; *hij moet ~ houden* take a rest; *hij is de eeuwige ~ ingegaan* he has entered into his rest; *wat ~ nemen* take a rest, rest oneself; *~ roest* rest makes rusty; *predikant in ~e = rustend; al in diepe ~ zijn* be fast asleep; *iem. met ~ laten* leave sbd. in peace, leave (let) sbd. alone; *zich ter ~e begeven* go to rest, retire for the night; *tot ~ brengen* set at rest, quiet; *tot ~ komen* quiet down, settle down, subside

'**rustaltaar** *o* & *m* (-taren) wayside altar
'**rustbank** *v* (-en), **rustbed** *o* (-den) couch
'**rustdag** *m* (-dagen) day of rest, holiday
'**rusteloos** *bn* restless
'**rusten** (rustte, h. gerust) *onoverg* rest, repose; *hier rust...* here lies...; *hij ruste in vrede* may he rest in peace; *zijn as ruste in vrede* peace (be) to his ashes; *wel te ~!* good night!; *ik moet wat ~* I must take a rest; *laten ~* let rest[2]; *de paarden laten ~* rest one's horses; *we zullen dat punt (die zaak) maar laten ~* drop the point, let the matter rest; *er rust geen blaam op hem* no blame attaches to him; *zijn blik rustte op...* his gaze rested on...; *op u rust de plicht om...* on you rests the duty to...; *de verdenking rust op hem* it is on him that suspicion rests, suspicion points to him
'**rustend** *bn* retired [official]; *~ predikant* emeritus minister
'**rustgevend** *bn* restful, soothing
'**rusthuis** *o* (-huizen) home of rest, rest home
rus'tiek *bn* **1** rustic [bridge &]; **2** rural [simplicity &]
'**rustig I** *bn* quiet, still, tranquil, restful, reposeful, placid, calm; **II** *bijw* quietly, calmly
'**rustigheid** *v* quietness, stillnes, restfulness, tranquillity, placidity, calmness, calm
'**rustigjes** *bijw* quietly
'**rusting** *v* (-en) (suit of) armour
'**rustkuur** *v* (-kuren) rest-cure
'**rustoord** *o* (-en) retreat
'**rustpauze** *v* (-n en -s) rest, break
'**rustplaats** *v* (-en) resting-place; *iem. naar zijn laatste ~ brengen* lay sbd. to rest
'**rustpunt** *o* (-en) rest, pause, stopping place
'**ruststand** *m* **1** (v. lichaam) position of rest; **2** sp score at half-time, half-time score
'**ruststoel** *m* (-en) rest-chair
'**rustteken** *o* (-s) muz rest
'**rusttijd** *m* (-en) (time of) rest, resting-time
'**rustuur** *o* (-uren) hour of rest
'**rustverstoorder** *m* (-s) disturber of the peace, peace-breaker
'**rustverstoring** *v* (-en) disturbance, breach of the peace
rut *bn* gemeenz broke, cleaned out, penniless
ruw I *bn* **1** raw [materials, silk], rough [diamonds &], crude [oil]; **2** (grof) rough, coarse[2], crude[2], rude[2]; **3** (oneffen) rugged; *~ ijzer* pig-iron; **II** *bijw*

roughly[2]
'**ruwaard** *m* (-s) hist regent, governor
'**ruwen** (ruwde, h. geruwd) *overg* **1** (ruw maken) roughen; **2** (kaarden) card, tease
'**ruwharig** *bn* shaggy, wire-haired [terrier]
'**ruwheid** *v* (-heden) roughness, coarseness, rudeness, ruggedness, crudity
'**ruwweg** *bijw* roughly
'**ruzie** *v* (-s) quarrel, brawl, squabble, fray; *~ hebben* be quarrelling, be at odds; *~ hebben over...* quarrel about...; *~ krijgen* quarrel, fall out (*over* over); *~ maken* quarrel; *~ stoken* make mischief, make trouble; *~ zoeken* pick a quarrel, look for trouble
'**ruzieachtig** *bn* argumentative, quarrelsome; *op ~e toon* in a quarrelsome tone (of voice)
'**ruziemaker** *m* (-s) brawler, quarrelsome fellow
'**ruziën** (ruziede, h. geruzied) *onoverg* quarrel
'**Rwanda** *o* Rwanda
Rwan'dees *m* (-dezen) & *bn* Rwandan

S

s *v* (s'en) s

1 saai *o & m* 〈stof〉 serge
2 saai I *bn* dull, slow, tedious; **II** *bijw* tediously
'saaien *bn* serge
saam *bijw* together
saam'horig *bijw* united
saam'horigheid *v* solidarity, unity
'sabbat *m* (-ten) Sabbath
'sabbatdag *m* (-dagen) Sabbath-day
'sabbatschender, 'sabbatsschender *m* (-s) Sabbath-breaker
'sabbatsstilte, 'sabbatstilte *v* silence of the Sabbath
'sabbatviering *v* observance of the Sabbath
'sabbelen (sabbelde, h. gesabbeld) *onoverg* suck; ~ *op* suck [a pencil], suck at [one's pipe]
1 'sabel *o* 〈bont〉 sable
2 'sabel *m* (-s) 〈wapen〉 sabre, sword
'sabelbajonet *v* (-ten) sword-bayonet
'sabelbont *o* sable (fur)
'sabeldier *o* (-en) sable
'sabelen (sabelde, h. gesabeld) *overg* hack, cut
'sabelgekletter *o* sabre-rattling[2]
'sabelhouw *m* (-en) **1** sabre-thrust, cut (stroke) with a sabre; **2** sabre-cut [wound]
'sabelkling *v* (-en) blade of a sword
'sabelkoppel *m & v* (-s) sword-belt
'sabelkwast *m* (-en) sword-knot
'sabelschede *v* (-n) scabbard
'sabelschermen *o* sword exercise
'sabeltas *v* (-sen) sabretache
Sa'bijnen *mv* Sabines
Sa'bijns *bn* Sabine; *de ~e maagdenroof* the rape of the Sabine women
sabo'tage *v* sabotage
sabo'tagedaad *v* (-daden) act of sabotage
sabo'teren (saboteerde, h. gesaboteerd) *overg* sabotage
sabo'teur *m* (-s) saboteur
sacha'rine *v* saccharin
sache'rijnig *bn* cheerless, dismal, glum
sa'chet *o* (-s) sachet
sa'craal *bn* sacral, holy
sacra'ment *o* (-en) sacrament; *de laatste ~en toedienen* administer the last sacraments
sacramen'teel *bn* sacramental
Sacra'mentsdag *m* Corpus Christi
sacris'tein *m* (-en) sacristan, sexton
sacris'tie *v* (-tieën) sacristy, vestry
sa'disme *o* sadism
sa'dist *m* (-en) sadist

sa'distisch *bn* sadistic
sadomaso'chisme *o* sado-masochism
sadomaso'chist *m* (-en) sadomasochist
sadomaso'chistisch *bn* sadomasochistic
sa'fari *v* ('s) safari
sa'faripark *o* (-en) safaripark
'safeloket *o* (-ten) safe-deposit box
saffi'aan *o* morocco(-leather)
'saffie *o* (-s) *slang* fag
saf'fier *m & o* (-en) sapphire
saf'fieren *bn* sapphire
saf'fraan *m* saffron
saf'fraangeel *bn* saffron
'saga *v* ('s) [Icelandic &] saga
'sage *v* (-en) legend, tradition, myth
'sago *m* sago
'sagomeel *o* sago-flour, sago-meal
'sagopalm *m* (-en) sago-palm
sai'llant I *bn* salient[2]; **II** *m & o* (-en) *mil* salient
Saint Christopher en Nevis, Saint Kitts en Nevis *o* Saint Christopher-Nevis, Saint Kitts-Nevis
Saint Lucia *o* Saint Lucia
Saint Vincent *o* Saint Vincent (and the Grenadines)
sa'jet *m* worsted
sa'jetten *bn* worsted
'sakkeren (sakkerde, h. gesakkerd) *onoverg* <u>ZN</u> swear, curse, grumble
sakker'loot *tsw* = sapperloot
Saks *m* (-en) Saxon
'Saksen *o* Saxony
'Saksisch *bn* Saxon; ~ *porselein* Dresden china
sa'lade *v* = sla
sala'mander *m* (-s) 〈dier〉 salamander; ZN: *een ~ doen* propose a toast and drink together
sa'lami *m* salami
sa'lamitactiek *v* salami tactics
salari'ëren (salarieerde, h. gesalarieerd) *overg* salary, pay
sa'laris *o* (-sen) salary, pay
sa'larisregeling *v* (-en) scale of salary (pay)
sa'larisrekening *v* (-en) <u>Br</u> current account; <u>Am</u> checking account
sa'larisverhoging *v* (-en) (pay) rise, salary increase, pay increase
sa'larisverlaging *v* (-en) cut, salary reduction
sal'deren (saldeerde, h. gesaldeerd) *overg* balance
'saldo *o* ('s en -di) balance; *batig ~* credit balance, surplus, balance in hand, balance in one's favour; *nadelig ~* deficit; ~ *in kas* balance in hand; *per ~* on balance[2]; *fig* in the end, after all
sa'letjonker *m* (-s) beau, fop, carpet-knight
sali'cylzuur *o* salicylic acid
'salie *v* sage
salmi'ak *m* sal-ammoniac
'Salomo *m* Solomon
'Salomonsoordeel *o* (-delen) judgment of Solomon

sa'lon *m & o* (-s) **1** (ontvangkamer) drawing-room; **2** [hairdresser's] saloon; **3** ZN (meubels) drawing-room furniture; **4** ZN (beurs) fair

sa'lonameublement *o* (-en) drawing-room furniture

sa'lonboot *m & v* (-boten) saloon-steamer

sa'loncommunist *m* (-en) drawing-room red, armchair communist

salon'fähig *bn* socially acceptable; presentable [person, performance]

sa'lonheld *m* (-en) = *saletjonker*

Sa'loniki *o* Salonika

sa'lonmuziek *v* salon music, drawing-room music

sa'lontafeltje *o* (-s) coffee table

sa'lonvleugel *m* (-s) baby grand

sa'lonwagen *m* (-s) saloon-car

salo'pette *v* (-s) dungarees

sal'peter *m & o* saltpetre, nitre

sal'peterachtig, sal'peterig *bn* nitrous

sal'peterzuur *o* nitric acid

salto *m* ('s) somersault

salu'eren (salueerde, h. gesalueerd) *onoverg & overg* salute

sa'luut *o* (-luten) mil salute, greeting; *~!* goodbye!; *het ~ geven* **1** mil give the salute, salute; **2** scheepv fire a salute

sa'luutschot *o* (-schoten) salute; *er werden 21 ~en gelost* a salute of 21 guns was fired

Salvadori'aan *m* (-rianen) Salvadorian

Salvadori'aans *bn* Salvadorian

'salvo *o* ('s) volley, round, salvo

'salvovuur *o* volley-firing

Samari'taan *m* (-tanen) Samaritan; *de barmhartige ~* the Good Samaritan

Samari'taans *bn* Samaritan

'samba *m* ('s) samba

'sambal *m* (-s) sambal

'samen *bijw* together

'samenballen [1] *onoverg* **1** (in 't alg.) mass together, concentrate, contract; **2** (v. wolken) gather

'samenbinden [1] *overg* bind together

'samenbrengen [1] *overg* bring together

'samenbundeling *v* gathering, collection

'samendoen [1] **I** *overg* put together; **II** *onoverg* be partners, act in common, go shares

samen'drukbaar *bn* compressible

'samendrukken [1] *overg* press together, compress

'samenflansen [1] *overg* knock (patch) together, patch up

'samengaan [1] *onoverg* go together [2], fig agree; *~ met* go with [2]; *niet ~ met* fig be incompatible with

'samengesteld *bn* compound [leaf, interest], composite, complex; *een ~e zin* a compound (complex) sentence; *een ~ woord* a compound (noun); *een ~e boog* a composite bow

samenge'steldheid *v* complexity

'samengroeien [1] *onoverg* grow together

'samengroeiing *v* growing together

'samenhang *m* **1** (in 't alg.) coherence, cohesion, connection; **2** (v. zin) context

'samenhangen [1] *onoverg* cohere, be connected; *dat hangt samen met* that is connected with

'samenhangend *bn* **1** (coherent) coherent, connected, consistent; **2** (verbonden) connected, related

'samenhokken [1] *onoverg* herd together, gemeenz shack up (with met)

'samenhopen [1] *overg* accumulate, heap up, pile up

'samenhoping *v* accumulation

'samenklank *m* concord

'samenklemmen [1] *overg* squeeze together

'samenklinken [1] **I** *onoverg* muz chime together, harmonize; **II** *overg* techn rivet together

'samenknijpen [1] *overg* press (squeeze) together, squint [one's eyes]

'samenknopen [1] *overg* tie together

'samenkoeken [1] *onoverg* congeal

'samenkomen [1] *onoverg* **1** meet, assemble, get together, gather, plechtig forgather [of persons]; **2** meet [of lines]

'samenkomst *v* (-en) meeting

'samenkoppelen [1] *overg* couple

'samenleven [1] *onoverg* live together; (vreedzaam) coexist

'samenleving *v* (-en) society

'samenlevingscontract *o* (-en) ± cohabitation agreement

'samenlijmen [1] *overg* glue together

'samenloop *m* concourse, concurrence, convergence; *~ van omstandigheden* coincidence, concurrence of circumstances; *de ~ van twee rivieren* the confluence of two rivers

'samenlopen [1] *onoverg* **1** meet, converge [of lines]; **2** concur [of events]

'samenpakken [1] **I** *overg* pack up (together); **II** *wederk: zich ~* gather [of clouds]

'samenpersen [1] *overg* press together, compress

'samenpersing *v* compression

'samenplakken (plakte samen, samengeplakt) **I** *overg* (h.) paste together; **II** (is) *onoverg* stick

'samenraapsel *o* (-s) hotchpotch; *~ van leugens* pack of lies

'samenroepen [1] *overg* call together, convoke, convene [a meeting]

'samenroeping *v* convocation

'samenrollen [1] *overg* roll up

'samenscholen (schoolde samen, h. samengeschoold) *onoverg* assemble, gather

'samenscholing *v* (-en) (riotous, unlawful) assembly, gathering

'samenschraapsel *o* (-s) scrapings

'samenschrapen [1] *overg* scrape together

'samensmeden [1] *overg* forge together

'samensmelten [1] *overg* (h.) & *onoverg* (is) melt together; fig amalgamate

'samensmelting *v* (-en) **1** eig melting together;

2 fig amalgamation

'**samensnoeren**[1] *overg* **1** eig tie (lace) together; **2** fig choke, stifle [with fear]

'**samenspannen**[1] *onoverg* conspire, plot

'**samenspanning** *v* (-en) conspiracy, plot, collusion

'**samenspel** *o* **1** muz ensemble playing; **2** (in 't alg.) combined action; **3** sp team-work

'**samenspraak** *v* (-spraken) conversation, dialogue; *in ~* in consultation

'**samenstel** *o* structure, system, fabric [logical &], framework, make-up

'**samenstellen**[1] *overg* put together, compose, compile, make up; *~d* component [parts]

'**samensteller** *m* (-s) compiler, composer

'**samenstelling** *v* (-en) **1** (in 't alg.) composition, constitution, make-up; arrangement; **2** gramm compound word, compound

'**samenstemmen**[1] *overg* harmonize, chime together

'**samenstromen**[1] *onoverg* **1** (rivieren &) flow together; **2** (v. mensen) flock together

'**samenstroming** *v* (-en) **1** (rivieren &) confluence; **2** (v. mensen) concourse

'**samentrekken**[1] **I** (h.) *overg* **1** knit [one's brow]; **2** mil concentrate [troops]; **3** (samenvoegen) gather, draw together, unite; **II** (h.) *wederk*: *zich ~* **1** (in 't alg) contract; **2** mil concentrate; **3** gather [of clouds]; **III** (is) *onoverg* contract

'**samentrekkend** *bn* astringent, constringent

'**samentrekking** *v* (-en) **1** (in 't alg.) contraction; **2** mil concentration [of troops]

'**samenvallen**[1] **I** *onoverg* coincide [of events, dates, triangles]; **II** *o: het ~* the coincidence

'**samenvatten**[1] *overg* summarize, sum up

'**samenvatting** *v* (-en) summary, abstract, summing up

'**samenvlechten**[1] *overg* **1** (haar) plaid, braid together; **2** (bloemen &) bind, wreathe together

'**samenvloeien**[1] *onoverg* flow together, meet

'**samenvloeiing** *v* (-en) confluence

'**samenvoegen**[1] *overg* join, unite

'**samenvoeging** *v* (-en) junction

'**samenvouwen**[1] *overg* **1** fold up [a newspaper]; **2** fold [one's hands]

'**samenweefsel** *o* (-s) **1** eig texture, web, tissue; **2** fig tissue (web) [of lies]

'**samenwerken**[1] *onoverg* cooperate, collaborate, work (act) together

'**samenwerking** *v* cooperation, collaboration, concerted action; *in ~ met* in cooperation (collaboration) with

'**samenwerkingsverband** *o* (-en) cooperation, collaboration; *een ~ van een aantal organisaties* a cooperative (collaborative, joint) effort of several organizations

'**samenwonen**[1] **I** *onoverg* **1** (in 't alg.) live together; **2** (ongehuwd) cohabit, live together, gemeenz

shack up [with]; **3** (wegens woningschaarste) share a house; **II** *o* cohabitation

'**samenwoning** *v* **1** (in 't alg.) living together; **2** (wegens woningschaarste) shared accommodation

'**samenzang** *m* community singing

'**samenzijn** *o* meeting, gathering

'**samenzweerder** *m* (-s) conspirator, plotter

'**samenzweerderig** *bn* conspiratorial

'**samenzweren**[1] *onoverg* conspire, plot

'**samenzwering** *v* (-en) conspiracy; *een ~ smeden* lay a plot

Sa'**moa-eilanden** *mv* Samoa, Samoa Islands

samo'**jeed** *m* (-jeden) Samoyed

'**samplen** (samplede, h. gesampled) *overg* sample

sam'sam *bijw*: *~ doen* go fifty-fifty, go Dutch

sana'**torium** *o* (-s en -ria) sanatorium [*mv* sanatoria], health-resort

'**sanctie** *v* (-s) sanction

sanctio'**neren** (sanctioneerde, h. gesanctioneerd) *overg* sanction

san'**daal** *v* (-dalen) sandal

'**sandelhout** *o* sandalwood

'**sandwich** *m* (-es) sandwich

sa'**neren** (saneerde, h. gesaneerd) *overg* **1** reorganize [the finances]; **2** reconstruct [a company]; **3** redevelop, clean up [a part of the town]

sa'**nering** *v* reorganization, redevelopment

sa'**neringsplan** *o* (-nen) redevelopment plan

san'**guinisch** *bn* sanguine

'**sanhedrin** *o* sanhedrim, sanhedrin

sani'**tair** **I** *bn* sanitary; **II** *o* sanitary fittings, sanitation, plumbing

Sankt 'Gallen *o* Saint Gall

Sankt 'Moritz *o* Saint Moritz

Sanmari'nees *m* (-nezen) & *bn* San Marinese, San-marinese

San Ma'rino *o* San Marino

sanse'**vieria** *v* ('s) sansevieria

'**Sanskriet** *o* Sanskrit

san'**té**, '**santjes!** *tsw* your health!

'**santenkraam** *v: de hele ~* the whole lot (caboodle)

Sa'**oedi** *m* ('s), Sa'**oediër** (-s) Saudi, Saudi Arabian

Sa'**oedi-A'rabië** *o* Saudi-Arabia

Sa'**oedisch** *bn* Saudian, Saudi Arabian

São To'mé en Principe *o* São Tomé e Principe

sap *o* (-pen) **1** sap [of plants]; **2** juice [of fruit]

'**sapje** *o* (-s) (fruit) juice

'**sappel** gemeenz: *zich te ~ maken* worry

'**sappelen** (sappelde, h. gesappeld) *onoverg* drudge, toil, slave

sapper'loot *tsw* good gracious, good heavens

'**sappig** *bn* **1** (fruit & vlees) juicy, succulent; **2** (plant) sappy, succulent; **3** fig juicy, racy; *een ~ verhaal* a juicy story; *~e teksten* racy texts (lyrics)

'**sappigheid** *v* **1** (fruit & vlees) juiciness, succulence; **2** (plant) succulence, sappiness

'**saprijk** *bn* = *sappig*
sapris'ti *tsw* by Jove!, bless my soul!
Sara'ceen *m* (-cenen) Saracen
Sara'ceens *bn* saracen
sar'casme *o* sarcasm, vitriol
sar'cast *m* (-en) sarcastic person
sar'castisch *bn* sarcastic, pungent
sarco'faag *m* (-fagen) sarcophagus [*mv* sarcophagi]
Sard *m* (-en), **Sar'diniër** (-s) Sardinian
sar'dientje *o*, **sar'dine** *v* (-s) sardine
sar'dineblikje *o* (-s) sardine tin
Sar'dinië *o* Sardinia
Sar'dinisch, '**Sardisch** *o* & *bn* Sardinian
sar'donisch *bn* sardonic
'**sarong** *m* (-s) sarong
'**sarren** (sarde, h. gesard) *overg* tease, bait
sas: *in zijn ~ zijn* be in good humour
'**sassen** (saste, h. gesast) *onoverg* gemeenz piss
'**satan** *m* (-s) Satan, devil
sa'tanisch, '**satans** *bn* satanic, diabolical
sata'nisme *o* Satanism
'**satanskind** *o* (-eren) Satan's brood
sa'té *v* satai, satay
satel'liet *m* (-en) satellite[2]
satel'lietfoto *v* ('s) satellite photo
satel'lietstaat *m* (-staten) satellite country
satel'lietstad *v* (-steden) satellite town
'**sater** *m* (-s) satyr
sa'tijn *o* satin
sa'tijnachtig *bn* satiny
sa'tijnen *bn* satin
sa'tijnhout *o* satinwood
sati'neren (satineerde, h. gesatineerd) *overg* satin,
glaze; *gesatineerd papier* glazed paper
sati'net *o* & *m* satinet(te), sateen
sa'tire *v* (-s en -n) satire; *een ~ maken op* satirize
sa'tiricus *m* (-ci) satirist
sati'riek, **sa'tirisch** *bn* satiric(al)
sa'traap *m* (-trapen) satrap
satur'naliën *mv* saturnalia
Sa'turnus *m* Saturn
sau'cijs *v* (-cijzen) sausage
sau'cijzenbroodje *o* (-s) sausage-roll
'**sauna** *m* ('s) sauna
saus *v* (-en en sauzen) **1** ⟨in 't alg.⟩ sauce[2]; **2** ⟨voor
tabak⟩ flavour, flavouring; **3** ⟨voor muren &⟩
(white)wash, distemper
'**sausen** (sauste, h. gesaust) *overg* **1** flavour [to-
bacco]; **2** (white)wash, distemper [ceilings];
3 sauce[2] [food &]
'**sauskom** *v* (-men) sauce-boat
'**sauslepel** *m* (-s) sauce-ladle
sau'veren (sauveerde, h. gesauveerd) *overg* protect,
shield, screen
'**sauzen** *overg* (sausde, h. gesausd) = *sausen*
sa'vanne *v* (-n en -s) savanna(h)
'**saven** (savede, h. gesaved) *overg* comput save
Sa'voie *o* Savoy

sa'vooiekool *v* (-kolen) savoy (cabbage)
savou'reren (savoureerde, h. gesavoureerd) *overg*
savour, relish
'**sawa** *m* ('s) paddy-field, rice-field
saxofo'nist *m* (-en) saxophonist
saxo'foon *v* (-s en -fonen) saxophone
sca'breus *bn* scabrous, indecent, improper, salacious, obscene, smutty, risky
'**scala** *v* & *o* ('s) scale [ook *muz*], range, variety; *het
hele ~ van gevoelens* the whole gamut of feelings
scalp *m* (-en) scalp
scal'peermes *o* (-sen) scalping knife
'**scalpel** *o* (-s) scalpel
scal'peren (scalpeerde, h. gescalpeerd) *overg* scalp,
cut the scalp off
scanda'leus *bn* scandalous, outrageous
scan'deren (scandeerde, h. gescandeerd) *overg* scan
[verses]
Scandi'navië *o* Scandinavia
Scandinaviër *m* (-s) Scandinavian
Scandi'navisch *bn* Scandinavian
'**scannen** (scande, h. gescand) *overg* scan
'**scanner** *m* (-s) scanner
scapu'lier *o* & *m* (-s en -en) RK scapulary, scapular
sce'nario *o* ('s) **1** ⟨in 't alg.⟩ scenario (ook *fig*);
2 ⟨inz. v. film⟩ script
sce'narioschrijver *m* (-s) **1** ⟨in 't alg.⟩ scenarist,
scenario writer; **2** ⟨inz. v. film⟩ script-writer
scene *v* scene, set, circle
'**scène** *v* (-s) **1** ⟨toneel⟩ scene; **2** ⟨misbaar⟩ scene; *in ~
zetten* **1** eig mount, stage [a play]; **2** ⟨simuleren⟩
fake; *het was allemaal in ~ gezet* the whole thing
was fixed beforehand (prearranged), it was all a
put-up job
'**scepsis** *v* scepticism
'**scepter** *m* (-s) sceptre; *de ~ zwaaien* wield (sway)
the sceptre, bear (hold) sway; gemeenz rule the
roost
scepti'cisme *o* scepticism
'**scepticus** *m* (-ci) sceptic
'**sceptisch** *bn* sceptical
schaaf *v* (schaven) **1** ⟨om iets glad te maken⟩ plane;
2 ⟨om plakken te snijden⟩ slicer
'**schaafbank** *v* (-en) joiner's (carpenter's) bench
'**schaafbeitel** *m* (-s), '**schaafmes** *o* (-sen) plane-
iron
'**schaafsel** *o* shavings, scobs
'**schaafwond** *v* (-en) graze, scrape, abrasion
schaak *o* check; *~ geven* check; *~ spelen* play (at)
chess; *~ staan (zijn)* be in check
'**schaakbord** *o* (-en) chess-board
'**schaakclub** *v* (-s) chess-club
'**schaakcomputer** *m* (-s) chess computer
'**schaakkampioen** *m* (-en) chess-champion
'**schaakkampioenschap** *o* (-pen) chess-
championship
'**schaakklok** *v* (-ken) chess-clock
schaak'mat *bn* & *o* checkmate; *hij werd ~ gezet* **1** sp

he was mated; **2** *fig* he was checkmated

'**schaakmeester** *m* (-s) chess master, master of chess

'**schaakpartij** *v* (-en) game of chess

'**schaakspel** *o* **1** (game of) chess; **2** (-len) chess-board and men

'**schaakspeler** *m* (-s) chess-player

'**schaakstuk** *o* (-ken) chess-man, chess-piece

'**schaaktoernooi** *o* (-en) chess-tournament

'**schaakwedstrijd** *m* (-en) chess-match

schaal *v* (schalen) **1** ⟨v. schaaldier⟩ shell; **2** ⟨v. ei⟩ shell; **3** ⟨schotel⟩ dish, bowl; **4** ⟨om rond te gaan⟩ plate [at church]; **5** ⟨v. weegschaal⟩ scale, pan; **6** ⟨weegschaal⟩ (pair of) scales; **7** ⟨verhouding⟩ scale; *met de ~ rondgaan* make a plate-collection; *op ~ tekenen* draw to scale; *~ 1:2* scale 1:2; *op grote (kleine) ~* on a large (small) scale; *op grote ~ ook*: large-scale [map, campaign &]; wholesale [arrests, slaughter &]; extensively [used &]; zie ook: *gewicht*

'**schaaldier** *o* (-en) crustacean

'**schaalmodel** *o* (-len) scale model

'**schaaltje** *o* (-s) (small) dish

'**schaalverdeling** *v* (-en) graduation-scale

'**schaalvergroting** *v* (-en) scaling-up

'**schaamachtig** *bn* shamefaced, bashful, coy

'**schaamachtigheid** *v* bashfulness, coyness, shame

'**schaambeen** *o* (-deren) pubis

'**schaamdelen** *mv* privy (private) parts, privates

'**schaamhaar** *o* pubic hair(s)

'**schaamheuvel** *m* (-s) mons pubis (veneris)

'**schaamlippen** *mv* labia

'**schaamluis** *v* (-luizen) crab louse

'**schaamrood** *o* blush of shame; *het ~ steeg haar naar de kaken* she blushed with shame; *iem. het ~ op de kaken jagen* put sbd. to the blush

'**schaamspleet** *v* (-spleten) vulva

'**schaamstreek** *v* pubic (pudendal) region, pubes

'**schaamte** *v* shame; *alle ~ afgelegd hebben* have lost all sense of shame

'**schaamtegevoel** *o* sense of shame, feeling of shame; *geen enkel ~ meer hebben* have lost all sense of shame

'**schaamteloos** *bn* shameless, barefaced, impudent, brazen, unblushing

schaamte'loosheid *v* shamelessness, impudence, brazenness

schaap *o* (schapen) sheep²; *verdoold ~* stray(ing) (lost) sheep²; *het zwarte ~* the black sheep; *het arme ~* the poor thing; *de schapen van de bokken scheiden* separate the sheep from the goats; *er gaan veel makke schapen in één hok* heart-room makes house-room; *als er één ~ over de dam is volgen er meer* one sheep follows another

'**schaapachtig** *bn* sheepish²

'**schaapachtigheid** *v* sheepishness²

'**schaapherder** *m* (-s) shepherd

schaapherde'rin *v* (-nen) shepherdess

'**schaapje** *o* (-s) (little) sheep; *zijn ~s op het droge*

hebben have made one's pile

'**schaapskooi** *v* (-en) sheep-fold, (sheep) cote

'**schaapskop** *m* (-pen) **1** *eig* sheep's head; **2** ⟨stommeling⟩ blockhead, mutton-head, mutt

'**schaapsleer** *o = schapenleer*

'**schaapsvacht** *v* (-en) *= schapenvacht*

1 schaar *v* (scharen) **1** ⟨om te knippen⟩ scissors, pair of scissors; **2** ⟨om te snoeien⟩ shears, pair of shears; **3** ⟨van ploeg⟩ share; **4** pincer, nipper, claw [of a lobster]

2 schaar *v* (scharen) ⟨menigte⟩ = *schare*

3 schaar *v* (scharen) ⟨kerf⟩ = *schaard(e)*

'**schaard** (-en), '**schaarde** *v* (-n) nick, notch [in a saw, a knife &]

schaars **I** *bn* scarce, scanty; infrequent [visit]; **II** *bijw* **1** scarcely, scantily; **2** seldom

'**schaarsheid** *v* scarcity, scantiness, dearth

'**schaarste** *v* scarcity [of teachers &]; dearth, shortage [of money &]; ⟨v. voedsel ook⟩ famine

schaats *v* (-en) skate; *een scheve ~ rijden* overstep the mark: *kunstrijden op de ~* figure skating; *hardrijden op de ~* speed skating

'**schaatsbaan** *v* (-banen) skating rink

'**schaatsen** (schaatste, h. geschaatst) *onoverg* skate

'**schaatsenrijden** **I** (reed schaatsen, h. schaatsengereden) *onoverg* skate; **II** *o* skating

'**schaatsenrijder** *m* (-s) skater

'**schaatsriem** *m* (-en) skating strap

'**schaatsschoen** *m* (-en) skating boot

schacht *v* (-en) **1** ⟨v. anker, sleutel⟩ shank; **2** ⟨v. laars⟩ leg; **3** ⟨v. plant⟩ stem; **4** ⟨v. veer⟩ quill, shaft; **5** ⟨v. mijn, pijl⟩ shaft; **6** ZN ⟨rekruut, groen⟩ recruit

'**schachtopening** *v* (-en) pit-head

'**schade** *v* damage, harm, detriment; *materiële ~* material damage; *~ aanrichten (doen)* cause (do) damage, do harm; *zijn ~ inhalen* make up for sth., compensate for; *~ lijden* sustain damage, be damaged; suffer a loss, lose; *~ toebrengen* do damage to, inflict damage on; zie ook: *verhalen; door ~ en schande wordt men wijs* live and learn; *tot ~ van zijn gezondheid* to the detriment (to the prejudice) of his health

'**schadeformulier** *o* (-en) **1** (in 't alg.) claim form; **2** (bij een ongeluk) accident report

'**schadelijk** *bn* **1** (in 't alg.) harmful, hurtful, injurious, noxious [fumes, insects, substances]; **2** (onvoordelig) unprofitable

'**schadeloos** *bn*: *iem. ~ stellen* indemnify (compensate) sbd.; *zich ~ stellen* indemnify (recoup) oneself

'**schadeloosstellen** (stelde schadeloos, h. schadeloosgesteld) *overg*: *iem. ~ voor iets* compensate (indemnify) sbd. for sth.

'**schadeloosstelling** *v* indemnification, compensation, recht recoupment

'**schaden** (schaadde, h. geschaad) **I** *overg* damage, hurt, harm; **II** *abs ww* do harm, be harmful

'**schadepost** *m* (-en) unexpected loss

'**schaderegeling** *v* adjustment of claims, settlement of damages

'**schadevergoeding** *v* (-en) indemnification, compensation; ~ *eisen (van iem.)* claim damages (from sbd.), <u>recht</u> sue (sbd.) for damages

'**schadeverhaal** *o* (-halen) redress

'**schadevordering** *v* (-en) claim (for damages)

'**schadevrij** *bn bijw* accident-free; *ik rij al 20 jaar* ~ I haven't had an accident in 20 years

'**schaduw** *v* (-en) **1** ⟨zonder bepaalde omtrek⟩ shade; **2** ⟨met bepaalde omtrek⟩ shadow [of a man &]; *een* ~ *van wat hij geweest was* the shadow of his former self; *de* ~ *des doods* the shadow of death; *iem. als zijn* ~ *volgen* follow a man like his shadow; *zijn* ~ *vooruitwerpen* announce itself; *een* ~ *werpen op* cast (throw) a shadow on; <u>fig</u> cast a shadow (a gloom) over; *in de* ~ *lopen* walk in the shade; *je kunt niet in zijn* ~ *staan* you are not fit to hold a candle to him; *in de* ~ *stellen* put in (throw into) the shade, eclipse

'**schaduwbeeld** *o* (-en) silhouette

'**schaduwen** (schaduwde, h. geschaduwd) *overg* **1** ⟨schaduw aanbrengen⟩ shade; **2** ⟨verdachten &⟩ shadow, follow; <u>sp</u> ook: mark

'**schaduwkabinet** *o* (-ten) shadow cabinet

'**schaduwkant** *m* (-en) shady side [of the road]

'**schaduwrijk** *bn* shady, shadowy

'**schaduwzijde** *v* (-n) **1** <u>eig</u> shady side; **2** <u>fig</u> drawback

'**schaffen** (schafte, h. geschaft) *overg* give, procure; *zij geeft haar moeder heel wat te* ~ she gives her mother a lot of trouble

'**schaft** *v* (-en) = *schacht, schafttijd*

'**schaften** (schafte, h. geschaft) *onoverg* eat; *(de werklui) zijn gaan* ~ have gone (home) for their meal; *ik wil niets met hem te* ~ *hebben* I will have nothing to do with him; *jullie hebben hier niets te* ~ you have no business here

'**schaftlokaal** *o* (-kalen) canteen

'**schafttijd** *m* (-en), '**schaftuur** *o* (-uren) lunch hour, lunch(time)

'**schakel** *m & v* (-s) link²; *de ontbrekende* ~ the missing link

'**schakelaar** *m* (-s) switch

'**schakelarmband** *m* (-en) chain bracelet

'**schakelbord** *o* (-en) switch-board

'**schakelen** (schakelde, h. geschakeld) *overg* **1** ⟨in 't alg.⟩ link; **2** <u>elektr</u> connect, switch; **3** ⟨v. versnelling⟩ shift gear

'**schakeling** *v* (-en) **1** ⟨in 't alg.⟩ linking; **2** <u>elektr</u> connection

'**schakelkast** *v* (-en) switch box

'**schakelklas** *v* (-sen) <u>Br</u> ± upper third; <u>Am</u> ± 9th grade

'**schakelklok** *v* (-ken) time switch

'**schakelnet** *o* (-ten) trammel(-net)

1 '**schaken** (schaakte, h. geschaakt) *onoverg* <u>sp</u> play (at) chess

2 '**schaken** (schaakte, h. geschaakt) *overg* ⟨ontvoeren⟩ run away with, abduct [a girl]

'**schaker** *m* (-s) **1** ⟨vrouwenrover⟩ abductor; **2** ⟨schaakspeler⟩ chess-player

scha'keren (schakeerde, h. geschakeerd) *overg* grade, variegate, chequer

scha'kering *v* (-en) grade, variegation, nuance, shade

'**schaking** *v* (-en) elopement, abduction

schalk *m* (-en) wag, rogue

schalks *bn* roguish, waggish

'**schallen** (schalde, h. geschald) *onoverg* sound, resound; *laten* ~ sound [the horn]

schalm *m* (-en) link

schal'mei *v* (-en) shawm

'**schamel** *bn* poor, humble

'**schamelheid** *v* poverty, humbleness

'**schamen** (schaamde zich, h. zich geschaamd) *wederk*: *zich* ~ be (feel) ashamed, feel shame; *zich dood* ~, *zich de ogen uit het hoofd* ~ not know where to hide for shame; *je moest je* ~ you ought to be ashamed of yourself; *zich* ~ *over* be ashamed of; *zich* ~ *voor* be ashamed for

'**schampen** (schampte, h. en is geschampt) *overg* graze

'**schamper** *bn* scornful, sarcastic, contemptuous

'**schamperen** (schamperde, h. geschamperd) *onoverg* sneer, say scornfully

'**schamperheid** *v* (-heden) scorn, sarcasm, contempt

'**schampschot** *o* (-schoten) grazing shot, graze

schan'daal *o* (-dalen) **1** ⟨in 't alg.⟩ scandal, shame, disgrace; **2** ⟨opschudding⟩ row

schan'daalblad *o* (-bladen) scandal sheet

schan'daalpers *v* scandal (yellow) press, gutter press

schan'dalig **I** *bn* disgraceful, scandalous, shameful; ~, *zeg!* for shame!, shame!; **II** *bijw* **1** ⟨in 't alg.⟩ scandalously, disgracefully, shamefully; **2** <u>versterkend</u> shockingly [bad, dear]

'**schanddaad** *v* (-daden) infamous deed, infamy, outrage, atrocity

'**schande** *v* **1** ⟨in 't alg.⟩ shame, disgrace, infamy, ignominy; **2** ⟨schandaal⟩ scandal; *het is (bepaald)* ~ ! it is a (downright) shame!; ~ *aandoen* bring shame upon, disgrace; *er* ~ *over roepen* cry shame upon it; *met* ~ *overladen* utterly disgraced; *te* ~ *maken* **1** disgrace [a person]; **2** = *logenstraffen*; *het zal u tot* ~ *strekken* it will be a disgrace to you; *tot mijn* ~... to my shame [I must confess]

'**schandelijk** **I** *bn* shameful, disgraceful, infamous, outrageous, ignominious; **II** *bijw* **1** ⟨in 't alg.⟩ shamefully &; **2** <u>versterkend</u> scandalously, disgracefully, infamously, outrageously

'**schandelijkheid** *v* (-heden) shamefulness, ignominy, infamy

'**schandknaap** *m* (-knapen) catamite

'**schandmerk** *o* (-en) mark of infamy, stigma,

brand

'**schandpaal** *m* (-palen) pillory, cucking-stool

'**schandvlek** *v* (-ken) stain, blemish, stigma; *de ~ van de familie* the disgrace of the family

'**schandvlekken** (schandvlekte, h. geschandvlekt) *overg* disgrace, dishonour

schans *v* (-en) **1** mil entrenchment, field-work, redoubt; **2** ⟨ski~⟩ (ski) jump

'**schansgraver** *m* (-s) trencher, entrenchment worker

'**schansspringen** *o* ski jump

schap *o* & *v* (-pen) ZN **1** ⟨plank⟩ plank; **2** ⟨vensterbank⟩ window-sill; **3** ⟨kast⟩ shelf

'**schapenbout** *m* (-en) leg of mutton

'**schapenfokker** *m* (-s) sheep-farmer

schapenfokke'rij *v* (-en) **1** ⟨het fokken⟩ sheepfarming; **2** ⟨bep. bedrijf⟩ sheep-farm

'**schapenhok** *o* (-ken) sheep-fold, (sheep-)pen, Br (sheep)cote

'**schapenkaas** *m* (-kazen) sheep-cheese

'**schapenkop** *m* (-pen) **1** eig sheep's head; **2** ⟨stommeling⟩ blockhead, mutton-head, mutt

'**schapenleer** *o* sheepskin

'**schapenmelk** *v* sheep's milk

'**schapenscheerder** *m* (-s) sheep-shearer, clipper

'**schapenstal** *m* (-len) sheep-fold, (sheep-)pen, Br (sheep)cote

'**schapenvacht** *v* (-en) fleece

'**schapenvel** *o* (-len) sheepskin

'**schapenvet** *o* mutton fat

'**schapenvlees** *o* mutton

'**schapenwei** (-den), '**schapenweide** *v* (-n) sheepwalk, sheep-run

'**schapenwol** *v* sheep's wool

'**schapenwolkjes** *mv* fleecy clouds

'**schappelijk** *bn* **1** fair, tolerable, moderate, reasonable [prices &]; **2** decent [fellow]

schapu'lier *o* & *m* (-s en -en) = *scapulier*

schar *v* (-ren) ⟨vis⟩ dab, flounder

'**schare** *v* (-n) vero host, multitude

'**scharen** (schaarde, h. geschaard) **I** *overg* range, draw up; **II** *wederk*: *zich ~* range oneself; *zich ~ aan de zijde van...* range oneself on the side of, range oneself with...; *zich om de tafel ~* draw round the table; *zich om de leider ~* rally round the chief; *zich onder de banieren ~ van...* range oneself under the banners of...

'**scharensliep** (-en), '**scharenslijper** *m* (-s) knife (scissors) grinder

schar'laken I *bn* scarlet; **II** *o* scarlet

schar'lakenrood *bn* scarlet

schar'minkel *o* & *m* (-s) scrag, skeleton

schar'nier *o* (-en) hinge

schar'nieren (scharnierde, h. gescharnierd) *onoverg* hinge (om on)

schar'niergewricht *o* (-en) hinge-joint

'**scharrel** (-s) **1** *m* ⟨korte verhouding⟩ flirtation; **2** *m-v* ⟨los vriend(innet)je⟩ ± sweetheart

'**scharrelaar** *m* (-s) **1** ⟨manusje-van-alles⟩ jack-of-all-trades; **2** ⟨handelaar⟩ cheap-jack, petty dealer; **3** ⟨iem. die uit is op liefdesavontuurtjes⟩ womanizer [man]; flirt [woman]

'**scharrelei** *o* (-eren) free-range egg

'**scharrelen** (scharrelde, h. en is gescharreld) **I** *onoverg* **1** ⟨v. kippen⟩ scratch, scrape; **2** ⟨rommelen⟩ rummage (about); **3** ⟨losse verkering hebben⟩ flirt; **4** ⟨ongeregelde handel drijven⟩ ± deal (*in* in); **5** ⟨losse karweitjes verrichten⟩ do odd jobs, potter about; *hij scharrelt een beetje rond in de tuin* he tinkers about in the garden; **II** *overg*: *bij elkaar ~* scrape together

'**scharrelkip** *v* (-pen) free-range chicken

schat *m* (-ten) **1** ⟨kostbaarheden⟩ treasure; **2** ⟨lieveling⟩ gemeenz sweetheart, sugar, honey, darling, dear; *mijn ~!* my darling!; *een ~ aan informatie* a wealth of information

'**schatbewaarder** *m* (-s) treasurer, bursar

'**schateren** (schaterde, h. geschaterd) *onoverg*: *~ van 't lachen* roar with laughter

'**schaterlach** *m* loud laugh, burst of laughter, peals of laughter

'**schaterlachen** (schaterlachte, h. geschaterlacht) *overg* roar with laughter

'**schatgraver** *m* (-s) treasure-seeker

'**schatje** *o* (-s) sweetheart, darling

'**schatkamer** *v* (-s) **1** eig treasure-chamber, treasury; **2** fig treasure-house, storehouse

'**schatkist** *v* (-en) (public) treasury, exchequer

'**schatkistbiljet** *o* (-ten) exchequer bill

'**schatkistpromesse** *v* (-n en -s) treasury bill

schat'plichtig *bn* tributary

'**schatrijk** *bn* fabulously rich (wealthy)

'**schattebout** *m* (-en) sweetheart, honey, darling, popsy

'**schatten** (schatte, h. geschat) *overg* **1** ⟨taxeren⟩ appraise, assess, value; **2** ⟨afstand &⟩ estimate, value, gauge; *hoe oud schat je hem?* how old do you take him to be?; *op hoeveel schat u het?* what is your valuation?; *ik schat het geheel op een miljoen* I value (estimate) the whole at a million; *(naar waarde) ~* appreciate; *hij schat het niet naar waarde* he does not estimate it at its true value; *te hoog ~* overestimate, overvalue; *te laag ~* underestimate, undervalue

'**schatter** *m* (-s) **1** ⟨taxateur⟩ appraiser, valuer [of furniture &]; **2** ⟨bij de belasting⟩ assessor (of taxes)

'**schattig** *bn* sweet, lovely

'**schatting** *v* (-en) **1** ⟨het schatten⟩ valuation, estimate, estimation; **2** ⟨cijns⟩ tribute, contribution; *naar ~* at a rough estimate; an estimated [three million birds a year]

'**schaven** (schaafde, h. geschaafd) *overg* plane [a plank]; *zijn knie ~* graze one's knee; *zijn vel ~* abrade (graze) one's skin

scha'vot *o* (-ten) scaffold

scha'votje *o* (-s) ⟨v. winnaars⟩ victory platform,

winner's podium

cha'vuit *m* (-en) rascal, rogue, knave

cha'vuitenstreek *v* (-streken) roguish trick

chede *v* (-n) **1** sheath, scabbard [of a sword];
2 plantk sheath; **3** ⟨vagina⟩ vagina; *in de ~ steken*
sheathe [the sword]; *uit de ~ trekken* unsheathe

chedel *m* (-s) skull, cranium, brain-pan; *hij heeft
een harde ~* he is thick-skulled

chedelbasisfractuur *v* (-turen) fracture of the
skull base, fractured skull

chedelboor *v* (-boren) trepan, trephine

chedelbreuk *v* (-en) fractured skull, fracture of
the skull

chedelholte *v* (-n en -s) brain (cranial) cavity

chedelleer *v* phrenology

chedelnaad *m* (-naden) cranial suture

chee *v* (scheeën) = *schede*

cheed 'uit (scheden uit) V.T. v. *uitscheiden*

cheef I *bn* **1** ⟨in 't alg.⟩ on one side; **2** oblique [an-
gle]; **3** slanting, sloping [mast]; **4** wry [neck, face];
hij is wat ~ (gebouwd) he is a little on one side;
scheve positie false position; *de scheve toren van Pisa*
the leaning tower of Pisa; *scheve verhouding* false
position; *scheve voorstelling* misrepresentation; **II**
bijw obliquely &; awry, askew; *iets ~ houden* slant
sth.; *zijn hoofd ~ houden* hold the head sidewise;
zijn schoenen ~ lopen wear one's boots on one side;
de zaken ~ voorstellen misrepresent things

scheefgroei *m* crooked growth

scheefheid *v* obliqueness, wryness

scheefhoekig *bn* skew, with oblique angles

scheefogig *bn* slant-eyed

scheefte *v* = *scheefheid*

cheel *bn* squinting, squint-eyed, cross-eyed, boss-
eyed; *schele hoofdpijn* migraine, bilious headache;
~ [divergent] oog wall-eye; *iets met schele ogen aanzien* look enviously at sth.; *schele ogen maken* excite
envy; *zich ~ ergeren* be beside oneself with annoyance; *~ van de honger* ravenous; *~ zien* squint; *hij
kijkt erg ~* he has a terrible squint; *~ zien naar*
squint at

scheelheid *v* squint(ing)

scheelogig *bn* = *scheel*

scheeloog *m-v* (-ogen) squint-eye, squinter

scheelzien [1] **I** *o* squint(ing); **II** *onoverg* squint

1 scheen *v* (schenen) shin

2 scheen (schenen) V.T. van *schijnen*

scheenbeen *o* (-deren) shin-bone, tibia

scheenbeschermer *m* (-s) shin guard (pad)

scheep: *~ gaan* go on board, embark, take ship

scheepsagent *m* (-en) shipping agent

scheepsagentuur *v* (-turen) shipping agency

scheepsarts *m* (-en) ship's doctor (surgeon)

scheepsbehoeften *mv* ship's provisions

scheepsbemanning *v* ship's crew

scheepsberichten *mv* shipping intelligence

scheepsbeschuit *v* (-en) ship's biscuit, hard-tack

scheepsbevrachter *m* (-s) charterer, freighter

'scheepsbouw *m* ship-building

'scheepsbouwkunde *v* naval architecture

scheepsbouw'kundige *m-v* (-n) naval architect

'scheepsbouwmeester *m* (-s) ship-builder, naval
architect

'scheepsdokter *m* (-s) ship's doctor (surgeon)

'scheepsgeschut *o* naval guns

'scheepshelling *v* (-en) slip(s), slipway, ship-way

'scheepsjongen *m* (-s) ship-boy, cabin-boy

'scheepsjournaal *o* (-nalen) log(-book), ship's
journal

'scheepskapitein *m* (-s) (ship-)captain

'scheepskok *m* (-s) ship's cook

'scheepskompas *o* (-sen) ship's compass

'scheepslading *v* (-en) shipload, cargo

'scheepslantaarn, 'scheepslantaren *v* (-s) ship's
lantern

'scheepslengte *v* (-n en -s) ship's length

'scheepsmaat *m* (-s) shipmate

'scheepsmakelaar *m* (-s en -laren) ship-broker,
shipping agent

'scheepsmotor *m* (-s en -toren) marine-engine

'scheepspapieren *mv* ship's papers

'scheepsraad *m* (-raden) council of war (on board a
ship)

'scheepsramp *v* (-en) shipping disaster

'scheepsrecht *o* maritime law; *driemaal is ~* third
time lucky!

'scheepsroeper *m* (-s) speaking-trumpet, megaphone

'scheepsrol *v* (-len) = *monsterrol*

'scheepsruim *o* (-en) ship's (cargo) hold

'scheepsruimte *v* tonnage, shipping (space)

'scheepstijdingen *mv* shipping intelligence

scheeps'timmerman *m* (-lui en -lieden) **1** ⟨op een
schip⟩ shipcarpenter; **2** ⟨bouwer⟩ shipwright, Am
shipfitter

'scheepstimmerwerf *v* (-werven) **1** ⟨in 't alg.⟩
ship-building yard; ship-yard; **2** ⟨v.d. marine⟩ dockyard; Am navy yard

'scheepsvolk *o* **1** ⟨bemanning⟩ ship's crew; **2** ⟨zee-
lui⟩ sailors

'scheepsvracht *v* (-en) shipload

'scheepswerf *v* (-werven) = *scheepstimmerwerf*

'scheepvaart *v* navigation, shipping

'scheepvaartmaatschappij *v* (-en) shipping company

'scheerapparaat *o* (-raten): *elektrisch ~* electric
shaver, electric razor

'scheerbakje, 'scheerbekken *o* (-s) shaving basin
(bowl)

'scheercrème *v* shaving-cream

'scheerder *m* (-s) **1** ⟨v. mannen⟩ barber; **2** ⟨v. scha-
pen⟩ shearer

'scheergereedschap, 'scheergerei *o* shaving-
tackle, shaving things

'scheerkop *m* (-pen) shaving head

'scheerkwast *m* (-en) shaving-brush

'**scheerlijn** *v* (-en) guy-rope [of a tent]
'**scheerling** *v* (-en) (plant) hemlock
'**scheerlings** *bijw* = *rakelings*
'**scheermes** *o* (-sen) razor
'**scheermesje** *o* (-s) blade [of a safety-razor]
'**scheerriem** *m* (-en) (razor-)strop
'**scheerspiegel** *m* (-s) shaving mirror
'**scheerstaaf** *v* (-staven) shaving-stick
'**scheervlucht** *v* (-en): *een ~ maken* luchtv hedgehop
'**scheerwater** *o* shaving-water
'**scheerwinkel** *m* (-s) barber's shop
'**scheerwol** *v* shorn wool
'**scheerzeep** *v* shaving-soap
1 **scheet** *m* (scheten) gemeenz fart, wind; *een ~ laten* fart
2 **scheet** (scheten) gemeenz V.T. van *schijten*
scheg *v* (-gen) scheepv cutwater
'**schegbeeld** *o* (-en) figurehead
'**scheidbaar** *bn* 1 ⟨in 't alg.⟩ divisible, separable°;
2 ⟨van begrippen⟩ differentiable, distinguishable
'**scheidbaarheid** *v* 1 ⟨in 't alg.⟩ separability°; 2 ⟨v.
begrippen⟩ distinguishability
'**scheiden** (scheidde, gescheiden) **I** (h.) *overg* 1 ⟨in 't
alg.⟩ separate, divide, sever, disconnect, disjoin,
disunite, sunder; 2 ⟨het haar⟩ part; 3 ⟨v. echtgeno-
ten⟩ divorce; *het hoofd van de romp ~* sever the head
from the body; *de vechtenden ~* separate the com-
batants; *hij liet zich van haar ~* he divorced her; **II**
(is) *onoverg* part; *als vrienden ~* part friends; *uit het
leven ~* depart this life; *zij konden niet (van elkaar) ~*
they could not part (from each other); *zij konden
niet van het huis ~* they could not part with the
house; *hier ~ (zich) onze wegen* here our ways part;
bij het ~ van de markt towards the end
'**scheiding** *v* (-en) 1 ⟨in 't alg.⟩ separation, division,
disjunction; 2 partition [between rooms]; 3 parting
[of the hair]; 4 divorce [of a married couple]; *~ van
Kerk en Staat* separation of Church and State, disestablishment
'**scheidingslijn** *v* (-en) dividing line; fig ook:
boundary line, demarcation line, line of demarcation
'**scheidingswand** *m* (-en) partition(-wall), dividing
wall
scheids *m* gemeenz ref; ⟨bij honkbal, tennis⟩ ump
'**scheidsgerecht** *o* (-en) court of arbitration; *aan
een ~ onderwerpen* refer to arbitration
'**scheidslijn** *v* (-en) = *scheidingslijn*
'**scheidsman** *m* (-lieden) arbiter, arbitrator
'**scheidsmuur** *m* (-muren) 1 eig partition(-wall),
dividing wall; 2 fig barrier
'**scheidsrechter** *m* (-s) 1 sp ⟨voetbal &⟩ referee;
⟨tennis, honkbal &⟩ umpire; 2 recht arbiter, arbitrator
'**scheidsrechteren** (scheidsrechterde, h. gescheids-
rechterd) *onoverg* referee; ⟨bij honkbal, tennis⟩ umpire

scheids'rechterlijk I *bn* 1 ⟨in 't alg.⟩ arbitral; 2 sp
referee's (umpire's); *~e uitspraak* arbitral award; *~e
beslissing* sp referee's (umpire's) decision; **II** *bijw*
1 ⟨in 't alg.⟩ by arbitration; 2 sp by the referee
(umpire)
'**scheikunde** *v* chemistry
schei'kundig *bn* chemical; *~ ingenieur* chemical
engineer; *~ laboratorium* chemistry laboratory
schei'kundige *m-v* (-n) chemist
1 **schel** *v* (-len) bell; *de ~len vielen hem van de ogen*
the scales fell from his eyes
2 **schel I** *bn* 1 ⟨v. geluid⟩ shrill, strident; 2 ⟨v. licht⟩
glaring; **II** *bijw* 1 shrilly, stridently; 2 glaringly
'**scheldbrief** *m* (-brieven) abusive letter
'**Schelde** *v* Scheldt
'**schelden** (schold, h. gescholden) *onoverg* call
names, use abusive language; *~ als een viswijf* scold
like a fishwife; *~ op* abuse, revile
'**scheldkanonnade** *v* (-s) diatribe, torrent of abuse
'**scheldnaam** *m* (-namen) nickname, sobriquet
'**scheldpartij** *v* (-en) scolding, exchange of abuse
'**scheldwoord** *o* (-en) term of abuse, invective; *~en*
ook: abusive language, abuse
'**schele** *m-v* (-n) squinter
'**schelen** (scheelde, h. gescheeld) *onoverg* 1 ⟨ver-
schillend zijn⟩ differ; 2 ⟨ontbreken⟩ want; *zij ~
niets* they don't differ; *dat scheelt veel* that makes a
great difference; *zij scheelden veel in leeftijd* there
was a great disparity of age between them; *wat
scheelt eraan (u)?* what is the matter (with you?),
what's wrong?; *hij scheelt wat aan zijn voet* there is
something the matter with his foot; *het scheelde
maar een haartje* it was a near thing; *het scheelde niet
veel of hij was in de afgrond gestort* he had a narrow
escape from falling into the abyss, he nearly fell,
he almost fell into the abyss; *wat kan dat ~?* what
does it matter?; *wat kan hun dat ~?* what do they
care?; *wat kan u dat ~?* what's that to you?; *wat kan
het je ~?* who cares?; *het kan me niet ~* 1 I don't
care; 2 I don't mind; *het kan me geen snars ~* I don't
care a damn
schelf *v* (schelven) stack, rick [of hay]
'**schelheid** *v* 1 ⟨v. geluid⟩ shrillness; 2 ⟨van licht⟩
glare
'**schelklinkend** *bn* shrill, strident
'**schelkoord** *o & v* (-en) bell-rope, bell-pull
'**schellak** *o & m* shellac
'**schellen** (schelde, h. gescheld) *onoverg* ring the
bell, ring; zie: *bellen*
'**schellinkje** *o* (-s): *het ~* the gallery, gemeenz the
gods; *op het ~* gemeenz among the gods
schelm *m* (-en) rogue, knave, rascal
'**schelmachtig** *bn* roguish, knavish, rascally
'**schelmenroman** *m* (-s) picaresque novel
schelme'rij *v* (-en) roguery, knavery
schelms *bn* roguish²
'**schelmstuk** *o* (-ken) piece of knavery, roguish
trick

schelp *v* (-en) **1** ⟨schaal⟩ shell, valve [of a mollusc]; **2** ⟨gerecht⟩ scallop
'schelpdier *o* (-en) shell-fish, testacean
'schelpenvisser *m* (-s) shell fisher
'schelpkalk *m* shell-lime
'scheluw *bn* ⟨v. hout⟩ warped
'schelvis *m* (-sen) haddock
'schelvisogen *mv* fishy eyes
'schema *o* ('s en -mata) diagram, skeleton, outline(s), pattern, scheme
sche'matisch *bn* schematic, in diagram, in outline; ~*e voorstelling* diagram
schemati'seren (schematiseerde, h. geschematiseerd) *overg* system(at)ize, schematize
'schemer *m* twilight; ⟨avond⟩ dusk; ⟨ochtend⟩ dawn
'schemerachtig *bn* dim², dusky
'schemeravond *m* (-en) twilight, dusk
'schemerdonker, **'schemerduister** *o* twilight, dusk
'schemeren (schemerde, h. geschemerd) *onoverg* **1** dawn [in the morning]; grow dusk [in the evening]; **2** sit without a light; **3** glisten, gleam [of a light]; *er schemert mij zo iets voor de geest* I have a sort of dim recollection of it; *het schemerde mij voor de ogen* my eyes grew dim, my head was swimming
'schemerig *bn* dim², dusky
'schemering *v* (-en) twilight²; ⟨iets donkerder⟩ dusk; ⟨'s ochtends⟩ dawn; *plechtig* gloaming; *in de* ~ at twilight, at dusk; ⟨'s ochtends⟩ at dawn
'schemerlamp *v* (-en) **1** ⟨in 't alg.⟩ shaded lamp; **2** ⟨kleine, op tafel⟩ table-lamp; **3** ⟨grote, staande⟩ standard lamp, *Am* floor-lamp
'schemerlicht *o* twilight, half-light; ⟨avond⟩ dusk; ⟨ochtend⟩ dawn; ⟨schaars licht⟩ dim light
'schemertijd *m* twilight
'schemertoestand *m* *psych* twilight state
'schemeruurtje *o* (-s) twilight (hour)
'schenden (schond, h. geschonden) *overg* **1** disfigure [one's face &]; **2** damage [a book]; **3** deface [a statue &]; **4** *fig* violate [one's oath, a treaty, a law, a sanctuary]; **5** vitiate [a contract]; **6** outrage² [law, morality]; **7** break [a promise]
'schender *m* (-s) violator, transgressor
'schendig *bn* sacrilegious
'schending *v* (-en) **1** *eig* disfigurement, defacement; **2** *fig* violation, infringement
'schenen V.T. meerv. van *schijnen*
'schenkblaadje *o* (-s), **'schenkblad** *o* (-bladen) tray
'schenkbord *o* (-en) *ZN* serving-tray
'schenkel *m* (-s) **1** shank, femur; **2** = *schenkelvlees*
'schenkelvlees *o* shin of beef
'schenken (schonk, h. geschonken) **I** *overg* **1** ⟨gieten⟩ pour; **2** ⟨geven⟩ give, grant, present with; donate [to the Red Cross]; *ik schenk u het lesgeld* I let you off the fee; *iem. het leven* ~ grant sbd. his life; *een kind het leven* ~ give birth to a child; *ik schenk u de rest* never mind the rest, I'll excuse you the rest;

wijn ~ **1** ⟨slijten⟩ retail wine; **2** ⟨serveren⟩ serve wine; *ze schonk hem twee zonen* she bore him two sons; **II** *abs ww* serve drinks
'schenker *m* (-s) **1** ⟨die inschenkt⟩ cupbearer; **2** ⟨die geeft⟩ donor
'schenking *v* (-en) donation, gift, benefaction
'schenkingsrecht *o* (-en) ⟨belasting⟩ gift tax
'schenkkan *v* (-nen) flagon, tankard
'schenkkurk *v* (-en) cork for pouring out
'schennis *v* violation, outrage
schep (-pen) **1** *v* ⟨werktuig⟩ scoop, shovel; **2** *m* ⟨hoeveelheid⟩ spoonful, shovelful; *een* ~ *geld gemeenz* heaps of money
'schepbord *o* (-en) float-board, float
'schepel *o* & *m* (-s) bushel, decalitre
'schepeling *m* (-en) **1** ⟨bemanningslid⟩ member of the crew [of a ship]; **2** ⟨zeeman⟩ sailor; *de ~en* the crew
1 'schepen *m* (-en) **1** *hist* sheriff; **2** *ZN* ⟨wethouder⟩ alderman
2 'schepen meerv. van *schip*
'schepencollege *o* (-s) *ZN* bench of aldermen
'scheper *m* (-s) *vero* shepherd
'schepje *o* (-s) spoonful [of sugar]; *er een* ~ *bovenop doen, leggen* add a little something; embroider on [a story]
'schepnet *o* (-ten) landing-net
1 'scheppen (schepte, h. geschept) *overg* **1** ⟨putten⟩ scoop, ladle; **2** shovel [coal, snow]; *vol* ~ fill; *leeg* ~ empty (out), ladle out; *de auto schepte het kind* the car hit the child; zie ook: *adem, luchtje* &
2 'scheppen (schiep, h. geschapen) *overg* ⟨creëren⟩ create, make
'scheppend *bn* creative
'schepper *m* (-s) **1** ⟨voortbrenger⟩ creator, maker; **2** ⟨werktuig⟩ scoop
'schepping *v* (-en) creation
'scheppingsdrang *m* creative urge
'scheppingsgeschiedenis *v* history of creation
'scheppingskracht *v* creative power
'scheppingsverhaal *o* (-halen) **1** ⟨in 't alg.⟩ history of creation; **2** ⟨bijbels⟩ Genesis
'scheppingsvermogen *o* creative power
'scheppingswerk *o* (work of) creation
'scheprad *o* (-raderen) paddle-wheel
'schepsel *o* (-s en -en) creature
'schepvat *o* (-vaten) scoop, bail
'scheren I (schoor, h. geschoren) *overg* **1** shave [men]; **2** shear [sheep & cloth]; **3** clip [a hedge]; **4** skim [stones over the water, the waves]; **5** *scheepv* reeve [a rope]; **6** *techn* warp [linen &]; **7** *fig* fleece [customers]; **II** (schoor, h. geschoren) *wederk:* *zich* ~ shave; *zich laten* ~ get shaved, have a shave; *scheer je weg!* be off!, buzz off!, get away!; **III** (scheerde, is gescheerd) *onoverg:* ~ *langs* graze (shoot) past; *de zwaluwen* ~ *over het water* the swallows skim (over) the water
scherf *v* (scherven) **1** potsherd [of a pot]; **2** frag-

ment, splinter [of glass, of a shell]; *scherven* flinders

'**schering** *v* (-en) **1** shearing [of sheep]; **2** warp [of cloth]; ~ *en inslag* warp and woof; *dat is hier* ~ *en inslag* that is customary, that is quite the usual thing (practice)

scherm *o* (-en) **1** ⟨bescherming⟩ screen; **2** ⟨toneeldoek⟩ curtain; **3** ⟨v. bloem⟩ umbel; **4** ⟨luifel⟩ awning; **5** ⟨beeldscherm⟩ screen; comput ook: display; *achter de* ~*en* behind the scenes[2]; *de man achter de* ~*en* fig the man behind the scenes; *achter de* ~*en opereren* pull the strings

'**schermbloem** *v* (-en) umbellifer

scherm'bloemigen *mv* umbellate (umbelliferous) plants

'**schermdegen** *m* (-s) foil

'**schermen** (schermde, h. geschermd) *onoverg* fence; *met de armen in de lucht* ~ flourish one's arms; *met woorden* ~ fence with words

'**schermer** *m* (-s) fencer

'**schermhandschoen** *m & v* (-en) fencing-glove

'**schermkunst** *v* art of fencing, swordsmanship

'**schermmasker** *o* (-s) fencing-mask

'**schermmeester** *m* (-s) fencing-master

'**schermschool** *v* (-scholen) fencing-school

scher'mutselen (schermutselde, h. geschermutseld) *onoverg* skirmish

scher'mutseling *v* (-en) skirmish

'**schermvormig** *bn* umbellate

'**schermzaal** *v* (-zalen) fencing-room, fencing-hall

scherp I *bn* **1** ⟨in 't alg.⟩ sharp[2]; **2** keen[2] [eyes, smell, intellect, competition &]; **3** trenchant[2] [sword, language]; **4** acute[2] [angles, judgement]; **5** poignant[2] [taste, hunger]; **6** gramm hard [consonant]; **7** hot [spices]; **8** fig pungent [pen]; **9** sharpcut [features]; **10** acrid [temper]; **11** caustic [tongue]; **12** tart [reply]; **13** brisk [trot]; **14** live [cartridge]; **15** strict, close, searching [examination]; ~ *maken* sharpen; **II** *bijw* sharply, keenly &; [watch them] closely; ~*er kijken* look closer; **III** *o* edge [of a knife]; *met* ~ *schieten* mil use ball ammunition; *zonder* ~ *schieten* mil run dry; *een paard op* ~ *zetten* calk a horse; *op* ~ *staan* fig ⟨geconcentreerd afwachten⟩ be ready; ⟨zeer nerveus zijn⟩ be on edge

'**scherpen** (scherpte, h. gescherpt) *overg* sharpen[2] [a pencil, faculties, the appetite &]

'**scherpheid** *v* (-heden) sharpness, keenness, acuteness, pungency, trenchancy

'**scherphoekig** *bn* acute-angled

scherpom'lijnd *bn* sharp-cut, sharp-edged

'**scherprechter** *m* (-s) executioner

'**scherpschutter** *m* (-s) **1** ⟨in 't alg.⟩ sharpshooter, [good] marksman; **2** ⟨verdekt opgesteld⟩ sniper

'**scherpslijper** *m* (-s) precisian, literalist, bigot

'**scherpsnijdend** *bn* sharp, keen-edged

'**scherpte** *v* (-s en -n) sharpness[2], edge

scherpte'diepte *v* depth of field

'**scherpziend** *bn* sharp-sighted, keen-sighted, eagle-

eyed, hawk-eyed, penetrating

scherp'zinnig I *bn* acute, sharp(-witted); **II** *bijw* acutely, sharply

scherp'zinnigheid *v* (-heden) acumen, penetration, keen perception

scherts *v* pleasantry, raillery, banter, jest, joke; *in* ~ in jest, jokingly; *het is maar* ~ he is only joking; ~ *terzijde* joking apart; *hij kan geen* ~ *verstaan* he cannot take a joke

'**schertsen** (schertste, h. geschertst) *onoverg* jest, joke; ~*d* in jest, jokingly; *met hem valt niet te* ~ he is not to be trifled with

schertsender'wijs, schertsender'wijze *bijw* jokingly, jestingly, by way of a joke, in jest, facetiously, jocularly

'**schertsfiguur** *v* (-guren) wash-out, nonentity, joke

'**schertsvertoning** *v* (-en) wash-out, joke

'**schervengericht** *o* ostracism

'**scheten** gemeenz V.T. meerv. van *schijten*

schets *v* (-en) sketch, draught, (sketchy) outline; *een ruwe* ~ *geven van* draw (sketch) in outline

'**schetsboek** *o* (-en) sketch-book

'**schetsen** (schetste, h. geschetst) *overg* sketch, outline; *wie schetst mijn verbazing* imagine my amazement

'**schetser** *m* (-s) sketcher

'**schetskaart** *v* (-en) sketch-map

schets'matig *bn* sketchy

'**schetstekening** *v* (-en) sketch

'**schetteren** (schetterde, h. geschetterd) *onoverg* **1** ⟨v. trompet &⟩ bray, blare; **2** ⟨opsnijden⟩ brag, swagger

scheur *v* (-en) **1** ⟨in 't alg.⟩ tear, rent [in clothes], slit, split, crack, cleft; **2** plat ⟨mond⟩ trap; *hou je* ~*!* shut your trap

'**scheurbuik** *m & o* scurvy

'**scheuren** (scheurde, gescheurd) **I** (h.) *overg* **1** ⟨aan stukken⟩ tear up [a letter]; rend [one's garments]; **2** ⟨een scheur maken in⟩ tear [a dress &]; break up, plough up [grass-land]; *in stukken* ~ tear to pieces; **II** (is) *abs ww & onoverg* **1** ⟨in 't alg.⟩ tear; **2** ⟨v. ijs⟩ crack; *(met een auto) door de stad* ~ tear through the town; *het papier scheurt snel* the paper tears easily

'**scheuring** *v* (-en) **1** breaking up [of grass-land]; **2** fig rupture, split, disruption, schism

'**scheurkalender** *m* (-s) tear-off calendar

'**scheurmaker** *m* (-s) schismatic

'**scheurmand** *v* (-en) waste-paper basket

'**scheurpapier** *o* waste-paper

scheut *m* (-en) **1** plantk shoot, sprig; **2** ⟨kleine hoeveelheid⟩ dash [of vinegar &]; **3** ⟨van pijn⟩ twinge, shooting pain

'**scheutig I** *bn* open-handed, liberal; *(niet)* ~ *met...* (not) lavish of...; **II** *bijw* liberally

'**scheutigheid** *v* open-handedness, liberality

'**scheutje** *o* (-s) = *scheut*

schibbo'let *o* (-s) = *sjibbolet*

schicht *m* (-en) dart, bolt, flash [of lightning]

'schichtig I *bn* shy, skittish; ~ *worden* shy (*voor* at);
II *bijw* shyly
schie'dammer *m* Schiedam, Hollands [gin]
'schielijk *bn* quick, rapid, swift, sudden
'schielijkheid *v* quickness, rapidity, swiftness, suddenness
schiep (schiepen) V.T. van ²*scheppen*
schier *bijw* almost, nearly, all but
'schiereiland *o* (-en) peninsula
'schietbaan *v* (-banen) rifle-range, range
'schieten (schoot, geschoten) I *onoverg* 1 (h.) (in 't alg.) shoot; 2 (h.) (met vuurwapen ook:) fire; 3 (is) (snel bewegen) dash, rush; *dat schoot mij door het hoofd (te binnen)* it flashed across my mind (upon me); *in de aren* ~ come into ear, ear; *de bomen* ~ *in de hoogte* the trees are shooting up; *hij schoot in de kleren* he slipped (huddled) on his clothes; *de tranen schoten hem in de ogen* the tears started (in)to his eyes; *er naast* ~ miss the mark; *onder een brug door* ~ shoot a bridge; *onder iems. duiven* ~ poach on sbd.'s preserves; ~ *op* fire at; *uit de grond* ~ spring up; *iem. laten* ~ *gemeenz* drop sbd., give sbd. the go-by; *iets laten* ~ let sth. go; let slip [a chance]; *een touw laten* ~ let go (slip) a rope, pay out a rope; *een kerel om op te* ~ a dreadful (annoying) fellow; *het is om op te* ~ it is hideous (frightful), it is not fit to be seen; II (h.) *overg* shoot [an animal]; *netten* ~ shoot nets; *een plaatje* ~ take a snapshot; *een schip in de grond* ~ send a ship to the bottom; *vuur* ~ shoot (flash) fire; *de zon* ~ take the sun's altitude; *zich voor de kop* ~ blow out one's brains
'schieter *m* (-s) 1 (iem. die schiet) shooter; 2 techn bolt [of a lock]
'schietgat *o* (-gaten) loop-hole
'schietgebed *o* (-beden) little prayer
'schietgeweer *o* (-weren) gun, fire-arm, gemeenz shooter
'schietgraag *bn* trigger-happy, quick on the draw
'schietkatoen *o* & *m* guncotton
'schietlood *o* (-loden) plummet, plumb
'schietoefeningen *mv* 1 mil target-practice;
2 scheepv gunnery practice
'schietpartij *v* (-en) shooting
'schietschijf *v* (-schijven) target, mark
'schietschool *v* (-scholen) 1 mil musketry school;
2 scheepv gunnery school
'schietspoel *v* (-en) shuttle
'schietstoel *m* (-en) ejector seat
'schiettent *v* (-en) shooting-gallery
'schietterrein *o* (-en) practice-ground, range
'schietwedstrijd *m* (-en) shooting-match, shooting-competition
'schiften (schiftte, geschift) I (h.) *overg* 1 (selecteren) sort, separate; 2 (zorgvuldig onderzoeken) sift;
II (is) *onoverg* 1 (v. melk) curdle; 2 ZN sp take part in qualification matches, series
'schifting *v* 1 (selectie) sorting; 2 (zorgvuldig onderzoek) sifting; 3 curdling [of milk]; zie ook: *geschift*
schijf *v* (schijven) 1 slice [of ham &]; 2 (van damspel) man; 3 (schietschijf) target; 4 (v. wiel &) disc, disk; 5 techn sheave [of a pulley]; 6 (v. telefoon &) dial; 7 ZN (loterijtrekking) drawing, draw; *dat loopt over veel schijven* there are wheels within wheels
'schijfcactus *m* (-sen) opuntia, prickly pear
'schijfgeheugen *o* (-s) disk storage
'schijfje *o* (-s) 1 thin slice [of meat &]; 2 round [of lemon &]
'schijfrem *v* (-men) disc brake
'schijfschieten I *o* target-practice; II (schijfschoot, h. schijfgeschoten) *onoverg* fire at a target
'schijfvormig *bn* disc-shaped, discoid
'schijfwiel *o* (-en) disc-wheel
schijn *m* 1 (glans) shine, glimmer; 2 fig appearance [and reality]; 3 semblance [of truth]; (voorwendsel) show, pretence, pretext; *het was alles maar* ~ it was all show; *geen* ~ *van kans* not the ghost of a chance; *zonder* ~ *of schaduw van bewijs* without a shred of evidence; ~ *en wezen* the shadow and the substance; ~ *bedriegt* appearances are deceptive; *de* ~ *is tegen hem* appearances are against him; *het heeft de* ~ *alsof...* it looks as if...; *de* ~ *aannemen* pretend, affect; *de* ~ *redden* save appearances; *de* ~ *wekken* create the appearance; *in* ~ in appearance, seemingly; *naar alle* ~ to all appearance; *onder de* ~ *van* under the pretence (pretext) of; *voor de* ~ for the sake of appearances
'schijnaanval *m* (-len) feigned attack, feint
'schijnbaar *bn* seeming, apparent
'schijnbeeld *o* (-en) phantom
'schijnbeweging *v* (-en) feint
'schijndood I *bn* apparently dead, in a state of suspended animation; II *m* & *v* apparent death, suspended animation
'schijnen (scheen, h. geschenen) *onoverg* 1 (licht geven) shine; glimmer; 2 (lijken) seem, look; *naar het schijnt* it would seem, it appears, to all appearance
'schijngeleerde *m-v* (-n) would-be scholar
'schijngeleerdheid *v* would-be learning
'schijngeluk *o* false happiness
'schijngestalte *v* (-n) phase (of the moon)
'schijngevecht *o* (-en) mock (sham) fight, mock (sham) battle
schijn'heilig *bn* hypocritical
schijn'heilige *m-v* (-n) hypocrite
schijn'heiligheid *v* hypocrisy
'schijnhuwelijk *o* (-en) sham marriage
'schijnmanoeuvre *v* (-s) feint
'schijnproces *o* (-sen) show trial
'schijnsel *o* (-s) glimmer
'schijntje *o* (-s): *een* ~ gemeenz very little, a trifle
'schijnvertoning *v* (-en) 1 (in 't alg.) sham, make-believe; 2 (proces) farce, mockery
'schijnvriend *m* (-en) sham friend, fairweather

friend

'schijnvroom *bn* sanctimonious

'schijnvroomheid *v* sanctimony

'schijnvrucht *v* (-en) accessory (spurious) fruit, pseudocarp

'schijnwereld *v* make-believe world

'schijnwerper *m* (-s) searchlight, spotlight, projector

'schijnzwangerschap *v* (-pen) phantom pregnancy

schijt *m & o* gemeenz shit; *ik heb* ~ *aan hem* he can go to hell (blazes, the devil); *daar heb ik* ~ *aan* I couldn't care less, I don't care a hoot

'schijten (scheet, h. gescheten) *onoverg* gemeenz shit, crap

'schijterd *m* (-s) gemeenz chicken

'schijterig *bn* gemeenz chicken-hearted

schijte'rij *v* gemeenz the trots

'schijthuis *o* (-huizen) gemeenz **1** (toilet) bog; **2** (lafaard) chicken

'schijtlaars (-laarzen), **'schijtlijster** *m* (-s) gemeenz scaredy-cat, funk

'schijvengeheugen *o* (-s) disk (disc) storage

'schijventarief *o* (-rieven) progressive rate tax

schik *m*: ~ *hebben* amuse oneself, enjoy oneself; *veel* ~ *hebben* enjoy oneself immensely; have great fun; *in zijn* ~ *zijn* be pleased, be in high spirits; *in zijn* ~ *zijn met iets* be pleased (delighted) with sth.; *niet erg in zijn* ~ *met (over)* not too pleased with (at)

'schikgodinnen *mv*: *de* ~ the Fates, the fatal Sisters

'schikkelijk *bn* = *schappelijk*

'schikken (schikte, geschikt) **I** (h.) *overg* arrange, order [books &]; *we zullen het wel zien te* ~ we'll try and arrange matters; *de zaak* ~ settle the matter; **II** (h.) *onpers ww*: *als het u schikt* when it is convenient to you; *het schikt me niet* it is not convenient; *zodra het u schikt* at your earliest convenience; **III** (is) *onoverg*: *wil je wat deze kant uit* ~? will you move up a little?; **IV** (h.) *wederk*: *zich* ~ come right; *het zal zich wel* ~ it is sure to come right; *zich in alles* ~ resign oneself to everything; *hoe schikt hij zich in zijn nieuwe betrekking?* how does he take to his new berth?; *zich in het onvermijdelijke* ~ resign oneself to the inevitable; *zich naar iem.* ~ conform to sbd.'s wishes; *zich om de tafel* ~ draw up round the table; zie ook: *geschikt*

'schikking *v* (-en) arrangement, settlement; *een* ~ *treffen* come to an arrangement (*met* with); ~*en treffen* make arrangements

schil *v* (-len) **1** peel [of an orange]; **2** skin [of a banana or potato]; **3** rind [of a melon]; **4** bark [of a tree]; ~*len* (als afval) parings [of apples], peelings [of potatoes]; *aardappelen in de* ~ potatoes in their jackets

schild *o* (-en) **1** shield[2]; buckler; **2** herald escutcheon; **3** (v. schildpad) shell; **4** (van insect) = *dekschild*; *iets in zijn* ~ *voeren* aim at (drive at) sth.; *ik*

weet niet wat hij in zijn ~ *voert* I don't know what he's up to

'schilddrager *m* (-s) **1** hist shield-bearer; **2** herald supporter

'schilder *m* (-s) **1** (kunstenaar) painter, artist; **2** (ambachtsman) (house-)painter

'schilderachtig *bn* picturesque; *een* ~*e figuur, een* ~ *type* a colourful character

'schilderachtigheid *v* picturesqueness

1 'schilderen (schilderde, h. geschilderd) **I** *overg* paint[2]; fig ook: picture, portray, delineate, depict; *naar het leven* ~ paint from life; **II** *abs ww* paint

2 'schilderen (schilderde, h. geschilderd) *overg* mil do sentry-go, stand sentry; *ik heb hier al een uur staan* ~ I've been cooling my heels for an hour

schilde'res *v* (-sen) paintress, woman painter

'schilderhuisje *o* (-s) mil sentry-box

schilde'rij *o & v* (-en) painting, picture

schilde'rijenkabinet *o* (-ten) picture-gallery

schilde'rijententoonstelling *v* (-en) art exhibition

'schildering *v* (-en) painting, depiction, picture, portrayal

'schilderkunst *v* (art of) painting

'schilderles *v* (-sen) painting-lesson; ~ *krijgen* take lessons in painting

'schilderschool *v* (-scholen) school of painting

'schilderezel *m* (-s) (painter's) easel

'schilderskwast *m* (-en) paint-brush

'schildersstok *m* (-ken) maulstick

'schilderstuk *o* (-ken) painting, picture

'schilderswerkplaats *v* (-en), **'schilderswinkel** *m* (-s) house-painter's workshop

'schilderwerk *o* (-en) painting

'schildje *o* (-s) (anticonceptie) pessary

'schildklier *v* (-en) thyroid gland

'schildknaap *m* (-knapen) **1** hist squire, shield-bearer, armour-bearer; **2** fig lieutenant

'schildluis *v* (-luizen) scale insect

'schildpad 1 *v* (-den) (landdier) tortoise; (zeedier) turtle; **2** *o* (stofnaam) tortoise-shell

'schildpadden *bn* tortoise-shell

'schildpadsoep *v* turtle soup

schild'vleugeligen *mv* sheath-winged insects, coleoptera

'schildvormig *bn* shield-shaped

'schildwacht *m* (-en en -s) sentinel, sentry; *op* ~ *staan* stand sentry

'schildwachthuisje *o* (-s) sentry-box

'schilfer *m* (-s) scale, flake; ~*s op het hoofd* dandruff

'schilferachtig *bn* scaly

'schilferachtigheid *v* scaliness

'schilferen (schilferde, h. en is geschilferd) *onoverg* scale (off), peel (off), flake (off)

'schilferig *bn* scaly, scurfy

'schillen (schilde, h. geschild) **I** *overg* (in 't alg.) peel; (appels & ook:) pare; **II** *onoverg* peel

'schillenboer *m* (-en) waste food collector

'**schillerhemd** o (-en) open-necked shirt
'**schillerkraag** m (-kragen) Byronic collar
'**schilmesje** o (-s) paring-knife, peeling-knife
schim v (-men) **1** ⟨vage gedaante⟩ shadow, shade; **2** ⟨geest⟩ ghost; *Chinese ~men* Chinese shades
'**schimachtig** bn shadowy, ghostly
1 '**schimmel** m (-s) ⟨paard⟩ grey (horse)
2 '**schimmel** m (-s) **1** ⟨uitslag⟩ mould, must; **2** ⟨op leer, papier⟩ mildew
'**schimmelachtig** bn mouldy
'**schimmelen** (schimmelde, is geschimmeld) *onoverg* grow mouldy
'**schimmelig** bn mouldy
'**schimmelkaas** m (-kazen) **1** ⟨met laagje schimmel⟩ mouldy cheese; **2** ⟨dooraderd⟩ blue cheese
'**schimmenrijk** o: *het ~* the land of shadows
'**schimmenspel** o (-spelen) shadow-play
'**schimmetje** o (-s) gemeenz trifle; *hij verdient maar een ~* he earns a mere pittance
'**schimmig** bn shadowy
schimp m contumely, taunt, scoff
'**schimpdicht** o (-en) satire
'**schimpen** (schimpte, h. geschimpt) *onoverg* scoff; *~ op* scoff at, revile
'**schimpscheut** m (-en) gibe, taunt, jeer
'**schinkel** m (-s) = *schenkel*
schip o (schepen) **1** scheepv ship, vessel; [canal] barge, boat; **2** nave [of a church]; *het ~ van staat* the ship of state; *schoon ~ maken* make a clean sweep (of it); settle accounts; *zijn schepen achter zich verbranden* burn one's boats; *een ~ op strand, een baken in zee* ± one man's fault is another man's lesson; *als het ~ met geld komt* when my ship comes home; *een ~ met zure appelen* a coming rain-shower; a fit of weeping
'**schipbreuk** v (-en) shipwreck; *~ lijden* **1** eig be shipwrecked; **2** fig fail; *zijn plannen hebben ~ geleden* his plans have miscarried, his plans were wrecked
'**schipbreukeling** m (-en) shipwrecked person, castaway
'**schipbrug** v (-gen) bridge of boats, floating-bridge
'**schipper** m (-s) **1** ⟨op binnenvaartuig⟩ bargeman, boatman; **2** ⟨gezagvoerder⟩ captain, master
'**schipperen** (schipperde, h. geschipperd) *onoverg* compromise, give and take
'**schipperke** o (-s) schipperke
'**schippersbaard** m (-en) Newgate frill (fringe)
'**schippersbeurs** v shipping-exchange
'**schippersboom** m (-bomen) barge-pole
'**schippershaak** m (-haken) boat-hook
'**schipperskind** o (-eren) bargeman's child; *~eren* ook: barge children, boat children
'**schippersknecht** m (-en en -s) bargeman's mate
'**schisma** o ('s en -mata) schism
schisma'tiek bn schismatic; *de ~en* the schismatics
'**schitteren** (schitterde, h. geschitterd) *onoverg*
1 shine [of light]; **2** glitter [of the eyes]; **3** sparkle

[of diamonds]; *~ door afwezigheid* be conspicuous by one's absence
'**schitterend** bn brilliant, glorious, splendid
'**schittering** v (-en) glittering, sparkling, radiance, lustre, splendour
schizo'freen bn & m-v (-frenen) schizophrenic
schizofre'nie v schizophrenia
'**schlager** m (-s) hit
schle'miel m (-en) gemeenz unlucky devil; Am, slang s(c)hlemiel, schlemihl
schle'mielig bn schlemiel
schmink m grease-paint, make-up
'**schminken** (schminkte, h. geschminkt) *overg & wederk* make up
'**schnabbel** m (-s) gemeenz odd job, casual job; ⟨v. musici⟩ gig
'**schnabbelaar** m (-s) ± moonlighter
'**schnabbelen** (schnabbelde, h. geschnabbeld) *onoverg* earn on the side; moonlight; ⟨v. musici⟩ gig
'**schnitzel** m (-s) schnitzel, scallop
'**schobbejak** m (-ken) scamp, rogue, scallywag
'**schoeien** (schoeide, h. geschoeid) *overg* shoe; zie ook: *leest*
'**schoeisel** o (-s) shoes, handel foot-wear
'**schoelje** m (-s) rascal, scamp
schoen m (-en) **1** ⟨in 't alg. & laag⟩ shoe; **2** ⟨hoog⟩ boot; *de stoute ~en aantrekken* pluck up courage; *buiten de ~en gaan lopen (van verwaandheid)* get (grow) too big for one's boots; *iem. iets in de ~en schuiven* lay sth. at sbd.'s door, impute sth. to sbd., to pin sth. on sbd.; *ik zou niet graag in zijn ~en staan* I should not like to be in his shoes; *vast in zijn ~en staan* stand firm in one's shoes; *het hart zonk hem in de ~en* his spirits sank, his courage failed him; *met loden ~en* zie: *loden*; *naast zijn ~en lopen* suffer from a swelled head; *op z'n laatste ~en lopen* be on one's last legs; *op een ~ en een slof* **1** [do sth.] on a shoe-string; **2** ⟨armoedig⟩ beggarly; *wie de ~ past, trekke hem aan* whom the cap fits, let him wear it; *men moet geen oude ~en weggooien vóór men nieuwe heeft* one should not throw away old shoes before one has got new ones; *weten waar de ~ wringt* know where the shoe pinches; *daar wringt 'm de ~!* that's the rub!
'**schoenborstel** m (-s) shoe-brush, blacking-brush
'**schoencrème** v shoe polish (cream)
'**schoenenfabriek** v (-en) = *schoenfabriek*
'**schoenenwinkel** m (-s) = *schoenwinkel*
'**schoener** m (-s) schooner
'**schoenerbrik** v (-ken) brigantine
'**schoenfabriek** v (-en) shoe factory
'**schoengesp** m & v (-en) shoe-buckle
'**schoenhoorn**, '**schoenhoren** m (-s) shoe-horn, shoe-lift
'**schoenlapper** m (-s) cobbler
'**schoenleer** o shoe-leather
'**schoenleest** v (-en) (shoe-)last
'**schoenlepel** m (-s) = *schoenhoorn*

'**schoenmaker** *m* (-s) shoemaker; ~ *blijf bij je leest* let the cobbler stick to his last

'**schoenmakersknecht** *m* (-s) shoemaker's mate

'**schoenpoets** *m* = *schoensmeer*

'**schoenpoetser** *m* (-s) shoe-shine boy, shoeshiner

'**schoenriem** *m* (-en) strap of a shoe; *niet waard zijn om iems. ~en los te maken* not be worthy to untie sbd.'s shoe-strings

'**schoensmeer** *o & m* shoe-polish, shoe-black, blacking

'**schoenveter** *m* (-s) shoe-lace, boot-lace

'**schoenwinkel** *m* (-s) shoe-shop

'**schoenzool** *v* (-zolen) sole of a shoe

schoep *v* (-en) paddle-board, paddle, blade [of a turbine]

'**schoffel** *v* (-s) hoe

'**schoffelen** (schoffelde, h. geschoffeld) *overg* hoe

schof'feren (schoffeerde, h. geschoffeerd) *overg* dishonour, rape

'**schoffie** *o* (-s) ruffian

1 schoft *m* (-en) scoundrel, rascal, scamp, bastard, son of a bitch

2 schoft *v* (-en) shoulder; withers [of a horse]

'**schoftachtig** *bn* = *schofterig*

'**schofterig** *bn* scoundrelly, blackguardly, caddish

'**schofthoogte** *v* shoulder height

schok *m* (-ken) **1** ⟨in 't alg.⟩ shock; **2** ⟨stoot⟩ bump, jolt, jerk; **3** ⟨hevig⟩ impact, concussion, convulsion; *met een ~ wakker schrikken* awake with a start; *hij is de ~ nooit te boven gekomen* he hasn't got over (recovered from) the shock; *elektrische ~* electric shock; *de film bracht een ~ teweeg in de VS* the movie caused a great upheaval in the US

'**schokbehandeling** *v* (-en) shock treatment

'**schokbeton** *o* vibrated concrete

'**schokbreker**, '**schokdemper** *m* (-s) shockabsorber

'**schokbuis** *v* (-buizen) percussion-fuse

'**schokeffect** *o* (-en) shock effect

'**schokken** (schokte, h. geschokt) **I** *overg* **1** ⟨in 't alg.⟩ shake², convulse², jerk, jolt; **2** *slang* ⟨betalen⟩ fork out, shell out; *zijn vertrouwen is geschokt* his faith is shaken; *de gezondheid ~* shake sbd.'s health; *~ van het lachen* shake with laughter; *een ~ de gebeurtenis* a startling event; **II** *onoverg* **1** ⟨in 't alg.⟩ shake, jolt, jerk; **2** *slang* ⟨betalen⟩ fork out, cough up

'**schokschouderen** (schokschouderde, h. geschokschouderd) *onoverg* shrug one's shoulders

schoksge'wijs *bijw* by jerks, by fits and starts, intermittently

'**schoktherapie** *v* shock therapy

'**schokvrij** *bn* shock-proof

schol (-len) **1** *m* ⟨vis⟩ plaice; **2** *v* floe [of ice]

scholas'tiek **1** *v* scholastic theology, scholasticism; **2** *m* (-en) RK scholastic

schold (scholden) V.T. van *schelden*

'**scholekster** *v* (-s) oyster-catcher

1 'scholen (schoolde, h. geschoold) **I** *onoverg* ⟨samenkomen⟩ shoal [of fish]; flock together; **II** *overg* ⟨onderrichten⟩ train; zie ook: *geschoold*

2 'scholen V.T. meerv. van *schuilen*

'**scholengemeenschap** *v* (-pen) comprehensive school

scho'lier *m* (-s) pupil, schoolboy

'**scholing** *v* training

'**schollevaar**, '**scholver(d)** *m* (-s) cormorant

'**schommel** *m & v* (-s) swing

'**schommelen** (schommelde, h. geschommeld) **I** *onoverg* **1** ⟨op schommel⟩ swing; **2** ⟨v. slinger⟩ swing, oscillate; **3** ⟨op schommelstoel⟩ rock; **4** ⟨v. schip⟩ roll; **5** ⟨met het lichaam⟩ wobble, waddle; **6** fig ⟨v. prijzen⟩ fluctuate; *met de benen ~* swing one's legs; **II** *overg* swing, rock [a child]

'**schommeling** *v* (-en) swinging, oscillation, fluctuation

'**schommelstoel** *m* (-en) rocking-chair

'**schompes** *o gemeenz: zich het ~ werken* & work & one's butt off

schond (schonden) V.T. van *schenden*

'**schone** *v* (-n) zie: ¹*schoon II*

1 schonk *v* ⟨coarse⟩ bone

2 schonk (schonken) V.T. van *schenken*

'**schonkig** *bn* bony, big-boned, large-boned

1 schoof *v* (-schoven) sheaf; *aan schoven zetten, in schoven binden* sheave

2 schoof (schoven) V.T. van *schuiven*

'**schooien** (schooide, h. geschooid) *onoverg* beg

'**schooier** *m* (-s) **1** ⟨armoedzaaier⟩ down-and-out(er), bum, tramp, ragamuffin; **2** ⟨bedelaar⟩ beggar; **3** ⟨als scheldwoord⟩ rogue, rascal, scoundrel, villain; *vuile ~!* you rat!

1 school *v* (scholen) **1** ⟨onderwijsinstelling⟩ school; academy, college; **2** shoal [of herrings]; *de ~ ook:* the schoolhouse; *bijzondere ~* **1** private school; **2** denominational school; *lagere ~* primary school; *middelbare ~* secondary school; *militaire ~* military academy (college); *neutrale ~* secular (unsectarian) school; *openbare ~* State primary school; *de Parijse (schilder)~* the school of Paris; *~ met de Bijbel* denominational school for orthodox Protestants; *~ gaan* go to school; *toen ik nog ~ ging* when I was at school; *we hebben geen ~ vandaag!* no school today!; *een ~ houden* keep a school; *~ maken* find a following, gain followers; *naar ~ gaan* go to school; *op ~* at school; *waar ben je op ~?* where are you going to school?; *een jongen op ~ doen* put a boy to school; *daarvoor moet je bij hem ter ~ gaan* for that you have to go to school to him; *uit de ~ klappen* let out a secret, blab; *van ~ gaan* leave school

2 school (scholen) V.T. van *schuilen*

'**schoolagenda** *v* ('s) school diary

'**schoolarts** *m* (-en) school doctor, school medical officer

'**schoolatlas** *m* (-sen) school atlas

'**schoolbank** *v* (-en) **1** vero form [long, without back]; **2** desk [for one or two, with back]; *we hebben samen in de ~en gezeten* we were schoolfellows

'**schoolbehoeften** *mv* school necessaries

'**schoolbestuur** *o* (-sturen) (board of) governors

'**schoolbezoek** *o* **1** ⟨v.d. leerlingen⟩ school attendance; **2** ⟨v.d. overheid⟩ inspection, visit

'**schoolbibliotheek** *v* (-theken) school library

'**schoolblijven**[1] *onoverg* stay in (after hours), be kept in; *het ~* detention; *twee uur ~* two hours' detention

'**schoolboek** *o* (-en) school-book, text-book

'**schoolbord** *o* (-en) blackboard

'**schoolbus** *m & v* (-sen) school-bus

'**schooldag** *m* (-dagen) school-day

'**schoolengels** *o* schoolboy (schoolgirl) English, school(-book) English

'**schoolexamen** *o* (-s) school examination

'**schoolfeest** *o* (-en) school party

'**schoolfrik** *m* (-ken) pedagogue, pedantic school-teacher

'**schoolgaan**[1] *onoverg* go to school, be at school

'**schoolgebouw** *o* (-en) schoolbuilding

'**schoolgebruik** *o*: *voor ~* for use in schools

'**schoolgeld** *o* (-en) school fee(s), tuition

'**schoolgeleerde** *m-v* (-n) **1** ⟨in 't alg.⟩ schoolman, scholar; **2** geringsch pedant, schoolmaster

'**schoolgeleerdheid** *v* book-learning

'**schoolgerei** *o* ZN school necessaries

'**schoolhoofd** *o* (-en) head of a school, headmaster

'**schooljaar** *o* (-jaren) scholastic year, school-year; *in mijn schooljaren* in my school-days (school-time)

'**schooljeugd** *v* the school-children

'**schooljongen** *m* (-s) schoolboy

'**schooljuffrouw** *v* (-en) school-mistress, teacher

'**schoolkameraad** *m* (-raden) = *schoolmakker*

'**schoolkennis** *v* school (scholastic) knowledge

'**schoolkind** *o* (-eren) school-child

'**schoolklas** *v* (-sen) class, form

'**schoolkrant** *v* (-en) school paper

'**schoollokaal** *o* (-kalen) class-room

'**schoolmakker** *m* (-s) school-fellow, schoolmate

'**schoolmeester** *m* (-s) **1** ⟨onderwijzer⟩ schoolmaster; **2** fig pedant, pedagogue

'**schoolmeesterachtig** *bn* pedantic

'**schoolmeesterachtigheid** *v* pedantry

'**schoolmeisje** *o* (-s) schoolgirl

'**schoolonderwijs** *o* school-teaching

'**schoolonderzoek** *o* (-en) preliminary test, preliminary examination

'**schoolopleiding** *v* (-en) education, schooling

'**schoolopziener** *m* (-s) school-inspector

'**schoolpact** *o* (-en) ZN agreement recognizing state- and denominational education

'**schoolplein** *o* (-en) school yard, play ground

'**schoolplicht** *m & v* compulsory school attendance

school'**plichtig** *bn*: *~e leeftijd* compulsory school age; *verhoging van de ~e leeftijd* raising of the school-leaving age

'**schoolradio** *m* school radio programme

'**schoolreisje** *o* (-s) school outing

'**schoolrijden** *o* school horsemanship

'**schools I** *bn* scholastic, rigid; *~e geleerdheid* book-learning; **II** *bijw* rigidly

'**schoolschip** *o* (-schepen) = *opleidingsschip*

'**schoolschrift** *o* (-en) exercise-book, notebook

'**schoolslag** *m* breast-stroke [in swimming]

'**schooltas** *v* (-sen) satchel, schoolbag

'**schooltelevisie** *v* school (educational) television

'**schooltijd** *m* school-time; *buiten ~* out of school; *na ~* when school is over; *onder ~* during lessons; *sinds mijn ~* since my school-days

'**schooltoezicht** *o* school inspection

'**schooltucht** *v* school-discipline

'**schooltuin** *m* (-en) school-garden

'**schooluur** *o* (-uren) school-hour, lesson, period, class; *buiten de schooluren* & zie: *schooltijd*

'**schoolvak** *o* (-ken) subject

'**schoolvakantie** *v* (-s) school holidays

'**schoolverlater** *m* (-s) school-leaver

'**schoolverzuim** *o* non-attendance, absenteeism

'**schoolvoorbeeld** *o* (-en) classic example, typical example, textbook case

'**schoolvriend** *m* (-en) school friend

'**schoolwerk** *o* task for school, home tasks

'**schoolwezen** *o* public education

'**schoolziek** *bn*: *~ zijn* sham illness

'**schoolziekte** *v* sham illness, feigned illness

1 schoon I *bn* **1** ⟨zindelijk⟩ clean, pure, neat; **2** ⟨mooi⟩ beautiful, handsome, fair, fine; **II** *m-v*: *een schone* a belle, a beauty, a fair one, a beautiful woman &; *o het schone* the beautiful; **III** *bijw* **1** ⟨zindelijk⟩ clean(ly); **2** ⟨mooi⟩ beautifully; *het is ~ op* it is all gone, clean gone; *je hebt ~ gelijk* you are quite right; zie ook: *genoeg*

2 schoon *voegw* vero though, although

'**schoonbroeder**, '**schoonbroer** *m* (-s) brother-in-law

'**schoondochter** *v* (-s) daughter-in-law

'**schoonfamilie** *v* (-s) in-laws

'**schoonheid** *v* (-heden) **1** ⟨het mooi zijn⟩ beauty; **2** ⟨mooie vrouw⟩ beauty, belle [of the ball], slang beaut

'**schoonheidsfoutje** *o* (-s) fig flaw, hitch, snag

'**schoonheidsgevoel** *o* = *schoonheidszin*

'**schoonheidsinstituut** *o* (-tuten) beauty parlour

'**schoonheidskoningin** *v* (-nen) beauty queen

'**schoonheidsleer** *v* aesthetics

'**schoonheidsmiddel** *o* (-en) cosmetic

'**schoonheidssalon** *m & o* (-s) beauty parlour

'**schoonheidsspecialist** *m* (-en) beauty specialist, beautician

'**schoonheidswedstrijd** *m* (-en) beauty competition, beauty contest

'**schoonheidszin** *m* aesthetic sense, sense of beauty

'**schoonhouden**[1] *overg* keep clean

'**schoonklinkend** *bn* fine-sounding

'**schoonmaak** *m* clean-up, (house-)cleaning; *grote ~ (in het voorjaar)* spring-cleaning; *grote ~ houden* **1** eig spring-clean; **2** fig make a clean sweep

'**schoonmaakbedrijf** *o* (-drijven) cleaners

'**schoonmaakbeurt** *v* (-en) clean up, cleaning

'**schoonmaakster** *v* (-s) cleaning woman

'**schoonmaaktijd** *m* cleaning-time

'**schoonmaakwoede** *v* obsession with cleaning; fit of cleaning; *last hebben van ~ gemeenz* have the cleaning bug

'**schoonmaken**[1] *overg* clean

'**schoonmaker** *m* (-s) cleaner

'**schoonmoeder** *v* (-s) mother-in-law

'**schoonouders** *mv* parents-in-law

'**schoonrijden** *o* (op schaatsen) figure-skating

'**schoonschijnend** *bn* specious, plausible

'**schoonschrift** *o* (-en) **1** (handschrift) calligraphic writing; **2** (cahier) copy-book

'**schoonschrijfkunst** *v* calligraphy

'**schoonschrijver** *m* (-s) calligrapher, penman

'**schoonspringen** *o* (v. zwemmers) (fancy) diving

'**schoonvader** *m* (-s) father-in-law

'**schoonvegen**[1] *overg* **1** eig sweep clean; **2** clear [the streets, by the police]

'**schoonwassen**[1] *overg* **1** eig wash; **2** fig whitewash

'**schoonzoon** *m* (-s en -zonen) son-in-law

'**schoonzus** (-sen), '**schoonzuster** *v* (-s) sister-in-law

'**schoonzwemmen** *o* (solo, duet) synchronized swimming

1 schoor *m* (schoren) bouwk buttress, stay, strut, prop, support

2 schoor (schoren) V.T. van *scheren*

'**schoorbalk** *m* (-en) summer

'**schoorsteen** *m* (-stenen) **1** chimney, (chimney-)stack [of a house]; **2** funnel [of a steamer]; *daar kan de ~ niet van roken* that won't keep the pot boiling

'**schoorsteenbrand** *m* (-en) chimney-fire

'**schoorsteenkanaal** *o* (-nalen) (chimney) flue

'**schoorsteenkap** *v* (-pen) chimney-cap

'**schoorsteenloper** *m* (-s) (mantelpiece) runner

'**schoorsteenmantel** *m* (-s) mantelpiece

'**schoorsteenplaat** *v* (-platen) hearth-plate

'**schoorsteenveger** *m* (-s) chimney-sweeper, sweep

'**schoorvoetend** *bijw* reluctantly, hesitatingly

1 schoot *m* (schoten) **1** (bovenbenen) lap; **2** (moederbuik) womb; **3** scheepv sheet [of a sail]; **4** techn bolt [of a lock]; **5** plantk shoot, sprig; *de ~ der Kerk* the bosom of the Church; *de handen in de ~ leggen* give up [a task, as hopeless]; *het hoofd in de ~ leggen* give in, submit; *niet met de handen in de ~ zitten* not be idle; *het wordt hun in de ~ geworpen* it is lavished upon them; *in de ~ der aarde* in the bowels of the earth; *zij had een boek op haar ~* she sat with a book on her lap; *het kind op moeders ~* the child in its mother's lap

2 schoot (schoten) V.T. van *schieten*

'**schootcomputer** *m* (-s) laptop

'**schoothondje** *o* (-s) lap-dog, toy dog

'**schootkindje** *o* (-s) **1** (klein kind) baby; **2** (troetelkind) favourite child, pet

'**schootsafstand** *m* (-en) range, gunshot

'**schootsvel** *o* (-len) leather(n) apron

'**schootsveld** *o* (-en) field of fire

schoots'verheid *v* range

'**schootvrij** *bn* **1** eig shot-proof, bomb-proof; **2** fig proof (against *tegen* voor)

1 schop *v* (-pen) (spade) shovel, spade

2 schop *m* (-pen) (trap) kick; *vrije ~ sp* free kick

1 'schoppen (schopte, h. geschopt) **I** *onoverg* kick; *~ naar* kick at; *het ver ~* go far [in the world]; **II** *overg* kick; *herrie (lawaai) ~* kick up a row; *een kind de wereld in ~ ±* produce a child; *op de wereld ~* spawn

2 'schoppen *v* (schoppen en -s) kaartsp spades; *~aas* ace of spades

'**schopstoel** *m*: *op de ~ zitten* be in an insecure position, not be sure of keeping one's job &

schor *bn* hoarse, husky

'**schorem I** *o = schorr(i)emorrie*; **II** *bn* shabby

1 'schoren (schoorde, h. geschoord) *overg* shore (up), buttress, support, prop (up)

2 'schoren V.T. meerv. van *scheren*

'**schorheid** *v* hoarseness

schorpi'oen *m* (-en) (dier) scorpion; *de S~ astron* Scorpio

schorre'morrie, **schorrie'morrie** *o* rabble, riff-raff, ragtag and bobtail

schors *v* (-en) bark

'**schorsen** (schorste, h. geschorst) *overg* suspend [the sitting, an official], suspend [a lawyer] from practice

schorse'neer *v* (-neren), **schorse'neel** *v* (-nelen) black salsify, scorzonera

'**schorsing** *v* (-en) suspension [of a meeting, an official]

schort *v & o* (-en) **1** (in 't alg.) apron; **2** [child's] pinafore

'**schorten** (schortte, h. geschort) *onpers ww: wat schort eraan?* what is the matter?

'**schortenband** *m* (-en) apron-string

schot *o* **1** (schoten) shot, report [of a gun]; **2** (-ten) partition [in room]; scheepv bulkhead; *een ~ voor de boeg* **1** eig a shot across the bows; **2** fig a serious warning; *een ~ in de roos* a bull's eye; *er komt ~ in* we are making headway; *een ~ doen* fire a shot; *~ geven* veer [a cable]; *binnen ~* within range; *buiten ~ out* of range; *trachten buiten ~ te blijven* try to keep out of harm's way; *onder ~ krijgen* get within range; *ze zijn onder ~* they are within range; *geen ~ kruit waard* not worth powder and shot

Schot *m* (-ten) Scotchman, Scotsman, Scot; *de ~ten* the Scotch, the Scots

'**schotel** *m & v* (-s) **1** (voor kopje) saucer; **2** (gerecht) dish; *vliegende* ~ flying saucer

'**schotelantenne** *v* (-s) satellite dish

1 'schoten V.T. meerv. van *schieten*

2 'schoten meerv. v. *schot*

'**Schotland** *o* Scotland, plechtig Caledonia

1 schots *v* (-en) floe [of ice]

2 schots *bijw*: ~ *en scheef door elkaar* higgledy-piggledy

Schots I *bn* Scotch, Scottish; **II** *o*: *het* ~ Scotch, Scots; **III** *v*: *een* ~*e* a Scotchwoman

'**schotschrift** *o* (-en) libel, lampoon

'**schotvrij** *bn* = *schootvrij*

'**schotwond** *v* (-en) shot-wound, bullet-wound

'**schouder** *m* (-s) shoulder; *breed van* ~*s* broad-shouldered; *de* ~*s ophalen* shrug one's shoulders, give a shrug; ~ *aan* ~ *staan* stand shoulder to shoulder; *ergens de* ~*s onder zetten* put one's back into [doing sth.]

'**schouderband** *m* (-en), '**schouderbandje** *o* (-s) shoulder-strap

'**schouderbedekking** *v* (-en) mil shoulder-strap

'**schouderblad** *o* (-bladen) shoulder-blade, scapula [*mv* scapulae]

'**schouderbreedte** *v* (-n en -s) breadth of shoulders

'**schouderduw** *m* (-en) sp shoulder charge

'**schouderen** (schouderde, h. geschouderd) *overg*: *het geweer* ~ shoulder the gun, shoulder arms

'**schoudergewricht** *o* (-en) shoulder-joint

'**schouderklopje** *o* (-s) pat on the back

'**schoudermantel** *m* (-s) cape

'**schouderophalen** *o* shrug (of the shoulders)

'**schouderstuk** *o* (-ken) **1** mil shoulder-strap; **2** ⟨van hemd &⟩ yoke; **3** ⟨v. vlees⟩ shoulder [of lamb &]

'**schoudertas** *v* (-sen) shoulder-bag

'**schoudervulling** *v* (-en) shoulder pad

schout *m* (-en) hist bailiff, sheriff

schout-bij-'nacht *m* (-s en schouten-bij-nacht) rear-admiral

1 schouw *v* (-en) ⟨schoorsteenmantel⟩ chimney

2 schouw *m* ⟨inspectie⟩ inspection, survey

3 schouw *v* (-en) ⟨boot⟩ scow

'**schouwburg** *m* (-en) theatre, playhouse

'**schouwburgbezoeker** *m* (-s) theatre-goer

'**schouwburgpubliek** *o* theatre-going public

'**schouwen** (schouwde, h. geschouwd) *overg* inspect; plechtig view, behold; *een lijk* ~ hold an inquest

'**schouwing** *v* (-en) inspection

'**schouwspel** *o* (-spelen) spectacle, scene, sight, view

'**schouwtoneel** *o* (-nelen) stage, scene, theatre

1 'schoven (schoofde, h. geschoofd) *overg* sheave

2 'schoven V.T. meerv. van *schuiven*

schraag *v* (schragen) trestle, support

'**schraagpijler** *m* (-s) buttress

schraal I *bn* **1** ⟨personen⟩ thin, gaunt; **2** ⟨inkomen⟩ slender [salary]; lean [purse]; **3** ⟨spijs &⟩ meagre [diet], poor, scanty, spare, slender; **4** ⟨grond⟩ poor; **5** ⟨wind⟩ bleak; *een schrale troost* cold comfort; **II** *bijw* poorly, scantily

'**schraalhans** *m* (-hanzen): *hier is* ~ *keukenmeester* we are on short commons here

'**schraalheid** *v* poverty, thinness, scantiness &

'**schraaltjes** *bijw* poorly, scantily, thinly, slenderly

'**schraapachtig** *bn* scraping, stingy, covetous

'**schraapijzer** *o* (-s), '**schraapmes** *o* (-sen) scraper

'**schraapsel** *o* (-s) scrapings

'**schraapzucht** *v* stinginess, covetousness

schraap'zuchtig *bn* scraping, stingy, covetous

schrab *v* (-ben) scratch

'**schrabben** (schrabde, h. geschrabd) *overg* scratch, scrape [carrots]

'**schrabber** *m* (-s), '**schrabijzer** *o* (-s), '**schrabmes** *o* (-sen) scraper

'**schragen** (schraagde, h. geschraagd) *overg* support, prop (up), stay

schram *v* (-men) scratch, graze

'**schrammen** (schramde, h. geschramd) **I** *overg* scratch, graze; **II** *wederk*: *zich* ~ scratch oneself, graze one's skin

'**schrander I** *bn* clever, intelligent, smart, bright, sagacious; **II** *bijw* cleverly, intelligently, smartly, sagaciously

'**schranderheid** *v* cleverness, intelligence, sagacity

'**schransen** (schranste, h. geschranst) *onoverg* gormandize, gorge; *zij waren aan het* ~ they were cramming

'**schranser** *m* (-s) glutton

'**schranspartij** *v* (-en) blowout, pig-out

'**schranzen** (schransde, h. geschransd) *onoverg* = *schransen*

'**schranzer** *m* (-s) = *schranser*

1 schrap *v* (-pen) scratch; *er een* ~ *door halen* strike it out

2 schrap *bijw*: *zich* ~ *zetten* take a firm stand, brace oneself

'**schrapen** (schraapte, h. geschraapt) *overg* scrape; *(zich) de keel* ~ clear one's throat

'**schraper** *m* (-s) scraper

'**schraperig** *bn* scraping, stingy, covetous

'**schrapijzer** *o* (-s) = *schrabber*

'**schrapje** *o* (-s) skin test

'**schrapmes** *o* (-sen) = *schrabber*

'**schrappen** (schrapte, h. geschrapt) *overg* **1** scrape [carrots &]; **2** scale [fish]; **3** strike out [a name]; **4** cancel [a debt]; **5** delete [a name, a passage]; *iem. van de lijst* ~ strike sbd. off the list

'**schrapper** *m* (-s) = *schrabber*

'**schrapping** *v* (-en) **1** striking out [of a name]; **2** deletion [of a passage, word]; **3** cancellation [of a debt]

'**schrapsel** *o* (-s) scrapings

'**schrede** *v* (-n) pace, step, stride; *de eerste* ~ *doen* take the first step; *zijn* ~*n wenden naar...* turn (bend) one's steps to...; *met rasse* ~*n* with rapid

strides, fast; *op zijn ~n terugkeren (terugkomen)* go
back on (retrace) one's steps
schreed (schreden) V.T. van *schrijden*
1 schreef *v* (schreven) line, scratch; *over de ~ gaan*
go over the line, exceed the bounds
2 schreef (schreven) V.T. van *schrijven*
'schreefloos *bn* sanserif
schreeuw *m* (-en) cry, shout, screech; *een ~ geven*
give a cry
'schreeuwen (schreeuwde, h. geschreeuwd) *onoverg*
cry, shout, bawl; *~ als een mager varken* squeal like
a (stuck) pig; *(er) om ~* ook: clamour for it; *hij
schreeuwt voordat hij geslagen wordt* he cries out before he is hurt; *zich hees ~* cry oneself hoarse
'schreeuwend *bn* crying² [injustice]; *~e kleuren*
loud (glaring) colours
'schreeuwer *m* (-s) **1** *eig* bawler; **2** ⟨snoever⟩ braggart
'schreeuwerig *bn* **1** screaming [voice &]; **2** *fig*
clamorous [persons]; **3** loud [colours]; **4** vociferous
[speeches]
'schreeuwlelijk *m* (-en) **1** *eig* bawler; **2** ⟨huilebalk⟩
cry-baby
'schreien (schreide, h. geschreid) *onoverg* weep,
cry; *~ om...* weep for...; *ten hemel ~* cry (aloud) to
Heaven; *tot ~s toe bewogen* moved to tears; *~ van...*
weep for [joy]
'schreier *m* (-s) weeper, crier
'schreven V.T. meerv. van *schrijven*
schriel I *bn* ⟨gierig⟩ stingy, mean, niggardly; **II** *bijw*
stingily, meanly, niggardly; zie ook: *schraal*
'schrielheid *v* (gierigheid) stinginess, meanness,
niggardliness; zie ook: *schraalheid*
schrift *o* (-en) **1** ⟨het geschrevene⟩ writing;
2 ⟨schriftsoort⟩ [Arabic, Latin] script; **3** ⟨schrijf-
boek⟩ exercise book, notebook; *op ~* in writing; *op
~ stellen* put [it] in writing
Schrift *v: de (Heilige) ~* Holy Writ, (Holy) Scripture,
the Scriptures
'schriftelijk I *bn* written, in writing; *~e cursus* correspondence course; **II** *bijw* in writing; by letter;
III *o: het ~* the written work [of an examination]
'schriftgeleerde *m* (-n) scribe
'schriftkunde *v* **1** ⟨grafologie⟩ graphology; **2** ⟨v.
oude handschriften⟩ pal(a)eography
schrift'kundige *m-v* (-n) **1** ⟨grapholoog⟩ graphologist; **2** ⟨v. oude handschriften⟩ pal(a)eographer
'schriftlezing *v* Bible reading
'schriftuitleg *m* exposition of the Scriptures
schrif'tuur *v & o* (-turen) writing, document; *de S~*
Scripture
schrif'tuurlijk *bn* scriptural
'schrijden (schreed, h. en is geschreden) *onoverg*
stride
'schrijfbehoeften *mv* writing-materials, stationery
'schrijfblok *o* (-ken) writing-block, writing-pad
'schrijfboek *o* (-en) = *schrift²*
'schrijfbureau *o* (-s) desk, writing-table

'schrijffout *v* (-en) clerical error, slip of the pen
'schrijfgerei *o* writing-materials
'schrijfinkt *m* writing-ink
'schrijfkramp *v* writer's cramp
'schrijfkunst *v* art of writing, penmanship
'schrijfles *v* (-sen) writing-lesson
'schrijflessenaar *m* (-s) desk, writing-table
'schrijfletter *v* (-s) written character; *~s* script
'schrijfmachine *v* (-s) typewriter
'schrijfmachinelint *o* (-en) typewriter ribbon
'schrijfmachinepapier *o* typewriting paper
'schrijfmap *v* (-pen) writing-case
'schrijfpapier *o* writing-paper
'schrijfster *v* (-s) (woman) writer, authoress
'schrijftaal *v* written language
'schrijftafel *v* (-s) writing-table
'schrijftrant *m* manner (style) of writing
schrijf'vaardigheid *v* writing skill
'schrijfvoorbeeld *o* (-en) copy-book heading
'schrijfwerk *o* clerical work, writing
'schrijfwijze *v* (-n) spelling [of a word]
'schrijfwoede *v* mania for writing
'schrijlings *bn* astride [his father's knee], astraddle
(op of)
schrijn *o & m* (-en) **1** ⟨in 't alg.⟩ chest, cabinet;
2 ⟨van relikwieën⟩ shrine
'schrijnen (schrijnde, h. geschrijnd) *overg* graze,
abrade [the skin]; *~d leed* bitter grief; *~de pijn*
smarting pain; *~de tegenstelling, ~d verhaal* poignant contrast (story)
'schrijnwerker *m* (-s) **1** ⟨meubelmaker⟩ joiner;
2 ZN ⟨timmerman⟩ carpenter
schrijnwerke'rij *v* ZN **1** ⟨houtwerk⟩ woodwork;
2 ⟨meubelmakers-, timmerwerk⟩ carpentry, cabinet
maker's work; **3** (-en) ⟨meubelmakerij⟩ cabinetmaking, furniture-making; **4** (-en) ⟨werkplaats v.e.
timmerman⟩ carpenter's workshop
'schrijven (schreef, h. geschreven) **I** *overg* write; *dat
kan je op je buik ~* you may whistle for it; **II** *onoverg
& abs ww* write; *~ aan* write to; *hij schrijft in de
krant* he writes in a paper (for the papers); *~ op een
advertentie* answer an advertisement; *hij schrijft over
de oorlog* he writes about the war; *hij heeft over
Byron geschreven* he has written on Byron; *niets om
over naar huis te ~* nothing to write home about; *er
staat geschreven* it is written; **III** *wederk*: *zich ~* sign
oneself [John Jones]; **IV** *o: ons laatste ~* our last
letter; *uw ~ van de 20ste* your letter, your favour of
the 20th inst.
'schrijver *m* (-s) **1** writer [of a letter, books &]; **2** author [of a treatise, books &]; **3** clerk, copyist [in an
office]
schrijve'rij *v* (-en) writing; *geringsch* scribbling
schrik *m* fright, terror; *met ~ en beven* with fear and
terror; *de ~ van het dorp* the terror of the village;
iem. ~ aanjagen, iem. de ~ op het lijf jagen give sbd.
a fright, terrify sbd.; *er met de ~ afkomen* get off
with a fright; *er de ~ inbrengen* put the fear of God

into them; *een ~ krijgen* get a fright; *de ~ sloeg mij om 't hart* it gave me quite a turn; *met ~ vervullen* fill with fright (scare), strike terror into; *met ~ wakker worden* start from one's sleep; *met ~ tegemoet zien* dread; *tot mijn ~* to my dismay (horror); *het van ~ besterven* be frightened to death

'schrikaanjagend *bn* terrifying
'schrikachtig *bn* easily frightened, *gemeenz* jumpy
'schrikachtigheid *v* jumpiness
schrik'barend *bn* frightful, fearful, dreadful, *gemeenz* awful
'schrikbeeld *o* (-en) **1** (in 't alg.) dreadful vision, spectre, terror, bogy; **2** 〈gedrocht〉 incubus
'schrikbewind *o* (reign of) terror
'schrikdraad *m & o* (-draden) electric (wire) fence
'schrikkeldag *m* (-dagen) intercalary day
'schrikkeldans *m* ladies' choice (turn)
'schrikkeljaar *o* (-jaren) leap-year
'schrikkelmaand *v* (-en) leap-month (February)
'schrikken (schrok, is geschrokken) **I** *onoverg* **1** 〈in 't alg.〉 be scared, be frightened; **2** 〈op~〉 start, give a start; *iem. doen ~* give sbd. a fright, frighten sbd., startle sbd.; *~ van* start at, be startled by [sbd., a noise]; *hij ziet eruit om van te ~* his looks simply frighten you; *~ voor...* take fright at; **II** *wederk: zich dood (een aap &) ~* be frightened (scared) to death (out of one's wits)
schrik'wekkend *bn* terrifying, terrific, appalling
schril **I** *bn* **1** shrill, strident [sounds]; **2** glaring [light, colours, contrast]; **II** *bijw* shrilly, stridently, glaringly
'schrobben (schrobde, h. geschrobd) *overg* scrub, scour [the floor]
'schrobber *m* (-s) scrubbing-brush, scrubber
schrob'bering *v* (-en) scolding, *gemeenz* dressing-down
'schrobnet *o* (-ten) trawl-net
'schrobzaag *v* (-zagen) compass saw
schroef *v* (schroeven) **1** 〈in 't alg.〉 screw; **2** 〈bank~〉 vice; **3** scheepv screw, (screw) propeller; **4** luchtv airscrew, propeller; **5** muz peg [of a violin]; *~ van Archimedes* Archimedean screw; *~ zonder eind* endless screw; *~ en moer* male and female screw; *de ~ wat aandraaien* turn the screw²; *alles staat op losse schroeven* everything is unsettled
'schroefas *v* (-sen) scheepv propeller-shaft
'schroefbank *v* (-en) vice-bench
'schroefblad *o* (-bladen) propeller-blade
'schroefboor *v* (-boren) screw-auger
'schroefbout *m* (-en) screw-bolt
'schroefdeksel *o* (-s), 'schroefdop *m* (-pen) screw-cap
'schroefdop *m* (-pen) screw top
'schroefdraad *m* (-draden) screw-thread
'schroefduik *m* spin
'schroefgang *m* (-en) thread (worm) of a screw
'schroeflijn *v* (-en) helix [*mv* helices]

'schroefmoer *v* (-en) nut, female screw
'schroefsgewijs, 'schroefsgewijze *bijw* spirally
'schroefsleutel *m* (-s) monkey-wrench, spanner
'schroefsluiting *v* (-en) screw-cap; *fles met ~* screw-topped bottle
'schroefturbine *v* (-s) propeller turbine
'schroefvliegtuig *o* (-en) propeller plane
'schroefvormig *bn* screwshaped, spiral
'schroeien (schroeide, geschroeid) **I** (h.) *overg* scorch [the grass &]; singe [one's dress, one's hair]; scald [a pig]; cauterize [a wound]; **II** (is) *onoverg* get singed
'schroeven (schroefde, h. geschroefd) *overg* screw
'schroevendraaier *m* (-s) screwdriver
1 schrok *m* (-ken) glutton
2 schrok, (schrokken) V.T. v. *schrikken*
'schrokken (schrokte, h. geschrokt) **I** *onoverg* eat gluttonously, bolt (wolf down) one's food, guzzle; **II** *overg: het naar binnen ~* bolt it down
'schrokker, 'schrokkerd *m* (-s) glutton
'schrokkerig, 'schrokkig **I** *bn* gluttonous, greedy; **II** *bijw* gluttonously, greedily
'schrokkerigheid *v* glutonny, greedliness
'schrokop *m* (-pen) glutton, gourmand
'schromelijk **I** *bn* gross [exaggeration &], versterkend frightful, awful; **II** *bijw* grossly [exaggerated &], greatly, grievously, sorely [mistaken], versterkend frightfully, awfully
'schromen (schroomde, h. geschroomd) *overg* fear, dread, hesitate
'schrompelen (schrompelde, is geschrompeld) *onoverg* shrivel (up)
'schrompelig *bn* shrivelled, wrinkled
schroom *m* diffidence, shyness, scruple
schroom'vallig *bn* shy, diffident, timorous
schroom'valligheid *v* diffidence, timidity, timorousness
schroot *o* **1** 〈oud ijzer〉 scrap(iron); **2** 〈munitie〉 shot, grapeshot
'schroothoop *m* (-hopen) scrap-yard, scrap-heap
'schrootjeswand *m* (-en) lathed wall
'schub (-ben) *v* scale [of a fish]
'schubben (schubde, h. geschubd) *overg* scale [a fish]
'schubbig *bn* scaly
'schuchter *bn* timid, timorous, shy, bashful
'schuchterheid *v* timidity, timorousness, shyness, bashfulness
'schuddebollen (schuddebolde, h. geschuddebold) *onoverg* nod
'schudden (schudde, h. geschud) **I** *overg* **1** shake [one's head, a bottle, hands with sbd.]; **2** shuffle [the cards]; *je kunt het wel ~* 〈je kansen zijn verkeken〉 forget it; *iem. door elkaar ~* shake sbd. up, give sbd. a good shaking; **II** *onoverg* **1** 〈in 't alg.〉 shake; **2** 〈v. rijtuig〉 bump, jolt; *~ vóór gebruik* to be shaken before use; *hij schudde met het hoofd (van nee)* he shook his head; *dat deed het hele huis ~* it shook the

house; *hij schudde van het lachen* he was convulsed with laughter; *het gebouw schudde op zijn grondvesten* the building shook to its foundations

'**schudding** *v* (-en) shaking, concussion

'**schuier** *m* (-s) brush

'**schuieren** (schuierde, h. geschuierd) *overg* brush

schuif *v* (schuiven) **1** (in 't alg.) slide; **2** (v. doos) sliding-lid; **3** (grendel) bolt; **4** (v. oven &) damper; **5** ZN (lade) drawer

'**schuifblad** *o* (-bladen) extra leaf [of a table]

'**schuifdak** *o* (-daken) sliding-roof

'**schuifdeur** *v* (-en) sliding-door

'**schuifelen** (schuifelde, h. en is geschuifeld) *onoverg* **1** (in 't alg.) shuffle, shamble; **2** (v. slang) hiss

'**schuifklep** *v* (-pen) slide(-valve)

'**schuifknoop** *m* (-knopen) running knot, slipknot

'**schuifla** (-den), '**schuiflade** (-n) drawer

'**schuifladder** *v* (-s) extending ladder, extension ladder

'**schuifmaat** *v* (-maten) slide-rule, vernier cal-(l)ipers

'**schuifpui** *v* (-en) sliding door

'**schuifraam** *o* (-ramen) sash-window

'**schuifspeldje** *o* (-s) bobby-pin, hair-slide

'**schuiftafel** *v* (-s) = *uittrektafel*

'**schuiftrompet** *v* (-ten) trombone

'**schuiladres** *o* (-sen) cover address, accommodation address

'**schuilen** (school *of* schuilde, h. gescholen *of* geschuild) *onoverg* **1** (tijdens regen &) take shelter, shelter (*voor* from); **2** (zich verbergen) hide; *daar schuilt wat achter* there is something behind it; *de moeilijkheid schuilt in...* the difficulty lies (consists, rests) in...

'**schuilevinkje** *o* (-s) hide-and-seek; *~ spelen* play at hide-and-seek

'**schuilgaan**[1] *onoverg* hide [of the sun]

'**schuilhoek** *m* (-en) hidingplace

'**schuilhouden**[1] *wederk: zich ~* hide, be in hiding, keep in the shade, lie low

'**schuilkelder** *m* (-s) air-raid shelter

'**schuilkerk** *v* (-en) clandestine church

'**schuilnaam** *m* (-namen) **1** (inz. van schrijver) pen-name, pseudonym; **2** (van spion &) assumed name

'**schuilplaats** *v* (-en) **1** (om zich te verbergen) hiding-place, hide-out; shelter; **2** (veilige plaats) refuge, asylum; *bomvrije ~ mil* dug-out; bombproof shelter; *een ~ zoeken bij...* take shelter (refuge) with, flee for shelter to...

schuim *o* **1** foam [of liquid in fermentation or agitation, of saliva or perspiration]; **2** froth [of liquid, beer &]; **3** lather [of soap]; **4** dross [of metals]; **5** scum[2] [of impurities rising to the surface in boiling]; **6** *fig* offscourings, scum, dregs [of the people]; *het ~ staat hem op de mond* he foams at the mouth

'**schuimachtig** *bn* foamy, frothy

'**schuimbad** *o* (-baden) foam bath

'**schuimbekken** (schuimbekte, h. geschuimbekt) *onoverg* foam at the mouth; *~d van woede* foaming with rage

'**schuimblusser** *m* (-s) foam extinguisher

'**schuimen** (schuimde, h. geschuimd) **I** *onoverg* **1** foam [of water, the mouth &]; **2** froth [of beer]; **3** lather [of soap]; **4** (klaplopen) sponge; *op zee ~* scour the seas; **II** *overg* skim [soup &]

'**schuimgebakje** *o* (-s) meringue

'**schuimig** *bn* foamy, frothy

'**schuimklopper** *m* (-s) whisk

'**schuimkop** *m* (-pen) crest [of waves]

'**schuimkraag** *m* (-kragen) head

'**schuimpje** *o* (-s) meringue

'**schuimplastic** *o* foam(ed) plastic

'**schuimrubber** *m & o* foam rubber

'**schuimspaan** *v* (-spanen) skimmer

'**schuimvlok** *v* (-ken) (foam) flake

'**schuimwijn** *m* (-en) ZN sparkling wine

schuin I *bn* **1** slanting, sloping [wall &]; **2** oblique [bearing, course, line, winding &]; **3** inclined [plane]; **4** bevel [edge]; **5** *fig* broad, obscene, ribald [stories, songs, jokes]; **6** blue [film, joke, talk]; **7** dirty [postcard]; *~ geknipt* cut on the bias; *de ~e zijde (van een driehoek)* the hypotenuse; **II** *bijw* aslant, slantingly &; awry, askew, on the skew; *~ aanzien* look askance at[2]; *het ~ houden* tilt it, slant it, slope it; *~ toelopen* flue; *~ tegenover* nearly opposite, diagonally opposite

'**schuinen** (schuinde, h. geschuind) *overg techn* bevel, chamfer, splay

'**schuinheid** *v* obliqueness, obliquity; *fig* obscenity

schuins *bn* = *schuin*

'**schuinschrift** *o* sloping (slanting) writing

'**schuinsmarcheerder** *m* (-s) debauchee, rake

'**schuinte** *v* (-n) obliquity, slope; *in de ~* aslant

schuit *v* (-en) boat, barge; zie ook: *schuitje*

'**schuitenhuis** *o* (-huizen) boat-house

'**schuitenvoerder** *m* (-s) bargeman, bargee

'**schuitje** *o* (-s) **1** *scheepv* (little) boat; **2** (v. ballon) car, basket; **3** *techn* pig, sow [of tin]; *we zitten in het ~ en moeten meevaren* in for a penny, in for a pound; *we zitten allemaal in hetzelfde ~* we are all in the same boat

'**schuitjevaren** *onoverg* boat, be boating

'**schuitvormig** *bn* boat-shaped

'**schuiven** (schoof, geschoven) **I** (h.) *overg* **1** shove, push [a chair &]; **2** slip [a ring off one's finger]; *opium ~* smoke opium; *de grendel op de deur ~* shoot the bolt; *de schuld op een ander ~* lay the guilt at another man's door, lay the blame on someone else; *iets van zijn hals ~* shift the responsibility & upon another man's shoulders, rid oneself of something; **II** (h. *of* is) *onoverg* slide, slip; *laat hem maar ~!* he knows what's what!, he knows his stuff!

'**schuiver** *m* (-s) lurch; *een ~ maken* give a lurch; zie ook: *opiumschuiver* '**schuivertje** *o* (-s) pusher

schuld *v* (-en) **1** ⟨in geld⟩ debt; **2** ⟨fout⟩ fault, guilt; *achterstallige ~* arrears; *kwade ~en* bad debts; *lopende ~* outstanding (running, current) debt; *het is mijn ~ (niet)* it is (not) my fault, the fault is (not) mine; *wiens ~ is het?* whose fault is it?, who is to blame?; *het weer was er ~ van dat...* it was owing (due) to the weather that...; *~ bekennen* confess one's guilt; *~ belijden* confess one's guilt; *iem. de ~ van iets geven* lay (throw) the blame on sbd., blame sbd. for sth.; *~ hebben* **1** ⟨schuldig zijn⟩ be guilty; **2** ⟨verschuldigd zijn⟩ owe (money); *wie heeft ~?* who is to blame?; *~ hebben aan iets* be a party to sth.; *gewoonlijk krijg ik de ~* usually I am blamed, I get the blame; *~en maken* contract debts, run into debt; *de ~ op zich nemen* take the blame upon oneself; *vergeef ons onze ~en* bijbel forgive us our trespasses; *buiten mijn ~* through no fault of mine; *door uw ~* through your fault

'**schuldbekentenis** *v* (-sen) **1** ⟨in 't alg.⟩ confession of guilt; **2** handel IOU, bond

'**schuldbelijdenis** *v* confession of guilt

'**schuldbesef** *o* sense of guilt, consciousness of (his, her) guilt

'**schuldbewijs** *o* (-wijzen) = schuldbekentenis²

schuldbe'wust *bn* guilty

'**schuldbrief** *m* (-brieven) debenture

'**schulddelging** *v* (-en) debt redemption

'**schuldeiser** *m* (-s) creditor

'**schuldeloos** *bn* guiltless, innocent

schulde'loosheid *v* guiltlessness, innocence

'**schuldenaar** *m* (-s en -naren) debtor

'**schuldenlast** *m* debt

'**schuldgevoel** *o* guilt feeling, feeling of guilt

'**schuldig I** *bn* guilty *(aan of)*, culpable; *zijn ~e plicht* his bounden duty; *~ zijn* **1** ⟨schuld hebben⟩ be guilty; **2** ⟨te betalen hebben⟩ owe; *ik ben u nog wat ~* I owe you a debt; *ik ben niemand iets ~* I owe no one any money; *ik ben u nog enige lessen ~* I still owe you for a few lessons; *het antwoord ~ blijven* not make an answer; *het antwoord niet ~ blijven* be ready with an answer; *het bewijs ~ blijven* fail to prove that...; *zich ~ maken aan* render oneself guilty of; *hij is des doods ~* he deserves death; *het ~ uitspreken over* condemn, find [sbd.] guilty; **II** *m-v*: *de ~e* the guilty party, the culprit

'**schuldvergelijking** *v* (-en) compensation, set-off

'**schuldvernieuwing** *v* (-en) renewal of a debt

'**schuldvordering** *v* (-en) claim

'**schuldvraag** *v*: *de ~ opwerpen* raise the question of guilt

schulp *v* (-en) shell; *in zijn ~ kruipen* draw in one's horns

'**schulpen** (schulpte, h. geschulpt) *overg* scallop

'**schunnig** *bn* mean, shabby, shady, scurvy, ribald

'**schuren** (schuurde, h. geschuurd) **I** *overg* **1** scour [a kettle &]; ⟨met schuurpapier⟩ sand, sandpaper; **2** chafe [the skin]; **II** *abs ww* scour; **III** *onoverg*: *~*

langs graze; over het zand ~ grate over the sand

schurft *v & o* **1** cabies, itch [of man]; **2** scab [of sheep]; **3** mange [of cats, dogs, horses]; *de ~ aan iem. (iets) hebben* gemeenz hate sbd. (sth.) like poison; *ergens de ~ over inhebben* gemeenz be peeved at sth.

'**schurftig** *bn* scabby, mangy, scurfy

'**schurftmijt** *v* (-en) itch-mite

'**schuring** *v* friction

'**schuringsgeluid** *o* (-en) taalk fricative

schurk *m* (-en) rascal, rogue, scoundrel, scamp, knave, villain

'**schurkachtig** *bn* rascally, scoundrelly, knavish, villainous

'**schurkachtigheid** *v* (-heden) rascality, villainy, knavishness

'**schurken** (schurkte, h. geschurkt) *onoverg* rub, scratch

'**schurkenstreek** *m & v* (-streken), **schurke'rij** *v* (-en) roguery, (piece of) villainy, piece of knavery, knavish trick

schut *o* (-ten) **1** ⟨scherm⟩ screen; **2** ⟨schutting⟩ fence; **3** ⟨schot⟩ partition; *voor ~ lopen* look a sight; *voor ~ staan* look a fool; *iem. voor ~ zetten* make a fool of sbd.; *voor ~ zitten* look a fool

'**schutblad** *o* (-bladen) **1** ⟨v. boek⟩ fly-leaf, endpaper; **2** plantk bract

'**schutdeur** *v* (-en) lock-gate, floodgate

'**schutgeld** *o* **1** ⟨voor vee⟩ poundage; **2** ⟨voor schepen⟩ lockage

'**schutkleur** *v* (-en) protective coloration, protective colouring

'**schutkolk** *m & v* (-en) lock-chamber

'**schutsengel** *m* (-en) guardian angel

'**schutsheer** *m* (-heren) patron

'**schutsluis** *v* (-sluizen) lock

'**schutspatroon** *m* (-tronen), '**schutspatrones** *v* (-sen) patron saint

'**schutstal** *m* (-len) pound

'**schutsvrouw** *v* (-en) patroness

'**schutten** (schutte, h. geschut) *overg* **1** ⟨van vee⟩ pound; **2** ⟨v. schepen⟩ lock (through)

'**schutter** *m* (-s) **1** marksman; mil [air-, machine-]gunner; **2** hist soldier of the Civic guard

'**schutteren** (schutterde, h. geschutterd) *onoverg* act awkwardly (clumsily)

'**schutterig** *bn* awkward

schutte'rij *v* (-en) **1** ⟨schietvereniging⟩ shooting club; **2** hist National guard, Civic guard

'**schutting** *v* (-en) **1** ⟨in 't alg.⟩ fence; **2** hoarding [in the street, for advertisement]

'**schuttingtaal** *v* obscene language

'**schuttingwoord** *o* (-en) four-letter word, dirty word

schuur *v* (schuren) **1** ⟨in 't alg.⟩ shed; **2** barn [for corn]

'**schuurdeur** *v* (-en) barn-door, shed-door

'**schuurlinnen** *o* emery-cloth

'**schuurmachine** v (-s) sanding machine, sander
'**schuurmiddel** o (-en) abrasive, scourer
'**schuurpapier** o emery-paper, sandpaper
'**schuurpoeder** o & m scouring powder
'**schuurspons** v (-en en -sponzen) scourer
'**schuurzand** o scouring-sand
schuw bn shy, timid, bashful
'**schuwen** (schuwde, h. geschuwd) overg **1** shun [a man, bad company &]; **2** avoid, shrink from [action, kind of food &]; iets ~ als de pest shun (avoid) sth. like the plague
'**schuwheid** v shyness, timidity, bashfulness
schwung m verve, drive, vigour, spirit, élan
'**Scilly-eilanden** mv Scilly Isles, Scilly Islands, Scillies
scle'rose v sclerosis; multiple ~ multiple sclerosis, disseminated sclerosis
'**scooter** m (-s) (motor) scooter
'**scooterrijder** m (-s) scooterist
'**score** m (-s) score
'**scorebord** o (-en) score-board
'**scoren** (scoorde, h. gescoord) onoverg & overg score
scout m (-s) **1** (lid v. jeugdorganisatie) (boy, girl) scout; **2** (talentenjager) (talent-)scout
scou'tisme o ZN scouting
'**scrabbelen** (scrabbelde, h. gescrabbeld) onoverg play scrabble
'**scratchen** (scratchte, h. gescratcht) onoverg scratch
'**screenen** (screende, h. gescreend) overg screen
scri'bent m (-en) scribbler
'**scriptgirl** v (-s) continuity girl
'**scriptie** v (-s) onderwijs special paper, ± essay
scrofu'leus bn scrofulous
scrofu'lose v scrofula
'**scrollen** (scrollde, h. gescrolld) overg comput scroll
'**scrotum** o (-s) scrotum
scru'pule v (-s) scruple
scrupu'leus bn scrupulous
'**scud-aanval** m (-len) SCUD attack
'**scud-raket** v (-ten) SCUD missile
'**Scylla** v: tussen ~ en Charybdis between Scylla and Charybdis
se'ance v (-s) séance
sec bn dry°
'**secans** v (-en en -canten) secant
secon'dair bn secondary
secon'dant m (-en) **1** assistant master [in a boarding-school]; **2** second [in a duel]; **3** bottle-holder [at a prize-fight]
secon'dante v (-s) assistant teacher
se'conde v (-n) second
secon'deren (secondeerde, h. gesecondeerd) overg second
se'condewijzer m (-s) second(s) hand
secre'taire m (-s) writing-desk, secretary
secreta'resse v (-n) (lady) secretary; medisch ~ ZN medical secretary; receptionist
secretari'aat o (-riaten) **1** (ambt) secretaryship;

2 (kantoor) (secretary's) office; **3** (hoofdkwartier) secretariat
secreta'rie v (-rieën) town clerk's office
secre'taris m (-sen) **1** (in 't alg.) secretary; **2** (v.d. gemeente) town clerk
secre'taris-gene'raal m (secretarissen-generaal) **1** permanent under-secretary [of a ministry]; **2** secretary-general [of UNO &]
se'cretie v (-s) secretion
'**sectie** v (-s) **1** (onderdeel) section; **2** (v. lijk) dissection, post-mortem (examination); **3** mil platoon
'**sector** m (-s en -'toren) sector
secu'lair bn secular
seculari'satie v (-s) secularization
seculari'seren (seculariseerde, h. geseculariseerd) overg secularize
secu'lier I bn secular; II m (-en) secular
se'cunda v ('s) handel second of exchange
secun'dair bn secondary; ~ onderwijs ZN secondary education; Vernieuwd S~ Onderwijs ZN renewed secondary education
securi'teit v security; voor alle ~ to be on the safe side, for safety's sake
se'cuur I bn accurate, precise; II bijw accurately, precisely; het ~ weten know it positively
se'dan m (-s) sedan
se'deren (sedeerde, h. gesedeerd) overg calm by means of sedatives; administer a sedative
'**sedert** voegw & voorz = sinds
sedert'dien bijw = sindsdien
sedi'ment o (-en) sediment
'**Seeland** o Zealand
seg'ment o (-en) segment
segre'gatie v segregation
segre'geren (segregeerde, h. gesegregeerd) overg segregate
se'grijn o shagreen
se'grijnen bn shagreen
se'grijnleer o shagreen
sein o (-en) signal, sign; het ~ geven give the signal; dat was het ~ tot... that was the signal for...; ~en geven make signals; iem. een ~ geven sign to sbd., give sbd. a warning look; hun het ~ geven om stil te houden signal to them to stop
'**seinen** (seinde, h. geseind) overg & onoverg **1** (seinen geven) signal; **2** (telegraferen) telegraph, gemeenz wire
'**seiner** m (-s) signaller, signalman
'**seinfluit** v (-en) signal-whistle
'**seinhuisje** o (-s) signal-box
'**seinpaal** m (-palen) signal-post, semaphore
'**seinpost** m (-en) signal-station
'**seinstation** o (-s) signalling-station
'**seintje** o (-s) signal; iem. een ~ geven give sbd. a warning (a hint), tip sbd. off
'**seintoestel** o (-len) **1** signalling-apparatus; **2** (telegrafie) transmitter
'**seinvlag** v (-gen) signal(ling)-flag

'**seinwachter** *m* (-s) signalman
'**seismisch** *bn* seismic
seismo'graaf *m* (-grafen) seismograph
seismolo'gie *v* seismology
sei'zoen *o* (-en) season
sei'zoenarbeid *m* seasonal work
sei'zoenarbeider *m* (-s) seasonal worker
sei'zoenkaart *v* (-en) season ticket
sei'zoenopruiming *v* (-en) clearance sales
sei'zoenwerkloosheid *v* seasonal unemployment
se'kreet *o* (-kreten) **1** vero (wc) privy; **2** *scheldwoord* ⟨man⟩ bastard, son of a bitch; ⟨vrouw⟩ bitch, cow
seks *m* sex
'**seksblad** *o* (-bladen) sex magazine
'**seksbom** *v* (-men) gemeenz sexpot
'**sekse** *v* (-n) sex; *de schone* ~ the fair sex
'**seksen** (sekste, h. gesekst) *overg* sex [chickens]
'**seksfilm** *m* (-s) sex film
sek'sisme *o* sexism
sek'sist *m* (-en) sexist
sek'sistisch *bn* sexist
'**seksloos** *bn* sexless
'**seksmaniak** *m* (-ken) sex fiend, sex maniac
'**seksshop** *m* (-s) sexshop
seksuali'teit *v* sexuality, sex
seksu'eel I *bn* sexual [organs]; sex [education, factor, life, problem]; **II** *bijw* sexually
seksuolo'gie *v* sexology
seksuo'loog *m* (-logen) sexologist
sek'tariër *m* (-s) sectarian
sek'tarisch *bn* sectarian
sekta'risme *o* sectarianism
'**sekte** *v* (-n) sect
'**sektegeest** *m* sectarianism
se'kwester (-s) **1** *m* sequestrator; **2** *o* sequestration
sekwes'tratie *v* (-s) sequestration
sekwes'treren (sekwestreerde, h. gesekwestreerd) *overg* sequester, sequestrate
'**selderie**, '**selderij**, ZN: '**selder** *m* celery
'**selderieknol** *m* (-len) celeriac
se'lect *bn* select, choice
selec'teren (selecteerde, h. geselecteerd) *overg* select
se'lectie *v* (-s) selection
selec'tief *bn* selective
se'lectiewedstrijd *m* (-en) selection match; ⟨voorronde⟩ preliminary
selectivi'teit *v* selectivity
sema'foor *m* (-foren) semaphore
seman'tiek *v* semantics
se'mantisch *bn* semantic
se'mester *o* (-s) semester
Se'miet *m* (-en) Semite
semi'narie *o* (-s) **1** seminary; **2** onderwijs seminar; *groot (klein)* ~ RK major (minor) seminary
semina'rist *m* (-en) seminarist
semi'narium *o* (-s en -ria) seminary
'**semi-prof** *m* (-s) semi-pro
Se'mitisch *bn* Semitic

se'naat *m* (-naten) **1** senate; **2** onderwijs committee of senior students
se'nang *bn*: *zich* ~ *voelen* feel well, comfortable
se'nator *m* (-s en -'toren) senator
'**Senegal** *o* Senegal
Senega'lees *m* (-lezen) & *bn* Senegalese
se'niel *bn* senile; ~*e aftakeling* senile decay
senili'teit *v* senility
'**senior** *m* (-ni'oren) & *bn* senior
sen'satie *v* (-s) sensation, stir [among audience &]; [personal] thrill; ~ *maken (veroorzaken)* create a sensation, cause a stir; *op* ~ *belust* sensation-hungry
sen'satieblad *o* (-bladen) tabloid
sen'satiepers *v* yellow press, gutter press
sen'satieroman *m* (-s) sensational novel, shocker, thriller, penny-dreadful, yellow-back
sen'satiestuk *o* (-ken) sensational play, thriller
sensatio'neel *bn* sensational; gemeenz front-page [news]
sen'sibel *bn* ⟨gevoelig⟩ sensitive; ⟨waarneembaar⟩ perceptible
sensibili'seren (sensibiliseerde, h. gesensibiliseerd) *overg* ZN make a person susceptible, sensitive (e.g. by supplying information)
sensibili'teit *v* ⟨gevoeligheid⟩ sensibility; ⟨waarneming⟩ perception
sensuali'teit *v* sensuality
sensu'eel *bn* sensual
senti'ment *o* (-en) sentiment; *vals* ~ cheap sentiment
sentimentali'teit *v* sentimentality
sentimen'teel *bn* sentimental; ~ *doen over* slobber over
Se'oel *o* Seoul
sepa'raat *bn* separate
sepa'ratisme *o* separatism
sepa'ratist *m* (-en) separatist
'**sepia** *v* ⟨dier & kleur⟩ sepia
sepo'neren (seponeerde, h. geseponeerd) *overg* dismiss, drop
se'pot *o* (-s) dismissal
sep'tember *m* September
sep'tet *o* (-ten) septet(te)
sep'tiem *v* (-en) muz seventh; ~*akkoord* seventh chord
'**seraf** *v* (-s), **sera'fijn** *m* (-en) seraph [*mv* seraphim]
se'rail *o* (-s) seraglio
se'reen *bn* serene
sere'nade *v* (-s) serenade; *iem. een* ~ *brengen* serenade sbd.
'**serge** *v* serge
ser'geant *m* (-en en -s) sergeant
ser'geant-ma'joor *m* (-s) *mv* sergeant-major
ser'geantsstrepen *mv* sergeant's stripes
'**serie** *v* (-s en -riën) **1** ⟨in het alg.⟩ series; **2** bilj break; **3** RTV serial
'**seriebouw** *m* series production

'**seriemoordenaar** *m* (-s) serial killer
'**serienummer** *o* (-s) serial number
'**serieschakeling** *v* (-en) series connection, sequence circuit
seri'eus *bn* serious; *serieuze aanvragen* genuine inquiries
séri'eux: *au ~ nemen* take seriously
'**serieverkrachter** *m* (-s) serial rapist
'**seriewedstrijd** *m* (-en) heat
se'ring *v* (-en) lilac
se'ringenboom *m* (-bomen) lilac-tree
ser'moen *o* (-en) sermon², *fig* lecture
seroposi'tief I *bn* HIV positive; **II** *m-v* (-tieven) person who is HIV positive
ser'pent *o* (-en) serpent; *fig* shrew
serpen'tine *v* (-s) (paper) streamer
'**serre** *v* (-s) **1** (losstaand of uitgebouwd) conservatory; hothouse, greenhouse; **2** (als achterkamer) closed veranda(h)
'**serum** *o* (-s en sera) serum
ser'veerboy *m* (-s) serving trolley, dinner-wagon
ser'veerster *v* (-s) waitress
'**serven** (servede, h. geserved) *onoverg* serve
ser'veren (serveerde, h. geserveerd) *overg* serve
ser'vet *o* (-ten) napkin, table-napkin, [paper] serviette; *te groot voor ~ en te klein voor tafellaken* at the awkward age
ser'vetring *m* (-en) napkin ring, serviette ring
ser'veuse *v* (-s) waitress
'**service** *v* (-s) service°
'**servicebeurt** *v* (-en): *een ~ laten geven* have [one's car] serviced
'**serviceflat** *m* (-s) service flat
'**servicekosten** *mv* service charge(s)
'**servicestation** *o* (-s) service station
'**Servië** *o* Serbia
'**Serviër** *m* (-s) Serbian
ser'vies *o* (-viezen) **1** dinner-set; **2** tea-set
'**Servisch** *bn* & *o* Serbian
servi'tuut *o* (-tuten) easement, charge
'**sesam** *m* sesame
'**sessie** *v* (-s) session
set *m* (-s) set°
Se'villa *o* Seville
sex'tant *m* (-en) sextant
sex'tet *o* (-ten) *muz* sextet(te)
Sey'chellen *mv: de ~* the Seychelles
sfeer *v* (sferen) **1** [celestial, social] sphere; **2** [cordial, cosy, home] atmosphere; *dat ligt buiten mijn ~* that is out of my domain (my province); *hij was in hoger sferen* he was in the clouds
'**sfeerloos** *bn* cheerless, bleak, without any atmosphere
'**sfeervol** *bn* pleasing, with a lot of atmosphere; (smaakvol) in good taste
'**sferisch** *bn* spherical
sfero'ïde *v* (-n) spheroid
sfinx *m* (-en) sphinx

shag *m* shag, cigarette tobacco
shampo'neren (shamponeerde, h. geshamponeerd) *overg* shampoo
'**shampoo** *m* shampoo
'**shantoeng** *o* & *m* shantung
'**sherry** *m* sherry
shift *m* (-en) ZN change of shifts
'**shilling** *m* (-s) shilling
'**shirt** *o* (-s) shirt
'**shirtreclame** *v* shirt advertising
sho'arma *m* kebab
shock *m* (-s) shock
'**shockbehandeling** *v* (-en) shock treatment
sho'ckeren (shockeerde, h. geshockeerd) *overg* shock
'**shocktherapie** *v* (-pieën) shock therapy
shot *m* (-s) (met verdovend middel) shot, slang fix
show *m* (-s) show
'**showen** (showde, h. geshowd) *overg* show [fashion]
si *v* ('s) muz si
'**Siam** *o* Siam
Sia'mees *bn* & *o* & *m* (-mezen) Siamese; *een s~, een Siamese kat* a Siamese cat; *een Siamese tweeling* Siamese twins
Si'berië *o* Siberia
Si'beriër *m* (-s) Siberian
Si'berisch *bn* Siberian
si'bille *v* (-n) sibyl
sicca'tief *o* (-tieven) siccative
Sicili'aan *m* (-lianen) Sicilian
Sicili'aans *bn* Sicilian
Si'cilië *o* Sicily
'**sidderaal** *m* (-alen) electric eel
'**sidderen** (sidderde, h. gesidderd) *onoverg* quake, shake, tremble, shudder; *~ van...* quake & with
'**siddering** *v* (-en) shudder, trembling
'**sidderrog** *m* (-gen) electric ray
'**siepelen** (siepelde, h. en is gesiepeld) *onoverg* ooze, trickle, seep (through)
'**siepogen** *mv* watery eyes
sier *v: goede ~ maken* make good cheer
'**sieraad** *o* (-raden) ornament²
'**sierbestrating** *v* ornamental paving (pavement)
'**sieren** (sierde, h. gesierd) **I** *overg* adorn, ornament, decorate; **II** *wederk: zich ~* adorn oneself
'**sierheester** *m* (-s) ornamental shrub
'**sierkunst** *v* decorative art
'**sierlijk** *bn* graceful, elegant
'**sierlijkheid** *v* gracefulness, elegance
'**sierlijst** *v* (-en) (v. auto) styling strip, belt-moulding
'**sierpalm** *m* (-en) ornamental palm
'**sierplant** *v* (-en) ornamental plant
Sierra Le'one *o* SierraLeone
Sierrale'oner *m* (-s) Sierra Leonean
Sierrale'oons *bn* Sierra Leonean
'**sierstrip** *m* (-s en -pen) = *sierlijst*
'**siervis** *m* (-sen) toy fish

si'ësta *v* ('s) siesta, nap
si'fon *m* (-s) siphon
si'gaar *v* (-garen) cigar
si'garenaansteker *m* (-s) cigar-lighter
si'garenas *v* cigar-ash
si'garenbandje *o* (-s) cigar-band
si'garenboer *m* (-en) tobacconist
si'garenfabriek *v* (-en) cigar-factory, cigar-works
si'garenhandelaar *m* (-s en -laren) tobacconist, dealer in cigars
si'garenkistje *o* (-s) 1 eig cigar-box; 2 ⟨schoen⟩ gemeenz beetle-crusher
si'garenknipper *m* (-s) cigar-cutter
si'garenkoker *m* (-s) cigar-case
si'garenmagazijn *o* (-en) cigar-store
si'garenmaker *m* (-s) cigar-maker
si'garenpijpje *o* (-s) cigar-holder
si'garenwinkel *m* (-s) tobacconist's shop, cigar-shop
siga'ret *v* (-ten) cigarette
siga'rettenaansteker *m* (-s) cigarette-lighter
siga'rettenautomaat *m* (-maten) cigarette-machine
siga'rettendoos *v* (-dozen) cigarette-box
siga'rettenkoker *m* (-s) cigarette-case
siga'rettenpapier *o* cigarette-paper
siga'rettenpeukje *o* (-s) fag-end
siga'rettenpijpje *o* (-s) cigarette-holder
siga'rettentabak *m* cigarette-tobacco
siga'rettenvloei *o* cigarette-paper
sig'naal *o* (-nalen) 1 ⟨in 't alg.⟩ signal; 2 mil bugle-call, call; 3 scheepv pipe, call
signale'ment *o* (-en) description
signa'leren (signaleerde, h. gesignaleerd) *overg* 1 ⟨de aandacht vestigen op⟩ call attention to, point out [a fact]; 2 ⟨zien⟩ observe, see, spot; *hij was met een vreemde vrouw gesignaleerd* he had been seen with an other woman
signali'satie *v* (-s) ZN road marking
signa'tuur *v* (-turen) signature
sig'neren (signeerde, h. gesigneerd) *overg* 1 ⟨in 't alg.⟩ sign; 2 ⟨v. beroemdheden⟩ autograph
sig'net *o* (-ten) signet, seal
significant *bn* significant
'sijpelen (sijpelde, h. en is gesijpeld) *onoverg* ooze, trickle
sijs *v* (sijzen) ⟨vogel⟩ siskin
'sijsjeslijmer *m* (-s) gemeenz stick-in-the-mud, milksop
sik *v* (-ken) 1 ⟨dier⟩ goat; 2 ⟨baard⟩ goat's beard [of a goat]; goatee, chin-tuft [of a man]
1 'sikkel *v* (-s) ⟨gereedschap⟩ sickle, reaping-hook
2 'sikkel *m* (-s en -en) shekel [Jewish weight & coin]
sikke'neurig *bn* peevish, grumpy
'sikkepit *v* gemeenz bit; *geen* ~ not the least bit
si'lene *v* (-n en -s) campion
Si'lezië *o* Silesia
Si'leziër *m* (-s) Silesian

Si'lezisch *bn* Silesian
silhou'et *v & o* (-ten) silhouette
silhouet'teren (silhouetteerde, h. gesilhouetteerd) *overg* silhouette
sili'caat *o* (-caten) silicate
si'licium *o* silicon
sili'conen *mv* silicones
sili'cose *v* silicosis
'silo *m* ('s) silo
'simili, 'similileer *o* ZN artificial leather
simo'nie *v* simony
'simpel *bn* 1 ⟨eenvoudig⟩ simple, mere; 2 ⟨onnozel⟩ simple(-minded)
'simpelweg *bijw* simply, just
sim'plisme *o* oversimplification
sim'plistisch *bn* (over-)simplified
'Simson *m* Samson
simu'lant *m* (-en) 1 ⟨in 't alg.⟩ simulator; 2 ⟨m.b.t. ziekte⟩ malingerer
simu'latie *v* (-s) 1 ⟨in 't alg.⟩ simulation; 2 ⟨m.b.t. ziekte⟩ malingering
simu'lator *m* (-s en -toren) simulator°
simu'leren (simuleerde, h. gesimuleerd) **I** *overg* simulate; **II** *abs ww* 1 ⟨in 't alg.⟩ simulate; 2 ⟨m.b.t. ziekte⟩ malinger
simul'taan *bn* simultaneous
simul'taanseance *v* (-s) simultaneous game
simul'taanvertaling *v* simultaneous translation
'sinaasappel *m* (-s en -en) orange
'sinaasappelkist *v* (-en) orange box
'sinaasappelsap *o* orange juice
'sinas *m* orangeade
sinds I *voorz* since; ~ *enige dagen* for some days (past); ~ *mijn komst* since my arrival; **II** *bijw* since; **III** *voegw* since
sinds'dien *bijw* since
sine'cure *v* (-s en -n) sinecure; *het is geen* ~ it is no sinecure, it is no picnic
Singa'lees *bn* & *m* (-lezen) Cingalese, Sin(g)halese
'Singapore *o* Singapore
Singapore'aan *m* (-reanen) Singaporean
Singapore'aans *bn* Singaporean
'singel I *m* (-s) 1 ⟨voor paard⟩ girth, surcingle; 2 RK girdle [of priest's alb]; 3 ⟨om stad⟩ moat; 4 ⟨gedempt⟩ ± boulevard; **II** *o* ⟨weefsel⟩ webbing
1 'singelen (singelde, h. gesingeld) *overg* 1 ⟨een paard⟩ girth
2 'singelen (singelde, h. gesingeld) *onoverg* ⟨tennis⟩ play a singles match
'single *m* (-s) 1 ⟨grammofoonplaat⟩ single; 2 sp single(s)
'singlet *m* (-s) vest
si'nister *bn* sinister, disastrous, calamitous
sin'jeur *m* (-s) fellow
'Sinksen *o* ZN Whitsun(tide), Pentecost
sinolo'gie *v* Sinology
si'nopel *bn* herald vert
sint *m* (-en) saint; *de goede* ~ St Nicholas

sint-'bernardshond *m* (-en) St Bernard dog

'sintel *m* (-s) cinder

'sintelbaan *v* (-banen) sp cinder track (path); ⟨voor motorfietsen⟩ dirt track

sint-'elmsvuur *o* St Elmo's fire

Sinter'klaas *m* (feast of) St Nicholas [Dec. 6th]

sinterklaas'avond *m* (-en) St Nicholas' Eve [Dec. 5th]

Sint-'Gotthard *m* Saint Gotthard

Sint-'Helena *o* Saint Helena

Sint-'Jan *m* **1** St John; **2** ⟨feestdag⟩ Midsummer (day)

sint-'juttemis: met ~ ⟨als de kalveren op het ijs dansen⟩ tomorrow come never

Sint-'Laurensbaai *v* Gulf of Saint Lawrence

Sint-'Maarten *m* **1** St Martin; **2** ⟨feestdag⟩ Martinmas

Sint-'Nicolaas *m* (feast of) St Nicholas

Sint-'Petersburg *o* Saint Petersburg

sint-'veitsdans, **sint-'vitusdans** *m* St Vitus's dance

'sinus *m* (-sen) sine

sinu'sitis *v* sinusitis

'Sion *o* Zion

sip *bijw*: ~ kijken look blue (glum)

'sire *m* sire, your Majesty

si'rene *v* (-s en -n) **1** ⟨signaal⟩ siren, [factory] hooter; **2** ⟨mythologie⟩ siren, syren

si'renenzang *m* (-en) siren song

sirih *m* sirih, betel

si'rocco *m* ('s) sirocco

si'roop *v* (-ropen) **1** ⟨(hoest)drank⟩ (cough) syrup; **2** ZN ⟨stroop⟩ treacle

'sisal *m* sisal

'sisklank *m* (-en) hissing sound, hiss, sibilant

'sissen (siste, h. gesist) *onoverg* **1** ⟨in 't alg.⟩ hiss; **2** sizzle [in the pan]

'sisser *m* (-s) ⟨vuurwerk⟩ squib; met een ~ aflopen blow over

sit-'downstaking *v* (-en) sit-down strike

sits *o* (-en) chintz

'sitsen *bn* chintz

situ'atie *v* (-s) situation

situ'atietekening *v* (-en) lay out (plan)

situ'eren (situeerde, h. gesitueerd) *overg* situate, locate; zie ook: *gesitueerd*

Six'tijns *bn* Sixtine

sjaal *m* (-s) **1** shawl; **2** scarf

'sjabbes *m* (-en) gemeenz Sabbath

sja'blone, **sja'bloon** *v* (-blonen) stencil

sja'brak *v* & *o* (-ken) housing, saddle-cloth, caparison

'sjacheraar *m* (-s) barterer, huckster

'sjacheren (sjacherde, h. gesjacherd) *onoverg* barter

sjah *m* (-s) shah

'sjakes *bijw* gemeenz: zich ~ houden keep mum

sja'ko *m* ('s) shako

sja'lot *v* (-ten) shallot

sjamber'loek *m* (-s) dressing-gown

'sjanker *m* (-s) chancre

sjans *v* gemeenz: ~ hebben (bij iem.) make a hit with sbd.

'sjansen (sjanste, h. gesjanst) *onoverg* flirt

sjasjliek, **sjasliek** *m* shashlik, shashlick

sjees *v* (sjezen) gig

sjeik *m* (-s) sheik(h)

'sjekkie *o* (-s) fag; een ~ draaien roll a fag (a cigarette)

sjerp *m* (-en) **1** ⟨sierband⟩ sash; **2** ZN ⟨das⟩ scarf, shawl

'sjezen (sjeesde, h. en is gesjeesd) *onoverg* gemeenz **1** ⟨hard lopen, rijden⟩ tear (off), race, speed; **2** ⟨zakken⟩ flunk, be flunked; hij is een gesjeesd student he failed at university

sjib'bolet *o* (-s) shibboleth

sji'iet *m* (-en) Shiite

sji'itisch *bn* Shiite

'sjilpen (sjilpte, h. gesjilpt) *onoverg* chirp, cheep

'sjirpen (sjirpte, h. gesjirpt) *onoverg* chirr

'sjoege *m* gemeenz: geen (lou) ~ [van iets] hebben know nothing about; geen ~ geven not answer, not react

'sjoelbak I *m* (-ken) ⟨bord⟩ ± shovelboard; **II** *o* ⟨spel⟩ ± shove-half penny, shovelboard

'sjoelbakken (sjoelbakte, h. gesjoelbakt), **sjoelen** (sjoelde, h. gesjoeld) *onoverg* ± play shove-half penny, play shovelboard

'sjoemelaar *m* (-s) cheat

'sjoemelen (sjoemelde, h. gesjoemeld) *onoverg* gemeenz cheat, juggle (with)

'sjofel *bn* shabby, gemeenz seedy, flea-bitten

'sjofelheid *v* shabbiness, gemeenz seediness

'sjofeltjes *bijw* shabbily, gemeenz seedily

'sjokken (sjokte, h. en is gesjokt) *onoverg* trudge, jog

'sjorren (sjorde, h. gesjord) *overg* ⟨binden⟩ lash, seize

sjouw *m* (-en) job, gemeenz grind

'sjouwen (sjouwde, h. gesjouwd) **I** *overg* carry; **II** *onoverg* ⟨zwaar werken⟩ toil and moil

'sjouwer *m* (-s) porter, dock-hand

sjwa *m* ('s) schwa, shwa

skai *o* imitation leather

'skateboarden (skateboardde, h. geskateboard) *onoverg* skateboard

ske'let *o* (-ten) skeleton

'skelter *m* (-s) (go-)kart

'skelteren (skelterde, h. geskelterd) *onoverg* (go-)kart

ski *m* ('s) ski

'skibinding *v* (-en) ski-binding

'skiën I (skiede, h. en is geskied) *onoverg* ski; **II** *o* skiing

'skiër *m* (-s) skier

skiff *m* (-s) single sculler, skiff

skif'feur *m* (-s) sculler

'**skileraar** *m* (-s) ski-instructor
'**skilift** *m* (-en) ski-lift
'**skilopen**[1] **I** *onoverg* ski; **II** *o* skiing
'**skiloper** *m* (-s) ski-runner, skier
'**skinhead** *m* (-s) skinhead
'**skipak** *o* (-ken) ski-suit
'**skipiste** *v* (-s, -n) ski run
'**skischans** *v* (-en) ski-jump
'**skischoen** *m* (-en) ski-boot
'**skisok** *v* (-ken) ski-sock
'**skisport** *v* skiing
'**skispringen** *o* ski-jumping
'**skiterrein** *o* (-en) ski-run
'**skiwas** *m* & *o* ski-wax
sla *v* **1** (gerecht) salad; **2** (plantensoort) lettuce
slaaf *m* (slaven) slave, bondman, thrall
Slaaf *m* (Slaven) Slav
slaafs *bn* slavish [copy of...], servile
'**slaafsheid** *v* slavishness, servility
slaag *m*: *een pak* ~ a beating; ~ *krijgen* get the stick
slaags *bijw*: ~ *raken* **1** (in 't alg.) come to blows;
  2 mil join battle; ~ *zijn* be fighting
slaan (sloeg, geslagen) **I** (h.) *overg* **1** (bij herhaling)
  beat[2]; **2** (één enkele maal) strike; **3** (leggen) put
  [one's arm round...]; pass [a rope round...]; **4** (verslaan) beat [the enemy]; **5** (bij schaken & dammen)
  take, capture; **6** (v. klok) strike [the hours, twelve];
  een brug ~ build a bridge; *een gedenkpenning* ~
  strike a medal; *hij heeft mij geslagen* he has struck
  (hit) me; *u moet mij (die schijf)* ~ sp you ought to
  take me (to capture that man); *olie* ~ make oil;
  touw ~ lay (make) ropes; *de trommel* ~ beat the
  drum; *vuur* ~ strike fire (a light); *daar slaat het tien
  uur!* there goes ten o'clock!, it is striking ten; zie
  ook: *klok*; *hem aan het kruis* ~ nail him to the cross;
  achterover ~ whip off [a snorter]; *zich erdoorheen* ~
  fight one's way through[2], fig pull through, carry it
  off; *hij sloeg de spijker in de muur* he drove the nail
  into the wall; *in elkaar* ~ smash, knock to pieces
  [sth.]; beat up [sbd.]; *hij sloeg zich op de borst* he
  beat his breast; *hij sloeg zich op de dijen* he slapped
  his thighs; *hij sloeg de armen (benen) over elkaar* he
  crossed his arms (legs); zie ook: *acht, alarm, beleg* &;
  II (h. *of* is) *onoverg* **1** strike [of a clock]; **2** beat [of
  the heart]; **3** warble, sing [of a bird], jug [of a
  nightingale]; **4** kick [of a horse]; **5** flap [of a sail];
  aan het muiten ~ zie: *muiten*; *de bliksem sloeg in de
  toren* the steeple was struck by lightning; *met de
  deuren* ~ slam the doors; *hij sloeg met de vuist op
  tafel* he struck his fist on the table; *hij sloeg naar mij*
  he struck (hit out) at me; *dat slaat op u* that refers
  to you, that's meant for you; *dat slaat nergens op*
  that is neither here nor there; *erop* ~ hit out, lay
  into them; *de golven sloegen over de zeewering* the
  waves broke over the sea-wall; *het water sloeg tegen
  de dijk* the water beat against the embankment; *hij
  sloeg tegen de grond* he fell down with a thud; *de
  vlammen sloegen uit het dak* the flames burst from

the roof
slaand *bn*: ~*e ruzie hebben* be at loggerheads, have a
  blazing row
slaap *m* **1** (het slapen) sleep; **2** (slapen) (van het
  hoofd) temple; ~ *hebben* be (feel) sleepy; ~ *krijgen*
  get sleepy; *ik heb de* ~ *niet kunnen vatten* I could not
  get to sleep; *in* ~ *vallen* fall asleep, drop off; *in* ~
  wiegen rock asleep; fig put [doubts] to sleep, lull
  [suspicions] to sleep; *zich in* ~ *wiegen* lull oneself to
  sleep; *uit de* ~ *houden* keep awake
'**slaapbank** *v* (-en) sofa-bed
'**slaapbeen** *o* (-deren) temporal bone
'**slaapcoupé** *m* (-s) sleeping-compartment
'**slaapdrank** *m* (-en) sleeping-draught
'**slaapdronken** *bn* hardly able to keep one's eyes
  open
'**slaapgelegenheid** *v* (-heden) sleeping-accommo-
  dation
'**slaapkamer** *v* (-s) bedroom
'**slaapkop** *m* (-pen) sleepy-head, lie-abed
'**slaapliedje** *o* (-s) lullaby
'**slaapmiddel** *o* (-en) opiate, soporific
'**slaapmuts** *v* (-en) night-cap
'**slaapmutsje** *o* (-s) **1** (borrel) night-cap; **2** (plant)
  California poppy
'**slaappil** *v* (-len) sleeping-pill
'**slaapplaats** *v* (-en) sleeping-place, sleeping-
  accommodation
'**slaapstad** *v* (-steden) dormitory suburb, Am bedroom town
'**slaapstede** (-n), '**slaapstee** *v* (-steeën) doss-house
'**slaapster** *v* (-s) sleeper; *de schone* ~ the Sleeping
  Beauty
'**slaaptablet** *v* & *o* (-ten) sleeping-tablet
'**slaapvertrek** *o* (-ken) sleeping-apartment
slaapver'wekkend *bn* soporific
'**slaapwagen** *m* (-s) sleeping-car, sleeper
'**slaapwandelaar** *m* (-s) sleepwalker, somnambulist
'**slaapwandelen** *o* sleepwalking, somnambulism
slaap'wekkend *bn* soporific
'**slaapzaal** *v* (-zalen) dormitory
'**slaapzak** *m* (-ken) sleeping-bag
'**slaapziekte** *v* (-s en -n) **1** sleeping-sickness [of Af-
  rica]; **2** [European] sleepy sickness
'**slaatje** *o* (-s) salad; *ergens een* ~ *uit slaan* fig get
  something out of it
slab *v* (-ben) bib
'**slabak** *m* (-ken) salad-bowl
sla'bakken (slabakte, h. geslabakt) *onoverg* slacken
  (in one's zeal), slack off, idle, dawdle
'**slabbetje** *o* (-s) bib
'**slaboontjes** *mv* French beans
slacht *v* slaughter(ing)
'**slachtbank** *v* (-en) butcher's board, shambles[2]; *ter*
  ~ *leiden* lead to the slaughter
'**slachtbeest** *o* (-en) beast to be killed; ~*en* ook:
  stock for slaughter, slaughter cattle

'**slachten** (slachtte, h. geslacht) *overg* kill, slaughter
'**slachter** *m* (-s) butcher[2]
slachte'rij *v* (-en) butcher's shop
'**slachthuis** *o* (-huizen) abattoir, slaughterhouse
'**slachting** *v* (-en) **1** ⟨v. dieren⟩ slaughter(ing);
  2 ⟨massamoord⟩ slaughter, butchery, massacre; *een*
  ~ aanrichten (houden) onder slaughter, make a massacre of
'**slachtmaand** *v* November
'**slachtoffer** *o* (-s) victim; *het ~ worden van* fall a
  victim (victims) to
'**slachtpartij** *v* (-en) slaughter
'**slachtplaats** *v* (-en) butchery, shambles
'**slachtvee** *o* slaughter cattle
sla'dood *m: een lange ~* a tall lanky individual
1 slag *m* (slagen) **1** ⟨met stok &⟩ blow, stroke, hit;
  2 ⟨met hand⟩ blow, slap, cuff, box [on the ears];
  3 ⟨met zweep⟩ stroke, lash, cut; **4** ⟨v. hart⟩ beat,
  beating, pulsation; **5** ⟨v. klok⟩ stroke; **6** ⟨v. roeier,
  zwemmer⟩ stroke; **7** ⟨in haar⟩ wave; **8** ⟨v. vogels⟩
  warble [of birds], jug [of nightingale]; **9** ⟨v. donder⟩
  clap; **10** ⟨geluid⟩ bang; crash, thump; thud;
  11 techn stroke [of piston], turn [of wheel];
  12 ⟨winding⟩ turn [of a rope]; **13** scheepv ⟨bij lave-
  ren⟩ tack; **14** kaartsp trick; **15** ⟨veldslag⟩ battle;
  16 ⟨aan zweep⟩ lash; **17** fig blow [of misfortune];
  knack [of doing something]; *vrije ~* free style [in
  swimming]; *het is een ~* ⟨handigheid⟩ it is only a
  knack; *een zware ~ voor hem* a heavy blow to him;
  een ~ in het gezicht a slap in the face[2]; *de ~ aangeven bij het roeien* stroke the boat; *hij heeft geen ~
  gedaan* he has not done a stroke of work; *alle ~en
  halen* kaartsp make all the tricks; *de ~ van iets hebben* have the knack of sth.; *de ~ van iets te pakken
  hebben* gemeenz have got the hang of it; *~ houden*
  keep stroke; *een ~ om de arm houden* not commit
  oneself, make reservations; *de ~ (van iets) kwijt zijn*
  have lost the knack of it; *~ leveren* mil give battle;
  zijn ~ slaan seize the opportunity; make one's
  coup; *een goede ~ slaan* do a good stroke of business; *hij sloeg er maar een ~ naar* he had (made) a
  shot at it, he had a wack at it; *iem. een ~ toebrengen
  (geven)* deal (strike, fetch) sbd. a blow; *de ~ winnen*
  1 kaartsp make the trick; **2** mil gain the battle[2];
  aan de ~ gaan get going, get busy, set (get) to work,
  gemeenz wire in; *ik kon niet meer aan ~ komen*
  kaartsp [having no hearts] I could not regain the
  lead; *bij de eerste ~* at the first blow (stroke); *met één
  ~ at one (a) stroke, at one (a) blow; *met één ~ van
  zijn zwaard* with one stroke of his sword; *met de
  Franse ~ iets doen* do sth. perfunctorily, do sth.
  with a lick and a wash, do sth. in a slapdash manner; *op ~* at once; *op ~ gedood* killed on the spot,
  outright, instantly; *op ~ van drieën* on the stroke of
  three; *ik kon niet op ~ komen* I could not get my
  hand in; *~ op ~* blow upon blow, at every stroke;
  de klok is van ~ the clock is off strike; *de roeiers waren van ~* the oarsmen were off their stroke; *iem.*

een ~ vóór zijn gemeenz be one upon sbd.; *zonder ~
of stoot* without (striking) a blow
2 slag *o* kind, sort, class, description; *het gewone ~
mensen* the common run of people; *iem. van dat ~*
sbd. of that kidney; *mensen van allerlei ~* all sorts
and conditions of men
'**slagader** *v* (-s en -en) artery; *grote ~* aorta
'**slagaderbreuk** *v* (-en) rupture of an artery
'**slagaderlijk** *bn* arterial
'**slagbal** *o* rounders
'**slagbeurt** *v* (-en) **1** ⟨cricket⟩ innings; **2** ⟨honkbal⟩
  inning
'**slagboom** *m* (-bomen) barrier[2]
1 'slagen (slaagde, is geslaagd) *onoverg* succeed; *ben
je goed geslaagd?* have you succeeded in finding
what you wanted?; *hij slaagde er in om...* he succeeded in ...ing, he managed to...; *hij slaagde er niet
in...* ook: he failed to...; *hij is voor (zijn) Frans geslaagd* he has passed his French examination; zie
ook: *geslaagd*
2 'slagen meerv. v. *slag*
'**slager** *m* (-s) butcher
slage'rij *v* (-en) **1** ⟨winkel⟩ butcher's shop; **2** ⟨be-
  drijf⟩ butcher's trade
'**slagersjongen** *m* (-s) butcher's boy
'**slagersknecht** *m* (-s) butcher's man
'**slagersmes** *o* (-sen) butcher's knife
'**slagerswinkel** *m* (-s) butcher's shop
'**slaggitaar** *v* (-taren) rhythm guitar
'**slaghamer** *m* (-s) mallet
'**slaghoedje** *o* (-s) percussion-cap
'**slaghout** *o* (-en) sp bat
'**slaginstrument** *o* (-en) percussion instrument
'**slagkruiser** *m* (-s) battle-cruiser
'**slaglinie** *v* (-s) line of battle
'**slagman** *m* (-nen) sp batman
'**slagorde** *v* (-n) order of battle, battle-array; *in ~
geschaard* drawn up in battle-array
'**slagpartij** *v* sp batting side
'**slagpen** *v* (-nen) quill-feather
'**slagpin** *v* (-nen) mil firing pin
'**slagregen** *m* (-s) downpour, heavy shower, driving
  rain
'**slagroeier** *m* (-s) stroke
'**slagroom** *m* **1** ⟨niet stijfgeklopt⟩ whipping cream;
  2 ⟨stijfgeklopt⟩ whipped cream
'**slagschaduw** *v* (-en) cast shadow
'**slagschip** *o* (-schepen) battleship
'**slagtand** *m* (-en) **1** ⟨v. olifant, walrus, wild zwijn⟩
  tusk; **2** ⟨v. wolf &⟩ fang
slag'vaardig *bn* ⟨strijdvaardig⟩ ready for battle; ⟨ge-
  vat⟩ quick at repartee, quick-witted; ⟨doortastend⟩
  resolute, decisive; *een ~ optreden* prompt action
slag'vaardigheid *v* ⟨strijdvaardigheid⟩ readiness
  for battle; fighting spirit; ⟨gevatheid⟩ quickness at
  repartee, quick-wittedness; ⟨doortastendheid⟩ resoluteness, decisiveness, promptitude
'**slagveer** *v* (-veren) **1** techn main spring; **2** vogelk

flight feather

'**slagveld** o (-en) battle-field, field of battle

'**slagwerk** o (-en) 1 ⟨v. uurwerk⟩ striking-parts, striking-work; 2 <u>muz</u> percussion (instruments)

'**slagwerker** m (-s) percussionist, percussion player, drummer

'**slagzee** v (-zeeën) = *stortzee*

'**slagzij** v 1 <u>scheepv</u> list; 2 <u>luchtv</u> bank; ~ *maken* <u>scheepv</u> list; <u>luchtv</u> bank

'**slagzin** m (-nen) slogan

'**slagzwaard** o (-en) broadsword

slak v (-ken) 1 snail [with a shell]; 2 slug [without a shell]; 3 <u>techn</u> slag [*mv* slag], scoria [*mv* scoriae] [of metal]

'**slaken** (slaakte, h. geslaakt) *overg*: *iems. boeien* ~ loosen sbd.'s fetters; *een kreet* ~ utter a cry; *een zucht* ~ heave (utter) a sigh

'**slakkengang** m: *met een* ~ *gaan* go at a snail's pace, go snail-slow

'**slakkenhuis** o (-huizen) 1 ⟨v. slak⟩ snail-shell; 2 <u>anat</u> cochlea [of the ear]

'**slakkenmeel** o basic slag

'**slakom** v (-men) salad bowl

'**slalom** m (-s) slalom

slam'pampen (slampampte, h. geslampampt) *onoverg* gad about

slam'pamper m (-s) good-for-nothing

1 **slang** v (-en) 1 ⟨dier⟩ snake, serpent; 2 hose [of a fire-engine]; (rubber) tube; worm [of a still]; 3 ⟨boosaardig mens⟩ serpent, viper

2 **slang** o slang, argot

'**slangachtig** bn snaky, serpentine, anguine

'**slangekruid** o viper's bugloss

'**slangenbeet** m (-beten) snake-bite

'**slangenbezweerder** m (-s) snake-charmer

'**slangengif** o snake-poison

'**slangenleer** o snake skin

'**slangenmens** m (-en) contortionist

'**slangentong** v (-en) 1 ⟨v. slang⟩ snake's tongue; 2 ⟨plant⟩ arrowhead; 3 ⟨lasteraar⟩ viper's tongue, slanderer

'**slangenvel** o (-len) 1 ⟨in 't alg.⟩ snake-skin; 2 ⟨afgeworpen⟩ slough

slank I bn slender, slim; ~ *blijven* keep slim; *aan de* ~*e lijn doen* watch one's figure, slim; II *bijw* slenderly, slimly

'**slankheid** v slenderness, slimness

'**slaolie** v salad-oil

slap I bn 1 soft [nib, collar]; 2 supple [limbs]; 3 flaccid [flesh]; 4 slack[2] [rope, tire, season, trade]; 5 limp[2] [binding of a book, cravat, rhymes]; 6 flabby[2] [cheeks, character, language]; 7 thin[2] [brew, style]; 8 unsubstantial [food]; 9 lax [discipline]; 10 weak-kneed [attitude]; 11 spineless [fellow]; 12 <u>handel</u> dull [market]; 13 weak [market, tea]; II *bijw* flabbily, limply; ~ *neerhangen* flag, droop

'**slapeloos** bn sleepless

'**slape'loosheid** v sleeplessness, insomnia

'**slapen** (sliep, h. geslapen) I *onoverg* sleep, be asleep[2]; *mijn been slaapt* I've pins and needles in my leg; *gaan* ~ go to bed, go to sleep; *zit je weer te* ~? are you asleep again?; *ik zal er nog eens over* ~ I'll sleep upon (over) it; ~ *als een os* sleep like a log; ~ *als een roos* sleep like a top; II *overg* sleep; *de slaap des rechtvaardigen* ~ sleep the sleep of the just

'**slapend** bn fig unawakened, dormant

'**slaper** m (-s) 1 ⟨slapend persoon⟩ sleeper; 2 ⟨logé⟩ guest (for the night)

'**slaperig** bn sleepy, drowsy

'**slapheid** v slackness, weakness, zie: *slap*

'**slapie** m (-s) room-mate

'**slapjanus** m (-sen) wimp, wet

'**slapjes** I bn slack, dull, weak; II *bijw* slackly

'**slappeling** m (-en) weakling, spineless fellow, <u>gemeenz</u> jellyfish

'**slapte** v 1 slackness [of a rope]; 2 <u>handel</u> slack

'**slasaus** v (-en en -sauzen) salad dressing

'**slaven** (slaafde, h. geslaafd) *onoverg* drudge, slave, toil; ~ *en zwoegen* toil and moil

'**slavenarbeid** m 1 <u>eig</u> slavery, slave labour; 2 <u>fig</u> drudgery

'**slavenarmband** m (-en) closed-forever bracelet

'**slavendrijver** m (-s) slave-driver[2], overseer

'**slavenhandel** m slave trade

'**slavenhandelaar** m (-s en -laren) slave-trader

'**slavenhouder** m (-s) slave-owner

'**slavenjacht** v (-en) slave-hunt

'**slavenjuk** o yoke of bondage

'**slavenketenen** *mv* slave's chains

'**slavenleven** o slavery, life of toil

'**slavenmarkt** v (-en) slave-market

'**slavenopstand** m (-en) slave rebellion

'**slavenschip** o (-schepen) slave-ship, slaver

slaver'nij v slavery, bondage, servitude

sla'vin v (-nen) (female) slave, bondwoman

'**Slavisch** bn & o Slav, Slavic, Slavonic

sla'vist m (-en) Slavicist, Slavist

Sla'vonië o Slavonia

Sla'voniër m (-s) Slavonian

Sla'vonisch bn Slavonian

slecht I bn 1 ⟨in 't alg.⟩ bad; poor [quality, stuff &]; 2 ⟨verdorven⟩ evil [thoughts]; wicked [person]; *hij is* ~ *van gezicht* his eye-sight is bad; *de zieke is* ~*er vandaag* the patient is worse to-day; *op zijn* ~*st* at one's (its) worst; II *bijw* badly; ill[-tempered &]

'**slechtaard** m (-s) miscreant, villain, scoundrel

'**slechten** (slechtte, h. geslecht) *overg* level (with the ground, to the ground), raze (to the ground), demolish

'**slechterik** m (-en) bad guy

slechtgema'nierd bn ill-mannered

'**slechtheid**, '**slechtigheid** v (-heden) 1 ⟨in 't alg.⟩ badness; 2 ⟨van karakter⟩ ook: wickedness

slecht'horend bn hard of hearing

'**slechting** v (-en) levelling, demolition

slechts *bijw* only, but, merely, nothing but
slecht'ziend *bn* weak-sighted, poor-sighted
'**slede** *v* (-n) **1** ⟨voertuig⟩ sledge, sleigh; sled [for dragging loads]; **2** scheepv ⟨v. sleephelling⟩ cradle
'**sledehond** *m* (-en) sled dog
'**sleden** (sleedde, h. en is gesleed) *onoverg & overg* sledge
'**sledetocht** *m* (-en) sleigh-ride, sledge-drive
slee *v* (sleeën) = *slede; 'n ~ (van een auto)* a big car, gemeenz a swell car
'**sleedoorn**, '**sleedoren**, *m* (-s) blackthorn, sloe
'**sleeën** *overg & onoverg* (sleede, h. en is gesleed) = sleden
1 sleep *m* (slepen) **1** ⟨in 't alg.⟩ train; **2** fig train [of followers &]; **3** string [of children]
2 sleep (slepen) V.T. van *slijpen*
'**sleepboot** *m & v* (-boten) tug(-boat)
'**sleepdienst** *m* (-en) towing-service
'**sleepdrager** *m* (-s) train-bearer
'**sleephelling** *v* (-en) scheepv slipway
sleep-'in *m* (-s) cheap hostel
'**sleepjapon** *m* (-nen) train-gown
'**sleepkabel** *m* (-s) **1** ⟨in 't alg.⟩ towing-line; **2** ⟨v. ballon⟩ drag-rope
'**sleeploon** *o* (-lonen) **1** ⟨te land⟩ cartage; **2** scheepv towage
'**sleepnet** *o* (-ten) drag-net, trailnet
'**sleeptouw** *o* (-en) **1** scheepv tow-rope; **2** guiderope [of a balloon]; *op ~ hebben* have in tow²; *op ~ houden* keep [sbd.] on a string; *op ~ nemen* take in tow²
'**sleeptros** *m* (-sen) tow-rope, hawser
'**sleepvaart** *v* towing-service
'**sleepvoeten** (sleepvoette, h. gesleepvoet) *onoverg* drag one's feet, shuffle
1 sleet *v* wear and tear
2 sleet (sleten) V.T. van *slijten*
'**sleetje** *o*: ~ *rijden* sledging
'**sleetocht** *m* (-en) = *sledetocht*
sleets *bn* wearing out one's clothes (things) very quickly
'**sleg** *v* (sleggen) maul
slem *o & m* kaartsp slam; *groot (klein) ~ maken* make a grand (a little) slam
slemp *m* saffron milk
'**slempen** (slempte, h. geslempt) *onoverg* carouse, feast, banquet
'**slemper** *m* (-s) carouser, feaster
slempe'rij *v* (-en) carousing, feasting, carousal
'**slempmaal** *o* (-malen), '**slemppartij** *v* (-en) carousal
slenk *v* (-en) **1** ⟨geul⟩ channel; **2** geol rift valley
'**slenteraar** *m* (-s) saunterer, lounger
'**slenteren** (slenterde, h. en is geslenterd) *onoverg* saunter, lounge; *langs de straat ~* knock about the streets
'**slentergang** *m* sauntering gait, saunter
1 'slepen (sleepte, h. gesleept) **I** *onoverg* drag, trail;

zijn ~de gang his shuffling gait; *een ~de ziekte* a lingering disease; *iets ~de houden* keep sth. dragging; *hij sleept met zijn voeten* he drags his feet; *~d rijm* feminine rhyme; **II** *overg* **1** ⟨in 't alg.⟩ drag, haul; **2** scheepv tow; *dat is met de haren erbij gesleept* that is completely irrelevant, this is rather a far-fetched argument (story &); **III** *wederk:* *zij moesten zich naar een hut ~* they had to drag themselves along to a hut
2 'slepen V.T. meerv. van *slijpen*
'**sleper** *m* (-s) scheepv tug(-boat)
'**sleperspaard** *o* (-en) dray-horse
'**sleperswagen** *m* (-s) dray
slet *v* (-ten) slut, trollop
'**sleten** V.T. meerv. van *slijten*
sleuf *v* (sleuven) groove, slot, slit
sleur *m* routine, rut; *de oude ~* the old humdrum way; *met de ~ breken* get out of the old groove
'**sleuren** (sleurde, h. gesleurd) *overg & onoverg* trail, drag
'**sleurmens** *m* (-en) slave to routine
'**sleurwerk** *o* routine work
'**sleutel** *m* (-s) **1** key² [of a door, watch &; to success]; **2** muz clef; zie ook: *Engels*
'**sleutelbaard** *m* (-en) key bit
'**sleutelbeen** *o* (-deren) collarbone, clavicle
'**sleutelbloem** *v* (-en) primula, cowslip, primrose
'**sleutelbos** *m* (-sen) bunch of keys
'**sleutelen** (sleutelde, h. gesleuteld) *onoverg* tinker (*aan* with)
'**sleutelgat** *o* (-gaten) keyhole
'**sleutelgeld** *o* key money
'**sleutelhanger** *m* (-s) key ring
'**sleutelindustrie** *v* (-rieën) key industry
'**sleutelkind** *o* (-eren) latch-key kid
'**sleutelpositie** *v* (-s) key position
'**sleutelring** *m* (-en) key-ring
'**sleutelroman** *m* (-s) roman à clef
'**sleutelwoord** *o* (-en) key word, key
slib *o* ooze, slime, mud, silt
'**slibberen** (slibberde, h. en is geslibberd) *onoverg* slip, slither
'**slibberig** *bn* slippery
'**slibberigheid** *v* slipperiness
sliep (sliepen) V.T. van *slapen*
slier *m* (-en) = *sliert*
'**slieren** (slierde, h. en is geslierd) *onoverg* drag, trail, slide
sliert *m* (-en) string [of words, children &]
slijk *o* mud, mire, dirt, ooze; *het ~ der aarde* filthy lucre; *iem. door het ~ sleuren* drag sbd.('s name) through the mud (through the mire); *zich in het ~ wentelen* wallow in the mud
'**slijkerig** *bn* muddy, miry
slijm *o & m* **1** [nasal] mucus, phlegm; **2** slime [of snail &]; **3** ⟨plantaardig⟩ mucilage
'**slijmbal** *m* (-len), '**slijmerd** *m* (-s) gemeenz creep, bootlicker, toady

'**slijmen** (slijmde, h. geslijmd) *overg* suck up to sbd., lick sbd.'s boots

'**slijmerig** *bn* 1 ⟨met slijm⟩ slimy; 2 ⟨overdreven vriendelijk⟩ smarmy, slimy

'**slijmjurk** *m* (-en) = *slijmbal*

'**slijmklier** *v* (-en) mucous gland

'**slijmvlies** *o* (-vliezen) mucous membrane

'**slijpen** (sleep, h. geslepen) *overg* 1 ⟨scherp maken⟩ grind, whet, sharpen; 2 cut [glass]; 3 polish [diamonds]; *een potlood* ~ sharpen a pencil

'**slijper** *m* (-s) 1 ⟨messen &⟩ grinder; 2 ⟨v. glas⟩ cutter, 3 ⟨v. diamant⟩ polisher

slijpe'rij *v* (-en) grinding-shop

'**slijpmachine** *v* (-s) grinding-machine

'**slijpmiddel** *o* (-en) abrasive

'**slijpmolen** *m* (-s) grinding-mill

'**slijpplank** *v* (-en) knife-board

'**slijpsel** *o* 1 ⟨slijpmiddel⟩ abrasive; 2 ⟨afval⟩ grinding grit, abrasive dust

'**slijpsteen** *m* (-stenen) grindstone, whetstone

'**slijpzand** *o* abrasive sand

'**slijtachtig** *bn* = *sleets*

slij'tage *v* wear (and tear), wastage

slij'tageslag *m* (-slagen) war of attrition

'**slijten** (sleet, gesleten) I (is) *onoverg* wear out, wear away[2]; *dat goed slijt niet gauw* that stuff wears well; *dat leed zal wel* ~ it will soon wear off; II (h.) *overg* 1 wear out [clothes]; 2 sell over the counter, retail [spirits &]; 3 spend [days, time]; *zijn dagen* ~ pass one's days

'**slijter** *m* (-s) ⟨v. dranken⟩ licensed victualler

slijte'rij *v* (-en) licensed victualler's shop

slik *o* = *slijk*

'**slikken** (slikte, h. geslikt) I *overg* swallow[2] [food, insults, stories &]; *gemeenz* lump [it]; *dat wens ik niet te* ~ I'm not having this; *heel wat moeten* ~ have to put up with a lot; II *onoverg* swallow

'**sliknat** *bn* soaking (sopping) wet

slim *bn* 1 ⟨sluw⟩ astute, sly; 2 ⟨pienter⟩ clever, bright, smart; *de* ~*ste jongen van de klas* smart alec; *hij was mij te* ~ *af* he was one too many for me, he outwitted (outsmarted) me

'**slimheid** *v* (-heden) slyness

'**slimmerd** *m* (-s) slyboots, sly dog, smart alec

'**slimmerik** *m* (-riken) 1 = *slimmerd*; 2 ZN ⟨verstandig iem.⟩ sensible, wise person

'**slimmigheid** *v* (-heden) piece of cunning, dodge

'**slinger** *m* (-s) 1 ⟨v. uurwerk⟩ pendulum; 2 ⟨zwengel⟩ handle; 3 ⟨draagband⟩ sling; 4 ⟨werptuig⟩ sling; 5 ⟨guirlande⟩ festoon

'**slingeraap** *m* (-apen) spider-monkey

'**slingerbeweging** *v* (-en) 1 ⟨in 't alg.⟩ oscillation, oscillating movement; 2 ⟨v. schip⟩ roll

'**slingeren** (slingerde, h. geslingerd) I *onoverg* 1 ⟨v. slinger⟩ swing, oscillate; 2 ⟨als een slinger⟩ swing, dangle, oscillate; 3 ⟨v. schip⟩ roll; 4 ⟨v. rijtuig⟩ lurch; 5 ⟨v. dronkaard⟩ reel; 6 ⟨v. pad⟩ wind; 7 ⟨ordeloos liggen⟩ lie about; *laten* ~ leave about; II

overg fling, hurl; *heen en weer* ~ toss to and fro; III *wederk: zich* ~ wind, meander [of a river &]

'**slingering** *v* (-en) swinging, oscillation

'**slingerplant** *v* (-en) climber, trailer

'**slingeruurwerk** *o* (-en) pendulum-clock

'**slinken** (slonk, is geslonken) *onoverg* shrink; *tijdens het koken* ~ boil down; *tot op...* ~ dwindle down to...

'**slinking** *v* shrinkage; dwindling

slinks I *bn* crooked, artful, cunning; *door* ~*e middelen* by underhand means; *op* ~*e wijze* in an underhand way; II *bijw* crookedly, artfully, cunningly

'**slinksheid** *v* (-heden) crookedness, false dealings

1 **slip** *v* (-pen) ⟨van kleding⟩ lappet; tail, flap [of a coat]

2 **slip** *m* (-s) = *slipje*

3 **slip** *m* (-s) ⟨het slippen⟩ skid [of a car &]

'**slipcursus** *m* (-sen) anti-skid course

'**slipgevaar** *o* danger of skidding; *weg met* ~ slippery road

'**slipjacht** *v* (-en) drag hunt, drag

'**slipjas** *m & v* (-sen) tailcoat

'**slipje** *o* (-s) ⟨onderbroek voor mannen⟩ briefs; ⟨voor vrouwen⟩ panties, knickers

slip-'over *m* (-s) slip-over

'**slippen** (slipte, h. en is geslipt) *onoverg* 1 ⟨van personen⟩ slip; 2 ⟨v. auto⟩ skid

'**slippendrager** *m* (-s) 1 *eig* pall-bearer; 2 *fig* yesman

'**slipper** *m* (-s) ⟨schoeisel⟩ mule; ⟨teen~⟩ flip-flop

'**slippertje** *o* (-s) ⟨echtbreuk⟩ fling; *een* ~ *maken* have a fling, Br have a bif on the side

'**slipschool** *v* (-scholen) skidding-school

'**slipspoor** *o* (-sporen) skid marks

'**slipstroom** *m* luchtv slipstream

'**slissen** (sliste, h. geslist) *onoverg* lisp

'**slobber** *m* 1 ⟨spoelsel⟩ swill, pigwash; 2 ⟨sneeuw⟩ sludge, slush

'**slobberen** (slobberde, h. geslobberd) *onoverg* 1 drink (eat) noisily; 2 ⟨v. kleren⟩ bag, hang loosely

'**slobberig** *bn* baggy, loose

'**slobbertrui** *v* (-en) baggy (sloppy) sweater

'**slobkousen** *mv* 1 ⟨lang⟩ gaiters; 2 ⟨kort⟩ spats

'**slodderen** (slodderde, h. geslodderd) *onoverg* 1 ⟨morsen⟩ slop; 2 ⟨ruim afhangen⟩ bag, hang loosely

'**slodderig** *bn* slovenly, sloppy

'**sloddervos** *m* (-sen) sloven, slattern

'**sloeber** *m* (-s): *arme* ~ poor beggar

sloeg (sloegen) V.T. v. *slaan*

sloep *v* (-en) (ship's) boat, sloop, shallop

'**sloependek** *o* (-ken) boat-deck

'**sloepenrol** *v* boat-drill

'**sloerie** *v* (-s) slut, trollop

slof *m* (-fen) 1 ⟨pantoffel⟩ slipper, mule; 2 *muz* nut [of a violin bow]; 3 ⟨sigaretten⟩ carton; 4 ⟨aardbeien⟩ basket; *ik kan het op mijn* ~*fen (slofjes) af* I have plenty of time for it; *zich het vuur uit de* ~*fen* *lopen* run one's legs off [for sth.]; *uit zijn ~ schieten* bestir oneself, make a sudden display of energy

'**sloffen** (slofte, h. en is gesloft) *onoverg* shuffle, shamble; *iets laten ~* neglect sth.

'**sloffig** *bn* slack, careless, negligent

'**sloffigheid**, '**slofheid** *v* slackness, carelessness, negligence

'**slogan** *m* (-s) slogan

slok *m* (-ken) draught, swallow, drink, mouthful; *in één ~* at a draught, at one gulp

'**slokdarm** *m* (-en) gullet, oesophagus

'**sloken** V.T. meerv. van *sluiken*

'**slokje** *o* (-s) **1** ⟨kleine slok⟩ sip; **2** ⟨borrel⟩ dram, drop, nip

'**slokken** (slokte, h. geslokt) *onoverg* guzzle, swallow

'**slokker** *m* (-s) guzzler, glutton; *arme ~* poor devil

'**slokop** *m* (-pen) gobbler, glutton

'**slome** *m-v* (-n) wimp, wet, Am nerd

slonk (**slonken**) V.T. van *slinken*

slons *v* (slonzen) slut, sloven, slattern

'**slonsachtig** *bn* slovenly

'**slonzig** *bn* slovenly

'**slonzigheid** *v* slovenliness

sloof *v* (sloven) **1** ⟨voorschoot⟩ apron; **2** ⟨persoon⟩ drudge

slook (**sloken**) V.T. van *sluiken*

sloom *bn* slow, dull, gemeenz dim

1 sloop *v & o* (slopen) ⟨v. kussen⟩ pillow-slip, pillow-case

2 sloop *m* **1** ⟨v. huis⟩ demolition, pulling down; **2** ⟨v. machine, schip⟩ breaking down; *een schip voor de ~ verkopen* sell a ship for scrap

3 sloop (**slopen**) V.T. van *sluipen*

'**slooppand** *o* (-en) building slated for demolition

'**sloopwerk** *o* (-en) demolition (work)

1 sloot *v* (sloten) ditch; *hij loopt in geen zeven sloten tegelijk* he always lands on his feet

2 sloot (**sloten**) V.T. van *sluiten*

'**slootje** *o* (-s) **1** ⟨slot⟩ snap; **2** ⟨sloot⟩ small ditch

'**slootjespringen** *onoverg* leap over ditches

'**slootkant** *m* (-en) side of a ditch, ditch-side

'**slootwater** *o* **1** eig ditch-water; **2** ⟨slappe koffie &⟩ dishwater

slop *o* (-pen) **1** ⟨straatje⟩ blind alley; **2** ⟨armenwijk⟩ slum; *in het ~ raken* fall into neglect

1 'slopen (sloopte, h. gesloopt) *overg* **1** demolish [a fortification], pull down [a house], break up [a ship]; **2** fig sap, undermine [health &]

2 'slopen V.T. meerv. van *sluipen*

'**sloper** *m* (-s) **1** ship-breaker; **2** house-breaker, de-molisher

slope'rij *v* (-en) breaking-up yard

'**sloping** *v* (-en) demolition

'**sloppenbuurt**, '**sloppenwijk** *v* (-en) slums *mv*

'**slordig I** *bn* **1** ⟨in 't alg.⟩ slovenly, sloppy, careless; **2** untidy [hair]; *een ~e duizend pond* a cool thousand pounds; **II** *bijw* carelessly

'**slorpen** (slorpte, h. geslorpt) *overg* sip, gulp, lap;

suck [an egg]

slot *o* (sloten) **1** ⟨aan deur &⟩ lock; **2** ⟨aan boek &⟩ clasp; **3** ⟨aan armband &⟩ snap; **4** ⟨kasteel⟩ castle; **5** ⟨besluit, eind⟩ conclusion, end; *~ volgt* to be con-cluded; *achter ~ en grendel houden* keep under lock and key; *de deur op ~ doen* lock the door; *per ~ van rekening* after all, in the end, ultimately; *ten slotte* **1** finally, lastly; in the end, eventually; **2** ⟨tot be-sluit⟩ to conclude, in conclusion

'**slotakkoord** *o* (-en) muz final chord

'**slotalinea** *v* ('s) concluding paragraph

'**slotbedrijf** *o* (-drijven) final act

'**slotbewaarder** *m* (-s) governor (of a castle)

'**slotcouplet** *o* (-ten) final stanza

'**sloten** V.T. meerv. van *sluiten*

'**slotenmaker** *m* (-s) locksmith

'**slotfase** *v* (-n en -s) end-game

'**slotgracht** *v* (-en) moat, foss(e)

'**slotklinker** *m* (-s) final vowel

'**slotkoers** *m* (-en) closing price

'**slotnotering** *v* (-en) closing price

'**slotopmerking** *v* (-en) final remark (observation)

'**slotpoort** *v* (-en) castle-gate

'**slotrede** *v* (-s) peroration, conclusion

'**slotregel** *m* (-s) final line

'**slotsom** *v* conclusion, result; *tot de ~ komen dat...* come to the conclusion that...

'**slottoneel** *o* (-nelen) closing scene, final scene

'**slottoren** *m* (-s) donjon, keep

'**slotvoogd** *m* (-en) governor (of a castle)

'**slotwoord** *o* (-en) last word, concluding words

'**slotzang** *m* (-en) concluding song, last canto

'**slotzitting** *v* (-en) final meeting (session)

Slo'veen *m* (-venen) Slovene, Slovenian

Slo'veens *bn* Slovenian

'**sloven** (sloofde, h. gesloofd) *onoverg* drudge, toil, slave

Slo'venië *o* Slovenia

Slo'waak *m* (-waken) Slovak

Slo'waaks *bn & o* Slovak

Slowa'kije *o* Slovakia

'**sluier** *m* (-s) **1** ⟨in 't alg.⟩ veil[2]; **2** ⟨op foto⟩ fog; *de ~ aannemen* take the veil; zie ook: [1]*tip*

'**sluieren** (sluierde, h. gesluierd) *overg* veil; zie ook: *gesluierd*

sluik *bn* lank [hair]

'**sluikblad** *o* (-bladen) ZN clandestine paper (in wartime)

'**sluiken** *onoverg & overg* smuggle

'**sluikhandel** *m* smuggling; *~ drijven* smuggle

'**sluikharig** *bn* lank-haired

'**sluikreclame** *v* clandestine advertising; gemeenz free plug

'**sluikstorten** *o* ZN illegal dumping

'**sluimeren** (sluimerde, h. gesluimerd) *onoverg* **1** eig slumber[2], doze; **2** fig lie dormant

'**sluimerend** *bn* **1** eig slumbering[2]; **2** fig dormant

'**sluimering** *v* slumber, doze

'**sluimerrol** v (-len) bolster, pillow roll

'**sluipen** (sloop, h. en is geslopen) *onoverg* steal, slink, sneak, slip

'**sluiper** m (-s) sneak(er)

'**sluipjacht** v stalk (hunt), (deer) stalking, still-hunting

'**sluipmoord** m & v (-en) assassination

'**sluipmoordenaar** m (-s en -naren) assassin

'**sluiproute** v (-s) alternate route, shortcut

'**sluipschutter** m (-s) sniper

'**sluipweg** m (-wegen) **1** *eig* secret path; **2** *fig* secret means, indirection, <u>gemeenz</u> dodge

'**sluipwesp** v (-en) ichneumon(-fly)

sluis v (sluizen) sluice, lock; *de sluizen des hemels* the floodgates of heaven; *de sluizen der welsprekendheid* the floodgates of eloquence

'**sluisdeur** v (-en) lock-gate, floodgate

'**sluisgeld** o (-en) lock dues, lockage

'**sluiskolk** v (-en) lock-chamber

'**sluiswachter** m (-s) lock-keeper

'**sluitboom** m (-bomen) **1** ⟨v. deur &⟩ bar; **2** ⟨v. spoorweg⟩ gate

'**sluiten** (sloot, h. gesloten) **I** *overg* **1** ⟨dichtdoen⟩ shut [the hand, the eyes, a book, a door &]; **2** ⟨op slot doen⟩ lock [a door, a drawer &]; **3** ⟨tijdelijk gesloten verklaren⟩ close [a shop, the Exchange]; **4** ⟨voorgoed gesloten verklaren⟩ shut up [a shop], close down [a factory, school]; **5** ⟨beëindigen⟩ conclude [speech]; close [a controversy]; **6** ⟨tot stand brengen⟩ close, strike [a bargain], conclude [an alliance], contract [a marriage, a loan]; make [peace]; effect [an insurance]; *de gelederen ~* <u>mil</u> close the ranks; *een kind in zijn armen ~* clasp a child in one's arms; **II** *abs ww* **1** ⟨dichtgaan⟩ shut; **2** ⟨op slot⟩ lock up (for the night); **3** close [for a week]; *de begroting sluit niet* the budget doesn't balance; *de deur sluit niet* the door does not shut; *de jas sluit goed* is an exact fit; *de redenering sluit niet* the argument halts; *die rekening sluit met een verlies van...* the account shows a loss of...; *wij moeten (tijdelijk of voorgoed) ~* we must close down; **III** *wederk: zich ~* **1** close [of a wound]; **2** <u>plantk</u> shut [of flowers]

'**sluitend** bn **1** tight-fitting [coat &]; **2** balanced [budget]; *niet ~e begroting* unbalanced budget; *de begroting ~ maken* balance the budget

'**sluiter** m (-s) <u>fotogr</u> shutter

'**sluiting** v (-en) **1** ⟨het sluiten⟩ shutting, closing, locking; **2** ⟨wat dient om te sluiten⟩ lock, fastener, fastening

'**sluitingstijd** m (-en) closing time; *na ~* after hours

'**sluitingsuur** o (-uren) closing hour, closing time

'**sluitmand** v (-en) hamper

'**sluitnota** v ('s) covering note

'**sluitrede** v (-s) syllogism

'**sluitring** m (-en) <u>techn</u> washer

'**sluitspier** v (-en) sphincter

'**sluitsteen** m (-stenen) keystone, coping-stone, capstone

'**sluitstuk** o (-ken) <u>mil</u> breech-block [of a gun]

'**sluitzegel** m (-s) poster stamp

'**slungel** m (-s) lout, hobbledehoy

'**slungelachtig** bn loutish, gawky

'**slungelen** (slungelde, h. geslungeld) *onoverg* slouch; *wat loop je hier te ~?* what are you mooning about for?

'**slungelig** bn loutish, gawky

slurf v (slurven) **1** ⟨v. olifant⟩ trunk; **2** ⟨v. insecten⟩ proboscis; **3** ⟨op vliegvelden⟩ (aircraft loading) ramp

'**slurpen** (slurpte, h. geslurpt) *overg = slorpen*

sluw bn sly, cunning, crafty, astute

'**sluwheid** v (-heden) slyness, cunning, craftiness, astuteness

SM *afk. sadomasochisme* dominance

smaad m slander, libel

'**smaadrede** v (-s) diatribe

'**smaadschrift** o (-en) lampoon, libel

smaak m (smaken) **1** ⟨v. voedsel &⟩ taste[2], savour, flavour; **2** ⟨zintuig⟩ taste; **3** ⟨voorkeur⟩ taste, liking; *ieder zijn ~* everyone to his taste; *er is geen ~ aan* it has no taste (no relish); *de ~ van iets beethebben* have a liking for sth.; *een fijne ~ hebben* **1** ⟨v. spijzen &⟩ taste deliciously; **2** ⟨v. personen⟩ have a fine palate; <u>fig</u> have a fine taste; *ijs in zes smaken* six flavours of ice-cream; *dat viel niet in zijn ~* that was not to his taste (not to his liking); *algemeen in de ~ vallen* hit the popular fancy; *erg in de ~ vallen bij* be much liked by, appeal strongly to, make a strong appeal to; *met ~* **1** with gusto[2]; **2** tastefully; *met ~ eten* eat with great relish; *met ~ uitgevoerd* done in good taste, tastefully executed; *dit is niet naar mijn ~* this is not to my liking; *naar de laatste ~* after the latest fashion; *over ~ valt niet te twisten* there is no accounting for tastes; *een man met ~* a man of taste; *zonder ~* tasteless

'**smaakje** o (-s): *er is een ~ aan* it has a taste (a tang)

'**smaakloos** bn tasteless, flavourless, insipid

'**smaakmaker** m (-s) **1** ⟨toevoegsel⟩ seasoning, flavouring; **2** ⟨persoon⟩ arbiter of taste

'**smaakpapil** v (-len) taste bud

'**smaakstof** v (-fen) flavouring

'**smaakvol I** bn tasteful, in good taste; **II** *bijw* tastefully, in good taste

'**smaakzenuw** v (-en) gustatory nerve

'**smachten** (smachtte, h. gesmacht) *onoverg* languish; *~ naar* pine after (for), yearn for

'**smachtend** bn yearning

'**smadelijk** bn opprobrious, contumelious, ignominious, scornful; *~ lachen om* sneer at

'**smadelijkheid** v (-heden) contumeliousness, ignominy, scorn

'**smaden** (smaadde, h. gesmaad) *overg* revile, defame, vilipend

1 smak m (-ken) **1** smacking [of the lips]; **2** heavy fall, thud, thump

2 smak v (-ken) scheepv (fishing-)smack

'smakelijk I bn savoury, tasty, toothsome; **II** bijw savourily, tastily; ~ eten eat with relish; ~ eten! have a nice meal!, enjoy your meal!; ~ lachen laugh heartily

'smakeloos bn tasteless, lacking taste, in bad taste

'smaken (smaakte, h. gesmaakt) I onoverg taste; hoe smaakt het? how does it taste?; dat smaakt goed it tastes good, it's delicious; smaakt het (u)? do you like it?, is it to your taste?; het eten smaakt mij niet I cannot relish my food; die erwtjes ~ lekker these peas taste nice; het ontbijt zal mij ~ I shall enjoy my breakfast; zich de maaltijd laten ~ enjoy one's meal; het smaakt als... it tastes (eats, drinks) like...; ~ naar taste of, have a taste of, have a smack of [the cask &], smack of[2]; naar de kurk ~ taste of the cork; dat smaakt naar meer it tastes so good as to make one want more (of it); **II** overg: genoegens ~ enjoy pleasures

'smakken (smakte, gesmakt) I (h. en is) onoverg **1** ⟨vallen⟩ fall with a thud; **2** ⟨met mond⟩ smack; met de lippen ~ smack one's lips; **II** (h.) overg ⟨gooien⟩ dash, fling

'smakker m (-s) gemeenz **1** ⟨kus⟩ smack; iem. een dikke ~ geven give sbd. a big smack; **2** ⟨val⟩ fall; een lelijke ~ maken have a nasty fall, land with a thud

'smakzoen m (-en) buss, smack

smal bn **1** ⟨nauw⟩ narrow; **2** ⟨mager⟩ thin

'smalbladig bn narrow-leaved

'smaldeel o (-delen) scheepv squadron

'smalen (smaalde, h. gesmaald) onoverg rail; ~ op rail at

'smalend bn scornful, contumelious

'smalfilm m (-s) cine-film, 8 (double-8) film

'smalheid v narrowness

'smalletjes bijw smallish; er ~ uitzien look peaky

'smalspoor o (-sporen) narrow-gauge (line)

smalt v smalt

'smalte v narrowness

sma'ragd o & m (-en) emerald

sma'ragden bn emerald

sma'ragdgroen bn emerald-green

smart v (-en) pain, grief, sorrow; hevige ~ anguish; gedeelde ~ is halve ~ a sorrow shared is a sorrow halved; wij verwachten u met ~ we are waiting anxiously for you

'smartelijk bn painful, grievous

'smartelijkheid v painfulness

'smarten (smartte, h. gesmart) overg give (cause) pain, grieve; het smart mij it pains me, it is painful to me

'smartengeld o (-en) smart-money, compensation

'smartenkreet m (-kreten) cry of pain (sorrow)

'smartlap m (-pen) sentimental ballad (song), gemeenz tear-jerker

smash m (-es) smash

'smashen (smashte, h. gesmasht) overg smash

1 'smeden (smeedde, h. gesmeed) overg **1** ⟨metaal⟩ forge, weld; **2** fig forge [a lie], coin [new words]; devise, contrive [a plan]; lay [a plot]; zie ook: ijzer

2 'smeden meerv. van smid

'smeder m (-s) forger[2], fig deviser

smede'rij v (-en) smithy, forge

'smeedbaar bn malleable

'smeedijzer, 'smeedwerk o wrought iron

'smeekbede v (-n) supplication, entreaty, appeal, plea

'smeekschrift o (-en) petition

smeer o & m grease, fat, tallow; om der wille van de ~ likt de kat de kandeleer from love of gain

'smeerboel m beastly mess

'smeerder m (-s) greaser

'smeergeld o (-en) bribe, illicit commission, gemeenz grease; Am ook: payola

'smeerkaas m cheese spread

'smeerkees m (-kezen) slob

'smeerkuil m (-en) lubrication pit, inspection pit

'smeerlap m (-pen) dirty fellow; blackguard, skunk, slang blighter

smeerlappe'rij v (-en) dirt, filth

'smeermiddel o (-en) lubricant

'smeerolie v lubricating oil

'smeerpijp v (-en) **1** dirty fellow; **2** ⟨leiding⟩ wastewater

'smeerpoes, 'smeerpoets v (-en) dirty person, messy child

'smeerpunt o (-en) lubrication point

'smeersel o (-s) **1** ⟨zalf⟩ ointment, unguent; **2** ⟨vloeibaar⟩ embrocation, liniment; **3** ⟨v. boterham⟩ paste

'smeerworst v (-en) meat paste

smeet (smeten) V.T. van smijten

'smekeling m (-en) suppliant

'smeken (smeekte, h. gesmeekt) overg entreat, beseech, supplicate, implore; ik smeek u erom I beseech you

'smeker m (-s) suppliant

'smeking v (-en) supplication, entreaty

'smeltbaar v fusible, meltable

'smeltbaarheid v fusibility, meltability

'smelten (smolt, gesmolten) **I** (is) onoverg **1** eig melt, fuse; **2** fig melt (into tears); ze ~ in je mond they melt in your mouth; ~ de muziek mellow music; **II** (h.) overg **1** (in 't alg.) melt, fuse; **2** ⟨erts⟩ smelt; gesmolten boter melted butter; gesmolten lood molten lead

smelte'rij v (-en) smelting-works

'smelting v (-en) melting, fusion; smelting

'smeltkroes m (-kroezen) melting-pot[2], crucible

'smeltmiddel o (-en) flux

'smeltoven m (-s) smelting-furnace

'smeltpunt o (-en) melting-point

'smeltwater o snow water, melt-water

'smeren (smeerde, h. gesmeerd) overg **1** (in 't alg.) grease, oil, lubricate; **2** smear [with paint &]; **3** spread [butter]; (zich) een boterham ~ butter one's bread; iem. de handen ~ grease sbd.'s palm; de keel

~ wet one's whistle; *de ribben* ~ thrash; *'m* ~ <u>slang</u> bolt, clear out, cut along; *sneer 'm!* scram!, beat it!, be off!; *het gaat als gesmeerd* it runs on wheels; *als de gesmeerde bliksem* like greased lightning

'**smerig I** *bn* **1** ⟨vies⟩ greasy, dirty, messy, squalid, grubby; **2** ⟨gemeen⟩ dirty, nasty; sordid [trick]; *een ~e jongen* a dirty boy; ~ *weer* rotten (dirty, foul) weather; **II** *bijw* dirtily

'**smerigheid** *v* (-heden) dirtiness, dirt, filth

'**smering** *v* (-en) greasing, oiling, lubrication

'**smeris** *m* (-sen) <u>gemeenz</u> cop, pig

smet *v* (-ten) spot, stain[2]; blot[2]; taint[2]; fig blemish; slur; *iem. een ~ aanwrijven* cast a slur on sbd.; *een ~ op iemands naam werpen* cast a slur upon sbd.'s reputation

'**smeten** V.T. meerv. van *smijten*

'**smetstof** *v* (-fen) infectious matter, virus

'**smetteloos** *bn* stainless, spotless, immaculate[2]

'**smetten** (smette, *overg* h., *onoverg* is gesmet) stain, soil

'**smetvrees** *v* mysophobia

'**smeüig** *bn* **1** ⟨pindakaas &⟩ smooth; **2** colourful, juicy [story]

'**smeulen** (smeulde, h. gesmeuld) *onoverg* smoulder[2]; *er smeult iets* there is some mischief smouldering

smid *m* (smeden) blacksmith, smith

'**smidse** *v* (-n) forge, smithy

'**smidsknecht** *m* (-s en -en) blacksmith's man

smiecht *m* (-en) scamp, rascal, rip

smient *v* (-en) ⟨vogel⟩ widgeon

'**smiespelen** (smiespelde, h. gesmiespeld) *onoverg* mutter, whisper together

'**smiezen** *mv* gemeenz: *iem. in de* ~ *hebben* have sbd. taped, twig sbd.; *dat loopt in de* ~ that will attract notice, that is conspicuous

'**smijdig** malleable, supple

'**smijten** (smeet, h. gesmeten) **I** *overg* throw, fling, dash, hurl; **II** *onoverg*: *met het (zijn) geld* ~ throw (one's) money about; *met de deur* ~ slam the door

'**smikkelen** (smikkelde, h. gesmikkeld) *onoverg* do oneself well, tuck in

smoel *m* (-en) <u>gemeenz</u> **1** ⟨gezicht⟩ phiz, phizog, mug; **2** ⟨mond⟩: *hou je* ~ shut your face (trap)

'**smoesje** *o* (-s) <u>gemeenz</u> dodge, pretext, poor excuse; ~*s, zeg!* gemeenz all eyewash, it's all dope; *een* ~ *bedenken* find a pretext; *dat* ~ *kennen we!* we know that stunt

'**smoezelig** *bn* dingy, smudgy, grimy

smoezen (smoesde, h. gesmoesd) *overg* whisper, talk

'**smoken** (smookte, h. gesmookt) *onoverg & overg* smoke

'**smoking** *m* (-s) dinner-jacket, <u>Am</u> tuxedo

'**smokkelaar** *m* (-s) smuggler

smokkela'rij *v* (-en) smuggling

'**smokkelen** (smokkelde, h. gesmokkeld) **I** *overg* smuggle; **II** *onoverg & abs ww* **1** eig smuggle; **2** ⟨vals spelen⟩ cheat

'**smokkelhandel** *m* smuggling, contraband trade

'**smokkelwaar** *v* (-waren) contraband (goods)

'**smokken** (smokte, h. gesmokt) *onoverg* smock

'**smokwerk** *o* smock work, smocking

smolt (**smolten**) V.T. van *smelten*

smook *m* smoke

smoor *m* gemeenz: *de* ~ *in hebben* be annoyed, have the hump

'**smoorheet** *bn* sweltering, suffocating, broiling

'**smoorhitte** *v* sweltering heat

'**smoorklep** *v* (-pen) throttle(-valve)

'**smoorverliefd** *bn* over head and ears in love, madly in love

'**smoren** (smoorde, gesmoord) **I** (is) *onoverg* stifle; *om te* ~ stifling hot; **II** (h.) *overg* **1** ⟨verstikken⟩ smother, throttle, suffocate; **2** techn throttle (down) [the engine]; **3** ⟨vlees⟩ stew; **4** fig ⟨onderdrukken⟩ smother up, stifle [the discussion, a curse]; muffle, deaden [a sound, the voice of conscience]; put down, suppress, quell [the revolution in blood]; **5** ZN ⟨roken⟩ smoke (cigars, cigarettes); *met gesmoorde stem* in a strangled voice

smous *m* (-en en smouzen) **1** ⟨scheldnaam⟩ Yid; **2** ⟨hond⟩ griffon

smout *o* grease, lard

'**smoutbol**, '**smoutebol** *m* (-len) ZN oil-dumpling

'**smoutwerk** *o* job printing, jobbing work

smuk *m* finery

'**smukken** (smukte, h. gesmukt) *overg* trim, adorn, deck out

'**smulbaard** (-en), '**smulbroer** *m* (-s) = *smulpaap*

'**smullen** (smulde, h. gesmuld) *onoverg* feast (*upon* van), banquet; *zij smulden van het verhaal* they lapped up the story

'**smulpaap** *m* (-papen) free liver, gastronomist, gastronomer, epicure

'**smulpartij** *v* (-en) banquet

smurf *m* (-en) smurf

'**smurrie** *v* gemeenz mess, muck, sludge, slush

'**smyrnatapijt** *o* (-en) Turkey (Turkish) carpet

'**snaaien** (snaaide, h. gesnaaid) *overg* gemeenz snatch away, pilfer

snaak *m* (snaken) wag; *een rare* ~ a queer fellow, a queer chap

snaaks I *bn* droll, waggish; **II** *bijw* drolly, waggishly

'**snaaksheid** *v* (-heden) drollery, waggishness

snaar *v* (snaren) string, chord; *een gevoelige* ~ *aanroeren* touch upon a tender string; *je hebt de verkeerde* ~ *aangeroerd* you did not sound the right chord

'**snaarinstrument** *o* (-en) stringed instrument

snack *m* (-s) snack

'**snackbar** *m & v* (-s) snack-bar

'**snakerig** *bn* = *snaaks*

snake'rij *v* (-en) drollery, waggishness

'**snakken** (snakte, h. gesnakt) *onoverg*: ~ *naar adem* pant for breath, gasp; ~ *naar een kop thee* be dying for a cup of tea; ~ *naar lucht* gasp for air; ~ *naar het*

uur van de... yearn (languish) for the hour of...
'snaphaan *m* (-hanen) <u>hist</u> firelock
'snappen (snapte, h. gesnapt) **I** *overg* **1** (betrappen)
nab, catch; **2** (begrijpen) get, see; *snap je het?* do
you get me?, do you follow me?, see?; *hij snapte er
niets van* he did not grasp it, he did not understand
it at all, he was baffled; *hij zal er toch niets van ~*
1 <u>gemeenz</u> he will never get the hang of it [e.g.
mathematics]; **2** <u>gemeenz</u> he will never twig [our
doings]; *hij snapte het meteen* he tumbled to it at
once, he grasped it at once; *men heeft hem gesnapt*
he has been caught; *ik snapte dadelijk dat hij geen
Hollander was* I spotted him at once as being no
Dutchman; **II** *onoverg* (kletsen) chat, tattle, prattle
'snarenspel *o* string music
snars *m* <u>gemeenz</u>: *geen ~* not a bit; *daar begrijp ik
geen ~ van* I'm baffled (by it); zie verder: *steek*
'snater *m* (-s): *hou je ~!* <u>plat</u> hold your jaw!, <u>ge-
meenz</u> shut up!
'snateraar *m* (-s) chatterer
'snateren (snaterde, h. gesnaterd) *onoverg* chatter
snauw *m* (-en) snarl
'snauwen (snauwde, h. gesnauwd) *onoverg* snarl; *~
tegen* snarl at, snap at
'snauwerig *bn* snarling, snappish
'snavel *m* (-s) **1** (in 't alg.) bill; **2** (krom) beak
sneb *v* (-ben) bill, neb, nib, beak
'snede *v* (-n) **1** (snijwond) cut [with a knife];
2 (schijf) slice [of bread], rasher [of bacon];
3 (scherp) edge [of a knife, razor &]; **4** (in de prosodie) caesura, section [of a verse]; **5** *de gulden ~* the
golden section; *ter ~* to the point, just to the purpose
'sneden V.T. meerv. van *snijden*
'snedig *bn* witty; *een ~ antwoord* a smart reply; *een
~e opmerking* a wisecrack
'snedigheid *v* (-heden) smartness [of repartee]
snee *v* (sneeën) = *snede*
sneed (sneden) V.T. van *snijden*
sneer *m* (sneren) sneer
sneeuw *v* snow; *als ~ voor de zon verdwijnen* disappear like snow before the sun
'sneeuwachtig *bn* snowy
'sneeuwbal *m* (-len) **1** snowball; **2** (plant) snowball, guelder rose; *met ~len gooien* throw snowballs;
iem. met ~len gooien pelt sbd. with snowballs
'sneeuwbaleffect *o* (-en) snowball
'sneeuwballen (sneeuwbalde, h. gesneeuwbald)
onoverg throw snowballs, snowball
'sneeuwbank *v* (-en) snow-bank
'sneeuwblind *v* snow-blind
'sneeuwblindheid *v* snow blindness
'sneeuwbril *m* (-len) snow-goggles
'sneeuwbui *v* (-en) snow-shower, snow-squall
'sneeuwen (sneeuwde, h. gesneeuwd) *onpers ww*
snow; *het sneeuwde bloempjes* flowers were snowing
down [from the tree]; *het sneeuwde briefkaarten*
there was a shower of postcards

'sneeuwgrens *v* snow-line
'sneeuwhoen *o* (-ders) white grouse, ptarmigan
'sneeuwjacht *v* snow-drift, driving snow
'sneeuwketting *m & v* (-en) non-skid chain
'sneeuwklas *v* (-sen) <u>ZN</u> ski-school
'sneeuwklokje *o* (-s) snowdrop
'sneeuwlucht *v* snowy sky
'sneeuwman *m* (-nen): *de Verschrikkelijke S~* the
Abominable Snowman, yeti
'sneeuwploeg *m & v* (-en) snowplough
'sneeuwpop *v* (-pen) snowman
'sneeuwruimer *m* (-s) snow-plough
'sneeuwschoen *m* (-en) snow-shoe
'sneeuwschool *v* (-scholen) <u>ZN</u> ski-school
'sneeuwstorm *m* (-en) **1** (in 't alg.) snowstorm;
2 (hevige ~) blizzard
'sneeuwsurfen *o* snowboarding
'sneeuwuil *m* (-en) snow-owl, snowy owl
'sneeuwval *m* **1** snowfall, fall(s) of snow; **2** (lawine) avalanche, snow-slide
'sneeuwvlaag *v* (-vlagen) snow-shower
'sneeuwvlok *v* (-ken) snowflake, flake of snow
'sneeuwwit *bn* snow-white, snowy white
Sneeuw'witje *o* Little Snow White
sneeuw'zeker *bn* with guaranteed snow
snel *bn* swift, quick, fast, rapid, speedy
'snelbinder *m* (-s) carrier straps
'snelblusser *m* (-s) fire extinguisher
'snelbuffet *o* (-ten) snack-bar
'sneldicht *o* (-en) epigram
'sneldienst *m* (-en) quick service, express service
'snelfilter *m & o* (-s) (coffee) filter
'snelfiltermaling *v* extra-fine grind
'snelheid *v* (-heden) swiftness, rapidity, speed, velocity; *met een ~ van* ook: at the rate of... [50 kilometers an hour]
'snelheidsbeperking *v*: *zone met ~* restricted area
'snelheidscontrole *v* (-s) speed check
'snelheidsduivel (-s), **'snelheidsmaniak** *m*
(-ken) speed merchant
'snelheidsmeter *m* (-s) tachometer, speedometer
'snelheidsrecord *o* (-s) speed record
'snelkoker *m* (-s) quick heater
'snelkookpan *v* (-nen) pressure-cooker
'snellen (snelde, is gesneld) *onoverg* hasten, rush;
zie ook: *koppensnellen*
'snellopend *bn* fast [horse, steamer &]
'snelrecht *o* summary justice
'snelschaken *o* lightning chess
'snelschrift *o* shorthand, stenography
'sneltekenaar *m* (-s) quick-sketch artist, lightning
sketcher
'sneltrein *m* (-en) fast train, express (train)
'sneltreinvaart *v*: *in ~* hurry-scurry; *iets er in ~
doorjagen* rush sth. through
'snelvarend *bn* fast
'snelverband *o* first (aid) dressing
'snelverkeer *o* high-speed traffic, fast traffic

'**snelvoetig** *bn* swift-footed, nimble, fleet
'**snelvuur** *o* rapid fire
'**snelvuurkanon** *o* (-nen) quick-firing gun
'**snelwandelaar** *m* (-s) race walker
'**snelwandelen** *o* walking race, walk
'**snelweg** *m* (-wegen) highway, motorway; *Am* freeway
'**snelweger** *m* (-s) weighing-machine
'**snelwerkend** *bn* rapid, speedy [poison]
'**snelzeilend** *bn* fast-sailing, fast
'**snelzeiler** *m* (-s) fast sailer
snep *v* (-pen) = *snip*
'**sneren** (sneerde, h. gesneerd) *onoverg* sneer (*op* at)
'**snerpen** (snerpte, h. gesnerpt) *onoverg* bite, cut; *een ~de koude* a biting cold; *een ~de wind* a cutting wind
snert *v* 1 ⟨erwtensoep⟩ pea-soup; 2 ⟨rotzooi⟩ trash
'**snertkerel** *m* (-s), **snertvent** (-en) bastard, swine
sneu *bn* disappointing, mortifying; *~ kijken* look disappointed, look glum
'**sneuvelen** (sneuvelde, is gesneuveld), '**sneven** (sneefde, is gesneefd) *onoverg* 1 ⟨om het leven komen⟩ be killed (in action, in battle), be slain, perish, fall; 2 ⟨v. borden &⟩ break
snib (-ben), '**snibbe** *v* (-n) shrew, vixen
'**snibbig** *bn* snappish
'**snijbiet** *v* (-en) beet greens
'**snijbloemen** *mv* cut flowers
'**snijboon** *v* (-bonen) French bean, haricot bean; *een rare ~* a queer fish
'**snijbrander** *m* (-s) [oxygen, acetylene] cutter, oxyacetylene torch
'**snijden** (sneed, h. gesneden) **I** *onoverg* 1 ⟨in 't alg⟩ cut; 2 *auto* cut in; 3 *kaartsp* finesse; **II** *overg* 1 cut [one's bread, hair &]; cut (up), carve [meat]; carve [figures in wood, stone &]; 2 *fig* (afzetten) fleece [customers]; *ze ~ je daar lelijk* ook: they make you pay through the nose; *die lijnen ~ elkaar* those lines cut each other, they intersect; *de spanning was te ~* the tension was palpable; *het snijdt je door de ziel* it cuts you to the heart (to the quick); *aan (in) stukken ~, stuk~* cut to pieces, cut up; **III** *wederk: zich ~* cut oneself; *ik heb mij in mijn vinger gesneden* I have cut my finger (with a knife); *je zult je (lelijk) in de vingers ~* you'll burn your fingers
'**snijdend** *bn* 1 cutting[2], *fig* sharp, biting, piercing; 2 ⟨in de meetkunde⟩ secant
'**snijder** *m* (-s) 1 ⟨die snijdt⟩ cutter, carver; 2 ⟨kleermaker⟩ tailor
'**snijdervogel** *m* (-s) tailor-bird
'**snijding** *v* (-en) 1 ⟨in 't alg.⟩ cutting, section; 2 ⟨in prosodie⟩ caesura; 3 ⟨in de meetkunde⟩ intersection
'**snijkamer** *v* (-s) dissecting-room
'**snijlijn** *v* (-en) secant, intersecting line
'**snijmachine** *v* (-s) 1 cutting-machine; cutter; [bread, vegetable &] slicer; 2 ⟨v. boekbinder⟩ guillotine, plough
'**snijpunt** *o* (-en) (point of) intersection

'**snijtafel** *v* (-s) dissecting table
'**snijtand** *m* (-en) incisor, cutting tooth
'**snijvlak** *o* (-ken) cutting surface (face)
'**snijwerk** *o* carved work, carving
'**snijwond** *v* (-en) cut, incised wound
'**snijzaal** *v* (-zalen) dissecting room
1 snik *m* (-ken) gasp, sob; *laatste ~* last gasp; *tot de laatste ~* to one's dying day; *de laatste ~ geven* zie: *geest*
2 snik *bn*: *hij is niet goed ~* he is not quite right in his head, *gemeenz* a bit cracked
'**snikheet** *bn* suffocatingly hot, stifling
'**snikken** (snikte, h. gesnikt) *onoverg* sob
snip *v* (-pen) 1 ⟨vogel⟩ snipe; 2 'snip' (= one-hundred guilder note)
'**snippenjacht** *v* snipe shooting
'**snipper** *m* (-s) cutting, clipping, scrap, shred, snip, snippet, chip
'**snipperdag** *m* (-dagen) extra day off
'**snipperen** (snipperde, h. gesnipperd) *overg* snip, shred
'**snippermand** *v* (-en) waste-paper basket
'**snippertje** *o* (-s) scrap, shred, snippet, chip
'**snipperuurtje** *o* (-s) spare hour, leisure hour; *in mijn ~s* at odd times
'**snipperwerk** *o* triffling work
'**snipverkouden** *bn* suffering from a bad cold
snit *m & v* cut [of grass, a coat]; *het is naar de laatste ~* it is after the latest fashion; *~ en naad* *ZN* cutting and sewing
snob *m* (-s) snob
sno'bisme *o* snobbishness, snobbery
sno'bistisch *bn* snobbish
'**snoeien** (snoeide, h. gesnoeid) *overg* 1 lop [trees]; prune [fruit-trees]; 2 clip [a hedge]; *~ in het budget* prune the budget
'**snoeier** *m* (-s) 1 lopper, pruner [of trees]; 2 clipper [of hedges]
'**snoeimes** *o* (-sen) pruning-knife, bill
'**snoeischaar** *v* (-scharen) pruning-shears, secateurs
'**snoeisel** *o* (-s) clippings, loppings, brash
'**snoeitijd** *m* pruning-time
snoek *m* (-en) pike; *een ~ vangen* ⟨bij roeien⟩ catch a crab
'**snoekbaars** *m* (-baarzen) pike-perch
'**snoekduik** *m* (-en) forward dive, flying dive
'**snoeksprong** *m* (-en) pike dive, jack-knife dive
snoep *m* sweets, *Am* candy
'**snoepcentje** *o* (-s) tuck-money
'**snoepen** (snoepte, h. gesnoept) *onoverg* eat sweets; *wie heeft van de slagroom gesnoept?* who has eaten of (who has been at) the cream?
'**snoeper** *m* (-s): *een ~ zijn* have a sweet tooth; *ouwe ~* old lecher
'**snoeperig I** *bn* lovely, pretty, sweet; **II** *bijw* prettily, sweetly
'**snoepgoed** *o* = *snoep*
'**snoepje** *o* (-s) 1 ⟨zoetigheid⟩ sweet, sweetie, *Am*

candy; *wil je een* ~? do you want (would you like) a
sweetie (Am candy)?; **2** ⟨lief meisje⟩ sweetie
'**snoepkraam** *v & o* (-kramen) sweet-stall
'**snoeplust** *m* craving for sweets
'**snoepreisje** *o* (-s) pleasure trip, Am junketing
'**snoepwinkel** *m* (-s) sweet-shop, tuck-shop
'**snoepzucht** *v* fondness of eating sweets
snoer *o* (-en) **1** string [of beads]; **2** ⟨touw⟩ cord;
  3 line [for fishing]; **4** elektr flex
'**snoeren** (snoerde, h gesnoerd) *overg* string, tie,
  lace; zie ook: *mond*
snoes *m-v* (snoezen) darling, gemeenz duck
'**snoeshaan** *m* (-hanen): *een vreemde* ~ gemeenz a
  queer customer; zie ook: *raar*
snoet *m* (-en) **1** ⟨v. dier⟩ snout, muzzle; **2** ⟨gezicht⟩
  mug, slang kisser
'**snoetje** *o* (-s): *een aardig* ~ a pretty face
'**snoeven** (snoefde, h. gesnoefd) *onoverg* brag, boast,
  bluster; ~ *op...* brag (boast) of..., vaunt
'**snoever** *m* (-s) boaster, braggart, blusterer
snoeve'rij *v* (-en) boast, brag(ging), braggadocio
'**snoezig I** *bn* sweet; **II** *bijw* sweetly
snokken (snokte, h. gesnokt) *onoverg* ZN **1** ⟨rukken⟩
  pull, tug; **2** ⟨schokken⟩ convulse, jerk; **3** ⟨krachtig
  stoten⟩ thrust
snol *v* (-len) plat tart, whore, bitch
snood I *bn* **1** base [ingratitude]; **2** heinous [crime];
  3 wicked, sinister, nefarious [practices]; **II** *bijw*
  basely
'**snoodaard** *m* (-s) villain, rascal, miscreant
'**snoodheid** *v* (-heden) baseness, wickedness
snoof (snoven) V.T. van *snuiven*
snoot (snoten) V.T. van *snuiten*
1 snor *v* (-ren) **1** ⟨van mens⟩ moustache; **2** ⟨van kat⟩
  whiskers
2 snor *bijw* gemeenz: *dat zit wel* ~ that's fine
'**snorbaard** *m* (-en) moustache; *een oude* ~ an old
  soldier
'**snorder** *m* (-s) crawler [plying for customers],
  crawling taxi
'**snorfiets** *v* (-en) moped
'**snorhaar** *v* (-haren) ⟨v. kat &⟩ whisker
'**snorkel** *m* (-s) s(ch)norkel
'**snorkelen** (snorkelde, h. gesnorkeld) *onoverg* snorkel
'**snorken** (snorkte, h. gesnorkt) *onoverg* **1** ⟨snurken⟩
  snore; **2** ⟨pochen⟩ brag, boast
'**snorker** *m* (-s) **1** ⟨snurker⟩ snorer; **2** ⟨pocher⟩ braggart, boaster
snorke'rij *v* (-en) agging, brag, boast
'**snorren** (snorde, h. en is gesnord) *onoverg* **1** ⟨v.
  motor⟩ drone, whir; ⟨v. kat⟩ purr; ⟨v. kachel⟩ roar;
  2 ⟨om een vrachtje⟩ crawl, ply for hire; *het* ~ *van de
  motor* the whirr of the motor
'**snorrenbaard** *m* (-en) = *snorbaard*
snorrenpijpe'rij *v* (-en) knick-knack, trifle
snot *o & m* mucus, slang snot
'**snotaap** (-apen), **snotjongen** *m* (-s) gemeenz

whipper-snapper; *vervelende* ~! snot-nosed little
bastard!
'**snoten** V.T. meerv. van *snuiten*
'**snotje** *o* gemeenz: *iets in het* ~ *hebben* be wise to
  sth.; *iets in het* ~ *krijgen* twig sth., get wise to sth.
'**snotjongen** *m* (-s) ⟨kwajongen⟩ rascal
'**snotneus** *m* (-neuzen) **1** ⟨neus⟩ snivelling nose;
  2 fig = snotaap
'**snotteren** (snotterde, h. gesnotterd) *onoverg* snivel,
  blubber
'**snotterig** *bn* snivelling
'**snoven** V.T. meerv. van *snuiven*
'**snuffelaar** *m* (-s) ferreter, Paul Pry
'**snuffelen** (snuffelde, h. gesnuffeld) *onoverg* nose,
  ferret, browse, rummage [in something]
'**snuffelpaal** *m* (-palen) air pollution detector
'**snufferd** *m* (-s) gemeenz **1** ⟨neus⟩ snout; *zijn* ~ *ergens in steken* stick one's nose into sth.; **2** ⟨gezicht⟩
  kisser; *op zijn* ~ *vallen* fall flat on one's face
'**snufje** *o* (-s): *het nieuwste* ~ the latest thing; *een
  nieuw technisch* ~ a new gadget; *een* ~ *zout* a pinch
  of salt
'**snugger** *bn* bright, clever, sharp, smart
snuif *m* snuff
'**snuifdoos** *v* (-dozen) snuff-box
'**snuifje** *o* (-s) **1** ⟨snuiftabak⟩ pinch of snuff; ⟨co-
  caïne⟩ snort; **2** pinch [of salt]
'**snuiftabak** *m* snuff
snuiste'rij *v* (-en) knick-knack
snuit *m* (-en) **1** ⟨v. dier⟩ snout, muzzle; **2** ⟨v. olifant⟩
  trunk; **3** ⟨v. insect⟩ proboscis; **4** ⟨gezicht⟩ mug,
  slang kisser
'**snuiten** (snoot, h. gesnoten) **I** *overg* snuff [a can-
  dle]; *zijn neus* ~ blow one's nose; **II** *abs ww* blow
  one's nose
'**snuiter** *m* (-s) **1** = *kaarsensnuiter*; **2** gemeenz: *een
  rare* ~ a queer customer
'**snuitje** *o* (-s) = *snoetje*
'**snuiven I** *m* (-en) **1** ⟨v. dier⟩ snout, muzzle; ⟨h. gesnoven⟩ *onoverg* sniff, snuffle, snort; ~ *van woede* snort with rage; **II** (snuifde
  of snoof, h. gesnuifd) *overg*: (cocaïne) ~ sniff, snort
  (cocaine); *tabak* ~ take snuff
'**snurken** (snurkte, h. gesnurkt) *onoverg* snore; zie
  verder: *snorken*
'**snurker** *m* (-s) gemeenz fellow
'**sober I** *bn* **1** ⟨in 't alg.⟩ sober, frugal, scanty; **2** austere [life, building]; **II** *bijw* soberly, frugally, scantily; [live] austerely
'**soberheid** *v* **1** ⟨in 't alg.⟩ soberness, sobriety, frugality, scantiness; **2** austerity [of life]
'**sobertjes** *bijw* = *sober II*
soci'aal I *bn* social; *sociale verzekering* social insurance, Am social security; *sociale voorzieningen* social
  welfare; ~ *werk* social work; *sociaal werkster* social
  worker; *sociale wetenschappen* social sciences; ~ *assistent* ZN social worker; *sociale school* ZN social
  academy; **II** *bijw* socially
sociaal-demo'craat *m* (-craten) social democrat

so'ciaal-democratie *v* (-tieën) social democracy
sociaal-demo'cratisch *bn* social democratic
sociaal-eco'nomisch *bn* socio-economic
sociali'satie *v* socialization
sociali'seren (socialiseerde, h. gesocialiseerd) *overg* socialize
socia'lisme *o* socialism
socia'list *m* (-en) socialist
socia'listisch *bn* socialist(ic)
socië'teit *v* (-en) **1** ⟨vereniging⟩ club; **2** ⟨verenigingsgebouw⟩ clubhouse; *de S~ van Jezus* the Society of Jesus
'sociolinguïstiek *v* sociolinguistics
sociolo'gie *v* sociology
socio'logisch *bn* sociological
socio'loog *m* (-logen) sociologist
'Socrates *m* Socrates
'soda *m & v* soda
'sodawater *o* soda-water
sode'mieter *m* (-s) gemeenz: *iem. op z'n ~ geven* bawl sbd. out, plat beat the shit out of sbd.; *als de ~* like hell
sode'mieteren (sodemieterde, gesodemieterd) gemeenz **I** *onoverg* (is) fall; **II** *overg* (h.) throw; *sodemieter op!* bugger off!
sodo'mie *v* sodomy
sodo'miet *m* (-en) sodomite
'soebatten (soebatte, h. gesoebat) *onoverg & overg* implore
'Soedan *o* Sudan
Soeda'nees *m* (-nezen) & *bn* Sudanese
soe'laas *o* solace, comfort, relief, alleviation
'Soenda *o* Sunda
'Soenda-eilanden *mv: de ~* the Sunda Islands
Soenda'nees I *m* (-nezen) Sundanese [*mv* Sundanese]; **II** *bn* Sundanese; **III** *o* Sundanese
'soenna *m* Sunna
soen'niet *m* (-en) Sunnite
soep *v* (-en) soup, broth; *het is niet veel ~s* it is not up to much; *in de ~ rijden* smash up; *in de ~ zitten* gemeenz be in the soup
'soepballetje *o* (-s) force-meat ball
'soepbeen *o* (-benen) soupbone
'soepbord *o* (-en) soup-plate
'soepel *bn* supple, flexible
'soepelheid *v* suppleness, flexibility
'soeperig *bn* soupy[2]
'soepgroente *v* (-n en -s) vegetables for the soup
'soepjurk *v* (-en) loose hanging (baggy) dress
'soepketel *m* (-s) soup-kettle
'soepkip *v* (-pen) boiler (chicken)
'soepkom *v* (-men) soup-bowl
'soepkommetje *o* (-s) porringer
'soeplepel *m* (-s) **1** ⟨opscheplepel⟩ soup-ladle; **2** ZN ⟨eetlepel⟩ table-spoon
'soepstengel *m* (-s) breadstick
'soepterrine *v* (-s) soup-tureen
'soepvlees *o* meat for the soup

'soera *v* ('s) sura
soes *v* (soezen) ⟨gebak⟩ (cream) puff
'soesa *m* bother, trouble(s), worry, worries
soeve'rein I *bn* sovereign; *~e minachting* supreme contempt; **II** *m* (-en) **1** ⟨heerser⟩ sovereign; **2** ⟨munt⟩ sovereign
soevereini'teit *v* sovereignty
'soezen (soesde, h. gesoesd) *onoverg* doze
'soezerig *bn* dozy, drowsy
'soezerigheid *v* drowsiness
sof *m* wash-out, gemeenz flop
'sofa *m* ('s) sofa, settee, Am davenport
'SOFI-nummer *o* (-s) social-fiscal number; Br ± national health number; Am ± social security number
so'fisme *o* (-n) sophism
so'fist *m* (-en) sophist
sofiste'rij *v* (-en) sophistry
so'fistisch I *bn* sophistic(al); **II** *bijw* sophistically
'softbal *o* softball
'softballen (softbalde, h. gesoftbald) *onoverg* play softball
'softdrug *m* (-s) soft drug
'softijs *o* soft ice-cream
'softwarepakket *o* (-ten) software package
soig'neren (soigneerde, h. gesoigneerd) *overg* look after; ⟨lichamelijke conditie verzorgen⟩ tone up, massage
soig'neur *m* (-s) **1** ⟨in 't alg.⟩ helper; **2** ⟨wielrennen⟩ ± masseur, physiotherapist; **3** ⟨boksen⟩ ± second
soi'ree *v* (-s) evening party, soirée
soit *tsw: ~!* let it be!, let it pass!, all right!
'soja *m* soy
'sojaboon *v* (-bonen) soya bean
sok *v* (-ken) **1** ⟨kledingstuk⟩ sock; **2** techn socket; **3** fig (old) fog(e)y; *er de ~ken in zetten* spurt; *een held op ~ken* a yellowbelly; *iem. van de ~ken rijden* knock sbd. down; *van de ~ken gaan* keel over
'sokkel *m* (-s) socle
sol *v* (-len) muz sol
so'laas *o = soelaas*
so'larium *o* (-s en -ria) solarium
sol'daat *m* (-daten) soldier; *gewoon ~* private (soldier); *de Onbekende S~* the Unknown Warrior; *~ eerste klasse* lance-corporal; *een fles ~ maken* crack a bottle; *~ worden* become a soldier, enlist
sol'daatje *o* (-s) **1** little soldier; **2** ⟨geroosterd brood⟩ sippet; *~ spelen* play (at) soldiers
sol'datenleven *o* military life
solda'tesk *bn* soldier-like
'solde *v* (-n en -s) ZN **1** ⟨restant⟩ remnant; **2**: *~s* ⟨uitverkoop⟩ sales
sol'deer *o & m* solder
sol'deerbout *m* (-en) soldering-iron
sol'deerlamp *v* (-en) soldering-lamp, blow-lamp
sol'deersel *o* (-s) solder
sol'deertin *o* tin-solder
sol'deerwater *o* soldering-water

solderen

1 sol'deren (soldeerde, h. gesoldeerd) *overg* solder
2 sol'deren (soldeerde, h. gesoldeerd) *overg* ZN (uit-verkopen) clear, sell off
sol'dij *v* (-en) pay
so'leren (soleerde, h. gesoleerd) *onoverg* perform a solo
sol'fège *m* muz solfege, solfeggio
'solfer *o* & *m* = *sulfer*
soli'dair *bn* solidary; ~ *aansprakelijk* jointly and severally liable; *zich* ~ *verklaren met* solidarize with
solidari'teit *v* **1** (in 't alg.) solidarity; **2** handel joint liability; *uit* ~ in sympathy
solidari'teitsgevoel *o* feeling of solidarity
solidari'teitsstaking *v* (-en) sympathetic strike
so'lide *bn* **1** (v. ding) solid, strong, substantial; **2** (v. persoon) steady; **3** handel respectable [dealers, firms]; sound, safe [investments]
solidi'teit *v* **1** (v. ding) solidity; **2** (v. persoon) steadiness; **3** handel solvability, solvency, stability; soundness
so'list *m* (-en), **so'liste** *v* (-n en -s) soloist
soli'tair I *bn* solitary; **II** *m* (-en) **1** (alleenstaande) solitary; **2** (spel & steen) solitaire
'sollen (solde, h. gesold) **I** *overg* toss; **II** *onoverg*: ~ *met* **1** romp with; **2** fig make a fool of; *hij laat niet met zich* ~ he doesn't suffer himself to be trifled with
solli'ci'tant *m* (-en) candidate, applicant
solli'ci'tatie *v* (-s) application
solli'ci'tatiebrief *m* (-brieven) (letter of) application
solli'ci'tatiegesprek *o* (-ken) interview
solli'ci'teren (solliciteerde, h. gesolliciteerd) *onoverg* apply (*naar* for)
'solo *m* & *o* ('s) solo
'Solomoneilanden *mv* Solomon Islands
'solovlucht *v* (-en) solo (flight)
'solozanger *m* (-s) solo vocalist
'solsleutel *m* (-s) G clef, treble clef
so'lutie *v* (-s) solution
sol'vabel *bn* solvent
solvabili'teit *v* ability to pay, solvency
sol'vent *bn* solvent
sol'ventie *v* solvency
som *v* (-men) **1** (totaalbedrag) sum, total amount; **2** (vraagstuk) sum, problem; *een* ~ *geld(s)* a sum of money; *een* ~ *ineens* a lump sum; *~men maken* do sums
So'mali *o* en *m* ('s) Somali
So'malië *o* Somalia
So'malisch *bn* Somali, Somalian
so'matisch *bn* somatic
'somber *bn* gloomy, sombre², dismal, dark, black; *een* ~ *verhaal* a sad story; *een ~e toekomst* a gloomy (dark, dismal) future; *~e gedachten* sombre (gloomy) thoughts
'somberheid *v* gloom², sombreness², cheerlessness
'somma *v* sum total, total amount

som'matie *v* (-s) summons
som'meren (sommeerde, h. gesommeerd) *overg* **1** (in 't alg.) summon, call upon; **2** recht summon
'sommige *onbep vnw* some; ~*n* some
somnam'bule *m* & *v* (-s) somnambulist
soms *bijw* sometimes; ~ *goed* &, ~ *slecht* & now good &, now bad &; at times good &, at other times bad &; *(kijk eens) of hij daar* ~ *is* if he is there perhaps; *hij mocht* ~ *denken dat...* he might think that...; *als je hem* ~ *ziet* if you should happen to see him
'somtijds, **'somwijlen** *bijw* vero sometimes; zie ook: *soms*
'sonar *m* sonar
so'nate *v* (-s en -n) sonata
sona'tine *v* (-s) sonatina
'sonde *v* (-s) probe
son'deren (sondeerde, h. gesondeerd) *overg* sound, probe
'songfestival *o* (-s) song contest
'songtekst *m* (-en) lyrics
'sonisch *bn* sonic
son'net *o* (-ten) sonnet
son'nettenkrans *m* (-en) sonnet sequence
so'noor *bn* sonorous
sonori'teit *v* sonority
Sont *v*: *de* ~ The Sound
soort *v* & *o* (-en) **1** (in 't alg.) sort, kind; **2** (biologie) species; *zo'n* ~ *ding* some such thing; *hij is een goed* ~ he is a good sort; ~ *zoekt* ~ like draws to like, birds of a feather flock together; *zo'n* ~ *schrijver* he is a kind (a sort) of author, an author of sorts; *enig in zijn* ~ zie: *enig*; *mensen van allerlei* ~ people of all kinds, all sorts and conditions of men; *van dezelfde* ~ of the same kind, of a kind, handel of the same description
'soortelijk *bn* specific; ~ *gewicht* specific gravity
soorte'ment *o* gemeenz: *een* ~ (*van*) a sort of, a kind of [dog]
'soortgelijk *bn* similar, suchlike
'soortgenoot *m* (-noten) member of the same species, congener; *zijn soortgenoten* the likes of him
'soortnaam *m* (-namen) **1** gramm common noun; **2** biol generic name
soos *v* club
sop *o* (-pen) (v. zeep) suds; *het ruime* ~ the open sea, the offing; *het ruime* ~ *kiezen* put to sea; *laat hem in zijn eigen* ~ *gaar koken* leave sbd. to his own devices; *met hetzelfde* ~ *overgoten* tarred with the same brush; *het* ~ *is de kool niet waard* the game is not worth the candle (not worth powder and shot)
'soppen (sopte, h. gesopt) *overg* sop, dip, dunk, steep, soak
'sopperig *bn* sloppy, soppy
so'praan *v* (-pranen) soprano, treble
so'praanstem *v* (-men) soprano voice
so'praanzangeres *v* (-sen) soprano singer
'sorbet *m* (-s) sorbet, sherbet

sor'dino v ('s) = *sourdine*
'sores *mv* gemeenz troubles
'sorry *tsw* sorry
sor'teerder m (-s) sorter
sor'teren (sorteerde, h. gesorteerd) *overg* (as)sort; *onze winkel is goed gesorteerd* our shop is well-stocked; zie ook: *effect*
sor'tering v (-en) sorting, assortment
sor'tie v (-s) 1 (mantel) opera-cloak; 2 (controlebiljet) pass-out check
SOS-bericht o (-en) S.O.S.-message, S.O.S.-call
sou m (-s) gemeenz: *hij heeft geen ~* he has not a penny (to his name), he has not a penny to bless himself with
'souche v (-s) counterfoil
souf'fleren (souffleerde, h. gesouffleerd) *onoverg & overg* prompt
souf'fleur m (-s) prompter
souf'fleurshok o (-ken) prompter's box
soul m soul
sou'per o (-s) supper
sou'peren (soupeerde, h. gesoupeerd) *onoverg* sup, take supper
sou'plesse v flexibility
sour'dine v (-s) mute
sous'bras m (*mv* idem) dress shield
sous'pied m (-s) strap
sou'tache v braid
sou'tane v (-s) RK soutane
soute'neur m (-s) pimp, pander
'souterrain o (-s) basement(-floor)
souve'nir o (-s) souvenir, keepsake
'sovjet m (-s) sovjet
Sov'jet-Unie v (the) Soviet Union
sowie'so *bijw* anyhow
spa v ('s) = *spade*
1 spaak v (spaken) spoke; *een ~ in het wiel steken* put a spoke in the wheel
2 spaak: *~ lopen* go wrong
'spaakbeen o (-deren) radius
spaan v (spanen) 1 chip [of wood]; 2 scoop [for butter]; *geen ~* fig not a bit
'spaander m (-s) chip
'spaanplaat v (-platen) chipboard
Spaans I *bn* Spanish; *~ riet* rattan; *~e vlieg* cantharides, Spanish fly; **II** o: *het ~* Spanish; **III** v: *een ~e* a Spanish woman (lady)
'spaarbank v (-en) savings-bank
'spaarbankboekje o (-s) savings-bank book, deposit book
'spaarbrander m (-s) economical burner
'spaarbrief m (-brieven) saving certificate
'spaarcentjes *mv* savings
'spaarder m (-s) 1 (in 't alg.) saver; 2 (inlegger) depositor
'spaargeld o savings
'spaarkas v (-sen) ZN savings-bank
'spaarlamp v (-en) energy-saving lightbulb

'spaarpot m (-ten) money-box; *een ~je maken* lay by (some) money
'spaarrekening v (-en) savings account
'spaartegoed o (-en) savings balance
'spaarvarken o (-s) piggy bank
'spaarzaam I *bn* 1 saving, economical, thrifty; 2 = *schaars I; ~ zijn met* be economical of; be chary of [praise &]; be sparing of [information, words]; **II** *bijw* 1 economically; 2 = *schaars II*
'spaarzaamheid v economy, thrift
'spaarzegel m (-s) savings-stamp
'spaarzin m thrift spirit
spaat o spar
'spade v (-n) spade; *de eerste ~ in de grond steken* cut the first sod
spa'gaat m splits [in ballet &]
spa'ghetti m spaghetti
spa'ghettivreter m (-s) scheldwoord (Italiaan) wop
spa'lier o (-en) espalier, lattice-work
spalk v (-en) splint
'spalken (spalkte, h. gespalkt) *overg* splint, put in splints
span (-nen) **I** o 1 yoke [of bullocks]; 2 team [of oxen]; 3 pair, set [of horses]; *een aardig ~* a nice couple; **II** v zie: *spanne*
'spanbeton o pre-stressed concrete
'spandienst m hist form of statute labour
'spandoek o & m (-en) banner
'spanen *bn* chip
spang v (-en) clasp, buckle, agraffe
'spaniël m (-s) spaniel
'Spanjaard m (-en) Spaniard
'Spanje o Spain
spanjo'let v (-ten) espagnolette [bolt for French window]
Span'jool m (-jolen) scheldwoord Am spic
'spankracht v 1 (in 't alg.) tensile force; 2 tension, expanding force [of gases]; 3 fig elasticity, resilience
'spanne v (-n) vero span; *een ~ tijds = tijdspanne*
'spannen (spande, h. gespannen) **I** *overg* 1 stretch, tighten [a rope]; 2 draw, bend [a bow]; 3 strain[2] [every nerve; the attention]; 4 brace [a drum]; 5 flex [one's muscles]; 6 spread [a net]; 7 lay [snares]; 8 put [a horse] to [a carriage &]; *de haan ~* cock a gun; zie ook: *boog &*; **II** *wederk: zich ervóór ~* zie: *voorspannen*; **III** *onoverg* be (too) tight [of clothes]; *als het erom spant* when it comes to the pinch; *het zal erom ~* it will be close (tight); *het heeft erom gespannen* it was a near thing, it was a close shave; zie ook: *gespannen*
'spannend *bn* 1 (nauw) tight; 2 (boeiend) exciting [scene], thrilling [story], fast-moving [play], tense [moment]
'spanning v (-en) 1 (in 't alg.) stretching, tension[2], strain[2]; 2 span [of bridge]; 3 techn stress; 4 elektr tension, voltage; 5 pressure [of steam]; 6 fig ten-

sion, strain, suspense; *in angstige* ~ in anxious suspense; *iem. in* ~ *houden* keep sbd. in suspense

'**spanningmeter** *m* (-s) **1** elektr voltmeter; **2** ⟨v. banden⟩ tyre gauge

'**spanningzoeker** *m* (-s) electrician's screwdriver

'**spanraam** *o* (-ramen) tenter

'**spanrups** *v* (-en) looper, geometrid caterpillar

spant *o* (-en) **1** bouwk rafter; **2** scheepv frame, timber

'**spanwijdte** *v* (-n) span

spar *m* (-ren) **1** ⟨boom⟩ spruce-fir; **2** ⟨v. dak⟩ rafter

'**sparappel** *m* (-s) fir-cone

'**sparen** (spaarde, h. gespaard) **I** *overg* **1** ⟨geld⟩ save; **2** ⟨verzamelen⟩ collect; **3** ⟨ontzien⟩ spare [a friend, no pains]; *spaar mij uw klachten* spare me your complaints; *u kunt u die moeite* ~ you may save yourself the trouble; spare yourself the effort; *kosten noch moeite* ~ spare neither pains nor expense; *zij zijn gespaard gebleven voor de vernietiging* they have been spared from destruction; **II** *wederk: zich* ~ spare oneself, husband one's strength; **III** *onoverg* save, economize, lay by

'**sparrenboom** *m* (-bomen) spruce-fir

'**sparrenbos** *o* (-sen) fir-wood

'**sparrenhout** *o* fir-wood

'**sparrenkegel** *m* (-s) fir-cone

'**sparringpartner** *m* (-s) sparring partner

Spar'taan *m* (-tanen) Spartan

Spar'taans *bn* Spartan

'**spartelen** (spartelde, h. gesparteld) *onoverg* sprawl, flounder

'**sparteling** *v* (-en) sprawling, floundering

'**spastisch** *bn* spastic

spat *v* (-ten) **1** ⟨vlek⟩ spot, speck, stain; **2** ⟨v. paard⟩ (bone-)spavin

'**spatader** *v* (-s en -en) varicose vein

'**spatbord** *o* (-en) mudguard, ⟨v. auto ook:⟩ splashboard, wing, Am fender

'**spatel** *v* (-s) spatula, slice

'**spatie** *v* (-s) space

'**spatiebalk** *m* (-en) space bar

spati'ëren (spatieerde, h. gespatieerd) *overg* space

spati'ëring *v* (-en) spacing

'**spatje** *o* (-s) ⟨druppeltje⟩ drop; *er vallen wat* ~s there are a few drops of rain; *geen* ~ *medeleven* without an ounce of sympathy

'**spatlap** *m* (-pen) mud-flap

'**spatten** (spatte, gespat) **I** (is) *onoverg* **1** splash, spatter [of liquid]; **2** spirt [of a pen]; *uit elkaar* ~ zie: *uiteenspatten*; **II** (h.) *overg: vonken* ~ emit sparks, spark

'**spawater** *o* mineral water

spe *in* ~ future, to be, prospective

spece'rij *v* (-en) spice(s)

spece'rijenhandel *m* spice-trade

specht *m* (-en) woodpecker; *blauwe* ~ nuthatch; *bonte* ~ pied woodpecker; *groene* ~ green woodpecker

speci'aal *bn* special, particular

speci'aalzaak *v* (-zaken) one-line shop, special (specialty) shop

speciali'satie *v* (-s) specialization

speciali'seren (specialiseerde, h. gespecialiseerd) *overg* specialize

speciali'sering *v* specialization

specia'lisme *o* (-n) specialism, speciality

specia'list *m* (-en) specialist

specia'listisch *bn* specialist

speciali'té *v* (-s) branded product

speciali'teit *v* (-en) speciality; *direct mail is onze* ~ we specialize in direct mail; *vis is onze* ~ fish is our speciality

'**specie** *v* (-s) **1** ⟨geld⟩ specie, cash, ready money; **2** bouwk mortar

specifi'catie *v* (-s) specification

specifi'ceren (specificeerde, h. gespecificeerd) *overg* specify

speci'fiek I *bn* specific; ~ *gewicht* specific gravity; **II** *bijw* specifically

'**specimen** *o* (-s en -mina) specimen

spectacu'lair *bn* spectacular

spec'traal *bn* spectral

'**spectrum** *o* (-s en -tra) spectrum

specu'laas *m* & *o* kind of sweet spicy biscuit

specu'lant *m* (-en) speculator, bull [a la hausse], bear [a la baisse]

specu'latie *v* (-s) speculation, stock-jobbing

specula'tief *bn* speculative

specu'leren (speculeerde, h. gespeculeerd) *onoverg* speculate; ~ *op* trade upon; hope for...

speech *m* (-es en -en) speech

'**speechen** (speechte, h. gespeecht) *onoverg* speechify

'**speedboot** *m* & *v* (-boten) speed boat

'**speeksel** *o* spittle, saliva, sputum

'**speekselklier** *v* (-en) salivary gland

'**speelautomaat** *m* (-en) one-armed bandit, slot machine, fruit machine

'**speelbal** *m* (-len) **1** eig playing ball; **2** fig plaything, toy, sport; *een* ~ *van de golven zijn* be at the mercy of the waves

'**speelbank** *v* (-en) gambling (gaming) house, casino

'**speeldoos** *v* (-dozen) musical box

'**speelduivel** *m* demon of gambling

'**speelduur** *m* **1** ⟨v. sportwedstrijd, film &⟩ length, duration; **2** ⟨v. gramm. plaat⟩ playing time; **3** ⟨v. toneelstuk⟩ run

'**speelfilm** *m* (-s) motion picture, feature film, film, Am movie

'**speelgenoot** *m* (-noten) playmate, playfellow

'**speelgoed** *o* toys, playthings

'**speelgoedwinkel** *m* (-s) toyshop

'**speelhal** *v* (-len) amusement arcade

'**speelhelft** *v* (-en) half°

'**speelhol** *o* (-holen) gambling-den

'**speelhuis** *o* (-huizen) gambling-house

'**speelkaart** *v* (-en) playing-card

'**speelkamer** *v* (-s) **1** play-room [for children]; **2** card-room [of a club]

'**speelkameraad** *m* (-raden en -s) = *speelmakker*

'**speelkwartier** *o* (-en) onderwijs break

'**speelmakker** *m* (-s) playmate, playfellow

'**speelman** *m* (-lui en -lieden) musician, fiddler

speel-o-'theek *v* (-theken) toy library

'**speelpakje** *o* (-s) playsuit

'**speelplaats** *v* (-en) playground

'**speelruimte** *v* **1** (plaats om te spelen) playroom; **2** techn play; **3** fig elbowroom, scope, latitude, margin

speels *bn* playful, sportive

'**speelschuld** *v* (-en) gaming-debt

'**speelseizoen** *o* (-en) theatrical season

'**speelsheid** *v* playfulness, sportiveness

'**speeltafel** *v* (-s) **1** (in huis) card-table; **2** (in speelhol) gaming-table; **3** muz ⟨v. orgel⟩ console

'**speelterrein** *o* (-en) playground, recreationground, playing-field

'**speeltijd** *m* (-en) playtime

'**speeltje** *o* (-s) toy

'**speeltuig** *o* (-en) muz (musical) instrument

'**speeltuin** *m* (-en) recreation-ground

'**speeluur** *o* (-uren) play-hour, playtime

'**speelveld** *o* (-en) playing-field

'**speelzaal** *v* (-zalen) gaming-room, gambling-room

'**speelzucht** *v* passion for gambling

'**speen** *v* (spenen) **1** (tepel) teat, nipple; **2** (fopspeen) comforter; **3** ZN (aambeien) h(a)emorroids, piles

'**speenkruid** *o* (-en) pilewort

'**speenvarken** *o* (-s) sucking-pig

'**speer** *v* (speren) **1** (in 't alg.) spear; **2** sp javelin

'**speerdrager** *m* (-s) spearman

'**speerpunt** *v* (-en) spearhead

'**speerwerpen** *o* sp javelin throwing

speet V.T. van *spijten*

'**spek** *o* **1** (gezouten of gerookt) bacon; **2** (vers) pork [of swine]; **3** blubber [of a whale]; *dat is geen ~ voor jouw bek* that is not for you; *met ~ schieten* draw the long bow; *voor ~ en bonen meedoen* sit mum

'**spekbokking** *m* (-en) fat bloater

'**spekglad** *bn* slippery

'**spekken** (spekte, h. gespekt) *overg* lard [meat]; *een welgespekte beurs* a well-lined purse; zie ook: *doorspekken*

'**spekkig** *bn* fat, plump

'**speklap** *m* (-pen) ± thick cut of bacon

'**speknek** *m* (-ken) fat neck

'**spekpannenkoek** *m* (-en) larded pancake

'**spekslager** *m* (-s) pork-butcher

'**speksteen** *o* & *m* soap-stone, steatite

spek'takel *o* (-s) racket, hubbub; *~ maken* make a noise, kick up a row

spek'takelstuk *o* (-ken) show-piece

'**spekvet** *o* bacon dripping

'**spekzool** *v* (-zolen) (thick) crepe sole

spel *o* **1** (tegenover werk) play; **2** (spelen) ⟨volgens regels⟩ game; (om geld) gaming, gambling; **3** (-len) pack [of cards], set [of dominoes &]; *het ~ van deze actrice* the acting of this actress; *zijn (piano)~ is volmaakt* his playing is perfect; *gewonnen ~ hebben* have the game in one's own hands; *vrij ~ hebben* enjoy free play, have free scope; *iem. vrij ~ laten* allow sbd. full play [to...], allow sbd. a free hand; *dubbel ~ spelen* play a double game; *eerlijk ~ spelen* play the game; *een gewaagd ~ spelen* play a bold game; *buiten ~ blijven* remain out of it; *u moet mij buiten ~ laten* leave me out of it; *er is een dame in het ~* there is a lady in it; *als... in het ~ komt* when... comes into play; *op het ~ staan* be at stake; *op het ~ zetten* stake, risk; *alles op het ~ zetten* stake one's all, risk (stake) everything

'**spelbederf** *o* unsporting conduct

'**spelbederver** (-s), '**spelbreker** *m* (-s) spoil-sport, kill-joy, wet blanket

'**spelbepaler** *m* (-s) key player

speld *v* (-en) pin; *er was geen ~ tussen te krijgen* **1** you could not get in a word edgeways; **2** there was not a single weak spot in his reasoning; *men had een ~ kunnen horen vallen* you might have heard a pin drop

'**spelden** (speldde, h. gespeld) *overg* pin; zie ook: *mouw*

'**speldendoos** *v* (-dozen) pin-box

'**speldenknop**, '**speldenkop** *m* (-pen) pin's head, pin-head

'**speldenkussen** *o* (-s) pin-cushion

'**speldenprik** *m* (-ken) pin-prick[2]

'**speldje** *o* (-s) pin; badge, button

1 '**spelen** (speelde, h. gespeeld) **I** *onoverg* **1** (in 't alg.) play; **2** (gokken) gamble; *dat speelt hem door het hoofd* that is running through his head; *het stuk speelt in Parijs* the scene (of the play) is laid in Paris; *de roman (het verhaal) speelt in...* the novel (the story) is set in...; *iem. iets in handen ~* play sth. in sbd.'s hands; *in de loterij ~* play in the lottery; *met iem. ~* fig play with sbd.; *hij laat niet met zich ~* he is not to be trifled with, he will stand no nonsense; *met de gedachte ~* play with the idea; *met zijn gezondheid ~* trifle with one's health; *met vuur ~* play with fire; *zij speelde met haar waaier* ook: she was trifling (toying) with her fan; *om geld ~* play for money; *een glimlach speelde om haar lippen* a smile was playing about her lips; *~ tegen* sp play [a team]; *uit het hoofd ~* play by heart; *voor bediende ~* act the servant; *hij speelt meestal Hamlet* he plays the part of Hamlet; **II** *overg* play; *de baas ~* lord it [over sbd.]; *de beledigde ~* play the injured one; *biljart & ~* play (at) billiards &; *krijgertje ~* play tag; *mooi weer ~* do the grand; *open kaart ~* be frank; *viool ~* play (on) the violin; *kun je dat allemaal naar binnen ~?* gemeenz can you put away all that?, can you polish off all that?

2 'spelen meerv. v. *spel*

'spelenderwijs, 'spelenderwijze *bijw* without effort

speleolo'gie *v* speleology, pot-holing

speleo'logisch *bn* speleological

speleo'loog *m* (-logen) speleologist, pot-holer

'speler *m* (-s) **1** ⟨in 't alg.⟩ player; **2** ⟨iem. die toneel speelt⟩ performer, actor; **3** ⟨iem. die muziek maakt⟩ player, musician; **4** ⟨gokker⟩ gamester, gambler

'spelevaren I (spelevaarde, h. gespelevaard) *onoverg* be boating; **II** *o* boating

'spelfout *v* (-en) spelling-mistake

'speling *v* (-en) *techn* play; margin; ~ *der natuur* freak (of nature); ~ *van het lot* whim of fate; ~ *hebben* have play; zie ook: *speelruimte*

'spelkunst *v* orthography

'spelleider *m* (-s) **1** *sp* games-master; **2** ⟨van hoorspel⟩ drama producer; **3** ⟨v. quiz⟩ quizmaster

'spellen (spelde, h. gespeld) *overg* & *onoverg* spell

'spelletje *o* (-s) game; *het is het oude* ~ they are still at the old game; *een* ~ *doen* have a game; *hetzelfde* ~ *proberen (uit te halen)* try the same game

'spelling *v* (-en) spelling, orthography

'spellingchecker *m* (-s) spell(ing) checker

spe'lonk *v* (-en) cave, cavern, grotto

spelo'theek *v* (-theken) = *speel-o-theek*

'spelregel *m* (-s) **1** *sp* rule of the game[2]; **2** ⟨spelling⟩ spelling-rule

'spelverdeler *m* (-s) key player

spen'deren (spendeerde, h. gespendeerd) *overg* spend [on], *gemeenz* blow [on]

'spenen (speende, h. gespeend) *overg* wean; zie ook: *gespeend*

'sperma *o* sperm, semen

'spermabank *v* (-en) sperm bank

'sperren (sperde, h. gesperd) *overg* bar, block up

'spertijd *m* (-en) curfew

'spervuur *o* barrage

'sperwer *m* (-s) sparrow-hawk

'sperzieboon *v* (-bonen) French bean

'speten meerv. van *spit*

'spetter *m* (-s) **1** ⟨spat⟩ speck, spot; **2** ⟨knappe man/vrouw⟩ knockout

'spetteren (spetterde, h. gespetterd) *onoverg* spatter, splash

'speurder *m* (-s) detective, sleuth, *slang* tec

'speurdersroman *m* (-s) detective novel, whodunit

'speuren (speurde, h. gespeurd) *overg* trace, track

'speurhond *m* (-en) tracker dog, sleuth(-hound)[2]

'speurneus *m* (detective) sleuth

'speurtocht *m* (-en) search [for rare books, truth]

'speurwerk *o* **1** ⟨van rechercheur⟩ detective work; **2** ⟨op wetenschappelijk gebied⟩ research (work)

'speurzin *m* flair

'spichtig *bn* lank, weedy; *een* ~ *meisje* a wisp (a slip) of a girl

spie *v* (spieën) **1** *techn* pin, peg, cotter; **2** *slang* [Dutch] cent

'spieden (spiedde, h. gespied) *onoverg* & *overg* spy

'spiegel *m* (-s) **1** ⟨in 't alg.⟩ mirror, looking-glass, glass; **2** *med* [doctor's] speculum; **3** *scheepv* stern; escutcheon [with name]; **4** ⟨oppervlakte⟩ surface; *boven de* ~ *van de zee* above the level of the sea; *in de* ~ *kijken* look (at oneself) in the mirror

'spiegelbeeld *o* (-en) (reflected) image, reflection

'spiegelblank *bn* as bright as a mirror

'spiegelei *o* (-eren) fried egg, sunny side up

'spiegelen (spiegelde, h. gespiegeld) *wederk*: *zich* ~ look in a mirror; *zich* ~ *aan* take warning from, take example by; *die zich aan een ander spiegelt, spiegelt zich zacht* one man's fault is another man's lesson; zie ook: *weerspiegelen*

'spiegelgevecht *o* (-en) sham fight

'spiegelglad *bn* as smooth as a mirror, slippery [road]

'spiegelglas *o* (-glazen) plate-glass

'spiegelhars *o* & *m* colophony

'spiegeling *v* (-en) reflection

'spiegelkast *v* (-en) mirror wardrobe

spiegelre'flexcamera *v* ('s) single-lens reflex (camera), SLR

'spiegelruit *v* (-en) plate-glass window

'spiegelschrift *o* reflected face (type)

'spiekbriefje *o* (-s) crib

'spieken (spiekte, h. gespiekt) *onoverg* & *overg* crib

spier *v* (-en) **1** muscle [of the body]; **2** *plantk* shoot, blade [of grass]; **3** *scheepv* boom, spar; *geen* ~ not a bit; zie ook: *vertrekken II*

'spierballen *mv* **1** *eig* muscles, biceps; **2** ⟨kracht⟩ beef

'spierbundel *m* (-s) muscular bundle

'spierdystrofie *v* muscular dystrofy

'spiering *v* (-en) smelt; *een* ~ *uitwerpen om een kabeljauw te vangen* throw a sprat to catch a whale

'spierkracht *v* muscular strength, muscle, *gemeenz* beef

'spierkramp *v* (-en) muscular spasm

'spiermaag *v* (-magen) gizzard, muscular stomach

'spiernaakt *bn* stark naked

'spierpijn *v* (-en) muscular pain(s), muscular ache

Spiers *o* Spires

'spierstelsel *o* (-s) muscular system, musculature

'spierverrekking *v* (-en) sprain

'spiervezel *v* (-s) muscle fibre

'spierweefsel *o* (-s) muscular tissue

'spierwit *bn* as white as a sheet, snow-white

spies, spiets *v* (-en) spear, pike, javelin, dart

'spietsen (spietste, h. gespietst) *overg* **1** spear [fish]; **2** skewer [meat]; **3** impale, spear [a criminal]

'spijbelaar *m* (-s) truant

'spijbelen (spijbelde, h. gespijbeld) *onoverg* play truant

'spijgat *o* (-gaten) = *spuigat*

'spijker *m* (-s) nail; *zo hard als een* ~ hard as nails; *de* ~ *op de kop slaan* hit the nail on the head, hit it;

~s *met koppen slaan* get down to brass tacks; ~s *op laag water zoeken* try to pick holes in sbd.'s coat, split hairs; *een* ~ *in zijn kop hebben* gemeenz have a splitting headache

'**spijkerbak** *m* (-ken) nail-box
'**spijkerbroek** *v* (-en) (blue) jeans
'**spijkeren** (spijkerde, h. gespijkerd) *overg* nail
'**spijkergat** *o* (-gaten) nail-hole
'**spijkerhard** *bn* hard as nails
'**spijkerjasje** *o* (-s) denim jacket
'**spijkerschrift** *o* cuneiform characters (writing)
'**spijkerstof** *v* denim
'**spijkertje** *o* (-s) tack
'**spijkervast** *bn* = *nagelvast*
spijl *v* (-en) **1** spike [of a fence]; **2** bar [of a grating]; **3** banister, baluster [of stairs]
spijs *v* (spijzen) **1** (voedsel) food; **2** (amandelpers) almond paste; ~ *en drank* meat and drink; *de spijzen* the viands, the dishes, the food
'**spijskaart** *v* (-en) menu, bill of fare
'**spijsolie** *v* cooking oil, edible oil
'**spijsvertering** *v* digestion; *slechte* ~ indigestion, dyspepsia
'**spijsverteringskanaal** *o* (-nalen) alimentary canal, digestive tract
'**spijsverteringsstoornis** *v* (-sen) indigestion, digestive trouble
1 spijt *v* regret; ~ *hebben van iets* be sorry for sth., regret sth.; *ten* ~ *van* vero in spite of, notwithstanding; *tot mijn (grote)* ~ (much) to my regret; *I am sorry...*
2 spijt *voorz* ZN (ondanks) in spite of, notwithstanding
'**spijten** (speet, h. gespeten) *onoverg: het spijt me (erg)* I am (so) sorry; *het spijt mij, dat...* I am sorry..., I regret...; *het speet me voor de vent* I felt sorry for the fellow; *het zal hem* ~ he will be sorry for it, he will repent it
'**spijtig** *bn* **1** ⟨triest⟩ sad, pityful; **2** ⟨wrokkig⟩ spiteful; *het is* ~ *dat...* it is a pity that...
'**spijzen** (spijsde, h. gespijsd) **I** *onoverg* eat; dine; **II** *overg* feed, give to eat
'**spijzigen** (spijzigde, h. gespijzigd) *overg* feed, give to eat
'**spijziging** *v* feeding
'**spikkel** *m* (-s) speck, speckle, spot
'**spikkelen** (spikkelde, h. gespikkeld) *overg* speckle
'**spikkelig** *bn* speckled
'**spiksplinternieuw** *bn* = *splinternieuw*
1 spil *v* (-len) **1** techn spindle, pivot; ⟨in uurwerk⟩ fusee; **2** ⟨as⟩ axis, axle; **3** sp ⟨bij voetbal⟩ centre half; *de* ~ *waarom alles draait* the pivot on which everything hinges (turns)
2 spil *o* (-len) scheepv capstan
'**spilkoers** *m* (-en) central rate
'**spillebeen** *o* (-benen) spindle-leg
'**spilleleen** *o* hist apron-string tenure (hold)
'**spillen** (spilde, h. gespild) *overg* spill, waste

'**spilziek** *bn* wasteful, prodigal
'**spilzucht** *v* prodigality, extravagance
spin *v* (-nen) spider; *zo nijdig als een* ~ as cross as two sticks
spi'nazie *v* spinach
spi'net *o* (-ten) spinet
'**spinhuis** *o* (-huizen) hist spinning-house, house of correction
'**spinklier** *v* (-en) spinneret
'**spinmachine** *v* (-s) spinning-machine, spinning-jenny
'**spinnen** (spon, h. gesponnen) **I** *onoverg* **1** ⟨op de spinmachine⟩ spin; **2** purr [of cats]; **II** *overg* spin
'**spinnenkop** *v* (-pen) **1** ⟨spin⟩ spider; **2** ⟨bits meisje⟩ cat
'**spinnenweb** *o* (-ben) cobweb
'**spinner** *m* (-s) spinner
spinne'rij *v* (-en) spinning-mill
'**spinnewiel** *o* (-en) spinning-wheel
'**spinnig** *bn* catty, cattish
'**spinnijdig** *bn* irate, cross, (as) cross as two sticks
'**spinrag** *o* cobweb
'**spinrokken** *o* (-s) distaff
'**spinsel** *o* (-s) **1** ⟨v. spinnerij⟩ spun yarn; **2** ⟨v. zijderups⟩ cocoon
spint *o* plantk **1** ⟨houtlaag⟩ sap-wood, alburnum; **2** ⟨plantenziekte⟩ red-spider mite
'**spinzen** (spinsde, h. gespinsd) *overg: op iets* ~ ⟨graag willen hebben⟩ have one's heart set on sth.
spi'on *m* (-nen) **1** ⟨in 't alg.⟩ spy; **2** ⟨politiespion⟩ informer; **3** ⟨spiegeltje⟩ (Dutch) spymirror, window-mirror
spio'nage *v* spying, espionage
spio'nagenet *o* (-ten) espionage net, spy (espionage) ring
spio'neren (spioneerde, h. gespioneerd) *onoverg* spy, play the spy
spi'onne *v* (-n) woman spy
spi'onnetje *o* (-s) = *spion 3*
spi'raal *v* (-ralen) spiral
spi'raallijn *v* (-en) spiral line
spi'raalmatras *v & o* (-sen) wire mattress
spi'raalsgewijs, **spi'raalsgewijze** *bn* spirally; *zich* ~ *bewegen* spiral
spi'raaltje *o* (-s) coil, IUD [intra-uterine device]
spi'raalveer *v* (-veren) coil-spring
spi'raalvormig *bn* spiral
spi'raalwinding *v* (-en) spire
spi'rant *m* (-en) fricative
spi'rea *m* ('s) spiraea, meadow-sweet
spiri'tisme *o* spiritualism
spiri'tist *m* (-en) spiritualist
spiri'tistisch *bn* spiritualistic
spiritu'aliën *mv* spirits, spirituous liquors
spirituali'teit *v* spirituality
spiritu'eel *bn* spiritual
'**spiritus** *m* methylated spirit
'**spiritusbrander** *m* (-s) meths burner

'**spiritusdrinker** *m* (-s) meths drinker
'**spirituslampje** *o* (-s) spirit-lamp
'**spirituslichtje** *o* (-s) etna
spit *o* **1** (-ten en speten) 〈stang〉 spit; **2** 〈pijn〉 lumbago; *aan het ~ steken* spit
spi'tant *bn* ZN vivacious, cheerful
'**spitdraaier** *m* (-s) turnspit
1 spits *bn* **1** 〈puntig〉 pointed, sharp, peaky; **2** 〈scherpzinnig, pienter〉 clever, gemeenz cute; *~e baard* pointed beard; *~ gezicht* peaky face; *~e toren* steeple; *~ maken* point, sharpen; zie ook: *toelopen*
2 spits: *de (het) ~ afbijten* bear the brunt (of the battle, of the onset); *de vijanden de (het) ~ bieden* make head against the enemy
3 spits *v* (-en) **1** point [of a sword]; **2** spire [of a steeple]; **3** mil vanguard [of an army], [armoured] spear-head; **4** peak, top, summit [of a mountain]; **5** sp forward; **6** 〈voorste linie〉 forward line; **7** 〈in verkeer〉 rush hour; *aan de ~ staan* fig hold pride of place; *het op de ~ drijven* push things to extremes; *op de ~ gedreven* carried to an extreme
4 spits *m* spitz [dog]
'**Spitsbergen** *o* Svalbard, Spitsbergen
'**spitsboef** *m* (-boeven) rascal, rogue
'**spitsboog** *m* (-bogen) pointed arch
'**spitsen** (spitste, h. gespitst) *overg* **1** point, sharpen [a pencil &]; **2** prick² (up) [one's ears]
'**spitsheid** *v* **1** eig sharpness, pointedness; **2** 〈pienterheid〉 cleverness
'**spitshond** *m* (-en) = *¹spits*
'**spitskool** *v* (-kolen) oxheart cabbage
'**spitsmuis** *v* (-muizen) shrew-mouse, shrew
'**spitsneus** *m* (-neuzen) pointed nose
'**spitsroede** *v* (-n): *~n lopen* run the gauntlet
'**spitsspeler** *m* (-s) sp forward
'**spitsuur** *o* (-uren) rush hour, peak hour
spits'vondig *bn* subtle
spits'vondigheid *v* (-heden) subtleness, sublety; *spitsvondigheden* subtleties
'**spitten** (spitte, h. gespit) *overg & onoverg* dig, spade [the ground]
'**spitter** *m* (-s) digger
1 spleet *v* (spleten) cleft, chink, crack, fissure, crevice, slit
2 spleet (spleten) V.T. van *splijten*
'**spleethoevig** *bn* cloven-hoofed, fissiped
'**spleetogig** *bn* slit-eyed
'**spleetoog** *m-v* (-ogen) scheldwoord gook
'**spleten** V.T. meerv. van *splijten*
'**splijtbaar** *bn* **1** cleavable [rock, wood]; **2** (in de kernfysica) fissionable, fissile
'**splijten** (spleet, gespleten) **I** (is) *onoverg* split; **II** (h.) *overg* split, cleave; *een ~de pass* sp a penetration pass
'**splijting** *v* (-en) **1** (in 't alg.) cleavage; **2** fig scission; **3** (in de kernfysica) fission
'**splijtingsproduct**, '**splijtproduct** *o* (-en) fission product

'**splijtstof** *v* (-fen) fissionable (fissile) material
'**splijtzwam** *v* (-men) **1** eig fission fungus; **2** fig disintegrating force
'**splinter** *m* (-s) splinter, shiver; *~s* flinders; *de ~ zien in het oog van een ander, maar niet de balk in zijn eigen oog* bijbel see the mote in one's brother's eye and not the beam in one's own
'**splinteren** (splinterde, h. en is gesplinterd) *onoverg* splinter, shiver, go to shivers
'**splintergroepering** *v* (-en) splinter group
'**splinterig** *bn* splintery
'**splinternieuw** *bn* brand-new
'**splinterpartij** *v* (-en) splinter party
split *o* (-ten) **1** 〈opening〉 slit; **2** 〈v. jas〉 slit; **3** 〈v. vrouwenrok〉 placket
'**spliterwten** *mv* split peas
'**splitpen** *v* (-nen) split pin, cotter-pin
'**splitsen** (splitste, h. gesplitst) **I** *overg* **1** split (up) [a lath, peas &], divide; **2** scheepv splice [a rope]; **II** *wederk*: *zich ~* **1** (in 't alg.) split (up), divide; **2** bifurcate [of a road]
'**splitsing** *v* (-en) **1** splitting (up), division, fission [of atoms]; **2** fork, junction [of a road]; **3** fig split, disintegration; **4** scheepv splicing [of a rope]
spoed *m* **1** 〈haast〉 speed, haste; **2** techn pitch [of screw]; *~!* immediate [on letter]; *~ bijzetten* hurry up; *~ maken* make haste; *~ vereisen* be urgent; *met (bekwame) ~* with all (due) speed; *met de meeste ~* with the utmost speed; full speed; zie ook: *haastig I*
'**spoedbehandeling** *v* (-en) **1** speedy despatch [of a business]; **2** med emergency treatment
'**spoedbestelling** *v* (-en) **1** post express delivery; **2** handel rush order
'**spoedcursus** *m* (-sen) intensive course, crash course
'**spoedeisend** *bn* urgent; *~e gevallen* emergency cases
'**spoeden** (spoedde, gespoed) **I** (is) *onoverg* speed, hasten; **II** (h.) *wederk*: *zich ~* make haste; speed, hasten (*naar* to)
'**spoedgeval** *o* (-len) **1** (in 't alg.) emergency; **2** med emergency case
'**spoedig I** *bn* speedy, quick, early; **II** *bijw* speedily, quickly, soon, before long
'**spoedopdracht** *v* (-en) urgent (rush) order
'**spoedoperatie** *v* (-s) emergency operation
'**spoedopname** *v* (-s, -n) emergency admission
'**spoedorder** *v & o* (-s) handel rush order
'**spoedstuk** *o* (-ken) urgent document
'**spoedvergadering** *v* (-en) emergency meeting
'**spoedzending** *v* (-en) express parcel
spoel *v* (-en) **1** (in 't alg.) spool, bobbin, shuttle; **2** elektr coil; **3** reel [of magnetic tape, for photographic film]
'**spoelbak** *m* (-ken) washing-tub, rinsing-tub
1 'spoelen (spoelde, h. gespoeld) *overg* 〈garen〉 spool
2 'spoelen (spoelde, h. gespoeld) *overg* 〈reinigen〉 wash, rinse; *iem. de voeten ~* scheepv make sbd.

walk the plank
'spoeling *v* (-en) **1** ⟨voor varkens⟩ hog-wash, draff; **2** ⟨voor het haar⟩ rinse; **3** ⟨van wc⟩ flush
'spoelkom *v* (-men) slop-basin
'spoeltje *o* (-s) spool, bobbin, shuttle
'spoelwater *o* slops, wash
'spoelworm *m* (-en) eel-worm
spog *o* spittle
'spogen V.T. meerv. van *spugen*
'spoken (spookte, h. gespookt) *onoverg* haunt, walk [of ghosts]; *het spookt in het huis* the house is haunted; *je bent al vroeg aan het ~* you are stirring early; *het kan geducht ~ in de Golf van Biskaje* the Bay of Biscay is apt to be rough at times; *het heeft vannacht weer erg gespookt* the night has been boisterous
1 spon *v* (-nen) bung
2 spon (sponnen) V.T. van *spinnen*
'sponde *v* (-n) *plechtig* couch, bed, bedside
spon'dee, spon'deus *m* (-deeën) spondee
'spongat *o* (-gaten) bung-hole
'sponnen V.T. meerv. van *spinnen*
'sponning *v* (-en) rabbet, groove, slot; ⟨van schuif-raam⟩ runway
spons *v* (-en en sponzen) sponge; *de ~ halen over* fig pass the sponge over
'sponsachtig *bn* spongy
'sponsen (sponste, h. gesponst) *overg* sponge, clean with a sponge
'sponsenvisser *m* (-s) = *sponsvisser*
'sponsor *m* (-s) sponsor
'sponsoren (sponsorde, h. gesponsord) *overg* sponsor
'sponsrubber *m & o* sponge rubber
'sponsvisser *m* (-s) sponge-fisher
spon'taan I *bn* spontaneous; **II** *bijw* spontaneously, on the spur of the moment
spontani'teit *v* spontaneity
'sponzen (sponsde, h. gesponsd) *overg* = *sponsen*
'sponzenvisser *m* (-s) = *sponsvisser*
'sponzig *bn* spongy, spongelike
spoog (spogen) V.T. van *spugen*
spook *o* (spoken) ghost, phantom, spectre²; *ge-meenz* spook; *zo'n ~!* the minx!
'spookachtig *bn* spooky, ghostly
'spookbeeld *o* (-en) ⟨schrikbeeld⟩ spectre, bogy
'spookdier (-en), **'spookdiertje** *o* (-s) tarsier
'spookgeschiedenis *v* (-sen) ghost-story
'spookhuis *o* (-huizen) haunted house
'spookrijden *o* drive into oncoming traffic
'spookrijder *m* (-s) motorist driving into oncom-ing traffic
'spookschip *o* (-schepen) ghost-ship
'spooksel *o* (-s) spectre, ghost, phantom
'spookstad *v* (-steden) ghost town
'spookverschijning *v* (-en) apparition, phantom, ghost, spectre
'spookwoord *o* (-en) ghost word

1 spoor *v* (sporen) **1** spur [of a horseman]; **2** plantk spur [of a flower]; **3** = *spore*; *de sporen geven* spur, clap (put) spurs to, set spurs to; *hij heeft zijn sporen verdiend* he has won his spurs
2 spoor *o* (sporen) **1** ⟨voetafdruk⟩ foot-mark, trace, track, trail; slot [of deer]; spoor [of an elephant]; prick [of a hare]; scent [of a fox]; **2** ⟨van wagen⟩ rut; **3** ⟨overblijfsel⟩ trace, vestige, mark; **4** ⟨trein⟩ track, rails, railway; **5** ⟨spoorwijdte⟩ gauge; **6** (v. geluids-band, diskette) track; *dubbel ~* double track; *enkel ~* single track; *niet het minste ~ van...* not the least trace (vestige) of...; *het ~ kwijtraken* get off the track; *sporen nalaten* leave traces; *het ~ volgen* fol-low the track (trail); *bij het ~ zijn* be a railway em-ployee; *op het ~ brengen* put on the scent; *de dief op het ~ zijn* be on the track of the thief; *het wild op het ~ zijn* be on the track of the game; *(het toeval) bracht ons op het rechte ~* put us on to the right scent (track); *op het verkeerde ~ zijn* **1** eig be on the wrong track; **2** fig bark up the wrong tree; *per ~* by rail(way); *uit het ~ raken* run (get) off the metals; *de trein naar Sheffield vertrekt van ~ 3* the train to Shef-field departs from platform (number) three; *iem. van het ~ brengen* put sbd. off the track, throw sbd. off the scent
'spoorbaan *v* (-banen) railway, Am railroad
'spoorboekje *o* (-s) (railway) time-table, railway guide
'spoorboom *m* (-bomen) barrier
'spoorbrug *v* (-gen) railway bridge
'spoordijk *m* (-en) railway embankment
'spoorkaartje *o* (-s) railway ticket
'spoorlijn *v* (-en) railway (line)
'spoorloos I *bn* trackless; **II** *bijw* without leaving a trace, without (a) trace; *~ verdwijnen* vanish into thin air
'spoorslag *m* spur, incentive, stimulus
'spoorslags *bijw* straight away, immediately, at full speed
'spoorstaaf *v* (-staven) rail
'spoorstudent *m* (-en) commuter student
'spoortrein *m* (-en) train, railway train
'spoorverbinding *v* (-en) railway connection
'spoorwagon *m* (-s) railway carriage
'spoorweg *m* (-wegen) railway
'spoorwegbeambte *m-v* (-n) railway official, rail-way employee
'spoorwegkaart *v* (-en) railway map
'spoorwegknooppunt *o* (-en) (railway) junction
'spoorwegmaatschappij *v* (-en) railway company
'spoorwegnet *o* (-ten) railway system, network of railways
'spoorwegongeluk *o* (-ken) railway accident
'spoorwegovergang *m* (-en) level crossing
'spoorwegpersoneel *o* railwaymen
'spoorwegstation *o* (-s) railway-station
'spoorwegverkeer *o* railway traffic
'spoorwijdte *v* (-n en -s) gauge

'**spoorzoeken** *onoverg* track, scent after
spoot (spoten) V.T. van *spuiten*
spo'**radisch** *bn* sporadic(al)
'**spore** *v* (-n) plantk spore
1 '**sporen** (spoorde, h. en is gespoord) *onoverg* go (travel) by rail
2 '**sporen** (spoorde, h. gespoord) *onoverg* ⟨van wielen⟩ track, run in alignment
'**sporenelement** *o* (-en) trace element
'**sporenplant** *v* (-en) cryptogam
1 sport *v* (-en) ⟨bezigheid⟩ sport; *aan ~ doen* go in for sports; *zij is goed in ~* she is good at sports
2 sport *v* (-en) rung [of a chair, ladder &]; *tot de hoogste ~ in de maatschappij opklimmen* climb up (go) to the top of the social ladder
'**sportartikelen** *mv* sports goods
'**sportberichten** *mv* sporting news
'**sportblad** *o* (-bladen) sporting paper
'**sportclub** *v* (-s) sports club
'**sporten** (sportte, h. gesport) *onoverg* do sport; ⟨aan sport doen⟩ go in for sports
'**sporter** *m* (-s) sportsman; sportswoman
'**sportfiets** *v* (-en) sports cycle, sports bike
'**sporthal** *v* (-len) gymnasium
'**sporthart** *o* (-en) athlete's heart
'**sporthemd** *o* (-en) sports shirt
spor'**tief** *bn* sporting, sportsmanlike
spor'**tieveling** *m* (-en) sports freak
sportivi'**teit** *v* sportsmanship
'**sportjournalist** *m* (-en) sports reporter, sports writer
'**sportkleding** *v* sportswear
'**sportkostuum** *o* (-s) sports suit, sporting dress
'**sportkousen** *mv* knee socks
'**sportleider** *m* (-s) sports instructor
'**sportleraar** *m* (-s en -raren) sports instructor, games-master
'**sportman** *m* (-nen en -lieden) sporting man
'**sportnieuws** *o* sporting news
'**sportpak** *o* (-ken) sports suit
'**sportpark** *o* (-en) sports park
'**sportredacteur** *m* (-s en -en) sports editor
'**sportrubriek** *v* (-en) sports column
'**sportschoen** *m* (-en) sports shoe
'**sportschool** *v* (-scholen) ⟨v. vecht- en krachtsport⟩ martial arts academy
'**sportterrein** *o* (-en) sports ground
'**sporttrui** *v* (-en) sports jersey (vest)
'**sportuitslagen** *mv* sporting results
'**sportveld** *o* (-en) (sports) grounds
'**sportvisser** *m* (-s) angler
'**sportvlieger** *m* (-s) amateur pilot
'**sportvliegtuig** *o* (-en) private plane
'**sportwagen** *m* (-s) sports car
'**sportwinkel** *m* (-s), '**sportzaak** *v* (-zaken) sports shop
1 spot *m* (belachelijkmaking) mockery, derision, ridicule; *de ~ drijven met* mock at, scoff at, make

game of
2 spot *m* (-s) ⟨reclame⟩ (advertising) spot
3 spot *m* (-s) ⟨lampje⟩ spot(light)
'**spotachtig** *bn* mocking, scoffing
'**spotdicht** *o* (-en) satirical poem, satire
'**spoten** V.T. meerv. van *spuiten*
'**spotgoedkoop** *bn* dirt-cheap
'**spotlach** *m* jeering laugh, jeer, sneer
'**spotlust** *m* love of mockery
'**spotnaam** *m* (-namen) nickname, sobriquet
'**spotprent** *v* (-en) caricature, [political] cartoon
'**spotprijs** *m* (-prijzen) giveaway price; *voor een ~* at a ridiculously low price, dirt-cheap
'**spotschrift** *o* (-en) lampoon, satire
'**spotten** (spotte, h. gespot) *onoverg* mock, scoff; *~ met* mock at; scoff at, ridicule, deride; make light of; *dat spot met alle beschrijving* it beggars description; *~ met het heiligste* trifle with what is most sacred; *hij laat niet met zich ~* he is not to be trifled with
'**spottenderwijs**, '**spottenderwijze** *bn* mockingly
'**spotter** *m* (-s) mocker, scoffer
spotter'**nij** *v* (-en) mockery, derision, taunt, jeer(ing)
'**spotvogel** *m* (-s) **1** ⟨vogel⟩ mocking-bird; **2** fig mocker, scoffer
'**spotziek** *bn* mocking, scoffing
'**spotzucht** *v* love of scoffing
spouw *v* (-en) space between two cavity walls
'**spouwmuur** *m* (-muren) cavity wall
spraak *v* speech, language, tongue; zie ook: *sprake*
'**spraakgebrek** *o* (-breken) = spraakstoornis
'**spraakgebruik** *o* usage; *in het gewone ~* in common parlance
'**spraakgeluid** *o* (-en) speech-sound
'**spraakherkenning** *v* comput speech recognition
'**spraakklank** *m* (-en) speech-sound
'**spraakkunst** *v* grammar
'**spraakleer** *v* grammar
'**spraakleraar** *m* (-s en -raren) speech therapist
'**spraakles** *v* (-sen) ⟨bij logopedist⟩ speech therapy
'**spraakorgaan** *o* (-ganen) organ of speech
'**spraakstoornis** *v* (-sen) speech defect, (speech) impediment; med speech disorder
'**spraakvermogen** *o* power of speech
'**spraakverwarring** *v* (-en) confusion of tongues, babel
'**spraakwaterval** *m* (-len) torrent (flood) of words
'**spraakzaam** *bn* loquacious, talkative
'**spraakzaamheid** *v* loquacity, talkativeness
sprak (spraken) V.T. van *spreken*
'**sprake** *v*: *er was ~ van* there has been some talk of it; *als er ~ is van betalen, dan...* when it comes to paying...; *...waarvan in het citaat ~ is* ...referred to in the quotation; *geen ~ van!* not a bit of it!, that's out of the question; *ter ~ brengen* moot, raise [a subject]; *ter ~ komen* come up for discussion, be

mentioned, be raised

'**sprakeloos** *bn* speechless, dumb, tongue-tied

sprake'loosheid *v* speechlessness

'**spraken** V.T. meerv. v. *spreken*

sprank *v* (-en) spark

'**sprankel** *v* (-s) spark, sparkle

'**sprankelen** (sprankelde, h. gesprankeld) *overg* sparkle

'**sprankje** *o* (-s) spark²

'**spreekbeurt** *v* (-en) lecturing engagement; *een ~ vervullen* deliver a lecture

'**spreekbuis** *v* (-buizen) **1** eig speaking-tube; **2** (persoon, krant &) mouthpiece

'**spreekcel** *v* (-len) call-box

'**spreekgestoelte** *o* (-s en -n) pulpit, (speaker's) platform, tribune, rostrum

'**spreekhoorn**, '**spreekhoren** *m* (-s) ear-trumpet

'**spreekkamer** *v* (-s) **1** parlour [in a private house]; **2** consulting-room, surgery [of a doctor]; **3** parlour [in a convent]

'**spreekkoor** *o* (-koren) chorus, chant; *spreekkoren vormen* shout slogans

'**spreekoefening** *v* (-en) conversational exercise

'**spreektaal** *v* spoken language

'**spreektrant** *m* manner of speaking

'**spreektrompet** *v* (-ten) **1** eig speaking-trumpet; **2** (persoon, krant &) mouthpiece

'**spreekuur** *o* (-uren) **1** consulting hour [of a doctor]; **2** office-hour [of a headmaster &]; *~ houden* med take surgery; *op het ~ komen* med attend surgery

spreek'vaardig *bn* elocutionary

spreek'vaardigheid *v* fluency

'**spreekverbod** *o* (-boden) ban on public pronouncements

'**spreekwijs**, '**spreekwijze** *v* (-wijzen) phrase, locution, expression, saying

'**spreekwoord** *o* (-en) proverb, adage

spreek'woordelijk *bn* proverbial; *zijn onwetendheid is ~* he is ignorant to a proverb

spreeuw *m & v* (-en) starling

sprei *v* (-en) bedspread, counterpane, coverlet

'**spreiden** (spreidde, h. gespreid) *overg* **1** (in 't alg.) spread°; **2** disperse [industry]; **3** stagger [holidays]; *een bed ~* make a bed

'**spreiding** *v* **1** spread [of payments]; **2** dispersal [of industry]; **3** staggering [of holidays]

'**spreidsprong** *m* (-en) split jump

'**spreidstand** *m*: *in ~ staan* straddle, stand with one's legs wide apart

'**spreken** (sprak (spraken), h. gesproken) **I** *overg* speak, say [a word]; *wij ~ elkaar iedere dag* we see each other every day; *wij ~ niet meer met elkaar* we are no longer on speaking terms; *wij ~ elkaar nog wel, ik zal je nog wel ~!* I'll have it out with you!; *Frans ~* talk (speak) French; *ik moet meneer X ~*, *kan ik meneer X ~?* **1** I want to see Mr X, can I see Mr X?; **2** telec can I speak to Mr X?; *kan ik u even*

~? can I have a word with you?; *als je nog een woord spreekt(, dan...)* if you say another word; *een woordje ~* speak a word; say something, make a speech; **II** *onoverg & abs ww* speak, talk; *dat spreekt (vanzelf)* it goes without saying, that is a matter of course, of course; *dat spreekt als een boek* that's a matter of course; *in het algemeen gesproken* generally speaking; *... niet te na gesproken* with all due deference to ...; *met iem. ~* speak to sbd., talk to sbd. (with sbd.); *met wie spreek ik?* **1** (tegen onbekende) whom have I the honour of addressing?; **2** telec is that... [Mick]?; *spreekt u mee* telec speaking; *spreek op!* speak out!, say away!; *wij ~ over u* we are talking of you (about you); *daar wordt niet meer over gesproken* there is no more talk about it; *zij spraken over kunst* they were talking art; *is mijnheer X te ~?* can I see Mr X?; *hij is slecht over u te ~* he has not a good word to say for you; *~ tot iem.* speak to sbd.; *tot het hart ~* appeal to the heart; *van... gesproken* talking of..., what about...?; *om nog maar niet te ~ van...* to say nothing of..., not to speak of..., not to mention...; *hij heeft van zich doen ~* he has made a noise in the world; *~ voor...* speak for...; *goed voor iem. ~* go bail for sbd.; *voor zich zelf ~* speak for oneself (themselves); **III** *o*: *~ is zilver, zwijgen is goud* speech is silvern, silence is golden; *onder het ~* while talking

'**sprekend** *bn* speaking; *een ~ bewijs* eloquent evidence; a telling proof; *~e film* talking film; *~e gelijkenis* speaking likeness; *~ e ogen* talking eyes; *sterk ~e trekken* (strongly) marked features; *~ voorbeeld* striking example; *het lijkt ~* it is a speaking (striking) likeness; *hij lijkt ~ op zijn vader* he is the very image of his father

'**spreker** *m* (-s) **1** (in het alg.) speaker; **2** (redenaar) orator

'**sprenkelen** (sprenkelde, h. gesprenkeld) *overg* sprinkle [with water]

'**sprenkeling** *v* (-en) sprinkling

spreuk *v* (-en) **1** (in 't alg.) saying, apophthegm, aphorism, maxim, (wise) saw; **2** (zinspreuk) motto; *Spreuken* bijbel Proverbs

spriet *m* (-en) **1** scheepv sprit; **2** plantk blade [of grass]; **3** feeler [of an insect]; **4** vogelk landrail

'**sprietenplant** *v* (-en) chlorophyte

'**sprietig** *bn* **1** spiky [hair]; **2** = *spichtig*

'**sprietzeil** *o* (-en) spritsail

'**springader** *v* (-s) spring, fountainhead

'**springbak** *m* (-ken) **1** sp (jumping) pit; **2** (v. bed) spring-box

'**springbok** *m* (-ken) **1** ZA springbok; **2** (gymnastiek) vaulting-buck

'**springbron** *v* (-nen) spring, fountain

'**springconcours** *o & m* (-en) show jumping

'**springen** (sprong, h. en is gesprongen) *onoverg* **1** (in 't alg.) spring, jump, leap; bound [also of a ball]; skip, gambol; **2** (ontploffen) explode, burst; **3** (v. snaren) snap; **4** (v. huid) chap; **5** (van glas)

springer

crack; **6** ⟨v. luchtband, leidingbuis⟩ burst; **7** ⟨v. fontein⟩ spout; **8** fig handel go smash; *het huis (hij) staat op ~ handel* it (he) is on the verge of bankruptcy; *de bank laten ~* break the bank; *de bruggen laten ~* blow up the bridges; *de fonteinen laten ~* let the fountains play; *een mijn laten ~* spring (explode) a mine; *een rots laten ~* blast a rock; *of je hoog springt of laag* whether you like it or not; *het springt in het oog* it leaps to the eye; *de tranen sprongen hem in de ogen* tears started to his eyes; *hij sprong in het water* he jumped into the water; *op zijn paard ~* vault on to his horse, jump (vault) into the saddle; *over een heg ~* leap over a hedge; *over een hek ~* take a fence; *over een sloot ~* clear a ditch; *~ van vreugde* jump (leap) for joy

'**springer** m (-s) jumper, leaper
'**springerig** bn **1** ⟨in 't alg.⟩ springy; **2** unruly [hair]
'**spring-in-'t-veld** m (-en en -s) harum-scarum, madcap
'**springkever** m (-s) spring-beetle
'**springlading** v (-en) explosive charge
'**springlevend** bn fully alive, alive and kicking
'**springmatras** v & o (-sen) **1** sp mat; **2** ⟨v. bed⟩ spring-mattress
'**springnet** o (-ten) jumping net
'**springoefening** v (-en) jumping-exercise
'**springpaard** o (-en) **1** sp jumper, fencer; **2** ⟨gymnastiek⟩ vaulting-horse
'**springplank** v (-en) spring-board
'**springschans** v (-en) ski-jump
'**springstof** v (-fen) explosive
'**springstok** m (-ken) jumping-pole, leaping-pole
'**springtij** o (-en) spring-tide
'**springtouw** o (-en) skipping-rope
'**springtuig** o ZN explosive
'**springveer** v (-veren) spiral metallic spring
'**springvloed** m (-en) = *springtij*
'**springvorm** m (-en) ⟨bakvorm⟩ springform
'**springzeil** o (-en) jumping-sheet, life-net
'**sprinkhaan** m (-hanen) grasshopper, locust
'**sprinkhanenplaag** v (-plagen) plague of locusts, locust plague
'**sprinklerinstallatie** v (-s) sprinkler
'**sprint** m (-en en -s) sprint
'**sprinten** (sprintte, h. gesprint) onoverg sprint
'**sprinter** m (-s) sprinter
'**sprintwedstrijd** m (-en) sprint race
'**sprits** v (-en) (butter) shortbread
'**sproeien** (sproeide, h. gesproeid) overg **1** ⟨in 't alg.⟩ sprinkle, water; **2** ⟨in land- en tuinbouw⟩ spray
'**sproeier** m (-s) **1** sprinkler [on the lawn]; **2** rose [of watering-can]; **3** techn jet [of carburettor], nozzle
'**sproeimachine** v (-s) spraying machine
'**sproeimiddel** o (-en) spray
'**sproeiwagen** m (-s) water(ing)-cart, sprinkler, water-wagon
'**sproet** v (-en) freckle
'**sproeterig**, '**sproetig** bn freckled

'**sproke** v (-n) hist tale
'**sprokkel** m (-s) dry stick
'**sprokke!aar** m (-s) gatherer of dry sticks
'**sprokkelen** (sprokkelde, h. gesprokkeld) onoverg gather dry sticks
'**sprokkelhout** o dead wood, dry sticks
'**sprokkelmaand** v (-en) February
1 sprong m (-en) **1** ⟨in 't alg.⟩ spring, leap, jump, bound, caper, gambol; **2** muz skip; *een ~ doen* take a leap (a spring); *een ~ in het duister doen* take a leap in(to) the dark; *de ~ wagen* fig take the plunge; *in (met) een ~* at a leap; *met een ~* with a bound; *met ~en* by leaps and bounds
2 sprong (sprongen) V.T. v. *springen*
'**sprongsgewijs** bijw by jumps
'**sprookje** o (-s) fairy-tale[2], nursery tale
'**sprookjesachtig** bn fairy-like
'**sprookjesboek** o (-en) book of fairy-tales
'**sprookjesland** o dreamland, wonderland, fairyland
'**sprookjesprinses** v (-sen) fairy-tale princess
'**sprookjeswereld** v fairy-tale world, dreamworld
sproot (sproten) V.T. van *spruiten*
sprot m (-ten) sprat
1 spruit v (-en) ⟨takje⟩ sprout, sprig, offshoot, scion
2 spruit m-v (-en) ⟨afstammeling(e)⟩ sprig, offshoot, scion; *een adellijke ~* a sprig of the nobility; *mijn ~en* my offspring
'**spruiten** (sproot, is gesproten) onoverg sprout; *uit een oud geslacht gesproten* sprung from an ancient race
'**spruitjes** mv, '**spruitkool** v (Brussels) sprouts
'**spruitjesgeur** v fig ⟨kleinburgerlijkheid⟩ boarding house smell
'**spruitstuk** o (-ken) techn tee, manifold
spruw v thrush; *Indische ~* sprue
'**spugen** (spuugde of spoog, h. gespuugd of gespogen) onoverg & overg = *spuwen*
spui o (-en) sluice
'**spuien** (spuide, h. gespuid) overg & onoverg sluice[2], drain (off); fig unload, spout
'**spuigat** o (-gaten) scheepv scupper, scupper-hole; *het loopt de ~en uit* it goes beyond all bounds
spuit v (-en) **1** ⟨injectienaald⟩ syringe, squirt; **2** ⟨brandspuit⟩ fire-engine; **3** ⟨voor lak, verf &⟩ sprayer, gun
'**spuitbus** v (-sen) aerosol; *deodorant in een ~* deodorant spray
'**spuiten** (spoot, h. en is gespoten) onoverg & overg **1** ⟨vloeistof naar buiten persen⟩ spirt, spurt, spout, squirt; **2** spray [the paint on a surface]; **3** ⟨v. walvis⟩ blow; **4** ⟨zich inspuiten met drugs⟩ gemeenz shoot, give oneself a fix; slang fix; *hij spuit* gemeenz he's a junkie
'**spuiter** m (-s) **1** ⟨drugsgebruiker⟩ hype, needle freak; **2** ⟨oliebron⟩ gusher
'**spuitfles** v (-sen) siphon
'**spuitgast** m (-en) hoseman

'**spuitje** *o* (-s): *een ~ geven* **1** give (sbd.) an injection; **2** ⟨euthanasie⟩ administer a lethal dosis; **3** ⟨m.b.t. dieren⟩ put to sleep, put down

'**spuitwater** *o* aerated water, soda-water

spul *o* (-len) **1** ⟨goedje⟩ stuff; **2** ⟨kermisspel⟩ booth, show; **3** ⟨equipage⟩ turn-out; **4** ⟨last⟩ trouble; *dat is goed ~* good stuff that!; *zijn ~len* his things, <u>gemeenz</u> his traps; *zondagse ~len* ⟨kleding⟩ Sunday togs

'**spullenbaas** *m* (-bazen) showman

'**spulletjes** *mv* ⟨meubeltjes &⟩ sticks, gemeenz traps

'**spurrie** *v* spurry

spurt *m* (-en en -s) spurt

'**spurten** (spurtte, h. gespurt) *onoverg* spurt

'**sputteren** (sputterde, h. gesputterd) *onoverg* sputter, splutter [of speakers]

'**sputum** *o* sputum

'**spuug** *o* spittle, saliva

'**spuugbakje** *o* (-s) vomiting basin (pan)

'**spuuglelijk** *bn* ghastly, ugly as sin, monstrous

'**spuuglok** *v* (-ken) gemeenz cowlick

'**spuugmisselijk** *bn* queasy, sick, <u>fig</u> disgusted

'**spuugzat** *bn*: *iets ~ zijn* be fed up with sth., be sick of sth

'**spuwbak** *m* (-ken) spittoon, <u>med</u> sputum cup

'**spuwen** (spuwde, h. gespuwd) *onoverg & overg* **1** ⟨uitspuwen⟩ spit; **2** ⟨braken⟩ vomit; zie ook: *vuur*

squash *o* squash

'**squashen** (squashte, h. gesquasht) *onoverg* play squash

Sri 'Lanka *o* Sri Lanka

Srilan'kaan *m* (-kanen) Sri Lankan

Srilan'kaans *bn* Sri Lankan

sst, st *tsw*: *~!* hush!, sh!

St. *afk. = Sint*

staaf *v* (staven) **1** ⟨van ijzer⟩ bar; **2** ⟨van goud⟩ ingot; **3** ⟨niet van metaal⟩ stick

'**staafantenne** *v* (-s) rod (flagpole) aerial

'**staafbatterij** *v* (-en) torch battery

'**staafdiagram** *o* (-men) histogram

'**staafgoud** *o* gold in bars, bar-gold

'**staafijzer** *o* bar-iron, iron in bars

'**staaflantaarn**, '**staaflantaren** *v* (-s) (electric) torch

'**staafmagneet** *m* (-neten) bar-magnet

'**staafzilver** *o* bar-silver, silver in bars

staak *m* (staken) stake, pole, stick

staakt-het-'vuren *o* (-s) cease-fire

1 staal *o* (stalen) ⟨model⟩ sample, pattern, specimen

2 staal *o* ⟨metaal⟩ steel

'**staalachtig** *bn* like steel, steely

'**staalblauw** *bn* steely blue

'**staalboek** *o* (-en) = *stalenboek*

'**staalborstel** *m* (-s) wire brush

'**staaldraad** *o & m* (-draden) steel-wire

'**staaldrank** *m* tonic

'**staalfabriek** *v* (-en) steelworks

'**staalgravure** *v* (-s en -n) steel-engraving

'**staalgrijs** *bn* steely grey

'**staalhard** *bn* (as) hard as steel

'**staalkaart** *v* (-en) sample-card, pattern-card

'**staalkabel** *m* (-s) wire rope (cable)

'**staalkleurig** *bn* steel-coloured

'**Staalmeesters** *mv*: *de ~* the Syndics [by Rembrandt]

'**staalpil** *v* (-len) iron pill

'**staalplaat** *v* (-platen) steel plate

'**staalsmederij** *v* (-en) steelworks

'**staaltje** *o* (-s) **1** ⟨monster⟩ sample[2]; **2** ⟨proeve⟩ specimen[2], sample [of his skill]; **3** ⟨voorbeeld⟩ piece, example, instance [of impudence]; *een ~ van zijn kunnen* a proof (mark) of his ability; *dat is niet meer dan een ~ van uw plicht* it is your duty

'**staalwaren** *mv* steel goods

'**staalwerk** *o* steelwork

'**staalwerker** *m* (-s) steelworker

'**staalwijn** *m* steel wine

'**staalwol** *v* steel-wool, wire-wool

staan (stond, h. gestaan) *onoverg* **1** stand, be [of persons, things]; sleep [of a top]; **2** ⟨passen⟩ become; **3** ⟨zijn⟩ be; *staat!* <u>mil</u> (eyes) front!; *wat staat daar (te lezen)?* what does it say?; *er stond een zware zee* there was a heavy sea on; *(het koren) staat dun* is thin; *de hond staat* the dog points; *het staat goed* it is very becoming, it looks well; *zwart staat haar zo goed* black suits her so well; *dat staat niet* it is not becoming; *hiermee staat of valt de zaak* with this the matter will stand or fall; *dat staat te bewijzen (te bezien)* it remains to be proved (to be seen); *wat mij te doen staat* what I have to do; *hij stond erop om voor het eten te betalen* he insisted on paying for the meal; ⟨met infinitief⟩ *zij ~ daar te praten* they are talking there; *sta daar nu niet te redeneren* don't stand arguing there; ⟨als onpers ww⟩ *hoe staat het ermee?* how are things?; *hoe staat het met je geld?* how are you off for money?; *hoe staat het met ons eigen land?* what about our own country?; *als het er zo mee staat* if the matter stands thus; ⟨na infinitieven⟩ *blijven ~* **1** ⟨niet zitten⟩ remain standing; **2** ⟨stilstaan⟩ stop; *(de stoel) blijft zo niet ~* will not stand; *dat moet zo blijven ~* the passage must stand; *zeg hem dat hij moet gaan ~* tell him to get (stand) up; *ergens gaan ~* (go and) stand somewhere, take one's stand somewhere; *komen ~* come and stand, stand [here]; *te ~ komen* run up [against a difficulty]; ⟨na laten⟩ *alles laten ~* leave everything on the table &; *zijn baard laten ~* grow a beard; *zijn eten laten ~* not touch one's food; *(hij kan niet eens...,)* *laat ~...* let alone...; *laat (dat) ~* leave it alone!; *weten waar men ~ moet* know one's place; *de zon staat hoog aan de hemel* the sun is high in the sky

staand *bn* **1** standing [person, army]; **2** stand-up [collar]; **3** upright [writing]; *~e boord* stand-up collar; *~e hond* setter, pointer; *~e klok* **1** ⟨in 't alg.⟩ (pendulum) clock; **2** ⟨groot⟩ grandfather clock; *~e* *lamp* standard lamp; *~e de vergadering* pending the meeting; *op ~e voet* on the spot, then and there; *iem. ~e houden* [in the street]; *~e houden* maintain, assert; *zich ~e houden* keep on one's feet²; fig hold one's own; *zich ~e houden tegen* bear up against

'staangeld *o* (-en) **1** (op markt) stallage; **2** (waarborg) deposit

'staanplaats *v* (-en) stand; *kaartje voor een ~* standing ticket; *~(en)* standing-room

'staantribune *v* (-s) terrace

staar *v* cataract; *grauwe ~* cataract; *groene ~* glaucoma

staart *m* (-en) tail [of an animal, a kite, a comet]; *met de ~ tussen de benen weglopen* go off with one's tail between one's legs

'staartbeen *o* (-deren) coccyx

'staartdeling *v* (-en) long division

'staartje *o* (-s) **1** (restje) rest, left-over; **2** (eind) end; zie ook: *muisje*

'staartmees *v* (-mezen) long-tailed tit

'staartriem *m* (-en) crupper

'staartster *v* (-ren) comet

'staartstuk *o* (-ken) **1** rump [of an ox]; **2** muz tailpiece [of a violin]

'staartvin *v* (-nen) tail-fin

'staartvlak *o* (-ken) luchtv tail-plane

staat *m* (staten) **1** (toestand) state, condition; **2** (rang) rank, status; **3** (geordende gemeenschap) state; **4** (lijst) statement, list; *burgerlijke ~* civil status; *de gehuwde ~* matrimony, married state; *de ~ van beleg afkondigen, in ~ van beleg verklaren* mil proclaim martial law, proclaim a state of siege [in a town]; *~ van dienst* record (of service); *~ maken op...* rely on..., depend upon...; *een grote ~ voeren* live in state; *iem. tot iets in ~ achten* think sbd. capable of sth.; *iem. in ~ stellen om...* enable sbd. to...; *iem. in ~ van beschuldiging stellen* indict [sbd.]; *in ~ zijn om...* be able to..., be capable of ...ing, be in a position to...; *niet in ~ om...* not able to..., not capable of ...ing, not in a position to...; *hij is tot alles in ~* he is capable of anything; he sticks at nothing; *ik was er niet toe in ~* I was not able to do it; *in goede ~* in (a) good condition; *in treurige ~* in a sad condition; *in ~ van oorlog* in a state of war; *een stad in ~ van verdediging brengen* put a town into a state of defence; *in alle staten zijn* be in a great state

staat'huishoudkunde *v* political economy

staathuishoud'kundige *m-v* (-n) political economist

'staatkunde *v* **1** (politieke leer) politics; **2** (bepaald politiek beleid) policy; *in de ~* in politics

staat'kundig *bn* political; *~ evenwicht* balance of power

staat'kundige *m-v* (-n) politician

'staatloos *bn* stateless; *staatlozen* stateless persons

'staatsalmanak *m* (-ken) state directory

'staatsambt *o* (-en) public office

'staatsambtenaar *m* (-s en -naren) public servant

'staatsbankroet *o* (-en) state bankruptcy, national bankruptcy

'staatsbedrijf *o* (-drijven) government undertaking

'staatsbegrafenis *v* (-sen) state funeral

'staatsbegroting *v* (-en) budget

'staatsbeheer *o* state management

'staatsbelang *o* (-en) interest of the state

'staatsbeleid *o* policy

'staatsbemoeiing *v* (-en) state interference, controls

'staatsbestel *o* régime

'staatsbestuur *o* (-sturen) government of the state

'staatsbetrekking *v* (-en) government office

'staatsbewind *o = staatsbestuur*

'staatsbezoek *o* (-en) state visit

'staatsblad *o* (-bladen) official collection of the laws, decrees &; Statute-Book

staats'bosbeheer *o* Forestry Commission

'staatsburger *m* (-s) **1** (in 't alg.) subject, citizen; **2** national [of a country, when abroad]

'staatsburgerschap *o* citizenship

'staatscommissie *v* (-s) government commission

'staatscourant *v* (-en) Gazette

'staatsdienaar *m* (-s en -naren) servant of the state; *hoge staatsdienaren* high officials

'staatsdomein *o* (-en) state demesne

'staatsdrukkerij *v* (-en) government printing office; Br Her Majesty's Stationary Office

'staatseigendom (-men) **1** *o* state property; **2** *m* state ownership [of the means of production]

'staatsexamen *o* (-s) government examination; *het ~* matriculation (for such as have not gone through a grammar-school curriculum)

'staatsexploitatie *v* government exploitation

'staatsgeheim *o* (-en) state secret

'staatsgelden *mv* public funds

staatsge'vaarlijk *bn* subversive [activities]

'staatsgevangene *m-v* (-n) state prisoner

'staatsgevangenis *v* (-sen) state prison

'staatsgreep *m* (-grepen) coup (d'état)

'staatshoofd *o* (-en) Chief of a (the) state

'staatshulp *v* government aid, state aid, state grant

'staatsie *v* state, pomp, ceremony; *met ~* in (great) state, with great pomp

'staatsiebed *o* (-den) bed of state

'staatsiefoto *v* ('s) official photograph

'staatsiekleed *o* (-kleren en -klederen) robes of state, court-dress

'staatsiekoets *v* (-en) state coach, state carriage

'staatsietrap *m* (-pen) grand staircase

'staatsinkomsten *mv* public revenue

'staatsinmenging *v* government interference

'staatsinrichting *v* (-en) **1** (inrichting v.d. staat) polical system; **2** (schoolvak) ± political science; Am civics

'staatsinstelling *v* (-en) public institution

'staatskas *v* public treasury (exchequer)
'staatskerk *v* established church, state church
'staatslening *v* (-en) government loan
'staatslichaam *o* (-chamen) body politic
'staatsloterij *v* (-en) state lottery, national lottery
'staatsman *m* (-mannen en -lieden) statesman
'staatsmanschap *v & o* statesmanship
'staatsmanswijsheid *v* statesmanship, statecraft
'Staatsminister *m* (-s) ZN secretary of State
'staatsmonopolie *o* (-s en -liën) state monopoly
'staatspapieren *mv* government stocks
'staatspensioen *o* (-en) old-age benefit
'staatsraad *m* (-raden) **1** ⟨instelling⟩ council of state, Privy Council; **2** ⟨persoon⟩ Councillor of state, Privy Councillor
'staatsrecht *o* constitutional law
staats'rechtelijk *bn* constitutional
'staatsregeling *v* (-en) constitution
'staatsruif *v* schertsend public purse
'staatsschuld *v* (-en) national debt, public debt
'staatssecretaris *m* (-sen) minister of state
'staatsspoorweg *m* (-wegen) state railway
'staatstoezicht *o* government supervision
'staatsuitgaven *mv* government(al) (state, public) expenditure(s), government spending
'staatsvijand *m* (-en) public enemy
'staatsvorm *m* (-en) form of government
'staatswaarborg *m* ZN state guarantee
'staatswege: *van* ~ from the government, by authority, [organized] by the State
'staatswet *v* (-ten) law of the country
'staatswetenschappen *mv* political science
'staatszaak *v* (-zaken) affair of state, state affair
'staatszorg *v* (-en) government care
sta'biel *bn* stable
stabili'satie *v* (-s) stabilization
stabili'sator *m* (-s en -'toren) stabilizer
stabili'seren (stabiliseerde, h. gestabiliseerd) *overg* stabilize
stabili'teit *v* stability, stableness, firmness
'stacaravan *m* (-s) caravan; Am trailer (on a permanent site)
stac'cato *bijw* staccato
stad *v* (steden) **1** ⟨in 't alg.⟩ town; **2** ⟨bisschopszetel of grote stad⟩ city; *de* ~ *Londen* the town of London, London town; *de* ~ *door* through the town; *de hele* ~ *door* (it is) all over the town; *in de* ~ **1** ⟨door of tot bewoner gezegd⟩ in town; **2** ⟨door vreemdeling⟩ in the town; *naar de* ~ to town; *naar de* ~ to the town; *hij is uit de* ~ he is out of town; *de* ~ *uit* out of town
'stadbewoner *m* (-s) = *stadsbewoner*
'stade *v: te* ~ *komen* be serviceable, be useful, come in handy, stand [sbd.] in good stead
'stadgenoot *m* (-noten) = *stadsgenoot*
'stadhouder *m* (-s) stadtholder
'stadhouderlijk *bn* stadtholder's
'stadhouderschap *o* stadtholdership

stad'huis *o* (-huizen) town hall, city hall
stad'huisbode *m* (-n en -s) town's beadle
stad'huistaal *v* official language
stad'huiswoord *o* (-en) official term
'stadion *o* (-s) stadium
'stadium *o* (-s en -dia) stage, phase; *in dit (een later)* ~ at this (a later) stage; *in het eerste* ~ in the first stage
stads- *voorv* town..., city..., urban; geringsch townish
'stadsbeeld *o* townscape
'stadsbestuur *o* (-sturen): *het* ~ the municipality
'stadsbewoner *m* (-s) town-dweller, city-dweller
'stadsbus *v* (-sen) metropolitan (city) bus
'stadsdeel *o* (-delen) district
'stadsgenoot *m* (-noten) fellow-townsman; *is hij een* ~ *van je?* is he a townsman of yours?
'stadsgenote *v* (-n) fellow-townswoman, townswoman
'stadsgesprek *o* (-ken) telec local call
'stadsgewest *o* (-en) urban district
'stadsgezicht *o* (-en) town-view, townscape
'stadsgracht *v* (-en) **1** hist city moat; **2** thans town canal
'stadsguerrilla *m* (-s) urban guer(r)illa
'stadskern *v* (-en) town centre, city-centre
'stadskledij *v*, stadskleding *v* ZN city dress
'stadsleven *o* town life, city life
'stadslicht *o* (-en) auto sidelight, fenderlight
'stadsmensen *mv* townsfolk, city dwellers
'stadsmuur *m* (-muren) town wall, city wall
'stadsnieuws *o* town news
'stadsomroeper *m* (-s) town-crier
'stadspark *o* (-en) town park, city park
'stadsplanning *v* town planning
'stadspoort *v* (-en) town gate, city gate
'stadsrecht *o* hist municipal rights; ~ *geven* grant a charter to a city (town)
'stadsreiniging *v* **1** ⟨het reinigen⟩ refuse collection; **2** ⟨organisatie⟩ cleansing department
'stadsschool *v* (-scholen) municipal school
stads'schouwburg *m* (-en) municipal theatre
'stadstaat *m* (-staten) city-state
'stadstoren *m* (-s) steeple (tower) of the town
'stadstuin *m* (-en) town garden, city garden
'stadsuitbreiding *v* (-en) urban expansion
'stadsvernieuwing *v* urban renewal
'stadswaag *v* (-wagen) town weighing-house
'stadswacht *m-v* (-en) Am ± Guardian Angel
'stadswal *m* (-len) rampart
'stadswapen *o* (-s) city-arms, arms of a town
'stadswijk *v* (-en) quarter, district, area
'stadwaarts *bijw* towards the town, in the direction of the town, townward(s)
staf *m* (staven) **1** ⟨in 't alg.⟩ staff°; **2** ⟨als teken v. waardigheid⟩ rod, scepter, mace; *de generale* ~ mil the general staff; *de* ~ *breken over* condemn; *bij de* ~ mil on the staff

'**stafchef** *m* (-s) chief of staff
'**stafdrager** *m* (-s) mace-bearer, verger
'**staffelen** (staffelde, h. gestaffeld) *overg* grade, gradate
'**staffelsgewijs** *bijw* by graduation (gradation)
'**staffunctionaris** *m* (-sen) staff employee
'**stafhouder** *m* (-s) ZN Solicitor General
'**stafkaart** *v* (-en) ordnance map
'**staflid** *o* (-leden), '**stafmedewerker** *m* (-s) staff member, employee
'**stafmuziek** *v* regimental band
'**stafmuzikant** *m* (-en) bandsman
'**stafofficier** *m* (-en) staff-officer
'**stafrijm** *o* (-en) alliteration
'**stafvergadering** *v* (-en) staff meeting
'**stag** *o* (stagen) scheepv stay
'**stage** *v* (-s) training period, Br work placement, Am student internship
stagi'air, *m*, **stagi'aire** *v* (-s) trainee, Br student on a work placement, Am student intern
stag'natie *v* (-s) **1** (in 't alg.) stagnation; **2** [traffic] hold-up
stag'neren (stagneerde, h. gestagneerd) *onoverg* stagnate
'**sta-in-de-weg** *m* obstacle, impediment
stak (staken) V.T. van *steken*
1 '**staken** (staakte, h. gestaakt) **I** *overg* **1** suspend, stop [payment]; **2** discontinue [one's visits]; **3** strike [work]; **4** cease [fire]; *het vuren ~ mil* cease fire; *(wij zullen) het werk ~* **1** (om te rusten) cease work, knock off; **2** (in sociaal-economische strijd) we are going to strike, we shall go on strike; **II** *onoverg & abs ww* go on strike, strike; be out (on strike); *de stemmen ~* the votes are equally divided
2 '**staken** V.T. meerv. van *steken*
'**staker** *m* (-s) striker, man out on strike
sta'ket *o* (-ten), **sta'ketsel** *o* (-s) fence, railing
'**staking** *v* (-en) **1** stoppage, cessation [of work]; suspension [of payment, hostilities]; discontinuance [of a suit, visits &]; **2** (in sociaal-economische strijd) strike; industrial action; *wilde ~* lightning (wild-cat, unofficial) strike; *bij ~ van stemmen* in case of equality (of votes); *in ~ gaan (zijn)* go (be out) on strike
'**stakingbreker** *m* (-s) strike-breaker, gemeenz blackleg, scab, rat
'**stakingscomité** *o* (-s) strike committee
'**stakingsgolf** *v* (-golven) wave of strikes
'**stakingskas** *v* (-sen) strike fund
'**stakingsleider** *m* (-s) strike-leader
'**stakingsrecht** *o* right to strike
'**stakingsuitkering** *v* (-en) strike pay
'**stakker**, '**stakkerd** *m* (-s) poor wretch, poor thing
1 '**stal** *m* (-len) **1** stable [for horses, less usual for cattle]; **2** cowshed, cowhouse [for cattle]; **3** sty [for pigs]; **4** mews [round an open yard]; *de koninklijke ~len* the royal mews; *op ~ zetten* stable [horses]; house [cattle]; *hij werd op ~ gezet* he was shelved;

van ~ halen **1** trot out again [old arguments]; **2** dig out [retired generals &]; *uit de ~ van Joop v.d. Ende* from the Joop v.d. Ende stable
2 stal (stalen) V.T. van *stelen*
stalac'tiet *m* (-en) stalactite
stalag'miet *m* (-en) stalagmite
'**stalbezem** *m* (-s) stable broom, besom
'**staldeur** *v* (-en) stable door
1 '**stalen** *bn* **1** eig steel; **2** fig iron [constitution, nerves, will]; **3** steely [glance]; *~ gebouwen* steel-framed buildings; *met een ~ gezicht* with a poker-face, dead pan; *een ~ voorhoofd* a brazen face
2 '**stalen** (staalde, h. gestaald) *overg* steel[2]
3 '**stalen** V.T. meerv. van *stelen*
'**stalenboek** *o* (-en) sample book, pattern-book
'**stalenkoffer** *m* (-s) sample case
'**stalgeld** *o* (-en) stabling-money
'**stalhouder** *m* (-s) stablekeeper, jobmaster
stalhoude'rij *v* (-en) livery-stable
stali'nisme *o* stalinism
stali'nist *m* (-en) stalinist
stali'nistisch *bn* stalinist
'**staljongen** *m* (-s) stable-boy
'**stalknecht** *m* (-s en -en) stableman, groom
'**stallantaarn**, '**stallantaren** *v* (-s) stable lantern
'**stallen** (stalde, h. gestald) *overg* **1** stable [horses &]; **2** house [cattle]; **3** put up [a motorcar]
'**stalles** *mv* stalls [in theatre]
'**stalletje** *o* (-s) **1** [market] stall, stand; **2** (v. boeken) bookstall
'**stalling** *v* **1** (het stallen) stabling &, zie: *stallen*; **2** (-en) (de plaats) stable, stabling; [motor] garage, [bicycle] shelter
'**stalmeester** *m* (-s) **1** (in 't alg.) riding master; **2** (van de koningin) master of the horse
'**stalmest** *m* stable dung (manure)
'**stalvoeder**, '**stalvoer** *o* fodder
stam *m* (-men) **1** (v. boom) stem, trunk, bole; **2** (v. woord) stem; **3** (volk) tribe; **4** (afstamming) stock, race; *Schots* clan; *de twaalf ~men* the twelve tribes [of Israel]; *wilde ~men* wild tribes
'**stamboek** *o* (-en) **1** (van personen) book of genealogy, register; **2** (v. paarden, honden &) stud-book; **3** (v. vee) herd-book
'**stamboekvee** *o* pedigree cattle
'**stamboom** *m* (-bomen) family tree, pedigree
'**stamcafé** *o* (-s) favourite pub, habitual haunt, Am slang hangout
'**stamelen** (stamelde, h. gestameld) **I** *onoverg* stammer; **II** *overg* stammer (out)
'**stameling** *v* stammering [of a child]
'**stamgast** *m* (-en) regular (customer), habitué
'**stamgenoot** *m* (-noten) congener, tribesman, clansman
'**stamhoofd** *o* (-en) tribal chief, chieftain
'**stamhouder** *m* (-s) son and heir
'**stamhuis** *o* (-huizen) dynasty
'**stamkaart** *v* (-en) identity card, ID

'**stamkapitaal** o (-talen) <u>handel</u> original capital
'**stamkroeg** v (-en) = *stamcafé*
'**stamland** o (-en) country of origin, mother country
'**stammen** (stamde, is gestamd) *onoverg:* ~ *van* zie: *afstammen; dit stamt nog uit de tijd toen...* it dates from the time when...
'**stammenoorlog** m (-logen) tribal war
'**stammoeder** v (-s) progenitrix, ancestress
'**stamouders** *mv* ancestors, progenitors
stamp m (-en) stamp [of the foot]
stam'pei v: ~ *maken* kick up a row, kick up dust
'**stampen** (stampte, h. gestampt) **I** *onoverg* **1** ⟨met voeten⟩ stamp, stamp one's feet; **2** ⟨van schip⟩ pitch, heave and set; **3** ⟨v. machine⟩ thud; **II** *overg* **1** pound [chalk &]; **2** crush [ore]; *fijn~* ook: bray; *zich iets in het hoofd* ~ drum sth. into one's brains; *gestampte aardappelen* mashed potatoes; *gestampte pot = stamppot;* zie ook: *muisje*
'**stamper** m (-s) **1** <u>techn</u> stamper; rammer [of a gun]; zie ook: *straatstamper;* pounder, pestle [of a mortar]; [potato] masher; **2** <u>plantk</u> pistil
'**stamppot** m mashed potatoes mixed with vegetables (e.g. cabbage, sauerkraut, carrots)
'**stampvoeten** (stampvoette, h. gestampvoet) *onoverg* stamp one's foot (feet)
'**stampvol** *bn* crowded, chock-full
'**stamroos** v (-rozen) standard rose
'**stamslot** o (-sloten) ancestral castle, family seat
'**stamtafel** v (-s) table (in a pub) reserved for regulars
'**stamvader** m (-s) ancestor, progenitor
'**stamverwant** **I** *bn* cognate; **II** m (-en) congener
'**stamverwantschap** v kinship, cognation
'**stamwoord** o (-en) primitive word, stem
1 stand m (-en) **1** ⟨houding⟩ attitude, posture; pose [before a sculptor &]; stance [in playing golf, billiards]; **2** ⟨hoogte⟩ height [of the barometer]; rate [of the dollar]; **3** ⟨ligging⟩ position [of a shop &]; **4** ⟨maatschappelijk⟩ status, social status, standing, position, station [in life]; **5** ⟨toestand⟩ situation, position, condition, state [of affairs]; **6** <u>sp</u> score; *de betere* ~ the better-class people; *(het bureau van) de burgerlijke* ~ the registrar's office; *de hogere (lagere)* ~*en* the higher (lower) classes; *de drie* ~*en* the (three) estates; *de* ~ *van zaken* the state of affairs; *zijn* ~ *ophouden* keep up one's rank, live up to one's station; *een meisje beneden zijn* ~ a girl below his social position; *beneden zijn* ~ *trouwen* marry beneath one; *boven zijn* ~ *leven* live beyond one's means; *in* ~ *blijven* last; *in* ~ *houden* **1** maintain, keep up [a custom]; **2** keep going [a business]; *een winkel op goede* ~ a shop in a good situation; *tot* ~ *brengen* bring about, accomplish, achieve; effect [a sale]; negotiate [a treaty]; *tot* ~ *komen* be brought about; *een... uit de gegoede* ~ a better-class...; *mensen van* ~ people of a good social position, people of high rank; *van lage* ~ of humble condition; *iemand*

van zijn ~ a man of his social position
2 stand m (-s) ⟨op tentoonstelling⟩ booth, stand
'**standaardafwijking** m (-s) standard [= flag; support; model]
'**standaardafwijking** v (-en) standard deviation
standaardi'satie v standardization
standaardi'seren (standaardiseerde, h. gestandaardiseerd) *overg* standardize
'**standaardloon** o (-lonen) standard wage
'**standaardmaat** v (-maten) standard size
'**standaarduitvoering** v (-en) standard type (model, design)
'**standaardwerk** o (-en) standard work
'**standbeeld** o (-en) statue
'**stander** m (-s) **1** stand [for umbrellas &]; **2** ⟨droogrek⟩ clothes-horse; **3** tripod, stand [of a camera &]; **4** <u>bouwk</u> post, upright [of a roof]
'**standgeld** o stallage
'**standhouden**¹ *onoverg* make a stand, stand firm, hold one's own, hold out; *zij hielden dapper stand* they made a gallant stand; *het hield geen stand* it did not last
'**standhouder** m (-s) ⟨op tentoonstellingen &⟩ exhibitor
'**standing** v: *een zaak van* ~ a respectable firm
'**standje** o (-s) **1** ⟨berisping⟩ scolding, gemeenz wigging; **2** ⟨herrie⟩ gemeenz row, shindy; *een* ~ *krijgen* get a scolding; *iem. een* ~ *geven* scold sbd.; *het is een opgewonden* ~ he (she) is quick-tempered
'**standplaats** v (-en) **1** ⟨in 't alg.⟩ standing-place, stand; **2** ⟨v. ambtenaar⟩ station, post; *zij keerden naar hun* ~ *terug* they returned to their stations
'**standpunt** o (-en) standpoint, point of view, attitude (*tegenover* towards, to); *een duidelijk* ~ *innemen* take a clear stand [on this issue]; *een nieuw* ~ *innemen ten opzichte van...* take a new attitude towards...; *zij stellen zich op het* ~, *dat...* they take the view that...; *van zijn* ~ from his point of view
'**standrecht** o summary justice
stand'rechtelijk *bijw* summarily
'**standsbesef** o class-consciousness
'**standsverschil** o (-len) class distinction
'**standsvooroordeel** o (-delen) class prejudice
stand'vastig *bn* steadfast, firm, constant
'**standvogel** m (-s) non-migratory bird
'**standwerker** m (-s) ± barker
stang v (-en) **1** <u>techn</u> bar, rod; **2** bit [for horses]; *iem. op* ~ *jagen* tease, exasperate [sbd.]
'**stangen** (stangde, h. gestangd) *overg* gemeenz get sbd's goat, needle [sbd.]
stani'ol o = *stanniool*
stank m (-en) bad smell, stench, stink; *hij kreeg* ~ *voor dank* he was rewarded with ingratitude
'**stankafsluiter** m (-s) air trap
'**stanleymes** o (-sen) Stanley knife
stanni'ool o tinfoil
'**stansen** (stanste, h. gestanst) *overg* punch
'**stante 'pede** *bijw* right away, instantly
stap m (-pen) **1** <u>eig</u> step, pace; **2** <u>fig</u> step, move; *dat*

is een ~ achteruit (vooruit) that is a step backward
(forward); dat is een gewaagde ~ that is a risky
(rash) step (to take); dat is een hele ~ tot... that is a
long step towards...; een stoute ~ a bold step; het is
maar een paar ~pen it is but a step; de eerste ~ doen
(tot) take the first step (towards); ~pen ondernemen
bij de regering approach the Government; ~pen
doen om... take steps to...; geen verdere ~pen ondernemen take no further action; dat brengt ons geen ~
verder that does not carry us a step farther; een ~
verder gaan go a step further[2]; grote ~pen nemen
(maken) take great strides; [ergens] geen ~ voor verzetten not lift a hand to..., not stir a finger to...; bij
de eerste ~ at the first step; bij elke ~ at every step;
in twee ~pen in two strides; met één ~ at a (one)
stride; met afgemeten ~pen with measured steps; op
~ gaan set out; ~ voor ~ step by step; zich hoeden
voor de eerste ~ beware of the thin end of the
wedge

1 'stapel m (-s) **1** (hoop) pile, stack, heap; **2** scheepv
stocks; **3** muz sounding-post [of a violin]; **4** ⟨stapel-
plaats⟩ staple; aan ~s zetten pile; op ~ staan be on
the stocks[2]; op ~ zetten put on the stocks[2]; van ~
lopen leave the stocks, be launched; goed van ~ lopen fig go off well; te hard van ~ lopen rush matters,
overdo it; van ~ laten lopen launch [a ship]

2 'stapel bn: ben je ~? are you crazy?; are you
cracked?; ik ben ~ op aardbeien I'm awfully fond of
strawberries; hij is ~ op haar he is crazy about her;
zie ook: stapelgek

'stapelartikel o (-en) staple commodity
'stapelbed o (-den) bunk-beds
'stapelen (stapelde, h. gestapeld) overg pile, heap,
stack
'stapelgek bn stark (raving) mad, loopy, cracked,
crackers, nuts, loony, off one's onion, raving bonkers
'stapelgoederen mv staple goods
'stapelplaats v (-en) **1** hist staple-town, emporium;
2 ZN (opslagplaats) storage, store
'stapelrecht o staple-right
'stapelstoel m (-en) stacking chair
'stapelvezel v (-s) staple fibre
'stapelwolk v (-en) cumulus [mv cumuli]
'stappen (stapte, h. en is gestapt) onoverg **1** (stevig
lopen) step, stalk; **2** ZN (marcheren) march; deftig
~, trots ~ strut; in het vliegtuig & ~ board the plane
&; op zijn fiets ~ mount one's bike; zullen we vanavond gaan ~? let's have a spree tonight?; ~ uit zie:
uitstappen; ~ van zie: afstappen
'stapper m (-s) gemeenz shoe
'stapvoets bijw **1** eig at a foot-pace, at a walk;
2 ⟨langzaam⟩ step by step
1 star v (-ren) vero = ster
2 star bn **1** ⟨in 't alg.⟩ stiff; **2** fixed [gaze]; **3** rigid
[prejudices, system]
'staren (staarde, h. gestaard) onoverg stare, gaze
(naar at)

'starheid v **1** ⟨in 't alg.⟩ stiffness; **2** fixedness [of
gaze]; **3** rigidity [of a system]
'starogen (staroogde, h. gestaroogd) onoverg stare
start m (-s) start, luchtv ook: take-off; staande (valse,
vliegende) ~ sp standing (false, flying) start; van ~
gaan start; goed van ~ gaan zie: starten
'startbaan v (-banen) runway
'startblok o (-ken) sp starting block; fig in de ~ken
ready (to go)
'starten (startte, h. en is gestart) **I** onoverg start,
luchtv ook: take off; **II** overg **1** (auto &) start (up);
2 (wedstrijd &) start; goed ~ sp get away (off) to a
good start
'starter m (-s) starter°
'startgeld o (-en) entry fee
'startklaar bn ready to start
'startknop m (-pen) starter button
'startlijn v (-en) sp starting line
'startmotor m (-toren en -s) starter (starting) motor, starter
'startnummer o (-s) number
'startpistool o (-tolen) starting gun, starting pistol,
starter pistol
'startpunt o (-en) start(ing place), take-off point
'startschot o (-schoten) starting shot; het ~ lossen
fire the starting gun
'startteken o (-s) starting signal
'stateloos bn stateless
'Statenbijbel m (-s) Authorized Version [of the Bi-
ble]
'statenbond m (-en) confederation (of States)
Staten-Gene'raal mv States General
'statica v statics
'statie v (-s en -tiën) RK Station of the Cross
sta'tief o (-tieven) stand, support, tripod
'statiegeld o deposit
'statig I bn stately, grave; **II** bijw in a stately manner, gravely
'statigheid v stateliness, gravity
stati'on o (-s) (railway) station; ~ van afzending forwarding station
statio'nair bn stationary; ~ draaien techn tick over,
idle
'stationcar m (-s) estate car, Am station-wagon
statio'neerverbod o ZN parking ban
statio'neren (stationeerde, h. gestationeerd) overg
1 (plaatsen) station, place; **2** ZN (parkeren) park
stati'onschef m (-s) station-master
stati'onshal v (-len) station hall
stati'onskruier m (-s) railway porter
stati'onsrestauratie v (-s) station buffet
'statisch bn static
sta'tisticus m (-ci) statistician, statist
statis'tiek v (-en) statistics; de ~ ook: the returns;
de ~ opmaken van... take statistics of...; Centraal Bureau voor de S~ Central Statistical Office
sta'tistisch bn statistical
'statten (statte, h. gestat) onoverg pop into town for

some shopping, Am go shopping downtown

'**status** m status

status-'quo m & o status quo

'**statussymbool** o (-bolen) status symbol

statu'tair bn statutory

sta'tuur v stature, size

sta'tuut o (-tuten) statute; *de statuten van een maatschappij (vereniging)* the articles of association of a trading-company; the regulations, the constitution of a society

sta'vast: *een man van* ~ a resolute man

1 'staven meerv. v. *staf*

2 'staven (staafde, h. gestaafd) *overg* **1** substantiate [a charge, claim], **2** support, bear out [a statement]

'**staving** v substantiation; *tot* ~ *van* in support of

'**stayer** m (-s) ⟨wielrennen⟩ stayer; **2** ⟨lange-afstandsloper⟩ long-distance runner

stea'rine v stearin

stea'rinekaars v (-en) stearin candle

'**stede** v (-n) *plechtig* stead, place, spot; *te dezer* ~ in this town; *in* ~ *van* vero instead of

'**stedelijk** bn municipal, of the town, town...

'**stedeling** m (-en) townsman, town-dweller; *~e* v townswoman; *~en* mv townspeople, townsfolk

'**steden** meerv. van *stad*

'**stedenbouw** m, '**stedenbouwkunde** v town (and country) planning

stedenbouw'kundig bn town-planning...

stedenbouw'kundige m-v (-n) town-planner, town-planning consultant

'**stedenmaagd** v (-en) town-patroness

stee (steeën) v stead, place, spot; zie ook: *stede*

1 steeds bijw always, for ever, ever, continually; *nog* ~ still; ~ *meer* more and more

2 steeds bn ⟨stads⟩ town..., geringsch townish

steef (steven) V.T. van *stijven*

1 steeg v (stegen) lane, alley, alleyway, passage

2 steeg (stegen) V.T. van *stijgen*

steek m (steken) **1** stitch [of needlework]; stab [of a dagger]; thrust [of a sword]; sting [of a wasp]; stitch, twinge [of pain]; **2** ⟨hoofddeksel⟩ threecornered hat, cocked hat; **3** ⟨ondersteek⟩ bed-pan; **4** ⟨bij spitten⟩ spit; **5** ⟨hatelijkheid⟩ (sly) dig; *een* ~ *in de zij* a stitch in the side; *dat was een* ~ *(onder water) op mij* that was a dig at me; ~ *houden* hold water; *die regel houdt geen* ~ that rule does not hold (good); *een* ~ *laten vallen* drop a stitch; *een* ~ *opnemen* take up a stitch; *hij heeft er geen* ~ *van begrepen* he hasn't understood one iota of it; *het kan me geen* ~ *schelen* I don't care a rap (a fig, a pin); *ze hebben geen* ~ *uitgevoerd* they have not done a stroke of work; *je kunt hier geen* ~ *zien* you can't see at all here; *hij kan geen* ~ *meer zien* he is stone-blind; *hij heeft ons in de* ~ *gelaten* he has left us in the lurch, he deserted us; *zijn geheugen & liet hem in de* ~ his memory & failed him; *zij hebben het werk in de* ~ *gelaten* they have abandoned the work

'**steekbeitel** m (-s) paring-chisel

'**steekhevel** m (-s) pipette

'**steekhoudend** bn valid, sound [arguments]; ~ *zijn* hold water

'**steekpartij** v (-en) knifing

'**steekpasser** m (-s) (pair of) dividers

'**steekpenningen** mv bribe(s), backhander(s); Am ook: payola

'**steekproef** v (-proeven) (random) sample; *steekproeven nemen* test at random

'**steeksleutel** m (-s) (double-ended) spanner

'**steekspel** o (-spelen) hist tournament, tilt, joust

'**steekvlam** v (-men) **1** techn blow-pipe flame; **2** ⟨bij ontploffing⟩ flash

'**steekvlieg** v (-en) gad-fly

'**steekwagen** m (-s) hand truck

'**steekwapen** o (-s) stabbing weapon

'**steekwond** v (-en) stab-wound

'**steekzak** m (-ken) slit pocket

steel m (stelen) **1** ⟨v. bloem, plant⟩ stalk; **2** ⟨v. wijnglas & pijp⟩ stem; **3** ⟨v. hamer &⟩ handle

'**steelpan** v (-nen) saucepan

steels bn stealthy [look]

'**steelsgewijs**, '**steelsgewijze** bn stealthily, by stealth

'**steelzucht** v kleptomania

steen m (stenen) **1** ⟨in 't alg.⟩ stone [for building, playing dominoes &, of fruit, hail &]; **2** ⟨baksteen⟩ brick; *een* ~ *des aanstoots* bijbel a stone of stumbling; fig a stumbling-block; *de* ~ *der wijzen* the philosopher's stone; *er bleef geen* ~ *op de andere* no stone remained upon another; *iem. stenen voor brood geven* give sbd. a stone for bread; ~ *en been klagen* complain bitterly; *de eerste* ~ *leggen* lay the foundation-stone; *de eerste* ~ *naar iem. werpen* cast the first stone at sbd.; *al moet de onderste* ~ *boven* come hell or high water; *met stenen gooien (naar)* throw stones (at)

'**steenachtig** bn stony

'**steenarend** m (-en) golden eagle

'**steenbakker** m (-s) brick-maker

steenbakke'rij v (-en) brick-works, brick-yard

'**steenbok** m (-ken) **1** ⟨dier⟩ ibex; **2** *de S~* astron Capricorn

'**steenbokskeerkring** m tropic of Capricorn

'**steenboor** v (-boren) rock-drill, stone bit

'**steenbreek** v (-breken) saxifrage

'**steendruk** m (-ken) lithography

'**steendrukker** m (-s) lithographer

steendrukke'rij v (-en) lithographic printing-office

'**steenfabriek** v (-en) brickworks

'**steengoed I** o stoneware; **II** bn super, splendid

'**steengroeve**, '**steengroef** v (-groeven) quarry, stone-pit

'**steengrond** m (-en) stony ground

'**steengruis** o stone-dust

'**steenhard** bn stone-hard, stony, as hard as (a) stone (as rock), flinty

'**steenhoop** *m* (-hopen) heap of stones (bricks)
'**steenhouwen** *o* stone-cutting
'**steenhouwer** *m* (-s) stone-cutter, stonemason
steenhouwe'rij *v* (-en) stone-cutter's yard
'**steenklomp** *m* (-en) lump of stone, rock
'**steenklopper** *m* (-s) stone breaker
'**steenkolenengels** *o* 1 ⟨in 't alg.⟩ broken English;
   2 ⟨v. Nederlander⟩ Dunglish
'**steenkolenmijn** *v* (-en) & = *kolenmijn* &
'**steenkool** *v* (-kolen) pit-coal, coal
'**steenkoud** *bn* stone-cold
'**steenmarter** *m* (-s) stone-marten
'**steenoven** *m* (-s) (brick-)kiln
'**steenpuist** *v* (-en) boil, furuncle
'**steenrijk** *bn* immensely rich, rolling in money
'**steenrood** *bn* brick-red
'**steenrots** *v* (-en) rock
'**steenslag** *o* 1 ⟨kleine (opspattende) stenen⟩ broken
   stones, rubble, ⟨fijn⟩ (stone-)chippings, road-metal;
   2 ZN ⟨vallende stenen⟩ falling rocks
'**steentijd** *m* stone age
'**steentijdperk** *o* stone age
'**steentje** *o* (-s) 1 ⟨in 't alg.⟩ (small) stone, pebble;
   2 ⟨vuursteentje⟩ flint; *ook een ~ bijdragen* contribute one's mite
'**steenuil** *m* (-en) little owl
'**steenvalk** *m* & *v* (-en) stone-falcon, merlin
'**steenvrucht** *v* (-en) stone-fruit, drupe
'**steenweg** *m* (-wegen) paved road, high road
'**steenwol** *v* rock wool
'**steenworp** *m* (-en) stone's throw
'**steenzwaluw** *v* (-en) swift
'**steevast** I *bn* regular; II *bijw* regularly, invariably
steg *m: over heg en ~* up hill and down dale, across
   country; *heg noch ~ weten* zie: *heg*
'**stegen** V.T. meerv. van *stijgen*
'**steiger** *m* (-s) 1 ⟨aan gebouw⟩ scaffolding, scaffold,
   stage; 2 scheepv pier, jetty, landing-stage; *in de ~s*
   in scaffolding [of a building]
'**steigerbalk** *m* (-en) scaffolding-beam
'**steigeren** (steigerde, h. gesteigerd) *onoverg* 1 rear,
   prance [of a horse]; 2 *fig* boggle [at an idea]
'**steigerpaal** *m* (-palen) scaffold(ing)-pole
'**steigerwerk** *o* scaffolding
steil *bn* 1 ⟨naar boven⟩ steep; 2 ⟨naar beneden⟩
   bluff; 3 ⟨loodrecht⟩ sheer; 4 ⟨loodrecht en vlak⟩
   precipitous; 5 *fig* rigid [Calvinist]
'**steilheid** *v* steepness
'**steilschrift** *o* upright writing
'**steilte** *v* (-n) 1 ⟨steilheid⟩ steepness; 2 ⟨steile kant⟩
   precipice
stek *m* (-ken) 1 plantk slip, cutting; 2 ⟨aangestoken
   fruit⟩ bruised (specked) fruit
'**stekeblind** *bn* stone-blind²
'**stekel** *m* (-s) 1 ⟨v. distel, insect &⟩ prickle, prick,
   sting; 2 ⟨v. egel⟩ spine, spike
'**stekelachtig** *bn* = *stekelig*
'**stekelbaars** *m* (-baarzen) stickleback, minnow

'**stekelbrem** *m* needle-furze
'**stekelig** *bn* 1 eig prickly, spinous, spiny, thorny;
   poignant²; 2 *fig* stinging, sarcastic, barbed [discus-
   sion, words]
'**stekeligheid** *v* (-heden) 1 eig prickliness, poign-
   ancy²; 2 *fig* sarcasm
'**stekelrog** *m* (-gen) thornback
'**stekeltje** *o* (-s) = *stekelbaars*
'**stekelvarken** *o* (-s) porcupine
'**steken** (stak (staken), h. gestoken) I *onoverg* 1 sting
   [of insects], prick [of nettle &]; 2 smart [of a
   wound]; 3 burn [of the sun]; *blijven ~* stick [in the
   mud], get stuck; *in zijn rede blijven ~* break down in
   one's speech; *daar steekt iets (wat) achter* there is
   something behind it, there is something at the
   back of it, there is something at the bottom of it;
   daar steekt meer achter more is meant than meets
   the eye; *in de schuld ~* be in debt; *de sleutel steekt in
   het slot* the key is in the lock; *daar steekt geen kwaad
   in* there is no harm in it; *hij stak naar mij* he thrust
   (stabbed) at me; zie ook: *wal, zee*; II *overg* 1 ⟨iem.⟩
   sting, prick [with a pin, sting &]; thrust [with a
   sword]; stab [with a dagger]; 2 ⟨iets ergens in⟩ put
   [...in one's pocket]; stick [a pencil behind one's
   ear]; poke [a finger in water, one's nose into sbd.'s
   affairs]; 3 ⟨ergens uit⟩ put, stick [one's head out of
   the window]; *aal ~* spear eels; *asperges ~* cut asparagus; *gaten ~* prick holes; *monsters ~ uit* sample;
   plaggen (zoden) ~ cut sods; *de bij stak mij* the bee
   stung me; *dat steekt hem* that sticks in his throat,
   he is nettled at it; *hij wilde de ring aan haar vinger ~*
   he was going to put the ring on her finger; *steek die
   brief bij je* put that letter in your pocket; *steek je arm
   door de mijne* (slip) put your arm through mine;
   geld in een onderneming ~ put (invest, sink) money
   in an undertaking; *iem. in de kleren ~* clothe sbd.;
   III *wederk: zich in gala ~* put on full dress; *zich in
   schulden ~* run into debt; zie ook: *stokje* &
'**stekend** *bn* stinging
'**stekken** (stekte, h. gestekt) *overg* plantk slip
'**stekker** *m* (-s) plug
'**stekkie** *o* (-s) gemeenz spot, place
stel *o* (-len) 1 ⟨set⟩ set [of cups, fire-irons &]; 2 ⟨paar⟩
   pair, couple; *het is me een ~* gemeenz a nice lot
   they are!; *jullie zijn me een ~* you're a nice pair; *een
   ~letje boeken* a couple of books; *een verliefd ~* a loving couple; *op ~ en sprong* immediately, rightaway
'**stelen** (stal (stalen), h. gestolen) I *overg* steal²
   [money &, a kiss, sbd.'s heart]; *een kind om te ~* a
   sweet child; *hij kan me gestolen worden!* he may go
   to blazes!; *zij ~ alles wat los en vast zit* they steal all
   they can lay their hands on; II *abs ww* steal, pick
   and steal; *~ als de raven* steal like magpies
'**steler** *m* (-s) stealer, thief
'**stelkunde** *v* algebra
stel'kundig *bn* algebraic(al)
stel'lage *v* (-s) scaffolding, scaffold, stage
'**stellen** (stelde, h. gesteld) I *overg* 1 ⟨plaatsen⟩ place,

put; **2** techn ⟨regelen⟩ adjust [a telescope]; **3** ⟨redigeren⟩ compose; **4** ⟨veronderstellen⟩ suppose; **5** ⟨vaststellen⟩ fix [prices]; **6** ⟨beweren, verklaren⟩ state; *stel eens dat...* put the case that...; suppose he...; *het goed kunnen* ~ be in easy circumstances; *het goed kunnen* ~ *met* get on with; *een rustig gesteld pleidooi* a calmly worded plea; *strafbaar (verplichtend &)* ~ make punishable (obligatory &); *ik heb heel wat te* ~ *met die jongen* he is rather a handful; *...* ~ *boven rijkdom* place (put)... above riches; *ik kan het zonder u* ~ I can do without you; *de prijs* ~ *op...* fix the price at; *iem. voor een voldongen feit* ~ present sbd. with an accomplished fact; *iem. voor de keus* ~ put sbd. to the choice; *voor de keus gesteld...* faced with the choice of... [they...]; **II** *wederk: zich* ~ put oneself; *stel u in mijn plaats* put yourself in my place; *zich iets tot plicht* ~ make it one's duty to...; *zich iets tot taak* ~ make it one's task to..., set oneself the task; zie ook: *borg, kandidaat*

'**steller** *m* (-s) writer, author; ~ *dezes* vero the present writer

'**stellig I** *bn* **1** positive [answer &]; **2** explicit [declaration]; **II** *bijw* **1** (v. verklaring) positively; explicitly; **2** (als verzekering) positively, decidedly; *hij zal* ~ *ook komen* he is sure to come too; *(kom je?)* ~*!* surely!; *je moet* ~ *komen* come by all means; *dat weet ik* ~ I am quite positive as to that; *iets ten* ~*ste ontkennen* deny sth. categorically

'**stelligheid** *v* (-heden) positiveness

'**stelling** *v* (-en) **1** (stellage) scaffolding; **2** (opstelling) mil position; **3** (bewering) theorem, thesis [*mv* theses]; **4** wisk & filos proposition; *een sterke* ~ *innemen* take up a strong position; ~ *nemen* take up a position [regarding a question]; ~ *nemen tegen* make a stand against; *in* ~ *brengen* mil place in position

'**stellingname** *v* position, attitude, view, comment

'**stellingoorlog** *m* (-logen) war of positions

'**stelpen** (stelpte, h. gestelpt) *overg* sta(u)nch [the bleeding], stop [the blood]

'**stelplaats** *v* (-en) ZN depot

'**stelregel** *m* (-s) maxim, precept

'**stelschroef** *v* (-schroeven) set(ting) screw, adjusting screw

'**stelsel** *o* (-s) system

'**stelselloos** *bn* unsystematic, unmethodical

stelsel'loosheid *v* want of system (method)

stelsel'matig *bn* systematic

stelsel'matigheid *v* systematicalness

stelt *v* (-en) stilt; *op* ~*en lopen* go (walk) upon stilts; *alles op* ~*en zetten* throw everything in (a state of) confusion, throw everything upside down

'**steltloper** *m* (-s) stilt, stilt-bird

stem *v* (-men) **1** ⟨menselijk geluid⟩ voice; **2** ⟨bij stemming⟩ vote; **3** muz part [of a musical composition]; *eerste (tweede)* ~ muz first (second) part; *er waren 30* ~*men vóór* there were 30 votes in favour;

de ~ *eens roependen in de woestijn* bijbel a voice crying in the wilderness; *de meeste* ~*men gelden de majority have it; iem. zijn* ~ *geven* vote for sbd.; ~ *in het kapittel hebben* have a voice in the matter; *hij had de meeste* ~*men* he (had) polled most votes; *zij is haar* ~ *kwijt* she has lost her voice; *de* ~*men opnemen* collect the votes; *zijn* ~ *uitbrengen* record one's vote; *zijn* ~ *uitbrengen op...* vote for...; *bijna alle* ~*men op zich verenigen* receive nearly all the votes; *zijn* ~ *verheffen* raise one's voice *(tegen* against); *de tweede* ~ *zingen* muz sing a second; *bij* ~ *zijn* muz be in (good) voice; *met algemene* ~*men* unanimously; *met luider* ~ in a loud voice; *met één* ~ *tegen* with one dissentient vote; *met de* ~*men van... tegen* [rejected] by the adverse votes of...; *met tien* ~*men voor en vier tegen* by ten votes to four; *voor drie* ~*men* muz [song] in three parts

'**stembanden** *mv* vocal cords

'**stembiljet** *o* (-ten), **stembriefje** *o* (-s) voting-paper, ballot-paper

'**stembuiging** *v* (-en) modulation, intonation

'**stembureau** *o* (-s) **1** ⟨lokaal⟩ polling-booth, polling-station; **2** ⟨personen⟩ polling-committee

'**stembus** *v* (-sen) ballot-box; *ter* ~ *gaan* go to the poll

'**stemfluitje** *o* (-s) pitch-pine

'**stemgeluid** *o* (-en) sound of [one's] voice, voice

'**stemgember** *m* stem ginger

stemge'rechtigd *bn* entitled to a (the) vote, qualified to vote, enfranchised

'**stemhamer** *m* (-s) tuning-hammer

'**stemhebbend** *bn* voiced [consonant]

'**stemhokje** *o* (-s) cubicle

'**stemlokaal** *o* (-kalen) polling-booth, polling-station

'**stemloos** *bn* dumb, mute, voiceless; *stemloze medeklinker* voiceless consonant

'**stemmen** (stemde, h. gestemd) **I** *overg* **1** vote [a candidate]; **2** muz tune [a violin &], key [the strings], voice [organ-pipes]; **3** ZN ⟨aannemen⟩ paas [a bill]; *(op) links* ~ vote left; **II** *abs ww* **1** ⟨bij verkiezingen⟩ vote, poll; **2** ⟨door musici⟩ tune up; *de violen zijn gestemd* the violins are in tune (tuned up); *ze zijn aan het* ~ muz they are tuning up; **III** *onoverg* vote, poll; *er is druk gestemd* voting (polling) was heavy; ~ *op iem.* vote for sbd.; ~ *over* vote upon; divide on... [in Parliament]; *we zullen er over* ~ we'll put it to the vote; ~ *tegen* vote against; ~ *tot dankbaarheid&* inspire one to gratitude; ~ *tot vrolijkheid* dispose the mind to gaiety; ~ *vóór iets* vote for (in favour of) sth.; *ik stem vóór* I'm for it; zie ook: *gestemd*

'**stemmencijfer** *o* (-s) poll

'**stemmenwerver** *m* (-s) canvasser

'**stemmer** *m* (-s) **1** ⟨bij verkiezingen⟩ voter; **2** muz tuner

'**stemmig I** *bn* demure, sedate, grave [person, manner]; sober, quiet [colours, dress]; ~*e muziek* solemn music; **II** *bijw* demurely, sedately, gravely; soberly [dressed], quietly

'**stemmigheid** *v* demureness, sedateness, gravity, sobriety, quietness

'**stemming** *v* (-en) **1** ⟨keuze door stemmen⟩ voting, vote; ballot; division [in Parliament]; **2** *muz* tuning; **3** ⟨gemoed⟩ ⟨v. één persoon⟩ frame of mind, mood; ⟨v. publiek⟩ feeling; ⟨v. omgeving⟩ atmosphere; **4** handel ⟨v. beurs &⟩ tone; ~ *houden muz* keep in tune; ~ *maken tegen* rouse popular feeling against; ~ *verlangen* challenge a division; *het aan* ~ *onderwerpen* put it to the vote; *bij* ~ on a division; *bij de eerste* ~ at the first ballot; *iets in* ~ *brengen* put sth. to the vote; *in een beste* ~ *zijn* be in the very best of spirits; *ik ben niet in een* ~ *om...* I am in no mood for ...ing, not disposed to...; *in* ~ *komen* be put to the vote; *zonder* ~ [motion carried] without a division

stemmingmake'rij *v* attempt to manipulate public opinion

'**stemmingsbeeld** *o* (-en) description of a certain atmosphere

'**stemomvang** *m* vocal register, range of the voice

'**stemonthouding** *v* (-en) abstention

'**stemopnemer** *m* (-s) **1** ⟨bij verkiezingen⟩ polling-clerk, scrutineer; **2** teller [in House of Commons]

'**stemopneming** *v* (-en) counting of votes

'**stempel** (-s) **I** *m &* *o* **1** ⟨werktuig⟩ stamp; **2** die [for striking coins]; **3** ⟨afdruk⟩ stamp[2] [on document], impress, imprint; **4** hallmark [of gold and silver]; **5** post postmark; **II** *m* plantk stigma; *het* ~ *dragen van...* bear the stamp (hallmark) of...; *zijn* ~ *drukken op* put one's stamp on; *van de oude* ~ of the old stamp

'**stempelautomaat** *m* (-maten) **1** ⟨frankeermachine⟩ stamping machine; **2** ⟨in tram &⟩ validation machine

'**stempelband** *m* (-en) cloth binding

'**stempelen I** (stempelde, h. gestempeld) *overg* **1** ⟨in 't alg.⟩ stamp[2], mark; **2** hallmark [gold and silver]; **3** post postmark; **II** *onoverg* ZN ⟨van werklozen⟩ sign on (for the dole), be (go) on the dole

'**stempeling** *v* (-en) stamping

'**stempelinkt** *m* ink for rubber stamps

'**stempelkussen** *o* (-s) stamp pad

'**stempellokaal** *o* (-kalen) ZN social security office

'**stemplicht** *m & v* compulsory voting

'**stemrecht** *o* **1** ⟨staatkundig⟩ right to vote; suffrage, franchise; **2** voting rights [of shareholders]; *het* ~ *ook*: the vote; *algemeen* ~ universal suffrage; *ze eisten algemeen* ~ they demanded one man one vote; *aandelen zonder* ~ non-voting shares

'**stemsleutel** *m* (-s) tuning-key

'**stemspleet** *v* (-spleten) glottis; ~*...* glottal

'**stemvee** *o* voting mob

'**stemverheffing** *v* raising of the voice

'**stemvork** *v* (-en) tuning-fork

'**stemvorming** *v* voice production

'**stemwisseling** *v* (-en) breaking of the voice

'**stencil** *o & m* (-s) stencil

'**stencilen** (stencilde, h. gestencild) *overg* stencil, mimeograph

'**stencilmachine** *v* (-s) stencil machine, mimeograph

'**stencilpapier** *o* stencil paper, gemeenz flong

1 '**stenen** *bn* **1** ⟨in 't alg.⟩ of stone, stone; **2** ⟨bakstenen⟩ brick; *een* ~ *hart* a heart of stone

2 '**stenen** (steende, h. gesteend) *onoverg* vero ⟨kreunen⟩ moan, groan

'**stengel** *m* (-s) stalk, stem [of plants]; *zoute* ~ pretzel

'**stenig** *bn* stony

'**stenigen** (stenigde, h. gestenigd) *overg* stone (to death)

'**steniging** *v* (-en) stoning

'**stennis** *m* gemeenz noise, fuss; ~ *maken* kick up a row

'**steno** *v* = *stenografie*

steno'dactylo *m-v* ('s) ZN shorthand-typist

stenodactylogra'fie *v* ZN shorthand

steno'graaf *m* (-grafen) stenographer, shorthand writer

stenogra'feren (stenografeerde, h. gestenografeerd) **I** *onoverg* write shorthand; **II** *overg* take down in shorthand

stenogra'fie *v* stenography, shorthand

steno'grafisch *bn* stenographic(al), in shorthand

steno'gram *o* (-men) shorthand writer's notes, shorthand report

stenoty'pist *m* (-en), **stenoty'piste** *v* (-s) shorthand typist

'**stentorstem** *v* stentorian voice

step *m* (-pen en -s) **1** ⟨voetsteun⟩ step; **2** ⟨autoped⟩ scooter

'**Stephanus** *m* Stephen

step-'in *m* (-s) girdle, roll-on

'**steppe** *v* (-n) steppe

'**steppebewoner** *m* (-s) inhabitant of the steppe

'**steppehoen** *o* (-ders) Pallas's grouse

'**steppewolf** *m* (-wolven) coyote

ster *v* (-ren) star[2]; *met* ~*ren bezaaid* starry; plechtig star-spangled; *zijn* ~ *rijst* his star is in the ascendant

'**sterappel** *m* (-s en -en) star apple

'**stère** *v* (-s en -n) stère, cubic metre

'**stereo** *bn* stereo

stereofo'nie *v* stereophony

stereo'fonisch *bn* stereophonic

'**stereo-installatie** *v* (-s) stereo (set)

stereome'trie *v* solid geometry

'**stereoplaat** *v* (-platen) stereo record

stereo'scoop *m* (-scopen) stereoscope

stereo'scopisch *bn* stereoscopic

stereo'tiep *bn* stereotypic(al), stock, standard

'**stereotoren** *m* (-s) music centre

stereotype *v* stereotype

stereoty'peren (stereotypeerde, h. gestereoty-peerd) *overg* stereotype

stereoty'pie *v* (-pieën) stereotype printing

'**sterfbed** *o* (-den) death-bed

'**sterfdag** *m* (-dagen) day of sbd.'s death, dying day

'**sterfdatum** *m* (-s en -data) date of death

'**sterfelijk** *bn* mortal

'**sterfelijkheid** *v* mortality

'**sterfgeval** *o* (-len) death; *wegens* ~ owing to a be-reavement

'**sterfhuis** *o* (-huizen) house of the deceased

'**sterfkamer** *v* (-s) death-room, death-chamber

'**sterflijk(heid)** = *sterfelijk(heid)*

'**sterfput** *m* (-ten) ZN cesspool

'**sterfte** *v* mortality

'**sterftecijfer** *o* (-s) (rate of) mortality, death-rate

'**sterfuur** *o* (-uren) dying-hour, hour of death

ste'riel *bn* sterile, barren

sterili'satie *v* (-s) sterilization

sterili'sator *m* (-s en -'toren) sterilizer

sterili'seertrommel *v* (-s) autoclave

sterili'seren (steriliseerde, h. gesteriliseerd) *overg* sterilize

sterili'teit *v* sterility, barrenness, infertility

sterk I *bn* **1** strong²; powerful [microscope]; handel sharp [rise, fall]; **2** (ranzig) strong; *een* ~ *geheugen* a retentive memory; *een* ~ *verhaal* a tall story; ~*e werkwoorden* strong verbs; *dat is* ~, *zeg!* that's what I call steep!; *ik maak me* ~ *dat...* I'm sure that...; *een leger 100.000 man* ~ an army 100.000 strong; *hij is* ~ *in het Frans* he is strong (well up) in French; *daarin is hij* ~ that's his strong point; *daar ben ik niet* ~ *in* I am not good at that; *hij (zijn zaak) staat* ~ he has a strong case; *zo* ~ *als een beer* as strong as a horse; **II** *bijw* strongly; *dat is* ~ *gezegd* that is a strong thing to say; ~ *overdreven* wildly exagger-ated; ~ *vergroot* much enlarged

'**sterken** (sterkte, h. gesterkt) *overg* strengthen, for-tify, invigorate

'**sterkers** *v* = *sterkenkers*

'**sterking** *v* strengthening

'**sterkstroom** *m* strong current

'**sterkte** *v* (-n en -s) **1** (kracht) strength; **2** (fort) for-tress

sterk'water *o* nitric acid, aqua fortis; *op* ~ *zetten* put into spirits

'**sterling** sterling; *pond* ~ pound sterling

'**sterlinggebied** *o* sterling area

'**stermotor** *m* (-s en -en) radial (engine)

stern *v* (-s) (common) tern

'**sterrenbaan** *v* (-banen) orbit of a star

'**sterrenbeeld** *o* (-en) constellation

'**sterrenhemel** *m* starry sky

'**sterrenjaar** *o* (-jaren) sideral year

'**sterrenkaart** *v* (-en) star-map

'**sterrenkers** *v* garden cress

'**sterrenkijker** *m* (-s) telescope

'**sterrenkijker** *m* (-s) star-gazer, astrologer

'**sterrenkunde** *v* astronomy

sterren'kundige *m-v* (-n) astronomer

'**sterrenlicht** *o* star-light, light of the stars

'**sterrenloop** *m* course (motion) of the stars

'**sterrenmuur** *v* chickweed

'**sterrenregen** *m* (-s) meteoric shower

'**sterrenwacht** *v* (-en) (astronomical) observatory

'**sterrenwichelaar** *m* (-s) astrologer

sterrenwichela'rij *v* astrology

'**sterretje** *o* (-s) **1** little star; **2** star, asterisk (*); **3** [film] starlet; *een klap dat je de* ~*s voor de ogen dansen* a blow that will make you see stars

'**sterrit** *m* (-ten) rally

'**sterveling** *m* (-en) mortal; *geen* ~ not a (living) soul

'**sterven** (stierf, is gestorven) **I** *onoverg* die; *ik mag* ~ *als...* I wish I may die if...; ~ *aan een ziekte* die of a disease; *van honger* ~ die of hunger; ~ *van ouder-dom* die of old age; ~ *van verdriet* die of a broken heart; *op* ~ *na dood* all but dead; *op* ~ *liggen* be dy-ing, be at the point of death; **II** *overg*: *duizend doden* ~ taste death a thousand times; *een natuurlijke dood* ~ die a natural death

'**stervend** *bn* dying, moribund; *de* ~*e* the dying per-son

'**stervensbegeleiding** *v* terminal care

'**stervensuur** *o* (-uren) dying-hour

'**stervormig** *bn* star-shaped

stetho'scoop *m* (-scopen) stethoscope

steun *m* (-en) support², prop², fig stay; *de* ~ *van zijn oude dag* the support of his old age; *hij was ons een grote* ~ he was a great help to us; ~ *en toeverlaat* anchor; *de enige* ~ *van de kandidaat* the only sup-port (backing) of the candidate; *(van de)* ~ *trekken* live on social security, be on the dole (on the bread-line); ~ *verlenen aan* support; *met* ~ *van...* aided by...; *tot* ~ *van...* in support of...

'**steunbalk** *m* (-en) supporting beam, girder

'**steunbeer** *m* (-beren) buttress

'**steuncomité** *o* (-s) relief committee

1 'steunen (steunde, h. gesteund) *onoverg* (kreunen) moan, groan

2 'steunen (steunde, h. gesteund) **I** *overg* (onder-steunen) **1** eig support, prop (up); **2** fig support [a cause, an institution, a candidate]; back (up) [a movement]; countenance [a practice]; uphold [a person]; second [a motion]; **II** *onoverg* (leunen) lean; ~ *op* lean on; fig lean upon [a person]; *waarop steunt dat?* what is it founded on?, what does it rest upon?; ~ *tegen* lean against

'**steunfonds** *o* (-en) relief fund

'**steunfraude** *v* social security fraude

'**steunmuur** *m* (-muren) supporting wall

'**steunpilaar** *m* (-laren) pillar²

'**steunpunt** *o* (-en) **1** (in 't alg.) point of support; **2** techn fulcrum [of a lever]; **3** mil base

'**steunsel** *o* (-s) stay, prop, support

'**steuntje** *o* (-s) rest

'**steuntrekker** *m* (-s) recipient of (unemployment) relief

'**steunzender** *m* (-s) booster transmitter

'**steunzool** *v* (-zolen) arch support

steur *m* (-en) sturgeon

1 '**steven** *m* (-s) prow, stem; *de ~ wenden* go about; *de ~ wenden naar* head for..., make for...

2 '**steven** V.T. meerv. van *stijven*

'**stevenen** (stevende, is gestevend) *onoverg* steer, sail; *~ naar* steer for; make for

'**stevig I** *bn* **1** ⟨v. zaken⟩ solid, strong [furniture, ropes &]; substantial [meal &]; firm [post]; **2** ⟨v. persoon⟩ strong, sturdy; *een ~e bries* a stiff breeze; *een ~e eter* a hearty eater; *een ~ glaasje* a stiff glass; *een ~e handdruk* a firm shake of the hand; *~e kost* substantial food; *een ~e meid* a strapping lass; *een ~ uur* a stiff hour, one solid hour; **II** *bijw* solidly &; *~ doorstappen* walk at a stiff pace; *~ geboeid* firmly fettered; *~ gebouwd* **1** firmly built [houses]; **2** well-knit [lads]; *hem ~ vasthouden* hold him tight

'**stevigheid** *v* solidity, substantiality, firmness, sturdiness

'**steward** *m* (-s) steward

stewar'dess *v* (-en) luchtv air hostess, stewardess

sticht *o* (-en) bishopric; *het S~* hist (the bishopric of) Utrecht

'**stichtelijk I** *bn* edifying; *een ~ boek* a devotional book; **II** *bijw* edifyingly; *dank je ~!* thank you very much!

'**stichtelijkheid** *v* edification

'**stichten** (stichtte, h. gesticht) **I** *overg* **1** found [a business, colonies, a hospital, a church, a religion, an empire &]; establish [a business]; raise [a fund]; **2** edify [people at church]; *vrede ~* make peace; *hij is er niet over gesticht* zie *²gesticht*; zie ook: *brand, onheil*; **II** *abs ww* edify

'**stichter** *m* (-s) founder

'**stichting** *v* (-en) **1** (oprichting) foundation; **2** ⟨organisatie⟩ institution, foundation, organization; **3** ⟨zedelijke verheffing⟩ edification

'**stickie** *o* (-s) joint

stief *bn*: *het is nog een ~ endje lopen* there's still a long way to go; *een ~ kwartiertje* a good quarter of an hour

'**stiefbroeder**, '**stiefbroer** *m* (-s) step-brother

'**stiefdochter** *v* (-s) step-daughter

'**stiefelen** (stiefelde, h. en is gestiefeld) *onoverg* gemeenz stride, foot it

'**stiefkind** *o* (-eren) step-child[2]

'**stiefmoeder** *v* (-s) step-mother[2]

stief'moederlijk *bijw* stepmotherly; *~ behandeld worden* be treated harshly, in a stepmotherly fashion; *wij zijn altijd ~ bedeeld geweest* we have always been the poor cousins; *de natuur heeft hem ~ bedeeld* nature has not lavished her gifts upon him

'**stiefvader** *m* (-s) step-father

'**stiefzoon** *m* (-s en -zonen) step-son

'**stiefzuster** *v* (-s) step-sister

'**stiekem I** *bn* underhand; **II** *bijw* on the sly, on the quiet, secretly; *~ weglopen* sneak away, steal away; *zich ~ houden* lie low

'**stiekemerd** *m* (-s) sneak

stiel *m* (-en) ZN ⟨beroep⟩ profession, trade

'**stielkennis** *v* ZN professional knowledge, expert knowledge

'**stielman** *m* (-nen) ZN professional, craftsman, skilled worker

stier *m* (-en) bull; *de S~* astron Taurus

'**stierengevecht** *o* (-en) bull-fight

'**stierennek** *m* (-ken) bull neck

'**stierenvechter** *m* (-s) bull-fighter

stierf (stierven) V.T. van *sterven*

'**stierkalf** *o* (-kalveren) bull-calf

'**stierlijk** *bijw*: *~ het land hebben* have the hump, be terribly annoyed; *~ vervelend* frightfully boring; *zich ~ vervelen* be bored to death

'**Stiermarken** *o* Styria

'**stierven** V.T. meerv. van *sterven*

stiet (stieten) V.T. van *stoten*

1 stift *v* (-en) **1** ⟨in 't alg.⟩ pin; **2** ⟨v. vulpotlood⟩ pencil-lead

2 stift *o* (-en) = *sticht*

'**stiftbal** *m* (-len) sp chip

'**stiften** *overg* sp chip

'**stifttand** *m* (-en) pivot tooth

'**stigma** *o* ('s en -mata) stigma

stigmati'satie *v* (-s) stigmatization

stigmati'seren (stigmatiseerde, h. gestigmatiseerd) *overg* stigmatize

stijf I *bn* **1** ⟨in 't alg.⟩ stiff[2] [collar, leg, neck, breeze; manners, attitude, bow]; **2** fig starchy; *een stijve krijgen* gemeenz get a hard-on; *~ van de kou* stiff with cold; *u moet het ~ laten worden* leave it to stiffen (to set); **II** *bijw* stiffly; *iets ~ en strak volhouden* stoutly maintain it; *~ dicht* firmly (tightly) closed

'**stijfheid** *o* stiffness[2], rigidity, starch

stijf'hoofdig, **stijf'koppig I** *bn* obstinate, headstrong; **II** *bijw* obstinately

stijf'hoofdigheid, **stijf'koppigheid** *v* obstinacy

'**stijfkop** *m* (-pen) obstinater person, Am bullethead

'**stijfsel** *m & o* **1** starch [from corn, for stiffening]; **2** paste [of the bill-sticker]

'**stijfselachtig** *bn* starchy

'**stijfselen** (stijfselde, h. gestijfseld) *overg* starch

'**stijfselkwast** *m* (-en) paste-brush

'**stijfselpap** *v* (-pen) paste

'**stijfte** *v* stiffness

'**stijgbeugel** *m* (-s) stirrup

'**stijgen** (steeg, is gestegen) *onoverg* **1** (in de hoogte) rise, mount [of a road], mount [of blood], luchtv ook: climb; **2** (hoger worden) rise [of a river, prices, of the barometer], go up, advance [of prices]; *naar het hoofd ~* go to one's head [of wine &]; mount (rush) to one's head [of the blood]; *te paard ~*

mount one's horse; *in ~de lijn* on the up-grade
'stijgijzer *o* (-s) crampon, climbing iron
'stijging *v* (-en) rise[2], rising, advance
'stijgwind *m* (-en) upwind, updraught
stijl *m* (-en) **1** bouwk post [of door &]; **2** plantk style; **3** 〈schrijfwijze, trant〉 style; **4** 〈tijdrekening〉 style; *oude ~* old style; *in verheven ~* in elevated style
'stijlbloempje *o* (-s) flower of speech
'stijldansen *o* ballroom dancing
'stijlfiguur *v* (-guren) figure of speech
'stijlkamer *v* (-s) period room
'stijlleer *v* stylistics
'stijlloos *bn* **1** 〈zonder stijl〉 tasteless, styleless; **2** 〈laag bij de gronds〉 ill-mannered, unseemly, tasteless
'stijloefening *v* (-en) stylistic exercise
'stijlvol *bn* stylish
1 'stijven (steef, h. gesteven) *overg* starch [linen]
2 'stijven (stijfde, h. gestijfd) *overg* 〈verstevigen〉 stiffen; *de kas* ~ swell the fund (the treasury); *iem. in het kwaad* ~ egg sbd. on, set sbd. on
'stijving *v* **1** stiffening; **2** starching [of linen]; *tot ~ van de kas* to swell the fund
stik *tsw* gemeenz: *~!* hell!, hang!, blast!
'stikdonker I *bn* pitch-dark; **II** *o* pitch-darkness
'stikgas *o* 〈in mijnen〉 choke-damp
'stikheet *bn* stifling hot
1 'stikken (stikte, is gestikt) *onoverg* stifle, be stifled, choke, be suffocated, suffocate; *ik stik!* I am choking; *ze mogen voor mijn part* ~ they may go to hell!; *als ik jou was liet ik de hele boel* ~ I should cut the whole concern; *het was om te* ~ **1** it was suffocatingly hot; **2** it was screamingly funny; *~ van het lachen* split one's sides with laughter; *hij stikte van woede* he choked with rage
2 'stikken (stikte, h. gestikt) *overg* stitch [a garment &]; *gestikte deken* quilt
'stiknaald *v* (-en) stitching-needle
'stiksel *o* (-s) stitching
'stiksteek *m* (-steken) backstitch
'stikstof *v* nitrogen
'stikstofhoudend *bn* nitrogenous
'stikstofverbinding *v* (-en) nitrogen compound
'stikvol *bn* crammed, chock-full
'stikwerk *o* stitching
stil I *bn* still, quiet; silent; *~ !* hush!; *~ daar!* silence there!; *een ~le handel* 〈op de beurs〉 quiet trade, slack trade; *een ~le drinker* a secret drinker; *S~le Oceaan, S~le Zuidzee* Pacific Ocean, Pacific; *~ spel* stage business, by-play [of actor]; *de S~le Week* Holy Week; *zo ~ als een muis(je)* as silent as a mouse; zie ook: *vennoot &*; **II** *bijw* quietly; silently; *~ leven* have retired from business; *~ toeluisteren* listen in silence
'stilaan *bijw* gradually
sti'leren (stileerde, h. gestileerd) *overg & onoverg* **1** compose [a letter &]; **2** stylize [a dress], conven-

tionalize [flowers &]
sti'let *o* (-ten) stiletto
sti'letto *m* ('s) flick-knife
'stilheid *v* stillness, quiet, silence
'stilhouden[1] **I** *onoverg* stop, come to a stop; *de wagen hield stil voor de deur* pulled (drew) up at the door; **II** *overg: iets* ~ keep sth. quiet (dark), hush sth. up; **III** *wederk: zich* ~ **1** keep quiet, be quiet, keep still; **2** keep silent
sti'list *m* (-en) stylist
sti'listisch *bn* stylistic
'stille *m* (-n) gemeenz plain-clothes man
'stilleggen[1] *overg* **1** stop [work]; **2** close down, shut down [a factory]
'stillen (stilde, h. gestild) *overg* **1** quiet, hush [a crying child]; **2** still [fears &]; **3** allay, alleviate [pain]; **4** appease [one's hunger]
'stilletje *o* (-s) close-stool, night-stool
'stilletjes *bijw* **1** 〈stil〉 silently; **2** 〈stiekem〉 secretly, on the quiet
'stilleven *o* (-s) still life [painting]
'stilliggen[1] *onoverg* **1** lie still [in bed &]; **2** lie idle [a harbour]; **3** be closed down [a factory]; *de handel ligt stil* trade is at a standstill
'stilling *v* stilling &, alleviation, appeasement &, zie: *stillen*
'stilstaan[1] *onoverg* stand still; stop; *hij bleef* ~ he stopped; *de handel staat stil* trade is at a standstill; *de klok staat stil* the clock has stopped; *de klok laten* ~ stop the clock; *daar heb ik niet bij stilgestaan* I didn't stop at the thought; *er wat langer bij* ~ dwell on it a little longer; zie ook: *mond, verstand*
'stilstaand *bn* **1** standing, stagnant [waters]; **2** standing, stationary [train]
'stilstand *m* **1** 〈in 't alg.〉 standstill; cessation; **2** stagnation, stagnancy [of business]; **3** stoppage [in factory, of work]; *tot ~ komen* come to a standstill
'stilte *v* (-n en -s) stillness, quiet, silence; *(er viel een) doodse ~* deathlike hush, sudden hush; *de ~ voor de storm* the lull before the storm; *in ~* silently; secretly, privately [married]; *in ~ lijden* suffer in silence; *de menigte nam twee minuten ~ in acht* the crowd stood in silence for two minutes
'stilzetten[1] *overg* = *stopzetten*
'stilzitten[1] *onoverg* **1** eig sit still; **2** fig do nothing [of a minister &]; *we hebben niet stilgezeten* we have not been idle
'stilzwijgen *o* silence; *het ~ bewaren* keep (preserve, observe, maintain) silence; be (keep) silent (*over* about)
'stilzwijgend I *bn* **1** silent, taciturn [person]; **2** tacit [agreement]; **3** implied [condition]; **II** *bijw* **1** tacitly [understood]; **2** [pass over] in silence
stil'zwijgendheid *v* silence, taciturnity
'stimulans *m* (-'lansen en -'lantia) **1** 〈opwekkend middel〉 stimulant; **2** 〈aansporing〉 incentive, stimulus [*mv* stimuli], boost

stimu'leren (stimuleerde, h. gestimuleerd) *overg* stimulate, boost

'stimulus *m* (-li) = *stimulans*

'stinkbom *v* (-men) stink-bomb

'stinkdier *o* (-en) skunk

'stinken (stonk, h. gestonken) *onoverg* stink, smell, reek (*naar* of); *erin* ~ gemeenz get caught, walk into the trap

'stinkend *bn* stinking, reeking, fetid; ~*e gouwe* greater celandine; ~ *rijk* gemeenz stinking rich

'stinker, 'stinkerd *m* (-s) stinker; *rijke* ~ money-bags

'stinkstok *m* (-ken) gemeenz ⟨sigaar⟩ cheap cigar; ⟨sigaret⟩ fag, Am butt

'stinkzwam *v* (-men) stinkhorn

stip *v* (-pen) **1** point, dot (on the i); **2** sp (penalty) spot

sti'pendium *o* (-s en -dia) onderwijs scholarship

'stippel *v* (-s) speck, dot

'stippelen (stippelde, h. gestippeld) *overg* dot, speckle, stipple

'stippellijn *v* (-en) dotted line

stipt *bn* punctual, precise; ~ *eerlijk* strictly honest; ~ *op tijd* punctually to time

'stiptheid *v* punctuality, precision

'stiptheidsactie *v* (-s), ZN: **'stiptheidsstaking** (-en) work-to-rule; *een* ~ *voeren* work to rule

'stobbe *v* (-n) stump [of a tree]

sto'chastisch *bn* stochastic

stock *m* (-s) ZN **1** ⟨kapitaal⟩ capital, fund, stock; **2** ⟨goederenvoorraad⟩ stock

'stockdividend *o* (-en) scrip

'stoefen (stoefte, h. gestoeft) *onoverg* ZN brag, boast

'stoefer *m* (-s) ZN braggart, boaster

'stoeien (stoeide, h. gestoeid) *onoverg* romp, frolic

stoeie'rij *v* (-en) romping, frolicking

'stoeipartij *v* (-en) romping, romp, game of romps

'stoeipoes *v* (-poezen) sex kitten

'stoeiziek *bn* playful, frisky, frolicsome

stoel *m* (-en) **1** ⟨meubel⟩ chair; **2** ⟨v. plant⟩ stool; *de Heilige S*~ the Holy See; *neem een* ~ take a seat; *het niet onder* ~*en of banken steken* make no secret of it, make no bones about it; *voor* ~*en en banken spelen* (*spreken*) play (lecture) to empty benches

'stoelen (stoelde, h. gestoeld) *onoverg:* ~ *op* be founded on, be rooted in

'stoelendans *m* (-en) musical chairs

'stoelenmaker *m* (-s) chair-maker

'stoelenmatter *m* (-s) chair-bottomer

'stoelgang *m* movement, stool(s); zie verder: *ontlasting*

'stoelkussen *o* (-s) chair-cushion

'stoeltjeslift *m* (-en) chair-lift

stoep *m & v* (-en) **1** ⟨opstap⟩ (flight of) steps; **2** ⟨trottoir⟩ pavement, footpath, Am sidewalk

'stoepa *m* ('s) stupa

stoe'pier *m* (-s) ± barker

'stoeprand *m* (-en) kerbstone

stoer *bn* sturdy, stalwart, stout

'stoerheid *v* sturdiness

stoet *m* (-en) cortege, procession, train, retinue

stoete'rij *v* (-en) stud(-farm)

'stoethaspel *m* (-s) clumsy fellow

'stoethaspelen (stoethaspelde, h. gestoethaspeld) *onoverg* fumble, bungle, botch

1 stof *o* dust; ~ *afnemen* dust; ~ *opjagen* make a dust; *dat heeft heel wat* ~ *doen opgewaaien* that has raised a good deal of dust; *het* ~ *van zijn voeten schudden* shake the dust off one's feet; *(zich) in het* ~ *vernederen* humble (oneself) to the dust (in the dust); *iem. uit het* ~ *verheffen* raise sbd. from the dust

2 stof *v* (-fen) **1** ⟨materie⟩ matter[2], substance; **2** ⟨onderwerp(en)⟩ subject-matter, theme [of a book, for an essay]; **3** ⟨textiel⟩ material, stuff, [silk, woollen] fabric; ~ *en geest* matter and mind; *dat geeft* ~ *tot nadenken* that will give food for reflection (thought)

'stofblik *o* (-ken) dustpan

'stofbril *m* (-len) goggles

'stofdicht *bn* dust-proof

'stofdoek *m* (-en) duster

stof'feerder *m* (-s) upholsterer

stoffeerde'rij *v* (-en) upholstery (business)

'stoffel *m* (-s) blockhead, duffer, ninny

'stoffelijk *bn* material, concrete; ~*e belangen* material interests; ~*e bijvoeglijke naamwoorden* names of materials used as adjectives; *zijn* ~ *overschot* his mortal remains

'stoffelijkheid *v* materiality, corporality

1 'stoffen (stofte, h. gestoft) *overg* ⟨stof afnemen⟩ dust

2 'stoffen (stofte, h. gestoft) *onoverg* ⟨bluffen⟩ boast (*op* of)

3 'stoffen *bn* cloth [shoes]

'stoffenwinkel *m* (-s) draper's (shop), drapery store

'stoffer *m* (-s) brush; ~ *en blik* (dust)pan and brush

stof'feren (stoffeerde, h. gestoffeerd) *overg* upholster, furnish

stof'fering *v* (-en) upholstering, furnishings; *inclusief* ~ with curtains and drapes

'stoffig *bn* dusty; ~ *worden* gather dust

'stoffigheid *v* dustiness

'stofgoud *o* gold-dust

'stofhoek *m* (-en) dusty corner

'stofhoop *m* (-hopen) heap of dust

'stofjas *m & v* (-sen) dust-coat, overall

'stofje *o* (-s) **1** speck of dust; **2** = [2]*stof* 4

'stofkam *m* (-men) fine-tooth comb

'stoflong *v* silicosis

'stofmantel *m* (-s) dust-cloak

'stofnaam *m* (-namen) gramm name of a material

'stofnest *o* (-en) dust-trap

'stofomslag *m & o* (-slagen) dust jacket

'stofregen *m* drizzling rain, drizzle

'**stofregenen** (stofregende, h. gestofregend) *onoverg* drizzle

'**stofvrij** *bn* free from dust

'**stofwisseling** *v* metabolism

'**stofwolk** *v* (-en) dust cloud, cloud of dust

'**stofzuigen** (stofzuigde, h. gestofzuigd) *onoverg & overg* vacuum

'**stofzuiger** *m* (-s) (vacuum) cleaner

stoï'cijn *m* (-en) stoic

stoï'cijns I *bn* stoical [serenity], stoic [doctrines];
II *bijw* stoically

stoï'cisme *o* stoicism

'**stoïsch** *bn bijw* = stoïcijns

stok *m* (-ken) 1 (in 't alg.) stick; 2 (wandelstok) walking-stick, cane, stick; 3 (zitstok) perch, roost [for birds]; 4 (v. politieagent) truncheon, baton; 5 (v. dirigent; bij estafette) baton; 6 (v. vlag) pole; 7 scheepv stock [of anchor]; *de* ~ *achter de deur* the big stick; *het met iem. aan de* ~ *hebben* be at loggerheads with sbd.; *het met iem. aan de* ~ *krijgen* get into trouble with sbd.; *hij is met geen* ~ *hierheen te krijgen* wild horses won't drag him here; *op* ~ *gaan* go to roost²; *op* ~ *zijn* be at roost

'**stokbrood** *o* (-broden) French stick

'**stokdoof** *bn* stone-deaf

'**stokebrand** *m* (-en) firebrand

'**stoken** (stookte, h. gestookt) I *overg* 1 burn [coal, wood]; 2 stoke [a furnace &]; 3 fire [a boiler, an engine &]; 4 distil [spirits]; 5 fig stir up [trouble]; 6 brew [mischief]; *het vuur* ~ feed the fire; *een vuurtje* ~ make a fire; II *onoverg & abs ww* 1 make a fire, have a fire [in a room]; stoke; 2 fig blow the coals, stir up trouble

'**stoker** *m* (-s) 1 stoker, fireman [of steam-engine]; 2 distiller [of spirits]; 3 fig firebrand

stoke'rij *v* (-en) distillery

'**stokje** *o* (-s) (little) stick; *daar zullen wij een* ~ *voor steken* we shall stop it; *van zijn* ~ *gaan* gemeenz faint, swoon, keel (pass) over; zie ook: *gekheid*

'**stokken** (stokte, is gestokt) *onoverg* 1 cease to circulate [of the blood]; 2 break down [in a speech]; 3 flag [of conversation]; *haar adem stokte* her breath failed her; *zijn stem stokte* there was a catch in his voice

'**stokkerig**, '**stokkig** *bn* 1 (houtig) woody; 2 (stijf) stiff, rigid

'**stokoud** *bn* very old

'**stokpaardje** *o* (-s) hobbyhorse²; *op zijn* ~ *zitten (zijn)* be on one's hobby-horse, one's pet subject

'**stokroos** *v* (-rozen) hollyhock

'**stokslag** *m* (-slagen) stroke with a stick

'**stoksnijboon** *v* (-bonen) runner bean

'**stokstijf** *bn* as stiff as a poker; ~ *volhouden* maintain obstinately

'**stokstil** *bn* stock-still

'**stokvis** *m* (gedroogd) stockfish, dried cod

'**stokvoering** *v* muz bowing (technique)

'**stola** *v* ('s) stole

'**stollen** (stolde, is gestold) *onoverg* (ook: *doen* ~) congeal, coagulate, curdle, clot, fix, set; *het bloed stolde in mijn aderen* my blood froze (ran cold); *het doet het bloed* ~ it makes one's blood run cold, it curdles one's blood

'**stolling** *v* congelation, coagulation

'**stollingsgesteente** *o* (-n en -s) extrusive rocks

stolp *v* (-en) cover, glass bell, bell-glass, shade

'**stolpplooi** *v* (-en) box pleat

'**stolsel** *o* (-s) clot

stom I *bn* 1 (niets zeggend) dumb, mute, speechless; silent [film, part]; 2 (dom) stupid, dull; 3 (niet verstandig) foolish; ~ *geluk* the devil's luck; *een* ~*me* h a mute h; ~*me idioot!* gemeenz utter fool!, slang big stiff!; ~*me personen* mutes; *hij sprak (zei) geen* ~ *woord* he never said a word; ~ *van verbazing* speechless with amazement; II *bijw* 1 mutely; 2 stupidly; zie ook: *stomme*

'**stoma** *m* ('s) fistula

'**stomdronken** *bn* dead drunk

'**stomen** (stoomde, gestoomd) I (h. en is) *onoverg* (damp afgeven) steam; (walmen) smoke; (boot en trein) steam; *de ketel stoomt* the kettle is steaming; *de trein stoomde weg* the train steamed away; II (h.) *overg* 1 steam [rice &]; 2 (chemisch reinigen) dry-clean

stome'rij *v* (-en) dry cleaner's, dry-cleaning establishment; *mijn pak is bij de* ~ my suit is at the (dry-)cleaner's

'**stomheid** *v* 1 (het niet-kunnen-spreken) dumbness; 2 (-heden) (domheid) stupidity; *met* ~ *geslagen* struck dumb

'**stomkop** *m* (-pen) = stommerik

'**stomme** *m-v* (-n) dumb person; *de* ~*n* the dumb

'**stommelen** (stommelde, h. gestommeld) *onoverg* clatter

'**stommeling** *m* (-en) blockhead, dullard, duffer; bullhead, numskull; *(jij)* ~! gemeenz you stupid!

'**stommerd** (-s), **stommerik** *m* (-riken) fool

'**stommetje** *o*: *wij moesten* ~ *spelen* we had to sit mum

'**stommigheid** (-heden), **stommi'teit** *v* (-en) 1 (abstract) stupidness, stupidity; 2 (domme daad) stupidity, blunder, howler; *een* ~ *begaan* make a stupid mistake, put one's foot in it

1 **stomp** *m* (-en) (met vuist &) thump, punch, push, dig

2 **stomp** *m* (-en) (overblijfsel) stump

3 **stomp** *bn* 1 blunt [pencil], dull; 2 fig obtuse; ~*e hoek* obtuse angle; ~*e neus* flat nose

'**stompen** (stompte, h. gestompt) *overg* pummel, thump, punch, push

'**stompheid** *v* 1 eig bluntness, dullness; 2 fig obtuseness

'**stomphoekig** *bn* obtuse-angled

'**stompje** *o* (-s) 1 stump [of branch, tree, limb, cigar, pencil]; 2 stub [of dog's tail, of a cigarette, of a pencil]

'stompneus *m* (-neuzen) **1** ⟨neus⟩ snub nose;
2 ⟨persoon⟩ snub-nosed person
stomp'zinnig *bn* obtuse
stomp'zinnigheid *v* (-heden) obtuseness
'stomtoevallig *bn* by sheer chance; by the merest
coincidence
'stomverbaasd *bn* stupefied
'stomvervelend *bn* awfully slow
'stomweg *bijw* simply, without thinking
1 stond *m* (-en) plechtig time, hour, moment; *te
dezer* ~ at this moment (hour); *terzelfder* ~ at the
same moment; *van ~en aan* henceforward, from
this very moment
2 stond (stonden) V.T. van *staan*
stonk (stonken) V.T. van *stinken*
1 stoof *v* (stoven) **1** ⟨voetwarmer⟩ foot-warmer,
foot-stove; **2** ZN ⟨kachel⟩ stove
2 stoof (stoven) V.T. van *stuiven*
'stoofappel *m* (-en en -s) cooking-apple
'stoofpan *v* (-nen) stew-pan
'stoofpeer *v* (-peren) cooking-pear, stewing-pear
'stoofschotel *m & v* (-s) stew
'stoofvlees *o* ZN stewing, steak
'stookgat *o* (-gaten) fire hole
'stookgelegenheid *v* (-heden) fireplace
'stookolie *v* oil fuel, liquid fuel
'stookoven *m* (-s) furnace
'stookplaats *v* (-en) **1** ⟨haard⟩ fireplace, hearth;
2 techn stoke-hold, stoke-hole
stool *m* (stolen) stole
stoom *m* steam; ~ *afblazen* lett off steam; *onder* ~
scheepv with steam up
'stoombad *o* (-baden) steam bath
'stoomboot *m & v* (-boten) steamboat, steamer,
steamship
'stoombootmaatschappij *v* (-en) steam navigation company, steamship company
'stoomcursus *m* (-sen) intensive course, short
course, crash course
'stoomfluit *v* (-en) steam-whistle
'stoomgemaal *v* (-malen) steam pumpingstation
'stoomketel *m* (-s) steam-boiler, boiler
'stoomklep *v* (-pen) steam-valve
'stoomkracht *v* steam-power
'stoommachine *v* (-s) steam-engine
'stoompijp *v* (-en) steam-pipe
'stoomschip *o* (-schepen) steamship, steamer
'stoomstrijkijzer *o* (-s) steam iron
'stoomtractie *v* steam traction
'stoomtram *m* (-s) steam-tram
'stoomvaart *v* steam navigation
'stoomvaartmaatschappij *v* (-en) steam navigation company, steamship company
'stoomwals *v* (-en) steam-roller
stoop *v* (stopen) ZN ⟨kan⟩ jug, jar, pitcher
'stoornis *v* (-sen) disturbance, disorder
'stoorzender *m* (-s) jamming transmitter, jamming
station

stoot *m* (stoten) **1** push [with the elbow &];
2 punch [in boxing]; **3** thrust [with a sword];
4 lunge [in fencing]; **5** stab [with a dagger]; **6** shot,
stroke [at billiards]; **7** impact [of colliding bodies];
8 kick [of a rifle]; **9** gust (of wind); **10** blast [on a
horn]; **11** (mooie meid) nice bit of stuff, Am nice
chick; *de (eerste)* ~ *tot iets geven* give the impulse to
sth.; *wie heeft er de eerste* ~ *toe gegeven?* who has
been the prime mover?; *wie is aan* ~? bilj who is in
play
'stootblok *o* (-ken) buffer
'stootje *o* (-s) push; *hij kan wel tegen een* ~ he is not
easily hurt, gemeenz he can take it
'stootkant *m* (-en) protection strip
'stootkussen *o* (-s) buffer, fender
'stootplaat *v* (-platen) guard [of sword]
'stoottroepen *mv* shock-troops
stop *m* (-pen) **1** stopper [of a bottle]; **2** darn [in a
stocking]; **3** elektr ⟨smeltstop⟩ fuse; **4** ⟨v. badkuip
&⟩ plug; **5** (-s) ⟨van huur, loon, prijzen⟩ freeze
'stopbord *o* (-en) stop sign
'stopcontact *o* (-en) (power-)point, socket
'stopfles *v* (-sen) stoppered bottle, (glass) jar
'stopgaren *o* darning cotton, mending cotton
'stophorloge *o* (-s) stop-watch
'stoplap *m* (-pen) **1** eig sampler; **2** fig stop-gap
'stoplicht *o* (-en) traffic light; zie ook: *rijden I*
'stopmes *o* (-sen) putty-knife
'stopmiddel *o* (-en) **1** med astringent; **2** ⟨om te vul-
len⟩ filling
'stopnaald *v* (-en) darning-needle
stop'page *v* (-s) invisible mending
'stoppel *m* (-s) stubble; ~*s* stubble
'stoppelbaard *m* (-en) stubbly beard
'stoppelig *bn* stubbly
'stoppelland, **'stoppelveld** *o* (-en) stubble-field
1 'stoppen (stopte, h. gestopt) **I** *overg* **1** ⟨dichtma-
ken⟩ stop [a hole, a leak &]; darn [stockings];
2 ⟨dichthouden⟩ stop [one's ears]; **3** ⟨volstoppen⟩
fill [a pipe &]; **4** ⟨inbrengen, wegbergen⟩ put [some-
thing in a box, one's fingers in one's ears &]; *iem.
de handen* ~ vero grease sbd.'s palm, bribe sbd.; *de
kinderen in bed* ~ to put the children to bed; *iem.
iets in de handen* ~ foist sth. off upon sbd.; *hij laat
zich alles in de hand(en)* ~ you can foist (palm off)
anything upon him; *het in zijn mond (zak)* ~ put it
in one's mouth (pocket); *de kleine er lekker onder* ~
tuck the baby up in bed; *iem. onder de grond* ~ put
sbd. to bed with a shovel; **II** *abs ww* (v. voedsel)
bind the bowels, be binding, cause constipation
2 'stoppen (stopte, gestopt) **I** (is) *onoverg* stop,
come to a stop, halt; *de trein stopt hier niet* the train
does not stop here; *(de trein gaat door tot Kranen-
burg) zonder* ~ without a stop; **II** (h.) *overg* stop
'stopperspil *m* (-len) sp centre half
'stopplaats *v* (-en) stopping-place, stop
'stopsein *o* (-en) stop signal
'stopteken *o* (-s) stop signal

'**stoptrein** *m* (-en) stopping train

'**stopverbod** *o*: *(hier geldt een)* ~ no stopping, no waiting

'**stopverf** *v* (glazier's) putty

'**stopwol** *v* darning-wool

'**stopwoord** *o* (-en) expletive

'**stopzetten**[1] *overg* **1** (in 't alg.) stop; **2** close down, shut down [a factory]; **3** shut (cut) off [the engine]

'**stopzetting** *v* stoppage; closing down &

'**stopzij**, '**stopzijde** *v* darning silk

'**store** *v* (-s) Venetian blind

'**storen** (stoorde, h. gestoord) **I** *overg* disturb, derange, interrupt, interfere with; RTV jam [broadcasts]; *stoor ik (u) soms?* am I intruding?, am I in the way?; **II** *wederk*: *hij stoort zich aan alles* he minds everything; *hij stoort zich aan niets* he does not mind (care); *waarom zou ik mij daaraan* ~*?* why should I mind?; *zonder zich te* ~ *aan wat zij zeiden* heedless (regardless) of what they said

'**storend** *bn* annoying, irritating

'**storing** *v* (-en) **1** (in 't alg.) disturbance, interruption; **2** *techn* trouble, failure, breakdown; **3** RTV interference; **4** *med* disorder; **5** ⟨van weer⟩ depression

'**storingsdienst** *m* (-en) fault-clearing service

storm *m* (-en) storm[2] [also of applause, cheers, indignation]; tempest, gale; *een* ~ *in een glas water* a storm in a tea-cup

'**stormaanval** *m* (-len) assault

'**stormachtig** *bn* stormy, tempestuous, tumultuous, boisterous

'**stormbaan** *v* (-banen) *mil* assault course

'**stormbal** *m* (-len) storm-ball, storm-cone

'**stormband** *m* (-en) chin-strap

'**stormdek** *o* (-ken) hurricane deck

'**stormen** (stormde, h. en is gestormd) *onoverg* storm; *het stormt* it is blowing a gale; *het zal er* ~ *fig* there will be ructions; *hij kwam uit het huis* ~ he came tearing (dashing, rushing) out of the house

stormender'hand *bijw* mil by storm; ~ *innemen* take by storm[2]

'**stormklok** *v* (-ken) alarm-bell, tocsin

'**stormkracht** *v* gale force

'**stormladder** *v* (-s) mil scaling-ladder

'**stormlamp** *v* (-en) hurricane lamp

'**stormloop** *m* (-lopen) **1** ⟨in 't alg.⟩ rush[2]; **2** mil assault

'**stormlopen** (liep storm, h. stormgelopen) *onoverg*: ~ *tegen* storm, rush, assault [a fortified town]; *het loopt storm fig* there's a run [on]

'**stormpas** *m* (-sen) mil double-quick step; *in de* ~ at the double-quick

'**stormram** *m* (-men) battering-ram

'**stormschade** *v* damage caused by storm

'**stormsein** *o* (-en) storm-signal

'**stormtroepen** *mv* storm-troops

'**stormvogeltje** *o* (-s) storm petrel

'**stormweer** *o* stormy (tempestuous) weather

'**stormwind** *m* (-en) storm-wind, gale

stort *o & m* (-en) ZN ⟨stortplaats⟩ (refuse) dump, (rubbish) tip

'**stortbad** *o* (-baden) shower-bath

'**stortbak** *m* (-ken) **1** *techn* shoot; **2** ⟨v. wc⟩ cistern

'**stortbui** *v* (-en) heavy shower, downpour

'**storten** (stortte, h. gestort) **I** *overg* **1** throw, dump [sand]; **2** shed [tears, blood]; **3** shoot, dump [rubbish]; **4** pour [concrete]; **5** pay in [money]; **6** contribute [towards one's pension]; *elk 10 gulden* ~ deposit 10 guilders each; *het geld moet gestort worden bij een bank (op een rekening)* the money must be paid into a bank (into an account); **II** *wederk*: *zich* ~ *in de armen van...* throw oneself into the arms of...; *de rivier stort zich in zee bij...* falls (pours itself) into the sea near...; *zich in een oorlog* ~ plunge into a war; *zich* ~ *op* fall upon, throw oneself upon, swoop down on [the enemy]; **III** *onoverg* fall, crash; *hij is in een ravijn gestort* he fell down into a ravine; **IV** *abs ww*: *het stort* it is pouring

'**stortgoederen** *mv* bulk cargo, bulk goods

'**storting** *v* (-en) **1** spilling, shedding, pouring [of a liquid]; **2** payment, deposit, contribution [of money]

'**stortingsbewijs** *o* (-wijzen) paying-in slip, deposit slip

'**stortingsformulier** *o* (-en), ZN: '**stortings-bulletin** (-s) paying-in slip

'**stortingstermijn** *m* (-en) term for paying in

'**stortkar** *v* (-ren) tip-cart

'**stortkoker** *m* (-s) chute, shoot

'**stortplaats** *v* (-en) dumping-ground, (rubbish) shoot, (rubbish) tip

'**stortregen** *m* (-s) heavy shower (of rain), pouring rain, downpour

'**stortregenen** (stortregende, h. gestortregend) *onoverg* pour (with rain), rain cats and dogs

'**stortvloed** *m* (-en) **1** *eig* flood, torrent, deluge; **2** *fig* shower

'**stortzee** *v* (-zeeën) sea, surge, roller; *wij kregen een flinke* ~ we shipped a heavy sea

'**stoten** (stootte, gestoten) **I** *onoverg* **1** (h. en is) ⟨in 't alg.⟩ push; **2** (h.) ⟨met horens⟩ butt; **3** (h.) ⟨v. geweer⟩ recoil, kick; **4** (is) ⟨v. schip⟩ touch the ground; **5** (h.) ⟨v. auto, trein⟩ bump; **6** (h.) *bilj* play; *aan iets* ~ push sth., give sth. a push; ~ *naar* thrust at; *op iets* ~ stumble upon sth., come across sth.; meet with [difficulties]; *(het schip) stootte op een ijsberg* struck an iceberg; *tegen iets* ~ bump against sth. [a wall &]; ~ *tegen* [the table]; *tegen elkaar* ~ bump (knock) against each other; **II** (h.) *overg* **1** ⟨aankomen tegen⟩ stub [one's toes]; bump [one's head against a wall]; nudge [sbd. with one's elbow]; **2** ⟨duwen⟩ push [me &]; poke [a hole in a thing]; thrust [sbd. from his rights]; **3** ⟨fijnstampen⟩ pound; **4** ⟨shockeren⟩ shock, scandalize [people]; *iem. van zich* ~ repudiate sbd.; *iem. voor het hoofd* ~ offend sbd.; zie ook: *bezit*; **III** (h.) *wederk*:

zich ~ bump against sth.; *zich aan iems. gedrag* ~ be shocked at sbd.'s conduct

'**stotend** *bn* **1** eig pushing, thrusting; **2** (shockerend) shocking, offensive; *hortend en* ~ *reden we voort* we bumped along; *hortend en* ~ *kwam het verhaal eruit* bit by bit he (she) told the story

'**stotteraar** *m* (-s) stammerer, stutterer

'**stotteren** (stotterde, h. gestotterd) *overg* stammer, stutter

1 stout *m & o* (bier) stout

2 stout I *bn* **1** (moedig) bold, daring, audacious [behaviour]; sanguine [expectations]; **2** (ondeugend) naughty; **II** *bijw* **1** boldly; **2** naughtily

'**stouterd** *m* (-s) naughty child (boy, girl)

'**stoutheid** *v* **1** (moed) boldness, audacity; **2** (-heden) (ondeugendheid) naughtiness

stout'**moedig** *bn* bold, daring, undaunted

stout'**moedigheid** *v* courage, daring, boldness

stou'**wage** *v* = *stuwage*

'**stouwen** (stouwde, h. gestouwd) *overg* scheepv stow [goods]

1 '**stoven** (stoofde, h. gestoofd) **I** *overg* stew; **II** *wederk*: *zich* ~ bask [in the sun]

2 '**stoven** V.T. meerv. van *stuiven*

stove'**rij** *v* ZN stew

1 straal *m & v* (stralen) **1** ray, beam [of light], gleam, ray [of hope]; flash [of lightning]; **2** spout, jet [of water &]; **3** radius [*mv* radii] [of a circle]

2 straal *bijw* (volkomen) completely, through and through; *iem.* ~ *voorbijlopen* walk right past sbd.

'**straalaandrijving** *v* jet propulsion; *met* ~ jet-propelled

'**straalbezopen** *bn* blind drunk

'**straalbommenwerper** *m* (-s) jet bomber

'**straalbreking** *v* (-en) refraction

'**straaldier** *o* (-en) radiolarian

'**straaljager** *m* (-s) jet fighter

'**straalkachel** *v* (-s) electric (reflector) heater

'**straalmotor** *m* (-s en -toren) jet engine

'**straalpijp** *v* (-en) jet nozzle, luchtv jet exhaust

'**straalsgewijs**, '**straalsgewijze** *bijw* radially

'**straalturbine** *v* (-s) turbojet (engine)

'**straalvliegtuig** *o* (-en) jet(-propelled) plane, jet; ~*(en)* ook: jet aircraft

'**straalzender** *m* (-s) ray (beam) transmitter

straat *v* (straten) **1** (v. stad) street; **2** (zeestraat) straits; *langs de* ~ *slingeren* knock (gad) about the streets; *op* ~ in the street(s); *op* ~ *lopen* walk (run) about the streets; *op* ~ *staan* be on the streets; *iem. op* ~ *zetten* **1** (uit woning zetten) turn (throw) sbd. out (onto the streets); **2** (ontslaan) give sbd. the sack, throw sbd. out; *op* ~ *staan* **1** (zonder huis) be on the streets, be homeless; **2** (zonder werk) be out of a job; *hij is niet van de* ~ he was not picked out of the gutter

'**straatarm** *bn* very poor, as poor as a churchmouse

'**straatbeeld** *o* (-en) streetscape

'**straatcollecte** *v* (-s) street collection

'**straatdeun** *m* (-en) street-song, street-ballad

'**straatdeur** *v* (-en) street-door, front door

'**straatfotograaf** *m* (-grafen) street photographer

'**straatgevecht** *o* (-en) street fight; ~*en* street fighting

'**straathandel** *m* street sale, street vending (hawking)

'**straathandelaar** *m* (-s en -laren) street trader

'**straathoek** *m* (-en) street corner

'**straathond** *m* (-en) mongrel, cur

'**straatje** *o* (-s) alley, lane; *een* ~ *om gaan* go around the block; *dat komt in zijn* ~ *te pas, dat past in zijn* ~ that's up his alley

'**straatjongen** *m* (-s) street-boy

'**straatkei** *m* (-en) cobble(-stone)

'**straatlantaarn**, **straatlantaren** *v* (-s) street-lamp

'**straatlied** (-eren), '**straatliedje** *o* (-s) street-song, street-ballad

'**straatmaker** *m* (-s) = *stratenmaker*

'**straatmuzikant** *m* (-en) street-musician

'**straatnaam** *m* (-namen) street-name

'**straatnaambordje** *o* (-s) street-sign

'**straatorgel** *o* (-s) street-organ, barrel-organ

'**straatprostitutie** *v* streetwalking

'**straatroof** *m* street-robbery

'**straatrover** *m* (-s) street-robber

straatrove'**rij** *v* street-robbery

'**Straatsburg** *o* Strasbourg

'**straatschender** *m* (-s) street rough, hooligan

straatschende'**rij** *v* disorderliness in the street(s), hooliganism

'**straatslijpen** *abs ww* loaf about the streets

'**straatslijper** *m* (-s) street-lounger, loafer

'**straatstamper** *m* (-s) paviour's beetle, rammer

'**straatsteen** *m* (-stenen) paving-stone; *iets aan de straatstenen niet kwijt kunnen* not be able to sell sth. for love or money

'**straattaal** *v* language of the street

'**straatveger** *m* (-s) (man; machine) road-sweeper, street-sweeper

'**straatventer** *m* (-s) street-vendor, hawker

'**straatverbod** *o* (-boden) restraining order

'**straatverlichting** *v* street-lighting

'**straatvrees** *v* agoraphobia

'**straatvuil** *o* street-refuse

'**straatweg** *m* (-wegen) high road

'**straatzanger** *m* (-s) street-singer, busker

1 straf *v* (-fen) punishment, penalty; ~ *krijgen* be (get) punished; *het brengt zijn eigen* ~ *mee* it carries its own punishment; *voor* ~ as a punishment, for punishment, by way of punishment; *de* ~ *volgt op de zonde* punishment follows sin

2 straf I *bn* **1** severe, stern [looks]; **2** stiff [drink]; **3** strong [tea]; **II** *bijw* [look] severely, sternly

'**strafbaar** *bn* **1** (in 't alg.) punishable; **2** penal [offences]; *als* ~ *beschouwen* criminate

'**strafbal** *m* (-len) (hockey) penalty stroke

'**strafbankje** *o* (-s) dock
'**strafbepaling** *v* (-en) **1** ⟨in 't alg.⟩ penal provision; **2** penalty clause [in contract]
'**strafblad** *o* (-bladen) = *strafregister*
'**strafcorner** *m* (-s) ⟨hockey⟩ penalty corner
'**strafexerceren** *o mil* pack drill
'**strafexpeditie** *v* (-s) punitive expedition
'**straffe**: *op* ~ *van* on penalty of; *op* ~ *des doods* upon pain of death
'**straffeloos** *bn* unpunished, with impunity
straffe'loosheid *v* impunity
'**straffen** (strafte, h. gestraft) *overg* punish; *met boete* ~ punish by a fine; *met de dood* ~ punish with death
'**strafgericht** *o* punishment, judgement [of God]
'**strafgevangenis** *v* (-sen) ⟨convict⟩ prison
'**strafinrichting** *v* (-en) penal establishment
'**strafkolonie** *v* (-s en -niën) penal ⟨convict⟩ settlement, penal ⟨convict⟩ colony
'**strafmaat** *v* sentence, degree of penalty (punishment)
'**strafmaatregel** *m* (-s en -en) punitive measure
'**strafmiddel** *o* (-en) means of punishment
'**strafoefening** *v* (-en) execution
'**strafport** *o & m* additional postage, extra postage, surcharge
'**strafpreek** *v* (-preken) lecture, gemeenz talking-to
'**strafproces** *o* (-sen) criminal procedure (proceedings)
'**strafpunt** *o* (-en) penalty point
'**strafrecht** *o* criminal law
straf'rechtelijk *bn* of criminal law, criminal
'**strafrechter** *m* (-s) criminal judge
'**strafregels** *mv onderwijs* lines
'**strafregister** *o* (-s) recht police record, criminal record; *een schoon* ~ *hebben* have a clean record
'**strafschop** *v* (-pen) penalty kick
'**strafschopgebied** *o* (-en) penalty area
'**straftijd** *m* term of imprisonment
'**strafvervolging** *v* prosecution, criminal action
'**strafvordering** *v* (-en) criminal procedure (proceedings)
'**strafwerk** *o onderwijs* imposition, detention work
'**strafwet** *v* (-ten) penal law
'**strafwetboek** *o* (-en) penal code
'**strafwetgeving** *v* penal legislation
'**strafworp** *m* (-en) **1** ⟨basketbal⟩ free throw; **2** ⟨handbal⟩ penalty throw; **3** ⟨korfbal⟩ penalty
'**strafzaak** *v* (-zaken) criminal case
strak I *bn* **1** *eig* tight, taut, stiff; **2** *fig* fixed [looks], set [face]; *een* ~ *touw* a taut (tight) rope; **II** *bijw*: ~ *aanhalen* tighten, tauten [a rope]; ~ *aankijken* look fixedly at
'**strakheid** *v* **1** *eig* tightness, stiffness; **2** *fig* fixedness [of his gaze]
'**strakjes, straks** *bijw* **1** ⟨dadelijk⟩ soon, by and by; **2** ⟨zojuist⟩ just now, a little while ago; *tot* ~*!* so long!, see you!

'**stralen** (straalde, h. gestraald) *onoverg* beam, shine, radiate[2]
'**stralenbundel** *m* (-s) pencil of rays, beam
'**stralend** *bn* radiant
'**stralenkrans** *m* (-en) aureole, nimbus, halo
'**straling** *v* (-en) radiation
'**stralingsgevaar** *o* radiation danger
'**stralingsgordel** *m* (-s) radiation belt
'**stralingsziekte** *v* radiation illness
stram *bn* stiff, rigid
'**stramheid** *v* stiffness, rigidity
stra'mien *o* canvas
'**strand** *o* (-en) beach; ⟨kust⟩ shore; *spelende kinderen op het* ~ children playing on the sand(s); *op het* ~ *lopen* scheepv run aground; *op het* ~ *zetten* scheepv run ashore, beach
'**strandboulevard** *m* (-s) marine parade, (beach) promenade, sea-front
'**stranddief** *m* (-dieven) = *strandjut(ter)*
'**stranden** (strandde, is gestrand) *onoverg* **1** scheepv strand, run aground; **2** *fig* founder (*op* on); *een gestrand huwelijk* a broken marriage
'**strandgoed** *o* (-eren) wrecked goods, wreck, jetsam, flotsam
'**strandhotel** *o* (-s) sea-front hotel
'**stranding** *v* (-en) scheepv stranding, grounding
'**strandjutter** *m* (-s) wrecker, beachcomber
'**strandkleding** *v* beach wear
'**strandloper** *m* (-s) ⟨vogel⟩ sanderling
'**strandschoenen** *mv* sand-shoes
'**strandstoel** *m* (-en) beach chair; ⟨opvouwbaar⟩ deck chair; ⟨gevlochten⟩ beehive chair
'**strandvakantie** *v* (-s) seaside holiday(s)
'**strandvond** *m* = *strandgoed*
'**strandvonder** *m* (-s) receiver of wreck, wreckmaster
stra'patsen *mv* antics; ~ *maken* fig be extravagant
stra'teeg *m* (-tegen) strategist
strate'gie *v* (-gieën) strategy, strategics
stra'tegisch *bn* strategic(al)
'**stratenmaker** *m* (-s) roadman, pavier, paviour
stratifi'catie *v* stratification
strato'sfeer *v* stratosphere
'**streber** *m* (-s) careerist, go-getter
'**streberig** *bn* thrusting
streed (streden) V.T. van *strijden*
'**streefcijfer** *o* (-s) target figure, target
'**streefdatum** *m* (-s en -data) target date
1 streek I *v* (streken) **1** stroke [with the pen, of the bow on a stringed instrument &]; **2** ⟨gebied⟩ tract, district, region, part of the country; **3** point [of the compass]; *lange streken maken (bij het schaatsen)* skate with long strokes; *in deze* ~ in this region, in these parts; *in de* ~ *van de lever* in the region of the liver; *weer op* ~ *komen* get into one's stride again; *goed op* ~ *zijn* be in splendid form; *morgen zijn we weer op* ~ to-morrow we shall be in the old groove again; *hij was helemaal van* ~ he was quite upset;

mijn maag is van ~ my stomach is out of order; *dat heeft hem van* ~ *gebracht* that's what has upset him; **II** *m* & *v* (streken) ⟨list, poets⟩ trick; *een* ~ *uithalen* play a trick; *dat is net een* ~ *voor hem* it is just like him; *gekke streken* foolish pranks, tomfoolery; *een gemene (smerige)* ~ a dirty trick; *een stomme* ~ a stupid move; *we zullen hem die streken wel afleren* we shall teach him

2 streek (streken) V.T. van *strijken*

'streekplan *o* (-nen) regional plan

'streekroman *m* (-s) regional novel

'streektaal *v* (-talen) dialect

'streekvervoer *o* regional transport

streep *v* (strepen) stripe, streak, stroke, dash, line; *dat was voor hem een* ~ *door de rekening* there he was out in his calculations; *er loopt bij hem een* ~ *door* he has a tile loose; *er maar een* ~ *door halen* strike it out, cancel it[2]; *ergens een* ~ *onder zetten* let bygones be bygones, have done with sth.; *op zijn strepen staan* pull rank on sbd.

'streepje *o* (-s) dash; *een* ~ *vóór hebben* be the favourite

'streepjesbroek *v* (-en) striped trousers

'streepjescode *m* (-s) bar code

'streepjesgoed *o* striped material

'strekdam *m* (-men) breakwater

'streken V.T. meerv. van *strijken*

'strekken (strekte, h. gestrekt) **I** *onoverg* stretch, reach, extend; *per* ~*de meter* per running meter; ~*de tot het welslagen van de onderneming* tending (conducive) to the succes of the enterprise; *gestrekt gaan* gemeenz go down; zie ook: *eer*, *schande* &; **II** *overg* stretch, extend; *de benen* ~ stretch one's legs[2]; **III** *wederk*: *zich* ~ stretch oneself [in the grass &]

'strekking *v* tendency, purport, drift; *de* ~ *hebbend om...* purporting to...; *van dezelfde* ~ of the same tenor, in the same vein

streks *bn*: ~*e steen* stretcher

'strekspier *v* (-en) (ex)tensor

'strelen (streelde, h. gestreeld) *overg* **1** ⟨aaien⟩ stroke, caress; **2** fig flatter; *dat streelt zijn ijdelheid* it tickles his vanity; *de zinnen* ~ gratify the senses

'strelend *bn* fig flattering

'streling *v* (-en) stroking, caress

'stremmen (stremde, gestremd) **I** (is) *onoverg* congeal, coagulate [of blood]; curdle [milk]; **II** (h.) *overg* **1** congeal, coagulate; curdle; **2** stop, obstruct, block [the traffic]

'stremming *v* (-en) **1** congelation, coagulation; curdling; **2** obstruction, stoppage

'stremsel *o* (v. kaas) rennet

1 streng *v* (-en) **1** strand [of rope]; **2** skein [of yarn]; **3** trace [for horse]

2 streng I *bn* **1** (in 't alg.) severe [look, discipline, sentence, master, winter &]; **2** (van uiterlijk) severe, stern [countenance]; austere [mien]; **3** (opvatting) stern [ruler, treatment, rebuke, virtue, father]; rigid [justice, Catholics]; strict [parents, masters,

discipline]; stringent [rules]; austere [morals]; rigorous [winter, execution of the law, definition]; close [examination]; **II** *bijw* severely &; strictly [scientific]; closely [guarded]

'strengelen (strengelde, h. gestrengeld) *overg* & *wederk* twine, twist [about, round]

'strengeling *v* (-en) twining, twisting

'strengheid *v* severity, rigour, sternness

'strepen (streepte, h. gestreept) *overg* stripe, streak

stress *m* stress

stressbe'stendig *bn* immune to stress

'streven (streefde, h. gestreefd) **I** *onoverg* strive; ~ *naar* strive after (for), strain after, aim at, aspire after (to); *er naar* ~ *om...* strive to..., endeavour to...; *opzij* ~ emulate; **II** *o*: *zijn* ~ his ambition, his study, his endeavours; *het zal mijn* ~ *zijn om...* it will be my study (my endeavour) to...

'stribbeling *v* (-en) = *strubbeling*

striem *v* (-en) stripe, wale, weal

'striemen (striemde, h. gestriemd) *overg* lash[2]

'strijd *m* (-en) fight, combat, battle, conflict, contest, struggle, contention, strife; *inwendige* ~ inward struggle; *de* ~ *om het bestaan* the struggle for life; *de* ~ *aanbinden met* join issue with; *de* ~ *aanvaarden (met)* accept battle, join issue (with); *dat heeft een zware* ~ *gekost* it has been a hard fight; *de* ~ *opgeven* abandon the contest, throw up the sponge; ~ *voeren (tegen)* wage war (against); *in* ~ *met de afspraak (de regels)* contrary to our agreement (the rules); *in* ~ *met de waarheid* at variance with the truth; *die verklaringen zijn met elkaar in* ~ these statements clash; *om* ~ *boden zij hun diensten aan* they vied with each other as to who should be the first to...; *ten* ~*e trekken* go to war; *op, ten* ~*e!* on!; *zonder* ~ without a fight, without a struggle

'strijdbaar *bn* **1** eig capable of bearing arms, warlike; **2** fig fighting, militant [spirit]

'strijdbaarheid *v* fighting spirit, militancy

'strijdbijl *v* (-en) battle-axe, broad-axe; *de* ~ *begraven* bury the hatchet

'strijden (streed, h. gestreden) **I** *onoverg* fight, combat, battle, struggle, contend; ~ *met* **1** eig fight against (with); **2** fig clash with, be contrary to...; ~ *tegen* fight against; ~ *voor* fight for; **II** *overg*: *de goede strijd* ~ fight the good fight

'strijdend *bn* fighting, contending; *de* ~*e kerk* the church militant

'strijder *m* (-s) fighter, combatant, warrior

'strijdgenoot *m* (-noten) brother in arms

'strijdgewoel *o* turmoil of battle

'strijdig *bn* conflicting[2], fig discrepant, contradictory, contrary; ~ *met* contrary to, incompatible with

'strijdigheid *v* (-heden) contrariety

'strijdkrachten *mv* armed forces

'strijdkreet *m* (-kreten) war-cry, war-whoop, slogan

'strijdleus, 'strijdleuze *v* (-leuzen) battle-cry; zie

ook: *strijdkreet*

strijdlied *o* (-eren) battle song, battle hymn

strijdlust *m* combativeness, pugnacity

strijd'lustig *bn* combative, pugnacious, militant

strijdmakker *m* (-s) comrade in arms

strijdmiddel *o* (-en) weapon

strijdperk *o* (-en) lists, arena; *in het ~ treden* enter the lists

strijdros *o* (-sen) war-horse, battle-horse

strijdschrift *o* (-en) controversial (polemic) pamphlet

strijd'vaardig *bn* ready to fight

strijd'vaardigheid *v* readiness to fight

strijdvraag *v* (-vragen) question at issue, issue

strijdwagen *m* (-s) chariot

strijk *m*: *~ en zet* every moment, again and again; invariably [at 7 o'clock]

strij'kage *v*: *~s maken* bow and scrape (*voor* to)

strijkbout *m* (-en) iron, flat-iron

strijkconcert *o* (-en) concert for strings

strijkdeken *v* (-s) ironing-cloth, ironing-blanket

strijkelings *bijw = rakelings*

strijken (streek, h. gestreken) **I** *onoverg*: *~ langs...* brush past...; skim [the water]; *hij is met alle koopjes (prijzen) gaan ~* he has snapped up all the bargains, the prizes were all scooped up by him; *hij is met de winst gaan ~* he has scooped up the profits; *(wij hebben gekaart,) hij is alweer met de winst gaan ~* he has swept the board; *de wind streek over de velden* the wind swept the fields; *hij streek met de hand over het voorhoofd* he passed his hand across his brow; **II** *abs ww* iron; **III** *overg* **1** (met strijkijzer) iron; **2** (glad~ met hand) smooth (out); *een boot ~* lower (get out) a boat; *de vlag ~* strike (lower) the flag (one's colours); zie ook: *riem, vlag*; *een zeil ~* lower a sail; *de zeilen ~* strike sail; *het haar naar achteren ~* smooth back one's hair; *hij streek haar onder de kin* he chucked her under the chin; *kalk op een muur ~* spread plaster on a wall; *kreukels uit het papier ~* smooth out creases

'strijker *m* (-s): *de ~s* muz the strings

'strijkgeld *o* (-en) lot money, premium

'strijkgoed *o* linen (clothes) to be ironed, [a pile of] ironing

'strijkijzer *o* (-s) flat-iron, iron; *elektrisch ~* electric iron

'strijkinstrument *o* (-en) stringed instrument; *voor ~en* ook: for strings

'strijkje *o* (-s) string band

'strijkkwartet *o* (-ten) string quartet

'strijkmuziek *v* string-music

'strijkorkest *o* (-en) string orchestra, string band

'strijkplank *v* (-en) ironing-board

'strijkstok *m* (-ken) **1** muz bow, fiddlestick; **2** (bij maten) strickle, strike; *er blijft heel wat aan de ~ hangen* much sticks to the fingers [of the officials]

strik *m* (-ken) **1** (om te vangen) snare[2], noose, gin [to catch birds]; **2** (op japon & van lint) knot, bow;

3 (insigne) favour; **4** (dasje) bow(-tie); *een ~ maken* make a knot; *~ken spannen* lay snares[2]; *iem. een ~ spannen* lay a snare for sbd.; *in zijn eigen ~ gevangen raken* be caught in one's own trap

'strikdas *v* (-sen) bow(-tie)

'strikje *o* (-s) (dasje) bow

'strikken (strikte, h. gestrikt) *overg* **1** (knopen) tie; **2** (vangen) snare[2] [birds, gullible people]

strikt I *bn* strict, precise, rigorous; **II** *bijw* strictly; *~ genomen* strictly speaking

'striktheid *v* strictness, precision

'strikvraag *v* (-vragen) catch

strin'gent *bn* stringent, tight

strip *m* (-pen en -s) **1** (strook) strip; **2** luchtv strip, tract; **3** (beeldverhaal) comic (strip)

'stripboek *o* (-en) comic (book)

'stripfiguur *v* (-guren) comic character

'strippen (stripte, h. gestript) *overg* **1** strip, stem [tobacco]; **2** (striptease) strip, do a striptease act

'strippenkaart *v* (-en) strip ticket

'stripteasedanseres *v* (-sen) striptease dancer, stripper

'striptekenaar *m* (-s) comic strip artist

'stripverhaal *o* (-halen) comic (strip)

stro *o* straw

'stroachtig *bn* strawy

'strobed *o* (-den) straw-bed

'strobloem *v* (-en) immortelle

'stroblond *bn* flaxen

'strobos *m* (-sen) bundle of straw

strobo'scoop *m* (-scopen) stroboscope

strobo'scopisch *bn* stroboscopic

'strobreed *o*: *iem. geen ~ in de weg leggen* not put the slightest obstacle in sbd.'s way

'strodak *o* (-daken) thatched roof

'strodekker *m* (-s) thatcher

stroef I *bn* stiff[2] [hinge, piston & translation]; harsh, stern [features, countenance]; jerky [verse]; **II** *bijw* stiffly[2]

'stroefheid *v* stiffness, harshness &

'strofe *v* (-n) strophe

'strofisch *bn* strophic

'strogeel *bn* straw-yellow, straw-coloured

'strohalm *m* (-en) straw; *zich aan een ~ vasthouden* catch at a straw

'strohoed *m* (-en) straw hat, straw

'strohuls *v* (-hulzen) straw case

'strokarton *o* straw-board

'stroken (strookte, h. gestrookt) *onoverg*: *~ met* be in keeping with

'strokenproef *v* (-proeven) galley-sheet, galley-proof

'strokleurig *bn* straw-coloured

'stroleger *o* (-s) bed of straw

'stroman *m* (-nen) man of straw, dummy

'stromat *v* (-ten) straw mat

'stromatras *v* & *o* (-sen) straw mattress

'stromen (stroomde, h. en is gestroomd) *onoverg*

1329

stream, flow; ~ *van de regen* teem with rain; ~ *naar* fig flock to; *het stroomt er naar toe* they are flocking to the place; *de tranen stroomden haar over de wangen* the tears streamed down her cheeks

'**stromend** *bn* **1** streaming [rain]; **2** running [water]

'**stroming** *v* (-en) current², fig trend

'**strompelen** (strompelde, h. en is gestrompeld) *onoverg* stumble, hobble, totter

stronk *m* (-en) **1** ⟨v. boom⟩ stump, stub; **2** ⟨v. kool⟩ stalk; **3** ⟨v. andijvie⟩ head

stront *m* gemeenz **1** ⟨poep⟩ excrement, muck, shit; **2** ⟨ruzie⟩ row, squabble

'**strontium** *o* strontium

'**strontje** *o* (-s) sty, stye

'**strooibiljet** *o* (-ten) handbill, leaflet, throwaway

'**strooibus** *v* (-sen) dredger, sprinkler, castor

1 '**strooien** *bn* straw; *een* ~ *hoed* a straw hat

2 '**strooien** (strooide, h. gestrooid) **I** *overg* **1** strew, scatter [things]; **2** sprinkle [salt]; **3** dredge [sugar &]; **II** *abs ww* throw [sweets] to be scrambled for [on St. Nicholas' Eve]

'**strooier** *m* (-s) ⟨voorwerp⟩ dredger, sprinkler, castor

'**strooisel** *o* litter

'**strooisuiker** *m* castor sugar

strook *v* (stroken) **1** strip [of cloth, paper, territory]; **2** slip [of paper]; **3** band, flounce [of a dress]; **4** counterfoil [of receipt &]; **5** label [indicating address]; **6** tape [of recording telegraph]

stroom *m* (stromen) **1** ⟨het stromen⟩ stream², current [of a river]; **2** elektr current; **3** ⟨rivier⟩ stream, river; **4** fig flow [of words]; *een* ~ *van mensen (tranen)* a stream of people (tears); *de* ~ *van zijn welsprekendheid* the tide of his eloquence; *bij stromen* in streams, in torrents; *met de* ~ *meegaan* go with the stream; *onder* ~ elektr live [wire], charged; *niet onder* ~ elektr dead; *op* ~ *liggen* scheepv be in midstream; *tegen de* ~ *op roeien* row against the stream; *vele gezinnen zaten zonder* ~ many homes were without power

stroom'af, stroom'afwaarts *bijw* down the river, downstream

'**stroombed** *o* (-den) river-bed

'**stroomdiagram** *o* (-men) flow diagram, flowchart

'**stroomdraad** *m* (-draden) electric wire

'**stroomgebied** *o* (-en) (river-)basin, water shed

'**stroomkabel** *m* (-s) electric (power) cable

'**stroomkring** *m* (-en) circuit

'**stroomlevering** *v* current supply

'**stroomlijn** *v* (-en) streamline

'**stroomlijnen** (stroomlijnde, h. gestroomlijnd) *overg* streamline

stroom'op, stroom'opwaarts *bijw* up the river, upstream

'**stroomschema** *o* ('s) = *stroomdiagram*

'**stroomsterkte** *v* (-n en -s) elektr strength of current

'**stroomverbruik** *o* consumption of current, current consumption

'**stroomversnelling** *v* (-en) rapid

'**stroomwisselaar** *m* (-s) commutator

stroop *v* (stropen) **1** ⟨donker⟩ treacle; **2** ⟨licht⟩ syrup; *iem.* ~ *om de mond smeren* butter sbd. up

'**stroopachtig** *bn* **1** treacly; **2** syrupy

'**stroopje** *o* (-s) syrup

'**stroopkwast** *m* (-en): *met de* ~ *lopen* butter up people

'**strooplikken** *abs ww* toady

'**strooplikker** *m* (-s) lickspittle, toady

strooplikke'rij *v* toadyism

'**stroopnagel** *m* (-s) hang nail, agnail

'**strooppot** *m* (-ten) treacle-pot; *met de* ~ *lopen* butter up people

'**stroopsmeerder** *m* (-s) = *strooplikker*

'**strooptocht** *m* (-en) predatory incursion, raid

'**stroopwafel** *v* (-s) treacle waffle

'**strootje** *o* (-s) straw; ~ *trekken* draw straws; *over een* ~ *vallen* stumble at a straw

strop *m & v* (-pen) **1** ⟨om iemand op te hangen⟩ halter, rope; **2** ⟨voor wild⟩ snare; **3** ⟨aan laars⟩ strap; **4** scheepv strop; grummet; *dat is een* ~ **1** ⟨geldelijk nadeel⟩ it is a bad loss, a bad bargain; **2** ⟨tegenvaller⟩ bad luck!; *iem. de* ~ *om de hals doen* put the halter round sbd.'s neck; *hij werd veroordeeld tot de* ~ he was condemned to be hanged, he was sentenced to death by hanging

'**stropapier** *o* straw-paper

'**stropdas** *v* (-sen) tie, Am ook: necktie

'**stropen** (stroopte, h. gestroopt) **I** *onoverg* **1** ⟨v. wilddieven⟩ poach; **2** ⟨v. andere dieven⟩ maraud, pillage; **II** *overg* **1** strip [a branch of its leaves, a tree of its bark]; skin [an eel, a hare]; **2** poach [game]

'**stroper** *m* (-s) **1** ⟨v. wild⟩ poacher; **2** ⟨rover⟩ marauder

'**stroperig** *bn* treacly², syrupy²

strope'rij *v* (-en) **1** ⟨v. wild⟩ poaching; **2** ⟨roof⟩ marauding

'**stropop** *v* (-pen) = *stroman*

'**stroppen** (stropte, h. gestropt) *overg* snare

'**strosnijder** *m* (-s) straw-cutter

strot *m & v* (-ten) throat; *hij heeft zich de* ~ *afgesneden* he has cut his throat

'**strotklepje** *o* (-s) epiglottis

'**strottenhoofd** *o* (-en) larynx

'**strovuur** *o* **1** eig straw fire; **2** fig flash in the pan

'**strowis** *v* (-sen) wisp of straw

'**strozak** *m* (-ken) straw mattress, pallet

'**strubbeling** *v* (-en) difficulty, trouble; *dat zal* ~*en geven* there will be trouble

structu'lisme *o* structuralism

structu'reel *bn* structural

structu'reren (structureerde, h. gestructureerd) *overg* structure

structu'rering *v* (-en) structuring

struc'tuur *v* (-turen) structure [of organism]; texture² [of skin, a rock, a literary work]

struc'tuurformule *v* (-s) chem structural formula

struc'tuurverf *v* cement paint

struif *v* (struiven) **1** contents of an egg; **2** omelet(te)

struik *m* (-en) bush, shrub

'**struikelblok** *o* (-ken) stumbling-block, obstacle

'**struikelen** (struikelde, h. en is gestruikeld) *onoverg* stumble, trip²; *wij ~ allen wel eens* we are all apt to trip; *~ over een steen* be tripped up by a stone; *~ over zijn eigen woorden* stumble over one's own words; *in A. struikel je over de kangoeroes* in A. you see kangaroos wherever you go; *iem. doen ~* trip sbd. up²

'**struikeling** *v* (-en) stumbling, stumble

'**struikgewas** *o* shrubs, bushes, brushwood, scrub

'**struikhei**, '**struikheide** *v* ling

'**struikrover** *m* (-s) highwayman

struikrove'rij *v* (-en) highway robbery

'**struinen** (struinde, h. en is gestruind) *onoverg*: *door iets heen ~* rummage around through sth.

1 struis *bn* robust, sturdy

2 struis *m* (-en) = *struisvogel*

'**struisveer** *v* (-veren) ostrich feather, ostrich plume

'**struisvogel** *m* (-s) ostrich

'**struisvogelpolitiek** *v* ostrich policy

'**struma** *o* & *m* goitre

stru'weel *o* (-welen) plechtig shrubs

strych'nine *v* & *o* strychnine

stuc *o* stucco

'**stucwerk** *o* stucco

stu'deerkamer *v* (-s) study

stu'deerlamp *v* (-en) reading-lamp

stu'deervertrek *o* (-ken) = *studeerkamer*

stu'dent *m* (-en) student, undergraduate

stu'dente *v* (-s, -n) (female) student

stu'dentenbond *m* (-en) student's association

stu'dentencorps *o* (-corpora) ± students' society, fraternity

stu'dentengrap *v* (-pen) students' prank

stu'dentenhaver *v* nuts and raisins

stu'dentenhuis *o* (-huizen) student housing; ⟨onder universitair beheer⟩ Br hall, Am dormitory

stu'dentenjaren *mv* college years

stu'dentenleven *o* college life

stu'dentenlied *o* (-eren) students' song

stu'dentenpastor *m* (-s) college chaplain, student pastor

stu'dentensociëteit *v* (-en) students' club

stu'dentenstop *m* (-s) quota

stu'dententijd *m* student days, college days

studenti'koos *bn* student-like

stu'deren (studeerde, h. gestudeerd) *onoverg* **1** study; read [for an examination, a degree]; be at college; **2** muz practise; *heeft hij aan de universiteit gestudeerd?* is he a University man?; *hij heeft in Winchester en Oxford gestudeerd* he was educated at W. and O.; *wij kunnen hem niet laten ~* we cannot send him to college; *talen ~* study languages; *(in de) rechten (wiskunde &) ~* study law (mathematics

&); *erop ~ om... study to...; op de piano ~* practise the piano

'**studie** *v* (-s en -diën) **1** ⟨in 't alg.⟩ study [also in painting & muz]; **2** onderwijs preparation [of lessons]; **3** ⟨geschrift⟩ study ⟨over of⟩, essay, monograph, treatise ⟨over on⟩; **4** ZN ⟨studeerkamer⟩ study; **5** ZN ⟨studeerzaal⟩ study hall; **6** ⟨notariskantoor⟩ notary's office, solicitor's office; *~ maken van...; in ~ nemen* **1** study [a proposal]; **2** put [a play] in rehearsal; *een man van ~* a man of studious habits, a student

'**studiebeurs** *v* (-beurzen) scholarship, bursary, exhibition, grant

'**studieboek** *o* (-en) text-book

'**studiecel** *v* (-len) carrel

'**studiecommissie** *v* (-s) research committee, working party

'**studiefonds** *o* (-en) foundation

'**studiegids** *m* (-en) Br prospectus; Am catalog

'**studiegroep** *v* (-en) ⟨onderwijs⟩ study group; ⟨commissie⟩ working party

'**studiejaar** *o* (-jaren) year of study; *ik ben in het eerste ~* I am in the first standard (form)

'**studiekop** *m* (-pen) **1** [painter's] study of a head; **2** ⟨knap student⟩ great student; ⟨aanleg⟩ head for learning

'**studiekosten** *mv* college expenses

'**studiemeester** *m* (-s) ZN boarding-school teacher, boarding-school guardian

'**studieprefect** *m* (-en) ZN principal

'**studiereis** *v* (-reizen) study tour

'**studierichting** *v* (-en) subject, branch of science

'**studietijd** *m* years of study, college days

'**studietoelage** *v* (-n) = *studiebeurs*

'**studievak** *o* (-ken) subject [of study]

'**studieverlof** *o* leave

'**studievriend** *m* (-en) student (college) friend

'**studio** *m* ('s) **1** ⟨atelier, werkruimte⟩ studio; **2** ZN ⟨eenkamerflat⟩ apartment flat; **3** ZN ⟨studeerkamer⟩ study

studs *mv* ZN studs

stuf *o* (india-)rubber, [ink-]eraser

stuff *m* gemeenz stuff

'**stuffen** (stufte, h. gestuft) *overg* erase, rub out

stug I *bn* **1** ⟨onbuigzaam⟩ stiff; **2** ⟨onvriendelijk⟩ surly; II *bijw* **1** stiffly; **2** surlily

'**stugheid** *v* **1** ⟨onbuigzaanheid⟩ stiffness; **2** ⟨onvriendelijkheid⟩ surliness

'**stuifmeel** *o* pollen

'**stuifsneeuw** *v* flurry of snow

'**stuifzand** *o* drift sand

'**stuifzwam** *v* (-men) puff-ball

'**stuiken** (stuikte, h. gestuikt) *onoverg* ZN ⟨vallen⟩ fall down, drop

stuip *v* (-en) **1** eig convulsion, fit; **2** fig whim; *~en* fits of infants; *zich een ~ lachen* be convulsed with laughter; *iem. de ~en op het lijf jagen* give sbd. a fit

'**stuipachtig** *bn* convulsive

'**stuiptrekken** (stuiptrekte, h. gestuiptrekt) *onoverg* be (lie) in convulsions

'**stuiptrekkend** *bn* convulsive

'**stuiptrekking** *v* (-en) convulsion, twitching

'**stuit** *v* (-en), '**stuitbeen** *o* (-deren) coccyx

'**stuiten** (stuitte, gestuit) **I** (h.) *overg* **1** <u>eig</u> stop, check, arrest, stem; **2** <u>fig</u> shock, offend; *het stuit me (tegen de borst)* it goes against the grain with me; **II** (is) *onoverg* bounce [of a ball]; ~ *op moeilijkheden* meet with difficulties; ~ *tegen een muur* strike a wall

'**stuitend** *bn* offensive, shocking

'**stuiter** *m* (-s) big marble, taw

'**stuiteren** (stuiterde, h. gestuiterd) *onoverg* **1** ⟨knikkeren⟩ play at marbles; **2** ⟨v. bal⟩ bounce

'**stuitligging** *v* breech presentation

'**stuiven** (stoof, h. en is gestoven) *onoverg* fly about, dash, rush; *het stuift* there is a dust; *hij stoof de kamer in* he dashed into the room; *hij stoof de kamer uit* he ran out of the room

'**stuiver** *m* (-s) five cent piece; <u>vero</u> penny; <u>vero</u> stiver; *ik heb geen* ~ I have not got a stiver; *hij heeft een aardige (mooie)* ~ *verdiend* he has earned a pretty penny

'**stuiversroman** *m* (-s) yellowback, penny-dreadful, <u>Am</u> dime novel

'**stuiverstuk** *o* (-ken) five cent piece

'**stuivertje** *o* (-s) five cent piece; ~ *wisselen* (play) puss in the corner

'**stuivertjewisselen** *ww & o* **1** ⟨elkaars plaats innemen⟩ change places, trade places; **2** ⟨kinderspel⟩ (play) puss in the corner

stuk I *o* (-ken en -s) **1** ⟨onderdeel⟩ piece, part, fragment; **2** ⟨lap⟩ piece; **3** ⟨vuurmond⟩ gun, piece (of ordnance); **4** ⟨schaakstuk⟩ piece, (chess-)man; **5** ⟨damschijf⟩ (draughts)man; **6** ⟨schriftstuk⟩ paper, document; article [in a periodical]; <u>handel</u> security; **7** ⟨toneelstuk⟩ play, piece; **8** ⟨schilderstuk⟩ piece, picture; **9** ⟨aantal⟩ head [of cattle]; **10** <u>gemeenz</u> ⟨knappe man of vrouw⟩ piece; ~*ken* <u>ZN</u> ⟨onderdelen⟩ parts [of a car]; *ingezonden* ~ zie: *ingezonden*; *een stout* ~ a bold feat; *een* ~ *neef van me* a sort of cousin of mine; *een lekker* ~ a nice (piece of) skirt; *een mooi* ~ *werk* a fine piece of work; *een* ~ *zeep* a piece (a cake) of soap; *een* ~ *of vijf (tien)* four or five; nine or ten; *een (heel)* ~ *ouder*, ~*ken ouder* a good deal older; *een* ~ *verder* well ahead; *een* ~ *beter* much better; ~*ken en brokken* odds and ends; *vijf gulden per* ~ five guilders apiece; five guilders each; *vijftig* ~*s* fifty; *vijftig* ~*s vee* fifty head of cattle; *een* ~ *in zijn kraag hebben* be in one's cups; *aan één* ~ *of* one piece; *uren aan één* ~ *(door)* for hours at a stretch, on end; *aan het* ~ in the piece; *aan* ~*ken breken (scheuren &)* break (tear) to pieces; *bij* ~*ken en brokken* piecemeal, bit by bit, piece by piece; *in één* ~ *(dóór)* at a stretch, on end; *(het schip) sloeg in* ~*ken* was dashed to pieces; *op* ~ *werken* work by the piece; *het is op geen* ~*ken na genoeg om te...* it is nothing like enough to...; *op het* ~ ~ *van politiek* in

point of (in the matter of) politics; *op* ~ *van zaken* after all; when it came to the point; *op zijn* ~ *blijven staan* keep (stick) to one's point; *zoveel per* ~ so much apiece, each; *per* ~ *verkopen* sell by the piece (singly, in ones); *uit één* ~ of one piece; *hij is een man uit één* ~ he is a plain, downright fellow; *iem. van zijn* ~ *brengen* upset sbd.; *van zijn* ~ *raken* be upset; *hij is klein van* ~ he is of a small stature, short of stature; ~ *voor* ~ one by one; *vechten, slaan &, dat de* ~*ken er(van) afvliegen* stage, put up a good fight; **II** *bn* broken; out of order, in pieces, gone to pieces

stuka'door *m* (-s) plasterer, stucco-worker

stuka'doorswerk *o* plastering, stucco(-work)

stuka'doren (stukadoorde, h. gestukadoord) **I** *overg* plaster, stucco; **II** *onoverg & abs ww* work in plaster

'**stukbijten**[1] *overg* bite to pieces; *zijn tanden ergens op* ~ bite off more than one can chew

'**stukbreken**[1] *overg* break [it] to pieces

'**stuken** (stuukte, h.gestuukt) *overg* plaster

'**stukgaan**[1] *onoverg* break, go to pieces

'**stukgoederen** *mv* **1** <u>handel</u> [textile] piece-goods; **2** <u>scheepv</u> ⟨lading⟩ general cargo

'**stukgooien**[1] *overg* smash

'**stukje** *o* (-s) bit; *een kranig* ~ a fine feat

'**stuklezen**[1] *overg* read to pieces (to shreds)

'**stukloon** *o* (-lonen) piece-wage, task-wage

'**stukmaken**[1] *overg* break, smash

'**stukscheuren**[1] *overg* tear to pieces, tear up

'**stuksgewijs**, '**stuksgewijze** *bijw* piecemeal

'**stukslaan**[1] *overg* smash, knock to pieces; *veel geld* ~ make the money fly

'**stuksmijten**[1] *overg* smash

'**stuktrappen**[1] *overg* kick to pieces

'**stukvallen**[1] *onoverg* fall to pieces

'**stukwerk** *o* piece-work

'**stukwerker** *m* (-s) piece-worker

stulp *v* (-en) hut, hovel; zie ook: *stolp*

'**stulpen** (stulpte, h. gestulpt) *overg* turn inside out

'**stumper** *m* (-s) = *stumperd*

'**stumperachtig** *bn* = *stumperig*

'**stumperd** *m* (-s): *arme* ~! poor wretch; poor thing

'**stumperig** *bn* **1** ⟨onhandig⟩ bungling; **2** ⟨zielig⟩ wretched

stunt *m* (-s) stunt

'**stuntel** *m* (-s) fumbler, bumbler

'**stuntelen** (stuntelde, h. gestunteld) *onoverg* fumble, muff, bungle

'**stuntelig I** *bn* clumsy; **II** *bijw* clumsily

'**stunten** (stuntte, h. gestunt) *onoverg* stunt

'**stuntman** *m* (-nen) stunt man

'**stuntvliegen** *o* stunt-flying, aerobatics

'**stuntvlieger** *m* (-s) stunt man

stu'pide *bn* stupid

stupidi'teit *v* (-en) stupidity

'**sturen** (stuurde, h. gestuurd) **I** *overg* **1** ⟨zenden⟩ send; **2** ⟨besturen⟩ steer (a ship, a motorcar), drive [a car]; *iem. om iets* ~ send sbd. for sth.; *een kind de* *kamer uit* ~ order a child out of the room; *een speler uit het veld* ~ sp send (order) a player off the field; **II** *onoverg & abs ww* **1** scheepv steer; **2** (in auto) drive; *wij stuurden naar Engeland* we steered (our course) for England; *om de dokter* ~ send for the doctor; *ik zal er om* ~ I'll send for it

stut *m* (-ten) prop, support[2], stay[2]

'stuthout *o* sprag

'stutten (stutte, h. gestut) *overg* prop, prop up, shore (up), support, buttress up, underpin[2]

stuur *o* (sturen) **1** helm, rudder [of a ship]; **2** handle-bar [of a bicycle]; **3** wheel [of a motorcar]; *links (rechts)* ~ auto left-hand (right-hand) drive

'stuuras *v* (-sen) steering shaft

'stuurbekrachtiging *v* power steering

'stuurboord *o* starboard; zie ook: *bakboord*

'stuurgroep *v* (-en) steering committee

'stuurhuis *o* (-huizen) scheepv wheel-house

'stuurhut *v* (-ten) **1** luchtv cockpit; **2** scheepv pilot house, wheelhouse; **3** ZN (v. vrachtwagen) (lorry driver's) cab(in)

'stuurinrichting *v* (-en) steering-gear

'stuurknuppel *m* (-s) control stick, control column

'stuurkolom *v* (-men) steering column

'stuurkunde *v* cybernetics

'stuurloos *bn* out of control

'stuurman *m* (-lui en -lieden) scheepv **1** steersman, mate [chief, second]; man at the helm; **2** coxswain [of a boat], sp cox [of a racing boat]; *de beste stuurlui staan aan wal* bachelors' wives and maidens' children are well taught

'stuurmanskunst *v* (art of) navigation

'stuurmechanisme *o* (-n) homing device

'stuurrad *o* (-raderen) steering-wheel

'stuurreep *m* (-repen) tiller-rope

stuurs *bn* surly, sour

'stuursheid *v* surliness, sourness

'stuurslot *o* (-sloten) steering (column) lock

'stuurstang *v* (-en) **1** (v. fiets) handlebar; **2** auto drag link; **3** luchtv gemeenz joy-stick

'stuurstoel *m* (-en) luchtv pilot's seat

'stuurwiel *o* (-en) steering wheel

stuw *m* (-en) weir, dam, barrage

stuwa'door *m* (-s) stevedore

stu'wage *v* stowage

'stuwbekken (-s), **'stuwmeer** *o* (-meren) storage lake

'stuwdam *m* (-men) = *stuw*

'stuwen (stuwde, h. gestuwd) *overg* **1** scheepv stow [the cargo]; **2** (voortbewegen) propel; **3** (tegenhouden) dam up [the water]

'stuwer *m* (-s) scheepv stower, stevedore

'stuwing *v* (-en) congestion

'stuwkracht *v* (-en) **1** eig propulsive (impulsive) force; **2** fig driving power

'stuwmeer *o* (-meren) reservoir[2]

'stuwraket *v* (-ten) booster

'subagent *m* (-en) sub-agent

subal'tern *bn* subaltern

'subcommissie *v* (-s) subcommittee

'subcontinent *o* (-en) subcontinent

'subcultuur *v* (-turen) subculture

'subdiaken *m* (-s) subdeacon

'subfaculteit *v* (-en) subfaculty

su'biet **I** *bn* sudden; **II** *bijw* suddenly; at once

'subject *o* (-en) subject

subjec'tief *bn* subjective

subjectivi'teit *v* subjectivity

su'bliem *bn* sublime

subli'maat *o* (-maten) **1** (in 't alg.) sublimate; **2** (kwikchloride) mercury chloride

subli'meren (sublimeerde, h. gesublimeerd) *overg* sublimate

subsidi'air *bn* in the alternative, with the alternative of

sub'sidie *v & o* (-s) subsidy, subvention, grant

subsidi'ëren (subsidieerde, h. gesubsidieerd) *overg* subsidize

subsidi'ëring *v* subsidization

sub'sonisch *bn* subsonic

sub'stantie *v* (-s) substance

substanti'eel *bn* substantial

substan'tief *o* (-tieven) substantive, noun

substitu'eren (substitueerde, h. gesubstitueerd) *overg* substitute

substi'tutie *v* (-s) substitution

substi'tuut *o* (-tuten) **1** *o* substitute; **2** recht *m* Deputy Prosecutor; ~*-griffier* recht Deputy Clerk; ~*-procureur* ZN, recht Deputy Prosecutor

sub'straat *o* (-straten) substrate, substratum

sub'tiel *bn* subtle

subtili'teit *v* (-en) subtlety

'subtop *m*: *tot de* ~ *behoren* just miss being in the highest class

'subtropen *mv* subtropics

sub'tropisch *bn* subtropical

subver'sief *bn* subversive

suc'ces *o* (-sen) success; *veel* ~*!* good luck!; ~ *hebben* score a success, be successful; *geen* ~ *hebben* meet with no success, be unsuccessful, fail, fall flat; *veel* ~ *hebben* score a great success, be a great success; *met* ~ with good success, successfully

suc'cesnummer *o* (-s) hit

suc'cessie *v* (-s) succession

suc'cessiebelasting *v* (-en) = *successierechten*

succes'sief *bn* successive

suc'cessieoorlog *m* (-logen) war of succession

suc'cessierechten *mv* death duties, Am inheritance tax

succes'sievelijk *bijw* successively

suc'cesstuk *o* (-ken) hit

suc'cesvol *bn* successful

succu'lent *m* (-en) succulent

'sudderen (sudderde, h. gesudderd) *onoverg* simmer; *laten* ~ simmer

'**sudderlap** *m* (-pen) braising steak, skirt
Su'deten *mv* (the) Sudetes, Sudeten Mountains
su'ède *o & v* suède
'**Suezkanaal** *o* Suez Canal
suf *bn* **1** dazed [in the head]; **2** muzzy [look]; **3** dull, sleepy [boys]
'**suffen** (sufte, h. gesuft) *overg* doze; *zit je daar te ~?* are your wits wool-gathering?
'**suffer**, '**sufferd** *m* (-s) duffer, muff, dullard
'**sufferig** *bn* doting
'**sufheid** *v* dullness
sugge'reren (suggereerde, h. gesuggereerd) *overg* suggest [something]
sug'gestie *v* (-s) suggestion
sugges'tief *bn* suggestive
'**suiker** *m* sugar; *gesponnen* ~ candy floss, spun sugar; ~ *doen in* sugar, sweeten
'**suikerachtig** *bn* sugary
'**suikerbakker** *m* (-s) confectioner
'**suikerbeest** *o* (-en) fondant animal
'**suikerbiet** *v* (-en) sugar-beet
'**suikerboon** *v* (-bonen) **1** ⟨boon⟩ French bean; **2** ⟨snoep⟩ sugar-plum
'**suikerbrood** *o* (-broden) (sugar-)loaf
'**suikercultuur** *v* sugar-culture
'**suikeren** (suikerde, h. gesuikerd) *overg* sugar, sweeten
'**suikererwt** *v* (-en) sugar-pea
'**suikerfabriek** *v* (-en) sugar factory
'**suikerfeest** *o* Id al-Fitr, Minor Festival, festival of breaking the Fast
'**suikergehalte** *o* sugar content
'**suikerglazuur** *o* icing [of cakes &]
'**suikergoed** *o* confectionery, sweetmeats
'**suikerhoudend** *bn* containing sugar
'**suikerig** *bn* sugary
'**suikerklontje** *o* (-s) sugar cube, lump of sugar
'**suikermeloen** *m & v* (-en) sweet melon
'**suikeroogst** *m* sugar-crop
'**suikeroom** *m* (-s) rich uncle, sugar daddy
'**suikerpatiënt** *m* (-en) diabetic
'**suikerplantage** *v* (-s) sugar-plantation, sugar-estate
'**suikerpot** *m* (-ten) sugar-basin, sugar-bowl
'**suikerproductie** *v* sugar output
'**suikerraffinaderij** *v* (-en) sugar-refinery
'**suikerraffinadeur** *m* (-s) sugar-refiner
'**suikerriet** *o* sugar-cane
'**suikerschepje** *o* (-s) sugar-spoon
'**suikerspin** *v* (-nen) candy floss, spun sugar
'**suikerstrooier** *m* (-s) sugar-caster
'**suikerstroop** *v* molasses
'**suikertang** *v* (-en) sugar-tongs
'**suikertante** *v* (-s) rich aunt
'**suikerwater** *o* sugar and water
'**suikerwerk** *o* (-en) sweetmeats, sweets, confectionery
'**suikerzakje** *o* (-s) sugar-bag

'**suikerziek** *bn* diabetic
'**suikerzieke** *m-v* (-n) diabetic
'**suikerziekte** *v* diabetes; *lijder aan* ~ diabetic
'**suikerzoet** *bn* as sweet as sugar; sugary²
'**suite** *v* (-s) **1** suite (of rooms); **2** ⟨kaartsp⟩ sequence [of cards]; **3** ⟨muz⟩ suite; **4** ZN ⟨stoet⟩ (wedding) procession
'**suizebollen** (suizebolde, h. gesuizebold) *onoverg*: *de klap deed hem* ~ the blow made his head reel
'**suizelen** (suizelde, h. gesuizeld) *onoverg* **1** rustle [of trees]; **2** ⟨duizelen⟩ = *suizebollen*
'**suizeling** *v* (-en) ⟨duizeling⟩ fit of giddiness
'**suizen** (suisde, h. gesuisd) *onoverg* **1** ⟨ruisen⟩ buzz, sough; **2** ⟨v. oren⟩ sing, whistle; **3** ⟨zoeven⟩ whisk (along, past &) [of motorcars]
'**suizing** *v* (-en) buzzing, tingling; ~ *in de oren* singing (buzzing) noise in the ears
su'jet *o* (-ten) individual, person, fellow; *een gemeen* ~ a scallywag, a mean fellow
su'kade *v* candied peel
'**sukkel** *m-v* (-s) **1** ⟨onhandig mens⟩ duffer, simpleton, crock; **2** ⟨zielig mens⟩ poor soul; *aan de* ~ *zijn* be ailing; *arme* ~*!* poor wretch!
'**sukkelaar** *m* (-s) **1** ⟨iem. met slechte gezondheid⟩ valetudinarian; **2** = *sukkel*; **3** ZN ⟨stakker⟩ poor wretch
'**sukkeldraf** *m*: *op een* ~*je* at a jog-trot
'**sukkelen** (sukkelde, h. en is gesukkeld) *onoverg* **1** ⟨ziekelijk zijn⟩ be ailing; **2** ⟨lopen⟩ shamble (along); *hij was al lang aan het* ~ he had been in indifferent health for a long time; *hij sukkelde achter zijn vader aan* he pottered in his father's wake; ~ *met zijn been* suffer from his leg; *die jongen sukkelt met rekenen* that boy is weak in arithmetic
'**sukkelend** *bn* ailing
'**sukkelgangetje** *o* jog-trot; *het gaat op een* ~ we are jogging along
sul *m* (-len) noodle, muff, simpleton, dunce, dolt, ninny, *gemeenz* softy, soft Johnny, juggins, flat
sul'faat *o* (-faten) sulphate
'**sulfer** *o & m* sulphur, brimstone
'**sullig** *bn* soft, goody-goody
'**sulligheid** *v* softness
'**sultan** *m* (-s) sultan
sulta'naat *o* (-naten) sultanate
sul'tane *v* (-s) sultana, sultaness
sum'mier *bn* summary, brief
'**summum** *o*: *dat is het* ~ zie: *toppunt*
'**super** **I** *m* ⟨benzine⟩ super; **II** *bn* ⟨uitstekend⟩ super, outstanding
su'perbe *bn* superb
'**superbenzine** *v* high-grade petrol; Am high-octane petrol (gasoline)
'**supergeleider** *m* (-s) superconductor
'**supergeleiding** *v* superconductivity
'**supergeleiding** *v* superconductivity
'**superheffing** *v* superlevy
superi'eur **I** *bn* superior; **II** *m* (-en) superior; *zijn*

~*en* his superiors

superi'eure *v* (-n en -s) Mother Superior [of a convent]

superiori'teit *v* superiority

'**superlatief** *m* (-tieven) superlative

'**supermacht** *v* (-en) superpower

'**supermarkt** *v* (-en) supermarket

'**supermens** *m* (-en) superman, superwoman

super'sonisch *bn* supersonic

super'visie *v* supervision, superintendence

'**superwinst** *v* (-en) excess profit

supple'ment *o* (-en) supplement

sup'pleren (suppleerde, h. gesuppleerd) *overg* supplement, make up the deficiency

sup'pletie *v* supplementary payment; completion

supple'toir, supple'toor *bn*: ~*toire*, ~*tore begroting* supplementary estimates

sup'poost *m* (-en) attendant [of a museum]

sup'porter *m* (-s) *sp* supporter

supranatio'naal *bn* supra-national

suprema'tie *v* supremacy

'**surfen** (surfte, h. gesurft) *onoverg* **1** ⟨zonder zeil⟩ surf, be (go) surf-riding; **2** ⟨met zeil⟩ windsurf, be (go) windsurfing, be (go) sailboarding

'**surfer** *m* (-s) **1** ⟨zonder zeil⟩ surfer; **2** ⟨met zeil⟩ windsurfer, sailboarder

'**surfpak** *o* (-ken) wet suit

'**surfplank** *v* (-en) **1** ⟨zonder zeil⟩ surfboard; **2** ⟨met zeil⟩ sailboard

Suri'naams *bn* Surinamese

Suri'name *o* Surinam

Suri'namer *m* (-s) Surinamer, Surinamese

surnume'rair *m* (-s) supernumerary

sur'plus *o* **1** ⟨in 't alg.⟩ surplus, excess; **2** *handel* margin, cover

sur'prise *v* (-s) **1** ⟨verrassing⟩ surprise; **2** ⟨geschenk⟩ surprise present, surprise packet

surrea'lisme *o* surrealism

surrea'list *m* (-en) surrealist

surrea'listisch *bn* surrealist

surro'gaat *o* (-gaten) substitute

surse'ance *v* (-s) delay, postponement; ~ *van betaling* letter of licence, moratorium

surveil'lance *v* **1** ⟨in 't alg.⟩ surveillance, supervision; **2** ⟨bij examen⟩ invigilation

surveil'lancewagen *m* (-s) patrol car, <u>Am</u> prowl car, squad car

surveil'lant *m* (-en) **1** ⟨in 't alg.⟩ overseer; **2** <u>onderwijs</u> master on duty; **3** ⟨bij examen⟩ invigilator

surveil'leren (surveilleerde, h. gesurveilleerd) **I** *overg* keep an eye on, watch (over) [boys, students]; **II** *abs ww* **1** ⟨v. leraar⟩ be on duty; **2** ⟨bij examen⟩ invigilate; **3** ⟨door politie⟩ patrol (the roads)

sus'pect *bn* suspect(ed), suspicious

suspen'deren (suspendeerde, h. gesuspendeerd) *overg* suspend [clergymen, priests]

sus'pensie *v* (-s) suspension

suspen'soir *o* (-s) suspensory bandage, suspensor

'**sussen** (suste, h. gesust) *overg* **1** hush [a child], soothe [a person]; **2** *fig* hush up [an affair], pacify [one's conscience]

suze'rein *m* (-en) suzerain

suzereini'teit *v* suzerainty

s.v.p. *afk. s'il vous plaît* s.v.p., please

'**swastika** *v* ('s) swastika, fylfot

'**Swazi** *m* ('s) Swazi

'**Swaziland** *o* Swaziland

'**sweater** *m* (-s) sweater, jersey

'**swingen** (swingde, h. geswingd) *onoverg* swing°

'**syfilis** *v* syphilis

syl'labe *v* (-n) syllable

'**syllabus** *m* (-sen en -bi) syllabus

symbi'ose *v* symbiosis

symbo'liek *v* (-en) symbolism

sym'bolisch I *bn* symbolic(al); ~*e betaling* token payment; **II** *bijw* symbolically

symboli'seren (symboliseerde, h. gesymboliseerd) *overg* symbolize

symbo'lisme *o* symbolism

sym'bool *o* (-bolen) symbol, emblem

symfo'nie *v* (-nieën) symphony

symfo'nieconcert *o* (-en) symphony concert

symfo'nieorkest *o* (-en) symphony orchestra

sym'fonisch *bn* symphonic

symme'trie *v* symmetry

sym'metrisch *bn* symmetric(al)

sympa'thetisch *bn* sympathetic [ink]

sympa'thie *v* (-thieën) fellow-feeling; sympathy (*voor* with); ~*ën en antipathieën* ook: likes and dislikes

sympa'thiek I *bn* **1** congenial [surroundings]; **2** likable [fellow], nice [woman]; **3** engaging [trait]; soms: sympathetic; *hij was mij meteen* ~ I took to him at once; *ik ben hem* ~ *gaan vinden* I came to like him; **II** *bn* sympathetically

sympathi'sant *m* (-en) sympathizer

sym'pathisch *bn* sympathetic [nervous system]

sympathi'seren (sympathiseerde, h. gesympathiseerd) *onoverg* sympathize; ~ *met* sympathize with, be in sympathy with

sympto'matisch *bn* symptomatic (*voor* of)

symp'toom *o* (-tomen) symptom

syna'goge, syna'goog *v* (-gogen) synagogue

synchroni'satie *v* (-s) synchronization

synchroni'seren (synchroniseerde, h. gesynchroniseerd) *overg* synchronize

syn'chroon *bn* synchronous

syn'chroonklok *v* (-ken) synchronous electric clock

syn'chroonzwemmen *o* synchronized swimming

synco'peren (syncopeerde, h. gesyncopeerd) *overg* <u>muz</u> syncopate

syn'copisch *bn* <u>muz</u> syncopated

syndi'caat *o* (-caten) syndicate, pool

syn'droom *o* (-dromen) syndrome

sy'node *v* (-n en -s) synod

syno'niem I bn synonymous; **II** o (-en) synonym
synony'mie v synonymy
sy'nopsis v (-sen) synopsis [mv synopses]
syn'tactisch bn syntactic
syn'taxis v syntax
syn'these v synthesis [mv syntheses]
syn'thetisch I bn synthetic [rubber, food &]; **II** bijw synthetically
'Syrië o Syria
'Syriër m (-s) Syrian
'Syrisch I bn Syrian; **II** o Syriac
sys'teem o (-temen) system
sys'teemanalist m (-en) system(s) analyst
sys'teemanalyse v (-s) system(s) analysis
sys'teembouw m systembuilding, prefabrication
sys'teemkaart v (-en) index card, filing card
sys'teemloos bn unsystematic
sys'teemontwerp o (-en) comput system design
sys'teemontwerper m (-s) comput system designer
systema'tiek v systematics
syste'matisch bn systematic
systemati'seren (systematiseerde, h. gesystematiseerd) overg systematize, codify

T

t v ('s) t
Taag m Tagus
taai bn **1** tough [beefsteak, steel, clay &]; **2** ⟨van vloeistoffen⟩ viscous, sticky, gluey; **3** fig tough [fellow], tenacious [memory], dogged [determination]; **4** ⟨saai⟩ dull; *het is een ~ boek* it is dull reading; *hij is ~* **1** he is a wiry fellow; **2** he is a tough customer; *hou je ~!* **1** keep hearty!; **2** bear up!, never say die!; *een ~ gestel* a tough constitution; *het is een ~ werkje* it is a dull job; *zo ~ als leer* as tough as leather
'taaiheid v **1** toughness; **2** wiriness; **3** fig tenacity
taai'taai m & o ± gingerbread
taak v (taken) **1** (in 't alg.) task; **2** ZN ⟨huiswerk⟩ home-work; *een ~ opleggen (opgeven)* set [sbd.] a task; *zich iets tot ~ stellen* zie: *stellen II*
'taakleraar m (-raren en -s) ZN teacher in charge of extra tutorial lessons
'taakomschrijving v (-en) terms of reference
'taakverdeling v assignment (allotment) of duties
taal v (talen) language, speech, tongue; *~ noch teken* neither word nor sign; *hij gaf ~ noch teken* he neither spoke nor moved; *zonder ~ of teken te geven* without (either) word or sign; *wel ter tale zijn* be a fluent speaker
'taalachterstand m language deficiency
'taalarmoede v language deprivation, poor command of the language
'taalbarrière v (-s) language barrier
'taalbeheersing v command (mastery) of language
'taalboek o (-en) language-book, grammar
'taaleigen o idiom
'taalfout v (-en) grammatical error
'taalgebied o (-en) speech (linguistic) area
'taalgebruik o [English &] usage
'taalgeleerde m-v (-n) philologist, linguist
'taalgevoel o feeling (flair) for language, linguistic instinct
'taalgids m (-en) phrase book
'taalgrens v (-grenzen) language boundary
'taalgroep v (-en) language group (family)
'taalkaart (-en) v language (linguistic, dialect) map
'taalkenner m (-s) linguist
'taalkunde v philology, linguistics
taal'kundig I bn grammatical, philological; *~e ontleding* parsing; **II** bijw: *~ juist* grammatically correct; *~ ontleden* parse
taal'kundige m-v (-n) linguist, philologist
'taalkwestie v (-s) ZN language conflict
'taaloefening v (-en) grammatical exercise
'taalonderwijs o language teaching
'taalpolitiek v language policy

tafeldans

aalregel *m* (-s) grammatical rule

aalrol *v* (-len) ZN list of native speakers of different languages

aalschat *m* vocabulary

aalstrijd *m* language conflict

aalstudie *v* (-s en -diën) study of language(s)

aaltje *o* (-s) lingo, jargon, gibberish

aaltuin *m* (-en) ZN language column [in newspapers]

aal'vaardigheid *v* command of the language, language skills; *bij dit onderwijs gaat het vooral om het vergroten van de* ~ this education is mainly geared towards increasing fluency, towards improving one's language skills

taalwet *v* (-ten) linguistic law

taalwetenschap *v* science of language, linguistics, philology

taalzuiveraar *m* (-s) purist

taalzuivering *v* purism

aan *v* tan

taankleur *v* tan-colour, tawny colour

taankleurig *bn* tan-coloured, tawny

aart *v* (-en) fancy cake, tart

taartenbakker *m* (-s) confectioner

taartje *o* (-s) pastry, tartlet; ~s ook: fancy pastry

taartpunt *m* (-en) wedge of cake

taartschaal *v* (-schalen) tart-dish

taartschep *v* (-pen) tart-server

a'bak *m* (-ken) tobacco; *ergens* ~ *van hebben* gemeenz be fed up with sth.

a'baksblad *o* (-bladen, -bladeren en -blaren) tobacco-leaf

a'baksbouw *m*, **ta'bakscultuur** *v* tobacco-culture, tobacco-growing

a'baksdoos *v* (-dozen) tobacco-box

a'baksfabriek *v* (-en) tobacco-factory

a'bakshandel *m* tobacco-trade

a'bakshandelaar *m* (-s en -laren) tobacco-dealer, tobacconist

a'baksonderneming *v* (-en) tobacco-plantation

a'bakspijp *v* (-en) tobacco-pipe

a'baksplant *v* (-en) tobacco-plant

a'baksplantage *v* (-s) tobacco-plantation

a'baksplanter *m* (-s) tobacco-planter

a'bakspot *m* (-ten) tobacco-jar

a'bakspruim *v* (-en) quid

a'baksregie *v* (tobacco) régie, tobacco monopoly

a'baksveiling *v* (-en) sale of tobacco

a'baksverkoper *m* (-s) tobacconist

a'bakszak *m* (-ken) tobacco-pouch

tabbaard, **'tabberd** *m* (-en en -s) tabard, gown, robe

a'bee *tsw* so long, see you

a'bel *v* (-len) table, schedule, index, list

abel'larisch I *bn* tabular, tabulated; **II** *bijw* in tabular form

aber'nakel *o & m* (-s en -en) tabernacle; *ik zal je op je* ~ *komen, je krijgt op je* ~ gemeenz I'll dust your

jacket

'tabkaart *v* (-en) divider

ta'bleau *o* (-s) **1** ⟨in 't alg.⟩ scene; **2** ⟨geschoten wild⟩ bag; ~! tableau!, curtain!; ~ *vivant* living picture

ta'blet *v & o* (-ten) **1** ⟨plak⟩ tablet; **2** ⟨koekje⟩ lozenge, square

ta'boe *o & m* (-s) taboo; ~ *verklaren* taboo

taboe'ret *m* (-ten) **1** ⟨stoeltje⟩ tabouret, stool; **2** ⟨voor de voeten⟩ footstool

tacho'graaf *m* (-grafen) tachograph

'tachtig *telw* eighty; ook: four score [years]

'tachtiger *m* (-s) octogenarian, man of eighty; *de T~s* the writers of the eighties of the 19th century

'tachtigjarig *bn* **1** ⟨tachtig jaar oud⟩ of eighty years, eighty-year-old; **2** ⟨tachtig jaar durend⟩ eighty years'; *de T~e Oorlog* the Eighty Years' War

'tachtigste *telw* eightieth (part)

'tackelen (tackelde, h. getackeld) *overg* tackle°; *een probleem* ~ tackle a problem

'tackle *m* (-s) sp tackle

tact *m* tact

'tacticus *m* (-ci) tactician

tac'tiek *v* tactics

tac'tiel *bn* tactile, tactual

'tactisch I *bn* tactical; **II** *bijw* tactically

'tactloos *bn* tactless, gauche

'tactvol *bn* tactful

Ta'dzjikistan *o* Tadzhikistan

taf *m & o* (-fen) taffeta

'tafel *v* (-s en -en) table [ook = index]; plechtig board; *de groene* ~ **1** sp the green table, the gaming-table; **2** ⟨bestuurstafel⟩ the board-table; *hij deed de hele* ~ *lachen* he set the table in a roar; *de Ronde T~* the Round Table; *de T~ des Heren* the Lord's Table; *de* ~*s (van vermenigvuldiging)* the multiplication tables; *de* ~ *en der wet* the tables of the law; *de* ~ *afnemen (afruimen)* clear the table, remove the cloth; *de* ~ *dekken* lay the cloth, set the table; *een goede* ~ *houden* keep a good table; *van een goede* ~ *houden* like a good dinner; *open* ~ *houden* keep open table; *aan* ~ *gaan* go to table; *aan* ~ *zijn (zitten)* be at table; *aan de* ~ *gaan zitten* sit down at the table; *na* ~ after dinner; *onder* ~ during dinner; *iem. onder de* ~ *drinken* drink sbd. under the table; *iets ter* ~ *brengen* bring sth. on the carpet (on the tapis), introduce sth.; *ter* ~ *liggen* lie on the table; *tot de* ~ *des Heren naderen* RK go to Communion; *van* ~ *opstaan* rise from table; *gescheiden (scheiding) van* ~ *en bed* separated (separation) from bed and board; *vóór* ~ before dinner

'tafelappel *m* (-s en -en) dessert apple

'tafelbel *v* (-len) table-bell, hand-bell

'tafelberg *m* (-en) table mountain

'tafelblad *o* (-bladen) **1** ⟨oppervlak⟩ table-leaf; **2** ⟨inlegstuk⟩ table-top

'tafelbuur *m* (-buren) neighbour at table

'tafeldame *v* (-s) partner (at table)

'tafeldans *m* table-tipping, table-turning

1337

tafeldekken

'tafeldekken *o: het* ~ laying the table
'tafeldienen *o* waiting at table
'tafeldrank *m* (-en) table-drink
'tafelen (tafelde, h. getafeld) *onoverg* sit (be) at table
'tafelgast *m* (-en) dinner guest
'tafelgeld *o* (-en) table-money, messing-allowance
'tafelgerei *o* tableware, dinner-things
'tafelgesprek *o*, **'tafelgesprekken** *mv* table-talk
'tafelgoed *o* table-linen, **vero** napery
'tafelheer *m* (-heren) partner (at table)
'tafelkleed *o* (-kleden) **1** ⟨in 't alg.⟩ table-cover;
  2 ZN ⟨tafellaken⟩ table-cloth
'tafella (-laas, -la's), **'tafellade** *v* (-n) table-drawer
'tafellaken *o* (-s) table-cloth
'tafelland *o* (-en) table-land, plateau
'tafellinnen *o* (table) linen
'tafelloper *m* (-s) (table-)runner
'tafelmanieren *mv* table manners
'tafelmatje *o* (-s) table-mat
'tafelpoot *m* (-poten) table-leg
'Tafelronde *v: de* ~ the Round Table
'tafelschel *v* (-len) table-bell
'tafelschikking *v* (-en) seating order (at table)
'tafelschuier *m* (-s) table-brush, crumb-brush
'tafelschuimer *m* (-s) sponger
'tafeltennis *o* table-tennis
'tafeltennissen (tafeltenniste, h. getafeltennist)
  onoverg play table-tennis
tafeltje-dek-je *o* ⟨sprookjestafel⟩ land of plenty; *het
  is daar een* ~ it's a land of plenty there
'tafeltoestel *o* (-len) telec desk telephone
'tafelvoetbal *o* table football
'tafelwater *o* table-water
'tafelwijn *m* (-en) table-wine
'tafelzilver *o* plate, silverware
'tafelzout *o* table-salt
'tafelzuur *o* pickles
tafe'reel *o* (-relen) picture, scene; *een... – van iets
  ophangen* give a... picture of it, paint in... colours
'taffen *bn* taffeta
'tafzij, **'tafzijde** *v* taffeta silk
Ta'hiti *o* Tahiti
Tahiti'aan *m* (-tianen) Tahitian
Tahitiaans *bn* Tahitian
ta'hoe *m* tofu
tai'foen *m* (-s) = *tyfoon*
'taille *v* (-s) waist
'tailleband *m* (-en) waistband
tail'leren (tailleerde, h. getailleerd) *overg* fit [a coat]
  at the waist (to the figure); *getailleerd* ook: well-cut,
  waisted
tail'leur *m* (-s) tailor
'taillewijdte *v* (-n en -s) waist (measurement)
Tai'wan *o* Taiwan
Taiwa'nees *bn* & *m* (-nezen) Taiwanese
Tai'wans *bn* Taiwanese
tak *m* (-ken) **1** ⟨v. boom⟩ bough; branch² [of a tree
  springing from bough; also of a river, of science &];

  2 ⟨v. gewei⟩ tine; ~ *van dienst* branch of (the) service; ~ *van sport* sport
'takel *m* & *o* (-s) pulley, tackle
take'lage *v* tackle, rigging
'takelblok *o* (-ken) tackle
'takelen (takelde, h. getakeld) *overg* **1** <u>scheepv</u> rig;
  2 ⟨ophijsen⟩ hoist (up)
'takelwagen *m* (-s) breakdown lorry
'takelwerk *o* tackling, rigging
'takenpakket *o* (-ten) job responsibilities
'takje *o* (-s) twig, sprig
'takkenbos *m* (-sen) faggot
'takkig *bn* branchy
1 taks *m* (-en) ⟨hond⟩ (German) badger-dog, dachshund
2 taks *m* & *v* (-en) **1** ⟨portie⟩ share, portion; **2** ZN
  ⟨belasting⟩ tax; **3** ZN ⟨strafport⟩ additional postage,
  surcharge; **4** ZN ⟨kijk- en luistergeld⟩ television licence fee; **5** ZN ⟨tel. gesprekskosten⟩ telephone bill;
  6 ZN ⟨tol⟩ toll; *hij is aan zijn* ~ he has had enough
tal *o* number; *zonder* ~ numberless, countless, without number; ~ *van* a great number of, numerous
'talen (taalde, h. getaald) *onoverg: hij taalt er niet
  naar* he does not show the slightest wish for it
'talenkenner *m* (-s) linguist, polyglot
'talenkennis *v* knowledge of languages
'talenknobbel *m* (-s) bump of languages
'talenpracticum *o* (-s en -ca) language laboratory
ta'lent *o* (-en) talent [= gift & weight, money]
ta'lentenjacht *v* (-en) talent scouting
ta'lentloos *bn* talentless
ta'lentvol *bn* talented, gifted
'talenwonder *o* (-s) linguistic genius
talg *m* sebum
'talgklier *v* (-en) sebaceous gland
'talhout *o* (-en) firewood; *zo mager als een* ~ all skin
  and bones
'talie *v* (-s) tackle
'taling *m* (-en) teal
'talisman *m* (-s) talisman
talk *m* **1** ⟨delfstof⟩ talc; **2** ⟨smeer⟩ tallow
'talkachtig *bn* **1** talcous; **2** tallowy, tallowish
'talkpoeder, **talkpoeier** *o* & *m* talcum powder
'talkshow *m* (-s) chat show, talk show
'talksteen *o* talc
'talloos *bn* numberless, countless, without number
'talmen (talmde, h. getalmd) *onoverg* loiter, linger,
  dawdle, delay
'talmer *m* (-s) loiterer, dawdler
talme'rij *v* (-en) lingering, loitering, dawdling, delay
'talmoed, **'talmud** *m* Talmud
ta'lon *m* (-s) ⟨bij een effect⟩ talon
'talrijk *bn* numerous, multitudinous
'talrijkheid *v* numerousness
'talstelsel *o* (-s) notation
ta'lud *o* (-s) slope
tam I *bn* **1** ⟨v. dieren⟩ tame², tamed, domesticated,

domestic; **2** (niet enerverend) tame, dull; ~ *maken* domesticate [wild beast], tame² [a wild beast, a person]; **II** *bijw* tamely²

tama'rinde *v* (-n en -s) tamarind

tama'risk *m* (-en) tamarisk

tam'boer *m* (-s) drummer

tam'boeren (tamboerde, h. getamboerd) *onoverg*: ~ *op iets* insist on sth. being done; lay stress on a fact

tamboe'rijn *m* (-en) tambourine, timbrel

tam'boer-ma'joor *m* (-s) drum-major

'tamelijk I *bn* (redelijk goed) fair, tolerable, assable; **II** *bijw* (nogal) fairly, rather, pretty; *het is ~ koud* it is pretty (rather) cold; *mijn grootvader is nog ~ gezond* my grandfather is still in fair health

'tamheid *v* tameness²

tam'pon *m* (-s) tampon, plug

tampon'neren (tamponneerde, h. getamponneerd) *overg* tampon, plug

tam'ponziekte *v* toxic shock syndrome

tam'tam *m* (-s) tomtom; *met veel* ~ with a great fuss, with a lot of noise

tand *m* (-en) **1** tooth [of the mouth, a wheel, saw, comb, rake]; **2** cog [of a wheel]; **3** prong [of a fork]; *de ~ des tijds* the ravages of time; *~en krijgen* cut (its) teeth, be teething; *de ~en laten zien* show one's teeth; *iem. aan de ~ voelen* put sbd. through his paces; interrogate sbd. [a prisoner, a suspect]; *met lange ~en eten* trifle with one's food; *tot de ~en gewapend zijn* be armed to (up to) the teeth; zie ook: *hand, mond*

'tandarts *m* (-en) dentist, dental surgeon

'tandartsassistente *v* (-n) dental surgery assistant

'tandbederf *o* dental decay, caries

'tandbeen *o* dentine

'tandeloos *bn* toothless [old woman]

'tandem *m* (-s) tandem

'tanden (tandde, h. getand) *overg techn* tooth, indent, cog

'tandenborstel *m* (-s) tooth-brush

'tandengeknars *o* gnashing of teeth

'tandenknarsen (tandenknarste, h. getandenknarst) *onoverg* gnash one's teeth

'tandenkrijgen *o* dentition, teething

'tandenstoker *m* (-s) toothpick

'tandformule *v* (-s) dental formula

'tandheelkunde *v* dental surgery, dentistry

tandheel'kundig *bn* dental

tandheel'kundige *m-v* (-n) dentist, dental surgeon

'tanding *v* perforation [in philately]

'tandkas *v* (-sen) socket (of a tooth)

'tandpasta *m & o* ('s) tooth-paste

'tandpijn *v* (-en) toothache

'tandplak *v* plaque

'tandprothese *v* **1** (vervanging v. echte tanden door kunsttanden) dental prosthesis; **2** (-n en -s) (kunsttand) denture

'tandrad *o* (-raderen) cog-wheel, toothed wheel

'tandradbaan *v* (-banen) rack-railway, cog-railway

'tandsteen *o & m* scale, tartar

'tandstelsel *o* (-s) dentition

'tandtechnicus *m* (-ci) dental technician

'tandverzorging *v* dental care

'tandvlees *o* gums

'tandvulling *v* (-en) filling, stopping, plug

'tandwiel *o* (-en) cog-wheel, toothed wheel

'tandwortel *m* (-s) root of a tooth

'tandzenuw *v* (-en) dental nerve

'tanen (taande, getaand) **I** (is) *onoverg* (verzwakken) tan; fig fade, pale, tarnish, wane; *~de populariteit* waning popularity; *~de roem* fading glory; *aan het ~ zijn* be fading, [renown] on the wane; *doen ~* tarnish; **II** (h.) *overg* (verven) tan

tang *v* (-en) **1** (in 't alg.) (pair of) tongs; **2** (nijptang) pincers, nippers; **3** med forceps; **4** (vrouw) shrew, bitch; *dat slaat als een ~ op een varken* there's neither rhyme nor reason in it, that's neither here nor there; *ze ziet eruit om met geen ~ aan te pakken* you wouldn't touch her with a barge-pole

Tangan'jika *o* Tanganyika

Tanganji'kaan *m* (-kanen) Tanganyikan

Tanganji'kaans *bn* Tanganyikan

'tangaslipje *o* (-s) tanga, g-string, gee-string

'tangbeweging *v* mil pincer movement

'tangens *v* (-en en -genten) tangent

'Tanger *o* Tangier

'tango *m* ('s) tango

'tangverlossing *v* (-en) forceps delivery

'tanig *bn* tawny

tank *m* (-s) tank°

'tankauto *m* ('s) tank-car, tanker

'tanken (tankte, h. getankt) *onoverg* fill up

'tanker *m* (-s) tanker

'tankgracht *v* (-en) antitank ditch

'tankschip *o* (-schepen) tank-steamer, tanker

'tanksoldaat *m* (-daten) tank infantryman (*mv* tank infantry)

'tankstation *o* (-s) filling station

'tankval *v* (-len) tank trap

'tankvliegtuig *o* (-en) tanker

'tankwagen *m* (-s) tanker, tanker lorry

tan'nine *v & o* tannin

'tantalusbeker *m* (-s) Tantalus cup

'tantaluskwelling *v* (-en) torment of Tantalus; tantalization

'tante *v* (-s) aunt; *een lastige ~* geringsch a fussy lady, a fusspot; *och wat, je ~!* gemeenz rats!

tanti'ème *o* (-s) bonus, royalty, percentage

Tanza'nia *o* Tanzania

Tanzani'aan *m* (-ianen) Tanzanian

Tanzani'aans *bn* Tanzanian

tao'ïsme *o* Taoism

tap *m* (-pen) **1** (kraan) tap; **2** (spon) bung; **3** techn tenon; **4** mil, techn trunnion [of a gun, in steam-engine]; **5** = *tapkast*

'tapdans *m* (-er) tap-dance

'tapdansen (tapdanste, h. getapdanst) *onoverg* tap-dance

'**tapdanser** m (-s) tap-dancer

tape m (-s) tape°

'**tapedeck** o & m (-s) tape deck

'**tapgat** o (-gaten) **1** <u>techn</u> tap-hole, mortise; **2** bung-hole

ta'pijt o (-en) carpet; *op het ~ brengen* bring on the tapis (carpet)

ta'pijtwerker m (-s) carpet-maker

tapi'oca m tapioca

'**tapir** m (-s) tapir

tapisse'rie v (-rieën) tapestry

tapissi'ère v (-s) furniture-van, pantechnicon

'**tapkast** v (-en) buffet, bar

'**tappelings** *bijw:* ~ *lopen langs* trickle down

'**tappen** (tapte, h. getapt) **I** *overg* tap [beer, rubber], draw [beer]; *moppen* ~ crack jokes; **II** *abs ww* keep a pub

'**tapper** m (-s) publican

tappe'rij v (-en) public house, ale-house

taps *bn* tapering, conical; ~ *toelopen* taper

'**taptemelk** v skim-milk

'**taptoe** m (-s) tattoo; *de* ~ *slaan* beat the tattoo

ta'puit m (-en) wheatear, chat

'**tapverbod** o (-boden) prohibition

'**tapvergunning** v (-en) Br licence to sell spirits; Am liquor licence

ta'rantula v ('s) tarantula

'**tarbot** m (-ten) turbot

ta'rief o (-rieven) **1** (in 't alg.) tariff, rate; **2** ⟨v. openbaar vervoer⟩ (legal) fare

ta'riefmuur m (-muren) tariff wall

ta'riefwerk o piece-work

ta'rievenoorlog m tariff war, war of tariffs

ta'rot o tarot

'**tarra** v tare

tar'taar m (biefstuk) chopped raw beef

Tar'taar m (-taren) Tartar

Tar'taars *bn* Tartar

'**tartanbaan** v (-banen) tartan track

'**tarten** (tartte, h. getart) *overg* challenge, defy; *het tart alle beschrijving* it beggars description

'**tartend** *bn* defiant

'**tarwe** v wheat

'**tarwebloem** v flour of wheat

'**tarwebrood** o (-broden) wheaten bread; *een* ~ a wheaten loaf

'**tarwemeel** o wheaten flour

1 tas m (-sen) (stapel) heap, pile

2 tas v (-sen) ⟨v. boodschappen &⟩ bag, pouch, satchel

3 tas v (-sen) ZN ⟨kopje⟩ cup

'**Tasjkent** o Tashkent

Tas'manië o Tasmania

Tas'maniër m (-s) Tasmanian

'**tassen** (taste, h. getast) *overg* heap (up), pile (up)

tast m: *op de* ~ *zijn weg zoeken* grope one's way

'**tastbaar** *bn* tangible, palpable [lie]

'**tastbaarheid** v palpableness, palpability, tangibleness, tangibility

'**tasten** (tastte, h. getast) **I** *onoverg* feel, grope, fumble (*naar* for); *in het duister* ~ be in the dark; *in de zak* ~ **1** *eig* put one's hand into one's pocket, dive into one's pocket; **2** (om te betalen) dip into one's purse; **II** *overg* touch; *iem. in zijn eer* ~ **1** cast a slur on sbd.'s honour; **2** appeal to sbd.'s sense of honour; *iem. in zijn gemoed* ~ work on sbd.'s feelings; *iem. in zijn zwak* ~ zie: *zwak III*

'**taster** m (-s) feeler

'**tastorgaan** o (-ganen) tentacle

'**tastzin** m (sense of) touch

Ta'taar(s) = *Tartaar(s)*

'**tater** m (-s) <u>gemeenz</u>: *hou je* ~ stop chattering

tatoe'age v (-s) tattoo

tatoe'ëerder m (-s) tattooer, tattooist

tatoe'ëren (tatoeëerde, h. getatoeëerd) *overg* tattoo

tatoe'ëring v **1** ⟨handeling⟩ tattooing; **2** (-en) ⟨het getatoeëerde⟩ tattoo

tau'gé m bean sprouts

tautolo'gie v (-gieën) tautology

tauto'logisch *bn* tautological

taxa'teur m (-s) (official) appraiser, valuer

ta'xatie v (-s en -tiën) appraisement, appraisal, valuation

ta'xatieprijs m (-prijzen) valuation price; *tegen* ~ at a valuation

ta'xatiewaarde v appraised value

ta'xeren (taxeerde, h. getaxeerd) *overg* appraise, assess, value (*op* at)

'**taxfree** *bn* duty-free

'**taxi** m ('s) taxi-cab, taxi

'**taxicentrale** v (-s) taxi base; Am central dispatchers

'**taxichauffeur** m (-s) taxi-driver

ta'xiën (taxiede, h. en is getaxied) *onoverg* taxi

'**taximeter** m (-s) taximeter

'**taxistandplaats** v (-en) cab-stand

'**taxistop** m ZN system of public transport with private cars

taxono'mie v taxonomy

'**taxus** m (-sen), **taxusboom** m (-bomen) yew-tree

'**T-balk** m (-en) T-bar, T-girder

tbc v = *tuberculose*

'**T-biljet** o (-ten) tax reclaim form

tbr, TBR v <u>vroeger</u> *terbeschikkingstelling van de regering* Br ± preventive detention

tbs v *terbeschikkingstelling* Br ± preventive detention

t.b.v. *afk.* *ten behoeve van* on behalf of, for

te I *voorz* **1** ⟨vóór plaatsnaam⟩ at, in; **2** ⟨vóór infinitief⟩ to; ~ *Antwerpen* at, in Antwerp; ~ *Londen* in London; ~ *middernacht* at midnight; *hij kwam langs om me* ~ *feliciteren* he came round to congratulate me; **II** *bijw* (vóór bijv. naamw.) too; *dat gat is* ~ *groot* that hole is too big; zie verder: *bed, des &*

'**teakhout** o teak(-wood)

team o (-s) team

'**teamgeest** *m* team spirit
'**teamgenoot** *m* (-noten) teammate
'**teamverband** *o*: *in* ~ as a team
'**teamwork** *o* team-work
te'**boekstellen**[1] *overg* record
tech'**neut** *m* (-en) schertsend boffin
'**technicus** *m* (-ci) **1** ⟨in 't alg.⟩ technician; **2** ⟨voor bepaald vak⟩ engineer
tech'**niek** *v* (-en) **1** ⟨wetenschap⟩ technology, technics; **2** ⟨bedrevenheid⟩ technique [of an artist, of piano-playing &]; **3** ⟨manier, werkwijze⟩ technique, method [of illustrating, printing]; **4** ⟨als tak van nijverheid⟩ [heat, illuminating, refrigerating &] engineering
'**technisch I** *bn* **1** ⟨in 't alg.⟩ technical; **2** technological [achievement, advance, know-how]; *een prachtige* ~*e prestatie* ook: a magnificent engineering achievement; ~*e hogeschool* college (institute) of technology; *hogere* ~*e school* technical college; *lagere* ~*e school* technical school; *middelbaar* ~*e school* senior technical school, polytechnic; **II** *bijw* technically; technologically [advanced]
techno'**craat** *m* (-craten) technocrat
technocra'**tie** *v* technocracy
technolo'**gie** *v* technology
techno'**logisch** *bn* technological
techno'**loog** *m* (-logen) technologist
'**teckel** *m* (-s) dachshund
'**teckel** *m* (-s) dachshund
tecty'**leren** (tectyleerde, h. getectyleerd) *overg* apply an underseal, rustproof
'**teddybeer** *m* (-beren) teddy bear
'**teder** *bn bijw* = [1]*teer*
'**tederheid** *v* tenderness
Te-'**Deum** *o* (-s) Te Deum
teef *v* (teven) **1** ⟨vrouwtjeshond⟩ bitch; **2** ⟨scheldwoord voor vrouw⟩ bitch
teek *v* (teken) tick
'**teelaarde** *v* (vegetable) mould
'**teelbal** *m* (-len) testis, testicle
teelt *v* **1** ⟨v. gewassen⟩ cultivation, culture; **2** ⟨v. dieren⟩ breeding
'**teeltkeus** *v* **1** dierk selective breeding; **2** plantk selective growing (cultivation)
1 teen *v* (tenen) ⟨tak⟩ osier, twig, withe
2 teen *m* (tenen) ⟨aan voet⟩ toe; *grote (kleine)* ~ big (little) toe; *op zijn tenen lopen* walk on tiptoe; tiptoe; fig push oneself to the limit; *iem. op de tenen trappen* tread on sbd.' toes[2] (fig corns); *hij is gauw op zijn tenen getrapt* he is quick to take offence, he is touchy; *he was erg op zijn tenen getrapt* he was very much huffed; zie ook: *teentje*
'**teenganger** *m* (-s) digitigrade
'**teenslippers** *mv* flip-flops
'**teentje** *o* (-s): *een* ~ *knoflook* a clove of garlic
1 teer I *bn* **1** tender [heart, subject]; **2** delicate [child, question]; **II** *bijw* tenderly; ~ *bemind* dearly loved

2 teer *m & o* tar
'**teerachtig** *bn* tarry
'**teerbemind** *bn* dearly beloved
teerge'**voelig I** *bn* tender, delicate, sensitive; **II** *bijw* tenderly
teerge'**voeligheid** *v* tenderness, delicacy, sensitiveness
teer'**hartig** *bn* tender-hearted
teer'**hartigheid** *v* tender-heartedness
'**teerheid** *v* = *tederheid*
'**teerkwast** *m* (-en) tar-brush
'**teerling** *m* (-en) die; *de* ~ *is geworpen* the die is cast
'**teerpot** *m* (-ten) tar-pot
'**teerton** *v* (-nen) tar-barrel
'**teerwater** *o* tar-water
'**teerzeep** *v* (-zepen) tar-soap
'**tegel** *m* (-s) tile
'**tegelbakker** *m* (-s) tile-maker
'**tegelbakkerij** *v* (-en) tile-works
tege'**lijk** *bijw* at the same time, at a time, at once; together; *niet allemaal* ~ not all together; *hij is* ~ *de ...ste en de ...ste* ook: he is both the ...st and the ...st
tegelijker'**tijd** *bijw* at the same time; zie ook: *tegelijk*
'**tegeltje** *o* (-s) (small) tile; *blauwe* ~*s* Dutch tiles
'**tegelvloer** *m* (-en) tiled pavement, tiled floor
'**tegelwerk** *o* tiles
'**tegelzetter** *m* (-s) tiler
tege'**moetgaan**[1] *overg* go to meet; *zijn ondergang (ongeluk)* ~ be heading for ruin (disaster)
tege'**moetkomen**[1] *overg* **1** eig come to meet; **2** fig meet (half-way); ~ *aan bezwaren* meet objections; ~ *aan iemands wensen* meet sbd.'s wishes
tege'**moetkomend** *bn* ⟨inschikkelijk⟩ obliging, accommodating, compliant; ~ *verkeer* oncoming traffic
tege'**moetkoming** *v* (-en) **1** ⟨concessie⟩ concession; **2** ⟨vergoeding⟩ subsidy, grant; compensation [for damages]; *een* ~ *in de kosten* a contribution towards the costs
tege'**moetlopen**[1] *overg* go to meet
tege'**moettreden**[1] *overg* **1** eig go to meet; **2** meet [difficulties &]
tege'**moetzien**[1] *overg* **1** look forward to [the future with confidence]; **2** await [your reply]
tegen I *voorz* **1** eig & fig against [the door &, the law &]; **2** ⟨omstreeks⟩ towards [the close of the week, the evening &]; by [nine o'clock]; **3** ⟨voor⟩ at [the price]; **4** ⟨in ruil voor⟩ for; **5** ⟨tegenover⟩ to, against; **6** ⟨contra⟩ recht, sp versus; *het is goed* ~ *brandwonden* it is good for burns; *er is* ~ *dat...* there is this against it that...; *wie is er* ~? who is against it?; *ze zijn erg tegen bescherming* they are strongly opposed to protection; *zijn ouders waren er* ~ his parents were opposed (were hostile) to it; *hij spreekt niet* ~ *mij* he does not speak to me; *tien* ~ *één* ten to one; *75.000 bezoekers* ~ *verleden jaar 50.000* 75.000 visitors as against 50.000 last year; ~... *in*

1341

against...; **II** *bn: (ik ben)* ~ I'm against it; *de wind is* ~ the wind is against us; **III** *bijw: de wind* ~ *hebben* have the wind against one; **IV** *o: de voors en* ~s the pros and cons

tegen'aan *bijw* against

'tegenaanval *m* (-len) counter-attack; *een* ~ *doen* counter-attack

'tegenargument *o* (-en) counter-argument

'tegenbeeld *o* (-en) **1** ⟨tegengestelde⟩ contrary, anti-type; **2** ⟨tegenhanger⟩ counterpart, pendant

'tegenbericht *o* (-en) **1** ⟨in 't alg.⟩ message to the contrary; **2** handel advice to the contrary; *als wij geen* ~ *krijgen, zonder tegenbericht* unless we hear to the contrary; handel if you don't advise us to the contrary

'tegenbeschuldiging *v* (-en) countercharge, re-crimination

'tegenbevel *o* (-velen) counter-order

'tegenbewijs *o* (-wijzen) counter-proof, counter-evidence

'tegenbezoek *o* (-en) return visit, return call; *een* ~ *brengen* return a visit (a call)

'tegenbod *o* counter-bid

'tegendeel *o* contrary; *in* ~ on the contrary

'tegendoelpunt *o* (-en) goal against

tegen'draads *bn* against the grain

'tegendruk *m* counter-pressure, reaction

'tegeneis *m* (-en) counter-claim

'tegeneten [1] *wederk: zich iets* ~ begin to loathe some food by eating too much of it

'tegengaan [1] *overg* **1** (h.) ⟨bestrijden⟩ oppose, check, counteract; **2** (is) ⟨tegemoetgaan⟩ go to meet

'tegengas *o:* ~ *geven* resist, dig in one's heels

'tegengesteld *bn* opposite, contrary; *het* ~e the opposite, the contrary, the reverse

'tegengewicht *o* (-en) counter-weight

'tegengif *o* (-fen) antidote[2]

'tegengoesting *v* ZN envy

'tegenhanger *m* (-s) counterpart[2]

'tegenhouden [1] *overg* **1** stop, hold up [a horse &]; **2** arrest, retard, check [the progress of]

tegen'in *bijw: ergens* ~ *gaan* oppose sth.

'tegenkammen [1] *overg* backcomb, tease [hair]

'tegenkandidaat *m* (-daten) rival candidate, candidate of the opposition; *zonder* ~ unopposed

'tegenkanting *v* (-en) opposition; ~ *vinden* meet with opposition

'tegenklacht *v* (-en) counter-charge

'tegenkomen [1] *overg* **1** meet [a person]; **2** come across [a word &]; **3** encounter [a difficulty &]

'tegenlachen [1] *overg* smile upon, smile at

'tegenlicht *o* backlight(ing)

'tegenlichtopname *v* (-n) against-the-light photograph, exposure against the sun, contre-jour picture

'tegenligger *m* (-s) **1** scheepv meeting ship; **2** auto oncoming car, approaching vehicle

'tegenlopen [1] *overg* go to meet; *alles loopt hem tegen* everything goes against him

'tegenmaatregel *m* (-en en -s) countermeasure

'tegenmaken [1] *overg: iem. iets* ~ put sbd. off sth.

tegenna'tuurlijk *bn* against nature, contrary to nature, unnatural

'tegenoffensief *o* (-sieven) counter-offensive

'tegenofferte *v* (-s en -n) counter-offer

tegen'op *bijw: ergens* ~ *rijden* drive against sth.; *er niet* ~ *kunnen* not be able to cope; *daar kan niemand* ~ nobody can match that; *(ergens)* ~ *zien* dread, fear, shrink from, be reluctant

'tegenorder *v & o* (-s) counter-order

tegen'over *voorz* opposite (to), over against, facing [each other, page 5]; vis-à-vis; *onze plichten* ~ *elkander* our duties towards each other; ~ *mij (gedraagt hij zich fatsoenlijk)* with me; *hier* ~ opposite, over the way; *schuin* ~ zie: *schuin II; vlak (recht, dwars)* ~... right opposite...

tegen'overgelegen *bn* opposite, [house] facing [ours]

tegen'overgesteld *bn* **1** opposed [characters]; **2** opposite [directions]; *zij is het* ~e she is the opposite; *precies het* ~e quite the contrary

tegen'overliggend *bn* = tegenovergelegen

tegen'overstaan [1] *onoverg: daar staat tegenover, dat...* on the other hand..., but then...

tegen'overstaand *bn* opposite

tegen'overstellen [1] *overg* set [advantages] against [disadvantages]

'tegenpartij *v* (-en) antagonist, adversary, opponent, other party, other side

'tegenpaus *m* (-en) antipope

'tegenpool *v* (-polen) antipole, opposite pole

'tegenpraten [1] *onoverg* contradict, answer back

'tegenprestatie *v* (-s) (service in) return

'tegenpruttelen [1] *onoverg* grumble

'tegenrekening *v* (-en) contra account

'tegenslag *m* (-slagen) reverse, set-back

'tegenspartelen [1] *onoverg* **1** eig struggle, kick; **2** fig ⟨tegensputteren⟩ grumble, protest

'tegensparteling *v* (-en) resistance

'tegenspel *o* defence; ⟨als reactie⟩ response; ~ *bieden* offer resistance, put up a fight

'tegenspeler *m* (-s) **1** sp opponent; **2** fig opposite number

'tegenspoed *m* adversity, bad luck

'tegenspraak *v* contradiction; *geen* ~ *dulden* not take no for an answer *bij de minste* ~ at the least contradiction; *in* ~ *met...* in contradiction with; *in* ~ *komen met zichzelf* contradict oneself; *in* ~ *zijn met* collide with, be contradictory to; *zonder* ~ **1** without (any) objection; **2** incontestably, indisputably

'tegenspreken **I** *overg* **1** ⟨beweringen bestrijden⟩ contradict; **2** ⟨brutaal zijn⟩ answer back; *het bericht wordt tegengesproken* the report is contradicted; *elkaar* ~ contradict each other, be contradictory; **II** *wederk: zichzelf* ~ contradict oneself

'**tegensputteren**[1] *onoverg* grumble, protest
'**tegenstaan**[1] *overg: het staat mij tegen* I dislike it, I have an aversion to it; it is repugnant to me
'**tegenstand** *m* resistance, opposition; ~ *bieden* offer resistance, resist; *geen* ~ *bieden* make (offer) no resistance
'**tegenstander** *m* (-s) opponent, antagonist, adversary
'**tegenstelling** *v* (-en) contrast, antithesis, contradistinction, opposition; *in* ~ *met* as opposed to, as distinct from, in contrast with, contrary to [his habit, received ideas]
'**tegenstem** *v* (-men) **1** (bij stemming) dissentient vote, adverse vote; **2** muz counterpart
'**tegenstemmen**[1] *onoverg* vote against
'**tegenstemmer** *m* (-s) voter against [a motion &]
'**tegenstreven**[1] *overg* resist, oppose
'**tegenstrever** *m* (-s) ZN opponent, adversary
'**tegenstribbelen**[1] *onoverg* = *tegenspartelen*
'**tegenstrijd** *m*: *in* ~ *zijn met* conflict with
tegen'**strijdig** *bn* **1** contradictory [reports, feelings]; **2** conflicting [emotions, opinions]; **3** clashing [interests]
tegen'**strijdigheid** *v* (-heden) contrariety, contradiction, discrepancy
'**tegenstroom** *m* (-stromen) **1** (in water) countercurrent; **2** elektr reverse current
'**tegensturen** (stuurde tegen, h. tegengestuurd) *onoverg* steer into the skid
'**tegenvallen**[1] *onoverg* not come up to expectations; *het zal u* ~ you will be disappointed; you may find yourself mistaken; *je valt me lelijk tegen* I am sorely disappointed in you
'**tegenvaller** *m* (-s) disappointment, come-down
'**tegenvergif** *o* (-fen) = *tegengif*
'**tegenvoeter** *m* (-s) antipode[2]
'**tegenvoorbeeld** *o* (-en) counterexample
'**tegenvoorstel** *o* (-len) counter-proposal
'**tegenvordering** *v* (-en) counter-claim
'**tegenvraag** *v* (-vragen) counter-question
'**tegenwaarde** *v* equivalent, counter-value
'**tegenweer** *v* defence, resistance
'**tegenwerken**[1] *overg* work against, counteract, oppose, cross, thwart
'**tegenwerking** *v* (-en) opposition
'**tegenwerpen**[1] *overg* object
'**tegenwerping** *v* (-en) objection
'**tegenwicht** *o* (-en) counterpoise[2], counterweight[2], counterbalance[2]; *een* ~ *vormen tegen...* counterbalance...
'**tegenwind** *m* adverse wind, head wind
tegen'**woordig I** *bn* **1** (in 't alg.) present; **2** present-day [readers &], [the girls] of to-day; ~ *zijn bij...* be present at...; *onder de* ~*e omstandigheden* under existing circumstances; **II** *bijw* at present, nowadays, these days
tegen'**woordigheid** *v* presence; ~ *van geest* presence of mind; *in* ~ *van...* in the presence of...

'**tegenzang** *m* (-en) antiphony
'**tegenzet** *m* (-ten) counter-move
'**tegenzin** *m* antipathy, aversion, dislike (*in* of, for); *een* ~ *hebben in...* dislike...; *een* ~ *krijgen in* take a dislike to; *met* ~ with a bad grace, reluctantly
'**tegenzitten**[1] *onoverg: het zat me tegen* luck was against me, I was unlucky
te'**goed I** *o* (-en) handel [bank] balance; **II** *bijw:* ~ *hebben* have an outstanding claim [against sbd.]; *ik heb nog geld* ~ money is owing me; *ik heb nog geld van hem* ~ he owes me money
te'**goedbon** *m* (-nen, -s) credit note
te'**huis** *o* (-huizen) home
'**teil** *v* (-en) basin, pan, tub
'**teint** *v & o* (-s) complexion
'**teisteren** (teisterde, h. geteisterd) *overg* harass, ravage, visit
te'**keergaan**[1] *onoverg* go on, take on, raise the roof; storm (*tegen iem.* at sbd.)
'**teken** *o* (-s en -en) **1** (in 't alg.) sign, token, mark; **2** symptom [of a disease]; **3** (signaal) signal; *het* ~ *des kruises* the sign of the cross; *een* ~ *des tijds* a sign of the times; *een* ~ *aan de wand* the writing on the wall; *een slecht* ~ a bad omen; *iem. een* ~ *geven om...* make sbd. a sign to..., motion sbd. to...; *een* ~ *van leven geven* give a sign of life; *in het* ~ *van...* astron in the sign of [Gemini]; *alles komt in het* ~ *van de bezuiniging te staan* retrenchment is the order of the day; *de organisatie staat in het* ~ *van de vrede* the keynote of the organization is peace; *op een* ~ *van...* at (on) a sign from...; *ten* ~ *van...* in token of..., as a token of [mourning, respect &]
'**tekenaap** *m* (-apen) pantograph
'**tekenaar** *m* (-s) **1** (in 't alg.) drawer, designer, draughtsman; **2** (van spotprenten) cartoonist
'**tekenacademie** *v* (-s) drawing-academy
'**tekenachtig** *bn* graphic, picturesque
'**tekenbehoeften** *mv* drawing-materials
'**tekenblok** *o* (-ken) pad
'**tekenboek** *o* (-en) drawing-book, sketch-book
'**tekenbord** *o* (-en) drawing-board
'**tekendoos** *v* (-dozen) box of drawing-materials
'**tekenen** (tekende, h. getekend) **I** *overg* **1** (een tekening maken) draw[2], delineate[2]; **2** (ondertekenen) sign; **3** (intekenen) subscribe; **4** (merken) mark; *dat tekent hem* that's characteristic (typical) of him, that's just like him; *fijn getekende wenkbrauwen* delicately pencilled eyebrows; **II** *onoverg & abs ww* **1** (een tekening maken) draw; **2** (ondertekenen) sign; *naar het leven* ~ draw from (the) life; *voor het leven getekend zijn* be marked for life (ook fig); *voor gezien* ~ visé, visa; *voor zes jaar* ~ mil sign for six years; *voor de ontvangst* ~ sign for the receipt (of it); *voor hoeveel heb je getekend?* how much have you subscribed?
'**tekenend** *bn* characteristic (*voor* of), typical (*voor* of)
'**tekenfilm** *m* (-s) cartoon (picture, film)

'**tekengereedschap** o (-pen) drawing-instruments
'**tekenhaak** m (-haken) (T-)square
'**tekening** v (-en) **1** ⟨voorlopige schets⟩ design [for a picture, of a building]; **2** ⟨eigenaardige streping &⟩ marking(s) [of a dog], pattern; **3** ⟨getekend beeld, landschap &⟩ drawing; **4** ⟨het ondertekenen⟩ signing [of a letter &]; **5** ⟨ondertekening⟩ signature; *het hem ter ~ voorleggen* submit it to him for signature; *er begint ~ in te komen* things are taking shape
'**tekeninkt** m (-en) drawing-ink
'**tekenkamer** v (-s) drawing-office
'**tekenkrijt** o crayon, drawing-chalk
'**tekenkunst** v art of drawing
'**tekenleraar** m (-s en -raren) drawing-master
'**tekenles** v (-sen) drawing-lesson
'**tekenpapier** o drawing-paper
'**tekenpen** v (-nen) **1** ⟨houder⟩ pencil holder; **2** ⟨pen⟩ drawing pen
'**tekenplank** v (-en) drawing-board
'**tekenportefeuille** m (-s) drawing-portfolio
'**tekenpotlood** o (-loden) drawing-pencil
'**tekenschool** v (-scholen) drawing-school
'**tekentafel** v (-s) drawing-table
'**tekenvoorbeeld** o (-en) drawing-copy
'**tekenwerk** o drawing
te'**kort** o (-en) shortage (*aan* of); [budget] deficit, deficiency; [budget, dollar &] gap; *een ~ hebben aan* have a shortage of, be short of; *een ~ aan eiwit* a protein deficiency; *het ~ op de handelsbalans* the trade gap; *een maandelijks ~ van ...dollar blijft* a monthly gap of ...dollar remains
te'**kortdoen** (deed tekort, h. tekortgedaan): *iem. ~* wrong sbd.; *ik heb hem nooit een stuiver tekortgedaan* I never wronged him of a penny; *~ aan iems. verdiensten* derogate from sbd.'s merits
te'**kortkoming** v (-en) shortcoming, failing, deficiency, imperfection
te'**kortschieten** (schoot tekort, is tekortgeschoten) fall short of the mark; *~ in* be lacking in, be deficient in, don't measure up to
tekst m (-en) **1** ⟨in 't alg.⟩ text; ⟨samenhang⟩ context; **2** letterpress [to a print, an engraving]; **3** muz words; **4** RTV script; **5** ⟨v. reclame⟩ copy; **6** wording [on a packet of cigarettes]; *~ en uitleg geven* give chapter and verse (*van* for); *bij zijn ~ blijven* stick to one's text; *van de ~ raken* lose the thread of one's speech &
'**tekstboekje** o (-s) **1** ⟨in 't alg.⟩ book (of words); **2** ⟨v. opera &⟩ libretto
'**tekstdichter** m (-s) lyricist
'**tekstkritiek** v (-en) textual criticism
'**tekstschrijver** m (-s) **1** ⟨van reclame⟩ copywriter; **2** RTV scriptwriter
'**tekstuitgave** v (-n) original text edition
'**tekstverdraaiing** v (-en) false construction (put) upon a text
'**tekstverklaring** v (-en) textual explanation
'**tekstvervalsing** v (-en) falsification of a text

'**tekstverwerker** m (-s) word processor
'**tekstverwerking** v word processing
'**tekstverwerkingsprogramma** o ('s) word processing programme
tel m (-len) count; *de ~ kwijt zijn* have lost count; *niet in ~ zijn* be of no account; *hij is niet meer in ~* he is out of the running now; *in twee ~len* in two ticks, gemeenz in a jiffy; *op zijn ~len passen* mind one's p's and q's; *als hij niet op zijn ~len past* if he is not careful
te'**laatkomer** m (-s) late-comer
te'**lastlegging** v (-en) = tenlastelegging
'**telbaar** bn numerable, countable
'**telecamera** v ('s) telecamera
'**telecommunicatie** v telecommunication
'**telefax** m (-en) = fax
'**telefaxen** (telefaxte, h. getelefaxt) overg = faxen
tele'**nade** v (-s) (lengthy) phone call
telefo'**neren** (telefoneerde, h. getelefoneerd) overg & onoverg telephone, gemeenz phone; make a call, ring [sbd.], speak (be) on the telephone, call
tele'**fonie** v telephony
tele'**fonisch I** bn **1** ⟨in 't alg.⟩ telephonic; **2** telephone [bookings, calls &]; **II** bijw telephonically, by (over the) telephone
telefo'**nist** m (-en) telephonist, telephone operator
telefo'**niste** v (-n en -s) telephone operator, telephone girl, switchboard girl, (female) telephonist
tele'**foon** m (-s en -fonen) telephone, gemeenz phone; *wij hebben ~* we are on the telephone; *de ~ aannemen* answer the telephone; *de ~ neerleggen* lay down the receiver; *de ~ van de haak nemen, de ~ opnemen* take off (unhook) the receiver; *aan de ~* [she is] on the telephone; *aan de ~ blijven* hold the line, hold on; *per ~* by telephone, over the telephone
tele'**foonaansluiting** v (-en) telephone connection
tele'**foonbeantwoorder** m (-s) answering machine
tele'**foonboek** o (-en) telephone directory, telephone book
tele'**fooncel** v (-len) (tele)phone booth, call-box, telephone kiosk
tele'**fooncentrale** v (-s) (telephone) exchange
tele'**foondienst** m telephone service
tele'**foondistrict** o (-en) telephone area
tele'**foondraad** m (-draden) telephone wire
tele'**foongesprek** o (-ken) telephone call; conversation over the telephone, telephone conversation
tele'**foongids** m (-en) = telefoonboek
tele'**foonjuffrouw** v (-en) = telefoniste
tele'**foonkaart** v (-en) phonecard
tele'**foonnet** o (-ten) telephone system (network)
tele'**foonnummer** o (-s) telephone number
tele'**foonpaal** m (-palen) telephone pole
tele'**foonrekening** v (-en) telephone bill
tele'**foontje** o (-s) (telephone) call

tele'foontoestel *o* (-len) telephone set

tele'foonverbinding *v* (-en) **1** ⟨in 't alg.⟩ telephone connection; **2** ⟨verkeer tussen landen &⟩ telephone communication

tele'foonverkeer *o* telephone communication

'**telefoto** *v* ('s) telephotograph

'**telefotografie** *v* telephotography

telege'niek *bn* telegenic

tele'graaf *m* (-grafen) telegraph; *per* ~ by wire

tele'graafkabel *m* (-s) telegraph cable

tele'graafkantoor *o* (-toren) telegraph office

tele'graafpaal *m* (-palen) telegraph pole

tele'graaftoestel *o* (-len) telegraphic apparatus

telegra'feren (telegrafeerde, h. getelegrafeerd) *overg & onoverg* telegraph, wire, cable

telegra'fie *v* telegraphy

tele'grafisch I *bn* telegraphic; **II** *bijw* telegraphically, by wire

telegra'fist *m* (-en), **telegra'fiste** *v* (-n en -s) telegraphist, (telegraph) operator

tele'gram *o* (-men) telegram, wire, cablegram

tele'gramadres *o* (-sen) telegraphic address

tele'grambesteller *m* (-s) telegraph messenger, telegraph boy

tele'gramstijl *m* telegraphese

teleki'nese *v* telekinese

'**telelens** *v* (-lenzen) telelens

'**telen** (teelde, h. geteeld) *overg* **1** breed, rear, raise [animals]; **2** grow, cultivate [plants]

tele'paat *m* (-paten) telepathist

telepa'thie *v* telepathy

tele'pathisch *bn* telepathic

'**teler** *m* (-s) **1** ⟨v. vee⟩ breeder; **2** ⟨v. planten⟩ grower

tele'scoop *m* (-scopen) telescope

tele'scopisch *bn* telescopic

'**teletekst** *m* teletext; ⟨v.d. BBC⟩ Ceefax

te'leurstellen[1] *overg* disappoint [a person, hope &]; *teleurgesteld over* disappointed at (with)

te'leurstelling *v* (-en) disappointment (*over* at, with)

tele'visie *v* (-s) **1** ⟨beeldoverbrenging⟩ television; **2** ⟨toestel⟩ television (set), TV; *gemeenz* Br telly; *gemeenz* Am tube; *(naar de)* ~ *kijken* watch television; *op, voor de* ~ on television; *op de* ~ *uitzenden* televise

tele'visieantenne *v* (-s) television aerial, television antenna

tele'visiebeeld *o* (-en) television picture

tele'visiecamera *v* ('s) television camera

tele'visiedominee *m* (-s) TV evangelist

tele'visiefilm *m* (-s) television (TV) film (Am movie)

tele'visiejournaal *o* (-s) television news

tele'visiekanaal *o* (-nalen) television channel

tele'visiekijker *m* (-s) television viewer, televiewer

tele'visiemast *m* (-en) television mast

televi'sienet *o* (-ten) television network

tele'visieomroeper *m* (-s) television announcer

televi'sieopname *v* (-s) television recording

tele'visieprogramma *o* ('s) television programme, Am telecast

tele'visiereclame *v* (-s) television (TV) commercials

tele'visiescherm *o* television screen

televi'sieserie *v* (-s) television series, television serial

tele'visiespel *o* (-spelen), **tele'visiestuk** *o* (-ken) television play

tele'visiestation *o* (-s) television channel, Am television station

televi'siestudio *m* ('s) television studio

tele'visietoestel *o* (-len) television set

tele'visie-uitzending *v* (-en) television broadcast, telecast

tele'visiezender *m* (-s) television transmitter, television broadcasting station

'**telex** *m* (-en) **1** ⟨toestel⟩ teleprinter; **2** ⟨dienst, net⟩ telex

'**telfout** *v* (-en) miscalculation

telg *m-v* (-en) descendant, scion, shoot; *zijn ~en* ook: his offspring

'**telgang** *m* ambling gait, amble

'**telganger** *m* (-s) ambling horse

'**teling** *v* **1** breeding [of animals]; **2** growing, cultivation [of plants]

'**telkenmale**, '**telkens** *bijw* **1** ⟨voortdurend⟩ again and again, at every turn; **2** ⟨iedere keer⟩ every time, each time; ~ *als*, ~ *wanneer* whenever, every time

'**tellen** (telde, h. geteld) **I** *overg* **1** ⟨in 't alg.⟩ count; **2** ⟨ten getale zijn van⟩ number; *dat telt hij niet* he makes no account of it; *iets licht* ~ make little account of sth., make light of sth.; *hij kijkt of hij niet tot tien kan* ~ he looks as if he could not say bo to a goose; *wij* ~ *hem onder onze vrienden* we count (number, reckon) him among our friends; *hij wordt niet geteld* he doesn't count; *zijn dagen zijn geteld* his days are numbered; **II** *onoverg & abs ww* count; *dat telt niet* that does not count; that goes for nothing; *dat telt bij mij niet* that does not count (weigh) with me; *tot 100* ~ count up to a hundred; *voor twee* ~ count as two

'**teller** *m* (-s) **1** ⟨persoon⟩ counter, teller; **2** ⟨v. breuk⟩ numerator

'**telling** *v* (-en) count(ing)

'**telmachine** *v* (-s) adding machine

te'loorgaan[1] *onoverg* be lost, get lost

te'loorgang *m* loss

'**telpas** *m* amble

'**telraam** *o* (-ramen) counting-frame, abacus

'**telwoord** *o* (-en) numeral

'**tembaar** *bn* tamable

'**tembaarheid** *v* tamability

te'meer *bijw* all the more

te'meier *v* (-s) *gemeenz* hooker, hustler

'**temen** (teemde, h. geteemd) *onoverg* drawl, whine

'**temerig** *bn* drawling, whining; ~ *praten* speak with

a drawl, drawl

teme'rij *v* drawling, whining

'temmen (temde, h. getemd) *overg* tame[2]

'temming *v* taming

'tempel *m* (-s) temple, plechtig fane

'tempelbouw *m* building of a (the) temple

'tempeldienst *m* (-en) temple service

tempe'lier *m* (-s en -en) Knight Templar, templar; *hij drinkt als een ~* he drinks like a fish

'tempelridder *m* (-s) Knight Templar

'tempen (tempte, h. getempt) *overg* gemeenz take someone's temperature

'tempera *v* tempera, distemper

tempera'ment *o* (-en) temperament, temper

tempera'mentvol *bn* temperamental

tempera'turen (temperatuurde, h. getemperatuurd) *overg* take someone's temperature

tempera'tuur *v* (-turen) temperature; *zijn ~ opnemen* take his temperature

tempera'tuurverhoging *v* (-en) rise of temperature

tempera'tuurverschil *o* (-len) difference in temperature

'temperen (temperde, h. getemperd) *overg* 1 ⟨matigen⟩ temper[2] [the heat, one's austerity &]; 2 deaden[2] [the sound, brightness]; 3 damp[2] [fire, zeal]; 4 soften [light, colours]; 5 tone down[2] [the colouring, an expression]; 6 ⟨de brosheid ontnemen⟩ temper [steel]

'tempering *v* (-en) tempering, softening

'tempermes *o* (-sen) palette-knife

'temperoven *m* (-s) tempering-furnace

'tempo *o* ('s) 1 ⟨snelheid⟩ pace, tempo; 2 ⟨ook: tempi⟩ muz tempo, time; 3 ⟨schaken, dammen⟩ tempo; *in een snel ~* at a quick rate; *in zes ~'s* muz in six movements; *het ~ aangeven* set the pace, mark the running; *~ maken* hurry; speed up [the work]; *het ~ verhogen* speed up the tempo (the pace)

tempo'reel *bn* 1 ⟨door tijd bepaald⟩ temporal; 2 ⟨tijdelijk⟩ temporary

tempori'seren (temporiseerde, h. getemporiseerd) *overg* temporize

temp'tatie *v* (-s en -tiën) 1 ⟨verzoeking⟩ temptation; 2 ⟨kwelling⟩ vexation

temp'teren (tempteerde, h. getempteerd) *overg* 1 (in verzoeking brengen) tempt; 2 ⟨plagen⟩ vex

ten *voorz* at, to &; *~ zesde, ~ zevende* & sixthly, in the sixth place, seventhly, in the seventh place &; zie verder: *aanzien, bate*

te'naamstelling *v* (-en) ascription

ten'dens *v* (-en) tendency, trend

ten'densroman *m* (-s) novel with a purpose

ten'dentie *v* (-s) tendency

tendenti'eus *bn* tendentious

'tender *m* (-s) tender

ten'deren (tendeerde, h. getendeerd) *onoverg* tend, incline, show a tendency (to, toward)

'tenderlocomotief *v* (-tieven) tank-engine

ten'einde *voegw* in order to

'tenen *bn* osier, wicker [basket]

te'neur *m* drift, tenor

'tengel *m* (-s) 1 ⟨lat⟩ lath; 2 slang ⟨hand⟩ paw

'tenger *bn* slight, slender; *~ gebouwd* slightly built

'tengerheid *v* slenderness

te'nietdoen[1] *overg* nullify, annul, cancel, abolish, undo; bring (reduce) to naught, dash [sbd.'s hopes]

te'nietdoening *v* (-en) nullification, annulment

te'nietgaan[1] *onoverg* come to nothing, perish

ten'lastelegging *v* (-en) charge, indictment

ten'minste *bijw* at least°

'tennis *o* (lawn-)tennis; *een partijtje ~* a tennis game

'tennisarm *m* (-en) tennis elbow (arm)

'tennisbaan *v* (-banen) tennis-court

'tennisbal *m* (-len) tennis-ball

'tennisracket *o & v* (-s) tennis racket

'tennisschoen *m* (-en) tennis shoe

'tennissen (tenniste, h. getennist) *onoverg* play (lawn-)tennis

'tennisspeler *m* (-s) tennis player

'tennisveld *o* (-en) tennis-court(s)

'tenniswedstrijd *m* (-en) tennis match

te'nor *m* (-s en -noren) tenor

te'norsaxofoon *m* (-s en -fonen) tenor saxophone

te'norstem *v* (-men) tenor voice, tenor

te'noranger *m* (-s) tenor(-singer)

ten'slotte *bijw* 1 ⟨immers⟩ after all; *het is ~ maar voor een paar dagen* after all it's only for a few days; 2 ⟨uiteindelijk⟩ finally; *~ ben ik maar weggegaan* finally I just left

tent *v* (-en) 1 ⟨in 't alg.⟩ tent; 2 ⟨stoffen overkapping tegen zon, regen⟩ awning; 3 gemeenz ⟨café, dancing &⟩ joint; *de ~en opslaan* pitch tents; *ergens zijn ~en opslaan* pitch one's tent somewhere; *in ~en (ondergebracht)* ook: under canvas; *hem uit zijn ~ lokken* draw him out

ten'takel *m* (-s) tentacle

ten'tamen *o* (-s en -mina) preliminary examination, gemeenz prelim

tentami'neren (tentamineerde, h. getentamineerd) *overg* examine, give an examination

'tentbewoner *m* (-s) tent dweller

'tentdak *o* (-daken) pavilion roof

'tentdoek *o & m* (-en) canvas, tent-cloth

'tentenkamp *o* (-en) camp of tents, tented camp

ten'teren (tenteerde, h. getenteerd) *overg* = tentamineren

'tentharing *m* (-en) tent-peg

'tentluifel *v* (-s) tent-fly

ten'toonspreiden[1] *overg* display

ten'toonspreiding *v* display

ten'toonstellen[1] *overg* exhibit, show

ten'toonstelling *v* (-en) exhibition, show

ten'toonstellingsterrein *o* (-en) exhibition ground(s)

'tentpaal *m* (-palen), **'tentstok** *m* (-ken) tent-pole '**tentwagen** *m* (-s) tilt-cart

'**tentzeil** *o* canvas

te'nue *o* & *v* (-s) dress, uniform; *in groot* ~ in full dress, in full uniform; *in klein* ~ in undress

ten'uitvoerbrenging, ten'uitvoerlegging *v* (-en) execution

'**tenzij** *voorz* unless

'**tepel** *m* (-s) **1** ⟨v. mens⟩ nipple; **2** ⟨v. dier⟩ dug; **3** ⟨v. uier⟩ teat

ter *voorz* at (in, to) the; zie ook: *aarde*

ter'aardebestelling *v* (-en) burial, interment

terbe'schikkingstelling *v* (-en) recht preventive detention (under the Mental Health Act, in Br)

ter'dege *bijw* properly, thoroughly, vigorously; well [aware of the fact]

ter'doodbrenging *v* execution

te'recht I *bijw* rightly, justly, with justice; *zij protesteren* ~ they are right (they are correct) to protest (in protesting); ~ *of ten onrechte* rightly or wrongly; ~ *zijn* be found; *het is weer* ~ it has been found; *ze hebben hem weggestuurd, en* ~ they sent him away, and rightly so; **II** *bn* appropriate, correct; ~*e kritiek* appropriate criticism

te'rechtbrengen [1] *overg*: *het* ~ arrange matters; *er niets van* ~ make a mess of it; *er (heel) wat van* ~ make a success of it

te'rechthelpen [1] *onoverg* help on, set right

te'rechtkomen [1] *onoverg* be found (again); *het zal wel* ~ it is sure to come right; *het zal van zelf wel* ~ it is sure to right itself; *het boek zal wel weer* ~ the book is sure to turn up some day; *de brief is niet terechtgekomen* the letter has not come to hand; *wat de betaling betreft, dat zal wel* ~ never mind about the payment, that will be all right; *hij zal wel* ~ he will make his way (in the world); he is sure to 'make good' after all; *in een moeras* ~ land in a bog; ~ *in de zakken van...* go to the pockets of...; *er komt niets van hem terecht* he will come to no good; *daar komt niets van terecht* it will come to nothing

te'rechtstaan [1] *onoverg* be committed for trial, stand (one's) trial, be on (one's) trial

te'rechtstellen [1] *overg* execute

te'rechtstelling *v* (-en) execution

te'rechtwijzen [1] *overg* **1** set right [sbd. who has lost his way]; **2** reprimand, reprove [a naughty child &]

te'rechtwijzing *v* (-en) reprimand, reproof

te'rechtzitting *v* (-en) session, sitting

1 '**teren** (teerde, h. geteerd) *overg* ⟨met teer besmeren⟩ tar

2 '**teren** (teerde, h. geteerd) *onoverg*: *achteruit* ~ be eating into one's capital; ~ *op* live on; *op eigen kosten* ~ pay one's way

'**tergen** (tergde, h. getergd) *overg* provoke, irritate, aggravate, tease, torment

'**tergend** *bn* provocative, provoking &; exasperating

ter'handstelling *v* handing over, delivery

'**tering** *v* **1** ⟨uitgaven⟩ expense; **2** ⟨ziekte⟩

(pulmonary) consumption, phthisis; *de* ~ *hebbend* in consumption, consumptive; *de* ~ *krijgen* go into consumption; *de* ~ *naar de nering zetten* cut one's coat according to one's cloth; zie ook: *vliegend*

'**teringachtig** *bn* consumptive

'**teringlijder** *m* (-s) consumptive

term *m* (-en) term [= limit & word]; *er zijn geen* ~*en voor* there are no grounds for it; *in de* ~*en vallen om* be liable to...; *in bedekte* ~*en* in veiled terms; *volgens de* ~*en van de wet* within the meaning of the law

ter'miet *m* & *v* (-en) termite, white ant

ter'mietenheuvel *m* (-s) termite hill

ter'mijn *m* (-en) **1** ⟨tijdruimte⟩ term; **2** ⟨afbetalingssom⟩ instalment; *de uiterste* ~ the latest time, the latest date (for delivery, for payment); *een* ~ *vaststellen* fix a time; *binnen de vastgestelde* ~ within the time fixed; *in* ~*en betalen* pay by (ook: in) instalments; *op* ~ [securities] for the account; [goods] for future delivery; *op korte* ~ at short notice; *krediet op korte (lange)* ~ short (long-)term credit

ter'mijnaffaires *mv* futures

ter'mijnbetaling *v* (-en) = *afbetaling*

ter'mijnhandel *m* (dealing in) futures

ter'mijnmarkt *v* (-en) futures market

termi'naal *bn* terminal

'**terminal** *m* (-s) terminal°

terminolo'gie *v* (-gieën) terminology, nomenclature

termino'logisch *bn* terminological

'**terminus** *m* (-ne en -sen) ZN terminal

ter'nauwernood *bijw* scarcely, barely, hardly, [escape] narrowly

ter'neder, ter'neer *bijw* down

ter'neerdrukken [1] *overg* depress, sadden

ter'neergeslagen *bn* cast down, dejected, low-spirited

ter'neerslaan [1] *overg* cast down, dishearten, depress

terp *m* (-en) mound, hill

terpen'tijn *m* **1** ⟨hars⟩ turpentine; **2** ⟨olie⟩ oil of turpentine, turpentine, gemeenz turps

terpen'tine *v* white spirit

'**terra** *bn* terra-cotta

terra'cotta I *v* & *o* terra cotta; **II** *bn* terra-cotta

ter'rarium *o* (-s en -ria) terrarium

ter'ras *o* (-sen) **1** ⟨v. café⟩ pavement; **2** ⟨op het dak⟩ terrace; **3** ⟨wandel-, zitplaats⟩ terrace; *op een* ~*je zitten* sit in a pavement

ter'rasbouw *m* terrace cultivation

ter'rasvormig *bn* terraced

ter'rein *o* (-en) **1** ground, land, territory, plot [of land]; **2** (building-)site; **3** mil terrain; **4** fig domain, province, field; *open* ~ open ground; *het* ~ *kennen* be sure of one's ground; *het* ~ *verkennen* **1** mil reconnoitre; **2** fig see how the land lies; ~ *verliezen* lose ground; ~ *winnen* gain ground²; *op bekend* ~

zijn be on familiar ground; *daar was je op gevaarlijk ~* you were on dangerous ground; *op internationaal ~* in the international field

ter'reingesteldheid *v* state, condition of the ground

ter'reinkaart *v* (-en) topographical map

ter'reinknecht *m* (-s en -en) groundsman

ter'reinrit *m* (-ten) cross country

ter'reinverkenning *v* reconnoitring, preliminary survey

ter'reinverlies *o* loss of ground²

ter'reinwedstrijd *m* (-en) (voor motoren) moto-cross

ter'reinwinst *v* (-en) gain of ground

ter'reur *v* (reign of) terror; *de T~* the (Reign of) Terror; *daden van ~* acts of terrorism, terrorist acts

'terriër *m* (-s) terrier

ter'rine *v* (-s) tureen

terri'toir *o* (-s), **terri'toor** *o* (-toren) = *territorium*

territori'aal *bn* territorial

terri'torium *o* (-s en -ia) territory

terri'toriumdrift *v* territorial instinct, territoriality

terrori'satie *v* (-s) terrorization

terrori'seren (terroriseerde, h. geterroriseerd) *overg* terrorize

terro'risme *o* terrorism

terro'rist *m* (-en) terrorist

terro'ristisch *bn* terrorist

ter'sluiks *bijw* stealthily, by stealth, on the sly

ter'stond *bn* directly, immediately, at once, forthwith

terti'air *bn* tertiary

terts *v* (-en) *muz* third; *grote (kleine) ~ muz* major (minor) third

te'rug *bijw* back, backward; *~!* stand back!, back there!; *30 jaar ~* thirty years back, thirty years ago; *ik heb het (boek) ~* I've got it (the book) back; *heb je van een gulden ~?* can you change a guilder?; *ik heb niet ~ (van een tientje)* I've no change (out of, for ten guilders); *daar had hij niet van ~* fig he did not know what to say to that; *hij kan niet meer ~* he can't go back on it; *ik moet het (boek) ~* I want it (the book) back; *ze zijn ~* they have returned, they are back (again)

te'rugbegeven (begaf terug, h. terugbegeven) *wederk: zich ~* return

te'rugbekomen¹ *overg* get back

te'rugbellen¹ *overg* call back, ring back

te'rugbetaalbaar *bn* repayable

te'rugbetalen¹ *overg* pay back, repay, refund

te'rugbetaling *v* (-en) 1 repayment [to a person]; 2 withdrawal [from a bank]

te'rugblik *m* look(ing) backward, retrospective view, retrospection, retrospect; *een ~ werpen op* look back on

te'rugblikken¹ *onoverg* look back (*op* on, to)

te'rugbrengen¹ *overg* bring (take) back; *tot op... ~* reduce to...

te'rugdeinzen¹ *onoverg* shrink back, flinch; *(niet) ~ voor...* (not) shrink from..., (not) flinch from; *voor niets ~ ook:* stick (stop) at nothing

te'rugdenken¹ **I** *onoverg:* *~ aan* recall (to mind); **II** *wederk:* *zich ~ in die toestand* think oneself back into that state

te'rugdoen¹ *overg: iets ~* do sth. in return

te'rugdraaien¹ *overg* turn back, put back

te'rugdrijven¹ *overg* drive back, repulse, repel

te'rugdringen¹ *overg* 1 (in 't alg.) drive back, push back, repel; 2 force back [tears]

te'rugeisen¹ *overg* reclaim, demand back

te'rugfluiten¹ *overg* 1 *sp* blow the whistle; 2 *fig* put a halt to; *de staatssecretaris werd door de minister-president teruggefloten* the Prime Minister called a halt to the plans of the Minister of State

te'ruggaaf *v* = *teruggave*

te'ruggaan¹ *onoverg* 1 (in 't alg.) go back, return; 2 recede, go down [prices]; *enige jaren ~* go back a few years

te'ruggang *m* 1 (terugkeer) going back; 2 ⟨verval⟩ decay; 3 fall [in prices]

te'ruggave *v* return, restitution

te'ruggetrokken *bn* retiring, keeping oneself to oneself, retired [life]

te'ruggetrokkenheid *v* retirement

te'ruggeven¹ **I** *overg* give back, return, restore; **II** *abs ww: kunt u van een gulden ~?* can you let me have my change out of a guilder?

te'ruggooien¹ *overg* throw back, toss back

te'ruggrijpen¹: *onoverg: ~ op* revert to, hark back to

te'ruggroeten¹ *overg & onoverg* 1 (in 't alg.) return a salute (salutation, greeting); acknowledge sbd.'s bow; 2 *mil* acknowledge (return) a salute

te'rughalen¹ *overg* fetch back

te'rughouden¹ *overg* retain, hold back [wages]; *iem. van iets ~* restrain sbd. (hold sbd. back) from doing sth.

terug'houdend *bn* reserved, restrained

terug'houdendheid *v* reserve, restraint

te'rughouding *v* reserve

te'rugjagen¹ *overg* drive back [a person &]

te'rugkaatsen¹ **I** (h.) *overg* 1 strike back [a ball &]; 2 throw back, reflect [sound, light, heat]; reverberate [sound, light]; (re-)echo [sound]; **II** (is) *onoverg* rebound [of a ball]; be thrown back, be reflected; reverberate; (re-)echo

te'rugkaatsing *v* (-en) reflection, reverberation

te'rugkeer *m* coming back, return

te'rugkeren¹ *onoverg* return, turn back; *op zijn schreden ~* retrace one's steps

te'rugkijken¹ *onoverg* look back

te'rugkomen¹ *onoverg* return, come back; *~ op iets* return to the subject; *~ van een besluit* go back on a decision; *ik ben ervan teruggekomen* I don't hold with it any longer, I've changed my mind te′rug**komst** v coming back, return

te′rug**koop** m 1 (in 't alg.) buying back, repurchase; 2 ⟨inlossing⟩ redemption

te′rug**kopen**¹ overg 1 (in 't alg.) buy back, repurchase; 2 ⟨inlossen⟩ redeem

te′rug**koppelen**¹ overg: ~ naar fig give feedback to

te′rug**koppeling** v feed-back

te′rug**krabbelen** (krabbelde terug, is teruggekrabbeld) onoverg go back on it (on the bargain), back out of it, cry off, back-pedal, draw in one's horns

te′rug**krijgen**¹ overg get back

te′rug**leggen**¹ overg 1 ⟨weer op zijn plaats leggen⟩ put back; 2 sp pass back (op to)

te′rug**lopen**¹ onoverg 1 (in 't alg.) run (walk) back; 2 ⟨v. water⟩ run (flow) back; 3 ⟨v. prijzen &⟩ recede, fall

te′rug**marcheren**¹ onoverg march back

te′rug**mars** m & v march back, march home

te′rug**nemen**¹ overg 1 eig take back; 2 ⟨intrekken⟩ withdraw, retract; zijn woorden ~ ook: eat one's words

te′rug**reis** v (-reizen) (in 't alg.) return journey, journey back, return trip; (per boot) return voyage, voyage back

te′rug**reizen**¹ onoverg travel back, return

te′rug**rijden**¹ onoverg ride (drive) back

te′rug**roepen**¹ overg call back, recall; teruggeroepen worden 1 (in 't alg.) be called back; 2 ⟨van acteur⟩ get a 'recall'; in het geheugen ~ recall (to mind), recapture [the past]

te′rug**roeping** v recall

te′rug**schakelen**¹ onoverg auto change down [from fourth to third]

te′rug**schieten**¹ I (h.) overg 1 ⟨met (vuur)wapens⟩ shoot back; 2 sp kick back; II (is) onoverg ⟨snel terugbewegen⟩ shoot back; de versnellingspook schiet steeds terug the gear keeps popping back

te′rug**schoppen**¹ overg kick back

te′rug**schrijven**¹ overg write in reply, write back

te′rug**schrikken**¹ onoverg start back, recoil; (niet) ~ voor (not) shrink from

te′rug**schroeven**¹ overg 1 ⟨ongedaan maken⟩ reverse, change; de beslissing is teruggeschroefd the decision has been reversed; 2 ⟨op een lager niveau brengen⟩ scale down [production]

te′rug**slaan**¹ I onoverg 1 strike (hit) back; 2 techn backfire [of an engine]; ~ op refer to; II overg strike back, return [the ball &]; beat back, repulse [the enemy]

te′rug**slag** m 1 repercussion [after impact]; 2 backfire [of an engine]; back-stroke [of a piston]; 3 fig reaction, revulsion, repercussion, set-back

te′rug**snellen**¹ onoverg hasten (hurry) back

te′rug**speelbal** m (-len) sp backward pass

te′rug**spelen**¹ overg sp play (the ball) back; ~ op de keeper pass (kick) the ball to the goalie

te′rug**spoelen**¹ overg rewind

te′rug**springen**¹ onoverg 1 start back, leap back [of

person]; 2 recoil, rebound [after impact]; 3 recede [of chin, forehead &]

te′rug**stoot** m (-stoten) 1 (in 't alg.) rebound, recoil; 2 mil recoil [of a gun], kick [of a rifle]

te′rug**storten**¹ overg ⟨geld⟩ refund

te′rug**stoten**¹ I overg 1 eig push back; 2 fig repel; II onoverg mil recoil [of a gun], kick [of a rifle]

te′rug**stotend** bn repellent, repulsive, forbidding

te′rug**stromen**¹ onoverg flow back

te′rug**stuiten**¹ onoverg rebound, recoil

te′rug**tocht** m 1 ⟨gedwongen⟩ retreat; 2 = terugreis

te′rug**trappen**¹ I onoverg 1 (in 't alg.) kick back; 2 back-pedal [on bike]; II overg kick back

te′rug**traprem** v (-men) back-pedalling brake [of a bicycle]

te′rug**treden**¹ onoverg step back

te′rug**trekken**¹ I (h.) overg 1 pull back, draw back, withdraw² [one's hand, troops, a candidature, a remark]; 2 retract² [its claws, a promise]; II (is) abs ww mil retire, retreat, withdraw; ~ op mil fall back on; III (h.) wederk: zich ~ retire [also: from business], withdraw

te′rug**trekking** v 1 retirement [from business]; 2 withdrawal [of troops]; 3 retraction [of claws]; 4 fig retractation [of a promise]

te′rug**val** m relapse, reversion

te′rug**vallen**¹ onoverg fall back²

te′rug**varen**¹ onoverg sail back, return

te′rug**verdienen** (verdiende terug, h. terugverdiend) overg earn back; de investeringen moeten in een jaar zijn terugverdiend the costs of the investment have to be recovered within a year

te′rug**verlangen**¹: I onoverg long to go back [to India &]; II overg want back

te′rug**vinden**¹ overg find again, find

te′rug**vliegen**¹ onoverg fly back

te′rug**vloeien**¹ onoverg flow back

te′rug**voeren**¹ overg carry back

te′rug**vorderen**¹ overg claim back, ask back

te′rug**vordering** v (-en) reclamation

te′rug**vragen**¹ overg ask back, ask for the return of

te′rug**weg** m way back

te′rug**werken**¹ onoverg react

te′rug**werkend** bn retroactive, reacting; ~e kracht retrospective (retroactive) effect; een bepaling ~e kracht verlenen make a provision retroactive; salarisverhogingen ~e kracht verlenen back-date salary increases

te′rug**werking** v (-en) reaction, retroaction

te′rug**werpen**¹ overg throw back²

te′rug**wijken**¹: onoverg 1 (in 't alg.) recede; 2 mil retreat, fall back

te′rug**wijzen**¹ overg refer back [the reader to page...]; zie ook: afwijzen

te′rug**winnen**¹ overg win back, regain

te′rug**zakken**¹ onoverg 1 (in 't alg.) fall back; 2 sink back [in a chair]

te′rug**zeggen**¹ overg answer back

te'rug**zenden**[1] *overg* **1** send back [a person, thing]; **2** return [a book &]

te'rug**zetten**[1] *overg* put back

te'rug**zien**[1] **I** *onoverg* look back [to the past, on my youth]; **II** *overg* see again [a lost friend &]

te'rug**zwemmen**[1] *onoverg* swim back

ter'**wijl** **I** *voegw* **1** ⟨v. tijd⟩ while, whilst; as; **2** ⟨tegenstellend⟩ whereas; **II** *bijw* meanwhile

ter '**zake** *bijw* zie: *zaak*

ter'**zet** *o* (-ten) *muz* terzetto

ter'**zijde** *o* (-s) aside; ~ *gezegd* in an aside; ~ *laten* leave on one side; ~ *leggen* lay on one side; *iem.* ~ *nemen* draw sbd. aside; ~ *staan* stand by [a friend], support [an actor on the stage]; ~ *stellen* put on one side, waive [considerations of...]; *van* ~ *vernemen wij* from other sources we hear...

ter'**zijdestelling** *v* putting aside, neglect, disregard; *met* ~ *van* putting aside; in disregard of

1 test *v* (-en) **1** ⟨komfoor⟩ chafing-dish; **2** ⟨hoofd⟩ slang nob, nut, gemeenz noddle

2 test *m* (-s) ⟨proef⟩ test, trial

testa'**ment** *o* (-en) **1** ⟨wilsbeschikking⟩ will, last will (and testament); **2** bijbel Testament; *het Oude en Nieuwe T~* the Old and New Testament; *zijn* ~ *maken* make one's will; *bij* ~ *vermaken aan* bequeath to, will away to; *iem. in zijn* ~ *zetten* remember sbd. in one's will; *zonder* ~ *na te laten* intestate

testamen'**tair** *bn* testamentary

testa'**teur** *m* (-s) testator

testa'**trice** *v* (-s) testatrix

'**testbeeld** *o* (-en) ⟨televisie⟩ test pattern

'**testen** (testte, h. getest) *overg* test (*op* for)

tes'**teren** (testeerde, h. getesteerd) *overg* **1** ⟨getuigen⟩ state; **2** ⟨vermaken⟩ bequeath

tes'**tikel** *m* (-s) testicle

testi'**monium** *o* (-s en -ia) testimonial, onderwijs testamur

'**testpiloot** *m* (-loten) test pilot

'**tetanus** *m* tetanus, gemeenz lockjaw

tête-à-'**tête** *o* (-s) tête-à-tête

'**tetteren** (tetterde, h. getetterd) *onoverg* **1** ⟨schetterend geluid maken⟩ blare; **2** ⟨luid spreken⟩ blare, gemeenz yap, cackle; **3** ⟨veel drinken⟩ booze

teug *m* & *v* (-en) draught, pull; *in één* ~ at a draught; *met volle* ~*en* taking deep draughts

'**teugel** *m* (-s) rein, bridle; *de* ~*s van het bewind in handen hebben (houden)* hold (assume, seize, take over) the reins of government; *de* ~ *strak houden* hold the reins tight, keep him (them) on a tight rein; *de vrije* ~ *geven (laten)* give [a horse] the reins; give free rein, give rein (the reins) to [one's imagination]; *de* ~*s aanhalen* tighten the reins; *de* ~ *vieren* give full rein to; *met losse* ~ with a loose rein; *met strakke* ~ with tightened rein(s)

'**teugelen** (teugelde, h. geteugeld) *overg* bridle [a horse]

'**teugelloos** *bn* unbridled, unrestrained

teugel'**loosheid** *v* unrestrainedness, unbridled passion

'**teugje** *o* (-s) sip; *met* ~*s drinken* sip

'**teunisbloem** *v* (-en) evening primrose

1 teut *m-v* (-en) slow-coach, dawdler

2 teut *bn* gemeenz ⟨dronken⟩ tight

'**teuten** (teutte, h. geteut) *onoverg* dawdle

'**teutkous** *v* (-en) dawdler, slow-coach

Teu'toon *m* (-tonen) Teuton

Teu'toons *bn* Teutonic

te'**veel** *o* surplus

'**tevens** *bijw* at the same time; *de* ...*ste en* ~ *de* ...*ste* both the ...st and the ...st

tever'**geefs** *bijw* in vain, vainly, for nothing

te'**voren** *bn* zie: [2]*voren*

te'**vreden** **I** *bn* **1** ⟨predicatief⟩ content; **2** ⟨attributief⟩ contented; ~ *met* content with; ~ *zijn over* be satisfied with; **II** *bijw* contentedly

te'**vredenheid** *v* contentedness, contentment, content, satisfaction; *tot zijn (volle)* ~ to his (entire) satisfaction; *een boterham met* ~ bread and scrape

te'**vredenstellen**[1] **I** *overg* content, satisfy; **II** *wederk: zich* ~ *met* content oneself with

te'**waterlating** *v* (-en) launch, launching

te'**weegbrengen**[1] *overg* bring about, cause

te'**werkstellen**[1] *overg* engage, employ

te'**werkstelling** *v* (-en) employment

Te'xaan *m* (-xanen) Texan

Te'xaans *bn* Texan

tex'**tiel** **I** *bn* textile; **II** *m & o* textiles

tex'**tielindustrie** *v* (-trieën) textile industry

te '**zamen** *bn* together

t.g.v. *afk.* **1** *ten gevolge van* as a result of; **2** *ter gelegenheid van* on the occasion of; **3** *ten gunste van* in favour of

TGV *m* train à grande vitesse TGV, high-speed train

Thai *m* (-s) Thai

'**Thailand** *o* Thailand

'**Thailander** *m* (-s) Thai

'**Thailands** *bn* Thai

Thais *bn* & (o) Thai

thans *bijw* at present, now, by this time

the'**ater** *o* (-s) theatre

thea'**traal** **I** *bn* theatrical, stag(e)y, histrionic; **II** *bijw* theatrically, stagily, histrionically

The'baan *m* (-banen) Theban

The'baans *bn* Theban

'**Thebe** *o* Thebes

thee *m* tea; ~ *drinken* have (take) tea, tea; *ze zijn aan het* ~ *drinken* they are at tea; *komt u op de* ~? will you come to tea (with us)?; *kunnen we op de* ~ *komen?* can you have us to tea?

'**theeblad** *o* **1** (-bladeren en -blaren) ⟨blad v. theestruik⟩ tea-leaf; **2** (-bladen) ⟨dienblad⟩ tea-tray

'**theebuiltje** *o* (-s) tea-bag

'**theebusje** *o* (-s) tea-caddy, tea-canister

'**theecultuur** *v* tea-culture, tea-growing

'**theedoek** *m* (-en) tea-towel, tea-cloth

'**thee-ei** *o* (-eren) tea infuser, tea-egg (-ball)

'**theefabriek** *v* (-en) tea-works, tea-factory
'**theegerei, theegoed** *o* tea-things
'**theehandel** *m* tea-trade
'**theehandelaar** *m* (-s en -laren) tea-merchant, tea-dealer
'**theehuis** *o* (-huizen) tea-house
'**theeketel** *m* (-s) tea-kettle
'**theekist** *v* (-en) tea-chest
'**theekistje** *o* (-s) tea-caddy
'**theekopje** *o* (-s) teacup
'**theeland** *o* (-en) tea-plantation, tea-estate
'**theelepeltje** *o* (-s) **1** ⟨lepeltje⟩ teaspoon; **2** ⟨hoeveelheid⟩ teaspoonful
'**theelichtje** *o* (-s) hot plate to keep tea warm
Theems *v* Thames
'**theemuts** *v* (-en) tea-cosy
'**theeoogst** *m* (-en) tea-crop
'**theepauze** *v* (-s en -n) tea break
'**theeplantage** *v* (-s) tea-plantation, tea-garden
'**theepot** *m* (-ten) teapot
'**theeroos** *v* (-rozen) tea-rose
'**theesalon** *m & o* (-s) tea-room, tea-shop
'**theeschoteltje** *o* (-s) saucer
'**theeservies** *o* (-viezen) tea-service, tea-set
'**theetafel** *v* (-s) tea-table
'**theetante** *v* (-s) gossip
'**theetuin** *m* (-en) ⟨uitspanning & plantage⟩ tea-garden
'**theevisite** *v* (-s) tea-party, tea
'**theewagen** *m* (-s) tea-trolley
'**theewater** *o* water for tea; *hij is boven zijn* ~ he is in his cups
'**theezakje** *o* (-s) tea-bag
'**theezeefje** *o* (-s) tea-strainer
the'ïsme *o* theism
the'ïst *m* (-en) theist
the'ïstisch I *bn* theistic(al); **II** *bijw* theistically
'**thema** ('s) **1** *v & o* onderwijs exercise; **2** *o* theme
'**themanummer** *o* (-s) special issue
thema'tiek *v* theme, themes
the'matisch *bn* thematic
theo'craat *m* (-craten) theocrat
theocra'tie *v* theocracy
theo'cratisch I *bn* theocratic; **II** *bijw* theocratically
theolo'gie *v* theology
theo'logisch *bn* theological
theo'loog *m* (-logen) **1** ⟨geleerde⟩ theologian; **2** ⟨student⟩ student of theology, divinity student
theo'rema *o* ('s) theorem
theo'reticus *m* (-ci) theorist, theoretician
theo'retisch I *bn* theoretical; **II** *bijw* theoretically, in theory
theoreti'seren (theoretiseerde, h. getheoretiseerd) *onoverg* theorize
theo'rie *v* (-rieën) **1** ⟨in 't alg.⟩ theory; **2** mil theoretical instruction
theoso'fie *v* theosophy
theo'sofisch *bn* theosophical

theo'soof *m* (-sofen) theosophist
thera'peut *m* (-en) therapeutist
thera'peutisch *bn* therapeutic(al)
thera'pie *v* (-pieën) **1** ⟨onderdeel der geneeskunde⟩ therapeutics; **2** ⟨behandeling⟩ therapy
ther'maal *bn* thermal
'**thermen** *mv* thermal springs, baths
ther'miek *v* thermal current, updraught of warm air
'**thermisch** *bn* thermal, thermic
thermody'namica *v* thermodynamics
thermo'geen *bn* thermogenic, thermogenetic
'**thermometer** *m* (-s) thermometer
thermo'metrisch *bn* thermometric(al)
thermonucle'air *bn* thermonuclear
'**thermosfles** *v* (-sen) thermos (flask)
thermo'staat *m* (-staten) thermostat
thesau'rie *v* (-rieën) treasury
thesau'rier *m* (-s) treasurer
the'saurus *m* (-ri) **1** ⟨schatkamer⟩ treasury; **2** ⟨woordenboek⟩ thesaurus
'**these** *v* (-n en -s), '**thesis** *v* (-sissen en -ses) thesis [*mv* theses]
Thes'salië *o* Thessaly
Thessaloni'censer *m* (-s) Thessalonian
'**Thomas** *m* Thomas; *ongelovige* ~ doubting Thomas; ~ *van Aquino* St. Thomas Aquinas
'**Thracië** *o* Thrace
'**Thraciër** *m* (-s) Thracian
'**Thracisch** *bn* Thracian
thuis I *bijw* **1** ⟨in huis⟩ at home; **2** ⟨naar huis⟩ home; ~ *zijn* be at home, be in; *is Charly* ~? is Charly at home?, is Charly in?; *ergens goed* ~ *in zijn* be at home with (on) a subject; *doe of je* ~ *bent* make yourself at home; *handen* ~! hands off!; *niemand* ~ nobody at home, nobody in; *niet* ~ *geven* not be at home [to visitors]; **II** *o* home
'**thuisbankier** *m* (-s) home-banker
'**thuisbankieren** *ww & o* home banking
'**thuisbezorgen** (bezorgde thuis, h. thuisbezorgd) *overg* send to sbd.'s house
'**thuisblijven**[1] *onoverg* stay at home, stay in
'**thuisbrengen**[1] *overg* **1** see home [a friend]; **2** fig place [a man]
'**thuisclub** *v* (-s) home team, home side
'**thuisfluiter** *m* (-s) home referee
'**thuisfront** *o* home front
'**thuishaven** *v* (-s) home port
'**thuishoren**[1] *onoverg: daar* ~ belong there; *(die opmerkingen) horen hier niet thuis* are out of place; *ik geloof dat ze in Haarlem* ~ I think they belong to Haarlem
'**thuishouden**[1] *overg* keep [sbd.] at home, keep [sbd.] in(doors)
'**thuiskomen**[1] *onoverg* come (get) home
'**thuiskomst** *v* home-coming, return (home)
'**thuiskrijgen**[1] *overg* get home, get delivered; zie ook: *trek*

'**thuislading** *v* return (homeward) cargo
'**thuisland** *o* (-en) **1** (in Zuid-Afrika) homeland, Bantustan; **2** ⟨vaderland⟩ homeland
'**thuislaten** ¹ *overg* leave at home
'**thuisloos** *bn* homeless
'**thuisreis** *v* (-reizen) homeward journey, journey home; ⟨per schip⟩ homeward passage, voyage home; *op de ~* homeward bound
'**thuisvlucht** *v* flight home
'**thuisvoelen** ¹ *wederk*: *zich ~* feel at home
'**thuiswedstrijd** *m* (-en) home game, home match
'**thuiswerk** *o* ⟨huisnijverheid⟩ cottage industry
'**thuiswerker** *m* (-s) home-worker, outworker
'**thuiszorg** *v* home care
'**Thüringen** *o* Thuringia
'**Thüringer** *bn* & *m* (-s) Thuringian
'**Thürings** *bn* Thuringian
ti'ara *v* ('s) tiara
'**Tiber** *m* Tiber
Ti'berius *m* Tiberius
'**Tibet** *o* Tibet
Tibe'taan *m* (-tanen) Tibetan
Tibe'taans *bn* Tibetan
tic *m* (-s) **1** ⟨zenuwtrek⟩ tic; **2** ⟨scheutje alcohol⟩ ± shot; dash; *een cola ~* coke with a dash of rum, brandy &
'**tichel** *m* (-s) tile, brick
'**tichelbakker** *m* (-s) tile-maker, brick-maker
tichelbakke'rij *v* (-en) brick-works
'**ticheloven** *m* (-s) tile-kiln
'**tichelsteen** *m* (-stenen) tile, brick
tien *tsw* ten
tiend *m* & *o* (-en) tithe; *de ~en heffen* levy tithes
'**tiendaags** *bn* of ten days, ten-days'
'**tiende** **I** *bn* tenth; **II** *o* (-n) tenth part, tenth
'**tiendelig** *bn* **1** (in 't alg.) consisting of ten parts; **2** decimal [fraction]
'**tiendrecht** *o* right to levy tithes
'**tiendubbel** *bn* tenfold
'**tienduizend** *telw* ten thousand; *~en* tens of thousands
'**tiener** *m* (-s) teen-ager
'**tienhoek** *m* (-en) decagon
'**tienjarig** *bn* **1** (tien jaar durend) decennial; **2** (tien jaar oud) of ten years, ten-year-old; *op ~e leeftijd* at the age of ten
'**tienkamp** *m* decathlon
'**tienkamper** *m* (-s) decathlete
'**tiental** *o* (-len) (number of) ten, decade; *het ~* the ten (of them); *twee ~len* two tens
'**tientallig** *bn* decimal
'**tientje** *o* (-s) **1** (bedrag) ten guilders; **2** ⟨gouden⟩ gold ten-guilder piece; **3** (papieren) ten-guilder note; **4** RK decade (of the rosary); **5** (loterij) tenth of a lottery-ticket
'**tienvoud** *o* (-en) decuple
'**tienvoudig** *bn* tenfold
'**tienwerf** *bijw* ten times

tierelan'tijntje *o* (-s) flourish; *~s* scrolls and flourishes
tiere'lieren (tierelierde, h. getierelierd) *onoverg* warble, sing
1 '**tieren** (tierde, h. getierd) *onoverg* **1** (welig groeien) thrive [of a plant, a tree]; **2** *fig* flourish; *de ondeugd tiert daar welig* vice is rampant (rife) there
2 '**tieren** (tierde, h. getierd) *onoverg* ⟨razen⟩ rage, rave, storm bluster, zie ook: *razen*
'**tierig** *bn* thriving, lively, lush
tierlan'tijntje *o* (-s) = *tierelantijntje*
tiet *v* (-en) *gemeenz* tit
tig *telw* *schertsend* umpteen
tij *o* (-en) tide; zie ook: *getij*
tijd *m* (-en) **1** (in 't alg.) time; **2** (periode) period; **3** ⟨seizoen⟩ season; **4** *gramm* tense [of a verb]; *de goede oude ~* the good old times, the good old days; *de hele ~* all the time; *een hele (lange) ~ (was hij ziek)* for a long time, for ages; *dat is een hele ~* that's quite a long time; *wel, lieve ~!* dear me!; *middelbare ~* mean time; *plaatselijke ~* local time; *vrije ~* leisure (time), spare time; *het zal mijn ~ wel duren* it will last my time; *het is ~* time is up; *het is hoog ~* it is high time; *er was een ~ dat...* time was when...; *het wordt ~ om...* it is getting time to...; *(geen) ~ hebben* have (no) time; *alles heeft zijn ~* there is a time for everything; *het heeft de ~* there is no hurry; *ik heb de ~ aan mijzelf* my time is my own; *hij heeft zijn ~ gehad* he has had his day; *als men maar ~ van leven heeft* if only one lives long enough; *de ~ niet klein weten te krijgen* have time on one's hands; *~ maken* make time; *er de ~ voor nemen* take one's time (over it); *~ winnen* gain time; *~ trachten te winnen* ook: play for time; *wij zijn aan geen ~ gebonden* we are not tied down to time; *bij ~ en wijle* **1** in due time; **2** now and then; *bij ~ en ~* at times, sometimes; occasionally; *bij de ~ brengen* update [the Church &]; *gedurende de ~ dat...* during the time that..., while, whilst; *in ~ van nood* in time of need; *in ~ van oorlog* in times of war; *in de ~ van een maand* within a month's time, within a month; *in de ~ dat...* at the time when...; *in een ~ dat...* at a time when...; *in mijn ~* in my time (day); *in mijn jonge ~* in my young days; *in geen ~ heb ik...* I have not... for ever so long; *in de laatste ~* of late; *in lange ~* for a long time past; *in minder dan geen ~* in (less than) no time; *in onze ~* in our days; *in vroeger ~* in former times; *met de ~* as time goes (went) on, with time; *met zijn ~ meegaan* zie: *meegaan*; *na die ~* after that time; *na korte of langere ~* sooner or later; *morgen om deze ~* this time to-morrow; *omtrent deze ~* about this time; *op ~* in time [for breakfast, for the train]; [the train is] on time; *hij kwam net op ~* in the nick of time; *de trein kwam precies op ~* punctually to (schedule) time; *op ~ kopen* *handel* buy for forward delivery; *op de afgesproken ~* at the appointed time, at the time fixed; *op gezette ~en* at set times; *alles op zijn ~* all

in good time; *op welke* ~ *ook* (at) any time; *zij is over* ~ her period is overdue, is late; *het schip (de trein, de baby) is over* ~ the ship (the train, the baby) is overdue; *sinds die* ~ from that time, ever since; *te allen* ~*e* at all times; *te dien* ~*e* at the time; *te eniger* ~ at some time (or other); *zo hij te eniger* ~... if at any time he...; *te gelegener (rechter)* ~ in due time; *te zijner* ~ in due time; *ten* ~*e dat*... at the time when...; *ten* ~*e van* at (in) the time of...; *terzelfder* ~ at the same time; *tegen die* ~ by that time; *dat is uit de* ~ it is out of date, it has had its day; *hij is uit de* ~ he has had his day; *dichters van deze (van onze)* ~ contemporary poets; *van de laatste (nieuwere)* ~ recent; *van die* ~ *af* from that time forward; *van* ~ *tot* ~ from time to time; *voor de* ~ *van 6 maanden* for a period of six months; *voor de* ~ *van het jaar* for the time of year; *dat was heel mooi voor die* ~ as times went; *voor enige* ~ **1** for some time; for a time; **2** some time ago; *voor korte (lange)* ~ for a short (long) time; *vóór de* ~ [repay a loan] ahead of time; *vóór zijn* ~ *(werd hij oud)* prematurely, before his time; ~ *is geld* time is money; *de* ~ *zal het leren* time will show (tell); *de* ~ *is de beste heelmeester* time heals all; *andere* ~*en, andere zeden* other times other manners; *komt* ~*, komt raad* with time comes counsel; *er is een* ~ *van komen en een* ~ *van gaan* to everything there is a season and a time to every purpose

'**tijdaanwijzing** *v* (-en) indication of time
'**tijdaffaire** *v* (-s) time bargain
'**tijdbal** *m* (-len) scheepv time-ball
'**tijdbepaling** *v* (-en) gramm **1** determination of time; **2** adjunct of time
tijdbe'sparend *bn* time-saving [measures]
'**tijdbesparing** *v* saving of time
'**tijdbom** *v* (-men) delayed-action bomb, time bomb
'**tijdcontrole** *v* timekeeping
'**tijdelijk I** *bn* **1** (in 't alg.) temporary; **2** (wereldlijk) temporal; *het* ~*e met het eeuwige verwisselen* depart this life; **II** *bijw* temporarily
'**tijdeloos** *bn* timeless
'**tijdens** *voorz* during
'**tijdgebrek** *o* lack of time
'**tijdgeest** *m* spirit of the age (of the time)
'**tijdgenoot** *m* (-noten) contemporary
'**tijdig I** *bn* timely [help &], early, seasonable; **II** *bijw* in good time, betimes
'**tijdigheid** *v* timeliness, seasonableness
'**tijdingen** *mv* tidings, news, intelligence
'**tijdje** *o* (-s) (little) while
'**tijdklok** *v* (-ken) ⟨voor in- en uitschakkelen v. apparaten⟩ time switch
'**tijdlang** *m*: *een* ~ for some time, for a while
'**tijdmaat** *v* (-maten) time
'**tijdmelding** (-en) *v* **1** telec speaking clock; **2** ⟨via de radio⟩ time-check
'**tijdmeter** *m* (-s) chronometer, time-keeper

'**tijdnood** *m* time shortage, time trouble [of a chess-player]; *in* ~ *verkeren* be short of (rushed for) time, be hard-pressed, be under time pressure
'**tijdopname** *v* (-n) **1** sp timing; **2** ⟨foto⟩ time exposure
'**tijdopnemer** *m* (-s) sp timekeeper, timer
'**tijdpassering** *v* (-en) = *tijdverdrijf*
'**tijdperk** *o* (-en) **1** ⟨in 't alg.⟩ period; **2** [stone &] age; **3** [a new] era
'**tijdrekening** *v* (-en) **1** ⟨in 't alg.⟩ chronology; **2** [Christian] era; **3** [Julian &] calendar
'**tijdrekken** *ww* & *o* time-killing, time-wasting
'**tijdrijden** *o* time-trialling
'**tijdrit** *m* (-ten) race against time
'**tijdrovend** *bn* time-consumimg, taking up much time
'**tijdruimte** *v* (-n) space of time, period
'**tijdsbeeld** *o* (-en) image of the time
'**tijdsbepaling** *v* (-en) = *tijdbepaling*
'**tijdsbestek** *o* space of time, period
'**tijdschakelaar** *m* (-s) time switch
'**tijdschema** *o* (-s) time-table
'**tijdschrift** *o* (-en) periodical, magazine, review
'**tijdschriftenzaal** *v* (-zalen) periodicals room
'**tijdschrijver** *m* (-s) ⟨in fabriek⟩ timekeeper
'**tijdsdruk** *m* pressure of time
'**tijdsduur** *m* length of time, period, duration, term
'**tijdsein** *o* (-en) time-signal
'**tijdsgewricht** *o* period
'**tijdsignaal** *o* (-nalen) time-signal
'**tijdslimiet** *v* (-en) time-limit, deadline
'**tijdsluiter** *m* (-s) delayed-action shutter
'**tijdsorde** *v* chronological order
'**tijdspanne** *v* (-n) brief space of time, brief while, (short) spell
'**tijdsruimte** *v* (-n) = *tijdruimte*
'**tijdstip** *o* (-pen) (point in) time, moment
'**tijdsverloop** *o* course of time; *na een* ~ *van*... after a lapse of...
'**tijdsverschil** *o* (-len) time difference, difference in time
'**tijdtafel** *v* (-s) chronological table
'**tijdvak** *o* (-ken) period
'**tijdverdrijf** *o* pastime; *tot (uit)* ~ as a pastime
'**tijdverlies** *o* loss of time
'**tijdverspilling** *v* waste of time
'**tijdwaarnemer** *m* (-s) timekeeper
'**tijdwinst** *v* gain (saving) of time; *dat is een* ~ *van 2 uur* that saves two hours
'**tijgen** (toog, is getogen) *onoverg* plechtig go; *aan het werk* ~ set to work; *ten oorlog* ~ go to war
'**tijger** *m* (-s) tiger
'**tijgerachtig** *bn* tig(e)rish
'**tijgeren** (tijgerde, h. getijgerd) *onoverg* mil stalk
'**tijge'rin** *v* (-nen) tigress
'**tijgerjacht** *v* (-en) tiger-hunt(ing)
'**tijgerkat** *v* (-ten) tiger-cat
'**tijgerlelie** *v* (-s) tiger-lily

'**tijgervel** *o* (-len) tiger's skin
'**tijhaven** *v* (-s) tidal harbour
tijk 1 *m* (-en) ⟨overtrek⟩ tick; **2** *o* ⟨de stof⟩ ticking
'**tijloos** *v* (-lozen) = *herfsttijloos*
tijm *m* thyme
tik *m* (-ken) touch, pat, rap, flick; *een ~ om de oren* a box on the ears
'**tikfout** *v* (-en) typist's error, slip of the typewriter
'**tikje** *o* (-s) **1** ⟨klapje⟩ pat, tap; **2** ⟨beetje⟩ bit; *fig* dash, tinge, touch [of malice &]; *een ~ arrogantie* a touch of arrogance; *een ~ beter* a shade better; *een ~ korter* a thought shorter
'**tikkeltje** *o* (-s) touch; zie verder: *tikje*
'**tikken** (tikte, h. getikt) **I** *onoverg* tick [of a clock], click; *aan de deur ~* tap at the door; *aan zijn pet ~* touch one's cap; *iem. op de schouder ~* tap sbd. on the shoulder; *iem. op de vingers ~* rap sbd. over the knuckles; **II** *abs ww* ⟨typen⟩ type(write); **III** *overg* **1** touch [a person]; **2** type(write) [a letter &]
'**tikker** *m* (-s) ⟨op de beurs; horloge⟩ ticker
'**tikkertje** *o* (-s) **1** *gemeenz* ⟨hart⟩ ticker; **2** ⟨spel⟩ tag
'**tiktak** *m* ⟨geluid⟩ tick-tack
til 1 *m* lift; **2** *v* (-len) = *duiventil*; *op ~ zijn* be drawing near, be at hand; *er is iets op ~ ook*: there is something in the wind
'**tilbaar** *bn* movable
'**tilbury** *m* ('s) tilbury, gig
'**tilde** *v* (-s) tilde, swung dash
'**tillen** (tilde, h. getild) *overg* lift, heave, raise; *zwaar ~ aan* *fig* make heavy weather of
tilt *bijw*: *op ~ staan, slaan* **1** ⟨v. flipperkast⟩ be on tilt; **2** *fig* ⟨buiten zinnen raken⟩ reach the boiling point, blow a fuse
Tim'boektoe *o* Timbuktu
'**timbre** *o* (-s) timbre
'**timen** (timede, h. getimed) *overg* time
ti'mide *bn* timid, shy, bashful
'**timmeren** (timmerde, h. getimmerd) **I** *onoverg* carpenter; *er op ~* pitch into him (into them), lay about one; **II** *overg* construct, build, carpenter; *in elkaar ~* ⟨stukslaan⟩ smash, knock to pieces; *iets vlug in elkaar ~* knock sth. together; zie ook: *weg*
'**timmergereedschap** *o* (-pen) carpenter's tools
'**timmerhout** *o* timber
'**timmerman** *m* (-lieden en -lui) carpenter
'**timmermansbaas** *m* (-bazen) master carpenter
'**timmerwerf** *v* (-werven) (carpenter's) yard
'**timmerwerk** *o* carpentry, carpenter's work, carpentering
tim'paan *o* (-panen) tympanum
tin *o* **1** ⟨metaal⟩ tin; **2** ⟨legering van tin en lood⟩ pewter; **3** ⟨tinnen artikelen⟩ tinware
tinc'tuur *v* (-turen) tincture
'**tinerts** *o* tin-ore
'**tinfoelie** *v* (tin-)foil
'**tingelen** (tingelde, h. getingeld) *onoverg* tinkle, jingle
tinge'ling, tingelinge'ling *tsw* ting-a-ling(-a-ling)

'**tingeltangel** *m* (-s) café-chantant
'**tinkelen** (tinkelde, h. getinkeld) *onoverg* tinkle
'**tinmijn** *v* (-en) tin-mine
'**tinne** *v* (-n) battlements, crenel
'**tinnef** *o* trash, rubbish
'**tinnegieter** *m* (-s) tinsmith, pewterer; *politieke ~* pot-house politician, political upholsterer
'**tinnen** *bn* pewter
'**tinpest** *v* tin disease, tin pest
'**tinschuitje** *o* (-s) pig of tin
tint *v* (-en) tint, tinge, hue, shade, tone
'**tintel** *m* tingling [of the fingers]
'**tintelen** (tintelde, h. getinteld) *onoverg* twinkle; *~ van* sparkle with [wit]; **2** tingle with [cold]
'**tinteling** *v* (-en) **1** twinkling; sparkling; **2** tingling
'**tinten** (tintte, h. getint) *onoverg* tinge, tint; *getint papier* toned paper; *blauw getint* tinged with blue
'**tintje** *o* (-s) tinge[2]
'**tinwerk** *o* tinware
'**tinwinning** *v* tin-mining
1 tip *m* (-pen) **1** tip [of finger]; **2** corner [of a handkerchief &]; *een ~je van de sluier oplichten* lift a corner of the veil
2 tip *m* (-s) tip [information]
'**tipgeld** *o* (-en) tip-off money
'**tipgever** *m* (-s) ⟨van politie⟩ informer
'**tippel** *m* tramp; *een hele ~* quite a walk; *op de ~* on the trot
'**tippelaarster** *v* (-s) *gemeenz* street-walker
'**tippelen** (tippelde, h. getippeld) *onoverg* **1** ⟨wandelen⟩ trot, tramp; **2** ⟨v. prostituees⟩ walk the streets; *ergens in ~* take the bait, walk into the trap
'**tippelzone** *v* (-s) streetwalkers' district
'**tippen** (tipte, h. getipt) **I** *overg* **1** ⟨als vermoedelijke winnaar aanwijzen⟩ tip [as the winner]; **2** ⟨fooi geven⟩ tip [the porter]; **3** ⟨de punten verwijderen⟩ trim [hair], chip [wings]; **II** *onoverg*: *hij kan er niet aan ~* he cannot touch it, *gemeenz* he is not a patch on it
'**tiptoets** *m* (-en) touch control
'**tiptop** *bn* first-rate, A1, *gemeenz* tiptop
ti'rade *v* (-s) tirade
tirail'leren (tirailleerde, h. getirailleerd) *onoverg* *mil* skirmish
tirail'leur *m* (-s) *mil* skirmisher
ti'ran *m* (-nen) **1** ⟨dictator⟩ tyrant; **2** ⟨kwelgeest⟩ bully
tiran'nie *v* (-nieën) tyranny
tiran'niek *bn* tyrannical
tiranni'seren (tiranniseerde, h. getiranniseerd) *overg* **1** ⟨als tiran heersen over⟩ tyrannize over; **2** ⟨kwellen⟩ bully
Ti'roler *bn* & *m* (-s) Tyrolean, Tyrolese
Ti'rool *o* Tyrol
Ti'rools *bn* Tyrolean, Tyrolese
'**tissue** *m* (-s) tissue
ti'taan *o* titanium
'**titan** *m* (-s en -'tanen) Titan

ti'tanenstrijd *m* battle of epic proportions, gigantic struggle

ti'tanisch *bn* titanic

'titel *m* (-s) **1** title [of a poem, book &, of a person]; **2** heading [of a column, chapter]; *ten ~ van* ZN by the way of; *ten kostelozen ~* ZN free (of charge); *ten voorlopigen ~* ZN temporary

'titelblad *o* (-bladen) title-page

'titelgevecht *o* (-en) title-fight

'titelhouder *m* (-s) sp titleholder

'titelplaat *v* (-platen) frontispiece

'titelrol *v* (-len) title-role, title-part, name-part

'titelverdediger *m* (-s) titleholder

'titelwoord *o* (-en) headword

'titer *m* titre

tito'ïsme *o* Titoism

ti'treren (titreerde, h. getitreerd) *overg* titrate

'tittel *m* (-s) tittle, dot; *geen ~ of jota* not one jot or tittle

titu'lair *bn* titular; *majoor ~ brevet* major

titu'laris *m* (-sen) **1** holder (of an office, of a title), office-bearer; **2** incumbent [of a parish]; **3** ZN (leraar) teacher (of science, language &)

titula'tuur *v* (-turen) style, titles; forms of address

tja *tsw:* ~! well!

tjalk *m & v* (-en) (sailing) barge

tjap 'tjoy *m* chop suey

tjee *tsw* oh dear!

'tjiftjaf *m* (-fen en -s) chiff-chaff

'tjilpen (tjilpte, h. getjilpt) *onoverg* chirp, cheep, twitter

'tjokvol *bn* chock-full, cram-full, crammed

'tjonge *tsw* well!, have you ever!, boy!

tl-buis *v* (-buizen) fluorescent lamp

tl-verlichting *v* fluorescent lighting

toast, toost *m* (-en) toast [to the health of...]; *een ~ uitbrengen op* give (propose) a toast

'toasten (toastte, h. getoast), **'toosten** (toostte, h. getoost) *onoverg* give (propose) a toast

'toastje, 'toostje *o* (-s) piece of toast

'tobbe *v* (-s en -n) tub

'tobben (tobde, h. getobd) *onoverg* **1** (zich zorgen maken) worry, brood; **2** (zwoegen) toil, drudge; *met iem. ~* have a lot of trouble with sbd.; *over iets ~* worry about sth., brood over sth.

'tobber *m* (-s) **1** (die zich zorgen maakt) worrier; **2** (zwoeger) toiler, drudge

'tobberig *bn* worried, broody

tobbe'rij *v* (-en) **1** (moeilijkheden) trouble, difficulty; **2** (zorgen) worrying

toch *bijw* **1** (niettegenstaande dat) yet, still, for all that, in spite of (all) that, nevertheless; **2** (werkelijk) really; **3** (zeker) surely, to be sure; **4** (ongeduld uitdrukkend) ever; **5** (verzoekend, gebiedend) do; *ga ~ zitten* do sit down; *neem ~ nog een kop koffie* do have another cup of coffee; **6** (immers) *je bent ~ ziek?* you are ill, aren't you?; *hij doet ~ zijn best* he is doing what he can, doesn't he?; *je hebt er ~ nog*

een you have another, haven't you?; **7** (niet vertaald) in: *wat is het ~ jammer!* what a pity it is!; *je moest nu ~ klaar zijn* you should be ready by this time; *het is ~ te erg* it really is too bad; *je komt ~?* you are coming, to be sure?; *wat wil hij ~?* what ever does he want?; what does he want?; *wie kan het ~ zijn?* who ever can it be?; *welke Jan bedoel je ~?* which ever Jan do you mean?; *maar Thelma ~!* I say, Thelma!, Thelma! Really, you know!; *wat mankeert hij ~?* what is the matter with him, anyhow?; *hoe (waar, waarom, wanneer) ~?* how (where, why, when) ever...?; *(wij gaan morgen -) Nee ~?* Not really?, you don't say!; *waar zou hij ~ zijn?* **1** (nieuwsgierig) where may he be?; **2** (verbaasd) where can he be?; **3** (ongeduldig) where ever is he?; *wees ~ stil!* do be quiet, please!; *ja ~, nu herinner ik het me* yes indeed, now I remember; *het is ~ al moeilijk* it is difficult as it is (anyhow); *hij komt ~ niet* he surely won't come, he will not turn up for sure; *antwoord ~ niet* (pray) don't answer; *hij is ~ wel knap* he is a clever fellow though

tocht *m* (-en) **1** (reis) journey, march, expedition, voyage [by sea]; **2** (trekwind) draught; *op de ~ zitten* sit in a draught

'tochtband *o & m* (-en) weather-strip

'tochtdeken *v* (-s) draught-rug

'tochtdeur *v* (-en) swing-door

'tochten (tochtte, h. getocht) *onoverg: het tocht hier* there is a draught here

'tochtgat *o* (-gaten) vent-hole, air-hole

'tochtgenoot *m* (-noten) fellow-traveller, companion

'tochtig *bn* (waar het tocht) draughty

'tochtigheid *v* draughtiness

'tochtje *o* (-s) excursion, trip

'tochtlat *v* (-ten) **1** eig weather-strip; **2** gemeenz (bakkebaard) mutton-chop, whisker

'tochtraam *o* (-ramen) double window

'tochtscherm *o* (-en) (draught-)screen

'tochtstrip *m* (-s en -pen) weather-strip

tod *v* (-den) rag, tatter

toe I *bijw* to; *de deur is ~* the door is shut; *ik ben er nog niet aan ~* I've not got so far yet; *hij is aan vakantie ~* he (badly) needs a holiday; *nu weet ik waar ik aan ~ ben* now I know where I am (where I stand); *hij is er slecht aan ~* **1** he is badly off; **2** he [the patient] is in a bad way (condition); *dat is tot daar aan ~ ...* for one thing [for another ...]; *naar de stad ~* **1** in the direction of the town; **2** to (the) town; *wat hebben we ~?* what's for sweet? (for afters?); **II** *tsw:* ~, *jongens, nou stil!* I say, boys, do be quiet now!; ~ *dan!* come on!; ~ *dan maar* well, all right; ~, *kom nou toch!* Oh, do come!; ~ *maar!* **1** (aanmoedigend tot daad) go it!; **2** (aanmoediging tot spreken) fire away!; **3** (uiting v. verwondering) never!, good gracious!; ~ *nou!* do, now!

toebedelen (bedeelde toe, h. toebedeeld) *overg* allot, assign, apportion, deal out, dole out, parcel out, mete out

'**toebehoren** (behoorde toe, h. toebehoord) **I** *on-overg* belong to; **II** *o: met* ~ with appurtenances, with accessories

'**toebereiden**[1] *overg* prepare

'**toebereiding** *v* (-en) preparation [of food]

'**toebereidselen** *mv* preparations; ~ *maken voor...* make preparations for, get ready for

'**toebijten**[1] **I** *onoverg* bite[2]; *hij zal niet* ~ he won't take the bait; **II** *overg:* '*donder op*', *beet hij mij toe* 'beat it', he snarled (snapped) at me

'**toebinden**[1] *overg* bind (tie) up

'**toeblaffen**[1] *onoverg* growl at, snarl at

'**toeblijven**[1] *onoverg* remain shut

'**toebrengen**[1] *overg* **1** inflict [a wound, a loss, a defeat upon]; **2** deal, strike [sbd. a blow]; **3** do [harm]

'**toebulderen**[1] *overg* shout (roar) at

'**toedekken**[1] *overg* **1** cover (up) [something]; **2** tuck in [a child in bed]

'**toedelen**[1] *overg* = toebedelen

'**toedeloe** *tsw* toodle-oo

'**toedenken**[1] *overg: iem. iets* ~ destine sth. for sbd., intend sth. for sbd.

'**toedichten**[1] *overg* ascribe, impute [sth. to sbd.]

'**toedienen** *overg* **1** administer [remedies, the sacraments]; **2** give, deal [a blow]

'**toediening** *v* administration [of remedies, sacraments]

1 '**toedoen**[1] *overg* ⟨dichtdoen⟩ shut

2 '**toedoen** *o: het gebeurde buiten mijn* ~ I had no part in it; *door zijn* ~ through him; *zonder uw* ~ *(zou ik niet...)* but for you

'**toedraaien**[1] *overg* close (by turning), turn off [a tap]; zie ook: *rug*

'**toedracht** *v: de* ~ the way it happened; *de (ware)* ~ *van de zaak* how it all came to pass, the ins and outs of the affair

'**toedragen**[1] **I** *overg: achting* ~ esteem, hold in esteem; *iem. een goed hart* ~ be kindly disposed towards sbd., wish sbd. well; *iem. geen goed hart* ~ be ill-affected towards sbd.; *ze dragen elkaar geen goed hart toe* there is no love lost between them; **II** *wederk: zich* ~ happen; *hoe heeft het zich toegedragen?* how did it come to pass?

'**toedrinken**[1] *overg: iem.* ~ drink sbd.'s health

'**toedrukken**[1] *overg* close, shut

'**toeduwen**[1] *overg* push [a door] to; *iem. iets* ~ slip sth. into sbd.'s hands

'**toe-eigenen** (eigende toe, h. toegeëigend) *overg: zich iets* ~ appropriate sth.

'**toe-eigening** *v* appropriation

'**toefje** *o* (-s) **1** ⟨dot, pluk⟩ tuft; **2** ⟨klein bosje bloemen⟩ posy, nosegay

'**toefluisteren**[1] *overg: iem. iets* ~ whisper sth. in sbd.'s ear, whisper sth. to sbd.

'**toegaan**[1] *onoverg* **1** ⟨dichtgaan⟩ close, shut; **2** ⟨zich toedragen⟩ happen, come to pass; *het gaat er raar toe* there are strange happenings there; *zo is het toe-gegaan* thus the matter went

'**toegang** *m* (-en) **1** ⟨ingang⟩ entrance, entry; **2** ⟨recht, mogelijkheid binnen te gaan⟩ admission, admittance; **3** ⟨toegangsweg⟩ approach, acces (road), entrance; **4** ⟨entreegeld⟩ admission, entrance (fee); *verboden* ~ private, no admittance; trespassers will be prosecuted; *vrije* ~ admission free; *vrije* ~ *hebben tot* ook: have the run of [a library &]; be free of [the house]; ~ *geven tot* give access to [another room]; *iem.* ~ *verlenen* admit sbd.; *zich* ~ *verschaffen tot* get into, force an entrance into [a house]; *de* ~ *weigeren* deny [sbd.] admittance; *alle* ~*en waren afgezet* all approaches (entrances) were blocked

'**toegangsbewijs** (-wijzen), '**toegangsbiljet** *o* (-ten), '**toegangskaart** *v* (-en) admission ticket

'**toegangsnummer** *o* (-s): *internationaal* ~ telec international access code

'**toegangspoort** *v* (-en) **1** eig entrance gate; **2** fig gateway

'**toegangsprijs** *m* (-prijzen) (charge for) admission, entrance (fee)

'**toegangstijd** *m* comput access time

'**toegangsweg** *m* (-wegen) approach, access road, access route

toe'**gankelijk** *bn* accessible, approachable, get-at-able; *moeilijk* ~ [sources] difficult of access; *hij is voor iedereen* ~ he is a very approachable man; *niet* ~ *voor het publiek* not open to the public

toe'**gankelijkheid** *v* accessibility

'**toegedaan** *bn: ik ben hem zeer* ~ I am very much attached to him; *ik ben die mening* ~ I hold that opinion; *de vrede oprecht* ~ *zijn* be sincerely devoted to peace

toe'**geeflijk** toe'**gefelijk** *bn* indulgent

toe'**geeflijkheid**, toe'**gefelijkheid** *v* indulgence

'**toegenegen** *bn* affectionate, devoted to; *Uw* ~ *George* Yours affectionately George

'**toegenegenheid** *v* affectionateness, affection

'**toegepast** *bn* applied

'**toegeven** **I** *overg* **1** ⟨extra geven⟩ give into the bargain; **2** ⟨erkennen⟩ concede, admit, grant; *dat geef ik u toe* I grant you that; *toegegeven dat u gelijk hebt* granting you are right; *de zangeres gaf nog wat toe* gave an extra; *ze geven elkaar niets toe* they are well matched; *men moet kinderen wat* ~ children should be humoured (indulged) a little; *zij geeft hem te veel toe* she is too indulgent; **II** *onoverg* **1** give in [to a person]; **2** give way [to grief, one's emotions &], yield; *hij wou maar niet* ~ he could not be made to yield the point; *zoals iedereen zal* ~ as everybody will readily admit; ~ *aan zijn hartstochten* indulge one's passions; *je moet maar niet in alles* ~ not give way in everything

toe'**gevend** *bn* **1** ⟨in 't alg.⟩ indulgent; **2** gramm concessive

toe'**gevendheid** *v* indulgence

'**toegevoegd** *bn* ⟨aanvullend⟩ supplementary,

added; *belasting ~e waarde (BTW)* value added tax (VAT)

'**toegewijd** *bn* **1** devoted [friend]; **2** dedicated [fighter]

'**toegift** *v* (-en) **1** (extraatje) make-weight, extra; **2** (extra nummer na een concert) encore; *als ~* (iets extra's) into the bargain; *een ~ geven* do an encore

'**toegooien**[1] *overg* **1** (dichtgooien) throw to, slam [a door]; **2** (opvullen) fill up [a hole]; **3** (werpen naar) throw [me that book]

'**toegrijpen**[1] *onoverg* make a grab [at a thing]

'**toehalen**[1] *overg* draw closer, draw tighter

'**toehappen**[1] *onoverg* snap at it; swallow the bait[2]; *gretig ~* jump at a proposal (an offer)

'**toehoorder** *m* (-s) auditor, hearer, listener

'**toehoren**[1] *onoverg* **1** (luisteren) listen to; **2** = *toebehoren*

'**toehouden**[1] *overg* **1** (toereiken) hand to; **2** (dichthouden) keep shut

'**toejuichen**[1] *overg* **1** eig applaud, cheer; **2** (instemmen met) welcome [a measure &]

'**toejuiching** *v* (-en) applause, shout, cheer

'**toekan** *m* (-s) toucan

'**toekennen**[1] *overg* **1** adjudge, award [a prize, punishment]; **2** give [marks in examination &]; *een grote waarde ~ aan...* attach great value to...

'**toekenning** *v* (-en) granting, award

'**toekeren**[1] *overg* turn to; zie ook: *rug*

'**toekijken**[1] *onoverg* look on; *wij mochten ~* we were left out in the cold

'**toekijker** *m* (-s) looker-on, onlooker, spectator

'**toeknikken**[1] *overg* nod to [a person]

'**toeknopen**[1] *overg* button up

'**toekomen**[1] *onoverg: zij kunnen niet ~* they can't make (both) ends meet; *dat komt ons toe* that is our due, it is due to us, we have a right to it; *iem. iets doen ~* send sbd. sth.; *zult u er mee ~?* will that be sufficient?; *ik kan er lang mee ~* it goes a long way with me; *~ op* zie: *afkomen op*

'**toekomend** *bn* future, next; *~e tijd* gramm future tense, future; *het hem ~e* his due

'**toekomst** *v* future; *in de ~* in (the) future; *in de ~ lezen* look into the future

'**toekomstdroom** *m* (-dromen) dream of the future

'**toe'komstig** *bn* future

'**toekomstmuziek** *v* dreams of the future

'**toekomstplan** *o* (-nen) plan for the future

'**toekrijgen**[1] *overg* **1** (dichtkrijgen) get shut, succeed in shutting; **2** (extra krijgen) get into the bargain

'**toekruid** *o* (-en) seasoning, condiment

'**toekunnen**[1] *overg: het kan niet toe* you can't shut it; *zult u er mee ~?* will that be sufficient?; *ik kan er lang mee toe* it goes a long way with me

'**toe'laatbaar** *bn* admissible

'**toe'laatbaarheid** *v* admissibility

'**toelachen**[1] *overg* **1** eig smile at; **2** fig (gunstig gezind zijn) smile (up)on; *het geluk lachte hem toe* fortune smiled upon him; *die nieuwe baan lacht me niet toe* that new job doesn't appeal to me, it doesn't commend itself to me

'**toelage** *v* (-n) allowance, gratification; grant [for students]; bonus; extra pay (salary, wages)

'**toelaten**[1] *overg* **1** (dulden) permit, allow, suffer, tolerate; **2** (toegang verlenen) admit; **3** (dóórlaten) pass [a candidate]; **4** ZN (mogelijk maken) make possible; *honden kunnen niet toegelaten worden* no dogs admitted (allowed); *het laat geen twijfel (geen andere verklaring) toe* it admits of no doubt (of no other interpretation)

'**toelating** *v* **1** (toestemming) permission, leave; **2** (binnenlating) admission, admittance

'**toelatingsexamen** *o* (-s) **1** entrance examination; eleven-plus [for secondary education]; **2** matriculation [at the university]

'**toeleg** *m* attempt, design, purpose, intention, plan

'**toeleggen**[1] **I** *overg: er geld op ~* be a loser by it; *er 10 gulden op ~* be ten guilders out of pocket; *het erop ~ om...* be bent upon ...ing; *het op iems. ondergang ~* be out to ruin sbd.; **II** *wederk: zich ~ op* apply oneself to [mathematics &]; *zich speciaal ~ op* specialize in

'**toeleveren**[1] *overg* supply, effect ancillary supplies for

'**toeleveringsbedrijf** *o* (-drijven) service industry, ancillary supplier

'**toelichten**[1] *overg* clear up, elucidate, explain; *het met voorbeelden ~* illustrate it

'**toelichting** *v* (-en) explanation, elucidation

'**toelonken**[1] *overg* ogle [a girl]

'**toeloop** *m* concourse

'**toelopen**[1] *onoverg* come running on; *op iem. ~* go up to sbd.; *hij kwam op mij ~* **1** he came up to me; **2** he came running towards me; *spits ~* taper, end in a point

'**toeluisteren**[1] *onoverg* listen

'**toemeten**[1] *overg* measure out, mete out

toen **I** *bijw* then, at that time; *van ~ af* from that time, from then; **II** *voegw* when, as

'**toenaam** *m* (-namen) **1** (bijnaam) surname, nickname; **2** (achternaam) family name, surname

'**toenadering** *v* rapprochement; *~ zoeken* try to get closer [to sbd.], make advances [to a girl]

'**toenaderingspoging** *v* (-en) advances; *~en doen* **1** (om te verleiden) make advances (to); **2** (in de politiek &) make overtures (to)

'**toename** *v* increase, rise

'**toendra** *v* ('s) tundra

'**toenemen**[1] *onoverg* increase, grow

'**toeneming** *v* increase, rise

'**toenmaals** *bijw* then, at the (that) time

toen'malig *bn* then, of the (that) time; *de ~e voorzitter* the then president

'**toentertijd** *bijw* in those days, at the time, then

toe'passelijk *bn* apposite, appropriate, suitable, bearing upon the matter; *~ op* applicable to, pertinent to, relevant to

toe'passelijkheid *v* applicability, appropriateness, relevancy

'toepassen[1] *overg* apply [rules & to]

'toepassing *v* (-en) application; *in ~ brengen* put into practice; *dat is ook van ~ op...* it is also applicable to..., it also applies to...

toer *m* (-en) **1** ⟨omdraaiing⟩ turn [of a wheel &], revolution [of an engine, of a long-play record]; **2** ⟨tocht⟩ tour, trip; **3** ⟨wandeling, ritje⟩ turn [= stroll, drive, run, ride]; **4** ⟨kunststuk⟩ feat, trick; **5** ⟨bij het breien⟩ round; *op de Russische & ~* on the Russian & tack; *~en doen* perform tricks; do stunts; *het is een hele ~* it is quite a job; *het is zo'n ~ niet* there is nothing very difficult about it; *de fabriek draait op volle ~en* zie: *draaien I*; *op (volle) ~en (laten) komen* <u>techn</u> run up, rev up [of an engine]; *over zijn ~en zijn* be overwrought (overstrung)

'toerauto *m* ('s) touring-car

'toerbeurt *v* (-en) turn; *bij ~* by (in) rotation; by turns

'toereiken[1] **I** *overg* reach, hand [sth. to sbd.]; **II** *onoverg* suffice, be sufficient

toe'reikend *bn* sufficient, enough; *~ zijn* ook: suffice

toe'rekenbaar *bn* accountable, responsible [for one's actions]

toe'rekenbaarheid *v* accountability, responsibility

toerekenings'vatbaar *bn* responsible, compos mentis; *niet ~* of unsound mind, not responsible for one's actions

'toeren (toerde, h. getoerd) *onoverg* take a drive (a ride &)

'toerental *o* number of revolutions

'toerenteller *m* (-s) revolution-counter, speed indicator

toerfiets *m & v* (-en) tourer

toe'risme *o* tourism

toe'rist *m* (-en) tourist

toe'ristenbelasting *v* tourist tax

toe'ristenindustrie *v* tourist industry

toe'ristenkaart *v* (-en) tourist card

toe'ristenklasse *v* tourist class

toe'ristenmenu *o* ('s) tourist menu

toe'ristenseizoen *o* tourist season

toe'ristenverkeer *o* tourism

toe'ristisch *bn* tourist [traffic &]

Toerk'meen *m* (-menen) = Turkmeen

Toerk'meens *bn & o* = Turkmeens

Toerk'menistan *o* = Turkmenistan

toer'nooi *o* (-en) tournament, tourney, joust

toer'nooien[1] (toernooide, h. getoernooid) *onoverg* tilt, joust

toer'nooiveld *o* (-en) tilt-yard, tilting-ground

'toeroepen[1] *overg* call to, cry to

'toeroperator *m* (-s) = touroperator

'toertje *o* (-s) drive, run [in motorcar]; spin [on bi-

cycle]; ride [on horseback]; *een ~ gaan maken* go for a drive, a spin, a ride

'toerusten (rustte toe, h. toegerust) **I** *overg* equip, fit out; **II** *wederk: zich ~ voor* equip oneself for, prepare for

'toerusting *v* (-en) equipment, fitting out, preparation

toe'schietelijk *bn* **1** ⟨vriendelijk⟩ friendly; **2** ⟨inschikkelijk⟩ obliging, accommodating

toe'schietelijkheid *v* **1** ⟨vriendelijkheid⟩ friendliness; **2** ⟨inschikkelijkheid⟩ obligingness

'toeschieten[1] *onoverg* ⟨toesnellen⟩ dash forward; *~ op* rush at [sbd.]; pounce upon [its prey]

'toeschijnen[1] *onoverg* seem to, appear to

'toeschouwer *m* (-s) spectator, looker-on, onlooker, observer

'toeschreeuwen[1] *overg* cry to

'toeschrijven[1] *overg* ascribe, attribute, impute [it] to, put [it] down to

'toeschuiven[1] *overg* ⟨dichtschuiven⟩ close (by pushing), draw [the curtains]; *iem. iets ~* push sth. over to sbd.; *iem. stiekem iets ~* give sbd. sth. secretly

'toeslaan[1] **I** *onoverg* **1** (is) ⟨dichtslaan⟩ slam (to) [of a door]; **2** (h.) ⟨er op slaan⟩ lay about one, hit out; **3** (h.) ⟨een kans benutten⟩ strike; *sla toe!* **1** pitch into them!, go it!; **2** ⟨bij koop⟩ shake (hands on it)!; **II** (h.) *overg* ⟨dichtslaan⟩ slam, bang [a door]; shut [a book]

'toeslag *m* (-slagen) **1** ⟨in geld⟩ extra allowance (pay); bonus; **2** ⟨prijsvermeerdering⟩ extra charge; extra fare, excess fare [on railways &]; **3** ⟨bij veiling⟩ knocking down

'toeslagbiljet *o* (-ten) extra ticket

'toesmijten[1] *overg* = toegooien

'toesnauwen[1] *overg* snarl at

'toesnellen[1] *onoverg* rush forward; *~ op* rush to

'toespelden[1] *overg* pin up

'toespelen[1] *overg: elkaar de bal ~* play into each other's hands

'toespeling *v* (-en) allusion, insinuation, hint; *een ~ maken op* allude to, hint at

'toespijs *v* (-spijzen) **1** ⟨bijgerecht⟩ side-dish; **2** ⟨nagerecht⟩ dessert

'toespitsen[1] **I** *overg* ⟨verhevigen⟩ aggravate, intensify [a conflict]; **II** *wederk: zich ~* ⟨erger worden⟩ grow worse, become acute [of a situation]; *zich ~ op* ⟨zich vooral richten op⟩ concentrate on; *deze verhandeling spitst zich toe op de economische situatie in Polen* this treatise concentrates on the economic situation in Poland

'toespraak *v* (-spraken) speech, talk, address, harangue, allocution; *een ~ houden* give an address, make a speech

'toespreken[1] *overg* **1** speak to [a person]; **2** address [a meeting]

'toespringen[1] *onoverg* spring forward; *komen ~* come bounding on; *~ op* spring at '**toestaan**¹ *overg* **1** ⟨toelaten⟩ permit, allow; **2** ⟨verlenen⟩ grant, accord, concede

'**toestand** *m* (-en) **1** ⟨situatie⟩ state of affairs, position, situation, condition, state; **2** ⟨opschudding⟩ commotion; **3** ⟨zaak, geval⟩ affair; *wat een ~!* what a muddle!; *in hachelijke ~* in a precarious situation; in a sorry plight

'**toesteken**¹ *overg*: *iem. de hand ~* put (hold) out one's hand to sbd.; *de toegestoken hand* the proffered hand

'**toestel** *o* (-len) **1** ⟨in 't alg.⟩ appliance, contrivance, apparatus; **2** ⟨vliegtuig⟩ machine; **3** ⟨radio, tv⟩ set; **4** ⟨foto~, film~⟩ camera; *~ 13* telec extension 13

'**toestelnummer** *o* (-s) extension

'**toestemmen**¹ *onoverg* consent; *~ in* consent to, agree to; grant; accede to

'**toestemmend I** *bn* affirmative; **II** *bijw* [reply] in the affirmative, affirmatively; *hij knikte ~* he nodded assent

'**toestemming** *v* (-en) consent, assent; *met (zonder) ~ van* with (without) the permission of

'**toestoppen**¹ *overg* **1** ⟨een buis⟩ stop up; **2** ⟨de oren⟩ stop; **3** ⟨in bed⟩ tuck in; *iem. iets ~* slip sth. into sbd.'s hand

'**toestromen**¹ *onoverg* flow (stream, rush) towards, flock in, come flocking to [a place]

'**toesturen**¹ *overg* **1** ⟨in 't alg.⟩ send, forward; **2** remit [money]

toet *m* (-en) **1** gemeenz ⟨gezicht⟩ face; **2** ⟨haar⟩ bun, knot of hair

'**toetakelen**¹ **I** *overg* **1** ⟨uitdossen⟩ dress up, rig out; **2** ⟨mishandelen⟩ knock about [a person]; **3** damage [a thing]; *hij was lelijk toegetakeld* he was awfully knocked about; **II** *wederk*: *zich (gek) ~* dress up, rig oneself out; *wat heb jij je toegetakeld!* what a sight you are!

'**toetasten**¹ *onoverg* help oneself, fall to [at dinner]

'**toeten** (toette, h. getoet) *onoverg* toot(le), hoot; *hij weet van ~ noch blazen* he doesn't know the first thing about it

'**toeter** *m* (-s) **1** ⟨auto⟩ horn, hooter; **2** ⟨blaasinstrument⟩ tooter

'**toeteren** (toeterde, h. getoeterd) *onoverg* toot, hoot; sound the (one's) horn

'**toetje** *o* (-s) **1** ⟨nagerecht⟩ dessert, sweet; gemeenz afters; **2** ⟨gezichtje⟩ pretty face

'**toetreden**¹ *onoverg*: *op iem. ~* walk up to sbd.; *~ tot* join [a club, union &], accede to [a treaty]

'**toetreding** *v* (-en) accession, joining; *~ tot de EU* entry into the EU

'**toets** *m* (-en) **1** ⟨penseelstreek⟩ touch; **2** ⟨proef⟩ test², assay; **3** key [of a piano; of a typewriter]; *ook*: note [of a piano]; finger-board [of guitar, violoncello &]; *de ~ (der kritiek) kunnen doorstaan* stand the test, pass muster

'**toetsen** (toetste, h. getoetst) *overg* **1** try, test, put to the test [a person, thing, quality]; **2** assay [metals];

~ aan test by [the original]; *~ op* test for [reliability]

'**toetsenbord** *o* (-en) keyboard

toetse'nist *m* (-en) keyboard player

'**toetsinstrument** *o* (-en) keyboard instrument

'**toetsnaald** *v* (-en) touch-needle

'**toetssteen** *m* (-stenen) touchstone²

'**toeval** (-len) **1** *o* accident, chance; **2** *m & o* med fit of epilepsy; *het ~ wilde dat...* it so happened that..., it chanced that...; *aan ~len lijden* be epileptic; *bij ~* by chance, by accident, accidentally; *bij louter ~* by sheer chance; *bij ~ ontmoette ik hem* ook: I happened to meet him; *door een gelukkig ~* by some lucky chance

'**toevallen**¹ *onoverg* fall to; *hem ~* fall to his share; accrue to him [of interest]

toe'vallig I *bn* accidental, casual, fortuitous; *een ~e ontmoeting* ook: a chance meeting; **II** *bijw* by chance, by accident, accidentally; *~ zag ik het ook:* I happened to see it; *wat ~!* what a coincidence!

toe'valligerwijs, toe'valligerwijze *bn* = *toevallig II*

toe'valligheid *v* (-heden) **1** ⟨abstract⟩ casualness, fortuitousness, fortuity; **2** ⟨concreet⟩ coincidence, fortuity, accident

'**toevalstreffer** *m* (-s) chance hit, fluke; sp ook: lucky shot

'**toeven** (toefde, h. getoefd) *onoverg* stay, plechtig tarry

'**toeverlaat** *m* refuge, shield

'**toevertrouwen** (vertrouwde toe, h. toevertrouwd) *overg*: *iem. iets ~* entrust sbd. with sth., entrust sth. to sbd.; confide sth. [a secret] to sbd.; commit (consign) sth. to sbd.'s charge; *dat is hun wel toevertrouwd* trust them for that

'**toevliegen**¹ *onoverg*: *~ op* fly at

'**toevloed** *m* influx, inflow, flow

'**toevloeien**¹ *onoverg* flow to, accrue to

'**toevloeiing** *v* = *toevloed*

'**toevlucht** *v* refuge, recourse; *zijn ~ nemen tot* have recourse to, resort to

'**toevluchtsoord** *o* (-en) (haven of) refuge

'**toevoegen**¹ *overg* **1** add, join [something] to, subjoin [a subscript]; **2** address [words] to; *'zwijg!', voegde hij mij toe* 'silence!', he said to me; *wat heeft u daaraan toe te voegen?* what have you to add to that?

'**toevoeging** *v* addition

'**toevoegsel** *o* (-s) supplement, additive

'**toevoer** *m* (-en) supply

'**toevoerbuis** *v* (-buizen) supply-pipe

'**toevoeren**¹ *overg* supply

'**toevoerlijn** *v* (-en) supply line

'**toevouwen**¹ *overg* fold up

'**toevriezen**¹ *onoverg* freeze over (up)

'**toewenden**¹ *overg* = *toekeren*

'**toewenken**¹ *overg* beckon to

'**toewensen**¹ *overg* wish

toewerpen

'**toewerpen**[1] *overg* cast [a glance &] at, throw, fling [it] to; *de deur* ~ slam the door

'**toewijden**[1] **I** *overg* **1** consecrate, dedicate [a church & to God]; **2** dedicate [a book to a friend]; **3** devote [one's time & to]; **II** *wederk: zich* ~ *aan* devote oneself to

'**toewijding** *v* devotion [to duty]

'**toewijzen**[1] *overg* **1** allot, assign, award [a prize to...]; **2** allocate [sugar, fats &]; **3** knock down [to the highest bidder]

'**toewijzing** *v* (-en) allotment, assignment, award, allocation [for sugar, fats &]

'**toewuiven**[1] *overg* wave to; *zich koelte* ~ *met zijn strooien hoed* fan oneself with one's straw hat

'**toezeggen**[1] *overg* promise

'**toezegging** *v* (-en) promise

'**toezenden**[1] *overg* **1** (in 't alg.) send, forward; **2** remit [money]

'**toezending** *v* **1** (in 't alg.) sending, forwarding; **2** remittance [of money]

'**toezicht** *o* surveillance, supervision, superintendence, inspection; ~ *houden op de jongens* keep an eye on (look after) the boys; *wie moet* ~ *houden?* who is charged with the surveillance?; *het* ~ *uitoefenen over...* be charged with the supervision over..., supervise..., superintend...; *onder* ~ *van...* under the supervision of...

'**toezichthouder** *m* (-s) supervisor

'**toezien**[1] *onoverg* **1** (toekijken) look on; **2** (oppassen) take care, be careful; *ergens op* ~ be careful; see to it that...; ~ *op* = *toezicht houden op* zie: *toezicht*; ~*d voogd* co-guardian

'**toezingen**[1] *overg* sing to; *iem. een welkom* ~ welcome sbd. with a song

'**toezwaaien**[1] *overg* wave to; *lof* ~ praise

'**tof** *bn* gemeenz fine, swell

'**toffee** *m* (-s) toffee

'**toga** *v* ('s) gown, robe, toga; ~ *en bef* bands and gown

'**togen** V.T. meerv. v. *tijgen*

'**Togo** *o* Togo

'**Togo'lees** *bn* & *m* (-lezen) Togolese

'**Togoos** *bn* Togolese

'**toi'let** *o* (-ten) **1** (kleding) toilet; dress; **2** (kaptafel) toilet-table, dressing-table; **3** (wc) lavatory, Br gemeenz loo; Am washroom; (dames~) ladies' room, (heren~) men's room; ~ *maken* make one's toilet, dress; *een beetje* ~ *maken* smarten oneself up a bit; *in groot* ~ in full dress

'**toi'letartikelen** *mv* toilet articles, toiletries

'**toi'letbenodigdheden** *mv* toilet requisites

'**toi'letdoos** *v* (-dozen) dressing-case

'**toi'letemmer** *m* (-s) slop-pail

'**toi'letjuffrouw** *v* (-en) lavatory (cloakroom) attendant

'**toi'letpapier** *o* toilet-paper

'**toi'letpoeder** *o* & *m* toilet powder

'**toi'letpot** *m* (-ten) Br lavatory pan; Am toilet bowl

'**toi'letspiegel** *m* (-s) toilet-mirror, cheval-glass

'**toi'lettafel** *v* (-s) toilet-table, dressing-table

'**toi'lettas** *v* (-sen) dressing-case, sponge bag

'**toi'letzeep** *v* toilet soap

'**toi toi toi** *tsw*: ~*!* all the best!

'**Tokio** *o* Tokyo

'**tokkelen** (tokkelde, h. getokkeld) **I** *overg* pluck, touch [the strings]; touch [the harp &]; twang [a guitar]; thrum [a banjo]; **II** *abs ww* thrum

'**tokkelinstrument** *o* (-en) plucked (string) instrument

'**toko** *m* ('s) **1** eig Indonesian shop; **2** schertsend (bedrijf) joint, business

'**tok-tok** *tsw* (van kip) cluck-cluck!

1 tol *m* (-len) (speelgoed) top

2 tol *m* **1** (belasting) toll[2], tribute; **2** (bij in- en uitvoer) customs, duties; **3** (bij doortocht) toll; **4** (tolboom) turnpike; **5** (tolhuis) toll-house; ~ *betalen* pay toll; *hij betaalde de* ~ *aan de natuur* he paid the debt of (to) nature; ~ *heffen van...* levy toll on

'**tolbaas** *m* (-bazen), **tolbeambte** *m-v* (-n en -s) toll-collector, tollman

'**tolboom** *m* (-bomen) turnpike, toll-bar

'**tolbrug** *v* (-gen) toll-bridge

tole'rant *bn* tolerant [attitude]; permissive [age, society]; ~ *voor (tegenover)* tolerant of

tole'rantie *v* **1** (verdraagzaamheid) tolerance; **2** (godsdienstig) toleration; **3** (geringe afwijking) allowance

tole'reren (tolereerde, h. getolereerd) *overg* tolerate

'**tolgaarder** *m* (-s) toll-gatherer

'**tolgeld** *o* (-en) toll

'**tolheffing** *v* toll collection

'**tolhek** *o* (-ken) toll-gate

'**tolhuis** *o* (-huizen) toll-house

tolk *m* (-en) **1** (vertaler) interpreter; **2** fig (woordvoerder) mouthpiece

'**tolkantoor** *o* (-toren) = *tolhuis*

'**tolken** (tolkte, h. getolkt) *onoverg* interpret

tolk-ver'taler *m* (-s en tolken-vertalers) interpreter-translator

'**tollen** (tolde, h. getold) *onoverg* **1** (met tol) spin a top, play with a top; **2** (ronddraaien) whirl, go round and round; *in bed* ~ tumble into bed; ~ *van de slaap* reel (stagger) with sleep; *in het rond* ~ tumble about; *iem. in het rond doen* ~ send sbd. spinning

'**tollenaar** *m* (-s en -naren) bijbel publican

'**tolmuur** *m* (-muren) tariff wall

'**tol'plichtig** *bn* subject to toll

'**toltunnel** *m* (-s) toll tunnel

tolu'een *o* chem toluene, toluol

'**tolunie** *v* (-s), '**tolverbond** *o* (-en) customs union

'**tolvlucht** *v* spin

'**tolvrij** *bn* toll-free, free of duty, duty-free

'**tolweg** *m* (-wegen) toll-road, Am turnpike (road)

to'maat *v* (-maten) tomato

'**tomahawk** *m* (-s) tomahawk

to'matenpuree *v* tomato purée (pulp)
to'matensap *o* tomato juice
to'matensoep *v* tomato-soup
'tombe *v* (-s en -n) tomb
'tombola *m* ('s) tombola
'tomeloos *bn* unbridled, unrestrained, ungovernable
tome'loosheid *v* licentiousness
'tomen (toomde, h. getoomd) *overg* bridle², fig curb, check
tom'poes *m* (-poezen) ⟨gebakje⟩ Br millefeuille; Am Napoleon
ton *v* (-nen) **1** ⟨vat⟩ cask, barrel; **2** ⟨maat⟩ ton; **3** scheepv buoy; **4** ⟨bedrag⟩ a hundred thousand guilders
to'naal *bn* tonal
tonali'teit *v* tonality
'tondel *o* tinder
'tondeldoos *v* (-dozen) tinder-box
ton'deuse *v* (-s) (pair of) clippers
to'neel *o* (-nelen) **1** ⟨podium⟩ stage; **2** scene [of an act]; **3** drama [as branch of literature of a country or period], theatre [= plays and acting]; **4** fig theatre, scene; *het ~ van de oorlog* the theatre (seat) of war; *~ spelen* act²; *bij het ~* on the stage; *bij het ~ gaan* go on the stage; *op het ~ verschijnen* appear on the stage, come on; fig appear on the scene²; *ten tonele voeren* put upon the stage; *van het ~ verdwijnen* make one's exit², disappear from the stage², make one's bow²
to'neelaanwijzing *v* (-en) stage-direction
to'neelachtig *bn* theatrical, stagy
to'neelbenodigdheden *mv* stage-properties
to'neelbewerking *v* (-en) stage version
to'neelcriticus *m* (-ci) dramatic critic
to'neeleffect *o* (-en) stage-effect
to'neelgezelschap *o* (-pen) theatrical company
to'neelheld *m* (-en) stage-hero
to'neelkapper *m* (-s) theatre hairdresser
to'neelkijker *m* (-s) opera-glass, binoculars
to'neelknecht *m* (-s) stage-hand, flyman
to'neelkritiek *v* (-en) dramatic criticism
to'neelkunst *v* dramatic art, stage-craft
to'neellaars *v* (-laarzen) buskin
toneel'matig *bn* theatrical
to'neelmeester *m* (-s) property master, stage manager
to'neelopvoering *v* (-en) (theatrical) performance
to'neelscherm *o* (-en) **1** ⟨gordijn⟩ (stage-)curtain, (act-)drop; **2** ⟨coulisse⟩ side-scene
to'neelschikking *v* (-en) setting of a (the) play
to'neelschool *v* (-scholen) school of acting, academy of dramatic art
to'neelschrijver *m* (-s) playwright, dramatist
to'neelspeelster *v* (-s) (stage-)actress
to'neelspel *o* **1** (het spelen) acting; **2** (-spelen) = *toneelstuk*
to'neelspeler *m* (-s) (stage-)actor, player

to'neelstuk *o* (-ken) (stage-)play
to'neelvoorstelling *v* (-en) theatrical performance
to'neelzolder *m* (-s) flies
tone'list *m* (-en) actor
'tonen (toonde, h. getoond) **I** *overg* show; **II** *wederk:* *zich ~* show oneself; **III** *abs ww* make a show; *zó ~ ze meer* they make a better show
tong *v* (-en) **1** ⟨lichaamsdeel⟩ tongue; **2** ⟨vis⟩ sole; *met een dikke ~ praten* speak thickly; *hij heeft een gladde ~* he has got a glib tongue; *een kwade ~ hebben* have an evil tongue; *hij heeft een scherpe ~* he has a long (a sharp) tongue; *zijn ~ laten gaan, zijn ~ roeren* be talking away, wag one's tongue; *het ligt op het puntje van mijn ~* it's on the tip of my tongue; *zijn ~ uitsteken* put out (stick out) one's tongue (*tegen* at); *steek uw ~ uit* put out your tongue, show me your tongue; *over de ~ gaan* be the talk of the town
Tonga *o* Tonga
'tongbeen *o* (-deren) tongue-bone
'tongewelf *o* (-welven) barrel vault
'tongklank *m* (-en) lingual
'tongklier *v* (-en) lingual gland
'tongkus *m* (-sen) French kiss
'tongriem *m* string of the tongue; *goed van de ~ gesneden zijn* have a ready tongue
'tongspier *v* (-en) lingual muscle
'tongval *m* (-len) **1** accent; **2** dialect
'tongvormig *bn* tongue-shaped
'tongwortel *m* (-s) root of the tongue
'tongzenuw *v* (-en) lingual nerve
'tongzoen *m* (-en) French kiss
'tonic *m* tonic, tonic water
'tonicum *o* (-s en -ca) tonic [medicine]
to'nijn *m* (-en) tunny
ton'nage *v* tonnage
'tonnengeld *o* (-en) tonnage
'tonneninhoud *m*, **'tonnenmaat** *v* tonnage
'tonrond *bn* tubby
ton'sil *v* (-len) tonsil
ton'suur *v* (-suren) tonsure
1 toog *m* (togen) cassock [of a priest]
2 toog (togen) V.T. van *tijgen*
'toogdag *m* (-dagen) rally
tooi *m* attire, array, trimmings
'tooien (tooide, h. getooid) **I** *overg* adorn, decorate, array, (be)deck; **II** *wederk:* *zich ~* adorn & oneself
'tooisel *o* (-s) finery, ornament
toom *m* (tomen) bridle, reins; *een ~ kippen* a brood of hens; *in ~ houden* keep in check, check², fig bridle, curb [one's tongue &]
toon *m* (tonen) **1** ⟨in 't alg.⟩ tone; **2** ⟨toonhoogte⟩ pitch; **3** ⟨klank⟩ sound; **4** ⟨klemtoon⟩ accent, stress; **5** fig tone [of a letter, debate &, also of a picture &]; *de goede ~* good form; *de ~ aangeven* give the tone²; fig ook: set the tone; set the fashion; *een ~ aanslaan* **1** eig strike a note; **2** fig take a high tone; *u hoeft tegen mij niet zo'n ~ aan te slaan* you need

toonaangevend

not take this tone with me; *een andere ~ aanslaan* change one's tone; *in zijn brieven slaat hij een andere ~ aan* his letters are in a different strain; *een hoge ~ aanslaan* take a high tone; *(goed) ~ houden* keep tune [of singer]; keep in tune [of instrument]; *de juiste ~ treffen* strike the right note; *op bevelende (gebiedende) ~* in a tone of command; *op hoge (zachte) ~* in a high (low) tone; *op de tonen van de muziek* to the strains of the music; *het is tegen de goede ~* it is bad form

'**toonaangevend** *bn* leading

'**toonaard** *m* (-en) <u>muz</u> key [major or minor]

'**toonafstand** *m* interval

'**toonbaar** *bn* presentable, fit to be shown, fit to be seen

'**toonbank** *v* (-en) counter

'**toonbeeld** *o* (-en) model, pattern, paragon; *een ~ van...* the very picture of...

'**toondemper** *m* (-s) mute

'**toonder** *m* (-s) <u>handel</u> bearer; *betaalbaar aan ~* payable to bearer

'**toondichter** *m* (-s) (musical) composer

'**toongevend** *bn* leading

'**toonhoogte** *v* (-n en -s) pitch

'**toonkamer** *v* (-s) show-room

'**toonkunst** *v* music

'**toonkunstenaar** *m* (-s), '**toonkunstenares** *v* (-sen) musician

'**toonladder** *v* (-s) gamut, scale; *~s spelen* practise scales

'**toonloos** *bn* **1** toneless [voice]; **2** unaccented, unstressed [syllable]

'**toonschaal** *v* (-schalen) scale, gamut

'**toonsoort** *v* (-en) key; mode

'**toontje** *o* (-s): *een ~ lager zingen* climb down, ge-<u>meenz</u> sing small; *iem. een ~ lager laten zingen* make sbd. sing another tune, take sbd. down a peg or two, knock sbd. off his perch

'**toonvast** *bn* keeping tune

'**toonzaal** *v* (-zalen) show-room

'**toonzetter** *m* (-s) (musical) composer

'**toonzetting** *v* (-en) (musical) composition

toorn *m* anger, wrath, choler, <u>plechtig</u> ire

'**toornen** (toornde, h. getoornd) *onoverg* be angry (wrathful)

'**toornig I** *bn* angry, wrathful, irate; **II** *bijw* angrily, wrathfully

toorts *v* (-en) **1** ⟨fakkel⟩ torch, link; **2** <u>plantk</u> mullein

'**toortsdrager** *m* (-s) torch-bearer

'**toortslicht** *o* (-en) torch-light

1 top *m* (-pen) **1** top, summit [of a mountain]; **2** tip [of the finger]; **3** apex [of a triangle]; *de ~ van de mast* the mast-head; *met de vlag in ~* the flag flying at the mast-head; *ten ~ to* extremes; *ten ~ stijgen* rise to a climax; *van ~ tot teen* from top to toe, from head to foot

2 top *tsw* **1** ⟨in 't alg.⟩ done!, it's a go!, I'm on!; **2** ⟨bij

weddenschap⟩ taken!

to'**paas** *m* & *o* (-pazen) topaz

'**topambtenaar** *m* (-s) senior official

'**topartiest** *m* (-en) (all) star, top-liner

'**topconditie** *v* = *topvorm*

'**topconferentie** *v* (-s) summit meeting, summit conference

'**topfunctie** *v* (-s) leading (top) function

'**topfunctionaris** *m* (-sen) leading (senior) executive

'**tophit** *m* (-s) big hit

'**tophoek** *m* (-en) vertical angle

topi'**namboer** *m* (-s) Jerusalem artichoke

'**topjaar** *o* (-jaren) peak year

'**topje** *o* (-s) **1** ⟨kledingstuk⟩ top; **2** ⟨kleine top⟩ tip; *het ~ van de ijsberg* the tip of the iceberg

'**topklasse** *v* (-n) top class

'**toplicht** *o* (-en) mast-head light

'**topman** *m* (-nen of -lieden) senior executive

topo'**graaf** *m* (-grafen) topographer

topogra'**fie** *v* (-fieën) topography

topo'**grafisch** *bn* topographic(al)

'**topoverleg** *o* **1** ⟨in 't alg.⟩ high-level talk; **2** <u>pol</u> summit talk

'**toppen** (topte, h. getopt) *overg* top [a tree]

'**topper** *m* (-s) **1** ⟨in 't alg.⟩ hit; **2** <u>sp</u> top match; **3** ⟨topman⟩ top executive

'**topprestatie** *v* (-s) **1** ⟨in 't alg.⟩ top performance, record; **2** <u>techn</u> maximum performance; **3** maximum output [of a factory]

'**toppunt** *o* (-en) **1** ⟨in 't alg.⟩ top², summit²; **2** ⟨in meetkunde⟩ vertex, apex; **3** ⟨in sterrenkunde⟩ culminating point; **4** <u>fig</u> top, culminating point, acme, pinnacle, zenith, climax; *dat is het ~!* that's the limit!, that puts the lid on!, that beats all!; *het ~ van mijn eerzucht* the top of my ambition; *het ~ van onbeschaamdheid* the height of insolence; *het ~ van volmaaktheid* the summit (the acme) of perfection; *het ~ bereiken* reach its acme, reach a climax; *op het ~ van zijn (haar) roem* at the height of his (her) fame

'**topsalaris** *o* (-sen) top salary

'**topscorer** *m-v* (-s) <u>sp</u> top scorer

'**topsnelheid** *v* top speed

'**topspeler** *m* (-s) top player, first-rate player

'**topsport** *v* top-class sport

'**toptijd** *m* (-en) record time

'**topvorm** *m*: *in ~ zijn* be at the top of one's form, be in top form

'**topzwaar** *bn* top-heavy²

toque *v* (-s) toque

tor *v* (-ren) beetle

'**toren** *m* (-s) **1** ⟨zonder spits⟩ tower; **2** ⟨met spits⟩ steeple; **3** ⟨v. geschut⟩ turret; **4** ⟨schaakstuk⟩ rook; *hoog van de ~ blazen* boast, bag; zie ook: *torentje*

'**torenen** (torende, h. getorend) *onoverg* tower (above, high)

'**torenflat** *m* (-s) tower-block of flats, multi-storey

flat

'**torengarage** *v* (-s) multi-storey car park

'**torenhoog** *bn* as high as a steeple, towering

'**torenkamer** *v* (-s) turret room

'**torenklok** *v* (-ken) **1** ⟨uurwerk⟩ tower-clock, church-clock; **2** ⟨luiklok⟩ church-bell

'**torenkraan** *v* (-kranen) tower-crane

'**torenspits** *v* (-en) spire

'**torenspringen** *o* sp high diving

'**torentje** *o* (-s) turret; *van ~s voorzien* turreted

'**torenuil** *m* (-en) barn-owl

'**torenvalk** *m & v* (-en) kestrel, windhover

'**torenwachter** *m* (-s) watchman on a tower

'**torenzwaluw** *v* (-en) swift

'**torn** *v* (-en) seam come undone (unstitched)

tor'nado *v* ('s) tornado

'**tornen** (tornde, getornd) **I** (h.) *overg* rip (up); **II** (is) *onoverg* come unsewed; *daar valt niet aan te ~* that is irrevocable, unshakable; *niet ~ aan* not meddle with, not tamper with [rights]

'**tornmesje** *o* (-s) ripper

torpe'deren (torpedeerde, h. getorpedeerd) *overg* torpedo²

tor'pedo *v* ('s) torpedo

tor'pedoboot *m & v* (-boten) torpedo-boat

tor'pedojager *m* (-s) (torpedo-boat) destroyer

tor'pedolanceerbuis *v* (-buizen) torpedo-tube

tors *m* (-en) = *torso*

'**torsen** (torste, h. getorst) *overg* **1** carry [a bag, on the back]; **2** bear [a heavy burden]

'**torsie** *v* torsion

'**torso** *m* ('s) torso

'**tortel** *m & v* (-s) turtle-dove

'**tortelduif** *v* (-duiven) turtle-dove

'**tortelen** (tortelde, h. getorteld) *onoverg* bill and coo

tor'tilla *v* ('s) tortilla

Tos'caan *m* (-canen) Tuscan

Tos'caans *bn* Tuscan

Tos'cane *o* Tuscany

Tos'caner *m* (-s) Tuscan

toss *m* (-es) toss

'**tossen** (toste, h. getost) *onoverg* toss (up) for

'**tosti** *m* ('s) toasted ham and cheese sandwich

'**tosti-ijzer** *o* (-s) toaster

tot I *voorz* **1** ⟨v. afstand⟩ to, as far as; **2** ⟨van tijd⟩ till, until, to; **3** ⟨bij bepaling van gesteldheid⟩ as, for (& onvertaald); *benoemd ~ gouverneur* appointed governor; *~ vriend kiezen* choose [sbd.] for (as) a friend; *die woorden ~ de zijne maken* make those words his own; *~ 1848* till (up to) 1848; [go] as far back as 1848; *van 8 ~ 12* from 8 to (till) twelve o'clock; *~ de laatste cent* to the last farthing; *~ dan toe* until then, up to then; *~ hier (toe)* thus far; *~ nu toe (nog toe)* till now, up to now; so far; *~ en met...* up to and including [May 15], as far as [page 50] inclusive; *~ aan de armen* up to their arms; *~ aan de borst (de knieën)* breast-high, knee-deep; *~ aan de*

top as high as the top; up to the top; *~ boven 32°* to above 32°; *~ in de dood (getrouw)* (faithful) (un)to death; *~ in zijn laatste regeringsjaar* down to the last year of his reign; *~ op de bodem* down to the bottom; as low down as the bottom; *~ op een penny* to within a penny; *~ voor enkele jaren* up to a few years ago; **II** *voegw* till, until

to'taal I *bn* total, all over; **II** *o* (-talen) total (amount), sum total; *in ~* in all, altogether, totalling [1500 persons]

to'taalbedrag *o* (-dragen) sum total, total amount

to'taalbeeld *o* (-en) overall picture

to'taalindruk *m* (-ken) general impression

to'taalvoetbal *o* total soccer

to'taalweigeraar *m* (-s) total (hard-line) conscientious objector

totali'sator *m* (-s) ⟨telmachine; systeem v. wedden⟩ totalizator, tote

totali'tair *bn* totalitarian

totalita'risme *o* totalitarianism

totali'teit *v* entirety, totality

'**total loss** *bn* total loss; *de auto was ~* the car was a total loss

'**totdat** *voegw* till, until

'**totebel** *v* (-len) **1** ⟨kruisnet⟩ square net; **2** ⟨slons⟩ slattern

'**totem** *m* (-s) totem

'**totempaal** *m* (-palen) totem pole

'**toto** *m* **1** ⟨sport~, voetbal~⟩ pool; **2** ⟨bij wedren⟩ = *totalisator*

tot'standkoming *v* realization, completion

tou'cheren (toucheerde, h. getoucheerd) *overg* **1** touch°; **2** *med* examine [rectally, vaginally]

tou'peren (toupeerde, h. getoupeerd) *overg* tease, backcomb

tou'pet *m* (-s en -ten) toupet, toupee

'**touringcar** *m & v* (-s) (motor)coach

tourne'dos *m* tournedos

tour'nee *v* (-s) tour (of inspection); *een ~ maken (in)* tour; *op ~ gaan* go on tour

tourni'quet *o & m* ('s) turnstile

'**touroperator** *m* (-s) tour operator

touw *o* (-en) **1** ⟨voorwerp⟩ rope [over one inch thick]; cord [= thin rope]; string [= thin cord]; **2** ⟨stof⟩ rope; *~ pluizen* pick oakum; *er is geen ~ aan vast te knopen* you can make neither head nor tail of it; *ik ben de hele dag in ~ geweest* I have been in harness all day; *op ~ zetten* **1** undertake [something]; **2** get up [a show]; **3** engineer [a war]; **4** launch [a scheme]; zie ook: *touwtje*

'**touwklimmen** *o* rope-climbing

'**touwladder** *v* (-s) rope-ladder

'**touwslager** *m* (-s) rope-maker

'**touwslagerij** *v* (-en) rope-walk

'**touwtje** *o* (-s) (bit of) string; *de ~s in handen hebben, aan de ~s trekken* pull the strings

'**touwtjespringen** *o* skipping

'**touwtrekken** *o* tug-of-war²

'touwwerk *o* **1** (in 't alg.) cordage, ropes; **2** scheepv rigging

t.o.v. = *ten opzichte van afk.* zie: opzicht

'tovenaar *m* (-s en -naren) sorcerer, magician, wizard, enchanter

tovena'res *v* (-sen) sorceress, witch

tovena'rij *v* (-en) = *toverij*

'toverachtig I *bn* fairy-like, magic(al), charming, enchanting; **II** *bijw* magically

'toverbal *m* (-en) Br gobstopper; Am jawbreaker

'toverbeker *m* (-s) magic cup

'toverboek *o* (-en) conjuring-book

'tovercirkel *m* (-s) magic circle

'toverdrank *m* (-en) magic potion

'toveren (toverde, h. getoverd) **I** *onoverg* **1** *eig* practise sorcery; **2** (goochelen) conjure; *ik kan niet ~* I am no wizard; **II** *overg* conjure (up)²; *een ei uit een hoed ~* conjure an egg out of a hat

'toverfluit *v* (-en) magic flute

'toverformule *v* (-s) magic formula, spell, charm, incantation

'tovergodin *v* (-nen) fairy

'toverhazelaar *m* (-s) wych-hazel, witch-hazel

'toverheks *v* (-en) witch

tove'rij *v* (-en) sorcery, witchcraft, magic

'toverkol *v* (-len) witch, hag

'toverkracht *v* witchcraft, spell

'toverkunst *v* (-en) sorcery, magic (art); *~en* magic tricks, tricks of magic, witchcraft

'toverlantaarn, **'toverlantaren** *v* (-s) magic lantern

'tovermiddel *o* (-en) charm, spell, magic means

'toverpaleis *o* (-leizen) enchanted palace

'toverring *m* (-en) magic ring

'toverslag *m*: *als bij ~* as if (as) by magic

'toverspiegel *m* (-s) **1** (in sprookje) magic mirror; **2** (lachspiegel) distorting mirror

'toverspreuk *v* (-en) incantation, spell, charm, abracadabra

'toverstaf *m* (-staven) magic wand

'toverwoord *o* (-en) magic word, spell, charm

toxici'teit *v* toxicity

toxicolo'gie *v* toxicology

toxico'loog *m* (-logen) toxicologist

'toxisch *bn* toxic

tra *v* (traas en 's) fire break

traag I *bn* slow, tardy, indolent, sluggish, slothful, inert; *~ van begrip* slow-witted; **II** *bijw* slowly, tardily &

traagheid *v* **1** (in 't alg.) slowness, indolence, inertness, sluggishness, slothfulness; **2** (in natuurkunde) inertia

1 traan *m & v* (tranen) tear, tear-drop; *de tranen stonden hem in de ogen* tears were in his eyes, his eyes brimmed with tears; *zij zal er geen ~ om laten* she will not shed a tear over it; *tranen met tuiten huilen, hete tranen huilen* cry one's heart out, cry bitterly, shed hot tears; *tot tranen geroerd zijn* be moved to tears

2 traan *m* (olie) train-oil

'traanachtig *bn* = *tranig*

'traanbuis *v* (-buizen) tear-duct

'traangas *o* tear-gas

'traangasbom *v* (-men) tear-gas bomb

'traanklier *v* (-en) lachrymal gland

'traankoker *m* (-s) train-oil boiler

traankoke'rij *v* (-en) try-house; *drijvende ~* factory-ship

'traanogen (traanoogde, h. getraanoogd) *onoverg* have watery eyes

'traanvocht *o* lachrymal fluid

'traanzak *m* (-ken) lachrymal sac

tra'cé *o* (-s) (ground-)plan, trace

tra'ceren (traceerde, h. getraceerd) *overg* trace, trace out [a plan]

'trachten (trachtte, h. getracht) *overg* try, attempt, endeavour; *~ naar = streven naar*

'tractie *v* traction, haulage

'tractor *m* (-s en -'toren) tractor

trad (traden) V.T. van *treden*

tra'ditie *v* (-s) tradition

tra'ditiegetrouw *bn* true to tradition (custom)

traditiona'listisch *bn* traditionalist

traditio'neel *bn* traditional, time-honoured, customary

tra'gedie *v* (-s) tragedy

tra'giek *v* tragedy [of life]

tragiko'medie *v* (-s) tragi-comedy

tragi'komisch *bn* tragi-comic

'tragisch I *bn* tragic(al); **II** *bijw* tragically

'trainen (trainde, h. getraind) **I** *overg* train, coach; **II** *onoverg* train

'trainer *m* (-s) trainer, coach

trai'neren (traineerde, h. getraineerd) **I** *onoverg* hang fire, drag (on); *~ met* delay; **II** *overg* drag one's feet over [a matter]

'training *v* training

'trainingsbroek *v* (-en) track-suit trousers

'trainingspak *o* (-ken) track suit

trait-d'uni'on *o & m* (-s) hyphen

trai'teur *m* (-s) domestic caterer

Tra'janus *m* Traian

tra'ject *o* (-en) **1** (in 't alg.) way, distance, stretch; **2** section [of railway line]; **3** stage [of bus &]

trak'taat *o* (-taten) treaty

trak'taatje *o* (-s) tract

trak'tatie *v* (-s) treat

trakte'ment *o* (-en) salary, pay

trakte'mentsverhoging *v* (-en) rise, increase (of salary)

trak'teren (trakteerde, h. getrakteerd) **I** *overg* (onthalen) treat, regale [one's friends]; *hen op een fles ~* stand them a bottle, treat them to a bottle, regale them with a bottle; **II** *abs ww & onoverg* stand treat, stand drinks; *ik trakteer!* my treat!, this is on me!

'tralie *v* (-s en -liën) bar; *~s ook:* lattice, trellis, grille; *achter de* ~*s* behind (prison) bars, under lock and key, gemeenz inside

'**traliedeur** *v* (-en) grated door

traliehek *o* (-ken) railings

'**traliën** (traliede, h. getralied) *overg* grate, lattice, trellis

'**tralievenster** *o* (-s) **1** ⟨met tralies, v. gevangenis &⟩ barred window; **2** ⟨van latwerk⟩ lattice-window

'**traliewerk** *o* lattice-work, trellis-work

tram *m* (-s en -men) tram, tram-car

'**trambaan** *v* (-banen) Br tram track; Am streetcar track; *vrije* ~ tramway

'**trambestuurder** *m* (-s) tram-driver, motorman

'**tramconducteur** *m* (-s) tramconductor

'**tramhalte** *v* (-s) stopping-place, (tram-)stop

'**tramhuisje** *o* (-s) (tram) shelter

'**tramkaartje** *o* (-s) tramway ticket, tram ticket

'**tramlijn** *v* (-en) tramline

tramme'lant *o* & *m* row, to-do, rumpus

'**trammen** (tramde, h. en is getramd) *onoverg* go by tram

trampo'line *v* (-s) trampoline

trampo'linespringen *ww* & *o* trampolining

'**tramwagen** *m* (-s) tram-car

'**tramweg** *m* (-wegen) tramway

trance *v* (-s) trance

tran'cheren (trancheerde, h. getrancheerd) *overg* carve

'**tranen** (traande, h. getraand) *onoverg* water; ~*de ogen* watering eyes

'**tranendal** *o* vale of tears

'**tranenvloed** *m* flood of tears

'**tranig** *bn* like train-oil, train-oil...

'**tranquillizer** *m* (-s) tranquillizer, sedative; gemeenz downer

'**trans** *m* (-en) **1** ⟨omgang v. toren⟩ gallery; **2** ⟨rand⟩ battlements

trans'actie *v* (-s) transaction, deal

transat'lantisch *bn* transatlantic

transcen'dent *bn* transcendent; ~*e meditatie* transcendent meditation

transcenden'taal *bn* transcendental

transcri'beren (transcribeerde, h. getranscribeerd) *overg* **1** transcribe ⟨vooral muz⟩; **2** transliterate [Russian names &]

tran'scriptie *v* (-s) **1** transcription ⟨vooral muz⟩; **2** transliteration [of Russian names &]

tran'sept *o* (-en) transept

trans'fer *m* (-s) transfer

trans'ferbedrag *o* (-en) sp transfer money

transfe'reren (tranfereerde, h.getransfereerd) *overg* transfer°

trans'ferlijst *v* (-en) transfer list

transfor'matie *v* (-s) transformation

transfor'mator *m* (-s en -'toren) transformer

transfor'meren (transformeerde, h. getransformeerd) *overg* transform

trans'fusie *v* (-s) transfusion

tran'sistor *m* (-s) transistor

transistori'seren (transistoriseerde, h. getransistoriseerd) *overg* transistorize

tran'sistorradio *m* ('s) transistor radio

tran'sistortoestel *o* (-len) transistor set

'**transitief** *bn* transitive

tran'sito *m* transit

tran'sitohandel *m* transit-trade

transi'toir *bn* transitory

tran'sitomagazijn *o* (-en) transit store, entrepot

'**transitvisum** *o* (-visa en -s) transit visa

Transjor'danië *o* Trans-Jordan

transla'teur *m* (-s) translator

trans'missie *v* (-s) transmission

transpa'rant I *bn* transparent; **II** *o* (-en) **1** transparency [picture]; **2** black lines [for writing]

transpi'ratie *v* perspiration

transpi'reren (transpireerde, h. getranspireerd) *onoverg* perspire

transplan'taat *o* (-taten) transplant, graft

transplan'tatie *v* (-s) transplant(ation), graft(ing)

transplan'teren (transplanteerde, h. getransplanteerd) *overg* transplant, graft

transpo'neren (transponeerde, h. getransponeerd) *overg* transpose

trans'port *o* (-en) **1** ⟨vervoer⟩ transport, conveyance, carriage; **2** ⟨in rekeningen⟩ amount carried forward; *per* ~ carried forward (over)

trans'portband *m* (-en) conveyor belt

trans'portbedrijf *o* (-drijven) transport company, transport agency

transpor'teren (transporteerde, h. getransporteerd) *overg* **1** ⟨vervoeren⟩ transport, convey; **2** handel carry forward [in book-keeping]

transpor'teur *m* (-s) **1** ⟨persoon⟩ transporter; **2** ⟨instrument⟩ protractor

trans'portfiets *m* & *v* (-en) carrier cycle

trans'portkabel *m* (-s) telpher

trans'portkosten *mv* cost of transport, carriage

trans'portmiddelen *mv* means of transport (conveyance)

trans'portschip *o* (-schepen) **1** ⟨in 't alg.⟩ transport(-ship); **2** mil troop-ship

trans'portvliegtuig *o* (-en) transport plane; ~*(en)* ook: transport aircraft

trans'portwezen *o* transport

transseksuali'teit *v* transsexualism

transseksu'eel *bn* & *m-v* (-suelen) transsexual

transsubstanti'atie *v* transubstantiation

Transsyl'vanië *o* Transylvania

Trans'vaal *o* Transvaal

Trans'vaals *bn* Transvaalian

Trans'valer *m* (-s) Transvaaler

transvesti'tisme *o* transvestism

trant *m* manner, way, fashion, style; *in de* ~ *van* after the manner of; *naar de oude* ~ in the old style

trap *m* (-pen) **1** ⟨gezamenlijke traptreden⟩ stairs, staircase, stairway, flight of stairs; **2** ⟨schop⟩ kick;

3 ⟨trede⟩ step; **4** ⟨graad⟩ degree, step; **5** ⟨v. raket⟩ stage; *de ~ af* down the stairs, downstairs; *de ~ op* up the stairs, upstairs; *~ op, ~ af* up and down the stairs, upstairs and downstairs; *iem. van de ~ gooien* kick sbd. downstairs; *de ~pen van vergelijking* the degrees of comparison; *stellende ~* positive (degree); *vergrotende ~* comparative (degree); *overtreffende ~* superlative (degree); *iem. een ~ geven* give sbd. a kick; *op een hoge ~ van beschaving* at a high degree of civilization; *op de laagste ~ van beschaving* on the lowest plane of civilization

'**trapauto** *m* ('s) pedal car

tra'peze *v* (-s) trapeze

tra'pezium *o* (-s en -zia) **1** ⟨meetkunde⟩ trapezium; **2** ⟨gymnastiek⟩ trapeze

'**trapgans** *v* (-ganzen) bustard

'**trapgat** *o* (-gaten) (stair)well

'**trapgevel** *m* (-s) stepped gable

'**trapladder** (-s), '**trapleer** *v* (-leren) step-ladder, (pair of) steps

'**trapleuning** *v* (-en) banisters, handrail

'**traploper** *m* (-s) stair-carpet

'**trapnaaimachine** *v* (-s) treadle sewing-machine

'**trappelen** (trappelde, h. getrappeld) *onoverg* trample, stamp [with impatience]

'**trappelzak** *m* (-ken) (baby's) sleeping bag

'**trappen** (trapte, h. getrapt) **I** *onoverg* **1** ⟨met de voet⟩ kick (*naar* at); **2** ⟨op de fiets⟩ pedal; *erin ~* fig fall for it, swallow (take) the bait; *~ op* step (tread) on; **II** *overg* tread, kick; *het orgel ~* blow the organ; *ik laat me niet ~* I won't suffer myself to be kicked; *ze moesten die idioten eruit ~* they ought to kick these idiots out of the service; *hij werd eruit getrapt* he got the boot, gemeenz he was fired [from his billet]; onderwijs, gemeenz he was chucked out; zie ook: ²*teen*

'**trappenhuis** *o* (-huizen) staircase, well

'**trapper** *m* (-s) **1** pedal [of bicycle]; **2** treadle [of bicycle, organ, lathe &]

trap'pist *m* (-en) Trappist

trap'pistenklooster *o* (-s) Trappist monastery

'**trapportaal** *o* (-talen) landing

'**traproe** (-s), '**traproede** *v* (-n) stair-rod

'**trapsgewijs**, '**trapsgewijze I** *bn* gradual; **II** *bijw* gradually, by degrees

'**traptrede** (-n), '**traptree** *v* (-treeën) stairstep

'**trapzaal** *v* (-zalen) ZN landing, well

'**trauma** *v & o* ('s en -ta) trauma

trau'matisch *bn* traumatic

traumati'seren (traumatiseerde, h. getraumatiseerd) *overg* traumatize, shock

tra'vee *v* (-veeën) trave

tra'verse *v* (-n) **1** ⟨dwarsbalk⟩ cross-beam; **2** ⟨dwarsverbinding⟩ traverse

traves'teren (travesteerde, h. getravesteerd) *overg* travesty

traves'tie *v* (-tieën) **1** ⟨lachwekkende voorstelling⟩ travesty; **2** ⟨verkleding als het andere geslacht⟩ transvestism

traves'tiet *m & v* (-en) transvestite

tra'want *m* (-en) **1** ⟨handlanger⟩ henchman; **2** ⟨bijplaneet⟩ satellite

'**trechter** *m* (-s) **1** ⟨in 't alg.⟩ funnel; **2** ⟨v. molen⟩ hopper; **3** ⟨v. granaat⟩ crater

'**trechtervormig** *bn* funnel-shaped

tred *m* (treden) tread, step, pace; *gelijke ~ houden met* keep step (pace) with; *met vaste ~* with a firm step

'**trede** *v* (-n) **1** ⟨bij 't lopen⟩ step, pace; **2** ⟨v. trap, rijtuig⟩ step; **3** ⟨van ladder⟩ rung; **4** ⟨trapper⟩ treadle [of a sewing-machine]

'**treden** (trad (traden), h. en is getreden) **I** *onoverg* tread, step, walk; *daarin kan ik niet ~* I cannot accede to that; I can't fall in with the proposal; *in bijzonderheden ~* enter into detail(s); *in dienst ~ &* zie: *dienst &*; *nader ~* approach; *naar voren ~* come to the front; *~ uit* withdraw from [a club], leave [the Church, a party &]; **II** *overg* tread

'**tredmolen** *m* (-s) treadmill²; fig jogtrot

tree *v* (treeën) = *trede*

treeft *v* (-en) trivet

'**treeplank** *v* (-en) foot-board [of railway carriage]

tref *m* chance; *wát een ~!* how lucky!; *het is een ~ als je...* it is a mere chance if...

'**treffen** (trof, h. getroffen) **I** *overg* **1** ⟨raken⟩ hit, strike²; fig touch, move; ⟨sterk ~⟩ shock; **2** ⟨aantreffen⟩ meet (with); *het doel ~* hit the mark²; *hij is door een ongeluk getroffen* he met with an accident; *hem treft geen schuld* no blame attaches to him; *regelingen ~* make arrangements; *personen die door dit verbod getroffen worden* persons affected by this prohibition; *u heeft de gelijkenis goed getroffen* you have hit off the likeness; *je treft het, dat...* lucky for you that...; *je treft het niet* bad luck for you; *we hebben het goed getroffen* we have been lucky; *dat treft u ongelukkig* bad luck for you; *ik heb het die dag slecht getroffen* I was very unlucky that day; *iem. thuis ~* find sbd. at home; *waar kan ik je ~* where can I find you; *we troffen hem toevallig te Hastings* we came across him (chanced upon him) at Hastings; **II** *onoverg*: *dat treft goed* nothing could have happened better, that's lucky; **III** *o* encounter, engagement, fight

'**treffend** *bn* **1** striking [resemblance]; **2** touching [scene]; **3** well-chosen [words]

'**treffer** *m* (-s) **1** ⟨raak schot⟩ hit²; ⟨bij balsporten⟩ score, goal; **2** fig ⟨gelukkig toeval⟩ stroke of (good) luck, lucky hit

'**trefkans** *v* (-en) hit probability

'**trefpunt** *o* (-en) **1** mil point of impact; **2** ⟨v. personen⟩ meeting place, meeting point

'**trefwoord** *o* (-en) entry, headword

tref'zeker *bn* **1** sp ⟨v. speler⟩ accurate, precise; ⟨v. schot⟩ accurate, well-aimed, sure; **2** ⟨v. spreek-, schrijfstijl⟩ well-chosen; apt [words]; *een ~ schot* a well-aimed shot

tref'zekerheid *v* sureness; precision; soundness

treil *m* (-en) 1 ⟨lijn⟩ tow-line; 2 ⟨net⟩ trawl(-net)

'treilen (treilde, h. getreild) *overg* 1 <u>scheepv</u> tow; 2 trawl [with a net]

'treiler *m* (-s) ⟨vissersboot⟩ trawler

trein *m* (-en) 1 ⟨spoortrein⟩ (railway) train; 2 ⟨gevolg⟩ retinue, suite; 3 <u>mil</u> train

'treinbeambte *m-v* (-n) railway official

'treinbotsing *v* (-en) train collision, train crash

'treinconducteur *m* (-s) (railway) guard; Am conductor

'treinenloop *m* train-service

'treinkaartje *o* (-s) train ticket, railway ticket

'treinpersoneel *o* train staff

'treinramp *v* (-en) train disaster

'treinreis *v* (-reizen) train journey

'treinstel *o* (-len) train unit, coach

'treintaxi *m* ('s) train-taxi

'treinverbinding *v* (-en) train connection

'treiteraar *m* (-s) tease, teaser, pesterer

'treiteren (treiterde, h. getreiterd) *overg* vex, nag, tease, pester

'treiterig *bn* teasing, vexing

trek *m* (-ken) 1 ⟨ruk⟩ pull, tug, haul; 2 ⟨aan sigaret⟩ pull, puff; 3 ⟨v. schoorsteen⟩ draught; 4 ⟨tocht⟩ draught; 5 ⟨het trekken⟩ migration [of birds]; ZA trek [journey by ox-wagon]; 6 ⟨haal met pen⟩ stroke; dash; 7 <u>kaartsp</u> trick; 8 ⟨in geweerloop⟩ groove; 9 ⟨gelaatstrek⟩ feature, lineament; 10 ⟨karaktertrek⟩ trait; 11 ⟨lust⟩ mind, inclination; 12 ⟨eetlust⟩ appetite; *een paar ~ken aan zijn sigaret doen* have a few pulls (puffs, whiffs) at his cigarette; *(geen) ~ hebben* have an (no) appetite; *~ hebben in iets* have a mind for something; *ik zou wel ~ hebben in een kop thee* I should not mind a cup of tea; *(geen) ~ hebben om te...* have a (no) mind to..., not feel like ...ing; *zijn ~ken thuis krijgen* have the tables turned on one, have one's chickens come home to roost; *er is geen ~ in de kachel* the stove doesn't draw; *aan zijn ~ken komen* come into one's own; *in ~ zijn* be in demand (request); *ze zijn erg in ~ bij* they are in great request with, very popular with; *in brede ~ken* in broad outline; *in korte ~ken* in brief outline, briefly; *in vluchtige ~ken* in broad outline; *in grote ~ken aangeven* outline [a plan]; *met één ~ (van de pen)* with one stroke; *op de ~ zitten* sit in a draught

'trekautomaat *m* (-maten) slot-machine

'trekbal *m* (-len) <u>bilj</u> twister

'trekbank *v* (-en) <u>techn</u> draw-bench

'trekdier *o* (-en) draught-animal

'trekhaak *m* (-haken) towing-hook

'trekharmonica *v* ('s) accordion; *kleine ~* concertina

'trekhond *m* (-en) draught-dog

'trekje *o* (-s) ⟨aan een sigaret &⟩ puff, drag

'trekkebekken (trekkebekte, h. getrekkebekt) *onoverg* bill and coo

'trekken (trok, getrokken) **I** (h. *of* is) *onoverg* 1 ⟨naar zich toe halen⟩ pull, draw, tug; 2 ⟨gaan, reizen⟩ go, march; <u>sp</u> hike; ZA trek [of people]; 3 migrate [of birds]; 4 ⟨kromtrekken⟩ warp, become warped; 5 ⟨van thee &⟩ draw; 6 ⟨van schoorsteen &⟩ draw; 7 ⟨aan sigaret &⟩ draw, pull (at), puff (at); 8 ⟨lokken⟩ draw [customers &]; 9 <u>gemeenz</u> ⟨masturberen⟩ <u>Br</u> wank off; <u>Am</u> jerk off; *het trekt hier* there is a draught here; *er op uit ~* set out, <u>plechtig</u> set forth; *zij ~ heen en weer* they go up and down the country; *de thee laten ~* let the tea draw; *de thee staat te ~* the tea draws; *~ aan* pull (tug, tear) at; pull, tug; *aan de bel ~* pull the bell; *aan zijn haar ~* pull one's hair; *hij trok aan zijn pijp, maar zijn pijp trok niet* he pulled at his pipe, but his pipe didn't draw; *aan zijn sigaret ~* draw (on) one's cigarette, pull (puff) at one's cigarette; *hij trekt met zijn linkerbeen* he has a limp in his left leg; *hij trekt met zijn mond* his mouth twitches; *zij trokken naar het westen* they moved (marched) west; *op iem. ~* ⟨wissel⟩ draw on sbd.; *uit dit huis ~* move out of this house; *zij ~ van de ene plaats naar de andere* they move from place to place; **II** (h.) *overg* 1 draw² [a load, a line, a revolver, his sword, many people, customers &]; 2 rule [lines]; 3 take out [a gun]; 4 pull [something]; 5 tow [a ship, motorcar]; 6 force [plants]; *een bal ~* <u>bilj</u> twist a ball; *(van de) bijstand ~* live on social security; *draad ~* draw wire; *een prijs ~* draw a prize; *een goed salaris & ~* draw a handsome salary &; *een tand ~* draw a tooth; *een tand laten ~* have a tooth drawn; *een wissel ~ (op)* draw a bill (on); *hij trok mij aan mijn haar* he pulled my hair; *hij trok mij aan mijn mouw* he pulled (at) my sleeve; *iem. aan de (zijn) oren ~* pull sbd.'s ears; *hij trok zijn hoed over de ogen* he pulled his hat over his eyes; *hem opzij ~* draw him aside; *zich de haren uit het hoofd ~* tear one's hair; *iem. uit het water ~* draw (pull, haul) sbd. out of the water; *een les ~ uit* draw a lesson from; *we moesten hen uit elkaar ~* we had to pull them apart; *zij trokken hem de kleren van het lijf* they tore the clothes from his back

'trekker *m* (-s) 1 ⟨die een tocht maakt⟩ hiker; 2 ⟨v. vuurwapen⟩ trigger; 3 ⟨aan laars⟩ tab, tag; 4 ⟨v. wc⟩ (pull) chain; 5 ⟨tractor⟩ tractor; 6 ⟨v.e. wissel⟩ drawer

'trekking *v* (-en) 1 ⟨in 't alg.⟩ drawing; 2 ⟨v. loterij⟩ drawing, draw; 3 ⟨in schoorsteen⟩ draught; 4 ⟨v. zenuwen⟩ twitch, convulsion

'trekkingslijst *v* (-en) list of prizes

'trekkingsrechten *mv* drawing rights

'trekkracht *v* (-en) tractive power

'treknet *o* (-ten) drag-net, seine

'trekpaard *o* (-en) draught-horse

'trekpen *v* (-nen) drawing-pen

'trekpleister *v* (-s) 1 ⟨pleister⟩ vesicatory; 2 ⟨attractie⟩ attraction, draw

'trekpop *v* (-pen) jumping jack

'trekpot *m* (-ten) tea-pot

'**trekproef** v tension test, pull test
'**trekschakelaar** m (-s) pull switch
'**trekschroef** v (-schroeven) tractor screw
'**trekschuit** v (-en) tow-boat
'**treksel** o (-s) infusion, brew [of coffee]
'**treksluiting** v (-en) zip-fastener, zip(per)
'**trektijd** m (-en) migration time
'**trektocht** m (-en) hike; *een ~ maken* hike
'**trekvaart** v (-en) ship-canal
'**trekvast** bn tension-proof
trek'vastheid v tensile strength
'**trekvogel** m (-s) migratory bird, migrant, bird of passage[2]
'**trekzaag** v (-zagen) crosscut saw, whip-saw
'**trema** o ('s) diaeresis [mv diaereses]
'**tremel** m (-s) (mill-)hopper
'**tremmen** (tremde, h. getremd) overg trim [coals]
'**tremmer** m (-s) trimmer
trend m (-s) trend
trendge'voelig bn subject to trends, subject to changing fashions
'**trendsetter** m (-s) trend-setter
'**trendvolger** m (-s) (m.b.t. lonen) person whose salary is linked to civil service scales
'**trendy** bn trendy, fashionable
trens v (-trenzen) **1** (aan bit) snaffle; **2** (lus) loop
trepa'natie v (-s) trepanning
trepa'neerboor v (-boren) trepan
trepa'neren (trepaneerde, h. getrepaneerd) overg & onoverg trepan
tres v (-sen) braid
'**treurboom** m (-bomen) weeping tree [weeping beech &]
'**treurdicht** o (-en) elegy
'**treuren** (treurde, h. getreurd) onoverg **1** (bedroefd zijn) be sad, grieve; **2** fig languish [of plants &]; *~ om* mourn for, mourn over [a loss[2]]; *~ over* grieve over, mourn for
'**treurig** bn sad, sorrowful, mournful, pitiful
'**treurigheid** v (-heden) sadness
'**treurjaar** o (-jaren) year of mourning
'**treurkleed** o (-klederen) mourning-dress
'**treurlied** o (-eren) elegy, dirge
'**treurmare** v (-n) sad news (tidings)
'**treurmars** m & v (-en) funeral march, dead march
'**treurmuziek** v funeral music
'**treurspel** o (-spelen) tragedy
'**treurspeldichter** m (-s) tragic poet
'**treurspelspeler** m (-s) tragedian
'**treurwilg** m (-en) weeping willow
'**treurzang** m (-en) elegy, dirge
'**treuzel**, '**treuzelaar** m (-s) slow-coach, dawdler, loiterer, slacker
'**treuzelachtig** bn dawdling
'**treuzelen** (treuzelde, h. getreuzeld) onoverg dawdle, loiter, linger
tri'ade v (-s en -n) triad°
tri'angel m (-s) triangle

'**trias** v triad
'**triatleet** m (-leten) triathlete
'**triatlon** m (-s) triathlon
tribu'naal o (-nalen) tribunal, court of justice
tri'bune v (-s) **1** (in sportstadion) stand; (overdekt) grandstand; **2** (in rechtszaal, parlement &) gallery; **3** (voor sprekers) platform, tribune, rostrum; *publieke ~* public gallery; (in het Britse Lagerhuis) strangers' gallery; (in het Amerikaanse Congres) visitors' gallery
tri'buun m (-bunen) tribune
tri'chine v (-n) trichina
trichi'neus bn trichinous
trichi'nose v trichinosis
'**tricot** **1** o tricot [woollen fabric], stockinet; **2** m & o (-s) (v. acrobaten, dansers) leotard; (maillot) tights
trico'tage v (-s) knitwear
trien v (-en) loutish girl, woman
'**triest**, '**triestig** bn dreary, dismal, melancholy, sad
Triëst o Trieste
'**triestheid** v melancholy, sadness, dreariness
trigonome'trie v trigonometry
trigono'metrisch bn trigonometric(al)
'**trijntje** o: *van wijntje en ~ houden* love wine, women and song
trijp o mock-velvet
'**trijpen** bn mock-velvet
'**triktrak** o backgammon
'**triktrakbord** o (-en) backgammon board
'**triktrakken** (triktrakte, h. getriktrakt) onoverg play at backgammon
'**trilbeton** o vibrated concrete
'**trilgras** o quaking-grass
'**trilhaar** o (-haren) cilium [mv cilia]
tril'jard telw Br septillion; Am octillion
tril'joen o (-en) (10^{18}) quintillion; (vroeger) trillion
'**trillen** (trilde, h. getrild) onoverg **1** (v. personen, stem &) tremble; **2** (v. stem) vibrate, quaver, quiver; **3** (v. gras) quake, dither; **4** (in de natuurkunde) vibrate; *~ van* tremble with [anger]
'**triller** m (-s) muz trill, shake
'**trilling** v (-en) vibration, quivering, quiver
'**trillingsgetal** o (-len) muz frequency (of oscillations)
trilo'gie v (-gieën) trilogy
'**trimbaan** v (-banen) training circuit
tri'mester o (-s) term, three months
'**trimmen** (trimde, h. getrimd) **I** overg trim [a dog]; **II** onoverg (aan conditietraining doen) jog, do keepfit exercises; **III** o jogging
'**trimmer** m (-s) (sporter) jogger
'**Trinidad en To'bago** o Trinidad and Tobago
'**trio** o ('s) trio[2]
trio'let v & o (-ten) triolet
tri'omf m (-en) triumph; *~en vieren* achieve great triumphs; *in ~* in triumph
triom'fantelijk **I** bn triumphant; triumphal [entry]; **II** bijw triumphantly

triom'fator *m* (-s) triumpher

tri'omfboog *m* (-bogen) triumphal arch

triom'feren (triomfeerde, h. getriomfeerd) *onoverg* triumph (*over* over)

tri'omflied *o* (-eren) triumphal song, paean

tri'omfpoort *v* (-en) triumphal arch

tri'omftocht *m* (-en) triumphal procession

tri'omfwagen *m* (-s) triumphal car (chariot)

tri'omfzuil *v* (-en) triumphal column

tri'ool *v* (triolen) <u>muz</u> triplet

trip *m* (-s) trip°

'triplexhout *o* three-ply wood, plywood

'triplo: *in* ~ in triplicate

'trippelen (trippelde, h. en is getrippeld) *onoverg* trip (along)

'trippelpas *m* (-sen) tripping-step, trip

'trippen (tripte, h. en is getript) *onoverg* trip°

trip'tiek *v* (-en) **1** ⟨schilderij⟩ triptych; **2** ⟨internationaal paspoort⟩ triptyque

'tritonshoorn, **'tritonshoren** *m* (-s) triton

trits *v* (-en) ⟨drietal⟩ set of three, triad, trio, triplet

triumvi'raat *o* (-raten) triumvirate

trivi'aal *bn* trivial, trite, banal

triviali'teit *v* (-en) triviality, triteness, banality

tro'chee *m* (-cheeën),

tro'cheus *m* (-cheeën) trochee

'troebel *bn* troubled, turbid, thick, cloudy

'troebelen *mv* disturbances

'troebelheid *v* troubled condition, turbidity, turbidness, thickness, cloudiness

troe'bleren (troebleerde, h. getroebleerd) *overg* disturb; zie ook: *getroebleerd*

troef *v* (troeven) trump, trumps; *harten is* ~ hearts are trumps; ~ *bekennen* follow suit; ~ *maken* declare trumps; ~ *uitspelen* play a trump, play trumps; *zijn* ~ *uitspelen* play one's trump card; *zijn laatste* ~ *uitspelen* play one's last trump; ~ *verzaken* fail to follow suit; zie ook: *armoe(de)*

troef'aas *m & o* (-azen) ace of trumps

'troefkaart *v* (-en) trump-card[2]

'troefkleur *v* (-en) trumps

troel *v* (-en) **1** ⟨scheldwoord⟩ bitch, broad; **2** ⟨liefkozend⟩ sweetie (pie)

troep *m* (-en) **1** troupe [of actors], (theatrical) company; **2** band, gang [of robbers]; **3** flock, drove [of cattle]; **4** herd [of sheep, geese]; **5** pack [of dogs, wolves]; **6** troop [of people]; **7** pack [of kids]; **8** <u>mil</u> body of soldiers; ~*en* <u>mil</u> troops, forces; *bij* ~*en* in troops; *een* ~ (= *een rommel, janboel, rotzooi*) a mess, a muddle, a clutter; *de hele* ~ the whole crowd, the whole lot, the whole caboodle

'troepenconcentratie *v* (-s) concentration of troops, troop concentration

'troepenmacht *v* (-en) force

'troepenvervoer *o* transport of troops

'troepsgewijs, **'troepsgewijze** *bijw* in troops

'troeteldier *o* (-en) **1** ⟨verwend huisdier⟩ pet; **2** ⟨speelgoedbeest⟩ cuddly toy

'troetelen (troetelde, h. getroeteld) *overg* pet, coddle

'troetelkind *o* (-eren) darling, pet

'troetelnaam *m* (-namen) pet name

'troeven (troefde, h. getroefd) **I** *overg* trump, overtrump; **II** *onoverg* play trumps

trof (troffen) V.T. van *treffen*

tro'fee *v* (-feeën) trophy

'troffel *m* (-s) trowel

'troffen V.T. meerv. van *treffen*

trog *m* (-gen) trough

troglo'diet *m* (-en) troglodyte, cave-dweller

trois-'pièces *v & o* (*mv* idem) three-piece (suit)

Tro'jaan *m* (-janen) Trojan

Tro'jaans *bn* Trojan; *het* ~*e paard binnenhalen* drag the Trojan horse within the walls

'Troje *o* Troy

'trojka *v* ('s) troika

trok (trokken) V.T. van *trekken*

trol *m* (-len) troll

'trolley *m* (-s) trolley°

'trolleybus *m & v* (-sen) trolley-bus

trom *v* (-men) drum; *de grote* ~ *roeren* beat the big drum[2]; *kleine* ~ <u>mil</u> snare-drum; *de Turkse* ~ the big drum; *met slaande* ~ *en vliegende vaandels* <u>mil</u> with drums beating and colours flying; *met stille* ~ <u>mil</u> with silent drums; *met stille* ~ *vertrekken* slip away

trom'bone *v* (-s) trombone

trombo'nist *m* (-en) trombonist

trom'bose *v* thrombosis

'tromgeroffel *o* roll of drums

'trommel *v* (-s) **1** <u>muz</u> drum; **2** <u>techn</u> drum, barrel; **3** ⟨metalen doos⟩ box, case, tin

'trommelaar *m* (-s) drummer

'trommelen (trommelde, h. getrommeld) *onoverg* **1** drum [on a drum, table &]; **2** strum, drum [on a piano]

'trommelholte *v* (-n en -s) tympanic cavity

'trommelrem *v* (-men) drum brake

'trommelslag *m* (-slagen) drum-beat, beat of drum; *bij* ~ by beat of drum

'trommelslager *m* (-s) drummer

'trommelstok *m* (-ken) drumstick

'trommelvel *o* (-len) drumhead

'trommelvlies *o* (-vliezen) tympanum, ear-drum, tympanic membrane

'trommelvliesontsteking *v* tympanitis

'trommelvuur *o* drum fire

tromp *v* (-en) **1** mouth, muzzle [of a fire-arm]; **2** trunk [of an elephant]

trom'pet *v* (-ten) trumpet; *(op) de* ~ *blazen* blow (sound) the trumpet

trom'petblazer *m* (-s) trumpeter

trom'petgeschal *o* sound (flourish, blast) of trumpets

trom'petsignaal *o* (-nalen) trumpet-call

trom'petten (trompette, h. getrompet) *onoverg*

trumpet

trom'petter *m* (-s) trumpeter

trompet'tist *m* (-en) trumpet-player, trumpeter

trom'petvogel *m* (-s) trumpeter

trom'petvormig *bn* trumpet-shaped

1 'tronen (troonde, h. getroond) *onoverg* ⟨op een troon zitten⟩ sit enthroned, throne

2 'tronen (troonde, h. getroond) *overg* ⟨lokken⟩ allure, entice

'tronie *v* (-s) face, *gemeenz* phiz, *gemeenz* mug

tronk *m* (-en) stump [of a tree]

troon *m* (tronen) throne; *de ~ beklimmen* mount (ascend) the throne; *op de ~ plaatsen* enthrone, place on the throne; *van de ~ stoten* dethrone

'troonhemel *m* (-s) canopy, baldachin

'troonopvolger *m* (-s) heir to the throne

'troonopvolging *v* succession to the throne

'troonpretendent *m* (-en) pretender to the throne

'troonrede *v* (-s) speech from the throne, King's (Queen's) speech, royal speech

'troonsafstand *m* abdication

'troonsbestijging *v* accession to the throne

'troonzaal *v* (-zalen) throne-room

troop *m* (tropen) trope

troost *m* comfort [= consolation & person who consoles], consolation, solace; *een bakje ~ schertsend* a cup of coffee; *dat is tenminste één ~* that's a (one, some) comfort; *een schrale ~* cold comfort; *dat zal een ~ voor u zijn* it will afford you some consolation; *~ vinden in...* find comfort in...; *zijn ~ zoeken bij...* seek comfort with...

'troostbrief *m* (-brieven) consolatory letter

'troosteloos *bn* disconsolate, cheerless, desolate

'troosteloosheid *v* disconsolateness

'troosten (troostte, h. getroost) **I** *overg* comfort, console; **II** *wederk: zich ~* console oneself; *zich ~ met de gedachte dat...* take comfort in the thought that...

'trooster *m* (-s) comforter

trooste'res *v* (-sen) comforter

'troostprijs *m* (-prijzen) consolation prize

'troostrijk, **'troostvol** *bn* comforting, consoling, consolatory

'troostwoord *o* (-en) word of comfort

'tropen *mv* tropics

'tropenhelm *m* (-en) sun-helmet, topee

'tropenkleding *v* tropical clothes (wear)

'tropenkolder *m* tropical frenzy

'tropenrooster *o* (-s) working hours based on hot weather

'tropenuitrusting *v* (-en) tropical outfit

'tropisch *bn* tropical

tropo'sfeer *v* troposphere

tros *m* (-sen) **1** bunch [of grapes]; cluster [of fruits]; string [of currants]; **2** (bloeiwijze) raceme; **3** *mil* train; **4** scheepv hawser; *aan ~sen* in bunches, in clusters

'trosvormig *bn* racemed, racemose

trots I *m* pride; **II** *voorz* in spite (defiance) of, notwithstanding; **III** *bn* proud, haughty; *~ zijn op* be proud of; *zo ~ als een pauw* as proud as a peacock (as Lucifer); **IV** *bijw* proudly, haughtily

'trotsaard *m* (-s) proud person

trot'seren (trotseerde, h. getrotseerd) *overg* defy, set at defiance, dare, face, brave [death]

trot'sering *v* defiance

'trotsheid *v* pride, haughtiness

trots'kisme *o* Trotskyism

trots'kist *m* (-en) Trotskyist; *geringsch* Troskyite

trot'toir *o* (-s) pavement, footpath, *Am* sidewalk

trot'toirband *m* (-en) kerb(stone), curb(stone)

trot'toirtegel *m* (-s) paving stone

trouba'dour *m* (-s) troubadour

'troubleshooter *m* (-s) troubleshooter

trou'vaille *v* (-s) happy find, stroke of genius, bright idea

trouw I *bn* **1** ⟨v. mens & dier⟩ faithful; **2** ⟨v. onderdanen⟩ loyal; **3** ⟨v. vrienden⟩ true, trusty; *een ~ afschrift* a true copy; *~ bezoeker* regular attendant; *~ aan* loyal to, true to; **II** *bijw* faithfully, loyally; **III** *v* ⟨getrouwheid⟩ loyalty, fidelity, faithfulness, faith; *beproefde ~* tried faithfulness, staunch loyalty; *goede (kwade) ~* good (bad) faith; *te goeder ~* bona fide, in good faith; *~ zweren aan* swear fidelity (allegiance) to; *te goeder (kwader) ~* in good (bad) faith; *te goeder (kwader) ~ zijn* be quite sincere (insincere); **IV** *m* ⟨huwelijk⟩ marriage

'trouwakte *v* (-n en -s) marriage certificate

'trouwbelofte *v* (-n) promise of marrige

'trouwboekje *o* (-s) marriage certificate annex family record [issued to newly married couples]

'trouwbreuk *v* breach of faith

'trouwdag *m* (-dagen) **1** ⟨dag v. huwelijk⟩ wedding-day; **2** ⟨huwelijksjubileum⟩ wedding-anniversary

'trouweloos *bn* faithless, disloyal, perfidious

trouwe'loosheid *v* faithlessness, disloyalty, perfidy, perfidiousness

'trouwen (trouwde, getrouwd) **I** (is) *onoverg* marry, wed; *~ met* marry; *getrouwd met een Duitser* married to a German; **II** (h.) *overg* marry; *hij heeft veel geld getrouwd* he has married a fortune; *je bent er niet aan getrouwd* you are not wedded to it; *zo zijn we niet getrouwd schertsend* that was not in the bargain; *wanneer zijn ze getrouwd?* when were they married?, when did they get married?

'trouwens *bijw* for that matter, apart from that, by the way

trouwe'rij *v* (-en) wedding, marriage

'trouwfeest *o* (-en) wedding, wedding-feast

'trouwfoto *v* ('s) wedding photo, wedding picture

'trouwgewaad *o* (-waden) wedding-dress

trouw'hartig *bn* true-hearted, candid, frank

trouw'hartigheid *v* true-heartedness, candour

'trouwjapon *m* (-nen), **'trouwjurk** *v* (-en) wedding-dress

'trouwkamer *v* (-s) wedding-room

'**trouwkleed** *o* (-kleren) ZN wedding-dress
'**trouwpak** *o* (-ken) wedding-suit
'**trouwpartij** *v* (-en) wedding-party
'**trouwplannen** *mv* marriage plans
'**trouwplechtigheid** *v* (-heden) wedding-ceremony
'**trouwring** *m* (-en) wedding-ring
'**trouwzaal** *v* (-zalen) wedding-room
truc *m* (-s) trick, stunt, gemeenz dodge
'**trucage** *v* (-s) **1** (truc(s) in film &) special effect(s); **2** (het gebruik maken van trucs) trickery, stunts
truck *m* (-s) truck
'**trucker** *m* (-s) Br lorry-driver; Am trucker
'**truffel** *v* (-s) truffle°
truf'feren (truffeerde, h. getruffeerd) *overg* stuff with truffles; *getruffeerd* truffled
trui *v* (-en) jersey, sweater
'**trukendoos** *v* (-dozen) box of tricks; *de ~ opentrekken* open up one's box of tricks
trust *m* (-s) trust
'**trustgebied** *o* (-en) trust territory
'**trustvorming** *v* trustification, formation of trusts
'**trut** *v* (-ten) **1** (stijve vrouw) square, frump, stick-in-the-mud; **2** (als scheldwoord) cow, old bat; **3** plat (vagina) cunt; *stomme ~!* dumb broad; plat stupid bitch
'**truttig** *bn* gemeenz frumpy, dowdy
try-'out *m* (-s) (v. toneelvoorstelling) try-out
tsaar *m* (tsaren) Czar, Tsar
tsa'rina *v* ('s) Czarina, Tsarina
tsa'risme *o* tsarism, czarism
tsa'ristisch *bn* Tsarist
'**tseetseevlieg** *v* (-en) tsetse fly
'**T-shirt** *o* (-s) T-shirt, teeshirt
Tsjaad *o* Chad
'**Tsjaadmeer** *o* Lake Chad
Tsjech *m* (-en) Czech
'**Tsjechië** *o* Czech Republic
'**Tsjechisch** *bn* & *o* Czech
Tsjechoslo'waak *m* (-waken) Czechoslovak
Tsjechoslo'waaks *bn* Czechoslovak
Tsjechoslowa'kije *o* Czechoslovakia
'**tsjilpen** (tsjilpte, h. getsjilpt), '**tsjirpen** (tsjirpte, h. getsjirpt) *onoverg* cheep, twitter, chirp, chirrup
'**tuba** *m* ('s) tuba
'**tube** *v* (-n en -s) (collapsible) tube
tubercu'leus *bn* tuberculous, tubercular, consumptive
tubercu'lose *v* tuberculosis, T.B.
tubercu'losebestrijding *v* fight against tuberculosis
tubercu'loselijder *m* (-s) tubercular patient
tu'berkel *m* (-s) tubercle
tu'berkelbacil *m* (-len) tubercle bacillus
'**tuberoos** *v* (-rozen) tuberose
'**tubifex** *m* (-en) tubifex
tucht *v* discipline; *onder ~ staan* be under discipline
'**tuchtcollege** *o* (-s) disciplinary board (committee)

'**tuchteloos** *bn* **1** (zonder tucht) undisciplined, indisciplinable, insubordinate; **2** (zedeloos) dissolute
tuchte'loosheid *v* **1** (ongedisciplineerdheid) insubordination, indiscipline; **2** (zedeloosheid) dissoluteness
'**tuchthuis** *o* (-huizen) house of correction
'**tuchthuisboef** *m* (-boeven) convict, jail-bird
'**tuchthuisstraf** *v* (-fen) imprisonment
'**tuchtigen** (tuchtigde, h. getuchtigd) *overg* chastise, punish
'**tuchtiging** *v* (-en) chastisement, punishment
'**tuchtmiddel** *o* (-en) means of correction
'**tuchtrecht** *o* disciplinary law
'**tuchtroede** *v* (-n) rod, birch
'**tuchtschool** *v* (-scholen) Br community home; vroeger Borstal; Am reform school
tuf *o* tuff
'**tuffen** (tufte, h. en is getuft) *onoverg* motor, chug
'**tufsteen** *o* & *m* (-stenen) tuff
tui *v* (-en) (touw, kabel ter verankering) guy
tuig *o* (-en) **1** (gereedschap) tools; **2** (vis~) fishing-tackle; **3** scheepv rigging [of a ship]; **4** (v. paard) harness; **5** (slecht spul) stuff, trash, rubbish; **6** (onguur volk) riff-raff, rabble, vermin
tui'gage *v* scheepv rigging
'**tuigen** (tuigde, h. getuigd) *overg* **1** scheepv rig; **2** harness [a horse]
'**tuighuis** *o* (-huizen) arsenal
'**tuigje** *o* (-s) halter
tuil *m* (-en) **1** bunch [of flowers], nosegay; **2** posy [of verse]
'**tuimelaar** *m* (-s) **1** (speelgoed) tumbler; **2** (duif) tumbler; **3** (dolfijn) bottlenose dolphin; **4** (v.e. slot) tumbler; **5** (glas) tumbler
'**tuimelen** (tuimelde, h. en is getuimeld) *onoverg* tumble, topple, topple over
'**tuimeling** *v* (-en) tumble; *een ~ maken* have a spill [from one's bicycle, horse]
'**tuimelraam** *o* (-ramen) tilting window, balance window
tuin *m* (-en) garden; *hangende ~en* hanging gardens [of Babylon]; *iem. om de ~ leiden* hoodwink (deceive, mislead) sbd., lead sbd. up the garden-path
'**tuinaarde** *v* vegetable mould
'**tuinafval** *o* garden waste
'**tuinameublement** *o* set of garden-furniture
'**tuinarchitect** *m* (-en) landscape gardener
'**tuinarchitectuur** *v* landscape gardening
'**tuinbaas** *m* (-bazen) gardener, head-gardener
'**tuinbank** *v* (-en) garden-seat, garden-bench
'**tuinbed** *o* (-den) garden-bed
'**tuinbloem** *v* (-en) garden-flower
'**tuinboon** *v* (-bonen) broad bean
'**tuinbouw** *m* horticulture
'**tuinbouwleraar** *m* (-s en -raren) horticultural teacher
'**tuinbouwschool** *v* (-scholen) horticultural school
'**tuinbouwtentoonstelling** *v* (-en) horticultural

show

'**tuinbroek** *v* (-en) dungarees
'**tuincentrum** *o* (-tra en -s) garden centre
'**tuinder** *m* (-s) horticulturist, market-gardener
tuinde'rij *v* (-en) market-garden
'**tuindeur** *v* (-en) **1** ⟨in 't alg.⟩ garden-door; **2** ⟨dubbele ~⟩ French windows
'**tuindorp** *o* (-en) garden suburb, garden city
'**tuinen** (tuinde, is getuind) *onoverg*: erin ~ be hoaxed
'**tuinfeest** *o* (-en) garden-party, garden-fete
'**tuinfluiter** *m* (-s) ⟨vogel⟩ garden-warbler
'**tuingereedschap** *o* (-pen) garden(ing) tools
'**tuingewassen** *mv* garden-plants
'**tuinhek** *o* (-ken) **1** ⟨omheining⟩ garden fence; **2** ⟨toegang⟩ garden gate
'**tuinhuis** *o* (-huizen) summer-house
tui'nier *m* (-s) gardener
tui'nieren (tuinierde, h. getuinierd) *onoverg* garden
tui'niersvak *o* gardening
'**tuinkabouter** *m* (-s) pixy, gnome
'**tuinkamer** *v* (-s) room that looks on a garden
'**tuinkers** *v* garden-cress
'**tuinkruiden** *mv* garden herbs
'**tuinman** *m* (-lieden, -lui) gardener
'**tuinmanswoning** *v* (-en) gardener's lodge
'**tuinmeubelen** *mv* garden furniture
'**tuinmuur** *m* (-muren) garden wall
'**tuinpad** *o* (-paden) garden path
'**tuinparasol** *m* (-s) ⟨garden⟩ umbrella
'**tuinplant** *v* (-en) garden plant
'**tuinschaar** *v* (-scharen) garden shears, secateurs
'**tuinschuurtje** *o* (-s) garden-shed, potting-shed
'**tuinslak** *v* (-ken) garden-slug
'**tuinslang** *v* (-en) garden-hose
'**tuinsproeier** *m* (-s) garden syringe
'**tuinstad** *v* (-steden) garden-city
'**tuinstoel** *m* (-en) garden-chair
'**tuintje** *o* (-s) garden-plot
'**tuinvrucht** *v* (-en) garden-fruit
'**tuinwerk** *o* garden-work, gardening
tuit *v* (-en) spout, nozzle
'**tuiten** (tuitte, h. getuit) **I** *overg* ⟨v. lippen⟩ purse; **II** *onoverg*: mijn oren ~ my ears are burning
'**tuithoed** *m* (-en) poke-bonnet
tuk *bn*: ~ *op* keen on, eager for
'**tukje** *o* (-s) nap; *een* ~ *doen* take a nap
'**tulband** *m* (-en) **1** ⟨hoofddeksel⟩ turban; **2** ⟨gebak⟩ sponge-cake
'**tule** *v* tulle
'**tulen** *bn* tulle
tulp *v* (-en) tulip
'**tulpenbed** *o* (-den) bed of tulips
'**tulpenbol** *m* (-len) tulip-bulb
'**tulpenkweker** *m* (-s) tulip-grower
'**tumbler** *m* (-s) tumbler
'**tumor** *m* (-s en -'moren) tumour
tu'mult *o* (-en) tumult

tumultu'eus *bn* tumultuous, uproarious
tune *m* (-s) ⟨herkenningsmelodie⟩ signature tune
tuner-ver'sterker *m* (-s) tuner amplifier
Tu'nesië *o* Tunisia
Tu'nesiër *m* (-s) Tunisian
Tu'nesisch *bn* Tunisian
'**tunica** *v* ('s) **1** ⟨Oudromeins onderkleed⟩ tunic; **2** RK tunicle
tu'niek *v* (-en) tunic
tu'niekpak *o* (-ken) tunic suit
'**tunnel** *m* (-s) **1** ⟨in 't alg.⟩ tunnel; **2** ⟨van station, onder straat⟩ subway
tur'bine *v* (-s) turbine
tur'binestraalmotor *m* (-s en -toren) turbojet engine
tur'binestraalvliegtuig *o* (-en) turbojet aircraft
'**turbo** *m* ('s) **1** ⟨krachtversterker⟩ turbo, turbo-charger; **2** ⟨auto⟩ turbocar, turbocharged car
'**turbocompressor** *m* (-s, -soren) turbocharger, turbosupercharger
'**turbogenerator** *m* (-s, -toren) turbogenerator
turbu'lent *bn* turbulent; *een* ~ *leven* a tempestuous life; *de dag verliep* ~ it was a turbulant day
turbu'lentie *v* turbulence
'**tureluur** *m* (-s en -luren) redshank
ture'luurs *bn* wild, mad; *het is om* ~ *van te worden* it's enough to drive you mad
'**turen** (tuurde, h. getuurd) *onoverg* peer; ~ *naar* peer at
turf *m* (turven) peat; (dry) turf; *een* ~ **1** a block (a square, a lump) of peat; **2** ⟨van een boek⟩ a tome
'**turfachtig** *bn* peaty
'**turfgraver** *m* (-s) peat-digger
'**turfmolm** *m* & *o* peat dust
'**turfschip** *o* (-schepen), '**turfschuit** *v* (-en) peat-boat
'**turfsteker** *m* (-s) peat-cutter
'**turfstrooisel** *o* peat-litter
Tu'rijn *o* Turin
Turk *m* (-en) Turk
Tur'kije *o* Turkey
Turk'meen *m* (-menen) Turkoman
Turk'menistan *o* Turkmenistan
tur'koois *m* & *o* (-kooizen) turquoise
tur'kooizen *bn* turquoise
Turks I *bn* Turkish; ~ *bad* Turkish bath; **II** *o*: *het* ~ Turkish; **III** *v*: *een* ~*e* a Turkish woman
'**turnen** (turnde, h. geturnd) *onoverg* do gymnastics
'**turner** *m* (-s) gymnast
'**turnles** *v* (-sen) ZN physical training
'**turnpakje** *o* (-s) leotard
'**turnvereniging** *v* (-en) gym(nastic) club
'**turnzaal** *v* (-zalen) ZN gymnasium
'**turven** (turfde, h. geturfd) *onoverg* score, mark in fives
'**tussen** *voorz* **1** ⟨tussen twee mensen, zaken, plaatsen, tijdstippen⟩ between; **2** ⟨te midden van⟩ among, amongst; *dat blijft* ~ *ons* that is between

you and me, between ourselves; *er zaten veel kinderen ~ het publiek* there were a lot of children among the audience; *er is iets ~ gekomen* something has come between; *iem. er ~ nemen* pull sbd.'s leg; *ze hebben je er ~ genomen* they had you there, you have been had

'**tussenbalans** *v* (-en) mid-term review

tussen'beide *bijw* between-whiles; *~ komen* intervene, interpose, step in, *gemeenz* put one's oar in; *er is iets ~ gekomen* something has come between

'**tussendek** *o* (-ken) **1** (in 't alg.) between-decks, 'tween-decks; **2** (voor passagiers) steerage

tussen'deks *bijw* between-decks, 'tween-decks; *de reis ~ maken* go (travel) steerage

'**tussendekspassagier** *m* (-s) steerage passenger

'**tussendeur** *v* (-en) communicating door

tussen'door *bijw*: *deze opening is te smal; daar kan ik niet ~* this opening is too narrow; I can't go through it; *er waren verschillende wedstrijden en ~ traden er artiesten op* entertainers performed in between the various games; *dat klusje doe ik er wel even ~* I'll do that chore in between other things; I can manage to squeeze that chore in

tussen'doortje *o* (-s) ⟨hapje tussendoor⟩ snack, in-between-meals snack

'**tussengas** *o*: *~ geven gemeenz* blip the throttle

'**tussengelegen** *bn* intermediate

'**tussengerecht** *o* (-en) entremets, side-dish

'**tussengevoegd** *bn* interpolated, inserted

'**tussenhandel** *m* intermediate trade, commission business

'**tussenhandelaar** *m* (-s) commission-agent, intermediary, middleman

'**tussenhaven** *v* (-s) intermediate port

tussen'in *bijw*: *er ~* in between

'**tussenkleur** *v* (-en) intermediate colour, middle tint

'**tussenkomst** *v* intervention, interposition, intercession, intermediary, agency; *door ~ van* through

'**tussenlaag** *v* (-lagen) intermediate layer, interlayer

'**tussenlanding** *v* (-en) stop, intermediate landing; *zonder ~* non-stop [flight]

'**tussenlandingsplaats** *v* (-en) staging-post

'**tussenliggend** *bn* intermediate, in-between

'**tussenmaat** *v* (-maten) medium size, intermediate size

'**tussenmuur** *m* (-muren) partition-wall

'**tussenoplossing** *v* (-en) compromise

'**tussenpaus** *m* (-en) **1** ⟨paus⟩ interim pope; **2** *fig* ⟨leider tijdens een overgangsperiode⟩ interim leader

'**tussenpersoon** *m* (-sonen) agent, intermediary, middleman, go-between; *tussenpersonen komen niet in aanmerking handel* only principals dealt with

'**tussenpoos** *v* (-pozen) interval, intermission; *bij (met) tussenpozen* at intervals, now and then; *met vaste tussenpozen* at regular intervals

'**tussenregering** *v* (-en) interregnum

'**tussenruimte** *v* (-n en -s) interspace, spacing, interstice, interval, intervening space

'**tussenschakel** *m & v* (-s) intermediate (connecting) link, interlink

'**tussenschakeling** *v* elektr interconnection, interconnexion, insertion

'**tussenschot** *o* (-ten) **1** ⟨losse wand⟩ partition; **2** dierk, plantk septum [of the nose &]

'**tussensoort** *v* (-en) medium sort

'**tussenspel** *o* (-spelen) interlude

'**tussensprint** *m* (-s) dash

'**tussenstand** *m* (-en) sp intermediate score

'**tussenstation** *o* (-s) intermediate station

'**tussenstuk** *o* (-ken) techn adapter, adaptor

'**tussentijd** *m* (-en) interim, interval; *in die ~* in the meantime, meanwhile

'**tussentijds, tussen'tijds I** *bn* interim [dividend]; *~e verkiezing* by-election; **II** *bijw* between times

tussen'uit *bijw*: *er ~ knijpen* zie: *knijpen II*

'**tussenuur** *o* (-uren) intermediate hour, odd hour

'**tussenverdieping** *v* (-en) mezzanine

'**tussenvoegen**[1] *overg* intercalate, insert, interpolate

'**tussenvoeging** *v* (-en) intercalation, insertion, interpolation

'**tussenvoegsel** *o* (-s) insertion, interpolation

'**tussenvonnis** *o* (-sen) interlocutory decree

'**tussenvorm** *m* (-en) intermediate form

'**tussenwand** *m* (-en) partition

'**tussenweg** *m* (-wegen) fig middle course

'**tussenwerpsel** *o* (-s) interjection

'**tussenwervelschijf** *v* (-schijven) intervertebral disc

'**tussenzin** *m* (-nen) parenthetic clause, parenthesis [*mv* parentheses]

tut *v* (-ten), **tut'hola** *v* ('s) gemeenz twit, nitwit, drip; zie ook: *trut*

tutoy'eren (tutoyeerde, h. getutoyeerd) *overg* be on familiar terms with, be on first-name terms with

'**tutten** (tutte, h. getut) *onoverg* gemeenz ⟨treuzelen⟩ fiddle around; *Am* diddle around

'**tuttig** *bn* gemeenz niminy-piminy; *~ doen* act like a twit; zie ook: *truttig*

'**tuttut** *tsw* now, now

tu'tu *m* ('s) tutu

'**Tuvalu** *o* Tuvalu

tv *v* ('s) TV; *Br* telly; *Am* boob tube, gemeenz tube

t.w. *afk. te weten* viz., i.e.

twaalf *telw* twelve

'**twaalfde** *telw* twelfth (part)

'**twaalfdelig** *bn* **1** ⟨in 12 onderdelen⟩ of twelve parts; **2** wisk duodecimal

'**twaalfhoek** *m* (-en) dodecagon

'**twaalfjarig** *bn* **1** ⟨twaalf jaar oud⟩ twelve year old; **2** ⟨twaalf jaar durend⟩ twelve year; *T~ Bestand* Twelve Year Truce

'**twaalftal** *o* (-len) twelve, dozen

'**twaalftallig** *bn* duodecimal

twaalf'toonmuziek *v* twelve-note (twelve-tone,

dodecaphonic) music
twaalf'uurtje *o* (-s) lunch
'**twaalfvingerig** *bn:* ~*e darm* duodenum; *van de* ~*e darm* duodenal [ulcer]
'**twaalfvlak** *o* (-ken) dodecahedron
'**twaalfvoud** *o* (-en) multiple of twelve
'**twaalfvoudig** *bn* twelvefold
twee *telw* & *v* (tweeën) two; sp deuce; ~ *a's* two a's; *met* ~ *a's* [to be written] with double a; ~ *aan* ~ two and two, by (in) twos; *met z'n* ~*ën* the two of us [you, them]; ~ *naast elkaar* two abreast; ~ *weten meer dan één* two heads are better than one; *in* ~*ën snijden* cut in halves, in half, in two
'**tweearmig** *bn* two-armed
'**tweebaansweg** *m* (-wegen) two-lane(d) road
'**tweebenig** *bn* two-legged
tweecompo'nentenlijn *m* epoxy
tweed *o* tweed
'**tweedaags** *bn* of two days, two-days'...
'**tweede** *telw* second; *(maar ...) dat is een* ~ that is another matter; *ten* ~ secondly; zie ook: *eerst I*
tweede'hands *bn* second-hand
tweede'jaars *m* (*mv* idem) second-year student, Am sophomore
'**tweedekker** *m* (-s) luchtv biplane
'**tweedelig** *bn* **1** (in 't alg.) bipartite; **2** (v. kleding) two-piece [(bathing-)suit]
'**tweedeling** *v* (-en) dichotomy
tweede'rangs *bn* second-rate
'**tweedraads** *bn* two-ply
'**tweedracht** *v* discord; ~ *zaaien* sow dissension
'**tweedrank** *m* (-en) mixed fruit juice
twee-'eiig *bn:* ~*e tweeling* fraternal twins
'**tweeërhande**, '**tweeërlei** *bn* of two kinds
'**tweegesprek** \ *o* (-ken) duologue
'**tweegevecht** *o* (-en) duel, single combat
'**tweehandig** *bn* two-handed
'**tweehonderdjarig** *bn* two hundred years old; ~*e gedenkdag* bicentenary
'**tweehoofdig** *bn* two-headed
'**tweehoog** *bijw* two flights up
'**tweehuizig** *bn* plantk dioecious, unisexual
'**tweejaarlijks** *bn* biennial
'**tweejarig** *bn* **1** (twee jaar durend) two-year, biennial (ook v. planten); **2** (twee jaar oud) two-year-old
'**tweekamp** *m* (-en) duel
'**tweeklank** *m* (-en) diphthong
'**tweeledig** *bn* **1** (in 't alg.) double, binary, binomial; **2** twofold [purpose]
'**tweelettergrepig** *bn* dissyllabic; ~ *woord* dissyllable
'**tweeling** *m* (-en) twin, pair of twins; *de T~en* astron Gemini
'**tweelingbroer** *m* (-s) twin-brother
'**tweelingzuster** *v* (-s) twin-sister
tweeluik *o* (-en) diptych
'**tweemaal** *bijw* twice

'**tweemaandelijks** *bn* bimonthly; *een* ~ *tijdschrift* a bimonthly
'**tweemaster** *m* (-s) two-master
'**tweemotorig** *bn* twin-engined
'**tweeogig** *bn* two-eyed
'**tweepersoons** *bn* **1** (in 't alg.) for two; **2** double [bed, room]; ~*auto* two-seater
'**tweepitsstel** *o* (-len) two-burner stove
'**tweeregelig** *bn* of two lines; ~ *vers* distich, couplet
'**tweerijig** *bn* double-breasted [coat]
tweern *m* twine
'**tweernen** (tweernde, h. getweernd) *overg* twine
'**tweeslachtig** *bn* **1** (dieren) amphibious; **2** (mannelijk en vrouwelijk) bisexual, hermaphrodite; **3** (m.b.t. gevoelens) ambivalent, ambiguous
'**tweesnarig** *bn* two-stringed
'**tweesnijdend** *bn* two-edged, double-edged
'**tweespalt** *v* discord, dissension, split
'**tweespan** *o* (-nen) two-horse team, twosome
'**tweespraak** *v* (-spraken) duologue
'**tweesprong** *m* (-en) (splitsing) cross-road(s); *op de* ~ (ook fig) at the cross-roads
'**tweestemmig** *bn* for two voices
'**tweestrijd** *m* inward struggle; *in* ~ *staan* be in two minds
'**tweetaktmotor** *m* (-s en -toren) two-stroke engine
'**tweetal** *o* (-len) two, pair
'**tweetalig** *bn* bilingual
'**tweetallig** *bn* binary
'**tweeterm** *m* (-en) binomial
'**tweetongig** *bn* **1** eig two-tongued; **2** (onoprecht) double-tongued
'**tweeverdieners** *mv* double-income family, household with two wage earners
'**tweevleugelig** *bn* **1** (in 't alg.) two-winged; **2** dipterous [insects]
'**tweevoetig** *bn* two-footed; ~ *dier* biped
'**tweevoud** *o* (-en) double; *in* ~ in duplicate (twofold)
'**tweevoudig** *bn* twofold, double
'**tweewaardig** *bn* bivalent
'**tweewegskraan** *v* (-kranen) two-way cock
'**tweewerf** *bijw* twice
'**tweewoonst** *v* (-en) ZN semi-detached house
'**tweezijdig** *bn* two-sided, bilateral
'**twijfel** *m* (-s) doubt; *zijn bange* ~ his misgivings; ~ *koesteren* have one's doubts [about...], entertain doubts [as to...]; *het lijdt geen* ~ *(of...)* there is no doubt (that...); *iems.* ~ *wegnemen* remove sbd.'s doubts; ~ *wekken* create doubts (a doubt); *daar is geen* ~ *aan* there is no doubt of it; *er is geen* ~ *aan of hij...* there is no doubt that he...; *het is aan geen* ~ *onderhevig* that admits of no doubt, it is beyond doubt; *het is boven alle* ~ *verheven* it is beyond all doubt; *hij is buiten* ~... he is without doubt (doubtless, undoubtedly) the...; *in* ~ *staan (zijn)* doubt, be in doubt [whether...]; be in two minds about the

matter; *in ~ trekken* call in question, question; *zonder ~!* without (any) doubt; *hij is zonder ~...* he is undoubtedly (doubtless)...

'**twijfelaar** *m* (-s) **1** ⟨persoon⟩ doubter, sceptic; **2** ⟨type bed⟩ three-quarter bed

'**twijfelachtig, twijfel'achtig I** *bn* doubtful, dubious, questionable; **II** *bijw* doubtfully, dubiously, questionably

'**twijfelachtigheid** *v* doubtfulness, dubiousness, questionableness

'**twijfelen** (twijfelde, h. getwijfeld) *onoverg* doubt; *~ aan* doubt (of); *ik twijfel er niet aan* I have no doubt about it, I make no doubt of it; *wij ~ of...* we doubt whether (if)...; *wij ~ niet of...* we do not doubt (but) that...

'**twijfelgeval** *o* (-len) dubious case, moot question

'**twijfeling** *v* (-en) **1** ⟨aarzeling⟩ hesitation; **2** ⟨twijfel⟩ doubt

twijfel'moedig *bn* vacillating, wavering, irresolute

twijfel'moedigheid *v* irresolution

'**twijfelzucht** *v* doubting disposition

twijfel'zuchtig *bn* of a doubting disposition

'**twijg** *v* (-en) twig

'**twijn** *m* twine, twist

'**twijnder** *m* (-s) twiner, twister

twijnde'rij *v* (-en) twining-mill

'**twijnen** (twijnde, h. getwijnd) *overg* twine, twist

'**twinkelen** (twinkelde, h. getwinkeld) *onoverg* twinkle, sparkle

'**twinkeling** *v* (-en) twinkling, sparkling

'**twintig** *telw* twenty

'**twintiger** *m* (-s) person of twenty (years)

'**twintigjarig** *bn* **1** ⟨twintig jaar oud⟩ of twenty years, twenty-year-old [girl]; **2** ⟨twintig jaar durend⟩ vicennial

'**twintigste** *telw* twentieth (part)

'**twintigtal** *o* (-len) twenty, score

'**twintigvoud** *o* (-en) multiple of twenty

'**twintigvoudig** *bn* twentyfold

1 twist *m* (-en) ⟨onenigheid⟩ quarrel, dispute, altercation, discord, argument, strife; *binnenlandse ~en* internal strife; *een ~ beslechten (bijleggen)* settle a dispute; *~ krijgen* fall out; *~ zaaien* sow discord, sow (stir up) dissension; *~ zoeken* pick a quarrel

2 twist *m* ⟨dans⟩ twist

'**twistappel** *m* (-s) apple of discord, bone of contention

1 'twisten (twistte, h. getwist) *onoverg* ⟨ruziën⟩ quarrel, dispute; *met iem. ~* quarrel (wrangle) with sbd., dispute with sbd.; *~ om iets* quarrel about sth.; *daar kunnen we nog lang over ~* that is a debatable point; *ik wil niet met jou daarover ~* I'm not going to contest the point with you

2 'twisten (twistte, h. getwist) *onoverg* ⟨dansen⟩ twist

'**twistgeding** *o* (-en) lawsuit

'**twistgeschrijf** *o* controversy, polemics

'**twistgesprek** *o* (-ken) dispute, disputation

'**twistpunt** *o* (-en) (point at) issue, disputed point, controversial question

'**twiststoker** *m* (-s) firebrand, mischief-maker

'**twistvraag** *v* (-vragen) (question at) issue, controversial question

'**twistziek** *bn* quarrelsome, cantankerous, contentious, disputatious

'**twistzoeker** *m* (-s) quarrelsome fellow

'**twistzucht** *v* quarrelsomeness, cantankerousness, contentiousness

ty'feus *bn* typhoid, typhous; *tyfeuze koorts* typhoid fever

ty'foon *m* (-s) typhoon

'**tyfus** *m* **1** ⟨buik⟩ typhoid (fever), enteric fever; **2** ⟨vlek⟩ typhus (fever)

'**tyfuslijder** *m* (-s) typhoid patient

'**type** *o* (-n en -s) **1** ⟨model⟩ type [also in printing]; **2** ⟨personage⟩ character [in novels of Dickens]; *zij is 'n ~* she is quite a character; *wat een ~!* what a specimen!; *een donker ~* a dark type of a man (woman)

'**typefout** *v* (-en) typing error

'**typekamer** *v* (-s) typing pool

'**typemachine** *v* (-s) typewriter

'**typen** (typte, h. getypt) *overg* type(write); *het document beslaat wel 300 getypte pagina's* the document runs to 300 pages of typescript

ty'peren (typeerde, h. getypeerd) *overg* characterize, typify; *dat typeert dit bedrijf* that is typical of this company

ty'perend *bn* typical, characteristic (*voor* of)

ty'pering *v* (-en) characterization, typification

'**typewerk** *o* typing

'**typisch** *bn* typical

ty'pist *m* (-en), **ty'piste** *v* (-s) typist

typo'graaf *m* (-grafen) typographer

typogra'fie *v* typography

typo'grafisch *bn* typographical

typolo'gie *v* typology

tyranno'saurus *m* (-sen) tyrannosaur, tyrannosaurus

Tyr'rheens *bn* Thyrrhenian; *de ~e Zee* the Tyrrhenian Sea

'**Tyrus** *o* Tyre

t.z.t. *afk. te zijner tijd* in due time (course)

U

1 u *v* ('s) (letter) u
2 u, U *pers vnw* you
über'haupt *bijw* at all
Übermensch *m* (-en) **1** *filos* Superman, Übermensch; **2** ⟨zeer sterk mens⟩ Superman
'ufo *m* ('s) *unidentified flying object* UFO, ufo [*mv* UFOs, ufos]
ufolo'gie *v* ufology
ui *m* (-en) **1** ⟨knol⟩ onion; **2** ⟨grap⟩ joke
'uiensaus *v* (-en) onion-sauce
'uiensoep *v* onion soup
'uier *m* (-s) udder
'uiig I *bn* funny, facetious; **II** *bijw* funnily, facetiously
uil *m* (-en) **1** ⟨vogel⟩ owl; **2** ⟨vlinder⟩ moth; **3** *fig* = *uilskuiken; ~en naar Athene dragen* carry coals to Newcastle; *elk meent zijn ~ een valk te zijn* everyone thinks his own geese swans
'uilachtig *bn* owlish
'uilenbal *m* (-len) pellet
'uilenbril *m* (-len) *gemeenz* horn-rimmed glasses, horn-rims
'Uilenspiegel *m* Owlglass
'uilig *bn* owlish
'uilskuiken *o* (-s) goose, dolt, ninny
'uiltje *o* (-s) **1** ⟨vogel⟩ owlet; **2** ⟨vlinder⟩ moth; *een ~ knappen* take forty winks
uit I *voorz* **1** ⟨plaatselijk⟩ out of, from; **2** ⟨vanwege⟩ from, out of, for [joy &]; ~ *achteloosheid* ook: through carelessness; *mensen ~ Amsterdam* people from Amsterdam; ~ *ervaring* by (from) experience; *de goedheid sprak ~ haar gelaat* goodness spoke in her face; zie ook: *armoede, ervaring;* **II** *bijw* out; *het is ~ met zijn vriendin (haar vriend)* his (her) engagement is off; *het boek is ~* **1** the book is out (has appeared); **2** I have finished the book; *als de kerk ~ is* when church is over; *meneer Spaans is ~* Mr Spaans is out, has gone out; *hier is het verhaal ~* here the story ends; *het vuur is ~* the fire is out; *daarmee is het ~* there's an end of the matter; *en daar was het mee ~!* and that was all; *en daarmee ~!* so there!; *het moet nu ~ zijn met die ruzies* these quarrels must stop; *er ~!* out with him (with you)!, get out!; *ik ben er een beetje ~* I'm rather out of it, my hand is out; *er eens helemaal ~ willen zijn* want to get away from it all; *hij is er op ~ om...* he is bent (intent) upon ...ing; *zij is op mijn geld ~* she is after my money; ~ *en thuis* out and home; ~ *en terna* zie: *uit-en-te(r)-na*
'uitademen [1] **I** *onoverg* expire; **II** *overg* expire, breathe out[2], exhale[2]

'uitademing *v* (-en) expiration, breathing out, exhalation
'uitbaggeren [1] *overg* dredge
'uitbakenen [1] *overg* peg out, mark out
'uitbakken [1] *overg* fry (render) the fat out of
'uitbal *m* (-len) *sp* ball out of play
'uitbalanceren [1] *overg* balance
'uitbannen [1] *overg* **1** banish[2] [fear &]; **2** expel [people]; **3** exorcise [spirits]
'uitbanning *v* **1** ⟨verbanning⟩ banishment; **2** ⟨v. geesten⟩ exorcism
'uitbarsten [1] *onoverg* **1** (in 't alg.) burst out, break out, explode; **2** erupt [of volcano]; *in lachen ~* burst out laughing; *in tranen ~* burst into tears
'uitbarsting *v* (-en) **1** eruption [of volcano], **2** outburst[2] [of feeling]; outbreak[2] [of anger]; **3** explosion[2], burst[2] [of flame, banger &]; *het zal wel tot een ~ komen* there will be an explosion
'uitbaten (baatte uit, h. uitgebaat) *overg* ZN conduct, run [a business]
'uitbater *m* (-s) ZN manager, director; ⟨eigenaar⟩ owner
'uitbating *v* ZN profitable management
'uitbazuinen [1] *overg* trumpet forth
'uitbeelden (beeldde uit, h. uitgebeeld) *overg* personate, represent
'uitbeelding *v* (-en) personation, representation
'uitbeitelen [1] *overg* **1** ⟨in steen &⟩ chisel (out); **2** ⟨in hout⟩ carve
'uitbenen (beende uit, h. uitgebeend) *overg* **1** *eig* bone; **2** ⟨uitbuiten⟩ exploit
'uitbesteden [1] *overg* **1** put out to nurse [a child], put out to board, board out, farm out; **2** ⟨v. werk⟩ put out to contract
'uitbetalen [1] *overg* pay (down), pay out
'uitbetaling *v* (-en) payment
'uitbijten (beet uit, uitgebeten) **I** (h.) *overg* bite out, corrode; **II** (is) *onoverg* corrode
'uitblazen [1] **I** *overg* **1** blow out [a candle]; **2** puff out [smoke]; *de laatste adem ~* breathe one's last, expire; **II** *abs ww: even ~* take a breather, have a breathing-spell; *laten ~* breathe [a horse], give a breathing-spell
'uitblijven [1] *onoverg* **1** ⟨wegblijven⟩ stay away; **2** ⟨van huis⟩ stay out, stop out [all night]; **3** hold off [of rain &]; *een verklaring bleef uit* a statement was not forthcoming; *het kan niet ~* it is bound to come (happen), occur &)
'uitblinken [1] *onoverg* shine, excel; ~ *boven zijn mededingers* outshine (eclipse) one's rivals
'uitblinker *m* (-s) one who excels, ace
'uitbloeden (bloedde uit, uitgebloed) **I** (is) *onoverg* cease bleeding; *een wond laten ~* allow a wound to bleed; **II** (h.) *overg* bleed [cattle]
'uitbloeien (bloeide uit, is uitgebloeid) *onoverg* cease blossoming; *uitgebloeid zijn plantk* be out of flower
'uitblussen *overg* extinguish, put out; *uitgeblust fig*

1376

1 dull, lacklustre [look]; **2** spent [man]; *een uitge-blust man* a man who's spirit is broken

'**uitboenen**[1] *overg* scrub (scour) out

'**uitboren**[1] *overg* bore out, drill

'**uitborstelen**[1] *overg* brush

'**uitbotten** (botte uit, is uitgebot) *onoverg* bud (forth), put forth buds

'**uitbouw** *m* (-en) **1** annex(e) [to a building]; **2** extension[2]

'**uitbouwen**[1] *overg* enlarge, extend

'**uitbraak** *v* escape, break-out

'**uitbraakpoging** *v* (-en) attempted escape

'**uitbraaksel** *o* (-s) vomit

'**uitbraden**[1] *overg* fry (render) the fat out of

'**uitbraken**[1] *overg* **1** vomit[2] [one's food, fire, smoke]; **2** *fig* belch forth [smoke &, blasphemous or foul talk]; **3** disgorge [waters, people]

'**uitbranden** (brandde uit, uitgebrand) **I** (h.) *overg* **1** (in 't alg.) burn out; **2** (een wond) cauterize; **II** (is) *onoverg* be burnt out; *het huis was geheel uitge-brand* the house was completely gutted

'**uitbrander** *m* (-s) scolding, gemeenz wigging; *ik kreeg een ~ van hem* he gave it me hot

'**uitbreiden** (breidde uit, h. uitgebreid) **I** *overg* **1** (uitspreiden) spread [one's arms]; **2** (groter maken) enlarge [the number of...]; develop, expand [a business]; increase [the staff]; extend [a domain]; **II** *onoverg* expand; **III** *wederk: zich ~* **1** (v. oppervlakte) extend, expand; **2** (v. ziekten of brand) spread; zie ook: *uitgebreid*

'**uitbreiding** *v* (-en) **1** spreading[2], *fig* spread; **2** enlargement, extension, expansion

'**uitbreidingskaart** *v* (-en) comput expansion card

'**uitbreidingsplan** *o* (-nen) development plan

'**uitbreken**[1] **I** (is) *onoverg* **1** break out [of disease, a fire, war &]; **2** break out (of prison); *het koude zweet brak hem uit* a cold sweat came over him; the cold sweat started on his brow; *er een dagje tussen ~* manage to have a holiday (a day off); **II** (h.) *overg* break out [a tooth &]; **III** *o: het ~* the outbreak

'**uitbreker** *m* (-s) prison-breaker

'**uitbrengen**[1] *overg* **1** bring out [words]; **2** emit [a sound]; **3** disclose, divulge, reveal [a secret]; **4** scheepv run out [a cable], get out [a boat]; *advies ~ over...* report on...; *...bracht hij stamelend uit ook: ...*he faltered; *wie heeft het uitgebracht?* who has told about it?; zie ook: *rapport, stem, toast*

'**uitbroeden**[1] *overg* hatch[2] [birds, a plot]

'**uitbrullen**[1] *overg* roar (out); *het ~ (van het lachen, de pijn)* roar (with laughter, with pain)

'**uitbuigen**[1] *overg* bend out(wards)

'**uitbuiten** (buitte uit, h. uitgebuit) *overg* exploit, take advantage of

'**uitbuiter** *m* (-s) exploiter

'**uitbuiting** *v* (-en) exploitation

'**uitbulderen** (bulderde uit, uitgebulderd) **I** (h.) *overg* bellow (out), roar (out); **II** (is) *onoverg* cease blustering

uit'bundig I *bn* exuberant; **II** *bijw* exuberantly

uit'bundigheid *v* (-heden) exuberance, excess

'**uitcijferen**[1] *overg* calculate, compute

'**uitclub** *v* (-s) sp visiting team

'**uitdagen**[1] *overg* challenge[2], *fig* defy; *~ tot een duel* challenge (to a duel)

uit'dagend I *bn* defiant; **II** *bijw* defiantly

'**uitdager** *m* (-s) challenger

'**uitdaging** *v* (-en) challenge

'**uitdampen** (dampte uit, uitgedampt) **I** (is) *onoverg* evaporate; **II** (h.) *overg* **1** evaporate [water]; **2** exhale [fumes]; **3** air [linen]

'**uitdamping** *v* evaporation, exhalation

'**uitdelen**[1] *overg* **1** (geld &) distribute, dispense, dole (deal) out; **2** (straf) measure out, mete out; **3** (klappen) deal; **4** (eerlijk verdelen) give out, hand out, share out

'**uitdeler** *m* (-s) distributor, dispenser

'**uitdeling** *v* (-en) **1** (in 't alg.) distribution; **2** (bij faillissement) dividend

'**uitdelingslijst** *v* (-en) notice of dividend

'**uitdelven**[1] *overg* dig out, dig up

'**uitdenken**[1] *overg* devise, contrive, invent

'**uitdeuken**[1] *overg* flatten, bump out

'**uitdienen**[1] **I** *overg* serve [one's time]; **II** *onoverg*: *dat heeft uitgediend* that has had its day

'**uitdiepen** (diepte uit, h. uitgediept) *overg* deepen

'**uitdijen** (dijde uit, is uitgedijd) *onoverg* expand, swell (tot to)

'**uitdijing** *v* expansion, swelling

'**uitdoen**[1] *overg* **1** (uitdoven) put out, extinguish [a light]; **2** (kleding) put (take) off; **3** (afzetten) switch off [the light]

'**uitdokteren**[1] *overg* devise, work out, invent, excogitate

'**uitdossen** (doste uit, h. uitgedost) **I** *overg* attire, array, dress up; **II** *wederk: zich ~* attire oneself

'**uitdossing** *v* (-en) attire

'**uitdoven** (doofde uit, uitgedoofd) **I** (h.) *overg* **1** extinguish[2] [fire, faculty]; **2** quench, put out [a fire, light]; **II** (is) *onoverg* go out; *een uitgedoofde vulkaan* an extinct volcano

'**uitdoving** *v* extinction

'**uitdraai** *m* (-en) comput print-out

'**uitdraaien**[1] **I** (h.) *overg* **1** turn out [the gas]; **2** comput print out; *er zich netjes ~* wriggle (shuffle) out of it; **II** (is) *onoverg*: *op niets ~* come to nothing; *waar zal dat op ~?* what is it to end in?

'**uitdragen**[1] *overg* **1** (naar buiten dragen) carry out; **2** (verkondigen) propagate

'**uitdrager** *m* (-s) second-hand dealer, old-clothes man

uitdrage'rij *v* (-en), '**uitdragerswinkel** *m* (-s) second-hand shop, junk shop

'**uitdrijven**[1] *overg* **1** drive out, expel [people]; **2** exorcise, drive (cast) out [devils]

'**uitdrijving** *v* (-en) **1** expulsion [of people]; **2** (duivel~) exorcizing, exorcism

'**uitdrinken**[1] *overg* drink off, empty, finish [one's glass]

'**uitdrogen**[1] **I** (is) *onoverg* dry up, become dry; **II** (h.) *overg* dry up, desiccate

'**uitdroging** *v* desiccation

'**uitdruipen**[1] *onoverg* drain, drip [dry]

uit'drukkelijk I *bn* express, explicit, formal; **II** *bijw* expressly, explicitly

uit'drukkelijkheid *v* explicitness

'**uitdrukken**[1] **I** *overg* **1** (naar buiten drukken) squeeze out, press out, express [juice &]; **2** (onder woorden brengen) express [feelings]; **II** *wederk: zich* ~ express oneself

'**uitdrukking** *v* (-en) **1** (zegswijze) expression, term, locution, phrase; **2** (v. gemoed) expression, feeling; *tot* ~ *komen* find expression; *vol* ~ expressive; *zonder* ~ expressionless

'**uitdrukkingsloos** *bn* expressionless; *urenlang zat zij* ~ *voor zich uit te staren* she sat staring for hours without expression (vacantly)

'**uitduiden**[1] *overg* point out, show

'**uitduiding** *v* (-en) explanation

'**uitdunnen**[1] *overg* thin (out)

'**uitduwen**[1] *overg* push out, shove out

uit'een *bijw* asunder, apart

uit'eendrijven[1] *overg* disperse

uit'eengaan[1] *onoverg* part, separate, disperse; *de vergadering ging om 5 uur uiteen* the meeting rose at five, broke up at five

uit'eenhouden[1] *overg* **1** (onderscheiden) tell apart, distinguish (between); **2** (gescheiden houden) keep apart (separately)

uit'eenjagen[1] *overg* disperse

uit'eenlopen[1] *onoverg* diverge[2], *fig* differ

uit'eenlopend *bn* divergent[2]

uit'eenrukken[1] *overg* tear asunder

uit'eenslaan[1] *overg* disperse [the crowd &]

uit'eenspatten[1] *onoverg* **1** *eig* shatter, burst (apart, asunder); **2** *fig* break up

uit'eenstuiven[1] *onoverg* scatter, fly apart

uit'eenvallen[1] *onoverg* **1** *eig* fall apart, fall to pieces; **2** *fig* break up

uit'eenzetten[1] *overg* explain, expound, set out

uit'eenzetting *v* (-en) explanation, exposition

'**uiteinde** *o* (-n) end[2], extremity

uit'eindelijk I *bn* **1** ultimate, final [aim &]; **2** eventual [result]; **II** *bijw* ultimately, in the end, finally, eventually

'**uiten** (uitte, h. geuit) **I** *overg* utter, give utterance to, express; **II** *wederk: zich* ~ express oneself

'**uit-en-te-na**, '**uit-en-ter-na** *bijw* **1** (grondig) thoroughly; **2** (dikwijls) over and over again

uiten'treuren *bijw* continually, for ever, endlessly [debated]

uiter'aard *bijw* naturally

'**uiterlijk I** *bn* outward, external; **II** *bijw* **1** (van buiten) outwardly, externally; looked at from the out-

side; **2** (op zijn laatst) at the utmost, at the latest; **III** *o* (outward) appearance, aspect, exterior, looks; *(hij doet alles) voor het* ~ for the sake of appearance

'**uiterlijkheid** *v* (-heden) exterior; *uiterlijkheden* externals

uiter'mate *bijw* extremely, excessively

'**uiterst I** *bn* utmost, utter, extreme; *uw* ~*e prijzen* your lowest prices, your outside prices; *zie ook: wil* &; **II** *bijw* in the extreme, extremely, highly; *een* ~ *rechtse partij* an extreme right-wing party

'**uiterste** *o* (-n) extremity, extreme; *de vier* ~*n* the four last things; *de* ~*n raken elkaar* extremes meet; *in* ~*n vervallen* rush to extremes; *op het* ~ *liggen* be in the last extremity; *tot het* ~ to the utmost (of one's power); [go &] to the limit; *tot het* ~ *brengen* drive to distraction; *tot het* ~ *gaan* go to the limit, carry matters to an extreme, go (to) all lengths; *zich tot het* ~ *verdedigen* defend oneself to the last; *van het ene* ~ *in het andere vervallen* rush from one extreme to the other, rush (in)to extremes

'**uiterwaard** *v* (-en) foreland

'**uiteten** (at uit, uitgegeten) **I** (is) *onoverg* finish eating; **II** (h.) *overg: iem.* ~ give sbd. a farewell dinner

'**uitflappen**[1] *overg: er* ~ **1** blurt out [everything, the truth]; **2** blab [a secret]

'**uitfluiten**[1] *overg* hiss, catcall [an actor]

'**uitfoeteren**[1] *overg: iem.* ~ fly out at sbd., storm at sbd., scold sbd.

'**uitgaaf** *v* (-gaven) **1** (geld) expenditure, expense; **2** (v. boek &) publication; [first &] edition

'**uitgaan**[1] *onoverg* go out [of persons, light, fire]; *het gebouw* ~ leave (go out of) the building; *de kerk gaat uit* church is over; *die schoenen gaan makkelijk uit* these shoes come of easily; *de vlekken gaan er niet uit* the spots won't come out; *wij gaan niet veel uit* we don't go out much; *er op* ~ *om* set out to...; ~ *op een klinker* end in a vowel; *het gaat uit van...* it originates with..., it emanates from...; *hij gaat uit van het idee dat...* his starting point is that...; ~*de van...* starting from... [this principle &]; *er gaat niet veel van hem uit* he is not a man of light and leading

'**uitgaand** *bn* **1** theatre-going, concert-attending, café-frequenting [public]; **2** outward [cargo]; **3** outward-bound [ships]; ~*e rechten* export duties; ~*e stukken* outgoing letters (correspondence)

'**uitgaanscentrum** *o* (-tra, -s) entertainment centre, entertainment district

'**uitgaansdag** *m* (-dagen) day out, off-day, outing

'**uitgaansgelegenheid** *v* (-heden) place of entertainment

'**uitgaansleven** *o* night life

'**uitgaansverbod** *o* (-boden) curfew

'**uitgalmen**[1] *overg* sing out, bawl out

'**uitgang** *m* (-en) **1** (v. gebouw &) exit, way out, issue, outlet, egress; **2** (v. woord) ending, termination

'**uitgangspunt** *o* (-en) starting point

'**uitgangsstelling** v (-en) original position; (grond-stelling) basic assumption

'**uitgave** v (-n) = uitgaaf

'**uitgebreid I** bn extensive, comprehensive, wide [knowledge, powers, choice]; ~e voorzorgsmaatregelen elaborate precautions; **II** bijw extensively, comprehensively

uitge'breidheid v (-heden) extensiveness, extent

'**uitgediend** bn mil 1 time-expired; 2 (nutteloos geworden) past use, having done its time

'**uitgedroogd** bn dried up², shrivelled

'**uitgehongerd** bn famished, starving, ravenous

'**uitgekiend** bn cunning

'**uitgekookt** bn fig shrewd, crafty, thorough-paced

'**uitgelaten** bn elated, exuberant; rollicking [fun]; ~ van vreugde elated with joy

'**uitgelatenheid** v elation, exuberance

'**uitgeleefd** bn decrepit, worn out

'**uitgeleerd** bn: ~ zijn 1 (v. leerjongen) have served one's apprenticeship; 2 (v. scholier) have done learning; men is nooit ~ live and learn

'**uitgeleide** o: iem. ~ doen see (show) sbd. out; toen hij naar Amerika vertrok, deden al zijn vrienden hem ~ when he departed for the States, his friends gave him a big send-off

'**uitgelezen** bn 1 (gelezen) read, finished [books]; 2 (uitgezocht) select [party of friends]; choice [cigars]; picked [troops]

uitge'lezenheid v choiceness, excellence

'**uitgeloot** bn drawn

'**uitgeluld** bn gemeenz: ~ zijn be talked out

'**uitgemaakt** bn: dat is een ~e zaak that's a settled thing; that is an established truth; that's a foregone conclusion

'**uitgemergeld** bn emaciated

'**uitgeput** bn 1 (erg moe) exhausted, worn out; 2 (v. voorraden &) gone, finished

'**uitgerammeld** bn: ~ van de honger ravenous

'**uitgerekend** bn calculating [man, woman]; ~ vandaag today of all days [it rained]; ~ jij you of all people

uitgescheiden V.D. van uitscheiden

'**uitgeslagen** bn 1 (met schimmel bedekt) mouldy; 2 (vochtig) sweating, beaded

'**uitgeslapen** bn 1 (klaar wakker) wide-awake; 2 (slim) long-headed, smart, clever; ik voel me heerlijk ~ I feel superbly rested

'**uitgesloten** bn: dat is ~ it is out of the question, it is quite impossible

'**uitgesproken I** bn 1 (duidelijk) downright, avowed [purpose, fascist &]; 2 obvious [success]; **II** bijw 1 avowedly [democratic]; 2 frankly [schizoid]

'**uitgestorven** bn 1 extinct [animals]; 2 deserted [place]

'**uitgestreken** bn smug, demure; met een ~ gezicht smooth-faced

'**uitgestrekt** bn extensive, vast

uitge'strektheid v (-heden) extensiveness, extent;

expanse, stretch, reach [of water &]

'**uitgeteerd** bn emaciated, wasted

'**uitgeteld** bn fig (uitgeput) wiped out, done in

'**uitgeven**¹ **I** overg 1 (afgeven) give out, distribute [provisions]; 2 (verteren) spend [money on...]; 3 (uitvaardigen) issue [a proclamation]; 4 (publiceren) publish [a book &]; 5 issue [bank-notes &]; 6 (voor de druk bezorgen) edit [memoirs &]; een boek ~ bij Harpers publish a book with Harpers; **II** wederk: zich ~ voor ... pass oneself off as (for) a ..., set oneself up as a ...

'**uitgever** m (-s) publisher

uitgeve'rij v (-en) publishing business

'**uitgeversfirma** v ('s) publishing firm

'**uitgeversmaatschappij** v (-en) publishing business

'**uitgewekene** m-v (-n) refugee

'**uitgewerkt** bn 1 elaborate [plan]; 2 worked [example]; 3 extinct [volcano]

'**uitgewoond** bn dilapidated, fallen into decay, ramshackle, in disrepair

'**uitgezocht** bn excellent; zie ook: uitgelezen 2

'**uitgezonderd** voorz voegw except, excepted, barring, save; dat ~ barring this; niemand ~ not excepting anybody, nobody excepted

'**uitgieren**¹ overg: het ~ (v. plezier) scream with laughter; het ~ van de pijn scream with pain

'**uitgieten**¹ overg pour out

'**uitgifte** v (-n) issue

'**uitgillen**¹ overg scream out; het ~ van pijn scream with pain

'**uitglijden**¹ onoverg slip; lose one's footing; ~ over slip on

'**uitgommen**¹ overg erase, rub out

'**uitgooien**¹ overg 1 (buitengooien) throw out; 2 throw off [clothes]

'**uitgraven**¹ overg 1 (in 't alg.) dig out, dig up, disinter; 2 exhume [a corpse]; 3 excavate [a buried city &]; 4 deepen [a ditch]

'**uitgraving** v (-en) excavation

'**uitgroeien**¹ onoverg grow, develop (tot into); hij is er uitgegroeid he has outgrown it

'**uitgummen** overg = uitgommen

'**uithaal** m (-halen) 1 sp (hard schot) hard shot, gemeenz sizzler; 2 (lange toon) sustained note

'**uithakken**¹ overg cut out, hew out

'**uithalen I** overg 1 pull out, draw out [sth.]; root out [weeds]; 2 (galmen) sing at the top of one's voice, draw out [a tone]; 3 (schoonmaken) clean [a pipe]; gut [fish]; turn out [a room]; 4 (uitvoeren) do [some devilry], play [pranks]; be up [to something]; nestjes ~ go bird('s)-nesting; het zal niet veel ~ it will not be of much use; dat haalt niets uit that will be no use (no good); er ~ zoveel als men kan use it for all it is worth; get as much as possible out of it; make the most of it; **II** onoverg 1 (uitwijken) pull out (swerve) [to the left]; 2 (royaal feestvieren) put on a lavish entertainment; 3 (slaan) lash out (naar at)

'uithangbord o (-en) sign-board, (shop) sign

'uithangen[1] **I** overg hang out [the wash, a flag &]; de grote heer ~ show off; de brave Hendrik ~, de vrome ~ play (act) the saint; zie ook: beest; **II** onoverg: waar zou hij ~? where can he hang out?

'uithebben[1] overg have finished

uit'heems bn foreign, exotic

'uithelpen[1] overg help out

'uithoek m (-en) remote corner, out-of-the-way corner

'uithoesten (hoestte uit, uitgehoest) overg **I** (h.) expectorate, cough up; **II** (is) onoverg: ben je uitgehoest? have you finished coughing?; eens goed ~ have a good cough

'uithollen (holde uit, h. uitgehold) overg **1** eig hollow (out), scoop out, excavate, erode; **2** (ondermijnen) erode, undermine [a policy]

'uitholling v (-en) **1** (het uithollen) hollowing (out), excavation, erosion; **2** (holte) hollow, excavation; **3** fig erosion, undermining

'uithongeren[1] overg famish, starve (out)

'uithongering v starvation

'uithoren[1] overg draw, pump [sbd.]

'uithouden[1] overg **1** (uitgespreid houden) hold out; **2** (verduren) bear, suffer, stand; het ~ hold out; stand it, stick it (out); je hebt het uitgehouden! what a time you have been!

'uithoudingsvermogen o staying-power(s), (power of) endurance, stamina

'uithouwen[1] overg carve, hew (from uit)

'uithozen[1] overg bail out

'uithuilen[1] overg: eens ~ have a good cry

uit'huizig bn: hij is erg ~ he is always in the move

'uithuwelijken (huwelijkte uit, h. uitgehuwelijkt), **'uithuwen**[1] (huwde uit, h. uitgehuwd) overg give in marriage, marry off [daughters]

'uiting v (-en) utterance, expression; ~ geven aan give expression to, give utterance to, give voice to; tot ~ komen find expression

1 'uitje o (-s) (kleine ui) (small) onion

2 'uitje o (-s) (uitstapje) outing

'uitjouwen[1] overg hoot (at), boo

'uitjubelen[1] overg sing (out)

'uitkafferen (kafferde uit, h. uitgekafferd) overg fly out at, rage at [sbd.]

'uitkammen[1] overg **1** (haar) comb out; **2** (doorzoeken) search [the woods]

'uitkeren[1] overg pay

'uitkering v (-en) **1** (in 't alg.) payment; **2** (v. faillissement) dividend; **3** (bij ziekte &) benefit; **4** (v. staking) strike-pay; **5** (van werklozen) unemployment benefit, Br dole

uitkeringsge'rechtigd bn entitled to benefits

uitkeringsge'rechtigde m-v (-n) **1** (in 't alg.) person drawing benefits; **2** (v. bijstand) welfare recipient

'uitkermen[1] overg: het ~ van pijn groan with pain

'uitkienen[1] overg devise, work out, invent [sth.]

'uitkiezen[1] overg choose, select, single out, pick out

'uitkijk m (-en) **1** (~punt) look-out; **2** (persoon) look-out (man); op de ~ on the look-out

'uitkijken[1] **I** onoverg look out, be on the look-out; goed ~ keep a good look-out; ~ naar look out for; ik kijk wel uit! I know better (than that); **II** overg: zich de ogen ~ stare one's eyes out

'uitkijkpost m (-en) observation post

'uitkijktoren m (-s) watch-tower

'uitklappen[1] overg fold out

'uitklaren[1] overg handel clear

'uitklaring v handel clearance

'uitkleden[1] **I** overg undress, strip; naakt ~ **1** eig strip to the skin; **2** (beroven) strip [sbd.] of his possessions; **II** wederk: zich ~ undress, strip

'uitkloppen[1] overg **1** knock out [the ashes, a pipe]; **2** beat [carpets]

'uitknijpen[1] overg press (squeeze) out, squeeze; een uitgeknepen citroen fig a squeezed orange; zie ook: knijpen

'uitknippen[1] overg **1** (met schaar) cut out; **2** (uitschakelen) switch off

'uitknipsel o (-s) cutting, scrap

'uitknobbelen (knobbelde uit, h. uitgeknobbeld), **'uitknobbelen** (knobelde uit, h. uitgeknobeld) overg think out, puzzle out

'uitkoken[1] overg boil

'uitkomen[1] onoverg **1** (naar buiten komen) come out; **2** (uit de knop komen) come out, bud; **3** (uit het ei komen) hatch, come out of the shell [of chickens]; **4** (eerst uitspelen) kaartsp lead; (opkomen) sp turn out; compete [in a tournament &]; **5** (gelegen komen) suit; **6** (afsteken) stand out; **7** (in het oog vallen) show; **8** (aan het licht komen) come out, be brought to light [of crimes]; **9** (bekend worden) become known [of secrets, plots &]; **10** (uitvallen) turn out; **11** (bewaarheid worden) come true; **12** (verschijnen) come out, appear, be published [of books &]; **13** (goed komen) work out [of sums]; **14** (toekomen, rondkomen) make (both) ends meet; dat komt uit that's correct; wat komt er uit (die som)? what is the result?; de krant komt niet meer uit the paper has ceased to appear; ik kom er wel uit [don't trouble] I can find my way out; je komt er niet uit you shan't leave the house; het kwam anders uit things turned out differently; zo komt het beter uit **1** that's a better arrangement; **2** (in) this way it will be brought out to better advantage, it shows better; dat kwam duidelijk uit that was very evident; dat komt goed uit that is very opportune; how lucky!; die kleur doet het borduursel goed ~ brings out (sets off) the embroidery to advantage; u moet dat eens goed doen ~ do bring it out very clearly, underline it properly; het komt mij niet goed uit it doesn't suit me; het kwam net zo uit things turned out exactly that way; dat komt goed-

koper uit it comes cheaper, it is cheaper in the end; *dat zal wel ~* that goes without saying; *wie moet ~?* kaartsp whose turn is it to play?; *u moet ~* kaartsp your lead!; *~ met goede spelers* sp turn out good players; *ik kan met die (geld)som niet ~* this sum is not enough for me; *~ op* open on (on to, into) [a garden &]; *ik kwam op de weg uit* I emerged into the road; *~ tegen* **1** stand out against [the sky]; **2** sp play (against); *dat beeldje komt goed uit tegen die achtergrond* the statuette stands out well against that background; *hij kwam er voor uit* ⟨gaf toe⟩ he admitted it; **2** ⟨bekende schuld⟩ he owned up; *hij kwam er rond voor uit* he made no secret of it; *(rond) ~ voor zijn mening* speak one's mind

'**uitkomst** v (-en) **1** ⟨uitslag⟩ result, issue; **2** ⟨van som⟩ result; **3** ⟨redding⟩ relief, deliverance, help; *een ~ voor iedere huisvrouw* a boon and a blessing (a godsend) to every housewife

'**uitkoop** m (-kopen) buying out, buying off
'**uitkopen**[1] *overg* buy out, buy off
'**uitkotsen**[1] *overg* gemeenz throw up
'**uitkraaien**[1] *overg*: *het ~* crow
'**uitkrabben**[1] *overg* scratch out
'**uitkramen** (kraamde uit, h. uitgekraamd) *overg*: *zijn geleerdheid ~* show off one's learning; *onzin ~* talk nonsense, say silly things
'**uitkrijgen**[1] *overg* get off [his boots &]; *ik kan het boek niet ~* I can't get through the book
'**uitkristalliseren**[1] *onoverg* crystallize (out)
'**uitkruipen**[1] *onoverg* creep out
'**uitkunnen**[1] *onoverg*: *je zult er niet ~* you won't be able to get out; *mijn schoenen kunnen niet uit* my shoes won't come off; *ermee ~* ⟨geld &⟩ manage (make do) with; *ergens niet over ~* be dumbfounded about sth., be flabbergasted about sth.
'**uitlaat** m (-laten) exhaust
'**uitlaatgassen** mv exhaust gases (fumes)
'**uitlaatklep** v (-pen) exhaust-valve
'**uitlachen** (lachte uit, uitgelachen) **I** (h.) *overg* laugh at; **II** (is) *onoverg* laugh one's fill
'**uitladen**[1] *overg* unload, discharge
'**uitlading** v unloading, discharge
'**uitlaten**[1] **I** *overg* **1** ⟨naar buiten laten⟩ let out [a hidden person &]; see out [a visitor]; walk [the dog]; let off [fumes]; **2** ⟨weglaten⟩ leave out, omit [a word &]; **3** ⟨wijder maken⟩ let out [a garment]; **4** ⟨niet meer dragen⟩ leave off [one's coat]; **II** *wederk*: *zich ~ over iets* speak about sth., comment on sth.
'**uitlating** v (-en) remark, utterance, statement
'**uitleenbibliotheek** v (-theken) lending-library
'**uitleg** m (aanbouw) extension [of a town]; **2** ⟨verklaring⟩ explanation, interpretation [of sbd.'s words]
'**uitleggen**[1] *overg* **1** ⟨gereedleggen⟩ lay out [articles of dress, books &]; **2** ⟨groter maken⟩ let out [a garment]; extend [a town]; **3** ⟨verklaren⟩ explain, interpret

'**uitlegger** m (-s) explainer, interpreter
'**uitlegging** v (-en) explanation, interpretation [of words, a text]; exegesis [of Scripture]
'**uitleiden**[1] *overg* expel [an alien], conduct [him] across the frontier
'**uitlekken**[1] *onoverg* **1** eig leak out[2], strain; **2** fig trickle out, filter through, ooze out, transpire
'**uitlenen**[1] *overg* lend (out)
'**uitleven**[1] *wederk*: *zich ~* live it up, enjoy oneself
'**uitleveren**[1] *overg* extradite [a person]
'**uitlevering** v (-en) extradition [of a person]
'**uitleveringsverdrag** o (-dragen) extradition treaty
'**uitlezen**[1] *overg* **1** read through (to the end), finish [a book], finish reading [the morning paper]; **2** ⟨uitkiezen⟩ pick out, select; **3** comput read out
'**uitlichten**[1] *overg* lift out [sth. from]
'**uitlikken**[1] *overg* lick out
'**uitlogen**[1] *overg* = [1]*logen*
'**uitlokken**[1] *overg* provoke [action, war &]; elicit [an answer]; invite [criticism]; evoke [a smile]; call forth [protests]; ask for [trouble]; court [comparison, disaster]
'**uitlokking** v provocation; elicitation; recht entrapment; *~ tot meineed* subornation
'**uitloodsen**[1] *overg* pilot out
'**uitloop** m (-lopen) **1** ⟨mogelijkheid tot verder gaan⟩ extension; **2** ⟨v. water⟩ outlet
uit'**lootbaar** bn redeemable
'**uitlopen**[1] *onoverg* **1** ⟨v. personen⟩ run out; go out; ⟨v. bevolking⟩ turn out; **2** ⟨van schepen⟩ put out to sea, sail; **3** ⟨uitbotten⟩ bud, shoot; ⟨v. aardappels⟩ sprout; **4** ⟨v. kleuren⟩ run, bleed; **5** sp ⟨voorsprong krijgen⟩ take the lead, get ahead, gain; ⟨na een race⟩ run easy; ⟨uit het doel komen⟩ leave one's goal; **6** *de vergadering is uitgelopen* the meeting was drawn out; *heel Parijs liep uit om haar toe te juichen* all Paris turned out to cheer her; *~ in een baai* run into a bay; *het is op niets uitgelopen* it has come to nothing; *waar moet dat op ~?* what is it to end in?
'**uitloper** m (-s) **1** ⟨v. planten⟩ runner, offshoot, sucker; **2** ⟨v. berg⟩ spur
'**uitloten**[1] *overg* draw out, draw
'**uitloting** v (-en) drawing [for the prizes &]
'**uitloven**[1] *overg* offer [a reward, a prize], promise
'**uitluiden**[1] *overg* ring out
'**uitmaken**[1] *overg* **1** ⟨beëindigen⟩ finish [a game]; break off [an engagement]; **2** ⟨uitdoven⟩ put out [fire]; **3** ⟨beslissen⟩ decide, settle [a dispute]; **4** ⟨vormen⟩ form, constitute [the board, the government], make up [the greater part of]; **5** ⟨uitschelden⟩ call [sbd.] names; *dat moeten zij samen maar ~* they should settle that between themselves; *dat maakt niet(s) uit* it does not matter, it is immaterial; *wat maakt dat uit?* what does it matter?; *dat is een uitgemaakte zaak* zie: *uitgemaakt*; *dat is nu uitgemaakt* that is settled now; *iem. voor leugenaar ~* call sbd. a liar; *iem. ~ voor alles wat lelijk is* call sbd. all

sorts of names

'uitmalen[1] *overg* **1** ⟨water⟩ drain; **2** ⟨meel⟩ extract

'uitmelken[1] *overg* **1** strip [a cow]; **2** fig exhaust [a subject]; **3** milk, bleed [sbd.]

'uitmergelen[1] *overg* exhaust

'uitmergeling *v* exhaustion

'uitmesten[1] *overg* muck out, clean out

'uitmeten[1] *overg* measure (out); *breed* ~ exaggerate [one's grievances]

uitmiddel'puntig *bn* eccentric

uitmiddel'puntigheid *v* eccentricity

'uitmikken[1] *overg* time; hit (upon)

'uitmonden (mondde uit, h. en is uitgemond) *onoverg* **1** ⟨v. rivier⟩ flow (empty) into; **2** ⟨v. straat⟩ lead (open) in(to); **3** fig end in, result in

'uitmonding *v* (-en) mouth

'uitmonsteren[1] *overg* fit out, rig out

'uitmoorden[1] *overg* massacre

'uitmunten[1] *onoverg*: ~ ⟨in⟩ excel in (at)

uit'muntend I *bn* excellent; **II** *bijw* excellently

uit'muntendheid *v* excellence

uit'neembaar *bn* removable, detachable

'uitnemen[1] *overg* take out

uit'nemend *bn bijw* = uitmuntend

uit'nemendheid *v* excellence; *bij* ~ pre-eminently, par excellence

'uitnoden[1], **'uitnodigen**[1] *overg* invite

'uitnodiging *v* (-en) invitation; ⟨kaart⟩ invitation card; *op* ~ *van* at (on) the invitation of

'uitoefenen[1] *overg* **1** exercise [a profession, a right &]; **2** bring to bear [pressure]; **3** practise, carry on [a trade]

'uitoefening *v* **1** exercise [of a right]; **2** discharge [of a function], practice [of an art], prosecution [of a trade]

'uitpakkamer *v* (-s) commercial room

'uitpakken (pakte uit, h. en is uitgepakt) **I** *overg* unpack; unwrap, undo [birthday presents]; **II** *onoverg* ⟨aflopen, uitkomen⟩ work out; *flink* ~ fig entertain lavishly

'uitpersen[1] *overg* express, press out, squeeze

'uitpeuteren[1] *overg* pick (out)

'uitpikken[1] *overg* **1** eig peck out; **2** ⟨uitkiezen⟩ pick out, select, singl out

'uitplanten[1] *overg* plant out, bed out

'uitpluizen[1] *overg* **1** eig pick; **2** ⟨onderzoeken⟩ sift out, sift

'uitplukken *overg* pluck out

'uitplunderen[1] *overg* plunder, pillage, ransack, sack

'uitplundering *v* (-en) plundering, pillage, sack

'uitplussen (pluste uit, h. uitgeplust) *overg* puzzle out, work out

'uitpompen[1] *overg* pump (out)

'uitpoten[1] *overg* = poten

'uitpraten (praatte uit, is uitgepraat) *onoverg* finish talking; *laat mij* ~ let me have my say; *daarover raakt hij nooit uitgepraat* that is a theme of which he never tires; *dan zijn we uitgepraat* then there is nothing more to say

'uitproberen[1] *overg* try, try out, test

'uitproesten[1] *overg*: *het* ~ burst out laughing

'uitpuffen[1] *onoverg* catch one's breath

'uitpuilen (puilde uit, h. en is uitgepuild) *onoverg* protrude, bulge

'uitpuilend *bn* protuberant; ~*e ogen* bulging eyes; *met* ~*e ogen* goggle-eyed

'uitputten[1] **I** *overg* exhaust; **II** *wederk*: *zich* ~ exhaust oneself

'uitputting *v* exhaustion

'uitputtingsoorlog *m* (-logen) war of attrition

'uitputtingsslag *m* (-slagen) **1** eig fight to the finish (to death); **2** fig marathon session

'uitpuzzelen[1] *overg* puzzle out

'uitrafelen[1] *overg* ravel out, fray

'uitraken (raakte uit, is uitgeraakt) *onoverg* ⟨v. vriendschap⟩ be off, be broken; come to an end; *er helemaal* ~ be out of it, get out of practice (out of the habit)

'uitrangeren[1] *overg* fig shunt, shelve [sbd.]

'uitrazen (raasde uit, h. en is uitgeraasd) *onoverg* **1** ⟨v. storm⟩ rage itself out, spend itself; **2** ⟨v. personen⟩ vent one's fury; *de jeugd moet* ~ youth will have its fling; *hij is nu uitgeraasd* he has sown his wild oats

'uitredden[1] **I** *overg*: *er* ~ help out, deliver; **II** *wederk*: *zich er* ~ get out of it

'uitredding *v* deliverance, (means of) escape

'uitreiken[1] *overg* **1** distribute, deliver, give, issue [tickets]; **2** present [prizes]

'uitreiking *v* (-en) **1** distribution, delivery, issue [of tickets]; **2** presentation [of prizes]

'uitreisvergunning *v* (-en) exit permit

'uitreisvisum *o* (-s en -visa) exit visa

'uitrekenen[1] *overg* calculate, compute, figure out, reckon up; *een som* ~ work out a sum; *zij is begin september uitgerekend* the baby is due at the beginning of September zie ook: *uitgerekend, vinger*

'uitrekening *v* calculation, computation

'uitrekken[1] **I** *overg* stretch (out); **II** *wederk*: *zich* ~ stretch oneself

'uitrichten[1] *overg* do; *wat heb jij uitgericht?* what have you done?, what have you been at?; *er is niet veel mee uit te richten* it is not much good

'uitrijden[1] *onoverg* ride out, drive out; *de stad* ~ ride (drive) out of the town; *de trein reed het station uit* the train was moving (pulling) out of the station

'uitrijstrook *v* (-stroken) exit lane, deceleration lane

'uitrijzen[1] *onoverg*: ~ *boven* rise above, overtop [neighbouring buildings]

'uitrit *m* (-ten) way out, exit

'uitroeien[1] *overg* **1** root out[2] [trees]; **2** weed out[2], extirpate[2], eradicate[2] [weed, an error]; **3** exterminate [a tribe, a nation, vice] '**uitroeiing** v extirpation, extermination, eradication

'**uitroep** m (-en) exclamation, shout, cry

'**uitroepen**[1] overg 1 (in 't alg.) cry (out), exclaim; 2 declare [a strike &]; ~ tot (koning&) proclaim [sbd.] king

'**uitroepteken** o (-s) exclamation mark

'**uitroken**[1] overg 1 (ten einde roken) smoke out [pipe]; finish [a pipe, cigar]; 2 (om te ontsmetten &) smoke, fumigate; 3 (door rook verdrijven) smoke out [animals]

'**uitrollen**[1] overg 1 unroll [carpet]; 2 roll out [pastry]

'**uitrukken**[1] I (h.) overg 1 pull out, pluck out [sth.]; 2 tear [one's own hair]; 3 tear out [weeds]; II (is) onoverg 1 mil march (out); 2 (v. brandweer) turn out; de stad ~ mil march out of the town; de politie moest ~ the police were called out

1 '**uitrusten** (rustte uit, h. en is uitgerust) onoverg rest, take rest; bent u nu helemaal uitgerust? are you quite rested?; ik heb de mannen laten ~ I have given the men a rest, I have rested them; ~ van rest from [one's labours]

2 '**uitrusten** (rustte uit, h. uitgerust) overg 1 equip [an army, a ship, a person]; 2 fit out [a fleet]; 3 rig [cabin as operating-room]

'**uitrusting** v (-en) equipment, outfit

'**uitrustingsstukken** mv equipment

'**uitschakelen**[1] overg 1 elektr cut out, switch off; 2 (een tegenstander) eliminate, cut out, rule out

'**uitschakeling** v 1 elektr putting out of circuit; 2 (een tegenstander) elimination

'**uitschateren**[1]: overg: het ~ burst out laughing

1 '**uitscheiden** (scheidde of schee(d) uit, is uitgescheiden of uitgescheden) onoverg (stoppen) stop, leave off; ik schei ermee uit I've had enough; schei uit! stop (it)!; schei uit met dat geklets! stop that jawing!

2 '**uitscheiden** (scheidde uit, h. uitgescheiden) overg (naar buiten afscheiden) excrete

'**uitscheiding** v 1 (afscheiding) excretion; 2 ZN (opheffing) close down, discontinue

'**uitschelden**[1] overg abuse, call [sbd.] names; ~ voor call; zie ook: uitmaken

'**uitschenken**[1] overg pour out

'**uitscheppen**[1] overg bail out, bale out, scoop out

'**uitscheuren**[1] I (h.) overg tear out; II (is) onoverg tear

'**uitschieten**[1] I (h.) overg 1 shoot out, throw out [a cable]; shoot [rays]; 2 whip off [one's coat]; er werd hem een oog uitgeschoten he had one of his eyes shot out; II (is) onoverg slip; de boot kwam de kreek ~ the boat shot out from the creek; zie ook: uitlopen 3, voorschieten

'**uitschieter** m (-s) peak, highlight

'**uitschiften**[1] overg sift (out)

'**uitschijnen** (scheen uit, h. uitgeschenen) onoverg ZN: laten, doen ~ intimate, express, point out

'**uitschilderen**[1] overg paint, portray

'**uitschoppen**[1] overg 1 (in 't alg.) kick out[2]; 2 kick off [one's shoes]

'**uitschot** o (-ten) 1 (goederen) refuse, offal, trash; 2 (volk) offscourings, riff-raff, dregs

'**uitschrabben**[1], '**uitschrapen**[1] overg scrape out

'**uitschreeuwen**[1] overg cry out; het ~ cry out

'**uitschrijven**[1] overg write out, make out [an invoice &]; zie ook: lening, prijsvraag, vergadering

'**uitschudden**[1] overg 1 shake (out) [a carpet]; 2 (beroven) strip [a person] to the skin

uit'**schuifbaar** bn 1 (in 't alg.) sliding, extensible; 2 telescopic [antenna]

'**uitschuifblad** o (-bladen) pull-out leaf, (draw-)leaf

'**uitschuiftafel** v (-s) extension table, pull-out table

'**uitschuiven**[1] overg 1 (in 't alg.) push out; 2 draw out [a table]

'**uitschulpen**[1] overg scallop

'**uitschuren**[1] overg 1 (reinigen) scour (out); 2 (uithollen) wear out

'**uitslaan**[1] I (h.) overg 1 (in 't alg.) beat out, strike out; 2 drive out [a nail]; 3 knock out [a tooth &]; 4 hammer, beat (out) [metals]; 5 shake out [carpets]; 6 unfold [a map]; 7 throw out [one's legs]; 8 put forth [one's claws]; 9 stretch, spread [one's wings]; onzin ~ talk nonsense; de taal die zij ~! the language they use!; II (is) onoverg 1 break out [of flames, measles]; 2 sweat [of a wall]; 3 (schimmelen) grow mouldy [of bread]; 4 deflect [of indicator]

'**uitslaand** bn: ~e brand blaze

'**uitslag** m 1 (-slagen) (resultaat) outcome, result, issue, event, success; 2 (schimmel) mouldiness; 3 (puistjes) eruption, rash; 4 (v. wijzer) deflection; stille ~ handel draft; de ~ van de verkiezing the result of the poll; de bekendmaking van de ~ van de verkiezing the declaration of the poll; wat is de ~ van uw examen? what is the result of your examination?; met goede ~ with good success, successfully

'**uitslapen** (sliep uit, h. en is uitgeslapen) overg & onoverg lie in, sleep late, have one's sleep out; zijn roes ~ sleep off one's debauch, sleep it off

'**uitslepen**[1] overg: ergens iets ~ get sth. out of it

'**uitsliepen** (sliepte uit, h. uitgesliept) overg: iem. ~ ± jeer at sbd.; sliep uit! ± sold again!

'**uitslijpen**[1] overg grind out, hollow-grind, wear out

'**uitslijten**[1] onoverg wear out, wear away, wear off

'**uitsloven**[1] wederk: zich ~ 1 (moeite doen) put oneself out [for sbd.]; 2 (sloven) drudge, toil, work oneself to the bone [for one's livelihood, for others]; 3 (proberen in de smaak te vallen) show off[to please]

'**uitslover** m (-s) 1 (vleier) boot-licker; 2 (aandachttrekker) eager beaver, show-off

'**uitsloverig** bijw: ~ doen be an eager beaver, a show-off

'**uitsluiten**[1] overg 1 (niet toelaten) shut (lock) out;

2 ⟨uitzonderen⟩ exclude; ~ *van deelname* sp disqualify; *die mogelijkheid kan worden uitgesloten* that possibility can be dismissed (ruled out, excluded); *uitgesloten!* out of the question

uit'sluitend *bn* exclusive

'uitsluiting *v* (-en) exclusion; *met ~ van* exclusive of

'uitsluitsel *o* decisive answer

'uitsmeren[1] *overg* spread [over a longer period]

'uitsmijten[1] *overg* chuck out, throw out

'uitsmijter *m* (-s) **1** ⟨in nachtclub &⟩ chucker-out, bouncer; **2** ⟨gerecht⟩ slice of bread with meat or cheese and a fried egg on top, ± bacon and eggs

'uitsnellen[1] *onoverg: de deur ~* rush out

'uitsnijden[1] *overg* cut out, carve out, excise

'uitsnijding *v* (-en) cutting out, excision

'uitspannen[1] *overg* **1** ⟨uitstrekken⟩ stretch out, extend [one's fingers &]; spread [a net]; **2** ⟨uit het tuig halen⟩ take out, unharness [the horses], unyoke [oxen]

'uitspanning *v* (-en) roadhouse, country inn

'uitspansel *o* firmament, heavens, cope, welkin, vault (expanse) of heaven

'uitsparen[1] *overg* **1** ⟨sparen⟩ save, economize; **2** ⟨openlaten⟩ leave blank, leave free

'uitsparing *v* (-en) **1** ⟨besparing⟩ saving, economy; **2** ⟨ruimte⟩ blank space, free space

'uitspatting *v* (-en) dissipation, debauchery, excess; *zich aan ~en overgeven* indulge in dissipation (in excesses)

'uitspelen[1] *overg* play; *ze tegen elkaar ~* play them off against each other

'uitspinnen[1] *overg* spin out[2]

'uitspoelen[1] *overg* rinse (out), wash away

'uitspoken[1] *overg* be up to; *wat spookt hij daar uit?* what is he up to?, what is he doing there?

'uitspraak *v* (-spraken) **1** ⟨v.e. woord⟩ pronunciation; **2** ⟨oordeel⟩ pronouncement, utterance, statement; **3** ⟨arbitraal⟩ award; recht finding, verdict; ~ *doen* pass judg(e)ment, pass (pronounce) sentence

'uitspreiden[1] *overg* spread (out)

'uitspreken (sprak uit, uitgesproken) **I** (h.) *overg* **1** pronounce [a word, judg(e)ment, a sentence]; **2** deliver [a message to the country]; **3** express [thanks, the hope]; **II** (is) *onoverg* ⟨ten einde spreken⟩ finish; *iem. laten ~* hear sbd. out, let sbd. finish

'uitspringen[1] *onoverg* project, jut out; *ergens ~* jump out, leap out; *dat springt eruit* fig that stands out

'uitspringend *bn* jutting out, projecting, salient [angle, part &]

'uitspruiten[1] *onoverg* sprout, shoot

'uitspruitsel *o* (-s) sprout, shoot

'uitspugen[1], **'uitspuwen**[1] *overg* spit out

'uitstaan I *overg* ⟨verdragen⟩ endure, suffer, bear; *ik kan hem niet ~* I cannot stand him; *wat ik allemaal heb moeten ~* what I had to suffer (bear, endure); *ik heb niets met hen uit te staan* I have nothing to do with them; *dat heeft er niets mee uit te staan* that has nothing to do with it; **II** *onoverg* **1** ⟨uitsteken⟩ stand out; **2** be put out at interest; *mijn geld staat uit tegen 7%* my money is put out at 7%; *~de schulden* outstanding debts

'uitstaans ZN: *geen ~ hebben met* have nothing to do with; *dat heeft er geen ~ mee* that has (is) nothing to do with it, it is neither here nor there

'uitstalkast *v* (-en) show-case

'uitstallen[1] *overg* expose for sale, display

'uitstalling *v* (-en) display (in the shop-window), (shop-)window display

'uitstalraam *o* (-ramen) ZN **1** ⟨etalage⟩ shop-window; **2** ⟨vitrine⟩ show-case

'uitstamelen[1] *overg* stammer (out)

'uitstapje *o* (-s) excursion, tour, trip, outing, jaunt; *een ~ maken* make an excursion, make (take) a trip

'uitstappen[1] *onoverg* **1** get out [of tram, car &]; **2** step out, alight [from a carriage]; *iedereen ~!* all get out here

uit'stedig *bn* absent from town, out of town

uit'stedigheid *v* absence from town

'uitsteeksel *o* (-s) projection, protuberance

'uitstek *o* (-ken): *bij ~* pre-eminent(ly)

'uitsteken[1] **I** *overg* stretch out, hold out [one's hand], put out [the tongue, the flag]; *iem. de ogen ~* **1** eig put out sbd.'s eyes; **2** fig make sbd. jealous; zie ook: *hand &*; **II** *onoverg* **1** ⟨in elke richting⟩ stick out; **2** ⟨naar voren steken⟩ jut out, project, protrude; *hoog ~ boven...* rise far above..., tower above...; *hoog boven de anderen ~* rise (head and shoulders) above the others, tower above one's contemporaries; *boven anderen ~ in...* excel others in...

1 'uitstekend *bn* ⟨er bovenuit komend⟩ protruding, prominent

2 uit'stekend I *bn* ⟨zeer goed⟩ excellent, first-rate, eminent, outstanding, admirable; **II** *bijw* excellently, extremely well, splendidly, admirably; **III** *tsw:* ~*!* very well!

uit'stekendheid *v* excellence

'uitstel *o* postponement, delay, respite; ~ *van betaling* extension of time for payment; *het kan geen ~ lijden* it admits of no delay; ~ *van executie* stay of execution; ~ *geven (verlenen)* grant a delay; ~ *vragen* ask for a delay; *van ~ komt dikwijls afstel* delays are often dangerous, ± procrastination is the thief of time; ~ *is geen afstel* all is not lost that is delayed; *zonder* ~ without delay

'uitstellen[1] *overg* delay, defer, postpone, put off; *stel niet uit tot morgen, wat ge heden doen kunt* don't put off till to-morrow what you can do to-day

'uitsterven[1] *onoverg* die out[2], become extinct

'uitsterving *v* extinction

'uitstijgen[1] *onoverg* get out; ~ *boven* rise above

'uitstippelen[1] *overg* **1** outline [a policy]; **2** lay down [lines, a programme]

'**uitstoelen** (stoelde uit, is uitgestoeld) *onoverg* plantk stool
'**uitstomen**[1] *overg* ⟨reinigen⟩ dry-clean
'**uitstoot** *m* discharge
'**uitstorten**[1] I *overg* pour out, pour forth; *zijn gemoed, zijn hart* ~ pour out one's heart, unbosom oneself; II *wederk: zich* ~ discharge itself [of a river, into the sea]
'**uitstorting** *v* (-en) effusion; *de* ~ *van de Heilige Geest* the outpouring of the Holy Ghost
'**uitstoten**[1] *overg* 1 *eig* thrust out; 2 *fig* expel [a person]; *kreten* ~ utter cries
'**uitstoting** *v* expulsion
'**uitstralen**[1] *overg* radiate, beam forth
'**uitstraling** *v* (-en) radiation, emanation
'**uitstralingsvermogen** *o* radiating power
'**uitstralingswarmte** *v* radiant heat
'**uitstrekken**[1] I *overg* stretch, stretch forth, extend; stretch out, reach out [one's hand]; II *wederk: zich* ~ 1 ⟨v. levende wezens⟩ stretch oneself; 2 ⟨v. dingen⟩ stretch, extend, reach; 3 ⟨v. tijd⟩ cover [a period of 10 years]; *zich* ~ *naar het oosten* stretch away to the east
'**uitstrijken**[1] *overg* 1 ⟨in 't alg.⟩ spread, smooth, cross out; 2 *med* take a swab
'**uitstrijkje** *o* (-s) *med* smear, swab
'**uitstromen**[1] *onoverg* 1 ⟨in 't alg.⟩ flow out, stream forth, gush out; 2 ⟨v. gas⟩ escape, pass out; ~ *in* flow into
'**uitstrooien**[1] *overg* 1 ⟨in 't alg.⟩ strew, spread[2], disseminate[2]; 2 *fig* spread [rumours], put about [lies &]
'**uitstrooisel** *o* (-s) rumour, false report
'**uitstuffen**[1] *overg* erase, rub out
'**uitstulpen** (stulpte uit, is uitgestulpt) *onoverg* bulge, protrude, budge
'**uitstulping** *v* (-en) bulge, protrusion
'**uitsturen**[1] *overg* send out
'**uittanden**[1] *overg* indent, tooth, jag
'**uittarten**[1] *overg* defy, challenge, provoke
'**uittarting** *v* (-en) defiance, challenge, provocation
'**uittekenen**[1] *overg* draw, delineate, portray, picture
'**uittellen**[1] *overg* count out
'**uitteren** (teerde uit, is uitgeteerd) *onoverg* pine (waste) away, waste
'**uittering** *v* emaciation
'**uittikken**[1] *overg* type out
'**uittocht** *m* (-en) exodus[2]
'**uittorenen** (torende uit, h. uitgetorend) *onoverg:* ~ *boven* tower above
'**uittrap** *m* (-pen) *sp* ⟨doelschop⟩ goal-kick
'**uittrappen**[1] I *overg* 1 stamp out [a fire]; 2 kick off [one's shoes]; 3 kick sbd. out [of the job]; II *onoverg* sp 1 ⟨door de doelman⟩ kick (the ball) out, take a goal-kick; 2 ⟨het veld uit⟩ put out of play
'**uittreden**[1] *onoverg* 1 ⟨v. priesters, monniken &⟩ leave, give up [the priesthood]; 2 ⟨dienstbetrekking verlaten⟩ retire; *vervroegd* ~ retire early; 3 ⟨buiten

het lichaam treden⟩ leave [one's body]
'**uittreding** *v* 1 ⟨v. priesters, monniken &⟩ leaving [of]; giving up [of the priesthood]; 2 ⟨uit dienstbetrekking⟩ retirement; *vervroegde* ~ early retirement; 3 ⟨uit het lichaam⟩ leaving [of the body]
'**uittrekblad** *o* (-bladen) pull-out leaf, (draw-)leaf
'**uittrekken**[1] I (h.) *overg* 1 draw out [a nail &]; 2 pull off [boots]; 3 take off [one's coat]; 4 pull out, extract [a tooth, herbs &]; *(een som)* ~ *voor* earmark (set aside)... for...; II (is) *onoverg* 1 *mil* march out; set out, set forth; 2 move out [of a house]
'**uittreksel** *o* (-s) 1 ⟨korte inhoud⟩ abstract, summary; 2 ⟨v.d. burgerl. stand⟩ [birth, marriage &] certificate; 3 *handel* ⟨van rekening⟩ statement; 4 ⟨het ontleende⟩ extract
'**uittrektafel** *v* (-s) pull-out table, extending table, telescope-table
'**uittrompetten**[1] *overg* trumpet forth
'**uittypen**[1] *overg* type out
'**uitvaagsel** *o* scum, dregs, offscourings [of society]
'**uitvaardigen** (vaardigde uit, h. uitgevaardigd) *overg* 1 issue [an order]; 2 promulgate, enact [a law]
'**uitvaardiging** *v* (-en) issue; promulgation, enactment [of a law]
'**uitvaart** *v* (-en) funeral, obsequies
'**uitvaartcentrum** *o* (-tra en -s) funeral parlour
'**uitvaartdienst** *m* (-en) funeral ceremonies, obsequies
'**uitvaartstoet** *m* (-en) funeral procession
'**uitval** (-len) *overg* 1 *mil* sally[2], sortie; 2 ⟨bij het schermen⟩ thrust, lunge, pass; 3 ⟨v. woede &⟩ outburst, sudden fit of [anger &]; *een* ~ *doen* 1 make a sally (a sortie); 2 ⟨bij het schermen⟩ make a pass, lunge, lash out
'**uitvallen**[1] *onoverg* 1 fall out, come off [hair]; 2 *mil* make a sally, (a sortie); 3 ⟨bij schermen⟩ make a pass, lunge, lash out; 4 ⟨bij spel⟩ drop out; 5 ⟨v. elektriciteit⟩ fail; 6 ⟨v. woede⟩ fly out *(tegen* at), cut up rough; *goed (slecht)* ~ turn out well (badly); *tegen iem.* ~ fly out at sbd.; *hij kan lelijk tegen je* ~ he is apt to cut up rough; *die trein is uitgevallen* that train has been cancelled; *het* ~ *van de stroom (een transformator)* a power (a transformer) failure
'**uitvaller** *m* (-s) *mil* straggler; *er waren twee* ~*s* sp two competitors dropped out
'**uitvalsbasis** *m* (-ses) base of operations
'**uitvalspoort** *v* (-en) sally port
'**uitvalsweg** *m* (-wegen) arterial road, main traffic artery
'**uitvaren**[1] *onoverg* 1 ⟨wegvaren⟩ sail (out); put to sea; 2 ⟨tekeergaan⟩ storm, fly out; ~ *tegen* fly out at, inveigh against, declaim against
'**uitvechten**[1] *overg: het onder elkaar maar* ~ fight (have) it out among themselves
'**uitvegen**[1] *overg* 1 ⟨in 't alg.⟩ sweep out; 2 ⟨met gum &⟩ wipe out, rub out, efface; *iem. de mantel* ~ haul sbd. over the coals, give sbd. a bit of one's mind

'**uitventen**¹ *overg* hawk about

'**uitverdedigen** (verdedigde uit, h. uitverdedigd) *onoverg* voetbal play it out

'**uitvergroten**¹ *overg* enlarge; gemeenz blow up

'**uitverkiezing** *v* choice, selection

'**uitverkocht** *bn* **1** out of print [book]; **2** sold out, out of stock [goods]; *de druk was gauw ~ the* edition was exhausted in a very short time; *~e zaal* full house

'**uitverkoop** *m* (-kopen) selling-off, clearance sale, sale(s)

'**uitverkoopprijs** *m* (-prijzen) sale price

'**uitverkopen** (verkocht uit, h. uitverkocht) *overg & abs ww* sell off, clear

'**uitverkoren** *bn* chosen, elect; *het ~ volk* the Chosen People (Race); *~e* favourite; *zijn ~e* his sweetheart; *de ~en* the chosen

'**uitvertellen** (vertelde uit, h. uitverteld) *overg* tell to the end; *ik ben uitverteld* I am at the end of my story

'**uitveteren** (veterde uit, h. uitgeveterd) *overg* scold, rate, fly out at

'**uitvieren**¹ *overg* veer out, pay out [a cable]; *een kou ~* nurse one's cold

'**uitvinden**¹ *overg* **1** ⟨ontwikkelen⟩ invent [a machine &]; **2** ⟨ontdekken⟩ find out [the secret &]

'**uitvinder** *m* (-s) inventor

'**uitvinding** *v* (-en) invention

'**uitvindsel** *o* (-s) invention

'**uitvissen**¹ *overg* fish out², fig ferret out

'**uitvlakken**¹ *overg* **1** ⟨in 't alg.⟩ blot out, wipe out; **2** ⟨met gum⟩ rub out; *dat moet je niet ~!* bear that in mind!, that is not to be sneezed at!, it is not to be sneezed at

'**uitvliegen**¹ *onoverg* fly out

'**uitvloeien**¹ *onoverg* flow out

'**uitvloeisel** *o* (-s en -en) consequence, outcome, result

'**uitvloeken**¹ *overg* swear at, curse

'**uitvlucht** *v* (-en) evasion, pretext, subterfuge, excuse, shift; *~en zoeken* prevaricate, shuffle

'**uitvoegstrook** *v* (-stroken) slow lane

'**uitvoer** *m* (-en) **1** ⟨het exporteren⟩ export, exportation; **2** ⟨de goederen⟩ exports; **3** comput output; *de ~ verhogen en de invoer verlagen* increase exports and reduce imports; *ten ~ brengen (leggen)* carry (put) into effect, execute, carry out [a threat]

'**uitvoerartikel** *o* (-en en -s) article of export; *~en* ook: exports

uit'**voerbaar** *bn* practicable, feasible

uit'**voerbaarheid** *v* practicability, practicableness, feasibility

'**uitvoerder** *m* (-s) **1** ⟨v. concert⟩ performer; **2** ⟨v. plan⟩ executor; **3** ⟨v. bouwwerk⟩ building supervisor

'**uitvoeren**¹ *overg* **1** carry out [harbour-works &]; **2** execute [an order, a plan, a sentence &]; **3** perform [an operation, a task, music, a play, tricks &]; **4** carry (put) into effect, carry out [a resolution]; **5** handel fill [an order]; **6** export [goods]; *hij heeft weer niets uitgevoerd* he has not done a stroke of work; *wat voer jij daar uit?* what are you doing?, what are you up to?, what are you at?; *wat heb jij toch uitgevoerd vandaag?* what on earth have you been doing today?; *wat heb je vandaag uitgevoerd?* gemeenz what have you been up to today?; *wat moet ik daarmee ~?* what am I to do with it?; *de ~de macht* the Executive; *de ~de Raad* the Executive Council

'**uitvoerhandel** *m* export trade

'**uitvoerhaven** *v* (-s) harbour of exportation

uit'**voerig I** *bn* **1** ample, lengthy [discussion]; **2** copious [notes]; **3** full, detailed, circumstantial, minute [analysis, account]; **II** *bijw* amply &, in detail; *enigszins ~ citeren* quote at some length; *ik zal ~er schrijven* ook: I'll write more fully

'**uitvoerigheid** *v* ampleness, copiousness

'**uitvoering** *v* (-en) **1** execution [of an order &]; **2** get-up [of a book]; **3** ⟨voorstelling⟩ performance; *~ geven aan* carry (put) into effect, carry out; *werk in ~* road works ahead

'**uitvoerpremie** *v* (-s) export bounty, bounty on exportation

'**uitvoerrechten** *mv* export duties

'**uitvoerverbod** *o* (-boden) export prohibition

'**uitvoervergunning** *v* (-en) export licence

'**uitvorsen**¹ *overg* find out, ferret out

'**uitvouwen**¹ *overg* unfold

'**uitvragen**¹ *overg* question, catechize, gemeenz pump; *ik ben uitgevraagd* **1** I have been asked out [to dinner &]; **2** I have no more questions to ask

'**uitvreten**¹ *overg* **1** ⟨uitbijten⟩ eat out, corrode; **2** ⟨parasiteren op⟩ sponge on [sbd.]; **3** ⟨uitspoken⟩ be up to; *wat vreet hij uit?* what the heck (what on earth) is he doing (is he up to)?; *wat heeft die knul nou weer uitgevreten (gemeenz uitgevroten)* ⟨uitgespookt⟩ what has that boy been up to this time; *hij heeft niets uitgevreten vandaag* he hasn't done a darned (blinking) thing today, he hasn't lifted a finger today

'**uitvreter** *m* (-s) sponger, parasite

'**uitvullen**¹ *overg* space [evenly]

'**uitwaaien** (waaide, woei uit, uitgewaaid) **I** (h.) *overg* blow out; **II** (is) *onoverg* ⟨v. kaars⟩ be blown out [of a candle]; ⟨op strand &⟩ get a good breath of fresh air; *het is nu uitgewaaid* the wind (gale) has spent itself

'**uitwaaieren** (waaierde uit, h. en is uitgewaaierd) *onoverg* fan (out), spread, unfold

'**uitwaarts I** *bn* outward; **II** *bijw* outward(s)

'**uitwas** *m & o* (-sen) outgrowth, excrescence, protuberance

'**uitwasemen**¹ **I** *onoverg* evaporate; **II** *overg* exhale

'**uitwaseming** *v* (-en) evaporation, exhalation

'**uitwassen**¹ *overg* wash (out)

'**uitwateren**¹ *onoverg*: *~ in* discharge itself into..., flow into...

'**uitwatering** *v* (-en) discharge [of a stream]

'**uitwedstrijd** *m* (-en) away game (match)

'**uitweg** *m* (-wegen) **1** eig way out², outlet; **2** fig escape, way out, answer, solution, loophole; *een ~ voor zijn emoties* an outlet for his emotions

'**uitwegen**¹ *overg* weigh out

'**uitweiden**¹ *onoverg:* ~ *over* enlarge upon, expatiate on, dwell upon, digress upon

'**uitweiding** *v* (-en) expatiation, digression

uit'**wendig I** *bn* external, exterior; *voor ~ gebruik* for outward application; *zijn ~ voorkomen* his outward appearance; **II** *bijw* externally, outwardly

uit'**wendigheid** *v* (-heden) exterior; *uitwendigheden* externals

'**uitwerken** (werkte uit, uitgewerkt) **I** (h.) *overg* **1** work out, develop, elaborate [a plan, idea, scheme]; **2** (tot stand brengen) effect, bring about; *niets ~ be* ineffective; **II** (is) *onoverg* wear off; *dit geneesmiddel is uitgewerkt* this medicine has lost its efficacy (has worn off); *zie ook: uitgewerkt*

'**uitwerking** *v* (-en) **1** (bewerking) working-out; **2** (gevolg) effect; ~ *hebben* be effective, work; *geen ~ hebben* produce no effect, be ineffective

'**uitwerpen**¹ *overg* **1** (in 't alg.) throw out [ballast], cast (out), eject; **2** luchtv drop [bombs, arms], parachute [a man, troops]; **3** (spuwen) vomit

'**uitwerpsel** *o* (-en en -s) excrement

'**uitwieden**¹ *overg* weed out

'**uitwijken**¹ *onoverg* **1** (opzijgaan) turn aside, step aside, make way, make room; pull out [of a motorcar]; **2** (vluchten) go into exile, leave one's country; ~ *naar* emigrate to, take refuge in [a country]; ~ *voor* make way for, get out of the way of, avoid [a dog on the road]

'**uitwijking** *v* (-en) **1** (opzij) turning aside; **2** (vlucht) emigration

'**uitwijkmogelijkheid** *v* (-heden) **1** eig opportunity to escape; **2** fig alternative

'**uitwijzen**¹ *overg* **1** (tonen) show; **2** (beslissen) decide; **3** expel [persons]

'**uitwijzing** *v* (-en) expulsion

'**uitwinnen**¹ *overg* save

'**uitwippen**¹ *onoverg* nip out

'**uitwisselen**¹ *overg* exchange

'**uitwisseling** *v* (-en) exchange

'**uitwisselingsprogramma** *o* ('s) exchange programme

'**uitwissen**¹ *overg* wipe out, blot out, efface

'**uitwoeden** (woedde uit, h. en is uitgewoed) *onoverg* spend itself [of a storm]

'**uitwonen**¹ *overg: een huis* ~ let a house go to ruin

'**uitwonend** *bn* **1** non-resident [masters &]; **2** non-collegiate [students]

'**uitworp** *m* (-en) throw, throw out

'**uitwrijven**¹ *overg* rub out; *zich de ogen* ~ rub one's eyes²

'**uitwringen** *overg* wring out

'**uitwuiven**¹ *overg* wave good-bye, see off

'**uitzaaien**¹ *overg* sow², disseminate²

'**uitzaaiing** *v* (-en) med metastasis

'**uitzagen**¹ *overg* saw out

'**uitzakken**¹ *onoverg* sag; *uitgezakt in een luie stoel* slumped in an armchair

'**uitzeilen**¹ *onoverg* sail out, sail

'**uitzendbureau** *o* (-s) temporary employment agency

'**uitzenden**¹ *overg* **1** (wegzenden) send out; **2** RTV broadcast; transmit; (televisie ook:) televise

'**uitzending** *v* (-en) **1** (in 't alg.) sending out; **2** RTV broadcast, broadcasting; transmission

'**uitzendkracht** *m-v* (-en) temporary employee, gemeenz temp

'**uitzet** *m & o* (-ten) (bride's) trousseau; zie ook: *babyuitzet*

uit'**zetbaar** *bn* expansible, dilatable

uit'**zetbaarheid** *v* expansibility, dilatability

'**uitzetten** (zette uit, uitgezet) **I** (is) *onoverg* (groter worden) expand, dilate, swell; **II** (h.) *overg* **1** (buiten iets zetten) put out, throw out; **2** (op rente zetten) invest, put out [money at 6% interest]; **3** (verspreiden) put [plants] out, stock [a river] with [fish], post [guards]; **4** (uitmeten) mark out [distances], measure out [a rectangle]; **5** (uitspreiden) spread (out); **6** (afzetten) switch off [the television]; **7** (vergroten) expand, extend; **8** recht evict, eject [a tenant]; **9** turn [sbd.] out [of the room]; *ongewenste vreemdelingen (het land)* ~ expel, deport undesirable aliens; **III** *wederk* expand, extend

'**uitzetting** *v* (-en) **1** (vergroting) expansion, dilat(at)ion, inflation; **2** (uit het land) expulsion; **3** (uit een huis) eviction, ejection

'**uitzettingscoëfficiënt** *m* (-en) coefficient of expansion

'**uitzettingsvermogen** *o* power of expansion, expansive power, dilatability

'**uitzicht** *o* (-en) view, prospect, outlook; ~ *hebben op...* command a (fine) view of..., overlook [the Thames], give (up)on...; ~ *bieden op succes* hold out a prospect/prospects of succes

'**uitzichtloos** *bn* fig hopeless [situation]

'**uitzichttoren** *m* (-s) belvedere

'**uitzieken** (ziekte uit, is uitgeziekt) *onoverg* nurse one's illness

'**uitzien**¹ **I** *onoverg* look out; *er* ~ look; *je ziet er goed uit* you look well; *zij ziet er goed (knap) uit* she is good-looking; *zij ziet er niet goed uit* she doesn't look well; *dat ziet er mooi uit!* a fine prospect!, a pretty state of affairs!; *dat ziet er slecht uit* things look black; *hoe ziet hij (het) eruit?* what does he (it) look like?, what is he (it) like?; *wat zie jij eruit!* what a state you are in!; you look a sight!; *ziet het er zó uit?* **1** does it look like this?; **2** is it thus that matters stand?; *het ziet eruit alsof het gaat regenen* it looks like rain; *naar een betrekking* ~ look out for a situation; *naar iem.* ~ look out for sbd.; ~ *naar zijn*

uitziften

komst look forward to his coming; ~ *op een plein* look out (up)on a square; ~ *op de Theems* overlook the Thames; ~ *op het zuiden* look (face) south; **II** *overg: zijn ogen* ~ stare one's eyes out

'uitziften[1] *onoverg* sift (out)[2]; *fig* thrash out

'uitzingen[1] *overg* **1** (volhouden) manage; **2** (ten einde zingen) sing out, sing to the end; *met dit bedrag zul je 't een maand moeten* ~ this sum will have to last you a month; *hoe lang zullen wij het* ~ *met die voedselvoorraad?* how long will the food supplies hold out?; *met deze jas kun je 't deze winter nog wel* ~ this coat will see the winter out

uit'zinnig *bn* beside oneself, distracted, demented, mad, frantic

uit'zinnigheid *v* (-heden) distraction, madness

'uitzitten[1] *overg* sit out; *zijn tijd* ~ serve one's time [in prison], do time

'uitzoeken[1] *overg* select [an article, seeds &], choose [an article]; look out [the wash], sort out[2]

'uitzonderen (zonderde uit, h. uitgezonderd) *overg* except

'uitzondering *v* (-en) exception; *een* ~ *op de regel* an exception to the rule; ~*en bevestigen de regel* the exception proves the rule; *bij* ~ by way of exception; *bij hoge* ~ very rarely; *bij* ~ *voorkomend* exceptional; *met* ~ *van...* with the exception of...; *zonder* ~ without exception; *allen zonder* ~ *hadden handschoenen aan* they one and all wore gloves

'uitzonderingsbepaling *v* (-en) exceptional disposition, saving clause

'uitzonderingsgeval *o* (-len) exceptional case

'uitzonderingspositie *v* (-s) special position, privileged position

'uitzonderingstoestand *m* (-en) state of emergency

uit'zonderlijk I *bn* **1** exceptional [ability]; **2** outstanding [merit]; **II** *bijw* **1** exceptionally [large]; **2** outstandingly [important]

'uitzoomen (zoomde uit, h. uitgezoomd) *onoverg fotogr* zoom out

'uitzuigen[1] *overg* **1** *eig* suck (out); **2** *fig* extort money from [a person]; sweat [labour]

'uitzuiger *m* (-s) extortioner; sweater [of labour]

'uitzwaaien[1] *overg* wave good-bye, see off

'uitzwavelen[1] *overg* fumigate, sulphur

'uitzwermen (zwermde uit, is uitgezwermd) *onoverg* **1** swarm off [of bees]; **2** *mil* disperse

'uitzweten[1] *overg* exude, ooze out, sweat out

uk *m* (-ken), **'ukkepuk** *m* (-ken), **'ukkie** *o* (-s) toddler, tiny tot

'ulevel *v* (-len) kind of sweet in a paper wrapper

'ulster *m* (-s) ulster

ult. *afk.* = *ultimo*

ul'tiem *bn* ultimate; ~*e pogingen* last-ditch (all-out) effort

ultima'tief *bn: ultimatieve nota* note in (of) the nature of an ultimatum

ulti'matum *o* (-s) ultimatum; *een* ~ *stellen* issue an

ultimatum (*aan to*)

'ultimo *bijw:* ~ *mei* at the end of May

'ultra I *m-v* ('s) extremist; **II** *bijw* extremely, ultra [short wave]

'ultrakort *bn* ultrashort [wave]

ultrama'rijn *o* ultramarine

ultramon'taan *m* (-tanen) ultramontane

ultramon'taans *bn* ultramontane

ultra'rechts *bn* ultraright

'ultrasnel *bn* ultra-fast [photography]; high-speed [train]

ultra'soon *bn* ultrasonic

'ultrastraling *v* cosmic radiation

ultravio'let *bn* ultra-violet

'Umbrië *o* Umbria

'umlaut *m* (-en) umlaut, (vowel) mutation; *a* ~ modified a

una'niem I *bn* unanimous; **II** *bijw* unanimously, with one assent (accord)

unanimi'teit *v* unanimity, consensus [of opinion]

un'fair *bn* unfair, unsporting, unsportsmanlike

'unicum *o* (-s en -ca) **1** (enig exemplaar) single copy; **2** (uniek ding) unique phenomenon, thing unique of its kind

'unie *v* (-s) union

u'niek *bn* unique

unifi'catie *v* (-s) unification

uni'form I *bn* uniform; **II** *o & v* (-en) (in 't alg.) uniform; *mil ook:* regimentals

uniformi'teit *v* uniformity

uni'formjas *m & v* (-sen) tunic

uni'formpet *v* (-ten) uniform cap

'uniseks *bn* unisex

uni'tariër *m* (-s) Unitarian

universali'teit *v* universality

univer'seel *bn* universal, sole; ~ *erfgenaam* sole heir, residuary legatee

universi'tair I *bn* university...; **II** *bijw:* ~ *opgeleid* college-taught; **III** *m-v* (-en) *ZN* university graduate, academic

universi'teit *v* (-en) university; zie ook: *hogeschool*

universi'teitsbibliotheek *v* (-theken) university library

universi'teitsgebouw *o* (-en) university building

universi'teitsstad *v* (-steden) university town

uni'versum *o* universe

'unster *v* (-s) steelyard, weigh-beam

'uppie *gemeenz: in zijn* ~ all by oneself

u'ranium *o* uranium

ur'baan *bn* urbane

urbani'satie *v* urbanization

urbani'teit *v* urbanity

'ure *v* (-n) = *uur*

'urenlang *bn* for hours, for hours on end

ur'gent *bn* urgent

ur'gentie *v* urgency

ur'gentieprogramma *o* ('s) crash programme

ur'gentieverklaring *v* (-en) declaration of urgency

uri'naal *o* (-nalen) urinal

u'rine *v* urine

u'rineblaas *v* (-blazen) urinary bladder

u'rineleider *m* (-s) ureter, urinary duct

uri'neren (urineerde, h. geürineerd) *onoverg* urinate, make (pass) water

u'rinewegen *mv* urinary passages

uri'noir *o* (-s) public lavatory, public convenience, public urinal

'**urmen** (urmde, h. geürmd) *onoverg* complain, grumble

'**urn** *v* (-en) urn

'**urnenveld** *o* (-en) cinerarium

ursu'line *v* (-n) Ursuline (nun)

ursu'linenklooster *o* (-s) Ursuline convent

'**Uruguay** *o* Uruguay

Uruguay'aan *m* (-yanen) Uruguayan

Uruguay'aans *bn* Uruguayan

u'sance *v* (-s) custom, usage

'**uso** *o* usance

usur'patie *v* (-s) usurpation

usur'pator *m* (-s) usurper

usur'peren (usurpeerde, h. geüsurpeerd) *overg* usurp

ut *v* muz ut, do

utili'teit *v* utility

utili'teitsbeginsel *o* utilitarian principle

utili'teitsbouw *m* functional architecture

U'topia *o* Utopia

uto'pie *v* (-pieën) utopian scheme, Utopia

u'topisch *bn* utopian

uto'pist *m* (-en) Utopian

uur *o* (uren) hour; *een half* ~ half an hour; *driekwart* ~ three quarters of an hour; *een* ~ *gaans* an hour's walk; *twee* ~ *gaans* two hours' walk; *alle uren* every hour; *aan geen* ~ *gebonden* not tied down to time; *binnen het* ~ within an hour; *zijn laatste* ~ *had geslagen* his last hour had come; *het* ~ *van de waarheid* the hour of truth; *in het* ~ *van het gevaar* in the hour of danger; *in een verloren* ~ zie: *uurtje*; *om drie* ~ at three (o'clock); *om het* ~ every hour; *om de twee* ~ every two hours; *op elk* ~ every hour; at any hour; *op elk* ~ *van de dag* at all hours of the day, at any hour; *op een vast* ~ at a fixed hour; *over een* ~ in an hour; *zoveel per* ~ so much per hour (an hour); *iem. per* ~ *betalen* pay sbd. by the hour; *te goeder (kwader) ure* in a happy (an evil) hour; *ter elfder ure* at the eleventh hour; *tegen drie* ~ by three o'clock; *van* ~ *tot* ~ from hour to hour, hourly

'**uurdienst** *m* (-en) hourly service

'**uurglas** *o* (-glazen) hour-glass

'**uurloner** *m* (-s) hourly-paid worker

'**uurloon** *o* hourly wage

'**uurrecord** *o* (-s) 1-hour-record

'**uurtje** *o* (-s) hour; *in een verloren* ~ in a spare hour; *de kleine* ~*s* the small (early) hours

'**uurwerk** *o* (-en) **1** ⟨klok⟩ clock, timepiece; **2** ⟨rader-

werk⟩ works, clockwork

'**uurwerkmaker** *m* (-s) clock-maker, watchmaker

'**uurwijzer** *m* (-s) hour-hand, short hand

uw *bez vnw* your, plechtig thy; *de, het* ~*e* yours, plechtig thine; *geheel de* ~*e...* Yours truly...

'**uwent** *bijw*: *te(n)* ~ at your house

'**uwenthalve** *bijw* for your sake

'**uwentwege** *bijw* as for you; *van* ~ on your behalf, in your name

'**uwentwille** *bijw*: *om* ~ for your sake

'**uwerzijds** *bn* on your part, on your behalf

V

v *v* ('s) v

v. *afk.* = *van; vrouwelijk; voor; vers*

vaag I *bn* vague, hazy, indefinite; **II** *bijw* vaguely

'**vaagheid** *v* (-heden) vagueness

1 vaak *m* ⟨slaperigheid⟩ sleepiness; ~ *hebben* be sleepy; *zie ook: praatje en Klaas*

2 vaak *bijw* often, frequently

vaal *bn* 1 ⟨in 't alg.⟩ drab; 2 ⟨v. gelaatskleur⟩ sallow

'**vaalbleek** *bn* sallow

'**vaalbruin** *bn* dun, drab

'**vaalgrijs** *bn* greyish

'**vaalheid** *v* sallowness

vaalt *v* (-en) dunghill

vaam *m* (vamen) = *vadem*

vaan *v* (vanen) flag, banner, standard

'**vaandel** *o* (-s) flag, standard, ensign, colours; *met vliegende ~s* with colours flying; *onder het ~ van...* [fight] under the banner of...

'**vaandeldrager** *m* (-s) standard-bearer [2]

'**vaandelwacht** *v* colour guard, colour party

'**vaandrig** *m* (-s) 1 hist standard bearer; 2 mil reserve officer cadet

'**vaantje** *o* (-s) 1 ⟨vlaggetje, ook v. sportclub⟩ pennon, pennant; 2 ⟨windwijzer⟩ (weather-)vane

'**vaarboom** *m* (-bomen) punting-pole

'**vaardig I** *bn* 1 ⟨handig⟩ skilled, skilful, adroit, clever, proficient; 2 fluent [speech]; 3 ⟨gereed⟩ ready; *hij is ~ met de pen* he has a ready pen; *de geest werd ~ over hem* the spirit moved him; ~ *in...* *zijn* be clever at...; **II** *bijw* adroitly, cleverly &

'**vaardigheid** *v* (-heden) 1 ⟨handigheid⟩ skill, cleverness, proficiency; 2 fluency [of speech]; 3 ⟨gereedheid⟩ readiness; *zijn ~ in...* his proficiency in...

'**vaardigheidsproef** *v* (-proeven) trial of skill

'**vaargeul** *v* (-en) channel, fairway, lane

vaars *v* (vaarzen) heifer

vaart *v* 1 ⟨de scheepvaart⟩ navigation; 2 (-en) ⟨reis te water⟩ = *reis*; 3 ⟨snelheid⟩ speed [of a vessel &]; 4 ⟨voortgang⟩ career [of a horse &]; 5 (-en) ⟨kanaal⟩ canal; *de grote ~* foreign(-going) trade, ocean-going trade; *de kleine --* home trade; *wilde ~* tramp shipping; ~ *hebben* have speed; *een ~ hebben van ... knopen* run ...knots; ~ *krijgen* gather way, scheepv gain headway; *het zal zo'n ~ niet lopen* things won't take that turn, it won't come to that; ~ *(ver-)minderen* slacken speed, slow down; ~ *achter iets zetten* put on steam, speed up the thing; *in de ~ brengen* put into service [ships]; *in dolle ~* at breakneck speed, in mad career; *in volle ~* (at) full speed; *met een ~ van...* at the rate of...; *uit de ~ nemen* withdraw from service

'**vaartje** *o* (-s) zie: *aardje*

'**vaartuig** *o* (-en) vessel; ~*(en)* ook: craft

'**vaarwater** *o* (-s en -en) fairway, channel; *iem. in het ~ zitten* thwart sbd.; *ze zitten elkaar altijd in het ~* they are always at cross-purposes; *je moet maar uit zijn ~ blijven* you had better give him a wide berth

vaar'wel I *tsw* farewell, adieu, goodbye!; **II** *o* farewell, valediction; *hun een laatst ~ toewuiven* wave them a last adieu (good-bye); ~ *zeggen* say goodbye, bid farewell (to), take leave (of), leave; *de studie ~ zeggen* give up studying; *de wereld ~ zeggen* retire from the world

vaas *v* (vazen) vase

vaat *v*: *de ~ wassen* wash up

'**vaatbundel** *m* (-s) vascular bundle

'**vaatdoek** *m* (-en) dish-cloth

'**vaatje** *o* (-s) small barrel, cask, keg; *uit een ander ~ tappen* change one's tune

'**vaatkramp** *v* (-en) angiospasm, vasospasm

'**vaatkwast** *m* (-en) = *vatenkwast*

'**vaatstelsel** *o* (-s) vascular system

vaatver'nauwend *bn* vaso-constricting

vaatver'wijdend *bn* vaso-dilating

'**vaatwasmachine** *v* (-s) (automatic) dishwasher

'**vaatwater** *o* dish-water

'**vaatwerk** *o* 1 ⟨tonnen⟩ casks; 2 ⟨serviesgoed⟩ crockery

'**vaatziekte** *v* (-n en -s) vascular disease

va-'banque: ~ *spelen* go for broke

va'cant *bn* vacant

va'catie *v* (-s en -tiën) recht sitting

va'catiegeld *o* (-en) fee

vaca'ture *v* (-s) vacancy; *bij de eerste ~* on the occurrence of the next vacancy

vaca'turebank *v* (-en) job centre, employment agency

vaca'turestop *m* (-s) halt on vacancies

vac'cin *o* (-s) vaccine

vaccina'teur *m* (-s) vaccinator

vacci'natie *v* (-s) vaccination

vacci'natiebewijs *o* (-wijzen) vaccination certificate

vacci'neren (vaccineerde, h. gevaccineerd) *overg* vaccinate

va'ceren (vaceerde, h. gevaceerd) *onoverg* 1 ⟨open zijn⟩ be vacant; 2 ⟨zitting houden⟩ sit; *komen te ~* fall vacant

vacht *v* (-en) fleece, pelt, fur

'**vacuüm** *o* (-cua) vacuum

'**vacuümverpakking** *v* (-en) vacuum package; vacuum packaging

'**vacuümverpakt** *bn* vacuum-packed

'**vadem** *m* (-en en -s) fathom; *een ~ hout* a cord of wood

vade'mecum *o* (-s) vade-mecum

'**vader** *m* (-s en -en) 1 ⟨in 't alg.⟩ father; 2 ⟨v. weeshuis e.d.⟩ master; 3 ⟨v. jeugdherberg⟩ warden; *(de)*

Heilige V~ (the) Holy Father; *Onze Hemelse V*~ Our Heavenly Father; *de V*~ *des Vaderlands* Prince William I (the Silent) of the Netherlands ('the father of his country'); *van* ~ *op zoon* from father to son; *zo* ~, *zo zoon* like father like son; *tot zijn* ~*en verzameld worden* be gathered to one's fathers

'**vaderdag** *m* Father's Day

'**vaderfiguur** *v* father figure

'**vaderhart** *o* father's heart

'**vaderhuis** *o* paternal home

'**vaderland** *o* (-en) (native) country, home; plechtig fatherland, home(land)

'**vaderlander** *m* (-s) patriot

vaderland'lievend *bn* vaderlandslievend

'**vaderlands** *bn* **1** patriotic [feelings]; **2** national [history, songs]; **3** native [soil]; *het* ~ *lied* ZN the national anthem

'**vaderlandsliefde** *v* love of (one's) country, patriotism

vaderlands'lievend *bn* patriotic

'**vaderliefde** *v* a father's love, paternal love

'**vaderlijk I** *bn* fatherly, paternal; **II** *bijw* in a fatherly way

'**vaderloos** *bn* fatherless

'**vadermoord** *m & v* (-en) parricide

'**vadermoordenaar** *m* (-s) parricide

'**vaderplicht** *m & v* (-en) paternal duty, duty as a father

'**vaderschap** *o* paternity, fatherhood

'**vaderskant** *m* = *vaderszijde*

'**vaderstad** *v* native town

'**vaderszijde** *v*: *van* ~ **1** [related] on the (one's) father's side; **2** paternal [grandfather]

'**vadsig I** *bn* lazy, indolent, slothful; **II** *bijw* lazily, indolently, slothfully

'**vadsigheid** *v* laziness, indolence, sloth

VAE *mv* Verenigde Arabische Emiraten UAE, United Arab Emirates

va-et-vient *o* coming and going

va'gant *m* (-en) travelling scholar, itinerant priest

'**vagebond** *m* (-en) vagabond, tramp

vagebon'deren (vagebondeerde, h. gevagebondeerd) *onoverg* vagabond, tramp

'**vagelijk** *bijw* vaguely

'**vagevuur** *o* purgatory[2]; *in het* ~ in purgatory

'**vagina** *v* ('s) vagina

vagi'naal *bn* vaginal

vak *o* (-ken) **1** ⟨v. kast &⟩ compartment, partition, pigeon-hole; **2** ⟨v. geruit veld⟩ square, pane; **3** ⟨v. muur⟩ bay; **4** ⟨v. deur &⟩ panel; **5** ⟨v. spoorweg &⟩ section, stretch; **6** ⟨v. studie⟩ subject; **7** ⟨beroep⟩ line [of business]; trade [of a carpenter &]; profession [of a teacher &]; *zijn* ~ *verstaan* understand (know) one's job; *dat is mijn* ~ *niet* that is not my line of business (not in my line); *ik ben in een ander* ~ I am in another line of business; *een man van het* ~ a professional; *hij praat altijd over zijn* ~ he is always talking shop

va'kantie *v* (-s) holiday(s), vacation; *grote* ~ summer holidays; [of University] long vacation; *een dag* ~ a holiday, a day off; *een maand* ~ a month's holiday; ~ *nemen* take a holiday; *in de* ~ during the holidays; *met (op)* ~ *gaan* go (away) on holiday; *met* ~ *naar huis gaan* go home for the holidays; *waar ga je met de* ~ *naar toe?* where are you going for your holidays?; *met (op)* ~ *zijn* be (away) on holiday

va'kantieadres *o* (-sen) holiday address

va'kantiecursus *m* (-sen) holiday course, summer school

va'kantiedag *m* (-dagen) holiday

va'kantieganger *m* (-s) holiday-maker

va'kantiegeld *o* (-en) holiday pay, leave pay

va'kantiehuisje *o* (-s) holiday cottage

va'kantiekaart *v* (-en) holiday ticket

va'kantiekolonie *v* (-s) holiday camp

va'kantieoord *o* (-en) holiday resort

va'kantieplan *o* (-nen) holiday plan

va'kantiereis *v* (-reizen) holiday trip

va'kantiespreiding *v* staggering of holidays, staggered holidays

va'kantietijd *m* holidays, holiday season

va'kantiewerk *o* holiday task

'**vakarbeider** *m* (-s) skilled worker

'**vakbekwaam** *bn* skilled

'**vakbekwaamheid** *v* professional skill

'**vakbeurs** *v* (-beurzen) trade fair

'**vakbeweging** *v* (-en) trade-unionism, trade-union movement

'**vakblad** *o* (-bladen) professional journal, trade journal, technical paper

'**vakbond** *m* (-en) (trade) union

'**vakbondsleider** *m* (-s) trade-union leader

'**vakbondslid** *o* (-leden) trade-union member

'**vakcentrale** *v* (-s) federation of trade unions

'**vakdiploma** *o* ('s) professional diploma

'**vakgebied** *o* (-bieden) field (of study)

'**vakgeleerde** *m-v* (-n) specialist, expert

'**vakgenoot** *m* (-noten) colleague

'**vakgroep** *v* (-en) trade association

'**vakidioot** *m* (-dioten) narrow-minded specialist; (physics &) freak

'**vakjargon** *o* lingo, technical jargon

'**vakje** *o* (-s) **1** ⟨in kast &⟩ compartment, partition; **2** ⟨v. bureau⟩ pigeonhole; **3** ⟨op papier⟩ square, box

'**vakkennis** *v* professional (specialized, expert) knowledge

'**vakkringen** *v* professional (expert) circles; *in* ~ among experts

vak'kundig *bn* expert, skilled, competent

vak'kundigheid *v* (professional) skill

'**vakliteratuur** *v* technical (specialised) literature

'**vakman** *m* (-nen, -lui, -lieden) **1** ⟨in 't alg.⟩ professional, expert, specialist; **2** ⟨handarbeider⟩ craftsman

'**vakmanschap** *o* craftsmanship, skill

'**vakonderwijs** *o* technical (specialized) instruction
'**vakopleiding** *v* professional training
'**vakorganisatie** *v* (-s) trade union, professional organization
'**vakschool** *v* (-scholen) technical school
'**vakstudie** *v* professional studies
'**vaktaal** *v* technical (professional) language; *in ~* in technical terms
'**vakterm** *m* (-en) technical term
'**vakterminologie** *v* (-gieën) technical (professional) terminology
'**vaktijdschrift** *o* (-en) = *vakblad*
'**vakverbond** *o* (-en) federation of trade unions
'**vakvereniging** *v* (-en) trade-union
'**vakvrouw** *v* (-en) **1** (in 't alg.) professional, expert, specialist; **2** (handarbeider) craftswoman
'**vakwerk** *o* **1** (werk v. vakman) expert work, skilled work, professional job; **2** (bouwwijze) half-timber; (bij skeletbouw) skeleton structure
1 val *m* **1** fall²; **2** fig ook: overthrow [of a minister]; *vrije ~* free fall; *een ~ maken* have a fall; *ten ~ brengen* ruin [a man]; overthrow [the ministry], bring down [the government]
2 val *v* (-len) **1** (om te vangen) trap; **2** (strook) valance [round a chimney]; *een ~ zetten* set a trap; *in de ~ lopen* walk (fall) into the trap²
3 val *o* (-len) <u>scheepv</u> halyard
va'label *bn* ZN (verdienstelijk) skilled, experienced, useful
'**valbijl** *v* (-en) guillotine
'**valblok** *o* (-ken) **1** = hijsblok; **2** = heiblok
'**valbrug** *v* (-gen) drawbridge
'**valdeur** *v* (-en) **1** (in 't alg.) trapdoor, trap; **2** (v. sluis) penstock
va'lentie *v* (-s) valence
valeri'aan 1 *v* (plant) valerian; **2** *v* & *o* (stof) valerian
'**valgordijn** *o* & *v* (-en) blind
'**valhek** *o* (-ken) portcullis
'**valhelm** *m* (-en) crash-helmet
'**valhoogte** *v* (-n en -s) fall
va'lide *bn* **1** (geldig) valid; **2** able-bodied [men]
vali'deren (valideerde, h. gevalideerd) *overg* validate, make valid
validi'teit *v* validity
va'lies *o* (-liezen) suitcase; *zijn ~ pakken* ZN pack one's cases, make (run) off; *iem. in de ~ zetten, doen* ZN deceive a person
'**valium** *o* valium
valk *m* & *v* (-en) falcon, hawk
valke'nier *m* (-s) falconer
valkenjacht *v* (-en) falconry, hawking
valkuil *m* (-en) trap, pit(fall)
val'lei *v* (-en) **1** (in 't alg.) valley, <u>plechtig</u> vale; **2** (kleiner) dale [cultivated or cultivable]; **3** (klein, met bomen begroeid) dell
'**vallen I** (viel, is gevallen) *onoverg* fall² [ook = be killed]; drop, go down, come down; *de avond valt*

night is falling; *het gordijn valt* the curtain drops; *de minister is gevallen* the minister fell; *velen zijn in die slag gevallen* many fell in this battle; *(het kleed) valt goed* sits (hangs) well; *het zal hem hard ~* he'll find it a great wrench; zie ook: *hardvallen; de tijd valt mij lang* time hangs heavy on my hands; *dat valt me moeilijk (zwaar)* it is difficult for me; I find it difficult; *het valt zo het valt* come what may; *er zullen klappen (slagen) ~* there will be blows; *er vielen woorden* there were high words; *er valt wel met hem te praten* zie: *praten; daar valt niet mee te spotten* that is not to be trifled with; *wat valt daarvan te zeggen?* what can be said about it?; *doen ~* trip up [sbd.]; bring about the fall of [the ministry]; *laten ~* drop [sth.]; let [it] fall; *wij kunnen niets van onze eisen laten ~* we cannot bate a jot of our claims; *wij kunnen niets van de prijs laten ~* we cannot knock off anything; *zich laten ~* drop [into a chair]; *aan stukken ~* fall to pieces; *het huis viel aan mijn broer* the house fell to my brother; *al naar het valt* as the case may be; *dat valt hier niet onder* it does not fall (come) under this head; *de klemtoon valt op de eerste lettergreep* the stress falls on the first syllable; *het valt op een maandag* it falls on Monday; *de keuze is op u gevallen* the choice has fallen on you; *hij valt over elke kleinigheid* he stumbles at every trifle; *ik ken hem niet, al viel ik over hem* I don't know him from Adam; *van zijn paard ~* fall from one's horse; **II** *o: het ~ van de avond* nightfall; *bij het ~ van de avond* at nightfall
'**vallend** *bn: ~e ster* falling star; *~e ziekte* epilepsy; *lijdend (lijder) aan ~e ziekte* epileptic
'**valletje** *o* (-s) valance
'**vallicht** *o* (-en) skylight
'**valling** *v* (-en) **1** (helling) slope; **2** ZN (verkoudheid) cold
'**valluik** *o* (-en) trapdoor
valori'satie *v* (-s) valorization
'**valpartij** *v* (-en) spill
'**valpoort** *v* (-en) portcullis
'**valreep** *m* (-repen) <u>scheepv</u> gangway; *een glaasje op de ~* a stirrup-cup, a final glass, <u>gemeenz</u> one for the road
vals I *bn* **1** (niet echt) false [coin, hair, teeth &, ideas, gods, pride, shame; <u>muz</u> note], forged [writings, cheque], fake [picture], <u>gemeenz</u> dud [cheques]; **2** (niet oprecht) false, guileful, perfidious, treacherous; **3** (boosaardig) vicious; *~ geld* base coin, counterfeit money; *een ~e handtekening* a forged signature; *een ~e Rembrandt* a forged/fake Rembrandt; *een ~e hond* a vicious dog; *~e juwelen* imitation jewels; *~ spel* foul play; *~ spoor* fig red herring; *~e start* sp breakaway; **II** *bijw* falsely; *iem. ~ aankijken* look viciously at sbd.; *~ klinken* have a false ring; *~ spelen* **1** <u>muz</u> play out of tune; **2** sp cheat [at cards]; *~ zingen* sing false (out of tune); *~ zweren* swear falsely, forswear oneself, perjure oneself

'**valsaard** *m* (-s) false (perfidious) person
'**valscherm** *o* (-en) parachute
'**valselijk** *bn* falsely
valse'munter *m* (-s) coiner
valsemunte'rij *v* counterfeiting, forgery
'**valserik** *m* (-riken) false person
'**valsheid** *v* (-heden) falseness, falsity, treachery, perfidy; ~ *in geschrifte* forgery
'**valsmunter** *m* (-s) = *valsemunter*
'**valsspeler** *m* (-s) (card-)sharper
'**valstrik** *m* (-ken) 1 ⟨in 't alg.⟩ snare², trap²; 2 ⟨voor dieren⟩ gin
va'luta *v* ('s) 1 ⟨koers⟩ rate of exchange; 2 ⟨munt⟩ [foreign, hard, soft] currency; 3 ⟨waarde⟩ value
va'lutahandel *m* exchange dealings
'**valwind** *m* (-en) fall wind, down wind, föhn
vamp *v* (-en) femme fatale
'**vampier** *m* (-s) vampire-bat, vampire²
vampi'risme *o* vampirism
van *voorz* 1 ⟨bezit aanduidend⟩ of ⟨ook uitgedrukt door 's⟩; 2 ⟨oorzakelijk⟩ from, with, for; 3 ⟨scheiding aanduidend⟩ from; 4 ⟨afkomst⟩ of [noble blood]; 5 ⟨voor stofnamen⟩ of [gold]; 1 *het boek ~ mijn vader* my father's book; *dat boek is ~ mij* that book is mine; *een vriend ~ mij* a friend of mine; *zij was een eigen nicht ~ de koningin* ook: she was own niece to the Queen; *de E ~ Eduard* telec E for Edward; *de stijging ~ prijzen en lonen* the rise in prices and wages; 2 *~ kou omkomen* perish with cold; *~ vreugde schreien* weep with (for) joy; 3 *~ A tot B* from A to B.; *~ de morgen tot de avond* from morning till night; *het is een uur lopen ~ Schoonoord* it is an hour's walk from Schoonoord; *eten ~ een bord* eat off a plate; *hij viel ~ de ladder (~ de trap)* he fell off the ladder (down the stairs); *negen ~ de tien* nine out of (every) ten [have a...]; *rekenkunde* nine from ten [leaves one]; 4 *dat heeft hij niet ~ mij* it is not me he takes it from; *een roman ~ Dickens* a novel by Dickens; *een schilderij ~ Rembrandt* a picture of Rembrandt's; *het was dom ~ hem* it was stupid of him; 5 *een kam ~ zilver* a comb of silver, a silver comb; *~ de week* this week; *die schurk ~ een kruidenier* that rascal of a grocer; *de sneltrein ~ 3 uur 16* the 3.16 express; *hij zegt ~ ja* he says yes; *ik vind ~ wel* I think so
van'af *voorz* from
van'avond *bijw* this evening, to-night
van'daag *bijw* to-day; *~ de dag* 1 ⟨op deze dag⟩ to-day; 2 ⟨tegenwoordig⟩ these days; *~ of morgen* fig sooner or later
van'daal *m* (-dalen) vandal, ⟨voetbal~⟩ hooligan
van'daan *bijw*: *ergens ~ gaan* go away, leave; *(ik kom) daar ~* from that place; *waar kom jij ~?* where do you come from?
van'daar *bijw* hence, that's why
vanda'lisme *o* vandalism, ⟨voetbal~⟩ hooliganism
'**vandehands** *bn*: *het ~e paard* the off horse

van'doen *bijw*: *ergens mee ~ hebben* have to do with sth.
van'door *bijw* away; *er ~ gaan* 1 ⟨in 't alg.⟩ run away, make (run) off; 2 ⟨vluchten⟩ bolt, turn tail; *er stilletjes ~ gaan* take French leave; *kom, ik ga er eens ~* well, I'm off now
van'een *bijw* apart, plechtig asunder
vang *v* (-en) stay [of a mill]
'**vangarm** *m* (-en) tentacle
'**vangbal** *m* (-len) sp catch
'**vangen** (ving, h. gevangen) *overg* catch, capture; *zich niet laten ~* not walk into the trap
'**vanger** *m* (-s) catcher
'**vanglijn** *v* (-en) scheepv painter
'**vangnet** *o* (-ten) safety net
'**vangrail** *v* (-s) guard-rail, crash barrier
'**vangst** *v* (-en) catch, capture, bag, taking; *een goede ~* a fine bag, a large take, a big haul
'**vangstbeperking** *v* (-en) quota
'**vangstverbod** *o* (-boden) ban on fishing
'**vangzeil** *o* (-en) jumping sheet
van'hier *bijw* from here
va'nille *v* vanilla
va'nille-ijs *o* vanilla ice
va'nillestokje *o* (-s) stick of vanilla
va'nillevla *v* ± vanilla custard
van'middag *bijw* this afternoon
van'morgen *bijw* this morning
van'nacht *bijw* 1 ⟨toekomstig⟩ to-night; 2 ⟨verleden⟩ last night
van'ochtend *bijw* this morning
van'ouds *bijw* of old
Vanu'atu *o* Vanuatu
van'uit *bijw* from
van'waar *bijw* 1 ⟨plaats⟩ from what place, from where, plechtig whence; 2 ⟨om welke reden⟩ why
van'wege *voorz* 1 ⟨reden⟩ on account of, because of, due to; 2 ⟨namens⟩ on behalf of, in the name of
van'zelf *bijw* [fall, happen] of itself, [come] of its own accord; *~!* of course!; zie ook: *spreken II*
vanzelf'sprekend I *bn* self-evident; *het is ~* it goes without saying; *als ~ aannemen* take it for granted; II *bijw* naturally, as a matter of course
vanzelf'sprekendheid *v*: *een ~* a matter of course
vapori'sator *m* (-s en -'toren) vaporizer, spray
1 '**varen** *v* (-s) ⟨plant⟩ fern, bracken, brake
2 '**varen** (voer, h. en is gevaren) I *onoverg* sail, navigate; *hoe vaart u?* how are you?, how do you do?; *om hoe laat vaart de boot?* what time does the steamer leave (sail)?; *gaan ~* go to sea; *zullen we wat gaan ~?* shall we go for a sail?; *zij hebben dat plan laten ~* they have abandoned (relinquished, given up, dropped) the plan; *wel bij iets ~* do well by sth.; *u zult er niet slecht bij ~* you will be none the worse for it; *de duivel is in hem gevaren* the devil has taken possession of him; *wij voeren om de Kaap* we went via the Cape, sailed round the Cape; *zij ~ op New York* they trade to New York; *ten hemel ~*

ascend to Heaven; *ter helle* ~ go to hell; **II** *overg*
row, take [a person across &]
'**varensgezel** *m* (-len) sailor, seaman
'**varia** *mv* miscellanies, miscellanea
vari'abel *bn* variable; ~*e werktijden* flexible hours,
gemeenz flexitime
vari'abele *v* variable
vari'ant *v* (-en) variant
vari'atie *v* (-s) variation; *voor de* ~ for a change
vari'ëren (varieerde, h. gevarieerd) **I** *onoverg* vary;
~*d tussen de 10 en 20 gulden* ranging from 10 to 20
guilders (between 10 and 20 g.); **II** *overg* vary
varié'té *v* (-s) variety theatre, music-hall
varié'téartiest *m* (-en) variety artist, music-hall
entertainer
varié'teit *v* (-en) variety
varié'ténummer *o* (-s) variety act
'**varken** *o* (-s) pig², hog², swine²; *wild* ~ (wild)
boar; *we zullen dat* ~ *wel wassen!* we'll deal with it!;
het ~ *is op één oor na gevild* everything is almost
over
'**varkensblaas** *v* (-blazen) hog's bladder
'**varkensdraf** *m* swill, swillings
'**varkensfokker** *m* (-s) pig-breeder, pig-farmer
varkensfokke'rij *v* (-en) **1** ⟨bedrijfstak⟩ pig-breed-
ing; **2** ⟨bep. bedrijf⟩ pig-farm
'**varkenshaar** *o* hog's bristles
'**varkenshaas** *m* (-hazen) pork tenderloin
'**varkenshok** *o* (-ken) pigsty², piggery²
'**varkenskarbonade** *v* (-s en -n) pork-chop
'**varkenskost** *m* food for swine, hog's meat
'**varkenskot** *o* (-ten) pigsty², piggery²
'**varkenskotelet** *v* (-ten) pork-cutlet
'**varkenslapjes** *mv* pork-collops
'**varkensleer** *o* pigskin
'**varkensmarkt** *v* (-en) pig-market
'**varkenspest** *v* swine fever
'**varkenspoot** *m* (-poten) **1** ⟨v. levend dier⟩ pig's
leg; **2** ⟨v. geslacht⟩ pig's trotter; ~*jes* pettitoes
'**varkensslachterij** *v* (-en) pork-butcher's shop
'**varkensslager** *m* (-s) pork-butcher
'**varkensstaart** *m* (-en) pig's tail
'**varkensstal** *m* (-len) pigsty², piggery²
'**varkenstrog** *m* (-gen) pig-trough, pig-tub
'**varkensvet** *o* fat of pigs, pork dripping
'**varkensvlees** *o* pork
'**varkensvoer** *o* = *varkenskost*
'**varkentje** *o* (-s) piglet, pigling, gemeenz piggy; zie
ook: *varken*
vase'line *v* vaseline
vasomo'torisch *bn* vaso-motor
vast I *bn* fast, firm, fixed, steady; *oliewaarden* ~ handel oil shares were a firm market; ~*e aanstelling*
permanent appointment; ~*e aardigheden* stock
jokes; ~*e arbeider* regular workman; ~*e avondjes* set
evenings; *zijn* ~*e benoeming* his permanent appointment; ~*e betrekking* permanent situation; ~*e
bezoeker* regular visitor, patron; ~*e brandstoffen*

solid fuel; ~*e brug* fixed bridge; ~*e goederen* fixed
property, immovables; ~*e halte* compulsory stop;
~*e hand* firm (steady) hand; *een* ~ *inkomen* a fixed
income; ~*e inwoners* resident inhabitants; ~*e klanten* regular customers; ~ *kleed* fitted carpet; ~*e kleuren* fast colours; ~*e kost* solid food; ~*e lasten* **1** ⟨v.
bedrijf⟩ overhead expenses, overheads; **2** ⟨v. huis-
houden⟩ fixed charges, recurring expenses; ~*e lichamen* solid bodies, solids; *een* ~*e massa* a solid
mass; *een* ~ *nummer* a fixture; ~*e offerte* firm offer;
~*e overtuiging* firm conviction; ~*e planten* perenni-
als; ~*e positie* stable position; ~*e prijzen* fixed
prices; no discount given!; ~ *salaris* fixed salary;
onze ~*e schotel op zondag* our standing Sunday-
dish; ~*e slaap* sound sleep; ~*e spijzen* solid food;
~*e ster* fixed star; ~*e tussenpozen* [at] regular intervals; ~*e uitdrukking* stock phrase; ~*e vloerbedekking*
fitted floor-covering; ~ *voornemen* firm (fixed, set)
intention; ~*e wal* shore; ~*e wastafel* fitted wash-
basin; ~ *weer* settled weather; ~ *werk* regular work
(employment); ~*e woonplaats* fixed abode; *het is* ~
en zeker it is quite certain; ~ *worden* congeal [of liq-
uids], solidify [of cheese &], set [of custard]; ~*er
worden* handel firm up, stiffen [of prices]; **II** *bijw*
1 ⟨ferm⟩ fast, firmly, handel [offer] firm; **2** ⟨alvast⟩
as well, in the meantime; **3** ⟨zeker⟩ certainly, surely,
for certain; ~ *en zeker* quite certain; ~ *niet* **1** ⟨zeker
niet⟩ certainly not; **2** ⟨waarschijnlijk niet⟩ probably
not, I don't think so; *wij zullen maar* ~ *beginnen*
we'll begin meanwhile; ~ *slapen* be sound asleep,
sleep soundly
'**vastbakken** (bakte vast, is vastgebakken) *onoverg*
stick to the pan; fig *aan zijn auto vastgebakken zitten*
be hooked on one's car
vastbe'raden *bn* resolute, firm, determined
vastbe'radenheid *v* resoluteness, resolution, firmness, determination
'**vastbesloten** *bn* determined, resolute, firm, of set
purpose
'**vastbijten**[1] *wederk: zich* ~ *in iets* get one's teeth in
sth.
'**vastbinden**[1] *overg* bind fast, fasten, tie up
'**vastdraaien**[1] *overg* turn on, screw down
vaste'land *o* (-en) continent, mainland
vaste'lander *m* (-s) **1** ⟨in 't alg.⟩ mainlander; **2** ⟨v.
Europees vasteland i.t.t. Brit⟩ continental
vaste'landsklimaat *o* continental climate
1 '**vasten** *m* fast; *in de* ~ ⟨christelijk⟩ in Lent
2 '**vasten** (vastte, h. gevast) *onoverg* fast; *het* ~ fasting, the fast; *de* ~ *breken* break the fast
vasten'avond *m* (-en) Shrove Tuesday, Pancake
Day, Shrovetide
vasten'avondgek *m* (-ken) carnival reveller
vasten'avondgrap *v* (-pen) carnival joke
vasten'avondpret *v* carnival fun
vasten'avondzot *m* (-ten) = *vastenavondgek*
'**vastenbrief** *m* (-brieven) RK Lenten pastoral
'**vastendag** *m* (-dagen) fast-day, fasting-day

'**vastenmaand** v (-en) ⟨in 't alg.⟩ month of fasting; ⟨christelijk⟩ Lent; ⟨in de islam⟩ Ramadan

'**vastenpreek** v (-preken) Lenten sermon

'**vastentijd** m time of fasting; de ~ ⟨christelijk⟩ Lent

'**vastenwet** v (-ten) **1** law of fasting; **2** RK Lenten regulations

'**vaster** m (-s) faster

'**vastgeroest** bn rusted; fig stuck in a groove

'**vastgespen**¹ overg buckle

'**vastgoed** o real estate, real property, immovables

'**vastgrijpen**¹ (greep vast, h. vastgegrepen) overg seize, catch hold of, grip

'**vastgroeien**¹ onoverg grow together

'**vasthaken**¹ overg hook (aan on to)

'**vasthebben**¹ overg have got hold [of sth.]

'**vasthechten**¹ **I** overg attach, fasten, fix, affix [sth. to...]; **II** wederk: zich ~ (aan) attach itself (themselves) to...²; fig become (get) attached to...

'**vastheid** v firmness, fixedness, solidity

'**vasthouden**¹ **I** overg **1** ⟨beethouden⟩ hold fast, hold [sth.]; **2** ⟨achterhouden⟩ retain; **3** ⟨in bewaring houden⟩ detain [the accused]; **II** onoverg: ~ aan **1** be tenacious of [one's rights &]; **2** stick to [one's opinion, old fashions &]; **III** wederk: zich ~ hold fast, hold on; zich ~ aan de leuning hold on to the banisters; houd je vast, ik heb groot nieuws brace yourself for the news

vast'**houdend** bn ⟨volhardend⟩ tenacious, persevering

vast'**houdendheid** v ⟨volhardendheid⟩ tenacity, perseverance

'**vastigheid** v ⟨zekerheid⟩ certainty, security

'**vastketenen**¹ overg chain up

'**vastklampen** (klampte vast, h. vastgeklampt) wederk: zich ~ aan cling to²; clutch at [a straw]

'**vastklemmen**¹ wederk: zich ~ aan hold on to [the banisters]; zie ook: vastklampen

'**vastkleven**¹ onoverg & overg stick (aan to)

'**vastklinken**¹ overg rivet

'**vastkluisteren**¹ overg fetter², shackle²

'**vastknopen**¹ overg **1** ⟨met knopen⟩ button (up); **2** ⟨met touw⟩ tie, tie up, fasten

'**vastkoppelen**¹ overg couple²

'**vastleggen**¹ overg **1** fasten, tie up, chain up [a dog]; **2** scheepv moor [a ship]; **3** fig tie up, lock up [capital]; **4** record [by photography &]; **5** lay down [in a contract]; het geleerde ~ fix what one has learned; het resultaat van het onderzoek ~ in... embody (record) the result of the investigation in...

'**vastliggen**¹ onoverg **1** lie firm [of things]; **2** be chained up [of a dog]; **3** be tied (locked) up [of capital]; **4** be moored [of a ship]

'**vastlijmen**¹ overg glue

'**vastlopen**¹ onoverg **1** get stuck²; techn jam [of a machine]; **2** scheepv run aground; **3** fig come to a deadlock [of conference &]

'**vastmaken**¹ overg **1** ⟨in 't alg.⟩ fasten, make fast, tie, bind, secure [sth.]; **2** scheepv furl [sails]; die

blouse kun je van achteren ~ this blouse fastens at the back

'**vastmeren**¹ overg moor [a ship]

'**vastnaaien**¹ overg sew together, sew (aan on to)

'**vastnagelen**¹ overg nail (down)

'**vastomlijnd** bn clearly defined; een ~ idee a clear (definite) idea

'**vastpakken**¹ overg seize, take hold of, grip; het goed ~ take fast hold of it

'**vastpinnen**¹ overg pin, fasten with pins; iem. op iets ~ pin sbd. down to sth.

'**vastplakken**¹ **I** (is) onoverg stick; ~ aan stick to; **II** (h.) overg stick; het ~ aan... paste it on to...

'**vastpraten**¹ **I** overg corner [sbd.]; **II** wederk: zich ~ be caught in one's own words

'**vastprikken**¹ overg pin (up)

'**vastraken**¹ onoverg **1** ⟨in 't alg.⟩ get stuck²; **2** scheepv run aground

vast'**recht** o fixed charge, flat rate

'**vastrijgen**¹ overg lace (up)

'**vastroesten**¹ onoverg rust (aan on to)

'**vastschroeven**¹ overg ⟨in 't alg.⟩ screw tight, screw on; ⟨aan de vloer⟩ screw down; ⟨aan het plafond⟩ screw up; ⟨twee voorwerpen⟩ screw together

'**vastsjorren**¹ overg **1** ⟨v. touwen⟩ lash, belay; **2** secure [sth.]

'**vastslaan**¹ overg fasten, nail down

'**vastspelden**¹ overg pin (aan on to)

'**vastspijkeren**¹ overg nail (down)

'**vaststaan**¹ onoverg ⟨v. tafel e.d.⟩ stand firm; dat staat vast! that's a fact!; zijn besluit stond vast his resolution was fixed

'**vaststaand** bn ⟨v. feiten e.d.⟩ indisputable, certain

'**vaststampen**¹ overg ram down

'**vaststeken**¹ overg fasten [with pins or pegs]

'**vaststellen**¹ overg **1** establish, ascertain [a fact]; **2** determine [the amount &]; **3** med diagnose [ulceration]; **4** lay down [rules]; **5** draw up [a programme]; **6** assess [the damages]; **7** appoint [a time, place]; **8** settle, fix [a day &]; **9** state [that...]; de vergadering is vastgesteld op 1 mei the meeting is fixed for May 1st

'**vaststelling** v (-en) establishment; determination; fixation; settlement; appointment

'**vaststrikken**¹ overg tie

'**vasttapijt** o ZN fitted carpet

'**vasttrappen**¹ overg stamp (tread) down

'**vastvriezen**¹ onoverg be frozen in (up); ~ aan freeze on to

'**vastzetten**¹ overg **1** fasten, fix, secure [sth. to the wall]; **2** ⟨schaken, dammen⟩ check; **3** tie up [money]; **4** put [sbd.] in prison; geld ~ op iem. settle a sum of money upon sbd.

'**vastzitten**¹ onoverg **1** ⟨v. dingen⟩ stick fast, stick; scheepv be aground; **2** ⟨v. personen⟩ be in prison; fig be stuck; be at a nonplus; wij zitten hier vast we are marooned here; daar zit meer aan vast **1** more belongs to that; **2** more is meant than meets the ear (the eye); *nu zit hij eraan vast* he can't back out of it now; *ik zit er niet aan vast* I am not wedded to it; ~ *in het ijs* be ice-bound

1 vat *m* hold, grip; *ik heb geen ~ op hem* I have no hold on (over) him; ... *heeft geen ~ op hem* ... has no hold upon him, he is proof against ...; *niets had ~ op hem* it was all lost upon him; *ik kon geen ~ op hem krijgen* I could not get at him

2 vat *o* (vaten) **1** 〈ton〉 cask, barrel, tun, butt, vat; **2** 〈inhoudsmaat〉 barrel; **3** *biol* vessel; *wat in het ~ is verzuurt niet* it will keep; *nog wat in het ~ hebben* have a rod in pickle [for]; *holle ~en klinken het hardst* the empty vessel makes the greatest sound; *bier van het ~* beer on draught, draught ale; *wijn van het ~* wine from the wood

'vatbaar *bn*: ~ *voor* **1** capable of [improvement]; **2** open to, accessible to, amenable to 〈reason &〉; **3** susceptible to [reason, cold, impressions &]; ~ *voor indrukken* ook: impressionable

'vatbaarheid *v* capacity, accessibility, susceptibility; ~ *voor indrukken* impressionability

'vatbier *o* beer on draught, draught ale

'vaten meerv. van ²*vat*

'vatenkwast *m* (-en) dish-mop

Vati'caan *o* Vatican

Vati'caans *bn* Vatican [Council, library]

Vati'caanstad *v* Vatican City

'vatten (vatte, h. gevat) **I** *overg* **1** 〈in 't alg.〉 catch², seize², grasp² [sth.]; **2** *fig* understand, get [sth., the meaning]; see [a joke]; zie ook: *kou, moed, ²post; in goud ~* mount in gold; *in lood ~* set in lead, frame with lead, lead; **II** *abs ww*: *vat je 'm?* (you) see?, (you) get it?

va'zal *m* (-len) vassal

va'zalstaat *m* (-staten) vassal state

v. Chr. *afk. voor Christus* B.C., before Christ

'vechten (vocht, h. gevochten) *onoverg* fight; *gemeenz* have a scrap; ~ *met de stadsjongens* fight (with) the townboys; ~ *om iets* fight for sth.; ~ *tegen* fight against, fight; *ik heb er altijd voor gevochten* I've always fought in behalf of it, stood up for it

'vechter *m* (-s) fighter, combatant

vechte'rij *v* (-en) fighting

'vechtersbaas *m* (-bazen) fighter

'vechthaan *m* (-hanen) game-cock

'vechtjas *m* (-sen) fighter, tough

'vechtlust *m* pugnacity, combativeness

vecht'lustig *bn* pugnacious, combative

'vechtpartij *v* (-en) fight, scuffle; *gemeenz* scrap

'vechtpet *v* (-ten) battle-cap, forage-cap

'vechtsport *v* (-en) combat sport

'vechtwagen *m* (-s) *mil* tank

'vedel *v* (-s) fiddle

'vedelaar *m* (-s) fiddler

'vedelen (vedelde, h. gevedeld) *onoverg* fiddle

'veder *v* (-s en -en) = ¹*veer*

'vederachtig *bn* feathery

'vederbos *m* (-sen) tuft, crest, plume, panache

'vedergewicht *o* *sp* featherweight

'vederlicht *bn* light as a feather, feathery

'vedervormig *bn* feather-shaped

'vederwolk *v* (-en) cirrus [*mv* cirri]

ve'dette *v* (-s en -n) vedette, star

vee *o* cattle²

'veearts *m* (-en) veterinary surgeon, *gemeenz* vet

veeartse'nijkunde *v* veterinary science, veterinary surgery

veeartse'nijschool *v* (-scholen) veterinary college

'veeboer *m* (-en) cattle-breeder, stock-farmer

'veeboot *m & v* (-boten) cattle-boat

'veedief *m* (-dieven) cattle-stealer, cattle-lifter

veedieve'rij *v* (-en) cattle-lifting

'veedrijver *m* (-s) cattle-drover, drover

'veefokker *m* (-s) cattle-breeder, stock-breeder

veefokke'rij *v* (-en) **1** 〈bedrijfstak〉 cattle-breeding, cattle-raising; **2** 〈bep. bedrijf〉 stock-farm

1 veeg *bn*: *het vege lijf redden* get off with one's life; *een ~ teken* an ominous sign

2 veeg *m & v* (vegen) **1** wipe [with a cloth]; **2** whisk [with a broom]; **3** slap [in the face]; **4** box [on the ear]; *(vette) ~ smear*; *iem. een ~ uit de pan geven* have a smack (a fling) at sbd.; *hij kreeg ook een ~ uit de pan* he got a smack as well

'veegsel *o* sweepings

'veehandel *m* cattle-trade

'veehandelaar *m* (-s) cattle-dealer

'veehoeder *m* (-s) herdsman

'veehouder *m* (-s) stock farmer

'veekoek *m* (-en) oil-cake

veel I *telw* **1** 〈voor enkelvoud〉 much; a great deal, a lot; lots of [money]; **2** 〈voor meervoud〉 many; *vele* many; *de velen die...* the many that...; ~ *mensen* many people; *heel ~* zie: *zeer veel*; *te ~* **1** too much; **2** too many; *ben ik hier te ~?* am I one too many?; *niets is hem te ~* he thinks nothing too much trouble; *te ~ om op te noemen* too numerous to mention; ~ *te ~* **1** far too much; **2** far too many; *zeer ~* **1** very much, a great deal; *zeer ~ many, a great many*; *zo ~* **1** so much; **2** so many; *zo ~ je wilt* as much (as many) as you like; ~ *hebben van...* be much like; **II** *bijw* much [better &]; ~ *te mooi* much too fine, a good (great) deal too fine; *hij komt er ~* he often goes there; *hij heeft ~ in Europa en Afrika gereisd* ook: he travelled widely in Europe and Africa; *een ~ gelezen roman* a widely read novel

'veelal *bijw* often, mostly

'veelbegeerd *bn* much sought after, much in demand

'veelbelovend *bn* promising

'veelbesproken *bn* much-discussed

'veelbetekenend I *bn* significant, meaning; **II** *bijw* significantly, meaningly

'veelbewogen *bn* very agitated, eventful [life, times], chequered [life]

'veeleer *bijw* rather, sooner

veel'eisend *bn* exacting, exigent

veel'eisendheid *v* exactingness
'veelgelezen *bn* widely read
'veelgeprezen *bn* much-belauded
veel'godendom *o,* **veelgode'rij** *v* polytheism
'veelheid *v* (-heden) multiplicity, multitude
'veelhoek *m* (-en) polygon
veel'hoekig *bn* polygonal
veel'hoofdig *bn* many-headed
'veeljarig, veel'jarig *bn* of many years
'veelkleurig, veel'kleurig *bn* multi-coloured, variegated, varicoloured
veelletter'grepig *bn* polysyllabic
'veelomstreden *bn* much disputed, vexed [question]
'veelomvattend *bn* comprehensive, wide [programme]
'veelprater *m,* **'veelpraatster** *v* (-s) voluble person
'veelschrijver *m* (-s) geringsch scribbler, voluminous writer
veel'soortig *bn* manifold, multifarious
veel'stemmig *bn* **1** (met veel stemmen) many-voiced; **2** muz = *meerstemmig*
'veeltalig *bn* polyglot
'veelterm *m* (-en) multinomial
veelvermogend *bn* powerful, influential
'veelvlak *o* (-ken) polyhedron
'veelvlakkig *bn* polyhedral
'veelvormig *bn* multiform
'veelvoud *o* (-en) multiple; *kleinste gemene* ~ least common multiple
'veelvoudig, veel'voudig *bn* manifold, multifarious
'veelvraat *m* (-vraten) **1** (dier) wolverene; **2** (persoon) glutton, greedy-guts
veel'vuldig *bn* frequent; zie ook: *veelvoudig*
veel'vuldigheid *v* frequency
veelwijve'rij *v* polygamy
veel'zeggend *bn* significant
veel'zijdig *bn* **1** (in 't alg.) multilateral²; **2** fig many-sided, versatile [mind]; **3** wide [knowledge]; **4** all-round [sportsman]
veel'zijdigheid *v* many-sidedness, versatility
veem *o* (vemen) **1** (bedrijf) dock company, warehouse company; **2** (gebouw) warehouse
'veemarkt *v* (-en) cattle-market
'veemgericht *o* (-en) hist vehmic court
veen *o* (venen) peat-moor, peat-bog, peat
'veenachtig *bn* boggy, peaty
'veenbes *v* (-sen) cranberry
'veenbrand *m* (-en) peat-moor fire
veende'rij *v* (-en) **1** (werk) peat-digging; **2** (plaats) peatery
'veengrond *m* (-en) peat-moor, peat
'veenkolonie *v* (-niën en -s) fen-colony, peat-colony
'veenland *o* (-en) peat-moor, peat-bog
'veenmol *m* (-len) mole-cricket

'veepest *v* cattle-plague, rinderpest
1 veer *v* (veren) **1** (v. vogel) feather; **2** (spiraal) spring; *hij is nog niet uit de veren* he is still between the sheets; *elkaar in de veren zitten* be at loggerheads; *met andermans veren pronken* strut in borrowed feathers; *iem. een* ~ *op de hoed zetten* put a feather in sbd.'s cap
2 veer *o* (veren) **1** (overzetplaats) ferry; **2** (boot) ferry(-boat)
'veerbalans *v* (-en) spring-balance
'veerboot *m & v* (-boten) ferry(-boat), ferry-steamer
'veerdam *m* (-men) ferry causeway
'veerdienst *m* (-en) ferry-service
'veergeld *o* (-en) passage-money, ferriage
'veerhuis *o* (-huizen) ferryman's house, ferry-station
'veerkracht *v* elasticity², resilience², spring²
veer'krachtig *bn* elastic², resilient², springy
'veerman *m* (-lieden en -lui) ferryman
'veerpont *v* (-en) ferry-boat
'veertien *telw* fourteen; ~ *dagen* a fortnight
'veertiendaags *bn* fortnightly
'veertiende *telw* fourteenth (part)
'veertig *telw* forty
'veertiger *m* (-s) (iem. van tussen de 40 en 49 jaar oud) quadragenarian
'veertigjarig *bn* **1** (veertig jaar oud) of forty years, forty-year-old; **2** (veertig jaar durend) forty years'
'veertigste *telw* fortieth (part)
'veestal *m* (-len) cow-house, cow-shed, byre
'veestapel *m* (-s) live-stock, stock of cattle
'veeteelt *v* cattle-breeding, stock-breeding
'veetentoonstelling *v* (-en) cattle-show
'veevervoer *o* cattle transport, livestock transport
'veeverzekering *v* (-en) live-stock insurance
'veevoeder, 'veevoer *o* cattle-fodder, forage
'veewagen *m* (-s) cattle-truck
'veeziekte *v* (-n en -s) cattle-plague
vega'nisme *o* veganism
vega'nist *m* (-en) vegan
'vegen (veegde, h. geveegd) *overg* **1** sweep [a floor, a room, a chimney]; **2** wipe [one's feet, one's hands]
'veger *m* (-s) **1** (persoon) sweeper; **2** (borstel) brush
vege'tariër *m* (-s) vegetarian
vege'tarisch *bn* vegetarian
vegeta'risme *o* vegetarianism
vege'tatie *v* (-s) vegetation
vegeta'tief *bn* vegetative
vege'teren (vegeteerde, h. gevegeteerd) *onoverg* vegetate
ve'hikel *o* (-s) vehicle
veil *bn* venal, corruptible; *een* ~*e vrouw* a prostitute; *zijn leven* ~ *hebben* be ready to sacrifice one's life
'veilcondities *mv* conditions of sale
'veildag *m* (-dagen) auction-day
'veilen (veilde, h. geveild) *overg* sell by auction, auction
'veiler *m* (-s) auctioneer

1397

'veilheid *v* venality, corruptibility

'veilig I *bn* safe, secure; ~*!* all clear!; *een* ~*e plaats* ook: a place of safety; *de (spoor)lijn is* ~ the line is clear; ~ *stellen* secure, safeguard; ~ *voor* safe from, secure from; **II** *bijw* safely

'veiligheid *v* (-heden) safety, security; *collectieve* ~ collective security; *openbare* ~ public safety; *in* ~ *brengen* put (place) in safety; *voor de* ~ for safety('s sake)

'veiligheidsdienst *m* (-en) security service

'veiligheidsglas *o* safety glass

'veiligheidsgordel *m* (-s) seat belt, safety belt

'veiligheidsgrendel *m* (-s) safety bolt

veiligheids'halve *bijw* for safety's sake, for reasons of safety

'veiligheidsklep *v* (-pen) safety valve

'veiligheidslamp *v* (-en) **1** ⟨in 't alg.⟩ safety lamp; **2** ⟨v. mijnwerkers⟩ Davy [lamp]

'veiligheidsmaatregel *m* (-en en -s) precautionary measure, safety measure

'veiligheidsmarge *v* (-s) margin of safety, safety margin

'veiligheidsoverwegingen *mv: uit* ~ for safety (security) reasons

'veiligheidspal *m* (-len) safety catch

'Veiligheidsraad *m* Security Council

'veiligheidsriem *m* (-en) safety belt, seat belt

'veiligheidsscheermes *o* (-sen) safety-razor

'veiligheidsspeld *v* (-en) safety-pin

'veiligheidsvoorschrift *o* (-en) safety regulation

'veiling *v* (-en) public sale, auction; *in* ~ *brengen* put up for auction (for sale), sell by auction

'veilingcondities *mv* conditions of sale

'veilinggebouw *o* (-en) auction rooms

'veilinghuis *o* (-huizen) auctioneering firm

'veilingklok *v* (-ken) auction clock

'veilingkosten *mv* sale expenses

'veilingmeester *m* (-s) auctioneer

'veilingprijs *m* (-prijzen) sale price

'veilingzaal *v* (-zalen) auction-room, sale-room

'veine *v* luck, run of luck; *hij heeft altijd* ~ he is always in luck

'veinzaard *m* (-s) dissembler, hypocrite

'veinzen (veinsde, h. geveinsd) **I** *onoverg* dissemble, feign; **II** *overg* feign, simulate; ~ *doof te zijn* feign that one is deaf, feign (sham) deafness

'veinzer *m* (-s) dissembler, hypocrite

veinze'rij *v* (-en) dissimulation, hypocrisy

vel *o* (-len) **1** skin [of the body]; ⟨v. dieren⟩ ook: hide; **2** skin [on milk]; **3** sheet [of paper]; *niet meer dan* ~ *over been zijn* be only skin and bone; *iem. het* ~ *over de oren halen* fleece sbd.; *hij steekt in een slecht* ~ he is delicate; *ik zou niet graag in zijn* ~ *steken* I should not like to be in his skin; *uit zijn* ~ *springen* be beside oneself; *het is om uit je* ~ *te springen* it is enough to drive you wild

veld *o* (-en) field; *het* ~ *van eer* the field of honour; *een ruim* ~ *van werkzaamheid* a wide field (sphere)

of activity; *het* ~ *behouden* hold the field[2]; *het* ~ *ruimen* retire from the field, abandon (leave) the field[2]; ~ *winnen* gain ground; *in het open (vrije)* ~ in the open field; *in geen* ~*en of wegen* nowhere at all; *(hoeveel mannen) kunnen zij in het* ~ *brengen?* can they put into the field?; *op het* ~ *werken* work in the fields; *de te* ~*e staande gewassen* the standing crops; *de te* ~*e staande legers* the armies in the field; *te* ~*e trekken* take the field; *te* ~*e trekken tegen* fig fight; *uit het* ~ *geslagen zijn* be discomfited, be put out (of countenance)

'veldarbeid *m* work in the fields, field-work

'veldartillerie *v* field artillery

'veldbed *o* (-den) field-bed, camp-bed

'veldbloem *v* (-en) field-flower, wild flower

'veldboeket *o & m* (-ten) bunch (bouquet) of wild flowers

'velddienst *m* (-en) mil field service, field duty

'veldfles *v* (-sen) case-bottle, mil water-bottle, canteen

'veldgewas *o* (-sen) field crop

'veldheer *m* (-heren) general

'veldheerschap *o* generalship

'veldheersstaf *m* (-staven) baton

'veldhospitaal *o* (-talen) field hospital, ambulance

'veldkeuken *v* (-s) field-kitchen

'veldkijker *m* (-s) field-glass(es)

'veldkrekel *m* (-s) field-cricket

'veldloop *m* sp cross-country

'veldmaarschalk *m* (-en) field-marshal

'veldmuis *v* (-muizen) field-mouse, vole

'veldoverwicht *o* territorial advantage

'veldpartij *v* (-en) fielding side

'veldpost *v* field-post, field-post office

'veldprediker *m* (-s) army chaplain

'veldrijden *o* sp cyclo-cross

'veldrijder *m* (-s) cyclo-cross rider

'veldrit *m* cross-country race

'veldsla *v* corn-salad

'veldslag *m* (-slagen) battle

'veldspaat *o* feldspar

'veldspeler *m* (-s) fielder

'veldtelefoon *m* (-s) field telephone

'veldtent *v* (-en) army tent

'veldtenue *o & v* (-s) field-service uniform, battle-dress

'veldtocht *m* (-en) campaign

'velduitrusting *v* field-kit

'veldvruchten *mv* produce of the fields

'veldwacht *v* (-en) mil picket

'veldwachter *m* (-s) rural policeman

'veldwegel *m* (-s) ZN country-road

'veldwerk *o* **1** ⟨v. boer⟩ farm-work; **2** ⟨praktijkwerk⟩ field-work

'veldwerker *m* (-s) field worker

1 'velen *overg: hij kan het niet* ~ he cannot stand it; *ik kan hem niet* ~ I can't stand him, I can't bear the sight of him; *hij kan niets* ~ he is very touchy

2 'velen *telw* many; zie ook: *veel I*
'velerhande, 'velerlei *bn* of many kinds, of many sorts, various, sundry, many
'velerlei *bn* many, a variety of, all kinds of
velg *v* (-en) rim, felly, felloe
'velgband *m* (-en) tubeless tyre
'velgrem *v* (-men) rim-brake
ve'lijn *o* 1 ⟨perkament⟩ vellum; 2 ⟨papier⟩ vellum-paper
'vellen (velde, h. geveld) *overg* 1 fell, cut down [trees]; 2 lay in rest [a lance], couch [arms]; 3 *fig* pass [judgment, a sentence]; zie ook: *bajonet*
'velletje *o* (-s) skin, film, membrane; *een ~ postpapier* a sheet of note-paper
'vellig *bn* skinny
'velling *v* (-en) = *velg*
velo'droom *o & m* (-dromen) ZN cycle race-track
ve'lours *o & m* velours
ven *o* (-nen) fen
'vendel *o* (-s) 1 hist company; 2 = *vaandel*
'vendelzwaaien *o* flag throwing
ven'detta *v* vendetta
ven'duhouder *m* (-s) auctioneer
ven'duhuis (-huizen), **ven'dulokaal** *o* (-kalen) auction-room, sale-room
ven'dumeester *m* (-s) auctioneer
ven'dutie *v* (-s) auction, public sale
ve'nerisch *bn* venereal [disease]
Veneti'aan *m* (-tianen) Venetian
Veneti'aans *bn* Venetian
Ve'netië *o* Venice
ve'neus *bn* venous [blood]
Venezo'laan *m* (-lanen) Venezuelan
Venezo'laans *bn* Venezuelan
Venezu'ela *o* Venezuela
ve'nijn *o* venom²
ve'nijnig *bn* virulent, vicious
ve'nijnigheid *v* (-heden) virulence, viciousness
'venkel *v* fennel
'venkelknol *m* (-len) fennel root
'venkelolie *v* fennel-oil
'vennoot, ven'noot *m* (-noten) partner; *beherend ~* managing partner; *commanditaire ~* limited partner; *stille ~* silent (sleeping) partner; *werkend ~* active partner
'vennootschap, ven'nootschap *v* (-pen) partnership, company; *besloten ~* private company with limited liability; *commanditaire ~* limited partnership; *naamloze ~* limited liability company; *een ~ aangaan* enter into partnership
'vennootschapsbelasting *v* company tax; Am corporate tax
'vennootschapsrecht *o* company law
'venster *o* (-s) window
'vensterbank *v* (-en) window-sill, window-ledge
'vensterblind *o* (-en) shutter
'vensterenvelop (-pen), **'vensterenveloppe** *v* (-n) window envelope

'vensterglas *o* (-glazen) 1 ⟨ruit⟩ window-pane; 2 ⟨glas voor vensters⟩ window-glass
'venstergordijn *o* (-en) window-curtain
'vensterluik *o* (-en) shutter
'vensterraam *o* (-ramen) window-frame
'vensterruit *v* (-en) window-pane
vent *m* (-en) gemeenz fellow, chap; ⟨aanspreking⟩ sonny, little man [to a boy]; *een beste ~* a good fellow; *een goeie ~* a good sort; *geen kwaaie ~* not a bad sort; *een rare ~* a queer fellow (customer)
'venten (ventte, h. gevent) *overg* hawk, peddle
'venter *m* (-s) hawker, pedlar
ven'tiel *o* (-en) valve
ven'tieldop *m* (-pen) valve-cap
ven'tielklep *v* (-pen) valve
ven'tielslang *v* valve rubber tube
venti'latie *v* ventilation
venti'lator *m* (-s en -'toren) ventilator, fan
venti'latorriem *m* (-en) fan-belt
venti'leren (ventileerde, h. geventileerd) *overg* ventilate², air²
'ventje *o* (-s) little fellow, little man
'ventweg *m* (-wegen) service road
'Venus *v* Venus
'venushaar *o* plantk maidenhair
'venusheuvel *m* (-s) mons veneris
ver I *bn* 1 far [way &]; distant [ages, past, connection, likeness]; remote [ages]; 2 ⟨verwantschap⟩ distant [relation, relatives], remote [kinsman &]; II *bijw* far; *het is ~* it is far, a long way (off); *het is mijlen ~* it is miles and miles away (off); *nu ben ik nog even ~* I'm no further forward than before; *dat is nog heel ~* that is very far off yet; *het ~ brengen* zie: *brengen*; *~ gaan* go far; *te ~ gaan* go too far²; *zo ~ gaan wij niet* we shall not go so far²; *het te ~ laten komen* let things go too far; *~ beneden mij* far beneath me; *~ van hier* far away; *~ van rijk* far from being rich; zie ook: *verder, verre, verst*
ver'aangenamen (veraangenaamde, h. veraangenaamd) *overg* make agreeable, make pleasant
veraan'schouwelijken (veraanschouwelijkte, h. veraanschouwelijkt) *overg* illustrate
verabsolu'teren (verabsoluteerde, h. verabsoluteerd) *overg* absolutize [sth.]
verac'cijnzen (veraccijnsde, h. veraccijnsd) *overg* 1 ⟨betalen⟩ pay the excise; 2 ⟨opleggen⟩ excise
ver'acht *bn* despised
ver'achtelijk *bn* 1 ⟨gemeen⟩ despicable, contemptible; 2 ⟨minachtend⟩ contemptuous; *~e blik* contemptuous look; *~e kerel* contemptible fellow
ver'achtelijkheid *v* contemptibleness
ver'achten² *overg* despise, have a contempt for, hold in contempt, scorn; *de dood ~* scorn death
ver'achter *m* (-s) despiser
ver'achting *v* contempt; scorn; *iem. aan de ~ prijsgeven* hold sbd. up to scorn
ver'ademen² *overg* breathe again
ver'ademing *v* ⟨opluchting⟩ relief

'**veraf** *bijw* at a great distance, far (away)

'**verafgelegen** *bn* remote, distant

ver'afgoden (verafgoodde, h. verafgood) *overg* idolize

ver'afgoding *v* idolization

ver'afschuwen (verafschuwde, h. verafschuwd) *overg* abhor, loathe

veralge'menen (veralgemeende, h. veralgemeend) *overg* generalize

verameri'kaansen (veramerikaanste, is veramerikaanst) *onoverg* americanize

ve'randa *v* ('s) veranda(h)

ver'anderen (veranderde, veranderd) *onoverg* **I** (is) change, alter; *het weer verandert* the weather changes; ~ *in* change into; ~ *van gedachte* zie: *gedachte; van godsdienst (mening, toon)* ~ change one's religion (one's opinion, one's tone); *ik kon haar niet van mening doen* ~ I could not get her to change her mind; **II** (h.) *overg* **1** (wijzigen) change, alter (*in* into); **2** (tot iets geheel anders maken) convert, transform (*in* into); *dat verandert de zaak* that alters the case; *dat verandert niets aan de waarheid* that does not alter the truth; ... *in* ... ~ change (alter, convert, turn, transform) ... into ...; recht commute [death-sentence] to [imprisonment]; *hij is erg veranderd* he has altered a good deal, a great change has come over him

ver'andering *v* (-en) change, alteration, transformation, conversion, recht commutation; ~ *ten goede (ten kwade)* change for the better (for the worse); ~ *van weer* a change in the weather (of weather); ~ *van woonplaats* change of residence; ~*en aanbrengen* make alterations, alter things; ~ *in iets brengen* change sth.; ~ *ondergaan* undergo a change; *voor de* ~ for a change; *alle* ~ *is geen verbetering* let (leave) well alone; ~ *van spijs doet eten* a change of food whets the appetite

ver'anderlijk *bn* **1** (in 't alg.) changeable, variable; **2** (wispelturig) inconstant, fickle; **3** (weer) variable

ver'anderlijkheid *v* **1** (in 't alg.) changeableness, variability; **2** (wispelturigheid) inconstancy, fickleness

ver'ankeren[2] *overg* **1** scheepv anchor, moor [a ship]; **2** bouwk brace, tie, stay [a wall]; **3** fig root

ver'antwoord *bn* sound [decision]; well-thought out [plan]; well-balanced [diet]; *niet* ~ unwise, irresponsible

verant'woordelijk *bn* responsible, answerable, accountable; ~ *stellen voor* hold responsible for; *zich* ~ *stellen voor* accept responsibility for; ~ *zijn voor...* be (held) responsible for..., have to answer for...

verant'woordelijkheid *v* responsibility; *de* ~ *van zich afschuiven* shift the responsibility upon another; *de* ~ *op zich nemen* take the responsibility [of...], accept responsibility [for...]; *buiten* ~ *van de redactie* the editor not being responsible; *op eigen* ~ on his (her) own responsibility

verant'woordelijkheidsgevoel *o* sense of responsibility

ver'antwoorden[2] **I** *overg* answer for, account for, justify; *hij zegt niet meer dan hij* ~ *kan* he doesn't like to say more than he can stand to; *het hard te* ~ *hebben* be hard put to it; *heel wat te* ~ *hebben* have a lot to answer for; *ik ben niet verantwoord* I am not justified; **II** *wederk*: *zich* ~ justify oneself

ver'antwoording *v* (-en) **1** (rekenschap) justification; **2** (verantwoordelijkheid) responsibility; *op eigen* ~ on one's own responsibility; *ter* ~ *roepen* call to account

ver'armen (verarmde, verarmd) **I** (h.) *overg* impoverish, reduce to poverty, pauperize; **II** (is) *onoverg* become poor; *verarmd* in reduced circumstances

ver'arming *v* impoverishment, pauperization, pauperism

ver'assen (veraste, h. verast) *overg* cremate, incinerate

ver'assing *v* cremation, incineration

ver'baal *bn* verbal

ver'baasd **I** *bn* surprised, astonished, amazed; ~ *staan (over)* be surprised (at), be astonished (at), be amazed (at); **II** *bijw* wonderingly, in wonder, in surprise; ~ *kijken* look puzzled

ver'baasdheid *v* surprise, astonishment, amazement

ver'babbelen[2] *overg* waste [one's time] chattering

verbali'seren (verbaliseerde, h. geverbaliseerd) *overg*: *iem.* ~ take sbd.'s name, summons sbd....

ver'band *o* (-en) **1** med bandage, dressing; **2** (samenhang) connection; **3** (betrekking) relation [between smoking and cancer]; **4** (zinsverband) context; **5** (verplichting) charge, obligation; *hypothecair* ~ mortgage; ~ *houden met...* be connected with...; *een* ~ *leggen* apply a dressing; *een* ~ *leggen op een wond* dress a wound; *in* ~ *brengen met* connect with; *iets met iets anders in* ~ *brengen* put two and two together; *zijn arm in een* ~ *dragen* carry one's arm in a sling; *dat staat in* ~ *met...* it is connected with...; *dat staat in geen* ~ *met...* it is in no way connected with...; *it does not bear upon...*; *in* ~ *hiermee...* in this connection; *in* ~ *met uw vraag* in connection with your question

ver'bandcursus *m* (-sen) ambulance class(es)

ver'banddoos *v* (-dozen) first-aid box

ver'bandgaas *o* sterilized gauze

ver'bandkamer *v* (-s) dressing-room

ver'bandkist *v* (-en) first-aid kit

ver'bandleer *v* wound-dressing

ver'bandlinnen *o* rolls of bandage

ver'bandmiddelen *mv* dressings

ver'bandplaats *v* (-en) mil dressing-station

ver'bandstoffen *mv* dressings

ver'bandtrommel *m* (-s) first-aid kit

ver'bandwatten *mv* medicated cottonwool

ver'bannen[2] *overg* exile, banish, expel (*naar* to); fig relegate; *iem.* ~ *uit het land* banish sbd. from the country; *de opstandige werknemer werd ~ naar een stoffig kantoortje* the rebellious employee was relegated to a small, dusty office

ver'banning *v* (-en) exile, banishment, expulsion

ver'banningsoord *o* (-en) place of exile

ver'basteren (verbasterde, verbasterd) **I** (h.) *onoverg* **1** ⟨ontaarden⟩ degenerate; **2** be corrupted [of words]; **II** (is) *overg* corrupt

ver'bastering *v* (-en) **1** ⟨ontaarding⟩ degeneration; **2** corruption [of words]

ver'bazen (verbaasde, h. verbaasd) **I** *overg* surprise, astonish, amaze; *het verbaast me dat...* it surprises me that..., what astonishes me is that...; *dat verbaast me niet* I am not surprised (astonished) at it; *dat verbaast mij van je* I am surprised at you; **II** *wederk*: *zich ~* be astonished & ⟨over at⟩

ver'bazend *bn* surprising, astonishing, prodigious, marvellous; *wel ~!* gemeenz by Jove!; good gracious!; *~ veel...* ook: no end of...; *~ weinig* **1** precious little!; **2** surprisingly & few

ver'bazing *v* surprise, astonishment, amazement; plechtig amaze; *één en al ~ zijn* look all wonder; *vol ~* all astonishment; *in ~ brengen* astonish, amaze; *met ~* zie: verbaasd II; *tot mijn ~* to my astonishment; *tot niet geringe ~ van...* to the no small astonishment of...

verbazing'wekkend *bn* astounding, stupendous

ver'bedden (verbedde, h. verbed) *overg*: *een patiënt ~* make (change the sheets of) a patient's bed

ver'beelden (verbeeldde, h. verbeeld) **I** *overg* represent; *dat moet...* ~ that's meant for...; **II** *wederk*: *zich ~* imagine, fancy; *verbeeld je!* fancy!; *wat verbeeld je je wel?* who do you think you are?; *verbeeld je maar niet dat...* don't fancy that...; *verbeeld je maar niets!* don't you presume!; *hij verbeeldt zich heel wat* he fancies himself; *hij verbeeldt zich een dichter te zijn* he fancies himself a poet

ver'beelding *v* (-en) **1** ⟨fantasie⟩ imagination, fancy; **2** ⟨eigenwaan⟩ conceit, conceitedness; *dat is maar ~ van je* that is only your fancy; *hij heeft veel ~ van zich zelf* he is very conceited

ver'beeldingskracht *v* imagination

ver'beiden² *overg* plechtig wait for, await

ver'bena *v* verbena

ver'benen (verbeende, is verbeend) *onoverg* ossify

ver'bening *v* ossification

ver'bergen² **I** *overg* hide, conceal; *iets ~ voor* hide (conceal) sth. from; *je verbergt toch niets voor mij?* you are not keeping anything from me?; **II** *wederk*: *zich ~* hide, conceal oneself; *zich ~ achter...* fig screen oneself behind...

ver'berging *v* hiding, concealment

ver'beten *bn* grim, dogged [struggle]; *~ woede* pent-up rage

ver'betenheid *v* grimness

ver'beterblad *o* (-bladen) leaf with errata

ver'beteren² **I** *overg* **1** make better [things & men], better [the condition of..., men], improve [land,

one's style &], ameliorate [the soil, the condition of...], mend [the state of...], amend [a law]; **2** ⟨corrigeren⟩ correct [work, mistakes &], rectify [errors]; **3** ⟨zedelijk beter maken⟩ reform, reclaim [people]; *dat kunt u niet ~* you cannot improve upon that; **II** *abs ww* correct; **III** *wederk*: *zich ~* **1** ⟨van gedrag⟩ reform, mend one's ways; **2** ⟨van conditie⟩ better one's condition

ver'beterhuis *o* (-huizen) house of correction

ver'betering *v* (-en) **1** change for the better, improvement, amelioration, amendment, betterment; **2** correction, rectification; **3** reformation, reclamation; *~en aanbrengen* make corrections; effect improvements; *voor ~ vatbaar* corrigible; zie: verbeteren

ver'beteringsgesticht *o* (-en) approved school

ver'beurbaar *bn* confiscable

ver'beurdverklaren¹ *overg* confiscate, seize, declare forfeit

ver'beurdverklaring *v* (-en) confiscation, seizure, forfeiture

ver'beuren² *overg* **1** ⟨verliezen⟩ forfeit; **2** ⟨verbeurdverklaren⟩ confiscate; *pand ~* play (at) forfeits; *er is niets aan verbeurd* it is no great loss

ver'beuzelen² *overg* **1** (in 't alg.) trifle away, fritter away, dawdle away; **2** ⟨zijn tijd⟩ fiddle away

ver'bidden² *overg*: *zich niet laten ~* be inexorable

ver'bieden² *overg* forbid, prohibit [by law], interdict, veto; *een boek (film, partij) &* ~ ban a book (a film, a party &); *ten strengste verboden* strictly forbidden; *verboden in te rijden* no thoroughfare, no entry; *verboden te roken* no smoking (allowed); *verboden vuilnis te storten* no rubbish (to be) shot here; *verboden (toegang) [voor militairen]* mil out of bounds [to British troops]; Am off limits; *verboden toegang* zie: toegang

ver'bijsterd bewildered, perplexed, dazed, aghast, thunderstruck

ver'bijsteren (verbijsterde, h. verbijsterd) *overg* bewilder, perplex, daze

ver'bijsterend I *bn* bewildering, perplexing; *een ~ schouwspel* a dazzling display; *het is ~* it's bewildering, amazing; **II** *bijw*: *~ veel geld* an incredible amount of money; *~ weinig geld* incredibly little money; *~ veel mensen* an incredible number of people; *~ weinig mensen* incredibly few people

ver'bijstering *v* bewilderment, perplexity

ver'bijten² *wederk*: *zich ~* bite one's lip(s), set one's teeth; *zich ~ van woede* chafe; zie ook: verbeten

verbij'zonderen (verbijzonderde, h. verbijzonderd) *overg* peculiarize

verbij'zondering *v* (-en) peculiarization

ver'binden² **I** *overg* **1** join [two things, persons]; connect [two things, points, places]; link, link up [two places], tie [two rafters]; combine [elements]; **2** med bind up, bandage, tie up, dress [a wound]; **3** telec connect, put through; *er is wel enig gevaar aan verbonden* it involves some danger; *de moeilijk-*

heden verbonden aan... the difficulties with which... is attended; *er is een salaris van fl. 5000,- aan verbonden* it carries a salary of fl. 5000; *het daaraan verbonden salaris* the salary that goes with it; *welke voordelen zijn daaraan verbonden?* what advantages does it offer?; *er is een voorwaarde aan verbonden* there is a condition attached to it; *hen in de echt ~* join (unite) them in marriage; *wilt u mij ~ met nummer...?* telec put me through to number...; *(na een uur) was ik verbonden met onze firma* telec I was through to our firm; **II** *wederk: zich ~* **1** (v. personen) enter into an alliance; **2** (v. stoffen, elementen) combine; *zich ~ om...* pledge oneself to...; *hij had zich verbonden om...* he was under an engagement to...; *zich ~ tot iets* bind oneself (commit oneself, undertake, pledge oneself) to do it; *zich tot niets ~* not commit oneself to anything; zie ook: *verbonden*

ver'binding *v* (-en) **1** (contact) communication; **2** connection [of two points]; **3** junction [of railways]; **4** union [of persons]; **5** med dressing, bandaging [of a wound]; *deze scheikundige ~* **1** (abstract) this combination; **2** (concreet) this compound; *de ~ tot stand brengen (verbreken)* telec make (break) the connection; *in ~ staan met...* be in communication with..., have connection with...; *zich in ~ stellen met...*, *in ~ treden met...* communicate with [the police &], get into touch with...; *kunt u mij in ~ stellen met...?* can you put me in communication with...?; *zonder ~* handel without engagement

ver'bindingsdienst *m* (-en) mil Signals
ver'bindingslijn (-en), **ver'bindingslinie** *v* (-s) line of communication
ver'bindingsofficier *m* (-en) **1** (in 't alg.) liaison officer; **2** (technisch) Signals officer
ver'bindingsspoor *o* (-sporen) junction railway
ver'bindingsstuk *o* (-ken) connecting piece, link, adapter, adaptor
ver'bindingsteken *o* (-s) hyphen
ver'bindingstroepen *mv* mil (Corps of) Signals
ver'bindingsweg *m* (-wegen) connecting road; zie ook: *verbindingslijn*
ver'bindingswoord *o* (-en) gramm copulative
ver'bintenis *v* (-sen) **1** (verplichting) engagement, undertaking; **2** (verbond) alliance [ook = marriage], bond; **3** (dienstverband) contract; *bestaande ~sen* existing commitments; *een ~ aangaan* enter into an engagement
ver'bitterd *bn* **1** (vol wrok) embittered, exasperated; **2** (verbeten) fierce, furious [battle]; *~ op...* embittered against...; *~ over...* exasperated at...
ver'bitterdheid *v* bitterness, embitterment, exasperation
ver'bitteren (verbitterde, h. verbitterd) *overg* embitter, exasperate
ver'bittering *v* = verbitterdheid
ver'bleken (verbleekte, is verbleekt) *onoverg* **1** (van personen) grow (turn) pale; **2** (van personen &

kleuren) pale[2]; **3** (van kleuren) fade; *doen ~* pale[2]
ver'blijd *bn* = verheugd
ver'blijden (verblijdde, h. verblijd) **I** *overg* rejoice, gladden; **II** *wederk: zich ~ (over)* rejoice (at)
ver'blijdend *bn* gladdening, joyful, cheerful
ver'blijf *o* (-blijven) **1** (plaats) abode, residence; **2** (ruimte om in te verblijven) [crew's, emigrants'] quarters; **3** (het verblijven) residence, stay, sojourn; *~ houden* reside
ver'blijfkosten *mv* hotel expenses, lodging expenses
ver'blijfplaats *v* (-en) (place of) abode; *zijn tegenwoordige ~ is onbekend* his present whereabouts are unknown
ver'blijfsvergunning *v* (-en) residence permit
ver'blijven[2] *onoverg* stay, remain; *hiermee verblijf ik...* I remain yours truly...
ver'blikken[2] *onoverg: zonder te ~* without batting an eyelid
ver'blind *bn* blinded[2], dazzled[2]
ver'blinden (verblindde, h. verblind) *overg* blind[2], dazzle[2]; *~ voor...* blind to...
ver'blindheid *v* blindness, infatuation
ver'blinding *v* **1** (het verblinden) blinding, dazzle; **2** = *verblindheid*
ver'bloeden (verbloedde, is verbloed) *onoverg* bleed to death
ver'bloeding *v* (-en) bleeding to death
ver'bloemd *bn* disguised, veiled
ver'bloemen (verbloemde, h. verbloemd) *overg* disguise [the fact that...], palliate, veil, gloze over [unpleasant facts]
ver'bloeming *v* (-en) disguise, palliation
ver'bluffen[2] *overg* put out of countenance, dumbfound, baffle, bewilder; *~d* staggering, startling
ver'bluft *bn* put out of countenance, dumbfounded
ver'bod *o* (-boden) **1** (in 't alg.) prohibition, interdiction; **2** ban [on a book &]; *een ~ uitvaardigen* issue a prohibition
ver'boden *bn* forbidden; zie ook: *verbieden*
ver'bodsbepaling *v* (-en) prohibitive regulation
ver'bodsbord *o* (-en) prohibition sign
ver'bolgen *bn* angry, incensed, wrathful
ver'bolgenheid *v* (-heden) anger, wrath
ver'bond *o* (-en) **1** (unie) alliance, league, union; **2** (verdrag) pact, covenant; *drievoudig ~* triple alliance; *het Nieuwe (Oude) ~* the New (Old) Testament
ver'bonden *bn* allied; *de ~ mogendheden* the allied powers; zie ook: *verbinden*
ver'bondenheid *v* solidarity
ver'borgen *bn* **1** concealed, hidden [things, treasure &]; **2** obscure [view, corner]; secret [sin, place, influence, life]; **3** occult [qualities]; *in het ~(e)* in secret, secretly; zie ook: *verbergen*
ver'borgenheid *v* (-heden) secrecy; *de verborgenheden van Parijs* the mysteries of Paris
ver'bouw *m* = verbouwing

ver'**bouwen**² *overg* **1** bouwk rebuild [a house], convert [a bank building into...]; **2** ⟨telen⟩ cultivate, raise, grow [potatoes]; *het stadion ~ schertsend* ⟨door vandalen⟩ trash the stadium

ver**bouwe'reerd** *bn* perplexed, dumbfounded

ver**bouwe'reerdheid** *v* perplexity

ver'**bouwing** *v* (-en) **1** bouwk rebuilding [of a house]; structural alterations; **2** ⟨teelt⟩ cultivation, culture, growing

ver'**brandbaar** *bn* burnable, combustible

ver'**branden** (verbrandde, verbrand) **I** (h.) *overg* **1** burn [papers &]; **2** burn to death [martyrs]; **3** ⟨verassen⟩ cremate [a body], incinerate; *zijn door de zon verbrand gezicht* his sunburnt (tanned) face; **II** (is) *onoverg* **1** be burnt (to death); **2** ⟨door de zon⟩ get sunburnt, tan

ver'**branding** *v* **1** ⟨in 't alg.⟩ burning, combustion; **2** ⟨van lijken⟩ cremation

ver'**brandingsmotor** *m* (-s en -toren) internal combustion engine

ver'**brandingsoven** *m* (-s) incinerator

ver'**brandingsproces** *o* (-sen) process of combustion

ver'**brandingsproduct** *o* (-en) product of combustion

ver'**brassen**² *overg* squander

ver'**breden** (verbreedde, h. verbreed) **I** *overg* widen, broaden; **II** *wederk*: *zich ~* widen, broaden (out)

ver'**breding** *v* (-en) widening, broadening

ver'**breid** *bn* widespread

ver'**breiden** (verbreidde, h. verbreid) **I** *overg* **1** spread [malicious reports]; **2** propagate [a doctrine]; **II** *wederk*: *zich ~* spread [of rumours &]

ver'**breiding** *v* spread(ing), propagation

ver'**breken**² *overg* **1** break [a contract, a crime &]; **2** break off [an engagement]; **3** sever [diplomatic relations]; cut [communications]; **4** burst [one's chains]; **5** violate [vows]

ver'**breking** *v* **1** ⟨in 't alg.⟩ breaking; severance; violation; **2** ZN ⟨cassatie⟩ cassation, appeal

Ver'**brekingshof** *o* ZN Court of Appeal

ver'**brijzelen** (verbrijzelde, h. verbrijzeld) *overg* break (smash) to pieces, smash, shatter²

ver'**brijzeling** *v* smashing, shattering²

ver'**broddelen**² *overg* bungle, spoil

ver'**broederen** (verbroederde, h. verbroederd) *wederk*: *zich ~* fraternize

ver'**broedering** *v* fraternization

ver'**brokkelen**² *overg & onoverg* crumble

ver'**bruien** (verbruide, h. verbruid) *overg* spoil, waste; *het bij iem. ~* lose sbd.'s confidence; *zij hebben het verbruid* we don't rely on them anymore

ver'**bruik** *o* **1** consumption [of foodstuffs, petrol &]; **2** expenditure [of energy, time]; **3** ⟨verspilling⟩ wastage, waste

ver'**bruiken** (verbruikte, h. verbruikt) *overg* **1** consume [food, time]; **2** use up [coal, wood &; one's strength]; **3** spend [money, time &]

ver'**bruiker** *m* (-s) consumer

ver'**bruiksartikel** *o* (-en en -s) article of consumption

ver'**bruiksbelasting** *v* (-en) consumer tax, consumption tax

ver'**bruiksgoederen** *mv* consumer goods, consumption goods

ver'**bruikzaal** *v* (-zalen) ZN tea-room, refreshment room

ver'**buigbaar** *bn* gramm declinable

ver'**buigen**² *overg* **1** bend (out of shape); **2** techn buckle; **3** gramm decline

ver'**buiging** *v* (-en) gramm declension

ver'**burgerlijken** (verburgerlijkte, is verburgerlijkt) *onoverg* become (turn) bourgeois

ver'**chroomd** *bn* chromium-plated

ver**commerciali'seren** (vercommercialiseerde, vercommercialiseerd) **I** *overg* (h.) commercialize; **II** *onoverg* (is) become commercialized

ver'**dacht** **I** *bn* **1** suspected [persons]; **2** suspicious [circumstances]; **3** ⟨alléén predicatief⟩ suspect; *~e personen* suspicious characters, suspected persons, suspects; *iem. ~ maken* make sbd. suspected; *er ~ uitzien* have a suspicious look; *~ uitziend* suspicious-looking; *dat komt me ~ voor* I think it suspicious; *op iets ~ zijn* be prepared for sth.; *eer ik erop ~ was* before I was prepared for it, before I knew where I was; *hij wordt ~ van...* he is suspected of...; **II** *m-v* (-n): *de ~e* **1** ⟨in 't alg.⟩ the suspected party, the person suspected; **2** recht the accused; *één ~e* one suspect [arrested]; *~en* suspected persons, suspects; **III** *bijw* suspiciously

ver'**dachtenbankje** *o* (-s) dock

ver'**dachtmaking** *v* (-en) insinuation

ver'**dagen**² *overg* **1** ⟨in 't alg.⟩ adjourn; **2** ⟨v. parlementszitting⟩ prorogue

ver'**daging** *v* (-en) **1** ⟨in 't alg.⟩ adjournment; **2** ⟨v. parlementszitting⟩ prorogation

ver'**dampen** (verdampte, *overg* h., *onoverg* is verdampt) evaporate, vaporize

ver'**damper** *m* (-s) evaporator

ver'**damping** *v* evaporation, vaporization

ver'**dedigbaar** *bn* defensible

ver'**dedigbaarheid** *v* defensibility

ver'**dedigen** (verdedigde, h. verdedigd) **I** *overg* **1** defend [a town]; **2** stand up for [one's rights]; *wie zal u ~? recht* who will defend you?; *een ~de houding aannemen* stand (act) on the defensive; *een ~d verbond* a defensive alliance; **II** *wederk*: *zich ~* defend oneself

'**verdediger** *m* (-s) **1** defender [of liberty &]; **2** recht defending counsel, counsel for the defendant (for the defence)

ver'**dediging** *v* (-en) defence°; *ter ~ van* in defence of

ver'**dedigingslinie** *v* (-s) mil line of defence, defence line

ver'**dedigingsmiddel** *o* (-en) means of defence

ver'dedigingsoorlog *m* (-logen) war of defence

ver'dedigingswapen *o* (-s) defensive weapon

ver'dedigingswerken *mv* mil defences, defensive works

ver'deeld *bn* divided

ver'deeldheid *v* dissension, discord [between...], division, disunity

verdeel-en-'heerspolitiek *v* policy of divide and rule

ver'deelsleutel *m* (-s) distribution (distributive) code

ver'dek *o* (-ken) scheepv deck

ver'dekt *bn* mil under cover; ~ *opgesteld zijn* mil be under cover

ver'delen[2] I *overg* divide, share out, distribute; II *abs ww* divide [and rule]; ~ *in* divide into [...parts]; ~ *onder* divide (distribute) among; ~ *over* spread over [a period of...]; III *wederk: zich* ~ divide

ver'deler *m* (-s) distributor

ver'delgen[2] *overg* destroy, exterminate

ver'delging *v* destruction, extermination

ver'delgingsmiddel *o* (-en) pesticide

ver'delgingsoorlog *m* (-logen) war of extermination

ver'deling *v* (-en) 1 division [of labour]; 2 distribution [of food]; 3 partition [of Poland]

ver'denken[2] *overg* suspect; *iem. van iets* ~ suspect sbd. of sth.; zie ook: *verdacht*

ver'denking *v* (-en) suspicion; *(een aantal personen) op wie de* ~ *rustte* to whom suspicion pointed; *de* ~ *viel op hem* suspicion fell on him; *boven* ~ above suspicion; *in* ~ *brengen* cast suspicion on; *in* ~ *komen* incur suspicion; *onder* ~ *staan* be under suspicion, be suspected; *onder* ~ *van...* on suspicion of...

'verder I *bn* 1 (meer verwijderd) farther, further; 2 (bijkomend, later) further; **II** *o: het* ~*e* the rest; **III** *bijw* farther, further; ~ *op* further on; ~ *gaan* 1 go farther; 2 proceed; 3 go on; *hij schrijft* ~... he goes on to write...; *we zouden al veel* ~ *zijn als...* we should be much further[2] if...

ver'derf *o* ruin, destruction, undoing, perdition; *in het* ~ *storten* bring ruin upon; *ten verderve voeren* lead to perdition; zie ook: *dood*

ver'derfelijk *bn* pernicious, baneful, noxious, ruinous

ver'derfelijkheid *v* perniciousness

verder'op *bijw* further on

ver'derven (verdierf, h. en is verdorven) *overg* ruin, pervert, corrupt

ver'derver *m* (-s) perverter, corrupter

ver'dicht *bn* 1 (verzonnen) assumed, fictitious [names &]; 2 (dicht(er) geworden) condensed [vapour]

ver'dichten[2] **I** *overg* 1 (v. gassen &) condense; 2 (verzinnen) invent; **II** *wederk: zich* ~ condense

ver'dichting *v* (-en) 1 (van gassen &) condensation; 2 (verzinsel) invention, fiction

ver'dichtsel *o* (-s) fabrication, fable, fiction, story, figment, invention

ver'dienen[2] *overg* 1 earn [money, one's bread]; 2 deserve, merit [a reward, punishment]; *hoeveel verdien je?* how much do you earn?; *veel geld* ~ make heaps of money; *een vermogen* ~ make a fortune; *er wat bij* ~ make some money on the side; *zij* ~ *niet beter* they don't deserve any better; *het verdient de voorkeur* it is preferable; *dat heb ik niet aan u verdiend* that I have not deserved at your hands; *dat is zijn verdiende loon* that serves him right, he richly deserves that; *een verdiende overwinning* a deserved victory; *er is niets aan (mee) te* ~ there is no money in it; *daar zul je niet veel aan (op)* ~ you will not make much out of it; *daar verdient hij goed aan* he makes a good profit on that

ver'dienste *v* (-n) 1 (loon) earnings, wages; 2 (winst) profit, gain; 3 (verdienstelijkheid) merit, desert; *naar* ~ according to merit, [punish] condignly; *zich iets tot een* ~ *(aan)rekenen* take merit to oneself for sth.; *een man van* ~ a man of merit

ver'dienstelijk *bn* deserving, meritorious; creditable [attempt]; useful [contribution]; *hij heeft zich jegens zijn land* ~ *gemaakt* he has deserved well of his country

ver'dienstelijkheid *v* deservingness, meritoriousness, merit

ver'diepen (verdiepte, h. verdiept) **I** *overg* deepen[2]; **II** *wederk: zich* ~ *in* lose oneself in; *verdiept in gedachten* deep (absorbed) in thought, in a brown study; *zich in allerlei gissingen* ~ lose oneself in conjectures [as to...]; *in zijn krant verdiept* engrossed in his newspaper

ver'dieping *v* (-en) 1 (het verdiepen) deepening[2]; 2 (etage) storey, story, floor; *eerste* ~ first floor, Am second floor; *op de tweede* ~ on (in) the second floor, Am on (in) the third floor; *benedenste* ~ ground floor, Am first floor; *op de bovenste* ~ on the top floor

ver'diepingshuis *o* (-huizen) multi-storey house

ver'dierf (verdierven) V.T. van *verderven*

ver'dierlijken (verdierlijkte, verdierlijkt) **I** (h.) *overg* animalize, brutalize; **II** (is) *onoverg* become a brute

ver'dierlijking *v* animalization, brutalization

ver'dierlijkt *bn* animalized, brutalized, brutish

ver'dierven V.T. meerv. v. *verderven*

ver'dietsen (verdietste, h. verdietst) *overg* = *verhollandsen*

ver'dikkeme *tsw* gemeenz darn, blast, heck

ver'dikken (verdikte, *overg* h., *onoverg* is verdikt) thicken

ver'dikking *v* (-en) thickening

verdiscon'teerbaar *bn* negotiable

verdiscon'teren[2] *overg* negotiate [bills]

verdiscon'tering *v* negotiation

ver'dobbelen[2] *overg* dice away, gamble away

ver'doeken (verdoekte, h. verdoekt) *overg* re-canvas [a painting]

ver'doemd *bn* = *verdomd*

ver'doemelijk *bn* damnable

ver'doemeling *m* (-en) reprobate

ver'doemen[2] *overg* damn

ver'doemenis *v* damnation

verdoemens'waard, verdoemens'waardig *bn* damnable

ver'doeming *v* damnation

ver'doen[2] **I** *overg* dissipate, squander, waste; **II** *wederk: zich* ~ make away with oneself

ver'doezelen[2] *overg* **1** blur, obscure [a fact]; **2** disguise [the truth]

ver'dokteren[2] *overg* pay out in doctor's fees

ver'dolen (verdoolde, is verdoold) *onoverg* lose one's way, go astray

ver'domboekje *o: bij iem. in het* ~ *staan* be in sbd.'s bad (black) books

ver'domd I *bn* damned; gemeenz damn; *die* ~*e...! that cursed...!*; **II** *bijw* versterkend damn

ver'domhoekje *o: hij zit in het* ~ he cannot do any good

ver'domme *tsw* gemeenz: ~! goddamn!, goddamned!

ver'dommelijk *bn* = *verdoemelijk*

1 ver'dommen (verdomde, h. verdomd) *overg* ⟨dom maken⟩ dull the mind(s) of, render stupid

2 ver'dommen (verdomde, h. verdomd) *overg* gemeenz = *vertikken*

ver'dommenis *v* = *verdoemenis*

verdonkere'manen (verdonkeremaande, h. verdonkeremaand) *overg* **1** spirit away, embezzle [money]; **2** purloin [letters]

ver'donkeren (verdonkerde, *overg* h., *onoverg* is verdonkerd) darken[2]

ver'doofd *bn* **1** ⟨in 't alg.⟩ benumbed, numb, torpid; **2** ⟨door klap⟩ stunned

ver'doold *bn* strayed, stray, wandering, having gone astray[2]

ver'dord *bn* withered

ver'dordheid *v* withered state

ver'dorie *tsw* gemeenz drat, gosh-darn

ver'dorren (verdorde, is verdord) *onoverg* wither

ver'dorring *v* withering

1 ver'dorven *bn* depraved, corrupt, wicked, perverse

2 ver'dorven V.D. van *verderven*

ver'dorvenheid *v* (-heden) depravity, depravation, corruption, perverseness, perversity

ver'doven[2] *overg* **1** ⟨gevoelloos maken⟩ benumb, numb; **2** ⟨bedwelmen⟩ stupefy, stun; **3** med anaesthetize

ver'dovend *bn* **1** ⟨in 't alg.⟩ stupefying; **2** med anaesthetic; ~ *middel* med anaesthetic, narcotic, ⟨vooral als genotmiddel⟩ drug

ver'doving *v* (-en) **1** ⟨in 't alg.⟩ stupefaction, stupor, torpor, numbness; **2** med anaesthesia

ver'dovingsmiddel *o* (-en) med anaesthetic

ver'draaglijk *bn* bearable, endurable, tolerable

ver'draagzaam *bn* tolerant, forbearing

ver'draagzaamheid *v* tolerance, forbearance, toleration

ver'draaid I *bn* distorted, disfigured, deformed [features]; *met een* ~*e stem* in a disguised voice; **II** *bijw* ⟨vervloekt⟩ damned; ~ *knap* jolly clever; *wel* ~*!* dash it!, damn!

ver'draaien[2] *overg* **1** spoil [a lock]; **2** distort[2], contort[2], twist[2] [features, facts, motives, statements, the truth &]; **3** fig pervert [words, facts, a law]; *de ogen* ~ roll one's eyes; *iems. woorden* ~ ook: twist sbd.'s words; *ik verdraai het om...* I refuse to..., I just won't...; zie ook: *verdraaid*

ver'draaiing *v* (-en) distortion, contortion, twist, perversion [of fact]

ver'drag *o* (-dragen) treaty, pact; *een* ~ *aangaan (sluiten)* conclude (make, enter into) a treaty

ver'dragen *overg* **1** ⟨dulden⟩ suffer, bear, endure, stand; **2** ⟨wegdragen⟩ remove; *ik kan geen bier* ~ beer does not agree with me; *men moet elkaar leren* ~ you must try to put up with each other; *zo iets kan ik niet* ~ I can't stand it; *ik heb heel wat van hem te* ~ I have to suffer (to put up with) a good deal at his hands

'verdragend *bn* **1** muz carrying; **2** mil long-range [guns]

ver'dragshaven *v* (-s) treaty port

verdrie'dubbelen (verdriedubbelde, h. verdriedubbeld) *overg* treble, triple

ver'driet *o* grief, sorrow; ~ *aandoen* cause sorrow, give pain; ~ *hebben* grieve, sorrow

ver'drietelijk *bn* vexatious, irksome

ver'drietelijkheid *v* (-heden) vexatiousness, irksomeness, vexation; *verdrietelijkheden* vexations

ver'drieten (verdroot, h. verdroten) *overg* vex, grieve; *het verdriet mij dat te horen* I'm grieved to hear this

ver'drietig *bn* sad, sorrowful

verdrie'voudigen (verdrievoudigde, h. verdrievoudigd) *overg* treble, triple

ver'drijven[2] *overg* **1** ⟨in 't alg.⟩ drive away, drive out, chase away; **2** dissipate, dispel [clouds, fears, suspicion]; **3** oust, expel [from a place]; **4** dislodge [the enemy from his position]; **5** pass (while) away [the time]

ver'drijving *v* expulsion, ousting

ver'dringen[2] **I** *overg* **1** ⟨in 't alg.⟩ push away, crowd out[2], fig oust, supplant, supersede, cut out; **2** psych repress [desires, impulses]; *elkaar* ~ ⟨dringen⟩ jostle (each other); ~ *van de markt* oust from the market; **II** *wederk: zich* ~ crowd (om round)

ver'dringing *v* **1** ⟨in 't alg.⟩ ousting, supplanting [of a rival]; **2** psych repression [of desires, impulses]

ver'drinken (verdronk, verdronken) **I** (h.) *overg* **1** drown [a young animal]; **2** spend on drink [one's money], drink [one's wages], drink away [one's fortune]; **3** drink down [one's sorrow], drown [one's sorrow in drink]; **4** inundate [a field]; **II** (is) *onoverg* be drowned, drown; **III** (h.) *wederk: zich ~* drown oneself

ver'**drinking** *v* (-en) drowning; *dood door ~* death from drowning

ver'**drogen**² *onoverg* **1** ⟨uitdrogen⟩ dry up; **2** ⟨v. planten &⟩ wither

ver'**dromen**² *overg* dream away

ver'**dronken** *bn* **1** drowned [person]; **2** submerged [fields]

ver'**droot (verdroten)** V.T. v. *verdrieten*

ver'**droten** V.T. meerv. en V.D. v. *verdrieten*

ver'**drukken**² *overg* oppress

ver'**drukker** *m* (-s) oppressor

ver'**drukking** *v* (-en) oppression; *in de ~ komen* zie: *gedrang; tegen de ~ in groeien* prosper in spite of opposition

ver'**dubbelen** (verdubbelde, h. verdubbeld) **I** *overg* **1** double [a letter &]; **2** fig redouble [one's efforts]; *zijn schreden ~* quicken one's pace; **II** *wederk: zich ~* double

ver'**dubbeling** *v* (-en) **1** eig doubling, duplication; **2** fig redoubling; **3** gramm reduplication

ver'**duidelijken** (verduidelijkte, h. verduidelijkt) *overg* elucidate, explain

ver'**duidelijking** *v* (-en) elucidation, explanation

ver'**duisteren** (verduisterde, verduisterd) **I** (h.) *overg* **1** ⟨donker maken⟩ darken², obscure²; cloud² [the sky, the mind, eyes with tears]; **2** astron eclipse [the sun, the moon]; **3** ⟨tegen luchtaanval⟩ black out; **4** ⟨ontvreemden⟩ embezzle [money], misappropriate [funds]; **II** (is) *onoverg* darken, grow dark

ver'**duistering** *v* (-en) **1** ⟨in 't alg.⟩ obscuration²; **2** astron eclipse [of sun and moon]; **3** ⟨tegen luchtaanval⟩ black-out; **4** embezzlement [of money], misappropriation [of funds]

ver'**duitsen** (verduitste, h. verduitst) *overg* **1** Germanize; **2** translate into German

ver'**duiveld** *bn bijw* = *verdomd*

verduizend'**voudigen** (verduizendvoudigde, h. verduizendvoudigd) *overg* multiply by a thousand

ver'**dunnen**² *overg* **1** ⟨in 't alg.⟩ thin; **2** ⟨vloeistof⟩ ook: dilute; **3** ⟨lucht⟩ rarefy

ver'**dunning** *v* (-en) **1** thinning; **2** dilution; **3** rarefaction

ver'**duren**² *overg* bear, endure; *het hard te ~ hebben* zie: *verantwoorden; heel wat te ~ hebben* zie: *verdragen*

ver'**duurzamen** (verduurzaamde, h. verduurzaamd) *overg* preserve; *verduurzaamde levensmiddelen* preserved food; ⟨in blik⟩ tinned food, canned food

ver'**duurzaming** *v* preservation

ver'**duveld** *bn bijw* = *verdomd*

ver'**duwen**² *overg* swallow [an insult]

ver'**dwaald** *bn* **1** lost [child, traveller, sheep];

2 stray [bullet]; *~ raken* lose one's way; *~ zijn* have lost one's way

ver'**dwaasd** *bn* distracted

ver'**dwaasdheid** *v* distraction

ver'**dwalen** (verdwaalde, is verdwaald) *onoverg* lose one's way, go astray²

ver'**dwazing** *v* distraction

ver'**dween (verdwenen)** V.T. van *verdwijnen*

ver'**dwijnen** (verdween, is verdwenen) *onoverg* disappear, vanish, fade away; *verdwijn (uit mijn ogen)!* out of my sight!, be off!; *(deze regering, minister &) moet ~* must go

ver'**dwijning** *v* disappearance, vanishing

ver'**dwijnpunt** *o* (-en) vanishing point

ver'**edelen** (veredelde, h. veredeld) *overg* **1** improve [fruit]; **2** grade (up) [cattle]; **3** ennoble, elevate [the feelings]; **4** refine [manners, morals, the taste]

ver'**edeling** *v* improvement; up-grading; ennoblement, elevation [of the feelings], refinement

ver'**eelt** *bn* callous², horny [hands]

ver'**eelten** (vereeltte, vereelt) **I** (h.) *overg* make callous, make horny; **II** (is) *onoverg* become callous, become horny

ver'**eelting** *v* callosity

vereen'**voudigen** (vereenvoudigde, h. vereenvoudigd) *overg* **1** ⟨in 't alg.⟩ simplify; **2** rekenkunde reduce [a fraction]

vereen'**voudiging** *v* (-en) **1** ⟨in 't alg.⟩ simplification; **2** rekenkunde reduction [of a fraction]

vereen'**zamen** (vereenzaamde, is vereenzaamd) *onoverg* grow lonely

vereen'**zaming** *v* isolation

vereen'**zelvigen** (vereenzelvigde, h. vereenzelvigd) *overg* identify

vereen'**zelviging** *v* identification

ver'**eerder** *m* (-s) worshipper, admirer, adorer; ⟨v. vrouw⟩ suitor, wooer

ver'**eeuwigen** (vereeuwigde, h. vereeuwigd) *overg* perpetuate, immortalize

ver'**eeuwiging** *v* perpetuation, immortalization

ver'**effenen**² *overg* **1** balance, settle [an account]; **2** square [a debt]; **3** adjust, settle [a difference, a dispute]

ver'**effening** *v* (-en) settlement, adjustment; *ter ~ van* in settlement of

ver'**eisen**² (vereiste, h. vereist) *overg* require, demand

ver'**eist** *bn* required

ver'**eiste** *o & v* (-n) requirement, requisite; *... is een eerste ~ ...* is a prerequisite

1 '**veren** (veerde, h. geveerd) *onoverg* be elastic, be springy, spring; *~d* elastic, springy, resilient; *~d zadel* spring-mounted saddle; *ze ~ niet* they have no spring in them

2 '**veren** *bn* feather; *~ bed* feather-bed

ver'**enen** (vereende, h. vereend) *overg* = *verenigen; met vereende krachten* with united efforts, unitedly

ver'**engelsen** (verengelste, verengelst) **I** (h.) *overg* anglicize; **II** (is) *onoverg* become anglicized

ver′engen (verengde, h. verengd) *overg & wederk* narrow

ver′enigbaar *bn*: *(niet)* ~ *met* (not) compatible (consistent, consonant) with...

ver′enigd *bn* united; *V~e Arabische Emiraten* United Arab Emirates; *V~ Koninkrijk* United Kingdom; *de V~e Naties* the United Nations [Organization]; ~ *optreden* united action; *de V~e Staten* the United States; *~e vergadering* joint meeting

ver′enigen (verenigde, h. verenigd) **I** *overg* 1 unite, join [their efforts, two nations]; combine [data]; 2 ⟨verzamelen⟩ collect; *hen in de echt* ~ join (unite) them in marriage, join A to B in marriage; *die belangen zijn niet met elkaar te* ~ these interests are not consistent with each other; *voorzover het te* ~ *is met...* in so far as is consistent (compatible, reconcilable) with...; ~ *tot...* unite into...; **II** *wederk*: *zich* ~ 1 ⟨in 't alg.⟩ unite; 2 ⟨zich verzamelen⟩ assemble; *zich* ~ *met* join [also of rivers]; join hands (forces) with [sbd. in doing sth.]; *ik kan mij met die mening niet* ~ I cannot agree with (concur in) that opinion; *ik kan mij met het voorstel niet* ~ I cannot agree to the proposal

ver′eniging *v* (-en) 1 ⟨handeling of resultaat⟩ joining, junction, combination, union; 2 ⟨club⟩ union, society, association, club; *recht van* ~ *en vergadering* right of association and of assembly

ver′enigingsleven *o* (-s) corporate life

ver′enigingslokaal *o* (-kalen) club-room

ver′enigingspunt *o* (-en) junction, rallying-point

ver′eren[2] *overg* honour, revere, worship, venerate; *iem. iets* ~ present sbd. with sth.; ~ *met* honour with; grace with [one's presence, a title &]

ver′erend *bn*: *in ~e bewoordingen* in flattering terms

ver′ergeren (verergerde, verergerd) **I** (is) *onoverg* grow worse, change for the worse, worsen, deteriorate; **II** (h.) *overg* make worse, worsen, aggravate

ver′ergering *v* worsening, growing worse, change for the worse, aggravation, deterioration

ver′ering *v* (-en) veneration, worship, reverence

ver′erven (vererfde, vererfd) **I** (h.) *overg* descend, pass (to); **II** (is) *onoverg* be transmitted to

ver′etteren (veretterde, is veretterd) *onoverg* fester, suppurate

ver′ettering *v* (-en) suppuration

vereuro′pesen (vereuropeeste, vereuropeest) **I** (h.) *overg* Europeanize; **II** (is) *onoverg* become Europeanized

ver′evenen (verevende, h. verevend) *overg* = *vereffen*

verf *v* (verven) 1 ⟨in 't alg.⟩ paint; 2 ⟨v. kunstschilder⟩ colour, paint; 3 ⟨voor stoffen, haar &⟩ dye

′verfbom *v* (-men) paint bomb

′verfdoos *v* (-dozen) box of colours, paintbox

′verfhout *o* dye-wood

ver′fijnen (verfijnde, h. verfijnd) *overg* refine

ver′fijning *v* (-en) refinement

ver′filmen[2] *overg* film

ver′filming *v* (-en) 1 ⟨handeling⟩ filming; 2 ⟨resultaat⟩ film version, screen version

′verfkuip *v* (-en) dyeing-tub

′verfkwast *m* (-en) paintbrush

′verflaag *v* (-lagen) coat of paint

ver′flauwen (verflauwde, is verflauwd) *onoverg* 1 ⟨v. kleuren &⟩ fade; 2 ⟨v. wind⟩ abate; 3 ⟨v. ijver &⟩ flag, slacken; 4 ⟨handel⟩ flag

ver′flauwing *v* fading; abatement; flagging

ver′flensen (verflenste, is verflenst) *onoverg* fade, wither

′verflucht *v* smell of paint, painty smell

ver′foeien (verfoeide, h. verfoeid) *overg* detest, abominate

ver′foeilijk *bn* detestable, abomination

ver′fomfaaien (verfomfaaide, h. verfomfaaid) *overg* crumple, rumple

′verfpot *m* (-ten) paint-pot

ver′fraaien (verfraaide, h. verfraaid) *overg* embellish, beautify

ver′fransen (verfranste, verfranst) **I** (h.) *overg* Frenchify; **II** (is) *onoverg* become French

ver′frissen (verfriste, h. verfrist) **I** *overg* refresh; **II** *wederk*: *zich* ~ 1 ⟨zich wassen⟩ refresh oneself; 2 ⟨iets gebruiken⟩ take some refreshment

ver′frissend *bn* refreshing°

ver′frissing *v* (-en) refreshment

′verfroller *m* (-s) paint roller

ver′frommelen[2] *overg* crumple (up), rumple, crush

′verfspuit *v* (-en) paint spray, spray gun

′verfstoffen *mv* dye-stuffs, dyes, colours

′verfwaren *mv* oils and colours

′verfwinkel *m* (-s) paint shop, colour shop

ver′gaan[2] *onoverg* 1 ⟨ophouden te bestaan⟩ perish, pass away; 2 ⟨verrotten⟩ decay; rot; 3 *scheepv* founder, be wrecked, be lost; *het verging hun slecht* they fared badly; *het zal je er naar* ~ you will meet with your deserts; ~ *van afgunst* be consumed (eaten up) with envy; ~ *van de kou* be perishing with cold; *vergane glorie* departed glory

′vergaand *bn* = *verregaand*

ver′gaarbak *m* (-ken) 1 *eig* reservoir, receptacle; 2 *fig* dumping place

ver′gaderen (vergaderde, h. en is vergaderd) *onoverg* meet, hold a meeting, assemble

ver′gadering *v* (-en) assembly, meeting; *geachte ~!* ladies and gentlemen!; ~ *met debat* discussion meeting; *een* ~ *bijeenroepen (houden)* call (hold) a meeting; *de* ~ *openen* open the meeting; *de* ~ *opheffen (sluiten)* close the meeting; *een* ~ *uitschrijven* convene a meeting

ver′gaderplaats *v* (-en) meeting-place, place of meeting

ver′gaderzaal *v* (-zalen) meeting-room, meeting-hall

ver′gallen[2] *overg* spoil, poison; *iem. het leven* ~ embitter sbd.'s life; *iems. vreugde* ~ spoil (mar) sbd.'s pleasure

vergalop'peren[2] *wederk*: zich ~ commit oneself, put one's foot in it

ver'gankelijk *bn* perishable, transitory, transient, fleeting

ver'gankelijkheid *v* perishableness, transitoriness, instability

ver'gapen[2] *wederk*: zich ~ aan gape at; zich aan de schijn ~ take the shadow for the substance

ver'garen[2] *overg* gather, collect, hoard

ver'gassen[2] *overg* **1** gasify [solids]; **2** gas [people]

ver'gasser *m* (-s) paraffin stove; primus

ver'gassing *v* (-en) **1** gasification [of solids]; **2** gassing [of people]

ver'gasten (vergastte, h. vergast) **I** *overg* treat (op to), regale (op with); **II** *wederk*: zich ~ aan feast upon, take delight in

ver'gat (vergaten) V.T. van *vergeten*

ver'geeflijk *bn* **1** pardonable, forgivable, excusable [fault]; **2** RK venial [sin]

ver'geeflijkheid *v* pardonableness &, veniality

ver'geefs I *bn* vain, useless, fruitless; **II** *bijw* in vain, vainly, to no purpose

ver'geestelijken (vergeestelijkte, h. vergeestelijkt) *overg* spiritualize

ver'geestelijking *v* spiritualization

ver'geetachtig *bn* apt to forget, forgetful

ver'geetachtigheid *v* aptness to forget, forgetfulness

ver'geetal *m* (-len) forgetful person

ver'geetboek *o*: het raakte in het ~ it was forgotten, it fell into oblivion

ver'geet-mij-niet *v* (-en) forget-me-not

ver'gefelijkheid *v* = vergeeflijk(heid)

ver'gelden[2] *overg* repay, requite; goed met kwaad ~ return evil for good; God vergelde het u! God reward you for it!

ver'gelder *m* (-s) **1** ⟨in 't alg.⟩ rewarder; **2** ⟨wreker⟩ avenger [of evil]

ver'gelding *v* (-en) requital, retribution; de dag der ~ the day of reckoning; ter ~ van... in return for...

ver'geldingsmaatregel *m* (-en en -s) retaliatory measure; reprisal

ver'gelen[2] *onoverg* yellow

verge'lijk *o* (-en) agreement, accommodation, compromise; een ~ treffen, tot een ~ komen come to an agreement

verge'lijkbaar *bn* comparable

verge'lijken[2] *overg* compare; ~ bij... compare to, liken to; ~ met compare with; u kunt u niet met hem ~ you can't compare with him; vergeleken met... in comparison with..., as compared with...

verge'lijkend *bn* comparative; ~ examen competitive examination

verge'lijkenderwijs, verge'lijkenderwijze *bijw* by comparison

verge'lijking *v* (-en) **1** ⟨in 't alg.⟩ comparison; **2** equation [in mathematics]; **3** simile [in stylistics]; ~ van de eerste graad met een onbekende simple equation with one unknown quantity; ~ van de tweede (derde) graad quadratic (cubic) equation; de ~ kunnen doorstaan met... bear (stand) comparison with; een ~ maken (trekken) make a comparison, draw a parallel; in ~ met... in comparison with..., as compared with...; dat is niets in ~ met wat ik heb gezien that is nothing to what I have seen; ter ~ for (purposes of) comparison

verge'lijkingsmateriaal *o* comparative material

verge'makkelijken (vergemakkelijkte, h. vergemakkelijkt) *overg* make easy (easier), facilitate

verge'makkelijking *v* simplification

'vergen (vergde, h. gevergd) *overg* require, demand, ask; te veel ~ van ook: overtax [one's strength]

verge'noegd *bn* contented, satisfied

verge'noegdheid *v* contentment, satisfaction

verge'noegen (vergenoegde, h. vergenoegd) **I** *overg* content, satisfy; **II** *wederk*: zich ~ met content oneself with

ver'getelheid *v* oblivion; aan de ~ ontrukken save (rescue) from oblivion; aan de ~ prijsgeven consign (relegate) to oblivion; in ~ raken fall (sink) into oblivion

ver'geten (vergat (vergaten), h. en is vergeten) **I** *overg* forget; ik ben ~ hoe het moet I forget (I've forgotten) how to do it; ... niet te ~ not forgetting ...; ik ben zijn adres ~ I forget his address; ik heb de krant ~ I have forgotten the newspaper; hebt u niets ~? haven't you forgotten something?; vergeet het maar! forget it!; (het) ~ en vergeven forget and forgive; **II** *wederk*: zich ~ forget oneself; **III** *bn* forgotten

1 ver'geven[2] *overg* **1** (weggeven) give away [a situation]; **2** (vergiffenis geven) forgive, pardon; **3** (verkeerd geven) misdeal [cards]; **4** (vergiftigen) poison; vergeef (het) mij! forgive me!; vergeef me dat ik u niet gezien heb forgive me for not having seen you; dat zal ik u nooit ~ I'll never forgive you for it; wie heeft die betrekking te ~? in whose gift is the place?; zie ook: vergeten

2 ver'geven *bn*: (het is er) ~ van de muizen infested with mice

vergevense'zind *bn* forgiving

vergevense'zindheid *v* forgivingness

ver'geving *v* pardon, remission [of sins]

'vergevorderd *bn* (far) advanced[2]

verge'wissen (vergewiste, h. vergewist) *bn*: zich ~ van make sure of [sth.]; ascertain [the facts]

verge'zellen (vergezelde, h. vergezeld) *overg* accompany; vergezeld gaan van be accompanied (attended) by; vergezeld doen gaan van accompany with [a threat]

'vergezicht *o* (-en) view, prospect, perspective, vista

'vergezocht *bn* far-fetched

ver'giet *o & v* (-en) strainer, colander

ver'gieten[2] *overg* shed [blood, tears]

ver'gif *o* poison[2], venom [of animals]

ver'giffenis v **1** ⟨in 't alg.⟩ pardon, forgiveness; **2** remission [of sins]; *iem. ~ schenken* forgive sbd.; *~ vragen* beg sbd.'s pardon, plechtig ask (sbd.'s) forgiveness

ver'gift o (-en) = *vergif*

ver'giftenleer v toxicology

ver'giftig bn poisonous², venomous²

ver'giftigen (vergiftigde, h. vergiftigd) overg poison², envenom²; *ze wilden hem ~* they wanted to poison him

ver'giftigheid v poisonousness, venomousness

ver'giftiging v (-en) poisoning²

Vergili'aans bn Virgilian

Ver'gilius m Virgil; *van ~* Virgilian

ver'gissen (vergiste, h. vergist) wederk: *zich ~* mistake, be mistaken, be wrong; make a mistake; *vergis u niet!* make no mistake; *als ik me niet vergis* if I am not mistaken; *of ik zou me zeer moeten ~* unless I am greatly mistaken; *u vergist u als u...* you are under a mistake if...; *zich ~ in...* be mistaken in; *ik had mij in het huis vergist* I had mistaken the house; *u hebt u lelijk in hem vergist!* you have mistaken your man!; *~ is menselijk* we all make mistakes, to err is human

ver'gissing v (-en) mistake, error; *bij ~* by mistake, in mistake, unintentionally

ver'glaassel o glaze, enamel

ver'glazen (verglaasde, h. verglaasd) overg **1** ⟨met glazuur⟩ glaze, enamel; **2** ⟨in glas veranderen⟩ vitrify

ver'glazing v **1** glazing, enamelling; **2** vitrification

ver'goddelijken (vergoddelijkte, h. vergoddelijkt) overg deify

ver'goddelijking v **1** ⟨in 't alg.⟩ deification; **2** apotheosis [of Roman emperors]

ver'goden (vergoodde, h. vergood) overg deify

ver'goding v deification

ver'goeden (vergoedde, h. vergoed) overg **1** make good [cost, damages, losses], compensate; **2** reimburse [expenses]; **3** pay [interest]; *iem. iets ~* indemnify sbd. for a loss (expenses); *dat vergoedt veel* that goes to make up for a lot

ver'goeding v (-en) **1** ⟨in 't alg.⟩ compensation, indemnification; **2** ⟨tegemoetkoming⟩ allowance; **3** ⟨loon⟩ remuneration; **4** ⟨beloning⟩ recompense, reward; *tegen een (kleine) ~* for a consideration

ver'goelijken (vergoelijkte, h. vergoelijkt) overg **1** gloze over, smooth over [faults]; **2** palliate, extenuate [an offence]; **3** excuse [weakness]; **4** explain away [wrong done &]

ver'goelijking v (-en) glozing over, palliation, extenuation, excuse

ver'gokken² overg gamble away

ver'gooien² I overg throw away; *een kans ~* throw (chuck) away a chance; II wederk: *zich ~* throw oneself away (*aan* on)

ver'gramd bn angry, wrathful

ver'gramdheid v anger, wrath

ver'grammen (vergramde, h. vergramd) overg make angry, kindle the wrath of

ver'grendelen² overg bolt

ver'grijp o (-en) **1** ⟨misdrijf⟩ transgression, offence, outrage, crime, misdemeanour; **2** ⟨schande⟩ offence; **3** outrage [against humanity, tradition &]

ver'grijpen² wederk: *zich ~ aan de vrouw van zijn baas* interfere with his boss's wife

ver'grijsd bn grown grey [in the service], grizzled

ver'grijzen² onoverg grow (go, turn) grey

ver'grijzing v ag(e)ing of the population

ver'groeien² onoverg **1** ⟨samengroeien⟩ grow together; **2** ⟨misvormd raken⟩ grow out of shape; become crooked [of persons]; **3** fade [of scars]

ver'groeiing v **1** ⟨samengroeiing⟩ growing together; **2** ⟨vervorming⟩ crooked growth, deformity; **3** ⟨v. littekens⟩ fading

ver'groten (vergrootte, h. vergroot) overg **1** enlarge [a building, a photograph &]; **2** increase [one's stock, their number]; **3** add to [his wealth]; **4** magnify [the size with a lens &]

ver'groting v (-en) **1** ⟨het groter worden⟩ enlargement; **2** ⟨toename⟩ increase; **3** ⟨door een lens⟩ magnification; **4** ⟨v. foto⟩ enlargement, blow-up

ver'groven (vergroofde, overg h., onoverg is vergroofd, vergrofd) coarsen

ver'gruizen (vergruisde, vergruisd) I (h.) overg pulverize, pound; II (is) onoverg crumble

ver'guizen (verguisde, h. verguisd) overg revile, abuse

ver'guizing v revilement, abuse

ver'guld bn gilt; *~ op snee* gilt-edged; *er ~ mee zijn* feel very flattered (be highly pleased) with it

ver'gulden (verguldde, h. verguld) overg gild; zie ook: *pil*

ver'gulder m (-s) gilder

ver'guldsel o (-s) gilding, gilt

ver'gunnen² overg **1** ⟨toestaan⟩ permit, allow; **2** ⟨toekennen⟩ grant [privileges]

ver'gunning v (-en) **1** ⟨toestemming⟩ permission, allowance, leave; permit; **2** ⟨drank~⟩ licence; *café met ~* licensed pub(lic house); *met ~ van...* by permission of...; *zonder ~* **1** without permission; **2** without a licence, unlicensed

ver'gunninghouder m (-s) **1** ⟨in 't alg.⟩ licensee; **2** ⟨v. café⟩ licensed victualler

ver'gunningsrecht o licence

ver'haal o (-halen) **1** ⟨vertelling⟩ story, tale, narrative, account, recital, relation, narration; **2** ⟨schadeloosstelling⟩ (legal) remedy, redress; **3** ZN, recht appeal; *het korte ~* the short story; *een ~ vertellen* tell a story; *allerlei verhalen vertellen (opdissen) over...* pitch yarns about; *er is geen ~ op* there is no redress; *hij kwam weer op zijn ~* he collected himself, he picked himself up again

ver'haalbaar bn recht recoverable (*op* from)

ver'haaltrant m narrative style

ver'haasten[2] *overg* **1** hasten, accelerate, quicken [one's steps &]; **2** expedite [the process]

ver'haasting *v* hastening, acceleration, expedition

ver'hakkeld *bn* ZN **1** ⟨gescheurd⟩ torn to pieces; **2** ⟨gewond⟩ wounded, hurt; **3** ⟨verkreukeld⟩ crumpled; **4** sp ⟨verzwakt⟩ weakened

ver'halen[2] *overg* **1** ⟨vertellen⟩ tell, relate, narrate; **2** ⟨wegtrekken⟩ shift [a ship]; **3** ⟨vergoeding verkrijgen⟩; *men heeft hem bedrogen en nu wil hij het op mij ~* they cheated him and now he wants to recoup the loss on me; *hij wil het op mij ~* he wants to take it out of me; *de schade ~ op een ander* recoup oneself out of another man's pocket

ver'halend *bn* narrative

ver'haler *m* (-s) relater, narrator, story-teller

ver'handelbaar *bn* negotiable

ver'handelbaarheid *v* negotiability

ver'handelen[2] *overg* **1** deal in [goods]; negotiate [a bill]; **2** ⟨bespreken⟩ discuss

ver'handeling *v* (-en) **1** ⟨in 't alg.⟩ treatise, essay, discourse, dissertation, paper [read to learned society]; **2** ZN ⟨scriptie⟩ thesis

ver'hangen[2] **I** *overg* rehang, hang otherwise; **II** *wederk*: *zich ~* hang oneself

ver'hanging *v* (-en) hanging

ver'hapstukken (verhapstukte, h. verhapstukt) *overg*: *iets te ~ hebben met iem.* gemeenz have a bone to pick with sbd.

ver'hard *bn* **1** ⟨in 't alg.⟩ hardened[2]; **2** metalled [road]; **3** fig (case-)hardened, indurated, obdurate, hard-hearted

ver'harden (verhardde, verhard) **I** (h.) *overg* harden[2], indurate[2]; *een weg ~* metal a road; **II** (is) *onoverg* become hard, harden[2], indurate[2]

ver'hardheid *v* hardness, obduracy

ver'harding *v* (-en) **1** ⟨in 't alg.⟩ hardening[2]; **2** ⟨v. weg⟩ metalling; **3** ⟨vereelting⟩ callosity

ver'haren (verhaarde, is verhaard) *onoverg* lose (shed) one's hair; ⟨v. dieren ook:⟩ moult

ver'haspelen[2] *overg* **1** ⟨verknoeien⟩ spoil, botch; **2** mangle [a word, a quotation]

ver'heerlijken (verheerlijkte, h. verheerlijkt) *overg* glorify

ver'heerlijking *v* glorification

ver'heffen[2] **I** *overg* **1** lift [one's head]; **2** raise [one's eyes, one's voice]; **3** lift up [the soul]; **4** elevate [the mind, a person above the mass]; **5** exalt, extol [a person]; *een getal tot de tweede macht (in het kwadraat) ~* raise a number to the second power (square it); zie ook: *stem* &; **II** *wederk*: *zich ~* rise (*boven* above); *zich ~ op* fig pride oneself on, glory in

ver'heffend *bn* elevating, uplifting

ver'heffing *v* (-en) raising; elevation, exaltation; *~ in (tot) de adelstand* ennoblement, [in England] raising to the peerage; *met ~ van stem* raising his voice

ver'heimelijken (verheimelijkte, h. verheimelijkt) *overg* secrete [goods], zie verder: *verbergen* I

ver'helderen (verhelderde, verhelderd) **I** (is) *onoverg* **1** brighten[2] [of sky, face, eyes &]; **2** clear up [of weather]; **II** (h.) *overg* ⟨verduidelijken⟩ clarify, elucidate; *een kop koffie zal je geest ~* a cup of coffee will clear your head

ver'heldering *v* clearing, clarification; brightening; fig enlightenment

ver'helen[2] *overg* conceal, hide, keep secret; *iets voor iem. ~* conceal (hide, keep back) sth. from sbd.; *hij verheelt 't niet* he makes no secret of it

ver'heling *v* concealment

ver'helpen[2] *overg* remedy, redress, correct

ver'helping *v* remedy, redress, correction

ver'hemelte *o* (-n en -s) palate, roof (of the mouth); *zacht ~* soft palate, velum

ver'heugd **I** *bn* glad, pleased; *~ over* glad of, pleased at; **II** *bijw* gladly

ver'heugen[2] **I** *overg* gladden, rejoice, delight; *dat verheugt mij* I am glad of that; *het verheugt ons te horen, dat...* we are glad to hear that...; **II** *wederk*: *zich ~* rejoice, be glad; *zich ~ in* rejoice in; *zich in een goede gezondheid (mogen) ~* enjoy good health; *daar verheug ik mij (nu reeds) op* I am looking forward to it; *zich ~ over iets* rejoice at sth., be rejoiced at sth.

ver'heugend **I** *bn* welcome [sign, example, announcement &]; *het is ~ te weten, dat...* it is gratifying to know that...; **II** *bijw* gratifyingly [high numbers]

ver'heugenis (-sen), **ver'heuging** *v* (-en) joy

ver'heven **I** *bn* **1** ⟨hoogstaand, niet alledaags⟩ elevated, exalted, lofty, sublime, august; **2** ⟨v. beeldwerk⟩ raised, embossed, in relief; *~ zijn boven* be above; **II** *bijw* loftily, sublimely

ver'hevenheid *v* (-heden) elevation[2], fig loftiness, sublimity; *een weg ~* a slight elevation (eminence, height)

ver'hevigen (verhevigde, h. verhevigd) *overg* intensify

ver'heviging *v* intensification

ver'hinderen[2] *overg* prevent, hinder; *dat zal mij niet ~ om te...* that will not prevent me from ...ing; *dat zal hem misschien ~ te schrijven* this may prevent him from writing; *hij zal verhinderd zijn* he will have been prevented (from coming); *iem. ~ in de uitoefening van zijn beroep* obstruct sbd. in the execution of his duty

ver'hindering *v* (-en) **1** ⟨'t verhinderen⟩ prevention; **2** ⟨beletsel⟩ hindrance, obstacle, impediment; *bij ~* in case of prevention

ver'hip *tsw* gemeenz: *~!* drat (it)!, darn (it)!

ver'hipt *bijw* gemeenz: *~ vervelend* an awful nuisance; *~ koud* damned cold

ver'hit *bn* heated[2], overheated, flushed[2]

ver'hitten (verhitte, h. verhit) **I** *overg* **1** ⟨in 't alg.⟩ heat[2] [iron, the blood]; **2** fig heat, fire [the imagination]; **II** *wederk*: *zich ~* (over)heat oneself

ver'hitting *v* heating[2]

ver'hoeden[2] *overg* prevent, avert; *dat verhoede God!* God forbid!

ver'hoeding *v* prevention

ver'hogen (verhoogde, h. verhoogd) *overg* **1** heighten[2] [a wall &, the illusion]; **2** raise[2] [a platform, a man, prices, salary &]; **3** muz raise [a tone]; **4** fig advance, put up [the charges]; **5** enhance [their prestige]; **6** increase, add to [the beauty of...]; **7** ⟨bevorderen⟩ promote [in rank]; ~ *met* raise (increase) by

ver'hoging *v* (-en) eig **1** dais, (raised) platform; **2** elevation, eminence, height [of ground]; **3** rise, increase, advance [of salary, of prices]; **4** heightening[2], raising[2], enhancement; promotion [in rank]; *jaarlijkse* ~ annual raise [in salary]; *hij heeft wat* ~ he has a slight temperature (fever)

ver'hogingsteken *o* (-s) muz sharp

ver'holen *bn* concealed, hidden, secret

ver'holenheid *v* concealment, secrecy

ver'hollandsen (verhollandste, verhollandst) **I** (h.) *overg* Dutchify, make Dutch; **II** (is) *onoverg* become Dutch

verhonderd'voudigen (verhonderdvoudigde, h. verhonderdvoudigd) *overg* increase a hundredfold, centuple

ver'hongeren (verhongerde, is verhongerd) *onoverg* be starved to death, starve (to death), die of hunger; *doen (laten)* ~ starve (to death)

ver'hongering *v* starvation

ver'hoog *o* (-hogen) ZN **1** ⟨podium⟩ speakers' platform; **2** ⟨tribune⟩ (public) gallery

ver'hoogd *bn* raised, increased; *een ~e belangstelling voor milieuvraagstukken* an increased interest in environmental issues; *een ~e kans op besmetting* a greater (higher) risk of infection

ver'hoor *o* (-horen) hearing, examination [before the magistrate], interrogation; *wie zal het ~ afnemen?* who is going to examine?; *een ~ ondergaan* be under examination; *in ~ nemen* hear, interrogate; *in ~ zijn* be under examination

ver'horen[2] *overg* hear, answer [a prayer]; hear, examine [a witness]

ver'horing *v* (-en) hearing

ver'houden[2] *wederk*: zij ~ zich als... en... they are in the proportion of... to...; *2 verhoudt zich tot 4 als 3 tot 6* 2 is to 4 as 3 is to 6

ver'houding *v* (-en) **1** ⟨tussen getallen⟩ proportion, ratio; **2** ⟨tussen personen⟩ relation(s); relationship [of master and servant, with God]; **3** ⟨liefdesbetrekking⟩ (love-)affair; *een gespannen* ~ strained relations; *hij heeft een* ~ *met zijn lerares* he's having an affair with his teacher; *buiten* ~ *tot...* out of proportion to...; *in* ~ *tot* in proportion to; *in de juiste* ~ [see the story] in (the right) perspective; *in geen* ~ *staan tot...* be out of (all) proportion to..., be totally disproportionate to...; *naar* ~ proportionally, proportionately; comparatively, relatively; *naar* ~ *van hun...* in proportion to their

ver'houdingsgetal *o* (-len) ratio

ver'houdingsgewijs *bijw* comparatively, relatively; ~ *toenemen* increase proportionally

verho'vaardigen (verhovaardigde, h. verhovaardigd) *wederk*: zich ~ *(op)* pride oneself (on), be proud (of)

verho'vaardiging *v* pride

ver'huis *m* (-huizen) ZN removal

ver'huisboel *m* furniture in course of removal

ver'huisdag *m* (-en) moving-day

ver'huisdrukte *v* worry and trouble of (re)moving

ver'huiskosten *mv* expenses of (re)moving

ver'huiswagen *m* (-s) furniture van, pantechnicon (van)

ver'huizen (verhuisde, verhuisd) **I** (is) *onoverg* remove, move (into another house), move house; **II** (h.) *overg* remove

ver'huizer *m* (-s) (furniture) remover, removal contractor

ver'huizing *v* (-en) removal, move

ver'hullen[2] *overg* conceal

ver'huren[2] **I** *overg* **1** let [apartments]; **2** let out (on hire) [things]; **3** hire (out) [motorcars, bicycles]; **II** *wederk*: zich ~ hire oneself out (als as)

ver'huur *m* letting (out), hiring (out), hire [car, dress]

ver'huurbedrijf *o* (-drijven) leasing company

ver'huurder *m* (-s) **1** ⟨in 't alg.⟩ letter, lessor, landlord; **2** hirer out [of bicycles]

verhypothe'keren (verhypothekeerde, h. verhypotheekeerd) *overg* mortgage

verifica'teur *m* (-s) verifier

verifi'catie *v* (-s) verification

verifi'catievergadering *v* (-en) first meeting of creditors

verifi'ëren (verifieerde, h. geverifieerd) *overg* **1** verify, check [figures, a reference]; **2** audit [accounts]

ver'ijdelen (verijdelde, h. verijdeld) *overg* frustrate, foil, baffle, baulk, defeat [attempts &]; thwart, upset [a scheme]; *dat verijdelde hun plannen* that thwarted their plans

ver'ijdeling *v* frustration

'vering *v* (-en) **1** ⟨het veren⟩ spring action; **2** ⟨de veren⟩ springs

ver'innigen (verinnigde, is verinnigd) *onoverg* grow closer

ver'interesten (verinterestte, h. verinterest), **ver'intresten** (verintrestte, h. verintrest) **I** *overg* put out at interest; **II** *onoverg* bear no interest

ver'jaard *bn* **1** superannuated, statute-barred [debts]; **2** prescriptive [rights]

ver'jaardag *m* (-dagen) **1** anniversary [of a victory, marriage &]; **2** birthday [of a person]

ver'jaardagsfeest *o* (-en) birthday party

ver'jaardagsgeschenk *o* (-en) birthday present

ver'jaardagskalender *m* (-s) birthday calender

ver'jaardagspartij *v* (-en) birthday party

ver'jagen[2] *overg* **1** drive (chase, frighten, shoo) away [birds &]; **2** expel [a person]; **3** drive out [the enemy]; **4** dispel [fear]

ver'jaging *v* chasing away, expulsion

ver'jaren (verjaarde, h. en is verjaard) *onoverg* **1** celebrate one's birthday; **2** become superannuated, become statute-barred; *ik verjaar vandaag* it is my birthday to-day

ver'jaring *v* (-en) **1** *recht* superannuation; **2** = *verjaardag*

ver'jaringsrecht *o* statute of limitations

ver'jaringstermijn *m* (-en) term of limitation

ver'jongen (verjongde, verjongd) **I** (is) *onoverg* grow young again, rejuvenate; **II** (h.) *overg* make young again, rejuvenate

ver'jonging *v* rejuvenescense, rejuvenation

ver'jongingskuur *v* (-kuren) rejuvenation cure

ver'kalken[2] *overg & onoverg* calcine, calcify

ver'kalking *v* calcination, calcification; ~ *van de bloedvaten* arteriosclerosis

ver'kankeren (verkankerde, is verkankerd) *onoverg* canker

ver'kapt *bn* disguised; veiled [threat]

ver'kassen (verkaste, is verkast) *onoverg* gemeenz shift, move (house)

ver'kavelen[2] *overg* lot (out), parcel out

ver'kaveling *v* (-en) lotting (out), parcelling out

ver'kazen (verkaasde, is verkaasd) *onoverg* caseate, become caseous (cheesy)

ver'keer *o* **1** (te land, te water en in de lucht) traffic; **2** (omgang) intercourse; *geslachts~* sexual intercourse; *maatschappelijk (huiselijk) ~* social (family) intercourse; *veilig ~* road safety; *minister van ~* minister of transport

ver'keerd I *bn* wrong, bad; *de ~de kant* the wrong side; zie ook: *been, kantoor, wereld &*; **II** *m: de ~e voorhebben* mistake one's man; *dan heb je de ~e voor, mannetje!* then you have come to the wrong shop!; **III** *bijw* wrong(ly), ill, amiss; *zijn kousen ~ aantrekken* put on one's stockings the wrong way; *(iets) ~ doen* do (sth.) wrong; *iets ~ uitleggen* misinterpret sth.; *iets ~ verstaan* misunderstand sth.

ver'keerdelijk *bijw* wrong(ly), mistakenly

ver'keerdheid *v* (-heden) fault

ver'keersader *v* (-s) (traffic) artery, arterial road, thoroughfare

ver'keersagent *m* (-en) policeman on point-duty, pointsman, traffic policeman, slang traffic cop

ver'keersbord *o* (-en) road sign, traffic sign

ver'keersbrigadiertje *o* (-s) patrol member

ver'keersbrug *v* (-gen) road-bridge

ver'keerschaos *m* traffic chaos

verkeers'dichtheid *v* traffic density

ver'keersdrempel *m* (-s) Br speed ramp, gemeenz sleeping policeman; Am speed bump

ver'keersdrukte *v* (heavy) traffic

ver'keersheuvel *m* (-s) island, refuge

ver'keersknooppunt *o* (-en) **1** (in 't alg.) junction,

intersection; **2** (v. snelwegen) interchange

ver'keersleider *m* (-s) luchtv air-traffic controller

ver'keersleiding *v* luchtv air-traffic control

ver'keerslicht *o* (-en) traffic light

ver'keersmiddel *o*, **ver'keersmiddelen** *mv* means of communication, means of transport

ver'keersongeval *o* (-len) road accident

ver'keersopstopping *v* (-en) traffic congestion, traffic jam, traffic block, traffic tie-up

ver'keersovertreding *v* (-en) road offence, traffic offence

ver'keersplein *o* (-en) traffic circus, roundabout

ver'keerspolitie *v* traffic police

ver'keersregel *m* (-s) traffic rule

ver'keersregeling *v* traffic regulation

ver'keersreglement *o* (-en) highway code, traffic regulations

ver'keersstroom *m* (-stromen) traffic flow

ver'keersteken *o* (-s) traffic sign

ver'keerstoren *m* (-s) luchtv control tower

ver'keerstunnel *m* (-s) underpass; (voor voetgangers) subway

ver'keersveiligheid *v* road safety

ver'keersvliegtuig *o* (-en) airliner, passenger aircraft

ver'keersvoorschriften *mv* traffic regulations

ver'keersweg *m* (-wegen) thoroughfare

ver'keerswezen *o* ZN: *minister van ~* Minister of Transport

ver'keerswisselaar *m* (-s) ZN traffic circle, roundabout

ver'keerszondaar *m* (-s) road offender

ver'keerszuil *v* (-en) bollard

ver'kennen[2] *overg* reconnoitre

ver'kenner *m* (-s) scout

ver'kenning *v* (-en) reconnoitring, scouting; *een ~* a reconnaissance; *op ~ uitgaan* go reconnoitring, make a reconnaissance

ver'kenningspatrouille *v* (-s) reconnoitring patrol

ver'kenningstocht *m* (-en) reconnoitring expedition

ver'kenningsvliegtuig *o* (-en) scoutingplane, scout; *~(en)* ook: reconnaissance aircraft

ver'kenningsvlucht *v* (-en) reconnaissance flight

ver'kenningswagen *m* (-s) mil scout car

ver'keren[2] *onoverg* **1** (is) (veranderen) change; *het kan ~* things may change; *vreugde kan in droefheid ~* joy may turn to sadness; **2** (h.) (zich bevinden) be; *aan het hof ~* move in court-circles; *in twijfel ~* be in doubt; *~ met iem.* associate with sbd.; *hij verkeert met ons buurmeisje* he keeps company with the girl next door

ver'kering *v* courtship; *hij heeft ~ met ons buurmeisje* he keeps company with the girl next door; *zij heeft ~* she is walking out with a fellow; *zij hebben ~* they are walking out; *vaste ~ hebben* go steady

ver′kerven[2] *overg*: zie: *verbruien*

ver′ketteren[2] *overg* **1** ⟨v. ketterij beschuldigen⟩ charge with heresy; **2** ⟨veroordelen⟩ decry, denounce

ver′kiesbaar *bn* eligible; *zich ~ stellen* accept to stand for an election (an office &), stand as a candidate

ver′kiesbaarheid *v* eligibility

ver′kieselijk, ver′kieslijk *bn* preferable (*boven* to)

ver′kiezen[2] *overg* **1** ⟨kiezen⟩ choose; elect; return [a member of Parliament]; **2** ⟨de voorkeur geven⟩ prefer; *wij ~ naar de schouwburg te gaan* **1** we choose to go to the theatre; **2** we prefer to go to the theatre; *hij verkoos niet te spreken* he did not choose to speak; *ik verkies niet dat je...* you must not...; *zoals u verkiest* just as you like, please yourself; *~ boven* prefer to; *iem. ~ tot president* choose him for a president, elect him president

ver′kiezing *v* (-en) **1** ⟨keus⟩ choice; **2** ⟨politiek⟩ election; *een ~ uitschrijven* order elections, go (appeal) to the country; *bij ~* for choice; for (by, in) preference; *naar ~* at choice, at pleasure, at will; *u kunt naar ~ of..., of...* the choice lies with you whether... or...; *(meen je dat) naar eigen ~ (te kunnen doen?)* at your own sweet will?; *handel naar eigen ~* use your own discretion; please yourself; *uit eigen ~* of one's own free will

ver′kiezingsbelofte *v* (-n) election promise

ver′kiezingscampagne *v* (-s) election(eering) campaign

ver′kiezingsdag *m* (-dagen) election day, polling-day

ver′kiezingsleus *v* (-leuzen) election cry, slogan

ver′kiezingsmanifest *o* (-en) election manifesto

ver′kiezingsprogram *o* (-s) election programme

ver′kiezingsrede *v* (-s) election speech

ver′kiezingsstrijd *m* (election) contest

ver′kiezingstournee *v* (-s) election tour, vote-getting tour

ver′kiezingsuitslag *m* (-slagen) election result, election returns

ver′kijken[2] **I** *overg*: *hij heeft zijn kans verkeken* he has lost his chance, <u>gemeenz</u> he missed the bus; **II** *wederk*: *zich ~ (op)* be mistaken, misjudge

ver′kikkerd *bn*: *~ op iets* keen on sth.; *~ op een meisje* <u>gemeenz</u> gone on a girl

ver′killen (verkilde, verkild) **I** (h.) *overg* chill; **II** (is) *onoverg* chill, cool

ver′kitten[2] *overg* lute

ver′klaarbaar *bn* explicable, explainable; *om verklaarbare redenen* for obvious reasons

ver′klaard *bn* declared, avowed [enemy]

ver′klappen[2] **I** *overg* blab; *de boel ~* give the game (the show) away; *iem. ~* <u>slang</u> peach on sbd.; **II** *wederk*: *zich ~* let one's tongue run away with one, give oneself away

ver′klapper *m* (-s) telltale

ver′klaren[2] **I** *overg* **1** ⟨verduidelijken⟩ explain, elucidate, interpret [a text]; **2** ⟨zeggen⟩ declare [that..., sbd. to be a...], ⟨officieel⟩ certify; <u>recht</u> depose, testify [that...]; **2** ⟨aanzeggen⟩ declare [war]; *hoe kunt u het gebruik van dit woord hier ~?* can you account for the use of this word?; *het onder ede ~* declare it upon oath; **II** *wederk*: *zich ~* declare oneself; *verklaar u nader!* explain yourself; *zich ~ tegen (vóór)...* declare against (in favour of)...

ver′klarend *bn* explanatory [notes]

ver′klaring *v* (-en) **1** ⟨verduidelijking⟩ explanation; **2** ⟨mededeling⟩ declaration, statement; [doctor's] certificate; <u>recht</u> deposition, evidence; *beëdigde ~* sworn statement; ⟨schriftelijk⟩ affidavit

ver′kleden **I** *overg* ⟨vermommen⟩ disguise; *een kind ~* ⟨anders kleden⟩ change a child's clothes; **II** *wederk*: *zich ~* **1** (in 't alg.) change (one's clothes); **2** ⟨zich vermommen⟩ dress up, disguise oneself

ver′kleding *v* (-en) **1** (in 't alg.) change of clothes; **2** ⟨vermomming⟩ disguise

ver′kleinbaar *bn* reducible

ver′kleinen (verkleinde, h. verkleind) *overg* **1** make smaller, reduce [a design &]; **2** diminish [weight, pressure]; **3** lessen [the number, the value &]; **4** minimize [an incident]; **5** belittle, disparage [merits]; *een breuk ~* reduce a fraction

ver′kleining *v* (-en) reduction; diminution; disparagement, belittlement [of merits &]; reduction [of fractions]

ver′kleiningsuitgang *m* (-en) diminutive ending

ver′kleinwoord *o* (-en) diminutive

ver′kleumd *bn* benumbed, numb

ver′kleumdheid *v* numbness

ver′kleumen (verkleumde, is verkleumd) *onoverg* grow numb, be benumbed (with cold)

ver′kleuren (verkleurde, is verkleurd) *onoverg* lose (its) colour, discolour, fade

ver′kleuring *v* (-en) discoloration, fading

ver′klikken[2] *overg* **1** (iets) tell, disclose; **2** (iem.) <u>slang</u> tell on [sbd.], give [sbd.] away, peach on

ver′klikker *m* (-s), **ver′klikster** *v* (-s) **1** ⟨persoon⟩ telltale; **2** <u>techn</u> ⟨instrument⟩ telltale [of an air-pump], indicator; *stille ~* police spy

ver′klungelen[2] *overg* trifle, fritter away

ver′knallen[2] *overg* <u>gemeenz</u> blow, bungle, botch, make a hash (mess, botch) of, <u>slang</u> muck up; *ik heb het verknald* I blew it

ver′kneukelen (verkneukelde, h. verkneukeld), **ver′kneuteren** (verkneuterde, h. verkneuterd) *wederk*: *zich ~* chuckle, hug oneself (rub one's hands) with joy; *zich ~ in* revel in

ver′kniezen[2] *wederk*: *zich ~* fret (mope) oneself to death

ver′knippen[2] *overg* **1** ⟨door knippen verdelen⟩ cut up; **2** ⟨verkeerd knippen⟩ spoil in cutting; *verknipt* ⟨gestoord⟩ mixed-up, ill-adjusted

ver′knocht *bn* attached, devoted (*aan* to)

ver′knochtheid *v* attachment, devotion

ver′knoeien[2] *overg* **1** spoil, bungle [some work];

2 ⟨slecht besteden⟩ waste [food, paper &]; *de boel* ~ make a mess of it

ver'koelen[2] **I** (h.) *overg* cool[2], refrigerate, chill; **II** (is) *onoverg* cool[2]

ver'koeling *v* (-en) **1** ⟨in 't alg⟩ cooling; **2** ⟨m.b.t. relatie⟩ chill

ver'koken (verkookte, is verkookt) *onoverg* boil away

ver'kolen (verkoolde, verkoold) **I** (h.) *overg* carbonize, char; *een verkoold lijk* a charred body; **II** (is) *onoverg* become carbonized, char [wood]

ver'koling *v* carbonization, charring

ver'kommeren (verkommerde, is verkommerd) *onoverg* **1** pine; ⟨sterker⟩ starve; **2** ⟨van planten⟩ wither

ver'kondigen (verkondigde, h. verkondigd) *overg* proclaim [the name of the Lord]; preach [the Gospel]; enunciate [a theory]

ver'kondiger *m* (-s) proclaimer, preacher

ver'kondiging *v* (-en) proclamation; preaching [of the Gospel]

'verkoop, ver'koop *m* (-kopen) **1** ⟨in 't alg.⟩ sale; **2** ⟨veiling⟩ auction; *ten* ~ *aanbieden* offer for sale; ~ *bij afslag* Dutch auction; ~ *bij opbod* sale by auction, auction-sale

'verkoopafdeling *v* (-en) sales department

'verkoopakte *v* (-n en -s) deed of sale

'verkoopapparaat *o* (-raten) sales organization

'verkoopautomaat *m* (-maten) vending machine

ver'koopbaar *bn* sal(e)able, marketable, vendible

ver'koopbaarheid *v* sal(e)ability, vendility

'verkoopboek *o* (-en) sales-book

'verkoopbriefje *o* (-s) sold note

'verkoopcampagne *v* (-s) sales (selling) campaign, sales drive

'verkoopcijfers *mv* sales figures

'verkoopdag *m* (-dagen) day of sale

'verkoophuis *o* (-huizen) auction-room, sale-room

'verkoopkunde *v* salesmanship

'verkoopleider *m* (-s) sales manager, sales executive

'verkooplokaal *o* (-kalen) auction-room, sale-room

'verkooppraatje *o* (-s) sales talk, sales pitch

'verkoopprijs *m* (-prijzen) selling price

'verkooppunt *o* (-en) outlet

'verkooprekening *v* (-en) account sales

ver'koopster *v* (-s) saleswoman, sales-lady, shop-assistant; *eerste (tweede)* ~ first (second) saleswoman

'verkoopvoorwaarde *v* (-n) terms and conditions of sale

'verkoopwaarde *v* selling value, market value

ver'kopen[2] **I** *overg* **1** sell; **2** ⟨van de hand doen⟩ dispose of [a house, horses]; *grappen* ~ crack jokes; *leugens* ~ tell lies; *in het groot (klein)* ~ sell wholesale (by retail); *in het openbaar of ondershands* ~ sell by public auction or by private contract; **II** *wederk*:

zich ~ sell oneself

ver'koper *m* (-s) **1** ⟨in 't alg⟩ seller; **2** ⟨v.e. firma⟩ salesman; **3** ⟨in winkel⟩ (shop-)assistant; **4** recht vendor

ver'koperen[2] *overg* **1** copper [iron &]; **2** sheathe (with copper) [a ship]

ver'koping *v* (-en) sale, auction, public sale; *in de* ~ *doen* put up for auction

ver'koren *bn* plechtig chosen, elect

ver'korten[2] *overg* **1** ⟨in 't alg⟩ shorten[2]; **2** abridge[2] [a novel &]; **3** abbreviate [a word]

ver'korting *v* (-en) shortening[2]; abridg(e)ment[2]; abbreviation

ver'korven V.D. v. *verkerven*

ver'kouden *bn*: ~ *zijn* have a cold; ~ *worden* catch (a) cold

ver'koudheid *v* (-heden) cold (in the head; on the chest); *een* ~ *opdoen (oplopen)* catch (a) cold; *ik kan niet van mijn* ~ *afkomen* I cannot get rid of my cold

ver'krachten (verkrachtte, h. verkracht) *overg* **1** rape [a woman]; **2** violate [a law]

ver'krachter *m* (-s) rapist

ver'krachting *v* (-en) **1** rape [of a woman]; **2** violation [of the law]

ver'krampt *bn* **1** ⟨v. houding, gezicht⟩ contorted; **2** ⟨v. schrijfstijl⟩ cramped

ver'kreukelen[2], **ver'kreuken**[2] *overg* rumple, crumple (up)

ver'krijgbaar *bn* obtainable, available, to be had; *niet meer* ~ sold out, out of stock, no longer to be had

ver'krijgen[2] *overg* obtain, acquire, gain, get, come by; *hij kon het niet van (over) zich* ~ he could not find it in his heart, he could not bring himself to

ver'krijging *v*: *ter* ~ *van* [in order] to acquire, to obtain; *verkregen rechten* vested rights

ver'kromming *v* (-en) med curvature [of the spine]

ver'kroppen[2] *overg* swallow[2] [one's anger]; *hij kan het niet* ~ it sticks in his throat; *verkropte gramschap* pent-up anger

ver'krotten (verkrotte, is verkrot) *onoverg* become run-down (dilapidated)

ver'kruimelen[2] *overg & onoverg* crumble

ver'kwanselen (verkwanselde, h. verkwanseld) *overg* barter away, bargain away, fritter away

ver'kwijnen (verkwijnde, is verkwijnd) *onoverg* pine away, languish

ver'kwikkelijk *bn* **1** ⟨verfrissend⟩ refreshing; **2** ⟨bemoedigend⟩ comforting

ver'kwikken (verkwikte, h. verkwikt) *overg* **1** ⟨verfrissen⟩ refresh; **2** ⟨bemoedigen⟩ comfort

ver'kwikking *v* (-en) **1** ⟨verfrissing⟩ refreshment; **2** ⟨bemoediging⟩ comfort

ver'kwisten (verkwistte, h. verkwist) *overg* waste, dissipate, squander; ...~ *aan* waste... on

ver'kwistend *bn* wasteful, extravagant, prodigal; ~ *met* lavish of

ver′kwister *m* (-s) spendthrift, prodigal

ver′kwisting *v* (-en) waste, wastefulness, dissipation, prodigality

1 ver′laat *o* (-laten) ⟨sluis⟩ lock, weir

2 ver′laat *bn* belated

ver′laden[2] *overg* scheepv ship

ver′lading *v* (-en) scheepv shipment

ver′lagen (verlaagde, h. verlaagd) **I** *overg* **1** ⟨in ′t alg.⟩ lower[2]; **2** reduce [prices]; cut [prices, wages]; **3** muz flatten [a note]; **4** ⟨onteren⟩ debase, degrade; ~ *met* reduce (cut, lower) by; **II** *wederk*: *zich* ~ lower (degrade, debase) oneself; *ik wil me tot zo iets niet* ~ I refuse to stoop to such a thing

ver′laging *v* (-en) **1** ⟨in ′t alg⟩ lowering[2]; **2** reduction [of prices]; cut [in wages]; **3** ⟨ontering⟩ debasement, degradation

ver′lagingsteken *o* (-s) muz flat

ver′lak *o* lacquer, varnish

ver′lakken[2] *overg* eig lacquer, varnish, japan; *iem.* ~ fig bamboozle sbd.

ver′lakker *m* (-s) ⟨bedrieger⟩ bamboozler

verlakke′rij *v* (-en) ⟨bedrog⟩ bamboozlement, spoof; *het was maar* ~ gemeenz it was all a do, all gammon

ver′lakt *bn* **1** lacquered, japanned [boxes]; **2** patent-leather [shoes]

ver′lamd *bn* paralyzed[2], palsied; *een ~e* a paralytic

ver′lammen (verlamde, verlamd) **I** (h.) *overg* paralyze[2]; fig cripple; **II** (is) *onoverg* become paralyzed[2]

ver′lamming *v* (-en) paralysis[2], palsy

ver′langen (verlangde, h. verlangd) **I** *overg* desire, want; *ik verlang dat niet te horen* I don′t want to hear it; *ik verlang (niet), dat je...* I (do not) want you to...; *verlangt u, dat ik...?* do you want (wish) me to...?; *ik verlang niets liever* I′d ask nothing better, I shall be delighted (to...); *dat is alles wat men* ~ *kan* it is all that can be desired; *wat zou men meer kunnen* ~? what more could one ask for?; *verlangd salaris* salary required; **II** *onoverg* long, be longing; ~ *naar* long for [his arrival]; *er naar* ~ *om* long to..., be anxious to...; *wij* ~ *er niet naar om...* ook: we have no desire to...; **III** *o* (-s) desire, longing; *zijn* ~ *naar* his longing for; *op* ~ [to be shown] on demand; *op* ~ *van...* at (by) the desire of...; *op speciaal* ~ *van...* at the special desire of...

ver′langend *bn* longing (*naar* for); ~ *naar* ook: desirous of, eager for; ~ *om...* desirous of ...ing, eager (anxious) to...

ver′langlijst *v* (-en) list of the presents one would like to get [at Christmas &]; *u moet maar eens een* ~ *opmaken* draw up a list of the things you would like to have

ver′langzamen (verlangzaamde, h. verlangzaamd) *overg* slow down

ver′lanterfanten[2] *overg* idle away

1 ver′laten[2] **I** *overg* leave, quit, abandon, forsake, desert; *de dienst* ~ quit the service; *iem.* ~ **1** ⟨bij bezoek⟩ leave sbd.; **2** ⟨in de steek laten⟩ abandon

(desert) sbd.; *het ambt* ~ RK = *uittreden*; *zijn post* ~ desert one′s post; *de stad* ~ leave the town; *de wereld* ~ **1** ⟨naar het klooster gaan⟩ give up the world; **2** ⟨sterven⟩ depart this life; **II** *wederk*: *zich* ~ *op* trust to [Providence], rely (depend) upon; *daar kunt u zich op* ~ depend upon it, you may rely upon it

2 ver′laten (verlaatte, h. verlaat) *wederk*: *zich* ~ be late, be overdue; *ik heb mij verlaat* I am late

3 ver′laten *bn* **1** ⟨niet bewoond⟩ abandoned, deserted [islands, villages &]; **2** ⟨afgelegen⟩ lonely

ver′latenheid *v* abandonment, desertion, forlornness, loneliness

ver′lating *v* **1** ⟨achterlating⟩ abandonment, desertion; **2** ⟨het laat-worden⟩ retardation, delay

ver′leden I *bn* past, last; ~ *tijd* gramm past tense; *dat is* ~ *tijd* fig that′s a thing of the past; ~ *vrijdag* last Friday; **II** *o* past; *zijn* ~ his past, his record, his antecedents; *dat behoort tot het* ~ that′s a thing of the past

ver′legen I *bn* **1** ⟨beschroomd⟩ shy, timid, bashful; **2** ⟨beschaamd⟩ confused, embarrassed; **3** ⟨bedorven⟩ shopworn, shop-soiled [articles]; stale [wine]; *u maakt me* ~ you make me blush; *dat maakte hem* ~ that put him out of countenance, embarrassed him; ~ *met iets zijn* not know what to do with sth.; *hij was met zijn figuur* ~ he was self-conscious, embarrassed; ~ *zijn om* stand in need of [it], want [it] badly; be at a loss for [a reply]; *om geld* ~ *zijn* ook: be hard up; **II** *bijw* shyly &

ver′legenheid *v* **1** ⟨beschroomdheid⟩ shyness, timidity, bashfulness; **2** ⟨beschaamdheid⟩ confusion, embarrassment, perplexity; *in* ~ *brengen* embarrass; *in* ~ *raken* get into trouble (difficulties); *uit de* ~ *redden* help out of a difficulty

ver′leggen[2] *overg* **1** remove, shift, lay otherwise [things]; **2** divert [a road, a river]

ver′legging *v* **1** removal; shifting [of things]; **2** diversion [of a road, a river]

ver′leidelijk I *bn* alluring, tempting, seductive; **II** *bijw* alluringly &

ver′leidelijkheid *v* (-heden) allurement, seductiveness

ver′leiden[2] *overg* **1** ⟨tot het slechte⟩ seduce [inexperienced youths, girls]; **2** ⟨tot iets lokken⟩ allure, tempt; *kan het mooie weer u niet* ~? can′t the fine weather tempt you?; *hij liet zich door zijn...* ~ *tot een daad van...* by his... he was betrayed into an act of...; *tot zonde* ~ tempt (entice) to sin

ver′leider *m* (-s) seducer; tempter

ver′leiding *v* (-en) seduction; temptation; *de* ~ *weerstaan om...* resist the temptation to...; *in de* ~ *komen om...* be tempted to...

ver′leidster *v* (-s) seducer; temptress

ver′lekkerd *bn*: ~ *op* keen on

ver′lenen[2] *overg* **1** grant [a pension, credit &]; **2** give [permission, support, help]; **3** confer [an order, a title] upon [sbd.]; *hulp* ~ render (lend, give) assistance

verlengbaar

ver'lengbaar *bn* extensible; renewable [contract, passport]

ver'lengde *o* extension; *in het ~ liggen van* eig be a continuation of; *fig* follow naturally from

ver'lengen[2] *overg* **1** make longer, lengthen, prolong [in space, in time]; **2** renew [bills, passports, a subscription]; extend [a contract, ticket &]; **3** wisk produce [a line]; *de wedstrijd wordt verlengd* sp the match goes into extra time (Am overtime); *een pass ~* sp pass the ball on

ver'lenging *v* (-en) **1** lengthening, prolongation [in space, in time]; **2** renewal [of a bill, a passport, a subscription]; extension [of a contract, of leave]; **3** sp extra time, Am overtime; **4** wisk production [of a line]

ver'lengsnoer *o* (-en) extension cord

ver'lengstuk *o* (-len) lengthening-piece; extension[2]

ver'lening *v* **1** (v. krediet &) granting; **2** (v. volmacht &) conferment

ver'leppen (verlepte, is verlept) *onoverg* wither, fade; *een verlepte schoonheid* a faded beauty

ver'leren (verleerde, h. en is verleerd) *overg* unlearn; zie ook: *afleren*

ver'let *o* **1** (uitstel) delay; **2** (tijdverlies) loss of time; *zonder ~* without delay

ver'leuteren[2] *overg* trifle (idle, fritter) away

ver'levendigen (verlevendigde, h. verlevendigd) *overg* **1** revive [trade]; **2** quicken, enliven [the conversation]

ver'levendiging *v* **1** revival [of trade]; **2** quickening, enlivening [of a conversation]

ver'licht *bn* **1** (minder donker) lighted (up), illuminated; fig enlightened; **2** (minder zwaar) lightened; **3** (opgelucht) relieved; **4** (vrij v. vooroordelen) enlightened; *zich ~ voelen* feel relieved; *onze ~e eeuw* our enlightened age; *een ~e geest* a luminary

ver'lichten[2] *overg* eig **1** light, light up, illuminate [a building]; **2** (minder zwaar maken) lighten [a ship]; **3** fig enlighten [the mind]; **4** fig lighten [a burden]; relieve, ease, alleviate [pain]; zie ook: *verlicht*

ver'lichting *v* eig **1** lighting, illumination [of a town]; **2** (het minder zwaar worden) lightening; fig **1** enlightenment [of the mind]; **2** alleviation [of pain]; relief [of pain, from anxiety]

ver'liederlijken (verliederlijkte, is verliederlijkt) *onoverg* become a debauchee, go to the bad

ver'liefd *bn* enamoured, in love; amorous [look]; *~ op* in love with, sweet on; *~ worden op* fall in love with; *een ~ paar* a couple of lovers

ver'liefdheid *v* (-heden) (state of) being in love, amorousness; *dwaze ~* infatuation

ver'lies *o* (-liezen) loss, bereavement; *ons ~ op de tarwe* our loss(es) on the wheat; *het was een groot ~* it was a great loss; *hun groot ~ door zijn dood* their sad bereavement; *iem. een ~ berokkenen* inflict a loss upon sbd.; *een ~ goedmaken* make good (make

up for, recoup) a loss; *met ~ verkopen (werken)* sell (work) at a loss; *niet tegen zijn ~ kunnen* be a bad loser

ver'liescijfer *o* (-s) number of casualties

verlies'gevend *bn* loss-making

ver'lieslatend *bn* ZN operating at a loss

ver'lieslijst *v* (-en) mil casualty list, list of casualties

ver'liespost *m* (-en) loss, loss-making product, write-off

ver'lieven (verliefde, is verlIefd) *onoverg* vero: *~ op* fall in love with

ver'liezen (verloor, h. en is verloren) **I** *overg* lose [a thing, a battle, one's life &]; *u zult er (niet) bij ~* you will (not) lose by it, you will (not) be a loser by it (by the bargain); zie ook: *verloren*; **II** *wederk: zich ~* lose oneself (itself)

ver'liezer *m* (-s) loser

ver'liggen (verlag, is verlegen) *onoverg* **1** (bederven) spoil, get spoiled; **2** (anders liggen) shift, move [one's lying position]

ver'lijden *overg* draw up [a deed]; *verleden voor een notaris* notarially executed

ver'linken (verlinkte, h. verlinkt) gemeenz *overg* betray, slang peach

ver'loederen (verloederde, is verloederd) *onoverg* degenerate, run to seed

ver'loedering *v* degeneration; corruption [of the language]; *de ~ van de binnensteden* the neglect (ruin) of the inner cities

ver'lof *o* (-loven) **1** (vergunning) leave, permission; **2** (verloftijd) leave (of absence); mil ook: furlough; **3** (tapvergunning) licence for the sale of beer; **4** ZN (vakantie) holiday(s); *groot ~* mil long furlough; *klein ~* mil short leave; *onbepaald ~* unlimited furlough; *~ aanvragen* apply for leave; *~ geven* grant leave; *~ geven om...* give (grant) permission to...; *alle verloven intrekken* mil cancel all leave; *~ nemen* go on leave; *met ~* on leave; *met ~ gaan* go on leave; *met ~ zijn* be on leave; *met uw ~* excuse me; *zonder ~* without permission

ver'lofaanvrage *v* (-n) application for leave

ver'lofcentrum *o* (-tra en -s) mil leave centre

ver'lofdag *m* (-dagen) day off

ver'lofganger *m* (-s) mil soldier on leave

ver'lofpas *m* (-sen) leave pass

ver'loftraktement, ver'loftraktement *o* (-en) leave pay

ver'lofsverlenging *v* extension of leave

ver'loftijd *m* (-en) (time of) leave

ver'lokkelijk *bn* alluring, tempting, seductive

ver'lokkelijkheid *v* (-heden) allurement, seductiveness

ver'lokken[2] *overg* allure, tempt, entice, seduce; *zij heeft mij er toe verlokt* she wiled me into doing it

ver'lokking *v* (-en) temptation, allurement, enticement

1416

ver'loochenen[2] **I** *overg* deny [God], disown [a friend, an opinion], disavow [an action], repudiate [an opinion, a promise], renounce [one's faith, the world], belie [one's words]; **II** *wederk:* zich ~ **1** belie one's nature; **2** deny oneself, practise self-denial; *zijn afkomst verloochende zich niet* his descent did not belie itself; *de natuur verloochent zich niet* what is bred in the bone will not come out of the flesh

ver'loochening *v* denial, repudiation, disavowal, renunciation

ver'loofd *bn* engaged (*met* to)

ver'loofde *m-v* (-n) fiancé(e), betrothed, affianced; *de ~n* the engaged couple

ver'loop *o* **1** course, progress [of an illness]; course, lapse, expiration [of time]; **2** ⟨achteruitgang⟩ decline; **3** ⟨wisseling van personen⟩ turnover, wastage; **4** ⟨versmalling⟩ tapering, reduction; *de ziekte moet zijn ~ hebben* the disease must take its normal course; *het gewone ~ hebben* take the accustomed course, proceed normally; *een noodlottig ~ hebben* end fatally; *de vergadering had een rustig ~* the meeting passed off quietly; *de besprekingen hebben een vlot ~* the conversations are proceeding smoothly; *na ~ van drie dagen* after a lapse of three days; *na ~ van tijd* in course (in process) of time

ver'loopstekker *m* (-s) adapter (plug), adopter (plug)

ver'loopstuk *o* (-len) *techn* reducer

ver'loor (verloren) V.T. v. *verliezen*

1 ver'lopen[2] *onoverg* **1** ⟨van tijd⟩ pass, pass away, elapse, go by; **2** ⟨van paspoort, abonnement &⟩ expire; **3** ⟨v. zaak⟩ go down, run to seed; **4** *techn* ⟨nauwer, smaller worden⟩ taper, reduce, narrow; **5** bilj run into the pocket; *vlot (goed) ~ go off* smoothly (well); *de demonstratie verliep zonder incidenten* the demonstration passed off without incident; *het getij verliep* the tide was ebbing; *de staking verliep* the strike collapsed; zie ook: *verloop*

2 ver'lopen *bn* **1** seedy-looking, seedy [man]; **2** run-down [business]

ver'loren I *bn* lost; *een ~ man* a lost man, a dead man; *~ moeite* labour lost; *het Verloren Paradijs van Milton* Milton's Paradise Lost; *~ ogenblikken* spare moments, odd moments; *de ~ zoon* the prodigal son; *~ gaan (raken)* be (get) lost; *er zal niet veel aan ~ zijn* it would not be much (of a) loss; **II** V.T. meerv. van *verliezen*; **III** V.D. van *verliezen*

ver'loskamer *v* (-s) med delivery room

ver'loskunde *v* obstetrics, midwifery

verlos'kundig *bn* obstetric(al)

verlos'kundige *m-v* (-n) obstetrician

ver'lossen[2] *overg* **1** deliver, rescue, release [a prisoner], free [from...]; **2** ⟨godsdienstig⟩ redeem [mankind]; **3** ⟨bij bevalling⟩ deliver

ver'losser *m* (-s) liberator, deliverer; *de V~* the Redeemer, the Saviour

ver'lossing *v* (-en) **1** ⟨bevrijding⟩ deliverance, rescue; **2** ⟨godsdienstig⟩ redemption [of mankind];

3 ⟨bevalling⟩ delivery

ver'lostang *v* (-en) forceps

ver'loten[2] *overg* dispose of [sth.] by lottery, rame

ver'loting *v* (-en) raffle, lottery

1 ver'loven[2] *wederk:* zich ~ become engaged

2 ver'loven meerv. van *verlof*

ver'loving *v* (-en) betrothal, engagement (*met* to)

ver'lovingsfeest *o* (-en) engagement party

ver'lovingskaart *v* (-en) engagement card

ver'lovingsring *m* (-en) engagement ring

ver'luchten[2] *overg* **1** ⟨een boek⟩ illuminate [a manuscript]; **2** ZN ⟨ventileren⟩ air, ventilate

ver'luchter *m* (-s) illuminator

ver'luchting *v* **1** ⟨van boek⟩ illumination; **2** ZN ⟨ventilatie⟩ ventilation

ver'luiden (verluidde, is verluid) *onoverg: naar verluidt* it is understood that..., it is rumoured that...; *wat men hoort ~* what one hears; *niets laten ~* not breathe a word about it

ver'luieren[2] *overg* idle away

ver'lullen[2] *overg* gemeenz **I** *overg* ⟨de tijd pratend verdoen⟩ yak (away), shoot the breeze; **II** *wederk: zich ~* ⟨zijn mond voorbij praten⟩ spill the beans

ver'lummelen[2] *overg* laze away, fritter away [one's time]

ver'lustigen (verlustigde, h. verlustigd) **I** *overg* divert; **II** *wederk: zich ~ in* take delight in, delight in, take (a) pleasure in

ver'lustiging *v* (-en) diversion

ver'maagschappen (vermaagschapte, h. vermaagschapt) *wederk zich ~ aan* become related to, marry into the family of...

ver'maak *o* (-maken) pleasure, diversion, amusement; *~ scheppen in* take (a) pleasure in, find pleasure in, take delight in; *tot ~ van...* to the amusement of...; *tot groot ~ van...* much to the amusement of...

ver'maan *o* admonition, warning

ver'maard *bn* famous, renowned, celebrated, illustrious

ver'maardheid *v* (-heden) fame, renown, celebrity; *een van de vermaardheden van de stad* one of the celebrities of the town

ver'mageren (vermagerde, vermagerd) **I** (is) *onoverg* **1** ⟨door ziekte &⟩ grow lean (thin); **2** ⟨door dieet⟩ reduce, slim; **II** (h.) *overg* make lean (thin), emaciate

ver'magering *v* **1** ⟨door ziekte &⟩ emaciation; **2** ⟨afslanking⟩ slimming

ver'mageringskuur *v* (-kuren) reducing cure, slimming course

ver'makelijk I *bn* amusing, entertaining; **II** *bijw* amusingly

ver'makelijkheid *v* (-heden) amusingness; *publieke vermakelijkheden* public amusements

ver'makelijkheidsbelasting *v* entertainment tax

ver'maken² **I** *overg* **1** ⟨veranderen⟩ alter [a coat &]; **2** ⟨amuseren⟩ amuse, divert; **3** ⟨nalaten⟩ bequeath [it]; will away [money]; **II** *wederk: zich* ~ enjoy (amuse) oneself; *zich* ~ *met...* amuse oneself with [sth.], amuse oneself (by) [doing sth.]

ver'making *v* (-en) ⟨'t nalaten⟩ bequest

vermale'dijden (vermaledijdde, h. vermaledijd), **vermale'dijen** (vermaledijde, h. vermaledijd) *overg* curse, damn

ver'malen² *overg* **1** grind [corn &]; **2** crush [sugar-cane]

ver'manen² *overg* admonish, exhort, warn

ver'maner *m* (-s) admonisher, exhorter

ver'maning *v* (-en) admonition, exhortation, warning, gemeenz talking-to

ver'mannen (vermande, h. vermand) *wederk: zich* ~ take heart, nerve oneself, pull oneself together

ver'meend *bn* **1** ⟨in 't alg.⟩ fancied, pretended; **2** supposed [culprit, thief]; **3** reputed [father]

ver'meerderen (vermeerderde, vermeerderd) **I** (h.) *overg* increase, augment, enlarge; *(het getal)* ~ *met* 10 add 10 (to the number); *het aantal inwoners is vermeerderd met...* the population has increased by...; *vermeerderde uitgave* enlarged edition; **II** (is) *onoverg* grow, increase *(met* by); **III** (h.) *wederk: zich* ~ **1** ⟨v. dingen, getallen &⟩ increase; **2** ⟨v. mens en dier⟩ multiply

ver'meerdering *v* (-en) increase, augmentation

ver'meien (vermeide, h. vermeid) *wederk: zich* ~ amuse oneself, disport oneself, enjoy oneself; *zich* ~ *in...* revel in...

ver'melden² *overg* **1** ⟨melding maken van⟩ mention, state; **2** ⟨boekstaven⟩ record

vermeldens'waard, vermeldens'waardig *bn* worth mentioning, worthy of mention

ver'melding *v* (-en) mention; *eervolle* ~ **1** ⟨op tentoonstelling⟩ honourable mention; **2** mil being mentioned in dispatches; *met* ~ *van...* mentioning..., stating...

ver'menen² *overg* be of opinion, opine

ver'mengen² **I** *overg* mix, mingle [substances or groups]; blend [tea, coffee]; alloy [metals]; **II** *wederk: zich* ~ mix, mingle, blend

ver'menging *v* (-en) mixing, mixture, blending

vermenig'vuldigbaar *bn* multipliable

vermenig'vuldigen (vermenigvuldigde, h. vermenigvuldigd) **I** *overg* multiply; ~ *met...* multiply by...; **II** *wederk: zich* ~ multiply

vermenig'vuldiger *m* (-s) multiplier

vermenig'vuldiging *v* (-en) multiplication; ~*en maken* do sums in multiplication

vermenig'vuldigtal *o* (-len) multiplicand

ver'menselijken (vermenselijkte, *overg* h., *onoverg* is vermenselijkt) humanize

ver'metel I *bn* audacious, bold, daring; **II** *bijw* audaciously, boldly, daringly

ver'metelheid *v* audacity, boldness, daring

ver'meten² *wederk: zich* ~ **1** ⟨durven⟩ dare, presume, make bold; **2** ⟨verkeerd meten⟩ measure wrong

vermi'celli *m* vermicelli

vermi'cellisoep *v* vermicelli soup

ver'mijdbaar *bn* avoidable

ver'mijden² *overg* **1** ⟨ontwijken⟩ avoid; **2** ⟨schuwen⟩ shun

ver'mijding *v* avoidance, avoiding

vermil'joen *o* vermilion, cinnabar

vermil'joenkleurig *bn* vermilion, cinnabar

ver'minderd *bn* diminished

ver'minderen² **I** (is) *onoverg* ⟨in 't alg.⟩ lessen, diminish, decrease [of strength &]; abate [of pain &]; fall off [of numbers]; **II** (h.) *overg* lessen, diminish, decrease, reduce; *verminder a met b* from a take b; *ik zal zijn verdienste niet* ~ I am not going to detract from his merit

ver'mindering *v* (-en) **1** ⟨in 't alg.⟩ diminution, decrease, falling-off [of the receipts &]; abatement [of pain &]; reduction [of price]; cut [in wages]; **2** ZN ⟨korting⟩ reduction, discount

ver'minken (verminkte, h. verminkt) *overg* maim, mutilate², disfeature

ver'minking *v* (-en) mutilation²

ver'minkt *bn* maimed, mutilated²; crippled, disabled [soldier]; *de in de oorlog* ~*en* ook: the war cripples

ver'missen² *overg* miss; *hij wordt vermist* he is missing; *de vermisten* the (number of) missing

ver'missing *v* loss, absence

ver'mits *voegw* ZN since, as, because

ver'moedelijk I *bn* presumable, probable; *de* ~*e erfgenaam* the heir presumtive; *de* ~*e moordenaar* the supposed killer; **II** *bijw* presumably, probably; ~ *wel* ook: most likely

ver'moeden (vermoedde, h. vermoed) **I** *overg* suspect; suppose, presume, surmise, conjecture, guess; *(je hebt...,) vermoed ik* I suppose, I guess; *geen kwaad* ~*d* unsuspecting(ly); **II** *o* (-s) suspicion, surmise, supposition, presumption; ~*s hebben* have one's suspicions; *het* ~ *hebben dat...* suspect that...; ~ *hebben tegen iem.* suspect sbd.; ~ *krijgen tegen iem.* begin to suspect sbd.; *het* ~ *wekken dat...* suggest that...; *kwade* ~*s wekken* arouse suspicion

ver'moeid *bn* tired, weary, fatigued; ~ *van* tired with

ver'moeidheid *v* tiredness, weariness, fatigue

ver'moeien (vermoeide, h. vermoeid) **I** *overg* tire, weary, fatigue; **II** *wederk: zich* ~ tire oneself; get tired

ver'moeiend *bn* **1** ⟨in 't alg.⟩ tiring, fatiguing; **2** trying [journey, light]

ver'moeienis *v* (-sen) weariness, fatigue, lassitude

ver'mogen² **I** *overg* be able; *dat zal niets* ~ it wil be to no purpose; *veel bij iem.* ~ have great influence with sbd.; *niets* ~ *tegen* be of no avail against; **II** *o* (-s) **1** ⟨macht⟩ power; **2** ⟨geschiktheid⟩ ability; **3** ⟨fortuin⟩ fortune, means, wealth, riches; **4** ⟨werkvermogen) capacity; *zijn (verstandelijke)* ~s his (intellectual) faculties; *geen* ~ *hebben* have no fortune, have no means; *goede* ~s *hebben* be naturally gifted; *ik zal alles doen wat in mijn* ~ *is* I will do everything (all) in my power; *naar mijn beste* ~ to the best of my ability

ver'mogend *bn* **1** ⟨machtig⟩ influential [friends]; **2** ⟨rijk⟩ wealthy, rich, well-to-do, well-off

ver'mogensaanwas *m* capital gains; increment of assets (of property)

vermogens'aanwasdeling *v* capital growth sharing

ver'mogensbeheer *o* asset management

ver'mogensbelasting *v* (-en) property tax

ver'mogensdelict *o* (-en) crime against property

ver'mogensheffing *v* (-en) capital levy

ver'molmen[2] *onoverg* moulder

ver'mommen (vermomde, h. vermomd) **I** *overg* disguise; **II** *wederk: zich* ~ disguise oneself

ver'momming *v* (-en) disguise

ver'moorden[2] *overg* murder, kill, slang do in

ver'morsen[2] *overg* waste, squander [money]

ver'morzelen (vermorzelde, h. vermorzeld) *overg* crush, pulverize

ver'morzeling *v* crushing, pulverization

'vermout, ver'mout *m* vermouth

ver'murwen (vermurwde, h. vermurwd) *overg* soften, mollify

ver'nachelen (vernachelde, h. vernacheld) *overg* slang spoof, fool, hoax

ver'nagelen[2] *overg* mil spike [a gun]

ver'nageling *v* spiking [of a gun]

ver'nauwen (vernauwde, h. vernauwd) **I** *overg* narrow; **II** *wederk: zich* ~ narrow

ver'nauwing *v* (-en) **1** narrowing; **2** med stricture

ver'nederen (vernederde, h. vernederd) **I** *overg* humble, humiliate, mortify, abase; *vernederd worden* be brought low; **II** *wederk: zich* ~ humble (humiliate) oneself, gemeenz eat humble pie

ver'nederend *bn* humiliating, degrading

ver'nedering *v* (-en) humiliation, mortification, abasement

ver'nederlandsen (vernederlandste, vernederlandst) **I** (h.) *overg* make Dutch; **II** (is) *onoverg* become Dutch

ver'nemen[2] **I** *overg* hear, understand, learn; **II** *onoverg: naar wij* ~ we learn [that...]

ver'neuken[2] *overg* gemeenz cheat, spoof, diddle, dupe, gull

verneukera'tief *bn* gemeenz cunning, artful, sly

ver'nevelen (vernevelde, h. verneveld) *overg* spray

ver'nielal *m* (-len) destroyer, smasher

ver'nielen (vernielde, h. vernield) *overg* **1** wreck [a car, machinery]; **2** ⟨verwoesten⟩ destroy; *die jongen vernielt alles* that boy smashes everything

ver'nielend *bn* destructive

ver'nieler *m* (-s) destroyer, smasher

ver'nieling *v* (-en) destruction

ver'nielingswerk *o* work of destruction

ver'nielziek *bn* destructive, ruinous

ver'nielzucht *v* love of destruction, destructiveness, vandalism

verniel'zuchtig *bn* destructive

ver'nietigen (vernietigde, h. vernietigd) *overg* **1** ⟨stuk maken⟩ destroy, annihilate, wreck; **2** ⟨nietig verklaren⟩ nullify, annul, quash, reverse [a verdict]; *het leger werd totaal vernietigd* the whole army was annihilated (wiped out)

ver'nietigend *bn* **1** destructive [fire, acids]; **2** fig smashing [victory], crushing [review], withering [phrases, look], slashing [criticism]

ver'nietiging *v* **1** destruction, annihilation [of matter, credit &]; **2** recht annulment, nullification, quashing [of a verdict]

ver'nietigingskamp *o* (-en) extermination camp

ver'nietigingswapen *o* (-s) weapon of destruction

ver'nieuwen (vernieuwde, h. vernieuwd) *overg* renew, renovate

ver'nieuwer *m* (-s) renewer, renovator

ver'nieuwing *v* (-en) renewal, renovation

1 ver'nikkelen (vernikkelde, h. vernikkeld) *overg* (plate with) nickel, nickel-plate

2 ver'nikkelen (vernikkelde, is vernikkeld) *onoverg* ⟨v.d. kou⟩ freeze

ver'nis *o & m* (-sen) varnish[2]; fig veneer

ver'nisje *o* (-s) = *vernis*

vernis'sage *v* varnishing day

ver'nissen (verniste, h. gevernist) *overg* **1** ⟨met vernis bedekken⟩ varnish[2]; **2** ⟨schone schijn geven⟩ veneer

ver'nisser *m* (-s) varnisher

ver'noemen[2] *overg* name after

ver'nuft *o* (-en) ⟨scherpzinnigheid⟩ ingenuity, genius

ver'nuftig I *bn* ingenious; **II** *bijw* ingeniously

ver'nuftigheid *v* ingenuity

ver'nummeren[2] *overg* renumber

veron'aangenamen (veronaangenaamde, h. veronaangenaamd) *overg* make unpleasant

veron'achtzamen (veronachtzaamde, h. veronachtzaamd) *overg* **1** disregard [warning &]; **2** neglect [one's duty &]; **3** slight [one's wife]

veron'achtzaming *v* neglect, negligence, disregard; *met* ~ *van...* neglecting

veronder'stellen *overg* suppose; *veronderstel dat...* suppose, supposing (that)...

veronder'stelling *v* (-en) supposition; *in de* ~ *dat...* in (on) the supposition that...; *wij schrijven in de* ~ *(van de* ~ *uitgaand) dat...* we are writing on the assumption that...

ver'ongelijken (verongelijkte, h. verongelijkt) *overg* wrong, do [sbd.] wrong

ver'ongelijking *v* (-en) wrong, injury

ver'ongelijkt *bn* wronged; injured [party]; *met een* ~ *gezicht* with an aggrieved expression on one's face; ~ *kijken* look aggrieved

ver'ongelukken (verongelukte, is verongelukt) *onoverg* **1** 〈v. personen〉 meet with an accident; perish, come to grief; **2** 〈v. schepen &〉 be wrecked, be lost

ve'ronica *v* ('s) 〈plant〉 speedwell

veront'heiligen (verontheiligde, h. verontheiligd) *overg* **1** desecrate [a tomb]; **2** profane [the name of God]

veront'heiliging *v* (-en) **1** desecration; **2** profanation

veront'reinigen (verontreinigde, h. verontreinigd) *overg* defile, pollute

veront'reiniging *v* (-en) defilement, pollution

veront'rust *bn* alarmed, perturbed

veront'rusten (verontrustte, h. verontrust) **I** *overg* alarm, disturb, perturb; **II** *wederk: zich ~ (over)* be alarmed (at), be agitated, be disturbed

veront'rustend *bn* alarming, disquieting, disturbing

veront'rusting *v* alarm, perturbation, disturbance

veront'schuldigen (verontschuldigde, h. verontschuldigd) **I** *overg* excuse; *dat is niet te ~* that is inexcusable; **II** *wederk: zich ~* apologize (*bij* to; *wegens* for); excuse oneself [on the ground that...]

veront'schuldiging *v* (-en) excuse, apology; *zijn ~en aanbieden* apologize; *vermoeidheid als ~ aanvoeren* plead fatigue; *ter ~* by way of excuse [he said that...]; *ter ~ van zijn...* in excuse of his... [bad temper &]

veront'waardigd *bn* indignant; *~ over* indignant at [sth.]; *~ op* indignant with [sbd.]

veront'waardigen (verontwaardigde, h. verontwaardigd) **I** *overg* make indignant; *het verontwaardigde hem* it roused his indignation; **II** *wederk: zich ~* be (become) indignant, be filled with indignation

veront'waardiging *v* indignation

ver'oordeelde *m-v* (-n) condemned man (woman), convicted person

ver'oordelen[2] *overg* **1** *recht* give judgment against, condemn, sentence, convict, pass sentence on; **2** 〈in 't alg.〉 condemn; **3** 〈afkeuren〉 condemn; *iem. in de kosten ~* order sbd. to pay costs; *ter dood ~* condemn to death; *de ter dood veroordeelden* those under sentence of death; *tot 3 maanden gevangenisstraf ~* sentence to three months (imprisonment); *~ wegens* convict of [drunkenness &]

ver'oordeling *v* (-en) **1** 〈in 't alg.〉 condemnation; **2** *recht* conviction (*wegens* for)

ver'oorloofd *bn* allowed, allowable, permitted

ver'oorloven (veroorloofde, h. veroorloofd) **I** *overg* permit, allow, give leave; **II** *wederk: zich ~ om...* take the liberty to..., make bold to...; *zij ~ zich heel wat* they take great liberties; *zij kunnen zich dat ~* they can afford it

ver'oorloving *v* (-en) leave, permission

ver'oorzaken (veroorzaakte, h. veroorzaakt) *overg* cause, bring about, occasion

ver'oorzaker *m* (-s) cause, author

veroot'moedigen (verootmoedigde, h. verootmoedigd) *overg* humble, humiliate

veroot'moediging (-en) *overg* humiliation

veropen'baren[2] *ZN overg* ZN make public, make known, disclose

ver'orberen (verorberde, h. verorberd) *overg* consume, gemeenz dispose of, polish off

ver'ordenen[2] *overg* order, ordain, decree

ver'ordening *v* (-en) regulation; 〈gemeentelijk〉 by-law; *volgens ~* by order

verordi'neren (verordineerde, h. verordineerd) *overg* order, ordain, prescribe

verordon'neren (verordonneerde, h. verordonneerd) *overg* order

ver'ouderd *bn* obsolete, out of date, antiquated, archaic [word, idea &]

ver'ouderen (verouderde, verouderd) **I** (is) *onoverg* **1** 〈van personen〉 grow old, age; **2** 〈v. woorden &〉 become obsolete; *hij is erg verouderd* he has aged very much; **II** (h.) *overg* make older, age

ver'oudering *v* **1** growing old, ageing [of people]; **2** obsolescence [of a word]

ver'ouderingsproces *o* (-sen) ageing process

ver'overaar *m* (-s) conqueror

ver'overen (veroverde, h. veroverd) *overg* conquer, capture[2], take (*op* from)

ver'overing *v* (-en) conquest[2], capture[2]

ver'overingsoorlog *m* (-logen) war of conquest

ver'pachten[2] *overg* **1** lease [land]; **2** farm out [taxes]

ver'pachter *m* (-s) lessor

ver'pachting *v* (-en) **1** leasing [of land]; **2** farming out [of taxes]

ver'pakken[2] *overg* **1** pack, put up; 〈in papier〉 wrap up; **2** 〈kant en klaar voor verkoop〉 package

ver'pakker *m* (-s) packer

ver'pakking *v* **1** (-en) 〈omhulsel in 't alg.〉 packing; 〈v. plastic, karton &〉 packaging; **2** 〈het verpakken〉 packing; packaging

ver'panden[2] *overg* **1** pawn [at a pawnbroker's shop]; **2** pledge [one's word]; **3** mortgage [one's house]

ver'panding *v* (-en) pawning; pledging; mortgaging

ver'patsen (verpatste, h. verpatst) *overg* slang flog

ver'pauperen (verpauperde, is verpauperd) *onoverg* pauperize, be reduced to pauperism

verper'soonlijken (verpersoonlijkte, h. verpersoonlijkt) *overg* personify, impersonate

verper'soonlijking *v* personification, impersonation

ver'pesten[2] *overg* poison, infect, contaminate, spoil; *de lucht is verpest* the air is contaminated (polluted); *de sfeer (een feestje) ~* spoil (ruin) the atmosphere (a party); *iems. leven ~* ruin (gemeenz louse up) sbd.'s life; *een kind ~ door het te veel te verwennen* spoil a child to death

ver'pestend *bn* pestilential, pestiferous

ver'pieteren (verpieterde, is verpieterd) *onoverg* wither, dwindle, ⟨v. planten⟩ wilt

ver'pinken[2] *onoverg* ZN ⟨knipperen⟩ blink (with the eyes); *zonder* ~ without turning a hair, with a straight face

ver'plaatsbaar *bn* movable, removable

ver'plaatsen[2] **I** *overg* **1** move, remove, transpose, displace [things, persons]; **2** transfer [persons]; **II** *wederk: zich* ~ **1** ⟨voortbewegen⟩ move; **2** ⟨reizen⟩ travel; *zich per auto* ~ travel by car; *zich in iems. toestand* ~ put oneself in sbd.'s place; *zich* ~ *in de toestand van iem. die...* put (place) oneself in the position of sbd. who...

ver'plaatsing *v* (-en) **1** movement; removal [of furniture]; displacement [of water]; transposition [of words]; **2** (overplaatsing) transfer [of officials]; *op* ~ *spelen* ZN sp play an away game

ver'planten[2] *overg* transplant, plant out

ver'planting *v* (-en) transplantation

ver'pleegdag *m* (-dagen) patient-day

ver'pleegde *m-v* (-n) patient; ⟨in verpleegtehuis⟩ inmate

ver'pleeghulp *v* (-en) **1** ⟨hulp⟩ nursing care; **2** ⟨persoon⟩ nurse's aid

ver'pleeginrichting *v* (-en) nursing-home

ver'pleegkunde *v* nursing

verpleeg'kundig *bn* nursing

verpleeg'kundige *m-v* (-n) nurse

ver'pleegster *v* (-s) nurse

ver'pleegtehuis *o* (-huizen) nursing-home

ver'plegen[2] *overg* nurse, tend

ver'pleger *m* (-s) male nurse, (hospital) attendant

ver'pleging *v* (v. zieken, gewonden) nursing

ver'plegingskosten *mv* hospital charges, nursing fees

ver'pletteren (verpletterde, h. verpletterd) *overg* crush, smash, shatter, dash to pieces; ~*de meerderheid* overwhelming (crushing) majority; *een* ~*d bericht* crushing news

ver'plettering *v* crushing, smashing, shattering

ver'plicht *bn* due (*aan* to); compulsory [subject, branch, insurance], obligatory; *ik ben u zeer* ~ I am much obliged to you; *iets* ~ *zijn aan iem.* be indebted to sbd. for sth.; owe sth. to sbd.; ~ *zijn om...* be obliged to..., have to...; *zie ook: verplichten*

ver'plichten (verplichtte, h. verplicht) **I** *overg* oblige, compel, force; *daardoor hebt u mij (aan u) verplicht* by this you have (greatly) obliged me, you have put me under an obligation; **II** *wederk: zich* ~ *tot* bind oneself to; *zie ook: verplicht*

ver'plichtend *bn* obliging

ver'plichting *v* (-en) obligation, commitment; *mijn* ~*en ook:* my engagements; ~*en aangaan* enter into obligations; *grote* ~*en aan iem. hebben* be under great obligations to sbd.; *zijn* ~*en nakomen* **1** (in 't alg.) meet one's obligations, meet one's engagements; **2** ⟨geldelijk⟩ meet one's liabilities; *de* ~

op zich nemen om... undertake to...

ver'poppen (verpopte, h. verpopt) *wederk: zich* ~ pupate

ver'popping *v* (-en) pupation

ver'poten *overg* transplant, plant out

ver'potten[2] *overg* repot

ver'pozen[2] *wederk: zich* ~ take a rest, rest

ver'pozing *v* (-en) rest

ver'praten[2] **I** *overg* waste [one's time] talking, talk away [one's time]; **II** *wederk: zich* ~ let one's tongue run away with one, give oneself away

ver'prutsen[2] *overg* bungle, spoil

ver'pulveren (verpulverde, *overg* h., *onoverg* is verpulverd) pulverize

ver'pulvering *v* pulverization

ver'raad *o* treason, treachery, betrayal ~ *plegen* commit treason; ~ *plegen jegens* betray; *slang* blow the gaff

ver'raadster *v* (-s) traitress

ver'raden **I** *overg* **1** ⟨geheimen, zijn vaderland &⟩ betray[2], give away; **2** ⟨laten blijken⟩ show, bespeak; *dat verraadt zijn gebrek aan beschaving* that betrays his want of good-breeding; **II** *wederk: zich* ~ betray oneself, give oneself away

ver'rader *m* (-s) betrayer, traitor [to his country]

ver'raderlijk **I** *bn* **1** treacherous, traitorous, perfidious; **2** insidious [disease]; *een* ~ *blosje* a telltale blush; **II** *bijw* treacherously, perfidiously

ver'raderlijkheid *v* treacherousness

ver'rassen (verraste, h. verrast) *overg* surprise, take by surprise; *uw bezoek verraste ons ook:* your visit was a (pleasant) surprise, came as a surprise, took us unawares; *zij willen u eens* ~ they intend to give you a surprise; *door de regen verrast worden* be caught in the rain

ver'rassend *bn* surprising, startling [news]; *een* ~*e aanval* mil a surprise attack

ver'rassing *v* (-en) surprise; *iem. een* ~ *bereiden* prepare a surprise for sbd., give sbd. a surprise; *bij* ~ mil by surprise; *tot mijn grote* ~ to my great surprise

ver'rassingsaanval *m* (-len) mil surprise attack

'verre *bn* far, distant, remote; *het zij* ~ *van mij dat...* far be it from me to...; ~ *van...* (so) far from..., nowhere near...; ~ *van gemakkelijk* far from easy; *van* ~ from afar

'verregaand **I** *bn* extreme, excessive [cruelty &]; **II** *bijw* versterkend extremely, excessively

ver'regenen (verregende, is verregend) *onoverg* be spoiled by the rain(s)

'verreikend *bn* far-reaching [proposals], sweeping [changes]

ver'reisd *bn* travel-worn, travel-stained

ver'reizen[2] *overg* spend in travelling

ver'rek *tsw* gemeenz heck!, good heavens!; plat hell!, damn (it)!

ver'rekenen[2] **I** *overg* settle; clear [cheques]; **II** *wederk: zich* ~ miscalculate, make a mistake in one's calculation

ver'rekening v (-en) **1** ⟨vereffening⟩ settlement; clearance; **2** ⟨misrekening⟩ miscalculation

ver'rekenkantoor o clearing-house

ver'rekenpakket o (-ten) <u>post</u> C.O.D. parcel

'verrekijker m (-s) **1** ⟨met één lens⟩ telescope; **2** ⟨met twee lenzen⟩ binoculars, field glasses

1 ver'rekken[2] **I** *overg* strain, rick [a muscle]; wrench, dislocate [one's arm]; sprain [one's ankle]; crick [one's neck]; **II** *wederk*: *zich* ~ strain oneself

2 ver'rekken[2] *onoverg* <u>plat</u> ⟨doodgaan⟩ die, perish [from starvation, from cold]; starve [for hunger]; zie ook: *verrek, verrekt*

ver'rekking v (-en) strain(ing), sprain(ing) [of ankle, wrist]; crick [of neck]

ver'rekt bn bijw <u>gemeenz</u> damned, bloody

'verreweg bijw by far, far and away; ~ *te verkiezen boven* much to be preferred to, infinitely preferable to

ver'richten[2] *overg* do, perform, execute, make [arrests]

ver'richting v (-en) action, performance, operation, transaction

ver'rijden[2] *overg* **1** ⟨rijdend verplaatsen⟩ drive, ride; **2** sp: *morgen wordt de grand prix verreden* tomorrow the Grand Prix will be held

ver'rijken (verrijkte, h. verrijkt) **I** *overg* enrich; **II** *wederk*: *zich* ~ enrich oneself

ver'rijking v enrichment

ver'rijzen[2] *onoverg* **1** rise [from the dead]; **2** arise [of difficulties &]; *doen* ~ raise; zie ook: *paddestoel*

ver'rijzenis v resurrection

ver'roeren[2] *overg & wederk* stir, move, budge; *zich niet* ~ stay put; zie ook: *vin*

ver'roest bn **1** ⟨roestig⟩ rusty; **2** gemeenz = *verrekt*

ver'roesten[2] *onoverg* rust

ver'roken[2] *overg* spend on cigarettes, tobacco &

ver'rollen[2] *onoverg & overg* roll away

ver'rot bn rotten, putrid, putrefied

ver'rotheid v rottenness

ver'rotten *onoverg* rot, putrefy

ver'rotting v rotting, putrefaction; *tot* ~ *overgaan* rot, putrefy

ver'rottingsproces o (-sen) process of putrefaction

ver'ruilen[2] *overg* exchange, barter (*tegen, voor* for)

ver'ruiling v (-en) exchange, barter

ver'ruimen[2] *overg* **1** ⟨in 't alg.⟩ enlarge, widen[2]; **2** <u>fig</u> enlarge, broaden [one's outlook]

ver'ruiming v enlargement[2], widening[2], broadening[2]

ver'rukkelijk I bn delightful, enchanting, charming, ravishing, delicious; **II** bijw delightfully &; ook: <u>versterkend</u> wonderfully

ver'rukkelijkheid v (-heden) delightfulness, charm

ver'rukken (verrukte, h. verrukt) *overg* delight, ravish, enchant, enrapture; zie ook: *verrukt*

ver'rukking v (-en) delight, ravishment, transport, rapture, ecstasy

ver'rukt I bn delighted &, zie: *verrukken*; ook: rapturous [smile]; *zij waren er* ~ *over* they were in raptures about it; *zij zullen er* ~ *over zijn* they will be delighted at (with) it; **II** bijw rapturously, in raptures

ver'ruwen (verruwde, *overg* h., *onoverg* is verruwd) coarsen

ver'ruwing v coarsening

1 vers o (verzen) **1** ⟨regel⟩ verse; **2** ⟨couplet⟩ stanza; **3** ⟨tweeregelig⟩ couplet; **4** ⟨v. Bijbel⟩ verse; **5** ⟨gedicht⟩ poem

2 vers I bn fresh, new; ~ *brood* fresh bread; ~*e eieren* new-laid eggs; ~*e koffie* new (fresh) coffee; *het ligt nog* ~ *in het geheugen* it is fresh in men's minds; **II** bijw fresh(ly)

ver'saagd bn faint-hearted

ver'saagdheid v faint-heartedness

ver'sagen (versaagde, h. en is versaagd) *onoverg* grow faint-hearted, quail, despair, despond

'versbouw m metrical construction

ver'schaffen[2] **I** *overg* procure [sbd. sth., sth. for sbd.], provide, furnish, supply [sbd. with sth.]; *wat verschaft mij het genoegen om...?* what gives me the pleasure of ...ing?; **II** *wederk*: *zich* ~ procure; zie ook: [2]*recht, toegang*

ver'schaffing v furnishing, procurement, provision [of food and clothing]

ver'schalen (verschaalde, is verschaald) *onoverg* ⟨v. bier, wijn⟩ go flat, go stale

ver'schalken (verschalkte, h. verschalkt) *overg* outwit; *er eentje* ~, *een glaasje* & ~ <u>gemeenz</u> have one; *een vogel* ~ catch a bird

ver'schalking v deception

ver'schansen (verschanste, h. verschanst) **I** *overg* entrench [a town &]; **II** *wederk*: *zich* ~ <u>mil</u> entrench oneself[2]

ver'schansing v (-en) **1** <u>mil</u> entrenchment [of a fortress]; **2** <u>scheepv</u> bulwarks, ⟨reling⟩ rails [of a ship]

1 ver'scheiden I *onoverg* depart this life, pass away; **II** o passing (away), death, decease

2 ver'scheiden I telw ⟨enkele⟩ several; **II** bn ⟨verschillend⟩ various, diverse, different, sundry

ver'scheidenheid v (-heden) diversity, variety, range [of colours, patterns &]

ver'schenken[2] *overg* pour out

ver'schepen (verscheepte, h. verscheept) *overg* ship

ver'scheper m (-s) shipper

ver'scheping v (-en) shipment

ver'schepingsdocumenten mv shipping documents

ver'scherpen[2] *overg* sharpen[2]; *de wet* ~ stiffen (tighten up) the law

ver'scherping v **1** ⟨in 't alg.⟩ sharpening[2]; **2** stiffening, tightening up [of the law]

ver'scheurdheid v **1** disunity [of a nation]; **2** distraction [with grief]

ver'scheuren[2] *overg* **1** ⟨in het alg.⟩ tear, tear up [a letter], tear to pieces; **2** ⟨stuk scheuren⟩ <u>plechtig</u> rend [one's garments]; **3** ⟨verslinden⟩ lacerate, mangle [its prey]; ~*de dieren* ferocious animals; *verscheurd door verdriet* distracted with grief

ver'schiet *o* (-en) **1** ⟨toekomst⟩ prospect; **2** ⟨verte⟩ distance; perspective[2]; *in het ~* ⟨in de toekomst⟩ ahead

ver'schieten[2] **I** (h.) *overg* **1** ⟨afschieten⟩ shoot; use up, consume [ammunition]; **2** ⟨voorschieten⟩ advance [money]; **3** ⟨omzetten⟩ stir [grain]; **4** ZN ⟨verschrikken⟩ fade; zie ook: *kruit, pijl;* **II** (is) *onoverg* **1** ⟨v. sterren⟩ shoot; **2** ⟨v. kleuren⟩ fade; **3** ⟨v. stoffen⟩ lose colour; **4** ZN ⟨v. personen⟩ turn pale; **5** ZN ⟨schrikken⟩ be frightened; **6** ZN ⟨verbazen⟩ be surprised; *ik zag hem (van kleur) ~* I saw him change colour; *niet ~d* unfading, sunproof [dress-materials]

ver'schijndag *m* (-dagen) **1** <u>recht</u> court date, date of one's court appearance; **2** ⟨vervaldag⟩ due date

ver'schijnen (verscheen, is verschenen) *onoverg* **1** ⟨v. hemellichamen, personen &⟩ appear; **2** ⟨v. zaken, personen⟩ make one's appearance; put in an appearance; **3** ⟨van termijn⟩ fall (become) due; *(de verdachte) was niet verschenen* <u>recht</u> had not entered an appearance; *het boek zal morgen ~* the book is to come out to-morrow; *bij wie laat je het boek ~?* through whom are you going to publish the book?; *voor de commissie ~* attend before the Board

ver'schijning *v* (-en) **1** ⟨het verschijnen⟩ appearance; publication [of a book]; **2** ⟨geest⟩ apparition, phantom, ghost; **3** ⟨persoon⟩ figure; *het is een mooie ~* she has a fine presence (a magnificent figure)

ver'schijnsel *o* (-s en -en) **1** phenomenon [of nature; *mv* phenomena]; **2** ⟨v. ziekte &⟩ symptom

ver'schikken[2] **I** (h.) *overg* arrange differently, rearrange, shift; **II** (is) *onoverg* move (higher) up

ver'schikking *v* (-en) different arrangement, shifting

ver'schil *o* (-len) difference [ook = remainder after subtraction & disagreement in opinion], disparity; distinction; *~ van mening* difference of opinion; *~ in leeftijd* difference in age, disparity in years; *het ~ delen* split the difference; *dat maakt een groot ~* that makes a big difference (all the difference); *het maakt geen groot (niet veel) ~ of ...* it is not much odds whether...; *~ maken tussen...* make a difference between..., differentiate (distinguish) between...; *met dit ~ dat...* with the (this) difference that...; zie ook: *geschil* & *hemelsbreed*

ver'schillen (verschilde, h. verschild) *onoverg* differ, be different, vary; *~ van* differ from; *~ van mening* differ (in opinion)

ver'schillend I *bn* different, various; differing; *~ van...* different from...; *~e personen* various persons, several persons; *ik heb het van ~e personen gehoord* ook: I've heard the story from several different people; **II** *bijw* differently

ver'schilpunt *o* (-en) point of difference, point of

controversy

ver'schimmelen[2] *onoverg* grow mouldy

ver'scholen *bn* hidden

ver'schonen (verschoonde, h. verschoond) **I** *overg* **1** put clean sheets on [a bed]; change [the baby's nappy]; **2** excuse [misconduct &]; *van iets verschoond blijven* be spared sth.; *ik wens van uw bezoeken verschoond te blijven* spare me your visits; **II** *wederk:* *zich ~* **1** ⟨schone kleding aantrekken⟩ change one's clothes (underwear); **2** ⟨zich verontschuldigen⟩ excuse oneself

ver'schoning *v* (-en) **1** *eig* clean clothes (underwear), change of clothes; **2** ⟨verontschuldiging⟩ excuse; *~ vragen* apologize

ver'schoningsrecht *o* ⟨v. getuigen⟩ right to refuse to testify

ver'schoonbaar *bn* excusable

ver'schoppeling *m* (-en) outcast, pariah

ver'schot *o* (-ten) **1** ⟨sortering⟩ assortment, choice; **2:** *~ten* ⟨het voorgeschotene⟩ out-of-pocket expenses, disbursements

ver'schoten *bn* faded [dresses &]

ver'schraald *bn* scanty, poor, meagre

ver'schralen (verschraalde, *overg* h., *onoverg* is verschraald) become (make) scanty, meagre, poor

ver'schrijven[2] *wederk: zich ~* make a mistake in writing

ver'schrijving *v* (-en) slip of the pen

ver'schrikkelijk I *bn* frightful, dreadful, terrible; **II** *bijw* frightfully &, *versterkend* awfully

ver'schrikkelijkheid *v* (-heden) frightfulness, dreadfulness, terribleness

ver'schrikken[2] **I** *overg* frighten, terrify [persons &]; scare [birds]; **II** *onoverg* = schrikken

ver'schrikking *v* (-en) **1** ⟨het schrikken⟩ fright, terror; **2** ⟨het verschrikkende⟩ horror

ver'schroeien[2] **I** (h.) *overg* scorch, singe; **II** (is) *onoverg* be scorched, be singed; *de tactiek der verschroeide aarde* scorched earth tactics

ver'schroeiing *v* scorching, singeing

ver'schrompeld *bn* shrivelled, wizened

ver'schrompelen[2] *onoverg* shrivel (up), shrink, wrinkle

ver'schuilen[2] *wederk: zich ~* hide (*voor* from), conceal oneself; *zich ~ achter het ambtsgeheim* shelter oneself behind professional secrecy

ver'schuiven[2] **I** (h.) *overg* **1** *eig* move, shift; **2** ⟨uitstellen⟩ put off; **II** (is) *onoverg* shift

ver'schuiving *v* (-en) **1** *eig* shifting; **2** ⟨uitstel⟩ putting off

ver'schuldigd *bn* indebted, due; *met ~e eerbied* with due respect; *wij zijn hem alles ~* we are indebted to him for everything we have; we owe everything to him; *het ~e* the money due; *het hem ~e* his dues

ver'schut *bn* <u>gemeenz:</u> *~ lopen* make a fool of oneself; *~ staan* be made a fool of, be humiliated; *iem. ~ zetten* make a fool of sbd., humiliate sbd.

ver'schutting *v* (-en) disgrace, humiliation

'versgebakken *bn* freshly-baked [bread]

'versheid *v* freshness

'versie *v* (-s) version, rendering [of a story]

ver'sierder *m* (-s) **1** ⟨verleider⟩ seducer, Don Juan, Lothario; **2** ⟨mooimaker⟩ decorator

ver'sieren[2] *overg* **1** ⟨voorzien v. versieringen⟩ adorn [with jewels]; beautify, embellish [with flowers]; ornament, decorate, deck [with flags, flowers &]; **2** ⟨voor elkaar krijgen⟩ fix, manage; **3** ⟨verleiden⟩ chat up, pick up; *dat versier ik wel voor je* ⟨voor elkaar krijgen⟩ I'll fix that for you

ver'siering *v* (-en) adornment, decoration, ornament; *~en* muz grace notes

ver'siersel *o* (-s en -en) ornament

ver'siertoer *m* gemeenz: *op de ~ zijn* try to pick sbd. up, be on the make

ver'sjacheren[2] *overg* barter away

ver'sjouwen[2] *overg* lug away

ver'sjteren (versjteerde, h. versjteerd) gemeenz *overg* spoil [maliciously]

ver'slaafd *bn*: *~ aan...* a slave to...; addicted to [drink], slang hooked on [amphetamines]; *hij is ~ aan verdovende middelen (cocaïne, heroïne &)* he is a drug (cocaine, heroin &) addict

ver'slaafde *m-v* (-n) **1** ⟨drugs &⟩ addict; **2** ⟨drank⟩ alcoholic

ver'slaafdheid *v* addiction

ver'slaan[2] *overg* **1** ⟨overwinnen⟩ beat, defeat [an army, a man &]; **2** ⟨verslag uitbrengen over⟩ report [a match], cover [a meeting], review [a book]

ver'slag *o* (-slagen) account, report; *officieel statistisch ~* returns; *schriftelijk ~* written account; *woordelijk ~* verbatim report; *~ doen van...* give an account of...; *een ~ opmaken van* draw up a report on; *~ uitbrengen* deliver a report, report (*over* on)

ver'slagen *bn* **1** ⟨overwonnen⟩ beaten, defeated; **2** ⟨terneergeslagen⟩ dejected, dismayed

ver'slagenheid *v* consternation, dismay, dejection

ver'slaggever *m* (-s) reporter

ver'slaggeving *v* (-en) reporting

ver'slagjaar *o* (- jaren) year under review

ver'slapen **I** *overg* sleep away; **II** *wederk*: *zich ~* oversleep oneself

ver'slappen (verslapte, verslapt) **I** (is) *onoverg* slacken[2] [of a rope, of trade, of efforts]; relax[2] [of muscles, discipline]; flag [of zeal]; wane [of interest]; **II** (h.) *overg* slacken[2], relax[2]

ver'slapping *v* (-en) slackening, relaxation; flagging; enervation

ver'slavend *bn* addictive, habit-forming

ver'slaving *v* addiction

ver'slechten (verslechtte, is verslecht) *onoverg* ZN **1** ⟨verslechteren⟩ deteriorate, grow worse, go down; **2** sp fall behind

ver'slechteren (verslechterde, verslechterd) **I** (h.) *overg* make worse, worsen, deteriorate; **II** (is) *onoverg* grow worse, worsen, deteriorate

ver'slechtering *v* (-en) worsening, deterioration

'versleer *v* metrics, prosody

ver'slensen (verslenste, is verslenst) *onoverg* ZN fade

ver'slepen[2] *overg* drag away, tow away, haul away

ver'sleten *bn* worn (out)[2], threadbare[2], the worse for wear

ver'slijten[2] **I** (is) *onoverg* wear out, wear off, wear away; **II** (h.) *overg* wear out [a coat &]; *iem. ~ voor...* take sbd. for...

ver'slikken[2] *wederk*: *zich ~* choke [on sth.], swallow sth. the wrong way

ver'slinden (verslond, h. verslonden) *overg* **1** ⟨in 't alg.⟩ devour[2]; **2** fig swallow up [much money &]; *een boek ~* devour a book; *zijn eten ~* bolt (wolf down) one's food; *iets met de ogen ~* devour sth. with one's eyes

ver'slingerd *wederk*: *~ aan* stuck on, crazy about

ver'slingeren[2] *wederk*: *zich ~ aan* throw oneself away on

ver'sloffen[2] *overg* neglect

ver'slond (verslonden) V.T. van *verslinden*

ver'slonzen *overg* spoil (through carelessness), neglect

ver'sluieren[2] *overg* veil, blur, fog

'versmaat *v* (-maten) metre

ver'smachten (versmachtte, versmacht) **I** (is) *onoverg* **1** ⟨wegkwijnen⟩ languish, pine away; **2** ZN ⟨stikken⟩ suffocate, choke, be suffocated; *~ van dorst* be parched with thirst, die of thirst; **II** (h.) ZN ⟨verstikken⟩ suffocate, choke

ver'smaden[2] *overg* disdain, despise, scorn; *dat is niet te ~* that is not to be despised

ver'smading *v* disdain, scorn

ver'smallen (versmalde, *overg* h., *onoverg* is versmald) narrow

ver'smalling *v* (-en) narrowing

ver'smelten[2] **I** (h.) *overg* **1** ⟨samensmelten⟩ melt together; ⟨v. metalen⟩ fuse; ⟨v. bedrijven⟩ amalgamate; ⟨v. kleuren⟩ blend; **2** ⟨doen smelten⟩ melt, melt down; ⟨v. erts⟩ smelt; **II** (is) *onoverg* melt[2], melt away

ver'smelting *v* (-en) melting, smelting, fusion; melting down

ver'snapering *v* (-en) snack; *kan ik u een ~ aanbieden* can I offer you a snack, a bite to eat, some refreshment

ver'sneld *bn* faster, quicker; stepped-up [production]; *met ~e pas* mil on the double; *de wijzigingen worden ~ ingevoerd* the changes are being introduced faster than expected, they are stepping up the pace of the changes

ver'snellen[2] *overg & onoverg* accelerate; *de pas ~* quicken one's pace

ver'sneller *m* (-s) accelerator

ver'snelling *v* (-en) **1** acceleration [of movement]; **2** techn gear, speed; *eerste ~* first (bottom) gear; *hoogste ~* top gear

ver'snellingsbak *m* (-len) gear-box, gear-case
ver'snellingshandel *o & m* (-s),
  ver'snellingspook *m & v* (-poken) gear-lever,
  gear-shift
ver'snijden[2] *overg* **1** ⟨aan stukken⟩ cut up [a loaf];
  cut [sth.] to pieces; **2** ⟨door snijden bederven⟩ spoil
  in cutting; **3** ⟨mengen⟩ dilute [wine]
ver'snijding *v* (-en) **1** cutting up &; **2** dilution [of
  wine]
ver'snipperen[2] *overg* **1** *eig* cut into bits; cut up;
  2 *fig* fritter away [one's time]
ver'snippering *v* (-en) cutting up &
ver'snoepen[2] *overg* spend on sweets
ver'soberen (versoberde, h. versoberd) *onoverg*
  economize, cut down expenses
ver'sobering *v* (-en) economization, austerity
ver'soepelen (versoepelde, h. versoepeld) *overg* relax; *de regelingen worden versoepeld* the regulations
  are being eased
ver'somberen (versomberde, is versomberd) *onoverg* grow gloomy (dismal)
ver'spelen[2] *overg* **1** ⟨met spelen verliezen⟩ play
  away, gamble away, lose in playing; **2** ⟨door eigen
  schuld kwijtraken⟩ lose [sbd.'s esteem, one's repu-
  tation], forfeit [respect, rights]
ver'spenen (verspeende, h. verspeend) *overg* prick
  out [seedlings]
ver'sperren[2] *overg* obstruct [the way], barricade [a
  street], block up [a road], block[2] [a passage, the
  way], bar [the entrance]
ver'sperring *v* (-en) blocking up, obstruction [of
  the way &]; mil barricade; [barbed wire] entanglement; [balloon &] barrage
ver'sperringsballon *m* (-s) barrage balloon
ver'spieden[2] *overg* spy out, scout
ver'spieder *m* (-s) spy, scout
ver'spieding *v* (-en) spying (out)
ver'spillen[2] *overg* **1** waste [one's time, energy], dissipate [one's strength]; **2** squander [one's money];
  er geen woord meer aan ~ not waste another word
  upon it
ver'spiller *m* (-s) spendthrift
ver'spilling *v* (-en) waste, dissipation
ver'splinteren (versplinterde, versplinterd) **I** (h.)
  overg splinter, shiver; **II** (is) *onoverg* splinter, break
  up into splinters
ver'spreid *bn* **1** scattered[2] [houses, showers, writ-
  ings]; **2** sparse [population]; **3** mil extended [order]
ver'spreiden I *overg* **1** disperse [a crowd];
  2 spread[2] [a smell, a report, a rumour]; **3** scatter[2]
  [seed, people]; **4** distribute [pamphlets]; **5** disseminate [doctrines]; **6** diffuse [happiness]; **7** propagate
  [the Christian religion]; **II** *wederk: zich* ~ **1** spread[2]
  [of odour, disease, fame, rumour, people]; **2** disperse [of a crowd]
ver'spreider *m* (-s) spreader, propagator; distributor [of pamphlets]
ver'spreiding *v* **1** spreading [of reports &]; **2** dis-

persion [of a crowd]; **3** spread [of knowledge];
  4 distribution [of animals on earth, of pamphlets];
  5 dissemination [of doctrines &]; **6** propagation [of
  a creed]
ver'spreken[2] *wederk: zich* ~ **1** ⟨iets verkeerd uit-
  spreken⟩ make a mistake in speaking, make a slip
  of the tongue; **2** ⟨iets verkeerds zeggen⟩ put one's
  foot in it
ver'spreking *v* (-en) **1** ⟨verhaspeling⟩ slip of the
  tongue; **2** ⟨verkeerde opmerking⟩ slip
1 ver'springen[2] *onoverg* shift; *een dag* ~ move up
  one day
2 'verspringen *o* sp long jump
'verspringer *m* (-s) long-jumper; Am broad-jumper
'versregel *m* (-s) verse, line of poetry
'verssnede *v* (-n) caesura
verst I *bn* furthest, farthest, furthermost; *in de* ~*e
  verte niet* zie: *verte;* **II** *bijw: het* ~ furthest, ook: farthest
ver'staald *bn* steeled[2]
ver'staan[2] **I** *overg* understand, know; *ik heb het niet
  ~* I did not understand, I did not catch what you
  (he) said; *versta je?* you understand?; *men versta mij
  wel* be it (distinctly) understood; *wel te* ~ that is to
  say; *iem. te* ~ *geven* give sbd. to understand that...;
  iem. verkeerd ~ misunderstand sbd.; *onder pasteurisatie* ~ *wij...* by pasteurization is meant...; *wat verstaat u daaronder?* what do you understand by
  that?; *zijn vak* ~ know (understand) one's job; *de
  kunst* ~ know how [to]; **II** *wederk: zich* ~ *met...*
  come to an understanding with...
ver'staanbaar I *bn* understandable, intelligible;
  zich ~ *maken* make oneself understood; **II** *bijw* intelligibly
ver'staanbaarheid *v* intelligibility
ver'staander *m* (-s): *een goed* ~ *heeft maar een half
  woord nodig* a word to the wise is enough, a nod is
  as good as a wink
ver'stalen[2] *overg* steel[2], harden[2]
ver'stand *o* understanding, mind, intellect, reason;
  gezond ~ common sense; *zijn* ~ *gebruiken* use one's
  brains, listen to reason; ~ *genoeg hebben om...* have
  sense enough (the wits) to...; *hij spreekt naar hij* ~
  heeft he speaks according to his lights; ~ *van iets
  hebben* understand about a thing, be good at sth.,
  be at home in sth., be a good judge of sth.; *daar heb
  ik geen* ~ *van* I don't know the first thing about it,
  I'm no judge of that; *heeft u* ~ *van schilderijen?* do
  you know about pictures?; *het (zijn)* ~ *verliezen* lose
  one's reason (one's wits); *heb je je* ~ *verloren?* have
  you taken leave of your senses?, have you gone out
  of your mind?; *daar staat mijn* ~ *bij stil* it is beyond
  my comprehension how...; *dat zal ik hem wel aan
  zijn* ~ *brengen* I'll bring it home to him, I'll give
  him to understand it; *je kunt hun dat maar niet aan
  het* ~ *brengen* you can't make them understand it;
  hij is niet bij zijn ~ he is not in his right mind; *hij is
  nog altijd bij zijn volle* ~ he is still in full possession

of his faculties; he is still quite sane; *dat gaat mijn ~ te boven* it is beyond (above) my comprehension, it passes my comprehension, it is beyond me; *met ~ lezen* read understandingly, intelligently; *met dien ~e dat...* on the understanding that...

ver'standelijk *bn* intellectual; *~e leeftijd* mental age

ver'standeloos *bn* senseless, stupid

ver'standhouding *v* (-en) understanding; *geheime ~* secret understanding, recht collusion; *in ~ staan met* have an understanding with, recht be in collusion with; have dealings with, be in league with [the enemy]; *een goede ~ hebben met, in goede ~ staan met* be on good terms with [one's neighbours]

ver'standig I *bn* intelligent, sensible, wise; *wees nu ~!* do be sensible! (reasonable!); *hij is zo ~ om...* he has the good sense to...; *het ~ste zal zijn, dat je...* the wisest thing you can (could) do will be to...; *het ~ vinden om...* judge it wise to...; **II** *bijw* sensibly, wisely; *je zult ~ doen met...* you will be wise to...; *hij zou ~ gedaan hebben, als...* he would have been well-advised if...; *~ praten* talk reason

ver'standigheid *v* good sense, wisdom

ver'standshuwelijk *o* (-en) marriage of convenience

ver'standskies *v* (-kiezen) wisdom-tooth; *hij heeft zijn ~ nog niet* he has not cut his wisdom-teeth yet

ver'standsverbijstering *v* mental derangement, insanity

ver'stappen [2] *wederk: zich ~* stumble

ver'starren (verstarde, verstard) **I** (h.) *overg* **1** stiffen [limbs, the body]; **2** fig petrify, fossilize; **II** (is) *onoverg* **1** eig stiffen; **2** fig become petrified, become fossilized

ver'starring *v* **1** stiffening [of limbs, the body]; **2** fig petrifaction, fossilization

ver'stedelijken (verstedelijkte, is verstedelijkt) *onoverg* urbanize, citify

ver'stedelijking *v* urbanization

ver'steend *bn* petrified[2], fossilized[2]; *als ~* petrified [with terror]; *een ~ hart* a heart of stone

1 ver'stek *o* recht default; *~ laten gaan* make default; *hij werd bij ~ veroordeeld* he was sentenced by default (in his absence)

2 ver'stek *o* (-ken) ⟨schuine naad van planken⟩ mitre(-joint)

ver'stekbak *m* (-ken) mitre-box, mitre-block, mitre-board

ver'stekeling *m* (-en) stowaway

ver'stekvonnis *o* (-sen) recht judgement by default

ver'stekzaag *v* (-zagen) mitre-saw

ver'stelbaar *bn* adjustable [instrument]

ver'steld *bn* mended, repaired, patched; *~ staan* be taken aback, be dumbfounded; *ik stond er ~ van* I was quite taken aback, it staggered me; *hem ~ doen staan* take him aback, stagger him; *de wereld ~ doen staan* stagger humanity

ver'steldheid *v* perplexity

ver'stelgoed *o* mending

ver'stellen [2] *overg* **1** ⟨kleding herstellen⟩ mend, repair, patch [a coat]; **2** ⟨anders stellen⟩ adjust [apparatus]

ver'stelling *v* (-en) **1** ⟨v. kleding⟩ mending; **2** techn adjustment

ver'stelnaaister *v* (-s) seamstress

ver'stelster *v* (-s) mender

ver'stelwerk *o* mending

ver'stenen (versteende, *overg* h., *onoverg* is versteend) petrify, fossilize

ver'stening *v* (-en) petrifaction; *~en ook:* fossils

ver'sterf *o* **1** ⟨dood⟩ death; **2** ⟨erfenis⟩ inheritance; *bij ~* in case of death

ver'sterfrecht *o* right of succession

ver'sterken [2] *overg* **1** strengthen [the body, memory, the evidence &]; **2** invigorate [the energy, the body, mind &]; **3** fortify [the body, a town, a statement]; **4** corroborate [a statement]; **5** reinforce [sbd. with food, an army, a party]; **6** consolidate [a position, power]; **7** intensify [light, emotions]; **8** amplify [sound]; zie ook: *mens*

ver'sterkend *bn* restorative; strengthening [food]; *~e middelen* restoratives

ver'sterker *m* (-s) amplifier

ver'sterking *v* (-en) **1** (het versterken) strengthening, reinforcement, consolidation, intensification; **2** ⟨v. geluid⟩ amplification; **3** mil ⟨v. troepen⟩ reinforcement(s); **4** ⟨fortificatie⟩ fortification

ver'sterkingswerken *mv* fortifications

ver'sterven (verstierf, verstorven) **I** (is) *onoverg* **1** ⟨sterven⟩ die; **2** ⟨bij erfenis overgaan⟩ devolve upon; **II** (h.) *wederk: zich ~* RK mortify the flesh

ver'sterving *v* (-en) **1** ⟨dood⟩ death; **2** RK mortification

ver'stevigen (verstevigde, h. verstevigd) *overg* strengthen

ver'steviger *m* (-s) ⟨haar~⟩ setting lotion

ver'stijfd *bn* stiff; ⟨v. kou ook:⟩ benumbed, numb

ver'stijfdheid *v* stiffness; numbness

ver'stijven (verstijfde, verstijd) **I** (is) *onoverg* **1** ⟨stijf worden⟩ stiffen; **2** ⟨gevoelloos worden⟩ grow numb [with cold]; *~ van schrik* grow rigid with fear; **II** (h.) *overg* ⟨stijf maken⟩ stiffen

ver'stijving *v* (-en) stiffening; numbness

ver'stikken [2] **I** (h.) *overg* suffocate, stifle, choke, smother, asphyxiate; **II** (is) *onoverg* = [1]*stikken*

ver'stikkend *bn* suffocating, stifling, choking

ver'stikking *v* (-en) suffocation, asphyxiation, asphyxia

ver'stikt *bn* suffocated; *met ~e stem* in a strangled voice

ver'stild *bn* stilly

ver'stillen (verstilde, is verstild) *onoverg* still

ver'stoffelijken (verstoffelijkte, h. verstoffelijkt) *overg* materialize

1 ver'stoken *bn: ~ van* destitute of, deprived of,

devoid of

2 ver'stoken² *overg* **1** ⟨opbranden⟩ burn, consume;
2 ⟨aan brandstof betalen⟩ spend on heating

ver'stokken (verstokte, *overg* h., *onoverg* is verstokt)
harden

ver'stokt *bn* obdurate [heart], hardened [sinner],
confirmed [bachelors, drunkards], seasoned [gamblers], case-hardened [malefactors]

ver'stoktheid *v* obduracy, hardness of heart

ver'stolen *bn* stealthy, furtive

ver'stomd *bn* struck dumb, speechless; ~ *staan* zie:
versteld 2

ver'stommen (verstomde, verstomd) **I** (h.) *overg*
strike dumb, silence; **II** (is) *onoverg* be struck dumb,
become speechless (silent); *alle geluid verstomde*
every sound was hushed

ver'stoord *bn* **1** ⟨onderbroken⟩ disturbed; **2** ⟨boos⟩
annoyed, cross, angry

ver'stoorder *m* (-s) disturber

ver'stoordheid *v* annoyance, crossness, anger

ver'stoppen² *overg* **1** ⟨dichtstoppen⟩ clog [the nose,
the pipes]; choke (up), stop up [a drain-pipe];
2 ⟨verbergen⟩ put away, conceal, hide

ver'stoppertje *o*: ~ *spelen* play (at) hide-and-seek

ver'stopping *v* (-en) **1** ⟨in 't alg.⟩ stoppage; **2** *med*
constipation, obstruction

ver'stopt *bn* **1** stopped up [pipes, drains]; **2** clogged
[nose]; ~ *raken* become clogged, be choked
(stopped up); ~ *(in het hoofd) zijn* have (got) the
snuffles (a clogged nose)

ver'storen *overg* **1** disturb [sbd.'s rest, the peace];
interfere with [sbd.'s plans]; **2** ⟨boos maken⟩ annoy, make angry

ver'storing *v* (-en) disturbance, interference

ver'stoteling *m* (-en) outcast, pariah

ver'stoten² *overg* repudiate [one's wife]; disown [a
child]

ver'stoting *v* (-en) repudiation

ver'stouten (verstoutte, h. verstout) *wederk: zich* ~
pluck up courage; *zij zullen zich niet* ~ *om...* they
won't make bold to...

ver'stouwen² *overg* stow away

ver'strakken (verstrakte, is verstrakt) *onoverg* set;
haar gezicht verstrakte her face set

ver'strekken² *overg* furnish, procure; *hun al het
nodige* ~ furnish (provide) them with the necessaries of life; *gelden* ~ supply moneys; *inlichtingen* ~
give information; *levensmiddelen* ~ serve out provisions

'verstrekkend *bn* far-reaching

ver'strekking *v* supply, distribution; *vrije* ~ *van
heroïne* free supply of heroine

ver'strengelen² *overg* intertwine², entangle²

ver'strengeling *v* intertwining², entanglement²

ver'strijken (verstreek, is verstreken) *onoverg* expire, elapse, go by; *de termijn is verstreken* the term
has expired

ver'strijking *v* expiration, expiry, passage [of time]

ver'strikken² **I** *overg* ensnare, trap, entrap, enmesh, entangle; **II** *wederk: zich* ~ get entangled²
[in a net, in a dispute], be caught [in one's own
words]

ver'strikking *v* ensnaring, entanglement

ver'strooid *bn* **1** ⟨verspreid⟩ scattered, dispersed;
2 ⟨v. geest⟩ absent-minded, distrait

ver'strooidheid *v* (-heden) absent-mindedness,
absence of mind

ver'strooien² **I** *overg* scatter, disperse, rout [an
army]; **II** *wederk: zich* ~ **1** ⟨zich verspreiden⟩ disperse; **2** ⟨zich ontspannen⟩ seek amusement, unbend

ver'strooiing *v* (-en) **1** ⟨verspreiding⟩ dispersion;
2 ⟨ontspanning⟩ diversion

ver'stuiken (verstuikte, h. verstuikt) **I** *overg* sprain
[one's ankle]; **II** *wederk: zich* ~ sprain one's ankle

ver'stuiking *v* (-en) sprain(ing)

ver'stuiven² **I** (is) *onoverg* be blown away [of dust];
be dispersed (scattered); *doen* ~ scatter, disperse; **II**
(h.) *overg* ⟨v. poeder⟩ pulverize; ⟨v. vloeistof⟩ spray

ver'stuiver *m* (-s) **1** ⟨v. vloeistof⟩ atomizer, spray,
vaporizer, nebuliser; **2** ⟨v. poeder⟩ pulverizer

ver'stuiving *v* (-en) **1** ⟨in 't alg⟩ dispersion, atomization, vaporization; **2** ⟨v. poeder⟩ pulverization;
3 ⟨zandverstuiving⟩ sand-drift, shifting sand

ver'sturen² *overg* send (off), dispatch, forward

ver'stuwen² *overg* stow away

ver'suffen (versufte, versuft) **I** (is) *onoverg* grow
dull, grow stupid; **II** (h.) *overg* dream away [one's
time]

ver'suft *bn* stunned, dazed, dull; ~ *van schrik* dazed
with fright

ver'suftheid *v* **1** ⟨in 't alg.⟩ stupor; **2** ⟨v. ouderdom⟩
dotage

ver'suikeren (versuikerde, h. versuikerd) *overg*
candy, crystallize

ver'sukkeling *v: in de* ~ *raken* run to seed

'versus *voorz* versus

'versvoet *m* (-en) (metrical) foot

'versvorm *m* (-en) verse form

ver'taalbaar *bn* translatable

ver'taalbureau *o* (-s) translation bureau

ver'taalkunde *v* (art of) translation

ver'taaloefening *v* (-en) translation exercise

ver'taalprogramma *o* ('s) <u>comput</u> translation
program, translator

ver'taalrecht *o* right of translation, translation
rights

ver'taalster *v* (-s) translator

ver'taalwerk *o* translations, translation work

ver'taalwoordenboek *o* (-en) ⟨tweetalig⟩ bilingual dictionary

ver'takken (vertakte, h. vertakt) *wederk: zich* ~
branch, ramify

ver'takking *v* (-en) branching, ramification

ver'talen (vertaalde, h. vertaald) **I** *overg* translate; ~
in translate (render, turn) into [English &]; ~ *uit*

vertaler

het... in het... translate from [Persian] into [Turkish]; **II** *onoverg* translate

ver'taler *m* (-s) translator

ver'taling *v* (-en) translation; ~ *uit het... in het...* translation from... into...

ver'talingsrecht *o* right of translation, translation rights

'**verte** *v* (-n en -s) distance; *in de* ~ in the distance; *heel in de* ~ far away (in the distance); *het leek er in de* ~ *op* it remotely resembled it; *nog in de* ~ *familie van...* a distant relation of..., distantly related to...; *in de verste* ~ *niet* not in the least; *ik heb er in de verste* ~ *niet aan gedacht om...* I have not had the remotest idea of ...ing, nothing could be further from my thoughts; *uit de* ~ from afar, from a distance

ver'tederen (vertederde, h. vertederd) *overg* soften, mollify

ver'tedering *v* (-en) softening, mollification

ver'teerbaar *bn* digestible; *licht* ~ easily digested, easy to digest

ver'teerbaarheid *v* digestibility

vertegen'woordigen (vertegenwoordigde, h. vertegenwoordigd) *overg* represent, be representative of; ~*d* representative; representative of, representing

vertegen'woordiger *m* (-s) **1** ⟨in 't alg.⟩ representative; **2** handel ook: agent, salesman

vertegen'woordiging *v* **1** ⟨in 't alg.⟩ representation; **2** handel ook: agency

ver'tekend *bn* **1** (verkeerd getekend) out of drawing; **2** (vervormd) distorted

ver'tekenen[2] *overg* (een verkeerd beeld geven) distort

ver'tekening *v* (verkeerd beeld) distortion

ver'telkunst *v* narrative art

ver'tellen[2] **I** *overg* tell, relate, narrate; *men vertelt van hem dat...* he is said to...; *vertel me (er) eens...* just tell me...; *ik heb horen* ~ *dat...* I was told that...; *vertel het niet verder* don't let it get about; **II** *abs ww* tell a story; *hij kan aardig* ~ he can tell a story well; **III** *wederk: zich* ~ miscount, make a mistake in adding up

ver'teller *m* (-s) narrator, relater, story-teller

ver'telling *v* (-en) tale, story, narrative

ver'telsel *o* (-s) tale, story

ver'telselboek *o* (-en) story-book

ver'teren (verteerde, verteerd) **I** (h.) *overg* **1** ⟨voedsel⟩ digest; **2** ⟨geld⟩ spend; **3** fig ⟨v. vuur &⟩ consume; **4** ⟨v. hartstocht⟩ eat up, devour [a man]; *de afgunst verteert hem* he is consumed (eaten up) with envy; *de roest verteert het ijzer* rust corrodes iron; **II** (is) *onoverg* digest; *het verteert gemakkelijk* it is easy of digestion; *dat verteert niet goed* it does not digest well; *het hout verteert* the wood wastes away

ver'tering *v* (-en) **1** ⟨v. voedsel⟩ digestion; **2** ⟨verbruik⟩ consumption; **3** ⟨gelag⟩ expenses

ver'teuten[2] *overg* fritter (dawdle, idle) away

verti'caal *bn* **1** ⟨in 't alg.⟩ vertical; **2** ⟨bij kruiswoordraadsel⟩ down

vertien'voudigen (vertienvoudigde, h. vertienvoudigd) *overg* decuple

ver'tier *o* amusement

ver'tikken[2] *overg: het* ~ refuse; *hij vertikte het* he just wouldn't do it

ver'tillen I *overg* lift, move; **II** *wederk: zich* ~ strain oneself in lifting

ver'timmeren[2] *overg* make alterations in

ver'timmering *v* alterations

ver'tinnen (vertinde, h. vertind) *overg* tin, coat with tin

ver'tinsel *o* (-s) tinning, tin coating

ver'toeven[2] *onoverg* sojourn, stay, abide

ver'tolken (vertolkte, h. vertolkt) *overg* **1** ⟨in 't alg.⟩ interpret; **2** fig voice [the feelings of...]; **3** muz interpret, render

ver'tolker *m* (-s) interpreter[2]

ver'tolking *v* (-en) interpretation[2]

ver'tonen I *overg* **1** ⟨tentoonstellen⟩ exhibit [a work of art]; **2** ⟨te zien geven⟩ exhibit [signs of...]; **3** ⟨tentoonspreiden⟩ display [its beauty]; **4** ⟨opvoeren⟩ perform [a play]; show, present [a film]; ⟨uitbrengen⟩ produce, present; **II** *wederk: zich* ~ **1** show oneself [in public]; **2** show, appear [of buds, flowers &]; *hij vertoonde zich niet* ook: he did not put in an appearance, he did not show up (turn up)

ver'toning *v* (-en) **1** ⟨in 't alg.⟩ show, exhibition; **2** ⟨opvoering⟩ performance, representation; *stichtelijke* ~ edifying spectacle

ver'toog *o* (-togen) remonstrance, representation, expostulation; *vertogen richten tot* make representations to

ver'toon *o* **1** ⟨in 't alg.⟩ show; **2** ⟨praal⟩ show, ostentation, geringsch parade; ~ *van geleerdheid* parade of learning; *(veel)* ~ *maken* **1** ⟨v. mensen⟩ make a show; **2** ⟨v. dingen⟩ make a fine show; ~ *maken met* show off, parade; *op* ~ on presentation; *zonder* ~ *van geleerdheid* without showing off one's learning

ver'toonbaar *bn* = toonbaar

ver'toornd *bn* incensed, wrathful, angry; ~ *op* angry with

ver'toornen (vertoornde, h. vertoornd) **I** *overg* make angry, anger, incense; **II** *wederk: zich* ~ become angry

ver'traagd *bn* **1** ⟨v. trein &⟩ delayed; **2** ⟨v. filmopname⟩ in slow motion

ver'tragen (vertraagde, h. vertraagd) *overg* retard, delay, slacken, slow down [the pace, movement]; *vertraagde film* slow-motion picture, slow-motion film; *vertraagd telegram* belated telegram

ver'traging *v* (-en) **1** slackening, slowing down [of the pace, a movement]; **2** delay [in replying to a letter]; *de trein heeft 20 minuten* ~ the train is 20 minutes behind schedule (behind time), is running 20 minutes late

ver'trappen² *overg* trample (tread) upon²

ver'trapt *bn* **1** (stukgetrapt) trampled down; **2** (onderdrukt) downtrodden

ver'treden² **I** *overg* tread upon; **II** *wederk*: *ik moet mij eens* ~ I want to stretch my legs

ver'trek *o* **1** (het weggaan) departure, scheepv sailing; **2** (-ken) (kamer) room, apartment; *bij zijn* ~ at his departure, when he left

ver'trekhal *v* (-len) departure hall

ver'trekken² **I** (is) *onoverg* depart, start, leave, set out, go away (off); scheepv sail; *je kunt* ~*!* you may go now!; ~ *van Parijs naar Londen* leave Paris for London; **II** (h.) *overg* distort [one's face]; *hij vertrok geen spier* he did not move a muscle, he did not turn a hair

ver'trekking *v* (-en) distortion

ver'trekpunt *o* (-en) point of departure; place of departure

ver'treksein *o* (-en) starting signal

ver'trektijd *m* (-en) time of departure, departure time

ver'treuzelen² *overg* trifle away, loiter away

ver'troebelen (vertroebelde, h. vertroebeld) *overg* **1** (onduidelijk maken) make cloudy (thick, muddy); cloud [the issue]; **2** (verstoren) trouble [relations, the atmosphere]

ver'troetelen² *overg* coddle, pamper, pet

ver'troosten² *overg* comfort, console, solace

ver'trooster *m* (-s) comforter

ver'troosting *v* (-en) consolation, comfort, solace

ver'trouwd *bn* reliable, trusted, trustworthy, trusty, safe; ~ *vriend* **1** (boezemvriend) intimate friend; **2** (betrouwbaar) trusted friend; ~ *met* conversant (familiar) with; *zich* ~ *maken met* make oneself familiar (conversant) with [a subject]; ~ *raken met* become conversant (familiar) with

ver'trouwde *m-v* (-n) = *vertrouweling(e)*

ver'trouwdheid *v* familiarity [with the subject]

ver'trouwelijk I *bn* confidential; ~*e vriend* intimate friend; *streng* ~*!* strictly private!; **II** *bijw* confidentially, in confidence; ~ *omgaan met* zie: *omgaan*

ver'trouwelijkheid *v* (-heden) confidentialness, familiarity

ver'trouweling *m* (-en) confidant

ver'trouwelinge *v* (-n) confidante

ver'trouwen² **I** *overg* trust; *iem. iets* ~ zie: *toevertrouwen*; *wij* ~ *dat...* we trust that...; *zij* ~ *hem niet* they don't trust him; *hij vertrouwde het zaakje niet* he did not trust the business; *hij is niet te* ~ he is not to be trusted; **II** *onoverg*: ~ *op God* trust in God; *ik vertrouw erop* I rely upon it; *kunnen wij op u* ~ can we rely upon you?; *op de toekomst (het toeval &)* ~ trust to the future (to luck); *op de* ~ confidence, trust, faith; *zijn* ~ *op...* his reliance on..., his faith in...; *het* ~ *beschamen* betray sbd.'s confidence; *het volste* ~ *genieten* enjoy sbd.'s entire confidence; *het* ~ *hebben* have confidence, be confident; *geen* ~ *meer*

hebben in... have lost confidence in...; *iem. zijn* ~ *schenken* admit (take) sbd. into one's confidence; ~ *stellen (hebben) in* put trust in, repose (place, have) confidence in, put one's faith in; *zijn* ~ *verliezen* lose faith [in]; *zijn* ~ *is geschokt* his confidence has been shaken; ~ *wekken* inspire confidence; *in* ~ in (strict) confidence; *iem. in* ~ *nemen* take sbd. into one's confidence; *in* ~ *op* relying upon; *met* ~ with confidence, confidently; *met het volste* ~ with the utmost confidence, with every confidence; *op goed* ~ on trust; *goed van* ~ *zijn* be of a trustful nature

ver'trouwensarts *m* (-en) doctor at an advice centre

ver'trouwenscrisis *v* (-sen en -crises) crisis of confidence, confidence crisis

ver'trouwensfunctie *v* (-s) position involving confidentiality

ver'trouwenskwestie *v* = *kabinetskwestie*

ver'trouwensman *m* (-nen en -lieden) confidential agent, trusted representative

ver'trouwenspositie *v* (-s), **ver'trouwenspost** *m* (-en) position of trust

ver'trouwensvotum *o* vote of confidence, confidence vote

vertrouwen'wekkend *bn* inspiring confidence (trust)

ver'trutting *v* gemeenz palling

ver'twijfeld *bn* desperate

ver'twijfeling *v* despair, desperation

'veruit *bijw* by far

ver'vaard *bn* alarmed, frightened; *voor geen kleintje* ~ not easily frightened, nothing daunted

ver'vaardheid *v* alarm, fear

ver'vaardigen (vervaardigde, h. vervaardigd) *overg* make, manufacture

ver'vaardiger *m* (-s) maker, manufacturer

ver'vaardiging *v* making, manufacture

ver'vaarlijk I *bn* frightful, awful; huge, tremendous; **II** *bijw* frightfully, awfully

ver'vaarlijkheid *v* frightfulness, awfulness

ver'vagen (vervaagde, is vervaagd) *onoverg* fade, blur, grow blurred, become indistinct

ver'val *o* **1** (hoogteverschil) fall; **2** (achteruitgang) decay, decline, deterioration; **3** (afschaffing) lapse, abrogation; ~ *van krachten* senile decay; *in* ~ *geraken* fall into decay

ver'valdag *m* (-dagen) day of payment, due date; *op de* ~ at maturity, when due

1 ver'vallen² *onoverg* **1** (achteruitgaan) decay, fall into decay, go to ruin; fall into disrepair [of a house]; **2** (niet langer lopen) expire [of a term]; fall (become) due, mature [of bills]; **3** (wegvallen) be taken off [of a train]; be cancelled [of a service]; **4** (niet langer gelden) lapse [of a right], be abrogated [of a law]; ~ *aan de Kroon* fall to the Crown; *in zijn oude fout* ~ fall into the old mistake; *in herhalingen* ~ repeat oneself; *in onkosten* ~ incur expenses; *tot zonde* ~ lapse into sin; zie ook: *armoede,* *uiterste* &

2 ver'vallen *bn* **1** ⟨v. gebouwen &⟩ ruinous, out of repair, dilapidated, ramshackle [house &]; worn (out), broken down [person]; **2** ⟨v. wissels⟩ due; **3** ⟨v. recht⟩ lapsed; **4** ⟨van termijn, polis⟩ expired; *van de troon ~ verklaard* deposed

ver'valsen (vervalste, h. vervalst) *overg* **1** (in 't alg.) falsify [a text]; forge [a document]; cook [the accounts]; **2** (versnijden) adulterate [wine with fruit juice]; debase [gold &]; **3** (namaken) counterfeit [banknotes]; fake [a painting]

ver'valser *m* (-s) falsifier, adulterator, forger, faker

ver'valsing *v* (-en) **1** falsification [of a document]; **2** adulteration [of food]; **3** forgery [= forged document]; **4** [art] fake

ver'vangbaar *bn* replaceable, commutable

ver'vangen[2] *overg* **1** take (fill, supply) the place of, replace, be used instead of; **2** (aflossen) relieve; *wie zal u ~?* who is going to take your place?, who is going to stand in for you?; *het ~ door iets anders* replace it by something else, substitute something else for it

ver'vanger *m* (-s) = *plaatsvervanger*

ver'vanging *v* replacement, substitution; *ter ~ van* in (the) place of, in substitution for

ver'vangingswaarde *v* replacement value

ver'vat *bn*: *~ in* implied in [this statement &]; couched in [energetic terms]; *daarin is alles ~* everything is contained therein

'verve *v* verve, enthusiasm, vigour

ver'veeld *bn* bored, languidly; *~ zitten, zijn met...* ZN not know what to do with...

verveel'voudigen (verveelvoudigde, h. verveelvoudigd) *overg* multiply, duplicate

ver'velen (verveelde, h. verveeld) **I** *overg* bore, tire, weary; (ergeren) annoy; *hij zal je dood ~* he will bore you stiff; *het zal je dood ~* you will be bored to death; *het begint me te ~* I am beginning to get tired of it (bored with it); **II** *abs ww* tire, bore, become a bore; *tot ~s toe* over and over again, ad nauseam; **III** *wederk: zich ~* be bored, feel bored

ver'velend I *bn* tiresome, boring [fellow &]; dull [book, play, town &], tedious [speech &]; irksome [task]; (ergerlijk) annoying; *hè, wat ~ is dat nou!* how provoking!, how annoying!; Oh bother!; *wat is dat ~* what a bore it is!; *wat is die vent ~!* what a bore!; *het wordt ~* it becomes wearisome; **II** *bijw* boringly, tediously

ver'veling *v* tiresomeness, tedium, boredom, weariness, ennui

ver'vellen (vervelde, is verveld) *onoverg* cast its skin [of a snake], slough; *mijn neus begint te ~* begins to peel

ver'velling *v* (-en) sloughing [of a snake]; peeling

'verveloos *bn* paintless, badly in need of (a coat of) paint; discoloured

verve'loosheid *v* paintlessness, colourlessness

'verven (verfde, h. geverfd) *overg* **1** paint [a door,

one's face &]; **2** dye [clothes, one's hair]

ver'venen (verveende, is verveend) *onoverg* become peaty (boggy)

'ver'ver *m* (-s) **1** (house-)painter; **2** dyer [of clothes]

verve'rij *v* (-en) dye-house, dyeworks

ver'versen (ververste, h. ververst) *overg* refresh, renew; *olie ~* change oil

ver'versing *v* (-en) refreshment

ver'vervangingsmiddel *o* (-en) substitute

ver'vetten (vervette, is vervet) *onoverg* **1** (in 't alg.) turn to fat; **2** med become fatty

ver'vetting *v* med fatty degeneration

vervier'voudigen (verviervoudigde, h. verviervoudigd) *overg* quadruple

vervijf'voudigen (vervijfvoudigde, h. vervijfvoudigd) *overg* multiply by five

ver'vilten (verviltte, is vervilt) *onoverg* felt

ver'vlaamsen (vervlaamste, vervlaamst) **I** (h.) *overg* make Flemish; **II** (is) *onoverg* become Flemish

ver'vlakken (vervlakte, is vervlakt) *onoverg* **1** ⟨van kleuren⟩ fade; **2** *fig* become trivial (shallow), peter out

ver'vlechten[2] *overg* interweave, interlace, intertwine

ver'vliegen[2] *onoverg* **1** ⟨wegvliegen⟩ fly [of time]; **2** ⟨vervluchtigen⟩ evaporate, volatilize [of liquids, salt &]; **3** *fig* evaporate; zie ook: *vervlogen*

ver'vloeien[2] *onoverg* **1** (in 't alg.) flow away; **2** run [of ink]; **3** melt [of colours]

ver'vloeken[2] *overg* **1** (in 't alg.) curse, damn, execrate; **2** ⟨met banvloek⟩ anathematize

ver'vloeking *v* (-en) **1** (in 't alg.) curse, imprecation, malediction; **2** ⟨kerkelijk⟩ anathema

ver'vloekt I *bn* cursed, damned, execrable; *die ~e...!* damn the...!; *een ~e last* a damned nuisance; *(wel) ~!* damn it!; **II** *bijw* versterkend damned, deuced, confoundedly [difficult &]

ver'vlogen *bn* gone; *in ~ dagen* in days gone by; *~ hoop* hope gone; *~ roem* departed glory

ver'vluchtigen (vervluchtigde, overg h., overg is vervluchtigd) volatilize, evaporate[2]

ver'vluchtiging *v* volatilization, evaporation[2]

ver'voegbaar *bn* gramm that can be conjugated

ver'voegen **I** *overg* conjugate [verbs]; **II** *wederk: zich ~ bij* apply to

ver'voeging *v* (-en) gramm conjugation

ver'voer *o* transport, conveyance, carriage, transit; *openbaar ~* public transport; *~ te water* water-carriage

ver'voeradres *o* (-sen) way-bill

ver'voerbaar *bn* transportable

ver'voerbedrijf *o* (-drijven) transport company

ver'voerbewijs *o* (-wijzen) ticket

ver'voerbiljet *o* (-ten) handel permit

ver'voerder *m* (-s) transporter, conveyer, carrier

ver'voeren[2] *overg* transport, convey, carry

ver'voering *v* (-en) transport, rapture, ecstasy; *in ~ raken* go into raptures [over it], be carried away [by

these words]
ver'voerkosten *mv* transport charges, cost of carriage
ver'voermiddel *o* (-en) (means of) conveyance, means of transport
ver'voerverbod *o* (-boden) prohibition of transport
ver'voerwezen *o* transport
ver'volg *o* (-en) **1** ⟨voortzetting⟩ continuation, sequel; **2** ⟨toekomst⟩ future; ~ *op blz. 12* continued on page 12; *in het* ~ in future, henceforth; *ten* ~*e op (van) mijn brief van...* further to my letter of...; *following up my letter of...; ten* ~*e van...* in continuation of...
ver'volgbaar *bn* recht **1** actionable, indictable [offence]; **2** ⟨civiel⟩ suable; **3** ⟨crimineel⟩ prosecutable [persons]
ver'volgcursus *m* (-sen) follow-up course
ver'volgdeel *o* (-delen) supplementary volume
ver'volgen[2] *overg* **1** ⟨voortgaan met⟩ continue [a story, a course &]; proceed on [one's way]; **2** ⟨achternazetten⟩ pursue [the enemy]; **3** persecute [for political or religious reasons]; **4** recht prosecute [sbd.]; sue [a debtor]; proceed against, have the law of [sbd.]; *...vervolgde hij ...*he went on, *...*he continued, *...*he went on to say; *wordt vervolgd* to be continued (in our next); *die gedachte (herinnering) vervolgt mij* the thought (memory) haunts me; *door pech vervolgd* dogged by ill-luck, pursued by misfortune
ver'volgens *bijw* then, further, next, afterwards; *hij vroeg* ~*...* ook: he went on (he proceeded) to ask...
ver'volger *m* (-s) **1** pursuer; **2** persecutor
ver'volging *v* (-en) **1** pursuit; **2** persecution; **3** recht prosecution; *een* ~ *instellen tegen iem.* bring an action against sbd.; *aan* ~ *blootstaan* be exposed to persecution
ver'volgingswaanzin *m* persecution mania
ver'volgonderwijs *o* secondary education
ver'volgopleiding *v* Br continuation course, Am continuing education, refresher course
ver'volgserie *v* (-s) serial
ver'volgverhaal *o* (-halen) serial (story)
ver'volgwerk *o* (-en) serial publication, work in instalments
vervol'maken (vervolmaakte, h. vervolmaakt) *overg* perfect, complete
vervol'making *v* perfection, completion
ver'vormd *bn* ZN: ~*e weg* bad road, bad road surface
ver'vormen[2] *overg* **1** ⟨anders vormen⟩ transform, refashion; **2** ⟨misvormen⟩ deform
ver'vorming *v* (-en) **1** ⟨het anders vormen⟩ transformation, refashioning; **2** ⟨misvorming⟩ deformation
ver'vrachten (vervrachtte, h. vervracht) *overg* zie: *bevrachten*
ver'vreemd *bn* alienated, estranged (*van* from)

ver'vreemdbaar *bn* alienable
ver'vreemdbaarheid *v* alienability
ver'vreemden (vervreemdde, vervreemd) **I** (h.) *overg* alienate [property]; ~ *van* alienate (estrange) from; *zijn familie van zich* ~ alienate one's relations; **II** (h. zich & is) *(wederk &) onoverg: (zich)* ~ *van* become estranged from, become a stranger to
ver'vreemding *v* (-en) alienation, estrangement
ver'vroegen (vervroegde, h. vervroegd) *overg* fix at an earlier time (hour), advance, bring (move) forward [the date by a week], put [dinner] forward; *vervroegde betaling* accelerated payment
ver'vroeging *v* (-en) anticipation
ver'vrouwelijken (vervrouwelijkte, *overg* h., *onoverg* is vervrouwelijkt) feminize
ver'vuild *bn* **1** ⟨vuil⟩ filthy; **2** ⟨verontreinigd⟩ polluted [river]
ver'vuilen (vervuilde, vervuild) **I** (is) *onoverg* grow filthy; **II** (h.) *overg* **1** make filthy; **2** pollute [air, water, the environment]
ver'vuiler *m* (-s) polluter; *de* ~ *betaalt* the polluter pays
ver'vuiling *v* **1** ⟨vuilheid⟩ filthiness; **2** [environmental] pollution
ver'vullen[2] *overg* **1** fill[2] [a room with..., a part, a place, a role]; **2** fulfil [a prophecy, a promise]; **3** occupy, fill [a place]; **4** perform, carry out [a duty]; **5** accomplish [a task]; **6** comply with [a formality]; *hij zag zijn hoop (zijn wensen) vervuld* his hopes (his wishes) were realized, his desires were fulfilled; *iems. plaats* ~ take sbd.'s place; ~ *met* fill with; *van angst vervuld* full of anxiety
ver'vulling *v* **1** ⟨volbrenging⟩ fulfilment, performance; **2** ⟨verwerkelijking⟩ realization; *in* ~ *gaan* ⟨in 't alg.⟩ be realized, be fulfilled; ⟨v. droom⟩ come true
ver'waaid *bn* blown about; *er* ~ *uitzien* look tousled (ruffled)
ver'waaien[2] *onoverg* be blown away (about)
ver'waand *bn* conceited, bumptious, cocky, gemeenz stuck-up, uppish; ~ *zijn* give oneself airs
ver'waandheid *v* (-heden) conceitedness, conceit, bumptiousness, cockiness
ver'waardigen (verwaardigde, h. verwaardigd) **I** *overg*: *iem. met geen blik* ~ not deign to look at sbd.; **II** *wederk*: *zich* ~ *om...* condescend to..., deign to...
ver'waarloosbaar *bn* negligible
ver'waarloosd *bn* **1** ⟨in 't alg.⟩ neglected [health, studies, garden]; **2** ⟨slecht verzorgd⟩ uncared for [children, garden]; untended; **3** ⟨slonzig⟩ unkempt [hair &]
ver'waarlozen (verwaarloosde, h. verwaarloosd) *overg* **1** ⟨niet verzorgen⟩ neglect, take no care of; **2** ⟨buiten beschouwing laten⟩ disregard, ignore [third decimal]; *te* ~ negligible
ver'waarlozing *v* neglect; *met* ~ *van...* to the neglect of...
ver'wachten[2] *overg* **1** expect [people, events];

2 look forward to, anticipate [an event]; *wij ~ dat ze zullen komen* we expect them to come; *dat had ik niet van hem verwacht* I had not expected it of him (at his hands); *zoals te ~ was* as was to be expected

ver'wachting *v* (-en) expectation; *blijde ~* joyful anticipation; *grote ~en hebben van...* entertain great hopes of...; *de ~ koesteren dat...* cherish a hope that..., expect that...; *zonder de minste ~en te koesteren* without entertaining any expectation; *zijn ~ hoog spannen* pitch one's expectations high; *de ~en waren hoog gespannen* expectation ran high; *vol ~* in expectation, expectantly; *het beantwoordde niet aan de ~en* it did not come up to my (their &) expectations, it fell short of my (his &) expectations; *boven ~* beyond expectation; *buiten ~* contrary to expectation; *zij is in (blijde) ~* she is pregnant, gemeenz she is expecting (a baby), she is in the family way; *tegen alle ~* against all expectations, contrary to expectation

ver'want *bn* allied, related, affined, connected, kindred, congenial [spirits]; cognate [words]; ⟨alléén predicatief⟩ akin; *~ aan* allied (related, akin) to; *het naast ~ aan* most closely allied to; *die hem het naast ~ zijn* his next of kin

ver'want *m* (-en), **ver'wante** *v* (-n) relative, relation; *zijn verwanten* his relations, his relatives

ver'wantschap *v* relationship, kinship, consanguinity, affinity [of blood]; congeniality [of character &]; relation

ver'ward I *bn* 1 entangled, tangled [threads, hair, mass &]; tousled [hair]; confused [mass], disordered [things]; *fig* confused [thoughts, talk], woolly [mind, ideas]; 2 (ingewikkeld) entangled, intricate [affair]; *~ raken in* get entangled in; II *bijw* confusedly[2]

ver'wardheid *v* confusion[2]

ver'warmen[2] *overg* warm, heat

ver'warming *v* warming, heating; *centrale ~* central heating

ver'warmingsbuis *v* (-buizen) (central-)heating pipe

ver'warmingsketel *m* (-s) heater

ver'warmingstoestel *o* (-len) heating-apparatus

ver'warren[2] *overg* 1 *eig* entangle, tangle [threads &]; 2 *fig* confuse [names &]; 3 confound, mix up [facts]; 4 muddle up [things]

ver'warring *v* (-en) 1 *eig* entanglement; 2 *fig* confusion, muddle; *~ stichten* create confusion; *in ~ brengen* confuse, confound [sbd.]; *in ~ raken* get confused[2]

ver'waten I *bn* arrogant, overbearing, overweening, presumptuous; II *bijw* arrogantly

ver'watenheid *v* arrogance, presumption

ver'waterd *bn* 1 *eig* spoiled by the addition of too much water; 2 *fig* watered (down); *onze vriendschap is ~* our friendship has faded (away)

ver'wateren[2] *onoverg* 1 ⟨waterig worden⟩ become diluted; 2 ⟨v. politieke bewegingen e.d.⟩ lose vigour; 3 ⟨v. vriendschap⟩ disintegrate

ver'wedden[2] *overg* 1 ⟨inzetten bij weddenschap⟩ bet, wager; 2 ⟨door wedden verliezen⟩ lose in betting; *ik verwed er 10 gulden onder* I bet you ten guilders; *ik verwed er mijn hoofd onder* I'll stake my life on it

ver'weer *o* (-weren) 1 ⟨weerstand⟩ resistance; 2 ⟨verdediging⟩ defence

ver'weerd *bn* 1 weathered [stone &]; 2 weather-beaten [pane, face]

ver'weerder *m* (-s) recht defendant

ver'weermiddel *o* (-en) means of defence

ver'weerschrift *o* (-en) (written) defence, apology

ver'weesd *bn* orphaned, orphan...

ver'wekelijken (verwekelijkte, verwekelijkt) I (h.) *overg* grow soft; II (is) *onoverg* weaken, make soft; mollycoddle [a child]

ver'wekelijking *v* enervation, effeminacy

ver'weken[2] *overg* soften

ver'weking *v* softening

ver'wekken[2] *overg* 1 procreate, beget [children]; 2 raise, cause ⟨discontent⟩; rouse [feelings of...]; stir up [dissatisfaction, a riot]; 3 breed [disease, strife]

ver'wekker *m* (-s) procreator, begetter, author, cause [of a disease]

ver'wekking *v* procreation, begetting, raising

ver'welken[2] *onoverg* fade, wither[2]; *doen ~* fade, wither[2]

ver'welking *v* fading, withering[2]

ver'welkomen (verwelkomde, h. verwelkomd) *overg* welcome, bid [sbd.] welcome; *hartelijk ~* extend a hearty welcome to...

ver'welkoming *v* (-en) welcome

ver'welkt *bn* faded, withered

ver'wend *bn* spoilt [children]; *op het punt van... zijn wij niet ~* they don't spoil us with..., as for... we only get what is just better than nothing

ver'wennen[2] I *overg* spoil, pamper, indulge (too much) [a child]; II *wederk: zich ~* coddle oneself

verwenne'rij *v* (-en) spoiling, pampering, overindulgence

ver'wensen[2] *overg* curse

ver'wensing *v* (-en) curse

ver'wenst *bn* confounded, damned

ver'wereldlijken (verwereldlijkte, verwereldlijkt) I (h.) *overg* secularize; II (is) *onoverg* grow (more) worldly

1 ver'weren[2] *wederk: zich ~* defend oneself

2 ver'weren (verweerde, is verweerd) *onoverg* weather, become weather-beaten

1 ver'wering *v* 1 ⟨verdediging⟩ defence; 2 *zie ook:* verweerschrift

2 ver'wering *v* ⟨aantasting⟩ weathering

ver'werkelijken (verwerkelijkte, h. verwerkelijkt) *overg* realize

ver'werkelijking *v* realization

ver'werken[2] *overg* 1 work up [materials]; 2 process [information, gases into ammonia]; 3 digest[2], assimilate[2] [food, information]; **4** cope with [the demand, the rush, a record number of passengers]; **5** deal with, handle [large orders, normal traffic]; ~ *tot* make (elaborate) into

ver'werking *v* **1** working up, processing [of information]; **2** handling [of traffic]; **3** assimilation[2], digestion[2] [of food, knowledge]

ver'werpelijk *bn* reprehensable, blameworthy

ver'werpelijkheid *v* blameworthyness, reprehensibility

ver'werpen[2] *overg* **1** reject [an offer]; **2** reject, negative, defeat [a bill &]; **3** repudiate [the authority of...]; *het amendement werd verworpen* the amendment was lost (defeated); *het beroep werd verworpen* recht the appeal was dismissed

ver'werping *v* **1** (in 't alg.) rejection, repudiation; **2** recht dismissal [of an appeal]

ver'werven[2] *overg* obtain, acquire, win, gain

ver'werving *v* obtaining, acquiring, acquisition

ver'westeren (verwesterde, *overg* h., *onoverg* is verwesterd), **ver'westersen** (verwesterste, *overg* h., *onoverg* is verwesterst) westernize

ver'weven[2] *overg* interweave

ver'wezen *bn* dazed, dumbfounded; *hij stond als* ~, *als een* ~*e* he seemed to be in a daze

ver'wezenlijken (verwezenlijkte, h. verwezenlijkt) *overg* realize

ver'wezenlijking *v* (-en) realization

ver'wijden (verwijdde, h. verwijd) **I** *overg* widen; **II** *wederk*: *zich* ~ **1** (in 't alg.) widen; **2** dilate [of eyes]

ver'wijderd *bn* remote, distant; *van elkaar* ~ *raken* drift apart[2]

ver'wijderen (verwijderde, h. verwijderd) **I** *overg* **1** remove [things, a stain, a tumour, an official from office &]; **2** get [sbd., sth.] out of the way; **3** expel [a boy from school]; *de mensen van elkaar* ~ estrange people; **II** *wederk*: *zich* ~ **1** withdraw, retire, go away [of persons]; **2** move away, move off [of ships &]; **3** grow fainter [of sounds]; *mag ik mij even* ~? would you please excuse me for a moment?; onderwijs may I leave the room?

ver'wijdering *v* (-en) **1** (in 't alg.) removal; **2** expulsion [of a boy from school]; **3** (tussen personen) estrangement

ver'wijding *v* (-en) widening, dila(ta)tion

ver'wijfd *bn* effeminate

ver'wijfdheid *v* (-heden) effeminacy, effeminateness

ver'wijl *o* delay; *zonder* ~ without delay

ver'wijlen (verwijlde, h. verwijld) *onoverg* stay, sojourn; ~ *bij* dwell on [a subject]

ver'wijsbriefje *o* (-s), **ver'wijskaart** *v* (-en) **1** (voor een specialist) (doctor's) referral; **2** (in een kaartsysteem) cross-reference card

ver'wijsteken *o* (-s) reference mark

ver'wijt *o* (-en) reproach, blame, reproof; *iem. een* ~ *van iets maken* reproach sbd. with sth.; *ons treft geen* ~ no blame attaches to us, we are not to blame

ver'wijtbaar *bn* recht blameworthy; ~*bare schuld* culpable negligence

ver'wijten[2] *overg* reproach, upbraid; *iem. iets* ~ reproach sbd. with sth.; *zij hebben elkaar niets te* ~ they are tarred with the same brush; *ik heb mij niets te* ~ I have nothing to reproach myself with

ver'wijtend *bn* reproachful

ver'wijzen[2] *overg* refer; *hij werd in de kosten verwezen* recht he was cast in costs

ver'wijzing *v* (-en) **1** (in 't alg.) reference; **2** (cross-)reference [in a book]; *onder* ~ *naar...* referring to..., with reference to...

ver'wijzingsteken *o* (-s) reference mark

ver'wikkeld *bn* intricate, complicated; ~ *zijn in* be mixed up in

ver'wikkelen[2] *overg* make intricate; *iem.* ~ *in* implicate sbd. in [a plot], mix sbd. up in [it]

ver'wikkeling *v* (-en) **1** (in 't alg.) entanglement, complication; **2** (v. roman, toneelstuk) plot; **3** ZN (bij een ziekte) complication; ~*en* complications

ver'wilderd *bn* **1** (v. dier, kind, plant) run wild; **2** (tuin) overgrown, neglected; **3** fig wild [looks]; *hij keek* ~ he looked bewildered, perplexed; *wat zien die kinderen er* ~ *uit!* how unkempt these children look!

ver'wilderen (verwilderde, is verwilderd) *onoverg* **1** run wild[2] [also of children]; **2** fig sink back into savagery

ver'wildering *v* **1** eig running wild; **2** fig sinking back into savagery; **3** lawlessness [of youth, morals]

ver'wisselbaar *bn* interchangeable

ver'wisselen (verwisselde, verwisseld) **I** (h.) *overg* (inter)change; exchange [things]; *u moet ze niet met elkaar* ~ you should not mistake one for the other; you should not confound them; ~ *voor* exchange for; **II** (is) *onoverg*: *van kleren* ~ change clothes; ~ *van kleur* change colour; *van paarden* ~ change horses; *van plaats* ~ change places

ver'wisselend *bn*: ~*e hoeken* alternate angles

ver'wisseling *v* (-en) (inter)change, exchange; ~ *van plaats* change of place

ver'wittigen (verwittigde, h. verwittigd) *overg* **1** (berichten) inform, tell; **2** ZN (waarschuwen) warn, caution; *iem. van iets* ~ inform sbd. of sth.

ver'wittiging *v* **1** (mededeling) notice, information; **2** ZN (waarschuwing) warning, caution

ver'woed I *bn* furious, fierce, grim; keen [sportsman]; **II** *bijw* furiously, fiercely, grimly

ver'woedheid *v* rage, fierceness, grimness

ver'woest *bn* destroyed, laid waste, devastated, ruined; ~ *gebied* devastated area

ver'woesten (verwoestte, h. verwoest) *overg* destroy, lay waste, devastate, ruin

ver'woester *m* (-s) destroyer, devastator

ver'woesting *v* (-en) destruction, devastation, ravage, havoc; ~*en* ravages; *(grote)* ~*en aanrichten* *(onder)* work (great) havoc, make havoc (among, of)

ver'wonden[2] *overg* wound, injure, hurt

ver'wonderd I *bn* surprised, astonished *(over* at); **II** *bijw* wonderingly, in wonder, in surprise

ver'wonderen (verwonderde, h. verwonderd) **I** *overg* surprise, astonish; *wat mij verwondert is dat...* what surprises me is that...; *het verwondert me alleen dat...* the only thing that astonishes me is...; *dat verwondert mij niet* I am not surprised at that; *het zou me niets ~ als...* I should not wonder, I should not be at all surprised if...; *het is niet te ~ dat...* no wonder that...; *is het te ~ dat...?* is it any wonder that...?; **II** *wederk: zich ~ (over)* be surprised (at), be astonished (at), marvel (at), wonder (at)

ver'wondering *v* astonishment, wonder, surprise; *~ baren* cause a surprise; *tot mijn grote ~* to my great surprise

ver'wonderlijk *bn* astonishing, surprising; *het ~ste is dat...* the queer thing about it is that...

ver'wonding *v* (-en) wound, injury

ver'wonen[2] *overg* pay for rent

ver'woorden (verwoordde, h. verwoord) *overg* put into words, verbalize

ver'worden[2] *onoverg* degenerate *(tot* into)

ver'wording *v* degeneration

ver'worgen[2] *overg* strangle, throttle

ver'worging *v* strangulation

ver'worpeling *m* (-en) outcast, reprobate

ver'worpen *bn* reprobate

ver'worpenheid *v* reprobation

ver'worvenheid *v* (-heden) achievement

ver'wrikken[2] *overg* move (with jerks)

ver'wringen[2] *overg* twist, distort[2]

ver'wringing *v* twisting, distortion[2]

ver'wrongen *bn* twisted, distorted[2]

ver'wurgen[2] *overg* = *verworgen*

ver'wurging *v* = *verworging*

ver'zachten (verzachtte, h. verzacht) *overg* **1** soften[2] [the skin, colours, light, voice]; **2** *fig* soothe; mitigate, palliate, alleviate, allay, assuage, relieve [pain]; **3** relax [the law]

ver'zachtend *bn* softening, mitigating; *~ middel* emollient, palliative; *~e omstandigheden* mitigating (extenuating) circumstances

ver'zachting *v* **1** softening [of the skin &]; **2** mitigation, alleviation [of pain]; **3** relaxation [of a law]

ver'zadigbaar *bn* **1** satiable [person]; **2** saturable [substance, vapour &]

ver'zadigd *bn* **1** ⟨v. eten⟩ satisfied, satiated; **2** *chem* saturated

ver'zadigdheid *v* **1** ⟨na het eten⟩ satiety; **2** *chem* saturation

ver'zadigen (verzadigde, h. verzadigd) **I** *overg* **1** ⟨met eten⟩ satisfy, satiate; **2** *chem* saturate; *niet te ~* insatiable; **II** *wederk: zich ~* eat one's fill, satisfy oneself

ver'zadiging *v* **1** ⟨met eten⟩ satiation; **2** *chem* satu-

ration

ver'zadigingspunt *o* *chem* saturation point

ver'zaken (verzaakte, h. verzaakt) **I** *overg* renounce, forsake; *kleur ~* kaartsp revoke; zie ook: *plicht*; **II** *onoverg: ~ aan* ZN neglect [one's duty]

ver'zaking *v* **1** renunciation, forsaking; neglect [of duty]; **2** kaartsp revoke

ver'zakken[2] *onoverg* sag, sink, subside, settle

ver'zakking *v* (-en) **1** ⟨in 't alg.⟩ sagging, sag [of a door], sinking, subsidence; **2** *med* prolapse

ver'zamelaar *m* (-s), **ver'zamelaarster** *v* (-s) collector, gatherer, compiler

ver'zamelband *m* (-en) omnibus book (volume)

ver'zamelbundel *m* (-s) miscellany

ver'zamel-cd *m* ('s) collection (album)

ver'zamelen[2] **I** *overg* **1** gather [honey &]; **2** collect [stamps &]; **3** store up [energy, power &]; **4** assemble [one's adherents]; rally [troops]; **5** compile [stories]; *zijn gedachten ~* collect one's thoughts; *zijn krachten ~* gather one's strength; *zijn moed ~* muster one's courage; *~ blazen* mil sound the assembly; *fig* sound the rally; **II** *wederk: zich ~* **1** ⟨v. personen, dieren⟩ come together, gather, meet, assemble, rally, congregate; **2** ⟨v. stof &⟩ collect; *zich ~ om...* gather (rally) round...

ver'zameling *v* (-en) **1** ⟨v. postzegels &⟩ collection; **2** ⟨v. personen⟩ gathering; **3** ⟨v. verhalen &⟩ compilation; **4** wisk set

ver'zamelingenleer *v* set theory

ver'zamelnaam *m* (-namen) collective noun

ver'zamelplaats *v* (-en) **1** ⟨in 't alg.⟩ meeting-place, trysting-place, meet; **2** mil rallying-place

ver'zamelwerk *o* (-en) compilation

ver'zamelwoede *v* collector's mania, craze for collecting

ver'zanden (verzandde, is verzand) *onoverg* choke up with sand, silt up; *fig* come to a dead end

ver'zanding *v* choking up with sand, silting up

ver'zegelen[2] *overg* seal (up), recht put under seal, put seals upon

ver'zegeling *v* (-en) sealing (up), recht putting under seal

ver'zeilen[2] *onoverg: hoe kom jij hier verzeild?* what brings you here?; *ik weet niet waar dat boek verzeild is geraakt* I don't know what has become of the book

ver'zekeraar *m* (-s) ⟨assuradeur⟩ assurer, insurer; scheepv underwriter

ver'zekerd *bn* **1** ⟨zeker⟩ assured, sure; **2** ⟨geassureerd⟩ insured; *u kunt ~ zijn van..., houd u ~ van...* you may rest assured of...; *de ~e* the insurant, the insured; *verplicht ~* obligatorily insured; zie ook: *bewaring*

ver'zekeren (verzekerde, h. verzekerd) **I** *overg* **1** assure [sbd. of a fact]; **2** ⟨waarborgen⟩ assure, ensure [success]; **3** ⟨assureren⟩ insure [property], assure, insure [one's life]; **4** ⟨vastmaken⟩ secure [windows &]; *dat ~ wij u* we assure you; *niets was verzekerd*

there was no insurance; **II** *wederk: zich tegen...* ~
insure against..., take out an insurance against...;
zich van iems. hulp ~ secure sbd.'s help; *ik zal mij
ervan* ~ I am going to make sure of it
ver'zekering *v* (-en) **1** ⟨garantie⟩ assurance; **2** ⟨assurantie⟩ assurance, insurance; ~ *tegen glasschade*
plate-glass insurance; ~ *tegen inbraak* burglary insurance; ~ *tegen ongelukken* accident insurance; ~
tegen ziekte en invaliditeit health insurance; *sociale* ~
social security; *ik geef je de* ~ *dat...* I assure you
that...; *een* ~ *sluiten* effect an insurance
ver'zekeringsadviseur *m* (-s) insurance adviser
ver'zekeringsagent *m* (-en) insurance agent
ver'zekeringsbank *v* (-en) insurance bank
ver'zekeringskantoor *o* (-toren) insurance office
ver'zekeringsmaatschappij *v* (-en) insurance
company
verzekerings'plichtig *bn* obliged to insurance
ver'zekeringspolis *v* (-sen) insurance policy
ver'zekeringspremie *v* (-s) insurance premium
ver'zekeringswet *v* (-ten) insurance act
ver'zekeringswiskundige *m-v* (-n) actuary
verzelf'standiging *v* liberation, emancipation
'verzenboek *o* (-en) book of poetry
'verzenbundel *m* (-s) volume of verse
ver'zendadres *o* (-sen) dispatch address
ver'zenden[2] *overg* send (off), dispatch, forward,
ship
ver'zender *m* (-s) **1** ⟨iem. die iets verzendt⟩ sender;
2 ⟨expediteur⟩ shipper
ver'zendhuis *o* (-huizen) mail-order house, mail-
order business
ver'zending *v* (-en) sending, forwarding, dispatch;
shipment [of goods]
ver'zendingskosten *mv* forwarding-charges
ver'zendlijst *v* (-en) mailing list
'verzenen *mv: de* ~ *tegen de prikkels slaan* bijbel kick
against the pricks
ver'zengd *bn* **1** scorched [grass]; **2** torrid [zone]
ver'zengen[2] *overg* singe, scorch, parch
ver'zenging *v* singeing &
'verzenmaker *m* (-s) geringsch poetaster
ver'zepen (verzeepte, *overg* h., *onoverg* is verzeept)
⟨v. vetten⟩ saponify
ver'zet *o* **1** ⟨tegenstand⟩ opposition, resistance;
2 ⟨ontspanning⟩ diversion, recreation; *gewapend
(lijdelijk)* ~ armed (passive) resistance; ~ *aantekenen* enter a protest, protest ⟨tegen against⟩; *in* ~ *komen* offer resistance, fig protest; *in* ~ *komen tegen*
offer resistance to, resist, oppose; fig oppose; protest against [a measure &]; stand up against [tyr-
anny &]; *in* ~ *komen tegen een vonnis* recht appeal
against a sentence
ver'zetje *o* (-s) diversion, recreation
ver'zetsbeweging *v* (-en) resistance movement
ver'zetshaard *m* (-en) centre (hotbed) of resistance
ver'zetsman *m* (-nen en -lieden) member of a resistance movement

ver'zetsorganisatie *v* (-s) resistance movement
ver'zetten[2] **I** *overg* **1** ⟨verplaatsen⟩ move, shift;
2 ⟨afleiding geven⟩ divert; *bergen* ~ bijbel remove
mountains; *de klok* ~ put the clock forward (back);
een vergadering ~ put off a meeting; *heel wat werk* ~
get through (put in, do) a lot of work; *zij kan het
niet* ~ she cannot get over it, it sticks in her throat;
II *wederk: zich* ~ **1** ⟨zich schrap zetten⟩ recalcitrate,
kick against the pricks, kick; **2** ⟨weerstand bieden⟩
resist, offer resistance; **3** ⟨zich ontspannen⟩ take
some recreation, unbend; *zich krachtig* ~ offer
(make) a vigorous resistance; *zich niet* ~ make
(offer) no resistance; *zich* ~ *tegen* **1** ⟨in 't alg.⟩ resist;
2 oppose[2] [a measure &]; **3** stand up against [tyr-
anny &]; **4** stand out against [a demand]
ver'zieken (verziekte, verziekt) **I** (is) *onoverg* waste
(away); **II** (h.) *overg* spoil, frustrate
ver'zien[2] *overg: hij heeft het op mij* ~ gemeenz he
has a down on me; *het niet op iem. (iets)* ~ *hebben*
not like (hold with) sbd. (sth.)
'verziend *bn* far-sighted, long-sighted, presbyopic
'verziendheid *v* far-sightedness, long-sightedness,
presbyopia
ver'zilten (verziltte, *overg* h., *onoverg* is verzilt) on-
overg & overg salt up
ver'zilveren (verzilverde, h. verzilverd) *overg*
1 ⟨met zilver bedekken⟩ silver; **2** ⟨voor geld wisse-
len⟩ convert into cash, cash [a cheque]; *verzilverd*
ook: silver-plated [wares]
ver'zilvering *v* **1** ⟨met zilver⟩ silvering; **2** ⟨cheques
e.d.⟩ cashing
1 ver'zinken (verzonk, *overg* h., *onoverg* is verzonken) *overg* **1** ⟨in 't alg.⟩ sink (down, away); **2** ⟨v.
schroeven⟩ countersink; *in gedachten verzonken* absorbed (lost) in thought; *in dromen verzonken* lost in
dreams; *in slaap verzonken* deep in sleep
2 ver'zinken (verzinkte, h. verzinkt) *overg* ⟨galvani-
seren⟩ galvanize
ver'zinnen[2] *overg* invent, devise, contrive; *dat ver-
zin je maar* you are making it up; *ik wist niemand te*
~ *die...* I could not think of anybody who...
ver'zinner *m* (-s) inventor, contriver
ver'zinsel *o* (-s en -en) invention
ver'zitten[2] *onoverg: gaan* ~ **1** move to another seat;
2 shift one's position [in a chair]
ver'zoek *o* (-en) request, petition; *een* ~ *doen* make
a request; *op* ~ [cars stop] by request, [samples
sent] on request; *op dringend* ~ *van* at the urgent
request of...; *op speciaal* ~ by special request; *op* ~
van..., *ten* ~*e van...* at the request of...; *op zijn* ~ at
his request
ver'zoeken[2] *overg* **1** ⟨vragen⟩ beg, request; **2** ⟨uitno-
digen⟩ ask, invite; **3** ⟨in verzoeking brengen⟩
tempt; *verzoeke antwoord, antwoord verzocht* answer will oblige; *verzoeke niet te roken* please do not
smoke; *mag ik u* ~ *de deur te sluiten?* may I trouble
you to close the door?, will you kindly close the
door?; ~ *om* ask for; *mogen wij u om de klandizie* ~?

may we solicit your custom?; *hem op de bruiloft* ~ invite him to the wedding

ver'zoeker *m* (-s) **1** ⟨vrager⟩ petitioner; **2** ⟨verleider⟩ tempter

ver'zoeking *v* (-en) temptation; *in* ~ *brengen* tempt; *in de* ~ *komen om...* be tempted to...

ver'zoekplaat *v* (-platen) request

ver'zoekprogramma *o* ('s) (musical) request programme

ver'zoekschrift *o* (-en) petition; *een* ~ *indienen* present a petition

ver'zoenbaar *bn* reconcilable

ver'zoendag *m* (-dagen) day of reconciliation; *Grote V*~ Day of Atonement

ver'zoenen² **I** *overg* reconcile, conciliate, placate, propitiate; ~ *met* reconcile with (to); *ik kan daar niet mee verzoend raken* I cannot reconcile myself to it; *twee stijlen met elkaar* ~ reconcile two styles; **II** *wederk: zich* ~ become reconciled; *ik kan me daar niet mee* ~ I cannot reconcile myself to it

ver'zoenend *bn* conciliatory, propitiatory

ver'zoener *m* (-s) conciliator

ver'zoening *v* (-en) reconciliation, reconcilement, atonement

verzoeningsge'zind *bn* conciliatory

ver'zoeten² *overg* sweeten²

ver'zoeting *v* sweetening

ver'zolen (verzoolde, h. verzoold) *overg* resole

ver'zorgd *bn* **1** neat, well-groomed [men &]; **2** well-trimmed [nails]; **3** well cared-for [baby]; **4** well got-up [book]; *geheel* ~*e reis* package tour, all-in tour

ver'zorgen **I** *overg* **1** ⟨passen op⟩ take care of, attend to, look after; **2** edit [sbd.'s writings]; **II** *wederk: zich* ~ take care of oneself

ver'zorger *m* (-s) **1** ⟨v. kind⟩ attendant; **2** ⟨voogd⟩ guardian; **3** ⟨in dierentuin⟩ (zoo) keeper; **4** *sp* ⟨bij boksen⟩ second; ⟨bij voetbal &⟩ ± physiotherapist, masseur

ver'zorging *v* care

ver'zorgingsflat *m* (-s) service flat

ver'zorgingsstaat *m* (-staten) welfare state

ver'zorgingstehuis *o* (-huizen) home for the aged, old people's home

ver'zot *bn:* ~ *op* very fond of, infatuated with, mad on

ver'zuchten² *overg* sigh

ver'zuchting *v* (-en) **1** ⟨zucht⟩ sigh; **2** ⟨klacht⟩ lamentation; *een* ~ *slaken* heave a sigh

ver'zuiling *v* ± compartmentalization [of society]

ver'zuim *o* (-en) **1** ⟨nalatigheid⟩ neglect, oversight, omission; **2** non-attendance [at school], absenteeism [from work]; **3** *recht* default

ver'zuimd *bn: het* ~*e inhalen* make up for time lost

ver'zuimen (verzuimde, h. verzuimd) **I** *overg* **1** ⟨nalaten⟩ neglect [one's duty]; **2** ⟨niet doen⟩ omit, fail [to...]; **3** ⟨niet waarnemen⟩ lose, miss [an opportunity]; *de school* ~ stop away from school; *niet* ~ *er heen te gaan* not omit going; **II** *abs ww* stop away

from school (from church &)

ver'zuipen *gemeenz* ⟨verzoop, verzopen⟩ **I** (h.) *overg* **1** ⟨jonge dieren &⟩ drown; **2** ⟨zijn geld⟩ spend on drink; **II** (is) *onoverg* be drowned, drown

ver'zuren² **I** (is) *onoverg* grow sour, sour²; turn [of milk]; **II** (h.) *overg* make sour, sour²

ver'zuring *v* acidification

ver'zuurd *bn* soured²

ver'zwageren (verzwagerde, is verzwagerd) *onoverg* become related by marriage (*met* to)

ver'zwakken (verzwakte, verzwakt) **I** (h.) *overg* weaken [the body, the mind, a solution, the force of argument]; enfeeble [the mind, a country &]; debilitate [the constitution]; enervate [sbd. physically]; **II** (is) *onoverg* weaken, grow weak

ver'zwakking *v* (-en) weakening, enfeeblement, debilitation

ver'zwaren (verzwaarde, h. verzwaard) *overg* **1** ⟨in 't alg.⟩ make heavier; **2** strengthen [a dike]; **3** aggravate [a crime]; **4** stiffen [an examination]; **5** increase, augment [a penalty]; ~*de omstandigheden* aggravating circumstances

ver'zwelgen² *overg* swallow (up)

ver'zwelging *v* swallowing (up)

ver'zweren (verzwoor, is verzworen) *onoverg* fester, ulcerate

ver'zwering *v* (-en) festering, ulceration

ver'zwijgen² *overg: iets* ~ not tell sth., keep sth. a secret, conceal sth., suppress sth.; *je moet het voor hem* ~ keep it from him

ver'zwijging *v* suppression [of the truth], concealment

ver'zwikken² **I** *overg* sprain, wrench [one's ankle]; **II** *wederk: zich* ~ sprain one's ankle

ver'zwikking *v* (-en) sprain

ver'zwinden (verzwond, is verzwonden) *onoverg* ZN disappear

'vesper *v* (-s) vespers, evensong

'vesperdienst *m* (-en) vespers

'vesperklokje *o* (-s) vesper-bell, evening-bell

'vespertijd *m* vesper-hour, evening-time

1 vest *o* (-en) **1** ⟨jasje zonder mouwen⟩ waistcoat; **2** ⟨in winkeltaal⟩ vest; **3** ⟨gebreid⟩ cardigan; **4** ZN ⟨colbert & v. mantelpak⟩ jacket; **5** ZN ⟨overjas⟩ overcoat, top-coat

2 vest *v* (-en) = *veste*

Ves'taals *bn* Vestal

ves'tale *v* (-n) vestal virgin, vestal

'veste *v* (-n) *vero* **1** ⟨vesting⟩ fortress, stronghold; **2** ⟨vestingmuur⟩ rampart, wall; **3** ⟨vestinggracht⟩ moat

vesti'aire *m* (-s) cloakroom

vesti'bule *m* (-s) hall, vestibule

'vestigen (vestigde, h. gevestigd) **I** *overg* establish, set up; *de blik, de ogen* ~ *op* fix one's eyes upon; *zijn geloof* ~ *op* place one's faith in; *zijn hoop* ~ *op* set one's hopes on; *waar is hij gevestigd?* where is he living?; *waar is die maatschappij gevestigd?* where is the seat of that company?; **II** *wederk*: *zich ~* settle, settle down, establish oneself, take up one's residence; *zich ~ als dokter* set up as a doctor

'**vestiging** *v* (-en) establishment, settlement

'**vestigingsvergunning** *v* (-en) permit to establish a business; permit to take up residence

'**vesting** *v* (-en) fortress

'**vestingartillerie** *v* garrison artillery

'**vestinggracht** *v* (-en) moat

'**vestingstad** *v* (-steden) fortified city

'**vestingstelsel** *o* (-s) fortifications

'**vestingstraf** *v* (-fen) imprisonment (detention, confinement) in a fortress

'**vestingwerken** *mv* fortifications

'**vestzak** *m* (-ken) waistcoat pocket

Ve'suvius *m*: *de ~* Vesuvius

1 vet *o* (-ten) **1** ⟨in 't alg.⟩ fat; **2** grease [of game, or dead animals when melted and soft]; *dierlijke en plantaardige ~ten* animal and vegetable fats; *iem. zijn ~ geven* gemeenz give sbd. a piece of one's mind, give it to sbd.; *zijn ~ krijgen* get a beating, get what for; *we hebben nog wat in het ~* there is something in store for us; *ik heb voor jou nog wat in het ~* I have a rod in pickle for you; *laat hem in zijn eigen ~ gaar koken* let him stew in his own juice; *iets in het ~ zetten* grease sth.; *op zijn ~ teren (leven)* live on one's own fat

2 vet *bn* **1** fat [people, coal, clay, lands, type, benefices &]; **2** greasy [fingers, skin &, wool]; *een ~ baantje* a fat job; *~te druk* ook: heavy (bold) type; *~ gedrukt* printed in heavy (bold) type; *daar ben je ~ mee* a lot of good that will do you!; *het ~te der aarde genieten* bijbel live upon the fat of the land

'**vetachtig** *bn* fatty, greasy

'**vetarm** *bn* low-fat

'**vete** *v* (-n en -s) feud, enmity

'**veter** *m* (-s) **1** ⟨in schoeisel⟩ boot-lace, shoe-lace; **2** ⟨van korset⟩ stay-lace

vete'raan *m* (-ranen) veteran, war-horse

vete'ranenziekte *v* Legionnaire's disease

'**veterband** *o & m* (-en) tape

'**veterbeslag** *o* tag

'**vetergat** *o* (-gaten) eyelet

veteri'nair I *bn* veterinary; **II** *m* (-s) veterinary surgeon, gemeenz vet

'**vetgedrukt** *bn* bold-faced, in bold type

'**vetgehalte** *o* med fat-content, percentage of fat

'**vetgezwel** *o* (-len) fatty tumour

'**vetheid** *v* fatness, greasiness

'**vetkaars** *v* (-en) tallow candle, dip

'**vetklier** *v* (-en) sebaceous gland

'**vetkuif** *m* (-kuiven) **1** ⟨persoon⟩ ± greaser, ± rocker; **2** ⟨kapsel⟩ greased quiff

'**vetlaag** *v* (-lagen) layer of fat

'**vetleer** *o* greased leather

'**vetleren** *bn* (of) greased leather

'**vetmesten**[1] **I** *overg* fatten[2]; **II** *wederk*: *zich ~ met* batten on

'**veto** *o* ('s) veto; *zijn ~ uitspreken* interpose one's veto; *zijn ~ uitspreken over...* put one's (a) veto on, veto

'**vetorecht** *o* right of veto

'**vetpan** *v* (-nen) dripping-pan

'**vetplant** *v* (-en) succulent

'**vetpot** *m* (-ten) grease-pot; *het is er geen ~* they live on short commons there

'**vetpotje** *o* (-s) lampion, fairy-lamp

'**vetpuistje** *o* (-s) pimple; *~s* acne

'**vetrand** *m* (-en) ⟨aan vlees⟩ fat

ve'tsin *o* monosodium glatumate, MSG

'**vettig** *bn* fatty, greasy

'**vettigheid** *v* (-heden) fatness, greasiness

'**vetvlek** *v* (-ken) grease-spot, greasy spot

'**vetvorming** *v* formation of fat

'**vetvrij** *bn* greaseproof [paper]

'**vetweefsel** *o* (-s) adipose (fatty) tissue

'**vetweiden** (vetweidde, h. gevetweid) *overg* fatten [cattle]

'**vetweider** *m* (-s) grazier

'**vetzak** *m* (-ken) scheldwoord fatso

'**vetzucht** *v* fatty degeneration

'**vetzuur** *o* (-zuren) fatty acid

'**veulen** *o* (-s) **1** ⟨in 't alg.⟩ foal; **2** ⟨mannetje⟩ colt; **3** ⟨wijfje⟩ filly

'**veulenen** (veulende, h. geveulend) *onoverg* foal

'**vezel** *v* (-s) fibre, filament, thread

'**vezelachtig**, '**vezelig** *bn* fibrous, filamentous; stringy [beans]

'**vezeligheid** *v* fibrousness &

'**vezelplaat** *v* (-platen) fibre-board

'**vezelplant** *v* (-en) fibrous plant

'**vezelstof** *v* (-fen) fibre

v.g.g.v. *afk. van goede getuigen voorzien* with good references

vgl. *afk. vergelijk* cf, confer

'**V-hals** *m* (-halzen) V-neck

v.h.t.h. *afk. van huis tot huis* zie: **huis**

'**via** *voorz* **1** ⟨langs⟩ via, by way of; **2** ⟨door middel van⟩ through, by way of [a newspaper advertisement]

via'duct *m & o* (-en) **1** ⟨spoorweg~⟩ viaduct; **2** ⟨v. snelwegen⟩ fly-over

vi'aticum *o* (-s) viaticum

vibra'foon *m* (-s en -fonen) vibraphone

vi'bratie *v* (-s) vibration

vi'brator *m* (-s) vibrator

vi'breren (vibreerde, h. gevibreerd) *onoverg* vibrate, quaver, undulate

vicari'aat *o* (-riaten) vicariate

vi'caris *m* (-sen) vicar; *apostolisch ~* vicar apostolic

vi'caris-generaal *m* (vicarissen-generaal) vicar general

'**vice-admiraal** *m* (-s) vice-admiral

'**vice-consul** *m* (-s) vice-consul

'**vice-premier** *m* (-s) vice-premier

'**vice-president** *m* (-en) vice-president

vice 'versa *bijw* vice versa
'vice-voorzitter *m* (-s) vice-president, deputy chairman
vici'eus *bn* vicious [circle]
Vic'toriameer *o* Lake Victoria
Vic'toriawatervallen *mv* Victoria Falls
vic'torie *v* (-s) victory; ~ *kraaien* shout victory, triumph
victu'aliën *mv* provisions, victuals
'video *m* ('s) video
'videoband *m* (-en) video tape
'videocamera *v* ('s) video camera
'videocassette *v* (-s) video cassette
'videoclip *m* (-s) videoclip
'videorecorder *m* (-s) video recorder
'videospel *o* (-spelen) video game
video'theek *v* (-theken) ⟨voor verhuur⟩ video shop
vief *bn* lively, smart
viel (vielen) V.T. van *vallen*
vier *telw* four; *met* ~*en! mil* form fours!
'vierarmig *bn* four-armed
'vierbaansweg *m* (-wegen) dual carriageway, *Am* divided highway
'vierbenig *bn* four-legged
'vierbladig *bn* 1 ⟨planten &⟩ four-leaved; 2 techn four-bladed [screw]
'vierdaags *bn* of four days, four days'
'vierde *telw* fourth (part); ~ *man zijn sp* make a fourth; *ten* ~ fourthly, in the fourth place
'vierdelig *bn* 1 ⟨in 't alg.⟩ divided into (consisting of) four parts, quadripartite; 2 four-section [screen]
'vierdendaags *bn* quintan [fever]
'vierderhande, **'vierderlei** *bn* of four sorts
'vierdraads *bn* four-ply
'vieren (vierde, h. gevierd) I *overg* 1 ⟨in 't alg.⟩ celebrate, keep [Christmas]; observe (keep holy) [the Sabbath]; 2 ⟨laten schieten⟩ veer out, pay out, ease off [a rope]; 3 ZN ⟨huldigen⟩ pay homage to; 4 ZN ⟨herdenken⟩ commemorate; zie ook: *teugel; hij wordt daar erg gevierd* he is made much of there; *een gevierd dichter* ZN a celebrated poet; II *onoverg* ZN ⟨feestvieren⟩ celebrate, feast
'vierendeel *o* (-delen) quarter [of weights and measures, of a year]
'vierendelen (vierendeelde, h. gevierendeeld) *overg* quarter°
'vierhandig *bn* 1 four-handed [pieces of music]; 2 biol quadrumanous
'vierhoek *m* (-en) quadrangle
'vierhoekig *bn* quadrangular
'viering *v* (-en) 1 celebration [of a feast]; 2 observance [of the Sunday]
'vierjaarlijks *bn* quadrennial
vier'jarenplan *o* (-nen) four-year plan
'vierjarig *bn* 1 ⟨vier jaar oud⟩ of four years, four-year-old; 2 ⟨vier jaar durend⟩ four years'
'vierkant I *bn* 1 ⟨van figuren⟩ square; 2 ⟨v. getallen⟩ square; *een* ~*e kerel fig* a blunt fellow; *drie* ~*e meter*

three square metres; ~ *maken* square; II *o* (-en)
1 ⟨figuur⟩ square; 2 ⟨getal⟩ square; *3 meter in het* ~ 3 metres square; III *bijw* squarely; *iem.* ~ *de deur uitgooien* bundle sbd. out without ceremony; *het* ~ *tegenspreken* contradict it flatly; *het* ~ *weigeren* refuse flatly; ~ *tegen iets zijn* be dead against sth.
'vierkantsvergelijking *v* (-en) quadratic equation
'vierkantswortel *m* (-s) square root
'vierkantsworteltrekking *v* (-en) extraction of the square root
'vierklauwens *bijw* ZN 1 ⟨van dieren⟩ at a gallop; 2 ⟨haastig⟩ hurried, hasty
vier'kleurendruk *m* (-ken) four-colour printing
'vierkleurig *bn* four-coloured
'vierkwartsmaat *v* quadruple time
'vierledig *bn* consisting of four parts, quadripartite
'vierlettergrepig *bn* quadrisyllabic; ~ *woord* quadrisyllable
'vierling *m* (-en) quadruplets
'viermotorig *bn* four-engined
'vierpersoonsauto *m* ('s) four-seater
'vierpotig *bn* four-legged
'vierregelig *bn* of four lines; ~ *gedicht* quatrain
'vierschaar *v* (-scharen) hist tribunal, court of justice; *de* ~ *spannen* sit in judgment (*over* upon)
'viersnarig *bn* four-stringed
'vierspan *o* (-nen) four-inhand
'viersprong *m* (-en) cross-road(s); *op de* ~ *fig* at the cross-roads (at the parting of the ways)
'vierstemmig *bn* for four voices, fourpart
'viertaktmotor *m* (-s en -toren) four-stroke engine
'viertal *o* (-len) (number of) four; *het* ~ the four (of them); *ons* ~ the four of us, our quartet(te)
'viertalig *bn* quadrilingual
'viertallig *bn* quaternary
'viervlak *o* (-ken) tetrahedron
'viervlakkig *bn* tetrahedral
'viervoeter *m* (-s) quadruped
'viervoetig *bn* four-footed, quadruped
'viervoud *o* (-en) quadruple; *in* ~ in quadruplicate
'viervoudig *bn* fourfold, quadruple
'vierwielig *bn* four-wheeled
Vier'woudstedenmeer *o* Lake Lucerne, Lake of the Four Forest Cantons
'vierzijdig *bn* four-sided, quadrilateral
vies I *bn* 1 ⟨smerig⟩ dirty, grubby [hands]; nasty[2] [smell, weather &]; filthy [stories]; 2 ⟨kieskeurig⟩ particular, fastidious, dainty, nice; *ik ben er* ~ *van* it disgusts me; *hij is er niet* ~ *van* he is not averse to it; II *bijw:* ~ *kijken* make a wry face; ~ *ruiken* have a nasty smell; *dat valt* ~ *tegen gemeenz* that's very disappointing; *hij is* ~ *bij gemeenz* he is very clever; *je bent er* ~ *bij* you are in for it, you are done for
'viesheid *v* (-heden) dirtiness, nastiness, filthiness
'viespeuk *m* (-en) gemeenz dirty pig, mucky pup
Viet'nam *o* Vietnam, Viet Nam
Vietna'mees I *bn* Vietnamese; II *m* (-mezen) Viet-

namese; *de Vietnamezen* the Vietnamese; **III** *o: het* ~ Vietnamese

vieux *m* brandy

'viezerik *m* (-riken) gemeenz dirty Dick, dirty pig, nasty fellow

'viezig *bn* grimy

'viezigheid *v* (-heden) **1** ⟨abstract⟩ dirtiness, nastiness; **2** ⟨concreet⟩ dirt, filth

vi'geren (vigeerde, h. gevigeerd) *onoverg* be in force

vigi'lante *v* (-s) cab

vi'gilie *v* (-iën en -s) vigil [= eve of a festival]

vig'net *o* (-ten) vignette

'vijand *m* (-en) enemy, plechtig foe

vij'andelijk *bn* **1** mil ⟨van een vijand⟩ enemy('s) [fleet], hostile; **2** ⟨als van een vijand⟩ hostile [to...]

vij'andelijkheid *v* (-heden) hostility

vij'andig *bn* hostile, inimical; *hun* ~ *gezind* unfriendly disposed towards them; *hun niet* ~ *gezind zijn* bear them no enmity

vij'andigheid *v* (-heden) enmity, hostility

vijan'din *v* (-nen) enemy, plechtig foe

'vijandschap *v* (-pen) enmity; *in* ~ at enmity

vijf *telw* five; *geef mij de* ~ shake, shake hands; *hij heeft ze niet alle* ~ *op een rijtje* he has a screw loose; *na veel vijven en zessen* after a lot of humming (Am hemming) and hawing

'vijfdaags *bn* of five days, five days'; ~*e werkweek* five-day working week

vijf'dagenweek *v* (-weken) ZN five-day working week

'vijfde *telw* fifth (part); *ten* ~ fifthly, in the fifth place

vijfenzestig'plusser *m* (-s) senior citizen

'vijfhoek *m* (-en) pentagon

'vijfhoekig *bn* pentagonal

'vijfjaarlijks *bn* quinquennial

vijf'jarenplan *o* (-nen) five-year plan

'vijfjarig *bn* **1** ⟨vijf jaar oud⟩ of five years, five-year-old; **2** ⟨vijf jaar durend⟩ quinquennial, five years'

'vijfje *o* (-s) five (guilder coin); fiver (five pound or dollar note)

'vijfkamp *m* pentathlon

'vijflettergrepig *bn* of five syllables

'vijfling *m* (-en) quintuplets

'vijfsnarig *bn* five-stringed

'vijfstemmig *bn* for five voices

'vijftal *o* (-len) **1** ⟨aantal⟩ (number of) five; **2** ⟨groep⟩ quintet(te); *het* ~ the five (of them); *een* ~ *jaren* about five years, some five years

'vijftallig *bn* quinary

'vijftien *telw* fifteen

'vijftiende *telw* fifteenth (part)

'vijftig *telw* fifty

'vijftiger *m* (-s) ⟨iem. van tussen de 50 en 59 jaar oud⟩ quinquagenarian

'vijftigjarig *bn* **1** ⟨vijftig jaar oud⟩ of fifty years, fifty-year-old; **2** ⟨vijftig jaar durend⟩ fifty years'; *ons* ~ *huwelijksfeest* our fiftieth wedding anniversary

'vijftigste *telw* fiftieth (part)

'vijfvoetig *bn* five-footed; ~ *vers* pentameter

'vijfvoud *o* (-en) quintuple

'vijfvoudig *bn* fivefold, quintuple

vijg *v* (-en) fig; ~*en na Pasen* ZN too late to be of any use

'vijgenblad *o* (-bladeren, -bladen en -blaren) fig-leaf²

'vijgenboom *m* (-bomen) fig-tree

vijl *v* (-en) file; *er de* ~ *over laten gaan* fig polish it

'vijlen (vijlde, h. gevijld) *overg* **1** eig file; **2** fig ⟨verbeteren⟩ polish

'vijlsel *o* (-s) filings

vijs *v* (vijzen) ZN screw

'vijver *m* (-s) pond; ⟨groot⟩ (ornamental) lake

1 'vijzel *m* (-s) ⟨stampvat⟩ mortar

2 'vijzel *v* (-s) ⟨hefschroef⟩ jack

'vijzelen (vijzelde, h. gevijzeld) *overg* screw up, jack (up)

'viking *m* (-s en -en) viking

'vilder *m* (-s) flayer, (horse-)knacker

vi'lein *bn* vile, bad

'villa *v* ('s) villa, country-house, ⟨klein⟩ cottage

'villapark *o* (-en) villa park

'villawijk *v* (-en) residential area

'villen (vilde, h. gevild) *overg* flay², fleece², skin²; *ik laat me* ~ *als...* I'll be hanged if...

vilt *o* felt

'viltachtig *bn* felty, felt-like

1 'vilten *bn* felt

2 'vilten (viltte, h. gevilt) *overg* felt

'vilthoed *m* (-en) felt hat

'viltstift *v* (-en) felt(-tipped) pen

vin *v* (-nen) **1** ⟨v. vis⟩ fin; **2** ⟨puist⟩ pimple; *hij verroerde geen* ~ he did not stir (move) a finger; he didn't move hand or foot

'vinden (vond, h. gevonden) **I** *overg* **1** ⟨aantreffen, in handen krijgen⟩ find, ⟨soms:⟩ meet with, come across; **2** ⟨menen⟩ think [it fair &]; feel [that they should be abolished, it churlish to say nothing]; *hoe* ~ *ze het?* how do they like it?; *hoe vind je onze stad?* what do you think of our town?; *ik vind het niets aardig* I don't think it nice; *ik vind het niet erg* I don't mind; *ik vind niet dat het zo koud is als gisteren* I don't find it so cold as yesterday; *vind je het goed?* do you approve, do you mind [if]; *ik vind het niet goed* I don't approve of that; *wij kunnen het goed met elkaar* ~ we get on very well together; *zij kunnen het niet goed met elkaar* ~ somehow they don't hit it off; *het niets* ~ *om...* think nothing of ...ing; *ik zal hem wel* ~ he shall smart for this!; he shall not go unpunished; *wat* ~ *ze daar nu aan?* what can they see in it (in him)?; *er iets op* ~ *om...* find (a) means to; *daar is hij altijd voor te* ~ he is always game for it; *daar is hij niet voor te* ~ he will not be found willing to do it, he does not lend himself to that sort of thing; **II** *wederk*: *hij vond zich door iedereen verlaten* he found himself left by everybody; *dat zal zich* *wel* ~ it is sure to come all right

'**vinder** *m* (-s) **1** (iem. die iets vindt) finder; **2** (uit-vinder) inventor

'**vinding** *v* (-en) invention, discovery

'**vindingrijk** *bn* inventive [mind]; ingenious, resourceful [person]

vinding'rijkheid *v* ingeniousness, ingenuity, inventiveness, resourcefulness

'**vindloon** *o* finder's reward

'**vindplaats** *v* (-en) **1** place where something has been found, place of finding (discovery); **2** deposit [of ore]; **3** habitat [of animal, plant]

ving (vingen) V.T. van *vangen*

'**vinger** *m* (-s) finger; *middelste* ~ middle finger; *vieze* ~*s* ⟨vingerafdrukken⟩ fingermarks; *de* ~ *Gods* the finger of God; *als men hem een* ~ *geeft, neemt hij de hele hand* give him an inch, and he will take an ell; *het in de* ~*s hebben* be gifted; *een* ~ *in de pap hebben* have a finger in the pie; *lange* ~*s hebben* fig have sticky fingers, be light-fingered; *de* ~ *aan de pols houden* keep a finger on the pulse; *mijn* ~*s jeuken om...* my fingers itch to...; *iem. in de* ~*s krijgen* get hold of sbd., lay one's hands on sbd.; *de* ~ *op de wond leggen* put one's finger on the spot, touch the sore; *zijn* ~ *opsteken* show (put up) one's finger; *hij zal geen* ~ *uitsteken om...* he will not lift (raise, stir) a finger to...; *als je een* ~ *naar hem uitsteekt* if you wag a finger at him; *iets door de* ~*s zien* shut one's eyes to sth., turn a blind eye to sth., overlook sth.; *met zijn* ~*s ergens aan komen (zitten)* finger it, meddle with it; *als je hem maar met de* ~ *aanraakt* if you lay a finger on him; *iem. met de* ~ *nawijzen* point (one's finger) at sbd.; *iem. om de* ~ *winden* twist (turn) sbd. round one's (little) finger; *iem. op de* ~*s kijken* keep a close eye on sbd.; *dat kun je op je* ~*s natellen (narekenen, uitrekenen)* you can count it on your fingers, that's as clear as daylight; zie ook: *snijden* III, *tikken* I

'**vingerafdruk** *m* (-ken) finger-print

'**vingeralfabet** *o* finger-alphabet

'**vingerbreed I** *bn* of a finger's breadth; **II** *o* finger's breadth

'**vingerdik** *bn* as thick as a finger

'**vingerdoekje** *o* (-s) small napkin

'**vingeren** (vingerde, h. gevingerd) *overg* gemeenz finger

'**vingergewricht** *o* (-en) finger-joint

'**vingerhoed** *m* (-en) **1** (vingerdopje) thimble; **2** (hoeveelheid) centilitre

'**vingerhoedskruid** *o* foxglove

'**vingerkommetje** *o* (-s) finger-bowl

'**vingerkootje** *o* (-s) bone in one's finger; anat phalanx

'**vingerlid** *o* (-leden) finger-joint

'**vingerling** *m* (-en) finger-stall

'**vingeroefening** *v* (-en) muz (five-)finger exercise

'**vingerplant** *v* (-en) fatsia

'**vingerring** *m* (-en) finger ring

'**vingerspraak** *v* finger-and-sign language

'**vingertop** *m* (-pen) finger-tip

'**vingerverf** *v* finger-paint

'**vingervlug** *bn* deft, dext(e)rous

vinger'vlugheid *v* dexterity, deftness

'**vingervormig** *bn* finger-shaped

'**vingerwijzing** *v* (-en) hint, indication

'**vingerzetting** *v* (-en) muz fingering; *met* ~ *van...* muz fingered by...

vink *m* & *v* (-en) ⟨vogel⟩ finch; *blinde* ~*en* (meat) olives

'**vinkenslag** *o* (-slagen) ZN: *op* ~ *zitten* wait impatiently in order to strike

'**vinkentouw** *o*: *op het* ~ *zitten* fig eagerly bide one's time

'**vinnig I** *bn* **1** (in 't alg.) sharp, fierce; **2** biting [cold, wind]; **3** smart [blow]; **4** keen [fight]; **5** cutting [remarks]; **II** *bijw* sharply &

'**vinnigheid** *v* (-heden) sharpness, fierceness &

'**vinvis** *m* (-sen) rorqual

vi'nyl *o* vinyl

vio'let *bn* & *o* violet

vio'lier *v* (-en) stock-gillyflower

vio'list *m* (-en) violinist, violin-player; *eerste* ~ first violin

violon'cel *v* (-len) violoncello, cello

violoncel'list *m* (-en) violoncellist

vi'ool *v* (violen) **1** (muziekinstrument) violin, gemeenz fiddle; **2** (plant) violet; *hij speelt de eerste* ~ he plays first fiddle; *op de* ~ *spelen* play (on) the violin

vi'oolbouwer *m* (-s) violin maker

vi'oolconcert *o* (-en) **1** (uitvoering) violon recital; **2** (muziekstuk) violin concerto

vi'oolhars *o* & *m* colophony

vi'oolkam *m* (-men) bridge

vi'oolkist *v* (-en) violin-case

vi'oolles *v* (-sen) violin lesson

vi'oolmuziek *v* violin music

vi'oolpartij *v* (-en) violin part

vi'oolsleutel *m* (-s) treble clef

vi'oolsnaar *v* (-snaren) violin-string

vi'oolsonate *v* (-s en -n) violin sonata

vi'oolspel *o* violin-playing

vi'oolspeler *m* (-s) violinist, violin-player

vi'ooltje *o* (-s) ⟨plant⟩ violet; *driekleurig* ~ pansy; *Kaaps* ~ African violet

vi'riel *bn* virile

virili'teit *v* virility

virolo'gie *v* virology

viro'loog *m* (-logen) virologist

virtu'eel *bn* virtual; ~ *geheugen* comput virtual memory, virtual storage

virtu'oos I *m* (-tuozen) virtuoso [*mv* virtuosi]; *een* ~ *op piano, een piano* ~ a virtuoso pianist; **II** *bn* masterly; **III** *bijw* in a masterly way

virtuosi'teit *v* virtuosity

viru'lent *bn* virulent

'**virus** *o* (-sen) virus
'**virusinfectie** *v* (-s) virus infection
'**virusziekte** *v* (-n en -s) virus disease
vis *m* (-sen) fish; *V~sen* astron Pisces; *als een ~ op het droge* like a fish out of water
'**visaas** *o* fish-bait
'**visachtig** *bn* fish-like, fishy
'**visafslag** *m* (-slagen) fish auction
visa'gist *m* (-en) beautician
'**visakte** *v* (-n en -s) fishing-licence
'**visarend** *m* (-en) osprey
vis-à-'vis *bijw & v & m* (*mv* idem) vis-a-vis
'**visboer** *m* (-en) fish-monger, fish-hawker
'**visconserven** *mv* tinned fish; *Am* canned fish
vis'cose *v* viscose
viscosi'teit *v* viscosity
'**viscouvert** *o* (-s) (set of) fish eaters, fish knife and fork
'**visdiefje** *o* (-s) tern
vi'seren (viseerde, h. geviseerd) *overg* visa
'**visfuik** *v* (-en) fish trap
'**visgraat** *v* (-graten) fish-bone
'**visgronden** *mv* fishing grounds, fisheries
'**vishaak** *m* (-haken) fish-hook
'**vishal** *v* (-len) fish market (hall)
'**vishandelaar** *m* (-s) fishmonger
'**vishengel** *m* (-s) fishing rod
'**visie** *v* (-s) **1** [prophetic] vision; **2** ⟨kijk⟩ outlook [on art], view [of the problem]; *ter ~ liggen* = ter inzage liggen, zie: *inzage*
visi'oen *o* (-en) vision
visio'nair *bn & m* (-s en -en) visionary
visi'tatie *v* (-s) **1** ⟨onderzoek⟩ visit [of a ship], search; customs examination, [customs] inspection; **2** RK Visitation
visi'tatierecht *o* right of visit
vi'site *v* (-s) **1** ⟨bezoek⟩ visit, call; **2** ⟨bezoekende persoon of personen⟩ visitor(s); *er is ~, wij hebben ~* we have visitors; *een ~ maken (afleggen)* pay a visit (call), make a call; *een ~ maken (afleggen) bij* pay a visit to, call on, give a call to, visit
vi'sitekaartje *o* (-s) (visiting-)card
visi'teren (visiteerde, h. gevisiteerd) *overg* examine, search, inspect, gemeenz frisk
visi'teur *m*, **visi'teuse** *v* (-s) search officer
'**viskaar** *v* (-karen) fish-basket, corf
'**viskom** *v* (-men) fish bowl
'**viskoper** *m* (-s) fishmonger
viskweke'rij *v* **1** (-en) ⟨bedrijf⟩ fish-farm; **2** ⟨het kweken⟩ fish-farming, pisciculture
'**vislijm** *m* fish-glue, isinglass
'**vislucht** *v* fishy smell
'**vismarkt** *v* (-en) fish-market
'**vismeel** *o* fish meal
'**vismes** *o* (-sen) fish-knife
'**vismijn** *v* (-en) fish auction
'**visnet** *o* (-ten) fishing net
'**visooglens** *v* (-lenzen) fish-eye lens

'**visotter** *m* (-s) common otter
'**vispan** *v* (-nen) fish-kettle
'**visrecht** *o* fishing-right
'**visrijk** *bn* abounding in fish
'**visrijkheid** *v* abundance of fish
'**visschotel** *m & v* (-s) **1** ⟨schotel voor vis⟩ fish-platter; **2** ⟨gerecht⟩ fish-dish
'**visschub** *v* (-ben) scale [of fish]
'**visseizoen** *o* fishing-season
'**vissen** **I** (viste, h. gevist) *onoverg* fish; *naar een complimentje ~* fish (angle) for a compliment; *naar iets ~* (iets te weten proberen te komen) angle (fish) for sth.; *gaan ~, uit ~ gaan* go out fishing; **II** *o* fishing
'**vissenbloed** *o* fish blood; *hij heeft ~* he is as cold-(blooded) as a fish
'**visser** *m* (-s) **1** ⟨hengelaar⟩ angler; **2** ⟨van beroep⟩ fisherman
visse'rij *v* fishery, fishing-industry
visse'rijband *m* radio maritime band
visse'rijgrens *v* (-grenzen) fishery limit
'**vissersboot** *m & v* (-boten) fishing-boat
'**vissersdorp** *o* (-en) fishing-village
'**vissershaven** *v* (-s) fishing-port
'**visserslatijn** *o* fisherman's gain
'**vissersring** *m* (-en) Fisherman's ring
'**vissersschuit** *v* (-en) fishing-boat
'**vissersvloot** *v* fishing-fleet
'**vissersvolk** *o* nation of fishermen
'**vissersvrouw** *v* (-en) fisherman's wife
'**vissmaak** *m* fishy taste
'**vissoep** *v* fish soup
'**visstand** *m* fish stock
'**vissterfte** *v* fish mortality, death of fish
'**visstick** *m* (-s) fish finger
'**vista**: *a ~ handel* on presentation
'**visteelt** *v* fish-culture, pisciculture
'**vistijd** *m* fishing-season
'**vistuig** *o* (-en) fishing-tackle
visu'eel *bn* visual
'**visum** *o* (visa en -s) visa
'**visumplicht** *v* visa requirement
'**visvangst** *v* fishing; *de wonderbare ~* bijbel the miraculous draught of fishes
'**visvergunning** *v* (-en) fishing licence
'**visvijver** *m* (-s) fish-pond
'**visvrouw** *v* (-en) fish-woman, fishwife
'**viswater** *o* (-s en -en) fishing-water, fishing-ground; *goed ~* good fishing
'**viswijf** *o* (-wijven) ⟨ordinaire vrouw⟩ fishwife; *schelden als een ~* swear like a fishwife
'**viswijventaal** *v* Billingsgate (language)
'**viswinkel** *m* (-s) fish-shop
vi'taal *bn* vital
'**vitachtig** *bn* = *vitterig*
vitali'teit *v* vitality
vita'mine *v* (-n en -s) vitamin; *~ C* ascorbic acid
vita'minegebrek *o* vitamin deficiency
vitami'neren (vitamineerde, h. gevitamineerd)

overg vitaminize

vita'minetablet *v & o* (-ten) vitamin tablet

vitamini'seren (vitaminiseerde, h. gevitamini-seerd) *overg* vitaminize

vi'trage 1 *v* (-s) ⟨gordijn⟩ lace curtain, net curtain, glass curtain; **2** *v & o* ⟨stof⟩ lace, net

vi'trine *v* (-s) ⟨glass⟩ show-case, show-window

vitri'ool *o & m* vitriol

'vitten (vitte, h. gevit) *onoverg* find fault, cavil, carp; ~ *op* find fault with, carp at

'vitter *m* (-s) fault-finder, caviller

'vitterig *bn* fault-finding, cavilling, censorious, captious

'vitterigheid *v*, **vitte'rij** *v* (-en) fault-finding, cavilling, censoriousness, carping criticism

'vitusdans *m* St. Vitus's dance

'vitzucht *v* censoriousness

'vivat *o* (-s) long live [the King!], three cheers [for the King]

vivi'sectie *v* vivisection; ~ *toepassen op* vivisect [animals]

1 vi'zier *m* (-s en -en) vizi(e)r

2 vi'zier *o* (-en) **1** visor [of a helmet]; **2** mil (back-)sight [of a gun]; *in het* ~ *krijgen* catch sight of; *met open* ~ with visor raised; *fig* openly

vi'zierklep *v* (-pen) mil leaf

vi'zierkorrel *m* (-s) mil bead, foresight

vi'zierlijn *v* (-en) mil line of sight

vla *v* ('s en vlaas) **1** ⟨crème⟩ custard; **2** ⟨baksel⟩ flan, tart

vlaag *v* (vlagen) **1** shower [of rain], gust [of wind]; **2** *fig* fit [of anger, insanity &]; access [of generosity]; *bij vlagen* by fits and starts

vlaai *v* (-en) flan, tart

Vlaams I *bn* Flemish; ~*e gaai* jay; **II** *o: het* ~ Flemish; **III** *v: een* V~*e* a Flemish woman

'Vlaanderen *o* Flanders

'vlaflip *m* (-s) ± custard delight

vlag *v* (-gen) **1** flag, mil ⟨v. regiment⟩ colours; *fig* standard; **2** vane, web [of a feather]; *de witte* ~ the white flag, the flag of truce; *dat staat als een* ~ *op een modderschuit* it suits (you) as a saddle suits a sow; *de* ~ *hijsen* hoist the flag; *de* ~ *neerhalen* lower the flag; *de* ~ *strijken voor...* lower one's flag to...; *de* ~ *uitsteken* put out the flag; *de Engelse* ~ *voeren* fly the English flag; *met* ~ *en wimpel* with flying colours; *onder Franse* ~ *varen* fly the French flag; *onder valse* ~ *varen* sail under false colours; *fig* wear false colours; *de* ~ *dekt de lading* the flag covers the cargo; *free flag makes free bottom*

'vlaggen (vlagde, h. gevlagd) *onoverg* put out (fly, boist, display) the flag (flags); *de stad vlagde* the town was beflagged

'vlaggendoek *o & m* bunting

'vlaggenkoord *o & v* (-en) flag-line

'vlaggenmast *m* (-en) flag pole

'vlaggenschip *o* (-schepen) flagship

'vlaggenstok *m* (-ken) flagstaff, flag-pole

'vlaggentouw *o* (-en) flag-line

'vlaggetjesdag *m* day to celebrate the herring fleet going out to sea

'vlagofficier *m* (-en) flag-officer

'vlagsignaal *o* (-nalen) flag signal; mil semaphore signal

'vlagvertoon *o* showing the flag

vlak I *bn* flat, level; plane; ~ *land* flat (level) country; ~*ke meetkunde* plane geometry; ~*ke tint* flat tint; ~*ke zee* smooth sea; **II** *bijw* flatly[2]; right [in the centre &]; ~ *oost* due east; ~ *achter elkaar* close after one another, in close succession; ~ *achter hem* close behind him, close upon his heels; ~ *bij* close by; *het huis is* ~ *bij de kerk* the house is close to the church; *ik sloeg hem* ~ *in zijn gezicht* I hit him full in the face; *ik zei het hem* ~ *in zijn gezicht* I told him so to his face; ~ *vóór je* right in front of you; ~ *voor de start* just before the start; **III** *o* (-ken) **1** ⟨vlakte⟩ plane, level; **2** ⟨gebied⟩ area, space; **3** ⟨v. kubus⟩ face; **4** ⟨oppervlak⟩ surface; **5** ⟨v. hand, zwaard &⟩ flat; *hellend* ~ inclined plane; *wij begeven ons op een hellend* ~ *fig* we get on a slippery slope; *op (het) menselijk vlak* in the human sphere

'vlakdruk *m* planographic printing, planography

'vlakgom *m & o* india-rubber, [ink-]eraser

'vlakheid *v* flatness

'vlakken (vlakte, h. gevlakt) *overg* flatten, level

'vlakte *v* (-n en -s) plain, level; *zich op de* ~ *houden* not commit oneself, give a noncommittal answer; *hem tegen de* ~ *slaan* knock him down

'vlaktemaat *v* (-maten) superficial (square) measure

vlam *v* (-men) flame[2], blaze; *een oude* ~ *van hem* an old flame of his; ~*men schieten* flash fire; ~ *vatten* catch fire[2]; *fig* fire up; *de* ~ *sloeg in de pan fig* the fat was in the fire; *in* ~*men opgaan* go up in flames; *in (volle)* ~ *staan* be ablaze (in a blaze)

'Vlaming *m* (-en) Fleming

'vlammen (vlamde, is gevlamd) *onoverg* flame, blaze, be ablaze

'vlammend *bn* flaming, ablaze

'vlammenwerper *m* (-s) flame-thrower

'vlammenzee *v* (-zeeën) sea of flames

'vlammetje *o* (-s) **1** ⟨kleine vlam⟩ little flame; **2** light [for a cigarette]

vlas *o* flax

'vlasachtig *bn* **1** flaxy [plants]; **2** flaxen [hair]

'vlasakker *m* (-s) flax-field

'vlasbaard *m* (-en) **1** ⟨soort baard⟩ flaxen aze; **2** ⟨jongen⟩ beardless boy, milksop

'vlasblond *bn* flaxen [hair]; flaxen-haired [person]

'vlasbouw *m* flax-growing

'vlasbraak *v* (-braken) flax-brake

'vlashaar *o* (-haren) flaxen hair; *met* ~ flaxen-haired

'vlaskleur *v* flaxen colour

'vlaskleurig *bn* flaxen

'vlasleeuwenbek *m* toadflax

1 'vlassen bn flaxen

2 'vlassen (vlaste, h. gevlast) onoverg: ~ op look forward to, be keen on

'vlassig bn = vlasachtig

'vlasspinne'rij v (-en) flax-mill

'vlasstengel m (-s) flax stalk

'vlasvink m & v (-en) linnet

'vlaszaad o (-zaden) flax-seed, linseed

vlecht v (-en) braid, plait, tress; valse ~ false plait; in een (neerhangende) ~ in a pigtail

'vlechten (vlocht, h. gevlochten) overg **1** twist [thread, rope]; **2** twine [strands of hemp &]; **3** plait [hair, ribbon, straw, mats]; **4** braid [the hair]; **5** wreathe [a garland]; **6** make [baskets]; een compliment in zijn rede ~ weave a compliment into one's speech

'vlechtwerk o wicker-work, basket-work

'vleermuis v (-muizen) bat

vlees o (vlezen) **1** ⟨spiermassa⟩ flesh; **2** ⟨als gerecht⟩ meat; **3** ⟨v. vruchten⟩ pulp, flesh; ~ noch vis neither fish nor flesh; ~ in blik tinned beef; het levende ~ the quick; wild ~ proud flesh; zijn eigen ~ en bloed his own flesh and blood; ik weet wat voor ~ ik in de kuip heb I know with whom I have to deal; in het ~ snijden cut to the quick; goed in zijn ~ zitten be in flesh; het gaat hem naar den vleze he is doing well; hij bijt zijn nagels af tot op het ~ he bites his nails to the quick

'vleesbal m (-len) meat-ball

'vleesblok o (-ken) butcher's block

'vleesboom m (-bomen) uterine myoma

'vleesconserven mv canned meat

'vleesetend bn carnivorous; ~e dieren carnivores, carnivora; ~e planten carnivore, insectivore plants

'vleeseter m (-s) **1** ⟨m.b.t. dieren⟩ carnivore; **2** ⟨iem. die graag vlees eet⟩ meat-eater

'vleesextract o (-en) meat extract

'vleesfondue v meat fondue

'vleesgerecht o (-en) meat-course

'vleeshal v (-len) meat-market, shambles

'vleeshouwer m (-s) butcher

vleeshouwe'rij v (-en) butcher's shop

'vleeskleur v flesh colour

'vleeskleurig bn flesh-coloured

'vleesklomp m (-en) **1** ⟨stuk vlees⟩ hunk of meat; **2** ⟨persoon⟩ gemeenz lump of a man (woman)

'vleesloos bn meatless

'vleesmade v (-n) maggot

'vleesmes o (-sen) carving-knife, butcher's knife

'vleesmolen m (-s) mincing-machine, meat-mincer

'vleesnat o broth

'vleespastei v (-en) meat-pie

'vleespasteitje o (-s) meat-patty

'vleespin v (-nen) skewer

'vleesplank v (-en) carving board; ⟨in keuken⟩ chopping board

'vleespot m (-ten) flesh-pot; verlangen naar de ~ten van Egypte be sick for the flesh-pots of Egypt

'vleesschotel m & v (-s) meat-dish, meat-course

'vleessoep v (-en) meat-soup

'vleesspijs v, **'vleesspijzen** mv meat

'vleestomaat v (-maten) beefsteak tomato

'vleesvlieg v (-en) **1** ⟨op vlees⟩ blowfly; **2** ⟨op wonden &⟩ flesh fly; blauwe ~ bluebottle

'vleesvork v (-en) carving fork

'vleeswaren mv meats and sausages

'vleeswond v (-en) flesh-wound

'vleeswording v incarnation

vleet v (vleten) herring-net; boeken bij de ~ lots of books, plenty of books, books galore

'vlegel m (-s) **1** ⟨dorsvlegel⟩ flail; **2** ⟨kwajongen⟩ brat; ⟨v. oudere leeftijd⟩ lout, cur, boor

'vlegelachtig bn loutish, currish, boorish

'vlegelachtigheid v (-heden) loutishness, currishness, boorishness; een ~ a piece of impudence; zijn vlegelachtigheden his impudence

'vlegeljaren mv years of indiscretion, awkward age

'vleien (vleide, h. gevleid) **I** overg flatter, coax, cajole, wheedle; **II** wederk: zich ~ met de hoop dat... indulge a hope that..., flatter oneself with the belief that...; zich ~ met ijdele hoop delude oneself with vain hopes; zich gevleid voelen door... feel flattered by...

'vleier m (-s) flatterer, coaxer

vleie'rij v (-en) flattery, slang grease, oil

'vleinaam m (-namen) pet name, endearing name

'vleister v (-s) flatterer, coaxer

'vleitaal v flattering words, flattery

1 vlek o (-ken) ⟨gehucht⟩ hamlet, townlet

2 vlek v (-ken) **1** ⟨in 't alg.⟩ spot[2], stain[2], blot[2], blemish[2]; **2** speck [in fruit]; een ~ op zijn naam a blot on his reputation

'vlekkeloos bn spotless, stainless, speckless

vlekke'loosheid v spotlessness

'vlekken (vlekte, gevlekt) **I** (h.) overg blot, soil, stain, spot; **II** (is) onoverg soil; get spotted; het vlekt gemakkelijk it soils easily

'vlekkenwater, **'vlekkenmiddel** o stain (spot) remover

'vlekkig bn spotted, full of spots

'vlektyfus m typhus (fever)

'vlekvrij bn spotless, stainless

1 vlerk v (-ken) **1** ⟨vleugel⟩ wing; **2** ⟨hand⟩ paw

2 vlerk m (-en) ⟨lomperd⟩ churl, boor

'vleselijk bn carnal; mijn ~e broeder my own brother; ~e gemeenschap sexual intercourse; recht carnal knowledge; ~e lusten carnal desires

vlet v (-ten) flat, flat-bottomed boat

vleug v (-en) ⟨v. vilt &⟩ nap, hair, grain; tegen de ~ **1** eig against the hair (grain); **2** fig unruly; zie ook: vleugje

'vleugel m (-s) **1** wing[2] [of a bird, the nose, a building, an army]; plechtig pinion; **2** leaf [of a door]; **3** ⟨v. molen⟩ wing, vane; **4** muz grand piano; kleine ~ muz baby grand; de ~s laten hangen droop one's wings; de ~s uitslaan spread one's wings; met de ~s

1443

slaan beat its wings [of a bird]; *iem. onder zijn ~en nemen* take sbd. under one's wing

'vleugeladjudant *m* (-en) mil aide-de-camp

'vleugelboot *m & v* (-boten) hydrofoil

'vleugeldeur *v* (-en) folding-door(s)

vleugellam *bn* broken-winged; *iem. ~ maken* clip sbd.'s wings

'vleugelman *m* (-nen) mil guide, leader of the file

'vleugelmoer *v* (-en) butterfly-nut, wing-nut

'vleugelpiano *v* ('s) grand piano; *kleine ~* baby grand

'vleugelschroef *v* (-schroeven) thumb-screw, wing-screw

'vleugelslag *m* (-slagen) wing-beat

'vleugelspeler *m* (-s) wing

'vleugje *o* (-s) **1** (lichte vlaag) breath [of wind], waft [of scent], whiff [of fresh air]; **2** (klein beetje) hint [of mockery], touch [of bitterness], flicker [of hope]

'vleze zie: *vlees*

'vlezig *bn* **1** fleshy [arms &, women, tumours, leaves]; **2** meaty [cattle]; **3** pulpy [fruits]

'vlezigheid *v* fleshiness &

vlg. *afk. volgende* following

'vlieden (vlood, is gevloden) *onoverg* vero flee, fly [from...]

vlieg *v* (-en) fly; *iem. een ~ afvangen* steal a march upon sbd.; *geen ~ kwaad doen* not hurt a fly; *twee ~en in één klap slaan* kill two birds with one stone; *je bent niet hier gekomen om ~en te vangen* you are not here to sit idle

'vliegangst *m* fear of flying

'vliegas *v* fly ash

'vliegbasis *v* (-sen en -bases) air base

'vliegbereik *o* radius of action

'vliegbiljet *o* (-ten) air ticket

'vliegboot *m & v* (-boten) flying-boat

'vliegbrevet *o* (-ten) flying certificate

'vliegdek *o* (-ken) flight-deck

'vliegdekschip *o* (-schepen) (aircraft) carrier

'vliegdienst *m* flying-service, air service

'vliegen (vloog, h. en is gevlogen) **I** *onoverg* fly[2] [of birds, aviators, time]; *erin ~* be taken in, fall into a trap; *hij ziet ze ~* gemeenz he is cracked (potty); *in brand ~* catch (take) fire; *zij vloog naar de deur* she flew to the door; *iem. naar de keel ~* fly at sbd.'s throat; *de kogels vlogen ons om de oren* the bullets were flying about our ears; *wij vlogen over het ijs* we were simply flying over the ice; *hij vloog de kamer uit* he flew (tore) out of the room; *hij vliegt voor haar* he is at her beck and call; *ze ~ voor je* they will fly to serve you; **II** *overg* luchtv fly

'vliegend *bn* flying; *~ blaadje* pamphlet; *~e bom* fly(ing) bomb; *in ~e haast* in a great hurry; *~e jicht* wandering gout; *~e schotel* flying saucer; *~e start* running start; *~e tering* galloping consumption; *~e vis* flying fish; *~e winkel* travelling shop; zie ook: *geest, Hollander &*

vliege'nier *m* (-s) = *vlieger 2*

'vliegenkast *v* (-en) meat-safe

'vliegenmepper *m* (-s) fly-flap(per), (fly)swatter

'vliegennet *o* (-ten) fly-net

'vliegenpapier *o* fly-paper

'vliegenraam *o* (-ramen) ZN mosquito-blind, mosquito-screen

'vliegensvlug *bn* as quick as lightning

'vliegenvanger *m* (-s) **1** (kleefpapier) fly-catcher, fly-paper; **2** (vogel) fly-catcher

'vliegenvergif *o* fly-poison

'vlieger *m* (-s) **1** (speelgoed) kite; **2** (piloot) airman, flyer, flier, flying-man, aviator; *een ~ oplaten* fly a kite; *die ~ gaat niet op* that cock won't fight, that cat won't jump

'vliegeren (vliegerde, h. gevliegerd) *onoverg* fly kites

vliege'rij *v: de ~* flying, aviation

'vliegertijd *m* kite-season

'vliegertouw *o* (-en) kite-line

'vliegezwam *v* (-men) fly agaric

'vlieggewicht *o* **1** ⟨v. boksers⟩ fly weight; **2** ⟨v. vliegtuig⟩ all-up (weight)

'vlieghaven *v* (-s) airport

'vliegkunst *v* aviation

'vliegmachine *v* (-s) = *vliegtuig*

'vliegongeluk *o* (-ken) flying-accident, air crash

'vliegplan *o* **1** ⟨route⟩ flight plan; **2** ⟨tijdschema⟩ (air service) time-table

'vliegpost *v* air mail

'vliegramp *v* (-en) air crash, aircraft disaster

'vliegreis *v* (-reizen) air journey

'vliegterrein *o* (-en) flying-ground, aerodrome

'vliegtuig *o* (-en) aeroplane, plane, Am airplane; vero flying-machine; *~(en)* ook: aircraft; *per ~* ook: by air

'vliegtuigbemanning *v* air crew

'vliegtuigbenzine *v* aviation petrol, aviation spirit

'vliegtuigbouw *m* aircraft construction

'vliegtuigfabriek *v* (-en) aircraft factory

'vliegtuigindustrie *v* aircraft industry

'vliegtuigkaper *m* (-s) hijacker

'vliegtuigkaping *v* (-en) hijacking

vliegtuig'moederschip *o* (-schepen) carrier

'vliegtuigmonteur *m* (-s) air mechanic

'vliegtuigmotor *m* (-s en -toren) aircraft engine, aero-engine

'vliegtuigongeluk *o* (-ken) air(craft) crash

'vlieguren *mv* flying hours

'vliegvakantie *v* (-s) holiday by air

'vliegveld *o* (-en) airport, mil airfield

'vliegverbod *o* (-boden) **1** ⟨piloten, vliegtuigen⟩ grounding; **2** ⟨bep. gebieden⟩ flight restriction; *een ~ instellen boven Bosnië* create a no-fly zone in Bosnia

'vliegverkeer *o* air traffic

'vliegwedstrijd *m* (-en) air race

'vliegweer *o* luchtv flying weather

'vliegwerk *o: met kunst en ~* zie: *kunst*

'vliegwezen *o* flying, aviation

'**vliegwiel** o (-en) <u>techn</u> fly-wheel
vlier m (-en) elder
'**vlierbes** v (-sen) elder-berry
'**vlierboom** m (-bomen) elder-tree
'**vlierbosje** o (-s) elder-grove
'**vliering** v (-en) loft, garret, attic; *op de* ~ under the leads
'**vlierstruik** m (-en) elder-bush
'**vlierthee** m elder-tea
vlies o (vliezen) **1** ⟨op vloeistof⟩ film; ⟨op melk⟩ skin; **2** <u>biol</u> membrane, pellicle; ⟨op planten⟩ cuticle; **3** ⟨vacht⟩ fleece; *het Gulden V*~ the Golden Fleece; *de vliezen breken* ⟨voor bevalling⟩ the water is breaking
'**vliesachtig** bn filmy, membranous
'**vliesdun** bn paper thin
vlies'vleugeligen mv membrane-winged, hymenoptera
vliet m (-en) brook, rill
'**vlieten** (vloot, is gevloten) onoverg flow, run
'**vliezig** bn membranous, filmy
'**vlijen** (vlijde, h. gevlijd) **I** overg lay down; **II** wederk: *zich* ~ *in het gras* nestle down in the grass; *zich tegen iem. aan* ~ nestle up to sbd.
vlijm v (-en) lancet
'**vlijmen** (vlijmde, h. gevlijmd) overg open with a lancet
'**vlijmend** bn sharp[2], biting[2]
'**vlijmscherp** bn ⟨as⟩ sharp as a razor, razor-sharp
vlijt v industry, diligence, assiduity, application
'**vlijtig** bn industrious, diligent, assiduous
'**vlinder** m (-s) butterfly[2]
'**vlinderachtig** bn **1** eig like a butterfly, butterfly-like; **2** ⟨luchthartig⟩ frivolous, flighty; **3** ⟨lichtzinnig⟩ fickle
vlinder'bloemigen mv papilionaceous flowers
'**vlinderdas** v (-sen) bow(-tie)
'**vlindernet** o (-ten) butterfly-net
'**vlinderslag** m butterfly stroke [in swimming]
'**Vlissingen** o Flushing
v.l.n.r afk. van *links naar rechts* from left to right
vlo v (vlooien) flea
vlocht (vlochten) V.T. van *vlechten*
'**vloden** V.T. meerv. van *vlieden*
vloed m (-en) **1** ⟨getij⟩ flood-tide, flux, flood, tide; **2** ⟨rivier⟩ stream, river; **3** ⟨overstroming⟩ flood; **4** ⟨grote hoeveelheid⟩ flood [of tears, of words], flow [of words]; *een* ~ *van scheldwoorden* a torrent of abuse
'**vloeddeur** v (-en) floodgate
'**vloedgolf** v (-golven) tidal wave[2], bore
'**vloedlijn** v high-water mark (line)
vloei o = *vloeipapier* & *vloeitje*
'**vloeibaar** bn liquid, fluid; ~ *maken (worden)* ook: liquefy
'**vloeibaarheid** v liquidity, fluidity
'**vloeibaarmaking**, '**vloeibaarwording** v liquefaction

'**vloeiblad** o (-bladen) blotter
'**vloeiblok** o (-ken) blotting-pad, blotter
'**vloeien** (vloeide, h. en is gevloeid) **I** onoverg **1** ⟨stromen⟩ flow; **2** ⟨in 't papier trekken⟩ run; blot [of blotting-paper]; **3** <u>med</u> bleed; *die verzen* ~ *(goed)* those lines flow well; *er vloeide bloed* **1** there was bloodshed; **2** ⟨bij duel⟩ blood was drawn; **II** overg ⟨met vloeipapier⟩ blot
'**vloeiend I** bn flowing, fluent[2]; *een* ~*e stijl* a smooth style; ~*e verzen* flowing verse; **II** bijw [speak] fluently, [run] smoothly
'**vloeiing** v (-en) <u>med</u> bleeding, menorrhagia
'**vloeipapier** o (-en) **1** ⟨voor inkt⟩ blotting-paper; **2** ⟨zijdepapier⟩ tissue-paper
'**vloeistof** v (-fen) liquid
'**vloeitje** o (-s) cigarette paper
vloek m (-en) **1** ⟨godslastering⟩ oath, curse, swearword; **2** ⟨vervloeking⟩ curse, malediction, imprecation; *er rust een* ~ *op* a curse rests upon it; *in een* ~ *en een zucht* in two shakes, in the twinkling of an eye
'**vloeken** (vloekte, h. gevloekt) **I** onoverg swear, curse (and swear); ~ *als een ketter* swear like a trooper; ~ *op* swear at; *die kleuren* ~ *(tegen elkaar)* these colours clash (with each other); **II** overg curse [a person &]
'**vloeker** m (-s) swearer
'**vloekwoord** o (-en) oath, <u>gemeenz</u> swearword
vloer m (-en) floor; *altijd over de* ~ *zijn* be always about the house
'**vloerbedekking** v floor-covering, fitted carpet
'**vloeren** (vloerde, h. gevloerd) overg floor
'**vloerkleed** o (-kleden) carpet
'**vloerkleedje** o (-s) rug
'**vloermat** v (-ten) floor-mat
'**vloeroefening** v (-en) (turnen) floor exercise
'**vloersteen** m (-stenen) paving-tile, flag(-stone)
'**vloertegel** m (-s) floor-tile, paving-tile
'**vloerverwarming** v floor heating
'**vloerwas** m & o floor-polish
'**vloerwrijver** m (-s) floor-polisher
'**vloerzeil** o (-en) floor-cloth, linoleum
'**vlogen** V.T. meerv. v. *vliegen*
vlok v (-ken) **1** flock [of wool]; **2** flake [of snow, soap &]; **3** tuft [of hair]
'**vlokken** (vlokte, is gevlokt) onoverg flake
'**vlokkenzeep** v soap flakes
'**vlokkig** bn flocky, flaky
'**vlonder** m (-s) plank-bridge
vlood (vloden) V.T. v. *vlieden*
vloog (vlogen) V.T. v. *vliegen*
1 '**vlooien** (vlooide, h. gevlooid) overg clean of fleas [a dog &]
2 '**vlooien** meerv. v. *vlo*
'**vlooienband** m (-en) flea collar
'**vlooienbeet** m (-beten) flea-bite
'**vlooiendresseur** m (-s) flea trainer
'**vlooienmarkt** v (-en) flea market

'**vlooienpik** *m* (-ken) flea-bite
'**vlooienpoeder** *o* flea powder
'**vlooienspel** *o* (-len) tiddly-winks
'**vlooientheater** *o* (-s) flea circus, performing fleas
1 **vloot** *v* (vloten) fleet, navy
2 **vloot** (vloten) V.T. van *vlieten*
'**vlootaalmoezenier** *m* (-s) <u>RK</u> naval chaplain, <u>gemeenz</u> padre
'**vlootbasis** *v* (-sen en -bases) naval base
'**vlootpredikant** *m* (-en) naval chaplain, <u>gemeenz</u> padre
'**vlootschouw** *m* naval review
'**vlootvoogd** *m* (-en) commander of the fleet, admiral
'**vlossen** *bn* floss
'**vlossig** *bn* flossy
1 **vlot** *o* (-ten) raft
2 **vlot** I *bn* 1 ⟨drijvend⟩ afloat; 2 ⟨vlug⟩ fluent [speaker]; prompt [payment]; ready [answer]; smooth [journey, landing &]; 3 ⟨niet stroef⟩ easy [manner, style, to live with], flowing [style]; *een ~ hoedje* a smart little hat; *zijn ~te pen* his facile pen; *een schip ~ krijgen (trekken)* get a ship afloat, float her; *~ worden* <u>scheepv</u> get afloat; II *bijw* fluently; *het gaat ~* it goes smoothly; *de ... gaan ~ weg* <u>handel</u> there is a brisk sale of ..., ... are a brisk sale,... sell like hot cakes; *~ opzeggen* get off pat [a lesson]
'**vlotbrug** *v* (-gen) floating bridge
'**vloten** V.T. meerv. van *vlieten*
'**vlotheid** *v* fluency; smoothness
'**vlothout** *o* drift-wood
'**vlotten** (vlotte, h. gevlot) I *onoverg* 1 ⟨drijven⟩ float; 2 ⟨goed verlopen⟩ go smoothly; *het gesprek vlotte niet* the conversation dragged; *het werk wil maar niet ~* I can't make headway, I'm not getting anywhere; *het werk vlot goed* we are making headway; *~de bevolking* floating population; *~d kapitaal* circulating capital; *~de middelen* liquid resources; *~de schuld* floating debt; II *overg* raft [wood, timber]
'**vlotter** *m* (-s) 1 ⟨persoon⟩ raftsman, rafter; 2 <u>techn</u> float
'**vlotweg** *bijw* smoothly
'**vlucht** *v* (-en) 1 ⟨het vluchten⟩ flight, escape; 2 ⟨het vliegen⟩ flight; 3 ⟨afstand van vleugeluiteinden⟩ wing-spread; 4 flight, flock [of birds]; bevy [of larks, quails]; covey [of partridges]; *de ~ nemen, op de ~ gaan (slaan)* flee, take to flight, take to one's heels; *zijn ~ nemen* take wing [of birds]; *een hoge ~ nemen* 1 eig fly high, soar; 2 fig soar high, take a high (lofty) flight; *een te hoge ~ nemen* fly too high; *een vogel in de ~ schieten* shoot a bird on the wing; *op de ~ drijven (jagen)* put to flight, put to rout, rout; *op de ~ zijn* be on the run
'**vluchteling** *m* (-en) 1 ⟨iem. die vlucht⟩ fugitive; 2 ⟨politieke ~; balling⟩ refugee
'**vluchtelingenkamp** *o* (-en) refugee camp
'**vluchten** (vluchtte, is gevlucht) *onoverg* fly, flee; *~*

naar flee (fly) to; *uit het land ~* flee (from) the country; *~ voor* flee from, fly from, fly before
'**vluchtgat** *o* (-gaten) bolt-hole
vluchtge'vaarlijk *bn* ⟨v. gevangenen⟩ requiring maximum security; *~e gevangene* maximum-security prisoner
'**vluchthaven** *v* (-s) port (harbour) of refuge
'**vluchtheuvel** *m* (-s) island, refuge
'**vluchtig** I *bn* volatile [oils, persons]; cursory [reading], hasty [glance, sketch]; fleeting [glimpse, impression, visit], transient [pleasure]; II *bijw* cursorily
'**vluchtigheid** *v* volatility; cursoriness; hastiness
'**vluchtkapitaal** *o* flight capital
'**vluchtleiding** *v* flight control
'**vluchtmisdrijf** *o* (-drijven) ZN hit-and-run
'**vluchtnabootser** *m* (-s) flight simulator
'**vluchtplan** *o* (-nen) 1 ⟨route⟩ flight plan; 2 ⟨tijdschema⟩ (air service) time-table
'**vluchtrecorder** *m* (-s) flight recorder
'**vluchtstrook** *v* (-stroken) refuge lane, slip road
'**vluchtweg** *m* (-wegen) escape-route
vlug I *bn* 1 ⟨snel⟩ quick² [trot & walk; to act, perceive, learn, think, or invent]; nimble² [in movement, of mind]; agile² [frame, arm, movements &]; 2 ⟨kunnende vliegen⟩ fledged [birds]; *~ in het rekenen* quick at figures; *~ met de pen zijn* have a ready pen; *~ van begrip* quick(-witted); *hij behoort niet tot de ~gen* he is none of the quickest; II *bijw* quickly, quick; *~ (wat)!* (be) quick!, make it snappy!, look sharp!; *hij kan ~ leren* he is a quick learner
'**vluggerd** *m* (-s) quick child, sharp child
'**vluggertje** *o* (-s) 1 ⟨haastige vrijpartij⟩ quickie; 2 ⟨snelle schaak-, dampartij⟩ quick game
'**vlugheid** *v* quickness, nimbleness, rapidity, promptness
'**vlugschrift** *o* (-en) pamphlet
'**vlugzout** *o* sal volatile
VN *afk. Verenigde Naties* UN, United Nations
vnl. *afk.* = *voornamelijk*
1 **vo'caal** *bn* (& *bijw*) vocal(ly)
2 **vo'caal** *v* (-calen) ⟨klinker⟩ vowel
vocabu'laire *o* (-s) vocabulary
voca'list *m* (-en) vocalist, singer
voca'tief *m* (-tieven) vocative
1 **vocht** 1 *o* (-en) ⟨vloeistof⟩ fluid, liquid; 2 *o & v* ⟨condensatie⟩ moisture, damp, wet
2 **vocht (vochten)** V.T. v. *vechten*
1 '**vochten** (vochtte, h. gevocht) *overg* moisten, wet, damp
2 '**vochten** V.T. meerv. v. *vechten*
'**vochtgehalte** *o* percentage of moisture, moisture content
'**vochtig** *bn* moist, damp, dank, humid; *~ maken* moisten, wet, damp; *~ worden* become moist &, moisten
'**vochtigheid** *v* 1 ⟨het vochtig zijn⟩ moistness, dampness, humidity; 2 ⟨het vocht⟩ moisture, damp

'**vochtigheidsgraad** *m* humidity
'**vochtigheidsmeter** *m* (-s) hygrometer
'**vochtmaat** *v* (-maten) liquid measure
'**vochtvlek** *v* (-ken) damp-stain
'**vochtvrij** *bn* **1** ⟨in 't alg.⟩ moisture-free; **2** ⟨vocht-werend⟩ moistureproof
vod *o & v* (-den) **1** ⟨lor⟩ rag, tatter; **2** ZN ⟨doek⟩ duster, (floor-)cloth; *een ~ van een boek* some rub-bishy book, some trashy novel; *iem. achter de ~den zitten* keep sbd. hard at it; *iem. bij de ~den krijgen* catch hold of sbd.
'**voddenbaal** *v* **1** ⟨zak met vodden⟩ ragbag; **2** ⟨have-loos persoon⟩ ragpicker; rag and bone man
'**voddenboel** *m*, '**voddengoed** *o* trash, rubbish, trumpery things
'**voddenboer** *m* (-en) = *voddenman*
'**voddenkoper** *m* (-s) dealer in rags, ragman
'**voddenkraam** *v & o* (-kramen) trash, rubbish
'**voddenman** *m* (-nen) ragman, rag-and-bone man
'**voddenmarkt** *v* (-en) rag-market
'**voddenraper** *m* (-s), '**voddenraapster** *v* (-s) rag-picker
'**voddig** *bn* **1** ⟨als een vod⟩ ragged; **2** ⟨nietswaardig⟩ trashy
'**vodje** *o* (-s) **1** ⟨oude lap⟩ rag; **2** ⟨stuk papier⟩ scrap
'**voeden** (voedde, h. gevoed) **I** *overg* **1** feed [a man, a pump &]; **2** nurse [her baby]; **3** nourish [one's fami-ly, a hope &]; **4** fig foster, nurse, cherish [a hope]; **II** *abs ww* be nourishing [of food]; **III** *wederk: zich ~* feed; *zich ~ met ...* feed on...
'**voeder** *o* = *¹voer*
'**voederartikelen** *mv* feeding stuffs
'**voederbak** *m* (-ken) manger
'**voederbiet** *v* (-en) mangel(-wurzel)
'**voederen I** (voederde, h. gevoederd) *overg* feed; **II** *o* feeding
'**voedergewas** *o* (-sen) fodder plant, fodder crop
'**voedergraan** *o* (-granen) feeding grain
'**voedertijd** *m* (-en) feeding time
'**voederzak** *m* (-ken) nose-bag, feed bag
'**voeding** *v* **1** ⟨handeling⟩ feeding, nourishment, alimentation; **2** ⟨voedsel⟩ food, nourishment; **3** ⟨voedingswijze⟩ diet; *een gebalanceerde ~* a bal-anced diet
'**voedingsbodem** *m* (-s) **1** eig (culture) medium [of bacteria]; matrix [of fungus]; **2** fig breeding ground
'**voedingsdeskundige** *m-v* (-n) dietician
'**voedingsgewas** *o* (-sen) food plant, food crop
'**voedingsleer** *v* dietetics, science of nutrition
'**voedingsmiddel** *o* (-en) article of food, food; *~en* foodstuffs
'**voedingsstoffen** *mv* nutritious matter, nutrients
'**voedingsstoornis** *v* (-sen) nutritional problem (difficulty)
'**voedingswaarde** *v* food value, nutritional value
'**voedsel** *o* food, nourishment; *~ geven aan* fig en-courage
'**voedselhulp** *v* food aid

'**voedselpakket** *o* (-ten) food parcel
'**voedselschaarste** *v* food shortage
'**voedselvergiftiging** *v* food poisoning
'**voedselvoorraad** *m* (-raden) food supply
'**voedselvoorziening** *v* food supply
'**voedster** *v* (-s) nurse, foster-mother
'**voedzaam** *bn* nourishing, nutritious, nutritive
'**voedzaamheid** *v* nutritiousness, nutritiveness
voeg *v* (-en) joint, seam; *uit zijn ~en rukken* put out of joint, disrupt; *dat geeft geen ~* fig that is not seemly, it is not the proper thing (to do)
'**voege** *v* vero: *in dier ~* in this manner; *in dier ~ dat...* so as to..., so that...; ZN: *in ~* in force
1 'voegen (voegde, h. gevoegd) **I** *onoverg (& onpers ww)* **1** ⟨betamen⟩ become; **2** ⟨gelegen komen⟩ suit; **II** *wederk: zich ~ naar...* conform to..., comply with...
2 'voegen (voegde, h. gevoegd) **I** *overg* **1** ⟨toevoe-gen⟩ add; **2** bouwk point, joint, flush; *~ bij* add to; zie ook: *daad*; **II** *wederk: zich ~ bij iem.* join sbd.
'**voegijzer** *o* (-s) pointing-trowel
'**voegwerk** *o* pointing
'**voegwoord** *o* (-en) conjunction
'**voegzaam** *bn* suitable, becoming, (be)fitting, seemly, fit, proper
'**voegzaamheid** *v* suitableness, becomingness, seemliness, propriety
'**voelbaar** *bn* to be felt, palpable, perceptible
'**voeldraad** *m* (-draden) antenna, palp
'**voelen** (voelde, h. gevoeld) **I** *overg* ⟨in 't alg.⟩ feel; ⟨ook:⟩ be sensible of [shame]; sense [danger, de-ceit]; be alive to [an insult]; *ik voel mijn benen* my legs are aching; *ik zal het hem laten ~* he shall be made to feel it; *ik voel daar niet veel voor* I don't sympathize with the idea, I don't care for it, it does not appeal to me; I don't care to... [be kept waiting &]; *zijn macht doen ~* make one's power felt; **II** *abs ww: het voelt zacht* it is soft to the touch; **III** *wederk: zich ~* feel, feel oneself; *zich goed ~* feel good (fine); *zich thuis ~* feel at home²; *zich ziek ~* feel ill; *hij voelt zich heel wat* he rather fancies himself
'**voelhoorn**, '**voelhoren** *m* (-s) feeler, antenna; *zijn ~s uitsteken* fig put out feelers, feel one's ground
'**voeling** *v* feeling, touch; *~ hebben met* be in touch with; *~ houden met* keep (in) touch with; *~ krijgen met* come into touch with
'**voelspriet** *m* (-en) antenna, palp, feeler
1 voer *o* **1** ⟨voedsel⟩ fodder, forage, provender, feed, food; **2** ⟨wagenvracht⟩ (-en) cartload [of hay]
2 voer (voeren) V.T. v. *varen*
'**voerbak** *m* (-ken) manger
1 'voeren (voerde, h. gevoerd) *overg* ⟨eten geven⟩ = *voederen*
2 'voeren (voerde, h. gevoerd) *overg* **1** ⟨leiden, bren-gen⟩ carry, convey, take, bring, lead; **2** ⟨hanteren⟩ wield [the sword &]; **3** ⟨dragen⟩ bear [a name, a ti-tle]; **4** conduct [negotiations], carry on [propa-ganda]; *dat zou ons te ver ~* that would carry us too

far; *wat voert u hierheen?* what brings you here?; *een adelaar in zijn wapen* ~ have an eagle in one's coat of arms; zie ook: *gesprek, woord &*

3 'voeren (voerde, h. gevoerd) *overg* line [a coat]

4 'voeren V.T. meerv. van *varen*

'voering *v* (-en) lining

'voeringstof *v* (-fen) lining

'voerloon *o* cartage

'voerman *m* (-lieden en -lui) **1** ⟨koetsier⟩ driver, coachman; **2** ⟨vrachtrijder⟩ wag(g)oner, carrier; *de V~ astron* the Wag(g)oner

'voertaal *v* official language, vehicle

'voertuig *o* (-en) carriage, vehicle²

voet *m* (-en) **1** foot [of man, hill, ladder, page &]; **2** *fig* foot, footing; *zes* ~ *lang* six feet long; *de* ~ *in de stijgbeugel hebben* fig be in the saddle; *het heeft heel wat* ~*en in de aarde* it takes (will take) some doing; ~ *bij stuk houden* **1** keep to the point; **2** stick to one's guns, stand one's ground; *vaste* ~ *krijgen* obtain a foothold, obtain a firm footing; *geen* ~ *verzetten* not move hand or foot; *geen* ~ *kunnen verzetten* not be able to stir; *ik zet daar geen* ~ *meer* I'll never set foot there again; *iem. de* ~ *dwars zetten* thwart sbd.'s plans; *iem. de* ~ *op de nek zetten* put one's foot upon sbd.'s neck; ~ *aan wal zetten* set foot on shore; *geen* ~ *buiten de deur zetten* not stir out of the house; *aan de* ~ *van de bladzijde, van de brief* at the foot of the page, at foot; *met het geweer aan de* ~ mil with arms at the order; *met de* ~*en bij elkaar* with joined feet; *met* ~*en treden* trample under foot, tread under foot²; *fig* set at naught, override [laws]; *onder de* ~ *gelopen worden* be trampled on; *een land onder de* ~ *lopen* overrun a country; *onder de* ~ *vertrappen* tread (trample) under foot; *op de* ~ *van 5%* at the rate of five per cent.; *iem. op de* ~ *volgen* **1** follow close at sbd.'s heels; **2** follow sbd.'s example; *(iets) op de* ~ *volgen* closely follow [a text]; *op die* ~ at that rate; *op bescheiden* ~ on a modest footing; *op blote* ~*en* barefoot(ed); *op dezelfde* ~ on the old footing; in the old way; on the same lines; *op gelijke* ~ on an equal footing, on a footing of equality, on the same footing; *zij staan op gespannen* ~ relations are strained between them; *op goede* ~ *staan met* be on good terms with, stand well with; *op grote* ~ *leven* live in (grand) style; *op de oude* ~ on the old footing; *op staande* ~ off-hand, at once, on the spot, then and there; *op vertrouwelijke* ~ on familiar terms; *op vrije* ~*en* at liberty, at large; *op* ~ *van gelijkheid* on a footing of equality, on equal terms; *op* ~ *van oorlog* on a war footing; *te* ~ on foot; *te* ~ *bereikbaar* within walking distance; *te* ~ *gaan* go on foot, walk; *iem. te* ~ *vallen* throw oneself at sbd.'s feet; *...ten* ~*en uit...* all over; *ten* ~*en uit geschilderd* full-length [portrait]; *uit de* ~*en kunnen* get on, get by; *zich uit de* ~*en maken* take to one's heels, make off; *iem. iets voor de* ~*en gooien* cast (fling, throw) it in sbd.'s teeth; *iem. voor de* ~*en lopen* be in sbd.'s way; zie ook: *voetje*

'voetafdruk *m* (-ken) footprint

'voetangel *m* (-s) mantrap; *hier liggen* ~*s en klemmen* beware of mantraps; *fig* it is full of pitfalls, there are snakes in the grass

'voetbad *o* (-baden) foot-bath

'voetbal 1 *m* (-len) ⟨bal⟩ football; **2** *o* ⟨spel⟩ (Association) football, soccer; *Amerikaans* ~ American football; ~ *spelen* play football, play soccer

'voetbalbond *m* (-en) football association, football league

'voetbalcompetitie *v* football competition, soccer competition

'voetbalelftal *o* (-len) football team

'voetbalknie *v* (-knieën) football knee

'voetballen (voetbalde, h. gevoetbald) *onoverg* play football, play soccer

'voetballer, 'voetbalspeler *m* (-s) football-player, soccer-player

'voetbalmatch *m & v* (-es) ZN football match

'voetbalpool *m* (-s) football pools

'voetbalschoen *m* (-en) football boot

'voetbalstadion *o* (-s) football stadium

'voetbaltoto *m* ('s) football pools

'voetbaltrainer *m* (-s) football coach

'voetbalvandaal *m* (-dalen) hooligan

'voetbalvandalisme *o* hooliganism

'voetbalveld *o* (-en) football ground, football field

'voetbank *v* (-en) = *voetenbank*

'voetboeien *mv* fetters

'voetboog *m* (-bogen) cross-bow

'voetbreed *o*: *geen* ~ *wijken* not budge an inch

'voetbrug *v* (-gen) foot-bridge

'voeteind (-en), **'voeteinde** (-n), **'voeteneind** (-einden), **'voeteneinde** *o* (-n) foot-end, foot [of a bed]

'voetenbank *v* (-en) footstool

'voetenkussen *o* (-s) hassock

'voetenschrapper *m* (-s) scraper

'voetenwerk *o* footwork

'voetenzak *m* (-ken) foot-muff

'voetfout *v* (-en) sp foot fault

'voetganger *m* (-s), **'voetgangster** *v* (-s) pedestrian

'voetgangersgebied *o* (-en) pedestrian area (precinct)

'voetgangerslicht *o* (-en) pedestrian crossing lights

'voetgangersoversteekplaats *v* (-en) pedestrian crossing, zebra (crossing)

'voetgangerstunnel *m* (-s) pedestrian subway (tunnel)

'voetje *o* (-s) small foot; *een wit* ~ *bij iem. hebben* be in sbd.'s good graces (in sbd.'s good books); *een wit* ~ *bij iem. zien te krijgen* insinuate oneself into sbd.'s good graces; ~ *voor* ~ step by step

'voetjevrijen (h. voetjegevreeën) *onoverg* play footsie

'voetkleedje *o* (-s) rug

'**voetknecht** *m* (-en) hist foot-soldier
'**voetkus** *m* (-sen) **1** ⟨in 't alg.⟩ foot-kissing; **2** RK kissing the Pope's toe
'**voetkussen** *o* (-s) = *voetenkussen*
'**voetlicht** *o* footlights; *voor het* ~ *brengen* put on the stage; *voor het* ~ *komen* appear before the footlights
'**voetmat** *v* (-ten) doormat
'**voetnoot** *v* (-noten) foot-note
'**voetpad** *o* (-paden) footpath
'**voetpomp** *v* (-en) foot-pump, inflator
'**voetpunt** *o* (-en) **1** astron nadir; **2** ⟨van loodlijn⟩ foot
'**voetreis** *v* (-reizen) journey (excursion) on foot, walking-tour, hike
'**voetreiziger** *m* (-s) foot-traveller, wayfarer
'**voetrem** *v* (-men) foot-brake
'**voetrempedaal** *o* & *m* (-dalen) foot-brake pedal
'**voetschakelaar** *m* (-s) foot switch
'**voetschrapper** *m* (-s) = *voetenschrapper*
'**voetspoor** *o* (-sporen) footmark, footprint, track; *iems.* ~ *volgen* follow in sbd.'s track
'**voetstap** *m* (-pen) step, footstep; *iems.* ~*pen drukken, in iems.* ~*pen treden* follow (tread, walk) in sbd.'s (foot)steps
'**voetstoots** *bijw* **1** handel [buy, sell] outright, as it is (as they are); **2** ⟨zomaar ineens⟩ out of hand
'**voetstuk** *o* (-ken) pedestal
'**voettitel** *m* (-s) sub-title
'**voettocht** *m* (-en) = *voetreis*
'**voetval** *m* (-len) prostration; *een* ~ *doen voor...* prostrate oneself before...
'**voetveeg** *m* & *v* (-vegen) doormat[2]
'**voetveer** *o* (-veren) foot-passenger ferry
'**voetvolk** *o* mil foot-soldiers; *het* ~ the foot, the infantry
'**voetvrij** *bn* ankle-length [dress]
'**voetwassing** *v* (-en) washing of the feet
'**voetwerk** *o* = *voetenwerk*
'**voetwortel** *m* (-s) tarsus
'**voetwortelbeentje** *o* (-s) tarsal bone
'**voetzak** *m* (-ken) = *voetenzak*
'**voetzoeker** *m* (-s) squib, cracker
'**voetzool** *m* (-zolen) sole of the foot
'**vogel** *m* (-s) bird, plechtig fowl; *de* ~*en des hemels* the fowls of the air; *een slimme* ~ a sly dog, a wily old bird; *beter één* ~ *in de hand dan tien in de lucht* a bird in the hand is worth two in the bush; *de* ~ *is gevlogen* the bird is flown; zie ook: *vogeltje*
'**vogelaar** *m* (-s) **1** ⟨vogelvanger⟩ bird-catcher; **2** ⟨vogelwaarnemer⟩ bird-watcher, Am birder
'**vogelbekdier** *o* (-en) duckbill, platypus
'**vogelei** *o* (-eren) bird's egg
'**vogelgekweel** *o* warbling of birds
'**vogelhandelaar** *m* (-s) bird-seller, bird-fancier
'**vogelhuis** *o* (-huizen) aviary
'**vogelhuisje** *o* (-s) nest box
'**vogeljacht** *v* (-en) fowling

'**vogelkers** *v* bird-cherry
'**vogelknip** *v* (-pen) bird-trap
'**vogelkooi** *v* (-en) bird-cage
'**vogelkoopman** *m* (-lieden en -lui) = *vogelhandelaar*
'**vogelkunde** *v* ornithology
'**vogelleven** *o* bird-life
'**vogelliefhebber** *m* (-s) bird-lover
'**vogellijm** *m* (plant) mistletoe
'**vogelmarkt** *v* (-en) bird-market
'**vogelmelk** *v* ⟨plant⟩ star of Bethlehem
'**vogelnest** *o* (-en) **1** ⟨in 't alg.⟩ bird's nest; **2** ⟨eetbaar⟩ edible bird's nest
'**vogelnet** *o* (-ten) bird-net
'**vogelpest** *v* fowl plague
'**vogelpik** *m* ZN, sp darts
'**vogelpoot** *m* (-poten) bird's foot
'**vogelspin** *v* (-nen) bird spider
'**vogeltje** *o* (-s) little bird, gemeenz dicky-bird, dicky; ~*s die zo vroeg zingen zijn voor de poes* sing before breakfast (and you'll) cry before night; *ieder* ~ *zingt zoals het gebekt is* if better were within, better would come out; every one talks after his own fashion
'**vogeltrek** *m* bird migration
'**vogelvanger** *m* (-s) bird-catcher, fowler
'**vogelverschrikker** *m* (-s) scarecrow[2]; *er uitzien als een* ~ look a perfect fright
'**vogelvlucht** *v* bird's-eye view; ...*in* ~ bird's-eye view of...
'**vogelvrij, vogel'vrij** *bn* outlawed; ~ *verklaren* outlaw
'**vogelvrijverklaarde** *m-v* (-n) outlaw
'**vogelvrijverklaring** *v* (-en) outlawry
'**vogelzaad** *o* bird-seed
'**vogelzang** *m* singing (warbling) of bird, birds' song, bird song
Vo'gezen *mv: de* ~ the Vosges
'**voile 1** *m* (-s) ⟨voorwerpsnaam⟩ veil; **2** *o* & *m* ⟨stofnaam⟩ voile
vol *bn* full, filled; *(de autobus, tram &) is* ~ ook: is full up; *hij was er* ~ *van* he was full of it; ~ *(van) tranen* full of tears; *hij was* ~ *verontwaardiging* he was filled with indignation; *(een boek)* ~ *wetenswaardigheden* ook: packed with interesting facts; ~*le broer* full brother; *een* ~*le dag* a full day; *in* ~*le ernst* in all seriousness, in dead earnest; *in de* ~*le grond* outside, outdoors; ~*le leerkracht* full-time (whole-time) teacher; ~ *matroos* able seaman; ~*le melk* full-cream milk, whole milk; ~*le neef (nicht)* first cousin, cousin german; ~*le stem* rich (full) voice; *een* ~ *uur* a full hour, a solid hour; *een* ~*le winkel (met mensen)* a crowded shop; *zij willen hem niet voor* ~ *aanzien* they don't take him seriously; ~ *doen* fill, fill up; *de tafel lag* ~ *papieren* the table was covered with papers; *ten* ~*le* to the full, fully, [pay] in full
'**volaarde** *v* fuller's earth

vo'lant *m* (-s) flounce [of dress]
volauto'matisch *bn* fully automatic
'volbloed *bn* **1** thoroughbred, full-blooded [horses &]; **2** fig out-and-out [radical]
vol'bloedig *bn* full-blooded
vol'brengen (volbracht, h. volbracht) *overg* fulfil, execute, accomplish, perform, achieve; *het is volbracht* bijbel it is finished
vol'brenging *v* fulfilment, performance, accomplishment
vol'daan *bn* **1** ⟨tevreden⟩ satisfied, content; **2** ⟨betaald⟩ paid, received; *voor ~ tekenen* handel receipt [a bill]
vol'daanheid *v* satisfaction, contentment
'volder *m* (-s) = *voller*
vol'doen (voldeed, h. voldaan) **I** *overg* **1** ⟨tevredenstellen⟩ satisfy, give satisfaction to, content, please [people]; **2** ⟨betalen⟩ pay [a bill]; **II** *onoverg* satisfy, give satisfaction; *wij kunnen niet aan alle aanvragen ~* we cannot cope with the demand; *aan een belofte ~* fulfil a promise; *aan een bevel ~* obey a command; *aan het examen ~* satisfy the examiners; *aan zijn verplichtingen ~* meet one's obligations (handel one's liabilities); *(niet) aan de verwachtingen ~* (not) answer expectations; *aan een verzoek ~* comply with a request; *aan een voorwaarde ~* satisfy (fulfil) a condition; *aan iems. wens ~* satisfy sbd.'s wish; zie ook: *eis*
vol'doend, vol'doende I *bn* **1** satisfactory [proof]; **2** sufficient [amount, number, provisions &]; **3** [horses] enough; **4** ample [room]; *dat is ~e* ook: that will do; *meer dan ~e* more than enough, plenty; **II** *bijw* satisfactorily; sufficiently
vol'doende *v & o* (-s en -n) onderwijs sufficient mark; *ik heb (een) ~* I have got sufficient (marks)
vol'doening *v* **1** ⟨tevredenheid⟩ satisfaction; **2** ⟨betaling⟩ settlement, payment; **3** atonement [by Christ]; *zijn ~ over...* his satisfaction at *or* with [the results &]; *~ geven (schenken)* give satisfaction; *ter ~ aan...* in compliance with [regulations]; *ter ~ van...* in settlement of [a debt]
vol'dongen *bn*: *~ feit* accomplished fact
vol'dragen *bn* mature, full-term [child]
vol'einden (voleindde, h. voleind), **vol'eindigen** (voleindigde, h. voleindigd) *overg* finish, complete
vol'eindiging, vol'einding *v* completion
Volen'dammer *bn & m* (-s) Volendam (man)
'volgaarne *bijw* right willingly
'volgauto *m* ('s) car in funeral (or marriage) procession
'volgbriefje *o* (-s) handel delivery order
'volgeboekt *bn* booked up (to capacity), fully booked [aircraft &]
'volgefourneerd *bn* = *volgestort*
'volgeling *m* (-en), **'volgelinge** *v* (-n) follower, adherent votary [of a sect]
'volgen (volgde, h. en is gevolgd) **I** *overg* **1** follow [a person, a path, a speaker, an argument, the fash-

ion, an admonition, a command &]; **2** follow up [a clue]; **3** pursue [a policy]; **4** watch [the course of events, a football match &]; **5** track [spacecraft]; **6** attend [a series of concerts, lectures]; **7** take [a course of training]; *zijn eigen hoofd ~* go one's own way; *een verdachte ~* shadow (dog) a suspect; *ik heb het (verhaal) niet gevolgd* I have not followed it up; *hij is niet te ~* I cannot follow him; *hij liet deze verklaring ~ door...* he followed up this explanation by...; **II** *abs ww* follow; *hij kan niet ~ (in de klas)* he can't keep up with his form; *je hebt weer niet gevolgd* you have not attended [to your book &]; **III** *onoverg* follow, ensue; *ik volg* I am next; *Nederland en België ~ met 11%* the Netherlands and Belgium come next with 11 percent; *slot volgt* zie: *slot*; *wie volgt?* next, please; *(hij schrijft) als volgt* as follows; *op de p volgt de q* p is followed by q; *de ene ramp volgde op de andere* disaster followed disaster; *de op haar ~de zuster* the sister next to her [in years]; *hieruit volgt dat...* it follows that...; *wat volgt daaruit?* what follows?
'volgend *bn* following, ensuing, next; *de ~e week* **1** ⟨eerstkomende week⟩ next week; **2** ⟨aansluitende week⟩ the next (the ensuing) week; *het ~e* the following
'volgenderwijs, 'volgenderwijze *bijw* in the following way, as follows
'volgens *voorz* according to; *~ paragraaf zoveel* under such and such a paragraph; *~ de directe methode* by the direct method; *~ factuur* as per invoice; *~ hemzelf* by his own account
'volger *m* (-s) follower
'volgestort *bn* paid-up (in full), fully-paid [shares]
'volgieten[1] *overg* fill (up)
'volgkoets *v* (-en) mourning-coach
'volgnummer *o* (-s) serial number
'volgooien[1] *overg* fill (up)
'volgorde *v* (-n en -s) order (of succession), sequence
'volgreeks *v* (-en) series, sequence
'volgrijtuig *o* (-en) mourning-coach
vol'groeid *bn* full-grown
'volgstation *o* (-s) tracking station
'volgtrein *m* (-en) relief train
'volgwagen *m* (-s) **1** = *volgauto*; **2** = *aanhangwagen*
'volgzaam *bn* docile, tractable
'volgzaamheid *v* docility, tractability
vol'harden (volhardde, h. volhard) *onoverg* persevere, persist; *~ in (bij) zijn besluit* stick to one's resolution; *~ bij zijn weigering* persist in one's refusal; *~ in de boosheid* persevere in one's evil courses
vol'hardend *bn* persevering, persistent
vol'harding *v* perseverance, persistency, tenacity (of purpose)
vol'hardingsvermogen *o* perseverance, persistency
'volheid *v* ful(l)ness; *uit de ~ van haar gemoed* out of

the fulness of her heart

'**volhouden**[1] I *overg* **1** maintain [a war, statement &]; **2** keep up [the fight]; **3** sustain [a character, role]; *zelfs een... kan dat niet lang ~* even a... won't last long at that; *het ~* hold on, hold out, stick it (out); *iets tot het eind toe ~* see sth. through (to the end); *hij bleef maar ~ dat...* he (stoutly) maintained that..., he insisted that..., he was not to be talked out of his conviction that...; **II** *abs ww* persevere, persist, hold on, hold out, stick it out (to the end); *~ maar!* never say die!

'**volhouder** *m* (-s) stayer

voli'ère *v* (-s) aviary

'**volijverig** *bn* zealous, full of zeal, assiduous

volk *o* (-en en -eren) people, nation; *(er is) ~ !* Shop!; *het ~* **1** (in 't alg.) the people; **2** *scheepv* the crew; *ons ~* our nation, this nation, the people of this country; *er was veel ~* there were many people; *zulk ~* such people; *de ~en van Europa* the nations (peoples) of Europe; *het gemene ~* the mob, the vulgar; *wij krijgen ~* we expect people [to-night]; *een man uit het ~* a man of the people; *voor het ~* for the many, for the people

'**Volkenbond** *m* League of Nations

'**volkenkunde** *v* ethnology

'**volkenmoord** *v* genocide

'**volkenrecht** *o* law of nations, international law, public law

volken'rechtelijk *bn* under (according to) international law

'**Volkerenbond** *m* = *Volkenbond*

'**volkje** *o* (-s) people; *het jonge ~* the young folks; *dat jonge ~!* those youngsters

vol'komen I *bn* **1** perfect [circle, flower]; **2** complete [victory &]; **II** *bijw* **1** perfectly [happy &]; **2** completely [satisfied]

vol'komenheid *v* perfection, completeness

vol'korenbrood *o* (-broden) wholemeal bread

'**volkrijk** *bn* populous

'**volkrijkheid** *v* populousness

volks *bn* **1** (eigen aan het volk) of the people, popular; **2** (nationaal) national

'**volksaard** *m* national character

'**volksbegrip** *o* (-pen) popular notion

'**volksbelang** *o* (-en) matter of national concern; *het ~* the interest of the nation

'**volksbestaan** *o* existence as a nation

'**volksbestuur** *o* popular government

volksbe'vrijdingsfront *o* (-en) people's liberation front

'**volksbeweging** *v* (-en) popular movement

'**volksboek** *o* (-en) **1** (veelgelezen boek) popular book; **2** *hist* chap-book

'**volksbuurt** *v* (-en) popular neighbourhood, working-class quarter

'**volksconcert** *o* (-en) popular concert

'**volksdans** *m* (-en) folk-dance

'**volksdansen** *o* folk dancing

'**volksdemocratie** *v* (-tieën) people's democracy

'**volksdichter** *m* (-s) popular poet; *onze ~* our national poet

'**volksdracht** *v* (-en) national dress, national costume

'**volksdrank** *m* (-en) national drink

'**volksduitser** *m* (-s) ethnic German

'**volkseigen** *o* national character

'**volksetymologie** *v* (-gieën) folk (popular) etymology

'**volksfeest** *o* (-en) national feast; *~en* public rejoicings

'**volksfront** *o* popular front

'**volksgebruik** *o* (-en) popular custom, national custom; *~en* ook: folk-customs

'**volksgeest** *m* national spirit

'**volksgeloof** *o* popular belief

'**volksgemeenschap** *v* (-pen) national community, nation

'**volksgericht** *o* (-en) ± kangaroo court

'**volksgewoonte** *v* (-n en -s) popular (national) habit

'**volksgezondheid** *v* public health

'**volksgunst** *v* public favour, popularity; *de ~ trachten te winnen* make a bid for popularity

'**volkshogeschool** *v* (-scholen) people's college

'**volkshuishouding** *v* national (political) economy

'**volkshuishoudkunde** *v* economics

'**volkshuisvesting** *v* housing

'**volkskarakter** *o* (-s) national character

'**volkskind** *o* (-eren) child of the people

'**volksklasse** *v* (-n) lower classes

'**volkskunde** *v* folklore

'**volkskunst** *v* folk art, popular art

'**volksleger** *o* (-s) popular army

'**volksleider** *m* (-s) leader of the people, demagogue

'**volksleven** *o* life of the people

'**volkslied** *o* (-eren) **1** (v.e. land) national song, national anthem; **2** (overgeleverd lied) popular song, folk-song

'**volksmenigte** *v* (-n en -s) crowd, multitude

'**volksmenner** *m* (-s) demagogue

'**volksmond** *m*: *in de ~* in the language of the people; *zoals het in de ~ heet* as it is popularly called

'**volksmuziek** *v* folk music

'**volksnaam** *m* (-namen) **1** name of a people; **2** popular name

'**volksonderwijs** *o* national (popular) education

'**volksoploop** *m* (-lopen) street-crowd

'**volksoproer** *o* (-en) popular rising

'**volksopruier** *m* (-s) agitator

'**volksopstand** *m* (-en) insurrection, riot

'**volksoverlevering** *v* (-en) popular tradition

'**volkspartij** *v* (-en) people's party

'**volksplanting** *v* (-en) colony, settlement

'**volksraadpleging** *v* (-en) = *volksstemming*

'**volksredenaar** *m* (-s) popular orator

'**volksregering** *v* (-en) government by the people, popular government

'**volksrepubliek** *v* (-en) people's republic [of China]

'**volksschool** *v* (-scholen) public elementary school

'**volkssoevereiniteit** *v* sovereignty of the people

'**volksspel** *o* (-spelen) popular game

'**volkssport** *v* (-en) national sport

'**volksstam** *m* (-men) tribe, race

'**volksstem** *v* (-men) voice of the people

'**volksstemming** *v* (-en) plebiscite

'**volkstaal** *v* 1 (tegenover hoftaal &) language of the people, popular language, vulgar tongue; 2 (nationale taal) national idiom, vernacular

'**volkstelling** *v* (-en) census (of population); *een ~ houden* take a census

'**volkstoneel** *o* popular theatre

'**volkstribuun** *m* (-bunen) tribune of the people

'**volkstuintje** *o* (-s) allotment (garden)

'**volksuitdrukking** *v* (-en) popular expression

'**volksuitgave** *v* (-n) cheap (popular) edition

'**volksuniversiteit** *v* (-en) ± adult education centre

'**volksverdrukker** *m* (-s) oppressor of the people

'**volksvergadering** *v* (-en) national assembly

'**volksverhuizing** *v* (-en) migration (wandering) of the nations

'**volksverlakkerij** *v* deception of the public

'**volksvermaak** *o* (-maken) public (popular) amusement

'**volksvertegenwoordiger** *m* (-s) representative of the people, member of Parliament

'**volksvertegenwoordiging** *v* (-en) representation of the people; *de ~* Parliament

'**volksverzekering** *v* (-en) national insurance

'**volksvijand** *m* (-en) enemy of the people, public enemy [number one]

'**volksvooroordeel** *o* (-delen) popular prejudice

'**volksvriend** *m* (-en) friend of the people

'**volkswil** *m* will of the people (of the nation), popular will

'**volkswoede** *v* anger (fury) of the people

'**volkszang** *m* community singing

'**volksziekte** *v* (-n en -s) endemic

'**volle**: *ten ~* zie: *vol*

vol'**ledig I** *bn* 1 complete [set, work &]; 2 full [confession, details, report]; 3 plenary [session]; **II** *bijw* completely, fully

vol'**ledigheid** *v* completeness, ful(l)ness

vol'**ledigheidshalve** *bijw* for the sake of completeness

vol'**leerd** *bn* finished, proficient, full(y)-fledged; *~ zijn* have done learning, have left school; *een ~e schurk* a consummate scoundrel

volle'**maan** *v* full moon

volle'**maansgezicht** *o* (-en) full-moon face

'**vollen** (volde, h. gevold) *overg* full

'**voller** *m* (-s) fuller

volle'**rij** *v* 1 (het vollen) fulling; 2 (-en) (bep. bedrijf) fulling-mill

'**vollersaarde** *v* fuller's earth

'**vollerskuip** *v* (-en) fuller's tub

'**volleybal** 1 *m* (-len) (bal) volleyball; 2 *o* (spel) volleyball

'**volleyballen** (volleybalde, h. gevolleybald) *onoverg* play volleyball

'**vollopen**[1] *onoverg* fill[2]

vol'**maakt I** *bn* perfect; **II** *bijw* perfectly, to perfection

vol'**maaktheid** *v* (-heden) perfection

'**volmacht** *v* (-en) full powers, power of attorney, procuration, proxy; *iem. ~ verlenen* confer full powers upon sbd.; *iem. ~ verlenen om...* authorize, empower sbd. to... [do sth.]; *bij ~* by proxy

1 '**volmaken**[1] (maakte vol, h. volgemaakt) *overg* fill

2 vol'**maken** (volmaakte, h. volmaakt) *overg* perfect

vol'**making** *v* perfection

vol'**mondig I** *bn* frank, unqualified [yes &]; **II** *bijw* frankly

volon'**tair** *m* (-s) improver, (practical) trainee; unsalaried clerk

'**volop** *bijw* plenty of..., ...in plenty; *we hebben ~ genoten van ons uitstapje* we thoroughly enjoyed our trip

'**volpension** *o* full board

'**volproppen**[1] *overg* stuff, cram [with food, knowledge]; *volgepropt* ook: gemeenz chock-a-block [with]

vol'**schenken**[1] *overg* fill (to the brim)

vol'**schieten** (schoot vol, is volgeschoten) *onoverg*: *zijn gemoed schoot vol* his heart was fit to burst, he was moved to tears

vol'**schrijven**[1] *overg* cover (with writing)

vol'**slagen** *bn (& bijw)* complete(ly), total(ly), utter(ly)

'**volslank** *bn* rather plump, with a full figure

vol'**staan** (volstond, h. volstaan) *onoverg* suffice; *daar kunt u mee ~* that will do; *daar kan ik niet mee ~* it's not enough; *wij kunnen ~ met te zeggen dat...* suffice it to say that...

'**volstoppen**[1] *overg* zie: *volproppen*

'**volstorten**[1] *overg* handel pay up (in full)

'**volstorting** *v* handel payment in full

vol'**strekt I** *bn* absolute; **II** *bijw* absolutely, wholly; *~ niet* not at all, by no means, nothing of the kind

vol'**strektheid** *v* absoluteness

'**volstromen** (stroomde vol, is volgestroomd) *onoverg* fill up

volt *m* (-s) volt

vol'**tage** *v & o* voltage

vol'**tallig** *bn* 1 complete [set of...]; 2 full [meeting]; 3 plenary [assembly]; *zijn we ~?* all present?; *~ maken* make up the number, complete

vol'**talligheid** *v* completeness

'**voltapijt** *o* ZN fitted carpet

1 '**volte** *v* 1 (volheid) ful(l)ness; 2 (gedrang) crowd

2 'volte *v* (-s) ⟨zwenking⟩ volt

volte 'face *v* volte-face; ~ *maken* make (execute) a volte-face

1 'voltekenen[1] *overg* fill (cover) with drawings

2 vol'tekenen *overg*: *de lening is voltekend* the loan is fully subscribed

volti'geren (voltigeerde, h. gevoltigeerd) *onoverg* vault

volti'geur *m* (-s) vaulter

'voltmeter *m* (-s) voltmeter

vol'tooid *bn*: ~ *tegenwoordige tijd* present perfect; ~ *toekomende tijd* future perfect; ~ *verleden tijd* past perfect; zie ook: *deelwoord*

vol'tooien (voltooide, h. voltooid) *overg* complete, finish

vol'tooiing *v* (-en) completion; *zijn ~ naderen* be nearing completion

'voltreffer *m* (-s) direct hit

vol'trekken (voltrok, h. voltrokken) *overg* **1** execute [a sentence]; **2** solemnize [a marriage]

vol'trekking *v* (-en) **1** execution [of a sentence]; **2** solemnization [of a marriage]

'voluit *bijw* in full

vo'lume *o* (-n en -s) volume, size, bulk

vo'lumeknop *m* (-pen) volume control

volumi'neus *bn* voluminous, bulky

'volvet *bn*: *~te kaas* full fat cheese

vol'voeren (volvoerde, h. volvoerd) *overg* perform, fulfil, accomplish

vol'voering *v* performance, fulfilment, accomplishment

vol'waardig *bn* **1** full, adequate [worker, employee]; **2** highly nutritious [food]; **3** (mentally, physically) fit; **4** fig full(y)-fledged [partner]

vol'wassen *bn* full-grown, grown-up, adult; *half ~* half-grown

vol'wassene *m-v* (-n) adult, grown-up [man, woman]; *~n* grown people, gemeenz grown-ups; *school voor ~n* adult school

vol'wassenheid *v* adulthood, ⟨v. mannen ook⟩ manhood, ⟨v. vrouwen ook⟩ womanhood

'volzin *m* (-nen) sentence, period

vo'meren (vomeerde, h. gevomeerd) *onoverg* vomit

vond (vonden) V.T. van *vinden*

'vondel *m* (-s) = *vonder*

'vondeling *m* (-en) foundling; *een kind te ~ leggen* expose a child

'vonden V.T. meerv. van *vinden*

'vonder *m* (-s) plank-bridge, foot-bridge

vondst *v* (-en) find, discovery, invention; *een ~ doen* make a find

vonk *v* (-en) spark

'vonken (vonkte, h. gevonkt) *onoverg* spark, sparkle

'vonkje *o* (-s) sparklet, scintilla[2]

'vonkvrij *bn* non-sparking

'vonnis *o* (-sen) sentence, judg(e)ment; *~ bij verstek* judg(e)ment by default; *een ~ uitspreken* pronounce (give) a verdict; *een ~ vellen* pass (pronounce) sen-

tence; *toen was zijn ~ geveld* then his doom was sealed

'vonnissen (vonniste, h. gevonnist) *overg* sentence, condemn

vont *v* (-en) font

voogd *m* (-en), **voog'des** *v* (-sen) guardian

voog'dij *v* (-en) **1** ⟨over persoon⟩ guardianship, tutelage; **2** trusteeship [of the United Nations]; *onder ~* [child] in tutelage (*van* to)

voog'dijkind *o* (-eren) ward of court; ward in chancery

voog'dijraad *m* (-raden) **1** ± Guardians' Supervisory Board; **2** Trusteeship Council [of the United Nations]

voog'dijschap *o* (-pen) guardianship, tutelage

1 voor *v* (voren) furrow

2 voor I *voorz* **1** ⟨ten behoeve van⟩ for [soms: to]; **2** ⟨in plaats van⟩ for; **3** ⟨voor de duur van⟩ for; **4** ⟨niet achter⟩ before, in front of [the house]; at [the gate]; off [the coast]; **5** ⟨tegenover na⟩ before, prior to; **6** ⟨eerder dan⟩ before; **7** ⟨geleden⟩ [weeks &] ago; **8** ⟨ter ontkoming, onthouding⟩ [hide, keep, shelter] from; **9** fig for, in favour of [a measure &]; *ik ~ mij* I for one, I for my part; *dat is niets ~ hem* **1** it's not in his line; **2** it's not like him to...; *het doet mij genoegen ~ hem* for him I am glad; *hij is een goede vader ~ hem geweest* he has been a good father to him; *hij werkte ~ de vooruitgang* he worked in the cause of progress; *vijf minuten ~ vijf* five minutes to five; *kom ~ vijven* come before five o'clock; *gisteren ~ een week* yesterday week; *hij had een kamer ~ zich alleen* he had a room all to himself; *mijn cijfers ~ algebra* my marks in algebra; *~ en achter mij* in front of me and behind me; **II** *bijw* in front; *~ in de tuin* in the front of the garden; *(het is pas 1 uur) uw horloge is ~* your watch is fast; *de auto staat ~* the car is at the door, is waiting; *er is veel ~* there is much to be said in favour of it; *ik ben er ~* I am for it (in favour of it); *wij waren hun ~* **1** we were ahead[2] of them; **2** we had got beforehand with them, we had got the start of them, we had forestalled them; *wij wonen ~* we live in the front of the house; *de een ~ de ander na* one after another; *~ en achter* in front and at the back; *~ en na* again and again; *het was 'beste vriend' ~ en na* it was 'dear friend' here, there, and everywhere; *van ~ tot achter* from front to rear; scheepv from stem to stern; **III** *o*: *het ~ en tegen* the pros and cons; **IV** *voegw* before, plechtig ere

'vooraan, voor'aan *bijw* in front; *~ in het boek* at the beginning of the book; *~ in de strijd* in the forefront of the battle; *hij is ~ in de dertig* he is in the (his) early thirties; *~ onder de ... stond Harold* pre-eminent among the... was Harold

voor'aanstaand *bn* **1** eig standing in front; **2** ⟨belangrijk⟩ prominent, leading

'vooraanzicht *o* front view

voor'af *bijw* beforehand, previously

voorafbetaling

voor'afbetaling v advance payment
voor'afgaan[1] *overg & onoverg* go before, precede;
...*laten ~ door...* precede... by...
voor'afgaand *bn* **1** foregoing, preceding [word];
2 prefatory [remarks]; **3** previous [knowledge]; *het
~e* what precedes
voor'afje *o* (-s) hors-d'oeuvre, appetizer
voor'afschaduwing v (-en) adumbration, fore-
shadowing
voor'al *bijw* especially, above all things; *ga er ~ heen*
do go by all means
voor'aleer *voegw* before
voorals'nog *bijw* for the present, for the time being, as yet
'voorarm *m* (-en) forearm
'voorarrest *o* detention under remand; *in ~* under
remand
'vooras v (-sen) front-axle
'vooravond *m* (-en) **1** *eig* first part of the evening;
2 ⟨tijd kort voor gebeurtenis⟩ eve; *aan de ~ van de
slag* on the eve of the battle; *wij staan aan de ~ van
grote gebeurtenissen* we are on the eve (on the
threshold) of important events
'voorbaat: *bij ~* in advance, in anticipation; *bij ~
dank* thanking you in anticipation, thanking you
in advance
'voorbalkon *o* (-s) **1** front-balcony [of a house];
2 driver's platform [of a tram-car]
'voorband *m* (-en) front-tyre
voor'barig I *bn* premature, rash, (over-)hasty; *je
moet niet zo ~ zijn* you should not anticipate, don't
rush to conclusions; *dat is nog wel wat ~* it is early
days yet to...; **II** *bijw* prematurely, rashly
voor'barigheid v (-heden) prematureness, rashness, (over-)hastiness
'voorbedacht *bn* premeditated; *met ~en rade* of
malice prepense, of (with) malice aforethought
voorbe'dachtelijk *bijw* premeditatedly, with premeditation, on purpose
'voorbedachtheid v ZN malice aforethought
'voorbede v (-n) intercession
'voorbeding *o* (-en) condition, stipulation, proviso; *onder ~ dat...* on condition that...
'voorbedingen (bedong voor, h. voorbedongen)
overg stipulate (beforehand)
'voorbeeld *o* (-en) **1** ⟨model⟩ example, model;
2 ⟨geval⟩ example, instance; **3** onderwijs ⟨in schrijf-
boek⟩ copy-book heading; *~en aanhalen van...* cite
instances of...; *een ~ geven* set an example; *kunt u
een ~ geven?* can you give an instance?; *een goed ~
geven* set a good example; *het ~ geven* give the example, set the example; *een ~ nemen aan* take example by, follow the example of...; *een ~ stellen*
make an example of sbd.; *iems. ~ volgen* follow
sbd.'s example; take a leaf out of (from) sbd.'s
book; follow suit; *bij ~* for instance, for example,
e.g.; *tot ~ dienen* serve as a model; *zonder ~* without example, unexampled

voor'beeldeloos *bn* unexampled, matchless
voor'beeldig *bn* exemplary
voor'beeldigheid v exemplariness
'voorbehoedmiddel *o* (-en) contraceptive, preservative
'voorbehoud *o* reserve, reservation, proviso; *geestelijk ~* mental reservation; *onder ~ dat...* with a (the)
proviso that; *het onder ~ aannemen* accept it [the
statement] with reservations, with al proper reserve; *onder alle ~* with all reserve; *onder gewoon ~
handel* under usual reserve; *onder het nodige ~* with
due reserve; *onder zeker ~* with reservations, with
some reserve; *zonder ~* **1** [state] without reserve;
2 [agree] unreservedly
'voorbehouden (behield voor, h. voorbehouden)
overg reserve; *zich het recht ~* reserve to oneself the
right [of...]
'voorbereiden[1] **I** *overg* prepare; *iem. ~ op* prepare
sbd. for [sth., some news, the worst]; **II** *wederk: zich
~* prepare (oneself); *zich ~ voor een examen* read for
an examination
'voorbereidend *bn* preparatory [school &]
voorbereiding v (-en) preparation
'voorbereidsel *o* (-en en -s) preparation
'voorbericht *o* (-en) preface; foreword [esp. by another than the author]
'voorbeschikken (beschikte voor, h. voorbeschikt)
overg **1** preordain [of God]; **2** predestinate, predestine [to greatness &]
'voorbeschikking v (-en) predestination
'voorbeschouwing v (-en) preview
'voorbespreking v (-en) **1** ⟨voorbereidende bespre-
king⟩ preliminary talk; **2** ⟨v. plaatsen⟩ advance
booking
'voorbestaan *o* pre-existence
'voorbestemmen (bestemde voor, h. voorbestemd) *overg* **1** ⟨in 't alg.⟩ predestine, predestinate;
2 foreordain [to any fate]
'voorbestemming v predestination
'voorbidden[1] *onoverg* lead in prayer, say the
prayers
'voorbidder *m* (-s) intercessor
'voorbidding v (-en) intercession
voor'bij I *voorz* beyond, past; **II** *bijw* past; *het huis
~* past the house; *het is ~* it is over now, it is at an
end; **III** *bn* past
voor'bijdrijven[1] **I** ⟨is⟩ *onoverg* float past (by); **II**
⟨h.⟩ *overg* drive past
voor'bijgaan[1] **I** *onoverg* **1** ⟨van personen⟩ go by,
pass by, pass; **2** ⟨v. tijd &⟩ go by, pass; *het zal wel ~*
it is sure to pass off; *hemel en aarde zullen ~* heaven
and earth shall pass away; **II** *overg* pass (by) [a
house, person &]; *iem. ~* **1** *eig* pass sbd.; **2** ⟨over-
slaan⟩ pass sbd. over; *een kans laten ~* miss a
chance, miss the bus; *met stilzwijgen ~* pass over in
silence; **III** *o*: *in het ~* in passing[2]; fig by the way
voor'bijgaand *bn* passing, transitory, transient;
...*is slechts van ~e aard* ...is but temporary

voor'bijgang m: met ~ van... over the head(s) of...,
...being passed over
voor'bijganger m (-s) passer-by
voor'bijkomen[1] onoverg pass (by)
voor'bijlaten[1] overg let [sbd.] pass
voor'bijlopen[1] overg & onoverg pass
voor'bijmarcheren[1] onoverg & overg march past
voor'bijpraten[1]: overg: zijn mond ~ let one's
tongue run away with one
voor'bijrijden[1] onoverg & overg ride (drive) past,
pass
voor'bijschieten[1] I (is) onoverg dash past; II (h.)
overg shoot past, fig overshoot [the mark]
voor'bijsnellen[1] onoverg & overg pass by in a hurry
voor'bijsnorren[1] onoverg & overg whir past, whizz
by
voor'bijstreven (streefde voorbij, is voorbijge-
streefd) overg outstrip; zie ook: doel
voor'bijtrekken[1] onoverg 1 march past [of an
army]; 2 pass over [of a thunderstorm]
voor'bijvaren[1] I overg outsail; II onoverg pass
voor'bijvliegen[1] I onoverg fly past; II overg fly past,
rush past
voor'bijwandelen[1] onoverg & overg walk past, pass
voor'bijzien[1] overg overlook
'voorbinden[1] overg tie on, put on
'voorblijven[1] onoverg keep ahead of, lead, remain
in front
'voorbode m (-n en -s) foretoken, forerunner[2], precursor[2], plechtig harbinger
'voorbrengen[1] overg 1 bring on the carpet, put forward [a proposal]; 2 recht bring up [the accused];
produce [witnesses]
'voorchristelijk bn pre-Christian
'voorcijferen[1] overg = voorrekenen
voord v (-en) ford
'voordacht v: met ~ with premeditation, deliberately
'voordansen[1] I onoverg lead the dance; II overg
show how to dance
'voordat voegw before; plechtig ere
'voorde v (-n) = voord
'voordeel o (-delen) 1 (in 't alg.) advantage, benefit;
2 (winst) profit, gain; zijn ~ doen met take advantage of, profit by, turn to (good) account; dat heeft
zijn ~ there is an advantage in that; ~ bij iets hebben derive advantage from sth., profit by sth.; wat
voor ~ zal hij daarbij hebben? what will it profit
him?; ~ opleveren yield profit; ~ trekken van turn to
(good) account, profit by, take advantage of; zijn ~
zoeken seek one's own advantage; in het ~ zijn van
be an advantage to; is het in uw ~? is it in your favour?, to your advantage?; in zijn ~ veranderd
changed for the better; met ~ with advantage; handel at a profit; ten (tot) ~ strekken be to sbd.'s advantage, benefit, be beneficial to [trade]; be all to
the good; ten voordele van for the benefit of; zonder
~ without profit

'voordeelregel m sp advantage rule
'voordeeltje o (-s) windfall
voordegekhoude'rij v fooling
'voordek o (-ken) foredeck
voor'delig I bn 1 (in 't alg.) profitable, advantageous; 2 (in het gebruik) economical, cheap;
3 (goedkoop) low-budget [prices]; dat is ~er in het
gebruik ook: that goes farther; II bijw profitably,
advantageously, to advantage; zij kwamen niet op
hun ~st uit ook: they did not show at their best
voor'deligheid v profitableness, advantageousness
'voordeur v (-en) front door, street-door
'voordeurdelers mv persons living under one roof,
± housemates
voor'dezen, voor'dien bijw before this, previously, before
'voordienen[1] overg serve
'voordoen I overg 1 show [sbd.] (how to...); 2 put
on [an apron]; II wederk: zich ~ 1 present itself,
offer [of an opportunity]; 2 arise, crop up, occur [of
a difficulty]; zich ~ als... set up for a..., pass oneself
off as a...; hij weet zich goed voor te doen he has a
good address; ik wil me niet beter ~ dan ik ben I
don't want to make myself out better than I am
'voordracht v (-en) 1 (wijze van voordragen) utterance, diction, delivery, elocution; muz execution,
rendering, playing; 2 (het voorgedragene) recitation, recital [of a poem]; discourse, lecture, address;
3 (kandidatenlijst) short list; nomination; een ~
houden give a lecture, read a paper; een ~ indienen
submit (present) a list of names; een ~ opmaken
make out a short list; nummer één op de ~ first in
the short list; op ~ van on the recommendation of
'voordrachtskunstenaar m (-s) elocutionist, reciter
'voordragen[1] overg 1 (iem.) propose, nominate [a
candidate]; 2 (een gedicht &) recite; ik zal voor die
betrekking voorgedragen worden I shall be recommended for that post
'voordrager m (-s) reciter
'voordringen (drong voor, is voorgedrongen) onoverg push [oneself] ahead; Br jump the queue
'voorechtelijk bn pre-marital
voor'eerst bijw 1 (voorlopig) for the present, for
the time being; 2 ZN (eerst) at first, in the first instance; ~ niet not just yet
'vooreind (-en), **'vooreinde** o (-n) fore-part, fore-
end
voor- en 'nadelen mv advantages and disadvan-
tages
'voorfilm m (-s) short
'voorgaan[1] onoverg 1 (als eerste gaan) go before,
precede; 2 (voorbeeld geven) set an example;
3 (voorbidden) lead in prayer, say the prayers;
4 (de voorrang hebben) take precedence; gaat u
voor! after you!; dames gaan voor! ladies first!; iem.
laten ~ let sbd. go first; zal ik maar ~? shall I lead
the way?; dat gaat voor that comes first; de generaal

gaat voor the general takes precedence; *de majoor liet de generaal ~* the major yielded the pas to the general

'voorgaand *bn* **1** preceding [century &]; **2** antecedent [term]; *het ~e* the foregoing; *in het ~e* in the preceding pages

'voorgalerij *v* (-en) front veranda(h)

'voorganger *m* (-s) **1** (in ambt) predecessor; **2** (predikant) pastor

'voorgangster *v* (-s) predecessor

'voorgebergte *o* (-n en -s) promontory, headland

'voorgeborchte *o*: *het ~ der hel* limbo

'voorgebouw *o* (-en) front part of a building

'voorgekrompen *bn* pre-shrunk

'voorgeleiden[1] *overg* bring up [the accused]

'voorgeleiding *v* (enforced) appearance in court

'voorgemeld,, 'voorgenoemd *bn* = *voormeld*

'voorgenomen *bn* intended, proposed, contemplated

'voorgerecht *o* (-en) entrée

'voorgeschiedenis *v* **1** (v. zaak, ziekte &) (previous) history, case history; **2** (van persoon) antecedents; **3** (prehistorie) prehistory

'voorgeschreven *bn* prescribed, regulation...

'voorgeslacht *o* (-en): *ons ~* our ancestors

'voorgespannen *bn*: *~ beton* pre-stressed concrete

'voorgevallene *o*: *het ~* what has happened

'voorgevel *m* (-s) front, forefront, façade

'voorgeven[1] **I** *overg* **1** pretend, profess [to be a lawyer &]; **2** *sp* give odds; **II** *o*: *volgens zijn ~* according to what he pretends (to what he says)

'voorgevoel *o* (-ens) presentiment; *mijn angstig ~* ook: my misgiving(s)

'voorgift *v* (-en) odds (given), handicap

voor'goed *bijw* for good (and all), forever, permanently

'voorgoochelen[1] *overg*: *iem. iets ~* delude sbd. with sth

'voorgrond *m* (-en) **1** (in 't alg.) foreground; **2** (v. toneel) downstage; *zich op de ~ plaatsen* put oneself forward; *op de ~ staan* **1** *eig* be in the foreground; **2** *fig* be to the fore; be the centre [of the discussion]; be the main theme [of the conference]; *dat staat op de ~* that is prominent; *dat moeten wij op de ~ stellen* that's what we should emphasize; *op de ~ treden* come to the front, come (be) to the fore

'voorhamer *m* (-s) sledge-hammer

'voorhand *v* (-en) forehand [of a horse]; *aan de ~ zitten* have the lead, play first; *op ~* beforehand

voor'handen *bn* on hand, in stock, in store, to be had, available; *de ~ gegevens* the data on hand; *niet ~* sold out, exhausted

'voorhang *m* (-en) bijbel veil [of the temple]

'voorhangen[1] **I** *overg* **1** (iets) hang in front; **2** (iem. als lid) put up, propose for membership; **II** *abs ww* be put up, be proposed for membership

'voorhangsel *o* (-s en -en) **1** (in 't alg.) curtain; **2** bijbel veil [of the temple]

'voorhaven *v* (-s) outport

'voorhebben[1] *overg* **1** eig have before one; **2** (van plan zijn) intend, be up to, drive at, purpose; *een schort ~* wear an apron; *weet je wie je voorhebt?* do you know whom you are talking to?; *het goed met iem. ~* mean well by sbd.; *wat zouden ze met hem ~?* what do they intend to do with him?; *wat ~ op* have an advantage (the pull) over [sbd.]

'voorhechtenis *v* ZN detention under remand

voor'heen *bijw* formerly, before, in the past; *Smith & Co. ~ Jones* handel Smith & Co., late Jones; *~ en thans* past and present

'voorheffing *v* (-en) advance levy

'voorhistorisch *bn* prehistoric

'voorhoede *v* (-n en -s) mil advance(d) guard[2], van[2], vanguard[2]; fig forefront; *de ~* sp the forwards

'voorhoedespeler *m* (-s) forward

'voorhof *o & m* (-hoven) forecourt

'voorhoofd *o* (-en) forehead, brow, plechtig front

'voorhoofdsbeen *o* (-deren) frontal bone

'voorhoofdsholte *v* (-n en -s) sinus

'voorhoofdsholteontsteking *v* (-en) sinusitis

'voorhouden[1] *overg* **1** (iets) keep on [an apron]; **2** (iem. iets) hold [a book &] before; hold up [a mirror] to...; **3** fig point sth. out [to sbd.], remonstrate with [sbd.] on [sth.], expostulate with [sbd.] about [sth.]

'voorhuid *v* (-en) foreskin, prepuce

'voorhuis *o* (-huizen) hall, front part of the house

'voorin, voor'in *bijw* **1** (in 't alg.) in (the) front; **2** at the beginning [of the book]

'Voor-Indië *o* India (proper)

Voor'indisch *bn* Indian

voor'ingenomen *bn* prepossessed, prejudiced, bias(s)ed

voor'ingenomenheid *v* prepossession, prejudice, bias

'voorintekening *v* (-en) subscription

'voorjaar *o* (-jaren) spring

'voorjaarsbeurs *v* (-beurzen) spring fair

'voorjaarsbloem *v* (-en) spring-flower

'voorjaarsmoeheid *v* spring fatigue, Am spring fever

'voorjaarsnachtevening *v* (-en) vernal equinox

'voorjaarsopruiming *v* (-en) spring sale(s)

'voorjaarsschoonmaak *m* spring-cleaning

'voorkamer *v* (-s) front room

'voorkant *m* (-en) = *voorzij(de)*

'voorkauwen[1] *overg*: *40 jaar heb ik het hun voorgekauwd* for 40 years I have repeated it over and over again to them (I have spoonfed it to them)

'voorkennis *v* **1** (v.d. toekomst) prescience; **2** (medeweten) (fore)knowledge; *met ~ van...* with the (full) knowledge of; *zonder ~ van* without the knowledge of, unknown to

'voorkeur *v* preference; *de ~ genieten* **1** be preferred [of applicants, goods &]; **2** handel have the preference [for a certain amount]; *de ~ geven aan* give preference to, prefer; *de* ~ *geven aan... boven* prefer... to; *de* ~ *hebben* **1** (*in 't alg.*) enjoy (have) the preference, be preferred; **2** handel have the (first) refusal [of a house &]; *bij* ~ for preference, preferably

'**voorkeursbehandeling** *v* (-en) preferential treatment

'**voorkeurspelling** *v* preferred spelling [of Dutch]

'**voorkeurstem** *v* (-men) preferential vote

'**voorkeurtarief** *o* (-rieven) preferential tariff

'**voorkeuzetoets** *m* (-en) automatic tuning control

'**voorkind** *o* (-eren) **1** child by a previous marriage; **2** child born before marriage

1 '**voorkomen**[1] **I** *onoverg* **1** (bij hardlopen &) get ahead[2]; **2** ⟨v. auto⟩ come round; **3** recht ⟨v. zaak⟩ come on, come up for trial; ⟨van persoon⟩ appear; **4** ⟨gevonden worden, bestaan⟩ occur, be found, be met with [of instances &]; appear, figure [on a list]; **5** ⟨gebeuren⟩ happen, occur; **6** ⟨lijken⟩ appear to, seem to; *het komt vaak voor* it frequently occurs; it is of frequent occurrence; *het komt mij voor dat...* it appears (seems) to me that...; *laat de auto* ~ order the car round; *het laten* ~ *alsof...* make it appear as if...; **II** *o* appearance, mien, aspect, look(s), air; *het* ~ *van dit dier* **1** the appearance of this animal; **2** the occurrence of this animal

2 voor'komen (voorkwam, h. voorkomen) *overg* **1** anticipate, forestall [sbd.'s wishes]; **2** ⟨verhinderen⟩ prevent, preclude; ~ *is beter dan genezen* prevention is better than cure

1 '**voorkomend** *bn* occurring; zie ook: *gelegenheid*

2 voor'komend *bn* obliging, polite, courteous

voor'komendheid *v* obligingness, politeness, courtesy

voor'koming *v* **1** prevention [of crime]; **2** anticipation [of wishes]; *ter* ~ *van...* in order to prevent..., for the prevention of...

'**voorkoop** *m* (-kopen) pre-emption

'**voorkrijgen**[1] *overg* sp receive [fifty points]

'**voorlaatst** *bijw* **1** last [page] but one; **2** penultimate [syllable]

'**voorlader** *m* (-s) **1** ⟨vuurwapen⟩ muzzle-loader; **2** ⟨apparatuur⟩ front-loader

'**voorland** *o* (-en) foreland

voor'langs *bijw* across (along) the front; *hij schoot de bal* ~ he shot across the goal

'**voorlaten**[1] *overg: iem.* ~ let sbd. go first

'**voorleggen**[1] *overg* **1** put before, place before, lay before, submit [the papers to him]; **2** propound [a question to sbd.]; *iem. de feiten* ~ lay the facts before one; *hem die vraag* ~ put the question to him

'**voorleiden**[1] *overg* bring up [the accused]

'**voorletter** *m* (-s) initial

'**voorlezen**[1] *overg* **1** read to [a person]; **2** read out [a message]

'**voorlezer** *m* (-s) reader [also in church]

'**voorlezing** *v* (-en) reading, lecture

'**voorlichten**[1] *overg* **1** enlighten [public opinion];

2 advise [the government on...]; **3** inform [a person of..., on...].; give [sbd.] information [about sth.]; *iem. seksueel* ~ explain the facts of life to sbd.

'**voorlichter** *m* (-s) **1** (in 't alg.) information (public relations) officer; **2** ⟨woordvoerder⟩ spokesman, spokeswoman, spokesperson

'**voorlichting** *v* enlightenment, [vocational, marriage] guidance, [marital] advice; [sex] education (instruction); information [on...]

'**voorlichtingsdienst** *m* (-en) information service; ± Public Relations (Department)

'**voorliefde** *v* liking, predilection, partiality; *(een zekere)* ~ *hebben voor* be partial to...

'**voorliegen**[1] *overg: iem. (wat)* ~ lie to sbd.

'**voorligger** *m* (-s) ⟨in verkeer⟩ car in front of (one)

'**voorlijk** *bn* precocious, forward [plant, child]

'**voorlijkheid** *v* precocity, forwardness

'**voorlopen**[1] *onoverg* **1** ⟨v. persoon⟩ lead the way; **2** ⟨v. uurwerk⟩ be fast, gain [5 minutes a day]

'**voorloper** *m* (-s) forerunner, precursor, plechtig harbinger

voor'lopig **I** *bn* provisional; ~*e cijfers (conclusie &)* ook: tentative figures (conclusion &); ~ *dividend* interim dividend; ~*e hechtenis* = *voorarrest*; **II** *bijw* provisionally; for the present, for the time being

voor'malig *bn* former, late, sometime, one-time, ex-[enemy]

'**voorman** *m* (-nen) **1** ⟨onderbaas⟩ foreman; **2** mil front-rank man; **3** handel preceding holder; *de* ~*nen der beweging* the leaders, the leading men

'**voormast** *m* (-en) foremast

voor'meld *bn* above-mentioned, afore-said; *(de)* ~*e...* ook: the above...

'**voormenselijk** *bn* pre-human

'**voormiddag** *m* (-dagen) morning, forenoon; *om 10 uur des* ~*s* at 10 o'clock in the morning, at 10 a.m

voorn *m* (-s) roach

1 '**voornaam** *m* (-namen) forename, first name, Christian name

2 voor'naam *bn* **1** distinguished [appearance]; prominent [place]; **2** ⟨belangrijk⟩ important

voor'naamheid *v* distinction

voor'naamste *bn* chief, principal, leading; *het* ~ the principal (main) thing

'**voornaamwoord** *o* (-en) pronoun

voornaam'woordelijk *bn* pronominal

'**voornacht** *m* (-en) first part of the night

voor'namelijk *bijw* chiefly, principally, mainly, primarily

'**voornemen**[1] **I** *wederk: zich* ~ resolve, make up one's mind [to do sth.]; zie ook: *voorgenomen*; **II** *o* (-s) **1** ⟨bedoeling⟩ intention; **2** ⟨besluit⟩ resolution; *het* ~ *hebben om* intend to; *het* ~ *opvatten om...* make up one's mind to..., resolve to...; ~*s zijn (om)* intend (to), propose (to); *het ligt in het* ~ *van de directie om...* it is the intention of the management to...

voor'noemd *bn* = *voormeld*

voor'onder *o* (-s) scheepv forecastle

'**vooronderstellen** (vooronderstelde, h. voorondersteld) *overg* presuppose

'**vooronderstelling** *v* (-en) presupposition, hypothesis

'**vooronderzoek** *o* preliminary examination

'**voorontsteking** *v* advanced ignition

'**voorontwerp** *o* (-en) preliminary draft

voor'oordeel *o* (-delen) prejudice, bias (*tegen* against)

voor'oorlogs *bn* pre-war

voor'op *bijw* in front

voor'opgezet *bn* preconceived [opinion]

'**vooropleiding** *v* 1 ⟨algemeen⟩ preliminary training, pre-school education; 2 ⟨speciaal⟩ preparatory training

voor'oplopen[1] *onoverg* 1 eig go first, walk in front, lead the way; 2 (voorbeeld geven) lead

voor'opstellen[1] *overg* premise; *vooropgesteld dat het verhaal waar is* assuming the truth of the story; *ik stel voorop dat..., het zij vooropgesteld dat...* I wish to point out that...

'**vooropzeg** *m* ZN term of notice

voor'opzetten[1] *overg* premise; zie ook: *vooropgezet*

'**voorouderlijk** *bn* ancestral

'**voorouders** *mv* ancestors, forefathers

'**voorouderverering** *v* ancestor worship, veneration of ancestors

voor'over *bijw* forward, bending forward, prone, face down

voor'overbuigen[1] **I** *onoverg* bend (lean) forward, stoop; **II** *overg* bend [sth.]

voor'overhangen[1] *onoverg* hang forward

voor'overhellen[1] *onoverg* incline forward

'**vooroverleg** *o* preliminary consultation

voor'overleunen[1] *onoverg* lean forward

voor'overliggen[1] *onoverg* lie prostrate

voor'overliggend *bn* prostrate, prone

'**vooroverlijden** *o* predecease

voor'overlopen[1] *onoverg* stoop, walk with a stoop

voor'overvallen[1] *onoverg* fall forward (headlong), fall head foremost

voor'overzitten[1] *onoverg* bend forward

'**voorpaard** *o* (-en) leader

'**voorpagina** *v* ('s) front page

'**voorpand** *o* (-en) front

'**voorplecht** *v* (-en) forecastle

'**voorplein** *o* (-en) forecourt, castleyard

'**voorpoort** *v* (-en) front gate, outer gate

'**voorpoot** *m* (-poten) foreleg, front paw

'**voorportaal** *o* (-talen) porch, hall

'**voorpost** *m* (-en) mil outpost

'**voorpostengevecht** *o* (-en) outpost skirmish

'**voorpostenlinie** *v* (-s) line of outposts

voor'praten[1] *overg* prompt; *hij zegt maar na wat ze hem* ~ he parrots everything

'**voorpreken**[1] *overg* preach to

'**voorpret** *v* anticipation

'**voorproefje** *o* (-s) foretaste, taste

'**voorproeven**[1] *overg* taste (beforehand)

'**voorprogramma** *o* ('s) supporting programme

'**voorraad** *m* (-raden) store, stock, supply [of books, wares &]; *zolang de* ~ *strekt* subject to stock being available (being unsold); *nieuwe* ~ *opdoen, in* ~ *opslaan* lay in a fresh supply; *in* ~ on hand, in stock, in store; *uit* ~ *leveren* supply from stock

'**voorraadkamer** *v* (-s) store-room

'**voorraadkelder** *m* (-s) store-cellar

'**voorraadschuur** *v* (-schuren) storehouse, granary

'**voorraadvorming** *v* stocking of supplies; *strategische* ~ stockpiling

voor'radig *bn* in stock, on hand, available; *niet meer* ~ out of stock, sold out.

'**voorrang** *m* 1 ⟨in 't alg.⟩ precedence, priority; 2 ⟨in het verkeer⟩ right of way; *de voorrang hebben (boven)* take precedence (of), have priority (over); *om de* ~ *strijden* contend for the mastery; ~ *verlenen* give (right of) way to [another car]; give precedence [to pedestrians on a zebra crossing]; yield precedence to [sbd.]; give priority to [a good cause]

'**voorrangskruising** *v* (-en) priority crossroad

'**voorrangsweg** *m* (-wegen) major road

'**voorrecht** *o* (-en) privilege, prerogative

'**voorrede** *v* (-s) preface; foreword [esp. by another than the author]

'**voorrekenen**[1] *overg*: *iem. iets* ~ show sbd. how sth. works out

'**voorrijden**[1] *onoverg* 1 (voor de deur stoppen) drive up to the door; 2 ⟨aan huis komen voor reparatie &⟩ make a house call

'**voorrijkosten** *mv* call out charge

'**voorronde** *v* (-n en -s) qualifying round

'**voorruit** *v* (-en) windscreen; Am windshield

'**voorschieten**[1] *overg* advance [money]

'**voorschieter** *m* (-s) money-lender

'**voorschijn**: *te* ~ *brengen* produce, bring out, bring to light; *te* ~ *halen* produce [a key, revolver &]; take out [one's purse]; *te* ~ *komen* appear, make one's appearance, come out; *te* ~ *roepen* call up

'**voorschip** *o* fore-part of the ship

'**voorschoot** *m & o* (-schoten) apron

'**voorschot** *o* (-en) advanced money, advance, loan; ~*ten* out-of-pocket expenses; *(geen)* ~ *geven op...* advance (no) money upon...; ~ *nemen* obtain an advance

'**voorschotbank** *v* (-en) loanbank

'**voorschotelen** (schotelde voor, h. voorgeschoteld) *overg* dish up, serve up

'**voorschrift** *o* (-en) 1 prescription [of a doctor]; 2 precept [respecting conduct]; 3 instruction, direction [what or how to do]; 4 [traffic, safety] regulation; *op* ~ *van de dokter* by medical orders

'**voorschrijven**[1] *overg* 1 eig write for, show how to write; 2 prescribe [a medicine, a line of conduct]; 3 dictate [conditions]; *de dokter zal het u* ~ the doc-

tor will prescribe it for you; *hij zal u wat (een recept)*
~ he will write you out a prescription; *de dokter
schreef me volkomen rust voor* the doctor ordered me
a complete rest
'**voorschuiven**[1] *overg* push, shoot [a bolt]
'**voorseizoen** *o* (-en) preseason
voors'hands *bijw* for the time being, for the
present
'**voorslaan**[1] *overg* ⟨voorstellen⟩ propose, suggest
'**voorslag** *m* (-slagen) **1** ⟨in 't alg.⟩ first stroke;
2 warning [of clock]; **3** *muz* appoggiatura
'**voorsmaak** *m* foretaste, taste
'**voorsnijden**[1] *overg* carve
'**voorsnijmes** *o* (-sen) carving-knife, carver
'**voorsnijvork** *v* (-en) carving-fork
'**voorsorteren**[1] *onoverg* ⟨in het verkeer⟩ move into
the correct (traffic) lane; ~! get in lane
'**voorspan** *o* (-nen) leader(s)
'**voorspannen**[1] **I** *overg* put [the horses] to; **II** *wederk: zich ergens* ~ take sth. in hand
'**voorspel** *o* (-spelen) **1** *muz* prelude, overture;
2 prologue, introductory part [of a play]; **3** ⟨sek-
sueel⟩ foreplay; *dat was het* ~ *van* *fig* it was the prelude to...
voor'spelbaar *bn* predictable
'**voorspelden**[1] *overg* pin on
'**voorspelen**[1] *overg* **1** ⟨tot voorbeeld⟩ show how to
play, play [it to you]; **2** play first, have the lead [at
cards]
1 '**voorspellen**[1] *overg* spell [a word] to
2 voor'spellen (voorspelde, h. voorspeld) *overg* predict, foretell, prophesy, presage, prognosticate,
forebode, portend, bode [evil], spell [rain]; *dat heb
ik je wel voorspeld* I told you so!; *het voorspelt niet
veel goeds* it bodes us no good; *het voorspelt niet veel
goeds voor de toekomst* it bodes ill for the future
voor'speller *m* (-s) predictor, prophet
voor'spelling *v* (-en) prediction, prophecy, prognostication, [weather] forecast
'**voorspiegelen**[1] *overg: iem. iets* ~ hold out hope,
promises & to sbd., hold out to sbd. the prospect
that...; *zich iets* ~ delude oneself with the belief
that...; *hij had zich van alles daarvan voorgespiegeld*
he had deluded himself with all manner of vain
hopes about it
'**voorspiegeling** *v* (-en) false hope, delusion
'**voorspijs** *v* (-spijzen) hors d'oeuvres, entrée
'**voorspoed** *m* prosperity; ~ *hebben* be prosperous;
voor- en tegenspoed ups and downs; *in voor- en tegenspoed* in storm or shine; for better for worse
voor'spoedig I *bn* prosperous [in affairs], successful; **II** *bijw* prosperously, successfully
'**voorspraak** *v* **1** ⟨hulp, bemiddeling⟩ intercession,
mediation; **2** (-spraken) ⟨persoon⟩ intercessor, advocate
'**voorspreken**[1] *overg* speak in favour of
'**voorspreker** *m* (-s) intercessor, advocate
'**voorsprong** *m* (-en) start, lead; *hem een* ~ *geven* sp

give him a start; *een* ~ *hebben van 5 km* have a lead
of 5 km; *een* ~ *hebben op* have a lead over; *een* ~
krijgen op gain a lead over; *met een 2-0* ~ leading
2-0
'**voorstaan**[1] **I** *overg* **1** advocate [pacifism &];
2 champion [a cause]; *hij laat zich daarop (heel wat)*
~ he prides himself on it; **II** *onoverg* be present to
one's mind; stand in front; *met 2-0* ~ lead with
2-0; *het staat mij voor* I think I remember; *het staat
mij nog duidelijk voor* it still stands out clearly before me; *er staat mij nog zo iets van voor* I have a
hazy recollection of it
'**voorstad** *v* (-steden) suburb
'**voorstander** *m* (-s) advocate, champion, supporter
'**voorste** *bn* foremost, first; ~ *rij* *ook*: front row
1 '**voorstel** *o* (-len) **1** ⟨plan, suggestie⟩ proposal;
2 ⟨wetsvoorstel⟩ bill; **3** ⟨motie⟩ motion; *een* ~ *aannemen* accept (agree to) a proposal; *een* ~ *doen*
make a proposal [to sbd.]; *een* ~ *indienen* move
(put, hand in) a motion [in an assembly]; *op* ~
van... **1** on the proposal of..., on a (the) motion
of...; **2** on (at) the suggestion of...
2 '**voorstel** *o* (-len) ⟨v. wagen⟩ fore-carriage
'**voorstellen**[1] **I** *overg* **1** ⟨in 't alg.⟩ represent; **2** ⟨op
toneel⟩ represent [a forest, a king], (im)personate
[Hamlet &]; **3** ⟨een voorstel doen⟩ propose, move,
suggest [a scheme]; **4** ⟨ter kennismaking⟩ present,
introduce; *mag ik u meneer Richard* ~? allow me to
introduce to you Mr Richard; *ik heb ze aan elkaar
voorgesteld* I introduced them; *hij werd aan de koning voorgesteld* he was presented to the King; *een
amendement* ~ move an amendment; *ik stel voor dat
wij heengaan* I move we go, *gemeenz* I vote we go;
de feiten verkeerd ~ misrepresent the facts; **II**
wederk: zich ~ introduce oneself; *zich iets* ~ **1** ⟨zich
verbeelden⟩ figure (picture) to oneself, imagine,
fancy, conceive (of); **2** ⟨zich voornemen⟩ intend,
propose, purpose; *stel je voor!* (just) fancy!
'**voorsteller** *m* (-s) **1** ⟨in 't alg.⟩ proposer; **2** ⟨in ver-
gadering⟩ mover
'**voorstelling** *v* (-en) **1** ⟨in de geest⟩ idea, notion,
image; **2** ⟨afbeelding⟩ representation; **3** ⟨vertoning⟩
performance; **4** introduction [of people], presentation [at court]; *een verkeerde* ~ *van de feiten* a misrepresentation of the facts; *zich een verkeerde* ~ *maken van...* form a mistaken notion of...; *u kunt u er
geen* ~ *van maken hoe...* you can't imagine how...
'**voorstellingsvermogen** *o* imaginative faculty,
imagination
'**voorstemmen**[1] *onoverg* vote for it
'**voorstemmers** *mv* ayes
'**voorsteven** *m* (-s) stem
'**voorstopper** *m* (-s) voetbal centre half
'**voorstudie** *v* (-s) **1** ⟨in 't alg.⟩ preliminary study;
2 ⟨schetstekening⟩ preliminary sketch
'**voorstuk** *o* (-ken) **1** front-piece; front [of a shoe];
2 ⟨toneel⟩ curtain-raiser
voort *bijw* **1** ⟨verder⟩ forward, onwards, on, along;

2 ⟨weg⟩ away

'**voortaan** *bijw* henceforward, henceforth, in future, from this time on

'**voortand** *m* (-en) front tooth, incisor

'**voortbestaan I** (bestond voort, h. voortbestaan) *onoverg* continue to exist, survive; **II** *o* survival, continued existence

'**voortbewegen** (bewoog voort, h. voortbewogen) **I** *overg* move (forward), propel; **II** *wederk*: zich ~ move, move on

'**voortbeweging** *v* **1** ⟨voortstuwing⟩ propulsion; **2** ⟨'t zich verplaatsen⟩ locomotion

'**voortbomen** [¹] *overg* punt, pole [a boat]

'**voortborduren** [¹] *onoverg*: ~ *op* **1** elaborate on, develop [a plan]; **2** return to, harp on [a remark]

'**voortbouwen** [¹] *onoverg* go on building; ~ *op* build (up)on [²]

'**voortbrengen** [¹] *overg* produce, bring forth, generate, breed

'**voortbrenger** *m* (-s) producer, generator

'**voortbrenging** *v* production, generation

'**voortbrengsel** *o* (-s en -en) product, production; ~(en) ⟨v.d. natuur⟩ ook: produce

'**voortdrijven** [¹] **I** (h.) *overg* drive on, drive forward, spur on, urge on; **II** (is) *onoverg* float along

'**voortduren** [¹] *onoverg* continue, last, go on

'**voort'durend I** *bn* **1** ⟨herhaaldelijk⟩ continual; **2** ⟨onafgebroken⟩ continuous, constant, lasting; **II** *bijw* continually; continuously

'**voortduring** *v* continuance, continuation, persistence, persistency; *bij* ~ continuously, persistently

'**voortduwen** [¹] *overg* push on [forward]

'**voorteken** *o* (-s en -en) sign, indication, omen, portent, presage; *de ~en van een ziekte* the precursory symptoms

'**voortellen** [¹] *overg* count down

'**voortentamen** *o* (-s en -mina) prelim(inary examination)

'**voorterrein** *o* (-en) front court, front yard

'**voortgaan** [¹] *onoverg* go on, continue, proceed

'**voortgang** *m* (-en) progress; ~ *hebben* proceed; *het had geen* ~ it didn't come off

'**voortgezet** *bn* **1** prolonged [investigations]; **2** secondary [education]

'**voortglijden** [¹] *onoverg* glide on

'**voorthelpen** [¹] *overg* help on, give a hand

'**voortijd** *m* (-en) prehistoric times

'**voortijdig** *bn* premature

'**voortijds** *bijw* in former times, formerly

'**voortijlen** [¹] *onoverg* hurry (hasten) on

'**voortjagen** [¹] *overg & onoverg* hurry on

'**voortkankeren** [¹] *onoverg* ulcerate [²], putrefy [²], rankle [²]

'**voortkomen** [¹] *onoverg* get on, get along; ~ *uit* proceed from, originate from, arise from, spring from, result from, emanate from

'**voortkruipen** [¹] *onoverg* creep on (along)

'**voortkunnen** [¹] *onoverg* be able to go on [²] (get on)

'**voortleven** [¹] *onoverg* live on

'**voortmaken** [¹] *onoverg* make haste; *maak wat voort!* hurry up!, get a move on!; ~ *met het werk* press on with the work, speed up the work

'**voortoneel** *o* proscenium

'**voortouw** *o* (-en): *het* ~ *nemen* take the lead

'**voortoveren** [¹] *overg* call up, conjure up

'**voortplanten** [¹]: **I** *overg* **1** propagate, spread [the gospel, faith]; **2** transmit [sound]; **II** *wederk*: zich ~ **1** ⟨in 't alg.⟩ breed, propagate; **2** *biol* propagate itself; **3** travel [of sound & light]

'**voortplanting** *v* **1** propagation [of the race, a plant, vibrations &; *fig* of the faith]; **2** [human] reproduction, procreation; **3** transmission [of sound]

'**voortplantingsorganen** *mv* reproductive organs

voor'treffelijk I *bn* excellent, admirable; **II** *bijw* excellently, admirably

voor'treffelijkheid *v* excellence

'**voortrein** *m* (-en) relief train

'**voortrekken** [¹] *overg*: *iem.* ~ treat sbd. with marked preference, favour sbd....

'**voortrekker** *m* (-s) **1** ZA voortrekker; **2** *fig* pioneer; **3** (bij scouting) Venture Scout

'**voortrennen** [¹] *onoverg* gallop (run) on

'**voortrijden** [¹] *onoverg* ride (drive) on

'**voortroeien** [¹] *onoverg* row on

'**voortrollen** [¹] *overg & onoverg* roll on, bowl along

'**voortrukken** [¹] **I** (is) *onoverg* march on; **II** (h.) *overg* pull along

voorts *bijw* further, moreover, besides, then; *en zo* ~ and so on, et cetera

'**voortschoppen** [¹] *onoverg* kick forward

'**voortschrijden** [¹] *onoverg* **1** ⟨in 't alg.⟩ proceed; **2** ⟨v. tijd⟩ move on, pass; *een gestadig ~de techniek* a constantly advancing technology; *een ~de vermindering* a progressive diminution

'**voortschuiven** [¹] *overg* push (shove) on

'**voortsjokken** [¹] *onoverg* trudge along, jog along

'**voortslepen** [¹] *overg* **1** *eig* drag along [sth.]; **2** drag out [a miserable life]

'**voortsleuren** [¹] *overg* drag along [sth.]

'**voortsluipen** [¹] *onoverg* steal along, sneak along

'**voortsnellen** [¹] *onoverg* hurry on, hurry along

'**voortspoeden** [¹] *wederk*: zich ~ hurry on, hasten away

'**voortspruiten** [¹] *onoverg*: ~ *uit* proceed (spring, arise, result) from

'**voortstappen** [¹] *onoverg* step on

'**voortstormen** [¹] *onoverg* dash on

'**voortstrompelen** [¹] *onoverg* hobble (stumble) along

'**voortstuwen** [¹] *overg* propel, drive

'**voortstuwing** *v* propulsion

'**voortsukkelen** [¹] *onoverg* trudge on, potter along

'**voorttelen** [¹] *overg* procreate, multiply

'**voorttrekken** [¹] **I** (h.) *overg* draw (on), drag (along); **II** (is) *onoverg* march on

'**voortuin** m (-en) front garden

voort'varend I bn energetic, <u>gemeenz</u> go-ahead;
II bijw energetically

voort'varendheid v energy, drive

'**voortvliegen**[1] onoverg fly on

'**voortvloeien**[1] onoverg flow on; ~ uit result (follow) from

voort'vluchtig bn fugitive; de ~e the fugitive

'**voortwoekeren** (woekerde voort, h. en is voortgewoekerd) onoverg spread

'**voortzeggen**[1] overg make known; zegt het voort!
tell your friends!, pass it on!

'**voortzetten**[1] overg continue [a business, story &];
proceed on [one's journey]; go on with [one's studies]; carry on [a tradition, with one's work]

'**voortzetting** v (-en) continuation

'**voortzeulen**[1] overg drag along

'**voortzwoegen**[1] onoverg toil on

voor'uit bijw 1 ⟨v. plaats⟩ forward; 2 ⟨v. tijd⟩ before,
beforehand, in advance; ~! come along!, come
on!; ~ dan maar well, all right; ~ maar, ~ met de
geit! go it!, gemeenz fire away! [= say it!]; borst ~!
chest out!; zijn tijd ~ zijn be ahead of his time(s)

voor'uitbepalen (bepaalde vooruit, h. vooruitbepaald) overg determine beforehand

voor'uitbestellen (bestelde vooruit, h. vooruitbesteld) overg order in advance

voor'uitbestelling v (-en) advance order

voor'uitbetalen[1] overg prepay, pay in advance

voor'uitbetaling v (-en) prepayment, payment in
advance; bij ~ te voldoen payable in advance; <u>handel</u> cash with order

voor'uitboeren (boerde vooruit, is
vooruitgeboerd) onoverg get on in the world, make
one's way in life, go ahead

voor'uitbrengen[1] overg 1 bring forward [sth.];
2 advance [a cause, the line]

voor'uitdrijven[1] overg drive forward

voor'uitgaan[1] onoverg 1 (vooroplopen) go first,
walk on before; 2 (beter worden) make progress,
improve; 3 rise [of barometer]; de zieke gaat goed
vooruit the patient is getting on well

1 voor'uitgang m progress, improvement

2 'vooruitgang m (-en) front exit

voor'uithelpen[1] overg help on

voor'uitkomen[1] onoverg get on[2], go ahead[2], make
headway[2]; ~ (in de wereld) get on (in the world)

voor'uitlopen[1] onoverg go first, walk on ahead; ~
op... anticipate [events]

voor'uitrijden[1] onoverg 1 (is) ride (drive) on before
[you &]; 2 (h.) sit with one's face to the engine (to
the driver)

voor'uitschieten[1] onoverg shoot forward

voor'uitschoppen[1] overg kick on

voor'uitschuiven[1] **I** (h.) overg shove (push) forward; **II** (is) onoverg shove along

voor'uitsnellen[1] onoverg hurry on ahead

voor'uitspringend bn jutting out, projecting

voor'uitsteken[1] **I** overg put forward, advance;
II onoverg jut out, project

voor'uitstekend bn projecting, jutting out

vooruit'strevend bn progressive, go-ahead

vooruit'strevendheid v progressiveness

voor'uitwerpen[1] (wierp vooruit, h.
vooruitgeworpen) overg: zijn schaduw ~ foreshadow

voor'uitzenden[1] (zond vooruit, h. vooruitgezonden) overg send in advance (ahead)

voor'uitzetten[1] (zette vooruit, h. vooruitgezet)
overg advance, put [the clock] forward (ahead)

voor'uitzicht o (-en) prospect, outlook; de ~en van
de oogst the crop prospects; geen prettig ~ not a
cheerful outlook; geen ~en hebben have no prospects in life; goede ~en hebben have good prospects;
iets in het ~ hebben have something in prospect;
iem. iets in het ~ stellen promise sbd. sth.; met dit ~
with this prospect in view

voor'uitzien I overg foresee; **II** abs ww look ahead

voor'uitziend bn far-seeing; zijn ~e blik his foresight; mensen met ~e blik far-sighted people; hij had
een ~e blik he was far-sighted

'**voorvader** m (-s en -en) forefather, ancestor; onze
~en ook: our forbears

'**voorvaderlijk** bn ancestral

'**voorval** o (-len) incident, event, occurrence

'**voorvallen**[1] onoverg occur, happen, pass

'**voorvechter** m (-s) champion, advocate [of women's rights &]

'**voorvergadering** v (-en) preliminary meeting

'**voorverkiezing** v (-en) ⟨in de VS⟩ primary

'**voorverkoop** m 1 ⟨in theater &⟩ advance booking;
2 ⟨in winkel⟩ advance sale

'**voorverpakt** bn prepacked

'**voorvertoning** v (-en) preview [of films]

'**voorvertrek** o (-ken) front-room

'**voorverwarmen** (verwarmde voor, h. voorverwarmd) overg preheat

'**voorvlak** o (-ken) front face

'**voorvoegen**[1] overg prefix

'**voorvoegsel** o (-s) <u>gramm</u> prefix

voor'voelen (voorvoelde, h. voorvoeld) overg: iets
~ have a presentiment

'**voorvoet** m (-en) forefoot

'**voorvorig** bn [year &] before last

voor'waar bijw indeed, truly, in truth

'**voorwaarde** v (-n) condition, stipulation; ~n ook:
terms; ~n stellen make (one's) conditions; onder ~
dat... on (the) condition that...; onder de bestaande
~n under existing conditions; onder geen enkele ~
not on any account; onder zekere ~n on conditions;
op deze ~ on this condition

voor'waardelijk bn conditional; ~e veroordeling
suspended sentence

'**voorwaarts** bijw forward, onward; ~ mars! quick
march

'**voorwas** m prewash

'**voorwedstrijd** *m* (-en) preliminary match; ⟨ronde⟩ preliminary, preliminary round, heat &

'**voorwenden**[1] *overg* pretend, feign, affect, simulate, sham; *voorgewend* ook: put on

'**voorwendsel** *o* (-s en -en) pretext, pretence, blind; *onder ~ van...* on (under) the pretext of..., on (under) pretence of...

'**voorwereld** *v* prehistoric world

voor'wereldlijk *bn* 1 ⟨prehistorisch⟩ prehistoric; 2 ⟨ouderwets⟩ antediluvian

'**voorwerk** *o* (-en) 1 ⟨v. boek⟩ preliminary pages, front matter, gemeenz prelims; 2 ⟨v. vesting⟩ outwork

'**voorwerp** *o* (-en) 1 ⟨ding⟩ object, thing, article; 2 gramm object; *gevonden ~en* lost property; *lijdend ~* direct object; *meewerkend ~* indirect object; *~ van spot* object of ridicule, laughing-stock

'**voorwerpglaasje** *o* (-s) slide [of a microscope]

'**voorwerpsnaam** *m* (-namen) gramm name of a thing

'**voorwerpszin** *m* (-nen) gramm object(ive) clause

'**voorweten** *o* = *voorkennis*

'**voorwetenschap** *v* foreknowledge, prescience

'**voorwiel** *o* (-en) front-wheel

'**voorwielaandrijving** *v* front(wheel) drive

'**voorwielophanging** *v* front suspension

'**voorwinter** *m* (-s) beginning of the winter

'**voorwoord** *o* (-en) preface; foreword [esp. by another than the author]

'**voorzaat** *m* (-zaten) ZN ancestor, forefather; *onze voorzaten* ook: our forbears

'**voorzang** *m* (-en) 1 ⟨in 't alg.⟩ introductory song; 2 proem [to poem &]

'**voorzanger** *m* (-s) precentor, cantor, clerk

1 '**voorzeggen**[1] *overg* prompt

2 **voor'zeggen** (voorzegde, voorzei, h. voorzegd) *overg* predict, presage, prophesy

voor'zegging *v* (-en) prediction, prophecy

voor'zeker *bijw* certainly, surely, assuredly, to be sure

'**voorzet** *m* (-ten) sp centre

'**voorzetlens** *v* (-lenzen) close-up lens, supplementary lens

'**voorzetsel** *o* (-s) preposition

'**voorzetten**[1] *overg* 1 (iets) put [sth.] before [sbd.]; 2 ⟨de klok⟩ put [the clock] forward, put [the clock an hour] ahead; 3 sp centre [the ball]

voor'zichtig I *bn* 1 ⟨in 't alg.⟩ prudent, careful, cautious; 2 conservative [estimate]; *~!* 1 be careful!; look out!; mind the paint (the steps &); 2 ⟨op kist &⟩ with care!; *naar ~e schatting* at a conservative estimate; **II** *bijw* 1 ⟨in 't alg.⟩ prudently, carefully, cautiously; 2 conservatively [valued at...]

voor'zichtigheid *v* prudence, care, caution; *~ is de moeder van de porseleinkast* safety first!

voorzichtigheids'halve *bijw* by way of precaution

voor'zichtigheidsmaatregel *m* (-en en -s) pre-cautioning measure, precaution

voor'zien (voorzag, h. voorzien) **I** *overg* foresee [evil &]; *het was te ~* it was to be expected; *wij zijn al ~* we are suited; *~ van ⟨met⟩* provide with, supply with, furnish with; fit with [shelves &]; *van etiketten ~* labelled; **II** *onoverg*: *~ in* supply, meet, fill [a deficiency]; *in een (lang gevoelde) behoefte ~* supply a (long-felt) want; *~ in de behoeften van...* supply (provide for) the wants of...; *de wet heeft daarin (in een dergelijk geval) niet ~* the law makes no provision for a case of the kind; *daarin moet worden ~* that should be seen to; *in de vacature is ~* the vacancy has been filled; *het op iem. ~ hebben* have a down on sbd.; *het niet op iem. ~ hebben* have no friendly feelings towards sbd.; **III** *wederk*: *zich ~* suit oneself; *zich ~ van* provide oneself with

voor'zienbaar *bn* forseeable

voor'zienigheid *v* providence; *de V~* Providence

voor'ziening *v* (-en) provision, supply

'**voorzij** (-den), '**voorzijde** *v* (-n) front [of a house &], face

'**voorzingen**[1] **I** *overg* sing to [a person]; **II** *onoverg* lead the song

'**voorzitten**[1] **I** *onoverg* preside, be in the chair; *dat heeft bij hem voorgezeten* that has been his main consideration (his motive); **II** *overg* preside over, at [a meeting]

'**voorzitter** *m* (-s) 1 ⟨in 't alg.⟩ ⟨man⟩ chairman, ⟨vrouw⟩ chairwoman; 2 Speaker [of the House of Commons]; *Meneer de ~* Mr Chairman; *Mevrouw de ~* Madam Chairman, Madam Chairwoman

'**voorzitterschap** *o* chairmanship, presidency; *onder ~ van...* presided over by..., under the chairmanship of...

'**voorzittershamer** *m* (-s) chairman's hammer

'**voorzittersplaats** *v* (-en) chair

'**voorzitting** *v* = *voorzitterschap*

'**voorzomer** *m* (-s) beginning of the summer

'**voorzorg** *v* (-en) precaution, provision; *uit ~* by way of precaution

'**voorzorgsmaatregel** *m* (-s en -en) precautionary measure, precaution

voorzo'ver *bijw*: *~ men weet* (in) so far as is known, as far as is known

voos *bn* 1 ⟨v. fruit⟩ spongy, woolly; 2 fig sham [piety], hollow [phrases, arguments]

'**voosheid** *v* ⟨v. fruit⟩ sponginess, woolliness

1 '**vorderen** (vorderde, is gevorderd) *onoverg* advance, make headway, make progress, progress

2 '**vorderen** (vorderde, h. gevorderd) *overg* 1 ⟨opeisen in 't alg.⟩ demand, claim; 2 requisition [for war purposes]

'**vordering** *v* (-en) 1 ⟨voortgang⟩ advance, progress, improvement; 2 ⟨eis⟩ demand, claim; 3 requisitioning [of buildings for war purposes]; *~en maken* make progress

'**vore** *v* (-n) = *¹voor*

1 '**voren** *m* (-s) ⟨vis⟩ roach

2 '**voren** *bijw*: *naar* ~ to the front; *naar* ~ *brengen* put forward, advance [a claim &]; *naar* ~ *komen* **1** be put forward, be advanced [of plans &]; **2** emerge [from the discussion]; *te* ~ **1** ⟨eerder⟩ before, previously; **2** ⟨vooraf⟩ beforehand, [pay, book] in advance; *nooit te* ~ never before; *drie dagen te* ~ three days earlier; *van* ~ in front; *van* ~ *af (aan)* from the beginning; *van te* ~ zie: *tevoren*

'**vorenstaand** *bn* mentioned before, above-mentioned, above-said; *het* ~*e* ook: the above

'**vorig** *bn* former, previous; *in* ~*e dagen* in former days; *de* ~*e maand* last month; *de* ~*e oorlog (regering)* the late war (government)

vork *v* (-en) fork; *hij weet hoe de* ~ *in de steel zit* he knows the ins and outs of it

'**vorkbeen** *o* (-deren) wish(ing) bone

'**vorkheftruck** *m* (-s) fork-lift (truck)

vorm *m* (-en) **1** ⟨gestalte⟩ form, shape; **2** ⟨gietmal⟩ mould, matrix; **3** gramm [strong, weak] form; [active, passive] voice; **4** ⟨plichtpleging⟩ form, formality, ceremony; *vaste* ~ *aannemen* take definite form, take shape; *de* ~*en in acht nemen* observe the forms; *hij heeft (kent) geen* ~*en* he has no manners; *in de* ~ *van* in the shape (form) of; *in welke* ~ *ook* in any shape or form; *in* ~ *zijn* sp be in (good) form; *naar de* ~ in form; *voor de* ~ for form's sake, as a matter of form; *formal* [invitation]; *zonder* ~ *van proces* without trial

'**vormelijk** *bn (& bijw)* formal(ly), ceremonious(ly)

'**vormelijkheid** *v* (-heden) formality, ceremoniousness

'**vormeling** *m* (-en) RK confirmee

'**vormeloos** *bn* = *vormloos*

vorme'loosheid *v* = *vormloosheid*

'**vormen** (vormde, h. gevormd) **I** *overg* **1** ⟨in 't alg.⟩ form, fashion, frame, shape, model, mould [sth.]; **2** form, constitute, make up [the committee &]; **3** build up [stocks, reserves]; **4** RK confirm; **II** *wederk*: *zich* ~ vorm

'**vormend** *bn* ⟨opvoedend⟩ educative

'**vormendienst** *m* formalism

'**vormer** *m* (-s) framer, moulder, modeller

'**vormfout** *v* (-en) technicality

'**vormgever** *m* (-s) designer

'**vormgeving** *v* design

'**vormgieter** *m* (-s) moulder

'**vorming** *v* (-en) **1** ⟨in 't alg.⟩ formation, forming, shaping, moulding; **2** ⟨opvoeding⟩ education, cultivation, culture

'**vormingscentrum** *o* (-s en -tra) ⟨m.b.t. partiële leerplicht⟩ Br day release centre; Am ± Jobs Corps Center

'**vormingswerk** *o* ⟨m.b.t. partiële leerplicht⟩ Br work in a day release course; Am work as part of a Job Corps program

'**vormleer** *v* **1** morphology [of words; plantk, dierk]; **2** gramm accidence

'**vormloos** *bn* shapeless, formless

vorm'loosheid *v* shapelessness, formlessness

'**vormpje** *o* (-s) ⟨kinderspeelgoed⟩ mould

'**vormraam** *o* (-ramen) **1** moulding-frame; **2** [printer's] chase

'**vormschool** *v* (-scholen) training-school

'**vormsel** *o* RK confirmation; *het* ~ *toedienen* confirm, administer confirmation

'**vormvast** *bn* that keeps its shape, that keeps in shape

'**vormverandering** *v* (-en) transformation, metamorphosis [*mv* metamorphoses]

'**vorsen** (vorste, h. gevorst) *onoverg* investigate; ~ *naar* inquire into

'**vorsend** *bn* **1** searching [look]; **2** inquiring [mind]

'**vorser** *m* (-s) investigator, researcher

1 '**vorst** *v* (-en) bouwk ridge [of a roof]

2 **vorst** *m* (het vriezen) frost

3 **vorst** *m* (-en) sovereign, monarch, king, emperor, prince; *de* ~ *der duisternis* the prince of darkness

'**vorstelijk I** *bn* princely [salary], royal, lordly; **II** *bijw* in a princely way, royally

'**vorstelijkheid** *v* royalty

'**vorstendom** *o* (-men) principality

'**vorstengunst** *v* royal favour

'**vorstenhuis** *o* (-huizen) dynasty

'**vorstgrens** *v* (-grenzen) frost limit (range)

'**vorstig** *bn* frosty

vor'stin *v* (-nen) sovereign, monarch, queen, empress, princess

'**vorstperiode** *v* (-s en -n) spell (period) of frost, freeze

'**vorstschade** *v* frost damage

'**vorstverlet** *o* loss of working hours due to frost

'**vorstvrij** *bn* frost-proof [cellar]

vort *tsw* off with you!, gemeenz hop it!

vos *m* (-sen) **1** fox[2]; **2** ⟨halsbont⟩ fox fur; **3** ⟨paard⟩ sorrel (horse); **4** ⟨vlinder⟩ tortoise-shell; *zo'n slimme* ~*!* the slyboots!; *een* ~ *verliest wel zijn haren maar niet zijn streken* Reynard is still Reynard though he put on a cowl; what is bred in the bone will not come out of the flesh; *als de* ~ *de passie preekt, boer pas op je kippen* when the fox preaches beware of your geese

'**vossen** (voste, h. gevost) *onoverg & overg* swot, mug

'**vossenbont** *o* fox (fur)

'**vossenhol** *o* (-en) fox-hole

'**vossenjacht** *v* (-en) fox-hunt(ing)

'**vossenklem** *v* (-men) fox trap

'**vossenstaart** *m* (-en) **1** ⟨staart v. vos⟩ foxtail; **2** ⟨plant⟩ foxtail-grass

'**vossenval** *v* (-len) fox-trap

'**vossenvel** *o* (-len) fox-skin

vo'teren (voteerde, h. gevoteerd) *overg* vote

vo'tief *bn* votive

vo'tiefkerk *v* (-en) votive church

'**votum** *o* (vota en -s) vote; *een* ~ *van vertrouwen (wantrouwen)* a vote of (want of) confidence

'**voucher** *m* (-s) coupon, voucher

1463

'**vouw** *v* (-en) **1** fold [in paper &]; **2** crease, pleat [in cloth &]

'**vouwbaar** *bn* foldable, pliable

'**vouwbeen** *o* (-benen) paper-knife

'**vouwblad** *o* (-bladen) folder

'**vouwcaravan** *m* (-s) Br folding (collapsible) caravan; Am tent trailer

'**vouwdeur** *v* (-en) folding-door(s)

'**vouwen** (vouwde, h. gevouwen) *overg* fold; *de handen ~* fold one's hands; *in vieren ~* fold in four

'**vouwfiets** *m* & *v* (-en) folding bicycle

'**vouwmeter** *m* (-s) ZN (folding) rule

'**vouwscherm** *o* (-en) folding-screen

'**vouwstoel** *m* (-en) folding-chair, camp-stool

'**vouwwagen** *m* (-s) Br folding (collapsible) caravan; Am tent trailer

voy'eur *m* (-s) voyeur, Peeping Tom

voyeu'risme *o* voyeurism

'**vozen** (voosde, h. gevoosd) *onoverg* ⟨vrijen⟩ make out

vraag *v* (vragen) **1** ⟨in 't alg.⟩ question, query; **2** handel demand; *~ en aanbod* supply and demand; *~ en antwoord* question and answer; *een ~ doen* ask [sbd.] a question; put a question to [sbd.]; *vragen stellen* ask questions; *de ~ stellen is haar beantwoorden* the question is answered by being asked; *een ~ uitlokken* invite a question; *er is veel ~ naar ...* handel *...* is much in demand, ... is in great request, there is a great demand for ...; *dat is nog de ~* that's a question; *het is de ~ of...* it is a question whether...; *de ~ doet zich voor of...* the question arises whether...

'**vraagachtig** *bn* inquisitive

'**vraagal** *m* (-len) inquisitive person

'**vraagbaak** *v* (-baken) **1** ⟨boek⟩ vade-mecum; **2** ⟨persoon⟩ oracle

'**vraaggesprek** *o* (-ken) interview

'**vraagprijs** *m* (-prijzen) asking price

'**vraagpunt** *o* (-en) point in question

'**vraagsteller** *m* (-s) questioner

'**vraagstelling** *v* phrasing, presentation of a question

'**vraagstuk** *o* (-ken) problem

'**vraagteken** *o* (-s) question-mark, note (point) of interrogation, query; *daar zullen we een ~ achter moeten zetten* we shall have to put a note of interrogation to it[2]

'**vraagwoord** *o* (-en) interrogative word

'**vraagziek** *bn* inquisitive

vraat *m* (vraten) glutton

'**vraatzucht** *v* gluttony, greed, voracity

vraat'zuchtig *bn* gluttonous, greedy, voracious

vracht *v* (-en) **1** ⟨lading⟩ load; scheepv cargo; **2** ⟨voerloon⟩ fare [for passengers]; carriage; scheepv freight

'**vrachtauto** *m* ('s) Br lorry, van; Am truck

'**vrachtautobestuurder**,

'**vrachtautochauffeur** *m* (-s) Br lorry driver, Am truck driver

'**vrachtboot** *m* & *v* (-boten) cargo-boat, freighter

'**vrachtbrief** *m* (-brieven) handel ⟨auto⟩ waybill; ⟨schip, trein, vliegtuig⟩ consignment note; scheepv ook: bill of lading

'**vrachtdienst** *m* cargo service

'**vrachtenmarkt** *v* freight market

'**vrachtgoed** *o* (-eren) goods; *als ~ zenden* send by goods-train

'**vrachtje** *o* (-s) **1** ⟨kleine lading⟩ (small) load, burden; **2** ⟨v. taxi⟩ fare

'**vrachtlijst** *v* (-en) handel manifest

'**vrachtloon** *o* (-lonen), '**vrachtprijs** *m* (-prijzen) = *vracht*[2]

'**vrachtovereenkomst** *v* (-en) contract of carriage, Am freight contract

'**vrachtrijder** *m* (-s) carrier

'**vrachtschip** *o* (-schepen) cargo-boat, freighter

'**vrachttarief** *o* (-rieven) **1** railway rates, tariff; **2** scheepv freight rates

'**vrachtvaarder** *m* (-s) **1** = *vrachtschip*; **2** ⟨schipper⟩ carrier

'**vrachtvaart** *v* carrying-trade

'**vrachtverkeer** *o* goods traffic (transport); Am freight transport

'**vrachtvervoer** *o* carrying trade; Am freighting trade

'**vrachtvliegtuig** *o* (-en) freight plane, freighter; *~(en)* ook: cargo aircraft

'**vrachtvrij** *bn* **1** ⟨in 't alg.⟩ carriage paid; **2** scheepv freight paid; **3** post post-paid

'**vrachtwagen** *m* (-s) zie: *vrachtauto*

'**vrachtwagenchauffeur** *m* (-s) Br lorry driver; Am truck driver

'**vragen** (vroeg, h. gevraagd) **I** *overg* ask; *gevraagd: (een 2de bediende &)* Wanted; *wij ~ een tekenaar* we require a draughtsman; *mij werd gevraagd of...* I was asked if...; *zij is al tweemaal gevraagd* she has had two proposals; *zult u haar ~?* **1** are you going to propose to her (to ask her hand in marriage)?; **2** shall you invite her?; **3** are you going to question her (to hear her lesson)?; *iem. iets ~* ask sth. of sbd.; *je moet het hem maar ~* (you had better) ask him; *vraag het maar aan hem* **1** ask him (about it); **2** ask him for it; *dat moet je mij niet ~!* don't ask me!; *hoeveel vraagt hij ervoor?* **1** how much does he ask for it?; **2** what does he [the tailor &] charge for it?; *waarom vraagt u dat?* what makes you ask that?; *hoe kunt u dat ~?* how can you ask (the question)?; *iem. op een feestje ~* invite sbd. to a party; *iem. ten eten ~* ask sbd. to dinner; **II** *onoverg* ask; *nu vraag ik je!* I ask you!; *als ik ~ mag* if I may ask (the question); *~ naar iem.* ask after (inquire for) sbd.; *~ naar iets* inquire after sth.; *vraag er uw broer maar eens naar* ask your brother (about it); *~ naar die goederen* inquire for these commodities; *er wordt veel naar gevraagd* there is a great demand for it (them); *naar uw mening wordt niet gevraagd* your opinion is not asked; *(iem.) naar de weg* ~ ask one's way (of sbd.), ask (sbd.) the way; *daar* ~ *ze niet naar* they never care about that; ~ *om iets* ask for sth.; *je hebt ze maar voor het* ~ they may be had for the asking; **III** *o*: ~ *kost niets* there's no harm in asking

'**vragenboek** *o* (-en) **1** (in 't alg.) questionbook; **2** ⟨godsdienstig⟩ catechism

'**vragend I** *bn* inquiring, questioning [eyes]; interrogatory [tone]; gramm interrogative; **II** *bijw* **1** ⟨in 't alg.⟩ inquiringly, questioningly; **2** gramm interrogatively

vragender'wijs, vragender'wijze *bijw* interrogatively

'**vragenlijst** *v* (-en) questionnaire

'**vragensteller** *m* (-s) questioner

'**vragenuurtje** *o* (-s) question-time [in Parliament]

'**vrager** *m* (-s) interrogator, questioner, inquirer

vrank *bn* ZN **1** ⟨frank⟩ frank, bold; frank and free **2** ⟨openhartig⟩ outspoken, open-hearted; **3** [grof] rude, abusive

vrat (vraten) V.T. van *vreten*

'**vrede** *m & v* peace; *de V*~ *van Munster* the Peace of Westphalia; *de V*~ *van Utrecht* the Treaty of Utrecht, the Utrecht Treaty; *ik heb er* ~ *mee* I don't object, all right!; *wij kunnen daar geen* ~ *mee hebben* we can't accept (agree with, put up with) that; *ga in* ~ go in peace; *in* ~ *leven met iedereen* live at peace with all men; *laat mij met* ~ let me alone; *om de lieve* ~ for the sake of peace

'**vredebreuk** *v* (-en) breach of the peace

'**vredegerecht** *o* (-en) ZN magistrate's court

vrede'lievend I *bn* peace-loving, peaceable, peaceful; **II** *bijw* peaceably, peacefully

vrede'lievendheid *v* love of peace, peaceableness, peacefulness

'**vrederechter** *m* (-s) ZN justice of the peace

'**vredesaanbod** *o* peace offer

'**vredesapostel** *m* (-s en -en) apostle of peace

'**vredesbesprekingen** *mv* (preliminary) peace talks

'**vredesbeweging** *v* peace movement

'**vredesconferentie** *v* (-s) peace conference

'**vredescongres** *o* (-sen) peace congress

'**vredesduif** *v* (-duiven) dove of peace, peace dove

'**vredeskus** *m* (-sen) kiss of peace

'**vredesmacht** *v* peace-keeping force [of the UNO]

'**vredesnaam** *m*: *in* ~ zie: *godsnaam*

'**vredesonderhandelingen** *mv* peace negotiations

'**Vredespaleis** *o* Palace of Peace, Peace-Palace

'**vredespijp** *v* (-en) pipe of peace

'**vredesprijs** *m* (-prijzen) (Nobel) peace prize

'**vredessterkte** *v* mil peace establishment; ~ *25.000 man* ook: 25,000 men on a peace footing

'**vredestichter** *m* (-s) peacemaker

'**vredestijd** *m* time of peace, peace-time

'**vredesverdrag** *o* (-dragen) treaty of peace, peace treaty

'**vredesvoorstel** *o* (-len) peace proposal

'**vredesvoorwaarden** *mv* conditions of peace, peace terms

'**Vredevorst** *m* bijbel Prince of Peace

'**vredig** *bn* (& *bijw*) peaceful(ly), quiet(ly)

1 vree *m & v* = *vrede*

2 vree (vreeën) gemeenz V.T. van *vrijen*

'**vreedzaam I** *bn* peaceable; peaceful [citizen, coexistence]; **II** *bijw* peaceably; peacefully

'**vreedzaamheid** *v* peaceableness; peacefulness

'**vreeën** V.T. meerv. van *vrijen*

vreemd I *bn* **1** ⟨niet bekend⟩ strange, unfamiliar; **2** ⟨buitenlands⟩ foreign [persons, interference, tyranny]; alien [enemy]; **3** exotic [plants]; **4** ⟨raar⟩ strange, queer, odd; ~ *geld* foreign money; *~e goden* strange gods; *~e hulp* hired assistance; ~ *lichaam* med foreign body; *een ~e taal* **1** a foreign language; **2** a strange (queer) language; *ik ben hier* ~ I am a stranger here; *dat is toch* ~ that is strange, it is a strange thing; *het is (valt) mij* ~ it is strange to me; *hij is me* ~ he is a stranger to me; *afgunst is mij* ~ envy is foreign to my nature; *niets menselijks is mij* ~ nothing human is alien to me; *alle vrees is hem* ~ he is an utter stranger to fear; *het werk is mij* ~ I am strange to the work; ~ *zijn aan iets* have nothing to do with it; *hoe ~!* how strange (it is); *ik voel me hier zo* ~ I feel so strange here; *het ~e van de zaak is...* the strange thing about the matter is...; ~ *uitziend* strange-looking; **II** *bijw* strangely; ~ *gaan* gemeenz be unfaithful, commit adultery

1 'vreemde *m-v* (-n) ⟨onbekende⟩ stranger; *dat heeft hij van geen* ~ it runs in the family

2 'vreemde: *in den* ~ in foreign parts, abroad

'**vreemdeling** *m* (-en) **1** ⟨onbekende⟩ stranger; **2** ⟨buitenlander⟩ foreigner; **3** ⟨niet genaturaliseerde⟩ alien; *een* ~ *in Jeruzalem* a stranger in Jerusalem (in the place, to the place)

'**vreemdelingenboek** *o* (-en) arrival book, (hotel) register, visitor's book

'**vreemdelingenbureau** *o* (-s) tourist office

'**vreemdelingendienst** *m* Aliens Branch (of the Home Office)

'**vreemdelingenhaat** *m* xenophobia

'**vreemdelingenlegioen** *o* Foreign Legion

'**vreemdelingenpolitie** *v* aliens police

'**vreemdelingenverkeer** *o* tourist traffic, tourism; *Vereniging voor* ~ ± Tourist Information Office

'**vreemdgaan** (ging vreemd, is vreemdgegaan) *onoverg* have an affair, fool around

'**vreemdheid** *v* (-heden) strangeness, queerness, oddness, oddity

vreemd'soortig *bn* strange, odd, quaint

vreemd'soortigheid *v* strangeness, oddity, quaintness

vrees *v* (vrezen) fear, fears, dread [= great fear], apprehension; psych phobia; *zijn* ~ *voor...* his fear of...; ~ *aanjagen* intimidate; *heb daar geen* ~ *voor!* no fear!; ~ *koesteren voor* be afraid of, stand in fear of, fear; *uit* ~ *dat...* for fear (that)..., for fear lest [he should...], lest...; *uit* ~ *voor...* for fear of...; *ridder*

vreesachtig

zonder ~ *of blaam* knight without fear and without reproach; zie ook: *vreze*

'**vreesachtig** *bn* timid, timorous

'**vreesachtigheid** *v* timidity, timorousness

'**vreeslijk** *bn bijw* = *vreselijk*

vrees'wekkend *bn* fear-inspiring, frightful

'**vreetpartij** *v* (-en) blow-out

'**vreetzak** *m* (-ken) gemeenz glutton, hog, pig, greedy-guts

vrek *m* (-ken) miser, niggard, skinflint

'**vrekachtig**, '**vrekkig** *bn* miserly, stingy

'**vrekkigheid** *v* miserlyness, stinginess

vre'selijk I *bn* dreadful, frightful, terrible; **II** *bijw* fearfully &; ook: versterkend awfully, terribly

'**vreselijkheid** *v* (-heden) dreadfulness, terribleness

'**vreten** (vrat (vraten), h. gevreten) **I** overg ⟨v. dier⟩ eat, feed on; **II** abs ww **1** ⟨v. dier⟩ feed; **2** ⟨v. mens⟩ gemeenz feed, gorge, stuff

'**vreter** *m* (-s) glutton

vrete'rij *v* gemeenz grub

'**vreugde** *v* (-n) joy, gladness; *V~ der Wet* Rejoicing of the Law; *~ scheppen in het leven* enjoy life

'**vreugdebetoon** *o* rejoicings

'**vreugdedag** *m* (-dagen) day of rejoicing

'**vreugdedronken** *bn* drunk with joy, elated with joy

'**vreugdekreet** *m* (-kreten) shout (cry) of joy; *vreugdekreten* cheerings

'**vreugdeloos** *bn* joyless, cheerless

'**vreugdetraan** *m & v* (-tranen) tear of joy

'**vreugdevol** *bn* full of joy, joyful, joyous

'**vreugdevuur** *o* (-vuren) bonfire

'**vreugdezang** *m* (-en) song of joy

'**vreze** *v* (-n) plechtig fear; *in duizend ~n* in constant fear; *de ~ des Heren* the fear of the Lord

'**vrezen** (vreesde, h. gevreesd) **I** overg fear, dread; *God ~* fear God; *iem. ~* fear (be afraid of) sbd.; *iets ~* dread sth.; *niets te ~ hebben* have nothing to fear; *het is te ~* it is to be feared; **II** onoverg be afraid; *~ voor zijn leven* fear for his life

vriend *m* (-en) friend, gemeenz pal, mate, Am buddy; (geliefde) boyfriend; *een ~ van de natuur* a lover of nature, a nature lover; *een ~ zijn van...* be a friend of..., be fond of...; *een ~ van de armen* a friend of the poor; *zeg eens, beste ~* I say, dear fellow; *even goede ~en, hoor!* we'll not quarrel for that; *goede ~en zijn met* be friends with; *kwade ~en worden* fall out; *kwade ~en zijn* be on bad terms; *een trouwe ~* a loyal friend; *een ware ~* a true friend; *iem. te ~ hebben* be friends with sbd.; have sbd. for a friend; *iem. te ~ houden* keep friends with sbd., keep on good terms with sbd.; *~en en verwanten* friends and relations, kith and kin; *~ en vijand* friend and foe; *~en in de nood, honderd in een lood* ± a friend in need is a friend indeed; *God bewaar me voor mijn ~en* God save me from my friends

'**vriendelijk I** *bn* **1** ⟨in 't alg.⟩ kind, friendly, affable; **2** ⟨v. huis, stadje⟩ pleasant; **II** *bijw* kindly, affably, in a friendly way

'**vriendelijkheid** *v* (-heden) kindness, friendliness, affability; *vriendelijkheden* kindnesses

'**vriendendienst** *m* (-en) kind turn, good office

'**vriendenfeest** *o* (-en) friendly feast (gathering)

'**vriendengroet** *m* (-en) friendly greeting

'**vriendenkring** *m* (-en) circle of friends

'**vriendenpaar** *o* (-paren) **1** two friends; **2** homosexual couple

'**vriendenprijsje** *o* minimum rate

vrien'din *v* (-nen) (lady, woman) friend; (geliefde) (lady)friend, girlfriend

vrien'dinnetje *o* (-s) friend, girlfriend

'**vriendje** *o* (-s) (little) friend, Am buddy; (geliefde) boyfriend

'**vriendjespolitiek** *v* favouritism, nepotism

'**vriendschap** *v* (-pen) friendship; *~ sluiten met* contract (form, strike up) a friendship with, make friends with, befriend; *uit ~* out of friendship, for the sake of friendship

vriend'schappelijk I *bn* friendly, amicable; **II** *bijw* in a friendly way, amicably

vriend'schappelijkheid *v* friendliness, amicableness

'**vriendschapsband** *m* (-en) tie (bond) of friendship

'**vriendschapsbetuiging** *v* (-en) profession (protestation) of friendship

'**Vriendschapseilanden** *mv* Friendly Islands

'**vriendschapsverdrag** *o* (-dragen) treaty of friendship

'**vriesdrogen** (vriesdroogde, h. gevriesdroogd) overg freeze-dry

'**vrieskamer** *v* (-s) freezing-chamber

'**vrieskast** *v* (-en) upright freezer

'**vrieskist** *v* (-en) freezer

'**vrieskou** *v* frost, nip

'**vriesmengsel** *o* (-s), '**vriesmiddel** *o* (-en) cryogen

'**vriespunt** *o* freezing-point; *boven (onder, op) het ~* above (below, at) freezing-point

'**vriesvak** *o* (-ken) freezing (ice) compartment

'**vriesweer** *o* frosty weather

'**vriezen** (vroor, h. en is gevroren) onoverg freeze; *het vriest hard (dat het kraakt)* it is freezing hard

'**vriezend** *bn* freezing, frosty

vrij I *bn* **1** ⟨niet slaaf, onbelemmerd⟩ free; **2** ⟨zonder verplichting of werk⟩ free, at liberty, at leisure, disengaged; **3** ⟨niet bezet of besproken⟩ not engaged, vacant [seats]; **4** [taxi] for hire; *~e arbeid* free labour; *~e avond* evening (night) out, night off; *~ beroep* profession; *~ bovenhuis* self-contained flat; *een ~e dag* a free day, a day off; *~ kwartier* onderwijs break; *een ~e middag* a free afternoon, a halfholiday; *~e ogenblikken* leisure (spare) moments; *~e tijd* spare time; *~ uitzicht* free view; *een ~ uur* a spare (leisure, idle) hour, an off-hour; *het ~e woord* free speech; *mijn ~e zondag* my Sunday out; *zo ~ als een vogeltje in de lucht* as free as air (as a bird);

(400 gld. per maand) en alles ~ and everything found; *(goed loon) en veel* ~ and liberal outings; ~ *hebben* be off duty, have a holiday; ~ *krijgen* get a holiday, be free [3 times a week]; ~ *vragen* ask for a (half-)holiday; ~ *zijn* be free; *mag ik zo* ~ *zijn?* may I take the liberty?, may I be so bold [as to]; *zij is nog* ~ she is still free; *de lijn is* ~ the line is clear; ~ *van accijns* free (exempt) from excise; ~ *van dienst* **1** off duty, free, disengaged; **2** exempt from duty; ~ *van port* <u>post</u> post-free; **II** *bijw* **1** ⟨vrijelijk⟩ freely; **2** ⟨tamelijk⟩ rather, fairly [sunny weather], pretty; ~ *goed* pretty good; ~ *veel* rather much (many); ~ *wat...* a good deal of...; ~ *wat meer* much more

vrij'af *bn* a holiday, a day (evening) off; ~ *nemen* take a holiday

vrij'age *v* (-s) courtship, wooing

'vrijbiljet *o* (-ten) = *vrijkaart*

'vrijblijven[1] *onoverg* remain free

vrij'blijvend *bn* without engagement, not binding; *een* ~ *antwoord* a noncommittal answer

'vrijbrief *m* (-brieven) charter, licence, permit; *iets beschouwen als een* ~ *om...* fig consider sth. as a licence to...

'vrijbuiten (vrijbuitte, h. gevrijbuit) *onoverg* practise piracy

'vrijbuiter *m* (-s) freebooter

vrijbuite'rij *v* (-en) freebooting

'vrijdag *m* (-dagen) Friday; *Goede V*~ Good Friday

'vrijdags I *bn* Friday; **II** *bijw* on Fridays

'vrijdenker *m* (-s) free-thinker

vrijdenke'rij *v* free-thinking, free thought

'vrijdom *m* (-men) freedom, exemption

'vrije *m-v* (-n) freeman

'vrijelijk *bijw* freely

'vrijen (vrijde *of* vree, h. gevrijd *of* gevreeën) *onoverg* **1** ⟨kussen &⟩ pet, neck; **2** ⟨neuken⟩ make love, sleep; **3** <u>vero</u> ⟨het hof maken⟩ court, woo; ~ *met een meisje* make love to a girl; *zij vrijt met de buurjongen* she's going out with the boy next door; *een* ~*d paartje* a kissing (cuddling) couple; *zij* ~ *al jaren met elkaar* they've been going steady for years

'vrijer *m* (-s) suitor, lover, sweetheart, plechtig wooer; *oude* ~ bachelor; *haar* ~ <u>gemeenz</u> ook: her young man, her chap

vrije'rij *v* (-en) love-making, courtship

'vrijersvoeten *mv: op* ~ *gaan* go (a-)courting

vrije'tijdsbesteding *v* use (employment) of leisure, leisure activity

vrije'tijdskleding *v* leisure-wear, casual wear

'vrijgeboren *bn* free-born

'vrijgeest *m* (-en) free-thinker

vrijgeeste'rij *v* free-thinking, free thought

'vrijgelatene *m-v* (-n) freedman, freed woman

'vrijgeleide *o* (-n en -s) safe-conduct; *onder* ~ under a safe-conduct

'vrijgemaakt *bn* orthodox Reformed

'vrijgestelde *m-v* (-n) paid (full-time) trade-union official

'vrijgeven[1] *overg* **1** release, free, decontrol [trade &]; **2** give a holiday [to school-children &]

vrij'gevig I *bn* liberal, open-handed; **II** *bijw* liberally

vrij'gevigheid *v* liberality, open-handedness

'vrijgevochten *bn* liberated; *het is een* ~ *land* it is Liberty Hall there

vrijge'zel *m* (-len) bachelor

vrijge'zellenavond *m* (-en) **1** ⟨avond voor alleenstaanden⟩ singles night; **2** ⟨voorafgaande aan huwelijksdag, voor mannen⟩ stag party; ⟨voor vrouwen⟩ hen party

'vrijhandel *m* free-trade

'vrijhandelaar *m* (-s en -laren) free-trader

'vrijhandelsassociatie *v: Europese V*~ European Free Trade Association, EFTA

'vrijhandelszone *v* (-s) free-trade area, free zone

'vrijhaven *v* (-s) free port

'vrijheid *v* (-heden) liberty, freedom; *dichterlijke* ~ poetic licence; *persoonlijke* ~ personal freedom; ~ *van drukpers (van gedachte, van geweten)* liberty (freedom) of the press (of thought, of conscience); ~ *van vergadering* freedom of association; ~ *van het woord* freedom of speech; *geen* ~ *hebben om...* not be at liberty to...; *de* ~ *nemen om...* take the liberty to..., make bold to..., make free to...; *zich vrijheden veroorloven* take liberties; *ik vind geen* ~ *om...* I don't see my way to...; *in* ~ free, at liberty; *in* ~ *stellen* release, set at liberty, set free

vrijheid'lievend *bn* fond of liberty, libertyloving, freedom-loving [people]

'Vrijheidsbeeld *o* [the New York] Statue of Liberty

'vrijheidsberoving *v* deprivation of liberty

'vrijheidsbeweging *v* (-en) liberation movement

'vrijheidsboom *m* (-bomen) tree of liberty

'vrijheidsgeest *m* spirit of liberty

'vrijheidsliefde *v* love of liberty

'vrijheidsmuts *v* (-en) cap of liberty, Phrygian cap

'vrijheidsoorlog *m* (-logen) war of independence

'vrijheidsstraf *v* (-fen) imprisonment

'vrijheidsstrijder *m* (-s) freedom fighter

'vrijheidsvaan *v* (-vanen) flag (standard) of liberty

'vrijheidszin *m* spirit of liberty

'vrijheidszucht *v* love of liberty

'vrijhouden[1] *overg* **1** <u>eig</u> keep free; **2** ⟨betalen voor iemand anders⟩ defray sbd.'s expenses; *ik zal je* ~ I'll stand treat

'vrijkaart *v* (-en) free ticket

'vrijkomen[1] *onoverg* **1** ⟨in 't alg.⟩ get off; **2** come out [of prison]; **3** be released [of forces]; **4** <u>chem</u> be liberated; ~ *met de schrik* get off with a fright

'vrijkopen[1] *overg* buy off, ransom, redeem

'vrijkoping *v* (-en) buying off, redemption

'vrijkorps *o* (-en) volunteer corps

'vrijlaten[1] *overg* **1** set at liberty, release [a prisoner]; let off [their victim]; **2** emancipate, manumit [a slave]; **3** release, free, decontrol [trade &]; **4** leave [a country] free [to determine its own future]; *iem.*

vrijlating

de handen ~ leave (allow) sbd. a free hand

'vrijlating *v* (-en) release; emancipation, manumission [of a slave]

'vrijloop *m* free wheel; ⟨v. motor⟩ idling

'vrijlopen[1] *onoverg* go free, get off, escape; ⟨v. motor⟩ idle

'vrijmaken[1] **I** *overg* **1** emancipate [a slave]; **2** free [a person]; liberate [a nation]; **3** free [the mind]; **4** disengage, free [one's arm]; **5** clear [the way]; **II** *wederk: zich* ~ disengage (extricate, free) oneself

'vrijmaking *v* (-en) liberation, emancipation

vrij'metselaar *m* (-s en -laren) freemason

vrij'metselaarsloge *v* (-s) **1** masonic lodge; **2** ⟨gebouw⟩ masonic hall

vrijmetsela'rij *v* freemasonry

vrij'moedig *bn* outspoken, frank, free, bold

vrij'moedigheid *v* frankness, outspokenness, boldness

'vrijpartij *v* (-en) gemeenz petting, necking

'vrijpion *m* (-nen) passed pawn

'vrijplaats *v* (-en) sanctuary, refuge, asylum

'vrijpleiten **I** *overg* exculpate, exonerate, clear [from blame]; **II** *wederk: zich* ~ exculpate oneself, clear oneself

vrij'postig **I** *bn* bold, free, forward, pert; **II** *bijw* boldly

vrij'postigheid *v* (-heden) boldness, forwardness, pertness; *vrijpostigheden* liberties

'vrijspraak *v* acquittal

'vrijspreken[1] *overg* acquit

'vrijstaan[1] *onoverg* be permitted; *het staat u vrij om...* you are free to...

'vrijstaand *bn:* ~ *huis* detached house; ~ *beeld* free-standing statue; ~*e muur* self-supporting wall; sp ~*e speler* unguarded player

'vrijstaat *m* (-staten) free state

'vrijstad *v* (-steden) free city, free town

'vrijstellen *overg* exempt (from *van*)

'vrijstelling *v* (-en) exemption, freedom (*van* from)

'vrijster *v* (-s) sweetheart; *oude* ~ old maid, spinster

vrij'uit *bijw* freely, frankly; *hij sprak altijd* ~ he is very free-spoken; *spreek* ~! ook: speak out!; ~ *gaan* **1** ⟨geen schuld hebben⟩ be free from blame; **2** ⟨ongestraft blijven⟩ go free

'vrijverklaren (verklaarde vrij, h. vrijverklaard) *overg* declare free

'vrijwaren (vrijwaarde, h. gevrijwaard) *overg:* ~ *voor (tegen)* guarantee from, safeguard against, protect from, secure from, guard from (against)

'vrijwaring *v* (-en) safeguarding, protection

'vrijwel *bijw: (hij is)* ~ *genezen* practically cured; ~ *alles wat men kan wensen* pretty well everything that could be wanted; ~ *hetzelfde* much the same (thing); ~ *iedereen* almost everybody; ~ *niets* next to nothing; ~ *nooit* hardly ever; ~ *onmogelijk* well-nigh impossible; *ik ben er* ~ *zeker van* I am all but certain of it

'vrijwiel *o* (-en) free wheel

vrij'willig I *bn* voluntary, free; ~*e brandweer* volunteer fire-brigade; **II** *bijw* voluntarily, freely, of one's own free will

vrij'williger *m* (-s) volunteer

vrij'willigersleger *o* (-s) volunteer army

vrij'willigerswerk *o* voluntary work, volunteer work

vrij'willigheid *v* voluntariness

vrij'zinnig I *bn* liberal; *een* ~*e* a liberal; **II** *bijw* liberally

vrij'zinnigheid *v* liberalism, liberality

'vrille *v* (-s) luchtv spin

vrind *m* (-en) = *vriend*

vroed *bn* vero wise, prudent; *de* ~*e vaderen* the City Fathers

'vroedschap *v* (-pen) hist town-council; *de* ~ ook: the City Fathers

'vroedvrouw *v* (-en) midwife

1 vroeg I *bn* early; *zijn* ~*e dood* his untimely (premature) death; **II** *bijw* early; at an early hour; *het is nog* ~ it is still early; *niets te* ~ none too early, none too soon; *een uur te* ~ an hour early (before one's time); *al* ~ *in maart* early in March; *'s morgens* ~ early in the morning; *te* ~ *komen* come too early, be early; ~ *opstaan* rise early; zie ook: *opstaan*; ~ *en laat* early and late; ~ *of laat* sooner or later; *van* ~ *tot laat* from early in the morning till late at night; zie ook: *vroeger & vroegst*

2 vroeg (vroegen) V.T. v. *vragen*

'vroegdienst *m* (-en) early service

'vroegen V.T. meerv. v. *vragen*

'vroeger I *bn* **1** former [friends, years &]; **2** earlier [documents]; **3** previous [statements]; **4** past [sins]; **5** late, ex- [president &]; **II** *bijw* **1** [come] earlier; **2** [an hour] sooner; **3** of old, in former days (times), in times gone by, on former occasions, previously, before now; *daar stond* ~ *een molen* there used to be a mill there

'vroegkerk *v* early service

'vroegmis *v* (-sen) RK early mass

'vroegpreek *v* (-preken) early service

'vroegrijp *bn* early-ripe, precocious [child]

vroeg'rijpheid *v* precocity

'vroegst *bijw* earliest; *op zijn* ~ at the earliest

'vroegte *v: in de* ~ early in the morning

vroeg'tijdig I *bn* early, untimely, premature [death]; **II** *bijw* **1** (vroeg) early, betimes, at an early hour; **2** (te vroeg) prematurely, before one's time

'vrolijk I *bn* merry, gay, cheerful; *een* ~*e Frans* a gay dog, a jolly fellow; *zich* ~ *maken over* make merry over; **II** *bijw* merrily, gaily, cheerfully

'vrolijkheid *v* mirth, merriment, gaiety, cheerfulness; *grote* ~ *onder het publiek* great hilarity

'vrome *m-v* (-n) pious man or woman

vroom *bn* (& *bijw*) devout(ly), pious(ly); *vrome wens* pious wish

'vroomheid *v* devoutness, devotion, piety

vroor (vroren) V.T. van *vriezen*

vrouw *v* (-en) **1** (vrouwelijk persoon) woman;
2 (echtgenote) wife, plechtig spouse; **3** kaartsp
queen; *de ~ des huizes* the lady (mistress) of the
house; *~ van de wereld* woman of the world; *~ Hendriks* Mrs Hendriks; *hoe is het met je ~?* how is your
wife?; *hoe is het met uw ~?* how is Mrs Hendriks?;
haar tot ~ nemen take her to wife
'vrouwachtig *bn* effeminate, womanish
'vrouwelijk I *bn* **1** female [animal, plant, sex &];
2 feminine [virtues, rhyme &]; **3** womanly [conduct, modesty &], womanlike; **4** gramm feminine;
~e kandidaat (kandidaten) woman candidate,
women candidates; **II** *o: het ~e in haar* the woman
in her
vrouwelijkheid *v* womanliness, feminity
'vrouwenaard *m* woman's nature, female character
'vrouwenafdeling *v* (-en) women's ward, female
ward
'vrouwenarbeid *m* women's labour
'vrouwenarts *m* (-en) gynaecologist
'vrouwenbeeld *o* (-en) image (statue) of a woman
'vrouwenbeul *m* (-en) wife beater
'vrouwenbeweging *v* woman's rights movement
'vrouwenblad *o* (-bladen) woman's magazine,
woman's weekly (monthly)
'vrouwenbond *m* (-en) woman's league
'vrouwenemancipatie *v* emancipation of
women, women's liberation, women's lib
'vrouwengek *m* (-ken) ladies' man, philanderer
'vrouwenhaar *o* (-haren) **1** eig woman's hair;
2 (plant) maidenhair
'vrouwenhater *m* (-s) woman-hater, misogynist
'vrouwenhuis *o* (-huizen) women's centre
'vrouwenjager *m* (-s) womanizer
'vrouwenkiesrecht *o* woman suffrage, votes for
women
'vrouwenkleding *v* woman's (women's) dress
'vrouwenklooster *o* (-s) nunnery, convent for
women
'vrouwenkoor *o* (-koren) choir for female voices
'vrouwenkwaal *v* (-kwalen) female (woman's)
complaint, women's disease
'vrouwenliefde *v* woman's love
'vrouwenlist *v* (-en) woman's ruse, female cunning
'vrouwenrechten *mv* women's rights
'vrouwenregering *v* woman's rule
'vrouwenrok *m* (-ken) woman's skirt
'vrouwenstem *v* (-men) woman's voice
'vrouwenstudie *v* women's study
'vrouwentongen *mv* (plant) sansevieria
'vrouwenvereniging *v* (-en) women's association
'vrouwenverering *v* woman-worship
'vrouwenwerk *o* women's work
'vrouwenzadel *o* (-s) = dameszadel
'vrouwenziekte *v* (-n en -s) women's disease
'vrouwlief *tsw* my dear, my dear wife

'vrouwmens (-en), **'vrouwspersoon** *o* (-sonen)
woman, gemeenz female
'vrouwtje *o* (-s) **1** (kleine vrouw) little woman;
2 (echtgenote) wif(e)y
'vrouwvolk *o* women, womenfolk
vrouw'vriendelijk *bn* pro-women, non-sexist
vrucht *v* (-en) fruit[2]; *deze ~en* these fruit; *de ~en der
aarde (van zijn vlijt)* the fruits of the earth (of his
industry); *~en op sap (in blik)* tinned fruit; *verboden
~ is zoet* forbidden fruit is sweet; *~en afwerpen, ~
dragen (opleveren)* bear fruit; *de ~(en) plukken van...*
reap the fruits of...; *aan hun ~en zult gij ze kennen*
bijbel by their fruits ye shall know them; *aan de
~en kent men de boom* a tree is known by its fruit;
met ~ with success, successfully, profitably, with
profit, usefully; *zonder ~* without avail, fruitless(ly)
'vruchtafdrijvend *bn: ~ middel* abortifacient
'vruchtafdrijving *v* abortion
'vruchtbaar *bn* **1** fruitful[2] [fields, minds, collaboration, discussion &]; **2** fertile[2] [soil, inventions];
3 prolific[2] [females, brain, writer &]
'vruchtbaarheid *v* fruitfulness[2], fertility[2]
'vruchtbeginsel *o* (-s) plantk ovary
'vruchtbodem *m* (-s) plantk receptacle
'vruchtboom *m* (-bomen) fruit-tree
'vruchtdragend *bn* **1** (bomen &) fruit-bearing;
2 fig fruitful
'vruchteloos I *bn* fruitless, vain, futile, unavailing;
II *bijw* fruitlessly, vainly, in vain, to no purpose,
without avail
vruchte'loosheid *v* fruitlessness, futility
'vruchtengelei *m & v* fruit jelly
'vruchtenijs *o* fruit ice
'vruchtenkoopman *m* (-lieden en -lui) fruit-seller,
dealer in fruit, fruiterer
'vruchtenkweker *m* (-s) fruit-grower
vruchtenkwe'rij *v* (-en) fruit farm
'vruchtenlimonade *v* fruit lemonade
'vruchtenmand *v* (-en) fruit basket
'vruchtenmesje *o* (-s) fruit-knife
'vruchtenpers *v* (-en) fruit-squeezer
'vruchtensap *o* (-pen) fruit juice
'vruchtenschaal *v* (-schalen) fruit-dish
'vruchtenslaatje *o* (-s) fruit salad
'vruchtensuiker *m* fruit sugar, fructose
'vruchtentaart *v* (-en) fruit tart, fruit pie
'vruchtenwijn *m* fruit wine
'vruchtgebruik *o* usufruct
'vruchtgebruiker *m* (-s) usufructuary
'vruchtgenot *o* usufruct
'vruchtvlees *o* plantk pulp
'vruchtvlies *o* (-vliezen) amnion
'vruchtvorming *v* fructification
'vruchtwater *o* amniotic fluid, gemeenz the waters
'vruchtwaterprik *m* (-ken), **'vruchtwaterpunctie** *v* (-s) amniocentesis
'vruchtwisseling *v* rotation of crops, crop rotation

'**vruchtzetting** *v* plantk setting
VS *afk. Verenigde Staten* US, United States
'**V-snaar** *v* (-snaren) V-belt
'**V-teken** *o* (-s) V-sign
VU *v = Vrije Universiteit* Free (Calvinist) University of Amsterdam
vue: ~*s hebben op* have an eye on; *à* ~ at first sight
vuig *bn (& bijw)* vile(ly), sordid(ly), base(ly)
'**vuigheid** *v* vileness, sordidness, baseness
vuil I *bn* dirty², filthy², grimy, grubby [hands]; *fig* nasty, smutty, obscene; *(er)* ~ *(uitziend)* dingy; ~*e borden* used plates; *een* ~ *ei* an addled egg; ~*e taal* obscene language; *het* ~*e wasgoed* the soiled linen; **II** *bijw* dirtily²; **III** *o* dirt²; *zie ook: vuilnis*
'**vuilak** *m* (-ken) **1** (*vies mens*) dirty fellow; **2** (*onbehoorlijk mens*) pig, skunk, slob
'**vuilbek** *m* (-ken) foul-mouthed fellow
'**vuilbekken** (vuilbekte, h. gevuilbekt) *onoverg* talk smut
vuilbekke'rij *v* smutty talk, smut
'**vuilheid** *v* dirtiness², filthiness²; *fig* obscenity
'**vuiligheid** *v* (-heden) filth, filthiness, dirt, dirtiness
'**vuilik** *m* (-liken) **1** *eig* dirty fellow; **2** *fig* dirty pig
'**vuilmaken**[1] **I** *overg* make dirty, dirty, soil; *ik zal mijn handen niet* ~ *aan die vent* I am not going to mess my hands with such a fellow; *ik wil er geen woorden over* ~ I will waste no words over the affair; **II** *wederk: zich* ~ dirty oneself
'**vuilnis** *v & o* [household] refuse, dirt, rubbish; *Am* garbage
'**vuilnisauto** *m* ('s) refuse collector
'**vuilnisbak** *m* (-ken) dustbin, ash-bin, *Am* ash-can, garbage-box
'**vuilnisbakkenras** *o* (-sen) (hond) mongrel
'**vuilnisbelt** *m & v* (-en) refuse dump
'**vuilnisblik** *o* (-ken) dustpan
'**vuilnisemmer** *m* (-s) dustbin, refuse bin
'**vuilnishoop** *m* (-hopen) refuse heap, rubbish heap, midden
'**vuilniskar** *v* (-ren) dust-cart, refuse cart
'**vuilniskoker** *m* (-s) refuse chute
'**vuilnisman** *m* (-sen) dustman, refuse collector, *Am* garbage man (collector)
'**vuilnisvat** *o* (-vaten) refuse bin
'**vuilniswagen** *m* (-s) dust-cart, refuse lorry
'**vuilniszak** *m* (-ken) *Br* rubbish bag, *Am* garbage bag
'**vuilpoes** *v* (-en en -poezen) dirty woman (girl)
'**vuilspuiter** *m* (-s) muckraker
vuilspuite'rij *v* muckraking
'**vuilstortplaats** *v* (-en) refuse dump
'**vuiltje** *o* (-s) speck of dirt; *er is geen* ~ *aan de lucht* fig everything is going beautifully
'**vuilverbranding** *v* refuse incineration
'**vuilverwerking** *v* refuse dressing, waste-treatment
vuist *v* (-en) fist; *met de* ~ *op tafel slaan* bang one's

fist on the table; *op de* ~ *gaan* take off the gloves, resort to fisticuffs; *voor de* ~ *weg* **1** (in 't alg.) offhand, extempore, without notes; **2** RTV unscripted [programme]; *een* ~ *maken* **1** eig make a fist; **2** fig get tough
'**vuistbijl** *v* (-en) celt
'**vuistgevecht** *o* (-en) fist-fight, gemeenz set-to
'**vuistje** *o* (-s) (little) fist; *in zijn* ~ *lachen* laugh in one's sleeve; *uit het* ~ *eten* have a quick snack; *kaas uit het* ~ cheese cubes
'**vuistrecht** *o* fist-law, club-law
'**vuistregel** *m* (-s) rule of thumb
'**vuistslag** *m* (-slagen) blow with the fist
'**vuistvechter** *m* (-s) boxer, prize-fighter
'**vuldop** *m* (-pen) auto filler cap
vul'gair *bn (& bijw)* vulgar(ly)
vulgari'satie *v* (-s) vulgarization
vulgari'sator *m* (-s en -'toren) vulgarizer
vulgari'seren (vulgariseerde, h. gevulgariseerd) *overg* vulgarize
vulgari'teit *v* (-en) vulgarity
'**vulgus** *o: het* ~ the vulgar herd, the hoi-polloi, the rabble
'**vulhaard** *m* (-en) = *vulkachel*
vul'kaan *m* (-kanen) volcano
'**vulkachel** *v* (-s) base-burner
vulkani'satie *v* vulcanization
vul'kanisch *bn* volcanic, igneous [rock]
vulkani'seren (vulkaniseerde, h. gevulkaniseerd) *overg* vulcanize
vulka'nisme *o* volcanism
'**vullen** (vulde, h. gevuld) **I** *overg* **1** fill [a glass, the stomach &]; **2** stuff [chairs, birds]; **3** pad [sofas]; **4** fill, stop [a hollow tooth]; **5** inflate [a balloon]; **6** techn charge [an accumulator]; **II** *wederk: zich* ~ fill
'**vulling** *v* (-en) **1** (in 't alg.) filling; **2** (in de keuken) stuffing; **3** (v. kussen &) padding, stuffing; **4** (v. bonbon) centre; **5** (patroon) refill, cartridge; **6** (v. kies) filling
'**vullis** *o* gemeenz = *vuilnis*
'**vulpen** *v* (-nen) fountain-pen
'**vulpenhouder** *m* (-s) fountain-pen
'**vulpeninkt** *m* fountain-pen ink
'**vulpotlood** *o* (-loden) propelling pencil
'**vulsel** *o* (-s) filling; *zie ook: vulling*
'**vulva** *v* vulva
vuns *bn* dirty, smutty, wasty
'**vunsheid** *v* dirtiness, smuttiness
'**vunzig(heid)** = *vuns(heid)*
1 '**vuren** (vuurde, h. gevuurd) **I** *onoverg* mil fire; ~ *op* fire at, fire on; **II** *o* firing
2 '**vuren** *bn* deal
'**vurenhout** *o* deal
'**vurenhouten** *bn* deal
'**vurig I** *bn* **1** fiery² [coals, eyes, horses &]; **2** ardent² [rays, love, zeal]; **3** fervent [hatred, prayers]; fervid [wishes]; **4** red, inflamed [of the skin]; **II** *bijw*

fierily, ardently, fervently, fervidly

'**vurigheid** *v* **1** fieriness[2]; **2** fervency [of prayer]; **3** ardour [to do sth.]; **4** spirit [of a horse]; **5** redness, inflammation [of the skin]

VUT *v vervroegde uittreding* early retirement; *met (in) de ~ gaan* retire early

'**vutter** *m* (-s) person who retired early; Am young retiree

vuur *o* (vuren) **1** (in 't alg.) fire; *fig* ardour; **2** (in hout) dry rot; *het ~ was niet van de lucht* the lightning was continuous; *~ commanderen* mil command fire; *~ geven* mil fire; *heb je ~?* do you have a light?; *iem. het ~ na aan de schenen leggen* make it hot for sbd., press sbd. hard; *~ maken* light a fire; *een goed onderhouden ~* mil [keep up] a well-sustained fire; *~ spuwen* spit fire; *~ en vlam spuwen* boil over with rage; *~ vatten* catch fire[2]; *fig* flare up; *bij het ~ zitten* sit near (close to) the fire; *voor iem. door het ~ gaan* go through fire (and water) for sbd.; *in ~ (ge)raken* catch fire[2]; *fig* warm (up) [to one's subject]; *de troepen zijn nog nooit in het ~ geweest* mil the troops have never been under fire; *in het ~ van het gesprek* in the heat of the conversation; *in ~ en vlam zetten* set [Europe] ablaze; *met ~ spelen* play with fire; *iem. met ~ verdedigen* defend sbd. spiritedly; *onder ~* mil under fire; *onder ~ nemen* mil subject to fire; *te ~ en te zwaard verwoesten* destroy by fire and sword; *tussen twee vuren* **1** mil [enclose the enemy] between two fires; **2** *fig* between the devil and the deep sea; *ik heb wel voor hetere vuren gestaan* I have been up against a stiffer proposition; zie ook: *vuurtje*

'**vuuraanbidder** *m* (-s) fire-worshipper

'**vuuraanbidding** *v* fire-worship

'**vuurbaak** *v* (-baken) beacon-light

vuurbe'stendig *bn* fireproof, heat resistant

'**vuurbol** *m* (-len) fire-ball

'**vuurdood** *m & v* death by fire

'**vuurdoop** *m* baptism of fire

'**vuurdoorn** *m* (-s) fire thorn, pyracantha

'**vuureter** *m* (-s) fire-eater

vuurge'vaarlijk *bn* armed and dangerous

'**vuurgevecht** *o* (-en) exchange of shots (fire)

'**vuurgloed** *m* glare, blaze

'**vuurhaard** *m* (-en) hearth, fireplace

'**vuurkast** *v* (-en) techn fire-box

'**vuurkolom** *v* (-men) pillar of fire

'**vuurlak** *o & m* black japan

'**Vuurland** *o* Tierra del Fuego

'**vuurlijn** *v* (-en), '**vuurlinie** (-s) mil firing-line, line of fire

'**vuurmond** *m* (-en) (muzzle of a) gun; *tien ~en* ten guns

'**vuurpeloton** *o* (-s) firing-party, firing-squad

'**vuurpijl** *m* (-en) rocket

'**vuurplaat** *v* (-platen) hearth-plate

'**vuurpoel** *m* (-en) sea of fire, blaze

'**vuurproef** *v* (-proeven) fire-ordeal; *fig* crucial

(acid) test; *het heeft de ~ doorstaan* it has stood the test

'**vuurrad** *o* (-raderen) Catherine wheel

'**vuurregen** *m* (-s) **1** (kogelregen) rain of fire; **2** (vuurwerk) golden rain

'**vuurrood** *bn* **1** (in 't alg.) as red as fire, fiery red; **2** scarlet [blush, cheeks]

'**vuurscherm** *o* (-en) fire-screen

'**vuurschip** *o* (-schepen) **1** hist fire-ship; **2** scheepv lightship

'**vuurslag** *o* (-slagen) (flint and) steel

vuurspuwend *bn* fire-spitting, spitting fire; *~e berg* volcano

'**vuurstaal** *o* (-stalen) firesteel

'**vuursteen** *o & m* (-stenen) flint

'**vuurtje** *o* (-s) **1** (in 't alg.) small fire; **2** (voor sigaret &) light; *een ~ stoken* make a fire; *als een lopend ~* like wild-fire

'**vuurtoren** *m* (-s) lighthouse

'**vuurtorenwachter** *m* (-s) lighthouse keeper

'**vuurvast** *bn* fire-proof [dish], incombustible; *~e klei* fire-clay; *~e steen* fire-brick, refractory brick

'**vuurvlieg** *v* (-en) fire-fly

'**vuurvreter** *m* (-s) fire-eater[2]

'**vuurwapen** *o* (-s en -en) fire-arm

'**vuurwater** *o* fire-water

'**vuurwerk** *o* (-en) fireworks, pyrotechnic display, display of fireworks; *~ afsteken* let off fireworks

'**vuurzee** *v* (-zeeën) sea of fire; *het was één ~* it was one sheet of fire, one blaze

'**vuurzuil** *v* (-en) pillar of fire

v.v. *afk.* = *vice versa*

VVV *v Vereniging voor Vreemdelingenverkeer* ± Tourist Information Office

vwo *o voorbereidend wetenschappelijk onderwijs* pre-university education

W

w *v* ('s) w

W. *afk.* = *west*

WA *v* = wettelijke aansprakelijkheid, zie: *wettelijk*

'**waadbaar** *bn* fordable; *waadbare plaats* ford

'**waadpoot** *m* (-poten) wading-foot

'**waadvogel** *m* (-s) wading-bird, wader

1 waag *v* (wagen) **1** (weegschaal) balance; **2** (huis waar gewogen wordt) weighing-house

2 waag *m: dat is een hele ~* that is a risky thing

'**waaghals** *m* (-halzen) dare-devil, reckless fellow

'**waaghalzerig** *bn* venturesome, reckless

waaghalze'rij *v* (-en) recklessness

'**waagmeester** *m* (-s) weigh-master

'**waagschaal** *v: zijn leven in de ~ stellen* risk (venture, stake) one's life

'**waagstuk** *o* (-ken) risky undertaking, venture, piece of daring

'**waaien** (waaide *of* woei, h. en is gewaaid) **I** *onoverg* **1** ⟨v. wind⟩ blow; **2** ⟨v. vlag &⟩ flutter in the wind; *laten ~* hang out [a flag]; *hij laat de boel maar ~* he lets things slide; *laat hem maar ~!* give him the go-by; *laat maar ~!* blow the letter (the thing &)!; *de appels ~ van de bomen* the apples are blown from the trees; *het waait* it is blowing; *het waait hard* it is blowing hard, there is a high wind, it is blowing great guns; **II** *overg: iem. met een waaier ~* fan sbd.; **III** *wederk: zich ~* fan oneself

'**waaier** *m* (-s) fan

'**waaierboom** *m* (-bomen) fan-tree

'**waaieren** (waaierde, h. gewaaierd) *onoverg* fan

'**waaierpalm** *m* (-en) fan-palm

'**waaiervormig I** *bn* fan-shaped; **II** *bijw* fan-wise

waak *v* (waken) = *wake*

'**waakhond** *m* (-en) watch-dog, house-dog

waaks *bn bijw* = *waakzaam*

'**waakster** *v* (-s) watcher

'**waakvlam** *v* (-men) pilot-light

'**waakzaam** *bn* vigilant, watchful, wakeful

'**waakzaamheid** *v* vigilance, watchfulness, wakefulness

1 Waal *v* Waal [river]

2 Waal *m* (Walen) Walloon

Waals I *bn* Walloon; *de ~e Kerk* the French Reformed Church [in the Netherlands]; **II** *o* Walloon

waan *m* erroneous idea, delusion; *in de ~ brengen* lead to believe; *hem in de ~ laten dat...* leave him under the impression that...; *in de ~ verkeren dat...* be under a delusion that...; *uit de ~ helpen* undeceive

'**waandenkbeeld** *o* (-en) fallacy

'**waanvoorstelling** *v* (-en) delusion

'**waanwijs** *bn* self-conceited, opinionated

'**waanwijsheid** *v* self-conceit

'**waanzin** *m* madness, insanity, dementia

waan'zinnig *bn* mad, insane, demented, distracted, deranged; *als ~* like mad

waan'zinnige *m-v* (-n) madman, mad woman, maniac, lunatic

waan'zinnigheid *v* madness, lunacy

1 waar *v* (waren) ware(s), commodity, stuff; *alle ~ is naar zijn geld* you only get value for what you spend; *~ voor zijn geld krijgen* get (good) value for one's money, get one's money's worth

2 waar *bn* true°; *een ware weldaad* ook: a veritable boon; *~ maken* prove, make good [an assertion]; live up to [the expectations, one's name &]; *dat zal je mij ~ maken* you'll have to prove that to me; *het is ~, het zou meer kosten* (it is) true, it would cost more; *dat is ~ ook, heb je...?* that reminds me, have you...?; well, now I come to think of it, have you...?; *dat zal wel ~ zijn!* I should think so!; *daar is niets van ~* there is not a word of truth in it; *niet ~?* isn't it?; *(jij hebt het gezegd) niet ~?* didn't you?; *(jij hebt het) niet ~?* haven't you?; *(wij zijn er) niet ~?* aren't we? &; *zo ~ ik leef (ik hier voor je sta)* as I live (as I stand here); *daar is iets ~s in* there is some truth in that; *hij is daarvoor de ware niet* he is not the right man for it; *dat is je ware* that is the real thing, the real McCoy, that is it!

3 waar I *bijw* where; *~ ga je naar toe?* where are you going?; *~ het ook zij* wherever it be; *~ ook maar* wherever; *~ vandaan* zie: *vandaan*; **II** *voegw* **1** where; **2** ⟨aangezien⟩ plechtig since, as

waar'aan, '**waaraan** *bijw* on which, to which &; *(de persoon) ~ ik gedacht heb* of whom I have been thinking (whom I have been thinking of); *~ denk je?* what are you thinking of?

waar'achter, '**waarachter** *bijw* **1** ⟨v. zaken⟩ behind which; **2** ⟨v. personen⟩ behind whom

waar'achtig I *bn* true, veritable; **II** *bijw* truly, really; *~!* surely, certainly!; *~? is it true?; ~ niet!* **1** certainly not; **2** indeed I won't!; *ik weet het ~ niet!* (I am) sure I don't know!; *en daar ging hij me ~ weg!* and he actually went away; *daar is hij ~!* sure enough, there he is

waar'achtigheid *v* truth, veracity

waar'bij, '**waarbij** *bijw* by which, by what, whereby, whereat &; on which occasion, [accident] in which [people were killed]

waar'binnen *bijw* within (in) which

'**waarborg** *m* (-en) guarantee, warrant, security

'**waarborgen** (waarborgde, h. gewaarborgd) *overg* guarantee, warrant; *~ tegen* secure against

'**waarborgfonds** *o* (-en) guarantee fund

'**waarborgkapitaal** *o* (-talen) guarantee capital

'**waarborgmaatschappij** *v* (-en) insurance company

'**waarborgsom** *v* (-men) security, deposit

waar'boven, '**waarboven** *bijw* above (over)

which, above (over) what, above (over) whom

1 waard *m* (-en) **1** ⟨herbergier⟩ innkeeper, landlord, host; **2** vogelk = *woerd*; *zoals de ~ is, vertrouwt hij zijn gasten* you (they) measure other people's cloth by your (their) own yard; *buiten de ~ rekenen* reckon without one's host

2 waard *v* (-en) ⟨tussen rivieren⟩ holm

3 waard I *bn* worth; *het is geen antwoord ~* it is not worthy of a reply; *het aanzien niet ~* not worth looking at; *het is de moeite niet ~* it is not worth (your, our) while, it is not worth it (the trouble); *(dank u!) het is de moeite niet ~!* it is no trouble (at all), don't mention it!; *het is niet veel ~* it is not worth much; *het is niets ~* it is worth nothing; *dat is al heel wat ~* that's worth a good deal; *(ik geef die verklaring) voor wat ze ~ is* for what it may be worth; *hij was haar niet ~* he was not worthy of her; *~e vriend* dear friend; *W~e heer* Dear Sir; **II** *m*: *mijn ~e!* (my) dear friend

'waarde *v* (-n) **1** ⟨in 't alg.⟩ worth, value; **2** ⟨bedrag v. onderdeel⟩ denomination [of coins, of stamps]; *~n* handel stocks and shares, securities; *aangegeven ~* declared value; *belastbare ~* ratable value; *~ in rekening* value in account; *~ genoten* handel value received; *belasting over de toegevoegde ~* zie: BTW; *~ hebben* be of value; *veel (weinig) ~ hebben* have much (little) value; *~ hechten aan* set value on, attach (great) value to; *zijn ~ ontlenen aan...* owe its value to...; *zijn ~ behouden* keep its value; *in ~ stijgen* increase in value, go up; *in ~ verminderen* **1** fall in value; **2** ⟨v. geld⟩ depreciate; *naar ~ schatten* judge [sth.] by its true merits; *onder de ~ verkopen* sell for less than its value; *ter ~ van, tot een ~ van* to the value of; *van ~* of value, valuable; *dingen van ~ things* of value, valuables; *van geen ~* of no value, valueless, worthless; *van gelijke ~* of the same value; *van grote ~* of great value, valuable; *van nul en gener ~* null and void; *van weinig ~* of little value

'waardebepaling *v* (-en) valuation

'waardebon *m* (-nen en -s) **1** ⟨als geschenk⟩ gift token; **2** ⟨voor gratis monster⟩ gift voucher

waar'deerbaar *bn* valuable, appreciable

'waardeleer *v* filos axiology

'waardeloos *bn* worthless

waarde'loosheid *v* worthlessness

'waardemeter *m* (-s) standard of value

'waardeoordeel *o* (-delen) value judg(e)ment

'waardepapieren *mv* securities

'waardepunt *m* (-en) coupon

waar'deren (waardeerde, h. gewaardeerd) *overg* **1** ⟨op prijs stellen⟩ value (at its true worth), appreciate (at its proper value), esteem; **2** ⟨schatten⟩ value, estimate, appraise [by valuer]

waar'derend *bn (& bijw)* appreciative(ly)

waar'dering *v* (-en) valuation, estimation, appraisal [by valuer]; appreciation [of sbd.'s worth &]; esteem; *(geen, weinig) ~ vinden* meet with (no, little) appreciation; *met ~ spreken van* speak appreciatingly of

waar'deringscijfer *o* (-s) rating

'waardeschaal *v* (-schalen) scale of values

'waardevast *bn* stable [currency]

'waardevermeerdering *v* (-en) **1** ⟨in 't alg.⟩ increase in value; **2** [tax on] increment

'waardevermindering *v* (-en) depreciation, fall in value

'waardevol *bn* valuable, of (great) value

'waardevrij *bn* value-free

'waardig I *bn* worthy, dignified; *een ~ zwijgen* a dignified silence; *~ zijn* be worthy of; **II** *bijw* [conduct oneself] with dignity

'waardigheid *v* (-heden) **1** ⟨het waard zijn⟩ worthiness; **2** ⟨van houding &⟩ dignity; **3** ⟨ambt⟩ dignity; *de menselijke ~* human dignity; *het is beneden zijn ~* it is beneath his dignity, it is beneath him; *in al zijn ~* in all his dignity; *met ~* with dignity

'waardigheidsbekleder *m* (-s) dignitary

waar'din *v* (-nen) landlady, hostess

waar'door, 'waardoor *bijw* **1** ⟨waardoorheen⟩ through which; **2** ⟨waarom, hoe⟩ by which, by which means, whereby

waar'heen, 'waarheen *bijw* where, where... to, to what place, vero whither

'waarheid *v* (-heden) truth; *de zuivere ~* the truth and nothing but the truth; *een ~ als een koe* a truism; *de ~ spreken* speak the truth; *de ~ zeggen* tell the truth, be truthful; *iem. (ongezouten, vierkant) de ~ zeggen* tell sbd. some home truths, give sbd. a piece of one's mind; *om de ~ te zeggen* to tell the truth; *dat is dichter bij de ~* that is nearer the truth; *naar ~* truthfully, truly

waarheid'lievend *bn* truth-loving, truthful, veracious

'waarheidsgetrouw *bn* truthful, faithful, true, factual

'waarheidsliefde *v* love of truth, truthfulness, veracity

'waarheidsserum *o* truth serum

'waarheidszin *m* sense of truth

waar'in, 'waarin *bijw* in which, plechtig wherein

waar'langs, 'waarlangs *bijw* past which, along which

'waarlijk *bijw* truly, indeed, sure enough, upon my word, plechtig in truth, of a truth

'waarmaken[1] *overg*: *zich ~* prove oneself; prove to come up to expectations

waar'mee, 'waarmee *bijw* ⟨betrekkelijk⟩ with which; with whom; ⟨vragend⟩ what...with

'waarmerk *o* (-en) **1** ⟨in 't alg.⟩ stamp; **2** hallmark [on metal objects]

'waarmerken (waarmerkte, h. gewaarmerkt) *overg* **1** ⟨in 't alg.⟩ stamp, authenticate, attest, certify, validate; **2** hallmark [metal objects]

'waarmerking *v* stamping, authentication

waar'na *bijw* after which, whereupon

waar'naar, **'waarnaar** *bijw* to which

waar'naast, **'waarnaast** *bijw* beside which, by the side of which, next to which &

waar'neembaar *bn* perceptible

waar'neembaarheid *v* perceptibility

'waarnemen[1] **I** *overg* **1** ⟨met het oog &⟩ observe, perceive; **2** ⟨gebruik maken van⟩ avail oneself of, take [the opportunity]; **3** ⟨uitvoeren⟩ perform [one's duties]; *hij neemt de betrekking waar* he fills the place temporarily; **II** *abs ww* **1** ⟨met het oog &⟩ observe; **2** fill a place temporarily; act (as a deputy, as a substitute) for, deputize for; act as a locum tenens, stand in [for a doctor or clergyman]

'waarnemend *bn* acting, deputy, temporary

'waarnemer *m* (-s) **1** ⟨die waarneemt⟩ observer; **2** ⟨plaatsvervanger⟩ deputy, locum tenens [of doctor or clergyman], substitute

'waarneming *v* (-en) **1** ⟨met het oog &⟩ observation, perception; **2** performance [of duties]

'waarnemingsfout *v* (-en) observational error

'waarnemingspost *m* (-en) observation post

'waarnemingsvermogen *o* perceptive faculty, power(s) of observation

waar'nevens *bijw* next to which

waar'om, **'waarom I** *voegw* why, *plechtig* wherefore; **II** *o*: *het* ~ the why (and wherefore)

waarom'heen *bijw* around which

'waaromtrent, **waarom'trent** *bijw* about which

waar'onder, **'waaronder** *bijw* **1** ⟨gelegen onder⟩ under which; **2** ⟨waartussen⟩ among whom; including...

waar'op, **'waarop** *bijw* **1** ⟨bovenop⟩ on which; **2** ⟨waarna⟩ upon which, after which, whereupon

waar'over, **'waarover** *bijw* **1** *eig* across which; **2** ⟨betreffende wat⟩ about which

waar'schijnlijk I *bn* probable, likely; **II** *bijw* probably; *hij zal* ~ *niet komen* ook: he is not likely to come

waar'schijnlijkheid *v* (-heden) probability, likelihood; *naar alle* ~ *zal hij...* in all probability (likelihood) he will...

waar'schijnlijkheidsrekening *v* theory (calculus) of probabilities

'waarschuwen (waarschuwde, h. gewaarschuwd) **I** *overg* **1** ⟨in 't alg.⟩ warn, admonish, caution; **2** ⟨een sein geven⟩ let [sbd.] know, tell; **3** ⟨roepen⟩ call [a doctor], alarm [the police]; ~ *voor (tegen)* caution against, warn of [a danger], warn against [person or thing]; *wees gewaarschuwd!* take my warning!, let this be a warning to you!; **II** *abs ww* warn

'waarschuwend I *bn* warning; **II** *bijw* warningly

'waarschuwing *v* (-en) **1** ⟨in 't alg.⟩ warning, admonition, caution; **2** [tax-collector's] summons for payment

'waarschuwingsbord *o* (-en) notice-board, danger-board

'waarschuwingscommando *o* ('s) cautionary word of command

'waarschuwingsschot *o* (-schoten) warning shot

waar'tegen, **'waartegen** *bijw* against which

waartegen'over *bijw* opposite which; ~ *staat dat...* which on the other hand

waar'toe, **'waartoe** *bijw* for which; ~ *dient dat?* what's the good?

waar'tussen, **'waartussen** *bijw* between which, between whom

waar'uit, **'waaruit** *bijw* from which, whence

waar'van, **'waarvan** *bijw* of which, *plechtig* whereof

waar'voor, **'waarvoor** *bijw* for what; ~? what for?, for what purpose?

'waarzeggen (waarzegde, h. gewaarzegd, waargezegd) *onoverg* tell fortunes; *iem.* ~ tell sbd.'s fortune; *zich laten* ~ have one's fortune told

'waarzegger *m* (-s) fortune-teller, soothsayer

waarzegge'rij (-en), **'waarzegging** *v* (-en) fortune-telling, soothsaying

'waarzegster *v* (-s) fortune-teller, soothsayer

'waarzo *bijw gemeenz* where

waar'zonder *bijw* without which

waas *o* **1** haze [in the air]; **2** bloom [of fruit]; **3** mist [before one's eyes]; **4** *fig* air [of secrecy]

wacht *m & v* (-en en -s) **1** ⟨het wacht houden & groep wachters⟩ watch, guard; **2** *theat* clue [of an actor]; *de* ~ *aflossen* **1** *mil* relieve guard; **2** *scheepv* relieve the watch; *de* ~ *betrekken* **1** *mil* mount guard; **2** *scheepv* go on watch; *de* ~ *hebben* **1** *mil* be on guard; **2** *scheepv* be on watch; *de* ~ *houden* keep watch; *de* ~ *overnemen* **1** *mil* take over guard; **2** *scheepv* take over the watch; *de* ~ *in het geweer roepen* *mil* turn out the guard; *in de* ~ *slepen* walk away with, spirit away; *in de* ~ *zijn* be on night-duty [of nurses]; *op* ~ *staan* *mil* be on duty, stand guard

'wachtcommandant *m* (-en) duty officer

'wachtdienst *m* **1** *mil* guard-duty; **2** *scheepv* watch

'wachten (wachtte, h. gewacht) **I** *onoverg* wait; *wacht even!* just a moment!; *wacht (even) je vergeet dat...* wait a bit! you forget that...; *wacht (jij) maar!* just wait!, you wait!; *dat kan* ~ it can wait; *iem. laten* ~ keep sbd. waiting; *gemeenz* leave sbd. to cool his heels; give sbd. a long wait; *staan* ~ be waiting; *wat u te* ~ *staat* what awaits you, what is in store for you; ~ *met iets tot...* wait to..., till..., delay ...ing till...; ~ *met het eten op vader* wait dinner for father; ~ *met schieten* wait to fire; ~ *op* wait for; *hij laat altijd op zich* ~ he always has to be waited for; *u hebt lang op u laten* ~ you have given us a long wait; **II** *overg* wait for [letter, visitors &]; *wat u wacht* what awaits you, what is in store for you; **III** *wederk*: *zich* ~ be on one's guard; *zich wel* ~ *om...* know better than to...; *zich* ~ *voor iets* be on one's guard against sth.; *wacht u voor de hond!* beware of the dog!; *wacht u voor zakkenrollers!* beware of pickpockets!

'**wachter** *m* (-s) **1** ⟨bewaker⟩ watchman, keeper; **2** satellite [of a planet]

'**wachtgeld** *o* (-en) half-pay

'**wachtgelder** *m* (-s) official on half-pay

'**wachthebbend** *bn* on duty

'**wachthokje** *o* (-s) shelter

'**wachthuisje** *o* (-s) **1** mil sentry-box; **2** [tram, bus] shelter

'**wachtkamer** *v* (-s) **1** waiting-room; ook: [a doctor's] ante-room; **2** mil guard-room [for soldiers]

'**wachtlijst** *v* (-en) waiting-list

'**wachtlokaal** *o* (-kalen) mil guard-room

'**wachtmeester** *m* (-s) sergeant

'**wachtparade** *v* (-s) guard-mounting, parade for guard

'**wachtpost** *m* (-en) guard-post

'**wachtschip** *o* (-schepen) guard-ship

'**wachtstand** *m* **1** ⟨v. tv-toestel &⟩ stand-by; **2** ⟨v. telefoon⟩ hold

'**wachttijd** *m* (-en) waiting time, waiting period

'**wachttoren** *m* (-s) watch-tower

'**wachtverbod** *o* (-boden) waiting prohibition

'**wachtvuur** *o* (-vuren) watch fire

'**wachtwoord** *o* (-en) **1** mil password, word, countersign, parole; **2** ⟨devies⟩ watchword[2]; **3** cue [of an actor]; *het ~ uitgeven* mil give the word

wad *o* (-den) shoal, mud-flat; *de Wadden* the Dutch Wadden shallows

'**Waddeneiland** *o* (-en) (West) Frisian Island

'**Waddenzee** *v* Waddenzee, Wadden Sea

'**wade** *v* (-n) plechtig shroud

'**waden** (waadde, h. en is gewaad) *onoverg* wade

'**wadjan** *m* (-s) wok

'**wadlopen** *o* wading in the mud-flats

'**wafel** *v* (-s) **1** ⟨in 't alg.⟩ waffle; **2** ⟨dun⟩ wafer; *hou je ~ gemeenz* shut your head!, shut up!

'**wafelbakker** *m* (-s) waffle-baker

'**wafeldoek 1** *o* & *m* ⟨stofnaam⟩ honeycomb cloth; **2** *m* (-en) ⟨voorwerpsnaam⟩ honeycomb towel

'**wafelijzer** *o* (-s) waffle-iron

'**wafelkraam** *v* & *o* (-kramen) waffle-baker's booth

'**wafelstof** *v* honeycomb cloth

'**waffel** *m* (-s) gemeenz ⟨mond⟩ trap; *hou je ~!* shut your trap!

waf(waf) *tsw: ~ (~)!* bow-wow!

1 '**wagen** (waagde, h. gewaagd) **I** *overg* risk, hazard, venture, dare; *het ~* venture [to go &]; *er alles aan ~* risk one's all; *er een gulden aan ~* venture a guilder on it; *hij waagt alles* he is ready for any venture; *daar waag ik het op* I'll risk it, I'll take my chance of it; *waag het niet!* don't you dare!; *hij zal het niet ~* he won't venture (up)on doing it (to do it); *hoe durft u 't te ~?* how dare you (do it)?; *wie het waagt hem tegen te spreken* who should venture upon contradicting him; *ze zijn aan elkaar gewaagd* they are well matched, it is diamond cut diamond; *zijn leven ~* risk (venture) one's life; **II** *wederk: zich ~ aan iets* venture on sth., take the risk; *zich aan een voor-spelling ~* venture on a prophecy; *zich op het ijs ~* venture upon the ice, zie ook: *ijs*; **III** *abs ww: wie niet waagt, die niet wint* nothing venture, nothing have

2 '**wagen** *m* (-s) **1** ⟨auto⟩ car; **2** ⟨voertuig⟩ vehicle; **3** ⟨rijtuig⟩ [railway] carriage, coach; **4** ⟨kar⟩ waggon, wagon, cart; **5** ⟨v. schrijfmachine⟩ carriage; *de W~astron* Charles's Wain; *krakende ~s duren (lopen) het langst* creaking doors hang (the) longest, cracked pots last longest

'**wagenas** *v* (-sen) axle-tree

'**wagenbestuurder** *m* (-s) driver

'**wagenhuis** *o* (-huizen) cart-shed, coach-house

'**wagenmaker** *m* (-s) cartwright, wheelwright; coach-builder

wagenmake'rij *v* (-en) cartwright's (wheelwright's) shop; coach-builder's shop

'**wagenmenner** *m* (-s) **1** ⟨in 't alg.⟩ driver; **2** hist charioteer

'**wagenpark** *o* (-en) **1** = *autopark*; **2** ⟨rollend materiaal⟩ rolling-stock, ⟨plaats daarvoor⟩ rolling-stock depot; **3** mil artillery park, wagon park

'**wagenrad** *o* (-raderen) carriage-wheel, cartwheel

'**wagensmeer** *o* & *m* cart-grease

'**wagenspoor** *o* (-sporen) rut, track

'**wagenvol** *v*, '**wagenvracht** *v* (-en) cart-load, wagon-load

'**wagenwijd** *bijw* (very) wide

'**wagenziek** *bn* carsick, trainsick

'**waggelen** (waggelde, h. en is gewaggeld) *onoverg* **1** ⟨in 't alg.⟩ stagger, totter, reel; **2** waddle [like a duck]; *een ~de tafel* a rickety table

wa'gon *m* (-s) **1** carriage [for passengers]; **2** van [for luggage, goods]; **3** wag(g)on, truck [for cattle, open or flat]

wa'gonlading *v* (-en) wagon-load, truck-load

'**wajang** *m* (-s) wayang [Javanese shadowplay]

wak *o* (-ken) blow-hole in the ice

'**wake** *v* (-n) watch, vigil

'**waken** (waakte, h. gewaakt) *onoverg* wake, watch; *~ bij* watch by, watch over, sit up with, watch with [the sick]; *~ over* watch over, look after; *~ tegen* (be on one's) guard against; *~ voor* watch over, look after [sbd.'s interests]; *ervoor ~ dat...* take care that..., see to it that...

'**wakend** *bn* ⟨oplettend⟩ wakeful, watchful, vigilant; *een ~ oog houden op...* keep a wakeful (watchful) eye on...

'**waker** *m* (-s) watchman, watcher

'**wakker I** *bn* **1** ⟨wakend⟩ awake, waking; **2** ⟨waakzaam⟩ awake, vigilant; **3** ⟨flink⟩ smart, spry, brisk; *~ liggen* lie awake; *~ maken* wake[2], awake[2], waken[2], wake up[2]; *~ roepen* wake (up), call up[2] [a person, an image, memories]; fig evoke [feelings &]; *~ schrikken* start from one's sleep; *~ schudden* shake up[2], rouse[2]; *hem ~ schudden uit zijn droom* rouse him from his dream[2]; *~ worden* wake up[2], awake[2]; **II** *bijw* smartly, briskly '**wakkerheid** v spryness, briskness

wal m (-len) **1** ⟨langs water⟩ bank, coast, shore; quay, embankment; **2** mil rampart; *~len onder de ogen* bags under the eyes; *aan (de) ~* ashore, on shore; *aan ~ brengen* land; *aan ~ gaan* go ashore; *aan lager ~ geraken* **1** scheepv get on a lee-shore; **2** fig go downhill, come down in the world, be thrown on one's beam-ends; *aan lager ~ zijn* fig be in low water; *van de ~ handel* ex quay; *van de ~ in de sloot* out of the frying-pan into the fire; *van ~ steken* **1** scheepv push off, shove off; **2** fig start, go ahead; *steek maar eens van ~!* gemeenz fire away!; *van twee ~letjes eten* play a double game and take advantage of both sides

Wala'chije o Walachia

Wala'chijer m (-s) Walachian

Wala'chijs bn Walachian

'**walbaas** m (-bazen) wharfinger, superintendent

'**waldhoorn**, '**waldhoren** m (-s) muz French horn

'**Walenland** o Walloon country

Wales o Wales; *van ~* Welsh

walg m loathing, disgust, aversion; *een ~ hebben van* loathe

'**walgelijk I** bn loathsome, revolting, nauseating, sickening, nauseous, disgusting; **II** bijw disgustingly &; *~ braaf* disgustingly good; *~ zoet* revoltingly sweet

'**walgelijkheid** v loathsomeness &

'**walgen** (walgde, h. gewalgd) onoverg: *ik walg ervan* I loathe it, I am disgusted at (with) it, it makes me sick; *tot je ervan walgt* till you become nauseated (disgusted) with it; *ik walg van mezelf* I loathe myself; *iem. doen ~* fill sbd. with disgust, turn sbd.'s stomach; *tot ~s toe* to loathing

'**walging** v loathing, disgust, nausea

'**walglijk** bn = walgelijk

'**walglijkheid** v = walgelijkheid

wal'halla o Valhalla

'**walkapitein** m (-s) landing captain

walkie-'talkie m (-s) walkie-talkie, walky-talky

'**walkman** m (-s) walkman

'**walkraan** v (-kranen) (lifting) crane

Wal'lonië o Wallonia

walm m (-en) smoke

'**walmen** (walmde, h. gewalmd) onoverg smoke

'**walmend**, '**walmig** bn smoky [lamp]

'**walnoot** v (-noten) walnut

'**walrus** m (-sen) walrus

1 wals m & v (-en) ⟨dans⟩ waltz

2 wals v (-en) ⟨pletrol⟩ roller, cylinder

1 'walsen (walste, h. gewalst) onoverg ⟨dansen⟩ waltz

2 'walsen (walste, h. gewalst) overg ⟨pletten⟩ roll

walse'rij v (-en) techn rolling-mill

'**walsmachine** v (-s) rolling-machine

'**walstempo** o waltz-time

'**walstro** o bedstraw

'**walvis** m (-sen) whale

'**walvisachtig** bn cetacean

'**Walvisbaai** v Walvis Bay, Walfish Bay

'**walvisbaard** m (-en) whalebone

'**walvisjager** m (-s) whaler°

'**walvisspek** o (whale-)blubber

'**walvistraan** m whale-oil, train-oil

'**walvisvaarder** m (-s) whaler

'**walvisvangst** v whale-fishery, whaling

'**wambuis** o (-buizen) doublet, ⟨zonder mouwen⟩ jerkin

wan v (-nen) winnower, fan

'**wanbegrip** o (-pen) false notion

'**wanbeheer**, '**wanbeleid** o mismanagement

'**wanbestuur** o misgovernment

'**wanbetaler** m (-s) defaulter

'**wanbetaling** v (-en) non-payment; *bij ~* in default of payment

'**wanbof** m bad luck

'**wanboffen** (wanbofte, h. gewanboft) onoverg be down on one's luck

wand m (-en) **1** ⟨in 't alg.⟩ wall; **2** ⟨v. berg, schip⟩ side; **3** ⟨v. rots, steil⟩ face

'**wandaad** v (-daden) crime, outrage, misdoing

'**wandbekleding** v (-en) wall-lining

'**wandbord** o (-en) decorative plate

'**wandel** m ⟨gedrag⟩ conduct, behaviour; *aan (op) de ~ zijn* be out for a walk; *het is een hele ~ van Eindhoven naar Helmond* it is quite a walk from Eindhoven to Helmond; *handel en ~* zie: *handel*

'**wandelaar** m (-s), '**wandelaarster** v (-s) walker

'**wandeldek** o (-ken) promenade deck

'**wandelen** (wandelde, h. en is gewandeld) onoverg walk, take a walk; *~d blad* leaf-insect; *de W~de Jood* the Wandering Jew; *~de nier* wandering kidney; *~de tak* stick-insect

'**wandeletappe** v (-s) ⟨bij wielrennen⟩ jaunt in the country

'**wandelgang** m (-en) lobby

'**wandeling** v (-en) walk, stroll; *een ~ maken* take a walk; *een ~ gaan maken* go for a walk; *in de ~ ... genoemd* popularly called...

'**wandelkaart** v (-en) **1** ⟨landkaart⟩ hiking map; **2** ⟨toegangskaart⟩ walking permit

'**wandelpad** o (-paden) footpath

'**wandelpier** m (-en) promenade pier

'**wandelplaats** v (-en) promenade

'**wandelsport** v hiking

'**wandelstok** m (-ken) walking-stick

'**wandeltocht** m (-en) walking tour, hike

'**wandelwagen** m (-s) push chair

'**wandelweg** m (-wegen) walk

'**wandgedierte** o bugs

'**wandkaart** v (-en) wall-map

'**wandkalender** m (-s) wall-calendar

'**wandkleed** o (-kleden) (wall) tapestry, arras

'**wandluis** v (-luizen) (bed-)bug

'**wandmeubel** o (-s) wall unit

'**wandplaat** v (-platen) onderwijs wall-picture

'**wandrek** *o* (-ken) rib stalls, wall bars
'**wandschildering** *v* (-en) mural painting, mural, wall-painting
'**wandtapijt** *o* (-en) tapestry
'**wandversiering** *v* (-en) mural decoration
'**wanen** (waande, h. gewaand) *overg* fancy, think
wang *v* (-en) cheek
'**wangbeen** *o* (-deren) cheek-bone
'**wangedrag** *o* bad conduct, misconduct, misbehaviour
'**wangedrocht** *o* (-en) monster
'**wangeluid** *o* (-en) dissonance, cacophony
'**wangunst** *v* envy
wan'gunstig *bn* envious
'**wangzak** *m* (-ken) cheek-pouch
'**wanhoop** *v* despair; *uit* ~ in despair
'**wanhoopsdaad** *v* (-daden) act of despair, desperate act
'**wanhoopskreet** *m* (-kreten) cry of despair
'**wanhopen** (wanhoopte, h. gewanhoopt) *onoverg* despair (aan of)
wan'hopig *bn* desperate, despairing; *iem.* ~ *maken* drive sbd. to despair, drive sbd. mad; ~ *worden* give way to despair; ~ *zijn* be in despair
'**wankel** *bn* **1** (in 't alg.) unstable, unsteady, shaky; **2** rickety [chairs &]; **3** fig delicate [health]; ~ *evenwicht* shaky balance
'**wankelbaar** *bn* unstable, unsteady, changeable
'**wankelbaarheid** *v* instability, unsteadiness, changeableness
'**wankelen** (wankelde, h. en is gewankeld) *onoverg* **1** (in 't alg.) totter[2], stagger[2], shake[2]; **2** fig waver, vacillate; *een slag die hem deed* ~ a staggering blow; *aan het* ~ *brengen* **1** stagger[2], shake[2] [the world, his resolution]; **2** fig make [him] waver; *aan het* ~ *raken* (begin to) waver[2]
'**wankeling** *v* (-en) **1** eig tottering; **2** (aarzeling) wavering, vacilation
wankel'moedig *bn* wavering, vacillating, irresolute
wankel'moedigheid *v* wavering, vacillation, irresolution
'**wankelmotor** *m* (-s en -toren) Wankel engine
'**wanklank** *m* (-en) **1** (geluid) discordant sound, dissonance; **2** fig jarring note
wan'luidend *bn* dissonant, jarring
wan'luidendheid *v* dissonance
'**wanmolen** *m* (-s) winnower
wan'neer I *bijw* when; **II** *voegw* **1** (v. tijd) when; **2** (indien) if; ~ ... *ook* whenever
'**wannen** (wande, h. gewand) *overg* winnow, fan
'**wanorde** *v* disorder, confusion; *in* ~ *brengen* throw into disorder, confuse, disarrange
wan'ordelijk *bn* disorderly, in disorder
wan'ordelijkheid *v* disorderliness; *wanordelijkheden* disturbances
'**wanprestatie** *v* (-s) non-fulfilment, non-performance, default

wan'schapen *bn* misshapen, deformed, monstrous
wan'schapenheid *v* deformity, monstrosity
'**wanschepsel** *o* (-s) monster
'**wansmaak** *m* (-smaken) bad taste
wan'staltig *bn* misshapen, deformed
wan'staltigheid *v* deformity
1 want *v* (-en) (vuisthandschoen) mitten
2 want *o* **1** scheepv rigging; **2** (vis~) nets; *lopend* ~ running rigging; *staand* ~ standing rigging
3 want *voegw* for
'**wanten**: *hij weet van* ~ he knows the ropes
'**wantoestand** *m* (-en) abuse
wan'trouwen (wantrouwde, h. gewantrouwd) **I** *overg* distrust, suspect; **II** *o* distrust (in of), suspicion; zie ook: *motie*
wan'trouwend, wan'trouwig I *bn* distrustful, suspicious; **II** *bijw* distrustfully, suspiciously
wan'trouwigheid *v* distrustfulness, suspiciousness
wants *v* (-en) (insect) bug
'**wanverhouding** *v* (-en) disproportion; ~*en* abuses
WAO *v* Wet op de Arbeidsongeschiktheidsverzekering Disability Insurance Act
WAO'er *m* (-s) recipient of disability benefits; gemeenz person on disability
'**wapen** *o* (-s) **1** (ook: -en) (strijdmiddel) weapon, arm; **2** (legerafdeling) arm of service, arm; **3** herald arms, coat of arms; *het* ~ *der infanterie, artillerie* ook: the infantry, artillery arm; *de* ~*s dragen* bear arms; *de* ~*s (*~*en) opnemen (opvatten)* take up arms; *bij welk* ~ *dient hij?* in what arm is he?; *onder de* ~*en komen* join the army; *onder de* ~*en roepen* call up; *onder de* ~*s staan (zijn)* be under arms; *te* ~! to arms!; *te* ~ *snellen* spring to arms
'**wapenbeheersing** *v* arms control
'**wapenbezit** *o* possession of (fire)arms; *iem. arresteren wegens verboden* ~ arrest sbd. for illegally possessing firearms
'**wapenboek** *o* (-en) herald armorial
'**wapenbroeder** *m* (-s) brother in arms, companion in arms, comrade in arms, fellow-soldier
'**wapendracht** *v* ZN possession of weapons
'**wapendrager** *m* (-s) hist armour-bearer, squire
'**wapenembargo** *o* arms embargo
'**wapenen** (wapende, h. gewapend) **I** *overg* arm; **II** *wederk*: *zich* ~ arm oneself, arm; *zich* ~ *tegen* arm against[2]
'**wapenfabriek** *v* (-en) arms factory
'**wapenfabrikant** *m* (-en) arms manufacturer
'**wapenfeit** *o* (-en) feat of arms
'**wapengekletter** *o* clash (clang, din) of arms
'**wapengeweld** *o* force of arms
'**wapenhandel** *m* **1** mil use of arms; **2** (koop & verkoop) trade in arms, geringsch arms traffic
'**wapenhandelaar** *m* (-s) arms dealer
'**wapenindustrie** *v* armaments industry
'**wapening** *v* mil arming, armament, equipment
'**wapenkamer** *v* (-s) armoury

wapenkoning

'**wapenkoning** *m* (-en) king-of-arms
'**wapenkreet** *m* (-kreten) war-cry
'**wapenkunde** *v* herald heraldry
wapen'kundige *m-v* (-n) herald heraldist
'**wapenleverantie** *v* (-s) arms supply
'**wapenmagazijn** *o* (-en) arsenal
'**wapenrek** *o* (-ken) arm-rack
'**wapenrok** *m* (-ken) **1** *mil* tunic; **2** *hist* coat of mail
'**wapenrusting** *v* (-en) *hist* (suit of) armour
'**wapenschild** *o* (-en) escutcheon, scutcheon, armorial bearings, coat of arms
'**wapensmid** *m* (-smeden) armourer
'**wapensmokkel** *m* gun-running
'**wapenspreuk** *v* (-en) device
'**wapenstilstand** *m* (-en) armistice
'**wapenstilstandsdag** *m* (-dagen) Armistice Day; Am Veterans Day
'**wapenstok** *m* (-ken) truncheon, baton
'**wapentuig** *o* weapons, arms
'**wapenwedloop** *m* arms race
'**wapenzaal** *v* (-zalen) armoury
'**wapperen** (wapperde, h. gewapperd) *onoverg* wave, float, fly, flutter, stream
war *v*: *in de* ~ tangled, in a tangle, in confusion, confused; *iem. in de* ~ *brengen* put sbd. out, confuse sbd.; *in de* ~ *gooien* zie: *in de* ~ *sturen*; **2** ⟨dingen⟩ disarrange, muddle up [things]; tangle [threads, hair]; tumble, rumple [clothes, hair]; *in de* ~ *raken* **1** ⟨v. personen⟩ be put out; **2** ⟨v. dingen⟩ get entangled [of thread &], get mixed up, be thrown into confusion [of things]; *in de* ~ *sturen* derange [plans]; upset, spoil [everything]; *de boel in de* ~ *sturen* ook: make a mess of it; *een openbare bijeenkomst in de* ~ *sturen* break up a public meeting; *in de* ~ *zijn* **1** ⟨v. persoon⟩ be confused, be at sea; be (mentally) deranged; **2** ⟨v. dingen⟩ be in confusion, be in a tangle, be at sixes and sevens; *mijn maag is in de* ~ my stomach is out of order, is upset; *het weer is in de* ~ the weather is unsettled; *uit de* ~ *halen* disentangle
wa'rande *v* (-n en -s) park, pleasure-grounds
wa'ratje *tsw* really, truly
'**warboel** *m* (-en) confusion, muddle, mess, tangle, mix-up
'**ware** zie: ²*waar*
wa'rempel *tsw* really, truly
1 'waren *mv* wares, goods, commodities
2 'waren (waarde, h. gewaard) *onoverg* = *rondwaren*
3 'waren V.T. meerv. van *wezen*, *zijn*
'**warenhuis** *o* (-huizen) department store(s), stores
'**warenkennis** *v* knowledge of commodities
'**warenwet** *v* food and drugs act
'**warhoofd** *o* & *m-v* (-en) scatter-brain, muddle-head
war'hoofdig *bn* scatter-brained, muddle-headed
'**warhoop** *m* (-hopen) confused heap
wa'ringin *m* (-s) plantk **1** banyan (tree) [*Ficus Ben-*

jamina]; **2** pagoda tree [*Ficus religiosa*]
'**warkruid** *o* dodder
warm I *bn* **1** warm² [food &, friend, partisan, thanks, welcome]; **2** hot² [water &]; ~*e baden* hot baths, thermal baths; ~*e bron* thermal spring; *je bent* ~*!* (bij spelletjes) you are warm (hot)!; *het wordt* ~ **1** (v. weer) it is getting warm; **2** (binnenkamers) the room is warming up; *het* ~ *hebben* be warm; *het eten* ~ *houden* keep dinner warm; *iem. warm maken voor iets* rouse sbd.'s interest in sth., make sbd. enthusiastic for sth.; **II** *bijw* warmly², hotly²; ~ *aanbevelen* recommend warmly; *het zal er* ~ *toegaan* it will be hot work
warm'bloedig *bn* warm-blooded
'**warmen** (warmde, h. gewarmd) **I** *overg* warm, heat; **II** *wederk*: *zich* ~ *(aan)* warm oneself (at); *warm je eerst eens* have a warm first
warming-'up *m* sp warm-up
'**warmlopen** (liep warm, h. warmgelopen) *onoverg* **1** techn run hot; **2** fig warm up, warm [to one's work]; kindle to; *hij liep niet echt warm voor ons plan* he wasn't really carried away by our plan
'**warmpjes** *bijw*: *er* ~ *bijzitten* be well off
'**warmte** *v* warmth², heat, ardour²; *bij zo'n* ~ in such hot weather, in such a heat; *met* ~ *(verdedigen &)* warmly
'**warmtebesparend** *bn* heat saving
'**warmtebron** *v* (-nen) source of heat
'**warmte-eenheid** *v* (-heden) heat unit, thermal unit, calorie
'**warmtegeleider** *m* (-s) conductor of heat
'**warmtegeleiding** *v* (-en) conduction of heat
'**warmtegraad** *m* (-graden) degree of heat
'**warmte-isolatie** *v* heat insulation
'**warmteleer** *v* theory of heat, thermodynamics
'**warmtemeter** *m* (-s) thermometer, calorimeter
'**warmteontwikkeling** *v* development of heat
'**warmtetechniek** *v* heat engineering
'**warmte-uitslag** *m* heat rash, prickly heat
warm'waterkraan *v* (-kranen) hotwater tap (cock)
warm'waterkruik *v* (-en) hot-water bottle
warm'waterreservoir *o* (-s) (water-) heater
warm'waterzak *m* (-ken) hot-water bag
'**warnet** *o* (-ten) maze, labyrinth
'**warrelen** (warrelde, h. gewarreld) *onoverg* whirl
'**warreling** *v* (-en) whirl(ing)
'**warrelwind** *m* (-en) whirlwind
'**warren** (warde, h. geward) *overg*: *door elkaar* ~ entangle
'**warrig** *bn* confused
wars *bn*: ~ *van* averse to (from)
'**Warschau** *o* Warsaw
'**wartaal** *v* incoherent talk, gibberish
'**wartel** *m* (-s) swivel
'**warwinkel** *m* (-s) = *warboel*
1 was *m* rise [of a river]
2 was *m* & *o* ⟨vettige substantie⟩ wax; *slappe* ~

dubbin(g); *goed in de slappe ~ zitten* gemeenz be well-heeled

3 was *m* (wasgoed) wash, laundry; *bonte (witte) ~* coloured (white) washing; *schone ~* clean linen; *vuile ~* soiled linen; *zij doet zelf de ~* she does the washing herself; *het blijft goed in de ~* it will wash; it doesn't shrink in the wash; *in de ~ doen (geven)* put in the wash, send to the laundry; *de ~ uit huis doen* send the washing out

4 was (waren) V.T. v. *wezen, zijn*

'wasachtig *bn* waxy, cereous

'wasafdruk *m* (-ken) impression in wax

'wasautomaat *m* (-maten) (automatic) washing-machine

'wasbaar *bn* washable

'wasbaas *m* (-bazen) washerman, laundryman

'wasbak *m* (-ken) (wash-)basin

'wasbeer *m* (-beren) raccoon

'wasbenzine *v* benzine

'wasbleek *bn* waxen

'wasbord *o* (-en) washboard, scrubbing board

'wasdag *m* (-dagen) washing-day, wash-day

'wasdoek *o & m* (-en) oilcloth

'wasdom *m* growth

'wasecht *bn* washable, fast-dyed, fast [colours], washing [silk, frock]; *is het ~?* does it wash?

'wasem *m* (-s) vapour, steam

'wasemen (wasemde, h. gewasemd) *onoverg* steam

'wasgeel *bn* as yellow as wax

'wasgelegenheid *v* (-heden) wash place; *kamer met ~* room with a sink

'wasgoed *o* washing, laundry

'washandje *o* (-s) washing-glove, flannel

'washok (-ken), **'washuis** *o* (-huizen) wash-house

'wasinrichting *v* (-en) laundry

'waskaars *v* (-en) wax candle, taper

'waskan *v* (-nen) ewer, jug

'wasketel *m* (-s) wash-boiler

'wasklem *v* (-men) = *wasknijper*

'waskleur *v* wax colour

'waskleurig *bn* wax-coloured

'wasknijper *m* (-s) clothes-peg, clothes-pin

'waskom *v* (-men) wash-basin, wash-hand basin

'waskuip *v* (-en) washing-tub, wash-tub

'waslapje *o* (-s) face-cloth, flannel

'waslicht *o* (-en) wax-light

'waslijn *v* (-en) clothes-line

'waslijst *v* (-en) wash-list, laundry list

'waslokaal *o* (-kalen) wash-room

'waslucifer *m* (-s) wax-match, (wax-)vesta

'wasmachine *v* (-s) washing-machine

'wasman *m* (-nen) washerman, laundryman

'wasmand *v* (-en) laundry-basket

'wasmerk *o* (-en) laundry mark

'wasmiddel *o* (-en) detergent

'waspitje *o* (-s) night-light

'waspoeder, **'waspoeier** *o & m* (-s) washing-powder

1 'wassen (wies, is gewassen) *onoverg* **1** (groeien) grow; **2** rise [of a river]; *de maan is aan het ~* the moon is on the increase (is waxing)

2 'wassen (waste, h. gewast) *overg* (met was bestrijken) wax

3 'wassen (waste of wies, h. gewassen) **I** *overg* **1** (schoonmaken) wash [one's hands, dirty linen &]; **2** wash up [plates]; **II** *abs ww* wash [for a living], take in washing; **III** *wederk: zich ~* wash oneself; wash [before dinner &]

4 'wassen *bn* wax(en)

wassen'beeld *o* (-en) wax figure, dummy

wassen'beeldenmuseum *o* (-len) waxwork show, waxworks

'wasser *m* (-s) washer

wasse'rette *v* (-s) launderette

wasse'rij *v* (-en) laundry(-works)

'wasstel *o* (-len) river-service, toilet-set

'wastafel *v* (-s) wash-hand basin, wash-hand stand; *vaste ~* fitted wash-basin

'wastobbe *v* (-n en -s) washing-tub, wash-tub

'wasverzachter *m* (-s) (fabric) softener, softening agent

'wasvoorschrift *o* (-en) washing instructions

'wasvrouw *v* (-en) washerwoman, laundress

'waswater *o* wash-water, washing-water

wat I *vragend vnw* what; *~ is er?* what is the matter?; *~ zegt hij?* what does he say?; *mooi, ~?* fine, what?; *~ nieuws?* what news?; *~ voor een man is hij?* what man (what sort of man) is he?; *ik weet ~ voor moeilijkheden er zijn* I know what difficulties there are; *~, meent u het?* what, do you really mean it?; *wel, ~ zou dat?* well, what of it?, what's the odds?; *en al zijn we arm, ~ zou dat?* what though we are poor?; *en ~ al niet* and what not; **II** *uitroepend vnw* what; *~ een mooie bomen!* what fine trees!; *~ een idee!* what an idea!; *~ was ik blij!* how glad I was!; *~ liepen ze!* how they did run!; *~ mooi &!* how fine!; *~ dan nog!* so what!; *weet je ~?, we gaan...* you know what (I'll tell you what), let's...; **III** *onbep vnw* something; *het is me ~!* it is something awful!; *ja, jij weet ~!* gemeenz fat lot you know!; *~ je zegt!* as you say!, indeed!; *hij zei ~* he said something; *~ hij ook zei, ik...* whatever he said I...; *voor ~ hoort ~* nothing for nothing; *~ nieuws* something new; *~ papier* some paper; **IV** *betr vnw* what; which; that; *alles ~ ik heb* all (that) I have; *doe ~ ik zeg* do as I say; *hij zei dat hij het gezien had, ~ een leugen was* he said he had seen it, which was a lie; **V** *bijw* **1** (een beetje) a little, somewhat, slightly, rather; **2** (heel erg) very, quite; *hij was ~ beter* a little better; *hij was ~ blij* he was very glad, gemeenz that pleased; *(het is) ~ leuk* awfully funny; *heel ~ last* a good deal (a lot) of trouble; *heel ~ mensen* a good many (quite a few) people; *dat is heel ~* that is quite a lot, that is saying a good deal; *het scheelt heel ~* it makes quite a difference; *hij kent vrij ~* he knows a pretty lot of things

wat'blief? 1 ⟨bij niet verstaan⟩ beg pardon?; **2** ⟨bij verbazing⟩ what did you say?, what?

'water o (-s en -en) **1** ⟨vloeistof⟩ water; **2** ⟨waterzucht⟩ dropsy; *de ~en van Nederland* the waters of Holland; *stille ~s hebben diepe gronden* still waters run deep; *het ~ komt je ervan in je mond* it makes your mouth water; *Gods ~ over Gods akker laten lopen* let things drift, let things take their course; *er zal nog heel wat ~ door de Rijn lopen (eer het zover is)* much water will have to flow under the bridge; *er valt ~* it is raining; *ze zijn als ~ en vuur* they are at daggers drawn; *~ in de wijn doen* **1** eig water one's wine; **2** fig climb down; *~ naar de zee dragen* carry coals to Newcastle; *het ~ hebben* suffer from dropsy; *het ~ in de knieën hebben* have water on the knees; *~ inkrijgen* **1** ⟨drenkeling⟩ swallow water; **2** ⟨schip⟩ make water; *~ maken* scheepv make water; *bij laag ~* at low water, at low tide; *(zich) het hoofd boven ~ houden* keep one's head above water; *hij is weer boven ~* he is above water again; *weer boven ~ komen* turn up again; *in het ~ vallen* **1** eig fall into the water; **2** ⟨mislukken⟩ fall to the ground, fall through; *in troebel ~ vissen* fish in troubled waters; *onder ~ lopen* be flooded; *onder ~ staan* be under water, be flooded; *onder ~ zetten* inundate, flood; *op ~ en brood zetten (zitten)* put (be) on bread and water; *te ~ gaan, zich te ~ begeven* take the water; *een schip te ~ laten* launch a vessel; *(het verkeer) te ~* by water; *te ~ en te land* by sea and land; *een diamant (een schurk) van het zuiverste ~* a diamond (a rascal) of the first water

'waterachtig bn watery[2]

'waterafstotend bn water-repellent

'waterafvoer m (-en) water-drainage

'waterbak m (-ken) **1** ⟨reservoir⟩ cistern, tank; **2** watertrough [for horses]; **3** ⟨urinoir⟩ urinal

'waterballet o water ballet, fig inundation, flood

'waterbed o (-den) water bed

'waterbestendig bn waterproof, water-resistant

'waterbewoner m (-s) aquatic animal

'waterbloem v (-en) aquatic flower

'waterbouwkunde v hydraulics, hydraulic engineering

waterbouw'kundig bn hydraulic

waterbouw'kundige m-v (-n) hydraulic engineer

'waterbuffel m (-s) water buffalo

'watercloset o (-s) water-closet

'watercultuur v (-turen) hydroponics, tankfarming

'waterdamp m (-en) (water-)vapour

'waterdeeltje o (-s) water-particle, particle of water

'waterdicht bn **1** ⟨in 't alg.⟩ impermeable to water; **2** ⟨v. kleren⟩ waterproof; **3** ⟨van beschotten &⟩ watertight; **4** fig watertight; *~ (be)schot* watertight bulkhead

'waterdier o (-en) aquatic animal

'waterdrager m (-s) water-carrier

'waterdroppel m (-s) = *waterdruppel*

'waterdruk m water-pressure

'waterdruppel m (-s) drop of water, waterdrop

'wateremmer m (-s) water-pail

'wateren (waterde, h. gewaterd) *onoverg* ⟨urineren⟩ make water, urinate

'waterfiets m & v (-en) pedal boat

'watergeest m (-en) water-sprite

'watergehalte o percentage of water

'watergekoeld bn water-cooled

'watergeneeswijze v hydropathy

'watergeus m (-geuzen) hist Water-Beggar; *de watergeuzen* ook: the Beggars of the Sea

'waterglas o **1** (-glazen) ⟨om uit te drinken⟩ drinking-glass, tumbler; **2** (-glazen) ⟨voor urine⟩ urinal; **3** ⟨stof⟩ water-glass, soluble glass

'watergod m (-goden) water-god

'watergodin v (-nen) naiad, nereid

'watergolf v (-golven) set, water-wave

'watergolven (watergolfde, h. gewatergolfd) *overg* set, water-wave; *wassen en ~* wash and set

'waterhoen o (-ders) water-hen

'waterhoofd o (-en) hydrocephalus; *hij heeft een ~* he has water on the brain

'waterhoos v (-hozen) water-spout

'waterhoudend bn aqueous

'waterhuishouding v water-balance

'waterig bn watery[2]

'waterigheid v wateriness[2]

'waterijsje o (-s) ice lolly

'waterjuffer v (-s) dragon-fly

'waterkan v (-nen) ewer, jug

'waterkanon o (-nen) water-cannon

'waterkans v (-en) ZN little chance

'waterkant m (-en) water's edge, water-side

'waterkaraf v (-fen) water-bottle

'waterkering v (-en) weir, dam

'waterkers v (-en) watercress

'waterketel m (-s) water-kettle

'waterkoeling v water-cooling; *motor met ~* water-cooled engine

'waterkolom v (-men) column of water

'waterkom v (-men) bowl, water-basin

'waterkoud bn damp cold

'waterkraan v (-kranen) water-tap, water-cock

'waterkracht v water-power

'waterkrachtcentrale v (-s) hydro-electric power-station

'waterkruik v (-en) pitcher

'waterkuur v (-kuren) water-cure, hydropathic cure

'waterlaarzen mv waders

'waterlanders mv tears; *de ~ kwamen voor de dag* he turned on the waterworks

'waterleiding v (-en) **1** ⟨waterbuis⟩ water pipe; **2** ⟨buizenstelsel⟩ waterworks; **3** ⟨bedrijf⟩ water company; *er is geen ~ (in huis)* there is no piped water, no water-supply

'waterleidingbuis v (-buizen) conduit-pipe,

waterpipe
'**waterlelie** *v* (-s) water-lily
'**waterlijn** *v* (-en) water-line
'**waterlinie** *v* (-s) <u>scheepv & mil</u> water-line
'**waterloop** *m* (-lopen) watercourse
'**waterloos** *bn* waterless
'**waterlozing** *v* 1 ⟨in 't alg.⟩ drain(age); 2 ⟨v. urine⟩ urination
'**Waterman** *m*: *de ~* <u>astron</u> Aquarius
'**watermassa** *v* ('s) mass of water
'**watermeloen** *m & v* (-en) water-melon
'**watermerk** *o* (-en) watermark
'**watermeter** *m* (-s) watermeter
'**watermolen** *m* (-s) 1 water-mill [worked by water-wheel]; 2 draining-mill
'**waternimf** *v* (-en) water-nymph, naiad
'**waternood** *m* want of water, water-famine
'**waterontharder** *m* (-s) water softener
'**waterpartij** *v* (-en) ⟨fontein, vijver &⟩ pond, water garden
'**waterpas** I *o* (-sen) water-level; II *bn* level
'**waterpassen** (waterpaste, h. gewaterpast) I *overg* level, grade; II *abs ww* take the level; III *o het ~* levelling
'**waterpeil** *o* (-en) 1 watermark; 2 ⟨werktuig⟩ water-gauge
'**waterpest** *v* waterweed
'**waterpijp** *v* (-en) water-pipe
'**waterpistool** *o* (-tolen) water pistol, squirt gun
'**waterplaats** *v* (-en) 1 ⟨urinoir⟩ urinal; 2 ⟨v. paarden⟩ horse-pond; 3 watering-place [for ships]
'**waterplant** *v* (-en) aquatic plant, water-plant
'**waterplas** *m* (-sen) puddle
'**waterpokken** *mv* chicken-pox
'**waterpolitie** *v* river police; ⟨in haven⟩ harbour police
'**waterpolo** *o* water-polo
'**waterpomp** *v* (-en) water pump
'**waterpomptang** *v* (-en) pipe wrench
'**waterproef** *bn* waterproof
'**waterput** *m* (-ten) draw-well
'**waterrad** *o* (-raderen) water-wheel
'**waterrat** *v* (-ten) 1 ⟨dier⟩ water-vole, water-rat; 2 ⟨zwemliefhebber⟩ water-dog
'**waterreservoir** *o* (-s) water-tank, cistern
'**waterrijk** *bn* watery, abounding with water
'**waterrot** *v* (-ten) = *waterrat*
'**watersalamander** *m* (-s) newt
'**waterschade** *v* damage caused by water
'**waterschap** *o* (-pen) 1 ⟨gebied⟩ ± water board district; 2 ⟨bestuur⟩ ± district water board
'**waterscheiding** *v* (-en) watershed, waterparting
'**waterschouw** *m* inspection of canals
'**waterschuw** *bn* afraid of water
'**waterschuwheid** *v* hydrophobia
'**waterski** 1 *m* ('s) ⟨een ski⟩ water ski; 2 *o* ⟨de sport⟩ water-skiing
'**waterskiën** *onoverg* water-ski

'**waterskiër** *m* (-s) water-skier
'**waterslang** *v* (-en) water-snake
'**watersnip** *v* (-pen) snipe
'**watersnood** *m* inundation, flood(s)
'**waterspiegel** *m* water-level
'**waterspin** *v* (-nen) waterspider
'**watersport** *v* aquatic sports
'**watersporter** *m* (-s) water sports enthusiast
'**waterspuwer** *m* (-s) gargoyle
'**waterstaat** *m*: *Ministerie van Verkeer en W~* zie: *ministerie*
'**waterstand** *m* (-en) height of the water, level of the water, water-level; *bij hoge (lage) ~* at high (low) water
'**waterstof** *v* hydrogen
'**waterstofbom** *v* (-men) hydrogen bomb
'**waterstofgas** *o* hydrogen gas
waterstof'peroxide *o* hydrogen peroxide
'**waterstraal** *m & v* (-stralen) jet of water
'**watertanden** (watertandde, h. gewatertand) *onoverg*: *het doet mij ~, ik watertand ervan* it makes my mouth water
'**watertank** *m* (-s) water-tank, cistern
'**watertje** *o* (-s) 1 ⟨beekje⟩ streamlet; 2 [eye-, hair-]wash
'**watertocht** *m* (-en) trip by water, water-excursion
'**watertoevoer** *m* water supply
'**waterton** *v* (-nen) water-cask
'**watertoren** *m* (-s) water-tower
'**watertrappen** *onoverg* tread water
'**waterval** *m* (-len) 1 ⟨groot⟩ (water)fall; cataract; 2 ⟨klein⟩ cascade; *de Niagara ~len* the Niagara Falls
'**watervat** *o* (-vaten) water-cask
'**waterverband** *o* (-en) wet compress
'**waterverbruik** *o* water consumption
'**waterverf** *v* (-verven) water-colour(s)
'**waterverontreiniging** *v* water pollution
'**waterverplaatsing** *v* displacement [of a ship]
'**watervlak** *o* sheet of water
'**watervlek** *v* (-ken) water-stain
'**watervliegtuig** *o* (-en) seaplane, hydroplane
'**watervlo** *v* (-vlooien) waterflea
'**watervloed** *m* (-en) great flood, inundation
'**watervogel** *m* (-s) water-bird, aquatic bird
'**watervoorziening** *v* water supply
'**watervrees** *v* hydrophobia
'**watervrij** *bn* free from water
'**waterweg** *m* (-wegen) waterway, water-route; *de Nieuwe W~* the New Waterway
'**waterwerend** *bn* water-repellent
'**waterwerper** *m* (-s) water cannon
'**waterwilg** *m* (-en) water-willow
'**waterwinning** *v* procurement of water
'**waterzak** *m* (-ken) water-bag
'**waterzonnetje** *o* watery sun
'**waterzooi** *v* (-en) <u>ZN</u> chicken-dish or freshwater fish dish boiled with herbs
'**waterzucht** *v* dropsy

water'zuchtig *bn* dropsical

'waterzuivering *v* water purification

'watje *o* (-s) **1** ⟨propje watten⟩ wad of cotton-wool; **2** ⟨slap persoon⟩ softie

'watjekouw *m* (-en) gemeenz box on the ear, cuff

watt *m* watt

1 'watten *mv* **1** ⟨als vulling⟩ wadding; **2** ⟨voor medische doeleinden⟩ cotton-wool; *in de ~ leggen* fig feather-bed, coddle; *met ~ voeren* wad, quilt

2 'watten *bn* cotton-wool [beard]

'wattenprop *v* (-pen) cotton-wool plug

'wattenstaafje *o* (-s) cotton bud

wat'teren (watteerde, h. gewatteerd) *overg* wad, quilt

'wauwelaar *m*, **'wauwelaarster** *v* (-s) twaddler, driveller, chatterbox

'wauwelen (wauwelde, h. gewauweld) *onoverg* twaddle, drivel, chatter

'wauwelpraat *m* twaddle, drivel, gemeenz rot

WA-verzekering *v* third-party insurance

wa'xinelichtje *o* (-s) wax light

'wazig *bn* hazy

'wazigheid *v* haziness

wc *v* ('s) lavatory, w.c., gemeenz loo

W'C-bril *m* (-len) toilet seat

wc-papier *o* toilet-paper

we *pers vnw* = wij

web *o* (-ben) web

weck *m* **1** ⟨verduurzaming⟩ preservation; **2** ⟨het geweckte⟩ preserves

'wecken (weckte, h. geweckt) *overg* preserve

'weckfles *v* (-sen) preserving-bottle

'weckglas *o* (-glazen) preserving-jar

wed *o* (-den) **1** ⟨waadplaats⟩ ford; **2** ⟨drinkplaats⟩ ⟨horse-⟩pond, watering-place

wed. *afk.* = weduwe

'wedde *v* (-n) **1** ⟨v. ambtenaren⟩ salary, pay; **2** ZN ⟨loon⟩ wage, salary

'wedden (wedde, h. gewed) *onoverg* bet, wager, lay a wager; *durf je met me te ~?* will you wager anything?; *ik wed met je om tien tegen één* I'll bet you ten to one; *ik wed met je om 100 piek dat...* I bet (go) you a hundred guilders; *ik wed om wat je wil, dat...* I'll bet you anything that...; *~ op* bet on [a horse &]; *ik zou er niet op durven ~* I should not like to bet on it; *op het verkeerde paard ~* put one's money on the wrong horse[2]; *ik wed van ja* I bet you it is; *ik wed dat de hele straat het weet* I bet the whole street knows it

'weddenschap *v* (-pen) wager, bet; *een ~ aangaan* lay a wager, make a bet; *de ~ aannemen* take the bet, take the odds

'wedder *m* (-s) better, bettor, betting-man

'wede *v* (-n) ⟨plant & verfstof⟩ woad

1 'weder *o* = ²weer

2 'weder *bijw* = ³weer

'wederantwoord *o* (-en) reply

'wederdienst *m* (-en) service in return; *iem. een ~*

bewijzen do sbd. a service in return; *(gaarne) tot ~ bereid* ready to reciprocate

'wederdoper *m* (-s) anabaptist

'wedergeboorte *v* (-n) re-birth, regeneration

'wedergeboren *bn* born again, reborn, regenerate

'wederhelft (-en) *onoverg* ⟨levensgezel⟩ better half

'wederhoor *o*: *het hoor en ~ toepassen* hear both sides

'wederik *m* (-riken) ⟨plant⟩ loosestrife

'wederkeren[1] *onoverg* = weerkeren

weder'kerend *bn* gramm reflexive

weder'kerig *bn* (& *bijw*) mutual(ly), reciprocal(ly)[2]; *~ voornaamwoord* reciprocal pronoun

weder'kerigheid *v* reciprocity

'wederkomst *v* **1** ⟨in 't alg.⟩ return; **2** second coming [of Christ]

'wederliefde *v* love in return; *~ vinden* be loved in return

weder'om *bijw* **1** ⟨nog eens, opnieuw⟩ again, once again, anew, once more, a second time; **2** ⟨terug⟩ back

weder'opbloei *m* revival, reflourish

weder'opbouw *m* rebuilding[2], reconstruction[2]

weder'opleving *v* renaissance

weder'opstanding *v* resurrection

weder'opzeggens: *tot ~* until further notice

'wederpartij *v* (-en) = tegenpartij

weder'rechtelijk *bn* illegal, unlawful

weder'rechtelijkheid *v* illegality, unlawfulness

'wedersamenstelling *v* (-en) ZN reconstruction

weder'spannig *bn* recht contumacious

weder'spannigheid *v* recht contumacy

1 weder'varen (wedervoer, h. en is wedervaren) *onoverg* befall; *wat mij is ~* what has befallen me, my experiences; *zie ook: ²recht*

2 'wedervaren *o* adventure(s), experience(s); *zijn ~* ook: what has (had) befallen him

'wederverkoper *m* (-s) retailer, retail dealer

'wedervraag *v* (-vragen) counter-question

weder'waardigheid *v* (-heden): *wederwaardigheden* vicissitudes

'wederwoord *o* (-en) = weerwoord

'wederzien[1] *o* = weerzien

'wederzijds *bn* mutual

'wedijver *m* emulation, competition, rivalry

'wedijveren (wedijverde, h. gewedijverd) *onoverg* vie, compete; *~ met* vie with, compete with, emulate, rival; *~ om* vie for, compete for

'wedkamp *m* (-en) vero match, contest

'wedloop *m* (-lopen) race

'wedren *m* (-nen) race

'wedstrijd *m* (-en) match, [spelling, beauty] contest, competition; [sailing, ski, sprint] race

'wedstrijdsport *v* (-en) competitive sport(s)

'weduwe *v* (-n) widow; *onbestorven ~* grass widow

'weduwefonds *o* (-en), **'weduwekas** *v* (-sen) widows' fund

'weduwepensioen *o* (-en) widows' pension

'**weduwnaar** *m* (-s) widower; *onbestorven* ~ grass widower
'**weduwnaarschap** *o* widowerhood
'**weduwschap** *o* widowhood
'**weduwvrouw** *v* (-en) widow(-woman)
wee I *o* & *v* (weeën) **1** 〈bij bevalling〉 labour pain, contraction; **2** 〈smart〉 woe; **II** *bn* 〈v. geur〉 sickly; ~ *zijn* **1** 〈in 't alg.〉 feel bad, feel sick; **2** faint [with hunger]; **III** *tsw:* ~ *mij!* woe is me!; ~ *u!* woe be to you!; ~ *je gebeente als...!* unhappy you, if...!; *o* ~*!* o dear!

weed *m* gemeenz weed
'**weeffout** *v* (-en) flaw
'**weefgetouw** *o* (-en) weaving-loom, loom
'**weefkunst** *v* textile art
'**weefsel** *o* (-s) tissue[2], texture, fabric, weave
'**weefselleer** *v* histology
'**weefspoel** *v* (-en) shuttle
'**weefster** *v* (-s) weaver
'**weefstoel** *m* (-en) loom
'**weegbree** *v* plantain
'**weegbrug** *v* (-gen) weigh-bridge, weighingma-chine
'**weeghaak** *m* (-haken) weigh-beam, steelyard
'**weegloon** *o* (-lonen) weighage
'**weegmachine** *v* (-s) weighing-machine
weegs: *hij ging zijns* ~ he went his way; *elk ging zijns* ~ they went their separate ways; *een eind* ~ *vergezellen* accompany part of the way
'**weegschaal** *v* (-schalen) (pair of) scales, balance; *de W*~ astron Libra
'**weeig** *bn* sickly
1 week *v* (weken) 〈zeven dagen〉 week; *(de) volgende* ~ next week; *volgende* ~ *vrijdag* next Friday; *(de) vorige* ~ last week; *de* ~ *hebben* be on duty for the week; *door de* ~, *in de* ~ during the week, on week-days; *om de* ~ every week; *om de andere* ~ every other week; *over een* ~ a week hence, in a week; *vandaag (vrijdag &) over een* ~ to-day (Friday) week; *voor een* ~ 〈gedurende een week〉 for a week
2 week *bn* 〈zacht〉 soft, fig soft, tender, weak; ~ *maken* soften[2]; ~ *worden* soften[2]
3 week *v: in de* ~ *staan* lie in soak; *in de* ~ *zetten* put in soak
4 week (weken) V.T. van *wijken*
'**weekabonnement** *o* (-en) 〈openbaar vervoer〉 weekly ticket
'**weekbericht** *o* (-en) weekly report
'**weekbeurt** *v* (-en) weekly turn; *de* ~ *hebben* be on duty for the week
'**weekblad** *o* (-bladen) weekly (paper)
'**weekdag** *m* (-dagen) week-day
'**weekdier** *o* (-en) mollusc
'**weekend** *o* (-s en -en) week end
'**weekenden** (weekendde, h. geweekend) *onoverg* week-end
'**weekendhuisje** *o* (-s) week-end cabin
'**weekendtas** *v* (-sen) overnight bag

'**weekgeld** *o* (-en) **1** 〈te besteden〉 weekly allowance; **2** 〈weekloon〉 weekly pay, weekly wages
week'hartig *bn* soft-hearted, tender-hearted
week'hartigheid *v* soft-heartedness, tender-heartedness
'**weekheid** *v* softness
'**weekhuur** *v* (-huren) weekly rent
'**weekkaart** *v* (-en) weekly ticket
'**weeklacht** *v* (-en) lamentation, lament, wailing
'**weeklagen** (weeklaagde, h. geweeklaagd) *onoverg* lament, wail; ~ *over* lament, bewail
'**weekloon** *o* (-lonen) weekly wages
'**weekmaker** *m* (-s) plasticizer, softener
'**weekmarkt** *v* (-en) weekly market
'**weekoverzicht** *o* (-en) weekly review
'**weekstaat** *m* (-staten) weekly report, weekly re-turn
'**weelde** *v* **1** 〈luxe〉 luxury; **2** 〈overvloed〉 abundance, opulence, wealth; **3** luxuriance [of vegetation]; *een* ~ *van bloemen* a wealth of flowers; *...is een* ~ *voor een moeder* ...is the highest bliss to a mother; *ik kan mij die* ~ *(niet) veroorloven* I can(not) afford it
'**weeldeartikel** *o* (-en en -s) article of luxury; ~*en* ook: luxuries
'**weeldebelasting** *v* luxury tax
'**weelderig** *bn* **1** 〈luxueus〉 luxurious; **2** 〈welig tierend〉 luxuriant; lush [meadows]; **3** 〈vol van vorm〉 opulent [bosom, nudes]
'**weelderigheid** *v* **1** luxuriousness, luxury; **2** luxuriance [of vegetation]; lushness; **3** opulence
'**weemoed** *m* sadness, melancholy
wee'moedig I *bn* sad, melancholy; **II** *bijw* sadly
wee'moedigheid *v* sadness, melancholy
Weens *bn* Viennese, Vienna [Congress &], [the Congress] of Vienna
1 weer *v* 〈verdediging〉 defence, resistance; *in de* ~ *zijn* be busy; be on the go [the whole day]; *zich te* ~ *stellen* defend oneself
2 weer *o* 〈luchtgesteldheid〉 weather; *mooi* ~ fine weather; *mooi* ~ *spelen van iems. geld* live in style at sbd.'s expense; *aan* ~ *en wind blootgesteld* exposed to wind and weather; *bij gunstig* ~ weather permitting; *in* ~ *en wind*, ~ *of geen* ~ in all weathers, rain or shine
3 weer *bijw* 〈opnieuw〉 again; *heen en* ~ there and back, to and fro; *over en* ~ mutually
'**weerbaar** *bn* **1** defensible [stronghold]; **2** [men] capable of bearing arms, able-bodied
weer'barstig *bn* unmanageable, unruly, refractory
'**weerbericht** *o* (-en) weather-report
'**weerbots** *m* (-en) ZN 〈weerslag〉 repercussion, reac-tion, revulsion
'**weerga** *v* equal, match, peer; *hun* ~ *is niet te vinden* they can't be matched; *als de* ~*!* like blazes!, (as) quick as lightning!; *om de* ~ *niet!* Hell, no!; *zonder* ~ matchless, unequalled, unrivalled, unparalleled, without precedence
'**weergaaf** *v* (-gaven) = *weergave*

'**weergalm** *m* echo
weer'galmen[2] *onoverg* resound, re-echo, reverberate; ~ *van* resound (ring, echo) with
'**weergaloos** *bn* matchless, peerless, unequalled, unrivalled, unparalleled
'**weergave** *v* (-n) reproduction; rendering
'**weergeven**[1] *overg* return, restore; *fig* render [the expression, poetry in other words &]; reproduce [in one's own words, a sound &]; voice [feelings]
'**weerglas** *o* (-glazen) weather-glass, barometer
'**weergoden** *mv: de* ~ *zijn ons gunstig gezind* the weathergods are on our side
'**weerhaak** *m* (-haken) barb, barbed hook
'**weerhaan** *m* (-hanen) weather-vane, weathercock[2], *fig* (opportunist) time-server
weer'houden[2] **I** *overg* keep back, restrain, check, stop; *dat zal mij niet* ~ *om* that will not keep me from ...ing; **II** *wederk: zich* ~ restrain oneself; *zich van lachen* ~ forbear laughing; *ik kon mij niet* ~ *het te zeggen* I could not refrain from saying it
'**weerhuisje** *o* (-s) weather-box
'**weerkaart** *v* (-en) weather chart, weather map
weer'kaatsen[2] **I** (h.) *overg* **1** reflect [light, sound, heat]; **2** reverberate [sound, light]; **3** (re-)echo [sound]; **II** (is) *onoverg* be reflected; reverberate; (re-)echo
weer'kaatsing *v* (-en) reflection
'**weerkeren**[1] *onoverg* return, come back
'**weerklank** *m* echo[2]; ~ *vinden* meet with a wide response
weer'klinken[2] *onoverg* ring again, resound, re-echo, reverberate; *schoten weerklonken* shots rang out
'**weerkomen**[1] *onoverg* come back, return
'**weerkrijgen**[1] *overg* get back, recover
'**weerkunde** *v* meteorology
weer'kundig *bn* meteorological
weer'kundige *m-v* (-n) weather-man, meteorologist
weer'legbaar *bn* refutable
weer'leggen[2] *overg* refute
weer'legging *v* (-en) refutation
'**weerlicht** *o* & *m* sheet lightning, heat lightning, summer lightning; *als de* ~ zie: *weerga*
'**weerlichten** (weerlichtte, h. geweerlicht) *onoverg* lighten
'**weerloos** *bn* defenceless
'**weerloosheid** *v* defencelessness
'**weermacht** *v* armed forces
'**weerman** *m* (-nen) weatherman
'**weermiddelen** *mv* means of defence
weer'om *bijw* back; zie ook: *wederom*
weer'omstuit *m: van de* ~ *gaf hij haar een klap* his instant reaction was to hit her
'**weeroverzicht** *o* (-en) weather survey
'**weerpijn** *v* (-en) sympathetic pain
weer'plichtig *bn* liable to military service
'**weerpraatje** *o* (-s) weather report, look at the weather

'**weerprofeet** *m* (-feten) weather-prophet
'**weersatelliet** *m* (-en) weather satellite
'**weerschijn** *m* reflex, reflection, lustre
weer'schijnen[2] *onoverg* reflect
'**weerschip** *o* (-schepen) weather ship
'**weersgesteldheid** *v* (-heden) state of the weather; *de* ~ *(van dit land)* the weather conditions; *bij elke* ~ in all weathers
'**weerskanten** *mv: aan* ~ on both sides, on either side; *aan* ~ *van* on either side of...; *van* ~ from both sides, on both sides
'**weerslag** *m* (-slagen) reaction, revulsion, repercussion
'**weersomstandigheden** *mv* weather conditions
weer'spannig *bn* recalcitrant, rebellious, refractory
weer'spannigheid *v* recalcitrance, rebelliousness, refractoriness
weer'spiegelen[2] **I** *overg* reflect, mirror; **II** *wederk: zich* ~ be reflected, be mirrored
weer'spiegeling *v* (-en) reflection
weer'spreken[2] *overg* = *tegenspreken*
weer'staan[2] *overg* resist, withstand
'**weerstand** *m* (-en) **1** resistance [of steel, air &, of a person to...]; **2** *elektr* resistor; ~ *bieden* offer resistance; ~ *bieden aan* resist; *krachtig* ~ *bieden* make (put up) a stout resistance
'**weerstander** *m* (-s) ZN member of a resistance movement
'**weerstandskas** *v* (-sen) fighting-fund
'**weerstandsvermogen** *o* (power of) resistance, endurance, staying power, stamina [of body, a horse], resistibility
'**weerstation** *o* (-s) weather-station
weer'streven[2] *overg* oppose, resist, struggle against, strive against
'**weersverandering** *v* (-en) change of weather, break in the weather
'**weersverwachting** *v* (-en) weather-forecast
'**weerszijden** *mv* = *weerskanten*
'**weertype** *o* (-n en -s) weather type
'**weervinden**[1] *overg* find again
'**weervoorspeller** *m* (-s) weather-prophet
'**weervoorspelling** *v* (-en) weather-forecast
'**weervraag** *v* (-vragen) = *wedervraag*
'**weerwerk** *o* reaction; opposition
'**weerwil** *m: in* ~ *van* in spite of, notwithstanding, despite, despite of
'**weerwolf** *m* (-wolven) wer(e)wolf
'**weerwoord** *o* (-en) answer, reply
'**weerwraak** *v* retaliation, revenge
'**weerzien I** *overg* see again; **II** *o* meeting again; *tot* ~*s* goodbye, till we meet again
'**weerzin** *m* aversion, reluctance, repugnance; ~ *tegen* aversion to
weerzin'wekkend *bn* revolting, repugnant, repulsive
1 wees *m-v* (wezen) orphan

2 wees (wezen) V.T. van *wijzen*
weesge'groetje *o* (-s) RK Hail Mary
'weeshuis *o* (-huizen) orphans' home, orphanage
'weesjongen *m* (-s) orphan-boy
'weeskind *o* (-eren) orphan (child)
'weesmeisje *o* (-s) orphan-girl
'weesmoeder *v* (-s) matron of an orphanage
'weesvader *m* (-s) master of an orphanage
1 weet *v*: ~ *van iets hebben* be in the know; *het kind heeft al* ~ *van het een en ander* the child takes notice already; *geen* ~ *van iets hebben* not be aware of sth.; *het aan de* ~ *komen* find out
2 weet (weten) V.T. van *wijten*
'weetal *m* (-len) know-all, wiseacre
weet'gierig *bn* eager for knowledge, inquiring
weet'gierigheid *v* thirst for knowledge
'weetje *o*: *zijn* ~ *weten* know what's what, know one's stuff
'weetlust *m* = *weetgierigheid*
'weetniet *m* (-en) know-nothing, ignoramus
'weeuwtje *o* (-s) **1** young widow; **2** ⟨vogel⟩ = *nonnetje*
1 weg *m* (wegen) **1** ⟨straat, route⟩ way, road, path, route; **2** ⟨manier⟩ way, road, course, channel, path, avenue; *de* ~ *afleggen* cover the distance; *zich een* ~ *banen* hew one's way; *de juiste* ~ *bewandelen* take the right course; *de* ~ *van alle vlees gaan* go the way of all flesh; *zijn eigen* ~ *gaan* go one's own way; *deze* ~ *inslaan* take this road; *een andere* ~ *inslaan* **1** eig take another road; **2** fig take another course; *de slechte* ~ *opgaan* go [morally] wrong; ook: go to the bad; *dezelfde* ~ *opgaan* **1** eig go the same way²; **2** fig follow the rest; *het zal zijn* ~ *wel vinden* it is sure to find its way; *hij zal zijn* ~ *wel vinden* he is sure to make his way (in the world); *u kunt de* ~ *wel vinden, niet?* **1** you know your way, don't you?; **2** you know your way out, don't you?; *hij weet* ~ *met zijn eten hoor!* he can shift his food!; *geen* ~ *weten met zijn geld* not know what to do with one's money; *de* ~ *wijzen* **1** eig show the way; **2** fig point the way; *de* ~ *naar de hel is geplaveid met goede voornemens* the road to hell is paved with good intentions; *er zijn vele ~en die naar Rome leiden* all roads lead to Rome; *aan de* ~ *gelegen* skirting the road, by the roadside; *aan de* ~ *timmeren* make oneself conspicuous; set the world (of: Thames) on fire; *altijd bij de* ~ *zijn* be always on the road; *be always gadding about; be always on the road [of commercial travellers]; *iem. iets in de* ~ *leggen* thwart sbd.; *ik heb hem niets (geen strobreed) in de* ~ *gelegd* I have never given him cause for resentment; *moeilijkheden in de* ~ *leggen* put obstacles in the way; *in de* ~ *lopen* be in the way; *in de* ~ *staan* **1** eig be in sbd.'s way; **2** fig stand in sbd.'s light; stand in the way of a scheme &; *in de* ~ *zitten* **1** eig be in the way, hinder; **2** fig bother; *langs de* ~ along the road; by the roadside; *langs dezelfde* ~ by the same way; *langs deze* ~ **1** fig in this way; **2** ⟨in geschrift⟩ through the medium of this paper; *langs*

diplomatieke ~ through diplomatic channels; *langs gerechtelijke* ~ legally, by legal steps; *naar de bekende* ~ *vragen* ask what one knows already; *op* ~ on his (her) way; *op* ~ *naar* on the way to, destined for; *zich op* ~ *begeven, op* ~ *gaan* set out ⟨naar for⟩; *iem. op* ~ *helpen* give sbd. a start; help sbd. on; *het ligt niet op mijn* ~ **1** eig it is out of my way; **2** fig it is not my business; *het ligt niet op mijn* ~ *om... it is not for me to...*; *op de goede (verkeerde)* ~ *zijn* be on the right (wrong) road; *mooi op* ~ *zijn om... be in a fair way to...*; be well on the road to...; *uit de* ~! out of the way there!, away!; *je moet hem uit de* ~ *blijven* keep out of his way, avoid him, give him a wide berth; *uit de* ~ *gaan* **1** ⟨ruimte maken⟩ make way; **2** ⟨vermijden⟩ side-step [an issue, a problem]; *voor iem. uit de* ~ *gaan* **1** ⟨opzij gaan⟩ get out of sbd.'s way, make way for sbd.; **2** ⟨hem ontlopen⟩ avoid sbd.; *daarin ga ik voor niemand uit de* ~ in this I don't yield to anybody; *iem. uit de* ~ *ruimen* make away with sbd., put sbd. out of the way; *moeilijkheden uit de* ~ *ruimen* remove obstacles, smooth over (away) difficulties; *van de goede* ~ *afgaan (afdwalen)* stray from the right path
2 weg I *bijw* **1** ⟨niet meer aanwezig⟩ away; **2** ⟨verloren⟩ gone, lost; **3** ⟨vertrokken⟩ gone; *ik ben* ~ I'm off; *mijn horloge is* ~ my watch is gone; *even* ~ *zijn* **1** eig be away for a while; **2** ⟨wegdromen⟩ not be with it, doze off for a moment; ~ *van iets zijn* crazy about sth.; *hij was helemaal* ~ **1** ⟨verward⟩ he was all at sea; **2** ⟨bewusteloos⟩ he was unconscious; *hij was* ~ *van haar* he was crazy about her ⟨smitten with her⟩; *dan ben je* ~ then you are done for; **II** *tsw*: ~ *wezen!* gemeenz beat it! scram!; ~ *jullie!* be off!, get out!; ~ *daar!* make way there!, get away!; ~ *ermee!* away with it!; ~ *met die verraders!* down with those traitors!; ~ *van hier!* get away! get out!
'wegbereider *m* (-s) pioneer
'wegbergen¹ *overg* put away, lock up
'wegblazen¹ *overg* blow away
'wegblijven¹ *onoverg* stay away
'wegbonjouren (bonjourde weg, h. weggebonjourd) *overg* send [sbd.] packing
'wegbranden¹ *overg* **1** ⟨in 't alg.⟩ burn away; **2** med cauterize; *hij is er niet weg te branden* he never leaves the spot
'wegbreken¹ *overg* pull down [a wall &]
'wegbrengen¹ *overg* **1** take (carry) away [sth.]; **2** see off [sbd.]; **3** remove, march off [a prisoner]
'wegcijferen **I** *overg* eliminate, set aside; leave out of account; **II** *wederk*: *zich (zelf)* ~ put oneself aside, efface oneself
'wegcode *m* (-s) ZN traffic regulations; highway code
'wegdek *o* (-ken) road surface
'wegdenken¹ *overg* think away, eliminate
'wegdoen¹ *overg* **1** ⟨wegleggen⟩ put away; **2** ⟨van de hand doen⟩ dispose of, part with
'wegdoezelen (doezelde weg, is weggedoezeld) *on-*

wegdraaien

overg doze off

'wegdraaien[1] **I** (h.) *overg* **1** ⟨draaiend ergens vandaan bewegen⟩ turn away; **2** ⟨langzaam laten verdwijnen⟩ fade out; *het geluid* ~ tune out the noise; **II** (is) *onoverg* ⟨draaiend ergens vandaan bewegen⟩ turn away; *de bal draaide weg van het doel* the ball spun away from the goal; *een* ~*de bal* an outswinger

'wegdragen[1] *overg* carry away; *de goedkeuring* ~ *van* meet with the approval of..., be approved by...; *de prijs* ~ bear away the prize

'wegdrijven[1] **I** (h.) *overg* drive away; **II** (is) *onoverg* float away

'wegdringen[1] *overg* push away, push aside

'wegduiken[1] *onoverg* dive, duck (away); *weggedoken in zijn fauteuil* ensconced in his arm-chair

'wegduwen[1] *overg* push aside, push away

'wegebben (ebde weg, is weggeëbd) *onoverg* ebb away

1 'wegen (woog, h. gewogen) **I** *overg* **1** weigh[2] [luggage, 6 tons, one's words]; **2** scale [80 kilos]; **3** poise [on the hand]; **II** *onoverg* weigh; *hij weegt niet zwaar* **1** *eig* he doesn't weigh much; **2** (is onbelangrijk) he is a light-weight; *dat weegt niet zwaar bij hem* that point does not weigh (heavy) with him; *wat het zwaarst is moet het zwaarst* ~ first things come first

2 'wegen meerv. van *weg*

'wegenaanleg *m* = *wegenbouw*

'wegenbelasting *v* road-tax

'wegenbouw *m* road-making, road-building, road-construction

'wegenhulp *v* ZN road patrol

'wegenkaart *v* (-en) road-map

'wegennet *o* (-ten) road-system, network of roads

'wegenplan *o* road-construction plan

'wegens *voorz* on account of, because of; for [lack of evidence, the murder of]

'wegenverkeersreglement *o* highway code

'wegenwacht I *v* Automobile Association; Br AA, RAC patrol (Royal Automobile Club); Am AAA road service (American Automobile Association); **II** *m* (-en) ⟨persoon⟩ (Automobile Association) scout

'weger *m* (-s) weigher

'wegfietsen[1] *onoverg* cycle away

'wegfladderen[1] *onoverg* flutter away, flit away

'weggaan[1] *onoverg* go away, leave; *ga weg!* go away!, gemeenz buzz off!; *ach, ga weg! fig* = ⟨ik geloof het niet⟩ oh, get along with you!

'weggebruiker *m* (-s) road-user

'weggedrag *o* ⟨v. chauffeur⟩ driving manners, behaviour in traffic

'weggeld *o* (-en) road-tax, toll

'weggeven[1] *overg* give away

'weggevertje *o* (-s) giveaway

'wegglippen[1] *onoverg* slip away, slip out

'weggoochelen[1] *overg* spirit away

'weggooien[1] **I** *overg* **1** throw away, chuck away [sth.]; **2** throw away, waste [money on...]; **3** kaartsp discard; **4** *fig* pooh-pooh [an idea]; **II** *wederk*: *zich* ~ throw oneself away

'weggraaien[1], **'weggrissen**[2] *overg* snatch, grab (away)

'weggraven[1] *overg* dig away

'weghaasten[1] *wederk*: *zich* ~ hasten away, hurry away

'weghakken[1] *overg* cut away, chop away

'weghalen[1] *overg* take (fetch) away, remove

'weghangen[1] *overg* put away

'weghebben[1] *overg*: *veel van iem.* ~ look much like sbd.; *het heeft er veel van weg, alsof...* it looks like... [rain &]

'weghelft *v* (-en) side of the road

'weghelpen[1] *overg* help off

'weghollen[1] *onoverg* run away, scamper away

'wegijlen[1] *onoverg* hurry (hasten) away

'weging *v* weighing

'wegjagen[1] *overg* **1** drive away [beggars, beasts, a visitor &]; **2** turn [people] out [of doors]; **3** expel [from office]; **4** send about one's business [of people]; **5** shoo away [birds]

'wegkampioen *m* (-en) road champion

'wegkant *m* (-en) roadside, wayside

'wegkapen[1] *overg* snatch away, pilfer, filch

'wegkappen[1] *overg* chop away, cut off

'wegkijken[1] *overg*: *iem.* ~ freeze sbd. out

'wegknippen[1] *overg* **1** ⟨met schaar⟩ cut off; **2** ⟨door vingerbeweging⟩ flick away [the ash of a cigar &]

'wegkomen[1] *onoverg* get away; *ik maak dat ik wegkom* I'm off; *ik maakte dat ik wegkwam* I made myself scarce; *maak dat je wegkomt!* take yourself off!, clear out!

'wegkopen[1] *overg* buy, buy up

'wegkrijgen[1] *overg* get away; *ik kon hem niet* ~ I couldn't get him away; *de vlekken* ~ get out the spots

'wegkruipen[1] *onoverg* creep away, hide away

'wegkruising *v* (-en) intersection, cross-roads

'wegkunnen[1] *onoverg*: *het kan weg* it may be left out, it may go; *niet* ~ not be able to get away

'wegkussen[1] *overg* kiss away

'wegkwijnen (kwijnde weg, is weggekwijnd) *onoverg* languish, pine away

'weglachen[1] *overg* laugh away, laugh off

'weglaten[1] *overg* leave out, omit

'weglating *v* (-en) leaving out, omission; *met* ~ *van...* leaving out..., omitting...

'weglatingsteken *o* (-s) apostrophe

'wegleggen[1] *overg* lay by, lay aside; *dat was niet voor hem weggelegd* that was not reserved for him

'wegleiden[1] *overg* lead away, march off

'wegligging *v* road-holding qualities

'weglokken[1] *overg* entice away, decoy

'weglopen[1] *onoverg* run away (off); make off; *hij loopt niet weg met dat idee* he is not in favour of the idea; *ze lopen erg met die man weg* they are greatly taken with him, he is a great favourite; *met iem.* ~ make much of sbd., think much of sbd.; *het loopt niet weg, hoor!* there is no hurry!, it can wait; *het werk loopt niet weg* the work can wait

'**wegmaaien**[1] *overg* mow down[2]; zie ook: *gras*

'**wegmaken**[1] **I** *overg* **1** (iets) make away with, mislay [sth.]; remove, take out [grease-spots]; **2** (iem.) anaesthetize [a patient]; **II** *wederk: zich* ~ make off

'**wegmarkering** *v* (-en) road marking

'**wegmoffelen** (moffelde weg, h. weggemoffeld) *overg* spirit away

'**wegnemen**[1] *overg* **1** take away, remove [sth., apprehension, doubt]; **2** do away with [a nuisance &]; **3** obviate [a difficulty]; **4** (stelen) steal, pilfer; *dat neemt niet weg, dat...* that does not alter the fact that...

'**wegneming** *v* taking away &, removal

'**wegomlegging** *v* (-en) diversion

'**wegopzichter** *m* (-s) road-surveyor

'**wegpakken**[1] **I** *overg* snatch away; **II** *wederk: zich* ~ take oneself off; *pak je weg!* be off!; zie ook: *pakweg*

'**wegpesten**[1] *overg* get rid of sbd. by annoying him, slang freeze sbd. out

'**wegpikken**[1] *overg* **1** (v. vogels) peck away; **2** (weggrissen) snatch away

'**wegpinken**[1] *overg: een traan* ~ brush away a tear

'**wegpiraat** *m* (-raten) road-hog

'**wegpraten**[1] *overg* (v. bezwaren, fouten &) explain away

'**wegprofiel** *o* (wegoppervlak) road profile

'**wegpromoveren**[1] *overg* kick sbd. upstairs

'**wegraken**[1] *onoverg* be (get) lost

'**wegredeneren**[1] *overg* reason (explain) away

'**wegrenner** *m* (-s) sp road-racer

'**wegrestaurant** *o* (-s) road-house

'**wegrijden**[1] *onoverg* ride away, drive away, drive off

'**wegroepen**[1] *overg* call away

'**wegroesten**[1] *onoverg* rust away

'**wegrollen**[1] *overg & onoverg* roll away

'**wegrotten**[1] *onoverg* rot, rot off

'**wegruimen**[1] *overg* remove, clear away

'**wegruiming** *v* removal

'**wegrukken**[1] *overg* snatch away[2]

'**wegschenken**[1] *overg* give away; ~ *aan* make [sbd.] a present of

1 '**wegscheren**[1] *overg* shave (shear) off

2 '**wegscheren**[1] (scheerde weg, h. weggescheerd) *wederk: zich* ~ make oneself scarce, decamp

'**wegscheuren**[1] **I** (h.) *overg* tear off; **II** (is) *onoverg* (snel wegrijden) tear away

'**wegschieten**[1] **I** (h.) *overg* shoot away; **II** (is) *onoverg* dart off

'**wegschoppen**[1] *overg* kick away

'**wegschrijven**[1] *overg* comput write (*naar* to)

'**wegschuilen**[1] *onoverg* hide (*voor* from)

'**wegschuiven**[1] *overg* push away (aside), shove away

'**wegslaan**[1] *overg* beat (strike) away; *de brug werd weggeslagen* the bridge was swept away

'**wegslepen**[1] *overg* **1** (in 't alg.) drag away; **2** scheepv tow away

'**wegslikken**[1] *overg* swallow

'**wegslingeren**[1] *overg* fling (hurl) away

'**wegsluipen**[1] *onoverg* steal (sneak) away

'**wegsluiten**[1] *overg* lock up

'**wegsmelten**[1] *onoverg* melt away, melt [into tears]

'**wegsmijten**[1] *overg* fling (throw) away

'**wegsnellen**[1] *onoverg* hasten away, hurry away

'**wegsnijden**[1] *overg* cut away

'**wegsnoeien**[1] *overg* prune away, lop off

'**wegsplitsing** *v* (-en) bifurcation

'**wegspoelen**[1] **I** (h.) *overg* wash away; **II** (is) *onoverg* be washed away

'**wegsport** *v* (-en) road racing

'**wegspringen** (sprong weg, is weggesprongen) *onoverg* jump away

'**wegsteken**[1] *overg* put away

'**wegstelen**[1] *overg* steal, pilfer

'**wegstemmen**[1] *overg* vote [sth. or sbd.] down

'**wegsterven**[1] *onoverg* die away, die down

'**wegstevenen**[1] *onoverg* sail away

'**wegstompen**[1] *overg* strike (punch, shove) away

'**wegstoppen**[1] *overg* put away, tuck away, hide

'**wegstormen**[1] *onoverg* gallop off, tear away

'**wegstoten**[1] *overg* push away

'**wegstuiven**[1] *onoverg* **1** fly away [of dust &]; **2** dash away, rush off [persons]

'**wegsturen**[1] *overg* **1** send away [sth.]; **2** dismiss [a servant]; **3** send [sbd.] away; **4** turn [people] away; **5** onderwijs expel [a girl from school]

'**wegteren** (teerde weg, is weggeteerd) *onoverg* waste away

'**wegtoveren**[1] *overg* spirit away, conjure away

'**wegtransport** *o* road transport

'**wegtrappen**[1] *overg* kick away

'**wegtreiteren**[1] *overg* harass (pester) until he leaves; drive away through harassment

'**wegtrekken**[1] **I** (h.) *overg* pull (draw) away; **II** (is) *onoverg* **1** march away, march off, pull out [of troops]; leave [here]; **2** blow over [of clouds]; **3** lift [of a fog]; **4** disappear [of a headache]; **5** (bleek worden) grow pale, lose colour

'**wegvagen** (vaagde weg, h. weggevaagd) *overg* **1** (in 't alg.) sweep away[2]; **2** wipe out, blot out [memories &]

'**wegvak** *o* (-vakken) section of a (the) road

'**wegvallen**[1] *onoverg* **1** eig fall off; **2** (weggelaten zijn) be left out (omitted); *tegen elkaar* ~ cancel one another

'**wegvaren**[1] *onoverg* sail away

'**wegvegen**[1] *overg* **1** sweep away [dirt]; **2** wipe away [tears]; **3** rub out, erase [a written word]

'**wegverkeer** *o* road traffic

'**wegversmalling** *v* (-en) narrowing of the road; (als opschrift) road narrows

'**wegversperring** v (-en) road-block
'**wegvervoer** o (road) haulage
'**wegvervoerder** m (-s) (road) haulier
'**wegvliegen**[1] onoverg fly away; ze vliegen weg they [the goods, the tickets] are going (are being snapped up) like hot cakes
'**wegvloeien**[1] I onoverg flow away; II o: het ~ the outflow
'**wegvluchten**[1] onoverg flee
'**wegvoeren**[1] overg carry off, lead away [a prisoner]
'**wegvoering** v carrying off
'**wegvreten**[1] overg eat away, corrode
'**wegwaaien**[1] I (is) onoverg be blown away, blow away; II (h.) overg blow away
'**wegwals** v (-en) road-roller
'**wegwedstrijd** m (-en) road-race
'**wegwerken**[1] overg 1 (in de algebra) eliminate; 2 ⟨v. personen⟩ get rid of [a minister &]; manoeuvre [an employee] away; 3 ⟨van werk⟩ clear off [arrears of work]
'**wegwerker** m (-s) 1 (in 't alg.) road-man; 2 (bij het spoor) surface-man
'**wegwerp-** voorv disposable [containers, nappies &], non-returnable [bottles], throw-away [packaging]
'**wegwerpcultuur** v throw-away society
'**wegwerpen**[1] overg throw away
'**wegwezen** tsw gemeenz: ~! beat it!, scram!
'**wegwijs** bn: iem. ~ maken show sbd. the ropes; ~ zijn 1 eig know one's way; 2 (op de hoogte zijn) know the ropes
'**wegwijzer** m (-s) 1 ⟨persoon⟩ guide; 2 ⟨richtingbord⟩ signpost, finger-post; 3 ⟨boek⟩ handbook, guide
'**wegwippen**[1] onoverg whip away, pop away (off)
'**wegwissen**[1] overg wipe away, wipe off
'**wegwuiven**[1] overg fig wave aside
'**wegzakken**[1] onoverg 1 ⟨v. personen, grond &⟩ sink away; 2 ⟨v. bodem⟩ give way
'**wegzenden**[1] overg = wegsturen
'**wegzetten**[1] overg put away
'**wegzijde** v (-n) roadside, wayside
'**wegzinken**[1] onoverg sink away
'**wegzuigen**[1] overg 1 eig suck up (away); 2 (weglokken) drain

1 wei v 1 whey [of milk]; 2 serum [of blood]
2 wei v (-den) = weide
'**Weichsel** m Vistula
'**weide** v (-n) meadow; koeien in de ~ doen (sturen) put (send, turn out) cows to grass; in de ~ lopen be at grass
'**weidegrond** m (-en) = weigrond
'**weiden** (weidde, h. geweid) I onoverg graze, feed; zijn ogen (de blik) laten ~ over pass one's eyes over; II overg tend [flocks]; zijn ogen ~ aan feast one's eyes on
'**weiderecht** o grazing-rights, common of pasture
'**weidewinkel** m (-s) (grote supermarkt net buiten

een grote stad) Am ± discount store
weids bn stately, grandiose [name]
'**weidsheid** v stateliness, grandiosity
'**weifelaar** m (-s) waverer
'**weifelachtig** bn = weifelend
'**weifelen** (weifelde, h. geweifeld) onoverg hesitate, waver, vacillate
'**weifelend** bn hesitating, wavering, vacillating
'**weifeling** v (-en) hesitation, wavering, vacillation
weifel'moedig bn wavering, vacillating, irresolute
weifel'moedigheid v wavering, vacillation, irresolution
'**weigeraar** m (-s) refuser
'**weigerachtig** bn unwilling to grant a request; een ~ antwoord ontvangen meet with a refusal; ~ blijven persist in one's refusal; ~ zijn te... refuse to...
'**weigeren** (weigerde, h. geweigerd) I overg 1 ⟨niet willen⟩ refuse [to do sth., one's duty]; 2 ⟨niet aannemen⟩ refuse, reject [an offer], decline [an invitation]; 3 ⟨niet toestaan⟩ refuse [a request], deny [sb. sth., sth. to sbd.]; II onoverg 1 refuse [of persons]; 2 refuse to act [of things]; 3 fail [of brakes]; 4 misfire [of fire-arms, of an engine]
'**weigerig** bn ZN unmanageable, unruly
'**weigering** v (-en) 1 refusal, denial; versterkend rebuff; 2 failure [of brakes]; 3 misfire [of fire-arms]; ik wil van geen ~ horen I will take no denial
'**weigrond** m, '**weiland** o (-en) meadow-land, grass-land, pasture
'**weinig** telw 1 (enkelv.) little; 2 ⟨meerv.⟩ few; ~ goeds little good (that is good); ~ of niets little or nothing; ~ maar uit een goed hart little but from a kind heart; een ~ a little; het ~e dat ik heb what little (money) I have; maar ~ but little; niet ~ not a little; 6 dollar te ~ six dollar short; al te ~ too little; veel te ~ 1 much too little; 2 far too few; ~en few; maar ~en only a few
weit v wheat
'**weitas** v (-sen) game-bag
weka'mine v amphetamine
'**wekelijk** bn (& bijw) soft(ly), tender(ly), weak(ly), effeminate(ly)
'**wekelijkheid** v weakness, effeminacy
'**wekelijks** I bn weekly; II bijw weekly, every week
'**wekeling** m (-en) weakling
1 'weken (weekte, geweekt) I (h.) overg soak [bread in coffee &], put in soak, steep, soften, macerate; II (is) onoverg be soaking, soak, soften
2 'weken V.T. meerv. v. wijken
'**wekenlang** I bijw for weeks; II bn lasting weeks
'**wekken** (wekte, h. gewekt) overg 1 (in 't alg.) (a-)wake[2], awaken[2], (a)rouse[2]; 2 fig ook: evoke, call up [memories]; 3 create [an impression]; 4 raise [expectations]; 5 cause [surprise]; 6 provoke [indignation]; wek me om 7 uur call me (knock me up) at seven o'clock
'**wekker** m (-s) 1 ⟨persoon⟩ caller-up; 2 ⟨wekkerklok⟩ alarm(-clock)

'**wekkerradio** m ('s) radio alarm
1 **wel** v (-len) spring, well
2 **wel I** bijw 1 〈goed〉 well, rightly; zij danst (heel) ~ she dances (very) well; als ik het mij ~ herinner if I remember rightly; 2 〈zeer〉 very (much); dank u ~ thank you very much; u bent ~ vriendelijk it is very kind of you, indeed; 3 versterkend indeed, truly; een bewijs dat... a proof, indeed, that...; hij moet ~ rijk zijn om... he must needs be rich to...; hij zal ~ moeten he will jolly well have to; 4 〈niet minder dan〉 no less (no fewer) than, as many as; (er zijn er) ~ 50 no fewer than 50, as many as 50; 5 〈vermoeden uitdrukkend of geruststellend〉 surely; hij zal ~ komen he is sure to come, I daresay he will come; ik behoef ~ niet te zeggen... I need hardly say...; 6 〈toegevend〉 (indeed); zij is ~ mooi, maar niet... handsome she is (indeed), but not...; 7 〈tegenover ontkenning〉 ...is, ...has, &; (Jan kan het niet) Piet ~ but Peter can; ik heb mijn les ~ geleerd I did learn my lesson; vandaag niet, morgen ~ not to-day, but to-morrow; 8 〈als beleefdheidswoord〉 kindly; zoudt u me dat boek ~ willen aangeven? would you kindly hand me that book?; would you mind handing me that book?; 9 〈vragend〉 are you, have you? &; je gaat niet uit, ~? you aren't going out, are you?; 10 〈uitroepend〉 why, well ~, heb ik je dat niet gezegd? why, didn't I tell you?; ~ nu nog mooier! well, I never!; ~, wat is er? why, what is the matter?; ~, waarom niet? well, why not?; ~! ~! well, well!, well, to be sure!; (er is nog wat mooiers) en ~... and it is this...; zijn beste vriend nog ~ and that his best friend, his best friend of all people; wat denk je ~! what do you take me for!, certainly not!; ik heb het ~ gedacht! I thought so (as much); ik moest ~ I had to, I could do no other, it couldn't be helped; je moet... of ~... you must either... or...; ~ eens now and again; hebt u ~ eens...? have you ever...?; **II** bn well; alles ~ aan boord all well on board; hij is niet ~ he does not feel well, he is unwell; het is mij ~! all right!, I have no objection; hij is niet ~ bij het hoofd zie hoofd; laten we ~ wezen to be quite honest; als ik het ~ heb if I am not mistaken; **III** o well-being; het ~ en wee the weal and woe [of his subjects]
wel'aan tsw well then
'**welbedacht** bn well-considered, well thought-out
'**welbegrepen** bn well-understood
'**welbehagen** o pleasure, complacency
'**welbekend** bn well-known
'**welbemind** bn well-beloved, beloved
'**welberaamd** bn well thought-out, well-planned
'**welbereid** bn well-prepared
'**welbeschouwd** bn after all, all things considered
welbe'spraakt bn fluent, well-spoken
welbe'spraaktheid v eloquence, fluency
'**welbesteed** bn well-used, well-spent
'**welbewust** bn deliberate
'**weldaad** v (-daden) benefit, benefaction; een ~

voor iedereen a boon to everybody; een ~ bewijzen confer a benefit [upon sbd.]
wel'dadig bn 1 〈liefdadig〉 beneficent, benevolent, charitable; 2 〈heilzaam〉 beneficial, delightful; een ~ gevoel a feeling of well-being; een ~e regenbui a refreshing shower
wel'dadigheid v 〈liefdadigheid〉 beneficence, benevolence, charity
weldadigheidsbazaar m (-s) (charity) bazaar
'**weldenkend** bn right-thinking, right-minded
'**weldoen**[1] onoverg 1 〈goed doen〉 do good; 2 〈liefdadig zijn〉 give alms; be charitable [to the poor]; doe wel en zie niet om zie doen II
'**weldoener** m (-s) benefactor
'**weldoenster** v (-s) benefactress
'**weldoordacht** bn well thought-out, well-considered
'**weldoorvoed** bn well-fed
'**weldra** bijw soon, before long, shortly
wel'edel, weledelge'boren, weledelge'streng bn: ~(e) Heer Dear Sir; de W~(e) heer T. Thijssen T. Thijssen Esq.
weledel'zeergeleerd bn: de W~e heer Dr. Mulder Dr Mulder
wel'eer bijw formerly, in olden times, of old
weleer'waard bn reverend; zeker, ~e! certainly, your reverence; de W~e heer A.B. (the) Reverend A.B., the Rev. A.B.
'**welfboog** m (-bogen) vaulted arch
'**welgeaard** bn well-natured; genuine [Dutchman]
'**welgedaan** bn well-fed, portly
welge'daanheid v portliness
'**welgekozen** bn well-chosen
'**welgelegen** bn well-situated
'**welgelijkend** bn: een ~ portret a good likeness
'**welgemaakt** bn 1 well-made [person, thing]; 2 well-built [man], shapely [figure]
welge'maaktheid v handsomeness
welgema'nierd bn well-bred, well-mannered, mannerly
welgema'nierdheid v good breeding, good manners
'**welgemeend** bn 1 well-meant [advice &]; 2 heartfelt [thanks]
'**welgemoed** bn cheerful
'**welgeordend** bn well-regulated
'**welgeschapen** bn well-made
welge'steld bn well-to-do, in easy circumstances, well of, substantial [man]
welge'steldheid v easy circumstances
'**welgeteld** bn exactly; ...in all
'**welgevallen I** onoverg: zich iets laten ~ put up with sth.; **II** o pleasure; met ~ with pleasure, with satisfaction; naar ~ at will, at (your) pleasure
welge'vallig bn 1 pleasing [to God]; 2 agreeable [to the Government]
'**welgevormd** bn well-made, well-shaped, shapely
'**welgezind** bn 1 well-disposed [man]; 2 well-af-

fected, friendly [tribes]

wel'haast *bijw* 1 ⟨weldra⟩ soon; 2 ⟨bijna⟩ almost, nearly; ~ *niets (niemand)* hardly anything (anybody)

'**welig** *bn* ⟨rijkelijk⟩ luxuriant; ~ *groeien* thrive[2]; zie ook: *tieren*

'**weligheid** *v* luxuriance

'**welingelicht** *bn* well-informed

welis'waar *bijw* it is true, true

'**welja** *tsw*: ~! ironisch come off it!

welk I *vragend vnw* which, what; ~*e jongen (van de zes)?* which boy?; ~*e jongen (zal zo iets doen)?* what boy?; **II** *uitroepend vnw* what; ~ *een schande!* what a shame!; **III** *betr vnw* 1 ⟨v. personen⟩ who, that; 2 ⟨niet van personen⟩ which, that; *In de ban van de ring,* ~ *boek ik niet had* The lord of the rings, which book I hadn't got; ~*(e)* ook which(so)ever, what(so)ever; any

'**welken** (welkte, is gewelkt) *onoverg* wither, fade

'**welkom I** *bn* welcome; *wees* ~! welcome!; ~ *in Amsterdam* Welcome to Amsterdam!; ~ *thuis* welcome home; *iem.* ~ *heten* bid sbd. welcome, welcome sbd.; *iem. hartelijk* ~ *heten* extend a hearty welcome to sbd., give sbd. a hearty welcome; *iets* ~ *heten* welcome sth.; **II** *o* welcome

'**welkomst** *v* welcome

'**welkomstgeschenk** *o* (-en) welcoming-gift

'**welkomstgroet** *m* (-en) welcome

'**welkomstwoord** *o* (-en) welcoming speech, opening speech

1 'wellen (welde, is geweld) *onoverg* well

2 'wellen (welde, h. geweld) *overg* techn weld

3 'wellen (welde, h. geweld) *overg* draw [butter]

'**welles** *tsw* gemeenz yes; it is; it does &

'**welletjes** *bn*: *het is zo* ~ **1** that will do; **2** we have had enough of it

wel'levend *bn* polite, well-bred

wel'levendheid *v* politeness, good breeding

wel'licht *bijw* perhaps

wel'luidend *bn* melodious, harmonious

wel'luidendheid *v* melodiousness, harmony

'**wellust** *m* (-en) voluptuousness; ⟨in ongunstige zin⟩ sensuality, lust lechery

wel'lusteling *m* (-en) lecher

wel'lustig I *bn* sensual, voluptuous; ⟨in ongunstige zin⟩ lecherous, lustful, lascivious; **II** *bijw* sensually &

wel'lustigheid *v* (-heden) voluptuousness, sensuality, lasciviousness

'**welmenend** *bn* well-meaning, well-intentioned

wel'menendheid *v* good intention

wel'nee *tsw* no; of course not

'**welnemen** *o*: *met uw* ~ by your leave

wel'nu *tsw* well then

wel'opgevoed *bn* well-bred

'**weloverwogen** *bn* well-considered, deliberate

welp (-en) **1** *m* & *o* cub, whelp; **2** *m* ⟨bij de padvinderij⟩ (wolf-)cub

wel'riekend *bn* sweet-smelling, sweet-scented, fragrant, odoriferous

wel'riekendheid *v* fragrance, odoriferousness

Welsh *bn* & *o* Welsh

'**Welshman** *m* (-men) Welshman

'**welslagen** *o* success

wel'sprekend *bn* eloquent

wel'sprekendheid *v* eloquence

'**welstand** *m* **1** ⟨gezondheid⟩ health; **2** ⟨welgesteldheid⟩ prosperity; *in* ~ *leven* be well off [in easy circumstances]; *naar iems.* ~ *informeren* inquire after sbd.'s health

'**welstandsgrens** *v* (-grenzen) income limit

'**welste**: *van je* ~ with a vengeance, with a will, like anything; *een klap van je* ~ gemeenz a spanking blow; *een lawaai van je* ~ a terrible din, a deafening uproar; *een ruzie van je* ~ a regular row

'**weltergewicht** *o* welter-weight

welte'rusten *tsw* good night; sleep well

'**welvaart** *v* prosperity

wel'vaartsmaatschappij *v* (-en) welfare state

wel'vaartsverschijnsel *o* (-en) sign of affluence

wel'varen I (voer wel, h. en is welgevaren) *onoverg* **1** ⟨voorspoedig zijn⟩ prosper, thrive, be prosperous; **2** ⟨gezond zijn⟩ be in good health; **II** *o* **1** ⟨voorspoed⟩ prosperity; **2** ⟨gezondheid⟩ health; *er uitzien als Hollands* ~ be the picture of health, glow with health

wel'varend *bn* **1** ⟨voorspoedig⟩ prosperous, thriving; **2** ⟨gezond⟩ healthy

wel'varendheid *v* **1** prosperity; **2** good health

'**welven** (welfde, h. geweld) **I** *overg* vault, arch; **II** *wederk*: *zich* ~ vault, arch

'**welverdiend** *bn* well-deserved

'**welving** *v* (-en) vaulting, vault

wel'voeglijk *bn* becoming, seemly, decent, proper

wel'voeglijkheid *v* seemliness, decency, propriety

welvoeglijkheids'halve *bijw* for decency's sake

'**welvoorzien** *bn* **1** well-provided, well-loaded [table]; **2** well-stocked [shop &]; **3** well-lined [purse]

'**welwater** *o* spring water

wel'willend *bn* benevolent, kind, sympathetic

wel'willendheid *v* kindness, sympathy, benevolence

'**welzijn** *o* welfare, well-being; *naar iems.* ~ *informeren* inquire after sbd.'s health; *op iems.* ~ *drinken* drink sbd.'s health; *voor uw* ~ for your good

'**welzijnssector** *m* welfare

'**welzijnswerk** *o* welfare work

'**welzijnswerker** *m* (-s) welfare worker

'**wemelen** (wemelde, h. gewemeld) *onoverg*: ~ *van* **1** swarm (teem) with [flies, people, spies &]; **2** crawl with, be infested with [vermin]; **3** bristle with [mistakes]

'**wendbaar** *bn* manoeuvrable

'**wendbaarheid** *v* manoeuvrability

'**wenden** (wendde, h. gewend) **I** *onoverg* ⟨in 't alg.⟩ turn; scheepv go about, put about; **II** *overg* ⟨in 't

alg.) turn; <u>scheepv</u> put about; **III** *wederk: zich* ~
turn; *je kunt je daar niet* ~ *of keren* there is hardly
room enough to swing a cat; *(ik weet niet) hoe ik mij*
~ *of keren moet* which way to turn; *zich* ~ *tot* apply
to, turn to, approach [the minister]

'**wending** *v* (-en) turn; *het gesprek een andere* ~ *geven*
give another turn to the conversation, turn the
conversation; *een gunstige* ~ *nemen* take a favourable turn

1 '**wenen** (weende, h. geweend) *onoverg* <u>vero</u> weep,
cry

2 '**Wenen** *o* Vienna

'**Wener I** *bn* Viennese, Vienna [Congress &], [the
Congress] of Vienna; ~ *meubelen* Austrian bent-
wood furniture; **II** *m* (-s) Viennese

wenk *m* (-en) wink, nod, hint; *de* ~ *begrijpen (opvolgen)* take the hint; *iem. een* ~ *geven* **1** beckon to
sbd.; **2** <u>fig</u> give sbd. a hint; *iem. op zijn* ~*en bedienen*
be at sbd.'s beck and call

'**wenkbrauw** *v* (-en) eyebrow

'**wenken** (wenkte, h. gewenkt) *overg* beckon

'**wennen** (wende, gewend) **I** *overg* **1** accustom,
habituate [a person to something]; **II** (is) *onoverg*:
~ *aan iets* accustom oneself to sth.; *men went aan
alles* one gets used to everything; *het zal wel* ~, *u
zult er wel aan* ~ you will get used to it; *hij begint al
goed te* ~ *bij hen* he begins to feel quite at home
with them; zie ook: *gewend*

wens *m* (-en) wish, desire; *mijn* ~ *is vervuld* I have
my wish; *naar* ~ according to our wishes; *tegen de*
~ *van...* against the wishes of [his parents]; *de* ~ *is
de vader van de gedachte* the wish is father to the
thought

'**wensdroom** *m* (-dromen) dream, ideal

'**wenselijk** *bn* desirable; *al wat* ~ *is!* my best
wishes!; *het* ~ *achten* think it desirable

'**wenselijkheid** *v* desirableness, desirability

'**wensen** (wenste, h. gewenst) *overg* **1** wish; **2** desire,
want; *wij* ~ *te gaan* we wish to go; *ik wenste u te
spreken* I should (would) wish to have a word with
you; *ik wens dat hij dadelijk komt* I wish (want) him
to come at once; *ik wens u alle geluk* I wish you
every joy; *wat wenst u?* **1** (in 't alg.) what do you
wish?; **2** (in winkel) what can I do for you?; *het is te*
~ *dat...* it is to be wished that...; *niets (veel) te* ~
overlaten leave nothing (much) to be desired; *iem.
naar de maan* ~ wish sbd. at the devil; *ja, als men 't
maar voor het* ~ *had* if wishes were horses, beggars
might ride

'**wentelen** (wentelde, gewenteld) **I** *overg* (h.) turn
over, roll; **II** (is) *onoverg* revolve; **III** (h.) *wederk*:
zich ~ welter, roll, wallow [in mud], revolve; *de pla-
neten* ~ *zich om de zon* the planets revolve round
the sun

'**wenteling** *v* (-en) revolution, rotation

'**wentelteefje** *mv* French toast, fried sop

'**wenteltrap** *m* (-pen) winding (spiral) staircase

werd (werden) V.T. van *worden*

'**wereld** *v* (-en) world, universe; *de* ~ *is een schouwtoneel* all the world is a stage; *wat zal de* ~ *ervan zeggen?* what will the world (what will Mrs. Grundy)
say?; *de andere* ~ the other world, the next world;
de boze ~ the wicked world; *de Derde W*~ the Third
World; *de geleerde* ~ the learned (the scientific)
world; *de grote* ~ society, the upper ten; *de hele* ~
the whole world, all the world [knows]; *de Nieuwe
(Oude) W*~ the New (Old) World; *de verkeerde* ~ the
world turned upside down; *de vrije* ~ the free
world; *de wijde* ~ the wide world; *iets de* ~ *in sturen*
launch [a manifesto], give it to the world; *zijn* ~
kennen (verstaan) have manners; *de* ~ *verzaken* renounce the world; *zich door de* ~ *slaan* fight one's
way through the world; *in de* ~ in the world; *zo
gaat het in de* ~ so the world wags, such is the way
of the world; *naar de andere* ~ *helpen* dispatch; *naar
de andere* ~ *verhuizen* go to kingdom come; *reis om
de* ~ voyage round the world; *op de* ~, *ter* ~ in the
world; *ter* ~ *brengen* bring into the world, give
birth to [a child &]; *ter* ~ *komen* come into the
world, see the light; *voor alles ter* ~ [I would not do
it] for the world; *hij zou alles ter* ~ *willen geven om...*
he would give the world to...; *niets ter* ~ nothing
on earth, no earthly thing; *voor niets ter* ~ not for
the world; *wat ter* ~ *moest hij...* what in the world
should he...; *hoe is 't Gods ter* ~ *mogelijk!* how in
the world is it possible; *de zaak uit de* ~ *helpen* settle a business; *dat probleem is uit de* ~ that problem
is done with; *een man van de* ~ a man of the world;
wat van de ~ *zien* see the world; *alleen voor de* ~
leven live for the world only, be worldy-minded

'**Wereldbank** *v* World Bank

'**wereldbeeld** *o* Weltanschauung, world-view, philosophy of life

'**wereldbeheerser** *m* (-s) world-ruler, master of the
world

'**wereldbeker** *m* (-s) World Cup

'**wereldberoemd** *bn* world-famous, worldfamed

'**wereldbeschouwing** *v* (-en) view (conception) of
the world; philosophy

'**wereldbevolking** *v* world population

'**wereldbewoner** *m* (-s) inhabitant of the world

'**wereldbol** *m* (-len) globe

'**wereldbouw** *m* cosmos

'**wereldbrand** *m* world conflagration

'**wereldburger** *m* (-s) citizen of the world, cosmopolitan, cosmopolite; *de nieuwe* ~ <u>schertsend</u> the
little stranger, the new arrival

'**werelddeel** *o* (-delen) part of the world, continent

'**wereldgebeuren** *o* world events, world affairs

'**wereldgebeurtenis** *v* (-sen) world event

'**wereldgeschiedenis** *v* world history

'**wereldhandel** *m* world (international) trade

wereld'handelscentrum *o* (-s en -tra) world trade
centre

'**wereldhaven** *v* (-s) international port

'**wereldheer** *m* (-heren) <u>RK</u> secular priest

'**wereldheerschappij** v world dominion
'**wereldhervormer** m (-s) world reformer
'**wereldje** o (-s) world; *tot het ~ van tv-sterren beho-ren* be part of the TV scene, of the world of TV, of the TV incrowd
'**wereldkaart** v (-en) map of the world
'**wereldkampioen** m (-en) world champion
'**wereldkampioenschap** o (-pen) world champi-onship
'**wereldkennis** v knowledge of the world
wereld'**kundig** bn universally known; *iets ~ ma-ken* spread it abroad, make it public
'**wereldlijk** bn 1 ⟨in 't alg.⟩ worldly; **2** secular [clergy]; temporal [power]; *~ maken* secularize
'**wereldliteratuur** v world literature
'**wereldmacht** v (-en) world power
'**wereldmarkt** v world market
'**wereldnaam** m world reputation
Wereldna'**tuurfonds** o World Wildlife Fund
'**wereldnieuws** o world news
'**wereldomroep** m (-en) world service
wereldom'**vattend** bn world-wide; global [war-fare]
'**wereldontvanger** m (-s) short-wave receiver
'**wereldoorlog** m (-logen) world war; *de Eerste W~* the Great War [of 1914-1918]; *de Tweede W~* Sec-ond World War, World War II; *de jaren tussen de twee ~en* the inter-war years, the interbellum
'**wereldopinie** v world opinion
'**wereldorde** v world order
'**wereldpremière** v (-s) world premiere
'**Wereldraad** m: *~ van Kerken* World Council of Churches
Wereldraad van 'Kerken m World Council of Churches
'**wereldrecord** o (-s) world record
'**wereldrecordhouder** m (-s) world-record holder
'**wereldreis** v (-reizen) world tour
'**wereldreiziger** m (-s) world traveller, globe-trotter
'**wereldrijk** o (-en) empire
'**wereldrond** o world, globe
'**wereldruim** o: *het ~* space
'**werelds** bn 1 ⟨mondain⟩ worldly, worldly-minded; **2** ⟨aards⟩ secular, temporal [power]
wereld'**schokkend** bn world-shaking
'**wereldsgezind** bn worldly-minded, worldly
wereldsge'**zindheid** v worldly-mindedness, worldliness
'**wereldstad** v (-steden) metropolis
'**wereldtaal** v (-talen) world language
'**wereldtentoonstelling** v (-en) world('s) fair, in-ternational exhibition
'**wereldtitel** m sp world title
'**wereldtoneel** o stage of the world
wereld'**uurrecord** o (-s) 1-hour world record
'**wereldverkeer** o world traffic, international traffic
'**wereldvermaard** bn world-famous
'**wereldveroveraar** m (-s) conqueror of the world

'**wereldvrede** m & v world peace
'**wereldvreemd** bn unworldly
'**wereldwijd** bn world-wide
'**wereldwijs** bn worldly-wise, sophisticated
'**wereldwinkel** m (-s) third world shop
'**wereldwonder** o (-en) wonder of the world
'**wereldzee** v (-zeeën) ocean
'**weren** ⟨weerde, geweerd⟩ **I** (h.) overg **1** prevent, avert [mischief]; **2** keep out [a person]; *we kunnen hem niet ~* we cannot keep him out; **II** wederk: *zich ~* **1** ⟨zijn best doen⟩ exert oneself; **2** ⟨zich verdedi-gen⟩ defend oneself
werf v (werven) **1** ⟨scheeps~⟩ ship-yard, ship-building yard; **2** ⟨marine~⟩ dockyard; **3** ⟨hout~⟩ timber-yard; **4** ZN ⟨bouwterrein⟩ building site
'**werfbureau** o (-s), '**werfkantoor** (-toren) recruit-ing-office
'**wering** v prevention; *tot ~ van* for the prevention of

1 werk o **1** ⟨touw⟩ tow; **2** ⟨geplozen⟩ oakum
2 werk o (-en) **1** work [= task; employment; piece of literary or musical composition &]; **2** ⟨arbeid⟩ la-bour; **3** ZN ⟨bouwterrein⟩ site; *de ~en van Vondel* the works of Vondel, Vondel's works; *het ~ van een horloge* the works of a watch; *een ~ van Gods han-den (of) God's* workmanship; *het ~ van een ogenblik* the work (the business) of an instant; *dat is uw ~* that is your work (your doing); *het is mooi ~* it is a fine piece of work, a fine achievement; *er is ~ aan de winkel* there's much work to be done, he (you) will find his (your) work cut out for him (you); *een goed ~ doen* do a work of mercy; *geen half ~ doen* not do things by halves; *honderd mensen ~ geven* employ a hundred people; *dat geeft veel ~* it gives you a lot of work; *~ hebben* have a job, be in work; *geen ~ hebben* **1** onderwijs have no work; **2** be out of work (out of employment); *lang ~ hebben om* be long about ...ing; *zijn ~ maken do* one's work; *er dadelijk ~ van maken* see to it at once; *er veel ~ van maken* take great pains over it; *hij maakt (veel) ~ van haar* he is making up to her; *ik maak er geen ~ van (van die zaak)* I'll not take the matter up; *~ ver-schaffen* give employment; *~ vinden* find work (employment); *~ zoeken* be looking for work; *aan het ~!* to work!; *aan het ~ gaan, zich aan het ~ bege-ven* set to work; *weer aan het ~ gaan* resume work; *iem. aan het ~ zetten* set sbd. to work; *aan het ~ zijn* be at work, be working, be engaged; *aan het ~ zijn aan...* be engaged (at work) on [a dictionary &]; *hoe gaat dat in zijn ~?* how is it done?; *hoe is dat in zijn ~ gegaan?* how did it come about?; *alles in het ~ stellen om...* leave no stone unturned (do one's utmost) in order to...; *pogingen in het ~ stellen* make efforts (attempts); *naar zijn ~ gaan* go to one's work; *onder het ~* while at work, while working; *goed (verkeerd) te ~ gaan* set about it the right (wrong) way; *voorzichtig te ~ gaan* proceed cau-tiously; *te ~ stellen* employ, set to work; *zonder ~*

out of work; ~! ZN (waarschuwing op weg) road works ahead

'**werkbaas** *m* (-bazen) foreman

'**werkbank** *v* (-en) (work-) bench

'**werkbezoek** *o* (-en) working visit

'**werkbij** *v* (-en) worker (bee)

'**werkbriefje** *o* (-s) work sheet

'**werkbroek** *v* (-en) work trousers

'**werkcollege** *o* (-s) tutorial seminar

'**werkcomité** *o* (-s) working committee

werk'**dadig** *bn* efficacious, active, operative

werk'**dadigheid** *v* efficacy, activity

'**werkdag** *m* (-dagen) 1 (tegenover zon- en feestdag) work-day, week-day; 2 [eight-hours'] working day

'**werkdruk** *m* pressure of work

'**werkelijk I** *bn* real, actual; ~*e dienst* active service; *(ik heb het niet gedaan)* ~! really!, fact!; **II** *bijw* really

'**werkelijkheid** *v* reality; *in* ~ in reality, in point of fact, in fact, really

'**werkelijkheidszin** *m* realism

'**werkeloos** *bn* = werkloos

werke'**loosheid** *v* = werkloosheid

'**werkeloze(-)** = werkloze(-)

'**werken** (werkte, h. gewerkt) **I** *onoverg* 1 (werk doen) work; 2 (uitwerking hebben) work, act, operate, take effect, be effective [of medicine &]; techn work, function [of an engine]; 3 (stampen en slingeren) labour [of a ship]; 4 (verschuiven) shift [of cargo]; 5 (trekken) get warped [of wood]; *de rem werkt niet* the brake doesn't act; *het schip werkte vreselijk* the ship laboured heavily; *hij heeft nooit van* ~ *gehouden* he never liked work; *hij laat hen te hard* ~ he works them too hard, he overworks them; *hij moet hard* ~ he has to work hard; *aan een boek &* ~ be at work (engaged) on a book; *nadelig* ~ *op* have a bad effect upon; *op iems. gemoed* ~ work on sbd.'s feelings; *het werkt op de zenuwen* it affects the nerves; *voor Engels* ~ be reading for English; **II** *overg: iets naar binnen* ~ get [food] down; *hij kan heel wat naar binnen* ~ he can negotiate a lot of food; *ze* ~ *elkaar eronder* they are cutting each other's throats

'**werkend** *bn* 1 (actief) working; active; 2 (effectief) efficacious; ~ *lid* active member; *de* ~*e stand* the working classes

'**werker** *m* (-s) worker

'**werkezel** *m* (-s) drudge; *hij is een echte* ~ he is a glutton for work

'**werkgeheugen** *o* (-s) comput main storage/memory, internal storage/memory, RAM

'**werkgelegenheid** *v* employment; *volledige* ~ full employment

'**werkgever** *m* (-s) employer; ~*s en werknemers* employers and employed

werk'**geversaandeel** *o* (-delen), werk'**gevers-bijdrage** *v* (-n) employers' contribution

werk'**geversverklaring** *v* (-en) employer's certificate

'**werkgroep** *v* (-en) working party

'**werkhanden** *mv* callous hands

'**werkhuis** *o* (-huizen) (v. werkster) place

'**werkhypothese** *v* (-n en -s) working hypothesis [*mv* working hypotheses]

'**werking** *v* (-en) 1 (het functioneren) working, action, operation; 2 (uitwerking) effect; *die bepaling is buiten* ~ has ceased to be operative; *buiten* ~ *stellen* suspend; *in* ~ in action; *in* ~ *stellen* put in operation, set going, work; *in* ~ *treden* come into operation (into force); *in* ~ *zijn* be working; be operative; *in volle* ~ in full operation, in full swing

'**werkinrichting** *v* (-en) labour colony

'**werkje** *o* (-s) piece of work, (little) work, job

'**werkkamer** *v* (-s) study

'**werkkamp** *o* (-en) 1 (v. vrijwilligers) work-camp; 2 (strafkamp) labour camp

'**werkkleding** *v* working clothes

'**werkklimaat** *o* work climate, work atmosphere

'**werkkracht** *v* 1 (energie) energy; 2 (-en) (werknemer) hand, workman

'**werkkring** *m* (-en) sphere of activity (of action)

'**werklieden** *mv* work-people, workers, operatives

'**werkloon** *o* (-lonen) wage(s), pay

'**werkloos** *bn* 1 (zonder baan) out of work, out of employment, unemployed, jobless; 2 (niets uitvoerend) inactive, idle; ~ *maken* throw out of work

werk'**loosheid** *v* 1 unemployment; 2 inactivity, idleness, inaction

werk'**loosheidscijfers** *mv* unemployment figures

werk'**loosheidsuitkering** *v* (-en) unemployment benefit, (unemployment) dole

werk'**loosheidsverzekering** *v* unemployment insurance

'**werkloze** *m-v* (-n) out-of-work; *de* ~*n* the unemployed

werk'**lozencijfer** *o* (-s) unemployment index

werk'**lozenkas** *v* (-sen) unemployment fund

'**werklust** *m* zest for work

'**werkmaatschappij** *v* (-en) subsidiary company

'**werkman** *m* (-lieden en -lui) workman, labourer, operative, mechanic

'**werkmandje** *o* (-s) work-basket

'**werkmanswoning** *v* (-en) ZN labourer's cottage

'**werkmethode** *v* (-n en -s) (working) method

'**werkmier** *v* (-en) worker (ant)

'**werknemer** *m* (-s) employee, employed man; zie ook: *werkgever*

werk'**nemersaandeel** *o* (-delen), werk'**nemersbijdrage** *v* (-n) employees' contribution

werkonbe'**kwaam** *bn* ZN unfit for work, disabled

'**werkonderbreking** *v* (-en) work stoppage

'**werkpaard** *o* (-en) work-horse

'**werkpak** *o* (-ken) working clothes, overalls

'**werkplaats** *v* (-en) workshop, shop, workroom

'**werkplan** *o* (-nen) working plan, plan of work

'**werkplek** *v* (-ken) workplace; *op de* ~ in the workplace

'**werkprogramma** *o* ('s) working-programme

'**werkrooster** *m & o* (-s) time-table

'**werkschoen** *m* (-en) working-boot

'**werkschuw** *bn* work-shy

'**werkstaker** *m* (-s) striker

'**werkstaking** *v* (-en) strike

'**werkster** *v* (-s) **1** (arbeidster) (female) worker; **2** (in huishouden) charwoman, daily woman

'**werkstudent** *m* (-en) working student

'**werkstuk** *o* (-ken) **1** (in 't alg.) (piece of) work, workpiece; **2** (in de meetkunde) proposition, problem

'**werktafel** *v* (-s) **1** (in 't alg.) desk; **2** <u>techn</u> workbench

'**werktekening** *v* (-en) working drawing

'**werkterrein** *o* (-en) area (sphere, field) of work

'**werktijd** *m* (-en) **1** (in 't alg.) working-hours; **2** (v.e. ploeg) shift; *lange ~en hebben* work long hours; *variabele ~en* flexible hours, <u>gemeenz</u> flexitime

'**werktijdverkorting** *v* (-en) short-time working

'**werktuig** *o* (-en) (in 't alg.) tool², instrument², implement; *~en* (voor gymnastiek) apparatus

'**werktuigbouwkunde** *v* mechanical engineering

werktuigbouw'kundige *m-v* (-n) mechanical engineer, mechanician

'**werktuigkunde** *v* mechanics

werktuig'kundig I *bn* mechanical [action, drawing, engineer &]; **II** *bijw* mechanically

werktuig'kundige *m-v* (-n) mechanician, instrument-maker

werk'tuiglijk *bn (& bijw)* mechanical(ly)², automatic(ally)²

werk'tuiglijkheid *v* mechanicalness

'**werkuur** *o* (-uren) working-hour

'**werkverdeling** *v* division of labour

'**werkvergunning** *v* (-en) work permit

'**werkverschaffing** *v* the procuring (creation, provision) of employment (work); relief work(s)

'**werkvloer** *m* (-en) shop floor

'**werkvolk** *o* work-people, workmen, labourers

'**werkvrouw** *v* (-en) <u>ZN</u> (schoonmaakster) charwoman

'**werkweek** *v* (-weken) working week

'**werkwijze** *v* (-n) (working) method

werk'willige *m* (-n) willing worker, non-striker

'**werkwinkel** *m* (-s) workshop

'**werkwoord** *o* (-en) verb

werk'woordelijk *bn* verbal

'**werkzaam I** *bn* active, laborious, industrious; *hij is ~ op een fabriek* he is employed at a factory, he works in a factory; *een ~ aandeel hebben in* have an active part in; **II** *bijw* actively, laboriously, industriously

'**werkzaamheid** *v* (-heden) activity, industry; *mijn talrijke werkzaamheden* my numerous activities; *de*

verschillende werkzaamheden the various proceedings

werk'zoekende *m-v* (-n) person looking for a job (for work, for employment)

'**werpen** (wierp, h. geworpen) **I** *overg* throw, cast, fling, hurl, toss; *jongen* ~ zie: ²*jongen*; *iem. met stenen* ~ zie: *gooien*; **II** *wederk*: *zich* ~ throw oneself; *zich in de armen* ~ *van...* fling oneself into the arms of...; *zich op iem.* ~ fall on sbd.; set upon sbd.; *zich op de knieën* ~ go down on one's knees, prostrate oneself [before sbd.]; *zich op de studie van...* ~ apply oneself to the study of... with a will; *zich te paard* ~ fling oneself into the saddle

'**werper** *m* (-s) thrower; <u>honkbal</u> pitcher

'**werphengel** *m* (-s) casting rod

'**werpheuvel** *m* (-s) <u>honkbal</u> mound

'**werpnet** *o* (-ten) casting-net

'**werpnummer** *o* (-s) <u>sp</u> throwing event

'**werppijl**, '**werpschicht** *m* (-en) dart

'**werpspeer** (-speren), '**werpspies** *v* (-en) javelin

'**werptros** *m* (-sen) <u>scheepv</u> warp

'**werptuig** *o* (-en) missile, projectile

'**wervel** *m* (-s) vertebra [*mv* vertebrae]

'**wervelen** (wervelde, h. gewerveld) *onoverg* whirl

'**wervelkolom** *v* (-men) spinal column, spine

'**wervelstorm** *m* (-en) tornado

'**wervelwind** *m* (-en) whirlwind

'**werven** (wierf, h. geworven) *overg* **1** (in 't alg.) recruit, enlist, enrol; **2** canvass for [customers]

'**werver** *m* (-s) <u>mil</u> recruiter, recruiting-officer

'**werving** *v* (-en) **1** (in 't alg.) recruitment, enlistment, enrolment; **2** canvassing [for customers]

'**wervingsreserve** *v* (-s) <u>ZN</u> selected candidates for a post, held in reserve

wesp *v* (-en) wasp

'**wespendief** *m* (-dieven) honey-buzzard

'**wespennest** *o* (-en) **1** eig wasps' nest, vespiary; **2** <u>fig</u> hornets' nest²; *zich in een* ~ *steken* bring a hornets' nest about one's ears

'**wespensteek** *m* (-steken) wasp-sting

'**wespentaille** *v* (-s) wasp-waist

west *bn* west

West *v*: *de* ~ the West Indies

West-'Duits *bn* West German

West-'Duitser *m* (-s) West German

West-'Duitsland *o* West Germany; <u>hist</u> Federal Republic of Germany

'**westelijk** *bn* western, westerly; *W~e Sahara* Western Sahara

'**westen** *o* west; *het W*~ the West, the Occident; *buiten* ~ unconscious; *ten* ~ *van* (to the) west of

'**westenwind** *m* (-en) westwind

'**westerkim**, '**westerkimme** *v* western horizon

'**westerlengte** *v* West longitude

'**westerling** *m* (-en) Westerner

'**westers** *bn* western, occidental

'**Westerschelde** *v*: *de* ~ the West Scheldt

West-Eu'ropa *o* Western Europe

West-Euro'pees *bn* West(ern) European
West'faal *m* (-falen) Westphalian
West'faals *bn* Westphalian
West'falen *o* Westphalia
West'faler *m* (-s) Westphalian
'Westgoten *mv* Visigoths
'Westgothisch *bn* Visigothic
West-'Indië *o* the West Indies
West-'Indisch *bn* West-Indian
'westkant *m* west side
'westkust *v* (-en) west coast, western coast
'westmoesson *m* (-s) south-west monsoon
westnoord'west *bn* west-north-west
'West-Romeins *bn*: het ~*e Rijk* the Western Empire, the Empire of the West
West-Sa'moa *o* Western Samoa
West-Samo'aan *m* (-moanen) Western Samoan
West-Samo'aans *bn* Western Samoan
West-'Vlaanderen *o* West Flanders
'westwaarts I *bn* westward; II *bijw* westward(s)
westzuid'west *bn* west-south-west
wet *v* (-ten) 1 (in 't alg.) law; 2 (in 't bijzonder) act; *de Mozaïsche ~* the Mosaic Law; *de W~ op het Basisonderwijs* Primar Education Act *de ~ van Archimedes* Archimedes' principle, the Archimedian principle; *de ~ van Boyle (Grimm, Parkinson &)* Boyle's (Grimm's, Parkinson's &) law; *de ~ van vraag en aanbod (van de zwaartekracht &)* the law of supply and demand (of gravitation &); *een ~ van Meden en Perzen* a law of the Medes and Persians; *iem. de ~ stellen (voorschrijven)* lay down the law for sbd.; *~ worden* become law; *boven de ~ staan* be above the law; *buiten de ~ stellen* outlaw; *door de ~ bepaald* fixed by law, statutory; *tegen de ~* against the law; *tot ~ verheffen* put [a bill] on the Statute Book; *volgens de ~* by law; *volgens de Franse ~* 1 according to French law [you are right]; 2 [married &] under French law; *voor de ~* in the eye of the law; [equality] before the law; zie ook: *volgens de ~*; *voor de ~ niet bestaan* not exist in law; *voor de ~ getrouwd* married at the registrar's office
'wetboek *o* (-en) code; *~ van koophandel* commercial code; *burgerlijk ~* civil code; *~ van strafrecht* penal code, criminal code
1 'weten (wist, h. geweten) I *overg* 1 (in 't alg.) know; 2 (kennis dragen van) be aware of; *doen (laten) ~* let [one] know, send [one] word, inform [sbd.] of; *wie weet of hij niet zal...* who knows but he may...; *God weet het!* God knows!; *dat weet ik niet* I don't know; *hij is mijn vriend moet je ~ (weet je)* he is my friend, you know; *het te ~ komen* get to know it; find out, learn; *hij wist te ontkomen* he managed to escape; *hij weet zich te verdedigen* he knows how to defend himself; *er iets op ~* know a way out; *het uit de krant ~* know it from the paper(s); *van wie weet je het?* whom did you hear it from?, who told you?; *eer je het weet* before you know where you are; *zij ~ het samen* they are as thick as thieves;

they are hand and glove; *hij weet er alles van* he knows all about it; *hij weet er niets van* he doesn't know anything about it; *dat moeten zij zelf maar ~* that's their look-out; *zij willen er niet(s) van ~* they will have none of it; *zij wil niets van hem ~* she will not have anything to say to him; *dat moet je zelf ~* that's your look-out; *wat niet weet, wat niet deert* what one does not know causes no woe; *weet je wat?, we gaan naar...* I'll tell you what, we'll go to...; *zij weet wat zij wil* she knows what she wants, she knows her own mind; *hij weet zelf niet wat hij wil* he doesn't know his own mind; *daar weet jij wat van!* gemeenz fat lot you know about it!; *ik weet wat van je* I know something about you; *(dat schoonmaken) dat weet wat!* what a nuisance!; *hij wil het wel ~ (dat hij knap is &)* he needn't be told that he is handsome; *hij wil het niet ~* he never lets it appear; *zonder het zelf te ~* unwittingly; *~ waar Abraham de mosterd haalt* know what's what; II *abs ww* know; *wie weet?* who knows?; *men kan nooit ~* you never can tell; *hij weet niet beter* he doesn't know any better; *hij weet wel beter* he knows better (than that); *niet dat ik weet* not that I know of; *te ~ (appels, peren...)* viz., that is to say, namely, to wit...; III *o* knowledge; *niet bij mijn ~* not to my knowledge; *buiten mijn ~* without my knowledge, unknown to me; *met mijn ~* with my knowledge; *naar mijn beste ~* to the best of my knowledge; *tegen beter ~ in* against one's better judgment; *zonder mijn ~* without my knowledge
2 'weten V.T. meerv. van *wijten*
'wetens zie: *willens*
'wetenschap *v* (-pen) 1 (studieveld) science, learning; 2 (kennis) knowledge; *er geen ~ van hebben* know nothing about it, not be aware of it
weten'schappelijk I *bn* (vnl. m.b.t. exacte wetenschappen) scientific; (vnl. m.b.t. alfawetenschappen) scholarly; II *bijw* scientifically; scholarly
weten'schappelijkheid *v* scientific character
'wetenschapsfilosofie *v* philosophy of science
'wetenschapsleer *v* epistemology
'wetenschapsmensen, 'wetenschappers *mv* 1 (in exacte vakken) scientists; 2 (in niet-exact vakken) scholars
wetens'waardig *bn* worth knowing
wetens'waardigheid *v* (-heden) thing worth knowing
'wetering *v* (-en) watercourse
'wetgeleerde *m-v* (-n) one learned in the law, jurist
'wetgevend *bn* law-making, legislative; *de ~e macht* the legislature; *~e vergadering* Legislative Assembly; *~ verkiezingen* ZN parliamentary elections
'wetgever *m* (-s) law-giver, legislator
'wetgeving *v* (-en) legislation
'wethouder *m* (-s) alderman
wet'matig *bn* regular
wet'matigheid *v* (-heden) 1 (het wetmatig zijn) order; 2 (steeds terugkerend verschijnsel) pattern

'**wetsartikel** *o* (-en en -s) article of a (the) law
'**wetsbepaling** *v* (-en) provision of a (the) law
'**wetsdokter** *m* (-s) ZN police doctor
'**wetsherziening** *v* (-en) revision of the (a) law
'**wetskennis** *v* legal knowledge
'**wetsontduiking** *v* evasion of the law
'**wetsontwerp** *o* (-en) bill
'**wetsovertreder** *m* (-s) lawbreaker
'**wetsovertreding** *v* (-en) breach of the law
'**wetsrol** *v* (-len) scroll of the (Mosaic) law
1 '**wetstaal** *o* (-stalen) ⟨staal⟩ (sharpening) steel
2 '**wetstaal** *v* (jargon) legal language
'**wetsteen** *m* (-stenen) whetstone, hone
'**wetsverkrachting** *v* (-en) violation of the law
'**wetsvoorstel** *o* (-len) bill
'**wetswijziging** *v* (-en) amendment (modification, alteration) of the law; *een ~ invoeren* amend the law
'**wetswinkel** *m* (-s) (neighbourhood) law-centre
'**wettelijk I** *bn* legal, statutory; *~e aansprakelijkheid* liability; **II** *bijw* legally
'**wettelijkheid** *v* legality
'**wetteloos** *bn* lawless
wette'loosheid *v* lawlessness
'**wetten** (wette, h. gewet) *overg* whet, sharpen
'**wettig I** *bn* legitimate, legal, lawful; *een ~ kind* a legitimate child; **II** *bijw* legitimately, legally, lawfully
'**wettigen** (wettigde, h. gewettigd) *overg* **1** *eig* legitimate, legalize; **2** *fig* justify; sanction [by usage]
'**wettigheid** *v* legitimacy
'**wettiging** *v* (-en) legitimation, legalization
'**wettisch** *bn* legalistic
WEU *v* West-Europese Unie* WEU, Western European Union
'**weven** *overg & onoverg* (weefde, h. geweven) weave
'**wever** *m* (-s) **1** ⟨iem. die weeft⟩ weaver; **2** ⟨vogel⟩ weaver-bird
weve'rij *v* (-en) **1** ⟨het weven⟩ weaving; **2** ⟨bep. bedrijf⟩ weaving-mill
'**wezel** *v* (-s) weasel
1 '**wezen I** (was (waren), is geweest) *onoverg* be; *ik ben hem ~ opzoeken* I have been to see him; *hij mag er ~* he is all there; *dat mag er ~* that is not half bad, that is some; **II** *o* (-s) **1** ⟨persoon⟩ being, creature; **2** ⟨bestaan⟩ being, existence; **3** ⟨aard⟩ nature; **4** ⟨wezenlijkheid⟩ essence, substance; *geen levend ~* not a living being (soul)
2 '**wezen** V.T. meerv. van *wijzen*
'**wezenfonds** *o* (-en) orphans' fund
'**wezenlijk I** *bn* real, essential, substantial; *het ~e* the essence; **II** *bijw* **1** essentially, substantially; **2** versterkend really
'**wezenlijkheid** *v* reality
'**wezenloos** *bn* vacant, vacuous, blank [stare]
'**wezenloosheid** *v* vacancy, vacuity
wezens'vreemd *bn* foreign to one's nature
'**Wezer** *m* Weser

w.g. *afk. was getekend* (signed)
'**whiplash** *m* (-es) whiplash injury
'**whisky** *m* whisky, Am & Iers whiskey
whisky'soda *v* whisk(e)y and soda
whist *o* whist
'**whisten** (whistte, h. gewhist) *onoverg* play (at) whist
w.i. *afk. werktuigkundig ingenieur* M.E., mechanical engineer
'**wichelaar** *m*, '**wichelaarster** *v* (-s) augur, soothsayer
wichela'rij *v* (-en) augury, soothsaying
'**wichelen** (wichelde, h. gewicheld) *overg* augur, soothsay
'**wichelroede** *v* (-n) divining-rod, dowsing-rod
'**wichelroedeloper** *m* (-s) diviner, douser, rhabdomancer
wicht *o* (-en) **1** ⟨kind⟩ baby, child, babe, mite; **2** ⟨meisje⟩ creature; *arm ~!* poor thing!; *een of ander mal ~* some foolish creature; *mal ~!* you fool!
wie I *betr vnw* he who; *~ ook* who(so)ever; **II** *vragend vnw* who?; *~ van hen?* which of them?; *~ daar?* mil who goes there
'**wiebelen** (wiebelde, h. gewiebeld) *onoverg* wobble, wiggle
'**wiebelend** *bn* wobbly
'**wieden** (wiedde, h. gewied) *overg & abs ww* weed
'**wieder** *m* (-s) weeder
'**wiedes** *bn* gemeenz: *dat is nogal ~* it goes without saying
'**wiedijzer** *o* (-s) weeding-hook, spud
'**wiedster** *v* (-s) weeder
wieg *v* (-en) cradle; *voor dichter in de ~ gelegd* a born poet; *hij was voor soldaat in de ~ gelegd* he was cut out for a soldier; *hij is niet voor soldaat in de ~ gelegd* he will never make a soldier; *voor dat werk was hij niet in de ~ gelegd* he was not fitted by nature for that sort of work; *van de ~ af* from the cradle
'**wiegelen** (wiegelde, h. gewiegeld) *onoverg* rock
'**wiegelied** *o* (-eren) cradle-song, lullaby
'**wiegen** (wiegde, h. gewiegd) *overg* rock; zie ook: *slaap*
'**wiegendood** *m* cot death, Am crib death; (wetenschappelijk) SIDS (sudden infant death syndrome)
'**wiegendruk** *m* (-ken) incunabulum, incunable
wiek *v* (-en) **1** ⟨v. molen⟩ sail, wing, vane; **2** ⟨vleugel⟩ wing; *hij was in zijn ~ geschoten* he was affronted (affended); he was stung to the quick; *op eigen ~en drijven* stand on one's own legs, shift for oneself
wiel *o* (-en) **1** ⟨rad⟩ wheel; **2** ⟨plas⟩ pool; *het vijfde ~* zie: ¹*rad*; *iem. in de ~en rijden* put a spoke in sbd.'s wheel
'**wielbasis** *v* wheel-base
'**wieldop** *m* (-pen) hub-cap, wheel-disc
'**wielerbaan** *v* (-banen) cycle race-track
'**wielerbroek** *v* (-en) cycling shorts
'**wielersport** *v* cycling

'**wielerwedstrijd** *m* (-en) bicycle race
'**wielewaal** *m* (-walen) golden oriole
'**wielklem** *v* (-men) wheel clamp
'**wielophanging** *v* suspension
'**wielrennen** *o* cycle-racing
'**wielrenner** *m* (-s) racing cyclist
'**wielrijden** *onoverg* cycle, wheel
'**wielrijder** *m* (-s) cyclist
'**wielrijdersbond** *m* cyclists' union
wier *o* (-en) seaweed, alga [*mv* algae]
wierf (wierven) V.T. van *werven*
'**wierook** *m* incense[2], frankincense
'**wierookgeur** *m*, '**wierooklucht** *v* (-en) smell of
  incense
'**wierookscheepje** *o* (-s) incense-boat
'**wierookstokje** *o* (-s) joss stick
'**wierookvat** *o* (-vaten) censer, thurible, incensory
wierp (wierpen) V.T. van *werpen*
'**wierven** V.T. meerv. van *werven*
wies (wiesen) V.T. van ¹*wassen* en ³*wassen*
wiet *m gemeenz* weed
wig, wigge *v* (wiggen) wedge; *een ~ drijven tussen*
  drive a wedge between
'**wigvormig** *bn* **1** wedge-shaped [thing]; **2** cuneiform [inscription]
'**wigwam** *m* (-s) wigwam
wij *pers vnw* we
'**wijbisschop** *m* (-pen) suffragan (bishop)
wijd I *bn* **1** (in 't alg.) wide, ample, large, broad,
  spacious; **2** honkbal ball; **II** *bijw* wide(ly); *de ramen*
  ~ openzetten open the windows wide; *~ en zijd* far
  and wide; *~ en zijd bekend, vermaard* widely
  known, famous
'**wijdbeens** *bijw* with (one's) legs apart
'**wijdeling** *m* (-en) ordinand
'**wijden** (wijdde, h. gewijd) **I** *overg* **1** ordain [a
  priest]; **2** consecrate [a church, churchyard, a
  bishop &]; *~ aan* **1** dedicate to [God, some person
  &]; **2** devote, consecrate to [some purpose]; *zijn tijd*
  & ~ aan... devote one's time & to...; *een leven gewijd*
  aan poëzie a life consecrated to poetry; *hem tot pries-*
  ter ~ ordain him priest; **II** *wederk: zich ~ aan iets*
  devote oneself to sth.
'**wijding** *v* (-en) **1** (godsdienstig) ordination; **2** ⟨v.
  priesters⟩ consecration; **3** ⟨niet-godsdienstig⟩ devotion; *hogere (lagere) ~en* RK major (minor) orders
wijd'lopig *bn* prolix, diffuse, verbose
wijd'lopigheid *v* prolixity, diffuseness, verbosity
wijd'mazig *bn* wide (coarse)-mashed
'**wijdte** *v* (-n en -s) **1** width, breadth, space; **2** gauge
  [of a railway]
'**wijdverbreid** *bn* widespread, extensive
'**wijdvermaard** *bn* widely known, far-famed
'**wijdverspreid** *bn* widespread, extensive
'**wijdvertakt** *bn* wide-spread [plot]
wijf *o* (wijven) ⟨vrouw⟩ woman, female; ⟨kenau⟩
  bitch, virago, vixen, shrew; *een oud ~* an old bag
'**wijfje** *o* (-s) **1** female [of animals]; **2** ⟨als aanspre-

king⟩ wifey, little wife
'**wijfjesdier** *o* (-en) female
'**wijgeschenk** *o* (-en) votive offering
wijk *v* (-en) **1** ⟨woon~⟩ quarter, district, ward; **2** ⟨af-
  deling⟩ beat [of policeman], round [of milkman],
  walk [of postman]; *de ~ nemen naar Amerika* fly
  (flee) to America, take refuge in America
'**wijkagent** *m* (-en) community policeman
'**wijkcentrum** *o* (-s, -tra) community centre
'**wijken** (week, is geweken) *onoverg* give way, give
  ground, yield; *geen voet ~* not budge an inch; *mil*
  not yield an inch of ground; *niet van iem. ~* not
  budge from sbd.'s side; *~ voor niemand* not yield to
  anybody; *moet ik voor hem ~?* should I make way
  for him?; *~ voor de overmacht* yield to superior
  numbers; *het gevaar is geweken* the danger is over;
  de pijn is geweken the pain has gone
'**wijkgebouw** *o* (-en) church hall, community centre
'**wijkhoofd** *o* (-en) chief (air-raid) warden
'**wijkorgaan** *o* (-ganen) neighbourhood paper
'**wijkplaats** *v* (-en) asylum, refuge
'**wijkverpleegster** *v* (-s) district nurse
'**wijkverpleging** *v* district nursing
'**wijkzuster** *v* (-s) district nurse
1 wijl *voegw* (omdat) since, because, as
2 wijl (-en), '**wijle** *v* (-n) ⟨korte tijd⟩ while, time;
  zie ook bij *tijd*
1 'wijlen *bn*: *~ Willem I* the late William I; *~ mijn*
  vader my late father
2 'wijlen (wijlde, h. gewijld) *onoverg* vero zie: *verwij-*
  len
wijn *m* (-en) wine; *rode ~* red wine, claret; *witte ~*
  white wine; *klare ~ schenken* speak frankly, be
  frank; *er moet klare ~ geschonken worden!* plain language wanted!; *goede ~ behoeft geen krans* good
  wine needs no bush
'**wijnachtig** *bn* vinous
'**wijnappel** *m* (-s en -en) wine-apple
'**wijnazijn** *m* wine-vinegar
'**wijnberg** *m* (-en) vineyard
'**wijnboer** *m* (-en) wine-grower
'**wijnbouw** *m* viniculture, wine-growing
'**wijnbouwer** *m* (-s) wine-grower
'**wijndruif** *v* (-druiven) grape
'**wijnfles** *v* (-sen) wine-bottle
'**wijngaard** *m* (-en) vineyard
wijngaarde'nier *m* (-s) vine-dresser
'**wijngaardslak** *v* (-ken) edible-snail
'**wijngeest** *m* spirit of wine, alcohol
'**wijnglas** *o* (-glazen) wine-glass
'**wijnhandel** *m* (-s) **1** ⟨koop en verkoop⟩ wine-
  trade; **2** ⟨bep. bedrijf⟩ wine-business; **3** ⟨winkel⟩
  wine-shop
'**wijnhandelaar** *m* (-s en -laren) wine-merchant
'**wijnhuis** *o* (-huizen) wine-house
'**wijnjaar** *o* (-jaren) vintage [of 1990], vintage year
'**wijnkaart** *v* (-en) wine-list

'**wijnkan** v (-nen) wine-jug
'**wijnkaraf** v (-fen) wine-decanter
'**wijnkelder** m (-s) wine-cellar, wine-vault
'**wijnkenner** m (-s) judge of wine, wine connoisseur
'**wijnkleur** v wine colour
'**wijnkleurig** bn wine-coloured
'**wijnkoeler** m (-s) wine cooler
'**wijnkoper** m (-s) wine-merchant
'**wijnkuip** v (-en) wine-vat
'**wijnmaand** v October
'**wijnmerk** o (-en) brand of wine
'**wijnoogst** m (-en) vintage
'**wijnoogster** m (-s) vintager
'**wijnpers** v (-en) winepress
'**wijnpluk** m grape harvest, vintage
'**wijnpokken** mv ZN chicken-pox
'**wijnrank** v (-en) vine-tendril
'**wijnrood** bn wine-red
'**wijnsaus** v (-en en -sauzen) wine-sauce
'**wijnsmaak** m vinous (winy) taste
'**wijnsoort** v (-en) kind of wine
'**wijnsteen** m wine-stone, tartar
'**wijnsteenzuur** o tartaric acid
'**wijnstok** m (-ken) vine
'**wijntje** o (-s) wine; zie ook: *trijntje*
'**wijnvat** o (-vaten) wine-cask
'**wijnvlek** v (-ken) **1** wine-stain [in napkin &];
2 strawberry mark [on the skin]
1 '**wijs** v (wijzen) **1** (manier) manner, way; **2** gramm
mood; **3** muz tune, melody; zie ook: ²*wijze; geen* ~
kunnen houden muz not be able to keep tune; *op de*
~ *van...* muz to the tune of...; *op die* ~ in this manner, in this way; *van de* ~ *brengen* fig put sbd. out; *zich niet van de* ~ *laten brengen* **1** not suffer oneself to be put out; **2** not
suffer oneself to be misled [by idle gossip]; *van de* ~
raken **1** muz get out of tune; **2** fig get flurried; *ik
ben geheel van de* ~ fig I am quite at sea; *'s lands* ~,
's lands eer when in Rome, do as Rome does
2 '**wijs I** bn wise; *ben je (wel)* ~? are you out of your
senses?, are you in your right senses?, where are
your senses?; *nu ben ik nog even* ~ I am just as wise
as (I was) before, I am not any the wiser; *hij is niet
goed (niet recht)* ~ he is not in his right mind, not
his right senses (not quite in his senses); *ze zijn niet
wijzer* they know no better; *hij zal wel wijzer zijn* he
will know better (than to do that); *de* ~*te zijn* give
in, make concessions; ~ *worden* learn wisdom; *ik
kan er niet uit* ~ *worden* I can make neither head
nor tail of it; I cannot make it out; *ik kan niet* ~ *uit
hem worden* I don't know what to make of him; **II**
bijw wisely
'**wijsbegeerte** v philosophy
'**wijselijk** bijw wisely
'**wijsgeer** m (-geren) philosopher
wijs'gerig bn philosophical
'**wijsheid** v (-heden) wisdom; *alsof zij de* ~ *in pacht*

hebben as if they had a monopoly of wisdom, as if
they were the only wise people in the world
'**wijsheidstand** m (-en) ZN wisdom-tooth
'**wijsje** o (-s) tune
'**wijsmaken** (maakte wijs, h. wijsgemaakt) *overg*:
iem. iets ~ make sbd. believe sth.; *zich (zelf)* ~ *dat...*
delude oneself into the belief that...; *maak dat anderen wijs* tell that story somewhere else; *dat maak
je mij niet wijs* I know better, tell me another; *maak
dat de kat wijs* tell that to the (horse-)marines; *ik
laat me niets* ~ I don't suffer myself to be imposed
upon; *hij laat zich alles* ~ he will swallow anything
'**wijsneus** m (-neuzen) know-all, wiseacre, smart-aleck
wijs'neuzig bn conceited, smart-alecky
'**wijsvinger** m (-s) forefinger, index finger
'**wijten** (weet, h. geweten) *overg: iets* ~ *aan* impute
sth. to; blame [sbd.] for sth.; *het was te* ~ *aan...* it
was owing to...; *dat heeft hij aan zichzelf te* ~ he has
no one to thank for it but himself, he has only
himself to blame for it
'**wijting** m (-en) whiting
'**wijwater** o holy water
'**wijwaterbakje** o (-s) holy-water font (basin)
'**wijwaterkwast** m (-en) holy-water sprinkler
1 '**wijze** m (-n) sage, wise man; *de* W~*n uit het Oosten* the Wise Men from the East, the Magi
2 '**wijze** v (-n) manner, way; zie: ¹*wijs; bij* ~ *van
proef* by way of trial; *bij* ~ *van spreken* in a manner
of speaking, so to speak, so to say; *naar mijn* ~ *van
zien* in my opinion; *op die* ~ in this manner, in this
way; *op de een of andere* ~ somehow or other; *op
generlei* ~ by no manner of means, in no way
'**wijzen** (wees, h. gewezen) **I** *overg* **1** (in 't alg.)
show, point out [sth.]; **2** recht pronounce [sentence]; *dat zal ik u eens* ~ I'll show you; *dat wijst
(ons) op...* this points to...; *iem. op zijn ongelijk* ~
point out to sbd. where he is wrong; **II** *onoverg*
point; *ik zou erop willen* ~ *dat...* I should like to
point out the fact that...; *alles wijst erop dat...* everything points to the fact that...
'**wijzer** m (-s) **1** techn indicator; **2** hand [of a
watch]; **3** (handwijzer) finger-post; *grote* ~ minute-hand; *kleine* ~ hour-hand
'**wijzerplaat** v (-platen) dial(-plate), face [of a
clock], clock face
'**wijzertje** o (-s) hand [of a watch]; *het* ~ *rond slapen*
sleep the clock round
'**wijzigen** (wijzigde, h. gewijzigd) *overg* modify, alter, change
'**wijziging** v (-en) modification, alteration, change;
een ~ *aanbrengen (in)* make a change (in); *een* ~ *ondergaan* undergo a change, be altered
'**wijzing** v recht pronouncing [of a sentence]
'**wikke** v (-n) vetch
'**wikkel** m (-s) wrapper
'**wikkelen** (wikkelde, h. gewikkeld) **I** *overg* **1** wrap
(up) [in brown paper &]; **2** envelop [person, thing

in]; **3** swathe [in bandages]; **4** wind [on a reel]; **5** involve[2] [sbd. in difficulties &]; *gewikkeld in een strijd op leven en dood* engaged in a life and-death struggle; **II** *wederk: zich ~ in...* wrap [a shawl] about [her]

'**wikkeling** *v* (-en) elektr winding

'**wikken** (wikte, h. gewikt) *overg* **1** weigh[2] [goods, one's words]; **2** poise [on the hand]; *~ en wegen* weigh the pros and cons; weigh one's words; *de mens wikt, (maar) God beschikt* man proposes, (but) God disposes

wil *m* will, desire; *zijn uiterste ~* his last will (and testament); *de vrije ~* free will; *kwade ~* ill will; *goede wil* goodwill; willingness; *een eigen ~(letje) hebben* be strong-willed, have a will of one's own; *een sterke ~ hebben* have a strong will; *het is zijn eigen ~* he has willed it himself, it's his own wish; *voor elk wat ~s* something for everyone, all tastes are catered for; *zijn goede ~ tonen* show one's willingness; *waar een ~ is, is een weg* where there's a will there's a way; *buiten mijn ~* without my will and consent; *met de beste ~ van de wereld* with the best will in the world; *met mijn ~ gebeurt het niet* not with my consent, not if I can help it; *om 's hemels ~* for Heaven's sake; goodness gracious!; *tegen mijn ~* against my will; *tegen ~ en dank* against his will, in spite of himself, willy-nilly; *iem. ter ~le zijn* oblige sbd.; *ter ~le van mijn gezin* for the sake of my family; *ter ~le van de vrede* for peace's sake; *(niet) uit vrije ~* (not) of my own free will

wild I *bn* **1** 〈in 't wild groeiend〉 wild [flowers]; **2** 〈in 't wild levend〉 wild [animals], savage [tribes]; **3** 〈niet kalm〉 wild, unruly; **4** 〈woest kijkend〉 fierce [looks]; *~e boot* tramp (steamer); *in het ~(e weg)* at random, wildly; *in het ~ groeien* grow wild; *de in het ~ levende dieren* wild life; *in het ~ opgroeien* run wild; *in het ~(e weg) redeneren* reason at random; *in het ~(e weg) schieten* shoot at random; fire random shots; **II** *bijw* wildly; **III** *o* **1** 〈levend〉 game, quarry; **2** 〈gebraden〉 game; *grof (klein) ~* big (small) game; zie: *wilde*

'**wildbaan** *v* (-banen) hunting ground (preserve)

'**wildbraad** *o* game

'**wilddief** *m* (-dieven) poacher

wilddieve'rij *v* (-en) poaching

'**wilde** *m-v* (-n) savage; wild man (woman); *de ~n* the savages

'**wildebras** *m-v* (-sen) **1** 〈jongen〉 wild monkey; **2** 〈meisje〉 tomboy, romp

'**wildeman** *m* (-nen) wild man

'**wildernis** *v* (-sen) wilderness, waste

'**wildgroei** *m* **1** 〈onbelemmerde groei〉 unchecked growth; **2** fig 〈overmatige, onwenselijke toeneming〉 proliferation; *de ~ van regels en voorschriften* the proliferation of rules and regulations

'**wildheid** *v* (-heden) wildness, savageness

'**wildleer** *o* doeskin, buckskin, suède

'**wildpark** *o* (-en) game preserve, deer park

'**wildpastei** *v* (-en) game-pie

'**wildreservaat** *o* (-vaten) game reserve, game sanctuary

'**wildrijk** *bn* gamy, abounding in game

'**wildrooster** *o* (-s) cattle-grid

'**wildsmaak** *m* gamy taste, taste of venison

'**wildstand** *m* game population, stock of game

'**wildstroper** *m* (-s) poacher

'**wildtunnel** *m* (-s) wildlife tunnel

'**wildvreemd** *bn: ik ben hier ~* I am a perfect stranger here

wild'westfilm *m* (-s) western

wild'westverhaal *o* (-halen) western

'**wildzang** *m-v* (-en) = *wildebras*

wilg *m* (-en) willow

'**wilgenboom** *m* (-bomen) willow-tree

'**wilgenkatje** *o* (-s) (willow) catkin

'**wilgenroos** *v* (-rozen) willow herb

Wil'helmus *o: het ~* the Dutch national anthem

'**wille** zie: *wil*

'**willekeur** *v* arbitrariness; *naar ~* at will

wille'keurig I *bn* **1** arbitrary [actions &]; **2** voluntary [movements]; *een ~ getal* any (given) number; **II** *bijw* arbitrarily

wille'keurigheid *v* (-heden) arbitrariness

'**Willem** *m* William; *~ van Oranje* 〈Willem I〉 William the Silent; *~ III* 〈koning-stadhouder〉 William of Orange; *~ de Veroveraar* William the Conqueror

'**willen** (hij wil; wou *of* wilde, h. gewild) **I** *onoverg & abs ww* will; be willing; *ik wil* I will; *ik wil niet* I will not, I won't; *(hij kan wel) maar hij wil niet* but he will not (won't); *hij wil wel* he is willing; *of hij wil of niet* whether he wants to or not; *hij moge zijn wie hij wil* whoever he may be; *zij ~ er niet aan* they won't hear of it; *dat wil er bij mij niet in* that won't go down with me; **II** *overg* will; *vóór inf.* **1** 〈zich niet verzetten〉 be willing [to go &]; **2** 〈wensen〉 wish, want [to go, write &]; **3** 〈nadrukkelijk wensen〉 insist [on being obeyed &]; **4** 〈beweren〉 say [sth. has occurred]; *wilt u het zout aangeven?* would you pass the salt?; *ik wil je wel vertellen...* I don't mind telling you...; *(hij was zieker) dan hij wilde bekennen* than he was willing to own; *zij ~ hebben dat wij...* they want us to...; *(hij zal hard moeten werken) wil hij slagen* if he wants to succeed; *wil je wel eens zwijgen!* keep quiet, will you?; *als ik iets wilde* if I wanted anything; *zij ~ het zo* it is their pleasure; *dat zou je wel ~, hè?* you'd like that, wouldn't you?; *ik zou wel een glaasje bier ~* I wouldn't mind having a glass of beer; *ik zou hem wel om de oren ~ slaan* I should like to box his ears; *ik wilde liever sterven dan...* I would rather die than...; *zij ~ het niet (hebben)* **1** they don't want it, they will have none of it; **2** they won't allow it; *zij ~ dat u...* they want (wish) you to...; *ik wou dat ik het kon* I wish I could; *hij kan niet ~ dat wij...* he cannot want us to...; *als God wil dat ik...* if God wants me to...; *het gerucht wil dat...* rumour has it that...; *het toeval wilde dat...*

zie: *toeval; wat wil je?* what do you want?; *wat ze maar ~* anything they like; *men kan niet alles doen wat men maar wil* one cannot do whatever he pleases; *hij mag (ervan) zeggen wat hij wil, maar...* he can say what he wants, but...; *wat wil hij ervoor?* how much does he want?; **III** *o* volition; *~ is kunnen* where there's a will there's a way; *het is maar een kwestie van ~* it's only a matter of wanting to

'**willens** *bijw* on purpose; *~ of onwillens* willy-nilly; *~ en wetens* (willingly and) knowingly; *~ zijn* intend [to...]

'**willig** *bn* **1** (in 't alg.) willing; **2** handel firm

'**willigheid** *v* **1** (in 't alg.) willingness; **2** handel firmness [of the market]

'**willoos** *bn* will-less

'**willoosheid**, **wil'loosheid** *v* will-lessness

'**wilsbeschikking** *v* (-en) last will (and testament), will

'**wilskracht** *v* will-power, energy

wils'krachtig *bn* strong-willed, energetic

'**wilszwakte** *v* infirmity of purpose

'**wimpel** *m* (-s) pennant, streamer; *de blauwe ~* the blue ribbon

'**wimper** *v* (-s) (eye)lash

wind *m* (-en) **1** (bewegende lucht) wind; **2** (scheet) flatus, gemeenz fart; *~ van voren* head wind; *dat is maar ~* that is mere gas; *zien uit welke hoek de ~ waait* find out how the wind lies (blows); *waait de ~ uit die hoek?* sits the wind in that quarter?; *de ~ waait uit een andere hoek* the wind blows from another quarter; *iem. de ~ van voren geven* take sbd. up roundly; *de ~ van achteren hebben* go down the wind; *toen wij de ~ mee hadden* when the wind was with us; *er de ~ onder hebben* have them well in hand; *de ~ tegen hebben* drive & against the wind; *de ~ in iets krijgen* zie: *lucht*; *de ~ van voren krijgen* catch it; *een ~je laten* break wind, gemeenz let one go, gemeenz fart; *~ maken* cut a dash; *aan de ~ zeilen, bij de ~ zeilen* sail close to (near) the wind; *scherp bij de ~ zeilen* sail close-hauled; *de Eilanden boven de ~* the Windward Islands; *door de ~ gaan* scheepv tack; *in de ~ praten* be talking to the wind; *zijn raad in de ~ slaan* fling his advice to the winds; *een waarschuwing in de ~ slaan* disregard a warning; *met alle ~en meedraaien (waaien)* trim one's sails to every wind; *met de ~ mee* down the wind; *de Eilanden onder de ~* the Leeward Islands; *tegen de ~ in* against the wind; *vlak tegen de ~ in* in the teeth of the wind; *iem. de ~ uit de zeilen nemen* take the wind out of sbd.'s sails; *van de ~ kan men niet leven* you cannot live on air; *voor de ~* downwind; *het gaat hem voor de ~* he is sailing before the wind, he is thriving; *vóór de ~ zeilen* sail before the wind; *wie ~ zaait, zal storm oogsten* sow the wind and reap the whirlwind; *zoals de ~ waait, waait zijn jasje* he hangs his cloak to the wind

'**windas** *o* (-sen) windlass, winch

'**windbuil** *v* (-en) windbag, gas-bag, braggart

'**windbuks** *v* (-en) air-gun, air-rifle

'**winddicht** *bn* wind-proof

'**winddruk** *m* wind-pressure

'**winde** *v* (-n en -s) bindweed, convolvulus

'**windei** *o* (-eren) wind-egg; *het zal hem geen ~eren leggen* he will do well out of it

'**winden** (wond, h. gewonden) **I** *overg* **1** (garen &) wind, twist; **2** (ophijsen) hoist (up); **3** scheepv heave [an anchor &]; *het op een klos ~* wind it on a reel, reel it; **II** *wederk: zich ~* wind, wind itself [round a pole &]

'**windenergie** *v* wind energy

'**winderig** *bn* windy[2]

'**winderigheid** *v* windiness[2]

'**windgat** *o* (-gaten) vent-hole

'**windhandel** *m* speculation, stock-jobbery, gambling

'**windhoek** *m* (-en) **1** quarter from which the wind blows; **2** windy spot

'**Windhoek** *o* Windhoek

'**windhond** *m* (-en) greyhound

'**windhondenrennen** *mv* greyhound races

'**windhoos** *v* (-hozen) wind-spout, tornado

'**winding** *v* (-en) **1** winding, coil [of a rope]; **2** convolution [of the brain]

'**windjak** *o* (-ken) wind-cheater, Am windbreaker

'**windjammer** *m* (-s) windjammer

'**windje** *o* (-s) **1** (zuchtje wind) breath of wind; **2** (scheet) flatus, gemeenz fart

'**windkant** *m* = *windzij(de)*

'**windkracht** *v* **1** (sterkte) wind-force; **2** (energie) wind power; *storm met ~ 10* force 10 gale

'**windkussen** *o* (-s) air-cushion

'**windmeter** *m* (-s) wind-gauge, anemometer

'**windmolen** *m* (-s) windmill; *tegen ~s vechten* tilt at (fight) windmills

'**windrichting** *v* (-en) direction of the wind, wind direction

'**windroos** *v* (-rozen) (op kompas) compass-card

'**windscherm** *o* (-en) windscreen, wind-break

'**windsel** *o* (-s en -en) bandage, swathe; *~s* swaddling clothes

'**windsingel** *m* (-s) shelter-belt, wind-break

'**windsnelheid** *v* (-heden) wind speed, wind velocity

'**windstil** *bn* calm, windless

'**windstilte** *v* (-s en -n) calm

'**windstoot** *m* (-stoten) gust of wind

'**windstreek** *v* (-streken) point of the compass

'**windsurfen** *ww* & *o* windsurf, be (go) windsurfing, be (go) sailboarding

'**windsurfer** *m* (-s) windsurfer, sailboarder

'**windsurfing** *v* windsurfing, sailboarding

'**windtunnel** *m* (-s) wind-tunnel

'**windvaan** *v* (-vanen) weather-vane

'**windvlaag** *v* (-vlagen) gust of wind, squall

'**windwaarts** *bijw* to windward

'**windwijzer** *m* (-s) weathercock, weather-vane

'**windzak** *m* (-ken) <u>luchtv</u> wind-sock, wind-sleeve, drogue

'**windzij**, '**windzijde** *v* wind-side, windward side, weather-side

'**wingebied** *o* (-en) mineral-rich area

'**wingerd** *m* (-s en -en) **1** 〈wijngaard〉 vineyard; **2** 〈wijnstok〉 vine; wilde ~ Virginia(n) creeper

'**wingewest** *o* (-en) conquered country, province

'**winkel** *m* (-s) **1** 〈in 't alg.〉 shop; **2** 〈v. ambachtsman〉 ook: workshop; *een ~ houden* keep a shop; *de ~ sluiten* **1** 〈aan eind v. dag〉 close the shop; **2** 〈voorgoed〉 shut up shop

'**winkelbediende** *m-v* (-n en -s) shop-assistant

'**winkelcentrum** *o* (-s en -tra) shopping-centre

'**winkelchef** *m* (-s) shopwalker

'**winkeldief** *m* (-dieven) shoplifter

'**winkeldiefstal** *m* (-len) shoplifting

'**winkeldievegge** *v* (-n) shoplifter

'**winkeldochter** *v* (-s) <u>schertsend</u> 〈onverkoopbaar artikel〉 slow-mover

'**winkelen** (winkelde, h. gewinkeld) *onoverg* go (be) shopping, shop

'**winkelgalerij** *v* (-en) arcade

'**winkelhaak** *m* (-haken) **1** 〈v. timmerman〉 square; **2** 〈scheur〉 tear

'**winke'lier** *m* (-s) shopkeeper, shopman

'**winkeljuffrouw** *v* (-en) shop-girl, salesgirl

'**winkelkast** *v* (-en) show-window

'**winkella** (-la's en -laas), '**winkellade** *v* (-laden) till

'**winkelmeisje** *o* (-s) salesgirl

'**winkelnering** *v* custom, goodwill; *gedwongen ~* truck(-system)

'**winkelopstand** *m* shop-fittings, fixtures

'**winkelpersoneel** *o* shop assistants

'**winkelprijs** *m* (-prijzen) retail price

'**winkelpui** *v* (-en) shop-front

'**winkelraam** *o* (-ramen), '**winkelruit** *v* (-en) shop-window

'**winkelsluiting** *v* closing of shops

'**winkelstraat** *v* (-straten) shopping street

'**winkelvereniging** *v* (-en) co-operative store(s)

'**winkelwaar** *v* (-waren) shop-wares

'**winkelwagentje** *o* (-s) <u>Br</u> shopping trolley; <u>Am</u> grocery cart

'**winkelwijk** *v* (-en) shopping quarter

'**winkelzaak** *v* (-zaken) shop

'**winnaar** *m* (-s) winner

'**winnen** (won, h. gewonnen) **I** *overg* **1** win [money, time, a prize, a battle &], gain [a battle, a lawsuit &]; **2** 〈verkrijgen〉 make [hay &], win [hay, ore &]; *het ~* win, be victorious, carry the day; *het van iem. ~* get the better of sbd.; *het in zeker opzicht ~ van...* have the pull over...; *u hebt 10 pond (de weddenschap) van me gewonnen* you have won 10 pound of me, you have won the bet from me; *(het) gemakkelijk ~* win hands down; *het glansrijk van iem. ~* beat sbd. hollow; *iem. voor de goede zaak ~* win sbd. over

to the (good) cause; *iem. voor zich ~* win sbd. over (to one's side); **II** *abs ww* win, gain; *aan (in) duidelijkheid ~* gain in clearness; *bij iets ~* gain by sth.; *bij nadere kennismaking ~* improve upon acquaintance; *op iem. ~* gain (up)on sbd.; *Oxford wint van Cambridge* O. wins from C., O. beats C.; *zo gewonnen, zo geronnen* zie: *gewonnen*

'**winner** *m* (-s) winner

'**winning** *v* winning, extraction

winst *v* (-en) gain, profit, winnings, return(s); *~ behalen (maken) op* make a profit on; *grote ~en behalen* make big profits; *~ geven (opleveren)* yield profit; *met ~ verkopen* sell at a profit; *~ en verlies* <u>handel</u> profits and losses

'**winstaandeel** *o* (-delen) share in the profit(s)

'**winstbejag** *o* pursuit (love) of gain, profiteering

'**winstbelasting** *v* profits tax

'**winstbewijs** *o* (-wijzen) profit-sharing bond

'**winstcijfer** *o* (-s) profit

'**winstdeling** *v* (-en) profit-sharing

'**winstderving** *v* (-en) loss of profit

'**winst-en-ver'liesrekening** *v* (-en) profit and loss account

winst'gevend *bn* profitable, lucrative; *zonder ~ doel* <u>ZN</u> without pursuit of gain

'**winstje** *o* (-s) (little) profit; *met een zoet ~* with a fair profit

'**winstmarge** *v* (-s) profit margin, margin of profit

'**winstoogmerk** *o*: *een organisatie zonder ~* a non-profitmaking organisation; <u>Am</u> a nonprofit, not-for-profit organization

'**winstpunt** *o* (-en) plus, advantage

'**winstsaldo** *o* ('s en -saldi) balance of profit(s)

'**winstuitkering** *v* (-en) distribution of profits

'**winter** *m* (-s) **1** 〈seizoen〉 winter; **2** 〈zwelling〉 chilblain(s); *'s ~s, in de ~* in winter; *van de ~* **1** this winter [present]; **2** next winter [future]; **3** last winter [past]

'**winterachtig** *bn* wintry

winter'avond *m* (-en) winter evening

'**winterdag** *m* (-dagen) winter-day

'**winterdienst** *m* (-en) 〈openbaar vervoer〉 winter time-table

'**winteren** (winterde, h. gewinterd) *onoverg*: *het wintert* it is freezing, it is winter

'**wintergezicht** *o* (-en) wintry scene

'**wintergoed** *o* winter-clothes

'**wintergroen** *o* wintergreen

'**winterhanden** *mv* chilblained hands

'**winterhard** *bn* 〈plant〉 hardy

'**winterhiel** *m* (-en) chilblained heel

'**winterjas** *m & v* (-sen) winter overcoat

'**winterkleed** *o* (-klederen en -kleren) **1** 〈v. mensen〉 winterdress; **2** 〈v. vogels〉 winter-plumage

'**winterkoninkje** *o* (-s) wren

'**winterkoren** *o* (winter-corn)

'**winterkost** *m* winter-fare

'**winterkwartier** *o* (-en) winter quarters

'winterlandschap *o* (-pen) wintry landscape
'wintermaand *v* (-en) December; *de ~en* the winter-months
'wintermantel *m* (-s) winter-coat
'winternacht *m* (-en) winter-night
'winterpeen *v* (-penen) carrot
'winterprovisie *v* (-s) winterstore
'winters *bn* wintry
'winterseizoen *o* winter-season
'winterslaap *m* winter sleep, hibernation; *een ~ houden* hibernate
'Winterspelen *mv*: *Olympische ~* Winter Olympic Games
'wintersport *v* winter sport(s)
'wintersporter *m* (-s) winter sport enthusiast
'wintersportplaats *v* (-sen) winter sports resort (centre)
'winterstop *m* (-s) *sp* winter break
'wintertenen *mv* chilblained toes
'wintertijd *m* winter-time
'wintertuin *m* (-en) winter garden
'winterverblijf *o* (-blijven) winter-resort, winter-residence
'wintervermaak *o* (-maken) winter-amusement
'wintervoeder, 'wintervoer *o* winter-fodder
'wintervoeten *mv* chilblained feet
'wintervoorraad *m* (-raden) winter-store
'winterweer *o* winter-weather, wintry weather
'winterwortel *m* (-s) carrot
'winterzonnekeerpunt *m* winter solstice
'winzucht *v* love of gain, covetousness
win'zuchtig *bn* greedy of gain
1 wip *v* (-pen) **1** (in speeltuin) seesaw; **2** (wipgalg) hist strappado; **3** ⟨v. brug⟩ bascule; **4** ZN (vogelmast) bird pole (used by fowlers); *een ~ maken* ⟨geslachtsgemeenschap hebben⟩ gemeenz screw; *op de ~ zitten* fig hold the balance [in politics]; *hij zit op de ~* fig his position is shaky
2 wip *m* (sprongetje) skip; *in een ~* in no time, gemeenz in a jiffy
'wipbrug *v* (gen) drawbridge, bascule-bridge
'wipgalg *v* (-en) hist strappado
'wipkar *v* (-ren) tip-cart
'wipneus *m* (-neuzen) turned-up nose, nez retroussé
'wippen (wipte, h. en is gewipt) **I** *onoverg* **1** (in speeltuin) seesaw; **2** (springen) skip, whip, nip; **3** (neuken) gemeenz screw; *even binnen ~* pop in; *naar binnen ~* pop inside; *de hoek om ~* whip round the corner; *de straat over ~* nip across the street; **II** *overg* turn out [an official, a Liberal &]
'wippertje *o* (-s) **1** (borreltje) nip [of gin], dram; **2** (bij voetbal) little chip; *een ~ maken* ⟨geslachtsgemeenschap hebben⟩ gemeenz screw
'wippertoestel *o* (-len) breeches buoy
'wipplank *v* (-en) seesaw
'wipstaart *m* (-en) wagtail
'wipstoel *m* (-en) rocking-chair

'wirwar *m* **1** ⟨in 't alg.⟩ tangle; **2** maze [of narrow alleys]
wis *bijw* certain, sure; *van een ~se dood redden* save from certain death; *~ en zeker* yes, to be sure!
'wisent *m* (-en) wisent
'wiskunde *v* mathematics
'wiskundeknobbel *m* (-s) gift for mathematics
'wiskundeleraar *m* (-s en -raren) mathematics master
wis'kundig *bn* (& *bijw*) mathematical(ly)
wis'kundige *m-v* (-n) mathematician
wispel'turig *bn* inconstant, fickle, flighty, fly-away
wispel'turigheid *v* (-heden) inconstancy, fickleness, flightiness
'wissel (-s) **1** *m* & *o* ⟨v. spoor⟩ switch, points [of a railway]; **2** *m* handel bill (of exchange), draft; *de ~ omzetten* shift the points
'wisselaar *m* (-s en -laren) money-changer
'wisselagent *m* (-en) exchange-broker
'wisselarbitrage *v* arbitration of exchange
'wisselautomaat *m* (-maten) change machine
'wisselbaden *mv* alternating hot and cold baths
'wisselbank *v* (-en) discount-bank
'wisselbeker *m* (-s) challenge cup
'wisselbouw *m* rotation of crops, crop rotation
'wisselbrief *m* (-brieven) bill of exchange
'wisselen (wisselde, h. gewisseld) **I** *overg* **1** change, give change for [a guilder &]; **2** (tanden) shed [one's teeth], get one's second teeth; **3** exchange [glances, words &]; **4** bandy [jests]; *zij hebben een paar schoten met elkaar gewisseld* they have exchanged a few shots; **II** *abs ww* change, give [sbd.] change; *ik kan niet ~* I have no change; *dat kind is aan het ~* it is shedding its teeth; *zijn stem is aan het ~* his voice is turning; *(die trein) moet nog ~* must shunt; **III** *onoverg* change; *de a wisselt met de o* a varies with o; *van gedachten ~ over...* exchange views about...; *van paarden ~* change horses; *met ~d succes* with varying success; *~d bewolkt* cloudy with bright intervals
'wisselgeld *o* (small) change
'wisselhandel *m* exchange business
'wisseling *v* (-en) **1** (verandering, afwisseling) change; **2** turn [of the century, of the year]; **3** (ruil) exchange
'wisselkantoor *o* (-toren) exchange-office
'wisselkoers *m* (-en) rate of exchange, exchange rate
'wisselloon *o* bill-brokerage
'wisselloper *m* (-s) collector
'wisselmakelaar *m* (-s) bill-broker
'wisselmarkt *v* exchange market
'wisselpaard *o* (-en) fresh horse
'wisselplaats *v* (-en) stage [of a coach]
'wisselportefeuille *v* bill-case
'wisselprovisie *v* bill-commission
'wisselrekening *v* bill-account
'wisselruiterij *v* kite-flying

'**wisselslag** *m* sp medley relay
'**wisselspeler** *m* (-s) sp reserve, substitute
'**wisselspoor** *o* (-sporen) siding
'**wisselstand** *m* position of the points
'**wisselstroom** *m* (-stromen) alternating current
'**wisselstroomdynamo** *m* ('s) alternator
'**wisselstuk** *o* (-ken) ZN spare part
'**wisseltand** *m* (-en) permanent tooth
'**wisseltrofee** *v* (-feeën) challenge trophy
'**wisseltruc** *m* (-s) fast-change trick; *een ~ uithalen* fast-change sbd.
wissel'vallig *bn* **1** precarious [living]; **2** uncertain [weather]
wissel'valligheid *v* (-heden) precariousness, uncertainty
'**wisselwachter** *m* (-s) pointsman
'**wisselwerking** *v* (-en) interaction
'**wisselwoning** *v* (-en) temporary housing
'**wissen** (wiste, h. gewist) *overg* **1** ⟨reinigen⟩ wipe [plates &]; **2** ⟨v. geluidsopname, computerbestand &⟩ erase
'**wisser** *m* (-s) wiper, mop
'**wissewasje** *o* (-s) trifle; ~*s* fiddle-faddle
wist (wisten) V.T. van *weten*
wit I *bn* white; *Witte Donderdag* Maundy Thursday; *Witte Zee* White Sea; ~ *maken* whiten, blanch; ~ *worden* **1** ⟨v. dingen⟩ whiten, go (turn) white; **2** ⟨v. personen⟩ turn pale; *zo ~ als een doek* as white as a sheet; **II** *o* **1** ⟨de kleur⟩ white; **2** ⟨brood⟩ white (bread); *het ~ van een ei* the white of an egg; *het ~ van de ogen* the white(s) of the eye(s)
'**witachtig** *bn* whitish
'**witboek** *o* (-en) white paper
'**witbont** *bn* black with white spots
'**witgeel** *bn* whitish yellow
'**witgekuifd** *bn* white-crested
'**witgloeiend** *bn* white-hot
'**witgoed** *o* **1** ⟨weefsel⟩ white fabrics; **2** ⟨huishoudelijke apparaten⟩ household appliances; ⟨vakterm⟩ white goods
'**witharig** *bn* white-haired
'**witheet** *bn* **1** ⟨zeer heet⟩ white-hot; **2** ⟨zeer kwaad⟩ boiling
'**witheid** *v* whiteness
'**without** *o* whitewood
'**witje** *o* (-s) white [cabbage butterfly]
'**witjes** *bijw* palely; ~ *lachen* smile wanly
'**witkalk** *m* whitewash
'**witkar** *v* (-ren) **1** ⟨voor openbaar vervoer⟩ electric car for subscribers (in Amsterdam); **2** ⟨bagagewagentje⟩ Br trolley; Am cart
'**witkiel** *m* (-en) railway-porter
'**witkwast** *m* (-en) whitewash brush
'**witlof** *o* chicory
'**Witrus** *m* (-sen) Byelorussian, Belorussian, White Russian
Wit-'Rusland *o* Byelorussia, Belorussia, White Russia

Wit'russisch I *bn* Byelorussian, Belorussian, White Russian; **II** *o* Byelorussian, Belorussian
'**witsel** *o* whitewash
'**witstaart** *m* (-en) **1** ⟨vogel⟩ wheatear; **2** ⟨paard⟩ white-tailed horse
witte'boordencriminaliteit *v* white-collar crime
'**wittebrood** *o* (-broden) white bread; *een ~* a white loaf
'**wittebroodsweken** *mv* honeymoon
'**wittekool** *v* white cabbage
'**witten** (witte, h. gewit) *overg* whitewash
'**witter** *m* (-s) whitewasher
'**witvis** *m* (-sen) whiting, whitebait
'**witwassen**[1] *overg* ⟨v. zwart geld⟩ launder
WK *mv* *Wereldkampioenschappen* World Championships
WL *afk.* = *westerlengte*
wnd. *afk.* = *waarnemend*
w.o. *afk.* = *waaronder*
'**Wodan** *m* Wotan
'**wodka** *m* vodka
'**woede** *v* rage, fury; *machteloze* ~ impotent rage; *zijn ~ koelen op* wreak one's fury on, vent one's rage on
'**woedeaanval** *m* (-len) fit of rage, flare-up, slang wax; *een ~ krijgen*, fly off the handle, fly into a tantrum, slang get into a wax
'**woeden** (woedde, h. gewoed) **I** *onoverg* rage[2] [of the sea, wind, passion, battle, disease]; **II** *o* raging; *het ~ der elementen* ook: the fury of the elements
'**woedend I** *bn* furious; *iem. ~ maken* put sbd. in a passion, infuriate sbd.; *zich ~ maken* fly into a passion, fly into a rage; ~ *zijn* be in a rage, be furious, be in a white heat; ~ *zijn op* be furious with; ~ *zijn over* be furious at (about), be in a rage at (about); **II** *bijw* furiously
'**woedeuitbarsting** *v* (-en) outburst of fury (rage)
woef *tsw* ~! woof!
woei (woeien) V.T. van *waaien*
'**woeker** *m* usury; ~ *drijven* practise usury
'**woekeraar** *m* (-s) usurer
'**woekerdier** *o* (-en) parasite
'**woekeren** (woekerde, h. gewoekerd) *onoverg* **1** ⟨met geld⟩ practise usury; **2** ⟨v. onkruid &⟩ be rampant; ~ *met zijn tijd* make the most of one's time; ~ *op* be parasitic on
'**woekergeld** *o* money got by usury
'**woekerhandel** *m* usurious trade
'**woekerhuur** *v* (-huren) rack rent
'**woekering** *v* (-en) **1** ⟨in 't alg.⟩ excrescence[2]; **2** ⟨v. planten⟩ rampancy, rankness; **3** ⟨gezwel⟩ growth, tumour
'**woekerplant** *v* (-en) parasitic plant, parasite
'**woekerprijs** *m* (-prijzen) usurious price, exorbitant price
'**woekerrente** *v* (-n) usurious interest, usury
'**woekerwinst** *v* (-en) exorbitant profit; ~ *maken* profiteer

'**woelen** (woelde, h. gewoeld) **I** *onoverg* **1** ⟨in de slaap⟩ toss (about), toss in bed; **2** ⟨in de grond⟩ burrow, grub; *zit niet in mijn papieren te* ~ stop rummaging in my papers; **II** *overg: zich bloot* ~ kick the bed-clothes off; *gaten in de grond* ~ burrow holes in the ground; *iets uit de grond* ~ grub sth. up

'**woelgeest** *m* (-en) turbulent spirit, agitator

'**woelig** *bn* turbulent; *(de kleine) is erg* ~ *geweest* has been very restless; *het is erg* ~ *op straat* the street is in a tumult; *in* ~*e tijden* in turbulent times

'**woeligheid** *v* (-heden) turbulence, unrest

'**woeling** *v* (-en) turbulence, agitation; ~*en* disturbances

'**woelmuis** *v* (-muizen) field-vole

'**woelrat** *v* (-ten) water-vole

'**woelwater** *m-v* (-s) fidget

'**woelziek** *bn* turbulent

'**woelzucht** *v* turbulence

'**woensdag** *m* (-dagen) Wednesday

'**woensdags I** *bn* Wednesday; **II** *bijw* on Wednesdays

woerd *m* (-en) ⟨mannetjeseend⟩ drake

woest I *bn* **1** ⟨onbebouwd⟩ waste [grounds]; **2** ⟨onbewoond⟩ desolate [island]; **3** ⟨wild⟩ savage [scenery]; wild [waves]; fierce [struggle]; furious [speed]; reckless [driver, driving]; **4** ⟨kwaad⟩ savage, wild, mad; *hij werd* ~ he got wild, mad; *hij was* ~ *op ons* he was wild with us, mad with us; ~*e gronden* waste lands; **II** *bijw* wildly &

'**woestaard** (-s), '**woesteling** *m* (-en) brute

woeste'nij *v* (-en) waste (land), wilderness

'**woestheid** *v* (-heden) wildness, savagery, fierceness

woes'tijn *v* (-en) desert

woes'tijnrat *v* (-ten) gerbil, gerbille, jerbil

'**wogen** V.T. meerv. van *wegen*

wok *m* (-ken, -s) wok

wol *v* wool; *een door de* ~ *geverfde schurk* a doubledyed villain; *ik ging vroeg onder de* ~ gemeenz I turned in early; *onder de* ~ *zijn* be between the sheets

'**wolachtig** *bn* woolly

'**wolbaal** *v* (-balen) bale of wool, woolsack

'**wolbereider** *m* (-s) wool-dresser

'**wolbereiding** *v* wool-dressing

wolf *m* (wolven) **1** ⟨dier⟩ wolf; **2** caries [in the teeth]; *een* ~ *in schaapskleren* a wolf in sheep's clothing; ~ *en schapen* sp fox and geese; *wee de* ~ *die in een kwaad gerucht staat* give a dog a bad name and hang him; *eten als een* ~ eat ravenously; *een honger hebben als een* ~ be as hungry as a hunter

'**wolfabriek** *v* (-en) wool mill

'**wolfabrikant** *m* (-en) woollen manufacturer

'**wolfachtig** *bn* wolfish

'**wolfijzer** *o* (-s) ZN wolf catch

'**wolfraam**, '**wolfram** *o* wolfram, tungsten

'**wolfraamlamp**, '**wolframlamp** *v* (-en) tungsten filament lamp

'**wolfsangel** *m* (-s) trap (for wolves)

'**wolfshond** *m* (-en) wolf-dog, wolf-hound

'**wolfskers** *v* (-en) belladonna

'**wolfsklauw** *m & v* (-en) **1** eig wolf's claw; **2** ⟨plant⟩ club-moss

'**wolfsmelk** *v* ⟨plant⟩ spurge

'**wolfsvel** *o* (-len) wolfskin

'**Wolga** *v* Volga

'**wolgras** *o* cotton-grass

'**wolhaar** *o* woolly hair

'**wolhandel** *m* wool-trade

'**wolhandelaar** *m* (-s en -laren) wool-merchant

'**wolharig** *bn* woolly-haired

wolk *v* (-en) cloud; *een* ~ *van insecten* a cloud of insects; *een* ~ *van een jongen, meid* a bouncing boy, girl; *er lag een* ~ *op zijn voorhoofd* there was a cloud on his brow; *hij is in de* ~*en* he is beside himself with joy, he walks on air, he is on cloud seven; *iem. tot in de* ~*en verheffen* extol sbd. to the skies

'**wolkaarder** *m* (-s) wool-carder

'**wolkbreuk** *v* (-en) cloud-burst, torrential rain

'**wolkeloos** *bn* cloudless, clear [sky]

'**wolkenbank** *v* (-en) cloud bank

'**wolkendek** *o* cloud cover, blanket of clouds

'**wolkenkrabber** *m* (-s) skyscraper

'**wolkenveld** *o* (-en) cloud cover, mass of clouds

'**wolkig** *bn* cloudy, clouded

'**wolkje** *o* (-s) cloudlet [in the sky]; *een* ~ *melk* a drop of milk; *er is geen* ~ *aan de lucht* there is not a cloud in the sky[2]

'**wolkoper** *m* (-s) wool-merchant

'**wollegras** *o* = *wolgras*

'**wollen** *bn* woollen; ~ *goederen* woollens

'**wollengoed** *o* **1** ⟨kleren⟩ woollen things; **2** ⟨goederen⟩ woollens

'**wolletje** *o* (-s) ⟨hemdje⟩ woolly

'**wollig** *bn* woolly

'**wolligheid** *v* woolliness

'**wolmerk** *o* (-en) wool mark

wolspinne'rij *v* (-en) wool mill

'**wolvee** *o* wool-producing cattle

'**wolvenaard** *m* wolfish nature

'**wolvenjacht** *v* wolf-hunting

'**wolvenvel** *o* (-len) wolfskin

'**wolverver** *m* (-s) wool-dyer

wolverve'rij *v* **1** ⟨het verven⟩ wool-dyeing; **2** (-en) ⟨bep. bedrijf⟩ dye-works

wol'vin *v* (-nen) she-wolf

'**wolwever** *m* (-s) wool-weaver

'**wolzak** *m* (-ken) woolsack

won (wonnen) V.T. van *winnen*

1 wond *bn* sore; *de* ~*e plek* the sore spot

2 wond *v* (-en) wound; *oude* ~*en openrijten* rip up (reopen) old sores; *diepe* ~*en slaan* inflict deep wounds

3 wond (wonden) V.T. van *winden*

'**wonden** (wondde, h. gewond) *overg* wound, injure, hurt

'**wonder** o (-en) wonder, miracle, marvel, prodigy; *de ~en in de Bijbel* the miracles in the Bible; *~en van dapperheid* prodigies of valour; *een ~ van geleerdheid* a prodigy of learning; *de zeven ~en van de wereld* the seven wonders of the world; *de ~en zijn de wereld nog niet uit* wonders will never cease; live and learn; *(het is) geen ~ dat...* (it is) no wonder that..., small wonder that...; *~en doen* work wonders, perform miracles; *en ~ boven ~, hij...* miracle of miracles, he..., and for a wonder, he...

'**wonderbaar** bn **1** ⟨door een wonder⟩ miraculous; **2** ⟨merkwaardig⟩ strange

wonder'baarlijk I bn miraculous, marvellous; **II** bijw miraculously, marvellously

wonder'baarlijkheid v (-heden) marvellousness

'**wonderbeeld** o (-en) miraculous image

'**wonderdaad** v (-daden) miracle

wonder'dadig bn miraculous

'**wonderdier** o (-en) prodigy, monster

'**wonderdoener** m (-s) wonder-worker

'**wonderdokter** m (-s) quack (doctor)

'**wonderkind** o (-eren) wonder-child, child prodigy, infant prodigy

'**wonderkracht** v miraculous power

'**wonderlijk** bn strange

'**wonderlijkheid** v (-heden) strangeness

'**wondermacht** v miraculous power

'**wondermens** o (-en) human wonder, prodigy

'**wondermiddel** o (-en) wonderful remedy

'**wonderolie** v castor-oil

'**wonderschoon** bn most beautiful, absolutely beautiful

'**wonderteam** o (-s) star team

'**wonderteken** o (-s en -en) miraculous sign

'**wonderwel** bijw to a miracle

'**wonderwerk** o (-en) miracle

'**wondkoorts** v (-en) wound-fever, traumatic fever

'**wondroos** v erysipelas

'**wonen** (woonde, h. gewoond) onoverg live, reside, dwell; *hij woont bij ons* he lives in our house (with us); *in de stad ~* live in town; *op kamers ~* zie: *kamer*; *op het land ~* live in the country; *vrij ~ hebben* live rent-free, have free housing

'**woning** v (-en) house, dwelling, residence, plechtig mansion

'**woningbouw** m house-building, house construction, housing

'**woningbouwvereniging** v (-en) housing association

'**woningbureau** o (-s) house-agent's office

'**woninggids** m (-en) directory

'**woninginrichting** v furnishings, appointments

'**woningnood** m housing shortage

'**woningruil** m exchange of houses

'**woningtekort** o housing shortage

'**woningtextiel** m & o décor fabrics

'**woningvraagstuk** o housing problem

'**woningwet** v housing act

'**woningwetwoning** v (-en) ± council house

woning'zoekende m-v (-n) house-hunter, home-seeker, person looking for accommodation

'**wonnen** V.T. meerv. van *winnen*

woof (woven) gemeenz V.T. van *wuiven*

woog (wogen) V.T. van *wegen*

woon'achtig bn resident, living

'**woonark** v (-en), '**woonboot** m & v (-boten) houseboat

'**woonerf** o (-erven) ± residential area (neighbourhood) (where vehicles must drive slowly)

'**woongemeenschap** v (-pen) commune

'**woonhuis** o (-huizen) dwelling-house

'**woonkamer** v (-s) sitting-room, living-room

'**woonkazerne** v (-s) tenement-house

'**woonkeuken** v (-s) kitchen-cum-livingroom

'**woonlaag** v (-lagen) storey

'**woonlasten** mv living expenses

'**woonplaats** v (-en) **1** ⟨v. personen⟩ dwelling-place, home, residence, domicile; **2** biol habitat

'**woonruimte** v (-n) housing accommodation, living accommodation, living space

'**woonschip** o (-schepen), '**woonschuit** v (-en) house-boat

'**woonstede**, '**woonstee** v (-steden) home

'**woonvergunning** v (-en) residence permit

'**woonvertrek** o (-ken) = *woonkamer*

'**woonwagen** m (-s) caravan

'**woonwagenkamp** o (-en) **1** ⟨in 't alg.⟩ caravan camp; **2** ⟨van zigeuners⟩ gipsy camp

woon-'werkverkeer o commuter traffic

'**woonwijk** v (-en) **1** ⟨in 't alg.⟩ housing estate; **2** ⟨deftig⟩ residential quarter (district)

woord o (-en) word, term; *grote ~en* big words; *hoge ~en* high words; *het hoge ~ is er uit* at last the truth is out; *het hoge ~ kwam er uit* he owned up; *een vies ~* a dirty word²; *het W~ (Gods)* God's Word, the Word (of God); *het W~ is vlees geworden* bijbel the Word was made flesh; *hier past een ~ van dank aan...* thanks are due to...; *~en en daden* words and deeds; *geen ~ meer!* not another word!; *er is geen ~ van waar* there is not a word of truth in it; *zijn ~ breken* break one's word; *een ~ van lof brengen aan...* pay a tribute to...; *het ~ doen* act as spokesman; *hij kan heel goed zijn ~(je) doen* he is never at a loss what to say, he has the gift of the gab; *een goed ~ voor iem. doen bij...* put in a word for sbd. with...; *iem. het ~ geven* call upon sbd. to speak (to say a few words); *(iem.) zijn ~ geven* give (sbd.) one's word; *het ene ~ haalt het andere uit, van het ene ~ komt het andere* one word leads to another; *het ~ hebben* be speaking; be on one's feet, have the floor; *het ~ alléén hebben* have all the talk to oneself; *ik zou graag het ~ hebben* I should like to say a word; *~en met iem. hebben* have words with sbd.; *het hoogste ~ hebben* do most of the talking; *hij wil het laatste ~ hebben* he wants to have the last word; *(zijn) ~ houden* keep one's word, be as good as one's word; *het ~ vrees & kent hij niet* fear & is a word that has no place in his vocabulary; *het ~ krijgen* zie: *aan het ~ komen*; *men kon er geen ~ tussen krijgen* you could not get in a word; *ik kan geen ~ uit hem krijgen* I cannot get a word out of him; *~en krijgen met iem.* come to words with sbd.; *het ~ nemen* begin to speak, rise, take the floor; *hem het ~ ontnemen* ask the speaker to sit down; *het ~ richten tot iem.* address sbd.; *hij kon geen ~ uitbrengen* he could not bring out a word; *men kon zijn eigen ~en niet verstaan* you couldn't hear your own words; *ik kan geen ~ vinden om...* I have no words to...; *words fail me to...*; *de daad bij het ~ voegen* suit the action to the word; *het ~ voeren* act as spokesman; *de heer Arnesen zal het ~ voeren* Mr Arnesen will speak; *een hoog ~ voeren* talk big; *het ~ vragen* **1** ask leave to speak; **2** try to catch the Speaker's eye; *wenst iem. het ~?* does any one desire to address the meeting?; *geen ~ zeggen* not say a word; *ik heb er geen ~ in te zeggen* I have no say in the matter; *het ~ is aan u* the word is with you; *het ~ is nu aan onze tegenstander* it is for our antagonist to speak now; *wie is aan het ~?* who is speaking; *iem. aan zijn woord houden* take sbd. at his word; *ik kon niet aan het ~ komen* **1** I could not get in a word; **2** I could not get the Speaker's eye; *in één woord* in a word, in one word; *de oorlog in ~ en beeld* the war in words and pictures; *met andere ~en* in other words; *hetzelfde met andere ~en* the same thing though differently worded; *met deze ~en* with these words; *met een paar ~en* in a few words; *met zoveel ~en* in so many words; *iets onder ~en brengen* put sth. into words; *op dat ~* on the word, with the word; *iem. op zijn ~ geloven* take sbd.'s word for it; *op mijn ~ (van eer)* upon my word (of honour); *iem. te ~ staan* give sbd. a hearing, listen to sbd.; *~ voor ~ [repeat]* word by (for) word, verbatim; *~en wekken, voorbeelden trekken* example is better than precept; zie ook: *woordje*

'woordaccent *o* (-en) word stress, word accent
'woordafleiding *v* (-en) etymology
'woordbeeld *o* (-en) word picture
'woordblind *bn* word-blind, dyslexic
'woordbreker *m* (-s) promise-breaker
'woordbreuk *v* breach of promise (faith)
'woordelijk I *bn* **1** (in 't alg.) verbal, literal; **2** verbatim [report]; **II** *bijw* verbally, literally, word for word, verbatim
'woordenboek *o* (-en) dictionary, lexicon
'woordenkraam *v* verbiage, verbosity
'woordenlijst *v* (-en) word-list, vocabulary
'woordenpraal *v* pomp of words, bombast
'woordenrijk *bn* **1** (rijk aan woorden) rich in words; **2** (welbespraakt) wordy, verbose, voluble [speaker]
'woordenrijkheid *v* **1** *eig* wealth of words; **2** (welbespraaktheid) flow of words, wordiness, verbosity, volubility

'woordenschat *m* stock of words, vocabulary
'woordenspel *o* play upon words, pun
'woordenstrijd, **'woordentwist** *m* verbal dispute, altercation
'woordenvloed *m* (-en) flow (torrent) of words
'woordenwisseling *v* (-en) altercation, dispute
'woordenzifter *m* (-s) word-catcher, verbalist
woordenzifte'rij *v* (-en) word-catching, verbalism
'woordje *o* (-s) (little) word; *een ~, alstublieft!* just a word, please!; *doe een goed ~ voor me* put in a good word for me; *een ~ meespreken* put in a word
'woordkeus *v* choice of words
'woordkunst *v* (art of) word-painting
'woordkunstenaar *m* (-s) artist in words
'woordmerk *o* (-en) brand name
'woordontleding *v* (-en) parsing
'woordorde, **'woordschikking** *v* order of words, word-order
'woordsoort *v* (-en) part of speech
'woordspeling *v* (-en) play (up)on words; pun; *~en maken* pun
'woordverdraaier *m* (-s) perverter of words
'woordverdraaiing *v* (-en) perversion of words
'woordvoerder *m* (-s) spokesman, mouthpiece
'woordvorming *v* formation of words, word formation
'worden (werd, is geworden) *onoverg* become, get, go, grow, turn, fall; *arm ~* become poor; *bleek ~* turn pale; *blind ~* go blind; *dronken ~* get drunk; *gek ~* go mad; *hij is gisteren (vandaag) 80 geworden* he was eighty yesterday (he is eighty to-day); *hij is bijna honderd jaar geworden* he lived to be nearly a hundred; *nijdig ~* get angry; *oud ~* grow old; *soldaat ~* become a soldier; *hij zal een goed soldaat ~* he will make a good soldier; *wat wil je later ~?* what do you want to be when you grow up?; *ijs wordt water* ice turns into water; *ziek ~* be taken ill, fall ill; *wanneer het lente wordt* when spring comes; *het wordt morgen een week* tomorrow it will be a week; *wat is er van hem geworden?* what has become of him?; *er zal gedanst ~* there is to be dancing
'wording *v* origin, genesis; *in ~ zijn* be in process of formation
'wordingsgeschiedenis *v* genesis
'worgband *m* (-en) choke chain
'worgen (worgde, h. geworgd) *overg* = *wurgen*
'worger *m* (-s) = *wurger*
'worggreep *m* (-grepen) stranglehold
'worging *v* = *wurging*
worm *m* (-en) **1** (in 't alg.) worm; **2** (made) grub, maggot
'wormachtig *bn* wormy, vermicular
'wormig *bn* wormy, worm-eaten
'wormmiddel *o* (-en) vermifuge
'wormpje *o* (-s) small worm, vermicule
worm'stekig *bn* worm-eaten, wormy
'wormstekigheid *v* worm-eaten condition
'wormverdrijvend *bn* vermifuge

'**wormvormig** *bn* vermiform [appendix]
worp *m* (-en) **1** throw [of dice &]; **2** litter [of pigs]
worst *v* (-en) sausage; *het zal mij ~ wezen!* ⟨het kan mij niets schelen⟩ I couldn't care less
'**worstelaar** *m* (-s en -laren) wrestler
'**worstelen** (worstelde, h. geworsteld) **I** *onoverg* wrestle; *~ met* wrestle with², fig struggle with, grapple with; *tegen de wind ~* struggle with the wind; **II** *o: vrij ~* catch-as-catch-can, all-in wrestling
'**worsteling** *v* (-en) wrestling², wrestle; fig struggle
'**worstelperk** *o* (-en) ring, arena
'**worstelstrijd** *m* struggle
'**worstelwedstrijd** *m* (-en) wrestling-match
'**worstenbroodje** *o* (-s) sausage-roll
'**worstmachine** *v* (-s) sausage-machine
'**wortel** *m* (-s en -en) **1** root² ⟨v. plant & fig⟩; **2** ⟨peen⟩ carrot; **3** ⟨v. getal⟩ root; *gele ~* carrot; *witte ~* parsnip; *~ schieten* take (strike) root²; *~ trekken* extract the root of a number; *met ~ en tak uitroeien* root out, cut up root and branch
'**wortelboom** *m* (-bomen) mangrove
'**wortelen** (wortelde, h. en is geworteld) *onoverg* take root; *~ in* fig be rooted in
'**wortelgetal** *o* (-len) root (number)
'**wortelgewas** *o* (-sen) root crop
'**wortelgrootheid** *v* (-heden) radical quantity
'**wortelharen** *mv* fibrils
'**wortelhout** *o* root-wood
'**wortelkiem** *v* (-en) radicle
'**wortelknol** *m* (-len) tuber
'**wortelnoten** *bn* walnut [table]
'**wortelnotenhout** *o* figured walnut
'**wortelstelsel** *o* (-s) root-system, rootage
'**wortelstok** *m* (-ken) root-stock, rhizome
'**wortelteken** *o* (-s) radical sign
'**worteltje** *o* (-s) **1** ⟨kleine wortel⟩ rootlet, radicle; **2** *~s* ⟨voedsel⟩ carrots
'**worteltrekken** *o* extraction of the root
'**worteltrekking** *v* (-en) extraction of roots
'**wortelvezel** *v* (-s) root-fibre, fibril
'**wortelwoord** *o* (-en) root-word, radical (word)
wou (wouen) V.T. van *willen*
woud *o* (-en) forest
'**woudduif** *v* (-duiven) wood-pigeon
'**woudduivel** *m* (-s) mandrill
'**woudezel** *m* (-s) wild ass, onager
'**woudloper** *m* (-s) hist coureur de(s) bois [French trapper in Canada]
'**woudreus** *m* (-reuzen) giant of the forest
'**wouen** gemeenz V.T. meerv. van *willen*
1 wouw *m* (-en) ⟨vogel⟩ kite
2 wouw *v* (-en) ⟨plant⟩ weld
'**woven** gemeenz V.T. meerv. van *wuiven*
wraak *v* revenge, vengeance; *de ~ is zoet* sweet is revenge; *zijn ~ koelen* wreak one's vengeance; *~ nemen op* take revenge on, revenge oneself on, be revenged on; *~ nemen over iets* take revenge [on

sbd.] for sth.; *~ oefenen* take revenge; *~ zweren* swear vengeance; *om ~ roepen* cry for vengeance; *uit ~* in revenge
'**wraakactie** *v* (-s) act of revenge
'**wraakbaar** *bn* **1** recht challengeable [witness]; **2** ⟨laakbaar⟩ blamable
'**wraakgevoelens** *mv* vindictive feelings
wraak'gierig *bn* vindictive, revengeful
wraak'gierigheid *v* vindictiveness, revengefulness, thirst for revenge
'**wraakgodin** *v* (-nen) avenging goddess; *de ~nen* the Furies
'**wraaklust** *m* = wraakgierigheid
'**wraakneming**, '**wraakoefening** *v* (-en) retaliation, (act of) revenge
'**wraakzucht** *v* = wraakgierigheid
wraak'zuchtig *bn* = wraakgierig
1 wrak *bn* ⟨beschadigd⟩ crazy, unsound, rickety
2 wrak *o* (-ken) wreck²
'**wraken** (wraakte, h. gewraakt) *overg* **1** challenge, rule out of court [a witness]; **2** denounce [abuses &]
'**wrakgoederen** *mv* wreck, wreckage, flotsam and jetsam
'**wrakheid** *v* craziness, unsound condition, ricketiness
'**wrakhout** *o* wreckage
'**wraking** *v* (-en) recht challenge
'**wrakkig** *bn* broken down, rickety
'**wrakstuk** *o* (-ken) (piece of) wreckage
wrang *bn* sour, acid, tart, harsh [in the mouth]; *de ~e vruchten van zijn luiheid* the bitter fruit of his idleness
'**wrangheid** *v* sourness, acidity, tartness, harshness
wrat *v* (-ten) wart
'**wratachtig** *bn* warty
wreed I *bn* cruel, ferocious; grim [scenes]; **II** *bijw* cruelly
'**wreedaard** *m* (-s) cruel man
wreed'aardig *bn* (& *bijw*) cruel(ly)
'**wreedheid** *v* (-heden) cruelty, ferocity
1 wreef *v* (wreven) instep
2 wreef (wreven) V.T. v. *wreef*
'**wreekster** *v* (-s) avenger, revenger
'**wreken** (wreekte, h. gewroken) **I** *overg* revenge, avenge; **II** *wederk: zich ~* revenge oneself, avenge oneself, be avenged; *het zal zich wel ~* it is sure to avenge itself; *zich ~ op* revenge oneself (up)on; *zich ~ over... op...* revenge oneself for... (up)on...
'**wreker** *m* (-s) avenger, revenger
'**wrevel I** *m* **1** ⟨ontstemdheid⟩ resentment, spite; **2** ⟨knorrigheid⟩ peevishness; **II** *bn bijw* = wrevelig
'**wrevelig I** *bn* **1** ⟨ontstemd⟩ resentful; **2** ⟨knorrig⟩ peevish, crusty, testy; **II** *bijw* **1** ⟨ontstemd⟩ resentfully; **2** ⟨knorrig⟩ peevishly, crustily, testily
'**wreveligheid** *v* **1** ⟨ontstemdheid⟩ resentment, spite; **2** ⟨knorrigheid⟩ peevishness, crustiness, testiness

'**wreven** V.T. meerv. v. *wrijven*

'**wriemelen** (wriemelde, h. gewriemeld) *onoverg*
1 ⟨kronkelen⟩ wriggle; 2 ⟨peuteren⟩ fiddle

'**wrijfdoek** (-en), '**wrijflap** *m* (-pen) rubbing
cloth, polishing cloth

'**wrijfhout** *o* (-en) scheepv fender

'**wrijfpaal** *m* (-palen) 1 *eig* rubbing-post; 2 *fig* butt

'**wrijfsteen** *m* (-stenen) rubbing-stone

'**wrijfwas** *m & o* beeswax

'**wrijven** (wreef, h. gewreven) I *overg* 1 rub [chairs
&, things against each other]; 2 ⟨fijn~⟩ bray; *het ~
over...* rub it over; *ze tegen elkaar ~* rub them together; *het tot poeder ~* rub it to powder; *zich de
handen (de ogen) ~* rub one's hands (one's eyes); II
onoverg rub; *~ tegen iets* rub (up) against something

'**wrijver** *m* (-s) rubber

'**wrijving** *v* (-en) rubbing, friction[2]; *de ~ tussen hen*
the friction between them

'**wrijvingselektriciteit** *v* frictional elektricity

'**wrijvingshoek** *m* (-en) angle of friction

'**wrikken** (wrikte, h. gewrikt) I *onoverg* jerk [at
sth.]; II *overg* scheepv scul[1]

'**wrikriem** *m* (-en) scull

'**wringen** (wrong, h. gewrongen) I *overg* 1 wring
[one's hands]; 2 wring out, wring [wet clothes];
iem. iets uit de handen ~ wrest sth. from sbd.; *daar
wringt de schoen* that's where the shoe pinches; II
wederk: zich ~ twist oneself; *zich ~ als een worm*
writhe like a worm; *zich door een opening ~* worm
oneself through a gap; *zich in allerlei bochten ~*
wriggle, twist and turn; *zich in allerlei bochten ~ van
pijn* writhe with pain

'**wringer** *m* (-s) wringer

'**wringing** *v* wringing, twisting, twist

'**wrochten** (wrochtte, h. gewrocht) *overg* vero work

'**wroeging** *v* (-en) remorse, compunction, contrition

'**wroeten** (wroette, h. gewroet) I *onoverg* 1 root,
rout [= turn up the earth]; 2 grub[2] [in the earth, fig
for a livelihood]; 3 ZN ⟨zwoegen⟩ toil, drudge; *in de
grond ~* root (rout) up the earth; II *overg: een gat in
de grond ~* burrow a hole

'**wroeter** *m* (-s) ZN ⟨zwoeger⟩ toiler, drudger

wrok *m* grudge, rancour, resentment; *een ~ tegen
iem. hebben* (jegens iem. koesteren) bear (owe) sbd. a
grudge, have a spite against sbd., bear sbd. ill-will;
geen ~ koesteren bear no malice

'**wrokken** (wrokte, h. gewrokt) *onoverg* chafe, sulk;
~ over chafe at; *~ tegen* have a spite against [him]

'**wrokkig** *bn* rancorous

1 **wrong** *m* (-en) ⟨v. haar⟩ coil

2 **wrong** (**wrongen**) V.T. van *wringen*

'**wrongel** *v* curdled milk, curds

'**wrongen** V.T. meerv. v. *wringen*

wsch. *afk. = waarschijnlijk*

wuft I *bn* fickle, frivolous; II *bijw* frivolously

'**wuftheid** *v* (-heden) fickleness, frivolity

'**wuiven** (wuifde *of* woof, h. gewuifd *of* gewoven)
onoverg wave; *~ met de hand* wave one's hand

wulp *m* (-en) curlew

wulps *bn* wanton, lascivious, lewd, voluptuous
[nude]

'**wulpsheid** *v* (-heden) wantonness, lasciviousness,
lewdness, voluptuousness

'**wurgen** (wurgde, h. gewurgd) *overg* strangle, throttle; *~de greep* stranglehold

'**wurger** *m* (-s) strangler

'**wurging** *v* strangulation

'**wurgstokjes** *mv* nunchakus

wurm (-en) 1 *m* worm; 2 *o: het ~* the poor mite

'**wurmen** (wurmde, h. gewurmd) I *onoverg* worm,
wriggle; II *wederk: zich er uit ~* wriggle out of it

W.v.K. *afk. = Wetboek van Koophandel*; zie: *wetboek*

W.v.Str. *afk. = Wetboek van Strafrecht*; zie: *wetboek*

WW *v* 1 *Werkloosheidswet* Unemployment Insurance Act; *in de ~ lopen* be on unemployment benefit; gemeenz be on the dole; 2 *Wegenwacht* Br AA
(Automobile Association), Am AAA (American Automobile Association)

WW-uitkering *v* (-en) unemployment benefit,
(unemployment) dole

X

x *v* ('en) x
Xan'tippe, **xan'tippe** *v* (-s) Xanthippe[2]
'x-as *v* (-sen) x-axis
'x-benen *mv* turned-in (knock-kneed) legs; *iem. met*
~ a knock-kneed person
xenofo'bie *v* xenophobia
xylo'foon *m* (-s en -fonen) xylophone

Y

y *v* ('s) y
'yamswortel *m* (-s) yam
'yankee *m* (-s) vaak geringsch, Br Yankee; Am
  American
'y-as *v* (-sen) y-axis
yen *m* (-s) yen
'yoga *v* yoga
'yoghurt *m* yog(h)urt
'yogi *m* ('s) yogi

Z

z *v* ('s) z
Z. *afk.* = *zuid*
z.a. *afk. zie aldaar* which see
zaad *o* (zaden) **1** seed[2] [of plants &, of strife, vice];
2 sperm [of mammalia]; *het ~ van Abraham* bijbel
the seed of Abraham; *het ~ der tweedracht* the
seed(s) of dissension (of discord); *in het ~ schieten*
run (go) to seed; *op zwart ~ zitten* be hard up
'zaadbakje *o* (-s) seed-box [of a bird-cage]
'zaadbal *m* (-len) testicle
'zaadbed *o* (-den) seed-bed
'zaadcel *v* (-len) **1** ⟨v. mens, dier⟩ sperm cell; **2** ⟨v.
plant⟩ germ cell
'zaaddodend *bn* spermicidal; *~e pasta* spermicidal
jelly
'zaaddoos *v* (-dozen) capsule
'zaadhandel *m* seed-trade
'zaadhandelaar *m* (-s en -laren) seedsman
'zaadhuid *v* (-en) seed-coat
'zaadkiem *v* (-en) germ
'zaadkorrel *m* (-s) grain of seed
'zaadlob *v* (-ben) seed-lobe, cotyledon
'zaadloos *bn* seedless
'zaadlozing *v* (-en) ejaculation (of semen)
'zaadmonster *o* (-s) seed-sample
'zaadrok *m* (-ken) tunic
'zaadstreng *v* (-en) spermatic cord, funiculus
'zaadteelt *v* seed-growing
'zaadveredeling *v* seed-improvement
'zaadvlies *o* (-vliezen) tunic
zaag *v* (zagen) **1** ⟨gereedschap⟩ saw; **2** ⟨mens⟩ bore
'zaagblad *o* (-bladen) saw-blade
'zaagbok *m* (-ken) trestle, saw-horse
'zaagmachine *v* (-s) sawing-machine
'zaagmeel *o* sawdust
'zaagmolen *m* (-s) saw-mill
'zaagsel *o* sawdust
'zaagsnede *v* (-n) kerf; *mes met ~* serrated knife
'zaagtand *m* (-en) tooth of a saw
'zaagvijl *v* (-en) saw-file
'zaagvis *m* (-sen) sawfish
'zaagvormig *bn* saw-shaped, serrate(d)
'zaaibed *o* (-den) seed-bed
'zaaien (zaaide, h. gezaaid) *overg* sow[2]; *wat gij zaait*
zult gij oogsten you must reap what you have sown
'zaaier *m* (-s) sower
'zaaigoed *o* seeds for sowing
'zaaigraan *o* seed-corn
'zaaiing *v* sowing
'zaaikoren *o* seed-corn
'zaailand *o* (-en) sowing-land

'zaailing *m* (-en) seedling
'zaaimachine *v* (-s) sowing-machine
'zaaisel *o* (-s) seed (sown)
'zaaitijd *m* (-en) sowing-time, sowing-season
'zaaizaad *o* (-zaden) seed for sowing
zaak *v* (zaken) **1** ⟨ding⟩ thing; **2** ⟨aangelegenheid⟩
business, affair, matter, concern, cause; **3** recht
case, (law)suit; **4** ⟨bedrijf⟩ business, concern, trade;
zaken **1** ⟨koop en verkoop⟩ business; **2** ⟨onder-
nemingen⟩: *zijn twee zaken te Joplin* his two businesses at Joplin; *zaken zijn zaken* business is business; *gedane zaken nemen geen keer* what is done
cannot be undone, it's no use crying over spilt
milk; *de goede ~* the good cause; *de ~ is dat ik de ~*
niet vertrouw the fact is that I don't trust the thing;
dat is de hele ~ that is the whole matter; *het is ~ dat*
te bedenken it is essential for us to consider that; *dat*
is uw ~ that's your look-out; that's your affair; *het*
is mijn ~ niet it is not my business, it is no concern
of mine; *niet veel ~s* not much of a thing, not up to
much, not worth much; *(eens zien) hoe de zaken*
ervoor staan how things stand; *zoals de ~ nu staat* as
matters (things) stand at present; *een ~ beginnen*
start a business, set up in business, open a shop;
zaken doen do (carry on) business; *zaken doen met*
iem. do business (have dealings) with sbd.; *goede*
zaken doen do good business; do a good trade [in
ice-creams &]; *zijn advocaat de ~ in handen geven*
place the matter in the hands of one's solicitor;
gemene ~ maken met... make common cause with;
er een ~ van maken recht take proceedings; *hoe staat*
het met de zaken? how's things?; *ter zake!* to the
point!; *dat doet niet(s) ter zake* that is irrelevant, beside the point, that is neither here nor there; *laat*
ons ter zake komen let us come (get) to business (to
the point); *ter zake van...* on account of...; zie ook:
inzake; hij is uit de ~ he has retired from business;
voor een goede ~ in a good cause; *voor zaken op reis*
away on business
'zaakbezorger *m* (-s) man of business, solicitor,
agent, proxy
'zaakgelastigde *m-v* (-n) agent, proxy; [diplo-
matic] chargé d'affaires
'zaakkennis *v* (expert) knowledge of a subject,
practical knowledge
zaak'kundig *bn* expert
'zaakpapieren *mv* ZN (official) papers, documents
'zaakregister *o* (-s) subject-index
'zaakvoerder *m* (-s) ZN (branch) manager
'zaakwaarnemer *m* (-s) solicitor
zaal *v* (zalen) **1** ⟨in 't alg.⟩ hall, room; **2** ward [in
hospital]; **3** auditorium [of a theatre]; *een volle ~* a
full house [of theatre &]
'zaalsport *v* (-en) indoor sport, indoor game
'zaalvoetbal *o* indoor football
'zaalwachter *m* (-s) attendant, custodian [in a mu-
seum]
'zabbelen (zabbelde, h. gezabbeld) *onoverg* = *sabbe-*

len

Zacha′rias *m* Zachariah, Zachary

zacht I *bn* **1** ⟨niet hard⟩ eig soft [bed, cushion, bread, butter, fruit, palate, steel]; fig gentle [rebuke, treatment]; mild [punishment]; **2** ⟨niet ruw⟩ eig soft, smooth [skin]; fig soft, mild [weather]; mild [climate]; **3** ⟨niet luid⟩ soft [whispers, music, murmurs]; low [voice]; gentle [knock]; mellow [tones]; **4** ⟨niet hevig⟩ soft [rain]; gentle [breeze]; slow [fire]; **5** ⟨niet streng⟩ soft, mild [winter]; **6** ⟨niet schel⟩ soft [hues]; **7** ⟨niet scherp⟩ soft [air, letters, water, wine]; **8** ⟨niet geprononceerd⟩ gentle [slope]; **9** ⟨niet drastisch⟩ mild, gentle [medicine]; **10** ⟨niet pijnlijk⟩ easy [death]; ~ *van aard* of a gentle disposition, gentle; *zo* ~ *als een lammetje* as gentle (meek) as a lamb; **II** *bijw* softly &; ~ *wat!* gently!; ~ *spreken* speak below (under) one's breath, whisper; ~*er spreken* lower (drop) one's voice; *ze hadden de radio* ~ *aanstaan* they had the radio turned on low; *de radio* ~*er zetten* turn down the radio; *op zijn* ~*st gezegd* to put it mildly, to say the least (of it)

zacht′aardig *bn* gentle, mild

zacht′aardigheid *v* gentleness, mildness

′zachtboard *o* softboard

′zachtgekookt *bn* soft-boiled

′zachtheid *v* softness, smoothness &

′zachtjes *bijw* softly, gently; in a low voice; ~*!* hush!

zachtjes′aan *bijw* slowly, zie ook: *zoetjesaan*

zacht′moedig I *bn* gentle, meek; **II** *bijw* gently, meekly

zacht′moedigheid *v* gentleness, meekness

′zachtwerkend *bn* mild

zacht′zinnig I *bn* gentle, meek; **II** *bijw* gently, meekly

zacht′zinnigheid *v* gentleness, meekness

′zadel *o & m* (-s) saddle; *iem. in het* ~ *helpen* help sbd. into the saddle, give sbd. a leg up[2]; *in het* ~ *springen* vault into the saddle; *in het* ~ *zitten* be in the saddle; *vast in het* ~ *zitten* have a firm seat; *uit het* ~ *lichten (werpen)* **1** eig unseat (unhorse); **2** fig oust

′zadelboog *m* (-bogen) saddlebow

′zadeldak *o* (-daken) saddle(back) roof

′zadeldek *o* (-ken) saddle-cloth

′zadelen (zadelde, h. gezadeld) *overg* saddle

′zadelkleed *o* (-kleden) saddle-cloth

′zadelknop *m* (-pen) pommel

′zadelkussen *o* (-s) saddle-cushion, pillion

′zadelmaker *m* (-s) saddler

zadelmake′rij *v* **1** (-en) ⟨bep. bedrijf⟩ saddler's shop; **2** ⟨het zadelmaken⟩ saddlery

′zadelpijn *v* saddle-soreness; ~ *hebben* be saddle-sore

′zadelriem *m* (-en) (saddle-)girth

′zadelrug *m* (-gen) saddle-back; *met een* ~ saddle-backed

′zadeltas *v* (-sen) saddle-bag°

′zadelvast *bn* saddlefast, firmly seated (in the saddle); ~ *zijn* have a firm seat[2]

′zadelvormig *bn* saddle-shaped

zag (zagen) V.T. van *zien*

1 ′zagen (zaagde, h. gezaagd) **I** *overg* saw; **II** *onoverg* scrape [on a violin]; zie ook: *zaniken*

2 ′zagen V.T. meerv. van *zien*

′zager *m* (-s) **1** ⟨die hout zaagt⟩ sawyer; **2** scraper [on a violin]; **3** ⟨vervelend mens⟩ bore

zage′rij *v* **1** ⟨het zagen⟩ sawing; **2** (-en) ⟨bep. bedrijf⟩ saw-mill

Za′ïre *o* Zaïre

Zaï′rees *bn* & *m* (-rezen) Zaïrean

zak *m* (-ken) **1** bag [for money &]; sack [for corn, coal, potatoes, wool &]; **2** ⟨aan kledingstuk⟩ pocket; **3** ⟨kleiner, ook buidel⟩ pouch [for tobacco]; **4** ⟨v. papier⟩ bag; **5** bilj pocket; **6** ⟨scheldwoord⟩ = *klootzak*; **7** ⟨balzak⟩ med scrotum, gemeenz balls; *geen* ~ gemeenz nothing; *hij weet er geen* ~ *van* gemeenz he knows nothing about it, he hasn't a clue; *het kan hem geen* ~ *schelen* gemeenz he doesn't care a rap (a fig); *de* ~ *geven (krijgen)* gemeenz give (get) the sack; *in* ~*ken doen* bag, sack; *in eigen* ~ *steken* pocket [the ~ profit]; *steek het in je* ~ put it in your pocket; *steek die in je* ~ put that in your pipe and smoke it; *iem. in zijn* ~ *kunnen steken* be more than a match for sbd., run rings around sbd.; *in* ~ *en as zitten* be in sackcloth and ashes; *ik heb niets op* ~ I have no money with me (about me); *met geen (zonder een) cent op* ~ penniless; *uit eigen* ~ *betalen* pay out of one's own pocket

′zakagenda *v* (′s) pocket-diary

′zakalmanak *m* (-ken) pocket-almanac

′zakbijbeltje *o* (-s) pocket-bible

′zakboekje *o* (-s) **1** ⟨in 't alg.⟩ notebook; **2** mil paybook

′zakcentje *o* (-s) pocket money; *hij heeft een aardig* ~ *verdiend* he earned quite a bit of pocket money

′zakdoek *m* (-en) (pocket-)handkerchief; ~*je leggen* drop the handkerchief

′zake: *ter* ~ zie: *zaak*

′zakelijk I *bn* **1** essential [differences]; **2** real [tax]; **3** matter-of-fact [statement &]; **4** objective [judgment]; **5** business-like [management]; *een* ~*e aangelegenheid* a matter of business; ~*e belangen* business interests; ~*e inhoud* sum and substance, gist; ~ *onderpand* collateral security; ~ *blijven (zijn)* keep to the point, not indulge in personalities; **II** *bijw* in a matter-of-fact way, without indulging in personalities, objectively; in a business-like way

′zakelijkheid *v* business-like character; objectivity

′zakenbrief *m* (-brieven) business letter

′zakenkabinet *o* (-ten) caretaker government

′zakenleven *o* business, business life; *het* ~ *ingaan* go into business, become a businessman

′zakenman *m* (-lieden en -lui) businessman

′zakenreis *v* (-reizen) business tour, business trip

′zakenrelatie *v* (-s) business relation

'**zakenvriend** *m* (-en) business friend
'**zakenvrouw** *v* (-en) businesswoman
'**zakenwereld** *v* business world
'**zakenwijk** *v* (-en) business quarter
'**zakformaat** *o* pocket-size; *een... in* ~ a pocket...
'**zakgeld** *o* pocket-money
'**zakjapanner** *m* (-s) <u>schertsend</u> 〈zakrekenmachine〉 pocket calculator
'**zakje** *o* (-s) small pocket (bag, &); *met het* ~ *rondgaan* take up the collection [in church] zie ook: *duit*
'**zakkammetje** *o* (-s) pocket-comb
1 '**zakken** (zakte, is gezakt) *onoverg* **1** 〈barometer〉 fall; **2** 〈muur &〉 sag; **3** 〈water〉 fall; **4** 〈aandelen〉 fall; **5** 〈woede〉 subside; **6** 〈bij examens〉 fail, <u>gemeenz</u> be ploughed; **7** 〈bij zingen〉 go flat; *door het ijs* ~ go (fall) through the ice; *in de modder* ~ sink in the mud; *in elkaar* ~ collapse; ~ *voor* fail [one's driving test &]; *het gordijn laten* ~ let down the curtain; *het hoofd laten* ~ hang one's head; *een leerling laten* ~ fail [a pupil], <u>gemeenz</u> plough a pupil; *de moed laten* ~ lose courage, lose heart; *de stem laten* ~ lower one's voice; *zich laten* ~ let oneself down
2 '**zakken** (zakte, h. gezakt) *overg* 〈in zakken doen〉 bag, sack
'**zakkendrager** *m* (-s) porter
'**zakkengoed** *o* bagging
'**zakkenlinnen** *o* sackcloth, sacking
'**zakkenroller** *m* (-s) pickpocket
'**zakkenvuller** *m* (-s) profiteer
'**zaklantaarn**, '**zaklantaren** *v* (-s) electric torch
'**zaklopen** *o* sack-race
'**zakmes** *o* (-sen) pocket-knife, penknife
'**zakrekenmachine** *v* (-s) pocket calculator
'**zakspiegel** *m* (-s) pocket-mirror
'**zakuitgave** *v* (-n) pocket-edition
'**zakvol** *v* pocketful, bagful, sackful
'**zakvormig** *bn* sack-shaped, bag-shaped
'**zakwoordenboek** *o* (-en) pocket dictionary
zalf *v* (zalven) ointment, unguent, salve
'**zalfolie** *v* (-liën) anointing-oil
'**zalfpot** *m* (-ten) gallipot
'**zalig** *bn* **1** 〈in de hemel〉 blessed, blissful; **2** 〈heerlijk〉 lovely, heavenly, divine, delicious; ~ *maken* save [a sinner]; ~ *verklaren* <u>RK</u> beatify [a dead person], declare [him] blessed; *wat moet ik doen om* ~ *te worden?* what am I to do to be saved?; *het is* ~*er te geven dan te ontvangen* <u>bijbel</u> it is more blessed to give than to receive; *de* ~*en* the blessed
'**zaligen** (zaligde, h. gezaligd) *overg* <u>RK</u> beatify
'**zaliger** *bn* late, deceased; ~ *gedachtenis* of blessed memory; *mijn vader* ~ my late father, <u>gemeenz</u> my poor father, my sainted father
'**zaligheid** *v* (-heden) salvation, bliss, beatitude; *wat een* ~*!* how delightful!
'**zaligmakend** *bn* beatific, (soul-)saving
'**Zaligmaker** *m* Saviour
'**zaligmaking** *v* salvation
'**zaligsprekingen** *mv* <u>bijbel</u> beatitudes

'**zaligverklaring** *v* (-en) <u>RK</u> beatification
zalm *m* (-en) salmon
'**zalmforel** *v* (-len) salmon-trout
'**zalmkleurig** *bn* salmon(-coloured), salmon-pink
'**zalmteelt** *v* salmon-breeding
zalmvisse'rij *v* salmon-fishing
'**zalven** (zalfde, h. gezalfd) *overg* **1** <u>med</u> rub with ointment; **2** 〈ceremonieel〉 anoint
'**zalvend** **I** *bn* fig unctuous, oily, soapy [words &]; **II** *bijw* unctuously
'**zalving** *v* (-en) **1** 〈ceremonieel〉 anointing; **2** 〈geteem〉 unction, unctuousness
'**Zambia** *o* Zambia
Zambi'aan *m* (-bianen) Zambian
Zambi'aans *bn* Zambian
'**zamelen** (zamelde, h. gezameld) *overg* collect, gather
'**zamen**: *te* ~ together
zand *o* sand; *iem.* ~ *in de ogen strooien* throw dust in sbd.'s eyes; *op* ~ *bouwen* build on sand; ~ *erover!* let's forget it!, let bygones be bygones!
'**zandachtig** *bn* sandy
'**zandbak** *m* (-ken) sand-pit
'**zandbank** *v* (-en) sandbank; shallow, shoal [showing at low water]
'**zandberg** *m* (-en) sand-hill
'**zandblad** *o* (-bladen) sand-leaf [of tobacco]
'**zandduin** *m & o* (-en) sand-dune
'**zanden** (zandde, h. gezand) *overg* sand
'**zander** *m* (-s) 〈vis〉 pike-perch
'**zanderig** *bn* sandy, gritty
'**zanderigheid** *v* sandiness, grittiness
zande'rij *v* (-en), '**zandgroef**, '**zandgroeve** *v* (-groeven) sand-pit
'**zandgebak** *o* shortbread, shortcake
'**zandgrond** *m* (-en) sandy soil, sandy ground
'**zandhaas** *m* (-hazen) <u>gemeenz</u> infantryman
'**zandheuvel** *m* (-s) sand-hill
'**zandhoop** *m* (-hopen) heap of sand
'**zandhoos** *v* (-hozen) sand-spout
'**zandig** *bn* = zanderig
'**zandkever** *m* (-s) tiger-beetle
'**zandkoekje** *o* (-s) 〈kind of〉 shortbread
'**zandkorrel** *m* (-s) grain of sand; ~*s* ook: sands
'**zandkuil** *m* (-en) sand-pit
'**zandlaag** *v* (-lagen) layer of sand
'**zandlichaam** *o* sandy body [of a road]
'**zandloper** *m* (-s) hour-glass, sand-glass; zie ook: *strandloper* & *zandkever*
'**zandmannetje** *o* sandman
'**zandplaat** *v* (-platen) sand-bar, flat(s), shoal
'**zandruiter** *m* (-s) <u>schertsend</u> unseated horseman
'**zandschuit** *v* (-en) sand-barge
'**zandsteen** *o & m* sandstone
'**zandsteengroef**, '**zandsteengroeve** *v* (-groeven) sandstone quarry
'**zandstorm** *m* (-en) sand-storm
'**zandstraal** *m & v* (-stralen) sandblast

'**zandstralen** (zandstraalde, h. gezandstraald) *overg & abs ww* sandblast
'**zandstrand** *o* (-en) sandy beach
'**zandstrooier** *m* (-s) sand-box
'**zandtaart** *v* (-en) sand-cake
'**zandverstuiving** *v* (-en) sand-drift, shifting sand
'**zandvlakte** *v* (-n en -s) sandy plain
'**zandweg** *m* (-wegen) sandy road
'**zandwoestijn** *v* (-en) sandy desert
'**zandzak** *m* (-ken) sandbag
'**zandzee** *v* (-zeeën) sea of sand
'**zandzuiger** *m* (-s) suction-dredger
zang *m* (-en) **1** ⟨het zingen⟩ singing, song; **2** ⟨gezang, lied⟩ song; **3** ⟨in de poëzie⟩ stave [of a poem]; **4** canto [of a long poem]
'**Zangberg** *m: de* ~ Parnassus
'**zangboek** *o* (-en) book of songs, song-book
'**zangcursus** *m* (-sen) singing-class
'**zanger** *m* (-s) **1** ⟨die zingt⟩ singer, vocalist; **2** ⟨dichter⟩ singer, songster, bard, poet
zange'res *v* (-sen) (female) singer, vocalist
'**zangerig** *bn* melodious
'**zangerigheid** *v* melodiousness
'**zangkoor** *o* (-koren) choir
'**zangkunst** *v* art of singing
'**zangleraar** *m* (-s en -raren) singing-master
'**zanglerares** *v* (-sen) singing-mistress
'**zangles** *v* (-sen) singing-lesson
'**zanglijster** *v* (-s) song-thrush
'**zangmuziek** *v* vocal music
'**zangnoot** *v* (-noten) musical note
'**zangnummer** *o* (-s) vocal number
'**zangoefening** *v* (-en) singing-exercise
'**zangonderwijs** *o* singing-lessons; *het* ~ the teaching of singing
'**zangparkiet** *m* (-en) budgerigar, gemeenz budgie
'**zangpartij** *v* (-en) voice part
'**zangschool** *v* (-scholen) singing-school
'**zangstem** *v* (-men) **1** ⟨stem⟩ singing-voice; **2** ⟨zangpartij⟩ voice part
'**zangstuk** *o* (-ken) song
'**zanguitvoering** *v* (-en) vocal concert
'**zangvereniging** *v* (-en) choral society
'**zangvogel** *m* (-s) singing-bird, song-bird
'**zangwedstrijd** *m* (-en) singing-contest
'**zangwijs**, '**zangwijze** *v* (-wijzen) tune, melody
'**zangzaad** *o* mixed bird-seed
'**zanik** *m-v* (-niken) bore
'**zaniken** (zanikte, h. gezanikt) *onoverg* nag, bother; *lig toch niet te* ~ don't keep nagging (bothering)
'**zaniker** *m* (-s) bore
'**zappen** (zapte, h. gezapt) *onoverg* zap
1 zat *bn* **1** ⟨verzadigd⟩ satiated; **2** ⟨dronken⟩ drunk, pissed; *(oud en) der dagen* ~ bijbel full of days; *hij heeft geld* ~ he has plenty of money; *ik ben het* ~ gemeenz I am fed up with it, I'm sick of it; *zich* ~ *eten* eat one's fill
2 zat (zaten) V.T. v. *zitten*

'**zaterdag** *m* (-dagen) Saturday
'**zaterdags I** *bn* Saturday; **II** *bijw* on Saturdays
'**zatheid** *v* satiety, weariness
'**zatladder** (-s), '**zatlap** *m* (-pen) = *zuiper*
ZB, Z.Br. *afk.* = *zuiderbreedte*
ze *pers vnw* **1** ⟨vrouwelijk⟩ she, her; **2** ⟨meervoud⟩ they, them; ~ *zeggen, dat hij...* they say he..., he is said to..., people say he...
ZE *afk.* **1** = *Zijne Edelheid* zie: *edelheid*; **2** = *Zijn Eerwaarde* zie: *eerwaard*
'**zeboe** *m* (-s) zebu
'**zebra** *m* ('s) **1** ⟨dier⟩ zebra; **2** ⟨oversteekplaats⟩ zebra crossing
'**zebrapad** *o* (-paden) = *zebra 2*
'**zede** *v* (-n) custom, usage, zie ook: *zeden*
'**zedelijk** *bn* (& *bijw*) moral(ly); *een* ~ *lichaam* a corporate body, a body corporate
'**zedelijkheid** *v* morality
'**zedelijkheidsapostel** *m* (-en en -s) sermonizer
'**zedelijkheidsgevoel** *o* moral sense
'**zedeloos** *bn* (& *bijw*) immoral(ly), profligate(ly)
zede'loosheid *v* immorality, profligacy
'**zeden** *mv* **1** ⟨ethische normen⟩ morals; **2** ⟨gebruiken⟩ manners; *hun* ~ *en gewoonten* their manners and customs
'**zedenbederf** *o* demoralization, corruption (of morals), depravity
'**zedendelict** *o* (-en) sexual offence
'**zedenkunde** *v* ethics, moral philosophy
zeden'kundig *bn* moral, ethical
'**zedenkwetsend** *bn* shocking, immoral
'**zedenleer** *v* morality, ethics
'**zedenles** *v* (-sen) moral, moral lesson
'**zedenmeester** *m* (-s) moralist, moralizer
'**zedenmisdrijf** *o* (-drijven) sexual offence
'**zedenpolitie** *v* ± vice squad
'**zedenpreek** *v* (-preken) moralizing sermon
'**zedenpreker** *m* (-s) moralizer, moralist, moral censor
'**zedenspreuk** *v* (-en) maxim
'**zedenverwildering** *v* moral corruption, demoralization, depravity
'**zedenwet** *v* (-ten) moral law
'**zedig** *bn* (& *bijw*) modest(ly), demure(ly)
'**zedigheid** *v* modesty, demureness
zee *v* (zeeën) sea², ocean², plechtig main; *een* ~ *van bloed (licht)* a sea of blood (light); *een* ~ *van tijd* plenty of time; ~ *kiezen* put to sea; ~ *winnen* get sea-room; *aan* ~ at the seaside; *aan* ~ *gelegen* on the sea, situated by the sea; *recht door* ~ zie: *rechtdoorzee*; *in* ~ *steken* **1** scheepv put to sea; **2** fig launch forth, go ahead; *in open* ~, *in volle* ~ on the high seas, in the open sea; [a ship seen] in the offing; *naar* ~ *gaan* **1** ⟨als matroos⟩ go to sea; **2** ⟨naar badplaats⟩ go to the seaside; *op* ~ at sea; *hij is (vaart) op* ~ he is a seafaring man (a sailor), he follows the sea; *over* ~ *gaan* go by sea; *in de landen van over* ~ in the countries beyond the seas, overseas,

in oversea countries; *ter ~ varen* follow the sea; *de oorlog ter ~* the war at sea

'zeeaal *m* (-alen) gulf, bay
'zeeajuin *m* (-en) squill
'zeeanemoon *v* (-monen) sea-anemone
'zeearend *m* (-en) white-tailed eagle
'zeearm *m* (-en) arm of the sea, estuary, firth
'zeeassurantie *v* (-s) marine insurance
'zeebaak *v* (-baken) sea-mark
'zeebaars *m* (-baarzen) sea-perch
'zeebad *o* (-baden) sea-bath
'zeebadplaats *v* (-en) seaside resort
'zeebaken *o* (-s) sea-mark
'zeebanket *o* (haring) herring
'zeebenen *mv* sea-legs
'zeebeving *v* (-en) seaquake
'zeebewoner *m* (-s) inhabitant of the sea
'zeebodem *m* (-s) bottom of the sea, sea-bottom
'zeeboezem *m* (-s) gulf, bay
'zeebonk *m* (-en) (Jack-)tar; *een oude ~* an old salt
'zeebreker *m* (-s) breakwater
'zeebrief *m* (-brieven) certificate of registry
'zeecadet *m* (-ten) naval cadet
'zeeden *m* (-sen) cluster pine
'zeedienst *m* naval service
'zeedier *o* (-en) marine animal
'zeedijk *m* (-en) sea-bank, sea-dike
'zeedrift *v* flotsam
'zeeduivel *m* (-s) (vis) sea-devil
'zee-egel *m* (-s) sea-urchin
'zee-engte *v* (-n en -s) strait(s), narrows
zeef *v* (zeven) **1** (in 't alg.) sieve, strainer; **2** (voor huishoudelijk gebruik) colander, strainer; **3** (grove zeef) riddle, screen
'zeefauna *v* marine fauna
'zeefdoek *m & o* (-en) strainer
'zeefdruk *m* (-ken) silk-screen (printing)
'zeefje *o* (-s) sieve
1 zeeg *v* (zegen) <u>scheepv</u> sheer
2 zeeg (zegen) V.T. van *zijgen*
'zeegat *o* (-gaten) mouth of a harbour or river, outlet to the sea; *het ~ uitgaan* put to sea
'zeegevecht *o* (-en) sea-fight, naval combat
'zeegezicht *o* (-en) seascape, sea-piece
'zeegod *m* (-goden) sea-god
'zeegodin *v* (-nen) sea-goddess
'zeegras *o* seaweed
'zeegroen *bn* sea-green
'zeehandel *m* oversea(s) trade
'zeehaven *v* (-s) seaport
'zeeheld *m* (-en) naval hero
'zeehond *m* (-en) seal
'zeehondenvel *o* (-len) sealskin
'zeehoofd *o* (-en) pier, jetty
zeek (zeken) <u>gemeenz</u> V.T. van *zeiken*
'zeekaart *v* (-en) (sea-)chart
'zeekanaal *o* (-nalen) ship-canal
'zeekant *m* seaside

'zeekapitein *m* (-s) **1** (in 't alg.) sea-captain; **2** (bij de marine) captain in the navy
'zeekasteel *o* (-telen) sea-castle
'zeeklaar *bn* ready for sea
'zeeklimaat *o* marine (maritime) climate
'zeekoe *v* (-koeien) sea-cow, manatee
'zeekoet *m* (-en) guillemot
'zeekomkommer *m* (-s) sea-cucumber
'zeekompas *o* (-sen) mariner's compass
'zeekrab *v* (-ben) sea-crab
'zeekreeft *m & v* (-en) lobster
'zeekust *v* (-en) sea-coast, sea-shore
zeel *o* (zelen) strap, trace
'Zeeland *o* Zealand, Zeeland
'zeeleeuw *m* (-en) sea-lion
'zeelieden *mv* seamen, sailors, mariners
zeelt *v* (-en) tench
'zeelucht *v* sea-air
1 zeem *o* = *zeemleer*
2 zeem *m & o* (zemen) = *zeemlap*
'zeemacht *v* (-en) naval forces, navy
'zeeman *m* (-lieden en -lui) seaman, sailor, mariner
'zeemanschap *o* seamanship; *~ gebruiken* steer cautiously
'zeemansgraf *o*: *een ~ krijgen* be buried at sea, <u>gemeenz</u> go to Davy Jones's locker
'zeemanshuis *o* (-huizen) sailors' home
'zeemanskunst *v* art of navigation, seamanship
'zeemansleven *o* seafaring life, sailor's life
'zeemeermin *v* (-nen) mermaid
'zeemeeuw *v* (-en) (sea-)gull, seamew; *drietenige ~* kittiwake
'zeemijl *v* (-en) sea-mile, nautical mile
'zeemijn *v* (-en) sea-mine
'zeemlap *m* (-pen) wash-leather
'zeemleer *o* chamois-leather, shammy
'zeemleren *bn* shammy; *een ~ lap* a (wash-)leather
'zeemogendheid *v* (-heden) maritime (naval, sea) power
'zeemonster *o* (-s) **1** (afschrikwekkend zeedier) sea-monster; **2** <u>handel</u> shipping-sample
'zeemos *o* sea-moss, seaweed
zeen *v* (zenen) tendon, sinew
'zeenatie *v* (-s) seafaring nation
'zeenimf *v* (-en) sea-nymph
'zeeofficier *m* (-en) naval officer
'zeeoorlog *m* (-logen) naval war
zeep *v* (zepen) soap; *groene ~* soft soap; *om ~ brengen* kill; *hij ging om ~* he went west
'zeepaard *o* (-en) sea-horse [of Neptune]
'zeepaardje *o* (-s) (vis) sea-horse
'zeepachtig *bn* soapy, saponaceous
'zeepaling *m* (-en) sea-eel, conger
'zeepas *m* (-sen) passport
'zeepbakje *o* (-s) soap-dish
'zeepbekken *o* (-s) shaving-basin
'zeepbel *v* (-len) soap-bubble, bubble
'zeepfabriek *v* (-en) soap-works

'**zeepfabrikant** *m* (-en) soap-maker, soap-boiler
'**zeepkist** *v* (-en) soap-box
'**zeeplaats** *v* (-en) seaside town
'**zeepolis** *v* (-sen) marine policy
'**zeepost** *v* oversea(s) mail
'**zeeppoeder**,, '**zeeppoeier** *o* & *m* soap-powder
'**zeeprik** *m* (-ken) sea-lamprey
'**zeepsop** *o* soap-suds
'**zeepwater** *o* soap and water, soapy water
'**zeepzieden** *o* soap-boiling
'**zeepzieder** *m* (-s) soap-boiler
zeepziede'rij *v* (-en) soap-works
1 zeer *o* sore, ache; ~ *doen* ache, hurt[2]; *fig* pain; *heb je je erg ~ gedaan?* were you much hurt?; *het doet geen ~* it doesn't hurt; *zich ~ doen* hurt oneself
2 zeer *bn* sore [arm &]; *ik heb een zere voet* my foot is sore
3 zeer *bijw* **1** ⟨erg⟩ very; **2** ⟨vóór deelwoord⟩ much, greatly [astonished &]; vero sorely [needed &]; *al te ~* overmuch
'**zeeraad** *m* (-raden) maritime court
'**zeeramp** *v* (-en) catastrophe at sea
'**zeerecht** *o* maritime law
'**zeereerwaard** *bn*: *de ~e heer C. Brown* the Reverend C. Brown, Rev. C. Brown
'**zeereis** *v* (-reizen) (sea-)voyage, sea-journey
'**zeergeleerd** *bn* very learned; *een ~e* a doctor
'**zeerob** *m* (-ben) **1** ⟨dier⟩ seal; **2** ⟨zeeman⟩ (Jack-)tar, sea-dog; *een oude ~* an old salt
'**zeeroof** *m* piracy
'**zeerover** *m* (-s) pirate, corsair
zeerove'rij *v* (-en) piracy
zeerst: *om het ~* as much as possible; *ten ~e* very much, highly, greatly
'**zeeschade** *v* sea-damage
'**zeeschelp** *v* (-en) sea-shell
'**zeeschilder** *m* (-s) marine painter
'**zeeschildpad** *v* (-den) turtle
'**zeeschip** *o* (-schepen) sea-going vessel
'**zeeschuimen** *onoverg* practise piracy
'**zeeschuimer** *m* (-s) pirate, corsair
'**zeeslag** *m* (-slagen) sea-battle, naval battle
'**zeeslak** *v* (-ken) sea-snail
'**zeeslang** *v* (-en) sea-serpent
'**zeesleper** *m* (-s) seagoing tug(boat)
'**zeespiegel** *m* sea-level, level of the sea; *beneden (boven) de ~* below (above) sea-level
'**zeester** *v* (-ren) starfish
'**zeestraat** *v* (-straten) strait(s)
'**zeestrand** *o* (-en) beach; *het ~* ook: the sands
'**zeestroming** *v* (-en) ocean current
'**zeestuk** *o* (-ken) sea-piece, seascape
'**zeeterm** *m* (-en) nautical term
'**zeetijdingen** *mv* shipping intelligence
'**zeetje** *o* (-s) sea; *een ~ overkrijgen* ship a sea
'**zeetocht** *m* (-en) voyage
'**zeetransport** *o* sea-carriage, sea-transport
Zeeuw *m* (-en) Zeelander

Zeeuws I *bn* Zealand; **II** *o* Zealand dialect
Zeeuws-'Vlaanderen *o* Dutch Flanders
'**zeevaarder** *m* (-s) seafarer
'**zeevaart** *v* navigation
'**zeevaartkunde** *v* art of navigation
zeevaart'kundig *bn* nautical
'**zeevaartschool** *v* (-scholen) school of navigation
zee'varend *bn* seafaring [nation]
'**zeeverkenner** *m* (-s) sea-scout
'**zeeverzekering** *v* (-en) marine insurance
'**zeevis** *m* (-sen) sea-fish
zeevisse'rij *v* offshore fishing
'**zeevogel** *m* (-s) sea-bird
'**zeevolk** *o* seamen, sailors
'**zeevracht** *v* freight
zee'waardig *bn* seaworthy
zee'waardigheid *v* seaworthiness
'**zeewaarts** *bijw* seaward
'**zeewater** *o* sea-water
'**zeeweg** *m* (-wegen) sea-route
'**zeewering** *v* (-en) sea-wall
'**zeewezen** *o* maritime (nautical) affairs
'**zeewier** *o* (-en) seaweed
'**zeewind** *m* (-en) sea-wind, sea-breeze
'**zeewolf** *m* (-wolven) sea-wolf
'**zeeziek** *bn* seasick; *gauw ~ zijn* be a bad sailor
'**zeeziekte** *v* seasickness
'**zeezout** *o* sea-salt
'**zeezwaluw** *v* (-en) sea-swallow
'**zefier** *m* (-en en -s) zephyr
'**zege** *v* victory, triumph
'**zegeboog** *m* (-bogen) triumphal arch
'**zegel** (-s) **I** *m* **1** ⟨post~ &⟩ stamp; **2** ⟨waarde~⟩ trading stamp; **II** *o* **1** ⟨v. document⟩ seal; **2** ⟨papier⟩ stamped paper; **3** ⟨instrument⟩ seal, stamp; *zijn ~ drukken op een document* affix one's seal to a document; *zijn ~ aan iets hechten* set one's seal to sth.; *aan ~ onderhevig* liable to stamp-duty; *onder het ~ van geheimhouding* under the seal of secrecy; *alle stukken moeten op ~* all documents must be written on stamped paper; *vrij van ~* exempt from stamp-duty; *de ~s leggen* ZN seal, put under seal; *de ~s lichten* ZN unseal; *de ~s breken* ZN break the seals
'**zegelbelasting** *v* stamp-duty
'**zegelbewaarder** *m* (-s) Keeper of the Seal
'**zegelen** (zegelde, h. gezegeld) *overg* **1** ⟨v. postzegel voorzien⟩ stamp; **2** ⟨verzegelen⟩ seal
'**zegelkantoor** *o* (-toren) stamp-office
'**zegelkosten** *mv* stamp-duties
'**zegellak** *o* & *m* sealing-wax
'**zegelmerk** *o* (-en) impression of a seal
'**zegelrecht** *o* stamp-duty
'**zegelring** *m* (-en) seal-ring, signet-ring
'**zegelwas** *m* & *o* sealing-wax
'**zegelwet** *v* (-ten) stamp-act
1 'zegen *m* blessing, benediction; *welk een ~!* what a mercy!; what a blessing!, what a godsend!

2 'zegen v (-s) ⟨net⟩ seine, drag-net
3 'zegen V.T. meerv. v. *zijgen*
'zegenen (zegende, h. gezegend) *overg* bless
'zegening v (-en) blessing [of civilization], benediction
'zegenrijk bn **1** (voorspoed veroorzakend) salutary, beneficial; **2** (gelukkig) most blessed
'zegenwens m (-en) blessing
'zegepalm m (-en) palm (of victory)
'zegepoort v (-en) triumphal arch
'zegepraal v (-pralen) triumph
'zegepralen (zegepraalde, h. gezegepraald) *onoverg* triumph (*over* over)
'zegeteken o (-en en -s) trophy
'zegetocht m (-en) triumphal march
'zegevaan v (-vanen) victorious banner
'zegevieren (zegevierde, h. gezegevierd) *onoverg* triumph (*over* over)
'zegevierend bn victorious, triumphant
'zegewagen m (-s) triumphal chariot, triumphal car
'zegezang m (-en) song of triumph, paean
'zegge v (-n) ⟨plant⟩ sedge
'zeggen I (zei of zegde, h. gezegd) *overg* say [to him]; tell [him]; *wat een prachtstuk, zeg!* I say, what a beauty!; *zegge vijftig gulden* handel say fifty guilders; *u zei...?* you were saying ...?; *(doe dat) zeg ik je* I tell you; *nu u het zegt* now you mention it; *zeg eens!* I say!; *al zeg ik het zelf* though I say it who shouldn't, though I do say myself; *goede nacht ~* say (bid) good night; *en dat zeg wat!, dat wil wat ~!* which is saying a good deal, and that is saying a lot; *hij zegt maar wat* he is just talking; ⟨sterker⟩ he is talking through his hat; *ik heb gezegd!* I have had my say; *hij zegt niets maar denkt des te meer* he says nothing but thinks a lot; *de mensen ~ zoveel* people will say anything; *ik heb het wel gezegd* I told you so; *heb ik het niet gezegd?* didn't I tell you?; *daarmee is alles gezegd* **1** that's all you can say of him (them &); **2** (basta!) and there's an end of it; *anders gezegd* to put it differently, in other words; *dat is gauw (gemakkelijk) gezegd* it is easy (for you) to say so; *dat is gauwer gezegd dan gedaan* that is sooner said than done; *zo gezegd, zo gedaan* no sooner said than done; *dat behoef ik u niet te ~* I need not tell you; *dat hoef je hem geen tweemaal te ~* he need not be told twice; *wat heeft u te ~?* what have you got to say?; *wat zou je ervan ~ als...* what about..., suppose...; *wat zeg je van...?* how about... ?; *alle leden hebben evenveel te ~* all the members have an equal say; *ik heb er ook iets in te ~* I have some say in the matter; *ga het hem ~* go and tell him; *dat kan ik u niet ~* I cannot tell you; *dat zou ik u niet kunnen ~* I could not say; *ze hebben het laten ~* they have sent word; *laten we ~ tien* (let us) say ten; *dat laat ik mij niet ~!* I don't have to take that!; *dat mag ik niet ~* I must not tell (you), that would be telling; *ik moet ~ dat...* I cannot but say that...; *wij hadden het eer-*

der moeten ~ we should have spoken sooner; *dat wil ~* that is (to say); *rechts..., ik wil ~, links* right, I mean, left; *dat wil nog niet ~ dat...* that is not to say that..., that does not mean (imply) that...; *hij zegt het* he says so, so he says; *zeg dat niet* don't say so; *zegt u dat wel!* you may well say so!; *dat zeg je nu wel, maar...* you are pleased to say so, but...; *wat zegt dat dan nog?* well, what of it?; *mag ik ook eens iets ~?* may I say something?; *niets ~, hoor!* keep quiet (keep mum) about it!; *hij zegt niet veel* he is a man of few words; *deze titel zegt al genoeg* this title speaks for itself; *dat zegt niet veel* that doesn't mean much; *die naam zegt mij niets* this name means nothing to me; *wat zegt u?* **1** ⟨vraag⟩ what did you say?; **2** ⟨bij verbazing⟩ you don't say so!; *wat u zegt!* you don't say so!; *hij weet niet wat hij zegt* he doesn't know what he's talking about; *wat ik je zeg* I tell you; *doe wat ik je zeg* do as I tell you; *het is wat te ~* it is awful; *als ik wat te ~ had* if I could work my will; *wat ik ~ wil (wou)...* à propos, by the way, that reminds me...; *wat wou ik ook weer ~?* what was I going to say?; *daar zeg je zo iets* that's not a bad idea; *iem. ~ waar het op staat* give sbd. a piece of one's mind; *wat heb je daarop te ~?* what have you got to say to that?; *je hebt niets over mij te ~* you have no authority over me; *om ook iets te ~* by way of saying something; *om zo te ~* so to say, so to speak; *daar is alles (veel) voor te ~* there is everything (much) to be said for it; *het voor het ~ hebben* be in charge; *zonder iets te ~* without a word; *zonder er iets van te ~* without saying anything about it; **II** o saying; *~ en doen zijn twee* to promise is one thing to perform another; *naar zijn ~, volgens zijn ~* according to what he says; *als ik het voor het ~ had* if I had my say in the matter; *je hebt het maar voor het ~* you need only say the word
'zeggenschap v & o right of say; control; *~ hebben* have a say (in the matter)
'zeggingskracht v expressiveness, eloquence
'zegje o: *zijn ~ doen (zeggen)* say one's piece
'zegsman m (-lieden en -lui) informant, authority; *wie is uw ~?* who is your informant?, who told (it) you?
'zegswijs, 'zegswijze v (-wijzen) saying, expression, phrase
zei (zeiden) V.T. van *zeggen*
zeik m gemeenz piss; *iem. in de ~ nemen* put sbd. on, Br take the piss out of sbd.
'zeiken (zeikte of zeek, h. gezeikt of gezeken) *onoverg* gemeenz **1** (urineren) piss, take a leak; **2** = *zaniken*
'zeikerd m (-s) gemeenz bore, pain in the neck
'zeikerig bn bijw whiny, nagging(ly)
'zeiknat bn gemeenz sopping wet
zeil o (-en) **1** scheepv sail; **2** ⟨v. zonnescherm &⟩ awning; **3** ⟨tot dekking⟩ tarpaulin; tilt [of cart]; **4** ⟨v. vloer⟩ floor-cloth; **5** = *zeildoek*; *~ bijzetten* set more sail; *alle ~en bijzetten* **1** crowd on all sail; **2** fig

leave no stone unturned, do one's utmost; ~*(en) minderen* take in sail, shorten sail; *met een opgestreken (opgestoken)* ~ in high dudgeon; *met volle* ~*en* (in) full sail, all sails set; *onder* ~ *gaan* **1** scheepv get under sail, set sail; **2** ⟨inslapen⟩ drop off (to sleep), doze off; *onder* ~ *zijn* **1** scheepv be under sail; **2** ⟨slapend⟩ be sound asleep; *een vloot van 20* ~*en* a fleet of twenty sail; zie ook: oog

'**zeilboot** *v & m* (-boten) sailing-boat

'**zeildoek** *o & m* **1** ⟨doek v. zeilen⟩ sailcloth, canvas; **2** ⟨wasdoek⟩ oilcloth

'**zeilen** (zeilde, h. en is gezeild) *onoverg* sail; *gaan* ~ go for a sail, go sailing; ~*d(e)* handel sailing, floating [goods]; ~*de verkopen* handel sell on sailing terms, sell to arrive

'**zeiler** *m* (-s) **1** ⟨persoon⟩ yachtsman; **2** ⟨schip⟩ sailingship

'**zeiljacht** *o* (-en) sailing-yacht

'**zeiljopper** *m* (-s)

'**zeilkamp** *o* (-en) sailing camp

'**zeilklaar** *bn* ready to sail, ready for sea; *zich* ~ *maken* get under sail

'**zeilmaker** *m* (-s) sail-maker

zeilmake'rij *v* (-en) sail-loft

'**zeilpet** *v* (-ten) yachting cap

'**zeilplank** *v* (-en) sailboard

'**zeilree** *bn* ready to sail, ready for sea

'**zeilschip** *o* (-schepen) sailing-vessel, sailing-ship

'**zeilsport** *v* yachting

'**zeiltocht** *m* (-en) sailing-trip, sail

zeil'vaardig *bn* = zeilklaar

'**zeilvaartuig** *o* (-en) sailing-vessel

'**zeilvereniging** *v* (-en) yacht-club

'**zeilwagen** *m* (-s) sailing-car

'**zeilwedstrijd** *m* (-en) sailing-match, sailing-race, regatta

zeis *v* (-en) scythe

'**zeken** gemeenz V.T. meerv. van *zeiken*

'**zeker I** *bn* ⟨attributief:⟩ **1** ⟨vaststaand⟩ certain [event &]; **2** ⟨betrouwbaar⟩ sure [proof]; **3** ⟨niet nader aan te duiden⟩ certain [gentleman, lady of a certain age]; **4** ⟨enige⟩ a certain, some [reluctance &]; ⟨predicatief:⟩ **1** ⟨met persoons-onderwerp⟩ certain, sure, assured, positive, confident; **2** ⟨met ding-onderwerp⟩ sure, certain; *(een)* ~*e Dinges* gemeenz a certain Mr Thingumbob, a Mr Th., one Th.; *een* ~*e wrijving tussen hen* a certain friction (a certain amount of friction, some friction) between them; *ik ben* ~ *van hen* I can depend on them; ~ *van zijn zaak zijn* be sure of one's ground; *ben je er* ~ *van?* are you (quite) sure?, are you quite positive?; *ik ben er* ~ *van dat...* I am sure (that)..., I am sure of his (her, their...); *je kunt er* ~ *van zijn dat...* ook: you may feel (rest) assured that...; *men is daar niet* ~ *van zijn leven* a man's life is not safe there; *iets* ~*s* something positive; *niets* ~*s* nothing certain; *zo* ~ *als twee keer twee vier is* as sure as two and two make four, as sure as eggs is eggs; **II** *o*: *het* ~*e*

what is certain; *het* ~*e voor het onzekere nemen* take a certainty for an uncertainty; prefer the one bird in the hand to the two in the bush; **III** *bijw* **1** ⟨woordbepaling⟩ for certain; for a certainty, positively; **2** ⟨zinsbepaling⟩ certainly, surely &; *(wel)* ~ *!* **1** ⟨bevestigend⟩ certainly; **2** ⟨afwijzend⟩ why not!; *ik weet het* ~ I know it for a certain (for a certainty, for a fact); ~ *weet jij dat ook wel* surely you know it too; *jij weet dat* ~ *ook wel, he?* I daresay (I suppose) you know it too; *hij komt* ~ *als hij het weet* he is sure to come if he knows; *we kunnen* ~ *op hem rekenen* we can safely count on him; *(Kunnen wij op hem rekenen?) Zeker!* Certainly! To be sure you can!

'**zekerheid** *v* (-heden) **1** ⟨stelligheid⟩ certainty; **2** ⟨veiligheid⟩ safety; **3** ⟨borg⟩ security; ~ *bieden dat...* hold out every certainty that...; *voldoende* ~ *geven dat...* guarantee that...; ~ *hebben* be certain; ~ *stellen* give security; *niet met* ~ *bekend* not certainly known; *we kunnen niet met* ~ *zeggen of...* we cannot say with certainty (for certain); *voor de* ~, *voor alle* ~ to be on the safe side, to make sure

zekerheids'halve *bijw* for safety('s sake)

'**zekerheidstelling** *v* (-en) security

'**zekering** *v* (-en) elektr fuse

'**zelden** *bijw* seldom, rarely; *niet* ~ not unfrequently

'**zeldzaam I** *bn* rare; **II** *bijw* uncommonly, exceptionally [beautiful]

'**zeldzaamheid** *v* (-heden) rarity; *zeldzaamheden* rarities, curiosities; *een van de grootste zeldzaamheden* one of the rarest things; *het is een grote* ~ *als...* it is a rare thing for him to...; *het is geen* ~ *dat...* it is no rare thing to [find them &]

zelf *aanw vnw* self; *ik* ~ myself; *u, jij* ~ you yourself; *de man* ~ the man himself; *de vrouw* ~ the woman herself; *het kind* ~ the child itself; *zij hebben* ~... they have... themselves; *zij kunnen niet* ~ *denken* they cannot think for themselves; *wees u* ~ be thyself; *hij is de beleefdheid* ~ he is politeness itself; zie ook: zich, zichzelf &

'**zelfbediening** *v* self-service

'**zelfbedieningsrestaurant** *o* (-s) self-service restaurant

'**zelfbedieningswinkel** (-s), '**zelfbedieningszaak** *v* (-zaken) self-service shop, self-service store

'**zelfbedrog** *o* self-deceit, self-deception

'**zelfbegoocheling** *v* self-delusion

'**zelfbehagen** *o* self-complacency

'**zelfbeheersing** *v* self-control, self-command, self-possession, restraint; *zijn* ~ *herkrijgen* regain one's self-control, collect oneself

'**zelfbehoud** *o* self-preservation

'**zelfbeklag** *o* self-pity

'**zelfbeschikkingsrecht** *o* right of self-determination

'**zelfbeschuldiging** *v* (-en) self-accusation

'**zelfbestuiving** *v* plantk self-pollination

'**zelfbestuur** *o* self-government

'**zelfbevlekking** *v* self-abuse, masturbation

'zelf**bevrediging** v masturbation
'zelf**bevruchting** v plantk self-fertilization, autogamy
zelfbe'**wust** v self-assured
zelfbe'**wustheid** v, zelfbe'**wustzijn** o self-assuredness
'zelf**binder** m (-s) ⟨landbouwmachine⟩ selfbinder; 2 ⟨das⟩ knotted tie
'zelf**de** bn same
'zelf**discipline** v self-discipline
'zelf**doding** v (-en) suicide
'zelf**gebreid** bn home-knitted
'zelf**gemaakt** bn home-made [jam]
zelfge'**noegzaam** bn complacent, smug, selfsatisfied
zelfge'**noegzaamheid** v complacency, smugness, self-satisfiedness
'zelf**gevoel** o self-esteem
zelf'**ingenomen** bn self-opinionated, self-satisfied
'zelf**kant** m (-en) ⟨v. weefsel⟩ selvage, selvedge, list; aan de ~ der maatschappij [live] on the fringe of society
'zelf**kastijding** v (-en) self-chastisement
'zelf**kennis** v self-knowledge
'zelf**klevend** bn self-adhesive
'zelf**kritiek** v self-criticism
'zelf**kwelling** v (-en) self-tormenting, self-torture
'zelf**moord** m & v (-en) suicide, self-murder; ~ plegen commit suicide
'zelf**moordcommando** o ('s) suicide squad
'zelf**moordenaar** m (-s), 'zelf**moordenares** v (-sen) suicide, self-murderer
'zelf**onderricht** o self-tuition
'zelf**onderzoek** o self-examination, heart-searching
'zelf**ontbranding** v spontaneous combustion
'zelf**ontplooiing** v self-realization
'zelf**ontspanner** m (-s) fotogr automatic release, self-timer
'zelf**ontsteking** v elektr self-ignition
'zelf**opoffering** v (-en) self-sacrifice
'zelf**overschatting** v exaggerated opinion of oneself, presumption
'zelf**overwinning** v (-en) self-conquest
'zelf**portret** o (-ten) self-portrait
zelf'**redzaamheid** v ability to manage on one's own
'zelf**registrerend** bn self-registering, self-recording
'zelf**reinigend** bn self-cleaning
'zelf**respect** o self-respect
'zelf**rijzend** bn self-raising [flour]
zelfs bijw even; ~ zijn vrienden ook: his very friends; (zij klommen) ~ tot op de daken ook: on to the very roofs
'zelf**spot** m self-derision, self-mockery
zelf'**standig I** bn 1 ⟨in 't alg.⟩ independent; 2 gramm nominal; ~ naamwoord noun; de kleine ~en the selfemployed; II bijw 1 ⟨in 't alg.⟩ inde-

pendently; 2 gramm nominally
zelf'**standigheid** v (-heden) 1 ⟨onafhankelijkheid⟩ independence; 2 ⟨stof⟩ substance
'zelf**strijd** m inward struggle
'zelf**strijdend** bn non-iron
'zelf**studie** v self-tuition
'zelf**tucht** v self-discipline
'zelf**verblinding** v infatuation
'zelf**verbranding** v ⟨v. mens⟩ self-burning
'zelf**verdediging** v self-defence; uit (ter) ~ in self-defence
'zelf**vergoding** v self-idolization
'zelf**verheerlijking** v self-glorification
'zelf**verheffing** v self-exaltation
'zelf**verloochening** v self-denial
'zelf**verminking** v self-mutilation
'zelf**vernedering** v self-abasement
'zelf**vernietiging** v self-destruction
'zelf**vertrouwen** o self-confidence, self-reliance
'zelf**verwijt** o self-reproach
zelfver'**zekerd** bn self-assured, self-confident, self-possessed
zelfver'**zekerdheid** v self-assurance, self-confidence, self-possession
'zelf**voldaan** bn self-complacent
zelfvol'**daanheid** v self-complacency
'zelf**voldoening** v self-satisfaction, self-content
'zelf**werkend** bn self-acting, automatic
zelf'**werkzaamheid** v self-motivation
'zelf**zucht** v egotism, egoism, selfishness
zelf'**zuchtig I** bn selfish, egoistic, egotistic, self-seeking; een ~e an egoist, an egotist; II bijw selfishly, egoistically, egotistically
ze'**loot** m (-loten) zealot
1 '**zemelen** mv bran
2 '**zemelen** (zemelde, h. gezemeld) onoverg = zaniken
1 '**zemen** bn shammy; een ~ lap a leather, (wash-) leather
2 '**zemen** (zeemde, h. gezeemd) overg clean [windows] with a (wash-)leather
'**zendamateur** m (-s) amateur radio operator; gemeenz (radio) ham
'**zendapparatuur** v transmitting equipment, transmitting set, transmitter
'**zendbereik** o RTV service area, transmission range
'**zendbode** m (-n) messenger
'**zendbrief** m (-brieven) 1 ⟨in 't alg.⟩ pastoral letter; 2 bijbel epistle
'**zendeling** m (-en) missionary
'**zenden** (zond, h. gezonden) overg send [sth., sbd.], forward, dispatch [a parcel &], ship, consign [goods &]; ~ om send for
'**zender** m (-s) 1 ⟨zendstation⟩ transmitting station, broadcasting station, channel; 2 ⟨persoon⟩ sender; 3 ⟨toestel⟩ transmitter; over alle ~s over all (radio) stations
'**zenderkleuring** v channel differentiation

'**zendgemachtigde** *m-v* (-n) broadcasting licence holder

'**zending** *v* (-en) **1** ⟨het zenden⟩ sending, forwarding, dispatch; **2** ⟨het gezondene⟩ shipment, consignment; parcel; **3** ⟨roeping, opdracht⟩ mission; **4** ⟨zendingswerk⟩ mission (*onder de joden* to Jews)

'**zendingsgenootschap** *o* (-pen) missionary society

'**zendingspost** *m* (-en) mission, missionary post

'**zendingsschool** *v* (-scholen) missionary school

'**zendingsstation** *o* (-s) mission station

'**zendingswerk** *o* missionary work

'**zendinstallatie** *v* (-s) RTV transmitting equipment, transmitting set, radio transmitter

'**zendmast** *m* (-en) RTV (transmitter) mast

'**zendstation** *o* (-s) RTV transmitting station, broadcasting station

'**zendtijd** *m* (-en) RTV air time, transmission time, broadcast(ing) time

'**zendtoestel** *o* (-len) RTV transmitting set, transmitter

'**zendvergunning** *v* (-en) RTV transmitting licence, broadcasting license

'**zengen** (zengde, h. gezengd) *overg & onoverg* singe [hair], scorch [grass &]

'**zenging** *v* singeing, scorching

'**zenig** *bn* stringy, sinewy [meat]

'**zenit** *o* zenith

'**zenuw** *v* (-en) nerve; *stalen ~en* nerves of steel; *hij was één en al ~en* he was a bundle of nerves; *hij was op van de ~en* he was a nervous wreck; *het op de ~en hebben* be nervous; gemeenz have the jitters; *(het op) de ~en krijgen* go into hysterics, have a nervous fit; gemeenz get the jitters; *dat werkt op mijn ~en* that gets (grates) on my nerves; *in de ~en zitten* be very nervous, be very tensed up; *krijg de ~en!* gemeenz drop dead!, get stuffed!

'**zenuwaandoening** *v* (-en) affection of the nerves, nervous disease

'**zenuwachtig I** *bn* nervous, agitated, nervy, jumpy; *iem. ~ maken* ook: get on sbd.'s nerves; **II** *bijw* nervously

'**zenuwachtigheid** *v* nervousness

'**zenuwarts** *m* (-en) neurologist

'**zenuwbehandeling** *v* (-en) root canal work

'**zenuwcel** *v* (-len) nerve-cell

'**zenuwcentrum** *o* (-tra, -s) nerve centre

'**zenuwcrisis** *v* (-sen en -crises) nervous attack, nervous breakdown

'**zenuwenoorlog** *m* (-logen) war of nerves

'**zenuwgas** *o* (-sen) nerve gas

'**zenuwgestel** *o* nervous system

'**zenuwinrichting** *v* (-en) mental home (hospital)

'**zenuwinzinking** *v* (-en) nervous breakdown

'**zenuwknoop** *m* (-knopen) ganglion

'**zenuwkwaal** *v* (-kwalen) nervous disease

'**zenuwlijder** *m* (-s) nervous sufferer

'**zenuwontsteking** *v* (-en) neuritis

'**zenuwoorlog** *m* (-logen) = *zenuwenoorlog*

'**zenuwpatiënt** *m* (-en) neuropath

'**zenuwpees** *v* (-pezen) gemeenz fuss-pot

'**zenuwpijn** *v* (-en) neuralgia, nerve pains

'**zenuwschok** *m* (-ken) nervous shock

zenuw'slopend *bn* nerve-racking

'**zenuwstelsel** *o* nervous system; *het centrale ~* the central nervous system

'**zenuwtablet** *v & o* (-ten), **zenuwpil** *v* (-len) tranquillizer, Am tranquilizer

'**zenuwtoeval** *m* (-len) nervous attack

'**zenuwtrekking** *v* (-en) nervous twitch

'**zenuwziek** *bn* suffering from nerves

'**zenuwziekte** *v* (-n en -s) nervous disease

'**zenuwzwakte** *v* neurasthenia, nervous debility

'**zepen** (zeepte, h. gezeept) *overg* **1** ⟨in 't alg.⟩ soap; **2** lather [before shaving]

'**zeper**, '**zeperd** *m* (-s) gemeenz flop; *een ~ halen* flop, fall flat on one's face

'**zeppelin** *m* (-s) Zeppelin

zerk *v* (-en) slab, tombstone

zes *telw* six; *dubbele ~* double six; *met ons ~sen* the six of us; *tegen ~sen* by six o'clock; *hij is van ~sen klaar* he is an all-round man; *ze hadden pret voor ~* they were having no end of fun

zes'achtste *bn* six eighths; *~ maat* six-eight time

'**zesdaags** *bn* of six days, six days'; *de Z~e Oorlog* the Six-Day War

zes'daagse *v* (-n) sp six-day bicycle-race

'**zesde** *telw* sixth (part)

'**zeshoek** *m* (-en) hexagon

'**zeshoekig** *bn* hexagonal

'**zesjarig** *bn* **1** ⟨zes jaar oud⟩ of six years, six-year-old; **2** ⟨om de zes jaar; zes jaar durend⟩ sexennial

'**zeskantig** *bn* hexagonal

'**zesregelig** *bn* of six lines; *~ versje* sextain

'**zestal** *o* (-len) six, half a dozen; *het ~* the six of them

'**zestien** *telw* sixteen

'**zestiende** *telw* sixteenth (part)

'**zestig** *telw* sixty; *de jaren ~* the sixties

'**zestiger** *m* (-s) (iem. van tussen de 60 en 69 jaar oud) sexagenarian

'**zestigjarig** *bn* ⟨zestig jaar oud⟩ of sixty years, sixty-year-old

'**zestigste** *telw* sixtieth (part)

'**zesvlak** *o* (-ken) hexahedron

'**zesvoud** *o* (-en) multiple of six

'**zesvoudig** *bn* sixfold, sextuple

zet *m* (-ten) **1** ⟨duw⟩ push, shove; **2** ⟨sprong⟩ leap, bound; **3** sp move[2] [at draughts, chess &]; *een domme ~* a stupid move[2]; *een geestige ~* a stroke of wit; *een gelukkige ~* a happy move; *een handige ~* a clever move (stroke); *een verkeerde ~* a wrong move; *een ~ doen* sp make a move; *aan ~ zijn* sp be playing, be at play; *wit is aan ~* sp it's white's move; *iem. een ~ geven* give sbd. a shove; zie ook:

1519

strijk

'**zetbaas** *m* (-bazen) **1** ⟨beheerder⟩ manager; **2** ⟨stroman⟩ agent, hired man

'**zetboer** *m* (-en) tenant-farmer

'**zetel** *m* (-s) **1** ⟨stoel⟩ seat, chair; **2** ⟨verblijf⟩ see [of a bishop]; **3** seat [in parliament, on a committee, of government, of a company]

'**zetelen** (zetelde, h. gezeteld) *onoverg* sit, reside; *~ te Amsterdam* have its seat at Amsterdam

'**zetelverdeling** *v* distribution of seats [in parliament]

'**zetelwinst** *v*: *~ behalen* gain seats [in parliament]

'**zetfout** *v* (-en) typographical error, misprint

'**zethaak** *m* (-haken) ⟨v. letterzetters⟩ <u>vroeger</u> composing-stick

'**zetje** *o* (-s) shove

'**zetlijn** *v* (-en) **1** set-line, night-line [for fishing]; **2** [compositor's] setting-rule

'**zetloon** *o* (-lonen) compositor's wages

'**zetmachine** *v* (-s) type-setting machine

'**zetmeel** *o* starch, farina

'**zetmeelachtig** *bn* starchy, farinaceous

'**zetpil** *v* (-len) suppository

'**zetsel** *o* (-s) **1** brew [of tea]; **2** matter [of compositors]

'**zetspiegel** *m* (-s) type area

'**zetten** (zette, h. gezet) **I** *overg* **1** ⟨plaatsen⟩ set, put; **2** *typ* set up, compose; **3** ⟨laten trekken⟩ make [tea, coffee]; **4** ⟨schaken, dammen⟩ move; *een diamant in goud ~* enchase a diamond in gold; *een arm & ~* set an arm [a bone, a fracture]; *een ernstig gezicht ~* put on a serious face; *zijn handtekening (naam) ~ (onder)* sign (one's name), put one's name to [a document], set one's hand to [a deed &]; *ze kunnen elkaar niet ~* they can't get on (get along) together; *ik kan hem niet ~* I can't stick the fellow; *ik kon het niet ~* I could not stomach it; *het glas aan de mond ~* put the glass to one's mouth; *iets in elkaar ~* put sth. together; *een stukje in de krant ~* put a notice (a paragraph) in; *op muziek ~* zie: *muziek*; *de wekker op 5 uur ~* set the alarm for five o'clock; *hij schijnt het erop gezet te hebben om mij te plagen* he seems to be bent upon teasing me; *zet 'm op!* go at it!; *een ladder tegen de muur ~* put a ladder against the wall; *iem. uit het land ~* expel sbd. from the country; *een ambtenaar eruit ~* turn out (<u>gemeenz</u>) fire) an official; *zet u dat maar uit het hoofd* put (get) it out of your head; *ik kan de gedachte niet van mij af ~* I can't dismiss the idea; *gezet voor piano en viool* arranged for the piano and the violin; **II** *wederk*: *zich ~* **1** ZN ⟨van personen⟩ sit down, take a seat; **2** ⟨v. vruchten⟩ set; *zich iets in het hoofd ~* take (get) sth. into one's head; *zich over iets heen ~* get over sth.; *als hij er zich toe zet* when he sets himself to do it

'**zetter** *m* (-s) *typ* compositor, type-setter

zette'**rij** *v* (-en) composing room

'**zetting** *v* (-en) **1** setting [of a bone &]; **2** ⟨van juweel⟩ setting; **3** <u>muz</u> arrangement

'**zetwerk** *o* type-setting

zeug *v* (-en) sow

'**zeulen** (zeulde, h. gezeuld) *overg* drag

zeur *m-v* (-en) bore

'**zeurderig** *bn* **1** ⟨v. persoon⟩ whiny, nagging; **2** ⟨v. pijn⟩ nagging; *op een ~e toon spreken* talk in a whiny voice

'**zeuren** (zeurde, h. gezeurd) *onoverg* **1** ⟨dreinend vragen⟩ whine; **2** ⟨zaniken⟩ nag; *zij bleef maar ~ om een ijsje* she kept whining for an icecream; *hij zeurde om het boek* he was pestering me to get the book (for the book); *hij zit daar altijd over te ~* he goes on and on about it; he is always harping on the subject; *een ~de pijn* a nagging pain

'**zeurkous** *v* (-en), '**zeurpiet** *m* (-en) bore

1 '**zeven** *telw* seven

2 '**zeven** (zeefde, h. gezeefd) *overg* ⟨door een zeef⟩ **1** ⟨in 't alg.⟩ sieve, sift; **2** riddle, screen [coal, gravel &]

'**Zevenburgen** *o* Transylvania

'**zevende** *telw* seventh (part); *in de ~ hemel zijn* tread on air, be on cloud seven (six)

'**Zevengesternte** *o* Pleiades

'**zevenhoek** *m* (-en) heptagon

'**zevenhoekig** *bn* heptagonal

'**zevenjarig** *bn* **1** ⟨zeven jaar oud⟩ of seven years, seven-year-old; **2** ⟨om de zeven jaar; zeven jaar durend⟩ septennial

'**zevenkamp** *m* (-en) heptathlon

'**zevenklapper** *m* (-s) squib, cracker

zeven'**maandskind** *o* (-kinderen) sevenmonth baby

zeven'**mijlslaarzen** *mv* seven-league boots

'**zevenslaper** *m* (-s) ⟨dier⟩ dormouse

'**Zevenster** *v* Pleiades

'**zeventtal** *o* (-len) seven

'**zeventien** *telw* seventeen

'**zeventiende** *telw* seventeenth (part)

'**zeventig** *telw* seventy

'**zeventiger** *m* (-s) ⟨iem. van tussen de 70 en 79 jaar oud⟩ septuagenarian

'**zeventigjarig** *bn* ⟨zeventig jaar oud⟩ of seventy years, seventy-year-old

'**zeventigste** *telw* seventieth (part)

'**zevenvoud** *o* (-en) multiple of seven

'**zevenvoudig** *bn* sevenfold, septuple

'**zever** *m* ZN ⟨kwijl⟩ slaver, slobber, drivel

'**zeveraar** *m* (-s) driveller, Am driveler

'**zeveren** (zeverde, h. gezeverd) *onoverg* **1** ⟨kwijlen⟩ drivel, slaver; **2** ⟨onzin uitkramen⟩ drivel

z.g. *afk.* = *zogenaamd*

z.i. *afk.* zijns inziens zie: *inzien*

zich *wederk vnw* oneself, himself, themselves; *hij heeft het niet bij ~* he has not got it with him; *op ~* in itself

1 '**zicht** *v* (-en) ⟨sikkel⟩ reaping-hook, sickle

2 '**zicht** *o* ⟨het zien⟩ sight; [good, poor] visibility; *in ~* in sight, within sight; *drie dagen na ~* at three days' sight, three days after sight; *betaalbaar op* ~ payable at sight; *boeken op* ~ *zenden* send books on approval (for inspection)

'**zichtbaar I** *bn* visible, perceptible; *wanneer is de flat* ~? ZN ⟨te bezichtigen⟩ when is the appartment on view?; **II** *bijw* visibly

'**zichtbaarheid** *v* visibility, perceptibility

'**zichten** (zichtte, h. gezicht) *overg* cut, reap [corn]

'**zichtkoers** *m* (-en) sight-rate

'**zichtpapier** *o* sight-bills

'**zichtwissel** *m* (-s) sight-bill

'**zichtzending** *v* (-en) consignment on approval, goods on approval

zich'zelf *wederk vnw* oneself, himself; *hij was* ~ *niet* he was not himself; *bij* ~ to himself [he said...]; *buiten* ~ beside himself; *in* ~ [talk] to oneself; *op* ~ in itself [it is...]; [a class] by itself; [look at it] on its own merits; *op* ~ *staand* isolated [event, instance &]; self-contained [book, volume, school &]; *uit* ~ of his own accord; *van* ~ *Jansen* her maiden name is Jansen; *zij is van* ~ *chic* she is smart in her own right; *voor* ~ for himself (themselves)

zie'daar *tsw* there; ~ *wat ik u te zeggen had* that's what I had to tell you

'**zieden** (ziedde, h. gezoden) **I** *onoverg* seethe, boil; ~ *van toorn* seethe with rage; **II** *overg* boil

'**ziedend** *bn* ⟨woedend⟩ boiling, seething

zie'hier *tsw* **1** ⟨in 't alg.⟩ look here; **2** ⟨overreikend⟩ here you are!; here is... [the key &]; ~ *wat hij schrijft* this is what he writes

ziek *bn* **1** ⟨predicatief⟩ ill, diseased; **2** ⟨attributief⟩ sick, diseased; ~ *worden* fall ill, be taken ill; *hij is zo* ~ *als een hond* he is as sick as a dog; zie ook: *zieke*

'**ziekbed** *o* (-den) sick-bed

'**zieke** *m-v* (-n) sick person, patient, invalid; ~*n* sick people; *de* ~*n* the sick

'**ziekelijk** *bn* **1** ⟨sukkelend⟩ sickly, ailing: **2** morbid² [fancy]

'**ziekelijkheid** *v* sickliness; morbidity²

'**zieken** *onoverg: zitten* ~ gemeenz ⟨vervelend doen⟩ be a nuisance, be a pain in the neck; Br mess about

'**ziekenauto** *m* ('s) motor ambulance, ambulance

'**ziekenbezoek** *o* (-en) sick-call, visit to a sick person

'**ziekenboeg** *m* (-en) scheepv sick-bay

'**ziekenboekje** *o* (-s) ZN National Insurance membership card

'**ziekenbroeder** *m* (-s) male nurse

'**ziekendrager** *m* (-s) stretcher-bearer

'**ziekenfonds** *o* (-en) Br National Health Service

'**ziekenfondsbril** *m* (-len) Br National Health glasses

'**ziekenfondspakket** *o* comprehensive health care services

'**ziekenfondspatiënt** *m* (-en) ± National Health patient; Am ± Medicaid patient, ⟨bejaarde⟩ Medicare patient

'**ziekengeld** *o* sick-pay, sickness-benefit

'**ziekenhuis** *o* (-huizen) hospital, infirmary; *particulier* ~ nursery home

'**ziekenhuisbed** *o* (-den) hospital bed; *particulier* ~ pay-bed

'**ziekenkamer** *v* (-s) sick-room

'**ziekenkas** *v* (-sen) ZN National Insurance

'**ziekenkost** *m* invalid's food, sick-diet

'**ziekenoppasser** *m* (-s) vero **1** ⟨in 't alg.⟩ hospital attendant, male nurse; **2** mil hospital orderly

'**ziekenrapport** *o* (-en) mil sick parade

'**ziekentroost** *m* comfort of the sick

'**ziekenverpleegster** *v* (-s) nurse

'**ziekenverpleger** *m* (-s) male nurse

'**ziekenverpleging** *v* nursing

'**ziekenverzorger** *m* (-s) orderly

'**ziekenverzorging** *v* care of the sick, care of the ill

'**ziekenverzorgster** *v* (-s) nurse's aid

'**ziekenwagen** *m* (-s) ambulance

'**ziekenzaal** *v* (-zalen) (hospital) ward, infirmary

'**ziekenzuster** *v* (-s) nurse

'**ziekmelding** *v* (-en) reporting sick, reporting ill; *er zijn drie* ~*en* three have reported ill

'**ziekte** *v* (-n en -s) illness; [contagious, tropical] disease, [bowel, liver, heart] complaint, ailment; *lichte* ~ indisposition; ~ *van de maag, lever, nieren &* disorder of the stomach, liver, kidneys &; *wegens* ~ on account of ill-health

'**ziektebeeld** *o* clinical picture

'**ziektegeschiedenis** *v* (-sen) anamnesis, medical history, case history

'**ziektegeval** *o* (-len) case

'**ziektekiem** *v* (-en) disease germ

'**ziektekosten** *mv* medical expenses

'**ziektekostenverzekering** *v* (-en) health-insurance

'**ziektenleer** *v* pathology

'**ziekteverlof** *o* (-loven) sick-leave; *met* ~ absent on sick-leave

'**ziekteverloop** *o* course of the disease

'**ziekteverschijnsel** *o* (-en en -s) symptom

ziekever'wekkend *bn* morbific, pathogenic

'**ziekteverwekker** *m* (-s) agent (of a disease), pathogen

'**ziekteverzekering** *v* (-en) health insurance

'**ziekteverzuim** *o* absence due to illness

'**ziektewet** *v* health insurance act

ziel *v* (-en) **1** ⟨v. mens⟩ soul², spirit; **2** ⟨v. fles⟩ kick; **3** mil ⟨v. kanon⟩ bore; *arme* ~! poor soul!; *die eenvoudige* ~*en* these simple souls; *een goeie* ~ a good sort; *geen levende* ~ not a (living) soul; *de ouwe* ~! poor old soul!; *hij is de* ~ *van de onderneming* he is the soul of the undertaking; *een stad van 300 000* ~*en* a town of 300 000 souls; *God hebbe zijn* ~! God rest his soul!; *hoe meer* ~*en hoe meer vreugd* the more the merrier; *het ging (sneed) me door de* ~ it cut me to the quick; *in het binnenste van zijn* ~ in his heart of hearts; *met zijn* ~ *onder zijn arm lopen* be at a loose end; *iem. op zijn* ~ *geven* gemeenz sock sbd. (on the jaw), sock it to sbd.; *op zijn ~ krijgen* get a sound thrashing; *ter ~e zijn* be dead and gone; *tot in de ~* [moved] to the heart

'**zielenadel** *m* nobility of soul, nobleness of mind

'**zielengrootheid** *v* magnanimity

'**zielenheil** *o* salvation

'**zielenherder** *m* (-s) pastor

'**zielenleed** *o* mental suffering, agony of the soul

'**zielenleven** *o* inner life

'**zielenmis** *v* (-sen) = zielmis

'**zielennood** *m* mental distress

'**zielenpiet** *m* (-en), '**zielenpoot** *m* (-poten) poor thing, wretch

'**zielenpijn** *v* mental anguish

'**zielenrust** *v* = zielsrust

'**zielensmart** *v* mental anguish

'**zielenstrijd** *m* struggle of the soul, inward struggle

'**zielental** *o* number of inhabitants

'**zielenvrede** *m & v* peace of mind

'**zielenvreugde** *v* (-n) = zielsvreugde

'**zielig** *bn* pitiful, pitiable, piteous, pathetic; *wat ~!* how sad!, what a pity!

'**zielknijper** *m* (-s) schertsend shrink, trick cyclist

'**zielkunde** *v* psychology

ziel'**kundig** *bn (& bijw)* psychological(ly)

'**zielloos** *bn* **1** (zonder ziel) soulless; **2** (dood) inanimate, lifeless

'**zielmis** *v* (-sen) RK mass for the dead

'**zielroerend** *bn* soul-moving, pathetic

'**zielsangst** *m* (-en) (mental) agony, anguish

'**zielsbedroefd** *bn* deeply afflicted

'**zielsbeminde** *m-v* (-n) dearly beloved

'**zielsblij** *bn* very glad, overjoyed

'**zielsgelukkig** *bn* radiant, blissful, perfectly happy

'**zielsgenot** *o* heart's delight

'**zielskracht** *v* strength of mind, fortitude

'**zielskwelling** *v* (-en) = zielsangst

'**zielslief** *bn: iem. ~ hebben* love sbd. dearly, love sbd. with all one's soul

'**zielsrust** *v* peace of mind, tranquillity of mind; repose of the soul [after death]

'**zielsveel** *bn: ~ houden van* be very, very fond of; love dearly

'**zielsverdriet** *o* deep-felt grief

'**zielsvergenoegd** *bn* pleased as Punch, very content

'**zielsverhuizing** *v* (-en) (trans)migration of souls, metempsychosis

'**zielsverrukking**, '**zielsvervoering** *v* trance, rapture, ecstasy

'**zielsverwanten** *mv* congenial spirits

'**zielsverwantschap** *v* congeniality, psychic affinity

'**zielsvreugde** *v* (-n) soul's delight

'**zielsvriend** *m* (-en), '**zielsvriendin** *v* (-nen) bosom friend

'**zielsziek** *bn* mentally deranged

'**zielsziekte** *v* (-n en -s) mental derangement, disor-

der of the mind

'**zielszorg** *v* = zielzorg

'**zieltje** *o* (-s) soul; *een ~ zonder zorg* a carefree (lighthearted) soul, a happy-go-lucky fellow; *~s winnen* make proselytes

'**zieltogen** (zieltoogde, h. gezieltoogd) *onoverg* be dying

'**zieltogend** *bn* dying, moribund

'**zielverheffend** *bn* elevating, soulful

'**zielzorg** *v* cure of souls, pastoral care

'**zielzorger** *m* (-s) pastor

zien (zag, h. gezien) **I** *overg* **1** (in 't alg.) see, perceive; *(hij is...) dat zie ik* I see; *de directie ziet dat niet gaarne* the management does not like it; *(geen) mensen ~* see (no) people, see (no) company; (not) entertain; *mij niet gezien!* gemeenz nothing doing!; **2** (vóór infinitief): *ik heb het ~ doen* I've seen it done; *ik heb het hem ~ doen* I have seen him do(ing) it; *ik zie hem komen* I see him come (coming); *zie ook: aankomen; men zag hem vallen* he was seen falling (seen to fall); *ik zal het ~ te krijgen* I'll try to get it for you; *je moet hem ~ over te halen* you must try to persuade him; **3** (na infinitief): *doen ~* make [us] see; *iem. niet kunnen ~* not be able to bear the sight of sbd.; *laten ~* show; *laat eens ~...* let me see; *laat me ook eens ~* let me have a look; *hij heeft het mij laten ~* he has shown it to me; *zich laten zien* show oneself; *laat je nier niet weer ~* don't show yourself again, let me never set eyes on you again; *dat zou ik wel eens willen ~* I will see if...; *wat ze hier te ~ geven* what they let you see; *ik zie het aan je dat...* I can see it by your looks that...; *naar iets ~* look at sth., have a look at sth.; *naar het spel ~* look on at the game; *zie eens op je horloge* look at your watch; *hij ziet op geen paar gulden* he is not particular to a few guilders; *de kamer ziet op de tuin* the room looks out upon the garden, overlooks the garden, commands a view of the garden; *op eigen voordeel ~* seek one's own advantage; *uit uw brief zie ik dat...* from (by) your letter I see that...; *uit eigen ogen ~* look through one's own eyes; *hij kon van de slaap niet uit zijn ogen ~* he could not see for sleep; *ik zie hem nog voor mij* I can see him now; *geen... te ~* not a... to be seen; *het is goed te ~* **1** (makkelijk) it can easily be seen, it shows; **2** (duidelijk) it is distinctly visible; *er is niets te ~* there is nothing to be seen; *er is niets van te ~* there is nothing that shows; *iedere dag te ~* on view every day; **II** *onoverg & abs ww* see; look; *bleek ~* look pale; *donker ~* look black[2]; *dubbel ~* see double; *ik zie niet goed* my eye-sight is none of the best, my sight is poor; *hij ziet bijna niet meer* his sight is almost gone; *hij ziet slecht* his eye-sight is bad; *het ziet zwart van de mensen* the place is black with people; *we zullen ~* well, we shall see; *zie beneden* see below; *zie boven* see above; *zie je?* you see?, gemeenz see?; *zie je wel?* (do you) see that, now?, I told you so!; *zie eens hier!* look here!; look here!; *En* zie, *daar kwam*... and behold!; ~*de blind zijn* see and not perceive; **III** *o* seeing, sight, vision; *bij (op) het* ~ *van* on seeing; *tot* ~*s!* see you again!, gemeenz see you soon!, be seeing you!, so long!, see you (later)!; zie ook: *gezien*

'zienderogen *bijw* visibly

'ziener *m* (-s) seer, prophet

'zienersblik *m* (-ken) prophetic eye

'zienlijk *bn* ZN visible

'zienswijs, 'zienswijze *v* (-wijzen) opinion, view; *iems.* ~ *delen* share sbd.'s views

zier *v* whit, atom; *het is geen* ~ *waard* it is not worth a pin (straw, bit)

'ziertje *o* = *zier*; *geen* ~ *beter* not a whit better

zie'zo *tsw* well, so; ~*!* that's it!, there (it is done)!

'ziften (ziftte, h. gezift) *overg* sift

'zifter *m* (-s) **1** *eig* sifter; **2** ⟨haarklover⟩ fault-finder, hair-splitter

zifte'rij *v* (-en) fault-finding, hair-splitting

'ziftsel *o* (-s) siftings

zi'geuner *m* (-s) gipsy

zigeune'rin *v* (-nen) gipsy (woman)

zi'geunertaal *v* gipsy language, Romany

'zigzag *m* zigzag; ~ *lopen* zigzag

'zigzaggen (zigzagde, h. gezigzagd) *onoverg* zigzag

'zigzaglijn *v* (-en) zigzag line

zigzagsge'wijs, zigzagsge'wijze *bijw* zigzag

1 zij *pers vnw* **1** ⟨vrouwelijk⟩ she; **2** ⟨meervoud⟩ they

2 zij *v* (-den) side; ~ *aan* ~ side by side; zie verder: *¹zijde*

3 zij *v* = *²zijde*

'zijaanzicht *o* side-view

'zijachtig *bn* = *zijdeachtig*

'zijaltaar *o* (-taren) side-altar

'zijbeuk *v* & *m* (-en) (side-)aisle

zijd *bijw*: *wijd en* ~ far and wide

1 'zijde *v* (-n) **1** side [of a cube, a house, a table, the body &]; **2** flank [of an army]; *een* ~ *spek* a side of bacon; *wiskunde is (niet) zijn sterkste* ~ mathematics is his strong (weak) point; *zijn goede* ~ *hebben* have its good side; *iems.* ~ *kiezen* take sbd.'s side, side with sbd.; *aan beide* ~*n* on both sides, on either side; *aan deze* ~ on this side of, (on) this side [the Alps &]; *aan de ene* ~ *heeft u gelijk* on one side you are right; *aan zijn* ~ at his side; *hij staat aan onze* ~ he is on our side; *de handen in de* ~ *zetten* set one's arms akimbo; *iem. in zijn zwakke* ~ *aantasten* attack sbd. where he is weakest; *naar alle* ~*n* in every direction; *van alle* ~*n* from all quarters [they flock in]; [you must look at it] from all sides; *van bevriende* ~ from a friendly quarter; *van de* ~ *van de regering* on the part of the Government; *van die* ~ *geen hulp te verwachten* no help to be looked for in that quarter; *van militaire* ~ *vernemen wij* from military quarters we hear; *van mijn* ~ on my part; *van verschillende* ~*n* from various quarters

2 'zijde *v* ⟨stof⟩ silk; *daar spint hij geen* ~ *bij* he doesn't profit by it

'zijdeachtig *bn* silky

'zijdecultuur *v* sericulture

'zijdefabriek *v* (-en) silk factory

'zijdefabrikant *m* (-en) silk manufacturer

'zijdeglans *m* silk lustre (gloss)

'zijdehandelaar *m* (-s en -laren) silk merchant

'zijdelings I *bn*: *een* ~*e blik* a sidelong look; *een* ~ *verwijt* an indirect reproach; **II** *bijw* sideways, sidelong, indirectly

'zijdelinnen *o* rayon

'zijden *bn* **1** *eig* silk; **2** *fig* silken [hair]

'zijdepapier *o* tissue paper

'zijderups *v* (-en) silkworm

zijdespinne'rij *v* **1** ⟨het spinnen⟩ silk spinning; **2** (-en) ⟨bep. bedrijf⟩ silkmill, silk spinnery, filature

'zijdeteelt *v* sericulture

'zijdeur *v* (-en) side door; *door de* ~ *afgaan* ⟨beschaamd weggaan⟩ leave (slip out) by the back door

'zijdewever *m* (-s) silk weaver

zijdeweve'rij *v* (-en) silk weaving

'zijdeworm *m* (-en) silkworm

'zijgang *m* (-en) **1** side-passage [in a house]; **2** lateral gallery [in a mine]; **3** corridor [in a train]

'zijgen (zeeg, *overg* h., *onoverg* is gezegen) *overg* strain

'zijgevel *m* (-s) side-façade

'zijig *bn* **1** *eig* silky; **2** *fig* gemeenz soft, effeminate

'zij-ingang *m* (-en) side-entrance

'zijkamer *v* (-s) side-room

'zijkanaal *o* (-nalen) branch-canal

'zijkant *m* (-en) side

'zijkapel *v* (-len) side-chapel

'zijlaan *v* (-lanen) side-avenue

'zijlaantje *o* (-s) side-alley, by-walk

'zijleuning *v* (-en) **1** ⟨v. trap &⟩ handrail, railing; **2** armrest [of a chair]

'zijlicht *o* (-en) sidelight

'zijlijn *v* (-en) **1** side-line, branch line, loop-line [of railway]; **2** sp touchline [of football field], sideline; **3** = *zijlinie*

'zijlinie *v* (-s) collateral line [of a dynasty]

'zijloge *v* (-s) side-box

'zijmuur *m* (-muren) side-wall

1 zijn *bez vnw* his; *elk het* ~ every one his due; *Hitler en de* ~*en* Hitler and company

2 zijn (ik ben, jij bent, hij is; was (waren), is geweest) **I** *onoverg* ⟨zelfstandig⟩ be; *hij is er* **1** ⟨aanwezig⟩ he is there; **2** ⟨geslaagd⟩ he is a made man; *daarvoor is de politie er* that is what the police is there for; *hij (zij) mag er* ~ zie: *¹wezen* I; *wij* ~ *er nog niet* we have not got there yet; *hoe is het?* how are you?, how do you do?; *hoe is het met de zieke?* how is the patient?; *wat is er?* what is the matter?; **II** ⟨koppelwerkwoord⟩ be; *God is goed* God is good; *dat ben ik!* that's me; *hij is soldaat* he is a soldier; *ze* ~ *officier* they are officers; *jongens* ~ ⟨nu eenmaal⟩ *jongens* boys will be boys; *het is te hopen, dat*... it is to be hoped that...; *het is makkelijk te doen* it is easy to do; *2 keer 2 is 4* twice two is four; **III** (hulpwerkwoord) have, be; *hij is geslaagd* he has succeeded; *hij is gewond* **1** he has been wounded; **2** he is wounded; *ik ben naar Albany geweest* I have been to Albany, [yesterday] I went to Albany; **IV** *o* being

'**zijnent** *bijw*: *te(n)* ~ at his house, at his place

'**zijnenthalve** *bijw* for his sake

'**zijnentwege** *bijw* as for him; *van* ~ on his behalf, in his name

'**zijnentwille** *bijw*: *om* ~ for his sake

'**zijnerzijds** *bijw* on his part, from him

'**zijnet** *o* (-ten) sp side of the net

'**zijnsleer** *v* filos ontology

'**zijpad** *o* (-paden) by-path

'**zijpelen** *onoverg* (zijpelde, h. en is gezijpeld) = *sijpelen*

'**zijraam** *o* (-ramen) side-window

'**zijrivier** *v* (-en) tributary (river), affluent, confluent

'**zijschip** *o* (-schepen) (side-)aisle

'**zijspan** *o & m* (-nen), '**zijspanwagen** *m* (-s) side-car

'**zijspiegel** *m* (-s) Br wing mirror; Am outside mirror

'**zijspoor** *o* (-sporen) side-track, siding, shunt; *de trein werd op een* ~ *gebracht* the train was shunted on to a siding

'**zijsprong** *m* (-en) side-leap

'**zijstraat** *v* (-straten) side-street, off-street, by-street

'**zijstuk** *o* (-ken) side-piece

'**zijtak** *m* (-ken) **1** (v. boom) side-branch; **2** branch [of a river]; **3** collateral branch [of a family]

'**zijvenster** *o* (-s) side-window

'**zijvlak** *o* (-ken) side, lateral face

'**zijwaarts I** *bn* sideward, lateral; **II** *bijw* sideways, sideward(s)

'**zijwand** *m* (-en) side-wall

'**zijweg** *m* (-wegen) side-way, by-way

'**zijwieltjes** *mv* training wheels

'**zijwind** *m* (-en) side-wind

'**zijzwaard** *o* (-en) scheepv leeboard

zilt, '**ziltig** *bn* saltish, briny; *het ~e nat* the salty sea, the briny waves, the brine

'**ziltheid**, '**ziltigheid** *v* saltishness, brininess

'**zilver** *o* **1** (in 't alg.) silver; **2** (huisraad) plate, silver, silverware; ~ *in staven* bar-silver, bullion

'**zilverachtig** *bn* silvery

'**zilverblank** *bn* as bright as silver

'**zilverdraad** *o & m* (-draden) **1** (met zilver omwonden) silver thread; **2** (van zilver) silver wire

'**zilveren** *bn* silver

'**zilvererts** *o* (-en) silver-ore

'**zilverfazant** *m* (-en) silver pheasant

'**zilvergehalte** *o* silver content

'**zilvergeld** *o* silver money, silver

'**zilverglans** *m* silvery lustre

'**zilvergoed** *o* (silver) plate, silver

'**zilvergrijs** *bn* silver-grey, silvery grey

'**zilverhoudend** *bn* containing silver

'**zilverkast** *v* (-en) silver-cabinet

'**zilverkleur** *v* silvery colour

'**zilverkleurig** *bn* silver-coloured

'**zilverling** *m* (-en) bijbel piece of silver

'**zilvermeeuw** *v* (-en) herring gull

'**zilvermijn** *v* (-en) silver mine

'**zilvermunt** *v* (-en) silver coin

'**zilvernitraat** *o* silver nitrate

'**zilverpapier** *o* silver-paper, tinfoil

'**zilverpoeder**, **zilverpoeier** *o & m* silver-dust

'**zilverpopulier** *m* (-en) white poplar, abele

'**zilverreiger** *m* (-s) *grote* ~ great white heron; *kleine* ~ little egret

'**zilverschoon** *v* (plant) silverweed

'**zilversmid** *m* (-smeden) silversmith

'**zilverspar** *m* (-ren) silver fir

'**zilverstaaf** *v* (-staven) bar of silver

'**zilverstuk** *o* (-ken) silver coin

'**zilveruitje** *o* (-s) shallot

'**zilvervisje** *o* (-s) silver-fish

'**zilvervliesrijst** *m* unpolished rice

'**zilvervloot** *v* (-vloten) silver-fleet

'**zilvervos** *m* (-sen) silver-fox

'**zilverwerk** *o* (-en) silverware, plate

'**zilverwit** *bn* silvery white

Zim'babwe *o* Zimbabwe

Zimbabwe'aan *m* (-weanen) Zimbabwean

Zimbabwe'aans *bn* Zimbabwean

zin *m* (-nen) **1** (betekenis) sense, meaning; **2** (zielsvermogen) sense; **3** (lust) mind; **4** (volzin) sentence; ~ *voor humor* a sense of humour; *(geen)* ~ *voor het schone* a (no) sense of beauty; *waar zijn uw ~nen?* have you taken leave of your senses?; *zijn eigen* ~ *doen* do as one pleases; *iems.* ~ *doen* do what sbd. likes; *hij wil altijd zijn eigen* ~ *doen* he always wants to have his own way; *als ik mijn* ~ *kon doen* if I could work my will; *iem. zijn* ~ *geven* let sbd. have his way, indulge sbd.; *wat voor* ~ *heeft het om...?* what's the sense (the point) of ...ing?; *dat heeft geen* ~ **1** that [sentence] makes no sense; **2** that is nonsense, gemeenz that's no go; *het heeft geen* ~... there is no sense (no point) in ...ing; *nu heb je je* ~ now you have it all your own way; *zij heeft* ~ *in hem* she fancies him; *ik heb* ~ *om* I have a mind to...; *als je* ~ *hebt om...* if you feel like ...ing, if you care to...; *ik heb er geen* ~ *in* I have no mind to, I don't feel like it; *ik heb er wel* ~ *in om* I have half a mind to; *zijn* ~ *niet bij elkaar houden* keep one's head; *zijn* ~ *krijgen* get (have) one's own way, get (have) one's will; *zijn* ~ *niet krijgen* not carry one's point; *zijn ~nen op iets gezet hebben* have set one's heart upon sth.; *niet goed bij zijn ~nen zijn* not be in one's right senses, be out of one's senses; *in dezelfde (die)* ~ [speak] to the same (to that) effect; *in eigenlijke* ~ in its literal sense, in the proper sense; *in engere* ~ in the strict (the limited) sense of the word; *in figuurlijke* ~ in a figurative sense, figuratively; *in ruimere* ~ in a wider sense; *opvoeding in de ruimste (volste)* ~ education in its widest sense; *in de ruimste (volste)* ~ *des woords* in the full sense of the world; *in zekere* ~ in a certain sense; in a sense, in a way; *iets in de* ~ *hebben* be up to sth.; *hij heeft niets goeds in de* ~ he is up to no good; *dat zou mij nooit in de* ~ *komen* I should not even dream of it, it would never occur to me; *is het naar uw* ~*?* is it to your liking?; *men kan het niet iedereen naar de* ~ *maken* it is impossible to please everybody; *tegen mijn* ~ against my will; *van zijn* ~*nen beroofd zijn* be out of one's senses; *wat is hij van* ~*s?* what does he intend?; *hij is niets goeds van* ~*s* he is up to no good; *ik ben niet van* ~*s om* I have no thought of ...ing; *één van* ~ *zijn* be of one mind

'**zindelijk** *bn* 1 ⟨schoon⟩ clean, cleanly, tidy; 2 ⟨v.e. kind⟩ trained; 3 ⟨v.e. hond⟩ house-trained
'**zindelijkheid** *v* ⟨reinheid⟩ cleanness, cleanliness, tidiness
'**zinderen** ⟨zinderde, h. gezinderd⟩ *onoverg* ZN
1 ⟨tintelen⟩ twinkle, sparkle; 2 ⟨trillen⟩ tremble
'**zinderend** *bn*: *een* ~*de hitte* a sweltering heat; *een* ~*de spanning* a palpable tension
'**zingen** ⟨zong, h. gezongen⟩ **I** *onoverg* sing [of people, birds, the wind, a kettle]; *plechtig* chant; ⟨v. vogels⟩ sing, carol, warble; *(dat lied) zingt gemakkelijk* ...sings easily; *zuiver* ~ sing true, sing in tune; *vals* ~ sing out of tune; *er naast* ~ sing off-key; **II** *overg* sing; *iem. in slaap* ~ sing sbd. to sleep; *kom, zing eens wat* give us a song
'**zingenot** *o* sensual pleasure(s)
zink *o* 1 ⟨in 't alg.⟩ zinc; 2 ⟨onzuiver ~⟩ spelter
1 '**zinken** ⟨zonk, is gezonken⟩ *onoverg* sink; *goederen laten* ~ sink goods; *tot* ~ *brengen* 1 ⟨in 't alg.⟩ sink; 2 ⟨zelf opzettelijk⟩ scuttle [to prevent capture]
2 '**zinken** *bn* zinc
'**zinker** *m* ⟨-s⟩ underwater main
'**zinklaag** *v* ⟨-lagen⟩ layer of zinc
'**zinklood** *o* ⟨-loden⟩ 1 ⟨aan hengel &⟩ sinker; 2 = *dieplood*
'**zinkplaat** *v* ⟨-platen⟩ zinc plate
'**zinkput** *m* ⟨-ten⟩ cesspool, sink
'**zinkstuk** *o* ⟨-ken⟩ mattress
'**zinkwit** *o* zinc-white
'**zinkzalf** *v* zinc ointment
zin'ledig *bn* meaningless, nonsensical
zin'ledigheid *v* meaninglessness
'**zinlijk(heid)** = *zinnelijk(heid)*
'**zinloos** *bn* senseless, meaningless, inane, pointless
zin'loosheid *v* ⟨-heden⟩ senselessness, meaninglessness, inanity, pointlessness
'**zinnebeeld** *o* ⟨-en⟩ emblem, symbol
zinne'beeldig I *bn* emblematic(al), symbolic(al); **II** *bijw* emblematically, symbolically
'**zinnelijk I** *bn* 1 ⟨van de, door middel van de zintuigen⟩ of the senses; 2 ⟨v. het zingenot⟩ sensual; **II** *bijw* 1 by the senses; 2 sensually
'**zinnelijkheid** *v* sensuality, sensualism

'**zinneloos** *bn* insane, mad
zinne'loosheid *v* insanity, madness
1 '**zinnen** ⟨zon, h. gezonnen⟩ *onoverg* ⟨peinzen⟩ meditate, ponder, muse, reflect; ~ *op* meditate on; *op wraak* ~ brood on revenge
2 '**zinnen** ⟨zinde, h. gezind⟩ *onoverg*: *het zint mij niet* I don't like that, it is not to my liking; *dat zint me wel* I like that
'**zinnenprikkelend, zinnen'prikkelend** *bn* sensual
'**zinnenstrelend, zinnen'strelend** *bn* sensuous
'**zinnia** *v* ⟨'s⟩ zinnia
'**zinnig** *bn* sensible; *geen* ~ *mens zal...* no man in his senses (no sane man) will...
'**zinrijk** *bn* full of sense, significant, meaningful, pregnant
'**zinrijkheid** *v* significance, meaningfulness, pregnancy
'**zinsbedrog** *o*, '**zinsbegoocheling** *v* ⟨-en⟩ illusion, delusion
'**zinsbouw** *m*, '**zinsconstructie** *v* ⟨-s⟩ construction (of a sentence), sentence structure
'**zinsdeel** *o* ⟨-delen⟩ part of a sentence
'**zinsnede** *v* ⟨-n⟩ passage, clause
'**zinsontleding** *v* ⟨-en⟩ analysis
'**zinspelen** ⟨zinspeelde, h. gezinspeeld⟩ *onoverg*: ~ *op* allude to, hint at
'**zinspeling** *v* ⟨-en⟩ allusion (*op* to), hint (*op* at); *een* ~ *maken op* allude to, hint at
'**zinspreuk** *v* ⟨-en⟩ motto, device
'**zinstorend** *bn* confusing
'**zinsverband** *o* context
'**zinsverbijstering** *v* mental derangement
'**zinsverrukking**, '**zinsvervoering** *v* exaltation
'**zinswending** *v* ⟨-en⟩ turn (of phrase)
'**zintuig** *o* ⟨-en⟩ organ of sense, sense-organ; *een zesde* ~ a sixth sense
zin'tuiglijk *bn* sensorial
'**zinverwant** *bn* synonymous
'**zinvol** *bn* meaningful
'**zinvolheid** *v* meaningfulness
zio'nisme *o* Zionism
zio'nist *m* ⟨-en⟩ Zionist
zio'nistisch *bn* Zionist
zit *m*: *het is een hele* ~ 1 it is quite a long journey [from Alicante]; 2 it is quite a long stretch [from 9 to 4]; *hij heeft geen* ~ *in 't lijf gemeenz* he is fidgety
'**zitbad** *o* ⟨-baden⟩ hip-bath, sitz-bath
'**zitbank** *v* ⟨-en⟩ 1 ⟨in huis⟩ couch, settee; 2 ⟨in park⟩ bench; 3 ⟨in kerk⟩ pew
'**zitdag** *m* ⟨-dagen⟩ recht court-day
'**zitje** *o* ⟨-s⟩ 1 ⟨tafeltje en stoelen⟩ table and chairs; 2 ⟨achterop een fiets⟩ child's seat
'**zitkamer** *v* ⟨-s⟩ sitting-room, parlour
'**zitplaats** *v* ⟨-en⟩ seat; *er zijn* ~*en voor 5000 mensen* the hall (church &) can seat 5000 people, the seating accommodation is 5000
zit'slaapkamer *v* ⟨-s⟩ bed-sittingroom, gemeenz

zitstok

bed-sitter, bedsit

'**zitstok** *m* (-ken) perch

'**zitten I** (zat, h. gezeten) *onoverg* sit; *die zit!* that is one in the eye for you; sp goal!; *ze ~ al* they are seated; *hij heeft gezeten* he has done time, he has been in prison; *die stoelen ~ gemakkelijk* these chairs are very comfortable; *zit je daar goed?* are you comfortable there?; *(de jas) zit goed (slecht)* is a good (bad) fit; *dat zit wel goed* it's (it'll be) all right; *(de boom) zit vol vruchten* is full of fruit; *daar zit je nou!* there you are!; *waar ~ ze toch?* where can they be?; *zit daar geld?* are they well off?; *hoe zit dat toch?* how is that?; *daar zit het hem* there's the rub; *dat zit nog!* that's a question!; *dat zit zo* it is like this; *het zit hem als aangegoten, als (aan het lijf) gegoten* it fits him like a glove; (vóór infinitief) *de kip zit te broe-den* the hen is sitting; *ze zaten te eten* they were having dinner; they were eating [apples]; *hij zit weer te liegen* he is telling lies again; *hij zit de hele dag te spelen* he does nothing but sit and play all day long; (met infinitief) *blijven ~* remain seated; *blijft u ~* keep your seat, don't get up; *~ blijven!* keep your seats!; (school) *het kind is blijven ~* the child has missed his remove; *hij is met die goederen blijven ~* he was left with his wares (on his hands); *ze is met vier kinderen blijven ~* she was left with four children; *je hoed blijft zo niet ~* your hat won't stay on; *gaan ~* **1** (v. mensen) sit down; **2** (v. vogels) perch; *gaat u ~* sit down; be seated, take a seat; *kom bij mij ~* come and sit by me; *iem. laten ~* make sbd. sit down; *hij heeft haar laten ~* he has deserted her; *er veel geld bij laten ~* lose a lot of money over it; *dat kan ik niet op mij laten ~* I won't take it lying down, I cannot sit down under this charge; *laat maar ~* (tegen kelner &) keep the change, it is all right; *iets wel zien ~* see one's way to do sth.; *het niet zo zien ~* think sth. unworkable (unrealizable); *het niet meer zien ~* be despondent, see no way out; *aan tafel ~* be at table; *het zit er niet aan* I can't afford it; *hij zit achter mij* he sits behind me; *hij zit er achter* he is at the bottom of it; *er zit iets achter* there is something behind; *ze ~ altijd bij elkaar* they are always (sitting) together; *ze ~ er goed bij* they are well off; *er zit niet veel bij die man* he is a man with nothing in him; *in angst ~* be in fear; *hij zit in de commissie* he is on the committee; *hoe zit dat in elkaar?* how is that?; *het zit in de fami-lie* it runs in the family; *dat zit er wel in* that's quite on the cards; *het zit niet in hem* it is not in him, he hasn't got it in him; *er zit wel wat in hem* he has (jolly) good stuff in him; zie ook: *inzitten*; *wij ~ er mee* we don't know what to do (with it), what to make of it; *daar zit ik niet mee* that doesn't worry me; *om het vuur ~* sit (be seated) round the fire; *daar zit een jaar op, als je...* it will be a year (in prison) if you...; *dat zit er weer op* that job is jobbed; zie ook: *opzitten*; *hij zit nu al een uur over (dat opstel)* he has been at work on it for an hour; *het zit me tot*

hier gemeenz I am fed up with it; *hij zit voor het kiesdistrict A.* he represents the constituency of A., he sits for A.; *zij zit voor een schilder* she sits to a painter; **II** *o*: *stemmen bij ~ en opstaan* vote by ris-ing or remaining seated

'**zittenblijver** *m* (-s) non-promoted pupil

'**zittend** *bn* **1** (in 't alg.) seated, sitting; **2** sedentary [life]

'**zittijd** *m* **1** (in 't alg.) (time of) session; **2** recht term [= period during which a court holds ses-sions]

'**zitting** *v* (-en) **1** session, sitting [of a committee &]; **2** seat, bottom [of a chair]; *geheime ~* secret ses-sion; *een stoel met een rieten ~* a cane-bottomed chair; *~ hebben* sit, be in session [of a court]; *~ heb-ben in* **1** sit on [a committee]; **2** be on [the board]; **3** serve on [a jury]; *~ hebben voor...* sit [in Parlia-ment] for...; *~ houden* sit; *~ nemen in een commissie* serve on a committee; *~ nemen in het ministerie* ac-cept office

'**zittingsdag** *m* (-dagen) **1** (in 't alg.) day of session; **2** (v. rechtbank) court-day

'**zittingsperiode** *v* (-s, -n) term (of office)

'**zittingszaal** *v* (-zalen) (v. rechtbank) court-room

'**zitvlak** *o* (-ken) seat, bottom

'**zitvlees** *o*: *hij heeft geen ~* gemeenz he is fidgety

'**zitzak** *m* (-ken) beanbag

ZKH *afk.* = *Zijne Koninklijke Hoogheid* zie: *hoogheid*

ZM *afk.* = *Zijne Majesteit* zie: *majesteit*

1 zo I *bijw* **1** (zodanig) so, like that, such; zie ook: *zo'n*; *het is ~* **1** so it is; **2** that is true, it's a fact!; **3** you are right; *~ is het!* quite so!, that's it!; *~ is het niet* it is not like that (like this); *het is niet ~* it is not true; *als dat ~ is* if that is the case; if that is true; *~ was het* that's how it was; *~ zij het!* so be it; *~ is hij (niet)* he is (not) like that; *~ is hij nu een-maal* he is built that way; *het is nu eenmaal ~* things are so; *~ is het leven* such is life; *~ zijn solda-ten (nu eenmaal)* it is the way with soldiers; *het voor-stel kan zó niet worden aangenomen* the proposal cannot be accepted as it stands; **2** (op de zo'n manier) thus, like this, like that, in this way, in this manner, so; *alleen ~ (kun je het doen)* so and only so; *~ moet je het doen* ook: that's how you should do it; *zó bang dat...* so much (so) afraid that...; *zó hoog dat...* so high that...; **3** (zoals ik hierbij aan-geef) as ... as; *het was zó dik* it was as big as this; *~ groot dat...* of such a size that...; *hij sprong zó hoog* he jumped as high as this, he jumped that high; **4** (even) as... as; (ontkennend) not so (ook: not as)... as; *~ groot als zijn broer* as tall as his brother; *~ wit als sneeuw* (as) white as snow, snow-white; *hij is lang niet ~...als...* he is not nearly so... as...; **5** (in die mate) so; *zijn ze zó slecht?* are they so bad (as bad as that, all that bad)?; *ik betaalde hem dubbel, zó tevreden was ik* I paid him double, I was so pleased; *wees ~ vriendelijk mij mede te delen...* be so kind as to inform me, be kind enough to inform me, kindly inform me...; **6** (in hoge mate) so; *ik ben ~ blij!* I am so glad!; *ik ben zó blij!* I am so very glad!; *ik verlang ~ hen weer te zien* I so long to see them again; **7** (dadelijk) directly; in no time; **8** (aanstonds) presently; **9** (stopwoord) I say, well; *~, ben jij daar!* I say, that you!; *~, en waar is Marie?* well, and where is Mary?; **10** (uitroep v. tevredenheid) that's it, well; *~, dat is in orde!* Well, that's all right!; *~, nu kunnen we gaan* that's it, now we can be off; **11** (vragend) Really?, did he?, has he? &; *~ dat* so... that, in such a way that, so as not to...; *~ een* zie: *zo'n*; *net ~ een* just such another; *~ eentje* such a one; *om ~ en ~ laat* at something o'clock; *~ en zoveel gulden* umpty guilders; *in het jaar ~ en zoveel* zie: *zoveel*; *~ iem.* such a man, such a one; *en ~ meer* and so on; *~ dadelijk, ~ meteen* in a moment, presently; *~ mogelijk* if possible; *hij was niet ~ doof of hij hoorde mij binnenkomen* he was not so deaf but he heard me enter; *al is hij nog ~...* zie: ³*al*; *net ~* zie: ²*net III*; *o ~!* Aha!; *het was o ~ koud* ever so cold; **II** *voegw* **1** (vergelijkend) as; **2** (veronderstellend) if; **3** (voorwaardelijk) if; *hij is, ~ men zegt, rijk* he is said to be rich; *(je bent weer hersteld) ~ ik zie* I see; *~ ja...* if so; *~ nee (niet)...* if not...; *~ hij nu eens binnenkwam* if he were to come into the room now; *~ hij al moeite gedaan heeft...* (even) if he has been at pains to...

2 zo *v* (zooien) = *zooi*

ZO *afk.* = *zuidoosten*

zo'als *voegw* as, like; *zij stemmen ~ men hun zegt* they vote the way one tells them; *in landen ~ België, Frankrijk...* in countries such as Belgium, France...

ZOAVO *afk. Zuidoost-Aziatische Verdragsorganisatie* SEATO, South-East Asia Treaty Organization

zocht (zochten) V.T. van *zoeken*

zo'danig, 'zodanig I *bn* such (as this, as these); *~e mensen* such people, people such as these; *op ~e wijze* in such a manner; *als ~* as such; **II** *bijw* so (much), in such a manner

zo'dat *voegw* so that

'zode *v* (-n) turf, sod [of grass]; *onder de groene ~n liggen* gemeenz push up the daisies; *dat zet geen ~n aan de dijk* that cuts no ice

'zodenrand *m* (-en) turf-border

'zodiak *m* zodiac

zodia'kaallicht *o* zodiacal light

'zodoende *bijw* thus, in this way; so

zo'dra *voegw* as soon as; *niet ~..., of...* no sooner [had he, did he &]... than...; scarcely (hardly)... when...

zoe'aaf *m* (zoeaven) zouave

zoek *bn: het is ~* it has been mislaid, it is not to be found; *~ maken* mislay [sth.]; *~ raken* be (get) lost; *op ~ naar...* in search of...

'zoekactie *v* (-s) search operation

'zoekbrengen[1] *overg* kill [time]

'zoeken (zocht, h. gezocht) **I** *overg* **1** look for [something, a person &]; **2** seek [assistance, the Lord]; *ja, maar hij zoekt het ook altijd* he is always asking for trouble; *hij zoekt mij ook altijd* he is always down on me; *hij zocht mij te overreden* he sought to persuade me; *zoek eens een krant voor me* go and find a newspaper for me; *wij ~ het in...* we go in for [quality]; *de waarheid ~* seek truth; search after truth; *(arbeiders) die werk ~* in search of work; zie ook: *ruzie* &; *hij wordt gezocht* **1** (in 't alg.) they are looking for him; **2** (door politie) he is wanted; *dat had ik niet achter hem gezocht* **1** (ongunstig) I never thought him capable of such a thing; **2** (gunstig) I never thought he had it in him; *er wat achter ~* suspect something behind it; *hij zoekt overal wat achter* he always tries to find hidden meanings; *(dat is) nog ver te ~* far to seek; *hij wist niet waar hij het ~ moest* he didn't know where to turn; *hij heeft hier niets te ~* he has no business here; *ik heb daar niets (meer) te ~* there's no point going there; **II** *onoverg & abs ww* seek, search, make a search; *zoek, Castor!* seek, Castor!; *ik zal wel eens ~* I'll have a look [in the cupboard &]; *zoekt en gij zult vinden* bijbel seek, and ye shall find; *naar iets ~* look for (search for, seek) something; *naar zijn woorden ~* grope for words; **III** *o* search, quest; *aan het ~ zijn* be looking for it

'zoeker *m* (-s) **1** (iem. die zoekt) seeker; **2** fotogr view-finder

'zoeklicht *o* (-en) searchlight

'zoekmaken[1] *overg* mislay

'zoekplaatje *o* (-s) puzzle picture

zoel *bn* mild, balmy [weather]

'zoelheid *v* mildness, balminess

'Zoeloe *m* (-s) Zulu

'zoelte *v* **1** (warmte) mildness, balminess; **2** (wind) soft breeze

'zoemen (zoemde, h. gezoemd) *onoverg* buzz, hum

'zoemer *m* (-s) buzzer

'zoemtoon *m* **1** (in 't alg.) buzzing tone; **2** telec dialling tone

zoen *m* (-en) **1** (kus) kiss; **2** (verzoening) expiation, atonement

'zoendood *m & v* redeeming death

'zoenen (zoende, h. gezoend) *overg & abs ww* kiss

'zoenoffer *o* (-s) expiatory sacrifice, sin-offering, peace-offering, piacular offer

zoet *bn* **1** (in 't alg.) sweet²; **2** (gehoorzaam) good; *een ~ kind* a good child; *~ water* fresh water, sweet water; *het kind ~ houden* keep (the) baby quiet; *~ maken* sweeten

'zoetachtig *bn* sweetish

'zoetekauw *m-v* (-en): *een ~ zijn* have a sweet tooth

'zoetelijk *bn* sugary

'zoetemelks *bn: ~e kaas* cream cheese

'zoeten (zoette, h. gezoet) *overg* sweeten

'zoeterd *m* (-s) darling, dear

'zoeterig ZN *bn* **1** (van smaak) sweetish; **2** (zoetsappig) sugary

'**zoetgevooisd** *bn* mellifluous, melodious
'**zoetheid** *v* (-heden) sweetness
'**zoethoudertje** *o* (-s) sop
'**zoethout** *o* liquorice
'**zoetig** *bn* sweetish
'**zoetigheid** *v* (-heden) sweetness; *(allerlei)* ~ sweet stuff, sweets, dainties
'**zoetje** *o* (-s) ⟨v. zoetstof⟩ sweetener, saccharin
'**zoetjes** *bijw* **1** ⟨zachtjes⟩ softly, gently; **2** ⟨lief⟩ sweetly
zoetjes'aan *bijw* **1** ⟨zachtjes⟩ softly; **2** ⟨geleidelijk⟩ gradually; ~ *dan breekt het lijntje niet* easy does it
'**zoetluidend** *bn* melodious
'**zoetmiddel** *o* (-en) sweetening
zoet'sappig *bn* sugary, saccharine
zoet'sappigheid *v* sugariness
'**zoetschaaf** *v* (-schaven) smoothing plane
'**zoetstof** *v* (-fen) sweetening
'**zoetvijl** *v* (-en) smoothing file
zoet'vloeiend *bn* mellifluous, melodious
zoet'vloeiendheid *v* mellifluence, melodiousness
zoet'watervis *m* (-sen) fresh-water fish
'**zoetzuur I** *bn* sweet-and-sour; **II** *o* sweet pickles
'**zoeven** (zoefde, h. gezoefd) *onoverg* whiz
zo-'even *bijw* just now, a minute ago
zog *o* **1** ⟨moedermelk⟩ (mother's) milk; **2** scheepv wake [of a ship]; *in iems.* ~ *varen* follow in sbd.'s wake
1 '**zogen** (zoogde, h. gezoogd) *overg* suckle, give suck, nurse
2 '**zogen** V.T. meerv. van *zuigen*
zoge'naamd I *bn* so-called, self-styled, would-be; **II** *bijw:* ~ *om te* ostensibly to
zoge'noemd *bn* so-called
zoge'zegd *bijw* so to say
zoge'zien *bijw* so to see, on the face of it
'**zoiets** *onbep vnw* such a thing, such things; ~ *moois* such a beautiful thing; ~ *heb ik nog nooit meegemaakt* I've never had anything like that happen to me; ... *of* ~ ... or something like that, or some such thing, or something to that effect; *daar zeg je* ~ ⟨er schiet me iets te binnen⟩ that reminds me; ~ *als £ 5000* about £ 5000
zo'juist *bijw* just; *we hebben uw fax* ~ *ontvangen* we just received your fax, we received your fax a minute ago
zo'lang I *voegw* so (as) long as; **II** *bijw* meanwhile
'**zolder** *m* (-s) **1** ⟨ruimte onder dak⟩ garret, loft; **2** ⟨zoldering⟩ ceiling
'**zolderen** (zolderde, h. gezolderd) *overg* **1** ⟨op zolder brengen⟩ warehouse, lay up, store; **2** bouwk ceil
'**zoldering** *v* (-en) ceiling
'**zolderkamertje** *o* (-s) attic, attic room, garret
'**zolderladder** *v* (-s) loft ladder
'**zolderlicht** *o* (-en) skylight, garret window
'**zolderluik** *o* (-en) trapdoor
'**zolderraam** *o* (-ramen) dormer-window

'**zolderschuit** *v* (-en) barge
'**zoldertrap** *m* (-pen) garret stairs
'**zoldervenster** *o* (-s) garret-window
'**zolderverdieping** *v* (-en) attic-floor
'**zolen** (zoolde, h. gezoold) *overg* sole [boots]
'**zomaar** *bijw* just (like that); *(waarom doe je dat?) och,* ~*!* I just feel like it; *ga je* ~ *weg?* are you leaving us just like that?; *kan dat* ~*?!* ⟨retorisch⟩ you can't do that! *hij begon me* ~ *ineens te slaan* he just started hitting me
'**zombie** *m* (-s) zombie
'**zomen** (zoomde, h. gezoomd) *overg* hem
'**zomer** *m* (-s) summer; *'s* ~*s, in de* ~ in summer; *van de* ~ **1** this summer [present]; **2** next summer [future]; **3** last summer [past]
'**zomerachtig** *bn* = *zomers*
zomer'avond *m* (-en) summer-evening
'**zomerdag** *m* (-dagen) summer's day, summer day
'**zomerdienst** *m* (-en) ⟨v. openbaar vervoer⟩ summer time-table
'**zomergoed** *o* = *zomerkleren*
'**zomerhitte** *v* summer-heat
'**zomerhoed** *m* (-en) summer hat
'**zomerhuisje** *o* (-s) summer-cottage
'**zomerjapon** *m* (-nen), '**zomerjurk** *v* (-en) summer-frock, summer-dress
'**zomerkleed** *o* ⟨v. vogels⟩ summer-plumage
'**zomerkleren** *mv* summer-clothes
'**zomermaand** *v* (-en) June; *de* ~*en* the summer-months
'**zomermantel** *m* (-s) summer-coat
zomer'morgen *m* (-s) summer-morning
'**zomerpak** *o* (-ken) summer-suit
'**zomers** *bn* summery
'**zomerspelen** *mv: de Olympische Z*~ the Summer Olympics
'**zomersproeten** *mv* freckles
'**zomertarwe** *v* summer-wheat, spring-wheat
'**zomertijd** *m* **1** ⟨seizoen⟩ summer-time; **2** ⟨uur tijdverschil⟩ daylight-saving time
'**zomervakantie** *v* (-s) summer-holidays
'**zomerverblijf** *o* (-blijven) summer-residence
'**zomerweer** *o* summer-weather
'**zomerzonnestilstand** *m* summer solstice
zo'min *bijw:* ~ *als* no more than
1 zon *v* (-nen) sun; *in de* ~ *staan* stand in the sun; *hij kan de* ~ *niet in het water zien schijnen* he is a dog in the manger; zie ook: *schieten II & zonnetje*
2 zon (zonnen) V.T. v. *zinnen*
zo'n *aanw vnw* such a; ~ *leugenaar!* the liar!; ~ *twintig & about twenty;* zie ook: *ongeveer*
zo'naal *bn* zonal
'**zonaanbidder** *m* (-s) sun-worshipper
zond (zonden) V.T. van *zenden*
'**zondaar** *m* (-s en -daren) sinner
'**zondaarsbankje** *o* (-s) penitent form
'**zondag** *m* (-dagen) Sunday
'**zondags I** *bn* Sunday; *mijn* ~*e pak* my Sunday suit,

my Sunday best; **II** *bijw* on Sundays
'**zondagsblad** *o* (-bladen) Sunday paper
'**zondagsdienst** *m* (-en) **1** Sunday service [at church]; **2** Sunday duty [of employees]
'**zondagsgezicht** *o* (-en) sanctimonious mien, best mien; *een ~ zetten* look as if butter wouldn't melt in one's mouth
'**zondagsheiliging** *v* Sunday observance
'**zondagskind** *o* (-eren) **1** (op zondag geboren) Sunday child; **2** (gelukskind) one born with a silver spoon in his mouth
'**zondagsrijder** *m* (-s) weekend driver
'**zondagsruiter** *m* (-s) would-be horseman, Sunday rider
'**zondagsrust** *v* Sunday rest
'**zondagsschilder** *m* (-s) Sunday painter
'**zondagsschool** *v* (-scholen) Sunday school
'**zondagssluiting** *v* Sunday closing
'**zondagsviering** *v* Sunday observance
zonda'res *v* (-sen) sinner
'**zonde** *v* (-n) sin; *dagelijkse ~* RK venial sin; *~ tegen de H. Geest* RK sin against the Holy Ghost; *een kleine ~* a peccadillo; *het is ~ (en jammer)* it is a pity; *het is ~ en schande* it is a sin and a shame; *het is ~ van het meisje* it is a pity of the girl; *een ~ begaan* commit a sin, sin
'**zondebesef** *o* sense of sinfulness
'**zondebok** *m* (-ken) scapegoat[2]
'**zondelast** *m* burden of sins
'**zondeloos** *bn* sinless
'**zonden** V.T. meerv. van *zenden*
'**zondenregister** *o* (-s) register of sins
'**zonder** *voorz* without; *~ zijn hulp* **1** without his help [you can't do it]; **2** but for his help [I should have been drowned]; *~ hem zou ik verdronken zijn* but for him I should have been drowned; *~ het te weten* without knowing it; *~ meer* just, simply, frankly; in its own right [a work of art]
'**zonderling I** *bn* singular, queer, odd, eccentric; **II** *bijw* singularly &; **III** *m* (-en) eccentric (person)
'**zonderlingheid** *v* (-heden) singularity, queerness, oddity, eccentricity
'**zondeval** *m*: *de ~ (van Adam)* the Fall (of man)
'**zondig** *bn* sinful
'**zondigen** (zondigde, h. gezondigd) *onoverg* sin[2]; *~ tegen* sin against
'**zondigheid** *v* (-heden) sinfulness
'**zondvloed** *m* deluge[2], flood[2]; *van vóór de ~* antediluvian
'**zone** *v* (-n en -s) zone
'**zoneclips** *v* (-en) solar eclipse
zo'net *bijw* just (now); *ik heb hem ~ gezien* I have just seen him (now)
zong (zongen) V.T. van *zingen*
'**zonhoed** *m* (-en) = *zonnehoed*
zonk (zonken) V.T. van *zinken*
'**zonkant** *m* (-en) sunny side
'**zonlicht** *o* sunlight

'**zonnebaan** *v* (-banen) ecliptic
'**zonnebad** *o* (-baden) sun-bath
'**zonnebaden I** (zonnebaadde, h. gezonnebaad) *onoverg* sun-bathe; **II** *o* sun-bathing
'**zonnebank** *v* (-en) **1** (bank) sunbed; **2** (instelling) solarium
'**zonneblind** *o* (-en) Persian blind
'**zonnebloem** *v* (-en) sunflower
'**zonnebrand** *m* sunburn
'**zonnebrandolie** *v* tanning oil
'**zonnebril** *m* (-len) sun-glasses
'**zonnecel** *v* (-len) solar cel
'**zonnecollector** *m* (-s) solar collector
'**zonnedauw** *m* sundew
'**zonne-energie** *v* solar energy
'**zonnegloed** *m* heat (glow) of the sun
'**zonnegloren** *o* daybreak, dawn
'**zonnegod** *m* sun-god
'**zonnehoed** *m* (-en) sun-hat
'**zonnejaar** *o* (- jaren) solar year
'**zonneklaar** *bn* as clear as daylight; *het ~ bewijzen* prove it up to the hilt
'**zonneklep** *v* (-pen) <u>auto</u> (sun) visor
'**zonneklopper** *m* (-s) ZN **1** (zonaanbidder) sun-worshipper; **2** (nietsnut) good-for-nothing
'**zonnelicht** *o* sunlight
1 '**zonnen** (zonde, h. gezond) **I** *overg* sun; **II** *wederk*: *zich ~* sun oneself
2 '**zonnen** V.T. meerv. van *zinnen*
'**zonnepaneel** *o* (-nelen) solar panel
'**zonnepitten** *mv* sunflower seeds
'**zonnescherm** *o* (-en) **1** (voor personen) sunshade, parasol; **2** (aan huis) sun-blind, awning [over a shop-window]
'**zonneschijf** *v* disc of the sun
'**zonneschijn** *m* sunshine
'**zonneslag** *m* (-slagen) ZN sunstroke
'**zonnespectrum** *o* solar spectrum
'**zonnestand** *m* sun's altitude
'**zonnesteek** *m* (-steken) sunstroke; *een ~ krijgen* be sunstruck
'**zonnestelsel** *o* (-s) solar system
'**zonnestilstand** *m* (-en) solstice
'**zonnestraal** *m & v* (-stralen) sunbeam, ray of the sun
'**zonnetent** *v* (-en) **1** (in 't alg.) awning; **2** ZN (zonnescherm) sun-blind
'**zonnetje** *o* (-s) sun; *zij is ons ~ in huis* she is the sunshine of our home; *iem. in het ~ zetten* praise sbd.
'**zonnevlek** *v* (-ken) sun-spot, solar spot
'**zonnewagen** *m* chariot of the sun, Phoebus' car
'**zonnewende** *v* [summer, winter] solstice
'**zonnewijzer** *m* (-s) sun-dial
'**zonnig** *bn* sunny
'**zonovergoten** *bn* sun-drenched
'**zonshoogte** *v* sun's altitude
zons'ondergang *m* (-en) sunset, sundown

zons'opgang *m* (-en) sunrise

'zonsverduistering *v* (-en) eclipse of the sun, solar eclipse

'zonwering *v* (-en) = *zonnescherm²*

'zonzij, 'zonzijde *v* sunny side

zoog (zogen) V.T. van *zuigen*

'zoogbroeder, 'zoogbroer *m* (-s) foster-brother

'zoogdier *o* (-en) mammal [*mv* mammalia]

'zoogzuster *v* (-s) foster-sister

zooi *v* (-en) gemeenz lot, heap; *het is (me) een ~!* they are a nice lot!; *de hele ~* the whole lot, the whole caboodle

zool *v* (zolen) sole

'zoolbeslag *o* sole protectors

'zoolganger *m* (-s) plantigrade

'zoolleer *o* sole-leather

'zoollikker *m* (-s) ZN bootlicker, toady

zoölo'gie *v* zoology

zoö'logisch *bn* zoological

zoö'loog *m* (-logen) zoologist

zoom *m* (zomen) **1** (v. stof, kledingstuk &) hem, edge, border; **2** (v. bos, stad) fringe; **3** (v. rivier) bank

'zoomlens *v* (-lenzen) zoom lens

zoon *m* (zonen en -s) son²; *de verloren ~* zie: *verloren*; *de Z~ Gods* the Son of God; *de Z~ des Mensen* the Son of Man; *hij is de ~ van zijn vader* he is his father's son

zoop (zopen) gemeenz V.T. van *zuipen*

'zootje *o* (-s) gemeenz lot; *het hele ~* the whole lot, the whole caboodle

zo'pas = *zo-even*;

'zopen gemeenz V.T. meerv. van *zuipen*

zorg *v* (-en) **1** (zorgzaamheid) care; **2** (bezorgdheid) solicitude, anxiety, concern; **3** (moeilijkheid, last) care, trouble, worry; **4** (stoel) easy chair; *het zal mij een ~ zijn* that is the last thing I am concerned about, gemeenz I couldn't care less, fat lot I care!; *zij is een trouwe ~* she is a faithful soul; *~ dragen voor* take care of, see to; *geen ~ vóór de tijd* sufficient unto the day is the evil thereof; *heb daar geen ~ over* don't worry about that; *vol ~ over* ook: solicitous concerning...; *ik neem de ~ daarvoor op mij* that shall be my care; *zich ~en maken* worry; *geen ~en voor morgen* care killed the cat; *in ~ zijn over...* be anxious about...; *in de ~ zitten* **1** (in stoel) sit in the easy chair; **2** (bezorgd zijn) be in trouble; *met ~ gedaan* carefully done; *zonder ~ gedaan* carelessly done

'zorgbarend *bn* alarming, critical

'zorgdragend *bn* careful, solicitous

'zorgelijk(heid) = *zorglijk(heid)*

'zorgeloos I *bn* **1** (achteloos) careless, improvident, unconcerned; **2** (zonder zorgen) care-free; **II** *bijw* carelessly

zorge'loosheid *v* (-heden) carelessness, improvidence, unconcern

'zorgen (zorgde, h. gezorgd) *onoverg* care; *~ voor...*

1 (passen op) take care of...; **2** (verschaffen) provide [entertainment &]; *voor de oude dag ~* make provision for one's old age, lay by something for the future; *er was voor eten gezorgd* provision had been made for food; *voor de keuken (de kinderen) zorgen* look after the kitchen (the children); *u moet zelf voor uw kleren ~* **1** you have to take care of your clothes yourself; **2** you have to find your own clothing; *voor de lunch ~* see to lunch; *hij kan wel voor zich zelf ~* **1** (financieel) he can support himself, he can fend (shift) for himself; **2** (oppassen) he is able to look after himself; *zorg er voor dat het gedaan wordt* see to it that it is done; *daar zal ik wel voor ~* I shall see to that, that shall be my care; *zorg (er voor) dat je om 9 uur thuis bent* mind (that) you are (at) home at nine

'zorgenkind *o* (-eren) problem child

'zorglijk *bn* precarious, critical

'zorglijkheid *v* precariousness

'zorgvuldig *bn* careful

zorg'vuldigheid *v* carefulness

zorg'wekkend *bn* alarming, critical

'zorgzaam *bn* careful, tender

'zorgzaamheid *v* carefulness, tender care

zot I *bn* **1** (dwaas) foolish; **2** ZN (krankzinnig) insane, lunatic; **3** ZN (bespottelijk) ridiculous, ludicrous; **II** *m* (-ten) **1** (nar) fool, jester; **2** ZN (krankzinnige) lunatic, madman; **3** ZN (gek) nutcase; **4** ZN, kaartsp knave, jack

'zotheid *v* (-heden) folly

'zothuis *o* (-huizen) ZN psychiatric hospital

'zotskap *v* (-pen) **1** (narrenkap) fool's cap; **2** (persoon) fool

'zotteklap, 'zottepraat *m* foolish talk, stuff and nonsense

zotter'nij *v* (-en) folly

zot'tin *v* (-nen) fool

'zou (zouden) V.T. van *zullen*; **1** (van voorwaarde) [I, we] should, [he, they, you] would; **2** (van afspraak) was to..., were to...; *wij zouden gaan, als...* we should go if...; *wij zouden er allemaal heengaan* we were to go all of us; *ik zou je danken!* thank you very much!; *wat zou dat?* zie: *wat I*

zout I *o* (-en) salt; *Attisch ~* Attic wit (salt); *het ~ der aarde* bijbel the salt of the earth; [adventure is] the salt of life [to some men]; *hij verdient het ~ in de pap niet* he earns a mere pittance; **II** *bn* salt, salty, saltish, briny; salted [almonds, peanuts]; *~ water* salt water

'zoutachtig *bn* saltish

'zoutarm *bn* salt-poor, low-salt [diet], with little salt

'zouteloos *bn* fig insipid

zoute'loosheid *v* (-heden) fig insipidity

'zouten (zoutte, h. gezouten) *overg* **1** (met zout bestrooien) salt down, salt [meat]; **2** (pekelen) corn [beef]

'zouter *m* (-s) salter

'**zoutevis** *m* salt fish, salt cod
'**zoutgehalte** *o* salt content, percentage of salt, salinity
'**zoutheid** *v* saltness, salinity
'**zouthoudend** *bn* saline
'**zoutig** *bn* saltish
'**zoutje** *o* (-s) salted biscuit
'**zoutkorrel** *m* (-s) grain of salt
'**zoutlaag** *v* (-lagen) salt deposit
'**zoutloos** *bn* salt-free [diet]
'**zoutmeer** *o* (-meren) salt-lake
'**zoutmijn** *v* (-en) salt-mine
'**zoutpan** *v* (-nen) salt-pan, saline
'**zoutpilaar** *m* (-laren) pillar of salt
'**zoutraffinaderij** *v* (-en) salt-refinery
'**zoutraffinadeur** *m* (-s) salt-refiner
'**zoutsmaak** *m* salty taste
'**zoutstrooier** *m* (-s) salt-sprinkler
'**zoutte** *v* **1** ⟨in 't alg.⟩ saltiness; **2** ⟨v. zeewater⟩ salinity
'**zoutvaatje** (-s), '**zoutvat** *o* (-vaten) salt cellar
zout'**watervis** *m* (-sen) salt-water fish
'**zoutwinning** *v* salt-making
'**zoutzak** *m* (-ken) **1** *eig* salt-bag; **2** ⟨slap figuur⟩ lump (of a fellow)
'**zoutzieden** *o* salt-making
'**zoutzieder** *m* (-s) salt-maker
zoutziede'**rij** *v* (-en) salt-works
'**zoutzuur** *o* hydrochloric acid
1 '**zoveel** *onbep vnw* so much, thus (that) much; ~ *is zeker* that much is certain; *dat is ~ gewonnen* that much gained; *in 1800* ~ in 1800 odd, in 1800 and something; *in het jaar* ~ in such and such a year; *om drie uur* ~ at three something; *de trein van 5 uur* ~ the five something train; *ik geef er niet* ~ *om!* I don't care that about it!; *voor nog* ~ *niet* not for anything, not for the world
2 zo'**veel** *bijw* so much; ~ *als* as much as; *hij is daar* ~ *als opziener* he is by way of being an overseer there; ~ *mogelijk* as much as possible
'**zoveelste** *bn* n'th, <u>gemeenz</u> umpteenth; *(dat is) de* ~ *keer* the n'th time, the hundredth time; *bij het* ~ *regiment* in the -th <u>gemeenz</u> the umpteenth) regiment
1 '**zover** *bijw* so far, thus far; *ga je* ~? will you go that far[2]?; ~ *zal hij niet gaan* he will never go as far as that, he will never go that length; *hij heeft het* ~ *gebracht dat...* he has succeeded so well that...; *hij zal het* ~ *niet laten komen* he won't let things go so far; *het is* ~ *gekomen dat...* things have come to such a pass that...; *tot* ~ as far as this, so far, thus far
2 zo'**ver** *voegw* so far; ~ *ik weet* as far as I know, for aught (for all, for anything) I know
zo'**waar** *bijw* actually; sure enough
zo'**wat** *bijw* about; *dat is* ~ *alles* that's about all; ~ *hetzelfde* pretty much the same (thing); ~ *even groot* about the same size, much of a size; ~ *niets* next to

nothing
zo'**wel** *voegw*: ~ *als* as well as; *hij is* ~*... als...* he is as well as..., he is both... and...; *hij* ~ *als zijn broer* both he and his brother
z.o.z. *afk. zie ommezijde* P.T.O., please turn over
zo'**zeer** *bijw* so much, to such an extent; ~ *dat...* so much so that...; *niet* ~*..., als wel...* not so much... as...
zo'**zo** *bn, bijw* so so, so-so
1 zucht *m* (-en) ⟨verzuchting⟩ sigh
2 zucht *v* ⟨begeerte⟩ desire; ~ *naar* desire for, desire of, love of [liberty, adventure]; ~ *om te zien en te weten* desire to see and know; ~ *tot navolging (tot tegenspraak)* spirit of imitation (contradiction)
'**zuchten** (zuchtte, h. gezucht) **I** *onoverg* sigh; ~ *naar (om) iets* sigh for sth.; ~ *onder het juk* groan under the yoke; ~ *over zijn werk* sigh over one's task (work); **II** *o: het* ~ *van de wind* the sighing of the wind
'**zuchtje** *o* (-s) **1** ⟨verzuchting⟩ sigh; **2** ⟨briesje⟩ sigh, sough, zephyr; *geen* ~ not a breath of wind
zuid *bn* south
Zuid-'Afrika *o* South Africa
Zuid-Afri'kaan *m* (-kanen) South African
Zuid-Afri'kaans *bn* South African
Zuid-A'merika *o* South America
Zuid-Ameri'kaan *m* (-kanen) South American
Zuid-Ameri'kaans *bn* South American
Zuid-Chi'nese Zee *v* South China Sea
'**zuidelijk I** *bn* southern, southerly; *Z~e IJszee* Antarctic Ocean; **II** *bijw* southerly
'**zuiden** *o* south; *op het* ~ *gelegen* having a southern aspect; *ten* ~ *van...* (to the) south of...
'**zuidenwind** *m* south wind
'**zuiderbreedte** *v* South latitude
'**Zuiderkruis** *o* Southern Cross
'**zuiderlicht** *o* southern lights, aurora australis
'**zuiderling** *m* (-en) southerner, somebody from the south
Zuider'zee *v* Zuider Zee
Zuid-Ko'rea *o* South Korea
Zuid-Kore'aan *m* (-reanen) South Korean
Zuid-Kore'aans *bn* South Korean
'**zuidkust** *v* (-en) south-coast
Zuid-'Nederlands *bn & o* southern Dutch; ⟨m.b.t. België⟩ Flemish;
zuid'oostelijk *bn* south-easterly
zuid'oosten *o* south-east
zuid'pool *v* south pole, antarctic pole
zuid'poolcirkel *m* Antarctic Circle
zuid'poolexpeditie *v* (-s) antarctic expedition
zuid'poolgebied *o: het* ~ the Antarctic
zuid'poollanden *mv* antarctic regions
zuid'pooltocht *m* (-en) antarctic expedition
Zuid-Ti'rool *o* South Tyrol
'**zuidvruchten** *mv* subtropical fruit
'**zuidwaarts I** *bn* southward; **II** *bijw* southward(s)
zuid'westelijk *bn* south-westerly

zuid'westen *o* south-west
zuid'wester *m* (-s) southwester°
'Zuidzee *v: Stille* ~ Pacific (Ocean)
zuidzuid'oost *bn* south-southeast
zuidzuid'west *bn* south-southwest
'zuigbuis *v* (-buizen) suction-pipe, sucker
'zuigeling *m* (-en) baby, infant, babe
'zuigelingensterfte *v* infant mortality
'zuigelingenzorg *v* infant care
'zuigen (zoog, h. gezogen) **I** *onoverg* suck; *aan zijn pijp &* ~ suck at one's pipe &; *ergens even aan* ~ take (have) a suck at it; *op zijn duim &* ~ suck one's thumb &; **II** *overg* suck; *iets uit zijn duim* ~ invent a story
'zuiger *m* (-s) **1** (persoon) sucker; **2** techn piston, plunger [of a pump]
'zuigerklep *v* (-pen) piston-valve
'zuigerslag *m* (-slagen) piston-stroke
'zuigerstang *v* (-en) piston-rod
'zuigerveer *v* (-veren) piston-ring
'zuigfles *v* (-sen) feeding-bottle, baby's bottle
'zuiging *v* sucking, suction
'zuigklep *v* (-pen) piston-valve
'zuigkracht *v* **1** eig suction; **2** (aantrekkingskracht) attraction
'zuigleer *o* (-leren) sucker
'zuignapje *o* (-s) sucker
'zuigpijp *v* (-en) suction-pipe, sucker
'zuigpomp *v* (-en) suction-pump
zuil *v* (-en) pillar[2], column; *Dorische* ~ Doric column; *de ~en van Hercules* the Pillars of Hercules; ~ *van Volta* Voltaic pile
'zuilengalerij *v,* **'zuilengang** *m* (-en) colonnade, arcade, portico
'zuilenrij *v* (-en) colonnade
'zuinig I *bn* **1** economical, thrifty, frugal, sparing, saving [woman, housekeeper &]; **2** demure [look, mien]; ~ *zijn* be economical &; ~ *zijn met...* **1** use... sparingly, economize [one's strength &]; **2** husband [provisions &]; **3** be chary of [favours]; **II** *bijw* **1** economically &; **2** [look] demurely; *(ik heb ervan gelust) en niet* ~ *ook* slang not half!
'zuinigheid *v* economy, thrift, thriftiness; *verkeerde* ~ *betrachten* be penny-wise and pound-foolish; *uit (voor de)* ~ from motives of economy, for reasons of economy, for economy's sake
'zuinigheidsmaatregel *m* (-en en -s) measure of economy
'zuinigjes *bijw* economically
'zuipen (zoop, h. gezopen) gemeenz **I** *onoverg* booze, soak; **II** *overg* swig
'zuiper *m* (-s), **'zuiplap** *m* (-pen) gemeenz boozer, soaker
'zuivel *m & o* dairy-produce, dairy-products
'zuivelbedrijf *o* (-drijven) **1** (bedrijf) dairy farm; **2** (bedrijfstak) dairy industry
'zuivelbereiding *v* dairy industry
'zuivelboer *m* (-en) dairy-farmer

'zuivelfabriek *v* (-en) dairy-factory
'zuivelindustrie *v* dairy industry
'zuivelproducten *mv* dairy-produce, dairy-products
'zuiver I *bn* **1** (schoon, zindelijk) clean [hands]; **2** (zonder onreinheden) pure [air, water &]; **3** (onvermengd) pure, unadulterated [alcohol &]; **4** (zonder schuld) pure, clear [conscience]; **5** (kuis, rein) pure, chaste [thoughts &]; **6** (louter) pure, sheer, mere [nonsense &]; **7** handel clear, net [profit]; **8** muz pure [sounds]; *dat is* ~ *niet* ~ gemeenz that is a bit fishy; *dat is* ~*e taal* that is plain speaking; *het is daar niet* ~ things are not as they ought to be; *hij is niet* ~ *in de leer* he is not sound in the faith, he is unsound in doctrine; **II** *bijw* purely [accidental]; ~ *schrijven* write pure English (Dutch &), write grammatically correct English; ~ *zingen* sing in tune; *niet* ~ *zingen* sing out of tune; *het is* ~ *(en alléén) daarom* simply and solely (purely and simply) for that reason
'zuiveraar *m* (-s) **1** (in 't alg.) purifier; **2** purist [in language]
'zuiveren (zuiverde, h. gezuiverd) **I** *overg* **1** clean [of dirt]; **2** cleanse [of sin]; **3** purify [the air, blood, language, liquor, metal &]; **4** refine [oil, sugar, metals]; **5** clear [the air[2]]; **6** purge[2] [the belly, our moral life &]; **7** wash [a wound]; ~ *van* **1** clean of [dirt]; **2** purge of [impurities, sin &]; **3** clean of [foreign elements, suspicion &]; **4** cleanse of [sin]; **II** *wederk: zich* ~ fig clear oneself; *zich* ~ *van het ten laste gelegde* purge (clear) oneself of the charge
'zuiverend *bn* **1** (in 't alg.) purifying; **2** med purgative
'zuiverheid *v* cleanness[2], purity[2]
'zuivering *v* (-en) **1** (in 't alg.) cleaning, cleansing, purification, purgation; **2** [political] purge; **3** refining [of oil, sugar, metals]
'zuiveringsactie *v* (-s) **1** mil mopping-up operation; **2** [political] purge
'zuiveringsinstallatie *v* (-s) (ter zuivering v. afvalwater) sewage treatment plant
'zuiveringszout *o* bicarbonate of soda
zulk *aanw vnw* such
zulks *aanw vnw* such a thing, such, this, it, the same
'zullen (ik zal, jij zult, hij zal; zou (zouden)) **1** (gewone toekomst) [I, we] shall; [you, he, they] will; *we* ~ *gaan* we shall go, we'll go; *zij* ~ *gaan* they will go, they'll go; *ze* ~ *morgen gaan* ook: they are going tomorrow; *ik hoop dat hij komen zal* I hope he may come; **2** (vermoedelijk of waarschijnlijk) will (probably); *dat zal Jan zijn* that will be John; *dat zal Waterloo zijn* this would be Waterloo, I suppose; *ze* ~ *ziek zijn* they are ill maybe; **3** (afspraak) are to; *hij zal om 5 uur komen* he is to call here at five o'clock; **4** (wil v. spreker tegenover een ander) shall; *(hij wil niet?) hij zal* he shall [go &]; *gehoorzamen* ~ *ze!* they shall obey!; **5** (belofte) shall; *u zult*

ze morgen krijgen you shall have them to-morrow; **6** ⟨voorspelling⟩ shall; *de aarde zal vergaan* the earth shall pass away; **7** ⟨bedreiging⟩ shall; *dat zal je berouwen* you shall smart for it; *ik zal je!* you shall catch it; **8** ⟨gebod⟩ shall; *gij zult niet stelen* bijbel thou shalt not steal; **9** ⟨na te:⟩ *hij beloofde te ~ komen* he promised to come; *hij zei te ~ komen* he said he would come; **10** ⟨andere gevallen⟩ *ja, dat zal wel* I daresay you have (he is &); *(voetbal?) ik zal je voetballen* I'll give you football

zult *m* pork pickled in vinegar

'**zulten** (zultte, h. gezult) *overg* pickle, salt

'**zundgat** *o* (-gaten) touch-hole, vent

'**zuren** (zuurde, gezuurd) **I** (h.) *overg* sour, make sour; **II** (is) *onoverg* sour, turn sour

'**zurig** *bn* sourish

'**zurigheid** *v* sourishness

'**zuring** *v* ⟨plant⟩ sorrel; *eetbare ~* dock

'**zuringzout** *o* salt of sorrel

'**zuringzuur** *o* oxalic acid

1 zus *v* (-sen) sister

2 zus *bijw* so, thus; *~ of zo handelen* act one way or the other; *juffrouw ~ en juffrouw zo* Miss Blank and Miss Dash

'**zusje** *o* (-s) (little) sister, baby sister

'**zuster** *v* (-s) **1** ⟨familielid⟩ sister; **2** ⟨verpleegster⟩ nurse, sister; *ja, je ~!* gemeenz your grandmother!

'**zusterhuis** *o* (-huizen) **1** ⟨klooster⟩ nunnery; **2** ⟨v. geestelijke orde⟩ affiliated house; **3** ⟨v. verpleegsters⟩ nurses' home

'**zusterliefde** *v* sisterly love

'**zusterlijk** *bn* sisterly

'**zustermaatschappij** *v* (-en) affiliated (associated) firm

'**zusterpaar** *o* (-paren) pair of sisters; *het ~* the two sisters

'**zusterschap** *o* & *v* sisterhood

'**zusterschip** *o* (-schepen) sister ship

'**zusterschool** *v* (-scholen) ⟨met nonnen⟩ convent school

'**zustervereniging** *v* (-en) sister association

zuur I *bn* **1** sour[^2] [apples, grapes &, bread &, temper]; **2** acid[^2] [taste, expression & in chemistry]; **3** acetous [fermentation]; **4** tart [apple]; **5** fig ook: soured [spinsters]; **6** crabbed [expression]; *zure regen* acid rain; *~ werk* disagreeable work; *nu ben je ~!* your number is up!; *dan zijn we allemaal ~* we are all in for it; *iem. het leven ~ maken* make life a burden to sbd.; *~ worden* turn sour, sour[^2]; **II** *bijw* sourly &; *~ kijken* look sour; *~ verdiend* hard-earned; **III** *o* (zuren) **1** ⟨ingemaakt⟩ pickles; **2** chem acid; *het ~ in de maag* heartburn; *gemengd ~* mixed pickles; *uitjes in 't ~* pickled onions

'**zuurachtig** *bn* sourish, acidulous, subacid

'**zuurbestendig** *bn* acid resistant, acid-proof, non-corrosive

'**zuurdeeg** *o*, '**zuurdesem** *m* leaven[^2]

'**zuurgraad** *m* (degree of) acidity

'**zuurheid** *v* sourness, acidity, tartness

'**zuurkool** *v* sauerkraut

'**zuurpruim** *v* (-en) sourpuss, crab-apple

'**zuurstel** *o* (-len) pickle-stand

'**zuurstof** *v* oxygen

'**zuurstofapparaat** *o* (-raten) oxygen apparatus; resuscitator

'**zuurstofcilinder** *m* (-s) **1** ⟨in 't alg.⟩ oxygen cylinder; **2** ⟨v. duiker⟩ aqualung

'**zuurstofgebrek** *o* lack of oxygen

'**zuurstofmasker** *o* (-s) oxygen mask

'**zuurstoftent** *v* (-en) oxygen tent

'**zuurstofverbinding** *v* (-en) oxide

'**zuurstok** *m* (-ken) Br stick of rock; Am candy cane

'**zuurtje** *o* (-s) acid drop

'**zuurvast** *bn* acid resistant, acid proof

'**zuurverdiend** *bn* hard-earned [money]

'**zuurzoet** *bn* sour-sweet, sweet-and-sour

ZW *afk.* = *zuidwesten*

zwaai *m* swing, sweep, flourish

'**zwaaideur** *v* (-en) ZN swing door, revolving door

'**zwaaien** (zwaaide, gezwaaid) **I** (h.) *overg* **1** sway [a sceptre]; **2** flourish [a flag]; **3** swing, wield [a hammer]; **4** brandish [the lance]; zie ook: *scepter; wij zwaaiden de hoek om* we swung round the corner; **II** (h. en is) *onoverg* **1** ⟨v. takken &⟩ sway, swing; **2** ⟨v. dronkeman⟩ reel; **3** scheepv ⟨v. schip⟩ swing; *met de hoed (een vlag &) wave* one's hat (a flag &)

'**zwaailicht** *o* (-en) flashing light

zwaan *m* & *v* (zwanen) swan; *een jonge ~* a cygnet

'**zwaantje** *o* (-s) ZN motorcycle policeman

zwaar I *bn* **1** heavy [of persons, things &], ponderous, weighty [bodies]; **2** ⟨zwaargebouwd⟩ heavily built, stout [man], hefty [Hollander]; **3** ⟨dik⟩ heavy [materials]; **4** mil ⟨grof⟩ heavy [ordnance, guns]; **5** ⟨sterk⟩ heavy [wine], strong [cigars, beer &]; fig **1** ⟨groot⟩ heavy [costs, losses]; **2** ⟨ernstig⟩ severe [illness], grievous [crime]; **3** ⟨moeilijk⟩ heavy, hard, difficult [task]; stiff [examination]; hard [times]; **4** ⟨hard, streng⟩ severe [punishment]; *een zware slag* **1** a heavy report [of gun &]; **2** a heavy thud [of falling body]; **3** a heavy blow[^2] [with the hand, of fortune]; *dat is 5 kg ~* it weighs 5 kg; *het is tweemaal zo ~ als...* ook: it is twice the weight of...; *ik ben ~ in mijn hoofd* I feel a heaviness in the head; *hij is ~ op de hand* he is heavy on hand; **II** *bijw* heavily &, soms: heavy [e.g. heavy-laden]; *~ getroffen* hard hit, badly hit (door by); *~ gewond* badly wounded; *~ verkouden* having a bad cold; *~ ziek* seriously ill

'**zwaarbeladen** *bn* heavily laden, heavy-laden

'**zwaarbewapend** *bn* heavily armed

'**zwaarbewolkt** *bn* overcast

zwaard *o* (-en) **1** ⟨wapen⟩ sword; **2** scheepv ⟨zij~⟩ leeboard [of a ship], ⟨midden~⟩ centre-board; *met het ~ in de vuist* sword in hand

'**zwaardleen** *o* (-lenen) male fief

'**zwaardlelie** *v* (-s) swordlily, gladiolus [*mv* gladioli]

'**zwaardslag** *m* (-slagen) stroke with the sword,

sword-stroke

'**zwaardvechter** *m* (-s) gladiator

'**zwaardvis** *m* (-sen) sword-fish

'**zwaardvormig** *bn* sword-shaped

'**zwaargebouwd** *bn* heavy, hefty, big-boned

'**zwaargewapend** *bn* heavily armed

'**zwaargewicht** *o* heavyweight

'**zwaargewond** *bn* critically wounded

'**zwaarheid** *v* heaviness, weight

zwaar'**hoofdig** *bn* pessimistic

zwaar'**lijvig** *bn* corpulent, stout, obese

zwaar'**lijvigheid** *v* corpulence, stoutness, obesity

zwaar'**moedig** *bn* melancholy, melancholic

zwaar'**moedigheid** *v* melancholy

'**zwaarte** *v* weight, heaviness

'**zwaartekracht** *v* gravitation, gravity; *middelpunt van* ~ centre of gravity; *de wet van de* ~ the law of gravitation

'**zwaartelijn** *v* (-en) median line

'**zwaartepunt** *o* 1 *eig* centre of gravity; 2 ⟨hoofdzaak⟩ main point, emphasis

zwaar'**tillend** *bn* pessimistic, gloomy

'**zwaarwegend** *bn fig* weighty, important; *dat is een* ~ *argument* a weighty argument

zwaar'**wichtig** *bn* weighty, ponderous

zwaar'**wichtigheid** *v* (-heden) weightiness, ponderousness

'**zwabber** *m* (-s) 1 ⟨borstel⟩ swab, mop; 2 ⟨boemelaar⟩ rake; *aan de* ~ *zijn* be on the loose (on the spree)

'**zwabberen** (zwabberde, h. gezwabberd) I *overg* ⟨schoonmaken⟩ swab, mop; II *onoverg fig* ⟨aan de zwabber zijn⟩, zie: *zwabber*

'**Zwaben** *o* Swabia

'**zwachtel** *m* (-s) bandage, swathe

'**zwachtelen** (zwachtelde, h. gezwachteld) *overg* swathe, bandage

zwad *o*, '**zwade** *v* (zwaden) swath

'**zwager** *m* (-s) brother-in-law

zwak I *bn* 1 ⟨in 't alg.⟩ weak [barrier, enemy, eyes, stomach, argument, character, mind, team, resistance], ook *gramm*; 2 ⟨niet krachtig⟩ weak, mild [attempt]; weak, low [pulse]; frail [old man]; 3 ⟨niet hard of helder⟩ faint [sound, light]; 4 ⟨zedelijk onsterk⟩ weak [man], frail [woman]; *stemming* ~ *handel* market weak; *het* ~*ke geslacht* zie: ¹*geslacht*; *in een* ~ *ogenblik* in a moment of weakness; ~ *in Frans* weak (shaky) in French; ~ *van karakter* of a weak character; ~ *staan* be shaky; II *bijw* weakly &; III *o* (-ken) weakness; *de Engelsen hebben een* ~ *voor traditionele vormen* the British have a weakness for traditional forms; *een* ~ *hebben voor iem.* have a weak spot for sbd.; *iem. in zijn* ~ *tasten* touch sbd. in his weakest (tenderest) spot

'**zwakbegaafd** *bn* (mentally) retarded [child]

'**zwakheid** *v* (-heden) 1 ⟨v. lichaamskracht⟩ weakness, feebleness; 2 ⟨gebrek aan kracht of energie⟩ feebleness; 3 ⟨te grote toegeeflijkheid⟩ weakness;

4 ⟨moreel⟩ frailty; *zwakheden* weaknesses, failings, foibles

'**zwakhoofd** *m-v* (-en) feebleminded person

zwak'**hoofdig** *bn* feebleminded, weak-minded

'**zwakjes** I *bn*: *(hij is)* ~ weakly, weakish; II *bijw* weakly

'**zwakkelijk** *bn* a little weak, weakish

'**zwakkeling** *m* (-en) weakling²

'**zwakstroom** *m* weak current

'**zwakte** *v* weakness, feebleness

'**zwaktebod** *o fig* admission of weakness

zwak'**zinnig** *bn* feebleminded, (mentally) deficient, defective

zwak'**zinnigeninrichting** *v* (-en) institution for mentally handicapped

zwak'**zinnigenzorg** *v* care of the mentally handicapped

zwak'**zinnigheid** *v* feeble-mindedness, mental deficiency

'**zwalken** (zwalkte, h. gezwalkt) *onoverg* drift about, wander about; *op zee* ~ rove the seas

'**zwaluw** *v* (-en) swallow; *één* ~ *maakt nog geen zomer* one swallow does not make a summer

'**zwaluwstaart** *m* (-en) 1 *eig* swallow's tail; 2 ⟨houtverbinding⟩ dovetail; 3 ⟨vlinder⟩ swallowtail; 4 ⟨jas⟩ swallow-tail(ed coat)

zwam *v* (-men) fungus [*mv* fungi]

'**zwamachtig** *bn* fungous

'**zwammen** (zwamde, h. gezwamd) *onoverg* ge<u>meenz</u> talk tosh, jaw

'**zwamneus** *m* (-neuzen) twaddler, <u>gemeenz</u> gasbag

'**zwanendons** *o* swan's down

'**zwanenhals** *m* (-halzen) swan-neck

'**zwanenzang** *m* swan-song

zwang *m*: *in* ~ *brengen* bring into vogue; *in* ~ *komen* become the fashion, come into vogue; *in* ~ *zijn* be fashionable, be the vogue

'**zwanger** *bn* pregnant², with child

'**zwangerschap** *v* (-pen) pregnancy

'**zwangerschapsonderbreking** *v* (-en) termination of pregnancy, induced abortion

'**zwangerschapstest** *m* (-s) pregnancy test

'**zwangerschapsverlof** *o* maternity leave

'**zwarigheid** *v* (-heden) difficulty, scruple; *heb daar geen* ~ *over* don't bother about that; ~ *maken* make (raise) objections

zwart I *bn* black² [colour, bear, bread, hands &]; ~ *maken* blacken² [things, character]; *het zag er* ~ *van de mensen* the place was black with people; ~*e doos* luchtv black box; ~ *gat astron* black hole; ~ *geld* undeclared income, black money; ~*e goederen* black market goods; ~*e handel* black market, black-market traffic (dealings, transactions); ~*e humor* black humour; ~ *kopen* buy on the black market; ~*e kunst* black magic; ~*e lijst* blacklist; *iem. op de* ~*e lijst plaatsen* blacklist sbd.; ~ *schaap fig* black sheep; ~*e weduwe* ⟨spin⟩ black widow; ~ *werk* work for which no income is declared; ~e winst & black-market profit &; *het in de ~ste kleuren afschilderen* paint it in the darkest colours; **II** *bijw: alles ~ in-zien* look at the gloomy (black) side of things; ~ *kijken* (somber, ontstemd) look black; ~ *werken* work without declaring the income; **III** *o* black; *de ~en* the blacks; *het ~ op wit hebben* have it in black and white

'**zwartachtig** *bn* blackish

'**zwartboek** *o* (-en) black book

'**zwartbont** *bn* mottled

'**zwarte** *m-v* (-n) black

zwarte'piet *m* (-en) kaartsp knave of spades; *iem. de ~ toespelen* pass the buck to sbd.

zwarte'pieten (zwartepiette, h. gezwartepiet) *on-overg* play the game of Old Maid

Zwarte 'Woud *o: het ~* the Black Forest

Zwarte 'Zee *v: de ~* the Black Sea

zwart'gallig *bn* melancholy, ill-tempered, atrabilious

zwart'galligheid *v* melancholy

'**zwartgestreept** *bn* **1** (aan de oppervlakte) black-striped; **2** (dooraderd) black-streaked

'**zwarthandelaar** *m* (-s en -laren) black marketeer; (in toegangskaarten) Am ticket scalper

'**zwartharig** *bn* black-haired

'**zwartheid** *v* blackness

'**zwarthemd** *m* (-en) blackshirt, fascist

'**zwartje** *o* (-s) gemeenz darky

'**zwartkijken**[1] *onoverg* (geen kijkgeld betalen) dodge payment of one's TV licence

'**zwartkijker** *m* (-s) **1** (pessimist) pessimist, melancholic; **2** TV licence dodger

'**zwartkop** *m* (-pen) black-haired boy (girl &)

'**zwartmaken**[1] *overg* blacken[2]; *iem. ~* fig blacken sbd.'s character (reputation)

'**zwartogig** *bn* black-eyed

'**zwartrijden**[1] *onoverg* **1** (m.b.t. openbaar vervoer) dodge fare; **2** (m.b.t. wegenbelasting) evade paying road tax

'**zwartrijder** *m* (-s) **1** (m.b.t. openbaar vervoer) fare dodger; **2** (m.b.t. wegenbelasting) road tax dodger

'**zwartsel** *o* black

'**zwartwerker** *m* (-s) person who works without declaring the income

zwart-'wit *bijw* black and white

'**zwavel** *m* sulphur

'**zwavelachtig** *bn* sulphurous

'**zwavelbad** *o* (-baden) sulphur-bath

'**zwavelbloem** *v* flowers of sulphur

'**zwavelbron** *v* (-nen) sulphur-spring

'**zwaveldamp** *m* (-en) sulphur-fume, sulphurous vapour

'**zwavelen** (zwavelde, h. gezwaveld) *overg* treat with sulphur, sulphurize, sulphurate

'**zwavelerts** *o* (-en) sulphur-ore

'**zwavelgeel** *bn* sulphur-yellow

'**zwavelhoudend** *bn* sulphurous

'**zwavelig** *bn* sulphurous

'**zwavelijzer** *o* ferric sulphide

'**zwavellucht** *v* sulphurous smell

'**zwavelstok** *m* (-ken) (sulphur-)match

zwavel'waterstof *v*, **zwavel'waterstofgas** *o* sulphuretted hydrogen

'**zwavelzuur** *o* sulphuric acid

'**Zweden** *o* Sweden

Zweed *m* (Zweden) Swede

Zweeds I *bn* Swedish; **II** *o: het ~* Swedish

'**zweefduik** *m* (-en) Br swallow dive; Am span dive; ⟨v. keeper⟩ diving save

'**zweefmolen** *m* (-s) chairoplane

'**zweefrek** *o* (-ken) trapeze

'**zweefvliegen** (zweefvliegde, h. gezweefvliegd) **I** *onoverg* glide; **II** *o* gliding

'**zweefvlieger** *m* (-s) glider-pilot

'**zweefvliegtuig** *o* (-en) glide

'**zweefvlucht** *v* (-en) **1** ⟨in 't alg.⟩ volplane, glide; **2** ⟨v. zweefvlieger⟩ glide

zweeg (zwegen) V.T. v. *zwijgen*

zweem *m* **1** semblance, trace [of fear &]; **2** touch [of mockery]; **3** shade [of difference]; **4** tinge [of sadness]; *geen ~ van hoop* not the least flicker of hope

'**zweep** *v* (zwepen) whip; *er de ~ over leggen* **1** *eig* whip up the horses; **2** *fig* lay one's whip across their (her, his) shoulders

'**zweepdiertje** *o* (-s) flagellate

'**zweepdraad** *m* (-draden) flagellum

'**zweepslag** *m* (-slagen) **1** *eig* lash; **2** ⟨blessure⟩ whiplash

'**zweeptol** *m* (-len) whipping-top

zweer *v* (zweren) ulcer, sore, boil

'**zweet** *o* perspiration, sweat; *het klamme ~* the cold perspiration; *het koude ~ brak hem uit* zie: *uitbreken I*; *in het ~ uws aanschijns* bijbel in the sweat of thy brow (face); *zich in het ~ werken* work oneself into a sweat

'**zweetbad** *o* (-baden) sweating-bath, sudatory

'**zweetband** *m* (-en) sweat-band

'**zweetdoek** *m* (-en) **1** ⟨in 't alg.⟩ sweatcloth; **2** [Veronica's] sudarium

'**zweetdruppel** *m* drop of perspiration, drop of sweat

'**zweethanden** *mv* perspiring (sweaty) hands

'**zweetkamer** *v* (-s) sweating-room

'**zweetklier** *v* (-en) sweat-gland

'**zweetkuur** *v* (-kuren) sweating-cure

'**zweetlucht** *v* sweaty smell

'**zweetmiddel** *o* (-en) sudorific

'**zweetvoeten** *mv* perspiring feet

'**zwegen** V.T. meerv. van *zwijgen*

zwei *v* (-en) bevel

'**zwelgen** (zwelgde of zwolg, h. gezwolgen) **I** *overg* swill, quaff, guzzle; **II** *onoverg* carouse; ~ *in...* luxuriate in..., revel in...

'**zwelger** *m* (-s) guzzler, carouser

zwelge'rij *v* (-en) guzzling, revelling

'**zwelgpartij** *v* (-en) carousal, revelry, orgy
'**zwellen** (zwol, is gezwollen) *onoverg* swell; *de ~de zeilen* the swelling (bellying) sails; *doen ~* swell
'**zwelling** *v* (-en) swelling
'**zwembad** *o* (-baden) swimming-bath
'**zwemband** *m* (-en) swimming-belt
'**zwembassin** *o* (-s) swimming-pool
'**zwemblaas** *v* (-blazen) swimming-bladder, sound
'**zwembroek** *v* (-en) swimming-trunks, bathing-trunks
'**zwemdiploma** *o* ('s) swimming certificate
'**zwemen** (zweemde, h. gezweemd) *onoverg*: ~ *naar* be (look) like; ~ *naar (het) blauw* have a bluish cast
'**zwemgordel** *m* (-s) swimming-belt
'**zweminrichting** *v* (-en) swimming-baths
'**zwemkunst** *v* art of swimming, natation
'**zwemles** *v* (-sen) swimming-lesson
'**zwemmen** (zwom, h. en is gezwommen) *onoverg* swim; *(de aardappels) ~ in de boter* are swimming in butter; *in het geld ~* roll in money; *haar ogen zwommen in tranen* her eyes were swimming with tears; *op de buik (rug) ~* swim on one's chest (back); *zullen we gaan ~?* shall we have (take) a swim?; *zijn paard over de rivier laten ~* ook: swim one's horse over the river
'**zwemmer** *m* (-s) swimmer
'**zwemmerseczeem** *o* athlete's foot
'**zwempak** *o* (-ken) swim-suit, bathing suit
'**zwempoot** *m* (-poten) flipper; zie ook: *zwemvoet*
'**zwemschool** *v* (-scholen) swimming-school
'**zwemsport** *v* swimming
'**zwemvest** *o* (-en) life-jacket, air-jacket
'**zwemvlies** *o* (-vliezen) **1** ⟨v. dieren⟩ web; **2** *sp* flipper [for frogman]; *met zwemvliezen* web-footed [animals], webbed [feet]
'**zwemvoet** *m* (-en) web-foot [of birds]
'**zwemvogel** *m* (-s) web-footed bird, swimming-bird
'**zwemwedstrijd** *m* (-en) swimming-match
'**zwendel** *m* = *zwendelarij*
'**zwendelaar** *m* (-s) swindler, *gemeenz* sharper
zwendela'rij *v* (-en) swindling, swindle
'**zwendelen** (zwendelde, h. gezwendeld) *onoverg* swindle
'**zwengel** *m* (-s) **1** ⟨v. pomp⟩ pump-handle; **2** crank [of an engine]
'**zwengelen** (zwengelde, h. gezwengeld) *onoverg* swing, turn, pump
zwenk *m* (-en) turn
'**zwenken** (zwenkte, h. en is gezwenkt) *onoverg* **1** (in 't alg.) turn to the right (left), swing round; **2** *mil* wheel; **3** swerve [of motorcar]; **4** *fig* change front; *links (rechts) ~!* *mil* left (right), wheel!
'**zwenking** *v* (-en) **1** (in 't alg.) turn, swerve; **2** *mil* wheel; **3** *fig* change of front
'**zwepen** (zweepte, h. gezweept) *overg* whip, lash
1 '**zweren** (zweerde of zwoor, h. gezweerd *of* gezworen) *onoverg* ⟨etteren⟩ ulcerate, fester

2 '**zweren** (zwoer, h. gezworen) **I** *onoverg* (een eed doen) swear; *bij hoog en laag (bij alles wat heilig is) ~* swear by all that is holy; *ze ~ bij die pillen* they swear by these pills; *op de bijbel ~* swear upon the bible; *men zou erop ~* one could swear to it; **II** *overg* swear [an oath]; *dat zweer ik (u)!* I swear it!; *iem. geheimhouding laten ~* swear sbd. to secrecy
'**zwerfdier** *o* (-en) stray animal
'**zwerfkat** *v* (-ten) stray cat
'**zwerfkei** *m* (-en), '**zwerfsteen** *m* (-stenen) erratic block, erratic boulder
'**zwerfkind** *o* (-eren) street child, homeless child
'**zwerftocht** *m* (-en) wandering, ramble
'**zwerfvogel** *m* (-s) nomadic bird
'**zwerfvuil** *o* litter
'**zwerfziek** *bn* of a roving disposition
zwerk *o plechtig* **1** ⟨hemel⟩ welkin, firmament, sky; **2** ⟨wolken⟩ rack, drifting clouds
zwerm *m* (-en) swarm [of bees, birds, horsemen &]
'**zwermen** (zwermde, h. gezwermd) *onoverg* swarm
'**zwerveling** *m* (-en) wanderer, vagabond
'**zwerven** (zwierf, h. gezworven) *onoverg* wander, roam, ramble, rove; *~de kat* stray cat; *~de stammen* wandering tribes, nomadic tribes
'**zwerver** *m* (-s) wanderer, vagabond, rambler, rover, tramp
'**zweten** (zweette, h. gezweet) **I** *onoverg* perspire, sweat [also of new hay, bricks &]; **II** *overg* sweat [blood]
'**zweterig** *bn* sweaty
'**zweterigheid** *v* sweatiness
'**zwetsen** (zwetste, h. gezwetst) *onoverg* boast, brag, *gemeenz* talk big air
'**zwetser** *m* (-s) boaster, braggart
zwetse'rij *v* boasting, boast, bragging, brag
'**zweven** (zweefde, h. en is gezweefd) *onoverg* **1** be in suspension, be suspended [in a liquid]; **2** float [currency, in the air]; **3** hover [over sth.]; **4** *luchtv* glide [ook: over the ice]; *het zweeft mij op de tong* I have it on the tip of my tongue; *~ tussen leven en dood* be hovering between life and death; *voor de geest ~* **1** be present to the mind [of an image]; **2** have [a thought] in mind
'**zweverig** *bn* **1** ⟨vaag⟩ dreamy, vague, in the clouds; **2** ⟨duizelig⟩ dizzy
'**zwezerik** *m* (-riken) **1** *anat* thymus; **2** ⟨voedsel⟩ sweetbread
'**zwichten** (zwichtte, h. gezwicht) *onoverg* yield, give way; ~ *voor* **1** yield to [him, his arguments, persuasion]; **2** yield to, succumb to [superior numbers]; **3** give in to [threats]
'**zwiepen** (zwiepte, h. gezwiept) *onoverg* swish, switch
zwier *m* **1** ⟨draai⟩ flourish; **2** ⟨pompeuze gratie⟩ dash, jauntiness, smartness; *aan de ~ zijn* be on the spree (on the randan); *met edele ~* with a noble grace
'**zwieren** (zwierde, h. gezwierd) *onoverg* **1** reel

[when drunk]; **2** glide [over the ice &]; **3** whirl [round the ball-room]; **4** ⟨pret maken⟩ go the pace

zwierf (zwierven) V.T. van *zwerven*

'**zwierig I** *bn* dashing, jaunty, stylish, smart; **II** *bijw* smartly

'**zwierigheid** *v* dash, jauntiness, stylishness, smartness

'**zwierven** V.T. meerv. van *zwerven*

'**zwijgen I** (zweeg, h. gezwegen) *onoverg & abs ww* **1** be silent; **2** fall silent; *zwijg!, zwijg stil!* hold your tongue!, silence!, be silent!; *hij kan niet ~* he cannot keep a secret, he cannot keep his (own) counsel; *~ als het graf* be as silent as the grave; *iem. doen ~* put sbd. to silence, silence sbd.; *wie zwijgt stemt toe* silence gives consent; *daarop moest ik ~* to this I could make no reply; *maar je moet erover ~* hold your tongue about it; *de geschiedenis zwijgt daarover* history is silent about this; *een batterij tot ~ brengen* silence a battery; *iem. tot ~ brengen* reduce (put) sbd. to silence, silence sbd.; *daarover zullen wij maar ~* let it pass; *om nog maar te ~ van...* to say nothing of..., not to mention..., let alone...; **II** *o* silence; *het ~ bewaren* keep silence; *hij moest er het ~ toe doen* he could make no reply; *iem. het ~ opleggen* impose silence (up)on sbd.; *het ~ verbreken* break silence

zwijgend I *bn* silent; **II** *bijw* silently, in silence

'**zwijger** *m* (-s) silent person; *Willem de Z~* William the Silent

'**zwijggeld** *o* (-en) hush-money

'**zwijgplicht** *m & v* oath of secrecy

'**zwijgzaam** *bn* silent, taciturn

'**zwijgzaamheid** *v* silence, taciturnity

zwijm *m in ~ liggen* lie in a swoon; *in ~ vallen* faint, swoon

'**zwijmelen** (zwijmelde, h. gezwijmeld) *onoverg* **1** ⟨in een roes verkeren⟩ swoon; **2** ⟨een flauwte krijgen⟩ faint; **3** ZN ⟨wankelen⟩ stagger, totter

zwijn *o* (-en) **1** ⟨dier & scheldwoord⟩ pig², hog², swine²; **2** gemeenz ⟨geluk⟩ fluke; *wild ~* (wild) boar

'**zwijnachtig** *bn* hoggish, swinish

'**zwijnen** (zwijnde, h. gezwijnd) *onoverg* ⟨boffen⟩ be lucky, be in luck

'**zwijnenboel** *m* piggery, mess; *in een ~ leven* hog it

'**zwijnenhoeder** *m* (-s) swineherd

'**zwijnenjacht** *v* (-en) boar-hunting

'**zwijnenpan** *v* (pig) sty, dirty mess

'**zwijnenstal** *m* (-len) **1** eig piggery, pigsty; **2** = *zwijnenpan*

zwijne'rij *v* (-en) filth, dirt, muck, beastliness

'**zwijnjak** *m* (-ken) ⟨smeerlap⟩ pig, hog, swine, dirty tike

'**zwijntje** *o* (-s) **1** ⟨klein zwijn⟩ piggy; **2** gemeenz ⟨fiets⟩ bike

'**zwijntjesjager** *m* (-s) gemeenz bicycle-thief

zwik *m: de hele ~* the whole lot, the whole caboodle

'**zwikboor** *v* (-boren) auger

'**zwikken** (zwikte, is gezwikt) *onoverg* sprain [one's ankle]

'**zwingel** *m* (-s) swingle(-staff)

'**zwingelaar** *m* (-s) flax-dresser

'**zwingelen** (zwingelde, h. gezwingeld) *overg* swingle [flax]

'**Zwitser** *m* (-s) Swiss; *de ~s* the Swiss

'**Zwitserland** *o* Switzerland

'**Zwitsers** *bn* Swiss

'**zwoegen** (zwoegde, h. gezwoegd) *onoverg* toil, toil and moil, drudge

'**zwoeger** *m* (-s) toiler, drudge

zwoel *bn* sultry

'**zwoelheid, zwoelte** *v* sultriness

zwoer (zwoeren) V.T. van ²*zweren*

zwoerd *o* (-en) rind [of bacon], pork-rind

'**zwoeren** V.T. meerv. van ²*zweren*

zwol (zwollen) V.T. van *zwellen*

zwolg (zwolgen) V.T. van *zwelgen*

'**zwollen** V.T. meerv. van *zwellen*

zwom (zwommen) V.T. van *zwemmen*

zwoor (zworen) V.T. van ¹*zweren*

zwoord *o* (-en) = *zwoerd*

'**zworen** V.T. meerv. van ¹*zweren*

ZZO *afk.* = *zuidzuidoost*

ZZW *afk.* = *zuidzuidwest*

Nederlandse onregelmatige werkwoorden

Dutch irregular verbs

ONBEP. WIJS	ONVOLT. VERL. TIJD	VOLT. DEELW.
bakken	bakte (bakten)	h. gebakken
bannen	bande (banden)	h. gebannen
barsten	barstte (barstten)	is gebarsten
bederven	bedierf (bedierven)	*overg* h., *onoverg* is bedorven
bedriegen	bedroog (bedrogen)	h. bedrogen
beginnen	begon (begonnen)	is begonnen
bergen	borg (borgen)	h. geborgen
bersten	borst, berstte (borsten, berstten)	is geborsten
bevelen	beval (bevalen)	h. bevolen
bevriezen	bevroor (bevroren)	*overg* h., *onoverg* is bevroren
bezwijken	bezweek (bezweken)	is bezweken
bidden	bad (baden)	h. gebeden
bieden	bood (boden)	h. geboden
bijten	beet (beten)	h. gebeten
binden	bond (bonden)	h. gebonden
blazen	blies (bliezen)	h. geblazen
blijken	(het) bleek	is gebleken
blijven	bleef (bleven)	is gebleven
blinken	blonk (blonken)	h. geblonken
braden	braadde (braadden)	h. gebraden
breken	brak (braken)	*overg* h., *onoverg* is gebroken
brengen	bracht (brachten)	h. gebracht
brouwen (*brew*)	brouwde (brouwden)	h. gebrouwen
brouwen (*speak with a burr*)	brouwde (brouwden)	h. gebrouwd
buigen	boog (bogen)	*overg* h., *onoverg* h. en is gebogen
delven	dolf, delfde (dolven, delfden)	h. gedolven
denken	dacht (dachten)	h. gedacht
dingen	dong (dongen)	h. gedongen
doen	deed (deden)	h. gedaan
dragen	droeg (droegen)	h. gedragen
drijven	dreef (dreven)	*overg* h., *onoverg* h. & is gedreven
dringen	drong (drongen)	h. en is gedrongen
drinken	dronk (dronken)	h. gedronken
druipen	droop (dropen)	h. en is gedropen
duiken	dook (doken)	h. en is gedoken
durven	durfde, dorst (durfden, dorsten)	h. gedurfd
dwingen	dwong (dwongen)	h. gedwongen
ervaren	ervaarde, ervoer (ervaarden, ervoeren)	h. ervaren
eten	at (aten)	h. gegeten
fluiten	floot (floten)	h. gefloten
gaan	ging (gingen)	is gegaan
gelden	gold (golden)	h. gegolden

ONBEP. WIJS	ONVOLT. VERL. TIJD	VOLT. DEELW.
genezen	genas (genazen)	*overg* h., *onoverg* is genezen
genieten	genoot (genoten)	h. genoten
geven	gaf (gaven)	h. gegeven
gieten	goot (goten)	h. gegoten
glijden	gleed (gleden)	h. en is gegleden
glimmen	glom (glommen)	h. geglommen
graven	groef (groeven)	h. gegraven
grijpen	greep (grepen)	h. gegrepen
hangen	hing (hingen)	h. gehangen
hebben	had (hadden)	h. gehad
heffen	hief (hieven)	h. geheven
helpen	hielp (hielpen)	h. geholpen
heten	heette (heetten)	h. geheten
hijsen	hees (hesen)	h. gehesen
hoeven	hoefde (hoefden)	h. gehoefd, gehoeven
houden	hield (hielden)	h. gehouden
houwen	hieuw (hieuwen)	h. gehouwen
jagen	joeg, jaagde (joegen, jaagden)	h. gejaagd
kerven	kerfde, korf (kerfden, korven)	*overg* h., *onoverg* is gekerfd, gekorven
kiezen	koos (kozen)	h. gekozen
kijken	keek (keken)	h. gekeken
kijven	keef (keven)	h. gekeven
klieven	kliefde, ZN kloof (kliefden, kloven)	h. gekliefd, ZN gekloven
klimmen	klom (klommen)	h. en is geklommen
klinken	klonk (klonken)	h. geklonken
kluiven	kloof (kloven)	h. gekloven
knijpen	kneep (knepen)	h. geknepen
komen	kwam (kwamen)	is gekomen
kopen	kocht (kochten)	h. gekocht
krijgen	kreeg (kregen)	h. gekregen
krijten (*cry*)	kreet (kreten)	h. gekreten
krimpen	kromp (krompen)	*overg* h., *onoverg* is gekrompen
kruipen	kroop (kropen)	h. en is gekropen
kunnen	kon (konden)	h. gekund
kwijten	kweet (kweten)	h. gekweten
lachen	lachte (lachten)	h. gelachen
laden	laadde (laadden)	h. geladen
laten	liet (lieten)	h. gelaten
leggen	legde, lei (legden, leien)	h. gelegd
lezen	las (lazen)	h. gelezen
liegen	loog (logen)	h. gelogen
liggen	lag (lagen)	h. gelegen
lijden	leed (leden)	h. geleden
lijken	leek (leken)	h. geleken
lopen	liep (liepen)	h. en is gelopen
malen (*grind*)	maalde (maalden)	h. gemalen
malen (*care; be mad*)	maalde (maalden)	h. gemaald
melken	molk, melkte (molken, melkten)	h. gemolken
meten	mat (maten)	h. gemeten
mijden	meed (meden)	h. gemeden
moeten	moest (moesten)	h. gemoeten

ONBEP. WIJS	ONVOLT. VERL. TIJD	VOLT. DEELW.
mogen	mocht (mochten)	h. gemogen
nemen	nam (namen)	h. genomen
nijgen	neeg (negen)	h. genegen
nijpen	neep (nepen)	h. genepen
ontginnen	ontgon (ontgonnen)	h. ontgonnen
plegen (*be in the habit of*)	placht (plachten)	
plegen (*commit*)	pleegde (pleegden)	h. gepleegd
pluizen	ploos (plozen)	h. geplozen
prijzen (*praise*)	prees (prezen)	h. geprezen
prijzen (*price*)	prijsde (prijsden)	h. geprijsd
raden	raadde (raadden)	h. geraden
rieken	rook (roken)	h. geroken
rijden	reed (reden)	h. en is gereden
rijgen	reeg (regen)	h. geregen
rijten	reet (reten)	*overg* h., *onoverg* is gereten
rijzen	rees (rezen)	is gerezen
roepen	riep (riepen)	h. geroepen
ruiken	rook (roken)	h. geroken
scheiden	scheidde (scheidden)	*overg* h., *onoverg* is gescheiden
schelden	schold (scholden)	h. gescholden
schenden	schond (schonden)	h. geschonden
schenken	schonk (schonken)	h. geschonken
scheppen (*create*)	schiep (schiepen)	h. geschapen
scheppen (*scoop*)	schepte (schepten)	h. geschept
scheren (*shave*)	schoor (schoren)	h. geschoren
scheren (*skim [the water]*)	scheerde (scheerden)	h. gescheerd
schieten	schoot (schoten)	h. en is geschoten
schijnen	scheen (schenen)	h. geschenen
schijten	scheet (scheten)	h. gescheten
schrijden	schreed (schreden)	h. en is geschreden
schrijven	schreef (schreven)	h. geschreven
schrikken	schrok (schrokken)	is geschrokken
schuilen	school, schuilde (scholen, schuilden)	h. gescholen, geschuild
schuiven	schoof (schoven)	h. en is geschoven
slaan	sloeg (sloegen)	h. en is geslagen
slapen	sliep (sliepen)	h. geslapen
slijpen	sleep (slepen)	h. geslepen
slijten	sleet (sleten)	*overg* h., *onoverg* is gesleten
slinken	slonk (slonken)	is geslonken
sluipen	sloop (slopen)	h. en is geslopen
sluiten	sloot (sloten)	h. gesloten
smelten	smolt (smolten)	*overg* h., *onoverg* is gesmolten
smijten	smeet (smeten)	h. gesmeten
snijden	sneed (sneden)	h. gesneden
snuiten	snoot (snoten)	h. gesnoten
snuiven (*snuffle*)	snoof (snoven)	h. gesnoven
snuiven (*cocaine*)	snuifde, snoof (snuifden, snoven)	h. gesnuifd
spannen	spande (spanden)	h. gespannen
spijten	(het speet)	h. gespeten
spinnen	spon (sponnen)	h. gesponnen
splijten	spleet (spleten)	*overg* h., *onoverg* is gespleten
spreken	sprak (spraken)	h. gesproken

ONBEP. WIJS	ONVOLT. VERL. TIJD	VOLT. DEELW.
springen	sprong (sprongen)	h. en is gesprongen
spruiten	sproot (sproten)	is gesproten
spugen	spuugde, spoog (spuugden, spogen)	h. gespuugd, gespogen
spuiten	spoot (spoten)	h. en is gespoten
staan	stond (stonden)	h. gestaan
steken	stak (staken)	h. gestoken
stelen	stal (stalen)	h. gestolen
sterven	stierf (stierven)	is gestorven
stijgen	steeg (stegen)	is gestegen
stijven (*starch*)	steef (steven)	h. gesteven
stijven (*stiffen*)	stijfde (stijfden)	h. gestijfd
stinken	stonk (stonken)	h. gestonken
stoten	stootte (stootten)	h. gestoten
strijden	streed (streden)	h. gestreden
strijken	streek (streken)	h. gestreken
stuiven	stoof (stoven)	h. en is gestoven
tijgen	toog (togen)	is getogen
treden	trad (traden)	h. en is getreden
treffen	trof (troffen)	h. getroffen
trekken	trok (trokken)	h. en is getrokken
uitscheiden (*stop*)	scheidde, schee(d) uit (scheidden, scheden uit)	is uitgescheiden, uitgescheden
uitscheiden (*excrete*)	scheidde uit (scheidden uit)	h. uitgescheiden
vallen	viel (vielen)	is gevallen
vangen	ving (vingen)	h. gevangen
varen	voer (voeren)	h. en is gevaren
vechten	vocht (vochten)	h. gevochten
verderven	verdierf (verdierven)	h. en is verdorven
verdrieten	verdroot (verdroten)	h. verdroten
verdwijnen	verdween (verdwenen)	is verdwenen
vergeten	vergat (vergaten)	h. en is vergeten
verliezen	verloor (verloren)	h. en is verloren
verslinden	verslond (verslonden)	h. verslonden
verzwinden	verzwond (verzwonden)	is verzwonden
vinden	vond (vonden)	h. gevonden
vlechten	vlocht (vlochten)	h. gevlochten
vlieden	vlood (vloden)	is gevloden
vliegen	vloog (vlogen)	h. en is gevlogen
vlieten	vloot (vloten)	is gevloten
vouwen	vouwde (vouwden)	h. gevouwen
vragen	vroeg (vroegen)	h. gevraagd
vreten	vrat (vraten)	h. gevreten
vriezen	vroor (vroren)	h. en is gevroren
vrijen	vrijde, vree (vrijden, vreeën)	h. gevrijd, gevreeën
waaien	waaide, woei (waaiden, woeien)	h. en is gewaaid
wassen (*grow*)	wies (wiesen)	is gewassen
wassen (*wash*)	waste, wies (wasten, wiesen)	h. gewassen
wegen	woog (wogen)	h. gewogen
werpen	wierp (wierpen)	h. geworpen
werven	wierf (wierven)	h. geworven
weten	wist (wisten)	h. geweten
weven	weefde (weefden)	h. geweven
wezen	was (waren)	is geweest
wijken	week (weken)	is geweken

ONBEP. WIJS	ONVOLT. VERL. TIJD	VOLT. DEELW.
wijten	weet (weten)	h. geweten
wijzen	wees (wezen)	h. gewezen
willen	wou, wilde (wouen, wilden)	h. gewild
winden	wond (wonden)	h. gewonden
winnen	won (wonnen)	h. gewonnen
worden	werd (werden)	is geworden
wreken	wreekte (wreekten)	h. gewroken
wrijven	wreef (wreven)	h. gewreven
wringen	wrong (wrongen)	h. gewrongen
wuiven	wuifde, woof (wuifden, woven)	h. gewuifd, gewoven
zeggen	zei, zegde (zeiden, zegden)	h. gezegd
zeiken	zeikte, zeek (zeikten, zeken)	h. gezeikt, gezeken
zenden	zond (zonden)	h. gezonden
zieden	ziedde (ziedden)	h. gezoden
zien	zag (zagen)	h. gezien
zijgen	zeeg (zegen)	*overg* h., *onoverg* is gezegen
zijn (ik ben, wij zijn)	was (waren)	is geweest
zingen	zong (zongen)	h. gezongen
zinken	zonk (zonken)	is gezonken
zinnen (*meditate*)	zon (zonnen)	h. gezonnen
zinnen (*like*)	zinde (zinden)	h. gezind
zitten	zat (zaten)	h. gezeten
zoeken	zocht (zochten)	h. gezocht
zouten	zoutte (zoutten)	h. gezouten
zuigen	zoog (zogen)	h. gezogen
zuipen	zoop (zopen)	h. gezopen
zullen (zal)	zou (zouden)	
zwelgen	zwelgde, zwolg (zwelgden, zwolgen)	h. gezwolgen
zwellen	zwol (zwollen)	is gezwollen
zwemmen	zwom (zwommen)	h. en is gezwommen
zweren (*swear*)	zwoer (zwoeren)	h. gezworen
zweren (*ulcerate*)	zweerde, zwoor (zweerden, zworen)	h. gezweerd, gezworen
zwerven	zwierf (zwierven)	h. gezworven
zwijgen	zweeg (zwegen)	h. gezwegen

Engelse grammatica

Inhoud

1. De naamwoordsgroep

1.1 Enkelvoud en meervoud: vorm

1.1.1 Het regelmatige meervoud

Het regelmatige meervoud van naamwoorden wordt gemaakt door -*s* achter een naamwoord te plaatsen, bijvoorbeeld *field – fields, boy – boys, street – streets, house – houses*. Voor de spelling- en uitspraakregels zie hoofdstuk 5.

1.1.2 Het onregelmatige meervoud

De belangrijkste onregelmatige meervouden zijn:

enkelvoud	meervoud		enkelvoud	meervoud
man (man)	*men*		*foot* (voet)	*feet*
woman (vrouw)	*women*		*tooth* (tand)	*teeth*
child (kind)	*children*		*mouse* (muis)	*mice*

Voor de meervouden van leenwoorden die uitgaan op -*ex*, -*um*, -*us* en -*a* (Latijn), -*is* en -*on* (Grieks) raden wij u aan het woordenboek te raadplegen

1.1.3 Naamwoorden met dezelfde vorm in het enkelvoud en het meervoud

De volgende naamwoorden hebben dezelfde vorm in het enkelvoud als in het meervoud:

deer (hert)   *trout* (forel)   *salmon* (zalm)
reindeer (rendier)   *herring* (haring)   *series* (serie)
sheep (schaap)   *plaice* (schol)   *species* (soort [biologisch])

1.1.4 Naamwoorden die alleen in het meervoud worden gebruikt

De volgende naamwoorden worden alleen in het meervoud gebruikt; het Nederlands heeft soms een enkelvoud, soms een meervoud:

archives (archief)
arms (wapens)
arrears (betalingsachterstand)
bowels (ingewanden)
clothes (kleren)
contents (inhoud)
customs (douane)
earnings (verdiensten)
fireworks (vuurwerk)
funds (fondsen)
goods (goederen)
manners (manieren)
outskirts (buitenwijken)

particulars (bijzonderheden)
premises (huis, gebouw, pand)
regards (als in: *give him my regards*, doe hem de groeten)
remains (overblijfselen)
riches (rijkdom / rijkdommen)
savings (spaargeld)
stairs (trap)
surroundings (omgeving)
thanks (dank)
troops (troepen)
wages (loon)

1.1.5 Naamwoorden voor zaken die uit twee gelijke delen bestaan

Dit betreft de volgende naamwoorden:
binoculars (verrekijker)
glasses (bril)
pliers (tang)
pyjamas (pyjama)
scales (weegschaal)
scissors (schaar)

shorts (korte broek)
spectacles (bril)
tights (panty's, nylons)
trousers (broek)
tweezers (pincet)
(under)pants (onderbroek)

Deze naamwoorden kunnen telbaar gemaakt worden door ze te laten voorafgaan door *a pair of* / *two pairs of* enz.:

The down-and-out only had one pair of trousers	De zwerver had maar één broek
John has bought three pairs of pyjamas in the sales	Jan heeft drie pyjama's in de uitverkoop gekocht

Als het aantal niet relevant is, wordt de omschrijving met *pair* niet gebruikt. Het werkwoord wordt dan in het meervoud gezet:

My trousers are covered in paint	Mijn broek zit vol verf

1.2 Telbare en niet-telbare naamwoorden

Zowel het Engels als het Nederlands onderscheidt telbare en niet-telbare naamwoorden. Het begrip 'telbaarheid' is intuïtief goed aan te voelen. Zo is 'meel' een substantie die niet te tellen is en daarom is het naamwoord *meel* een niet-telbaar naamwoord. Objecten zoals 'fietsen' en 'huizen' kunnen wel geteld worden. De corresponderende naamwoorden zijn daarom telbaar. In het Nederlands hoeven telbare woorden niet altijd vooraf te worden gegaan door een lidwoord. Het Engels eist dit altijd:

The palaeontologist has found a piece of the lower jaw of a dinosaur	De paleontoloog heeft een stuk onderkaak van een dinosaurus gevonden

1.2.1 Telbaar in het Nederlands en niet-telbaar in het Engels

De volgende naamwoorden zijn telbaar in het Nederlands, terwijl hun Engelse equivalenten niet-telbaar zijn:
advice (advies / adviezen), *information* (inlichting / inlichtingen), *furniture* (meubilair / meubelen). Bijvoorbeeld:

I have asked for information about flights to Glasgow	Ik heb inlichtingen gevraagd over vluchten naar Glasgow

1.2.2 Het telbaar maken van niet-telbare naamwoorden

Een niet-telbaar naamwoord kan telbaar gemaakt worden door een uitdrukking te gebruiken als *a piece of, a bit of* enz.:

I will give you two pieces of advice	Ik zal je twee adviezen geven

Als het aantal niet relevant is, zal het Engels vaak een uitdrukking gebruiken die een onbepaalde hoeveelheid aangeeft, bijvoorbeeld *some, a lot of, a great deal of*:

Can you give me some information (**en niet**: some pieces of information) about prices of trips to London?	Kunt u me wat inlichtingen geven over hoeveel een uitstapje naar Londen me zal gaan kosten?

1.3 Het lidwoord

Het bepaalde lidwoord is *the* en het onbepaalde lidwoord is *a* of *an*; *a* wordt gebruikt wanneer het wordt gevolgd door een medeklinker, bijv. *a book*; *an* wordt gebruikt wanneer het wordt gevolgd door een klinker of een stomme 'h', d.w.z. een niet uitgesproken 'h', bijv. *an apple, an hour*, maar: *a hero* (een held). De uitspraak van *-e* in het bepaalde lidwoord *the* is als volgt: wanneer het lidwoord wordt gevolgd door een klinker of een stomme 'h', wordt de *-e* uitgesproken als de *ie* in het Nederlandse *vergiet*; wanneer het gevolgd wordt door een medeklinker wordt de *-e* uitgesproken als de *e* in het Nederlandse woord *de*.

1.3.1 Geen lidwoord in het Engels tegenover een bepaald lidwoord in het Nederlands

1.3.1.1 Abstracte, niet-telbare naamwoorden

Voor abstracte, niet-telbare naamwoorden die in algemene zin worden gebruikt, d.w.z. verwijzen naar bijvoorbeeld *de Europese geschiedenis* (1), *de Nederlandse dichtkunst* (2) of *de politiek* (3) in het algemeen, staat het Engels geen lidwoord toe. In het Nederlands mag in deze gevallen wel een bepaald lidwoord worden gebruikt:

(1) European history is a history of continuous war and persecution	De Europese geschiedenis is er een van voortdurende oorlogen en vervolgingen
(2) The quality of Dutch poetry is very much underestimated	De kwaliteit van de Nederlandse dichtkunst wordt erg onderschat
(3) Jan is going into politics	Jan gaat de politiek in

1.3.1.2 Andere gevallen waarin het Engels niet en het Nederlands wel een bepaald lidwoord gebruikt

a. In combinaties van werkwoorden als *come*, *go* en *travel* met het voorzetsel *by* + een transportmiddel:

travel by car / by bus / by train	met de auto / met de bus / met de trein gaan

maar:

take the car / the bus / the train	de auto / de bus / de trein / nemen

b. In combinaties van de werkwoorden *go to* of *be in* met woorden als *church, hospital, school, prison* wanneer we denken aan het doel waarvoor deze gebouwen gebruikt worden. *We are going to church* houdt daarom in dat we een dienst gaan bijwonen en *the murderer has to go to prison* of *the murderer was sent to prison* houdt in dat de moordenaar daar zijn straf moet uitzitten. Omdat in de volgende zinnen naar een ander dan het normale doel wordt verwezen, moet het bepaald lidwoord wel gebruikt worden:

You should really go to the church over there to have a look at its stained-glass windows	Je moet echt naar die kerk daar toegaan om de glas-in-loodramen te bekijken
We have to go to the prison today to see the governor	We moeten vandaag naar de gevangenis om met de directeur te spreken

c. Voor *most* als vertaling van *de meeste* of *de meesten*:

Most people love life	De meeste mensen houden van het leven

d. Vaak voor namen van jaargetijden, tenzij er op een jaargetijde in een bepaald jaar wordt gedoeld:

Spring is the season when the days begin to lengthen	De lente is het jaargetij waarin de dagen langer beginnen te worden
In autumn the days get shorter	In de herfst worden de dagen korter

maar:

We got married in the autumn of 1984	In de herfst van 1984 zijn we getrouwd

(e) In combinaties van een voorzetsel als *at, before* en *after* met de naam van een maaltijd:

after dinner / lunch / breakfast	na het eten

Denk ook aan de volgende uitdrukkingen:

have dinner / lunch / breakfast	eten / dineren / lunchen / ontbijten

1.3.2 Het onbepaald lidwoord

Het gebruik van het onbepaald lidwoord loopt voor een groot deel parallel in het Engels en het Nederlands. Het belangrijkste verschil zal worden behandeld onder het hoofd congruentie (zie § 4.2). Daarnaast zijn er nog de volgende verschillen:

a. Woorden als *nonsense* en *weather* zijn niet-telbare naamwoorden. Het Engels, in tegenstelling tot het Nederlands, gebruikt daarom geen onbepaald lidwoord in uitroepen als (1) en (2). *Shock* is telbaar en kan dus wel voorafgegaan worden door een onbepaald lidwoord (3):

(1) What nonsense!	Wat een onzin!
(2) What bad weather!	Wat een slecht weer!
(3) What a shock this was!	Wat was dat een schok!

b. 'Honderd' en 'duizend' is *a hundred* of *one hundred* en *a thousand* of *one thousand* in het Engels:

one hundred (of: a hundred) people	honderd mensen
one thousand (of: a thousand) and twenty four letters	duizendvierentwintig brieven

c. Het onbepaald lidwoord wordt ook gebruikt als equivalent van het Nederlandse *per*:

Nowadays many people have three holidays a year	Veel mensen gaan tegenwoordig drie keer per jaar met vakantie

1.4 Het bijvoeglijk naamwoord

Bijvoeglijke naamwoorden worden **attributief** of **predikatief** gebruikt. Een bijvoeglijk naamwoord wordt **predikatief** gebruikt als het als naamwoordelijk deel van het gezegde wordt gebruikt, zoals *big* als in *that boy is big*. **Attributief** gebruikte bijvoeglijke naamwoorden gaan direct aan het naamwoord vooraf, bijv. *big* in *the big boy* en *beautiful* in *the beautiful garden*. In het Engels kunnen attributief gebruikte bijvoeglijke naamwoorden het naamwoord ook volgen, bijv. *concerned* in *the people concerned* (de betrokken personen).

1.4.1 Alleen predikatief

De volgende bijvoeglijke naamwoorden worden alleen predikatief gebruikt:

ill (ziek)	*alike* (als in: *they are alike* –	*ashamed* (beschaamd)
unwell (niet lekker)	ze lijken op elkaar)	*asleep* (in slaap)
well (gezond, lekker)	*alive* (levend, in leven)	*awake* (wakker)
afraid (bang)	*alone* (alleen)	

Your brother is not very well yet	Je broer is nog steeds niet erg lekker
The boy is unwell	De jongen is niet lekker
maar niet: the unwell boy	
Thank goodness she is alive!	Gelukkig, ze leeft nog!
maar niet: the alive woman	

1.4.2 Alleen attributief

De bijvoeglijke naamwoorden *mere* (nog maar), *sheer* (puur, zuiver) en *utter* (volledig) worden alleen attributief gebruikt:

She was a mere child	Zij was nog maar een kind
Trying to jump out of the window was sheer lunacy	Uit het raam proberen te springen was pure waanzin
This was utter rubbish	Dat was complete onzin

1.4.3 Bijvoeglijke naamwoorden die voor het zelfstandig naamwoord een andere betekenis hebben dan erachter

Dit betreft o.a. *present, involved* en *concerned*:

The present state of affairs	de huidige stand van zaken
The people / those present	de aanwezigen
A very involved explanation	een heel ingewikkeld verklaring
The people involved	de betrokkenen
A concerned neighbour	een bezorgde buur
The people concerned	de betrokkenen

1.5 De trappen van vergelijking

Er zijn in het Engels twee manieren om de vergrotende trap (bijv. *groter* als in *Jan is groter dan Peter*) en de overtreffende trap (bijv. *het grootste* als in *dat is het grootste gebouw dat ik ooit gezien heb*) van bijvoeglijke naamwoorden te maken, nl. door *-er* of *-est* achter of door *more* of *most* voor het bijvoeglijk naamwoord te plaatsen.

-er en *-est* worden toegevoegd aan alle eenlettergrepige bijvoeglijke naamwoorden en aan bijvoeglijke naamwoorden van twee lettergrepen die eindigen op *-le, -er, -ow* en *-y*. Als het bijvoeglijk naamwoord al op een *-e* eindigt, worden *-r* en *-st* toegevoegd. In andere gevallen worden *more* en *most* gebruikt. De overtreffende trap wordt voorafgegaan door het bepaalde lidwoord.

Voorbeelden:

cheap (goedkoop)	*cheaper*	*the cheapest*
feeble (zwak)	*feebler*	*the feeblest*
clever (slim)	*cleverer*	*the cleverest*
narrow (nauw)	*narrower*	*the narrowest*
kindly (vriendelijk)	*kindlier*	*the kindliest*
interesting (interessant)	*more interesting*	*the most interesting*

Voor verdere spellingregels zie § 5.5.

1.5.1 Onregelmatige trappen van vergelijking

De volgende bijvoeglijke naamwoorden hebben onregelmatige trappen van vergelijking:

bad (slecht)	*worse*	*the worst*
far (ver)	*farther / further*	*the farthest / furthest*
good (goed)	*better*	*the best*
little / small (klein)	*smaller*	*the smallest*
old (oud)	*older / elder*	*the oldest / eldest*
real (echt)	*more real*	*the most real*

Elder en *eldest* (ouder, oudst) worden alleen attributief gebruikt en verwijzen naar het lidmaatschap van een gezin:

He is my eldest brother	Hij is mijn oudste broer

1.5.2 De vergrotende trap bij een vergelijking van twee

Als het gaat om de grootste, de interessantste, de goedkoopste enz. van twee, gebruikt het Engels de vergrotende trap; het Nederlands gebruikt dan de overtreffende trap:

John was the elder of the two brothers	Jan was de oudste van de twee broers
Of the two books on the Crusades this one is the more interesting	Van de twee boeken over de kruistochten is dit het interessantste

1.6 Het bijvoeglijk naamwoord gebruikt als zelfstandig naamwoord

Terwijl het Nederlands het zelfstandig gebruik van bijvoeglijke naamwoorden algemeen toestaat, is dat in het Engels slechts mogelijk als ze in algemene zin gebruikt worden en òf naar mensen (1) òf naar een abstract begrip (2) verwijzen:

(1) The poor will always be with us   Wij zullen de armen altijd bij ons hebben
(2) We have to fight the evil in ourselves   Wij moeten het kwaad in onszelf bestrijden

Als het zelfstandig gebruikte bijvoeglijk naamwoord naar een of meer personen of zaken verwijst, gebruikt het Engels over het algemeen een omschrijving, veelal met *one* en *ones* (1; zie verder § 1.10.4). *One* wordt echter gewoonlijk niet gebruikt na *first* and *last* (2):

(1) We have got two cars, a red one and a   Wij hebben twee auto's, een rode en een
green one   groene
(2) The first to arrive was Alistair   De eerste die aankwam was Alistair

1.6.1 Het bijvoeglijk naamwoord gebruikt als zelfstandig naamwoord: nationaliteitsnamen

Ook bijvoeglijke naamwoorden zoals *Chinese, Dutch, English, French, Irish, Japanese* en *Spanish* kunnen zelfstandig gebruikt worden als ze verwijzen naar de inwoners van een land in het algemeen. Bij verwijzing naar een of meer individuen worden de corresponderende zelfstandige naamwoorden *Dutchman, Englishman, Frenchman, Irishman* en *Spaniard* gebruikt:

The Dutch think of themselves as a tolerant   De Nederlanders beschouwen zichzelf als
people   een verdraagzaam volk
I met two Englishmen / English people   Ik heb gisteren twee Engelsen ontmoet
yesterday

1.7 De tweede-naamvalsconstructie: de 's-genitief en de *of*-genitief

1.7.1 De genitief: vorm

De genitief wordt gevormd door 's achter een woord te plaatsen (1). Als het woord al op *s* eindigt wordt vaak met een apostrof (') volstaan (2). We zullen deze constructie van nu af aan de 's-genitief noemen. Parallel aan de 's-genitief bezit het Engels een bepaling die wordt ingeleid door *of*, de *of*-genitief (3). De genitief kan vele verbanden tussen begrippen en woorden aangeven. Een van de belangrijkste is de bezitsverhouding. Voorbeelden zijn:

(1) John's book   het boek van Jan
(2) Keats' (of: Keats's) house   het huis van Keats
(3) The car of the man on the corner   De auto van de man op de hoek

1.7.2 De 's-genitief tegenover de *of*-genitief

In de volgende gevallen geeft het Engels de voorkeur aan een 's-genitief boven een *of*-genitief:

a. Als de bezitter wordt weergegeven door een eigennaam (1) of een korte naamwoordsgroep (2). Naarmate het zinsdeel dat naar de bezitter verwijst langer is, wordt een *of*-genitief acceptabeler (3):

(1) John's flat has just been burgled   Er is ingebroken in de flat van Jan
(2) My father's flat has just been burgled   Er is ingebroken in de flat van mijn vader
(3) The old man's flat has just been burgled   Er is ingebroken in de flat van de oude man
of: The flat of the old man has just been
burgled

De *of*-genitief is verplicht wanneer de 'bezitter' gevolgd wordt door een voorzetsel + een naamwoord (4) of door een betrekkelijke bijzin (5):

(4) The flat of the man on the corner has just been burgled, **en niet**: The man on the corner's flat
(5) The flat of my father, who died some years ago, has just been burgled, **en niet**: My father's flat, who died some years ago, has just been burgled

b. Na naamwoorden die naar groepen mensen, bijvoorbeeld *committee* (bestuur, commissie), *council* (gemeenteraad, raad), *government* (regering), of naar geografische eenheden verwijzen:

The government's policy	Het beleid van de regering
Europe's minorities	De minderheden van Europa

c. Als de 'bezitter' een dier is aan wie een zekere persoonlijkheid kan worden toegeschreven of die persoonlijke geslachtskenmerken heeft (bijv. wel paarden, leeuwen en tijgers, maar geen wespen):

A lion's tail	De staart van een leeuw

d. In uitdrukkingen van tijd:

Yesterday's newspaper	De krant van gisteren
Last week's events	De gebeurtenissen van de vorige week

1.7.3 De dubbele genitief

Bij de **dubbele genitief** wordt onder de volgende voorwaarden de *of*-genitief met de *'s*-genitief gecombineerd: (a) het naamwoord met de *'s*-genitief moet naar een bepaalde persoon verwijzen (*my father, Verdi*) en (b) het daaraan voorafgaande naamwoord moet onbepaald zijn (*a friend, an opera, some friends*):

a friend of my father's	een vriend van mijn vader
some friends of my father's	een aantal vrienden van mijn vader
an opera of Verdi's	een opera van Verdi

Een uitdrukking als *a friend of my father's* kan gewoonlijk vervangen worden door uitdrukkingen als *one of my father's friends*.

1.7.4 De 'plaats'-genitief

Een **plaats-genitief** kan gekarakteriseerd worden als een *'s*-genitief waarbij een woord als *house* of *shop* is weggelaten. Zo geeft *his grandma's* in (1) aan dat het hier het huis van de oma van John betreft, terwijl *the greengrocer's* in (2) aangeeft dat het hier om een winkel gaat:

(1) John is living at his grandma's at present	Op dit ogenblik woont John bij zijn oma in huis
(2) You buy your vegetables at the greengrocer's	Groente koop je bij de groenteboer

1.7.5 Het weglaten van een naamwoord na een 's-genitief

Wanneer de *'s*-genitief gevolgd zou worden door een woord dat al eerder in de zin is gebruikt, dan kan dat woord worden weggelaten. Zo staat in zin (1) *his uncle's* voor *his uncle's memory* en in zin (2) *Alan's* voor *Alan's yacht*. Het Nederlands heeft veelal een constructie met *dat van* of *die van*:

(1) His memory is much better than his uncle's	Zijn geheugen is veel beter dan dat van zijn oom
(2) Peter's yacht was a lot bigger than Alan's	De boot van Peter was veel groter dan die van Alan

1.8 Het Engelse equivalent van constructies als *het vorige week in Amsterdam gehouden congres*

In het Nederlands heel gangbare constructies als *het vorige week in Amsterdam gehouden congres* en *deze in Oost-Europa gangbare methoden* worden in het Engels slechts bij hoge uitzondering toegestaan. In de meeste gevallen gebruikt het Engels een betrekkelijke bijzin (zie § 1.9):

The conference which was held in Amsterdam last week of: The conference held in Amsterdam last week	Het vorige week in Amsterdam gehouden congres
These methods, which are typical of Eastern Europe, of: These methods, typical of Eastern Europe,	Deze in Oost-Europa gangbare methoden

1.9 De betrekkelijke bijzin

Bij de behandeling van de betrekkelijk bijzin zijn de volgende punten van belang: (a) welke betrekkelijke voornaamwoorden wanneer moeten worden gebruikt en (b) wanneer een betrekkelijke bijzin moet worden voorafgegaan door een komma. Voor beide onderwerpen is het van belang om te weten of een betrekkelijke bijzin **beperkend** of **uitbreidend** is.

1.9.1 Beperkende en uitbreidende betrekkelijke bijzinnen

Vergelijk de volgende twee zinnen:

(1) Car salesmen who sell substandard cars should be punished	Autoverkopers die slechte auto's verkopen, moeten gestraft worden
(2) Car salesmen, who sell substandard cars, should be punished	Autoverkopers, die slechte auto's verkopen, moeten gestraft worden

In (1) wordt gezegd dat alleen die autoverkopers die slechte auto's verkopen, gestraft moeten worden. Met andere woorden, de betrekkelijke bijzin in (1) beperkt de groep autoverkopers tot die autoverkopers die aan de in de bijzin genoemde voorwaarde voldoen. De betrekkelijke bijzin is **beperkend** en wordt niet voorafgegaan door een komma. In (2) wordt gezegd dat alle autoverkopers slechte auto's verkopen en dat ze allemaal gestraft moeten worden – een onwaarschijnlijke stand van zaken! De betrekkelijke bijzin in (2) is een **uitbreidende bijzin** en wordt wel door een komma voorafgegaan.

1.10 Het voornaamwoord

Voornaamwoorden zijn woorden die voor een naamwoord of naamwoordsgroep in de plaats kunnen komen.

1.10.1 Het betrekkelijk voornaamwoord

Het Engels kent de volgende betrekkelijke voornaamwoorden: *who / whose / whom, which* en *that*. Onder bepaalde omstandigheden kan het betrekkelijk voornaamwoord worden weggelaten; zie § 1.10.1.1. Daarnaast bestaat er nog een betrekkelijk voornaamwoord *what*; zie § 1.10.1.2.

Het gebruik van de betrekkelijke voornaamwoorden wordt door twee voorwaarden bepaald: (a) of de betrekkelijke bijzin naar een persoon of een zaak verwijst en (b) of de betrekkelijke bijzin beperkend of uitbreidend is. Het volgende schema vat de gebruiksvoorwaarden van de betrekkelijke voornaamwoorden in het Engels samen. De nummers verwijzen naar de voorbeelden hieronder:

		Who enz.	which	that
personen	in uitbreidende bijzinnen	x (1)		
	in beperkende bijzinnen	x (2)		x (2)
zaken	in uitbreidend bijzinnen		x (3)	
	in beperkend bijzinnen		x (4)	x (4)

Het gebruik van enerzijds *who / whose / whom* en anderzijds *which* loopt parallel met het gebruik van de persoonlijke voornaamwoorden *he* en *she* aan de ene kant tegenover *it* aan de andere kant, zie § 4.4.

(1) Alistair Higginbottom, who was so annoying yesterday, is really a very nice fellow

Alistair Higginbottom, die gisteren zo vervelend was, is eigenlijk wel een aardige kerel

(2) The man who / that is walking over there is my brother Liam

De man die daar loopt, is mijn broer Liam

(3) My grandmother's house, which has been empty for years, has finally been sold

Het huis van mijn grootmoeder, dat al jaren leegstaat, is eindelijk verkocht

(4) The first thing that / which was bought by Erica was a dining table

Het eerste dat door Erica werd aangeschaft, was een eettafel

De keuze van *who, whose* en *whom* is afhankelijk van hun grammaticale functie in de bijzin:

a. onderwerp	*who*	The man who is walking over there
b. lijdend voorwerp	*who* *whom* [formeel]	the man who / whom you can see standing over there
c¹· voorzetselvoorwerp met het voorzetsel aan het eind van de bijzin	*who* [*whom* is zeer formeel]	the man who I am pointing at
c²· voorzetselvoorwerp; het voorzetsel gaat vooraf aan het betrekkelijk voornaamwoord [zeer formeel]	*whom*	the man at whom I am pointing
d. van wie	*whose*	the man whose trousers I am wearing

1.10.1.1 Het weglaten van het betrekkelijk voornaamwoord

Het betrekkelijk voornaamwoord kan weggelaten worden wanneer de betrekkelijke bijzin beperkend is en het betrekkelijk voornaamwoord geen onderwerp van de betrekkelijke bijzin is:

The car (of: the car that) you can see over there is John's

De auto die je daar ziet staan, is van John

1.10.1.2 Het betrekkelijk voornaamwoord *what*

Het Engelse betrekkelijk voornaamwoord *what* mag alleen zonder antecedent gebruikt worden (1). Dit is in tegenstelling tot het Nederlandse betrekkelijk voornaamwoord *wat*, dat wel een antecedent mag hebben. Het Engels gebruikt in dat geval *that* of *which* (2):

(1) I have done what I had to do

Wat ik moest doen, heb ik gedaan

(2) Everything that could be done has been done

Alles wat er gedaan kon worden, is gedaan

en niet:

Everything what could be done

1.10.2 Het persoonlijk voornaamwoord

Het volgende schema bevat de Engelse persoonlijke voornaamwoorden. Kolom 1 bevat die persoonlijke voornaamwoorden die als onderwerp van een zin worden gebruikt. Kolom 2 bevat die persoonlijke voornaamwoorden die als lijdend voorwerp, als meewerkend voorwerp of na een voorzetsel worden gebruikt.

1	2
I (ik)	*me* (mij / me)
you (jij / je / u)	*you* (jou / je / u)
he (hij)	*him* (hem)
she (zij / ze)	her (haar)
it (het)	*it* (het)
we (wij / we)	*us* (ons)
you (jullie / u)	*you* (jullie / u)
they (zij / ze)	*them* (hun / hen / ze)

Voor het gebruik van de Engelse persoonlijke voornaamwoorden *he*, *she* en *it* tegenover het gebruik van de Nederlandse persoonlijke voornaamwoorden *hij*, *zij* en *het*, zie § 4.4.

Voorbeelden:
(1) Het persoonlijk voornaamwoord als onderwerp:

I live in Holland but **he** lives in France   Ik woon in Holland, maar hij woont in Frankrijk

(2) Het persoonlijk voornaamwoord als lijdend voorwerp:

Alan: Has John been here recently? Mary: No, nobody has seen **him** in the last few weeks   Alan: Is John hier nog geweest? Mary: Nee, niemand heeft hem de laatste weken gezien

(3) Het persoonlijk voornaamwoord als meewerkend voorwerp:

Jan has given **her** a kiss   Jan heeft haar een kus gegeven

(4) Het persoonlijk voornaamwoord na een voorzetsel:

Dick gave the book to **me**, not to Chris   Dick heeft het boek aan mij gegeven en niet aan Chris

Voor een bespreking van het Nederlands voornaamwoord *men*, zie § 2.9.3.

1.10.3 Het bezittelijk voornaamwoord

Het volgende schema geeft een overzicht van de Engelse bezittelijke voornaamwoorden. Kolom 1 bevat de bijvoeglijke en kolom 2 de zelfstandige bezittelijke voornaamwoorden:

1	2
my (mijn)	*mine* (de/het mijne)
your (jouw, uw)	*yours* (de/het jouwe/uwe)
his (zijn)	*his* (de/het zijne)
her (haar)	*hers* (de/het hare)
its (zijn)	*its* (de/het zijne)
our (ons, onze)	*ours* (de/het onze)
your (jullie, uw)	*yours* (dat/die van jullie, de/het uwe)
their (hun)	*theirs* (de/het hunne)

Voorbeelden:

That is her car and this one is mine   Dat is haar auto en dit is de mijne
Roger's house and mine were built in the same year   Het huis van Roger en het mijne zijn in hetzelfde jaar gebouwd

Voor het gebruik van de Engelse bezittelijke voornaamwoorden *his, her* en *its* tegenover de Nederlandse bezittelijke voornaamwoorden *haar* en *zijn*, zie § 4.4.

1.10.4 Het voornaamwoord *one*

One kan een telbaar naamwoord vervangen. In dat geval gedraagt het zich volledig als een zelfstandig naamwoord. Zo wordt het in (1) voorafgegaan door een bepaald lidwoord en gevolgd door een betrekkelijke bijzin. In (2) staat *one* in het meervoud en wordt het gevolgd door een voorzetsel, terwijl *one* in (3) wordt voorafgegaan door een bijvoeglijk naamwoord. Denk eraan dat *one* niet direct kan worden voorafgegaan door een onbepaald lidwoord – met andere woorden de combinatie *a one* komt slechts zeer beperkt voor; in plaats daarvan gebruikt het Engels *one* (4):

(1) How do you like my new hat? Well, I prefer the one you usually wear   Hoe vind je mijn nieuwe hoed? Ik vind de hoed die je gewoonlijk op hebt mooier

(2) Which clothes are reduced? The ones with a red dot   Welke kleren zijn afgeprijsd? Die met een rode stip

(3) I have two jackets, a red one and a green one. I like the red one best   Ik heb twee jasjes, een rode en een groene. Ik vind de rode het mooiste

(4) I have lost my pen. Have you got one?   Ik ben mijn pen kwijt. Heb jij er een?

1.10.5 Het wederkerend voornaamwoord

Het volgende schema geeft een overzicht van de wederkerende voornaamwoorden.

enkelvoud:	*myself* (me, mezelf), *yourself* (je, jezelf, zich), *himself, herself, itself* (zich, zichzelf)
meervoud:	*ourselves* (ons, onszelf), *yourselves* (jullie, jezelf, zich), *themselves* (zich, zichzelf)

Voorbeelden:

I do not trust myself in that situation   Ik vertrouw mezelf niet in die situatie

She has bought a new coat for herself   Zij heeft een nieuwe jas voor zichzelf gekocht

We enjoyed ourselves very much   Wij hebben ons heel erg vermaakt

Voor het gebruik van *himself* en *herself* tegenover *itself*, zie § 4.4.

1.10.5.1 Werkwoorden die wederkerend zijn in het Nederlands en niet wederkerend in het Engels

De belangrijkste van deze werkwoorden zijn:
to get dressed (zich aankleden)
to move (zich bewegen)
to submit (zich onderwerpen, **maar:** *to subject oneself)*
to abstain from (zich onthouden van)
to realise (zich realiseren)

to shave (zich scheren)
to withdraw (zich terugtrekken)
to settle (zich vestigen)
to feel (well / unwell) (zich (goed / niet goed) voelen)
to get washed (zich wassen)

Opmerking 1. Een werkwoord dat wederkerend is in het Engels en niet wederkerend in het Nederlands is *avail oneself of (the opportunity)* 'gebruik maken van (de gelegenheid)'.

Opmerking 2. Na een voorzetsel mag het Nederlands een wederkerend voornaamwoord gebruiken. Het Engels gebruikt in zuike gevallen gewoonlijk een persoonlijk voornaamwoord:

He put the book down in front of him   Hij legde het boek voor zich neer

1.10.6 *Zelf*

Het Engelse wederkerende voornaamwoord wordt ook gebruikt als equivalent van het Nederlandse *zelf*:

He cannot blame anyone else; he has done it himself	Hij kan niemand anders de schuld geven; hij heeft het zelf gedaan

1.10.7 *Elkaar*

Het Engelse equivalent van *elkaar* is *each other* of *one another*. Er is geen verschil in betekenis tussen deze twee voornaamwoorden:

We need one another / each other	We hebben elkaar nodig

Na *among* en *between* heeft het Nederlands *elkaar*, terwijl het Engels het wederkerend voornaamwoord gebruikt:

They have discussed the issue among themselves	Zij hebben de zaak onder elkaar besproken

1.10.8 Het aanwijzend voornaamwoord

De aanwijzende voornaamwoorden in het Engels zijn:

enkelvoud	*this* (dit, deze)	*that* (dat, die)
meervoud	*these* (deze)	*those* (die)

This en *these* verwijzen naar zaken en personen die relatief dicht bij de spreker zijn, terwijl *that* en *those* naar zaken en personen verwijzen die verder verwijderd zijn van de spreker:

Dick: How do you like this car? Alan: I much prefer that one	Dick: Wat vind je van deze auto (hier)? Alan: ik vind die (daar) veel mooier

1.10.9 Het vragend voornaamwoord

1.10.9.1 Vragen naar personen

Zowel *which* als *who* / *whose* / *whom* vragen naar personen. *Which* wordt gebruikt als er gekozen wordt uit een bepaalde groep (1 en 2) en *who* / *whose* / *whom* als er gekozen wordt uit een niet bepaalde groep (3 en 4). Denk eraan dat *whom* als vragend voornaamwoord heel weinig gebruikt wordt:

(1) I do not know which of those two girls has done it.	Ik weet niet wie van die twee meisjes dat heeft gedaan
(2) Which of those two men has done it? (**en niet**: who of those two)	Wie van die twee mannen heeft dat gedaan?
(3) Who has done it?	Wie heeft dat gedaan?
(4) I do not know who rang us.	Ik weet niet wie ons heeft opgebeld

De keuze tussen de vragende voornaamwoorden *who*, *whose* en *whom* wordt door dezelfde factoren bepaald als de keuze tussen betrekkelijk voornaamwoorden *who*, *whose* en *whom*:

a. onderwerp	*who*	Who is there?
b. lijdend voorwerp	*who* *whom* [formeel]	Who [formeel: *whom*] has the queen appointed ambassador to the Court of St. James?
c$^{1.}$ voorzetselvoorwerp met het voorzetsel aan het eind van de bijzin	*who*	Who were you talking to yesterday?
c$^{2.}$ voorzetselvoorwerp; het voorzetsel gaat vooraf aan het vragend voornaam-woord [zeer formeel]	*whom*	To whom were you talking yesterday?
d. van wie	*whose*	Whose book is this?

1.10.9.2 Vragen naar zaken

Which en *what* vragen naar zaken. *Which* vraagt om een keuze uit een bepaalde groep (1 en 2), terwijl *what* vraagt om een keuze uit een niet bepaalde groep (3 en 4):

(1) Which of these two letters has to be sent per express post?
Welke van die twee brieven moet per expresse weg?

(2) Do you know which of these letters has to be sent by registered post?
Weet je welke van die brieven aangetekend verstuurd moet worden?

(3) What do you want to do tomorrow?
Wat wil je morgen doen?

(4) What kind of car has Derek bought?
Wat voor een auto heeft Derek gekocht?

1.10.10 Hoeveelheidswoorden en onbepaalde voornaamwoorden

	bijvoeglijk	zelfstandig
some (sommige / enige)	x	x
any (sommige / enige)	x	x
someone / *somebody* (iemand)		x
anyone / *anybody* (iemand)		x
each (ieder(e) / elk(e))	x	x
every (ieder(e) / elk(e))	x	
everybody / *everyone* (iedereen)		x
all (alle / allen)	x	x
no (geen)	x	
no-one / *nobody* (niemand)		x
none (geen)		x
neither (geen van beide(n))	x	x

Opmerking 1. De contexten waarin *some* en *any* en hun samenstellingen (bijvoorbeeld *someone* / *anyone* en *somewhere* / *anywhere*) worden gebruikt verschillen. *Some*-woorden worden meestal gebruikt in bevestigende zinnen (1), terwijl *any*-woorden voornamelijk voorkomen in ontkennende zinnen (2). In vragende zinnen komen zowel *some*- als *any*-woorden voor. Een *any*-woord in principe gebruikt als de vraag een open karakter heeft (3), terwijl bij *some*-woorden een positief antwoord verwacht wordt (4). In bevestigende en vragende zinnen betekent *anybody* / *anything* vaak *wie* / *wat dan ook* (5):

(1) There is somebody at the door
Er is iemand aan de deur.

(2) I have not seen anything
Ik heb niets gezien

(3) Is there any tea left?
Is er nog wat thee?

(4) Can I have some tea?
Mag ik nog wat thee?

(5) Anyone could have told you!
Iedereen (wie dan ook) had het je kunnen vertellen

Opmerking 2. *Each* en *every* zijn in veel gevallen uitwisselbaar. Als echter verwezen wordt naar twee personen of zaken moet *each* worden gebruikt. Bij drie of meer kan zowel *each* als *every* worden gebruikt:

Each of these two students was there
Die twee studenten waren er allebei

Each / every page of the book was torn
Elke bladzijde van het boek was gescheurd

Opmerking 3. *Neither* heeft betrekking op twee personen of zaken. *Neither of those people* betekent 'geen van die twee mensen' en *neither of those cars* (geen van die twee auto's). *None* heeft slechts betrekking op drie of meer personen of zaken: *none of those people* / *things* (geen van die mensen / dingen).

2. De werkwoordsgroep

2.1 Zelfstandige werkwoorden en hulpwerkwoorden

Het Engels kent twee soorten werkwoorden: zelfstandige werkwoorden, bijvoorbeeld *to expect* (verwachten), *to work* (werken), *to assume* (aannemen), en hulpwerkwoorden. Hulpwerkwoorden worden verder onderscheiden in enerzijds hulpwerkwoorden van modaliteit *(can, could; may, might; will, would; shall, should* en *must)* en anderzijds de hulpwerkwoorden *have, be* en *do*.

2.2 Vervoegingsvormen

2.2.1 Het zelfstandige werkwoord

Het Engelse werkwoord kent slechts een beperkt aantal vormen. De onbepaalde wijs *(to work)* is gelijk aan de stam *(work)*. De verschillende vormen van het regelmatige werkwoord, de tegenwoordige en verleden tijd, het voltooid deelwoord en het tegenwoordig deelwoord, van nu af aan de -*ing* vorm genoemd, worden door middel van achtervoegsels van de stam afgeleid. Het volgende schema bevat de regelmatige vormen van de zelfstandige werkwoorden. De onregelmatige zelfstandige werkwoorden hebben afwijkende vormen voor de verleden tijd en het voltooid deelwoord. U kunt die vinden in het overzicht van de Engelse onregelmatige werkwoorden in dit woordenboek.

vorm:	gebruikt voor:	voorbeeld
de stam	(1) de onbepaalde wijs (2) de onvoltooid tegenwoordige tijd (1e en 2e persoon enkelvoud en 1e, 2e en 3e persoon meervoud)	(1) *to walk* (2) *I / you / we / you / they walk*
de stam + *s / es*	de onvoltooid tegenwoordige tijd, 3e persoon enkelvoud	*he / she / it walks*
de stam + *ing*	tegenwoordig deelwoord	*walking*
de stam + *ed*	(1) verleden tijd (2) voltooid deelwoord	(1) *I / you / he / she / it / we / you / they walked* (2) *(he has) walked*

Voor de spelling- en uitspraakregels, zie hoofdstuk 5.

2.2.2 *To be* en *to have*

Het volgende schema bevat de tegenwoordige en de verleden tijd van *to have* en *to be*. Het voltooid deelwoord van *to have* is *had* en dat van *to be* is *been*.

to be		to have	
o.t.t.	o.v.t.	o.t.t.	o.v.t.
I am	*I was*	*I have*	*I had*
you are	*you were*	*you have*	*you had*
he / she / it is	*he / she / it was*	*he / she / it has*	*he / she / it had*
we are	*we were*	*we have*	*we had*
you are	*you were*	*you have*	*you had*
they are	*they were*	*they have*	*they had*

Het Engels kent de volgende samengetrokken vormen van *to have* en *to be*: *'m (am), 're (are), 's (is* en *has), 've (have)* en *'d (had)*. Denk eraan dat deze vormen in het geschreven Engels alleen worden gebruikt om gesproken Engels te suggereren.

2.2.3 De werkwoorden van modaliteit

De werkwoorden van modaliteit hebben slechts twee vormen, een voor de tegenwoordige tijd en een voor de verleden tijd. Daarnaast zijn er een aantal omschrijvingen beschikbaar die onder bepaalde omstandigheden als vervanging dienen voor de modale werkwoorden. Denk eraan dat de tegenwoordige- tijdsvormen en de verleden-tijdsvormen van de modale werkwoorden in betekenis kunnen verschillen.

o.t.t.	o.v.t.	omschrijving	vertaling
can	could	be able to, be allowed to, be possible to	kunnen, mogen
may	might	be allowed to, be possible that	mogen, mogelijk zijn, 'misschien'
must		have to	moeten
will	would	be going to, be to	zullen
shall	should / ought to		zullen, moeten

Zie voor een nadere uitleg van het gebruik van de werkwoorden van modaliteit § 2.10.

Opmerking. *Will* en *shall* hebben een informele verkorte vorm: *'ll*, bijvoorbeeld *I'll go home now.*

2.3 De functies van de hulpwerkwoorden *have*, *be* en *do*

2.3.1 *Have*

Have wordt gebruikt als hulpwerkwoord van de voltooide tijd. Zie verder §2.8.2.2:

I have / had seen him   Ik heb / had hem gezien

2.3.2 *Be*

Be wordt gebruikt (a) als hulpwerkwoord van de 'progressive' tijden (1; zie § 2.8.1), (b) als hulpwerkwoord van de lijdende vorm (2; zie § 2.9.2.1) en (c) als koppelwerkwoord (3):

(1) Peter is just leaving   Peter gaat net de deur uit
(2) Robert was stung by a bee   Robert werd door een bij gestoken
(3) Mary is a lawyer   Mary is advocaat

2.3.3 *Do*

Het hulpwerkwoord *do* wordt gebruikt als hulpwerkwoord in ontkennende (1) en vragende (2) zinnen (zie respectievelijk § 2.4 en § 2.5), om nadruk te geven (3; zie § 2.6 en om terug te verwijzen naar een zelfstandig werkwoord + een eventueel lijdend en meewerkend voorwerp + eventuele bepalingen (4; zie § 2.7):

(1) He does not believe in God   Hij gelooft niet in God
(2) Does he ever buy rubbish?   Koopt hij wel eens troep?
(3) You won't believe it but John really does buy rubbish   Je zult het niet geloven, maar John koopt echt rommel
(4) He buys rubbish just as often as you do   Hij koopt net zo vaak rommel als jij dat doet

2.4 De ontkennende zin

Bevestigende zinnen met een zelfstandig werkwoord als persoonsvorm hebben de volgend vorm:

onderwerp	persoonsvorm	de rest van de zin
Maureen	likes	bacon

Dit type bevestigende zin wordt ontkennend gemaakt met behulp van het
hulpwerkwoord *to do*, als volgt:

onderwerp	do / does / did	not	onbepaalde wijs	de rest van de zin
Maureen	does	not	like	bacon

Als de persoonsvorm een hulpwerkwoord is, wordt *to do* niet gebruikt, maar wordt *not*
achter de persoonsvorm geplaatst Het koppelwerkwoord *to be* gedraagt zich als een
hulpwerkwoord:

Bevestigende zin	Ontkennende zin
The train has just arrived on platform 3	The train has not arrived yet
The train may arrive on time	The train may not arrive on time
John is very clever	John is not very clever

Opmerking. De verkorte vorm van *not* is *n't* en wordt direct achter een vorm van *to do*, *to
have*, *to be* of een modaal werkwoord geplaatst, bijvoorbeeld *he isn't*, *she hasn't*, *I don't*, *he
doesn't*, *we wouldn't*. *Will not* wordt *won't*, *shall not* wordt *shan't* en *cannot* wordt *can't*.

2.5 De vragende zin

Een bevestigende zin met een zelfstandig werkwoord als persoonsvorm wordt vragend
gemaakt met behulp van het hulpwerkwoord *to do*, als volgt:

do / does / did	onderwerp	onbepaalde wijs	de rest van de zin
does	Maureen	like	bacon?

Als de zin een hulpwerkwoord bevat, wordt *do* niet gebruikt, maar volgt het onderwerp
het eerste hulpwerkwoord. Het koppelwerkwoord *to be* gedraagt zich ook hier als een
hulpwerkwoord:

Bevestigende zin	Vragende zin
Peter has given John the book	Has Peter given John the book?
He can / may come in	Can / may he come in?
Derek is a lawyer	Is Derek a lawyer?

Dit proces, dat van bevestigende zinnen vraagzinnen maakt, wordt wel met de term
inversie aangeduid.

Opmerking. Vraagzinnen die met een vragend voornaamwoord beginnen, hebben geen
vorm van *to do* als het vragend voornaamwoord het onderwerp van de zin is:

Who stole my bike? **maar:**   Wie heeft mijn fiets gestolen?
Who did you give that book?   Aan wie heb je dat boek gegeven?

2.6 Het werkwoord benadrukken

En zelfstandig werkwoord als persoonsvorm kan benadrukt worden door een vorm van *to
do* te gebruiken. Zie voorbeeld 3 in § 2.3.3. Net als in ontkennende en vraagzinnen kan *to
do* niet gecombineerd worden met een hulpwerkwoord. In die gevallen wordt het
hulpwerkwoord zelf benadrukt:

You will not believe it but John has been   Je zult het niet geloven, maar John is
here! **en niet:** You will not believe it but   werkelijk hier geweest!
John does have been here!

2.7 Vervanging van het werkwoord

Een vorm van *to do* kan gebruikt worden om terug te verwijzen naar de persoonsvorm van
een zelfstandig werkwoord + een eventueel lijdend en meewerkend voorwerp + eventuele
bepalingen. Zo verwijst *do* in voorbeeld 4 in § 2.3.3 naar *buy rubbish*. Als de persoonsvorm
een hulpwerkwoord is wordt het hulpwerkwoord voor dat doel gebruikt:

Has John ever been here? Yes, he has   Is John ooit hier geweest? Jazeker

2.8 De tijden van het Engels

Het Engels kent de volgende tijden:

the present tense	de onvoltooid tegenwoordige tijd
the past tense	de onvoltooid verleden tijd
the present perfect	de voltooid tegenwoordige tijd
the past perfect	de voltooid verleden tijd

Daarnaast zijn er een aantal manieren om naar de toekomst te verwijzen.

Iedere tijd kent zowel een gewone vorm (de 'simple tenses') als een duurvorm (de 'progressive tenses'). Het onderstaande schema brengt de verschillende tijdsvormen behalve de toekomende tijd in kaart:

present tense	simple	*I walk*
	progressive	*I am walking*
past tense	simple	*I walked*
	progressive	*I was walking*
present perfect	simple	*I have walked*
	progressive	*I have been walking*
past perfect	simple	*I had walked*
	progressive	*I had been walking*

Opmerking. Denk eraan dat het Engels altijd het hulpwerkwoord *have* gebruikt om de present perfect en de past perfect te maken, ook waar het Nederlands *zijn* heeft:

My parents have bought a new house	Mijn ouders hebben een nieuw huis gekocht

maar:

My parents have moved	Mijn ouders zijn verhuisd
Santa Claus had arrived	De kerstman was aangekomen
Sheila has been here before	Sheila is hier eerder geweest

2.8.1 De 'simple' en de 'progressive' tenses

In het algemeen wordt een 'simple' tense gebruikt als een handeling als een geheel wordt gepresenteerd. 'Progressive' tenses, daarentegen, presenteren een handeling als iets dat op een bepaald tijdstip aan de gang is en dat daarom een beperkte duur heeft. Deze basisbetekenissen hebben verschillende consequenties als ze gecombineerd worden met een tegenwoordige of een verleden tijd.

2.8.1.1 De 'simple' en de 'progressive' present tenses (tegenwoordige tijden)

De simple present tense geeft aan dat iets gewoonlijk het geval is. De progressive present tense geeft aan dat iets nu aan het gebeuren is. *Every morning Dick walks to the station* drukt een gewoonte uit en heeft daarom een simple tense. De progressive in *Every morning Dick is walking to the station* is daarom fout. Daarentegen drukt de progressive tense in *Look! Dick is walking to the station this morning* uit dat het wandelen van Dick nu plaatsvindt. De 'simple' tense is daarom fout in *Look! Dick walks to the station this morning*.

Een handeling die met behulp van de progressive present tense wordt uitgedrukt, kan onderbroken worden. Als je hoort *Peter is crossing the road* dan weet je dat Peter rechtsomkeert kan maken.

Alleen wanneer een handeling van nature heel kort duurt, kan een simple present tense gebruikt worden om aan te geven dat die handeling nu aan de gang is. De simple present tense in deze betekenis wordt veel gebruikt in ooggetuigeverslagen van sportevenementen:

Johnson passes the ball to Greg and he kicks the ball into the hands of the goal keeper	Johnson speelt de bal naar Greg en die schiet hem in de handen van de doelman

2.8.1.2 De 'simple' en de 'progressive' past tenses (verleden tijden)

Een simple past tense wordt gebruikt (a) om uit te drukken dat een handeling voltooid is of (b) dat het een gewoonte in het verleden betreft. De progressive wordt gebruikt als de handeling op een bepaald moment in het verleden aan de gang was. Zo geeft de simple past tense in de zin *Alan wrote a letter yesterday* aan dat de brief gisteren afgekomen is, terwijl de progressive zich concentreert op het verloop van de handeling en zich over het al dan niet compleet zijn ervan niet uitlaat: *I know that Alan was working on the letter yesterday, but I do not know whether he finished it.*

Net als de progressive present tense kan de progressive past tense gebruikt worden als de handeling onderbroken wordt. Zo geeft de progressive in de zin *John was watching television when the phone rang* aan dat het televisiekijken onderbroken werd door de bel van de telefoon en geeft de progressive in *Moraig was crossing the road when she was knocked down by a lorry* aan dat het oversteken van de weg onderbroken werd door het ongeluk. Daarentegen duiden de simple past tenses in de volgende zin drie op elkaar volgende volledige handelingen aan: *Last night John first wrote a letter, then watched television and finally went to bed.*

2.8.1.3 Werkwoorden die geen progressive toestaan

Werkwoorden die een staat aanduiden staan gewoonlijk geen progressive toe. Dit betreft (a) werkwoorden van kennen en weten, zoals *to believe* (geloven), *to hate* (haten), *to know* (kennen, weten), *to like* (houden van), *to mean* (betekenen), *to recognise* (herkennen), *to remember* (zich herinneren), *to understand* (begrijpen); (b) werkwoorden van waarnemen waarbij het onderwerp geen handelende persoon is, maar als het ware de indruk ontvangt, bijvoorbeeld *to hear* (horen), *to feel* (voelen), *to see* (zien); (c) werkwoorden die een verband uitdrukken, zoals *to apply to* (van toepassing zijn op), *to belong to* (toebehoren), *to contain* (bevatten), *to include* (insluiten), *to involve* (met zich meebrengen), *to lack* (missen) en *to remain* (blijven).

2.8.2 Verwijzen naar het verleden: de verleden tijden

Dat iets in het verleden plaatsvond, kan in het Engels door drie tijden worden uitgedrukt: door de **past tense** (o.v.t.), door de **present perfect** (v.t.t.) en door de **past perfect** (v.v.t.).

2.8.2.1 De past tense (de onvoltooid verleden tijd: *I walked*)

De **past tense** wordt gebruikt als van een bepaalde gebeurtenis of een bepaalde stand van zaken wordt gezegd dat die geen verband houdt met het heden. De past tense moet daarom gebruikt worden in de volgende gevallen:

a. als de zin een bepaling bevat die naar het verleden verwijst, bijvoorbeeld *yesterday, last week, two days ago, in the thirteenth century*. Het Nederlands heeft in deze gevallen vaak een voltooid tegenwoordige tijd:

After a long journey my sister arrived in China yesterday	Mijn zus is gisteren na een lange reis in China aangekomen

Hetzelfde geldt als uit de context, bijvoorbeeld een voorafgaande zin, blijkt dat de gebeurtenis in het verleden dient te worden geplaatst.

b. als de zin verwijst naar een afgesloten tijdperk, zoals *ancient Greece* (het oude Griekenland), of naar een persoon die niet meer in leven is, bijvoorbeeld *Shakespeare* en *Queen Victoria*. Weer wordt in het Nederlands regelmatig een voltooid tegenwoordige tijd gebruikt:

Shakespeare wrote a large number of historical plays	Shakespeare heeft een groot aantal historische toneelstukken geschreven

2.8.2.2 De present perfect (de voltooid tegenwoordige tijd: *I have walked*)

De present perfect wordt gebruikt om aan te geven dat er een verband bestaat tussen een gebeurtenis in het verleden en een in het heden. Hierbij worden de volgende onderscheiden gemaakt:

a. Een gebeurtenis begint in het verleden en loopt door tot het heden (1) of er is sprake van een herhaling van een gebeurtenis over een periode die begint in het verleden en doorloopt tot het heden (2). Het Nederlands heeft vaak een onvoltooid tegenwoordige tijd met *al* en een bepaling van tijdsduur:

(1) Bob has lived in India for five years   Bob woont al vijf jaar in India
(2) I have read my newspaper in the train   Al vijf jaar lang lees ik elke dag de krant in
every day for the last five years   de trein

Opmerking 1. *Already* wordt slechts gebruikt in combinatie met dit type present perfect als het sterke nadruk heeft, bijvoorbeeld als de spreker verrassing wil uitdrukken. *Jan has lived in India for five years already* is daarom ongebruikelijk.
Opmerking 2. Het Nederlandse *sinds* heeft twee equivalenten in het Engels: *since* en *for*. *Since* geeft het beginpunt van een periode aan en *for* geeft de periode zelf aan:

I have lived here since 1985   Ik woon hier sinds 1985
I have lived here for five years   Ik woon hier sinds vijf jaar

b. De spreker wil uitdrukken dat een gebeurtenis in het verleden een resultaat in het heden heeft. Het Nederlands heeft veelal een voltooid tegenwoordige tijd. Denk eraan dat een verleden-tijdsbepaling in een zin de present-perfect onmogelijk maakt (zie § 2.8.2.1):

Anne: Alan knows the way in Amsterdam.   Anne: Alan kent de weg in Amsterdam.
Dick: Oh, he has been here before!   Dick: Logisch, hij is hier wel eens eerder
geweest!

2.8.2.3 De past perfect (de voltooid verleden tijd: *I had walked*)

Het gebruik van de Engelse past perfect en dat van de Nederlandse voltooid verleden tijd komen meestal overeen. Hier is maar één uitzondering op, nl. als er sprake is van een periode die in het verleden begint en tot een ander punt in het verleden voortduurt. In die gevallen heeft het Nederlands vaak een onvoltooid verleden tijd. terwijl het Engels een past perfect eist:

Maureen had only known Peter for two   Maureen kende Peter pas twee uur toen ze
hours when she decided to marry him.   besloot met hem te trouwen

Dit gebruik van de past perfect loopt parallel met het gebruik van de present perfect zoals dat in § 2.8.2.2 (a) is beschreven, met dat verschil dat de present perfect naar een periode verwijst die tot het heden doorloopt, terwijl de past perfect verwijst naar een periode die tot een ander punt in het verleden doorloopt.

2.8.3 Verwijzen naar de toekomst

De belangrijkste hulpwerkwoorden die naar de toekomst verwijzen zijn: *will*, *to be going to*, *to be to*. Daarnaast kan de progressive present ook voor dat doel gebruikt worden. *Will*, *to be going to* en de progressive present verwijzen op de meest neutrale manier naar de toekomst (1), terwijl *will* soms ook nog uitdrukt dat het onderwerp datgene wat er gaat gebeuren, ook wil doen. *To be to* geeft aan dat er een vaste afspraak gemaakt is (2). Daarnaast is het van belang op te merken dat het Engels, anders dan het Nederlands, de 'simple' present tense slechts kan gebruiken om naar de toekomst te verwijzen als er sprake is van een bijna absolute zekerheid dat de gebeurtenis ook plaats zal vinden. Dat is bijvoorbeeld het geval als er sprake is van vaste vertrek- of aankomsttijden van een trein of een boot (3):

(1) He will / is going to come tomorrow; He is coming tomorrow	Hij komt morgen
(2) John is to go to the meeting tomorrow; everything has been arranged	John gaat morgen naar de vergadering; het is allemaal afgesproken
(3) The train leaves at four	De trein vertrekt om vier uur

Opmerking. In vragende zinnen die naar de toekomst verwijzen wordt *zal ik* over het algemeen weergegeven door *shall I*:

Shall I give you a hand?	Zal ik je even helpen?

2.9 Onpersoonlijke constructies, o.a. de lijdende vorm (het passief)

2.9.1 Overgankelijke en onovergankelijke werkwoorden

Zelfstandige werkwoorden worden onderverdeeld in **overgankelijk** en **onovergankelijk**. Overgankelijke werkwoorden worden gevolgd door een lijdend voorwerp, of door een lijdend en een meewerkend voorwerp. Onovergankelijke werkwoorden hebben noch een lijdend noch een meewerkend voorwerp bij zich. Voorbeelden van overgankelijke werkwoorden zijn *repair* (repareren) en *give* (geven). Voorbeelden van onovergankelijke werkwoorden zijn *walk* (lopen) en *die* (sterven):

	meewerkend voorwerp	lijdend voorwerp
John was dying	-	-
John repaired	-	*the car*
Dick gave	*Mary*	*a present*

2.9.2 De bedrijvende en de lijdende vorm

Zinnen als *John repaired the car* en *Dick gave Mary a present* staan in de **bedrijvende vorm**. De corresponderende **lijdende vorm** van deze zinnen is als volgt: *The car was repaired by John* en *A present was given by Dick to Mary* of *Mary was given a present by Dick*. Zoals uit het laatste voorbeeld blijkt kan in het Engels zowel het lijdend voorwerp (*a present*) als het meewerkend voorwerp (*Mary*) van de bedrijvende zin als onderwerp van de lijdende zin dienen.

2.9.2.1 Het hulpwerkwoord van de lijdende vorm

Het hulpwerkwoord van de lijdende vorm is in het Engels een vorm van *to be* in alle tijden. Het Nederlands gebruikt een vorm van *worden* in de o.t.t. en de o.v.t. en van *zijn* in de v.t.t. en de v.v.t.

	Engels	Nederlands
o.t.t.	*He is expected*	Hij wordt verwacht
o.v.t.	*He was expected*	Hij werd verwacht
v.t.t.	*He has been dismissed*	Hij is ontslagen
v.v.t.	*He had been dismissed*	Hij was ontslagen

Denk eraan dat *he is expected* het equivalent is van *hij wordt verwacht* en *He has been dismissed* van *hij is ontslagen*.

2.9.3 Het Engelse *one* en het Nederlandse *men* of *je*

Het Engelse *one* wordt veel minder gebruikt dan het Nederlandse m*en*. Terwijl *men* naar mensen in het algemeen verwijst, ligt in *one* altijd een verwijzing naar de spreker besloten. Het wordt daarom veel gebruikt als de spreker niet expliciet naar zichzelf wil verwijzen. Bovendien maakt het gebruik van *one* vaak een wat overdreven indruk. *You* is het gewone alternatief (1). In de meeste gevallen is het echter aan te raden om een lijdende vorm te gebruiken voor een Nederlandse constructie met *men* (2 en 3):

(1) You really need somebody to do the cleaning [gewoon]	Je hebt hier toch echt een werkster nodig!
One really does need somebody to do the cleaning for one [overdreven]	
(2) It is assumed that this illness is not serious	Men neemt aan dat deze ziekte niet ernstig is
(3) It has been decided to close the area for traffic	Men heeft besloten om dit gebied voor het verkeer af te sluiten

2.9.4 *There* als onderwerp

There als onderwerp wordt bijna uitsluitend gebruikt bij het werkwoord *to be* (1). In veel gevallen waar het Nederlands *er* zou gebruiken is een equivalente constructie met *there* dus niet mogelijk (2):

| There were fifty people in the hall | Er zaten vijftig man in de zaal |
| Every year many tourists come to London **(maar niet: There come many tourists to London every year)** | Er gaan elk jaar veel toeristen naar Londen |

Let ook op het gebruik van *there* bij de progressive tijden:

| Only five guests were staying in the hotel yesterday **of:** There were only five guests staying in the hotel yesterday **maar niet:** There were staying only five guests in the hotel yesterday | Er logeerden gisteren maar vijf gasten in het hotel |

2.10 De werkwoorden van modaliteit

Voor een algemene beschrijving van de werkwoorden van modaliteit zie § 2.2.3. Hieronder zullen de belangrijkste problemen die de werkwoorden van modaliteit voor Nederlanders kunnen opleveren, besproken worden.

a. De Engelse werkwoorden van modaliteit kennen slechts persoonsvormen, dus geen onbepaalde wijs en geen tegenwoordig of verleden deelwoord. Voor de onbepaalde wijs worden daarom omschrijvingen gebruikt zoals *to have to, to be able to, to be allowed to* enz.:

| He has been able to do it (**en niet:** he has can / could do it) | Hij heeft dat kunnen doen |

b. Let op het contrast tussen het Nederlands en het Engels in de volgende zin. *Could* is weer een persoonsvorm in tegenstelling tot *kunnen* in de Nederlandse zin, dat een onbepaalde wijs is:

| He could have done it | Hij had het kunnen doen |

c. Zowel *may* als *can* duiden een mogelijkheid aan. *May* duidt aan dat het mogelijk is dat iets zich in een bepaalde staat bevindt. *Can* daarentegen duidt aan dat het mogelijk is om iets te doen:

| The chimney may be blocked | Het is mogelijk dat de schoorsteen verstopt is / misschien is de schoorsteen wel verstopt |
| The hole can be blocked up with a wad of paper | Het is mogelijk om het gat dicht te stoppen / het gat kan dichtgestopt worden met een prop papier |

d. Het Nederlandse equivalent van het modale werkwoord *may* en *might* is vaak het bijwoord *misschien*:

| Your brother may come tomorrow | Misschien komt je broer morgen wel |

e. De verleden-tijdsvormen van de werkwoorden van modaliteit *might, would, should* en *could* geven een grotere onzekerheid aan dan de tegenwoordige- tijdsvormen. Zo geeft *may* in *John may be right* heel neutraal aan dat de mogelijkheid bestaat dat John gelijk heeft, terwijl *might* in *John might be right* aangeeft dat de spreker er helemaal niet zo zeker van is dat John gelijk heeft.

f. Zowel *must* en *have to* als *should* en *ought to* kunnen aangeven dat er een verplichting bestaat. *Must* en *have to* geven aan dat de verplichting absoluut is (1), terwijl *should* en *ought to* vaak aangeven dat het een morele verplichting betreft (2). Een Nederlands equivalent van *should* en *ought to* is vaak *eigenlijk moet(en)* of *zou(den) moeten*:

(1) You must really go home now   Jij moet nu echt naar huis gaan
(2) You should really go home now!   Jij moet nu eigenlijk naar huis!

g. De verleden tijd van *must* is *had to*. *Must* zelf wordt slechts bij zeer hoge uitzondering als verleden tijd gebruikt.

2.11 Voorwaardelijke constructies

Bijzinnen die in het Engels met *if* beginnen, zijn **voorwaardelijke bijzinnen** en bevatten de voorwaarde(n) waaronder het in de hoofdzin gestelde waar is, waar zal worden, waar zou zijn of waar zou zijn geweest. Zin (1) is een voorbeeld van een algemeen geldende voorwaarde: telkens als het ijs smelt, krijg je water. In plaats van *if*, kan ook *when* of *whenever* gebruikt worden:

(1) If / when / whenever ice melts, you get /   Als je ijs smelt, krijg je water
you will get water

Zin (2) geeft heel neutraal aan dat het halen van het examen afhankelijk is van Jan z'n harde werken. De bijzin heeft *will* + een onbepaalde wijs, terwijl de hoofdzin een tegenwoordige tijd heeft:

(2) If Jan works hard, he will pass his exam   Als Jan hard werkt, haalt hij zijn examen

Zin (3) geeft aan dat het erg onwaarschijnlijk is dat Jan zijn examen zal halen. Immers, hij werkt niet hard. De bijzin heeft *would* + een onbepaalde wijs, terwijl de hoofdzin een verleden tijd heeft:

(3) If Jan worked harder, he would pass his   Als Jan hard zou werken, zou hij zijn
exam   examen halen

Zin (4) geeft aan dat Jan z'n examen niet heeft gehaald, maar dat hij het wel had kunnen doen als hij maar harder had gewerkt. De bijzin heeft *would* + *have* + een voltooid deelwoord, terwijl de hoofdzin een voltooid verleden tijd heeft:

(4) If Jan had worked harder, he would have   Als Jan harder zou hebben gewerkt, zou hij
passed his exam   zijn examen gehaald hebben

In zinnen als (3) en (4) staat het Nederlands *zou* of *zouden* ook in de bijzin toe. **Dit is in het Engels niet toegestaan.** Ook staat het Nederlands in zinnen als (3) en (4) de (voltooid) verleden tijd in de hoofdzin toe. **Ook dit is in het Engels niet toegestaan.**

2.11.1 Engels *if* en *when* en Nederlands *als* en *wanneer*

In het Nederlands beginnen voorwaardelijke bijzinnen met *als* of *indien*, maar ook met *wanneer*. In het Engels is het gebruik van *when* echter beperkt tot bijzinnen van tijd. Om te zien of men met een bijzin van tijd of met een voorwaardelijke bijzin te maken heeft, kan men *wanneer* door *indien* proberen te vervangen. Als dat mogelijk is heeft men te maken met een voorwaardelijke bijzin en moet men *if* gebruiken:

If Jan did that, he would be mad   Wanneer (= indien) Jan dat zou doen, zou
     hij gek zijn

When your brother finally comes home   Wanneer je broer morgen eindelijk
tomorrow, he will have a lot of explaining   thuiskomt, heeft hij heel wat uit te leggen
to do

Voor het gebruik van *if* en *when* in bijzinnen die algemene voorwaarden uitdrukken, zie § 2.11.

2.11.2 Engels *should* en Nederlands *mocht*

Het Nederlandse *mocht / mochten* in een voorwaardelijke bijzin geeft aan dat er een reële mogelijkheid bestaat dat de voorwaarde vervuld gaat worden, maar dat de spreker de vervulling ervan niet erg waarschijnlijk acht. Het Engels heeft in zo'n geval *should*. Als *should* wordt gebruikt in een voorwaardelijke bijzin is er naast het gebruik van het voegwoord *if* nog een tweede mogelijkheid om aan te geven dat men met een voorwaardelijke bijzin te maken heeft, nl. door in de voorwaardelijke bijzin inversie toe te passen; d.w.z. door de woordvolgorde van een vraagzin te gebruiken:

Should you see (= if you should see) Alan tonight, tell him that I talked to his sister yesterday

Mocht je Alan vanavond zien, dan moet je hem vertellen dat ik z'n zus gisteren gesproken heb.

2.12 Werkwoordscomplementatie

Veel werkwoorden kunnen worden gevolgd door een bijzin, of door constructies met *to* + een onbepaalde wijs of een *-ing* vorm. Dit verschijnsel wordt aangeduid met de term **werkwoordscomplementatie**. Of een *that*-zin, een *to* + een onbepaalde wijs of een *-ing* vorm gebruikt wordt, hangt af van het hoofdwerkwoord in de zin. In § 2.12.1 zal de Engelse werkwoordscomplementatie in meer detail worden behandeld. In § 2.12.2. zal een lijst gegeven worden van een aantal frequent voorkomende werkwoorden met hun complementatiepatronen.

2.12.1 Complementatiepatronen

type 1a: Het hoofdwerkwoord wordt gevolgd door een bijzin die een persoonsvorm bevat en begint met een onderschikkend voegwoord (*that, whether, how* etc.):
    – John Major said that the Conservative Party would win the elections
    – Peter wondered whether his daughter would be home in time

type 1b: Het hoofdwerkwoord wordt gevolgd door een meewerkend voorwerp + een *that*-bijzin:
    – Peter told me that John would be sacked

type 2a: Het hoofdwerkwoord wordt gevolgd door een onbepaalde wijs voorafgegaan door *to*:
    – He tried to keep me happy

type 2b: Het hoofdwerkwoord wordt gevolgd door een onbepaalde wijs voorafgegaan door *to*; er is een alternatief met een *that*-bijzin:
    – John seems to have been on holiday
    – It seems that John has been on holiday

type 3a: Het hoofdwerkwoord wordt gevolgd door een naamwoord of naamwoordsgroep + een onbepaalde wijs voorafgegaan door *to*; het hoofdwerkwoord kan in de lijdende vorm worden gezet:
    – John assumed Peter to have been ill
    – Peter was assumed to have been ill

type 3b: Het hoofdwerkwoord wordt gevolgd door een naamwoord of naamwoordsgroep + een onbepaalde wijs voorafgegaan door *to*; het hoofdwerkwoord kan in de lijdende vorm worden gezet. De naamwoordsgroep is het meewerkend voorwerp bij het hoofdwerkwoord:
    – John asked Ellen to be careful
    – Ellen was asked to be careful (by Peter)

type 3c: Het hoofdwerkwoord wordt gevolgd door een naamwoord of naamwoordsgroep + een onbepaalde wijs voorafgegaan door *to*; het hoofdwerkwoord kan niet in de lijdende vorm worden gezet:
- He would love John to be here now

type 4: Het hoofdwerkwoord wordt gevolgd door *for* + een naamwoord of naamwoordsgroep + een onbepaalde wijs voorafgegaan door *to*:
- He arranged for Peter to visit him

type 5a: Het hoofdwerkwoord wordt gevolgd door een *-ing* vorm; het onderwerp van het hoofdwerkwoord (*enjoy*) is identiek aan dat van het werkwoord in de *-ing* vorm:
- Ellen always enjoys going to parties

type 5b: Het hoofdwerkwoord wordt gevolgd door een *-ing* vorm; het onderwerp van de *-ing* vorm moet uit de context worden afgeleid:
- This will involve paying her bills for years

type 5c: Het hoofdwerkwoord wordt gevolgd door een *-ing* vorm; de *-ing* vorm kan worden vervangen door de lijdende vorm van de onbepaalde wijs voorafgegaan door *to*:
- The car needs washing
- The car needs to be washed

type 6a: Het hoofdwerkwoord wordt gevolgd door een naamwoord of naamwoordsgroep + *-ing* vorm; het hoofdwerkwoord kan niet in de lijdende vorm gezet worden:
- I can't bear Ellen suffering any more

type 6b: Het hoofdwerkwoord wordt gevolgd door een naamwoord of naamwoordsgroep + *-ing* vorm. Het hoofdwerkwoord kan in de lijdende vorm gezet worden:
- I heard John running away
- John was heard running away

Type 7: Het hoofdwerkwoord wordt gevolgd door een naamwoord of naamwoordsgroep + de onbepaalde wijs zonder *to*. Het hoofdwerkwoord kan in de lijdende vorm gezet worden, maar wordt dan niet gevolgd door een *-ing* vorm, maar door een onbepaalde wijs voorafgegaan door *to*:
- John saw Peter run away
- Peter was seen to run away

2.12.2 Lijst met werkwoorden met de belangrijkste complementatiepatronen

add – 1a.
admit – 1a, 5a
advise – 3b
affirm – 1a.
allege – 1a
allow – 3b
announce – 1a.
anticipate – 1a, 5a.
appear – 2b
argue – 1a
ask – 1b, 3b, 4
assume – 1a, 3a
avoid – 5a.
be worth – 5c
begin – 2a, 5a
believe – 1a, 3a
(can't) bear – 5a, 6a
can't help – 5a, 6a
(can't) stand – 5a, 6a
catch – 6b

cause – 3a
choose – 2a
clamour – 4
command -1a, 3b
comment – 1a
compel – 3b
complain – 1a
confess – 1a, 5a
consider – 3a
(beschouwen), 5a
(overwegen)
continue – 2a, 5a
declare – 1a
demand -1a
deny – 1a, 5a
deserve – 2a, 5c
desire – 2a, 3c
detest – 5a, 6a
disclose – 1a
discourage – 6a

discover – 1a, 3c
dread – 5a, 6a
enable – 3a
encourage – 3a
enjoy – 5a
ensure – 1a.
expect – 1a, 2a, 3a
fail – 2a
feel – 1a, 6b, 7
finish – 5a
forbid – 3b
forget – 1a, 2a, 5a
guess – 1a
hate – 2a, 3c, 5a, 6a
hear – 1a, 6b, 7
help – 2a, 3a, 7
hope – 1a, 2a, 4
inform – 1b
insist – 1a
intend – 1a, 2a, 3c, 5a

involve – 5b, 6a	*persuade* – 3b	*seem* – 2b
keep - 5a	*postpone* – 5a	*state* – 1a
know – 1a, 3a	*prefer* – 1a, 2a, 3c, 5a	*stop* – 5a, 6a
learn – 1a, 2a	*prepare* – 2a, 4	*submit* – 1a
like – 2a, 3c, 5a, 6a	*prevent* – 6a	*suggest* – 1a, 5b
long – 2a, 4	*realise* – 1a	*suppose* – 1a, 3a
love – 2a, 3c, 5a, 6a	*recall* – 1a, 5a, 6a	*tell* – 1b, 3b
maintain -1a	*recommend* -1a, 3a, 5b	*think* -1a
make (dwingen) – 7	*regret* -1a, 2a, 5a, 6a	*try* - 2a, 5a
manage – 2a	*remark* – 1a	*turn out* – 2b
mention -1a	*remember* – 1a, 2a, 5a, 6a	*urge* - 1a, 3b
mind – 5a, 6a	*repeat* – 1a	*venture* – 2a
need – 2a, 3c, 5c	*repent* – 5a	*wait* – 4
notice – 1a, 6a, 7 (geen	*require* – 1a, 3a, 5c	*want* – 2a, 3c
lijdende vorm)	*resent* – 5a, 6a	*watch* - 6a, 7 (geen lijdende
(not) mind – 5a, 6a	*risk* – 5a, 6a	vorm)
order – 1a, 3b	*say* – 1a	*wish* – 2a, 3c
permit – 3b, 6a	*see* – 1a, 6b, 7	*yearn* – 2a, 4

2.12.3 Betekenisverschillen tussen werkwoorden die zowel door *to* + onbepaalde wijs als door een -*ing* vorm gevolgd kunnen worden

Een aantal werkwoorden staat een keuze toe tussen *to* + een onbepaalde wijs en een -*ing* vorm. In de meeste gevallen is het verschil in betekenis tussen de twee constructies betrekkelijk klein, maar in sommige gevallen betekenen de twee constructies iets heel anders. De belangrijkste gevallen zijn:

a. Een -*ing* vorm na *remember, forget* en *regret* verwijst naar een gebeurtenis voorafgaand aan het vergeten enz. (1), *to* + onbepaalde wijs verwijst naar een handeling die volgt op het vergeten enz. (2):

(1) I remember clearly posting / having posted the letter
Ik herinner mij duidelijk de brief gepost te hebben

(2) Remember to post the letter
Denk eraan dat je de brief post / de brief te posten

b. *Try* gevolgd door *to* + de onbepaalde wijs betekent 'een poging doen' (1); gevolgd door een -*ing* vorm betekent *try* 'een bepaalde werkwijze uitproberen' (2):

(1) He tried to cycle but he could not reach the pedals
Hij probeerde te fietsen, maar hij kon niet bij de pedalen

(2) Jan: I have been trying to get the door open for a quarter of an hour
Jan: Ik ben al een kwartier aan het proberen de deur open te krijgen

Peter: Have you tried turning the key the other way?
Peter: Heb je het al geprobeerd door de sleutel de andere kant op te draaien?

c. *Mean* gevolgd door *to* + een onbepaalde wijs betekent 'vastbesloten zijn' of 'de bedoeling hebben' (1); gevolgd door een -*ing* betekent het 'inhouden' (2):

(1) He meant to get hold of the money by hook or by crook
Hij was van plan het geld hoe dan ook in handen te krijgen

(2) If you really want to make something of your life, it will mean making sacrifices
Als je echt iets van je leven wilt maken, houdt dat in dat je offers moet brengen

d. Een onbepaalde wijs zonder *to* na werkwoorden zoals *feel, hear, notice, observe, see* en *watch* heeft dezelfde betekenis als een 'simple' tense, terwijl de -*ing* vorm dezelfde betekenis heeft als de 'progressive'. Zo geeft *I saw the car stop* aan dat de handeling voltooid is en dat de auto dus stilstaat. *I saw the car stopping* is vergelijkbaar met *the car is stopping* en impliceert daarom helemaal niet dat de auto ook gestopt is.

2.12.4 Verdere complementatieproblemen

a. Bij werkwoorden als *stop* en *continue* is de *-ing* vorm het lijdend voorwerp (1); *to* + een onbepaalde wijs is een doelbepaling (2):

(1) John stopped talking   Jan hield op met praten
(2) John stopped to talk to us   Jan stond stil om met ons te praten

b. Werkwoorden van 'zeggen', bijvoorbeeld *say*, *declare* en *explain*, staan slechts een *that*-zin toe. Het Nederlands heeft vaak *te* + een onbepaalde wijs (1). Echter wanneer het werkwoord van zeggen in de lijdende vorm staat, kan het wel gevolgd worden door *to* + een onbepaalde wijs (2):

(1) The prime minister declared that he had   De premier verklaarde besloten te hebben
decided to resign   af te treden
(2) Charles was said to have been given the   Men zei dat Charles de baan gekregen had
job

2.13 Bijwoordelijke bepalingen

Bijwoordelijke bepalingen dienen als bepalingen bij een werkwoord (bijvoorbeeld *in time* en *home* in 1) of bij een bijvoeglijk naamwoord (bijvoorbeeld *beautifully* in 2). Daarnaast worden bijwoordelijke bepalingen gebruikt om de houding van de spreker ten opzichte van het gestelde in een zin weer te geven (bijvoorbeeld *clearly* in 3).

Een bijwoordelijke bepaling kan bestaan uit een enkel woord, uit een woordgroep of uit een bijzin. Een bijwoordelijke bepaling die uit een woord bestaat wordt een bijwoord genoemd, bijvoorbeeld *home* in (1), *beautifully* in (2) en *clearly* in (3). Woordgroepen die als bijwoordelijke bepalingen dienen beginnen vaak met een voorzetsel, bijvoorbeeld *in time* in (1). Een voorbeeld van een zin als bijwoordelijke bepaling is *as soon as he came home* in (4):

(1) John went home in time   John is op tijd naar huis gegaan
(2) A beautifully written book   Een prachtig geschreven boek
(3) Clearly, the minister is wrong   Het is duidelijk dat de minister ongelijk
                                       heeft

(4) He rang his mother as soon as he came   Meteen toen hij thuis kwam belde hij zijn
home   moeder op

2.13.1 Bijwoorden: Vorm

Bijwoorden worden gevormd door *-ly* achter een bijvoeglijk naamwoord te zetten. Voorbeelden zijn *obvious* – *obviously*, *frequent* – *frequently* en *careful* – *carefully*. Bijvoeglijke naamwoorden die eindigen op *-ic* vormen hun bijwoorden door *ally* achter het bijvoeglijk naamwoord te plaatsen: *automatic* – *automatically* en *basic* – *basically*.

a. De meeste bijvoeglijke naamwoorden die eindigen op *-ly* hebben geen corresponderend bijwoord. In plaats van een bijwoord wordt een omschrijving gebruikt; bijvoorbeeld *friendly* wordt *in a friendly manner*.

They treated me in a very friendly manner   Ze hebben me heel vriendelijk behandeld
b. Sommige bijwoorden zijn onregelmatig. Denk eraan dat de betekenis van een aantal van de onderstaande bijwoorden afwijkt van die van de corresponderende bijvoeglijke naamwoorden:

due (vervallen) – *duly* (o.a. behoorlijk, op de   *true* (waar) – *truly* (echt)
geëigende manier)
good - *well* (goed)   *whole* (heel) – *wholly* (volledig).

Opmerking 1. Denk eraan dat *better* (beter) en *best* (best) zowel bijvoeglijke naamwoorden als bijwoorden zijn.
Opmerking 2. Voor *well* als bijvoeglijk naamwoord, zie § 1.4.1.

c. De volgende bijwoorden hebben dezelfde vorm als de corresponderende bijvoeglijke naamwoorden:

daily (maar ook *every day*) (dagelijks), *early* (vroeg), *weekly* (maar ook *every week*); *fast* (snel), *hard* (hard, snel), *straight* (recht, eerlijk).

He turns up here daily / every day	Hij komt hier elke dag
Jan likes driving fast	Jan houdt ervan hard te rijden

2.13.2 De plaats van bijwoordelijke bepalingen in de zin

In een Engelse zin zijn er drie posities gereserveerd voor bijwoordelijke bepalingen:

(a) **beginpositie**: voor het onderwerp; bijvoorbeeld *usually* en *today* in (1);
(b) **eindpositie**: na het lijdend en/of het meewerkend voorwerp; bijvoorbeeld *in the supermarket* in (2);
(c^1) **middenpositie 1**: als het gezegde alleen bestaat uit een persoonsvorm: voor de persoonsvorm; bijvoorbeeld *always* in (3);
(c^2) **middenpositie 2**: als er een of meer hulpwerkwoorden in het gezegde voorkomen: na het eerste hulpwerkwoord; bijvoorbeeld *never* in (4).

Het koppelwerkwoord *be* wordt in dit verband beschouwd als een hulpwerkwoord; bijvoorbeeld *probably* in (5):

(1) Usually he is in time but today he is late	Hij komt gewoonlijk op tijd, maar vandaag is hij te laat
(2) He does all his shopping in the supermarket	Hij koopt al zijn boodschappen in de supermarkt
(3) John always comes home in time	John komt altijd op tijd thuis
(4) Maureen has never been ill in her life	Maureen is nog nooit in haar leven ziek geweest
(5) Alistair is probably mad	Alistair is waarschijnlijk gek

2.13.3 Welke bijwoordelijke bepalingen kunnen in welke positie gebruikt worden?

De meeste bijwoordelijke bepalingen komen zowel in beginpositie als in eindpositie voor. De middenpositie is in het algemeen gereserveerd voor bijwoorden of korte bijwoordelijke bepalingen, zoals bijvoorbeeld *very much*. Voorbeelden van bijwoorden die vaak in middenpositie verschijnen zijn bijwoorden van onbepaalde frequentie, zoals *always* (altijd), *ever* (ooit), *frequently* (vaak), *never* (nooit), *occasionally* (van tijd tot tijd), *often* (vaak), *seldom* (zelden), en *sometimes* (soms). Andere bijwoorden die vaak in middenpositie verschijnen, zijn *certainly* (zeker), *just* (net, pas), *now* (nu), *probably* (waarschijnlijk), *recently* (kortgeleden), *soon* (gauw) en *still* in de betekenis van 'nog steeds'. *Still* en *yet* in de betekenis van 'toch' komen slechts in beginpositie voor.

Bijwoorden die niet in middenpositie voorkomen, zijn bijwoorden van plaats (bijv. *here* en *there*) en bijwoorden die een bepaalde tijd aangeven (bijv. *yesterday* 'gisteren'):

He arrived home yesterday, **maar niet:** He yesterday arrived home	Hij is gisteren thuisgekomen
John has slept here, **maar niet:** John has here slept	Jan heeft hier geslapen

2.13.4 Positie bijwoordelijke bepalingen van plaats en tijd

Als een bijwoordelijke bepaling van tijd en een bijwoordelijke bepaling van plaats beide aan het eind van een zin voorkomen, komt eerst de plaatsbepaling, dan de tijdsbepaling. De volgorde in het Nederlands is precies de tegenovergestelde:

Moira arrived in Amsterdam last night	Moira is gisteravond in Amsterdam aangekomen

2.13.5 Verder contrast met het Nederlands

In het Nederlands kan een bijwoordelijke bepaling geplaatst worden tussen het gezegde en het lijdend voorwerp. Dit is in het Engels slechts bij hoge uitzondering mogelijk:

Martin is going to collect his new car tomorrow	Martin haalt morgen zijn nieuwe auto op

3. Woordvolgorde, verdere punten

3.1 Inversie na een ontkenning aan het begin van een zin

Zinnen die beginnen met een expliciete (1) of impliciete (2) ontkenning, vertonen inversie (zie § 2.5). Woorden die dit soort inversie veroorzaken zijn *never* (nooit), *only* (pas), *not until* (pas) enz:

(1) Never has Charles been so angry	Nog nooit is Charles zo kwaad geweest
(2) Only then did I realise how difficult English was	Pas toen heb ik me gerealiseerd hoe moeilijk Engels was

3.2 Het lijdend voorwerp en het meewerkend voorwerp

Het meewerkend voorwerp kan vervangen worden door een bepaling met *to*. In dat geval volgt de *to*-bepaling het lijdend voorwerp:

Yesterday Marc gave a book to his sister	Gisteren heeft Marc een boek aan z'n zus gegeven

Wanneer het meewerkend voorwerp een persoonlijk voornaamwoord is, is de constructie met een *to*-bepaling niet mogelijk (1), behalve als er een contrast wordt uitgedrukt (2):

(1) Yesterday Marc gave her a book, **maar niet**: Yesterday Marc gave a book to her	Gisteren heeft Marc een boek aan haar gegeven
(2) Marc gave the book to <u>her</u> and not to <u>him</u>	Marc heeft het boek aan háár gegeven en niet aan hèm

4. Congruentie

Onder congruentie wordt verstaan de overeenkomst in geslacht en/of getal tussen verschillende zinsdelen. Het Engels kent de volgende types congruentie.

4.1 Congruentie tussen het onderwerp en de persoonsvorm

Wanneer het onderwerp in de derde persoon enkelvoud staat wordt een *-s* aan de stam van een zelfstandig werkwoord toegevoegd (zie § 2.2.1):

Jan likes buying books	Jan vindt het leuk om boeken te kopen

De congruentie tussen onderwerp en persoonsvorm bij hulpwerkwoorden wordt behandeld in § 2.2.2. en § 2.2.3.

4.2 Congruentie tussen het onderwerp en het naamwoordelijk deel van het gezegde

Wanneer naamwoorden die een beroep of een functie aanduiden, gebruikt worden als naamwoordelijk deel van het gezegde, komen ze in getal overeen met het onderwerp. Bij een enkelvoudig onderwerp heeft dit tot gevolg dat ze voorafgegaan worden door een onbepaald lidwoord (1); bij een meervoudig onderwerp worden ze in het meervoud gezet (2):

(1) I am a lawyer / a teacher / a plumber	Ik ben advocaat / leraar / loodgieter
(2) Those people are lawyers / teachers / plumbers	Die mensen zijn advocaat / leraar / loodgieter

Wanneer echter het beroep of de functie bekleed kan worden door slechts een persoon tegelijkertijd, wordt er geen lidwoord gebruikt (3). In een enkel geval wordt een bepaald lidwoord gebruikt (4):

(3) John XXIII was pope from 1958 to 1963   Johannes XXIII was paus van 1958 tot 1963
(4) Beatrix is (the) queen of Holland   Beatrix is (de) koningin van Nederland

Denk eraan dat deze regel slechts woorden betreft die verwijzen naar een beroep of een functie. Niet-telbare naamwoorden kunnen niet worden voorafgegaan door een onbepaalde lidwoord:

Home brewed beer is lovely beer!   Zelfgebrouwen bier is heerlijk bier!
Dezelfde regels gelden na *as* (1 en 2) en *for* (3):

(1) As a teacher he was very popular   Als leraar was hij heel populair
(2) As prime minister he was a disaster   Hij was een ramp als eerste minister
(3) I mistook him for a doctor   Ik dacht ten onrechte dat hij dokter was

4.3 *Dat / het zijn* constructies

Deze paragraaf gaat over het Engelse equivalent van de volgende Nederlandse constructies: *dat zijn aardige mensen, het zijn mooie huizen*. Kenmerkend is dat het enkelvoudige onderwerp *dat* of *het* gevolgd wordt door een meervoudig werkwoord, *zijn*. In het Engels moet ook hier het onderwerp, de persoonsvorm en het naamwoordelijk deel van het gezegde hetzelfde getal hebben:

They / those are nice people   Dat zijn aardige mensen
They are beautiful houses   Het zijn mooie huizen

4.4 Het gebruik van de derde persoonsvorm van de Engelse voornaamwoorden

Het Nederlands heeft twee bepaalde lidwoorden, *de* en *het*. Naamwoorden met *de* zijn mannelijk of vrouwelijk; naamwoorden met *het* zijn onzijdig. Voornaamwoorden zoals *hij / zij* en *zijn / haar* verwijzen naar *de*-woorden, terwijl *het* en *zijn* verwijzen naar *het*-woorden. Het Engels heeft maar één bepaald lidwoord – *the* – en kent geen grammaticaal geslacht. Als er naar een man verwezen wordt, gebruikt het Engels *he, him, his* en bij verwijzing naar een vrouw *she, her, hers* (1). Hogere diersoorten, en in het bijzonder huisdieren, volgen dezelfde regel (2). Als er naar een ding (3) of een lagere diersoort (4) verwezen wordt, gebruikt het Engels *it* of *its*. Echter, *she, her* en *hers* wordt gebruikt om te verwijzen naar woorden als *ship* en *car* en in sommige gevallen naar landen (5 en 6):

(1) Where is your daughter? She is at school   Waar is je dochter? Ze zit op school
(2) Where is the cat? She (of: he) is under the table   Waar is de kat? Ze (of: hij) zit onder de tafel
(3) Where did you buy that clock? I picked it up in the market   Waar heb je die klok gekocht? Ik heb haar op de markt opgepikt
(4) I am going to kill that wasp. It has just stung me   Ik ga die wesp doodslaan. Hij heeft me net gestoken
(5) John looks after his car very well. He waxes and polishes her every week   John zorgt goed voor zijn auto. Hij zet hem elke week in de was
(6) France is proud of her / its writers   Frankrijk is trots op zijn schrijvers.

Dezelfde regels gelden voor de wederkerende voornaamwoorden *himself* en *herself* en de bezittelijke voornaamwoorden *his* en *her* enerzijds en *itself* en *its* anderzijds.

5. Spelling- en uitspraakregels van vervoegingsuitgangen

5.1 Effecten van het toevoegen van de *-s* bij meervouden en bij de derde persoon enkelvoud

a. Woorden die uitgaan op *-s*, *-sh*, *-ch* en *-x* worden gevolgd door *-es*:

Meervoud:
bus – buses (bus)   *match -matches* (wedstrijd, lucifer)
bush – bushes (struiken)   *fox - foxes* (vos)

Derde persoon enkelvoud:
to kiss – he kisses (kussen)
to fish - he fishes (vissen)

to hatch – he hatches (uitbroeden)
to mix – he mixes (mengen)

b. Woorden die uitgaan op *-o* worden gevolgd door *-es*:

Meervoud:
tomato – tomatoes (tomaat)

potato – potatoes (aardappel)

Een *-s* krijgen o.a.:
embryo – embryos (embryo)
radio – radios (radio)
zoo – zoos (dierentuin)
kilo- kilos (kilo)

memo – memos (memo)
photo – photos (foto)
Filipino – Filipinos (Filippino)
piano – pianos (piano)

Derde persoon enkelvoud:
to go – he goes (gaan)

to do – he does (doen)

c. Sommige naamwoorden die op een *-f* eindigen, vormen hun meervoud door *–es* achter het enkelvoud te plaatsen. De *f* verandert in een *v*. De belangrijkste woorden die dit betreft zijn:

calf – calves (kalf)
half – halves (helft)
knife – knives (mes)
leaf – leaves (blad)

life – lives (leven)
shelf – shelves (plank),
thief – thieves (dief)
wife – wives (echtgenote, vrouw).

Vele woorden op *-f* hebben echter een regelmatig meervoud, bijvoorbeeld
chief – chiefs (hoofd, leider)
roof – roofs (dak)

proof – proofs (bewijs),

d. Woorden die eindigen op een medeklinker + *y* worden gevolgd door *-es*; de *–y* wordt *-i*.

Meervoud:
spy - spies (spion)

country – countries (land)

Derde persoon enkelvoud:
to fly – he flies (vliegen).
Denk eraan: bij een klinker + *y* volgt gewoon een *-s*:
boy – boys (jongen).

De vergrotende en overtreffende trap van bijvoeglijke naamwoorden:
happy, happier, happiest (gelukkig).

e. Telwoorden en afkortingen krijgen in de meeste gevallen *'s*, bijvoorbeeld:
the 1870's (de jaren zeventig van de vorige eeuw); *MP's* (parlementsleden).

Uitspraak: De meervouds *-s* wordt uitgesproken als [s] na een stemloze medeklinker (d.w.z. een van de medeklinkers in *'t kofschip*). Hij wordt uitgesproken als een [z] na een stemhebbende medeklinker (de medeklinkers die niet in *'t kofschip* staan) of na een klinker. *-es* na een *-s*, *-sh*, *-ch* of *-x* wordt uitgesproken als [iz]; *-es* in *tomatoes* wordt echter uitgesproken als [z].

5.2 Het effect van het toevoegen van *-ed* (verleden tijd en voltooid deelwoord)

a. De verleden tijd wordt gevormd door *-ed* achter de stam te plaatsen. Als de stam op een *e* eindigt is de verleden tijdsvorm *-d*:
to lie – lied (liegen, liggen)

to phone – phoned (opbellen)

b. Wanneer een werkwoord eindigt op een medeklinker + *y* verandert *-y* in *-i*:

to occupy – occupied (bezetten)

to try – tried (proberen)

Denk eraan: bij klinker + *y* volgt gewoon *-ed*:
to stay – stayed (blijven).

Uitspraak: *-ed* wordt uitgesproken als [d] na klinkers en stemhebbende medeklinkers (bijvoorbeeld *phoned, played*), als [t] na stemloze medeklinkers (bijvoorbeeld *asked*) en als [id] na *-d* of *-t* (bijvoorbeeld *mended, fainted*).

5.3 Het effect van het toevoegen van *-ing*

a. Bij stammen die op een *-e* uitgaan wordt de *e* weggelaten:
to write – writing (schrijven).

Uitzonderingen zijn:
agree – agreeing (maar *agreed*) 'instemmen'
to dye – dyeing (maar *dyed*) 'verven'
to singe – singeing (maar *singed*) 'schroeien'

b. Bij een stam die op *-ie* eindigt, verandert de *-ie* in een *-y*:
to die – dying (sterven)   *to lie – lying* (liegen, liggen).

5.4 Woorden die op *-ic* uitgaan

Voor zowel *-ing* als *-ed* verandert *-ic* aan het einde van de stam in *-ick*:
to panic – panicked / panicking (in paniek raken).

5.5 Verdubbeling van medeklinkers voor uitgangen

Een enkele medeklinker aan het eind van een woord wordt verdubbeld als die medeklinker voorafgegaan wordt door een beklemtoonde *a, e, i,* of *u*:
a. Voor *-ed* en *-ing*:
to stop – stopped / stopping (stoppen)
to occur – occurred / occurring (gebeuren)

Denk eraan dat *-l* en *-p* altijd verdubbeld worden:
to travel – travelled / travelling (reizen)
to worship – worshipped / worshipping (aanbidden)

Uitzonderingen zijn:
to develop, develop*ing / developed* (ontwikkelen)
to gallop – galloped / galloping (galopperen)
to envelop – enveloping / enveloped (wikkelen in)
to gossip gossiped / gossiping (roddelen)

b. Voor *-er* en *-est* (de vergrotende en overtreffende trap):
big, bigger, biggest.

5.6 De uitgang *-ly* bij bijwoorden

a. Een *-y* als laatste letter van een bijvoeglijk naamwoord verandert in een *-i* als het wordt gevolgd door *-ly*: *happy – happily* en *gay – gaily.*

b. Bijvoeglijke naamwoorden die eindigen op een medeklinker gevolgd door *le* vormen het bijwoord door *-e* in *-y* te veranderen:
simple – simply (eenvoudig)   *suitable – suitably* (gepast, passend, geschikt)
Bijvoeglijke naamwoorden die op *-le* eindigen zonder voorafgaande medeklinker worden echter gewoon gevolgd door *-ly*:
sole – solely (enig).

Brieven schrijven in het Engels

Voor wie een brief wil schrijven in het Engels volgen hier een aantal praktische tips voor de adressering, de aanspreekvorm, de plaats van de diverse onderdelen van de brief en de afsluiting. In drie voorbeeldbrieven – een zakelijke brief, een persoonlijke en een reservering – is een aantal veelgebruikte zinnen en uitdrukkingen verwerkt.

De adressering op de envelop

Voorbeeld:

Mr P. Dickinson
12 Tavistock Street
London WC2E 7PB
Great Britain

Toelichting:

- U kunt een van de de volgende afkortingen aan de naam van de geadresseerde laten voorafgaan:

Mr	De heer	Mrs	Mevrouw (gehuwd)
Messr	De heren	Ms	Mevrouw

De afkorting Ms, die in het midden laat of de geadresseerde gehuwd of ongehuwd is, wordt steeds vaker gebruikt.

- Het huisnummer komt voor de straatnaam.

- De postcode, in Groot-Brittannië bestaande uit een aantal cijfers en letters, komt achter de plaatsnaam. De postcode in de Verenigde Staten bestaat uit vijf cijfers en komt achter de naam van de staat, bijv.:

77 Massachusetts Avenue
Cambridge, MA 02139
U.S.A.

- Bij brieven die gericht zijn aan een medewerker van een onderneming kunt u gebruik maken van de formulering: *Attention:* of *Attn:*, bijv.:

Infosoft Inc
Attn: Ms M. Monroe

De indeling van de brief

We gaan er in het onderstaande vanuit dat geen gebruik wordt gemaakt van voorbedrukt briefpapier, waarop de plaats van de verschillende onderdelen van de brief reeds is bepaald.

Plaats rechts- of linksboven de naam en het adres van de afzender.

Plaats enkele regels daaronder links de naam en het adres van degene voor wie de brief is bestemd (zie hiervoor *De adressering op de envelop*).

Plaats iets lager, aan de rechter- of de linkerkant de **datum**. Deze kan op verschillende manieren worden geschreven. De meest simpele vorm heeft de voorkeur: 9 July 1996. Alternatieven zijn: 9th July 1996 / July 9, 1996 / July 9th, 1996. Welke vorm u ook kiest, denk eraan dat de namen van de maanden in het Engels met een hoofdletter worden geschreven.

Plaats iets lager links de **aanhef**. In het begin van de drie navolgende voorbeeldbrieven treft u een aantal alternatieven aan voor de vorm die u in de aanhef kunt kiezen. Zie voor de te gebruiken afkorting in de aanhef *De adressering op de envelop.*

Aan het slot van de voorbeeldbrieven vindt u een aantal alternatieven voor de **afsluiting** van een brief.

Zakelijke brief

Geachte heer ...,	Dear Mr ...,
Geachte mevrouw...,	Dear Ms ..., Dear Mrs ...,
Geachte heer, Geachte mevrouw	Dear Sir, Dear Madam,
Mijne / Geachte heren	Dears Sirs / <u>Am</u> Gentlemen:
Geachte dames	Dear Mesdames / <u>Am</u> Ladies:
In antwoord op uw brief van ... delen wij mee dat ...	In reply to your letter of ... we would like to inform you that ...
Met belangstelling hebben wij uw brief van... gelezen.	We have read your letter of... with interest.
Aansluitend aan onze brief van ...	As a follow-up to our letter of ...
Het doet ons genoegen u mee te delen dat ...	We are pleased to inform you that ...
Tot onze spijt moeten wij u meedelen dat ...	We regret to have to inform you that ...
Hierbij sturen wij u ...	We are sending you ... / Please find enclosed ...
Wij hebben belangstelling voor ...	We are interested in ...
Wij zouden het zeer op prijs stellen als ...	We would appreciate it very much if ...
Wij bieden u onze verontschuldigingen aan voor ...	Please accept our apologies for ...
Graag zou ik op korte termijn de heer ... willen ontmoeten om ... te bespreken.	I would like to meet with Mr ... some time soon to discuss ...
Hierbij sturen wij u onze offerte met betrekking tot ...	Please find enclosed our offer for ...
Bijgesloten vindt u een lijst met prijzen en leveringsvoorwaarden.	Please find enclosed our price list and terms of delivery.
Naar aanleiding van uw offerte van ... delen wij u mee dat ...	In reply to your offer of ..., we would like to inform you that ...
Alvorens een besluit te nemen over een eventuele order zouden wij graag de volgende informatie ontvangen:	Before we can place an order, we need to have the following information:

Wij willen graag de volgende order bij u plaatsen:	We wish to place the following order with you:
Kunt u deze order zo spoedig mogelijk bevestigen?	Please confirm this order as soon as possible.
Tot onze spijt kunnen wij niet op uw aanbod / offerte ingaan.	We regret to inform you that we cannot consider your offer.
Uw prijzen zijn naar onze mening aan de hoge kant.	We find your prices rather high.
Hierbij bevestigen wij de ontvangst van uw order.	This is to confirm receipt of your order.
Wij zullen uw order binnen de overeengekomen termijn uitvoeren.	We will fill your order within the agreed upon period.
Hierbij sturen wij de factuur voor de geleverde artikelen.	Please find enclosed an invoice for the items delivered to you.
Wij verzoeken u het verschuldigde bedrag binnen ... dagen op onze bankrekening, nummer ... over te maken.	Please deposit your payment in bankaccount number ... within ... days.
Tot op heden hebben wij geen antwoord van u ontvangen op onze brief / onze offerte van ...	We have not yet received a reply to our letter / our offer of ...
Wij hopen spoedig antwoord van u te ontvangen.	We look forward to your reply.
Wij hopen u met deze inlichtingen van dienst te zijn geweest.	We hope this information will be of help to you.
Als u nog meer wilt weten, kunt u ons altijd bellen.	Please do not hesitate to call us if you need further information.
Bij voorbaat onze dank voor uw medewerking.	Thank you for your assistance.

De slotformule is afhankelijk van de aanhef die u in de brief heeft gekozen.
Indien u de aangeschrevene in de aanhef bij naam heeft genoemd, kunt u het best kiezen voor: Yours sincerely / Yours truly.
Bij een onpersoonlijker aanhef (Dear Sir / Madam) kunt u gebruik maken van de slotformule: Yours faithfully / Yours truly. Al deze formules komen overeen met het Nederlandse: Hoogachtend / Met vriendelijke groet.

Persoonlijke brief

Lieve Charlotte / Arthur, Beste vriend(in) / tante Maggie / meneer ..., Hartelijk bedankt voor je brief.	Dear Charlotte / Arthur, Dear friend / Aunt Maggie / Mr ..., Thank you for your letter.
Hoe gaat het met je / jullie / u?	How are you?

Hartelijk gefeliciteerd met je verjaardag / met de geboorte van jullie dochter / met het behalen van je diploma.

Happy Birthday / Congratulations on the birth of your daughter / Congratulations on getting your diploma.

Prettige kerst en een gelukkig nieuwjaar.

Merry Christmas and Happy New Year.

Ik ben heel blij met het pakje dat je me hebt gestuurd.

I'm delighted / very pleased with the package you sent me.

Het spijt me dat ik zo lang niets van me heb laten horen.

I'm sorry it's been so long since I last wrote.

Ik ben erg geschokt door het bericht van het overlijden van ...

I was deeply shocked to hear that ... has passed away

Ik wil u graag, namens de hele familie, condoleren met het overlijden van ...

On behalf of the family, I would like to send you my condolences.

Ik wens u veel sterkte toe in deze moeilijke tijd.

You have my deepest sympathy in this difficult period.

Hartelijk dank voor uw medeleven.

Thank you very much for your condolences.

Hebben jullie een goede terugreis gehad?

Did you have a good trip home?

Wij hopen jullie gauw weer eens te kunnen ontmoeten.

We hope to see you again soon.

Doe de groeten aan...

Please give my regards to / Please say hello to ...

Hartelijke groeten
Liefs

Kind regards / Best regards,
Love / With love,

Reservering

Wij zijn van plan onze vakantie in uw streek door te brengen.

We are planning to spend our vacation in your area.

Graag zou ik van u informatie / een brochure ontvangen over uw camping / over hotelaccomodatie in de streek.

Could you please send me information / a brochure about your camping site, Am campground / the hotelaccommodations in your area.

Kunt u mij laten weten of reservering in deze periode noodzakelijk is?

Could you please let me know whether reservations are necessary during this period?

Graag wil ik in uw hotel twee kamers met bad en toilet / twee plaatsen op uw camping reserveren van ... tot ...

I would like to reserve two rooms with a private toilet and bath / two spaces in your camping site, Am campground from ... to ...

Wij zouden graag een rustige standplaats willen hebben met schaduw en dicht bij de zee / het zwembad.

We would like to have a quiet and shady spot near the sea / swimming pool.

Wij zullen 7 juli 's middags aankomen en op 14 juli weer vertrekken.	We are planning to arrive on the afternoon of 7 July and leave on 14 July.
Kunt u ons laten weten of wij zelf lakens en slopen moeten meenemen?	Could you please let us know whether we need to bring our own sheets and pillowcases?
Zijn huisdieren toegestaan in uw hotel / op uw camping?	Are pets allowed in your hotel / camping site, Am campground?
Zijn er op de camping faciliteiten voor kleine kinderen?	Does your camping site, Am campground have a playground and other facilities for children?
Kunt u deze reservering op korte termijn bevestigen?	Could you please confirm this reservation soon?
Tot mijn spijt ben ik genoodzaakt mijn reservering te annuleren als gevolg van ...	I regret to inform you that I have to cancel my reservation because ...
Ik zie uw informatie met belangstelling tegemoet.	I look forward to receiving your information.
Met vriendelijke groet / Hoogachtend,	Yours sincerely / Yours truly,